Kennzeichnung unregelmäßiger Verben durch [*irr.*]. (Eine Liste der unregelmäßigen Verben befindet sich im Anhang.)	**go** [gəʊ] … **III** *v/i.* [*irr.*] **10.** gehen …
Unregelmäßige Verbformen an alphabetischer Stelle.	**went** [went] *pret. von* **go**. **gone** [gɒn] **I** *p.p. von* **go** …
Bei unregelmäßigen Steigerungsformen Hinweis auf die Grundform.	**bet·ter¹** ['betə] **I** *comp. von* **good** *adj.* … **III** *comp. von* **well** *adv.* … **best** [best] **I** *sup. von* **good** *adj.* … **II** *sup. von* **well** *adv.* …
Kennzeichnung des Lebens-, Arbeits- und Fachbereiches durch Symbole und Abkürzungen.	**fuse** [fju:z] **I** *s.* … **2.** ⚡ (Schmelz)Sicherung *f* … …'**learn·er** [-nə] *s.* **1.** Anfänger(in); … **3.** *mot.* *a.* ~ **driver** Fahrschüler(in) …
Kennzeichnung der Stilebene durch Abkürzungen und einfache Anführungszeichen.	**cock·y** ['kɒkɪ] *adj.* Ⓕ großspurig, anmaßend. **loon·y** ['lu:nɪ] *sl.* **I** *adj.* ‚bekloppt' … ~ **bin** *s.* *sl.* ‚Klapsmühle' *f.*
Kennzeichnung des britischen und amerikanischen Sprachgebrauchs	… '**pave·ment** [-mənt] *s.* **1.** (Straßen)Pflaster *n*; **2.** *Brit.* Bürgersteig *m* … '**side**| … '~·**walk** *s.* *bsd. Am.* Bürgersteig *m* …
bzw. der amerikanischen Schreibung.	**cen·ter** *etc. Am.* → **centre** *etc.*
Erläuterungen zur Übersetzung.	**leap** [li:p] … **2.** … c) *a.* ~ **up** (auf)lodern (*Flammen*), d) *a.* ~ **up** hochschnellen (*Preise etc.*) …
Objektangabe zum Verb.	**leap** [li:p] … **II** *v/t.* … **4.** *Pferd etc.* springen lassen …
Präpositionen und ihre deutschen Entsprechungen (mit Rektionsangabe).	**lean²** [li:n] … **4.** lehnen (**against** gegen, an *acc.*), (auf)stützen (**on, upon** auf *acc.*) …
Anwendungsbeispiele und idiomatische Ausdrücke in Auszeichnungsschrift.	**heart** [hɑ:t] *s.* … **3.** Herz *n*, (*das*) Innere, Kern *m*, Mitte *f*: **in the ~ of** inmitten (*gen.*) … **~ and soul** mit Leib u. Seele …

Mehr über den Umgang mit diesem Wörterbuch auf den Seiten 10 – 22. Die oben und im Hauptteil des Wörterbuchs verwendeten Abkürzungen finden Sie auf den Seiten 23 und 24.

LANGENSCHEIDTS
HANDWÖRTERBÜCHER

Langenscheidts Handwörterbuch Englisch

Teil I

Englisch-Deutsch

von
Heinz Messinger
und der
Langenscheidt-Redaktion

Neubearbeitung

LANGENSCHEIDT
BERLIN · MÜNCHEN · WIEN · ZÜRICH · NEW YORK

Redaktion:
Martin Fellermayer, Helga Krüger

In der neuen deutschen Rechtschreibung

Die Nennung von Waren erfolgt in diesem Werk, wie in Nachschlagewerken üblich, ohne Erwähnung etwa bestehender Patente, Gebrauchsmuster oder Marken. Das Fehlen eines solchen Hinweises begründet also nicht die Annahme, eine Ware sei frei.

*Ergänzende Hinweise, für die wir jederzeit dankbar sind, bitten wir zu richten an:
Langenscheidt-Verlag, Postfach 40 11 20, 80711 München*

*Druck: C. H. Beck'sche Buchdruckerei, Nördlingen
Printed in Germany · ISBN 3-468-04124-1*

1. 2. 3. 4. 5. * 2005 04 03 02 01

Vorwort

Neubearbeitung

Langenscheidt-Wörterbücher sind auf die Wünsche und Bedürfnisse ihrer Benutzer zugeschnitten. Hinter ihnen steht eine lange Tradition, die geprägt ist von der sprachlichen und fachlichen Kompetenz erfahrener Wörterbuchmacher. Sie berücksichtigen gleichermaßen die Anforderungen der modernen Lexikographie wie die Entwicklung der jeweiligen Sprache. Dies gilt auch für die vorliegende Neubearbeitung des ***Handwörterbuches Englisch-Deutsch***, deren wichtigste Merkmale wir hier kurz vorstellen:

Aktualität

In dieser Neubearbeitung wurden tausende hochaktuelle Neuwörter ergänzt, sodass der Wortschatz den augenblicklichen Stand der englischen Sprache in ihrer ganzen Vielfalt widerspiegelt. Die Auswahl reicht dabei von allgemeinsprachlichen Begriffen wie *filo pastry*, *freebie*, *highlights*, *leaving do*, *quilted jacket*, *ruggedize*, *serendipitous*, *spin doctor*, *touring coach*, *washboard belly* und der gehobenen Schriftsprache mit Wörtern wie *non-discrimination principle*, *paramountcy* oder *vocational retraining* über Umgangssprachliches wie *bozo*, *clocking*, *dippy*, *gobsmacked*, *hype*, *mouse potato*, *natch*, *pecs*, *ram-raid*, *do a runner*, *schmooze*, *street cred*, *sussed*, *veggie*, *wannabe*, *wheelie*, *whunk*, *wobbler*, *zapped*, *zizz* bis hin zu Slangbegriffen wie *bollix*, *honcho*, *naffing*, *oi(c)k* oder *rozzer* und Vulgärausdrücken wie *bonk* oder *piss artist*. Natürlich folgen alle deutschen Übersetzungen den Regeln der neuen deutschen Rechtschreibung gemäß DUDEN.

Noch mehr Inhalt

Erweitert auf rund 105.000 Stichwörter und Wendungen mit rund 255.000 Übersetzungen, bietet Ihnen Ihr ***Handwörterbuch Englisch-Deutsch*** nun mehr Inhalt als je zuvor.

Größeres Buchformat

Zusätzliche Attraktivität, Übersichtlichkeit und Bedeutung auf dem Schreibtisch gewinnt das Werk durch das größere Format.

Fachwortschatz

Hier haben wir uns besonders auf die folgende Bereiche konzentriert: Computer und Internet, z. B. *clipboard*, *cybermall*, *default*, *dongle*, *flame (mail)*, *freeware*, *freeze-up*, *hypertext*, *LAN*, *multitasking*, *netiquette*, *page break*, *portal*, *smartphone*, *spamming*, *tagging*, *template*, *toughbook*, *undelete*, *URL*, *wildcard*, *zipping*, neue Technologien, z. B. *AVI*, *biotechnology*, *charge card*, *clone*, *cyborg*, *DNA fingerprint*, *fibre-optic cable*, *genetic engineering*, *GM foods*, *information scientist*, *keycard*, *keyhole surgery*, *leading-edge technology*, *MRI*, *speech recognition*, Gesellschaft und Politik, z. B. *age of criminal responsibility*, *anti-abortionist*, *ballot rigging*, *body piercing*, *career-minded*, *date rape, edutainment, fanzine, glitzy, high-profile, job-creating, nuisance call, road rager, two-income family,* Wirtschaft und Börse, z. B. *business associate, cash cow, daytrader, downsizing, e-retailer, Footsie, globalization, intangible assets, Internet commerce, IPO, key currency, listed option, management consultancy, product liability, rat(e)able value, sort code, stock swap, venture capitalist,* EU-Wortschatz, z. B. *accession criteria, convergence criteria, European Monetary Union, internal market, MEP, participating country, state of convergence,* Ökologie und Umwelt, z. B. *animal welfare, environmental compatibility, environmentally aware, food chain, noise barrier, MCA, refill pack, renewable resources, space debris, speed ramp, sustainability, zero-emission,* und nicht zuletzt Sport, z. B. *carver, foosball/foozball, half-pipe, hang gliding, heliskiing, inline skates, Mexican wave, paraglider.*

Kontext

Wörter werden meist in einem typischen sprachlichen Zusammenhang verwendet. Damit die Benutzer des ***Handwörterbuches Englisch-Deutsch*** stets die treffende Übersetzung der verschiedenen Bedeutungen eines Wortes finden, bietet es eine Vielzahl von illustrierenden Beispielsätzen und typischen Wortverbindungen, z. B. *pitch-dark, talk big, freak of nature,* bzw. Redewendungen, z. B. *keep one's shirt on, throw a wobbly.*

Lautschrift und Silbentrennung

Wir verwenden die den Wörterbuchbenutzern heute vertraute Lautschrift der *International Phonetic Association* (IPA, nach Jones und Gimson, *English Pronouncing Dictionary*) und haben natürlich auch die bewährte Angabe der Trennstellen in den englischen Stichwörtern beibehalten.

Nützliche Extras in den Anhängen

In den Anhängen findet man zusätzlich britische und amerikanische Abkürzungen, Eigennamen inklusive Länder- und Städtenamen, unregelmäßige Verben, Zahlwörter, Maße und Gewichte sowie andere nützliche Extras. Darüber hinaus wird in einem fast 150 Seiten starken Kapitel der Internet-Wortschatz ausführlich behandelt.

Mit seinem aktuellen Inhalt und der bewährten Grundstruktur bietet das neu bearbeitete ***Handwörterbuch Englisch-Deutsch*** seinen Benutzern echte Langenscheidt-Qualität für alle Übersetzungen, sei es im Studium oder im Beruf.

LANGENSCHEIDT VERLAG

Preface

New edition

Langenscheidt dictionaries are tailored to the requirements and desires of their users. They are the product of a long tradition resting on the linguistic and specialist skills of our experienced lexicographers. Our dictionaries adopt a modern approach to lexicography and take into account new developments in each language. This new edition of the ***Handwörterbuch Englisch-Deutsch*** is no exception. Here is a brief introduction to its most important features:

Up-to-date usage

This new edition incorporates thousands of new words and expressions which have only recently appeared in English. It therefore reflects the current state of the English language in all of its variety. These new words range from everyday terms such as *filo pastry*, *freebie*, *highlights*, *leaving do*, *quilted jacket*, *ruggedize*, *serendipitous*, *spin doctor*, *touring coach*, *washboard belly* and examples of formal written language such as *non-discrimination principle*, *paramountcy* or *vocational retraining* to colloquialisms such as *bozo*, *clocking*, *dippy*, *gobsmacked*, *hype*, *mouse potato*, *natch*, *pecs*, *ram-raid*, *do a runner*, *schmooze*, *street cred*, *sussed*, *veggie*, *wannabe*, *wheelie*, *whunk*, *wobbler*, *zapped*, *zizz*. Slang words such as *bollix*, *honcho*, *naffing*, *oi(c)k* or *rozzer* are also included, as are vulgar terms like *bonk* or *piss artist*. And of course all of the German translations follow the rules of the new German spelling system as laid down in DUDEN.

Even more comprehensive

The ***Handwörterbuch Englisch-Deutsch*** has been expanded to a total of around 105,000 references and some 255,000 translations, making it more comprehensive than ever before.

Larger format

The larger format of this new edition provides greater clarity and makes this dictionary an even more attractive and user-friendly tool.

Technical terms

We have concentrated on the following areas in particular: Computers and the Internet, e. g. *clipboard*, *cybermall*, *default*, *dongle*, *flame* (*mail*), *freeware*, *freeze-up*, *hypertext*, *LAN*, *multitasking*, *netiquette*, *page break*, *portal*, *smartphone*, *spamming*, *tagging*, *template*, *toughbook*, *undelete*, *URL*, *wildcard*, *zipping*, new technologies, e. g. *AVI*, *biotechnology*, *charge card*, *clone*, *cyborg*, *DNA fingerprint*, *fibre-optic cable*, *genetic engineering*, *GM foods*, *information scientist*, *keycard*, *keyhole surgery*, *leading-edge technology*, *MRI*, *speech recognition*, society and politics, e. g. *age of criminal responsibility*, *anti-abortionist*, *ballot rigging*, *body piercing*, *career-minded*, *date rape*, *edutainment*, *fanzine, glitzy, high-profile, job-creating, nuisance call, road rager, two-income family*, business and finance, e. g. *business associate, cash cow, daytrader, downsizing, e-retailer, Footsie, globalization, intangible assets, Internet commerce, IPO, key currency, listed option, management consultancy, product liability, rat(e)able value, sort code, stock swap, venture capitalist*, EU terminology, e. g. *accession criteria, convergence criteria, European Monetary Union, internal market, MEP, participating country, state of convergence*, ecology and the environment, e. g. *animal welfare, environmental compatibility, environmentally aware, food chain, noise barrier, MCA, refill pack, renewable resources, space debris, speed ramp, sustainability, zero-emission*, and last but not least sport, e. g. *carver, foosball/foozball, half-pipe, hang gliding, heli-skiing, inline skates, Mexican wave, paraglider*.

Context

Words are usually used in a typical linguistic context. We have incorporated a variety of illustrative example sentences and typical collocations, such as *pitch-dark, talk big, freak of nature*, and idioms, such as *keep one's shirt on, throw a wobbly*, so that the user of the ***Handwörterbuch Englisch-Deutsch*** will always be able to pinpoint the exact translation he or she needs from among the different senses of a word or expression.

Phonetics and word division

In this dictionary we have used the phonetic alphabet of the *International Phonetic Association* (IPA, from Jones and Gimson's *English Pronouncing Dictionary*) which has become the standard. Of course our tried and tested practice of providing information on hypenation points for the English headwords has also been continued in this new edition.

Appendices with helpful extra features

The appendices contain British and American abbreviations, proper nouns including the names of countries and towns, irregular verbs, numerals, weights and measures as well as other helpful extra features. In addition, Internet terminology is covered in detail in a section running to almost 150 pages.

With its up-to-date coverage and the clear layout that our users have come to appreciate, this new edition of the ***Handwörterbuch Englisch-Deutsch*** offers real Langenscheidt qualitiy for all types of translation, whether for study or for work.

LANGENSCHEIDT PUBLISHERS

Inhaltsverzeichnis
Contents

Hinweise für die Benutzung des Wörterbuchs 10
How to use this dictionary
Wie und wo finden Sie ein Wort? 10
How to find a word
Wie schreiben Sie ein Wort? 11
Spelling
Wie trennen Sie ein Wort? 13
Word division
Was bedeuten die verschiedenen Schriftarten? 13
The different typefaces and their functions
Wie sprechen Sie ein Wort aus? 14
Pronunciation
Was sagen Ihnen die Symbole und Abkürzungen? 17
Symbols and abbreviations
Einige Worte zu den Übersetzungen und Wendungen 18
Translations and phraseology
Grammatik auch im Wörterbuch? 21
Grammar in a dictionary?
Im Wörterbuch verwendete Abkürzungen 23
Abbreviations used in the dictionary
Englisch-Deutsches Wörterverzeichnis 25
English-German Dictionary
Britische und amerikanische Abkürzungen 725
British and American Abbreviations
Eigennamen (einschließlich Ländernamen) 737
Proper Names (including names of countries)
Unregelmäßige Verben 753
Irregular Verbs
Zahlwörter 755
Numerals
Britische und amerikanische Maße und Gewichte 757
British and American Weights and Measures
Wortbeispiele für britisches und amerikanisches Englisch 759
British and American English
Einige bekannte englische Sprichwörter 761
Some English Proverbs
Kennzeichnung der Kinofilme 762
Film Certifications
Temperatur-Tabellen 763
Temperature Tables
Internet-Wortschatz 765
Internet Vocabulary

Hinweise für die Benutzung des Wörterbuchs

How to use this dictionary

Keine Angst vor unbekannten Wörtern!

Das Wörterbuch tut alles, um Ihnen das Nachschlagen und Kennenlernen eines gesuchten Wortes so leicht wie möglich zu machen. Legen Sie diese Einführung daher bitte nicht gleich zur Seite. Folgen Sie uns Schritt für Schritt. Wir versprechen Ihnen, dass Sie mit uns am Ende sagen werden "It isn't as bad as all that, is it?"

Und damit Sie in Zukunft von Ihrem Wörterbuch den besten Gebrauch machen können, wollen wir Ihnen zeigen, wie und wo Sie all die Informationen finden können, die Sie für Ihre Übersetzungen in der Schule und privat, im Beruf, in Briefen oder zum Sprechen brauchen.

This dictionary endeavours to do everything it can to help you find the words and translations you are looking for as quickly and as easily as possible. All the more reason, then, to take a little time to read through these guidelines carefully. We promise that in the end you will agree that using a dictionary properly isn't as bad as all that.

To enable you to get the most out of your dictionary in the long term, you will be shown exactly where and how to find the information that will help you choose the right translation in every situation – whether at school or at home, in your profession, when writing letters, or in everyday conversation.

Wie und wo finden Sie ein Wort?

Sie suchen ein bestimmtes Wort. Und wir sagen Ihnen erst einmal, dass das Wörterbuch in die Buchstaben von A–Z unterteilt ist. Auch innerhalb der einzelnen Buchstaben sind die Wörter **alphabetisch geordnet:**

hay – haze
se·cre·tar·**i**·al – sec·re·tar·**y**

Neben den Stichwörtern mit ihren Ableitungen und Zusammensetzungen finden Sie an ihrem alphabetischen Platz auch noch

a) die unregelmäßigen Formen des Komparativs und Superlativs (z. B. **better**, **worst**),
b) die verschiedenen Formen der Pronomina (z. B. **her**, **them**),
c) das Präteritum und Partizip Perfekt der unregelmäßigen Verben (z. B. **came**, **bitten**).

Eigennamen (einschließlich geographischer und Ländernamen) und Abkürzungen haben wir für Sie am Schluss des Buches in einem besonderen Verzeichnis zusammengestellt.

Wenn Sie nun ein bestimmtes englisches Wort suchen, wo fangen Sie damit an? – Sehen Sie sich einmal die fett gedruckten Wörter über den Spalten in den oberen äußeren Ecken auf jeder Seite

How to find a word

When you are looking for a particular word it is important to know that the dictionary entries are arranged in strict **alphabetical order:**

hay – haze
se·cre·tar·**i**·al – sec·re·tar·**y**

Besides the entry words and their derivates and compounds, the following are also given as individual entries, in alphabetical order:

a) irregular comparative and superlative forms (e. g. **better**, **worst**),
b) the various pronoun forms (e. g. **her**, **them**),
c) the past tense and past participle of irregular verbs (e.g. **came**, **bitten**).

Proper names (including geographical names, names of countries) and abbreviations are given in separate lists at the end of the dictionary.

How then do you go about finding a particular word? Take a look at the words in bold print at the top of each page. These are so-called **catchwords** and they serve as a guide to tracing your

an. Das sind die so genannten **Leitwörter**, an denen Sie sich orientieren können. Diese Leitwörter geben Ihnen jeweils (links) das ***erste*** fett gedruckte Stichwort auf einer Seite des Wörterbuches an bzw. (rechts) das ***letzte*** fett gedruckte Stichwort auf derselben Seite, z. B.

enunciate – equable

Wollen Sie nun zum Beispiel das Wort ***envy*** suchen, so muss es in unserem Beispiel im Alphabet zwischen ***enunciate*** und ***equable*** liegen. Suchen Sie jetzt z. B. das Wort ***arise***. Blättern Sie dazu schnell das Wörterbuch durch, und achten Sie dabei auf die linken und rechten Leitwörter. Welches Leitwort steht Ihrem gesuchten Wort ***arise*** wohl am nächsten? Dort schlagen Sie das Wörterbuch auf (in diesem Fall zwischen ***architectonic*** und ***Armistice Day***). Sie werden so sehr bald die gewünschte Spalte mit *Ihrem Stichwort* finden.

Wie ist das aber nun, wenn Sie auch einmal ein Stichwort nachschlagen wollen, das aus zwei einzelnen Wörtern besteht? Nehmen Sie z. B. ***evening classes*** oder einen Begriff, bei dem die Wörter mit einem Bindestrich (hyphen) miteinander verbunden sind, wie in ***baby-minder***. Diese Wörter werden wie ein einziges Wort behandelt und dementsprechend alphabetisch eingeordnet. Sollten Sie einmal ein solches zusammengesetztes Wort nicht finden, so zerlegen Sie es einfach in seine Einzelbestandteile und schlagen dann bei diesen an ihren alphabetischen Stellen nach. Sie werden sehen, dass Sie sich auf diese Weise viele Wörter selbst erschließen können.

Beim Nachschlagen werden Sie auch merken, dass viele so genannte „Wortfamilien" enstanden sind. Das sind Stichwortartikel, die von einem gemeinsamen Stamm oder Grundwort ausgehen und deshalb – aus Gründen der Platzersparnis – in einem Artikel zusammengefasst sind:

de·pend–**de·pend·a·bil·i·ty**–**de·pend·a·ble** –**de·pend·ance** etc.
door – **'~·bell** – **~ han·dle** – **'~,keep·er** etc.

word as quickly as possible. The left-hand catchword on the top of a page gives you the first word on a page, while the right-hand one gives you the last word on the same page, e. g.

enunciate – equable

If you are looking for the word ***envy***, for example, you will find it somewhere on this page between ***enunciate*** and ***equable***. Let us take the word ***arise***: flick through the dictionary, keeping an eye open for the catchwords on the top right and left. Find the catchwords which come closest to ***arise*** and look for the word on this page (in this case those covering ***architectonic*** to ***Armistice Day***). With a little practice you will be able to find the words you are looking for quite quickly.

What about entries comprising two words, such as ***evening classes***, or hyphenated expressions like ***baby-minder***? Expressions of this kind are treated in the same way as single words and thus appear in strict alphabetical order. Should you be unable to find a compound in the dictionary, just break it down into its components and look these up separately. In this way the meaning of many compound expressions can be derived indirectly.

When using the dictionary you will notice many 'word families', or groups of words stemming from a common root, which have been collated within one article in order to save space:

de·pend–**de·pend·a·bil·i·ty**–**de·pend·a·ble** –**de·pend·ance** etc.
door – **'~·bell** – **~ han·dle** – **'~,keep·er** etc.

Wie schreiben Sie ein Wort?

Sie können in Ihrem Wörterbuch wie in einem Rechtschreibwörterbuch nachschlagen, wenn Sie wissen wollen, wie ein Wort richtig geschrieben wird. Sind die **britische** und die **amerikanische Schreibung** eines Stichwortes verschieden, so wird von der amerikanischen Form auf die britische verwiesen:

a·ne·mi·a, **a·ne·mic** *Am.* → ***anaemia, anaemic***
cen·ter *etc. Am.* → ***centre*** *etc.*
col·or *etc. Am.* → ***colour*** *etc.*

Spelling

Where the British and American spelling of a word differs, a cross reference is given from the American to the British from, where the word is treated in full:

a·ne·mi·a, **a·ne·mic** *Am.* → ***anaemia, anaemic***
cen·ter *etc. Am.* → ***centre*** *etc.*
col·or *etc. Am.* → ***colour*** *etc.*

Ein eingeklammertes u oder l in einem Stichwort oder Anwendungsbeispiel kennzeichnet ebenfalls den Unterschied zwischen britischer und amerikanischer Schreibung:

col·o(u)red bedeutet: britisch ***coloured***, amerikanisch ***colored***; **trav·el·(l)er** bedeutet: britisch ***traveller***, amerikanisch ***traveler***.

A 'u' or 'l' in parentheses in an entry word or phrase also indicates variant spellings:

col·o(u)red means: British ***coloured***, American ***colored***; **trav·el·(l)er** means: British ***traveller***, American ***traveler***.

In seltenen Fällen bedeutet ein eingeklammerter Buchstabe aber auch ganz allgemein zwei Schreibweisen für ein und dasselbe Wort: **lan·o·lin(e)** wird entweder ***lanolin*** oder ***lanoline*** geschrieben.

In a few rare cases a letter in parentheses indicates that there are two interchangeable spellings of the word: thus **lan·o·lin(e)** may be written ***lanolin*** or ***lanoline***.

Für die Abweichungen in der Schreibung geben wir Ihnen für das amerikanische Englisch ein paar einfache Regeln:

Here are a few basic guidelines to help you distinguish between British and American spelling:

Die amerikanische Rechtschreibung

weicht von der britischen hauptsächlich in folgenden Punkten ab:

1. Für **...our** tritt **...or** ein, z.B. hon*or* = honour, lab*or* = labour.
2. **...re** wird zu **...er**, z.B. cent*er* = centre, meag*er* = meagre; ausgenommen sind og*re* und die Wörter auf ...cre, z.B. massa*cre* , a*cre*.
3. Statt **...ce** steht **...se**, z.B. defen*se* = defence, licen*se* = licence.
4. Bei den meisten Ableitungen der Verben auf **...l** und einigen wenigen auf **...p** unterbleibt die Verdoppelung des Endkonsonanten, also travel – trave*l*ed – trave*l*ing – trave*l*er, worship – worshi*p*ed – worshi*p*ing – worshi*p*er. Auch in einigen anderen Wörtern wird der Doppelkonsonant durch einen einfachen ersetzt, z.B. woo*l*en = woollen, carbure*t*or = carburettor.
5. Ein stummes **e** wird in gewissen Fällen weggelassen, z.B. ax = ax*e*, goodby = goodby*e*.
6. Bei einigen Wörtern mit der Vorsilbe **en...** gibt es auch noch die Schreibung **in...**, z.B. *in*close = enclose, *in*snare = ensnare.
7. Der Schreibung **ae** und **oe** wird oft diejenige mit **e** vorgezogen, z.B. an*e*mia = anaemia, diarrh*e*a = diarrhoea.
8. Aus dem Französischen stammende stumme Endsilben werden meist weggelassen, z.B. catalog = catalog*ue*, program = program*me*, prolog = prolog*ue*.
9. Einzelfälle sind: st*a*nch = staunch, m*o*ld = mould, m*o*lt = moult, gr*a*y = grey, pl*ow* = plough, ski*ll*ful = skilful, t*i*re = tyre etc.

American spelling

differs from British spelling in the following respects:

1. **...our** becomes **...or** in American, e.g. hon*or* = honour, lab*or* = labour.
2. **...re** becomes **...er**, e.g. cent*er* = centre, meag*er* = meagre; exceptions are og*re* and words ending in ...cre, such as massa*cre* , a*cre*.
3. **...ce** becomes **...se**, e.g. defen*se* = defence, licen*se* = licence.
4. Most derivates of verbs ending in **...l** and some of verbs ending in **...p** do not double the final consonant: travel – trave*l*ed – trave*l*ing – trave*l*er, worship – worshi*p*ed – worshi*p*ing – worshi*p*er. In certain other words, too, the double consonant is replaced by a single consonant: woo*l*en = woollen, carbure*t*or = carburettor.
5. A silent **e** is sometimes omitted, as in ax = ax*e*, goodby = goodby*e*.
6. Some words with the prefix **en...** have an alternative spelling with **in...**, e.g. *in*close = enclose, *in*snare = ensnare.
7. **ae** and **oe** are often simplified to **e**, e.g. an*e*mia = anaemia, diarrh*e*a = diarrhoea.
8. Silent endings of French origin are usually omitted, e.g. catalog = catalog*ue*, program = program*me*, prolog = prolog*ue*.
9. Further differences are found in the following words: st*a*nch = staunch, m*o*ld = mould, m*o*lt = moult, gr*a*y = grey, pl*ow* = plough, ski*ll*ful = skilful, t*i*re = tyre etc.

Wie trennen Sie ein Wort?

Die Silbentrennung im Englischen ist für uns Deutsche ein heikles Kapitel. Aus diesem Grund haben wir Ihnen die Sache erleichtert und geben Ihnen für jedes mehrsilbige englische Wort die Aufteilung in Silben an. Bei mehrsilbigen Stichwörtern müssen Sie nur darauf achten, wo zwischen den Silben ein halbhoher Punkt oder ein Betonungsakzent steht, z. B. **ex·pect**, **ex'pect·ance**. Bei allein stehenden Wortbildungselementen, wie z. B. **electro-**, entfällt die Angabe der Silbentrennung, weil diese sich je nach der weiteren Zusammensetzung ändern kann.

Die Silbentrennungspunkte haben für Sie den Sinn, zu zeigen, an welcher Stelle im Wort Sie am Zeilenende trennen können. Sie sollten es aber vermeiden, nur einen Buchstaben abzutrennen, wie z. B. in **a·mend** oder **cit·y**. Hier nehmen Sie besser das ganze Wort auf die neue Zeile.

Word division

Word division in English can be a somewhat tricky matter. To make things easier we have marked the divisions of each word containing more than one syllable with a centred dot or an accent, as in **ex·pect**, **ex'pect·ance**. Combining forms which appear as individual entries (e. g. **electro-**) do not have syllabification marks since these depend on the subsequent element(s) of the compound.

Syllabification marks indicate where a word can be divided at the end of a line. The separation of a single letter from the rest of the word, as in **a·mend** or **cit·y**, should, however, be avoided if at all possible. In such cases it is better to bring the entire word forward to the new line.

Was bedeuten die verschiedenen Schriftarten?

Sie finden **fett gedruckt** alle englischen Stichwörter, alle römischen Ziffern zur Unterscheidung der Wortarten (Substantiv, transitives und intransitives Verb, Adjektiv, Adverb etc.) und alle arabischen Ziffern zur Unterscheidung der einzelnen Bedeutungen eines Wortes:

feed ... **I** *v/t.* [*irr.*] **1.** Nahrung zuführen (*dat.*) ...; **II** *v/i.* [*irr.*] **10.** a) fressen (*Tier*) ...; **III** *s.* **12.** Fütterung *f* ...

Sie finden *kursiv*

a) alle Grammatik- und Sachgebietsabkürzungen: *s.*, *v/t.*, *v/i.*, *adj.*, *adv.*, *hist.*, *pol.* etc.;
b) alle Genusangaben (Angaben des Geschlechtswortes): *m*, *f*, *n*;
c) alle Zusätze, die entweder als Dativ- oder Akkusativobjekt der Übersetzung vorangehen oder ihr als erläuternder Hinweis vor- oder nachgestellt sind:

e·lect ... **1.** *j-n in ein Amt* wählen ...
cut ... **19.** ... *Baum* fällen ...
byte ... *Computer*: Byte *n*
bike ... ‚Maschine' *f* (*Motorrad*) ...

d) alle Erläuterungen bei Wörtern, die keine genaue deutsche Entsprechung haben:

cor·o·ner ... ⚖ Coroner *m* (*richterlicher Beamter zur Untersuchung der Todesursache in Fällen unnatürlichen Todes*) ...

Sie finden in ***halbfetter kursiver Auszeichnungsschrift*** alle Wendungen und Hinweise zur Konstruktion mit Präpositionen:

gain ... ***~ experience*** ...
de·pend ... ***it ~s on you*** ...
de·part ... **1.** (***for*** nach) weg-, fortgehen ...
glance ... **6.** flüchtiger Blick (***at*** auf *acc.*) ...

The different typefaces and their functions

Bold type is used for the English entry words, for Roman numerals separating different parts of speech (nouns, transitive and intransitive verbs, adjectives and adverbs, etc.) and for Arabic numerals distinguishing various senses of a word:

feed ... **I** *v/t.* [*irr.*] **1.** Nahrung zuführen (*dat.*) ...; **II** *v/i.* [*irr.*] **10.** a) fressen (*Tier*) ...; **III** *s.* **12.** Fütterung *f* ...

Italics are used for

a) grammatical abbreviations and subject labels: *s.*, *v/t.*, *v/i.*, *adj.*, *adv.*, *hist.*, *pol.* etc.;
b) gender labels (masculine, feminine and neuter): *m*, *f*, *n*;
c) any additional information preceding or following a translation (including dative or accusative objects, which are given before the translation):

e·lect ... **1.** *j-n in ein Amt* wählen ...
cut ... **19.** ... *Baum* fällen ...
byte ... *Computer*: Byte *n*
bike ... ‚Maschine' *f* (*Motorrad*) ...

d) definitions of English words which have no direct correspondence in German:

cor·o·ner ... ⚖ Coroner *m* (*richterlicher Beamter zur Untersuchung der Todesursache in Fällen unnatürlichen Todes*) ...

Boldface italics are used for phraseology and for prepositions taken by the entry word:

gain ... ***~ experience*** ...
de·pend ... ***it ~s on you*** ...
de·part ... **1.** (***for*** nach) weg-, fortgehen ...
glance ... **6.** flüchtiger Blick (***at*** auf *acc.*) ...

Sie finden in normaler Schrift
a) alle Übersetzungen;
b) alle kleinen Buchstaben zur weiteren Bedeutungsdifferenzierung eines Wortes oder einer Wendung:

Goth·ic ... **4.** ... a) ba'rock, ro'mantisch, b) Schauer...
give in ... **2.** (***to*** *dat.*) a) nachgeben (*dat.*), b) sich anschließen (*dat.*) ...

Normal type is used for
a) translations of the entry words;
b) small letters marking subdivisions of meaning:

Goth·ic ... **4.** ... a) ba'rock, ro'mantisch, b) Schauer...
give in ... **2.** (***to*** *dat.*) a) nachgeben (*dat.*), b) sich anschließen (*dat.*) ...

Wie sprechen Sie ein Wort aus?

Sie haben das gesuchte Stichwort mithilfe der Leitwörter gefunden. Hinter dem Stichwort sehen sie nun eine Reihe von Zeichen in einer eckigen Klammer. Dies ist die so genannte Lautschrift. Die Lautschrift beschreibt, wie Sie ein Wort aussprechen sollen. So ist das „th" in ***thin*** ein ganz anderer Laut als das „th" in ***these***. Da die normale Schrift für solche Unterschiede keine Hilfe bietet, ist es nötig, diese Laute mit anderen Zeichen zu beschreiben. Damit *jeder* genau weiß, welches Zeichen welchem Laut entspricht, hat man sich international auf eine Lautschrift geeinigt. Da die Zeichen von der **I**nternational **P**honetic **A**ssociation als verbindlich angesehen werden, nennt man sie auch **IPA-Lautschrift**.

Hier sind nun die Zeichen, ohne die Sie bei unbekannten englischen Wörtern nicht auskommen werden:

Pronuncation

When you have found the entry word you are looking for, you will notice that it is followed by certain symbols enclosed in square brackets. This is the phonetic transcription of the word, which tells you how it is pronounced. As our normal alphabet cannot distinguish between certain crucial differences in sounds (e. g. that between 'th' in ***thin*** and in ***these***), a different system of symbols has to be used. To avoid the confusion of conflicting systems, one phonetic albhabet has come to be used internationally, namely that of the International Phonetic Association. This phonetic system is known by the abbreviation **IPA**. The symbols used in this dictionary are listed and illustrated in the table below:

Die englischen Laute in der Internationalen Lautschrift

[ʌ]	much [mʌtʃ], come [kʌm]	kurzes *a* wie in *Matsch, Kamm*
[ɑː]	after ['ɑːftə], park [pɑːk]	langes *a*, etwa wie in *Bahn*
[æ]	flat [flæt], madam ['mædəm]	mehr zum *a* hin als *ä* in *Wäsche*
[ə]	after ['ɑːftə], arrival [ə'raɪvl]	wie das End-*e* in *Berge, mache, bitte*
[e]	let [let], men [men]	*ä* wie in *hätte, Mäntel*
[ɜː]	first [fɜːst], learn [lɜːn]	etwa wie *ir* in *flirten*, aber offener
[ɪ]	in [ɪn], city ['sɪtɪ]	kurzes *i* wie in *Mitte, billig*
[iː]	see [siː], evening ['iːvnɪŋ]	langes *i* wie in *nie, lieben*
[ɒ]	shop [ʃɒp], job [dʒɒb]	wie *o* in *Gott*, aber offener
[ɔː]	morning ['mɔːnɪŋ], course [kɔːs]	wie in *Lord*, aber ohne *r*
[ʊ]	good [gʊd], look [lʊk]	kurzes *u* wie in *Mutter*
[uː]	too [tuː], shoot [ʃuːt]	langes *u* wie in *Schuh*
[aɪ]	my [maɪ], night [naɪt]	etwa wie in *Mai, Neid*
[aʊ]	now [naʊ], about [ə'baʊt]	etwa wie in *blau, Couch*
[əʊ]	home [həʊm], know [nəʊ]	von [ə] zu [ʊ] gleiten
[eə]	air [eə], square [skweə]	wie *är* in *Bär*, aber kein *r* sprechen
[eɪ]	eight [eɪt], stay [steɪ]	klingt wie *äi*
[ɪə]	near [nɪə], here [hɪə]	von [ɪ] zu [ə] gleiten
[ɔɪ]	join [dʒɔɪn], choice [tʃɔɪs]	etwa wie *eu* in *neu*
[ʊə]	sure [ʃʊə], tour [tʊə]	wie *ur* in *Kur*, aber kein *r* sprechen

[j] [w]	yes [jes], tube [tjuːb] way [weɪ], one [wʌn], quick [kwɪk]	wie *j* in *jetzt* sehr kurzes *u* – kein deutsches *w*!
[ŋ] [r] [s] [z] [ʃ] [tʃ] [ʒ] [dʒ] [θ] [ð] [v] [x]	thing [θɪŋ], English ['ɪŋglɪʃ] room [ruːm], hurry ['hʌrɪ] see [siː], famous ['feɪməs] zero ['zɪərəʊ], is [ɪz], runs [rʌnz] shop [ʃɒp], fish [fɪʃ] cheap [tʃiːp], much [mʌtʃ] television ['telɪvɪʒn] just [dʒʌst], bridge [brɪdʒ] thanks [θæŋks], both [bəʊθ] that [ðæt], with [wɪð] very ['verɪ], over ['əʊvə] loch [lɒx]	wie *ng* in *Ding* nicht rollen! stimmloses *s* wie in *lassen, Liste* stimmhaftes *s* wie in *lesen, Linsen* wie *sch* in *Scholle, Fisch* wie *tsch* in *tschüs, Matsch* stimmhaftes *sch* wie in *Genie, Etage* wie in *Job, Gin* wie *ss* in *Fass*, aber gelispelt wie *s* in *Sense*, aber gelispelt etwa wie deutsches *w*, aber Oberzähne auf Oberkante der Unterlippe wie *ch* in *ach*

[ː] bedeutet, dass der vorhergehende Vokal lang zu sprechen ist.

[ː] indicates that the preceding vowel is long.

Lautsymbole der nicht anglisierten Stichwörter

In nicht anglisierten Stichwörtern, d. h. in Fremdwörtern, die noch nicht als eingebürgert empfunden werden, werden gelegentlich einige Lautsymbole der französischen Sprache verwendet, um die nichtenglische Lautung zu kennzeichnen. Die nachstehende Liste gibt einen Überblick über diese Symbole:

[ɑ̃] ein nasaliertes, offenes a wie im französischen Wort *enfant.*

[ɛ̃] ein nasaliertes, offenes ä wie im französischen Wort *fin.*

[ɔ̃] ein nasaliertes, offenes o wie im französischen Wort *bonbon.*

[œ] ein offener ö-Laut wie im französischen Wort *jeune.*

[ø] ein geschlossener ö-Laut wie im französischen Wort *feu.*

[y] ein kurzes ü wie im französischen Wort *vu.*

[ɥ] ein kurzer Reibelaut, Zungenstellung wie beim deutschen ü („gleitendes ü"). Wie im französischen Wort *muet.*

[ɲ] ein j-haltiges n, noch zarter als in *Champagner.* Wie im französischen Wort *Allemagne.*

Phonetic symbols for foreign loanwords

Occasionally French phonetic symbols have been used to transcribe foreign loanwords whose pronunciation has not been anglicized:

[ɑ̃] like the en or an in the French *enfant.*

[ɛ̃] like the *in* in the French *fin.*

[ɔ̃] like the *on* in the French *bonbon.*

[œ] like the *eu* in the French *jeune.*

[ø] like the *eu* in the French *feu.*

[y] like the *u* in the French *vu.*

[ɥ] like the *u* in the French *muet.*

[ɲ] like the *gn* in the French *Champagne.*

Kursive phonetische Zeichen und Betonungsakzente

Ein kursives phonetisches Zeichen bedeutet, dass der Buchstabe gesprochen oder nicht gesprochen werden kann. Beide Aussprachen sind dann im Englischen gleich häufig. Das kursive *ʊ* in der

Phonetic symbols in italics and stress marks

If a phonetic symbol appears in italics, this means that it may be spoken or not. In such cases, both pronunciations are more or less equally common. The italic *ʊ*, for example, in the phonetic

Umschrift von molest [məʊ'lest] bedeutet z. B., dass die Aussprache des Wortes mit [ə] oder mit [əʊ] etwa gleich häufig ist.

transcription of molest [məʊ'lest] means that it can be pronounced with [ə] or [əʊ].

Die **Betonung** der englischen Wörter wird durch das Zeichen ' für den Hauptakzent bzw. ˌ für den Nebenakzent vor der zu betonenden Silbe angegeben:

on·ion ['ʌnjən] – **dis·loy·al** [ˌdɪs'lɔɪəl]

Bei den zusammengesetzten Stichwörtern ohne Lautschriftangabe wird der Betonungsakzent im zusammengesetzten Stichwort selbst gegeben. z. B. **ˌup'stairs**. Die Betonung erfolgt auch dann im Stichwort, wenn nur ein Teil der Lautschrift gegeben wird, z. B. **ad'min·is·tra·tor** [-treɪtə], **'dog·ma·tism** [-ətɪzəm].

Bei einem Stichwort, das aus zwei oder mehreren einzelnen Wörtern besteht, können Sie die Aussprache bei dem jeweiligen Einzelwort nachschlagen, z. B. **school leav·ing cer·tif·i·cate**.

Primary (or strong) stress is indicated by ' preceding the stressed syllable, and secondary (or weak) stress by ˌ preceding the stressed syllable:

on·ion ['ʌnjən] – **dis·loy·al** [ˌdɪs'lɔɪəl]

In the case of compounds without phonetic transcription, the accents are given in the entry word itself, as in **ˌup'stairs**. Stress is also indicated in the entry word if only part of the phonetic transcription is given, as in **ad'min·is·tra·tor** [-treɪtə], **'dog·ma·tism** [-ətɪzəm].

For the pronunciation of entries consisting of more than one word, each individual word should be looked up, as with **school leav·ing cer·tif·i·cate**.

Einige Worte noch zur **amerikanischen Aussprache**:
Amerikaner sprechen viele Wörter anders aus als die Briten. In diesem Wörterbuch geben wir Ihnen aber meistens nur die britische Aussprache, wie Sie sie auch in Ihren Lehrbüchern finden. Ein paar Regeln für die Abweichungen in der amerikanischen Aussprache wollen wir Ihnen hier aber doch geben.

Die amerikanische Aussprache weicht hauptsächlich in folgenden Punkten von der britischen ab:

1. ɑː wird zu (gedehntem) æ(ː) in Wörtern wie *ask* [æ(ː)sk = ɑːsk], *castle* ['kæ(ː)sl = 'kɑːsl], *grass* [græ(ː)s = grɑːs], *past* [pæ(ː)st = pɑːst] etc.; ebenso in *branch* [bræ(ː)ntʃ = brɑːntʃ], *can't* [kæ(ː)nt = kɑːnt], *dance* [dæ(ː)ns = dɑːns] etc.
2. ɒ wird zu ɑ in Wörtern wie *common* ['kɑmən = 'kɒmən], *not* [nɑt = nɒt], *on* [ɑn = ɒn], *rock* [rɑk = rɒk], *bond* [bɑnd = bɒnd] und vielen anderen.
3. juː wird zu uː, z. B. *due* [duː = djuː], *duke* [duːk = djuːk], *new* [nuː = njuː].
4. r zwischen vorhergehendem Vokal und folgendem Konsonanten wird stimmhaft gesprochen, indem die Zungenspitze gegen den harten Gaumen zurückgezogen wird, z.B. *clerk* [klɜːrk = klɑːk], *hard* [hɑːrd = hɑːd]; ebenso im Auslaut, z. B. *far* [fɑːr = fɑː], *her* [hɜːr = hɜː].
5. Anlautendes p, t, k in unbetonter Silbe (nach betonter Silbe) wird zu b, d, g abgeschwächt, z. B. in *property*, *water*, *second*.
6. Der Unterschied zwischen stark und schwach betonten Silben ist viel weniger ausgeprägt; längere Wörter haben einen deutlichen Nebenton, z. B. *dictionary* ['dɪkʃəˌnerɪ = 'dɪkʃənrɪ], *ceremony* ['serəˌməʊnɪ = 'serɪmənɪ], *inventory* ['ɪnvənˌtɔːrɪ = 'ɪnvəntrɪ], *secretary* ['sekrəˌterɪ = 'sekrətrɪ].
7. Vor, oft auch nach nasalen Konsonanten (m, n, ŋ) sind Vokale und Diphthonge nasal gefärbt, z. B. *stand*, *time*, *small*.

Was sagen Ihnen die Symbole und Abkürzungen?

Wir geben Ihnen die Symbole und Abkürzungen im Wörterbuch, um Sie davor zu bewahren, durch falsche Anwendungen einer Übersetzung in das berühmte „Fettnäpfchen“ zu treten.

Die Liste mit den **Abkürzungen** zur Kennzeichnung des Grammatik- und Sachgebietsbereiches finden Sie auf den Seiten 23 und 24.

Die **Symbole** zeigen Ihnen, in welchem Lebens-, Arbeits- und Fachbereich ein Wort am häufigsten benutzt wird.

~ ≈ Tilde; siehe Seite 18.
⚘ Botanik, *botany*.
⚙ Handwerk, *handicraft*; Technik, *engineering*.
⚒ Bergbau, *mining*.
⚔ militärisch, *military term*.
⚓ Schifffahrt, *nautical term*.
☤ Handel u. Wirtschaft, *commercial term*.
🚂 Eisenbahn, *railway*, *railroad*.
✈ Luftfahrt, *aviation*.
☎ Post und Telekommunikation, *post and telecommunications*.
♪ Musik, *musical term*.
⌂ Architektur, *architecture*.
ϟ Elektrotechnik, *electrical engineering*.
⚖ Rechtswissenschaft, *legal term*.
A Mathematik, *mathematics*.
⚒ Landwirtschaft, *agriculture*.
⚗ Chemie, *chemistry*.
⚕ Medizin, *medicine*.
→ Verweiszeichen; siehe Seite 20f.

Ein weiteres Symbol ist das Kästchen: □. Steht es nach einem englischen Adjektiv, so bedeutet das, dass das Adverb regelmäßig durch Anhängung von ***-ly*** an das Adjektiv oder durch Umwandlung von ***-le*** in ***-ly*** oder von ***-y*** in ***-ily*** gebildet wird, z.B.

bald □ = ***baldly***
change·a·ble □ = ***changeably***
bus·y □ = ***busily***

Es gibt auch noch die Möglichkeit, ein Adverb durch Anhängen von ***-ally*** an das Stichwort zu bilden. In diesen Fällen haben wir auch das angegeben:

his·tor·ic (□ *~ally*) = ***historically***

Bei Adjektiven, die auf ***-ic*** und ***-ical*** enden können, wird die Adverbbildung auf folgende Weise gekennzeichnet:

phil·o·soph·ic, **phil·o·soph·i·cal** *adj.* □

d. h. ***philosophically*** ist das Adverb zu beiden Adjektivformen.

Wird bei der Adverbangabe auf das Adverb selbst verwiesen, so bedeutet dies, dass unter diesem Stichwort vom Adjektiv abweichende Übersetzungen zu finden sind:

a·ble □ → ***ably***

Symbols and abbreviations

Symbols and abbreviations indicating subject areas are designed to aid the user in choosing the appropriate translation of a word.

A list of **abbreviations** of grammatical terms and subject areas is given on pp. 23–24.

The pictographic **symbols** indicate the field in which a word is most commonly used.

~ ≈ tilde; see p. 18.
⚘ Botanik, *botany*.
⚙ Handwerk, *handicraft*; Technik, *engineering*.
⚒ Bergbau, *mining*.
⚔ militärisch, *military term*.
⚓ Schifffahrt, *nautical term*.
☤ Handel u. Wirtschaft, *commercial term*.
🚂 Eisenbahn, *railway*, *railroad*.
✈ Luftfahrt, *aviation*.
☎ Post und Telekommunikation, *post and telecommunications*.
♪ Musik, *musical term*.
⌂ Architektur, *architecture*.
ϟ Elektrotechnik, *electrical engineering*.
⚖ Rechtswissenschaft, *legal term*.
A Mathematik, *mathematics*.
⚒ Landwirtschaft, *agriculture*.
⚗ Chemie, *chemistry*.
⚕ Medizin, *medicine*.
→ cross-reference mark; see pp. 20–21.

A square box □ after an English adjective indicates that the adverb is formed regularly by adding ***-ly***, changing ***-le*** into ***-ly***, or ***-y*** into ***-ily***:

bald □ = ***baldly***
change·a·ble □ = ***changeably***
bus·y □ = ***busily***

Some adverbs are formed by adding ***-ally*** to the adjective. This is indicated by a box followed by the adverbial ending:

his·tor·ic (□ *~ally*) = ***historically***

Adverb forms deriving from adjectives which may end in ***-ic*** or ***-ical*** are given as follows:

phil·o·soph·ic, **phil·o·soph·i·cal** *adj.* □

i. e., ***philosophically*** is the adverb derived from both adjective forms.

If an adjective is followed by a cross-reference to the adverb, this means that the adverb is used in a sense quite different from that of the adjective:

a·ble □ → ***ably***

Was bedeutet das Zeichen ~, die Tilde?

Ein Symbol, das Ihnen ständig in den Stichwortartikeln begegnet, ist ein Wiederholungszeichen, die Tilde (~ 2).

Zusammengehörige oder verwandte Wörter sind häufig zum Zweck der Raumersparnis unter Verwendung der Tilde zu Gruppen vereinigt. Die Tilde vertritt dabei entweder das ganze Stichwort oder den vor dem senkrechten Strich (|) stehenden Teil des Stichworts.

drink·ing ... **~ wa·ter** = ***drinking water***
ˈ**head|·light** ... ˈ**~·line** = ***headline***

Bei den in halbfetter kursiver Auszeichnungsschrift gesetzten Redewendungen vertritt die Tilde stets das unmittelbar vorhergehende Stichwort, das selbst schon mithilfe der Tilde gebildet worden sein kann:

ˌ**dou·ble|-ˈact·ing** ... ˌ**~-ˈedged** ...: ***~ sword*** = ***double-edged sword***

Wechselt die Schreibung von klein zu groß oder von groß zu klein, steht statt der einfachen Tilde (~) die Kreistilde (2):

mid·dle| age ... **2 A·ges** = ***Middle Ages***
Ren·ais·sance ... **2.** 2 ˈWiedergeburt *f* ... = ***renaissance***

The swung dash, or tilde (~)

A symbol you will repeatedly come across in the dictionary articles is the so-called tilde (~ 2), which serves as a replacement mark. For reasons of space, related words are often combined in groups with the help of the tilde. In these cases, the tilde replaces either the entire entry word or that part of it which precedes a vertical bar (|):

drink·ing ... **~ wa·ter** = ***drinking water***
ˈ**head|·light** ... ˈ**~·line** = ***headline***

In the case of the phrases in boldface italics, the tilde replaces the entry word immediately preceding, which itself may also have been formed with the help of a tilde:

ˌ**dou·ble|-ˈact·ing** ... ˌ**~-ˈedged** ...: ***~ sword*** = ***double-edged sword***

If there is a switch from a small initial letter to a capital or vice-versa, the standard tilde (~) appears with a circle (2):

mid·dle| age ... **2 A·ges** = ***Middle Ages***
Ren·ais·sance ... **2.** 2 ˈWiedergeburt *f* ... = ***renaissance***

Einige Worte zu den Übersetzungen und Wendungen

Nach dem fett gedruckten Stichwort, der Ausspracheangabe in eckigen Klammern und der Bezeichnung der Wortart kommt als nächstes das, was für Sie wahrscheinlich das Wichtigste ist: **die Übersetzung**.

Die Übersetzungen haben wir folgendermaßen untergliedert: römische Ziffern zur Unterscheidung der Wortarten (Substantiv, Verb, Adjektiv, Adverb etc.), arabische Ziffern zur Unterscheidung der einzelnen Bedeutungen, kleine Buchstaben zur weiteren Bedeutungsdifferenzierung, z. B.

face ... **I** *s.* **1.** Gesicht *n* ...; ***in*** (***the***) ***~ of*** a) angesichts (*gen.*), gegenüber (*dat.*), b) trotz (*gen. od. dat.*) ...; **II** *v/t.* **11.** ansehen ...; **III** *v/i.* ...

Weist ein Stichwort grundsätzlich verschiedene Bedeutungen auf, so wird es mit einer hochgestellten Zahl, dem Exponenten, als eigenständiges Stichwort wiederholt:

chap¹ [tʃæp] *s.* F Bursche *m*, Junge *m* ...
chap² [tʃæp] *s.* Kinnbacken *m* ...
chap³ [tʃæp] **I** *v/t. u. v/i* rissig machen *od.* werden ...; **II** *s.* Riss *m*, Sprung *m*.

Dies geschieht aber nicht in Fällen, in denen sich die zweite Bedeutung aus der Hauptbedeutung des Grundwortes entwickelt hat.

Translations and phraseology

After the boldface entry word, its phonetic transcription in square brackets, and its part of speech label, we finally come to the most important part of the entry: **the translation(s)**.

Where an entry word has several different meanings, the translations have been arranged as follows: different parts of speech (nouns, verbs, adjectives, adverbs etc.) separated by Roman numerals, different senses by Arabic numerals, and related senses by small letters:

face ... **I** *s.* **1.** Gesicht *n* ...; ***in*** (***the***) ***~ of*** a) angesichts (*gen.*), gegenüber (*dat.*), b) trotz (*gen. od. dat.*) ...; **II** *v/t.* **11.** ansehen ...; **III** *v/i.* ...

Where a word has fundamentally different meanings, it appears as two or more separate entries distinguished by exponents, or raised figures:

chap¹ [tʃæp] *s.* F Bursche *m*, Junge *m* ...
chap² [tʃæp] *s.* Kinnbacken *m* ...
chap³ [tʃæp] **I** *v/t. u. v/i* rissig machen *od.* werden ...; **II** *s.* Riss *m*, Sprung *m*.

This does not apply to senses which have directly evolved from the primary meaning of the word.

Anwendungsbeispiele in halbfetter kursiver Auszeichnungsschrift werden meist unter den zugehörigen Ziffern aufgeführt. Sind es sehr viele Beispiele, so werden sie in einem eigenen Abschnitt „*Besondere Redewendungen*" zusammengefasst (siehe Stichwort ***heart***). Eine Übersetzung der Beispiele wird nicht gegeben, wenn diese sich aus der Grundübersetzung von selbst ergibt:

a·like ... **II** *adv.* gleich, ebenso, in gleichem Maße: ***she helps enemies and friends ~.***

Bei sehr umfangreichen Stichwortartikeln werden auch die Zusammensetzungen von **Verben mit Präpositionen oder Adverbien** an das Ende der betreffenden Artikel angehängt, z. B. ***come across***, ***get up***.

Bei den Übersetzungen wird in Fällen, in denen die Aussprache Schwierigkeiten verursachen könnte, die Betonung durch **Akzent(e)** vor der zu betonenden Trennsilbe gegeben. Akzente werden gesetzt bei Wörtern, die nicht auf der ersten Silbe betont werden, z. B. „Bäcke'rei", „je'doch", außer wenn es sich um eine der stets unbetonten Vorsilben handelt, sowie bei Zusammensetzungen mit Vorsilben, deren Betonung wechselt, z. B. „'Misstrauen", „miss'trauen". Grundsätzlich entfällt der Akzent jedoch bei Verben auf „-ieren" und deren Ableitungen. Bei kursiven Erläuterungen und bei den Übersetzungen von Anwendungsbeispielen werden keine Akzente gesetzt.

Der **verkürzte Bindestrich** (-) steht zwischen zwei Konsonanten, um anzudeuten dass sie getrennt auszusprechen sind, z. B. „Häus-chen", ebenso in Fällen, die zu Missverständnissen führen können, z. B. „Erb-lasser".

Wie sie sicher wissen, gibt es im **britischen und amerikanischen Englisch** hier und da unterschiedliche Bezeichnungen für dieselbe Sache. Ein Engländer sagt z. B. ***pavement***, wenn er den „Bürgersteig" meint, der Amerikaner spricht dagegen von ***sidewalk***. Im Wörterbuch finden Sie die Wörter, die hauptsächlich im britischen Englisch gebraucht werden, mit *Brit.* gekennzeichnet. Die Wörter, die typisch für den amerikanischen Sprachgebrauch sind, werden mit *Am.* gekennzeichnet.

Auf die verschiedenen Wortarten haben wir bereits hingewiesen. Der Eintrag ***dependence*** z. B. ist ein Substantiv (Hauptwort). Dies können Sie daran erkennen, dass hinter der Lautschriftklammer ein kursives *s.* steht. Dementsprechend steht hinter der deutschen Übersetzung „Abhängigkeit" ein kursives *f*, bzw. hinter „Angewiesensein" ein kursives *n*. Diese Buchstaben geben – wie auch das kursive *m* – das **Genus** (Geschlecht) des deutschen Wortes an und kennzeichnen es damit als Substantiv. Die Genusangabe unterbleibt, wenn

Illustrative phrases in boldface italics are generally given within the respective categories of the dictionary article. Where there are a lot of examples, these are found in a separate section entitled „*Besondere Redewendungen*" (see for example the entry ***heart***).

Illustrative phrases whose meaning is self-evident are not translated:

a·like ... **II** *adv.* gleich, ebenso, in gleichem Maße: ***she helps enemies and friends ~.***

In the case of particularly long articles, **verbal phrases** such as ***come across***, ***get up*** etc. are given separately at the end of the main part of the article.

Where the pronunciation of a German translation could be ambiguous or problematical, **accents** are placed before the stressed syllable(s). Accents are also given in words whose initial syllable is unstressed (e. g. 'Bäcke'rei', 'je'doch'), unless it is a generally unstressed prefix. They are further given in compounds in which the accent shifts (e. g. ''Misstrauen', 'miss'trauen'). Accentuation is not provided for verbs ending in '-ieren' and their derivates, nor in definitions in italics or translations of phraseology.

A **hyphen** is inserted between two consonants to indicate that they are pronounced separately (e. g. 'Häus-chen') and in words which might be misinterpreted (e. g. 'Erb-lasser').

British and American English occasionally differ in the way they describe things. For ***pavement***, for example, an American would say ***sidewalk***. In the dictionary, words which are predominantly used in British English are marked *Brit.*, and those which are typically American are marked *Am.*

We have already mentioned the different parts of speech. The entry word ***dependence***, for example, is a noun. This is indicated by the letter *s.* in italics following the phonetic transcription in square brackets. The German translations 'Abhängigkeit' and 'Angewiesensein' are followed by an italic *f* and *n* respectively. These letters, together with the italic *m*, indicate the gender of the German noun, i.e. they show wether it is masculine, feminine or neuter. The gender is not given if it can be inferred from the context, e.g. from the

das Genus aus dem Zusammenhang ersichtlich ist, z.B. „scharfes Durchgreifen", und wenn die weibliche Endung in Klammern steht, z.B. „Verkäufer (-in)". Sie unterbleibt auch bei Erläuterungen in kursiver Schrift, wird aber in den Anwendungsbeispielen dann gegeben, wenn sich das Genus der Übersetzungen hier nicht aus der Grundübersetzung ergibt.

Oft wird Ihnen aber auch die folgende Abweichung begegnen:

Unter ***dependant*** finden Sie die Übersetzung „(Fa'milien)Angehörige(r *m*) *f*". „Angehörige" ist weiblich; deshalb steht hinter der Klammer ein *f*. Es besteht aber auch die Möglichkeit, ***dependant*** als „Angehöriger" zu übersetzen – und das ist männlich. Genau das steht in der Klammer: (r *m*), das Endungs-r und *m* = maskulin.

Sie werden bereits gemerkt haben, dass es selten vorkommt, dass nur eine Übersetzung hinter dem jeweiligen Stichwort steht. Meist ist es so, dass ein Stichwort mehrere sinnverwandte Übersetzungen hat, die durch **Komma** voneinander getrennt werden.

Die Bedeutungsunterschiede in den Übersetzungen werden gekennzeichnet:

a) durch das **Semikolon** und die Unterteilung in **arabische Ziffern**:

bal·ance ... **1.** Waage *f* ...; **2.** Gleichgewicht *n* ...

b) durch Unterteilung in **kleine Buchstaben** zur weiteren Bedeutungsdifferenzierung,

c) durch **Erläuterungen** in kursiver Schrift,

d) durch vorangestellte **bildliche Zeichen** und **abgekürzte Begriffbestimmungen** (siehe das Verzeichnis auf Seite 17 und die Liste mit den Abkürzungen auf den Seiten 23 und 24).

Siehe auch das Kapitel über die verschiedenen Schriftarten auf Seite 13f.

Einfache Anführungszeichen bedeuten, dass eine Übersetzung entweder einer niederen Sprachebene angehört:

gov·er·nor ... **4.** F *der* ‚Alte'

oder in figurativer (bildlicher) Bedeutung gebraucht wird:

land·slide ... **1.** Erdrutsch *m*; **2.** ... *fig.* ‚Erdrutsch' *m*

Häufig finden Sie auch bei einem Stichwort oder einem Stichwortartikel ein **Verweiszeichen** (→). Es hat folgende Bedeutungen:

a) Verweis von Stichwort zu Stichwort bei Bedeutungsgleichheit, z.B.

gaun·try → ***gantry***

adjective ending in 'scharfes Durchgreifen', or if the feminine ending is added in brackets, as in 'Verkäufer(in)'. Definitions in italics do not contain gender indications, and they are only given in phraseology where they cannot be derived from the primary translations.

Frequently you will come accross translations such as '(Fa'milien)Angehörige(r *m*) *f* in the article ***dependant***. Here 'Angehörige' is feminine, as indicated by the *f* after the parentheses. But ***dependant*** can also be translated 'Angehöriger', which is masculine. This is indicated by (r *m*) in parentheses, which gives the ending -r and the gender indication *m* to show that it is masculine.

It is quite rare for an entry word to be given just one translation. Usually a word will have several related translations, which are separated by a **comma**.

Different senses of a word are indicated by

a) **semicolons** and **Arabic numerals**:

bal·ance ... **1.** Waage *f* ...; **2.** Gleichgewicht *n* ...

b) **small letters** for related senses,

c) italics for **definitions**,

d) **pictographic symbols** and **abbreviations of subject areas** (see p. 17 and the list of abbreviations on pp. 23–24).

See also the section on pp. 13–14 concerning the different typefaces.

Single quotation marks mean that a translation is either very informal:

gov·er·nor ... **4.** F *der* ‚Alte'

or used in figurative sense:

land·slide ... **1.** Erdrutsch *m*; **2.** ... *fig.* ‚Erdrutsch' *m*

Frequently you will come accross an **arrow** (→) after an entry word or elsewhere in a dictionary article. It is used

a) as a cross reference to another entry:

gaun·try → ***gantry***

b) Verweis innerhalb eines Stichwortartikels, z. B.

dice [daɪs] **I** *s. pl. von* ***die²*** 1 Würfel *pl.*, Würfelspiel *n*: ***play*** (***at***) ~ → II ... **II** *v/i.* würfeln, knobeln

c) oft wurde anstelle eines Anwendungsbeispiels auf ein anderes Stichwort verwiesen, das ebenfalls in dem Anwendungsbeispiel enthalten ist:

square ... **15.** ⩓ a) den Flächeninhalt berechnen von (*od. gen.*), b) *Zahl* quadrieren, ins Qua'drat erheben, c) *Figur* quadrieren; → ***circle*** 1

Das heißt, dass die Wendung ***square the circle*** unter dem Stichwort ***circle*** aufgeführt und dort übersetzt ist.

Runde Klammern werden verwendet

a) zur Vereinfachung der Übersetzung, z. B.

cov·er ... **4.** ... (Bett-, Möbel- *etc.*)Bezug *m* ...

b) zur Raumersparnis bei gekoppelten Anwendungsbeispielen, z. B.

make (***break***) ***contact*** Kontakt herstellen (unterbrechen) = ***make contact/break contact*** ...

b) as a reference within an article:

dice [daɪs] **I** *s. pl. von* ***die²*** 1 Würfel *pl.*, Würfelspiel *n*: ***play*** (***at***) ~ → II ... **II** *v/i.* würfeln, knobeln

c) as a cross reference to another entry which provides an illustrative phrase containing the initial entry word:

square ... **15.** ⩓ a) den Flächeninhalt berechnen von (*od. gen.*), b) *Zahl* quadrieren, ins Qua'drat erheben, c) *Figur* quadrieren; → ***circle*** 1

This tells you that the expression ***square the circle*** and its translation are found in the entry ***circle***.

Parentheses are used

a) to help present the translations as simply as possible:

cov·er ... **4.** ... (Bett-, Möbel- *etc.*)Bezug *m* ...

b) to combine related phrases in order to save space:

make (***break***) ***contact*** Kontakt herstellen (unterbrechen) = ***make contact/break contact*** ...

Grammatik auch im Wörterbuch?

Etwas Grammatik wollen wir Ihnen zumuten. Mit diesem letzten Punkt sind Sie, wie wir glauben, für die Arbeit mit *Ihrem Wörterbuch* bestens gerüstet.

Den grammatisch richtigen Gebrauch eines Wortes können Sie häufig den „Zusätzen" entnehmen.

Die **Rektion** von deutschen Präpositionen wird dann angegeben, wenn sie verschiedene Fälle regieren können, z. B. „vor", „über".

Die Rektion von Verben wird nur dann angegeben, wenn sie von der des Grundwortes abweicht oder wenn das englische Verb von einer bestimmten Präposition regiert wird. Folgende Anordnungen sind möglich:

a) Wird ein Verb, das im Englischen transitiv ist, im Deutschen intransitiv übersetzt, so wird die abweichende Rektion angegeben:

con·tra·dict ... *v/t.* **1.** ... wider'sprechen (*dat.*) ...

b) Gelten für die deutschen Übersetzungen verschiedene Rektionen, so steht die englische Präposition in halbfetter kursiver Auszeichnungsschrift in Klammern vor der ersten Übersetzung, die deutschen Rektionsangaben stehen hinter jeder Einzelübersetzung:

de·scend ... **4.** (***to***) zufallen (*dat.*), 'übergehen, sich vererben (auf *acc.*) ...

Grammar in a dictionary?

A little bit of grammar, we feel, is not amiss in a dictionary, and knowing what to do with the grammatical information available will enable the user to get the most out of this dictionary.

Information on the correct grammatical use of a word is usually appended to the translation(s).

Where a German preposition can govern either the dative or accusative case, the appropriate case is indicated, as with 'vor' and 'über'.

The cases governed by verbs are given only if they deviate from those of the English verb or where an English verb takes a preposition. The following arrangements are possible:

a) Where an English transitive verb is rendered intransitively in German, the required case is given:

con·tra·dict ... *v/t.* **1.** ... wider'sprechen (*dat.*) ...

b) Where the German translations take varying cases, the appropriate English preposition is given in boldface italics and in brackets preceding the first translation, while the German grammatical indicators follow each individual translation:

de·scend ... **4.** (***to***) zufallen (*dat.*), 'übergehen, sich vererben (auf *acc.*) ...

c) Stimmen Präposition und Rektion für alle Übersetzungen überein, so stehen sie in Klammern hinter der letzten Übersetzung:

ob·serve … **4.** Bemerkungen machen, sich äußern (***to***, ***upon*** über *acc.*) …

Außerdem finden Sie bei den Stichwörtern noch die folgenden **besonderen Grammatikpunkte** aufgeführt:

a) Unregelmäßiger Plural:

child … *pl.* **chil·dren** …
a·nal·y·sis … *pl.* **-ses** … (= *pl.* ***analyses***)

b) Unregelmäßige Verben:

give … **II** *v/t.* [*irr.*] … **III** *v/i.* [*irr.*] …
out·grow … [*irr.* → ***grow***] …

Der Hinweis *irr.* bedeutet: in der Liste der unregelmäßigen englischen Verben im Anhang finden Sie die unregelmäßigen Formen.

c) Auslautendes ***-c*** wird zu ***-ck*** vor ***-ed***, ***-er***, ***-ing*** und ***-y***:

frol·ic … **II** *v/i. pret. u. p.p.* ˈ**frol·icked**

d) Bei unregelmäßigen Steigerungsformen Hinweis auf die Grundform:

bet·ter … **I** *comp. von* ***good*** … **III** *comp. von* ***well*** …
best … **I** *sup. von* ***good*** … **II** *sup. von* ***well*** …

Die vorausgegangenen Seiten zeigen, dass Ihnen das Wörterbuch mehr bietet als nur einfache Wort-für-Wort-Gleichungen, wie Sie sie in den Vokabelspalten von Lehrbüchern finden.

Und nun viel Erfolg bei der Suche nach den lästigen, aber doch so notwendigen Vokabeln!

c) Where the English preposition and the German case apply to all translations, they are given in brackets after the final translation:

ob·serve … **4.** Bemerkungen machen, sich äußern (***to***, ***upon*** über *acc.*) …

The following grammatical information is also provided:

a) Irregular plurals:

child … *pl.* **chil·dren** …
a·nal·y·sis … *pl.* **-ses** … (= *pl.* ***analyses***)

b) Irregular verbs:

give … **II** *v/t.* [*irr.*] … **III** *v/i.* [*irr.*] …
out·grow … [*irr.* → ***grow***] …

The abbreviation *irr.* means that the principal parts of the verb can be found in the list of irregular verbs in the appendices section.

c) Final ***-c*** becomes ***-ck*** before ***-ed***, ***-er***, ***-ing*** and ***-y***:

frol·ic … **II** *v/i. pret. u. p.p.* ˈ**frol·icked**

d) Irregular comparative and superlative forms include a reference to the base form:

bet·ter … **I** *comp. von* ***good*** … **III** *comp. von* ***well*** …
best … **I** *sup. von* ***good*** … **II** *sup. von* ***well*** …

We hope that this somewhat lengthy introduction has shown you that this dictionary contains a great deal more than simple one-to-one translations, and that you are now well-equipped to make the most of all it has to offer.

Happy word-hunting!

Im Wörterbuch verwendete Abkürzungen

Abbreviations used in the dictionary

a.	auch, *also.*
abbr.	*abbreviation*, Abkürzung.
acc.	*accusative* (*case*), Akkusativ.
act.	*active voice*, Aktiv.
adj.	*adjective*, Adjektiv.
adv.	*adverb*, Adverb.
allg.	allgemein, *generally.*
Am.	(*originally*) *American English*, (ursprünglich) amerikanisches Englisch.
amer. / amer.	amerikanisch, *American.*
anat.	*anatomy*, Anatomie.
antiq.	*antiquity*, Antike.
Arab.	*Arabic*, arabisch.
ast.	*astronomy*, Astronomie.
art.	*article*, Artikel.
attr.	*attributive*(*ly*), attributiv.
Austral.	*Australian*, australisch(es Englisch).
bibl.	*biblical*, biblisch.
biol.	*biology*, Biologie.
Brit.	*in British usage only*, nur im britischen Englisch gebräuchlich.
brit. / brit.	britisch, *Britisch.*
b.s.	*bad sense*, im schlechten Sinn.
bsd.	besonders, *particularly.*
bzw.	beziehungsweise, ... *and* ... *respectively.*
cj.	*conjunction*, Konjunktion.
coll.	*collectively*, als Sammelwort.
comp.	*comparative*, Komparativ.
contp.	*contemptuously*, verächtlich.
dat.	*dative* (*case*), Dativ.
dem.	*demonstrative*, Demonstrativ...
dial.	*dialectal*, dialektisch.
eccl.	*ecclesiastical*, kirchlich, geistlich.
EDV	elektronische Datenverarbeitung, *electronic data processing.*
e-e, *e-e*	eine, *a* (*an*).
e-m, *e-m*	einem, *to a* (*an*).
e-n, *e-n*	einen, *a* (*an*).
engS.	im engeren Sinn, *in the narrower sense.*
e-r, *e-r*	einer, *of a* (*an*), *to a* (*an*).
e-s, *e-s*	eines, *of a* (*an*).
et., *et.*	etwas, *something.*
etc.	*et cetera*, usw.
EU	*Europäische Union*, *European Union.*
euphem.	*euphemistically*, beschönigend.
F	*familiar*, umgangssprachlich.
f	*feminine*, weiblich.
fenc.	*fencing*, Fechten.
fig.	*figuratively*, im übertragenen Sinn, bildlich.
Fr.	*French*, französisch.
gen.	*genitive* (*case*), Genitiv.
geogr.	*geography*, Geographie.
geol.	*geology*, Geologie.
Ger.	*German*, deutsch.
ger.	*gerund*, Gerundium.
Ggs.	Gegensatz, *antonym.*
her.	*heraldry*, Heraldik, Wappenkunde.
hist.	*historical*, historisch; inhaltlich veraltet.
humor.	*humorously*, scherzhaft.
hunt.	*hunting*, Jagd.
ichth.	*ichthyology*, Ichthyologie, Fischkunde.
impers.	*impersonal*, unpersönlich.
ind.	*indicative* (*mood*), Indikativ.
inf.	*infinitive* (*mood*), Infinitiv.
int.	*interjection*, Interjektion.
interrog.	*interrogative*, Interrogativ...
Ir.	*Irish*, irisch.
iro.	*ironically*, ironisch.
irr.	*irregular*, unregelmäßig.
Ital.	*Italian*, italienisch
j-d, *j-d*	jemand, *someone.*
j-m, *j-m*	jemandem, *to someone.*
j-n, *j-n*	jemanden, *someone.*
j-s, *j-s*	jemandes, someone's.
konkr.	konkret, *concretely.*
konstr.	konstruiert, *construed.*

Lat.	*Latin*, lateinisch.
ling.	*linguistics*, Linguistik, Sprachwissenschaft.
lit.	*literary*, literarisch.
m	*masculine*, männlich.
m-e, *m-e*	meine, *my*.
metall.	*metallurgy*, Metallurgie.
meteor.	*meteorology*, Meteorologie.
min.	*mineralogy*, Mineralogie.
m-m, *m-m*	meinem, *to my*.
m-n, *m-n*	meinen, *my*.
mot.	*motoring*, Auto, Verkehr.
mount.	*mountaineering*, Bergsteigen.
m-r, *m-r*	meiner, *of my*, *to my*.
m-s, *m-s*	meines, *of my*.
mst	meistens, *mostly*, *usually*.
myth.	*mythology*, Mythologie.
n	*neuter*, sächlich.
neg.	*negative*, verneinend.
neg.!	*negative connotation*, *offensive*, beleidigend.
nom.	*nominative* (*case*), Nominativ.
nordd.	norddeutsch, *Northern German*.
npr.	*proper name*, Eigenname.
obs.	*obsolete*, veraltet.
od., *od.*	oder, *or*.
opt.	*optics*, Optik.
orn.	*ornithology*, Ornithologie, Vogelkunde.
o.s.	*oneself*, sich.
östr.	österreichisch, *Austrian*.
paint.	*painting*, Malerei.
parl.	*parliamentary term*, parlamentarischer Ausdruck.
pass.	*passive voice*, Passiv.
ped.	*pedagogy*, Pädagogik; Schülersprache.
pers.	*personal*, Personal…
pharm.	*pharmacy*, Pharmazie.
phls.	*philosophy*, Philosophie.
phot.	*photography*, Fotografie.
phys.	*physics*, Physik.
physiol.	*physiology*, Physiologie.
pl.	*plural*, Plural.
poet.	*poetically*, dichterisch.
pol.	*politics*, Politik.
poss.	*possessive*, Possessiv…
p.p.	*past participle*, Partizip Perfekt.
pred.	*predicative*(*ly*), prädikativ.
pres.	*present*, Präsens.
pres.p.	*present participle*, Partizip Präsens.
pret.	*preterit*(*e*), Präteritum.
pron.	*pronoun*, Pronomen.
prp.	*preposition*, Präposition.
psych.	*psychology*, Psychologie.
R.C.	*Roman-Catholic*, römisch-katholisch.
Redew.	Redewendung, *phrase*.
refl.	*reflexive*, reflexiv.
rel.	*relative*, Relativ…
rhet.	*rhetoric*, Rhetorik.
Russ.	*Russian*, Russisch
s.	*substantive*, *noun*, Substantiv.
schweiz.	schweizerisch, *Swiss*
Scot.	*Scottish*, schottisch.
sculp.	*sculpture*, Bildhauerei.
s-e, *s-e*	seine, *his*, *one's*.
sg.	*singular*, Singular.
sl.	*slang*, Slang.
s-m, *s-m*	seinem, *to his*, *to one's*.
s-n, *s-n*	seinen, *his*, *one's*.
s.o., *s.o.*	*someone*, jemand(en).
sociol.	*sociology*, Soziologie.
sport	*sports*, Sport.
s-r, *s-r*	seiner, *of his*, *of one's*, *to his*, *to one's*.
s-s, *s-s*	seines, *of his*, *of one's*.
s.th., *s.th.*	*something*, etwas.
subj.	*subjunctive* (*mood*), Konjunktiv.
südd.	süddeutsch, *Southern German*.
sup.	*superlative*, Superlativ.
surv.	*surveying*, Landvermessung.
tel.	*telegraphy*, Telegrafie.
teleph.	*telephone system*, Fernsprechwesen.
thea.	*theatre*, Theater.
TM	*trademark*, Marke.
TV	*television*, Fernsehen.
typ.	*typography*, Buchdruck.
u., *u.*	und, *and*.
univ.	*university*, Hochschulwesen; Studentensprache.
V	*vulgar*, vulgär, unanständig.
v/aux.	*auxiliary verb*, Hilfsverb.
vet.	*veterinary medicine*, Tiermedizin.
v/i.	*intransitive verb*, intransitives Verb.
v/refl.	*reflexive verb*, reflexives Verb.
v/t.	*transitive verb*, transitives Verb.
weitS.	im weiteren Sinn, *more widely taken*.
z.B.	zum Beispiel, *for instance*.
zo.	*zoology*, Zoologie.
Zs.-, zs.-	zusammen, *together*.
Zssg(*n*)	Zusammensetzung(en), *compound word*(s).

A, a [eɪ] **I** *s.* **1.** A *n*, a *n* (*Buchstabe,* ♪ *Note*): ***from A to Z*** von A bis Z; **2.** ***A*** *ped. Am.* Eins *f* (*Note*); **II** *adj.* **3.** ***A*** erst; **4.** ***A*** *Am.* ausgezeichnet.

A 1 [ˌeɪ'wʌn] *adj.* **1.** ⚓ erstklassig (*Schiff*); **2.** F I a, 'prima.

a [eɪ; ə], *vor vokalischem Anlaut* **an** [æn; ən] **1.** ein, eine (*unbestimmter Artikel*): ***a woman***; *manchmal vor pl.*: ***a barracks*** eine Kaserne; ***a bare five minutes*** knappe fünf Minuten; **2.** der-, die-, das'selbe: ***two of a kind*** zwei (von jeder Art); **3.** per, pro, je: ***twice a week*** zweimal wöchentlich *od.* in der Woche; ***fifty pence a dozen*** fünfzig Pence pro *od.* das Dutzend; **4.** einzig: ***at a blow*** auf 'einen Schlag.

aard·vark ['ɑːdvɑːk] *s. zo.* Erdferkel *n.*

Aar·on's rod [ˌeərənz-] *s.* ⚘ **1.** Königskerze *f*; **2.** Goldrute *f.*

a·back [ə'bæk] *adv.* **1.** ⚓ back, gegen den Mast; **2.** nach hinten, zurück; **3.** *fig.* ***taken*** **∼** bestürzt, verblüfft, sprachlos.

ab·a·cus ['æbəkəs] *pl.* **-ci** [-saɪ] *u.* **-cus·es** *s.* 'Abakus *m*: a) Rechenbrett *n*, -gestell *n*, b) △ Kapi'telldeckplatte *f.*

a·baft [ə'bɑːft] ⚓ **I** *prp.* achter, hinter; **II** *adv.* achteraus.

a·ban·don [ə'bændən] **I** *v/t.* **1.** auf-, preisgeben, verzichten auf (*acc.*) (*a.* ✝), entsagen (*dat.*), *Hoffnung* fahren lassen; **2.** (*a.* ⚓ *Schiff*) aufgeben, verlassen; *Aktion* einstellen; *sport* Spiel abbrechen; **3.** im Stich lassen; *Ehefrau* böswillig verlassen; *Kinder* aussetzen; **4.** (***s.th. to s.o.*** j-m et.) über'lassen, ausliefern; **5.** **∼ *o.s.*** (***to***) sich 'hingeben, sich über'lassen (*dat.*); **II** *s.* [abɑ̃dɔ̃] **6.** Hemmungslosigkeit *f*, Wildheit *f*; ***with* ∼** mit Hingabe, wie toll; **a'ban·doned** [-nd] *adj.* **1.** verlassen, aufgegeben; herrenlos; **2.** liederlich; **3.** hemmungslos, wild; **a'ban·don·ment** [-mənt] *s.* **1.** Auf-, Preisgabe *f*, Verzicht *m*; (***to*** an *acc.*) Über'lassung *f*, Abtretung *f*; **2.** (⚖ böswilliges) Verlassen; (Kindes-)Aussetzung *f*; **3.** → ***abandon*** 6.

a·base [ə'beɪs] *v/t.* erniedrigen, demütigen, entwürdigen; **a'base·ment** [-mənt] *s.* Erniedrigung *f*, Demütigung *f*, Verfall *m.*

a·bash [ə'bæʃ] *v/t.* beschämen; in Verlegenheit *od.* aus der Fassung bringen.

a·bate [ə'beɪt] **I** *v/t.* **1.** vermindern, verringern; *Preis etc.* her'absetzen, ermäßigen; **2.** *Schmerz* lindern; *Stolz, Eifer* mäßigen; **3.** ⚖ *Missstand* beseitigen; *Verfügung* aufheben; *Verfahren* einstellen; **II** *v/i.* **4.** abnehmen, nachlassen; sich legen (*Wind, Schmerz*); fallen (*Preis*); **a'bate·ment** [-mənt] *s.* **1.** Abnehmen *n*, Nachlassen *n*, Verminderung *f*, Linderung *f*; (*Lärm- etc.*)Bekämpfung *f*; **2.** Abzug *m*, (*Preis- etc.*)Nachlass *m*; **3.** ⚖ Beseitigung *f*, Aufhebung *f.*

ab·a·tis ['æbətɪs] *s. sg. u. pl.* [*pl.* -tiːz] ⚔ Baumverhau *m.*

ab·at·toir ['æbətwɑː] (*Fr.*) *s.* Schlachthaus *n.*

ab·ba·cy ['æbəsɪ] *s.* Abtswürde *f*; **ab·bess** ['æbes] *s.* Äb'tissin *f*; **ab·bey** ['æbɪ] *s.* **1.** Ab'tei *f*: ***the* ∽ *Brit.*** die Westminsterabtei; **2.** *Brit.* herrschaftlicher Wohnsitz (*frühere Abtei*); **ab·bot** ['æbət] *s.* Abt *m.*

ab·bre·vi·ate [ə'briːvɪeɪt] *v/t.* (ab)kürzen; **ab·bre·vi·a·tion** [əˌbriːvɪ'eɪʃn] *s.* (*bsd. ling.* Ab)Kürzung *f.*

ABC, Abc [ˌeɪbiː'siː] **I** *s.* **1.** *Am. oft pl.* Abc *n*, Alpha'bet *n*; **2.** *fig.* Anfangsgründe *pl.*; **3.** alpha'betisch angeordnetes Handbuch; **II** *adj.* **4.** ***the* ∼ *powers*** die ABC-Staaten (*Argentinien, Brasilien, Chile*); **5.** **∼ *weapons*** ABC-Waffen, atomare, biologische u. chemische Waffen; **∼ *warfare*** ABC-Kriegführung *f.*

ab·di·cate ['æbdɪkeɪt] **I** *v/t. Amt, Recht etc.* aufgeben, niederlegen; verzichten auf (*acc.*), entsagen (*dat.*); **II** *v/i.* abdanken; **ab·di·ca·tion** [ˌæbdɪ'keɪʃn] *s.* Abdankung *f*, Verzicht *m* (***of*** auf *acc.*); freiwillige Niederlegung (*e-s Amtes etc.*): **∼ *of the throne*** Thronverzicht *m.*

ab·do·men ['æbdəmen] *s.* **1.** *anat.* Ab'domen *n*, 'Unterleib *m*, Bauch *m*; **2.** *zo.* ('Hinter)Leib *m* (*von Insekten etc.*); **ab·dom·i·nal** [æb'dɒmɪnl] *adj.* **1.** *anat.* Unterleibs..., Bauch...; **2.** *zo.* Hinterleibs...

ab·duct [æb'dʌkt] *v/t. gewaltsam* entführen; **ab'duc·tion** [-kʃn] *s.* Entführung *f.*

a·beam [ə'biːm] *adv. u. adj.* ⚓, ✈ querab, dwars.

a·be·ce·dar·i·an [ˌeɪbiːsiː'deərɪən] **I** *s.* **1.** Abc-Schütze *m*; **II** *adj.* **2.** alpha'betisch (geordnet); **3.** *fig.* elemen'tar.

a·bed [ə'bed] *adv.* zu *od.* im Bett.

Ab·er·don·i·an [ˌæbə'dəʊnjən] **I** *adj.* aus Aber'deen stammend; **II** *s.* Einwohner (-in) von Aberdeen.

ab·er·ra·tion [ˌæbə'reɪʃn] *s.* **1.** Abweichung *f*; **2.** *fig.* a) Verirrung *f*, Fehltritt *m*, b) (geistige) Verwirrung; **3.** *phys., ast.* Aberrati'on *f.*

a·bet [ə'bet] *v/t.* begünstigen, Vorschub leisten (*dat.*); aufhetzen; anstiften; ⚖ → ***aid*** 1; **a'bet·ment** [-mənt] *s.* Beihilfe *f*, Vorschub *m*; Anstiftung *f*; **a'bettor** [-tə] *s.* Anstifter *m*, (Helfers)Helfer *m*, ⚖ *a.* Gehilfe *m.*

a·bey·ance [ə'beɪəns] *s.* Unentschiedenheit *f*, Schwebe *f*: ***in* ∼** a) *bsd.* ⚖ in der Schwebe, schwebend unwirksam, b) ⚖ herrenlos (*Grund u. Boden*); ***fall into* ∼** zeitweilig außer Kraft treten.

ab·hor [əb'hɔː] *v/t.* ver'abscheuen; **ab·hor·rence** [əb'hɒrəns] *s.* **1.** Abscheu *m* (***of*** vor *dat.*); **2.** → ***abomination*** 2; **ab·hor·rent** [əb'hɒrənt] *adj.* □ verabscheuungswürdig; abstoßend; verhasst (***to*** *dat.*).

a·bide [ə'baɪd] [*irr.*] **I** *v/i.* **1.** bleiben, fortdauern; **2.** **∼ *by*** treu bleiben (*dat.*), bleiben bei, festhalten an (*dat.*); sich halten an (*acc.*); sich abfinden mit; **II** *v/t.* **3.** erwarten; **4.** F (*mst neg.*) (v)ertragen, ausstehen: ***I can't* ∼ *him***; **a'biding** [-dɪŋ] *adj.* □ dauernd, beständig.

Ab·i·gail ['æbɪgeɪl] (*Hebrew*) **I** *npr.* **1.** *bibl.* Abi'gail *f*; **2.** *weiblicher Vorname*; **II** *s.* **3.** ∽ (Kammer)Zofe *f.*

a·bil·i·ty [ə'bɪlətɪ] *s.* **1.** Fähigkeit *f*, Befähigung *f*; Können *n*; *psych.* A'bility *f*: ***to the best of one's* ∼** nach besten Kräften; **∼ *to pay*** ✝ Zahlungsfähigkeit; **∼ *test*** Eignungsprüfung *f*; **2.** *mst pl.* geistige Anlagen *pl.*

ab·ject ['æbdʒekt] *adj.* □ **1.** niedrig, gemein; elend; kriecherisch; **2.** *fig.* tiefst, höchst, äußerst: **∼ *despair***; **∼ *misery***.

ab·ju·ra·tion [ˌæbdʒʊə'reɪʃn] *s.* Abschwörung *f*; **ab·jure** [əb'dʒʊə] *v/t.* abschwören, (feierlich) entsagen (*dat.*); aufgeben; wider'rufen.

ab·lac·ta·tion [ˌæblæk'teɪʃn] *s.* Abstillen *n e-s Säuglings.*

ab·la·ti·val [ˌæblə'taɪvl] *adj. ling.* Ablativ...; **ab·la·tive** ['æblətɪv] **I** *s.* 'Ablativ *m*; **II** *adj.* Ablativ...

ab·laut ['æblaʊt] (*Ger.*) *s. ling.* Ablaut *m.*

a·blaze [ə'bleɪz] *adv. u. adj.* **1.** *a. fig.* in Flammen, *a. fig.* lodernd: ***set ~*** entflammen; **2.** *fig.* (***with***) a) entflammt (von), b) glänzend (vor *dat.*, von): ***all ~*** Feuer und Flamme.

a·ble ['eɪbl] *adj.* ☐ → ***ably***; **1.** fähig, geschickt, tüchtig: ***be ~ to*** können, imstande sein zu; ***he was not ~ to get up*** er konnte nicht aufstehen; ***~ to work*** arbeitsfähig; ***~ to pay*** † zahlungsfähig; ***~ seaman*** → ***able-bodied*** 1; **2.** begabt, befähigt; **3.** (vor)'trefflich: ***an ~ speech***; **4.** ⚖ befähigt, fähig; ˌ**able-'bod·ied** *adj.* **1.** körperlich leistungsfähig, kräftig: ***~ seaman*** *Brit.* Vollmatrose (*abbr.* ***A.B.***); **2.** ⚔ wehrfähig, (dienst)tauglich.

ab·let ['æblɪt] *s. ichth.* Weißfisch *m.*

a·bloom [ə'bluːm] *adv. u. adj.* in Blüte (stehend), blühend.

ab·lu·tion [ə'bluːʃn] *s. eccl. u. humor.* Waschung *f.*

a·bly ['eɪblɪ] *adv.* geschickt, mit Geschick, gekonnt.

A-B meth·od *s.* ϟ A-B-Betrieb *m.*

ab·ne·gate ['æbnɪgeɪt] *v/t.* (ab-, ver-) leugnen; aufgeben, verzichten auf (*acc.*); **ab·ne·ga·tion** [ˌæbnɪ'geɪʃn] *s.* **1.** Ab-, Verleugnung *f*; **2.** Verzicht *m* (***of*** auf *acc.*); **3.** *mst* ***self-~*** Selbstverleugnung *f.*

ab·nor·mal [æb'nɔːml] *adj.* ☐ **1.** 'abnorˌmal, 'anomal, ungewöhnlich; geistig behindert; missgebildet; **2.** ⚙ 'normwidrig; **ab·nor·mal·i·ty** [ˌæbnɔː'mælətɪ] *s.*, **ab'nor·mi·ty** [-mətɪ] *s.* Abnormi'tät *f*; Anoma'lie *f.*

a·board [ə'bɔːd] *adv. u. prp.* ⚓, ✈ an Bord; in (*e-m od. e-n Bus etc.*): ***go ~*** an Bord gehen, ⚓ *a.* sich einschiffen; ***all ~!*** a) alle Mann *od.* alle Reisenden an Bord!, b) 🚂 *etc.* alles einsteigen!

a·bode [ə'bəʊd] **I** *pret. u. p.p. von* ***abide***; **II** *s.* Aufenthalt *m*; Wohnort *m*, -sitz *m*; Wohnung *f*: ***take one's ~*** s-n Wohnsitz aufschlagen; ***of no fixed ~*** ⚖ ohne festen Wohnsitz.

a·boil [ə'bɔɪl] *adv. u. adj.* siedend, kochend, in Wallung (*alle a. fig.*).

a·bol·ish [ə'bɒlɪʃ] *v/t.* **1.** abschaffen, aufheben; **2.** vernichten; **ab·o·li·tion** [ˌæbəʊ'lɪʃn] *s.* Abschaffung *f* (*Am. bsd. der Sklaverei*), Aufhebung *f*, Beseitigung *f*; ⚖ Niederschlagung *f* (*e-s Verfahrens*); ˌ**ab·o'li·tion·ism** [-ʃənɪzəm] *s.* Abolitio'nismus *m*: a) *hist.* (Poli'tik *f* der) Sklavenbefreiung *f*, b) Bekämpfung *f* e-r bestehenden Einrichtung; ˌ**ab·o'li·tion·ist** [-ʃənɪst] *s. hist.* Abolitio'nist(in).

'**A-bomb** *s.* A'tombombe *f.*

a·bom·i·na·ble [ə'bɒmɪnəbl] *adj.* ☐ abscheulich, scheußlich; **a'bom·i·nate** [-neɪt] *v/t.* ver'abscheuen; **a·bom·i·na·tion** [əˌbɒmɪ'neɪʃn] *s.* **1.** Abscheu *m* (***of*** vor *dat.*); **2.** Gräuel *m*, Gegenstand *m* des Abscheus: ***smoking is her pet ~*** F das Rauchen ist ihr ein wahrer Gräuel.

ab·o·rig·i·nal [ˌæbə'rɪdʒənl] **I** *adj.* ☐ eingeboren, ureingesessen, ursprünglich, einheimisch; **II** *s.* Ureinwohner *m*; **ab·o'rig·i·nes** [-dʒəniːz] *s. pl.* **1.** Ureinwohner *pl.*, Urbevölkerung *f*; **2.** *die* ursprüngliche Flora und Fauna.

a·bort [ə'bɔːt] **I** *v/i.* **1.** ⚕ e-e Fehl- *od.* Frühgeburt haben; **2.** *biol.* verkümmern; **3.** fehlschlagen; **II** *v/t.* **4.** *Raumflug etc.* abbrechen: ***~ a command*** *Computer*: e-n Befehl abbrechen; **a'bort·ed** [-tɪd] *adj.* → ***abortive*** 1, 3, 4; **aˌbor·ti'fa·cient** [-tɪ'feɪʃənt] *s.* Abtreibungsmittel *n*; **a·bor·tion** [ə'bɔːʃn] *s.* **1.** ⚕ a) Ab'ort *m*, Fehl- *od.* Frühgeburt *f*, b) Abtreibung *f*, 'Schwangerschaftsunterˌbrechung *f*: ***procure an ~*** e-e Abtreibung vornehmen (***on s.o.*** bei j-m); **2.** 'Missgeburt *f* (*a. fig.*); Verkümmerung *f*; **3.** *fig.* Fehlschlag *m*; **a·bor·tion·ist** [ə'bɔːʃnɪst] *s.* Abtreiber(in); **a'bor·tive** [-tɪv] *adj.* ☐ **1.** zu früh geboren; **2.** vorzeitig; **3.** miss'lungen, erfolg-, fruchtlos: ***prove ~*** sich als Fehlschlag erweisen; **4.** *biol.* verkümmert; **5.** ⚕ Frühgeburt verursachend; abtreibend.

a·bound [ə'baʊnd] *v/i.* **1.** im 'Überfluss *od.* reichlich vor'handen sein; **2.** 'Überfluss haben (***in*** an *dat.*); **3.** voll sein, wimmeln (***with*** von); **a'bound·ing** [-dɪŋ] *adj.* reichlich (vor'handen); reich (***in*** an *dat.*), voll (***with*** von).

a·bout [ə'baʊt] **I** *prp.* **1.** um, um ... herum; **2.** umher in (*dat.*): ***wander ~ the streets***; **3.** bei, auf (*dat.*), an (*dat.*), um, in (*dat.*): (***somewhere***) ***~ the house*** irgendwo im Haus; ***have you any money ~ you?*** haben Sie Geld bei sich?; ***look ~ you!*** sieh dich um!; ***there is nothing special ~ him*** an ihm ist nichts Besonderes; **4.** wegen, über (*acc.*), um (*acc.*), von: ***talk ~ business*** über Geschäfte sprechen; ***I'll see ~ it*** ich werde danach sehen *od.* mich darum kümmern; ***what is it ~?*** worum handelt es sich?; **5.** im Begriff, da'bei: ***he was ~ to go out***; **6.** beschäftigt mit: ***what is he ~?*** was macht er (da)?; ***he knows what he is ~*** er weiß, was er tut *od.* was er will; **II** *adv.* **7.** um'her, ('rings-, 'rund)herˌum: ***drive ~*** umherod. herumfahren; ***the wrong way ~*** falsch herum; ***three miles ~*** drei Meilen im Umkreis; ***all ~*** überall; ***a long way ~*** ein großer Umweg; ***~ face!*** *Am.*, ***~ turn!*** *Brit.* ⚔ (ganze Abteilung) kehrt!; **8.** ungefähr, etwa, um, gegen: ***~ three miles*** etwa drei Meilen; ***~ this time*** ungefähr um diese Zeit; ***~ noon*** um die Mittagszeit, gegen Mittag; ***that's just ~ enough!*** das reicht (mir gerade)!; **9.** auf, in Bewegung: ***be*** (***up and***) ***~*** auf den Beinen sein; ***there is no one ~*** es ist niemand in der Nähe *od.* da; ***smallpox is ~*** die Pocken gehen um; **10.** → ***bring about*** *etc.*; ***~-face***, ***~-turn*** *s.* Kehrtwendung *f*, *fig. a.* (völliger) 'Umschwung.

a·bove [ə'bʌv] **I** *prp.* **1.** über (*dat.*), oberhalb (*gen.*): ***~ sea level*** über dem Meeresspiegel; ***~*** (***the***) ***average*** über dem Durchschnitt; **2.** *fig.* über, mehr als; erhaben über (*acc.*): ***~ all*** vor allem; ***you, ~ all others*** von allen Menschen gerade du; ***he is ~ that*** er steht über der Sache, er ist darüber erhaben; ***she was ~ taking advice*** sie war zu stolz, Rat anzunehmen; ***he is not ~ accepting a bribe*** er scheut sich nicht, Bestechungsgelder anzunehmen; ***~ praise*** über alles Lob erhaben; ***be ~ s.o.*** j-m überlegen sein; ***it is ~ me*** es ist mir zu hoch, es geht über m-n Verstand; **II** *adv.* **3.** oben, oberhalb; **4.** *eccl.* droben im Himmel: ***from ~*** von oben, vom Himmel; ***the powers ~*** die himmlischen Mächte; **5.** über, dar'über (hin'aus): ***over and ~*** obendrein, überdies; **6.** weiter oben, oben ...: ***~-mentioned***; **7.** nach oben; **III** *adj.* **8.** obig, oben erwähnt: ***the ~ remarks***; **IV** *s.* **9.** *das* Obige, *das* Obenerwähnte.

aˌbove|-'board *adv. u. adj.* **1.** offen, ehrlich; **2.** einwandfrei; **~-'ground** *adj.* **1.** ⚙, ⚒ über Tage, oberirdisch; **2.** *fig.* (noch) am Leben.

A-B pow·er pack *s.* ϟ Netzteil *n* für Heiz- u. An'odenleistung.

ab·ra·ca·dab·ra [ˌæbrəkə'dæbrə] *s.* **1.** Abraka'dabra *n* (*Zauberwort*); **2.** *fig.* Kauderwelsch *n.*

ab·rade [ə'breɪd] *v/t.* abschürfen, ab-, aufscheuern; abnutzen, verschleißen (*a. fig.*); ⚙ *a.* abschleifen.

A·bra·ham ['eɪbrəhæm] *npr. bibl.* 'Abraham *m*: ***in ~'s bosom*** (sicher wie) in Abrahams Schoß.

ab·ra·sion [ə'breɪʒn] *s.* **1.** Abreiben *n*, Abschleifen *n* (*a.* ⚙); **2.** ⚙ Abrieb *m*; Abnützung *f*, Verschleiß *m*; **3.** ⚕ (Haut)Abschürfung *f*, Schramme *f*; **ab'ra·sive** [-sɪv] **I** *adj.* ☐ abreibend, abschleifend, Schleif..., Schmirgel...; *fig.* ätzend; **II** *s.* ⚙ Schleifmittel *n.*

ab·re·act [ˌæbrɪ'ækt] *v/t. psych.* abreagieren; ˌ**ab·re'ac·tion** [-kʃn] *s.* 'AbreaktiˌOn *f.*

a·breast [ə'brest] *adv.* Seite an Seite, nebenein'ander: ***four ~***; ***~ of*** *od.* ***with*** auf der Höhe *gen. od.* von, neben; ***keep ~ of*** (*od.* ***with***) *fig.* Schritt halten mit.

a·bridge [ə'brɪdʒ] *v/t.* **1.** (ab-, ver)kürzen; zs.-ziehen; **2.** *fig.* beschränken, beschneiden; **a'bridged** [-dʒd] *adj.* (ab-) gekürzt, Kurz...; **a'bridg(e)·ment** [-mənt] *s.* **1.** (Ab-, Ver)Kürzung *f*; **2.** Abriss *m*, Auszug *m*; gekürzte (Buch-) Ausgabe; **3.** Beschränkung *f.*

a·broad [ə'brɔːd] *adv.* **1.** im *od.* ins Ausland, auswärts, draußen: ***go ~*** ins Ausland reisen; ***from ~*** aus dem Ausland; **2.** draußen, im Freien: ***be ~ early*** schon früh aus dem Haus sein; **3.** weit um'her, überall'hin: ***spread ~*** (weit) verbreiten; ***the matter has got ~*** die Sache ist ruchbar geworden; ***a rumo***(***u***)***r is ~*** es geht das Gerücht; **4.** *fig.* ***all ~*** a) ganz im Irrtum, b) völlig verwirrt.

ab·ro·gate ['æbrəʊgeɪt] *v/t.* abschaffen, *Gesetz etc.* aufheben; **ab·ro·gation** [ˌæbrəʊ'geɪʃn] *s.* Abschaffung *f*, Aufhebung *f.*

ab·rupt [ə'brʌpt] *adj.* ☐ **1.** abgerissen, zs.-hanglos (*a. fig.*); **2.** jäh, steil; **3.** kurz angebunden, schroff; **4.** plötzlich, ab'rupt, jäh; **ab'rupt·ness** [-nɪs] *s.* **1.** Abgerissenheit *f*, Zs.-hangslosigkeit *f*; **2.** Steilheit *f*; **3.** Schroffheit *f*; **4.** Plötzlichkeit *f.*

ab·scess ['æbsɪs] *s.* ⚕ Abs'zess *m*, Geschwür *n*, Eiterbeule *f.*

ab·scis·sion [æb'sɪʒn] *s.* Abschneiden *n*, Abtrennung *f.*

ab·scond [əb'skɒnd] *v/i.* **1.** sich heimlich da'vonmachen, flüchten (***from*** vor *dat.*); *a.* ***~ from justice*** sich den Gesetzen *od.* der Festnahme entziehen: ***~ing debtor*** flüchtiger Schuldner; **2.** sich verstecken.

ab·seil ['æbseɪl, -saɪl] **I** *v/i. a.* ***~ down*** *mount.* sich abseilen; **II** *s.* Abseilen *n*; ***~ e·quip·ment*** *s.* Abseilgeräte *pl.*; ***~ ring*** *s.* Abseilring *m*; ***~ ropes*** *pl.* Abseilgeschirr *n.*

ab·sence ['æbsəns] *s.* **1.** Abwesenheit *f*

(*from* von): **~ of mind** → **absent-mindedness**; **2.** (*from*) Fernbleiben *n* (von), Nichterscheinen *n* (in *dat.*, bei, zu): **~ without leave** ⚔ unerlaubte Entfernung von der Truppe; **3.** (*of*) Fehlen *n* (*gen. od.* von), Mangel *m* (an *dat.*): **in the ~ of** in Ermangelung von (*od. gen.*).

ab·sent I *adj.* □ [ˈæbsənt] **1.** abwesend, fehlend, nicht vorˈhanden *od.* zuˈgegen: **be ~** fehlen; **2.** geistesabwesend, zerstreut; **II** *v/t.* [æbˈsent] **3. ~ o.s.** (*from*) fernbleiben (*dat. od.* von), sich entfernen (von, aus); **ab·sen·tee** [ˌæbsənˈtiː] *s.* **1.** Abwesende(r *m*) *f*: **~ ballot**, **~ vote** *pol.* Briefwahl *f*; **~ voter** Briefwähler(in); **2.** (unentschuldigt) Fehlende(r *m*) *f*; **3.** Eigentümer, der nicht auf s-m Grundstück lebt; **ab·sen·tee·ism** [ˌæbsənˈtiːɪzəm] häufiges *od.* längeres (unentschuldigtes) Fehlen (am Arbeitsplatz, in der Schule); **ˌab·sent-ˈmind·ed** *adj.* □ geistesabwesend, zerstreut; **ˌab·sent-ˈmind·ed·ness** [-nɪs] *s.* Geistesabwesenheit *f*, Zerstreutheit *f*.

ab·sinth(e) [ˈæbsɪnθ] *s.* **1.** ⚘ Wermut *m*; **2.** Abˈsinth *m* (*Branntwein*).

ab·so·lute [ˈæbsəluːt] **I** *adj.* □ **1.** absoˈlut (*a.* ℞, *ling., phys., phls.*): **~ altitude** ✈ absolute (Flug)Höhe; **~ majority** *pol.* absolute Mehrheit; **~ temperature** absolute (*od.* Kelvin)Temperatur; **~ zero** absoluter Nullpunkt; **2.** unbedingt, unbeschränkt: **~ monarchy** absolute Monarchie; **~ ruler** unumschränkter Herrscher; **~ gift** Schenkung *f*; **3.** ⚗ rein, unvermischt: **~ alcohol** absoluter Alkohol; **4.** rein, völlig, absoˈlut, vollˈkommen: **~ nonsense**; **5.** bestimmt, wirklich; ˈpositiv: **~ fact** nackte Tatsache; **become ~** ⚖ rechtskräftig werden; **II** *s.* **6. the ~** das Absolute; **ˈab·so·lute·ly** [-lɪ] *adv.* **1.** absoˈlut, völlig, vollkommen, ˈdurchaus; **2.** F genau(!), absoˈlut(!), unbedingt(!), ganz recht(!); **abso·lu·tion** [ˌæbsəˈluːʃn] *s.* **1.** *eccl.* Absolutiˈon *f*, Sündenerlass *m*; **2.** ⚖ Freisprechung *f*; **ab·so·lu·tism** [ˈæbsəluːtɪzəm] *s. pol.* Absoluˈtismus *m*, unbeschränkte Regierungsform *od.* Herrschergewalt.

ab·solve [əbˈzɒlv] *v/t.* **1.** frei-, lossprechen (*of* von *Sünde*, *from* von *Verpflichtung*), entbinden (*from* von *od. gen.*); **2.** *eccl.* Absolutiˈon erteilen (*dat.*)

ab·sorb [əbˈsɔːb] *v/t.* **1.** absorbieren, auf-, einsaugen, (ver)schlucken; *a. fig. Wissen etc.* (in sich) aufnehmen; vereinigen (*into* mit); **2.** sich einverleiben, trinken; **3.** *fig.* aufzehren, verschlingen, schlucken; † *Kaufkraft* abschöpfen; **4.** *fig.* ganz in Anspruch nehmen *od.* beschäftigen, fesseln; **5.** *phys.* absorbieren, resorbieren, in sich aufnehmen, auffangen, *Schall* schlucken, *Schall, Stoß* dämpfen; **abˈsorbed** [-bd] *adj.* □ *fig.* (*in*) gefesselt (von), vertieft *od.* versunken (in *acc.*): **~ in thought**; **abˈsorb·ent** [-bənt] **I** *adj.* absorbierend, aufsaugend: **~ cotton** ⚕ Verbandwatte *f*; **II** *s.* Absorptiˈonsmittel *n*; **abˈsorb·ing** [-bɪŋ] *adj.* □ **1.** aufsaugend; *fig.* fesselnd, packend; **2.** ⚙, *biol.* Absorptions..., Aufnahme... (*a.* †); **ab·sorp·tion** [əbˈsɔːpʃn] *s.* **1.** *a.* ↯, ⚘, ⚙, *biol., phys.* Auf-, Einsaugung *f*, Aufnahme *f*, Absorptiˈon *f*; Vereinigung *f*; **2.** Verdrängung *f*, Verbrauch *m*; (*Schall-, Stoß*)Dämpfung *f*; **3.** *fig.* (*in*) Vertieftsein *n* (in *acc.*), gänzliche Inˈanspruchnahme (durch); **ab·sorp·tive** [əbˈsɔːptɪv] *adj.* absorpˈtiv, Absorptions..., absorbierend, (auf)saug-, aufnahmefähig.

ab·stain [əbˈsteɪn] *v/i.* **1.** sich enthalten (*from gen.*); **2.** *a.* **~ from voting** sich der Stimme enthalten; **abˈstain·er** [-nə] *s. mst* **total ~** Abstiˈnenzler *m*.

ab·ste·mi·ous [æbˈstiːmjəs] *adj.* □ enthaltsam, mäßig, fruˈgal (*a. Essen*).

ab·sten·tion [æbˈstenʃn] *s.* **1.** Enthaltung *f* (*from* von); **2.** *a.* **~ from voting** *pol.* Stimmenthaltung *f*.

ab·sti·nence [ˈæbstɪnəns] *s.* Abstiˈnenz *f*, Enthaltung *f* (*from* von), Enthaltsamkeit *f*: **total ~** (völlige) Abstinenz, vollkommene Enthaltsamkeit; **day of ~** *R.C.* Abstinenztag *m*; **ˈab·sti·nent** [-nt] *adj.* □ enthaltsam, mäßig, abstiˈnent.

ab·stract[1] [ˈæbstrækt] **I** *adj.* □ **1.** abstrakt, theoˈretisch, rein begrifflich; **2.** *ling.* abˈstrakt (*Ggs. konkret*); **3.** ℞ abstrakt, rein (*Ggs. angewandt*): **~ number** abstrakte Zahl; **4.** → **abstruse**; **5.** *paint.* abˈstrakt; **II** *s.* **6.** *das* Abˈstrakte: **in the ~** rein theoretisch (betrachtet), an u. für sich; **7.** *ling.* Abˈstraktum *n*, Begriffs(haupt)wort *n*; **8.** Auszug *m*, Abriss *m*, Inhaltsangabe *f*, ˈÜbersicht *f*: **~ of account** † Konto-, Rechnungsauszug; **~ of title** ⚖ Besitztitel *m*, Eigentumsnachweis *m*.

ab·stract[2] [æbˈstrækt] *v/t.* **1.** *Geist etc.* ablenken; (ab)sondern, trennen; **2.** abstrahieren; für sich *od.* (ab)gesondert betrachten; **3.** e-n Auszug machen von, kurz zs.-fassen; **4.** ⚗ destillieren; **5.** entwenden; **abˈstract·ed** [-tɪd] *adj.* □ **1.** (ab)gesondert, getrennt; **2.** zerstreut, geistesabwesend; **abˈstrac·tion** [-kʃn] *s.* **1.** Abstraktiˈon *f*, *a.* ⚗ Absonderung *f*; **2.** *a.* ⚖ Wegnahme *f*, Entwendung *f*; **3.** *phls.* Abstraktiˈon *f*, abstrakter Begriff; **4.** Versunkenheit *f*, Zerstreutheit *f*; **5.** abˈstraktes Kunstwerk.

ab·struse [æbˈstruːs] *adj.* □ dunkel, schwer verständlich, abˈstrus.

ab·surd [əbˈsɜːd] *adj.* □ abˈsurd (*a. thea.*), unsinnig, lächerlich; **abˈsurd·i·ty** [-dətɪ] *s.* Absurdiˈtät *f*, Sinnlosigkeit *f*, Albernheit *f*, Unsinn *m*: **reduce to ~** ad absurdum führen.

a·bun·dance [əˈbʌndəns] *s.* **1.** (*of*) ˈÜberfluss *m* (an *dat.*), Fülle *f* (von), (große) Menge (von): **in ~** in Hülle und Fülle; **2.** ˈÜberschwang *m der Gefühle*; **3.** Wohlstand *m*, Reichtum *m*; **aˈbun·dant** [-nt] *adj.* □ **1.** reichlich (vorˈhanden); **2.** (*in od. with*) im ˈÜberfluss besitzend (*acc.*), reich (an *dat.*), reichlich versehen (mit); **3.** ℞ abunˈdant; **aˈbun·dant·ly** [-ntlɪ] *adv.* reichlich, völlig, in reichem Maße.

a·buse I *v/t.* [əˈbjuːz] **1.** missˈbrauchen; ˈübermäßig beanspruchen; **2.** grausam behandeln, missˈhandeln; *Frau* missˈbrauchen; **3.** beleidigen, beschimpfen; **II** *s.* [əˈbjuːs] **4.** ˈMissbrauch *m*, -stand *m*, falscher Gebrauch; ˈÜbergriff *m*: **~ of authority** ⚖ Amts-, Ermessensmissbrauch; **~ of power** Machtmissbrauch; **5.** Missˈhandlung *f*; **6.** Kränkung *f*, Beschimpfung *f*, Schimpfworte *pl.*; **aˈbu·sive** [-juːsɪv] *adj.* □ **1.** ˈmissbräuchlich; **2.** beleidigend, ausfallend: **he became ~**; **~ language** Schimpfworte *pl.*; **3.** falsch (angewendet).

a·but [əˈbʌt] *v/i.* angrenzen, -stoßen, (sich) anlehnen (*on, upon, against* an *acc.*); **aˈbut·ment** [-mənt] *s.* ⚠ Strebepfeiler *m*, ˈWiderlager *n e-r Brücke etc.*; **aˈbut·tals** [-tlz] *s. pl.* (Grundstücks-) Grenzen *pl*; **aˈbut·ter** [-tə] *s.* ⚖ Anlieger *m*, Anrainer *m*.

a·bysm [əˈbɪzəm] *s. poet.* Abgrund *m*; **aˈbys·mal** [-zml] *adj.* □ abgrundtief, bodenlos, unergründlich (*a. fig.*): **~ ignorance** grenzenlose Dummheit; **a·byss** [əˈbɪs] *s.* **1.** *a. fig.* Abgrund *m*, Schlund *m*; **2.** Hölle *f*.

Ab·ys·sin·i·an [ˌæbɪˈsɪnjən] **I** *adj.* abesˈsinisch; **II** *s.* Abesˈsinier(in).

a·ca·cia [əˈkeɪʃə] *s.* **1.** ⚘ a) Aˈkazie *f*, b) *a.* **false ~** Gemeine Roˈbinie; **2.** Aˈkazienˌgummi *m, n*.

ac·a·dem·i·a [ˌækəˈdiːmɪə] *s.* die akademische Welt; **ac·a·dem·ic** [ˌækəˈdemɪk] **I** *adj.* (□ **~ally**) **1.** akaˈdemisch, Universitäts...: **~ dress** *od.* **costume** akademische Tracht; **~ year** Studienjahr *n*; **2.** (geistes)wissenschaftlich: **~ achievement**; **an ~ course**; **3.** a) akaˈdemisch, (rein) theoˈretisch: **an ~ question**, b) unpraktisch, nutzlos; **4.** konventioˈnell, traditioˈnell; **II** *s.* **5.** Akaˈdemiker(in); **6.** Universiˈtätsmitglied *n* (*Dozent, Student etc.*); **ˌac·aˈdem·i·cal** [-kl] **I** *adj.* □ → **academic** 1, 2; **II** *s. pl.* akaˈdemische Tracht; **a·cad·e·mi·cian** [əˌkædəˈmɪʃn] *s.* Akadeˈmiemitglied *n*; **a·cad·e·my** [əˈkædəmɪ] *s.* **1.** ♎ Akadeˈmie *f* (*Platos Philosophenschule*); **2.** a) Hochschule *f*, b) höhere Lehranstalt (*allgemeiner od. spezieller Art*): **military ~** Militärakademie *f*, Kriegsschule *f*; **riding ~** Reitschule *f*; **3.** Akadeˈmie *f der Wissenschaften etc.*, gelehrte Gesellschaft: **Academy Awards** *pl.* Oscar-Verleihung *f*.

ac·a·jou [ˈækəʒuː] → **cashew**.

a·can·thus [əˈkænθəs] *s.* **1.** ⚘ Bärenklau *m, f*; **2.** ⚠ Aˈkanthus *m*, Laubverzierung *f*.

ac·cede [ækˈsiːd] *v/i.* **~ to 1.** *e-m Vertrag, Verein etc.* beitreten; *e-m Vorschlag* beipflichten, in *et.* einwilligen; **2.** zu *et.* gelangen; *Amt* antreten; *Thron* besteigen.

ac·cel·er·ant [ækˈselərənt] **I** *adj.* beschleunigend; **II** *s.* ⚗ ˈpositiver Kataˈlysator; **ac·cel·er·ate** [ækˈseləreɪt] **I** *v/t.* **1.** beschleunigen, die Geschwindigkeit erhöhen von (*od. gen.*); *fig. Entwicklung etc.* beschleunigen, fördern; *et.* ankurbeln; **2.** *Zeitpunkt* vorverlegen; **II** *v/i.* **3.** schneller werden; **acˈcel·er·at·ing** [-reɪtɪŋ] *adj.* Beschleunigungs...: **~ grid** ↯ Beschleunigungs-, Schirmgitter *n*; **ac·cel·er·a·tion** [ækˌseləˈreɪʃn] *s.* **1.** *bsd.* ⚙, *phys., ast.* Beschleunigung *f*: **~ lane** *mot.* Beschleunigungsspur *f*; **2.** ⚕ Akzeleratiˈon *f*, Entwicklungsbeschleunigung *f*; **acˈcel·er·a·tor** [-reɪtə] *s.* **1.** *bsd.* ⚙ Beschleuniger *m*, *mot. a.* Gashebel *m*, ˈGaspeˌdal *n*: **step on the ~** Gas geben; **2.** *anat.* Symˈpathikus *m*.

ac·cent I *s.* [ˈæksənt] Akˈzent *m*: a) *ling.* Ton *m*, Betonung *f*, b) *ling.* Tonzeichen *n*, c) Tonfall *m*, Aussprache *f*, d) ♪ Akˈzent(zeichen *n*) *m*, e) *fig.* Nachdruck (*on* auf *dat.*); **II** *v/t.* [ækˈsent] → **ac·cen·tu·ate** [ækˈsentjʊeɪt] *v/t.* akzentuieren, betonen: a) herˈvorheben (*a. fig.*), b) mit e-m Akˈzent(zeichen) versehen; **ac·cen·tu·a·tion** [ækˌsentjʊˈeɪʃn] *s. allg.* Betonung *f*.

ac·cept [əkˈsept] **I** *v/t.* **1.** annehmen: a) entgegennehmen: **~ a gift**, b) akzeptieren: **~ a proposal**; **2.** *fig.* akzeptieren: a) *j-n od. et.* anerkennen, *bsd. et.* gelten lassen, b) *et.* 'hinnehmen, sich mit *et.* abfinden; **3.** *j-n* aufnehmen (***into*** in *acc.*); **4.** auffassen, verstehen: → ***accepted***; **5.** ✝ *Auftrag* annehmen; *Wechsel* akzeptieren: ***~ the tender*** den Zuschlag erteilen; **II** *v/i.* **6.** annehmen, zusagen, einverstanden sein; **ac·cept·a·bil·i·ty** [əkˌseptə'bɪlətɪ] *s.* **1.** Annehmbarkeit *f*, Eignung *f*; **2.** Erwünschtheit *f*; **ac'cept·a·ble** [-təbl] *adj.* □ **1.** akzep'tabel, annehmbar, tragbar (***to*** für); **2.** angenehm, will'kommen; **3.** ✝ beleihbar, lom'bardfähig; **ac'cept·ance** [-təns] *s.* **1.** Annahme *f*, Empfang *m*; **2.** Aufnahme *f* (***into*** in *acc.*); **3.** Zusage *f*, Billigung *f*, Anerkennung *f*; **4.** 'Übernahme *f*; **5.** 'Hinnahme *f*; **6.** *bsd.* ✝ Abnahme *f von Waren*: ***~ test*** Abnahmeprüfung *f*; **7.** ✝ a) Annahme *f od.* Anerkennung *f e-s Wechsels*, b) Ak'zept *n*, angenommener Wechsel; **ac·cep·ta·tion** [ˌæksep'teɪʃn] *s. ling.* gebräuchlicher Sinn, landläufige Bedeutung; **ac'cept·ed** [-tɪd] *adj.* allgemein anerkannt; üblich, landläufig: ***in the ~ sense***; ***~ text*** offizieller Text; **ac'cept·er, ac'cep·tor** [-tə] *s.* **1.** Annehmer *m*, Abnehmer *m etc.*; **2.** ✝ Akzep'tant *m*, Wechselnehmer *m*.

ac·cess ['ækses] *s.* **1.** Zugang *m* (*Weg*): ***~ hatch*** ⚓, ✈ Einsteigluke *f*; ***~ road*** *Am.* a) Zufahrtsstraße *f*, b) (Autobahn-) Zubringerstraße *f*; ***~ traffic*** Anliegerverkehr *m*; **2.** *fig.* (***to***) Zugang *m* (zu), Zutritt *m* (zu, bei); Gehör *n* (bei); *Computer*: Zugriff *m* (auf *acc.*): ***~ code*** Zugriffscode *m*; ***~ key*** Zugriffstaste *f*, -schlüssel *m*; ***~ path*** Zugriffspfad *m*; ***~ time*** *Computer*: Zugriffszeit *f*; ***~ to means of education*** Bildungsmöglichkeiten *pl.*; ***easy of ~*** leicht zugänglich; **3.** (Wut-, Fieber- *etc.*)Anfall *m*, Ausbruch *m*; **ac'ces·sa·ry** → ***accessory***; **ac·ces·si·bil·i·ty** [ækˌsesə'bɪlətɪ] *s.* Erreichbarkeit *f*, Zugänglichkeit *f* (*a. fig.*); **ac·ces·si·ble** [æk'sesəbl] *adj.* □ **1.** zugänglich, erreichbar (***to*** für); **2.** *fig.* 'um-, zugänglich; **3.** zugänglich, empfänglich (***to*** für); **ac·ces·sion** [æk'seʃn] *s.* **1.** (***to***) Gelangen *n* (zu *e-r Würde*): ***~ to power*** Machtübernahme *f*; **2.** (***to***) Anschluss *m* (an *acc.*), Beitritt *m* (zu); Antritt *m* (*e-s Amtes*): ***~ criteria*** *pl. EU* 'Beitrittskriˌterien; ***~ to the throne*** Thronbesteigung *f*; **3.** (***to***) Zuwachs *m* (an *dat.*), Vermehrung *f* (*gen.*): ***recent ~s*** Neuanschaffungen; **4.** Wertzuwachs *m*, Vorteil *m*; **5.** (***to***) Erreichung *f e-s Alters*.

ac·ces·so·ry [æk'sesərɪ] **I** *adj.* **1.** zusätzlich, beitragend, Hilfs..., Neben..., Begleit...; **2.** nebensächlich, 'untergeordnet; **3.** teilnehmend, mitschuldig (***to*** an *dat.*); **II** *s.* **4.** Zusatz *m*, Anhang *m*; **5.** ***accessories*** *pl.* ⚙ Zubehör(teile *pl.*) *n*, *m*; **6.** *oft pl.* Hilfsmittel *n*, Beiwerk *n*; **7.** ⚖ Teilnehmer *m an e-m Verbrechen*: ***~ after the fact*** Begünstiger *m*, *z. B.* Hehler *m*; ***~ before the fact*** a) Anstifter *m*, b) (Tat)Gehilfe *m*.

ac·ci·dence ['æksɪdəns] *s. ling.* Formenlehre *f*.

ac·ci·dent ['æksɪdənt] *s.* **1.** Zufall *m*, zufälliges Ereignis: ***by ~*** zufällig; **2.** zufällige Eigenschaft, Nebensächlichkeit *f*; **3.** Unfall *m*, Unglücksfall *m*: ***in an ~*** bei e-m Unfall; ***~ benefit*** Unfallentschädigung *f*; ***~-free*** unfallfrei; ***~-prone*** unfallgefährdet; ***~ report*** Unfallbericht; **4.** Missgeschick *n*; **ac·ci·den·tal** [ˌæksɪ'dentl] **I** *adj.* □ **1.** zufällig, unbeabsichtigt; nebensächlich; **2.** Unfall...: ***~ death*** Tod *m* durch Unfall; **II** *s.* **3.** ♪ Vorzeichen *n*; **4.** *mst pl. paint.* Nebenlichter *pl.*

ac·claim [ə'kleɪm] **I** *v/t.* **1.** *j-n*, *fig. et.* mit (lautem) Beifall *od.* Jubel begrüßen; *j-m* zujubeln; **2.** jauchzend ausrufen: ***they ~ed him (as) king*** sie riefen ihn zum König aus; **3.** sehr loben; **II** *s.* **4.** Beifall *m*.

ac·cla·ma·tion [ˌæklə'meɪʃn] *s.* **1.** lauter Beifall; **2.** hohes Lob; **3.** *pol.* Abstimmung *f* durch Zuruf: ***by ~*** durch Akklamation.

ac·cli·mate [ə'klaɪmət] *bsd. Am.* → ***acclimatize***; **ac·cli·ma·tion** [ˌæklaɪ'meɪʃn] *s.*, **ac·cli·ma·ti·za·tion** [əˌklaɪmətaɪ'zeɪʃn] *s.* Akklimatisierung *f*, Eingewöhnung *f* (*beide a. fig.*); ⚘ *zo.* Einbürgerung *f*; **ac·cli·ma·tize** [ə'klaɪmətaɪz] *v/t. u. v/i.* (sich) akklimatisieren, (sich) gewöhnen (***to*** an *acc.*) (*a. fig.*).

ac·cliv·i·ty [ə'klɪvətɪ] *s.* Steigung *f*.

ac·co·lade ['ækəʊleɪd] *s.* **1.** Akko'lade *f*: a) Ritterschlag *m*, b) (feierliche) Um'armung. **2.** *fig. Am.* Auszeichnung *f*. **3.** ♪ Klammer *f*.

ac·com·mo·date [ə'kɒmədeɪt] **I** *v/t.* **1.** (***to***) a) anpassen (*dat.*, an *acc.*): ***~ o.s. to circumstances***, b) in Einklang bringen (mit): ***~ facts to theory***; **2.** *j-n* versorgen, *j-m* aushelfen *od.* gefällig sein (***with*** mit): ***~ s.o. with money***; **3.** *Streit* schlichten, beilegen; **4.** 'unterbringen, Platz haben für, fassen; **II** *v/i.* **5.** sich einstellen (***to*** auf *acc.*); **6.** ⚕ sich akkommodieren; **ac'com·mo·dat·ing** [-tɪŋ] *adj.* □ gefällig, entgegenkommend; anpassungsfähig; **ac·com·mo·da·tion** [əˌkɒmə'deɪʃn] *s.* **1.** Anpassung *f* (***to*** an *acc.*); Über'einstimmung *f*; **2.** Über'einkommen *n*, gütliche Einigung; **3.** Gefälligkeit *f*, Aushilfe *f*, geldliche Hilfe; **4.** Versorgung *f* (***with*** mit); **5.** *a. pl.* Einrichtung(en *pl.*) *f*; Bequemlichkeit(en *pl.*) *f*; Räumlichkeit(en *pl.*) *f*: ***seating ~*** Sitzgelegenheit *f*; **6.** *Brit. sg.*, *Am. mst pl.* (Platz *m* für) 'Unterkunft *f*, -bringung *f*, Quar'tier *n*; **7.** *a.* ***~ train*** *Am.* Per'sonenzug *m*.

ac·com·mo·da·tion| ad·dress *s.* 'Deckaˌdresse *f*; **~ bill**, **~ draft** *s.* ✝ Gefälligkeitswechsel *m*; **~ lad·der** *s.* ⚓ Fallreep *n*; **~ road** *s.* Hilfs-, Zufahrtsstraße *f*.

ac·com·pa·ni·ment [ə'kʌmpənɪmənt] *s.* **1.** ♪ Begleitung *f*, *a. fig. iro.* Begleitmusik *f*; **2.** *fig.* Begleiterscheinung *f*; **ac'com·pa·nist** [-pənɪst] *s.* ♪ Begleiter (-in); **ac·com·pa·ny** [ə'kʌmpənɪ] *v/t.* **1.** *a.* ♪ *u. fig.* begleiten; **2.** *fig.* e-e Begleiterscheinung sein von *od. gen.*: ***accompanied by*** *od.* ***with*** begleitet von, verbunden mit; ***~ing address*** (***phenomenon***) Begleitadresse *f* (-erscheinung *f*); **3.** verbinden (***with*** mit): ***~ the advice with a warning***.

ac·com·plice [ə'kʌmplɪs] *s.* Kom'plize *m*, 'Mittäter(in).

ac·com·plish [ə'kʌmplɪʃ] *v/t.* **1.** *Aufgabe* voll'bringen, voll'enden, erfüllen, *Absicht* ausführen, *Zweck* erreichen, erfüllen, *Ziel* erreichen; **2.** leisten; **3.** ver'vollkommnen, schulen; **ac'com·plished** [-ʃt] *adj.* **1.** 'vollständig ausgeführt; **2.** kultiviert, (fein *od.* vielseitig) gebildet; **3.** voll'endet, per'fekt (*a. iro.*): ***an ~ liar*** ein Erzlügner; **ac'com·plish·ment** [-mənt] *s.* **1.** Ausführung *f*, Voll'endung *f*, Erfüllung *f*; **2.** Ver'vollkommnung *f*; **3.** Voll'kommenheit *f*; Könnerschaft *f*; **4.** *mst pl.* Fertigkeiten *pl.*, Ta'lente *pl.*, Künste *pl.*; **5.** Leistung *f*.

ac·cord [ə'kɔːd] **I** *v/t.* **1.** bewilligen, gewähren, *Lob* spenden; **II** *v/i.* **2.** über'einstimmen, harmonieren, passen; **III** *s.* **3.** Über'einstimmung *f*, Einklang *m*; **4.** Zustimmung *f*; **5.** Über'einkommen *n*, *pol.* Abkommen *n*; ⚖ Vergleich *m*: ***with one ~*** einstimmig, einmütig; ***of one's own ~*** aus eigenem Antrieb, freiwillig; **ac'cord·ance** [-dəns] *s.* Über'einstimmung *f*: ***be in ~ with*** übereinstimmen mit; ***in ~ with*** in Übereinstimmung mit, gemäß; **ac'cord·ing** [-dɪŋ] **I** ***~ as*** *cj.* je nach'dem (wie *od.* ob), so wie; **II** ***~ to*** *prp.* gemäß, nach, laut (*gen.*): ***~ to taste*** (je) nach Geschmack; ***~ to directions*** vorschriftsmäßig; **ac'cord·ing·ly** [-dɪŋlɪ] *adv.* demgemäß, folglich; entsprechend.

ac·cor·di·on [ə'kɔːdjən] *s.* Ak'kordeon *n*, 'Zieh-, 'Handharˌmonika *f*.

ac·cost [ə'kɒst] *v/t.* her'antreten an (*acc.*), *j-n* ansprechen.

ac·couche·ment [ə'kuːʃmɑ̃ːŋ] (*Fr.*) *s.* Entbindung *f*, Niederkunft *f*; **ac·cou·cheur** [ˌækuː'ʃɜː; akuʃœːr] *s.* Geburtshelfer *m*; **ac·cou·cheuse** [ˌækuː'ʃɜːz; akuʃøːz] *s.* Hebamme *f*.

ac·count [ə'kaʊnt] **I** *v/t.* **1.** ansehen als, erklären für, betrachten als: ***~ s.o. (to be) guilty***; ***~ o.s. happy*** sich glücklich schätzen; **II** *v/i.* ***~ for*** **2.** Rechenschaft ablegen über *acc.*; verantwortlich sein für; **3.** (er)klären, begründen: ***how do you ~ for that?*** wie erklären Sie das?; ***Henry ~s for ten of them*** zehn davon kommen auf H.; ***there is no ~ing for it*** das ist nicht zu begründen, das ist Ansichtssache; (***not***) ***~ed for*** (un)geklärt; **4.** *hunt.* (ab)schießen; *fig. sport* ‚erledigen'; **III** *s.* **5.** Rechnung *f*, Ab-, Berechnung *f*; ✝ *pl.* (Geschäfts)Bücher *pl.*, (Rechnungs-, Jahres)Abschluss *m*; 'Konto *n*: ***~ book*** Konto-, Geschäftsbuch *n*; ***~ current*** *od.* ***current ~*** laufende Rechnung, Kontokorrent *n*; ***~s department*** Buchhaltung *f*; ***~ movements*** Kontobewegungen *pl*; ***~ sales*** Verkaufsabrechnung; ***~s payable*** Verbindlichkeiten, Kreditoren; ***~s receivable*** Außenstände, Debitoren; ***on ~*** auf Abschlag, a conto, als Teilzahlung; ***for ~ only*** nur zur Verrechnung; ***for one's own ~*** auf eigene Rechnung; ***payment on ~*** Anzahlung *f*; ***on one's own ~*** auf eigene Rechnung (u. Gefahr), für sich selber; ***balance an ~*** e-e Rechnung bezahlen, ein Konto ausgleichen; ***carry to a new ~*** auf neue Rechnung vortragen; ***charge to s.o.'s ~*** j-s Konto belasten mit, j-m in Rechnung stellen; ***keep an ~*** Buch führen; ***open an ~*** ein Konto eröffnen; ***place to s.o.'s ~*** j-m in Rechnung stellen; ***render an ~*** (***for***) Rechnung (vor)legen (für); ***~ rendered*** vorgelegte Rechnung; ***settle an ~*** e-e Rechnung begleichen; ***settle*** *od.* ***square ~s with***, ***make up one's ~ with*** *a. fig.* abrechnen mit; ***square an ~*** ein Konto ausgleichen; → ***statement*** 5; **6.** Rechenschaft(sbericht *m*) *f*: ***bring to ~*** *fig.* abrechnen mit; ***call to ~*** zur Rechenschaft ziehen; ***give*** *od.* ***render an ~ of*** Rechenschaft ablegen über (*acc.*) → 7; ***give a good ~ of*** *et.* gut erledigen, *Gegner* abfertigen; ***give a good ~ of o.s.*** s-e Sache gut machen, sich bewähren; **7.** Bericht *m*, Darstellung *f*, Beschreibung *f*: ***by all ~s*** nach allem, was man hört; ***give*** *od.* ***render an ~ of*** Bericht erstatten über (*acc.*) → 6; **8.** Liste *f*, Verzeichnis *n*; **9.** 'Umstände *pl.*, Erwägung *f*: ***on ~ of*** um ... willen, wegen; ***on his ~*** seinetwegen; ***on no ~*** keineswegs, unter keinen Umständen; ***leave out of ~*** außer Betracht lassen; ***take ~ of***, ***take into ~*** Rechnung tragen (*dat.*), in Betracht ziehen, berücksichtigen; **10.** Wichtigkeit *f*, Wert *m*: ***of no ~*** ohne Bedeutung; **11.** Vorteil *m*: ***find one's ~ in*** bei *et.* profitieren *od.* auf s-e Kosten kommen; ***turn to*** (***good***) ***~*** (gut) (aus)nutzen, Kapital schlagen aus; **ac·count·a·bil·i·ty** [əˌkaʊntə'bɪlətɪ] *s.* Verantwortlichkeit *f*; **ac'count·a·ble** [-təbl] *adj.* □ **1.** verantwortlich, rechenschaftspflichtig (***to*** *dat.*); **2.** erklärlich; **ac'count·an·cy** [-tənsɪ] *s.* Buchhaltung *f*; Buchführung *f*, Rechnungswesen *n*; *Brit.* Steuerberatung *f*; **ac'count·ant** [-tənt] *s.* **1.** (*a.* Bilanz)Buchhalter *m*, Rechnungsführer *m*; **2.** (***chartered*** *od.* ***certified ~*** amtlich zugelassener) Buchprüfer *od.* Steuerberater; ***certified public ~*** *Am.* Wirtschaftsprüfer *m*; **3.** *Brit.* Steuerberater *m*; **ac'count·ing** [-tɪŋ] *s.* **1.** → ***accountancy***; **2.** Abrechnung *f*: ***~ period*** Abrechnungszeitraum *m*; ***~ year*** Geschäftsjahr *n*.

ac·cou·tred [ə'kuːtəd] *adj.* ausgerüstet; **ac'cou·tre·ment** [-təmənt] *s.* *mst pl.* **1.** Kleidung *f*, Ausstattung *f*; **2.** ⚔ Ausrüstung *f* (*außer Uniform u. Waffen*).

ac·cred·it [ə'kredɪt] *v/t.* **1.** *bsd. e-n Gesandten* akkreditieren, beglaubigen (***to*** bei); **2.** bestätigen, als berechtigt anerkennen; **3.** ***~ s.th. to s.o.*** *od.* ***s.o. with s.th.*** j-m et. zuschreiben.

ac·cre·tion [æ'kriːʃn] *s.* **1.** Zuwachs *m*, Zunahme *f*, Anwachsen *n*; **2.** ⚖ Anwachsung *f* (*Erbschaft*); (Land)Zuwachs *m*; **3.** ⚕ Zs.-wachsen *n*.

ac·cru·al [ə'kruːəl] *s.* †, ⚖ Anfall *m* (*Dividende, Erbschaft etc.*); Entstehung *f* (*Anspruch etc.*); Auflaufen *n* (*Zinsen*); Zuwachs *m*.

ac·crue [ə'kruː] *v/i.* erwachsen, entstehen, zufallen, zukommen (***to*** *dat.*, ***from***, ***out of*** aus): ***~d interest*** aufgelaufene Zinsen *pl.*

ac·cu·mu·late [ə'kjuːmjʊleɪt] **I** *v/t.* ansammeln, anhäufen, aufspeichern (*a.* ⚙), aufstauen; **II** *v/i.* anwachsen, sich anhäufen *od.* ansammeln *od.* akkumulieren, ⚙ sich summieren; auflaufen (*Zinsen*); **ac·cu·mu·la·tion** [əˌkjuːmjʊ'leɪʃn] *s.* Ansammlung *f*, Auf-, Anhäufung *f*, Akkumulation *f*, *a.* ⚙ (Auf-)Speicherung *f*, *a. psych.* (Auf)Stauung *f*: ***~ of capital*** † Kapitalansammlung *f*; ***~ of interest*** Auflaufen *n* von Zinsen; ***~ of property*** Vermögensanhäufung *f*; **ac'cu·mu·la·tive** [-lətɪv] *adj.* (sich) anhäufend *etc.*; Häufungs..., Zusatz..., Sammel...; **ac'cu·mu·la·tor** [-tə] *s.* ϟ Akkumu'lator *m*, 'Akku *m*, (Strom-)Sammler *m*.

ac·cu·ra·cy ['ækjʊrəsɪ] *s.* Genauigkeit *f*, Sorgfalt *f*, Präzisi'on *f*; Richtigkeit *f*, Ex'aktheit *f*; **'ac·cu·rate** [-rət] *adj.* □ **1.** genau; sorgfältig; pünktlich; **2.** richtig, zutreffend, ex'akt.

ac·curs·ed [ə'kɜːsɪd] *adj.*, *a.* **ac'curst** [-st] *adj.* verflucht, verwünscht, F *a.* ‚verflixt'.

ac·cu·sa·tion [ˌækjuː'zeɪʃn] *s.* Anklage *f*, An-, Beschuldigung *f*: ***bring an ~ against s.o.*** e-e Anklage gegen j-n erheben; **ac·cu·sa·ti·val** [əˌkjuːzə'taɪvl] *adj.* □ *ling.* 'akkusativisch; **ac·cu·sa·tive** [ə'kjuːzətɪv] *s. a.* ***~ case*** 'Akkusativ *m*, 4. Fall.

ac·cuse [ə'kjuːz] *v/t. a.* ⚖ anklagen, beschuldigen (***of*** *gen.*; ***before***, ***to*** bei); **ac'cused** [-zd] *s.* a) Angeklagte(r *m*) *f*, b) *die* Angeklagten *pl*; **ac'cus·ing** [-zɪŋ] *adj.* □ anklagend.

ac·cus·tom [ə'kʌstəm] *v/t.* gewöhnen (***to*** an *acc.*): ***be ~ed to do***(***ing***) ***s.th.*** gewohnt sein, et. zu tun, et. zu tun pflegen; ***get ~ed to s.th.*** sich an et. gewöhnen; **ac'cus·tomed** [-md] *adj.* **1.** gewohnt, üblich; **2.** gewöhnt (***to*** an *acc.*, zu *inf.*).

ace [eɪs] **I** *s.* **1.** Ass *n* (*Spielkarte*): ***an ~ in the hole*** *Am.* F ein Trumpf in petto; **2.** Eins *f* (*Würfel*); **3.** *fig.* ***he came within an ~ of losing*** um ein Haar hätte er verloren; **4.** ⚔ (Flieger)Ass *n*; **5.** *bsd. sport* ‚Ka'none' *f*, Ass *n*; **6.** *Tennis:* (Aufschlag)Ass *n*. **II** *adj.* **7.** her'vorragend, Spitzen..., Star...: ***~ reporter***.

ac·er·bate ['æsəbeɪt] *v/t.* er-, verbittern; **a·cer·bi·ty** [ə'sɜːbətɪ] *s.* **1.** Herbheit *f*, Bitterkeit *f* (*a. fig.*); **2.** saurer Geschmack, Säure *f*; **3.** *fig.* Schärfe *f*, Heftigkeit *f*.

ac·e·tate ['æsɪteɪt] *s.* **1.** ⚗ Ace'tat *n*, Aze'tat *n*; **2.** *a.* ***~ rayon*** Acetatseide *f*; **a·ce·tic** [ə'siːtɪk] *adj.* ⚗ essigsauer: ***~ acid*** Essigsäure *f*; **a·cet·i·fy** [ə'setɪfaɪ] **I** *v/t.* in Essig verwandeln, säuern; **II** *v/i.* sauer werden; **a·cet·y·lene** [ə'setɪliːn] *s.* ⚗ Acety'len *n*: ***~ welding*** ⚙ Autogenschweißen *n*.

ache [eɪk] **I** *v/i.* **1.** schmerzen, wehtun; Schmerzen haben: ***I am aching all over*** mir tut alles weh; **2.** F sich sehnen (***for*** nach), dar'auf brennen (***to do*** *et.* zu tun); **II** *s.* **3.** (*anhaltender*) Schmerz.

a·chieve [ə'tʃiːv] *v/t.* **1.** zu'stande bringen, voll'bringen, schaffen, leisten; **2.** erlangen; *Ziel* erreichen, *Erfolg* erzielen; **a'chieve·ment** [-mənt] *s.* **1.** Voll'bringung *f*, Schaffung *f*, Zu'standebringen *n*; **2.** Erzielung *f*, Erreichen *n*; **3.** Erringung *f*; **4.** (Groß)Tat *f*, (große) Leistung, Errungenschaft *f*: ***~-oriented*** leistungsorientiert; ***~ test*** *psych.* Leistungstest *m*; **a'chiev·er** [-və] *s.* j-d, der es zu et. bringt.

A·chil·les [ə'kɪliːz] *npr.* A'chill(es) *m*: ***~ heel*** *fig.* Achillesferse *f*; ***~ tendon*** *anat.* Achillessehne *f*.

ach·ing ['eɪkɪŋ] *adj.* schmerzend.

ach·ro·ma·tic [ˌækrəʊ'mætɪk] *adj.* (□ ***~ally***) **1.** *phys.*, *biol.* achro'matisch, farblos: ***~ lens***; **2.** ♪ dia'tonisch.

ac·id ['æsɪd] **I** *adj.* □ **1.** sauer, scharf (*Geschmack*): ***~ drops*** *Brit.* saure (Frucht)Bonbons, Drops; **2.** *fig.* bissig, beißend: ***~ remark***; **3.** ⚗, ⚙ säurehaltig, Säure...: ***~ bath*** Säurebad *n*; ***~ rain*** saurer Regen; **II** *s.* **4.** ⚗ Säure *f*: ***~-proof*** ⚙ säurefest; **5.** *sl.* LS'D *n*: ***~-head*** LSD-Süchtiger *m*; **a·cid·i·fy** [ə'sɪdɪfaɪ] *v/t.* (an)säuern; in Säure verwandeln; **a·cid·i·ty** [ə'sɪdətɪ] *s.* **1.** Säure *f*, Schärfe *f*, Säuregehalt *m*; **2.** ('überschüssige) Magensäure; **ac·id re·sist·ance** *s.* Säurefestigkeit *f*; **ac·id test** *s.* **1.** ⚗, ϟ Scheide-, Säureprobe *f*; **2.** *fig.* strengste Prüfung, Feuerprobe *f*: ***put to the ~*** auf Herz u. Nieren prüfen.

a·cid·u·lat·ed [ə'sɪdjʊleɪtɪd] *adj.* (an-)gesäuert: ***~ drops*** saure Bonbons; **a'cid·u·lous** [-ləs] *adj.* säuerlich; *fig.* → ***acid*** 2.

ack-ack [ˌæk'æk] *s* ⚔ *sl.* Flak(feuer *n*, -kanone[n *pl.*] *f*) *f*.

ack·em·ma [æk'emə] *Funkerwort für a.m. Brit. sl.* **I** *adv.* vormittags; **II** *s.* 'Flugzeugmeˌchaniker *m*.

ac·knowl·edge [ək'nɒlɪdʒ] *v/t.* **1.** anerkennen; **2.** zugeben, einräumen; **3.** sich bekennen zu; **4.** (dankbar) anerkennen; sich erkenntlich zeigen für; **5.** *Empfang* bestätigen, quittieren; *Gruß* erwidern; **6.** ⚖ *Urkunde* beglaubigen; **ac'knowl·edged** [-dʒd] *adj.* anerkannt; **ac'knowl·edg**(**e**)**·ment** [-mənt] *s.* **1.** Anerkennung *f*; **2.** Ein-, Zugeständnis *n*; **3.** Bekenntnis *n*; **4.** (lobende) Anerkennung; Erkenntlichkeit *f*, Dank *m* (***of*** für); **5.** (Empfangs)Bestätigung *f*; **6.** ⚖ Beglaubigungsklausel *f* (*Urkunde*).

ac·me ['ækmɪ] *s.* **1.** Gipfel *m*; *fig. a.* Höhepunkt *m*; **2.** ⚕ 'Krisis *f*.

ac·ne ['æknɪ] *s.* ⚕ 'Akne *f*.

ac·o·lyte ['ækəʊlaɪt] *s.* **1.** *eccl.* Messgehilfe *m*, Al'tardiener *m*; **2.** Gehilfe *m*; Anhänger *m*.

a·corn ['eɪkɔːn] *s.* ⚘ Eichel *f*.

a·cous·tic *adj.*, **a·cous·ti·cal** [ə'kuːstɪk(l)] *adj.* □ ⚙, *phys.* a'kustisch, Schall..., *a.* ⚕ Gehör..., Hör...: ***~ engineering*** Tontechnik *f*; ***~ frequency*** Hörfrequenz *f*; ***~ nerve*** Gehörnerv *m*; **a'cous·tics** [-ks] *s. pl. phys.* **1.** *mst sg. konstr.* A'kustik *f*, Lehre *f* vom Schall; **2.** *pl. konstr.* A'kustik *f e-s Raumes*.

ac·quaint [ə'kweɪnt] *v/t.* **1.** (***o.s.*** sich) bekannt (*fig. a.* vertraut) machen (***with*** mit); → ***acquainted***; **2.** *j-m* mitteilen (***with a th.*** et., ***that*** dass); **ac'quaint·ance** [-təns] *s.* **1.** (***with***) Bekanntschaft *f* (mit), Kenntnis *f* (von *od. gen.*): ***make s.o.'s ~*** j-n kennen lernen; ***on closer ~*** bei näherer Bekanntschaft; **2.** Bekanntschaft *f*: a) Bekannte(r *m*) *f*, b) Bekanntenkreis *m*: ***an ~ of mine*** eine(r) meiner Bekannten; **ac'quaint·ed** [-tɪd] *adj.* bekannt: ***be ~ with*** kennen; ***become ~ with*** *j-n od. et.* kennen lernen.

ac·qui·esce [ˌækwɪ'es] *v/i.* **1.** (***in***) sich fügen (in *acc.*), hinnehmen (*acc.*), dulden (*acc.*); **2.** einwilligen; **ˌac·qui'es·cence** [-sns] *s.* (***in***) Ergebung *f* (in *acc.*); Einwilligung *f* (in *acc.*); Nachgiebigkeit *f* (gegenüber); **ˌac·qui'es·cent** [-snt] *adj.* □ ergeben, fügsam.

ac·quire [ə'kwaɪə] *v/t.* (käuflich *etc.*) erwerben; erlangen, erreichen, gewinnen; *fig. a. Wissen etc.* erwerben, (er-)lernen, sich aneignen: ***~d taste*** anerzogener *od.* angewöhnter Geschmack; **ac'quire·ment** [-mənt] *s.* **1.** Erwerbung *f*; **2.** (erworbene) Fähig- *od.* Fertigkeit; *pl.* Kenntnisse *pl.*

ac·qui·si·tion [ˌækwɪ'zɪʃn] *s.* **1.** Erwerbung *f*, Erwerb *m*; Kauf *m*, (Neu-)Anschaffung *f*; † Übernahme *f* (*e-r Firma*); Errungenschaft *f*; **2.** Gewinn *m*, Bereicherung *f*; ***~ cost***(***s*** *pl.*) *s.* † Anschaffungskosten *pl.*

ac·quis·i·tive [ə'kwɪzɪtɪv] *adj.* **1.** auf Erwerb gerichtet, gewinnsüchtig, Erwerbs...; **2.** (lern)begierig; **ac'quis·i·tive·ness** [-nɪs] *s.* Gewinnsucht *f*, Erwerbstrieb *m*.

ac·quit [ə'kwɪt] *v/t.* **1.** *Schuld* bezahlen, *Verbindlichkeit* erfüllen; **2.** entlasten; ⚖ freisprechen (***of*** von); **3.** (***of***) *j-n e-r Verpflichtung* entheben; **4.** ***~ o.s.*** (***of***) *Pflicht etc.* erfüllen; sich *e-r Aufgabe* entledigen: ***~ o.s. well*** s-e Sache gut machen; **ac'quit·tal** [-tl] *s.* **1.** ⚖ Freisprechung *f*, Freispruch *m*; **2.** Erfüllung *f e-r Pflicht*; **ac'quit·tance** [-təns] *s.* **1.** Erfüllung *f e-r Verpflichtung*, Begleichung *f*, Tilgung *f e-r Schuld*; **2.** Quittung *f*.

a·cre ['eɪkə] *s.* Acre *m (4047 qm)*: **~s and ~s** weite Flächen; **a·cre·age** ['eɪkərɪdʒ] *s.* Fläche(ninhalt *m*) *f* (nach Acres).

ac·rid ['ækrɪd] *adj.* □ scharf, ätzend, beißend (*alle fig.*).

ac·ri·mo·ni·ous [ˌækrɪ'məʊnjəs] *adj.* □ *fig.* scharf, bitter, beißend; **ac·ri·mo·ny** ['ækrɪmənɪ] *s.* Schärfe *f*, Bitterkeit *f*.

ac·ro·bat ['ækrəbæt] *s.* Akro'bat *m*; **ac·ro·bat·ic**, **ac·ro·bat·i·cal** [ˌækrəʊ'bætɪk(l)] *adj.* □ akro'batisch: ***acrobatic flying*** Kunstfliegen *n*; **ac·ro·batics** [ˌækrəʊ'bætɪks] *s. pl. mst sg. konstr.* Akro'batik *f*; akro'batische Kunststücke *pl.*; Kunstflug *m*.

ac·ro·nym ['ækrəʊnɪm] *s. ling.* Akro'nym *n*, Initi'alwort *n*.

a·cross [ə'krɒs] **I** *prp.* **1.** (quer *od.* mitten) durch; **2.** a) (quer) über (*acc.*), b) jenseits (*gen.*), auf der anderen Seite (*gen.*): ***~ the street*** über die Straße *od.* auf der gegenüberliegenden Straßenseite; ***from ~ the lake*** von jenseits des Sees; **II** *adv.* **3.** kreuzweise, über Kreuz; verschränkt; **4.** ***ten feet ~*** zehn Fuß im Durchmesser *od.* breit; **5.** (quer) hin- *od.* herüber, (quer) durch; → ***come across*** *etc.*; **6.** drüben, auf der anderen Seite; **aˌcross-the-'board** *adj.* glo'bal, line'ar: ***~ tax cut***.

a·cros·tic [ə'krɒstɪk] *s.* A'krostichon *n*.

a·cryl·ic [ə'krɪlɪk] ⚗ **I** *s.* **1.** Ac'ryl *n*; **2.** *mst pl.* ***acrylics*** Ac'rylfarbe(n *pl.*) *f*; **II** *adj.* **3.** Ac'ryl...

act [ækt] **I** *s.* **1.** Tat *f*, Werk *n*, Handlung *f*, Maßnahme *f*, Akt *m*: ***~ of force*** Gewaltakt; ***~ of God*** ⚖ höhere Gewalt; ***~ of grace*** Gnadenakt; ***~ of state*** (staatlicher) Hoheitsakt; ***~ of war*** kriegerische Handlung; (***sexual***) ***~*** Geschlechts-, Liebesakt; ***catch s.o. in the ~*** j-n auf frischer Tat ertappen; ***get one's ~ together*** F die Sache geregelt kriegen; **2.** ⚖ a) *a.* ***~ and deed*** Urkunde *f*, Akte *f*, Willenserklärung *f*, b) Rechtshandlung *f*, c) Tathandlung *f*, d) (Straf)Tat *f*: → ***bankruptcy*** 1; **3.** *mst* ~ Verordnung *f*, Gesetz *n*: ***~ of Parliament*** *Brit.*, ***~ of Congress*** *Am.* (verabschiedetes) Gesetz; **4.** ***~s*** (***of the Apostles***) *pl. bibl.* Apostelgeschichte *f*; **5.** *thea.* Aufzug *m*, Akt *m*; **6.** Stück *n*, (Zirkus)Nummer *f*; **7.** F *fig.* Pose *f*, ‚Tour' *f*: ***put on an ~*** ‚Theater spielen'; **II** *v/t.* **8.** aufführen, spielen; darstellen: ***~ a part*** e-e Rolle spielen; ***~ the fool*** a) sich wie ein Narr benehmen, b) sich dumm stellen; ***~ one's part*** s-e Pflicht tun; ***~ out*** F *et.* durchspielen; **III** *v/i.* **9.** (The'ater) spielen, auftreten; *fig.* ‚The'ater spielen'; **10.** handeln, tätig sein *od.* werden, eingreifen: ***~ as*** fungieren *od.* amtieren *od.* dienen als; ***~ in a case*** in e-r Sache vorgehen; ***~ for s.o.*** für j-n handeln, j-n vertreten; ***~ (up)on*** handeln *od.* sich richten nach; **11.** (***towards***) sich (*j-m* gegenüber) verhalten; **12.** *a.* ⚗, ⚙ (***on***) (ein)wirken (auf *acc.*); **13.** funktionieren, gehen, arbeiten; **14.** ***~ up*** F a) verrückt spielen (*Person od. Sache*), b) sich aufspielen; **'act·a·ble** [-təbl] *adj. thea.* bühnengerecht; **'act·ing** [-tɪŋ] **I** *adj.* **1.** handelnd, tätig: ***~ on your instructions*** gemäß Ihren Anweisungen; **2.** stellvertretend, amtierend, geschäftsführend: ***the ~ Consul***; **3.** *thea.* spielend, Bühnen...: ***~ version*** Bühnenfassung *f*; **II** *s.* **4.** Handeln *n*, A'gieren *n*; **5.** *thea.* Spiel(en) *n*, Aufführung *f*; Schauspielkunst *f*.

ac·tion ['ækʃn] *s.* **1.** Handeln *n*, Handlung *f*, Tat *f*, Akti'on *f*: ***man of ~*** Mann *m* der Tat; ***full of ~*** → ***active*** 1; ***course of ~*** Handlungsweise *f*; ***for further ~*** zur weiteren Veranlassung; ***~ committee*** *pol.* Aktionskomitee *n*, (Bürger)Initiative *f*; ***put into ~*** in die Tat umsetzen; ***take ~*** Schritte unternehmen, handeln, et. *in e-r Angelegenheit* tun; ***take ~ against*** vorgehen gegen; → 9; **2.** *a.* ⚙ a) Tätigkeit *f*, Gang *m*, Funktionieren *n*, b) Mecha'nismus *m*, Werk *n*: ***~ of the bowels*** (***heart***) ⚕ Stuhlgang *m* (Herztätigkeit *f*); ***put out of ~*** unfähig *od.* unbrauchbar machen, außer Betrieb setzen; → 10; ***~!*** *Film*: Aufnahme!; **3.** *a.* ⚗, ⚙, *phys.* (Ein)Wirkung *f*, Einfluss *m*; Vorgang *m*, Pro'zess *m*: ***the ~ of acid on metal*** die Einwirkung der Säure auf Metall; **4.** Handlung *f e-s Dramas*; **5.** Verhalten *n*, Benehmen *n*; **6.** Bewegung *f*, Gangart *f e-s Pferdes*; **7.** *rhet., thea.* Vortragsweise *f*, Ausdruck *m*; **8.** *Kunst u. fig.*: Action *f*, (dra'matisches) Geschehen: ***~ painting*** Action-Painting *n*; ***where the ~ is*** F wo was los ist; **9.** ⚖ Klage *f*, Prozess *m*: ***bring an ~ against*** *j-n* verklagen; ***take ~*** Klage erheben; → 1; **10.** ⚔ Gefecht *n*, Kampf *m*, Einsatz *m*: ***killed*** (***wounded***) ***in ~*** gefallen (verwundet); ***go into ~*** eingreifen, in Aktion treten (*a. fig.*); ***put out of ~*** außer Gefecht setzen (*a. sport etc.*; → 2); ***~ station*** Gefechtsstation *f*; ***~ stations!*** Alarm!; ***he saw ~*** er war im Einsatz *od.* an der Front; **'ac·tion·able** [-ʃnəbl] *adj.* ⚖ (ein-, ver)klagbar; strafbar.

ac·ti·vate ['æktɪveɪt] *v/t* **1.** ⚗, ⚙ aktivieren, in Betrieb setzen, (*a.* radio)ak'tiv machen: ***~d carbon*** Aktivkohle *f*; **2.** ⚔ a) *Truppen* aufstellen, b) *Zünder* scharf machen; **ac·ti·va·tion** [ˌæktɪ'veɪʃn] *s.* Aktivierung *f*.

ac·tive ['æktɪv] *adj.* □ **1.** tätig, emsig, geschäftig, rührig, lebhaft, tatkräftig, ak'tiv: ***an ~ mind*** ein reger Geist; ***~ volcano*** tätiger Vulkan; ***become ~*** in Aktion treten, aktiv werden; **2.** wirklich, tatsächlich: ***take an ~ interest*** reges Interesse zeigen; **3.** *a.* ⚗, ⚕, *biol., phys.* (schnell) wirkend, wirksam, ak'tiv: ***~ current*** Wirkstrom *m*; **4.** ⚚ produk'tiv, zinstragend (*Wertpapiere*); rege, lebhaft (*Markt*): ***~ balance*** Aktivsaldo *m*; **5.** ⚔ ak'tiv: ***on ~ service***, ***on the ~ list*** im aktiven Dienst; **6.** *ling.* ak'tiv(isch): ***~ verb*** aktivisch konstruiertes Verb; ***~ voice*** Aktiv *n*, Tatform *f*; **'ac·tiv·ism** [-ɪzəm] *s.* Akti'vismus *m*; **'ac·ti·vist** [-vɪst] *s. pol.* Akti'vist *m*; **ac·tiv·i·ty** [æk'tɪvətɪ] *s.* **1.** Tätigkeit *f*, Betätigung *f*; Rührigkeit *f*; *pl.* Leben *n* u. Treiben *n*, Unter'nehmungen *pl.*, Veranstaltungen *pl.*: ***social activities***; ***political activities*** politische Betätigung(en *pl.*) *f od.* Aktivitäten *od. b.s.* Umtriebe *pl.*; ***in full ~*** in vollem Gang; ***~ holiday*** Aktivurlaub *m*; **2.** Lebhaftigkeit *f*, Beweglichkeit *f*; Betrieb(samkeit *f*) *m*, Aktivi'tät *f*; **3.** Wirksamkeit *f*.

ac·tor ['æktə] *s.* **1.** Schauspieler *m*; **2.** *fig.* Ak'teur *m*, Täter *m* (*a.* ⚖); **'~-ˌman·ag·er** *s.* The'aterdiˌrektor, der selbst Rollen über'nimmt.

ac·tress ['æktrɪs] *s.* Schauspielerin *f*.

ac·tu·al ['æktʃʊəl] *adj.* □ **1.** wirklich, tatsächlich, eigentlich: ***an ~ case*** ein konkreter Fall; ***~ power*** ⚙ effektive Leistung; **2.** gegenwärtig, jetzig: ***~ cost*** ⚚ Istkosten *pl.*; ***~ inventory*** (*od.* ***stock***) Istbestand *m*; **ac·tu·al·ity** [ˌæktʃʊ'ælətɪ] *s.* **1.** Wirklichkeit *f*; **2.** *pl.* Tatsachen *pl.*, Gegebenheiten *pl.*; **ac·tu·a·lize** ['æktʃʊəlaɪz] **I** *v/t.* **1.** verwirklichen; **2.** rea'listisch darstellen; **II** *v/i.* **3.** sich verwirklichen; **'ac·tu·al·ly** [-lɪ] *adv.* **1.** wirklich, tatsächlich; **2.** augenblicklich, jetzt; **3.** so'gar, tatsächlich (*obwohl nicht erwartet*); **4.** F eigentlich (*unbetont*): ***what time is it ~?***

ac·tu·ar·i·al [ˌæktjʊ'eərɪəl] *adj.* ver'sicherungsstaˌtistisch; **ac·tu·ar·y** ['æktjʊərɪ] *s.* Ver'sicherungsstaˌtistiker *m*, -matheˌmatiker *m*.

ac·tu·ate ['æktjʊeɪt] *v/t.* **1.** in Gang bringen; **2.** antreiben, anreizen; **3.** ⚙ betätigen, auslösen; **ac·tu·a·tion** [ˌæktjʊ'eɪʃn] *s.* Anstoß *m*, Antrieb *m* (*a.* ⚙); ⚙ Betätigung *f*.

a·cu·i·ty [ə'kju:ətɪ] *s.* Schärfe *f* (*a. fig.*); → ***acuteness*** 2.

a·cu·men [ə'kju:men] *s.* Scharfsinn *m*.

ac·u·pres·sure ['ækjʊˌpreʃə] *s.* ⚕ Akupres'sur *f*; **'ac·uˌpunc·ture** [-ˌpʌŋktʃə] ⚕ **I** *s.* Akupunk'tur *f*; **II** *v/t.* akupunktieren; **ˌac·u'punc·tur·ist** [-'pʌŋktʃərɪst] *s.* Akupunk'teur *m*.

a·cute [ə'kju:t] *adj.* □ **1.** scharf; *bsd.* ∢ spitz: ***~ triangle*** spitzwink(e)liges Dreieck; → ***angle***[1] 1; **2.** scharf (*Sehvermögen*); heftig (*Schmerz, Freude etc.*); fein (*Gehör*); a'kut, brennend (*Frage*); bedenklich: ***~ shortage***; **3.** scharfsinnig, schlau; **4.** schrill, 'durchdringend; **5.** ⚕ a'kut, heftig; **6.** *ling.* ***~ accent*** A'kut *m*; **a'cute·ness** [-nɪs] *s.* **1.** Schärfe *f*, Heftigkeit *f*, A'kutheit *f* (*a.* ⚕); **2.** Scharfsinnigkeit *f*.

ad [æd] *s. abbr. für* ***advertisement***: ***small ~*** Kleinanzeige *f*.

ad·age ['ædɪdʒ] *s.* Sprichwort *n*.

Ad·am ['ædəm] *npr.* 'Adam *m*: ***I don't know him from ~*** F ich kenne ihn überhaupt nicht; ***cast off the old ~*** F den alten Adam ausziehen; ***~'s ale*** F ‚Gänsewein' *m*; ***~'s apple*** Adamsapfel *m*.

ad·a·mant ['ædəmənt] *adj.* **1.** steinhart; **2.** *fig.* unerbittlich, unnachgiebig, eisern (***to*** gegenüber).

a·dapt [ə'dæpt] **I** *v/t.* **1.** anpassen, angleichen (***for***, ***to*** an *acc.*), *a.* ⚙ 'umstellen (***to*** auf *acc.*), zu'rechtmachen: ***~ the means to the end*** die Mittel dem Zweck anpassen; **2.** anwenden (***to*** auf *acc.*); **3.** *Text* bearbeiten: ***~ed from English*** nach dem Englischen bearbeitet; ***~ed from*** (frei) nach; **II** *v/i.* **4.** sich anpassen (***to*** *dat. od.* an *acc.*); **a·dapt·a·bil·i·ty** [əˌdæptə'bɪlətɪ] *s.* **1.** Anpassungsfähigkeit *f* (***to*** an *acc.*); **2.** (***to***) Anwendbarkeit *f* (auf *acc.*), Verwendbarkeit *f* (für, zu); **a'dapt·a·ble** [-təbl] *adj.* **1.** anpassungsfähig (***to*** an *acc.*); **2.** anwendbar (***to*** auf *acc.*); **3.** verwendbar (***to*** für); **ad·ap·ta·tion** [ˌædæp'teɪʃn] *s.* **1.** *a. biol.* Anpassung *f* (***to*** an *acc.*); **2.** Anwendung *f*; **3.** *thea. etc.* Bearbeitung *f* (***from*** nach, ***to*** für); **a'dapt·er** [-tə] *s.* **1.** *thea. etc.* Bearbeiter *m*; **2.** *phys.* A'dapter *m*, Anpassungsvorrichtung *f*; **3.** ⚙ Zwischen-, Pass-, Anschlussstück *n*, Vorsatzgerät *n*; ⚡ Zwischenstecker *m*; **a'dap·tive** [-tɪv] *adj.* → ***adaptable*** 1; **a'dap·tor** [-tə] → ***adapter***.

add [æd] **I** *v/t.* **1.** (*to*) hin'zufügen, -rechnen (zu); ⚗ beimischen, zufügen (*dat.*): ***he ~ed that ...*** er fügte hinzu, dass ...; ***~ to this that ...*** hinzu kommt, dass ...; **2.** *a.* ***~ up*** *od.* ***together*** addieren, zs.-zählen; **3.** ☤, ⩓, ⚙ aufschlagen: ***~ 5% to the price*** 5% auf den Preis aufschlagen; **II** *v/i.* **4.** ***~ to*** hin'zukommen zu, beitragen zu, vermehren (*acc.*); **5.** ***~ up*** a) ⩓ aufgehen, stimmen (*a. fig.*), b) *fig.* e-n Sinn ergeben, ‚hinhauen'; ***~ up to*** a) sich belaufen auf (*acc.*), b) *fig.* hinauslaufen auf (*acc.*), bedeuten; **add·ed** ['ædɪd] *adj.* vermehrt, erhöht, zusätzlich: ***~ value*** ☤ Wertschöpfung *f.*

ad·den·dum [ə'dendəm] *pl.* **-da** [-də] *s.* Zusatz *m*, Nachtrag *m.*

ad·der ['ædə] *s. zo.* Natter *f*, Otter *f*, 'Viper *f*: ***common ~*** Gemeine Kreuzotter.

ad·dict I *s.* ['ædɪkt] **1.** Süchtige(r *m*) *f*: ***alcohol*** (***drug***) ***~***; **2.** *humor.* (*Fußball- etc.*)Fan *m*; (*Film- etc.*)Narr *m*; **II** *v/t.* [ə'dɪkt] **3.** ***~ o.s.*** sich hingeben (***to s.th.*** e-r Sache); **4.** *j-n* süchtig machen, *j-n* gewöhnen (***to*** an *Rauschgift etc.*); **III** *v/i.* **5.** süchtig machen; **ad'dic·ted** [-tɪd] *adj.* süchtig, abhängig (***to*** von), verfallen (***to*** *dat.*): ***~ to drugs*** (***television***) drogen- *od.* rauschgift- (fernseh-) süchtig; ***be ~ to films*** (***football***) ein Filmnarr (Fußballfanatiker) sein; **ad·dic·tion** [æ'dɪkʃən] *s.* **1.** Hingabe *f* (to an *acc.*); **2.** Sucht *f*, (*Zustand*) *a.* Süchtigkeit *f*: ***~ to drugs*** (***television***) Drogen- *od.* Rauschgift- (Fernseh)Sucht *f*; **ad·dic·tive** [æ'dɪktɪv] *adj.* Sucht erzeugend: ***be ~*** süchtig machen; ***~ drug*** Suchtmittel *n.*

add·ing ma·chine ['ædɪŋ] *s.* Ad'dier-, Additi'onsma,schine *f.*

ad·di·tion [ə'dɪʃn] *s.* **1.** Hin'zufügung *f*, Ergänzung *f*, Zusatz *m*, Beigabe *f*: ***in ~*** noch dazu, außerdem; ***in ~ to*** außer (*dat.*), zusätzlich zu; **2.** Vermehrung *f* (***to*** *gen.*), (*Familien-, Vermögens- etc.*) Zuwachs *m*: ***recent ~s*** Neuerwerbungen; **3.** ⩓ Additi'on *f*, Zs.-zählen *n*: ***~ sign*** Pluszeichen *n*; **4.** ☤ Auf-, Zuschlag *m*; **5.** ⚗, ⚙ Zusatz *m*, Beimischung *f*; ⚙ Anbau *m*, Zusatz *m*; **6.** *Am.* neu erschlossenes Baugelände; **ad'di·tion·al** [-ʃənl] *adj.* ☐ **1.** zusätzlich, ergänzend, weiter(er, -e, -es); **2.** Zusatz..., Mehr..., Extra..., Über..., Nach...: ***~ charge*** ☤ Auf-, Zuschlag *m*; ***~ charges*** ☤ Mehrkosten; ***~ postage*** Nachporto *n*; **ad'di·tion·al·ly** [-ʃnəlɪ] *adv.* zusätzlich, in verstärktem Maße, außerdem; **ad·di·tive** ['ædɪtɪv] **I** *adj.* zusätzlich; **II** *s.* Zusatz *m* (*a.* ⚗).

ad·dle ['ædl] **I** *v/i.* **1.** faul werden, verderben (*Ei*); **II** *v/t.* **2.** *Ei* verderben; **3.** *Verstand* verwirren; **III** *adj.* **4.** unfruchtbar, faul (*Ei*); **5.** verwirrt, kon'fus; **'~·brain** *s.* Hohlkopf *m*; **'~-,head·ed**, **'~-,pat·ed** *adj.* **1.** hohlköpfig; **2.** → ***addle*** 5.

add-on *s. Computer*: Zusatzgerät *n*: ***~ board*** Erweiterungsplatine *f.*

ad·dress [ə'dres] **I** *v/t.* **1.** *Worte etc.* richten (***to*** an *acc.*), *j-n* anreden (***as*** als); *Brief* adressieren, richten, schreiben (***to*** an *acc.*); **2.** e-e Ansprache halten an (*acc.*); **3.** *Waren* (ab)senden (***to*** an *acc.*); **4.** ***~ o.s. to*** sich zuwenden (*dat.*), sich an *et.* machen; sich anschicken zu; sich an *j-n* wenden; **II** *s.* **5.** Anrede *f*, Ansprache *f*, Rede *f*; **6.** A'dresse *f*, Anschrift *f*: ***change one's ~*** s-e Adresse ändern, umziehen; ***~ label*** Adressaufkleber *m*; ***~ tag*** Kofferanhänger *m*; **7.** Eingabe *f*, Bitt-, Dankschrift *f*, Er'gebenheitsa,dresse *f*: ***the*** ♀ *Brit. parl.* die Erwiderung des Parlaments auf die Thronrede; **8.** Lebensart *f*, Manieren *pl.*; **9.** Geschick *n*, Gewandtheit *f*; **10.** *pl.* Huldigungen *pl.*: ***pay one's ~es to a lady*** e-r Dame den Hof machen; **ad·dress·ee** [,ædre'siː] *s.* Adres'sat *m*, Empfänger(in).

ad·duce [ə'djuːs] *v/t. Beweis etc.* bei-, erbringen.

ad·e·noid ['ædɪnɔɪd] ⚕ **I** *adj.* die Drüsen betreffend, Drüsen..., drüsenartig; **II** *mst pl.* Po'lypen *pl.* (*in der Nase*); (Rachenmandel)Wucherungen *pl.*

ad·ept ['ædept] **I** *s.* **1.** Meister *m*, Ex'perte *m* (***at, in*** in *dat.*); **2.** A'dept *m*, Anhänger *m* (*e-r Lehre*); **II** *adj.* **3.** erfahren, geschickt (***at, in*** in *dat.*).

ad·e·qua·cy ['ædɪkwəsɪ] *s.* Angemessenheit *f*, Zulänglichkeit *f*; **ad·e·quate** ['ædɪkwət] *adj.* ☐ **1.** angemessen, entsprechend (***to*** *dat.*); **2.** aus-, 'hinreichend, genügend.

ad·here [əd'hɪə] *v/i.* (***to***) **1.** kleben, haften (an *dat.*); **2.** *fig.* festhalten (an *dat.*), *Regel etc.* einhalten, sich halten (an *e-e Regel etc.*), bleiben (bei *e-r Meinung, e-r Gewohnheit, e-m Plan*), *j-m, e-r Partei, e-r Sache etc.* treu bleiben, halten (zu *j-m*); **3.** angehören (*dat.*); **ad'her·ence** [-ərəns] *s.* (***to***) **1.** (An-, Fest)Haften *n* (an *dat.*); **2.** Anhänglichkeit *f* (an *dat.*); **3.** Festhalten *n* (an *dat.*), Befolgung *f*, Einhaltung (*e-r Regel*); **ad'her·ent** [-ərənt] **I** *adj.* **1.** (an-) haftend, (an)klebend; **2.** *fig.* festhaltend, (fest) verbunden (***to*** mit), anhänglich; **II** *s.* **3.** Anhänger(in).

ad·he·sion [əd'hiːʒn] *s.* **1.** (An-, Fest)Haften *n*; ⚙ *phys.* Haftvermögen *n*, Klebkraft *f*, Adhäsi'on *f*; **2.** *fig.* → ***adherence*** 2, 3; **3.** Beitritt *m*; Einwilligung *f*; **ad'he·sive** [-sɪv] **I** *adj.* ☐ **1.** (an)haftend, klebend, gummiert, Klebe...: ***~ foil*** Selbstklebefolie *f*; ***~ plaster*** Heftpflaster *n*; ***~ powder*** Haftpulver *n*; ***~ tape*** a) Heftpflaster *n*, b) Klebstreifen *m*; ***~ rubber*** Klebgummi *m*, *n*; **2.** gar zu anhänglich, aufdringlich; **3.** ⚙, *phys.* haftend, Adhäsions...: ***~ power*** → ***adhesion*** 1; **II** *s.* **4.** Bindemittel *n*, Klebstoff *m.*

ad hoc [,æd'hɒk] (*Lat.*) *adv. u. adj.* ad hoc, (eigens) zu diesem Zweck (gemacht), spezi'ell; Augenblicks..., Ad-hoc-...

a·dieus, **a·dieux** [ə'djuːz] *pl.* Lebe'wohl *n*: ***make one's ~*** Lebewohl sagen.

ad in·fi·ni·tum [,æd ɪnfɪ'naɪtəm] (*Lat.*) *adv.* endlos, ad infi'nitum.

ad·i·pose ['ædɪpəʊs] **I** *adj.* fett(haltig), Fett...: ***~ tissue*** Fettgewebe *n*; **II** *s.* (Körper)Fett *n.*

ad·it ['ædɪt] *s.* **1.** *bsd.* ⚒ Zugang *m*, Stollen *m*; **2.** *fig.* Zutritt *m.*

ad·ja·cent [ə'dʒeɪsənt] *adj.* ☐ angrenzend, -liegend, -stoßend (***to*** an *acc.*); benachbart (*dat.*), Nachbar..., Neben...: ***~ angle*** ⩓ Nebenwinkel *m.*

ad·jec·ti·val [,ædʒek'taɪvl] *adj.* ☐ 'adjektivisch; **ad·jec·tive** ['ædʒɪktɪv] **I** *s.* **1.** 'Adjektiv *n*, Eigenschaftswort *n*; **II** *adj.* ☐ **2.** 'adjektivisch; **3.** abhängig; **4.** *Färberei*: 'adjektiv: ***~ dye*** Beizfarbe *f*; **5.** ⚖ for'mell (*Recht*).

ad·join [ə'dʒɔɪn] **I** *v/t.* **1.** (an)stoßen *od.* (an)grenzen an (*acc.*); **2.** beifügen (***to*** *dat.*); **II** *v/i.* **3.** angrenzen; **ad'join·ing** [-nɪŋ] *adj.* angrenzend, benachbart, Nachbar..., Neben...

ad·journ [ə'dʒɜːn] **I** *v/t.* **1.** aufschieben, vertagen: ***~ sine die*** ⚖ auf unbestimmte Zeit vertagen; **2.** *Sitzung etc.* schließen; **II** *v/i.* **3.** *a.* ***stand ~ed*** sich vertagen; **4.** den Sitzungsort verlegen (***to*** nach): ***~ to the sitting room*** F sich ins Wohnzimmer zurückziehen; **ad'journ·ment** [-mənt] *s.* **1.** Vertagung *f*, Verschiebung *f*; **2.** Verlegung *f* des Sitzungsortes.

ad·judge [ə'dʒʌdʒ] *v/t.* **1.** ⚖ entscheiden (über *acc.*), erkennen (für), für *schuldig etc.* erklären, *ein Urteil* fällen: ***~ s.o. bankrupt*** über j-s Vermögen den Konkurs eröffnen; **2.** ⚖, *a. sport* zuerkennen, zusprechen; **3.** verurteilen (***to*** zu).

ad·ju·di·cate [ə'dʒuːdɪkeɪt] **I** *v/t.* **1.** gerichtlich *od.* als Schiedsrichter entscheiden, ein Urteil fällen über (*acc.*): ***~d bankrupt*** Gemeinschuldner *m*; **II** *v/i.* **2.** (zu Recht) erkennen, entscheiden (***upon*** über *acc.*); **3.** als Schieds- *od.* Preisrichter fungieren (***at*** bei); **ad·ju·di·ca·tion** [ə,dʒuːdɪ'keɪʃn] *s.* **1.** richterliche Entscheidung, Urteil *n*; **2.** Zuerkennung *f*; **3.** Kon'kurseröffnung *f.*

ad·junct ['ædʒʌŋkt] *s.* **1.** Zusatz *m*, Beigabe *f*, Zubehör *n*; **2.** *ling.* Attri'but *n*, Beifügung *f*; **ad·junc·tive** [ə'dʒʌŋktɪv] *adj.* ☐ beigeordnet, verbunden.

ad·ju·ra·tion [,ædʒʊ'reɪʃn] *s.* **1.** Beschwörung *f*, inständige Bitte; **2.** Auferlegung *f* des Eides; **ad·jure** [ə'dʒʊə] *v/t.* **1.** beschwören, inständig bitten; **2.** *j-m* den Eid auferlegen.

ad·just [ə'dʒʌst] **I** *v/t.* **1.** in Ordnung bringen, ordnen, regulieren, abstimmen; berichtigen; **2.** anpassen (*a. psych.*), angleichen (***to*** *dat.*, an *acc.*); **3.** ***~ o.s.*** (***to***) sich anpassen (*dat.*, an *acc.*) *od.* einfügen (in *acc.*) *od.* einstellen (auf *acc.*); **4.** ☤ *Konto etc.* bereinigen; *Schaden etc.* berechnen, festsetzen; **5.** *Streit* schlichten; **6.** ⚙ an-, einpassen, (ein-, ver-, nach)stellen, richten, regulieren; *a. Gewehr etc.* justieren; **7.** *Maße* eichen; **II** *v/i.* **8.** sich anpassen; **9.** sich einstellen lassen; **ad'just·a·ble** [-təbl] *adj.* ☐ *bsd.* ⚙ regulierbar, ein-, nach-, verstellbar, Lenk..., Dreh..., Stell...: ***~ speed*** regelbare Drehzahl; **ad'just·er** [-tə] *s.* **1.** j-d der *od.* et. was regelt, ausgleicht, ordnet; Schlichter *m*; **2.** *Versicherung*: Schadenssachverständige(r) *m*; **ad'just·ing** [-tɪŋ] *adj. bsd.* ⚙ (Ein)Stell..., Richt..., Justier...: ***~ balance*** Justierwaage *f*; ***~ lever*** (Ein)Stellhebel *m*; ***~ screw*** Stellschraube *f*; ***~ entry*** Berichtigungsbuchung *f*; ***~ payment*** Ausgleichszahlung *f*; **ad'just·ment** [-tmənt] *s.* **1.** *a.* ☤, *psych. etc.* Anpassung *f* (***to*** an *acc.*): ***~ period*** Anpassungszeitraum *m*; **2.** Regelung *f*, Berichtigung *f*, Abstimmung *f*, Ausgleich *m*; **3.** Schlichtung *f*, Beilegung *f* (*e-s Streits*); **4.** ⚙ Ein-, Nach-, Verstellung *f*; Einstellvorrichtung *f*; Berichtigung *f*; Regulierung *f*; Eichung *f*; **5.** Berechnung *f* von Schadens(ersatz)ansprüchen.

ad·ju·tant ['ædʒʊtənt] *s.* ⚔ Adju'tant *m*; ***~ gen·er·al*** *pl.* ***~s gen·er·al*** *s.* ⚔ Gene'raladju,tant *m.*

ad-lib [,æd'lɪb] **I** *v/i. u. v/t.* F improvisieren, aus dem Stegreif sagen; **II** *adj.* Stegreif..., improvisiert.

ad lib·i·tum [,æd 'lɪbɪtəm] (*Lat.*) *adj. u.*

adv. ad libitum: a) nach Belieben, b) aus dem Stegreif.

ad·man ['ædmæn] *s.* [*irr.*] F **1.** Anzeigen-, Werbetexter *m*; **2.** Anzeigenvertreter *m*; **3.** *typ.* Akzi'denzsetzer *m*; **ad·mass** ['ædmæs] *s.* **1.** Kon'sumbeeinflussung *f*; **2.** werbungsmanipulierte Gesellschaft.

ad·min ['ædmɪn] *s.* F Verwaltung *f.*

ad·min·is·ter [əd'mɪnɪstə] **I** *v/t.* **1.** verwalten; **2.** ausüben, handhaben: ***~ justice*** (*od.* ***the law***) Recht sprechen; ***~ punishment*** Strafe(n) verhängen; **3.** verabreichen, erteilen (***to*** *dat.*): ***~ medicine*** Arznei (ein)geben; ***~ a shock*** e-n Schrecken einjagen; ***~ an oath*** e-n Eid abnehmen; ***~ the Blessed Sacrament*** das heilige Sakrament spenden; **II** *v/i.* **4.** als Verwalter fungieren; **5.** *obs.* beitragen (***to*** zu); **ad·min·is·trate** [əd'mɪnɪstreɪt] *v/t. u. v/i.* verwalten; **ad·min·is·tra·tion** [əd,mɪnɪ'streɪʃn] *s.* **1.** (*Betriebs-, Vermögens-, Nachlass-, etc.*)Verwaltung *f*; **2.** Verwaltung(sbehörde) *f*, Mini'sterium *n*; Staatsverwaltung *f*, Regierung *f*; **3.** *Am.* 'Amtsperi,ode *f* (*bsd. e-s Präsidenten*); **4.** Handhabung *f*, 'Durchführung *f*: ***~ of justice*** Rechtsprechung *f*; ***~ of an oath*** Eidesabnahme *f*; **5.** Aus-, Erteilung *f*; Verabreichung *f* (*Arznei*); Spendung *f* (*Sakrament*); **ad'min·is·tra·tive** [-trətɪv] *adj.* □ verwaltend, Verwaltungs..., Regierungs...: ***~ body*** Behörde *f*, Verwaltungskörper *m*; **ad·min·is·tra·tiv·i·a** [əd,mɪnɪstrə'tɪvɪə] *pl.* (*als sg. konstr.*) *coll.* F Verwaltungskram *m.* **ad'min·is·tra·tor** [-treɪtə] *s.* **1.** Verwalter *m*, Verwaltungsbeamte(r) *m*; **2.** ⚖ Nachlass-, Vermögensverwalter *m*; **ad'min·is·tra·trix** [-treɪtrɪks] *pl.* **-trices** [-trɪsi:z] *s.* (Nachlass)Verwalterin *f.*

ad·mi·ra·ble ['ædmərəbl] *adj.* □ bewundernswert, großartig.

ad·mi·ral ['ædmərəl] *s.* **1.** Admi'ral *m*: ***~ of the Fleet*** Großadmiral; **2.** *zo.* Admi'ral *m* (*Schmetterling*); **'ad·mi·ral·ty** [-tɪ] *s.* **1.** Admi'ralsamt *n*, -würde *f*; **2.** Admirali'tät *f*: ***Lords Commissioners of ~*** (*od.* ***Board of ~***) *Brit.* Marineministerium *n*; ***First Lord of the ~*** (britischer) Marineminister; ***~ law*** ⚖ Seerecht *n*; **3.** ~ *Brit.* Admiralitätsgebäude *n* (*in London*).

ad·mi·ra·tion [,ædmə'reɪʃn] *s.* Bewunderung *f* (***of, for*** für): ***she was the ~ of everyone*** sie wurde von allen bewundert.

ad·mire [əd'maɪə] *v/t.* **1.** bewundern (***for*** wegen); **2.** hoch schätzen, verehren; **ad'mir·er** [-ərə] *s.* Bewunderer *m*; Verehrer *m*; **ad'mir·ing** [-ərɪŋ] *adj.* □ bewundernd.

ad·mis·si·bil·i·ty [əd,mɪsə'bɪlətɪ] *s.* Zulässigkeit *f*; **ad·mis·si·ble** [əd'mɪsəbl] *adj.* **1.** *a.* ⚖ zulässig; statthaft; **2.** würdig, zugelassen zu werden; **ad·mis·sion** [əd'mɪʃn] *s.* **1.** Einlass *m*, Ein-, Zutritt *m*: ***gain ~*** Einlass finden; ***~ free*** Eintritt frei; ***~ ticket*** Eintrittskarte *f*; **2.** Eintrittserlaubnis *f*; *a.* ***~ fee*** Eintritt(sgeld *n*, -gebühr *f*) *m*; **3.** Zulassung *f*, Aufnahme *f* (*als Mitglied etc.*; *Am. a. e-s Staates in die Union*): ***~ Day*** Jahrestag *m* der Aufnahme in die Union; **4.** Ernennung *f*; **5.** Eingeständnis *n*, Einräumung *f*: ***by*** (*od.* ***on***) ***his own ~*** wie er selbst zugibt *od.* zugab; **6.** ⚙ Eintritt *m*, -lass *m*, Zufuhr *f*: ***~ stroke*** Einlasshub *m.*

ad·mit [əd'mɪt] **I** *v/t.* **1.** zu-, ein-, vorlassen: ***~ bearer*** dem Inhaber *dieser Karte* ist der Eintritt gestattet; ***~ s.o. into one's confidence*** j-n ins Vertrauen ziehen; **2.** Platz haben für, fassen: ***the theatre ~s 800 persons***; **3.** *als Mitglied in e-e Gemeinschaft, Schule etc.* aufnehmen; *in ein Krankenhaus* einliefern, *zu e-m Amt etc.* zulassen: → ***bar*** 10; **4.** gelten lassen, anerkennen, zugeben: ***I ~ this to be wrong*** *od.* ***that this is wrong*** ich gebe zu, dass dies falsch ist; ***~ a claim*** e-e Reklamation anerkennen; **5.** ⚖ a) für amtsfähig erklären, b) als rechtsgültig anerkennen; **6.** ⚙ zuführen, einlassen; **II** *v/i.* **7.** ***~ of*** gestatten, *a. weitS. Zweifel etc.* zulassen: ***it ~s of no excuse*** es lässt sich nicht entschuldigen; **ad'mit·tance** [-təns] *s.* **1.** Zulassung *f*, Einlass *m*, Zutritt *m*: ***no ~*** (***except on business***) Zutritt (für Unbefugte) verboten; **2.** Aufnahme *f*; **3.** ↯ Admit'tanz *f*, Scheinleitwert *m*; **ad'mit·ted** [-tɪd] *adj.* □ anerkannt, zugegeben: ***an ~ fact***; ***an ~ thief*** anerkanntermaßen ein Dieb; **ad'mit·ted·ly** [-tɪdlɪ] *adv.* anerkanntermaßen, zugegeben(ermaßen).

ad·mix [əd'mɪks] *v/t.* beimischen (***with*** *dat.*); **ad'mix·ture** [-tʃə] *s.* Beimischung *f*, Mischung *f*; Zusatz(stoff) *m.*

ad·mon·ish [əd'mɒnɪʃ] **1.** *v/t.* (er-)mahnen, *j-m* dringend raten (***to*** *inf.* zu *inf.*, ***that*** dass); **2.** *j-m* Vorhaltungen machen (***of*** *od.* ***about*** wegen *gen.*); **3.** warnen (***not to*** *inf.* davor, zu *inf. od.* ***of*** vor *dat.*): ***he was ~ed not to go*** er wurde davor gewarnt zu gehen; **ad·mo·ni·tion** [,ædmə'nɪʃn] *s.* **1.** Ermahnung *f*; **2.** Warnung *f*, Verweis *m*; **ad'mon·i·to·ry** [-ɪtərɪ] *adj.* ermahnend, warnend.

ad nau·se·am [,æd 'nɔ:zɪæm] (*Lat.*) *adv.* (bis) zum Erbrechen.

ad·noun ['ædnaʊn] *s. ling.* Attri'but *n.*

a·do [ə'du:] *s.* Getue *n*, Wirbel *m*, Mühe *f*: ***much ~ about nothing*** viel Lärm um nichts; ***without more ~*** ohne weitere Umstände.

a·do·be [ə'dəʊbɪ] *s.* Lehmstein(haus *n*) *m*, Luftziegel *m*, A'dobe *m.*

ad·o·les·cence [,ædəʊ'lesns] *s.* jugendliches Alter, Adoles'zenz *f*; **,ad·o'les·cent** [-nt] **I** *s.* Jugendliche(r *m*) *f*, Heranwachsende(r *m*) *f*; **II** *adj.* her'anwachsend, jugendlich; Jünglings...

A·do·nis [ə'dəʊnɪs] *npr. antiq. u. s. fig.* A'donis *m.*

a·dopt [ə'dɒpt] *v/t.* **1.** adoptieren, (an Kindes statt) annehmen: ***~ out*** *Am.* zur Adoption freigeben; **2.** *fig.* annehmen, über'nehmen, einführen, sich *ein Verfahren etc.* zu eigen machen; *Handlungsweise* wählen; *Maßregeln* ergreifen; **3.** *pol. e-r Gesetzesvorlage* zustimmen; **4.** ***~ a town*** die Patenschaft für e-e Stadt über'nehmen; **5.** *pol. e-n Kandidaten* (*für die nächste Wahl*) annehmen; **6.** F sti'bitzen; **a'dopt·ed** [-tɪd] *adj. an Kindes statt* angenommen, Adoptiv...: ***his ~ country*** s-e Wahlheimat; **a'dop·tion** [-pʃn] *s.* **1.** Adopti'on *f*, Annahme *f* (an Kindes statt); **2.** Aufnahme *f in e-e Gemeinschaft*; **3.** *fig.* Annahme *f*, Aneignung *f*, 'Übernahme *f*, Wahl *f*; **a'dop·tive** [-tɪv] → ***adopted***: ***~ parents*** Adoptiveltern.

a·dor·a·ble [ə'dɔ:rəbl] *adj.* □ **1.** anbetungswürdig; liebenswert; **2.** allerliebst, entzückend; **ad·o·ra·tion** [,ædə'reɪʃn] *s.* **1.** *a. fig.* Anbetung *f*, Verehrung *f*; **2.** *fig.* (innige) Liebe, (tiefe) Bewunderung; **a·dore** [ə'dɔ:] *v/t.* **1.** anbeten (*a. fig.*); **2.** *fig.* (innig) lieben, (heiß) verehren, (tief) bewundern; **3.** schwärmen für; **a'dor·er** [-rə] *s.* Anbeter(in); Verehrer(in); Bewunderer *m*; **a'dor·ing** [-rɪŋ] *adj.* □ anbetend, bewundernd, schmachtend.

a·dorn [ə'dɔ:n] *v/t.* **1.** schmücken, zieren (*a. fig.*); **2.** *fig.* verschöne(r)n, Glanz verleihen (*dat*); **a'dorn·ment** [-mənt] *s.* Schmuck *m*, Verzierung *f*, Zierde *f*, Verschönerung *f.*

ad·re·nal [ə'dri:nl] *anat.* **I** *adj.* Nebennieren...: ***~ gland*** → **II** *s.* Nebennierendrüse *f*; **ad·ren·al·in** [ə'drenəlɪn] *s.* Adrena'lin *n.*

A·dri·at·ic [,eɪdrɪ'ætɪk] *geogr.* **I** *adj.* adri'atisch: ***~ Sea*** → **II** *s.* ***the ~*** das Adriatische Meer, die 'Adria.

a·drift [ə'drɪft] *adv. u. adj.* **1.** (um'her-)treibend, Wind und Wellen preisgegeben: ***cut ~*** treiben lassen; **2.** *fig.* aufs Geratewohl; hilflos: ***be all ~*** weder aus noch ein wissen; ***cut o.s. ~*** sich losreißen *od.* freimachen *od.* lossagen; ***turn s.o. ~*** j-n auf die Straße setzen.

a·droit [ə'drɔɪt] *adj.* □ geschickt, gewandt; schlagfertig, pfiffig.

ad·u·late ['ædjʊleɪt] *v/t. j-m* schmeicheln, lobhudeln; **ad·u·la·tion** [,ædjʊ'leɪʃn] *s. niedere* Schmeiche'lei, Lobhude'lei *f*; **'ad·u·la·tor** [-tə] *s.* Schmeichler *m*, Speichellecker *m*; **'ad·u·la·to·ry** [-tərɪ] *adj.* schmeichlerisch, lobhudelnd.

a·dult ['ædʌlt] **I** *adj.* **1.** erwachsen; reif, *fig. a.* mündig; **2.** (nur) für Erwachsene: ***~ film***; ***~ education*** Erwachsenenbildung *f*, *engS.* Volkshochschule *f*; **3.** ausgewachsen (*Tier, Pflanze*); **II** *s.* **4.** Erwachsene(r *m*) *f.*

a·dul·ter·ant [ə'dʌltərənt] *s.* Verfälschungsmittel *n*; **a·dul·ter·ate** [ə'dʌltəreɪt] *v/t.* **1.** *Nahrungsmittel* verfälschen; **2.** *fig.* verschlechtern, verderben; **a·dul·ter·a·tion** [ə,dʌltə'reɪʃn] *s.* Verfälschung *f*, verfälschtes Pro'dukt, Fälschung *f*; **a'dul·ter·er** [-rə] *s.* Ehebrecher *m*; **a'dul·ter·ess** [-rɪs] *s.* Ehebrecherin *f*; **a'dul·ter·ous** [-tərəs] *adj.* □ ehebrecherisch; **a'dul·ter·y** [-rɪ] *s.* Ehebruch *m.*

a·dult·hood ['ædʌlthʊd] *s.* Erwachsensein *n*, Erwachsenenalter *n.*

ad·um·brate ['ædʌmbreɪt] *v/t.* **1.** skizzieren, um'reißen, andeuten; **2.** 'hindeuten auf (*acc.*), vor'ausahnen lassen; **ad·um·bra·tion** [,ædʌm'breɪʃn] *s.* Andeutung *f*: a) flüchtiger Entwurf, Skizze *f*, b) Vorahnung *f.*

ad va·lo·rem [,ædvə'lɔ:rem] (*Lat.*) *adj. u. adv.* dem Wert entsprechend: ***~ duty*** Wertzoll *m.*

ad·vance [əd'vɑ:ns] **I** *v/t.* **1.** vorwärts bringen, vorrücken (lassen), vorschieben; **2.** a) *Uhr, Fuß* vorstellen, b) *Zeitpunkt* vorverlegen, c) hin'aus-, aufschieben; **3.** *Meinung, Grund, Anspruch* vorbringen, geltend machen; **4.** a) fördern, verbessern: ***~ one's position***, b) beschleunigen: ***~ growth***; **5.** *pol. Am.* als Wahlhelfer fungieren in (*dat.*); **6.** erheben (*im Amt od. Rang*), befördern (***to the rank of general*** zum General); **7.** *Preis* erhöhen; **8.** *Geld* vor'ausbezahlen; vorschießen, leihen; im Voraus liefern; **II** *v/i.* **9.** vorgehen, vorwärts gehen, vordringen, vormarschieren, vorrücken (*a. fig. Zeit*); **10.** vorankommen, Fortschritte machen: ***~ in***

knowledge; **11.** *im Rang* aufrücken, befördert werden; **12.** a) zunehmen (***in*** an *dat.*), steigen, b) ✝ steigen (*Preis*); teurer werden (*Ware*); **13.** *pol. Am.* a) als Wahlhelfer fungieren, b) Wahlveranstaltungen vorbereiten (***for*** für); **III** *s.* **14.** Vorwärtsgehen *n*, Vor-, Anrücken *n*, Vormarsch *m* (*a. fig.*); Vorrücken *n des Alters*; **15.** Aufrücken *n* (*im Amt*), Beförderung *f*; **16.** Fortschritt *m*, Verbesserung *f*; **17.** Vorsprung *m*: ***in ~*** a) voraus, b) vorn, c) im Voraus, vorher; ***~ section*** vorderer Teil; ***be in ~*** (e-n) Vorsprung haben (***of*** vor *dat.*); ***arrive in ~ of the others*** vor den anderen ankommen; ***order*** (*od.* ***book***) ***in ~*** vor(aus)bestellen; ***~ booking*** a) Vorbestellung *f*, Vorausbestellung *f*, b) Vorverkauf *m*; ***~ censorship*** Vorzensur *f*; ***~ copy*** *typ.* Vorausexemplar *n*; ***~ publication*** *typ.* Vorabdruck *m*; **18.** *a.* ***~ payment*** Vorschuss *m*, Vor'auszahlung *f*: ***in ~*** in pränumerando; **19.** (Preis)Erhöhung *f*, Mehrgebot *n* (*Versteigerung*); **20.** *mst pl.* Entgegenkommen *n*, Vorschlag *m*, erster Schritt (*zur Verständigung*): ***make ~s to s.o.*** a) j-m entgegenkommen, b) sich an j-n heranmachen, *bsd. e-r Frau* Avancen machen; **21.** ⚔ *Am.* Vorhut *f*, Spitze *f*: ***~ guard*** *a. Brit.* Vorhut *f*; **22.** *pol. Am.* Wahlhilfe *f*: ***~ man*** Wahlhelfer *m*; **ad'vanced** [-st] *adj.* **1.** vorgerückt (*Alter, Stunde*), vorgeschritten: ***~ in pregnancy*** hochschwanger; **2.** fortgeschritten (*Stadium etc.*); fortschrittlich, modern: ***~ opinions***; ***~ students***; ***~ English*** Englisch für Fortgeschrittene; ***highly ~*** hoch entwickelt (*Kultur, Technik*); **3.** gar zu fortschrittlich, ex'trem, kühn; **4.** ⚔ vorgeschoben, Vor(aus)...; **ad'vance·ment** [-mənt] *s.* **1.** Förderung *f*; **2.** Beförderung *f*; **3.** Em'por-, Weiterkommen *n*, Aufstieg *m*, Fortschritt *m*, Wachstum *n*.

ad·van·tage [əd'vɑːntɪdʒ] **I** *s.* **1.** Vorteil *m*: a) Über'legenheit *f*, Vorsprung *m*, b) Vorzug *m*: ***to ~*** günstig, vorteilhaft; ***have an ~ over*** *j-m* gegenüber im Vorteil sein; ***you have the ~ of me*** ich kenne leider Ihren (werten) Namen nicht; **2.** Nutzen *m*, Gewinn *m*: ***take ~ of s.o.*** j-n übervorteilen *od.* ausnutzen; ***take ~ of s.th.*** et. ausnutzen; ***derive*** *od.* ***gain ~ from s.th.*** aus et. Nutzen ziehen; **3.** günstige Gelegenheit; **4.** *Tennis etc.*: Vorteil *m*; **II** *v/t.* **5.** fördern, begünstigen; **ad·van·ta·geous** [ˌædvən'teɪdʒəs] *adj.* □ vorteilhaft, günstig, nützlich.

Ad·vent ['ædvənt] *s.* **1.** *eccl.* Ad'vent *m*, Ad'ventszeit *f*; **2.** ℒ Kommen *n*, Erscheinen *n*, Ankunft *f*; **'Ad·vent·ist** [-tɪst] *s.* Adven'tist *m*; **ˌad·ven'ti·tious** [-'tɪʃəs] *adj.* □ **1.** (zufällig) hin'zugekommen; zufällig, nebensächlich: ***~ causes*** Nebenursachen; **2.** ⚕, ⚖ zufällig erworben.

ad·ven·ture [əd'ventʃə] **I** s. **1.** Abenteuer *n*: a) Wagnis *n*: ***life of ~*** Abenteurerleben *n*, b) (tolles) Erlebnis, c) ✝ Spekulati'onsgeschäft *n*; ***~ playground*** Abenteuerspielplatz *m*; **II** *v/t.* **2.** wagen, gefährden; **3.** ***~ o.s.*** sich wagen (***into*** in *acc.*); **III** *v/i.* **4.** sich wagen (***on***, ***upon*** in, auf *acc.*); **ad'ven·tur·er** [-tʃərə] *s.* Abenteurer *m*: a) Wagehals *m*, b) Glücksritter *m*, Hochstapler *m*, c) Speku'lant *m*; **ad'ven·ture·some** [-tʃəsəm] *adj.* → ***adventurous***; **ad'ven·tur·ess** [-tʃərɪs] *s.* Abenteu(r)erin *f* (*a. fig. b.s.*); **ad'ven·tur·ism** [-tʃərɪzəm] *s.* Abenteurertum *n*; **ad'ven·tur·ous** [-tʃərəs] *adj.* □ **1.** abenteuerlich: a) waghalsig, verwegen, b) gewagt, kühn (*Sache*); **2.** abenteuerlustig.

ad·verb ['ædvɜːb] *s.* Ad'verb *n*, Umstandswort *n*; **ad·ver·bi·al** [əd'vɜːbjəl] *adj.* □ adverbi'al: ***~ phrase*** adverbiale Bestimmung.

ad·ver·sar·y ['ædvəsərɪ] *s.* **1.** Gegner (-in), 'Widersacher(in); **2.** ℒ *eccl.* Teufel *m*; **ad·ver·sa·tive** [əd'vɜːsətɪv] *adj.* □ *ling.* gegensätzlich, adversa'tiv: ***~ word***; **ad·verse** ['ædvɜːs] *adj.* □ **1.** entgegenwirkend, zu'wider, widrig (***to*** *dat.*): ***~ winds*** widrige Winde; **2.** gegnerisch, feindlich: ***~ party*** Gegenpartei *f*; **3.** ungünstig, nachteilig (***to*** für): ***~ decision***; ***~ balance of trade*** passive Handelsbilanz; ***have an ~ effect*** (***up***)***on***, ***affect ~ly*** sich nachteilig auswirken auf (*acc.*); **4.** ⚖ entgegenstehend: ***~ claim***; **ad·ver·si·ty** [əd'vɜːsətɪ] *s.* Missgeschick *n*, Not *f*, Unglück *n*.

ad·vert **I** *v/i.* [əd'vɜːt] hinweisen, sich beziehen (***to*** auf *acc.*); **II** *s.* ['ædvɜːt] *Brit.* F *für* ***advertisement***.

ad·ver·tise, *Am. a.* **ad·ver·tize** ['ædvətaɪz] **I** *v/t.* **1.** ankündigen, anzeigen, *durch die Zeitung etc.* bekannt machen: ***~ a post*** eine Stellung *öffentlich* ausschreiben; **2.** *fig.* ausposaunen: ***you need not ~ the fact*** *a.* du brauchst es nicht an die große Glocke zu hängen; **2.** *durch Zeitungsanzeige etc.* Re'klame machen für, werben für; **II** *v/i.* **3.** inserieren, annoncieren, öffentlich ankündigen: ***~ for*** durch Inserat suchen; **4.** werben, Reklame machen; **ad'ver·tise·ment** [əd'vɜːtɪsmənt] *s.* **1.** *öffentliche* Anzeige, Ankündigung *f in e-r Zeitung*, Inse'rat *n*, An'nonce *f*: ***put an ~ in a paper*** ein Inserat in e-r Zeitung aufgeben; **2.** Re'klame *f*, Werbung *f*; **'ad·ver·tis·er** [-zə] *s.* **1.** Inse'rent(in); **2.** Werbeträger *m*; **3.** Werbefachmann *m*; **4.** Anzeiger *m*, Anzeigenblatt *n*; **'ad·ver·tis·ing** [-zɪŋ] **I** *s.* **1.** Inserieren *n*; Ankündigung *f*; **2.** Reklame *f*, Werbung *f*; **II** *adj.* **3.** Reklame..., Werbe...: ***~ agency*** Werbeagentur *f*; ***~ agent*** a) Anzeigenvertreter *m*, b) Werbeagent *m*; ***~ appeal*** Werbekraft *f*; ***~ campaign*** Werbefeldzug *m*; ***~ expert*** Werbefachmann *m*; ***~ media*** Werbeträger, -medien *pl.*; ***~ message*** Werbebotschaft *f*; ***~ space*** Reklamefläche *f*; **'ad·ver·tize** *etc.* → ***advertise*** *etc.*

ad·vice [əd'vaɪs] *s.* **1.** (*a.* ***piece of***) Rat(schlag) *m*; Ratschläge *pl.*: ***at*** (*od.* ***on***) ***s.o.'s ~*** auf j-s Rat hin; ***take medical ~*** e-n Arzt zurate ziehen; ***take my ~*** folge meinem Rat; **2.** Nachricht *f*, Anzeige *f*, (schriftliche) Mitteilung; **3.** ✝ A'vis *m*, Bericht *m*: ***letter of ~*** Benachrichtigungsschreiben *n*; ***as per ~*** laut Aufgabe *od.* Bericht.

ad·vis·a·bil·i·ty [əd,vaɪzə'bɪlətɪ] *s.* Ratsamkeit *f*; **ad·vis·a·ble** [əd'vaɪzəbl] *adj.* □ ratsam; **ad·vis·a·bly** [əd'vaɪzəblɪ] *adv.* ratsamerweise.

ad·vise [əd'vaɪz] **I** *v/t.* **1.** *j-m* raten *od.* empfehlen (***to*** *inf.* zu *inf.*); *et.* (an)raten; *j-n* beraten: ***he was ~d to go*** man riet ihm zu gehen; **2.** ***~ against*** warnen vor (*dat.*); *j-m* abraten von; **3.** ✝ benachrichtigen (***of*** von, ***that*** dass), avisieren (***s.o. of s.th.*** j-m et.); **II.** *v/i.* **4.** sich beraten (***with*** mit); **ad'vised** [-zd] *adj.* □ **1.** beraten: ***badly ~***; **2.** wohl bedacht, über'legt; → ***ill-advised***; ***well-advised***; **ad'vis·ed·ly** [-zɪdlɪ] *adv.* **1.** mit Bedacht *od.* Über'legung; **2.** vorsätzlich, absichtlich; **ad'vis·er** *od.* **ad'vi·sor** [-zə] *s.* **1.** Berater *m*, Ratgeber *m*; **2.** *ped. Am.* 'Studienberater *m*; **ad'vi·so·ry** [-zərɪ] *adj.* beratend, Beratungs...: ***~ board***, ***~ committee*** Beratungsausschuss *m*, Beirat *m*, Gutachterkommission *f*; ***~ body***, ***~ council*** Beirat *m*; → ***capacity*** 6.

ad·vo·ca·cy ['ædvəkəsɪ] *s.* (***of***) Befürwortung *f*, Empfehlung *f* (*gen.*), Eintreten *n* (für); **ad·vo·cate** **I** *s.* ['ædvəkət] **1.** Verfechter *m*, Befürworter *m*, Verteidiger *m*, Fürsprecher *m*: ***an ~ of peace***; **2.** *Scot. u. hist.* Advo'kat *m*, (plädierender) Rechtsanwalt: ***Lord*** ℒ Oberster Staatsanwalt; **3.** *Am.* Rechtsbeistand *m*; **II** *v/t.* ['ædvəkeɪt] **4.** verteidigen, befürworten, eintreten für.

adze [ædz] *s.* Breitbeil *n*.

Ae·ge·an [iː'dʒiːən] *geogr.* **I** *adj.* ä'gäisch: ***~ Sea*** Ägäisches Meer; **II** *s.* ***the ~*** die Ä'gäis.

ae·gis ['iːdʒɪs] *s. myth.* 'Ägis *f*; *fig.* Ä'gide *f*, Schirmherrschaft *f*: ***under the ~ of***.

Ae·o·li·an [iː'əʊljən] *adj.* ä'olisch: ***~ harp*** Äolsharfe *f*.

ae·on ['iːən] *s.* Ä'one *f*, Ewigkeit *f*.

aer·ate ['eɪəreɪt] *v/t.* **1.** (*a.* ⚙ be- *od.* 'durch- *od.* ent)lüften; **2.** a) mit Kohlensäure sättigen, b) zum Sprudeln bringen; **3.** ⚕ *dem Blut* Sauerstoff zuführen.

aer·i·al ['eərɪəl] **I** *adj.* □ **1.** Luft..., in der Luft lebend *od.* befindlich, fliegend, hoch: ***~ advertising*** Luftwerbung *f*, Himmelsschrift *f*; ***~ cableway*** Seilschwebebahn *f*; ***~ camera*** Luftbildkamera *f*; ***~ railway*** Hänge-, Schwebebahn *f*; ***~ spires*** hochragende Kirchtürme; **2.** aus Luft bestehend, leicht, gasförmig, flüchtig; **3.** ä'therisch, zart: ***~ fancies*** Fantastereien; **4.** ✈ Flug(zeug)..., Luft..., Flieger...: ***~ attack*** Luft-, Fliegerangriff *m*; ***~ barrage*** a) (Luft)Sperr-, Flakfeuer *n*, b) Ballonsperre *f*; ***~ combat*** Luftkampf *m*; ***~ map*** Luftbildkarte *f*; ***~ navigation*** Luftschifffahrt *f*; ***~ survey*** Luftbildvermessung *f*; ***~ view*** (*od.* ***photography***, ***shot***) Luftaufnahme *f*, Luftbild *n*; **5.** ⚙ oberirdisch, Ober..., Frei..., Luft...: ***~ cable*** Luftkabel *n*; ***~ wire*** ϟ Ober-, Freileitung *f*; **6.** ϟ, *Radio, TV*: Antennen...: ***~ wire***; **II** *s.* **7.** ϟ, *Radio, TV*: An'tenne *f*; **'aer·i·al·ist** [-lɪst] *s.* Tra'pezkünstler *m*.

aer·ie, *Am. a.* **aër·ie** ['eərɪ] *s.* **1.** Horst *m* (*Raubvogelnest*); **2.** *fig.* Adlerhorst *m* (*hoch gelegener Wohnsitz etc.*).

aer·o ['eərəʊ] **I** *pl.* **-os** *s.* Flugzeug *n*, Luftschiff *n*; **II** *adj.* Luft(schiffahrt)..., Flug(zeug)...: ***~ engine***.

aero- [eərəʊ] *in Zssgn*: Aëro..., Luft...

aer·o·bat·ics [ˌeərəʊ'bætɪks] *s. pl. sg. konstr.* Kunstflug *m*.

'aer·o·bics [eə'rəʊbɪks] *pl. sg. konstr.* Ae'robic *n*.

aer·o·drome ['eərədrəʊm] *s. bsd. Brit.* Flugplatz *m*.

aer·o·dy·nam·ic [ˌeərəʊdaɪ'næmɪk] **I** *adj.* □ aerody'namisch, Stromlinien...; **II** *s. pl. sg. konstr.* Aerody'namik *f*; **'~·dyne** [-əʊdaɪn] *s.* Luftfahrzeug *n* schwerer als Luft; **'~·foil** [-əʊfɔɪl] *s. Brit.* Tragfläche *f*, *a.* Höhen-, Kiel- *od.* Seitenflosse *f*; **'~·gram** [-əʊgræm] *s.* **1.** Funkspruch *m*; **2.** Luftpostleichtbrief *m*; '~**lite** [-əʊlaɪt] *s.* Aero'lith *m*, Mete'orstein *m*.

aer·ol·o·gy [eə'rɒlədʒɪ] *s. phys.* **1.** Aero-lo'gie *f*, Erforschung *f* der höheren Luftschichten; **2.** aero'nautische Wetterkunde; **aer·o·med·i·cine** [ˌeərəʊ'medsɪn] *s.* 'Aero-, 'Luftfahrtmediˌzin *f*; **aer'om·e·ter** [-'ɒmɪtə] *s. phys.* Aero'meter *m*, Luftdichtemesser *m*.

aer·o|·naut ['eərənɔːt] *s.* Aero'naut *m*, Luftschiffer *m*; **~·nau·tic, ~·nau·ti·cal** [ˌeərə'nɔːtɪk(l)] *adj.* □ aero'nautisch, Flug...; **~·nau·tics** [ˌeərə'nɔːtɪks] *s. pl. sg. konstr.* Aero'nautik *f*: a) *obs.* Luftfahrt *f*, b) Luftfahrtkunde *f*; **~·plane** ['eərəpleɪn] *s. bsd. Brit.* Flugzeug *n*; **~·sol** ['eərəʊsɒl] *s.* **1.** ⚗ Aero'sol *n*; **2.** Spraydose *f*; **~·space** ['eərəʊspeɪs] **I** *s.* Weltraum *m*; **II** *adj.* a) Raumfahrt..., b) (Welt)Raum...; **~·stat** ['eərəʊstæt] *s.* Luftfahrzeug *n* leichter als Luft; **~·stat·ic, ~·stat·i·cal** [ˌeərəʊ'stætɪk(l)] *adj.* □ aero'statisch; **~·stat·ics** [ˌeərəʊ'stætɪks] *s. pl. sg. konstr.* Aero'statik *f*.

Aes·cu·la·pi·an [ˌiːskjʊ'leɪpjən] *adj.* **1.** Äskulap...; **2.** ärztlich.

aes·thete ['iːsθiːt] *s.* Äs'thet *m*; **aes·thet·ic, aes·thet·i·cal** [iːs'θetɪk(l)] *adj.* □ äs'thetisch; **aes·thet·i·cism** [iːs'θetɪsɪzəm] *s.* **1.** Ästheti'zismus *m*; **2.** Schönheitssinn *m*; **aes·thet·ics** [iːs'θetɪks] *s. pl. sg. konstr.* Äs'thetik *f*.

aes·ti·val [iː'staɪvl] *adj.* sommerlich.

ae·ther *etc.* → ***ether*** *etc.*

a·far [ə'fɑː] *adv.* fern: ***~ off*** in der Ferne; ***from ~*** von fern, weither, von weit her.

af·fa·bil·i·ty [ˌæfə'bɪlətɪ] *s.* Leutseligkeit *f*, Freundlichkeit *f*; **af·fa·ble** ['æfəbl] *adj.* □ leutselig, freundlich, 'umgänglich.

af·fair [ə'feə] *s.* **1.** Angelegenheit *f*, Sache *f*: ***a disgraceful ~***; ***that is his ~*** das ist seine Sache; ***that is not my ~*** das geht mich nichts an; ***make an ~ of s.th.*** et. aufbauschen; ***my own ~*** meine (eigene) Angelegenheit, meine Privatsache; ***~ of honour*** Ehrensache *f*, -handel *m*; **2.** *pl.* Angelegenheiten *pl.*, Verhältnisse *pl.*: ***public ~s*** öffentliche Angelegenheiten; ***state of ~s*** Lage *f* der Dinge, Sachlage *f*; → ***foreign*** 1; **3.** Af'färe *f*: a) Ereignis *n*, b) Skan'dal *m*, c) (Liebes)Verhältnis *n*; **4.** F Ding *n*, Sache *f*, ‚Appa'rat' *m*: ***the car was a shiny ~***.

af·fect¹ [ə'fekt] *v/t.* **1.** lieben, e-e Vorliebe haben für, neigen zu, be'vorzugen: ***~ bright colo(u)rs*** lebhafte Farben bevorzugen; ***much ~ed by*** sehr beliebt bei; **2.** zur Schau tragen, erkünsteln, nachahmen: ***he ~s an Oxford accent*** er redet mit gekünstelter Oxforder Aussprache; ***he ~s the freethinker*** er spielt den Freidenker; **3.** vortäuschen: ***~ ignorance***; ***~ a limp*** so tun, als hinke man; **4.** bewohnen, vorkommen in (*dat.*) (*Tiere u. Pflanzen*).

af·fect² [ə'fekt] *v/t.* **1.** betreffen: ***that does not ~ me***; **2.** (ein- *od.* sich aus-) wirken auf (*acc.*), beeinflussen, beeinträchtigen, in Mitleidenschaft ziehen, ⚕ *a.* angreifen, befallen: ***~ the health***; **3.** bewegen, rühren, ergreifen.

af·fec·ta·tion [ˌæfek'teɪʃn] *s.* **1.** Affektiertheit *f*, Gehabe *n*; **2.** Verstellung *f*; **3.** Vorliebe (***of*** für).

af·fect·ed¹ [ə'fektɪd] *adj.* □ **1.** affektiert, gekünstelt, geziert; **2.** angenommen, vorgetäuscht; **3.** geneigt, gesinnt.

af·fect·ed² [ə'fektɪd] *adj.* **1.** ⚕ befallen (***with*** von *Krankheit*), angegriffen (*Augen etc.*); **2.** betroffen, berührt; **3.** gerührt, bewegt, ergriffen.

af·fect·ing [ə'fektɪŋ] *adj.* □ ergreifend; **af'fec·tion** [-kʃn] *s.* **1.** *oft pl.* Liebe *f*, (Zu)Neigung *f* (***for, towards*** zu); **2.** Gemütsbewegung *f*, Stimmung *f*; **3.** ⚕ Erkrankung *f*, Leiden *n*; **4.** Einfluss *m*, Einwirkung *f*; **af'fec·tion·ate** [-kʃnət] *adj.* □ gütig, liebevoll, herzlich, zärtlich; **af'fec·tion·ate·ly** [-kʃnətlɪ] *adv.*: ***yours ~*** dein dich liebender (*Briefschluss*); ***~ known as Pat*** unter dem Kosenamen Pat bekannt.

af·fi·ci·o·na·do → ***aficionado***.

af·fi·ance [ə'faɪəns] **I** *s.* **1.** Vertrauen *n*; **2.** Eheversprechen *n*; **II** *v/t.* **3.** *j-n od. sich* verloben (***to*** mit).

af·fi·ant [ə'faɪənt] *s. Am.* Aussteller (-in) e-s ***affidavit***.

af·fi·da·vit [ˌæfɪ'deɪvɪt] *s.* ⚖ *schriftliche* beeidigte Erklärung: ***~ of means*** Offenbarungseid *m*.

af·fil·i·ate [ə'fɪlɪeɪt] **I** *v/t.* **1.** *als Mitglied* aufnehmen; **2.** *j-m* die Vaterschaft *e-s Kindes* zuschreiben: ***~ a child on*** (*od.* ***to***); **3.** (***on, upon***) zu'rückführen (auf *acc.*), zuschreiben (*dat.*); **4.** (***to***) verknüpfen, verbinden (mit); angliedern, anschließen (*dat.*, an *acc.*); **II** *v/i.* **5.** sich anschließen (***with*** an *acc.*); **III** *s.* [-ɪɪt] **6.** *Am.* 'Zweigorganisatiˌon *f*, Tochtergesellschaft *f*; **af'fil·i·at·ed** [-tɪd] *adj.* angeschlossen: ***~ company*** Tochter-, Zweiggesellschaft *f*; **af·fil·i·a·tion** [əˌfɪlɪ'eɪʃn] *s.* **1.** Aufnahme *f* (*als Mitglied etc.*); **2.** Zuschreibung *f* der Vaterschaft; **3.** Zu'rückführung *f* (*auf den Ursprung*); **4.** Angliederung *f*; **5.** *oft eccl.* Zugehörigkeit *f*, Mitgliedschaft *f*.

af·fin·i·ty [ə'fɪnətɪ] *s.* **1.** ⚖ Schwägerschaft *f*; **2.** *fig.* a) (Wesens)Verwandtschaft *f*, Affini'tät *f*, b) (Wahl-, Seelen-) Verwandtschaft *f*, gegenseitige Anziehung; **3.** ⚗ Affini'tät *f*, stofflich-'chemische Verwandtschaft.

af·firm [ə'fɜːm] *v/t.* **1.** versichern, beteuern; **2.** bekräftigen; ⚖ *Urteil* bestätigen; **3.** ⚖ an Eides statt versichern; **af·fir·ma·tion** [ˌæfɜː'meɪʃn] *s.* **1.** Versicherung *f*, Beteuerung *f*; **2.** Bestätigung *f*, Bekräftigung *f*; **3.** ⚖ Versicherung *f* an Eides statt; **af'firm·a·tive** [-mətɪv] **I** *adj.* □ **1.** bejahend, zustimmend, positiv; **2.** positiv, bestimmt: ***~ action*** *Am.* Aktion *f* gegen die Diskriminierung von Minderheitsgruppen; **II** *s.* **3.** Bejahung *f*: ***answer in the ~*** bejahen.

af·fix I *v/t.* [ə'fɪks] **1.** (***to***) befestigen, anbringen (an *dat.*), anheften, ankleben (an *acc.*); **2.** (***to***) beilegen, -fügen (*dat.*), hin'zufügen (zu); *Siegel* anbringen (an *dat.*); *Unterschrift* setzen (unter *acc.*); **II** *s.* ['æfɪks] **3.** *ling.* Af'fix *n*, Anhang *m*, Hin'zufügung *f*.

af·flict [ə'flɪkt] *v/t.* betrüben, quälen, plagen, heimsuchen; **af'flict·ed** [-tɪd] *adj.* **1.** niedergeschlagen, betrübt; **2.** (***with***) leidend (an *dat.*); belastet, behaftet (mit), geplagt (von); **af'flic·tion** [-kʃn] *s.* **1.** Betrübnis *f*, Kummer *m*; **2.** a) Gebrechen, b) *pl.* Beschwerden; **3.** Elend *n*, Not *f*; Heimsuchung *f*.

af·flu·ence ['æflʊəns] *s.* **1.** Fülle *f*, 'Überfluss *m*; **2.** Reichtum *m*, Wohlstand *m*: ***demoralization by ~*** Wohlstandsverwahrlosung *f*; **'af·flu·ent** [-nt] **I** *adj.* □ **1.** reichlich; **2.** wohlhabend, reich (***in*** an *dat.*): ***~ society*** Wohlstandsgesellschaft *f*; **II** *s.* **3.** Nebenfluss *m*; **af·flux** ['æflʌks] *s.* **1.** Zufluss *m*, Zustrom *m* (*a. fig.*); **2.** ⚕ (Blut-) Andrang *m*.

af·ford [ə'fɔːd] *v/t.* **1.** gewähren, bieten; *Schatten* spenden; *Freude* bereiten; **2.** *als Produkt* liefern; **3.** sich leisten, sich erlauben, die Mittel haben für; *Zeit* erübrigen: ***I can't ~ it*** ich kann es mir nicht leisten (*a. fig.*); **af'ford·a·ble** *adj.* erschwinglich.

af·for·est·a·tion [æˌfɒrɪ'steɪʃn] *s.* Aufforstung *f*.

af·fran·chise [ə'fræntʃaɪz] *v/t.* befreien (***from*** aus).

af·fray [ə'freɪ] *s.* **1.** Schläge'rei *f*, Kra'wall *m*; **2.** ⚖ Raufhandel *m*.

af·freight [ə'freɪt] *v/t.* ⚓ chartern, befrachten.

af·fri·cate ['æfrɪkət] *s. ling.* Affri'kata *f* (*Verschlusslaut mit folgendem Reibelaut*).

af·front [ə'frʌnt] **I** *v/t.* **1.** beleidigen, beschimpfen; **2.** trotzen (*dat.*); **II** *s.* **3.** Beleidigung *f*, Af'front *m*.

Af·ghan ['æfgæn] **I** *s.* **1.** Af'ghane *m*, Af'ghanin *f*; **2.** Af'ghan *m* (*Teppich*); **II** *adj.* **3.** af'ghanisch.

a·fi·ci·o·na·do [əˌfɪsjə'nɑːdəʊ] *s.* (*Span.*) begeisterter Anhänger *m*, ‚Fan' *m*.

a·field [ə'fiːld] *adv.* **1.** a) im *od.* auf dem Feld, b) ins *od.* aufs Feld; **2.** in der *od.* in die Ferne, draußen, hin'aus: ***far ~*** weit entfernt; **3.** *bsd. fig.* in die Irre: ***lead s.o. ~***; ***quite ~*** a) auf dem Holzweg(e) (*Person*), b) ganz falsch (*Sache*).

a·fire [ə'faɪə] *adv. u. adj.* brennend, in Flammen: ***all ~*** *fig.* Feuer und Flamme.

a·flame [ə'fleɪm] → ***afire***.

a·float [ə'fləʊt] *adv. u. adj.* **1.** flott, schwimmend: ***keep ~*** (sich) über Wasser halten (*a. fig.*); **2.** an Bord, auf See; **3.** in 'Umlauf; **4.** im Gange; **5.** über'schwemmt.

a·foot [ə'fʊt] *adv. u. adj.* **1.** zu Fuß, auf den Beinen; **2.** *fig.* a) im Gange, b) im Anzug, im Kommen.

a·fore [ə'fɔː] *obs.* **I** *prp.* vor; **II** *adv.* (nach) vorn; **III** *cj.* ehe, bevor; **~·mentioned** [əˌfɔː'menʃənd], **~·said** [ə'fɔːsed] *adj.* oben erwähnt, oben genannt; **~·thought** [ə'fɔːθɔːt] *adj.* vorbedacht; → ***malice*** 3.

a·fraid [ə'freɪd] *adj.*: ***be ~*** Angst haben, sich fürchten (***of*** vor *dat.*); ***I am ~ (that) he will not come*** ich fürchte, er wird nicht kommen; ***I am ~ I must go*** F leider muss ich gehen; ***I'm ~ so*** leider ja!; ***I shall tell him, don't be ~!*** F (nur) keine Angst, ich werde es ihm sagen!; ***~ of hard work*** F arbeitsscheu; ***be ~ to do*** sich scheuen zu tun.

a·fresh [ə'freʃ] *adv.* von neuem, von vorn: ***start ~***.

Af·ri·can ['æfrɪkən] **I** *s.* **1.** Afri'kaner (-in); **II** *adj.* **2.** afri'kanisch; **3.** afri'kanischer Abstammung, Neger...; **~ A·mer·i·can** *s.* 'Afroameriˌkaner(in); ˌ**~-'A·mer·i·can** *adj.* 'afroameriˌkanisch.

Af·ri·kaans [ˌæfrɪ'kɑːns] *s. ling.* Afri'kaans(ch) *n*, Kapholländisch *n*; ˌ**Af·ri'kan·(d)er** [-'kæn(d)ə] *s.* Afri'kander *m* (*Weißer mit Afrikaans als Muttersprache*).

Af·ro ['æfrəʊ] *pl.* **-ros** *s.* **1.** Afrolook *m*; **2.** *a.* ***~ hairdo*** 'Afrofriˌsur *f*.

ˌ**Af·ro|-A'mer·i·can** [ˌæfrəʊ-] *s.* Afroameri'kaner(in); ˌ**~-'A·sian** *adj.* 'afroasi'atisch.

aft [ɑːft] *adv.* ⚓ (nach) achtern.

af·ter ['ɑːftə] **I** *prp.* **1.** nach: ***~ lunch***; ***~ a***

week; ***day ~ day*** Tag für Tag; ***the day ~ tomorrow*** übermorgen; ***the month ~ next*** der übernächste Monat; ***~ all*** schließlich, im Grunde, immerhin, (also) doch; ***~ all my trouble*** nach *od.* trotz all meiner Mühe; → ***look after*** *etc.*; **2.** hinter ... (*dat.*) (her): ***I came ~ you***; ***shut the door ~ you***; ***the police are ~ you*** die Polizei ist hinter dir her; ***~ you, sir!*** nach Ihnen!; ***one ~ another*** nacheinander; **3.** nach, gemäß: ***named ~ his father*** nach s-m Vater genannt; ***~ my own heart*** ganz nach m-m Herzen *od.* Wunsch; ***a picture ~ Rubens*** ein Gemälde nach (*im Stil von*) Rubens; **II** *adv.* **4.** nach'her, hinter'her, da'nach, später: ***follow ~*** nachfolgen; ***for months ~*** noch monatelang; ***shortly ~*** kurz danach; **III** *adj.* **5.** später, künftig, Nach...: ***in ~ years***; **6.** ⚓ Achter...; **IV** *cj.* **7.** nach'dem: ***~ he (had) sat down***; **V** *s. pl.* **8.** *Brit.* F Nachspeise *f*: ***for ~s*** zum Nachtisch; **'~·birth** *s.* ⚕ Nachgeburt *f*; **'~,burn·er** *s.* ✈ Nachbrenner *m*; **'~-,cab·in** *s.* ⚓ 'Heckka,bine *f*; **'~·care** *s.* **1.** ⚕ Nachbehandlung *f*; **2.** ⚖ Resozialisierungshilfe *f*; **'~·crop** *s.* Nachernte *f*; **'~·death** → ***afterlife*** 1; **'~·deck** *s.* ⚓ Achterdeck *n*; **'~-,din·ner** *adj.* nach Tisch: ***~ speech*** Tischrede *f*; **'~·ef,fect** [-ərɪ-] *s.* Nachwirkung *f* (*a.* ⚕), Folge *f*; **'~·glow** *s.* **1.** Nachglühen *n* (*a.* ⚙ *u. fig.*); **2.** a) Abendrot *n*, b) Alpenglühen *n*; **'~·hold** *s.* ⚓ Achterraum *m*; **'~-·hours** *s. pl.* Zeit *f* nach Dienstschluss: ***~ dealing*** Nachbörse *f*; **'~·life** *s.* **1.** Leben *n* nach dem Tode; **2.** (zu)künftiges Leben; **'~·math** [-mæθ] *s.* **1.** ✓ Grummet *n*, Spätheu *n*; **2.** *fig.* Nachwirkungen *pl.*; **,~'noon** *s.* Nachmittag *m*: ***in the ~*** am Nachmittag, nachmittags; ***this ~*** heute Nachmittag; ***~ of life*** Herbst *m* des Lebens; → ***good*** 1; **'~·pains** *s. pl.* ⚕ Nachwehen *pl.*; **'~·play** *s.* (sexu'elles) Nachspiel; **'~-·sales serv·ice** *s.* ✝ Kundendienst *m*; **'~-,sea·son** *s.* 'Nachsai,son *f*; **'~·shave lo·tion** *s.* Aftershave-Lotion *f*, Rasierwasser *n*; **'~·shock** *s.* Nachbeben *n*; **'~·taste** *s.* Nachgeschmack *m* (*a. fig.*); ***~ tax*** *adj.* ✝ nach Abzug der Steuern, *a.* Netto...; **'~·thought** *s.* nachträglicher Einfall: ***as an ~*** nachträglich; **'~-,treat·ment** *s.* ⚕, ⚙ Nachbehandlung *f*.

af·ter|·ward ['ɑːftəwəd] *Am.*, **'~·wards** [-dz] *adv.* später, nach'her, hinter'her; **'~·years** *s. pl.* Folgezeit *f*.

a·gain [ə'gen] *adv.* **1.** 'wieder(um), von neuem, aber-, nochmals: ***come ~!*** komm wieder!; ***~ and ~*** immer wieder; ***now and ~*** hin und wieder; ***be o.s. ~*** wieder gesund *od.* der Alte sein; **2.** schon wieder: ***that fool ~*** schon wieder dieser Narr!; ***what's his name ~?*** F wie heißt er doch schnell?; **3.** außerdem, ferner; **4.** noch einmal: ***as much ~*** noch einmal so viel; ***half as much ~*** anderthalbmal so viel; **5.** *a.* ***then ~*** andererseits, da'gegen, aber: ***these ~ are more expensive***.

a·gainst [ə'genst] *prp.* **1.** gegen, wider, entgegen: ***~ the law***; ***run (up) ~ s.o.*** j-n zufällig treffen; **2.** gegen, gegen-'über: ***my rights ~ the landlord***; ***over ~ the town hall*** gegenüber dem Rathaus; **3.** auf ... (*acc.*) zu, an (*dat. od. acc.*), vor (*dat. od. acc.*), gegen: ***~ the wall***; **4.** *a.* ***as ~*** verglichen mit, gegenüber; **5.** in Erwartung (*gen.*), für.

a·gamic' [,eɪ'gæmɪk] *adj. biol.* a'gam, geschlechtslos.

a·gape [ə'geɪp] *adv. u. adj.* gaffend, mit offenem Munde (*vor Staunen*).

a·gar·ic ['ægərɪk] *s.* ⚘ Blätterpilz *m*, -schwamm *m*; → ***fly agaric***.

ag·ate ['ægət] *s.* **1.** *min.* A'chat *m*; **2.** *Am.* bunte Glasmurmel; **3.** *typ. Am.* Pa'riser Schrift *f*.

a·ga·ve [ə'geɪvɪ] *s.* ⚘ A'gave *f*.

age [eɪdʒ] **I** *s.* **1.** (Lebens)Alter *n*, Altersstufe *f*: ***what is his ~ od. what ~ is he?*** wie alt ist er?; ***ten years of ~*** 10 Jahre alt; ***at the ~ of*** im Alter von; ***at his ~*** in seinem Alter; ***be over ~*** über der Altersgrenze liegen; ***act one's ~*** sich s-m Alter entsprechend benehmen; ***be your ~!*** sei kein Kindskopf!; ***a girl your ~*** ein Mädchen deines Alters; ***he does not look his ~*** man sieht ihm sein Alter nicht an; **2.** (Zeit *f* der) Reife: ***full ~*** Volljährigkeit *f*; ***(come) of ~*** mündig *od.* volljährig (werden); ***under ~*** minderjährig; **3.** *a.* ***old ~*** Alter *n*: ***~ before beauty*** Alter kommt vor Schönheit; **4.** Zeit *f*, Zeitalter *n*; Menschenalter *n*, Generati'on *f*: ***Ice ♀*** Eiszeit *f*; ***the ~ of Queen Victoria***; ***in our ~*** in unserer (*od.* der heutigen) Zeit; ***down the ~s*** durch die Jahrhunderte; **5.** *oft pl.* F lange Zeit, Ewigkeit *f*: ***I haven't seen him for ~s*** ich habe ihn seit e-r Ewigkeit nicht gesehen; **II** *v/t.* **6.** alt machen; **7.** *j-n* um Jahre älter machen; **8.** ⚙ altern, vergüten; *Wein etc.* ablagern lassen; *Käse etc.* reifen lassen; **III** *v/i.* **9.** alt werden, altern; **age brack·et** → ***age group***; **aged** [eɪdʒd] *adj.* ... Jahre alt: ***~ twenty***; **a·ged** ['eɪdʒɪd] *adj.* bejahrt, betagt; **age group** *s.* Altersklasse *f*, Jahrgang *m*; **age·ing** → ***aging***; **age·ism** ['eɪdʒɪzəm] *s.* Altersdiskriminierung *f*; **ageless** ['eɪdʒlɪs] *adj.* nicht alternd, zeitlos; **age lim·it** *s.* Altersgrenze *f*; **'age·long** *adj.* lebenslänglich, dauernd.

a·gen·cy ['eɪdʒənsɪ] *s.* **1.** (wirkende) Kraft *f*, (ausführendes) Or'gan, Werkzeug *n* (*fig.*); **2.** Tätigkeit *f*, Wirkung *f*; **3.** Vermittlung *f*, Mittel *n*, Hilfe *f*: ***by od. through the ~ of***; **4.** ✝ Agen'tur *f*: a) (Handels)Vertretung *f*, b) Bü'ro *n od.* Amt *n* e-s A'genten; **5.** ⚖ ('Handlungs),Vollmacht *f*; **6.** ('Nachrichten-)Agen,tur *f*; **7.** Geschäfts-, Dienststelle *f*; Amt *n*, Behörde *f*; ***~ busi·ness*** *s.* Kommissi'onsgeschäft *n*.

a·gen·da [ə'dʒendə] *s.* Tagesordnung *f*.

a·gent ['eɪdʒənt] *s.* **1.** Handelnde(r *m*) *f*, Urheber(in): ***free ~*** selbstständig Handelnde(r), *weitS.* *ein* freier Mensch; **2.** ⚗, ⚕, *biol.*, *phys.* 'Agens *n*, Wirkstoff *m*, (be)wirkende Kraft *od.* Ursache, Mittel *n*, Werkzeug *n*: ***protective ~*** Schutzmittel; **3.** a) ✝ (Handels)Vertreter *m*, A'gent *m*, *a.* Makler *m*, Vermittler *m*, b) ⚖ (Handlungs)Bevollmächtigte(r *m*) *f*, (Stell)Vertreter(in); **4.** *pol.* (Geheim)Agent(in).

a·gent pro·vo·ca·teur *pl.* **a·gents pro·vo·ca·teurs** ['æʒɑ̃ːŋ prə,vɒkə'tɜː] (*Fr.*) *s.* Lockspitzel *m*.

'age|-old *adj.* uralt; **'~-worn** *adj.* altersschwach.

ag·glom·er·ate I *v/t. u. v/i.* [ə'glɒməreɪt] **1.** (sich) zs.-ballen, (sich) an- *od.* aufhäufen; **II** *s.* [-rət] **2.** angehäufte Masse, Ballung *f*; **3.** ⚙, *geol.*, *phys.* Agglome'rat *n*; **III** *adj.* [-rət] **4.** zs.-geballt, gehäuft; **ag·glom·er·a·tion** [ə,glɒmə'reɪʃn] *s.* Zs.-ballung *f*, Anhäufung *f*; (wirrer) Haufen.

ag·glu·ti·nate I *adj.* [ə'gluːtɪnət] **1.** zs.-geklebt, verbunden; **2.** *ling.* aggluti-niert; **II** *v/t.* [-neɪt] **3.** zs.-kleben, verbinden; **4.** *biol.*, *ling.* agglutinieren; **ag·glu·ti·na·tion** [ə,gluːtɪ'neɪʃn] *s.* **1.** Zs.-kleben *n*; anein'ander klebende Masse; **2.** *biol.*, *ling.* Agglutinati'on *f*.

ag·gran·dize [ə'grændaɪz] *v/t.* **1.** *Macht, Reichtum* vermehren, -größern, erhöhen; **2.** verherrlichen, ausschmücken, *j-n* erhöhen; **ag'gran·dize·ment** [-dɪzmənt] *s.* Vermehrung *f*, Vergrößerung *f*, Erhöhung *f*, Aufstieg *m*.

ag·gra·vate ['ægrəveɪt] *v/t.* **1.** erschweren, verschärfen, verschlimmern; verstärken: ***~d larceny*** ⚖ schwerer Diebstahl; **2.** F erbittern, ärgern; **'ag·gra·vat·ing** [-tɪŋ] *adj.* □ **1.** erschwerend *etc.*, gra'vierend; **2.** F ärgerlich, aufreizend; **ag·gra·va·tion** [,ægrə'veɪʃn] *s.* **1.** Erschwerung *f*, Verschlimmerung *f*, erschwerender 'Umstand; **2.** F Ärger *m*.

ag·gre·gate ['ægrɪgət] **I** *adj.* □ **1.** angehäuft, vereinigt, gesamt, Gesamt...: ***~ amount*** → II; **2.** zs.-gesetzt, Sammel...; **II** *s.* **3.** Anhäufung *f*, (Gesamt-)Menge *f*; Summe *f*: ***in the ~*** insgesamt; **4.** ⚡, ⚙, *biol.* Aggre'gat *n*; **III** *v/t.* [-geɪt] **5.** anhäufen, ansammeln; vereinigen (***to*** mit); **6.** sich insgesamt belaufen auf (*acc.*); **ag·gre·ga·tion** [,ægrɪ'geɪʃn] *s.* **1.** Anhäufung *f*, Ansammlung *f*; Zs.-fassung *f*; **2.** *phys.* Aggre'gat *n*: ***state of ~*** Aggregatzustand *m*.

ag·gres·sion [ə'greʃn] *s.* Angriff *m*, 'Überfall *m*; Aggressi'on *f* (*a. pol. u. psych.*); **ag'gres·sive** [-esɪv] *adj.* □ aggres'siv: a) streitsüchtig, angriffslustig, b) e'nergisch, draufgängerisch, dy'namisch, forsch; **ag'gres·sor** [-esə] *s.* Angreifer *m*.

ag·grieved [ə'griːvd] *adj.* **1.** bedrückt, betrübt; **2.** *bsd.* ⚖ geschädigt, beschwert, benachteiligt.

ag·gro ['ægrəʊ] *s. sl.* Randale *f*; Ärger *m*.

a·ghast [ə'gɑːst] *adj.* entgeistert, bestürzt, entsetzt (***at*** über *acc.*).

ag·ile ['ædʒaɪl] *adj.* □ flink, be'händ(e) (*Verstand etc.*); **a·gil·i·ty** [ə'dʒɪlətɪ] *s.* Flinkheit *f*, Be'händigkeit *f*; Aufgewecktheit *f*.

ag·ing ['eɪdʒɪŋ] **I** *s.* **1.** Altern *n*; **2.** ⚙ Alterung *f*, Vergütung *f*; **II** *pres. p. u. adj.* **3.** alternd.

ag·i·o ['ædʒɪəʊ] *pl.* **ag·i·os** *s.* ✝ 'Agio *n*, Aufgeld *n*; **ag·i·o·tage** ['ædʒətɪdʒ] *s.* Agio'tage *f*.

ag·i·tate ['ædʒɪteɪt] **I** *v/t.* **1.** hin und her bewegen, schütteln; (um)rühren; **2.** *fig.* beunruhigen, auf-, erregen; **3.** aufwiegeln; **4.** erwägen, lebhaft erörtern; **II** *v/i.* **5.** agitieren, wühlen, hetzen; Propa'ganda machen (***for*** für, ***against*** gegen); **'ag·i·tat·ed** [-tɪd] *adj.* □ aufgeregt; **ag·i·ta·tion** [,ædʒɪ'teɪʃn] *s.* **1.** Erschütterung *f*, heftige Bewegung; **2.** Aufregung *f*, Unruhe *f*; **3.** Agitati'on *f*, Hetze'rei *f*; Bewegung *f*, Gärung *f*; **'ag·i·ta·tor** [-tə] *s.* **1.** Agi'tator *m*, Aufwiegler *m*, Wühler *m*, Hetzer *m*; **2.** ⚙ 'Rührappa,rat *m*, -werk *n*, -arm *m*; **ag·it·prop** [,ædʒɪt'prɒp] **1.** Agit'prop *f* (*kommunistische Agitation u. Propaganda*); **2.** Agit'propredner *m*.

a·glow [ə'gləʊ] *adv. u. adj. a. fig.* glühend (***with*** von, vor *dat.*).

ag·nate ['ægneɪt] **I** *s.* **1.** A'gnat *m* (*Verwandter väterlicherseits*); **II** *adj.* **2.** väterlicherseits verwandt; **3.** stamm-, wesensverwandt; **ag·nat·ic** *adj.*; **ag·nat-**

agnatical – airbrick

i·cal [æg'nætɪk(l)] *adj.* □ → ***agnate*** 2, 3.

ag·nos·tic [æg'nɒstɪk] **I** *s.* A'gnostiker *m*; **II** *adj.* → ***agnostical***; **ag'nos·ti·cal** [-kl] *adj.* a'gnostisch; **ag'nos·ti·cism** [-tɪsɪzəm] *s.* Agnosti'zismus *m*.

a·go [ə'gəʊ] *adv. u. adj.* vor'über, her, vor: ***ten years ~*** vor zehn Jahren; ***long ~*** vor langer Zeit; ***long, long ~*** lang, lang ists her; ***no longer ~ than last month*** erst vorigen Monat.

a·gog [ə'gɒg] *adv. u. adj.* gespannt, erpicht (***for*** auf *acc.*): ***all ~*** ganz aus dem Häuschen, ‚gespannt wie ein Regenschirm'.

ag·o·nize ['ægənaɪz] **I** *v/t.* **1.** quälen, martern; **II** *v/i.* **2.** mit dem Tode ringen; **3.** Höllenqualen leiden; **4.** sich (ab-) quälen, verzweifelt ringen; **'ag·o·niz·ing** [-zɪŋ] *adj.* □ qualvoll, herzzerreißend; **'ag·o·ny** [-nɪ] *s.* **1.** heftiger Schmerz, Höllenqualen *pl.*, Qual *f*, Pein *f*, Seelenangst *f*: ***~ of despair***; ***~ column*** F *Zeitung*: Seufzerspalte *f*; ***pile on the ~*** F ‚dick auftragen'; **2.** ♱ Ringen *n* Christi mit dem Tode; **3.** Todeskampf *m*, Ago'nie *f*.

ag·o·ra·pho·bi·a [ˌægərə'fəʊbjə] *s.* ⚕ Platzangst *f*.

a·grar·i·an [ə'greərɪən] **I** *adj.* **1.** a'grarisch, landwirtschaftlich, Agrar...: ***~ unrest*** Unruhe in der Landwirtschaft; **2.** gleichmäßige Landaufteilung betreffend; **II** *s.* **3.** Befürworter *m* gleichmäßiger Aufteilung des (Acker)Landes.

a·gree [ə'griː] **I** *v/i.* **1.** (***to***) zustimmen (*dat.*), einwilligen (in *acc.*), beipflichten (*dat.*), genehmigen (*acc.*), einverstanden sein (mit), eingehen (auf *acc.*), gutheißen (*acc.*): ***~ to a plan***; ***I ~ to come with you*** ich bin bereit mitzukommen; ***you will ~ that*** du musst zugeben, dass; **2.** (***on***, ***upon***, ***about***) sich einigen *od.* verständigen (über *acc.*); vereinbaren, verabreden (*acc.*): ***they ~d about the price***; ***~ to differ*** sich auf verschiedene Standpunkte einigen; ***let us ~ to differ!*** ich fürchte, wir können uns da nicht einigen!; **3.** über'einkommen, vereinbaren (***to*** *inf.* zu *inf.*, ***that*** dass): ***it is ~d*** es ist vereinbart, es steht fest; → ***agreed*** 2; **4.** (***with*** mit) über'einstimmen (*a. ling.*), (sich) einig sein, gleicher Meinung sein: ***I ~ that your advice is best*** auch ich bin der Meinung, dass Ihr Rat der beste ist; → ***agreed*** 1; **5.** sich vertragen, auskommen, zs.-passen, sich vereinigen (lassen); **6.** ***~ with*** *j-m* bekommen, zuträglich sein: ***wine does not ~ with me***; **II** *v/t.* **7.** ✝ *Konten etc.* abstimmen.

a·gree·a·ble [ə'grɪəbl] *adj.* □ → ***agreeably***; **1.** angenehm; gefällig, liebenswürdig; **2.** einverstanden (***to*** mit): ***~ to the plan***; **3.** F bereit, gefügig; **4.** (***to***) über'einstimmend (mit), entsprechend (*dat.*): ***~ to the rules***; **a'gree·a·ble·ness** [-nɪs] *s.* angenehmes Wesen; Annehmlichkeit *f*; **a'gree·a·bly** [-lɪ] *adv.* **1.** angenehm: ***~ surprised***; **2.** einverstanden (***to*** mit); entsprechend (***to*** *dat.*): ***~ to his instructions***.

a·greed [ə'griːd] *adj.* **1.** einig (***on*** über *acc.*); einmütig: ***~ decisions***; **2.** vereinbart: ***the ~ price***; ***~!*** abgemacht!, einverstanden!; **a'gree·ment** [-mənt] *s.* **1.** a) Abkommen *n*, Vereinbarung *f*, Einigung *f*, Verständigung *f*, Über'einkunft *f*, b) Vertrag *m*, c) (gütlicher) Vergleich: ***by ~*** wie vereinbart; ***come to an ~*** sich einigen, sich verständigen; ***by mutual ~*** in gegenseitigem Einvernehmen; ***~ country*** (***currency***) ✝ Verrechnungsland *n* (-währung *f*); **2.** Einigkeit *f*, Eintracht *f*; **3.** Über'einstimmung *f* (*a. ling.*), Einklang *m*; **4.** Genehmigung *f*, Zustimmung *f*.

ag·ri·cul·tur·al [ˌægrɪ'kʌltʃərəl] *adj.* □ landwirtschaftlich, Landwirtschaft(s)...: ***~ country*** Ag'rarland *n*; ***~ labo(u)rer*** Landarbeiter *m*; ***~ levy*** *EU* Abschöpfung *f*; ***~ market*** Ag'rarmarkt; ***~ policy*** Ag'rarpoliˌtik *f*; ***~ show*** Landwirtschaftsausstellung *f*; **ˌag·ri'cul·tur·al·ist** [-rəlɪst] → ***agriculturist***; **ag·ri·cul·ture** ['ægrɪkʌltʃə] *s.* Landwirtschaft *f*, Ackerbau *m* (u. Viehzucht *f*); **ˌag·ri'cul·tur·ist** [-tʃərɪst] *s.* (Dip'lom)Landwirt *m*.

ag·ro·chem·i·cal [ˌægrəʊ'kemɪkl] *s.* Ag'rarchemiˌkalie *f* (*Spritz- od. Düngemittel*).

ag·ro·nom·ics [ˌægrə'nɒmɪks] *s. pl. sg. konstr.* Agrono'mie *f*, Ackerbaukunde *f*; **a·gron·o·mist** [ə'grɒnəmɪst] *s.* Agro'nom *m*, (Dip'lom)Landwirt *m*; **a·gron·o·my** [ə'grɒnəmɪ] → ***agronomics***.

a·ground [ə'graʊnd] *adv. u. adj.* ⚓ gestrandet: ***run ~*** a) auflaufen, stranden, b) auf Grund setzen; ***be ~*** a) aufgelaufen sein, b) *fig.* auf dem Trocknen sitzen.

a·gue ['eɪgjuː] *s.* Schüttelfrost *m*; (Wechsel)Fieber *n*.

ah [ɑː] *int.* ah, ach, oh, ha, ei!

a·ha [ɑː'hɑː] **I** *int.* a'ha, ha'ha!; **II** *adj.*: ***~ experience*** Aha-Erlebnis *n*.

a·head [ə'hed] *adv. u. adj.* **1.** vorn; voraus, vor'an; vorwärts, nach vorn; einen Vorsprung habend, an der Spitze; be'vorstehend: ***right*** (*od.* ***straight***) ***~*** geradeaus; ***the years ~*** (***of us***) die bevorstehenden (*od.* vor uns liegenden) Jahre; ***look*** (***think***, ***plan***) ***~*** vorausschauen (-denken, -planen); ***look ~!*** a) sieh dich vor!, b) *fig.* denk an die Zukunft!; → ***get ahead***, ***go ahead***, ***speed*** 1; **2.** ***~ of*** vor (*dat.*), vor'aus (*dat.*): ***be ~ of the others*** vor den anderen sein *od.* liegen, den anderen voraus sein, (e-n) Vorsprung vor den anderen haben, die anderen übertreffen; ***get ~ of s.o.*** j-n überholen *od.* überflügeln; ***~ of the times*** der *od.* s-r Zeit voraus.

a·hem [m'mm] *int.* hm!

a·hoy [ə'hɔɪ] *int.* ⚓ ho!, a'hoi!

aid [eɪd] **I** *v/t.* **1.** unter'stützen, fördern; *j-m* helfen, behilflich sein (***in*** bei, ***to*** *inf.* zu *inf.*): ***~ and abet*** ⚖ a) Beihilfe leisten (*dat.*), b) begünstigen (*acc.*); **II** *s.* **2.** Hilfe *f* (***to*** für), -leistung *f* (***in*** bei), Unter'stützung *f*: ***he came to her ~*** er kam ihr zu Hilfe; ***by*** *od.* ***with*** (***the***) ***~ of*** mithilfe von; ***in ~ of*** zugunsten von (*od. gen.*); **3.** Helfer(in), Beistand *m*, Assis'tent(in); **4.** Hilfsmittel *n*, (Hilfs-) Gerät *n*, Mittel *n*: → ***hearing*** 2.

aide [eɪd] *s.* **1.** Berater *m*; **2.** → **aid(e)-de-camp** [ˌeɪddə'kɑ̃ːŋ] *pl.* **ˌaid(e)s-de-'camp** [ˌeɪdz-] *s.* ⚔ Adju'tant *m*.

aide-mé·moire [ˌeɪdmem'wɑː] (*Fr.*) *s. sg. u. pl.* **1.** Gedächtnisstütze *f*, No'tiz *f*; **2.** *pol.* Denkschrift *f*.

AIDS, Aids [eɪdz] *s.* Aids *n*: ***~ risk*** Aidsgefahr *f*; ***~ sufferer*** Aidskranke(r *m*) *f*; ***~ victim*** Aidskranke(r *m*) *f*, -opfer *n*.

ai·grette ['eɪgret] *s.* **1.** *orn.* kleiner, weißer Reiher; **2.** Ai'grette *f*, Kopfschmuck *m* (*aus Federn etc.*).

ail [eɪl] **I** *v/t.* schmerzen: ***what ~s you?*** *a. fig.* was hast du denn?; **II** *v/i.* kränkeln.

ai·ler·on ['eɪlərɒn] (*Fr.*) *s.* ✈ Querruder *n*.

ail·ing ['eɪlɪŋ] *adj.* kränklich, leidend; **ail·ment** ['eɪlmənt] *s.* Unpässlichkeit *f*, Leiden *n*.

aim [eɪm] **I** *v/i.* **1.** zielen (***at*** auf *acc.*, nach); **2.** *mst* ***~ at*** *fig. et.* beabsichtigen, an-, erstreben, bezwecken: ***~ing to please*** zu gefallen suchend; ***be ~ing to do*** *Am.* vorhaben *et.* zu tun; **3.** abzielen (***at*** auf *acc.*): ***that was not ~ed at you*** das war nicht auf dich gemünzt; **II** *v/t.* (***at***) **4.** *Waffe etc.*, *a. Bestrebungen* richten (auf *acc.*); **5.** *Bemerkungen* richten (gegen); **III** *s.* **6.** Ziel *n*, Richtung *f*: ***take ~ at*** zielen auf (*acc.*) *od.* nach; **7.** Ziel *n*, Zweck *m*, Absicht *f*; **'aim·less** [-lɪs] *adj.* □ ziel-, zweck-, planlos.

ain't [eɪnt] F *abbr. für*: ***am not***, ***is not***, ***are not***, ***has not***, ***have not***.

air[1] [eə] **I** *s.* **1.** Luft *f*, Atmo'sphäre *f*, Luftraum *m*: ***by ~*** auf dem Luftweg(e), mit dem Flugzeug; ***in the open ~*** im Freien; ***hot ~*** *sl.* leeres Geschwätz, blauer Dunst; → ***beat*** 11; ***clear the ~*** die Luft (*fig.* die Atmosphäre) reinigen; ***vanish into thin ~*** *fig.* sich in nichts auflösen; ***change of ~*** Luftveränderung *f*; ***be in the ~*** *fig.* a) in der Luft liegen, b) in der Schwebe sein (*Frage etc.*), c) im Umlauf sein (*Gerücht etc.*); ***be up in the ~*** *fig.* a) (völlig) in der Luft hängen, b) völlig ungewiss sein, c) F ganz aus dem Häuschen sein (***about*** wegen); ***take the ~*** a) frische Luft schöpfen, b) ✈ abheben, aufsteigen; ***walk on ~*** sich wie im Himmel fühlen, selig sein; ***in the ~*** *fig.* (völlig) ungewiss; ***give s.o. the ~*** *Am.* j-n an die (frische) Luft setzen; **2.** Brise *f*, Luftzug *m*, Lüftchen *n*; **3.** ⚒ Wetter *n*: ***foul ~*** schlagende Wetter *pl.*; **4.** *Radio, TV*: 'Äther *m*: ***on the ~*** im Rundfunk *od.* Fernsehen; ***be on the ~*** a) senden, b) gesendet werden, c) auf Sendung sein (*Person*), d) zu hören *od.* zu sehen sein (*Person*); ***go off the ~*** a) die Sendung beenden (*Person*), b) sein Programm beenden (*Sender*); ***put on the ~*** senden, übertragen; ***stay on the ~*** auf Sendung bleiben; **5.** Art *f*, Stil *m*; **6.** Miene *f*, Aussehen *n*, Wesen *n*: ***an ~ of importance*** e-e gewichtige Miene; **7.** *mst pl.* Getue *n*; ‚Gehabe' *n*, Pose *f*: ***~s and graces*** affektiertes Getue; ***put on*** (*od.* ***give o.s***) ***~s*** vornehm tun; **II** *v/t.* **8.** der Luft aussetzen, lüften; **9.** *Wäsche* trocknen, zum Trocknen aufhängen; **10.** *Getränke* abkühlen; **11.** an die Öffentlichkeit *od.* zur Sprache bringen, äußern: ***~ one's grievances***; **12.** ***~ o.s.*** frische Luft schöpfen; **III** *adj.* **13.** Luft..., pneu'matisch.

air[2] [eə] *s.* ♪ **1.** Lied *n*, Melo'die *f*, Weise *f*; **2.** Arie *f*.

air| a·lert *s.* 'Flieger-, 'Luftaˌlarm *m*; ***~ arm*** *s.* ✈ *Brit.* Luftwaffe *f*; ***~ bag*** *s. mot.* Airbag *m*, Luftsack *m*; ***~ bar·rage*** *s.* ✈ Luftsperre *f*; ***'~·base*** *s.* ✈ Luft-, Flugstützpunkt *m*, Fliegerhorst *m*; ***'~·bath*** *s.* Luftbad *n*; ***~ bea·con*** *s.* ✈ Leuchtfeuer *n*; ***'~·bed*** *s.* 'Luftmaˌtratze *f*; ***~ blad·der*** *s. ichth.* Schwimmblase *f*; ***'~·borne*** *adj.* **1.** a) im Flugzeug befördert *od.* eingebaut, Bord...: ***~ transmitter*** Bordfunkgerät *n*, b) Luftlande...: ***~ troops***, c) auf dem Luftweg(e); **2.** in der Luft befindlich, aufgestiegen: ***be ~***; ***'~·brake*** *s.* **1.** ⚙ Luft-(druck)bremse *f*; **2.** ✈ Landeklappe *f*: ***~ parachute*** Landefallschirm *m*; ***'~·brick***

s. ⚙ Luftziegel *m*; '~**·bridge** *s.* ✈ **1.** Luftbrücke *f*; **2.** Fluggastbrücke *f*; ~ **bub·ble** *s.* Luftblase *f*; '~**·bump** *s.* ✈ Bö *f*, aufsteigender Luftstrom; '~**·bus** *s.* ✈ Airbus *m*; ~ **car·go** *s.* Luftfracht *f*; ~ **car·ri·er** *s.* ✈ **1.** Fluggesellschaft *f*; **2.** Charterflugzeug *n*; ~ **cas·ing** *s.* ⚙ Luftmantel *m*; ~ **cham·ber** *s.* ⚘, *zo.*, ⚙ Luftkammer *f*; ~ **com·pres·sor** *s.* ⚙ Luftverdichter *m*; '~**-con,di·tion** *v/t.* ⚙ mit Klimaanlage versehen, klimatisieren; ~ **con,di·tion·ing** *s.* ⚙ Klimatisierung *f*; *a.* ~ ***plant*** Klimaanlage *f*; '~**-cooled** *adj.* luftgekühlt; ♀ **Corps** *s. hist. Am.* Luftwaffe *f*; ~ **cor·ri·dor** *s.* 'Luft,korridor *m*, Einflugschneise *f*; ~ **cov·er** *s.* Luftsicherung *f*.

'**air·craft** *s.* Flugzeug *n*; *coll.* Luftfahr-, Flugzeuge *pl.*; ~ **car·ri·er** *s.* Flugzeugträger *m*; ~ **en·gine** *s.* 'Flug,motor *m*; ~ **in·dus·try** *s.* 'Luftfahrt-, 'Flugzeugindu,strie *f*; '~**·man** [-mən] *s.* [*irr.*] *Brit.* Flieger *m* (*Dienstgrad*); ~ **weap·ons** *s. pl.* Bordwaffen *pl.*

air| crash *s.* Flugzeugabsturz *m*; '~**·crew** *s.* (Flugzeug)Besatzung *f*; ~ **cush·ion** *s. a.* ⚙ Luftkissen *n*; '~**-,cush·ion ve·hic·le** *s.* ⚙ Luftkissenfahrzeug *n*; ~ **de·fence**, *Am.* ~ **de·fense** *s.* ⚔ Luftschutz *m*, -verteidigung *f*, Fliegerabwehr *f*.

air·drome ['eədrəʊm] *s. Am.* Flugplatz *m*.

'**air|·drop I** *s.* a) Fallschirmabwurf *m*, b) ⚔ Luftlandung *f*; **II** *v/t.* a) mit dem Fallschirm abwerfen, b) ⚔ *Fallschirmjäger etc.* absetzen; '~**-dry** *v/t. u. v/i.* lufttrocknen; '~**·field** *s.* Flugplatz *m*; ~ **flap** *s.* ⚙ Luftklappe *f*; '~**·foil** *s.* ✈ Tragfläche *f*; ~ **force**, ♀ **Force** *s.* ✈ Luftwaffe *f*, Luftstreitkräfte *pl.*; '~**·frame** *s.* ✈ Flugwerk *n*, (Flugzeug-) Zelle *f*; '~**·freight** *s.* Luftfracht *f*; '~**,freight·er** *s.* **1.** Luftfrachter *m*; **2.** 'Luftspediti,on *f*; '~**·graph** [-grɑːf] *s.* 'Fotoluftpostbrief *m*; ,~**-'ground** *adj.* ✈ Bord-Boden-...; '~**·gun** *s.* Luftgewehr *n*; ~ **host·ess** *s.* ✈ ('Luft)Stewardess *f*; '~**·house** *s.* Traglufthalle *f*.

air·i·ly ['eərɪlɪ] *adv.* 'leicht'hin, unbekümmert; '**air·i·ness** [-nɪs] *s.* **1.** Luftigkeit *f*; luftige Lage; **2.** Leichtigkeit *f*; Munterkeit *f*; **3.** Leichtfertigkeit *f*; '**air·ing** [-rɪŋ] *s.* **1.** (Be)Lüftung *f*, Trocknen *n*: ***give s.th. an*** ~ et. lüften; **2.** Spaziergang *m*: ***take an*** ~ frische Luft schöpfen; **3.** Äußerung *f*; Erörterung *f*.

air| in·take *s.* ⚙ **1.** Lufteinlass *m*; **2.** Zuluftstutzen *m*; ~ **jack·et** *s.* **1.** Schwimmweste *f*; **2.** ⚙ Luftmantel *m*; ~ **jet** *s.* ⚙ Luftstrahl *m*, -düse *f*; '~**·lane** *s.* Luftroute *f*.

air·less ['eəlɪs] *adj.* **1.** ohne Luft(zug); **2.** dumpf, stickig.

air| let·ter *s.* **1.** Luftpostbrief *m* (*auf Formular*); **2.** *Am.* Luftpostleichtbrief *m*; ~ **lev·el** *s.* ⚙ Li'belle *f*, Setzwaage *f*; '~**·lift I** *s.* Luftbrücke *f*; **II** *v/t.* über e-e Luftbrücke befördern; '~**·line** *s.* Luft-, Flugverkehrsgesellschaft *f*; '~**,lin·er** *s.* ✈ Verkehrs-, Linienflugzeug *n*; '~**·lock** *s.* ⚙ **1.** Luftschleuse *f*; **2.** Druckstauung *f*; '~**·mail** *s.* (***by*** ~ mit *od.* per) Luftpost *f*; '~**·man** [-mən] *s.* [*irr.*] Flieger *m*; ~ **me·chan·ic** *s.* ✈ 'Bordmon,teur *m*; '~**-,mind·ed** *adj.* ✈ luft(fahrt)-, flug(sport)begeistert; '~**-,op·er·at·ed** *adj.* ⚙ pressluftbetätigt; ~ **par·cel** *Brit.* 'Luftpostpa,ket *n*; ~ **pas·sage** *s.* **1.** *anat.*, *biol.*, Luft-, Atemweg *m*; **2.** ⚙ Luftschlitz *m*; ~ **pas·sen·ger** *s.* ✈ Fluggast *m*; ~ **pho·to**(**·graph**) *s.* ✈ Luftbild *n*, -aufnahme *f*; ~ **pi·ra·cy** *s.* 'Luftpirate,rie *f*; ~ **pi·rate** *s.* 'Luftpi,rat *m*; '~**·plane** *s.* ✈ *bsd. Am.* Flugzeug *n*; '~**·plane car·ri·er** *bsd. Am.* → ***aircraft carrier***; ~ **pock·et** *s.* Fallbö *f*, Luftloch *n*; ~ **pol·lu·tion** *s.* Luftverschmutzung *f*; '~**·port** *s.* ✈ Flughafen *m*; '~**·proof** *adj.* luftbeständig, -dicht; ~ **pump** *s.* ⚙ Luftpumpe *f*; ~ **raft** *s.* Schlauchboot *n*; ~ **raid** *s.* Luftangriff *m*.

'**air-raid| pre·cau·tions** *s. pl.* Luftschutz *m*; ~ **shel·ter** *s.* Luftschutzraum *m*, -bunker *m*, -keller *m*; ~ **ward·en** *s.* Luftschutzwart *m*; ~ **warn·ing** *s.* Luft-, Fliegerwarnung *f*, 'Fliegera,larm *m*.

air| res·cue *s.* Luftrettung *f*: ~ ***service*** Luftrettungsdienst; ~ **ri·fle** *s.* Luftgewehr *n*; ~ **route** *s.* ✈ Flugroute *f*; ~ **sched·ule** *s.* Flugplan *m*; '~**·screw** *s.* ✈ Luftschraube *f*; '~**·seal** *v/t.* ⚙ luftdicht verschließen; '~**·ship** *s.* Luftschiff *n*; '~**·sick** *adj.* luftkrank; '~**,sick·ness** *s.* Luftkrankheit *f*; '~**·space** *s.* Luftraum *m*; ~ **speed** *s.* ✈ (Flug)Eigengeschwindigkeit *f*; '~**·strip** *s.* ✈ **1.** Behelfslandeplatz *m*; **2.** *Am.* Roll-, Start-, Landebahn *f*; ~ **tax·i** *s.* ✈ Lufttaxi *n*; ~ **tee** *s.* ✈ Landekreuz *n*; ~ **ter·mi·nal** *s.* ✈ **1.** Großflughafen *m*; **2.** Terminal *m*, *n*: a) (Flughafen)Abfertigungsgebäude, b) *Brit.* 'Endstati,on *f* der 'Zubringer,linie zum und vom Flughafen; '~**·tight** *adj.* **1.** luftdicht; **2.** *fig.* todsicher, völlig klar; ,~**-to-'air** *adj.* ✈ Bord-Bord-...; ,~**-to-'ground** *adj.* ✈ Bord-Boden-...; ~ **traf·fic** *s.* Luft-, Flugverkehr *m*; '~**-,traf·fic con·trol** *s.* ✈ Flugsicherung *f*; '~**-,traf·fic con·trol·ler** *s.* ✈ Fluglotse *m*; ~ **tube** *s.* **1.** ⚙ Luftschlauch *m*; **2.** *anat.* Luftröhre *f*; ~ **um·brel·la** *s.* ✈ Luftschirm *m*; '~**·way** *s.* **1.** ⚙, ⚒ Wetterstrecke *f*, Luftschacht *m*; **2.** ✈ a) Luft(verkehrs)weg *m*, Luftroute *f*, b) → ***airline***; '~**,wom·an** *s.* [*irr.*] Fliegerin *f*; '~**,wor·thi·ness** *s.* ✈ Lufttüchtigkeit *f*.

air·y ['eərɪ] *adj.* ☐ → ***airily***; **1.** Luft...; **2.** luftig, *a.* windig; **3.** körperlos; **4.** grazi'ös; **5.** lebhaft, munter; **6.** über'spannt, verstiegen: ~ ***plans***; **7.** lässig: ***an*** ~ ***manner***; **8.** vornehmtuerisch.

aisle [aɪl] *s.* **1.** △ a) Seitenschiff *n*, -chor *m* (*e-r Kirche*), b) Schiff *n*, Abteilung *f* (*e-r Kirche od. e-s Gebäudes*); **2.** (Mittel)Gang *m* (*zwischen Bänken etc.*): ~ ***seat*** ✈ *etc.* Gangplatz *m*; **3.** *fig.* Schneise *f*.

aitch [eɪtʃ] *s.* H *n*, h *n* (*Buchstabe*): ***drop one's*** ~***es*** das H nicht aussprechen (*Zeichen der Unbildung*); '**aitch·bone** *s.* **1.** Lendenknochen *m*; **2.** Lendenstück *n* (*vom Rind*).

a·jar [ə'dʒɑː] *adv. u. adj.* **1.** halb offen, angelehnt (*Tür*); **2.** *fig.* im Zwiespalt.

a·kim·bo [ə'kɪmbəʊ] *adv. die Arme* in die Seite gestemmt.

a·kin [ə'kɪn] *adj.* **1.** (bluts- *od.* stamm-) verwandt (***to*** mit); **2.** verwandt; sehr ähnlich (***to*** *dat.*).

al·a·bas·ter ['æləbɑːstə] **I** *s. min.* Ala'baster *m*; **II** *adj.* ala'bastern, ala'basterweiß, Alabaster...

a·lac·ri·ty [ə'lækrətɪ] *s.* **1.** Munterkeit *f*; **2.** Bereitwilligkeit *f*, Eifer *m*.

A·lad·din's lamp [ə'lædɪnz] *s.* 'Aladins Wunderlampe *f*; *fig.* Wunder wirkender 'Talisman.

à la mode [,ɑːlɑː'məʊd] (*Fr.*) *adj.* **1.** à la mode, modisch; **2.** gespickt u. geschmort u. mit Gemüse zubereitet: ***beef*** ~; **3.** *Am.* mit (Speise)Eis (serviert): ***cake*** ~.

a·larm [ə'lɑːm] **I** *s.* **1.** A'larm *m*, Warnruf *m*, Warnung *f*: ***false*** ~ blinder Alarm, falsche Meldung; ***give*** (***raise***, ***sound***) ***the*** ~ Alarm geben *od. fig.* schlagen; **2.** a) Weckvorrichtung *f*, b) Wecker *m*; **3.** A'larmvorrichtung *f*; **4.** Lärm *m*, Aufruhr *m*; **5.** Angst *f*, Unruhe *f*, Bestürzung *f*; **II** *v/t.* **6.** alarmieren, warnen; **7.** beunruhigen, erschrecken (***at*** über *acc.*, ***by*** durch): ***be*** ~***ed*** sich ängstigen, bestürzt sein; ~ **bell** *s.* A'larm-, Sturmglocke *f*; ~ **clock** *s.* Wecker *m* (*Uhr*).

a·larm·ing [ə'lɑːmɪŋ] *adj.* ☐ beunruhigend, beängstigend; **a'larm·ist** [-mɪst] **I** *s.* Bangemacher *m*, Schwarzseher *m*, ‚Unke' *f*; **II** *adj.* schwarzseherisch.

a·las [ə'læs] *int.* ach!, leider!

alb [ælb] *s. eccl.* Albe *f*, Chorhemd *n*.

Al·ba·ni·an [æl'beɪnjən] **I** *adj.* al'banisch; **II** *s.* Al'ban(i)er(in).

al·ba·tross ['ælbətrɒs] *s. orn.* 'Albatros *m*, Sturmvogel *m*.

al·be·it [ɔːl'biːɪt] *cj.* ob'gleich, wenn auch.

al·bert ['ælbət] *s. a.* ♀ ***chain*** *Brit.* (kurze) Uhrkette.

al·bi·no [æl'biːnəʊ] *pl.* **-nos** *s.* Al'bino *m*, 'Kakerlak *m*.

Al·bion ['ælbjən] *npr. poet.* 'Albion *n* (*Britannien od. England*).

al·bum ['ælbəm] *s.* **1.** 'Album *n*, Stammbuch *n*; **2.** (Briefmarken-, Foto-, Schallplatten- *etc.*)Album *n*; **3.** a) 'Schallplattenkas,sette *f*, b) Album *n* (*Langspielplatte*[*n*]); **4.** Gedichtsammlung *etc.* (in Buchform).

al·bu·men ['ælbjʊmɪn] *s.* **1.** *zo.* Eiweiß *n*, Al'bumen *n*; **2.** ⚘, ⚗, ⚕ Eiweiß(stoff *m*) *n*, Albu'min *n*; **al·bu·min** ['ælbjʊmɪn] → ***albumen*** 2; **al·bu·mi·nous** [æl'bjuːmɪnəs] *adj.* eiweißartig, -haltig.

al·chem·ic *adj.*, **al·chem·i·cal** [æl'kemɪk(l)] *adj.* ☐ alchi'mistisch; **al·che·mist** ['ælkɪmɪst] *s.* Alchi'mist *m*, Goldmacher *m*; **al·che·my** ['ælkɪmɪ] *s.* Alchi'mie *f*.

al·co·hol ['ælkəhɒl] *s.* 'Alkohol *m*: a) Sprit *m*, 'Spiritus *m*, Weingeist *m*: ***ethyl*** ~ Äthylalkohol *m*, b) geistige *od.* alko'holische Getränke *pl.*; **al·co·hol·ic** [,ælkə'hɒlɪk] **I** *adj.* **1.** alko'holisch, 'alkoholartig, -haltig, Alkohol...: ~ ***drinks***; ~ ***strength*** Alkoholgehalt *m*; **II** *s.* **2.** (Gewohnheits)Trinker(in), Alko'holiker(in); **3.** *pl.* Alko'holika *pl.*, alkoholische Getränke *pl.*; '**al·co·hol·ism** [-lɪzəm] *s.* Alkoho'lismus *m*: a) Trunksucht *f*, b) *durch Trunksucht verursachte Organismusschädigungen.*

al·cove ['ælkəʊv] *s.* Al'koven *m*, Nische *f*; (Garten)Laube *f*, Grotte *f*.

al·de·hyde ['ældɪhaɪd] *s.* ⚗ Alde'hyd *m*.

al·der ['ɔːldə] *s.* ⚘ Erle *f*.

al·der·man ['ɔːldəmən] *s.* [*irr.*] Ratsherr *m*, Stadtrat *m*; '**al·der·man·ry** [-rɪ] *s.* **1.** (von e-m Ratsherrn vertretener) Stadtbezirk; **2.** → '**al·der·man·ship** [-ʃɪp] *s.* Amt *n* e-s Ratsherrn; **al·der·wom·an** ['ɔːldə,wʊmən] *s.* [*irr.*] Stadträtin *f*.

ale [eɪl] *s.* Ale *n* (*helles, obergäriges Bier*).

a·leck ['ælɪk] *s. Am.* F → ***smart aleck***.

a·lee [ə'liː] *adv. u. adj.* leewärts.

'**ale·house** *s.* 'Bierlo,kal *n*.

a·lem·bic [ə'lembɪk] *s.* **1.** Destillierkolben *m*; **2.** *fig.* Re'torte *f*.

a·lert [ə'lɜːt] **I** *adj.* ☐ **1.** wachsam, auf der Hut; achtsam: ~ ***to*** klar bewusst (*gen.*); **2.** rege, munter; **3.** aufgeweckt, forsch, a'lert; **II** *s.* **4.** (A'larm)Bereitschaft *f*: ***on the*** ~ auf der Hut, in

Alarmbereitschaft; **5.** A'larm(si,gnal *n*) *m*, Warnung *f*; **III** *v/t.* **6.** alarmieren, warnen, ⚔*a.* in A'larmzustand versetzen, *weitS.* mobilisieren: **~ s.o. to s.th.** *fig.* j-m et. zum Bewusstsein bringen; **a'lert·ness** [-nɪs] *s.* **1.** Wachsamkeit *f*; **2.** Munterkeit *f*, Flinkheit *f*; **3.** Aufgewecktheit *f*, Forschheit *f*.

A lev·el *s. Brit. ped.* (*etwa*) Abi'tur *n*: **take one's ~s** *etwa*: das Abitur machen; **he has three ~s** er hat das Abitur in drei Fächern gemacht.

Al·ex·an·drine [ˌælɪg'zændraɪn] *s.* Alexan'driner *m* (*Versart*).

al·fal·fa [æl'fælfə] *s.* ⚘ Lu'zerne *f*.

al·fres·co [æl'freskəʊ] (*Ital.*) *adj. u. adv.* im Freien: **~ lunch**.

al·ga ['ælgə] *pl.* **-gae** [-dʒiː] *s.* ⚘ Alge *f*, Tang *m*.

al·ge·bra ['ældʒɪbrə] *s.* Ꞩ Algebra *f*; **ˌal·ge'bra·ic** [-reɪɪk] *adj.* □ alge'braisch: **~ calculus** Algebra *f*.

Al·ge·ri·an [æl'dʒɪərɪən] **I** *adj.* al'gerisch; **II** *s.* Al'gerier(in).

Al·gol ['ælgɒl] *s.* ALGOL *n* (*Computersprache*).

al·go·rithm ['ælgərɪðəm] *s.* Ꞩ *etc.* Algo'rithmus *m*.

a·li·as ['eɪlɪæs] **I** *adv.* 'alias, sonst (... genannt); **II** *s. pl.* **-as·es** angenommener Name, Deckname *m*.

al·i·bi ['ælɪbaɪ] *s.* **1.** ⚖ 'Alibi *n*: **establish one's ~** sein Alibi erbringen; **3.** F Ausrede *f*, 'Alibi *n*.

al·ien ['eɪljən] **I** *adj.* **1.** fremd; ausländisch: **~ subjects** ausländische Staatsangehörige; **2.** außerirdisch (*Wesen*); **3.** *fig.* andersartig, fern liegend, fremd (**to** *dat.*); **4.** *fig.* zu'wider, 'unsym,pathisch (**to** *dat.*); **II** *s.* **5.** Fremde(r *m*) *f*, Ausländer(in): **enemy ~** feindlicher Ausländer; **~s police** Fremdenpolizei *f*; **6.** nicht naturalisierter Bewohner des Landes; **7.** *fig.* Fremdling *m*; **8.** außerirdisches Wesen; **9.** *ling.* Fremdwort *n*; **'al·ien·a·ble** [-nəbl] *adj.* veräußerlich; über'tragbar; **'al·ien·age** [-nɪdʒ] *s.* Ausländertum *n*; **'al·ien·ate** [-neɪt] *v/t.* **1.** ⚖ veräußern, über'tragen; **2.** entfremden, abspenstig machen (**from** *dat.*); **al·ien·a·tion** [ˌeɪljə'neɪʃn] *s.* **1.** ⚖ Veräußerung *f*, Über'tragung *f*; **2.** Entfremdung *f* (*a. psych., pol.*) (**from** von), Abwendung *f*, Abneigung *f*: **~ of affections** ⚖ Entfremdung (ehelicher Zuneigung); **3.** *a.* **mental ~** Alienati'on *f*, Psy'chose *f*; **4.** *literarische* Verfremdung: **~ effect** Verfremdungs-, V-Effekt *m*; **'al·ien·ist** [-nɪst] *s. obs.* Nervenarzt *m*.

a·light[1] [ə'laɪt] *v/i.* **1.** ab-, aussteigen; **2.** sich niederlassen, sich setzen (*Vogel*), fallen (*Schnee*): **~ on one's feet** auf die Füße fallen; **3.** ✈ niedergehen, landen; **4.** (**on**) (zufällig) stoßen (auf *acc.*), antreffen (*acc.*).

a·light[2] [ə'laɪt] *adj.* **1.** → **ablaze**; **2.** erleuchtet (**with** von).

a·lign [ə'laɪn] **I** *v/t.* **1.** ausfluchten, in e-e (gerade) 'Linie bringen; in gerader Linie *od.* in Reih und Glied aufstellen; ausrichten (**with** nach); **2.** *fig.* zu e-r Gruppe (*Gleichgesinnter*) zs.-schließen; **3. ~ o.s.** (**with**) sich anschließen, sich anpassen (an *acc.*); **II** *v/i.* **4.** sich in gerader Linie *od.* in Reih und Glied aufstellen; sich ausrichten (**with** nach); **a'lign·ment** [-mənt] *s.* **1.** Anordnung *f* in 'einer Linie, Ausrichten *n*; Anpassung *f*: **in ~ with** in 'einer Linie *od.* Richtung mit (*a. fig.*); **2.** ⚙ a) Ausfluchten *n*, Ausrichten *n*, b) 'Linien-, Zeilenführung *f*, c) 'Absteckungs,linie *f*, Trasse *f*, Flucht *f*, Gleichlauf *m*; **3.** *fig.* Ausrichtung *f*, Gruppierung *f*: **~ of political forces**.

a·like [ə'laɪk] **I** *adj.* gleich, ähnlich; **II** *adv.* gleich, ebenso, in gleichem Maße: **she helps enemies and friends ~**.

al·i·ment ['ælɪmənt] *s.* Nahrung(smittel *n*) *f*; **2.** *et.* Lebensnotwendiges; **al·i·men·ta·ry** [ˌælɪ'mentərɪ] *adj.* **1.** nahrhaft; **2.** Nahrungs..., Ernährungs...: **~ canal** Verdauungskanal *m*; **al·i·men·ta·tion** [ˌælɪmen'teɪʃn] *s.* Ernährung *f*, Unterhalt *m*.

al·i·mo·ny ['ælɪmənɪ] *s.* ⚖ 'Unterhalt(szahlung *f*) *m*.

a·line *etc.* → **align** *etc.*

al·i·quant ['ælɪkwənt] *adj.* Ꞩ ali'quant, mit Rest teilend; **'al·i·quot** [-kwɒt] *adj.* Ꞩ ali'quot, ohne Rest teilend.

a·live [ə'laɪv] *adj.* **1.** lebend, (noch) am Leben: **the proudest man ~** der stolzeste Mann der Welt; **no man ~** kein Sterblicher; **man ~!** F Menschenskind!; **2.** tätig, in voller Kraft *od.* Wirksamkeit, im Gange: **keep ~** a) aufrechterhalten, bewahren, b) am Leben bleiben; **3.** lebendig, lebhaft, belebt: **~ and kicking** F gesund u. munter; **look ~!** F (mach) fix!, pass auf!; **4.** (**to**) empfänglich (für), bewusst (*gen.*), achtsam (auf *acc.*); **5.** voll, belebt, wimmelnd (**with** von); **6.** ⚡ Strom führend, geladen, unter Strom stehend.

al·ka·li ['ælkəlaɪ] ⚗ **I** *pl.* **-lies** *od.* **-lis** *s.* **1.** Al'kali *n*; **2.** (in wässriger Lösung) stark al'kalisch reagierende Verbindung: **caustic ~** Ätzalkali; **mineral ~** kohlensaures Natron; **3.** *geol.* kalzinierte Soda; **II** *adj.* **4.** al'kalisch: **~ soil**; **'al·ka·line** [-laɪn] *adj.* ⚗ al'kalisch, al'kalihaltig, basisch; **al·ka·lin·i·ty** [ˌælkə'lɪnətɪ] *s.* ⚗ Alkalini'tät *f*, al'kalische Eigenschaft; **'al·ka·lize** [-laɪz] *v/t.* ⚗ alkalisieren, auslaugen; **'al·ka·loid** [-lɔɪd] ⚗ **I** *s.* Alkalo'id *n*; **II** *adj.* al'kaliartig, laugenhaft.

all [ɔːl] **I** *adj.* **1.** all, sämtlich, vollständig, ganz: **~ the wine** der ganze Wein; **~ day** (**long**) den ganzen Tag; **for ~ that** dessen ungeachtet, trotzdem; **~ the time** die ganze Zeit; **for ~ time** für immer; **~ the way** die ganze Strecke, *fig.* völlig, rückhaltlos; **with ~ respect** bei aller Hochachtung; **2.** jeder, jede, jedes (beliebige); alle *pl.*: **at ~ hours** zu jeder Stunde; **beyond ~ question** fraglos; → **event** 3, **mean**[3] 3; **3.** ganz, rein: **~ wool** reine Wolle; → **all-American**; **II** *s.* **4.** das Ganze, alles; Gesamtbesitz *m*: **his ~** a) sein Hab u. Gut, b) sein Ein u. Alles; **III** *pron.* **5.** alles: **~ of it** alles; **~ of us** wir alle; **~'s well that ends well** Ende gut, alles gut; **when ~ is said** (**and done**) F letzten Endes, im Grunde genommen; **what is it ~ about?** um was handelt es sich?; **the best of ~ would be** das Allerbeste wäre; **in ~** insgesamt; **~ in ~** alles in allem; **is that ~?** a) sonst noch et.?, b) F schöne Geschichte!; **IV** *adv.* **6.** ganz, gänzlich, völlig, höchst: **~ wrong** ganz falsch, völlig im Irrtum; **that is ~ very well, but ...** das ist ja ganz schön u. gut, aber ...; **he was ~ ears** (**eyes**) er war ganz Ohr (Auge); **she is ~ kindness** sie ist die Güte selber; **~ the better** umso besser; **~ one** einerlei, gleichgültig; **~ the same** a) ganz gleich, gleichgültig, b) gleichwohl, trotzdem, immerhin; → **above** 2, **after** 1, **at**[1] 7, **but** 13, **once** 4 b; **7.** *Sport:* **two ~** zwei beide, zwei zu zwei;

Zssgn mit adv. u. prp.:

all| a·long a) der ganzen Länge nach, b) F die ganze Zeit, schon immer; **~ in** *sl.* ,fertig', ganz ,erledigt'; **~ out** a) ,auf dem Holzweg', b) völlig ,ka'putt', c) mit aller Macht: **be ~ for s.th.** mit aller Macht auf et. aus sein; → **go** 16; **~ o·ver** a) *es ist* alles aus, b) gänzlich: **that is Max ~** F das sieht Max ähnlich, das ist typisch Max, c) am ganzen Körper, d) über'all(hin); **~ right** ganz richtig; in Ordnung(!), schön!, (na) gut!; **~ round** 'ringsum'her, über'all; **~ there**: **he is not ~** F er ist nicht ganz bei Trost; **~ up**: **it's ~ with him** mit ihm ists aus; **for ~** a) trotz: **~ his smartness**; **~ that** trotzdem, b) so'viel: **~ I know**; **~ I care** F das ist mir doch egal!, meinetwegen!; **in ~** insgesamt.

ˌall|-A'mer·i·can *adj.* rein ameri'kanisch, die ganzen USA vertretend; *Sport*: National...; **ˌ~-a'round** *Am.* → **all-round**; **'all-ˌau·to'mat·ic** *adj.* ⚙ 'vollauto,matisch.

al·lay [ə'leɪ] *v/t.* beschwichtigen, beruhigen; *Streit* schlichten; mildern, lindern, *Hunger, Durst* stillen.

ˌall|-'clear *s.* **1.** Ent'warnung(ssi,gnal *n*) *f*; **2.** *fig.* ,grünes Licht'; **'~-ˌdu·ty** *adj.* ⚙ Allzweck...

al·le·ga·tion [ˌælɪ'geɪʃn] *s. unerwiesene* Behauptung, Aussage *f*, Vorbringen *n*; Darstellung *f*.

al·lege [ə'ledʒ] *v/t.* **1.** *Unerwiesenes* behaupten, erklären, vorbringen; **2.** vorgeben, vorschützen; **al'leged** [-dʒd] *adj*; **al'leg·ed·ly** [-dʒɪdlɪ] *adv.* an-, vorgeblich.

al·le·giance [ə'liːdʒəns] *s.* **1.** 'Untertanenpflicht *f*, -treue *f*, -gehorsam *m*: **oath of ~** Treu-, ⚔ Fahneneid *m*; **change one's ~** s-e Staats- *od.* Parteiangehörigkeit wechseln; **2.** (**to**) Treue *f* (zu), Loyali'tät *f*; Bindung *f* (an *acc.*); Ergebenheit *f*, Gefolgschaft *f*.

al·le·gor·ic, al·le·gor·i·cal [ˌælɪ'gɒrɪk(l)] *adj.* □ alle'gorisch, (sinn)bildlich; **al·le·go·rize** ['ælɪgəraɪz] **I** *v/t.* allegorisch darstellen; **II** *v/i.* in Gleichnissen reden; **al·le·go·ry** ['ælɪgərɪ] *s.* Allego'rie *f*, Sinnbild *n*, sinnbildliche Darstellung, Gleichnis *n*.

al·le·lu·ia [ˌælɪ'luːjə] **I** *s.* Halle'luja *n*, Loblied *n*; **II** *int.* halleluja!

al·ler·gen ['ælədʒen] *s.* ⚕ Aller'gen *n*; **al·ler·gic** [ə'lɜːdʒɪk] *adj.* ⚕ *u.* F *fig.* al'lergisch, äußerst empfindlich (**to** gegen); **al·ler·gist** ['ælədʒɪst] *s.* Allergologe *m*; **al·ler·gy** ['ælədʒɪ] *s.* **1.** ⚘, ⚕, *zo.* Aller'gie *f*, 'Überempfindlichkeit *f*; **2.** F ,Aller'gie' *f*, 'Widerwille *m* (**to** gegen).

al·le·vi·ate [ə'liːvɪeɪt] *v/t.* erleichtern, lindern, mildern, (ver)mindern; **al·le·vi·a·tion** [əˌliːvɪ'eɪʃn] *s.* Erleichterung *f* *etc.*

al·ley ['ælɪ] *s.* **1.** (schmale) Gasse, Verbindungsgang *m*, 'Durchgang *m* (*a. fig.*): **that's down** (*od.* **up**) **my ~** F das ist et. für mich, das ist ganz mein Fall; → **blind alley**; **2.** Spielbahn *f*; → **bowling alley** *etc.*; **'~·way** *s.* → **alley** 1.

All| Fools' Day [ˌɔːl'fuːlzdeɪ] *s.* der 1. A'pril; **ꝏ fours** alle vier (*Kartenspiel*); → **four** 2; **~ Hal·lows** [ˌɔːl'hæləʊz] *s.* Aller'heiligen *n*.

al·li·ance [ə'laɪəns] *s.* **1.** Verbindung *f*, Verknüpfung *f*; **2.** Bund *m*, Bündnis *n*: **offensive and defensive ~** Schutz-

und Trutzbündnis; ***form an ~*** ein Bündnis schließen; **3.** Heirat *f*, Verwandtschaft *f*, Verschwägerung *f*; **4.** *weitS.* Verwandtschaft *f*; **5.** *fig.* Bund *m*, (Inter'essen)Gemeinschaft *f*; **6.** Über'einkunft *f*; **al·lied** [ə'laɪd; *attr.* 'ælaɪd] *adj.* **1.** verbündet, alliiert (***with*** mit): ***the ♀ Powers***; **2.** *fig.* (art)verwandt (***to*** mit); **Al·lies** ['ælaɪz] *s. pl.*: ***the ~*** die Alliierten, die Verbündeten.

al·li·ga·tor ['ælɪgeɪtə] *s. zo.* Alli'gator *m*; 'Kaiman *m*; ~ **pear** *s.* → ***avocado***; ~ **skin** *s.* Kroko'dilleder *n.*

'all|-im,por·tant *adj.* äußerst wichtig; **,~-'in, 'all-in,clu·sive** *adj. bsd. Brit.* alles inbegriffen, Gesamt..., Pauschal...: ***~ insurance*** Generalversicherung *f*; ***~ wrestling*** *sport* Catchen *n.*

al·lit·er·ate [ə'lɪtəreɪt] *v/t.* **1.** alliterieren; **2.** im Stabreim dichten; **al·lit·er·a·tion** [ə,lɪtə'reɪʃn] *s.* Alliterati'on *f*, Stabreim *m*; **al'lit·er·a·tive** [-rətɪv] *adj.* □ alliterierend.

,all|-'mains *adj.* ⚡ Allstrom..., mit Netzanschluss; **,~-'met·al** *adj.* Ganzmetall...

al·lo·cate ['æləʊkeɪt] *v/t.* **1.** ver-, zuteilen, an-, zuweisen (***to*** *dat.*): ***~ costs*** ✝ Kosten zuweisen *od.* 'umlegen; ***~ duties*** die Pflichten (*od.* Aufgaben) verteilen; ***~ shares*** Aktien zuteilen; **2.** → ***allot*** 3; **3.** den Platz bestimmen für; **al·lo·cation** [,æləʊ'keɪʃn] *s.* **1.** Zu-, Verteilung *f*, An-, Zuweisung *f*, Kontin'gent *n*; Aufschlüsselung *f*; **2.** ✝ Bewilligung *f*, Zahlungsanweisung *f.*

al·lo·cu·tion [,æləʊ'kju:ʃn] *s.* feierliche *od.* ermahnende Ansprache.

al·lo·path ['æləʊpæθ] *s.* ⚕ Allo'path *m*; **al·lop·a·thy** [ə'lɒpəθɪ] *s.* ⚕ Allopa'thie *f.*

al·lot [ə'lɒt] *v/t.* **1.** zu-, aus-, verteilen; auslosen; **2.** bewilligen, abtreten; **3.** bestimmen (***to, for*** für *j-n od. e-n Zweck*); **al'lot·ment** [-mənt] *s.* **1.** Ver-, Zuteilung *f*; Anteil *m*; zugeteilte 'Aktien *pl.*; **2.** *Brit.* Par'zelle *f*; (*a.* ***~ garden***) Schrebergarten *m*; **3.** Los *n*, Schicksal *n.*

,all-'out *adj.* **1.** to'tal, um'fassend, Groß...: ***~ effort***; **2.** kompro'misslos, radi'kal.

al·low [ə'laʊ] **I** *v/t.* **1.** erlauben, gestatten, zulassen: ***he is not ~ed to go there*** er darf nicht hingehen; **2.** gewähren, bewilligen, gönnen, zuerkennen: ***~ more time***; ***we are ~ed two ounces a day*** uns stehen täglich zwei Unzen zu; ***~ an item of expenditure*** e-n Ausgabeposten billigen; **3.** a) zugeben: ***I ~ I was rather nervous***, b) gelten lassen, *Forderung* anerkennen: ***~ a claim***; **4.** lassen, dulden, ermöglichen: ***you must ~ the soup to get cold*** du musst die Suppe abkühlen lassen; **5.** *Summe für gewisse Zeit* zuwenden, geben: ***my father ~s me £100 a year*** mein Vater gibt mir jährlich £ 100 (*Zuschuss od. Unterhaltsgeld*); **6.** ab-, anrechnen, abziehen, nachlassen, vergüten: ***~ a discount*** e-n Rabatt gewähren; ***~ 10% for inferior quality***; **7.** *Am.* a) meinen, b) beabsichtigen; **II** *v/i.* **8.** ***~ of*** erlauben, zulassen, ermöglichen (*acc.*): ***it ~s of no excuse*** es lässt sich nicht entschuldigen; **9.** ***~ for*** berücksichtigen, bedenken, in Betracht ziehen, anrechnen (*acc.*): ***~ for wear and tear***; **al'low·a·ble** [-əbl] *adj.* □ **1.** erlaubt, zulässig, rechtmäßig; **2.** abziehbar, -zugsfähig: ***~ expenses*** ✝ abzugsfähige Ausgaben; **al'low·ance** [-əns] **I** *s.* **1.** Erlaubnis *f*, Be-, Einwilligung *f*, Anerkennung *f*; **2.** *geldliche* Zuwendung; Zuteilung *f*, Ra'ti'on *f*, Maß *n*; Zuschuss *m*, Beihilfe *f*, Taschengeld *n*: ***weekly ~***; ***family ~*** Familienunterstützung *f*; ***dress ~*** Kleidergeld *n*; **3.** Nachsicht *f*: ***make ~ for*** berücksichtigen, bedenken, in Betracht ziehen; **4.** Entschädigung *f*, Vergütung *f*: ***expense ~*** Aufwandsentschädigung; **5.** ✝ Nachlass *m*, Ra'batt *m*: ***~ for cash*** Skonto *m, n*; ***tax ~*** Steuerermäßigung *f*; **6.** ⚙, ⚒ Tole'ranz *f*, Spiel(raum *m*) *n*, zulässige Abweichung; **7.** *sport* Vorgabe *f*; **II** *v/t.* **8.** a) *j-n* auf Rationen setzen, b) *Waren* rationieren.

al·loy **I** *s.* ['ælɔɪ] **1.** Me'talllegierung *f*: ***~ wheels*** Alufelgen *pl.*; **2.** ⚙ Legierung *f*, Gemisch *n*; **3.** [ə'lɔɪ] *fig.* (Bei)Mischung *f*: ***pleasure without ~*** ungetrübte Freude; **II** *v/t.* [ə'lɔɪ] **4.** *Metalle* legieren, mischen; **5.** *fig.* beeinträchtigen, verschlechtern.

,all|-'par·ty *adj. pol.* Allparteien...; **,~-'pur·pose** *adj.* für jeden Zweck verwendbar, Allzweck..., Universal...: ***~ outfit***; **,~-'red** *adj. bsd. geogr.* rein 'britisch; **,~-'round** *adj.* all-, vielseitig, Allround...; **,~-'round·er** *s.* Alleskönner *m*; *sport* All'roundsportler *m*, -spieler *m*; **♀ Saints' Day** [,ɔ:l'seɪntsdeɪ] *s.* Aller'heiligen *n*; **♀ Souls' Day** [,ɔ:l'səʊlzdeɪ] *s.* Aller'seelen *n*; **,~-'star** *adj. thea.*, *sport* nur mit ersten Kräften besetzt: ***~ cast*** Star-, Galabesetzung *f*; **,~-'steel** *adj.* Ganzstahl...; **,~-ter'rain** *adj. mot.* geländegängig, Gelände...; **,~-'time** *adj.* **1.** bisher unerreicht, *der* (*die, das*) *beste etc.* aller Zeiten: ***~ high*** Höchstleistung *f*, -stand *m*; ***~ low*** Tiefststand *m*; **2.** hauptberuflich, Ganztags...: ***~ job.***

al·lude [ə'lu:d] *v/i.* (***to***) anspielen, hinweisen (auf *acc.*); *et.* andeuten, erwähnen.

al·lure [ə'ljʊə] **I** *v/t.* **1.** (an-, ver)locken, gewinnen (***to*** für); abbringen (***from*** von); **2.** anziehen, reizen; **II** *s.* **3.** → **al'lure·ment** [-mənt] *s.* **1.** (Ver)Lockung *f*; **2.** Lockmittel *n*, Köder *m*; **3.** Anziehungskraft *f*, Zauber *m*, Reiz *m*; **al'lur·ing** [-ərɪŋ] *adj.* □ verlockend, verführerisch.

al·lu·sion [ə'lu:ʒn] *s.* (***to***) Anspielung *f*, Hinweis *m* (auf *acc.*); Erwähnung *f*, Andeutung *f* (*gen.*); **al'lu·sive** [-u:sɪv] *adj.* □ anspielend, verblümt, viel sagend.

al·lu·vi·al [ə'lu:vjəl] *adj. geol.* angeschwemmt, alluvi'al; **al'lu·vi·on** [-ən] *s.* **1.** *geol.* Anschwemmung *f*; **2.** Alluvi'on *f*, angeschwemmtes Land; **al'lu·vi·um** [-əm] *pl.* **-vi·ums** *od.* **-vi·a** [-vjə] *s. geol.* Al'luvium *n*, Schwemmland *n.*

,all|-'wave *adj.* ⚡: ***~ receiving set*** Allwellenempfänger *m*; **,~-'weath·er** *adj.* ⚙ Allwetter...; **'~-wheel** *adj.* ⚙, *mot.* Allrad...: ***~ drive*** Allradantrieb *m.*

al·ly [ə'laɪ] **I** *v/t.* **1.** (*durch Heirat, Verwandtschaft, Ähnlichkeit*) vereinigen, verbinden (***to, with*** mit); **2.** ***~ o.s.*** sich verbinden *od.* verbünden (***with*** mit); **II** *v/i.* **3.** sich vereinigen, sich verbinden, sich verbünden (***to, with*** mit); → ***allied***; **III** *s.* ['ælaɪ] **4.** Alliierte(r *m*) *f*, Verbündete(r *m*) *f*, Bundesgenosse *m*, -genossin *f* (*a. fig.*); **5.** ⚘, *zo.* verwandte Sippe.

al·ma·nac ['ɔ:lmənæk] *s.* 'Almanach *m*, Ka'lender *m*, Jahrbuch *n.*

al·might·y [ɔ:l'maɪtɪ] *adj.* **1.** allmächtig: ***the ♀*** der Allmächtige; **2.** *a. adv.* F ‚riesig', ‚mächtig'.

al·mond ['ɑ:mənd] *s.* ⚘ Mandel *f*; Mandelbaum *m*; **'~-eyed** *adj.* mandeläugig.

al·mon·er ['ɑ:mənə] *s.* **1.** *hist.* 'Almosenpfleger *m*; **2.** *Brit.* Sozi'alarbeiter(in) im Krankenhaus.

al·most ['ɔ:lməʊst] *adv.* fast, beinahe.

alms [ɑ:mz] *s. sg. u. pl.* 'Almosen *n*; **'~·house** *s.* **1.** *Brit.* a) pri'vates Altenheim, b) privates Wohnheim für sozi'al Schwache; **2.** *hist.* Armenhaus *n*; **'~·man** [-mən] *s.* [*irr.*] *hist.* 'Almosenempfänger *m.*

al·oe ['æləʊ] *s.* **1.** ⚘ 'Aloe *f*; **2.** *pl. sg. konstr.* ⚕ Aloe *f* (*Abführmittel*).

a·loft [ə'lɒft] *adv.* **1.** *poet.* hoch (oben *od.* hin'auf), em'por, droben, in der *od.* die Höhe; **2.** ⚓ oben, in der *od.* die Takelung.

a·lone [ə'ləʊn] **I** *adj.* al'lein, einsam; → ***leave alone***, ***let alone***, ***let***[1] *Redew.*; **II** *adv.* allein, bloß, nur.

a·long [ə'lɒŋ] **I** *prp.* **1.** entlang, längs; **II** *adv.* **2.** entlang, längs; **3.** vorwärts, weiter: → ***get along***; **4.** zu'sammen (mit), mit, bei sich: ***take ~*** mitnehmen; ***come ~*** komm mit!, ‚komm doch schon!'; ***I'll be ~ in a few minutes*** ich werde in ein paar Minuten da sein; **5.** → ***all along***; **a,long'shore** *adv.* längs der Küste; **a,long'side** **I** *adv.* **1.** ⚓ längsseits; **2.** *fig.* (***of, with***) verglichen (mit), im Vergleich (zu); **II** *prp.* **3.** längsseits (*gen.*); neben (*dat.*).

a·loof [ə'lu:f] **I** *adv.* fern, abseits, von fern: ***keep ~*** sich fern halten (***from*** von), Distanz wahren; ***stand ~*** für sich bleiben; **II** *adj.* zu'rückhaltend, reser'viert; **a'loof·ness** [-nɪs] *s.* Zu'rückhaltung *f*, Reser'viertheit *f*, Dis'tanz *f.*

a·loud [ə'laʊd] *adv.* laut, mit lauter Stimme.

alp [ælp] *s.* Alp(e) *f*, Alm *f.*

al·pac·a [æl'pækə] *s.* **1.** *zo.* 'Pako *n*, Al'paka *n*; **2.** a) Al'pakawolle *f*, b) Al'pakastoff *m.*

'al·pen|·glow ['ælpən-] *s.* Alpenglühen *n*; **'~·horn** (*Ger.*) *s.* Alphorn *n*; **'~·stock** ['ælpɪn-] (*Ger.*) *s.* Bergstock *m.*

al·pha ['ælfə] *s.* **1.** 'Alpha *n*: ***the ~ and omega*** *fig.* das A u. O; **2.** ***~ particles (rays)*** *pl. phys.* 'Alphateilchen (-strahlen) *pl.*; **3.** *univ. Brit.* Eins *f* (*beste Note*): ***~ plus*** hervorragend.

al·pha·bet ['ælfəbɪt] *s.* **1.** Alpha'bet *n*, Abc *n*; **2.** *fig.* Anfangsgründe *pl.*, Abc *n*; **al·pha·bet·ic**, **al·pha·bet·i·cal** [,ælfə'betɪk(l)] *adj.* □ alpha'betisch: ***~ order*** alphabetische Reihenfolge.

al·pha·nu·mer·ic [,ælfənju:'merɪk] *adj.* (□ ***~ally***) *EDV* ,alphanu'merisch.

Al·pine ['ælpaɪn] *adj.* **1.** Alpen...; **2.** al'pin, Hochgebirgs...: ***~ sun*** ⚕ Höhensonne *f*; ***~ combined*** *sport* alpine Kombination; **'Al·pin·ism** [-pɪnɪzəm] *s.* **1.** Alpi'nismus *m*; **2.** al'piner Skisport; **'Al·pin·ist** [-pɪnɪst] *s.* Alpi'nist(in); **Alps** [ælps] *s. pl. die* Alpen *pl.*

al·read·y [ɔ:l'redɪ] *adv.* schon, bereits.

al·right [,ɔ:l'raɪt] *adv. Brit.* F *od. Am. für* ***all right.***

Al·sa·tian [æl'seɪʃjən] **I** *adj.* **1.** elsässisch; **II** *s.* **2.** Elsässer(in); **3.** *a.* ***~ dog*** (Deutscher) Schäferhund.

al·so ['ɔ:lsəʊ] *adv.* auch, ferner, außerdem, ebenfalls; **'al·so-ran** *s.* **1.** *sport Rennteilnehmer* (*a. Pferd*), *der sich nicht platzieren kann*: ***she was an ~*** sie kam unter ‚ferner liefen' ein; **2.** F Versager *m*, Niete *f.*

al·tar ['ɔ:ltə] *s.* Al'tar *m*: ***lead to the ~*** zum Altar führen, heiraten; **~ boy** *s.*

Mini'strant *m*; **~ cloth** *s.* Al'tardecke *f*; **'~-piece** *s.* Al'tarblatt *n*, -gemälde *n*; **~ screen** *s. reich verzierte* Al'tarrückwand, Re'tabel *n.*

al·ter ['ɔːltə] **I** *v/t.* **1.** (ver)ändern, ab-, 'umändern; **2.** *Am. dial. Tiere* kastrieren; **II** *v/i.* **3.** sich (ver)ändern; **'al·ter·a·ble** [-tərəbl] *adj.* veränderlich, wandelbar; **al·ter·a·tion** [ˌɔːltə'reɪʃn] *s.* **1.** (Ab-, 'Um-, Ver)Änderung *f*; **2.** *a. pl.* 'Umbau *m.*

al·ter·ca·tion [ˌɔːltə'keɪʃn] *s.* heftige Ausein'andersetzung.

al·ter e·go [ˌæltər'egəʊ] (*Lat.*) *s.* Alter Ego *n*: a) *das* andere Ich, b) *j-s* Busenfreund(in).

al·ter·nate [ɔːl'tɜːnət] **I** *adj.* □ → ***alternately***; **1.** (mitein'ander) abwechselnd, wechselseitig: ***on ~ days*** jeden zweiten Tag; **2.** ✕ Ausweich...: ***~ position***; **II** *s.* **3.** *pol. Am.* Stellvertreter *m*; **III** *v/t.* ['ɔːltəneɪt] **4.** wechselweise tun; abwechseln lassen, *miteinander* vertauschen; **5.** ⚡, ⚙ peri'odisch verändern; **IV** *v/i.* ['ɔːltəneɪt] **6.** abwechseln, alternieren; **7.** ⚡ wechseln; **al'ter·nate·ly** [-lɪ] *adv.* abwechselnd, wechselweise; **al·ter·nat·ing** ['ɔːltəneɪtɪŋ] *adj.* abwechselnd, Wechsel...: ***~ current*** ⚡ Wechselstrom *m*; ***~ voltage*** ⚡ Wechselspannung *f*; **al·ter·na·tion** [ˌɔːltə'neɪʃn] *s.* Abwechslung *f*, Wechsel *m*; **al'ter·na·tive** [-nətɪv] **I** *adj.* □ → ***alternatively***; **1.** alterna'tiv, die Wahl lassend, ein'ander ausschließend, nur 'eine Möglichkeit lassend; **2.** ander(er, -e, -es) (*von zweien*), Ersatz..., Ausweich...: ***~ airport*** Ausweichflughafen *m*; **II** *s.* **3.** Alterna'tive *f*, Wahl *f*: ***have no (other) ~*** keine andere Möglichkeit *od.* Wahl *od.* keinen anderen Ausweg haben; **al'ter·na·tive·ly** [-nətɪvlɪ] *adv.* im anderen Falle, ersatz-, hilfsweise; **al·ter·na·tor** ['ɔːltəneɪtə] *s.* ⚡ 'Wechselstromma,schine *f.*

al·tho [ɔːl'ðəʊ] *Am.* → ***although.***

alt·horn ['ælthɔːn] *s.* ♪ Althorn *n.*

al·though [ɔːl'ðəʊ] *cj.* ob'wohl, ob'gleich, wenn auch.

al·tim·e·ter ['æltɪmiːtə] *s. phys.* Höhenmesser *m.*

al·ti·tude ['æltɪtjuːd] *s.* **1.** Höhe *f* (*bsd. über dem Meeresspiegel, a.* ✈, ✈, *ast.*): ***~ control*** Höhensteuerung *f*; ***~ flight*** Höhenflug *m*; ***~ of the sun*** Sonnenstand *m*; **2.** *mst pl.* hoch gelegene Gegend, (Berg)Höhen *pl.*; **3.** *fig.* Erhabenheit *f.*

Alt (key) [ælt; ɔːlt] *s. Computer*: Alt-Taste *f*: ***hold down Alt*** (*od.* ***the Alt key***) Alt (*od.* die Alt-Taste) gedrückt halten.

al·to ['æltəʊ] *pl.* **'al·tos** (*Ital.*) *s.* ♪ **1.** Alt *m*, Altstimme *f*; **2.** Al'tist(in), Altsänger(in).

al·to·geth·er [ˌɔːltə'geðə] **I** *adv.* **1.** völlig, gänzlich, ganz u. gar *schlecht etc.*; **2.** insgesamt, im Ganzen genommen; **II** *s.* **3.** ***in the ~*** splitternackt.

al·to-re·lie·vo [ˌæltəʊrɪ'liːvəʊ] (*Ital.*) *s.* 'Hochreli,ef *n.*

al·tru·ism ['æltruɪzəm] *s.* Altru'ismus *m*, Nächstenliebe *f*, Uneigennützigkeit *f*; **'al·tru·ist** [-ɪst] *s.* Altru'ist(in); **al·tru·is·tic** [ˌæltru'ɪstɪk] *adj.* (□ ***~ally***) altru'istisch, uneigennützig, selbstlos.

al·um ['æləm] *s.* ⚗ A'laun *m.*

a·lu·mi·na [ə'ljuːmɪnə] *s.* ⚗ Tonerde *f.*

al·u·min·i·um [ˌælju'mɪnjəm], *Am.* **a·lu·mi·num** [ə'luːmɪnəm] *s.* ⚗ Alu'minium *n.*

a·lum·na [ə'lʌmnə] *pl.* **-nae** [-niː] *s.* ehemalige Stu'dentin *od.* Schülerin; **a'lum·nus** [-nəs] *pl.* **-ni** [naɪ] *s.* ehemaliger Stu'dent *od.* Schüler.

al·ve·o·lar [æl'vɪələ] *adj.* **1.** *anat.* alveo'lär, das Zahnfach betreffend; **2.** *ling.* alveo'lar, am Zahndamm artikuliert; **al·ve·o·lus** [æl'vɪələs] *pl.* **-li** [-laɪ] *s. anat.* Alve'ole *f*: a) Zahnfach *n*, b) Zungenbläs-chen *n.*

al·ways ['ɔːlweɪz] *adv.* **1.** immer, stets, jederzeit; **2.** F auf jeden Fall, immer'hin.

a·lys·sum ['ælɪsəm] *s.* ⚘ Steinkraut *n.*

Alz·hei·mer's dis·ease ['æltshaɪməz] *s.* ⚕ Alzheimerkrankheit *f.*

am [æm; əm] *1. sg. pres. von* **be.**

a·mal·gam [ə'mælgəm] *s.* **1.** Amal'gam *n*; **2.** *fig.* Mischung *f*, Gemenge *n*, Verschmelzung *f*; **a'mal·gam·ate** [-meɪt] **I** *v/t.* **1.** amalgamieren; **2.** *fig.* vereinigen, verschmelzen; zs.-legen, zs.-schließen, ✝ fusionieren; **II** *v/i.* **3.** sich amalgamieren; **4.** sich vereinigen, verschmelzen, sich zs.-schließen, ✝ fusionieren; **a·mal·gam·a·tion** [əˌmælgə'meɪʃn] *s.* **1.** Amalgamieren *n*; **2.** Vereinigung *f*, Verschmelzung *f*, Mischung *f*; **3.** *bsd.* ✝ Zs.-schluss *m*, Fusi'on *f.*

a·man·u·en·sis [əˌmænju'ensɪs] *pl.* **-ses** [-siːz] *s.* Amanu'ensis *m*, (Schreib)Gehilfe *m*, Sekre'tär(in).

am·a·ranth ['æməræn θ] *s.* **1.** ⚘ Ama'rant *m*, Fuchsschwanz *m*; **2.** *poet.* unverwelkliche Blume; **3.** Ama'rantfarbe *f*, Purpurrot *n.*

am·a·ryl·lis [ˌæmə'rɪlɪs] *s.* ⚘ Ama'ryllis *f*, Nar'zissenlilie *f.*

a·mass [ə'mæs] *v/t. bsd. Geld etc.* an-, aufhäufen, ansammeln.

am·a·teur ['æmətə] *s.* Ama'teur *m*: a) (Kunst- *etc.*)Liebhaber *m*, b) Amateursportler(in): ***~ flying*** Sportfliegerei *f*, c) Nichtfachmann *m*, *contp.* Dilet'tant *m*, Stümper *m* (***at painting*** im Malen), d) Bastler *m*, e) Hobby...: ***~ gardener*** Hobbygärtner(in); **am·a·teur·ish** [ˌæmə'tɜːrɪʃ] *adj.* □ dilet'tantisch; **'am·a·teur·ism** [-ərɪzəm] *s.* **1.** *sport* Ama-teu'rismus *m*; **2.** Dilet'tantentum *n.*

am·a·tive ['æmətɪv] *adj.*, **'am·a·to·ry** [-tərɪ] → ***amorous.***

a·maze [ə'meɪz] *v/t.* in Staunen setzen, verblüffen, über'raschen; **a'mazed** [-zd] *adj.*; **a'maz·ed·ly** [-zɪdlɪ] *adv.* erstaunt, verblüfft (***at*** über *acc.*); **a'maze·ment** [-mənt] *s.* (Er)Staunen *n*, Verblüffung *f*, Verwunderung *f*; **a'maz·ing** [-zɪŋ] *adj.* □ erstaunlich, verblüffend; unglaublich, ‚toll'.

Am·a·zon ['æməzən] *s.* **1.** *antiq.* Ama'zone *f*; **2.** ♀ *fig.* Ama'zone *f*, Mannweib *n*; **Am·a·zo·ni·an** [ˌæmə'zəʊnjən] *adj.* **1.** ama'zonenhaft, Amazonen...; **2.** *geogr.* Amazonas...

am·bas·sa·dor [æm'bæsədə] *s.* **1.** *pol.* a) Botschafter *m* (*a. fig.*), b) Gesandte(r) *m*; **2.** Abgesandte(r) *m*, Bote *m* (*a. fig.*): ***~ of peace***; **am·bas·sa·do·ri·al** [æmˌbæsə'dɔːrɪəl] *adj.* Botschafts...; **am'bas·sa·dress** [-drɪs] *s.* **1.** Botschafterin *f*; **2.** Gattin *f* e-s Botschafters.

am·ber ['æmbə] **I** *s.* **1.** *min.* Bernstein *m*; **2.** Gelb *n*, gelbes Licht (*Verkehrsampel*): ***at ~*** bei Gelb; ***the lights were at ~*** die Ampel stand auf Gelb; **II** *adj.* **3.** Bernstein...; **4.** bernsteinfarben.

am·ber·gris ['æmbəgriːs] *s.* (Graue) Ambra.

am·bi·dex·trous [ˌæmbɪ'dekstrəs] *adj.* □ **1.** beidhändig; **2.** mit beiden Händen gleich geschickt, *weitS.* ungewöhnlich geschickt; **3.** doppelzüngig, 'hinterhältig.

am·bi·ence ['æmbɪəns] *s. Kunst*: Ambi'ente *n*, *fig. a.* a) Mili'eu *n*, 'Umwelt *f*, b) Atmo'sphäre *f*; **'am·bi·ent** [-nt] *adj.* um'gebend, um'kreisend; ⚙ Umgebungs...(*-temperatur etc.*), Neben...(*-geräusch*).

am·bi·gu·i·ty [ˌæmbɪ'gjuːɪtɪ] *s.* Zwei-, Vieldeutigkeit *f*, Doppelsinn *m*; Unklarheit *f*; **am·big·u·ous** [æm'bɪgjʊəs] *adj.* □ zweideutig; unklar.

am·bit ['æmbɪt] *s.* **1.** 'Umkreis *m*; **2.** a) Um'gebung *f*, b) Grenzen *pl.*; **3.** *fig.* Bereich *m.*

am·bi·tion [æm'bɪʃn] *s.* Ehrgeiz *m*, Ambiti'on *f* (*beide a. Gegenstand des Ehrgeizes*); Streben *n*, Begierde *f*, Wunsch *m* (***of*** nach *od. inf.*), Ziel *n*, *pl.* Bestrebungen *pl.*; **am'bi·tious** [-ʃəs] *adj.* □ **1.** ehrgeizig (*a. Plan etc.*); **2.** strebsam; begierig (***of*** nach); **3.** ambiti'ös, anspruchsvoll.

am·bi·va·lence [ˌæmbɪ'veɪləns] *s. psych., phys.* Ambiva'lenz *f*, Doppelwertigkeit *f*; *fig.* Zwiespältigkeit *f*; **ˌam·bi'va·lent** [-nt] *adj. bes. psych.* ambiva'lent.

am·ble ['æmbl] **I** *v/i.* im Passgang gehen *od.* reiten; *fig.* schlendern; **II** *s.* Pass(-gang) *m* (*Pferd*); *fig.* gemächlicher (Spazier)Gang, Schlendern *n.*

am·bro·si·a [æm'brəʊzjə] *s. antiq.* Ambrosia *f*, Götterspeise *f* (*a. fig.*); **am'bro·si·al** [-əl] *adj.* □ am'brosisch; *fig.* köstlich (duftend).

am·bu·lance ['æmbjʊləns] *s.* **1.** Ambu'lanz *f*, Kranken-, Sani'tätswagen *m*; **2.** ✕ 'Feldlaza,rett *n*; **~ bat·tal·ion** *s.* ✕ 'Krankentrans,portbatail,lon *n*; **~ box** *s.* Verbandskasten *m*; **~ sta·tion** *s.* Sani'tätswache *f*, 'Unfallstati,on *f.*

am·bu·lant ['æmbjʊlənt] *adj.* ambu'lant: a) wandernd: ***~ trade*** Wandergewerbe *n*, b) ⚕ gehfähig: ***~ patients***; ***~ treatment*** ambulante Behandlung; **'am·bu·la·to·ry** [-ətərɪ] **I** *adj.* **1.** beweglich, (orts)veränderlich; **2.** → ***ambulant***; **II** *s.* **3.** Ar'kade *f*, Wandelgang *m.*

am·bus·cade [ˌæmbəs'keɪd], **am·bush** ['æmbʊʃ] **I** *s.* **1.** 'Hinterhalt *m*; **2.** im 'Hinterhalt liegende Truppen *pl.*; **II** *v/i.* **3.** im 'Hinterhalt liegen; **III** *v/t.* **4.** in e-n 'Hinterhalt legen; **5.** aus dem 'Hinterhalt über'fallen, auflauern (*dat.*).

a·me·ba, **a·me·bic** *Am.* → ***amoeba***, ***amoebic.***

a·mel·io·rate [ə'miːljəreɪt] **I** *v/t.* verbessern (*bsd.* ⚒); **II** *v/i.* besser werden, sich bessern; **a·mel·io·ra·tion** [əˌmiːljə'reɪʃn] *s.* (⚒ Boden)Verbesserung *f.*

a·men [ˌɑː'men; ˌeɪ'men] **I** *int.* 'amen!; **II** *s.* 'Amen *n.*

a·me·na·ble [ə'miːnəbl] *adj.* □ (***to***) **1.** zugänglich (*dat.*): ***~ to flattery***; **2.** gefügig; **3.** unter'worfen (*dat.*): ***~ to a fine***; **4.** verantwortlich (*dat.*).

a·mend [ə'mend] **I** *v/t.* **1.** (ver)bessern, berichtigen; **2.** *Gesetz etc.* (ab)ändern, ergänzen; **II** *v/i.* **3.** sich bessern (*bsd. Betragen*).

a·mende ho·no·ra·ble [amɑ̃ːd ɔnɔrabl] (*Fr.*) *s.* öffentliche Ehrenerklärung *od.* Abbitte.

a·mend·ment [ə'mendmənt] *s.* **1.** (*bsd. sittliche*) Besserung; **2.** Verbesserung *f*, Berichtigung *f*, Neufassung *f*; **3.** *bsd.* ⚖, *parl.* (Ab)Änderungs-, Ergänzungsantrag *m* (*zu e-m Gesetz*), *Am.* 'Zusatzar,tikel *m* zur Verfassung, Nachtragsgesetz *n*: ***the Fifth ~.***

a·mends [ə'mendz] *s. pl. sg. konstr.* (Schaden)Ersatz *m*, Genugtuung *f*: ***make ~*** Schadenersatz leisten, es wieder gutmachen.

a·men·i·ty [ə'miːnətɪ] *s.* **1.** Annehmlichkeit *f*, angenehme Lage; **2.** Anmut *f*, Liebenswürdigkeit *f*; **3.** *pl.* Konventi'on *f*, Eti'kette *f*; Höflichkeiten *pl.*; **4.** *pl.* (na'türliche) Vorzüge *pl.*, Reize *pl.*, Annehmlichkeiten *pl.*

Am·er·a·sian [ˌæmə'reɪʃjən] *adj. u. s.* (Per'son *f*) ameri'kanisch-asi'atischer Abstammung.

A·mer·i·can [ə'merɪkən] **I** *adj.* **1.** a) ameri'kanisch, b) die USA betreffend: ***the ~ navy***; **II** *s.* **2.** a) Ameri'kaner(in), b) Bürger(in) der USA; **3.** Ameri'kanisch *n* (*Sprache der USA*); **A·mer·i·ca·na** [əˌmerɪ'kɑːnə] *s. pl.* Ameri'kana *pl.* (*Schriften etc. über Amerika*).

A·mer·i·can| cloth *s.* Wachstuch *n*; **~ foot·ball** *s. sport* American Football *m* (*rugbyähnliches Spiel*); **~ In·di·an** *s.* Indi'aner(in).

A·mer·i·can·ism [ə'merɪkənɪzəm] *s.* **1.** Ameri'kanertum *n*; **2.** Amerika'nismus *m*: a) ameri'kanische Spracheigentümlichkeit, b) ameri'kanischer Brauch; **A·mer·i·can·i·za·tion** [əˌmerɪkənaɪ'zeɪʃən] *s.* Amerikanisierung *f*; **A·mer·i·can·ize** [ə'merɪkənaɪz] **I** *v/t.* amerikanisieren; **II** *v/i.* Ameri'kaner *od.* ameri'kanisch werden.

A·mer·i·can| leath·er → ***American cloth***; **~ Le·gion** *s. Am.* Frontkämpferbund *m*; **~ or·gan** *s.* ♪ Har'monium *n*; **~ plan** *s. Am.* 'Vollpensiˌon *f.*

Am·er·ind ['æmərɪnd], **Am·er·in·di·an** [ˌæmər'ɪndjən] *s.* ameri'kanischer Indi'aner *od.* 'Eskimo.

am·e·thyst ['æmɪθɪst] *s. min.* Ame'thyst *m.*

a·mi·a·bil·i·ty [ˌeɪmjə'bɪlətɪ] *s.* Freundlichkeit *f*, Liebenswürdigkeit *f*; **a·mi·a·ble** ['eɪmjəbl] *adj.* □ liebenswürdig, freundlich, gewinnend, reizend.

am·i·ca·ble ['æmɪkəbl] *adj.* □ freund(schaft)lich, friedlich: ***~ settlement*** gütliche Einigung; **'am·i·ca·bly** [-lɪ] *adv.* freundschaftlich, in Güte, gütlich.

a·mid [ə'mɪd] *prp.* in'mitten (*gen.*), (mitten) in *od.* unter (*dat. od. acc.*); **a'mid·ship(s)** [-ʃɪp(s)] ⚓ **I** *adv.* mittschiffs; **II** *adj.* in der Mitte des Schiffes (befindlich); **a'midst** [-st] → ***amid***.

a·mine ['æmaɪn] *s.* ⚗ A'min *n.*

a·mi·no- [əmiːnəʊ] ⚗ *in Zssgn* Amino...: ***~ acid***.

a·miss [ə'mɪs] **I** *adv.* verkehrt, verfehlt, schlecht: ***take ~*** übel nehmen; **II** *adj.* unpassend, verkehrt, falsch, übel: ***there is s.th. ~*** etwas stimmt nicht; ***it would not be ~*** es würde nicht schaden.

am·i·ty ['æmətɪ] *s.* Freundschaft *f*, gutes Einvernehmen.

am·me·ter ['æmɪtə] *s.* ⚡ Am'pereˌmeter *n*, Strom(stärke)messer *m.*

am·mo ['æməʊ] *s. sl.* Muniti'on *f.*

am·mo·ni·a [ə'məʊnjə] *s.* ⚗ Ammoni'ak *n*: ***liquid ~*** (*od.* ***~ solution***) Salmiakgeist *m*; **am'mo·ni·ac** [-nɪæk] *adj.* ammonia'kalisch: (***gum***) **~** Ammoniakgummi *m, n*; → ***sal***.

am·mo·ni·um [ə'məʊnjəm] s. ⚗ Am'monium *n*; **~ car·bon·ate** *s.* ⚗ Hirschhornsalz *n*; **~ chlo·ride** *s.* ⚗ Am'moniumchloˌrid *n*, 'Salmiak *m*; **~ ni·trate** *s.* ⚗ Am'moniumniˌtrat *n*, Ammoni'aksalˌpeter *m.*

am·mu·ni·tion [ˌæmjʊ'nɪʃn] *s.* Muniti'on *f* (*a. fig.*): ***~ belt*** Patronengurt *m*; ***~ carrier*** Munitionswagen *m*; ***~ dump*** Munitionslager *n.*

am·ne·si·a [æm'niːzjə] *s.* ⚕ Amne'sie *f*, Gedächtnisschwund *m.*

am·nes·ty ['æmnɪstɪ] **I** *s.* Amne'stie *f*, allgemeiner Straferlass; **II** *v/t.* begnadigen, amnestieren.

am·ni·o·cen·te·sis [ˌæmnɪəʊsen'tiːsɪs] *pl.* **-ses** [-siːz] *s.* ⚕ Fruchtwasseruntersuchung *f*, ˌAmniozen'tese *f*; **am·ni·ot·ic sac** [ˌæmnɪ'ɒtɪk] *s.* ⚕ Fruchtblase *f.*

a·moe·ba [ə'miːbə] *s. zo.* A'möbe *f*; **a'moe·bic** [-bɪk] *adj.* a'möbisch: ***~ dysentery*** Amöbenruhr *f.*

a·mok [ə'mɒk] → ***amuck***.

a·mong(st) [ə'mʌŋ(st)] *prp.* (mitten) unter (*dat. od. acc.*), in'mitten (*gen.*), zwischen (*dat. od. acc.*), bei: ***who ~ you?*** wer von euch?; ***a custom ~ the savages*** e-e Sitte bei den Wilden; ***be ~ the best*** zu den Besten gehören; ***~ other things*** unter anderem; ***from among*** aus der Zahl (derer), aus ... heraus; ***they had two pounds ~ them*** sie hatten zusammen zwei Pfund.

a·mor·al [ˌeɪ'mɒrəl] *adj.* 'amoˌralisch.

am·o·rist ['æmərɪst] *s.* E'rotiker *m*: a) Herzensbrecher *m*, b) Verfasser *m* von 'Liebesroˌmanen *etc.*

am·o·rous ['æmərəs] *adj.* □ amou'rös: a) e'rotisch, sinnlich, Liebes..., b) liebebedürftig, verliebt (***of*** in *acc.*); **'am·o·rous·ness** [-nɪs] *s.* amou'röse Art, Verliebtheit *f.*

a·mor·phous [ə'mɔːfəs] *adj.* a'morph: a) formlos, b) ungestalt, c) *min.* 'unkristalˌlinisch.

a·mor·ti·za·tion [əˌmɔːtɪ'zeɪʃn] *s.* **1.** Amortisierung *f*, Tilgung *f* (*von Schulden*); **2.** Abschreibung *f* (*von Anlagewerten*); **3.** ⚖ Veräußerung *f* (*von Grundstücken*) an die tote Hand; **a·mor·tize** [ə'mɔːtaɪz] *v/t.* **1.** amortisieren, tilgen, abzahlen; **2.** ⚖ an die tote Hand veräußern.

a·mount [ə'maʊnt] **I** *v/i.* **1.** (***to***) sich belaufen (auf *acc.*), betragen (*acc.*): ***his debts ~ to £120***; **2.** hin'auslaufen (***to*** auf *acc.*), bedeuten: ***it ~s to the same thing*** es läuft *od.* kommt auf dasselbe hinaus; ***that doesn't ~ to much*** das ist unbedeutend; ***you'll never ~ to much*** F aus dir wird nie etwas werden; **II** *s.* **3.** Betrag *m*, Summe *f*, Höhe *f* (*e-r Summe*); Menge *f*: ***to the ~ of*** bis zur *od.* in Höhe von, im Betrag *od.* Wert von; ***net ~*** Nettobetrag; ***~ carried forward*** Übertrag *m*; **4.** *fig.* Inhalt *m*, Ergebnis *n*, Wert *m*, Bedeutung *f.*

a·mour [ə'mʊə] (*Fr.*) *s.* Liebschaft *f*, A'mour *f*, ‚Verhältnis' *n*; **~-pro·pre** [ˌæmʊə'prɒprə] (*Fr.*) *s.* Eigenliebe *f*, Eitelkeit *f.*

amp [æmp] *s.* F **1.** → ***ampere***; **2.** → ***amplifier***.

am·per·age [æm'peərɪdʒ] *s.* ⚡ Stromstärke *f*, Am'perezahl *f*; **am·pere**, **am·père** ['æmpeə] (*Fr.*) *s.* ⚡ Am'pere *n*; **~ me·ter** → ***ammeter***.

am·per·sand ['æmpəsænd] *s. typ.* das Zeichen & (*abbr. für* **and**).

am·phet·a·mine [æm'fetəmɪn] *s.* ⚗ Ampheta'min *n.*

am·phi- [æmfɪ] *in Zssgn* doppelt, zwei..., zweiseitig, beiderseitig, umher...

Am·phib·i·a [æm'fɪbɪə] *s. pl. zo.* Am'phibien *pl.*, Lurche *pl.*; **am'phib·i·an** [-ən] **I** *adj.* **1.** *zo.*, *a.* ⚔, ⚙ am'phibisch, Amphibien...; **II** *s.* **2.** *zo.* Am'phibie *f*, Lurch *m*; **3.** a) Am'phibienflugzeug *n*, b) Am'phibien-, Schwimmfahrzeug *n*, c) ⚔ Schwimmkampfwagen *m*; **am'phib·i·ous** [-əs] *adj.* **1.** → ***amphibian*** 1: ***~ landing*** amphibische Landung *od.* Operation; ***~ tank*** → ***amphibian*** 3 c; ***~ vehicle*** → ***amphibian*** 3 b; **3.** von gemischter Na'tur, zweierlei Wesen habend.

am·phi·the·a·tre, *Am.* **am·phi·the·a·ter** ['æmfɪˌθɪətə] *s.* Am'phitheˌater *n* (*a. fig. Gebäudeteil od. Tal etc. in der Form e-s Amphitheaters*).

am·pho·ra ['æmfərə] *pl.* **-rae** [-riː] *od.* **-ras** (*Lat.*) *s.* Am'phore *f.*

am·ple ['æmpl] *adj.* □ → ***amply***; **1.** weit, groß, geräumig; weitläufig; stattlich (*Figur*), üppig (*Busen*); **2.** ausführlich, um'fassend; **3.** reich(lich), mehr als genug, (vollauf) genügend: ***~ means*** reich(lich)e Mittel; **'am·ple·ness** [-nɪs] *s.* **1.** Weite *f*, Geräumigkeit *f*; **2.** Reichlichkeit *f*, Fülle *f.*

am·pli·fi·ca·tion [ˌæmplɪfɪ'keɪʃn] *s.* **1.** Erweiterung *f*, Vergrößerung *f*, Ausdehnung *f*; **2.** weitere Ausführung, Weitschweifigkeit *f*, Ausschmückung *f*; **3.** ⚡, *Radio, phys.* Vergrößerung *f*, Verstärkung *f.*

am·pli·fi·er ['æmplɪfaɪə] *s.* **1.** *phys.* Vergrößerungslinse *f*; **2.** *Radio, phys.* Verstärker *m*: ***~ tube*** (*od.* ***valve***) Verstärkerröhre *f*; **am·pli·fy** ['æmplɪfaɪ] **I** *v/t.* **1.** erweitern, vergrößern, ausdehnen; **2.** ausmalen, -schmücken; weitläufig darstellen; näher ausführen *od.* erläutern; **3.** *Radio, phys.* verstärken; **II** *v/i.* **4.** sich weitläufig ausdrücken *od.* auslassen; **'am·pli·tude** [-tjuːd] *s.* **1.** Weite *f*, 'Umfang *m* (*a. fig.*), Reichlichkeit *f*, Fülle *f*; **2.** *phys.* Ampli'tude *f*, Schwingungsweite *f* (*Pendel etc.*).

am·ply ['æmplɪ] *adv.* reichlich.

am·poule ['æmpuːl] *s.* Am'pulle *f.*

am·pul·la [æm'pʊlə] *pl.* **-lae** [-liː] *s.* **1.** *antiq.* Am'pulle *f*, Phi'ole *f*, Salbengefäß *n*; **2.** Blei- *od.* Glasflasche *f der Pilger*; **3.** *eccl.* Krug *m* für Wein u. Wasser (*Messe*); Gefäß *n* für das heilige Öl (*Salbung*).

am·pu·tate ['æmpjʊteɪt] *v/t.* **1.** *Bäume* stutzen; **2.** ⚕ amputieren (*a. fig.*), *ein Glied* abnehmen; **am·pu·ta·tion** [ˌæmpjʊ'teɪʃn] *s.* Amputati'on *f*; **'am·pu·tee** [-tiː] *s.* Ampu'tierte(r *m*) *f.*

a·muck [ə'mʌk] *adv.*: ***run ~*** Amok laufen, *fig. a.* blindwütig rasen (***at***, ***on***, ***against*** gegen *et.*).

am·u·let ['æmjʊlɪt] *s.* Amu'lett *n.*

a·muse [ə'mjuːz] *v/t.* (***o.s.*** sich) amüsieren, unter'halten, belustigen: ***you ~ me!*** da muss ich (über dich) lachen!; ***be ~d*** sich freuen (***at***, ***by***, ***in***, ***with*** über *acc.*); ***it ~s them*** es macht ihnen Spaß; ***he ~s himself with gardening*** er gärtnert zu s-m Vergnügen; **a'mused** [-zd] *adj.* amüsiert, belustigt, erfreut: ***I am not ~*** ich finde das nicht lustig!; **a'muse·ment** [-mənt] *s.* Unter'haltung *f*, Belustigung *f*, Vergnügen *n*, Freude *f*, Zeitvertreib *m*: ***to the ~ of*** zur Belustigung (*gen.*); ***~ arcade*** *Brit.* Spielsalon *m*; ***~ park*** Vergnügungspark *m*; **a'mus·ing** [-zɪŋ] *adj.* □ amü'sant, unter'haltsam; 'komisch.

am·yl ['æmɪl] *s.* ⚗ A'myl *n*; **am·y·la·ceous** [ˌæmɪ'leɪʃəs] *adj.* stärkemehlartig, stärkehaltig.

an [æn; ən] *unbestimmter Artikel* (*vor Vokalen od. stummem H*) ein, eine.

an·a·bap·tism [ˌænə'bæptɪzəm] *s.* Anabap'tismus *m*; ˌ**an·a'bap·tist** [-ɪst] *s.* Wiedertäufer *m.*

an·a·bol·ic [ˌænə'bɒlɪk] *adj.* ⚕ ana'bol; ~ **ster·e·oid** ['stɪərɔɪd; 'ster-] *s.* ⚕ Ana'bolikum *n.*

a·nach·ro·nism [ə'nækrənɪzəm] *s.* Anachro'nismus *m*; **a·nach·ro·nis·tic** [əˌnækrə'nɪstɪk] *adj.* (☐ ***~ally***) anachro'nistisch.

a·nae·mi·a [ə'niːmjə] *s.* ⚕ Anä'mie *f*, Blutarmut *f*, Bleichsucht *f*; **a'nae·mic** [-mɪk] *adj.* **1.** ⚕ blutarm, bleichsüchtig, an'ämisch; **2.** *fig.* farblos, blass.

an·aes·the·si·a [ˌænɪs'θiːzjə] *s.* ⚕ **1.** Anästhe'sie *f*, Nar'kose *f*, Betäubung *f*; **2.** Unempfindlichkeit *f* (*gegen Schmerz*); ˌ**an·aes'thet·ic** [-'θetɪk] **I** *adj.* (☐ ***~ally***) nar'kotisch, betäubend, Narkose...; **II** *s.* Betäubungsmittel *n*; **an·aes·the·tist** [æ'niːsθətɪst] *s.* Anästhe'sist *m*, Nar'kosearzt *m*; **an·aesthe·tize** [æ'niːsθətaɪz] *v/t.* betäuben, narkotisieren.

an·a·gram ['ænəgræm] *s.* Ana'gramm *n.*

a·nal ['eɪnl] *adj. anat.* a'nal, Anal...

an·a·lects ['ænəlekts] *s. pl.* Ana'lekten *pl.*, Lesefrüchte *pl.*

an·al·ge·si·a [ˌænæl'dʒiːzjə] *s.* ⚕ Unempfindlichkeit *f* gegen Schmerz, Schmerzlosigkeit *f*; ˌ**an·al'ge·sic** [-'dʒesɪk] **I** *adj.* schmerzlindernd; **II** *s.* schmerzlinderndes Mittel.

an·a·log·ic, **an·a·log·i·cal** [ˌænə'lɒdʒɪk(l)] *adj.* ☐, **a·nal·o·gous** [ə'næləgəs] *adj.* ☐ ana'log, ähnlich, entsprechend, paral'lel (***to*** *dat.*): ~ ***computer*** Ana'logrechner *m*; **an·a·logue** ['ænəlɒg] *s.* A'nalogon *n*, Entsprechung *f*: ~ ***computer*** Analogrechner *m*; **a·nal·o·gy** [ə'nælədʒɪ] *s.* **1.** *a. ling.* Analo'gie *f*, Entsprechung *f*: ***on the ~ of*** (*od.* ***by ~ with***) analog, nach, gemäß (*dat.*); **2.** ∡ Proporti'on *f.*

an·a·lyse ['ænəlaɪz] *v/t.* **1.** analysieren: a) ⚗, ∡, *psych. etc.* zergliedern, zerlegen, b) *fig.* genau unter'suchen, c) erläutern, darlegen; **a·nal·y·sis** [ə'næləsɪs] *pl.* **-ses** [-siːz] *s.* **1.** Ana'lyse *f*: a) ⚗ *etc.* Zerlegung *f*, ('kritische) Zergliederung, b) *fig.* gründliche Unter'suchung, Darlegung *f*, Deutung *f*: ***in the last ~*** im Grunde, letzten Endes; **2.** ∡ A'nalysis *f*; **3.** (Psycho)Ana'lyse *f*; '**an·a·lyst** [-lɪst] *s.* **1.** ⚗, ∡ Ana'lytiker(in); *fig.* Unter'sucher(in): ***public ~*** (behördlicher) Lebensmittelchemiker; **2.** Psychoana'lytiker *m*; **3.** Sta'tistiker *m*; **an·a·lyt·ic**, **an·a·lyt·i·cal** [ˌænə'lɪtɪk(l)] *adj.* ☐ **1.** ana'lytisch: ***analytical chemist*** Chemiker(in); **2.** psychoana'lytisch; **an·a·lyt·ics** [ˌænə'lɪtɪks] *s. pl. sg. konstr.* Ana'lytik *f.*

an·a·lyze *bsd. Am.* → ***analyse.***

an·am·ne·sis [ˌænæm'niːsɪs] *pl.* **-ses** [-siːz] *s.* Anam'nese *f*: a) Wiedererinnerung *f*, b) ⚕ Vorgeschichte *f.*

an·aph·ro·dis·i·ac [æˌnæfrəʊ'dɪzɪæk] ⚕ **I** *adj.* den Geschlechtstrieb hemmend; **II** *s.* Anaphrodi'siakum *n.*

an·ar·chic, **an·ar·chi·cal** [æ'nɑːkɪk(l)] *adj.* ☐ an'archisch, anar'chistisch, gesetzlos, zügellos.

an·arch·ism ['ænəkɪzəm] *s.* **1.** Anar'chie *f*, Regierungs-, Gesetzlosigkeit *f*; **2.** Anar'chismus *m*; '**an·arch·ist** [-ɪst] **I** *s.* Anar'chist(in), 'Umstürzler *m*; **II** *adj.* anar'chistisch, 'umstürzlerisch.

an·ar·cho- [ænɑːkəʊ] *in Zssgn* Anarcho...: ***~-scene***; ***~-situationist*** Chaot *m.*

an·arch·y ['ænəkɪ] *s.* **1.** → ***anarchism***; **2.** *fig.* 'Chaos *n.*

an·as·tig·mat·ic [əˌnæstɪg'mætɪk] *adj. phys.* anastig'matisch (*Linse*).

a·nath·e·ma [ə'næθəmə] (*Greek*) *s.* **1.** *eccl.* A'nathema *n*, Kirchenbann *m*; *fig.* Fluch *m*, Verwünschung *f*; **2.** *eccl.* Exkommunizierte(r *m*) *f*, Verfluchte(r *m*) *f*; **3.** *fig. etwas* Verhasstes, Gräuel *m*; **a'nath·e·ma·tize** [-ətaɪz] *v/t.* in den Bann tun, verfluchen.

an·a·tom·ic, **an·a·tom·i·cal** [ˌænə'tɒmɪk(l)] *adj.* ☐ ana'tomisch.

a·nat·o·mist [ə'nætəmɪst] *s.* **1.** Ana'tom *m*; **2.** Zergliederer *m* (*a. fig.*); **a'nat·o·mize** [-maɪz] *v/t.* **1.** ⚕ zerlegen, sezieren; **2.** *fig.* zergliedern; **a'nat·o·my** [-mɪ] *s.* **1.** Anato'mie *f* (*Aufbau, Wissenschaft, Abhandlung*); **2.** F a) ‚Wanst' *m*, Körper *m*, b) ‚Gerippe' *n*, Gestell *n.*

an·ces·tor ['ænsestə] *s.* **1.** Vorfahr *m*, Ahn(herr) *m*, Stammvater *m* (*a. fig.*): ~ ***worship*** Ahnenkult *m*; **2.** *fig.* Vorläufer *m*; **3.** ⚖ Vorbesitzer *m*; **an·ces·tral** [æn'sestrəl] *adj.* der Vorfahren, Ahnen..., angestammt, Erb..., Ur...; '**an·ces·tress** [-trɪs] *s.* Ahnfrau *f*, Stammmutter *f*; '**an·ces·try** [-trɪ] *s.* Abstammung *f*, *hohe* Geburt; Ahnen(reihe *f*) *pl*; *fig.* Vorgänger *pl.*: ~ ***research*** Ahnenforschung *f.*

an·chor ['æŋkə] **I** *s.* **1.** ⚓ Anker *m*: ***at ~*** vor Anker; ***weigh ~*** a) den Anker lichten, b) abfahren; ***cast*** (*od.* ***drop***) ~ ankern, vor Anker gehen; ***ride at ~*** vor Anker liegen; **2.** *fig.* Rettungsanker *m*, Zuflucht *f*; **3.** ⚙ Anker *m*, Schließe *f*, Klammer *f*; **4.** *Radio, TV*: *Am.* a) Mode'rator *m*, Modera'torin *f e-r Nachrichtensendung*, b) Diskussi'onsleiter (-in); **5.** *sport*: a) Schlussläufer(in), b) Schlussschwimmer(in); **II** *v/t.* **6.** verankern, vor Anker legen; **7.** ⚙ *u. fig.* verankern; **8.** *Radio, TV*: *Am.* a) *e-e Nachrichtensendung* moderieren, b) *e-e Diskussion* leiten; **9.** Schlussläufer(in) *od.* -schwimmer(in) *e-r Staffel* sein; **III** *v/i.* **10.** ankern, vor Anker gehen *od.* liegen; **11.** *Radio, TV*: *Am.* Moderator (-in) *od.* Diskussi'onsleiter(in) sein.

an·chor·age ['æŋkərɪdʒ] *s.* **1.** Ankerplatz *m*; **2.** *a.* ~ ***dues*** Anker-, Liegegebühr *f*; **3.** fester Halt, Verankerung *f*; **4.** *fig.* → ***anchor*** 2.

an·cho·ress ['æŋkərɪs] *s.* Einsiedlerin *f*; '**an·cho·ret** [-ret], '**an·cho·rite** [-raɪt] *s.* Einsiedler *m.*

'**an·chor|·man** [-mən] *s.* [*irr.*], '**~ˌwom·an** *s* [*irr.*] → ***anchor*** 4, 5.

an·cho·vy ['æntʃəvɪ] *s. ichth.* An'(s)chovis *f*, Sar'delle *f.*

an·cient ['eɪnʃənt] **I** *adj.* ☐ **1.** alt, aus alter Zeit, das Altertum betreffend, an'tik: ~ ***Rome***; **2.** uralt (*a. humor.*), altberühmt; **3.** altertümlich; ehemalig; **II** *s.* **4.** ***the ~s*** a) die Alten (*Griechen u. Römer*), b) die (antiken) Klassiker; **5.** Alte(r *m*) *f*, Greis(in); F ‚Olle(r' *m*) *f*; '**an·cient·ly** [-lɪ] *adv.* vor'zeiten.

an·cil·lar·y [æn'sɪlərɪ] *adj.* 'untergeordnet (***to*** *dat.*), Hilfs..., Neben...: ~ ***agreement*** Nebenabrede *f*; ~ ***equipment*** Zusatz-, Hilfsgerät *n*; ~ ***industries*** Zulieferbetriebe; ~ ***road*** Nebenstraße *f.*

and [ænd; ən(d)] *cj.* und: ~ ***so forth*** und so weiter; ***there are books ~ books*** es gibt gute und schlechte Bücher; ***nice ~ warm*** schön warm; ~ ***all*** F und so weiter; ***skin ~ all*** mitsamt der Haut; ***a little more ~ ...*** es fehlte nicht viel, so ...; ***try ~ come*** versuchen Sie zu kommen.

and·i·ron ['ændaɪən] *s.* Feuer-, Brat-, Ka'minbock *m.*

An·drew ['ændruː] *npr.* An'dreas *m*: ***St. ~'s cross*** Andreaskreuz *n.*

an·drog·y·nous [æn'drɒdʒɪnəs] *adj.* zwitterartig, zweigeschlechtig; ♀ zwitterblütig.

an·droid ['ændrɔɪd] *s.* Andro'id(e) *m* (*Kunstmensch*).

an·droph·a·gous [æn'drɒfəgəs] *adj.* Menschen fressend.

an·dro·pho·bi·a [ˌændrəʊ'fəʊbjə] *s.* Andropho'bie *f*, Männerscheu *f.*

an·ec·do·tal [ˌænek'dəʊtl] → ***anecdotic***; **an·ec·dote** ['ænɪkdəʊt] *s.* Anek'dote *f*; **an·ec·dot·ic**, **an·ec·dot·i·cal** [ˌænek'dɒtɪk(l)] *adj.* ☐ anek'dotenhaft, anek'dotisch.

a·ne·mi·a, **a·ne·mic** *Am.* → ***anaemia***, ***anaemic.***

an·e·mom·e·ter [ˌænɪ'mɒmɪtə] *s. phys.* Windmesser *m.*

a·nem·o·ne [ə'nemənɪ] *s.* **1.** ♀ Ane'mone *f*; **2.** *zo.* 'Seeaneˌmone *f.*

an·er·oid ['ænərɔɪd] *s. phys. a.* ~ ***barometer*** Anero'idbaroˌmeter *n.*

an·es·the·si·a *etc. Am.* → ***anaesthesia*** *etc.*

a·new [ə'njuː] *adv.* von neuem, aufs Neue; auf neue Art und Weise.

an·gel ['eɪndʒəl] *s.* **1.** Engel *m*: ~ ***of death*** Todesengel; ***rush in where ~s fear to tread*** sich törichter- *od.* anmaßenderweise in Dinge einmischen, an die sich sonst niemand heranwagt; **2.** *fig.* Engel *m* (*Person*): ***be an ~ and ...*** sei doch so lieb und ...; **3.** *sl.* Geldgeber *m*, fi'nanzkräftiger 'Hintermann.

'**an·gel|·food** *Am.*, ~ **cake** *s. Art* Bis'kuitkuchen *m.*

an·gel·ic [æn'dʒelɪk] *adj.* (☐ ***~ally***) engelhaft, -gleich, Engels...

an·gel·i·ca [æn'dʒelɪkə] *s.* **1.** ♀ Brustwurz *f* (*als Gewürz*); **2.** kandierte An'gelikawurzel.

an·gel·i·cal [æn'dʒelɪkl] *adj.* ☐ → ***angelic.***

An·ge·lus ['ændʒɪləs] *s. eccl.* 'Angelus (-gebet *n*, -läuten *n*) *m.*

an·ger ['æŋgə] **I** *s.* Ärger *m*, Zorn *m*, Wut *f* (***at*** über *acc.*); **II** *v/t.* erzürnen, ärgern.

An·ge·vin ['ændʒɪvɪn] **I** *adj.* **1.** aus An'jou (*in Frankreich*); **2.** die Plan'tagenets betreffend; **II** *s.* **3.** Mitglied *n* des Hauses Plan'tagenet.

an·gi·na [æn'dʒaɪnə] *s.* ⚕ An'gina *f* 'pectoris; ~ **pec·to·ris** ['pektərɪs] *s.* ⚕ An'gina *f* 'pectoris.

an·gle[1] ['æŋgl] **I** *s.* **1.** *bsd.* ∡ Winkel *m*: ***acute*** (***obtuse***, ***right***) ~ spitzer (stumpfer, rechter) Winkel; ~ ***of incidence*** Einfallswinkel; ***at right ~s to*** im rechten Winkel zu; **2.** ⚙ a) Knie(stück) *n*, b) *pl.* Winkeleisen *pl.*; **3.** Ecke *f*, Vorsprung *m*, spitze Kante; **4.** *fig.* a) Standpunkt *m*, Gesichtswinkel *m*, b) As'pekt *m*, Seite *f*: ***consider all ~s of a question***; **5.** *Am.* Me'thode *f* (*et. zu erreichen*); **6.** *sl.* Trick *m*, ‚Tour' *f*, ‚Masche' *f*; **II** *v/t.* **7.** 'umbiegen; **8.** *fig.* tendenzi'ös färben, verdrehen.

an·gle[2] ['æŋgl] *v/i.* angeln (*a. fig.* ***for*** nach).

an·gled ['æŋgld] *adj.* **1.** winklig, *mst in Zssgn*: ***right-~*** rechtwinklig; **2.** *fig.* tendenzi'ös.

'**an·gle|ˌdo·zer** [-ˌdəʊzə] *s.* ⚙ Pla'nierraupe *f*, Winkelräumer *m*; '**~-park** *v/t. u. v/i. mot.* schräg parken.

an·gle·poise *TM* (**lamp**) ['æŋglpɔız] *s.* Gelenkleuchte *f*, Arbeitsleuchte *f*.
an·gler ['æŋglə] *s.* **1.** Angler(in); **2.** *ichth.* Seeteufel *m*.
An·gles ['æŋglz] *s. pl. hist.* Angeln *pl.*; '**An·gli·an** [-glıən] **I** *adj.* englisch; **II** *s.* Angehörige(r *m*) *f* des Volksstammes der Angeln.
An·gli·can ['æŋglıkən] *eccl.* **I** *adj.* angli'kanisch, hochkirchlich; **II** *s.* Angli'kaner(in).
An·gli·cism ['æŋglısızəm] *s.* **1.** *ling.* Angli'zismus *m*; **2.** englische Eigenart; '**An·gli·cist** [-ıst] *s.* An'glist(in); '**An·gli·cize** [-saız], *a.* ♀ *v/t. u. v/i.* (sich) anglisieren, englisch machen (werden).
an·gling ['æŋglıŋ] *s.* Angeln *n*.
An·glist ['æŋglıst] *s.* An'glist(in); **Ang·lis·tics** [æŋ'glıstıks] *s. pl. sg. konstr.* An'glistik *f*.
Anglo- [æŋgləʊ] *in Zssgn* Anglo..., anglo..., englisch, englisch und ...
ˌ**An·glo|-A'mer·i·can** [-əʊ-] **I** *s.* 'Angloameri'kaner(in); **II** *adj.* angloameri'kanisch; ˌ**~-'In·di·an** [-əʊ-] **I** *s.* Anglo'inder(in); **II** *adj.* anglo'indisch; ˌ**~'ma·ni·a** [-əʊ-] *s.* Angloma'nie *f*; ˌ**~-'Nor·man** [-əʊ-] **I** *s.* **1.** Anglonor'manne *m*; **2.** *ling.* Anglonor'mannisch *n*; **II** *adj.* **3.** anglonor'mannisch; '**~·phile** [-əʊfaıl] **I** *s.* Anglo'phile *m*, Englandfreund *m*; **II** *adj.* anglo'phil, englandfreundlich; '**~·phobe** [-əʊfəʊb] **I** *s.* Anglo'phobe *m*, Englandfeind *m*; **II** *adj.* englandfeindlich; ˌ**~'pho·bi·a** [-əʊ'fəʊbjə] *s.* Anglopho'bie *f*; ˌ**~-'Sax·on** [-əʊ-] **I** *s.* **1.** Angelsachse *m*; **2.** *ling.* Altenglisch *n*, Angelsächsisch *n*; **3.** F urwüchsiges u. einfaches Englisch; **II** *adj.* **4.** angelsächsisch; ˌ**~-'Scot** [-əʊ-] *s.* dauernd in England lebender Schotte.
an·go·ra [æŋ'gɔːrə], *a.* ♀ *s.* Gewebe *n* aus An'gorawolle; **~ cat** *s. zo.* An'gorakatze *f*; **~ goat** *s. zo.* An'goraziege *f*; **~ wool** *s.* An'gorawolle *f*; Mo'här *m*.
an·gry ['æŋgrı] *adj.* ☐ **1.** (**at**, **about**) ärgerlich, ungehalten (über *acc.*), zornig, böse (auf *j-n*, über *et.*, **with** mit *j-m*): **~ young man** *Literatur*: ‚zorniger junger Mann'; **2.** ⚕ entzündet, schlimm; **3.** *fig.* drohend, stürmisch; finster.
angst [æŋst] *s. psych.* Angst *f*.
ang·strom, *a.* ♀ ['æŋstrəm] *s. phys. a.* **~ unit** Angström(einheit *f*) *n*.
an·guish ['æŋgwıʃ] *s.* Qual *f*, Pein *f*, Angst *f*, Schmerz *m*: **~ of mind** Seelenqual(en *pl.*) *f*.
an·gu·lar ['æŋgjʊlə] *adj.* ☐ **1.** winklig, winkelförmig, eckig; Winkel...; **2.** *fig.* knochig, hager; **3.** *fig.* eckig, steif; barsch; **an·gu·lar·i·ty** [ˌæŋgjʊ'lærətı] *s.* **1.** Winkligkeit *f*; **2.** *fig.* Eckigkeit *f*, Steifheit *f*.
an·hy·drous [æn'haıdrəs] *adj.* ⚗, *biol.* kalziniert, wasserfrei; getrocknet, Dörr... (*Obst etc.*).
an·il ['ænıl] *s.* ⚘ 'Indigopflanze *f*; Indigo (-farbstoff) *m*.
an·i·line ['ænıliːn] *s.* Ani'lin *n*: **~ dye** Anilinfarbstoff *m*, *weitS.* chemisch hergestellte Farbe.
an·i·mad·ver·sion [ˌænımæd'vɜːʃn] *s.* Tadel *m*, Rüge *f*, Kri'tik *f*; ˌ**an·i·mad'vert** [-'vɜːt] *v/i.* (**on**, **upon**) kritisieren; tadeln, rügen (*acc.*).
an·i·mal ['ænıml] **I** *s.* **1.** Tier *n*, ‚Vierfüß(l)er' *m*; tierisches Lebewesen (*Ggs. Pflanze*, F *a. Ggs. Vogel*): **there's no such ~!** F so was gibts ja gar nicht!; **2.** *fig.* Tier *n*, viehischer Mensch, 'Bestie *f*; **II** *adj.* **3.** ani'malisch, tierisch (*beide a. fig.*); Tier...: **~ kingdom** Tierreich *n*; **~ magnetism** a) tierischer Magnetismus, b) *bsd. humor.* erotische Anziehungskraft; **~ spirits** *pl.* Lebenskraft *f*, -geister *pl.*, Vitalität *f*; **~ welfare** Tierschutz *m*; **~ welfarist** Tierschützer *m*.
an·i·mal·cu·le [ˌænı'mælkjuːl] *s.* mikro'skopisch kleines Tierchen: **infusorial ~s**.
an·i·mal·ism ['ænıməlızəm] *s.* **1.** Vertiertheit *f*; **2.** Sinnlichkeit *f*; **3.** Lebenstrieb *m*, -kraft *f*; '**an·i·mal·ist** [-ıst] *s.* Tiermaler(in), -bildhauer(in).
an·i·mate **I** *v/t.* ['ænımeıt] **1.** beseelen, beleben, mit Leben erfüllen (*alle a. fig.*); anregen, aufmuntern; **2.** lebendig gestalten: **~ a cartoon** e-n Zeichentrickfilm herstellen; **II** *adj.* [-mət] **3.** belebt, lebend; lebhaft, munter; '**an·i·mat·ed** [-tıd] *adj.* ☐ **1.** lebendig, beseelt (**with**, **by** von), voll Leben: **~ cartoon** Zeichentrickfilm *m*; **2.** ermutigt; **3.** lebhaft, angeregt; **an·i·ma·tion** [ˌænı'meıʃn] *s.* **1.** Leben *n*, Feuer *n*, Lebhaftigkeit *f*, Munterkeit *f*; Leben *n* und Treiben *n*; **2.** a) Herstellung *f* von Zeichentrickfilmen, b) (Zeichen)Trickfilm *m*; '**an·i·ma·tor** [-tə] *s.* Zeichner *m* von Trickfilmen.
an·i·mos·i·ty [ˌænı'mɒsətı] *s.* Feindseligkeit *f*, Erbitterung *f*, Animosi'tät *f*.
an·i·mus ['ænıməs] *s.* **1.** (innewohnender) Geist; **2.** *psych.* Animus *m*; **3.** ⚖ Absicht *f*; **4.** → **animosity**.
an·ise ['ænıs] *s.* ⚘ A'nis *m*; '**an·i·seed** [-siːd] *s.* A'nis(samen) *m*.
an·i·sette [ˌænı'zet] *s.* Ani'sett *m*, A'nisliˌkör *m*.
an·kle ['æŋkl] **I** *s. anat.* **1.** (Fuß)Knöchel *m*: **sprain one's ~** sich den Fuß verstauchen; **2.** Knöchelgegend *f des Beins*; **II** *v/i.* **3.** F marschieren; '**~·bone** *s.* Sprungbein *n*; **~ boot** *s.* Halbstiefel *m*; ˌ**~-'deep** *adj.* knöcheltief, bis zu den Knöcheln; ˌ**~-'length** *adj.* knöchellang; **~ sock** *s.* Knöchelsocke *f*, Söckchen *n*; **~ strap** *s.* Schuhspange *f*: **ankle-strap shoes** Spangenschuhe.
an·klet ['æŋklıt] *s.* **1.** Fußkettchen *n*, -spange *f* (*als Schmuck od. Fessel*); **2.** → **anklesock**.
an·na ['ænə] *s.* An'na *m* (*ind. Münze*).
an·nal·ist ['ænəlıst] *s.* Chro'nist *m*; **an·nals** ['ænlz] *s. pl.* **1.** An'nalen *pl.*, Jahrbücher *pl.*; **2.** hi'storischer Bericht; **3.** *regelmäßig erscheinende* wissenschaftliche Berichte *pl.*; **4.** *a. sg. konstr.* (Jahres)Bericht *m*.
an·neal [ə'niːl] *v/t.* **1.** ⚙ *Metall* ausglühen, anlassen, vergüten, tempern; *Glas* kühlen; **2.** *fig.* härten, stählen.
an·nex **I** *v/t.* [ə'neks] **1.** (**to**) beifügen (*dat.*), anhängen (an *acc.*); **2.** annektieren, (sich) einverleiben: **the province was ~ed to France** Frankreich verleibte sich das Gebiet ein; **3. ~ to** verknüpfen mit; **4.** F sich aneignen, ‚sich unter den Nagel reißen'; **II** *s.* ['æneks] **5.** Anhang *m*, Nachtrag *m*; Anlage *f zum Brief*; **6.** Nebengebäude *n*, Anbau *m*; **an·nex·a·tion** [ˌænek'seıʃn] *s.* **1.** Hin'zufügung *f* (**to** zu); **2.** Annexi'on *f*, Einverleibung *f* (**to** in *acc.*); **3.** Aneignung *f*; **an·nexe** ['æneks] (*Fr.*) → **annex** 6; **an'nexed** [-kst] *adj.* ✝ beifolgend, beigefügt.
an·ni·hi·late [ə'naıəleıt] *v/t.* **1.** vernichten (*a. fig.*); **2.** ⚔ aufreiben; **3.** *sport* vernichtend schlagen; **4.** *fig.* zu'nichte machen, aufheben; **an·ni·hi·la·tion** [əˌnaıə'leıʃn] *s.* Vernichtung *f*, Aufhebung *f*.
an·ni·ver·sa·ry [ˌænı'vɜːsərı] *s.* Jahrestag *m*, -feier *f*, jährlicher Gedenktag, Jubi'läum *n*: **wedding ~** Hochzeitstag *m*; **the 50th ~ of his death** die 50. Wiederkehr s-s Todestages.
an·no Dom·i·ni [ˌænəʊ'dɒmınaı] (*Lat.*) im Jahre des Herrn, anno Domini.
an·no·tate ['ænəʊteıt] **I** *v/t. e-e Schrift* mit Anmerkungen versehen, kommentieren; **II** *v/i.* (**on**) Anmerkungen machen (zu), einen Kommen'tar schreiben (über *acc.*); **an·no·ta·tion** [ˌænəʊ'teıʃn] *s.* Kommentieren *n*; Anmerkung *f*, Kommen'tar *m*; '**an·no·ta·tor** [-tə] *s.* Kommen'tator *m*.
an·nounce [ə'naʊns] **I** *v/t.* **1.** ankündigen; **2.** bekannt geben, verkünden; **3.** a) *Radio, TV*: ansagen, b) (*über Lautsprecher*) 'durchsagen; **4.** *Besucher etc.* melden; **5.** *Geburt etc.* anzeigen, bekannt geben; **II** *v/i.* **6.** *pol. Am.* seine Kandida'tur bekannt geben (**for** für das Amt *gen.*); **7. ~ for** *Am.* sich aussprechen für; **an'nounce·ment** [-mənt] *s.* **1.** Ankündigung *f*; **2.** Bekanntgabe *f*; (*Geburts- etc.*)Anzeige *f*; **3.** a) *Radio, TV*: Ansage *f*, b) ('Lautsprecher-) ˌDurchsage *f*; **an'nounc·er** [-sə] *s. Radio, TV*: Ansager(in), Sprecher(in).
an·noy [ə'nɔı] *v/t.* **1.** ärgern: **be ~ed** sich ärgern (**at s.th.** über et., **with s.o.** über j-n); **2.** belästigen, stören; schikanieren; **an'noy·ance** [-ɔıəns] *s.* **1.** Störung *f*, Belästigung *f*, Ärgernis *n*; Ärger *m*; **2.** Plage(geist *m*) *f*; **an'noyed** [-ɔıd] *adj.* ärgerlich; **an'noy·ing** [-ɔııŋ] *adj.* ☐ ärgerlich (*Sache*), lästig; **an'noy·ing·ly** [-ɔııŋlı] *adv.* ärgerlicherweise.
an·nu·al ['ænjʊəl] **I** *adj.* ☐ **1.** jährlich, Jahres...; **~ accounts** Jahresabschluss *m*; **~ report** Jahresbericht *m*, Geschäftsbericht *m*; **2.** *bsd.* ⚘ einjährig: **~ ring** Jahresring *m*; **II** *s.* **3.** jährlich erscheinende Veröffentlichung, Jahrbuch *n*; **4.** einjährige Pflanze; → **hardy** 2.
an·nu·i·tant [ə'njuːıtənt] *s.* Empfänger (-in) e-r Jahresrente, Rentner(in); **an'nu·i·ty** [-tı] *s.* **1.** (Jahres)Rente *f*; **2.** Jahreszahlung *f*; **3.** ✝ *a.* **~ bond** Rentenbrief *m*; **4.** *pl.* 'Rentenpaˌpiere *pl.*
an·nul [ə'nʌl] *v/t.* aufheben, für ungültig erklären, annullieren.
an·nu·lar ['ænjʊlə] *adj.* ☐ ringförmig; '**an·nu·late** [-leıt], '**an·nu·lat·ed** [-leıtıd] *adj.* geringelt, aus Ringen bestehend, Ring...
an·nul·ment [ə'nʌlmənt] *s.* Aufhebung *f*, Nichtigkeitserklärung *f*, Annullierung *f*; **action for ~** Nichtigkeitsklage *f*.
an·nun·ci·ate [ə'nʌnʃıeıt] *v/t.* verkünden, ankündigen; **an·nun·ci·a·tion** [əˌnʌnsı'eıʃn] *s.* **1.** An-, Verkündigung *f*; **2.** ♀, *a.* ♀ **Day** *eccl.* Ma'riä Verkündigung *f*; **an'nun·ci·a·tor** [-tə] *s.* ⚡ Signalanlage *f*, -tafel *f*.
an·ode ['ænəʊd] *s.* ⚡ An'ode *f*, 'positiver Pol: **~ potential** Anodenspannung *f*; **DC ~** Anodenruhestrom *m*; **an·od·ize** ['ænəʊdaız] *v/t.* eloxieren.
an·o·dyne ['ænəʊdaın] **I** *adj.* schmerzstillend; *fig.* a) lindernd, beruhigend, b) verwässert, kraftlos; **II** *s.* schmerzstillendes Mittel; *fig.* Beruhigungspille *f*.
a·noint [ə'nɔınt] *v/t.* **1.** einölen, einschmieren; **2.** *bsd. eccl.* salben; **a'noint·ment** [-mənt] *s.* Salbung *f*.
a·nom·a·lous [ə'nɒmələs] *adj.* ☐ 'anomal, ab'norm; ungewöhnlich, abweichend; **a'nom·a·ly** [-lı] *s.* Anoma'lie *f*.

a·non [əˈnɒn] *adv.* bald, soˈgleich: ***ever and ~*** immer wieder.
an·o·nym·i·ty [ˌænəˈnɪmətɪ] *s.* Anonymiˈtät *f*; **a·non·y·mous** [əˈnɒnɪməs] *adj.* □ anoˈnym, namenlos, ungenannt; unbekannten Ursprungs.
a·noph·e·les [əˈnɒfɪliːz] *s. zo.* Fiebermücke *f.*
a·no·rak [ˈænəræk] *s.* Anorak *m.*
an·o·rex·i·a [ˌænəˈreksɪə] *s.* ⚕ Magersucht *f*, Anoreˈxie *f*; ˌ**an·oˈrex·ic** [-sɪk] ⚕ **I** *adj.* magersüchtig; **II** *s.* Magersüchtige(r *m*) *f.*
an·oth·er [əˈnʌðə] *adj. u. pron.* **1.** ein anderer, eine andere, ein anderes (***than*** als): ***~ thing*** etwas anderes; ***one ~*** a) einander, b) uns (euch, sich) gegenseitig; ***one after ~*** einer nach dem andern; ***he is ~ man now*** jetzt ist er ein (ganz) anderer Mensch; **2.** ein zweiter *od.* weiterer *od.* neuer, eine zweite *od.* weitere *od.* neue, ein zweites *od.* weiteres *od.* neues; **3.** *a.* ***yet ~*** noch ein(er, e, es): ***~ cup of tea*** noch eine Tasse Tee; ***~ five weeks*** weitere *od.* noch fünf Wochen; ***tell us ~!*** F das glaubst du doch selbst nicht!; ***you are ~!*** F *iro.* danke gleichfalls!; ***~ Shakespeare*** ein zweiter Shakespeare; ***A.N.Other*** *sport* ein ungenannter (Ersatz)Spieler.
an·ov·u·lant [ˌænˈɒvjʊlənt] *s.* ⚕ Ovulatiˈonshemmer *m.*
An·schluss [ˈɑːnʃlʊs] (*Ger.*) *s. pol.* Anschluss *m.*
ANSI code [ˈænsiː] *s. Computer*: ANSI-Code *m.*
an·swer [ˈɑːnsə] **I** *s.* **1.** Antwort *f*, Entgegnung *f* (***to*** auf *acc.*): ***in ~ to*** a) in Beantwortung (*gen.*), b) auf *et.* hin; **2.** *fig.* Antwort *f*, Erwiderung *f*; Reaktiˈon *f* (*alle*: ***to*** auf *acc.*); **3.** Gegenmaßnahme *f*, -mittel *n*; **4.** ⚖ Klagebeantwortung *f*, Gegenschrift *f*; *weitS.* Rechtfertigung *f*; **5.** Lösung *f* (***to*** *e-s Problems etc.*); ♞ Auflösung *f*: ***he knows all the ~s*** a) ‚er blickt voll durch', b) *contp.* er weiß immer alles besser; **II** *v/i.* **6.** antworten (***to*** *j-m*, auf *acc.*): ***~ back*** a) freche Antworten geben, b) widersprechen, sich (*mit Worten*) verteidigen *od.* wehren; **7.** sich verantworten, Rechenschaft ablegen (***for*** für); **8.** verantwortlich sein, haften, bürgen (***for*** für); **9.** die Folgen tragen, büßen (***for*** für): ***you have much to ~ for*** du hast viel auf dem Kerbholz; **10.** *fig.* (***to***) reagieren (auf *acc.*), hören (auf *e-n Namen*); gehorchen, Folge leisten (*dat.*); **11.** ***~ to*** *e-r Beschreibung* entsprechen; **12.** sich eignen, taugen; gelingen (*Plan*); **III** *v/t.* **13.** a) *j-m* antworten, b) *et.* beantworten, antworten auf (*acc.*); **14.** a) sich *j-m gegenüber* verantworten, *j-m* Rechenschaft ablegen (***for*** für), b) sich gegen *e-e Anklage etc.* verteidigen; **15.** reagieren *od.* eingehen auf (*acc.*); *e-m Befehl etc.* Folge leisten; sich auf *eine Anzeige etc.* hin melden: ***~ the bell*** (*od.* ***door***) auf das Läuten *od.* Klopfen die Tür öffnen; ***~ the telephone*** den Anruf entgegennehmen, ans Telefon gehen; **16.** *dem Steuer* gehorchen; *Gebet* erhören; *Zweck, Wunsch etc.* erfüllen; *Auftrag etc.* ausführen: ***~ the call of duty*** dem Ruf der Pflicht folgen; **17.** *bsd. Aufgabe* lösen; **18.** *e-r Beschreibung, e-m Bedürfnis* entsprechen; **19.** *j-m* genügen, *j-n* zuˈfrieden stellen;
ˈ**an·swer·a·ble** [-sərəbl] *adj.* **1.** verantwortlich (***for*** für): ***to be ~ to s.o. for s.th.*** j-m für et. bürgen, sich vor j-m für et. verantworten müssen; **2.** (***to***) entsprechend, angemessen, gemäß (*dat.*); **3.** zu beantworten(d).
an·swer·ing ma·chine *s.* Anrufbeantworter *m.*
ant [ænt] *s. zo.* Ameise *f.*
an't [ɑːnt; ænt] → ***ain't***.
ant·ac·id [ˌæntˈæsɪd] *adj. u. s.* ⚕ gegen Magensäure wirkend(es Mittel).
an·tag·o·nism [ænˈtægənɪzəm] *s.* **1.** ˈWiderstreit *m*, Gegensatz *m*, ˈWiderspruch *m* (***between*** zwischen *dat.*); **2.** Feindschaft *f* (***to*** gegen); ˈWiderstand *m* (***against, to*** gegen); **anˈtag·o·nist** [-ɪst] *s.* Gegner(in), ˈWidersacher(in); **an·tag·o·nis·tic** [ænˌtægəˈnɪstɪk] *adj.* (□ ***~ally***) gegnerisch, feindlich (***to*** gegen); widerˈstreitend (***to*** *dat.*); **anˈtag·o·nize** [-naɪz] *v/t.* ankämpfen gegen; sich *j-n* zum Feind machen, *j-n* gegen sich aufbringen.
ant·arc·tic [æntˈɑːktɪk] **I** *adj.* antˈarktisch, Südpol...: ***♀ Circle*** südlicher Polarkreis; ***♀ Ocean*** südliches Eismeer; **II** *s.* Antˈarktis *f.*
ˈ**ant·bear** *s. zo.* Ameisenbär *m.*
an·te [ˈæntɪ] (*Lat.*) **I** *adv.* vorn, voˈran, b) *zeitlich*: vorher, zuˈvor; **II** *prp.* vor; **III** *s.* F *Poker*: Einsatz *m*: ***raise the ~*** a) den Einsatz (*weitS.* den Preis *etc.*) erhöhen, b) F (das nötige) Geld beschaffen; **IV** *v/t. u. v/i. mst* ***~ up*** (ein)setzen; *fig. Am.* a) (be)zahlen, ‚blechen', b) (dazu) beisteuern.
ˈ**antˌeat·er** *s. zo.* Ameisenfresser *m.*
an·te·ced·ence [ˌæntɪˈsiːdəns] *s.* **1.** Vortritt *m*, -rang *m*; **2.** *ast.* Rückläufigkeit *f*; ˌ**an·teˈced·ent** [-nt] **I** *adj.* **1.** vorˈhergehend, früher (***to*** als); **II** *s.* **2.** *pl.* Vorgeschichte *f*: ***his ~s*** sein Vorleben; **3.** *fig.* Vorläufer *m*; **4.** *ling.* Beziehungswort *n.*
an·te|·cham·ber [ˈæntɪˌtʃeɪmbə] *s.* Vorzimmer *n*; **~·date** [ˌæntɪˈdeɪt] *v/t.* **1.** vor- *od.* zuˈrückdatieren, ein früheres Datum setzen auf (*acc.*); **2.** vorˈwegnehmen; **3.** *zeitlich* vorˈangehen (*dat.*); **~·di·lu·vi·an** [ˌæntɪdɪˈluːvjən] **I** *adj.* vorsintflutlich (*a. fig.*); **II** *s.* vorsintflutliches Wesen; *contp.* a) rückständige Perˈson, b) ‚Fosˈsil' *n* (*sehr alte Person*).
an·te·lope [ˈæntɪləʊp] *s.* **1.** *zo.* Antiˈlope *f*; **2.** Antiˈlopenleder *n.*
an·te me·rid·i·em [ˌæntɪməˈrɪdɪəm] (*Lat.*) *abbr.* ***a.m.*** vormittags.
an·te·na·tal [ˌæntɪˈneɪtl] **I** *adj.* pränaˈtal: ***~ care*** Mutterschaftsfürsorge *f*; **II** *s.* F Mutterschaftsvorsorgeuntersuchung *f.*
an·ten·na [ænˈtenə] *s.* **1.** *pl.* **-nae** [-niː] *zo.* Fühler *m*; Fühlhorn *n*; *fig.* Gespür *n*, ‚Anˈtenne' *f*; **2.** *pl.* **-nas** *bsd. Am.* ϟ Antenne *f.*
an·te|·nup·tial [ˌæntɪˈnʌpʃl] *adj.* vorhochzeitlich; **~·pe·nul·ti·mate** [ˌæntɪpɪˈnʌltɪmət] **I** *adj.* drittletzt (*bsd. Silbe*); **II** *s.* drittletzte Silbe.
an·te·ri·or [ænˈtɪərɪə] *adj.* **1.** vorder; **2.** vorˈhergehend, früher (***to*** als).
an·te·room [ˈæntɪrʊm] *s.* Vor-, Wartezimmer *n.*
an·them [ˈænθəm] *s.* ˈHymne *f*, Choˈral *m*: ***national ~*** Nationalhymne.
an·ther [ˈænθə] *s.* ⚘ Staubbeutel *m.*
ˈ**ant·hill** *s. zo.* Ameisenhaufen *m.*
an·thol·o·gy [ænˈθɒlədʒɪ] *s.* Antholoˈgie *f*, (Gedicht)Sammlung *f.*
an·thra·cite [ˈænθrəsaɪt] *s. min.* Anthraˈzit *m*, Glanzkohle *f.*
an·thrax [ˈænθræks] *s.* ⚕ ˈAnthrax *m*, Milzbrand *m.*
an·thro·poid [ˈænθrəʊpɔɪd] *zo.* **I** *adj.* menschenähnlich, Menschen...; **II** *s.* Menschenaffe *m*; **an·thro·po·log·i·cal** [ˌænθrəpəˈlɒdʒɪk(l)] *adj.* □ anthropoˈlogisch; **an·thro·pol·o·gist** [ˌænθrəˈpɒlədʒɪst] *s.* Anthropoˈloge *m*; **an·thro·pol·o·gy** [ˌænθrəˈpɒlədʒɪ] *s.* Anthropoloˈgie *f*; **an·thro·po·mor·phous** [ˌænθrəpəʊˈmɔːfəs] *adj.* anthropoˈmorph(isch), von menschlicher *od.* menschenähnlicher Gestalt; **an·thro·poph·a·gi** [ˌænθrəʊˈpɒfəgaɪ] *s. pl.* Menschenfresser *pl.*; **an·thro·poph·a·gous** [ˌænθrəʊˈpɒfəgəs] *adj.* Menschen fressend.
an·ti [ˈæntɪ] F **I** *prp.* gegen; **II** *adj.*: ***be ~*** dagegen sein; **III** *s.* Gegner(in).
ˌ**an·ti|-aˈbor·tion·ist** [ˌæntɪ-] *s.* Abtreibungsgegner(in); ˌ**~-ˈair·craft** *adj.* ⚔ Fliegerabwehr...: ***~ gun*** Flakgeschütz *n*, Fliegerabwehrkanone *f*; ˈ**~·auˌthor·iˈtar·i·an** *adj.* antiautoriˈtär; ˌ**~-ˈba·by pill** *s.* ⚕ Antiˈbabypille *f*; ˌ**~·balˈlis·tic** *adj.* ⚔ antibalˈlistisch; ˌ**~·biˈot·ic** [-baɪˈɒtɪk] **I** *s.* Antibiˈotikum *n*; **II** *adj.* antibiˈotisch; ˈ**~ˌbod·y** *s.* ⚕, *biol.* ˈAntikörper *m*, Abwehrstoff *m*; ˌ**~ˈcath·ode** *s.* ϟ Antikaˈthode *f*; ˈ**~·christ** *s. eccl.* ˈAntichrist *m*; ˌ**~-ˈChris·tian** **I** *adj.* christenfeindlich; **II** *s.* Christenfeind(in).
an·tic·i·pate [ænˈtɪsɪpeɪt] *v/t.* **1.** vorˈausempfinden, -sehen, -ahnen; **2.** erwarten, erhoffen: ***~d profit*** voraussichtlicher Verdienst; **3.** im Vorˈaus tun *od.* erwähnen, vorˈwegnehmen; *Ankunft* beschleunigen; vorˈauseilen (*dat.*); **4.** *j-m od. e-m Wunsch etc.* zuˈvorkommen; **5.** *e-r Sache* vorbauen, verhindern; **6.** *bsd.* ✝ vorzeitig bezahlen *od.* verbrauchen; **an·tic·i·pa·tion** [ænˌtɪsɪˈpeɪʃn] *s.* **1.** Vorgefühl *n*, Vorahnung *f*, Vorgeschmack *m*; **2.** Ahnungsvermögen *n*, Vorˈaussicht *f*; **3.** Erwartung *f*, Hoffnung *f*, Vorfreude *f*; **4.** Zuˈvorkommen *n*, Vorgreifen *n*, Vorˈwegnahme *f*: ***in ~*** im Voraus; **5.** Verfrühtheit *f*: ***payment by ~*** Vorauszahlung *f*; **anˈtic·i·pa·to·ry** [-tərɪ] *adj.* **1.** vorˈwegnehmend, vorgreifend, erwartend, Vor...; **2.** *ling.* vorˈausdeutend; **3.** *Patentrecht*: neuheitsschädlich: ***~ reference*** Vorwegnahme *f.*
ˌ**an·ti|ˈcler·i·cal** *adj.* kirchenfeindlich; ˌ**~ˈcli·max** *s.* (enttäuschendes) Abfallen, Abstieg *m*; *a.* ***sense of ~*** plötzliches Gefühl der Leere *od.* Enttäuschung; ˌ**~ˈclock·wise** *adv. u. adj.* entgegen dem Uhrzeigersinn: ***~ rotation*** Linksdrehung *f*; ˌ**~·corˈro·sive** *adj.* rostfest; Rostschutz...
an·tics [ˈæntɪks] *s. pl.* Possen *pl.*, *fig.* Mätzchen *pl.*, (tolle) Streiche *pl.*
ˌ**an·ti|ˈcy·cli·cal** *adj.* ✝ antiˈzyklisch, konjunkˈturdämpfend; ˌ**~ˈcy·clone** *s. meteor.* Hoch(druckgebiet) *n*; ˌ**~ˈdaz·zle** *adj.* Blendschutz...: ***~ switch*** Abblendschalter *m*; ˌ**~·deˈpres·sant** *s.* ⚕ Antidepresˈsivum *n*; ˈ**~-dim** *adj.* ⚙ Klar(sicht)...; ˌ**~·disˈtor·tion** *s.* ϟ Entzerrung *f*; ˈ**~·dot·al** [-dəʊtl] *adj.* als Gegengift dienend (*a. fig.*); ˈ**~·dote** [-dəʊt] *s.* Gegengift *n*, -mittel *n* (***against, for, to*** gegen); ˌ**~ˈfad·ing** ϟ **I** *s.* Schwundausgleich *m*; **II** *adj.* schwundmindernd; ˌ**~-ˈFas·cist** *pol.* **I** *s.* Antifaˈschist(in); **II** *adj.* antifaˈschistisch; ˌ**~ˈfe·brile** *s.* ⚕ Fiebermittel *n*; ˌ**♀ˈfed·er·al·ist** *s. Am. hist.* Antiföderaˈlist *m*; ˈ**~·freeze** **I** *adj.* Gefrier-, Frostschutz...; **II** *s.* Frostschutzmittel *n*; ˌ**~ˈfric·tion** *s.* Schmiermittel *n*: ***~ metal*** Lagermetall *n*; ˈ**~-gas** *adj.* Gasschutz...

an·ti·gen ['æntɪdʒən] *s.* ⚕ Anti'gen *n*, Abwehrstoff *m*.

ˌ**an·ti|'glare** → ***antidazzle***; ˌ**~'ha·lo** *adj. phot.* lichthoffrei; '**~ˌhe·ro** *s.* Antiheld *m*; ˌ**~'his·ta·mine** *s. physiol., pharm.* ˌAntihista'min *n*; ˌ**~·im'pe·ri·al·ist** *s.* Gegner *m* des Imperia'lismus; '**~ˌin·ter'fer·ence** *adj.* ⚡ Entstörungs..., Störschutz...; '**~·jam** *v/t. u. v/i. Radio* entstören; ˌ**~'knock** ⚗, *mot.* **I** *adj.* klopffest; **II** *s.* Anti'klopfmittel *n*; ˌ**~-lock 'brak·ing sys·tem** *s.* Antiblockiersystem *n*.

an·ti|·ma·cas·sar [ˌæntɪmə'kæsə] **I** *s.* Sofa- *od.* Sesselschoner *m*; **II** *adj. fig.* altmodisch; ˌ**~-ma'lar·i·al** *s.* ⚕ Ma'lariamittel *n*; '**~ˌmat·ter** *s. phys.* 'Antimaˌterie *f*; ˌ**~'mis·sile** *s.* ⚔ Antira'ketenraˌkete *f*.

an·ti·mo·ny ['æntɪmənɪ] *s.* ⚗, *min.* Anti'mon *n*.

an·tin·o·my [æn'tɪnəmɪ] *s.* Antino'mie *f*, 'Widerspruch *m*.

ˌ**an·ti·pa'thet·ic**, ˌ**an·ti·pa'thet·i·cal** [-pə'θetɪk(l)] *adj.* □ (***to***) **1.** zu'wider (*dat.*); **2.** abgeneigt (*dat.*); **an·tip·a·thy** [æn'tɪpəθɪ] *s.* Antipa'thie *f*, Abneigung *f* (***against***, ***to*** gegen).

ˌ**an·ti|-per·son'nel** *adj.*: ⚔ **~ *bomb*** Splitterbombe *f*; **~ *mine*** Schützen-, Tretmine *f*; ˌ**~·phlo'gis·tic** [-fləʊ'dʒɪstɪk] **I** *adj.* **1.** ⚗ antiphlo'gistisch; **2.** ⚕ entzündungshemmend; **II** *s.* **3.** ⚕ Antiphlo'gistikum *n*.

an·tiph·o·ny [æn'tɪfənɪ] *s.* Antipho'nie *f*, Wechselgesang *m*.

an·tip·o·dal [æn'tɪpədl] *adj.* anti'podisch, *fig. a.* genau entgegengesetzt; **an·tip·o·de·an** [ænˌtɪpə'diːən] *s.* Anti'pode *m*, Gegenfüßler *m*; **an·tip·o·des** [æn'tɪpədiːz] *s. pl.* **1.** die diame'tral gegen'überliegenden Teile *pl.* der Erde; **2.** *sg. u. pl.* Gegenteil *n*, -satz *m*, -seite *f*.

ˌ**an·ti|·pol'lu·tion** *adj.* umweltschützend; ˌ**~·pol'lu·tion·ist** [-pə'luːʃənɪst] *s.* Umweltschützer *m*; '**~·pope** *s.* Gegenpapst *m*; ˌ**~·py'ret·ic** ⚕ **I** *adj.* Fieber verhütend; **II** *s.* Fiebermittel *n*; ˌ**~'py·rin(e)** [-'paɪərɪn] *s.* ⚕ Antipy'rin *n*.

an·ti·quar·i·an [ˌæntɪ'kweərɪən] **I** *adj.* altertümlich; **II** *s.* → **an·ti·quar·y** ['æntɪkwərɪ] *s.* **1.** Altertumskenner *m*, -forscher *m*; **2.** Antiqui'tätensammler *m*, -händler *m*; **an·ti·quat·ed** ['æntɪkweɪtɪd] *adj.* veraltet, altmodisch, über'holt, anti'quiert.

an·tique [æn'tiːk] **I** *adj.* □ **1.** an'tik, alt; **2.** altmodisch, veraltet; **II** *s.* **3.** Antiqui'tät *f*: **~ *dealer*** Antiquitätenhändler *m*; **4.** *typ.* Egypti'enne *f*; **an·tiq·ui·ty** [æn'tɪkwətɪ] *s.* **1.** Altertum *n*, Vorzeit *f*; **2.** die Alten *pl.* (*bsd. Griechen u. Römer*); **3.** *die* Antike; **4.** *pl.* Antiqui'täten *pl.*, Altertümer *pl.*; **5.** (ehrwürdiges) Alter.

ˌ**an·ti|'rust** *adj.* Rostschutz...; '**~ˌsab·ba'tar·i·an** *adj. u. s.* der strengen Sonntagsheiligung abgeneigt(e Per'son); ˌ**~-'Sem·ite** *s.* Antise'mit(in); ˌ**~-Se'mit·ic** *adj.* antise'mitisch; ˌ**~-'Sem·i·tism** *s.* Antisemi'tismus *m*; ˌ**~'sep·tic** ⚕ **I** *adj.* (□ ***~ally***) anti'septisch; **II** *s.* Anti'septikum *n*; ˌ**~'skid** *adj.* ⚙, *mot.* gleit-, schleudersicher, Gleitschutz...; rutschfest; ˌ**~-'smok·ing** *adj.*: **~ *campaign*** Kam'pagne *f* gegen das Rauchen; ˌ**~'so·cial** *adj.* 'unsoziˌal, gesellschaftsfeindlich; ungesellig; ˌ**~'tank** *adj.* ⚔ Panzerabwehr... (*-kanone etc.*), Panzer... (*-sperre etc.*); Panzerjäger...: **~ *battalion***; ˌ**~·tech·no'log·i·cal** *adj.* □ technolo'giefeindlich.

an·tith·e·sis [æn'tɪθɪsɪs] *pl.* **-ses** [-siːz] *s.* Anti'these *f*: a) Gegensatz *m*, b) 'Widerspruch *m*; **an·ti·thet·ic**, **an·ti·thet·i·cal** [ˌæntɪ'θetɪk(l)] *adj.* □ im Widerspruch stehend, gegensätzlich, anti'thetisch; **an'tith·e·size** [-saɪz] *v/t.* in Gegensätzen ausdrücken; in 'Widerspruch bringen.

ˌ**an·ti|'tox·in** *s.* ⚕ Antito'xin *n*, Gegengift *n*; ˌ**~'trust** *adj.* kar'tell- u. mono'polfeindlich, Antitrust...; ˌ**~'un·ion** *adj.* gewerkschaftsfeindlich; ˌ**~'vi·rus** *adj. Computer*: Anti'viren...; '**~·world** *s.* Antiwelt *f*.

ant·ler ['æntlə] *s. zo.* **1.** Geweihsprosse *f*; **2.** *pl.* Geweih *n*.

an·to·nym ['æntənɪm] *s. ling.* Anto'nym *n*.

a·nus ['eɪnəs] *s.* After *m*, Anus *m*.

an·vil ['ænvɪl] *s.* Amboss *m* (*a. anat. u. fig.*).

anx·i·e·ty [æŋ'zaɪətɪ] *s.* **1.** Angst *f*, Unruhe *f*; Bedenken *n*, Besorgnis *f*, Sorge *f* (***for*** um); **2.** ⚕ Angst(gefühl *n*) *f*, Beklemmung *f*: **~ *neurosis*** Angstneurose *f*; **~ *state*** Angstzustand *m*; **3.** starkes Verlangen, eifriges (Be)Streben *n* (***for*** nach); **anx·ious** ['æŋkʃəs] *adj.* □ **1.** ängstlich, bange, besorgt, unruhig (***about*** um, wegen): **~ *about his health*** um s-e Gesundheit besorgt; **2.** *fig.* (***for***, ***to*** *inf.*) begierig (auf *acc.*, nach, zu *inf.*), bestrebt (zu *inf.*), bedacht (auf *acc.*): **~ *for his report*** auf s-n Bericht begierig *od.* gespannt; ***he is ~ to please*** er gibt sich alle Mühe(, es recht zu machen); ***I am ~ to see him*** mir liegt daran, ihn zu sehen; ***I am ~ to know*** ich möchte zu gern wissen, ich bin begierig zu wissen.

an·y ['enɪ] **I** *adj.* **1.** (*fragend, verneinend od. bedingend*) (irgend)ein, (irgend)welch; etwaig; einige *pl.*; etwas: ***have you ~ money on you?*** haben Sie Geld bei sich?; ***if I had ~ hope*** wenn ich irgendwelche Hoffnung hätte; ***not ~*** kein; ***there was not ~ milk in the house*** es war keine Milch im Hause; ***I cannot eat ~ more*** ich kann nichts mehr essen; **2.** (*bejahend*) jeder, jede, jedes (beliebige): **~ *cat will scratch*** jede Katze kratzt; **~ *amount*** jede beliebige Menge, ein ganzer Haufen; ***in ~ case*** auf jeden Fall; ***at ~ rate*** jedenfalls, wenigstens; ***at ~ time*** jederzeit; **II** *pron. sg. u. pl.* **3.** irgendein; irgendwelche *pl.*; etwas: ***no money and no prospect of ~*** kein Geld und keine Aussicht auf welches; ***I'm not having ~!*** *sl.* ich pfeife drauf!; ***it doesn't help ~*** *sl.* es hilft einen Dreck; **III** *adv.* **4.** irgend(wie), (noch) etwas: **~ *more?*** noch (etwas) mehr?; ***not ~ more than*** ebenso wenig wie; ***is he ~ happier now?*** ist er denn jetzt glücklicher?; → ***if*** 1; '**~ˌbod·y** *pron.* irgendjemand, irgendeine(r), ein Beliebiger, eine Beliebige: **~ *but you*** jeder andere eher als du; ***is he ~ at all?*** ist er überhaupt jemand (von Bedeutung)?; ***ask ~ you meet*** frage den ersten Besten, den du triffst; ***it's ~'s match*** F das Spiel ist (noch) völlig offen; → ***guess*** 7; '**~·how** *adv.* **1.** irgendwie; so gut wies geht, schlecht und recht; **2.** a) trotzdem, jedenfalls, b) sowie'so, ohne'hin, c) immer'hin: ***you won't be late ~*** jedenfalls wirst du nicht zu spät kommen; ***who wants him to come ~?*** wer will denn überhaupt, dass er kommt?; ***I am going there ~*** ich gehe ohnehin dorthin; '**~·one** → ***anybody***; '**~·place** *Am.* → ***anywhere***; '**~·thing** *pron.* **1.** (irgend-) etwas, etwas Beliebiges: ***not ~*** gar nichts; ***not for ~*** um keinen Preis; ***take ~ you like*** nimm, was du willst; ***my head aches like ~*** F mein Kopf schmerzt wie toll; ***for ~ I know*** soviel ich weiß; **~ *goes!*** F alles ist ‚drin'!; **2.** alles: **~ *but*** alles andere (eher) als; '**~·way** *adv.* **1.** irgendwie; **2.** → ***anyhow*** 2; '**~·where** *adv.* **1.** irgendwo (-hin): ***not ~*** nirgendwo; **2.** über'all: ***from ~*** von überall her.

A one → ***A 1***.

a·o·rist ['eərɪst] *s. ling.* Ao'rist *m*.

a·or·ta [eɪ'ɔːtə] *s. anat.* A'orta *f*, Hauptschlagader *f*.

a·pace [ə'peɪs] *adv.* schnell, rasch, zusehends.

A·pach·e *pl.* **-es** *od.* **-e** *s.* **1.** [ə'pætʃɪ] A'pache *m* (*Indianer*); **2.** ℒ [ə'pæʃ] A'pache *m*, 'Unterweltler *m*.

ap·a·nage → ***appanage***.

a·part [ə'pɑːt] *adv.* **1.** einzeln, für sich, (ab)gesondert (***from*** von): ***keep ~*** getrennt *od.* auseinander halten; ***take ~*** zerlegen, auseinander nehmen (*a. fig.* F *j-n*); **~ *from*** abgesehen von; **2.** abseits, bei'seite: ***joking ~*** Scherz beiseite.

a·part·heid [ə'pɑːtheɪt] *s.* A'partheid *f*, (Poli'tik *f* der) Rassentrennung *f in Südafrika.*

a·part·ho·tel [əˌpɑːthəʊ'tel] *s. Brit. Eigentumswohnanlage, deren Wohneinheiten bei Abwesenheit der Eigentümer als Hotelsuiten vermietet werden.*

a·part·ment [ə'pɑːtmənt] *s.* **1.** Zimmer *n*; **2.** *Am.* (E'tagen)Wohnung *f*; **3.** *Brit.* große Luxuswohnung; **~ *block*** *s.*, **~ *build·ing*** *s.* Mietshaus *n*; **~ *ho·tel*** *s. Am.* A'parthoˌtel *n* (*das Appartements mit Bedienung u. Verpflegung vermietet*); **~ *house*** *s.* Mietshaus *n*.

ap·a·thet·ic, **ap·a·thet·i·cal** [ˌæpə'θetɪk(l)] *adj.* □ a'pathisch, teilnahmslos; **ap·a·thy** ['æpəθɪ] *s.* Apa'thie *f*, Teilnahmslosigkeit *f*; Gleichgültigkeit *f* (***to*** gegen).

ape [eɪp] **I** *s. zo.* (*bsd.* Menschen)Affe *m*; *fig.* a) Nachäffer(in), b) ‚Affe' *m*, ‚Go'rilla' *m*: ***go ~*** ‚überschnappen'; **II** *v/t.* nachäffen.

a·pe·ri·ent [ə'pɪərɪənt] ⚕ **I** *adj.* abführend; **II** *s.* Abführmittel *n*.

a·pé·ri·tif [ɑːˌperɪ'tiːf] *s.* Aperi'tif *m*.

ap·er·ture ['æpəˌtjʊə] *s.* **1.** Öffnung *f*, Schlitz *m*, Loch *n*; **2.** *phot., phys.* Blende *f*.

a·pex ['eɪpeks] *pl.* '**a·pex·es** *od.* '**a·pi·ces** [-pɪsiːz] *s.* **1.** (*a. anat. Lungen- etc.*) Spitze *f*, Gipfel *m*, Scheitelpunkt *m*; **2.** *fig.* Gipfel *m*, Höhepunkt *m*.

a·phe·li·on [æ'fiːljən] *s.* **1.** *ast.* A'phelium *n*; **2.** *fig.* entferntester Punkt.

a·phid ['eɪfɪd], *a.* **a·phis** ['eɪfɪs] *pl.* '**aph·i·des** [-diːz] *s. zo.* Blattlaus *f*.

aph·o·rism ['æfərɪzəm] *s.* Apho'rismus *m*, Gedankensplitter *m*; '**aph·o·rist** [-ɪst] *s.* Apho'ristiker *m*.

aph·ro·dis·i·ac [ˌæfrəʊ'dɪzɪæk] ⚕ **I** *adj.* aphro'disisch, den Geschlechtstrieb steigernd; *weitS.* erotisierend, erregend; **II** *s.* Aphrodi'siakum *n*.

a·pi·ar·i·an [ˌeɪpɪ'eərɪən] *adj.* Bienen(zucht)...; **a·pi·a·rist** ['eɪpjərɪst] *s.* Bienenzüchter *m*, Imker *m*; **a·pi·ar·y** ['eɪpjərɪ] *s.* Bienenhaus *n*.

ap·i·cal ['æpɪkl] *adj.* □ Spitzen...: **~ *angle*** ∆ Winkel *m* an der Spitze; **~**

pneumonia ⚕ Lungenspitzenkatarr(h) *m*.

a·pi·cul·ture ['eɪpɪkʌltʃə] *s*. Bienenzucht *f*.

a·piece [ə'piːs] *adv*. für jedes Stück, je; pro Per'son, pro Kopf.

ap·ish ['eɪpɪʃ] *adj*. □ **1.** affenartig; **2.** nachäffend; albern, läppisch.

a·plomb [ə'plɒm] (*Fr.*) *s*. **1.** A'plomb *m*, (selbst)sicheres Auftreten, Selbstbewusstsein *n*; **2.** Fassung *f*.

A·poc·a·lypse [ə'pɒkəlɪps] *s*. **1.** *bibl*. Apoka'lypse *f*, Offen'barung *f* Jo'hannis; **2.** ℒ a) Enthüllung *f*, Offen'barung *f*, b) Apoka'lypse *f*, ('Welt)kata‚strophe *f*; **a·poc·a·lyp·tic** [ə‚pɒkə'lɪptɪk] *adj*. (□ ***~ally***) **1.** apoka'lyptisch (*a. fig.*); **2.** *fig*. dunkel, rätselhaft; **3.** *fig*. Unheil kündend.

a·poc·ry·pha [ə'pɒkrɪfə] *s*. *bibl*. Apo'kryphen *pl*.; **a'poc·ry·phal** [-fl] *adj*. apo'kryphisch, von zweifelhafter Verfasserschaft; zweifelhaft; unecht.

ap·o·gee ['æpəʊdʒiː] *s*. **1.** *ast*. Apo'gäum *n*, Erdferne *f*; **2.** *fig*. Höhepunkt *m*, Gipfel *m*.

a·po·lit·i·cal [‚eɪpə'lɪtɪkl] *adj*. 'apolitisch.

A·pol·lo [ə'pɒləʊ] *npr*. *myth*. *u*. *s*. *fig*. A'poll(o) *m*.

a·pol·o·get·ic [ə‚pɒlə'dʒetɪk] **I** *s*. **1.** Entschuldigung *f*, Verteidigung *f*; **2.** *mst pl*. *eccl*. Apolo'getik *f*; **II** *adj*. **3.** → **a‚pol·o'get·i·cal** [-kl] *adj*. □ **1.** entschuldigend, rechtfertigend; **2.** kleinlaut, reumütig, schüchtern; **ap·o·lo·gi·a** [‚æpə'ləʊdʒɪə] *s*. Verteidigung *f*, (Selbst-)Rechtfertigung *f*, Apolo'gie *f*; **a·pol·o·gist** [ə'pɒlədʒɪst] *s*. **1.** Verteidiger(in); **2.** *eccl*. Apolo'get *m*; **a·pol·o·gize** [ə'pɒlədʒaɪz] *v/i*. : ***~ to s.o.*** (***for s.th.***) sich bei j-m (für et.) entschuldigen, j-n (für et.) um Verzeihung bitten; **a·pol·o·gy** [ə'pɒlədʒɪ] *s*. **1.** Entschuldigung *f*, Abbitte *f*; Rechtfertigung *f*: ***make an ~ to s.o.*** (***for s.th***) → ***apologize***; **2.** Verteidigungsrede *f*, -schrift *f*; **3.** F minderwertiger Ersatz: ***an ~ for a meal*** ein armseliges Essen.

ap·o·phthegm → ***apothegm***.

ap·o·plec·tic, **ap·o·plec·ti·cal** [‚æpə'plektɪk(l)] *adj*. □ apo'plektisch: a) Schlaganfall..., b) zum Schlaganfall neigend; *fig*. e-m Schlaganfall nahe (vor Wut): ***~ fit***, ***~ stroke*** → **ap·o·plex·y** ['æpəpleksɪ] *s*. ⚕ Apople'xie *f*, Schlaganfall *m*, (Gehirn)Schlag *m*.

a·pos·ta·sy [ə'pɒstəsɪ] *s*. Abfall *m*, Abtrünnigkeit *f* (*vom Glauben*, *von e-r Partei etc.*); **a'pos·tate** [-teɪt] **I** *s*. Abtrünnige(r *m*) *f*, Rene'gat *m*; **II** *adj*. abtrünnig; **a'pos·ta·tize** [-tətaɪz] *v/i*. **1.** (***from***) abfallen (von), abtrünnig *od*. untreu werden (*dat*.); **2.** 'übergehen (***from ... to*** von ... zu).

a·pos·tle [ə'pɒsl] *s*. **1.** *eccl*. A'postel *m*: ***ℒs' Creed*** Apostolisches Glaubensbekenntnis; **2.** *fig*. A'postel *m*, Verfechter *m*, Vorkämpfer *m*: ***~ of Free Trade***; **a·pos·to·late** [ə'pɒstəʊlət] *s*. Aposto'lat *n*, A'postelamt *n*, -würde *f*; **ap·os·tol·ic**, *oft* ℒ [‚æpə'stɒlɪk] *adj*. (□ ***~ally***) apo'stolisch: ***~ succession*** apostolische Nachfolge; ***ℒ See*** Heiliger Stuhl.

a·pos·tro·phe [ə'pɒstrəfɪ] *s*. **1.** (feierliche) Anrede; **2.** *ling*. Apo'stroph *m*; **a'pos·tro·phize** [-faɪz] *v/t*. apostrophieren: a) mit e-m Apo'stroph versehen, b) *j-n besonders* ansprechen, sich wenden an (*acc*.).

a·poth·e·car·y [ə'pɒθəkərɪ] *s*. *obs*. *bsd*. *Am*. Apo'theker *m*.

ap·o·thegm ['æpəʊθem] *s*. Denk-, Kern-, Lehrspruch *m*; Ma'xime *f*.

a·poth·e·o·sis [ə‚pɒθɪ'əʊsɪs] *s*. **1.** Apothe'ose *f*: a) Vergöttlichung *f*, b) *fig*. Verherrlichung *f*, Vergötterung *f*; **2.** *fig*. Ide'al *n*.

Ap·pa·lach·i·an [‚æpə'leɪtʃjən] *adj*.: ***~ Mountains*** *die* Appalachen (*Gebirge im Nordosten der USA*).

ap·pal, *Am*. *a*. **ap·pall** [ə'pɔːl] *v/t*. erschrecken, entsetzen: ***be ~led*** entsetzt sein (***at*** über *acc*.); **ap'pal·ling** [-lɪŋ] *adj*. □ erschreckend, entsetzlich, beängstigend.

ap·pa·nage ['æpənɪdʒ] *s*. **1.** Apa'nage *f e-s Prinzen*; *fig*. Erbteil *n*; Einnahme (-quelle) *f*; **2.** abhängiges Gebiet; **3.** *fig*. Merkmal *n*, Zubehör *n*.

ap·pa·ra·tus [‚æpə'reɪtəs] *pl*. **-tus** [-təs], **-tus·es** *s*. **1.** Appa'rat *m*, Gerät *n*, Vorrichtung *f*; *coll*. Apparat(e *pl*.) *m* (*a. fig*.), Appara'tur *f*, Maschine'rie *f* (*a. fig*.): ***~ work*** Geräteturnen *n*; **2.** ⚕ System *n*, Appa'rat *m*: ***respiratory ~*** Atmungsapparat, Atemwerkzeuge *pl*.

ap·par·el [ə'pærəl] *s*. **1.** Kleidung *f*, Tracht *f*; **2.** *fig*. Gewand *n*, Schmuck *m*.

ap·par·ent [ə'pærənt] *adj*. □ → ***apparently***; **1.** sichtbar; **2.** augenscheinlich, offenbar; ersichtlich, einleuchtend: → ***heir***; **3.** scheinbar, anscheinend, Schein...; **ap'par·ent·ly** [-lɪ] *adv*. anscheinend, wie es scheint; **ap·pa·ri·tion** [‚æpə'rɪʃən] *s*. **1.** (plötzliches) Erscheinen; **2.** Erscheinung *f*, Gespenst *n*, Geist *m*.

ap·peal [ə'piːl] **I** *v/i*. **1.** (***to***) appellieren, sich wenden (an *acc*.); *j-n od*. *et*. (als Zeugen) anrufen, sich berufen (auf *acc*.): ***~ to the law*** das Gesetz anrufen; ***~ to history*** die Geschichte als Zeugen anrufen; ***~ to the country*** *pol*. *Brit*. (das Parlament auflösen u.) Neuwahlen ausschreiben; **2.** (***to s.o. for s.th.***) (j-n) dringend (um et.) bitten, (j-n um et.) anrufen; **3.** Einspruch erheben; *bsd*. ⚖ Berufung *od*. Revisi'on *od*. Beschwerde einlegen (***against***, ⚖ *mst* ***from*** gegen); **4.** (***to***) wirken (auf *acc*.), reizen (*acc*.), gefallen, zusagen (*dat*.), Anklang finden (bei); **II** *s*. **5.** (***to***) dringende Bitte (an *acc*., ***for*** um); Aufruf *m*, Mahnung *f* (an *acc*.); Werbung *f* (bei); Aufforderung *f* (*gen*.); **6.** (***to***) Ap'pell *m* (an *acc*.), Anrufung *f* (*gen*.): ***~ to reason*** Appell an die Vernunft; **7.** (***to***) Verweisung *f* (an *acc*.), Berufung *f* (auf *acc*.); **8.** ⚖ Rechtsmittel *n* (***from*** *od*. ***against*** gegen): a) Berufung *f*, Revisi'on *f*, b) (Rechts)Beschwerde *f*, Einspruch *m*: ***Court of ℒ*** Berufungs- *od*. Revisionsgericht *n*; **9.** (***to***) Wirkung *f*, Anziehung(skraft) *f* (auf *acc*.); ✝, *thea*. *etc*. Zugkraft *f*; Anklang *m*, Beliebtheit *f* (bei); **ap'peal·ing** [-lɪŋ] *adj*. □ **1.** flehend; **2.** ansprechend, reizvoll, gefällig.

ap·pear [ə'pɪə] *v/i*. **1.** erscheinen (*a. von Büchern*), sich zeigen; *öffentlich* auftreten; **2.** erscheinen, sich stellen (*vor Gericht etc.*); **3.** scheinen, den Anschein haben, aussehen, *j-m* vorkommen: ***it ~s to me you are right*** mir scheint, Sie haben Recht; ***he ~s to be tired***; ***it does not ~ that*** es liegt kein Anhaltspunkt dafür vor, dass; **4.** sich her'ausstellen: ***it ~s from this*** hieraus ergibt sich *od*. geht hervor; **ap·pear·ance** [ə'pɪərəns] *s*. **1.** Erscheinen *n*, *öffentliches* Auftreten, Vorkommen *n*: ***make one's ~*** sich einstellen, sich zeigen; ***put in an ~*** (persönlich) erscheinen; **2.** (äußere) Erscheinung, Aussehen *n*, *das* Äußere: ***at first ~*** beim ersten Anblick; **3.** äußerer Schein, (An)Schein *m*: ***there is every ~ that*** es hat ganz den Anschein, dass; ***in ~*** anscheinend; ***to all ~(s)*** allem Anschein nach; ***~s are against him*** der (Augen)Schein spricht gegen ihn; ***keep up*** (*od*. ***save***) ***~s*** den Schein wahren.

ap·pease [ə'piːz] *v/t*. **1.** *j-n od*. *j-s Zorn etc*. beruhigen, beschwichtigen; *Streit* schlichten, beilegen; *Leiden* mildern; *Durst etc*. stillen; *Neugier* befriedigen; **2.** *bsd*. *pol*. (durch Nachgiebigkeit *od*. Zugeständnisse) beschwichtigen; **ap'pease·ment** [-mənt] *s*. Beruhigung *f etc*.; Be'schwichtigung(spoli‚tik) *f*; **ap'peas·er** [-zə] *s*. *pol*. Be'schwichtigungspo‚litiker *m*.

ap·pel·lant [ə'pelənt] **I** *adj*. appellierend; **II** *s*. Appel'lant *m*, Berufungskläger(in); Beschwerdeführer(in); **ap'pel·late** [-lət] *adj*. Berufungs...: ***~ court*** Berufungsinstanz *f*, Revisions-, Appellationsgericht *n*.

ap·pel·la·tion [‚æpə'leɪʃn] *s*. Benennung *f*, Name *m*; **ap·pel·la·tive** [ə'pelətɪv] **I** *adj*. □ *ling*. appella'tiv: ***~ name*** Gattungsname *m*; **II** *s*. *ling*. Gattungsname *m*.

ap·pel·lee [‚æpe'liː] *s*. ⚖ Berufungsbeklagte(r *m*) *f*.

ap·pend [ə'pend] *v/t*. **1.** (***to***) befestigen, anbringen (an *dat*.), anhängen (an *acc*.); **2.** hin'zu-, beifügen (***to*** *dat*., zu): ***~ the signature***; ***~ a price list***; **ap'pend·age** [-dɪdʒ] *s*. **1.** Anhang *m*, Anhängsel *n*, Zubehör *n*, *m*; **2.** *fig*. Anhängsel *n*: a) Beigabe *f*, b) (ständiger) Begleiter; **ap·pen·dec·to·my** [‚æpen'dektəmɪ] *s*. 'Blinddarmoperati‚on *f*; **ap·pen·di·ces** *pl*. *von* ***appendix***; **ap·pen·di·ci·tis** [ə‚pendɪ'saɪtɪs] *s*. ⚕ Blinddarmentzündung *f*; **ap·pen·dix** [ə'pendɪks] *pl*. **-dix·es**, **-di·ces** [-dɪsiːz] *s*. **1.** Anhang *m e-s Buches*; **2.** ⚙ Ansatz *m*; **3.** *anat*. Fortsatz *m*: (***vermiform***) ***~*** Wurmfortsatz *m*, Blinddarm *m*.

ap·per·tain [‚æpə'teɪn] *v/i*. (***to***) gehören (zu), (zu)gehören (*dat*.); *j-m* zustehen, gebühren (*dat*.).

ap·pe·tence ['æpɪtəns], **'ap·pe·ten·cy** [-sɪ] *s*. **1.** Verlangen *n* (***of***, ***for***, ***after*** nach); **2.** instink'tive Neigung; (Na'tur) Trieb *m*.

ap·pe·tite ['æpɪtaɪt] *s*. **1.** (***for***) Verlangen *n*, Gelüst *n* (nach); Neigung *f*, Trieb *m*, Lust *f* (zu), ‚Appe'tit' (auf *acc*.); **2.** Appe'tit *m* (***for*** auf *acc*.), Esslust *f*: ***have an ~*** Appetit haben; ***take away*** (*od*. ***spoil***) ***s.o.'s ~*** j-m den Appetit nehmen *od*. verderben; ***loss of ~*** Appetitlosigkeit *f*; ***~ suppressant*** Appetitzügler *m*; **'ap·pe·tiz·er** [-aɪzə] *s*. appe'titanregendes Mittel *od*. Getränk *od*. Gericht, Aperi'tif *m*; **'ap·pe·tiz·ing** [-aɪzɪŋ] *adj*. □ appe'titanregend; appe'titlich, lecker (*beide a. fig*.); *fig*. reizvoll, ‚zum Anbeißen'.

ap·plaud [ə'plɔːd] **I** *v/i*. applaudieren, Beifall spenden; **II** *v/t*. beklatschen, *j-m* Beifall spenden; *fig*. loben, billigen; *j-m* zustimmen; **ap·plause** [ə'plɔːz] *s*. **1.** Ap'plaus *m*, Beifall(klatschen *n*) *m*: ***break into ~*** in Beifall ausbrechen; **2.** *fig*. Zustimmung *f*, Anerkennung *f*, Beifall *m*.

ap·ple ['æpl] *s*. Apfel *m*: ***~ of discord*** *fig*. Zankapfel; ***~ of one's eye*** *anat*. Augapfel (*a. fig*.); **'~·cart** *s*. Apfelkarren *m*: ***upset the*** *od*. ***s.o.'s ~*** *fig*. alle *od.* j-s Pläne über den Haufen werfen; **~ char·lotte** ['ʃɑːlət] *s.* 'Apfelchar,lotte *f* (*e-e Apfelspeise*); **~ dump·ling** *s.* Apfel *m* im Schlafrock; **~ frit·ters** *s. pl.* (in Teig gebackene) Apfelschnitten *pl.*; **'~·jack** *s. Am.* Apfelschnaps *m*; **~ pie** *s.* (warmer) gedeckter Apfelkuchen; **'~-pie or·der** *s.* F schönste Ordnung: ***everything is in ~*** alles ‚in Butter' *od.* in bester Ordnung; **~ pol·ish·er** *s. Am.* F Speichellecker *m*; **~ sauce** *s.* **1.** Apfelmus *n*; **2.** *Am. sl.* a) ‚Schmus' *m*, Schmeiche'lei *f*, b) *int.* Quatsch!; **~ tree** *s.* ♀ Apfelbaum *m.*

ap·pli·ance [ə'plaɪəns] *s.* Gerät *n*, Vorrichtung *f*, Appa'rat *m.*

ap·pli·ca·bil·i·ty [ˌæplɪkə'bɪlətɪ] *s.* (***to***) Anwendbarkeit *f* (auf *acc.*), Eignung *f* (für); **ap·pli·ca·ble** ['æplɪkəbl] *adj.* □ (***to***) anwendbar (auf *acc.*), passend, geeignet (für): ***not ~*** *in Formularen*: nicht zutreffend, entfällt; **ap·pli·cant** ['æplɪkənt] *s.* (***for***) Bewerber(in) (um), Besteller(in) (*gen.*); Antragsteller(in); (Pa'tent)Anmelder(in); **ap·pli·ca·tion** [ˌæplɪ'keɪʃn] *s.* **1.** ⚕ Auf-, Anlegen *n e-s Verbandes etc.*; Anwendung *f* (***to*** auf *acc.*); **2.** (***to*** für) An-, Verwendung *f*, Gebrauch *m*: ***~ of poison***; ***~ of drastic measures***; **3.** (***to***) Anwendung *f*, Anwendbarkeit *f* (auf *acc.*); Beziehung *f* (zu); ***~ software*** Anwendersoftware *f*; ***have no ~*** keine Anwendung finden, unangebracht sein, nicht zutreffen; **4.** (***for***) Gesuch *n*, Bitte *f* (um); Antrag *m* (auf *acc.*): ***an ~ for help***; ***make an ~*** ein Gesuch einreichen, e-n Antrag stellen; ***~ for a patent*** Anmeldung *f* zum Patent; ***samples on ~*** Muster auf Verlangen *od.* Wunsch; **5.** Bewerbung *f* (***for*** um): (***letter of***) ***~*** Bewerbungsschreiben *n*; **6.** Fleiß *m*, Eifer *m* (***in*** bei): ***~ in one's studies***; **ap·plied** [ə'plaɪd] *adj.* angewandt: ***~ chemistry*** (***psychology*** *etc.*); ***~ art*** Kunstgewerbe *n*, Gebrauchsgrafik *f.*

ap·pli·qué [æ'pliːkeɪ] *adj.* aufgelegt, -genäht, appliziert: ***~ work*** Applikation(s-stickerei) *f.*

ap·ply [ə'plaɪ] **I** *v/t.* **1.** (***to***) auflegen, -tragen, legen (auf *acc.*), anbringen (an, auf *dat.*): ***~ a plaster to a wound***; **2.** (***to***) a) verwenden (auf *acc.*, für), b) anwenden (auf *acc.*): ***~ a rule***; ***applied to modern conditions*** auf moderne Verhältnisse angewandt, c) gebrauchen (für): ***~ the brakes*** bremsen, d) verwerten (zu, für); **3.** *Sinn* richten (***to*** auf *acc.*); **4.** ***~ o.s.*** sich widmen (***to*** *dat.*): ***~ o.s. to a task***; **II** *v/i.* **5.** (***to***) sich wenden (an *acc.*, ***for*** wegen), sich melden (bei): ***~ to the manager***; **6.** (***for***) beantragen (*acc.*); sich bewerben, sich bemühen, ersuchen (um): ***~ for a job***; **7.** (***for***) (*bsd.* zum Pa'tent) anmelden (*acc.*); **8.** (***to***) Anwendung finden (bei, auf *acc.*), passen, zutreffen (auf *acc.*), gelten (für): ***cross out that which does not ~*** Nichtzutreffendes (*od.* nicht Zutreffendes) bitte streichen.

ap·point [ə'pɔɪnt] *v/t.* **1.** ernennen, berufen, an-, bestellen: ***~ a teacher*** e-n Lehrer anstellen; ***~ an heir*** e-n Erben einsetzen; ***~ s.o. governor*** j-n zum Gouverneur ernennen, j-n als Gouverneur berufen; ***~ s.o. to a professorship*** j-m e-e Professur übertragen; **2.** festsetzen, bestimmen; vorschreiben; verabreden: ***~ a time***; ***the ~ed day*** der festgesetzte Tag *od.* Termin, der Stichtag; ***the ~ed task*** die vorgeschriebene Aufgabe; **3.** einrichten, ausrüsten: ***a well-~ed house***; **ap·point·ee** [əpɔɪn'tiː] *s.* Ernannte(r *m*) *f*; **ap'point·ment** [-mənt] *s.* **1.** Ernennung *f*, Anstellung *f*, Berufung *f*, Einsetzung *f* (*a. e-s Erben*), Bestellung *f* (*bsd. e-s Vormunds*); ***2(s) Board*** Behörde *f* zur Besetzung höherer Posten; ***by special ~ to the King*** Königlicher Hoflieferant; **2.** Amt *n*, Stellung *f*; **3.** Festsetzung *f bsd. e-s Termins*; **4.** Verabredung *f*; Zs.-kunft *f*; *geschäftlich, beim Arzt etc.*: Ter'min *m*: ***by ~*** nach Vereinbarung; ***make an ~*** e-e Verabredung treffen; ***keep*** (***break***) ***an ~*** eine Verabredung (nicht) einhalten; ***~(s) book*** (*od.* ***diary***) Terminkalender *m*; **5.** *pl.* Ausstattung *f*, Einrichtung *f e-r Wohnung etc.*

ap·por·tion [ə'pɔːʃn] *v/t. e-n Anteil* zuteilen, (proportio'nal *od.* gerecht) ein-, verteilen; *Lob* erteilen, zollen; *Aufgabe* zuteilen; *Schuld* beimessen; *Kosten* 'umlegen; **ap'por·tion·ment** [-mənt] *s.* (gleichmäßige *od.* gerechte) Ver-, Zuteilung, Einteilung *f*; ('Kosten)ˌUmlage *f.*

ap·po·site ['æpəʊzɪt] *adj.* □ (***to***) passend (für), angemessen (*dat.*), geeignet (für); angebracht, treffend; **'ap·po·site·ness** [-nɪs] *s.* Angemessenheit *f*; **ap·po·si·tion** [ˌæpə'zɪʃn] *s.* **1.** Bei-, Hin'zufügung *f*; **2.** *ling.* Appositi'on *f*, Beifügung *f.*

ap·prais·al [ə'preɪzl] *s.* (Ab)Schätzung *f*, Taxierung *f*; Schätzwert *m*, *a. ped.* Bewertung *f*; *fig.* Beurteilung *f*, Würdigung *f*; **ap·praise** [ə'preɪz] *v/t.* (ab-, ein)schätzen, taxieren, bewerten, beurteilen, würdigen; **ap'praise·ment** [-mənt] → ***appraisal***; **ap'prais·er** [-zə] *s.* (Ab)Schätzer *m.*

ap·pre·ci·a·ble [ə'priːʃəbl] *adj.* □ merklich, spürbar, nennenswert; **ap·pre·ci·ate** [ə'priːʃɪeɪt] **I** *v/t.* **1.** (hoch) schätzen; richtig einschätzen, würdigen, zu schätzen *od.* würdigen wissen; **2.** aufgeschlossen sein für, Gefallen finden an (*dat.*), Sinn haben für: ***~ music***; **3.** dankbar sein für: ***I ~ your kindness***; **4.** (richtig) beurteilen, einsehen, (klar) erkennen: ***~ a danger***; **5.** *bsd. Am.* a) den Wert *e-r Sache* erhöhen, b) aufwerten; **II** *v/i.* **6.** im Wert steigen; **ap·pre·ci·a·tion** [əˌpriːʃɪ'eɪʃn] *s.* **1.** Würdigung *f*, (Wert-, Ein)Schätzung *f*, Anerkennung *f*; **2.** Verständnis *n*, Aufgeschlossenheit *f*, Sinn *m* (***of*** für): ***~ of music***; **3.** richtige Beurteilung, Einsicht *f*; **4.** (kritische) Würdigung, *bsd. günstige* Kri'tik; **5.** (***of***) Dankbarkeit *f* (für), (dankbare) Anerkennung (*gen.*); **6.** ✝ a) Wertsteigerung *f*, b) Aufwertung *f*; **ap'pre·ci·a·tive** [-ʃjətɪv] *adj.*; **ap'pre·ci·a·to·ry** [-ʃjətərɪ] *adj.* □ (***of***) **1.** anerkennend, würdigend (*acc.*); **2.** verständnisvoll, empfänglich, dankbar (für): ***be ~ of*** zu schätzen wissen.

ap·pre·hend [ˌæprɪ'hend] *v/t.* **1.** ergreifen, festnehmen, verhaften: ***~ a thief***; **2.** *fig.* wahrnehmen, erkennen; begreifen, erfassen; **3.** *fig.* (be)fürchten, ahnen, wittern; **ˌap·pre'hen·sion** [-nʃn] *s.* **1.** Festnahme *f*, Verhaftung *f*; **2.** *fig.* Begreifen *n*, Erfassen *n*; Verstand *m*, Fassungskraft *f*; **3.** Begriff *m*, Ansicht *f*: ***according to popular ~***; **4.** (Vor)Ahnung *f*, Besorgnis *f*: ***in ~ of*** *et.* befürchtend; **ˌap·pre'hen·sive** [-sɪv] *adj.* □ besorgt (***for*** um; ***of*** wegen; ***that*** dass), ängstlich: ***~ for one's life*** um sein Leben besorgt; ***be ~ of dangers*** sich vor Gefahren fürchten.

ap·pren·tice [ə'prentɪs] **I** *s.* Lehrling *m*, Auszubildende(r) *m*; Prakti'kant(in); *fig.* Anfänger *m*, Neuling *m*; **II** *v/t.* in die Lehre geben: ***be ~d to*** in die Lehre kommen zu, in der Lehre sein bei; **ap'pren·tice·ship** [-tɪʃɪp] *s.* a) *a. fig.* Lehrjahre *pl.*, -zeit *f*, Lehre *f*: ***serve one's ~*** (***with***) in die Lehre gehen (bei), b) Lehrstelle *f.*

ap·prise [ə'praɪz] *v/t.* in Kenntnis setzen, unter'richten (***of*** von).

ap·pro ['æprəʊ] *s.*: ***on ~*** ✝ F zur Ansicht, zur Probe.

ap·proach [ə'prəʊtʃ] **I** *v/i.* **1.** sich nähern; (her'an)nahen, bevorstehen; **2.** *fig.* nahe kommen, ähnlich sein (***to*** *dat.*); **3.** ✈ an-, einfliegen; **II** *v/t.* **4.** sich nähern (*dat.*): ***~ the city***; ***~ the end***; **5.** *fig.* nahe kommen (*dat.*), (fast) erreichen: ***~ the required sum***; **6.** her'angehen an (*acc.*): ***~ a task***; **7.** her'antreten *od.* sich her'anmachen an (*acc.*): ***~ a customer***; ***~ a girl***; **8.** *j-n* angehen, bitten; sich an *j-n* wenden (***for*** um, ***on*** wegen); **9.** auf *et.* zu sprechen kommen; **III** *s.* **10.** (Heran)Nahen *n* (*a. e-s Zeitpunktes etc.*); Annäherung *f*, Anmarsch *m* (*a.* ⚔), ✈ Anflug *m*; **11.** *fig.* (***to***) Nahekommen *n*, Annäherung *f* (an *acc.*); Ähnlichkeit *f* (mit): ***an ~ to truth*** annähernd die Wahrheit; **12.** Zugang *m*, Zufahrt *f*, Ein-, Auffahrt *f*; *pl.* ⚔ Laufgräben *pl.*; **13.** (***to***) Einführung *f* (in *acc.*), erster Schritt (zu), Versuch *m* (*gen.*): ***a good ~ to philosophy***; ***an ~ to a smile*** der Versuch e-s Lächelns; **14.** *oft pl.* Herantreten *n* (***to*** an *acc.*), Annäherungsversuche *pl.*; **15.** *a.* ***method*** *od.* ***line of ~*** (***to***) a) Art *f* und Weise *f et.* anzupacken, Me'thode *f*, Verfahren *n*: (***basic***) ***~*** Ansatz *m*, b) Auffassung *f* (*gen.*), Haltung *f*, Einstellung *f* (zu), Stellungnahme *f* (zu); Behandlung *f e-s Themas etc.*; **ap'proach·a·ble** [-tʃəbl] *adj.* zugänglich (*a. fig.*).

ap·pro·ba·tion [ˌæprəʊ'beɪʃn] *s.* Billigung *f*, Genehmigung *f*; Bestätigung *f*; Zustimmung *f*, Beifall *m.*

ap·pro·pri·ate I *adj.* [ə'prəʊprɪət] □ **1.** (***to***, ***for***) passend, geeignet (für, zu), angemessen (*dat.*), entsprechend (*dat.*), richtig (für); **2.** eigen, zugehörig (***to*** *dat.*); **II** *v/t.* [-ɪeɪt] **3.** verwenden, bereitstellen; *parl. bsd. Geld* bewilligen (***to*** zu, ***for*** für); **4.** sich *et.* aneignen (*a. widerrechtlich*); **ap·pro·pri·a·tion** [əˌprəʊprɪ'eɪʃn] *s.* **1.** Aneignung *f*, Besitzergreifung *f*; **2.** Verwendung *f*, Bereitstellung *f*; *parl.* (Geld)Bewilligung *f.*

ap·prov·a·ble [ə'pruːvəbl] *adj.* zu billigen(d), anerkennenswert; **ap'prov·al** [-vl] *s.* **1.** Billigung *f*, Genehmigung *f*: ***the plan has my ~***; ***on ~*** zur Ansicht, auf Probe; **2.** Anerkennung *f*, Beifall *m*: ***meet with ~*** Beifall finden; **ap·prove** [ə'pruːv] **I** *v/t.* **1.** billigen, gutheißen, anerkennen, annehmen; bestätigen, genehmigen; **2.** ***~ o.s.*** sich erweisen *od.* bewähren (***as*** als); **II** *v/i.* **3.** billigen, anerkennen, gutheißen, genehmigen (***of*** *acc.*): ***~ of s.o.*** j-n akzeptieren; ***be ~d of*** Anklang finden; **ap'proved** [-vd] *adj.* **1.** erprobt, bewährt: ***an ~ friend***; ***in the ~ manner***; **2.** anerkannt: ***~ school*** *Brit. hist.* (staatliche) Erziehungsanstalt; **ap'prov·er** [-və] *s.* ⚖ *Brit.* Kronzeuge *m*; **ap'prov·ing·ly** [-vɪŋlɪ] *adv.* zustimmend, beifällig.

ap·prox·i·mate I *adj.* [ə'prɒksɪmət] □

→ ***approximately***; **1.** annähernd, ungefähr; Näherungs... (*-formel, -rechnung, -wert*); **2.** *fig.* sehr ähnlich; **II** *v/t.* [-meɪt] **3.** sich *e-r Menge od. e-m Wert* nähern, nahe *od.* näher kommen (*dat.*); **III** *v/i.* [-meɪt] **4.** nahe *od.* näher kommen (*oft mit* **to** *dat.*); **ap'prox·i·mate·ly** [-lɪ] *adv.* annähernd, ungefähr, etwa; **ap·prox·i·ma·tion** [əˌprɒksɪ'meɪʃn] *s.* **1.** Annäherung *f* (**to** an *acc.*): ***an ~ to the truth*** annähernd die Wahrheit; **2.** 𝔄 a) (An)Näherung *f* (**to** an *acc.*), b) Näherungswert *m*; annähernde Gleichheit; **ap'prox·i·ma·tive** [-ətɪv] *adj.* ☐ annähernd.

ap·pur·te·nance [ə'pɜːtɪnəns] *s.* **1.** Zubehör *n, m*; **2.** *pl.* ⚖ Re'alrechte *pl.* (*aus Eigentum an Liegenschaften*); **ap'pur·te·nant** [-nt] *adj.* zugehörig (**to** *dat.*).

a·pri·cot ['eɪprɪkɒt] *s.* Apri'kose *f.*

A·pril ['eɪprəl] *s.* A'pril *m*: ***in ~*** im April; ***~ fool*** Aprilnarr *m*; ***~ Fools Day*** der 1. April; ***make an ~ fool of s.o.***, ***~-fool s.o.*** j-n in den April schicken.

a pri·o·ri [ˌeɪpraɪ'ɔːraɪ] *adv. u. adj. phls.* **1.** a pri'ori, deduk'tiv; **2.** F mutmaßlich, ohne (Über)'Prüfung.

a·pron ['eɪprən] *s.* **1.** Schürze *f*; Schurz (-fell *n*) *m*; **2.** Schurz *m von Freimaurern od. engl. Bischöfen*; **3.** ⚙ a) Schutzblech *n*, -haube *f*, b) *mot.* Blech-, Windschutz *m*, c) Schutzleder *n*, Kniedecke *f an Fahrzeugen*; **4.** ✈ (betoniertes) (Hallen)Vorfeld; **5.** *a.* ***~ stage*** *thea.* Vorbühne *f*; ***~ strings*** *s. pl.* Schürzenbänder *pl.*; *fig.* Gängelband *n*: ***tied to one's mother's ~*** an Mutters Schürzenzipfel hängend; ***tied to s.o.'s ~*** unter j-s Fuchtel stehend.

ap·ro·pos ['æprəpəʊ] **I** *adv.* **1.** angemessen, zur rechten Zeit: ***he arrived very ~*** er kam wie gerufen; **2.** 'hinsichtlich (**of** *gen.*): ***~ of our talk***; **3.** apro'pos, nebenbei bemerkt; **II** *adj.* **4.** passend, angemessen, treffend: ***his remark was very ~.***

apse [æps] *s.* △ 'Apsis *f.*

apt [æpt] *adj.* ☐ **1.** passend, geeignet; treffend: ***an ~ remark***; **2.** geneigt, neigend (**to** *inf.* zu *inf.*): ***he is ~ to believe it*** er wird es wahrscheinlich glauben; ***~ to be overlooked*** leicht zu übersehen; ***~ to rust*** leicht rostend; **3.** (**at**) geschickt (in *dat.*), begabt (für): ***an ~ pupil.***

ap·ter·ous ['æptərəs] *adj.* **1.** *zo.* flügellos; **2.** ⚘ ungeflügelt.

ap·ti·tude ['æptɪtjuːd] *s.* (*ped.* Sonder-) Begabung *f*, Befähigung *f*, Ta'lent *n*; Fähigkeit *f*; Auffassungsgabe *f*; Eignung *f* (**for** für, zu): ***~ test*** *Am.* Eignungsprüfung *f*; **apt·ness** ['æptnɪs] *s.* **1.** Angemessenheit *f*, Tauglichkeit *f* (**for** für, zu); **2.** (**for**, **to**) Neigung *f* (zu), Eignung *f* (für, zu), Geschicklichkeit *f* (in *dat.*).

aq·ua·cul·ture ['ækwəkʌltʃə] *s.* 'Aquakulˌtur *f.*

aq·ua for·tis [ˌækwə'fɔːtɪs] *s.* ⚗ Scheidewasser *n*, Sal'petersäure *f.*

aq·ua·lung ['ækwəlʌŋ] *s.* Taucherlunge *f*, Atmungsgerät *n*; **'aq·ua·lun·ger** [-ŋə] *s.* Tiefsee-, Sporttaucher(in).

aq·ua·ma·rine [ˌækwəmə'riːn] *s.* **1.** *min.* Aquama'rin *m*; **2.** Aquama'rinblau *n.*

aq·ua·plane ['ækwəpleɪn] **I** *s.* **1.** *Wassersport*: Monoski *m*; **II** *v/i.* **2.** Monoski laufen; **3.** *mot.* a) aufschwimmen (*Reifen*), b) ‚schwimmen', die Bodenhaftung verlieren; **'aq·ua·plan·ing** *s.* **1.** Monoskilauf *m*; **2.** *mot.* Aqua'planing *n.*

aq·ua·relle [ˌækwə'rel] *s.* Aqua'rell(maleˌrei *f*) *n*; **ˌaq·ua'rel·list** [-lɪst] *s.* Aqua'rellmaler(in).

A·quar·i·an [ə'kweərɪən] *s. ast.* Wassermann *m* (*Person*).

a·quar·i·um [ə'kweərɪəm] *pl.* **-i·ums** *od.* **-i·a** [-ɪə] *s.* A'quarium *n.*

A·quar·i·us [ə'kweərɪəs] *s. ast.* Wassermann *m.*

aq·ua show ['ækwə] *s. Brit.* 'Wasserbalˌlett *n.*

a·quat·ic [ə'kwætɪk] **I** *adj.* **1.** Wasser...: ***~ plants***; ***~ sports*** Wassersport *m*; **II** *s.* **2.** *biol.* Wassertier *n*, -pflanze *f*; **3.** *pl.* Wassersport *m.*

aq·ua·tint ['ækwətɪnt] *s.* Aqua'tinta *f*, 'Tuschmaˌnier *f.*

aq·ua vi·tae [ˌækwə'vaɪtiː] *s.* **1.** ⚗ *hist.* 'Alkohol *m*; **2.** Branntwein *m.*

aq·ue·duct ['ækwɪdʌkt] *s.* Aquä'dukt *m, n.*

a·que·ous ['eɪkwɪəs] *adj.* wäss(e)rig (*a. fig.*), wasserartig, -haltig.

Aq·ui·la ['ækwɪlə] *s. ast.* Adler *m.*

aq·ui·le·gi·a [ˌækwɪ'liːdʒjə] *s.* ⚘ Ake'lei *f.*

aq·ui·line ['ækwɪlaɪn] *adj.* gebogen, Adler..., Habichts...: ***~ nose.***

Ar·ab ['ærəb] **I** *s.* **1.** Araber(in); **2.** Araber *m* (*Pferd*); **3.** → ***street Arab***; **II** *adj.* **4.** a'rabisch; **ar·a·besque** [ˌærə'besk] **I** *s.* Ara'beske *f*; **II** *adj.* ara'besk; **A·ra·bi·an** [ə'reɪbjən] **I** *adj.* **1.** a'rabisch: ***The ~ Nights*** Tausendundeine Nacht; **II** *s.* **2.** → ***Arab*** 1; **3.** → ***Arab*** 2; **'Ar·a·bic** [-bɪk] **I** *adj.* a'rabisch: ***~ figures*** (*od.* ***numerals***) arabische Ziffern *od.* Zahlen; **II** *s. ling.* A'rabisch *n*; **'Ar·ab·ist** [-bɪst] *s.* Ara'bist *m.*

ar·a·ble ['ærəbl] **I** *adj.* pflügbar, anbaufähig; **II** *s.* Ackerland *n.*

Ar·a·by ['ærəbɪ] *s. poet.* A'rabien *n.*

ar·au·ca·ri·a [ˌærɔː'keərɪə] *s.* ⚘ Zimmertanne *f*, Arau'karie *f.*

ar·bi·ter ['ɑːbɪtə] *s.* **1.** Schiedsrichter *m*; **2.** *fig.* Richter *m* (**of** über *acc.*); **3.** *fig.* Herr *m*, Gebieter *m*; **ar·bi·trage** [ˌɑːbɪ'trɑːʒ] *s.* ☤ Arbi'trage *f*; **ar·bi·tral** ['ɑːbɪtrəl] *adj.* schiedsrichterlich: ***~ award*** Schiedsspruch *m*; ***~ body*** *od.* ***court*** Schiedsgericht *n*, -stelle *f*; ***~ clause*** Schiedsklausel *f*; **ar·bi·trar·i·ness** ['ɑːbɪtrərɪnɪs] *s.* Willkür *f*, Eigenmächtigkeit *f*; **ar·bi·trar·y** ['ɑːbɪtrərɪ] *adj.* ☐ **1.** willkürlich, eigenmächtig, -willig; **2.** launenhaft; **3.** ty'rannisch; **ar·bi·trate** ['ɑːbɪtreɪt] **I** *v/t.* **1.** (als Schiedsrichter *od.* durch Schiedsspruch) entscheiden, schlichten, beilegen; **2.** e-m Schiedsspruch unter'werfen; **II** *v/i.* **3.** Schiedsrichter sein; **ar·bi·tra·tion** [ˌɑːbɪ'treɪʃn] *s.* **1.** Schieds(gerichts)verfahren *n*; Schiedsspruch *m*; Schlichtung *f*: ***court of ~*** Schiedsgericht *n*, -hof *m*; ***~ board*** Schiedsstelle *f*; ***submit to ~*** e-m Schiedsgericht unterwerfen; ***settle by ~*** schiedsgerichtlich beilegen; **2.** ☤ (***~ of exchange*** Wechsel)Arbitrage *f*; **'ar·bi·tra·tor** [-reɪtə] *s.* ⚖ Schiedsrichter *m*, -mann *m.*

ar·bor[1] *Am.* → ***arbour***; ***⁓ Day*** *Am.* Tag *m* des Baums.

ar·bor[2] ['ɑːbə] *s.* ⚙ Achse *f*, Welle *f*; (Aufsteck)Dorn *m*, Spindel *f.*

ar·bo·re·al [ɑː'bɔːrɪəl] *adj.* baumartig; Baum...; auf Bäumen lebend; **ar'bo·re·ous** [-ɪəs] *adj.* **1.** baumreich, waldig; **2.** baumartig; Baum...; **ar·bo·res·cent** [ˌɑːbə'resnt] *adj.* baumartig, verzweigt; **ar·bo·re·tum** [ˌɑːbə'riːtəm] *pl.* **-ta** [-tə] *s.* Arbo'retum *n*; **ar·bo·ri·cul·ture** ['ɑːbərɪkʌltʃə] *s.* Baumzucht *f.*

ar·bor vi·tae [ˌɑːbə'vaɪtɪ] *s.* ⚘ Lebensbaum *m.*

ar·bour ['ɑːbə] *s.* Laube *f.*

arc [ɑːk] **I** *s.* **1.** *a.* 𝔄, ⚙, *ast.* Bogen *m*; **2.** ⚡ (Licht)Bogen *m*: ***~ welding*** Lichtbogenschweißen *n*; **II** *v/i.* *a.* ***~ over*** ⚡ e-n (Licht)Bogen bilden, ‚funken'.

ar·cade [ɑː'keɪd] *s.* Ar'kade *f*: a) Säulen-, Bogen-, Laubengang *m*, b) Pas'sage *f*; **ar'cad·ed** [-dɪd] *adj.* mit Arkaden (versehen).

Ar·ca·di·a [ɑː'keɪdjə] *s.* Ar'kadien *n*, ländliches Para'dies *od.* I'dyll; **Ar'ca·di·an** [-ən] *adj.* ar'kadisch, i'dyllisch.

ar·cane [ɑː'keɪn] *adj.* geheimnisvoll; **ar'ca·num** [-nəm] *pl.* **-na** [-nə] *s.* **1.** *hist.* ⚗ Ar'kanum *n*; Eli'xier *n*; **2.** *mst pl.* Geheimnis *n*, My'sterium *n.*

arch[1] [ɑːtʃ] **I** *s.* **1.** *mst* △ (Brücken-, Fenster- *etc.*)Bogen *m*; über'wölbter (Ein-, 'Durch)Gang; ('Eisenbahn- *etc.*) Überˌführung *f*; Tri'umphbogen *m*; **2.** Wölbung *f*, Gewölbe *n*: ***~ of the instep*** (Fuß)Rist *m*, Spann *m*; ***~ support*** Senkfußeinlage *f*; ***fallen ~es*** Senkfuß *m*; **II** *v/t.* **3.** *a.* ***~ over*** mit Bogen versehen, über'wölben; **4.** wölben, krümmen: ***~ the back*** e-n Buckel machen (*Katze*); **III** *v/i.* **5.** sich wölben; sich krümmen.

arch[2] [ɑːtʃ] *adj. oft* **arch-** erst, oberst, Haupt..., Erz...; schlimmst, Riesen...: ***~ rogue*** Erzschurke *m.*

arch[3] [ɑːtʃ] *adj.* ☐ schalkhaft, schelmisch: ***an ~ look.***

arch- [ɑːtʃ] *Präfix bei Titeln etc.*: erst, oberst, Haupt..., Erz...

ar·chae·o·log·ic, **ar·chae·o·log·i·cal** [ˌɑːkɪə'lɒdʒɪk(l)] *adj.* ☐ archäo'logisch, Altertums...; **ar·chae·ol·o·gist** [ˌɑːkɪ'ɒlədʒɪst] *s.* Archäo'loge *m*, Altertumsforscher *m*; **ar·chae·ol·o·gy** [ˌɑːkɪ'ɒlədʒɪ] *s.* Archäolo'gie *f*, Altertumskunde *f.*

ar·cha·ic [ɑː'keɪɪk] *adj.* (☐ ***~ally***) ar'chaisch: a) altertümlich, b) *bsd. ling.* veraltet, altmodisch; **ar·cha·ism** ['ɑːkeɪɪzəm] *s.* **1.** *ling.* Archa'ismus *m*, veralteter Ausdruck; **2.** *et.* Veraltetes.

arch·an·gel ['ɑːkˌeɪndʒəl] *s.* Erzengel *m.*

ˌarch'bish·op [ˌɑːtʃ-] *s.* Erzbischof *m*; **ˌ~'bish·op·ric** *s.* **1.** Erzbistum *n*; **2.** Amt *n* e-s Erzbischofs; **ˌ~'dea·con** *s.* Archidia'kon *m*; **ˌ~'di·o·cese** *s.* 'Erzdiöˌzese *f*; **ˌ~'du·cal** *adj.* erzherzoglich; **ˌ~'duch·ess** *s.* Erzherzogin *f*; **ˌ~'duch·y** *s.* Erzherzogtum *n*; **ˌ~'duke** *s.* Erzherzog *m.*

arched [ɑːtʃt] *adj.* gewölbt, gebogen, gekrümmt.

ˌarch'en·e·my *s.* → ***archfiend.***

arch·er ['ɑːtʃə] *s.* **1.** Bogenschütze *m*; **2.** ⁓ *ast.* Schütze *m*; **'arch·er·y** [-ərɪ] *s.* **1.** Bogenschießen *n*; **2.** *coll.* Bogenschützen *pl.*

ar·che·typ·al ['ɑːkɪtaɪpl] *adj.* arche'typisch; **'ar·che·type** [-taɪp] *s.* Urform *f*, -bild *n*, Arche'typ(us) *m.*

ˌarch'fiend [ˌɑːtʃ-] *s.* Erzfeind *m*: a) Todfeind *m*, b) 'Satan *m*, Teufel *m.*

ar·chi·e·pis·co·pal [ˌɑːkɪɪ'pɪskəpl] *adj.* erzbischöflich; **ˌar·chi·e'pis·co·pate** [-pɪt] *s.* Amt *n od.* Würde *f* e-s Erzbischofs.

Ar·chi·pel·a·go [ˌɑːkɪ'pelɪgəʊ] **I** *npr.* Ä'gäisches Meer; **II** ⁓ *pl.* **-gos** *s.* Archi'pel *m*, Inselmeer *n*, -gruppe *f.*

ar·chi·tect ['ɑːkɪtekt] **I** *s.* **1.** Archi'tekt (-in); **2.** *fig.* Schöpfer(in), Urheber(in), Archi'tekt *m*: ***the ~ of one's fortunes*** des eigenen Glückes Schmied; **II** *v/t.* **3.**

bauen, entwerfen; **ar·chi·tec·ton·ic** [ˌɑːkɪtek'tɒnɪk] **I** *adj.* (□ **~ally**) **1.** architek'tonisch, baulich; **2.** aufbauend, konstruk'tiv, planvoll, schöpferisch, syste'matisch; **II** *s. mst pl. sg. konstr.* **3.** Architek'tonik *f*: a) Baukunst *f* (*als Fach*), b) künstlerischer Aufbau; **ar·chi·tec·tur·al** [ˌɑːkɪ'tektʃərəl] *adj.* □ architek'tonisch, Architektur..., Bau...; **'ar·chi·tec·ture** [-tʃə] *s.* Architek'tur *f*: a) Baukunst *f*, Bauart *f*, Baustil *m*, b) Konstrukti'on *f*; (Auf)Bau *m*, Struk'tur *f*, Anlage *f* (*a. fig.*), c) Bau(werk *n*) *m*, *coll.* Gebäude *pl.*, Bauten *pl.*

ar·chi·trave ['ɑːkɪtreɪv] *s.* ⚠ Archi'trav *m*, Tragbalken *m.*

ar·chive ['ɑːkaɪv] *s. mst pl.* Ar'chiv *n*; Urkundensammlung *f*; **ar·chi·vist** ['ɑːkɪvɪst] *s.* Archi'var *m.*

arch·ness ['ɑːtʃnɪs] *s.* Schalkhaftigkeit *f*, Durch'triebenheit *f.*

ˌarch'priest [ˌɑːtʃ-] *s. eccl. hist.* Erzpriester *m.*

'arch|·way ['ɑːtʃ-] *s.* ⚠ Bogengang *m*, über'wölbter Torweg; **'~·wise** [-waɪz] *adv.* bogenartig.

arc| lamp *s.* ⚡ Bogenlampe *f*; **~ light** *s.* Bogenlicht *n*, -lampe *f.*

arc·tic ['ɑːktɪk] **I** *adj.* **1.** 'arktisch, nördlich, Nord..., Polar...: **♀ Circle** Nördlicher Polarkreis; **♀ Ocean** Nördliches Eismeer; **~ fox** Polarfuchs *m*; **2.** *fig.* sehr kalt, eisig; **II** *s.* **3.** *die* 'Arktis; **4.** *pl. Am.* gefütterte, wasserdichte 'Überschuhe *pl.*

ar·dent ['ɑːdənt] *adj.* □ **1.** *bsd. fig.* heiß, glühend, feurig: **~ eyes**; **~ love**; **~ spirits** hochprozentige Spirituosen; **2.** *fig.* feurig, heftig, inbrünstig, leidenschaftlich: **~ wish**; **~ admirer** glühender Verehrer; **3.** *fig.* begeistert; **ar·dour**, *Am.* **ar·dor** ['ɑːdə] *s. fig.* **1.** Feuer *n*, Glut *f*, Inbrunst *f*, Leidenschaft *f*; **2.** Eifer *m*, Begeisterung *f* (**for** für).

ar·du·ous ['ɑːdjʊəs] *adj.* □ **1.** schwierig, anstrengend, mühsam: **an ~ task**; **2.** ausdauernd, zäh, e'nergisch: **an ~ worker**; **3.** steil, jäh (*Berg etc.*); **'ar·du·ous·ness** [-nɪs] *s.* Schwierigkeit *f*, Mühsal *f.*

are¹ [ɑː; ə] *pres. pl. u. 2 sg. von* **be**.

are² [ɑː] *s.* Ar *n* (*Flächenmaß*).

a·re·a ['eərɪə] *s.* **1.** (begrenzte) Fläche, Flächenraum *m od.* -inhalt *m*; Grundstück *n*, Are'al *n*; Ober-, Grundfläche *f*; **2.** Raum *m*, Gebiet *n*, Gegend *f*: **danger ~** Gefahrenzone *f*; **prohibited** (*od.* **restricted**) **~** Sperrzone *f*; **~ code** *teleph. Am.* Vorwahl *f*, Vorwählnummer *f*; **in the Chicago ~** im (Groß-) Raum (von) Chikago; **3.** *fig.* Bereich *m*, Gebiet *n*; **4.** *a.* **~way** Kellervorhof *m*; **5.** ⚔ Operati'onsgebiet *n*: **~ bombing** Bombenflächenwurf *m*; **back ~** Etappe *f*; **forward ~** Kampfgebiet *n*; **6.** *anat.* (*Seh- etc.*)Zentrum *n*; **a·re·al** [-əl] *adj.* Flächen(inhalts)...

a·re·na [ə'riːnə] *s.* A'rena *f*: a) Kampfplatz *m*, b) 'Stadion *n*, c) *fig.* Schauplatz *m*, Bühne *f*: **political ~**.

aren't [ɑːnt] F *für* **are not**.

a·rête [æ'reɪt] (*Fr.*) *s.* (Fels)Grat *m.*

ar·gent ['ɑːdʒənt] **I** *s.* Silber(farbe *f*) *n*; **II** *adj.* silberfarbig.

Ar·gen·tine ['ɑːdʒəntaɪn], **Ar·gen·tin·e·an** [ˌɑːdʒən'tɪnɪən] **I** *adj.* argen'tinisch; **II** *s.* Argen'tinier(in).

ar·gil ['ɑːdʒɪl] *s.* Ton *m*, Töpfererde *f*; **ar·gil·la·ceous** [ˌɑːdʒɪ'leɪʃəs] *adj.* tonartig, Ton...

ar·gon ['ɑːgɒn] *s.* ⚗ 'Argon *n.*

Ar·go·naut ['ɑːgənɔːt] *s.* **1.** *myth.* Argo'naut *m*; **2.** *Am.* Goldsucher *m* in Kali'fornien (*1848/49*).

ar·got ['ɑːgəʊ] *s.* Ar'got *n*, Jar'gon *m*, Slang *m*, *bsd.* Gaunersprache *f.*

ar·gu·a·ble ['ɑːgjʊəbl] *adj.* □ disku'tabel, vertretbar: **it is ~** man könnte mit Recht behaupten; **'ar·gu·a·bly** [-lɪ] *adv.* vertretbarerweise; **ar·gue** ['ɑːgjuː] **I** *v/i.* **1.** argumentieren; Gründe (für *od.* wider) anführen: **~ for s.th.** a) für et. eintreten, b) für et. sprechen (*Sache*); **~ against s.th.** a) gegen et. Einwände machen, b) gegen et. sprechen (*Sache*); **don't ~!** keine Widerrede!; **2.** streiten, rechten (**with** mit); disputieren (**about** über *acc.*, **for** für, **against** gegen, **with** mit); **II** *v/t.* **3.** *e-e Angelegenheit* erörtern, diskutieren; **4.** *j-n* über'reden *od.* (durch Argu'mente) bewegen: **~ s.o. into s.th.** j-n zu et. überreden; **~ s.o. out of s.th.** j-n von et. abbringen; **5.** geltend machen, behaupten: **~ that black is white**; **6.** begründen, beweisen; folgern (**from** aus); **7.** verraten, (an)zeigen, beweisen: **his clothes ~ poverty**; **ar·gu·ment** ['ɑːgjʊmənt] *s.* **1.** Argu'ment *n*, (Beweis)Grund *m*; Beweisführung *f*, Schlussfolgerung *f*; **2.** Behauptung *f*; Entgegnung *f*, Einwand *m*; **3.** Erörterung *f*, Besprechung *f*: **hold an ~** diskutieren; **4.** F (Wort)Streit *m*, Ausein'andersetzung *f*; Streitfrage *f*; **5.** 'Thema *n*, (Haupt)Inhalt *m*; **ar·gu·men·ta·tion** [ˌɑːgjʊmen'teɪʃn] *s.* **1.** Beweisführung *f*, Schlussfolgerung *f*; **2.** Erörterung *f*; **ar·gu·men·ta·tive** [ˌɑːgjʊ'mentətɪv] *adj.* □ **1.** streitlustig; **2.** strittig, um'stritten; **3.** 'kritisch; **4.** **~ of** hindeutend auf (*acc.*).

Ar·gus ['ɑːgəs] *npr. myth.* 'Argus *m*; **'~-eyed** *adj.* 'argusäugig, wachsam, mit 'Argusaugen.

a·ri·a ['ɑːrɪə] *s.* ♪ 'Arie *f.*

Ar·i·an ['eərɪən] *eccl.* **I** *adj.* ari'anisch; **II** *s.* Ari'aner *m.*

ar·id ['ærɪd] *adj.* □ dürr, trocken, unfruchtbar; *fig.* trocken, öde; **a·rid·i·ty** [æ'rɪdətɪ] *s.* Dürre *f*, Trockenheit *f*, Unfruchtbarkeit *f* (*a. fig.*).

A·ri·es ['eəriːz] *s. ast.* Widder *m.*

a·right [ə'raɪt] *adv.* recht, richtig: **set ~** richtig stellen.

a·rise [ə'raɪz] *v/i.* [*irr.*] **1.** (**from**, **out of**) entstehen, entspringen, her'vorgehen (aus), herrühren, stammen (von); **2.** entstehen, sich ergeben (**from** aus); sich erheben, erscheinen, auftreten; **3.** aufstehen, sich erheben; **a·ris·en** [ə'rɪzn] *p.p. von* **arise**.

ar·is·toc·ra·cy [ˌærɪ'stɒkrəsɪ] *s.* **1.** Aristokra'tie *f*, *coll. a.* Adel *m*; **2.** *fig.* E'lite *f*, Adel *m*; **a·ris·to·crat** ['ærɪstəkræt] *s.* Aristo'krat(in); Adlige(r *m*) *f*; *fig.* Pa'trizier(in); **a·ris·to·crat·ic**, **a·ris·to·crat·i·cal** [ˌærɪstə'krætɪk(l)] *adj.* □ aristo'kratisch, Adels...; *fig.* adlig, vornehm.

a·rith·me·tic [ə'rɪθmətɪk] *s.* Arith'metik *f*, Rechnen *n*, Rechenkunst *f*; **ar·ith·met·ic**, **ar·ith·met·i·cal** [ˌærɪθ'metɪk(l)] *adj.* □ arith'metisch, Rechen...; **a·rith·me·ti·cian** [əˌrɪθmə'tɪʃn] *s.* Rechner(in), Rechenmeister(in).

ark [ɑːk] *s.* **1.** Arche *f*: **Noah's ~** Arche Noah(s); **2.** Schrein *m*: **♀ of the Covenant** *bibl.* Bundeslade *f.*

arm¹ [ɑːm] *s.* **1.** *anat.* Arm *m*: **keep s.o. at ~'s length** *fig.* sich j-n vom Leibe halten; **within ~'s reach** in Reichweite; **with open ~s** *fig.* mit offenen Armen; **fly into s.o.'s ~s** j-m in die Arme fliegen; **take s.o. in one's ~s** j-n in die Arme nehmen; **infant** (*od.* **babe**) **in ~s** Säugling *m*; **2.** Fluss-, Meeresarm *m*; **3.** Arm-, Seitenlehne *f*; **4.** Ast *m*, großer Zweig; **5.** Ärmel *m*; **6.** ⚙ Arm *m e-r Maschine etc.*: **~ of a balance** Waagebalken *m*; **7.** *fig.* Arm *m des Gesetzes etc.*

arm² [ɑːm] **I** *s.* **1.** ⚔ *mst pl.* Waffe(n *pl.*) *f*: **do ~s drill** Gewehrgriffe üben; **in ~s** bewaffnet; **rise in ~s** zu den Waffen greifen, sich empören; **up in ~s** a) in Aufruhr, b) *fig.* in Harnisch, in hellem Zorn; **by force of ~s** mit Waffengewalt; **bear ~s** a) Waffen tragen, b) als Soldat dienen; **lay down ~s** die Waffen strecken; **take up ~s** zu den Waffen greifen (*a. fig.*); **~s dealer** Waffenhändler *m*; **~s control** Rüstungskontrolle *f*; **~s race** Wettrüsten *n*; **ground ~s!** Gewehr nieder!; **order ~s!** Gewehr ab!; **pile ~s!** setzt die Gewehre zusammen!; **port ~s!** fällt das Gewehr!; **present ~s!** präsentiert das Gewehr!; **slope ~s!** das Gewehr über!; **shoulder ~s!** das Gewehr an Schulter!; **to ~s!** zu den Waffen!, ans Gewehr!; → **passage at arms**; **2.** Waffengattung *f*, Truppe *f*: **the naval ~** die Kriegsmarine; **3.** *pl.* Wappen *n*; → **coat** 1; **II** *v/t.* **4.** bewaffnen: **~ed to the teeth** bis an die Zähne bewaffnet; **5.** ⚙ armieren, bewehren, befestigen, verstärken, *mit Metall* beschlagen; **6.** ⚔ *Munition, Mine* scharf machen; **7.** (aus)rüsten, bereit machen, versehen: **be ~ed with an umbrella**; **be ~ed with arguments**; **III** *v/i.* **8.** sich bewaffnen, sich (aus)rüsten.

ar·ma·da [ɑː'mɑːdə] *s.* **1.** **♀** *hist.* Ar'mada *f*; **2.** Kriegsflotte *f*, Luftflotte *f*, Geschwader *n.*

ar·ma·dil·lo [ˌɑːmə'dɪləʊ] *s. zo.* **1.** Arma'dill *n*, Gürteltier *n*; **2.** Apo'thekerassel *f.*

Ar·ma·ged·don [ˌɑːmə'gedn] *s.* **1.** *bibl.* Arma'geddon *n*, Entscheidungskampf *m* (*a. fig.*); **2.** globale Kata'strophe; **3.** *fig.* totaler Zs.-bruch, De'saster *n.*

ar·ma·ment ['ɑːməmənt] *s.* ⚔ **1.** Kriegsstärke *f*, -macht *f e-s Landes*: **naval ~** Kriegsflotte *f*; **2.** Bewaffnung *f*, Bestückung *f e-s Kriegsschiffes etc.*; **3.** (Kriegsaus)Rüstung *f*: **~ race** Wettrüsten *n*; **ar·ma·ture** ['ɑːməˌtjʊə] *s.* **1.** Rüstung *f*, Panzer *m*; **2.** ⚙ Panzerung *f*, Beschlag *m*, Bewehrung *f*, Armierung *f*, Arma'tur *f*; **3.** ⚡ Anker *m* (*a. e-s Magneten etc.*), Läufer *m*: **~ shaft** Ankerwelle *f*; **4.** ⚘, *zo.* Bewehrung *f.*

'arm|·band *s.* Armbinde *f*; **ˌ~'chair** **I** *s.* Lehnstuhl *m*, (Lehn)Sessel *m*; **II** *adj.* vom (*od.* am) grünen Tisch; Stammtisch..., Salon...: **~ strategists**.

armed [ɑːmd] *adj.* **1.** bewaffnet: **~ conflict**; **~ neutrality**; **~ forces** (Gesamt-) Streitkräfte; **~ robbery** schwerer Raub; **2.** ⚔ a) scharf, zündfertig (*Munition etc.*), b) *a.* ⚙ → **armoured**.

Ar·me·ni·an [ɑː'miːnjən] **I** *adj.* ar'menisch; **II** *s.* Ar'menier(in).

'arm·ful [-fʊl] *s.* Armvoll *m.*

arm·ing ['ɑːmɪŋ] *s.* **1.** Bewaffnung *f*, (Aus)Rüstung *f*; **2.** ⚙ Armierung *f*, Arma'tur *f*; **3.** Wappen *n.*

ar·mi·stice ['ɑːmɪstɪs] *s.* Waffenstillstand *m* (*a. fig.*); **♀ Day** *s.* Jahrestag *m* des Waffenstillstandes vom 11. November 1918.

arm·let ['ɑːmlɪt] *s.* **1.** Armbinde *f als Abzeichen*; Armspange *f*; **2.** kleiner Meeres- *od.* Flussarm.

ar·mor *etc. Am.* → ***armour*** *etc.*

ar·mo·ri·al [ɑː'mɔːrɪəl] **I** *adj.* Wappen..., he'raldisch: ~ ***bearings*** Wappen(schild *m, n*) *n*; **II** *s.* Wappenbuch *n*; **ar·mor·y** ['ɑːmərɪ] *s.* **1.** He'raldik *f*, Wappenkunde *f*; **2.** *Am.* → ***armoury***.

ar·mour ['ɑːmə] *s.* **1.** Rüstung *f*, Panzer *m* (*a. fig.*); **2.** ⚔, ⚙ Panzer(ung *f*) *m*, Armierung *f*; *coll.* Panzerfahrzeuge *pl.*, -truppen *pl.*; **3.** ⚘, *zo.* Panzer *m*, Schutzdecke *f*; '~**-clad** → ***armour-plated***.

ar·moured ['ɑːməd] *adj.* ⚔, ⚙ gepanzert, Panzer...: ~ ***cable*** armiertes Kabel, Panzerkabel *n*; ~ ***car*** a) Panzerkampfwagen *m*, b) gepanzerter (Geld-) Transportwagen; ~ ***infantry*** Panzergrenadiere *pl*; ~ ***train*** Panzerzug *m*; '**ar·mour·er** [-ərə] *s.* Waffenschmied *m*; ⚔, ⚓ Waffenmeister *m*.

'**ar·mour|-,pierc·ing** *adj.* panzerbrechend, Panzer...: ~ ***ammunition***; '~**-,plat·ed** *adj.* gepanzert, Panzer...

ar·mour·y ['ɑːmərɪ] *s.* **1.** Rüst-, Waffenkammer *f* (*a. fig.*), Arse'nal *n*, Zeughaus *n*; **2.** *Am.* a) 'Waffenfa,brik *f*, b) Exerzierhalle *f*.

'**arm|·pit** *s.* Achselhöhle *f*; '~**·rest** *s.* Armlehne *f*, -stütze *f*; '~**-,twist·ing** *s.* F Druckausübung *f*.

ar·my ['ɑːmɪ] *s.* **1.** Ar'mee *f*, Heer *n*; Mili'tär *n*: ~ ***contractor*** Heereslieferant *m*; ***join the*** ~ Soldat werden; ~ ***of occupation*** Besatzungsarmee; ~ ***issue*** *die* dem Soldaten gelieferte Ausrüstung, Heereseigentum *n*; **2.** Ar'mee *f* (*als militärische Einheit*); **3.** *fig.* Heer *n*, Menge *f*: ***a whole*** ~ ***of workmen***; ~ **chap·lain** *s.* Mili'tärgeistliche(r) *m*; ~ **corps** *s.* Ar'meekorps *n*.

ar·ni·ca ['ɑːnɪkə] *s.* ⚕ 'Arnika *f*.

A-road ['eɪrəʊd] *s. Brit. etwa*: Bundesstraße *f*.

a·ro·ma [ə'rəʊmə] *s.* **1.** A'roma *n*, Duft *m*, Würze *f*; Blume *f* (*Wein*); **2.** *fig.* Würze *f*, Reiz *m*; **ar·o·mat·ic** *adj.* [ˌærəʊ'mætɪk] *adj.* (□ ~***ally***) aro'matisch, würzig, duftig: ~ ***bath*** Kräuterbad *n*.

a·ro·ma·ther·a·py [əˌrəʊmə'θerəpɪ] *s.* ⚕ A'romathera,pie *f*.

a·rose [ə'rəʊz] *pret. von* ***arise***.

a·round [ə'raʊnd] **I** *adv.* **1.** 'ringsher'um, im Kreise; rundum, nach *od.* auf allen Seiten, über'all: ***I've been*** ~ F *fig.* ich kenn mich aus; **2.** *bsd. Am.* F um'her, (in der Gegend) herum; in der Nähe, da'bei; **II** *prp.* **3.** um, um ... her(um), rund um; **4.** *bsd. Am.* F a) (rings- *od.* in der Gegend) herum; durch, hin und her, b) (nahe) bei, in, c) ungefähr, etwa; **a,round-the-'clock** *adj.* den ganzen Tag dauernd, 24-stündig; Dauer...

a·rouse [ə'raʊz] *v/t.* **1.** *j-n* (auf-) wecken; **2.** *fig.* aufrütteln; *Gefühle etc.* erregen.

ar·que·bus ['ɑːkwɪbəs] → ***harquebus***.

ar·rack ['ærək] *s.* 'Arrak *m*.

ar·raign [ə'reɪn] *v/t.* **1.** ⚖ a) vor Gericht stellen, b) zur Anklage vernehmen; **2.** *öffentlich* beschuldigen, rügen; **3.** *fig.* anfechten; **ar'raign·ment** [-mənt] *s.* ⚖ Vernehmung *f* zur Anklage; *bsd. fig.* Anklage *f*.

ar·range [ə'reɪndʒ] **I** *v/t.* **1.** (an)ordnen; aufstellen; einteilen; ein-, ausrichten; erledigen: ~ ***one's ideas*** s-e Gedanken ordnen; ~ ***one's affairs*** s-e Angelegenheiten regeln; **2.** verabreden, vereinbaren; festsetzen, planen: ***everything had been*** ~***d beforehand***; ***an*** ~***d marriage*** e-e (von den Eltern) arrangierte Ehe; **3.** *Streit etc.* beilegen, schlichten; **4.** ♪, *thea.* einrichten, bearbeiten; **II** *v/i.* **5.** sich verständigen (***about*** über *acc.*); **6.** Anordnungen *od.* Vorkehrungen treffen (***for***, ***about*** für, zu, ***to*** *inf.* zu *inf.*); es einrichten, dafür sorgen, veranlassen (***that*** dass): ~ ***for the car to be ready***; **7.** sich einigen (***with s.o. about s.th.*** mit j-m über et.); **ar'range·ment** [-mənt] *s.* **1.** (An)Ordnung *f*, Einrichtung *f*, Einteilung *f*, Auf-, Zs.-stellung *f*; Sy'stem *n*; **2.** Vereinbarung *f*, Verabredung *f*, Abmachung *f*: ***make an*** ~ ***with s.o.*** mit j-m e-e Verabredung treffen; **3.** Ab-, Über'einkommen *n*; Schlichtung *f*: ***come to an*** ~ e-n Vergleich schließen; **4.** *pl.* ***make*** ~***s*** Vorkehrungen *od.* Vorbereitungen *od.* s-e Dispositionen treffen; ***today's*** ~***s*** die heutigen Veranstaltungen; **5.** *thea.* Bearbeitung *f*, ♪ *a.* Arrange'ment *n*.

ar·rant ['ærənt] *adj.* □ völlig, ausgesprochen, ‚kom'plett': ***an*** ~ ***fool***; ~ ***nonsense***; ***an*** ~ ***rogue*** ein Erzgauner.

ar·ray [ə'reɪ] **I** *v/t.* **1.** ordnen, aufstellen (*bsd. Truppen*); **2.** ⚖ *Geschworene* aufrufen; **3.** *fig.* aufbieten; **4.** (***o.s.*** sich) kleiden, putzen; **II** *s.* **5.** Ordnung *f*; Schlachtordnung *f*; **6.** ⚖ Geschworenen(liste *f*) *pl.*; **7.** 'Phalanx *f*, stattliche Reihe, Menge *f*, Aufgebot *n*; **8.** Kleidung *f*, Staat *m*, Aufmachung *f*.

ar·rear [ə'rɪə] *s.* a) *mst pl.* Rückstand *m*, *bsd.* Schulden *pl.*: ~***s of rent*** rückständige Miete; ***in*** ~***(s)*** im Rückstand *od.* Verzug, b) *et.* Unerledigtes, Arbeitsrückstände *pl.*

ar·rest [ə'rest] **I** *s.* **1.** Aufhalten *n*, Hemmung *f*, Stockung *f*; **2.** ⚖ a) Verhaftung *f*, Haft *f*: ***under*** ~ verhaftet, in Haft, b) Beschlagnahme *f*, c) *a.* ~ ***of judgment*** Urteilssistierung *f*; **II** *v/t.* **3.** an-, aufhalten, hemmen, hindern: ~ ***progress***; ~***ed growth*** *biol.* gehemmtes Wachstum; ~***ed tuberculosis*** ⚕ inaktive Tuberkulose; **4.** ⚙ feststellen, sperren, arretieren; **5.** ⚖ a) verhaften, b) beschlagnahmen, c) ~ ***judgment*** das Urteil vertagen; **6.** *Geld etc.* einbehalten, konfiszieren; **7.** *Aufmerksamkeit etc.* fesseln, festhalten; **ar'rest·ing** [-tɪŋ] *adj.* fesselnd, interes'sant; **ar'restment** [-mənt] *s.* Beschlagnahme *f*.

ar·rière-pen·sée [ˌærɪeə(r)'pɒnseɪ] (*Fr.*) *s.* 'Hintergedanke *m*.

ar·riv·al [ə'raɪvl] *s.* **1.** Ankunft *f*, Eintreffen *n*; *fig.* Gelangen *n* (***at*** zu); **2.** Erscheinen *n*, Auftreten *n*; **3.** a) Ankömmling *m*: ***new*** ~ Neuankömmling, Familienzuwachs *m*, b) *et.* Angekommenes; **4.** *pl.* ankommende Züge *pl.* *od.* Schiffe *pl.* *od.* Flugzeuge *pl.* *od.* Per'sonen *pl.*; Zufuhr *f*; ✝ (Waren)Eingänge *pl.*; **ar·rive** [ə'raɪv] *v/i.* **1.** (an-) kommen, eintreffen; **2.** erscheinen, auftreten; **3.** *fig.* (***at***) erreichen (*acc.*), gelangen (zu): ~ ***at a decision***; **4.** kommen, eintreten (*Zeit, Ereignis*); **5.** Erfolg haben.

ar·ro·gance ['ærəgəns] *s.* Arro'ganz *f*, Anmaßung *f*, Über'heblichkeit *f*; '**ar·ro·gant** [-nt] *adj.* □ arro'gant, anmaßend, über'heblich; **ar·ro·gate** ['ærəʊgeɪt] *v/t.* **1.** ~ ***to o.s.*** sich *et.* anmaßen, *et.* für sich in Anspruch nehmen; **2.** zuschreiben, zuschieben (***s.th. to s.o.*** j-m et.); **ar·ro·ga·tion** [ˌærəʊ'geɪʃn] *s.* Anmaßung *f*.

ar·row ['ærəʊ] *s.* **1.** Pfeil *m*; ~ ***keys*** *Computer*: Pfeiltasten *pl*; **2.** Pfeil (-zeichen *n*) *m*; **3.** *surv.* Zähl-, Markierstab *m*; '**ar·rowed** [-əʊd] *adj.* mit Pfeilen *od.* Pfeilzeichen (versehen).

'**ar·row|·head** *s.* **1.** Pfeilspitze *f*; **2.** (Zeichen *n* der) Pfeilspitze *f* (*brit. Regierungsgut kennzeichnend*); '~**·root** *s.* ⚘ a) Pfeilwurz *f*, b) Pfeilwurzstärke *f*.

ar·roy·o [ə'rɔɪəʊ] *s. geol.* Ar'royo *m*, Erosi'onsrinne *f*, -schlucht *f*.

arse [ɑːs] **I** *s.* V Arsch *m*; **II** *v/i. sl.* ~ ***around*** ‚herumspinnen'; '~**·hole** *s.* V ‚Arschloch' *n* (*a. fig. contp.*); ~ **lick·er** *s.* V ‚Arschkriecher' *m*.

ar·se·nal ['ɑːsənl] *s.* **1.** Arse'nal *n* (*a. fig.*), Zeughaus *n*, Waffenlager *n*; **2.** 'Waffen-, Muniti'onsfa,brik *f*.

ar·se·nic I *s.* ['ɑːsnɪk] Ar'sen(ik) *n*; **II** *adj.* [ɑː'senɪk] ar'senhaltig; Arsen...

ar·sis ['ɑːsɪs] *s.* **1.** *poet.* Hebung *f*, betonte Silbe; **2.** ♪ Aufschlag *m*.

ar·son ['ɑːsn] *s.* ⚖ Brandstiftung *f*; '**ar·son·ist** [-nɪst] *s.* Brandstifter *m*.

art¹ [ɑːt] **I** *s.* **1.** (*bsd.* bildende) Kunst: ***the fine*** ~***s*** die schönen Künste; ***brought to a fine*** ~ *fig.* zu e-r wahren Kunst entwickelt; ***work of*** ~ Kunstwerk *n*; **2.** Kunst(fertigkeit) *f*, Geschicklichkeit *f*: ***the*** ~ ***of the painter***; ***the*** ~ ***of cooking***; ***industrial*** ~***(s)*** (*od.* ~***s and crafts***) Kunstgewerbe *n*, -handwerk *n*; ***the black*** ~ die schwarze Kunst, die Zauberei; **3.** *pl. univ.* Geisteswissenschaften *pl.*: ***Faculty of*** ***&s***, *Am.* ***&s Department*** philosophische Fakultät; ***liberal*** ~***s*** humanistische Fächer; → ***master*** 10, ***bachelor*** 2; **4.** *mst pl.* Kunstgriff *m*, Kniff *m*, List *f*, Tücke *f*; **5.** *Patentrecht*: a) Fach(gebiet) *n*, b) Fachkenntnis *f*, c) (***state of the*** ~ Stand *m* der) Technik; → ***prior*** 1; **II** *adj.* **6.** Kunst...: ~ ***critic***; ~ ***director*** a) *thea. etc.* Bühnenmeister *m*, b) *Werbung*: Art-Director *m*, künstlerischer Leiter; **7.** künstlerisch, dekora'tiv: ~ ***pottery***; **III** *v/t.* **8.** ~ ***up*** *sl.* (künstlerisch) ‚aufmöbeln'.

art² [ɑːt] *obs. 2. pres. sg. von* ***be***.

ar·te·fact → ***artifact***.

ar·te·ri·al [ɑː'tɪərɪəl] *adj.* **1.** ⚕ arteri'ell, Arterien...: ~ ***blood*** Pulsaderblut *n*; **2.** *fig.* ~ ***road*** Hauptverkehrsader *f*, Ausfall-, Durchgangs-, Hauptverkehrs-, *a.* Fernverkehrsstraße *f*.

ar·te·ri·o·scle·ro·sis [ɑːˌtɪərɪəʊsklɪə'rəʊsɪs] *s.* ⚕ Arterioskle'rose *f*, Ar'terienverkalkung *f*.

ar·ter·y ['ɑːtərɪ] *s.* **1.** Ar'terie *f*, Puls-, Schlagader *f*; **2.** *fig.* Verkehrsader *f*, *bsd.* Hauptstraße *f*, -fluss *m*: ~ ***of traffic***; ~ ***of trade*** Haupthandelsweg *m*.

ar·te·sian well [ɑː'tiːzjən] *s.* ar'tesischer (*Am.* tiefer) Brunnen.

art·ful ['ɑːtfʊl] *adj.* □ schlau, listig, verschlagen; '**art·ful·ness** [-nɪs] *s.* List *f*, Schläue *f*, Verschlagenheit *f*.

ar·thrit·ic, **ar·thrit·i·cal** [ɑː'θrɪtɪk(l)] *adj.* ⚕ ar'thritisch, gichtisch; **ar·thri·tis** [ɑː'θraɪtɪs] *s.* ⚕ Ar'thritis *f*; **ar·thro·sis** [ɑː'θrəʊsɪs] *s.* Ar'throse *f*.

Ar·thu·ri·an [ɑː'θʊərɪən] *adj.* (König) Arthur *od.* Artus betreffend, Arthur..., Artus...

ar·ti·choke ['ɑːtɪtʃəʊk] *s.* ⚘ **1.** *a.* ***globe*** ~ Arti'schocke *f*; **2.** ***Jerusalem*** ~ 'Erdarti,schocke *f*.

ar·ti·cle ['ɑːtɪkl] **I** *s.* **1.** ('Zeitungs- *etc.*) Ar,tikel *m*, Aufsatz *m*; **2.** Ar'tikel *m*,

Gegenstand *m*, Sache *f*; Posten *m*, Ware *f*: ~ ***of trade*** Handelsware; ***the genuine*** ~ F der ‚wahre Jakob'; **3.** Abschnitt *m*, Para'graph *m*, Klausel *f*, Punkt *m*: ~***s of apprenticeship*** Lehrvertrag *m*; ~***s*** (***of association***, *Am.* ***incorporation***) ✝ Satzung *f*; ***the Thirty-nine*** ~***s*** die 39 Glaubensartikel *der anglikanischen Kirche*; ***according to the*** ~***s*** ✝ satzungsgemäß; **4.** *ling.* Ar'tikel *m*, Geschlechtswort *n*; **II** *v/t.* **5.** vertraglich binden; in die Lehre geben (***to*** bei); '**ar·ti·cled** [-ld] *adj.* **1.** vertraglich gebunden; **2.** in der Lehre (***to*** bei): ~ ***clerk*** *Brit.* Anwaltsgehilfe *m*.

ar·tic·u·late I *v/t.* [ɑː'tɪkjʊleɪt] **1.** artikulieren, deutlich (aus)sprechen; **2.** gliedern; **3.** *Knochen* zs.-fügen; **II** *adj.* [-lət] **4.** klar erkennbar, deutlich (gegliedert), artikuliert, verständlich (*Wörter etc*); **5.** fähig, sich klar auszudrücken, sich klar ausdrückend; **6.** sich Gehör verschaffend; **7.** ⚕, ♆, *zo.* gegliedert; **ar'tic·u·lat·ed** [-tɪd] *adj.* ⚙ Gelenk..., Glieder...: ~ ***train***; ~ ***lorry*** *Brit.* Sattelschlepper *m*; **ar·tic·u·la·tion** [ɑːˌtɪkjʊ'leɪʃn] *s.* **1.** *bsd. ling.* Artikulati'on *f*, deutliche Aussprache; Verständlichkeit *f*; **2.** Anein'anderfügung *f*; **3.** ⚙ Gelenk(verbindung *f*) *n*; **4.** Gliederung *f*.

ar·ti·fact ['ɑːtɪfækt] *s.* Arte'fakt *n*: a) Werkzeug *n od.* Gerät *n bsd. primitiver od. prähistorischer Kulturen*, b) ⚕ 'Kunstproˌdukt *n*; '**ar·ti·fice** [-fɪs] *s.* Kunstgriff *m*; Kniff *m*, List *f*; **ar·tif·i·cer** [ɑː'tɪfɪsə] *s.* **1.** → ***artisan***; **2.** ⚔ a) Feuerwerker *m*, b) Handwerker *m*; **3.** Urheber(in).

ar·ti·fi·cial [ˌɑːtɪ'fɪʃl] *adj.* □ **1.** künstlich, Kunst...: ~ ***heart*** Kunstherz *n*; ~ ***intelligence*** künstliche Intelli'genz; ~ ***silk*** Kunstseide *f*; ~ ***leg*** Beinprothese *f*; ~ ***teeth*** künstliche Zähne; ~ ***person*** ⚖ juristische Person; ~ ***turf*** *sport* Kunststoffrasen *m*; **2.** *fig.* gekünstelt, falsch; **ar·ti·fi·ci·al·i·ty** [ˌɑːtɪfɪʃɪ'ælətɪ] *s.* Künstlichkeit *f*; *et.* Gekünsteltes.

ar·til·ler·ist [ɑː'tɪlərɪst] *s.* Artille'rist *m*, Kano'nier *m*.

ar·til·ler·y [ɑː'tɪlərɪ] *s.* **1.** Artille'rie *f*; **2.** *sl.* ‚Artille'rie' *f*, Schießeisen *n od. pl.*

ar·ti·san [ˌɑːtɪ'zæn] *s.* (Kunst)Handwerker *m*.

art·ist ['ɑːtɪst] *s.* **1.** a) Künstler(in), *bsd.* Kunstmaler(in), b) → ***artiste***; **2.** *fig.* Künstler(in), Könner(in); **ar·tiste** [ɑː'tiːst] (*Fr.*) *s.* Ar'tist(in), Künstler (-in), Sänger(in), Schauspieler(in), Tänzer(in); **ar·tis·tic**, **ar·tis·ti·cal** [ɑː'tɪstɪk(l)] *adj.* □ **1.** künstlerisch, Künstler..., Kunst...; **2.** kunstverständig; **3.** kunst-, geschmackvoll; '**art·ist·ry** [-trɪ] *s.* **1.** Künstlertum *n*, *das* Künstlerische; **2.** künstlerische Wirkung *od.* Voll'endung; **3.** Kunstfertigkeit *f*.

art·less ['ɑːtlɪs] *adj.* □ **1.** ungekünstelt, na'türlich, schlicht, unschuldig, na'iv; **2.** offen, arglos, ohne Falsch; **3.** unkünstlerisch, stümperhaft.

Art Nou·veau [ˌɑːrnuː'vəʊ] (*Fr.*) *s.* *Kunst*: Art *f* nou'veau, Jugendstil *m*.

ar·tsy ['ɑːtsɪ] → ***arty***.

'**art·work** *s.* Artwork *n*: a) künstlerische Gestaltung, Illustrati'on(en *pl.*) *f*, Grafik *f*, b) (grafische *etc.*) Gestaltungsmittel *pl.*

art·y ['ɑːtɪ] *adj.* F **1.** (gewollt) künstlerisch *od.* bohemi'enhaft; **2.** ‚kunstbeflissen'; ˌ~**(-and)-'craft·y** *adj.* **1.** *iro.* ‚künstlerisch', mo'dern-verrückt; **2.** → ***arty*** 1.

Ar·y·an ['eərɪən] **I** *s.* **1.** Arier *m*, Indoger'mane *m*; **2.** *ling.* arische Sprachengruppe; **3.** Arier *m*, Nichtjude *m* (*in der Nazi-Ideologie*); **II** *adj.* **4.** arisch; **5.** arisch, nichtjüdisch.

as [æz; əz] **I** *adv.* **1.** (ebenso) wie, so: ~ ***usual*** wie gewöhnlich *od.* üblich; ~ ***soft*** ~ ***butter*** weich wie Butter; ***twice*** ~ ***large*** zweimal so groß; ***just*** ~ ***good*** ebenso gut; **2.** als: ***he appeared*** ~ ***Macbeth***; ***I knew him*** ~ ***a child***; ~ ***prose style this is bad*** für Prosa ist das schlecht; **3.** wie (z. B.): ***cathedral cities***, ~ ***Ely***; **II** *cj.* **4.** wie, so wie: ~ ***follows***; ***do*** ~ ***you are told!*** tu, wie man dir sagt!; ~ ***I said before***; ~ ***you were!*** ⚔ Kommando zurück!; ~ ***it is*** unter diesen Umständen, ohnehin; ~ ***it were*** sozusagen, gleichsam; **5.** als, in'dem, während: ~ ***he entered*** als er eintrat, bei s-m Eintritt; **6.** ob'gleich, wenn auch; wie, wie sehr, so sehr: ***old*** ~ ***I am*** so alt wie ich bin; ***try*** ~ ***he would*** sosehr er (es) auch versuchte; **7.** da, weil: ~ ***you are sorry I'll forgive you***; **III** *pron.* **8.** was, wie: ~ ***he himself admits***; → ***such*** 7;

Zssgn mit adv. u. prp.:

as| ... **as** (eben)so ... wie: ***as fast as I could*** so schnell ich konnte; ***as sweet as can be*** so süß wie möglich; ***as cheap as five pence a bottle*** schon für (*od.* für nur) fünf Pence die Flasche; ***as recently as last week*** noch (*od.* erst) vorige Woche; ***as good as*** so gut wie, sozusagen; ***not as bad as*** (***all***) ***that*** gar nicht so schlimm; ***as fine a song as I ever heard*** ein Lied, wie ich kein schöneres je gehört habe; ~ **far as** so weit (wie), so'weit, so'viel: ~ ***I know*** soviel ich weiß; ~ ***Cologne*** bis (nach) Köln; ***as far back as 1890*** schon im Jahre 1890; ~ **for** was ... (an)betrifft, bezüglich (*gen.*); ~ **from** *vor Zeitangaben*: von ... an, ab, mit Wirkung vom...; ~ **if** *od.* **though** als ob, als wenn: ***he talks*** ~ ***he knew them all***; ~ **long as** a) so lange wie, solange: ~ ***he stays***, b) wenn (nur); vor'ausgesetzt, dass: ~ ***you have enough money***; ~ **much** gerade (*od.* eben) das: ***I thought*** ~; ~ ***again*** doppelt so viel; ~ **much as** (*neg. mst* ***not so much as***) a) (eben)so viel wie: ~ ***my son***, b) so sehr, so viel: ***did he pay*** ~ ***that?*** hat er so viel (dafür) bezahlt?, c) so'gar, über'haupt (*neg.* nicht einmal): ***without*** ~ ***looking at him*** ohne ihn überhaupt *od.* auch nur anzusehen; ~ **per** laut, gemäß (*dat.*); ~ **soon as** → ***soon*** 3; ~ **to 1.** → ***as for***; **2.** (als *od.* so) dass: ***be so kind*** ~ ***come*** sei so gut und komm; **3.** nach, gemäß (*dat.*); ~ **well** → ***well***[1] 11; ~ **yet** → ***yet*** 2.

asap, **ASAP** ['eɪsæp] *abbr. für* ***as soon as possible*** möglichst bald.

as·bes·tos [æz'bestɒs] *s. min.* As'best *m*: ~ ***board*** Asbestpappe *f*; ~***-contaminated*** asbestbelastet.

as·bes·to·sis [æsbe'stəʊsɪs] *s.* Asbeststaublunge *f*.

as·cend [ə'send] **I** *v/i.* **1.** (auf-, em'por-, hin'auf)steigen; **2.** ansteigen, (schräg) in die Höhe gehen: ***the path*** ~***s here***; **3.** *zeitlich* hin'aufreichen, zu'rückgehen (***to*** bis in *acc.*, bis auf *acc.*); **4.** ♪ steigen (*Ton*); **II** *v/t.* **5.** be-, ersteigen: ~ ***a river*** e-n Fluss hinauffahren; ~ ***the throne*** den Thron besteigen; **as'cend·an·cy**, **as'cend·en·cy** [-dənsɪ] *s.* (***over***) Über'legenheit *f*, Herrschaft *f*, Gewalt *f* (über *acc.*); (bestimmender) Einfluss (auf *acc.*); **as'cend·ant**, **as'cend·ent** [-dənt] **I** *s.* **1.** *ast.* Aufgangspunkt *m e-s Gestirns*: ***in the*** ~ *fig.* im Kommen *od.* Aufstieg; **2.** → ***ascendancy***; **3.** Verwandte(r *m*) *f* (*in aufsteigender Linie*); Vorfahr *m*; **II** *adj.* **4.** aufgehend, aufsteigend; **5.** über'legen, (vor)herrschend; **as'cend·ing** [-dɪŋ] *adj.* (auf-) steigend (*a. fig.*): ~ ***air current*** Aufwind *m*; **as'cen·sion** [-nʃn] *s.* **1.** Aufsteigen *n* (*a. ast.*), Besteigung *f*; **2.** ***the*** ~ die Himmelfahrt Christi: ~ ***Day*** Himmelfahrtstag *m*; **as'cent** [-nt] *s.* **1.** Aufstieg *m* (*a. fig.*), Besteigung *f*; **2.** *bsd.* ⚒, ⚙ Steigung *f*, Gefälle *n*, Abhang *m*; **3.** Auffahrt *f*, Rampe *f*, (Treppen)Aufgang *m*.

as·cer·tain [ˌæsə'teɪn] *v/t.* feststellen, ermitteln; in Erfahrung bringen; ˌ**as·cer'tain·a·ble** [-nəbl] *adj.* feststellbar, zu ermitteln(d); ˌ**as·cer'tain·ment** [-mənt] *s.* Feststellung *f*, Ermittlung *f*.

as·cet·ic [ə'setɪk] **I** *adj.* (□ ~***ally***) as'ketisch, Asketen...; **II** *s.* As'ket *m*; **as'cet·i·cism** [-ɪsɪzəm] *s.* As'kese *f*; Kasteiung *f*.

ASCII code ['æskiː] *s. Computer*: ASCII-Code *m*; **ASCII file** *s. Computer*: ASCII-Datei *f*.

as·cor·bic ac·id [ə'skɔːbɪk] *s.* Askor'binsäure *f*, Vitamin C *n*.

as·crib·a·ble [ə'skraɪbəbl] *adj.* zuzuschreiben(d), beizumessen(d); **as·cribe** [ə'skraɪb] *v/t.* (***to***) zuschreiben, beimessen, beilegen (*dat.*); zu'rückführen (auf *acc.*).

a·sep·sis [æ'sepsɪs] *s.* ⚕ A'sepsis *f*; keimfreie Wundbehandlung; **a'sep·tic** [-ptɪk] *adj.* (□ ~***ally***) a'septisch, keimfrei, ste'ril.

a·sex·u·al [eɪ'seksjʊəl] *adj.* □ *biol.* asexual: a) geschlechtslos (*a. fig.*), b) ungeschlechtlich: ~ ***reproduction*** ungeschlechtliche Fortpflanzung.

ash[1] [æʃ] *s.* ♆ **1.** *a.* ~ ***tree*** Esche *f*: ***weeping*** ~ Traueresche; **2.** *a.* ~ ***wood*** Eschenholz *n*.

ash[2] [æʃ] *s.* **1.** Asche *f* (*a.* ⚗): ~ ***bin*** (*Am.* ***can***) Aschen-, Mülleimer *m*; ~ ***furnace*** Glasschmelzofen *m*; **2.** *mst pl.* Asche *f*: ***lay in*** ~***es*** niederbrennen; **3.** *pl. fig.* sterbliche 'Überreste *pl.*; Trümmer *pl.*, Staub *m*: ***rise from the*** ~***es*** *fig.* (wie ein Phönix) aus der Asche aufsteigen; **4.** ***win the*** ~***es*** (*Kricket*) gegen Australien gewinnen.

a·shamed [ə'ʃeɪmd] *adj.* □ sich schämend, beschämt: ***be*** (*od.* ***feel***) ~ ***of*** sich *e-r Sache od. j-s* schämen; ***be*** ~ ***to*** (*inf.*) sich schämen zu (*inf.*); ***I am*** ~ ***that*** es ist mir peinlich, dass; ***you ought to be*** ~ ***of yourself!*** du solltest dich schämen!

ash·en[1] ['æʃn] *adj.* ♆ eschen, aus Eschenholz.

ash·en[2] ['æʃn] *adj.* Aschen...; *fig.* aschfahl, -grau.

Ash·ke·naz·im [ˌæʃkɪ'næzɪm] (*Hebrew*) *s. pl.* As(ch)ke'nasim *pl.*

ash·lar ['æʃlə] *s.* ⚠ Quaderstein *m*.

a·shore [ə'ʃɔː] *adv. u. adj.* ans *od.* am Ufer *od.* Land: ***go*** ~ an Land gehen; ***run*** ~ a) stranden, auflaufen, b) auf Strand setzen.

'**ash|·pit** *s.* Aschengrube *f*; '~**·tray** *s.* Aschenbecher *m*; ~ **Wednes·day** *s.* Ascher'mittwoch *m*.

ash·y ['æʃɪ] *adj.* **1.** aus Asche (bestehend); mit Asche bedeckt; **2.** → ***ashen***[2].

A·sian ['eɪʃn], **A·si·at·ic** [ˌeɪʃɪ'ætɪk] **I** *adj.* asi'atisch; **II** *s.* Asi'at(in).

a·side [ə'saɪd] **I** *adv.* **1.** bei'seite, auf die *od.* zur Seite, seitwärts; abseits: ***step*** (***set***) ~; **2.** *thea.* beiseite: ***speak*** ~; **3.** ~ ***from*** *Am.* abgesehen von; **II** *s.* **4.** *thea.* A'parte *n*, beiseite gesprochene Worte *pl.*; **5.** a) Nebenbemerkung *f*, b) geflüsterte Bemerkung.

as·i·nine ['æsɪnaɪn] *adj.* eselartig, Esels...; *fig.* eselhaft, dumm.

ask [ɑːsk] **I** *v/t.* **1.** a) *j-n* fragen: ~ ***the policeman***, b) nach *et.* fragen: ~ ***the way***; ~ ***the time*** fragen, wie spät es ist; ~ ***a question of s.o.*** e-e Frage an j-n stellen; **2.** *j-n* nach *et.* fragen, sich bei *j-m* nach *et.* erkundigen: ~ ***s.o. the way***; ***may I*** ~ ***you a question?*** darf ich Sie (nach) etwas fragen?; ~ ***me another!*** F keine Ahnung!; **3.** *j-n* bitten (***for*** um, ***to*** *inf.* zu *inf.*, ***that*** dass): ~ ***s.o. for advice***; ***we were*** ~***ed to believe*** man wollte uns glauben machen; **4.** bitten um, erbitten: ~ ***his advice***; ***be there for the*** ~***ing*** umsonst *od.* mühelos zu haben sein; → ***favour*** 2; **5.** einladen, bitten: ~ ***s.o. to lunch***; ~ ***s.o. in*** j-n hereinbitten; **6.** fordern, verlangen: ~ ***a high price***; ***that is*** ~***ing too much!*** das ist zu viel verlangt!; **7.** → ***banns***; **II** *v/i.* **8.** (***for***) bitten (um), verlangen (*acc. od.* nach); fragen (nach), *j-n* zu sprechen wünschen; *et.* erfordern: ~ (***s.o.***) ***for help*** (j-n) um Hilfe bitten; ***s.o. has been*** ~***ing for you*** es hat jemand nach Ihnen gefragt; ***the matter*** ~***s for great care*** die Angelegenheit erfordert große Sorgfalt; **9.** *fig.* her'beiführen: ***you*** ~***ed for it*** (*od.* ***for trouble***) du wolltest es ja so haben; **10.** fragen, sich erkundigen (***after***, ***about*** nach, wegen).

a·skance [ə'skæns] *adv.* von der Seite; *fig.* schief, scheel, misstrauisch: ***look*** ~ ***at s.o.*** (*od.* ***s.th.***).

a·skew [ə'skjuː] *adv.* schief, schräg (*a. fig.*).

a·slant [ə'slɑːnt] **I** *adv. u. adj.* schräg, quer; **II** *prp.* quer über *od.* durch.

a·sleep [ə'sliːp] *adv. u. adj.* **1.** schlafend, im *od.* in den Schlaf: ***be*** ~ schlafen; ***fall*** ~ einschlafen; **2.** *fig.* entschlafen, leblos; **3.** *fig.* schlafend, unaufmerksam; **4.** *fig.* eingeschlafen (*Glied*).

a·slope [ə'sləʊp] *adv. u. adj.* abschüssig, schräg.

a·so·cial [æ'səʊʃəl] *adj.* □ **1.** ungesellig, kon'taktfeindlich; **2.** → ***antisocial***.

asp[1] [æsp] *s. zo.* Natter *f.*

asp[2] [æsp] → ***aspen***.

as·par·a·gus [ə'spærəgəs] *s.* ⚘ Spargel *m*: ~ ***tips*** Spargelspitzen.

as·pect ['æspekt] *s.* **1.** Aussehen *n*, Äußere(s) *n*, Erscheinung *f*, Anblick *m*, Gestalt *f*; **2.** Gebärde *f*, Miene *f*; **3.** A'spekt *m* (*a. ast.*), Gesichtspunkt *m*, Seite *f*; Hinsicht *f*, (Be)Zug *m*: ***in its true*** ~ im richtigen Licht; **4.** Aussicht *f*, Lage *f*: ***the house has a southern*** ~ das Haus liegt nach Süden.

as·pen ['æspən] ⚘ **I** *s.* Espe *f*, Zitterpappel *f*; **II** *adj.* espen: ***tremble like an*** ~ ***leaf*** wie Espenlaub zittern.

as·per·gill ['æspədʒɪl], **as·per·gil·lum** [ˌæspə'dʒɪləm] *s. eccl.* Weihwedel *m*.

as·per·i·ty [æ'sperətɪ] *s. bsd. fig.* Rauheit *f*, Schroffheit *f*; Schärfe *f*, Strenge *f*, Herbheit *f*.

as·perse [ə'spɜːs] *v/t.* verleumden, in schlechten Ruf bringen, schlecht machen, schmähen; **as'per·sion** [-ɜːʃn] *s.* **1.** *eccl.* Besprengung *f*; **2.** Verleumdung *f*, Anwurf *m*, Schmähung *f*: ***cast*** ~***s on*** *j-n* verleumden *od.* mit Schmutz bewerfen.

as·phalt ['æsfælt] **I** *s. min.* As'phalt *m*; **II** *v/t.* asphaltieren.

as·phyx·i·a [æs'fɪksɪə] *s.* ⚕ a) Erstickung(stod *m*) *f*, b) Scheintod *m*; **as·phyx·i·ant** [əs'fɪksɪənt] **I** *adj.* erstickend; **II** *s.* erstickender (⚔ Kampf-) Stoff; **as·phyx·i·ate** [əs'fɪksɪeɪt] *v/t.* ersticken: ***be*** ~***d*** ersticken; **as·phyx·i·a·tion** [əsˌfɪksɪ'eɪʃn] *s.* Erstickung *f*.

as·pic ['æspɪk] *s.* A'spik *m*, Ge'lee *n*.

as·pir·ant [ə'spaɪərənt] *s.* (***to***, ***after***, ***for***) Aspi'rant(in), Kandi'dat(in) (für); (eifriger) Bewerber (um): ~ ***officer*** Offiziersanwärter *m*.

as·pi·rate ['æspərət] *ling.* **I** *s.* Hauchlaut *m*; **II** *adj.* aspiriert; **III** *v/t.* [-pəreɪt] aspirieren; **as·pi·ra·tion** [ˌæspə'reɪʃn] *s.* **1.** Bestrebung *f*, Aspirati'on *f*, Trachten *n*, Sehnen *n* (***for***, ***after*** nach); **2.** *ling.* Aspirati'on *f*; Hauchlaut *m*; **3.** ⚙, ⚕ An-, Absaugung *f*; **as·pi·ra·tor** ['æspəreɪtə] *s.* ⚙, ⚕ 'Saugappaˌrat *m*;

as·pire [əs'paɪə] *v/i.* **1.** streben, trachten, verlangen (***to***, ***after*** nach, ***to*** *inf.* zu *inf.*); **2.** *fig.* sich erheben.

as·pi·rin ['æspərɪn] *s.* ⚕ Aspi'rin *n*: ***two*** ~***s*** zwei Aspirintabletten.

as·pir·ing [əs'paɪərɪŋ] *adj.* □ hochstrebend, ehrgeizig.

ass[1] [æs] *s. zo.* Esel *m*; *fig.* Esel *m*, Dummkopf *m*: ***make an*** ~ ***of o.s.*** sich lächerlich machen.

ass[2] [æs] *s. Am.* V Arsch *m*.

as·sail [ə'seɪl] *v/t.* **1.** angreifen, über'fallen, bestürmen (*a. fig.*): ~ ***a city***; ~ ***s.o. with blows***; ~ ***s.o. with questions*** j-n mit Fragen überschütten; ~***ed by fear*** von Furcht ergriffen; ~***ed by doubts*** von Zweifeln befallen; **2.** (eifrig) in Angriff nehmen; **as'sail·a·ble** [-ləbl] *adj.* angreifbar (*a. fig.*); **as'sail·ant** [-lənt], **as'sail·er** [-lə] *s.* Angreifer(in), Gegner(in); *fig.* 'Kritiker *m*.

as·sas·sin [ə'sæsɪn] *s.* (Meuchel)Mörder (-in); po'litischer Mörder, Atten'täter (-in); **as'sas·si·nate** [-neɪt] *v/t.* (meuchlings) (er)morden; **as·sas·si·na·tion** [əˌsæsɪ'neɪʃn] *s.* Meuchelmord *m*, Ermordung *f*, (politischer) Mord, Atten'tat *n*.

as·sault [ə'sɔːlt] **I** *s.* **1.** Angriff *m* (*a. fig.*), 'Überfall *m* (***upon***, ***on*** auf *acc.*); **2.** ⚔ Sturm *m*: ***carry*** (*od.* ***take***) ***by*** ~ erstürmen; ~ ***boat*** a) Sturmboot *n*, b) Landungsfahrzeug *n*; ~ ***troops*** Stoßtruppen; **3.** ⚖ tätliche Bedrohung *od.* Beleidigung: ~ ***and battery*** schwere tätliche Beleidigung, Misshandlung *f*; ***indecent*** *od.* ***criminal*** ~ unzüchtige Handlung (*Belästigung*), Sittlichkeitsvergehen *n*; **II** *v/t.* **4.** angreifen, über'fallen (*a. fig.*); anfallen, tätlich werden gegen; **5.** ⚔ bestürmen (*a. fig.*); **6.** ⚖ tätlich *od.* schwer beleidigen; **7.** vergewaltigen.

as·say [ə'seɪ] **I** *s.* **1.** ⚙, ⚗ Probe *f*, Ana'lyse *f*, Prüfung *f*, Unter'suchung *f*, *bsd.* Me'tall-, Münzprobe *f*: ~ ***office*** Prüfungsamt *n*; **II** *v/t.* **2.** *bsd.* (*Edel*)*Metalle* prüfen, unter'suchen; **3.** *fig.* versuchen, probieren; **III** *v/i.* **4.** *Am.* 'Edelmeˌtall enthalten; **as'say·er** [-eɪə] *s.* (Münz-) Prüfer *m*.

as·sem·blage [ə'semblɪdʒ] *s.* **1.** Zs.-kommen *n*, Versammlung *f*; **2.** Ansammlung *f*, Schar *f*, Menge *f*; **3.** ⚙ Zs.-setzen *n*, Mon'tage *f*; **4.** *Kunst*: Assem'blage *f*; **as·sem·ble** [ə'sembl] **I** *v/t.* **1.** versammeln, zs.-berufen; *Truppen* zs.-ziehen; **2.** ⚙ *Teile* zs.-setzen, -bauen, montieren; *Computer*: assemblieren; **II** *v/i.* **3.** sich versammeln, zs.-kommen; *parl.* zs.-treten; **as'sem·bler** [-lə] *s.* **1.** ⚙ Mon'teur *m*; **2.** *Computer*: As'sembler *m*; **as'sem·bly** [-lɪ] *s.* **1.** Versammlung *f*, Zs.-kunft *f*, Gesellschaft *f*: ~ ***point*** Versammlungsort *m*; ~ ***hall***, ~ ***room*** *a.* Gesellschaftsraum *m*, Ballsaal *m*; **2.** *oft* ꙍ *pol.* beratende *od.* gesetzgebende Körperschaft; *Am.* ꙍ, *a.* ***General*** ꙍ 'Unterhaus *n* (*in einigen Staaten*): ~ ***man*** Abgeordnete(r) (→ 3); **3.** ⚙ Zs.-bau *m*, Mon'tage *f*; *a. Computer*: Baugruppe *f*: ~ ***line*** Montage-, Fließband *n*, (Fertigungs)Straße *f*, laufendes Band; ~ ***man*** Fließbandarbeiter *m* (→ 2); ~ ***plant*** Montagewerk *n*; ~ ***shop*** Montagehalle *f*; **4.** ⚔ a) Bereitstellung *f*, b) 'Sammelsiˌgnal *n*: ~ ***area*** Bereitstellungsraum *m*.

as·sent [ə'sent] **I** *v/i.* (***to***) zustimmen (*dat.*), beipflichten (*dat.*), billigen (*acc.*); genehmigen (*acc.*); **II** *s.* Zustimmung *f*: ***royal*** ~ *pol. Brit.* königliche Genehmigung.

as·sert [ə'sɜːt] *v/t.* **1.** behaupten, erklären; **2.** *Anspruch, Recht* behaupten, geltend machen; 'durchsetzen; bestehen auf (*acc.*); verteidigen, einstehen für: ~ ***one's liberties***; **3.** ~ ***o.s.*** a) sich behaupten, sich geltend machen *od.* 'durchsetzen, b) sich zu viel anmaßen; **as·ser·tion** [ə'sɜːʃn] *s.* **1.** Behauptung *f*, Erklärung *f*: ***make an*** ~ e-e Behauptung aufstellen; **2.** Geltendmachung *f od.* 'Durchsetzung *f e-s Anspruches etc.*; **as'ser·tive** [-tɪv] *adj.* □ **1.** 'positiv, zur Geltung kommend, ausdrücklich; **2.** anspruchsvoll, anmaßend.

as·sess [ə'ses] *v/t.* **1.** besteuern, zur Steuer einschätzen *od.* veranlagen (***in*** *od.* ***at*** [***the sum of***] mit); **2.** *Steuer, Geldstrafe etc.* auferlegen (***upon*** *dat.*): ~***ed value*** Einheitswert *m*; **3.** *bsd. Wert zur Besteuerung od. e-s Schadens* schätzen, veranschlagen, festsetzen; **4.** *fig. Leistung etc.* bewerten, einschätzen, beurteilen, würdigen; **as'sess·a·ble** [-səbl] *adj.* □ **1.** (ab)schätzbar; **2.** (~ ***to income tax*** einkommens)steuerpflichtig; **as'sess·ment** [-mənt] *s.* **1.** (Steuer)Veranlagung *f*, Einschätzung *f*, Besteuerung *f*: ~ ***notice*** Steuerbescheid *m*; ***rate of*** ~ Steuersatz *m*; **2.** Festsetzung *f* e-r Zahlung (*als Entschädigung etc.*), (*Schadens*)Feststellung *f*; **3.** (*Betrag der*) Steuer *f*, Abgabe *f*, Zahlung *f*; **4.** *fig.* Bewertung *f*, Beurteilung *f*, Würdigung *f*; **as'ses·sor** [-sə] *s.* **1.** Steuereinschätzer *m*; **2.** ⚖ (sachverständiger) Beisitzer *m*, Sachverständige(r) *m*.

as·set ['æset] *s.* **1.** ✝ Vermögen(swert *m*, -gegenstand *m*) *n*; *Bilanz*: Ak'tivposten *m*, *pl.* Ak'tiva *pl.*, (Aktiv-, Betriebs)Vermögen *n*; (Kapital)Anlagen *pl.*; Guthaben *n u. pl.*: ~***s and liabilities*** Aktiva u. Passiva; ***concealed*** (*od.* ***hidden***) ~***s*** stille Reserven; ***current*** ~***s*** 'Umlaufvermögen *n*; ***fixed*** ~***s*** Sachanlagen *pl.*, Anlagevermögen *n*; ***intangible*** ~***s*** 'immateriˌelles Vermögen; **2.** *pl.* ⚖ Vermögen(smasse *f*) *n*, Nachlass *m*; (***bankrupt's***) ~***s*** Kon'kursmasse *f*; **3.** *fig.* a) Vorzug *m*, -teil *m*, Plus *n*, Wert *m*, b) Gewinn (***to*** für), wertvolle Kraft, guter Mitarbeiter *etc.*

as·sev·er·ate [ə'sevəreɪt] *v/t.* beteuern;

as·sev·er·a·tion [əˌsevəˈreɪʃn] *s.* Beteuerung *f.*

as·si·du·i·ty [ˌæsɪˈdjuːətɪ] *s.* Emsigkeit *f*, (unermüdlicher) Fleiß; Dienstbeflissenheit *f*; **as·sid·u·ous** [əˈsɪdjʊəs] *adj.* □ **1.** emsig, fleißig, eifrig, beharrlich; **2.** aufmerksam, dienstbeflissen.

as·sign [əˈsaɪn] **I** *v/t.* **1.** *Aufgabe etc.* zu-, anweisen, zuteilen, überˈtragen (***to s.o.*** j-m); **2.** *j-n zu e-r Aufgabe etc.* bestimmen, *j-n mit et.* beauftragen; *e-m Amt,* ⚔ *e-m Regiment* zuteilen; **3.** *fig. et.* zuordnen (***to*** *dat.*); **4.** *Zeit, Aufgabe* festsetzen, bestimmen; **5.** *Grund etc.* angeben, anführen; **6.** zuschreiben (***to*** *dat.*); **7.** ⚖ (***to***) überˈtragen (auf *acc.*), abtreten (an *acc.*); **II** *s.* **8.** ⚖ Rechtsnachfolger(in), Zessioˈnar *m*; **as·ˈsign·a·ble** [-nəbl] *adj.* bestimmbar, zuweisbar; zuzuschreiben(d); anführbar; ⚖ überˈtragbar; **as·sig·na·tion** [ˌæsɪgˈneɪʃn] *s.* **1.** → ***assignment*** 1, 2, 4; **2.** *et.* Zugewiesenes, (Geld)Zuwendung *f*; **3.** Stelldichein *n*; **as·sign·ee** [ˌæsɪˈniː] *s.* ⚖ **1.** → ***assign*** 8; **2.** Bevollmächtigte(r *m*) *f*; Treuhänder *m*: **~ *in bankruptcy*** Konkursverwalter *m*; **as·ˈsign·ment** [-mənt] *s.* **1.** An-, Zuweisung *f*; **2.** Bestimmung *f*, Festsetzung *f*; **3.** Aufgabe *f*, Arbeit *f* (*a. ped.*); Auftrag *m*; *bes. Am.* Stellung *f*, Posten *m*; **4.** ⚖ a) Übertragung *f*, Abtretung *f*, b) Abtretungsurkunde *f*; **as·sign·or** [ˌæsɪˈnɔː] *s.* ⚖ Zeˈdent(in), Abtretende(r *m*) *f.*

as·sim·i·late [əˈsɪmɪleɪt] **I** *v/t.* **1.** assimilieren: a) angleichen (*a. ling.*), anpassen (***to, with*** *dat.*), b) *bsd. sociol.* aufnehmen, absorbieren, *a.* gleichsetzen (***to, with*** mit), c) *biol. Nahrung* einverleiben, ˈumsetzen; **2.** vergleichen (***to, with*** mit); **II** *v/i.* **3.** sich assimilieren, gleich *od.* ähnlich werden, sich anpassen, sich angleichen; **4.** aufgenommen werden; **as·sim·i·la·tion** [əˌsɪmɪˈleɪʃn] *s.* (***to***) Assimilatiˈon *f* (an *acc.*): a) *a. sociol.* Angleichung *f* (an *acc.*), Gleichsetzung *f* (mit), b) *biol., sociol.* Aufnahme *f*, Einverleibung *f*, c) *bot.* Photosynˈthese *f*, d) *ling.* Assimilierung *f.*

as·sist [əˈsɪst] **I** *v/t.* **1.** *j-m* helfen, beistehen; *j-n od. et.* unterˈstützen: **~*ed take-off*** Abflug *m* mit Starthilfe; **2.** fördern, (*mit Geld*) unterˈstützen: **~*ed immigration*** Einwanderung mit (staatlicher) Beihilfe; **II** *v/i.* **3.** Hilfe leisten, mithelfen (***in*** bei): **~ *in doing a job*** bei e-r Arbeit (mit)helfen; **4.** (***at***) beiwohnen (*dat.*), teilnehmen (an *dat.*); **III** *s.* **5.** F → ***assistance***; **6.** *Eishockey etc.*: Vorlage *f*; **as·ˈsist·ance** [-təns] *s.* Hilfe *f*, Unterˈstützung *f*, Beistand *m*: ***economic*** (***judicial***) **~** Wirtschafts-(Rechts)Hilfe; ***social*** **~** Sozialhilfe *f*; ***afford*** (*od.* ***lend***) **~** Hilfe gewähren *od.* leisten; **as·ˈsist·ant** [-tənt] **I** *adj.* **1.** behilflich (***to*** *dat.*); **2.** Hilfs..., Unter..., stellvertretend, zweite(r): **~ *driver*** Beifahrer *m*; **~ *judge*** ⚖ Beisitzer *m*; **II** *s.* **3.** Assiˈstent(in), Gehilfe *m*, Gehilfin *f*, Mitarbeiter(in); Angestellte(r *m*) *f*; **4.** Ladengehilfe *m*, -gehilfin *f*, Verkäufer(in).

as·size [əˈsaɪz] *s. hist.* **1.** ⚖ (Schwur-) Gerichtssitzung *f*, Gerichtstag *m*; **2.** **~s** *pl.* ⚖ *Brit.* Asˈsisen *pl.*, periˈodische (Schwur)Gerichtssitzungen *pl.* des ***High Court of Justice*** in den einzelnen Grafschaften (*bis 1971*).

as·so·ci·a·ble [əˈsəʊʃjəbl] *adj.* (gedanklich) vereinbar (***with*** mit).

as·so·ci·ate [əˈsəʊʃɪeɪt] **I** *v/t.* **1.** (***with***) vereinigen, verbinden, verknüpfen (mit); hinˈzufügen, angliedern, -schließen, zugesellen (*dat.*): **~*d company*** ✝ *Brit.* Schwestergesellschaft *f*; **2.** *bsd. psych.* assoziieren, (gedanklich) verbinden, in Zs.-hang bringen, verknüpfen; **3.** **~ *o.s.*** sich anschließen (***with*** *dat.*); **II** *v/i.* (***with*** mit) **4.** ˈUmgang haben, verkehren; **5.** sich verknüpfen, sich verbinden; **III** *adj.* [-ʃɪət] **6.** eng verbunden, verbündet; verwandt (***with*** mit); **7.** beigeordnet, Mit...: **~ *editor*** Mitherausgeber *m*; **~ *judge*** beigeordneter Richter; **8.** außerordentlich: **~ *member*, ~ *professor***; **IV** *s.* [-ʃɪət] **9.** ✝ Teilhaber *m*, Gesellschafter *m*; **10.** Gefährte *m*, Genosse *m*, Kolˈlege *m*, Mitarbeiter *m*; **11.** außerordentliches Mitglied, Beigeordnete(r *m*) *f*; **12.** *Am. univ.* Lehrbeauftragte(r *m*) *f.*

as·so·ci·a·tion [əˌsəʊsɪˈeɪʃn] *s.* **1.** Vereinigung *f*, Verbindung *f*, An-, Zs.-schluss *m*; **2.** Verein(igung *f*) *m*, Gesellschaft *f*, Genossenschaft *f*, Handelsgesellschaft *f*, Verband *m*; **3.** Freundschaft *f*, Kameˈradschaft *f*; ˈUmgang *m*, Verkehr *m*; **4.** Zs.-hang *m*, Beziehung *f*, Verknüpfung *f*; (Gedanken)Verbindung *f*, (Iˈdeen)Assoziatiˌon *f*: **~ *of ideas*; ~ *foot·ball*** *s. sport* (Verbands-) Fußball(spiel *n*) *m* (*Ggs. Rugby*).

as·so·nance [ˈæsənəns] *s.* Assoˈnanz *f*, voˈkalischer Gleichklang; **ˈas·so·nant** [-nt] **I** *adj.* anklingend; **II** *s.* Gleichklang *m.*

as·sort [əˈsɔːt] **I** *v/t.* **1.** sortieren, gruppieren, (passend) zs.-stellen; **2.** ✝ assortieren; **II** *v/i.* **3.** (***with***) passen (zu), überˈeinstimmen (mit); **4.** verkehren, ˈumgehen (***with*** mit); **asˈsort·ed** [-tɪd] *adj.* **1.** sortiert, geordnet; **2.** ✝ assortiert, *a. fig.* gemischt, verschiedenartig, allerlei; **asˈsort·ment** [-mənt] *s.* **1.** Sortieren *n*, Ordnen *n*; **2.** Zs.-stellung *f*, Sammlung *f*; **3.** *bsd.* ⚖ Sortiˈment *n*, Auswahl *f*, Mischung *f*, Kollektiˈon *f.*

as·suage [əˈsweɪdʒ] *v/t.* **1.** erleichtern, lindern, mildern; **2.** besänftigen, beschwichtigen; **3.** *Hunger etc.* stillen.

as·sume [əˈsjuːm] *v/t.* **1.** annehmen, vorˈaussetzen, unterˈstellen: ***assuming that*** angenommen, dass; **2.** *Amt, Pflicht, Schuld etc.* überˈnehmen, (*a. Gefahr*) auf sich nehmen: **~ *office***; **3.** *Gestalt, Eigenschaft etc.* annehmen, bekommen; sich zulegen, sich geben, sich angewöhnen; **4.** sich anmaßen *od.* aneignen: **~ *power*** die Macht ergreifen; **5.** vorschützen, vorgeben, (er)heucheln; **6.** *Kleider etc.* anziehen; **as·ˈsumed** [-md] *adj.* □ **1.** angenommen, vorˈausgesetzt; **2.** vorgetäuscht, unecht: **~ *name*** Deckname *m*; **asˈsum·ed·ly** [-mɪdlɪ] *adv.* vermutlich; **asˈsum·ing** [-mɪŋ] *adj.* □ anmaßend.

as·sump·tion [əˈsʌmpʃn] *s.* **1.** Annahme *f*, Vorˈaussetzung *f*, Vermutung *f*: ***on the ~ that*** in der Annahme, dass; **2.** ˈÜbernahme *f*, Annahme *f*; **3.** (ˈwiderrechtliche) Aneignung; **4.** Anmaßung *f*; **5.** Vortäuschung *f*; **6.** **2** (***Day***) *eccl.* Mariä Himmelfahrt *f.*

as·sur·ance [əˈʃʊərəns] *s.* **1.** Ver-, Zusicherung *f*; **2.** Bürgschaft *f*, Garanˈtie *f*; **3.** ✝ (*bsd.* Lebens)Versicherung *f*; **4.** Sicherheit *f*, Gewissheit *f*; Sicherheitsgefühl *n*, Zuversicht *f*; **5.** Selbstsicherheit *f*, -vertrauen *n*; sicheres Auftreten; *b.s.* Dreistigkeit *f*; **as·sure** [əˈʃʊə] *v/t.* **1.** sichern, sicherstellen, bürgen für: ***this will ~ your success***; **2.** ver-, zusichern: **~ *s.o. of s.th.*** j-n e-r Sache versichern, j-m et. zusichern; **~ *s.o. that*** j-m versichern, dass; **3.** beruhigen; **4.** (***o.s.*** sich) überˈzeugen *od.* vergewissern; **5.** *Leben* versichern: **~ *one's life with*** e-e Lebensversicherung abschließen bei *e-r Gesellschaft*; **as·sured** [əˈʃʊəd] **I** *adj.* □ **1.** ge-, versichert; **2.** a) sicher, überˈzeugt, b) selbstsicher, c) beruhigt, ermutigt; **3.** gewiss, zweifellos; **II** *s.* **4.** Versicherte(r *m*) *f*; **asˈsur·ed·ly** [-rɪdlɪ] *adv.* ganz gewiss; **as·sured·ness** [əˈʃʊədnɪs] *s.* Gewissheit *f*, Selbstvertrauen *n*; *b.s.* Dreistigkeit *f*; **asˈsur·er** [-rə] *s.* Versicherer *m.*

As·syr·i·an [əˈsɪrɪən] **I** *adj.* asˈsyrisch; **II** *s.* Asˈsyrer(in).

as·ter [ˈæstə] *s.* ⚘ Aster *f.*

as·ter·isk [ˈæstərɪsk] *s. typ.* Sternchen *n.*

a·stern [əsˈtɜːn] *adv.* ⚓ **1.** achtern, hinten; **2.** achteraus.

as·ter·oid [ˈæstərɔɪd] *s. ast.* Asteroˈid *m* (*kleiner Planet*).

asth·ma [ˈæsmə] *s.* ⚕ ˈAsthma *n*, Atemnot *f*; **asth·mat·ic** [æsˈmætɪk] **I** *adj.* (□ **~*ally***) asthˈmatisch; **II** *s.* Asthˈmatiker (-in); **asth·mat·i·cal** [æsˈmætɪkl] → ***asthmatic*** I.

as·tig·mat·ic [ˌæstɪgˈmætɪk] *adj.* (□ **~*ally***) *phys.* astigˈmatisch; **a·stig·ma·tism** [æˈstɪgmətɪzəm] *s.* Astigmaˈtismus *m.*

a·stir [əˈstɜː] *adv. u. adj.* **1.** auf den Beinen: a) in Bewegung, rege, b) auf(gestanden), aus dem Bett, munter; **2.** in Aufregung (***with*** über *acc.*, wegen).

as·ton·ish [əˈstɒnɪʃ] *v/t.* **1.** in Erstaunen *od.* Verwunderung setzen; **2.** überˈraschen, befremden: ***be ~ed*** erstaunt *od.* überrascht sein (***at*** über *acc.*, ***to*** *inf.* zu *inf.*), sich wundern (***at*** über *acc.*); **asˈton·ish·ing** [-ʃɪŋ] *adj.* □ erstaunlich, überraschend; **asˈton·ish·ing·ly** [-ʃɪŋlɪ] *adv.* erstaunlich(erweise); **as·ˈton·ish·ment** [-mənt] *s.* Verwunderung *f*, (Er)Staunen *n*, Befremden *n* (***at*** über *acc.*): ***fill*** (*od.* ***strike***) ***with ~*** in Erstaunen setzen.

as·tound [əˈstaʊnd] *v/t.* verblüffen, in Erstaunen setzen, äußerst überˈraschen; **asˈtound·ing** [-dɪŋ] *adj.* □ verblüffend, höchst erstaunlich.

as·tra·chan → ***astrakhan***.

a·strad·dle [əˈstrædl] *adv.* rittlings.

as·tra·khan [ˌæstrəˈkæn] *s.* ˈAstrachan *m*, Krimmer *m* (*Pelzart*).

as·tral [ˈæstrəl] *adj.* Stern(en)..., Astral...: **~ *body*** Astralleib *m*; **~ *lamp*** Astrallampe *f.*

a·stray [əˈstreɪ] **I** *adv.*: ***go ~*** a) vom Weg abkommen, b) *fig.* auf Abwege geraten, c) *fig.* irre-, fehlgehen, d) das Ziel verfehlen (*Schuss etc.*); ***lead ~*** *fig.* irreführen, verleiten; **II** *adj.* irregehend, abschweifend (*a. fig.*); irrig, falsch.

a·stride [əˈstraɪd] *adv., adj. u. prp.* rittlings (***of*** auf *dat.*), mit gespreizten Beinen: ***ride ~*** im Herrensattel reiten; **~ (*of*) *a horse*** zu Pferde; **~ (*of*) *a road*** quer über die Straße.

as·tringe [əˈstrɪndʒ] *v/t.* (*a.* ⚕) zs.-ziehen, adstringieren; **asˈtrin·gent** [-dʒənt] **I** *adj.* □ **1.** ⚕ adstringierend, zs.-ziehend; **2.** *fig.* streng, hart; **II** *s.* **3.** ⚕ Adˈstringens *n.*

as·tri·on·ics [ˌæstrɪˈɒnɪks] *s. pl. sg. konstr.* Astriˈonik *f*, ˈRaumfahrtelektˌronik *f.*

as·tro·dome [ˈæstrəʊdəʊm] *s.* ✈ Kuppel *f* für astroˈnomische Navigatiˈon;

as·tro·labe ['æstrəʊleɪb] *s. ast.* Astro'labium *n.*
as·trol·o·ger [ə'strɒlədʒə] *s.* Astro'loge *m,* Sterndeuter *m;* **as·tro·log·ic, as·tro·log·i·cal** [ˌæstrə'lɒdʒɪk(l)] *adj.* ☐ astro'logisch; **as·trol·o·gy** [ə'strɒlədʒɪ] *s.* Astrolo'gie *f,* Sterndeutung *f.*
as·tro·naut ['æstrənɔːt] *s.* (Welt-)Raumfahrer *m,* Astro'naut *m;* **as·tro·nau·tics** [ˌæstrə'nɔːtɪks] *s. pl. sg. konstr.* Raumfahrt *f.*
as·tron·o·mer [ə'strɒnəmə] *s.* Astro'nom *m;* **as·tro·nom·ic, as·tro·nom·i·cal** [ˌæstrə'nɒmɪk(l)] *adj.* ☐ **1.** astro'nomisch, Stern..., Himmels...; **2.** *fig.* riesengroß: *~ figures* astronomische Zahlen; **as·tron·o·my** [ə'strɒnəmɪ] *s.* Astrono'mie *f,* Sternkunde *f.*
as·tro·phys·i·cist [ˌæstrəʊ'fɪzɪsɪst] *s.* Astro'physiker *m;* **as·tro·phys·ics** [ˌæstrəʊ'fɪzɪks] *s. pl. sg. konstr.* Astrophy'sik *f.*
as·tute [ə'stjuːt] *adj.* ☐ **1.** scharfsinnig; **2.** schlau, gerissen, raffiniert; **as'tute·ness** [-nɪs] *s.* Scharfsinn *m;* Schlauheit *f.*
a·sun·der [ə'sʌndə] **I** *adv.* ausein'ander, ent'zwei, in Stücke: *cut s.th. ~;* **II** *adj.* ausein'ander (liegend); *fig.* verschieden.
a·sy·lum [ə'saɪləm] *s.* **1.** A'syl *n,* Heim *n,* (Pflege)Anstalt *f:* (*insane od. lunatic*) *~* Irrenanstalt *f;* **2.** A'syl *n:* a) Freistätte *f,* Zufluchtsort *m,* b) *fig.* Zuflucht *f,* Schutz *m,* c) po'litisches A'syl: *right of ~* Asylrecht *n; ~ camp* Asylantenlager *n; ~ seeker* Asylbewerber *m.*
a·sym·met·ric, a·sym·met·ri·cal [ˌæsɪ'metrɪk(l)] *adj.* ☐ asym'metrisch, 'unsymˌmetrisch, ungleichmäßig: *asymmetrical bars Turnen:* Stufenbarren *m;* **a·sym·me·try** [æ'sɪmətrɪ] *s.* Asymme'trie *f,* Ungleichmäßigkeit *f.*
a·syn·chro·nous [æ'sɪŋkrənəs] *adj.* ☐ 'asynchron, Asynchron...
at[1] [æt; *unbetont* ət] *prp.* **1.** (*Ort*) an (*dat.*), bei, zu, auf (*dat.*), in (*dat.*): *~ the corner* an der Ecke; *~ the door* an *od.* vor der Tür; *~ home* zu Hause, *östr., schweiz.* zuhause; *~ the baker's* beim Bäcker; *~ school* in der Schule; *~ a ball* bei (*od.* auf) e-m Ball; *~ Stratford* in Stratford (*at vor dem Namen jeder Stadt außer London u. dem eigenen Wohnort; vor den beiden Letzteren in*); **2.** (*Richtung*) auf (*acc.*), nach, gegen, zu, durch: *point ~ s.o.* auf j-n zeigen; **3.** (*Art u. Weise, Zustand*) in (*dat.*), bei, zu, unter (*dat.*), auf (*acc.*): *~ work* bei der Arbeit; *~ your service* zu Ihren Diensten; *good ~ Latin* gut in Latein; *~ my expense* auf meine Kosten; *~ a gallop* im Galopp; *he is still ~ it* er ist noch dabei *od.* dran *od.* damit beschäftigt; **4.** (*Zeit*) um, bei, zu, auf (*dat.*): *~ 3 o'clock* um 3 Uhr; *~ dawn* bei Tagesanbruch; *~ Christmas* zu Weihnachten; *~ (the age of) 21* im Alter von 21 Jahren; **5.** (*Grund*) über (*acc.*), von, bei: *alarmed ~* beunruhigt über; **6.** (*Preis, Maß*) für, um, zu: *~ 6 dollars; charged ~* berechnet mit; **7.** *~ all in neg. od. Fragesätzen:* über'haupt, gar *nichts etc.*: *is he suitable ~ all?* ist er überhaupt geeignet?; *not ~ all* überhaupt nicht; *not ~ all!* F nichts zu danken!, gern geschehen!
At[2] [æt] *s. Brit.* ⚔ *hist.* F Angehörige *f* der Streitkräfte.
at·a·vism ['ætəvɪzəm] *s. biol.* Ata'vismus *m,* (Entwicklungs)Rückschlag *m;* **at·a·vis·tic** [ˌætə'vɪstɪk] *adj.* ata'vistisch.
a·tax·i·a [ə'tæksɪə], **a'tax·y** [-ksɪ] *s.* Ata'xie *f,* Bewegungsstörung *f.*
ate [et] *pret. von* **eat.**
at·el·ier ['ætəlɪeɪ] (*Fr.*) *s.* Ateli'er *n.*
a·the·ism ['eɪθɪɪzəm] *s.* Athe'ismus *m,* Gottesleugnung *f;* **'a·the·ist** [-ɪst] *s.* **1.** Athe'ist(in); **2.** gottloser Mensch; **a·the·is·tic** *adj.;* **a·the·is·ti·cal** [ˌeɪθɪ'ɪstɪk(l)] *adj.* ☐ **1.** athe'istisch; **2.** gottlos.
A·the·ni·an [ə'θiːnjən] **I** *adj.* a'thenisch; **II** *s.* A'thener(in).
a·thirst [ə'θɜːst] *adj.* **1.** durstig; **2.** begierig (*for* nach).
ath·lete ['æθliːt] *s.* **1.** Ath'let *m:* a) Sportler *m,* Wettkämpfer *m,* b) *fig.* Hüne *m;* **2.** *Brit.* 'Leichtathˌlet *m; ~'s foot s.* ⚕ Fußpilz *m; ~'s heart s.* Sportlerherz *n.*
ath·let·ic [æθ'letɪk] *adj.* (☐ *~ally*) ath'letisch: a) Sport..., b) von athletischem Körperbau, musku'lös, c) sportlich (gewandt); *~ heart s.* ⚕ Sportlerherz *n.*
ath·let·i·cism [æθ'letɪsɪzəm] *s.* → **athletics** 2; **ath'let·ics** [-ɪks] *s. pl. sg. konstr.* **1.** a) Sport *m,* b) *Brit.* 'Leichtathˌletik *f;* **2.** sportliche Betätigung *od.* Gewandtheit, Sportlichkeit *f.*
at-home [ət'həʊm] *s.* (zwangloser) Empfang(stag), At-'home *n.*
a·thwart [ə'θwɔːt] **I** *adv.* **1.** quer, schräg hin'durch; ⚓ dwars (über); **2.** *fig.* verkehrt, ungelegen, in die Quere; **II** *prp.* **3.** (quer) über (*acc.*) *od.* durch; ⚓ dwars (über *acc.*); **4.** *fig.* (ent)gegen.
a·tilt [ə'tɪlt] *adv. u. adj.* **1.** vorgebeugt, kippend; **2.** mit eingelegter Lanze: *run* (*od. ride*) *~ at s.o. fig.* gegen j-n e-e Attacke reiten.
At·lan·tic [ət'læntɪk] **I** *adj.* at'lantisch; **II** *s.*: *the ~* der At'lantik, der Atlantische Ozean; *~* **Char·ter** *s. pol.* At'lantikˌCharta *f; ~* **(standard) time** *s.* at'lantische ('Standard)Zeit (*im Osten Kanadas*).
at·las ['ætləs] *s.* **1.** Atlas *m* (*Buch*); **2.** ⚠ At'lant *m,* Atlas *m* (*Gebälkträger*); **3.** *fig.* Hauptstütze *f;* **4.** *anat.* Atlas *m* (*oberster Halswirbel*); **5.** *großes Papierformat;* **6.** Atlas(seide *f*) *m.*
at·mos·phere ['ætməˌsfɪə] *s.* **1.** Atmo'sphäre *f,* Lufthülle *f;* **2.** Luft *f: a moist ~;* **3.** ⚙ Atmo'sphäre *f* (*Druckeinheit*); **4.** *fig.* Atmo'sphäre *f:* a) Um'gebung *f,* b) Stimmung *f.*
at·mos·pher·ic [ˌætməs'ferɪk] *adj.* (☐ *~ally*) **1.** atmo'sphärisch, Luft...: *~ pressure phys.* Luftdruck; **2.** Witterungs..., Wetter...; **3.** ⚙ mit (Luft-)Druck betrieben; **4.** *fig.* stimmungsvoll, Stimmungs...; **at·mos'pher·ics** [-ks] *s. pl.* **1.** ⚙ atmo'sphärische Störungen *pl.*; **2.** *fig.* (*bsd.* opti'mistische) Atmo'sphäre.
at·oll ['ætɒl] *s. geogr.* A'toll *n.*
at·om ['ætəm] *s.* **1.** *phys.* A'tom *n: ~ bomb* Atombombe *f; ~ smashing* Atomzertrümmerung *f; ~ splitting* Atom(kern)spaltung *f;* **2.** *fig.* A'tom *n,* winziges Teilchen, bisschen *n: not an ~ of truth* kein Körnchen Wahrheit.
a·tom·ic [ə'tɒmɪk] *adj. phys.* (☐ *~ally*) ato'mar, a'tomisch, Atom...: *~ age* Atomzeitalter *n; ~ bomb* Atombombe *f; ~ clock* Atomuhr *f; ~ decay, ~ disintegration* Atomzerfall *m; ~ energy* Atomenergie *f; ~ fission* Atomspaltung *f; ~ fuel* Kernbrennstoff *m; ~ index, ~ number* Atomzahl *f; ~ nucleus* Atomkern *m; ~ pile* Atombatterie *f,* -säule *f,* -meiler *m; ~-powered* mit Atomkraft getrieben, Atom...; *~ power plant* Atomkraftwerk *n; ~ waste* A'tommüll *m,* ato'mare Abfälle *pl.,* ato'marer Abfall; *~ weight* Atomgewicht *n.*
a·tom·i·cal [ə'tɒmɪkl] → **atomic.**
a·tom·ics [ə'tɒmɪks] *s. pl. mst sg. konstr.* A'tomphyˌsik *f.*
at·om·ism ['ætəmɪzəm] *s. phls.* Ato'mismus *m;* **at·om·is·tic** [ˌætəʊ'mɪstɪk] *adj.* (☐ *~ally*) ato'mistisch.
at·om·ize ['ætəʊmaɪz] *v/t.* **1.** in A'tome auflösen; **2.** *Flüssigkeit* zerstäuben; **3.** in s-e Bestandteile auflösen, atomisieren; **4.** ⚔ mit Atombomben belegen; **'at·om·iz·er** [-maɪzə] *s.* ⚙ Zerstäuber *m.*
at·o·my[1] ['ætəmɪ] *s.* **1.** A'tom *n;* **2.** *fig.* Zwerg *m,* Knirps *m.*
at·o·my[2] ['ætəmɪ] *s.* F ,Gerippe' *n.*
a·tone [ə'təʊn] *v/i.* (*for*) büßen (für); sühnen, wieder gutmachen (*acc.*); **a'tone·ment** [-mənt] *s.* **1.** Buße *f,* Sühne *f,* Genugtuung *f* (*for* für): *Day of ♀ eccl.* a) Buß- und Bettag *m,* b) Versöhnungstag *m* (*jüd. Feiertag*); **2.** *the ♀ eccl.* das Sühneopfer Christi.
a·ton·ic [æ'tɒnɪk] *adj.* **1.** ⚕ a'tonisch, schlaff, schwächend; **2.** *ling.* a) unbetont, b) stimmlos; **at·o·ny** ['ætənɪ] *s.* ⚕ Ato'nie *f.*
a·top [ə'tɒp] **I** *adv.* oben(auf), zu'oberst; **II** *prp. a. ~ of* (oben) auf (*dat.*); *fig.* besser als.
a·trip [ə'trɪp] *adj.* ⚓ **1.** gelichtet (*Anker*); **2.** steif geheißt (*Segel*).
a·tri·um ['ɑːtrɪəm] *pl.* **-a** [-ə] *s.* 'Atrium *n:* a) *antiq.* Hauptraum *m,* b) ⚠ Lichthof *m,* c) *anat.* (*bsd.* Herz)Vorhof *m,* Vorkammer *f.*
a·tro·cious [ə'trəʊʃəs] *adj.* ☐ scheußlich, grässlich, grausam, *fig.* F *a.* mise'rabel; **a·troc·i·ty** [ə'trɒsətɪ] *s.* **1.** Scheußlichkeit *f;* **2.** Gräuel(tat *f*) *m;* **3.** F a) Ungeheuerlichkeit *f,* (grober) Verstoß, b) ,Gräuel' *m, et.* Scheußliches.
at·ro·phied ['ætrəfɪd] *adj.* ⚕ atrophiert, geschrumpft, verkümmert (*a. fig.*); **'at·ro·phy** [-fɪ] ⚕ **I** *s.* Atro'phie *f,* Abzehrung *f,* Schwund *m,* Verkümmerung *f* (*a. fig.*); **II** *v/t.* abzehren *od.* verkümmern lassen; **III** *v/i.* schwinden, verkümmern (*a. fig.*).
Ats [æts] *s. pl. Brit. hist.* F *statt* **A.T.S.** ['eɪ'tiː'es] *abbr. für* (*Women's*) *Auxiliary Territorial Service Organisation der weiblichen Angehörigen der Streitkräfte.*
at sign *s. E-mail etc.* at-Zeichen *n,* F ,Klameraffe' *m.*
at·ta·boy ['ætəbɔɪ] *int. Am.* F bravo!, so ists recht!
at·tach [ə'tætʃ] **I** *v/t.* **1.** (*to*) befestigen, anbringen (an *dat.*), beifügen (*dat.*), anheften, -binden, -kleben (an *acc.*), verbinden (mit); **2.** *fig.* (*to*) *Sinn etc.* verknüpfen, verbinden (mit); *Wert, Wichtigkeit, Schuld* beimessen (*dat.*), *Namen* beilegen (*dat.*): *~ conditions* (*to*) Bedingungen knüpfen (an *acc.*); → *importance* 1; **3.** *fig. j-n* fesseln, gewinnen, für sich einnehmen: *be ~ed to s.o.* an j-m hängen; *be ~ed* ,in festen Händen sein' (*Mädchen etc.*); *~ o.s.* sich anschließen (*to dat.,* an *acc.*); **4.** (*to*) *j-n* angliedern, zuteilen (*dat.*); **5.** ⚖ a) *j-n* verhaften, b) *et.* beschlagnahmen, *Forderung, Konto etc.* pfänden; **II** *v/i.* **6.** (*to*) anhaften (*dat.*), verknüpft *od.* verbunden sein (mit): *no blame ~es to him* ihn trifft keine Schuld; **7.** ⚖ als Rechtsfolge eintreten: *liability ~es;* **at'tach·a·ble** [-tʃəbl] *adj.* **1.** anfügbar,

an-, aufsteckbar; **2.** *fig.* verknüpfbar (***to*** mit); **3.** ⚖ zu beschlagnahmen(d); beschlagnahmefähig, pfändbar.

at·ta·ché [əˈtæʃeɪ] (*Fr.*) *s.* Attaˈché *m*: ***commercial ~*** Handelsattaché; ***~ case*** *s.* Aktenkoffer *m.*

at·tached [əˈtætʃt] *adj.* **1.** befestigt, fest, daˈzugehörig: ***with collar ~*** mit festem Kragen; **2.** angeschlossen, zugeteilt; **3.** anhänglich, *j-m* zugetan; **atˈtach·ment** [-tʃmənt] *s.* **1.** Befestigung *f*, Anbringung *f*; Anschluss *m*; **2.** Verbindung *f*, Verknüpfung *f*; **3.** Anhängsel *n*, Beiwerk *n*; ⚙ Zusatzgerät *n*; **4.** *fig.* (***to, for***) Bindung *f* (an *acc.*); Zugehörigkeit *f* (zu); Anhänglichkeit *f* (an *acc.*), Neigung *f*, Liebe *f* (zu); **5.** ⚖ a) Verhaftung *f*, b) Beschlagnahme *f*, Pfändung *f*, dinglicher Arˈrest: ***~ of a debt*** Forderungspfändung; ***order of ~*** Beschlagnahmeverfügung *f.*

at·tack [əˈtæk] **I** *v/t.* **1.** angreifen, überˈfallen; **2.** *fig.* angreifen, scharf kritisieren; **3.** *fig. Arbeit etc.* in Angriff nehmen, sich über *Essen etc.* hermachen; **4.** *fig.* befallen (*Krankheit*); angreifen: ***acid ~s metals***; **II** *s.* **5.** Angriff *m* (***on*** auf *acc.*) (*a.* ⚗ *Einwirkung*), ˈÜberfall *m*; **6.** *fig.* Angriff *m*, Atˈtacke *f*, (scharfe) Kriˈtik: ***be under ~*** unter Beschuss stehen; **7.** ⚕ Anfall *m*, Atˈtacke *f*; **8.** Inˈangriffnahme *f*; **atˈtack·er** [-kə] *s.* Angreifer *m.*

at·tain [əˈteɪn] **I** *v/t. Zweck etc.* erreichen; erlangen; erzielen; **II** *v/i.* (***to***) gelangen (zu), erreichen (*acc.*): ***after ~ing the age of 18 years*** nach Vollendung des 18. Lebensjahres; **atˈtain·a·ble** [-nəbl] *adj.* erreichbar; **atˈtain·der** [-ndə] *s.* ⚖ Verlust *m* der bürgerlichen Ehrenrechte u. Einziehung *f* des Vermögens; **atˈtain·ment** [-mənt] *s.* **1.** Erreichung *f*, Erwerbung *f*; **2.** *pl.* Kenntnisse *pl.*, Fertigkeiten *pl.*; **atˈtaint** [-nt] **I** *v/t.* **1.** zum Tode und zur Ehrlosigkeit verurteilen; **2.** befallen (*Krankheit*); **3.** *fig.* beflecken, entehren; **II** *s.* **4.** Makel *m*, Schande *f.*

at·tar [ˈætə] *s.* ˈBlumenesˌsenz *f*, *bsd.* ***~ of roses*** Rosenöl *n.*

at·tempt [əˈtempt] **I** *v/t.* **1.** versuchen, probieren; **2.** ***~ s.o.'s life*** e-n Mordanschlag auf j-n verüben; ***~ed murder*** Mordversuch *m*; **3.** in Angriff nehmen, sich wagen *od.* machen an (*acc.*); **II** *s.* **4.** Versuch *m*, Bemühung *f* (***to*** *inf.* zu *inf.*): ***~ at explanation*** Erklärungsversuch; **5.** Angriff *m*: ***~ on s.o.'s life*** (Mord)Anschlag *m*, Attentat *n* auf j-n.

at·tend [əˈtend] **I** *v/t.* **1.** *j-m* aufwarten; als Diener *od.* dienstlich begleiten; **2.** *bsd. Kranke* pflegen; *ärztlich* behandeln; **3.** *fig.* begleiten: ***~ed by*** *od.* ***with*** begleitet von, verbunden mit (*Schwierigkeiten etc.*); **4.** beiwohnen (*dat.*), teilnehmen an (*dat.*); *Vorlesung, Schule, Kirche etc.* besuchen; **5.** ⚙ a) bedienen, b) warten, pflegen, überˈwachen; **II** *v/i.* **6.** (***to***) beachten (*acc.*), hören, achten (auf *acc.*): ***~ to what I am saying***; **7.** (***to***) sich kümmern (um), sich widmen (*dat.*); ✝ *j-n* bedienen (*im Laden*), abfertigen; **8.** (***to***) sorgen (für); besorgen, erledigen (*acc.*); **9.** ([***up***]***on***) *j-m* aufwarten, zur Verfügung stehen; *j-n* bedienen; **10.** erscheinen, zuˈgegen sein (***at*** bei); **11.** *obs.* Acht geben; **atˈtend·ance** [-dəns] *s.* **1.** Bedienung *f*, Aufwartung *f*, Pflege *f* (***on, upon*** *gen.*), Dienst(leistung *f*) *m*: ***medical ~*** ärztliche Hilfe; ***hours of ~*** Dienststunden; ***in ~*** Dienst habend *od.* tuend; → ***dance*** 3; **2.** (***at***) Anwesenheit *f*, Erscheinen *n* (bei), Beteiligung *f*, Teilnahme *f* (an *dat.*), Besuch *m* (*gen.*): ***~: compulsory*** Anwesenheitspflicht *f*; ***~ list*** Anwesenheitsliste *f*; ***hours of ~*** Besuchszeit *f*; **3.** ⚙ Bedienung *f*, Wartung *f*; **4.** Begleitung *f*, Dienerschaft *f*, Gefolge *n*; **5.** a) Besucher(zahl *f*) *pl.*, b) Besuch *m*, Beteiligung *f*: ***in ~ at*** anwesend bei; **atˈtend·ant** [-dənt] **I** *adj.* **1.** (***on, upon***) begleitend (*acc.*), Dienst tuend (bei); **2.** anwesend (***at*** bei); **3.** *fig.* (***upon***) verbunden (mit), zugehörig (*dat.*), Begleit...: ***~ circumstances*** Begleitumstände; ***~ expenses*** Nebenkosten; **II** *s.* **4.** Begleiter(in), Gefährte *m*, Gesellschafter(in); **5.** Diener(in), Bediente(r *m*) *f*; Aufseher(in), Wärter (-in); **6.** *pl.* Dienerschaft *f*, Gefolge *n*; **7.** ⚙ Bedienungsmann *m*; **8.** Begleiterscheinung *f*, Folge *f.*

at·ten·tion [əˈtenʃn] *s.* **1.** Aufmerksamkeit *f*, Beachtung *f*: ***call ~ to*** die Aufmerksamkeit lenken auf (*acc.*); ***come to s.o.'s ~*** j-m zur Kenntnis gelangen; ***pay ~ to*** *j-m od. et.* Beachtung schenken; **2.** Berücksichtigung *f*, Erledigung *f*: (***for the***) ***~ of*** zu Händen von (*od. gen.*); ***for immediate ~*** zur sofortigen Erledigung; **3.** Aufmerksamkeit *f*, Freundlichkeit *f*; *pl.* Aufmerksamkeiten *pl.*: ***pay one's ~s to s.o.*** j-m den Hof machen; **4.** ***~!*** Achtung!, ✕ *a.* stillgestanden!; ***stand at*** *od.* ***to ~*** ✕ stillstehen, Haltung annehmen; **5.** Bedienung *f*, Wartung *f*; **atˈten·tive** [-ntɪv] *adj.* ☐ (***to***) aufmerksam: a) achtsam (auf *acc.*), b) *fig.* höflich (zu).

at·ten·u·ate **I** *v/t.* [əˈtenjʊeɪt] **1.** dünn *od.* schlank machen; verdünnen; ⚡ dämpfen; **2.** *fig.* vermindern, abschwächen; **II** *adj.* [-jʊət] **3.** verdünnt, vermindert, abgeschwächt, abgemagert; **at·ten·u·a·tion** [əˌtenjʊˈeɪʃn] *s.* Verminderung *f*, Verdünnung *f*, Schwächung *f*, Abmagerung *f*; ⚡ Dämpfung *f.*

at·test [əˈtest] **I** *v/t.* **1.** a) beglaubigen, bescheinigen, b) amtlich begutachten *od.* attestieren: ***~ cattle***; **2.** bestätigen, beweisen; **3.** ✕ *Br.* vereidigen; **II** *v/i.* **4.** zeugen (***to*** für); **at·tes·ta·tion** [ˌætesˈteɪʃn] *s.* **1.** Bezeugung *f*, Zeugnis *n*, Beweis *m*, Bescheinigung *f*, Bestätigung *f*; **2.** Eidesleistung *f*, Vereidigung *f.*

at·tic[1] [ˈætɪk] *s.* **1.** Dachstube *f*, Manˈsarde *f*; *pl.* Dachgeschoss, *östr.* -geschoß *n*; **2.** F *fig.* ‚Oberstübchen' *n*, Kopf *m.*

At·tic[2] [ˈætɪk] *adj.* ˈattisch: ***~ salt***, ***~ wit*** attisches Salz, feiner Witz.

at·tire [əˈtaɪə] **I** *v/t.* **1.** kleiden, anziehen; **2.** putzen; **II** *s.* **3.** Kleidung *f*, Gewand *n*; **4.** Schmuck *m.*

at·ti·tude [ˈætɪtjuːd] *s.* **1.** Stellung *f*, Haltung *f*: ***strike an ~*** e-e Pose annehmen; **2.** *fig.* Haltung *f*: a) Standpunkt *m*, Verhalten *n*: ***~ of mind*** Geisteshaltung, b) Stellung(nahme) *f*, Einstellung *f* (***to, towards*** zu, gegenüber); **3.** (*a.* ✈) Lage *f*; **at·ti·tu·di·nize** [ˌætɪˈtjuːdɪnaɪz] *v/i.* **1.** sich in Posiˈtur setzen, posieren; **2.** affektiert tun.

at·tor·ney [əˈtɜːnɪ] *s.* ⚖ (Rechts)Anwalt *m* (*Am. a.* ***~ at law***); Bevollmächtigte(r *m*) *f*, (Stell)Vertreter *m*: ***letter*** (*od.* ***warrant***) ***of ~*** schriftliche Vollmacht; ***power of ~*** Vollmacht(surkunde) *f*; ***by ~*** im Auftrag; **Atˌtor·ney-ˈGen·er·al** *s.* ⚖ *Brit.* Kronanwalt *m*, Geneˈralstaatsanwalt *m*; *Am.* Juˈstizmiˌnister *m.*

at·tract [əˈtrækt] *v/t.* **1.** anziehen (*a. phys.*); **2.** *fig.* anziehen, anlocken, fesseln, reizen; *Missfallen etc.* auf sich lenken (*od.* ziehen): ***~ attention*** Aufmerksamkeit erregen; ***~ new members*** neue Mitglieder gewinnen; ***~ed by the music*** von der Musik angelockt; ***be ~ed*** (***to***) eingenommen sein (für), liebäugeln (mit), sich hingezogen fühlen (zu); **atˈtrac·tion** [-kʃn] *s.* **1.** *phys.* Anziehungskraft *f*: ***~ of gravity*** Gravitationskraft *f*; **2.** *fig.* Anziehungskraft *f*, -punkt *m*, Reiz *m*, Attraktiˈon *f*; *thea.* (ˈHaupt)Attraktiˌon *f*, Zugstück *n*, -nummer *f*; **atˈtrac·tive** [-tɪv] *adj.* ☐ anziehend, *fig. a.* attrakˈtiv, reizvoll, fesselnd, verlockend; zugkräftig; **atˈtrac·tive·ness** [-tɪvnɪs] *s.* Reiz *m*, *das* Attrakˈtive.

at·trib·ut·a·ble [əˈtrɪbjʊtəbl] *adj.* ˈzuzuschreiben(d), beizumessen(d); **at·trib·ute** **I** *v/t.* [əˈtrɪbjuːt] (***to***) **1.** zuschreiben, beilegen, -messen (*dat.*); *b.s. a.* unterˈstellen (*dat.*); **2.** zuˈrückführen (auf *acc.*); **II** *s.* [ˈætrɪbjuːt] **3.** Attriˈbut *n* (*a. ling.*), Eigenschaft *f*, Merkmal *n*; **4.** (Kenn)Zeichen *n*, Sinnbild *n*; **at·tri·bu·tion** [ˌætrɪˈbjuːʃn] *s.* **1.** Zuschreibung *f*; **2.** beigelegte Eigenschaft; **3.** zuerkanntes Recht; **atˈtrib·u·tive** [-tɪv] **I** *adj.* ☐ **1.** zugeschrieben, beigelegt; **2.** *ling.* attribuˈtiv; **II** *s.* **3.** *ling.* Attriˈbut *n.*

at·trit·ed [əˈtraɪtɪd] *adj.* abgenutzt; **at·tri·tion** [əˈtrɪʃn] *s.* **1.** Abrieb *m*, Abnutzung *f*, ⚙ *a.* Verschleiß *m*; **2.** Zermürbung *f*: ***war of ~*** Zermürbungs-, Abnutzungskrieg *m.*

at·tune [əˈtjuːn] *v/t.* ♪ stimmen; *fig.* (***to***) in Einklang bringen (mit), anpassen (*dat.*); abstimmen (auf *acc.*).

a·typ·i·cal [ˌeɪˈtɪpɪkl] *adj.* ☐ ˈatypisch.

au·ber·gine [ˈəʊbəʒiːn] *s.* ⚘ Auberˈgine *f.*

au·burn [ˈɔːbən] *adj.* kaˈstanienbraun (*Haar*).

auc·tion [ˈɔːkʃn] **I** *s.* Auktiˈon *f*, Versteigerung *f*: ***sell by*** (*Am.* ***at***) ***~***, ***put up for*** (*od.* ***to***, *Am.* ***at***) ***~*** verauktionieren, versteigern; ***Dutch ~*** Auktion, bei der der Preis so lange erniedrigt wird, bis sich ein Käufer findet; ***sale by*** (*od.* ***at***) ***~*** Versteigerung; ***~ bridge*** *Kartenspiel*: Auktionsbridge *n*; ***~ room*** Auktionslokal *n*; **II** *v/t. mst* ***~ off*** versteigern; **auc·tion·eer** [ˌɔːkʃəˈnɪə] **I** *s.* Auktioˈnator *m*, Versteigerer *m*, *pl. a.* Auktiˈonshaus *n*; **II** *v/t.* → ***auction*** II.

au·da·cious [ɔːˈdeɪʃəs] *adj.* ☐ kühn: a) verwegen, b) keck, dreist, unverfroren; **au·dac·i·ty** [ɔːˈdæsətɪ] *s.* Kühnheit *f*: a) Verwegenheit *f*, Waghalsigkeit *f*, b) Dreistigkeit *f*, Unverfrorenheit *f.*

au·di·bil·i·ty [ˌɔːdɪˈbɪlətɪ] *s.* Hörbarkeit *f*, Vernehmbarkeit *f*; Lautstärke *f*; **au·di·ble** [ˈɔːdəbl] *adj.* ☐ hör-, vernehmbar, vernehmlich; ⚙ aˈkustisch: ***~ signal.***

au·di·ence [ˈɔːdjəns] *s.* **1.** Anhören *n*, Gehör *n* (*a.* ⚖): ***give ~ to s.o.*** j-m Gehör schenken, j-n anhören; ***right of ~*** ⚖ rechtliches Gehör; **2.** Audiˈenz *f* (***of, with*** bei), Gehör *n*; **3.** ˈPublikum *n*: a) Zuhörer(schaft *f*) *pl.*, b) Zuschauer *pl.*, c) Besucher *pl.*, d) Leser(kreis *m*) *pl.*: ***~ rating*** *Radio, TV* Einschaltquote *f.*

audio- [ɔːdɪəʊ] *in Zssgn* Hör..., Ton..., Audio...: ***~ frequency*** Tonfrequenz *f*; ***~ range*** Tonfrequenzbereich *m.*

au·di·on [ˈɔːdɪən] *s. Radio*: ˈAudion *n*: ***~***

tube *Am.*, ***~ valve*** *Brit.* Verstärkerröhre *f.*

au·di·o·phile ['ɔːdɪəʊfaɪl] *s.* Hi-Fi-Fan *m.*

au·di·o|·tape ['ɔːdɪəʊteɪp] *s.* (besprochenes) Tonband; **~·typ·ist** ['ɔːdɪəʊˌtaɪpɪst] *s.* Phonoty'pistin *f*; **~·vis·u·al** [ˌɔːdɪəʊ'vɪzjʊəl] **I** *adj. ped.* audiovisu'ell: ***~ aids*** → **II** *s. pl.* audiovisu'elle 'Unterrichtsmittel *pl.*

au·dit ['ɔːdɪt] **I** *s.* **1.** ⚚ (Rechnungs-, Wirtschafts)Prüfung *f*, 'Bücherrevisiˌon *f*: ***~ year*** Prüfungs-, Rechnungsjahr *n*; **2.** *fig.* Rechenschaftslegung *f*; **II** *v/t.* **3.** *Geschäftsbücher* (amtlich) prüfen, revidieren: ***~ accounts*** die Konten (*od.* die Bücher, den Jahresabschluss) prüfen; **'au·dit·ing** [-tɪŋ] *s.* → ***audit*** 1.

au·di·tion [ɔː'dɪʃn] **I** *s.* **1.** ⚕ Hörvermögen *n*, Gehör *n*; **2.** *thea.*, ♪ a) Vorsprechen *n od.* -singen *n od.* -spielen *n*, b) Anhörprobe *f*; **II** *v/t.* **3.** *thea. etc. j-n* vorsprechen *od.* vorsingen *od.* vorspielen lassen.

au·di·tor ['ɔːdɪtə] *s.* **1.** Rechnungs-, Wirtschaftsprüfer *m*, 'Bücherreˌvisor *m*; **2.** *Am. univ.* Gasthörer(in); **au·di·to·ri·um** [ˌɔːdɪ'tɔːrɪəm] *s.* Audi'torium *n*, Zuhörer-, Zuschauerraum *m*, Hörsaal *m*; *Am.* Vortragssaal *m*, Festhalle *f*; **'au·di·to·ry** [-tərɪ] **I** *adj.* **1.** Gehör..., Hör...; **II** *s.* **2.** Zuhörer(schaft *f*) *pl.*; **3.** → ***auditorium.***

au fait [ˌəʊ 'feɪ] (*Fr.*) *adj.* auf dem Laufenden, vertraut (***with*** mit).

au fond [ˌəʊ 'fɔ̃ːŋ] (*Fr.*) *adv.* im Grunde.

Au·ge·an [ɔː'dʒiːən] *adj.* Augias..., 'überaus schmutzig: ***cleanse the ~ stables*** *fig.* die Augiasställe reinigen.

au·ger ['ɔːgə] *s.* ⚙ *großer* Bohrer, Löffel-, Schneckenbohrer *m*; Förderschnecke *f.*

aught [ɔːt] *pron.* (irgend) etwas: ***for ~ I care*** meinetwegen; ***for ~ I know*** soviel ich weiß.

aug·ment [ɔːg'ment] **I** *v/t.* vermehren, vergrößern; **II** *v/i.* sich vermehren, zunehmen; **III** *s.* ['ɔːgmənt] *ling.* Aug'ment *n* (*Vorsilbe in griech. Verben*); **aug·men·ta·tion** [ˌɔːgmen'teɪʃn] *s.* Vergrößerung *f*, Vermehrung *f*, Zunahme *f*, Wachstum *n*, Zuwachs *m*; Zusatz *m*; **aug'ment·a·tive** [-tətɪv] **I** *adj.* vermehrend, verstärkend; **II** *s. ling.* Verstärkungsform *f.*

au gra·tin [ˌəʊ 'grætæ̃ŋ] (*Fr.*) *adj. Küche*: au gra'tin, über'krustet.

au·gur ['ɔːgə] **I** *s. antiq.* 'Augur *m*, Wahrsager *m*; **II** *v/t. u. v/i.* prophe'zeien, ahnen (lassen), verheißen: ***~ ill*** (***well***) ein schlechtes (gutes) Zeichen sein (***for*** für), Böses (Gutes) ahnen lassen; **au·gu·ry** ['ɔːgjʊrɪ] *s.* **1.** Weissagung *f*, Prophe'zeiung *f*; **2.** Vorbedeutung *f*, Anzeichen *n*, Omen *n*; Vorahnung *f.*

au·gust[1] [ɔː'gʌst] *adj.* □ erhaben, hehr, maje'stätisch.

Au·gust[2] ['ɔːgəst] *s.* Au'gust *m*: ***in ~*** im August.

Au·gus·tan age [ɔː'gʌstən] *s.* **1.** Zeitalter *n* des (Kaisers) Au'gustus; **2.** Blütezeit *f* e-r Nati'on.

Au·gus·tine [ɔː'gʌstɪn], *a.* **~ fri·ar** *s.* Augu'stiner(mönch) *m.*

auld [ɔːld] *adj. Scot.* alt; **~ lang syne** [ˌɔːldlæŋ'saɪn] *s. Scot.* die gute alte Zeit.

aunt [ɑːnt] *s.* Tante *f*; **'aunt·ie** [-tɪ] *s.* F Tantchen *n*; **Aunt Sal·ly** ['sælɪ] *s.* **1.** volkstümliches Wurfspiel; **2.** *fig.* (gute) Zielscheibe *f*, *a.* Hassobjekt *n.*

au pair [ˌəʊ 'peə] **I** *adv.* als Au-'pair-Mädchen (*arbeiten etc.*); **II** *s. a.* ***~ girl*** Au-'pair-Mädchen *n*; **III** *v/i.* als Au-'pair-Mädchen arbeiten.

au·ra ['ɔːrə] *pl.* **-rae** [-riː] *s.* **1.** Hauch *m*, Duft *m*; A'roma *n*; **2.** ⚕ Vorgefühl *n* vor Anfällen; **3.** *fig.* Aura *f*: a) Fluidum *n*, Ausstrahlung *f*, b) Atmo'sphäre *f*, c) 'Nimbus *m.*

au·ral ['ɔːrəl] *adj.* □ Ohr..., Ohren..., Gehör...; Hör..., a'kustisch: ***~ surgeon*** Ohrenarzt *m.*

au·re·o·la [ɔː'rɪəʊlə], **au·re·ole** ['ɔːrɪəʊl] *s.* **1.** Strahlenkrone *f*, Aure'ole *f*; **2.** *fig.* 'Nimbus *m*; **3.** *ast.* Hof *m.*

au·ri·cle ['ɔːrɪkl] *s. anat.* **1.** äußeres Ohr, Ohrmuschel *f*; **2.** Herzvorhof *m*; Herzohr *n.*

au·ric·u·la [ə'rɪkjʊlə] *s.* ❀ Au'rikel *f.*

au·ric·u·lar [ɔː'rɪkjʊlə] *adj.* □ **1.** Ohren..., Hör...: ***~ confession*** Ohrenbeichte *f*; ***~ tradition*** mündliche Überlieferung; ***~ witness*** Ohrenzeuge *m*; **2.** *anat.* zu den Herzohren gehörig.

au·rif·er·ous [ɔː'rɪfərəs] *adj.* goldhaltig.

au·rist ['ɔːrɪst] *s.* ⚕ Ohrenarzt *m.*

au·rochs ['ɔːrɒks] *s. zo.* Auerochs *m*, Ur *m.*

au·ro·ra [ɔː'rɔːrə] *s.* **1.** *poet.* Morgenröte *f*; **2.** 2 *myth.* Au'rora *f*; **~ bo·re·a·lis** *s. phys.* Nordlicht *n.*

aus·cul·tate ['ɔːskəlteɪt] *v/t.* ⚕ *Lunge, Herz etc.* abhorchen; **aus·cul·ta·tion** [ˌɔːskəl'teɪʃn] *s.* ⚕ Abhorchen *n.*

aus·pice ['ɔːspɪs] *s.* **1.** (günstiges) Vor-, Anzeichen; **2.** *pl. fig.* Au'spizien *pl.*; Schutzherrschaft *f*: ***under the ~s of ...*** unter der Schirmherrschaft von ...;

aus·pi·cious [ɔː'spɪʃəs] *adj.* □ günstig, verheißungsvoll, glücklich; **aus·pi·cious·ness** [ɔː'spɪʃəsnɪs] *s.* günstige Aussicht, Glück *n.*

Aus·sie ['ɒzɪ] F **I** *s.* Au'stralier(in); **II** *adj.* aus'tralisch.

aus·tere [ɒ'stɪə] *adj.* □ **1.** streng, herb; rau, hart; **2.** einfach, nüchtern; mäßig, enthaltsam, genügsam; **3.** dürftig, karg; **aus·ter·i·ty** [ɒ'sterətɪ] *s.* **1.** Strenge *f*, Ernst *m*; **2.** As'kese *f*, Enthaltsamkeit *f*; **3.** Herbheit *f*; **4.** Nüchternheit *f*, Strenge *f*, Schmucklosigkeit *f*; **5.** Einfachheit *f*, Nüchternheit *f*; **6.** Mäßigung *f*, Genügsamkeit *f*; *Brit.* strenge (wirtschaftliche) Einschränkung, Sparmaßnahmen *pl.* (*in Notzeiten*): ***~ program(me)*** Sparprogramm *n.*

aus·tral ['ɔːstrəl] *adj. ast.* südlich.

Aus·tral·a·sian [ˌɒstrə'leɪʒn] **I** *adj.* aust'ralˌasisch; **II** *s.* Au'stralˌasier(in), Bewohner(in) Oze'aniens.

Aus·tral·ian [ɒ'streɪljən] **I** *adj.* au'stralisch; **II** *s.* Au'stralier(in).

Aus·tri·an ['ɒstrɪən] **I** *adj.* österreichisch; **II** *s.* Österreicher(in).

Aus·tro- [ɒstrəʊ] *in Zssgn* österreichisch: ***~-Hungarian Monarchy*** österreichisch-ungarische Monarchie.

au·tar·chic, au·tar·chi·cal [ɔː'tɑːkɪk(l)] *adj.* **1.** selbstregierend; **2.** → ***autarkic***; **au·tarch·y** ['ɔːtɑːkɪ] *s.* **1.** Selbstregierung *f*, volle Souveräni'tät; **2.** → ***autarky*** 1.

au·tar·kic, au·tar·ki·cal [ɔː'tɑːkɪk(l)] *adj.* au'tark, wirtschaftlich unabhängig; **au·tar·ky** ['ɔːtɑːkɪ] *s.* **1.** Autar'kie *f*, wirtschaftliche Unabhängigkeit; **2.** → ***autarchy.***

au·then·tic [ɔː'θentɪk] *adj.* (□ ***~ally***) **1.** au'thentisch: a) echt, verbürgt, b) glaubwürdig, zuverlässig, c) origi'nal, urschriftlich: ***~ text*** maßgebender Text, authentische Fassung; **2.** ⚖ rechtskräftig, -gültig, beglaubigt; **au'then·ti·cate** [-keɪt] *v/t.* **1.** die Echtheit (*gen.*) bescheinigen; **2.** beglaubigen, beurkunden, rechtskräftig machen; **au·then·ti·ca·tion** [ɔːˌθentɪ'keɪʃn] *s.* Beglaubigung *f*, Legalisierung *f*; **au·then·tic·i·ty** [ˌɔːθen'tɪsətɪ] *s.* **1.** Authentizi'tät *f*: a) Echtheit *f*, b) Glaubwürdigkeit *f*; **2.** ⚖ (Rechts)Gültigkeit *f.*

au·thor ['ɔːθə] *s.* **1.** Urheber(in); **2.** 'Autor *m*, Au'torin *f*, Schriftsteller(in), Verfasser(in); **au·thor·ess** ['ɔːθərɪs] *s.* Au'torin *f*, Schriftstellerin *f*, Verfasserin *f.*

au·thor·i·tar·i·an [ɔːˌθɒrɪ'teərɪən] *adj.* autori'tär; **auˌthor·i'tar·i·an·ism** [-nɪzəm] *s. pol.* autori'täres Re'gierungssystem; **au·thor·i·ta·tive** [ɔː'θɒrɪtətɪv] *adj.* □ **1.** gebieterisch, herrisch; **2.** autorita'tiv, maßgebend, -geblich.

au·thor·i·ty [ɔː'θɒrətɪ] *s.* **1.** Autori'tät *f*, (Amts)Gewalt *f*: ***by ~*** mit amtlicher Genehmigung; ***on one's own ~*** aus eigener Machtbefugnis; ***be in ~*** die Gewalt in Händen haben; **2.** 'Vollmacht *f*, Ermächtigung *f*, Befugnis *f* (***for, to*** *inf.* zu *inf.*): ***on the ~ of ...*** im Auftrage *od.* mit Genehmigung von (*od. gen.*) ...; → 4; **3.** Ansehen *n* (***with*** bei), Einfluss *m* (***over*** auf *acc.*); Glaubwürdigkeit *f*: ***of great ~*** von großem Ansehen; **4.** a) Zeugnis *n e-r Persönlichkeit*, b) Gewährsmann *m*, Quelle *f*, Beleg *m*: ***on good ~*** aus glaubwürdiger Quelle; ***on the ~ of ...*** a) nach Maßgabe *od.* aufgrund von (*od. gen.*) ..., b) mit ... als Gewährsmann; → 2; **5.** Autori'tät *f*, Sachverständige(r *m*) *f*, Fachmann *m* (***on*** auf *e-m Gebiet*): ***he is an ~ on the subject of Law***; **6.** *mst pl.* Behörde *f*, Obrigkeit *f*: ***the local authorities*** die Ortsbehörde(n); **au·thor·i·za·tion** [ˌɔːθəraɪ'zeɪʃn] *s.* Ermächtigung *f*, Genehmigung *f*, Befugnis *f*; **au·thor·ize** ['ɔːθəraɪz] *v/t.* **1.** *j-n* ermächtigen, bevollmächtigen, berechtigen, autorisieren; **2.** *et.* gutheißen, billigen, genehmigen; *Handlung* rechtfertigen; **au·thor·ized** ['ɔːθəraɪzd] *adj.* **1.** autorisiert, bevollmächtigt, befugt; zulässig: ***~ capital*** ⚚ autorisiertes Kapital; ***~ person*** Befugte(r *m*) *f*; ***~ to sign*** unterschriftsberechtigt; 2 ***Version*** *eccl.* engl. Bibelübersetzung von 1611; **2.** ⚖ rechtsverbindlich; **au·thor·ship** ['ɔːθəʃɪp] *s.* **1.** 'Autorschaft *f*, Urheberschaft *f*; **2.** Schriftstellerberuf *m.*

au·tism ['ɔːtɪzm] *s. psych.* Au'tismus *m*; **au·tis·tic** [ɔː'tɪstɪk] *adj.* (□ ***~ally***) *psych.* au'tistisch.

au·to ['ɔːtəʊ] *Am.* F **I** *pl.* **-tos** *s.* Auto *n*: ***~ graveyard*** Autofriedhof *m*; **II** *v/i.* (mit dem Auto) fahren.

auto- [ɔːtəʊ] *in Zssgn* a) selbsttätig, selbst..., Selbst..., auto..., Auto..., b) Auto..., Kraftfahr...

au·to·bahn ['ɔːtəʊbɑːn] *pl.* **-bahnen** [-nən] (*Ger.*) *s.* Autobahn *f.*

au·to·bi·og·ra·pher [ˌɔːtəʊbaɪ'ɒgrəfə] *s.* Autobio'graph(in); **au·to·bi·o·graph·ic** ['ɔːtəʊˌbaɪəʊ'græfɪk] *adj.* (□ ***~ally***) autobio'graphisch; **ˌau·to·bi'og·ra·phy** [-fɪ] *s.* Autobiogra'phie *f*, 'Selbstbiograˌphie *f.*

au·to·bus ['ɔːtəʊbʌs] *s. Am.* Autobus *m.*

au·to·cade ['ɔːtəʊkeɪd] → ***motorcade.***

au·to·car ['ɔːtəʊkɑː] *s.* Auto(mo'bil) *n*, Kraftwagen *m.*

'au·toˌchang·er *s.* Plattenwechsler *m.*

au·toch·thon [ɔː'tɒkθən] *s.* Autoch-

thone *m*, Ureinwohner *m*; **au·'toch·tho·nous** [-θənəs] *adj.* autochthon, ureingesessen, bodenständig.
au·to·cide ['ɔːtəʊsaɪd] *s.* **1.** Selbstvernichtung *f*; **2.** Selbstmord *m* mit dem Auto.
au·to·clave ['ɔːtəʊkleɪv] *s.* **1.** Schnell-, Dampfkochtopf *m*; **2.** ⚗, ⚙ Auto'klav *m*.
au·to·code ['ɔːtəʊkəʊd] *s.* *Computer*: Autokode *m*.
au·toc·ra·cy [ɔː'tɒkrəsɪ] *s.* Autokra'tie *f*, Selbstherrschaft *f*; **au·to·crat** ['ɔːtəʊkræt] *s.* Auto'krat(in), unumschränkter Herrscher; **au·to·crat·ic, au·to·crat·i·cal** [ˌɔːtəʊ'krætɪk(l)] *adj.* □ auto'kratisch, selbstherrlich, unum'schränkt.
au·to·cue ['ɔːtəʊkjuː] *s.* *TV* 'Teleˌprompter *m*.
au·to-da-fé [ˌɔːtəʊdɑː'feɪ] *pl.* **au·tos-da-fé** [ˌɔːtəʊzdɑː'feɪ] *s.* **1.** *hist.* Autoda'fé *n*, Ketzergericht *n*, -verbrennung *f*; **2.** *pol.* (Bücher- *etc.*)Verbrennung *f*.
au·to·di·dact ['ɔːtəʊdɪˌdækt] *s.* Autodi'dakt(in).
au·to·e·rot·ic [ˌɔːtəʊɪ'rɒtɪk] *adj.* *psych.* autoe'rotisch.
au·to·func·tion ['ɔːtəʊˌfʌŋkʃn] *s.* *Computer etc.* auto'matische Funkti'on.
au·tog·a·mous [ɔː'tɒgəməs] *adj.* ⚘ auto'gam, selbstbefruchtend.
au·tog·e·nous [ɔː'tɒdʒɪnəs] *adj.* *allg.* auto'gen: **~ *training***; **~ *welding*** ⚙ Autogenschweißen *n*.
au·to·gi·ro [ˌɔːtəʊ'dʒaɪərəʊ] *pl.* **-ros** *s.* ✈ Auto'giro *n*, Tragschrauber *m*.
au·to·graph ['ɔːtəgrɑːf] **I** *s.* **1.** Auto'gramm *n*, eigenhändige 'Unterschrift; **2.** eigene Handschrift; **3.** Urschrift *f*; **II** *adj.* **4.** eigenhändig unter'schrieben: **~ *letter*** Handschreiben *n*; **III** *v/t.* **5.** eigenhändig (unter)'schreiben; mit s-m Auto'gramm versehen: ***~ing session*** Autogrammstunde *f*; **6.** ⚙ autographieren, 'umdrucken; **au·to·graph·ic** [ˌɔːtəʊ'græfɪk] *adj.* (□ ***~ally***) auto'graphisch, eigenhändig geschrieben; **au·tog·ra·phy** [ɔː'tɒgrəfɪ] *s.* **1.** ⚙ Autogra'phie *f*, 'Umdruck *m*; **2.** Urschrift *f*.
au·to·hy·phe·na·tion ['ɔːtəʊˌhaɪfə'neɪʃn] *s.* auto'matische Silbentrennung.
au·to·ig·ni·tion [ˌɔːtəʊɪg'nɪʃn] *s.* ⚙ Selbstzündung *f*.
au·to·ist ['ɔːtəʊɪst] *s.* *Am.* F Autofahrer(in).
au·to·mat ['ɔːtəʊmæt] *s.* **1.** Auto'matenrestauˌrant *n*; **2.** (Ver'kaufs)Autoˌmat *m*; **3.** ⚙ Auto'mat *m* (*Maschine*); **'au·to·mate** [-meɪt] *v/t.* automatisieren: ***~d teller*** (***machine***) Geldautomat *m*; **au·to·mat·ic** [ˌɔːtə'mætɪk] **I** *adj.* □ → ***automatically***; **1.** auto'matisch: a) selbsttätig, ⚙ *a.* Selbst..., zwangsläufig, ⚔ *a.* Selbstlade...: **~ *gear change*** (*Am.* ***shift***) *mot.* Auto'matikschaltung *f*; **~ *redial*** *teleph.* automatische Wahlwiederholung, b) *fig.* unwillkürlich, me'chanisch; **II** *s.* **2.** 'Selbstladepiˌstole *f*, -gewehr *n*; **3.** → ***automat*** 3; **4.** *mot.* Auto *n* mit Auto'matik; **au·to·mat·i·cal** [ˌɔːtə'mætɪkl] → ***automatic*** 1; **au·to·mat·i·cal·ly** [ˌɔːtə'mætɪkəlɪ] *adv.* auto'matisch; ohne weiteres.
au·to·mat·ic| lathe *s.* ⚙ 'Drehautoˌmat *m*; **~ ma·chine** → ***automat*** 2; **~ pi·lot** *s.* ✈ → ***autopilot***; **~ pis·tol** *s.* 'Selbstladepiˌstole *f*; **~ start·er** *s.* ⚙ Selbstanlasser *m*.
au·to·ma·tion [ˌɔːtə'meɪʃn] *s.* ⚙ Automati'on *f*; **au·tom·a·ton** [ɔː'tɒmətən] *pl.* **-ta** [-tə], **-tons** *s.* Auto'mat *m*, 'Roboter *m* (*beide a. fig.*).
au·to·mo·bile ['ɔːtəməʊbiːl] *s.* *bsd. Am.* Auto *n*, Automo'bil *n*, Kraftwagen *m*; **au·to·mo·bil·ism** [ˌɔːtə'məʊbɪlɪzəm] *s.* Kraftfahrwesen *n*; **au·to·mo·bil·ist** [ˌɔːtə'məʊbɪlɪst] *s.* Kraftfahrer *m*; **au·to·mo·tive** [ˌɔːtə'məʊtɪv] *adj.* selbstbewegend, -fahrend; *bsd. Am.* 'kraftfahrˌtechnisch, Auto(mobil)..., Kraftfahrzeug...
au·ton·o·mous [ɔː'tɒnəməs] *adj.* auto'nom, sich selbst regierend; **au'ton·o·my** [-mɪ] *s.* Autono'mie *f*, Selbstständigkeit *f*.
au·to·pi·lot ['ɔːtəʊˌpaɪlət] *s.* ✈ Autopi'lot *m*, auto'matische Steuervorrichtung.
au·top·sy ['ɔːtəpsɪ] **I** *s.* **1.** ⚕ Autop'sie *f*, Obdukti'on *f*; **2.** *fig.* kritische Ana'lyse; **II** *v/t.* **3.** ⚕ e-e Autop'sie vornehmen an (*dat.*).
au·to·sug·ges·tion [ˌɔːtəʊsə'dʒestʃən] *s.* Autosuggesti'on *f*.
au·to·tell·er ['ɔːtəʊˌtelə] *s.* 'Bankautoˌmat *m*.
au·to·trans·fu·sion [ˌɔːtəʊtræns'fjuːʒn] *s.* ⚕ 'Eigenbluttransfusiˌon *f*.
au·to·type ['ɔːtətaɪp] **I** *s.* *typ.* Autoty'pie *f*: a) Rasterätzung *f*, b) Fak'simileabdruck *m*; **II** *v/t.* mittels Autotypie vervielfältigen.
au·tumn ['ɔːtəm] *s.* *bsd. Brit.* Herbst *m* (*a. fig.*): ***the ~ of life***; **au·tum·nal** [ɔː'tʌmnəl] *adj.* herbstlich, Herbst... (*a. fig.*).
aux·il·ia·ry [ɔːg'zɪljərɪ] **I** *adj.* **1.** helfend, mitwirkend, Hilfs...: **~ *engine*** Hilfsmotor *m*; **~ *troops*** Hilfstruppen; **~ *verb*** Hilfszeitwort *n*; **2.** ⚔ Behelfs..., Ausweich...; **II** *s.* **3.** Helfer *m*, Hilfskraft *f*, *pl. a.* Hilfspersonal *n*; **4.** *pl.* ⚔ Hilfstruppen *pl.*; **5.** *ling.* Hilfszeitwort *n*.
a·vail [ə'veɪl] **I** *v/t.* **1.** nützen (*dat.*), helfen (*dat.*), fördern; **2. ~ *o.s. of s.th.*** sich e-r Sache bedienen, et. benutzen, Gebrauch von et. machen; **II** *v/i.* **3.** nützen, helfen; **III** *s.* **4.** Nutzen *m*, Vorteil *m*, Gewinn *m*: ***of no ~*** nutzlos; ***of what ~ is it?*** was nützt es?; ***to no ~*** vergeblich; **5.** *pl.* ✝ *Am.* Ertrag *m*; **a·vail·a·bil·i·ty** [əˌveɪlə'bɪlətɪ] *s.* **1.** Vor'handensein *n*; **2.** Verfügbarkeit *f*; **3.** *Am.* verfügbare Per'son *od.* Sache; **4.** ⚖ Gültigkeit *f*; **a'vail·a·ble** [-ləbl] *adj.* □ **1.** verfügbar, erhältlich, vor'handen, vorrätig, zu haben(d): ***make ~*** bereitstellen, verfügbar machen; **2.** anwesend, abkömmlich; **3.** benutzbar; statthaft; **4.** ⚖ a) gültig, b) zulässig.
av·a·lanche ['ævəlɑːnʃ] *s.* La'wine *f*, *fig. a.* Unmenge *f*.
av·ant-garde [ˌævɑ̃ː*ŋ*'gɑːd] (*Fr.*) **I** *s.* *fig.* A'vantgarde *f*; **II** *adj.* avantgar'distisch; **ˌav·ant-'gard·ist(e)** [-dɪst] *s.* Avantgar'dist(in).
av·a·rice ['ævərɪs] *s.* Geiz *m*, Habsucht *f*; **av·a·ri·cious** [ˌævə'rɪʃəs] *adj.* □ geizig (***of*** mit), habgierig.
a·ve ['ɑːvɪ] **I** *int.* **1.** sei gegrüßt!; **2.** leb wohl!; **II** *s.* **3.** ♌ 'Ave(-Ma'ria) *n*.
a·venge [ə'ven*d*ʒ] *v/t.* **1.** rächen (***on, upon*** an *dat.*): **~ *one's friend*** s-n Freund rächen; **~ *o.s.***, ***be ~d*** sich rächen; **2.** *et.* rächen, ahnden; **a'veng·er** [-*d*ʒə] *s.* Rächer(in); **a'veng·ing** [-*d*ʒɪŋ] *adj.*: **~ *angel*** Racheengel *m*.
av·e·nue ['ævənjuː] *s.* **1.** *mst fig.* Zugang *m*, Weg *m* (***to, of*** zu): **~ *to fame*** Weg zum Ruhm; **2.** Al'lee *f*; **3.** a) Haupt-, Prachtstraße *f*, Ave'nue *f*, b) (Stadt)Straße *f*.
a·ver [ə'vɜː] *v/t.* **1.** behaupten, als Tatsache hinstellen (***that*** dass); **2.** ⚖ beweisen.
av·er·age ['ævərɪdʒ] **I** *s.* **1.** 'Durchschnitt *m*: ***on an*** (*od.* ***the***) **~** im Durchschnitt, durchschnittlich; ***strike an ~*** den Durchschnitt schätzen *od.* nehmen; **2.** ⚓, ⚖ Hava'rie *f*, Seeschaden *m*: **~ *adjuster*** Dispacheur *m*; ***general ~*** große Havarie; ***particular ~*** besondere (*od.* partikulare) Havarie; ***petty ~*** kleine Havarie; ***under ~*** havariert; **3.** *Börse*: *Am.* 'Aktienindex *m*; **II** *adj.* □ **4.** 'durchschnittlich; Durchschnitts...: **~ *access time*** *Computer*: mittlere Zugriffszeit; **~ *amount*** Durchschnittsbetrag *m*; **~ *Englishman*** Durchschnittsengländer *m*; **~ *useful life*** durchschnittliche Nutzungsdauer; ***be only ~*** nur Durchschnitt sein; **III** *v/t.* **5.** den 'Durchschnitt schätzen (***at*** auf *acc.*) *od.* nehmen von (*od. gen.*); **6.** ✝ anteilsmäßig auf-, verteilen: **~ *one's losses***; **7.** 'durchschnittlich betragen, haben, erreichen, verlangen, tun *etc.*: ***I ~ £60 a week*** ich verdiene durchschnittlich £ 60 die Woche; **IV** *v/i.* **8. ~ *out at*** sich im Durchschnitt belaufen auf (*acc.*).
a·ver·ment [ə'vɜːmənt] *s.* **1.** Behauptung *f*; **2.** ⚖ Beweisangebot *n*, Tatsachenbehauptung *f*.
a·verse [ə'vɜːs] *adj.* □ **1.** abgeneigt (***to, from*** *dat.*, ***to*** *inf.* zu *inf.*): ***not ~ to a drink***; **~ *from such methods***; **2.** zu'wider (***to*** *dat.*); **a·ver·sion** [ə'vɜːʃn] *s.* **1.** (***to, for, from***) 'Widerwille *m*, Abneigung *f* (gegen), Abscheu *m* (vor *dat.*): ***take an ~*** (***to***) e-e Abneigung fassen (gegen); **2.** Unlust *f*, Abgeneigtheit *f* (***to*** *inf.* zu *inf.*); **3.** Gegenstand *m* des Abscheus: ***beer is my pet*** (*od.* ***chief***) **~** Bier ist mir ein Gräuel.
a·vert [ə'vɜːt] *v/t.* **1.** abwenden, -kehren: **~ *one's face***; **2.** *fig.* abwenden, -wehren, verhüten.
a·vi·ar·y ['eɪvjərɪ] *s.* Vogelhaus *n*, Voli'ere *f*.
a·vi·ate ['eɪvɪeɪt] *v/i.* ✈ fliegen; **a·vi·a·tion** [ˌeɪvɪ'eɪʃn] *s.* ✈ Luftfahrt *f*, Flugwesen *n*, Fliegen *n*, Flugsport *m*: **~ *industry*** Flugzeugindustrie *f*; ***Ministry of*** ♌ Ministerium *n* für zivile Luftfahrt; **a·vi·a·tor** ['eɪvɪeɪtə] *s.* Flieger *m*.
a·vi·cul·ture ['eɪvɪkʌltʃə] *s.* Vogelzucht *f*.
av·id ['ævɪd] *adj.* □ (be)gierig (***of*** nach, ***for*** auf *acc.*); *weitS.* leidenschaftlich, begeistert; **a·vid·i·ty** [ə'vɪdətɪ] *s.* Gier *f*, Begierde *f*, Habsucht *f*.
a·vi·on·ics [ˌeɪvɪ'ɒnɪks] *s. pl. sg. konstr.* Avi'onik *f*, 'Flugelekˌtronik *f*.
a·vi·ta·min·o·sis ['eɪˌvaɪtəmɪ'nəʊsɪs] *s.* Vita'minmangel(krankheit *f*) *m*.
av·o·ca·do [ˌævəʊ'kɑːdəʊ] *s.* ⚘ Avo'cado(birne) *f*.
av·o·ca·tion [ˌævəʊ'keɪʃn] *s. obs.* **1.** (Neben)Beschäftigung *f*; **2.** F (Haupt)Beruf *m*.
a·void [ə'vɔɪd] **1.** (ver)meiden, ausweichen (*dat.*), aus dem Wege gehen (*dat.*), *Pflicht etc.* um'gehen, *e-r Gefahr* entgehen: **~ *s.o.*** j-n meiden; **~ *doing s.th.*** es vermeiden, et. zu tun; **2.** ⚖ a) aufheben, ungültig machen, b) anfechten; **a'void·a·ble** [-dəbl] *adj.* **1.** vermeidbar; **2.** ⚖ a) annullierbar, b) anfechtbar; **a'void·ance** [-dəns] *s.* **1.** Vermeidung *f* (*Sache*), Meidung *f* (*Person*); Um'gehung *f*; **2.** ⚖ a) Aufhebung

f, Nichtigkeitserklärung *f*, b) Anfechtung *f*.

av·oir·du·pois [ˌævədə'pɔɪz] *s.* **1.** ✝ *a.* ~ ***weight*** Handelsgewicht *n* (*1 Pfund = 16 Unzen*): ~ ***pound*** Handelspfund *n*; **2.** F ‚Lebendgewicht' *n e-r Person*.

a·vow [ə'vaʊ] *v/t.* (offen) bekennen, (ein)gestehen; rechtfertigen; anerkennen: ~ ***o.s.*** sich bekennen, sich erklären; **a·vow·al** [ə'vaʊəl] *s.* Bekenntnis *n*, Geständnis *n*, Erklärung *f*; **a·vowed** [ə'vaʊd] *adj.* □ erklärt: ***his*** ~ ***principle***; ***he is an*** ~ ***Jew*** er bekennt sich offen zum Judentum; **a·vow·ed·ly** [ə'vaʊɪdlɪ] *adv.* eingestandenermaßen.

a·vun·cu·lar [ə'vʌŋkjʊlə] *adj.* **1.** Onkel...; **2.** *iro.* onkelhaft.

a·wait [ə'weɪt] *v/t.* **1.** erwarten (*acc.*), entgegensehen (*dat.*); **2.** *fig. j-n* erwarten: ***a hearty welcome*** ~***s you***.

a·wake [ə'weɪk] **I** *v/t.* [*irr.*] **1.** wecken; **2.** *fig.* erwecken, aufrütteln (***from*** aus): ~ ***s.o. to s.th.*** j-m et. zum Bewusstsein bringen; **II** *v/i.* [*irr.*] **3.** auf-, erwachen; **4.** *fig. zu neuer Tätigkeit etc.* erwachen: ~ ***to s.th.*** sich e-r Sache bewusst werden; **III** *adj.* **5.** wach; **6.** *fig.* munter, wach(sam), auf der Hut: ***be*** ~ ***to s.th.*** sich e-r Sache bewusst sein; **a'wak·en** [-kən] → ***awake*** 1–4; **a'wak·en·ing** [-knɪŋ] *s.* Erwachen *n*: ***a rude*** ~ *fig.* ein unsanftes Erwachen.

a·ward [ə'wɔːd] **I** *v/t.* **1.** zuerkennen, zusprechen, ⚖ *a.* (*durch Urteil od. Schiedsspruch*) zubilligen: ***he was*** ~***ed the prize*** der Preis wurde ihm zuerkannt; **2.** gewähren, verleihen, zuwenden, zuteilen; **II** *s.* **3.** ⚖ Urteil *n*, (Schieds)Spruch *m*; **4.** Belohnung *f*, Auszeichnung *f*, (*a.* Film- *etc.*)Preis *m*, (Ordens)Verleihung *f*, ✝ 'Prämie *f*; **5.** ✝ Zuschlag *m* (*auf ein Angebot*), (Auftrags)Vergabe *f*.

a·ware [ə'weə] *adj.* **1.** gewahr (***of*** *gen.*, ***that*** dass): ***be*** ~ sich bewusst sein, wissen, (er)kennen; ***become*** ~ ***of s.th.*** et. gewahr werden *od.* merken, sich e-r Sache bewusst werden; ***not that I am*** ~ ***of*** nicht, dass ich wüsste; **2.** aufmerksam, ‚hellwach'; **a'ware·ness** [-nɪs] *s.* Bewusstsein *n*, Kenntnis *f*.

a·wash [ə'wɒʃ] *adv. u. adj.* ⚓ **1.** über'flutet; **2.** über'füllt (***with*** von).

a·way [ə'weɪ] **I** *adv.* **1.** weg, hin'weg, fort: ***go*** ~ weg-, fortgehen; ~ ***with you!*** fort mit dir!; **2.** (***from***) entfernt, (weit) weg (von), fern, abseits (*gen.*): ~ ***from the question*** nicht zur Frage *od.* Sache gehörend; **3.** fort, abwesend, verreist: ~ ***from home*** nicht zu Hause; ~ ***on leave*** auf Urlaub; **4.** *bei Verben oft* (drauf)'los: ***chatter*** ~; ***work*** ~; **5.** *bsd. Am.* bei weitem: ~ ***below the average***; **II** *adj.* **6.** *sport* Auswärts...: ~ ***match*** → **III** *s.* **7.** *sport* Auswärtsspiel *n*.

awe [ɔː] **I** *s.* **1.** Ehrfurcht *f*, (heilige) Scheu (***of*** vor *dat.*): ***hold s.o. in*** ~ Ehrfurcht vor j-m haben; ***stand in*** ~ ***of*** a) e-e heilige Scheu haben *od.* sich fürchten vor (*dat.*), b) e-n gewaltigen Respekt haben vor (*dat.*); **2.** *fig.* Macht *f*, Maje'stät *f*; **II** *v/t.* **3.** (Ehr)Furcht einflößen (*dat.*), einschüchtern; **'awe-inˌspir·ing** *adj.* Ehrfurcht gebietend, eindrucksvoll; **awe·some** ['ɔːsəm] *adj.* □ **1.** Furcht einflößend, schrecklich; **2.** → ***awe-inspiring***; **3.** großartig, überwältigend, ‚gewaltig'; **4.** 'übergroß, gewaltig; **5.** F toll, irre; **'awe·struck** *adj.* von Ehrfurcht *od.* Scheu *od.* Schrecken ergriffen.

aw·ful ['ɔːfʊl] *adj.* □ **1.** → ***awe-inspiring***; **2.** furchtbar, schrecklich; **3.** F ['ɔːfl] furchtbar: a) riesig, kolos'sal: ***an*** ~ ***lot*** e-e riesige Menge, b) scheußlich, schrecklich: ***an*** ~ ***noise***; **aw·ful·ly** ['ɔːflɪ] *adv.* F furchtbar, schrecklich, äußerst: ~ ***cold***; ~ ***nice*** furchtbar *od.* riesig nett; ***I am*** ~ ***sorry*** es tut mir schrecklich Leid; ***thanks*** ~***!*** tausend Dank!; **'aw·ful·ness** [-nɪs] *s.* **1.** Schrecklichkeit *f*; **2.** Erhabenheit *f*.

a·while [ə'waɪl] *adv.* ein Weilchen.

awk·ward ['ɔːkwəd] *adj.* □ **1.** ungeschickt, unbeholfen, linkisch, tölpelhaft: ***feel*** ~ verlegen sein; → ***squad*** 1; **2.** peinlich, misslich, unangenehm: ***an*** ~ ***silence*** (***matter***); **3.** unhandlich, schwer zu behandeln, schwierig, lästig, ungünstig, ‚dumm': ***an*** ~ ***door to open*** e-e schwer zu öffnende Tür; ***an*** ~ ***customer*** ein unangenehmer Zeitgenosse; ***it's a bit*** ~ ***on Sunday*** am Sonntag passt es (mir) nicht so recht; **'awk·wardness** [-nɪs] *s.* **1.** Ungeschicklichkeit *f*, Unbeholfenheit *f*; **2.** Peinlichkeit *f*, Unannehmlichkeit *f*; **3.** Lästigkeit *f*.

awl [ɔːl] *s.* ⚙ Ahle *f*, Pfriem *m*.

awn [ɔːn] *s.* ⚘ Granne *f*.

awn·ing ['ɔːnɪŋ] *s.* **1.** ⚓ Sonnensegel *n*; **2.** Wagendecke *f*, Plane *f*; **3.** Mar'kise *f*; 'Baldachin *m*; Vorzelt *n*.

a·woke [ə'wəʊk] *pret. von* ***awake*** I *u.* II; **a'wok·en** *p.p. von* ***awake*** I *u.* II.

a·wry [ə'raɪ] *adv. u. adj.* **1.** schief, krumm: ***look*** ~ *fig.* schief *od.* scheel blicken; **3.** *fig.* verkehrt: ***go*** ~ fehlgehen (*Person*), schief gehen (*Sache*).

ax, *mst* **axe** [æks] **I** *s.* **1.** Axt *f*, Beil *n*: ***have an*** ~ ***to grind*** eigennützige Zwecke verfolgen, es auf et. abgesehen haben; **2.** F *fig.* a) rücksichtslose Sparmaßnahme, b) Abbau *m*, Entlassung *f*: ***get the*** ~ entlassen werden, ‚rausfliegen'; **3.** ♪ *Am. sl.* Instru'ment *n*; **II** *v/t.* **4.** F *fig.* drastisch kürzen *od.* zs.-streichen; *Beamte etc.* abbauen, *Leute* entlassen, ‚feuern'.

ax·i·al ['æksɪəl] *adj.* □ ⚙ Achsen..., axi'al.

ax·il ['æksɪl] *s.* ⚘ Blattachsel *f*.

ax·i·om ['æksɪəm] *s.* Ax'iom *n*, allgemein anerkannter Grundsatz: ~ ***of law*** Rechtsgrundsatz; **ax·i·o·mat·ic** [ˌæksɪəʊ'mætɪk] *adj.* (□ ~***ally***) axio'matisch, 'unumˌstößlich, selbstverständlich.

ax·is ['æksɪs] *pl.* **'ax·es** [-siːz] *s.* **1.** ✈, ⚙, *phys.* Achse *f*, 'Mittelˌlinie *f*: ~ ***of the earth*** Erdachse; **2.** *pol.* Achse *f*: ***the*** ***2*** die Achse Berlin-Rom-Tokio (*vor dem u. im 2. Weltkrieg*); ***the*** ***2*** ***powers*** die Achsenmächte.

ax·le ['æksl] *s.* ⚙ **1.** *a.* ~ ***tree*** (Rad-)Achse *f*, Welle *f*; **2.** Angel(zapfen *m*) *f*.

ay → ***aye***.

a·yah ['aɪə] *s. Brit. Ind.* 'Aja *f*, indisches Kindermädchen.

aye [aɪ] **I** *int. bsd.* ⚓ *u. parl.* ja: ~, ~, ***Sir!*** zu Befehl!; **II** *s. parl.* Ja *n*, Jastimme *f*: ***the*** ~***s have it*** die Mehrheit ist dafür.

a·za·le·a [ə'zeɪljə] *s.* ⚘ Aza'lee *f*.

az·i·muth ['æzɪməθ] *s. ast.* Azi'mut *m*, Scheitelkreis *m*.

a·zo·ic [ə'zəʊɪk] *adj. geol.* a'zoisch (*ohne Lebewesen*): ***the*** ~ ***age***.

Az·tec ['æztek] s. Az'teke *m*.

az·ure ['æʒə] **I** *adj.* a'zur-, himmelblau; **II** *s.* a) A'zur(blau *n*) *m*, b) *poet.* das blaue Himmelszelt.

B, b [biː] *s.* **1.** B *n*, b *n* (*Buchstabe*); **2.** ♪ H *n*, h *n* (*Note*): ***B flat*** B *n*, b *n*; ***B sharp*** His *n*, his *n*; **3.** *ped. Am.* Zwei *f* (*Note*); **4.** ***B flat*** *Brit. sl.* Wanze *f*.

baa [bɑː] **I** *s.* Blöken *n*; **II** *v/i.* blöken; **III** *int.* bäh!

Ba·al ['beɪəl] **I** *npr. bibl. Gott* Baal *m*; **II** *s.* Abgott *m*, Götze *m*; **'Ba·al·ism** [-lɪzəm] *s.* Götzendienst *m*.

baas [bɑːs] *s. S. Afr.* Herr *m*.

Bab·bitt ['bæbɪt] *s.* **1.** *Am.* (selbstzufriedener) Spießer; **2.** 2 (***metal***) ⚙ 'Lagerweißme,tall *n*.

bab·ble ['bæbl] **I** *v/t. u. v/i.* **1.** stammeln; plappern, schwatzen; nachschwatzen, ausplaudern; **2.** plätschern, murmeln (*Bach*); **II** *s.* **3.** Geplapper *n*, Geschwätz *n*; **'bab·bler** [-lə] *s.* **1.** Schwätzer(in); **2.** *orn. e-e* Drossel *f*.

babe [beɪb] *s.* **1.** kleines Kind, Baby *n*, *fig. a.* Na'ivling *m*; → ***arm***[1] 1; **2.** *Am. sl.* ‚Puppe' *f* (*Mädchen*).

Ba·bel ['beɪbl] **I** *npr. bibl.* Babel *n*; **II** *s.* 2 *fig.* Babel *n*, Wirrwarr *m*, Stimmengewirr *n*.

ba·boo ['bɑːbuː] *s. Brit.-Ind.* **1.** Herr *m* (*bei den Hindus*); **2.** Inder *m* mit oberflächlicher engl. Bildung.

ba·boon [bə'buːn] *s. zo.* 'Pavian *m*.

ba·by ['beɪbɪ] **I** *s.* **1.** Baby *n*: a) Säugling *m*, b) jüngstes Kind: ***be left holding the ~*** F der Dumme sein, die Sache am Hals haben; **2.** a) ‚Kindskopf' *m*, b) ‚Heulsuse' *f*; **3.** *sl.* ‚Schatz' *m*, ‚Kindchen' *n* (*Mädchen*); **4.** *sl.* Sache *f*: ***it's your ~***; **II** *adj.* **5.** Säuglings..., Baby..., Kinder...; **6.** kindlich, kindisch: ***plead the ~ act*** *Am.* F auf Unreife plädieren; **7.** klein; **~ bond** *s.* ✝ *Am.* BabyBond *m*, Kleinschuldverschreibung *f*; **~ boom·er gen·er·a·tion** *s.* geburtenstarke Jahrgänge *pl.*; **~ bot·tle** *s.* (Saug)Flasche *f*; **~ car** *s.* Klein(st)wagen *m*; **~ car·riage** *s. Am.* Kinderwagen *m*; **~ farm·er** *s. mst contp.* Frau, die gewerbsmäßig Kinder in Pflege nimmt; **~ grand** *s.* ♪ Stutzflügel *m*.

ba·by·hood ['beɪbɪhʊd] *s.* Säuglingsalter *n*; **'ba·by·ish** [-ɪɪʃ] *adj.* **1.** kindlich; **2.** kindisch.

Bab·y·lon ['bæbɪlən] **I** *npr.* 'Babylon *n*; **II** *s. fig.* (Sünden)Babel *n*; **Bab·y·lo·ni·an** [,bæbɪ'ləʊnjən] **I** *adj.* baby'lonisch; **II** *s.* Baby'lonier(in).

'ba·by|-,mind·er *s. Brit.* Tagesmutter *f*; **'~-sit** *v/i.* [*irr.* → ***sit***] babysitten; **'~-,sit·ter** *s.* Babysitter *m*; **~ snatch·er** *s. ältere Person* (*Mann od. Frau*), *die mit einem blutjungen Mädchen od. Mann ein Verhältnis hat*: ***I'm no ~*** ich vergreif mich doch nicht an kleinen Kindern!; **~ spot** *s.* Baby-Spot *m* (*kleiner Suchscheinwerfer*); **~ talk** *s.* Babysprache *f*.

bac·ca·lau·re·ate [,bækə'lɔːrɪət] *s. univ.* Bakkalaure'at *n*; **2.** *a.* **~ *sermon*** *Am.* Predigt *f* an die promovierten Stu'denten.

bac·ca·ra(t) ['bækərɑː] *s.* 'Bakkarat *n* (*Glücksspiel*).

bac·cha·nal ['bækənl] **I** *s.* **1.** Bac'chant (-in); **2.** ausgelassener *od.* trunkener Zecher; **3.** *a. pl.* Baccha'nal *n* (*wüstes Gelage*); **II** *adj.* **4.** 'bacchisch; **5.** bac'chantisch; **bac·cha·na·li·a** [,bækə'neɪljə] → ***bacchanal*** 3; **bac·cha·na·li·an** [,bækə'neɪljən] **I** *adj.* bac'chantisch, ausschweifend; **II** *s.* Bac'chant(in); **bac·chant** ['bækənt] **I** *s.* Bac'chant *m*; *fig.* wüster Trinker *od.* Schwelger; **II** *adj.* bac'chantisch; **bac·chan·te** [bə'kæntɪ] *s.* Bac'chantin *f*; **bac·chic** ['bækɪk] → ***bacchanal*** 4 *u.* 5.

bac·cy ['bækɪ] *s.* F *abbr. für* **tobacco**.

bach [bætʃ] F **I** *s.* → ***bachelor*** 1; **II** *v/i.* *mst* **~ *it*** ein Strohwitwerdasein führen.

bach·e·lor ['bætʃələ] *s.* **1.** Junggeselle *m*; *in Urkunden*: ledig (*dem Namen nachgestellt*); **2.** *univ.* Bakka'laureus *m* (*Grad*): **2 *of Arts*** (*abbr.* ***B.A.***) Bakkalaureus der philosophischen Fakultät; **2 *of Science*** (*abbr.* ***B.Sc.***) Bakkalaureus der Naturwissenschaften; **~ girl** *s.* Junggesellin *f*.

bach·e·lor·hood ['bætʃələhʊd] *s.* **1.** Junggesellenstand *m*; **2.** *univ.* Bakkalaure'at *n*.

ba·cil·lar·y [bə'sɪlərɪ] *adj.* **1.** stäbchenförmig; **2.** ✱ Bazillen...; **ba·cil·lus** [bə'sɪləs] *pl.* **-li** [-laɪ] *s.* ✱ Ba'zillus *m* (*a. fig.*).

back[1] [bæk] **I** *s.* **1.** Rücken *m* (*Mensch, Tier*); **2.** 'Hinter-, Rückseite *f* (*Kopf, Haus, Tür, Bild, Brief, Kleid etc*); (Rücken)Lehne *f* (*Stuhl*); **3.** *untere od. abgekehrte Seite*: (*Hand-, Buch-, Messer*)Rücken *m*, 'Unterseite *f* (*Blatt*), linke Seite (*Stoff*), Kehrseite *f* (*Münze*), Oberteil *m*, *n* (*Bürste*); → ***beyond*** 6; **4.** *rückwärtiger od. entfernt gelegener Teil*: hinterer Teil (*Mund, Schrank, Wald* etc.), 'Hintergrund *m*; Rücksitz *m* (*Wagen*); **5.** Rumpf *m* (*Schiff*); **6. *the 2s*** die Parkanlagen *pl.* hinter den Colleges in Cambridge; **7.** *sport* Verteidiger *m*; *Besondere Redewendungen*:
(***at the***) **~ *of*** hinter (*dat.*), hinten in (*dat.*); ***be at the ~ of s.th.*** *fig.* hinter e-r Sache stecken; **~ *to front*** die Rückseite nach vorn, falsch herum; ***have s.th. at the ~ of one's mind*** a) insgeheim an et. denken, b) sich dunkel an et. erinnern; ***turn one's ~ on*** *fig. j-m* den Rücken kehren, *et.* aufgeben; ***behind s.o.'s ~*** hinter j-s Rücken; ***on one's ~*** a) auf dem Körper (*Kleidungsstück*), b) bettlägerig, c) am Boden, hilflos, verloren; ***have one's ~ to the wall*** mit dem Rücken zur Wand stehen; ***break s.o.'s ~*** a) j-m das Kreuz brechen (*a. fig.*), b) j-n ‚fertig machen' *od.* zugrunde richten; ***break the ~ of s.th.*** das Schwierigste e-r Sache hinter sich bringen; ***put one's ~ into s.th.*** sich bei e-r Sache ins Zeug legen, sich in et. hineinknien; ***put s.o.'s ~ up*** j-n ‚auf die Palme bringen';
II *adj.* **8.** rückwärtig, letzt, hinter, Rück..., Hinter..., Nach...: ***the ~ left-hand corner*** die hintere linke Ecke; **9.** rückläufig; **10.** rückständig (*Zahlung*); **11.** zu'rückliegend, alt (*Zeitung etc.*); **12.** fern, abgelegen; *fig.* finster; **III** *adv.* **13.** zu'rück, rückwärts; zurückliegend; (wieder) zurück: ***he is ~ again*** er ist wieder da; ***he is ~ home*** er ist wieder zu Hause; **~ *home*** *Am.* bei uns (zu Lande); **~ *and forth*** hin und her; **14.** zu'rück, 'vorher: ***20 years ~*** vor 20 Jahren; **~ *in 1900*** (schon) im Jahre 1900; **IV** *v/t.* **15.** *Buch* mit e-m Rücken *od. Stuhl* mit e-r Lehne *od.* Rückenverstärkung versehen; **16.** hinten grenzen an (*acc.*), den Hintergrund *e-r Sache* bilden; **17.** *a.* **~ *up*** *j-m* den Rücken decken *od.* stärken, *j-n* unter'stützen, eintreten für; **18.** *a.* **~ *up*** zu'rückbewegen; *Wagen, Pferd, Maschine* rückwärts fahren *od.* laufen lassen: **~**

one's car up mit dem Auto zurückstoßen; ***~ a car out of the garage*** e-n Wagen rückwärts aus der Garage fahren; ***~ water*** (*od.* ***the oars***) rückwärts rudern; ***~ed up*** (***with traffic***) *Am.* verstopft (*Straße*); **19.** auf der Rückseite beschreiben; *Wechsel* verantwortlich gegenzeichnen, avalieren; **20.** wetten *od.* setzen auf (*acc.*); **V** *v/i.* **21.** *a.* ***~ up*** sich rückwärts bewegen, zu'rückgehen *od.* -fahren; **22.** ***~ and fill*** a) ⚓ lavieren, b) *Am.* F unschlüssig sein; **~ down** (**from**), **~ out** (**of**) *v/i.* zu'rücktreten *od.* sich zu'rückziehen (von), aufgeben (*acc.*); F sich drücken (vor *dat.*), abspringen (von), ‚aussteigen' (bei), kneifen (vor *dat.*); klein beigeben, ‚den Schwanz einziehen'.

back² [bæk] *s.* ⚙, *Brauerei, Färberei etc.*: Bottich *m.*

'back|·ache *s.* Rückenschmerzen *pl.*; **~ al·ley** *s. Am.* finsteres Seitengässchen; **ˌ~-'bench·er** *s. parl.* 'Hinterbänkler *m*; **'~·bend** *s. sport* Brücke *f* (aus dem Stand); **'~·bite** *v/t. u. v/i.* [*irr.* → ***bite***] *j-n* verleumden; **'~ˌbit·er** *s.* Verleumder (-in); **'~·bone** *s.* **1.** Rückgrat *n*: ***to the ~*** bis auf die Knochen, ganz u. gar; **2.** *fig.* Rückgrat *n*: a) (Cha'rakter)Stärke *f*, Mut *m*, b) Hauptstütze *f*; **'~-ˌbreak·ing** *adj.* ‚mörderisch', zermürbend: ***a ~ job***; **'~-ˌburn·er** *adj.* F nebensächlich, zweitrangig; **'~·chat** *s. sl.* **1.** freche Antwort(en *pl.*); **2.** *Brit.* schlagfertiges Hin und Her; **~·cloth** → ***backdrop***; **'~-ˌcou·pled** *adj.* ⚡ rückgekoppelt; **ˌ~'date** *v/t.* **1.** zu'rückdatieren; **2.** rückwirkend in Kraft setzen; **~ door** *s.* 'Hintertür *f* (*a. fig. Ausweg*); **ˌ~-'door** *adj.* heimlich, geheim; **'~·down** *s. Am.* F ‚Rückzieher' *m*; **'~·drop** *s.* **1.** *thea.* Prospekt *m*; **2.** 'Hintergrund *m*, 'Folie *f*.

backed [bækt] *adj.* **1.** mit Rücken, Lehne *etc.* (versehen); **2.** gefüttert: ***a curtain ~ with satin***; **3.** *in Zssgn*: ***straight-~*** mit geradem Rücken, geradlehnig.

back·er ['bækə] *s.* **1.** Unter'stützer(in), Helfer(in), Förderer *m*; **2.** ✝ a) (Wechsel)Bürge *m*, b) 'Hintermann *m*, Geldgeber *m*; **3.** Wetter(in).

ˌback|'fire I *v/i.* **1.** *mot.* früh-, fehlzünden; **2.** *fig.* fehlschlagen, ‚ins Auge gehen': ***the plan ~d*** der Schuss ging nach hinten los; **II** *s.* **3.** ⚙ Früh-, Fehlzündung *f*; **~ for·ma·tion** *s. ling.* Rückbildung *f*; **~'gam·mon** *s.* Back'gammon *n*, Puffspiel *n*; **'~·ground** *s.* **1.** 'Hintergrund *m*: ***~ noise*** Nebengeräusch *n*; ***keep in the ~*** im Hintergrund bleiben; **2.** *fig.* 'Hintergrund *m*, 'Hintergründe *pl.*, 'Umstände *pl.*; 'Umwelt *f*, Mili'eu *n*; 'Herkunft *f*; Werdegang *m*, Vorgeschichte *f*; Bildung *f*, Erfahrung *f*, Wissen *n*: ***educational ~*** Vorbildung *f*; **'~·hand I** *s.* **1.** nach links geneigte Handschrift; **2.** *sport* Rückhand(schlag *m*) *f*; **II** *adj.* **3.** *sport* Rückhand...: ***~ stroke*** Rückhandschlag *m*; **ˌ~'hand·ed** *adj.* **1.** nach links geneigt (*Schrift*); **2.** Rückhand...; **3.** zweideutig; unredlich, 'indiˌrekt; **'~·hand·er** *s.* **1.** a) → ***backhand*** 2, b) Schlag *m* mit dem Handrücken; **2.** F 'indiˌrekter Angriff; **3.** F ‚Schmiergeld' *n*.

back·ing ['bækɪŋ] *s.* **1.** Unter'stützung *f*, Hilfe *f*; Beifall *m*; *coll.* Unter'stützer *pl.*, Förderer *pl.*, 'Hintermänner *pl.*; **2.** rückwärtige Verstärkung; (*Rock- etc.*) Futter *n*; Stützung *f*; **3.** ✝ a) Wechselbürgschaft *f*, b) Gegenzeichnen *n*, c) Deckung *f*.

'back|·lash *s.* **1.** ⚙ toter Gang, Flankenspiel *n*; **2.** (heftige) Reakti'on, Rückwirkung *f*; **'~·log** *s.* **1.** großes Scheit hinten im Ka'min; **2.** (*Arbeits-, Auftrags- etc.*)Rückstand *m*, 'Überhang *m* (**of** an *dat.*): ***~ demand*** Nachholbedarf *m*; **3.** Rücklage *f*, Re'serve *f* (**of** an *dat.*, von); **~ num·ber** *s.* **1.** alte Nummer *e-r Zeitung etc.*; **2.** *fig.* rückständige *od.* altmodische Per'son *od.* Sache; **'~·pack I** *s.* Rucksack *m*, Back Pack *m*; **II** *v/i.* ***~ it*** F (mit dem Rucksack) trampen; **'~·pack·er** *s.* Rucksacktourist *m*; **'~·pack·ing** *s.* Rucksacktourismus *m*; **~ pay** *s.* Lohn-, Gehaltsnachzahlung *f*; **ˌ~-'ped·al** *v/i.* **1.** rückwärts treten (*Radfahrer*); **2.** F *fig.* e-n ‚Rückzieher' machen; **'~ˌped·al brake** *s.* Rücktrittbremse *f*; **'~·rest** *s.* Rückenstütze *f*; **~ room** *s.* 'Hinterzimmer *n*; **'~-room boy** *s. Brit.* F Wissenschaftler, der an Ge'heimproˌjekten arbeitet; **~ sal·a·ry** → ***back pay***; **'~ˌscratch·ing** *s.* F gegenseitige Unter'stützung; **~ seat** *s.* Rücksitz *m*: ***back-seat driver*** *fig.* Besserwisser(in); ***take a ~*** *fig.* in den Hintergrund treten.

back·sheesh → ***baksheesh***.

ˌback|'side *s.* **1.** F Hintern *m*; **2.** *mst* ***back side*** Kehr-, Rückseite *f*, hintere *od.* linke Seite; **'~·sight** *s.* **1.** ⚙ Visier *n*; **2.** ⚔ (Visier)Kimme *f*; **~ slang** *s.* 'Umkehrung *f* der Wörter (*beim Sprechen*); **'~ˌslap·per** *s. Am.* jovi'aler *od.* plumpvertraulicher Mensch; **ˌ~'slide** *v/i.* [*irr.* → ***slide***] **1.** rückfällig werden; **2.** auf die schiefe Bahn geraten, abtrünnig werden; **'~ˌslid·er** *s.* Rückfällige(r *m*) *f*; **'~·space con·trol** *s.* Rückholtaste *f* (*Tonbandgerät*); **'~·space key** *s. Computer*: Rücktaste *f*; **ˌ~'spac·er** *s.* Rücktaste *f* (*Schreibmaschine*); **~·stage I** *s.* ['bæksteɪdʒ] **1.** *thea.* Garde'robenräume *pl.* u. Bühne *f* hinter dem Vorhang; **II** *adv.* [ˌbæk'steɪdʒ] **2.** (hinten) auf der Bühne; **3.** hinter dem *od.* den Vorhang, hinter den *od.* die Ku'lissen (*a. fig.*); **ˌ~'stairs** *s.* 'Hintertreppe *f*: ***~ talk*** (bösartige) Anspielungen *pl.*; ***~ influence*** Protektion *f*; **'~·stop** *s.* **1.** *Kricket*: Feldspieler *m*, Fänger *m*; **2.** *Baseball*: Gitter *n* (*hinter dem Fänger*); **3.** *Am. Schießstand*: Kugelfang *m*; **'~·stroke** *s. sport* **1.** Rückschlag *m des Balls*; **2.** Rückenschwimmen *n*; **'~·swept** *adj.* **1.** ⚙, ✈ nach hinten verjüngt, pfeilförmig; **2.** zu'rückgekämmt (*Haar*); **~ talk** *s. sl.* unverschämte Antwort(en *pl.*); **'~·track** *v/i. Am.* **1.** den'selben Weg zu'rückgehen; **2.** *fig.* a) → ***back down*** (**from**), b) e-e Kehrtwendung machen; **'~·up I** *s.* **1.** Unter'stützung *f*; **2.** → ***backing*** 2; **3.** *mot. Am.* (Rück)Stau *m*; **4.** *fig.* ‚Rückzieher' *m*; **5.** ⚙ Ersatzgerät *n*; **6.** *Computer*: a) Datensicherung *f*: ***~ disk*** 'Sicherungsdisˌkette *f*, b) → ***back-up copy***; **II** *adj.* **7.** Unterstützungs..., Hilfs...; ⚙ Ersatz..., Reserve...; ***~ copy*** Sicherungskopie *f*.

back·ward ['bækwəd] **I** *adj.* **1.** rückwärts gerichtet, Rück(wärts)...; 'umgekehrt; **2.** hinten gelegen, Hinter...; **3.** langsam, schwerfällig, schleppend; **4.** zu'rückhaltend, schüchtern; **5.** *in der Entwicklung* zu'rückgeblieben (*Kind etc.*), rückständig (*Land, Arbeit*); **6.** vergangen; **II** *adv.* **7.** *a.* ***backwards*** [-dz] rückwärts, zu'rück: ***~ and forwards*** vor u. zurück; **8.** *fig.* 'umgekehrt; zum Schlechten; **back·ward·a·tion** [ˌbækwə'deɪʃn] *s. Brit.* ✝ De'port *m*, Kursabschlag *m*; **'back·ward·ness** [-nɪs] *s.* **1.** Rückständigkeit *f*; **2.** Langsamkeit *f*, Trägheit *f*; **3.** Wider'streben *n*; **'back·wards** [-dz] → ***backward*** 7.

'back|·wash *s.* **1.** Rückströmung *f*; Kielwasser *n*; **2.** *fig.* Nachwirkung *f*; **'~ˌwa·ter** *s.* **1.** totes Wasser, Stauwasser *n*; **2.** Seitenarm *m e-s Flusses*; **3.** *fig.* a) tiefste Provinz, (kultu'relles) Notstandsgebiet, b) Rückständigkeit *f*, Stagnati'on *f*; **'~·woods I** *s. pl.* **1.** 'Hinterwälder *pl.*, abgelegene Wälder; *fig.* (tiefste) Pro'vinz; **II** *adj.* **2.** 'hinterwäldlerisch (*a. fig.*), Provinz...; **3.** *fig.* rückständig; **'~·woods·man** [-mən] *s.* [*irr.*] **1.** 'Hinterwäldler *m* (*a. fig.*); **2.** *Brit. parl.* Mitglied *n* des Oberhauses, das selten erscheint; **~ yard** *s.* 'Hinterhof *m*; *Am. a.* Garten *m* hinter dem Haus.

ba·con ['beɪkən] *s.* Speck *m*: ***~ and eggs*** Speck mit (Spiegel)Ei; ***he brought home the ~*** F er hat es geschafft; ***save one's ~*** F a) mit heiler Haut davonkommen, b) s-e Haut retten.

Ba·co·ni·an [beɪ'kəunjən] *adj.* Sir Francis Bacon betreffend; **~ the·o·ry** *s.* 'Bacon-Theoˌrie *f* (*dass Francis Bacon Shakespeares Werke verfasst habe*).

bac·te·ri·a [bæk'tɪərɪə] *s. pl.* Bak'terien *pl.*; **bac'te·ri·al** [-əl] *adj.* Bakterien...; **bac·te·ri·cid·al** [bækˌtɪərɪ'saɪdl] *adj.* bakteri'zid, Bak'terien tötend; **bac·te·ri·cide** [bæk'tɪərɪsaɪd] *s.* Bakteri'zid *n*; **bac·te·ri·o·log·i·cal** [bækˌtɪərɪə'lɒdʒɪkl] *adj.* □ bakterio'logisch; **bac·te·ri·ol·o·gist** [bækˌtɪərɪ'ɒlədʒɪst] *s.* Bakterio'loge *m*; **bac·te·ri·ol·o·gy** [bækˌtɪərɪ'ɒlədʒɪ] *s.* Bak'terienkunde *f*; **bac·te·ri·um** [bæk'tɪərɪəm] *sg. von* ***bacteria***.

Bac·tri·an cam·el ['bæktrɪən] *s. zo.* Trampeltier *n*, zweihöckriges Ka'mel.

bad [bæd] **I** *adj.* □ → ***badly***; **1.** *allg.* schlecht, schlimm: ***~ manners*** schlechte Manieren; ***from ~ to worse*** immer schlimmer; **2.** böse, ungezogen: ***a ~ boy***; ***a ~ lot*** F ein schlimmes Pack; **3.** lasterhaft, schlecht: ***a ~ woman***; **4.** anstößig, hässlich: ***a ~ word***; ***~ language*** a) hässliche Ausdrücke *pl.*, b) lästerliche Reden *pl.*; **5.** unbefriedigend, ungünstig, schlecht: ***~ lighting*** schlechte Beleuchtung; ***~ name*** schlechter Ruf; ***in ~ health*** kränkelnd; ***his ~ German*** sein schlechtes Deutsch; ***he is ~ at mathematics*** er ist in Mathematik schwach; ***~ debts*** ✝ zweifelhafte Forderungen; ***~ debt losses*** ✝ Forderungsausfälle *pl.*; ***~ title*** mangelhafter Rechtstitel; **6.** unangenehm, schlecht: ***a ~ smell***; ***~ news***; (***that's***) ***too ~!*** F (das ist doch) zu dumm *od.* schade!; ***not*** (***half*** *od.* ***too***) ***~*** (gar) nicht übel; **7.** schädlich: ***~ for the eyes***; ***~ for you***; **8.** schlecht, verdorben (*Fleisch, Ei etc.*): ***go ~*** schlecht werden; **9.** ungültig, falsch (*Münze etc.*); **10.** unwohl, krank: ***he is*** (*od.* ***feels***) ***~***; ***a ~ finger*** ein schlimmer *od.* böser Finger; ***he is in a ~ way*** es geht ihm nicht gut, er ist schlecht d(a)ran; **11.** heftig, schlimm, arg: ***a ~ cold***; ***a ~ crime*** ein schweres Verbrechen; **II** *s.* **12.** *das* Schlechte: ***go to the ~*** F auf die schiefe Bahn geraten; → ***worse*** 4; **13.** ✝ 'Defizit *n*, Verlust *m*: ***be £5 to the ~*** £5 Defizit haben; **14.** ***be in ~ with s.o.*** *Am.* F bei j-m in Ungnade sein; **III** *adv.* **15.** → ***badly***.

bad·die ['bædɪ] *s.* F *Film etc.*: Bösewicht *m*, Schurke *m*.
bad·dish ['bædɪʃ] *adj.* ziemlich schlecht.
bad·dy → ***baddie***.
bade [beɪd] *pret. von* ***bid*** 7, 8, 9.
badge [bædʒ] *s.* Ab-, Kennzeichen *n* (*a. fig.*); (Dienst- *etc.*)Marke *f*; ⚔ (Ehren-)Spange *f*; *fig.* Merkmal *n*, Stempel *m*.
badg·er ['bædʒə] **I** *s.* **1.** *zo.* Dachs *m*; **2.** *Am.* F Bewohner(in) von Wis'consin; **II** *v/t.* **3.** hetzen; **4.** *fig.* plagen, ‚piesacken', *j-m* zusetzen.
bad·i·nage ['bædɪnɑːʒ] *s.* Necke'rei *f*, Schäke'rei *f*.
'**bad·lands** *s. pl. Am.* Ödland *n*.
bad·ly ['bædlɪ] *adv.* **1.** schlecht, schlimm: ***he is ~*** (*Am. a.* ***bad***) ***off*** es geht ihm schlecht (*mst finanziell*); ***do*** (*od.* ***come off***) ***~*** schlecht fahren (***in*** bei, mit); ***be in ~ with*** (*od.* ***over***) *Am.* F über Kreuz stehen mit; ***feel ~*** (*Am. a.* ***bad***) (***about it***) ein ‚mieses' Gefühl haben (deswegen); **2.** dringend, heftig, sehr: ***~ needed*** dringend nötig; ***~ wounded*** schwer verwundet.
bad·min·ton ['bædmɪntən] *s.* **1.** *sport* Badminton *n*; **2.** Federballspiel *n*.
'**bad·mouth** *v/t.* F *j-n* übel beschimpfen.
bad·ness ['bædnɪs] *s.* **1.** schlechte Beschaffenheit; **2.** Schlechtigkeit *f*, Verderbtheit *f*; Bösartigkeit *f*.
ˌ**bad-'tem·pered** *adj.* schlecht gelaunt, übellaunig.
Bae·de·ker ['beɪdɪkə] *s.* Baedeker *m*, Reiseführer *m*; *weitS.* Handbuch *n*.
baf·fle ['bæfl] *v/t.* **1.** *j-n* verwirren, verblüffen, narren, täuschen, *j-m* ein Rätsel aufgeben: ***be ~d*** vor e-m Rätsel stehen; **2.** *Plan etc.* durch'kreuzen, unmöglich machen: ***it ~s description*** es spottet jeder Beschreibung; ***~ paint*** *s.* ⚔ Tarnungsanstrich *m*; ***~ plate*** *s.* Ablenk-, Prallplatte *f*; Schlingerwand *f* (*im Kraftstoffbehälter*).
baf·fling ['bæflɪŋ] *adj.* □ **1.** verwirrend, vertrackt, rätselhaft; **2.** vereitelnd, hinderlich; **3.** 'umspringend (*Wind*).
bag [bæg] **I** *s.* **1.** Sack *m*, Beutel *m*, Tüte *f*, (Schul-, Hand- *etc.*)Tasche *f*; *engS.* a) Reisetasche *f*, b) Geldbeutel *m*: ***mixed ~*** *fig.* Sammelsurium *n*; ***~ and baggage*** (mit) Sack u. Pack, mit allem Drum und Dran; ***the whole ~ of tricks*** alles, der ganze Krempel; ***give s.o. the ~*** F j-m den Laufpass geben; ***be left holding the ~*** *Am.* F die Sache ausbaden müssen; ***that's*** (***just***) ***my ~*** *sl.* das ist genau mein Fall; ***that's not my ~*** *sl.* das ist nicht ‚mein Bier'; ***that's in the ~*** das haben wir (so gut wie) sicher; → ***bone*** 1; **2.** *hunt.* a) Jagdtasche *f*, b) Jagdbeute *f*, Strecke *f*; **3.** (***pair of***) ***~s*** F Hose *f*; **4.** (***old***) ***~*** *sl.* Weibsbild *n*, ‚alte Ziege'; **II** *v/t.* **5.** in e-n Sack *etc.* tun, ⚙ einsacken, abfüllen; **6.** *hunt.* zur Strecke bringen, fangen (*a. fig.*); **7.** *sl.* a) sich *et.* schnappen, b) ‚klauen', c) *j-n* ‚in die Tasche stecken', besiegen; **8.** bauschen; **III** *v/i.* **9.** sich bauschen.
bag·a·telle [ˌbægə'tel] *s.* **1.** Baga'telle *f* (*a.* ♪), Kleinigkeit *f*; **2.** 'Tivolispiel *n*.
bag·gage ['bægɪdʒ] *s.* **1.** *bsd. Am.* (Reise)Gepäck *n*; **2.** ⚔ Ba'gage *f*, Gepäck *n*, Tross *m*; **3.** V ‚Flittchen' *n*; **4.** F ‚Fratz' *m*, (kleiner) Racker (*Mädchen*); ***~ al·low·ance*** *s.* ✈ Freigepäck *n*; ***~ car*** *s. Am.* Gepäckwagen *m*; ***~ check*** *s. Am.* Gepäckschein *m*; ***~ claim*** *s.* ✈ Gepäckausgabe *f*; ***~ hold*** *s. Am.* Gepäckraum *m*; ***~ in·sur·ance*** *s. Am.* (Reise)Gepäckversicherung *f*.
bag·ging ['bægɪŋ] **I** *s.* **1.** Sack-, Packleinwand *f*; **II** *adj.* **2.** sich bauschend; **3.** → **bag·gy** ['bægɪ] *adj.* bauschig, zu weit, sackartig herabhängend; ausgebeult (*Hose*).
'**bag|·pipe** *s.* ♪ Dudelsack(pfeife *f*) *m*; '**~ˌpip·er** *s.* Dudelsackpfeifer *m*; '**~-ˌsnatch·er** *s.* Handtaschenräuber *m*.
bah [bɑ(ː)] *int.* pah! (*Verachtung*).
bail[1] [beɪl] ⚖ **I** *s.* (*nur sg.*) **1.** a) Bürge *m*: ***find ~*** sich e-n Bürgen verschaffen, b) Bürgschaft *f*, Sicherheitsleistung *f*, Kauti'on *f*: ***admit to ~*** → 4; ***allow*** (*od.* ***grant***) ***~*** a) → 4, b) Kaution zulassen; ***be out on ~*** gegen Kaution auf freiem Fuß sein; ***forfeit one's ~*** (*bsd. wegen Nichterscheinens*) die Kaution verlieren; ***go*** (*od.* ***stand***) ***~ for s.o.*** für j-n Sicherheit leisten *od.* Kaution stellen; ***jump ~*** *Am.* F die Kaution ‚sausen lassen' (u. verschwinden); ***release on ~*** → 4; ***surrender to*** (*od.* ***save***) ***one's ~*** vor Gericht erscheinen; **2.** *a.* ***release on ~*** Freilassung *f* gegen Kauti'on *od.* Sicherheitsleistung *f*; **II** *v/t.* **3.** *mst* ***~ out*** *j-s* Freilassung gegen Kauti'on erwirken; **4.** *j-n* gegen Kauti'on freilassen; **5.** *Güter* (*zur treuhänderischen Verwahrung*) übergeben (***to s.o.*** j-m); **6.** ***~ out*** *fig.* *j-n* retten, *j-m* her'aushelfen (***of*** aus *dat.*).
bail[2] [beɪl] **I** *v/t.* ⚓ ausschöpfen: ***~ out water*** (***a boat***); **II** *v/i.* ***~ out*** ‚aussteigen': a) ✈ mit dem Fallschirm abspringen, b) *fig.* nicht mehr mitmachen.
bail[3] [beɪl] *s.* Bügel *m*, Henkel *m*.
bail·a·ble ['beɪləbl] *adj.* ⚖ kauti'onsfähig.
bail·ee [ˌbeɪ'liː] *s.* ⚖ Verwahrer *m* (*e-r beweglichen Sache*), *z.B.* Spedi'teur *m*.
bai·ley ['beɪlɪ] *s. hist.* Außenmauer *f*, Außenhof *m e-r Burg*: ***Old*** ♎ *Hauptkriminalgericht in London*.
bail·iff ['beɪlɪf] *s.* **1.** ⚖ a) Gerichtsvollzieher *m*, b) Gerichtsdiener *m*, c) *Am.* Jus'tizwachtmeister *m*; **2.** *bsd. Brit.* (Guts)Verwalter *m*; **3.** *hist. Brit.* königlicher Beamter.
bail·i·wick ['beɪlɪwɪk] *s.* ⚖ Amtsbezirk *m* e-s ***bailiff***.
bail·ment ['beɪlmənt] *s.* ⚖ (vertragliche) Hinter'legung (*e-r beweglichen Sache*), Verwahrung(svertrag *m*) *f*.
bail·or ['beɪlə] *s.* ⚖ Hinter'leger *m*.
bairn [beən] *s. Scot.* Kind *n*.
bait [beɪt] **I** *s.* **1.** Köder *m*; *fig. a.* Lockung *f*, Reiz *m*: ***take*** (*od.* ***rise to***) ***the ~*** anbeißen, den Köder schlucken, *fig. a.* auf den Leim gehen; **2.** Rast *f*, Imbiss *m*; **3.** Füttern *n* (*Pferde*); **II** *v/t.* **4.** mit Köder versehen; **5.** *fig.* ködern, (an-)locken; **6.** *obs. Pferde unterwegs* füttern; **7.** mit Hunden hetzen; **8.** *fig.* *j-n* reizen, quälen, peinigen; '**bait·er** [-tə] *s.* Hetzer *m*, Quäler *m*; '**bait·ing** [-tɪŋ] *s.* **1.** *fig.* Hetze *f*, Quäle'rei *f*; **2.** Rast *f*.
baize [beɪz] *s.* Boi *m*, *mst grüner* Fries (*Wollstoff für Tischüberzug*).
bake [beɪk] **I** *v/t.* **1.** backen, im (Back-)Ofen braten: ***~d potatoes*** Folien-, Ofenkartoffeln *pl.*; **2.** a) dörren, austrocknen, härten: ***sun-baked ground***, b) *Ziegel* brennen, c) ⚙ *Lack* einbrennen; **II** *v/i.* **3.** backen, braten (*a. fig. in der Sonne*); gebacken werden (*Brot etc.*); **4.** dörren, hart werden; **III** *s.* **5.** *Am.* gesellige Zs.-kunft; '**~·house** *s.* Backhaus *n*, -stube *f*.
ba·ke·lite ['beɪkəlaɪt] *s.* ⚙ Bake'lit *n*.
bak·er ['beɪkə] *s.* **1.** Bäcker *m*: ***~'s dozen*** dreizehn; **2.** *Am.* tragbarer Backofen; '**bak·er·y** [-ərɪ] *s.* Bäcke'rei *f*.
bakh·shish → ***baksheesh***.
bak·ing ['beɪkɪŋ] **I** *s.* Backen *n*; Brennen *n* (*Ziegel*); **II** *adv. u. adj.* glühend heiß; ***~ pow·der*** *s.* Backpulver *n*.
bak·sheesh, **bak·shish** ['bækʃiːʃ] *s.* 'Bakschisch *n*, Trinkgeld *n*; Bestechungsgeld *n* (*im Orient*).
Ba·la·kla·va (**hel·met**) [ˌbælə'klɑːvə] *s.* ⚔ *Brit.* (wollener) Kopfschützer.
bal·a·lai·ka [ˌbælə'laɪkə] *s.* Bala'laika *f* (*russ. Zupfinstrument*).
bal·ance ['bæləns] **I** *s.* **1.** Waage *f* (*a. fig.*); **2.** Gleichgewicht *n* (*a. fig.*): ***~*** (***of mind***) inneres Gleichgewicht, Gelassenheit *f*; ***~ of nature*** Gleichgewicht der Natur; ***~ of power*** (politisches) Gleichgewicht der Kräfte; ***loss of ~*** ⚕ Gleichgewichtsstörungen *pl.*; ***hold the ~*** *fig.* das Zünglein an der Waage bilden; ***turn the ~*** den Ausschlag geben; ***lose one's ~*** das Gleichgewicht *od. fig.* die Fassung verlieren; ***in the ~*** in der Schwebe; ***tremble*** (*od.* ***hang***) ***in the ~*** auf Messers Schneide stehen; **3.** Gegengewicht *n*, Ausgleich *m*; **4.** ***on ~*** alles in allem, ‚unterm Strich'; **5.** → ***balance-wheel***; **6.** ✝ 'Saldo *m*, Ausgleichsposten *m*, 'Überschuss *m*, Guthaben *n*, 'Kontostand *m*; Bi'lanz *f*; Rest (-betrag) *m*: ***adverse ~*** Unterbilanz; ***~ brought*** (*od.* ***carried***) ***forward*** Übertrag *m*, Saldovortrag *m*; (***un***)***favo***(***u***)***rable ~ of trade*** aktive (passive) Handelsbilanz; ***~ due*** Debetsaldo; ***~ at the bank*** Bankguthaben; ***~ in hand*** Kassenbestand *m*; ***~ of payments*** Zahlungsbilanz; ***strike a ~*** den Saldo *od.* (*a. fig.*) die Bilanz ziehen; **7.** Bestand *m*; F ('Über)Rest *m*; **II** *v/t.* **8.** *fig.* (er-, ab)wägen; **9.** (*a.* ***o.s.*** sich) im Gleichgewicht halten; ins Gleichgewicht bringen, ausgleichen; ausbalancieren; ✝ *Rechnung od. Konto* ausgleichen, aufrechnen, saldieren, abschließen: ***~ the cash*** Kasse(nsturz) machen; → ***account*** 5; **10.** *Kunstwerk* har'monisch gestalten; **III** *v/i.* **11.** balancieren, *fig. a.* ***~ out*** sich im Gleichgewicht halten (*a. fig.*); **12.** sich (hin u. her) wiegen; *fig.* schwanken; **13.** ✝ sich ausgleichen; **14.** *a.* ***~ out*** ⚙ (sich) einspielen; ***~ beam*** *s. Turnen*: Schwebebalken *m*.
bal·anced ['bælənst] *adj. fig.* (gut) ausgewogen, wohlerwogen, ausgeglichen (*a.* ✝ *u.* ⚡), gleichmäßig: ***~ diet*** ausgeglichene Kost; ***~ judg***(***e***)***ment*** wohlerwogenes Urteil.
bal·ance| i·tem *s.* Bi'lanzposten *m*; ***~ sheet*** *s* ✝ Bi'lanz *f*, Rechnungsabschluss *m*: ***first*** (*od.* ***opening***) ***~*** Eröffnungsbilanz; ***~ wheel*** *s.* ⚙ Hemmungsrad *n*, Unruh *f* (*Uhr*).
bal·co·ny ['bælkənɪ] *s.* Bal'kon *m* (*a. thea.*).
bald [bɔːld] *adj.* □ **1.** kahl (*ohne Haar, Federn, Laub, Pflanzenwuchs*): ***as ~ as a coot*** völlig kahl; **2.** *fig.* kahl, schmucklos, nüchtern, armselig, dürftig; **3.** *fig.* nackt, unverhüllt, trocken, unverblümt: ***a ~ statement***; **4.** *zo.* weißköpfig (*Vögel*), mit Blesse (*Pferde*); **5.** ***~ tyre*** (*Am.* ***tire***) abgefahrener Reifen.
bal·da·chin, **bal·da·quin** ['bɔːldəkɪn] *s.* 'Baldachin *m*, Thron-, Traghimmel *m*.
bal·der·dash ['bɔːldədæʃ] *s.* ‚Quatsch' *m*, Unsinn *m*.
'**bald|·head** *s.* Kahlkopf *m*; ˌ**~-'head·ed**

adj. kahlköpfig: ***go ~ into*** *sl.* blindlings hineinrennen in (*acc.*).
bald·ing [ˈbɔːldɪŋ] *adj.* kahl werdend; **bald·ness** [ˈbɔːldnɪs] *s.* Kahlheit *f*; *fig.* Dürftigkeit *f*, Nacktheit *f*; ˈ**bald·pate** *s.* **1.** Kahl-, Glatzkopf *m*; **2.** *orn.* Pfeifente *f*.
bale¹ [beɪl] **I** *s.* ✝ Ballen *m*: ***~ goods*** Ballengüter *pl.*, Ballenware *f*; **II** *v/t.* in Ballen verpacken.
bale² → ***bail²***.
ˈ**bale·fire** *s.* **1.** Siˈgnalfeuer *n*; **2.** Freudenfeuer *n*.
bale·ful [ˈbeɪlfʊl] *adj.* □ **1.** unheilvoll (*Einfluss*); **2.** a) bösartig, rachsüchtig, b) hasserfüllt (*Blick*); **3.** niedergeschlagen.
balk [bɔːk] **I** *s.* **1.** Hindernis *n*; **2.** Enttäuschung *f*; **3.** *dial. u. Am.* Auslassung *f*, Fehler *m*, Schnitzer *m*; **4.** (Furchen-)Rain *m*; **5.** Hindernis *n*, Hemmnis *n*; **6.** ⚠ Hauptbalken *m*; **7.** *Billard*: Quartier *n*; **8.** *Am. Baseball*: vorgetäuschter Wurf; **II** *v/i.* **9.** stocken, stutzen; scheuen (**at** bei, vor. *dat.*) (*Pferd*); *Reitsport*: verweigern (*acc.*); **10.** ***~ at*** *fig.* a) sich sträuben gegen, b) zuˈrückschrecken vor (*dat.*); **III** *v/t.* **11.** (ver)hindern, vereiteln: ***~ s.o. of s.th.*** j-n um et. bringen; **12.** ausweichen (*dat.*), umˈgehen; **13.** sich entgehen lassen.
Bal·kan [ˈbɔːlkən] **I** *adj.* Balkan...; **II** *s.*: ***the ~s*** *pl.* die ˈBalkanstaaten, der ˈBalkan; ˈ**Bal·kan·ize** [-naɪz] *v/t. Gebiet* balkanisieren.
ball¹ [bɔːl] **I** *s.* **1.** Ball *m*, Kugel *f*; Knäuel *m*, *n*, Klumpen *m*, Kloß *m*, Ballen *m*: ***three ~s*** drei Kugeln (*Zeichen des Pfandleihers*); **2.** Kugel *f* (*zum Spiel*); **3.** *sport* a) Ball *m*, b) *Am.* Ballspiel *n*, *bsd.* Baseball(spiel *n*) *m*, c) *Tennis*: Ball *m*, Schlag *m*, d) *Fußball*: Ball *m*, Schuss *m*, e) Wurf *m*: ***be on the ~*** F ‚auf Draht' sein; ***have a lot on the ~*** *Am.* F ‚schwer was loshaben'; ***have the ~ at one's feet*** s-e große Chance haben; ***keep the ~ rolling*** das Gespräch *od.* die Sache in Gang halten; ***the ~ is with you*** *od.* ***in your court!*** jetzt bist ˈdu dran!; ***play ~*** F mitmachen, ‚spuren'; **4.** ⚔ *etc.* Kugel *f*; **5.** (Abstimmungs)Kugel *f*; → ***black ball***; **6.** *ast.* Himmelskörper *m*, Erdkugel *f*; **7.** ***~ of the eye*** Augapfel *m*; ***~ of the foot*** Fußballen *m*; ***~ of the thumb*** Handballen; **8.** *pl.* V → ***balls***; **II** *v/t.* **9.** (*v/i.* sich) zs.-ballen; **10.** ***~ up*** *Am. sl.* a) (völlig) durcheinander bringen, b) ‚vermasseln': **11.** (*a. v/i.*) V ‚bumsen'.
ball² [bɔːl] *s.* (Tanz- *etc.*)Ball *m*: ***open the ~*** a) den Ball (*mst fig.* den Reigen) eröffnen, b) *fig.* die Sache in Gang bringen; ***have a ~*** *Am.* F sich (prima) amüsieren; ***get a ~ out of s.th.*** *Am.* F an et. Spaß haben.
ball³ [bɔːl] *s.* große Arzˈneipille (*für Pferde etc.*).
bal·lad [ˈbæləd] *s.* Balˈlade *f*; ˈ**bal·lad·ˌmon·ger** *s.* Bänkelsänger *m*; Dichterling *m*; ˈ**bal·lad·ry** [-drɪ] *s.* Balˈladendichtung *f*.
ˌ**ball-and-ˈsock·et joint** *s.* ⚙, *anat.* Kugel-, Drehgelenk *n*.
bal·last [ˈbæləst] **I** *s.* **1.** ⚓, ✈ Ballast *m*, Beschwerung *f*: ***in ~*** in Ballast; **2.** *fig.* (sittlicher) Halt; **3.** ⚙ Schotter *m*, ˈBettungsmateriˌal *n*; **II** *v/t.* **4.** ⚓, ✈ mit Ballast beladen; **5.** *fig. j-m* Halt geben; **6.** ⚙ beschottern.
ball| bear·ing(s *pl.*) *s.* ⚙ Kugellager *n*; ˈ**~·boy** *s. Tennis etc.*: Balljunge *m*.
bal·le·ri·na [ˌbæləˈriːnə] *s.* **1.** (Prima-)Balleˈrina *f*; **2.** Balˈletttänzerin *f*.
bal·let [ˈbæleɪ] *s.* **1.** *allg.* Balˈlett *n*; **2.** Balˈlettkorps *n*; **~ danc·er** [ˈbælɪ] *s.* Balˈletttänzer(in); **~ danc·ing** [ˈbælɪ] *s.* Balˈletttanzen *n*; Tanzen *n*.
bal·let·o·mane [ˈbælɪtəʊmeɪn] *s.* Balˈlettfaˌnatiker(in).
ˈ**ball|ˌflow·er** *s.* ⚠ Ballenblume *f* (*gotische Verzierung*); **~ game** *s.* **1.** *sport* (*Am.* Base)Ballspiel *n*; **2.** *Am.* F a) Situatiˈon *f*, b) Sache *f*; ˈ**~-girl** *s. Tennis etc.*: Ballmädchen *n*.
bal·lis·tic [bəˈlɪstɪk] *adj.* (□ ***~ally***) *phys.*, ⚔ balˈlistisch; → ***missile*** 2; **balˈlis·tics** [-ks] *s. pl. mst sg. konstr. phys.*, ⚔ Balˈlistik *f*.
ball joint *s. anat.*, ⚙ Kugelgelenk *n*.
bal·lon d'es·sai [balɔ̃ desɛ] (*Fr.*) *s. bsd. fig.* Verˈsuchsbalˌlon *m*.
bal·loon [bəˈluːn] **I** *s.* **1.** ✈ Balˈlon *m*: ***~ barrage*** ⚔ Ballonsperre *f*; ***when the ~ goes up*** F wenn es losgeht; **2.** Luftballon *m* (*Spielzeug*); **3.** ⚠ (Pfeiler)Kugel *f*; **4.** ⚗ Balˈlon *m*, Rezipiˈent *m*; **5.** *in Comics etc.*: (Sprech-, Denk)Blase *f*; **6.** ***~ (glass)*** ˈKognakschwenker *m*; **7.** *sl. sport* ‚Kerze' *f* (*Hochschuss*); **II** *v/i.* **8.** im Ballon aufsteigen; **9.** sich blähen; **III** *v/t.* **10.** *sl. sport den Ball* ‚in die Wolken jagen'; **11.** aufblasen; *fig.* aufblähen, überˈtreiben, steigern; **12.** ✝ *Am. Preise* in die Höhe treiben; **IV** *adj.* **13.** aufgebläht: ***~ sleeve*** Puffärmel *m*; **balˈloon·ist** [bəˈluːnɪst] *s.* Balˈlonfahrer *m*; **bal·loon tire** (*Brit.* **tyre**) *s.* ⚙ Balˈlonreifen *m*.
bal·lot [ˈbælət] **I** *s.* **1.** *hist.* Wahlkugel *f*; *weitS.* Stimmzettel *m*; **2.** (geheime) Wahl: ***voting is by ~*** die Wahl ist geheim; ***at the first ~*** im ersten Wahlgang; **3.** Zahl *f* der abgegebenen Stimmen, *weitS.* Wahlbeteiligung *f*; **II** *v/i.* **4.** (geheim) abstimmen; **5.** losen (***for*** um); **~ box** *s.* Wahlurne *f*; **~ pa·per** *s.* Stimmzettel *m*; **~ rig·ging** *s.* ˈWahlmanipulatiˌon *f*; **~ vote** *s.* Urabstimmung *f* (*bei Lohnkämpfen*).
ˈ**ball|(·point) pen** *s.* Kugelschreiber *m*; **~ race** *s.* ⚙ Kugellager-, Laufring *m*; **~ re·cep·tion** *s. TV* Ball-, Reˈlaisempfang *m*; ˈ**~·room** *s.* Ball-, Tanzsaal *m*: ***~ dancing*** Gesellschaftstanz *m*, -tänze *pl.*
balls [bɔːlz] **I** *s. pl.* V **1.** ‚Eier' *pl.* (*Hoden*); **II** *int.* ‚Quatsch'!, Blödsinn!
ˈ**ball-up** *s. Am. sl.* Durcheinˈander *n*.
bal·ly·hoo [ˌbælɪˈhuː] F **I** *s.* (Reˈklame)Rummel *m*, Ballyhoo *n*, *a. weitS.* ‚Tamˈtam' *n*, ‚Wirbel' *m*; **II** *v/i. u. v/t.* e-n Rummel machen (um), marktschreierisch anpreisen.
bal·ly·rag [ˈbælɪræg] *v/t.* mit *j-m* Possen *od.* Schindluder treiben.
balm [bɑːm] *s.* **1.** ˈBalsam *m*: a) aroˈmatisches Harz, b) wohlriechende Salbe, c) *fig.* Trost *m*, *a.* Wohltat *f*; **2.** *fig.* balˈsamischer Duft; **3.** ⚘ ***℘ of Gilead*** ˈBalsamstrauch *m od.* -harz *n*.
bal·mor·al [bælˈmɒrəl] *s.* Schottenmütze *f*.
balm·y [ˈbɑːmɪ] *adj.* □ **1.** balˈsamisch; **2.** *fig.* mild; heilend; **3.** *Brit. sl.* ‚bekloppt'.
bal·ne·ol·o·gy [ˌbælnɪˈɒlədʒɪ] *s.* ⚕ Balneoloˈgie *f*, Bäderkunde *f*.
ba·lo·ney [bəˈləʊnɪ] → ***boloney***.
bal·sam [ˈbɔːlsəm] *s.* **1.** → ***balm*** 1; **2.** ⚘ a) Springkraut *n*, b) Balsaˈmine *f*; **balˈsam·ic** [bɔːlˈsæmɪk] *adj.* (□ ***~ally***) **1.** ˈbalsamartig, Balsam...; **2.** balˈsamisch (duftend); **3.** *fig.* mild, sanft; lindernd, heilend.
Balt [bɔːlt] *s.* Balte *m*, Baltin *f*; ˈ**Bal·tic** [-tɪk] **I** *adj.* **1.** baltisch; **2.** Ostsee...; **II** *s.* **3.** *a.* ***~ Sea*** Ostsee *f*.
bal·us·ter [ˈbæləstə] → ***banister***; **bal·us·trade** [ˌbæləsˈtreɪd] *s.* Baluˈstrade *f*, Brüstung *f*; Geländer *n*.
bam·boo [bæmˈbuː] *s.* **1.** ⚘ ˈBambus *m*: ***~ curtain*** *pol.* Bambusvorhang *m* (*von Rotchina*); ***~ shoot*** Bambussprosse *f*; **2.** ˈBambusrohr *n*, -stock *m*.
bam·boo·zle [bæmˈbuːzl] *v/t. sl.* **1.** beschwindeln (***out of*** um), übers Ohr hauen; **2.** foppen, verwirren.
ban [bæn] **I** *v/t.* **1.** verbieten: ***~ a play***; ***~ s.o. from speaking*** j-m verbieten zu sprechen; **2.** *sport j-n* sperren; **II** *s.* **3.** (amtliches) Verbot, Sperre *f* (*a. sport*): ***travel ~*** Reiseverbot; ***lift a ~*** ein Verbot aufheben; **4.** Ablehnung *f* durch die öffentliche Meinung: ***under a ~*** allgemein missbilligt, geächtet; **5.** ⚖, *eccl.* Bann *m*, Acht *f*: ***under the ~*** in die Acht erklärt, exkommuniziert.
ba·nal [bəˈnɑːl] *adj.* baˈnal, abgedroschen, seicht; **ba·nal·i·ty** [bəˈnælətɪ] *s.* Banaliˈtät *f*; **ba·na·lize** [bəˈnɑːlaɪz] *v/t.* banalisieren.
ba·nan·a [bəˈnɑːnə] *s.* ⚘ Baˈnane *f*: ***go ~s*** *sl.* ‚überschnappen'; **~ plug** *s.* ⚡ Baˈnanenstecker *m*; **~ re·pub·lic** *s. iro.* Baˈnanenrepuˌblik *f*.
band¹ [bænd] **I** *s.* **1.** Schar, *f*, Gruppe *f*; Bande *f*: ***~ of robbers*** Räuberbande; **2.** Band *f*, (Muˈsik)Kaˌpelle *f*, (ˈTanz-)Orˌchester *n*: ***big ~*** Big Band; → ***beat*** 12; **II** *v/t.* **3.** ***~ together*** (zu e-r Gruppe *etc.*) vereinigen; **III** *v/i.* **4.** ***~ together*** sich zs.-tun, *b.s.* sich zs.-rotten.
band² [bænd] **I** *s.* **1.** (flaches) Band; (Heft)Schnur *f*: ***rubber ~*** Gummiband; **2.** Band *n* (*an Kleidern*), Gurt *m*, Binde *f*, (Hosen- *etc.*)Bund *m*, Einfassung *f*; **3.** Band *n*, Ring *m* (*als Verbindung od. Befestigung*); Bauchbinde *f* (*Zigarre*); **4.** ⚕ (Gelenk)Band *n*; Verband *m*; **5.** (Meˈtall)Reifen *m*; Ring *m*; Streifen *m*; **6.** ⚙ Treibriemen *m*; **7.** *pl.* Beffchen *n der Geistlichen u. Richter*; **8.** *andersfarbiger od. andersartiger* Streifen, Querstreifen *m*; Schicht *f*; **9.** *Radio*: (Freˈquenz)Band *n*; **II** *v/t.* **10.** mit e-m Band *od.* e-r Binde versehen, zs.-binden; *Am. Vogel* beringen; **11.** mit (e-m) Streifen versehen; **band·age** [ˈbændɪdʒ] **I** *s.* **1.** ⚕ Verband *m*, Binde *f*, Banˈdage *f*: ***~ case*** Verbandskasten *m*; **2.** Binde *f*, Band *n*; **II** *v/t.* **3.** *Wunde etc.* verbinden, *Bein etc.* bandagieren.
ˈ**Band-Aid** *TM*, F ˈ**band-aid** *Am.* **I** *s.* Heftpflaster *n*; **II** *adj.* F Behelfs...
ban·dan·(n)a [bænˈdænə] *s.* buntes Taschen- *od.* Halstuch.
band|·box [ˈbændbɒks] *s.* Hutschachtel *f*: ***as if he*** (***she***) ***came out of a ~*** wie aus dem Ei gepellt; **~ brake** *s.* ⚙ Band-, Riemenbremse *f*.
ban·deau [ˈbændəʊ] *pl.* **-deaux** [-dəʊz] (*Fr.*) *s.* Haar- *od.* Stirnband *n*.
ban·de·rol(e) [ˈbændərəʊl] *s.* **1.** langer Wimpel, Fähnlein *n*; **2.** Inschriftenband *n*.
ban·dit [ˈbændɪt] *pl. a.* **-ti** [bænˈdɪtɪ] *s.* Banˈdit *m*, (Straßen)Räuber *m*, *weitS.* Gangster *m*: ***a banditti*** *coll.* e-e Räuberbande; → ***one-armed***; ˈ**ban·dit·ry** [-trɪ] *s.* Banˈditentum *n*.
band·mas·ter [ˈbændˌmɑːstə] *s.* ♪ Kaˈpellmeister *m*.
ˈ**ban·dog** *s. Brit.* Kettenhund *m*.

ban·do·leer, **ban·do·lier** [ˌbændəʊˈlɪə] *s.* ⚔ (*um die Brust geschlungener*) Patronengurt.

ˈ**band|-pass fil·ter** *s. Radio*: Bandfilter *n, m*; **~ pul·ley** *s.* ⚙ Riemenscheibe *f*, Schnurrad *n*; **~ saw** *s.* ⚙ Bandsäge *f*; **~ shell** *s.* (muschelförmiger) Orˈchesterˌpavillon.

bands·man [ˈbændzmən] *s.* [*irr.*] ♪ ˈMusiker *m*, Mitglied *n* e-r (Muˈsik)Kaˌpelle.

ˈ**band|·stand** *s.* Muˈsikˌpavillon *m*; Podium *n*; **~ switch** *s. Radio*: Freˈquenz-(band)ˌumschalter *m*; ˈ**~ˌwag·on** *s.* **1.** Wagen *m* mit e-r Muˈsikkaˌpelle; **2.** F *pol.* erfolgreiche Seite *od.* Parˈtei: ***climb on the ~*** mit ‚einsteigen', sich der Erfolg versprechenden Sache anschließen; ˈ**~·width** *s. Radio*: Bandbreite *f*.

ban·dy [ˈbændɪ] **I** *v/t.* **1.** sich *et.* zuwerfen; **2.** sich *et.* erzählen; **3.** sich (gegenseitig) *Vorwürfe, Komplimente etc.* machen, *Blicke, böse Worte, Schläge etc.* tauschen: ***~ words*** sich streiten; **4.** *a.* ***~ about*** *Gerüchte* in ˈUmlauf setzen *od.* weitertragen; **5.** *a.* ***~ about*** *j-s Namen* immer wieder erwähnen: ***his name was bandied about*** *a.* er war ins Gerede gekommen; **II** *s.* **6.** *sport* Bandy *n* (*Abart des Eishockey*).

ˈ**bandy-legged** [-legd] *adj.* o- *od.* säbelbeinig.

bane [beɪn] *s.* Verderben *n*, Ruˈin *m*: ***the ~ of his life*** der Fluch s-s Lebens; ˈ**bane·ful** [-fʊl] *adj.* □ verderblich, tödlich, schädlich.

bang[1] [bæŋ] **I** *s.* **1.** Bums *m*, Schlag *m*, Krach *m*, Knall *m*: ***go over with a ~*** *Am.* F ein Bombenerfolg sein; **2.** V ‚Nummer' *f* (*Koitus*); **3.** *sl.* ‚Schuss' *m* (*Rauschgift*); **II** *v/t.* **4.** dröhnend schlagen, knallen mit, *Tür etc.* zuknallen: ***~ one's head against*** sich den Kopf anschlagen an (*dat.*); ***~ one's fist on the table*** mit der Faust auf den Tisch schlagen; ***~ sense into s.o.*** j-m Vernunft einbläuen; ***~ up*** kaputtmachen, -schlagen, *Auto* zu Schrott fahren; ***~ed(-)up*** zerbeult, (arg) mitgenommen, demoliert; **5.** ***~ about*** *fig. j-n* heˈrumstoßen; **6.** V ‚bumsen', ‚vögeln'; **III** *v/i.* **7.** knallen: a) krachen, b) zuschlagen (*Tür etc.*), c) ballern, schießen: ***~ at*** an *die Tür etc.* schlagen; ***~ away*** drauflosballern; ***~ into*** bumsen *od.* knallen gegen; **8.** V ‚bumsen', ‚vögeln'; **IV** *adv.* **9.** bums: a) mit e-m Knall *od.* Krach, b) F *fig.* ‚zack', genau: ***~ in the eye***, c) F *fig.* plötzlich: ***~ off*** *sl.* sofort, ‚zack'; ***~ on*** *sl.* (haar)genau; **V** *int.* **10.** bums!, peng!

bang[2] [bæŋ] *s. mst pl.* Pony *m*; ˈPonyfriˌsur *f*.

bang·er [ˈbæŋə] *s.* **1.** Knallkörper *m*, Feuerwerkskörper *m.*; **2.** ‚Klapperkiste' *f* (*Auto*); **3.** (Brat)Würstchen *n*: ***~s pl. and mash*** Würstchen *pl.* mit Kartoffelbrei.

ban·gle [ˈbæŋgl] *s.* Armring *m*, -reif *m*; Fußring *m*, -spange *f*.

ˈ**bang|-on** *adv.* F haargenau; genau (richtig); ˈ**~-up** *adv. u. adj. Am. sl.* ‚prima'.

ban·ish [ˈbænɪʃ] *v/t.* **1.** verbannen, ausweisen (***from*** aus); **2.** *fig.* (ver)bannen, verscheuchen, vertreiben: ***~ care***; ˈ**banish·ment** [-mənt] *s.* **1.** Verbannung *f*, Ausweisung *f*; **2.** *fig.* Vertreiben *n*, Bannen *n*.

ban·is·ter [ˈbænɪstə] *s.* Geländersäule *f*; *pl.* Treppengeländer *n*.

ban·jo [ˈbændʒəʊ] *pl.* **-jos**, **-joes** *s.* ♪ Banjo *n*; ˈ**ban·jo·ist** [-əʊɪst] *s.* Banjospieler *m*.

bank[1] [bæŋk] **I** *s.* **1.** ⚚ Bank *f*, Bankhaus *n*: ***the* ℒ** *Brit.* die Bank von England; ***~ of deposit*** Depositenbank; ***~ of issue*** (*od.* ***circulation***) Noten-, Emissionsbank; **2.** (Spiel)Bank *f*: ***break*** (***keep***) ***the ~*** die Bank sprengen (halten); ***go*** (***the***) ***~*** Bank setzen; **3.** Vorrat *m*, Reˈserve *f*, Bank *f*: → ***blood bank*** *etc.*; **II** *v/i.* **4.** ⚚ Geld auf e-r Bank haben: ***I ~ with ...*** ich habe mein Bankkonto bei ...; **5.** *Glücksspiel*: die Bank halten; **6.** ***~ on*** *fig.* bauen *od.* s-e Hoffnung setzen auf (*acc.*); **III** *v/t.* **7.** *Geld* bei e-r Bank einzahlen *od.* hinterˈlegen.

bank[2] [bæŋk] **I** *s.* **1.** (Erd)Wall *m*, Damm *m*, (Straßen- *etc.*)Böschung *f*; Überˈhöhung *f e-r Straße*; **2.** Ufer *n*; **3.** (Sand)Bank *f*, Untiefe *f*: ***Dogger* ℒ** Doggerbank; **4.** Bank *f*, Wand *f*, Wall *m*; Zs.-ballung *f*: ***~ of clouds*** Wolkenbank; ***snow ~*** Schneewall; **5.** ✈ Querneigung *f in der Kurve*; **II** *v/t.* **6.** eindämmen, mit e-m Wall umˈgeben; *fig.* dämpfen; **7.** *e-e Straße in der Kurve* überˈhöhen; **8.** *a.* ***~ up*** aufhäufen, zs.- ballen; **9.** ✈ in die Kurve legen, in Schräglage bringen; **10.** *a.* ***~ up*** *ein Feuer* mit Asche belegen; **III** *v/i.* **11.** *a.* ***~ up*** sich aufhäufen, sich zs.-ballen; **12.** ✈ in die Kurve gehen; **13.** e-e Überˈhöhung haben (*Straße in der Kurve*).

bank[3] [bæŋk] *s.* **1.** Ruderbank *f od.* (Reihe *f* der) Ruderer *pl. in e-r Galeere*; **2.** ⚙ Reihe *f*, Gruppe *f*, Reihenanordnung *f*.

bank·a·ble [ˈbæŋkəbl] *adj.* ⚚ bankfähig, diskontierbar; *fig.* verlässlich, zuverlässig.

bank| ac·count *s.* ⚚ Bankkonto *n*; **~ bill** → ***bank draft***; **~ book** *s.* Sparbuch *n*; **~ clerk** *s.* Bankangestellte(r *m*) *f*, -beamte(r) *m*, -beamtin *f*; **~ code num·ber** *s.* Bankleitzahl *f*; **~ dis·count** *s.* ˈBankdisˌkont *m*; **~ draft** *s.* Bankwechsel *m* (*von e-r Bank auf e-e andere gezogen*).

bank·er [ˈbæŋkə] *s.* **1.** ⚚ Bankiˈer *m*: ***~'s discretion*** Bankgeheimnis *n*; ***~'s order*** Dauerauftrag *m*; **2.** *Kartenspiel etc.*: Bankhalter *m*.

bank hol·i·day *s.* Bankfeiertag *m*.

bank·ing[1] [ˈbæŋkɪŋ] ⚚ **I** *s.* Bankwesen *n*; **II** *adj.* Bank...

bank·ing[2] [ˈbæŋkɪŋ] *s.* ✈ Schräglage *f*.

bank·ing| ac·count *s.* ⚚ ˈBankˌkonto *n*; **~ charg·es** *s. pl.* Bankgebühren *pl.*; **~ house** *s.* Bankhaus *n*; **~ hours** *s.* Banköffnungszeiten *pl.*

bank| lend·ing rate *s.* Kreditzinssatz *m*; **~ man·ag·er** *s.* ˈBankdiˌrektor *m*; **~ loan** *s.* ˈBankdarlehen *n*, -kreˌdit *m*: ***take out a ~*** e-n Kreˈdit bei der Bank aufnehmen; ˈ**~·note** *s.* ⚚ Banknote *f*; **~ rate** *s.* ⚚ Disˈkontsatz *m*; **~ re·turn** *s.* Bankausweis *m*; **~ rob·ber·y** *s.* Bankraub *m*; ˈ**~·roll** *s. Am.* **1.** Bündel *n* Banknoten; **2.** Geld(mittel *pl.*) *n*.

bank·rupt [ˈbæŋkrʌpt] **I** *s.* **1.** ⚖ Konˈkurs-, Gemeinschuldner *m*, Bankrotˈteur *m*: ***~'s certificate*** Dokument *n* über Einstellung des Konkursverfahrens; ***~'s creditor*** Konkursgläubiger *m*; ***~'s estate*** Konkursmasse *f*; ***declare o.s. a ~*** (s-n) Konkurs anmelden; **2.** *fig.* bankˈrotter *od.* herˈuntergekommener Mensch; **II** *adj.* **3.** ⚖ bankˈrott: ***go ~*** in Konkurs geraten, Bankrott machen; **4.** *fig.* bankˈrott (*a. Politik, Politiker etc.*), ruiniert: ***morally ~*** moralisch bankrott, sittlich verkommen; ***~ in intelligence*** bar aller Vernunft; **III** *v/t.* **5.** ⚖ Bankˈrott machen; **6.** *fig.* zuˈgrunde richten; ˈ**bank·rupt·cy** [-rəptsɪ] *s.* **1.** ⚖ Bankˈrott *m*, Konˈkurs *m*: ***act of ~*** Konkurshandlung *f*; ℒ ***Act*** Konkursordnung *f*; ***declaration of ~*** Konkursanmeldung *f*; ***petition in ~*** Konkursantrag *m*; ***referee in ~*** Konkursrichter *m*; **2.** *fig.* Ruˈin *m*, Bankˈrott *m*.

bank| sort code *s.* ⚚ Bankleitzahl *f*; **~ state·ment** *s.* ⚚ **1.** Bankausweis *m*; **2.** *Brit.* Kontoauszug *m*.

ban·ner [ˈbænə] **I** *s.* **1.** Banner *n*, Fahne *f*, Heeres-, Kirchen-, Reichsfahne *f*; **2.** *fig.* Banner *n*, Fahne *f*: ***the ~ of freedom***; **3.** Spruchband *n*, Transpaˈrent *n bei politischen Umzügen*; **4.** *a.* ***~ headline*** ˈBalkenˌüberschrift *f*, Schlagzeile *f*; **II** *adj. Am.* **5.** führend, ˈprima: ***~ class*** beste Sorte; ˈ**~ˌbear·er** *s.* **1.** Fahnenträger *m*; **2.** Vorkämpfer *m*.

banns [bænz] *s. pl. eccl.* Aufgebot *n des Brautpaares vor der Ehe*: ***ask the ~*** das Aufgebot bestellen; ***publish*** (*od.* ***put up***) ***the ~*** (***of***) (*das Brautpaar*) kirchlich aufbieten.

ban·quet [ˈbæŋkwɪt] **I** *s.* Banˈkett *n*, Festessen *n*; **II** *v/t.* festlich bewirten; **III** *v/i.* tafeln; ˈ**ban·quet·er** [-tə] *s.* Banˈkettteilnehmer(in).

ban·shee [bænˈʃiː] *s. Ir., Scot.* Todesfee *f*.

ban·tam [ˈbæntəm] **I** *s.* **1.** *zo.* ˈBantam-, Zwerghuhn *n*, -hahn *m*; **2.** *fig.* Zwerg *m*, Knirps *m*; **II** *adj.* **3.** klein, ⚙ Klein..., *a.* handlich; ˈ**~·weight** *s. sport* ˈBantamgewicht(ler *m*) *n*.

ban·ter [ˈbæntə] **I** *v/t.* necken, hänseln; **II** *v/i.* necken, scherzen; **III** *s.* Neckeˈrei *f*, Scherz(e *pl.*) *m*; ˈ**ban·ter·er** [-ərə] *s.* Spaßvogel *m*.

Ban·tu [ˌbænˈtuː] **I** *pl.* **-tu**, **-tus** *s.* **1.** ˈBantu(neger) *m*; **2.** ˈBantusprache *f*; **II** *adj.* **3.** Bantu...

ban·zai [ˌbænˈzaɪ] *int.* Banzai! (*japanischer Hoch- od. Hurraruf*).

ba·o·bab [ˈbeɪəʊbæb] *s.* ⚘ ˈBaobab *m*, Affenbrotbaum *m*.

bap·tism [ˈbæptɪzəm] *s.* **1.** *eccl.* Taufe *f*: ***~ of blood*** Märtyrertod *m*; **2.** *fig.* Taufe *f*, Einweihung *f*, Namensgebung *f*: ***~ of fire*** ⚔ Feuertaufe; **bap·tis·mal** [bæpˈtɪzml] *adj. eccl.* Tauf...; ˈ**bap·tist** [-ɪst] *s. eccl.* **1.** Bapˈtist(in); **2.** Täufer *m*: ***John the* ℒ**; ˈ**bap·tis·ter·y** [-ɪstərɪ], ˈ**bap·tist·ry** [-ɪstrɪ] *s.* **1.** ˈTaufkaˌpelle *f*; **2.** Taufbecken *n*; **bap·tize** [bæpˈtaɪz] *v/t. u. v/i. eccl. u. fig.* taufen.

bar [bɑː] **I** *s.* **1.** Stange *f*, Stab *m*: ***~s*** Gitter *n*; ***prison ~s*** Gefängnis *n*; ***behind ~s*** *fig.* hinter Schloss u. Riegel; **2.** Riegel *m*, Querbalken *m*, -holz *n*, -stange *f*; Schranke *f*, Sperre *f*; **3.** *fig.* (***to***) Hindernis *n* (für) (*a.* ⚖), Verhinderung *f* (*gen.*), Schranke *f* (gegen); ⚖ Ausschließungsgrund *m*: ***~ to progress*** Hemmnis *n* für den Fortschritt; ***~ to marriage*** Ehehindernis *n*; ***as a ~ to***, ***in ~ of*** ⚖ zwecks Ausschlusses (*gen.*); **4.** Riegel *m*, Stange *f*: ***a ~ of soap*** ein Riegel Seife; ***~ soap*** Stangenseife *f*; ***a chocolate ~*** ein Riegel (*a.* e-e Tafel) Schokolade; ***gold ~*** Goldbarren *m*; **5.** Barre *f*, Sandbank *f* (*am Hafeneingang*); **6.** Strich *m*, Streifen *m*, Band *n*; *Computer*: Leiste *f* (*auf Bildschirmdarstellung*); Strahl *m* (*Farbe, Licht*): ***~ chart*** Säulendiagramm *n*; ***~ code*** Strichkode *m*; **7.** ϟ Laˈmelle *f*; **8.** ♪ a)

Taktstrich *m*, b) *ein* Takt; **9.** Streifen *m*, Band *n an e-r Medaille*; Spange *f am Orden*; **10.** ⚖ a) Schranke *f vor der Richterbank*: ***prisoner at the ~*** Angeklagte(r *m*) *f*; ***trial at ~*** *Brit.* Verhandlung *f* vor dem vollen Strafsenat des ***High Court of Justice*** (*z.B. bei Landesverrat*), b) Schranke *f* in den ***Inns of Court***: ***be called*** (*Am.* ***admitted***) ***to the ~*** als Anwalt *od. Brit.* als Barrister (*plädierender Anwalt*) zugelassen werden; ***be at the ~*** Barrister sein; ***read for the ~*** Jura studieren, c) ***the ~*** die (gesamte) Anwaltschaft, *Brit.* die Barristers *pl.*: ***≗ Association*** *Am.* (halbamtliche) Anwaltsvereinigung, -kammer; **11.** *parl.*: ***the ~ of the House*** Schranke im brit. Unterhaus (*bis zu der geladene Zeugen vortreten dürfen*); **12.** *fig.* Gericht *n*, Tribu'nal *n*: ***the ~ of public opinion*** das Urteil der Öffentlichkeit; **13.** Bar *f*: a) Bü'fett *n*, Theke *f*, b) Schankraum *m*, Imbissstube *f*; → ***ice-cream bar***; **II** *v/t.* **14.** verriegeln: ***~ in*** (***out***) ein- (aus)sperren; **15.** *a.* ***~ up*** vergittern, mit Schranken um'geben: ***~red window*** Gitterfenster *n*; **16.** versperren: ***~ the way*** (*a. fig.*); **17.** hindern (***from*** an *dat.*); hemmen, auf-, abhalten; **18.** ausschließen (***from*** von; *a.* ⚖), verbieten; → ***barred*** 4; **19.** absehen von; **20.** *Brit. sl.* nicht leiden können; **21.** mit Streifen versehen; **III** *prp.* **22.** außer, abgesehen von: ***~ one*** außer einem; ***~ none*** (alle) ohne Ausnahme.

barb[1] [bɑːb] *s.* **1.** 'Widerhaken *m*; **2.** *fig.* a) Stachel *m*, b) Spitze *f*, spitze Bemerkung, Pfeil *m* des Spottes; **3.** *zo.* Bart (-faden) *m*; Fahne *f e-r Feder.*

barb[2] [bɑːb] *s.* Berberpferd *n.*

bar·bar·i·an [bɑː'beərɪən] **I** *s.* **1.** Bar'bar *m*; **2.** *fig.* Bar'bar *m*, roher u. ungesitteter Mensch; Unmensch *m*; **II** *adj.* **3.** bar'barisch, unzivilisiert; **4.** *fig.* roh, ungesittet, grausam; **bar·bar·ic** [bɑː'bærɪk] *adj.* (□ ***~ally***) bar'barisch, wild, roh, ungesittet; **bar·ba·rism** ['bɑːbərɪzəm] *s.* **1.** Barba'rismus *m*, Sprachwidrigkeit *f*; **2.** Barba'rei *f*, 'Unkul,tur *f*; **bar·bar·i·ty** [bɑː'bærətɪ] *s.* Barba'rei *f*, Rohheit *f*, Grausamkeit *f*, Unmenschlichkeit *f*; **bar·ba·rize** ['bɑːbəraɪz] **I** *v/t.* **1.** verrohen *od.* verwildern lassen; **2.** *Sprache, Kunst etc.* barbarisieren, verderben; **II** *v/i.* **3.** verrohen; **bar·ba·rous** ['bɑːbərəs] *adj.* □ bar'barisch, roh, ungesittet, grausam.

bar·be·cue ['bɑːbɪkjuː] **I** *s.* **1.** Barbecue *n*: a) Grillfest *n* (*bei dem ganze Tiere gebraten werden*), b) Bratrost *m*, Grill *m*, c) gegrilltes *od.* gebratenes Fleisch; **2.** *Am.* in Essigsoße zubereitete Fleisch- *od.* Fischstückchen; **II** *v/t.* **3.** (auf dem Rost *od.* am Spieß) im Ganzen *od.* in großen Stücken) braten; **4.** braten, grillen; **5.** *Am.* in stark gewürzter (Essig)Soße zubereiten; **6.** *Am.* a) dörren, b) räuchern.

barbed [bɑːbd] *adj.* **1.** mit 'Widerhaken *od.* Stacheln (versehen), Stachel...; **2.** *fig.* bissig, spitz: ***~ remarks***; ***~ wire*** *s.* Stacheldraht *m.*

bar·bel ['bɑːbəl] *s. ichth.* Barbe *f.*

'bar·bell *s. sport* Hantel *f mit langer Stange*, Kugelstange *f.*

bar·ber ['bɑːbə] **I** *s.* Bar'bier *m*, ('Herren)Fri,seur *m*; **II** *v/t. Am.* rasieren; frisieren.

bar·ber·ry ['bɑːbərɪ] *s.* ⚘ Berbe'ritze *f.*

'bar·ber·shop *s.* **1.** *bsd. Am.* Fri'seurgeschäft *n*; **2.** *a.* ***~ singing*** *Am.* F (zwangloses) Singen im Chor.

bar·ber's| itch ['bɑːbəz] *s.* ⚕ Bartflechte *f*; ***~ pole*** *s. spiralig bemalte Stange als Geschäftszeichen der Friseure.*

bar·bi·tal ['bɑːbɪtæl] *s. pharm. Am.* Barbi'tal *n*; ***~ so·di·um*** *s. pharm.* 'Natriumsalz *n* von Barbi'tal.

bar·bi·tone ['bɑːbɪtəʊn] *s. Brit.* → ***barbital***; **bar·bi·tu·rate** [bɑː'bɪtjʊrət] *s. pharm.* □ Barbitu'rat *n*; **bar·bi·tu·ric** [,bɑːbɪ'tjʊərɪk] *adj. pharm.*: ***~ acid*** Barbitursäure *f.*

bar·ca·rol(l)e ['bɑːkərəʊl] *s.* ♪ Barka'role *f* (*Gondellied*).

bar cop·per *s.* ⚙ Stangenkupfer *n.*

bard [bɑːd] *s.* **1.** Barde *m* (*keltischer Sänger*); **2.** *fig.* Barde *m*, Sänger *m* (*Dichter*): ***≗ of Avon*** Shakespeare; **'bard·ic** [-dɪk] *adj.* Barden...; **bard·ol·a·try** [bɑː'dɒlətrɪ] *s.* Shakespearevergötterung *f.*

bare [beə] **I** *adj.* □ → ***barely***; **1.** nackt, unbekleidet, bloß: ***in one's ~ skin*** splitternackt; **2.** kahl, leer, nackt, unbedeckt: ***~ walls*** kahle Wände; ***the ~ boards*** der nackte Fußboden; ***the larder was ~*** *fig.* es war nichts zu essen im Hause; ***~ sword*** bloßes *od.* blankes Schwert; **3.** ⚘, *zo.* kahl; **4.** unverhüllt, klar: ***lay ~*** zeigen, enthüllen (*a. fig.*); ***the ~ facts*** die nackten Tatsachen; ***~ nonsense*** barer *od.* reiner Unsinn; **5.** (***of***) entblößt (von), arm (an *dat.*), ohne; **6.** knapp, kaum hinreichend: ***~ majority*** a) knappe Mehrheit, b) (***of votes***) einfache Stimmenmehrheit; ***a ~ ten pounds*** gerade noch 10 Pfund; **7.** bloß, al'lein, nur: ***the ~ thought*** der bloße (*od.* allein der) Gedanke; **II** *v/t.* **8.** entblößen, entkleiden; **9.** *fig.* bloßlegen, enthüllen: ***~ one's heart*** sein Herz öffnen (***to*** *j-m*); **'~·back(ed)** [-bæk(t)] *adj. u. adv.* ungesattelt; **'~·faced** [-feɪst] *adj.* □ schamlos, frech; **'~·foot** *adj. u. adv.* barfuß; **,~'foot·ed** [-'fʊtɪd] *adj.* barfuß, barfüßig; **,~'head·ed** [-'hedɪd] *adj. u. adv.* mit bloßem Kopf, barhäuptig; **,~'legged** [-'legd] *adj.* mit nackten Beinen.

bare·ly ['beəlɪ] *adv.* **1.** kaum, knapp, gerade (noch): ***~ enough time***; **2.** ärmlich, spärlich; **bare·ness** ['beənɪs] *s.* **1.** Nacktheit *f*, Blöße *f*, Kahlheit *f*; **2.** Dürftigkeit *f.*

bare·sark ['beəsɑːk] **I** *s.* Ber'serker *m*; **II** *adv.* ohne Rüstung.

bar·gain ['bɑːgɪn] **I** *s.* **1.** (geschäftliches) Abkommen, Handel *m*, Geschäft *n*: ***a good*** (***bad***) ***~***; **2.** *a.* ***good ~*** vorteilhaftes Geschäft, günstiger Kauf, Gelegenheitskauf *m* (*a. die gekaufte Sache*): ***at £10 it is a*** (***dead***) ***~*** für £10 ist es spottbillig; ***it's a ~!*** abgemacht!, topp!; ***into the ~*** obendrein, noch dazu; ***strike*** *od.* ***make a ~*** ein Abkommen treffen, e-n Handel abschließen; ***make the best of a bad ~*** sich so gut wie möglich aus der Affäre ziehen; ***drive a hard ~*** hart feilschen, ‚mächtig rangehen'; **3.** *Brit. Börse*: (*einzelner*) Abschluss: ***~ for account*** Termingeschäft *n*; **II** *v/i.* **4.** handeln, feilschen (***for***, ***about*** um); **5.** verhandeln, über'einkommen (***for*** über *acc.*, ***that*** dass): ***~ing point*** Verhandlungspunkt *m*; ***~ing position*** Verhandlungsposition *f*; **6.** ***~ for*** rechnen mit, erwarten (*acc.*) (*mst neg.*): ***I did not ~ for that*** darauf war ich nicht gefasst; ***it was more than we had ~ed for*** damit hatten wir nicht gerechnet; **7.** ***~ on*** *fig.* zählen auf (*acc.*); **III** *v/t.* **8.** (ein)tauschen (***for*** gegen); **9.** ***~ away*** verschachern, *fig. a.* verschenken; ***~ basement*** *s.* Niedrigpreisabteilung *f* im Tiefgeschoss *e-s Warenhauses*; ***~ counter*** *s.* **1.** ✝ Wühltisch *m*; **2.** *fig. pol.* 'Tauschob,jekt *n.*

bar·gain·er ['bɑːgɪnə] *s.* **1.** Feilscher (-in); **2.** Verhandler *m.*

bar·gain| hunt·er F *s.* Schnäppchenjäger(in); ***~ hunt·ing*** F *s.* Schnäppchenjagd *f.*

bar·gain·ing ['bɑːgɪnɪŋ] *s.* Handeln *n*, Feilschen *n*; Verhandeln *n*: → ***collective bargaining***.

bar·gain| price *s.* Spott-, Schleuderpreis *m*; ***~ sale*** *s.* (Ramsch)Ausverkauf *m.*

barge [bɑːdʒ] **I** *s.* **1.** ⚓ a) flaches Fluss- *od.* Ka'nalboot, Lastkahn *m*, b) Bar'kasse *f*, c) Hausboot *n*; **II** *v/i.* **2.** F ungeschickt gehen *od.* fahren *od.* sich bewegen, torkeln, stürzen, prallen (***into*** in *acc.*, ***against*** gegen); **3.** ***~ in*** F her'einplatzen, sich einmischen; **bar·gee** [bɑː'dʒiː] *s. Brit.* Kahnführer *m*: ***swear like a ~*** fluchen wie ein Landsknecht.

'barge|·man [-mən] *s.* [*irr.*] *Am.* Kahnführer *m*; **'~·pole** *s.* Bootsstange *f*: ***I wouldn't touch him*** (***it***) ***with a ~*** *Brit.* F a) den (das) würde ich nicht mal mit e-r Feuerzange anfassen, b) mit dem (damit) will ich nichts zu tun haben.

bar·ic ['beərɪk] *adj.* ⚗ Barium...

bar i·ron *s.* ⚙ Stabeisen *n.*

bar·i·tone ['bærɪtəʊn] *s.* ♪ 'Bariton *m* (*Stimme u. Sänger*).

bar·i·um ['beərɪəm] *s.* ⚗ 'Barium *n*; ***~ meal*** *s.* ⚕ Kon'trastmittel *n*, -brei *m.*

bark[1] [bɑːk] **I** *s.* **1.** ⚘ (Baum)Rinde *f*, Borke *f*; **2.** → ***Peruvian*** I; **3.** ⚙ (Gerber)Lohe *f*; **II** *v/t.* **4.** abrinden; **5.** abschürfen: ***~ one's knees***.

bark[2] [bɑːk] **I** *v/i.* **1.** bellen, kläffen (*a. fig.*): ***~ at s.o.*** *fig.* j-n anschnauzen; ***~ing dogs never bite*** Hunde, die bellen, beißen nicht; ***~ up the wrong tree*** a) auf dem Holzweg sein, b) an der falschen Adresse sein; **2.** *fig.* ‚bellen' (*husten*); ‚bellen', krachen (*Schusswaffe*); **3.** F *Ware* marktschreierisch anpreisen; **II** *s.* **4.** Bellen *n*: ***his ~ is worse than his bite*** er kläfft nur (aber beißt nicht); **5.** *fig.* ‚Bellen' *n* (*Husten*); Krachen *n.*

bark[3] [bɑːk] *s.* **1.** ⚓ Bark *f*; **2.** *poet.* Schiff *n.*

'bar|·keep *Am.* F → **'~,keep·er** *s.* **1.** Barkellner *m*, -mixer *m*; **2.** Barbesitzer *m.*

bark·er ['bɑːkə] *s.* **1.** Beller *m*, Kläffer *m*; **2.** F ‚Anreißer' *m* (*Kundenwerber*); Marktschreier *m*; *Am. a.* Fremdenführer *m.*

bark| pit *s. Gerberei*: Lohgrube *f*; ***~ tree*** *s.* ⚘ 'Chinarindenbaum *m.*

bar·ley ['bɑːlɪ] *s.* ⚘ Gerste *f*: ***French ~***, ***pearl ~*** Perlgraupen *pl.*; ***pot ~*** ungeschälte Graupen *pl.*; **'~·corn** *s.* Gerstenkorn *n*: ***John ≗*** *scherzhafte Personifikation* (*der Gerste als Grundstoff*) *von Bier* (‚*Gerstensaft*') *od. Whisky*; ***~ sugar*** *s.* Gerstenzucker *m*; ***~ wa·ter*** *s. aromatisiertes Getränk aus Gerstenextrakt*; ***~ wine*** *s. ein Starkbier.*

bar line *s.* ♪ Taktstrich *m.*

barm [bɑːm] *s.* Bärme *f*, (Bier)Hefe *f.*

'bar|·maid *s. bsd. Brit.* Bardame *f*, -kellnerin *f*; **'~·man** [-mən] *s.* [*irr.*] → ***barkeeper*** 1.

barm·y ['bɑːmɪ] *adj.* **1.** heftig, gärend, schaumig; **2.** *Brit. sl.* ‚bekloppt': ***go ~*** überschnappen.

barn [bɑːn] *s.* **1.** Scheune *f*; **2.** *Am.* (Vieh)Stall *m.*

bar·na·cle[1] ['bɑːnəkl] *s.* **1.** *orn.* Ber'nikel-, Ringelgans *f*; **2.** *zo.* Entenmuschel *f*; **3.** *fig.* a) ‚Klette' *f* (*lästiger Mensch*), b) (lästige) Fessel.

bar·na·cle[2] ['bɑːnəkl] *s.* **1.** *mst pl.* Nasenknebel *m für unruhige Pferde*; **2.** *pl. Brit.* F Kneifer *m*, Zwicker *m.*

barn| dance *s. Am.* ländlicher Tanz; **~ door** *s.*: ***as big as a ~*** F (so) groß wie ein Scheunentor, nicht zu verfehlen; **'~-door fowl** *s.* Haushuhn *n*; **~ owl** *s.* Schleiereule *f*; **'~·storm** *v/i.* F ‚auf die Dörfer gehen': a) *thea. etc.* auf Tour'nee (durch die Pro'vinz) gehen, b) *pol.* überall Wahlreden halten; **'~,storm·er** *s.* F **1.** Wander- *od.* Schmierenschauspieler *m*; **2.** her'umreisender Wahlredner; **~ swal·low** *s.* Rauchschwalbe *f.*

bar·o·graph ['bærəʊgrɑːf] *s. phys., meteor.* Baro'graph *m* (*selbstaufzeichnender Luftdruckmesser*).

ba·rom·e·ter [bə'rɒmɪtə] *s.* Baro'meter *n*: a) Wetterglas *n*, Luftdruckmesser *m*, b) *fig.* Grad-, Stimmungsmesser *m*;

bar·o·met·ric [,bærəʊ'metrɪk] *adj.* (□ **~ally**) *phys.* baro'metrisch, Barometer...: ***~ maximum*** Hoch(druckgebiet) *n*; ***~ pressure*** Luftdruck *m*; **,bar·o·'met·ri·cal** [-'metrɪkl] *adj.* → ***barometric***.

bar·on ['bærən] *s.* **1.** *hist.* Pair *m*, Ba'ron *m*; *jetzt*: Ba'ron *m* (*brit. Adelstitel*); **2.** *nicht-Brit.* Ba'ron *m*, Freiherr *m*; **3.** *fig.* (Indu'strie- *etc.*)Ba,ron *m*, Ma'gnat *m*; **4.** ***~ (of beef)*** *Küche*: doppeltes Lendenstück.

bar·on·age ['bærənɪdʒ] *s.* **1.** *coll. die* Ba'rone *pl.*; **2.** Verzeichnis *n* der Ba'rone; **3.** Rang *m* e-s Ba'rons; **'bar·on·ess** [-nɪs] *s.* **1.** *Brit.* Ba'ronin *f*; **2.** *nicht-Brit.* Ba'ronin *f*, Freifrau *f*; **'bar·on·et** [-nɪt] **I** *s.* Baronet *m* (*brit. Adelstitel*; *abbr.* **Bart.**); **II** *v/t.* zum Baronet ernennen; **'bar·on·et·age** [-nɪtɪdʒ] *s.* **1.** *coll.* die Baronets *pl.*; **2.** Verzeichnis *n* der Baronets; **'bar·on·et·cy** [-nɪtsɪ] *s.* Titel *m od.* Rang *m* e-s Baronet; **ba·ro·ni·al** [bə'rəʊnjəl] *adj.* **1.** Barons..., freiherrlich; **2.** prunkvoll, großartig; **'bar·o·ny** [-nɪ] *s.* Baro'nie *f* (*Gebiet od. Würde*).

ba·roque [bə'rɒk] **I** *adj.* **1.** ba'rock (*a. von Perlen u. fig.*); **2.** *fig.* prunkvoll; über'steigert; bi'zarr, verschnörkelt; **II** *s.* **3.** *allg.* Ba'rock *n, m.*

bar par·lour *s. Brit.* Schank-, Gaststube *f.*

barque → ***bark***[3].

bar·rack ['bærək] **I** *s.* **1.** *mst pl.* Ka'serne *f*: ***a ~s*** e-e Kaserne; → ***confine*** 3; **2.** *mst pl. fig.* 'Mietska,serne *f*; **II** *v/t.* **3.** in Ka'sernen *od.* Ba'racken 'unterbringen; **4.** F *sport, pol.* auspfeifen, -buhen; **III** *v/i.* **5.** F buhen, pfeifen: ***~ for*** (lautstark) anfeuern; **~ square** *s.* ⚔ Ka'sernenhof *m.*

bar·rage[1] ['bærɑːʒ] *s.* **1.** ⚔ Sperrfeuer *n*; **2.** ⚔ Sperre *f*: ***creeping ~*** Feuerwalze *f*; ***~ balloon*** Sperrballon *m*; **3.** *fig.* über'wältigende Menge: ***a ~ of questions*** ein Schwall *od.* Kreuzfeuer von Fragen.

bar·rage[2] ['bærɑːʒ] *s.* Talsperre *f*, Staudamm *m.*

bar·ra·try ['bærətrɪ] *s.* **1.** ⚖, ⚓ Baratte'rie *f* (*Veruntreuung*); **2.** ⚖ schika'nöses Prozessieren (*od.* Anstiftung *f* dazu); **3.** Ämterschacher *m.*

barred [bɑːd] *adj.* **1.** (ab)gesperrt, verriegelt; **2.** gestreift; **3.** ♪ durch Taktstriche abgeteilt; **4.** ⚖ verjährt.

bar·rel ['bærəl] **I** *s.* **1.** Fass *n*, Tonne *f*; *im Ölhandel*: Barrel *n*: ***have s.o. over a ~*** F j-n in s-r Gewalt haben; ***scrape the ~*** F den letzten, schäbigen Rest zs.-kratzen; **2.** ⚙ Walze *f*, Rolle *f*, Trommel *f*, Zy'linder *m*, (rundes) Gehäuse; (Gewehr)Lauf *m*, (Geschütz)Rohr *n*; Kolbenrohr *n*; Rumpf *m e-s Dampfkessels*; Tintenbehälter *m e-r Füllfeder*; Walze *f der Drehorgel*; Kiel *m e-r Feder*; Zylinder *m e-r Spritze*; **3.** Rumpf *m e-s Pferdes etc.*; **II** *v/t.* **4.** in Fässer füllen *od.* packen; **III** *v/i.* **5.** F rasen, sausen; **~ chair** *s.* Lehnstuhl *m* mit hoher runder Lehne; **~ drain** *s.* ⚙, ⚠ gemauerter runder 'Abzugska,nal; **'~·house** *s. Am. sl.* Spe'lunke *f*, Kneipe *f.*

bar·rel(l)ed ['bærəld] *adj.* **1.** fassförmig; **2.** in Fässer gefüllt; **3.** ...läufig (*Gewehr*).

'bar·rel|,mak·er *s.* Fassbinder *m*; **~ organ** *s.* ♪ Drehorgel *f*; **~ roll** *s.* ✈ Rolle *f* (*im Kunstflug*); **~ roof** *s.* ⚠ Tonnendach *n*; **~ vault** *s.* ⚠ Tonnengewölbe *n.*

bar·ren ['bærən] **I** *adj.* □ **1.** unfruchtbar (*Lebewesen, Pflanze etc.*; *a. fig.*); **2.** öde, kahl, dürr; **3.** *fig.* trocken, langweilig, seicht; dürftig; **4.** 'unproduk,tiv (*Geist*); tot (*Kapital*); **5.** leer, arm (**of** an *dat.*); **II** *s.* **6.** *mst pl.* Ödland *n*; **'bar·ren·ness** [-nɪs] *s.* **1.** Unfruchtbarkeit *f* (*a. fig.*); **2.** *fig.* Trockenheit *f*, geistige Leere, Dürftigkeit *f*, Dürre *f.*

bar·ri·cade [,bærɪ'keɪd] **I** *s.* **1.** Barri'kade *f*: ***mount*** (*od.* ***go to***) ***the ~s*** auf die Barrikaden steigen (*a. fig.*); **2.** *fig.* Hindernis *n*; **II** *v/t.* **3.** (ver)barrikadieren, (ver)sperren (*a. fig.*).

bar·ri·er ['bærɪə] *s.* **1.** Schranke *f* (*a. fig.*), Barri'ere *f*, Sperre *f*: ***~ cream*** Schutzcreme *f*; **2.** Schlag-, Grenzbaum *m*; **3.** *sport* 'Startma,schine *f*; **4.** *fig.* Hindernis *n* (**to** für); Mauer *f*; (*Sprach- etc.*)Barri'ere *f*; **5.** ⛰ 'Eisbarri,ere *f* der Ant'arktis: ***⛰ Reef*** Barriereriff *n.*

bar·ring ['bɑːrɪŋ] *prp.* abgesehen von, ausgenommen: ***~ errors*** Irrtümer vorbehalten; ***~ a miracle*** wenn kein Wunder geschieht.

bar·ris·ter ['bærɪstə] *s.* ⚖ **1.** *a.* ***~-at-law*** *Brit.* Barrister *m*, *plädierender* Rechtsanwalt (vor höheren Gerichten); **2.** *Am. allg.* Rechtsanwalt *m.*

bar room *s.* Schankstube *f.*

bar·row[1] ['bærəʊ] *s.* **1.** 'Tumulus *m*, Hügelgrab *n*; **2.** Hügel *m.*

bar·row[2] ['bærəʊ] *s.* (Hand-, Schub-, Gepäck-, Obst)Karre(n *m*) *f.*

bar·row[3] ['bærəʊ] *s.* ✓ Bork *m* (*im Ferkelalter kastriertes Schwein*).

bar·row| boy *s.*, **'~·man** [-mən] *s.* [*irr.*] Straßenhändler *m*, ‚fliegender Händler'.

bar| steel *s.* ⚙ Stangenstahl *m*; **'~,tend·er** *s.* → ***barkeeper*** 1.

bar·ter ['bɑːtə] **I** *v/i.* Tauschhandel treiben; **II** *v/t. im Handel* (ein-, 'um)tauschen, austauschen (**for, against** gegen): ***~ away*** verschachern, -kaufen (*a. fig. Ehre etc.*); **III** *s.* Tauschhandel *m*, Tausch *m* (*a. fig.*): ***~ shop*** Tauschladen *m*; **~ trans·ac·tion** *s.* ✝ Tausch(handels)-, Kompensati'onsgeschäft *n.*

bar·y·tone → ***baritone***.

bas·al ['beɪsl] *adj.* □ **1.** an der Basis *od.* Grundfläche befindlich; **2.** *mst fig.* grundlegend: ***~ metabolism*** ⚕ Grundstoffwechsel *m*; ***~ metabolic rate*** ⚕ Grundumsatz *m*; ***~ cell*** *biol.* Basalzelle *f.*

ba·salt ['bæsɔːlt] *s. geol.* Ba'salt *m*; **ba·sal·tic** [bə'sɔːltɪk] *adj.* ba'saltisch, Basalt...

base[1] [beɪs] **I** *s.* **1.** Basis *f*, 'Unterteil *m, n*, Boden *m*; 'Unterbau *m*, -lage *f*; Funda'ment *n*; **2.** Fuß *m*, Sockel *m*; Sohle *f*; **3.** *fig.* Basis *f*: a) Grund(lage *f*) *m*, b) Ausgangspunkt *m*, c) *a.* ***~ camp*** *mount.* Basislager *n*; **4.** Grundstoff *m*, Hauptbestandteil *m*; **5.** ⟁ Grundlinie *f*, -fläche *f*, -zahl *f*; **6.** ⚗ Base *f*; *Färberei*: Beize *f*; **7.** *sport* a) Grund-, Startlinie *f*, b) Mal *n*: ***not to get to first ~*** (***with s.o.***) F *fig.* keine Chance haben (bei j-m); **8.** ⚔, ⚓ a) Standort *m*, Stati'on *f*, b) (Operati'ons)Basis *f*, Stützpunkt *m*, c) (Flug)Basis *f*, *Am.* (Flieger)Horst *m*: ***naval ~*** Flottenstützpunkt, d) E'tappe *f*; **II** *v/t.* **9.** stützen, gründen (**on, upon** auf *acc.*): ***be ~d on*** beruhen auf (*dat.*), sich stützen auf (*acc.*); ***~ o.s. on*** sich verlassen auf (*acc.*); **10.** *a.* ⚔ stationieren; → ***based*** 2.

base[2] [beɪs] *adj.* □ **1.** gemein, niedrig, niederträchtig; **2.** minderwertig; unedel: ***~ metals***; **3.** falsch, unecht (*Geld*): ***~ coin*** falsche Münze, *coll.* Falschgeld *n*, *Am.* Scheidemünze *f*; **4.** *ling.* unrein, unklassisch.

'base·ball *s. sport* **1.** Baseball(spiel *n*) *m*; **2.** Baseball *m.*

based [beɪst] *adj.* **1.** (**on**) gegründet (auf *acc.*), beruhend (auf *dat.*), mit e-r Grundlage (von); **2.** ⚔ *in Zssgn* mit ... als Stützpunkt, stationiert in (*dat.*), *a.* (land- *etc.*)gestützt; **3.** *in Zssgn* mit Sitz in (*dat.*): ***a London-~ company***.

base·less ['beɪslɪs] *adj.* grundlos, unbegründet.

base| line *s.* **1.** Grundlinie *f* (*a. sport*); **2.** *surv.* Standlinie *f*; **3.** ⚔ Basislinie *f*; **~ load** *s.* ⚡ Grundlast *f*, -belastung *f*; **'~·man** [-mən] *s.* [*irr.*] *Baseball*: Malhüter *m.*

base·ment ['beɪsmənt] *s.* ⚠ **1.** Kellergeschoss, *östr.* -geschoß *n*; **2.** Grundmauer(n *pl.*) *f.*

base·ness ['beɪsnɪs] *s.* **1.** Gemeinheit *f*, Niederträchtigkeit *f*; **2.** Minderwertigkeit *f*; **3.** Unechtheit *f.*

ba·ses ['beɪsiːz] *pl. von* ***basis***.

base wal·lah *s.* ⚔ *Brit. sl.* E'tappenschwein *n.*

bash [bæʃ] F **I** *v/t.* **1.** heftig schlagen, einhauen auf (*acc.*) (*a.* F *fig.*): ***~ in*** a) einschlagen, b) verbeulen; ***~ up*** a) *j-n* zs.-schlagen, b) *Auto* zu Schrott fahren; **II** *s.* **2.** heftiger Schlag: ***have a ~ at s.th.*** es mit et. probieren; **3.** Beule *f* (*am Auto etc.*); **4.** *Brit.* (tolle) Party.

bash·ful ['bæʃfʊl] *adj.* □ schüchtern, verschämt, scheu; zu'rückhaltend; **'bash·ful·ness** [-nɪs] *s.* Schüchternheit *f*, Scheu *f.*

bash·ing ['bæʃɪŋ] *s.* F ‚Senge' *f*, Prügel *pl.*: ***get*** (*od.* ***take***) ***a ~*** Prügel beziehen (*a. fig.*).

bas·ic ['beɪsɪk] **I** *adj.* (□ **~ally**) **1.** grundlegend, die Grundlage bildend; elemen'tar; Einheits..., Grund...; **2.** ⚗, *geol., min.* basisch; **3.** ⚡ ständig (*Belastung*); **II** *s.* **4.** *pl.* a) Grundlagen *pl.*, b) *das* Wesentliche; **5.** → ***Basic English***; **'bas·i·cal·ly** [-kəlɪ] *adv.* im Grunde, grundsätzlich.

Bas·ic| Eng·lish *s.* Basic English *n* (*vereinfachte Form des Englischen von C.*

K. Ogden); ♀ **for·mu·la** *s.* ⚠ Grundformel *f*; ♀ **in·dus·try** *s.* 'Grund(stoff)-, 'Schlüsselindu,strie *f*; ♀ **i·ron** *s.* ⚙ Thomaseisen *n*; ♀ **load** *s.* ⚡ ständige Grundlast; ♀ **ma·ter·i·als** *s. pl.* Grund-, Ausgangsstoffe *pl.*; ♀ **ra·tion** *s.* ⚔ Mindestverpflegungssatz *m*; ♀ **research** *s.* Grundlagenforschung *f*; ♀ **sal·a·ry** *s.* ✝ Grundgehalt *n*; ♀ **size** *s.* ⚙ Sollmaß *n*; ♀ **slag** *s.* ⚗ Thomasschlacke *f*; ♀ **steel** *s.* ⚙ Thomasstahl *m*; ♀ **train·ing** *s. a.* ⚔ Grundausbildung *f*; ♀ **wage** *s.* ✝ Grundlohn *m*.

bas·il ['bæzl] *s.* ⚘ Ba'silienkraut *n*, Ba'silikum *n*.

ba·sil·i·ca [bə'zılıkə] *s.* ⚠ Ba'silika *f*.

bas·i·lisk ['bæzılısk] **I** *s.* **1.** Basi'lisk *m* (*Fabeltier*); **2.** *zo.* Legu'an *m*; **II** *adj.* **3.** Basilisken...: ~ ***eye***.

ba·sin ['beısn] *s.* **1.** (Wasser-, Wasch- *etc.*)Becken *n*, Schale *f*, Schüssel *f*; **2.** Fluss-, Hafenbecken *n*; Schwimmbecken *n*, Bas'sin *n*; **3.** a) Stromgebiet *n*, b) (kleine) Bucht; **4.** Wasserbehälter *m*; **5.** Becken *n*, Einsenkung *f*, Mulde *f*; **6.** (Kohlen- *etc.*)Lager *n od.* Revier *n*.

ba·sis ['beısıs] *pl.* **-ses** [-si:z] *s.* **1.** Basis *f*, Grundlage *f*, Funda'ment *n*: ~ ***of discussion*** Diskussionsbasis *f*; ***take as a*** ~ zugrunde legen; **2.** Hauptbestandteil *m*; **3.** ⚠ Basis *f*, Grundlinie *f*, -fläche *f*; **4.** ⚔, ⚓ (Operati'ons)Basis *f*, Stützpunkt *m*.

bask [bɑːsk] *v/i.* sich aalen, sich sonnen (*a. fig.*): ~ ***in the sun*** ein Sonnenbad nehmen.

bas·ket ['bɑːskıt] *s.* **1.** Korb *m*: ✝ ~ ***of commodities*** Warenkorb *m*; **2.** Korb *m* (voll); **3.** *Basketball*: a) Korb *m*, b) Treffer *m*, Korb *m*; **4.** (Passa'gier)Korb *m*, Gondel *f* (*e-s Luftballons od. Luftschiffes*); **5.** Säbelkorb *m*; **6.** Tastenfeld *n* (*der Schreibmaschine*); '**~·ball** *s. sport* **1.** Basketball(spiel *n*) *m*; **2.** Basketball *m*; ~ **case** *Am.* F **1.** Arm- u. Beinamputierte(r *m*) *f*; **2.** to'tales ‚Wrack'; ~ **chair** *s.* Korbsessel *m*; ~ **din·ner** *s. Am.* Picknick *n*.

bas·ket·ful ['bɑːskıtfʊl] *pl.* **-fuls** *s. ein* Korb (voll).

bas·ket| hilt *s.* Säbelkorb *m*; ~ **lunch** *s. Am.* Picknick *n*.

bas·ket·ry ['baskıtrı] *s.* Korbwaren *pl.*

Basque [bæsk] **I** *s.* Baske *m*, Baskin *f*; **II** *adj.* baskisch.

bas-re·lief ['bæsrı,liːf] *s. sculp.* 'Bas-, 'Flachreli,ef *n*.

bass¹ [beıs] ♪ **I** *adj.* Bass...; **II** *s.* Bass *m* (*Stimme, Sänger, Instrument u. Partie*).

bass² [bæs] *pl. mst* **bass** *s. ichth.* Barsch *m*.

bass³ [bæs] *s.* **1.** (Linden)Bast *m*; **2.** Bastmatte *f*.

bas·set ['bæsıt] *s. zo.* Basset *m* (*ein Dachshund*).

bas·si·net [,bæsı'net] *s.* **1.** Korbwiege *f*; Stubenwagen *m*; Korb(kinder)wagen *m* (*mit Verdeck*).

bas·soon [bə'suːn] *s.* ♪ Fa'gott *n*.

bas·so| pro·fun·do ['bæsəʊ prə'fʌndəʊ] (*Ital.*) *s.* ♪ tiefster Bass (*Stimme od. Sänger*); ,**~-re'lie·vo** [-rı'liːvəʊ] *pl.* **-vos** → ***bas-relief***.

'**bass-re,lief** ['bæs-] → ***bas-relief***.

bass vi·ol [beıs] *s.* ♪ 'Cello *n*.

'**bass·wood** ['bæs-] *s.* ⚘ **1.** Linde *f*; **2.** Lindenholz *n*.

bast [bæst] *s.* (Linden)Bast *m*.

bas·tard ['bæstəd] **I** *s.* **1.** Bastard *m*, *a.* ⚖ uneheliches Kind; **2.** *biol.* Bastard *m*, Mischling *m*; **3.** *fig.* a) Fälschung *f*, Nachahmung *f*, b) Scheußlichkeit *f*; **4.** a) V ‚Schwein' *n*, ‚Scheißkerl' *m*, b) *iro.* alter Ha'lunke, c) Kerl *m*; **II** *adj.* **5.** unehelich, Bastard...; **6.** *biol.* Bastard...; **7.** *fig.* unecht, falsch; **8.** ab'norm; '**bas·tard·ize** [-daız] **I** *v/t.* **1.** ⚖ für unehelich erklären; **2.** verschlechtern, verfälschen; **II** *v/i.* **3.** entarten; '**bas·tard·ized** [-daızd] *adj.* entartet, Mischlings..., Bastard...

bas·tard| slip → ***bastard*** 1; ~ **ti·tle** *s. typ.* Schmutztitel *m*.

bas·tar·dy ['bæstədı] *s.* uneheliche Geburt: ~ ***procedure*** Verfahren *n* zur Feststellung der (unehelichen) Vaterschaft u. Unterhaltspflicht.

baste¹ [beıst] *v/t.* **1.** ‚(ver)hauen', verprügeln; **2.** *fig.* beschimpfen, herfallen über (*acc.*).

baste² [beıst] *v/t.* **1.** *Braten etc.* mit Fett begießen; **2.** *Docht der Kerze* mit geschmolzenem Wachs begießen.

baste³ [beıst] *v/t.* lose (an)heften.

bast·ing ['beıstıŋ] *s.* (Tracht *f*) Prügel *pl.*

bas·tion ['bæstıən] *s.* ⚔ Ba'stei *f*, Basti'on *f*, Bollwerk *n* (*a. fig.*).

bat¹ [bæt] **I** *s.* **1.** *sport* a) Schlagholz *n*, Schläger *m* (*bsd. Baseball u. Kricket*): ***carry one's*** ~ *Kricket*: noch im Spiel sein; ***off one's own*** ~ *Kricket u. fig.* selbstständig, ohne Hilfe, auf eigene Faust; ***right off the*** ~ F auf Anhieb; ***be at*** (***the***) ~ am Schlagen sein, dran sein; ***go to*** ~ ***for s.o.*** *Baseball*: für j-n einspringen, *fig.* → 6, b) → ***batsman***; **2.** F Stockhieb *m*; **3.** *Brit. sl.* (Schritt)Tempo *n*: ***at a rare*** ~ mit e-m ‚Affenzahn'; **4.** *Am. sl.* ‚Saufe'rei' *f*: ***go on a*** ~ e-e ‚Sauftour' machen; **II** *v/i.* **5.** a) (mit dem Schlagholz) schlagen, b) am Schlagen sein; → ***batting*** 3; **6.** ~ ***for s.o.*** *fig.* für j-n eintreten.

bat² [bæt] *s.* **1.** *zo.* Fledermaus *f*: ***have*** **~*s in the belfry*** verrückt sein, ‚e-n Vogel haben'; → ***blind*** 1; **2.** ✈, ⚔ 'radargelenkte Bombe.

bat³ [bæt] *v/t.*: ~ ***the eyes*** mit den Augen blinzeln *od.* zwinkern; ***without*** **~*ting an eyelid*** (*Am.* ***eyelash***) ohne mit der Wimper zu zucken; ***I never*** **~*ted an eyelid*** ich habe kein Auge zugetan.

ba·ta·ta [bə'tɑːtə] *s.* ⚘ Ba'tate *f*, 'Süßkar,toffel *f*.

batch [bætʃ] *s.* **1.** Schub *m* (*die auf einmal gebackene Menge Brot*): ***a*** ~ ***of bread***; **2.** ⚙ a) Schub *m*, b) Satz *m* (*Material*), Charge *f*, Füllung *f*; **3.** Schub *m*; ‚Schwung' *m*: a) Gruppe *f* (*von Personen*), Trupp *m* (*Gefangener*), b) Schicht *f*, Satz *m* (*Muster*), Stapel *m*, Stoß *m* (*Briefe etc.*), Par'tie *f*, Posten *m* (*gleicher Dinge*), *Computer*: Stapel *m*: ***in*** **~*es*** schubweise; '**~-,pro·cess** *v/t. Computer*: stapelweise verarbeiten; ~ **pro·duc·tion** *s.* Serienfertigung *f*.

bate¹ [beıt] **I** *v/i.* abnehmen, nachlassen; **II** *v/t.* schwächen, *Hoffnung etc.* vermindern, *Neugier etc.* mäßigen, *Forderung etc.* her'absetzen: ***with*** **~*d breath*** mit verhaltenem Atem, gespannt.

bate² [beıt] *s.* ⚙ *Gerberei*: Ätzlauge *f*.

bate³ [beıt] *s. Brit. sl.* Wut *f*.

ba·teau [bɑː'təʊ] *pl.* **-teaux** [-'təʊz] (*Fr.*) *s. Am.* leichtes langes Flussboot; ~ **bridge** *s.* Pon'tonbrücke *f*.

bath [bɑːθ] **I** *pl.* **baths** [-ðz] *s.* **1.** (Wannen)Bad *n*: ***take a*** ~ ein Bad nehmen, baden, *Am. sl.* (*bsd. finanziell*) ‚baden gehen'; **2.** Badewasser *n*; **3.** Badewanne *f*: ***enamelled*** ~; **4.** Badezimmer *n*; **5.** *mst pl.* a) Badeanstalt *f*, b) Badeort *m*; **6.** ⚗ *phot.* a) Bad *n* (*Behandlungsflüssigkeit*), b) Behälter *m dafür*; **7.** *Brit.*: ***order of the*** ♀ Bathorden *m*; ***Knight of the*** ♀ Ritter *m* des Bathordens; ***Knight Commander of the*** ♀ Komtur *m* des Bathordens; **II** *v/t.* **8.** *Kind etc.* baden; **III** *v/i.* **9.** baden, ein Bad nehmen.

Bath| brick *s.* Me'tallputzstein *m*; ~ **bun** *s.* über'zuckertes Kuchenbrötchen; ~ **chair** *s.* Rollstuhl *m*.

bathe [beıð] **I** *Auge, Hand,* (*verletzten*) *Körperteil* baden, in Wasser *etc.* tauchen; **2.** **~*d in sunlight*** (***perspiration***) in Sonne (Schweiß) gebadet; **~*d in tears*** in Tränen aufgelöst; **3.** *poet.* bespülen; **II** *v/i.* **4.** (sich) baden; **5.** schwimmen; **6.** (Heil)Bäder nehmen; **7.** *fig.* sich baden *od.* schwelgen (***in*** in *dat.*); **III** *s.* **8.** *bsd. Brit.* Bad *n im Freien*; '**bath·er** [-ðə] *s.* **1.** Badende(r *m*) *f*; **2.** Badegast *m*.

'**bath·house** *s. Am.* **1.** Badeanstalt *f*; **2.** 'Umkleideka,binen *pl.*

bath·ing ['beıðıŋ] *s.* Baden *n*; ~ **beau·ty** *s.*, ~ **belle** *s.* F Badeschönheit *f*; ~ **cos·tume** → ***bathing suit***; ~ **draw·ers** *s. pl.* Badehose *f*; ~ **dress** → ***bathing suit***; ~ **gown** *s.* Bademantel *m*; ~ **machine** *s. hist.* Badekarren *m* (*fahrbare Umkleidekabine*); ~ **suit** *s.* Badeanzug *m*.

Bath met·al *s.* ⚙ 'Tombak *m*.

ba·thos ['beıθɒs] *s.* **1.** Abgleiten *n* vom Erhabenen zum Lächerlichen; **2.** Gemeinplatz *m*, Plattheit *f*; **3.** falsches Pathos; **4.** a) Null-, Tiefpunkt *m*, b) Gipfel *m der Dummheit etc.*

'**bath|·robe** *s.* Bademantel *m*; '**~·room** [-rʊm] *s.* Badezimmer *n*; *weitS.* Klo'sett *n*; ~ **salts** *s. pl.* Badesalz *n*; ♀ **stone** *s.* Muschelkalkstein *m*; ~ **tow·el** *s.* Badetuch *n*; '**~·tub** *s.* Badewanne *f* (*a.* F *Skisport*).

ba·thym·e·try [bə'θımıtrı] *s.* Tiefen- *od.* Tiefseemessung *f*.

bath·y·sphere ['bæθı,sfıə] *s.* ⚙ Tiefseetaucherkugel *f*.

ba·tik ['bætık] *s.* 'Batik(druck) *m*.

ba·tiste [bæ'tiːst] *s.* Ba'tist *m*.

bat·man ['bætmən] *s.* [*irr.*] ⚔ *Brit.* Offi'ziersbursche *m*.

ba·ton ['bætən] *s.* **1.** (Amts-, Kom'mando)Stab *m*: ***Field-Marshal's*** ~ Marschallsstab; **2.** ♪ Taktstock *m*, Stab *m*; **3.** *sport* (Staffel)Stab *m*; **4.** *Brit.* Schlagstock *m*, (Poli'zei)Knüppel *m*.

ba·tra·chi·an [bə'treıkjən] *zo.* **I** *adj.* frosch-, krötenartig; **II** *s.* Ba'trachier *m*, Froschlurch *m*.

bats·man ['bætsmən] *s.* [*irr.*] *Kricket, Baseball etc.*: Schläger *m*, Schlagmann *m*.

bat·tal·ion [bə'tæljən] *s.* ⚔ Batail'lon *n*.

bat·tels ['bætlz] *s. pl.* (*Universität Oxford*) College-Rechnungen *pl.* für Lebensmittel *etc.*

bat·ten¹ ['bætn] *v/i.* **1.** fett werden (***on*** von *dat.*), gedeihen; **2.** (***on***) *a. fig.* sich mästen (mit), sich gütlich tun (an *dat.*): ~ ***on others*** auf Kosten anderer dick u. fett werden.

bat·ten² ['bætn] **I** *s.* **1.** Latte *f*, Leiste *f*; **2.** Diele *f*, (Fußboden)Brett *n*; **II** *v/t.* **3.** mit Latten verkleiden *od.* befestigen; **4.** ~ ***down the hatches*** a) ⚓ die Luken schalken, b) *fig.* dichtmachen.

bat·ter¹ ['bætə] ⚠ **I** *v/i.* sich nach oben

verjüngen; **II** *s.* Böschung *f*, Verjüngung *f*, Abdachung *f*.

bat·ter² ['bætə] **I** *v/t.* **1.** mit heftigen Schlägen traktieren; (zer)schlagen, demolieren; *Ehefrau, Kind* (ständig) misshandeln *od.* schlagen *od.* prügeln: **~ed wives** misshandelte (Ehe)Frauen; **~ down** (*od.* **in**) *Tür* einschlagen; **2.** ⚔ *u. weitS.* bombardieren: **~ down** zs.-schießen; **3.** beschädigen, zerbeulen, *a. j-n* böse zurichten, arg mitnehmen; **II** *v/i.* **4.** heftig *od.* wiederholt schlagen: **~ at the door** gegen die Tür hämmern; '**bat·tered** [-təd] *adj.* **1.** zerschlagen, zerschmettert, demoliert; **2.** a) abgenutzt, zerbeult, beschädigt, b) *a. fig.* arg mitgenommen, übel zugerichtet, c) miss'handelt (*Kind etc.*).

bat·ter·ing ram ['bætərɪŋ-] *s.* ⚔ *hist.* (Belagerungs)Widder *m*, Sturmbock *m*.

bat·ter·y ['bætərɪ] *s.* **1.** a) ⚔ Batte'rie *f*, b) ⚓ Geschützgruppe *f*; **2.** ϟ, ⚙ Batte'rie *f*, Ele'ment *n*; **3.** *fig.* Reihe *f*, Satz *m*, Batte'rie *f* (*von Maschinen, Flaschen etc.*); **4.** 🐔 'Legebatte,rie *f*; **5.** ♪ Batte'rie *f*, Schlagzeuggruppe *f*; **6.** *Baseball*: Werfer *m* u. Fänger *m*; **7.** ⚖ Tätlichkeit *f*, *a.* Körperverletzung *f*; → **assault** 3; **~ cell** *s.* Sammlerzelle *f*; '**~-,charg·ing sta·tion** *s.* ϟ 'Ladestati,on *f*; **~ farming** *s.* Massentierhaltung *f*.; '**~-,op·er·at·ed** *adj.* batteriebetrieben, Batterie...; **~ hen** *s.* Batte'riehenne *f*.

bat·ting ['bætɪŋ] *s.* **1.** Schlagen *n bsd. der Rohbaumwolle zu Watte*; **2.** (Baumwoll)Watte *f*; **3.** *Kricket, Baseball etc.*: Schlagen *n*, Schlägerspiel *n*: **~ average** *a. fig.* Durchschnitt(sleistung *f*) *m*.

bat·tle ['bætl] **I** *s.* **1.** Schlacht *f* (**of** *mst* bei), Gefecht *n*: **~ of Britain** Schlacht um England (*2. Weltkrieg*); **2.** *fig.* Kampf *m*, Ringen *n* (**for** um, **against** gegen): **do ~** kämpfen, sich schlagen; **fight a ~** e-n Kampf führen; **fight a losing ~ against** e-n aussichtslosen Kampf führen gegen; **fight s.o.'s ~** j-s Sache vertreten; **give** (*od.* **join**) **~** e-e Schlacht liefern, sich zum Kampf stellen; **that is half the ~** damit ist es schon halb gewonnen; **line of ~** Schlachtlinie *f*; **~ of words** Wortgefecht *n*; **~ of wits** geistiges Duell; **II** *v/i.* **3.** *mst fig.* kämpfen, streiten, fechten (**with** mit, **for** um, **against** gegen); **~ ar·ray** *s.* ⚔ Schlachtordnung *f*; '**~·ax(e)** *s.* **1.** ⚔ *hist.* Streitaxt *f*; **2.** F ,alter Drachen' (*Frau*); **~ cruis·er** *s.* ⚔ Schlachtkreuzer *m*; **~ cry** *s.* Schlachtruf *m* (*a. fig.*).

bat·tle·dore ['bætldɔː] *s.* **1.** Waschschlägel *m*; **2.** *sport hist.* a) Federballschläger *m*, b) *a.* **~ and shuttlecock** *Art* Federballspiel *n*.

bat·tle| dress *s. Brit.* ⚔ Dienst-, Feldanzug *m*; **~ fa·tigue** *s.* 'Kriegsneu,rose *f*; '**~·field**, '**~·ground** *s.* Schlachtfeld *n* (*a. fig.*).

bat·tle·ment ['bætlmənt] *s. mst pl.* (Brustwehr *f* mit) Zinnen *pl.*

bat·tle| or·der *s.* **1.** Schlachtordnung *f*; **2.** Gefechtsbefehl *m*; **~ piece** *s.* Schlachtenszene *f* (*in Malerei od. Literatur*); **~ roy·al** *s.* erbitterter Kampf (*a. fig.*); Massenschläge'rei *f*; '**~·ship** *s.* ⚔ Schlachtschiff *n*.

bat·tue [bæ'tuː] (*Fr.*) *s.* **1.** Treibjagd *f*; **2.** (auf e-r Treibjagd erlegte) Strecke; **3.** *fig.* Mas'saker *n*.

bat·ty ['bætɪ] *adj. sl.* ,bekloppt'.

bau·ble ['bɔːbl] *s.* **1.** Nippsache *f*; **2.** (protziger) Schmuck; **3.** (Kinder)Spielzeug *n*; **4.** *fig.* Spiele'rei *f*, Tand *m*.

baulk [bɔːk] → **balk**.

Ba·var·i·an [bə'veərɪən] **I** *adj.* bay(e)risch; **II** *s.* Bayer(in).

bawd [bɔːd] *s. obs.* Kupplerin *f*; '**bawd·ry** [-drɪ] *s.* **1.** Kuppe'lei *f*; **2.** Unzucht *f*; **3.** Obszöni'tät *f*.

bawd·y ['bɔːdɪ] *adj.* unzüchtig, unflätig (*Rede*); '**~·house** *s.* Bor'dell *n*.

bawl [bɔːl] **I** *v/i.* schreien, grölen, brüllen, *Am. a.* ,heulen' (*weinen*): **~ at s.o.** j-n anbrüllen; **II** *v/t. a.* **~ out** F *j-n* anbrüllen, zs.-stauchen.

bay¹ [beɪ] *s.* **1.** ⚘ *a.* **~ tree** Lorbeer(-baum) *m*; **2.** *pl.* a) Lorbeerkranz *m*, b) *fig.* Lorbeeren *pl.*, Ehren *pl.*

bay² [beɪ] *s.* **1.** Bai *f*, Bucht *f*, Meerbusen *m*; **2.** Talbucht *f*.

bay³ [beɪ] *s.* **1.** ⚠ Fach *n*, Abteilung *f*, Feld *n zwischen Pfeilern, Balken etc.*; Brückenglied *n*, Joch *n*; **2.** ⚠ Fensternische *f*, Erker *m*; **3.** ✈ Abteilung *f od.* Zelle *f* im Flugzeugrumpf; **4.** ⚓ 'Schiffslaza,rett *n*; **5.** 🚂 *Brit.* Seitenbahnsteig *m*, *bsd.* 'Endstati,on *f* e-s Nebengeleises.

bay⁴ [beɪ] **I** *v/i.* **1.** (dumpf) bellen (*bsd. Jagdhund*): **~ at s.o.** *od.* **s.th.** j-n *od.* et. anbellen; **II** *v/t.* **2.** *obs.* anbellen: **~ the moon**; **III** *s.* **3.** dumpfes Gebell *der Meute*: **be** (*od.* **stand**) **at ~** gestellt sein (*Wild*), *fig.* in die Enge getrieben sein; **bring to ~** *Wild* stellen, *fig.* in die Enge treiben; **keep** (*od.* **hold**) **at ~** a) sich *j-n* vom Leibe halten, b) *j-n* in Schach halten, fern halten; *Seuche, Feuer etc.* unter Kontrolle halten; **turn to ~** sich stellen (*a. fig.*).

bay⁵ [beɪ] **I** *adj.* ka'stanienbraun (*Pferd*): **~ horse** → **II** *s.* Braune(r) *m*.

bay leaf *s.* Lorbeerblatt *n*.

bay·o·net ['beɪənɪt] ⚔ **I** *s.* Bajo'nett *n*, Seitengewehr *n*: **at the point of the ~** mit dem Bajo'nett, im Sturm; **fix the ~** das Seitengewehr aufpflanzen; **II** *v/t.* mit dem Bajo'nett angreifen *od.* niederstechen; **III** *adj.* ⚙ Bajonett... (*-fassung, -verschluss*).

bay·ou ['baɪuː] *s. Am.* sumpfiger Flussarm (*Südstaaten der USA*).

bay| rum *s.* 'Bayrum *m*, Pi'mentrum *m*; **~ salt** *s.* Seesalz *n*; ♎ **State** *s. Am.* (*Beiname von*) Massachusetts; **~ win·dow** *s.* **1.** Erkerfenster *n*; **2.** *Am. sl.*, ,Vorbau' *m*, Bauch *m*; '**~·work** *s.* ⚠ Fachwerk *n*.

ba·zaar [bə'zɑː] *s.* **1.** (*Orient*) Ba'sar *m*; **2.** ✝ Warenhaus *n*; **3.** 'Wohltätigkeitsba,sar *m*.

ba·zoo·ka [bə'zuːkə] *s.* ⚔ Ba'zooka *f* (*Panzerabwehrwaffe*).

B bat·ter·y *s.* ϟ An'odenbatte,rie *f*.

be [biː; bɪ] [*irr.*] **I** *v/aux.* **1.** *bildet das Passiv transitiver Verben*: **I was cheated** ich wurde betrogen; **I was told** man sagte mir; **2.** *lit., bildet das Perfekt einiger intransitiver Verben*: **he is come** er ist gekommen *od.* da; **3.** *bildet die umschriebene Form* (*continuous od. progressive form*) *der Verben*: **he is reading** er liest gerade; **the house was being built** das Haus war im Bau; **what I was going to say** was ich sagen wollte; **4.** *drückt die* (*nahe*) *Zukunft aus*: **I am leaving for Paris tomorrow** ich reise morgen nach Paris (ab); **5.** *mit inf. zum Ausdruck der Absicht, Pflicht, Möglichkeit etc.*: **I am to go** ich soll gehen; **the house is to let** das Haus ist zu vermieten; **he is to be pitied** er ist zu bedauern; **it was not to be found** es war nicht zu finden; **6.** *Kopula*: **trees are green** (die) Bäume sind grün; **the book is mine** (**my brother's**) das Buch gehört mir (m-m Bruder); **II** *v/i.* **7.** (vor'handen *od.* anwesend) sein, bestehen, sich befinden, geschehen; werden: **I think, therefore I am** ich denke, also bin ich; **to be or not to be** sein oder nicht sein; **it was not to be** es hat nicht sollen sein; **so be it!** so sei es!, gut so!; **how is it that ...?** wie kommt es, dass ...?; **what will you be when you grow up?** was willst du werden, wenn du erwachsen bist?; **there is no substitute for wool** für Wolle gibt es keinen Ersatz; **8.** stammen (**from** aus): **he is from Liverpool**; **9.** gleichkommen, bedeuten: **seeing is believing** was man (selbst) sieht, glaubt man; **that is nothing to me** das bedeutet mir nichts; **10.** kosten: **the picture is £10** das Bild kostet 10 Pfund; **11. been** (*p.p.*): **have you been to Rome?** sind Sie (je) in Rom gewesen?; **has anyone been?** F ist j-d da gewesen?

beach [biːtʃ] **I** *s.* Strand *m*; **II** *v/t.* ⚓ *Schiff* auf den Strand setzen *od.* ziehen; **~ ball** *s.* Wasserball *m*; **~ bug·gy** *s. mot.* Strandbuggy *m*; '**~,comb·er** *s.* **1.** ⚓ F a) Strandgutjäger *m*, b) Her'umtreiber *m*, c) *fig.* Nichtstuer *m*; **2.** breite Strandwelle; '**~·head** *s.* **1.** ⚔ Lande-, Brückenkopf *m*; **2.** *fig.* Ausgangsbasis *f*; **~ wear** *s.* Strandkleidung *f*.

bea·con ['biːkən] **I** *s.* **1.** Leucht-, Signalfeuer *n*; (Feuer)Bake *f*, Seezeichen *n*; **2.** Leuchtturm *m*; **3.** ✈ Funkfeuer *n*, -bake *f*, Landelicht *n*; **4.** (**traffic**) **~** Verkehrsampel *f*, *bsd.* Blinklicht *n* an Zebrastreifen; **5.** *fig.* a) Fa'nal *n*, b) Leitstern *m*, c) 'Warnsig,nal *n*; **II** *v/t.* **6.** mit Baken versehen; **7.** *fig.* a) erleuchten, b) *j-n* leiten.

bead [biːd] **I** *s.* **1.** (Glas-, Stick-, Holz-) Perle *f*; **2.** (*Blei- etc.*)Kügelchen *n*; **3.** *pl. eccl.* Rosenkranz *m*: **tell one's ~s** den Rosenkranz beten; **4.** (Schaum-) Bläs-chen *n*, (Tau-, Schweiß- *etc.*)Perle *f*, Tröpfchen *n*; **5.** ⚠ perlartige Verzierung; **6.** ⚙ Wulst *m*; **7.** ⚔ (Perl)Korn *n am Gewehr*: **draw a ~ on** zielen auf (*acc.*); **II** *v/t.* **8.** mit Perlen *od.* perlartiger Verzierung *etc.* versehen; **9.** *wie Perlen* aufziehen, aufreihen; **III** *v/i.* **10.** perlen, Perlen bilden; '**bead·ed** [-dɪd] *adj.* **1.** mit Perlen versehen *od.* verziert; **2.** ⚙ mit Wulst; '**bead·ing** [-dɪŋ] *s.* **1.** 'Perlsticke,rei *f*; **2.** ⚠ Rundstab *m*; **3.** ⚙ Wulst *m*.

bea·dle ['biːdl] *s.* **1.** *bsd. Brit.* Kirchendiener *m*; **2.** *univ. Brit.* Pe'dell *m*, (Fest- *etc.*)Ordner *m*; **3.** *obs.* Büttel *m*, Gerichtsdiener *m*; '**bea·dle·dom** [-dəm] *s.* büttelhaftes Wesen.

bead mo(u)ld·ing *s.* ⚠ Perl-, Rundstab *m*, Perlleiste *f*.

bead·y ['biːdɪ] *adj.* **1.** mit Perlen verziert; **2.** perlartig; **3.** perlend; **4. ~ eyes** glänzende Knopfaugen.

bea·gle ['biːgl] *s.* **1.** *zo.* Beagle *m* (*Hunderasse*); **2.** *fig.* Spi'on *m*.

beak¹ [biːk] *s.* **1.** *zo.* Schnabel *m*; **2.** F (scharfe) Nase, ,Zinken' *m*; **3.** ⚙ a) Tülle *f*, Ausguss *m*, b) Schnauze *f*, Nase *f*, Röhre *f*.

beak² [biːk] *s. Brit. sl.* **1.** ,Kadi' *m* (*Richter*); **2.** *ped.* ,Rex' *m* (*Direktor*).

beaked [biːkt] *adj.* **1.** geschnäbelt, schnabelförmig; **2.** vorspringend, spitz.

beak·er ['biːkə] *s.* **1.** Becher *m*; **2.** ⚗ Becherglas *n*.

'be-all: ***the ~ and end-all*** F das A und O, das Wichtigste; *j-s* Ein und Alles.

beam [biːm] **I** *s.* **1.** △ Balken *m*; Tragbalken *m* (*Haus, Brücke*); *a.* ✈ Holm *m*; **2.** ⚓ a) Deckbalken *m*, b) größte Schiffsbreite: ***in the ~*** in der Breite; ***on the starboard ~*** querab an Steuerbord; **3.** *fig.* F Körperbreite *f e-s Menschen*: ***broad in the ~*** breit (gebaut); **4.** ⚙ a) (Waage)Balken *m*, b) Weberbaum *m*, c) Pflugbaum *m*, d) Spindel *f der Drehbank*; **5.** *zo.* Stange *f am Geweih*; **6.** (Licht)Strahl *m*; (Strahlen)Bündel *n*; *mot.* Fernlicht *n*; **7.** *Funk*: Richt-, Peil-, Leitstrahl *m*: ***ride the ~*** ✈ genau auf dem Leitstrahl steuern; ***on the ~*** a) auf dem richtigen Kurs, b) *fig.* F ‚auf Draht'; ***off the ~*** *fig.* auf dem Holzweg, (völlig) daneben (*abwegig*); **8.** strahlender Blick, Glanz *m*; **II** *v/t.* **9.** ⚙ *Weberei*: *Kette* aufbäumen; **10.** *a. phys.* (aus-)strahlen; **11.** a) ⚡ *Funkspruch* mit Richtstrahler senden, b) *Radio, TV*: ausstrahlen; **III** *v/i.* **12.** strahlen, glänzen (*a. fig.*): ***~ (up)on s.o.*** j-n anstrahlen; ***~ing with joy*** freudestrahlend; **~ aer·i·al**, *bsd. Am.* **~ an·ten·na** *s. Radio*: 'Richtstrahler *m*, -an,tenne *f*; **,~-'ends** *s. pl.* **1.** ⚓ ***on her ~*** mit starker Schlagseite, in Gefahr; **2.** *fig.*: ***on one's ~*** ‚pleite'; **~ trans·mis·sion** *s.* Richtsendung *f*; **~ trans·mit·ter** *s.* Richt(strahl)sender *m*.

bean [biːn] **I** *s.* **1.** ⚘ Bohne *f*: ***full of ~s*** F ‚putzmunter', ‚aufgekratzt'; ***give s.o. ~s*** *sl.* j-m ‚Saures geben' (*j-n schlagen, strafen, schelten*); ***not to know ~s*** *Am. sl.* keine Ahnung haben; ***I haven't a ~*** *sl.* ich habe keinen roten Heller; ***spill the ~s*** *sl.* alles ausplaudern, ‚auspacken'; **2.** bohnenförmiger Samen, (*Kaffee- etc.*)Bohne *f*; **3.** *sl.* a) Kerl *m*, b) ‚Birne' *f* (*Kopf*), c) ‚Grips' *m* (*Verstand*); **II** *v/t.* **4.** *Am. sl. j-m* ‚auf die Rübe hauen'; **~ curd** *s.* Tofu *m*; **'~·feast** *s. Brit.* F **1.** *jährliches Festessen für die Belegschaft*; **2.** (feucht)fröhliches Fest.

bean·o ['biːnəʊ] F → ***beanfeast*** 2.

bean| pod *s.* Bohnenhülse *f*; **~ pole** *s.* Bohnenstange *f* (*a.* F *Person*).

bean·y ['biːnɪ] *adj.* F ‚putzmunter', tempera'mentvoll.

bear¹ [beə] **I** *v/t.* [*irr.*] [*p.p.* ***borne***; ***born*** (*bei Geburt*; → *a.* ***borne*** 2)] **1.** *Lasten etc.* tragen, befördern: ***~ a message*** e-e Nachricht überbringen; → ***borne*** 1; **2.** *fig. Waffen, Namen etc.* tragen, führen; *Datum* tragen; **3.** *fig. Kosten, Verlust, Verantwortung, Folgen etc.* tragen, über'nehmen; → ***blame*** 4, ***palm²*** 2, ***penalty*** 1; **4.** *fig. Zeichen, Stempel etc.* tragen, zeigen; → ***resemblance***; **5.** zur Welt bringen, gebären: ***~ children***; ***he was born into a rich family*** er kam als Kind reicher Eltern zur Welt; ***there's one born every minute*** F die Dummen werden nicht weniger; → ***born***; **6.** *fig.* her'vorbringen: ***~ fruit*** Früchte tragen (*a. fig.*); ***~ interest*** Zinsen tragen; **7.** *fig. Schmerzen etc.* ertragen, (er)dulden, (er)leiden, aushalten; *e-r Prüfung etc.* standhalten: ***~ comparison*** den Vergleich aushalten; *mst neg. od. interrog.*: ***I cannot ~ him*** ich kann ihn nicht leiden *od.* ausstehen; ***I cannot ~ it*** ich kann es nicht ausstehen *od.* aushalten; ***his words won't ~ repeating*** s-e Worte lassen sich unmöglich wiederholen; ***it does not ~ thinking about*** daran mag man gar nicht denken; **8.** *fig.*: ***~ a hand*** zur Hand gehen, helfen (*dat.*); ***~ love (a grudge)*** Liebe (Groll) hegen; ***~ a part in*** e-e Rolle spielen bei; **9.** ***~ o.s.*** sich betragen: ***~ o.s. well***; **II** *v/i.* [*irr.*] **10.** tragen, halten (*Balken, Eis etc.*): ***will the ice ~ today?*** wird das Eis heute tragen?; **11.** Früchte tragen; **12.** Richtung annehmen: ***~ (to the) left*** sich links halten; ***~ to the north*** sich nach Norden erstrecken; **13.** → ***bring*** 1.

Zssgn mit prp.:

bear| a·gainst *v/i.* drücken gegen; 'Widerstand leisten (*dat.*); **~ on** *od.* **up·on** *v/i.* **1.** sich beziehen auf (*acc.*), betreffen (*acc.*); **2.** einwirken *od.* zielen auf (*acc.*); **3.** drücken *od.* sich stützen auf (*acc.*), lasten auf (*dat.*); **4.** ***bear hard on*** *j-m* sehr zusetzen, *j-n* bedrücken; **5.** ⚔ beschießen; **~ with** *v/i.* Nachsicht üben mit, Geduld haben mit;

Zssgn mit adv.:

bear| a·way I *v/t.* forttragen, -reißen (*a. fig.*); **II** *v/i.* ⚓ absegeln, abfahren; **~ down I** *v/t.* über'winden, über'wältigen; **II** *v/i.*: ***~ on*** a) sich wenden gegen, sich stürzen auf (*acc.*), überwältigen (*acc.*), b) sich (schnell) nähern (*dat.*), zusteuern auf (*acc.*); **~ in** *v/t.*: ***it was borne in upon him*** es wurde ihm klar, es drängte sich ihm auf; **~ out** *v/t.* **1.** bestätigen, bekräftigen: ***bear s.o. out*** j-m Recht geben; **2.** unter'stützen; **~ up I** *v/t.* **1.** stützen, ermutigen; **II** *v/i.* **2.** (***against***) (tapfer) standhalten (*dat.*), die Stirn bieten (*dat.*), mutig ertragen (*acc.*), *weitS.* sich fabelhaft halten; **3.** *Brit.* Mut fassen: ***~!*** Kopf hoch!

bear² [beə] **I** *s.* **1.** *zo.* Bär *m*; **2.** *fig.* a) Bär *m*, Tollpatsch *m*, b) ‚Brummbär' *m*, Ekel *n*; **3.** † 'Baissespeku,lant *m*, Baissi'er *m*: ***~ market*** Baissemarkt *m*; **4.** *ast.*: ***Great(er)*** ♎ Großer Bär; ***Little*** *od.* ***Lesser*** ♎ Kleiner Bär; **II** *v/i.* **5.** † auf Baisse spekulieren; **III** *v/t.* **6.** † ***~ the market*** die Kurse drücken (wollen).

bear·a·ble ['beərəbl] *adj.* □ tragbar, erträglich, zu ertragen(d).

'bear-bait·ing *s. hist.* Bärenhetze *f*.

beard [bɪəd] **I** *s.* **1.** Bart *m* (*a. von Tieren*); → ***grow*** 6; **2.** ⚘ Grannen *pl.*; **3.** ⚙ 'Widerhaken *m* (*an Pfeil, Angel etc.*); **II** *v/t.* **4.** *fig.* mutig entgegentreten, Trotz bieten (*dat.*): ***~ the lion in his den*** sich in die Höhle des Löwen wagen; **'beard·ed** [-dɪd] *adj.* **1.** bärtig; **2.** ⚘ mit Grannen; **3.** ⚙ mit (e-m) 'Widerhaken; **'beard·less** [-lɪs] *adj.* **1.** bartlos; **2.** ⚘ ohne Grannen; **3.** *fig.* jugendlich, unreif.

bear·er ['beərə] *s.* **1.** Träger(in); **2.** Über'bringer(in) *e-s Briefes, Schecks etc.*; **3.** † Inhaber(in) *e-s Wechsels etc.*: ***~ bond*** Inhaberobligation *f*; ***~ cheque*** (*Am.* ***check***) Inhaberscheck *m*; ***~ securities*** Inhaberpapiere; ***~ share*** (*od.* ***stock***) Inhaberaktie *f*; → ***payable*** 1; **4.** ⚘ ***a good ~*** ein Baum, der gut trägt; **5.** *her.* Schildhalter *m*.

bear| gar·den *s.* **1.** Bärenzwinger *m*; **2.** *fig.* ‚Tollhaus' *n*; **~ hug** *s.* F heftige Um'armung.

bear·ing ['beərɪŋ] **I** *adj.* **1.** tragend; **2.** ⚗, *min.* ... enthaltend, ...haltig; **II** *s.* **3.** (Körper)Haltung *f*: ***of noble ~***; **4.** Betragen *n*, Verhalten *n*: ***his kindly ~***; **5.** (***on***) Bezug *m* (auf *acc.*), Beziehung *f* (zu), Verhältnis *n* (zu), Zs.-hang *m* (mit); Tragweite *f*, Bedeutung *f*: ***have no ~ on*** keinen Einfluss haben auf (*acc.*), nichts zu tun haben mit; ***consider it in all its ~s*** es in s-r ganzen Tragweite *od.* von allen Seiten betrachten; **6.** *pl.* ⚓, ✈, *surv.* Richtung *f*, Lage *f*; Peilung *f*; *fig.* Orientierung *f*: ***take the ~s*** die Richtung *od.* Lage feststellen, peilen; ***take one's ~s*** sich orientieren; ***find*** (*od.* ***get***) ***one's ~s*** sich zurechtfinden; ***lose one's ~s*** die Orientierung verlieren, *fig.* in Verlegenheit *od.* ‚ins Schwimmen' geraten; **7.** Ertragen *n*, Erdulden *n*, Nachsicht *f*: ***beyond (all) ~*** unerträglich; ***there is no ~ with such a fellow*** solch ein Kerl ist unerträglich; **8.** *mst pl.* ⚙ a) (Zapfen-, Achsen- *etc.*)Lager *n*, b) Stütze *f*; **9.** *pl. her.* → ***armorial*** I; **10.** (Früchte)Tragen *n*: ***beyond ~*** ⚘ nicht mehr tragend.

bear·ing| com·pass *s.* ⚓ 'Peil,kompass *m*; **~ line** *s.* ⚓, ✈ 'Peil-, Vi'sier,linie *f*; **~ met·al** *s.* ⚙ 'Lagerme,tall *n*; **~ pin** *s.* ⚙ Lagerzapfen *m*.

bear·ish ['beərɪʃ] *adj.* **1.** bärenhaft; **2.** *fig.* plump; brummig, unfreundlich; **3.** † flau, Baisse...: ***~ operation*** Baissespekulation *f*.

bear lead·er *s. hist.* Bärenführer *m* (*a. fig. Reisebegleiter*).

'bear|·skin *s.* **1.** Bärenfell *n*; **2.** ⚔ Bärenfellmütze *f*; **'~·wood** *s.* ⚘ Kreuz-, Wegdorn *m*.

beast [biːst] *s.* **1.** *bsd. vierfüßiges u. wildes* Tier: ***~ of burden*** Lasttier; ***~s of the forest*** Waldtiere; ***~ of prey*** Raubtier; ***the ~ in us*** *fig.* das Tier(ische) in uns; **2.** ✓ Vieh *n* (*Rinder*), *bsd.* Mastvieh *n*; **3.** *fig.* a) bru'taler Mensch, Rohling *m*, 'Bestie *f*, b) ‚Biest' *n*, Ekel *n*; **beast·li·ness** ['biːstlɪnɪs] *s.* **1.** Brutali'tät *f*, Rohheit *f*; **2.** F a) Scheußlichkeit *f*, b) Gemeinheit *f*; **beast·ly** ['biːstlɪ] **I** *adj.* **1.** *fig.* viehisch, bru'tal, roh, gemein; **2.** F ab'scheulich, garstig, eklig, *Person*: *a.* ekelhaft, gemein; **II** *adv.* **3.** F scheußlich, ‚verdammt': ***it was ~ hot***.

beat [biːt] **I** *s.* **1.** (*regelmäßig wiederholter*) Schlag; Herz-, Puls-, Trommelschlag *m*; Ticken *n* (*Uhr*); **2.** ♪ a) Takt (-schlag) *m*, b) *Jazz*: Beat *m*, 'rhythmischer Schwerpunkt, c) → ***beat music***; **3.** *Versmaß*: Hebung *f*; **4.** *phys., Radio*: Schwebung *f*; **5.** Runde *f od.* Re'vier *n e-s Schutzmanns etc.*: ***be on one's ~*** die Runde machen; ***be off*** (*od.* ***out of***) ***one's ~*** *fig.* nicht in s-m Element sein; ***that is outside my ~*** *fig.* das schlägt nicht in mein Fach *od.* ist mir ungewohnt; **6.** *Am.* (Verwaltungs)Bezirk *m*; **7.** *Am.* F a) *wer od. was alles übertrifft*: ***I've never seen his ~*** der schlägt alles, was ich je gesehen habe, b) (sensatio'nelle) Erst- *od.* Al'leinmeldung *e-r Zeitung*, c) → ***deadbeat***, d) → ***beatnik***; **8.** *hunt.* Treibjagd *f*; **II** *adj.* **9.** F (wie) erschlagen: a) ‚ganz ka'putt', erschöpft, b) verblüfft; **10.** *Am. sl.* 'antikonfor,mistisch, illusi'onslos: ***the*** ♎ ***Generation*** die Beat-Generation; **III** *v/t.* [*irr.*] **11.** (*regelmäßig od. häufig*) schlagen; *Teppich etc.* klopfen; *Metall* hämmern *od.* schmieden; *Eier, Sahne* (zu Schaum *od.* Schnee) schlagen; *Takt, Trommel* schlagen: ***~ a horse*** ein Pferd schlagen; ***~ a path*** e-n Weg (durch Stampfen *etc.*) bahnen; ***~ the wings*** mit den Flügeln schlagen; ***~ the air*** *fig.* vergebliche Versuche machen, gegen Windmühlen kämpfen; ***~ a charge*** *Am. sl.* e-r Strafe entgehen; ***~ s.th. into s.o.'s head*** j-m et. einbläuen; ***~ one's brains*** sich den Kopf zerbrechen; ***~ it*** *sl.* ‚abhauen', ‚verduften'; → ***retreat*** 1; **12.** *Gegner* schlagen, besiegen; über'treffen, -'bie-

ten; zu viel sein für *j-n*: **~ s.o. at tennis** j-n im Tennis schlagen; **~ the record** den Rekord brechen; **to ~ the band** (*Wendung*) mit aller Macht, wie toll; **~ s.o. hollow** j-n vernichtend schlagen; **~ s.o. to it** j-m zuvorkommen; **that ~s me!** F das ist mir zu hoch!, da komme ich nicht mit!; **this poster takes some ~ing** dieses Plakat ist schwer zu überbieten; **that ~s everything!** F a) das ist die Höhe!, b) ist ja sagenhaft!; **can you ~ that!** F das darf doch nicht wahr sein!; **the journey ~ me** die Reise hat mich völlig erschöpft; **hock ~s claret** Weißwein ist besser als Rotwein; **13.** *Wild* aufstöbern, treiben: **~ the woods** e-e Treibjagd *od.* Suche durch die Wälder veranstalten; **14.** schlagen, verprügeln, (ver)hauen; **15.** abgehen, ‚abklopfen', e-n Rundgang machen um; **IV** *v/i.* [*irr.*] **16.** schlagen (*a. Herz etc.*); ticken (*Uhr*): **~ at** (*od.* **on**) **the door** (fest) an die Tür pochen; **rain ~ on the windows** der Regen schlug *od.* peitschte gegen die Fenster; **the hot sun was ~ing down on us** die heiße Sonne brannte auf uns nieder; **17.** *hunt.* treiben; → **bush**[1] 1; **18.** ⚓ lavieren: **~ against the wind** gegen den Wind kreuzen;
Zssgn mit adv.:

beat| back *v/t.* zu'rückschlagen, -treiben, abwehren; **~ down I** *v/t.* **1.** *fig.* niederschlagen, unter'drücken; **2.** ✝ a) *den Preis* drücken, b) *j-n* her'unterhandeln (**to** auf *acc.*); **II** *v/i.* **3.** a) her'unterbrennen (*Sonne*), b) niederprasseln (*Regen*); **~ off** *v/t. Angriff, Gegner* abschlagen, -wehren; **~ out** *v/t.* **1.** *Metall* (aus-)schmieden, hämmern: **~ s.o.'s brains** j-m den Schädel einschlagen; **2.** *Feuer* ausschlagen; **3.** *fig. et.* ‚ausknobeln', her'ausarbeiten; **4.** F *j-n* ausstechen; **~ up** *v/t.* **1.** *Eier, Sahne* (zu Schaum *od.* Schnee) schlagen; **2.** ⚔ *Rekruten* werben; **3.** *j-n* zs.-schlagen, verprügeln; **4.** *fig.* aufrütteln; **5.** *et.* auftreiben.

beat·en ['bi:tn] *p.p. u. adj.* geschlagen; besiegt; erschöpft; ausgetreten, viel begangen (*Weg*): **~ gold** Blattgold *n*; **the ~ track** *fig.* das ausgefahrene Geleise; **off the ~ track** a) abgelegen, b) *fig.* ungewohnt; **~ biscuit** *Am. ein* Blätterteiggebäck *n.*

beat·er ['bi:tə] *s.* **1.** Schläger *m*, Klopfer *m* (*Person od. Gerät*); Stößel *m*, Stampfe *f*; **2.** *hunt.* Treiber *m.*

be·a·tif·ic [ˌbi:ə'tɪfɪk] *adj.* **1.** glück'selig; **2.** selig machend; **be·at·i·fi·ca·tion** [bi:ˌætɪfɪ'keɪʃn] *s. eccl.* Seligsprechung *f*; **be·at·i·fy** [bi:'ætɪfaɪ] *v/t.* **1.** beseligen, selig machen; **2.** *eccl.* selig sprechen, beatifizieren.

beat·ing ['bi:tɪŋ] *s.* **1.** Schlagen *n* (*a. Herz, Flügel etc.*); **2.** Prügel *pl.*: **give s.o. a good ~** j-m e-e tüchtige Tracht Prügel verabreichen, *fig.* j-m e-e böse Schlappe bereiten; **give the enemy a good ~** den Feind aufs Haupt schlagen; **take a ~** Prügel beziehen, e-e Schlappe erleiden.

be·at·i·tude [bi:'ætɪtju:d] *s.* (Glück)'Seligkeit *f*: **the** 2**s** *bibl.* die Seligpreisungen.

beat mu·sic *s.* 'Beatmuˌsik *f.*

beat·nik ['bi:tnɪk] *s. hist.* Beatnik *m*, junger 'Antikonforˌmist.

beau [bəʊ] *pl.* **beaus** *od.* **beaux** [bəʊz] (*Fr.*) *s. obs.* **1.** Beau *m*, Geck *m*; **2.** Liebhaber *m*, ‚Kava'lier' *m.*

beau i·de·al *s.* **1.** ('Schönheits)Ideˌal *n*, Vorbild *n*; **2.** vollkommene Schönheit.

beaut [bju:t] *s. sl.* → **beauty** 3.

beau·te·ous ['bju:tjəs] *adj. mst poet.* (*äußerlich*) schön.

beau·ti·cian [bju:'tɪʃn] *s.* Kos'metiker (-in).

beau·ti·ful ['bju:təfʊl] **I** *adj.* □ **1.** schön: **the ~ people** F die ‚Schickeria'; **2.** wunderbar; **II** *s.* **3. the ~** das Schöne; die Schönen *pl.*; **'beau·ti·ful·ly** [-təflɪ] *adv.* F schön, wunderbar, ausgezeichnet: **~ warm** schön warm; **'beau·ti·fy** [-tɪfaɪ] *v/t.* verschönern, verzieren.

beau·ty ['bju:tɪ] *s.* **1.** Schönheit *f*; **2.** *das* Schön(st)e, *et.* Schönes: **that is the ~ of it** das ist das Schönste daran; **3.** a) Prachtstück *n*: **a ~ of a vase** ein Gedicht von e-r Vase, b) F ‚tolles Ding' schicke Sache: **that goal was a ~!** das Tor war Klasse!; **4.** Schönheit *f*, schöne Per'son (*mst Frau*; *a. Tier*): **~ queen** Schönheitskönigin *f*; **5.** *iro.*: **you are a ~!** du bist mir ein Schöner *od.* ein Schlimmer!; **~ con·test** *s.* Schönheitswettbewerb *m*; **~ par·lo(u)r**, **~ sa·lon**, **~ shop** *s.* 'Schönheitssaˌlon *m*; **~ sleep** *s.* Schlaf *m* vor Mitternacht; **~ spot** *s.* **1.** Schönheitspflästerchen *n*; **2.** schönes Fleckchen Erde, lohnendes Ausflugsziel.

beaux *pl. von* **beau**.

bea·ver[1] ['bi:və] **I** *s.* **1.** *zo.* Biber *m*: **work like a ~** → 5; **2.** Biberpelz *m*; **3.** ✝ Biber *m* (*filziger Wollstoff*); **4.** *sl.* a) Bart(träger) *m*, b) *Am.* ‚Muschi' *f*; **II** *v/i.* **5.** *mst* **~ away** (schwer) schuften.

bea·ver[2] ['bi:və] *s.* ⚔ *hist.* Vi'sier *n*, Helmsturz *m.*

be·bop ['bi:bɒp] *s.* ♪ Bebop *m* (*Jazz*).

be·calm [bɪ'kɑ:m] *v/t.* **1.** beruhigen; **2. be ~ed** ⚓ in e-e Flaute geraten.

be·came [bɪ'keɪm] *pret. von* **become**.

be·cause [bɪ'kɒz] **I** *cj.* weil, da; **II ~ of** *prp.* wegen (*gen.*), in'folge von (*od. gen.*).

bêche-de-mer [ˌbeɪʃdə'meə] (*Fr.*) *s. zo.* essbare Seewalze, 'Trepang *m.*

beck[1] [bek] *s.* Wink *m*, Nicken *n*: **be at s.o.'s ~ and call** j-m auf den (leisesten) Wink gehorchen, nach j-s Pfeife tanzen.

beck[2] [bek] *s. Brit.* (Wild)Bach *m.*

beck·on ['bekən] **I** *v/t. j-m* (zu)winken, zunicken, *j-n* her'anwinken, *j-m* ein Zeichen geben; **II** *v/i.* winken, *fig. a.* locken.

be·cloud [bɪ'klaʊd] *v/t.* um'wölken, verdunkeln, *fig. a.* vernebeln.

be·come [bɪ'kʌm] [*irr.* → **come**] **I** *v/i.* **1.** werden: **~ an actor**; **~ warmer**; **what has ~ of him?** a) was ist aus ihm geworden?, b) F wo steckt er nur?; **II** *v/t.* **2.** sich schicken für, sich (ge)ziemen für: **it does not ~ you**; **3.** *j-m* stehen, passen zu, *j-n* kleiden (*Hut etc.*); **be'com·ing** [-mɪŋ] *adj.* □ **1.** schicklich, geziemend, anständig; **2.** kleidsam.

bed [bed] **I** *s.* **1.** Bett *n*: **~ and breakfast** Übernachtung *f* mit Frühstück; **his life is no ~ of roses** er ist nicht auf Rosen gebettet; **marriage is not always a ~ of roses** die Ehe hat nicht nur angenehme Seiten; **die in one's ~** e-s natürlichen Todes sterben; **get out of ~ on the wrong side** mit dem verkehrten *od.* linken Fuß zuerst aufstehen; **go to ~** zu Bett *od.* schlafen gehen; **keep one's ~** das Bett hüten; **make the ~** das Bett machen; **as you make your ~, so you must lie upon it** wie man sich bettet, so schläft man; **put to ~** *j-n* zu Bett bringen; **take to one's ~** sich (krank) ins Bett legen; **2.** Federbett *n*; **3.** Ehebett *n*: **~ and board** Tisch *m* u. Bett (*Ehe*); **4.** Lager(statt *f*) *n* (*a. e-s Tieres*): **~ of straw** Strohlager; **5.** *fig.* letzte Ruhestätte; **6.** 'Unterkunft *f*: **~ and breakfast** Zimmer *n* mit Frühstück; **7.** (Fluss- *etc.*)Bett *n*; **8.** ⚘ Beet *n*; **9.** ⚙, ⚠ Bett *n* (*a. e-r Werkzeugmaschine*), Bettung *f*, 'Unterlage *f*, Schicht *f*: **~ of concrete** Betonunterlage *f*; **10.** *geol.*, ⚒ Bett *n*, Schicht *f*, Lage *f*, Lager *n*, Flöz *n* (*Kohle*); **11.** 🚂 'Unterbau *m*; **II** *v/t.* **12.** zu Bett bringen; **13. be bedded** bettlägerig sein; **14.** *mst* **~ down** a) *j-m* das Bett machen, b) *j-n* für die Nacht 'unterbringen, d) *Pferd etc.* mit Streu versorgen; **15.** *mst* **~ out** in ein Beet pflanzen, auspflanzen; **III** *v/i.* **16.** *a.* **~ down** a) ins *od.* zu Bett gehen, b) sein Nachtlager aufschlagen; **17.** (sich ein)nisten (*a. fig.*).

be·dad [bɪ'dæd] *int. Ir.* bei Gott!

be·daub [bɪ'dɔ:b] *v/t.* beschmieren.

be·daz·zle [bɪ'dæzl] *v/t.* blenden.

'bed|·bug *s. zo.* Wanze *f*; **~ bun·ny** *s.* F ‚Betthäschen' *n*; **'~ˌcham·ber** *s.* (königliches) Schlafgemach: **Gentleman** *od.* **Groom of the** 2 königlicher Kammerherr; **Lady of the** 2 königliche Kammerzofe; **'~·clothes** *s. pl.* Bettwäsche *f.*

bed·der ['bedə] *s. Brit.* Zimmermädchen *n* (*in Colleges*).

bed·ding ['bedɪŋ] **I** *s.* **1.** Bettzeug *n*, Bett *n* u. 'Zubehör *n*, *m*; **2.** (Lager-)Streu *f für Tiere*; **3.** ⚙ Bettung *f*, 'Unterschicht *f*, -lage *f*, Lager *n*; **II** *adj.* **4. ~ plants** Beetpflanzen (*Blumen etc.*).

be·deck [bɪ'dek] *v/t.* (ver)zieren, schmücken.

be·del(l) [be'del] *s. Brit. univ.* Herold *m.*

be·dev·il [bɪ'devl] *v/t. fig.* **1.** *fig.* verhexen; **2.** a) plagen, peinigen, b) bedrücken, belasten; **3.** *fig.* verwirren, durchein'ander bringen.

be·dew [bɪ'dju:] *v/t.* betauen, benetzen.

'bed|·fast *adj.* bettlägerig; **'~ˌfel·low** *s.* **1.** 'Schlafkameˌrad *m*, Bettgenosse *m*; **2.** *fig.* Genosse *m*; **'~·gown** *s.* (Frauen)Nachthemd *n.*

be·dim [bɪ'dɪm] *v/t.* trüben.

be·diz·en [bɪ'daɪzn] *v/t.* (über'trieben) her'ausputzen.

bed·lam ['bedləm] *s. fig.* Tollhaus *n*: **cause a ~** e-n Tumult auslösen; **'bed·lam·ite** [-maɪt] *s. obs.* Irre(r *m*) *f.*

Bed·ou·in ['bedʊɪn] **I** *s.* Bedu'ine *m*; **II** *adj.* Beduinen...

'bed|·pan *s.* ⚕ Stechbecken *n*, Bettschüssel *f*; **'~·plate** *s.* ⚙ 'Unterlagsplatte *f*, -gestell *n od.* -rahmen *m*; **'~·post** *s.* Bettpfosten *m*: **between you and me and the ~** F unter uns *od.* im Vertrauen (gesagt).

be·drag·gled [bɪ'drægld] *adj.* **1.** a) verdreckt, b) durch'nässt; **2.** *fig.* verwahrlost.

'bed|ˌrid·den *adj.* bettlägerig; **'~·rock I** *s.* **1.** *geol.* unterste Felsschicht, Grundgestein *n*; **2.** (*mst fig.*) Grundlage *f*: **get down to ~** der Sache auf den Grund gehen; **3.** *fig.* Tiefpunkt *m*; **II** *adj.* **4.** F a) grundlegend, b) (felsen)fest, c) ✝ äußerst, niedrigst: **~ price**; **'~·roll** *s.* zs.-gerolltes Bettzeug; **'~·room** [-rʊm] *s.* Schlafzimmer *n*: **~ eyes** F ‚Schlafzimmeraugen'; **~ suburb** Schlafstadt *f*; **'~-·setˌtee** *s.* Schlafcouch *f*; **'~·sheet** *s.* Bettlaken *n.*

'bed·side *s.*: **at the ~** am (Kranken-)

Bett; ***good ~ manner*** gute Art, mit Kranken umzugehen; **~ lamp** *s.* Nachttischlampe *f*; **~ read·ing** *s.* 'Bettlek,türe *f*; **~ rug** *s.* Bettvorleger *m*; **~ stor·y** *s.* Gutenachtgeschichte *f*; **~ ta·ble** *s.* Nachttisch *m*.

,bed|-'sit *Brit.* **I** *v/i.* [*irr.*] ein möbliertes Zimmer bewohnen; **II** *s.* → **,~'sit·ter** *s.*, **,~-'sit·ting room** *s. Brit.* **1.** möbliertes Zimmer; **2.** Ein'zimmerapparte,ment *n*; **'~·sore** *s.* ⚕ wund gelegene Stelle; **'~·space** *s.* (An)Zahl *f* der Betten (*in Klinik etc.*); **'~·spread** *s.* (Zier-)Bettdecke *f*; Tagesdecke *f*; **'~·stead** *s.* Bettstelle *f*, -gestell *n*; **'~·straw** *s.* ⚘ Labkraut *n*; **'~·tick** *s.* Inlett *n*; **'~·time** *s.* Schlafenszeit *f*; **'~-,wet·ting** *s.* Bettnässen *n*.

bee[1] [bi:] *s.* **1.** *zo.* Biene *f*: ***have a ~ in one's bonnet*** F ‚e-n Vogel haben'; **2.** *fig.* Biene *f*, fleißiger Mensch; → ***busy*** 2; **3.** *bsd. Am.* a) Treffen *n von Freunden* zur Gemeinschaftshilfe *od.* Unter'haltung: ***sewing ~*** Nähkränzchen *n*, b) Wettbewerb *m*.

bee[2] [bi:] *s.* B, b *n* (*Buchstabe*).

Beeb [bi:b] *s.*: ***the ~*** *Brit.* F die BB'C.

beech [bi:tʃ] *s.* ⚘ Buche *f*; Buchenholz *n*; **beech·en** ['bi:tʃən] *adj.* aus Buchenholz, Buchen...

beech| mar·ten *s. zo.* Steinmarder *m*; **'~·mast** *s.* Bucheckern *pl.*; **'~·nut** *s.* Buchecker *f*.

beef [bi:f] *pl.* **beeves** [bi:vz], *a.* **beefs I** *s.* **1.** Mastrind *n*, -ochse *m*, -bulle *m*; **2.** Rindfleisch *n*; **3.** F a) Fleisch *n* (*am Menschen*), b) (Muskel)Kraft *f*; **4.** *sl.* ‚Mecke'rei' *f*, Beschwerde *f*; **5.** *Am. sl.* ‚dufte Puppe'; **II** *v/i.* **6.** *sl.* nörgeln, ‚meckern', sich beschweren; **III** *v/t.* **7.** ***~ up*** F *et.* ‚aufmöbeln'; **'~·cake** *s. Am. sl.* Bild *n* e-s Muskelprotzen; **'~,eat·er** *s. Brit.* Beefeater *m*, Towerwächter *m* (*in London*); **,~'steak** *s.* 'Beefsteak *n*; **~ tea** *s.* (Rind)Fleisch-, Kraftbrühe *f*, Bouil'lon *f*.

beef·y ['bi:fɪ] *adj.* **1.** fleischig; **2.** F bullig, kräftig.

'bee|·hive *s.* **1.** Bienenstock *m*, -korb *m*; **2.** *fig.* ‚Taubenschlag' *m*; **'~,keep·er** *s.* Bienenzüchter *m*, Imker *m*; **'~,keep·ing** *s.* Bienenzucht *f*, Imke'rei *f*; **'~·line** *s.*: ***make a ~ for*** schnurgerade auf *et.* losgehen.

Be·el·ze·bub [bi:'elzɪbʌb] **I** *npr.* Be'elzebub *m*; **II** *s.* Teufel *m*.

'bee,mas·ter *s.* → ***beekeeper***.

been [bi:n; bɪn] *p.p. von* **be**.

beep [bi:p] *s.* **1.** ϟ Piepton *m*; **2.** *mot.* 'Hupsig,nal *n*; **'beep·er** *s.* Piepser *m* (*Gerät*).

beer [bɪə] *s.* **1.** Bier *n*: ***two ~s*** zwei Glas Bier; ***life is not all ~ and skittles*** *Brit.* F das Leben besteht nicht nur aus Vergnügen; → ***small beer***; **2.** bierähnliches Getränk (*aus Pflanzen*); **~ can** *s.* Bierdose *f*; **~ en·gine** *s.* 'Bier,druckappa,rat *m*; **~ gar·den** *s.* Biergarten *m*; **'~·house** *s. Brit.* Bierschenke *f*; **~ mat** *s.* Bierfilz *m*, -deckel *m*; **'~·pull** *s.* (Griff *m* der) Bierpumpe *f*.

beer·y ['bɪərɪ] *adj.* **1.** bierartig; **2.** bierselig; **3.** nach Bier riechend.

beest·ings ['bi:stɪŋz] *s.* Biestmilch *f* (*erste Milch nach dem Kalben*).

bees·wax ['bi:zwæks] *s.* Bienenwachs *n*.

beet [bi:t] *s.* ⚘ **1.** Runkelrübe *f*, Mangold *m*, Bete *f*: ***~ greens*** Mangoldgemüse *n*; **2.** *Am.* Rote Bete.

bee·tle[1] ['bi:tl] **I** *s.* **1.** *zo.* Käfer *m*; → ***blind*** 1.; **II** *v/i* F **2.** ***~ along*** F entlangflitzen, -pesen; **3.** ***~ off*** F abschwirren, sich davonmachen.

bee·tle[2] ['bi:tl] **I** *s.* **1.** Holzhammer *m*, Schlägel *m*; **2.** ⚙ a) Erdstampfe *f*, b) 'Stampfka,lander *m*; **II** *v/t.* **3.** mit e-m Schlägel bearbeiten, (ein)stampfen; **4.** ⚙ ka'landern.

bee·tle[3] ['bi:tl] **I** *adj.* 'überhängend; **II** *v/i.* vorstehen, 'überhängen.

'bee·tle|-browed *adj.* **1.** mit buschigen Augenbrauen; **2.** finster blickend; **'~,crush·ers** *s. pl.* ‚Elbkähne' *pl.* (*riesige Schuhe*).

'beet|·root *s.* ⚘ **1.** *Brit.* Wurzel *f* der Roten Bete; **2.** *Am.* → ***beet*** 1; **~ sug·ar** *s.* ⚘ Rübenzucker *m*.

beeves [bi:vz] *pl. von* ***beef***.

be·fall [bɪ'fɔ:l] [*irr.* → ***fall***] *obs. od. poet.* **I** *v/i.* sich ereignen; **II** *v/t.* zustoßen, wider'fahren (*dat.*).

be·fit [bɪfɪt] *v/t.* sich ziemen *od.* schicken für: ***~ s.o.*** j-m angemessen sein, sich für j-n ziemen; **be'fit·ting** [-tɪŋ] *adj.* □ geziemend, schicklich.

be·fog [bɪ'fɒg] *v/t.* **1.** in Nebel hüllen; **2.** *fig.* a) um'nebeln, b) verwirren.

be·fool [bɪ'fu:l] *v/t.* zum Narren haben, täuschen.

be·fore [bɪfɔ:] **I** *prp.* **1.** *räumlich*: vor: ***he sat ~ me***; ***~ my eyes***; ***the question ~ us*** die (uns) vorliegende Frage; **2.** vor, in Gegenwart von: ***~ witnesses***; **3.** *Reihenfolge, Rang*: vor'aus: ***be ~ the others in class*** den anderen in der Klasse voraus sein; **4.** *zeitlich*: vor, früher als: ***~ lunch*** vor dem Mittagessen; ***an hour ~ the time*** e-e Stunde früher *od.* zu früh; ***~ long*** in Kürze, bald; ***~ now*** schon früher *od.* vorher; ***the day ~ yesterday*** vorgestern; ***the month ~ last*** vorletzten Monat; ***be ~ one's time*** s-r Zeit voraus sein; **II** *cj.* **5.** be'vor, ehe: ***he died ~ I was born***; ***not ~*** nicht früher *od.* eher als bis, erst als *od.* wenn; **6.** lieber ... als dass: ***I would die ~ I lied***; **III** *adv.* **7.** *räumlich*: vorn, vo'ran: ***go ~*** vorangehen; ***~ and behind*** vorn u. hinten; **8.** *zeitlich*: 'vorher, vormals, früher, zu'vor; (schon) früher: ***the year ~*** das vorige *od.* vorhergehende Jahr, das Jahr zuvor; ***an hour ~*** e-e Stunde vorher *od.* früher *od.* zuvor; ***long ~*** lange vorher; ***never ~*** noch nie(mals), nie zuvor; **be'fore·hand** *adv.* zu'vor, im Voraus: ***know s.th. ~*** et. im Voraus wissen; ***be ~ in one's suspicions*** zu früh e-n Verdacht äußern; **be'fore-,men·tioned** *adj.* vorerwähnt; **be-'fore-tax** *adj.* ✝ vor Abzug der Steuern, Brutto...

be·foul [bɪ'faʊl] *v/t.* besudeln, beschmutzen (*a. fig.*).

be·friend [bɪ'frend] *v/t. j-m* Freundschaft erweisen; *j-m* behilflich sein, sich *j-s* annehmen.

be·fud·dle [bɪ'fʌdl] *v/t.* ‚benebeln', berauschen.

beg [beg] **I** *v/t.* **1.** *et.* erbitten (***of s.o.*** von j-m), bitten um: ***~ leave*** um Erlaubnis bitten; → ***pardon*** 4; **2.** betteln *od.* bitten um: ***~ a meal***; **3.** *j-n* bitten (***to do s.th.*** et. zu tun); **II** *v/i.* **4.** betteln: ***go ~ging*** a) betteln (gehen), b) keinen Interessenten finden; **5.** (dringend) bitten (***for*** um, ***of s.o. to*** *inf.* j-n zu *inf.*): ***~ off*** sich entschuldigen, absagen; **6.** sich erlauben: ***I ~ to differ*** ich erlaube mir, anderer Meinung zu sein; ***I ~ to inform you*** ✝ *obs.* ich erlaube mir, Ihnen mitzuteilen; **7.** schönmachen, Männchen machen (*Hund*); **8.** → ***question*** 1.

be·gad [bɪ'gæd] *int.* F bei Gott!

be·gan [bɪ'gæn] *pret. von* ***begin***.

be·gat [bɪ'gæt] *obs. pret. von* ***beget***.

be·get [bɪ'get] *v/t.* [*irr.*] **1.** zeugen; **2.** *fig.* erzeugen, her'vorbringen; **be'get·ter** [-tə] *s.* **1.** Erzeuger *m*, Vater *m*; **2.** *fig.* Urheber *m*.

beg·gar ['begə] **I** *s.* **1.** Bettler(in); Arme(r *m*) *f*: ***~s must not be choosers*** arme Leute dürfen nicht wählerisch sein; **2.** F Kerl *m*, Bursche *m*: ***lucky ~*** Glückspilz *m*; ***a naughty little ~*** ein kleiner Schelm; **II** *v/t.* **3.** an den Bettelstab bringen; **4.** *fig.* erschöpfen; über'steigen: ***it ~s description*** a) es spottet jeder Beschreibung, b) es lässt sich nicht mit Worten beschreiben; **'beg·gar·ly** [-lɪ] *adj.* **1.** (sehr) arm; **2.** *fig.* armselig, lumpig; **,beg·gar-my--'neigh·bo(u)r** [-mɪ-] *s.* Bettelmann *m* (*Kartenspiel*); **'beg·gar·y** [-ərɪ] *s.* Bettelarmut *f*: ***reduce to ~*** an den Bettelstab bringen.

be·gin [bɪ'gɪn] [*irr.*] **I** *v/t.* **1.** beginnen, anfangen: ***~ a new book***; **2.** (be-)gründen; **II** *v/i.* **3.** beginnen, anfangen: ***~ with s.o.*** *od.* ***s.th*** mit *od.* bei j-m *od.* et. anfangen; ***to ~ with*** (*Wendung*) a) zunächst, b) erstens (einmal); ***~ on s.th.*** et. in Angriff nehmen; ***he began by asking*** zuerst fragte er; ***... began to be put into practice*** ... wurde bald in die Praxis umgesetzt; ***he does not even ~ to try*** er versucht es nicht einmal; ***it doesn't ~ to do him justice*** F es wird ihm nicht annähernd gerecht; **4.** entstehen; **be'gin·ner** [-nə] *s.* Anfänger(in), Neuling *m*: ***~'s luck*** Anfängerglück *n*; **be'gin·ning** [-nɪŋ] *s.* **1.** Anfang *m*, Beginn *m*: ***from the*** (***very***) ***~*** (ganz) von Anfang an; ***the ~ of the end*** der Anfang vom Ende; **2.** Ursprung *m*; **3.** *pl.* a) Anfangsgründe *pl.*, b) Anfänge *pl.*

be·gone [bɪ'gɒn] *int.* fort (mit dir)!

be·go·ni·a [bɪ'gəʊnjə] *s.* Be'gonie *f*.

be·got [bɪ'gɒt] *pret. von* ***beget***.

be·got·ten [bɪ'gɒtn] *p.p. von* ***beget***: ***God's only ~ son*** Gottes eingeborener Sohn.

be·grime [bɪ'graɪm] *v/t.* (*mit Ruß, Rauch etc.*) beschmutzen.

be·grudge [bɪ'grʌdʒ] *v/t.* **1.** ***~ s.o. s.th.*** j-m et. missgönnen; **2.** *et.* nur ungern geben.

be·guile [bɪ'gaɪl] *v/t.* **1.** täuschen; betrügen (***of*** *od.* ***out of*** um); **2.** verleiten (***into doing*** zu tun); **3.** *Zeit* (angenehm) vertreiben; **4.** betören; **be'guil·ing** [-lɪŋ] *adj.* □ verführerisch, betörend.

be·gun [bɪ'gʌn] *p.p. von* ***begin***.

be·half [bɪ'hɑ:f] *s.*: ***on*** (*od.* ***in***) ***~ of*** zugunsten *od.* im Namen *od.* im Auftrag von (*od. gen*), für *j-n*; ***on*** (*od.* ***in***) ***my ~*** zu m-n Gunsten, für mich; ***act on one's own ~*** im eigenen Namen handeln.

be·have [bɪ'heɪv] **I** *v/i.* **1.** sich (gut) benehmen, sich zu benehmen wissen: ***please ~!*** bitte benimm dich!; ***he doesn't know how to ~, he can't ~*** er kann sich nicht (anständig) benehmen; **2.** sich verhalten; funktionieren (*Maschine etc.*); **II** *v/t.* **3.** ***~ o.s.*** sich (gut) benehmen: ***~ yourself!*** beninmm dich!; **be'haved** [-vd] *adj.*: ***he is well-~*** er hat ein gutes Benehmen.

be·hav·io(u)r [bɪ'heɪvjə] *s.* Benehmen

n, Betragen *n*; Verhalten *n* (*a.* ⚗, ⚙, *phys.*): ~ ***pattern*** *psych.* Verhaltensmuster *n*; ~ ***therapy*** *psych.* Verhaltenstherapie *f*; ***during good*** ~ *Am.* auf Lebenszeit (*Ernennung*); ***be in office on one's good*** ~ ein Amt auf Bewährung innehaben; ***be on one's best*** ~ sich von seiner besten Seite zeigen; ***put s.o. on his good*** ~ j-m einschärfen, sich gut zu benehmen; **be'hav·io(u)r·al** [-ərəl] *adj. psych.* Verhaltens...: ~ ***science*** Verhaltensforschung *f*; **be'hav·io(u)r·ism** [-ərɪzəm] *s. psych.* Behavio'rismus *m.*
be·head [bɪ'hed] *v/t.* enthaupten.
be·held [bɪ'held] *pret. u. p.p. von* ***behold.***
be·he·moth [bɪ'hi:mɒθ] **1.** *Bibl.* Behemoth; **2.** *fig.* Ko'loss *m*, Ungeheuer *n.*
be·hest [bɪ'hest] *s. poet.* Geheiß *n*: ***at s.o.'s*** ~ auf j-s Geheiß *od.* Befehl *od.* Veranlassung.
be·hind [bɪ'haɪnd] **I** *prp.* **1.** hinter: ~ ***the tree*** hinter dem *od.* den Baum; ***he looked*** ~ ***him*** er blickte hinter sich; ***be*** ~ ***s.o.*** a) hinter j-m stehen, j-n unterstützen, b) j-m nachstehen, hinter j-m zurück sein; ***what is*** ~ ***all this?*** was steckt dahinter?; **II** *adv.* **2.** hinten, da'hinter, hinter'her: ***walk*** ~ hinterhergehen; **3.** nach hinten, zu'rück: ***look*** ~ zurückblicken; **4.** zu'rück, im Rückstand: ~ ***with one's work*** mit s-r Arbeit im Rückstand; ***my watch is*** ~ meine Uhr geht nach; → ***time*** 7; **5.** *fig.* da'hinter, verborgen: ***there is more*** ~ da steckt (noch) mehr dahinter; **III** *s.* **6.** F ‚Hintern' *m*, Gesäß *n*; **be'hind·hand** *adv. u. pred. adj.* **1.** → ***behind*** 4; **2.** *fig.* rückständig; altmodisch.
be·hold [bɪ'həʊld] **I** *v/t.* [*irr.* → ***hold***] erblicken, anschauen; **II** *int.* siehe da!; **be'hold·en** [-dən] *adj.* verpflichtet, dankbar (***to*** *dat.*); **be'hold·er** [-də] *s.* Beschauer(in), Betrachter(in).
be·hoof [bɪ'hu:f] *s. lit.*: ***in*** (*od.* ***to, for, on***) (***the***) ~ ***of*** um ... willen; ***on her*** ~ zu ihren Gunsten.
be·hoove [bɪ'hu:v] *Am.*, **be'hove** [-'həʊv] *Brit. v/t. impers.*: ***it*** ~***s you*** (***to*** *inf.*), a) es obliegt dir *od.* ist deine Pflicht (zu *inf.*), b) es gehört sich für dich (zu *inf.*).
beige [beɪʒ] **I** *s.* Beige *f* (*Wollstoff*); **II** *adj.* beige(farben).
be·ing ['bi:ɪŋ] *s.* **1.** (Da)Sein *n*: ***in*** ~ existierend, wirklich (vorhanden); ***come into*** ~ entstehen; ***call into*** ~ ins Leben rufen; **2.** *j-s* Wesen *n od.* Sein, Na'tur *f*; **3.** Wesen *n*; Geschöpf *n*: ***living*** ~ Lebewesen.
be·la·bo(u)r [bɪ'leɪbə] *v/t.* **1.** (mit den Fäusten *etc.*) bearbeiten, 'durchprügeln; **2.** *fig. j-n* ‚bearbeiten', *j-m* zusetzen.
be·lat·ed [bɪ'leɪtɪd] *adj.* **1.** verspätet; **2.** von der Nacht über'rascht.
be·laud [bɪ'lɔ:d] *v/t.* preisen.
be·lay [bɪ'leɪ] *v/t.* [*irr.* → ***lay***] **1.** ⚓ festmachen, *Tau* belegen; **2.** *mount. j-n* sichern.
belch [beltʃ] **I** *v/i.* **1.** aufstoßen, rülpsen; **II** *v/t.* **2.** *Rauch etc.* ausspeien; **III** *s.* **3.** Rülpsen *n*; **4.** *fig.* Ausbruch *m* (*Rauch etc.*).
bel·dam(e) ['beldəm] *s. obs.* Ahnfrau *f*; alte Frau; Vettel *f*, Hexe *f.*
be·lea·guer [bɪ'li:gə] *v/t.* **1.** belagern (*a. fig.*); **2.** *fig.* a) heimsuchen, b) um'geben.
bel es·prit [ˌbel es'pri:] *pl.* **beaux es·prits** [ˌbəʊz es'pri:] (*Fr.*) *s.* Schöngeist *m.*
bel·fry ['belfrɪ] *s.* **1.** Glockenturm *m*; → ***bat***[2] 1; **2.** Glockenstuhl *m.*
Bel·gian ['beldʒən] **I** *adj.* belgisch; **II** *s.* Belgier(in).
be·lie [bɪ'laɪ] *v/t.* **1.** Lügen erzählen über (*acc.*), *et.* falsch darstellen; **2.** *j-n od. et.* Lügen strafen; **3.** wider'sprechen (*dat.*); **4.** hin'wegtäuschen über (*acc.*); **5.** *Hoffnung etc.* enttäuschen, *e-r Sache* nicht entsprechen.
be·lief [bɪ'li:f] *s.* **1.** *eccl.* Glaube *m*, Religi'on *f*: ***the*** ♀ das Apostolische Glaubensbekenntnis; **2.** (***in***) a) Glaube *m* (an *acc.*): ***beyond*** ~ unglaublich, b) Vertrauen *n* (auf *et. od.* zu *j-m*); **3.** Meinung *f*, Anschauung *f*, Über'zeugung *f*: ***to the best of my*** ~ nach bestem Wissen u. Gewissen.
be·liev·a·ble [bɪ'li:vəbl] *adj.* glaubhaft; **be·lieve** [bɪ'li:v] **I** *v/i.* **1.** glauben (***in*** an *acc.*); **2.** (***in***) Vertrauen haben (zu), viel halten (von): ***I do not*** ~ ***in sports*** F ich halte nicht viel von Sport; **II** *v/t.* **3.** glauben, meinen, denken: ~ ***it or not*** ob Sie es glauben *od.* nicht!, ganz sicher; ***do not*** ~ ***it*** glaube es nicht; ***would you*** ~ ***it!*** nicht zu glauben!; ***he is*** ~***d to be a miser*** man hält ihn für e-n Geizhals; **4.** Glauben schenken, glauben (*dat.*): ~ ***me*** glaube mir; ***not to*** ~ ***one's eyes*** s-n Augen nicht trauen; **be'liev·er** [-və] *s.* **1.** ***be a great*** *od.* ***firm*** ~ ***in*** fest glauben an (*acc.*), viel halten von; **2.** *eccl.* Gläubige(r *m*) *f*: ***a true*** ~ ein Rechtgläubiger; **be'liev·ing** [-vɪŋ] *adj.* □ gläubig: ***a*** ~ ***Christian.***
Be·lish·a bea·con [bɪ'li:ʃə] *s. Brit.* (gelbes) Blinklicht *n* an 'Fußgänger,überwegen.
be·lit·tle [bɪ'lɪtl] *v/t.* **1.** verkleinern; **2.** her'absetzen, schmälern; **3.** herabsetzen, schmähen; **4.** verharmlosen.
bell[1] [bel] **I** *s.* **1.** Glocke *f*, Klingel *f*, Schelle *f*: ***carry away*** (*od.* ***bear***) ***the*** ~ Sieger sein; ***does that name ring a*** (*od.* ***the***) ~? erinnert dich der Name an et.?; ***the*** ~ ***has rung*** es hat geklingelt; → ***clear*** 5, ***sound***[1] 1; **2.** *pl.* ⚓ (halbstündige Schläge *pl.* der) Schiffsglocke *f*; **3.** Taucherglocke *f*; **4.** ⚘ glockenförmige Blumenkrone, Kelch *m*; **5.** ⚠ Glocke *f*, Kelch *m* (*am Kapitell*); **II** *v/t.* **6.** ~ ***the cat*** *fig.* der Katze die Schelle umhängen.
bell[2] [bel] *v/i.* röhren (*Hirsch*).
bel·la·don·na [ˌbelə'dɒnə] *s.* ⚘ Bella'donna *f* (*a. pharm.*), Tollkirsche *f.*
'bell|-ˌbot·tomed *adj.* unten weit ausladend: ~ ***trousers***; **'~·boy** *s. Am.* Ho'telpage *m*; ~ **buoy** *s.* ⚓ Glockenboje *f*; ~ **but·ton** *s.* ⚡ Klingelknopf *m.*
belle [bel] (*Fr.*) *s.* Schöne *f*, Schönheit *f*: ~ ***of the ball*** Ballkönigin *f.*
belles-let·tres [ˌbel'letrə] (*Fr.*) *s. pl. sg. konstr.* Belle'tristik *f*, Unter'haltungslitera,tur *f.*
'bell|ˌflow·er *s.* ⚘ Glockenblume *f*; ~ **found·ry** *s.* Glockengieße'rei *f*; ~ **glass** *s.* Glasglocke *f*; **'~·hop** *s. Am.* Ho'telpage *m.*
bel·li·cose ['belɪkəʊs] *adj.* □ kriegslustig, kriegerisch; **bel·li·cos·i·ty** [ˌbelɪ'kɒsətɪ] *s.* **1.** Kriegslust *f*; **2.** → ***belligerence*** 2.
bel·lied ['belɪd] *adj.* bauchig; *in Zssgn* ...bauchig, ...bäuchig.
bel·lig·er·ence [bɪ'lɪdʒərəns] *s.* **1.** Kriegführung *f*; **2.** Kampfeslust *f*, Streitsucht *f*; **bel'lig·er·en·cy** [-rənsɪ] *s.* **1.** Kriegszustand *m*; **2.** → ***belligerence***; **bel'lig·er·ent** [-nt] **I** *adj.* □ **1.** Krieg führend: ***the*** ~ ***powers***; ~ ***rights*** Rechte der Krieg Führenden; **2.** *fig.* streitlustig; **II** *s.* **3.** Krieg führender Staat.
bell| lap *s. sport* letzte Runde; **'~·man** [-mən] *s.* [*irr.*] öffentlicher Ausrufer; ~ **met·al** *s.* ⚙ 'Glockenme,tall *n*, -speise *f*; **'~-mouthed** *adj.* (*a.* ⚔) mit trichterförmiger Öffnung.
bel·low ['beləʊ] **I** *v/t. u. v/i.* brüllen; **II** *s.* Gebrüll *n.*
bel·lows ['beləʊz] *s. pl.* (*a. sg. konstr.*) **1.** ⚙ a) Gebläse *n*, b) *a.* ***pair of*** ~ Blasebalg *m*; **2.** Lunge *f*; **3.** *phot.* Balg *m.*
bell| pull *s.* Klingelzug *m*; ~ **push** *s.* Klingelknopf *m*; ~ **ring·er** *s.* Glöckner *m*; ~ **rope** *s.* **1.** Glockenstrang *m*; **2.** Klingelzug *m*; **'~-shaped** *adj.* glockenförmig; ~ **tent** *s.* Rundzelt *n*; **'~ˌweth·er** *s.* Leithammel *m* (*a. fig.*, *mst contp.*).
bel·ly ['belɪ] **I** *s.* **1.** Bauch *m* (*a. fig.*); 'Unterleib *m*: ***go*** ~ ***up*** → 8; **2.** Magen *m*; **3.** *fig.* a) Appe'tit *m*, b) Schlemme'rei *f*; **4.** Bauch *m*, Ausbauchung *f*, Höhlung *f*; **5.** 'Unterseite *f*; **6.** ♪ Reso'nanzboden *m*; Decke *f* (*Saiteninstrument*); **II** *v/i.* **7.** sich (aus)bauchen, (an)schwellen; **8.** ~ ***up*** a) ‚abkratzen' (*sterben*), b) ‚Pleite' machen, ‚eingehen'; **'~·ache I** *s.* Bauchweh *n*; **II** *v/i.* F ‚meckern', nörgeln; **'~·band** *s.* Bauch-, Sattelgurt *m*; ~ **but·ton** *s.* F (Bauch-) Nabel *m*; ~ **danc·er** *s.* Bauchtänzerin *f*; ~ **flop** *s.* F ‚Bauchklatscher' *m*; ✈ Bauchlandung *f*; **'~·ful** *s.*: ***have had a*** ~ (***of***) F die Nase voll haben (von); **'~·hold** *s.* ✈ Frachtraum *m*; ~ **land·ing** *s.* ✈ Bauchlandung *f*; ~ **laugh** *s.* F dröhnendes Lachen; ~ **tank** *s.* Rumpfabwurfbehälter *m.*
be·long [bɪ'lɒŋ] *v/i.* **1.** gehören (***to*** *dat.*): ***this*** ~***s to me***; **2.** gehören (***to*** zu), da'zugehören, am richtigen Platz sein: ***this lid*** ~***s to another pot*** dieser Deckel gehört zu e-m anderen Topf; ***where does this book*** ~? wohin gehört dieses Buch?; ***he does not*** ~ er gehört nicht dazu *od.* hierher; **3.** (***to***) sich gehören (für), *j-m* ziemen; **4.** *Am.* a) verbunden sein (***with*** mit), gehören *od.* passen (***with*** zu), b) wohnen (***in*** in *dat.*); **5.** an-, zugehören (***to*** *dat*): ~ ***to a club***; **be'long·ings** [-ŋɪŋz] *s. pl.* a) Habseligkeiten *pl.*, Habe *f*, Gepäck *n*, b) Zubehör *n*, c) F Angehörige *pl.*
be·lov·ed [bɪ'lʌvd] **I** *adj.* [*attr. a.* -vɪd] (innig) geliebt (***of, by*** von); **II** *s.* [*mst* -vɪd] Geliebte(r *m*) *f.*
be·low [bɪ'ləʊ] **I** *adv.* **1.** unten: ***he is*** ~ er ist unten (*im Haus*); ***as stated*** ~ wie unten erwähnt; **2.** hin'unter; **3.** *poet.* hie'nieden; **4.** in der Hölle; **5.** (dar)'unter, niedriger: ***the class*** ~; **6.** strom'ab; **II** *prp.* **7.** unter, 'unterhalb, tiefer als: ~ ***the line*** unter der *od.* die Linie; ~ ***cost*** unter dem Kostenpreis; ~ ***s.o.*** unter j-s Rang, Würde, Fähigkeit *etc.*; ***20*** ~ F 20 Grad Kälte.
belt [belt] **I** *s.* **1.** Gürtel *m*, Gurt *m*: ***hit below the*** ~ *Boxen u. fig. j-m* e-n Tiefschlag versetzen; ***that was below the*** ~ *a. fig.* das war unter der Gürtellinie *od.* unfair; ***tighten one's*** ~ *fig.* den Gürtel enger schnallen; ***the Black*** ♀ *Judo*: der Schwarze Gürtel (→ 5); ***under one's*** ~ F a) im Magen, b) *fig.* ‚in der Tasche', c) hinter sich; **2.** ⚔ Koppel *n*; Gehenk *n*; **3.** ⚓ Panzergürtel *m* (*Kriegsschiff*); **4.** Gürtel *m*, Gebiet *n*, Zone *f*: ***green*** ~

Grüngürtel (*um e-e Stadt*); ***cotton ~*** *Am. geogr.* Baumwollgürtel; **5.** *Am.* Gebiet *n* (*in dem ein Typus vorherrscht*): ***the black ~*** vorwiegend von Schwarzen bewohnte Staaten der USA; **6.** ⚙ a) (Treib)Riemen *m*: ***~ drive*** Riemenantrieb *m*, b) *a.* ***conveyer ~*** Förderband *n*, c) Streifen *m*, d) ⚔ (Ma'schinengewehr)Gurt *m*; **II** *v/t.* **7.** um'gürten, mit Riemen befestigen; zs.-halten; **8.** 'durchprügeln; *j-m* ‚eine knallen'; **9.** ***~ out*** *sl. Lied* schmettern; **10.** *a.* ***~ down*** *Schnaps etc.* ‚kippen'; **III** *v/i.* **11.** ***~ up!*** *sl.* (halt die) Schnauze!; **12.** *sl.* rasen: ***~ down the road***; **~ con·vey·er** *s.* ⚙ Bandförderer *m*; **~ drive** *s.* ⚙ Riemenantrieb *m*; **~ line** *s. Am.* Verkehrsgürtel *m um e-e Stadt*; **~ pul·ley** *s.* ⚙ Riemenscheibe *f*; **~ saw** *s.* Bandsäge *f*; **~ trans·mis·sion** *s.* ⚙ 'Riementransmissi,on *f*; **'~·way** *s. Am.* Um'gehungsstraße *f*.

be·lu·ga [bɪ'luːgɑː] *s. ichth.* Be'luga *f*: a) Weißwal *m*, b) Hausen *m*.

be·moan [bɪ'məʊn] *v/t.* beklagen, betrauern, beweinen.

be·muse [bɪ'mjuːz] *v/t.* verwirren, benebeln, betäuben; nachdenklich stimmen; **be'mused** [-zd] *adj.* **1.** verwirrt *etc.*; **2.** nachdenklich; gedankenverloren.

bench [bentʃ] *s.* **1.** Bank *f* (*zum Sitzen*); **2.** ⚖ (*oft* 2) a) Richterbank *f*, b) Gerichtshof *m*, c) *coll.* Richter *pl.*: ***raised to the ~*** zum Richter ernannt; ***~ and bar*** die Richter u. die Anwälte; ***be on the ~*** Richter sein; **3.** *parl. etc.* Platz *m*, Sitz *m*; **4.** ⚙ a) Werkbank *f*, -tisch *m*, Experimentiertisch *m*: ***carpenter's ~*** Hobelbank, b) Bank *f*, Reihe *f von Geräten*; **5.** *geogr. Am.* a) Riff *n*, b) ter'rassenförmiges Flussufer; **6.** *sport* a) (Teilnehmer-, Auswechsel-, Re'serve-) Bank *f*, b) Ruderbank *f*; **'bench·er** [-tʃə] *s.* **1.** *Brit.* Vorstandsmitglied *n* e-r Anwaltsinnung; **2.** *parl.* → ***back-bencher, front-bencher***.

bench| lathe *s.* ⚙ Me'chanikerdrehbank *f*; **'~·mark I** *s.* **1.** *surv.* Fest-, Fixpunkt *m*; **2.** *fig.* a) Bezugspunkt *m*, -größe *f*: ***~ problem*** *Computer*: Bewertungsaufgabe *f*; ***~ test*** *Computer*: Benchmarktest *m* (*Leistungstest*), b) Maßstab *m* (***in*** für); **II** *v/i* **3.** s-e eigene Position bestimmen (***against*** im Vergleich zu *od.* mit); **III** *v/t.* **4.** die Position *von etw.* bestimmen (***against*** im Vergleich zu *od.* mit); **~ sci·en·tist** *s.* La'borwissenschaftler *m*; **'~,war·rant** *s.* ⚖ richterlicher Haftbefehl.

bend [bend] **I** *v/t.* [*irr.*] **1.** biegen, krümmen: ***~ out of shape*** verbiegen; ***~ s.o.'s ear*** F *fig.* j-m sein Herz ausschütten, j-m die Ohren voll quatschen; **2.** beugen, neigen: ***~ the knee*** a) das Knie beugen, *fig.* sich unterwerfen, b) beten; **3.** *Bogen, Feder* spannen; **4.** ⚓ *Tau, Segel* festmachen; **5.** *fig.* beugen: ***~ the law*** das Recht beugen; ***~ s.o. to one's will*** sich j-n gefügig machen; **6.** richten, (zu)wenden: ***~ one's steps towards home*** s-e Schritte heimwärts lenken; ***~ o.s.*** (***one's mind***) ***to a task*** sich (s-e Aufmerksamkeit) e-r Sache zuwenden, sich auf e-e Sache konzentrieren; **II** *v/i.* [*irr.*] **7.** sich biegen, sich krümmen, sich winden: ***the road ~s here*** die Straße macht hier e-e Kurve; **8.** sich neigen, sich beugen: ***~ down*** sich niederbeugen, sich bücken; **9.** (***to***) *fig.* sich beugen, sich fügen (*dat.*); **10.** (***to***) sich zuwenden, sich widmen (*dat.*); **III** *s.* **11.** Biegung *f*, Krümmung *f*, Windung *f*, Kurve *f*; **12.** Knoten *m*, Schlinge *f*; **13.** ***drive s.o. round the ~*** *sl.* j-n verrückt machen; **14.** ***the ~s*** *pl.* ⚕ Cais'sonkrankheit *f*; **'bend·ed** [-dɪd] *adj.* gebeugt: ***on ~ knees*** kniefällig; **'bend·er** [-də] *s. sl.* ‚Saufe'rei' *f*, ‚Bummel' *m*; **'bend·ing** [-dɪŋ] *adj.* ⚙ Biege...: ***~ pressure***; ***~ test***.

bend sin·is·ter *s. her* Schrägbalken *m*.

be·neath [bɪ'niːθ] **I** *adv.* dar'unter, 'unterhalb, (weiter) unten; **II** *prp.* unter, unterhalb (*gen.*): ***~ a tree*** unter e-m Baum; ***it is ~ him*** es ist unter s-r Würde; ***~ notice*** nicht der Beachtung wert; ***~ contempt*** unter aller Kritik.

Ben·e·dic·tine *s.* **1.** [,benɪ'dɪktɪn] Benedik'tiner *m* (*Mönch*); **2.** [-tiːn] Benedik'tiner *m* (*Likör*).

ben·e·dic·tion [,benɪ'dɪkʃn] *s. eccl.* Segnung *f*, Segen(sspruch) *m*.

ben·e·fac·tion [,benɪ'fækʃn] *s.* **1.** Wohltat *f*; **2.** Spende *f*, Geschenk *n*; Zuwendungen *pl.*; **3.** wohltätige Stiftung; **ben·e·fac·tor** ['benɪfæktə] *s.* **1.** Wohltäter *m*; **2.** Gönner *m*; Stifter *m*; **ben·e·fac·tress** ['benɪfæktrɪs] *s.* Wohltäterin *f etc.*

ben·e·fice ['benɪfɪs] *s. eccl.* Pfründe *f*; **'ben·e·ficed** [-st] *adj.* im Besitz e-r Pfründe; **be·nef·i·cence** [bɪ'nefɪsns] *s.* Wohltätigkeit *f*; **be·nef·i·cent** [bɪ'nefɪsnt] *adj.* □ wohltätig, gütig, wohltuend.

ben·e·fi·cial [,benɪ'fɪʃl] *adj.* □ **1.** (***to***) nützlich, wohltuend, förderlich (*dat.*); vorteilhaft (für); **2.** ⚖ nutznießend: ***~ owner*** unmittelbarer Besitzer, Nießbraucher *m*; **,ben·e'fi·ci·ar·y** [-'fɪʃərɪ] *s.* **1.** Nutznießer(in); Begünstigte(r *m*) *f*; Empfänger(in); **2.** Pfründner *m*.

ben·e·fit ['benɪfɪt] **I** *s.* **1.** Vorteil *m*, Nutzen *m*, Gewinn *m*: ***for the ~ of*** zum Besten *od.* zugunsten (*gen.*); ***derive ~ from*** Nutzen ziehen aus *od.* haben von; ***give s.o. the ~ of*** j-n in den Genuss *e-r Sache* kommen lassen, j-m *et.* gewähren; ***~ of the doubt*** Rechtswohltat *f* des Grundsatzes ‚im Zweifel für den Angeklagten'; ***give s.o. the ~ of the doubt*** im Zweifelsfalle zu j-s Gunsten entscheiden; **2.** ✝ Zuwendung *f*, Beihilfe *f*: a) (*Sozial-, Versicherungs- etc.*)Leistung *f*, b) (*Alters- etc.*)Rente *f*, c) (*Arbeitslosen- etc.*)Unter'stützung *f*, d) (*Kranken-, Sterbe- etc.*)Geld *n*; **3.** Bene'fiz(vorstellung *f*, *sport* -spiel *n*) *n*, Wohltätigkeitsveranstaltung *f*; **4.** Wohltat *f*, Gefallen *m*, Vergünstigung *f*; **II** *v/t.* **5.** nützen (*dat.*), zu'gute kommen (*dat.*), fördern (*acc.*), begünstigen (*acc.*), *a. j-m* (gesundheitlich) gut tun; **III** *v/i.* **6.** (***by, from***) Vorteil haben (von, durch), Nutzen ziehen (aus).

Ben·e·lux ['benɪlʌks] *s.* Benelux-Länder *pl.* (*Belgien, Niederlande, Luxemburg*).

be·nev·o·lence [bɪ'nevələns] *s.* Wohlwollen *n*, Güte *f*; Wohltätigkeit *f*, Wohltat *f*; **be'nev·o·lent** [-nt] *adj.* □ wohl-, mildtätig, gütig; wohlwollend: ***~ fund*** Unterstützungsfonds *m*; ***~ society*** Hilfsverein *m* (auf Gegenseitigkeit).

Ben·gal [,beŋ'gɔːl] *npr.* Ben'galen *n*: ***~ light*** bengalisches Feuer; **Ben'ga·li** [-lɪ] **I** *s.* **1.** Ben'gale *m*, Ben'galin *f*; **2.** *ling.* das Ben'galische; **II** *adj.* **3.** ben'galisch.

be·night·ed [bɪ'naɪtɪd] *adj.* **1.** von der Dunkelheit über'rascht; **2.** *fig.* a) ‚geistig um'nachtet', ‚verblödet', b) unbedarft.

be·nign [bɪ'naɪn] *adj.* □ **1.** gütig; **2.** günstig, mild, zuträglich; **3.** ⚕ gutartig; **be·nig·nant** [bɪ'nɪgnənt] *adj.* □ **1.** gütig, freundlich; **2.** günstig, wohltuend; **3.** → ***benign*** 3; **be·nig·ni·ty** [bɪ'nɪgnətɪ] *s.* Güte *f*, Freundlichkeit *f*.

ben·i·son ['benɪzn] *s. poet.* Segen *m*, Gnade *f*.

bent[1] [bent] **I** *pret. u. p.p. von* **bend** I *u.* II; **II** *adj.* a) entschlossen (***on doing*** zu tun), b) erpicht (***on*** auf *acc.*), darauf aus (***on doing*** zu tun); **III** *s.* Neigung *f*, Hang *m*, Trieb *m* (***for*** zu); Veranlagung *f*: ***to the top of one's ~*** nach Herzenslust; ***allow full ~*** freien Lauf lassen (*dat.*).

bent[2] [bent] *s.* ⚘ **1.** *a.* ***~ grass*** Straußgras *n*; **2.** Sandsegge *f*.

'bent·wood *s.* Bugholz *n*: ***~ chair*** Wiener Stuhl *m*.

be·numb [bɪ'nʌm] *v/t.* betäuben: a) gefühllos machen, b) *fig.* lähmen; **be'numbed** [-md] *adj.* betäubt, gelähmt (*a. fig.*), starr, gefühllos.

ben·zene ['benziːn] *s.* ⚗ Ben'zol *n*.

ben·zine ['benziːn] *s.* ⚗ Ben'zin *n*.

ben·zo·ic [ben'zəʊɪk] *adj.* ⚗ Benzoe...: ***~ acid*** Benzoesäure *f*; **ben·zo·in** ['benzəʊɪn] *s.* Ben'zoe,gummi *n*, *m*, -harz *n*, Ben'zoe *f*.

ben·zol(e) ['benzɒl] *s.* ⚗ Ben'zol *n*; **'ben·zo·line** [-zəʊliːn] → ***benzine***.

be·queath [bɪ'kwiːð] *v/t.* **1.** *Vermögen* hinter'lassen, vermachen (***to s.o.*** j-m); **2.** über'liefern, vererben (*fig.*).

be·quest [bɪ'kwest] *s.* Vermächtnis *n*, Hinter'lassenschaft *f*.

be·rate [bɪ'reɪt] *v/t.* heftig ausschelten, auszanken.

Ber·ber ['bɜːbə] **I** *s.* **1.** Berber(in); **2.** *ling.* Berbersprache(n *pl.*) *f*; **II** *adj.* **3.** Berber...

Ber·ber·is ['bɜːbərɪs], **ber·ber·ry** ['bɜːbərɪ] → ***barberry***.

be·reave [bɪ'riːv] *v/t.* [*irr.*] **1.** berauben (***of*** *gen.*); **2.** hilflos zu'rücklassen; **be'reaved** [-vd] *adj.* durch den Tod beraubt, hinter'blieben: ***the ~*** die (trauernden) Hinterbliebenen; **be'reavement** [-mənt] *s.* schmerzlicher Verlust (*durch Tod*); Trauerfall *m*.

be·reft [bɪ'reft] **I** *pret. u. p.p. von* ***bereave***; **II** *adj.* beraubt (***of*** *gen.*) (*mst fig.*): ***~ of hope*** aller Hoffnung beraubt; ***~ of reason*** von Sinnen.

be·ret ['bereɪ] *s.* **1.** Baskenmütze *f*; **2.** ⚔ *Brit.* 'Felduni,formmütze *f*.

berg [bɜːg] → ***iceberg***.

ber·ga·mot ['bɜːgəmɒt] *s.* **1.** ⚘ Berga'mottenbaum *m*; **2.** Berga'mottöl *n*; **3.** Berga'motte *f* (*Birnensorte*).

be·rib·boned [bɪ'rɪbənd] *adj.* mit (Ordens)Bändern geschmückt.

ber·i·ber·i [,berɪ'berɪ] *s.* ⚕ Beri'beri *f*, Reisesserkrankheit *f*.

Ber·lin| black [bɜː'lɪn] *s.* schwarzer Eisenlack; **~ wool** *s.* feine Strickwolle.

Ber·mu·das [bə'mjuːdəz] *pl.*, **Ber·mu·da shorts** *pl.* Ber'mudashorts *pl.*

ber·ry ['berɪ] **I** *s.* **1.** ⚘ a) Beere *f*, b) Korn *n*, Kern *m* (*beim Getreide*); **2.** *zo.* Ei *n* (*vom Hummer od. Fisch*); **II** *v/i.* **3.** a) ⚘ Beeren tragen, b) Beeren sammeln.

ber·serk [bə'sɜːk] *adj. u. adv.* wütend, rasend: ***go ~*** (***with***) rasend werden (vor), *fig. a.* wahnsinnig werden (vor); **ber'serk·er** [-kə] *s. hist.* Ber'serker *m* (*a. fig. Wüterich*): ***~ rage*** Berserkerwut *f*; ***go ~*** wild werden, Amok laufen.

berth [bɜːθ] **I** *s.* **1.** ⚓ (genügend) Seeraum (*an der Küste od. zum Ausweichen*): ***give a wide ~ to*** a) weit abhalten von (*Land, Insel etc.*), b) *fig.* um *j-n* e-n Bogen machen; **2.** ⚓ Liegeplatz *m* (*e-s Schiffes am Kai*); **3.** a) ⚓ (Schlaf-)Koje *f*, b) Bett *n* (*Schlafwagen*); **4.** *Brit.* F Stellung *f*, ‚Pöstchen' *n*: ***he has a good*** **~**; **II** *v/t.* **5.** ⚓ am Kai festmachen; vor Anker legen, docken; **6.** *Brit* *j-m* einen (Schlaf)Platz anweisen; *j-n* 'unterbringen; **III** *v/i.* **7.** ⚓ anlegen.

ber·yl ['berɪl] *s. min.* Be'ryll *m*; **be·ryl·li·um** [be'rɪljəm] *s.* ⚗ Be'ryllium *n*.

be·seech [bɪ'siːtʃ] *v/t.* [*irr.*] *j-n* dringend bitten (***for*** um), ersuchen, anflehen (***to*** *inf.* zu *inf.*, ***that*** dass); **be'seech·ing** [-tʃɪŋ] *adj.* □ flehend, bittend; **be'seech·ing·ly** [-tʃɪŋlɪ] *adv.* flehentlich.

be·seem [bɪ'siːm] *v/t.* sich ziemen *od.* schicken für.

be·set [bɪ'set] [*irr.* → ***set***] *v/t.* **1.** um'geben, (von allen Seiten) bedrängen, verfolgen: **~** ***with difficulties*** mit Schwierigkeiten überhäuft; **2.** *Straße* versperren; **be'set·ting** [-tɪŋ] *adj.* **1.** hartnäckig, unausrottbar: **~** ***sin*** Gewohnheitslaster *n*; **2.** ständig drohend (*Gefahr*).

be·side [bɪ'saɪd] *prp.* **1.** neben, dicht bei: ***sit*** **~** ***me*** setz dich neben mich; **2.** *fig.* außerhalb (*gen.*), außer, nicht gehörend zu: **~** ***the point*** nicht zur Sache gehörig; **~** ***o.s.*** außer sich (***with*** vor *dat.*); **3.** im Vergleich zu; **be'sides** [-dz] **I** *adv.* **1.** außerdem, ferner, über'dies, noch da'zu; **2.** *neg.* sonst; **II** *prp.* **3.** außer, neben (*dat.*); **4.** über ... hin'aus.

be·siege [bɪ'siːdʒ] *v/t.* **1.** belagern (*a. fig.*); **2.** *fig.* bestürmen, bedrängen.

be·slav·er [bɪ'slævə] *v/t.* **1.** begeifern; **2.** *fig.* *j-m* lobhudeln.

be·slob·ber [bɪ'slɒbə] *v/t.* **1.** → ***beslaver***; **2.** ‚abschlecken', abküssen.

be·smear [bɪ'smɪə] *v/t.* beschmieren.

be·smirch [bɪ'smɜːtʃ] *v/t.* besudeln (*bsd. fig.*).

be·som ['biːzəm] *s.* (Reisig)Besen *m*.

be·sot·ted [bɪ'sɒtɪd] *adj.* □ **1.** töricht, dumm; **2.** (***on***, ***about***) vernarrt (in *acc.*), verrückt (auf *acc.*); **3.** berauscht (***with*** von).

be·sought [bɪ'sɔːt] *pret. u. p.p. von* ***beseech***.

be·spat·ter [bɪ'spætə] *v/t.* **1.** (mit Kot *etc.*) bespritzen, beschmutzen; **2.** *fig.* (mit Vorwürfen *etc.*) über'schütten.

be·speak [bɪ'spiːk] [*irr.* → ***speak***] *v/t.* **1.** (vor'aus)bestellen, im Voraus bitten um: **~** ***a seat*** e-n Platz bestellen; **~** ***s.o.'s help*** j-n um Hilfe bitten; **2.** zeigen, zeugen von; **3.** *poet.* anreden.

be·spec·ta·cled [bɪ'spektəkld] *adj.* bebrillt.

be·spoke [bɪ'spəʊk] **I** *pret. von* ***bespeak***; **II** *adj. Brit.* auf Bestellung *od.* nach Maß angefertigt, Maß...: **~** ***tailor*** Maßschneider *m*; **be'spo·ken** [-kən] *p.p. von* ***bespeak***.

be·sprin·kle [bɪ'sprɪŋkl] *v/t.* besprengen, bespritzen, bestreuen.

Bes·se·mer steel ['besɪmə] *s.* ⚙ Bessemerstahl *m*.

best [best] **I** *sup. von* ***good*** *adj.* **1.** best: ***the*** **~** ***of wives*** die beste aller (Ehe-)Frauen; ***be*** **~** ***at*** hervorragend sein in (*dat.*); **2.** geeignetst; höchst; **~*-before date*** Mindesthaltbarkeitsdatum *n*; **3.** größt, meist: ***the*** **~** ***part of*** der größte Teil (*gen.*); **II** *sup. von* ***well*** *adv.* **4.** am besten (meisten, passendsten): ***as*** **~** ***I can*** so gut ich kann; ***the*** **~** ***hated man of the year*** der meist- *od.* bestgehasste Mann des Jahres; **~** ***used*** meistgebraucht; ***you had*** **~** ***go*** es wäre das Beste, Sie gingen; **III** *v/t.* **5.** über'treffen; **6.** F über'vorteilen; **IV** *s.* **7.** *der* (*die, das*) Beste (Passendste *etc.*): ***at*** **~** bestenfalls, höchstens; ***with the*** **~** mindestens so gut wie jeder andere; ***for the*** **~** zum Besten; ***do one's*** (***level***) **~** sein Bestes geben, sein Möglichstes tun; ***be at one's*** **~** in bester Verfassung (*od.* Form) sein, *a.* in seinem Element sein; ***that is the*** **~** ***of ...*** das ist der Vorteil (*gen. od.* wenn ...); ***give s.o.*** **~** sich vor j-m beugen; ***look one's*** **~** am vorteilhaftesten *od.* blendend aussehen; ***have*** (*od.* ***get***) ***the*** **~** ***of it*** am besten dabei wegkommen; ***make the*** **~** ***of*** a) bestens ausnutzen, b) sich abfinden mit, c) *e-r Sache* die beste Seite abgewinnen, das Beste machen aus; ***all the*** **~*!*** alles Gute!, viel Glück!; → ***ability*** 1, ***belief*** 3, ***job***[1] 5.

bes·tial ['bestjəl] *adj.* □ **1.** tierisch (*a. fig.*); *fig.* besti'alisch, entmenscht, viehisch; **2.** *fig.* gemein, verderbt; **bes·ti·al·i·ty** [ˌbestɪ'ælətɪ] *s.* **1.** Bestiali'tät *f*: a) tierisches Wesen, b) *fig.* besti'alische Grausamkeit; **2.** ⚖ Sodo'mie *f*.

be·stir [bɪ'stɜː] *v/t.*: **~** ***o.s.*** sich rühren, sich aufraffen; sich bemühen: **~** ***yourself!*** tummle dich!

best man *s.* [*irr.*] *Freund des Bräutigams, der bei der Ausrichtung der Hochzeit e-e wichtige Rolle spielt.*

be·stow [bɪ'stəʊ] *v/t.* **1.** schenken, gewähren, geben, spenden, erweisen, verleihen (***s.th.*** [***up***]***on s.o.*** j-m et.): **~** ***one's hand on s.o.*** j-m die Hand fürs Leben reichen; **2.** *obs.* 'unterbringen; **be'stow·al** [-əʊəl] *s.* **1.** Gabe *f*, Schenkung *f*, Verleihung *f*; **2.** *obs.* 'Unterbringung *f*.

be·strew [bɪ'struː] [*irr.* → ***strew***] *v/t.* **1.** bestreuen; **2.** verstreut liegen auf (*dat.*).

be·strid·den [bɪ'strɪdn] *p.p. von* ***bestride***; **be·stride** [bɪ'straɪd] *v/t.* [*irr.*] **1.** rittlings sitzen auf (*dat.*), reiten; **2.** mit gespreizten Beinen stehen auf *od.* über (*dat.*); **3.** über'spannen, über'brücken; **4.** sich (schützend) breiten über (*acc.*); **be·strode** [bɪ'strəʊd] *pret. von* ***bestride***.

'best|ˌsell·er *s.* 'Bestseller *m*, Verkaufsschlager *m* (*Buch etc.*); **'~-ˌsell·ing** *adj.* meistgekauft, Erfolgs..., Bestseller...

bet [bet] **I** *s.* Wette *f*; Wetteinsatz *m*; gewetteter Betrag *od.* Gegenstand: ***the best*** **~** F das Beste(, was man tun kann), die sicherste Methode; ***that's a better*** **~** ***than*** das ist viel besser *od.* sicherer als...; **II** *v/t. u. v/i.* [*irr.*] wetten, (ein)setzen: ***I*** **~** ***you ten pounds*** ich wette mit Ihnen um zehn Pfund; (***I***) ***you*** **~*!*** *sl.* aber sicher!; **~** ***one's bottom dollar*** *Am. sl.* den letzten Heller wetten, *a.* sich s-r Sache völlig sicher sein.

be·ta ['biːtə] *s.* 'Beta *n*: a) *griech. Buchstabe*, b) ⚕, *ast., phys. Symbol für 2. Größe*, c) *ped. Brit.* Zwei *f* (*Note*): **~** ***rays*** *phys.* Betastrahlen *pl.*; **~** **block·er** *s.* ⚕, *pharm.* 'Betaˌblocker *m*.

be·take [bɪ'teɪk] [*irr.* → ***take***] *v/t.*: **~** ***o.s.*** (***to***) sich begeben (nach); s-e Zuflucht nehmen (zu).

be·tel ['biːtl] *s.* 'Betel *m*; **'~-nut** *s.* ⚘ 'Betelnuss *f*.

bête noire [ˌbeɪt'nwɑː] (*Fr.*) *s. fig.* Schreckgespenst *n*.

beth·el ['beθl] *s.* **1.** *Brit.* Dis'senterkaˌpelle *f*; **2.** *Am.* Kirche *f* für Ma'trosen.

be·think [bɪθɪŋk] *v/t.* [*irr.* → ***think***]: **~** ***o.s.*** sich über'legen, sich besinnen; sich vornehmen; **~** ***o.s. to do*** sich in den Kopf setzen zu tun.

be·thought [bɪ'θɔːt] *pret. u. p.p. von* ***bethink***.

be·tide [bɪ'taɪd] *v/i. u. v/t.* (*nur 3. sg. pres. subj.*) (*j-m*) geschehen; *v/t.* *j-m* zustoßen; → ***woe*** II.

be·times [bɪ'taɪmz] *adv.* **1.** bei'zeiten, rechtzeitig; **2.** früh(zeitig).

be·to·ken [bɪ'təʊkən] *v/t.* **1.** bezeichnen, bedeuten; **2.** anzeigen.

be·took [bɪ'tʊk] *pret. von* ***betake***.

be·tray [bɪ'treɪ] *v/t.* **1.** Verrat begehen an (*dat.*), verraten (***to*** an *acc.*); **2.** *j-n* hinter'gehen; *j-m* die Treue brechen: **~** ***s.o.'s trust*** j-s Vertrauen missbrauchen; **3.** *fig.* offen'baren; (*a.* ***o.s.*** sich) verraten; **4.** verleiten (***into***, ***to*** zu); **be'tray·al** [-eɪəl] *s.* Verrat *m*, Treubruch *m*.

be·troth [bɪ'trəʊð] *v/t.* *j-n* (*od.* ***o.s.*** sich) verloben (***to*** mit); **be'troth·al** [-ðl] *s.* Verlobung *f*; **be'trothed** [-ðd] *s.* Verlobte(r *m*) *f*.

bet·ter[1] ['betə] **I** *comp. von* ***good*** *adj.* **1.** besser: ***I am*** **~** es geht mir (*gesundheitlich*) besser; ***get*** **~** a) besser werden, b) sich erholen; **~** ***late than never*** besser spät als nie; ***go one*** **~** ***than s.o.*** j-n (noch) übertreffen; **~** ***off*** a) besser daran, b) wohlhabender; ***be*** **~** ***than one's word*** mehr tun als man versprach; ***my*** **~** ***half*** m-e bessere Hälfte; ***on*** **~** ***acquaintance*** bei näherer Bekanntschaft; **II** *s.* **2.** *das* Bessere: ***for*** **~** ***for worse*** a) in Freud u. Leid (*Trauformel*), b) was auch geschehe; ***get the*** **~** (***of***) die Oberhand gewinnen (über *acc.*), *j-n* besiegen *od.* ausstechen, *et.* überwinden; **3.** *pl. mit pers. pron.* Vorgesetzte *pl.*, Höherstehende *pl.*, Über'legene *pl.*; **III** *comp. von* ***well*** *adv.* **4.** besser: ***I know*** **~** ich weiß es besser; ***think*** **~** ***of it*** sich e-s Besseren besinnen, es sich anders überlegen; ***think*** **~** ***of s.o.*** e-e bessere Meinung von j-m haben; ***so much the*** **~** desto besser; ***you had*** **~** (*od.* F ***mst you*** **~**) ***go*** es wäre besser, wenn du gingest; ***you'd*** **~** ***not!*** F lass das lieber sein!; ***know*** **~** ***than to ...*** gescheit genug sein, nicht zu ...; **5.** mehr: ***like*** **~** lieber haben; **~** ***loved***; **IV** *v/t.* **6.** *allg.* verbessern; **7.** über'treffen; **8.** **~** ***o.s.*** sich (*finanziell*) verbessern, vorwärts kommen; *a.* sich weiterbilden; **V** *v/i.* **9.** besser werden.

bet·ter[2] ['betə] *s.* Wetter(in).

bet·ter·ment ['betəmənt] *s.* **1.** (Ver-)Besserung *f*; **2.** Wertzuwachs *m* (*bei Grundstücken*), Meliorati'on *f*.

bet·ting ['betɪŋ] *s. sport* Wetten *n*; **~** **man** *s.* [*irr.*] (regelmäßiger) Wetter; **~** **of·fice** *s.*, **~** **shop** *s.* 'Wettbüˌro *n*.

bet·tor → ***better***[2].

be·tween [bɪ'twiːn] **I** *prp.* **1.** zwischen: **~** ***the chairs*** a) zwischen den Stühlen, b) zwischen die Stühle; **~** ***nine and ten at night*** abends zwischen neun und zehn; **2.** unter: ***they shared the money*** **~** ***them*** sie teilten das Geld unter sich; **~** ***ourselves***, **~** ***you and me*** unter uns (gesagt); ***we had fifty pence*** **~** ***us*** wir hatten zusammen fünfzig Pence; **II** *adv.* **3.** da'zwischen: ***the space*** **~** der Zwischenraum; ***in*** **~** dazwischen, zwischendurch; **~** **decks** *s. pl. sg. konstr.* ⚓ Zwischendeck *n*; **be'tween·times**; **be'tween·whiles** *adv.* zwischendurch.

be·twixt [bɪ'twɪkst] **I** *adv.* da'zwischen: **~**

and between halb u. halb, weder das e-e noch das andere; **II** *prp. obs.* zwischen.

bev·el ['bevl] ⚙ **I** *s.* **1.** Abschrägung *f*, Schräge *f*; **2.** Fase *f*, Fa'cette *f*; **2.** Schrägmaß *n*; **3.** Kegel *m*, Konus *m*; **II** *v/t.* **4.** abschrägen: ***~(l)ed edge*** abgeschrägte Kante; ***~(l)ed glass*** facettiertes Glas; **III** *adj.* **5.** abgeschrägt; **~ cut** *s.* Schrägschnitt *m*; **~ gear** *s.* ⚙ Kegelrad(getriebe) *n*, konisches Getriebe; **~ plane** *s.* ⚙ Schräghobel *m*; **~ wheel** *s.* ⚙ Kegelrad *n*.

bev·er·age ['bevərɪdʒ] *s.* Getränk *n*.

bev·y ['bevɪ] *s.* Schar *f*, Schwarm *m* (*Vögel*; *a. fig. Mädchen etc.*).

be·wail [bɪ'weɪl] **I** *v/t.* beklagen, betrauern; **II** *v/i.* wehklagen.

be·ware [bɪ'weə] *v/i.* sich in Acht nehmen, sich hüten (**of** vor *dat.*, ***lest*** dass nicht): ***~!*** Achtung!; ***~ of pickpockets!*** vor Taschendieben wird gewarnt!; ***~ of the dog!*** Warnung vor dem Hunde!

be·wil·der [bɪ'wɪldə] *v/t.* **1.** irreführen; **2.** verwirren, verblüffen; **3.** bestürzen; **be'wil·dered** [-əd] *adj.* verwirrt; verblüfft, bestürzt, verdutzt; **be'wil·der·ing** [-dərɪŋ] *adj.* □ verwirrend; **be'wil·der·ment** [-mənt] *s.* Verwirrung *f*, Bestürzung *f*.

be·witch [bɪ'wɪtʃ] *v/t.* berücken, betören, bezaubern; **be'witch·ing** [-tʃɪŋ] *adj.* □ berückend *etc.*

bey [beɪ] *s.* Bei *m* (*Titel e-s höheren türkischen Beamten*).

be·yond [bɪ'jɒnd] **I** *prp.* **1.** jenseits: ***~ the seas*** in Übersee; **2.** außer, abgesehen von: ***~ dispute*** außer allem Zweifel, unstreitig; **3.** über ... (*acc.*) hin'aus; mehr als, weiter als: ***~ the time*** über die Zeit hinaus; ***~ belief*** unglaublich; ***~ all blame*** über jeden Tadel erhaben; ***~ endurance*** unerträglich; ***~ hope*** hoffnungslos; ***~ measure*** über die Maßen; ***it is ~ my power*** es übersteigt m-e Kraft; ***~ praise*** über alles Lob erhaben; ***~ repair*** nicht mehr zu reparieren; ***~ reproach*** untadelig; ***that is ~ me*** das ist mir zu hoch, das geht über m-n Verstand; ***~ me in Latin*** weiter als ich in Latein; **II** *adv.* **4.** da'rüber hin'aus, jenseits; **5.** weiter weg; **III** *s.* **6.** Jenseits *n*: ***at the back of ~*** im entlegensten Winkel, am Ende der Welt.

'B-girl *s. Am.* Animierdame *f*.

bi·an·nu·al [ˌbaɪ'ænjʊəl] *adj.* □ halbjährlich, zweimal jährlich.

bi·as ['baɪəs] **I** *s.* **1.** schiefe Seite, schräge Richtung; **2.** schräger Schnitt: ***cut on the ~*** diagonal geschnitten; **3.** *Bowling*: 'Überhang *m* der Kugel; **4.** (***towards***) *fig.* Hang *m*, Neigung *f* (zu); Vorliebe *f* (für); **5.** *fig.* a) Ten'denz *f*, b) Vorurteil *n*, c) ⚖ Befangenheit *f*: ***free from ~*** unvoreingenommen; ***challenge a judge for ~*** e-n Richter wegen Befangenheit ablehnen; **6.** *Statistik etc.*: Verzerrung *f*: ***cause ~ to the figures*** die Zahlen verzerren; **7.** ⚡ (Gitter-)Vorspannung *f*; **II** *adj u. adv.* **8.** schräg, schief; **III** *v/t.* **9.** (*mst* ungünstig) beeinflussen; gegen *j-n* einnehmen; **'bi·as(s)ed** [-st] *adj.* voreingenommen; ⚖ befangen; tendenzi'ös.

bi·ath·lete [ˌbaɪ'æθliːt] *s. sport* 'Biathˌlet *m*, 'Biathlonkämpfer *m*; **bi'ath·lon** [-'æθlɒn] *s.* 'Biathlon *n*.

bi·ax·i·al [ˌbaɪ'æksɪəl] *adj.* zweiachsig.

bib [bɪb] **I** *s.* **1.** Lätzchen *n*; **2.** Schürzenlatz *m*; → ***tucker*** 2; **II** *v/i.* **3.** (unmäßig) trinken.

Bi·ble ['baɪbl] *s.* **1.** Bibel *f*; **2.** ♀ *fig.* Bibel *f* (*maßgebendes Buch*); **~ clerk** *s.* (*in Oxford*) *Student, der in der College-Kapelle während des Gottesdienstes die Bibeltexte verliest*; **~ thump·er** *s.* Mo'ralprediger *m*.

bib·li·cal ['bɪblɪkl] *adj.* □ biblisch, Bibel...

bib·li·og·ra·pher [ˌbɪblɪ'ɒgrəfə] *s.* Biblio'graph *m*; **bib·li·o·graph·ic**, **bib·li·o·graph·i·cal** [ˌbɪblɪəʊ'græfɪk(l)] *adj.* □ biblio'graphisch; **bib·li'og·ra·phy** [-fɪ] *s.* Bibliogra'phie *f*; **bib·li·o·ma·ni·a** [ˌbɪblɪəʊ'meɪnjə] *s.* Biblioma'nie *f*, (krankhafte) Bücherleidenschaft; **bib·li·o·ma·ni·ac** [ˌbɪblɪəʊ'meɪnɪæk] *s.* Büchernarr *m*; **bib·li·o·phil** ['bɪblɪəʊfɪl], **bib·li·o·phile** ['bɪblɪəʊfaɪl] *s.* Biblio'phile *m*, Bücherliebhaber(in); **bib·li·o·the·ca** [ˌbɪblɪəʊ'θiːkə] *s.* **1.** Biblio'thek *f*; **2.** 'Bücherkataˌlog *m*.

bib·u·lous ['bɪbjʊləs] *adj.* □ **1.** trunksüchtig; **2.** weinselig.

bi·cam·er·al [baɪ'kæmərəl] *adj. pol.* Zweikammer...

bi·car·bon·ate [baɪ'kɑːbənɪt] *s.* ⚗ Bikarbo'nat *n*: ***~ of soda*** doppel(t)kohlensaures Natrium.

bi·cen·te·nar·y [ˌbaɪsen'tiːnərɪ] **I** *adj.* zweihundertjährig; **II** *s.* Zweihundertjahrfeier *f*; **ˌbi·cen'ten·ni·al** [-'tenjəl] **I** *adj.* zweihundertjährig; alle zweihundert Jahre eintretend; **II** *s. bsd. Am.* → ***bicentenary*** II.

bi·ceph·a·lous [ˌbaɪ'sefələs] *adj.* zweiköpfig.

bi·ceps ['baɪseps] *s. anat.* 'Bizeps *m*.

bick·er ['bɪkə] *v/i.* **1.** (sich) zanken; quengeln; **2.** plätschern (*Fluss, Regen*); **3.** zucken; **'bick·er·ing** [-ərɪŋ] *s. a. pl.* Gezänk *n*.

bi·cy·cle ['baɪsɪkl] **I** *s.* Fahrrad *n*, Zweirad *n*; **II** *v/i.* Rad fahren, radeln; **'bi·cy·cler** [-lə] *Am.*, **'bi·cy·clist** [-lɪst] *Brit. s.* Radfahrer(in).

bid [bɪd] **I** *s.* **1.** a) Gebot *n* (*bei Versteigerungen*), b) ✝ Angebot *n* (*bei öffentlichen Ausschreibungen*), c) *Börse*: Geld *n* (*Nachfrage*): ***~ and asked*** Geld u. Brief; ***higher ~*** Mehrgebot; ***highest ~*** Meistgebot; ***invitation for ~s*** Ausschreibung *f*; **2.** *Kartenspiel*: Reizen *n*, Melden *n*: ***no ~*** ich passe; **3.** Bemühung *f*, Bewerbung *f* (**for** um); Versuch *m* (**to** *inf.* zu *inf.*): ***~ for power*** Versuch, an die Macht zu kommen; ***make a ~ for*** sich bemühen um *et. od.* zu *inf.*; **4.** *Am.* F Einladung *f*; **II** *v/t.* [*irr.*] 5 *u.* 6 *pret. u. p.p.* **bid**; 7–9 *pret.* **bade** [beɪd], *p.p. mst* **bidden** ['bɪdn] **5.** bieten (*bei Versteigerungen*): ***~ up den Preis*** in die Höhe treiben; **6.** *Kartenspiel*: melden, reizen; **7.** *Gruß* entbieten; wünschen: ***~ good morning*** e-n guten Morgen wünschen; ***~ farewell*** Lebewohl sagen; **8.** *lit. j-m et.* gebieten, befehlen; *j-n et. tun* lassen, heißen: ***~ him come in*** lass ihn hereinkommen; **9.** *obs.* einladen (**to** zu); **III** *v/i.* [*irr., pret. u. p.p.* **bid**] **10.** ✝ ein (Preis)Angebot machen; **11.** *Kartenspiel*: melden, reizen; **12.** (**for**) werben, sich bemühen (um); **'bid·den** [-dn] *p.p. von* **bid**; **'bid·der** [-də] *s.* **1.** Bieter *m* (*bei Versteigerungen*): ***highest ~*** Meistbietende(r); **2.** Bewerber *m bei Ausschreibungen*; **'bid·ding** [-dɪŋ] *s.* **1.** Gebot *n*, Bieten *n* (*bei Versteigerungen*); **2.** Geheiß *n*: ***do s.o.'s ~*** tun, was j-d will.

bide [baɪd] *v/t.* [*irr.*] er-, abwarten: ***~ one's time*** (den rechten Augenblick) abwarten.

bi·en·ni·al [baɪ'enɪəl] **I** *adj.* □ **1.** alle zwei Jahre eintretend; **2.** ⚘ zweijährig; **II** *s.* **3.** ⚘ zweijährige Pflanze; **bi'en·ni·al·ly** [-lɪ] *adv.* alle zwei Jahre.

bier [bɪə] *s.* (Toten)Bahre *f*.

biff [bɪf] *sl.* **I** *v/t.* ‚hauen', schlagen; **II** *s.* Schlag *m*, Hieb *m*.

bif·fin ['bɪfɪn] *s.* roter Kochapfel.

bi·fo·cal [ˌbaɪ'fəʊkl] **I** *adj.* **1.** Bifokal-, Zweistärken...; **II** *s.* **2.** Bifo'kal-, Zweistärkenlinse *f*; **3.** *pl.* Bifo'kal-, Zweistärkenbrille *f*.

bi·fur·cate ['baɪfəkeɪt] **I** *v/t.* gabelförmig teilen; **II** *v/i.* sich gabeln; **III** *adj.* gegabelt, gabelförmig; **bi·fur·ca·tion** [ˌbaɪfə'keɪʃn] *s.* Gabelung *f*.

big [bɪg] **I** *adj.* **1.** groß, dick; stark, kräftig (*a. fig.*): ***the ~ toe*** der große Zeh; ***~ business*** Großunternehmertum *n*, Großindustrie *f*; ***~ ideas*** F ‚große Rosinen im Kopf'; ***~ money*** ein Haufen Geld; ***a ~ voice*** e-e kräftige Stimme; **2.** groß, weit: ***get too ~ for one's boots*** (*od.* ***breeches***) *fig.* ‚üppig' *od.* größenwahnsinnig werden; **3.** groß, hoch: ***~ game*** Großwild *n*, *fig.* hoch gestecktes Ziel; **4.** groß, erwachsen: ***my ~ brother***; **5.** schwanger; *fig.* voll: ***~ with child*** hochschwanger; ***~ with fate*** schicksalsschwer; **6.** hochmütig, eingebildet: ***~ talk*** ‚große Töne', Angeberei *f*; **7.** F groß, bedeutend, wichtig, führend: ***the ♀ Three*** (***Five***) die großen Drei (Fünf) (*führende Staaten, Banken etc.*); **8.** großmütig, edel: ***a ~ heart***; ***that's ~ of you*** F das ist sehr anständig von dir; **II** *adv.* **9.** großspurig: ***talk ~*** ‚große Töne spucken', angeben; **10.** *sl.* a) ‚mächtig', b) *Am.* tapfer.

big·a·mist ['bɪgəmɪst] *s.* Biga'mist(in); **'big·a·mous** [-məs] *adj.* □ biga'mistisch; **'big·a·my** [-mɪ] *s.* Biga'mie *f*, Doppelehe *f*.

big| bang *s. phys.* Urknall *m*; **~ dip·per** *s.* **1.** *Brit.* Achterbahn *f*, Berg- und Talbahn *f*; **2.** *mst* ***Big Dipper*** *Am. ast.* Großer Wagen (*od.* Bär); **~ game** *s.* Großwild *n*; **~ gun** *s.* F **1.** ‚schweres Geschütz'; **2.** → ***bigwig***.

bight [baɪt] *s.* **1.** Bucht *f*; Einbuchtung *f*; **2.** Krümmung *f*; **3.** ⚓ Bucht *f* (*im Tau*).

'big·mouth *s.* F Großmaul *n*.

big·ness ['bɪgnɪs] *s.* Größe *f*.

big·ot ['bɪgət] *s.* **1.** blinder Anhänger, Fa'natiker *m*; **2.** Betbruder *m*, -schwester *f*, Frömmler(in); **'big·ot·ed** [-tɪd] *adj.* bi'gott, fa'natisch, frömmlerisch; **'big·ot·ry** [-trɪ] *s.* **1.** blinder Eifer, Fana'tismus *m*, Engstirnigkeit *f*; **2.** Bigotte'rie *f*, Frömme'lei *f*.

big| shot *s.* → ***bigwig***; **~ stick** *s.* F *pol.* ‚großer Knüppel': ***~ policy*** Politik *f* des Säbelrasselns; **'~-time** *adj. sl.* ‚groß', Spitzen...; **'~-ˌtim·er** *s.* ‚Spitzenmann' *m*, ‚großer Macher'; **~ top** *s. Am.* **1.** großes 'Zirkuszelt; **2.** 'Zirkus *m* (*a. fig.*).

'big·wig *s.* ‚großes' *od.* ‚hohes Tier', Bonze *m*.

bike [baɪk] F **I** *s.* a) (Fahr)Rad *n*, b) ‚Maschine' *f* (*Motorrad*); **II** *v/i.* a) radeln, b) (mit dem) Motorrad fahren; **'~·way** *s. bsd. Am.* Rad(fahr)weg *m*.

bi·lat·er·al [ˌbaɪ'lætərəl] *adj.* □ zweiseitig, bilate'ral: a) ⚖ beiderseitig verbindlich, gegenseitig (*Vertrag etc.*), b) *biol.* beide Seiten betreffend, c) ⚙ doppelseitig (*Antrieb*).

bil·ber·ry ['bɪlbərɪ] *s.* ⚘ Heidel-, Blaubeere *f*.

bile [baɪl] *s.* **1.** ⚕ a) Galle *f*, b) Gallenflüssigkeit *f*; **2.** *fig.* Galle *f*, Ärger *m*.

bilge [bɪldʒ] *s.* **1.** ⚓ Kielraum *m*, Bilge *f*, Kimm *f*; **2.** → ***bilge water***; **3.** *sl.* ‚Quatsch' *m*, ‚Mist' *m*, Unsinn *m*; **~ pump** *s.* ⚓ Lenzpumpe *f*; **~ wa·ter** *s.* ⚓ Bilgenwasser *n*.

bi·lin·e·ar [ˌbaɪˈlɪnɪə] *adj.* doppellinig; ✈ biline'ar.

bi·lin·gual [baɪˈlɪŋgwəl] *adj.* zweisprachig.

bil·ious [ˈbɪljəs] *adj.* □ **1.** ⚕ Gallen...: **~ *complaint*** Gallenleiden *n*; **2.** *fig.* gallig, gereizt, reizbar; **ˈbil·ious·ness** [-nɪs] *s.* **1.** Gallenkrankheit *f*; **2.** *fig.* Gereiztheit *f*.

bilk [bɪlk] **I** *v/t.* prellen, betrügen; **II** *s.*, *a.* **ˈbilk·er** [-kə] *s.* Betrüger *m*.

bill¹ [bɪl] **I** *s.* **1.** *zo.* a) Schnabel *m*, b) schnabelähnliche Schnauze; **2.** Spitze *f am Anker, Zirkel etc.*; **3.** *geogr.* spitz zulaufende Halbinsel; **4.** *hist.* ⚔ Pike *f*; **5.** → ***billhook***; **II** *v/i.* **6.** (sich) schnäbeln; **7.** *fig.*, *a.* **~ *and coo*** (mitein'ander) turteln.

bill² [bɪl] **I** *s.* **1.** *pol.* (Gesetzes)Vorlage *f*, Gesetzentwurf *m*: **⁓ *of Rights*** a) *Brit.* Staatsgrundgesetz *n*, Freiheitsurkunde *f* (*von 1689*), b) *USA*: die ersten 10 Zusatzartikel zur Verfassung; ***bring in a ~*** e-n Gesetzentwurf einbringen; **2.** ⚖ *a.* **~ *of indictment*** Anklageschrift *f*: ***find a true ~*** die Anklage für begründet erklären; **3.** ☤ *a.* **~ *of exchange*** Wechsel *m*, Tratte *f*: **~*s payable*** Wechselschulden; **~*s receivable*** Wechselforderungen; ***long*** (**-*dated***) **~** langfristiger Wechsel; **~ *after date*** Datowechsel *m*; **~ *after sight*** Nachsichtwechsel *m*; **~ *at sight*** Sichtwechsel *m*; **~ *of lading*** Seefrachtbrief *m*, Konnossement *n*, *Am. a.* Frachtbrief *m*; **4.** Rechnung *f*: **~ *of costs*** Kostenberechnung *f*; **~ *of sale*** Kauf-, Übereignungsvertrag *m*; F *fig.* ***fill the ~*** den Ansprüchen genügen; ***sell s.o. a ~ of goods*** F j-n ‚verschaukeln'; **5.** Liste *f*, Schein *m*, Zettel *m*, Pla'kat *n*: **~ *of fare*** Speisekarte *f*; (***theatre***) **~** Theaterzettel *m*, -programm *n*; (***clean***) **~ *of health*** Gesundheitszeugnis *n*, -pass *m*, *fig.* Unbedenklichkeitsbescheinigung *f*; **6.** *Am.* Banknote *f*, (Geld-) Schein *m*; **II** *v/t.* **7.** **~ *s.o. for s.th.*** j-m et. in Rechnung stellen *od.* berechnen; **8.** (durch Pla'kate) ankündigen, *thea. etc. a. Am. Darsteller etc.* ‚bringen'.

ˈbill|·board *s.* Anschlagbrett *n*, Re'klamefläche *f*, -tafel *f*: **~ *advertising*** Plakatwerbung *f*; **~ case** *s.* ☤ 'Wechselporte,feuille *n e-r Bank*; **~ dis·count** *s.* ☤ 'Wechseldis,kont *m*.

bil·let¹ [ˈbɪlɪt] **I** *s.* **1.** ⚔ a) Quartierzettel *m*, b) Quartier *n*: ***in ~s*** privat einquartiert; **2.** 'Unterkunft *f*; **3.** F ‚Job' *m*, Posten *m*; **II** *v/t.* **4.** 'unterbringen, einquartieren (***on*** bei).

bil·let² [ˈbɪlɪt] *s.* **1.** Holzscheit *n*, -klotz *m*; **2.** *metall.* Knüppel *m*.

bil·let-doux [ˌbɪleɪˈduː] (*Fr.*) *s. humor.* Liebesbrief *m*.

ˈbill|·fold *s. Am.* Scheintasche *f*; **ˈ~·head** *s.* gedrucktes 'Rechnungsformu,lar; **ˈ~·hook** *s.* ✂ Hippe *f*.

bil·liard [ˈbɪljəd] **I** *s.* **1.** *pl. mst sg. konstr.* Billard(spiel) *n*; **2.** *Billard*: Karambo'lage *f*; **II** *adj.* **3.** Billard...; **~ ball** *s.* Billardkugel *f*; **~ cue** *s.* Queue *n*, Billardstock *m*.

bill·ing [ˈbɪlɪŋ] *s.* **1.** ☤ a) Rechnungsschreibung *f*, b) Buchung *f*, *a.* (Voraus)Bestellung *f*; **2.** *thea.* a) Ankündigung *f*, b) Re'klame *f*.

Bil·lings·gate [ˈbɪlɪŋzgɪt] **I** *npr. Fischmarkt in London*; **II** ⁓ *s.* wüstes Geschimpfe, Unflat *m*: ***talk ~*** keifen wie ein Fischweib.

bil·lion [ˈbɪljən] *s.* **1.** Milli'arde *f*; **2.** *Brit. obs.* Billi'on *f*.

ˈbill|-job·ber *s.* ☤ *Brit.* Wechselreiter *m*; **ˈ~-ˌjob·bing** *s.* ☤ *Brit.* Wechselreite'rei *f*.

bil·low [ˈbɪləʊ] **I** *s.* **1.** Woge *f* (*a. fig.*); **2.** (Nebel- *etc.*)Schwaden *m*; **II** *v/i.* **3.** wogen; **4.** *a.* **~ *out*** sich bauschen *od.* blähen; **III** *v/t.* bauschen, blähen; **ˈbil·low·y** [-əʊɪ] *adj.* **1.** wogend; **2.** gebauscht, gebläht.

ˈbill|ˌpost·er, **ˈ~ˌstick·er** *s.* Pla'kat-, Zettelankleber *m*.

bil·ly [ˈbɪlɪ] *s. Am.* (Poli'zei)Knüppel *m*; **ˈ~·cock** (**hat**) *s. Brit.* F ‚Me'lone' *f* (*steifer Filzhut*); **~ goat** *s.* F Ziegenbock *m*.

bim·bo [ˈbɪmbəʊ] *s. sl.* ‚Puppe' *f*, ‚Dummerchen' *n* (*Frau*).

bi·met·al·lism [ˌbaɪˈmetəlɪzəm] Bimetal'lismus *m*, Doppelwährung *f* (*Gold u. Silber*).

bi·month·ly [ˌbaɪˈmʌnθlɪ] **I** *adj. u. adv.* **1.** a) zweimonatlich, alle zwei Monate ('wiederkehrend *od.* erscheinend), b) zweimal im Monat (erscheinend); **II** *s.* **2.** zweimonatlich erscheinende Veröffentlichung; **3.** Halbmonatsschrift *f*.

bi·mo·tored [ˌbaɪˈməʊtəd] *adj.* ✈ 'zweimo,torig.

bin [bɪn] *s.* **1.** (großer) Behälter, Kasten *m*; *a.* Silo *m*, *n*; **2.** Verschlag *m*; **3.** *sl.* ‚Klapsmühle' *f*.

bi·na·ry [ˈbaɪnərɪ] *adj.* ⚗, ⚙, ✈, *phys.* bi'när, aus zwei Einheiten bestehend: **~ *digit*** Binärziffer *f*; **~** (***number***) ✈ Binär-, Dualzahl *f*; **~** (***star***) *ast.* Doppelstern *m*; **~ *fission*** *biol.* Zellteilung *f*.

bind [baɪnd] **I** *s.* **1.** Band *n*; **2.** ♪ Haltе- *od.* Bindebogen *m*; **3.** F ***be in a ~*** in ‚Schwulitäten' sein; ***be in a ~ for*** *et. od. j-n* dringend brauchen, verlegen sein um; **II** *v/t.* [*irr.*] **4.** binden, an-, 'umfestbinden, verbinden: **~ *to a tree*** an e-n Baum binden; ***bound hand and foot*** *fig.* an Händen u. Füßen gebunden; **5.** *Buch* (ein)binden; **6.** *Saum etc.* einfassen; **7.** *Rad etc.* (mit Me'tall) beschlagen; **8.** *Sand etc.* fest *od.* hart machen; zs.-fügen; **9.** (***o.s.*** sich) binden (*a. vertraglich*), verpflichten; zwingen: **~ *an apprentice*** *j-n* in die Lehre geben (***to*** bei); **~ *a bargain*** e-n Handel (durch Anzahlung) verbindlich machen; → ***bound¹*** 1; **10.** ⚗, ⚙ binden; **11.** ⚕ verstopfen; **II** *v/i.* **12.** binden, fest *od.* hart werden, zs.-halten; **~ o·ver** *v/t.* ⚖ **1.** zum Erscheinen verpflichten (***to*** vor *e-m Gericht*); **2.** *Brit. j-n* auf Bewährung entlassen; **~ up** *v/t.* **1.** vereinigen, zs.-binden; *Wunde* verbinden; **2.** *pass.* ***be bound up*** (***in*** *od.* ***with***) a) eng verknüpft sein (mit), b) ganz in Anspruch genommen werden (von).

bind·er [ˈbaɪndə] *s.* **1.** a) (*Buch-, Garben*)Binder(in), b) Garbenbinder *m* (*Maschine*); **2.** Binde *f*, Band *n*, Schnur *f*; **3.** Aktendeckel *m*, 'Umschlag *m*; **4.** ⚙ Bindemittel *n*; **5.** ☤ Vorvertrag *m*; **ˈbind·er·y** [-ərɪ] *s.* Buchbinde'rei *f*.

bind·ing [ˈbaɪndɪŋ] **I** *adj.* **1.** *fig.* bindend, (rechts)verbindlich ([***up***]***on*** für): **~ *force*** bindende Kraft; **~ *law*** zwingendes Recht; **II** *s.* **2.** (Buch)Einband *m*; **3.** a) Einfassung *f*, Borte *f*, b) (Me'tall-) Beschlag *m* (*Rad*), c) (Ski)Bindung *f*; **~ a·gent** → ***binder*** 4; **~ post** *s.* ⚡ (Pol-, Anschluss)Klemme *f*.

ˈbind·weed *s.* ⚘ *e-e* Winde *f*.

bine [baɪn] *s.* ⚘ Ranke *f*.

binge [bɪndʒ] *s.* F ‚Sauf- *od.* Fressgelage' *n*: ***go on a ~*** ‚einen draufmachen'.

bin·go [ˈbɪŋgəʊ] *s.* Bingo *n* (*ein Glücksspiel*): **~ *!*** F Zack!, Volltreffer!

bin lin·er *s.* Müllbeutel *m*.

bin·na·cle [ˈbɪnəkl] *s.* ⚓ 'Kompasshaus *n*.

bin·oc·u·lar **I** *adj.* [ˌbaɪˈnɒkjʊlə] binoku'lar, für beide *od.* mit beiden Augen; **II** *s.* [bɪˈn-] *mst pl.* Fernglas *n*; Opernglas *n*.

bi·no·mi·al [ˌbaɪˈnəʊmjəl] *adj.* **1.** ✈ bi'nomisch, zweigliedrig; **2.** ⚘, *zo.* → ***binominal***.

bi·nom·i·nal [ˌbaɪˈnɒmɪnl] *adj.* ⚘, *zo.* binomi'nal, zweinamig: **~ *system*** (System *n* der) Doppelbenennung *f*.

bi·nu·cle·ar [ˌbaɪˈnjuːklɪə], **biˈnu·cle·ate** [-ɪət] *adj. phys.* zweikernig.

bi·o·chem·i·cal [ˌbaɪəʊˈkemɪkl] *adj.* □ bio'chemisch; **ˌbi·oˈchem·ist** [-ɪst] *s.* Bio'chemiker *m*; **ˌbi·oˈchem·is·try** [-ɪstrɪ] *s.* Bioche'mie *f*.

bi·o·de·gra·dab·le [ˌbaɪəʊdɪˈgreɪdəbl] *adj.* ⚗ (bio'logisch) abbaubar; **bi·o·deg·ra·da·tion** [ˈbaɪəʊˌdegrəˈdeɪʃn] *s.* biologischer Abbau, Rotte *f*.

bi·o·di·ver·si·ty [ˈbaɪəʊˌdaɪˈvɜːsətɪ] *s.* Artenvielfalt *f*; **~ con·ven·tion** *s.* Artenschutzabkommen *n*.

bio·dy·nam·ic [ˌbaɪəʊdaɪˈnæmɪk] *adj.* □ ˌbiody'namisch.

bi·o·en·er·get·ics [ˈbaɪəʊˌenəˈdʒetɪks] *s. pl. sg. konstr.* Bioener'getik *f*.

bi·o·en·gi·neer·ing [ˈbaɪəʊˌendʒɪˈnɪərɪŋ] *s.* Biotechnik *f*.

bi·o·fu·el [ˈbaɪəʊˌfjʊəl] *s.* Biotreibstoff *m*.

bi·og·ra·pher [baɪˈɒgrəfə] *s.* Bio'graph *m*; **bi·o·graph·ic**, **bi·o·graph·i·cal** [ˌbaɪəʊˈgræfɪk(l)] *adj.* □ bio'graphisch; **biˈog·ra·phy** [-fɪ] *s.* Biogra'phie *f*, Lebensbeschreibung *f*.

bi·o·log·ic [ˌbaɪəʊˈlɒdʒɪk] *adj.* (□ **~ally**) → **bi·oˈlog·i·cal** [-kl] *adj.* □ bio'logisch: **~ *warfare*** Bakterienkrieg *m*; **bi·ol·o·gist** [baɪˈɒlədʒɪst] *s.* Bio'loge *m*; **bi·ol·o·gy** [baɪˈɒlədʒɪ] *s.* Biolo'gie *f*.

bi·ol·y·sis [baɪˈɒləsɪs] *s. biol.* Bio'lyse *f*.

bi·on·ics [baɪˈɒnɪks] *s. pl. sg. konstr. phys.* Bi'onik *f*.

bi·o·nom·ics [ˌbaɪəʊˈnɒmɪks] *s. pl. sg. konstr. biol.* Ökolo'gie *f*; **bi·o·phys·ics** [ˌbaɪəʊˈfɪzɪks] *s. pl. sg. konstr.* Biophy'sik *f*.

bi·op·ic [baɪˈɒpɪk] *s.* biographisches Filmepos.

bi·op·sy [ˈbaɪɒpsɪ] *s.* ⚕ Biop'sie *f*.

bi·o·rhythm [ˈbaɪəʊˌrɪðəm] *s.* ⚕ 'Bioˌrhythmus *m*.

bi·o·sphere [ˈbaɪəʊˌsfɪə] *s.* Bio'sphäre *f*.

bi·o·tech·nol·o·gy [ˌbaɪəʊtekˈnɒlədʒɪ] *s.* Biotechnik *f*.

bi·o·tope [ˈbaɪəʊtəʊp] *s. biol. geogr.* Bio'top *m*, *n*.

bi·par·ti·san [ˌbaɪpɑːtɪˈzæn] *adj.* zwei Par'teien vertretend, Zweiparteien...; **ˌbi·par·tiˈsan·ship** [-ʃɪp] *s.* Zugehörigkeit *f* zu zwei Parteien; **bi·par·tite** [ˌbaɪˈpɑːtaɪt] *adj.* **1.** zweiteilig; **2.** *pol.*, ⚖ a) zweiseitig (*Vertrag etc.*), b) in doppelter Ausfertigung (*Dokumente*).

bi·ped [ˈbaɪped] *s. zo.* Zweifüß(l)er *m*.

bi·plane [ˈbaɪpleɪn] *s.* ✈ Doppel-, Zweidecker *m*.

birch [bɜːtʃ] **I** *s.* **1.** a) ⚘ Birke *f*, b) Birkenholz *n*; **2.** (Birken)Rute *f*; **II** *v/t.* **3.** mit der Rute züchtigen; '**birch·en** [-tʃən] *adj.* birken, Birken...; '**birch·ing** [-tʃɪŋ] *s.* (Ruten)Schläge *pl.*; '**birch·rod** → ***birch*** 2.

bird [bɜːd] *s.* **1.** Vogel *m*: ***~ of paradise*** Paradiesvogel; ***~ of passage*** Zugvogel (*a. fig.*); ***~ of prey*** Raub-, Greifvogel; F ***early ~*** Frühaufsteher *m*, wer früh kommt; ***the early ~ catches the worm*** Morgenstund hat Gold im Mund; ***~s of a feather flock together*** Gleich u. Gleich gesellt sich gern; ***kill two ~s with one stone*** zwei Fliegen mit e-r Klappe schlagen; ***a ~ in the hand is worth two in the bush*** ein Spatz in der Hand ist besser als e-e Taube auf dem Dach; ***fine feathers make fine ~s*** Kleider machen Leute; ***the ~ is*** (*od.* ***has***) ***flown*** *fig.* der Vogel ist ausgeflogen; ***give s.o. the ~*** j-n auspfeifen *od.* ‚abfahren lassen', j-m den Laufpass geben; F ***a little ~ told me*** mein kleiner Finger hat es mir gesagt; ***tell a child about the ~s and the bees*** ein Kind aufklären; ***that's for the ~s*** F das ist ‚für die Katz'; **2.** a) F ‚Knülch' *m*, Kerl *m*, b) *Brit. sl.* ‚Puppe' *f* (*Mädchen*): ***queer ~*** komischer Kauz; ***old ~*** alter Knabe; ***gay ~*** lustiger Vogel; **3.** *sl.* a) ‚Vogel' *m* (*Flugzeug*), b) *Am.* Rangabzeichen *n e-s Colonel etc.*; '**~·brain** *s.* F ‚Spatzen(ge)hirn' *n*; **~ cage** *s.* Vogelbauer *n*, -käfig *m*; '**~·call** *s.* Vogelruf *m*; Lockpfeife *f*; **~ dog** *s.* Hühnerhund *m*; **~ fan·ci·er** *s.* Vogelliebhaber(in), -züchter(in), -händler(in).

bird·ie ['bɜːdɪ] *s.* **1.** Vögelchen *n*; **2.** ‚Täubchen' *n* (*Kosewort*); **3.** *Golf*: 'Birdie *n* (*1 Schlag unter Par*).

bird| life *s.* Vogelleben *n*, -welt *f*; '**~·lime** *s.* Vogelleim *m*; '**~·man** *s.* [*irr.*] **1.** Vogelkenner *m*; **2.** ✈ F Flieger *m*; '**~-ˌnest·ing** *s.* Ausnehmen *n* von Vogelnestern; '**~·seed** *s.* Vogelfutter *n*.

'**bird's|-eye** [bɜːdz] **I** *s.* **1.** ⚘ A'donisröschen *n*; **2.** Feinschnittabak *m*; **3.** ✝ Pfauenauge(nmuster) *n*; **II** *adj.* **4.** ***~ view*** (Blick *m* aus der) Vogelperspektive *f*, allgemeiner Überblick; **~ nest** *s.* (*a. essbares*) Vogelnest.

bird watch·er *s.* Vogelbeobachter *m*.

bi·ro ['baɪərəʊ] *s.* (*TM*) *Brit.* Kugelschreiber *m*.

birth [bɜːθ] *s.* **1.** Geburt *f*; Wurf *m* (*Hunde etc.*): ***give ~ to*** gebären, zur Welt bringen, *fig.* hervorbringen, -rufen; ***by ~*** von Geburt; **2.** Abstammung *f*, Herkunft *f*; *engS.* edle Herkunft; **3.** Ursprung *m*, Entstehung *f*; **~ cer·tif·i·cate** *s.* Geburtsurkunde *f*; **~ con·trol** *s.* Geburtenregelung *f*, -beschränkung *f*; '**~·day** *s.* Geburtstag *m*: ***~ honours*** *Brit.* Titelverleihungen zum Geburtstag des Königs *od.* der Königin; ***in one's ~ suit*** im Adams- *od.* Evaskostüm; ***~ party*** Geburtstagsparty *f*; '**~·mark** *s.* Muttermal *n*; '**~·place** *s.* Geburtsort *m*; **~ rate** *s.* Geburtenziffer *f*: ***falling ~*** Geburtenrückgang *m*; '**~·right** *s.* (Erst-)Geburtsrecht *n*.

bis·cuit ['bɪskɪt] **I** *s.* **1.** *Brit.* Keks *m*: ***that takes the ~!*** F a) das ist doch das Allerletzte!, b) das ist (einsame) Spitze!; **2.** *Am.* weiches Brötchen; **3.** → ***biscuit ware***; **II** *adj.* **4.** a) blassbraun, b) graugelb; **~ ware** *s.* ⚙ Bis'kuit *n* (*Porzellan*).

bi·sect [baɪ'sekt] *v/t.* **1.** in zwei Teile zerschneiden; **2.** ⩕ halbieren; **bi·sec·tion** [ˌbaɪ'sekʃn] *s.* ⩕ Halbierung *f*.

bi·sex·u·al [ˌbaɪ'seksjʊəl] *adj. allg.* bisexu'ell.

bish·op ['bɪʃɒp] *s.* **1.** Bischof *m*; **2.** *Schach*: Läufer *m*; **3.** Bischof *m* (*Getränk*); '**bish·op·ric** [-rɪk] *s.* Bistum *n*, Diö'zese *f*.

bi·son ['baɪsn] *s. zo.* **1.** Bison *m*, amer. Büffel *m*; **2.** euro'päischer Wisent.

bis·sex·tile [bɪ'sekstaɪl] **I** *s.* Schaltjahr *n*; **II** *adj.* Schalt...: ***~ day*** Schalttag *m*.

bit¹ [bɪt] *s.* **1.** Gebiss *n* (*am Pferdezaum*): ***take the ~ between one's teeth*** a) durchgehen (*Pferd*), b) störrisch werden (*a. fig.*), c) *fig.* ‚rangehen'; → ***champ¹***; **2.** *fig.* Zaum *m*, Zügel *m u. pl.*; **3.** ⚙ a) Bohrerspitze *f*, b) Hobeleisen *n*, c) Maul *n* der Zange *etc.*, d) Bart *m* des Schlüssels.

bit² [bɪt] *s.* **1.** Stückchen *n*: ***a ~ of bread***; ***a ~*** ein bisschen, ein wenig, leicht; ***a ~ of a ...*** so et. wie ein(e) ...; ***a ~ of a fool*** etwas närrisch; ***~ by ~*** Stück für Stück, allmählich; ***after a ~*** nach e-m Weilchen; ***every ~ as good*** ganz genauso gut; ***not a ~ better*** kein bisschen besser; ***not a ~*** (***of it***) ‚keine Spur', ganz und gar nicht; ***do one's ~*** a) s-e Pflicht tun, b) s-n Beitrag leisten; ***give s.o. a ~ of one's mind*** j-m (gehörig) die Meinung sagen; **2.** kleine Münze: a) *Brit.* F ***threepenny ~***, b) *Am.* F ***two ~s*** 25 Cent; **3.** F ‚Mieze' *f* (*Mädchen*); **4.** *a.* ***~ part*** *thea.* F kleine Rolle: ***~ player***.

bit³ [bɪt] *s. Computer*: Bit *n*.

bit⁴ [bɪt] *pret. von* ***bite***.

bitch [bɪtʃ] **I** *s.* **1.** Hündin *f*; **2.** *a.* ***~ fox*** Füchsin *f*; *a.* ***~ wolf*** Wölfin *f*; **3.** V *contp.* a) Schlampe *f*, b) ‚Miststück' *n*; **4.** *sl.* ‚Scheißding' *n*; **II** *v/t.* **5.** *sl. a.* ***~ up*** ‚versauen'; **III** *v/i.* **6.** *sl.* ‚meckern'; **bitch·y** ['bɪtʃɪ] *adj.* F ‚gemein'.

bite [baɪt] **I** *s.* **1.** Beißen *n*, Biss *m*; Stich *m* (*Insekt*): ***put the ~ on s.o.*** *Am. sl.* j-n unter Druck setzen; **2.** Bissen *m*, Happen *m*: ***not a ~ to eat***; **3.** (An-)Beißen *n* (*Fisch*); **4.** ⚙ Fassen *n*, Greifen *n*; **5.** *fig.* a) Bissigkeit *f*, Schärfe *f*, Spitze *f*, b) ‚Biss' *m* (*Aggressivität*): ***the ~ was gone***; **6.** *fig.* Würze *f*, Geist *m*; **II** *v/t.* [*irr.*] **7.** beißen: ***~ one's lips*** sich auf die Lippen (*fig.* auf die Zunge) beißen; ***~ one's nails*** an den Nägeln kauen; ***bitten with a desire*** *fig.* von e-m Wunsch gepackt; ***what's biting you?*** *Am. sl.* was ist mit dir los?; → ***dust*** 1; **8.** beißen, stechen (*Insekt*); **9.** ⚙ fassen, greifen; schneiden in (*acc.*); **10.** ⚗ beizen, zerfressen, angreifen; beschädigen; **11.** F *pass.*: ***be bitten*** hereingefallen sein; ***once bitten twice shy*** ein gebranntes Kind scheut das Feuer; **III** *v/i.* [*irr.*] **12.** beißen; **13.** (an-)beißen; *fig.* sich verlocken lassen; **14.** ⚙ fassen, greifen (*Rad*, *Bremse*, *Werkzeug*); **15.** *fig.* beißen, schneiden, brennen, stechen, scharf sein (*Kälte*, *Wind*, *Gewürz*, *Schmerz*); **16.** *fig.* beißend *od.* verletzend sein; **~ off** *v/t.* abbeißen: ***~ more than one can chew*** sich zu viel zumuten.

bit·er ['baɪtə] *s.*: ***the ~ bit*** der betrogene Betrüger; ***the ~ will be bitten*** wer andern e-e Grube gräbt, fällt selbst hinein.

bit·ing ['baɪtɪŋ] *adj.* ☐ *a. fig.* beißend, scharf, schneidend.

bit·ten ['bɪtn] *p.p. von* ***bite***.

bit·ter ['bɪtə] **I** *adj.* ☐ → *a.* 4; **1.** bitter (*Geschmack*); **2.** *fig.* bitter (*Schicksal*, *Wahrheit*, *Tränen*, *Worte etc.*), schmerzlich, hart: ***to the ~ end*** bis zum bitteren Ende; **3.** *fig.* verärgert, böse, verbittert; streng, unerbittlich; rau, unfreundlich (*a. Wetter*); **II** *adv.* **4.** *nur*: ***~ cold*** bitter kalt; **III** *s.* **5.** Bitterkeit *f* (*a. fig.*): ***take the ~ with the sweet*** das Leben (so) nehmen, wie es ist; **6.** *a.* ***~ beer*** *Brit. stark gehopftes Fassbier*; **7.** *pl.* Magenbitter *m*.

bit·tern¹ ['bɪtən] *s. orn.* Rohrdommel *f*.

bit·tern² ['bɪtən] *s.* **1.** ⚗ Mutterlauge *f*; **2.** Bitterstoff *m* (*für Bier*).

bit·ter·ness ['bɪtənɪs] *s.* **1.** Bitterkeit *f*; **2.** *fig.* Bitterkeit *f*, Schmerzlichkeit *f*; **3.** *fig.* Verbitterung *f*, Härte *f*, Grausamkeit *f*.

'**bit·ter·sweet** **I** *adj.* bittersüß; halbbitter; **II** *s.* ⚘ Bittersüß *n*.

bi·tu·men ['bɪtjʊmɪn] *s.* **1.** *min.* Bi'tumen *n*, Erdpech *n*, As'phalt *m*; **2.** *geol.* Bergteer *m*.

bi·tu·mi·nous [bɪ'tjuːmɪnəs] *adj. min.* bitumi'nös, as'phalt-, pechhaltig; **~ coal** *s.* Stein-, Fettkohle *f*.

bi·va·lent ['baɪˌveɪlənt] *adj.* ⚗ zweiwertig.

bi·valve ['baɪvælv] *s. zo.* zweischalige Muschel (*z.B. Auster*).

biv·ouac ['bɪvʊæk] **I** *s.* 'Biwak *n*; **II** *v/i.* biwakieren.

bi·week·ly [ˌbaɪ'wiːklɪ] **I** *adj. u. adv.* **1.** zweiwöchentlich, vierzehntägig, halbmonatlich; **2.** zweimal die Woche; **II** *s.* **3.** Halbmonatsschrift *f*.

biz [bɪz] *s.* F *für* ***business***.

bi·zarre [bɪ'zɑː] *adj.* bi'zarr, fan'tastisch, ab'sonderlich.

blab [blæb] **I** *v/t.* ausplaudern; **II** *v/i.* schwatzen; **III** *s.* Schwätzer(in), Klatschbase *f*, -weib *n*; '**blab·ber** [-bə] *s.* Schwätzer(in).

black [blæk] **I** *adj.* **1.** schwarz (*a. Tee*, *Kaffee*): ***~ as coal*** (*od.* ***the devil*** *od.* ***ink*** *od.* ***night*** *od.* ***pitch***) kohlrabenschwarz, pechschwarz; → ***black eye***, ***belt*** 1, 5, ***diamond*** 1; **2.** dunkel: ***~ in the face*** dunkelrot im Gesicht (*vor Aufregung etc.*); **3.** dunkel(häutig): ***~ man*** Schwarzer *m*, Neger *m*; **4.** schwarz, schmutzig: ***~ hands***; **5.** *fig.* dunkel, trübe, düster (*Gedanken*, *Wetter*); **6.** böse, schlecht: ***~ soul*** schwarze Seele; ***not so ~ as he is painted*** besser als sein Ruf; **7.** ‚schwarz', ungesetzlich: ***~ economy*** Schattenwirtschaft *f*; **8.** ärgerlich, böse: ***~ look***(***s***) böser Blick; ***look ~ at s.o.*** j-n böse anblicken; **9.** schlimm: ***~ despair*** völlige Verzweiflung; **10.** *Am.* eingefleischt; **11.** ‚schwarz' (*makaber*): ***~ humo***(***u***)***r***; **12.** *TV* schwarz'weiß; **II** *s.* **13.** Schwarz *n*; **14.** *et.* Schwarzes, schwarzer Fleck: ***wear ~*** Trauer(kleidung) tragen; **15.** Schwarze(r *m*) *f*, Neger(in); **16.** Schwärze *f*, schwarze Schuhcreme; **17.** ***be in the ~*** *bsd.* ✝ a) mit Gewinn arbeiten, b) aus den roten Zahlen heraus sein; **III** *v/t.* **18.** schwärzen, *Schuhe* wichsen; **~ out I** *v/t.* **1.** (völlig) abdunkeln, *a.* ⚔ verdunkeln; **2.** ⚙ *u. fig.* ausschalten, außer Betrieb setzen; *Funkstation* (durch Störgeräusche) ausschalten; **3.** *j-n* bewusstlos machen; **4.** *fig.* (*a. durch Zensur*) unter'drücken; **II** *v/i.* **5.** sich verdunkeln; **6.** a) das Bewusstsein verlieren, b) e-n ‚Black-out' haben; **7.** ⚙ *etc.* ausfallen.

black Af·ri·ca *s. pol.* Schwarzafrika *n*.

black·a·moor ['blækəˌmʊə] *s. obs.* Neger(in *f*) *m*, Mohr(in *f*) *m*.

black| and blue *adj.*: ***beat s.o. ~*** j-n

grün und blau schlagen; ~ **and tan** *adj.* schwarz mit braunen Flecken; ~ **and white** *s.* **1.** Schwarz'weißzeichnung *f*; **2.** *in* ~ schwarz auf weiß, schriftlich, gedruckt; **3.** *TV etc.* schwarz'weiß; ~ **art** → *black magic*; ~ **ball** *s.* schwarze (Wahl)Kugel; *fig.* Gegenstimme *f*; '~**ball** *v/t.* gegen *j-n* stimmen, *j-n* ausschließen; ~ **bee·tle** *s. zo.* Küchenschabe *f*; '~**·ber·ry** [-bəri] *s.* ⚘ Brombeere *f*; '~**·bird** *s. orn.* Amsel *f*; '~**·board** *s.* (Schul-, Wand)Tafel *f*; ~ **box** *s.* ✈ Flugschreiber *m*; ~ **cap** *s.* schwarze Kappe (*des Richters bei Todesurteilen*); '~**·cap** *s. orn.* a) Kohlmeise *f*, b) Schwarzköpfige Grasmücke; ~ **cat·tle** *s. zo.* schwarze Rinderrasse; '~**-,coat(·ed)** *adj. Brit.*: ~ *worker* Büroangestellte(r) *m* (*Ggs. Arbeiter*); '~**·cock** *s. orn.* Schwarzes Schottisches Moorhuhn (*Hahn*); ♀ **Coun·try** *s.* Indu'striegebiet *n* von Staffordshire u. Warwickshire; ,~'**cur·rant** [-'kʌrənt] *s.* Schwarze Jo'hannisbeere; ♀ **Death** *s. der* schwarze Tod, Pest *f*; ~ **dog** *s.* F schlechte Laune.

black·en ['blækən] **I** *v/t.* **1.** schwärzen; wichsen; **2.** *fig.* anschwärzen: ~*ing the memory of the deceased* ⚖ Verunglimpfung *f* Verstorbener; **II** *v/i.* **3.** schwarz werden.

black| eye *s.* ‚blaues Auge': *get away with a* ~ mit e-m blauen Auge davonkommen; '~**·face** *s. typ.* (halb)fette Schrift; ~ **flag** *s.* schwarze (Pi'raten-) Flagge; ♀ **Fri·ar** *s. eccl.* Domini'kaner *m*; ~ **frost** *s.* strenge, aber trockene Kälte; ~ **game** *s. orn.* schwarzes Rebhuhn; ~ **grouse** *s. orn.* Birkhuhn *n*.

black·guard ['blægɑːd] **I** *s.* Lump *m*, Schuft *m*; **II** *v/t. j-n* beschimpfen; '**black·guard·ly** [-li] *adj.* gemein; unflätig.

'**black|·head** *s.* ✱ Mitesser *m*; ~ **hole** *s. ast.* schwarzes Loch; ~ **ice** *s.* Glatteis *n*.

black·ie ['blæki] *s.* → *blacky*.

black·ing ['blækɪŋ] *s.* **1.** schwarze (Schuh)Wichse; **2.** (Ofen)Schwärze *f*.

black·ish ['blækɪʃ] *adj.* schwärzlich.

'**black|·jack I** *s.* **1.** → *black flag*; **2.** *Am.* Totschläger *m* (*Waffe*); **3.** 'Siebzehnund'vier *n* (*Kartenspiel*); **II** *v/t.* **4.** *Am.* mit e-m Totschläger zs.-schlagen; ~ **lead** [led] *s. min.* Gra'phit *m*, Reißblei *n*; ,~-'**lead pen·cil** *s.* Graphitstift *m*; '~**·leg I** *s.* **1.** a) Falschspieler *m*, b) Wettbetrüger *m*; **2.** *Brit.* Streikbrecher *m*; **II** *v/i.* **3.** als Streikbrecher auftreten; ~ **let·ter** *s. typ.* Frak'tur *f*, gotische Schrift; ,~-'**let·ter** *adj.*: ~ *day* schwarzer Tag, Unglückstag *m*; '~**·list I** *s.* schwarze Liste; **II** *v/t. j-n* auf die schwarze Liste setzen; ~ **mag·ic** *s.* schwarze Ma'gie; '~**·mail I** *s.* **1.** ⚖ Erpressung *f*; **2.** Erpressungsgeld *n*; **II** *v/t.* **3.** *j-n* erpressen, von *j-m* Geld erpressen: ~ *s.o. into s.th* j-n durch Erpressung zu et. zwingen; '~,**mail·er** *s.* Erpresser *m*; ♀ **Ma·ri·a** [mə'raɪə] *s.* F ‚Grüne Minna', (Poli'zei)Gefangenenwagen *m*; ~ **mark** *s.* schlechte Note, Tadel *m*; ~ **mar·ket** *s.* schwarzer Markt, Schwarzmarkt *m*, -handel *m* (*in* mit); ~ **mar·ket·eer** *s.* Schwarzhändler(in); ~ **mass** *s.* schwarze Messe, Teufelsmesse *f*; ~ **monk** *s.* Benedik'tiner(mönch) *m*.

black·ness ['blæknɪs] *s.* **1.** Schwärze *f*, Dunkelheit *f*; **2.** *fig.* Verderbtheit *f*, Ab'scheulichkeit *f*.

'**black|·out** *s.* **1.** *bsd.* ⚔ Verdunkelung *f*; **2.** (*Nachrichten- etc.*)Sperre *f*: *news* ~; **3.** ✱ a) Black-out *n*, *m* (*kurze Ohnmacht, Bewusstseinsstörung etc.*), b) Bewusstlosigkeit *f*, Ohnmacht *f*; **4.** ⚙ *u. fig.* Ausfall *m*; ⚡ to'taler Stromausfall; **5.** *TV* a) Austasten *n*, b) Pro'gramm- *od.* Bildausfall *m*; **6.** *phys. etc., a. thea.* Black-out *n*, *m*; ♀ **Prince** *s. der* Schwarze Prinz (*Eduard, Prinz von Wales*); ~ **pud·ding** *s. Brit.* Blutwurst *f*; ♀ **Rod** *s.* **1.** oberster Dienstbeamter des brit. Oberhauses; **2.** erster Zere'monienmeister des Hosenbandordens; ~ **sheep** *s. fig.* schwarzes Schaf; '~**·shirt** *s.* Schwarzhemd *n* (*italienischer Faschist*); '~**·smith** *s.* (Grob-, Huf)Schmied *m*; ~ **spot** *s. mot.* schwarzer Punkt, Gefahrenstelle *f*; '~**·strap** *s. Am.* **1.** *Getränk aus Rum u. Sirup*; **2.** F Rotwein *m* aus dem Mittelmeergebiet; '~**·thorn** *s.* ⚘ Schwarz-, Schlehdorn *m*; ~ **tie** *s.* **1.** schwarze Fliege; **2.** Smoking *m*; '~**·top** *s.* Asphaltbelag *m od.* -straße *f*; '~,**wa·ter fe·ver** *s.* ✱ Schwarzwasserfieber *n*; ~ **wid·ow** *s. zo.* Schwarze Witwe (*Spinne*).

black·y ['blæki] *s.* F Schwarze(r *m*) *f* (*Neger od. Schwarzhaarige[r]*).

blad·der ['blædə] *s.* **1.** *anat.* (Gallen-, *engS.* Harn)Blase *f*; **2.** (*Fußball- etc.*) Blase *f*; **3.** *zo.* Schwimmblase *f*; ~ **wrack** *s.* ⚘ Blasentang *m*.

blade [bleɪd] *s.* **1.** ⚘ Blatt *n* (*mst poet.*), Spreite *f* (*e-s Blattes*), Halm *m*: *in the* ~ auf dem Halm; ~ *of grass* Grashalm; **2.** ⚙ Blatt *n* (*Säge, Axt, Schaufel, Ruder*); **3.** ⚙ a) Flügel *m* (*Propeller*); *Hubschrauber*: Rotor *m*, Drehflügel *m*, b) Schaufel *f* (*Schiffsrad, Turbine*); **4.** ⚙ Klinge *f* (*Messer, Degen etc.*); **5.** → *shoulder blade*; **6.** *poet.* a) Degen *m*, Klinge *f*, b) Kämpfer *m*; **7.** F (forscher) Kerl, Bursche *m*.

blae·ber·ry ['bleɪbəri] → *bilberry*.

blah[1] [blɑː] *a.* ,**blah-'blah** F **I** *s.* ‚Bla'bla' *n*, Geschwafel *n*; **II** *v/i.* schwafeln.

blah[2] [blɑː] F **I** *adj.* (stink)fad; **II** *s. pl. Am.* a) Langeweile *f*, b) ‚mieses Gefühl'.

blain [bleɪn] *s.* ✱ Pustel *f*.

blam·a·ble ['bleɪməbl] *adj.* □ zu tadeln(d), schuldig; **blame** [bleɪm] **I** *v/t.* **1.** tadeln, rügen, *j-m* Vorwürfe machen (*for* wegen); **2.** (*for*) verantwortlich machen (für), *j-m* die Schuld geben (an *dat.*): *he is to* ~ *for it* er ist daran schuld; *he has only himself to* ~ das hat er sich selbst zuzuschreiben; *I cannot* ~ *him for it* ich kann es ihm nicht verübeln; **II** *s.* **3.** Tadel *m*, Vorwurf *m*, Rüge *f*; **4.** Schuld *f*, Verantwortung *f*: *lay* (*od. put*) *the* ~ *on s.o.* j-m die Schuld geben; *bear* (*od. take*) *the* ~ die Schuld auf sich nehmen; '**blame·less** [-lɪs] *adj.* □ untadelig, schuldlos (*of* an *dat.*); '**blame·less·ness** [-lɪsnɪs] *s.* Schuldlosigkeit *f*, Unschuld *f*; '**blame,wor·thy** *adj.* tadelnswert, schuldig.

blanch [blɑːntʃ] **I** *v/t.* **1.** bleichen, weiß machen; *fig.* erbleichen lassen; **2.** ✓ (*durch Ausschluss von Licht*) bleichen; **3.** *Küche*: *Mandeln etc.* blanchieren, brühen; **4.** ⚙ weiß sieden; brühen; **5.** ~ *over fig.* beschönigen; **II** *v/i.* **6.** erbleichen.

blanc·mange [blə'mɒnʒ] *s. Küche*: Pudding *m*.

bland [blænd] *adj.* □ **1.** a) mild, sanft, b) höflich, verbindlich, c) (ein)schmeichelnd; **2.** a) kühl, b) i'ronisch.

blan·dish ['blændɪʃ] *v/t.* schmeicheln, zureden (*dat.*); '**blan·dish·ment** [-mənt] *s.* Schmeichelei *f*, Zureden *n*; *pl.* Über'redungskünste *pl*.

blank [blæŋk] **I** *adj.* □ **1.** leer, nicht ausgefüllt, unbeschrieben; Blanko... (*bsd.* ✝): *a* ~ *page*; ~ *space Computer etc.*: Leerzeichen *n*; *a* ~ *space a.* ein leerer Raum; ~ *tape* Leerband *n*; *in* ~ blanko; *leave* ~ frei lassen; ~ *acceptance* Blankoakzept *n*; ~ *signature* Blankounterschrift *f*; → *cheque*; **2.** leer, unbebaut; **3.** blind (*Fenster, Tür*); **4.** leer, ausdruckslos; **5.** verdutzt, verblüfft, verlegen: *a* ~ *look*; **6.** bar, rein, völlig: ~ *astonishment* sprachloses Erstaunen; ~ *despair* helle Verzweiflung; **7.** → *cartridge* 1, *fire* 13, *verse* 3; **II** *s.* **8.** Formblatt *n*, Formu'lar *n*, Vordruck *m*; unbeschriebenes Blatt (*a. fig.*); **9.** leerer *od.* freier Raum (*bsd. für Wort[e] od. Buchstaben*); Lücke *f*, Leere *f* (*a. fig.*): *leave a* ~ e-n freien Raum lassen (*beim Schreiben etc.*); *his mind was a* ~ a) er hatte alles vergessen, b) in s-m Kopf herrschte völlige Leere; **10.** *Lotterie*: Niete *f*: *draw a* ~ a) e-e Niete ziehen, b) *fig.* kein Glück haben; **11.** *bsd. sport* Null *f*; **12.** *das* Schwarze (*Zielscheibe*); **13.** Öde *f*, Nichts *n*; **14.** ⚙ unbearbeitetes Werkstück, Rohling *m*; ungeprägte Münzplatte; **15.** Gedankenstrich *m* (*an Stelle e-s [unanständigen] Wortes*), ‚Pünktchen' *pl.*; **III** *v/t.* **16.** *mst* ~ *out* a) verhüllen, auslöschen, b) *fig.* ‚erledigen', abtun; **17.** ~ *out typ.* gesperrt drucken; **18.** *Wort* durch e-n Gedankenstrich *od.* Pünktchen ersetzen; **19.** *TV Brit.* austasten; **20.** *sport* zu null schlagen.

blan·ket ['blæŋkɪt] **I** *s.* **1.** (wollene) Decke, Bettdecke *f*: *get between the* ~*s* F in die Federn kriechen; *born on the wrong side of the* ~ F unehelich; → *wet* 1; **2.** *fig.* Decke *f*, Hülle *f*: ~ *of snow* Schneedecke; **3.** ⚙ 'Filz,unterlage *f*; **II** *v/t.* **4.** zudecken; **5.** ⚓ den Wind abfangen (*dat.*); **6.** *fig.* verdecken, unter'drücken, ersticken, vertuschen; **7.** ⚡, ⚔ abschirmen; **8.** *Radio*: stören, über'lagern; **9.** prellen; **10.** *Am.* zs.-fassen, um'fassen; **III** *adj.* **11.** alles einschließend, gene'rell: ~ *clause* Generalklausel *f*; ~ *insurance* Kollektivversicherung *f*; ~ *mortgage* Gesamthypothek *f*; ~ *policy* Pauschalpolice *f*; ~ *sheet Am.* Zeitung *f* in Großfolio.

blan·ket·ing ['blæŋkɪtɪŋ] *s.* Stoff *m* für Wolldecken.

blare [bleə] **I** *v/i. u. v/t.* a) schmettern (*Trompete*), b) brüllen, plärren (*a. Radio etc.*); **II** *s.* a) Schmettern *n*, b) Brüllen *n*, Plärren *n*, c) Lärm *m*.

blar·ney ['blɑːni] F **I** (plumpe) Schmeiche'lei, ‚Schmus' *m*; **II** *v/t. u. v/i.* (*j-m*) schmeicheln.

bla·sé ['blɑːzeɪ] (*Fr.*) *adj.* gleichgültig, gelangweilt.

blas·pheme [blæs'fiːm] **I** *v/t.* (*engS. Gott*) lästern; schmähen; **II** *v/i.*: ~ *against j-m* fluchen, *j-n* lästern; **blas'phem·er** [-mə] *s.* (Gottes)Lästerer *m*; **blas·phe·mous** ['blæsfəməs] *adj.* □ blas'phemisch; **blas·phe·my** ['blæsfəmi] *s.* **1.** Blasphe'mie *f*, (Gottes)Lästerung *f*; **2.** Fluchen *n*.

blast [blɑːst] **I** *s.* **1.** (heftiger) Windstoß *m*; **2.** ♪ Schmettern *n*, Schall *m*: ~ *of a trumpet* Trompetenstoß *m*; **3.** Si'gnal *n*, (Heul-, Pfeif)Ton *m*; Tuten *n*; **4.** *fig.* Pesthauch *m*, Fluch *m*; **5.** ⚘ Brand *m*,

Mehltau *m*; Verdorren *n*; **6.** ⚙ a) Sprengladung *f*, b) Sprengung *f*; **7.** a) Explosi'on *f*, Detonati'on *f*, b) *a.* ***~ wave*** Druckwelle *f*; **8.** ⚙ Gebläse(luft *f*) *n*: (***at***) ***full ~*** *a. fig.* auf Hochtouren, *a.* mit voller Lautstärke; **9.** F a) heftige At'tacke, b) ‚Anschiss' *m*; **10.** *Am. sl.* Party *f*; **II** *v/t.* **11.** sprengen; **12.** *a.* ⚘ vernichten (*a.* F *sport*), *fig. a.* zu'nichte machen; **13.** ✕ unter Beschuss nehmen, *fig. a.* heftig attackieren, F ‚anscheißen'; *Science Fiction*: durch Strahler(schuss) töten; **14.** verfluchen: ***~ed*** verflucht; ***~ it!*** verdammt!; ***~ him!*** der Teufel soll ihn holen!; **15.** ***~ off*** in den Weltraum schießen; **III** *v/i.* **16.** sprengen; **17.** ‚knallen': ***~ away at*** ballern auf (*acc.*), *fig.* heftig attackieren; **18.** ***~ off*** abheben (*Rakete*); ***~ fur·nace*** *s.* ⚙ Hochofen *m*; **'~·hole** *s.* ⚙ Sprengloch *n*; **'~·off** *s.* (Ra'keten)Start *m*.

bla·tan·cy ['bleɪtənsɪ] *s.* lärmendes Wesen, Angebe'rei *f*; **'bla·tant** [-nt] *adj.* □ **1.** brüllend; **2.** marktschreierisch, lärmend; **3.** aufdringlich; **4.** offenkundig, ekla'tant: ***~ lie***.

blath·er ['blæðə] **I** *v/i.* ‚(blöd) quatschen'; **II** *s.* ‚Gewäsch' *n*; Quatsch *m*; **'~·skite** [-skaɪt] *s.* F **1.** ‚Quatschkopf' *m*; **2.** → ***blather*** II.

blaze [bleɪz] **I** *s.* **1.** *lodernde* Flamme, Feuer *n*, Glut *f*: ***be in a ~*** in Flammen stehen; **2.** *pl.* Hölle *f*: ***go to ~s!*** *sl.* scher dich zum Teufel!; ***like ~s*** F wie verrückt *od.* toll; ***what the ~s is the matter?*** F was zum Teufel ist denn los?; **3.** Leuchten *n*, Glanz *m* (*a. fig.*): ***~ of noon*** Mittagshitze *f*; ***~ of fame*** Ruhmesglanz *m*; ***~ of colo(u)r*** Farbenpracht *f*; ***~ of publicity*** volles Licht der Öffentlichkeit; **4.** *fig.* (plötzlicher) Ausbruch, Auflodern *n* (*Gefühl*): ***~ of anger*** Wutanfall *m*; **5.** Blesse *f* (*bei Rind od. Pferd*); **6.** Anschalmung *f*, Markierung *f an Waldbäumen*; **II** *v/i.* **7.** (auf)flammen, (auf)lodern, (ent)brennen (*alle a. fig.*): ***~ into prominence*** *fig.* e-n kometenhaften Aufstieg erleben; ***~ with anger*** vor Zorn glühen; ***in a blazing temper*** in heller Wut; **8.** leuchten, strahlen (*a. fig.*); **III** *v/t.* **9.** Bäume anschalmen; → ***trail*** 15;

Zssgn mit adv.:

blaze| a·broad *v/t.* verkünden, 'auspo‚saunen; ***~ a·way*** *v/i.* drauf'losschießen; *fig.* F loslegen (***at*** mit *et.*), herziehen (***about*** über *acc.*); ***~ out***, ***~ up*** *v/i.* **1.** auflodern, -flammen; **2.** *fig.* in Wut geraten, (wütend) auffahren.

blaz·er ['bleɪzə] *s.* Blazer *m*, Klub-, Sportjacke *f*.

blaz·ing ['bleɪzɪŋ] *adj.* **1.** lodernd (*a. fig.*); **2.** *fig.* a) schreiend, auffallend: ***~ colo(u)rs***, b) offenkundig, ekla'tant: ***~ lie***, c) *hunt.* warm (*Fährte*); → ***scent*** 3; **3.** F verteufelt; ***~ star*** *s.* Gegenstand *m* allgemeiner Bewunderung.

bla·zon ['bleɪzn] **I** s. **1.** a) Wappenschild *m*, *n* b) Wappenkunde *f*; **2.** lautes Lob; **II** *v/t.* **3.** *Wappen* ausmalen; **4.** *fig.* schmücken, zieren; **5.** *fig.* her'ausstreichen, rühmen; **6.** *mst* ***~ abroad***, ***~ out*** 'auspo‚saunen; **'bla·zon·ry** [-rɪ] *s.* **1.** a) Wappenzeichen *n*, b) He'raldik *f*; **2.** *fig.* Farbenschmuck *m*.

bleach [bliːtʃ] **I** *v/t.* bleichen (*a. fig.*); **II** *s.* Bleichmittel *n*; **'bleach·er** [-tʃə] *s.* **1.** Bleicher(in); **2.** *mst pl. Am. sport* 'unüber‚dachte Tri'büne.

bleak [bliːk] *adj.* □ **1.** kahl, öde; **2.** ungeschützt, windig (gelegen); **3.** rau (*Wind, Wetter*); **4.** *fig.* trost-, freudlos, trübe, düster: ***~ prospects*** trübe Aussichten.

blear [blɪə] **I** *adj.* verschwommen, trübe (*a. Augen*); **II** *v/t.* trüben; ***~-eyed*** ['blɪəraɪd] *adj.* **1.** a) mit trüben Augen, b) verschlafen; **2.** kurzsichtig, *fig. a.* einfältig.

bleat [bliːt] *v/i.* **1.** blöken (*Schaf, Kalb*), meckern (*Ziege*); **2.** in weinerlichem Ton reden; **II** *s.* **3.** Blöken *n*, Gemecker *n* (*a. fig.*).

bled [bled] *pret. u. p.p. von* ***bleed***.

bleed [bliːd] [*irr.*] **I** *v/i.* **1.** (ver)bluten (*a. Pflanze*): ***~ to death*** verbluten; **2.** sein Blut vergießen, sterben (***for*** für); **3.** *fig.* (***for***) bluten (um) (*Herz*), (tiefes) Mitleid empfinden (mit); **4.** F ‚bluten' (*zahlen*): ***~ for s.th.*** für et. schwer bluten müssen; **5.** auslaufen, ‚bluten' (*Farbe*); zerlaufen (*Teer etc.*); leck sein, lecken; **6.** *typ.* angeschnitten *od.* bis eng an den Druck beschnitten sein (*Buch, Bild*); **II** *v/t.* **7.** ⚕ zur Ader lassen; **8.** *Flüssigkeit, Dampf etc.* ausströmen lassen, abzapfen: ***~ valve*** Ablassventil *n*; **9.** ⚙, *bsd. mot. Bremsleitung* entlüften; **10.** F ‚bluten lassen', schröpfen: ***~ white*** *j-n* bis zum Weißbluten auspressen; **'bleed·er** [-də] *s.* **1.** ⚕ Bluter *m*; **2.** F a) Erpresser *m*, b) (blöder *etc.*) Kerl, c) ‚Scheißding' *n*; **3.** ⚙ 'Ablassven‚til *n*; **4.** ⚡ 'Vorbelastungs‚widerstand *m*.

bleed·ing ['bliːdɪŋ] **I** *s.* **1.** Blutung *f*, Aderlass *m* (*a. fig.*): ***~ of the nose*** Nasenbluten *n*; **2.** ⚙ ‚Bluten' *n*, Auslaufen *n* (*Farbe, Teer*); **3.** ⚙ Entlüften *n*; **II** *adj.* **4.** *sl.* verdammt; ***~ heart*** *s.* ⚘ F Flammendes Herz.

bleep [bliːp] **I** *s.* **1.** Piepton *m*; **2.** → ***bleeper***; **II** *v/i.* **3.** piepen; **'bleep·er** [-pə] *s.* F ‚Piepser' *m* (*Funkrufempfänger*).

blem·ish ['blemɪʃ] **I** *v/t.* verunstalten, schaden (*dat.*); *fig.* beflecken; **II** *s.* Fehler *m*, Mangel *m*; Makel *m*, Schönheitsfehler *m*.

blench[1] [blentʃ] **I** *v/i.* **1.** verzagen; **2.** zu'rückschrecken (***at*** vor *dat.*); **II** *v/t.* (ver)meiden.

blench[2] [blentʃ] → ***blanch*** 6.

blend [blend] **I** *v/t.* **1.** (ver)mengen, (ver)mischen, verschmelzen; **2.** mischen, mixen; e-e (*Tee-, Tabak-, Whisky*)Mischung zs.-stellen; *Wein etc.* verschneiden; **II** *v/i.* **3.** (***with***) sich mischen *od.* har'monisch verbinden (mit); **4.** verschmelzen, inein'ander 'übergehen (*Farben*); **III** *s.* **5.** Mischung *f*, (harmonische) Zs.-stellung (*Getränke, Tabak, Farben*); (*Wein*)Verschnitt *m*; ***~ word*** *s. ling.* Misch-, Kurzwort *n*.

blende [blend] *s. min.* Blende *f*, *engS.* Zinkblende *f*.

blend·er ['blendə] *s.* Mixer *m*, 'Mixma‚schine *f*.

Blen·heim or·ange ['blenɪm] *s. Brit. eine Apfelsorte*.

blent [blent] *obs. pret. u. p.p. von* ***blend***.

bless [bles] *v/t.* **1.** segnen; **2.** segnen, preisen; glücklich machen: ***~ed with*** gesegnet mit (*Talent, Reichtum etc.*); ***I ~ the day I met you*** ich segne *od.* preise den Tag, an dem ich dich kennen lernte; ***~ one's stars*** sich glücklich schätzen; **3.** ***~ o.s.*** sich bekreuzigen;

Besondere Redewendungen:

(***God***) ***~ you!*** a) alles Gute!, b) *beim Niesen*: Gesundheit!; ***well, I'm ~ed!*** F na, so was!; ***I'm ~ed if I know*** F ich weiß es wirklich nicht; ***Mr. Brown, ~ him*** Herr Brown, der Gute; ***~ my soul!*** F du meine Güte!; ***not at all, ~ you!*** *iro.* o nein, mein Verehrtester! *od.* meine Beste!; ***~ that boy, what is he doing there?*** F was zum Kuckuck stellt der Junge dort an?; ***not to have a penny to ~ o.s. with*** keinen roten Heller besitzen.

bless·ed ['blesɪd] **I** *adj.* **1.** gesegnet, selig, glücklich: ***of ~ memory*** seligen Angedenkens; ***~ event*** freudiges Ereignis (*Geburt e-s Kindes*); **2.** gepriesen, selig, heilig: ***the ♀ Virgin*** die Heilige Jungfrau (Maria); **3.** ***the whole ~ day*** F den lieben langen Tag; ***not a ~ soul*** keine Menschenseele; **II** *s.* **4.** ***the ~*** (***ones***) die Seligen; **'bless·ed·ness** [-nɪs] *s.* Glück'seligkeit *f*, Glück *n*; Seligkeit *f*: ***live in single ~*** Junggeselle sein; **'bless·ing** [-sɪŋ] *s.* Segen *m*, Segnung *f*, Wohltat *f*, Gnade *f*: ***ask a ~*** a) Segen erbitten, b) das Tischgebet sprechen; ***what a ~ that ...*** welch ein Segen, dass ...; ***it turned out to be a ~ in disguise*** es stellte sich im nachhinein als Segen heraus; ***count one's ~s*** dankbar sein für das, was e-m beschert ist; ***give one's ~ to*** s-n Segen geben zu, *fig. a. et.* absegnen.

blest [blest] **I** *poet. pret. u. p.p. von* ***bless***; **II** *pred. adj. poet.* → ***blessed***; **III** *s.*: ***the Isles of the ♀*** die Inseln der Seligen.

bleth·er ['bleðə] → ***blather***.

blew [bluː] *pret. von* ***blow***[1] II *u.* III *u.* ***blow***[3].

blight [blaɪt] **I** *s.* **1.** ⚘ Mehltau *m*, Fäule *f*, Brand *m* (*Pflanzenkrankheit*); **2.** *fig.* Gift-, Pesthauch *m*; Vernichtung *f*; Fluch *m*; Enttäuschung *f*, Schatten *m*; **3.** Verwahrlosung *f e-r Wohngegend*; **II** *v/t.* **4.** *fig.* im Keim ersticken, zu'nichte machen, vereiteln; **'blight·er** [-tə] *s. Brit.* F a) Kerl *m*, ‚Knülch' *m*, b) ‚Mistkerl' *m*, c) ‚Mistding' *n*.

Blight·y ['blaɪtɪ] *s.* ✕ *Brit. sl.* **1.** die Heimat, England *n*; **2.** a) *a.* ***a ~ one*** ‚Heimatschuss' *m*, b) Heimaturlaub *m*.

bli·mey ['blaɪmɪ] *int.* F *Brit.* a) ich werd' verrückt! (*überrascht*), b) verdammt!

blimp[1] [blɪmp] *s.* F **1.** unstarres Kleinluftschiff; **2.** *phot.* schalldichte Kamerahülle.

Blimp[2] [blɪmp] *s.*: (***Colonel***) ***~*** *Brit.* selbstgefälliger Erzkonservativer.

blind [blaɪnd] **I** *adj.* □ → *a.* 9 **1.** blind: ***~ in one eye*** auf 'einem Auge blind; ***struck ~*** mit Blindheit geschlagen; ***as ~ as a bat*** (*od.* ***beetle***) stockblind; **2.** *fig.* blind, verständnislos (***to*** gegen['über]): ***~ to s.o.'s faults*** j-s Fehlern gegenüber blind; ***~ chance*** blinder Zufall; ***~ with rage*** blind vor Wut; ***~ side*** *fig.* schwache Seite; ***turn a ~ eye*** *fig.* ein Auge zudrücken, *et.* absichtlich übersehen; **3.** unbesonnen: ***~ bargain***; **4.** zweck-, ziellos, leer: ***~ excuse*** Ausrede *f*; **5.** verborgen, geheim: ***~ staircase*** Geheimtreppe; **6.** schwer erkennbar: ***~ corner*** unübersichtliche Ecke *od.* Kurve; ***~ copy*** *typ.* unleserliches Manuskript; **7.** ▲ blind: ***~ window***; **8.** ⚘ blütenlos, taub; **II** *adv.* **9.** ***~ drunk*** sinnlos betrunken, ‚blau'; *fig.* ***go it ~*** blindlings handeln; **III** *v/t.* **10.** blenden, blind machen; *j-m* die Augen verbinden: ***~ing rain*** alles verhüllender Regen; **11.** verblenden, täuschen; blind machen (***to*** gegen); **12.** *fig.* verdunkeln, verbergen, vertuschen, verwischen; **IV** *v/i.* **13.** *Brit. sl.* blind drauf'lossausen; **V** *s.* **14. *the* ~** die Blinden *pl.*; **15.** a) Rollladen *m*, b) Rou'leau *n*, Rollo *n*, c) Mar'kise *f*; → ***Venetian*** I; **16.** *pl.* Scheuklappen *pl.*; **17.** *fig.* a) Vorwand *m*, b) (Vor)Täuschung *f*, c) Tarnung *f*, d) F Strohmann *m*; **18.** *hunt.* Deckung *f*; **19.** *Brit. sl.* Saufe'rei *f*; **~ al·ley** *s.* Sackgasse *f* (*a. fig.*); **ˌ~-'al·ley** *adj.*: **~ *occupation*** Stellung *f* ohne Aufstiegsmöglichkeit; **~ coal** *s.* Anthra'zit *m*; **~ date** *s.* F a) Verabredung *f* mit e-r *od.* e-m Unbekannten, b) unbekannter Partner bei e-m solchen Rendezvous.

blind·er ['blaɪndə] *s. Am.* Scheuklappe *f* (*a. fig.*).

blind| flight *s.* ✈ Blindflug *m*; **'~·fold I** *adj. u. adv.* **1.** mit verbundenen Augen: **~ *chess*** Blindschach *n*; **2.** blind (-lings) (*a. fig.*): **~ *rage*** blinde Wut; **II** *v/t.* **3.** *j-m* die Augen verbinden; **4.** *fig.* blind machen; **~ gut** *s. anat.* Blinddarm *m*; **ˌ~-man's-'buff** [ˌblaɪndmænz-] *s.* Blindekuh(spiel *n*) *f*.

blind·ness ['blaɪndnɪs] *s.* **1.** Blindheit *f* (*a. fig.*); **2.** *fig.* Verblendung *f*.

blind| shell *s.* ⚔ Blindgänger *m*; **~ spot** *s.* **1.** ⚕ blinder Fleck *auf der Netzhaut;* **2.** *fig.* schwacher *od.* wunder Punkt; **3.** *mot.* toter Winkel *im Rückspiegel*; **4.** *Radio*: Empfangsloch *n*; **~ stitch** *s.* blinder (*unsichtbarer*) Stich; **'~·worm** *s. zo.* Blindschleiche *f*.

blink [blɪŋk] **I** *v/i.* **1.** blinken, blinzeln, zwinkern: **~ *at*** a) *j-m* zublinzeln, b) → 2 *u.* 5; **2.** erstaunt *od.* verständnislos dreinblicken: **~ *at*** *fig.* sich maßlos wundern über (*acc.*); **3.** flimmern, schimmern; **II** *v/t.* **4. ~ *one's eyes*** mit den Augen zwinkern; **5.** *et.* ignorieren, die Augen verschließen vor (*dat.*): ***there is no ~ing the fact*** (***that***) es ist nicht zu leugnen (, dass); **6.** *Meldung* blinken; **III** *s.* **7.** Blinzeln *n*; **8.** (Licht)Schimmer *m*; **9.** flüchtiger Blick; **10.** Augenblick *m*; **11. *on the* ~** *sl.* a) de'fekt, nicht in Ordnung, b) ,am Eingehen' (*Gerät etc.*); **'blink·er** [-kə] **I** *s.* **1.** *pl.* Scheuklappen *pl.* (*a. fig.*); **2.** *pl.* F Schutzbrille *f*; **3.** F ,Gucker' *pl.* (*Augen*); **4.** a) Blinklicht *n*, b) *mot.* Blinker *m*; **5.** a) Blinkgerät *n*, b) Blinkspruch *m*; **II** *v/t.* **6.** *e-m Pferd* Scheuklappen anlegen: **~*ed*** mit Scheuklappen (*a. fig.*); **7.** → ***blink*** 6.

'blink·ing [-kɪŋ] *adj. u. adv. Brit. sl.* verdammt.

blip [blɪp] *s.* **1.** Klicken *n*; **2.** *Radar*: 'Echoimˌpuls *m*, -zeichen *n*.

bliss [blɪs] *s.* Freude *f*, Entzücken *n*, (Glück)'Seligkeit *f*, Wonne *f*; **'bliss·ful** [-fʊl] *adj.* □ (glück)'selig, völlig glücklich; **'bliss·ful·ness** [-fʊlnɪs] *s.* Wonne *f*.

blis·ter ['blɪstə] **I** *s.* **1.** ⚕ (*Haut*)Blase *f*, Pustel *f*; **2.** Blase *f* (*auf bemaltem Holz, in Glas etc.*); **3.** ⚕ Zugpflaster *n*; **4.** ⚔, ✈ a) Bordwaffen- *od.* Beobachterstand *m*, b) Radarkuppel *f*; **II** *v/t.* **5.** Blasen her'vorrufen auf (*dat.*); **6.** *fig.* scharf kritisieren, ,fertig machen'; **7.** brennenden Schmerz her'vorrufen auf (*dat.*): **~*ing heat*** glühende Hitze; **III** *v/i.* **8.** Blasen ziehen *od.* ⚙ werfen.

blithe [blaɪð] *adj.* □ vergnügt.

blith·er·ing ['blɪðərɪŋ] *adj. Brit.* F verdammt: **~ *idiot*** Vollidiot *m*.

blitz [blɪts] ⚔ **I** *s.* **1.** Blitzkrieg *m*; **2.** schwerer Luftangriff; schwere Luftangriffe *pl.*; **II** *v/t.* **3.** schwer bombardieren: **~*ed area*** zerbombtes Gebiet; **'~·krieg** [-kriːg] → ***blitz*** 1.

bliz·zard ['blɪzəd] *s.* Schneesturm *m*.

bloat[1] [bləʊt] **I** *v/t. a.* **~ *up*** aufblasen, -blähen (*a. fig.*); **II** *v/i. a.* **~ *out*** auf-, anschwellen; **'bloat·ed** [-tɪd] *adj.* aufgebläht (*a. fig.*), (auf)gedunsen.

bloat·er ['bləʊtə] *s.* Räucherhering *m*.

blob [blɒb] *s.* **1.** Tropfen *m*, Klümpchen *n*, Klecks *m*; **2.** *Kricket*: null Punkte; **3.** F ,Kloß' (*Person*).

bloc [blɒk] *s. pol.* Block *m*: ***sterling* ~** ✝ Sterlingblock

block [blɒk] **I** *s.* **1.** Block *m*, Klotz *m* (*mst Holz, Stein*): ***on the* ~** zur Versteigerung anstehend, unterm Hammer; **2.** Hackklotz *m*; **3. *the* ~** der Richtblock: ***go to the* ~** das Schafott besteigen; **4.** ⚙ Block *m*, Rolle *f*; ***pulley*** 1, ***tackle*** 3; **5.** *typ.* Kli'schee *n*, Druckstock *m*; Prägestempel *m*; **6.** a) *a.* **~ *of flats*** *Brit.* Wohnhaus *n*, b) → ***office block***, c) *Am.* Zeile *f* (*Reihenhäuser*), d) *bsd. Am.* Häuserblock *m*: ***three ~s from here*** drei Straßen weiter; **7.** Block *m*, Masse *f*, Gruppe *f*; *attr.* Gesamt...: **~ *of shares*** Aktienpaket *n*; (***data***) **~** *Computer*: (Daten)Block *m*; ***the new kid on the* ~** F der Neuling, der Newcomer; **8.** Abreißblock *m*: ***scribbling* ~** Notiz-, Schmierblock; **9.** *fig.* Klotz *m*, Tölpel *m*; **10.** a) Verstopfung *f*, Hindernis *n*, Stockung *f*, b) Sperre *f*, Absperrung *f*: ***traffic* ~** Verkehrsstockung *f*; ***mental* ~** *fig.* ,geistige Ladehemmung'; **11.** 🚂 Blockstrecke *f*; **12.** *sport:* a) Sperren *n*, b) *Volleyball etc.*: Block *m*; **II** *v/t.* **13.** (auf e-m Block) formen: **~ *a hat***; **14.** hemmen, hindern, blockieren, *fig. a.* durch'kreuzen: **~ *a bill*** *Brit. pol.* die Beratung e-s Gesetzentwurfs verhindern; **15.** *oft* **~ *up*** (ab-, ver)sperren, verstopfen, blockieren: ***road ~ed*** Straße gesperrt; **16.** ✝ *Konto*, ⚡ *Röhre*, *Leitung* sperren; ✝ *Kredit etc.* einfrieren: **~*ed account*** Sperrkonto *n*; **17.** *sport* a) *Gegner* sperren, *a. Schlag etc.* abblocken, b) *Ball* stoppen, halten; **~ in** *v/t.* skizzieren, entwerfen; **~ out** *v/t.* **1.** → ***block in***; **2.** *Licht* nehmen (*Bäume etc.*); **3.** *phot. Negativteil* abdecken; **~ up** *v/t.* → ***block*** 15.

block·ade [blɒ'keɪd] **I** *s.* Bloc'kade *f*, (Hafen)Sperre *f*: ***impose a* ~** e-e Blockade verhängen; ***raise a* ~** e-e Blockade aufheben; ***run the* ~** die Blockade brechen; **II** *v/t.* blockieren, absperren; **block'ad·er** [-də] *s.* Bloc'kadeschiff *n*; **block'ade-ˌrun·ner** *s.* Bloc'kadebrecher *m*.

block| brake *s.* Backenbremse *f*; **'~·buster** *s.* F **1.** ⚔ Minenbombe *f*; **2.** *fig.* ,Knüller' *m*, ,Hammer' *m*, tolles Ding; **~ di·a·gram** *s.* ⚙, ⚡ 'Blockdiaˌgramm *n*, -schaltbild *n*; **'~·head** *s.* Dummkopf *m*; **'~·house** *s.* Blockhaus *n*; **~ let·ters** *s. pl. typ.* Blockschrift *f*; **~ print·ing** *s.* Handdruck *m*; **~ sys·tem** *s.* **1.** 🚂 'Blocksyˌstem *n*; **2.** ⚡ Blockschaltung *f*; **~ vote** *s.* Sammelstimme *f* (*e-e ganze Organisation vertretend*).

bloke [bləʊk] *s.* F Kerl *m*.

blond [blɒnd] *adj.* **1.** blond (*Haar*), hell (*Gesichtsfarbe*); **2.** blond(haarig); **blonde** [blɒnd] *s.* **1.** Blon'dine *f*; **2.** ✝ Blonde *f* (*seidene Spitze*).

blood [blʌd] *s.* **1.** Blut *n*: ***spill* ~** Blut vergießen; ***give one's* ~ (*for*)** sein Blut (*od.* Leben) lassen (für); ***taste* ~** *fig.* Blut lecken; ***fresh* ~** *fig.* frisches Blut; **~*-and-thunder*** (***story***) *Brit.* F ,Reißer' *m* (*Roman*); Schauergeschichte *f*; **2.** *fig.* Blut *n*, Tempera'ment *n*, Wesen *n*: ***it made his* ~ *boil*, *his* ~ *was up*** er kochte vor Wut; ***his* ~ *froze*** (*od.* ***ran cold***) das Blut erstarrte ihm in den Adern; ***breed*** (*od.* ***make***) ***bad* ~** böses Blut machen; → ***cold blood***, ***curdle*** II; **3.** (edles) Blut, Geblüt; *n* Abstammung *f*; Rasse *f* (*Mensch*), 'Vollblut *n* (*bes. Pferd*): ***prince of the* ~ *royal*** Prinz *m* von königlichem Geblüt; ***noble* ~** → ***blue blood***; ***related by* ~** blutsverwandt; ***it runs in the* ~** es liegt im Blut *od.* in der Familie; **~ *will out*** Blut bricht sich Bahn; **~ al·co·hol (con·cen·tra·tion)** *s.* Blutalkohol(gehalt) *m*; **~ bank** *s.* ⚕ Blutbank *f*; **~ broth·er** *s.* **1.** leiblicher Bruder; **2.** Blutsbruder *m*; **~ cir·cu·la·tion** *s.* ⚕ Blutkreislauf *m*; **~ clot** *s.* ⚕ Blutgerinnsel *n*; **'~ˌcur·dler** *s.* F ,Reißer' *m* (*Roman etc.*); **'~ˌcur·dling** *adj.* grauenhaft; **~ do·nor** *s.* ⚕ Blutspender *m*.

blood·ed ['blʌdɪd] *adj.* **1.** Vollblut...; **2.** *in Zssgn* ...blütig.

blood| feud *s.* Blut-, Todfehde *f*; **~ group** *s.* ⚕ Blutgruppe *f*; **~ group·ing** *s.* ⚕ Blutgruppenbestimmung *f*; **'~·guilt** *s.* Blutschuld *f*; **~ heat** *s.* ⚕ Blutwärme *f*, 'Körpertemperaˌtur *f*; **~ horse** *s.* 'Vollblut(pferd) *n*; **'~·hound** *s.* **1.** Schweiß-, Bluthund *m*; **2.** F ,Schnüffler' *m* (*Detektiv*).

blood·less ['blʌdlɪs] *adj.* □ **1.** blutlos, -leer (*a. fig.*); **2.** bleich; **3.** *fig.* kalt; **4.** unblutig (*Kampf etc.*).

'blood|ˌlet·ting *s.* **1.** Aderlass *m* (*a. fig.*); **2.** → ***bloodshed***; **~ mon·ey** *s.* Blutgeld *n*; **~ poi·son·ing** *s.* ⚕ Blutvergiftung *f*; **~ pres·sure** *s.* ⚕ Blutdruck *m*; **~ re·la·tion** *s.* Blutsverwandte(r *m*) *f*; **~ re·venge** *s.* Blutrache *f*; **~ sam·ple** *s.* ⚕ Blutprobe *f*; **'~·shed** *s.* Blutvergießen *n*; **'~·shot** *adj.* 'blutunterˌlaufen; **~ spec·i·men** *s.* ⚕ Blutprobe *f*; **~ sports** *s.* Hetz-, *bsd.* Fuchsjagd *f*; **'~·stained** *adj.* blutbefleckt (*a. fig.*); **'~·stock** *s.* 'Vollblutpferde *pl.*; **'~·stream** *s.* **1.** ⚕ Blut(kreislauf *m*) *n*; **2.** *fig.* Lebensstrom *m*; **'~ˌsuck·er** *s.* Blutsauger *m* (*a. fig.*); **~ sug·ar** *s.* ⚕ Blutzucker *m*; **~ test** *s.* ⚕ Blutprobe *f*, 'Blutunterˌsuchung *f*; **'~ˌthirst·i·ness** *s.* Blutdurst *m*; **'~ˌthirst·y** *adj.* blutdürstig; **~ trans·fusion** *s.* ⚕ 'Blutüberˌtragung *f*; **~ typing** *s.* → ***blood grouping***; **~ vengeance** *s.* Blutrache *f*; **~ ves·sel** *s. anat.* Blutgefäß *n*.

blood·y ['blʌdɪ] **I** *adj.* □ **1.** blutig, blutbefleckt: **~ *flux*** ⚕ rote Ruhr; **2.** blutdürstig, mörderisch, grausam: ***a* ~ *battle*** e-e blutige Schlacht; **3.** *Brit. sl.* verdammt, saumäßig, Scheiß... (*oft nur verstärkend*): ***not a* ~ *soul*** kein Schwanz; ***a* ~ *fool*** ein Vollidiot *m*; **~ *thing*** ,Scheißding' *n*; **II** *adv.* **4.** *Brit. sl.* mordsmäßig, verdammt: **~ *awful*** ,beschissen'; ***you* ~ *well know*** du weißt ganz genau; **♀ Ma·ri·a** [mə'raɪə; mə'rɪə] *s. Am. Getränk aus Tequila u. Tomatensaft*; **♀ Mar·y** ['meərɪ] *s. Getränk aus Wodka u. Tomatensaft*; **ˌ~-'mind·ed** *adj. Br.* F **1.** gemein, ekelhaft; **2.** störrisch, stur.

bloom[1] [bluːm] **I** *s.* **1.** Blüte *f*, Blume *f*: ***in full* ~** in voller Blüte; **2.** *fig.* Blüte (-zeit) *f*, Jugendfrische *f*; **3.** Flaum *m* (*auf Pfirsichen etc.*); **4.** *fig.* Schmelz *m*, Glanz *m*; **II** *v/i.* **5.** (er)blühen (*a. fig.*).

bloom² [bluːm] *metall.* **I** *s.* **1.** Walzblock *m*; **2.** Puddelluppe *f*: **~ steel** Puddelstahl *m*; **II** *v/t.* **3.** luppen: **~ing mill** Luppenwalzwerk *n*.

bloom·er [ˈbluːmə] *s. sl.* grober Fehler, Schnitzer *m*, (Stil)Blüte *f*.

bloom·ers [ˈbluːməz] *s. pl.* a) *obs.* (Damen)Pumphose *f*, b) Schlüpfer *m* mit langem Bein, ‚Liebestöter' *m*.

bloom·ing [ˈbluːmɪŋ] *pres. p. u. adj.* **1.** blühend (*a. fig.*); **2.** *sl.* → **bloody** 3.

blos·som [ˈblɒsəm] **I** *s.* (*bsd.* Obst)Blüte *f*; Blütenfülle *f*: **in ~** in (voller) Blüte; **II** *v/i. a. fig.* blühen, Blüten treiben: **~ (out) (into)** erblühen, gedeihen (zu).

blot [blɒt] **I** *s.* **1.** (Tinten)Klecks *m*, Fleck *m*; **2.** *fig.* Schandfleck *m*, Makel *m*; → **escutcheon** 1; **3.** Verunstaltung *f*, Schönheitsfehler *m*; **II** *v/t.* **4.** *mit Tinte* beschmieren, beklecksen; **5. ~ out** *Schrift* ausstreichen; **6. ~ out** *fig.* a) *Erinnerungen etc.* auslöschen, b) verdunkeln, verhüllen: **fog ~ted out the view** Nebel verhüllte die Aussicht; **7.** *mit Löschpapier* (ab)löschen.

blotch [blɒtʃ] **I** *s.* **1.** Fleck *m*, Klecks *m*; **2.** *fig.* → **blot** 2; **3.** ⚕ Hautfleck *m*; **II** *v/t.* **4.** beklecksen; **III** *v/i.* **5.** klecksen; **ˈblotch·y** [-tʃɪ] *adj.* **1.** klecksig; **2.** ⚕ fleckig.

blot·ter [ˈblɒtə] *s.* **1.** (Tinten)Löscher *m*; **2.** *Am.* Kladde *f*, Berichtsliste *f* (*bsd. der Polizei*).

blot·ting| pad [ˈblɒtɪŋ] *s.* ˈSchreibˌunterlage *f od.* Block *m* aus ˈLöschpaˌpier; **~ pa·per** *s.* Löschpapier *n*.

blot·to [ˈblɒtəʊ] *adj. sl.* ‚sternhagelvoll', ‚stinkbesoffen'.

blouse [blaʊz] *s.* **1.** Bluse *f*; **2.** ⚔ a) Uniˈformjacke *f*, b) Feldbluse *f*.

blow¹ [bləʊ] **I** *s.* **1.** Blasen *n*, Luftzug *m*, Brise *f*: **go for a ~** an die frische Luft gehen; **2.** Blasen *n*, Schall *m*: **a ~ on a whistle** ein Pfiff; **3.** *Am.* F a) Angebeˈrei *f*, b) Angeber *m*; **II** *v/i.* [*irr.*] **4.** blasen, wehen, pusten: **it is ~ing hard** es weht ein starker Wind; **~ hot and cold** *fig.* ‚mal so, mal so' *od.* wetterwendisch sein; **5.** ertönen: **the horn is ~ing**; **6.** keuchen, schnaufen; **7.** spritzen, blasen (*Wal*); **8.** *Am.* F ‚angeben'; **9.** a) explodieren, b) platzen (*Reifen*), c) ⚡ ˈdurchbrennen (*Sicherung*), d) ausbrechen (*Erdöl etc.*); **III** *v/t.* [*irr.*] **10.** wehen, treiben (*Wind*): **~n ashore** auf Strand geworfen; **11.** anfachen: **~ the fire**; **12.** (an)blasen: **~ the soup**; **13.** blasen, ertönen lassen: **~ the horn** ins Horn stoßen; **14.** auf-, ausblasen: **~ bubbles** Seifenblasen machen; **~ glass** Glas blasen; **~ one's nose** sich die Nase putzen, sich schnauben; **~ an egg** ein Ei ausblasen; **15.** *sl. Geld* ‚verpulvern'; **16.** zum Platzen bringen: **blew itself to pieces** zersprang in Stücke; → **top** 4; **17.** F (*p.p.* **blowed**) verfluchen: **~ it!** verflucht!; **I'll be ~ed (if) ...!** zum Teufel (wenn) ...!; **18.** *sl.* a) ‚verpfeifen', verraten, b) aufdecken, c) ‚verduften' aus (*dat.*); **19.** *sl.* ‚vermasseln'; **20.** V *j-m* ‚e-n blasen';

Zssgn mit adv.:

blow| a·way *v/t.* **1.** wegblasen; **2.** F *j-n* ‚wegpusten' (*töten*); **~ down** *v/t.* herunter-, ˈumwehen; **~ in I** *v/i. fig.* auftauchen, herˈeinschneien; **II** *v/t. Scheiben* eindrücken; **~ off I** *v/i.* **1.** fortwehen; **2.** abtreiben (*Schiff*); **II** *v/t.* **3.** fortblasen; verjagen; **4.** *Dampf etc.* ablassen; → **steam** 1; **~ out I** *v/i.* **1.** verlöschen; **2.** platzen; **3.** ⚡ ˈdurchbrennen (*Sicherung*); **II** *v/t.* **4.** *Licht* ausblasen, *Feuer* (aus)löschen; **5.** herˈausblasen, -treiben: **~ one's brains** sich e-e Kugel durch den Kopf jagen; **6.** sprengen, zertrümmern; **~ o·ver I** *v/i. fig.* vorˈbeigehen, sich legen; **II** *v/t.* ˈumwehen; **~ up I** *v/t.* **1.** a) (in die Luft) sprengen, b) vernichten, *fig. a.* ruinieren; **2.** aufblasen, -pumpen; *fig. et.* aufbauschen; **3.** *Foto* (stark) vergrößern; **4.** F *j-n* ‚anschnauzen'; **II** *v/i.* **5.** a) in die Luft fliegen, b) explodieren (*a.* F *fig. Person*): **~ at s.o.** j-m ‚ins Gesicht springen'; **6.** aus-, losbrechen; **7.** *fig.* eintreten, auftauchen.

blow² [bləʊ] *s.* **1.** Schlag *m*, Streich *m*, Stoß *m*: **at a** (*od.* **one**) **~** mit ˈeinem Schlag *od.* Streich; **without striking a ~** *fig.* ohne jede Gewalt(anwendung), mühelos; **come to ~s** handgemein werden; **strike a ~ at** e-n Schlag führen gegen (*a. fig.*); **strike a ~ (for)** sich einsetzen (für), helfen (*dat.*); **2.** *fig.* (Schicksals)Schlag *m*, Unglück *n*: **it was a ~ to his pride** es traf ihn schwer in s-m Stolz.

blow³ [bləʊ] *v/i.* [*irr.*] (auf)blühen, sich entfalten (*a. fig.*).

ˈblow|·ball *s.* ⚘ Pusteblume *f*; **ˈ~-dry** *v/t.* (*j-m die Haare*) föhnen; **~ dry·er** *s.* Haartrockner *m*.

blowed [bləʊd] *p.p. von* **blow¹** 17.

blow·er [ˈbləʊə] *s.* **1.** Bläser *m*: **glass-~**; **~ of a horn**; **2.** ⚙ a) Gebläse *n*, b) *mot.* Vorverdichter *m*; **3.** F Telefon *n*.

ˈblow|·fly *s. zo.* Schmeißfliege *f*; **ˈ~·gun** *s.* **1.** Blasrohr *n*; **2.** ⚙ ˈSpritzpisˌtole *f*; **ˈ~·hard** *s. Am.* F Angeber *m*; **ˈ~·hole** *s.* **1.** Luft-, Zugloch *n*; **2.** Nasenloch *n* (*Wal*); **~ job** *s.* F: **give s.o. a ~** j-m e-n blasen (*Sex*); **ˈ~·lamp** *s.* ⚙ Lötlampe *f*.

blown¹ [bləʊn] **I** *p.p. von* **blow¹** II *u.* III; **II** *adj.* **1.** *oft* **~ up** aufgeblasen, -gebläht (*a. fig.*); **2.** außer Atem.

blown² [bləʊn] **I** *p.p. von* **blow³**; **II** *adj. a. fig.* blühend, aufgeblüht.

ˈblow|·out *s.* **1.** a) Zerplatzen *n*, b) Reifenpanne *f*; **2.** F Koller *m*, (Wut)Ausbruch *m*; **3.** *sl.* a) große Party, b) (ˈFress)ˌOrgie *f*; **ˈ~·pipe** *s.* **1.** ⚙ Lötrohr *n*, Schweißbrenner *m*; **2.** Puste-, Blasrohr *n*; **ˈ~·torch** *s.* ⚙ *Am.* Lötlampe *f*; **ˈ~·up** *s.* **1.** Exploˈsion *f*; **2.** *fig.* a) ‚Krach' *m*, b) Koller *m*; **3.** *phot.* Vergrößerung *f*, Großfoto *n*.

blow·y [ˈbləʊɪ] *adj.* windig, luftig.

blowz·y [ˈblaʊzɪ] *adj.* **1.** schlampig (*bsd. Frau*); **2.** rotgesichtig (*Frau*).

blub·ber [ˈblʌbə] **I** *s.* Tran *m*, Speck *m*; **II** *v/i.* heulen, ‚flennen'.

bludg·eon [ˈblʌdʒən] **I** *s.* **1.** Knüppel *m*, Keule *f*; **II** *v/t.* **2.** ˈniederknüppeln; **3.** *j-n* zwingen (**into** zu).

blue [bluː] **I** *adj.* **1.** blau: **till you are ~ in the face** F bis Sie schwarz werden; → **moon** 1; **2.** F trübe, schwermütig, traurig: **feel ~** niedergeschlagen sein; **look ~** trübe aussehen (*Person, Umstände*); **3.** *pol. Brit.* ‚schwarz', konservaˈtiv; **4.** *Brit.* F nicht saˈlonfähig, ordiˈnär: **~ jokes**; **~ movie** Pornofilm *m*; **5.** F schrecklich; → **funk** 1, **murder** 1; **II** *s.* **6.** Blau *n*, blaue Farbe; **7.** Waschblau *n*; **8.** blaue Kleidung; **9.** *mst poet.* **the ~** a) der Himmel, b) das Meer: **out of the ~** aus heiterem Himmel, völlig unerwartet; **10.** *pol. Brit.* Konservaˈtive(r *m*) *f*; **11. the dark (light) ~s** *pl. Studenten von Oxford (Cambridge), die bei Wettkämpfen ihre Universität vertreten*: **get one's ~** in die Universitätsmannschaft aufgenommen werden; **12.** *pl.* F Trübsinn *m*: **have the ~s** ‚den Moralischen haben'; **13.** *pl.* ♪ Blues *m*; **III** *v/t.* **14.** *Wäsche* bläuen; **15.** *sl. Geld* ‚verjuxen';

~ ba·by *s.* ⚕ Blue Baby *n* (*mit angeborenem Herzfehler*); **ˈ~ˌbeard** *s.* (Ritter) Blaubart *m* (*Frauenmörder*); **ˈ~·bell** *s.* ⚘ **1.** ˈSternhyaˌzinthe *f* (*England*); **2.** *e-e* Glockenblume *f* (*Schottland*); **~ be·rets** *s. pl.* Blauhelme *pl.*; **ˈ~·ber·ry** [-bərɪ] *s.* ⚘ Blau-, Heidelbeere *f*; **~ blood** *s.* **1.** blaues Blut, alter Adel; **2.** Aristoˈkrat(in), Adlige(r *m*) *f*; **~ book** *s.* Blaubuch *n*: a) *Brit. amtliche politische Veröffentlichung*, b) F *Am. Verzeichnis prominenter Persönlichkeiten*; **ˈ~ˌbot·tle** *s.* **1.** *zo.* Schmeißfliege *f*; **2.** ⚘ Kornblume *f*; **3.** F *Brit.* ‚Bulle' *m* (*Polizist*); **~ chips** *s. pl.* ✝ Spitzenwerte *pl.*; **ˈ~-ˌcol·lar worker** *s.* Faˈbrikarbeiter *m*; **ˈ~-eyed** *adj.* blauäugig (*a. fig.*): **~ boy** F ‚Liebling' *m des Chefs etc.*; **ˈ~ˌjack·et** *s. fig.* Blaujacke *f*, Matrose *m*; **~ laws** *s. pl. Am.* strenge puriˈtanische Gesetze *pl.* (*bsd. gegen die Entheiligung des Sonntags*).

blue·ness [ˈbluːnɪs] *s.* Bläue *f*.

blue| pen·cil *s.* **1.** Blaustift *m*; **2.** *fig.* Zenˈsur *f*; **ˌ~-ˈpen·cil** *v/t.* **1.** *Manuskript etc.* (mit Blaustift) korrigieren *od.* (zs.-, aus)streichen; **2.** *fig.* zensieren, unterˈsagen; **ˈ~·print** *s.* **1.** Blaupause *f*; **2.** *fig.* Plan *m*, Entwurf *m*: **do you need a ~?** *iro.* ‚brauchst du e-e Zeichnung'?; **ˈ~-print I** *v/t.* entwerfen, planen; **II** *adj.*: **~ stage** Planungsstadium *n*; **~ rib·bon** *s.* blaues Band: a) *des Hosenbandordens*, b) *als Auszeichnung für e-e Höchstleistung, bsd.* ⚓ *das* Blaue Band des ˈOzeans; **ˈ~ˌstock·ing** *s. fig.* Blaustrumpf *m*; **ˈ~·stone** *s.* ⚗ ˈKupfervitriˌol *n*; **ˈ~·throat** *s. orn.* Blaukehlchen *n*; **~ tit (-mouse)** *s. orn.* Blaumeise *f*.

bluff¹ [blʌf] **I** *v/t.* **1.** a) *j-n* bluffen, b) **~ it out** sich (kühn) herausreden *od.* ‚durchmogeln'; **2.** *et.* vortäuschen; **II** *v/i.* **3.** bluffen; **III** *s.* **4.** Bluff *m*: **call s.o.'s ~** j-n zwingen, Farbe zu bekennen.

bluff² [blʌf] **I** *adj.* **1.** ⚓ breit (*Bug*); **2.** schroff, steil (*Felsen, Küste*); **3.** rau, aber herzlich; gutmütig-derb; **II** *s.* **4.** Steilufer *n*, Klippe *f*.

bluff·er [ˈblʌfə] *s.* Bluffer *m*.

blu·ish [ˈbluːɪʃ] *adj.* bläulich.

blun·der [ˈblʌndə] **I** *s.* **1.** (grober) Fehler, Schnitzer *m*; **II** *v/i.* **2.** e-n (groben) Fehler *od.* Schnitzer machen, e-n Bock schießen; **3.** pfuschen, unbesonnen handeln; **4.** stolpern (*a. fig.*): **~ into a dangerous situation**; **~ about** umhertappen; **~ on** *fig.* weiterwursteln; **~ upon s.th.** zufällig auf et. stoßen; **III** *v/t.* **5.** verpfuschen, verpatzen; **6. ~ out** herˈausplatzen mit.

blun·der·buss [ˈblʌndəbʌs] *s.* ⚔ *hist.* Donnerbüchse *f*.

blun·der·er [ˈblʌndərə] *s.* Stümper *m*, Pfuscher *m*, Tölpel *m*; **ˈblun·der·ing** [-dərɪŋ] *adj.* stümper-, tölpelhaft, ungeschickt.

blunt [blʌnt] **I** *adj.* □ **1.** stumpf: **~ instrument** ⚖ stumpfer Gegenstand (*Mordwaffe*); **2.** *fig.* unempfindlich (**to** gegen); **3.** *fig.* ungeschliffen, derb, ungehobelt (*Manieren etc.*); **4.** schonungslos, offen; schlicht; **II** *v/t.* **5.** stumpf machen, abstumpfen (*a. fig.*); **6.** *Gefühle etc.* mildern, schwächen; **III** *s.* **7.** *pl.*

kurze Nähnadeln *pl.*; '**blunt·ly** [-lɪ] *adv. fig.* freiher'aus, grob: ***to put it ~*** um es ganz offen zu sagen; ***refuse ~*** glatt ablehnen; '**blunt·ness** [-nɪs] *s.* **1.** Stumpfheit *f* (*a. fig.*); **2.** *fig.* Grobheit *f*; schonungslose Offenheit.

blur [blɜː] **I** *v/t.* **1.** *Schrift* verwischen, verschmieren; *Bild* verschwommen machen; verschleiern; **2.** verdunkeln, verwischen, *Sinne* trüben; **3.** *fig.* besudeln, entstellen; **II** *v/i.* **4.** verschwimmen; **III** *s.* **5.** Fleck *m*, verwischte Stelle; **6.** *fig.* Makel *m*; **7.** undeutlicher *od.* nebelhafter Eindruck; **8.** (huschender) Schatten; **9.** Schleier *m* (*vor den Augen*).

blurb [blɜːb] *s.* F *Buchhandel*: a) ‚Waschzettel' *m*, Klappentext *m*, b) ‚Bauchbinde' *f* (*Reklamestreifen*).

blurred [blɜːd] *adj.* unscharf, verschwommen, verwischt; schattenhaft; *fig.* nebelhaft.

blurt [blɜːt] *v/t.* **~ out** ('voreilig *od.* unbesonnen) her'ausplatzen mit, ausschwatzen.

blush [blʌʃ] **I** *v/i.* erröten, rot werden, in Verwirrung geraten (***at, for*** über *acc.*); sich schämen (***to do*** zu tun); **II** *s.* Erröten *n*, (Scham)Röte *f*: ***at first ~*** *obs.* auf den ersten Blick; ***put to*** (***the***) **~** *j-n* zum Erröten bringen; '**blush·er** [-ʃə] *s.* F Rouge *n*; '**blush·ing** [-ʃɪŋ] *adj.* □ errötend; *fig.* züchtig.

blus·ter ['blʌstə] **I** *v/i.* **1.** brausen, tosen, stürmen; **2.** *fig.* poltern, toben, schimpfen; **3.** prahlen, bramarbasieren: ***~ing fellow*** Bramarbas *m*, Großmaul *n*; **II** *s.* **4.** Brausen *n*, Getöse *f*, Toben *n* (*a. fig.*); **5.** Schimpfen *n*; **6.** Prahlen *n*, ‚große Töne' *pl.*

bo [bəʊ] *int.* hu!: ***he can't say ~ to a goose*** er ist ein Hasenfuß.

bo·a ['bəʊə] *s.* **1.** *zo.* Boa *f*, Riesenschlange *f*; **2.** *Mode*: Boa *f*.

boar [bɔː] *s. zo.* Eber *m*, Keiler *m*: ***wild ~*** Wildschwein *n*.

board [bɔːd] **I** *s.* **1.** Brett *n*, Planke *f*; **2.** (*Schach-, Bügel*)Brett *n*: ***~ game*** Brettspiel *n*; ***sweep the ~*** alles gewinnen; **3.** Anschlagbrett *n*; **4.** *ped.* → ***blackboard***; **5.** *sport* a) (Surf)Board *n*, b) *pl.* ‚Bretter' *pl.*, Skier *pl.*; **6.** *pl. fig.* Bretter *pl.*, Bühne *f*: ***tread*** (*od.* ***walk***) ***the ~s*** auf den Brettern stehen, Schauspieler sein; **7.** Tisch *m*, Tafel *f* (*nur in festen Ausdrücken*): → ***above-board, bed*** 3, ***groan*** 2; **8.** Kost *f*, Verpflegung *f*: ***~ and lodging*** Kost und Logis, Wohnung u. Verpflegung; **9.** *fig. oft* ♀ Ausschuss *m*, Behörde *f*, Amt *n*: ***♀ of Admiralty*** Admiralität *f*; ***♀ of Examiners*** Prüfungskommission *f*; ***♀ of Governors*** Verwaltungsrat *m*, (Schul- *etc.*)Behörde *f*; ***♀ of Trade*** a) *Brit.* Handelsministerium *n*, b) *Am.* Handelskammer *f*; **10.** ***~ of directors***, (***the***) ♀ ✝ Verwaltungsrat *m*, Direkti'on *f* (*Vorstand u. Aufsichtsrat in einem*); ***~ of management*** ✝ Vorstand *m e-r AG*; **11.** ⚓ Bord *m*, Bordwand *f* (*nur in festen Ausdrücken*): ***on ~*** a) an Bord *e-s Schiffs, Flugzeugs*, b) im Zug *od.* Bus; ***on ~ a ship*** an Bord e-s Schiffes; ***free on ~*** (*abbr.* ***f.o.b.***) ✝ frei an Bord (geliefert); ***go by the ~*** über Bord gehen *od.* fallen, *fig. a.* zugrunde gehen, verloren gehen, scheitern; ***take s.th. on ~*** F *fig.* a) et. akzeptieren (*od.* anerkennen, verstehen), b) et. annehmen (*Arbeit, Aufgabe*); **12.** Pappe *f*: ***in ~s*** kartoniert (*Buch*); **II** *v/t.* **13.** täfeln; mit Brettern bedecken *od.* absperren, dielen, verschalen; **14.** beköstigen, in Kost nehmen *od.* geben (***with*** bei); **15.** a) an Bord *e-s Schiffs od. Flugzeugs* gehen, b) in *e-n Zug etc.* einsteigen, c) ⚔, ⚓ entern; **III** *v/i.* **16.** sich in Kost *od.* Pensi'on befinden, wohnen (***with*** bei); **~ out I** *v/t.* außerhalb in Kost geben; **II** *v/i.* auswärts essen; **~ up** *v/t.* mit Brettern vernageln.

board·er ['bɔːdə] *s.* **1.** a) Kostgänger (-in), b) Pensi'onsgast *m*; **2.** Inter'natsschüler(in).

board·ing ['bɔːdɪŋ] *s.* **1.** Bretterverschalung *f*, Dielenbelag *m*, Täfelung *f*; **2.** Kost *f*, Verpflegung *f*; **~ card** *s.* ✈ Bordkarte *f*; '**~·house** *s.* Pensi'on *f*; **~ school** *s.* Inter'nat *n*, Pensio'nat *n*.

board| meet·ing *s.* Vorstandssitzung *f*; **~ room** *s.* Sitzungssaal *m*; **~ wag·es** *s. pl.* Kostgeld *n des Personals*; '**~·walk** *s. Am.* Plankenweg *m*, (hölzerne) 'Strandprome,nade.

boast [bəʊst] **I** *s.* **1.** Prahle'rei *f*, Großtue'rei *f*; **2.** Stolz *m* (*Gegenstand des Stolzes*): ***it was his proud ~ that ...*** es war sein ganzer Stolz, dass ...; ***he was the ~ of his age*** er war der Stolz s-r Zeit; **II** *v/i.* **3.** (***of, about***) prahlen, großtun (mit): ***he ~s of his riches***; ***it is not much to ~ of*** damit ist es nicht weit her; **4.** (***of***) sich rühmen (*gen.*), stolz sein (auf *acc.*): ***our village ~s of a fine church***; **III** *v/t.* **5.** sich (des Besitzes) *e-r Sache* rühmen, aufzuweisen haben: ***our street ~s the tallest house in the town***; '**boast·er** [-tə] *s.* Prahler(in); '**boast·ful** [-fʊl] *adj.* □ prahlerisch, über'heblich.

boat [bəʊt] **I** *s.* **1.** Boot *n*, Kahn *m*; *allg.* Schiff *n*; Dampfer *m*: ***we are all in the same ~*** *fig.* wir sitzen alle in 'einem Boot; ***miss the ~*** *fig.* den Anschluss verpassen; ***burn one's ~s*** alle Brücken hinter sich abbrechen; **2.** bootförmiges Gefäß, (*bsd.* Soßen)Schüssel *f*; **II** *v/i.* **3.** (in e-m) Boot fahren: ***go ~ing*** e-e Bootsfahrt machen (*mst* rudern).

boat·er ['bəʊtə] *s. Brit.* steifer Strohhut, ‚Kreissäge' *f*.

boat·ing ['bəʊtɪŋ] *s.* Bootfahren *n*; Rudersport *m*; Bootsfahrt *f*.

'**boat|·man** [-mən] *s.* [*irr.*] Bootsführer *m*, -verleiher *m*; **~ race** *s.* 'Ruderre,gatta *f*; **~·swain** ['bəʊsn] *s.* ⚓ Bootsmann *m*; **~ train** *s.* Zug *m* mit Schiffsanschluss.

bob[1] [bɒb] **I** *s.* **1.** Haarschopf *m*, Büschel *n*; Bubikopf(haarschnitt) *m*; gestutzter Pferdeschwanz; Quaste *f*; **2.** Ruck *m*; Knicks *m*; **3.** *sg. u. pl. obs. Brit.* F Schilling *m*: ***five ~***; ***~ a job*** e-n Schilling für jede Arbeit; **4.** *abbr. für* ***bobsled***; **II** *v/t.* **5.** ruckweise (hin u. her, auf u. ab) bewegen; **6.** *Haare, Pferdeschwanz etc.* kurz schneiden, stutzen: ***~bed hair*** Bubikopf *m*; **III** *v/i.* **7.** sich auf u. ab *od.* hin u. her bewegen, baumeln, tänzeln; **8.** schnappen (***for*** nach); **9.** knicksen; **10.** Bob fahren; **11.** ***~ up*** (plötzlich) auftauchen: ***~ up like a cork*** *fig.* immer wieder hochkommen, sich nicht unterkriegen lassen.

Bob[2] [bɒb] *npr., abbr. für* ***Robert***: ***~'s your uncle*** ‚fertig ist die Laube'.

bob·bin ['bɒbɪn] *s.* **1.** ⚙ Spule *f*, (Garn-) Rolle *f*; **2.** ↯ Indukti'onsspule *f*; **3.** Klöppel(holz *n*) *m*; **~ lace** *s.* Klöppelspitze *f*.

bob·by ['bɒbɪ] *s. Brit.* F ‚Bobby' *m* (*Polizist*); **~ pin** *s.* Haarklemme *f* (*aus Metall*); **~ socks** *s. pl. Am.* F Söckchen *pl.*; '**~,sox·er** [-,sɒksə] *s. Am.* F *hist.* ‚Backfisch' *m*.

'**bob|·sled**, '**~·sleigh** *s.* Bob *m* (*Rennschlitten*); '**~·tail** *s.* **1.** Stutzschwanz *m*; **2.** Pferd *n od.* Hund *m* mit Stutzschwanz.

bock (**beer**) [bɒk] *s.* Bockbier *n*.

bode[1] [bəʊd] **I** *v/t.* ahnen lassen: ***this ~s you no good*** das bedeutet nichts Gutes für dich; **II** *v/i.*: ***~ well*** Gutes versprechen: ***~ ill*** Schlimmes ahnen lassen.

bode[2] [bəʊd] *pret. von* ***bide***.

bod·ice ['bɒdɪs] *s.* **1.** *allg.* Mieder *n*; **2.** Oberteil *n*.

bod·ied ['bɒdɪd] *adj. in Zssgn* ...gebaut, von ... Körperbau *od.* Gestalt: ***small-~*** klein von Gestalt.

bod·i·less ['bɒdɪlɪs] *adj.* **1.** körperlos; **2.** unkörperlich, wesenlos; '**bod·i·ly** [-ɪlɪ] **I** *adj.* körperlich, leiblich: ***~ injury*** (⚖ ***harm***) Körperverletzung *f*; **II** *adv.* leib'haftig, per'sönlich.

bod·kin ['bɒdkɪn] *s.* **1.** ⚙ Ahle *f*, Pfriem *m*: ***sit ~*** eingepfercht sitzen; **2.** 'Durchzieh-, Schnürnadel *f*; **3.** *obs.* lange Haarnadel.

bod·y ['bɒdɪ] **I** *s.* **1.** Körper *m*, Leib *m*: ***heir of one's ~*** Leibeserbe *m*; ***in the ~*** lebend; ***~ and soul*** mit Leib u. Seele; ***keep ~ and soul together*** Leib u. Seele zs.-halten; **2.** *engS.* Rumpf *m*, Leib *m*: ***one wound in the leg and one in the ~***; **3.** *oft* ***dead ~*** Leiche *f*; **4.** Hauptteil *m*, *das* Wesentliche, Kern *m*, Stamm *m*, Rahmen *m*, Gestell *n*; Rumpf *m* (*Schiff, Flugzeug*); eigentlicher Inhalt, Sub'stanz *f* (*Schriftstück, Rede*): ***car ~*** Karosserie *f*; ***hat ~*** Hutstumpen *m*; **5.** Gesamtheit *f*, Masse *f*: ***in a ~*** zusammen, geschlossen, wie 'ein Mann; ***~ of water*** Wassermasse *f*, -fläche *f*, Gewässer *n*; ***~ of facts*** Tatsachenmaterial *n*; ***~ of laws*** Gesetz(es)sammlung *f*; **6.** Körper(schaft *f*) *m*, Gesellschaft *f*, Gruppe *f*, Gremium *n*: ***~ politic*** a) juristische Person, b) Gemeinwesen *n*; ***diplomatic ~*** diplomatisches Korps; ***governing ~*** Verwaltungskörper *m*; ***a ~ of unemployed*** e-e Gruppe Arbeitsloser; ***student ~*** Studentenschaft *f*; **7.** ⚔ Truppenkörper *m*, Trupp *m*, Ab'teilung *f*; **8.** *phys.* Körper *m*: ***solid ~*** fester Körper; ***heavenly ~*** *ast.* Himmelskörper; **9.** ⚗ Masse *f*, Sub'stanz *f*; **10.** F Bursche *m*, Kerl *m*; **11.** *fig.* Güte *f*, Stärke *f*, Festigkeit *f*, Gehalt *m*, Körper *m* (*Wein*), (Klang-) Fülle *f*; **II** *v/t.* **12.** *mst* ***~ forth*** *fig.* verkörpern; **~ blow** *s. Boxen*: Körperschlag *m*; *fig.* harter Schlag; **~ build** *s. biol.* Körperbau *m*; **~ build·er** *s.* Bodybuilder *m*; **~ build·ing** *s.* Bodybuilding *n*; '**~·check** *s. sport* Bodycheck *m*; '**~·guard** *s.* **1.** Leibwächter *m*; **2.** Leibgarde *f*; **~ lan·guage** *s. psych.* Körpersprache *f*; '**~-,mak·er** *s.* ⚙ Karosse'riebauer *m*; **~ o·do(u)r** *s.* Körpergeruch *m*; **~ pierc·ing** *Mode*: Piercing *n*; **~ plasm** *s. biol.* 'Körper,plasma *n*; **~ search** *s.* 'Leibesvisitati,on *f*; **~ segment** *s. biol.* 'Rumpfseg,ment *n*; **~ serv·ant** *s.* Leib-, Kammerdiener *m*; **~ snatch·er** *s.* ⚖ Leichenräuber *m*; **~ stock·ing**, '**~·suit** *s.* Body(stocking) *m* (*einteilige Unterkleidung* [*mit Strümpfen*]); '**~·work** *s.* ⚙ Karosse'rie *f*.

bof·fin ['bɒfɪn] *s. Brit. sl.* (Geheim)Wissenschaftler *m*.

Boer ['bəʊə] **I** *s.* Bur(e) *m*, Boer *m* (*Süd-*

afrika); **II** *adj.* burisch: **~ *War*** Burenkrieg *m.*
bog [bɒg] **I** *s.* **1.** Sumpf *m*, Mo'rast *m* (*a. fig.*); Moor *n*; **2.** V Scheißhaus *n*; **II** *v/t.* **3.** im Sumpf versenken; *fig. a.* **~ *down*** zum Stocken bringen, versanden lassen; **III** *v/i.* **4.** *a.* **~ *down*** im Sumpf *od.* Schlamm versinken; *a. fig.* stecken bleiben, sich festfahren, versanden.
bo·gey ['bəʊgɪ] *s.* **1.** *Golf:* a) Par *n*, b) Bogey *n* (*1 Schlag über Par*); **2.** → ***bogy.***
bog·gle ['bɒgl] *v/i.* **1.** (***at***) zu'rückschrecken (vor *dat.*): ***imagination ~s at the thought*** es wird einem schwindlig bei dem Gedanken; **2.** stutzen (***at*** vor, bei *dat.*); zögern (***at doing*** zu tun): ***the mind ~s*** F da bist du platt, es ist nicht zu fassen; **3.** pfuschen.
bog·gy ['bɒgɪ] *adj.* sumpfig.
bo·gie ['bəʊgɪ] *s.* **1.** ⚙ *Brit.* a) Blockwagen *m*, b) 🚂 Dreh-, Rädergestell *n*; **2.** ⚒ *Art* Förderkarren *m*; **3.** → ***bogy***; **~ wheel** *s.* ⚔ (Ketten)Laufrad *n.*
'**bog,trot·ter** *s. contp.* Ire *m.*
bo·gus ['bəʊgəs] *adj.* falsch, unecht, Schein..., Schwindel...: **~ *asylum seeker*** 'Scheinasy,lant(in).
bo·gy ['bəʊgɪ] *s.* **1.** 'Kobold *m*, 'Popanz *m* **2.** (*a. fig.* Schreck)Gespenst *n*; **~ man** *s.* [*irr.*] **1.** Butzemann *m*, *der schwarze Mann* (*Kindersprache*); **2.** *fig.* ‚Buhmann' *m.*
Bo·he·mi·an [bəʊ'hiːmjən] **I** *s.* **1.** Böhme *m*, Böhmin *f*; **2.** Bohemi'en *m* (*bsd. Künstler*); **II** *adj.* **3.** böhmisch; **4.** *fig.* bo'hemehaft; **bo'he·mi·an·ism** [-nɪzəm] *s.* Bo'heme *f*, ‚Künstlerleben' *n.*
boil[1] [bɔɪl] *s.* ⚕ Geschwür *n*, Fu'runkel *m*; Eiterbeule *f.*
boil[2] [bɔɪl] **I** *s.* **1.** Kochen *n*, Sieden *n*: ***bring to the ~*** zum Kochen bringen; ***come to the ~*** zu kochen anfangen, *fig.* F sich zuspitzen, s-n Höhepunkt erreichen; ***come off the ~*** F sich ‚legen' *od.* beruhigen; **2.** Wallen *n*, Wogen *n*, Schäumen *n* (*Gewässer*); **3.** *fig.* Erregung *f*, Wut *f*, Wallung *f*; **II** *v/i.* **4.** kochen, sieden; **5.** wallen, wogen, brausen, schäumen; **6.** *fig.* kochen, schäumen (***with*** vor *Wut*); **III** *v/t.* **7.** kochen (lassen), zum Kochen bringen, ab-, einkochen: **~ *eggs*** Eier kochen; **~ *clothes*** Wäsche kochen; ***go ~ your head!*** F häng dich doch auf!; **~ a·way** *v/i.* **1.** verdampfen; **2.** weiterkochen; **~ down I** *v/t.* verdampfen, einkochen; *fig.* zs.-fassen, kürzen; **II** *v/i.*: **~ *to*** hinauslaufen auf (*acc.*); **~ o·ver** *v/i.* 'überkochen, -laufen, -schäumen (*alle a. fig.*).
boiled| din·ner [bɔɪld] *s. Am.* Eintopf (-gericht *n*) *m*; **~ po·ta·toes** *s. pl.* Salzkartoffeln *pl.*; **~ shirt** *s.* F Frackhemd *n*; **~ sweet** *s.* Bon'bon *m, n.*
boil·er ['bɔɪlə] *s.* **1.** Sieder *m*: ***soap ~***; **2.** ⚙ Dampfkessel *m*; **3.** 'Boiler *m*, Heißwasserspeicher *m*; **4.** Siedepfanne *f*; **5.** ***be a good ~*** sich (gut) zum Kochen eignen; **6.** Suppenhuhn *n*; **~ suit** *s.* 'Overall *m.*
boil·ing ['bɔɪlɪŋ] **I** *adj.* kochend, heiß; *fig.* kochend, schäumend (***with rage*** vor Wut); **II** *adv.*: **~ *hot*** kochend heiß; **~ point** *s.* Siedepunkt *m* (*a. fig.*).
bois·ter·ous ['bɔɪstərəs] *adj.* □ **1.** stürmisch, ungestüm, rau; **2.** ausgelassen, lärmend, turbu'lent; '**bois·ter·ous·ness** [-nɪs] *s.* Ungestüm *n.*
bold [bəʊld] *adj.* □ **1.** kühn, zuversichtlich, mutig, unerschrocken; **2.** keck, verwegen, dreist, frech; anmaßend: ***make ~ to ...*** sich erdreisten *od.* es wagen zu ...; ***make ~*** (***with***) sich Freiheiten herausnehmen (gegen); ***as ~ as brass*** F frech wie Oskar, unverschämt; **3.** kühn, gewagt: ***a ~ plan*** **4.** a) kühn (*Entwurf etc.*), b) scharf her'vortretend, ins Auge fallend: ***in ~ outline*** in deutlichen Umrissen; ***a few ~ strokes of the brush*** ein paar kühne Pinselstriche; **5.** steil (*Küste*); **6.** → '**bold·face** *adj. typ.* (halb)fett; '**~-faced** *adj.* **1.** kühn, frech; **2.** *typ.* → ***boldface.***
bold·ness ['bəʊldnɪs] *s.* **1.** Kühnheit *f*: a) Mut *m*, Beherztheit *f*, b) Keckheit *f*, Dreistigkeit *f*; **2.** scharfes Her'vortreten.
bole [bəʊl] *s.* starker Baumstamm.
bo·le·ro[1] [bə'leərəʊ] *s.* Bo'lero *m* (*spanischer Tanz*).
bo·le·ro[2] ['bɒlərəʊ] *s.* Bo'lero *m* (*kurzes Jäckchen*).
boll [bəʊl] *s.* ⚘ Samenkapsel *f.*
bol·lard ['bɒləd] *s.* ⚓ Poller *m* (*a. weitS. Sperrpfosten an Verkehrsinseln etc.*).
bol·lix ['bɒlɪks] *sl. v/t.*: **~ *s.th. up*** et. verpfuschen (*od.* versauen).
bol·lock·ing ['bɒləkɪŋ] *s. sl.* Anschiss *m.*
bol·locks ['bɒləks] *s. pl.* V ‚Eier' *pl.* (*Hoden*).
Bo·lo·gna sau·sage [bə'ləʊnjə] *s. bsd. Am.* Morta'della *f.*
bo·lo·ney [bə'ləʊnɪ] *s.* **1.** *sl.* ‚Quatsch' *m*, Geschwafel *n*; **2.** *bsd. Am.* Morta'della *f*; → ***polony.***
Bol·she·vik ['bɒlʃɪvɪk] **I** *s.* Bolsche'wik *m*; **II** *adj.* bolsche'wistisch; '**Bol·she·vism** [-ɪzəm] *s.* Bolsche'wismus *m*; '**Bol·she·vist** [-ɪst] **I** *s.* Bolsche'wist *m*; **II** *adj.* bolsche'wistisch; '**Bol·she·vize** [-vaɪz] *v/t.* bolschewisieren.
bol·ster ['bəʊlstə] **I** *s.* **1.** Kopfpolster *n* (*unter dem Kopfkissen*), Keilkissen *n*; **2.** Polster *n*, Polsterung *f*, 'Unterlage *f* (*a.* ⚙); **II** *v/t.* **3.** *j-m* Kissen 'unterlegen; **4.** (aus)polstern; **5.** **~ *up*** unter'stützen, stärken, künstlich aufrechterhalten.
bolt[1] [bəʊlt] **I** *s.* **1.** Schraube *f* (mit Mutter), Bolzen *m*: **~ *nut*** Schraubenmutter *f*; **2.** Bolzen *m*, Pfeil *m*: ***shoot one's ~*** e-n (letzten) Versuch machen; ***he has shot his ~*** er hat sein Pulver verschossen; **~ *upright*** kerzengerade; **3.** ⚙ (Tür-, Schloss)Riegel *m*: ***behind ~ and bar*** hinter Schloss u. Riegel; **4.** Schloss *n an Handfeuerwaffen*; **5.** Blitzstrahl *m*: ***a ~ from the blue*** ein Blitz aus heiterem Himmel; **6.** plötzlicher Sprung, Flucht *f*: ***he made a ~ for the door*** er machte e-n Satz zur Tür; ***he made a ~ for it*** F er machte sich aus dem Staube; **7.** *pol. Am.* Abtrünnigkeit *f* von der Poli'tik der eigenen Par'tei; **8.** ✝ a) (Stoff)Ballen *m*, b) (Ta'peten- *etc.*)Rolle *f*; **II** *v/t.* **9.** *Tür etc.* ver-, zuriegeln; **10.** *Essen* hin'unterschlingen; **11.** *Am. pol.* sich von *s-r Partei* lossagen; **III** *v/i.* **12.** 'durchgehen (*Pferd*); **13.** da'vonlaufen, ausreißen, ‚'durchbrennen'.
bolt[2] [bəʊlt] *v/t. Mehl* sieben.
bolt·er ['bəʊltə] *s.* **1.** 'Durchgänger *m* (*Pferd*); **2.** *pol. Am.* Abtrünnige(r *m*) *f.*
bo·lus ['bəʊləs] *s.* ⚕ Bolus *m*, große Pille.
bomb [bɒm] **I** *s.* **1.** Bombe *f*: ***the*** ♀ die (Atom)Bombe; **2.** ⚙ a) Gasflasche *f*, b) Zerstäuberflasche *f*; **3.** F a) Bombenerfolg *m*, b) Heidengeld *n*, c) *thea. etc. Am.* ‚'Durchfall' *m*, ‚Flop' *m*; **II** *v/t.* **4.** mit Bomben belegen, bombardieren; zerbomben: ***~ed out*** ausgebombt; ***~ed site*** Ruinengrundstück *n*; **5.** **~ *up*** ✈ mit Bomben beladen; **III** *v/i.* **6.** *sl.* e-e ‚Pleite' sein, *thea.* ‚'durchfallen', *bsd. Am.* (*im Examen*) ‚'durchrasseln'.
bom·bard [bɒm'bɑːd] *v/t.* **1.** ⚔ bombardieren, Bomben werfen auf (*acc.*), beschießen; **2.** *fig.* (***with***) bombardieren, bestürmen (mit); **3.** *phys.* bombardieren, beschießen; **bom·bard·ier** [ˌbɒmbə'dɪə] *s.* ⚔ **1.** *Brit.* Artille'rieˌunteroffiˌzier *m*; **2.** Bombenschütze *m* (*im Flugzeug*); **bom'bard·ment** [-mənt] *s.* Bombarde'ment *n*, Beschießung *f* (*a. phys.*), Belegung *f* mit Bomben, Bombardierung *f.*
bom·bast ['bɒmbæst] *s. fig.* Bom'bast *m*, (leerer) Wortschwall, Schwulst *m*; **bom·bas·tic** [bɒm'bæstɪk] *adj.* (□ ***~ally***) bom'bastisch, schwülstig.
bomb| at·tack *s.* Bombenanschlag *m*; **~ bay** *s.* ✈ Bombenschacht *m*; **~ dis·pos·al** *s.* ⚔ Bombenräumung *f*: **~ *squad*** Bombenräumungs-, Sprengkommando *n.*
bom·be [bɔ̃ːmb] (*Fr.*) *s.* Eisbombe *f.*
bombed [bɒmd] *adj. sl.* **1.** ‚besoffen'; **2.** ‚high' (*im Drogenrausch*).
bomb·er ['bɒmə] *s.* **1.** Bomber *m*, Bombenflugzeug *n*; **2.** Bombenleger *m.*
bomb·ing ['bɒmɪŋ] *s.* Bombenabwurf *m*: **~ *raid*** Bombenangriff *m.*
'**bomb|·proof** ⚔ **I** *adj.* bombensicher; **II** *s.* Bunker *m*; **~ scare** *s.* Bombendrohung *f*; '**~·shell** *s. fig.* Bombe *f*: ***the news came like a ~*** die Nachricht schlug ein wie e-e Bombe.
bo·na fi·de [ˌbəʊnə'faɪdɪ] *adj. u. adv.* **1.** in gutem Glauben, auf Treu u. Glauben: **~ *owner*** ⚖ gutgläubiger Besitzer; **2.** ehrlich; echt; ˌ**bo·na 'fi·des** [-diːz] *s. pl.* guter Glaube, Treu *f* und Glauben *m*, ehrliche Absicht; Rechtmäßigkeit *f.*
bo·nan·za [bəʊ'nænzə] **I** *s.* **1.** *min.* reiche Erzader (*bsd. Edelmetalle*); **2.** F Goldgrube *f*, Glücksquelle *f*, *a.* Fundgrube *f*; **3.** Fülle *f*, Reichtum *m*; **II** *adj.* **4.** sehr einträglich *od.* lukra'tiv.
bon·bon ['bɒnbɒn] *s.* Bon'bon *m, n*; *fig.* Zuckerl *n.*
bond [bɒnd] **I** *s.* **1.** *pl. obs.* Fesseln *pl.*: ***in ~s*** in Fesseln, gefangen, versklavt; ***burst one's ~s*** s-e Ketten sprengen; **2.** *sg. od. pl. fig.* Bande *pl.*: ***~s of love***; **3.** Verpflichtung *f*; Bürgschaft *f*; (*a.* 'Haft)Kautiˌon *f*; Vertrag *m*; Urkunde *f*; Garan'tie(schein *m*) *f*: ***enter into a ~*** e-e Verpflichtung eingehen; ***his word is as good as his ~*** er ist ein Mann von Wort; **4.** ✝ a) Schuldschein *m*, b) *öffentliche* Schuldverschreibung, (festverzinsliches) 'Wertpaˌpier *n*, Obligati'on *f*, (Schuld-, Staats)Anleihe *f*: ***industrial ~*** Industrieobligation, -anleihe; → ***mortgage bond***; **5.** ✝ Zollverschluss *m*: ***in ~*** unter Zollverschluss; **6.** ⚠ Verband *m*, Verbindungsstück *n*; **7.** ⚗ a) Bindung *f*, b) Bindemittel *n*, c) Wertigkeit *f*; **8.** → ***bond paper***; **II** *v/t.* **9.** verpfänden; **10.** ✝ unter Zollverschluss legen; **11.** ⚙ *Lack etc.* binden (*a. v/i.*): ***~ing agent*** Bindemittel *n*; '**bond·age** [-dɪdʒ] *s. hist.* Knechtschaft *f*, Sklave'rei *f* (*a. fig.*); *fig. a.* Hörigkeit *f*: ***in the ~ of vice*** dem Laster verfallen; '**bond·ed** [-dɪd] *adj.* ✝: **~ *debt*** fundierte Schuld; **~ *goods*** Waren unter Zollverschluss; **~ *warehouse*** Zollspeicher *m.*
'**bond|ˌhold·er** *s.* Obligati'onsinhaber *m*; '**~·man** [-mən] *s.* [*irr.*] Sklave *m*, Leibeigene(r) *m*; **~ mar·ket** *s.* ✝ Rentenmarkt *m*; **~ pa·per** *s.* Bankpost *f*, 'Post-, 'Banknotenpaˌpier *n*; **~ slave** *s. fig.* Sklave *m.*

bonds·man ['bɒndzmən] *s.* [*irr.*] **1.** → ***bondman***; **2.** ⚖ a) Bürge *m*, b) *Am.* gewerblicher Kauti'onssteller.
bone [bəʊn] **I** *s.* **1.** Knochen *m*; Bein *n*: **~ *of contention*** Zankapfel *m*; ***to the*** **~** bis auf die Knochen *od.* die Haut, durch u. durch (*nass od. kalt*); ***price cut to the*** **~** aufs Äußerste reduzierter Preis, Schleuderpreis; ***I feel it in my*** **~*s*** *fig.* ich spüre es in den Knochen (*ahne es*); ***a bag of*** **~*s*** F nur (noch) Haut u. Knochen, ein Skelett; ***my old*** **~*s*** m-e alten Knochen; ***bred in the*** **~** angeboren; ***make no*** **~*s about it*** nicht viel Federlesens machen, nicht lange (damit) fackeln; ***have a*** **~** ***to pick with s.o.*** ein Hühnchen mit j-m zu rupfen haben; **2.** *pl.* Gebeine *pl.*; **3.** (Fisch)Gräte *f*; **4.** *pl.* Kor'settstangen *pl.*; **5.** *pl. Am.* a) Würfel *pl.*, b) 'Dominosteine *pl.*; **II** *v/t.* **6.** die Knochen her'ausnehmen aus (*dat.*), *Fisch* entgräten; **III** *v/i.* **7.** *oft* **~** ***up on*** *sl. et.* ‚büffeln', ‚ochsen', ‚pauken'; **IV** *adj.* **8.** beinern, knöchern, aus Bein *od.* Knochen; **'~·black** *s.* **1.** ⚗ Knochenkohle *f*; **2.** Beinschwarz *n* (*Farbe*); **~ chi·na** *s.* 'Knochenporzel,lan *n*.
boned [bəʊnd] *adj.* **1.** *in Zssgn* ...knochig: ***strong-~*** starkknochig; **2.** *Küche*: a) ohne Knochen: **~ *chicken***, b) entgrätet: **~ *fish***.
,**bone|-'dry** *adj.* **1.** staubtrocken; **2.** F völlig ‚trocken': a) streng 'antialko,holisch, b) ohne jeden Alko'hol (*Party etc.*); **~ glue** *s.* Knochenleim *m*; **'~·head** *s. sl.* Holz-, Dummkopf *m*; **'~,head·ed** *adj. sl.* dumm; **~ lace** *s.* Klöppelspitze *f*; **,~'la·zy** *adj.* F ‚stinkfaul'; **~ meal** *s.* Knochenmehl *n*.
bon·er ['bəʊnə] *s. Am. sl.* Schnitzer *m*, (grober) Fehler.
'bone|,shak·er *s. sl.* ‚Klapperkasten' *m* (*Bus etc.*); **'~·yard** *s. Am.* **1.** Schindanger *m*; **2.** F (*a.* Auto- *etc.*)Friedhof *m*.
bon·fire ['bɒnfaɪə] *s.* **1.** Freudenfeuer *n*; **2.** Feuer *n* im Freien (*zum Unkrautverbrennen etc.*); **3.** *allg.* Feuer *n*, ‚Scheiterhaufen' *m*: ***make a*** **~** ***of s.th.*** et. vernichten.
bon·ho·mie ['bɒnɒmi:] (*Fr.*) *s.* Gutmütigkeit *f*, Joviali'tät *f*.
bonk [bɒŋk] V *v/i. u. v/t.* V vögeln.
bon·kers ['bɒŋkəz] *adj. sl.* verrückt.
bon·net ['bɒnɪt] **I** *s.* **1.** (*bsd.* Schotten)Mütze *f*, Kappe *f*; → ***bee***[1] 1; **2.** (Damen)Hut *m*, (Damen- *od.* Kinder-) Haube *f* (*mst randlos*); **3.** Kopfschmuck *m* der Indi'aner; **4.** ⚙ Schornsteinkappe *f*; **5.** *mot. Brit.* 'Motorhaube *f*; **6.** ⚙ Schutzkappe *f* (*für Ventil, Zylinder etc.*); **II** *v/t.* **7.** *j-m* den Hut über die Augen drücken; **'bon·net·ed** [-tɪd] *adj.* e-e Mütze *etc.* tragend.
bon·ny ['bɒnɪ] *adj. bsd. Scot.* **1.** hübsch, nett (*a. iron.*), *fig.* ‚prima'; **2.** F drall.
bo·nus ['bəʊnəs] *s.* ✝ **1.** 'Bonus *m*, 'Prämie *f*, Gratifikati'on *f*, Sondervergütung *f*, (Sonder)Zulage *f*, Tanti'eme *f*: ***Christmas*** **~** Weihnachtsgratifikation; **~ *number*** *Lotto*: Zusatzzahl *f*; **2.** 'Prämie *f*, 'Extradivi,dende *f*, Sonderausschüttung *f*: **~ *share*** Gratisaktie *f*; **3.** *Am.* Dreingabe *f* (*beim Kauf*); **4.** Vergünstigung *f*.
bon·y ['bəʊnɪ] *adj.* **1.** knöchern, Knochen...; **2.** starkknochig; **3.** voll Knochen *od.* Gräten; **4.** knochendürr.
bonze [bɒnz] *s.* Bonze *m* (*buddhistischer Mönch od. Priester*).
boo [bu:] **I** *int.* **1.** huh! (*um j-n zu erschrecken*); ***he can't say*** **~** ***to a goose*** er ist ein Hasenfuß; **2.** buh!, pfui!; **II** *s.* **3.** Buh(ruf *m*) *n*, Pfui(ruf *m*) *n*; **III** *v/i.* **4.** buh! *od.* pfui! schreien, buhen; **IV** *v/t.* **5.** durch Pfui- *od.* Buhrufe verhöhnen; auspfeifen, ausbuhen, niederbrüllen.
boob [bu:b] *sl.* **I** *s.* **1.** ‚Schnitzer' *m*, Fehler *m*; **2.** → ***booby*** 1; **3.** *pl.* ‚Titten' *pl.* (*Brüste*); **II** *v/i.* **4.** e-n ‚Schnitzer' machen, ‚Mist bauen'.
boo-boo ['bu:bu:] *s. Am. sl.* → ***boob*** 1.
boob tube *s. Am. sl. TV* ‚Röhre' *f*, ‚Glotze' *f* (*Fernseher*).
boo·by ['bu:bɪ] *s.* **1.** ‚Dussel' *m*, Trottel *m*; **2.** Letzte(r *m*) *f*, Schlechteste(r *m*) *f* (*in Wettkämpfen etc.*); **3.** *orn.* Tölpel *m*, Seerabe *m*; **~ hatch** *s. Am. sl.* ‚Klapsmühle' *f* (*Irrenanstalt*); **~ prize** *s.* Trostpreis *m*; **~ trap** *s.* (versteckte) Sprengladung *od.* Bombe; *allg.* (*bsd.* Todes)Falle *f*; **'~-trap** *v/t.* a) e-e Bombe *etc.* verstecken in (*dat.*), b) durch e-e versteckte Bombe *etc.* e-n Anschlag verüben auf (*acc.*).
boo·dle ['bu:dl] *s. Am. sl.* **1.** → ***caboodle***; **2.** Falschgeld *n*; **3.** Schmiergelder *pl.*
boo·gie-woo·gie [,bu:gɪ'wu:gɪ] *s.* ♪ Boogie-Woogie *m* (*Tanz*).
boo·hoo [,bu:'hu:] **I** *s.* lautes Geschluchze; **II** *v/i.* laut schluchzen, plärren.
book [bʊk] **I** *s.* **1.** Buch *n*: ***be at one's*** **~*s*** über s-n Büchern sitzen; ***without the*** **~** auswendig; ***he talks like a*** **~** er redet sehr gestelzt; ***the*** **~** ***of life*** (***nature***) *fig.* das Buch des Lebens (der Natur); ***a closed*** **~** a) ein Buch mit sieben Siegeln, b) e-e erledigte Sache; ***the B*** (***of Bs***) die Bibel; ***kiss the B*** die Bibel küssen; ***swear on the B*** bei der Bibel schwören; ***suit s.o.'s*** **~** *fig.* j-m passen *od.* recht sein; ***throw the*** **~** ***at s.o.*** F a) j-n (zur Höchststrafe) ‚verdonnern', b) j-n wegen sämtlicher einschlägigen Delikte belangen; ***by the*** **~** a) ganz korrekt *od.* genau, b) ‚nach allen Regeln der Kunst'; ***in my*** **~** F wie 'ich es sehe; → ***leaf*** 3; **2.** Buch *n* (*Teil e-s Gesamtwerkes*); **3.** ✝ Geschäfts-, Handelsbuch *n*: ***close the*** **~*s*** die Bücher abschließen; ***keep*** **~*s*** Bücher führen; ***be deep in s.o.'s*** **~*s*** bei j-m tief in der Kreide stehen; ***bring to*** **~** a) *j-n* zur Rechenschaft ziehen, b) ✝ (ver)buchen; ***be in s.o.'s good*** (***bad*** *od.* ***black***) **~*s*** bei j-m gut (schlecht) angeschrieben sein; **4.** (Schreib)Heft *n*, No'tizblock *m*; **5.** (Namens)Liste *f*, Verzeichnis *n*, Buch *n*: ***visitors'*** **~** Gästebuch; ***be on the*** **~*s*** auf der Mitgliedsliste (*univ.* Liste der Immatrikulierten) stehen; **6.** Heft(chen) *n*, Block *m*: **~ *of stamps*** Briefmarkenheft; **7.** Wettbuch *n*: ***you can make a*** **~** ***on that!*** F darauf kannst du wetten!; **8.** a) *thea.* Text *m*, b) ♪ Textbuch *n*, Lib'retto *n*; **II** *v/t.* **9.** ✝ (ver)buchen, eintragen; **10.** *j-n* verpflichten, engagieren; **11.** *j-n als* (*Fahr*)*Gast*, *Teilnehmer etc.* einschreiben, vormerken; **12.** *Platz*, *Zimmer* bestellen, *a. Überfahrt etc.* buchen; *Eintritts-*, *Fahrkarte* lösen; *Auftrag* notieren; *Güter*, *Gepäck* (*zur Beförderung*) aufgeben; *Ferngespräch* anmelden; → ***booked***; **13.** *j-n polizeilich* aufschreiben *od. sport* notieren (**for** wegen); **III** *v/i.* **14.** eine Fahrkarte *etc.* lösen *od.* nehmen: **~ *through*** (***to***) durchlösen (bis, nach); **15.** Platz *etc.* bestellen; **16.** **~ *in*** sich (*im Hotel*) eintragen: **~ *in at*** absteigen in (*dat.*); **'book·a·ble** [-kəbl] *adj.* im Vorverkauf erhältlich (*Karten etc.*).
'book|,bind·er *s.* Buchbinder *m*; **'~,binding** *s.* Buchbinderhandwerk *n*, Buchbinde'rei *f*; **'~·case** *s.* 'Bücherschrank *m*, -re,gal *n*; **~ cloth** *s.* Buchbinderleinwand *f*; **~ club** *s.* Buchgemeinschaft *f*; **~ cov·er** *s.* 'Buchdecke *f*, -,umschlag *m*; **~ debt** *s.* ✝ Buchschuld *f*.
booked [bʊkt] *adj.* **1.** gebucht, eingetragen; **2.** vorgemerkt, bestimmt, bestellt: ***all*** **~** (***up***) voll besetzt *od.* belegt, ausverkauft.
book end *s. mst pl.* Bücherstütze *f*.
book·ie ['bʊkɪ] *sl.* → ***bookmaker***.
book·ing ['bʊkɪŋ] *s.* **1.** Buchung *f*, Eintragung *f*; **2.** Bestellung *f*; **~ clerk** *s.* Schalterbeamte(r) *m*, Fahrkartenverkäufer *m*; **~ hall** *s.* Schalterhalle *f*; **~ of·fice** *s.* **1.** Fahrkartenschalter *m*; **2.** *thea. etc.* Kasse *f*, Vorverkaufsstelle *f*; **3.** *Am.* Gepäckschalter *m*.
book·ish ['bʊkɪʃ] *adj.* ☐ **1.** belesen, gelehrt; **2.** voll Bücherweisheit: **~ *person*** a) Büchernarr *m*, b) Stubengelehrte(r) *m*; **~ *style*** papierener Stil; **'book·ishness** [-nɪs] *s.* trockene Gelehrsamkeit.
'book|,keep·er *s.* Buchhalter(in); **'~,keep·ing** *s.* Buchhaltung *f*, -führung *f*: **~ *by single*** (***double***) ***entry*** einfache (doppelte) Buchführung; **~ knowl·edge**, **~ learn·ing** *s.* Buchwissen *n*, Bücherweisheit *f*.
book·let ['bʊklɪt] *s.* Büchlein *n*, Bro'schüre *f*.
'book|,mak·er *s.* Buchmacher *m*; **'~·man** [-mən] *s.* [*irr.*] Büchermensch *m*, Gelehrte(r) *m*; **'~·mark** *s.* Lesezeichen *n*, *Computer a.* 'Bookmark *f*; **'~·mo,bile** [-məʊ,bi:l] *s. Am.* 'Auto-, 'Wanderbüche,rei *f*; **'~·plate** *s.* Ex'libris *n*; **~ post** *s. Brit.* (**by ~** als) Büchersendung *f*; **~ prof·it** *s.* ✝ Buchgewinn *m*; **'~·rack** *s.* 'Büchergestell *n*, -re,gal *n*; **'~·rest** *s.* **1.** Buchstütze *f*; **2.** (kleines) Lesepult; **~ re·view** *s.* Buchbesprechung *f*; **~ re·view·er** *s.* 'Buch,kritiker *m*; **'~,sell·er** *s.* Buchhändler(in); **'~-shelf** *s.* Bücherbrett *n*, -gestell *n*; **'~·shop** *s.* Buchhandlung *f*; **'~·stack** *s.* Bücherregal *n*; **'~·stall** *s.* **1.** Bücher(verkaufs)stand *m*; **2.** Zeitungsstand *m*; **'~·stand** → ***bookrack***; **'~·store** *s. Am.* Buchhandlung *f*.
book·sy ['bʊksɪ] *adj. Am.* F ‚hochgestochen'.
book| to·ken *s. Brit.* Büchergutschein *m*; **~ trade** *s.* Buchhandel *m*; **~ val·ue** *s.* ✝ Buchwert *m*; **'~·worm** *s. zo. u. fig.* Bücherwurm *m*.
boom[1] [bu:m] **I** *s.* Dröhnen *n*, Donnern *n*, Brausen *n*; **II** *v/i.* dröhnen, donnern, brausen; **III** *v/t. a.* **~ *out*** dröhnen(d äußern).
boom[2] [bu:m] *s.* **1.** ⚓ Baum *m* (*Hafen- od. Flusssperrgerät*); **2.** ⚓ Baum *m*, Spiere *f* (*Stange am Segel*); **3.** *Am.* Schwimmbaum *m* (*zum Auffangen des Floßholzes*); **4.** *Film, TV*: (Mikro'fon)Galgen *m*.
boom[3] [bu:m] **I** *s.* **1.** Aufschwung *m*; Berühmtheit *f*, *das* Berühmtwerden, Blüte(zeit) *f*; **2.** ✝ Boom *m*: a) ('Hoch-) Konjunk,tur *f*: ***building*** **~** Bauboom, b) Aufschwung *m*, c) *Börse*: Hausse *f*; **3.** Re'klamerummel *m*, aufdringliche Propa'ganda; **II** *v/i.* **4.** e-n (ra'piden) Aufschwung nehmen, in die Höhe schnellen, anziehen (*Preise, Kurse*), blühen:

~ing florierend, blühend; **III** *v/t.* **5.** die Werbetrommel rühren für; *Preise* in die Höhe treiben; **ˌ~-and-ˈbust** *s. Am.* F außergewöhnlicher Aufstieg, dem e-e ernste Krise folgt.

boom·er·ang [ˈbuːməræŋ] **I** *s.* Bumerang *m* (*a. fig.*); **II** *v/i. fig.* (**on**) sich als Bumerang erweisen (für), zurückschlagen (auf *acc.*).

boon¹ [buːn] *s.* **1.** Wohltat *f*, Segen *m*; **2.** Gefälligkeit *f*.

boon² [buːn] *adj. lit.* freundlich, munter: **~ companion** lustiger Kumpan *od.* Zechbruder.

boon·docks [ˈbuːndɒks] *s. pl. Am. sl. die* Proˈvinz.

boor [bʊə] *s. fig.* a) ‚Bauer' *m*, ungehobelter Kerl, b) Flegel *m*; **boor·ish** [ˈbʊərɪʃ] *adj.* □ *fig.* ungehobelt, flegelhaft; **boor·ish·ness** [ˈbʊərɪʃnɪs] *s.* ungehobeltes Benehmen *od.* Wesen.

boost [buːst] **I** *v/t.* **1.** hochschieben, -treiben; nachhelfen (*dat.*) (*a. fig.*); **2.** ✝ F a) fördern, Auftrieb geben (*dat.*) (*a. fig.*), *Produktion etc.* ‚ankurbeln', *Preise* in die Höhe treiben: **~ the morale** die (*Arbeits- etc.*)Moral heben, b) anpreisen, Reˈklame machen für; **3.** ⚙, ⚡ *Druck, Spannung* erhöhen, verstärken; **II** *s.* **4.** Förderung *f*, Erhöhung *f*; Auftrieb *m*; **5.** *fig.* Reˈklame *f*.

boost·er [ˈbuːstə] *s.* **1.** F Förderer *m* Reˈklamemacher *m*; Preistreiber *m*; **2.** ⚙, ⚡ ˈZusatz(aggreˌgat *n*, -dyˌnamo *m*, -verstärker *m*) *m*; Komˈpressor *m*; Servomotor *m*; *Rakete*: a) ˈAntriebsaggreˌgat *n*, b) Zündstufe *f*, c) ˈTrägerraˌkete *f*; **~ bat·ter·y** *s.* ⚡ ˈZusatzbatteˌrie *f*; **~ rock·et** *s.* ˈStartraˌkete *f*; **~ shot** *s.* ⚕ Wiederˈholungsimpfung *f*.

boot¹ [buːt] **I** *s.* **1.** (*Am.* Schaft)Stiefel *m*; *pl. Mode*: Boots *pl.*: **the ~ is on the other leg** a) der Fall liegt umgekehrt, b) die Verantwortung liegt bei der anderen Seite; **die in one's ~s** a) *am Ende e-s langen Arbeitslebens* ‚am Schreibtisch' sterben b) e-s plötzlichen *od.* gewaltsamen Todes sterben; **get the ~** *sl.* ‚rausgeschmissen' (*entlassen*) werden; → **big** 2; **2.** *Brit. mot.* Kofferraum *m*; **3.** ⚙ Schutzkappe *f*, -hülle *f*; **II** *v/t.* **4.** *sl. j-m* e-n Fußtritt geben; **5.** *sl. fig. j-n* ‚rausschmeißen' (*entlassen*); **6.** F *Fußball* treten; **7.** *Computer*: *Programm* booten, starten.

boot² [buːt] *s. nur noch in*: **to ~** obendrein, noch dazu.

ˈboot|·black *s. Am.* Schuhputzer *m*; **~ camp** *Am.* ⚔ Ausbildungslager *n* (*der Navy u. Marines*).

boot·ed [ˈbuːtɪd] *adj.* Stiefel tragend: **~ and spurred** gestiefelt u. gespornt.

booth [buːð] *s.* **1.** (Markt)Bude *f*; (Messe)Stand *m*; **2.** (Fernsprech-, *pol.* Wahl)Zelle *f*; **3.** a) *Radio, TV*: (Überˈtragungs)Kaˌbine *f*, b) (ˈAbhör-) Kaˌbine *f* (*Schallplattengeschäft*); **4.** Nische *f*, Sitzgruppe *f im Restaurant*.

ˈboot|·jack *s.* Stiefelknecht *m*; **ˈ~·lace** *s. bsd. Brit.* Schnürsenkel *m*.

boot·leg [ˈbuːtleg] *v/t. u. v/i. Am. sl. bsd. Spirituosen* ˈillegal herstellen, schwarz verkaufen, schmuggeln; **ˈbootˌleg·ger** [-gə] *s. Am. sl.* (ˈAlkohol-) Schmuggler *m*, (-)Schwarzhändler *m*; **ˈbootˌleg·ging** [-gɪŋ] *s. Am. sl.* (ˈAlkohol)Schmuggel *m*.

boot·less [ˈbuːtlɪs] *adj.* □ nutzlos, vergeblich.

ˈboot|·lick *v/t. u. v/i.* F (vor *j-m*) kriechen; **ˈ~ˌlick·er** *s.* F ‚Kriecher' *m*.

boots [buːts] *s. sg.* Hausdiener *m* (*im Hotel*).

ˈboot|·strap **I** *s.* **1.** Stiefelstrippe *f*, -schlaufe *f*: **pull o.s. up by one's own ~s** sich aus eigener Kraft hocharbeiten; **2.** *Computer*: ˈBootstrap *m*, ˈBootˌstrapping *n*; **II** *v/t.* **3.** sich aus eigener Kraft von *et.* befreien, aus eigener Kraft *et.* erreichen; **4.** *e-n Computer, ein Programm* booten; **~ top** *s.* Stiefelstulpe *f*; **~ tree** *s.* Schuh-, Stiefelleisten *m*.

boot·y [ˈbuːtɪ] *s.* **1.** (Kriegs)Beute *f*, Raub *m*; **2.** *fig.* Beute *f*, Fang *m*.

booze [buːz] F **I** *v/i.* ‚saufen'; **II** *s.* a) Schnaps *m*, ˈAlkohol *m*, b) ‚Saufeˈrei' *f*, Besäufnis *n*: **go on** (*od.* **hit**) **the ~** → I; **boozed** [-zd] *adj.* F ‚blau', ‚voll', besoffen; **ˈbooz·er** [-zə] *s.* **1.** F Säufer *m*; **2.** *Brit. sl.* Kneipe *f*.

ˈbooze-up → **booze** II b.

booz·y [ˈbuːzɪ] *adj.* F **1.** → **boozed**; **2.** versoffen.

bo·rac·ic [bəˈræsɪk] *adj.* ⚗ ˈboraxhaltig, Bor...: **~ acid** Borsäure *f*.

bor·age [ˈbɒrɪdʒ] *s.* ⚘ Borretsch *m*, Gurkenkraut *n*.

bo·rax [ˈbɔːræks] *s.* ⚗ ˈBorax *m*.

bor·der [ˈbɔːdə] **I** *s.* **1.** Rand *m*, Kante *f*; **2.** (*Landes- od. Gebiets*)Grenze *f*; *a.* **~ area** Grenzgebiet *n*: **the ♀** Grenze *od.* Grenzgebiet zwischen England u. Schottland; **north of the ♀** in Schottland; **~ incident** Grenzzwischenfall *m*; **3.** Umˈrandung *f*, Borte *f*, Einfassung *f*, Saum *m*; Zierleiste *f*; **4.** Randbeet *n*, Raˈbatte *f*; **II** *v/t.* **5.** einfassen, besetzen; **6.** begrenzen, (um)ˈsäumen: **a lawn ~ed by trees**; **7.** grenzen an (*acc.*): **my park ~s yours**; **III** *v/i.* **8.** grenzen (**on** an *acc.*) (*a. fig.*); **ˈbor·der·er** [-ərə] *s.* **1.** Grenzbewohner *m*; **2.** **♀s** *pl.* ⚔ ˈGrenzregiˌment *n*.

ˈbor·der|·land *s.* Grenzgebiet *n* (*a. fig.*); **ˈ~·line** **I** *s.* ˈGrenzˌlinie *f*; *fig.* Grenze *f*; **II** *adj.* auf *od.* an e-r Grenze: **~ case** Grenzfall *m*.

bor·dure [ˈbɔːˌdjʊə] *s. her.* ˈSchild-, ˈWappenumˌrandung *f*.

bore¹ [bɔː] **I** *v/t.* **1.** (durch)ˈbohren: **~ a well** e-n Brunnen bohren; **~ one's way** *fig.* sich (mühsam) e-n Weg bahnen; **II** *v/i.* **2.** (**for**) bohren, Bohrungen machen (nach); ⚒ schürfen (nach); **3.** ⚙ *bei Holz*: (ins Volle) bohren; *bei Metall*: (aus-, auf)bohren; **4.** sich einbohren (**into** in *acc.*); **III** *s.* **5.** ⚒ Bohrung *f*, Bohrloch *n*; **6.** ⚔, ⚙ Bohrung *f*, Seele *f*, Kaˈliber *n* (*e-r Schusswaffe*).

bore² [bɔː] **I** *s.* **1.** *et.* Langweiliges *od.* Lästiges *od.* Stumpfsinniges: **what a ~** a) wie langweilig, b) wie dumm; **the book is a ~ to read** das Buch ist ‚stinkfad'; **2.** a) fader Kerl, b) unangenehmer Kerl, (altes) Ekel; **II** *v/t.* **3.** langweilen: **be ~d** sich langweilen; **look ~d** gelangweilt aussehen.

bore³ [bɔː] *s.* Springflut *f*.

bore⁴ [bɔː] *pret. von* **bear¹**.

bo·re·al [ˈbɔːrɪəl] *adj.* nördlich, Nord...; **bo·re·a·lis** [bɔːrɪˈeɪlɪs] → **aurora borealis**; **Bo·re·as** [ˈbɒrɪæs] **I** *npr.* ˈBoreas *m*; **II** *s. poet.* Nordwind *m*.

bore·dom [ˈbɔːdəm] *s.* **1.** Langeweile *f*, Gelangweiltsein *n*; **2.** Langweiligkeit *f*, Stumpfsinn *m*.

bor·er [ˈbɔːrə] *s.* **1.** ⚙ Bohrer *m*; **2.** *zo.* Bohrer *m* (*Insekt*).

bo·ric [ˈbɔːrɪk] *adj.* ⚗ Bor...: **~ acid** Borsäure *f*.

bor·ing [ˈbɔːrɪŋ] *adj.* **1.** bohrend, Bohr...; **2.** langweilig.

born [bɔːn] **I** *p.p. von* **bear¹**; **II** *adj.* geboren: **~ of ...** geboren von ..., Kind des *od.* der ...; **a ~ poet, ~ a poet** ein geborener Dichter, zum Dichter geboren; **a ~ fool** ein völliger Narr; **an Englishman ~ and bred** ein echter Engländer; **never in all my ~ days** mein Lebtag (noch) nie; **~-a·gain** *adj. relig. u. fig.* spätberufen.

borne [bɔːn] *p.p. von* **bear¹** **1.** getragen *etc.*: **lorry-~** mit (e-m) Lastwagen befördert; **2.** geboren (*in Verbindung mit* **by** *und dem Namen der Mutter*): **Elizabeth I was ~ by Anne Boleyn**.

bor·né [ˈbɔːneɪ] (*Fr.*) *adj.* borniert.

bo·ron [ˈbɔːrɒn] *s.* ⚗ Bor *n*.

bor·ough [ˈbʌrə] *s.* **1.** *Brit.* a) Stadt *f od.* im Parlaˈment vertretener städtischer Wahlbezirk, b) Stadtteil *m* (*von Groß-London*): **♀ Council** Stadtrat *m*; **2.** *Am.* a) Stadt- *od.* Dorfgemeinde *f*, b) Stadtbezirk *m* (*in New York*).

bor·row [ˈbɒrəʊ] *v/t.* **1.** (aus)borgen, (ent)leihen (**from, of** von): **~ed funds** ✝ Fremdmittel *pl.*; **2.** *fig.* entlehnen, *humor.* ‚borgen': **~ed word** Lehnwort *n*; **ˈbor·row·er** [-əʊə] *s.* **1.** Entleiher (-in), Borger(in); **2.** ✝ Kreˈditnehmer (-in); **ˈbor·row·ing** [-əʊɪŋ] *s.* (Aus)Borgen *n*; Darlehns-, Kreˈditaufnahme *f*, Anleihe *f*: **~ power** ✝ Kreditfähigkeit *f*.

Bor·stal (**In·sti·tu·tion**) [ˈbɔːstl] *s. Brit. erzieherisch gestaltete Jugendstrafanstalt*: **Borstal training** Strafvollzug *m* in e-m **Borstal**.

bosh [bɒʃ] *s.* F ‚Quatsch' *m*.

bos·om [ˈbʊzəm] *s.* **1.** Busen *m*, Brust *f*, *fig. a.* Herz *n*: **~ friend** Busenfreund (-in); **keep** (*od.* **lock**) **in one's** (**own**) **~** in s-m Busen verschließen; **take s.o. to one's ~** j-n ans Herz drücken; **3.** *fig.* Schoß *m*: **in the ~ of one's family** (**the Church**); → **Abraham**; **4.** Brustteil *m* (*Kleid etc.*); *bsd. Am.* Hemdbrust *f*; **5.** Tiefe *f*, *das* Innere: **in the ~ of the earth** im Erdinnern; **ˈbos·omed** [-md] *adj. in Zssgn* ...busig; **ˈbos·om·y** [-mɪ] *adj.* vollbusig.

boss¹ [bɒs] **I** *s.* Beule *f*, Buckel *m*, Knauf *m*, Knopf *m*, erhabene Verzierung; ⚙ (*Rad-, Schiffsschrauben*)Nabe *f*; **II** *v/t.* mit Buckeln *etc.* verzieren, bosseln, treiben.

boss² [bɒs] F **I** *s.* **1.** *a.* **~ man** Chef *m*, Vorgesetzte(r) *m*, ‚Boss' *m*; **2.** *fig.* ‚Macher' *m*, ‚Boss' *m*, Tonangebende(r) *m*; **3.** *Am. pol.* (Parˈtei)Bonze *m*, (-)Boss *m*; **II** *v/t.* **4.** Herr sein über (*acc.*): **~ the show** der Chef vom Ganzen sein; **III** *v/i.* **5.** den Chef *od.* Herrn spielen, kommandieren; **6.** **~ about** herumkommandieren; **boss·y** [ˈbɒsɪ] *adj.* F **1.** herrisch, diktaˈtorisch; **2.** rechthaberisch.

bo·sun [ˈbəʊsn] → **boatswain**.

bo·tan·ic, bo·tan·i·cal [bəˈtænɪk(l)] *adj.* □ boˈtanisch.

bot·a·nist [ˈbɒtənɪst] *s.* Boˈtaniker *m*, Pflanzenkenner *m*; **ˈbot·a·nize** [-naɪz] *v/i.* botanisieren; **ˈbot·a·ny** [-nɪ] *s.* Boˈtanik *f*, Pflanzenkunde *f*.

botch [bɒtʃ] **I** *s.* Flickwerk *n*, *fig. a.* Pfuscharbeit *f*: **make a ~ of s.th** *et.* verpfuschen; **II** *v/t.* zs.-schustern *od.* -stoppeln; verpfuschen; **III** *v/i.* pfuschen, stümpern; **ˈbotch·er** [-tʃə] *s.* **1.** Flickschneider *m*, -schuster *m* (*a. fig.*); **2.** Pfuscher *m*, Stümper *m*.

both [bəʊθ] **I** *adj. u. pron.* beide, beides: **~ my sons** m-e beiden Söhne; **~ parents** beide Eltern; **~ of them** sie (*od.*

alle) beide; ***you can't have it ~ ways*** du kannst nicht beides *od.* nur eins von beiden haben; **II** *adv. od. cj.*: ***~ ... and*** sowohl ... als (auch): ***~ boys and girls***.

both·er ['bɒðə] **I** *s.* **1.** a) Last *f*, Plage *f*, Mühe *f*, Ärger *m*, Schere'rei *f*, b) Aufregung *f*, ‚Wirbel' *m*, Getue *n*: ***this boy is a great ~*** dieser Junge ist e-e große Plage; **II** *v/t.* **2.** belästigen, quälen, stören, beunruhigen, ärgern: ***don't ~ me!*** lass mich in Frieden!; ***be ~ed about s.th.*** über et. beunruhigt sein; ***I can't be ~ed with it*** ich kann mich nicht damit abgeben; ***~ one's head about s.th.*** sich über et. den Kopf zerbrechen; ***~ (it)!*** F verflixt!; **III** *v/i.* **3.** (***about***) sich sorgen (um), sich aufregen (über *acc.*); **4.** sich Mühe geben: ***don't ~!*** bemüh dich nicht!; **5.** (***about***) sich kümmern (um), sich befassen (mit), sich Gedanken machen (wegen): ***I shan't ~ about it***; **both·er·a·tion** [ˌbɒðə'reɪʃn] F **I** *s.* Belästigung *f*; **II** *int.* ‚Mist'!

bo tree ['bəʊtriː] *s. der* heilige Feigenbaum (*Buddhas*).

bot·tle ['bɒtl] **I** *s.* **1.** Flasche *f* (*a.* ⚙): ***wine in ~s*** Flaschenwein *m*; ***bring up on the ~*** *Säugling* mit der Flasche aufziehen; ***be fond of the ~*** gern ‚einen heben'; **II** *v/t.* **2.** in Flaschen abfüllen; **3.** *bsd. Brit. Früchte etc.* in Gläsern einmachen; **~ up** *v/t.* **1.** *fig. Gefühle etc.* unter'drücken: ***bottled-up*** aufgestaut; **2.** einschließen: ***~ the enemy's fleet***.

bot·tle bank *s.* (Alt)Glascontainer *m*.

bot·tled ['bɒtld] *adj.* in Flaschen *od.* (Einmach)Gläser (ab)gefüllt: ***~ beer*** Flaschenbier *n*; → ***bottle up*** 1.

'bot·tle|-feed *v/t.* [*irr.*] mit der Flasche aufziehen, aus der Flasche ernähren: ***bottle-fed child***; **~ gourd** *s.* ⚘ Flaschenkürbis *m*; **'~-green** *adj.* flaschen-, dunkelgrün; **'~-ˌhold·er** *s.* **1.** *Boxen*: Sekun'dant *m*; **2.** *fig.* Helfershelfer *m*; **~ imp** *s.* Flaschenteufelchen *n*; **'~-neck** *s.* Engpass *m* (*a. fig.*); **'~-nosed** *adj.* mit e-r Säufernase; **~ par·ty** *s.* Bottle-Party *f* (*zu der jeder Gast e-e Flasche Wein etc. mitbringt*); **~ post** *s.* Flaschenpost *f*.

bot·tler ['bɒtlə] *s.* 'Abfüllmaˌschine *f od.* -betrieb *m*.

'bot·tleˌwash·er *s.* **1.** Flaschenreiniger *m*; **2.** *humor.* Fak'totum *n*, ‚Mädchen *n* für alles'.

bot·tom ['bɒtəm] **I** *s.* **1.** *der* unterste Teil, 'Unterseite *f*, Boden *m* (*Gefäß etc.*), Fuß *m* (*Berg, Treppe, Seite etc.*), Sohle *f* (*Brunnen, Tal etc.*): ***~s up!*** *sl.* ex! (*beim Trinken*); **2.** Boden *m*, Grund *m* (*Gewässer*): ***go to the ~*** versinken; ***send to the ~*** versenken; ***touch ~*** a) auf Grund geraten, b) *fig.* den Tiefpunkt erreichen; ***the ~ has fallen out of the market*** der Markt hat e-n Tiefstand erreicht; **3.** *fig.* Grund(lage *f*) *m*: ***what is at the ~ of it?*** was ist der Grund dafür?, was steckt dahinter?; ***knock the ~ out of s.th.*** et. gründlich widerlegen; ***get to the ~ of s.th.*** e-r Sache auf den Grund gehen *od.* kommen: ***from the ~ up*** von Grund auf; **4.** *fig. das* Innere, Tiefe *f*: ***from the ~ of my heart*** aus tiefstem Herzen; ***at ~*** im Grunde; **5.** ⚓ Schiffsboden *m*; Schiff *n*: ***~ up(wards)*** kieloben; ***shipped in British ~s*** in brit. Schiffen verladen; **6.** (*Stuhl*)Sitz *m*; **7.** F *der* Hintern, ‚Po (-'po)' *m*: ***smack the boy's ~*** den Jungen ‚versohlen'; ***smooth as a baby's ~*** glatt wie ein Kinderpopo; **8.** (unteres) Ende (*Tisch, Klasse, Garten*); **II** *adj.* **9.** unterst, letzt, äußerst: ***~ shelf*** unterstes (*Bücher*)Brett; ***~ drawer*** a) unterste Schublade (*a. fig.*), b) *Brit.* Aussteuer (-truhe) *f*; ***~ price*** äußerster Preis; ***~ line*** letzte Zeile; **III** *v/t.* **10.** mit e-m Boden *od.* Sitz versehen; **11.** ergründen; **IV** *v/i.* ***~ out*** *Rezession*: die Talsohle durchschritten haben; **'bot·tomed** [-md] *adj.*: ***~ on*** beruhend auf (*dat.*); ***double-~*** mit doppeltem Boden; ***cane-~*** mit Rohrsitz (*Stuhl*); **'bot·tom·less** [-lɪs] *adj.* bodenlos (*a. fig.*); unergründlich; unerschöpflich; **'bot·tom·ry** [-rɪ] *s.* ⚓ Bodme'rei(geld *n*) *f*.

bot·u·lism ['bɒtjʊlɪzəm] *s.* ⚕ Botu'lismus *m* (*Fleischvergiftung etc.*).

bou·doir ['buːdwɑː] (*Fr.*) *s.* Bou'doir *n*.

bough [baʊ] *s.* Ast *m*, Zweig *m*.

bought [bɔːt] *pret. u. p.p. von* ***buy***.

boul·der ['bəʊldə] *s.* Fels-, Geröllblock *m*; *geol.* er'ratischer Block: ***~ period*** Eiszeit *f*.

bou·le·vard ['buːlvɑː] *s.* Boule'vard *m*, Prachtstraße *f*, *Am. a.* Hauptverkehrsstraße *f*.

boult → ***bolt***[2].

bounce [baʊns] **I** *v/i.* **1.** springen, (hoch)schnellen, hüpfen: ***the ball ~d***; ***he ~d out of his chair***; ***~ about*** herumhüpfen; **2.** stürzen, stürmen: ***~ into a room***; **3.** auf-, anprallen (***against*** gegen): ***~ off*** abprallen; **4.** ✝ ‚platzen' (*Scheck*); **II** *v/t.* **5.** *Ball* (auf)springen lassen; **6.** *Brit.* F *j-n* drängen (***into*** zu); **7.** *Am. sl. j-n* ‚rausschmeißen' (*a. fig. entlassen*); **III** *s.* **8.** Sprungkraft *f*; **9.** Sprung *m*, Schwung *m*, Stoß *m*; **10.** Unverfrorenheit *f*; **11.** F ‚Schwung' *m*, E'lan *m*; **12.** *Am. sl.* ‚Rausschmiss' *m* (*Entlassung*); **'bounc·er** [-sə] *s.* F **1.** a) Angeber *m*, b) Lügner *m*; **2.** freche Lüge; **3.** a) ‚Mordskerl' *m*, b) ‚Prachtweib' *n*, c) ‚Mordssache' *f*; **4.** *Am.* ‚Rausschmeißer' *m* (*in Nachtlokalen etc.*); **5.** ungedeckter Scheck; **'bounc·ing** [-sɪŋ] *adj.* **1.** stramm (*kräftig*): ***~ baby***; ***~ girl***; **2.** munter, lebhaft; **3.** Mords...

bound[1] [baʊnd] **I** *pret. u. p.p. von* ***bind***; **II** *adj.* **1. *be ~ to do*** zwangsläufig *et.* tun müssen; ***he is ~ to tell me*** er ist verpflichtet, es mir zu sagen; ***he is ~ to be late*** er muss ja zu spät kommen; ***he is ~ to come*** er kommt bestimmt; ***I'll be ~*** ich bürge dafür, ganz gewiss; **2.** *in Zssgn* festgehalten *od.* verhindert durch: ***ice-~***; ***storm~***.

bound[2] [baʊnd] *adj.* (***for***) bestimmt, unter'wegs (nach): ***~ for London***; ***homeward*** (***outward***) ***~*** ⚓ auf der Heimreise (Hin-, Ausreise) (befindlich); ***where are you ~ for?*** wohin reisen *od.* gehen Sie?

bound[3] [baʊnd] **I** *s.* **1.** Grenze *f*, Schranke *f*, Bereich *m*: ***beyond all ~s*** maß-, grenzenlos; ***keep within ~s*** in vernünftigen Grenzen halten; ***set ~s to*** Grenzen setzen (*dat.*), in Schranken halten; ***within the ~s of possibility*** im Bereich des Möglichen; ***out of ~s*** a) *sport* aus, im Aus, b) (***to***) Zutritt verboten (für); **II** *v/t.* **2.** be-, abgrenzen, die Grenze von *et.* bilden; **3.** *fig.* beschränken, in Schranken halten.

bound[4] [baʊnd] **I** *v/i.* **1.** (hoch)springen, hüpfen (*a. fig.*); **2.** lebhaft gehen, laufen; **3.** an-, abprallen; **II** *s.* **4.** Sprung *m*, Satz *m*, Schwung *m*: ***at a single ~*** mit 'einem Satz; ***on the ~*** beim Aufspringen (*Ball*).

bound·a·ry ['baʊndərɪ] *s.* **1.** *a. fig.* Grenze *f*, *a.* ***~ line*** 'Grenzˌlinie *f*; **2.** *fig.* Bereich *m*; **4.** ⩚, *phys.* a) Begrenzung *f*, b) Rand *m*, c) 'Umfang *m*.

bound·en ['baʊndən] *adj.*: ***my ~ duty*** m-e Pflicht u. Schuldigkeit.

bound·er ['baʊndə] *s. sl.* ‚Stromer' *m*, Kerl *m*.

bound·less ['baʊndlɪs] *adj.* □ grenzenlos, unbegrenzt, *fig. a.* 'übermäßig.

boun·te·ous ['baʊntɪəs] *adj.* □ **1.** freigebig, großzügig; **2.** (allzu) reichlich; **'boun·ti·ful** [-tɪfʊl] *adj.* □ → ***bounteous***; **boun·ty** ['baʊntɪ] *s.* **1.** Freigebigkeit *f*; **2.** (milde) Gabe; Spende *f* (*bsd. e-s Herrschers*); **3.** ⚔ Handgeld *n*; **4.** ✝ (*bsd.* Ex'port)ˌPrämie *f*, Zuschuss *m* (***on*** auf, für); **5.** Belohnung *f*.

bou·quet [bʊ'keɪ] *s.* **1.** Bu'kett *n*, (Blumen)Strauß *m*; **2.** A'roma *n*; Blume *f* (*Wein*); **3.** *bsd. Am.* Kompli'ment *n*.

Bour·bon ['bʊəbən] *s.* **1.** *pol. Am.* Reaktio'när *m*; **2.** ♎ ['bɜːbən] 'Bourbon *m* (*amer. Whiskey aus Mais*).

bour·geois[1] ['bʊəʒwɑː] *contp.* **I** *s.* Bour'geois *m*; **II** *adj.* bour'geois, (spieß)bürgerlich.

bour·geois[2] [bɜː'dʒɔɪs] *typ.* **I** *s.* 'Borgis *f*; **II** *adj.* in 'Borgisˌlettern gedruckt.

bourn(e)[1] [bʊən] *s.* (Gieß)Bach *m*.

bourn(e)[2] [bʊən] *s.* **1.** *obs.* Grenze *f*; **2.** *poet.* Ziel *n*; Gebiet *n*, Bereich *m*.

bourse [bʊəs] *s.* ✝ Börse *f*.

bout [baʊt] *s.* **1.** Arbeitsgang *m*; *Fechten, Tanz*: Runde *f*: ***drinking ~*** Zecherei *f*; **2.** (Krankheits)Anfall *m*, At'tacke *f*; **3.** Zeitspanne *f*; **4.** Kraftprobe *f*, Kampf *m*; **5.** (*bsd.* Box-, Ring)Kampf *m*.

bo·vine ['bəʊvaɪn] *adj.* **1.** *zo.* Rinder...; **2.** *fig.* (*a. geistig*) träge, schwerfällig, dumm.

bov·ver ['bɒvə] *s. Brit. sl.* Schläge'rei *f* *bsd.* zwischen Rockern: ***~ boots*** Rockerstiefel *pl.*

bow[1] [baʊ] **I** *s.* **1.** Verbeugung *f*, Verneigung *f*: ***make one's ~*** a) sich vorstellen, b) sich verabschieden; ***take a ~*** sich verbeugen, sich für den Beifall bedanken; **II** *v/t.* **2.** beugen, neigen: ***~ one's head*** den Kopf neigen; ***~ one's neck*** *fig.* den Nacken beugen; ***~ one's thanks*** sich dankend verneigen; ***~ed with grief*** gramgebeugt; → ***knee*** 1; **3.** biegen: ***the wind has ~ed the branches***; **III** *v/i.* **4.** (***to***) sich verbeugen *od.* verneigen (vor *dat.*), grüßen (*acc.*): ***a ~ing acquaintance*** e-e Grußbekanntschaft; ***on ~ing terms*** auf dem Grußfuße, flüchtig bekannt; ***~ and scrape*** Kratzfüße machen, *fig.* katzbuckeln; **5.** *fig.* sich beugen *od.* unter'werfen (***to*** *dat.*): ***~ to the inevitable*** sich in das Unvermeidliche fügen; **~ down** *v/i.* (***to***) **1.** verehren, anbeten (*acc.*); **2.** sich unter'werfen (*dat.*); **~ in** *v/t. j-n* unter Verbeugungen hin'eingeleiten; **~ out I** *v/t. j-n* hin'auskomplimentieren; **II** *v/i.* sich verabschieden.

bow[2] [bəʊ] **I** *s.* **1.** (Schieß)Bogen *m*: ***have more than one string to one's ~*** *fig.* mehrere Eisen im Feuer haben; ***draw the long ~*** *fig.* aufschneiden, übertreiben; **2.** ♪ (*Violin- etc.*)Bogen *m*; **3.** ⩚, ⚙ a) Bogen *m*, Kurve *f*, b) *pl.* 'Bogenˌzirkel *m*; **4.** Bügel *m* (*der Brille*); **5.** Knoten *m*, Schleife *f*; **II** *v/i.* **6.** ♪ den Bogen führen.

bow[3] [baʊ] *s.* ⚓ **1.** *a. pl.* Bug *m*; **2.** Bugmann *m* (*im Ruderboot*).

Bow| bells [bəʊ] *s. pl.* Glocken *pl.* der Kirche ***St. Mary le Bow*** (*London*): ***be born within the sound of ~*** ein echter Cockney sein; ≈ **com·pass(·es)** *s. sg. od. pl.* ✈, ⚙ → ***bow*** ² 3b.

bowd·ler·ize ['baʊdləraɪz] *v/t. Bücher* (von anstößigen Stellen) säubern; *fig.* verwässern.

bow·els ['baʊəlz] *s. pl.* **1.** *anat.* Darm *m*; Gedärm *n*, Eingeweide *pl.*: ***open ~*** ⚕ offener Leib; ***have open ~*** regelmäßig Stuhlgang haben; **2.** *das* Innere, Mitte *f*: ***the ~ of the earth*** das Erdinnere.

bow·er¹ ['baʊə] *s.* (Garten)Laube *f*, schattiges Plätzchen; *obs.* (Frauen)Gemach *n*.

bow·er² ['baʊə] *s.* ⚓ Buganker *m*.

bow·er·y ['baʊərɪ] *s. hist. Am.* Farm *f*, Pflanzung *f*: ***the*** ≈ die Bowery (*heruntergekommene Straße u. Gegend in New York City*).

'bow·head ['bəʊ-] *s. zo.* Grönlandwal *m*.

bow·ie knife ['bəʊɪ-] *s.* [*irr.*] 'Bowiemesser *n* (*langes Jagdmesser*).

bowl¹ [bəʊl] *s.* **1.** Napf *m*, Schale *f*; Bowle *f* (*Gefäß*); **2.** Schüssel *f*, Becken *n*; **3.** *poet.* Gelage *n*; **4.** a) (Pfeifen-)Kopf *m*, b) Höhlung *f* (*Löffel etc.*); **5.** *Am.* 'Stadion *n*.

bowl² [bəʊl] **I** *s.* **1.** a) (*Bowling-, Bowls-, Kegel*)Kugel *f*, b) → ***bowls*** 1, c) Wurf *m*; **II** *v/t.* **2.** *allg.* rollen (lassen); *Bowling etc*: *die Kugel* werfen; *Ball* rollen, werfen (*a. Kricket*); *Reifen* schlagen, treiben; **III** *v/i.* **3.** a) bowlen, Bowls spielen, b) bowlen, Bowling spielen, c) kegeln, d) werfen; **4.** *mst* ***~ along*** ,(da'hin)gondeln' (*Wagen*); **~ out** *v/t. Kricket*: *den Schläger* (durch Treffen des Dreistabes) ,ausmachen'; *fig. j-n* ,erledigen', schlagen; **~ o·ver** *v/t.* 'umwerfen (*a. fig.*).

'bow-legged ['bəʊ-] *adj.* säbel-, o-beinig; **'bow·legs** *s. pl.* Säbel-, O-Beine *pl.*

bowl·er ['bəʊlə] *s.* **1.** a) Bowlsspieler (-in), b) Bowlingspieler(in), c) Kegler (-in); **2.** *Kricket*: Werfer *m*; **3.** *a.* ***~ hat*** *Brit.* ,Me'lone' *f*.

bow·line ['bəʊlɪn] *s.* ⚓ Bu'lin *f*.

bowl·ing ['bəʊlɪŋ] *s.* **1.** Bowling *n*; **2.** Kegeln *n*; **~ al·ley** *s.* **1.** Bowlingbahn *f*; **2.** Kegelbahn *f*; **~ green** *s. Bowls etc*: Rasenplatz *m*.

bowls [bəʊlz] *s. pl. sg. konstr.* **1.** Bowls (-spiel) *n*; **2.** Kegeln *n*.

bow|·man ['bəʊmən] *s.* [*irr.*] Bogenschütze *m*; **'~·shot** *s.* Bogenschussweite *f*; **'~·sprit** *s.* ⚓ Bugspriet *m*; ≈ **Street** *npr. Straße in London mit dem Polizeigericht*; **'~·string I** *s.* Bogensehne *f*; **II** *v/t.* erdrosseln; **~ tie** *s.* (Frack)Schleife *f*, Fliege *f*; **~ win·dow** *s.* Erkerfenster *n*.

bow-wow I *int.* [ˌbaʊ'waʊ] wau'wau!; **II** *s.* ['baʊwaʊ] *Kindersprache*: Wau'wau *m* (*Hund*).

box¹ [bɒks] **I** *s.* **1.** Kasten *m*, Kiste *f*; *Brit. a.* Koffer *m*; **2.** Büchse *f*, Schachtel *f*, Etu'i *n*, Dose *f*, Kästchen *n*; **3.** Behälter *m*, (*a. Buch-, Film- etc.*)Kas'sette *f*, Hülse *f*, Gehäuse *n*, Kapsel *f*; **4.** Häus-chen *n*; Ab'teil *n*, Ab'teilung *f*, Loge *f* (*Theater etc.*); ⚖ a) Zeugenstand *m*, b) (Geschworenen)Bank *f*; **5.** Box *f*: a) *Pferdestand*, b) *mot. Einstellplatz in e-r Großgarage*; **6.** Fach *n* (*a. für Briefe etc.*); **7.** Kutschbock *m*; **8.** *Am.* Wagenkasten *m*; **9.** *Baseball*: Standplatz *m* (*des Schlägers*); **10.** a) Postfach *n*, b) → ***box number***, c) Briefkasten *m*; **11.** *pol.* (Wahl)Urne *f*; **12.** *typ.* Kasten *m*, Kästchen (*eingeschobener, umrandeter Text*), Rub'rik *f*; **13.** F ,Kasten' *m* (*Fernsehapparat, Fußballtor etc.*); **II** *v/t.* **14.** in Schachteln, Kasten *etc.* legen, packen, einschließen; **15.** ***~ the compass*** a) ⚓ alle Kompasspunkte aufzählen, b) *fig.* alle Gesichtspunkte vorbringen u. schließlich zum Ausgangspunkt zurückkehren, e-e völlige Kehrtwendung machen; **~ in** *v/t.* **1.** → ***box¹*** 14; **2.** → **~ up** *v/t.* einschließen, -klemmen.

box² [bɒks] **I** *s.* **1.** Schlag *m* mit der Hand: ***~ on the ear*** Ohrfeige *f*; **II** *v/t.* **2.** ***~ s.o.'s ears*** j-n ohrfeigen; **3.** gegen *j-n* boxen; **III** *v/i.* **4.** *sport* boxen.

box³ [bɒks] *s.* ⚘ Buchsbaum(holz *n*) *m*.

box| bar·rage *s.* ⚔Abriegelungsfeuer *n*; **'~·calf** *s.* 'Boxkalf *n* (*Leder*); **~ cam·er·a** *s. phot.* 'Box(ˌkamera) *f*; **'~·car** *s.* 🚃 *Am.* geschlossener Güterwagen.

box·er ['bɒksə] *s.* **1.** *sport* Boxer *m*; **2.** *zo.* Boxer *m* (*Hunderasse*); **3.** ≈ *hist.* Boxer *m* (*Anhänger e-s chinesischen Geheimbundes um 1900*); **~ shorts** *pl.* 'Boxershorts *pl.* (*Hose*).

box·ing ['bɒksɪŋ] *s.* **1.** *sport* Boxen *n*; **2.** Ver-, Einpacken *n*; ≈ **Day** *s. Brit.* der zweite Weihnachtsfeiertag; **~ gloves** *s. pl.* Boxhandschuhe *pl.*; **~ match** *s. sport* Boxkampf *m*.

box| i·ron *s.* Bolzen(bügel)eisen *n*; **~ junc·tion** *s. Brit. markierte Kreuzung, in die bei stehendem Verkehr nicht eingefahren werden darf*; **'~ˌkeep·er** *s. thea.* 'Logenschließer(in); **~ num·ber** *s.* 'Chiffre(nummer) *f* (*in Zeitungsanzeigen*); **~ of·fice** *s.* **1.** (The'ater- *etc.*) Kasse *f*; **2. *be good ~*** ein Kassenerfolg *od.* -schlager sein; **3.** Einspielergebnis *n*; **'~-ˌof·fice** *adj.* Kassen...: ***~ success*** *od.* ***draw*** Kassenschlager *m*; **~ ra·di·o** *s.* F Dampfradio *n*; **'~·room** *s.* Abstellraum *m*; **'~ˌwal·lah** *s. Brit.-Ind.* **1.** F indischer Hausierer; **2.** *contp.* Handlungsreisende(r) *m*; **'~·wood** →***box³***.

boy [bɔɪ] **1.** Knabe *m*, Junge *m*, Bursche *m*, ,Mann' *m*: **the** (*od.* **our**) **~s** unsere Jung(en)s (*z. B. Soldaten*); ***old ~*** a) ,alter Knabe', b) → ***old boy***; ***a ~ child*** ein Kind männlichen Geschlechts, ein Junge; ***~ singer*** Sängerknabe; ***~ wonder*** *oft iro.* Wunderknabe; **2.** Laufbursche *m*; **3.** Boy *m*, (*bsd.* eingeborener) Diener.

boy·cott ['bɔɪkət] **I** *v/t.* boykottieren; **II** *s.* Boy'kott *m*.

'boy·friend *s.* Freund *m* (*e-s Mädchens*).

boy·hood ['bɔɪhʊd] *s.* Knabenalter *n*, Kindheit *f*, Jugend *f*.

boy·ish ['bɔɪɪʃ] *adj.* □ a) jungenhaft: ***~ laughter***, b) knabenhaft.

boy scout *s.* Pfadfinder *m*.

bo·zo ['bəʊzəʊ] *s. Am. sl.* a) Kerl *m*, b) *contp.* Blödmann *m*.

B pow·er sup·ply *s.* ϟ Ener'gieversorgung *f* des An'odenkreises.

bra [brɑː] *s.* F *für* ***brassière***: B'H *m*.

brace [breɪs] **I** *s.* **1.** ⚙ Stütze *f*, Strebe *f*, (*a.* ⚕ Zahn)Klammer *f*, Anker *m*, Versteifung *f*; (Trag)Band *n*, Gurt *m*; ⚕ Stützband *n*; **2.** ⚙ Griff *m* der Bohrkurbel: ***~ and bit*** Bohrkurbel *f*; **3.** ⚠, ♪, ✈, *typ.* (geschweifte) Klammer *f*; **4.** ⚓ Brasse *f*; **5.** (***a pair of***) **~s** *pl. Brit.* Hosenträger *m od. pl.*; **6.** (*pl.* ***brace***) ein Paar, zwei (*bsd. Hunde, Kleinwild, Pistolen*; *contp. Personen*); **II** *v/t.* **7.** ⚙ versteifen, -streben, stützen, verankern, befestigen; **8.** ⚙, ♪, *typ.* klammern; **9.** ⚓ brassen; **10.** *fig.* stärken, erfrischen; **11.** *a.* **~ up** *s-e Kräfte, s-n Mut* zs.-nehmen; **12.** **~ o.s.** (**up**) a) → 11, b) ***for s.th.*** sich auf et. gefasst machen; **brace·let** ['breɪslɪt] *s.* **1.** Armband *n*, -reif *m*, -spange *f*; **2.** *pl. humor.* Handschellen *pl.*; **'brac·er** [-sə] *s. Am.* F Stärkung *f*, *bsd.* Schnäpschen *n*; *fig.* Ermunterung *f*.

bra·chi·al ['breɪkjəl] *adj.* Arm...; **'bra·chi·ate** [-kɪeɪt] *adj.* ⚘ paarweise gegenständig.

brach·y·ce·phal·ic [ˌbrækɪke'fælɪk] *adj.* kurzköpfig.

brac·ing ['breɪsɪŋ] *adj.* stärkend, kräftigend, erfrischend (*bsd. Klima*).

brack·en ['brækən] *s.* **1.** Farnkraut *n*; **2.** farnbewachsene Gegend.

brack·et ['brækɪt] **I** *s.* **1.** ⚙ Träger *m*, Halter *m*; **2.** Kon'sole *f*, Krag-, Tragstein *m*, Stützbalken *m*, Winkelstütze *f*; **3.** Wandarm *m*; **4.** ⚔Gabel *f* (*Einschießen*); **5.** ✈, *typ.* (*Am. mst* eckige) Klammer: ***in ~s***; ***square ~s*** eckige Klammern; **6.** Gruppe *f*, Klasse *f*, Stufe *f*: ***lower income ~*** niedrige Einkommensstufe; **II** *v/t.* **7.** einklammern; **8.** *a.* ***~ together*** in dieselbe Gruppe einordnen; auf gleiche Stufe stellen; **9.** ⚔eingabeln.

brack·ish ['brækɪʃ] *adj.* brackig.

bract [brækt] *s.* ⚘ Deckblatt *n*.

brad [bræd] *s.* ⚙ Nagel *m* ohne Kopf; (Schuh)Zwecke *f*.

Brad·shaw ['brædʃɔː] *s. Brit.* (Eisenbahn)Kursbuch *n* (*1839–1961*).

brae [breɪ] *s. Scot.* Abhang *m*, Böschung *f*.

brag [bræg] **I** *s.* **1.** Prahle'rei *f*; **2.** → ***braggart*** I; **II** *v/i.* **3.** (***about***, ***of***) prahlen (mit), sich rühmen (*gen.*).

brag·ga·do·ci·o [ˌbrægə'dəʊtʃɪəʊ] *s.* Prahle'rei *f*, Aufschneide'rei *f*.

brag·gart ['brægət] **I** *s.* Prahler *m*, Aufschneider *m*; **II** *adj.* prahlerisch.

Brah·man ['brɑːmən] *s.* Brah'mane *m*; **'Brah·ma·ni** [-nɪ] *s.* Brah'manin *f*; **Brah·man·ic**, **Brah·man·i·cal** [brɑː'mænɪk(l)] *adj.* brah'manisch.

Brah·min ['brɑːmɪn] *s.* **1.** → ***Brahman***; **2.** gebildete, kultivierte Per'son; **3.** *Am. iro.* dünkelhafte(r) Intellektu'elle(r).

braid [breɪd] **I** *v/t.* **1.** *bsd. Haar, Bänder* flechten; **2.** mit Litze, Band, Borte besetzen, schmücken; **3.** ⚙ um'spinnen; **II** *s.* **4.** (*Haar*)Flechte *f*; **5.** Borte *f*, Litze *f*, Tresse *f* (*bsd.* ⚔): ***gold ~*** goldene Tresse(n); **'braid·ed** [-dɪd] *adj.* geflochten; mit Litze *etc.* besetzt; um'sponnen; **'braid·ing** [-dɪŋ] *s.* Litzen *pl.*, Borten *pl.*, Tressen *pl.*, Besatz *m*.

braille [breɪl] *s.* Blindenschrift *f*.

brain [breɪn] **I** *s.* **1.** Gehirn *n*; → ***blow out*** 5; **2.** *fig.* (*oft pl.*) a) ,Köpfchen' *n*, ,Grips' *m*, Verstand *m*, b) Kopf *m* (*Leiter*), *b.s.* ,Drahtzieher' *m*: ***a clear ~*** ein klarer Kopf; ***who is the ~ behind it?*** wessen Idee ist das?; ***have ~s*** intelligent sein, ,Köpfchen' haben; ***have*** (***got***) ***s.th on the ~*** et. dauernd im Kopf haben; ***cudgel*** (*od.* ***rack***) ***one's ~s*** sich den Kopf zerbrechen, sich das Hirn zermartern; ***pick s.o.'s ~s*** a) geistigen Diebstahl an j-m begehen, b) j-n ,ausholen'; **II** *v/t.* **3.** *j-m* den Schädel einschlagen; **~ child** *s.* 'Geistesproˌdukt *n*; **'~-dead** *adj.* **1.** ⚕ gehirntot; **2.** *iro.* ge'hirnampuˌtiert; **~ death** *s.* ⚕ Hirntod *m*; ~ **drain** *s.* Abwanderung *f* von Wissenschaftlern, Brain-Drain *m*.

brained [breɪnd] *adj., nur in Zssgn* ...köpfig, mit e-m ... Gehirn: ***feeble-~*** schwachköpfig.

'brain|·fag *s.* geistige Erschöpfung; ~ **fe·ver** *s.* ⚕ Gehirnentzündung *f*.

brain·less ['breɪnlɪs] *adj.* **1.** hirnlos, dumm; **2.** gedankenlos.

'brain|·pan *s. anat.* Hirnschale *f*, Schädeldecke *f*; **'~·storm** *s.* **1.** geistige Verwirrung; **2.** verrückter Einfall; **3.** *Am.* F → ***brain wave*** 2 ; **'~ˌstorm·ing** *s.* Brainstorming *n* (*Problemlösung durch Sammeln spontaner Einfälle*).

brains trust [breɪnz] *s.* **1.** *Brit.* Teilnehmer *pl.* an e-r 'Podiumsdiskussiˌon; **2.** → ***brain trust***.

brain| trust *s. Am.* F po'litische *od.* wirtschaftliche Beratergruppe, Brain-Trust *m*; ~ **trust·er** *s. Am.* F Brain-Truster *m*, Mitglied *n* e-s ***brain trust***; ~ **twist·er** *s.* ‚(harte) Nuss', schwierige Aufgabe; **'~·wash** *v/t. bsd. pol.* j-n e-r Gehirnwäsche unter'ziehen; *weitS.* verdummen; **'~ˌwash·ing** *s. pol.* Gehirnwäsche *f*; ~ **wave** *s.* **1.** Hirn(strom)welle *f*; **2.** F Geistesblitz *m*, ‚tolle I'dee'; **'~ˌwork·er** *s.* Kopf-, Geistesarbeiter *m*.

brain·y ['breɪnɪ] *adj.* gescheit.

braise [breɪz] *v/t. Küche*: schmoren: ***~d beef*** Schmorbraten *m*.

brake¹ [breɪk] **I** *s.* ⚙ Bremse *f*, Hemmschuh *m* (*a. fig.*): ***put on*** (*od.* ***apply***) ***the ~*** bremsen, die Bremse ziehen, *fig. a.* der Sache Einhalt gebieten; **II** *v/t.* bremsen.

brake² [breɪk] ⚙ **I** *s.* (*Flachs- etc.*)Breche *f*; **II** *v/t. Flachs etc.* brechen.

brake³ → ***break*** 11.

brake| block → ***brake shoe***; ~ **horse·pow·er** *s.* ⚙ (*abbr.* ***b.h.p.***) Nutz-, Bremsleistung *f*; ~ **flu·id** *s.* Bremsflüssigkeit *f*; ~ **lin·ing** *s.* Bremsbelag *m*; **'~·man** *Am.* → ***brakesman***; ~ **par·a·chute** *s.* ✈ Bremsfallschirm *m*; ~ **shoe** *s.* ⚙ Bremsbacke *f*, -klotz *m*.

brakes·man ['breɪksmən] *s.* [*irr.*] 🚂 *Brit.* Bremser *m*.

brak·ing dis·tance ['breɪkɪŋ] *s. mot.* Bremsweg *m*.

bra·less ['brɑːlɪs] *adj.* F ohne B'H.

bram·ble ['bræmbl] *s.* **1.** ⚘ Brombeerstrauch *m*: ~ ***jelly*** Brombeergelee *n*; **2.** Dornenstrauch *m*, -gestrüpp *n*; ~ **rose** *s.* ⚘ Hundsrose *f*.

bram·bly ['bræmblɪ] *adj.* dornig.

bran [bræn] *s.* Kleie *f*.

branch [brɑːntʃ] **I** *s.* **1.** ⚘ Zweig *m*; **2.** *fig.* a) Zweig *m*, ('Unter)Abteilung *f*, Sparte *f*, b) Branche *f*, Wirtschafts-, Geschäftszweig *m*, c) *a.* ~ ***of service*** ⚔ Waffen-, Truppengattung *f*; **3.** *fig.* Zweig *m*, 'Linie *f* (*Familie*); **4.** *a.* ~ ***establishment*** ⚚ Außen-, Zweig-, Nebenstelle *f*, Fili'ale *f*, Niederlassung *f*: ~ ***bank*** Filialbank *f*; **5.** 🚂 Zweigbahn *f*; 'Nebenˌlinie *f*; **6.** *geogr.* a) Arm *m* (*Gewässer*), b) Ausläufer *m* (*Gebirge*), c) *Am.* Nebenfluss *m*, Flüsschen *n*; **II** *adj.* **7.** Zweig..., Tochter..., Filial..., Neben...; **III** *v/i.* **8.** Zweige treiben; **9.** *oft* ~ ***off*** (*od.* ***out***) sich verzweigen, sich ausbreiten; abzweigen: ***here the road ~es*** hier gabelt sich die Straße; ~ ***out*** *v/i.* s-e Unter'nehmungen ausdehnen, sich vergrößern; → ***branch*** 9.

bran·chi·a ['bræŋkɪə] *pl.* **-chi·ae** [-kiːː] *s. zo.* Kieme *f*; **'bran·chi·ate** [-kɪeɪt] *adj. zo.* Kiemen tragend.

branch| line *s.* **1.** 🚂 'Zweig-, 'Nebenˌlinie *f*, **2.** 'Seitenˌlinie *f* (*Familie*); ~ **man·ag·er** *s.* Fili'al-, Zweigstellenleiter *m*; ~ **of·fice** *s.* Fili'ale *f*; ~ **road** *s. Am.* Nebenstraße *f*.

brand [brænd] **I** *s.* **1.** Feuerbrand *m*; *fig.* Fackel *f*; **2.** Brandmal *n* (*auf Tieren, Waren etc.*); **3.** *fig.* Schandmal *n*, -fleck *m*: ~ ***of Cain*** Kainszeichen *n*; **4.** Brand-, Brenneisen *n*; **5.** a) ⚚ (Handels-, Schutz)Marke *f*, Warenzeichen *n*, Markenbezeichnung *f*, Sorte *f*, Klasse *f*; ~ ***awareness*** Markenbewusstsein *n*; ~ ***leader*** Markenführer *m*; ~ ***loyalty*** Markentreue *f*; ~ ***name*** Markenname *m*; ***best ~ of tea*** beste Sorte Tee, b) *fig.* ‚Sorte' *f*, Art *f*: ***his ~ of humour***; **6.** ⚘ Brand *m* (*Getreidekrankheit*); **II** *v/t.* **7.** mit e-m Brandmal *od.* -zeichen *od.* ⚚ mit e-r Schutzmarke *etc.* versehen: ***~ed goods*** Markenartikel; **8.** *fig.* brandmarken; **9.** einprägen (***on s.o's mind*** j-m).

brand·ing i·ron ['brændɪŋ] → ***brand*** 4.

bran·dish ['brændɪʃ] *v/t.* (*bsd.* drohend) schwingen.

brand·ling ['brændlɪŋ] *s. ichth.* junger Lachs.

brand-new [ˌbrænd'njuː] *adj.* (funkel-) nagelneu.

bran·dy ['brændɪ] *s.* Weinbrand *m*, Kognak *m*; **'~·ball** *s. Brit.* 'Weinbrandbonˌbon *m, n*.

bran-new [ˌbræn'njuː] → ***brand-new***.

brant [brænt] *s. orn. e-e* Wildgans *f*.

brash [bræʃ] **I** *s.* **1.** *geol.* Trümmergestein *n*; **2.** ⚓ Eistrümmer *pl.*; **II** *adj. Am.* **3.** brüchig, bröckelig; **4.** *fig.* a) (nass)forsch, frech, unverfroren, b) ungestüm, c) grell, aufdringlich.

brass [brɑːs] **I** *s.* **1.** Messing *n*; **2.** *Brit.* ziselierte Gedenktafel (*aus Messing od. Bronze, bsd. in Kirchen*); **3.** Messingzierrat *m*; **4.** ♪ ***the ~*** die 'Blechinstruˌmente *pl.* (*e-s Orchesters*), Blechbläser *pl.*; **5.** F *coll.* ‚hohe Tiere' *pl.*, *a.* hohe Offi'ziere *pl.*: ***top ~*** die höchsten ‚Tiere' (*e-s Konzerns etc.*) *od.* Offiziere; **6.** *Brit. sl.* ‚Moos' *n*, ‚Kies' *m* (*Geld*); **7.** F Unverschämtheit *f*, Frechheit *f*; → ***bold*** 2; **II** *adj.* **8.** Messing...; **III** *v/t.* **9.** mit Messing über'ziehen.

bras·sard ['bræsɑːd] *s.* Armbinde *f* (*als Abzeichen*).

brass band *s.* ♪ 'Blaskaˌpelle *f*; 'Blechmuˌsik *f*; Mili'tärkaˌpelle *f*.

bras·se·rie ['bræsərɪ] (*Fr.*) *s.* 'Bierstube *f*, -loˌkal *n*; Restau'rant *n*.

brass| far·thing *s.* F ‚roter Heller': ***I don't care a ~*** das kümmert mich e-n Dreck; ~ **hat** *s.* ⚔ *sl.* ‚hohes Tier', hoher Offi'zier.

bras·sière ['bræsɪə] (*Fr.*) *s.* Büstenhalter *m*, F B'H *m*.

brass| knuck·les *s. pl. Am.* Schlagring *m*; ~ **plate** *s.* Messingschild *n* (*mit Namen*), Türschild *n*; ~ **tacks** *s. pl.*: ***get down to ~*** zur Sache kommen; **'~·ware** *s.* Messinggeschirr *n*, -gegenstände *pl.*; ~ **winds** *bsd. Am.* → ***brass*** 4.

brass·y ['brɑːsɪ] *adj.* ☐ **1.** messingartig, -farbig; **2.** blechern (*Klang*); **3.** *fig.* unverschämt, frech.

brat [bræt] *s.* Balg *m, n*, Gör *n*, Racker *m* (*Kind*).

bra·va·do [brə'vɑːdəʊ] *s.* gespielte Tapferkeit, her'ausforderndes Benehmen.

brave [breɪv] **I** *adj.* ☐ **1.** tapfer, mutig, unerschrocken: ***as ~ as a lion*** mutig wie ein Löwe; **2.** *obs.* stattlich, ansehnlich; **II** *s.* **3.** *poet.* Tapfere(r) *m*: ***the ~*** *coll.* die Tapferen; **III** *v/t.* **4.** mutig begegnen, trotzen, die Stirn bieten (*dat.*): ***~ death***; ***~ it out*** es (trotzig) durchstehen; **5.** her'ausfordern; **'brav·er·y** [-vərɪ] *s.* **1.** Tapferkeit *f*, Mut *m*; **2.** Pracht *f*, Putz *m*, Staat *m*.

bra·vo¹ [ˌbrɑː'vəʊ] **I** *int.* 'bravo!; **II** *pl.* **-vos** *s.* 'Bravo(ruf *m*) *n*.

bra·vo² ['brɑːvəʊ] *s.* 'Bravo *m*, Ban'dit *m*.

bra·vu·ra [brə'vʊərə] *s.* ♪ *od. fig.* **1.** Bra'vour *f*, Meisterschaft *f*; **2.** Bra'vourstück *n*.

brawl [brɔːl] **I** *s.* **1.** Streite'rei *f*, Kra'keel *m*, Lärm *m*; **2.** Raufe'rei *f*, Kra'wall *m*, ⚖ Raufhandel *m*; **II** *v/i.* **3.** kra'keelen, zanken, keifen, lärmen; **4.** rauschen (*Fluss*); **'brawl·er** [-lə] *s.* Raufbold *m*, Kra'keeler(in); **'brawl·ing** [-lɪŋ] *s.* **1.** → ***brawl*** 1, 2; **2.** ⚖ *Brit.* Ruhestörung *f bsd. in Kirchen*.

brawn [brɔːn] *s.* **1.** Muskeln *pl.*; **2.** *fig.* Muskelkraft *f*, Stärke *f*; **3.** Presskopf *m*, (Schweine)Sülze *f*; **'brawn·y** [-nɪ] *adj.* musku'lös; *fig.* kräftig, stämmig, stark.

bray¹ [breɪ] **I** *s.* **1.** (*bsd.* Esels)Schrei *m*; **2.** Schmettern *n* (*Trompete*); gellender *od.* 'durchdringender Ton; **II** *v/i.* **3.** schreien (*bsd. Esel*); **4.** schmettern; kreischen, gellen.

bray² [breɪ] *v/t.* zerstoßen, -reiben, -stampfen (*im Mörser*).

braze [breɪz] *v/t.* ⚙ (hart)löten.

bra·zen ['breɪzn] **I** *adj.* ☐ **1.** ehern, bronzen, Messing...; **2.** *fig.* me'tallisch, grell (*Ton*); **3.** *a.* ***~-faced*** *fig.* unverschämt, frech, schamlos; **II** *v/t.* **4.** ~ ***it out*** die Sache ‚frech wie Oskar' durchstehen; **'bra·zen·ness** [-nɪs] *s.* Unverschämtheit *f*.

bra·zier ['breɪzjə] *s.* **1.** Kupferschmied *m*, Gelbgießer *m*; **2.** große Kohlenpfanne.

Bra·zil [brə'zɪl] → ***brazilwood***; **Bra'zil·ian** [-ljən] **I** *adj.* brasili'anisch; **II** *s.* Brasili'aner(in).

Bra·zil| nut *s.* ⚘ 'Paranuss *f*; **ℬ·wood** *s.* ⚚ Bra'sil-, Rotholz *n*.

breach [briːtʃ] **I** *s.* **1.** *fig.* Bruch *m*, Über'tretung *f*, Verletzung *f*, Verstoß *m*: ~ ***of contract*** Vertragsbruch; ~ ***of duty*** Pflichtverletzung; ~ ***of etiquette*** Verstoß gegen den guten Ton; ~ ***of faith*** (*od.* ***trust***) Vertrauensbruch, Untreue *f*; ~ ***of the law*** Übertretung des Gesetzes; ~ ***of the peace*** öffentliche Ruhestörung, Aufruhr *m*, *oft* grober Unfug; ~ ***of promise*** (***to marry***) ⚖ Bruch des Eheversprechens; ~ ***of prison*** Ausbruch *m* aus dem Gefängnis; **2.** *fig.* Bruch *m*, Riss *m*, Zwist *m*; **3.** ⚔ *u. fig.* Bresche *f*, Lücke *f*: ***stand in*** (*od.* ***step into***) ***the ~*** in die Bresche springen, (aus)helfen; **4.** ⚓ Einbruch *m* der Wellen; **5.** ⚙ 'Durchbruch *m*; **II** *v/t.* **6.** ⚔ e-e Bresche schlagen in (*acc.*), durch'brechen; **7.** *Vertrag etc.* brechen.

bread [bred] **I** *s.* **1.** Brot *n*; **2.** *fig., a.* ***daily ~*** (tägliches) Brot, 'Lebensˌunterhalt *m*: ***earn one's ~*** sein Brot verdienen; ~ ***and butter*** a) Butterbrot, b) Lebensunterhalt, ‚Brötchen' *pl.*; ***quarrel with one's ~ and butter*** a) mit s-m Los hadern, b) sich ins eigene Fleisch schneiden; ~ ***buttered both sides*** großes Glück, Wohlstand *m*; ***know which side one's ~ is buttered*** s-n Vorteil (er)kennen; ***take the ~ out of s.o.'s mouth*** j-n brotlos machen; ***cast one's ~ upon the waters*** et. ohne Aussicht auf Erfolg tun; ~ **and water** Wasser u. Brot; ~ **and wine** *eccl.* Abendmahl *n*; **3.** *sl.* ‚Kies' *m*, ‚Kohlen' *pl.* (*Geld*); **II** *v/t.* **4.** *Am. Küche*: panieren.

ˌ**bread|-and-'but·ter** *adj.* F **1.** einträglich, Brot...: ~ **education** Brotstudium *n*; **2.** praktisch, sachlich; **3.** ~ **letter** Dankesbrief *m* für erwiesene Gastfreundschaft; '~ˌ**bas·ket** *s.* **1.** Brotkorb *m*; **2.** *sl.* Magen *m*; ~ **bin** *s.* Brotkasten *m*; '~**·board** *s. Brit.* Brotschneidebrett *n*: ~ **circuit** ↯ Brettschaltung *f*; '~**·crumb I** *s.* **1.** Brotkrume *f*; **2.** *das* Weiche des Brotes (*ohne Rinde*); **II** *v/t.* **3.** *Küche*: panieren; '~**·fruit** *s.* ⚘ **1.** Brotfrucht *f*; **2.** → **bread tree**; ~ **grain** *s.* Brotgetreide *n*; '~**·line** *s.* Schlange *f* von Bedürftigen (*an die Nahrungsmittel verteilt werden*): **live on the** ~ an der Armutsgrenze leben; ~ **sauce** *s.* Brottunke *f*; '~**·stuffs** *s. pl.* Brotgetreide *n*.

breadth [bredθ] *s.* **1.** Breite *f*, Weite *f*; **2.** ⚙ Bahn *f*, Breite *f* (*Stoff*); **3.** *fig.* Ausdehnung *f*, Größe *f*; **4.** *fig.*, *a. Kunst*: Großzügigkeit *f*.

bread| tree *s.* ⚘ Brotfruchtbaum *m*; '~ˌ**win·ner** *s.* Ernährer *m*, Geldverdiener *m* (*e-r Familie*).

break [breɪk] **I** *s.* **1.** (Ab-, Zer-, 'Durch)Brechen *n*, Bruch *m* (*a. fig.*), Abbruch *m* (*a. fig. von Beziehungen*), Bruchstelle *f*: ~ **in the voice** Umschlagen *n* der Stimme; ~ **of day** Tagesanbruch *m*; **a** ~ **with tradition** ein Bruch mit der Tradition; **make a** ~ **for it** (sich) flüchten, das Weite suchen; **2.** Lücke *f* (*a. fig.*), Zwischenraum *m*; Lichtung *f*; **3.** Pause *f*, Ferien *pl.*; Unter'brechung *f* (*a.* ↯), Aufhören *n*, *fig. u. Metrik*: *a.* Zä'sur *f*: **without a** ~ ununterbrochen; **tea** ~ Teepause; **4.** Wechsel *m*, Abwechslung *f*; 'Umschwung *m*; Sturz *m* (*Wetter*, *Preis*); **5.** *typ.* Absatz *m*; **6.** *Billard*: Serie *f*; **7.** *Tennis*: Break *m*, *n* (*Durchbrechen des gegnerischen Aufschlagspiels*); **8.** *Jazz*: Break *m*, *n*; **9.** *Am. sl.* Chance *f*, Gelegenheit *f*: **bad** ~ ‚Pech' *n*; **give s.o. a** ~ j-m e-e Chance geben; **10.** *Am. sl.* Schnitzer *m*, Faux'pas *m*; **11.** a) Kremser *m*, b) Wagen *m* zum Einfahren von Pferden; **12.** ⚙ → **brake**[1]; **II** *v/t.* [*irr.*] **13.** brechen (*a. fig.*), auf-, 'durch-, zerbrechen, ent'zweibrechen: ~ **one's arm** (sich) den Arm brechen; ~ **s.o.'s heart** j-m das Herz brechen; ~ **jail** aus dem Gefängnis ausbrechen; ~ **a seal** ein Siegel erbrechen; ~ **s.o.'s resistance** j-s Widerstand brechen; **14.** *Geldschein* klein machen, wechseln; **15.** zerreißen, -schlagen, -trümmern, ka'puttmachen: **I've broken my watch** m-e Uhr ist kaputt; **16.** unter'brechen (*a.* ↯), aufheben, -geben: ~ **a journey** e-e Reise unterbrechen; ~ **the circuit** ↯ den Stromkreis unterbrechen; ~ **the silence** das Schweigen brechen; ~ **a custom** e-e Gewohnheit aufgeben; **17.** *Vorrat etc.* anbrechen; **18.** *fig.* brechen, verletzen, verstoßen gegen, nicht (ein-) halten: ~ **a contract** e-n Vertrag brechen; ~ **the law** das Gesetz übertreten; **19.** *fig.* zu'grunde richten, ruinieren, *a. j-n* ka'puttmachen: ~ **the bank** die Bank sprengen; **20.** vermindern, abschwächen; **21.** *Tier* zähmen, abrichten; gewöhnen (**to** an *acc.*): ~ **a horse to harness** ein Pferd einfahren *od.* zureiten; **22.** *Nachricht* eröffnen: ~ **that news gently to her** bring ihr diese (*schlechte*) Nachricht schonend bei; **23.** ✓ pflügen, urbar machen; → **ground**[1] 1; **24.** *Flagge* aufziehen; **III** *v/i.* [*irr.*] **25.** brechen, zerbrechen, -springen, -reißen, platzen, ent'zweigehen, ka'puttgehen: **glass** ~**s easily** Glas bricht leicht; **the rope broke** das Seil zerriss; **26.** *fig.* brechen (*Herz*, *Kraft*); **27.** sich brechen (*Wellen*); **28.** unter'brochen werden; **29.** sich (zer)teilen (*Wolken*); sich auflösen (*Heer*); **30.** nachlassen (*Gesundheit*); zu'grunde gehen (*Geschäft*); vergehen, aufhören; **31.** anbrechen (*Tag*); aufbrechen (*Wunde*); aus-, losbrechen (*Sturm*, *Gelächter*); **32.** brechen (*Stimme*): **his voice broke** *a.* er befand sich im Stimmwechsel, er mutierte; **33.** sich verändern, 'umschlagen (*Wetter*); **34.** ✝ im Preise fallen; **35.** bekannt (gegeben) werden (*Nachricht*); **36.** *Boxen*: brechen;

Zssgn mit adv. u. prp.:

break| a·way *v/i.* **1.** ab-, losbrechen; **2.** sich losreißen, ausreißen; **3.** sich trennen, sich lossagen, absplittern; **4.** *sport* a) sich absetzen (**from**, **of** von), ausreißen, b) *Am.* e-n Fehlstart verursachen; ~ **down I** *v/t.* **1.** niederreißen, abbrechen; **2.** *fig. j-n*, *j-s Widerstand* brechen; **3.** zerlegen (*a.* ⚙); auflösen; *Statistik*: aufgliedern, -schlüsseln; **II** *v/i.* **4.** zs.-brechen (*a. fig.*); **5.** zerbrechen (*a. fig.*); **6.** versagen, scheitern; stecken bleiben; *mot. a.* e-e Panne haben; **7.** *fig.* zerfallen (*in einzelne Gruppen etc.*); ~ **e·ven** *v/i.* ✝ kostendeckend arbeiten; ~ **forth** *v/i.* **1.** her'vorbrechen; **2.** sich erheben (*Geschrei etc.*); ~ **in I** *v/t.* **1.** einschlagen; **2.** *Tier* abrichten; *Pferd* zureiten; *Auto etc.* einfahren; *Person* einarbeiten; *j-n* gewöhnen (**to** an *acc.*); **II** *v/i.* **3.** einbrechen: ~ **on** sich einmischen in (*acc.*), *Unterhaltung etc.* unterbrechen; ~ **in·to** *v/i.* **1.** einbrechen *od.* -dringen in (*acc.*); **2.** *fig.* in *Gelächter etc.* ausbrechen; **3.** *Vorrat etc.* anbrechen; ~ **off** *v/t. u. v/i.* abbrechen (*a. fig.*); ~ **out** *v/i.* ausbrechen (*a. fig.*): ~ **in a rash** ⚕ e-n Ausschlag bekommen; ~ **through I** *v/t.* (durch)'brechen, über'winden; **II** *v/i.* 'durchbrechen, erscheinen; ~ **up I** *v/t.* **1.** zer-, aufbrechen; zerlegen (*a. hunt. Wild*); *weitS.* zerstören, ka'puttmachen, *fig. a.* zerrütten: **that breaks me up!** F ich lach mich tot!; **2.** abbrechen, *Sitzung etc.* aufheben, *Versammlung*, *Menge*, *a. Haushalt* auflösen; **II** *v/i.* **3.** aufgehoben werden, sich auflösen (*Versammlung etc.*, *a. Nebel etc.*); **4.** aufhören; schließen (*Schule etc.*); **5.** zerbrechen (*Ehe etc.*); sich trennen, Schluss machen (*Paar*); zerfallen (*Reich etc.*); **6.** *fig.* zs.-brechen (*Person*); **7.** aufklaren (*Wetter*, *Himmel*); **8.** aufbrechen (*Straße*, *Eis*); ~ **with** *v/i.* brechen *od.* Schluss machen mit (*e-m Freund*, *e-r Gewohnheit*).

break·a·ble ['breɪkəbl] **I** *adj.* zerbrechlich; **II** *s. pl.* zerbrechliche Ware *sg.*; '**break·age** [-kɪdʒ] *s.* **1.** Bruch(stelle *f*) *m*; **2.** Bruchschaden *m*; '**break·a·way** *s.* **1.** (**from**) *pol.* Absplitterung *f*, Lossagung *f* (von), Bruch *m* (mit): ~ **group** Splittergruppe *f*; **2.** *sport* a) Ausreißen *n*, b) 'Durchbruch *m*, c) *Am.* Fehlstart *m*.

'**break·down** *s.* **1.** Zs.-bruch *m*, Scheitern *n*: **nervous** ~ Nervenzusammenbruch; ~ **of marriage** ⚖ Zerrüttung *f* der Ehe; **2.** Panne *f*, (Ma'schinen)Schaden *m*, (Betriebs)Störung *f*; ↯ 'Durchschlag *m*; **3.** Zerlegung *f*, *bsd. statistische* Aufgliederung, Aufschlüsselung *f*, Ana'lyse *f* (*a.* ⚗); ~ **serv·ice** *s. mot. Brit.* Pannendienst *m*; ~ **truck**, ~ **van** *s. Brit.* Abschleppwagen *m*; ~ **volt·age** *s.* ↯ 'Durchschlagsspannung *f*.

break·er ['breɪkə] *s.* **1.** Brecher *m* (*bsd. in Zssgn Person od. Gerät*); 'Abbruchunterˌnehmer *m*, Verschrotter *m*; **2.** Abrichter *m*, Dres'seur *m*; **3.** Brecher *m*, Sturzwelle *f*: ~**s** Brandung *f*.

ˌ**break-'e·ven| point** *s.* ✝ Rentabili'tätsgrenze *f*, Gewinnschwelle *f*; ~ **price** *s.* Selbstkostenpreis *m*.

break·fast ['brekfəst] **I** *s.* Frühstück *n*: ~ **television** Frühstücksfernsehen *n* (*am frühen Morgen*); **have** ~ → **II** *v/i.* frühstücken.

'**break-in** → **breaking-in**.

break·ing ['breɪkɪŋ] *s.* Bruch *m*: ~ **of the voice** Stimmbruch, -wechsel *m*; ~ **and entering** ⚖ Einbruch *m*; '~**-in** *s.* **1.** ⚖ Einbruch *m*; **2.** Abrichten *n*; Zureiten *n*; *mot.* Einfahren *n*; Einarbeitung *f*, Anlernen *n von Personen*; ~ **point** *s.* ⚙, *phys.* Bruch-, Festigkeitsgrenze *f*: **to** ~ *fig.* bis zur (totalen) Erschöpfung; **have reached** ~ kurz vor dem Zs.-bruch stehen; ~ **strength** *s.* ⚙, *phys.* Bruch-, Reißfestigkeit *f*.

'**break|·neck** *adj.* halsbrecherisch; '~**·out** *s.* Ausbruch *m* (*aus Gefängnis etc.*); '~**·through** *s. bsd.* ⚔ 'Durchbruch *m* (*a. fig. Erfolg*); '~**·up** *s.* **1.** Zerbrechen *n*, -bersten *n*; Bersten *n* (*von Eis*); **2.** *fig.* Zerrüttung *f*, Zs.-bruch *m*, Zerfall *m*; **3.** Bruch *m* (*e-r Freundschaft etc.*); **4.** Auflösung *f* (*e-r Versammlung etc.*); '~ˌ**wa·ter** *s.* Wellenbrecher *m*.

bream[1] [briːm] *s. ichth.* Brassen *m*.

bream[2] [briːm] *v/t.* ⚓ den Schiffsboden rein kratzen u. brennen.

breast [brest] **I** *s.* **1.** Brust *f*; (*weibliche*) Brust, Busen *m*; **2.** *fig.* Brust *f*, Herz *n*, Busen *m*: **make a clean** ~ **of s.th.** et. gestehen; **3.** Brust(stück *n*) *f e-s Kleides etc.*; **4.** Wölbung *f e-s Berges*; **II** *v/t.* **5.** mutig auf *et.* losgehen; gegen *et.* ankämpfen, mühsam bewältigen: ~ **the waves** gegen die Wellen ankämpfen; **6.** *sport das Zielband* durch'reißen; '~**·bone** ['bres*t*-] *s.* Brustbein *n*; ˌ~**-'deep** *adj.* brusthoch.

breast·ed ['brestɪd] *adj. in Zssgn* ...brüstig.

'**breast|-feed** *v/t. u. v/i.* [*irr.*] stillen: **breast-fed child** Brustkind *n*; '~**·pin** ['bres*t*-] *s.* Ansteck-, Kra'wattennadel *f*; '~**·stroke** *s. sport* Brustschwimmen *n*; '~**·work** *s.* ⚔, ⛫ Brustwehr *f*.

breath [breθ] *s.* **1.** Atem(zug) *m*: **bad** ~ (übler) Mundgeruch; **draw one's first** ~ das Licht der Welt erblicken; **draw one's last** ~ den letzten Atemzug tun (*sterben*); **it took my** ~ **away** *fig.* es verschlug mir den Atem; **take** ~ Atem schöpfen (*a. fig.*); **catch one's** ~ den Atem anhalten; **save your** ~**!** spar dir die Worte!; **waste one's** ~ *fig.* in den Wind reden; **out of** ~ außer Atem; **under one's** ~ leise, im Flüsterton; **with his last** ~ mit s-m letzten Atemzug, als Letztes; **in the same** ~ im gleichen Atemzug; **2.** *fig.* Spur *f*, Anflug *m*; **3.** Hauch *m*, Lüftchen *n*: **a** ~ **of air**; **4.** Duft *m*.

breath·a·lyz·er ['breθəlaɪzə] *s. mot.* Alkoholtestgerät *n*.

breathe [briːð] **I** *v/i.* **1.** atmen; *fig.* leben; **2.** Atem holen; *fig.* sich verschnaufen: *~ **again*** (*od.* ***freely***) (erleichtert) aufatmen; **3.** *~ **upon*** anhauchen; *fig.* besudeln; **4.** duften (***of*** nach); **II** *v/t.* **5.** (ein- u. aus)atmen; *fig.* ausströmen: *~ **a sigh*** seufzen; **6.** hauchen, flüstern: ***not to ~ a word*** kein Sterbenswörtchen sagen; **'breath·er** [-ðə] *s.* **1.** Atem-, Verschnaufpause *f* (*a. fig.*): ***take a ~*** sich verschnaufen; **2.** *sport* F ‚Spa'ziergang' *m*; **3.** F Stra'paze *f*; **'breath·ing** [-ðɪŋ] *s.* **1.** Atmen *n*, Atmung *f*; **2.** (Luft)Hauch *m*: *~ **space*** Atempause *f*.

breath·less ['breθlɪs] *adj.* □ **1.** außer Atem; atemlos (*a. fig.*); **2.** *fig.* atemberaubend; **3.** windstill.

'breath|,tak·ing *adj.* □ atemberaubend; *~ **test*** *s. Brit.* (*an e-m Verkehrsteilnehmer vorgenommener*) Alkoholtest.

bred [bred] *pret. u. p.p. von **breed***.

breech [briːtʃ] *s.* **1.** Hosenboden *m*; **2.** ⚔ Verschluss *m* (*Geschütz, Hinterlader*); *~ **de·liv·er·y*** *s.* ⚕ Steißgeburt *f*.

breech·es ['brɪtʃɪz] *s. pl.* Knie-, Reithose(*n pl.*) *f*, Breeches *pl.*; → ***big*** 1, ***wear*** 1.

'breech,load·er *s.* ⚔ 'Hinterlader *m*.

breed [briːd] **I** *v/t.* [*irr.*] **1.** her'vorbringen, gebären; **2.** *Tiere* züchten; *Pflanzen* züchten, ziehen: ***French-bred*** in Frankreich gezüchtet; **3.** *fig.* her'vorrufen, verursachen, erzeugen: ***war ~s misery***; **4.** auf-, erziehen; ausbilden; **II** *v/i.* [*irr.*] **5.** zeugen, brüten, sich paaren, sich fortpflanzen, sich vermehren; **6.** entstehen; **III** *s.* **7.** Rasse *f*, Zucht *f*, Stamm *m*; **8.** Art *f*, Schlag *m*, Herkunft *f*; **'breed·er** [-də] *s.* **1.** Züchter(in); **2.** Zuchttier *n*; **3.** *a. ~ **reactor*** *phys.* Brüter *m*, 'Brutre,aktor *m*; **'breed·ing** [-dɪŋ] *s.* **1.** Fortpflanzung *f*; Züchtung *f*, Zucht *f*: *~ **place*** *fig.* Brutstätte *f*; **2.** Erziehung *f*, Ausbildung *f*; **3.** Benehmen *n*; Bildung *f*, (gute) Lebensart *od.* ‚Kinderstube'.

breeze[1] [briːz] **I** *s.* **1.** Brise *f*, leichter Wind; **2.** F Krach *m*: a) Lärm *m*, b) Streit *m*; **3.** *Am.* ‚Kinderspiel' *n*, ‚Spaziergang' *m*; **II** *v/i.* **4.** wehen; **5.** F a) ‚schweben' (*Person*), b) sausen.

breeze[2] [briːz] *s.* ⚙ Kohlenlösche *f*.

breez·y ['briːzɪ] *adj.* □ **1.** luftig, windig; **2.** F a) forsch, flott, unbeschwert, b) oberflächlich.

Bren gun [bren] *s.* leichtes Ma'schinengewehr.

brent goose [brent] → ***brant***.

breth·ren ['breðrən] *pl. von **brother*** 2.

Bret·on ['bretən] **I** *adj.* bre'tonisch; **II** *s.* Bre'tone *m*, Bre'tonin *f*.

breve [briːv] *s. typ.* Kürzezeichen *n*.

bre·vet ['brevɪt] ⚔ **I** *s.* Bre'vet *n* (*Offizierspatent zu e-m Titularrang*): *~ **major*** Hauptmann *m* im Range e-s Majors (*ohne entsprechendes Gehalt*); **II** *adj.* Brevet...: *~ **rank*** Titularrang *m*.

bre·vi·ar·y ['briːvjərɪ] *s.* Bre'vier *n*.

bre·vier [brə'vɪə] *s. typ.* Pe'titschrift *f*.

brev·i·ty ['brevətɪ] *s.* Kürze *f*.

brew [bruː] **I** *v/t.* **1.** *Bier* brauen; **2.** *Getränke* (*a. Tee*) (zu)bereiten; **3.** *fig.* aushecken, -brüten; **II** *v/i.* **4.** brauen, Brauer sein; **5.** sich zs.-brauen, in der Luft liegen, im Anzuge sein (*Gewitter, Unheil*); **III** *s.* **6.** Gebräu *n* (*a. fig.*); **brew·age** ['bruːɪdʒ] *s.* Gebräu *n* (*a. fig.*); **brew·er** ['bruːə] *s.* Brauer *m*: ***~'s yeast*** Bierhefe *f*; **brew·er·y** ['brʊərɪ] *s.* Braue'rei *f*.

bri·ar → ***brier***.

brib·a·ble ['braɪbəbl] *adj.* bestechlich; **bribe** [braɪb] **I** *v/t.* **1.** bestechen; **2.** *fig.* verlocken; **II** *s.* **3.** Bestechung *f*; **4.** Bestechungsgeld *n*, -geschenk *n*: ***taking*** (***of***) ***~s*** ⚖ Bestechlichkeit *f*, passive Bestechung, *pol.* Vorteilsnahme *f*; **'brib·er** [-bə] *s.* Bestecher *m*; **'brib·er·y** [-bərɪ] *s.* Bestechung *f*.

bric-à-brac ['brɪkəbræk] *s.* **1.** Antiqui'täten *pl.*; **2.** Nippsachen *pl.*

brick [brɪk] **I** *s.* **1.** Ziegel-, Backstein *m*: ***drop a ~*** F ‚ins Fettnäpfchen treten'; ***swim like a ~*** wie e-e bleierne Ente schwimmen; **2.** (Bau)Klötzchen *n* (*Spielzeug*): ***box of ~s*** Baukasten *m*; **3.** F prima Kerl; **II** *adj.* **4.** Ziegel..., Backstein...: ***red-~ university*** *Brit.* moderne Universität (*ohne jahrhundertealte Tradition*); **III** *v/t.* **5.** mit Ziegelsteinen belegen *od.* pflastern: ***to ~ in*** (*od.* ***up***) zumauern; **'~·bat** *s.* Ziegelbrocken *m* (*bsd. als Wurfgeschoss*); **'~,lay·er** *s.* Maurer *m*; **'~,lay·ing** *s.* Maure'rei *f*; **'~,mak·er** *s.* Ziegelbrenner *m*; *~ **tea*** *s.* (*chinesischer*) Ziegeltee; *~ **wall*** *s.* Backsteinmauer *f*; *fig.* Wand *f*: ***see through a ~*** das Gras wachsen hören; **'~·work** *s.* **1.** Mauerwerk *n*; **2.** *pl. sg. konstr.* Ziege'lei *f*.

brid·al ['braɪdl] **I** *adj.* □ bräutlich, Braut...; Hochzeits...; **II** *s. poet.* Hochzeit *f*.

bride [braɪd] *s.* Braut *f* (*am u. kurz vor u. nach dem Hochzeitstage*), Neuvermählte *f*: ***give away the ~*** Brautvater sein.

bride·groom ['braɪdgrʊm] *s.* Bräutigam *m*; **brides·maid** ['braɪdzmeɪd] *s.* Brautjungfer *f*.

bride·well ['braɪdwəl] *s.* Gefängnis *n*, Besserungsanstalt *f*.

bridge[1] [brɪdʒ] **I** *s.* **1.** Brücke *f*: ***burn one's ~s*** (***behind one***) *fig.* alle Brücken hinter sich abbrechen; ***don't cross your ~s before you come to them*** *fig.* lass doch die Dinge einfach auf dich zukommen; **2.** ⚓ Kom'mandobrücke *f*; **3.** ♪ (Vio'linen- *etc.*)Steg *m*; ⚕ (Zahn-) Brücke *f*; (Brillen)Steg *m*; **4.** *a. ~ **of the nose*** Nasenrücken *m*; **5.** ('Straßen)Über,führung *f*; **6.** *Turnen, Ringen*: Brücke *f*; **7.** ϟ (Mess)Brücke *f*; Brückenschaltung *f*; **II** *v/t.* **8.** e-e Brücke schlagen über (*acc.*); **9.** *fig.* über'brücken: ***bridging loan*** † Überbrückungskredit *m*.

bridge[2] [brɪdʒ] *s.* Bridge *n* (*Kartenspiel*).

'bridge|·head *s.* ⚔ Brückenkopf *m*; *~ **toll*** *s.* Brückenmaut *f*; **'~·work** *s.* ⚕ (Zahn)Brücke *f*.

bri·dle ['braɪdl] **I** *s.* **1.** Zaum *m*, Zaumzeug *n*; **2.** Zügel *m*: ***give a horse the ~*** e-m Pferd die Zügel schießen lassen; **II** *v/t.* **3.** *Pferd* (auf)zäumen; **4.** *Pferd* (*a. fig. Leidenschaft etc.*) zügeln, im Zaum halten; **III** *v/i.* **5.** *a. ~ **up*** (*verächtlich od. stolz*) den Kopf zu'rückwerfen, *weitS.* hochfahren, ärgerlich werden; **6.** Anstoß nehmen (***at*** an *dat.*); *~ **hand*** *s.* Zügelhand *f* (*Linke des Reiters*); *~ **path*** *s.* schmaler Reitweg, Saumpfad *m*; *~ **rein*** *s.* Zügel *m*.

brief [briːf] **I** *adj.* □ **1.** kurz: ***be ~!*** fasse dich kurz!; **2.** kurz, gedrängt: ***in ~*** kurz (gesagt); **3.** kurz angebunden, schroff; **II** *s.* **4.** (päpstliches) Breve; **5.** ⚖ a) Schriftsatz *m*, b) *Brit.* Beauftragung *f* u. Informierung *f* (*des **barrister** durch den **solicitor***) zur Vertretung vor Gericht, *weitS.* Man'dat *n*, c) *Am.* (schriftliche) Informierung des Gerichts (*durch den Anwalt*): ***abandon*** (*od.* ***give up***) ***one's ~*** sein Mandat niederlegen; ***hold a ~ for s.o.*** ⚖ j-s Sache vertreten, *fig.* für j-n e-e Lanze brechen; ***I hold no ~ for*** ich halte nichts von ...; ***hold a watching ~*** j-s Interessen (*bei Gericht*) als Beobachter vertreten; **6.** → ***briefing***; **III** *v/t.* **7.** *j-n* instruieren *od.* einweisen, *j-m* genaue Anweisungen geben; **8.** ⚖ a) *e-m Anwalt* e-e Darstellung des Sachverhalts geben, b) *e-n Anwalt* mit s-r Vertretung beauftragen; **'~·case** *s.* Aktentasche *f*.

brief·ing ['briːfɪŋ] *s.* **1.** ⚖ Beauftragung *f e-s Anwalts*; **2.** *a.* ⚔ (genaue) Anweisung, Instrukti'on *f*, Einweisung *f*; **3.** ⚔ Lage-, Einsatzbesprechung *f*, Befehlsausgabe *f*; **'brief·less** [-lɪs] *adj.* unbeschäftigt (*Anwalt*); **'brief·ness** [-nɪs] *s.* Kürze *f*.

briefs [briːfs] *s. pl.* Slip *m* (*kurze Unterhose*).

bri·er ['braɪə] *s.* ♆ **1.** Dornstrauch *m*; **2.** wilde Rose: ***sweet ~*** Weinrose; **3.** Bruy'èreholz *n*: *~ (**pipe**)* Bruyèrepfeife *f*.

brig [brɪg] *s.* **1.** ⚓ Brigg *f*; **2.** ⚔ F ‚Bau' *m*.

Bri·gade [brɪ'geɪd] *s.* **1.** ⚔ Bri'gade *f*; **2.** (*mst uniformierte*) Vereinigung; *contp.* ‚Verein' *m*; **brig·a·dier** [,brɪgə'dɪə] *s.* ⚔ a) *Brit.* Bri'gadekomman,deur *m*, -gene,ral *m*, b) *Am. a. ~ **general*** Brigadegeneral *m*.

brig·and ['brɪgənd] *s.* Ban'dit *m*, (Straßen)Räuber *m*; **'brig·and·age** [-dɪdʒ] *s.* Räuberunwesen *n*.

bright [braɪt] *adj.* □ **1.** hell, glänzend, blank, leuchtend; strahlend (*Wetter, Augen*): *~ **red*** leuchtend rot; **2.** klar, 'durchsichtig; heiter (*Wetter*); **3.** *fig.* ‚hell', gescheit, klug; **4.** munter, fröhlich; **5.** glänzend, berühmt; **6.** günstig; **7.** ⚙ blank, Blank...: *~ **wire***; **'bright·en** [-tn] **I** *v/t.* **1.** hell(er) machen; *a. fig.* auf-, erhellen; **2.** *fig.* a) heiter(er) machen, beleben, b) fröhlich stimmen; **3.** polieren, blank putzen; **II** *v/i. oft ~ **up*** **4.** sich aufhellen (*Gesicht, Wetter etc.*), aufleuchten (*Gesicht*); **5.** *fig.* a) sich beleben, b) besser werden (*Aussichten etc.*); **'bright·ness** [-nɪs] *s.* **1.** Glanz *m*, Helle *f*, Klarheit *f*: *~ **control*** *TV* Helligkeitssteuerung *f*; **2.** Aufgewecktheit *f*, Gescheitheit *f*; **3.** Munterkeit *f*.

Bright's dis·ease [braɪts] *s.* ⚕ brightsche Krankheit *f*, Nierenentzündung *f*.

brill [brɪl] *adj. Brit.* F super, ‚geil'.

bril·liance ['brɪljəns], **'bril·lian·cy** [-sɪ] *s.* **1.** Leuchten *n*, Glanz *m*; Helligkeit *f* (*a. TV*); **2.** *fig.* a) Scharfsinn *m*, b) Bril'lanz *f*, (*das*) Her'vorragende; **'bril·liant** [-nt] **I** *adj.* □ **1.** leuchtend, glänzend; **2.** *fig.* bril'lant, glänzend, her'vorragend; **II** *s.* **3.** Bril'lant *m* (*Diamant*); **4.** *typ.* Bril'lant *f* (*Schriftgrad*).

bril·lian·tine [,brɪljən'tiːn] *s.* **1.** Brillan'tine *f*, 'Haarpo,made *f*; **2.** *Am.* al'pakaartiger Webstoff.

brim [brɪm] **I** *s.* **1.** Rand *m* (*bsd. Gefäß*); **2.** (Hut)Krempe *f*; **II** *v/i.* **3.** voll sein (***with*** von; *a. fig.*): *~ **over*** übervoll sein, überfließen, -sprudeln; **,brim'ful** [-'fʊl] *adj.* rand-, 'übervoll (*a. fig.*); **brimmed** [-md] *adj.* mit Rand, mit Krempe.

brim·stone ['brɪmstən] *s.* **1.** Schwefel *m*; **2.** → *~ **but·ter·fly*** *s. zo.* Zi'tronenfalter *m*.

brin·dled ['brɪndld] *adj.* gestreift, scheckig.

brine [braɪn] *s.* **1.** Sole *f*, (Salz)Lake *f*; **2.** *poet.* Meer(wasser) *n*; **~ pan** *s.* Salzpfanne *f*.

bring [brɪŋ] *v/t.* [*irr.*] **1.** bringen, mit-, herbringen, her'beischaffen: ***~ him (it) with you*** bring ihn (es) mit; ***~ before the judge*** vor den Richter bringen; ***~ good luck*** Glück bringen; ***~ to bear*** *Einfluss etc.* zur Anwendung bringen, geltend machen, *Druck etc.* ausüben; **2.** *Gründe, Beschuldigung etc.* vorbringen; **3.** her'vorbringen; *Gewinn* einbringen; mit sich bringen, her'beiführen: ***~ into being*** ins Leben rufen, entstehen lassen; ***~ to pass*** zustande bringen; **4.** *j-n* veranlassen, bewegen, dazu bringen (**to** *inf.* zu *inf.*): ***I can't ~ myself to do it*** ich kann mich nicht dazu durchringen (, es zu tun);
Zssgn mit adv.:

bring| a·bout *v/t.* **1.** zu'stande bringen; **2.** bewirken, verursachen; **3.** ⚓ wenden; **~ a·long** *v/t.* **1.** → ***bring*** 1; **2.** *fig.* mit sich bringen; **~ back** *v/t.* zu'rück-, *a. fig.* wiederbringen; *fig.* a) *Erinnerungen* wachrufen (**of** an *acc.*), b) Erinnerungen wachrufen an (*acc.*); **~ down** *v/t.* **1.** *a. Flugzeug* her'unterbringen; **2.** *hunt. Wild* erlegen; **3.** ⚔ *Flugzeug* abschießen; **4.** *sport j-n* ‚legen'; **5.** *Regierung etc.* stürzen, zu Fall bringen; **6.** *Preise* drücken; **7.** ***~ on one's head*** sich *j-s Zorn* zuziehen; **8.** ***~ the house*** F a) stürmischen Beifall auslösen, b) Lachstürme entfesseln; **~ forth** *v/t.* **1.** her'vorbringen, gebären; **2.** verursachen, zeitigen; **~ for·ward** *v/t.* **1.** *Wunsch etc.* vorbringen; **2.** ⚚ *Betrag* über'tragen: (***amount***) ***brought forward*** Übertrag *m*; **~ in** *v/t.* **1.** hereinbringen; **2.** *Ernte, a.* ⚚ *Gewinn, Kapital, a. parl. Gesetzesentwurf* einbringen; **3.** a) *j-n* einschalten, b) *j-n* beteiligen (**on** an *dat.*); **4.** ⚖ *Schuldspruch etc.* fällen: ***~ a verdict of guilty***; **~ off** *v/t.* **1.** retten; **2.** ‚schaffen', fertig bringen; **~ on** *v/t.* **1.** her'beibringen; **2.** her'beiführen, verursachen; **3.** in Gang bringen; **4.** zur Sprache bringen; **5.** *thea. Stück* ‚bringen', aufführen; **~ out** *v/t.* **1.** a) *Buch, Theaterstück* her'ausbringen, b) ⚚ *Waren* auf den Markt bringen; **2.** *Sinn etc.* her'ausarbeiten; **3.** ***bring s.o. out of himself*** j-n dazu bringen, mehr aus sich her'auszugehen; **4.** *j-n* in die Gesellschaft einführen; **~ o·ver** *v/t.* 'umstimmen, bekehren; **~ round** *v/t.* **1.** *Ohnmächtigen* wieder zu sich bringen, *Patienten* 'durchbringen; **2.** *j-n* umstimmen, ‚her'umkriegen'; **3.** *das Gespräch* bringen (**to** auf *acc.*); **~ through** *v/t. Kranken od. Prüfling* 'durchbringen; **~ to** *v/t.* **1.** *Ohnmächtigen* wieder zu sich bringen; **2.** ⚓ stoppen; **~ up** *v/t.* **1.** *Kind* auf-, erziehen; **2.** zur Sprache bringen; **3.** ⚔ *Truppen* her'anführen; **4.** zum Stillstand bringen; **5.** *et.* (er)brechen: ***~ one's lunch***; **6.** ***~ short*** zum Halten bringen; **7.** → ***date***[2] 5, ***rear***[2] 3.

bring·ing-up [ˌbrɪŋɪŋ'ʌp] *s.* **1.** Auf-, Großziehen *n*; **2.** Erziehung *f*.

brink [brɪŋk] *s.* Rand *m* (*mst fig.*): ***on the ~ of*** am Rande (*e-s Krieges, des Ruins etc.*); ***be on the ~ of the grave*** mit e-m Fuß im Grabe stehen; **'~·man·ship** [-mənʃɪp] *s. pol.* Poli'tik *f* des äußersten 'Risikos.

brin·y ['braɪnɪ] **I** *adj.* salzig, solehaltig; **II** *s. Brit.* F: ***the ~*** die See.

bri·oche [briː'ɒʃ] (*Fr.*) *s.* Bri'oche *f* (*süßes Hefegebäck*).

bri·quet(te) [brɪ'ket] (*Fr.*) *s.* Bri'kett *n*.

brisk [brɪsk] **I** *adj.* ☐ **1.** lebhaft, flott, flink; **2.** frisch (*Wind*), lustig (*Feuer*); schäumend (*Wein*); **3.** a) lebhaft, munter, b) forsch, e'nergisch; **4.** ⚚ lebhaft, flott; **II** *v/t.* **5.** *mst* ***~ up*** anfeuern, beleben.

bris·ket ['brɪskɪt] *s. Küche*: Brust(stück *n*) *f* (*Rind*).

bris·ling ['brɪslɪŋ] *s. ichth.* Sprotte *f*.

bris·tle ['brɪsl] **I** *s.* **1.** Borste *f*; (Bart-)Stoppel *f*; **II** *v/i.* **2.** sich sträuben (*Haar*); **3.** *a.* ***~ up*** (***with anger***) hochfahren, zornig werden: ***~ with anger***; **4.** (***with***) strotzen, starren, voll sein (von).

bris·tling → ***brisling***.

bris·tly ['brɪslɪ] *adj.* stachelig, rau; struppig; stoppelig, Stoppel...

Brit [brɪt] *s.* F Brite *m*, Britin *f*.

Bri·tan·nic [brɪ'tænɪk] *adj.* bri'tannisch.

Brit·i·cism ['brɪtɪsɪzəm] *s.* Angli'zismus *m*; **'Brit·ish** [-tɪʃ] **I** *adj.* britisch: ***~ subject*** britischer Staatsangehöriger; **II** *s.*: ***the ~*** die Briten *pl.*; **'Brit·ish·er** [-tɪʃə] *s.* Brite *m*; **'Brit·on** [-tn] *s.* **1.** Brite *m*, Britin *f*; **2.** *hist.* Bri'tannier(in)

brit·tle ['brɪtl] *adj.* **1.** spröde, zerbrechlich; bröckelig; brüchig (*metall etc.*; *a. fig.*); **2.** reizbar.

broach [brəʊtʃ] **I** *s.* **1.** Stecheisen *n*; Räumnadel *f*; **2.** Bratspieß *m*; **3.** Turmspitze *f*; **II** *v/t.* **4.** *Fass* anstechen; **5.** ⚙ räumen; **6.** *fig. Thema* anschneiden.

B-road ['biːrəʊd] *s. Brit. etwa*: Staatsstraße *f*, Landstraße *f*.

broad [brɔːd] **I** *adj.* ☐ → ***broadly***; **1.** breit: ***it is as ~ as it is long*** *fig.* es ist gehüpft wie gesprungen; **2.** weit, ausgedehnt; weit reichend, um'fassend, voll: ***~ jump*** *sport* Weitsprung *m*; ***in the ~est sense*** im weitesten Sinne; ***in ~ daylight*** am helllichten Tage; **3.** deutlich, ausgeprägt; breit (*Akzent, Dialekt*); → ***hint*** 1; **4.** ungeschminkt, offen, derb: ***a ~ joke*** ein derber Witz; **5.** allgemein, einfach: ***the ~ facts*** die allgemeinen Tatsachen; ***in ~ outline*** in groben Umrissen, in großen Zügen; **6.** großzügig: ***a ~ outlook*** e-e tolerante Auffassung; **7.** *Radio*: unscharf; **II** *s.* **8.** *sl.* a) ‚Weib(sbild)' *n*, b) ‚Nutte' *f*; **~ ar·row** *s.* breitköpfiger Pfeil (*amtliches Zeichen auf brit. Regierungsgut u. auf Sträflingskleidung*); **'~·ax(e)** *s.* **1.** Breitbeil *n*; **2.** *hist.* Streitaxt *f*; **~ beam** *s.* ϟ Breitstrahler *m*; **~ bean** *s.* ⚘ Saubohne *f*; **'~·brush** *adj.* (ganz) grob, ganz allgemein.

broad·cast ['brɔːdkɑːst] **I** *v/t.* [*irr.* → ***cast***; *pret. u. p.p. a.* ***~ed***] **1.** breitwürfig säen; **2.** *fig. Nachricht* verbreiten, *iro.* 'auspoˌsaunen; **3.** durch Rundfunk *od.* Fernsehen verbreiten, über'tragen, senden, ausstrahlen; **II** *v/i.* **4.** im Rundfunk *od.* Fernsehen auftreten; **5.** senden; **III** *s.* **6.** Rundfunk-, Fernsehsendung *f*, Über'tragung *f*; **IV** *adj.* **7.** Rundfunk..., Fernseh...; **'broad·cast·er** [-tə] *s.* **1.** Rundfunk-, Fernsehsprecher(in); **2.** → ***broadcasting station***.

broad·cast·ing ['brɔːdkɑːstɪŋ] **I** *s.* **1.** → ***broadcast*** 6; **2.** a) Rundfunk *m od.* Fernsehen *n*: ***~ area*** Sendebereich *m*, b) Sendebetrieb *m*; **II** *adj.* **3.** Rundfunk..., Fernseh...; **~ sta·tion** *s.* 'Rundfunk-, 'Fernsehstatiˌon *f*, Sender *m*; **~ stu·di·o** *s.* Senderaum *m*, 'Studio *n*.

Broad| Church *s. liberale Richtung in der anglikanischen Kirche*; **'~·cloth** *s.* feiner Wollstoff.

broad·en ['brɔːdn] *v/t. u. v/i.* (sich) verbreitern, (sich) erweitern: ***~ one's mind*** *fig.* sich bilden, s-n Horizont erweitern; ***travel(l)ing ~s the mind*** Reisen bildet.

'broad-ga(u)ge *adj.* 🚂 Breitspur...

broad·ly ['brɔːdlɪ] *adv.* **1.** weitgehend (*etc.*, → ***broad*** I); **2.** allgemein (gesprochen), in großen Zügen.

ˌbroad'mind·ed *adj.* großzügig, tole'rant.

'broad|·sheet *s.* **1.** *typ.* Planobogen *m*; **2.** *hist.* große, einseitig bedruckte Flugschrift; Flugblatt *n*; **'~·side** *s.* **1.** ⚓ Breitseite *f* (*Geschütze u. Salve*): ***fire a ~*** e-e Breitseite abgeben; **2.** F ‚Breitseite' *f*, mas'sive At'tacke; **3.** → ***broadsheet***; **'~·sword** *s.* breites Schwert, 'Pallasch *m*.

bro·cade [brəʊ'keɪd] *s.* ⚚ **1.** Bro'kat *m*; **2.** Broka'tell(e *f*) *m*.

broc·co·li ['brɒkəlɪ] *pl.* (*als sg. konstr.*) 'Brokkoli *pl.*

bro·chure ['brəʊʃə] *s.* Bro'schüre *f*.

brock·et ['brɒkɪt] *s. hunt.* Spießer *m*, zweijähriger Hirsch.

brogue [brəʊg] *s.* **1.** a) irischer Ak'zent (des Englischen), b) dia'lektisch gefärbte Aussprache; **2.** derber Straßenschuh.

broil[1] [brɔɪl] **I** *v/t.* auf dem Rost braten, grillen; **II** *v/i.* schmoren, braten, kochen (*alle a. fig.*).

broil[2] [brɔɪl] *s.* Krach *m*, Streit *m*.

broil·er[1] ['brɔɪlə] *s.* **1.** Bratrost *m*; Bratofen *m* mit Grillvorrichtung; **2.** Brathühnchen *n* (*bratfertig*); **3.** F glühend heißer Tag.

broil·er[2] ['brɔɪlə] *s.* Streithammel *m*.

broil·ing ['brɔɪlɪŋ] *adj. a.* ***~ hot*** glühend heiß.

broke[1] [brəʊk] *pret. von* ***break***.

broke[2] [brəʊk] *adj.* F pleite: a) bank'rott, ruiniert, b) ‚abgebrannt', ‚blank': ***go ~*** Pleite gehen; ***go for ~*** alles riskieren.

bro·ken ['brəʊkən] **I** *p.p. von* ***break***; **II** *adj.* ☐ → ***brokenly***; **1.** zerbrochen, entzwei, ka'putt; zerrissen; **2.** gebrochen; **3.** unter'brochen (*Schlaf*); angebrochen, unvollständig: ***~ line*** gestrichelte *od.* punktierte Linie; **4.** *fig.* (seelisch) gebrochen: ***a ~ man***; **5.** zerrüttet (*Ehe, Gesundheit*): ***~ home*** zerrüttete Familienverhältnisse *pl.*; **6.** uneben, holperig (*Boden*); zerklüftet (*Gelände*); bewegt (*Meer*); **7.** *ling.* gebrochen: ***~ German***; **ˌ~-'down** *adj.* **1.** ruiniert, unbrauchbar; **2.** erschöpft, geschwächt, zerrüttet, ‚ka'putt'; **3.** zs.-gebrochen (*a. fig.*); **ˌ~-'heart·ed** *adj.* un'tröstlich, (ganz) gebrochen.

bro·ken·ly ['brəʊkənlɪ] *adv.* **1.** stoßweise, mit Unter'brechungen; **2.** mit gebrochener Stimme.

bro·ken| num·ber *s.* ⅟ gebrochene Zahl, Bruch *m*; **~ stone** *s.* Splitt *m*, Schotter *m*; **ˌ~-'wind·ed** *adj.* dämpfig, kurzatmig (*Pferd*).

bro·ker ['brəʊkə] *s.* a) (Handels)Makler *m*, (*weitS. a.* Heirats)Vermittler *m*: ***honest ~*** *pol., fig.* ehrlicher Makler, b) (Börsen)Makler *m*, Broker *m* (*der im Kundenauftrag Geschäfte tätigt*); **'bro·ker·age** [-ərɪdʒ] *s.* **1.** Maklergebühr *f*, Cour'tage *f*; **2.** Maklergeschäft *n*.

brol·ly ['brɒlɪ] *s. Brit.* F Schirm *m*.

bro·mide ['brəʊmaɪd] *s.* **1.** ⚗ Bro'mid *n*: ***~ paper*** *phot.* Bromsilberpapier *n*; **2.** *fig.* a) Plattheit *f*, Banali'tät *f*, b) langweiliger Mensch; **'bro·mine** [-miːn] *s.* ⚗ Brom *n*.

bron·chi ['brɒŋkaɪ], '**bron·chi·a** [-kɪə] *s. pl. anat.* 'Bronchien *pl.*; '**bron·chi·al** [-kjəl] *adj.* Bronchial...; **bron·chi·tis** [brɒŋ'kaɪtɪs] *s.* ⚕ Bron'chitis *f*, Bronchi'alka,tarr(h) *m.*

bron·co ['brɒŋkəʊ] *pl.* **-cos** *s.* kleines, halbwildes Pferd (*Kalifornien*); '**~,bust·er** *s.* Zureiter *m* (von wilden Pferden).

Bronx cheer [brɒŋks] *s. Am. sl.* ,'Pfeifkon,zert' *n.*

bronze [brɒnz] **I** *s.* **1.** Bronze *f*: **~ age** Bronzezeit *f*; **~ medal(l)ist** Bronzemedaillengewinner(in); **2.** ('Statue *f etc.* aus) Bronze *f*; **II** *v/t.* **3.** bronzieren; **III** *adj.* **4.** bronzefarben, Bronze...; **bronzed** [-zd] *adj.* **1.** bronziert; **2.** (sonnen)gebräunt.

brooch [brəʊtʃ] *s.* Brosche *f*, Spange *f.*

brood [bru:d] **I** *s.* **1.** Brut *f*; **2.** Nachkommenschaft *f*; **3.** *contp.* Brut *f*, Horde *f*; **II** *v/i.* **4.** brüten; **5.** *fig.* (**on**, **over**) brüten (über *dat.*), grübeln (über *acc.*); **6.** brüten, lasten (*Hitze etc.*); **III** *adj.* **7.** Brut..., Zucht...: **~ mare** Zuchtstute *f*; '**brood·er** [-də] *s.* **1.** Bruthenne *f*; **2.** Brutkasten *m*; '**brood·y** [-dɪ] *adj.* **1.** brütig (*Henne*); **2.** *fig.* brütend, grüblerisch; trübsinnig.

brook[1] [brʊk] *s.* Bach *m.*

brook[2] [brʊk] *v/t.* erdulden: **it ~s no delay** es duldet keinen Aufschub.

broom [bru:m] *s.* **1.** Besen *m*: **a new ~ sweeps clean** neue Besen kehren gut; **2.** ⚘ (Besen)Ginster *m*; '**~·stick** ['brʊm-] *s.* Besenstiel *m.*

broth [brɒθ] *s.* (Fleisch-, Kraft)Brühe *f*, Suppe *f.*

broth·el ['brɒθl] *s.* Bor'dell *n.*

broth·er ['brʌðə] *s.* **1.** Bruder *m*: **~s and sisters** Geschwister; **Smith 𝒮s** ✝ Gebrüder Smith; **2.** *eccl. pl.* **brethren** Bruder *m*, Nächste(r) *m*, Mitglied *n* e-r (religi'ösen) Gemeinschaft; **3.** Amtsbruder *m*, Kol'lege *m*: **~ in arms** Waffenbruder; **~ student** Kommilitone, Studienkollege *m*; **~ officer** Regimentskamerad *m*; **~!** F Mann!, Mensch!; ,**broth·er-'ger·man** *s.* leiblicher Bruder; '**broth·er·hood** [-hʊd] *s.* **1.** Bruderschaft *f*; **2.** Brüderlichkeit *f*; **broth·er-in-law** ['brʌðərɪnlɔ:] *s.* Schwager *m.*

broth·er·ly ['brʌðəlɪ] *adj.* brüderlich.

brough·am ['bru:əm] *s.* **1.** Brougham *m* (*geschlossener, vierrädriger, zweisitziger Wagen*); **2.** *hist. mot.* Limou'sine *f* mit offenem Fahrersitz.

brought [brɔ:t] *pret. u. p.p. von* **bring.**

brou·ha·ha [bru:'hɑ:hɑ:] *s.* Getue *n*, Wirbel *m*, Lärm *m.*

brow [braʊ] *s.* **1.** (Augen)Braue *f*: **knit** (*od.* **gather**) **one's ~s** die Stirn runzeln; **2.** Stirn *f*; **3.** Vorsprung *m*, Abhang *m*, (Berg)Kuppe *f*; '**~·beat** *v/t.* [*irr.* → **beat**] einschüchtern, tyrannisieren.

brown [braʊn] **I** *adj.* braun: **do s.o.** (**up**) **~** F j-n ,anschmieren' *od.* ,reinlegen'; **II** *s.* Braun *n*; **III** *v/t. Haut etc.* bräunen, *Fleisch etc.* (an)bräunen; ⚙ brünieren: **~ed off** F ,restlos bedient', ,sauer'; **IV** *v/i.* braun werden; **~ bear** *s. zo.* Braunbär *m*; **~ bread** *s.* Vollkorn- *od.* Schwarzbrot *n*; **~ coal** *s.* Braunkohle *f.*

brown·ie ['braʊnɪ] *s.* **1.** Heinzelmännchen *n*; **2.** *Am.* kleiner Schoko'ladenkuchen mit Nüssen; **3.** ,Wichtel' *m* (*junge Pfadfinderin*).

Brown·ing ['braʊnɪŋ] *s.* Browning *m* (*e-e Pistole*).

'**brown|-nose** *Am.* V **I** *s.* ,Arschkriecher' *m*; **II** *v/t. j-m* ,in den Arsch kriechen'; **~ pa·per** *s.* 'Packpa,pier *n*; '**𝒮·shirt** *s. hist.* Braunhemd *n* (*SA-Mann od. Nazi*); '**~·stone** *Am.* **I** *s.* brauner Sandstein; **II** *adj.* F wohlhabend, vornehm.

browse [braʊz] *v/i.* **1.** grasen, weiden; *fig.* naschen (**on** von); **2.** *in Büchern* blättern *od.* schmökern; *im Internet* browsen; **3.** *a.* **~ around** sich (unverbindlich) 'umsehen (*in e-m Laden*); '**browser** *s.* **1.** *Internet:* Browser *m* (*Programm, mit dem man sich im Internet bewegt*); **2.** a) *j-d, der in Büchern etc. herumblättert*, b) *j-d, der sich in e-m Geschäft unverbindlich umsieht.*

bru·in ['bru:ɪn] *s. poet.* (Meister) Petz *m* (*Bär*).

bruise [bru:z] **I** *v/t.* **1.** *Körperteil* quetschen; *Früchte* anstoßen; **2.** zerstampfen, schroten; **3.** *j-n* grün u. blau schlagen; **II** *v/i.* **4.** e-e Quetschung *od.* e-n blauen Fleck bekommen; **III** *s.* **5.** ⚕ Quetschung *f*, Bluterguss *m*; blauer Fleck; **6.** Druckstelle *f* (*auf Obst*); '**bruis·er** [-zə] *s.* **1.** F Boxer *m*; **2.** a) ,Schläger' *m*, b) ,Schrank' *m* (*Hüne*).

bruit [bru:t] *v/t.*: **~ about** *obs. Gerücht* verbreiten.

Brum·ma·gem ['brʌmədʒəm] F **I** *s.* **1.** *npr.* Birmingham (*Stadt*); **2.** 𝒮 Schund (-ware *f*) *m* (*bsd. in Birmingham hergestellt*); **II** *adj.* **3.** billig, kitschig, Schund..., unecht.

brunch [brʌntʃ] *s.* F (*aus* **breakfast** *u.* **lunch**) Brunch *m.*

bru·nette [bru:'net] **I** *adj.* brü'nett, dunkelbraun; **II** *s.* Brü'nette *f.*

brunt [brʌnt] *s.* Hauptstoß *m*, -last *f*, volle Wucht *des Angriffs* (*a. fig.*): **bear the ~** die Hauptlast tragen.

brush [brʌʃ] **I** *s.* **1.** Bürste *f*; Besen *m*: **tooth~** Zahnbürste *f*; **2.** Pinsel *m*: **shaving ~**; **3.** a) Pinselstrich *m* (*Maler*), b) Maler *m*, c) **the ~** die Malerei; **4.** Bürsten *n*: **give a ~** (**to**) *et.* abbürsten; **5.** buschiger Schwanz (*bsd. Fuchs*); **6.** ⚡ (Kon'takt)Bürste *f*; **7.** *phys.* Strahlenbündel *n*; **8.** ⚔ Feindberührung *f*; Schar'mützel *n* (*a. fig.*): **have a ~ with s.o.** mit j-m aneinander geraten; **9.** → **brushwood**; **II** *v/t.* **10.** bürsten; **11.** fegen: **~ away** (*od.* **off**) abwischen, -streifen (*a. mit der Hand*); **~ off** *fig. j-n* abwimmeln *od.* abweisen; **~ aside** *fig.* beiseite schieben, abtun; **12.** **~ up** *fig.* ,aufpolieren', auffrischen; **13.** streifen, leicht berühren; **III** *v/i.* **14.** **~ against** streifen (*acc.*); **15.** da'hinrasen: **~ past** vorbeisausen; '**brushing** [-ʃɪŋ] *s. mst pl.* Kehricht *m*, *n*; '**brush·less** [-lɪs] *adj.* **1.** ohne Bürste; **2.** ohne Schwanz (*Fuchs*); '**brush-off** *s.* F Abfuhr *f*; '**brush·wood** *s.* **1.** 'Unterholz *n*, Gestrüpp *n*; Busch *m* (*USA u. Australien*); **2.** Reisig *n.*

brusque [brʊsk] *adj.* □ brüsk, barsch, schroff.

Brus·sels ['brʌslz] *npr.* Brüssel *n*; **~ lace** *s.* Brüsseler Spitzen *pl.*; **~ sprouts** [,brʌsl'spraʊts] *s. pl.* Rosenkohl *m.*

bru·tal ['bru:tl] *adj.* □ **1.** viehisch; bru'tal, roh, unmenschlich; **2.** scheußlich; **bru·tal·i·ty** [bru:'tælətɪ] *s.* Brutali'tät *f*, Rohheit *f*; '**bru·tal·ize** [-təlaɪz] **I** *v/t.* **1.** zum Tier machen, verrohen lassen; **2.** brutal behandeln; **II** *v/i.* verrohen, zum Tier werden.

brute [bru:t] **I** *s.* (*unvernünftiges*) Tier, Vieh *n*, *fig. a.* Untier *n*, Scheusal *n*: **the ~ in him** das Tier in ihm; **II** *adj.* tierisch (*a. = triebhaft, unvernünftig, brutal*); viehisch, roh; hirnlos, dumm; gefühllos: **~ force** rohe Gewalt; '**brut·ish** [-tɪʃ] *adj.* □ → **brute** II.

Bry·thon·ic [brɪ'θɒnɪk] *s.* Ursprache *f* der Kelten in Wales, 'Cornwall u. der Bre'tagne.

bub·ble ['bʌbl] **I** *s.* **1.** (*Luft-, Gas-, Seifen*)Blase *f*; **2.** *fig.* Seifenblase *f*; Schwindel(geschäft *n*) *m*: **prick the ~** den Schwindel aufdecken; **~ company** Schwindelfirma *f*; **3.** Sprudeln *n*, Brodeln *n*, (Auf)Wallen *n*; **4.** *Am.* Traglufthalle *f*; **II** *v/i.* sprudeln, brodeln, wallen; perlen: **~ over** übersprudeln (*a. fig.* **with** vor *dat.*); **~ up** aufsprudeln, in Blasen aufsteigen; **~ bath** *s.* Schaumbad *n*; **~ car** *s.* **1.** Kleinstauto *n*, Ka'binenroller *m*; **2.** Wagen *m* mit kugelsicherer Kuppel; **~ gum** *s.* Bal'lon-, Knallkaugummi *m.*

bu·bo ['bju:bəʊ] *pl.* **-boes** *s.* ⚕ 'Bubo *m* (*Drüsenschwellung*); Beule *f*; **bu·bon·ic** [bju:'bɒnɪk] *adj.*: **~ plague** ⚕ Beulenpest *f.*

buc·ca·neer [,bʌkə'nɪə] **I** *s.* Seeräuber *m*, Freibeuter *m*; **II** *v/i.* Seeräube'rei betreiben.

buck[1] [bʌk] **I** *s.* **1.** *zo.* Bock *m* (*Hirsch, Reh, Ziege etc.*; *a. Turnen*); Rammler *m* (*Hase, Kaninchen*); *engS.* Rehbock *m*; **2.** *obs.* Stutzer *m*, Geck *m*; Lebemann *m*; **3.** *Am. obs. contp.* a) Rothaut *f*, b) Nigger *m*; **4.** *Am. Poker*: *Spielmarke, die e-n Spieler daran erinnern soll, dass er am Geben ist*: **pass the ~ to** F *j-m* ,den schwarzen Peter (*die Verantwortung*) zuschieben'; **II** *v/i.* **5.** bocken (*Pferd, Esel etc.*); **6.** *Am.* F ,meutern', sich sträuben (**at**, **against** bei, gegen); **7.** **~ up** F a) sich ranhalten, b) sich zs.-reißen: **~ up!** Kopf hoch!; **III** *v/t.* **8.** *Reiter* durch Bocken abwerfen (wollen); **9.** *Am.* wütend angreifen; angehen gegen; **10.** *a.* **~ up** F aufmuntern: **greatly ~ed** hocherfreut; **IV** *adj.* **11.** männlich; **12.** **~ private** ⚔ *Am.* F einfacher Soldat.

buck[2] [bʌk] *s. Am.* F Dollar *m*: **earn a fast ~** schnelles Geld verdienen (*od.* machen).

buck·et ['bʌkɪt] **I** *s.* **1.** Eimer *m*, Kübel *m*: **champagne ~** Sektkühler *m*; **kick the ~** F ,abkratzen' (*sterben*); **2.** ⚙ a) Schaufel *f e-s Schaufelrades*, b) Eimer *m od.* Löffel *m e-s Baggers*, c) (Pumpen)Kolben *m*; **II** *v/t.* **3.** (aus)schöpfen; **4.** *Pferd* zu'schanden reiten; **III** *v/i.* **5.** F (da'hin)rasen; **~ con·vey·or** *s.* Becherwerk *n*; **~ dredg·er** *s.* Löffelbagger *m*; '**~·ful** [-fʊl] *pl.* **-fuls** *s. ein* Eimer (voll).

buck·et| seat *s.* **1.** *mot.*, ✈ Klapp-, Notsitz *m*; **2.** *mot.* Schalensitz *m*; **~ shop** *s.* **1.** 'unre,elle Maklerfirma; **2.** ,Klitsche' *f*, kleiner ,Laden'.

'**buck|·eye** *s. Am.* **1.** ⚘ *e-e* 'Rosska,stanie *f*; **2.** 𝒮 F Bewohner(in) von Ohio; '**~·horn** *s.* Hirschhorn *n*; '**~·hound** *s. zo.* Jagdhund *m*; '**~,jump·er** *s.* störrisches Pferd.

buck·le ['bʌkl] **I** *s.* **1.** Schnalle *f*, Spange *f*; **2.** ⚔ Koppelschloss *n*; **3.** ⚙ verbogene *od.* verzogene Stelle; **II** *v/t.* **4.** *a.* **~ on**, **~ up** an-, 'um-, zuschnallen; **5.** ⚙ (ver)biegen, krümmen; **6.** **~ o.s. to** → 9; **III** *v/i.* **7.** ⚙ sich (ver)biegen *od.* verziehen, sich wölben *od.* krümmen; **8.** nachgeben *unter e-r Last*: **~** (**under**) *fig.* zs.-brechen; **9.** **~ down to** F sich hinter *e-e Aufgabe* ,klemmen'.

buck·ling ['bʌklɪŋ] (*Ger.*) *s.* Bückling *m* (*geräucherter Hering*).
buck·ling strength ['bʌklɪŋ] *s.* ⚙ Knickfestigkeit *f*.
buck·ram ['bʌkrəm] **I** *s.* **1.** Steifleinen *n*; **2.** *fig.* Steifheit *f*, Förmlichkeit *f*; **II** *adj.* **3.** *fig.* steif, for'mell.
buck·saw ['bʌksɔː] *s. Am.* Bocksäge *f*.
Buck's Fizz [ˌbʌks'fɪz] *npr. Brit.* Sekt *m* orange (*Mischung aus Sekt u. Orangensaft*).
'**buck|·shot** *s. hunt.* grober Schrot, Rehposten *m*; '**~·skin** *s.* **1.** a) Wildleder *n*, b) *pl.* Lederhose *f*; **2.** Buckskin *m* (*Wollstoff*); '**~·thorn** *s.* ⚘ Kreuzdorn *m*; '**~·tooth** *s.* [*irr.*] vorstehender Zahn; '**~·wheat** *s.* ⚘ Buchweizen *m*.
bu·col·ic [bjuː'kɒlɪk] **I** *adj.* (☐ **~ally**) **1.** bu'kolisch: a) Hirten..., b) ländlich, i'dyllisch; **II** *s.* **2.** I'dylle *f*, Hirtengedicht *n*; **3.** *humor.* Landmann *m*.
bud [bʌd] **I** *s.* **1.** ⚘ Knospe *f*; Auge *n* (*Blätterknospe*): ***be in ~*** knospen; **2.** Keim *m*; **3.** *fig.* Keim *m*, Ursprung *m*; → ***nip***[1] 2; **4.** unentwickeltes Wesen; **5.** *Am.* F Debü'tantin *f*; **II** *v/i.* **6.** knospen, sprossen; **7.** sich entwickeln *od.* entfalten: ***~ding lawyer*** angehender Jurist; **III** *v/t.* **8.** ✓ okulieren.
Bud·dha ['bʊdə] *s.* 'Buddha *m*; '**Buddhism** [-dɪzəm] *s.* Bud'dhismus *m*; '**Bud·dhist** [-dɪst] **I** *s.* Bud'dhist *m*; **II** *adj.* → **Bud·dhis·tic** [bʊ'dɪstɪk] *adj.* bud'dhistisch.
bud·dy ['bʌdɪ] *s.* F **1.** ‚Kumpel' *m*, ‚Spezi' *m*, Kame'rad *m*; **2.** *Anrede*: Freundchen *n*.
budge [bʌdʒ] *mst neg.* **I** *v/i.* sich (von der Stelle) rühren, sich (im Geringsten) bewegen: ***~ from*** *fig.* von *et.* abrücken; **II** *v/t.* (vom Fleck) bewegen.
budg·er·i·gar ['bʌdʒərɪgɑː] *s. orn.* Wellensittich *m*.
budg·et ['bʌdʒɪt] **I** *s.* **1.** *bsd. pol.* Bud'get *n*, (Staats)Hauhalt *m*, E'tat *m*, (*a.* pri'vater) Haushaltsplan: ***open the ~*** das Budget vorlegen; ***~ cut*** Etatkürzung *f*; ***for the low ~*** für den schmalen Geldbeutel; ***~(-priced)*** preisgünstig; **2.** *fig.* Vorrat *m*: ***a ~ of news*** ein Sack voll Neuigkeiten; **II** *v/t.* **3.** a) *Mittel* bewilligen, vorsehen, *Ausgaben* einplanen; **III** *v/i.* **4.** planen, ein Bud'get machen: ***~ for s.th.*** et. im Haushaltsplan vorsehen, die Kosten für et. veranschlagen; '**budg·et·ar·y** [-tərɪ] *adj.* Budget..., Etat..., Haushalts...: ***~ deficit***.
bud·gie ['bʌdʒɪ] *s.* F *für* ***budgerigar***.
buff[1] [bʌf] *s.* **1.** starkes Ochsen- *od.* Büffelleder; **2.** F bloße Haut: ***in the ~*** im Adams- *od.* Evaskostüm (*nackt*); **3.** Lederfarbe *f*; **4.** F ‚Fex' *m*, Fan *m*: ***hi-fi ~***; **II** *adj.* **5.** lederfarben.
buff[2] [bʌf] *v/t.* ⚙ schwabbeln, polieren.
buf·fa·lo ['bʌfələʊ] *pl.* **-loes**, *Am. a.* **-los I** *s.* **1.** *zo.* Büffel *m*; nordamer. 'Bison *m*; **2.** ✕ am'phibischer Panzerwagen; **II** *v/t.* **3.** *Am.* F *j-n* täuschen *od.* einschüchtern.
buf·fer ['bʌfə] **I** *s.* ⚙ a) Stoßdämpfer *m*, b) Puffer *m* (*a.* ⚗, *Computer u. fig.*), c) Prellbock (*a. fig.*): ***~ solution*** ⚗ Pufferlösung *f*; ***~ state*** *pol.* Pufferstaat *m*; **3.** *a.* ***~ memory*** *Computer*: Pufferspeicher *m*; **II** *v/t.* **4.** als Puffer wirken gegen; **5.** *Computer*: puffern, zwischenspeichern.
buf·fet[1] ['bʌfɪt] **I** *s.* **1.** Puff *m*, Stoß *m*; Schlag *m* (*a. fig.*); **II** *v/t.* **2.** a) *j-m* e-n Schlag versetzen, b) *j-n od. et.* her'umstoßen: ***~ (about)*** durchrütteln; **3.** gegen *Wellen etc.* (an)kämpfen.
buf·fet[2] *s.* **1.** ['bʌfɪt] Bü'fett *n*, Anrichte *f*; **2.** ['bʊfeɪ] Bü'fett *n*: a) Theke *f*, b) *Tisch mit Speisen*, c) Erfrischungsbar *f*, Imbissstube *f*: ***~ car*** 🚃 Büfettwagen *m*; ***~ dinner*** kaltes Büfett.
buf·foon [bʌ'fuːn] *s.* **1.** Possenreißer *m*, Hans'wurst *m* (*a. fig. contp.*); **2.** derber Witzbold; **buf'foon·er·y** [-nərɪ] *s.* Possen(reißen *n*) *pl.*
bug [bʌg] **I** *s.* **1.** *zo.* (Bett)Wanze *f*; **2.** *zo. bsd. Am. allgemein* In'sekt *n* (*Ameise, Fliege, Spinne, Käfer*); **3.** F Ba'zillus *m* (*a. fig.*): ***the golf ~*** die Golfleidenschaft; **4.** ⚙ *Am.* F De'fekt *m*, *mst pl.* ‚Mucken' *pl.*; *Computer*: (Programm[ier])Fehler *m*, F Bug *m*: ***~ report*** Fehlerbericht *m*; **5.** ***big ~*** F ‚großes' *od.* ‚hohes Tier' (*Person*); **6.** *Am.* F Fan *m*, Fa'natiker *m*: ***baseball ~***; **7.** *sl.* ‚Wanze' *f* (*Abhörgerät*); **II** *v/t. sl.* **8.** a) ‚Wanzen' anbringen in *e-m Raum etc.*, b) (heimlich) abhören; **9.** *Am.* F *j-n* nerven: ***what's ~ging you?*** was hast du denn?
bug·a·boo ['bʌgəbuː] *s.* **1.** → ***bugbear***; **2.** ‚Quatsch' *m*.
'**bug|·bear** *s.* a) ‚Buhmann' *m*, b) Schreckgespenst *n*; '**~-eyed** *adj.* mit her'vorquellenden Augen.
bug·ger ['bʌgə] **I** *s.* **1.** a) Sodo'mit *m*, b) Homosexu'elle(r) *m*; **2.** V a) ‚Scheißkerl' *m*, b) Kerl *m*, ‚Knülch' *m*, c) ‚Scheißding' *n*; **II** *v/t.* **3.** a) Sodo'mie treiben mit, b) a'nal verkehren mit: ***~ (it)!*** V Scheiße!; ***~ you!*** V leck mich!; **4.** a) *j-n* ‚fertig machen', b) *j-n* ‚nerven'; **5.** ***~ (up)*** V *et.* versauen *od.* vermasseln; **III** *v/i.* **6.** ***~ around*** V he'rumgammeln; **7.** ***~ off*** V ‚abhauen'; '**bug·ger·y** [-ərɪ] *s.* **1.** Sodo'mie *f*, 'widerna,türliche Unzucht; **2.** Homosexuali'tät *f*.
bug·ging| af·fair ['bʌgɪŋ] *s.* Abhöraffäre *f*; ***~ system*** *s.* Abhöranlage *f*.
bug·gy[1] ['bʌgɪ] *s.* **1.** leichter (Pferde-)Wagen; **2.** *mot.* Buggy *m* (*geländegängiges, offenes Freizeitauto*); **3.** *Am.* Kinderwagen *m*.
bug·gy[2] ['bʌgɪ] *adj.* **1.** verwanzt; **2.** *Am. sl.* ‚bekloppt', verrückt.
'**bug|·house** *Am. sl.* **I** *s.* ‚Klapsmühle' *f* (*Nervenheilanstalt*); **II** *adj.* verrückt; '**~-ˌhunt·er** *s. sl.* In'sektensammler *m*.
bu·gle ['bjuːgl] *s.* **1.** Wald-, Jagdhorn *n*; **2.** ✕ Si'gnalhorn *n*: ***sound the ~*** ein Hornsignal blasen; **bu·gle call** *s.* 'Hornsi,gnal *n*; '**bu·gler** [-lə] *s.* Hor'nist *m*.
buhl [buːl] *s.* Einlege-, Boulearbeit *f*.
build [bɪld] **I** *v/t.* [*irr.*] **1.** (er)bauen, errichten: ***~ a fire*** (ein) Feuer machen; ***~ in*** a) einbauen (*a. fig.*), b) zubauen; **2.** ⚙ bauen: a) konstruieren, b) herstellen: ***~ cars***; **3.** *mst* ***~ up*** aufbauen, gründen, (er)schaffen: ***~ up a business*** ein Geschäft aufbauen; ***~ up one's health*** s-e Gesundheit festigen; ***~ up a reputation*** sich e-n Namen machen; ***~ up a case*** *bsd.* ⚖ (Beweis)Material zs.-tragen; **4.** ***~ up*** a) zubauen, vermauern: ***~ up a window***, b) *Gelände* aus-, bebauen; **5.** ***~ up*** *fig. j-n* ‚aufbauen' groß her'ausstellen, Re'klame machen für; **6.** *fig.* gründen, setzen: ***~ one's hopes on s.th.***; **II** *v/i.* [*irr.*] **7.** bauen; gebaut werden: ***the house is ~ing*** das Haus ist im Bau; **8.** *fig.* bauen, sich verlassen (***on*** auf *acc.*); **9.** ***~ (up)*** a) sich entwickeln, b) zunehmen, wachsen; **III** *s.* **10.** Bauart *f*, Gestalt *f*; **11.** Körperbau *m*, Fi'gur *f*; **12.** Schnitt *m* (*Kleid*); '**build·er** [-də] *s.* **1.** Erbauer *m*; **2.** Baumeister *m*; **3.** 'Bauunter,nehmer *m*, Bauhandwerker *m*: ***~'s merchant*** Baustoffhändler *m*.
build·ing ['bɪldɪŋ] *s.* **1.** Bauen *n*, Bauwesen *n*; **2.** Gebäude *n*, Bau *m*, Bauwerk *n*; ***~ block*** *s.* **1.** ⚙ *u. fig.* Baustein *m*; **2.** Bauklötzchen *n für Kinder*; ***~ contrac·tor*** *s.* 'Bauunter,nehmer *m*; ***~ lease*** *s.* ⚖ *Brit.* Baupacht(vertrag *m*) *f*; ***~ line*** *s.* ⚙ 'Bauflucht(ˌlinie) *f*; ***~ lot***, ***~ plot***, ***~ site*** *s.* **1.** Bauplatz *m*, -stelle *f*; **2.** Baugrundstück *n*, Baugelände *n*; ***~ own·er*** *s.* Bauherr *m*; ***~ so·ci·e·ty*** *s. Brit.* Bausparkasse *f*.
'**build-up** *s.* **1.** Aufbau *m*, Zs.-stellung *f*; **2.** Zunahme *f*; **3.** ‚Aufbauen' *n*, Re'klame *f*, Propa'ganda *f*; **4.** dra'matische Steigerung.
built [bɪlt] **I** *pret. u. p.p. von* ***build*** I *u.* II; **II** *adj.* gebaut, geformt: ***he is ~ that way*** F so ist er eben; ˌ**~-'in** *adj.* eingebaut (*a. fig.*), Einbau...; '**~-up a·re·a** *s.* **1.** bebautes Gelände; **2.** *Verkehr*: geschlossene Ortschaft.
bulb [bʌlb] **I** *s.* **1.** ⚘ Knolle *f*, Zwiebel *f* (*e-r Pflanze*); **2.** Zwiebelgewächs *n*; **3.** (*Glas- etc.*)Bal'lon *m od.* Kolben *m*; Kugel *f* (*Thermometer*); **4.** ϟ Glühbirne *f*, -lampe *f*; **II** *v/i.* **5.** rundlich anschwellen; Knollen bilden; **bulbed** [-bd] *adj.* knollenförmig; '**bulb·ous** [-bəs] *adj.* knollig, Knollen...: ***~ nose***.
Bul·gar ['bʌlgɑː] *s.* Bul'gare *m*, Bul'garin *f*; **Bul·gar·i·an** [bʌl'geərɪən] **I** *adj.* bul'garisch; **II** *s.* → ***Bulgar***.
bulge [bʌldʒ] **I** *s.* **1.** (Aus)Bauchung *f*, (*a.* ✕ Front)Ausbuchtung *f*; Anschwellung *f*, Beule *f*; Vorsprung *m*, Buckel *m*; Rundung *f*, Bauch *m*, Wulst *m*: ***the battle of the ~*** *fig.* der Kampf um die Pfunde, der Versuch, abzunehmen; ***Battle of the*** ℒ Ardennenschlacht *f* (*1944*); **2.** ⚓ → ***bilge*** 1; **3.** Anschwellen *n*, Zunahme *f*, plötzliches Steigen (*bsd. der Börsenkurse*); **4.** *a.* ***~ age group*** geburtenstarker Jahrgang; **5.** ***have a ~ on s.o.*** *sl.* j-m gegenüber im Vorteil sein; **II** *v/i.* **6.** sich (aus)bauchen, her'vortreten, -ragen, -quellen, sich blähen *od.* bauschen; '**bulg·ing** [-dʒɪŋ] *adj.* (zum Bersten) voll (***with*** von).
bu·lim·i·a [bjuː'lɪmɪə] *s.* Bulimie *f*, Fresssucht *f*.
bulk [bʌlk] **I** *s.* **1.** 'Umfang *m*, Größe *f*, Masse *f*; **2.** große *od.* massige Gestalt; 'Körper,umfang *m*, -fülle *f*; **3.** Hauptteil *m*, -masse *f*, Großteil *m*, Mehrheit *f*; **4.** † (gekaufte) Gesamtheit; ⚓ (unverpackte) Schiffsladung: ***in ~*** a) unverpackt, lose, b) in großen Mengen, en gros; ***break ~*** ⚓ zu löschen anfangen; ***~ cargo***, ***~ goods*** † Schüttgut *n*, Massengüter *pl.*; ***~ buying*** † Mengeneinkauf *m*; ***~ discount*** 'Mengenra,batt *m*; ***~ mail*** Postwurfsendung *f*; ***~ mortgage*** *Am.* Fahrnishypothek *f*; **II** *v/i.* **5.** 'umfangreich *od.* sperrig sein; **6.** *fig.* wichtig sein: ***~ large*** e-e große Rolle spielen; **III** *v/t.* **7.** *bsd. Am.* aufstapeln; '**~·head** *s.* **1.** ⚓ Schott *n*; **2.** ⚙ a) Schutzwand *f*, b) Spant *m*.
bulk·y ['bʌlkɪ] *adj.* **1.** (sehr) 'umfangreich, massig; **2.** sperrig: ***~ goods*** † Sperrgut *n*.
bull[1] [bʊl] **I** *s.* **1.** *zo.* Bulle *m*, Stier *m*: ***like a ~ in a china shop*** wie ein Elefant im Porzellanladen; ***take the ~ by the horns*** den Stier bei den Hörnern packen; **2.** *zo.* (*Elefanten-, Elch-, Wal-*

etc.)Bulle *m*; **3.** † Haussi'er *m*, 'Haussespeku,lant *m*; **4.** *Am. sl.* ‚Bulle' *m* (*Polizist*); **5.** *ast.* Stier *m*; **6.** → ***bull's-eye*** 3 *u.* 4; **II** *v/t.* **7.** † Preise in die Höhe treiben für *et.*: ***~ the market*** auf Hausse kaufen; **III** *v/i.* **8.** † auf Hausse spekulieren; **IV** *adj.* **9.** männlich; **10.** † steigend, Hausse...: ***~ market***.

bull² [bʊl] *s.* (päpstliche) Bulle.

bull³ [bʊl] *s. sl.* **1.** *a.* ***Irish ~*** ungereimtes Zeug, 'widersprüchliche Behauptung; **2.** Schnitzer *m*, Faux'pas *m*; **3.** *Am.* Quatsch *m*, Blödsinn *m*.

'bull|-,bait·ing *s.* Stierhetze *f*; **~ bars** *s. pl. mot.* Schutzgitter *n* (*an Vorderseite von Fahrzeugen*); **'~·dog I** *s.* **1.** *zo.* Bulldogge *f*; **2.** *Brit. univ.* Begleiter *m* des 'Proctors; **3.** *e-e* Pi'stole *f*; **II** *adj.* **4.** mutig, zäh, hartnäckig; **'~·doze** *v/t.* **1.** planieren, räumen; **2.** F ‚über'fahren', einschüchtern, terrorisieren; zwingen (*into* zu); **'~,doz·er** [-,dəʊzə] *s.* **1.** ⚙ Planierraupe *f*, Bulldozer *m*; **2.** *fig.* F → ***bully²*** 1.

bul·let ['bʊlɪt] *s.* **1.** (Gewehr- *etc.*)Kugel *f*, Geschoss, *östr.* Geschoß *n*: ***bite the ~*** *fig.* die bittere Pille schlucken; **2.** *Computer*: Aufzählungszeichen *n*; **~ head** *s.* **1.** Rundkopf *m*; **2.** *Am.* F Dickkopf *m*.

bul·le·tin ['bʊlɪtɪn] *s.* **1.** Bulle'tin *n*: a) Tagesbericht *m* (*a.* ✕), b) Krankenbericht *m*, c) offizi'elle Bekanntmachung: ***~ board*** *Am.* schwarzes Brett (*für Anschläge*); **2.** Mitteilungsblatt *n*; **3.** *Am.* Kurznachricht *f*.

'bul·let·proof *adj.* kugelsicher.

'bull|·fight *s.* Stierkampf *m*; **'~,fight·er** *s.* Stierkämpfer *m*; **'~·finch** *s.* **1.** *orn.* Dompfaff *m*; **2.** hohe Hecke; **'~·frog** *s. zo.* Ochsenfrosch *m*; **,~-'head·ed** *adj.* starrköpfig.

bul·lion ['bʊljən] *s.* **1.** ungemünztes Gold *od.* Silber: ***~ point*** † Goldpunkt *m*; **2.** Gold *n od.* Silber *n* in Barren; **3.** Gold-, Silberlitze *f*, -schnur *f*, -troddel *f*.

bull·ish ['bʊlɪʃ] *adj.* **1.** dickköpfig; **2.** † steigend, Hausse...

,bull-'necked *adj.* stiernackig.

bull·ock ['bʊlək] *s. zo.* Ochse *m*.

bull| pen *s. Am.* **1.** *sl.* Ba'racke *f* für Holzfäller; **2.** F a) ‚Kittchen' *n*, b) große (Gefängnis)Zelle; **3.** *Baseball*: Übungsplatz *m* für Re'servewerfer; **'~·ring** *s.* 'Stierkampfa,rena *f*.

bull's-eye ['bʊlzaɪ] *s.* **1.** ⚓, ⚠ Bullauge *n*, rundes Fensterchen; **2.** *a.* ***~ pane*** Ochsenauge *n*, Butzenscheibe *f*; **3.** Zentrum *n od. das* Schwarze *der Zielscheibe*; **4.** *a. fig.* Schuss *m* ins Schwarze, 'Volltreffer *m*; **5.** 'Blendla,terne *f*; **6.** großer runder 'Pfefferminzbon,bon.

'bull|·shit *s. u. int.* V Scheiß(dreck) *m*; **~ ter·ri·er** *s. zo.* 'Bull,terrier *m*.

bul·ly¹ ['bʊlɪ] *s. a.* ***~ beef*** Rinderpökelfleisch *n* (in Büchsen).

bul·ly² ['bʊlɪ] **I** *s.* **1.** bru'taler Kerl, ‚Schläger' *m*; Ty'rann *m*; Maulheld *m*; **2.** *obs.* Zuhälter *m*; **3.** *Hockey*: Bully *n*, Anspiel *n*; **II** *v/t.* **4.** tyrannisieren, schikanieren, einschüchtern, piesacken; **III** *adj.* **5.** F ‚prima' (*a. int.*); **IV** *int.* **6.** F bravo!, Klasse!

bul·ly| beef → ***bully¹***; **'~·rag** → ***ballyrag***.

bul·rush ['bʊlrʌʃ] *s.* ⚘ *große* Binse.

bul·wark ['bʊlwək] *s.* **1.** Bollwerk *n*, Wall *m* (*beide a. fig.*); **2.** ⚓ a) Hafendamm *m*, b) Schanzkleid *n*.

bum¹ [bʌm] *bsd. Brit.* F **1.** ‚Hintern' *m*; **2.** ‚Niete' *f*, ‚Flasche' *f*.

bum² [bʌm] *bsd. Am.* F **I** *s.* **1.** a) ‚Stromer' *m*, ‚Gammler' *m*, He'rumtreiber *m*, b) Tippelbruder *m*, c) Schnorrer *m*, d) Mistkerl *m*; **II** *v/i.* **2.** *mst* ***~ around*** ‚he'rumgammeln'; **3.** schnorren (***off*** bei); **III** *v/t.* **4.** *et.* schnorren (***of*** bei, von); **IV** *adj.* **5.** a) ‚mies', schlecht, b) ka'putt.

bum·ble-bee ['bʌmblbiː] *s. zo.* Hummel *f*.

bum·ble·dom ['bʌmbldəm] *s.* Wichtigtue'rei *f* der kleinen Beamten.

bumf [bʌmf] *s. Brit. sl.* **1.** *contp.* ‚Pa'pierkram' *m* (*Akten, Formulare etc.*); **2.** ‚'Klopa,pier' *n*.

bum·mer ['bʌmə] → ***bum²*** 1.

bump [bʌmp] **I** *v/t.* **1.** (heftig) stoßen, (an)prallen: ***~ one's head*** sich den Kopf anstoßen; ***I ~ed my head against*** (*od.* ***on***) ***the door*** ich stieß *od.* rannte mit dem Kopf gegen die Tür; ***~ a car*** auf ein Auto auffahren; **2.** *Rudern*: *Boot* über'holen u. anstoßen; **3.** ***~ off*** *sl.* ‚'umlegen', ‚kaltmachen'; **4.** ***~ up*** F *Preise etc.* hochtreiben, *Gehalt etc.* aufbessern; **II** *v/i.* **5.** (***against***, ***into***) stoßen, prallen, bumsen (gegen), zs.-stoßen (mit): ***~ into*** *fig. j-n* zufällig treffen, zufällig stoßen auf (*acc.*); **6.** rütteln, holpern (*Wagen*); **III** *s.* **7.** heftiger Stoß, Bums *m*; **8.** ⚕ Beule *f*, Höcker *m*; **9.** Unebenheit *f* (*Straße*); **10.** Sinn *m* (*für et.*): ***~ of locality*** Ortssinn; **11.** ✈ (Steig)Bö *f*; **IV** *adv.* **12.** bums!

bump·er ['bʌmpə] *s.* **1.** randvolles Glas (*Wein etc.*); **2.** F *et.* Riesiges: ***~ crop*** Rekordernte *f*; ***~ house*** *thea.* volles Haus; **3.** 🚃 *Am.* Puffer *m*; **4.** *mot.* Stoßstange *f*: ***~ car*** (Auto)Skooter *m*; ***~ guard*** Stoßstangenhorn *n*; ***~ sticker*** Autoaufkleber *m*.

bump·kin ['bʌmpkɪn] *s.* Bauernlackel *m*.

'bump-start *s. Brit. mot.* **I** *s.* Anschieben *n*; **II** *v/t. Auto* anschieben.

bump·tious ['bʌmpʃəs] *adj.* □ aufgeblasen.

bump·y ['bʌmpɪ] *adj.* **1.** holperig, uneben; **2.** ✈ ‚bockig', böig.

bum| steer *s. Am. sl.*: ***give s.o. the ~*** j-n ‚verschaukeln'; **'~,suck·er** *s.* V ‚Arschkriecher' *m*.

bun¹ [bʌn] *s.* **1.** süßes Brötchen: ***she has a ~ in the oven*** *sl.* bei ihr ist was unterwegs; **2.** (Haar)Knoten *m*.

bun² [bʌn] *s. Brit.* Ka'ninchen *n*.

bunch [bʌntʃ] **I** *s.* **1.** Bündel *n* (*a.* ↯), Bund *n*, Büschel *n*: ***~ of flowers*** Blumenstrauß *m*; ***~ of grapes*** Weintraube *f*; ***~ of keys*** Schlüsselbund; **2.** F a) Haufen *m*, b) ‚Verein' *m*: ***the best of the ~*** der Beste von allen; **II** *v/t.* **3.** bündeln (*a.* ↯), zs.-fassen, -binden; falten: ***~ed circuit*** ↯ Leitungsbündel *n*; **III** *v/i.* **4.** sich zs.-legen, -schließen; **5.** sich bauschen; **6.** *oft* ***~ up*** (*od.* ***together***) Grüppchen (*od.* Haufen) bilden; **7.** *oft* ***~ up*** sich zs.-knüllen (*Kleid etc.*); **'bunch·ing** *s. mot.* Ko'lonnenbildung *f*, -fahren *n*; **'bunch·y** [-tʃɪ] *adj.* büschelig, bauschig, in Bündeln.

bunc·ing ['bʌnsɪŋ] *Brit.* F *Preiserhöhungen als Ausgleich für Verluste durch Ladendiebstahl.*

bun·co ['bʌŋkəʊ] *v/t. Am. sl.* ‚reinlegen', betrügen.

bun·dle ['bʌndl] **I** *s.* **1.** Bündel *n*, Bund *n*; Pa'ket *n*; Ballen *m*: ***~ of energy*** (***nerves***) *fig.* Kraft-(Nerven)Bündel *n*; **2.** *fig.* a) Menge *f*, Haufen *m*, b) F ‚Batzen' *m* Geld; **II** *v/t.* **3.** in Bündel zs.-binden, -packen; **4.** *et. wohin* stopfen; **5.** *mst* ***~ off*** (*od.* ***out***) *j-n* abschieben, (eilig) fortschaffen: ***he was ~d into a taxi*** er wurde in ein Taxi verfrachtet *od.* gepackt; **III** *v/i.* **6.** ***~ off*** (*od.* ***out***) sich packen *od.* da'vonmachen.

bung [bʌŋ] **I** *s.* **1.** Spund(zapfen) *m*, Stöpsel *m*; **2.** ✕ Mündungspfropfen *m* (*Geschütz*); **II** *v/t.* **3.** verspunden, verstopfen; zupfropfen; **4.** F ‚schmeißen', werfen; **5.** ***~ up*** *Röhre, Öffnung* verstopfen (*mst pass.*): ***~ed up*** verstopft; **6.** *mst* ***~ up*** *Am.* F *Auto etc.* schwer beschädigen, verbeulen.

bun·ga·low ['bʌŋgələʊ] *s.* 'Bungalow *m*.

bun·gee jump·ing ['bʌndʒiː] *s.* 'Bungee,jumping *n*.

bung·hole ['bʌŋhəʊl] *s.* Spund-, Zapfloch *n*.

bun·gle ['bʌŋgl] **I** *v/i.* **1.** stümpern, pfuschen; **II** *v/t.* **2.** verpfuschen; **III** *s.* **3.** Stümpe'rei *f*; **4.** Fehler *m*, ‚Schnitzer' *m*; **'bun·gler** [-lə] *s.* Stümper *m*, Pfuscher *m*; **'bun·gling** [-lɪŋ] *adj.* □ ungeschickt, stümperhaft.

bun·ion ['bʌnjən] *s.* ⚕ entzündeter Fußballen.

bunk¹ [bʌŋk] **I** *s.* a) ⚓ (Schlaf)Koje *f*, b) Schlafstelle *f*, Bett *n*, ‚Falle' *f*: ***~ bed*** Etagenbett *n*; **II** *v/i.* a) in e-r Koje schlafen, b) *oft* ***~ down*** F ‚kampieren'.

bunk² [bʌŋk] *abbr. für* ***bunkum***.

bunk³ [bʌŋk] *Brit.* F **I** *s.*: ***do a ~*** → **II** *v/i.* ‚ausreißen', ‚türmen'.

bunk·er ['bʌŋkə] **I** *s.* **1.** ⚓ (Kohlen)Bunker *m*; **2.** ✕ Bunker *m*, bombensicherer 'Unterstand; **3.** *Golf*: Bunker *m* (*Hindernis*); **II** *v/t.* **4.** ⚓ bunkern; **5.** *Golf*: *Ball* in e-n Bunker schlagen; **'bunk·ered** [-əd] *adj.* F in der Klemme.

bun·kum ['bʌŋkəm] *s.* ‚Blech' *n*, Blödsinn *m*, Quatsch *m*.

bun·ny ['bʌnɪ] *s.* Häs-chen *n* (*a.* F *süßes Mädchen*).

bun·ting¹ ['bʌntɪŋ] *s.* **1.** Flaggentuch *n*; **2.** *coll.* Flaggen *pl.*

bun·ting² ['bʌntɪŋ] *s. orn.* Ammer *f*.

buoy [bɔɪ] **I** *s.* **1.** ⚓ Boje *f*, Bake *f*, Seezeichen *n*; **II** *v/t.* **2.** *a.* ***~ out*** *Fahrrinne* durch Bojen markieren; **3.** *mst* ***~ up*** flott erhalten; **4.** *fig.* Auftrieb geben (*dat.*), beleben: ***~ed up*** hoffnungsvoll;

buoy·an·cy ['bɔɪənsɪ] *s.* **1.** *phys.* Schwimm-, Tragkraft *f*; **2.** ✈ Auftrieb *m* (*a. fig.*); **3.** *fig.* Schwung *m*, Spann-, Lebenskraft *f*; **buoy·ant** ['bɔɪənt] *adj.* □ **1.** schwimmend, tragend (*Wasser etc.*); **2.** *fig.* schwungvoll, lebhaft; **3.** † steigend; lebhaft.

bur [bɜː] *s.* **1.** ⚘ Klette *f* (*a. fig.*): ***cling to s.o. like a ~*** *fig.* wie e-e Klette an j-m hängen; **2.** → ***burr¹*** I.

bur·ble ['bɜːbl] **I** *v/i.* **1.** brodeln, sprudeln; **2.** plappern; **II** *s.* **3.** ⚙, ✈ Wirbel *m*.

bur·bot ['bɜːbət] *s. ichth.* Quappe *f*.

bur·den¹ [bɜːdn] *s.* **1.** Re'frain *m*, Kehrreim *m*; **2.** Hauptgedanke *m*, Kern *m*.

bur·den² ['bɜːdn] **I** *s.* **1.** Last *f*, Ladung *f*; **2.** *fig.* Last *f*, Bürde *f*, (*a.* finanzi'elle) Belastung, Druck *m*: ***~ of proof*** ⚖ Beweislast; ***~ of years*** Last der Jahre; ***he is a ~ on me*** er fällt mir zur Last; **3.** ⚙ Traglast *f*; **4.** ⚓ Tragfähigkeit *f*, Ladung *f*; **II** *v/t.* **5.** belasten: ***~ s.o. with s.th.*** j-m et. aufbürden; **'bur·den·some** [-səm] *adj.* lästig, drückend.

bur·dock ['bɜːdɒk] *s.* ⚘ Große Klette.

bu·reau ['bjʊərəʊ] *pl.* **-reaus**, **-reaux** [-rəʊz] *s.* **1.** Bü'ro *n*; Geschäfts-, Amtszimmer *n*; **2.** Behörde *f*; **3.** *Brit.* Schreibpult *n*; **4.** *Am.* ('Spiegel)Kom‚mode *f*; **bu·reauc·ra·cy** [bjʊə'rɒkrəsɪ] *s.* **1.** Bürokra'tie *f*; **2.** *coll.* Beamtenschaft *f*; '**bu·reau·crat** [-əʊkræt] *s.* Büro'krat *m*; **bu·reau·crat·ic** [ˌbjʊərəʊ'krætɪk] *adj.* (□ **~ally**) büro'kratisch; **bu·reauc·ra·tize** [bjʊə'rɒkrətaɪz] *v/t.* bürokratisieren.

bu·reau de change [ˌbjʊərəʊdə'ʃɑ̃:ŋʒ] *s.* Wechselstube *f*.

bu·rette [bjʊə'ret] *s.* ⚗ Bü'rette *f*.

burg [bɜ:g] *s. Am.* F Stadt *f*.

bur·geon ['bɜ:dʒən] **I** *s.* ⚘ Knospe *f*; **II** *v/i.* knospen, (her'vor)sprießen (*a. fig.*).

bur·gess ['bɜ:dʒɪs] *s. hist.* **1.** Bürger *m*; **2.** Abgeordnete(r) *m*.

burgh ['bʌrə] *s. Scot.* Stadt *f* (= *Brit.* **borough**); **burgh·er** ['bɜ:gə] *s.* **1.** (konserva'tiver) Bürger; **2.** Städter *m*.

bur·glar ['bɜ:glə] *s.* Einbrecher: **we had ~s last night** bei uns wurde letzte Nacht eingebrochen; **~ a·larm** *s.* A'larmanlage *f*.

bur·glar·i·ous [bɜ:'gleərɪəs] *adj.* □ Einbruchs..., einbrecherisch; **bur·glar·ize** ['bɜ:gləraɪz] → **burgle**.

'**bur·glar·proof** *adj.* einbruchsicher.

bur·gla·ry ['bɜ:glərɪ] *s.* (nächtlicher) Einbruch; Einbruchdiebstahl *m*.

bur·gle ['bɜ:gl] *v/t.* einbrechen in (*acc.*).

bur·go·mas·ter ['bɜ:gəʊˌmɑ:stə] *s.* Bürgermeister *m* (*in Deutschland, Holland etc.*).

bur·gun·dy ['bɜ:gəndɪ] *s. a.* **~ wine** Bur'gunder *m*.

bur·i·al ['berɪəl] *s.* **1.** Begräbnis *n*, Beerdigung *f*; **2.** Leichenfeier *f*; **3.** Ein-, Vergraben *n*; **~ ground** *s.* Begräbnisplatz *m*, Friedhof *m*; **~ mound** *s.* Grabhügel *m*; **~ place** *s.* Grabstätte *f*; **~ serv·ice** *s.* Trauerfeier *f*.

burke [bɜ:k] *v/t. fig.* a) vertuschen, b) vermeiden.

bur·lap ['bɜ:læp] *s.* Sackleinwand *f*, Rupfen *m*, Juteleinen *n*.

bur·lesque [bɜ:'lesk] **I** *adj.* **1.** bur'lesk, possenhaft; **II** *s.* **2.** Bur'leske *f*, Posse *f*; **3.** *Am.* Varie'tee *n*.

bur·ly ['bɜ:lɪ] *adj.* stämmig.

Bur·man ['bɜ:mən] *s.* Bir'mane *m*, Bir'manin *f*; **Bur·mese** [ˌbɜ:'mi:z] **I** *adj.* bir'manisch; **II** *s.* a) → **Burman**, b) Bir'manen *pl*.

burn[1] [bɜ:n] **I** *s.* **1.** verbrannte Stelle; **2.** Brandwunde *f*, -mal *n*; **II** *v/i.* [*irr.*] **3.** (ver)brennen, in Flammen stehen, in Brand geraten: **the house is ~ing** das Haus brennt; **the stove ~s well** der Ofen brennt gut; **all the lights were ~ing** alle Lichter brannten; **4.** *fig.* (ent)brennen, dar'auf brennen (**to** *inf.* zu *inf.*): **~ing with anger** wutentbrannt; **~ing with love** von Liebe entflammt; **5.** an-, verbrennen, versengen: **the meat is ~t** das Fleisch ist angebrannt; **6.** brennen (*Gesicht, Zunge etc.*); **7.** verbrannt werden, in den Flammen 'umkommen; → 9; **III** *v/t.* [*irr.*] **8.** (ver)brennen: **our boiler ~s coke**; **his house was ~t** sein Haus brannte ab; **9.** ver-, anbrennen, versengen, durch Feuer *od.* Hitze verletzen: **~ a hole** ein Loch brennen; **the soup is ~t** die Suppe ist angebrannt; **I have ~t my fingers** ich habe mir die Finger verbrannt (*a. fig.*); **~ to death** verbrennen; → 7; **10.** ⚙ *e-e CD, Porzellan, (Holz-) Kohle, Ziegel* brennen; **~ down** *v/t. u. v/i.* ab-, niederbrennen; **~ out I** *v/i.* ausbrennen; ⚡ 'durchbrennen; **II** *v/t.* ausbrennen, -räuchern: **~ o.s. out** *fig.* sich kaputtmachen *od.* völlig verausgaben; **~ up I** *v/t.* **1.** ganz verbrennen; **2.** *Am.* F *j-n* wütend machen; **II** *v/i.* **3.** auflodern; **4.** a) ab-, aus-, verbrennen, b) verglühen (*Rakete etc.*).

burn[2] [bɜ:n] *s. Scot.* Bach *m*.

burn·er ['bɜ:nə] *s.* Brenner *m* (*Person u. Gerät*): **gas ~**.

burn·ing ['bɜ:nɪŋ] *adj.* brennend, heiß, glühend (*a. fig.*): **a ~ question** e-e brennende Frage; **~ glass** *s.* Brennglas *n*.

bur·nish ['bɜ:nɪʃ] **I** *v/t.* **1.** polieren, blank reiben; **2.** ⚙ brünieren; **II** *v/i.* **3.** blank *od.* glatt werden; '**bur·nish·er** [-ʃə] *s.* Polierer *m*, Brünierer *m*;

bur·nouse [bɜ:'nu:z] *s.* 'Burnus *m*.

'**burn-out** *s.* **1.** ⚡ 'Durchbrennen *n*; **2.** Brennschluss *m* (*e-r Rakete*).

burnt| al·monds [bɜ:nt] *s. pl.* gebrannte Mandeln *pl.*; **~ lime** *s.* ⚙ gebrannter Kalk; **~ of·fer·ing** *s. bibl.* Brandopfer *n*.

burp [bɜ:p] **I** rülpsen, aufstoßen, ein ‚Bäuerchen' machen (*Baby*); **II** *v/t. Baby* ein ‚Bäuerchen' machen lassen.

burr[1] [bɜ:] **I** *s.* **1.** ⚙ Grat *m* (*raue Kante*); **2.** ⚙ Schleif-, Mühlstein *m*; **3.** ⚕ (Zahn)Bohrer *m*; **II** *v/t.* **4.** ⚙ abgraten.

burr[2] [bɜ:] **I** *s.* **1.** Zäpfchenaussprache *f* des R; **II** *v/t. u. v/i.* **2.** (das R) schnarren; **3.** undeutlich sprechen.

burr[3] [bɜ:] → **bur** 1.

burr drill *s.* ⚙, ⚕ Drillbohrer *m*.

bur·row ['bʌrəʊ] **I** *s.* **1.** (*Fuchs- etc.*)Bau *m*, Höhle *f*; **II** *v/i.* **2.** sich eingraben; **3.** *fig.* sich verkriechen *od.* verbergen; sich vertiefen (**into** in *acc.*); **III** *v/t.* **4.** *Bau* graben.

bur·sar ['bɜ:sə] *s. univ.* **1.** 'Quästor *m*, Fi'nanzverwalter *m*; **2.** Stipendi'at *m*; '**bur·sa·ry** [-ərɪ] *s. univ.* **1.** Quä'stur *f*; **2.** Sti'pendium *n*.

bur·si·tis [bɜ:'saɪtɪs] *s.* ⚕ Schleimbeutelentzündung *f*.

burst [bɜ:st] **I** *v/i.* [*irr.*] **1.** bersten, (auf- *od.* zer)platzen, (auf-, zer)springen; explodieren; sich entladen (*Gewitter*); aufspringen (*Knospe*); aufgehen (*Geschwür*): **~ open** aufplatzen, -springen; **2.** **~ in** (**out**) herein-, (hinaus)stürmen: **~ in** (**up**)**on** a) hereinplatzen bei *j-m*, b) sich einmischen in (*acc.*); **3.** *fig.* ausbrechen, her'ausplatzen: **~ into tears** in Tränen ausbrechen; **~ into laughter**, **~ out laughing** in Gelächter ausbrechen; **~ out** herausplatzen (*sagen*); **4.** *fig.* platzen, bersten (**with** vor *dat.*); gespannt sein, brennen: **~ with envy** vor Neid platzen; **I am ~ing to tell you** ich brenne darauf, es dir zu sagen; **5.** zum Bersten voll sein (**with** von): **a larder ~ing with food** e-e zum Bersten volle Speisekammer; **~ with health** (**energy**) vor Gesundheit (Kraft) strotzen; **6.** *a.* **~ up** zs.-brechen, Bank'rott gehen; **7.** plötzlich sichtbar werden: **~ into view**; **~ forth** hervorbrechen, -sprudeln; **~ upon s.o.** j-m plötzlich klar werden; **II** *v/t.* [*irr.*] **8.** sprengen, auf-, zerbrechen, zum Platzen bringen (*a. fig.*): **~ open** sprengen, aufbrechen; **I have ~ a bloodvessel** mir ist e-e Ader geplatzt; **the river ~ its banks** a) der Fluss trat über die Ufer, b) der Fluss durchbrach die Dämme; **the car ~ a tyre** ein Reifen am Wagen platzte; **~ one's sides with laughter** sich vor Lachen ausschütten; **9.** *fig.* zum Scheitern bringen, auffliegen lassen, ruinieren; **III** *s.* **10.** Bersten *n*, Platzen *n*, Explosi'on *f*; ⚔ Feuerstoß *m* (*Maschinengewehr*); Auffliegen *n*, Ausbruch *m*: **~ of laughter** Lachsalve *f*; **~ of applause** Beifallssturm *m*; **~ of hospitality** plötzliche Anwandlung von Gastfreundschaft; **11.** Bruch *m*, Riss *m*, Sprung *m* (*a. fig.*); **12.** plötzliches Erscheinen; **13.** *sport* (Zwischen)Spurt *m*.

'**burst-up** *s. sl.* **1.** Bank'rott *m*, Zs.-bruch *m*, Pleite *f*; **2.** Krach *m*, Streit *m*; **3.** Saufe'rei *f*.

bur·y ['berɪ] *v/t.* **1.** begraben, beerdigen; **2.** ein-, vergraben, verschütten, versenken (*a. fig.*): **buried cable** ⚙ Erdkabel *n*; **3.** verbergen; **4.** *fig.* begraben, vergessen; **5.** **~ o.s.** sich verkriechen; *fig.* sich vertiefen: **~ o.s. in books** sich in Büchern vergraben.

bus [bʌs] **I** *pl.* '**bus·es** [-sɪz] *s.* **1.** Omnibus *m*, (Auto)Bus *m*: **miss the ~** F den Anschluss (*Gelegenheit*) verpassen; **2.** *sl.* ‚Kiste' *f* (*Auto od. Flugzeug*); **II** *v/i.* **3.** *a.* **~ it** mit dem Omnibus fahren; **III** *v/t.* **4.** mit dem Bus transportieren; **~ bar** *s.* ⚡ Sammel-, Stromschiene *f*; **~ boy** *s. Am.* 'Pikkolo *m*, Hilfskellner *m*.

bus·by ['bʌzbɪ] *s.* ⚔ Bärenmütze *f*.

bush[1] [bʊʃ] *s.* **1.** Busch *m*, Strauch *m*: **beat about the ~** *fig.* wie die Katze um den heißen Brei herumgehen, um die Sache herumreden; **2.** Gebüsch *n*, Dickicht *n*; **3.** Busch *m*, Urwald *m*; **4.** (Haar)Schopf *m*.

bush[2] [bʊʃ] *s.* ⚙ Lagerfutter *n*.

bushed [bʊʃt] *adj.* ‚erledigt', erschöpft.

bush·el[1] ['bʊʃl] *s.* Scheffel *m* (*36,37 l*); → **light** [1] 1.

bush·el[2] ['bʊʃl] *v/t. Am. Kleidung* ausbessern, flicken, ändern.

bush| fight·er *s.* Gue'rillakämpfer *m*; **~ league** *s. bsd. Baseball*: *Am.* F a) untere Spielklasse, b) Pro'vinzliga *f*; '**~-league** *adj. Am.* F Schmalspur...; Provinz...; '**~·man** [-mən] *s.* [*irr.*] **1.** Buschmann *m*; **2.** 'Hinterwäldler *m*.

bush·y ['bʊʃɪ] *adj.* buschig.

busi·ness ['bɪznɪs] *s.* **1.** Geschäft *n*, Tätigkeit *f*, Arbeit *f*, Beruf *m*, Gewerbe *n*: **what is his ~?** was ist er von Beruf?; → *a.* 5; **on ~** beruflich, geschäftlich; **~ of the day** Tagesordnung *f*; **2.** a) Handel *m*, Kaufmannsberuf *m*, Geschäftsleben *n*, b) *a.* **~ activity** Ge'schäftsvoˌlumen *n*, 'Umsatz *m*: **go into ~** Kaufmann werden; **be in ~** Kaufmann sein; **go out of ~** das Geschäft *od.* den Beruf aufgeben; **do good ~** (**with**) gute Geschäfte machen (mit); **lose ~** Kundschaft *od.* Aufträge verlieren; **~ as usual!** nichts Besonderes!; → **big** 1; **3.** Geschäft *n*, Firma *f*, Unter'nehmen *n*, Laden *m*, Ge'schäftsloˌkal *n*; **4.** Aufgabe *f*, Pflicht *f*; Recht *n*: **make it one's ~** (**to** *inf.*) es sich zur Aufgabe machen (zu *inf.*); **have no ~** (**to** *inf.*) kein Recht haben (zu *inf.*); **what ~ had you** (**to** *inf.*)**?** wie kamst du dazu (zu *inf.*)?; **send s.o. about his ~** j-m heimleuchten; **he means ~** er meint es ernst; **5.** Sache *f*, Angelegenheit *f*: **that is none of your ~** das geht dich nichts an; **mind your own ~** kümmere dich um d-e eigenen Angelegenheiten; **what is your ~?** was ist dein Anliegen?; → *a.* 1; **what a ~ it is!** das ist ja e-e schreckliche Geschichte!; **like nobody's ~** F ‚wie nichts', ‚ganz toll'; **get down to ~** zur Sache kommen; **~ ad·dress** *s.* Ge'schäftsaˌdresse *f*; **~ ad·min·is·tra·tion** →

business economics; **~ al·low·ance** *s.* Werbungskosten *pl.*; **~ as·so·ci·ate** [-ʃɪət] *s.* **1.** Geschäftspartner(in); **2.** Teilhaber(in); **3.** *weitS.* Ge'schäftsfreund (-in); **~ cap·i·tal** *s.* Be'triebskapi,tal *n*; **~ card** *s.* Geschäftskarte *f*; **~ class** *s.* 'Business-Class *f*; **~ col·lege** *s.* Wirtschaftsoberschule *f*; **~ con·fi·dence** *s.* optimistische Grundhaltung der Wirtschaft; **~ con·sult·ant** *s.* Betriebsberater *m*; **~ cy·cle** *s.* Konjunk'tur(zyklus *m*) *f*; **~ down·turn** *s.* Konjunkturrückgang *m*; **~ e·co·nom·ics** *s. pl. sg. konstr. Brit.* Betriebswirtschaft(slehre) *f*; **~ end** *s.* F wesentlicher Teil, *z.B.* Spitze *f e-s Bohrers od. Dolches*, Mündung *f e-s Gewehres*; **~ hours** *s. pl.* Geschäftsstunden *pl.*, -zeit *f*; **~ let·ter** *s.* Geschäftsbrief *m*; '**~·like** *adj.* **1.** geschäftsmäßig, sachlich, nüchtern; **2.** (geschäfts-) tüchtig; **~ line** *s.* Branche *f*; **~ lunch** *s.* Arbeitsessen *n*; '**~·man** *s.* [*irr.*] Geschäfts-, Kaufmann *m*; **~ practic·es** *s. pl.* Geschäftsmethoden *pl.*, -gebaren *n*; **~ prem·is·es** *s. pl.* Geschäftsräume *pl.*; **~ re·search** *s.* Konjunk'turforschung *f*; **~ re·viv·al** *s.* Konjunkturbelebung *f*; **~ suit** *Am.* → ***lounge suit***; **~ trip** *s.* Geschäfts-, Dienstreise *f*; '**~,wom·an** *s.* [*irr.*] Geschäftsfrau *f*; **~ year** *s.* Geschäftsjahr *n*.

busk[1] [bʌsk] *s.* Kor'settstäbchen *n*.

busk[2] [bʌsk] *v/i. Brit.* F auf der Straße musizieren *etc.*; '**busk·er** [-kə] *s. Brit.* 'Straßenmusi,kant *m od.* -akro,bat *m*.

bus·kin ['bʌskɪn] *s.* **1.** Halbstiefel *m*; **2.** Ko'thurn *m*; **3.** *fig.* Tra'gödie *f*.

'**bus|·man** [-mən] *s.* [*irr.*] Omnibusfahrer *m*: **~'s *holiday*** mit der üblichen Berufsarbeit verbrachter Urlaub; **~ shel·ter** *s.* (Bus)Wartehäuschen *n*.

bus·sing ['bʌsɪŋ] *s. Am. Beförderung von Schülern mit Bussen in andere Schulen, um Rassenintegration zu erreichen.*

bust[1] [bʌst] *s.* Büste *f*: a) Brustbild *n*, Kopf *m* (*aus Marmor, Bronze etc.*), b) *anat.* Busen *m*.

bust[2] [bʌst] *sl.* **I** *v/i.* **1.** *oft* **~ *up*** ,ka'puttgehen', ,eingehen', ✝ *a.* ,Pleite' gehen; **2.** ,auffliegen', ,platzen'; **II** *v/t.* **3.** ,ka'puttmachen': a) sprengen, b) ruinieren; **4.** ,auffliegen' lassen, zerschlagen; **5.** *Am.* ,knallen', hauen; **6.** einbrechen in (*acc.*); **7.** einsperren; **8.** ⚔ degradieren; **III** *s.* **9.** Sauftour *f*: ***go on the* ~** ,einen draufmachen'; **10.** ,Pleite' *f*, Bank'rott *m*; **11.** Razzia *f*; **IV** *adv.* **12.** ***go* ~** → 1.

bus·tard ['bʌstəd] *s. orn.* Trappe *f*.

bust·er ['bʌstə] *s.* **1.** *sl.* a) ,Mordsding' *n*, b) Kerl *m*, Bursche *m*, ,Kumpel' *m*; **2.** *in Zssgn* ...knacker *m*: ***safe* ~** Geldschrankknacker; **3.** → ***bust***[2] 9.

bus·ti·er ['bʌstɪə; *Am.* 'buːstɪeɪ] *s. Kleidungsstück*: Busti'er *n*.

bus·tle[1] ['bʌsl] *s. hist.* Tur'nüre *f*.

bus·tle[2] ['bʌsl] **I** *v/i. a.* **~ *about*** geschäftig hin u. her rennen, ,her'umfuhrwerken', hasten, sich tummeln; **II** *v/t.* **~ *up*** hetzen; **III** *s.* Geschäftigkeit *f*, geschäftiges Treiben, Getriebe *n*, Gewühl *n*; Gehetze *n*; Getue *n*; '**bus·tler** [-lə] *s.* geschäftiger Mensch; '**bus·tling** [-lɪŋ] *adj.* geschäftig.

'**bust-up** *s.* F ,Krach' *m*.

bus·y ['bɪzɪ] **I** *adj.* □ **1.** beschäftigt, tätig: ***be* ~ *packing*** mit Packen beschäftigt sein; ***get* ~** F sich ,ranmachen'; **2.** geschäftig, rührig, fleißig: ***as* ~ *as a bee*** bienenfleißig; **3.** belebt (*Straße etc.*); ereignis-, arbeitsreich (*Zeit*); **4.** auf-, zudringlich; **5.** *teleph. Am.* besetzt (*Leitung*): **~ *signal*** Besetztzeichen *n*; **II** *v/t.* **6.** (**o.s.** sich) beschäftigen (***with, in, at, about*** *ger.* mit); '**~,bod·y** *s.* ,Gschaftlhuber' *m*, 'Übereifrige(r) *m*, Wichtigtuer *m*.

bus·y·ness ['bɪzɪnɪs] *s.* Geschäftigkeit *f*.

but [bʌt; bət] **I** *cj.* **1.** aber, je'doch, sondern: ***small* ~ *select*** klein, aber fein; ***I wished to go* ~ *I couldn't*** ich wollte gehen, aber ich konnte nicht; ***not only ...* ~ *also*** nicht nur ..., sondern auch; **2.** außer, als: ***what could I do* ~ *refuse*** was blieb mir übrig, als abzulehnen; ***he couldn't* ~ *laugh*** er musste einfach lachen; **3.** ohne dass: ***justice was never done* ~ *someone complained***; **4.** **~ *that*** a) wenn nicht: ***I would do it* ~ *that I am busy***, b) dass: ***you cannot deny* ~ *that it was you***, c) dass nicht: ***I am not so stupid* ~ *that I can learn it*** ich bin nicht so dumm, dass ich es nicht lernen könnte; **5.** **~ *then*** andererseits, immer'hin; **6.** **~ *yet***, **~ *for all that*** (aber) trotzdem; **II** *prp.* **7.** außer: **~ *that*** außer dass; ***all* ~ *me*** alle außer mir; → 13; ***anything* ~ *clever*** alles andere als klug: ***the last* ~ *one*** der Vorletzte; ***the last* ~ *two*** der Drittletzte; **8.** **~ *for*** ohne, wenn nicht: **~ *for the war*** ohne den Krieg, wenn der Krieg nicht (gewesen *od.* gekommen) wäre; **III** *adv.* **9.** nur, bloß: **~ *a child***; ***I did* ~ *glance*** ich blickte nur flüchtig hin; **~ *once*** nur 'einmal; **10.** erst, gerade: ***he left* ~ *an hour ago***; **11.** immerhin, wenigstens: ***you can* ~ *try***; **12.** ***nothing* ~, *none* ~** nur; **13.** ***all* ~** fast: ***he all* ~ *died*** er wäre fast gestorben; → 7; **IV** *neg. rel. pron.* **14.** ***few of them* ~ *rejoiced*** es gab wenige, die sich nicht freuten; **V** *s.* **15.** Aber *n*; → ***if*** 5.

bu·tane ['bjuːteɪn] *s.* ⚗ Bu'tan *n*.

butch [bʊtʃ] *s. sl.* Mannweib, (*Lesbierin*) kesser Vater.

butch·er ['bʊtʃə] **I** *s.* **1.** Fleischer *m*, Schlachter *m*, Metzger *m*: **~'s *meat*** Schlachtfleisch *n*; **2.** *fig.* Mörder *m*, Schlächter *m*; **3.** 🚂 *Am.* (Süßwaren- *etc.*)Verkäufer *m*; **II** *v/t.* **4.** schlachten; **5.** *fig.* morden, abschlachten; '**butch·er·ly** [-lɪ] *adj.* blutdürstig; '**butch·er·y** [-ərɪ] *s.* **1.** Schlachterhandwerk *n*; **2.** Schlachthaus *n*, -hof *m*; **3.** *fig.* Gemetzel *n*.

but·ler ['bʌtlə] *s.* **1.** Butler *m*; **2.** Kellermeister *m*.

butt [bʌt] **I** *s.* **1.** (dickes) Ende (*e-s Werkzeugs etc.*); **2.** (*Gewehr*)Kolben *m*; **3.** (*Zigaretten- etc.*)Stummel *m*; **4.** ⚘ unteres Ende (*von Stiel od. Stamm*); **5.** ⚙ Stoß *m*; → ***butt joint***; **6.** ⚔ Kugelfang *m*; *pl.* Schießstand *m*; **7.** *fig.* Zielscheibe *f* (*des Spottes etc.*); **8.** (Kopf- *etc.*)Stoß *m*; **9.** *sl.* ,Hintern' *m*; **II** *v/t.* **10.** (*bsd.* mit dem Kopf) stoßen; **11.** ⚙ anein'ander fügen; **III** *v/i.* **12.** (an-) stoßen, angrenzen (***on, against*** an *acc.*); **13.** **~ *in*** F sich einmischen: **~ *in on*, ~ *into*** sich einmischen in (*acc.*); **~ *end*** *s.* **1.** (Gewehr)Kolben *m*; **2.** dickes Endstück; Ende *n*.

but·ter ['bʌtə] **I** *s.* **1.** Butter *f*: ***melted* ~** zerlassene Butter; ***he looks as if* ~ *would not melt in his mouth*** er sieht aus, als könnte er nicht bis drei zählen; **2.** (*Erdnuss-, Kakao- etc.*)Butter *f*; **3.** F ,Schmus' *m*, Schmeichelei(en *pl.*) *f*; **II** *v/t.* **4.** mit Butter bestreichen *od.* zubereiten; **5.** **~ *up*** F *j-n* ,einwickeln', *j-m* schmeicheln; **~ bean** *s.* ⚘ Wachsbohne *f*; **~ churn** *s.* Butterfass *n* (*zum Buttern*); '**~·cup** *s.* ⚘ Butterblume *f*; **~ dish** *s.* Butterdose *f*; '**~,fin·gers** *s. pl. sg. konstr.* F Tollpatsch *m*, ,Tapps' *m*.

but·ter·fly ['bʌtəflaɪ] *s.* **1.** *zo.* Schmetterling *m* (*a. fig. flatterhafter Mensch*); **2.** *sport a.* **~ *stroke*** Schmetterlingsstil *m*; **~ nut** *s.* ⚙ Flügelmutter *f*; **~ valve** *s.* ⚙ Drosselklappe *f*.

but·ter·ine ['bʌtəriːn] *s.* Kunstbutter *f*.

'**but·ter|·milk** *s.* Buttermilch *f*; **~ mountain** *s.* Butterberg *m*; '**~·scotch** *s.* Kara'mellbon,bon *m, n*.

but·ter·y ['bʌtərɪ] **I** *adj.* **1.** butterartig, Butter...; **2.** F schmeichlerisch; **II** *s.* **3.** Speisekammer *f*; **4.** *Brit. univ.* Kan'tine *f*.

butt joint *s.* ⚙ Stoßfuge *f*, -verbindung *f*.

but·tock ['bʌtək] *s.* **1.** *anat.* 'Hinterbacke *f*; *mst pl.* 'Hinterteil *n*, Gesäß *n*; **2.** *Ringen*: Hüftschwung *m*.

but·ton ['bʌtn] **I** *s.* **1.** (Kleider)Knopf *m*: ***not worth a* ~** keinen Pfifferling wert; ***not to care a* ~ (*about*)** F sich nichts machen (aus); ***a* ~ *short*** F ,leicht beknackt'; (***boy in***) **~*s*** (Hotel)Page *m*; ***take by the* ~** a) *j-n* fest-, aufhalten, b) sich *j-n* vorknöpfen; **2.** (*Klingel-, Licht- etc.*)Knopf *m*; → ***press*** 2; **3.** Knopf *m* (*Gegenstand*), *z.B.* a) Abzeichen *n*, Pla'kette *f*, b) (Mikro'fon)Kapsel *f*; **4.** ⚘ Knospe *f*, Auge *n*; **5.** *sport sl.* ,Punkt' *m*, Kinnspitze *f*; **II** *v/t.* **6.** *a.* **~ *up*** (zu-) knöpfen: **~ *one's mouth*** den Mund halten; **~*ed up*** *fig.* a) ,zugeknöpft' (*Person*), b) ,in der Tasche', unter Dach und Fach (*Sache*); **III** *v/i.* **7.** sich knöpfen lassen, geknöpft werden; '**~-cell** (**bat·ter·y**) *s.* Knopfzelle *f*; '**~·hole I** *s.* **1.** Knopfloch *n*; **2.** *Brit.* Knopflochsträußchen *n*, Blume *f* im Knopfloch; **II** *v/t.* **3.** *j-n* festhalten (u. auf ihn einreden); **4.** mit Knopflöchern versehen; **~ mush·room** *s.* (junger) Champignon.

but·tress ['bʌtrɪs] **I** *s.* **1.** ⚠ Strebepfeiler *m*, -bogen *m*; **2.** Stütze *f* (*a. fig.*); **II** *v/t. a.* **~ *up*** **3.** (durch Strebepfeiler) stützen; **4.** *fig.* stützen.

'**butt-weld** *v/t.* ⚙ stumpfschweißen.

but·ty ['bʌtɪ] *s. Brit.* F **1.** Butterbrot *n*, Stulle *f*: ***jam* ~** Marmeladenbrot *n*; **2.** ⚒ Kumpel *m*.

bu·tyl ['bjuːtɪl] *s.* ⚗ Bu'tyl *n*.

bu·tyr·ic [bjuː'tɪrɪk] *adj.* ⚗ Butter...

bux·om ['bʌksəm] *adj.* drall.

buy [baɪ] **I** *s.* **1.** F Kauf *m*, *das* Gekaufte: ***a good* ~** ein günstiger Kauf; **II** *v/t.* [*irr.*] **2.** (an-, ein)kaufen (***of, from*** von, ***at*** bei): ***money cannot* ~ *it*** es ist für Geld nicht zu haben; **~*ing habit*** Kaufgewohnheit *f*; **~*ing power*** (überschüssige) Kaufkraft; **3.** *fig.* erkaufen: ***dearly bought*** teuer erkauft; **4.** *j-n* kaufen, bestechen; **5.** loskaufen, auslösen; **6.** *Am. sl. et.* ,abkaufen', glauben; **7.** **~ *it*** *Brit. sl.* ,dran glauben müssen'; **III** *v/i.* [*irr.*] **8.** kaufen; **9.** **~ *into*** ✝ sich einkaufen in (*acc.*);

Zssgn mit adv.:

buy| in *v/t.* **1.** sich eindecken mit; **2.** (*auf Auktionen*) zu'rückkaufen; **3.** ***buy o.s. in*** ✝ sich einkaufen; **~ off** *v/t.* → ***buy*** 4; **~ out** *v/t.* **1.** *Teilhaber etc.* auszahlen, abfinden; **2.** *Firma etc.* aufkaufen; **~ o·ver** *v/t.* → ***buy*** 4; **~ up** *v/t.* aufkaufen.

buy·er ['baɪə] *s.* **1.** Käufer(in), Abnehmer(in): **~*-up*** Aufkäufer; **~*s' market***

✝ Käufermarkt *m*; **~s' strike** Käuferstreik *m*; **2.** ✝ Einkäufer(in).

buy·out ['baɪaʊt] *s. a.* **management ~** Aufkauf *m* e-r Firma durch deren Manager (*der damit neuer Eigentümer wird*).

buzz [bʌz] **I** *v/i.* **1.** summen, brummen, surren, schwirren: **~ about** (*od.* **around**) herumschwirren (*a. fig.*); **~ing with excitement** in heller Aufregung; **~ off** *sl.* ‚abschwirren', ‚abhauen'; **2.** säuseln, sausen; **3.** murmeln, durcheinander reden; **II** *v/t.* **4.** F a) *j-n* mit dem Pieper rufen, b) *teleph. j-n* anrufen; **5.** ✈ a) in geringer Höhe über'fliegen, b) (bedrohlich) anfliegen; **III** *s.* **6.** Summen *n*, Brummen *n*, Schwirren *n*; **7.** F *teleph.* Anruf *m*: **give s.o. a ~** j-n anrufen; **8.** Stimmengewirr *n*; **9.** Gerücht *n*.

buz·zard ['bʌzəd] *s. orn.* Bussard *m*.

buzz·er ['bʌzə] *s.* **1.** Summer *m*, *bsd.* summendes In'sekt; **2.** Summer *m*, Summpfeife *f*; **3.** ⚡ Summer *m*; **4.** ⚔ a) 'Feldtele,graf *m*, b) *sl.* Telegra'fist *m*; **5.** *Am. sl.* Poli'zeimarke *f*.

buzz saw *s. Am.* Kreissäge *f*.

buzz·word ['bʌzwɜːd] *s.* **1.** Modewort *n*; **2.** Parole *f*.

by [baɪ] **I** *prp.* **1.** (*Raum*) (nahe) bei *od.* an (*dat.*), neben (*dat.*): **~ the window** beim *od.* am Fenster; **2.** durch (*acc.*), über (*acc.*), via, an (*dat.*) ... entlang *od.* vor'bei: **he came ~ Park Road** er kam über *od.* durch die Parkstraße; **we drove ~ the park** wir fuhren am Park entlang; **~ land** zu Lande; **3.** (*Zeit*) während, bei: **~ day** bei Tage; **day ~ day** Tag für Tag; **~ lamplight** bei Lampenlicht; **4.** bis (zu *od.* um *od.* spätestens): **be here ~ 4.30** sei um 4 Uhr 30 hier; **~ the allotted time** bis zum festgesetzten Zeitpunkt; **~ now** nunmehr, inzwischen, schon; **5.** (*Urheber*) von, durch: **a book ~ Shaw** ein Buch von Shaw; **settled ~ him** durch ihn *od.* von ihm geregelt; **~ nature** von Natur (aus); **~ oneself** aus eigener Kraft, selbst, allein; **6.** (*Mittel*) durch, mit, vermittels: **~ listening** durch Zuhören; **driven ~ steam** mit Dampf betrieben; **~ rail** per Bahn; **~ letter** brieflich; **7.** gemäß, nach: **~ my watch it is now ten** nach m-r Uhr ist es jetzt zehn; **8.** (*Menge*) um, nach: **too short ~ an inch** um einen Zoll zu kurz; **sold ~ the metre** meterweise verkauft; **9.** ⅍ a) mal: **3 (multiplied) ~ 4**; **the size is 9 feet ~ 6** die Größe ist 9 mal 6 Fuß, b) durch: **6 (divided) ~ 2**; **10. ~ the way** *od.* **~ the ~(e)** übrigens; **II** *adv.* **11.** da'bei: **close ~, hard ~** dicht dabei; **12. ~ and large** im Großen u. Ganzen; **~ and ~** demnächst, nach u. nach; **13.** vor'bei, -'über: **pass ~** vorübergehen; **14.** bei'seite: **put ~**.

by- [baɪ] *Vorsilbe* **1.** Neben..., Seiten...; **2.** geheim.

bye [baɪ] **I** *s. sport* a) *Kricket*: durch einen vor'beigelassenen Ball ausgelöster Lauf, b) Freilos *n*: **draw a ~** ein Freilos ziehen; **II** *adj.* 'untergeordnet, Neben...

bye- → **by-**.

bye-bye **I** *s.* ['baɪbaɪ] *Kindersprache*: ‚Heia' *f*, Bett *n*, Schlaf *m*; **II** *int.* [ˌbaɪ'baɪ] F Wiedersehen!, Tschüss!

'bye-law → **bylaw**.

'by|-e,lec·tion *s.* Ersatz-, Nachwahl *f*; **'~-gone** **I** *adj.* vergangen; **II** *s. das* Vergangene: **let ~s be ~s** lass(t) das Vergangene ruhen; **'~·law** *s.* **1.** Gemeindeverordnung *f*, -satzung *f*; **2.** *pl.* Sta'tuten *pl.*, Satzung *f*; **3.** 'Durchführungsverordnung *f*; **'~·line** *s.* **1.** 🚂 'Neben,linie *f*; **2.** Verfasserangabe *f* (*unter der Überschrift e-s Zeitungsartikels*); **3.** Nebenbeschäftigung *f*; **'~·name** *s.* **1.** Beiname *m*; **2.** Spitzname *m*; **'~·pass** **I** *s.* **1.** 'Umleitung *f*, Um'gehungsstraße *f*; **2.** Nebenleitung *f*; **3.** *Gasbrenner*: Dauerflamme *f*; **4.** ⚡ Nebenschluss *m*; **5.** ⚕ Bypass *m*; **II** *v/t.* **6.** 'umleiten; **7.** um'gehen (*a. fig.*); **8.** vermeiden, über'gehen; **'~·path** *s.* Seitenweg *m* (*a. fig.*); **'~·play** *s. thea.* Nebenhandlung *f*; **'~-,prod·uct** *s.* 'Nebenpro,dukt *n*, *fig. a.* Nebenerscheinung *f*.

byre ['baɪə] *s. Brit.* Kuhstall *m*.

'by|·road *s.* Seiten-, Nebenstraße *f*; **'~,stand·er** *s.* Zuschauer(in); **'~·street** → **byroad**.

byte [baɪt] *s. Computer*: Byte *n*.

'by|·way *s.* **1.** Seiten-, Nebenweg *m*; **2.** *fig.* 'Nebenas,pekt *m*; **'~·word** *s.* **1.** Sprichwort *n*; **2.** (**for**) Inbegriff *m* (*gen.*), Musterbeispiel *n* (für); **3.** Schlagwort *n*.

By·zan·tine [bɪ'zæntaɪn] *adj.* byzan'tinisch.

C

C, c [siː] *s.* **1.** C *n*, c *n* (*Buchstabe*); **2.** ♪ C *n*, c *n* (*Note*); **3.** *ped. Am.* Drei *f*, Befriedigend *n* (*Note*); **4.** *Am. sl.* ‚Hunderter' *m* (*Banknote*).

cab [kæb] **I** *s.* **1.** a) Droschke *f*, b) Taxi *n*; **2.** a) 🚂 Führerstand *m*, b) Führersitz *m* (*Lastauto*), c) Lenkerhäus-chen *n* (*Kran*); **II** *v/i.* **3.** mit e-r Droschke *od.* e-m Taxi fahren.

ca·bal [kə'bæl] **I** *s.* **1.** Ka'bale *f*, In'trige *f*; **2.** Clique *f*, Klüngel *m*; **II** *v/i.* **3.** intrigieren, Ränke schmieden, sich verschwören.

cab·a·ret ['kæbəreɪ] *s.* **1.** (*a. politisches*) Kaba'rett, Kleinkunstbühne *f*: **~ *performer*** Kabarettist(in); **2.** Restau'rant *n od.* Nachtklub *m* mit Varie'teedarbietungen.

cab·bage ['kæbɪdʒ] *s.* ⚘ **1.** Kohl(pflanze *f*) *m*: ***become a ~*** F verblöden, dahinvegetieren; **2.** Kohlkopf *m*; **~ but·ter·fly** *s. zo.* Kohlweißling *m*; **'~·head** *s.* **1.** Kohlkopf *m*; **2.** F Dummkopf *m*; **'~-white** → ***cabbage butterfly***.

ca(b)·ba·la [kə'bɑːlə] *s.* 'Kabbala *f*, Geheimlehre *f* (*a. fig.*).

cab·by ['kæbɪ] F → ***cab driver***.

cab driv·er *s.* **1.** Droschkenkutscher *m*; **2.** Taxifahrer *m*.

ca·ber ['keɪbə] *s. Scot.* Baumstamm *m*: ***tossing the ~*** Baumstammwerfen *n*.

cab·in ['kæbɪn] *s.* **1.** Häus-chen *n*, Hütte *f*; **2.** ⚓ Ka'bine *f*, Ka'jüte *f*; **3.** ✈ Ka'bine *f*: a) Fluggastraum *m*, b) Kanzel *f*; **4.** *Brit.* 🚂 Stellwerk *n*; **~ boy** *s.* ⚓ Ka'binen,steward *m*; **~ class** *s.* ⚓ Ka'jütenklasse *f*; **~ cruis·er** *s.* Ka'binenkreuzer *m*.

cab·i·net ['kæbɪnɪt] *s.* **1.** *oft* ~ *pol.* Kabi'nett *n*: **~ *council*, ~ *meeting*** Kabinettssitzung *f*; **~ *crisis*** Regierungskrise *f*; **2.** (Schau-, Sammlungs-, *a.* Bü'ro-, Kar'tei- *etc.*)Schrank *m*, (Wand-) Schränkchen *n*, Vi'trine *f*; **3.** *Radio etc.*: Gehäuse *n*; **4.** *phot.* Kabi'nettfor,mat *n*; **'~,mak·er** *s.* **1.** Kunsttischler *m*; **2.** *humor.* Mi'nisterpräsi,dent *m* bei der Regierungsbildung; **'~,mak·ing** *s.* 'Kunsttischle,rei *f*; ~ **Min·is·ter** *s. pol.* Kabi'nettsmi,nister *m*; **~ size** → ***cabinet*** 4.

cab·in scoot·er *s. mot.* Ka'binenroller *m*.

ca·ble ['keɪbl] **I** *s.* **1.** Kabel *n*, Tau *n*, (Draht)Seil *n*; **2.** ⚓ Trosse *f*, Ankertau *n*, -kette *f*; **3.** ⚡ (Leitungs)Kabel *n*; **4.** → ***cablegram***; **II** *v/t. u. v/i.* **5.** kabeln, telegrafieren; **~ car** *Seilbahn*: a) Ka'bine *f*, b) Wagen *m*; **'~·cast I** *v/t.* [*irr.* → ***cast***] per Kabelfernsehen über'tragen; **II** *s.* Sendung *f* im Kabelfernsehen; **~ chan·nel** *s. TV* Kabelkanal *m*.

ca·ble·gram ['keɪblgræm] *s.* Kabel *n*, ('Übersee)Tele,gramm *n*.

ca·ble rail·way *s.* **1.** Drahtseilbahn *f*; **2.** *Am.* Drahtseilstraßenbahn *f*.

ca·blese [keɪ'bliːz] *s.* Tele'grammstil *m*.

'ca·ble's-length ['keɪblz-] *s.* ⚓ Kabellänge *f* (*100 Faden*).

ca·ble tel·e·vi·sion *s.* Kabelfernsehen *n*; **'~·way** *s.* Drahtseilbahn *f*.

'cab·man [-mən] *s.* [*irr.*] → ***cab driver***.

ca·boo·dle [kə'buːdl] *s. sl.*: ***the whole ~*** a) der ganze Klimbim, b) die ganze Sippschaft.

ca·boose [kə'buːs] *s.* **1.** ⚓ Kom'büse *f*, Schiffsküche *f*; **2.** 🚂 *Am.* Dienst-, Bremswagen *m*.

cab rank *s. Brit.* Taxi-, Droschkenstand *m*.

cab·ri·o·let ['kæbrɪəleɪ] *s. a. mot.* Kabrio'lett *n*.

ca'can·ny [,kɑː'kænɪ] *s. Scot.* ✝ Bummelstreik *m*.

ca·ca·o [kə'kɑːəʊ] *s.* **1.** ⚘ *a.* **~-*tree*** Ka'kaobaum *m*; **2.** Ka'kaobohnen *pl.*; **~ bean** *s.* Ka'kaobohne *f*; **~ but·ter** *s.* Ka'kaobutter *f*.

cache [kæʃ] **I** *s.* **1.** *Computer*: Cache *m*, Zwischenspeicher *m*; **2.** geheimes (Waffen- *od.* Provi'ant- *etc.*)Lager, Versteck *n*; **II** *v/t.* **3.** verstecken.

ca·chet ['kæʃeɪ] *s.* **1.** a) Siegel *n*, b) *fig.* Stempel *m*, Merkmal *n*; **2.** ⚕ Kapsel *f*.

cack·le ['kækl] **I** *v/i.* gackern (*a. fig. lachen*), schnattern (*a. fig. schwatzen*); **II** *s.* (*a. fig.*) Gegacker *n*, Geschnatter *n*: ***cut the ~!*** F quatsch nicht!

ca·coph·o·nous [kæ'kɒfənəs] *adj.* 'misstönend; **ca'coph·o·ny** [-nɪ] *s.* Kakopho'nie *f* (*Missklang*).

cac·tus ['kæktəs] *pl.* **-ti** [-taɪ], **-tus·es** *s.* ⚘ 'Kaktus *m*.

cad [kæd] *s.* **1.** ordi'närer Kerl; **2.** gemeiner Kerl.

ca·das·tral [kə'dæstrəl] *adj.*: **~ *survey*** Katasteraufnahme *f*.

ca·dav·er·ous [kə'dævərəs] *adj.* leichenhaft.

cad·die ['kædɪ] *s.* a) 'Caddie *m* (*Golfjunge*), b) → **'~-cart** *s.* 'Caddie *m* (*Golfschlägerwagen*).

cad·dish ['kædɪʃ] *adj.* **1.** pro'letenhaft, **2.** gemein, niederträchtig.

cad·dy[1] → ***caddie***.

cad·dy[2] ['kædɪ] *s.* Teedose *f*; **~ spoon** *s.* Tee-, Messlöffel *m*.

ca·dence ['keɪdəns] *s.* **1.** ('Vers-, 'Sprech),Rhythmus *m*; **2.** ♪ Ka'denz *f*; **3.** Tonfall *m* (*am Satzende*); **'ca·denced** [-st] *adj.* 'rhythmisch.

ca·det [kə'det] *s.* **1.** ⚔ Ka'dett *m*; **2.** (Poli'zei- *etc.*)Schüler *m*; **3.** jüngerer Sohn *od.* Bruder; **4.** *in Zssgn a.* Nachwuchs...: **~ *researcher***; **~ *nurse*** Lernschwester *f*.

cadge [kædʒ] *v/i. u. v/t.* ‚schnorren'; **'cadg·er** [-dʒə] *s.* ‚Schnorrer' *m*, ‚Nassauer' *m*.

ca·di ['kɑːdɪ] *s.* Kadi *m*, Bezirksrichter *m* (*im Orient*).

cad·mi·um ['kædmɪəm] *s.* ⚗ 'Kadmium *n*; **'~-,plate** *v/t.* ⚙ kadmieren.

ca·dre ['kɑːdə] *s.* **1.** Kader *m*: a) ⚔ (Truppen)Stamm *m*, b) *pol.* Führungsgruppe *f*, c) 'Rahmenorganisati,on *f*; **2.** *fig.* Grundstock *m*.

ca·du·ce·us [kə'djuːsjəs] *pl.* **-ce·i** [-sjaɪ] *s.* Mer'kurstab *m* (*a. ärztliches Abzeichen*).

cae·cum ['siːkəm] *s. anat.* Blinddarm *m*.

Cae·sar ['siːzə] *s.* **1.** 'Cäsar *m* (*Titel römischer Kaiser*); **2.** Auto'krat *m*.

Cae·sar·e·an, **Cae·sar·i·an** [siː'zeərɪən] *adj.* cä'sarisch: **~ (*operation*** *od.* ***section*)** ⚕ Kaiserschnitt *m*.

Cae·sar·ism ['siːzərɪzəm] *s.* Dikta'tur *f*; Herrschsucht *f*.

cae·su·ra [siː'zjʊərə] *s.* Zä'sur *f*: a) (Vers)Einschnitt *m*, b) ♪ Ruhepunkt *m*.

ca·fé ['kæfeɪ] *s.* **1.** a) Ca'fé *n*, b) Restau'rant *n*; **2.** *Am.* Bar *f*.

caf·e·te·ri·a [,kæfɪ'tɪərɪə] *s.* 'Selbstbedienungsrestau,rant *n*, Cafete'ria *f*.

caf·fe·ine ['kæfiːn] *s.* ⚗ Koffe'in *n*; **'~-free** *adj.* koffe'infrei.

caf·tan ['kæftæn] *s.* 'Kaftan *m* (*a. Damenmode*).

cage [keɪdʒ] **I** *s.* **1.** Käfig *m* (*a. fig.*); (Vogel)Bauer *n*; **2.** Gefängnis *n* (*a. fig.*); **3.** Kriegsgefangenenlager *n*; **4.** Ka'bine *f e-s Aufzuges*; **5.** ⚒ Förderkorb *m*; **6.** *a.* △ Stahlgerüst *n*; **7.** a) *Baseball*: abgegrenztes Trainingsfeld, b) *Eishockey*: Tor *n*, c) *Basketball*: Korb *m*; **II** *v/t.* **8.** (in e-n Käfig) einsperren; **9.** *Eishockey*: *den Puck* ins Tor schießen; **~ aer·i·al** *s. Brit.*, **~ an·ten·na** *s. Am.* ⚡ 'Käfigan,tenne *f*.
ca·gey ['keɪdʒɪ] *adj.* F **1.** verschlossen; **2.** vorsichtig, berechnend; **3.** ‚gerissen', schlau.
ca·goule [kə'gu:l] *s.* Windjacke *f*, leichter 'Anorak.
ca·hoot [kə'hu:t] *s.*: ***be in ~s*** (***with***) F unter e-r Decke stecken (mit).
Cain [keɪn] *s.*: ***raise ~*** F Krach schlagen.
cairn [keən] *s.* **1.** Steinhaufen *m* (*als Grenz- od. Grabmal*); **2.** *mount.* Steinmann *m*; **3.** *a.* **~ *terrier*** *zo.* 'Cairn-,Terrier *m* (*Hund*).
cais·son [kə'su:n] *s.* **1.** ⚙ Cais'son *m*, Senkkasten *m*; **2.** ✕ Muniti'onswagen *m*; **~ dis·ease** *s.* ⚕ Cais'sonkrankheit *f*.
ca·jole [kə'dʒəʊl] *v/t.* *j-m* schmeicheln *od.* schöntun; *j-n* beschwatzen, verleiten (***into*** zu): **~ *s.th. out of s.o.*** j-m et. abbetteln; **ca'jol·er·y** [-lərɪ] *s.* Schmeiche'lei *f*, gutes Zureden; Liebediene'rei *f*.
cake [keɪk] **I** *s.* **1.** Kuchen *m* (*a. fig.*): ***parcel out the ~*** *fig.* den (*finanziellen*) Kuchen verteilen; ***take the ~*** den Preis davontragen, *fig.* den Vogel abschießen; ***that takes the ~!*** F a) das ist (einsame) Spitze!, b) *contp.* das ist die Höhe!; ***be selling like hot ~s*** weggehen wie warme Semmeln; ***you can't eat your ~ and have it!*** du kannst nur eines von beiden tun *od.* haben!, entweder – oder!; ***~s and ale*** Lustbarkeit(en *pl.*) *f*, ‚süßes Leben'; **2.** Kuchen *m* (*Masse*); Tafel *f Schokolade*, Riegel *m Seife etc.*; **3.** (Schmutz- *etc.*)Kruste *f*; **II** *v/i.* **4.** zs.-backen, -ballen, verkrusten: ***~d with filth*** mit e-r Schmutzkruste (überzogen *od.* bedeckt); **~ mix** *s.* Backmischung *f*; **'~·walk** *s.* 'Cakewalk *m* (*Tanz*).
cal·a·bash ['kæləbæʃ] *s.* ♀ Kale'basse *f*: a) Flaschenkürbis *m*, b) *daraus gefertigtes Trinkgefäß*.
ca·lam·i·tous [kə'læmɪtəs] *adj.* □ katastro'phal, unheilvoll, Unglücks...
ca·lam·i·ty [kə'læmətɪ] *s.* **1.** Unglück *n*, Unheil *n*, Kata'strophe *f*; **2.** Elend *n*, Mi'sere *f*; **~ howl·er** *s. bsd. Am.* Schwarzseher *m*, 'Panikmacher *m*; **♀ Jane** *s.* F Pechmarie *f*, Unglückswurm *m*.
cal·car·e·ous [kæl'keərɪəs] *adj.* ⚗ kalkartig, Kalk...; kalkhaltig.
cal·cif·er·ous [kæl'sɪfərəs] *adj.* ⚗ kalkhaltig; **cal·ci·fi·ca·tion** [,kælsɪfɪ'keɪʃn] *s.* **1.** ⚕ Verkalkung *f*; **2.** *geol.* Kalkablagerung *f*; **cal·ci·fy** ['kælsɪfaɪ] *v/t. u. v/i.* verkalken; **cal·ci·na·tion** [,kælsɪ'neɪʃn] *s.* ⚙ Kalzinierung *f*, Glühen *n*; **cal·cine** ['kælsaɪn] *v/t.* ⚙ kalzinieren, (aus)glühen, zu Asche verbrennen.
cal·ci·um ['kælsɪəm] *s.* ⚗ 'Kalzium *n*; **~ car·bide** *s.* ⚗ ('Kalzium)Kar,bid *n*; **~ chlo·ride** *s.* ⚗ Chlor'kalzium *n*; **~ light** *s.* Kalklicht *n*.
cal·cu·la·ble ['kælkjʊləbl] *adj.* berechenbar, kalkulierbar (*Risiko*).
cal·cu·late ['kælkjʊleɪt] **I** *v/t.* **1.** aus-, er-, berechnen; ✝ kalkulieren; **2.** *mst pass.* berechnen, planen; → ***calculated***; **3.** *Am.* F vermuten, glauben; **II** *v/i.* **4.** rechnen; ✝ kalkulieren; **5.** über'legen; **6.** (***upon***) rechnen (mit, auf *acc.*), sich verlassen (auf *acc.*); **'cal·cu·lat·ed** [-tɪd] *adj.* berechnet, gewollt, beabsichtigt: **~ *indiscretion*** gezielte Indiskretion; **~ *risk*** kalkuliertes Risiko; **~ *to deceive*** darauf angelegt zu täuschen; ***not ~ for*** nicht geeignet *od.* bestimmt für; **'cal·cu·lat·ing** [-tɪŋ] *adj.* **1.** (schlau) berechnend, (kühl) über'legend; **2.** Rechen...: **~ *machine***; **cal·cu·la·tion** [,kælkjʊ'leɪʃn] *s.* **1.** Kalkulati'on *f*, Berechnung *f*: ***be out in one's ~*** sich verrechnet haben; **2.** Voranschlag *m*; **3.** Über'legung *f*; **4.** *fig.* a) Berechnung *f*, b) Schläue *f*; **'cal·cu·la·tor** [-tə] *s.* **1.** Kalku'lator *m*; **2.** 'Rechenta,belle *f*; **3.** 'Rechenma,schine *f*, Rechner *m*.
cal·cu·lus ['kælkjʊləs] *pl.* **-li** [-laɪ] *s.* **1.** ⚕ (*Blasen-, Gallen-, Nieren- etc.*)Stein *m*; **2.** Ꞩ a) (*bsd. Differenzial-, Integral-*) Rechnung *f*, Rechnungsart *f*, b) höhere A'nalysis: **~ *of probabilities*** Wahrscheinlichkeitsrechnung.
cal·dron ['kɔ:ldrən] → ***cauldron***.
Cal·e·do·ni·an [,kælɪ'dəʊnjən] *poet.* **I** *adj.* kale'donisch (*schottisch*); **II** *s.* Kale'donier *m* (*Schotte*).
cal·e·fac·tion [,kælɪ'fækʃn] *s.* Erwärmung *f*, Erhitzung *f*.
cal·en·dar ['kælɪndə] **I** *s.* **1.** Ka'lender *m*; **2.** *fig.* Zeitrechnung *f*; **3.** Jahrbuch *n*; **4.** Liste *f*, Re'gister *n*; **5.** *Brit. univ.* Vorlesungsverzeichnis *n*; **6.** ✝, *Am.* ⚖ Ter'minka,lender *m*; **II** *v/t.* **7.** registrieren; **~ month** *s.* Ka'lendermonat *m*.
cal·en·der ['kælɪndə] ⚙ **I** *s.* Ka'lander *m*; **II** *v/t.* ka'landern.
cal·ends ['kælɪndz] *s. pl. antiq.* Ka'lenden *pl.*: ***on the Greek ~*** am St.-Nimmerleins-Tag.
calf¹ [kɑ:f] *pl.* **calves** [-vz] *s.* **1.** Kalb *n* (*der Kuh, a. von Elefant, Wal, Hirsch etc.*): ***with*** (*od.* ***in***) **~** trächtig (*Kuh*); **2.** Kalbleder *n*: **~*-bound*** in Kalbleder gebunden (*Buch*); **3.** F ‚Kalb' *n*, ‚Schaf' *n*; **4.** treibende Eisscholle.
calf² [kɑ:f] *pl.* **calves** [-vz] *s.* Wade *f* (*Bein, Strumpf etc.*).
'calf|·love *s.* F erste, junge Liebe; **'~'s-foot jel·ly** ['kɑ:vz-] *s.* Kalbsfußsülze *f*; **'~·skin** *s.* Kalbleder *n*.
cal·i·ber *Am.* → ***calibre***; **'cal·i·bered** *Am.* → ***calibred***; **cal·i·brate** ['kælɪbreɪt] *v/t.* ⚙ kalibrieren: a) mit e-r Gradeinteilung versehen, b) eichen; **cal·i·bra·tion** [,kælɪ'breɪʃn] *s.* ⚙ Kalibrierung *f*, Eichung *f*; **cal·i·bre** ['kælɪbə] *s.* **1.** ✕ Ka'liber *n*; **2.** ⚙ a) ('Innen)Durchmesser *m*, b) Ka'liberlehre *f*; **3.** *fig.* Ka'liber *n*, For'mat *n*; **'cal·i·bred** [-bəd] *adj.* ...kalibrig.
cal·i·ces ['kælɪsi:z] *pl. von* ***calix***.
cal·i·co ['kælɪkəʊ] **I** *pl.* **-coes**, *Am. a.* **-cos** *s.* **1.** 'Kaliko *m*, (bedruckter) Kat'tun; **2.** *Brit.* weißer *od.* ungebleichter Baumwollstoff; **II** *adj.* **3.** Kattun...; **4.** F bunt.
ca·lif, **cal·if·ate** → ***caliph***, ***caliphate***.
Cal·i·for·ni·an [kælɪ'fɔ:njən] **I** *adj.* kali'fornisch; **II** *s.* Kali'fornier(in).
cal·i·pers ['kælɪpəz] *s. pl.* Greif-, Tastzirkel *m*; ⚙ Tast(er)lehre *f*.
ca·liph ['kælɪf] *s.* Ka'lif *m*; **'cal·iph·ate** [-feɪt] *s.* Kali'fat *n*.
cal·is·then·ics → ***callisthenics***.
ca·lix ['keɪlɪks] *pl.* **cal·i·ces** ['kælɪsi:z] *s. anat.*, *zo.*, *eccl.* Kelch *m*; → ***calyx***.
calk¹ [kɔ:k] **I** *s.* **1.** Stollen *m* (*am Hufeisen*); **2.** Gleitschutzbeschlag *m* (*an der Schuhsohle*); **II** *v/t.* **3.** mit Stollen *od.* Griffeisen versehen.
calk² [kɔ:k] *v/t.* ('durch)pausen.
calk³ [kɔ:k] → ***caulk***.
cal·kin ['kælkɪn] *Brit.* → ***calk¹*** I.
call [kɔ:l] **I** *s.* **1.** Ruf *m* (*a. fig.*); Schrei *m*: ***within ~*** in Rufweite; ***the ~ of duty***; ***the ~ of nature*** *humor.* ‚ein dringendes Bedürfnis'; **2.** (Tele'fon)Anruf *m*, (-)Gespräch *n*: ***give s.o. a ~*** j-n anrufen; → ***local*** 1, ***personal*** 1; **3.** *thea.* Her'vorruf *m*; **4.** Lockruf *m* (*Tier*); *fig.* Ruf *m*, Lockung *f*: ***the ~ of the East***; **5.** Namensaufruf *m*; **6.** Ruf *m*, Berufung *f* (***to*** in *ein Amt etc.*, auf *e-n Lehrstuhl*); **7.** (innere) Berufung, Drang *m*, Missi'on *f*; **8.** Si'gnal *n*; **9.** (Auf)Ruf *m*; (✝ Zahlungs)Aufforderung *f*; ✝ Abruf *m*, Kündigung *f von Geldern*; 'Kaufopti,on *f*; *Brit.* Vorprämie *f*, Vorprämiengeschäfte *pl.*; *a.* Nachfrage *f* (***for*** nach): **~ *on shares*** Aufforderung zur Einzahlung auf Aktien; ***at ~***, ***on ~*** auf Abruf *od.* sofort bereit(stehend), ✝ *a.* jederzeit kündbar; ***money at ~*** ✝ Tagesgeld *n*; **10.** a) Veranlassung *f*, Grund *m*, b) Recht *n*: ***he had no ~ to do that***; **11.** In'anspruchnahme *f*: ***many ~s on my time*** starke Beanspruchung m-r Zeit; ***have the first ~*** den Vorrang haben; **12.** kurzer Besuch (***at*** in *e-m Ort*, ***on*** bei *j-m*); ⚓ Anlaufen *n*: ***port of ~*** Anlaufhafen *m*; **II** *v/t.* **13.** *j-n* (her'bei)rufen; *et.* (*a. weitS. Streik*) ausrufen; *Versammlung* einberufen; *teleph.* anrufen; *thea. Schauspieler* her'vorrufen: **~ *into being*** *fig.* ins Leben rufen; **14.** berufen (***to*** in *ein Amt*); **15.** ⚖ a) *Zeugen*, *Sache* aufrufen, b) *als Zeugen* vorladen; **16.** *Arzt*, *Auto* kommen lassen; **17.** nennen, bezeichnen als; **18.** *pass.* heißen (***after*** nach): ***he is ~ed Max***; ***what is it ~ed in English?*** wie heißt es auf Englisch?; **19.** nennen, heißen (*lit.*), halten für: ***I ~ that a blunder***; ***we'll ~ it a pound*** wir wollen es bei einem Pfund bewenden lassen; **20.** wecken: **~ *me at 6 o'clock***; **21.** *Kartenspiel*: a) *Farbe* ansagen, b) **~ *s.o.'s hand*** *Poker*: j-n auffordern, s-e Karten vorzuzeigen; **III** *v/i.* **22.** rufen: ***you must come when I ~***; ***duty ~s***; ***he ~ed for help*** er rief um Hilfe; → ***call for***; **23.** *teleph.* anrufen: ***who is ~ing?*** wer ist dort?; **24.** (kurz) vor'beischauen (***on s.o.*** bei j-m); *Zssgn mit prp. u. adv.*:
call| at *v/i.* **1.** besuchen (*acc.*), vorsprechen bei *od.* in (*dat.*), gehen *od.* kommen zu; **2.** ⚓ *Hafen* anlaufen; anlegen in (*dat.*); 🚂 halten in (*dat.*); **~ a·way** *v/t.* ab-, wegrufen; *fig.* ablenken; **~ back I** *v/t.* **1.** zu'rückrufen; **2.** wider'rufen; **II** *v/i.* **3.** *teleph.* zu'rückrufen; **~ down** *v/t.* **1.** *Segen etc.* her'abrufen, -flehen; *Zorn etc.* auf sich ziehen; **2.** *Am.* F ‚zs.-stauchen'; **~ for** *v/i.* **1.** nach *j-m* rufen; *Waren* abrufen; *thea.* herausrufen; **2.** *et.* erfordern, verlangen: **~ *courage***; ***your remark was not called for*** Ihre Bemerkung war unnötig; **3.** *j-n od. et.* abholen: ***to be called for*** a) abzuholen(d), b) postlagernd; **~ forth** *v/t.* **1.** her'vorrufen, auslösen; **2.** *Kraft* aufbieten; **~ in I** *v/t.* **1.** her'ein-, her'beirufen; hin'zu-, zurate ziehen; **2.** zu'rückfordern; *Geld* kündigen; *Schulden* einfordern; *Banknoten etc.* einziehen: **~ *a loan*** e-n Kredit einfordern (*od.* kündigen); **II** *v/i.* **3.** vorsprechen (***on*** bei *j-m*; ***at*** in *dat.*); **~ off** *v/t.* **1.** ab(be)rufen: **~ *goods*** Waren abrufen;

2. fig. et. abbrechen, absagen, abblasen: **~ a strike**; **3.** *Aufmerksamkeit, Gedanken* ablenken; **~ on** *od.* **up·on** *v/i.* **1.** *j-n* besuchen; bei *j-m* vorsprechen; **2.** *j-n* auffordern; **3. ~ s.o. for s.th.** et. von j-m fordern, sich an j-n um et. wenden; **I am** (*od.* **I feel**) **called upon** ich bin *od.* fühle mich genötigt (**to** *inf.* zu *inf.*); **~ out I** *v/t.* **1.** her'ausrufen; **2.** *Polizei, Militär* aufbieten; **3.** *zum Kampf* herausfordern; *zum Streik* auffordern; **II** *v/i.* **4.** aufschreien; laut rufen; **~ o·ver** *v/t.* **1.** *Namen* verlesen; **2.** *Zahlen, Text* kollationieren; **~ to** *v/i. j-m* zurufen, *j-n* anrufen; **~ up** *v/t.* **1.** auf-, her'beirufen; *teleph.* anrufen; **2.** ⚔ einberufen; **3.** *fig.* her'vor-, wachrufen, her'aufbeschwören; **4.** sich ins Gedächtnis zu'rückrufen; **~ up·on** → **call on**.

call·a·ble ['kɔːləbl] *adj.* ✝ kündbar (*Geld, Kredit*); einziehbar (*Forderungen etc.*).

'call|·back *s.* ✝, ⚙ 'Rückrufakti,on *f in die Werkstatt*; **~ box** *s.* **1.** *Brit.* Fernsprechzelle *f*; **2.** *Am.* a) Postfach *n*, b) Notrufsäule *f*; **'~·boy** *s.* **1.** Ho'telpage *m*; **2.** *thea.* Inspizi'entengehilfe *m*; **~ but·ton** *s.* Klingelknopf *m*; **~ card** *s.* Tele'fonkarte *f* (*bsd. in Irland*); **~ charge** *s. teleph.* Anrufgebühr *f*.

called [kɔːld] *adj.* genannt, namens.

call·er ['kɔːlə] *s.* **1.** *teleph.* Anrufer(in); **2.** Besucher(in); **3.** Abholer(in).

call| girl *s.* Callgirl *n* (*Prostituierte*); **~ house** *s. Am.* Bor'dell *n*.

cal·lig·ra·phy [kə'lɪgrəfɪ] *s.* Kalligra'phie *f*, Schönschreibkunst *f*.

'call-in *s. Radio, TV*: Sendung *f* mit tele'fonischer Publikumsbeteiligung.

call·ing ['kɔːlɪŋ] *s.* **1.** Beruf *m*, Geschäft *n*, Gewerbe *n*; **2.** *eccl.* Berufung *f*; **3.** Einberufung *f e-r Versammlung*; **~ card** *s.* Vi'sitenkarte *f*.

cal·li·pers → **calipers**.

cal·lis·then·ics [ˌkælɪs'θenɪks] *s. pl. mst sg. konstr.* Freiübungen *pl.*

call| loan *s.* ✝ täglich kündbares Darlehen; **~ mon·ey** *s.* ✝ Tagesgeld *n*; **~ num·ber** *s. teleph.* Rufnummer *f*; **~ of·fice** *s.* Fernsprechstelle *f*, -zelle *f*.

cal·los·i·ty [kæ'lɒsətɪ] *s.* Schwiele *f*, Hornhautbildung *f*; **cal·lous** ['kæləs] **I** *adj.* □ schwielig; *fig.* abgebrüht, gefühllos; **II** *v/i.* sich verhärten, schwielig werden; *fig.* abstumpfen; **cal·lous·ness** ['kæləsnɪs] *s.* Schwieligkeit *f*; *fig.* Abgebrühtheit *f*, Gefühllosigkeit *f*.

cal·low ['kæləʊ] *adj.* **1.** ungefiedert, nackt; **2.** *fig.* ‚grün', unreif.

call| sign, ~ sig·nal *s. teleph. etc.* Rufzeichen *n*; **~ u·nit** *s. teleph.* Gesprächseinheit *f*; **'~-up** *s.* ⚔ a) Einberufung, b) Mobilisierung *f*.

cal·lus ['kæləs] *pl.* **-li** [-laɪ] *s.* ⚕ **1.** Knochennarbe *f*; **2.** Schwiele *f*.

calm [kɑːm] **I** *s.* **1.** Stille *f*, Ruhe *f* (*a. fig.*); **2.** Windstille *f*, Flaute *f*; **II** *adj.* □ **3.** still, ruhig; friedlich; **4.** windstill; **5.** *fig.* ruhig, gelassen: **~ and collected** ruhig u. gefasst; **6.** F unverfroren, ‚kühl'; **III** *v/t.* **7.** beruhigen, besänftigen; **IV** *v/i.* **8.** *a.* **~ down** sich beruhigen; **'calm·ness** [-nɪs] *s.* **1.** Ruhe *f*, Stille *f*; **2.** Gemütsruhe *f*, Gelassenheit *f*.

ca·lor·ic [kə'lɒrɪk] *phys.* **I** *s.* Wärme *f*; **II** *adj.* ka'lorisch, Wärme...: **~ engine** Heißluftmaschine *f*; **cal·o·rie** ['kælərɪ] *s.* Kalo'rie *f*, Wärmeeinheit *f*; **cal·o·rif·ic** [ˌkælə'rɪfɪk] *adj.* (□ **~ally**) Wärme erzeugend; Wärme..., Heiz...; **cal·o·ry** → **calorie**.

cal·u·met ['kæljʊmet] *s.* Kalu'met *n*, (indi'anische) Friedenspfeife.

ca·lum·ni·ate [kə'lʌmnɪeɪt] *v/t.* verleumden; **ca·lum·ni·a·tion** [kəˌlʌmnɪ'eɪʃn] *s.* Verleumdung *f*; **ca'lum·ni·a·tor** [-tə] *s.* Verleumder(in); **ca'lum·ni·ous** [-ɪəs] *adj.* □ verleumderisch; **cal·um·ny** ['kæləmnɪ] *s.* Verleumdung *f*.

Cal·va·ry ['kælvərɪ] *s.* **1.** *bibl.* 'Golgatha *n*; **2.** *eccl.* Kal'varienberg *m*; **3.** ℒ Bildstock *m*, Marterl *n*; **4.** ℒ *fig.* Mar'tyrium *n*.

calve [kɑːv] *v/i.* **1.** *zo.* kalben; **2.** kalben, Eisstücke abstoßen (*Eisberg, Gletscher*).

calves [kɑːvz] *pl. von* **calf**; **'~-foot jel·ly** → **calf's-foot jelly**.

Cal·vin·ism ['kælvɪnɪzəm] *s. eccl.* Kalvi'nismus *m*; **'Cal·vin·ist** [-ɪst] *s.* Kalvi'nist(in).

ca·lyx ['keɪlɪks] *pl.* **'ca·lyx·es** [-ɪksɪz], **'ca·ly·ces** [-ɪsiːz] *s.* ♀ (*Blüten*)Kelch *m*; → **calix**.

cam [kæm] *s.* ⚙ Nocken *m*, Mitnehmer *m*, (Steuer)Kurve *f*: **~ gear** Nockensteuerung *f*, Kurvengetriebe *n*; **~shaft** Nocken-, Steuerwelle *f*; **~-control(l)ed** nockengesteuert.

ca·ma·ra·de·rie [ˌkæmə'rɑːdərɪ] *s.* Kame'radschaft(lichkeit) *f*; *b.s.* Kumpa'nei *f*.

cam·a·ril·la [ˌkæmə'rɪlə] *s.* Kama'rilla *f*; 'Hofka,bale *f*.

cam·ber ['kæmbə] **I** *v/t. u. v/i.* (sich) wölben; **II** *s.* leichte Wölbung, Krümmung *f*; *mot.* (Rad)Sturz *m*; **'cam·bered** [-əd] *adj.* **1.** gewölbt, geschweift; **2.** gestürzt (*Achse, Rad*).

Cam·bo·di·an [kæm'bəʊdjən] **I** *s.* Kambo'dschaner(in); **II** *adj.* kambo'dschanisch.

Cam·bri·an ['kæmbrɪən] **I** *s.* **1.** Wa'liser (-in); **2.** *geol.* 'Kambrium *n*; **II** *adj.* **3.** wa'lisisch; **4.** *geol.* 'kambrisch.

cam·bric ['keɪmbrɪk] *s.* Ba'tist *m*.

cam·cor·der ['kæmkɔːdə] *s.* 'Camcorder *m*.

came [keɪm] *pret. von* **come**.

cam·el ['kæml] *s.* **1.** *zo.* Ka'mel *n*: **Arabian ~** Dromedar *n*; → **Bactrian camel**; **2.** ⚓, ⚙ Ka'mel *n*, Hebeleichter *m*; **cam·el·eer** [ˌkæmɪ'lɪə] *s.* Ka'meltreiber *m*; **cam·el hair** → **camel's hair**.

ca·mel·li·a [kə'miːljə] *s.* ♀ Ka'melie *f*.

cam·el's| hair ['kæmlz] *s.* Ka'melhaar (-stoff *m*) *n*; **'~-hair** *adj.* Kamelhaar...

cam·e·o ['kæmɪəʊ] **I** *s.* Ka'mee *f*; **II** *adj. fig.* Miniatur...

cam·er·a ['kæmərə] *s.* **1.** 'Kamera *f*: a) 'Fotoappa,rat *m*, b) 'Film- *od.* 'Fernseh,kamera *f*: **be on ~** a) auf Sendung *od.* im Bild sein, b) vor der Kamera stehen; **2. in ~** ⚖ unter Ausschluss der Öffentlichkeit, nicht öffentlich; *fig.* geheim; **'~·man** [-mæn] *s.* [*irr.*] **1.** 'Pressefoto,graf *m*; **2.** *Film*: 'Kameramann *m*; **~ ob·scu·ra** [ɒb'skjʊərə] *s. opt.* 'Loch,kamera *f*, 'Camera *f* ob'scura; **'~-shy** *adj.* 'kamerascheu.

cam·i·knick·ers ['kæmɪˌnɪkəz] *s. pl. Brit.* (Damen)Hemdhose *f*.

cam·i·sole ['kæmɪsəʊl] *s.* **1.** Bett-, Morgenjäckchen *n*; **2.** (Trachten- *etc.*)Mieder *n*.

cam·o·mile ['kæməʊmaɪl] *s.* ♀ Ka'mille *f*: **~ tea** Kamillentee *m*.

cam·ou·flage ['kæmʊflɑːʒ] **I** *s.* ⚔ Tarnung *f* (*a. fig.*): **~ paint** Tarnanstrich *m*; **II** *v/t.* tarnen, *fig. a.* verschleiern.

camp[1] [kæmp] **I** *s.* **1.** (Zelt-, Ferien)Lager *n*, Lagerplatz *m*, Camp *n*: **break** *od.* **strike ~** das Lager abbrechen, aufbrechen; **2.** ⚔ Feld-, Heerlager *n*; **3.** *fig.* Lager *n*, Par'tei *f*, Anhänger *pl. e-r Richtung*: **the rival ~** das gegnerische Lager; **II** *adj.* **4.** Lager..., Camping...: **~ bed** a) Feldbett *n*, b) Campingliege *f*; **III** *v/i.* **5.** *a.* **~ out** zelten, campen, kampieren.

camp[2] [kæmp] F **I** *adj.* **1.** a) ‚schwul', ‚tuntenhaft', b) über'zogen, über'trieben, ‚irr', c) verkitscht; **II** *v/i.* **2.** → 4; **III** *v/t.* **3.** *et.* ‚aufmotzen', *thea. etc. a.* über'ziehen, über'trieben darstellen, *a.* verkitschen; **4. ~ it up** a) die Sache ‚aufmotzen', *thea. etc. a.* über'ziehen, b) sich ‚tuntenhaft' benehmen.

cam·paign [kæm'peɪn] **I** *s.* **1.** ⚔ Feldzug *m*; **2.** *pol. u. fig.* Schlacht *f*, Kam'pagne *f*, (*a.* Werbe)Feldzug *m*, Akti'on *f*; **3.** *pol.* 'Wahlkampf *m*, -kam,pagne *f*: **~ button** Wahlkampfplakette *f*; **II** *v/i.* **4.** ⚔ an e-m Feldzug teilnehmen, kämpfen; **5.** *fig.* kämpfen, zu Felde ziehen (**for** für; **against** gegen); **6.** *pol.* a) sich am Wahlkampf beteiligen, im Wahlkampf stehen, b) Wahlkampf machen (**for** für), c) *Am.* kandidieren; **cam'paign·er** [-nə] *s.* **1.** Feldzugteilnehmer *m*: **old ~** *fig.* alter Praktikus *od.* Hase; **2.** *fig.* Kämpfer *m* (**for** für).

cam·pan·u·la [kəm'pænjʊlə] *s.* ♀ Glockenblume *f*.

camp·er ['kæmpə] *s.* **1.** Camper(in); **2.** *Am.* a) Wohnanhänger *m*, -wagen *m*, b) 'Wohnmo,bil *n*.

camp| fe·ver *s.* ⚕ 'Typhus *m*; **'~-,fire** *s.* Lagerfeuer *n*: **~ girl** Pfadfinderin *f*; **~ fol·low·er** *s.* **1.** Sol'datenprostituierte *f*; **2.** *pol. etc.* Sympathi'sant(in), Mitläufer(in); **'~·ground** → **camping ground**.

cam·phor ['kæmfə] *s.* ⚗ Kampfer *m*; **'cam·phor·at·ed** [-əreɪtɪd] *adj.* mit Kampfer behandelt, Kampfer...

cam·phor| ball *s.* Mottenkugel *f*; **'~·wood** *s.* Kampferholz *n*.

camp·ing ['kæmpɪŋ] *s.* Camping *n*, Zelten *n*; Kampieren *n*; **~ ground**, **~ site** *s.* Zelt-, Campingplatz *m*.

cam·pi·on ['kæmpjən] *s.* ♀ Lichtnelke *f*.

camp meet·ing *s. Am.* religi'öse Versammlung im Freien; 'Zeltmissi,on *f*.

cam·po·ree [ˌkæmpə'riː] *s. Am.* regio'nales Pfadfindertreffen.

cam·pus ['kæmpəs] *s.* Campus *m* (*Gesamtanlage e-r Universität od. Schule*), *weitS.* ‚Uni' *f od.* Gym'nasium *n*: **live on ~** auf dem Campus wohnen.

'cam·wood *s.* Kam-, Rotholz *n*.

can[1] [kæn; kən] *v/aux.* [*irr.*], *pres. neg.* **'can·not 1.** können: **~ you do it?**; **he cannot read**; **we could do it now** wir könnten es jetzt tun; **how could you?** wie konntest du nur (so etwas tun)?; **~ do!** *sl.* (wird) gemacht!; **no ~ do!** *sl.* das geht nicht!; **2.** dürfen, können: **you ~ go away now**.

can[2] [kæn] **I** *s.* **1.** (Blech)Kanne *f*; (*Öl-*) Kännchen *n*: **carry the ~** *sl.* der Sündenbock sein, dran sein; **2.** (Kon'serven)Dose *f*, (-)Büchse *f*: **~ opener** Büchsenöffner *m*; **in the ~** F ‚abgedreht', ‚im Kasten' (*Film*), *allg.* unter Dach u. Fach; **3.** (Blech)Trinkgefäß *n*; **4.** Ka'nister *m*; **5.** *Am. sl.* a) ‚Kittchen' *n*, ‚Knast' *m*, b) ‚Klo' *n*, c) ‚Arsch' *m*; **II** *v/t.* **6.** in Büchsen konservieren, eindosen; **7.** F auf Schallplatte *od.* Band aufnehmen; **8.** *Am sl.* a) ‚rausschmeißen', entlassen, b) ‚einlochen', c) aufhören mit.

C

Ca·na·di·an [kəˈneɪdjən] **I** *adj.* kaˈnadisch; **II** *s.* Kaˈnadier(in).
ca·naille [kəˈnɑːiː] (*Fr.*) *s.* Pöbel *m.*
ca·nal [kəˈnæl] *s.* **1.** Kaˈnal *m* (*für Schifffahrt etc.*): **~s of Mars** Marskanäle; **2.** *anat., zo.* Kaˈnal *m*, Gang *m*, Röhre *f*; **ca·nal·i·za·tion** [ˌkænəlaɪˈzeɪʃn] *s.* Kanalisierung *f*; Kaˈnalnetz *n*; **ca·nal·ize** [ˈkænəlaɪz] *v/t.* **1.** kanalisieren, schiffbar machen; **2.** *fig.* (in bestimmte Bahnen) lenken, kanalisieren.
can·a·pé [ˈkænəpeɪ] (*Fr.*) *s.* Appeˈtithappen *m*, Cocktailhappen *m.*
ca·nard [kæˈnɑːd] (*Fr.*) *s.* (Zeitungs)Ente *f*, Falschmeldung *f.*
ca·nar·y [kəˈneərɪ] **I** *s.* **1.** *a.* **~ bird** *orn.* Kaˈnarienvogel *m*; **2.** *a.* **2 wine** Kaˈnarienwein *m*; **II** *adj.* **3.** hellgelb.
can·cel [ˈkænsl] **I** *v/t.* **1.** (durch-, aus-)streichen; **2.** widerˈrufen, aufheben (*a.* ♪), annullieren (*a.* ✝), rückgängig machen, absagen; ✝ stornieren; *Computer*: *Programm* abbrechen; **3.** ungültig machen, tilgen; erlassen; *Briefmarke, Fahrschein etc.* entwerten; *fig.* zuˈnichte machen; *a.* **~ out** ausgleichen, kompensieren; **4.** 𝔄 heben, streichen; **II** *v/i.* **5.** *mst* **~ out** sich (gegenseitig) aufheben *od.* ausgleichen **6. ~ out** absagen, die Sache abblasen; **III** *s.* **7.** Streichung *f*; **can·cel·la·tion** [ˌkænsəˈleɪʃn] *s.* **1.** Streichung *f*; Aufhebung *f*; ˈWiderruf *m*; Absage *f*; **2.** ✝ Annullierung *f*, Stornierung *f*: **~ clause** Rücktrittsklausel *f*; **~ charge**, **~ fee** Rücktrittsgebühr *f*; **3.** Entwertung *f* (*Briefmarke etc.*).
can·cer [ˈkænsə] *s.* **1.** ⚕ Krebs *m*; Karziˈnom *n*; **2.** *fig.* Krebsgeschwür *n*, Übel *n*; **3.** 2 *ast.* Krebs *m*; **ˈcan·cer·ous** [-sərəs] *adj.* ⚕ a) krebsbefallen: **~ lung**, b) Krebs...: **~ tumo(u)r**, c) krebsartig: **~ growth** *fig.* Krebsgeschwür *n.*
can·de·la·bra [ˌkændɪˈlɑːbrə] *pl.* **-bras**, **can·deˈla·brum** [-brəm] *pl.* **-bra**, *Am. a.* **-brums** *s.* Kandeˈlaber *m*; (Arm-, Kron)Leuchter *m.*
can·des·cence [kænˈdesns] *s.* Weißglut *f.*
can·did [ˈkændɪd] *adj.* ☐ **1.** offen (u. ehrlich), freimütig; **2.** aufrichtig, unvoreingenommen, objekˈtiv; **3.** freizügig, (taˈbu)frei: **a ~ film**; **4.** *phot.* ungestellt, unbemerkt aufgenommen: **~ camera** a) Kleinstbildkamera *f*, b) versteckte Kamera; **~ shot** Schnappschuss *m.*
can·di·da·cy [ˈkændɪdəsɪ] *s.* Kandidaˈtur *f*, Bewerbung *f*, Anwartschaft *f*; **can·di·date** [ˈkændɪdət] *s.* **1.** (*for*) Kandiˈdat *m* (für) (*a. fig.*), Bewerber *m* (um), Anwärter (auf *acc.*): **~ country** ˈBeitrittskandiˌdat *m* (*zur EU etc.*); **2.** (ˈPrüfungs)Kandiˌdat(in); **ˈcan·di·dature** [-dətʃə] → **candidacy**.
can·died [ˈkændɪd] *adj.* **1.** kandiert, überˈzuckert: **~ peel** Zitronat *n*; **2.** *fig. contp.* ‚honigsüß'.
can·dle [ˈkændl] *s.* **1.** (Wachs- *etc.*)Kerze *f*, Licht *n*: **burn the ~ at both ends** *fig.* Raubbau mit s-r Gesundheit treiben; **not to be fit to hold a ~ to** das Wasser nicht reichen können (*dat.*); → **game¹** 4; **2.** → **candlepower**; **ˈ~ˌberry** [-ˌbərɪ] *s.* ⚘ Wachsmyrtenbeere *f*; **ˈ~-end** *s.* **1.** Kerzenstummel *m*; **2.** *pl. fig.* Abfälle *pl.*, Krimskrams *m*; **ˈ~·light** *s.* **1.** (**by ~** bei) Kerzenlicht *n*; **2.** Abenddämmerung *f.*
Can·dle·mas [ˈkændlməs] *s. R.C.* (Maˈriä) Lichtmess *f.*
ˈcan·dle|ˌpow·er *s. phys.* (Norˈmal)Kerze *f* (*Lichteinheit*); **ˈ~·stick** *s.* (Kerzen-)Leuchter *m*; **ˈ~·wick** *s.* Kerzendocht *m.*
can·do(u)r [ˈkændə] *s.* **1.** Offenheit *f*, Aufrichtigkeit *f*; **2.** ˈUnparˌteilichkeit *f*, Objektiviˈtät *f.*
can·dy [ˈkændɪ] **I** *s.* **1.** Kandis(zucker) *m*; **2.** *Am.* a) Süßigkeiten *pl.*, Konˈfekt *n*, b) *a.* **hard ~** Bonˈbon *m, n*; **II** *v/t.* **3.** kandieren, glacieren; mit Zucker einmachen; **4.** *Zucker* kristallisieren lassen; **III** *v/i.* **5.** kristallisieren (*Zucker*); **ˈ~·floss** *s.* Zuckerwatte *f*; **~ store** *s. Am.* Süßwarengeschäft *n.*
cane [keɪn] **I** *s.* **1.** ⚘ (*Bambus-, Zucker-, Schilf*)Rohr *n*; **2.** spanisches Rohr; **3.** Rohrstock *m*; **4.** Spazierstock *m*; **II** *v/t.* **5.** (mit dem Stock) züchtigen *od.* prügeln; **6.** *Stuhl* mit Rohrgeflecht versehen: **~-bottomed** mit Sitz aus Rohr; **~ chair** *s.* Rohrstuhl *m*; **~ sug·ar** *s.* Rohrzucker *m*; **ˈ~·work** *s.* Rohrgeflecht *n.*
ca·nine **I** *adj.* [ˈkeɪnaɪn] Hunde...; *fig. contp.* hündisch; **II** *s.* [ˈkænaɪn] *anat. a.* **~ tooth** Eckzahn *m.*
can·ing [ˈkeɪnɪŋ] *s.*: **give s.o. a ~** → **cane** 5.
can·is·ter [ˈkænɪstə] *s.* **1.** Kaˈnister *m*, Blechdose *f*; **2.** ⚔ *a.* **~ shot** Karˈtätsche *f.*
can·ker [ˈkæŋkə] **I** *s.* **1.** ⚕ Mund- *od.* Lippengeschwür *n*; **2.** *vet.* Strahlfäule *f*; **3.** ⚘ Rost *m*, Brand *m*; **4.** *fig.* Krebsgeschwür *n*; **II** *v/t.* **5.** *fig.* an-, zerfressen, verderben; **III** *v/i.* **6.** angefressen werden, verderben; **ˈcan·kered** [-əd] *adj.* **1.** ⚘ a) brandig, b) (von Raupen) zerfressen; **2.** *fig.* a) bösartig, b) mürrisch; **ˈcan·ker·ous** [-ərəs] *adj.* **1.** → **cankered** 1; **2.** fressend, schädlich, vergiftend.
can·na·bis [ˈkænəbɪs] *s.* ˈCannabis *m*: a) ⚘ Hanf *m*, b) Haschisch *n.*
canned [kænd] *adj.* **1.** konserviert, Dosen..., Büchsen...: **~ food** Konserven *pl.*; **~ meat** Büchsenfleisch *n*; **2.** F ‚aus der Konserve': **~ music**; **~ film** *TV* Aufzeichnung *f*; **3.** *sl.* ‚blau', betrunken; **4.** stereoˈtyp, schaˈblonenhaft; **can·ner** [ˈkænə] *s.* **1.** Konˈservenfabriˌkant *m*; **2.** Arbeiter(in) in e-r Konˈservenfaˌbrik; **ˈcan·ner·y** [-ərɪ] *s.* Konˈservenfaˌbrik *f.*
can·ni·bal [ˈkænɪbl] **I** *s.* Kanniˈbale *m*, Menschenfresser *m*; **II** *adj.* kanniˈbalisch (*a. fig.*); **ˈcan·ni·bal·ism** [-bəlɪzəm] *s.* Kannibaˈlismus *m* (*a. zo.*); *fig.* Unmenschlichkeit *f*; **can·ni·bal·is·tic** [ˌkænɪbəˈlɪstɪk] *adj.* (☐ **~ally**) kanniˈbalisch (*a. fig.*); **ˈcan·ni·bal·ize** [-bəlaɪz] *v/t. altes Auto etc.* ‚ausschlachten'.
can·ning [ˈkænɪŋ] *s.* Konˈservenfabrikaˌtiˌon *f*: **~ factory** *od.* **plant** → **cannery**.
can·non [ˈkænən] **I** *s.* **1.** ⚔ a) Kaˈnone *f*, Geschütz *n*, b) *coll.* Kaˈnonen *pl.*, Artilleˈrie *f*; **2.** Wasserwerfer *m*; **3.** ⚙ Zyˈlinder *m* um e-e Welle; **4.** *Billard*: *Brit.* Karamboˈlage *f*; **II** *v/i.* **5.** *Billard*: *Brit.* karambolieren; **6.** (**against**, **into**, **with**) rennen, prallen (gegen), karambolieren (mit); **can·non·ade** [ˌkænəˈneɪd] **I** *s.* **1.** Kanoˈnade *f*; **2.** *fig.* Dröhnen *n*; **II** *v/t.* **3.** beschießen.
ˈcan·non|·ball *s.* **1.** Kaˈnonenkugel *f*; **2.** *Fußball*: F Bombe(nschuss *m*) *f*; **ˈ~-bone** *s. zo.* Kaˈnonenbein *n* (*Pferd*); **ˈ~-ˌfod·der** *s. fig.* Kaˈnonenfutter *n.*
can·not [ˈkænɒt] → **can¹**.
can·nu·la [ˈkænjʊlə] *s.* ⚕ Kaˈnüle *f.*
can·ny [ˈkænɪ] *adj.* ☐ *Scot.* **1.** schlau, gerissen; **2.** nett.
ca·noe [kəˈnuː] **I** *s.* Kanu *n* (*a. sport*), Paddelboot *n*: **~ slalom** Kanu-, Wildwasserslalom *m*; **paddle one's own ~** auf eigenen Füßen stehen, selbstständig sein; **II** *v/i.* Kanu fahren, paddeln; **caˈnoe·ist** [-uːɪst] *s.* Kaˈnute *m*, Kaˈnutin *f.*
can·on¹ [ˈkænən] *s.* **1.** Regel *f*, Richtschnur *f*, Grundsatz *m*, ˈKanon *m*; **2.** *eccl.* ˈKanon *m*: a) kaˈnonische Bücher *pl.*, b) ˈMessˌkanon *m*, c) Ordensregeln *pl.*, d) → **canon law**; **3.** ♪ ˈKanon *m*; **4.** *typ.* ˈKanon(schrift) *f.*
can·on² [ˈkænən] *s. eccl.* Kaˈnoniker *m*, Dom-, Stiftsherr *m.*
ca·ñon [ˈkænjən] → **canyon**.
can·on·ess [ˈkænənɪs] *s. eccl.* Kanoˈnissin *f*, Stiftsdame *f.*
ca·non·i·cal [kəˈnɒnɪkl] **I** *adj.* ☐ kaˈnonisch, vorschriftsmäßig; *bibl.* auˈthentisch; **II** *s. pl. eccl.* kirchliche Amtstracht; **~ books** → **canon¹** 2 a; **~ hours** *s. pl.* a) regelmäßige Gebetszeiten *pl.*, b) *Brit.* Zeiten *pl.* für Trauungen.
can·on·ist [ˈkænənɪst] *s.* Kirchenrechtslehrer *m*; **can·on·i·za·tion** [ˌkænənaɪˈzeɪʃn] *s. eccl.* Heiligsprechung *f*; **ˈcan·on·ize** [-naɪz] *v/t. eccl.* heilig sprechen; **can·on law** *s.* kaˈnonisches Recht, Kirchenrecht *n.*
ca·noo·dle [kəˈnuːdl] *v/t. u. v/i. sl.* ‚schmusen', ‚knutschen'.
can·o·py [ˈkænəpɪ] **I** *s.* **1.** ˈBaldachin *m*, (Bett-, Thron-, Trag)Himmel *m*: **~ of heaven** Himmelszelt *n*; **2.** Schutz-, Kaˈbinendach *n*, Verdeck *n*; **3.** Fallschirm (-kappe *f*) *m*; **4.** ⚠ Überˈdachung *f*; **II** *v/t.* **5.** überˈdachen; *fig.* bedecken.
canst [kænst; kənst] *obs. 2. sg. pres. von* **can¹**.
cant¹ [kænt] **I** *s.* **1.** Fach-, Zunftsprache *f*; **2.** Jarˈgon *m*, Gaunersprache *f*; **3.** Gewäsch *n*; **4.** Frömmeˈlei *f*, scheinheiliges Gerede; **5.** (leere) Phrase(n *pl.*) *f*; **II** *v/i.* **6.** frömmeln, scheinheilig reden; **7.** Phrasen dreschen.
cant² [kænt] **I** *s.* **1.** (Ab)Schrägung *f*, schräge Lage; **2.** Ruck *m*, Stoß *m*; plötzliche Wendung; **II** *v/t.* **3.** (ver)kanten, kippen; **4.** ⚙ abschrägen; **III** *v/i.* **5.** *a.* **~ over** sich neigen, sich auf die Seite legen; ˈumkippen.
can't [kɑːnt] F *für* **cannot**; → **can¹**.
Can·tab [ˈkæntæb] *abbr. für* **Can·ta·brig·i·an** [ˌkæntəˈbrɪdʒɪən] *s.* Stuˈdent (-in) *od.* Absolˈvent(in) der Universiˈtät Cambridge (*England*) *od.* der Harvard University (*USA*).
can·ta·loup(e) [ˈkæntəluːp] *s.* ⚘ Kantaˈlupe *f*, ˈWarzenmeˌlone *f.*
can·tan·ker·ous [kænˈtæŋkərəs] *adj.* ☐ streitsüchtig.
can·ta·ta [kænˈtɑːtə] *s.* ♪ Kanˈtate *f.*
can·teen [kænˈtiːn] *s.* **1.** (Miliˈtär-, Beˈtriebs- *etc.*)Kanˌtine *f*; **2.** ⚔ a) Feldflasche *f*, b) Kochgeschirr *n*; **3.** Besteck-, Silberkasten *m.*
can·ter [ˈkæntə] **I** *s.* ˈKanter *m*, kurzer Gaˈlopp: **win in a ~** mühelos siegen; **II** *v/i.* im kurzen Galopp reiten.
can·ti·cle [ˈkæntɪkl] *s. eccl.* Lobgesang *m*: **2s** *bibl. das* Hohelied (Saloˈmonis).
can·ti·le·ver [ˈkæntɪliːvə] **I** *s.* **1.** ⚠ Konˈsole *f*; **2.** ⚙ freitragender Arm, vorspringender Träger, Ausleger *m*; **II** *adj.* **3.** freitragend; **~ bridge** *s.* Auslegerbrücke *f*; **~ wing** *s.* ✈ unverspreizte Tragfläche.
can·to [ˈkæntəʊ] *pl.* **-tos** *s.* Gesang *m* (*Teil e-r größeren Dichtung*).
can·ton¹ [ˈkæntɒn] **I** *s.* Kanˈton *m*, (Ver-

waltungs)Bezirk *m*; **II** *v/t.* in Kan'tone *od.* Bezirke einteilen.

can·ton² ['kæntən] **I** *s.* **1.** *her.* Feld *n*; **2.** Gösch *f* (*Obereck an Flaggen*); **II** *v/t.* **3.** *her.* in Felder einteilen.

can·ton³ [kən'tu:n] *v/t.* ⚔ einquartieren.

Can·ton·ese [ˌkæntə'ni:z] **I** *adj.* kanto'nesisch; **II** *s.* Bewohner(in) 'Kantons.

can·ton·ment [kən'tu:nmənt] *s.* ⚔ *oft pl.* Quar'tier *n*, 'Ortsˌunterkunft *f*.

Ca·nuck [kə'nʌk] *s.* a) Ka'nadier(in) (*französischer Abstammung*), b) *Am. contp.* Ka'nadier(in).

can·vas ['kænvəs] *s.* **1.** a) Segeltuch *n*: **~ shoes** Segeltuchschuhe, b) *coll.* (*alle*) Segel *pl.*: **under ~** unter Segel; **2.** Pack-, Zeltleinwand *f*: **under ~** in Zelten; **3.** 'Kanevas *m*, Stra'min *m* (*zum Sticken*); **4.** a) (Maler)Leinwand *f*, b) (Öl)Gemälde *n*.

can·vass ['kænvəs] **I** *v/t.* **1.** gründlich erörtern *od.* prüfen; **2.** a) *pol. Stimmen* werben, b) *Am. Wahlresultate* prüfen, c) ✝ *Aufträge* her'einholen, *Abonnenten, Inserate* sammeln; **3.** *Wahlkreis od. Geschäftsbezirk* bereisen, bearbeiten; **4.** um *et.* werben, *j-n od. et.* anpreisen; **II** *v/i.* **5.** e-n Wahlfeldzug veranstalten; **6.** *Am.* 'Wahlresulˌtate prüfen; **7.** werben (**for** um); **III** *s.* **8.** *pol.* a) Stimmenwerbung *f*, Wahlfeldzug *m*, b) *Am.* Wahl(stimmen)prüfung *f*; **9.** ✝ Kundenwerbung *f*; He'reinholen *n* von Aufträgen; **'can·vass·er** [-sə] *s.* **1.** ✝ Kundenwerber *m*; **2.** *pol.* a) Wahleinpeitscher *m*, b) *Am.* Wahl(stimmen)prüfer *m*; **'can·vass·ing** [-sɪŋ] *s.* **1.** 'Wahlpropaˌganda *f*; **2.** ✝ Kundenwerbung *f*.

can·yon ['kænjən] *s.* 'Cañon *m*, Felsschlucht *f*.

caou·tchouc ['kaʊtʃʊk] *s.* 'Kautschuk *m*, 'Gummi *n*, *m*.

cap¹ [kæp] **I** *s.* **1.** Mütze *f*, Kappe *f*, Haube *f*: **~ and bells** Schellen-, Narrenkappe; **~ in hand** mit der Mütze in der Hand, demütig; **if the ~ fits wear it** *fig.* wens juckt, der kratze sich; **set one's ~ at s.o.** F hinter j-m her sein, sich j-n zu angeln suchen (*Frau*); **2.** *univ.* Ba'rett *n*: **~ and gown** *univ.* Barett u. Talar; **3.** (Sport-, Stu'denten-, Klub-, Dienst)Mütze *f*; **4.** *sport Brit.* Auswahl-, Natio'nalspieler(in): **get** *od.* **win one's ~** in die Nationalmannschaft berufen werden; **5.** (Schutz-, Verschluss)Kappe *f od.* (-)Kapsel *f*, Deckel *m*, Aufsatz *m*; ⚔ Zündkapsel *f*; **6.** *mot.* (Reifen)Auflage *f*: **full ~** Runderneuerung *f*; **7.** ✿ Pes'sar *n*; **8.** Spitze *f*, Gipfel *m*; **II** *v/t.* **9.** (mit *od.* wie mit e-r Kappe) bedecken; **10.** mit (Schutz-) Kappe, Kapsel, Deckel, Aufsatz *etc.* versehen; *mot. Reifen* runderneuern; **11.** *Brit. univ. j-m* e-n aka'demischen Grad verleihen; **12.** oben liegen auf (*dat.*), krönen (*a. fig. abschließen*); **13.** *fig.* über'treffen, -'trumpfen; **14.** *sport Brit. j-n* in die Natio'nalmannschaft berufen.

cap² [kæp] *abbr. für* **capital¹** 2.

ca·pa·bil·i·ty [ˌkeɪpə'bɪlətɪ] *s.* **1.** Fähigkeit *f* (**of** zu); **2.** Tauglichkeit *f* (**for** zu); **3.** *a. pl.* Ta'lent *n*, Begabung *f*; **ca·pable** ['keɪpəbl] *adj.* ☐ **1.** (*Personen*) a) fähig, tüchtig, b) (**of**) fähig (zu *od. gen.*), im'stande (zu *inf.*) (*mst b.s.*): **legally ~** rechts-, geschäftsfähig; **2.** (*Sachen*) a) geeignet, tauglich (**for** zu), b) (**of**) (*et.*) zulassend, (zu *et.*) fähig: **~ of being divided** teilbar.

ca·pa·cious [kə'peɪʃəs] *adj.* ☐ geräumig, weit; um'fassend (*a. fig.*).

ca·pac·i·tance [kə'pæsɪtəns] *s.* ⚡ kapazi'tiver ('Blind)ˌWiderstand, Kapazi'tät *f*; **ca'pac·i·tate** [-teɪt] *v/t.* befähigen, ermächtigen (*a.* ⚖); **ca'pac·i·tor** [-tə] *s.* ⚡ Konden'sator *m*; **ca'pac·i·ty** [-sətɪ] **I** *s.* **1.** (Raum)Inhalt *m*, Fassungsvermögen *n*; Kapazi'tät *f* (*a.* ⚡, *phys.*): **measure of ~** Hohlmaß *n*; **seating ~** Sitzgelegenheit *f* (**of** für); **full to ~** ganz voll, *thea. etc.* ausverkauft; **2.** Leistungsfähigkeit *f*, Vermögen *n*; **3.** ✝, ⚙ Kapazi'tät *f*, Leistungsfähigkeit *f*, (Nenn)Leistung *f*: **~ utilization** Kapazitätsauslastung *f*; **working to ~** mit Höchstleistung arbeitend, voll ausgelastet; **4.** *fig.* Auffassungsgabe *f*, *geistige* Fähigkeit; **5.** ⚖ (Geschäfts-, Tes'tier- *etc.*)Fähigkeit *f*: **~ to sue and to be sued** Prozessfähigkeit; **6.** Eigenschaft *f*, Stellung *f*: **in my ~ as** in m-r Eigenschaft als; **in an advisory ~** in beratender Funktion; **II** *adj.* **7.** maxi'mal, Höchst...: **~ business** Rekordgeschäft *n*; **8.** *thea. etc.* voll, ausverkauft: **~ house**; **~ crowd** *sport* ausverkauftes Stadion.

ca·par·i·son [kə'pærɪsn] *s.* **1.** Scha'bracke *f*; **2.** *fig.* Aufputz *m*.

cape¹ [keɪp] *s.* Cape *n*, 'Umhang *m*; Schulterkragen *m*.

cape² [keɪp] *s.* Kap *n*, Vorgebirge *n*: **the** ♀ das Kap der Guten Hoffnung; ♀ **Dutch** Kapholländisch *n*; ♀ **wine** Kapwein *m*.

ca·per¹ ['keɪpə] **I** *s.* **1.** Kapri'ole *f*: a) Freuden-, Luftsprung *m*, b) Streich *m*, Schabernack *m*: **cut ~s** → 3; **2.** F *fig.* ‚Ding' *n*, ‚Spaß' *m*, Sache *f*; **II** *v/i.* **3.** a) Luftsprünge machen, b) he'rumtollen.

ca·per² ['keɪpə] *s.* **1.** ⚘ Kapernstrauch *m*; **2.** Kaper *f*.

cap·er·cail·lie [ˌkæpə'keɪlɪ], **ˌcap·er'cail·zie** [-lɪ] *s. orn.* Auerhahn *m*.

ca·pi·as ['keɪpɪæs] *s.* ⚖ Haftbefehl *m* (*bsd. im Vollstreckungsverfahren*).

cap·il·lar·i·ty [ˌkæpɪ'lærətɪ] *s. phys.* Kapillari'tät *f*; **cap·il·lar·y** [kə'pɪlərɪ] **I** *adj.* haarförmig, -fein, kapil'lar: **~ attraction** Kapillaranziehung *f*; **~ tube** → II; **II** *s. anat.* Kapil'largefäß *n*.

cap·i·tal¹ ['kæpɪtl] **I** *s.* **1.** Hauptstadt *f*; **2.** Großbuchstabe *m*; **3.** ✝ Kapi'tal *n*: a) Vermögen *n*, b) Unter'nehmer(tum *n*) *pl.*: ♀ **and Labo(u)r**; **4.** Vorteil *m*, Nutzen *m*: **make ~ out of** aus *et.* Kapital schlagen; **II** *adj.* **5.** ⚖ a) kapi'tal, todeswürdig: **~ crime** Kapitalverbrechen *n*, b) Todes...: **~ punishment** Todesstrafe *f*; **6.** größt, wichtigst, Haupt...: **~ city** Hauptstadt *f*; **~ ship** Großkampfschiff *n*; **7.** verhängnisvoll: **a ~ error** ein Kapitalfehler *m*; **8.** großartig: **a ~ joke**; **a ~ fellow** ein Prachtkerl *m*; **9.** ✝ Kapital...: **~ fund** Stamm-, Grundkapital *n*; **10.** **~ letter** → 2; **~ B** großes B.

cap·i·tal² ['kæpɪtl] *s.* ▲ Kapi'tell *n*.

cap·i·tal| ac·count *s.* ✝ Kapi'talkonto *n*; **~ ac·cu·mu·la·tion** *s.* Kapi'talakkumulatiˌon *f*; **~ as·sets** *s. pl.* Anlagevermögen *n*; **~ ex·pend·i·ture** *s.* Investiti'onsaufwand *m*; **~ flight** *s.* Kapi'talflucht *f*; **~ gain(s** *pl.*) *s.* Kapi'talertrag *m*, -zuwachs *m*, Wertzuwachs *m*; **~ gains tax** *s.* Kapi'talertragssteuer *f*; **~ gen·er·a·tion** *s.* Kapi'talbeschaffung *f*; **~ goods** *s. pl.* Investiti'onsgüter *pl.*; **'~-inˌten·sive** *adj.* kapi'talintenˌsiv; **~ in·vest·ment** *s.* Kapi'talanlage *f*.

cap·i·tal·ism ['kæpɪtəlɪzəm] *s.* Kapita'lismus *m*; **'cap·i·tal·ist** [-ɪst] **I** Kapita'list *m*; **II** *adj.* → **cap·i·tal·is·tic** [ˌkæpɪtə'lɪstɪk] *adj.* (☐ **~ally**) kapita'listisch; **cap·i·tal·i·za·tion** [ˌkæpɪtəlaɪ'zeɪʃn] *s.* **1.** ✝ *allg.* Kapitalisierung *f*; **2.** Großschreibung *f*; **'cap·i·tal·ize** [-laɪz] **I** *v/t.* **1.** ✝ kapitalisieren; **2.** *fig.* sich *et.* zu'nutze machen; **3.** großschreiben (*mit Großbuchstaben od. mit großen Anfangsbuchstaben schreiben*); **II** *v/i.* **4.** Kapi'tal anhäufen; **5.** e-n Kapi'talwert haben (**at** von); **6.** *fig.* Kapital schlagen (**on** aus).

cap·i·tal| lev·y *s.* ✝ Vermögensabgabe *f*; **~ mar·ket** *s.* Kapi'talmarkt *m*; **~ re·quire·ments** *s. pl.* Kapitalbedarf *m*; **~ re·serves** *s. pl.* Kapitalrücklagen *pl.*; **~ stock** *s.* ✝ 'Aktienkapiˌtal *n*; **~ tie-up** *s.* Kapitalbindung *f*.

cap·i·ta·tion [ˌkæpɪ'teɪʃn] *s.* **1.** *a.* **~ tax** Kopfsteuer *f*; **2.** Zahlung *f* pro Kopf: **~ grant** Zuschuss *m* pro Kopf.

Cap·i·tol ['kæpɪtl] *s.* Kapi'tol *n*: a) *im alten Rom*, b) *in Washington*.

ca·pit·u·lar [kə'pɪtjʊlə] *eccl.* **I** *adj.* kapitu'lar, zum Ka'pitel gehörig; **II** *s.* Kapitu'lar *m*, Domherr *m*.

ca·pit·u·late [kə'pɪtjʊleɪt] *v/i.* ⚔ *u. fig.* kapitulieren (**to** vor *dat*); **ca·pit·u·la·tion** [kəˌpɪtjʊ'leɪʃn] *s.* ⚔ a) Kapitulati'on *f*, 'Übergabe *f*, b) Kapitulati'onsurkunde *f*.

ca·pon ['keɪpən] *s.* Ka'paun *m*; **'ca·pon·ize** [-naɪz] *v/t. Hahn* kastrieren, ka'paunen.

capped [kæpt] *adj.* mit e-r Kappe *od.* Mütze bedeckt: **~ and gowned** in vollem Ornat.

ca·price [kə'pri:s] *s.* Ka'prize *f*, Laune *f*, Grille *f*; Launenhaftigkeit *f*; **ca'pricious** [-ɪʃəs] *adj.* ☐ launenhaft, launisch; kaprizi'ös; **ca'pri·cious·ness** [-ɪʃəsnɪs] *s.* Launenhaftigkeit *f*; kaprizi'öse Art.

Cap·ri·corn ['kæprɪkɔ:n] *s. ast.* Steinbock *m*.

cap·ri·ole ['kæprɪəʊl] **I** *s.* Kapri'ole *f* (*a. Reiten*), Bock-, Luftsprung *m*; **II** *v/i.* Kapri'olen machen.

cap·si·cum ['kæpsɪkəm] *s.* ⚘ 'Paprika *m*, Spanischer Pfeffer.

cap·size [kæp'saɪz] **I** *v/i.* **1.** ⚓ kentern; **2.** *fig.* 'umschlagen; **II** *v/t.* **3.** ⚓ zum Kentern bringen.

cap·stan ['kæpstən] *s.* ⚓ Gangspill *n*, Ankerwinde *f*; **~ lathe** *s.* ⚙ Re'volverdrehbank *f*.

cap·su·lar ['kæpsjʊlə] *adj.* kapselförmig, Kapsel...; **cap·sule** ['kæpsju:l] **I** *s.* **1.** *anat.* (Gelenk- *etc.*)Kapsel *f*, Hülle *f*, Schale *f*; **2.** ⚘ a) Kapselfrucht *f*, b) Sporenkapsel *f*; **3.** *pharm.* (Arz'nei-) Kapsel *f*; **4.** (Me'tall-, Verschluss)Kapsel *f*; **5.** (Raum)Kapsel *f*; **6.** ⚗ Abdampfschale *f*; **7.** *fig.* kurze 'Übersicht *od.* Beschreibung *etc.*; **II** *adj.* **8.** *fig.* kurz, gedrängt, Kurz...

cap·tain ['kæptɪn] **I** *s.* **1.** Führer *m*, Oberhaupt *n*: **~ of industry** Industriekapitän *m*; **2.** ⚔ a) Hauptmann *m*, b) *Kavallerie*: *hist.* Rittmeister *m*; **3.** ⚓ a) Kapi'tän *m*, Komman'dant *m*, b) *Kriegsmarine*: Kapitän *m* zur See; **4.** 'Flugkapiˌtän *m*; **5.** *sport* ('Mannschafts)Kapiˌtän *m*; **6.** *ped.* Klassensprecher(in); **7.** Vorarbeiter *m*; ⚒ Obersteiger *m*; **8.** *Am.* (Poli'zei-) ˌHauptkommisˌsar *m*; **II** *v/t.* **9.** (an)führen; **'cap·tain·cy** [-sɪ], **'cap·tain·ship** [-ʃɪp] *s.* **1.** ⚔ Hauptmanns-, Kapi'tänsposten *m*, -rang *m*; **2.** Führerschaft *f*.

cap·tion [ˈkæpʃn] **I** *s.* **1.** a) ˈÜberschrift *f*, Titel *m*, b) (ˈBild)ˌUnterschrift *f*, c) *Film*: ˈUntertitel *m*; **2.** ⚖ a) Präˈambel *f*, b) *Prozessrecht*: ˈRubrum *n*; **II** *v/t.* **3.** mit e-r Überschrift *etc.* versehen; *Film* unterˈtiteln.

cap·tious [ˈkæpʃəs] *adj.* □ **1.** verfänglich; **2.** spitzfindig; **3.** krittelig, peˈdantisch.

cap·ti·vate [ˈkæptɪveɪt] *v/t. fig.* gefangen nehmen, fesseln, bestricken, bezaubern; ˈ**cap·ti·vat·ing** [-tɪŋ] *adj. fig.* fesselnd, bezaubernd; **cap·ti·va·tion** [ˌkæptɪˈveɪʃn] *s. fig.* Bezauberung *f*.

cap·tive [ˈkæptɪv] **I** *adj.* **1.** gefangen, in Gefangenschaft: ***be held*** ~ gefangen gehalten werden; ***take*** ~ gefangen nehmen (*a. fig.*); **2.** festgehalten, ‚gefangen': ~ ***balloon*** Fesselballon *m*; ~ ***market*** ✝ monopolistisch beherrschter Markt; **3.** *fig.* gefangen, gefesselt (***to*** von); **II** *s.* **4.** Gefangene(r) *m*, *fig. a.* Sklave *m* (***to*** *gen.*); **cap·tiv·i·ty** [kæpˈtɪvətɪ] *s.* **1.** Gefangenschaft *f*; **2.** *fig.* Knechtschaft *f*.

cap·tor [ˈkæptə] *s.* **1.** ***his*** ~ der ihn gefangen nahm; **2.** ⚓ Kaper *m*; ˈ**cap·ture** [-tʃə] **I** *v/t.* **1.** fangen; gefangen nehmen; **2.** ⚔ erobern; erbeuten; **3.** ⚓ kapern, aufbringen; **4.** *fig.* (*a. Stimmung etc., a. phys. Neutronen*) einfangen; erobern, für sich einnehmen, gewinnen, erlangen; an sich reißen; **II** *s.* **5.** Gefangennahme *f*, Fang *m*; **6.** ⚔ Eroberung *f* (*a. fig.*); Erbeutung *f*; Beute *f*; **7.** ⚓ a) Kapern *n*, Aufbringung *f*, b) Prise *f*.

Cap·u·chin [ˈkæpjʊʃɪn] *s.* **1.** *eccl.* Kapuˈziner(mönch) *m*; **2.** ⁓ ˈUmhang *m* mit Kaˈpuze; **3.** *a.* ~ ***monkey*** *zo.* Kapuˈzineraffe *m*.

car [kɑː] *s.* **1.** Auto *n*, Wagen *m*: ***by*** ~ mit dem (*od.* im) Auto; **2.** (Eisenbahn *etc.*)Wagen *m*, Wagˈgon *m*; **3.** Wagen *m*, Karren *m*; **4.** (*Luftschiff- etc.*)Gondel *f*; **5.** Kaˈbine *f e-s Aufzuges*; **6.** *poet.* Kriegs- *od.* Triˈumphwagen *m*.

ca·rafe [kəˈræf] *s.* Kaˈraffe *f*.

car·a·mel [ˈkærəmel] *s.* **1.** Karaˈmel *m*, gebrannter Zucker; **2.** Karaˈmelle *f* (*Bonbon*).

car·a·pace [ˈkærəpeɪs] *s. zo.* Rückenschild *m* (*Schildkröte, Krebs*).

car·at [ˈkærət] *s.* Kaˈrat *n*: a) *Juwelen- od. Perlengewicht*, b) *Goldfeingehalt*: ***18-~ gold*** 18-karätiges Gold.

car·a·van [ˈkærəvæn] **I** *s.* **1.** Karaˈwane *f* (*a. fig.*); **2.** a) Wohnwagen *m* (*von Schaustellern etc.*), b) *Brit.* Caravan *m*, Wohnwagen *m*, -anhänger *m*: ~ ***park*** *od.* ***site*** Campingplatz *m* für Wohnwagen; **II** *v/i.* **3.** im Wohnwagen *etc.* reisen; ˈ**car·a·van·ner** [-nə] *s.* **1.** Reisende(r) in e-r Karaˈwane; **2.** *mot. Brit.* Caravaner *m*; ˌ**car·aˈvan·sa·ry** [-sərɪ], ˌ**car·aˈvan·se·rai** [-səraɪ] *s.* Karawanseˈrei *f*.

car·a·vel [ˈkærəvel] *s.* ⚓ Karaˈvelle *f*.

car·a·way [ˈkærəweɪ] *s.* ⚘ Kümmel *m*; ~ **seeds** *s. pl.* Kümmelkörner *pl.*

car·bide [ˈkɑːbaɪd] *s.* ⚗ Karˈbid *n*.

car·bine [ˈkɑːbaɪn] *s.* ⚔ Karaˈbiner *m*.

car bod·y *s.* ⚙ Karosseˈrie *f*.

car·bo·hy·drate [ˌkɑːbəʊˈhaɪdreɪt] *s.* ⚗ ˈKohle(n)hyˌdrat *n*.

car·bol·ic ac·id [kɑːˈbɒlɪk] *s.* ⚗ Karˈbol(säure *f*) *n*, Pheˈnol *n*.

car·bo·lize [ˈkɑːbəlaɪz] *v/t.* ⚗ mit Karˈbolsäure behandeln.

car bomb [bɒm] *s.* ˈAutoˌbombe *f*.

car·bon [ˈkɑːbən] *s.* **1.** ⚗ Kohlenstoff *m*; **2.** ⚡ ˈKohle(elekˌtrode) *f*; **3.** a) ˈKohlepaˌpier *n*, b) ˈDurchschlag *m*;

car·bo·na·ceous [ˌkɑːbəʊˈneɪʃəs] *adj.* kohlenstoff-, kohleartig; Kohlen...;

ˈ**car·bon·ate** ⚗ **I** *s.* [-nɪt] **1.** kohlensaures Salz: ~ ***of lime*** Kalziumkarbonat *n*, Kreide *f*; ~ ***of soda*** Natriumkarbonat *n*, kohlensaures Natrium, Soda *f*; **II** *v/t.* [-neɪt] **2.** mit Kohlensäure *od.* Kohlenˈdioˌxid behandeln: ~***d water*** kohlensäurehaltiges Wasser, Sodawasser; **3.** karbonisieren, verkohlen.

car·bon| brush *s.* ⚡ Kohlebürste *f*; ~ **cop·y** *s.* **1.** ˈDurchschlag *m*, -schrift *f*, Koˈpie *f*; **2.** *fig.* Abklatsch *m*, Dupliˈkat *n*; ~ **dat·ing** *s.* Radiokarˈbonmeˌthode *f*, ˈC-ˈ14-Meˌthode *f* (*zur Altersbestimmung*); ~ **di·ox·ide** *s.* ⚗ Kohlenˈdioˌxid *n*; ~ **fil·a·ment** *s.* ⚡ Kohlefaden *m*.

car·bon·ic [kɑːˈbɒnɪk] *adj.* ⚗ kohlenstoffhaltig; Kohlen...; ~ **ac·id** *s.* ⚗ Kohlensäure *f*; ~**-ˈac·id gas** *s.* ⚗ Kohlenˈdioˌxid *n*, Kohlensäuregas *n*; ~ **ox·ide** *s.* ⚗ Kohlen(ˈmon)oˌxid *n*.

car·bon·if·er·ous [ˌkɑːbəˈnɪfərəs] *adj.* kohlehaltig, Kohle führend: ⁓ ***Period*** *geol.* Karbon *n*, Steinkohlenzeit *f*; **car·bon·i·za·tion** [ˌkɑːbənaɪˈzeɪʃn] *s.* **1.** Verkohlung *f*; **2.** Verkokung *f*: ~ ***plant*** Kokerei *f*; ˈ**car·bon·ize** [-naɪz] *v/t.* **1.** verkohlen; **2.** verkoken.

car·bon| mi·cro·phone *s.* ˈKohlemikroˌfon *n*; ~ **pa·per** *s.* ˈKohlepaˌpier *n* (*a. phot.*); ~ **print** *s. typ.* Kohle-, Pigˈmentdruck *m*; ~ **steel** *s.* Kohlenstoff-, Flussstahl *m*.

car·bo·run·dum [ˌkɑːbəˈrʌndəm] *s.* ⚙ Karboˈrundum *n* (*Schleifmittel*).

car·boy [ˈkɑːbɔɪ] *s.* Korbflasche *f*, (ˈGlas)Balˌlon *m* (*bsd. für Säuren*).

car·bun·cle [ˈkɑːbʌŋkl] *s.* **1.** ⚕ Karˈbunkel *m*; **2.** Karˈfunkel *m*, geschliffener Graˈnat.

car·bu·ret [ˈkɑːbjʊret] *v/t.* ⚙ karburieren; *mot.* vergasen; ˈ**car·bu·ret·(t)ed** [-tɪd] *adj.* karburiert; ˈ**car·bu·ret·ter, -ret·tor** [-tə], *Am. mst* **-ret·or** [-reɪtə] *s.* ⚙, *mot.* Vergaser *m*.

car·bu·rize [ˈkɑːbjʊraɪz] *v/t.* **1.** ⚗ a) mit Kohlenstoff verbinden, b) karburieren; **2.** ⚙ einsatzhärten.

car·cass, car·case [ˈkɑːkəs] *s.* **1.** Kaˈdaver *m*, (Tier-, Menschen)Leiche *f*; *humor.* ‚Leichnam' *m* (*Körper*); **2.** Rumpf *m* (*e-s geschlachteten Tieres*): ~ ***meat*** frisches Fleisch (*Ggs. konserviertes*); **3.** Gerippe *n*, Skeˈlett *n*, ⚠ *a.* Rohbau *m*; **4.** ⚙ Karˈkasse *f e-s Gummireifens*; **5.** *fig.* Ruˈine *f*.

car·cin·o·gen [kɑːˈsɪnədʒən] *s.* Karzinoˈgen *n*, Krebserreger *m*; **car·cin·o·gen·ic** [ˌkɑːsɪnəˈdʒenɪk] *adj.* karzinoˈgen, Krebs erzeugend; **car·ci·nol·o·gy** [ˌkɑːsɪˈnɒlədʒɪ] *s.* ⚕, *a. zo.* Karzinoloˈgie *f*; **car·ci·no·ma** [ˌkɑːsɪˈnəʊmə] *pl.* **-ma·ta** [-mətə] *od.* **-mas** *s.* ⚕ Karziˈnom *n*, Krebsgeschwür *n*.

card[1] [kɑːd] *s.* **1.** (*Spiel*)Karte *f*: ***play*** (***at***) ~***s*** Karten spielen; ***game of ~s*** Kartenspiel *n*; ***a pack of ~s*** ein Spiel Karten; ***house of ~s*** *fig.* Kartenhaus *n*; ***a safe ~*** *fig.* eine sichere Sache, et., auf das (*a.* j-d, auf den) man sich verlassen kann; ***play one's ~s well*** *fig.* geschickt vorgehen; ***put one's ~s on the table*** *fig.* s-e Karten auf den Tisch legen; ***show one's ~s*** *fig.* s-e Karten aufdecken; ***on the ~s*** *fig.* (durchaus) möglich, ‚drin'; **2.** (*Post-, Glückwunsch etc., Geschäfts-, Visiten-, Eintritts-, Einladungs*)Karte *f*; **3.** Mitgliedskarte *f*: ***~-carrying member*** eingeschriebenes Mitglied; **4.** *pl.* (ˈArbeits)Paˌpiere *pl.*: ***get one's ~s*** F entlassen werden; **5.** ⚙ (Loch)Karte *f*; **6.** *sport* Proˈgramm *n*; **7.** Windrose *f* (*Kompass*); **8.** F ‚Type' *f*, Witzbold *m*.

card[2] [kɑːd] ⚙ **I** *s.* Wollkratze *f*, Krempel *f*; **II** *v/t.* *Wolle* krempeln, kämmen: ~***ed yarn*** Streichgarn *n*.

car·dan| joint [ˈkɑːdən] *s.* ⚙ Karˈdangelenk *n*; ~ **shaft** *s.* ⚙ Karˈdan-, Gelenkwelle *f*.

ˈ**card|-ˌbas·ket** *s.* Viˈsitenkartenschale *f*; ˈ**~·board I** *s.* **1.** Karˈton(paˌpier *n*) *m*, Pappe *f*; **II** *adj.* **2.** Karton..., Papp...: ~ ***box*** Pappschachtel *f*, Karton *m*; **3.** *fig. contp.* ‚nachgemacht', Pappmaschee-...; ~ **cat·a·logue** → ***card index***.

card·er [ˈkɑːdə] *s.* ⚙ **1.** Krempler *m*, Wollkämmer *m*; **2.** ˈKrempelmaˌschine *f*.

card·hold·er [ˈkɑːdˌhəʊldə] *s.* Kreˈditkarteninhaber(in).

car·di·ac [ˈkɑːdɪæk] ⚕ **I** *adj.* **1.** Herz...: ~ ***arrest*** Herzstillstand *m*; **II** *s.* **2.** Herzmittel *n*; **3.** ˈHerzpatiˌent *m*.

car·di·gan [ˈkɑːdɪgən] *s.* Strickjacke *f*.

car·di·nal [ˈkɑːdɪnl] **I** *adj.* **1.** grundsätzlich, grundlegend, hauptsächlich, Haupt..., Kardinal...: ~ ***points*** *die* vier (Haupt)Himmelsrichtungen; ~ ***principles*** Grundprinzipien; ~ ***number*** Kardinalzahl *f*; **2.** *eccl.* Kardinals...; **3.** scharlachrot, hochrot: ***~-flower*** ⚘ hochrote Lobelie; **II** *s.* **4.** *eccl.* Kardiˈnal *m*; **5.** *orn. a.* ***~-bird*** Kardiˈnal *m*; ˈ**car·di·nal·ship** [-ʃɪp] *s.* Kardiˈnalswürde *f*.

card in·dex *s.* Kartoˈthek *f*, Karˈtei *f*; ˈ**card-ˌin·dex** *v/t.* **1.** e-e Kartei anlegen von, verzetteln; **2.** in e-e Kartei eintragen.

card·ing [ˈkɑːdɪŋ] *s.* ⚙ Krempeln *n*, Kratzen *n* (*Wolle*): ~ ***machine*** Krempel-, Kratzmaschine *f*.

cardio- [kɑːdɪəʊ] *in Zssgn* Herz...

car·di·o·gram [ˈkɑːdɪəʊgræm] *s.* ⚕ Kardioˈgramm *n*; **car·di·ol·o·gy** [ˌkɑːdɪˈɒlədʒɪ] *s.* Kardioloˈgie *f*, Herz(heil)kunde *f*.

card|·phone *s. Brit.* ˈKartenteleˌfon *n*; ~ **room** *s.* (Karten)Spielzimmer *n*; ˈ**~·sharp**, ˈ**~ˌsharp·er** *s.* Falschspieler *m*; ~ **ta·ble** *s.* Spieltisch *m*; ~ **trick** *s.* Kartenkunststück *n*; ~ **vote** *s. Brit.* (*mst gewerkschaftliche*) Abstimmung durch Wahlmänner.

care [keə] **I** *s.* **1.** Sorge *f*, Kummer *m*: ***be free from ~***(***s***) keine Sorgen haben; ***without a ~ in the world*** völlig sorgenfrei; **2.** Sorgfalt *f*, Aufmerksamkeit *f*, Vorsicht *f*: ***ordinary ~*** ⚖ verkehrsübliche Sorgfalt; ***with due ~*** mit der erforderlichen Sorgfalt; ***have a ~!*** *Brit.* F a) pass doch auf!, b) ich bitte dich!; ***take ~*** a) vorsichtig sein, aufpassen, b) sich Mühe geben, c) darauf achten *od.* nicht vergessen (***to do*** zu tun; ***that*** dass); ***take ~ not to do s.th.*** sich hüten, et. zu tun; et. ja nicht tun; ***take ~ not to drop it!*** lass es ja nicht fallen; ***take ~!*** F machs gut!; **3.** a) Obhut *f*, Schutz *m*, Fürsorge *f*, Betreuung *f*, (*Kinder- etc., a. Körper- etc.*)Pflege *f*, b) Aufsicht *f*, Leitung *f*: ~ ***and custody*** (*od.* ***control***) ⚖ Sorgerecht *n* (***of*** für *j-n*); ***take ~ of*** a) → 6, b) aufpassen auf (*acc.*), c) *et.* erledigen *od.* besorgen; ***take ~ of yourself!*** pass auf dich auf!, machs gut!; ***that takes ~ of that!*** F das wäre (damit) erledigt!; **4.** Pflicht *f*: ***his special ~s***; **II** *v/i.* **5.** sich sorgen (***about***

über *acc.*, um); **6.** ~ ***for*** sorgen für, sich kümmern um, betreuen, pflegen: (***well***) ***~d-for*** (gut) gepflegt; **7.** (***for***) (*j-n*) gern haben *od.* mögen: ***he doesn't ~ for her*** er macht sich nichts aus ihr, er mag sie nicht; ***he does ~*** (***for her***) er mag sie wirklich; **8.** sich etwas daraus machen: ***I don't ~ for whisky*** ich mache mir nichts aus Whisky; ***he ~s a great deal*** es ist ihm sehr daran gelegen, es macht ihm schon etwas aus; ***she doesn't really ~*** in Wirklichkeit liegt ihr nicht viel daran: ***I don't ~ a damn*** (*od. fig*, ***pin***, ***straw***), ***I couldn't ~ less*** es ist mir völlig gleich(gültig) *od.* egal *od.* ‚schnuppe'; ***who ~s?*** na, und?, (und) wenn schon?; ***for all I ~*** meinetwegen, von mir aus; ***for all you ~*** wenn es nach dir ginge; ***I don't ~ to do it now*** ich habe keine Lust, es jetzt zu tun; ***I don't ~ to be seen with you*** ich lege keinen Wert darauf, mit dir gesehen zu werden; ***would you ~ for a drink?*** möchtest du et. zu trinken?; ***we don't ~ if you stay here*** wir haben nichts dagegen *od.* es macht uns nichts aus, wenn du hierbleibst; ***I don't ~ if I do!*** F von mir aus!

ca·reen [kə'riːn] **I** *v/t.* **1.** ⚓ *Schiff* kielholen; **II** *v/i.* **2.** ⚓ krängen, sich auf die Seite legen; **3.** *fig.* (hin u. her) schwanken, torkeln.

ca·reer [kə'rɪə] **I** *s.* **1.** Karri'ere *f*, Laufbahn *f*, Werdegang *m*: ***enter upon a ~*** e-e Laufbahn einschlagen; **2.** (*erfolgreiche*) Karri'ere: ***make a ~ for o.s.*** Karriere machen; **3.** (Lebens)Beruf *m*: ***~ diplomat*** Berufsdiplomat *m*; ***~ girl*** *od.* ***woman*** Karrierefrau *f*; ***~ prospects*** Aufstiegsmöglichkeiten *pl.*; ***~s guidance*** *Brit.* Berufsberatung *f*; ***~s officer*** *Brit.* Berufsberater *m*; **4.** gestreckter Ga'lopp, Karri'ere *f*: ***in full ~*** in vollem Galopp (*a. weitS.*); **II** *v/i.* **5.** galoppieren; **6.** rennen, rasen, jagen; **ca·reer·ist** [kə'rɪərɪst] *s.* Karri'eremacher *m*; **ca'reer-ˌmind·ed** *adj.* karri'erebeˌwusst.

'care·free *adj.* sorgenfrei.

care·ful ['keəfʊl] *adj.* □ **1.** vorsichtig, achtsam: ***be ~!*** nimm dich in Acht!; ***be ~ to inf.*** darauf achten zu *inf.*, nicht vergessen zu *inf.*; ***be ~ not to inf.*** sich hüten zu *inf.*; aufpassen, dass nicht; ***be ~ of your clothes!*** gib Acht auf deine Kleidung!; **2.** bedacht, achtsam (***of***, ***for***, ***about*** auf *acc.*), 'umsichtig; **3.** sorgfältig, genau, gründlich: ***a ~ study***; **4.** *Brit.* sparsam; **'care·ful·ness** [-nɪs] *s.* Vorsicht *f*, Sorgfalt *f*; Gründlichkeit *f*; 'Umsicht *f*.

care·less ['keəlɪs] *adj.* □ **1.** nachlässig, unvorsichtig, unachtsam; leichtsinnig; **2.** (***of***, ***about***) unbekümmert (um), unbesorgt (um), gleichgültig (gegen-'über): ***~ of danger***; **3.** unbedacht, unbesonnen: ***a ~ remark***; ***a ~ mistake*** ein Flüchtigkeitsfehler; **4.** sorgenfrei, fröhlich: ***~ youth***; **'care·less·ness** [-nɪs] *s.* Nachlässigkeit *f*; Unbedachtheit *f*; Sorglosigkeit *f*, Unachtsamkeit *f*.

ca·ress [kə'res] **I** *s.* Liebkosung *f*; *pl. a.* Zärtlichkeiten *pl.*; **II** *v/t.* liebkosen; streicheln; *fig. der Haut etc.* schmeicheln; **ca'ress·ing** [-sɪŋ] *adj.* □ zärtlich; schmeichelnd.

car·et ['kærət] *s.* Einschaltungszeichen *n* (*für Auslassung im Text*).

'care|ˌtak·er *s.* **1.** a) Hausmeister *m*, b) (Haus- *etc.*)Verwalter *m*; **2.** ***~ government*** geschäftsführende Regierung, 'Übergangskabiˌnett *n*; **'~·worn** *adj.* vergrämt, abgehärmt.

car ex·haust fumes *pl.* 'Autoˌabgase *pl.*

Ca·rey Street ['keərɪ] *s.*: ***in ~*** *Brit.* F ‚pleite', bankrott.

'car·fare *s. Am.* Fahrgeld *n*, -preis *m*.

car·go ['kɑːgəʊ] *pl.* **-goes**, *Am. a.* **-gos** *s.* ⚓, ✈ Ladung *f*, Fracht(gut *n*) *f*; **~ boat** *s.* ⚓ Frachtschiff *n*; **'~-ˌcar·ry·ing** *adj.* Fracht..., Transport...: ***~ glider*** Lastensegler *m*; **~ hold** *s.* Laderaum *m*; **~ par·a·chute** *s.* Lastenfallschirm *m*; **~ plane** *s.* ✈ Trans'portflugzeug *n*.

car hire *s.* Autovermietung *f*: ***~ booking*** Mietwagenbuchung *f*; ***~ company*** (*od.* ***firm***) Autoverleih *m*, Mietwagenfirma *f*.

'car·hop *s. Am.* Kellner(in) in e-m Drive-'in-Restauˌrant.

Car·ib·be·an [ˌkærɪ'biːən] **I** *adj.* ka'ribisch; **II** *s. geogr.* Ka'ribisches Meer.

car·i·bou, **car·i·boo** ['kærɪbuː] *s. zo.* 'Karibu *m*.

car·i·ca·ture ['kærɪkəˌtjʊə] **I** *s.* Karika'tur *f* (*a. fig.*); **II** *v/t.* karikieren; **'car·i·caˌtur·ist** [-ʊərɪst] *s.* Karikatu'rist *m*.

car·i·es ['keəriːz] *s.* ⚕ 'Karies *f*: a) Knochenfraß *m*, b) Zahnfäule *f*.

car·il·lon ['kærɪljən] *s.* (Turm)Glockenspiel *n*, 'Glockenspielmuˌsik *f*.

car·ing ['keərɪŋ] *adj.* liebevoll, mitfühlend; sozi'al (engagiert).

car in·sur·ance *s.* Kraftfahrzeugversicherung *f*.

Ca·rin·thi·an [kə'rɪnθɪən] **I** *adj.* kärntnerisch; **II** *s.* Kärntner(in).

car·i·ous ['keərɪəs] *adj.* ⚕ kari'ös, angefressen, faul.

car| jack *s.* ⚙ Wagenheber *m*; **'~ˌjack·ing** *s. bsd. Am.* 'Carˌjacking *n*, Autoentführung *f*; **'~·load** *s.* **1.** Wagenladung *f*; **2.** *Am.* a) Güterwagenladung *f*, b) Mindestladung *f* (*für Frachterмäßigung*); **3.** *Am. fig.* ‚Haufen' *m*, Menge *f*; **'~·man** [-mən] *s.* [*irr.*] **1.** Fuhrmann *m*; **2.** (Kraft)Fahrer *m*; **3.** Spedi'teur *m*.

car·mine ['kɑːmaɪn] **I** *s.* Kar'minrot *n*; **II** *adj.* kar'minrot.

car·nage ['kɑːnɪdʒ] *s.* Blutbad *n*, Gemetzel *n*.

car·nal ['kɑːnl] *adj.* □ fleischlich, sinnlich; geschlechtlich: ***~ knowledge*** ⚖ Geschlechtsverkehr (***of*** mit); **car·nal·i·ty** [kɑː'nælətɪ] *s.* Fleischeslust *f*, Sinnlichkeit *f*.

car·na·tion [kɑː'neɪʃn] *s.* **1.** ⚘ (Garten-)Nelke *f*; **2.** Blassrot *n*.

car·net ['kɑːneɪ] *s. mot.* Car'net *n*, 'Zollpasˌsierschein *m*.

car·ni·val ['kɑːnɪvl] *s.* **1.** 'Karneval *m*, Fasching *m*; **2.** Volksfest *n*; **3.** ausgelassenes Feiern; **4.** *Am.* (Sport- *etc.*)Veranstaltung *f*.

car·niv·o·ra [kɑː'nɪvərə] *s. pl. zo.* Fleischfresser *pl.*; **car·ni·vore** ['kɑːnɪvɔː] *s. zo.* Fleischfresser *m*, *bsd.* Raubtier *n*; **car'niv·o·rous** [-rəs] *adj. zo.* Fleisch fressend.

car·ob ['kærəb] *s.* ⚘ Jo'hannisbrot(baum *m*).

car·ol ['kærəl] **I** *s.* **1.** Freuden-, *bsd.* Weihnachtslied *n*; **II** *v/i.* **2.** Weihnachtslieder singen; **3.** jubilieren.

Car·o·lin·gi·an [ˌkærəʊ'lɪndʒɪən] *hist.* **I** *adj.* 'karolingisch; **II** *s.* 'Karolinger *m*.

car·om ['kærəm] *bsd. Am.* **I** *s.* **1.** *Billard*: Karambo'lage *f*; **II** *v/i.* **2.** karambolieren; **3.** abprallen.

ca·rot·id [kə'rɒtɪd] *s. u. adj. anat.* (die) Halsschlagader (betreffend).

ca·rous·al [kə'raʊzl] *s.* Trinkgelage *n*, Zeche'rei *f*; **ca·rouse** [kə'raʊz] **I** *v/i.* (lärmend) zechen; **II** *s.* → ***carousal***.

carp[1] [kɑːp] *v/i.* (***at***) nörgeln (an *dat.*), kritteln (über *acc.*).

carp[2] [kɑːp] *s. ichth.* Karpfen *m*.

car·pal ['kɑːpl] *anat.* **I** *adj.* Handwurzel...; **II** *s.* Handwurzelknochen *m*.

car park *s.* Parkplatz *m*, -haus *n*: ***underground ~*** Tiefgarage *f*.

car·pel ['kɑːpel] *s.* ⚘ Fruchtblatt *n*.

car·pen·ter ['kɑːpəntə] **I** *s.* Zimmermann *m*; **II** *v/t. u. v/i.* zimmern; **~ ant** *s. zo.* Holzameise *f*; **~ bee** *s. zo.* Holzbiene *f*.

car·pen·ter's| bench ['kɑːpəntəz] *s.* Hobelbank *f*; **~ lev·el** *s.* ⚙ Setzwaage *f*.

car·pen·try ['kɑːpəntrɪ] *s.* Zimmerhandwerk *n*; Zimmerarbeit *f*.

car·pet ['kɑːpɪt] **I** *s.* **1.** Teppich *m* (*a. fig.*), (*Treppen- etc.*)Läufer *m*: ***be on the ~*** *fig.* a) zur Debatte stehen, auf dem Tapet sein, b) F ‚zs.-gestaucht' werden; ***sweep under the ~*** *a. fig.* unter den Teppich kehren; → ***red carpet***; **II** *v/t.* **2.** mit (*od.* wie mit) e-m Teppich belegen; **3.** *Brit.* F ‚zs.-stauchen'; **~ bag** *s.* Reisetasche *f*; **'~ˌbag·ger** *s. Am.* F **1.** (po'litischer) Abenteurer (*ursprünglich nach dem Bürgerkrieg*); **2.** *allg.* Schwindler *m*; **~ bomb·ing** *s.* ⚔ Bombenteppichwurf *m*; **~ dance** *s.* zwangloses Tänzchen; **'~·knight** *s. Brit.* Sa'lonlöwe *m*; **~ sweep·er** *s.* 'Teppichkehrmaˌschine *f*.

car·phone ['kɑːfəʊn] *s.* Autotelefon *n*.

carp·ing ['kɑːpɪŋ] **I** *s.* Kritte'lei *f*; **II** *adj.* □ krittelig: ***~ criticism*** → I.

car| pool *s.* **1.** Fuhrpark *m*; **2.** Fahrgemeinschaft *f*; **'~·port** *s.* Einstellplatz *m* (*im Freien*).

car·pus ['kɑːpəs] *pl.* **-pi** [-paɪ] *s. anat.* Handgelenk *n*, -wurzel *f*.

car·rel ['kærəl] *s.* Lesenische *f* (*in e-r Bibliothek*).

car rent·al *s.* Autovermietung *f*: ***~ company*** (*od.* ***firm***) Autoverleih *m*, Mietwagenfirma *f*.

car·riage ['kærɪdʒ] *s.* **1.** Wagen *m*, Kutsche *f*: ***~ and pair*** Zweispänner *m*; **2.** *Brit.* Eisenbahnwagen *m*; **3.** Beförderung *f*, Trans'port *m*: ***~ by sea*** Seetransport; **4.** ✝ Trans'portkosten *pl.*, Fracht(gebühr) *f*, Fuhrlohn *m*, Rollgeld *n*: ***~ paid*** frachtfrei, franko; ***~ forward*** *Brit.* Fracht gegen Nachnahme; **5.** ⚔ La'fette *f*; **6.** ✈ Fahrgestell *n*; **7.** a) Karren *m*, Laufbrett *n* (*e-r Druckerpresse*), b) Wagen *m* (*e-r Schreibmaschine etc.*), c) Schlitten *m* (*e-r Werkzeugmaschine*); **8.** (Körper)Haltung *f*, Gang *m*: ***a graceful ~***; **9.** *pol.* 'Durchbringen *n*, Annahme *f* (*Gesetz etc.*); **'car·riage·a·ble** [-dʒəbl] *adj.* befahrbar.

car·riage| bod·y *s.* Wagenkasten *m*, Karosse'rie *f*; **'~·drive** *s.* Fahrweg *m*; **'~·road**, **'~·way** *s. Brit.* Fahrbahn *f*.

car·ri·er ['kærɪə] *s.* **1.** Über'bringer *m*, Bote *m*; **2.** Spedi'teur *m*, *a.* ***~s*** *pl.* Spediti'onsfirma *f*: ***common ~*** ✝ Frachtführer *m*, Transportunternehmer *m*, -unternehmen *n* (*a.* 🚂, ⚓ *etc.*); **3.** ⚕ ('Krankheits)Überˌträger *m*; Keimträger *m*; **4.** ⚗ (Über)'Träger *m*, Kataly'sator *m*; **5.** ⚡ Träger(strom *m*, -welle *f*) *m*; **6.** Träger *m*, Tragbehälter *m*, -netz *n*, -kiste *f*, -gestell *n*; Gepäckhalter *m am Fahrrad*; *mot.* Dachgepäckträger *m*; **7.** ⚙ a) Schlitten *m*, Trans'port *m*, b) Mitnehmer *m*; **8.** *abbr. für* ***aircraft carrier***; **~ bag** *s.* Tragtasche *f*, -tüte *f*;

~ pi·geon *s.* Brieftaube *f*; **~ rock·et** *s.* 'Trägerra,kete *f*.

car ring·ing ['kɑː,rɪŋɪŋ] *s. betrügerisches Abändern der Identität e-s Kfz durch Anbringen e-s falschen Kennzeichens.*

car·ri·on ['kærɪən] *s.* **1.** Aas *n*; **2.** verdorbenes Fleisch; **3.** *fig.* Unrat *m*, Schmutz *m*; **~ bee·tle** *s. zo.* Aaskäfer *m*.

car·rot ['kærət] *s.* **1.** ⚘ Ka'rotte *f*, Mohrrübe *f*: ***~ or stick*** *fig.* Zuckerbrot oder Peitsche; ***hold out a ~ to s.o.*** *fig.* j-n zu ködern versuchen; **2.** F a) *pl.* rotes Haar, b) Rotkopf *m*; **'car·rot·y** [-tɪ] *adj.* **1.** gelbrot; **2.** rothaarig.

car·rou·sel [,kærʊ'zel] *s. bsd. Am.* Karus'sell *n*.

car·ry ['kærɪ] **I** *s.* **1.** Trag-, Schussweite *f*; **2.** Flugstrecke *f* (*Golfball*); **3.** → ***portage*** 2; **II** *v/t.* **4.** tragen: ***~ a burden***; ***~ o.s.*** (*od.* ***one's body***) ***well*** e-e gute (Körper)Haltung haben; **5.** bei sich haben, (an sich) haben: ***~ money about one*** Geld bei sich haben; ***~ in one's head*** im Kopf haben *od.* behalten; ***~ authority*** großen Einfluss ausüben; ***~ conviction*** überzeugen(d sein *od.* klingen); ***~ a moral*** e-e Moral (zum Inhalt) haben; **6.** befördern, bringen; mit sich bringen *od.* führen; (ein)bringen: ***railways ~ goods*** die Eisenbahnen befördern Waren; ***~ a message*** e-e Nachricht überbringen; ***~ interest*** Zinsen tragen *od.* bringen; ***~ insurance*** versichert sein; ***~ consequences*** Folgen haben; **7.** (hin'durch-, he'rum)führen; fortsetzen, ausdehnen: ***~ a wall around the park*** e-e Mauer um den Park ziehen; ***~ to excess*** übertreiben; ***you ~ things too far*** du treibst die Dinge zu weit; **8.** erlangen, gewinnen; erobern (*a.* ⚔): ***~ all before one*** auf der ganzen Linie siegen, vollen Erfolg haben; ***~ the audience with one*** die Zuhörer mitreißen; ***~ an election*** e-e Wahl gewinnen; ***~ a district*** *Am.* e-n Wahlkreis *od.* -bezirk erobern, den Wahlsieg in e-m Bezirk davontragen; **9.** 'durchbringen, -setzen: ***~ a motion*** e-n Antrag durchbringen; ***carried unanimously*** einstimmig angenommen; ***~ one's point*** s-e Ansicht durchsetzen, sein Ziel erreichen; **10.** *Waren* führen; *Zeitungsmeldung* bringen; **11.** *Rechnen*: über'tragen, ‚sich merken': ***~ two*** gemerkt zwei; ***~ to a new account*** ⚚ auf neue Rechnung vortragen; **III** *v/i.* **12.** *weit* tragen, reichen (*Stimme, Schall; Schusswaffen*);

Zssgn mit adv.:

car·ry| a·way *v/t.* **1.** wegtragen; fortreißen (*a. fig.*); **2.** *fig.* hinreißen: a) begeistern, b) verleiten: ***get carried away*** a) in Verzückung geraten, b) die Selbstkontrolle verlieren, sich hinreißen lassen (***into doing*** *et.* zu tun); **~ for·ward** *v/t.* **1.** fortsetzen, vor'anbringen; **2.** ⚚ *Summe od. Saldo* vortragen: ***amount carried forward*** a) Vor-, Übertrag *m*, b) *Rechnen*: Transport *m*; **~ off** *v/t.* forttragen, -schaffen; ab-, entführen, verschleppen; *j-n* hinwegraffen (*Krankheit*); *Preis etc.* gewinnen, erringen; **~ on I** *v/t.* **1.** *fig.* fortführen, -setzen; *Plan* verfolgen; *Geschäft* betreiben; *Gespräch* führen; **II** *v/i.* **2.** fortfahren; weitermachen; **3.** fortbestehen; **4.** F a) ein ‚The'ater' *od.* e-e Szene machen, sich schlecht aufführen, es wild *od.* wüst treiben, b) ‚es (*ein Verhältnis*) haben' (***with*** mit); **~ out** *v/t.* aus-, 'durchführen, erfüllen; **~ o·ver** *v/t.* ⚚ **1.** → ***carry forward*** 2; **2.** *Waren* übrig behalten; **3.** *Börse*: prolongieren; **~ through** *v/t.* 'durchführen; *j-m* 'durchhelfen, *j-n* 'durchbringen.

'car·ry|·all *s. Am.* **1.** Per'sonen,auto *n* mit Längssitzen; **2.** große (Einkaufs-, Reise)Tasche; **'~·cot** *s.* (Baby)Tragetasche *f*; **'~-,for·ward** *s.* ⚚ *Brit.* ('Saldo-)Vortrag *m*, 'Übertrag *m*.

car·ry·ing ['kærɪɪŋ] *s.* Beförderung *f*; Trans'port *m*; **~ a·gent** *s.* Spedi'teur *m*; **~ ca·pac·i·ty** *s.* Lade-, Tragfähigkeit *f*; **,~-'on** *pl.* **,~s-'on** *s.* F **1.** ‚The'ater' *n*: a) Getue *n*, b) Af'färe *f*; **2.** schlechtes Benehmen; **~ trade** *s.* Spediti'onsgewerbe *n*.

,car·ry'o·ver *s.* ⚚ **1.** → ***carry-forward***; **2.** *Brit. Börse*: Prolongati'on *f*: ***~ rate*** Reportsatz *m*.

'car|·sick *adj.* eisenbahn- *od.* autokrank; **'~-,sick·ness** *s.* Autokrankheit *f*, Übelkeit *f* beim Autofahren.

cart [kɑːt] **I** *s.* (Fracht)Karren *m*, Lieferwagen *m*; Handwagen *m*, *Am.* Einkaufswagen *m* (*im Supermarkt*): ***put the ~ before the horse*** *fig.* das Pferd beim Schwanz aufzäumen; ***in the ~*** *Brit.* F in der Klemme; **II** *v/t.* karren, fördern, fahren: ***~ about*** umherschleppen; **'cart·age** [-tɪdʒ] *s.* Fuhrlohn *m*, Rollgeld *n*.

carte blanche [,kɑːt'blɑ̃ːnʃ] *s.* **1.** ⚚ Blan'kett *n*; **2.** *fig.* unbeschränkte Vollmacht: ***have ~*** (völlig) freie Hand haben.

car·tel [kɑː'tel] *s.* **1.** ⚚, *a. pol.* Kar'tell *n*; **2.** ⚔ Abkommen *n* über den Austausch von Kriegsgefangenen; **car·tel·i·za·tion** [,kɑːtəlaɪ'zeɪʃn] *s.* ⚚ Kartellierung *f*; **car·tel·ize** ['kɑːtəlaɪz] *v/t. u. v/i.* ⚚ kartellieren.

cart·er ['kɑːtə] *s.* ('Roll)Fuhrunter,nehmer *m*.

Car·te·sian [kɑː'tiːzjən] **I** *adj.* kartesi'anisch; **II** *s.* Kartesi'aner *m*, Anhänger *m* der Lehre Des'cartes'.

'cart-horse *s.* Zugpferd *n*.

Car·thu·sian [kɑː'θjuːzjən] *s.* **1.** Kar'täuser(mönch) *m*; **2.** Schüler *m* der Charterhouse-Schule (*in England*).

car·ti·lage ['kɑːtɪlɪdʒ] *s. anat., zo.* Knorpel *m*; **car·ti·lag·i·nous** [,kɑːtɪ'lædʒɪnəs] *adj.* knorpelig.

'cart·load *s.* Wagenladung *f*, Fuhre *f*; *fig.* Haufen *m*.

car·tog·ra·pher [kɑː'tɒgrəfə] *s.* Karto'graph *m*, Kartenzeichner *m*; **car'tog·ra·phy** [-fɪ] *s.* Kartogra'phie *f*.

car·ton ['kɑːtən] *s.* **1.** (Papp)Schachtel *f*, Kar'ton *m*: ***a ~ of cigarettes*** e-e Stange Zigaretten; **2.** das ‚Schwarze' (*der Zielscheibe*).

car·toon [kɑː'tuːn] *s.* **1.** Karika'tur *f*: ***~ (film)*** Zeichentrickfilm *m*; **2.** *mst pl.* Cartoon(s *pl.*) *m*, Comics-Serie *f*, Bilder(fortsetzungs)geschichte *f*; **3.** *paint.* Kar'ton *m*, Entwurf *m* (*in natürlicher Größe*); **car'toon·ist** [-nɪst] *s.* Karika'turist *m*.

car·touch(e) [kɑː'tuːʃ] *s.* △ Kar'tusche *f* (*Ornament*).

car·tridge ['kɑːtrɪdʒ] *s.* **1.** ⚔ a) Pat,rone *f*, b) *Artillerie*: Kar'tusche *f*: ***blank ~*** Platzpatrone *f*; **2.** *phot.* ('Film-)Pa,trone *f* (*Kleinbildkamera*), (-)Kas,sette *f* (*Film- od. Kassettenkamera*); **3.** Tonabnehmer *m*; **4.** ('Füllhalter-)Pa,trone *f*; **~ belt** *s.* ⚔ Pa'tronengurt *m*; **~ case** *s.* Pa'tronenhülse *f*; **~ clip** *s.* Ladestreifen *m*; **~ pa·per** *s.* 'Zeichenpa,pier *n*; **~ pen** *s.* Pa'tronenfüllhalter *m*.

'cart|·wheel *s.* **I** *s.* **1.** Wagenrad *n*; **2.** ***turn a ~*** *sport* Rad schlagen; **II** *v/i.* **3.** Rad schlagen; **4.** sich mehrmals (seitlich) über'schlagen; **'~·wright** *s.* Stellmacher *m*, Wagenbauer *m*.

carve [kɑːv] **I** *v/t.* **1.** (*in*) *Holz* schnitzen, (*in*) *Stein* meißeln: ***~ out of stone*** aus Stein meißeln *od.* hauen; ***~ one's name on a tree*** s-n Namen in e-n Baum einritzen *od.* -schneiden; **2.** mit Schnitze'reien *etc.* verzieren: ***~ the leg of a table***; **3.** *Fleisch* vorschneiden, zerlegen, tranchieren; **4.** *fig. oft* ***~ out*** gestalten: ***~ out a fortune*** ein Vermögen machen; ***~ out a career for o.s.*** sich e-e Karriere aufbauen; **5.** ***~ up*** aufteilen, zerstückeln; **6.** ***~ up*** F *j-n* mit dem Messer übel zurichten; **II** *v/i.* **7.** schnitzen, meißeln; **8.** (Fleisch) vorschneiden.

car·vel ['kɑːvl] → ***caravel***; **'~-built** *adj.* ⚓ kra'weelgebaut.

carv·er ['kɑːvə] *s.* **1.** (Holz)Schnitzer *m*, Bildhauer *m*; **2.** Carver *m*, Carving-Ski *m*; **3.** Tranchierer *m*; **4.** a) Tranchiermesser *n*, b) *pl.* Tranchierbesteck *n*; **'carv·er·y** [-ərɪ] *s. Lokal, in dem man für e-n Einheitspreis so viel Fleisch essen kann, wie man will.*

carv·ing ['kɑːvɪŋ] *s.* Schnitze'rei *f*, Schnitzwerk *n*; **~ knife** → ***carver*** 4 a; **~ ski** *s.* Carving-Ski *m*.

'car·wash *s.* **1.** Autowäsche *f*; **2.** (Auto)Waschanlage *f*.

car·y·at·id [,kærɪ'ætɪd] *s.* △ Karya'tide *f*.

cas·cade [kæ'skeɪd] **I** *s.* **1.** Kas'kade *f*, Wasserfall *m*; **2.** *fig.* Kas'kade *f*, *z.B.* Feuerregen *m* (*Feuerwerk*), Faltenbesatz *m*, Faltenwurf *m* (*Kleidung*), *chem. Tandemanordnung von Gefäßen od. Geräten*; **3.** ↯ *a.* ***~ connection*** Kas'kade(nschaltung) *f*; **II** *adj.* **4.** ↯ Kaskaden...(*-motor, -verstärker etc.*); **III** *v/i.* **5.** kas'kadenartig her'abstürzen; wellig fallen; **cas·cad·ing men·u** [kæ'skeɪdɪŋ] *s. Computer*: Untermenü *n*.

case[1] [keɪs] **I** *s.* **1.** Fall *m*, 'Umstand *m*, Vorfall *m*, Sache *f*, Frage *f*: ***a ~ in point*** ein typischer Fall, ein treffendes Beispiel; ***a ~ of fraud*** ein Fall von Betrug; ***a ~ of conscience*** e-e Gewissensfrage; ***a hard ~*** a) ein schwieriger Fall, b) ein schwerer Gegner, c) F ein ‚schwerer Junge'; ***that alters the ~*** das ändert die Sache *od.* Lage; ***in ~*** im Falle, falls; ***in ~ of*** im Falle von (*od. gen.*); ***in ~ of need*** im Notfall; ***in any ~*** auf jeden Fall, jedenfalls; ***in that ~*** in dem Falle; ***if that is the ~*** wenn das der Fall ist, wenn das zutrifft; ***as the ~ may be*** je nachdem; ***it is a ~ of*** es handelt sich um; ***the ~ is this*** die Sache liegt so; ***state one's ~*** s-e Sache *od.* s-n Standpunkt vortragen *od.* vertreten (*a.* ⚖); → 3; ***come down to ~s*** zur Sache kommen; **2.** ⚖ (Rechts)Fall *m*, Pro'zess *m*: ***leading ~*** Präzedenzfall; **3.** ⚖ Sachverhalt *m*; Begründung *f*, Be'weismateri,al *n*; (*a.* begründeter) Standpunkt *e-r Partei*: ***~ for the Crown*** Anklage *f*; ***~ for the defence*** Verteidigung *f*; ***make out a*** (*od.* ***one's***) ***~ for*** (***against***) alle Rechtsgründe *od.* Argumente vorbringen für (gegen); ***he has a strong ~*** er hat schlüssige Beweise, s-e Sache steht günstig; ***he has no ~*** s-e Sache ist unbegründet; ***there is a ~ for s.th.*** et. ist begründet *od.* berechtigt, es gibt triftige Gründe für et.; **4.** *ling.* 'Kasus *m*, Fall *m*,; **5.** ⚕ (Krankheits)Fall *m*; Pati'ent(in): ***two ~s of typhoid*** zwei Typhusfälle *od.* Typhuskranke; ***a mental ~*** F ein Geisteskranker; **6.** *Am.* F komischer Kauz; **II** *v/t.* **7.** ***~ the joint*** *sl.* ‚den Laden ausbaldowern'.

case² [keɪs] **I** *s.* **1.** Kiste *f*, Kasten *m*; Koffer *m*; (*Schmuck*)Kästchen *n*; Schachtel *f*; Behälter *m*; **2.** (*Bücher-, Glas*)Schrank *m*; (*Uhr*)Gehäuse *n*; (*Patronen*)Hülse *f*, (*Samen*)Kapsel *f*; (*Zigaretten*)E'tui *n*; (*Brillen-, Messer*)Futte'ral *n*; (Schutz)Hülle *f* (*für Bücher, Messer etc.*); (*Akten*)Tasche *f*; (*Schreib*)Mappe *f*; (*Kissen*)Bezug *m*, 'Überzug *m*: ***pencil ~*** Federmäppchen *n*; **3.** ⚙ Verkleidung *f*, Einfassung *f*, Mantel *m*, Rahmen *m*; Scheide *f*: ***lower*** (***upper***) ***~*** *typ.* (Setzkasten *m* für) kleine (große) Buchstaben *pl.*; **II** *v/t.* **4.** in ein Gehäuse *od.* Futte'ral *etc.* stecken; **5.** ver-, um'kleiden, um'geben (***in, with*** mit); **6.** *Buchbinderei*: *Buch* einhängen.

'case|·book *s.* **1.** ⚖ kommentierte Entscheidungssammlung; **2.** ⚕ Pati'entenbuch *n*; **~ end·ing** *s. ling.* 'Kasusendung *f*; **'~-ˌhard·ened** *adj.* **1.** *metall.* schalenhart, im Einsatz gehärtet; **2.** *fig.* abgehärtet, hartgesotten; **~ his·to·ry** *s.* **1.** Vorgeschichte *f* (*e-s Falles*); **2.** ⚕ Krankengeschichte *f*, Ana'mnese *f*; **3.** typisches Beispiel.

ca·se·in ['keɪsiːɪn] *s.* Kase'in *n*.

case law *s.* ⚖ ‚Fallrecht' *n* (*auf Präzedenzfällen beruhend*).

case·mate ['keɪsmeɪt] *s.* ⚔ Kase'matte *f*.

case·ment ['keɪsmənt] *s.* a) Fensterflügel *m*, b) *a.* ***~-window*** Flügelfenster *n*.

ca·se·ous ['keɪsɪəs] *adj.* käsig, käseartig.

case| shot *s.* ⚔ Schrap'nell *n*, Kar'tätsche *f*; **~ stud·y** *s.* (Einzel)Fallstudie *f*; **'~·work** *s. sociol.* Einzelfallhilfe *f*, sozi'ale Einzelarbeit; **'~ˌwork·er** *s.* Sozi'alarbeiter(in) (für Individu'albetreuung).

cash¹ [kæʃ] **I** *s.* **1.** (Bar)Geld *n*; **2.** ✝ Barzahlung *f*, Kasse *f*: ***~ down, for ~*** gegen Barzahlung, in bar; ***~ in advance*** gegen Vorauszahlung; → ***cash and carry***; ***~ at bank*** Bankguthaben *n*; ***~ in hand*** Bar-, Kassenbestand *m*; ***~ on delivery*** per Nachnahme, zahlbar bei Lieferung; ***~ with order*** zahlbar bei Bestellung; ***be in*** (***out of***) ***~*** bei (nicht bei) Kasse sein; ***he is rolling in ~*** er hat Geld wie Heu; **II** *v/t.* **3.** *Scheck etc.* einlösen, -kassieren; **~ in I** *v/t.* **1.** *Poker etc.*: *s-e Spielmarken* einlösen; **II** *v/i.* **2.** F ‚abkratzen', sterben; **3.** F **~** (***on***) ‚absahnen' (bei), profitieren (von).

cash² [kæʃ] *s. sg. u. pl.* Käsch *n* (*kleine Münze in Indien u. China*).

cash| ac·count *s.* ✝ Kassenkonto *n*; **~ ad·vance** *s.* Barkredit *m*; **~ and car·ry I** *s.* **1.** Selbstabholung *f* gegen Barzahlung; **2.** Cash-and-carry-Geschäft *n*; **II** *adv.* **3.** (nur) gegen Barzahlung u. Selbstabholung; **ˌ~-and-'car·ry** *adj.* Cash-and-carry-...; **~ au·dit** *s.* Kassenprüfung *f*; **~ bal·ance** *s.* Kassenbestand *m*; Barguthaben *n*; **~ book** *s.* Kassenbuch *n*; **~ card** *s.* Geldautomatenkarte *f*; **~ cheque** *s. Brit.* Barscheck *m*; **~ cow** *s. fig.* Melkkuh *f*, ✝ Cash-Cow *f*; **~ crop** *s.* für den Verkauf bestimmte Anbaufrucht; **~ desk** *s.* Kasse *f im Warenhaus etc.*; **~ dis·count** *s.* 'Barzahlungsraˌbatt *m*; **~ dis·pens·er** *s.* 'Geldautoˌmat *m*; **~ div·i·dend** *s.* Barausschüttung *f*.

ca·shew [kæ'ʃuː] *s.* **1.** Aca'joubaum *m*; **2.** *a.* ***~ nut*** Aca'jou-, 'Cashewnuss *f*.

cash flow *s.* ✝ Cash-Flow *m*, Kassenzufluss *m*.

cash·ier¹ [kæ'ʃɪə] *s.* Kassierer(in): ***~'s check*** *Am.* Bankscheck *m*; ***~'s desk*** *od.* ***office*** Kasse *f*.

cash·ier² [kə'ʃɪə] *v/t.* ⚔ (unehrenhaft) entlassen.

cash·less ['kæʃlɪs] *adj.* ✝ bargeldlos.

cash·mere [kæʃ'mɪə] *s.* **1.** 'Kaschmir *m* (*feiner Wollstoff*); **2.** 'Kaschmirwolle *f*.

cash·o·mat ['kæʃəʊmæt] → ***cash dispenser***.

cash| pay·ment *s.* Barzahlung *f*; **'~·point** *s. Brit.* Geldautomat *m*; **~ price** *s.* Bar(zahlungs)preis *m*; **~ prob·lem** *s.* Liquiditätsproblem *n*; **~ po·si·tion** *s.* Liquiditätslage *f*; **~ re·ceipts** *s. pl.* Bareinnahmen *pl*; **~ reg·is·ter** *s.* Registrierkasse *f*; **~ sale** *s.* Barverkauf *m*; **~ set·tle·ment** *s.* Barausgleich *m*, Barabgeltung *f*; **~ sur·ren·der val·ue** *s.* Rückkaufswert *m* (*e-r Police*); **~ vouch·er** *s.* Kassenbeleg *m*.

cas·ing ['keɪsɪŋ] *s.* **1.** Be-, Um'kleidung *f*, Um'hüllung *f*; **2.** (Fenster)Futter *n*; (Tür)Verkleidung *f*; **3.** Gehäuse *n*, Futte'ral *n*; *mot.* Mantel *m e-s Reifens*; **4.** (Wurst)Darm *m*, (-)Haut *f*.

ca·si·no [kə'siːnəʊ] *pl.* **-nos** *s.* ('Spiel-, Unter'haltungs)Kaˌsino *n*.

cask [kɑːsk] *s.* Fass *n*; (hölzerne) Tonne: ***a ~ of wine*** ein Fass Wein; **'~-conˌditioned** *adj.* fassvergoren, ungefiltert u. nicht pasteurisiert (*Bier, Real Ale*).

cas·ket ['kɑːskɪt] *s.* **1.** (Schmuck)Kästchen *n*; **2.** (Bestattungs)Urne *f*; **3.** *Am.* Sarg *m*.

Cas·pi·an ['kæspɪən] *adj.* kaspisch: ***~ Sea*** Kaspisches Meer.

Cas·san·dra [kə'sændrə] *s. fig.* Kas'sandra *f* (*Unglücksprophetin*).

cas·sa·tion [kæ'seɪʃn] *s.* ⚖ Kassati'on *f*: ***Court of ℒ*** Kassationshof *m*.

cas·se·role ['kæsərəʊl] *s.* Kasse'rolle *f*, Schmortopf *m* (mit Griff).

cas·sette [kæ'set] *s.* ('Film-, 'Tonband- *etc.*)Kaˌsette *f*; **~ re·cord·er** *s.* Kas'settenreˌkorder *m*.

cas·sock ['kæsək] *s. eccl.* Sou'tane *f*.

cast [kɑːst] **I** *s.* **1.** Wurf *m* (*a. mit Würfeln*); **2.** a) Auswerfen *n* (*Angel, Netz, Lot*), b) Angelhaken *m*; **3.** a) Auswurf *m* (*gewisser Tiere*), *bsd.* Gewölle *n* (*von Raubvögeln*), b) abgestoßene Haut (*Schlange, Insekt*); **4.** ***~ in the eye*** Schielen *n*; **5.** Aufrechnung *f*, Additi'on *f*; **6.** ⚙ Gussform *f*, Abguss *m*, -druck *m*; ⚕ Gipsverband *m*; *fig.* Zuschnitt *m*, Anordnung *f*; **7.** *thea.* (Rollen)Besetzung *f*; Mitwirkende *pl.*; Truppe *f*; **8.** Farbton *m*; *fig.* Anflug *m*; **9.** Typ *m*, Art *f*, Schlag *m*: ***~ of mind*** Geistesart *f*; ***~ of features*** Gesichtsausdruck *m*; **II** *v/t.* [*irr.*] **10.** werfen: ***the die is ~*** die Würfel sind gefallen; ***~ s.th. in s.o.'s teeth*** j-m et vorwerfen; **11.** *Angel, Netz, Anker, Lot* (aus)werfen; **12.** *zo.* a) *Haut, Geweih* abwerfen, b) *Junge* vorzeitig werfen; **13.** *fig. Blick, Licht, Schatten* werfen; *Horoskop* stellen: ***~ the blame*** die Schuld zuschieben (***on*** *dat.*); ***~ a slur*** (***on***) verunglimpfen (*acc.*); ***~ one's vote*** s-e Stimme abgeben; ***~ lots*** losen; **14.** *thea.* a) *Stück* besetzen: ***the play is well ~***, b) *Rollen* besetzen, verteilen: ***he was badly ~*** er war e-e Fehlbesetzung; **15.** *Metall, Statue etc.* gießen; *fig.* formen, bilden, anordnen; **16.** ⚖ *pass.* ***be ~ in costs*** zu den Kosten verurteilt werden; **17.** *a.* ***~ up*** aus-, zs.-rechnen: ***to ~ accounts*** Abrechnung machen; **III** *v/i.* [*irr.*] **18.** sich werfen, sich (ver)ziehen; **19.** die Angel auswerfen.

Zssgn mit adv.:

cast| a·bout, ~ a·round *v/i.* **1.** ***~ for*** suchen nach, *fig. a.* sich 'umsehen nach; **2.** ⚓ um'herlavieren; **~ a·way** *v/t.* **1.** wegwerfen; **2.** verschwenden; **3.** ***be ~*** ⚓ verschlagen werden; **~ back** *v/t.*: ***~ one's mind*** (***to***) zu'rückdenken (an *acc.*); **~ down** *v/t.* **1.** *fig.* entmutigen: ***be ~*** niedergeschlagen sein; **2.** *die Augen* niederschlagen; **~ in** *v/t.*: ***~ one's lot with s.o.*** sein Los mit j-m teilen, sich j-m anschließen; **~ off I** *v/t.* **1.** ab-, wegwerfen; *Kleider etc.* ablegen, ausrangieren; **2.** sich befreien von, sich entledigen (*gen.*); **3.** *Freund etc.* fallen lassen; **4.** *Stricken*: *Maschen* abketten; **5.** *typ.* den 'Umfang (*gen.*) berechnen; **II** *v/i.* **6.** ⚓ ablegen, losmachen; **~ on** *v/t. u. v/i. Stricken*: *die ersten Maschen* aufnehmen; **~ out** *v/t.* vertreiben, ausstoßen; **~ up** *v/t.* **1.** *die Augen* aufschlagen; **2.** anspülen; **3.** → ***cast*** 17.

cas·ta·net [ˌkæstə'net] *s.* Kasta'gnette *f*.

'cast·a·way I *s.* **1.** Ausgestoßene(r *m*) *f*; **2.** ⚓ Schiffbrüchige(r *m*) *f* (*a. fig.*); **3.** *et.* Ausrangiertes, *bsd.* abgelegtes Kleidungsstück; **II** *adj.* **4.** ausgestoßen; **5.** ausrangiert (*Möbel etc.*), abgelegt (*Kleider*); **6.** ⚓ schiffbrüchig.

caste [kɑːst] *s.* **1.** (*indische*) Kaste: ***~ feeling*** Kastengeist *m*; **2.** Kaste *f*, Gesellschaftsklasse *f*; **3.** Rang *m*, Stellung *f*, Ansehen *n*: ***lose ~*** an gesellschaftlichem Ansehen verlieren (***with*** bei).

cas·tel·lan ['kæstələn] *s.* Kastel'lan *m*; **'cas·tel·lat·ed** [-leɪtɪd] *adj.* **1.** mit Türmen u. Zinnen; **2.** burgenreich.

cast·er ['kɑːstə] *s.* → ***castor³***.

cas·ti·gate ['kæstɪgeɪt] *v/t.* **1.** züchtigen; **2.** *fig.* geißeln; **3.** *fig. Text* verbessern; **cas·ti·ga·tion** [ˌkæstɪ'geɪʃn] *s.* **1.** Züchtigung *f*; **2.** Geißelung *f*; scharfe Kri'tik; **3.** Textverbesserung *f*.

cast·ing ['kɑːstɪŋ] *s.* **1.** ⚙ a) Guss *m*, Gießen *n*, b) Gussstück *n*; *pl.* Gusswaren *pl.*; **2.** ⚠ (roher) Bewurf; **3.** *thea.* Rollenverteilung *f*; **4.** *a.* ***~-up*** Additi'on *f*; **5.** Fischen *n* (*mit dem Netz*); **~ net** *s.* Wurfnetz *n*; **~ vote** *s.* entscheidende Stimme.

cast| i·ron *s.* Gusseisen *n*; **ˌ~-'i·ron** *adj.* **1.** gusseisern; **2.** *fig.* eisern (*Konstitution, Wille etc.*); hart (*Gesetze etc.*); hieb- u. stichfest (*Alibi*), 'unumˌstößlich, unbeugsam: ***~ constitution*** eiserne Gesundheit.

cas·tle ['kɑːsl] **I** *s.* **1.** Burg *f*, Schloss *n*: ***~s in the air*** (*od.* ***in Spain***) *fig.* Luftschlösser; **2.** *Schach*: Turm *m*; **II** *v/i.* **3.** *Schach*: rochieren; **~ nut** *s.* ⚙ Kronenmutter *f*.

cas·tling ['kɑːslɪŋ] *s. Schach*: Ro'chade *f*.

'cast|·off *s.* **1.** ausrangiertes Kleidungsstück; **2.** *typ.* 'Umfangsberechnung *f*; **ˌ~-'off** *adj.* **1.** abgelegt, ausrangiert: **~** clothes; **2.** *et.* Abgelegtes *od.* Weggeworfenes.

Cas·tor¹ ['kɑːstə] *s. ast.* 'Kastor *m*.

cas·tor² ['kɑːstə] *s. vet.* Spat *m*.

cas·tor³ ['kɑːstə] *s.* **1.** (*Salz- etc.*)Streuer *m*; **2.** *pl.* Me'nage *f*, Gewürzständer *m*; **3.** (schwenkbare) Laufrolle.

cas·tor| oil *s.* ⚕ 'Rizinus-, 'Kastoröl *n*; **~ sug·ar** *s.* 'Kastorzucker *m*.
cas·trate [kæ'streɪt] *v/t.* **1.** ⚕, *vet.* kastrieren (*a. fig. iro.*); **2.** *Buch* zensieren; **cas'tra·tion** [-eɪʃn] *s.* Kastrierung *f*, Kastrati'on *f*.
cast steel *s.* Gussstahl *m*.
cas·u·al ['kæʒjʊəl] **I** *adj.* □ **1.** zufällig, unerwartet; **2.** gelegentlich, unregelmäßig: **~ *labo(u)r(er)*** Gelegenheitsarbeit(er *m*) *f*; **3.** unbestimmt, ungenau; **4.** lässig: a) nachlässig, gleichgültig, b) ungezwungen, zwanglos, *bsd. Mode*: sa'lopp, sportlich: **~ *wear*** Freizeitkleidung *f*; **5.** beiläufig: ***a ~ remark***; **~ *glance*** flüchtiger Blick; **II** *s.* **6.** a) sportliches Kleidungsstück, Straßenanzug *m*, b) *pl.* Slipper *pl.* (*flache Schuhe*); **7.** *Brit.* a) Gelegenheitsarbeiter *m*, b) gelegentlicher Kunde *od.* Besucher; **'cas·u·al·ism** [-lɪzəm] *s. philos.* Kasua'lismus *m*; **'cas·u·al·ness** [-nɪs] *s.* (Nach)Lässigkeit *f*, Gleichgültigkeit *f*.
cas·u·al·ty ['kæʒjʊəltɪ] *s.* **1.** Unfall *m* (*e-r Person*); **2.** a) Verunglückte(r *m*) *f*, (Unfall)Opfer *n*, b) ⚔ Verwundete(r) *m od.* Gefallene(r) *m*: ***casualties*** Opfer *pl. e-r Katastrophe etc.*, ⚔ *mst* Verluste *pl.*; **~ *list*** Verlustliste *f*; **3.** *a.* **~ *department*** *od.* ***ward*** ⚕ Notaufnahme *f*.
cas·u·ist ['kæzjʊɪst] *s.* Kasu'ist *m*; **cas·u·is·tic**, **cas·u·is·ti·cal** [ˌkæzjʊ'ɪstɪk(l)] *adj.* □ **1.** kasu'istisch; **2.** spitzfindig; **'cas·u·ist·ry** [-trɪ] *s.* **1.** Kasu'istik *f*; **2.** Spitzfindigkeit *f*.
cat [kæt] *s.* **1.** *zo.* Katze *f*: ***let the ~ out of the bag*** die Katze aus dem Sack lassen; ***it's raining ~s and dogs*** F es gießt wie mit Kübeln; ***has the ~ got your tongue?*** hat es dir die Sprache verschlagen?; ***wait for the ~ to jump*** *od.* ***see which way the ~ jumps*** *fig.* sehen, wie der Hase läuft; ***that ~ won't jump!*** F so gehts nicht!; ***set the ~ among the pigeons*** für helle Aufregung sorgen; ***think one is the cat's whiskers*** *od.* ***pyjamas*** sich für was Besonderes halten; ***not room to swing a ~*** *sl.* kaum Platz zum Umdrehen; ***they lead a ~-and-dog life*** sie leben wie Hund u. Katze; ***it's enough to make a ~ laugh*** F da lachen ja die Hühner; **2.** *zo. bsd. pl.* (Fa'milie *f* der) Katzen *pl.*; **3.** *fig.* falsche Katze (*Frau*): ***old ~*** alte Hexe; **4.** *Am. sl.* a) 'Jazzfaˌnatiker *m*, b) *a.* ***cool ~*** ‚dufter Typ'; **5.** ⚓ Kattanker *m*; **6.** *mot.* F Kat *m* (*Katalysator*): **~ *car*** F Katauto *n*.
cat·a·clysm ['kætəklɪzəm] *s.* **1.** *geol.* Kata'klysmus *m*, erdgeschichtliche Kata'strophe; **2.** Über'schwemmung *f*; **3.** *fig.* (gewaltige) 'Umwälzung.
cat·a·comb ['kætəku:m] *s.* Kata'kombe *f*.
cat·a·falque ['kætəfælk] *s.* **1.** Kata'falk *m*; **2.** offener Leichenwagen.
Cat·a·lan ['kætələn] **I** *adj.* kata'lanisch; **II** *s.* Kata'lane *m*, Kata'lanin *f*.
cat·a·lep·sis [ˌkætə'lepsɪs], **cat·a·lep·sy** ['kætəlepsɪ] *s.* ⚕ Starrkrampf *m*.
cat·a·logue, *Am. a.* **cat·a·log** ['kætəlɒg] **I** *s.* **1.** Kata'log *m*; **2.** Verzeichnis *n*, (Preis- *etc.*)Liste *f*; **3.** *Am. univ.* Vorlesungsverzeichnis *n*; **II** *v/t.* **4.** katalogisieren.
ca·tal·y·sis [kə'tælɪsɪs] *s.* ⚗ Kata'lyse *f*; **cat·a·lyst** ['kætəlɪst] *s.* ⚗ *u. fig.* Kataly'sator *m*; **cat·a·lyt·ic** [ˌkætə'lɪtɪk] **I** *adj.* ⚗ kata'lytisch: **~ *converter*** Kataly'sator *m*; **II** *s.* → ***catalyst***; **cat·a·lyze** ['kætəlaɪz] *v/t.* katalysieren (*a. fig.*); **cat·a·lyz·er** ['kætəlaɪzə] → ***catalyst***.
cat·a·ma·ran [ˌkætəmə'ræn] *s.* **1.** ⚓ a) Floß *n*, b) Auslegerboot *n*; **2.** F ‚Kratzbürste' *f*, Xan'thippe *f*.
cat·a·mite ['kætəmaɪt] *s.* Lustknabe *m*.
cat·a·plasm ['kætəplæzəm] *s.* ⚕ 'Breiˌumschlag *m*, Kata'plasma *n*.
cat·a·pult ['kætəpʌlt] **I** *s.* **1.** Kata'pult *m*, *n*: a) *hist.* 'Wurfmaˌschine *f*, b) (Spiel)Schleuder *f*, c) ✈ Startschleuder *f*; **II** *adj.* **2.** ✈ Schleuder...(*-sitz, -start*); **III** *v/t.* **3.** schleudern, katapultieren (*a.* ✈); **4.** mit e-r Schleuder beschießen.
cat·a·ract ['kætərækt] *s.* **1.** Kata'rakt *m*: a) Wasserfall *m*, b) Stromschnelle *f*, c) *fig.* Flut *f*; **2.** ⚕ grauer Star.
ca·tarrh [kə'tɑ:] *s.* ⚕ Ka'tarr(h) *m*; Schnupfen *m*; **ca'tarrh·al** [-ɑ:rəl] *adj.* katar'r(h)alisch: **~ *syringe*** Nasenspritze *f*.
ca·tas·tro·phe [kə'tæstrəfɪ] *s.* Kata'strophe *f* (*a. im Drama u. geol.*), Verhängnis *n*, Unheil *n*, Unglück *n*; **cat·a·stroph·ic**, **cat·a·stroph·i·cal** [ˌkætə'strɒfɪk(l)] *adj.* katastro'phal.
'cat|·bird *s. orn.* amer. Spottdrossel *f*; **'~·boat** *s.* ⚓ kleines Segelboot (*mit einem Mast*); **~ bur·glar** *s.* Fas'sadenkletterer *m*, Einsteigdieb *m*; **'~·call I** *s.* a) Buh(ruf *m*) *n*, b) Pfiff *m*; **II** *v/i.* buhen, pfeifen; **III** *v/t.* *j-n* ausbuhen, -pfeifen.
catch [kætʃ] **I** *s.* **1.** Fangen *n*, Fang *m*; *fig.* Fang *m*, Beute *f*, Vorteil *m*: ***a good ~*** a) ein guter Fang (*beim Fischen u. fig.*), b) e-e gute Partie (*Heirat*); ***no ~*** kein gutes Geschäft; **2.** *Kricket, Baseball*: a) Fang *m*, b) Fänger *m*; **3.** Halter *m*, Griff *m*, Klinke *f*, Haken *m*; **4.** Sperr-, Schließhaken *m*, Schnäpper *m*; Sicherung *f*, Verschluss *m*; **5.** Stocken *n*, Anhalten *n*; **6.** *fig.* a) Haken *m*, Schwierigkeit *f*, b) Falle *f*, Trick *m*, Kniff *m*: ***there is a ~ in it*** die Sache hat e-n Haken; **~*-22*** F gemeiner Trick; **II** *v/t.* [*irr.*] **7.** *Ball, Tier etc.* fangen; *Dieb etc. a.* fassen, ‚schnappen', *a. Blick* erhaschen; *Tropfendes* auffangen; *allg.* erwischen, ‚kriegen': **~ *a train*** e-n Zug erreichen *od.* kriegen; → ***glimpse*** 1, ***sight*** 3; **8.** ertappen, über'raschen (***s.o. at*** j-n bei): ***be caught in the act*** auf frischer Tat ertappt werden; **~ *me (doing that)!*** F ich denke (ja) nicht dran!, ‚denkste'!; ***I caught myself lying*** ich ertappte mich beim Lügen; ***caught in a storm*** vom Unwetter überrascht; **9.** ergreifen, packen, *Gewohnheit, Aussprache* annehmen; → ***hold***[2] 1; **10.** *fig.* fesseln, packen, gewinnen; einfangen; → ***eye*** 2, ***fancy*** 5; **11.** *fig.* ‚mitkriegen', verstehen: ***I didn't ~ what you said***; **12.** einholen: ***I soon caught him***; → ***catch up*** 2; **13.** sich holen *od.* zuziehen, angesteckt werden von (*Krankheit etc.*); → ***cold*** 8, ***fire*** 1; **14.** sich zuziehen, *Strafe, Tadel* bekommen: **~ *it*** F ‚sein Fett abbekommen'; **15.** streifen, mit *et.* hängen bleiben: ***a nail caught my dress*** mein Kleid blieb an e-m Nagel hängen; **~ *one's finger in the door*** sich den Finger in der Tür klemmen; **16.** a) schlagen: **~ *s.o. a blow*** j-m e-n Schlag versetzen, b) *mit e-m Schlag* treffen *od.* ‚erwischen': ***the blow caught him on the chin***; **III** *v/i.* [*irr.*] **17.** greifen: **~ *at*** greifen *od.* schnappen nach, (*fig. Gelegenheit* gern) ergreifen; → ***straw*** 1; **18.** ⚙ (ein)greifen (*Räder*), einschnappen (*Schloss etc.*); **19.** sich verfangen, hängen bleiben: ***the plane caught in the trees***; **20.** klemmen; **21.** *mot.* anspringen; *Zssgn mit adv.*:
catch| on *v/i.* F **1.** ‚kapieren' (***to s.th.*** et.); **2.** Anklang finden, einschlagen; **~ *out*** *v/t.* **1.** ertappen; **2.** *Kricket*: (durch Fangen des Balles) *den Schläger* ‚ausmachen'; **~ *up*** **I** *v/t.* **1.** *j-n* unter'brechen; **2.** *j-n* einholen; **3.** *et.* schnell ergreifen; *Kleid* aufraffen; **4.** ***be caught up in*** a) vertieft sein in (*acc.*), b) verwickelt sein in (*acc.*); **II** *v/i.* **5.** aufholen: **~ *with*** einholen (*a. fig.*); **~ *on*** *od.* ***with*** *et.* auf- *od.* nachholen.
'catch|·all *s. Am.* **1.** Tasche *f od.* Behälter *m* für alles Mögliche; **2.** *fig.* Sammelbezeichnung *f*, -begriff *m*; **'~-as-ˌcatch-'can** *s. sport* Catchen *n*; **~ *wrestler*** Catcher *m*.
catch·er ['kætʃə] *s.* Fänger *m*; **'catch·ing** [-tʃɪŋ] *adj.* **1.** ⚕ ansteckend (*a. fig.*); **2.** *fig.* anziehend, fesselnd; **3.** eingängig (*Melodie*); **4.** verfänglich; arglistig.
catch·ment ['kætʃmənt] *s.* **1.** Auffangen *n von Wasser etc.*; **2.** *geol.* Reservo'ir *n*; **~ *a·re·a*** *s.* Einzugsgebiet *n* (*e-s Flusses; a. fig.*).
'catch|ˌpen·ny **I** *adj.* Schund...; auf Kundenfang berechnet, Lock..., Schleuder...: **~ *title*** reißerischer Titel; **II** *s.* Schundware *f*, 'Ramscharˌtikel *m*; **'~·phrase** *s.* Schlagwort *n*, (hohle) Phrase; **'~·pole**, **'~·poll** *s.* Gerichtsdiener *m*; **~ *ques·tion*** *s.* Fangfrage *f*; **'~·up** → ***ketchup***; **'~·weight** *s. sport* durch keinerlei Regeln beschränktes Gewicht e-s Wettkampfteilnehmers; **'~·word** *s.* **1.** *bsd. thea.* Stichwort *n*; **2.** Schlagwort *n*; **3.** *typ.* a) *hist.* 'Kustos *m*, b) Ko'lumnentitel *m*.
catch·y ['kætʃɪ] *adj.* F **1.** → ***catching*** 2, 3; **2.** unregelmäßig; **3.** schwierig.
cat·e·chism ['kætɪkɪzəm] *s.* **1.** ✝ *eccl.* Kate'chismus *m*; **2.** *fig.* Reihe *f od.* Folge *f* von Fragen; **'cat·e·chist** [-kɪst] *s.* Kate'chet *m*, Religi'onslehrer *m*; **'cat·e·chize** [-kaɪz] *v/t.* **1.** *eccl.* katechisieren; **2.** gründlich ausfragen, examinieren.
cat·e·chu ['kætɪtʃu:] *s.* ⚗ 'Katechu *n*.
cat·e·chu·men [ˌkætɪ'kju:men] *s.* **1.** *eccl.* Konfir'mand(in); **2.** *fig.* Neuling *m*.
cat·e·gor·i·cal [ˌkætɪ'gɒrɪkl] *adj.* □ kate'gorisch, bestimmt, unbedingt; **cat·e·go·ry** ['kætɪgərɪ] *s.* Katego'rie *f*, Klasse *f*, Gruppe *f*.
ca·ter ['keɪtə] **I** *v/i.* **1.** (***for***) Speisen u. Getränke liefern (für): **~*ing industry*** *od.* ***trade*** Gaststättengewerbe *n*; **2.** sorgen (***for*** für); **3.** *fig.* befriedigen (***for, to*** *acc.*); etwas bieten (***to*** *dat.*); **II** *v/t.* **4.** mit Speisen u. Getränken beliefern; **'ca·ter·er** [-ərə] *s.* Liefe'rant *m* für Speisen u. Getränke; **ca·ter·ing serv·ice** *s.* 'Partyˌservice *m*.
cat·er·pil·lar ['kætəpɪlə] *s.* **1.** *zo.* Raupe *f*; **2.** ⚙ (*Warenzeichen*) Raupenfahrzeug *n*.
cat·er·waul ['kætəwɔ:l] **I** *v/i.* **1.** jaulen (*Katze etc.*); **2.** kreischen; keifen; **II** *s.* **3.** Jaulen *n*; **4.** Keifen *n*, Kreischen *n*.
'cat|-eyed *adj.* katzenäugig; *weitS.* im Dunkeln sehend; **'~·fish** *s. ichth.* Katzenfisch *m*, Wels *m*; **'~·foot** *v/i. a.* **~ *it*** F schleichen; **'~·gut** *s.* **1.** Darmsaite *f*; **2.** ⚕ 'Katgut *n*; **3.** *Art* Steifleinen *n*.
ca·thar·sis [kə'θɑ:sɪs] *s.* **1.** *Ästhetik, a. psych.*: 'Katharsis *f*; **2.** ⚕ Abführung *f*.
ca·the·dral [kə'θi:drəl] **I** *s.* Kathe'drale

f, Dom *m*; **II** *adj.* Dom...: **~ church** → I; **~ town** → **city** 2.

Cath·er·ine wheel ['kæθərɪnwiːl] *s.* **1.** ⚠ Katha'rinenrad *n* (*Radfenster*); **2.** *Feuerwerk*: Feuerrad *n*; **3.** *sport* **turn ~s** Rad schlagen.

cath·e·ter ['kæθɪtə] *s.* ⚕ Ka'theter *m.*

cath·ode ['kæθəʊd] *s.* ⚡ Ka'thode *f*; **~ ray** *s.* Ka'thodenstrahl *m*; **'~-ray tube** *s.* Ka'thodenstrahlröhre *f.*

cath·o·lic ['kæθəlɪk] **I** *adj.* (□ **~ally**) **1.** ('all)um,fassend, univer'sal: **~ interests** vielseitige Interessen; **2.** großzügig, tole'rant; **3.** ♰ ka'tholisch; **II** *s.* **4.** ♰ Katho'lik(in); **Ca·thol·i·cism** [kə'θɒlɪsɪzəm] *s.* Katholi'zismus *m*; **cath·o·lic·i·ty** [,kæθəʊ'lɪsətɪ] *s.* **1.** Universali'tät *f*; **2.** Großzügigkeit *f*, Tole'ranz *f*; **3.** a) ka'tholischer Glaube, b) ♰ Katholizi'tät *f* (*Gesamtheit der katholischen Kirche*).

cat ice *s.* dünne Eisschicht.

cat·kin ['kætkɪn] *s.* ✿ (Blüten)Kätzchen *n* (*an Weiden etc.*).

'cat|·lick *s.* F ‚Katzenwäsche' *f*; **'~·nap** *s.* ‚Nickerchen' *n*, kurzes Schläfchen.

cat-o'-nine-tails [,kætə'naɪnteɪlz] *s.* neunschwänzige Katze (*Peitsche*).

'cat's|-eye ['kæts-] *s.* **1.** *min.* Katzenauge *n*; **2.** a) Katzenauge *n*, Rückstrahler *m*, b) Leuchtnagel *m*; **'~-paw** *s.* *fig.* Handlanger *m*, *j-s* Werkzeug *n*.

cat suit *s.* einteiliger Hosenanzug, Overall *m*.

cat·sup ['kætsəp] → **ketchup**.

cat·tish ['kætɪʃ] *adj.* katzenhaft; *fig.* boshaft, gehässig, gemein.

cat·tle ['kætl] *s. coll.* (*mst pl. konstr.*) **1.** (Rind)Vieh *n*, Rinder *pl.*; **2.** *contp.* Viehzeug *n* (*Menschen*); **~ car** *s.* 🚃 *Am.* Viehwagen *m*; **'~-,feed·er** *s.* ⚙ 'Futterma,schine *f*; **'~-,lead·er** *s.* Nasenring *m*; **'~-,lift·er** *s.* Viehdieb *m*; **~ plague** *s. vet.* Rinderpest *f*; **~ ranch**, **~ range** *s.* Viehweide(land *n*) *f*.

cat·ty ['kætɪ] → **cattish**.

'cat|·walk *s.* **1.** ⚙ Laufplanke *f*, Steg *m*; **2.** *Mode*: Laufsteg *m*; **~ whisk·er** *s.* ⚡ De'tektornadel *f*.

Cau·ca·sian [kɔː'keɪzjən] **I** *adj.* kau'kasisch; **II** *s.* Kau'kasier(in).

cau·cus ['kɔːkəs] *s. pol. bsd. Am.* **1.** Par'teiausschuss *m* zur Wahlvorbereitung; **2.** Par'teikonfe,renz *f*, -tag *m*; **3.** Par'teiclique *f*.

cau·dal ['kɔːdl] *adj. zo.* Schwanz...; **'cau·date** [-deɪt] *adj.* geschwänzt.

caught [kɔːt] *pret. u. p.p. von* **catch**.

caul·dron ['kɔːldrən] *s.* (großer) Kessel.

cau·li·flow·er ['kɒlɪflaʊə] *s.* ✿ Blumenkohl *m*; **~ ear** *s. Boxen*: ‚Blumenkohlohr' *n*.

caulk [kɔːk] *v/t.* ⚓ kal'fatern, *a. allg.* abdichten; **'caulk·er** [-kə] *s.* ⚓, ⚙ Kal'faterer *m*.

caus·al ['kɔːzl] *adj.* □ ursächlich, kau'sal: **~ connection** → **causality** 2; **cau·sal·i·ty** [kɔː'zælətɪ] *s.* **1.** Ursächlichkeit *f*, Kausali'tät *f*: **law of ~** Kausalgesetz *n*; **2.** Kau'salzu,sammenhang *m*; **cau·sa·tion** [kɔː'zeɪʃn] *s.* **1.** Verursachung *f*; **2.** Ursächlichkeit *f*; **3.** Kau'salprin,zip *n*; **'caus·a·tive** [-zətɪv] *adj.* □ **1.** kau'sal, begründend, verursachend; **2.** *ling.* 'kausativ.

cause [kɔːz] **I** *s.* **1.** Ursache *f*: **~ of death** Todesursache; **2.** Grund *m*; Veranlassung *f*, Anlass *m*: **~ for complaint** Grund *od.* Anlass zur Klage; **~ to be thankful** Grund zur Dankbarkeit; **without ~** ohne (triftigen) Grund, grundlos (*entlassen etc.*); **3.** (gute) Sache: **fight for one's ~** für s-e Sache kämpfen; **make common ~ with** gemeinsame Sache machen mit; **4.** ⚖ a) (Streit)Sache *f*, Rechtsstreit *m*, Pro'zess *m*, b) Gegenstand *m*; Rechtsgründe *pl.*: **~-list** Terminliste *f*; **show ~** s-e Gründe darlegen *od.* dartun (**why** warum); **upon good ~ shown** bei Vorliegen von triftigen Gründen; **~ of action** Klagegrund *m*; **5.** Sache *f*, Angelegenheit *f*, Gegenstand *m*, 'Thema *n*, Frage *f*, Problem *n*: **lost ~** verlorene *od.* aussichtslose Sache; **in the ~ of** um ... (*gen.*) willen, für; **II** *v/t.* **6.** veranlassen, (*j-n et.*) lassen: **I ~ed him to sit down** ich ließ ihn sich setzen; **he ~ed the man to be arrested** er ließ den Mann verhaften, er veranlasste, dass der Mann verhaftet wurde; **7.** verursachen, bewirken, her'vorrufen, her'beiführen: **~ a fire** e-n Brand verursachen; **8.** bereiten, zufügen: **~ s.o. a loss** j-m e-n Verlust zufügen; **~ s.o. trouble** j-m Schwierigkeiten bereiten.

cause cé·lè·bre [,kəʊz se'lebrə] (*Fr.*) *s.* Cause *f* célèbre.

cause·less ['kɔːzlɪs] *adj.* □ grundlos.

cau·se·rie ['kəʊzərɪ] (*Fr.*) *s.* Plaude'rei *f*.

cause·way ['kɔːzweɪ], *Brit. a.* **'cau·sey** [-zeɪ] *s.* erhöhter Fußweg, Damm *m* (*durch e-n See od. Sumpf*).

caus·tic ['kɔːstɪk] **I** *adj.* (□ **~ally**) **1.** ⚗ kaustisch, ätzend, beizend, brennend: **~ potash** Ätzkali *n*; **~ soda** Ätznatron *n*; **~-soda solution** Ätzlauge *f*; **2.** *fig.* ätzend, beißend, sar'kastisch (*Worte etc.*); **II** *s.* **3.** ⚗ Beiz-, Ätzmittel *n*: **lunar ~** ⚕ Höllenstein *m*; **caus·tic·i·ty** [kɔː'stɪsətɪ] *s.* **1.** Ätz-, Beizkraft *f*; **2.** *fig.* Sar'kasmus *m*, Schärfe *f*.

cau·ter·i·za·tion [,kɔːtəraɪ'zeɪʃn] *s.* ⚕, ⚙ (Aus)Brennen *n*; Ätzen *n*; **cau·ter·ize** ['kɔːtəraɪz] *v/t.* **1.** ⚕, ⚙ (aus)brennen, ätzen; **2.** *fig. Gefühl etc.* abstumpfen; **cau·ter·y** ['kɔːtərɪ] *s.* Brenneisen *n*; Ätzmittel *n*.

cau·tion ['kɔːʃn] **I** *s.* **1.** Vorsicht *f*, Behutsamkeit *f*: **proceed with ~** Vorsicht walten lassen; **2.** Warnung *f*, *a. sport* Verwarnung; **3.** ⚖ Eides- *od.* Rechtsmittelbelehrung *f*; **4.** ⚔ 'Ankündigungskom,mando *n*; **5.** F a) *et.* Origi'nelles, ‚tolles Ding', b) ulkige ‚Nummer' (*Person*), c) unheimlicher Kerl; **II** *v/t.* **6.** warnen (**against** vor *dat.*); **7.** verwarnen; **8.** ⚖ belehren (**as to** über *acc.*); **'cau·tion·ar·y** [-ʃnərɪ] *adj.* warnend, Warnungs...: **~ tale** Geschichte *f* mit e-r Moral.

cau·tious ['kɔːʃəs] *adj.* □ vorsichtig, behutsam, auf der Hut; **'cau·tious·ness** [-nɪs] → **caution** 1.

cav·al·cade [,kævl'keɪd] *s.* Kaval'kade *f*, Reiterzug *m*, *a.* Zug *m* von Autos *etc.*

cav·a·lier [,kævə'lɪə] **I** *s.* **1.** *hist.* Ritter *m*; **2.** Kava'lier *m*; **3.** ♰ *hist.* Roya'list *m* (*Anhänger Karls I. von England*); **II** *adj.* □ **4.** anmaßend, rücksichtslos; **5.** unbekümmert, ‚eiskalt', keck.

cav·al·ry ['kævlrɪ] *s.* ⚔ Kavalle'rie *f*, Reite'rei *f*; **'~·man** [-mən] *s.* [*irr.*] Kavalle'rist *m*.

cave[1] [keɪv] **I** *s.* **1.** Höhle *f*; **2.** *pol. Brit.* a) Abspaltung *f e-s Teils e-r Partei*, b) Sezessi'onsgruppe *f*; **II** *v/t.* **3.** *mst* **~ in** eindrücken, zum Einsturz bringen; **III** *v/i.* **4.** *mst* **~ in** einstürzen, -sinken; **5.** *mst* **~ in** F a) nachgeben, klein beigeben (**to** *dat.*), b) zs.-brechen, ‚zs.-klappen'; **6.** *pol. Brit.* sich *von der Partei* absondern.

ca·ve[2] ['keɪvɪ] (*Lat.*) *ped. sl.* **I** *int.* Vorsicht!, Achtung!; **II** *s.*: **keep ~** ‚Schmiere stehen', aufpassen.

ca·ve·at ['kævɪæt] *s.* **1.** ⚖ Einspruch *m*, Verwahrung *f*: **enter a ~** Verwahrung einlegen; **~ emptor** Mängelausschluss *m*; **2.** Warnung *f*.

cave| bear [keɪv] *s. zo.* Höhlenbär *m*; **~ dwell·er** → **caveman** 1; **'~·man** [-mæn] *s.* [*irr.*] **1.** Höhlenbewohner *m*, -mensch *m*; **2.** F a) Na'turbursche *m*, ‚Bär' *m*, b) ‚Tier' *n*.

cav·ern ['kævən] *s.* **1.** Höhle *f*; **2.** ⚕ Ka'verne *f*; **'cav·ern·ous** [-nəs] *adj.* **1.** voller Höhlen; **2.** po'rös; **3.** tief liegend, hohl (*Augen*); eingefallen (*Wangen*); tief (*Dunkelheit*); **4.** ⚕ kaver'nös.

cav·i·ar(e) ['kævɪɑː] *s.* 'Kaviar *m*: **~ to the general** Kaviar fürs Volk.

cav·il ['kævɪl] **I** *v/i.* nörgeln, kritteln (**at** an *dat.*); **II** *s.* Nörge'lei *f*; **'cav·il·(l)er** [-lə] *s.* Nörgler(in).

cav·i·ty ['kævətɪ] *s.* **1.** (Aus)Höhlung *f*, Hohlraum *m*; **2.** *anat.* Höhle *f*, Raum *m*, Grube *f*: **abdominal ~** Bauchhöhle; **mouth ~** Mundhöhle; **3.** ⚕ Loch *n* (*im Zahn*).

ca·vort [kə'vɔːt] *v/i.* F he'rumtollen, -tanzen.

ca·vy ['keɪvɪ] *s. zo.* Meerschweinchen *n*.

caw [kɔː] **I** *s.* Krächzen *n* (*Rabe, Krähe etc.*); **II** *v/i.* krächzen.

cay·enne [keɪ'en], *a.* **~ pep·per** ['keɪən] *s.* Cay'ennepfeffer *m*.

cay·man ['keɪmən] *pl.* **-mans** *s. zo.* 'Kaiman *m*.

CD [,siː'diː] *s.* CD *f*; **~ burn·er** *s.* CD-Brenner *m* (*Gerät*); **~ play·er** *s.* C'D-,Player *m*, CD-Spieler *m*; **,~-'ROM** *s.* *Computer*: ,CD-'ROM *f*; **,~-'ROM drive** *s.* ,CD-'ROM-Laufwerk *n*; **~ writer** → **CD burner**.

cease [siːs] **I** *v/i.* **1.** aufhören, enden: **the noise ~d**; **2.** (**from**) ablassen (von), aufhören (mit): **~ and desist order** ⚖ *Am.* Unterlassungsanordnung *f*; **II** *v/t.* **3.** aufhören (**doing** *od.* **to do** mit *et. od. et.* zu tun); **4.** einstellen: **~ fire** ⚔ das Feuer einstellen; **~ payment** ✝ die Zahlungen einstellen; **,cease'fire** *s.* ⚔ **1.** (Befehl *m* zur) Feuereinstellung *f*; **2.** Waffenruhe *f*; **'cease·less** [-lɪs] *adj.* □ unaufhörlich.

ce·dar ['siːdə] *s.* **1.** ✿ Zeder *f*; **2.** Zedernholz *n*.

cede [siːd] **I** *v/t.* (**to**) abtreten (*dat. od.* an *acc.*), über'lassen (*dat.*); **II** *v/i.* nachgeben, weichen.

ce·dil·la [sɪ'dɪlə] *s.* Ce'dille *f*.

cee [siː] *s.* C *n*, c *n* (*Buchstabe*).

ceilidh ['keɪlɪ] *s. Scot., Ir. gemütlicher Abend mit Musik, Tanz u. Gedichtvorträgen etc.*

ceil·ing ['siːlɪŋ] *s.* **1.** Decke *f e-s Raumes*; **2.** ⚓ Innenbeplankung *f*; **3.** Höchstmaß *n*, -grenze *f*, ✝ *a.* Pla'fond *m e-s Kredits*: **~ price** ✝ Höchstpreis *m*; **4.** ✈ a) Gipfelhöhe *f*, b) Wolkenhöhe *f*.

cel·e·brant ['selɪbrənt] *s. eccl.* Zelebrant *m*; **cel·e·brate** ['selɪbreɪt] **I** *v/t.* **1.** *Fest etc.* feiern, begehen; **2.** *j-n* feiern (*preisen*); **3.** *R. C. Messe* zelebrieren, lesen; **II** *v/i.* **4.** feiern; *R. C.* zelebrieren; **'cel·e·brat·ed** [-breɪtɪd] *adj.* gefeiert, berühmt (**for** für, wegen); **cel·e·bra·tion** [,selɪ'breɪʃn] *s.* **1.** Feier *f*, Feiern *n*: **in ~ of** zur Feier (*gen.*); **2.** *R. C.* Zelebrieren *n*, Lesen *n* (*Messe*);

ce·leb·ri·ty [sɪ'lebrətɪ] *s.* **1.** Berühmtheit *f*, Ruhm *m*; **2.** Berühmtheit *f* (*Person*).

ce·ler·i·ac [sɪ'lerɪæk] *s.* ⚘ Knollensellerie *m*, *f*.

ce·ler·i·ty [sɪ'lerɪtɪ] *s.* Geschwindigkeit *f*.

cel·er·y ['selərɪ] *s.* ⚘ (Stauden)Sellerie *m*, *f*.

ce·les·tial [sɪ'lestjəl] **I** *adj.* □ **1.** himmlisch, Himmels..., göttlich; selig; **2.** *ast.* Himmels...: ~ ***body*** Himmelskörper *m*; ~ ***map*** Himmelskarte *f*; **3.** 2 chi'nesisch: 2 ***Empire*** China (*alter Name*); **II** *s.* **4.** Himmelsbewohner(in), Selige(r *m*) *f*; **5.** 2 F Chi'nese *m*, Chi'nesin *f*; 2 **Cit·y** *s.* *das* himmlische Je'rusalem.

cel·i·ba·cy ['selɪbəsɪ] *s.* Zöli'bat *n*, *m*, Ehelosigkeit *f*; '**cel·i·bate** [-bət] **I** *s.* Unverheiratete(r *m*) *f*, Zöliba'tär *m*; **II** *adj.* unverheiratet, zöliba'tär.

cell [sel] *s.* **1.** (*Kloster-, Gefängnis- etc.*) Zelle *f*: ***condemned*** ~ Todeszelle; **2.** *allg.*, *a. biol.*, *phys.*, *pol.* Zelle *f*, *a.* Kammer *f*, Fach *n*: ~ ***division*** Zellteilung *f*; **3.** ↯ Zelle *f*, Ele'ment *n*.

cel·lar ['selə] *s.* **1.** Keller *m*; **2.** Weinkeller *m*: ***he keeps a good*** ~ er hat e-n guten Keller; '**cel·lar·age** [-ərɪdʒ] *s.* **1.** Keller(räume *pl.*) *m*; **2.** Einkellerung *f*; **3.** Kellermiete *f*; '**cel·lar·er** [-ərə] *s.* Kellermeister *m*.

-celled [seld] *adj. in Zssgn* ...zellig.

cel·list ['tʃelɪst] *s.* ♪ Cel'list(in); **cel·lo** ['tʃeləʊ] *pl.* **-los** *s.* (Violon)'Cello *n*.

cel·lo·phane ['seləʊfeɪn] *s.* ⚙ Zello'phan *n*, Zellglas *n*.

cell·phone ['selfəʊn] *s. bsd. Am.* Mo'biltele,fon *n*, Handy *n*.

cel·lu·lar ['seljʊlə] *adj.* **1.** zellig, Zell(en)...: ~ ***phone*** *bsd. Am.* Mo'biltele,fon *n*, Handy *n*; ~ ***tissue*** Zellgewebe *n*; ~ ***therapy*** ⚕ Zelltherapie *f*; **2.** netzartig: ~ ***shirt*** Netzhemd *n*; '**cel·lule** [-juːl] *s.* kleine Zelle.

cel·lu·loid ['seljʊlɔɪd] *s.* ⚙ Zellu'loid *n*.

cel·lu·lose ['seljʊləʊs] *s.* Zellu'lose *f*, Zellstoff *m*.

Cel·si·us ['selsjəs], ~ **ther·mom·e·ter** *s. phys.* 'Celsiusthermo,meter *n*.

Celt [kelt] *s.* Kelte *m*, Keltin *f*; '**Celt·ic** [-tɪk] **I** *adj.* keltisch; **II** *s. ling.* *das* Keltische; '**Celt·i·cism** [-tɪsɪzəm] *s.* Kelti'zismus *m* (*Brauch od. Spracheigentümlichkeit*).

ce·ment [sɪ'ment] **I** *s.* **1.** Ze'ment *m*, (Kalk)Mörtel *m*; **2.** Klebstoff *m*, Kitt *m*; Bindemittel *n*; **3.** a) *biol.* 'Zahnze,ment *m*, b) ⚕ Ze'ment *m* zur Zahnfüllung; **4.** *fig.* Band *n*, Bande *pl.*; **II** *v/t.* **5.** a) zementieren, b) kitten; **6.** *fig.* festigen, ‚zementieren'; **ce·men·ta·tion** [,siːmen'teɪʃn] *s.* **1.** Zementierung *f* (*a. fig.*); **2.** Kitten *n*; **3.** *metall.* Einsatzhärtung *f*; **4.** *fig.* Bindung *f*.

cem·e·ter·y ['semɪtrɪ] *s.* Friedhof *m*.

cen·o·taph ['senəʊtɑːf] *s.* (leeres) Ehren(grab)mal: ***the*** 2 *das brit. Ehrenmal in London für die Gefallenen beider Weltkriege.*

cense [sens] *v/t.* (mit Weihrauch) beräuchern; '**cen·ser** [-sə] *s.* (Weih-)Rauchfass *n*.

cen·sor ['sensə] **I** *s.* **1.** ('Kunst-, 'Schrifttums),Zensor *m*; **2.** 'Brief,zensor *m*; **3.** *antiq.* 'Zensor *m*, Sittenrichter *m*; **II** *v/t.* **4.** zensieren; **cen·so·ri·ous** [sen'sɔːrɪəs] *adj.* □ **1.** 'kritisch, streng; **2.** tadelsüchtig, krittelig; '**cen·sor·ship** [-ʃɪp] *s.* **1.** Zen'sur *f*; **2.** 'Zensoramt *n*; **cen·sur·a·ble** ['senʃərəbl] *adj.* tadelnswert, sträflich; **cen·sure** ['senʃə] **I** *s.* Tadel *m*, Verweis *m*; Kri'tik *f*, 'Missbilligung *f*: ***motion of*** ~ *parl.* Misstrauensantrag *m*; → ***vote*** 1; **II** *v/t.* tadeln, miss'billigen, kritisieren.

cen·sus ['sensəs] *s.* 'Zensus *m*, (*bsd.* Volks)Zählung *f*, Erhebung *f*: ***livestock*** ~ Viehzählung *f*; ~***-taker*** Volkszähler *m*; ***take a*** ~ e-e (Volks- *etc.*) Zählung vornehmen.

cent [sent] *s.* **1.** Hundert *n* (*nur noch in*): ***per*** ~ Prozent, vom Hundert; **2.** Cent *m*: a) 1/100 *Dollar*: ***not worth a*** ~ keinen (roten) Heller wert, b) 1/100 *Euro*.

cen·taur ['sentɔː] *s.* **1.** *myth.* Zen'taur *m*; **2.** *fig.* Zwitterwesen *n*; **Cen·tau·rus** [sen'tɔːrəs] *s. ast.* Zen'taur *m*.

cen·te·nar·i·an [,sentɪ'neərɪən] **I** *adj.* hundertjährig; **II** *s.* Hundertjährige(r *m*) *f*; **cen·te·nar·y** [sen'tiːnərɪ] **I** *adj.* **1.** hundertjährig; **2.** hundert betragend; **II** *s.* **3.** Jahr'hundert *n*; **4.** Hundert'jahrfeier *f*.

cen·ten·ni·al [sen'tenjəl] **I** *adj.* hundertjährig; **II** *s. bsd. Am.* Hundert'jahrfeier *f*.

cen·ter *etc. Am.* → ***centre*** *etc.*

cen·tes·i·mal [sen'tesɪml] *adj.* □ zentesi'mal, hundertteilig.

cen·ti·grade ['sentɪgreɪd] *adj.* hundertteilig, -gradig: ~ ***thermometer*** Celsiusthermometer *n*; ***degree(s)*** ~ Grad Celsius; '**cen·ti·gram(me)** [-græm] *s.* Zenti'gramm *n*; '**cen·ti,me·tre**, *Am.* '**cen·ti,me·ter** [-,miːtə] *s.* Zenti'meter *m*, *n*; '**cen·ti·pede** [-piːd] *s. zo.* Hundertfüßer *m*.

cen·tral ['sentrəl] **I** *adj.* □ **1.** zen'tral (gelegen); **2.** Haupt..., Zentral...: ~ ***office*** Hauptbüro *n*, Zentrale *f*; ~ ***idea*** Hauptgedanke *m*; **II** *s.* **3.** *Am.* a) (Tele'fon)Zen,trale *f*, b) Telefo'nist(in) (*in e-r Zentrale*); 2 **A·mer·i·can** *adj.* 'mittelameri,kanisch; ~ **cit·y** *s. Am.* Stadtkern *m*, Innenstadt *f*; 2 **Eu·ro·pe·an time** *s.* 'mitteleuro,päische Zeit (*abbr. MEZ*); ~ **heat·ing** *s.* Zen'tralheizung *f*.

cen·tral·ism ['sentrəlɪzəm] *s.* Zentra'lismus *m*, (Sy'stem *n* der) Zentralisierung *f*; '**cen·tral·ist** [-ɪst] *s.* Verfechter *m* der Zentralisierung; **cen·tral·i·za·tion** [,sentrəlaɪ'zeɪʃn] *s.* Zentralisierung *f*; '**cen·tral·ize** [-laɪz] *v/t.* (*v/i.* sich) zentralisieren.

cen·tral| lock·ing *s. mot.* Zen'tralverriegelung *f*; ~ **nerv·ous sys·tem** *s. anat.* Zen'tral,nervensy,stem *n*; ~ **point** *s.* ⟁ Mittelpunkt *m*; ↯ Nullpunkt *m*; 2 **Pow·ers** *s. pl. pol. hist.* Mittelmächte *pl.*; ~ **pro·cess·ing u·nit** *s. Computer*: Zen'traleinheit *f*; ~ **re·serve** *s. mot. Brit.* Mittelstreifen *m*; ~ **sta·tion** *s.* **1.** ⚓ ('Bord)Zen,trale *f*, Kom'mandostand *m*; **2.** Haupt-, Zen'tralbahnhof *m*; **3.** ↯ Zen'trale *f*.

cen·tre ['sentə] **I** *s.* **1.** 'Zentrum *n*, Mittelpunkt *m* (*a. fig.*): ~ ***of attraction*** *fig.* Hauptanziehungspunkt *m*; ~ ***of gravity*** *phys.* Schwerpunkt *m*; ~ ***of motion*** *phys.* Drehpunkt *m*; ~ ***of trade*** Handelszentrum; **2.** Hauptstelle *f*, -gebiet *n*, Sitz *m*, Herd *m*: ***amusement*** ~ Vergnügungszentrum *n*; ~ ***of interest*** Hauptinteresse *n*; → ***shopping***, ***training centre***; **3.** *pol.* Mitte *f*, 'Mittelpar,tei *f*; **4.** ⚙ Spitze *f*: ~ ***lathe*** Spitzendrehbank *f*; **5.** *sport* Flanke *f*; **6.** (Pra'linen- *etc.*)Füllung *f*; **II** *v/t.* **7.** in den Mittelpunkt stellen (*a. fig.*); konzentrieren, vereinigen (***on***, ***in*** auf *acc.*); ⚙ einmitten, zentrieren; ankörnen: ~ ***the bubble*** die Libelle einspielen lassen; **III** *v/i.* **8.** im Mittelpunkt stehen (*a. fig.*); *fig.* sich drehen (***round*** um); **9.** (***in***, ***on***) sich konzentrieren, sich gründen (auf *acc.*); **10.** *Fußball*: flanken; ~ **bit** *s.* ⚙ 'Zentrumsbohrer *m*; '~**·board** *s.* ⚓ (Kiel)Schwert *n*; ~ **cir·cle** *s. Fußball*: Anstoßkreis *m*; ~ **court** *s. Tennis*: 'Centre-Court *m*; ~ **for·ward** *s. Fußball*: Mittelstürmer *m*; ~ **half** *s. Fußball*: 'Vor,stopper *m*; ~ **par·ty** *s. pol.* 'Mittelpar,tei *f*, 'Zentrum *n*; '~**·piece** *s.* **1.** Mittelstück *n*; **2.** (mittlerer) Tafelaufsatz; **3.** *fig.* Hauptstück *n*; ~ **punch** *s.* ⚙ (An)Körner *m*; ~ **sec·ond** *s.* Zent'ralse,kundenzeiger *m*; ~ **strip** *s. mot.* Mittelstreifen *m*, Grünstreifen *m*.

cen·tric, **cen·tri·cal** ['sentrɪk(l)] *adj.* □ zen'tral, zentrisch.

cen·trif·u·gal [sen'trɪfjʊgl] *adj. phys.* zentrifu'gal; Schleuder..., Schwung...: ~ ***force*** Zentrifugal-, Fliehkraft *f*; ~ ***governor*** Fliehkraftregler *m*; **cen·trifuge** ['sentrɪfjuːdʒ] **I** *s.* Zentri'fuge *f*, Trennschleuder *f*; **II** *v/t.* zentrifugieren, schleudern.

cen·trip·e·tal [sen'trɪpɪtl] *adj.* zentripe'tal: ~ ***force*** Zentripetalkraft *f*.

cen·tu·ple ['sentjʊpl], **cen·tu·pli·cate** [sen'tjuːplɪkət] **I** *adj.* hundertfach; **II** *v/t.* verhundertfachen; **III** *s.* (*das*) Hundertfache.

cen·tu·ri·on [sen'tjʊərɪən] *s. antiq.* (*Rom*) ⚔ Zen'turio *m*.

cen·tu·ry ['sentʃʊrɪ] *s.* **1.** Jahr'hundert *n*: ***centuries-old*** jahrhundertealt; **2.** Satz *m od.* Gruppe *f* von hundert; *bsd. Kricket*: 100 Läufe *pl.*; **3.** *Am. sl.* hundert Dollar *pl.*; **4.** *antiq.* (*Rom*) Zen'turie *f*, Hundertschaft *f*.

ce·phal·ic [ke'fælɪk] *adj. anat.*, *zo.* Schädel..., Kopf...; **ceph·a·lo·pod** ['sefələʊpɒd] *s. zo.* Kopffüßer *m*; **ceph·a·lous** ['sefələs] *adj. zo.* mit e-m ... Kopf, ...köpfig.

ce·ram·ic [sɪ'ræmɪk] **I** *adj.* **1.** ke'ramisch; **II** *s.* **2.** Ke'ramik *f* (*einzelnes Produkt*); **3.** *pl. mst sg. konstr.* Ke'ramik *f* (*Technik*); **4.** *pl.* Ke'ramik *f*, ke'ramische Erzeugnisse; **cer·a·mist** ['serəmɪst] *s.* Ke'ramiker *m*.

Cer·ber·us ['sɜːbərəs] *s. fig.* 'Zerberus *m* (*a. ast.*), grimmiger Wächter: ***sop to*** ~ Beschwichtigungsmittel *n*.

ce·re·al ['sɪərɪəl] **I** *adj.* **1.** Getreide...; **II** *s.* **2.** *mst pl.* Zere'alien *pl.*, Getreidepflanzen *pl.*, -früchte *pl.*; **3.** Frühstückskost *f aus Weizen, Hafer etc.*

cer·e·bel·lum [,serɪ'beləm] *s. anat.* Kleinhirn *n*; **cer·e·bral** ['serɪbrəl] *adj.* **1.** *anat.* Gehirn...: ~ ***death*** ⚕ Hirntod *m*; **2.** *ling.* alveo'lar; ,**cer·e'bra·tion** [-'breɪʃn] *s.* Gehirntätigkeit *f*; Denken *n*, 'Denkpro,zess *m*; **cer·e·brum** ['serɪbrəm] *s. anat.* Großhirn *n*, Ze'rebrum *n*.

cere·cloth ['sɪəklɒθ] *s.* Wachsleinwand *f*, *bsd. als* Leichentuch *n*.

cere·ment ['sɪəmənt] *s. mst pl.* Leichentuch *n*, Totenhemd *n*.

cer·e·mo·ni·al [,serɪ'məʊnjəl] **I** *adj.* □ **1.** feierlich, förmlich; **2.** ritu'ell; **II** *s.* **3.** Zeremoni'ell *n*; ,**cer·e'mo·ni·ous** [-jəs] *adj.* □ **1.** → ***ceremonial*** 1 *u.* 2; **2.** 'umständlich, steif; **cer·e·mo·ny** ['serɪmənɪ] *s.* **1.** Zeremo'nie *f*, Feierlichkeit *f*, feierlicher Brauch; Feier *f*; → ***master*** 12; **2.** Förmlichkeit(en *pl.*) *f*: ***without*** ~ ohne Umstände; ***stand on*** ~ a) sehr förmlich sein, b) Umstände machen; **3.** Höflichkeit *f*.

ce·rise [sə'riːz] *adj.* kirschrot, ce'rise.

cert [sɜːt] *s. a.* ***dead*** ~ *Brit. sl.* ‚todsichere Sache'.

cer·tain ['sɜːtn] *adj.* □ **1.** (*von Sachen*) sicher, gewiss, bestimmt: ***it is ~ to happen*** es wird gewiss geschehen; ***I know for ~*** ich weiß ganz bestimmt; **2.** (*von Personen*) über'zeugt, sicher, gewiss: ***to make ~ of s.th.*** sich e-r Sache vergewissern; **3.** bestimmt, zuverlässig, sicher: ***a ~ cure*** e-e sichere Kur; ***a ~ day*** ein (ganz) bestimmter Tag; **4.** gewiss: ***a ~ Mr. Brown*** ein gewisser Herr Brown; ***for ~ reasons*** aus bestimmten Gründen; '**cer·tain·ly** [-lɪ] *adv.* **1.** sicher, zweifellos, bestimmt; **2.** sicherlich, (aber) sicher *od.* na'türlich; '**cer·tain·ty** [-tɪ] *s.* **1.** Sicherheit *f*, Bestimmtheit *f*, Gewissheit *f*: ***know for a ~*** mit Sicherheit wissen; **2.** Über'zeugung *f*.

cer·ti·fi·a·ble [ˌsɜːtɪ'faɪəbl] *adj.* □ **1.** feststellbar; **2.** ⚕ *Brit.* a) meldepflichtig (*Krankheit*), b) geisteskrank, c) F verrückt.

cer·tif·i·cate I *s.* [sə'tɪfɪkət] Bescheinigung *f*, At'test *n*, Zeugnis *n*, Schein *m*, Urkunde *f*: ***death ~*** Sterbeurkunde; ***school ~*** Schul(abgangs)zeugnis; ***~ of baptism*** Taufschein; ***~ of identification*** ✝ Nämlichkeitsbescheinigung *f*; ***~ of origin*** ✝ Ursprungszeugnis; ***share*** (*Am.* ***stock***) ***~*** Aktienzertifikat *n*; → ***health*** 1, ***master*** 7, ***medical*** 1; **II** *v/t.* [-keɪt] *j-m* e-e Bescheinigung *od.* ein Zeugnis geben; *et.* attestieren, bescheinigen: ***~d*** amtlich anerkannt *od.* zugelassen; ***~d bankrupt*** rehabilitierter Konkursschuldner; ***~d engineer*** Diplomingenieur *m*; **cer·ti·fi·ca·tion** [ˌsɜːtɪfɪ'keɪʃn] *s.* **1.** Bescheinigung *f*; Bestätigung *f* (*Am.* ✝ *a. e-s Schecks*); **2.** (amtliche) Beglaubigung *od.* beglaubigte Erklärung.

cer·ti·fied ['sɜːtɪfaɪd] *adj.* **1.** bescheinigt, beglaubigt, garantiert: ***~ copy*** beglaubigte Abschrift; **2.** staatlich zugelassen *od.* anerkannt, *Am.* Diplom...; **3.** ⚕ *Brit.* für geisteskrank erklärt; **~ ac·count·ant** *s.* ✝ *Brit.* konzessionierter Buch- *od.* Steuerprüfer; **~ cheque**, *Am.* **check** *s.* (*als gedeckt*) bestätigter Scheck; **~ mail** *s.* *Am.* eingeschriebene Sendung(en *pl.*) *f*; **~ milk** *s.* amtlich geprüfte Milch; **~ pub·lic ac·count·ant** *s.* ✝ *Am.* amtlich zugelassener 'Bücherreˌvisor *od.* Wirtschaftsprüfer.

cer·ti·fy ['sɜːtɪfaɪ] I *v/t.* **1.** bescheinigen: ***this is to ~*** hiermit wird bescheinigt; **2.** beglaubigen; **3.** *Scheck* (als gedeckt) bestätigen (*Bank*); **4.** ***~ s.o.*** (***insane***) ⚖ *Brit.* j-n für geisteskrank erklären; **5.** ⚖ *Sache* verweisen (***to*** an *ein anderes Gericht*); **II** *v/i.* **6.** (***to***) bezeugen (*acc.*).

cer·ti·tude ['sɜːtɪtjuːd] *s.* Sicherheit *f*, Gewissheit *f*.

ce·ru·men [sɪ'ruːmen] *s.* Ohrenschmalz *n*.

ce·ruse ['sɪəruːs] *s.* **1.** ⚗ Bleiweiß *n*; **2.** weiße Schminke.

cer·vi·cal [sɜː'vaɪkl] *anat.* **I** *adj.* Hals..., Nacken...: ***~ smear*** ⚕ Abstrich *m* (*vom Gebärmutterhals*); **II** *s.* Halswirbel *m*; **cer·vix** ['sɜːvɪks] *pl.* **-vi·ces** [-vɪsiːz] *s.* ⚕, *anat.* Gebärmutterhals *m*.

Ce·sar·e·vitch [sɪ'zɑːrəvɪtʃ] *s.* *hist.* Za'rewitsch *m*.

ces·sa·tion [se'seɪʃn] *s.* Aufhören *n*, Ende *n*; Stillstand *m*, Einstellung *f*.

ces·sion ['seʃn] *s.* Abtretung *f*, Zessi'on *f*.

cess·pit ['sespɪt], '**cess·pool** [-puːl] *s.* **1.** Jauche-, Senkgrube *f*; **2.** *fig.* (Sünden)Pfuhl *m*.

ce·ta·cean [sɪ'teɪʃjən] *zo.* **I** *s.* Wal (-fisch) *m*; **II** *adj.* Wal(fisch)...

ce·tane ['siːteɪn] *s.* ⚗ Ce'tan *n*: ***~ number*** Cetanzahl *f*.

chafe [tʃeɪf] **I** *v/t.* **1.** warm reiben, frottieren; **2.** ('durch)reiben, wund reiben, scheuern; **3.** *fig.* ärgern, reizen; **II** *v/i.* **4.** sich ('durch)reiben, sich wund reiben, scheuern (***against*** an *dat.*); **5.** ⚙ verschleißen; **6.** a) sich ärgern, b) toben, wüten.

chaf·er ['tʃeɪfə] *s.* *zo.* Käfer *m*.

chaff [tʃɑːf] **I** *s.* **1.** Spreu *f*: ***separate the ~ from the wheat*** die Spreu vom Weizen trennen; ***as ~ before the wind*** wie Spreu im Winde; **2.** Häcksel *m, n*; **3.** ✕ 'Störˌfolie *f* (*Radar*); **4.** *fig.* wertloses Zeug; **5.** Necke'rei *f*; **II** *v/t.* **6.** zu Häcksel schneiden; **7.** *fig.* necken, aufziehen; '**~-cut·ter** *s.* ⚒ Häckselbank *f*.

chaf·fer ['tʃæfə] **I** *s.* Feilschen *n*; **II** *v/i.* feilschen, schachern.

chaf·finch ['tʃæfɪntʃ] *s.* Buchfink *m*.

chaf·ing dish ['tʃeɪfɪŋ] *s.* Re'chaud *m, n*.

cha·grin ['ʃægrɪn] **I** *s.* **1.** Ärger *m*, Verdruss *m*; **2.** Kränkung *f*; **II** *v/t.* **3.** ärgern, verdrießen: ***~ed*** ärgerlich, gekränkt.

chain [tʃeɪn] **I** *s.* **1.** Kette *f* (*a.* ⚗, ⚡, ⚙, *phys.*): ***~ of office*** Amtskette; ***human ~*** Menschenkette *f*; **2.** *fig.* Kette *f*, Fessel *f*: ***in ~s*** in Ketten, gefangen; **3.** *fig.* Kette *f*, Reihe *f*: ***~ of events***; **4.** *a.* ***~ of mountains*** Gebirgskette *f*; **5.** ✝ (Laden- *etc.*)Kette *f*; **6.** ⚙ Messkette *f* (*66 engl. Fuß*); **II** *v/t.* **7.** (an)ketten, mit e-r Kette befestigen: ***~ (up) a dog*** e-n Hund an die Kette legen; ***~ a prisoner*** e-n Gefangenen in Ketten legen; ***~ a door*** e-e Tür durch e-e Kette sichern; **8.** *fig.* (***to***) verketten (mit), ketten *od.* fesseln (an *acc.*); **9.** *Land* mit der Messkette messen; **~ armo(u)r** *s.* Kettenpanzer *m*; **~ belt** *s.* ⚙ endlose Kette, 'Kettentransmissiˌon *f*; **~ bridge** *s.* Hängebrücke *f*; **~ drive** *s.* ⚙ Kettenantrieb *m*; **~ gang** *s.* Trupp *m* anein'ander geketteter Sträflinge; '**~·less** ['tʃeɪnlɪs] *adj.* ⚙ kettenlos; **~ let·ter** *s.* Kettenbrief *m*; **~ mail** → ***chain armo(u)r***; **~ pump** *s.* Pater'nosterwerk *n*; **~ re·ac·tion** *s.* *phys. u. fig.* 'Kettenreaktiˌon *f*; '**~-smoke** *v/i. u. v/t.* Kette rauchen; '**~ˌsmok·er** *s.* Kettenraucher *m*; **~ stitch** *s.* *Nähen*: Kettenstich *m*; **~ store** *s.* ✝ Kettenladen *m*.

chair [tʃeə] **I** *s.* **1.** Stuhl *m*, Sessel *m*: ***take a ~*** sich setzen; **2.** *fig.* a) Vorsitz *m*: ***be in (take) the ~*** den Vorsitz führen (übernehmen); ***leave the ~*** die Sitzung aufheben, b) Vorsitzende(r *m*) *f*: ***address the ~*** sich an den Vorsitzenden wenden; ***~! ~!*** *parl. Brit.* zur Ordnung!; **3.** Lehrstuhl *m*, Profes'sur *f* (***of German*** für Deutsch); **4.** *Am.* F *der* e'lektrische Stuhl; **5.** 🚂 Schienenstuhl *m*; **6.** Sänfte *f*; **II** *v/t.* **7.** (in ein Amt) einsetzen, auf *e-n Lehrstuhl etc.* berufen; **8.** den Vorsitz führen von (*od. gen.*); **9.** ***~ s.o. off*** j-n (im Tri'umph) auf den Schultern (da'von)tragen; **~ back** *s.* Stuhllehne *f*; **~ bot·tom** *s.* Stuhlsitz *m*; **~ car** *s.* 🚂 Sa'lonwagen *m*; **~ lift** *s.* Sesselbahn *f*, -lift *m*.

chair·man ['tʃeəmən] *s.* [*irr.*] **1.** Vorsitzende(r) *m*, Präsi'dent *m*; **2.** Sänftenträger *m*; '**chair·man·ship** [-ʃɪp] *s.* Vorsitz *m*.

chair·o·plane ['tʃeərəpleɪn] *s.* 'Kettenkarusˌsell *n*.

'**chair|ˌper·son** *s.* Vorsitzende(r *m*) *f*; '**~ˌwom·an** *s.* [*irr.*] Vorsitzende *f*.

chaise [ʃeɪz] *s.* Chaise *f*, Halbkutsche *f*; **~ longue** [lɔ̃ːŋg] *s.* Chaise'longue *f*, Liegesofa *n*.

chal·cog·ra·pher [kæl'kɒgrəfə] *s.* Kupferstecher *m*.

cha·let ['ʃæleɪ] *s.* Cha'let *n*: a) Sennhütte *f*, b) Landhaus *n*.

chal·ice ['tʃælɪs] *s.* **1.** *poet.* (Trink)Becher *m*; **2.** *eccl.* (Abendmahls)Kelch *m*; **3.** ⚘ Blütenkelch *m*.

chalk [tʃɔːk] **I** *s.* **1.** *min.* Kreide *f*; **2.** (Zeichen)Kreide *f*, Kreidestift *m*: ***colo(u)red ~*** Buntstift; ***red ~*** a) Rötel *m*, b) Rotstift; ***as different as ~ and cheese*** grundverschieden; **3.** Kreidestrich *m*: a) (Gewinn)Punkt *m* (*bei Spielen*), b) *Brit.* (angekreidete) Schuld: ***by a long ~*** bei weitem; **II** *v/t.* **4.** mit Kreide (be)zeichnen; **5.** ***~ out*** entwerfen; *fig. Weg* vorzeichnen; **6.** ***~ up*** anschreiben; ankreiden, auf die Rechnung setzen: ***~ it up to s.o.*** es j-m ankreiden; **~ mark** *s.* Kreidestrich *m*; **~ pit** *s.* Kreidegrube *f*; '**~-stone** *s.* ⚕ Gichtknoten *m*.

chalk·y ['tʃɔːkɪ] *adj.* kreidig; kreidehaltig.

chal·lenge ['tʃælɪndʒ] **I** *s.* **1.** Her'ausforderung *f* (*a. sport u. fig.*), Forderung *f* (*zum Duell etc.*); (Auf-, An)Forderung *f*, Aufruf *m*; **2.** ✕ Anruf *m* (*Wachtposten*); **3.** *hunt.* Anschlagen *n* (*Hund*); **4.** *bsd.* ⚖ a) Ablehnung *f* (*e-s Geschworenen od. Richters*), b) Anfechtung *f* (*e-s Beweismittels*); **5.** 'Widerspruch *m*, Kri'tik *f*, Bestreitung *f*, Kampfansage *f*; Angriff *m*; Streitfrage *f*; **6.** Her'ausforderung *f*: a) Bedrohung *f*, kritische Lage, b) Schwierigkeit *f*, Pro'blem *n*, c) (schwierige *od.* lockende) Aufgabe; **7.** ⚕ Immuni'tätstest *m*; **II** *v/t.* **8.** her'ausfordern (*a. sport u. fig.*); zur Rede stellen; aufrufen, -fordern; ✕ anrufen; **9.** Anforderungen an *j-n* stellen; auf die Probe stellen; **10.** bestreiten, anzweifeln; *bsd.* ⚖ anfechten, *Geschworenen etc.* ablehnen; → ***bias*** 5; **11.** trotzen (*dat.*); angreifen; **12.** *j-n* reizen, locken, fordern (*Aufgabe*); **13.** *j-m Bewunderung etc.* abnötigen; '**chal·lenge·a·ble** [-dʒəbl] *adj.* her'auszufordern(d); anfechtbar; **chal·lenge cup** *s.* *sport* 'Wanderpoˌkal *m*; '**chal·leng·er** [-dʒə] *s.* Her'ausforderer *m*; **chal·lenge tro·phy** *s.* Wanderpreis *m*; '**chal·leng·ing** [-dʒɪŋ] *adj.* □ **1.** herausfordernd; **2.** *fig.* lockend *od.* schwierig (*Aufgabe*).

cha·lyb·e·ate [kə'lɪbɪət] *min.* **I** *adj.* stahl-, eisenhaltig: ***~ spring*** Stahlquelle *f*; **II** *s.* Stahlwasser *n*.

cham·ber ['tʃeɪmbə] *s.* **1.** *obs.* Zimmer *n*, Kammer *f*, Gemach *n*; **2.** *pl. Brit.* a) (*zu vermietende*) Zimmer *pl.*: ***live in ~s*** privat wohnen, b) Geschäftsräume *pl.*; **3.** (*Empfangs*)Zimmer *n* (*im Palast etc.*); **4.** *parl.* a) Ple'narsaal *m*, b) Kammer *f*; **5.** *pl. Brit.* a) 'Anwaltsbüˌro *n*, b) Amtszimmer *n* des Richters: ***in ~s*** in nichtöffentlicher Sitzung; **6.** ⚙ Kammer *f*; Raum *m*; (Gewehr)Kammer *f*; **~ con·cert** *s.* 'Kammerkonˌzert *n*; **~ coun·sel** *s.* *Brit.* (nur) beratender Anwalt.

cham·ber·lain ['tʃeɪmbəlɪn] *s.* **1.** Kammerherr *m*; **2.** Schatzmeister *m*.

'**cham·ber|·maid** *s.* Zimmermädchen *n*

C

(*in Hotels*); ~ **mu·sic** *s.* 'Kammermu‚sik *f*; ♀ **of Com·merce** *s.* Handelskammer *f*; ~ **pot** *s.* Nachtgeschirr *n*.
cha·me·le·on [kə'miːljən] *s. zo.* Cha'mäleon *n* (*a. fig.*).
cham·fer ['tʃæmfə] **I** *s.* **1.** ⚠ Auskehlung *f*; **2.** ⚙ Schrägkante *f*, Fase *f*; **II** *v/t.* **3.** ⚠ auskehlen; **4.** ⚙ abfasen, abschrägen.
cham·ois ['ʃæmwɑː] *pl.* ~ [-ɑːz] *s.* **1.** *zo.* Gämse *f*; **2.** *a.* ~ ***leather*** [*mst* 'ʃæmɪ] a) Sämischleder *n*, b) ⚙ Polierleder *n*.
champ[1] [tʃæmp] *v/i. u. v/t.* (heftig *od.* geräuschvoll) kauen: ~ ***at the bit*** a) am Gebiss kauen (*Pferd*), b) *fig.* vor Ungeduld (fast) platzen, c) mit den Zähnen knirschen.
champ[2] [tʃæmp] *sl.* → ***champion*** 3.
cham·pagne [‚ʃæm'peɪn] *s.* **1.** Cham'pagner *m*, Sekt *m*, Schaumwein *m*: ~ ***cup*** Sektkelch *m*, -schale *f*; **2.** Cham'pagnerfarbe *f*.
cham·pi·on ['tʃæmpjən] **I** *s.* **1.** Kämpe *m*, (Tur'nier)Kämpfer *m*; **2.** *fig.* Vorkämpfer *m*, Verfechter *m*, Fürsprecher *m*; **3.** a) *sport* Meister *m*, Titelhalter *m*, b) Sieger *m* (*Wettbewerb*); **II** *v/t.* **4.** verfechten, eintreten für, verteidigen; **III** *adj.* **5.** Meister..., best, preisgekrönt; **'cham·pi·on·ship** [-ʃɪp] *s.* **1.** Meisterschaft *f*, -titel *m*; **2.** *pl.* Meisterschaftskämpfe *pl.*, Meisterschaften *pl.*; **3.** Verfechten *n*, Eintreten *n für etwas*.
chance [tʃɑːns] **I** *s.* **1.** Zufall *m*: ***by*** ~ zufällig; **2.** Glück *n*; Schicksal *n*; 'Risiko *n*: ***game of*** ~ Glücksspiel *n*; ***take one's*** ~ sein Glück versuchen; ***take a*** (*od.* ***one's***) ~ es darauf ankommen lassen, es riskieren; ***take no*** **~s** nichts riskieren (wollen); **3.** Chance *f*: a) Glücksfall *m*, (günstige) Gelegenheit: ***the*** ~ ***of his lifetime*** die Chance s-s Lebens, e-e einmalige Gelegenheit; ***give him a*** **~!** gib ihm e-e Chance!, versuchs mal mit ihm!; → ***main chance***, b) Aussicht *f* (***of*** auf *acc.*): ***stand a*** ~ Aussichten haben, c) Möglichkeit *f*, Wahrscheinlichkeit *f*: ***the*** **~s** ***are that*** aller Wahrscheinlichkeit nach; ***the*** **~s** ***are against you*** die Umstände sind gegen dich; ~ ***of rain*** vereinzelt Regen; ***on the*** (***off***) ~ auf gut Glück, ‚auf Verdacht', für den Fall (*dass*); **II** *v/t.* **4.** riskieren: ~ ***it*** es darauf ankommen lassen, es wagen; **III** *v/i.* **5.** (unerwartet) geschehen: ***I*** **~*****ed to meet her*** zufällig traf ich sie; **6.** ~ ***upon*** auf *j-n od. et.* stoßen; **IV** *adj.* **7.** zufällig, Zufalls..., gelegentlich, ✝ *a.* Gelegenheits...; unerwartet: ~ ***customers*** Laufkundschaft *f*.
chan·cel ['tʃɑːnsl] *s.* ⚠ Al'tarraum *m*, hoher Chor.
chan·cel·ler·y ['tʃɑːnsələrɪ] *s.* 'Botschafts- *od.* Konsu'latskanz‚lei *f*.
chan·cel·lor ['tʃɑːnsələ] *s.* **1.** Kanzler *m* (*a. univ.*); *univ. Am.* Rektor *m*; ♀ ***of the Exchequer*** *Brit.* Schatzkanzler *m*, Finanzminister *m*; → ***Lord*** ♀; **2.** Kanz'leivorstand *m*; **'chan·cel·lor·ship** [-ʃɪp] *s.* Kanzleramt *n*, -würde *f*.
chan·cer·y ['tʃɑːnsərɪ] *s.* Kanz'leigericht *n* (*Brit. Gerichtshof des Lordkanzlers*; *Am. Billigkeitsgericht*): ***in*** ~ a) unter gerichtlicher Verwaltung, b) F in der Klemme; ***ward in*** ~ Mündel *n* unter Amtsvormundschaft; ♀ **Di·vi·sion** *s.* ⚖ *Brit.* Kammer *f* für Billigkeitsrechtsprechung des ***High Court of Justice***.
chan·cre ['ʃæŋkə] *s.* ⚕ Schanker *m*.
chan·de·lier [‚ʃændə'lɪə] *s.* Arm-, Kronleuchter *m*, Lüster *m*.
chan·dler ['tʃɑːndlə] *s.* Krämer *m*; ♀ **Act** *s. Am.* Kon'kursordnung *f*.
change [tʃeɪndʒ] **I** *v/t.* **1.** (ver)ändern, 'umändern, verwandeln (***into*** in *acc.*): ~ ***one's lodgings*** umziehen; ~ ***the subject*** das Thema wechseln, von et. anderem reden; ~ ***one's position*** die Stellung wechseln, sich beruflich verändern; → ***mind*** 4, ***colour*** 3; **2.** ('um-, ver)tauschen (***for*** gegen), wechseln: ~ ***one's shirt*** ein anderes Hemd anziehen; ~ ***hands*** den Besitzer wechseln; ~ ***places with s.o.*** den Platz mit j-m tauschen; ~ ***trains*** umsteigen; → ***side*** 9; **3.** *Geld, Banknoten* (ein)wechseln; *Scheck* einlösen; **4.** *j-m* andere Kleider anziehen; *Säugling* trockenlegen; *Bett* frisch über'ziehen *od.* beziehen; **5.** ⚙ schalten: ~ ***up*** (***down***) hinauf- (herunter)schalten; ~ ***over*** *Betrieb*, *Maschinen etc.* umstellen (***to*** auf *acc.*); **II** *v/i.* **6.** sich (ver)ändern, wechseln; **7.** sich verwandeln (***to*** *od.* ***into*** in *acc.*); **8.** 🚂 *etc.* 'umsteigen: ***all*** **~!** alles umsteigen *od.* aussteigen!; **9.** sich 'umziehen: ~ ***into evening dress*** sich für den Abend umziehen; **10.** ~ ***to*** 'übergehen zu: ~ ***to cigars***; **III** *s.* **11.** (Ver)Änderung *f*, Wechsel *m*; Wandlung *f*, Wendung *f*, 'Umschwung *m*: ***no*** ~ unverändert; ~ ***for the better*** Besserung *f*; ~ ***of heart*** Sinnesänderung *f*; ~ ***of life*** Wechseljahre *pl.*; ~ ***of moon*** Mondwechsel; ~ ***of voice*** Stimmwechsel; ~ ***in the weather*** Witterungsumschlag *m*; **12.** Abwechs(e)lung *f*, *et.* Neues; Tausch *m*: ***for a*** ~ zur Abwechs(e)lung; ***a*** ~ ***of clothes*** Wäsche zum Wechseln; ***you need a*** ~ Sie müssen mal ausspannen; **13.** Wechselgeld *n*: (***small***) ~ Kleingeld; ~ ***dispenser*** (od. ***machine***) Wechselautomat *m*; ***can you give me*** ~ ***for a pound?*** a) können Sie mir auf ein Pfund herausgeben?, b) können Sie mir ein Pfund wechseln?; ***get no*** ~ ***out of s.o.*** *fig.* nichts (*keine Auskunft od. keinen Vorteil*) aus j-m herausholen können, bei j-m nicht ‚landen' können; **14.** ♀ *Brit.* Börse *f*; **change·a·bil·i·ty** [‚tʃeɪndʒə'bɪlətɪ] *s.* Veränderlichkeit *f*; *fig.* Wankelmut *m*; **'change·a·ble** [-dʒəbl] *adj.* ☐ **1.** veränderlich; **2.** wankelmütig; **'change·ful** [-fʊl] *adj.* ☐ veränderlich, wechselvoll; **change gear** *s.* ⚙ Wechselgetriebe *n*; **'change·less** [-lɪs] *adj.* unveränderlich, 'beständig; **'change·ling** [-lɪŋ] *s.* Wechselbalg *m*; 'untergeschobenes Kind; **'change‚o·ver** *s.* **1.** (***to***) 'Übergang *m* (zu), Wechsel *m* (zu), 'Umstellung *f* (auf *acc.*) (*a.* ⚙ *von Maschinen, e-s Betriebs etc.*); **2.** ⚙ 'Umschaltung *f*; **3.** *sport* (Stab)Wechsel *m*; **'chang·er** [-dʒə] *s. in Zssgn* ...wechsler *m* (*Person od. Gerät*); **'chang·ing** [-dʒɪŋ] *s.* Wechsel *m*, Veränderung *f*: ~ ***of the guard*** ⚔ Wachablösung *f*; ~ ***room*** Umkleidezimmer *n*; ~ ***cubicle*** Umkleidekabine *f*.
chan·nel ['tʃænl] **I** *s.* **1.** Flussbett *n*; **2.** Fahrrinne *f*, Ka'nal *m*; **3.** Rinne *f*; 'Durchlassröhre *f*; **4.** breite Wasserstraße: ***the*** (***English***) ♀ *geogr.* der (Ärmel-) Kanal; **5.** Rille *f*, Riefe *f*; ⚠ Auskehlung *f*; **6.** *fig.* Weg *m*, Ka'nal *m*: **~s** ***of distribution*** Vertriebswege *pl.*; **~s** ***of trade*** Handelswege, *a.* Absatzgebiete; ***official*** **~s** Dienstweg; ***through the usual*** **~s** auf dem üblichen Wege; **7.** *Radio, TV*: Pro'gramm *n*, Ka'nal *m*: ~ ***hopping*** Zappen *n*, dauerndes 'Umschalten; ~ ***selector*** Kanalwähler *m*; **II** *v/t.* **8.** *fig.* leiten, lenken; **9.** ⚙ furchen, riefeln; ⚠ kannelieren, auskehlen.
chant [tʃɑːnt] **I** *s.* **1.** *eccl.* Kirchengesang *m*, -lied *n*; **2.** Singsang *m*, eintöniger Gesang *od.* Tonfall; **3.** Sprechchor *m* (*als Geschrei*); **II** *v/t.* **4.** *Kirchenlied* singen; **5.** absingen, 'herleiern; **6.** im Sprechchor rufen.
chan·te·relle [‚tʃæntə'rel] *s.* ⚘ Pfifferling *m*.
chan·ti·cleer [‚tʃæntɪ'klɪə] *s. poet.* Hahn *m*.
chan·try ['tʃɑːntrɪ] *s. eccl.* **1.** Stiftung *f* von Seelenmessen; **2.** Vo'tivka‚pelle *f* *od.* -al‚tar *m*.
chant·y ['tʃɑːntɪ] *s.* Ma'trosenlied *n*, Shanty *n*.
cha·os ['keɪɒs] *s.* 'Chaos *n*, *fig. a.* Wirrwarr *m*, Durchein'ander *n*; **cha·ot·ic** [keɪ'ɒtɪk] *adj.* (☐ **~ally**) cha'otisch, wirr.
chap[1] [tʃæp] *s.* F Bursche *m*, Junge *m*: ***a nice*** ~ ein netter Kerl; ***old*** ~ ‚alter Knabe'.
chap[2] [tʃæp] *s.* Kinnbacken *m* (*bsd. Tier*), *pl.* Maul *n*.
chap[3] [tʃæp] **I** *v/t. u. v/i.* rissig machen *od.* werden: **~*****ped hands*** aufgesprungene Hände; **II** *s.* Riss *m*, Sprung *m*.
chap·el ['tʃæpl] *s.* **1.** Ka'pelle *f*; Gotteshaus *n* (der Dis'senters): ***I am*** ~ F ich bin ein Dissenter; **2.** ('Seiten)Ka‚pelle *f* in e-r Kathe'drale; **3.** Gottesdienst *m*; **4.** *typ.* betriebliche Ge'werkschaftsorganisati‚on der Drucker; **'chap·el·ry** [-rɪ] *s. eccl.* Sprengel *m*.
chap·er·on ['ʃæpərəʊn] **I** *s.* **1.** Anstandsdame *f*; **2.** Be'gleitper‚son *f*; **II** *v/t.* (als Anstandsdame) begleiten.
'chap‚fall·en *adj.* niedergeschlagen.
chap·lain ['tʃæplɪn] *s.* **1.** Ka'plan *m*, Geistliche(r) *m* (*an e-r Kapelle*); **2.** Hof-, Haus-, Anstalts-, Mili'tär-, Ma'rinegeistliche(r) *m*; **'chap·lain·cy** [-sɪ] *s.* Ka'plans-amt *n*, -pfründe *f*.
chap·let ['tʃæplɪt] *s.* **1.** Kranz *m*; **2.** *eccl.* Rosenkranz *m*.
chap·py ['tʃæpɪ] *adj.* rissig, aufgesprungen: ~ ***hands***.
Chap Stick *npr.* (*Warenzeichen*), F *a.* **chap·stick** ['tʃæpstɪk] *s.* La'bello *npr.* (*Warenzeichen*), Lippenpflegestift *m*.
chap·ter ['tʃæptə] *s.* **1.** Ka'pitel *n* (*Buch u. fig.*): ~ ***and verse*** a) *bibl.* Kapitel u. Vers, b) genaue Einzelheiten; ***give*** ~ ***and verse*** *a.* genau zitieren; ***to the end of the*** ~ bis ans Ende; **2.** *eccl.* 'Dom-, 'Ordenska‚pitel *n*; **3.** *Am.* Orts-, 'Untergruppe *f e-r Vereinigung*; ~ **house** *s.* **1.** *eccl.* 'Domka‚pitel *n*, Stiftshaus *n*; **2.** *Am.* Verbindungshaus *n* (*Studenten*).
char[1] [tʃɑː] *v/t. u. v/i.* verkohlen.
char[2] [tʃɑː] *s. ichth.* 'Rotfo‚relle *f*.
char[3] [tʃɑː] *Brit.* **I** *v/i.* **1.** als Putzfrau *od.* Raumpflegerin arbeiten; **II** *s.* **2.** Putzen *n* (*als Lebensunterhalt*); **3.** → ***charwoman***.
char-à-banc ['ʃærəbæŋ] *pl.* **-bancs** [-z] *s.* **1.** Kremser *m* (*Kutsche*); **2.** Ausflugsautobus *m*.
char·ac·ter ['kærəktə] *s.* **1.** Cha'rakter *m*, Wesen *n*, Na'tur *f* (*e-s Menschen*): ***a bad*** ~ a) ein schlechter Charakter, b) ein schlechter Kerl; ***a strange*** ~ ein eigenartiger Mensch; ***quite a*** ~ ein Original; **2.** Cha'rakter(stärke *f*) *m*, (ausgeprägte) Per'sönlichkeit: ***a man of*** **~**; ***a public*** ~ e-e bekannte Persönlichkeit; ~ ***actor*** *thea.* Charakterdarsteller *m*; ~ ***part*** *thea.* Charakterrolle *f*; ~ ***assassi-***

C

nation Rufmord *m*; ~ ***building*** Charakterbildung *f*; ~ ***defect*** Charakterfehler *m*; **3.** Cha'rakter *m*, Gepräge *n*, Eigenart *f*; Merkmal *n*, Kennzeichen *n*; **4.** Stellung *f*, Rang *m*, Eigenschaft *f*: ***he came in the ~ of a friend*** er kam (in s-r Eigenschaft) als Freund; **5.** Leumund *m*, Ruf *m*, Name *m*: ***have a good ~*** in gutem Ruf stehen; ~ ***witness*** ⚖ Leumundszeuge *m*; **6.** Zeugnis *n* (*für Personal*): ***give s.o. a good ~*** a) j-m ein gutes Zeugnis geben, b) gut von j-m sprechen; **7.** *thea.* Per'son *f*, Rolle *f*: ***in ~*** a) der Rolle gemäß, b) (zs.-)passend; ***it is out of ~*** es passt nicht (dazu, zu ihm *etc.*); **8.** *Roman*: Fi'gur *f*, Gestalt *f*; **9.** Schriftzeichen *n* (*a. Computer*), Schrift *f*; Handschrift *f*: ~ ***set*** *Computer, typ.* Zeichensatz *m*.

char·ac·ter·is·tic [ˌkærəktə'rɪstɪk] **I** *adj.* □ → ***characteristically***; charakte'ristisch, bezeichnend, typisch (***of*** für): ~ ***curve*** ⚙ Leistungskurve *f*; **II** *s.* charakte'ristisches Merkmal, Eigentümlichkeit *f*, Kennzeichen *n*, Eigenschaft *f*: (***performance***) ~ ⚙ (Leistungs)Angabe *f*, (-)Kennwert *m*; ˌ**char·ac·ter'is·ti·cal** [-kl] → ***characteristic*** I; ˌ**char·ac·ter'is·ti·cal·ly** [-kəlɪ] *adv.* bezeichnenderweise; **char·ac·ter·i·za·tion** [ˌkærəktəraɪ'zeɪʃn] *s.* Charakterisierung *f*, Kennzeichnung *f*; **char·ac·ter·ize** ['kærəktəraɪz] *v/t.* charakterisieren: a) beschreiben, b) kennzeichnen, charakte'ristisch sein für; **char·ac·ter·less** ['kærəktəlɪs] *adj.* nichts sagend.

cha·rade [ʃə'rɑːd] *s.* **1.** Scha'rade *f* (*Ratespiel mit Verkleidungsszenen*); **2.** *fig.* Farce *f*.

'**char·broil** *v/t.* auf Holzkohle grillen.

char·coal ['tʃɑːkəʊl] *s.* **1.** Holzkohle *f*; **2.** (Zeichen)Kohle *f*, Kohlestift *m*; **3.** Kohlezeichnung *f*; ~ **burn·er** *s.* Köhler *m*, Kohlenbrenner *m*; ~ **draw·ing** *s.* Kohlezeichnung *f*.

chard [tʃɑːd] *s.* ⚘ Mangold(gemüse *n*) *m*.

charge [tʃɑːdʒ] **I** *v/t.* **1.** belasten, beladen, beschweren (***with*** mit) (*mst fig.*); **2.** *Gewehr etc.* laden; *Batterie* aufladen: (***emotionally***) ~***d atmosphere*** *fig.* geladene (*od.* angeheizte) Stimmung; **3.** (an)füllen; ⚙, ⚒ beschicken; ⚗ sättigen; **4.** beauftragen, betrauen: ~ ***s.o. with a task***; **5.** ermahnen: ***I ~d him not to forget*** ich schärfte ihm ein, es nicht zu vergessen; **6.** Weisungen geben (*dat.*); belehren: ~ ***the jury*** ⚖ den Geschworenen Rechtsbelehrung geben; **7.** zur Last legen, vorwerfen, anlasten (***on*** *dat.*): ***he ~d the fault on me*** er schrieb mir die Schuld zu; **8.** beschuldigen, anklagen (***with*** *gen.*): ~ ***s.o. with murder***; **9.** angreifen, *sport a.* ,angehen', rempeln; anstürmen gegen: ~ ***the enemy***; **10.** *Preis etc.* fordern, berechnen: ***he ~d (me) a dollar for it*** er berechnete (mir) e-n Dollar dafür; **11.** ✝ *j-n* mit *et.* belasten, *j-m et.* in Rechnung stellen: ~ ***these goods to me*** (*od.* ***to my account***); **II** *v/i.* **12.** angreifen; stürmen: ***the lion ~d at me*** der Löwe fiel mich an; **13.** (e-n Preis) fordern, (Kosten) berechnen: ~ ***too much*** zu viel berechnen; ***I shall not ~ for it*** ich werde es nicht berechnen; **III** *s.* **14.** ⚔, ⚡, *mot.* Ladung *f*; ⚙ (Spreng)Ladung *f*; Füllung *f*, Beschickung *f*; *metall.* Einsatz *m*; **15.** Belastung *f*, Forderung *f* (*beide a.* ✝), Last *f*, Bürde *f*; Anforderung *f*, Beanspruchung *f*: ~ (***on an estate***) (Grundstücks)Belastung; ***real ~*** Grundschuld *f*; ***be a ~ on s.o.*** j-m zur Last fallen; ***a first ~ on s.th.*** e-e erste Forderung an et. (*acc.*); **16.** (*a. pl.*) Preis *m*, Kosten *pl.*, Spesen *pl.*, Unkosten *pl.*; Gebühr *f*: ***no ~, free of ~*** kostenlos, gratis; ~***s forward*** per Nachnahme; ~***s (to be) deducted*** abzüglich der Unkosten; **17.** Aufgabe *f*, Amt *n*, Pflicht *f*, Verantwortung *f*; **18.** Aufsicht *f*, Obhut *f*, Pflege *f*, Sorge *f*; Verwahrung *f*; Verwaltung *f*: ***person in ~*** verantwortliche Person, Verantwortliche(r), Leiter(in); ***be in ~ of*** verantwortlich sein für, die Aufsicht *od.* den Befehl führen über (*acc.*), leiten; ***have ~ of*** in Obhut *od.* Verwahrung haben, betreuen, versorgen; ***put s.o. in ~ of*** j-m die Leitung *od.* Aufsicht *etc.* übertragen (*gen.*); ***take ~*** die Leitung *etc.* übernehmen, die Sache in die Hand nehmen; **19.** Gewahrsam *m*: ***give s.o. in ~*** j-n der Polizei übergeben; ***take s.o. in ~*** j-n festnehmen; **20.** ⚖ Mündel *m*; Pflegebefohlene(r *m*) *f*, Schützling *m*; *a.* anvertraute Sache; **21.** Befehl *m*, Anweisung *f*, Mahnung *f*; ⚖ Rechtsbelehrung *f*; **22.** Vorwurf *m*, Beschuldigung *f*; ⚖ (Punkt *m* der) Anklage *f*: ***on a ~ of murder*** wegen Mord; ***return to the ~*** *fig.* noch einmal ,einhaken' (*Diskussion*); **23.** Angriff *m*, (An)Sturm *m*; **24.** ***get a ~ out of*** *Am. sl.* an *e-r Sache* mächtig Spaß haben.

charge·a·ble ['tʃɑːdʒəbl] *adj.* □ **1.** anzurechnen(d), zulasten gehen(d) (***to*** von); zu berechnen(d) (***on*** *dat.*); zu belasten(d) (***with*** mit); *teleph.* gebührenpflichtig; **2.** zahlbar; **3.** strafbar.

charge| ac·count *s.* ✝ **1.** ('Kunden-) Kreˌditkonto *n*; **2.** Abzahlungskonto *n*; ~ **card** *s.* Kunden(kredit)karte *f*.

char·gé (d'af·faires) [ˌʃɑːʒeɪ(dæ'feə)] *pl.* **char·gés (d'af·faires)** [-ʒeɪdæ'feəz] (*Fr.*) *s. pol.* Geschäftsträger *m*.

charge nurse *s.* ⚕ Stati'ons-, Oberschwester *f*.

charg·er ['tʃɑːdʒə] *s.* **1.** ⚔ Dienstpferd *n* (*es Offiziers*); **2.** *poet.* Schlachtross *n*; **3.** ⚙ Aufgeber *m*.

charge sheet *s. Brit.* **1.** polizeiliches Aktenblatt über den Beschuldigten u. die ihm zur Last gelegte Tat; **2.** ⚔ Tatbericht *m*.

char·i·ness ['tʃeərɪnɪs] *s.* **1.** Behutsamkeit *f*; **2.** Sparsamkeit *f*.

char·i·ot ['tʃærɪət] *s. antiq.* zweirädriger Streit- *od.* Tri'umphwagen; **char·i·ot·eer** [ˌtʃærɪə'tɪə] *s. poet.* Wagen-, Rosselenker *m*.

cha·ris·ma [kə'rɪzmə] *pl.* **-ma·ta** [-mətə] *s. eccl.* 'Charisma *n* (*a. fig. persönliche Ausstrahlung*); **char·is·mat·ic** [ˌkærɪz'mætɪk] *adj.* charis'matisch.

char·i·ta·ble ['tʃærətəbl] *adj.* □ **1.** mild-, wohltätig, karita'tiv, Wohltätigkeits...; **2.** mild, nachsichtig; '**char·i·ta·ble·ness** [-nɪs] *s.* Wohltätigkeit *f*; Güte *f*, Milde *f*, Nachsicht *f*; **char·i·ty** ['tʃærətɪ] *s.* **1.** Nächstenliebe *f*; **2.** Wohltätigkeit *f*; Freigebigkeit *f*: ~ ***performance*** Wohltätigkeits-, Benefizveranstaltung *f*; ~ ***stamp*** Wohlfahrtsmarke *f*; ~ ***begins at home*** zuerst kommt die eigene Familie *od.* das eigene Land; → ***cold*** 3; **3.** Güte *f*; Milde *f*, Nachsicht *f*; **4.** Almosen *n*, milde Gabe; Wohltat *f*, gutes Werk; **5.** Wohlfahrtseinrichtung *f*.

cha·ri·va·ri [ˌʃɑːrɪ'vɑːrɪ] *s.* **1.** 'Katzenmuˌsik *f*; **2.** Lärm *m*, Getöse *n*.

char·la·dy ['tʃɑːˌleɪdɪ] → ***charwoman***.

char·la·tan ['ʃɑːlətən] *s.* 'Scharlatan *m*: a) Quacksalber *m*, Marktschreier *m*, b) Schwindler *m*; '**char·la·tan·ry** [-tənrɪ] *s.* Scharlatane'rie *f*.

Charles's Wain [ˌtʃɑːlzɪz'weɪn] *s. ast.* Großer Bär.

char·ley horse ['tʃɑːlɪ] *s. Am.* F Muskelkater *m*.

char·lock ['tʃɑːlɒk] *s.* ⚘ Hederich *m*.

charm [tʃɑːm] **I** *s.* **1.** Anmut *f*, Charme *m*, (Lieb)Reiz *m*, Zauber *m*: (***feminine***) ~***s*** weibliche Reize; ~ ***of style*** reizvoller Stil; ***turn on the old ~*** s-n Charme spielen lassen; **2.** Zauber *m*, Bann *m*; Zauberformel *f*: ***it worked like a ~*** *fig.* es klappte fantastisch; **3.** Amu'lett *n*, 'Talisman *m*; **II** *v/t.* **4.** bezaubern, reizen, entzücken: ***be ~ed to meet s.o.*** entzückt *od.* erfreut sein, j-n zu treffen; ~***ed with*** entzückt von; **5.** be-, verzaubern: ~***ed against*** gefeit gegen; ~ ***away*** wegzaubern; **III** *v/i.* **6.** bezaubern(d wirken), entzücken; '**charmer** [-mə] *s.* **1.** *fig.* Zauberer *m*, Zauberin *f*; **2.** a) bezaubernder Mensch, Char'meur *m*, b) reizvolles Geschöpf, ,Circe' *f*; '**charm·ing** [-mɪŋ] *adj.* □ char'mant; *a. Sache*: bezaubernd, entzückend, reizend.

char·nel house ['tʃɑːnl] *s.* Leichen-, Beinhaus *n*.

chart [tʃɑːt] **I** *s.* **1.** (*bsd.* See-, Himmels)Karte *f*: ~***room*** ⚓ Kartenhaus *n*; **2.** Ta'belle *f*; **3.** a) grafische Darstellung, *z.B.* (Farb)Skala *f*, (Fieber)Kurve *f*, (Wetter)Karte *f*, b) *bsd.* ⚙ Dia'gramm *n*, Schaubild *n*, Kurve(nblatt *n*) *f*; **II** *v/t.* **4.** auf e-r (See- *etc.*)Karte einzeichnen; **5.** grafisch darstellen, skizzieren; **6.** *fig.* planen, entwerfen.

char·ta ['tʃɑːtə] → ***Magna C(h)arta***.

char·ter ['tʃɑːtə] **I** *s.* **1.** Urkunde *f*; Freibrief *m*; Privi'leg *n*; **2.** a) Gründungsurkunde *f*, b) *Am.* Satzung *f* (*e-r AG etc.*), c) Konzessi'on *f*; **3.** *pol.* Charta *f*; **4.** ⚓, ✈ a) Chartern *n*, b) → ***charter party***; **II** *v/t.* **5.** *Bank etc.* konzessionieren: ~***ed company*** zugelassene Gesellschaft; → ***accountant*** 2; **6.** chartern: a) ⚓, ✈ mieten, b) befrachten; '**charter·er** [-ərə] *s.* ⚓ Befrachter *m*.

char·ter| flight *s.* Charterflug *m*; ~ **party** *s.* 'Charterparˌtie *f*, Miet-, Frachtvertrag *m*; ~ **plane** *s.* Charterflugzeug *n*.

char·wom·an ['tʃɑːˌwʊmən] *s.* [*irr.*] Reinemach-, Putzfrau *f*, Raumpflegerin *f*.

char·y ['tʃeərɪ] *adj.* □ **1.** vorsichtig, behutsam (***in, of*** in *dat.*, bei); **2.** sparsam, zu'rückhaltend (***of*** mit).

chase[1] [tʃeɪs] **I** *v/t.* **1.** jagen, nachjagen (*dat.*), verfolgen; **2.** *hunt.* hetzen, jagen; **3.** *fig.* verjagen, vertreiben; **II** *v/i.* **4.** nachjagen (***after*** *dat.*); F sausen, rasen; **III** *s.* **5.** Verfolgung *f*: ***give ~*** die Verfolgung aufnehmen; ***give ~ to*** → 1; **6.** *hunt.* ***the ~*** die Jagd; **7.** *Brit.* 'Jagdreˌvier *n*; **8.** gejagtes Wild (*a. fig.*) *od.* Schiff *etc.*

chase[2] [tʃeɪs] **I** *s.* **1.** *typ.* Formrahmen *m*; **2.** Rinne *f*, Furche *f*; **II** *v/t.* **3.** ziselieren, ausmeißeln, punzen: ~***d work*** getriebene Arbeit; **4.** ⚙ *Gewinde* strehlen, schneiden.

chas·er[1] ['tʃeɪsə] *s.* **1.** Jäger *m*; Verfolger *m*; **2.** ⚓ a) Verfolgungsschiff *n*, (*bsd.* U-Boot-)Jäger *m*, b) Jagdgeschütz *n*; **3.** ✈ Jagdflugzeug *n*; **4.** F ,Schluck *m* zum Nachspülen'; **5.** *sl.* a) Schürzenjäger *m*, b) mannstolles Weib.

chas·er² ['tʃeɪsə] *s.* ⚙ **1.** Zise'leur *m*; **2.** Gewindestahl *m*; Treibpunzen *m*.

chasm ['kæzəm] *s.* **1.** Kluft *f*, Abgrund *m* (*beide a. fig.*) **2.** Schlucht *f*; **3.** Riss *m*, Spalte *f*; **4.** Lücke *f*.

chas·sis ['ʃæsɪ] *pl.* **'chas·sis** [-sɪz] *s.* **1.** Chas'sis *n*: a) ✈, *mot.* Fahrgestell *n*, b) *Radio*: Grundplatte *f*; **2.** ⚔ La'fette *f*.

chaste [tʃeɪst] *adj.* □ **1.** keusch (*a. fig. schamhaft; anständig, tugendhaft*); rein, unschuldig; **2.** rein, von edler Schlichtheit: **~ style**.

chas·ten ['tʃeɪsn] *v/t.* **1.** züchtigen, strafen; **2.** läutern; **3.** mäßigen, dämpfen; ernüchtern.

chas·tise [tʃæ'staɪz] *v/t.* **1.** züchtigen, strafen; **2.** geißeln, tadeln; **chas·tise·ment** ['tʃæstɪzmənt] *s.* Züchtigung *f*, Strafe *f*.

chas·ti·ty ['tʃæstətɪ] *s.* **1.** Keuschheit *f*: **~ belt** Keuschheitsgürtel *m*; **2.** Reinheit *f*; **3.** Schlichtheit *f*.

chas·u·ble ['tʃæzjʊbl] *s. eccl.* Messgewand *n*.

chat [tʃæt] **I** *v/i.* plaudern, schwatzen, *Internet*: chatten; **II** *v/t.* **~ s.o.** (**up**) F a) auf j-n einreden, b) j-n ‚anquatschen'; **III** *s.* Plaude'rei *f*, *Internet*: Chat *m*: **~ show** *Brit.* Talkshow *f*; **have a ~** → I.

chat·e·laine ['ʃætəleɪn] *s.* **1.** Schlossherrin *f*; **2.** Kastel'lanin *f*; **3.** (Gürtel)Kette *f* (*für Schlüssel etc.*).

chat·tel ['tʃætl] *s.* **1.** *mst pl.* bewegliches Eigentum, Habe *f*: **~ mortgage** Mobiliarhypothek *f*; **~ paper** *Am.* Verkehrspapier *n*; → **good** 18; **2.** *mst* **~ slave** Leibeigene(r) *m*.

chat·ter ['tʃætə] **I** *v/i.* **1.** plappern, schwatzen; **2.** schnattern; **3.** klappern (*a. Zähne*), rattern; **4.** plätschern; **II** *s.* **5.** Geplapper *n*, Geschnatter *n*; Klappern *n*; **'chat·ter·box** *s.* Plappermaul *n*; **'chat·ter·er** [-ərə] *s.* Schwätzer(in).

chat·ty ['tʃætɪ] *adj.* **1.** gesprächig; **2.** unter'haltsam (*Person, Brief*), im Plauderton (geschrieben *etc.*).

chauf·feur ['ʃəʊfə] (*Fr.*) *s.* Chauf'feur *m*, Fahrer *m*; **chauf·feuse** [ʃəʊ'fɜːz] *s.* Fahrerin *f*.

chau·vie ['ʃəʊvɪ] *s.* F ‚Chauvie' *m* (→ **chauvinist** 2).

chau·vin·ism ['ʃəʊvɪnɪzəm] *s.* Chauvi'nismus *m*; **'chau·vin·ist** [-ɪst] *s.* **1.** Chauvi'nist *m*; **2. male ~** *sociol.* männlicher Chauvinist; **chau·vin·is·tic** [ˌʃəʊvɪ'nɪstɪk] *adj.* (□ **~ally**) chauvi'nistisch.

cheap [tʃiːp] **I** *adj.* □ **1.** billig, preiswert: **get off ~** mit e-m blauen Auge davonkommen; **hold ~** wenig halten von; **~ as dirt** spottbillig; **2.** billig, minderwertig; schlecht, kitschig: **~ and nasty** billig u. schlecht; **3.** verbilligt, ermäßigt: **~ fare**; **~ money** billiges Geld; **4.** *fig.* billig, mühelos; **5.** *fig.* ‚billig', schäbig: **feel ~** a) sich ‚billig' *od.* ärmlich vorkommen, b) *sl.* sich elend fühlen; **II** *adv.* **6.** billig; **III** *s.* **7. on the ~** F billig; **'cheap·en** [-pən] *v/t.* (*v/i.* sich) verbilligen; her'absetzen (*a. fig.*): **~ o.s.** sich herabwürdigen; **'cheap·jack I** *s.* billiger Jakob; **II** *adj.* Ramsch...; **'cheap·ness** [-nɪs] *s.* Billigkeit *f* (*a. fig.*); **'cheap·skate** *s. Am. sl.* ‚Knicker' *m*, Geizhals *m*.

cheat [tʃiːt] **I** *s.* **1.** Betrüger(in), Schwindler(in); ‚Mogler(in)'; **2.** Betrug *m*, Schwindel *m*; Moge'lei *f*; **II** *v/t.* **3.** betrügen (**of**, **out of** um); **4.** durch List bewegen (**into** zu); **5.** sich entziehen (*dat.*), ein Schnippchen schlagen (*dat.*): **~ justice**; **III** *v/i.* **6.** betrügen, schwindeln, mogeln.

check [tʃek] **I** *s.* **1.** Schach(stellung *f*) *n*: **in ~** im Schach (stehend); **give ~** Schach bieten; **hold** (*od.* **keep**) **in ~** *fig.* in Schach halten; **2.** Hemmnis *n*, Hindernis *n* (**on** für): **put a ~ upon s.o.** j-m e-n Dämpfer aufsetzen, j-n zurückhalten; **3.** Unter'brechung *f*, Rückschlag *m*: **give a ~ to** Einhalt gebieten (*dat.*); **4.** Kon'trolle *f*, Über'prüfung *f*, Nachprüfung *f*, Über'wachung *f*: **keep a ~ upon s.th.** etwas unter Kontrolle halten; **5.** Kon'trollzeichen *n*, *bsd.* Häkchen *n* (*auf Listen etc.*); **6.** ✝ *Am.* Scheck *m* (**for** über *acc.*); **7.** *bsd. Am.* Kassenschein *m*, -zettel *m*, Rechnung *f* (*im Kaufhaus od. Restaurant*); **8.** Kon'trollabschnitt *m*, -marke *f*, -schein *m*; **9.** *bsd. Am.* Aufbewahrungsschein *m*: a) Garde'robenmarke *f*, b) Gepäckschein *m*; **10.** (*Essens- etc.*)Bon *m*, Gutschein *m*; **11.** a) Schachbrett-, Würfel-, Karomuster *n*, b) Karo *n*, Viereck *n*, c) karierter Stoff; **12.** Spielmarke *f*: **to pass** (*od.* **hand**) **in one's ~s** *Am.* F ‚abkratzen' (*sterben*); **13.** *Eishockey*: Check *m*; **II** *v/t.* **14.** Schach bieten (*dat.*): **~!** Schach!; **15.** hemmen, hindern, aufhalten, eindämmen; **16.** ⚙, *a. fig.* ✝ *etc.* drosseln, bremsen; **17.** zu'rückhalten, bremsen, zügeln, dämpfen: **~ o.s.** (plötzlich) innehalten, sich e-s anderen besinnen; **18.** *Eishockey*: *Gegner* checken; **19.** kontrollieren, über'prüfen, nachprüfen, ‚checken' (**for** auf *e-e Sache* hin): **~ against** vergleichen mit; **20.** *Am.* (*auf e-r Liste etc.*) abhaken, ankreuzen; **21.** *bsd. Am.* a) (zur Aufbewahrung *od.* in der Garde'robe) abgeben, b) (als Reisegepäck) aufgeben; **22.** *bsd. Am.* a) (zur Aufbewahrung) annehmen, b) zur Beförderung (als Reisegepäck) über'nehmen *od.* annehmen; **23.** karieren, mit e-m Karomuster versehen; **III** *v/i.* **24.** a) stimmen, b) (**with**) über'einstimmen (mit); **25.** *oft* **~ up** (**on**) nachprüfen, (*e-e Sache od. j-n*) über'prüfen: **~!** *Am.* F klar!; **26.** *Am.* e-n Scheck ausstellen (**for** über *acc.*); **27.** (plötzlich) inne- *od.* anhalten, stutzen.

Zssgn mit adv.:

check| back *v/i.* rückfragen (**with** bei); **~ in I** *v/i.* **1.** sich anmelden; **2.** ✝ einstempeln; **3.** ✈ einchecken; **II** *v/t.* **4.** anmelden; **5.** ✈ einchecken, abfertigen; **~ off** → **check** 20; **~ out I** *v/t.* **1.** → **check** 19; **II** *v/i.* **2.** (*aus e-m Hotel*) abreisen; **3.** ✝ ausstempeln; **4.** *Am. sl.* ‚abkratzen'; **~ o·ver** → **check** 19; **~ up** → **check** 25.

'check|·back *s.* Rückfrage *f*; **~ bit** *s. Computer*: Kon'trollbit *n*; **'~·book** → **chequebook**; **'~·card** *s. Am.* Scheckkarte *f*; **~ clock** *s.* Stechuhr *f*.

checked [tʃekt] *adj.* kariert: **~ pattern** Karomuster *n*.

check·er ['tʃekə] *etc. Am.* → **chequer** *etc.*

'check·in *s.* **1.** Anmeldung *f in e-m Hotel*; **2.** ✝ Einstempeln *n*; **3.** ✈ Einchecken *n*: **~ counter** Abfertigungsschalter *m*; **~ desk** ✈ Abflug-, Abfertigungsschalter *m*; **~ time** Eincheckzeit *f*.

check·ing ac·count ['tʃekɪŋ] *s. econ. Am.* Girokonto *n*.

check| list *s.* Kon'trolliste *f*; **~ lock** *s.* kleines Sicherheitsschloss; **'~·mate I** *s.* **1.** (Schach)'Matt *n*, Mattstellung *f*; **2.** *fig.* Niederlage *f*; **II** *v/t.* **3.** (schach)'matt setzen (*a. fig.*); **III** *int.* **4.** schach'matt!; **~ nut** *s.* ⚙ Gegenmutter *f*; **'~·out** *s.* **1.** Abreise *f aus e-m Hotel*; **2.** ✝ Ausstempeln *n*; **3.** *a.* **~ counter** Kasse *f im Kaufhaus*; **'~·out test** *s.* ✝ Tauglichkeitstest *m für ein Produkt*; **'~-ˌo·ver** → **checkup** 1; **'~·point** *s. pol.* Kon'trollpunkt *m* (*an der Grenze*); **'~·room** *s. Am.* **1.** 🚂 Gepäckaufbewahrung(sstelle) *f*; **2.** Garde'robe(nraum *m*) *f*; **'~·up** *s.* **1.** Über'prüfung *f*, Kon'trolle *f*; **2.** ⚕ 'Vorsorgeunterˌsuchung *f*, Check-up *m*; **~ valve** *s.* ⚙ 'Absperr- *od.* 'Rückschlagvenˌtil *n*.

Ched·dar (**cheese**) ['tʃedə] *s.* 'Cheddarkäse *m*.

cheek [tʃiːk] **I** *s.* **1.** Backe *f*, Wange *f*: **~ by jowl** dicht *od.* vertraulich beisammen; **2.** ⚙ Backe *f*; **3.** F Frechheit *f*, Unverfrorenheit *f*: **have the ~** die Frechheit *od.* Stirn besitzen (**to** *inf.* zu *inf.*); **II** *v/t.* **4.** frech sein zu; **'cheekbone** *s.* Backenknochen *m*; **cheeked** [-kt] *adj.* ...wangig, ...bäckig; **'cheek·i·ness** [-kɪnɪs] *s.* F Frechheit *f*; **'cheek·y** [-kɪ] *adj.* □ frech.

cheep [tʃiːp] **I** *v/t. u. v/i.* piep(s)en; **II** *s.* Pieps(er) *m* (*a. fig.*).

cheer [tʃɪə] **I** *s.* **1.** Beifall(sruf) *m*, Hur'ra(ruf *m*) *n*, Hoch(ruf *m*) *n*: **three ~s for him!** ein dreifaches Hoch auf ihn!, er lebe hoch, hoch, hoch!; **to the ~s of** unter dem Beifall *etc.* (*gen.*); **2.** Ermunterung *f*, Trost *m*: **words of ~** aufmunternde Worte; **3.** a) gute Laune, vergnügte Stimmung, Fröhlichkeit *f*, b) Stimmung *f*: **good ~** → a); **be of good ~** guter Laune *od.* Dinge sein, vergnügt sein; **be of good ~!** sei guten Mutes!; **make good ~** sich amüsieren, *a.* gut essen u. trinken; **II** *v/t.* **4.** Beifall spenden (*dat.*), zujubeln (*dat.*), mit Hoch- *od.* Bravorufen begrüßen, hochleben lassen; **5.** *a.* **~ on** anspornen, anfeuern; **6.** *a.* **~ up** *j-n* er-, aufmuntern, aufheitern; **III** *v/i.* **7.** Beifall spenden, hoch *od.* hur'ra rufen, jubeln; **8.** *meist* **~ up** Mut fassen, (wieder) fröhlich werden: **~ up!** Kopf hoch!; → **cheers**.

cheer·ful ['tʃɪəfʊl] *adj.* □ **1.** heiter, fröhlich; (*iro.* quietsch)vergnügt; **2.** erfreulich, freundlich; **3.** freudig, gern; **'cheer·ful·ness** [-nɪs], **cheer·i·ness** ['tʃɪərɪnɪs] *s.* Heiterkeit *f*, Frohsinn *m*;

cheer·i·o [ˌtʃɪərɪ'əʊ] *int.* F *bsd. Brit.* a) machs gut!, tschüs!, b) 'prosit!;

'cheerˌlead·er *s. sport Am.* Einpeitscher *m* (*beim Anfeuern*); **cheer·less** ['tʃɪəlɪs] *adj.* □ freudlos, trüb, trostlos; unfreundlich (*Zimmer, Wetter etc.*);

cheers [tʃɪəz] *pl.*, *int. Brit.* **1.** prost!, 'prosit!; **2.** F tschüs(s)!; **3.** F danke;

cheer·y ['tʃɪərɪ] *adj.* □ fröhlich, heiter, vergnügt.

cheese [tʃiːz] **I** *s.* **1.** Käse *m*; → **chalk** 2; **2.** käseartige Masse; Ge'lee *n*, *m*; **3. big ~** *sl.* ‚hohes Tier'; **4.** *sl. das* Richtige *od.* einzig Wahre: **that's the ~!** so ists richtig!; **hard ~!** schöne Pleite!; **II** *v/t.* **5.** *sl.*: **~ it!** ‚hau ab'!; **'~·cake** *s.* **1.** Käsekuchen *m*, -törtchen *n*; **2.** *Am.* Pin-up-Girl *n*, Sexbombe *f* (*Bild*); **'~·cloth** *s.* Mull *m*, Gaze *f*; **'~ˌmon·ger** *s.* Käsehändler *m*; **'~ˌpar·ing I** *s.* **1.** wertlose Sache; **2.** Knause'rei *f*; **II** *adj.* **3.** knauserig; **~ straws** *s. pl.* Käsestangen *pl.*

chee·tah ['tʃiːtə] *s. zo.* 'Gepard *m*.

chef [ʃef] (*Fr.*) *s.* Küchenchef *m*.

chem·i·cal ['kemɪkl] **I** *adj.* □ chemisch,

C

Chemie...: **~ agent** ⚔ Kampfstoff *m*; **~ engineer** Chemotechniker *m*; **~ fibre** Chemie-, Kunstfaser *f*; **~ warfare** chemische Kriegführung; **II** *s.* Chemi'kalie, chemisches Präpa'rat.

che·mise [ʃɪ'mi:z] **1.** (Damen)Hemd *n*; **2.** *a.* **~ dress** Hängekleid *n*.

chem·ist ['kemɪst] *s.* **1.** *a.* **analytical ~** Chemiker *m*; **2.** *Brit. a.* **dispensing ~** Apo'theker *m*: **~'s shop** *Brit.* Apotheke *f*, Drogerie *f*; **'chem·is·try** [-trɪ] *s.* **1.** Che'mie *f*; **2.** chemische Zs.-setzung; **3.** *fig.* Na'tur *f*, Wirken *n*.

chem·o·ther·a·py [ˌki:məʊ'θerəpɪ] *s.* ⚕ 'Chemotheraˌpie *f*.

cheque [tʃek] *s.* ✝ *Brit.* Scheck *m* (**for** über *e-e Summe*): **blank ~** Blankoscheck, *fig.* unbeschränkte Vollmacht; **crossed ~** Verrechnungsscheck; **write out** (*od.* **cash**) **a ~** e-n Scheck ausstellen (*od.* einlösen); **~ account** *s.* ✝ *Brit.* 'Giroˌkonto *n*; **'~·book** *s. Brit.* Scheckbuch *n*; **~ card** *s.* Scheckkarte *f*; **~ fraud** *s.* Scheckbetrug *m*.

cheq·uer ['tʃekə] *Brit.* **I** *s.* **1.** Schach-, Karomuster *n*; **2.** *pl. sg. konstr.* Damespiel *n*; **II** *v/t.* **3.** karieren; **4.** bunt *od.* unregelmäßig gestalten; **'cheq·uer·board** *s. Brit.* Damebrett *n*; **'chequered** [-əd] *adj. Brit.* kariert; *fig.* bunt; wechselvoll, bewegt.

cher·ish ['tʃerɪʃ] *v/t.* **1.** schätzen, hochhalten; **2.** sorgen für, pflegen; **3.** *Gefühle etc.* hegen; bewahren; **4.** *fig.* festhalten an (*dat.*).

che·root [ʃə'ru:t] *s.* Stumpen *m* (*Zigarre*).

cher·ry ['tʃerɪ] **I** *s.* **1.** ⚘ Kirsche *f* (*Frucht od. Baum*); **2.** *sl.* a) Jungfräulichkeit *f*, b) Jungfernhäutchen *n*; **II** *adj.* **3.** kirschrot; **~ bran·dy** *s.* Cherry Brandy *m*, 'Kirschliˌkör *m*; **~ pie** *s.* **1.** Kirschtorte *f*; **2.** ⚘ Helio'trop *n*; **~ stone** *s.* Kirschkern *m*; **~ to·ma·to** *s.* 'Cocktailtoˌmate *f*, 'Cherrytoˌmate *f*; **'~·wood** *s.* Kirschbaumholz *n*.

chert [tʃɜ:t] *s.* **1.** *min.* Kieselschiefer *m*, Feuerstein *m*, Hornstein *m*; **2.** *Bauwesen*: Gneiszuschlag(stoff) *m*, 'Feingranitˌzuschlag *m* (*für Sichtbeton*).

cher·ub ['tʃerəb] *pl.* **-ubs**, **-u·bim** [-əbɪm] *s.* **1.** *bibl.* 'Cherub *m*, Engel *m*; **2.** geflügelter Engelskopf; **3.** a) pausbäckiges Kind, b) *fig.* Engel(chen *n*) *m* (*Kind*).

cher·vil ['tʃɜ:vɪl] *s.* ⚘ Kerbel *m*.

Chesh·ire| cat ['tʃeʃə] *s.*: **grin like a ~** grinsen wie ein Affe; **~ cheese** *s.* 'Chesterkäse *m*.

chess [tʃes] *s.* Schach(spiel) *n*: **a game of ~** e-e Partie Schach; **'~·board** *s.* Schachbrett *n*; **'~·man** [-mæn] *s.* [*irr.*] 'Schachfiˌgur *f*; **~ prob·lem** *s.* Schachaufgabe *f*.

chest [tʃest] *s.* **1.** Kiste *f*, Kasten *m*, Truhe *f*: **~ of drawers** Kommode *f*; **2.** kastenartiger Behälter; **3.** Brust(kasten *m*) *f*: **have a weak ~** schwach auf der Brust sein; **~ expander** Expander *m*; **~ note** Brustton *m*; **~ trouble** Lungenleiden; **beat one's ~** *fig.* sich reuig an die Brust schlagen; **get s.th. off one's ~** F sich et. von der Seele schaffen; **play** (**one's cards**) **close to one's ~** *a. fig.* sich nicht in die Karten gucken lassen; **4.** Kasse *f*, Kassenverwaltung *f*; **'chest·ed** [-tɪd] *adj. in Zssgn* ...brüstig.

ches·ter·field ['tʃestəfi:ld] *s.* **1.** Chesterfield *m* (*Herrenmantel*); **2.** 'Polsterˌsofa *n*.

chest·nut ['tʃesnʌt] **I** *s.* **1.** ⚘ Ka'stanie *f* (*Frucht, Baum od. Holz*); **2.** Braune(r) *m* (*Pferd*); **3.** alter Witz, ‚alte Ka'melle'; **II** *adj.* **4.** ka'stanienbraun.

chest·y ['tʃestɪ] *adj.* **1.** F tief (sitzend) (*Husten*); **2.** F dickbusig; **3.** *sl.* eingebildet, arro'gant.

chev·a·lier [ˌʃevə'lɪə] *s.* **1.** (Ordens)Ritter *m*; **2.** *fig.* Kava'lier *m*.

chev·ron ['ʃevrən] *s.* **1.** *her.* Sparren *m*; **2.** ⚔ Winkel *m* (*Rangabzeichen*); **3.** ⚠ Zickzackleiste *f*.

chev·y ['tʃevɪ] → **chiv(v)y**.

chew [tʃu:] **I** *v/t.* **1.** kauen: **~ the rag** *od.* **fat** a) ‚quatschen', plaudern, b) ‚meckern'; → **cud**; **2.** *fig.* sinnen auf (*acc.*), über'legen, brüten; **3. ~ over** F *et.* besprechen; **4. ~ up** *Am. sl. j-n* ‚anscheißen'; **II** *v/i.* **5.** kauen; **6.** F 'Tabak kauen; **7.** nachsinnen, grübeln (**on**, **over** über *acc.*); **III** *s.* **8.** Kauen *n*; **9.** Priem *m*; **'chew·ing·gum** ['tʃu:ɪŋ-] *s.* 'Kauˌgummi *m*.

chi·a·ro·scu·ro [kɪˌɑ:rəs'kʊərəʊ] *pl.* **-ros** (*Ital*) *s. paint.* Helldunkel *n*.

chic [ʃi:k] **I** *s.* Schick *m*, Ele'ganz *f*, Geschmack *m*; **II** *adj.* schick, ele'gant.

chi·cane [ʃɪ'keɪn] **I** *s.* **1.** Schi'kane *f* (*a. Motorsport*); **2.** *Bridge*: Blatt *n* ohne Trümpfe; **II** *v/t. u. v/i.* **3.** schikanieren; **4.** betrügen (**out of** um); **chi'can·er·y** [-nərɪ] *s.* Schi'kane *f*, (*bsd.* Rechts-) Kniff *m*.

chi·chi ['ʃi:ʃi:] *adj.* F **1.** (tod)schick; **2.** *contp.* auf schick gemacht.

chick [tʃɪk] *s.* **1.** Küken *n* (*a. fig. Kind*); junger Vogel; **2.** *sl.* ‚Biene' *f*, ‚Puppe' *f*.

chick·en ['tʃɪkɪn] **I** *s.* **1.** Küken *n*; Hühnchen *n*, Hähnchen *n*: **count one's ~s before they are hatched** das Fell des Bären verkaufen, ehe man ihn hat; **2.** Huhn *n*; **3.** Hühnerfleisch *n*; **4.** F ‚Küken' *n*: **she is no ~** sie ist auch nicht mehr die Jüngste; **5.** *sl.* Mutprobespiel *n*; **6. give s.o. ~** ⚔ *sl.* ‚mit j-m Schlitten fahren'; **II** *adj.* **7.** *sl.* feig(e); **III** *v/i.* **8.** *sl.* ‚Schiss' bekommen: **~ out** ‚kneifen'; **'~-ˌbreast·ed** *adj.* hühnerbrüstig; **~ broth** *s.* Hühnerbrühe *f*; **'~ feed** *s.* **1.** Hühnerfutter *n*; **2.** *sl.* ‚ein paar Groschen', lächerliche Summe: **no ~** kein Pappenstiel; **'~-ˌheart·ed**, **'~-ˌliv·ered** *adj.* feig(e); **~ pox** *s.* ⚕ Windpocken *pl.*; **~ run** *s.* Hühnerauslauf *m*.

'chick·pea *s.* ⚘ Kichererbse *f*.

chic·le ['tʃɪkl] *a.* **~ gum** *s.* (Rohstoff *m* von) 'Kauˌgummi *m*.

chic·o·ry ['tʃɪkərɪ] *s.* ⚘ **1.** Zi'chorie *f*; **2.** Chicorée *m*, *f*.

chid [tʃɪd] *pret. u. p.p. von* **chide**; **chidden** [-dn] *p.p. von* **chide**; **chide** [tʃaɪd] *v/t. u. v/i.* [*irr.*] schelten, tadeln, (aus-) schimpfen.

chief [tʃi:f] **I** *s.* **1.** Haupt *n*, Oberhaupt *n*, Anführer *m*; Chef *m*, Vorgesetzte(r) *m*; Leiter *m*: **♀ of Staff** ⚔ (General-) Stabschef *m*; **♀ of State** Staatschef *m*, -oberhaupt *n*; **in ~** hauptsächlich; **2.** Häuptling *m*; **3.** *her.* Schildhaupt *n*; **II** *adj.* □ → **chiefly**; **4.** erst, oberst, höchst; bedeutendst, Ober..., Höchst..., Haupt...: **~ designer** Chefkonstrukteur *m*; **~ mourner** Hauptleidtragende(r *m*) *f*; **~ part** Hauptrolle *f*; **~ clerk** *s.* **1.** Bü'rovorsteher *m*; erster Buchhalter; **2.** *Am.* erster Verkäufer; **♀ Con·sta·ble** *s.* Poli'zeipräsiˌdent *m*; **~ en·gi·neer** *s.* **1.** 'Chefingeniˌeur *m*; **2.** ⚓ erster Maschi'nist; **♀ Ex·ec·u·tive** *s. Am.* Leiter *m* der Verwaltung, *bsd.* Präsi'dent *m* der U.S.A.; **♀ Jus·tice** *s.* Oberrichter *m*.

chief·ly ['tʃi:flɪ] *adv.* hauptsächlich.

chief·tain ['tʃi:ftən] *s.* Häuptling *m* (*Stamm*); Anführer *m* (*Bande*); **'chief·tain·cy** [-sɪ] *s.* Stellung *f* e-s Häuptlings.

chif·fon ['ʃɪfɒn] Chif'fon *m*.

chil·blain ['tʃɪlbleɪn] *s.* Frostbeule *f*.

child [tʃaɪld] *pl.* **chil·dren** ['tʃɪldrən] *s.* **1.** Kind *n*: **with ~** schwanger; **from a ~** von Kindheit an; **be a good ~!** sei artig!; **~'s play** *fig.* ein Kinderspiel (**to** für); **2.** *fig.* Kind *n*, kindische *od.* kindliche Per'son; **3.** Kind *n*, Nachkomme *m*: **the children of Israel**; **4.** *fig.* Kind *n*, Pro'dukt *n*; **5.** Jünger *m*; **~ a·buse** *s.* **1.** Kindesmisshandlung *f*; **2.** sexueller Kindesmissbrauch; **~ al·low·ance** *s.* Kinderfreibetrag *m*; **'~ˌbear·ing** *s.* Gebären *n*; **'~·bed** *s.* Kind-, Wochenbett *n*; **~ ben·e·fit** *s. Brit.* Kindergeld *n*; **'~·birth** *s.* Geburt *f*, Entbindung *f*, Niederkunft *f*; **~ care** *s.* Jugendfürsorge *f*; **~ guidance** *s.* 'heilpädaˌgogische Betreuung (des Kindes).

child·hood ['tʃaɪldhʊd] *s.* Kindheit *f*: **second ~** zweite Kindheit (*Senilität*); **'child·ish** [-dɪʃ] *adj.* □ **1.** kindisch; **2.** kindlich; **'child·ish·ness** [-dɪʃnɪs] *s.* **1.** Kindlichkeit *f*; **2.** kindisches Wesen; **'child·less** [-lɪs] *adj.* kinderlos; **'child·like** *adj.* kindlich; **child mind·er** *s.* Tagesmutter *f*; **child prod·i·gy** *s.* Wunderkind *n*; **'child·proof** [-pru:f] *adj.* kindersicher.

chil·dren ['tʃɪldrən] *pl. von* **child**: **~'s allowance** Kindergeld; **~'s channel** *TV* 'Kinderkaˌnal *m*; **~'s hour** *Radio, TV*: Kinderstunde *f*.

child seat *s. mot.* Kindersitz *m*; **child's seat** *s. allg.* Kindersitz *m*.

child| wel·fare *s.* Jugendfürsorge *f*: **~ worker** Jugendfürsorger(in), Jugendpfleger(in); **~ wife** *s.* Kindweib *n*, sehr junge Ehefrau.

chil·e → **chilli**.

Chil·e·an ['tʃɪlɪən] **I** *s.* Chi'lene *m*, Chi'lenin *f*; **II** *adj.* chi'lenisch.

Chil·e| pine ['tʃɪlɪ] *s.* ⚘ Chiletanne *f*, Arau'karie *f*; **~ salt·pe·tre**, *Am.* **salt·pe·ter** *s.* ⚗ 'Chilesalˌpeter *m*.

chil·i *Am.* → **chilli**.

chil·i·asm ['kɪlɪæzəm] *s.* *Religion*: Chili'asmus *m*.

chill [tʃɪl] **I** *s.* **1.** Kältegefühl *n*, Frösteln *n*; (*a.* Fieber)Schauer *m*: **~ of fear** eisiges Gefühl der Angst; **2.** Kälte *f*: **take the ~ off** leicht anwärmen, überschlagen lassen; **3.** Erkältung *f*: **catch a ~** sich erkälten; **4.** *fig.* Kälte *f*, Lieblosigkeit *f*, Entmutigung *f*: **cast a ~ upon** → 9; **5.** ⚙ Ko'kille *f*, Gussform *f*; **II** *adj.* **6.** kalt, frostig, kühl (*a. fig.*); entmutigend; **III** *v/i.* **7.** abkühlen; **IV** *v/t.* **8.** (ab)kühlen; erstarren lassen: **~ed meat** Kühlfleisch *n*; **9.** *fig.* abkühlen, dämpfen, entmutigen; **10.** ⚙ abschrecken, härten: **~ed** (**cast**) **iron** Hartguss *m*; **chil·ler** ['tʃɪlə] *s. Film*: Gruselschocker *m*.

chil·li ['tʃɪlɪ] *s.* ⚘ Chili *m*.

chill·i·ness ['tʃɪlɪnɪs] *s.* Kälte *f*, Frostigkeit *f* (*beide a. fig.*); **chill·ing** ['tʃɪlɪŋ] *adj.* kalt, frostig; *fig.* niederdrückend; **chill·y** ['tʃɪlɪ] *adj.* a) kalt, frostig, kühl (*alle a. fig.*), b) fröstelnd: **feel ~** frösteln.

Chil·tern Hun·dreds ['tʃɪltən] *s. Brit. parl.*: **apply for the ~** s-n Sitz im Unterhaus aufgeben.

chi·mae·ra [kaɪ'mɪərə] *s.* **1.** *zo.* a) Chi'märe *f*, Seehase *m*, b) Seedrachen *m*; **2.** → **chimera**.

chime [tʃaɪm] **I** *s.* **1.** *oft pl.* Glockenspiel *n*, Geläut(e) *n*; **2.** *fig.* Einklang *m*, Harmo'nie *f*; **II** *v/i.* **3.** läuten; ertönen; schlagen (*Uhr*); **4.** *fig.* über'einstimmen, harmonieren: ***~ in*** einfallen, -stimmen, *weitS.* sich (ins Gespräch) einmischen; ***~ in with*** a) beipflichten (*dat.*), b) übereinstimmen mit; **III** *v/t.* **5.** läuten, ertönen lassen; *die Stunde* schlagen.

chi·me·ra [kaɪ'mɪərə] *s.* **1.** *myth.* Chi'mära *f*; **2.** Schi'märe *f*: a) Schreckgespenst *n*, b) Hirngespinst *n*; **chi'mer·i·cal** [-'merɪkl] *adj.* □ schi'märisch, fan'tastisch.

chim·ney ['tʃɪmnɪ] *s.* **1.** Schornstein *m*, Schlot *m*, Ka'min *m*; Rauchfang *m*: ***smoke like a ~*** F rauchen wie ein Schlot; **2.** (*Lampen*)Zy'linder *m*; **3.** a) *geol.* Vul'kanschlot *m*, b) *mount.* Ka'min *m*; **~ cor·ner** *s.* Sitzecke *f* am Ka'min; **~ piece** *s.* Ka'minsims *m*, *n*; **~ pot** *s.* Schornsteinaufsatz *m*: ***~ hat*** F ‚Angströhre' *f* (*Zylinderhut*); **~ stack** *s.* Schornstein(kasten) *m*; **~ sweep** (**-er**) *s.* Schornsteinfeger *m*.

chimp [tʃɪmp] *s.* F, **chim·pan·zee** [ˌtʃɪmpən'ziː] *s. zo.* Schim'panse *m*.

chin [tʃɪn] **I** *s.* Kinn *n*: ***up to the ~*** *fig.* bis über die Ohren; ***take it on the ~*** *fig.* a) schwer einstecken müssen, b) e-e böse ‚Pleite' erleben, c) es standhaft ertragen; (***keep your***) ***~ up!*** halt die Ohren steif!; **II** *v/i. sl.* ‚quasseln'; **III** *v/t.* ***~ o.s.*** (***up***) *Am.* e-n Klimmzug *od.* Klimmzüge machen.

chi·na ['tʃaɪnə] **I** *s.* **1.** Porzel'lan *n*; **2.** (Porzel'lan)Geschirr *n*; **II** *adj.* **3.** Porzellan...; **♀ bark** *s.* ⚘ Chinarinde *f*; **~ clay** *s. min.* Kao'lin *n*, Porzel'lanerde *f*; **'♀·man** [-mən] *s.* [*irr.*] Chi'nese *m*; **♀ tea** *s.* chi'nesischer Tee; **'♀·town** *s.* Chi'nesenviertel *n*; **'~·ware** *s.* Porzel'lan(waren *pl.*) *n*.

chinch [tʃɪntʃ] *s. Am.* Wanze *f*.

chin-chin [ˌtʃɪn'tʃɪn] *int.* (*Pidgin-English*) **1.** a) (guten) Tag!, b) tschüss!; **2.** 'prosit!, prost!

chine [tʃaɪn] *s.* **1.** Rückgrat *n*, Kreuz *n* (*Tier*); **2.** *Küche*: Kammstück *n*; **3.** (Berg)Grat *m*, Kamm *m*.

Chi·nese [ˌtʃaɪ'niːz] **I** *adj.* **1.** chi'nesisch; **II** *s.* **2.** Chi'nese *m*, Chi'nesin *f*, Chi'nesen *pl.*; **3.** *ling.* Chi'nesisch *n*; **~ cab·bage** *s.* ⚘ Chinakohl *m*; **~ lan·tern** *s.* **1.** Lampi'on *m*, *n*; **2.** ⚘ Lampi'onpflanze *f*; **~ puz·zle** *s.* **1.** Ve'xier-, Geduldspiel *n*; **2.** *fig.* schwierige Sache.

Chink[1] [tʃɪnk] *s. sl.* Chi'nese *m*.

chink[2] [tʃɪŋk] *s.* **1.** Riss *m*, Ritz *m*, Ritze *f*, Spalt *m*, Spalte *f*: ***the ~ in his armo(u)r*** *fig.* sein schwacher Punkt; **2.** ***~ of light*** dünner Lichtstrahl.

chink[3] [tʃɪŋk] **I** *v/i. u. v/t.* klingen *od.* klirren (lassen), klimpern (mit) (*Geld etc.*); **II** *s.* Klirren *n*, Klang *m*.

chin strap *s.* Kinnriemen *m*.

chintz [tʃɪnts] *s.* Chintz *m*, bunt bedruckter 'Möbelkatˌtun; **'chintz·y** [-sɪ] *adj.* **1.** Plüsch...; **2.** *fig.* kleinbürgerlich, spießig.

'chin·wag I *s.* **1.** Plausch *m*; **2.** Tratsch *m*; **II** *v/i.* **3.** plauschen; **2.** tratschen.

chip [tʃɪp] **I** *s.* **1.** (*Holz- od. Metall*)Splitter *m*, Span *m*, Schnitzel *n*, *m*; Scheibchen *n*; abgebrochenes Stückchen; *pl.* Abfall *m*: ***dry as a ~*** fade, *fig. a.* trocken, ledern; ***a ~ of the old block*** ganz (wie) der Vater; ***have a ~ on one's shoulder*** F sehr empfindlich sein; **2.** angeschlagene Stelle; **3.** *pl.* a) *Brit.* Pommes 'frites *pl.*: ***fish and ~s***, b) *Am.* (Kar'toffel)Chips *pl.*; **4.** Spielmarke *f*: ***when the ~s are down*** *fig.* wenn es hart auf hart geht; ***hand in one's ~s*** *Am. sl.* ‚abkratzen'; ***have had one's ~s*** *sl.* ‚fertig' sein; **5.** *pl. sl.* ‚Zaster' *m* (*Geld*): ***in the ~s*** (gut) bei Kasse; **6.** *Computer*: Chip *m* (*Mikrobaustein*); **II** *v/t.* **7.** (ab)schnitzeln; abraspeln; **8.** *Kante von Geschirr etc.* ab-, anschlagen; *Stückchen* ausbrechen; **9.** F hänseln; **III** *v/i.* **10.** (leicht) abbrechen; **~ in** *v/i.* **1.** sich (in ein Gespräch) einmischen; **2.** F beisteuern (*a. v/t.*); **~ off** *v/i.* abblättern, abbröckeln.

chip| bas·ket *s.* Spankorb *m*; **~ hat** *s.* Basthut *m*; **'~·board** *s.* (Holz)Spanplatte *f*.

chip·muck ['tʃɪpmʌk], **'chip·munk** [-mʌŋk] *s. zo.* amer. gestreiftes Eichhörnchen.

chip pan *s. Küche*: Frit'teuse *f*.

Chip·pen·dale ['tʃɪpəndeɪl] *s.* Chippendale(stil *m*) *n* (*Möbelstil*).

chip·per ['tʃɪpə] *Am.* **I** *v/i.* zwitschern; schwatzen; **II** *adj.* F munter, vergnügt.

chip·ping ['tʃɪpɪŋ] *s.* Schnitzel *n*, *m*, abgeschlagenes Stück, angestoßene Ecke; Span *m*; *pl.* Splitt *m*.

chip·py ['tʃɪpɪ] **I** *adj.* **1.** angeschlagen (*Geschirr etc.*); schartig; **2.** *fig.* trocken, fade; **3.** *sl.* verkatert; **II** *s.* **4.** *Brit.* F Frittenbude *f*, Fish-and-Chips-Laden *m*; **5.** *Brit.* F Tischler *m*, Schreiner *m*; **6.** *Am. sl.* a) ‚Flittchen' *n*, b) ‚Prostitu'ierte *f*.

chip shop [tʃɪp] *s. Brit.* Imbissstand *m*, -bude *f*, F Frittenbude *f*.

chi·ro·man·cer ['kaɪərəʊmænsə] *s.* Handleser *m*; **'chi·ro·man·cy** [-sɪ] *s.* Handlesekunst *f*.

chi·rop·o·dist [kɪ'rɒpədɪst] *s.* Fußpfleger(in), Pedi'küre *f*; **chi·rop·o·dy** [-dɪ] *s.* Fußpflege *f*, Pedi'küre *f*.

chi·ro·prac·tor ['kaɪərəʊˌpræktə] *s.* Chiro'praktiker(in).

chirp [tʃɜːp] **I** *v/i. u. v/t.* zirpen, zwitschern; schilpen (*Spatz*); **II** *s.* Gezirp *n*, Zwitschern *n*; **'chirp·y** [-pɪ] *adj.* F munter, vergnügt.

chirr [tʃɜː] *v/i.* zirpen (*Heuschrecke*).

chir·rup ['tʃɪrəp] *v/i.* **1.** zwitschern; **2.** schnalzen.

chis·el ['tʃɪzl] **I** *s.* **1.** Meißel *m*; **2.** ⚙ Beitel *m*, Grabstichel *m*; **II** *v/t.* **3.** meißeln; **4.** *fig.* sti'listisch ausfeilen; **5.** *sl.* a) betrügen, ‚reinlegen', b) ergaunern, her'ausschinden; **'chis·el(l)ed** [-ld] *adj. fig.* **1.** ausgefeilt: ***~ style***; **2.** scharf geschnitten: ***~ face***; **'chis·el·(l)er** [-lə] *s.* F Gauner(in); ‚Nassauer' *m*.

chit[1] [tʃɪt] *s.* Kindchen *n*: ***a ~ of a girl*** ein junges Ding, ein Fratz.

chit[2] [tʃɪt] *s.* **1.** kurzer Brief; Zettel *m*; **2.** vom Gast abgezeichnete (Speise-) Rechnung.

chit·chat ['tʃɪttʃæt] → ***chinwag***.

chit·ter·ling ['tʃɪtəlɪŋ] *s. mst pl.* Gekröse *n*, Inne'reien *pl.* (*bsd. Schwein*).

chiv·al·rous ['ʃɪvlrəs] *adj.* □ ritterlich, ga'lant; **'chiv·al·ry** [-rɪ] *s.* **1.** Ritterlichkeit *f*; **2.** Tapferkeit *f*; **3.** Rittertum *n*; **4.** Ritterdienst *m*.

chive[1] [tʃaɪv] *s.* ⚘ Schnittlauch *m*.

chive[2] [tʃaɪv] *sl.* **I** *s.* Messer *n*; **II** *v/t.* (er)stechen.

chiv·(v)y ['tʃɪvɪ] *v/t.* **1.** *j-n* her'umjagen, hetzen; **2.** schikanieren.

chlo·ral ['klɔːrəl] *s.* ⚗ Chlo'ral *n*: ***~ hydrate*** Chloralhydrat *n*; **'chlo·rate** [-reɪt] *s.* ⚗ chlorsaures Salz; **'chlo·ric** [-rɪk] *adj.* ⚗ Chlor...: ***~ acid*** Chlorsäure *f*; **'chlo·ride** [-raɪd] *s.* ⚗ Chlo'rid *n*, Chlorverbindung *f*: ***~ of lime*** Chlorkalk *m*; **'chlo·rin·ate** [-rɪneɪt] *v/t.* chloren, chlorieren; **chlo·rin·a·tion** [ˌklɔːrɪ'neɪʃn] *s.* Chloren *n*; **'chlo·rine** [-riːn] *s.* ⚗ Chlor *n*.

chlo·ro·flu·o·ro·car·bon ['klɔːrəʊˌflʊərəʊ'kɑːbən] *s.* Fluorchlorkohlenwasserstoff *m*, FCKW.

chlo·ro·form ['klɒrəfɔːm] **I** *s.* ⚗, ⚕ Chloro'form *n*; **II** *v/t.* chloroformieren; **'chlo·ro·phyll** [-fɪl] *s.* ⚘ Chloro'phyll *n*, Blattgrün *n*.

chlo·ro·sis [klə'rəʊsɪs] *s.* ⚕, ⚘ Bleichsucht *f*; **chlo·rous** ['klɔːrəs] *adj.* chlorig.

choc [tʃɒk] *s.* F *abbr. für* ***chocolate***: ***~ ice*** Eis *n* mit Schokoladenüberzug.

chock [tʃɒk] **I** *s.* **1.** (Brems-, Hemm-) Keil *m*; **2.** ⚓ Klampe *f*; **II** *v/t.* **3.** festkeilen; **4.** *fig.* voll pfropfen; **III** *adv.* **5.** dicht; **~-a-block** [ˌtʃɒkə'blɒk] *adj.* voll gepfropft; **ˌ~-'full** *adj.* zum Bersten voll.

choc·o·late ['tʃɒkələt] **I** *s.* **1.** Schoko'lade *f* (*a. als Getränk*); **2.** Pra'line *f*: ***~s*** Pralinen, Konfekt *n*; **II** *adj.* **3.** schoko'ladenbraun; **~ bar** *s.* 'Schokoˌriegel *m*; **'~-ˌbox(·y)** *adj.* F kitschig, ˌsüßlich-sentimen'tal; **~ cream** *s.* 'Cremepraˌline *f*; **~ sauce** *s.* Schoko'ladenˌsoße *f*.

choice [tʃɔɪs] **I** *s.* **1.** Wahl *f*: ***make a ~*** wählen, e-e Wahl treffen; ***take one's ~*** s-e Wahl treffen; ***this is my ~*** dies habe ich gewählt; **2.** freie Wahl: ***at ~*** nach Belieben; ***by*** (*od.* ***for***) ***~*** vorzugsweise; ***from ~*** aus Vorliebe; **3.** (große) Auswahl; Sorti'ment *n*: ***a ~ of colours***; **4.** Wahl *f*, Möglichkeit *f*: ***I have no ~*** ich habe keine (andere) Wahl, *a.* es ist mir einerlei; **5.** Auslese *f*, *das* Beste; **II** *adj.* □ **6.** auserlesen, vor'züglich; ☤ Qualitäts...: ***~ fruit*** feinstes Obst; ***~ words*** a) gewählte Worte, b) *humor.* deftige Sprache; ***~ quality*** ☤ ausgesuchte Qualität; **'choice·ness** [-nɪs] *s.* Erlesenheit *f*.

choir ['kwaɪə] **I** *s.* **1.** (Kirchen-, Sänger-) Chor *m*; **2.** Chor *m*, ('Chor)Emˌpore *f*; **II** *v/i. u. v/t.* **3.** im Chor singen; **'~·boy** *s.* Chor-, Sängerknabe *m*; **'~ˌmas·ter** *s.* Chorleiter *m*; **~ stalls** *s. pl.* Chorgestühl *n*.

choke [tʃəʊk] **I** *s.* **1.** Würgen *n*; **2.** *mot.* Luftklappe *f*, Choke *m*: ***pull out the ~*** den Choke ziehen; **3.** → ***choke coil***; **4.** → ***chokebore***; **II** *v/i.* **5.** würgen; ersticken (*a. fig.*): ***with a choking voice*** mit erstickter Stimme; **III** *v/t.* **6.** ersticken (*a. fig.*); erwürgen; würgen (*a. weitS. Kragen etc.*); **7.** hindern; dämpfen, drosseln (*a.* ϟ, ⚙); **8.** *a.* ***~ up*** a) verstopfen, b) voll stopfen; **~ back** *v/t.* **1.** *Lachen etc.* ersticken, unter'drücken; **2.** → ***choke off***; **~ down** *v/t.* **1.** hin'unterwürgen (*a. fig.*); **2.** → ***choke back*** 1; **~ off** *v/t. fig.* ‚abwürgen', nicht aufkommen lassen; *Konjunktur etc.* drosseln; **~ up** → ***choke*** 8.

'choke|·bore *s.* ⚙ Chokebohrung *f*; **~ coil** *s.* ϟ Drosselspule *f*; **'~·damp** *s.* ⚒ Nachschwaden *m*.

chok·er ['tʃəʊkə] *s.* F enger Kragen *od.* Schal; enge Halskette.

chol·er ['kɒlə] *s.* **1.** *obs.* Galle *f*; **2.** *fig.* Zorn *m*.

chol·er·a ['kɒlərə] *s.* ⚕ 'Cholera *f*.

chol·er·ic ['kɒlərɪk] *adj.* cho'lerisch.

cho·les·ter·ol [kə'lestərɒl] *s. physiol.*

Choleste'rin *n*; ~ **lev·el** *s.* Cholesterinspiegel *m*.

choose [tʃu:z] **I** *v/t.* [*irr.*] **1.** (aus)wählen, aussuchen: ***to ~ a hat***; ***he was chosen king*** er wurde zum König gewählt; ***the chosen people*** *bibl.* das auserwählte Volk; **2.** belieben (*a. iro.*), (es) vorziehen, lieber wollen; beschließen: ***he chose to go*** er zog es vor *od.* er beschloss fortzugehen; ***do as you ~*** tu, wie *od.* was du willst; **II** *v/i.* [*irr.*] **3.** wählen: ***not much to ~*** kaum ein Unterschied; ***he cannot ~ but come*** er hat keine andere Wahl als zu kommen; '**choos·er** [-zə] *s.* (Aus)Wählende(r *m*) *f*; → ***beggar*** 1; '**choos·y** [-zɪ] *adj.* F wählerisch.

chop[1] [tʃɒp] **I** *s.* **1.** Hieb *m*, Schlag *m* (*a. Karate*); *Boxen, Tennis*: Chop *m*; **2.** *Küche*: Kote'lett *n*; **3.** *pl.* a) (Kinn)Backen *pl.*: ***lick one's ~s*** sich die Lippen lecken, b) *fig.* Maul *n*, Rachen *m*; **II** *v/t.* **4.** (zer)hacken, hauen, spalten: ***~ wood*** Holz hacken; ***~ one's words*** abgehackt sprechen; **5.** *Tennis*: *den Ball* choppen; ~ **down** *v/t.* fällen; ~ **in** *v/i.* sich einmischen; ~ **off** *v/t.* abhauen; ~ **up** *v/t.* zerhacken, klein hacken.

chop[2] [tʃɒp] **I** *v/i. a.* ***~ about***, ***~ round*** sich drehen, 'umschlagen (*Wind*): ***~ and change*** s-n Standpunkt dauernd ändern, hin u. her schwanken; **II** *v/t.* *Worte* wechseln; **III** *s. pl.* ***~s and changes*** ewiges Hin und Her.

chop[3] [tʃɒp] *s.* (*Indien u. China*) **1.** Stempel *m*, Siegel *n*; **2.** Urkunde *f*; **3.** (Handels)Marke *f*; **4.** Quali'tät *f*: ***first-~*** erste Sorte, erstklassig.

'**chop·house** *s.* Steakhaus *n*.

chop·per ['tʃɒpə] *s.* **1.** Hackmesser *n*, -beil *n*; **2.** ↯ Zerhacker *m*; **3.** *Am. sl.* Hubschrauber *m*; **4.** *pl. sl.* Zähne *pl.*

chop·ping[1] ['tʃɒpɪŋ] *adj.* stramm (*Kind*).

chop·ping[2] ['tʃɒpɪŋ] *s.* Wechsel *m*: ***~ and changing*** ewiges Hin und Her.

chop·ping| block ['tʃɒpɪŋ] *s.* Hackblock *m*, -klotz *m*; ~ **board** *s.* Hackbrett *n*; ~ **knife** *s.* [*irr.*] Hackmesser *n*.

chop·py ['tʃɒpɪ] *adj.* **1.** kabbelig (*Meer*); **2.** böig (*Wind*); **3.** *fig.* wechselnd; **4.** *fig.* abgehackt.

'**chop|·stick** *s.* Essstäbchen *n* (*China etc.*); ~ **su·ey** [-'su:ɪ] *s.* Chopsuey *n* (*chinesisches Mischgericht*).

cho·ral ['kɔ:rəl] *adj.* □ Chor..., im Chor gesungen: ***~ service*** Gottesdienst *m* mit Chorgesang; ***~ society*** Chor *m*; **cho·rale** [kɒ'rɑ:l] *s.* Cho'ral *m*.

chord [kɔ:d] *s.* **1.** ♪, *poet.*, *fig.* Saite *f*; **2.** ♪ Ak'kord *m*; *fig.* Ton *m*: ***break into a ~*** e-n Tusch spielen; ***strike the right ~*** *bei j-m* die richtige Saite anschlagen; ***does that strike a ~?*** erinnert *dich* das an etwas?; **3.** A Sehne *f*; **4.** *anat.* Band *n*, Strang *m*; **5.** ✈ Pro'filsehne *f*; **6.** ⚙ Gurt *m*.

chore [tʃɔ:] *s.* **1.** (Haus)Arbeit *f*; **2.** schwierige Aufgabe.

cho·re·a [kɒ'rɪə] *s.* ⚕ Veitstanz *m*.

cho·re·og·ra·pher [ˌkɒrɪ'ɒgrəfə] *s.* Choreo'graph *m*; **cho·re'og·ra·phy** [-fɪ] *s.* Choreogra'phie *f*.

chor·is·ter ['kɒrɪstə] *s.* **1.** Chorsänger (-in), *bsd.* Chorknabe *m*; **2.** *Am.* Kirchenchorleiter *m*.

chor·tle ['tʃɔ:tl] **I** *v/i.* glucksen(d lachen); **II** *s.* Glucksen *n*.

cho·rus ['kɔ:rəs] **I** *s.* **1.** Chor *m* (*a. antiq.*), Sängergruppe *f*; **2.** Tanzgruppe *f* (*e-r Revue*); **3.** *a. thea.* Chor *m*, gemeinsames Singen: ***~ of protest*** Protestgeschrei *n*; ***in ~*** im Chor (*a. fig.*); **4.** Chorsprecher *m* (*im elisabethanischen Theater*); **5.** (im Chor gesungener) Kehrreim; **6.** Chorwerk *n*; **II** *v/i. u. v/t.* **7.** im Chor singen *od.* sprechen *od.* rufen; ~ **girl** *s.* (Re'vue)Tänzerin *f*.

chose [tʃəʊz] *pret. von* ***choose***.

cho·sen ['tʃəʊzn] *p.p. von* ***choose***.

chough [tʃʌf] *s. orn.* Dohle *f*.

chow [tʃaʊ] *s.* **1.** *zo.* Chow-'Chow *m* (*Hund*); **2.** *sl.* ‚Futter' *n*, Essen *n*.

chow·chow [ˌtʃaʊ'tʃaʊ] (*Pidginenglisch*) *s.* **1.** chi'nesische Mixed Pickles *pl. od.* 'Fruchtkonfiˌtüre *f*; **2.** → ***chow*** 1.

chow·der ['tʃaʊdə] *s. Am. dicke Suppe aus Meeresfrüchten.*

Christ [kraɪst] **I** *s.* der Gesalbte, 'Christus *m*: ***before ~ (B.C.)*** vor Christi Geburt (*v. Chr.*); **II** *int. sl.* verdammt noch mal!; ~ **child** *s.* Christkind *n*.

chris·ten ['krɪsn] *v/t. eccl.*, ⚓ *u. fig.* taufen; '**Chris·ten·dom** [-dəm] *s.* Christenheit *f*; '**chris·ten·ing** [-nɪŋ] **I** *s.* Taufe *f*; **II** *adj.* Tauf...

Chris·tian ['krɪstjən] **I** *adj.* □ **1.** christlich; **2.** F anständig; **II** *s.* **3.** Christ(in); **4.** guter Mensch; **5.** Mensch *m* (*Ggs. Tier*); ~ **e·ra** *s.* christliche Zeitrechnung.

Chris·ti·an·i·ty [ˌkrɪstɪ'ænətɪ] *s.* Christentum *n*; **Chris·tian·ize** ['krɪstjənaɪz] *v/t.* zum Christentum bekehren, christianisieren.

Chris·tian| name *s.* Tauf-, Vorname *m*; ~ **Sci·ence** *s.* Christian Science *f*; ~ **Sci·en·tist** *s.* Anhänger(in) der Christian Science.

Christ·mas ['krɪsməs] *s.* Weihnachten *n u. pl.*: ***at ~*** zu *od.* an Weihnachten; ***merry ~!*** frohe Weihnachten!; ~ **bo·nus** *s.* ✝ 'Weihnachtsgratifikatiˌon *f*; ~ **card** *s.* Weihnachtskarte *f*; ~ **car·ol** *s.* Weihnachtslied *n*; ~ **Day** *s.* der erste Weihnachtsfeiertag; ~ **Eve** *s.* der Heilige Abend; ~ **pres·ent** ['preznt] *s.* Weihnachtsgeschenk *n*; ~ **pud·ding** *s. Brit.* Plumpudding *m*; '~**·tide**, '~**·time** *s.* Weihnachtszeit *f*; ~ **tree** *s.* Weihnachts-, Christbaum *m*.

Christ·mas·y ['krɪsməsɪ] *adj.* F weihnachtlich.

chro·mate ['krəʊmeɪt] *s.* ⚗ Chro'mat *n*, chromsaures Salz.

chro·mat·ic [krəʊ'mætɪk] *adj.* (□ ***~ally***) **1.** *phys.* chro'matisch, Farben...; **2.** ♪ chromatisch; **chro'mat·ics** [-ks] *s. pl. sg. konstr.* **1.** Farbenlehre *f*; **2.** ♪ Chro'matik *f*.

chrome [krəʊm] **I** *s.* **1.** ⚗ a) Chrom *n*, b) Chromgelb *n*; **2.** Chromleder *n*; **II** *v/t.* **3.** *a.* ***~-plate*** verchromen.

chro·mi·um ['krəʊmjəm] *s.* ⚗ Chrom *n*; ˌ~**-'plat·ed** *adj.* verchromt; ˌ~**-'plat·ing** *s.* Verchromung *f*; ~ **steel** *s.* Chromstahl *m*.

chro·mo·lith·o·graph [ˌkrəʊməʊ'lɪθəʊgrɑ:f] *s.* Chromolithogra'phie *f*, Mehrfarbensteindruck *m* (*Bild*); ˌ**chro·mo·li'thog·ra·phy** [-lɪ'θɒgrəfɪ] *s.* Mehrfarbensteindruck *m* (*Verfahren*).

chro·mo·some ['krəʊməsəʊm] *s. biol.* Chromo'som *n*; '**chro·mo·type** [-məʊtaɪp] *s.* **1.** Farbdruck *m*; **2.** Chromoty'pie *f*.

chron·ic ['krɒnɪk] *adj.* (□ ***~ally***) **1.** ständig, (an)dauernd, ‚chronisch': ***~ unemployment*** Dauerarbeitslosigkeit *f*; **2.** *mst* ⚕ chronisch, langwierig; **3.** *sl.* scheußlich.

chron·i·cle ['krɒnɪkl] **I** *s.* **1.** Chronik *f*; **2.** ♀*s pl. bibl.* (*das* Buch der) Chronik *f*; **II** *v/t.* **3.** aufzeichnen; '**chron·i·cler** [-lə] *s.* Chro'nist *m*.

chron·o·gram ['krɒnəʊgræm] *s.* Chrono'gramm *n*; '**chron·o·graph** [-grɑ:f] *s.* Chrono'graph *m*, Zeitmesser *m*; **chron·o·log·i·cal** [ˌkrɒnə'lɒdʒɪkl] *adj.* □ chrono'logisch: ***~ order*** zeitliche Reihenfolge; **chro·nol·o·gize** [krə'nɒlədʒaɪz] *v/t.* chronologisieren; **chro·nol·o·gy** [krə'nɒlədʒɪ] *s.* **1.** Chronolo'gie *f*, Zeitbestimmung *f*; **2.** Zeittafel *f*; **chro·nom·e·ter** [krə'nɒmɪtə] *s.* Chrono'meter *n*; **chro·nom·e·try** [krə'nɒmɪtrɪ] *s.* Zeitmessung *f*.

chrys·a·lis ['krɪsəlɪs] *pl.* **-lis·es** [-lɪsɪz], **chry·sal·i·des** [krɪ'sælɪdi:z] *s. zo.* (*Insekten*)Puppe *f*.

chrys·an·the·mum [krɪ'sænθəməm] *s.* ⚘ Chrysan'theme *f*.

chub [tʃʌb] *s. ichth.* Döbel *m*.

chub·by ['tʃʌbɪ] *adj.* a) pausbäckig, b) rundlich.

chuck[1] [tʃʌk] **I** *s.* **1.** F Wurf *m*; **2.** zärtlicher Griff unters Kinn; **3.** ***give s.o. the ~*** F j-n ‚rausschmeißen' (*entlassen*); **II** *v/t.* **4.** F schmeißen, werfen; **5.** ***~ s.o. under the chin*** j-n unters Kinn fassen; **6.** F a) Schluss machen mit: ***~ it!*** lass das!, b) → ***chuck up***; ~ **a·way** *v/t.* F **1.** ‚wegschmeißen'; **2.** *Geld* verschwenden; **3.** *Gelegenheit* ‚verschenken'; ~ **out** *v/t.* F ‚rausschmeißen'; ~ **up** *v/t.* F *Job etc.* ‚hinschmeißen'.

chuck[2] [tʃʌk] **I** *s.* **1.** Glucken *n* (*Henne*); **2.** F ‚Schnuckie' *m* (*Kosewort*); **II** *v/i. u. v/t.* **3.** glucken; **III** *int.* **4.** put, put! (*Lockruf für Hühner*).

chuck[3] [tʃʌk] ⚙ **I** *s.* Spann- *od.* Bohrfutter *n*; **II** *v/t.* (in das Futter) einspannen.

chuck·er-out [ˌtʃʌkər'aʊt] *s.* F ‚Rausschmeißer' *m* (*in Lokalen etc.*).

chuck·le ['tʃʌkl] **I** *v/i.* **1.** glucksen, in sich hin'einlachen; **2.** sich (insgeheim) freuen (***at***, ***over*** über *acc.*); **3.** glucken (*Henne*); **II** *s.* **4.** leises Lachen, Glucksen *n*; '~**·head** *s.* Dummkopf *m*.

chuffed [tʃʌft] *adj. Brit.* F froh.

chug [tʃʌg], **chug-chug** [ˌtʃʌg'tʃʌg] **I** *s.* Tuckern *n* (*Motor*); **II** *v/i.* tuckern(d fahren).

chuk·ker ['tʃʌkə] *s. Polospiel*: Chukker *m* (*Spielabschnitt*).

chum [tʃʌm] F **I** *s.* **1.** ‚Kumpel' *m*, ‚Spezi' *m*, Kame'rad *m*: ***be great ~s*** dicke Freunde sein; **2.** Stubengenosse *m*; **II** *v/i.* **3.** gemeinsam wohnen (***with*** mit); **4.** ***~ up with s.o.*** sich mit j-m anfreunden; '**chum·my** [-mɪ] *adj.* **1.** ‚dick' befreundet; **2.** gesellig; **3.** *contp.* plumpvertraulich.

chump [tʃʌmp] *s.* **1.** Holzklotz *m*; **2.** dickes Ende (*bsd. Hammelkeule*); **3.** F Dummkopf *m*; **4.** *bsd. Brit. sl.* ‚Kürbis' *m*, ‚Birne' *f* (*Kopf*): ***off one's ~*** (total) verrückt.

chunk [tʃʌŋk] *s.* F **1.** (Holz)Klotz *m*; Klumpen *m*, dickes Stück (*Fleisch etc.*), ‚Runken' *m* (*Brot*); *weitS.* ‚großer Brocken'; **2.** *Am.* a) unter'setzter Mensch, b) kleines, stämmiges Pferd; '**chunk·y** [-kɪ] *adj.* **1.** *Am.* unter'setzt, stämmig; **2.** klobig, klotzig.

Chun·nel ['tʃʌnl] *npr.* Ka'nalˌtunnel *m*, Eurotunnel *m*.

church [tʃɜ:tʃ] **I** *s.* **1.** Kirche *f*: ***in ~*** in der Kirche, beim Gottesdienst; ***~ is over*** die Kirche ist aus; **2.** Kirche *f*, Religi'onsgemeinschaft *f*, *bsd.* Christenheit *f*; **3.** Geistlichkeit *f*: ***enter the ~*** Geistlicher werden; **II** *adj.* **4.** Kirch(en)...;

C

kirchlich; '~ˌ**go·er** *s.* Kirchgänger(in); ♀ **of Eng·land** *s.* englische Staatskirche, anglikanische Kirche; ~ **rate** *s.* Kirchensteuer *f*; ˌ~'**ward·en** *s.* **1.** *Brit.* Kirchenvorsteher *m*: ~ ***pipe*** langstielige Tonpfeife; **2.** *Am.* Verwalter *m* der weltlichen Angelegenheiten e-r Kirche; ~ **wed·ding** *s.* kirchliche Trauung.
church·y ['tʃɜːtʃɪ] *adj.* F kirchlich (gesinnt).
'**church·yard** *s.* Kirchhof *m.*
churl [tʃɜːl] *s.* **1.** Flegel *m*, Grobian *m*; **2.** Geizhals *m*, Knauser *m*; '**churl·ish** [-lɪʃ] *adj.* □ **1.** grob, ungehobelt, flegelhaft; **2.** geizig, knauserig; **3.** mürrisch.
churn [tʃɜːn] **I** *s.* **1.** Butterfass *n* (*Maschine*); **2.** *Brit.* (große) Milchkanne; **II** *v/t.* **3.** verbuttern; **4.** ('durch)schütteln, aufwühlen; **5.** *fig.* ~ ***out*** am laufenden Band produzieren, ausstoßen; **III** *v/i.* **6.** buttern; **7.** schäumen; **8.** sich heftig bewegen.
chute [ʃuːt] *s.* **1.** Stromschnelle *f*, starkes Gefälle; **2.** ⚙ a) Rutsche *f*, b) Schacht *m*, c) Müllschlucker *m*; **3.** Rutsche *f*, Rutschbahn *f* (*auf Spielplätzen etc.*); **4.** Rodelbahn *f*; **5.** F → ***parachute*** 1; ˌ**~-the-'chute(s)** → ***chute*** 3.
chutz·pa(h) ['hʊtspə] *s.* F Chuzpe *f*, Frechheit *f.*
ci·bo·ri·um [sɪ'bɔːrɪəm] *s. eccl.* **1.** 'Hostienkelch *m*, Zi'borium *n*; **2.** Al'tarˌbaldachin *m.*
ci·ca·da [sɪ'kɑːdə], **ci'ca·la** [-ɑːlə] *s. zo.* Zi'kade *f.*
cic·a·trice ['sɪkətrɪs] *s.* Narbe *f*; ⚘ Blattnarbe *f*; '**cic·a·triced** [-st] *adj.* ⚕ vernarbt; '**cic·a·trize** [-raɪz] *v/i. u. v/t.* vernarben (lassen).
cic·er·o ['sɪsərəʊ] *s. typ.* Cicero *f* (*Schriftgrad*).
ci·ce·ro·ne [ˌtʃɪtʃə'rəʊnɪ] *pl.* **-ni** [-niː] *s.* Cice'rone *m*, Fremdenführer *m.*
ci·der ['saɪdə] *s.* (*Am.* ***hard*** ~) Apfelwein *m*: (***sweet***) ~ *Am.* Apfelmost *m.*
ci·gar [sɪ'gɑː] *s.* Zi'garre *f*; ~ **box** *s.* Zi'garrenkiste *f*; ~ **case** *s.* Zi'garreneˌtui *n*, -tasche *f*; ~ **cut·ter** *s.* Zi'garrenabschneider *m.*
cig·a·ret(te) [ˌsɪgə'ret] *s.* Ziga'rette *f*; ~ **case** *s.* Ziga'retteneˌtui *n*; ~ **end** *s.* Ziga'rettenstummel *m*; ~ **hold·er** *s.* Ziga'rettenspitze *f* (*Halter*).
cil·i·a ['sɪlɪə] *s. pl.* **1.** (Augen)Wimpern *pl.*; **2.** ⚘, *zo.* Wimper-, Flimmerhärchen *pl.*; '**cil·i·ar·y** [-ərɪ] *adj.* Wimper...; '**cil·i·at·ed** [-ɪeɪtɪd] *adj.* ⚘, *zo.* bewimpert.
cinch [sɪntʃ] *s.* **1.** *Am.* Sattelgurt *m*; **2.** *sl.* a) ‚todsichere Sache', ‚klarer Fall', b) ‚Kinderspiel' *n.*
cin·cho·na [sɪŋ'kəʊnə] *s.* **1.** ⚘ 'Chinarindenbaum *m*; **2.** 'Chinarinde *f.*
cinc·ture ['sɪŋktʃə] **I** *s.* **1.** Gürtel *m*, Gurt *m*; **2.** (Säulen)Kranz *m*; **II** *v/t.* **3.** um'gürten, um'geben.
cin·der ['sɪndə] *s.* **1.** Schlacke *f*: ***burnt to a*** ~ verkohlt, völlig verbrannt; **2.** *pl.* Asche *f.*
Cin·der·el·la [ˌsɪndə'relə] *s.* Aschenbrödel *n*, -puttel *n* (*a. fig.*).
cin·der| path *s.* **1.** Schlackenweg *m*; **2.** → ~ **track** *s. sport* Aschenbahn *f.*
cine- [sɪnɪ] *in Zssgn* Kino..., Film...: ~ ***camera*** (Schmal)Filmkamera *f*; ~ ***film*** Schmalfilm *m*; ~***-record*** filmen, mit der Schmalfilmkamera aufnehmen.
cin·e·aste ['sɪnɪæst] *s.* Cine'ast *m*, Filmliebhaber(in).
cin·e·ma ['sɪnɪmə] *s.* **1.** 'Lichtspieltheˌater *n*, 'Kino *n*; **2.** ***the*** ~ Film(kunst *f*) *m*; '~ˌ**go·er** *s.* 'Kinobesucher(in).
cin·e·mat·ic [ˌsɪnɪ'mætɪk] *adj.* (□ ~***ally***) filmisch, Film...; **cin·e·mat·o·graph** [ˌsɪnə'mætəgrɑːf] **I** *s.* Kinemato'graph *m*; **II** *v/t.* (ver)filmen; **cin·e·ma·tog·ra·pher** [ˌsɪnəmə'tɒgrəfə] *s.* 'Kameramann *m*; **cin·e·mat·o·graph·ic** [ˌsɪnəmætə'græfɪk] (□ ~***ally***) kinemato'graphisch; **cin·e·ma·tog·ra·phy** [ˌsɪnəmə'tɒgrəfɪ] *s.* Kinematogra'phie *f.*
cin·e·ra·ri·um [ˌsɪnə'reərɪəm] *s.* Urnennische *f od.* -friedhof *m.*
cin·er·ar·y ['sɪnərərɪ] *adj.* Aschen...; ~ **urn** *s.* Totenurne *f.*
cin·er·a·tor ['sɪnəreɪtə] *s.* Feuerbestattungsofen *m.*
cin·na·bar ['sɪnəbɑː] *s.* Zin'nober *m.*
cin·na·mon ['sɪnəmən] **I** *s.* **1.** Zimt *m*, Ka'neel *m*; **2.** Zimtbaum *m*; **II** *adj.* **3.** zimtfarbig.
cinque [sɪŋk] (*Fr.*) *s.* Fünf *f* (*Würfel od. Spielkarten*); '~**·foil** [-fɔɪl] *s.* **1.** ⚘ Fingerkraut *n*; **2.** ⚠ Fünfpass *m*; ♀ **Ports** ['sɪŋkpɔːts] *s. pl. Gruppe von ursprünglich fünf südenglischen Seestädten.*
ci·on ['saɪən] → ***scion***.
ci·pher ['saɪfə] **I** *s.* **1.** ⅍ *die Ziffer* Null *f*; **2.** (a'rabische) Ziffer, Zahl *f*; **3.** *fig.* a) Null *f* (*Person*), b) Nichts *n*; **4.** Chiffre *f*, Geheimschrift *f*: ***in*** ~ chiffriert; **5.** *fig.* Schlüssel *m*, Kennwort *n*; **6.** Mono'gramm *n*; **II** *v/i.* **7.** rechnen; **III** *v/t.* **8.** chiffrieren; **9.** *a.* ~ ***out*** be-, ausrechnen; entziffern; *Am.* F ‚ausknobeln'; ~ **code** *s.* Kodechiffre *f*, Tele'gramm-, Chiffrierschlüssel *m.*
cir·ca ['sɜːkə] *prp.* um (*vor Jahreszahlen*).
Cir·ce ['sɜːsɪ] *npr. myth.* 'Circe *f* (*a. fig. Verführerin*).
cir·cle ['sɜːkl] **I** *s.* **1.** ⅍ Kreis *m*: ***full*** ~ im Kreise herum, volle Wendung, wieder da, wo *man* angefangen hat; ***run*** (*a.* ***talk***) ***in*** ~***s*** *fig.* sich im Kreis bewegen; ***square the*** ~ ⅍ den Kreis quadrieren (*a. fig.* das Unmögliche vollbringen); → ***vicious circle***; **2.** *ast.*, *geogr.* Kreis *m*; **3.** Kreis *m*, Gruppe *f*: ~ ***of friends*** Freundeskreis; → ***upper*** I; **4.** Ring *m*, Kranz *m*, Reif *m*; **5.** Kreislauf *m*, 'Umlauf *m*, Runde *f*; Wiederkehr *f*, 'Zyklus *m*; **6.** *thea.* Rang *m*; **7.** Kreis *m*, Gebiet *n*; **8.** a) *Turnen*: Welle *f*, b) *Hockey*: (Schuss)Kreis *m*; **II** *v/t.* **9.** um'kreisen; um'zingeln; **10.** um'winden; **III** *v/i.* **11.** sich im Kreise bewegen, kreisen; die Runde machen; **12.** ⚔ schwenken.
cir·clet ['sɜːklɪt] *s.* **1.** kleiner Kreis, Reif, Ring; **2.** Dia'dem *n.*
circs [sɜːks] *s. pl.* F *für* ***circumstances***.
cir·cuit ['sɜːkɪt] **I** *s.* **1.** 'Kreisˌlinie *f*, 'Um-, Kreislauf *m*; Bahn *f*; **2.** 'Umkreis *m*; **3.** 'Umweg *m*; **4.** Rundgang *m*, -flug *m*; *mot.* Rennstrecke *f*; **5.** ⚖ a) *Brit. hist.* Rundreise *f* der Richter e-s Bezirks (*zur Abhaltung der* ***assizes***), b) Anwälte *pl.* e-s Gerichtsbezirks, c) Gerichtsbezirk *m*; **6.** ⚡ a) Strom-, Schaltkreis *m*: → ***short*** (***closed***) ***circuit***, b) Schaltung *f*, 'Schaltsyˌstem *n*; **7.** *Am.* (Per'sonen)Kreis *m*; **8.** *sport* ‚Zirkus' *m*: ***the tennis*** ~; **II** *v/t.* **9.** um'kreisen; **III** *v/i.* **10.** kreisen; '~**·board** *s.* ⚡, *Computer*: Pla'tine *f*; ~ **break·er** *s.* ⚡ Ausschalter *m*; ~ **di·a·gram** *s.* ⚡ Schaltbild *n*, -plan *m.*
cir·cu·i·tous [sə'kjuːɪtəs] *adj.* □ weitschweifig, -läufig: ~ ***route*** Umweg *m*; **cir·cuit·ry** ['sɜːkɪtrɪ] *s.* ⚡ **1.** 'Schaltsysˌtem *n*; **2.** Schaltungen *pl.*; **3.** Schaltbild *n.*
cir·cu·lar ['sɜːkjʊlə] **I** *adj.* □ **1.** (kreis-)rund, kreisförmig; **2.** Rund..., Kreis..., Ring...; **II** *s.* **3.** a) Rundschreiben *n*, b) (Post)Wurfsendung *f*; '**cir·cu·lar·ize** [-əraɪz] *v/t. a.* (Post)Wurfsendungen verschicken an (*acc.*); Fragebogen schicken an (*acc.*); durch (Post)Wurfsendungen werben für.
cir·cu·lar| let·ter → ***circular*** 3a; ~ **letter of cred·it** *s.* ✝ 'Reisekreˌditbrief *m*; ~ **note** *s.* **1.** *pol.* Zirku'larnote *f*; **2.** 'Reisekreˌditbrief *m*; ~ **saw** *s.* ⚙ Kreissäge *f*; ~ **skirt** *s.* Glockenrock *m*; ~ **tick·et** *s.* Rundreisekarte *f*; ~ **tour**, ~ **trip** *s.* Rundreise *f*, -fahrt *f.*
cir·cu·late ['sɜːkjʊleɪt] **I** *v/i.* **1.** zirkulieren: a) 'umlaufen, kreisen, b) im 'Umlauf sein, kursieren (*Geld, Gerücht etc.*); **2.** her'umreisen, -gehen; **II** *v/t.* **3.** in Umlauf setzen, zirkulieren lassen.
cir·cu·lat·ing ['sɜːkjʊleɪtɪŋ] *adj.* zirkulierend, 'umlaufend; ~ **cap·i·tal** *s.* 'Umlauf-, Be'triebskapiˌtal *n*; ~ **dec·i·mal** *s.* ⅍ peri'odischer Dezi'malbruch; ~ **li·brar·y** *s.* 'Leihbücheˌrei *f.*
cir·cu·la·tion [ˌsɜːkjʊ'leɪʃn] *s.* **1.** Kreislauf *m*, Zirkulati'on *f*; **2.** *physiol.* ('Blut)Zirkulatiˌon *f*, (-)Kreislauf *m*; **3.** ✝ a) 'Umlauf *m*, Verkehr *m*, b) Verbreitung *f*, Absatz *m*, c) Auflage(nziffer) *f* (*Zeitung etc.*), d) 'Zahlungsmittelˌumlauf *m*: ***out of*** ~ außer Kurs (gesetzt); ***put into*** ~ in Umlauf setzen; ***withdraw from*** ~ aus dem Verkehr ziehen (*a. fig.*); **4.** Strömung *f*, 'Durchzug *m*, -fluss *m*; **cir·cu·la·tor** ['sɜːkjʊleɪtə] *s.* Verbreiter(in); **cir·cu·la·to·ry** [ˌsɜːkjʊ'leɪtərɪ] *adj.* zirkulierend, 'umlaufend; *physiol.* Kreislauf...: ~ ***collapse***; ~ ***system*** (Blut)Kreislauf *m.*
cir·cum·cise ['sɜːkəmsaɪz] *v/t.* **1.** ⚕, *eccl.* beschneiden; **2.** *fig.* läutern; **circum·ci·sion** [ˌsɜːkəm'sɪʒn] *s.* **1.** ⚕, *eccl.* Beschneidung *f*; **2.** *fig.* Läuterung *f*; **3.** ♀ Fest *n* der Beschneidung Christi; **4.** ***the*** ~ *bibl.* die Beschnittenen *pl.* (*Juden*).
cir·cum·fer·ence [sə'kʌmfərəns] *s.* 'Umkreis *m*, 'Umfang *m*, Periphe'rie *f*; **cir·cum·flex** ['sɜːkəmfleks] *s. a.* ~ ***accent*** *ling.* Zirkum'flex *m*; **cir·cum·ja·cent** [ˌsɜːkəm'dʒeɪsənt] *adj.* 'umliegend.
cir·cum·lo·cu·tion [ˌsɜːkəmlə'kjuːʃn] *s.* **1.** Um'schreibung *f*; **2.** a) 'Umschweife *pl.*, b) Weitschweifigkeit *f*; **cir·cum·loc·u·to·ry** [ˌsɜːkəm'lɒkjʊtərɪ] *adj.* weitschweifig.
cir·cum·nav·i·gate [ˌsɜːkəm'nævɪgeɪt] *v/t.* um'schiffen, um'segeln; **cir·cum·nav·i·ga·tion** ['sɜːkəmˌnævɪ'geɪʃn] *s.* Um'segelung *f*; ˌ**cir·cum'nav·i·ga·tor** [-tə] *s.* Um'segler *m.*
cir·cum·scribe ['sɜːkəmskraɪb] *v/t.* **1.** a) um'schreiben (*a.* ⅍), b) definieren; **2.** begrenzen, einschränken; **cir·cum·scrip·tion** [ˌsɜːkəm'skrɪpʃn] *s.* **1.** Um'schreibung *f* (*a.* ⅍) **2.** 'Umschrift *f* (*Münze etc.*); **3.** Begrenzung *f*, Beschränkung *f.*
cir·cum·spect ['sɜːkəmspekt] *adj.* □ 'um-, vorsichtig; **cir·cum·spec·tion** [ˌsɜːkəm'spekʃn] *s.* 'Um-, Vorsicht *f*, Behutsamkeit *f.*
cir·cum·stance ['sɜːkəmstəns] *s.* **1.** 'Umstand *m*, Tatsache *f*; Ereignis *n*; Einzelheit *f*: ***a fortunate*** ~ ein glücklicher Umstand; **2.** *pl.* 'Umstände *pl.*, Lage *f*, Sachverhalt *m*, Verhältnisse *pl.*:

in (*od.* ***under***) ***the ~s*** unter diesen Umständen; ***under no ~s*** auf keinen Fall; **3.** *pl.* Verhältnisse *pl.*, Lebenslage *f*: ***in good ~s*** gut situiert; **4.** 'Umständlichkeit *f*, Weitschweifigkeit *f*; **5.** Förmlichkeit(en *pl.*) *f*, Umstände *pl.*: ***without ~*** ohne (alle) Umstände; '**cir·cum·stanced** [-st] *adj.* in e-r ... Lage; ... situiert; gelagert (*Sache*): ***poorly ~*** in ärmlichen Verhältnissen; ***well timed and ~*** zur rechten Zeit u. unter günstigen Umständen; **cir·cum·stan·tial** [ˌsɜːkəm'stænʃl] *adj.* □ **1.** 'umständlich; **2.** ausführlich, genau; **3.** zufällig; **4.** ***~ evidence*** ⚖ Indizienbeweis *m*; **cir·cum·stan·ti·ate** [ˌsɜːkəm'stænʃɪeɪt] *v/t.* **1.** genau beschreiben; **2.** ⚖ durch In'dizien beweisen.

cir·cum·vent [ˌsɜːkəm'vent] *v/t.* **1.** über'listen; **2.** vereiteln, verhindern; **3.** um'gehen; ˌ**cir·cum'ven·tion** [-nʃn] *s.* **1.** Vereitelung *f*; **2.** Um'gehung *f*.

cir·cum·vo·lu·tion [ˌsɜːkəmvə'luːʃn] *s.* **1.** 'Umdrehung *f*; 'Umwälzung *f*; **2.** Windung *f*.

cir·cus ['sɜːkəs] *s.* **1.** a) 'Zirkus *m*, b) 'Zirkustruppe *f*, c) ('Zirkus)Vorstellung *f*, d) A'rena *f*; **2.** *Brit. runder Platz mit Straßenkreuzungen*; **3.** *Brit. sl.* ⚔ a) im Kreis fliegende Flugzeugstaffel, b) ‚fliegende' Einheit; **4.** F ‚'Zirkus' *m*, Rummel *m*.

cir·rho·sis [sɪ'rəʊsɪs] *s.* ⚕ Zir'rhose *f*, (*Leber*)Schrumpfung *f*.

cir·rose [sɪ'rəʊs], **cir·rous** ['sɪrəs] *adj.* **1.** ⚘ mit Ranken; **2.** *zo.* mit Haaren *od.* Fühlern; **3.** federartig.

cir·rus ['sɪrəs] *pl.* **-ri** [-raɪ] *s.* **1.** ⚘ Ranke *f*; **2.** *zo.* Rankenfuß *m*; **3.** 'Zirrus *m*, Federwolke *f*.

cis·al·pine [sɪs'ælpaɪn] *adj.* diesseits der Alpen; **cis·at·lan·tic** [sɪsət'læntɪk] *adj.* diesseits des At'lantischen 'Ozeans.

cis·sy → ***sissy***.

Cis·ter·cian [sɪ'stɜːʃjən] **I** *s.* Zisterzi'enser(mönch) *m*; **II** *adj.* Zisterzienser...

cis·tern ['sɪstən] *s.* **1.** Wasserbehälter *m*; **2.** Zi'sterne *f*, ('unterirdischer) Regenwasserspeicher.

cit·a·del ['sɪtədəl] *s.* **1.** Zita'delle *f* (*a. fig.*); **2.** Burg *f*; *fig.* Zuflucht *f*.

ci·ta·tion [saɪ'teɪʃn] *s.* **1.** Anführung *f*; **2.** a) Zi'tat *n* (*zitierte Stelle*), b) ⚖ (***of***) Berufung *f* (auf *acc.*), Her'anziehung *f* (*gen.*), c) ⚖ Vorladung *f*; **3.** *bsd.* ⚔ ehrenvolle Erwähnung.

cite [saɪt] *v/t.* **1.** zitieren; **2.** (als Beispiel *od.* Beweis) anführen; **3.** ⚖ vorladen; **4.** ⚔ lobend erwähnen.

cith·er ['sɪθə] *poet.* → ***zither***.

cit·i·fy ['sɪtɪfaɪ] *v/t.* verstädtern.

cit·i·zen ['sɪtɪzn] *s.* **1.** Bürger *m*, Staatsangehörige(r *m*) *f*: ***~ of the world*** Weltbürger; **2.** Städter(in); **3.** Einwohner(in): ***~s' band*** CB-Funk *m*; **4.** Zivi'list *m*; '**cit·i·zen·ry** [-rɪ] *s.* Bürgerschaft *f* (*e-s Staates*); '**cit·i·zen·ship** [-ʃɪp] *s.* **1.** Staatsangehörigkeit *f*; **2.** Bürgerrecht *n*.

cit·rate ['sɪtreɪt] *s.* ⚗ Zi'trat *n*.

cit·ric ac·id ['sɪtrɪk] *s.* ⚗ Zi'tronensäure *f*.

cit·ri·cul·ture ['sɪtrɪkʌltʃə] *s.* Anbau *m* von 'Zitrusfrüchten.

cit·rus ['sɪtrəs] *s.* ⚘ 'Zitrusgewächs *n*, -frucht *f*.

cit·y ['sɪtɪ] *s.* **1.** (Groß)Stadt *f*: ***2 of God*** *fig.* Himmelreich *n*; **2.** *Brit.* inkorporierte Stadt (*mst mit Kathedrale*); **3.** ***the 2*** die (Londoner) City (*Altstadt od. Geschäftsviertel od. Geschäftswelt*); **4.** *Am.* inkorporierte Stadtgemeinde; **2 ar·ti·cle** *s.* Börsenbericht *m*; **2 Com·pa·ny** *s. Brit.* e-e der großen Londoner Gilden; **~ coun·cil** *s.* Stadtrat *m*; **~ desk** *s. Brit.* 'Wirtschafts-, *Am.* Lo'kalredaktiˌon *f*; **~ ed·i·tor** *s.* **1.** *Am.* Lo'kalredakˌteur *m*; **2.** *Brit.* Redak'teur *m* des Handelsteiles; **~ fa·ther** *s.* Stadtrat *m*; *pl.* Stadtväter *pl.*; **~ hall** *s.* Rathaus *n*; **2 man** *s. Brit.* Fi'nanz-, Geschäftsmann *m* der City; **~ man·ag·er** *s. Am.* 'Stadtdiˌrektor *m*; **~ per·son** *s.* Stadtmensch *m*; **~ state** *s.* Stadtstaat *m*.

civ·et (**cat**) ['sɪvɪt] *s. zo.* 'Zibetkatze *f*.

civ·ic ['sɪvɪk] *adj.* (□ ***~ally***) **1.** städtisch, Stadt...; **2.** → ***civil*** 2; **~ cen·tre**, *Am.* **cen·ter** *s.* Behördenviertel *n*, Verwaltungszentrum *n*.

civ·ics ['sɪvɪks] *s. pl. sg. konstr.* Staatsbürgerkunde *f*.

civ·ies ['sɪvɪz] *bsd. Am.* → ***civvies***.

civ·il ['sɪvl] *adj.* (□ *nur für* 6.) **1.** staatlich: ***~ affairs*** Verwaltungsangelegenheiten; **2.** (staats)bürgerlich, Bürger...: ***~ duty***; ***~ commotion*** Aufruhr *m*, innere Unruhen *pl.*; ***~ death*** bürgerlicher Tod; ***~ liberties*** bürgerliche Freiheiten; ***~ list*** *Brit.* Zivilliste *f*; ***~ rights*** Bürgerrechte, bürgerliche Ehrenrechte; ***~ rights activist*** Bürgerrechtler(in); ***~ rights movement*** Bürgerrechtsbewegung *f*; ***2 Servant*** Staatsbeamte(r); ***2 Service*** Staats-, Verwaltungsdienst *m*; ***~ war*** Bürgerkrieg *m*; → ***disobedience*** 1; **3.** zi'vil (*Ggs. militärisch*): ***~ aviation*** Zivilluftfahrt *f*; ***~ defence***, *Am.* ***~ defense*** Zivilverteidigung *f*, -schutz *m*; ***~ government*** Zivilverwaltung *f*; ***~ life*** Zivilleben *n*; **4.** zi'vil (*Ggs. kirchlich*): ***~ marriage*** Ziviltrauung *f*; **5.** ⚖ zi'vil(rechtlich), bürgerlich: ***~ case*** *od.* ***suit*** Zivilprozess *m*; ***~ code*** Bürgerliches Gesetzbuch; ***~ year*** bürgerliches Jahr; ***~ law*** a) römisches *od.* kontinentales Recht, b) Zivilrecht *n*, bürgerliches Recht; **6.** höflich: ***~-spoken*** höflich; **~ en·gi·neer** *s.* 'Bauingeniˌeur *m*; **~ en·gi·neer·ing** *s.* Tiefbau *m*.

ci·vil·ian [sɪ'vɪljən] **I** *s.* Zivi'list *m*; **II** *adj.* zi'vil, Zivil...: ***~ life***; ***~ casualties*** Verluste unter der Zivilbevölkerung; **ci'vil·i·ty** [-lətɪ] *s.* Höflichkeit *f*, Artigkeit *f*.

civ·i·li·za·tion [ˌsɪvɪlaɪ'zeɪʃn] *s.* Zivilisati'on *f*, Kul'tur *f*; **civ·i·lize** ['sɪvɪlaɪz] *v/t.* zivilisieren; **civ·i·lized** ['sɪvɪlaɪzd] *adj.* **1.** zivilisiert: ***~ nations*** Kulturvölker; **2.** gebildet, kultiviert.

civ·vies ['sɪvɪz] *s. pl. sl.* Zi'vil(klaˌmotten *pl.*) *n*; **civ·vy street** ['sɪvɪ] *s. sl.* Zi'villeben *n*.

clack [klæk] **I** *v/i.* **1.** klappern, knallen; **2.** plappern; **II** *s.* **3.** Klappern *n*; **4.** Plappern *n*; **5.** ⚙ (Ven'til)Klappe *f*.

clad [klæd] *adj.* gekleidet.

claim [kleɪm] **I** *v/t.* **1.** fordern, verlangen: ***~ damages*** Schadenersatz fordern; **2.** a) Anspruch erheben auf (*acc.*), beanspruchen: ***~ the crown***, b) *fig.* in Anspruch nehmen, erfordern: ***~ attention***; **3.** für sich in Anspruch nehmen: ***~ victory***; **4.** (*a.* von sich) behaupten (*a.* ***to*** *inf.* zu *inf.*, ***that*** dass): ***~ accuracy*** die Richtigkeit behaupten; ***the club ~s 200 members*** der Klub behauptet, 200 Mitglieder zu haben; **5.** zu'rück-, einfordern; *Opfer, Leben* fordern: ***death ~ed him*** der Tod ereilte ihn; **II** *v/i.* **6.** ✝ reklamieren; **7.** ***~ against s.o.*** j-n verklagen; **III** *s.* **8.** Forderung *f* (***on s.o.*** gegen *od.* an j-n), (*a.* Rechts- *od.* Pa'tent)Anspruch *m*: ***~ for damages*** Schaden(s)ersatzanspruch; ***~ under a contract*** Anspruch aus e-m Vertrag; ***lay*** (*od.* ***make a***) ***~ to*** Anspruch erheben auf (*acc.*); ***put in a ~ for*** e-e Forderung auf *et.* stellen; ***make ~s upon*** *fig. j-n od. j-s Zeit* (stark) in Anspruch nehmen; **9.** (An)Recht *n* (***to*** auf *acc.*); **10.** Behauptung *f*; **11.** ✝ Reklamati'on *f*; **12.** Versicherungssumme *f*; Schaden(sfall) *m*; **13.** ⚖ Klage(begehren *n*) *f*; → ***statement*** 4; **14.** ⚒ Mutung *f*; *bsd. Am.* zugeteiltes *od.* beanspruchtes Stück Land; '**claim·a·ble** [-məbl] *adj.* zu beanspruchen(d); '**claim·ant** [-mənt] *s.* **1.** Antragsteller (-in), ⚖ *a.* Kläger(in); (Pa'tent)Anmelder(in); **2.** (***for***) Anwärter(in) (auf *acc.*), Bewerber(in) (für): ***rightful ~*** Anspruchsberechtigte(r).

clair·voy·ance [kleə'vɔɪəns] *s.* Hellsehen *n*; **clair'voy·ant** [-nt] **I** *adj.* hellseherisch; **II** *s.* Hellseher(in).

clam [klæm] *s.* **1.** *zo.* essbare Muschel: ***hard*** *od.* ***round ~*** 'Venusmuschel *f*; **2.** *Am.* F ‚zugeknöpfter' Mensch; '**~·bake** *s. Am.* **1.** Picknick *n*; **2.** große Party; **3.** ‚Gaudi' *f*.

cla·mant ['kleɪmənt] *adj.* **1.** lärmend, schreiend (*a. fig.*); **2.** dringend.

clam·ber ['klæmbə] *v/i.* (mühsam) klettern, klimmen.

clam·my ['klæmɪ] *adj.* □ feuchtkalt (u. klebrig), klamm.

clam·or·ous ['klæmərəs] *adj.* □ lärmend, schreiend, laut; tobend; *fig.* lautstark; **clam·o(u)r** ['klæmə] **I** *s.* **1.** *a. fig.* Lärm *m*, (zorniges) Geschrei, Tu'mult *m*; **2.** *bsd. fig.* (Auf)Schrei *m* (***for*** nach); Schimpfen; **3.** Tu'mult *m*; **II** *v/i.* **4.** (laut) schreien (***for*** nach; *a. fig. wütend verlangen*); heftig protestieren; toben; **III** *v/t.* **5.** ***~ down*** niederbrüllen.

clamp[1] [klæmp] *s.* **1.** Haufen *m*; **2.** (Kar'toffel- *etc.*)Miete *f*.

clamp[2] [klæmp] **I** *s.* **1.** ⚙ Klammer *f*, Krampe *f*, Klemmschraube *f*, Zwinge *f*, ⚡ Erdungsschelle *f*; **2.** *sport* Strammer *m* (*Ski*); **II** *v/t.* **3.** festklammern, -klemmen; befestigen; **4.** *fig. a.* ***~ down*** als Strafe auferlegen; **III** *v/i.* **5.** ***~ down*** *fig.* zuschlagen, einschreiten, scharf vorgehen (***on*** gegen); '**clamp·down** *s.* F scharfes Vorgehen (***on*** gegen).

clan [klæn] *s.* **1.** *Scot.* Clan *m*, Stamm *m*, Sippe *f*; **2.** *fig.* Clan *m*, Sippschaft *f*, Clique *f*.

clan·des·tine [klæn'destɪn] *adj.* □ heimlich, verstohlen, Schleich...

clang [klæŋ] **I** *v/i.* schallen, klingen, klirren; **II** *v/t.* laut schallen *od.* erklingen lassen; **III** *s.* → ***clango(u)r***; **clang·er** ['klæŋə] *s. sl.* Faux'pas *m*: ***drop a ~*** ‚ins Fettnäpfchen treten'; **clang·or·ous** ['klæŋgərəs] *adj.* □ schallend, schmetternd; klirrend; **clang·o(u)r** ['klæŋgə] → ***clank***.

clank [klæŋk] **I** *s.* Klirren *n*, Gerassel *n*, harter Klang; **II** *v/i. u. v/t.* rasseln *od.* klirren (mit).

clan·nish ['klænɪʃ] *adj.* **1.** Sippen...; **2.** stammesbewusst; **3.** (unter sich) zs.-haltend, *contp.* cliquenhaft; '**clan·nish·ness** [-nɪs] *s.* **1.** Stammesbewusstsein *n*; **2.** Zs.-halten *n*, *contp.* Cliquenwesen *n*; **clan·ship** ['klænʃɪp] *s.* **1.** Vereinigung *f* in e-m Clan; **2.** → ***clannishness*** 1; **clans·man** ['klænzmən] *s.* [*irr.*] Mitglied *n* e-s Clans.

clap[1] [klæp] **I** *s.* **1.** (Hände)Klatschen *n*; **2.** (Beifall)Klatschen *n*; **3.** Klaps *m*; **4.**

Knall *m*, Krach *m*: **~ *of thunder*** Donnerschlag *m*; **II** *v/t.* **5.** a) klatschen: **~ *one's hands*** in die Hände klatschen, b) schlagen: **~ *the wings*** mit den Flügeln schlagen; **6.** klopfen; **7.** *j-m* Beifall klatschen; **8.** hastig an-, auflegen *od.* ausführen: **~ *eyes on*** erblicken; **~ *a hat on one's head*** den Hut auf den Kopf stülpen; **9. ~ *on*** F *j-m et.* ‚aufbrummen'; **III** *v/i.* **10.** (Beifall) klatschen.

clap² [klæp] *s.* V (*a. **dose of ~***) Tripper *m.*

'**clap|·board I** *s.* **1.** *Brit.* Fassdaube *f*; **2.** *Am.* Verschalungsbrett *n*; **II** *v/t.* **3.** *Am.* verschalen; '**~·net** *s.* Fangnetz *n* (*für Vögel etc.*).

clap·per ['klæpə] *s.* **1.** Klöppel *m* (*Glocke*); **2.** Klapper *f*; **3.** Beifallsklatscher *m*; '**~·board** *s. Am. Film*: Klappe *f.*

clap·trap ['klæptræp] **I** *s.* Ef'fekthasche,rei *f*; Klim'bim *m*; Re'klame(rummel *m*) *f*; Gewäsch *n*, Unsinn *m*; **II** *adj.* ef'fekthaschend; hohl.

claque [klæk] *s.* Claque *f.*

clar·en·don ['klærəndən] *s. typ.* halbfette Egypti'enne.

clar·et ['klærət] *s.* **1.** roter Bor'deaux (-wein); *weitS.* Rotwein *m*; **2.** Weinrot *n*; **3.** *sl.* Blut *n*; **~ *cup*** *s.* Rotweinbowle *f.*

clar·i·fi·ca·tion [ˌklærɪfɪ'keɪʃn] *s.* **1.** ⚙ (Ab)Klärung *f*, Läuterung *f*; **2.** Aufklärung *f*, Klarstellung *f*; **clar·i·fy** ['klærɪfaɪ] **I** *v/t.* **1.** ⚙ (ab)klären, läutern, reinigen; **2.** (auf-, er)klären; **II** *v/i.* **3.** ⚙ sich (ab)klären; **4.** sich (auf)klären, klar werden.

clar·i·net [ˌklærɪ'net] *s.* ♪ Klari'nette *f*; ˌ**clar·i'net·(t)ist** [-tɪst] *s.* Klarinet'tist *m.*

clar·i·on ['klærɪən] **I** *s.* **1.** ♪ Cla'rino *n*; **2.** *poet.* Trom'petenschall *m*: **~ *call*** *fig.* Auf-, Weckruf *m*; Fan'fare *f*; **~ *voice*** Trompetenstimme *f*; **II** *v/t.* **3.** laut verkünden, 'auspoˌsaunen.

clar·i·ty ['klærətɪ] *s. allg.* Klarheit *f.*

clash [klæʃ] **I** *v/i.* **1.** klirren, rasseln; **2.** prallen (***into*** gegen), (*a. feindlich u. fig.*) zs.-prallen, -stoßen (***with*** mit); **3.** *fig.* (***with***) kollidieren: a) (zeitlich) zs.-fallen (mit), b) im 'Widerspruch stehen (zu), unvereinbar sein (mit); **4.** nicht zs.-passen (***with*** mit), sich ‚beißen' (*Farben*); **II** *v/t.* **5.** klirren *od.* rasseln mit; klirrend zs.-schlagen; **III** *s.* **6.** Geklirr *n*, Getöse *n*, Krach *m*; **7.** Zs.-prall *m*, Kollisi'on *f*; **8.** (feindlicher) Zs.-stoß; **9.** (zeitliches) Zs.-fallen; **10.** Kon'flikt *m*, 'Widerstreit *m.*

clasp [klɑːsp] **I** *v/t.* **1.** ein-, zuhaken, zuschnallen; **2.** fest ergreifen, um'klammern, fest um'fassen; um'ranken: **~ *s.o.'s hand*** j-m die Hand drücken; **~ *s.o. in one's arms*** j-n umarmen; **~ *one's hands*** die Hände falten; **II** *v/i.* **3.** sich die Hand reichen; **III** *s.* **4.** Klammer *f*, Haken *m*; Schnalle *f*, Spange *f*, Schließe *f*; Schloss *n* (*Buch etc.*); **5.** Um'klammerung *f*, Um'armung *f*; Händedruck *m*; **6.** ⚔ (Ordens)Spange *f*; **~ *knife*** *s.* [*irr.*] Klapp-, Taschenmesser *n.*

class [klɑːs] **I** *s.* **1.** Klasse *f* (*a.* 🚃 *etc.*, ⚘, *zo.*), Gruppe *f*; **2.** Klasse *f*, Sorte *f*, Güte *f*, Quali'tät *f*; *engS.* Erstklassigkeit *f*: ***in the same ~ with*** gleichwertig mit; ***in a ~ of one's*** (*od.* ***its***) ***own*** e-e Klasse für sich (*überlegen*); ***no ~*** F minderwertig; **3.** Stand *m*, Rang *m*, Schicht *f*: ***the*** (***upper***) ***~es*** die oberen (Gesellschafts)Klassen; ***pull ~ on s.o.*** F j-n s-e gesellschaftliche Überlegenheit fühlen lassen; **4.** *ped., univ.* a) Klasse *f*: ***top of the ~*** Klassenerste(r), b) 'Unterricht *m*, Stunde *f*: ***a ~ in cookery*** Kochstunde, c) *pl.* 'Kurs(us) *m*, d) Semi'nar *n*, e) *Brit.* Stufe *f* bei der Universi'tätsprüfung: ***take a ~*** e-n ***honours degree*** erlangen; **5.** *univ. Am.* Jahrgang *m*; **II** *v/t.* **6.** klassifizieren: a) in Klassen einteilen, b) einordnen, einstufen: **~ *with*** gleichstellen mit; ***be ~ed as*** angesehen werden als; '**~·book** *s. ped.* **1.** *Brit.* Lehrbuch *n*; **2.** *Am.* Klassenbuch *n*; '**~-ˌcon·scious** *adj.* klassenbewusst; **~ *dis·tinc·tion*** *s. sociol.* 'Klassenˌunterschied *m*; **~ *ha·tred*** *s.* Klassenhass *m.*

clas·sic ['klæsɪk] **I** *adj.* (□ ***~ally***) **1.** erstklassig, ausgezeichnet; **2.** klassisch, mustergültig, voll'endet; **3.** klassisch: a) griechisch-römisch, b) die klassische Litera'tur *od.* Kunst *etc.* betreffend, c) berühmt, d) edel (*Stil etc.*); **4.** klassisch: a) 'herkömmlich, b) zeitlos; **II** *s.* **5.** Klassiker *m*; **6.** klassisches Werk; **7.** Jünger(in) der Klassik; **8.** *pl.* a) klassische Litera'tur, b) *die* alten Sprachen; '**clas·si·cal** [-kl] *adj.* □ **1.** → ***classic*** 1, 2, 3: **~ *music*** klassische Musik; **2.** a) altsprachlich, b) huma'nistisch (gebildet): **~ *education*** humanistische Bildung; ***the ~ languages*** die alten Sprachen; **~ *scholar*** Altphilologe *m*, Humanist *m*; '**clas·si·cism** [-ɪsɪzəm] *s.* **1.** Klassi'zismus *m*; **2.** klassische Redewendung; '**clas·si·cist** [-ɪsɪst] *s.* Kenner *m od.* Anhänger *m* des Klassischen u. der Klassiker.

clas·si·fi·ca·tion [ˌklæsɪfɪ'keɪʃn] *s.* Klassifizierung *f* (*a.* ⚓), Einteilung *f*, -stufung *f*, Anordnung *f*; Ru'brik *f*: (***security***) **~** *pol.* a) Geheimhaltungseinstufung *f*, b) Geheimhaltungsstufe *f*; **clas·si·fied** ['klæsɪfaɪd] *adj.* **1.** klassifiziert, eingeteilt: **~ *advertisements*** Kleinanzeigen (*Zeitung*); **~ *directory*** Branchenverzeichnis *n*; **2.** ⚔, *pol.* geheim, Geheim...: **~ *material***; **~ *information*** Verschlusssache(n *pl.*) *f*; **clas·si·fy** ['klæsɪfaɪ] *v/t.* klassifizieren, einteilen; einstufen; ⚔, *pol.* für geheim erklären.

class·less ['klɑːslɪs] *adj.* klassenlos: **~ *society***.

'**class|·mate** *s.* 'Klassenkameˌrad(in); **~ *re·un·ion*** *s.* Klassentreffen *n*; '**~·room** *s.* Klassenzimmer *n*; **~ *war*** *s. pol.* Klassenkampf *m.*

class·y ['klɑːsɪ] *adj. sl.* ‚klasse' (*od.* ‚Klasse'), ‚Klasse...'.

clat·ter ['klætə] **I** *v/i.* **1.** klappern, rasseln; **2.** trappeln, trampeln; **II** *v/t.* **3.** klappern *od.* rasseln mit; **III** *s.* **4.** Klappern *n*, Rasseln *n*, Krach *m*; **5.** Getrappel *n*; **6.** Lärm *m*; Stimmengewirr *n.*

clause [klɔːz] *s.* **1.** *ling.* Satz(teil *m*, -glied *n*) *m*; **2.** *jur.* a) 'Klausel *f*, Bestimmung *f*, Vorbehalt *m*, b) Absatz *m*, Para'graph *m.*

claus·tro·pho·bi·a [ˌklɔːstrə'fəʊbjə] *s.* Klaustropho'bie *f.*

clav·i·chord ['klævɪkɔːd] *s.* ♪ Clavi'chord *n.*

clav·i·cle ['klævɪkl] *s. anat.* Schlüsselbein *n.*

claw [klɔː] **I** *s.* **1.** *zo.* a) Klaue *f*, Kralle *f* (*beide a. fig.*), b) Schere *f* (*Krebs etc.*), c) Pfote *f* (*a. fig.* F *Hand*): ***get one's ~s into s.o.*** *fig.* j-n in s-e Klauen bekommen; ***pare s.o.'s ~s*** *fig.* j-m die Krallen beschneiden; **2.** ⚙ Klaue *f*, (Greif)Haken *m*; **II** *v/t.* **3.** (zer)kratzen, zerreißen, zerren; **4.** *a.* **~ *hold of*** um'krallen, packen; **5. ~ *back*** *fig.* a) zurückgewinnen, b) zurücknehmen; **III** *v/i.* **6.** kratzen; **7.** reißen, zerren (***at*** an); **8.** packen, greifen (***at*** nach); **9.** ⚓ **~ *off*** vom Ufer abhalten; '**~-ˌham·mer** *s.* **1.** ⚙ Klauenhammer *m*; **2.** *a.* **~ *coat*** F Frack *m.*

clay [kleɪ] *s.* **1.** Ton *m*, Lehm *m*: **~ *hut*** Lehmhütte *f*; ***feet of ~*** *fig.* tönerne Füße; → ***potter²*** 1; **2.** *fig.* Erde *f*, Staub *m* u. Asche *f*; **3.** → ***clay pipe***; **~ *court*** *s. Tennis*: Rotgrantplatz *m.*

clay·ey ['kleɪɪ] *adj.* lehmig, Lehm...

clay·more ['kleɪmɔː] *s. hist.* schottisches Breitschwert.

clay| pi·geon *s. sport* Wurf-, Tontaube *f*; **~ *pipe*** *s.* Tonpfeife *f*; **~ *pit*** *s.* Lehmgrube *f.*

clean [kliːn] **I** *adj.* □ **1.** rein, sauber; → ***breast*** 2; **2.** sauber, frisch, neu (*Wäsche*); unbeschrieben (*Papier*); **3.** reinlich; stubenrein; **4.** einwandfrei, makellos (*a. fig.*); astfrei (*Holz*); fast fehlerlos (*Korrekturbogen*); → ***copy*** 1; **5.** (*moralisch*) lauter, sauber; anständig, gesittet; schuldlos: **~ *record*** tadelloser Ruf; ***keep it ~!*** keine Ferkeleien!; **~ *living!*** bleib sauber!; ***Mr.*** ♀ Saubermann *m*; **6.** ebenmäßig, von schöner Form; glatt (*Schnitt, Bruch*); **7.** sauber, geschickt (ausgeführt), tadellos; **8.** F ‚sauber' (*ohne Waffen, Schmuggelware etc.*); **II** *adv.* **9.** rein, sauber: ***sweep ~*** rein ausfegen; ***come ~*** F alles gestehen; **10.** rein, glatt, völlig, to'tal: ***I ~ forgot*** ich vergaß ganz; **~ *gone*** a) spurlos verschwunden, b) *sl.* total übergeschnappt; **~ *through the wall*** glatt durch die Wand; **III** *v/t.* **11.** reinigen, säubern; *Kleider* ('chemisch) reinigen; **12.** *Fenster, Schuhe, Zähne* putzen; **IV** *v/i.* **13.** sich reinigen lassen; **~ *down*** *v/t.* gründlich reinigen; abwaschen; **~ *out*** *v/t.* **1.** reinigen; **2.** auslesen, -räumen; räumen; **3.** *sl.* a) ‚ausnehmen', ‚schröpfen', b) *Am. a. j-n* ‚fertig machen'; **4.** F *Kasse etc.* leer machen; *Laden etc.* leer kaufen; **5.** F *Bank etc.* ‚ausräumen'; **~ *up*** *v/t.* **1.** gründlich reinigen; **2.** aufräumen (mit *fig.*); in Ordnung bringen, erledigen, *fig. a.* bereinigen; *Stadt etc.* säubern; **3.** *sl.* (*v/i.* schwer) einheimsen.

clean| and jerk *s. Gewichtheben*: Stoßen *n*; **~ *bill of lad·ing*** *s.* † reines Konosse'ment; ˌ**~-'bred** *adj.* reinrassig; ˌ**~-'cut** *adj.* **1.** klar um'rissen; klar, deutlich; **2.** regelmäßig; wohlgeformt; **3.** scharf geschnitten: **~ *face***.

clean·er ['kliːnə] *s.* **1.** Reiniger *m* (*Person, Gerät od. Mittel*); Reinemachfrau *f*, Raumpflegerin *f*; (Fenster- *etc.*)Putzer *m*; **2.** *pl.* Reinigung(sanstalt) *f*: ***take s.o. to the ~s*** *sl.* a) j-n total ‚ausnehmen', b) j-n ‚fertig machen'.

ˌ**clean|-'hand·ed** *adj.* schuldlos; ˌ**~-'limbed** *adj.* wohlproportioniert.

clean·li·ness ['klenlɪnɪs] *s.* Reinlichkeit *f*; **clean·ly** ['klenlɪ] *adj.* □ reinlich.

cleanse [klenz] *v/t.* **1.** (*a. fig.*) reinigen, säubern, rein waschen (***from*** von); **2.** läutern; '**cleans·er** [-zə] *s.* Reinigungsmittel *n*; '**cleans·ing** [-zɪŋ] *adj.* Reinigungs...: **~ *cream***.

ˌ**clean|-'shav·en** *adj.* glatt rasiert; '**~·up** *s.* **1.** (gründliche) Reinigung *f*; **2.** F 'Säuberungsaktiˌon *f*, Ausmerzung *f*; **3.** *Am. sl.* ‚Schnitt' *m*, (großer) Pro'fit.

clear [klɪə] **I** *adj.* □ → ***clearly***; **1.** klar, hell, 'durchsichtig, rein (*a. fig.*): ***a ~ day*** ein klarer Tag; ***as ~ as day***(***light***), **~ *as mud*** F sonnenklar; ***a ~ con-***

C

science ein reines Gewissen; **2.** klar, deutlich; 'übersichtlich; scharf (*Foto, Sprache, Verstand*): **a ~ head** ein klarer Kopf; **~ judgment** gesundes Urteil; **be ~ in one's mind** sich klar darüber sein; **make o.s. ~** sich verständlich machen; **3.** klar, offensichtlich; sicher, zweifellos: **I am quite ~ (that)** ich bin ganz sicher (dass); **4.** klar, rein; unvermischt; ✝ netto: **~ amount** Nettobetrag *m*; **~ profit** Reingewinn *m*; **~ loss** reiner Verlust; **~ skin** reine Haut; **~ soup** klare Suppe; **~ water** (nur) reines Wasser; **5.** klar, hell (*Ton*): **as ~ as a bell** glockenrein; **6.** frei (**of** von), offen; unbehindert; ohne: **keep the roads ~** die Straßen offen halten; **~ of debt** schuldenfrei; **~ title** *jur.* unbestrittenes Recht; **see one's way ~** freie Bahn haben; **keep ~ of** a) (ver)meiden, b) sich fern halten von; **keep ~ of the gates!** Eingang (*Tor*) freihalten!; **be ~ of s.th.** et. los sein; **get ~ of** loskommen von; **7.** ganz, voll: **a ~ month** ein voller Monat; **8.** ⚙ licht (*Höhe, Weite*); **II** *adv.* **9.** hell; klar, deutlich; **10.** frei, los, fort; **11.** völlig, glatt: **~ over the fence** glatt über den Zaun; **III** *s.* **12.** ⚙ lichte Weite; **13. in the ~** a) frei, heraus, b) *sport* frei stehend, c) aus der Sache heraus, vom Verdacht gereinigt, d) *Funk etc.*: im Klartext; **IV** *v/t.* **14.** *a.* **~ up** (auf)klären, erläutern; **15.** säubern, reinigen (*a. fig.*), befreien; losmachen (**of** von): **~ the street of snow** die Straße von Schnee reinigen; **16.** *Saal etc.* räumen, leeren; ✝ *Waren(lager)* räumen (→ 23); *Tisch* abräumen, abdecken; *Straße* freimachen; *Land, Wald* roden: **~ the way** Platz machen, den Weg bahnen; **~ out of the way** *fig.* beseitigen; **17.** reinigen, säubern: **~ the air** *a. fig.* die Atmosphäre reinigen; **~ one's throat** sich räuspern; **18.** frei-, lossprechen; entlasten (**of**, **from** von *e-m Verdacht etc.*); *Am. j-m* (po'litische) Unbedenklichkeit bescheinigen; *Am.* die Genehmigung für *et.* einholen (**with** bei): **~ one's conscience** sein Gewissen entlasten; **~ one's name** s-n Namen rein waschen; **19.** (knapp *od.* heil) vor'beikommen an (*dat.*): **my car just ~ed the bus**; **20.** *Hindernis* nehmen, glatt springen über (*acc.*): **~ the hedge**; **~ 6 feet** 6 Fuß hoch springen; **21.** Gewinn erzielen, einheimsen: **~ expenses** die Unkosten einbringen; **22.** ⚓ a) *Schiff* klarmachen (**for action** zum Gefecht), b) *Schiff* ausklarieren, c) *Ladung* löschen, d) *aus e-m Hafen* auslaufen; **23.** ✝ bereinigen, bezahlen; verrechnen; *Scheck* einlösen; *Hypothek* tilgen; *Ware* verzollen (→ 16); abfertigen; **V** *v/i.* **24.** sich klären, klar werden; **25.** sich aufklären (*Wetter*): **~ (away)** sich verziehen (*Nebel etc.*); **26.** sich klären (*Wein etc.*); **27.** ⚓ a) die 'Zollformali͵täten erledigen, b) ausklarieren;

Zssgn mit adv.:

clear| a·way I *v/t.* **1.** wegräumen; beseitigen; **II** *v/i.* **2.** verschwinden; → **clear** 25; **3.** (den Tisch) abdecken; **~ off I** *v/t.* **1.** beseitigen, loswerden; **2.** erledigen; **II** *v/i.* **3.** → **clear out** 3; **~ out I** *v/t.* **1.** ausräumen, reinigen; **2.** ✝ ausverkaufen; **II** *v/i.* **3.** verschwinden, ‚sich verziehen', ‚abhauen'; **~ up I** *v/t.* **1.** ab-, forträumen; **2.** bereinigen, erledigen; **3.** aufklären, lösen; **II** *v/i.* **4.** sich aufklären (*Wetter*).

clear·ance ['klɪərəns] *s.* **1.** Räumung *f* (*a.* ✝), Beseitigung *f*; Leerung *f*; Freilegung *f*; **2.** a) Rodung *f*, b) Lichtung *f*; **3.** ⚙ lichter Raum, Zwischenraum *m*; Spiel(raum *m*) *n*; *mot. etc.* Bodenfreiheit *f*; **4.** *allg.* Abfertigung *f*, *bsd.* a) ✈ Freigabe *f*, Start- od. 'Durchflugerlaubnis *f*, b) ⚓ Auslaufgenehmigung *f* (→ 7); **5.** ✝ a) Tilgung *f*, volle Bezahlung *f*, b) Verrechnung *f* (→ **clearing** 2), c) → **clearance sale**; **6.** ⚓ a) (Ein-, Aus-) Klarierung *f*, Zollabfertigung *f*, b) Zollschein *m*: **~ (papers)** Zollpapiere; **7.** *pol. etc.* Unbedenklichkeitsbescheinigung *f*; **~ sale** *s. Brit.* (Räumungs)Ausverkauf *m*.

͵**clear|-'cut** *adj.* scharf um'rissen; klar, eindeutig; ͵**~-'head·ed** *adj.* klar denkend, intelli'gent.

clear·ing ['klɪərɪŋ] *s.* **1.** Lichtung *f*, Rodung *f*; **2.** ✝ Clearing *n*, Verrechnungsverkehr *m* (*Bank*); **~ bank** *s.* 'Girobank *f*; **~ Hos·pi·tal** *s.* ⚔ *Brit.* 'Feldlaza͵rett *n*; **~ house** *s.* ✝ 'Clearinginsti͵tut *n*, Verrechnungsstelle *f*; **~ of·fice** *s.* Verrechnungsstelle *f*; **~ sys·tem** *s.* ✝ Clearingverkehr *m*.

clear·ly ['klɪəlɪ] *adv.* **1.** klar, deutlich; **2. ~, that is wrong** offensichtlich ist das falsch; **3.** zweifellos, ‚klar'; **clear·ness** ['klɪənɪs] *s.* **1.** Klarheit *f*, Deutlichkeit *f*; **2.** *fig.* Reinheit *f*; Schärfe *f*.

͵**clear|-'sight·ed** *adj.* **1.** scharfsichtig; **2.** *fig.* klar denkend, hellsichtig, klug; '**~-starch** *v/t. Wäsche* stärken; '**~·way** *s. Brit.* Schnellstraße *f*.

cleat [kliːt] *s.* **1.** ⚓ Klampe *f*; **2.** Keil *m*, Pflock *m*; **3.** ⚡ Isolierschelle *f*; **4.** ⚙ Querleiste *f*; **5.** breiter Schuhnagel.

cleav·age ['kliːvɪdʒ] *s.* **1.** Spaltung *f* (*a.* ⚗ *u. fig.*); Spaltbarkeit *f*; **2.** Zwiespalt *m*; **3.** *biol.* (Zell)Teilung *f*; **4.** Brustansatz *m*, Dekolletee *n*.

cleave[1] [kliːv] *v/i.* **1.** kleben (**to** an *dat.*); **2.** *fig.* (**to**) festhalten (an *dat.*), halten (zu *j-m*), treu bleiben (*dat.*), anhängen (*dat.*).

cleave[2] [kliːv] **I** *v/t.* [*irr.*] **1.** (zer)spalten; **2.** hauen, reißen; *Weg* bahnen; **3.** *Wasser, Luft etc.* durch'schneiden, (zer)teilen; **II** *v/i.* [*irr.*] **4.** sich spalten, bersten; '**cleav·er** [-və] *s.* Hackmesser *n*, -beil *n*.

clef [klef] *s.* ♪ (Noten)Schlüssel *m*.

cleft[1] [kleft] *pret. u. p.p. von* **cleave**[2].

cleft[2] [kleft] **I** *s.* Spalte *f*, Kluft *f*, Riss *m*; **II** *adj.* gespalten, geteilt; **~ pal·ate** *s.* Gaumenspalte *f*, Wolfsrachen *m*; **~ stick** *s.*: **be in a ~** ‚in der Klemme' sitzen.

clem·a·tis ['klemətɪs] *s.* ⚘ Kle'matis *f*.

clem·en·cy ['klemənsɪ] **I** *s.* Milde *f* (*a. Wetter*), Nachsicht *f*; **II** *adj.* Gnaden... (*-behörde etc.*); '**clem·ent** [-nt] *adj.* □ mild (*a. Wetter*), nachsichtig, gnädig.

clem·en·tine ['klementiːn, -taɪn] *s. Obst*: Klemen'tine *f*.

clench [klentʃ] **I** *v/t.* **1.** *bsd. Lippen* zs.-pressen; *Zähne* zs.-beißen; *Faust* ballen: **~ one's fist**; **2.** fest anpacken; (an)spannen (*a. fig.*); **3.** → **clinch** 1, 2, 3; **II** *v/i.* **4.** sich fest zs.-pressen; sich ballen.

cler·gy ['klɜːdʒɪ] *s. eccl.* Geistlichkeit *f*, Klerus *m*, *die* Geistlichen *pl.*: **20 ~** 20 Geistliche; '**~·man** [-mən] *s.* [*irr.*] Geistliche(r) *m*.

cler·ic ['klerɪk] *s.* Kleriker *m*; '**cler·i·cal** [-kl] **I** *adj.* □ **1.** geistlich: **~ collar** Kragen *m* des Geistlichen; **2.** *pol.* kleri'kal; **3.** Schreib..., Büro...: **~ error** Schreibfehler *m*; **~ work** Büroarbeit *f*; **II** *s.* **4.** *pol.* Kleri'kale(r) *m*; '**cler·i·cal·ism** [-kəlɪzəm] *s. pol.* Klerika'lismus *m*, kleri'kale Poli'tik.

cler·i·hew ['klerɪhjuː] *s.* 'Clerihew *n* (*witziger Vierzeiler*).

clerk [klɑːk] **I** *s.* **1.** Sekre'tär *m*; Schriftführer *m*; (Bü'ro)Schreiber *m*: **~ of the court** Urkundsbeamte(r) *m*; → **articled** 2, **town clerk**; **2.** Bü'roangestellte(r *m*) *f*; Buchhalter(in); (Bank)Beamte(r) *m*, (-)Beamtin *f*; **3.** *Brit.* Vorsteher *m*, Leiter *m*: **~ of (the) works** Bauleiter; **~ of the weather** *fig.* Wettergott, Petrus; **4.** *Am.* a) Verkäufer(in) *im Laden*, b) (Ho'tel)Porti͵er *m*, Empfangschef *m*, -dame *f*; **5. ~ in holy orders** *eccl.* Geistliche(r) *m*; **II** *v/i.* **6.** als Schreiber *etc. od. Am.* als Verkäufer (-in) tätig sein; '**clerk·ship** [-ʃɪp] *s.* Stellung *f* e-s Bü'roangestellten *etc. od. Am.* Verkäufers.

clev·er ['klevə] *adj.* □ **1.** geschickt, raffiniert (*Person u. Sache*); gewandt: **~ dick** F ‚Klugscheißer' *m*; **2.** klug, gescheit; begabt (**at** in); **3.** geistreich (*Worte, Buch*); **4.** *a.* '**~-'~** *contp.* ‚superklug'; '**clev·er·ness** [-nɪs] *s.* Geschicklichkeit *f*; Klugheit *f etc.*

clew [kluː] **I** *s.* **1.** Knäuel *m*, *n* (*Garn*); **2.** → **clue** 1, 2; **3.** ⚓ Schothorn *n*; **II** *v/t.* **4. ~ up** *Segel* aufgeien; **~ gar·net** *s.* ⚓ Geitau *n*.

cli·ché ['kliːʃeɪ] *s.* Kli'schee *n*: a) *typ.* Druckstock *m*, b) *fig.* Gemeinplatz *m*, abgedroschene Phrase.

click [klɪk] **I** *s.* **1.** Klicken *n*, Knipsen *n*, Knacken *n*, Ticken *n*; Einschnappen *n*; *Computer*: (Maus)Klick *m*; **2.** ⚙ Schnapp-, Sperrvorrichtung *f*; Sperrhaken *m*, Klinke *f*; **3.** Schnalzen *n*; **II** *v/i.* **4.** klicken, knacken, ticken; **5.** schnalzen; **6.** (zu-, ein)schnappen: **~ into place** einrasten, *fig.* sein (richtiges) Plätzchen finden; **7.** *sl.* F ‚einschlagen', Erfolg haben (**with** mit); **8.** sofort Gefallen anein'ander finden, *engS.* sich inein'ander ‚verknallen'; **9.** F über'einstimmen (**with** mit); **10. it ~ed** F bei *mir etc.* ‚klingelte' es (*als ich hörte etc.*); **III** *v/t.* **11.** klicken *od.* ticken *od.* knacken *od.* einschnappen lassen: **~ the door (to)** die Tür zuklinken; **~ (on) s.th.** *Computer*: et. anklicken, auf et. klicken; **~ one's heels** die Hacken zs.-schlagen; **12.** schnalzen mit: **~ one's tongue**.

cli·ent ['klaɪənt] *s.* **1.** ⚖ Kli'ent(in), Man'dant(in): **~ (state)** *pol.* abhängiger Staat; **2.** ✝ Kunde *m*, Kundin *f*; **3.** Pati'ent(in) (*e-s Arztes*); **cli·en·tele** [͵kliːɑ̃ːn'tel] *s.* **1.** Klien'tel *f*, Kli'enten *pl.*; **2.** Pa'tienten(kreis *m*) *pl.*; **3.** Kunden(kreis *m*) *pl.*, Kundschaft *f*.

cliff [klɪf] *s.* Klippe *f*, Felsen *m*: **go over the ~** F *fig.* ‚eingehen', Pleite gehen; **~ dwell·ing** *s.* Felsenwohnung *f*; '**~-͵hang·er** *s.* F **1.** 'Fortsetzungsro͵man *m* (*etc.*), der jeweils im spannendsten Mo'ment abbricht; **2.** äußerst spannende Sache.

cli·mac·ter·ic [klaɪ'mæktərɪk] **I** *adj.* **1.** entscheidend, 'kritisch; **2.** ⚕ klimak'terisch; **II** *s.* **3.** ⚕ Klimak'terium *n*, Wechseljahre *pl.*; **4.** a) kritische Zeit, b) (Lebens)Wende *f*.

cli·mate ['klaɪmɪt] *s.* **1.** 'Klima *n*; **~ change** Klimaveränderung *f*; **2.** Gegend *f*; **3.** *fig.* (*politisches, Betriebs-etc.*)'Klima *n*, Atmo'sphäre *f*; **cli·mat-**

ic [klaɪˈmætɪk] *adj.* (□ **~ally**) kliˈmatisch; **cli·ma·to·log·ic, cli·ma·to·log·i·cal** [ˌklaɪmətəˈlɒdʒɪk(l)] *adj.* □ klimatoˈlogisch; **cli·ma·tol·o·gy** [ˌklaɪməˈtɒlədʒɪ] *s.* Klimatoloˈgie *f*, ˈKlimakunde *f*.

cli·max [ˈklaɪmæks] **I** *s.* **1.** Steigerung *f*; **2.** Gipfel *m*, Höhepunkt *m*; ˈKrisis *f*; **3.** (sexuˈeller) Höhepunkt, Orˈgasmus *m*; **II** *v/t.* **4.** auf e-n Höhepunkt bringen; *Laufbahn etc.* krönen; **III** *v/i.* **5.** e-n Höhepunkt erreichen; **6.** e-n Orˈgasmus haben.

climb [klaɪm] **I** *s.* **1.** Aufstieg *m*, Besteigung *f*; ˈKletterparˌtie *f*; **2.** ✈ Steigen *n*, Steigflug *m*; **II** *v/i.* **3.** klettern; **4.** steigen (*Straße, Flugzeug*); **5.** (auf-, emˈpor)steigen, (hoch)klettern (*a. fig. Preise etc.*); **6.** ⚘ sich hinˈaufranken; **III** *v/t.* **7.** be-, ersteigen; steigen *od.* klettern auf (*acc.*), erklettern; **~ down** *v/i.* **1.** hinˈuntersteigen, -klettern; **2.** *fig.* e-n ‚Rückzieher' machen, klein beigeben; **~ up** *v/t. u. v/i.* hinˈaufsteigen, -klettern.

climb·a·ble [ˈklaɪməbl] *adj.* ersteigbar; **ˈclimb·down** *s.* F ‚Rückzieher' *m*, Nachgeben *n*; **ˈclimb·er** [-mə] *s.* **1.** Kletterer *m*; Bergsteiger(in); **2.** ⚘ Kletter-, Schlingpflanze *f*; **3.** *orn.* Klettervogel *m*; **4.** F (gesellschaftlicher) Streber, Aufsteiger *m*.

climb·ing| a·bil·i·ty [ˈklaɪmɪŋ] *s.* **1.** ✈ Steigvermögen *n*; **2.** *mot.* Bergfreudigkeit *f*; **~ i·rons** *s. pl. mount.* Steigeisen *pl.*

clime [klaɪm] *s. poet.* Gegend *f*, Landstrich *m*; *fig.* Gebiet *n*, Sphäre *f*.

clinch [klɪntʃ] **I** *v/t.* **1.** entscheiden, zum Abschluss bringen; *Handel* festmachen: ***that ~ed it*** damit war die Sache entschieden; ***~ an argument*** den Streit für sich entscheiden; **2.** ⚙ a) sicher befestigen, b) vernieten; **3.** *Boxen*: umˈklammern; **II** *v/i.* **4.** *Boxen*: clinchen; **III** *s.* **5.** fester Griff *od.* Halt; **6.** *Boxen*: Clinch *m* (*a. sl. Umarmung*); **7.** ⚙ Vernietung *f*; Niet *m*; **ˈclinch·er** [-tʃə] *s.* F entscheidender ˈUmstand *od.* Beweis *etc.*, Trumpf *m*.

cling [klɪŋ] *v/i.* [*irr.*] **1.** (***to***) *a. fig.* kleben, haften (an *dat.*); anhaften (*dat.*): ***~ together*** zs.-halten; **2.** (***to***) *a. fig.* sich klammern (an *j-n, e-e Hoffnung etc.*), festhalten (an *e-r Sitte, Meinung etc.*): ***~ to the text*** am Text kleben; **3.** sich (an)schmiegen (***to*** an *acc.*); **4.** *fig.* (***to***) hängen (an *dat.*), anhängen (*dat.*); **cling film** *s.* Frischhaltefolie *f*; **ˈcling·ing** [-ŋɪŋ] *adj.* eng anliegend, hauteng (*Kleid*).

clin·ic [ˈklɪnɪk] *s.* **1.** Klinik *f*, (Priˈvat *od.* Universiˈtäts)Krankenhaus *n*; **2.** Klinikum *n*, klinischer ˈUnterricht; **3.** ˈPoliklinik *f*, Ambuˈlanz *f*; **4.** *Am.* Fachkurs(us) *m*, Semiˈnar *n*; **ˈclin·i·cal** [-kl] *adj.* □ **1.** klinisch: ***~ instruction*** Unterweisung *f* am Krankenbett; ***~ thermometer*** Fieberthermometer *n*; **2.** *fig.* nüchtern, kühl analysierend; **clin·i·car** [ˈklɪnɪkɑː] *s.* Notarztwagen *m*; **cli·ni·cian** [klɪˈnɪʃn] *s.* Kliniker *m*.

clink¹ [klɪŋk] **I** *v/i.* klingen, klimpern, klirren; **II** *v/t.* klingen *od.* klirren lassen: ***~ glasses*** (mit den Gläsern) anstoßen; **III** *s.* Klingen *n etc.*

clink² [klɪŋk] *s. sl.* ‚Knast' *m*, ‚Kittchen' *n* (*Gefängnis*): ***in ~***.

clink·er¹ [ˈklɪŋkə] *s.* **1.** Klinker *m*, Hartziegel *m*; **2.** Schlacke *f*.

clink·er² [ˈklɪŋkə] *bsd. Am. sl.* **1.** ‚Patzer' *m*; **2.** ‚Pleite' *f* (*Misserfolg*).

ˈclink·er-built *adj.* ⚓ in Klinkerbauweise.

cli·nom·e·ter [klaɪˈnɒmɪtə] *s.* Neigungs-, Winkelmesser *m*.

Cli·o [ˈklaɪəʊ] *s. Am. alljährlicher Preis für die beste Leistung im Werbefernsehen.*

clip¹ [klɪp] **I** *v/t.* **1.** abschneiden; *a. fig.* beschneiden; *Schwanz, Flügel, Hecke* stutzen: ***~ s.o.'s wings*** *fig.* j-m die Flügel beschneiden; **2.** *Haare* (*mit der Maschine*) schneiden; *Tiere* scheren; **3.** *aus der Zeitung* ausschneiden; *Fahrschein* lochen; **4.** *Silben od. Buchstaben* verschlucken: ***~ped speech*** a) undeutliche (Aus)Sprache, b) knappe *od.* schneidige Sprechweise; **5.** *j-m* e-n Schlag ‚verpassen'; **6.** F a) *j-n* ‚erleichtern' (***for*** um), b) *j-n* ‚neppen'; **II** *s.* **7.** Haarschnitt *m*; **8.** Schur *f*; **9.** Wollertrag *m e-r Schur*; **10.** F Hieb *m*; **11.** F Tempo *n*: ***at a good ~*** in scharfem Tempo.

clip² [klɪp] **I** *s.* **1.** (Büˈro-, Heft)Klammer *f*, Klemme *f*, Spange *f*, Halter *m*; **2.** ⚔ (*Patronen*)Rahmen *m*, Ladestreifen *m*; **II** *v/t.* **3.** festhalten; befestigen, (an)klammern.

ˈclip|·board [-bɔːd] *s. Computer*: Zwischenablage *f*; **~ joint** *s. sl.* ˈNeppl oˌkal *n*.

clip·per [ˈklɪpə] *s.* **1.** ⚓ Klipper *m*, Schnellsegler *m*; **2.** ✈ Clipper *m*; **3.** Renner *m* (*schnelles Pferd*); **4.** *pl.* ˈHaarschneide-, ˈSchermaˌschine *f*, Schere *f*.

clip·pie [ˈklɪpɪ] *s.* F *Brit.* Busschaffnerin *f*.

clip·ping [ˈklɪpɪŋ] *s.* **1.** *Am.* (Zeitungs-)Ausschnitt *m*: ***~ bureau*** Zeitungsausschnittsdienst *m*; **2.** *mst pl.* Schnitzel *pl.*, Abfälle *pl.*

clique [kliːk] *s.* Clique *f*, Klüngel *m*; **ˈcli·quish** [-kɪʃ] *adj.* cliquenhaft.

clit [klɪt] *sl. für* **cli·to·ris** [ˈklɪtərɪs] *s. anat.* ˈKlitoris *f*, Kitzler *m*.

clo·a·ca [kləʊˈeɪkə] *pl.* **-s, -cae** [-kiː] *s.* Kloˈake *f* (*a. zo.*; *a. fig. Sündenpfuhl*).

cloak [kləʊk] **I** *s.* **1.** (loser) Mantel, ˈUmhang *m*; **2.** *fig.* Deckmantel *m*: ***under the ~ of night*** im Schutz der Nacht; **II** *v/t.* **3.** (wie) mit e-m Mantel bedecken; **4.** *fig.* bemänteln, verhüllen; **ˌ~-and-ˈdag·ger** *adj.* **1.** ‚Mantel-und-Degen-...': ***~ drama***; **2.** Spionage...: ***~ story***; **ˈ~·room** *s.* **1.** Gardeˈrobe *f*; **2.** *Brit.* F Toiˈlette *f*.

clob·ber [ˈklɒbə] *v/t. sl.* **1.** verprügeln, *fig.* ‚fertig machen'; **2.** *sport* ‚überˈfahren', ‚vernaschen'.

cloche [kləʊʃ] *s.* **1.** Glasglocke *f* (*für Pflanzen*); **2.** Glocke *f* (*Damenhut*).

clock¹ [klɒk] **I** *s.* **1.** (*Wand-, Turm-, Stand*)Uhr *f*: ***five o'clock*** fünf Uhr; (***a***)***round the ~*** rund um die Uhr, den ganzen Tag (*arbeiten etc.*); ***put the ~ back*** *fig.* das Rad zurückdrehen; **2.** F a) Konˈtroll-, Stoppuhr *f*, b) Fahrpreisanzeiger *m* (*Taxi*); **3.** *Computer*: Taktgeber *m*; **4.** F ⚘ Pusteblume *f*; **II** *v/t.* **5.** *bsd. sport* a) (*mit der Uhr*) (ab)stoppen, b) *Zeit* nehmen, c) *Zeit* erreichen; **6.** *a.* ***~ up*** F *Zeit, Zahlen etc.* registrieren; **7.** *a.* ***~ back*** *Brit. mot.* den Kilometerstand *von et.* verändern, F *den Tacho* ‚frisieren' *od.* zurückstellen: ***~ed vehicle*** Fahrzeug *n* mit ‚frisiertem' Tacho; **III** *v/i.* **8.** ***~ in*** *od.* ***on*** (***off*** *od.* ***out***) einstempeln (ausstempeln) (*Arbeitnehmer*); **9.** ***~ back*** *Brit. mot.* den Kilometerstand verändern, den Tacho ‚frisieren' *od.* zurückstellen.

clock² [klɒk] *s.* (Strumpf)Verzierung *f*.

clock·er [ˈklɒkə] *s. Brit. mot.* F *j-d, der den Tacho zurückgestellt hat.*

clock face *s.* Zifferblatt *n*.

ˈclock·ing *s. Brit. mot.* F betrügerisches Zurückstellen des Tachos.

clock| ra·di·o *s.* ˈRadiowecker *m*; **ˈ~-ˌwatch·er** *s.* F Angestellte(r), der *od.* die immer nach der Uhr sieht; **ˈ~·wise** *adj. u. adv.* im Uhrzeigersinn; rechtsläufig, Rechts...: ***~ rotation***; **ˈ~·work** *s.* Uhrwerk *n*: ***like ~*** a) wie am Schnürchen, b) (pünktlich) wie die Uhr; ***~ toy*** mechanisches Spielzeug; ***~ fuse*** ⚔ Uhrwerkzünder *m*.

clod [klɒd] *s.* **1.** Erdklumpen *m*, Scholle *f*; **2.** *fig.* ‚Heini' *m*, Trottel *m*; **ˈ~ˌhop·per** *s.* Bauerntölpel *m*; **ˈ~ˌhop·ping** *adj.* F ungehobelt.

clog [klɒg] **I** *s.* **1.** Holzklotz *m*; **2.** Panˈtine *f*, Holzschuh *m*; **3.** *fig.* Hemmnis *n*, Hindernis *n*; **II** *v/t.* **4.** (be)hindern, hemmen; **5.** verstopfen; **6.** *fig.* belasten, voll pfropfen; **III** *v/i.* **7.** sich verstopfen; stocken; **8.** klumpig werden, sich zs.-ballen; **~ dance** *s.* Holzschuhtanz *m*.

clois·ter [ˈklɔɪstə] **I** *s.* **1.** Kloster *n*; **2.** ⚠ a) Kreuzgang *m*, b) *oft pl.* gedeckter (Säulen)Gang *um e-n Hof*; **II** *v/t.* **3.** in ein Kloster stecken; **4.** *fig.* (*a.* ***o.s.*** sich) von der Welt abschließen; **ˈclois·tered** [-əd] *adj.* zuˈrückgezogen, abgeschieden; **ˈclois·tral** [-trəl] *adj.* klösterlich.

clone [kləʊn] **I** *s.* **1.** *biol.* Klon *m*; **2.** *fig.* baugleiches Modell; **II 3.** *v/t.* klonen (*a. fig.*).

close¹ [kləʊs] **I** *adj.* □ → ***closely***; **1.** geschlossen (*a. ling.*): ***~ formation*** (*od.* ***order***) ⚔ (Marsch)Ordnung *f*; ***~ company*** *Brit.*, ***~ corporation*** ✝ *Am.* GmbH *f*; **2.** zuˈrückgezogen, abgeschlossen; **3.** verschlossen, verschwiegen, zuˈrückhaltend; **4.** verborgen, geheim; **5.** geizig; sparsam; **6.** knapp (*Geld*; *Sieg*): ***~ election*** knapper Wahlsieg; ***~ price*** ✝ scharf kalkulierter Preis; **7.** eng, beschränkt (*Raum*); **8.** nahe, dicht; *fig.* eng, vertraut: ***~ friend***; ***~ combat*** ⚔ Nahkampf *m*; ***~ proximity*** nächste Nähe; ***~ fight*** zähes Ringen, Handgemenge *n*; ***~ finish*** scharfer Endkampf; ***~ shave*** (*od.* ***call***) F knappes Entrinnen; ***that was ~!*** F das war knapp!; ***~ shot*** *phot.* Nahaufnahme *f*; → ***quarter*** 10; **9.** dicht, eng; fest; eng anliegend (*Kleid*): ***~ texture*** dichtes Gewebe; ***~ writing*** gedrängte Schrift; **10.** genau, gründlich, streng, eingehend (*Prüfung, Verhör etc.*); scharf (*Aufmerksamkeit, Bewachung*); streng (*Haft*); scharf (*Wettbewerb*); stark (*Ähnlichkeit*); (wort)getreu (*Übersetzung, Abschrift*); **11.** schwül, dumpf; **II** *adv.* **12.** nahe, eng, dicht, gedrängt: ***~ by*** nahe (da)bei; ***~ at hand*** nahe bevorstehend; ***~ to the ground*** dicht am Boden; ***~ on 40*** beinahe 40; ***come ~ to*** *fig.* dicht herankommen an (*acc.*); ***cut ~*** sehr kurz schneiden; ***keep ~*** in der Nähe bleiben; ***keep o.s. ~*** sich zurückhalten; ***press s.o. ~*** j-n (be)drängen; ***run s.o. ~*** j-m fast gleichkommen; **III** *s.* **13.** Einfriedigung *f*, (eingefriedetes) Grundstück; **14.** (Schul)Hof *m*; **15.** Sackgasse *f*; **16.** *Scot.* ˈHausˌdurchgang *m zum Hof*.

close² [kləʊz] **I** *s.* **1.** (Ab)Schluss *m*, Ende *n*: ***bring to a ~*** beendigen; ***draw to***

a ~ sich dem Ende nähern; **2.** a) Schlusswort *n*, b) Briefschluss *m*; **3.** ♪ Ka'denz *f*; **II** *v/t.* **4.** *Augen, Tür etc.* schließen, zumachen (→ **door** 2, **eye** 2); *Straße* sperren; *Loch* verstopfen; *Computer: Programm etc.* beenden, abbrechen: ~ **a shop** a) e-n Laden schließen, b) ein Geschäft aufgeben; ~ **an application** *Computer*: e-e Anwendung beenden (*od.* abbrechen); ~ **about s.o.** j-n umschließen *od.* umgeben; **5.** beenden, ab-, beschließen; zum Abschluss bringen, erledigen: ~ **the books** die Bücher abschließen; ~ **an account** ein Konto auflösen; **III** *v/i.* **6.** schließen, geschlossen werden; sich schließen; **7.** enden, aufhören; **8.** sich nähern, heranrücken; **9.** ~ **with** a) (handels)einig werden mit *j-m*, sich mit *j-m* einigen (**on** über *acc.*), b) handgemein mit *j-m* werden; ~ **down I** *v/t.* **1.** schließen; *Geschäft* aufgeben; *Betrieb* stilllegen; **II** *v/i.* **2.** schließen; stillgelegt werden; **3.** *Radio, TV*: Sendeschluss haben; **4.** ~ **on** scharf vorgehen gegen; ~ **in** *v/i.* (**upon**) her'einbrechen (über *acc.*), sich her'anarbeiten (an *acc.*); ~ **out** *v/t.* **1.** a) *Lager* räumen, b) → **wind up** 4; **2.** *fig. Am.* abwickeln, erledigen; ~ **up I** *v/t.* (ver)schließen, verstopfen, ausfüllen; **II** *v/i.* näher rücken, aufschließen; sich schließen *od.* füllen.

ˌ**close|-'bod·ied** [ˌkləʊs-] *adj.* eng anliegend (*Kleider*); ˌ**~-'cropped** *adj.* kurz geschoren.

closed| cir·cuit [kləʊzd] *s.* ⚡ geschlossener Stromkreis; '**~-ˌcir·cuit tel·e·vi·sion** *s.* Kurzschluss-, Betriebsfernsehen *n.*

'**close-down** ['kləʊz-] *s.* **1.** Schließung *f*, Stilllegung *f*; **2.** *Radio, TV*: Sendeschluss *m.*

closed shop *s.* gewerkschaftspflichtiger Betrieb.

ˌ**close|-'fist·ed** [ˌkləʊs-] *adj.* geizig, knauserig; ~ **fit** *s.* enge Passform; ⚙ Edelpassung *f*; ˌ**~-'fit·ting** *adj.* eng anliegend; ˌ**~-'grained** *adj.* feinkörnig (*Holz etc.*); ˌ**~-'hauled** *adj.* ⚓ hart am Winde; ˌ**~-'knit** *adj. fig.* eng verbunden; ˌ**~-'lipped** *adj.* verschlossen.

close·ly ['kləʊslɪ] *adv.* **1.** dicht, eng, fest; **2.** aus der Nähe; **3.** genau; **4.** scharf, streng; '**close·ness** [-snɪs] *s.* **1.** Nähe *f*; **2.** Enge *f*, Knappheit *f*; **3.** Dichte *f*, Festigkeit *f*; **4.** Genauigkeit *f*, Schärfe *f*, Strenge *f*; **5.** Verschlossenheit *f*; **6.** Schwüle *f*; **7.** Geiz *m.*

'**close|-out** ['kləʊz-] *s. a.* ~ **sale** Ausverkauf *m* wegen Geschäftsaufgabe; '**~-range** ['kləʊs-] *adj.* aus nächster Nähe, Nah...; ~ **sea·son** [kləʊs] *s. hunt.* Schonzeit *f.*

clos·et ['klɒzɪt] **I** *s.* **1.** kleine Kammer; Gelass *n*, Kabi'nett *n*; Geheimzimmer *n*: ~ **drama** Lesedrama *n*; **2.** *Am.* (Wand)Schrank *m*; **3.** ('Wasser)Kloˌsett *n*; **II** *adj.* **4.** pri'vat, geheim; **III** *v/t.* **5.** einschließen: **be ~ed together with s.o.** e-e vertrauliche Besprechung mit j-m haben.

close| time [kləʊs] *s. hunt.* Schonzeit *f*; ˌ**~-'tongued** *adj.* verschlossen; '**~-up** *s.* **1.** *Film*: Nah-, Großaufnahme *f*; **2.** *fig.* genaue Betrachtung, scharfes Bild.

clos·ing| date ['kləʊzɪŋ] *s.* letzter Ter'min; ˌ**~-'down sale** *s.* Räumungsverkauf *m*; ~ **price** *s. Börse*: 'Schlussnoˌtierung *f*; ~ **speech** *s.* Schlussrede; ⚖ 'Schlussplädoˌyer *n*; ~ **time** *s.* **1.** Geschäftsschluss *m*; **2.** Poli'zeistunde *f.*

clo·sure ['kləʊʒə] **I** *s.* **1.** Verschluss *m* (*a. Vorrichtung*); **2.** Schließung *f e-s Betriebs*, Stilllegung *f*; **3.** *parl.* Schluss *m* der De'batte: **apply** (*od.* **move**) **the ~** Antrag auf Schluss der Debatte stellen; **II** *v/t.* **4.** *Debatte etc.* schließen.

clot [klɒt] **I** *s.* **1.** Klumpen *m*, Klümpchen *n*: ~ **of blood** Blutgerinnsel *n*; **2.** F ‚Blödmann' *m*; **II** *v/i.* **3.** gerinnen, Klumpen bilden: **~ted hair** verklebtes Haar.

cloth [klɒθ] *pl.* **cloths** [-θs] *s.* **1.** Tuch *n*, Stoff *m*; *engS.* Wollstoff *m*: ~ **of gold** Goldbrokat *m*; → **coat** 1, **whole** 3; **2.** Tuch *n*, Lappen *m*: **lay the ~** den Tisch decken; **3.** geistliche Amtstracht: **the ~** die Geistlichkeit; **4.** ⚓ a) Segeltuch *n*, b) Segel *pl.*; **5.** (Buchbinder)Leinwand *f*: ~ **binding** Leinenband *m*; **~-bound** in Leinen gebunden; **~-cap** *adj.* F Arbeiterklassen . . ., Proleten . . .

clothe [kləʊð] *v/t.* **1.** (an- be)kleiden; **2.** einkleiden, mit Kleidung versehen; **3.** *fig. in Worte* kleiden; **4.** *fig.* einhüllen; um'hüllen.

clothes [kləʊðz] *s. pl.* **1.** Kleider *pl.*, Kleidung *f*; **2.** (Leib-, Bett)Wäsche *f*; ~ **hang·er** *s.* Kleiderbügel *m*; '**~·horse** *s.* Wäscheständer *m*; ~ **line** *s.* Wäscheleine *f*; ~ **peg**, '**~·pin** *s.* Wäscheklammer *f*; '**~·press** *s.* Wäsche-, Kleiderschrank *m*; ~ **tree** *s.* Kleiderständer *m.*

cloth hall *s. hist.* Tuchbörse *f.*

cloth·ier ['kləʊðɪə] *s.* Tuch-, Kleiderhändler *m*; '**cloth·ing** [-ðɪŋ] *s.* Kleidung *f*: **article of ~** Kleidungsstück *n*; ~ **industry** Bekleidungsindustrie *f.*

clo·ture ['kləʊtʃə] *Am.* → **closure** 3.

cloud [klaʊd] **I** *s.* **1.** Wolke *f* (*a. fig.*); Wolken *pl.*: ~ **of dust** Staubwolke; **have one's head in the ~s** *fig.* a) in höheren Regionen schweben, b) geistesabwesend sein; **be on ~ nine** F im siebten Himmel schweben; → **silver lining**; **2.** *fig.* Schwarm *m*, Haufen *m*: **a ~ of flies**; **3.** dunkler Fleck, Fehlstelle *f*; **4.** *fig.* Schatten *m*: ~ **of title** ⚖ (geltend gemachter) Fehler im Besitz; **cast a ~ on s.th.** e-n Schatten auf et. werfen; **under the ~ of night** im Schatten der Nacht; **under a ~** a) unter Verdacht, b) in Ungnade, c) in Verruf; **II** *v/t.* **5.** be-, um'wölken; **6.** *fig.* verdunkeln, trüben: ~ **the issue** die Sache vernebeln; **7.** ädern, flecken; **8.** ⚙ *Stoff* moirieren; **III** *v/i.* **9.** *a.* ~ **over** sich bewölken *od.* um'wölken, sich trüben (*a. fig.*); '**~·burst** *s.* Wolkenbruch *m*; ˌ**~-'cuck·oo-land** *s.* Wolken'kuckucksheim *n.*

cloud·ed ['klaʊdɪd] *adj.* **1.** be-, um'wölkt; *fig.* nebelhaft; **2.** trübe, wolkig (*Flüssigkeit etc.*); beschlagen (*Glas*); **3.** gefleckt, geädert; '**cloud·ing** [-dɪŋ] *s.* **1.** Wolkigkeit *f*, Trübung *f* (*a. fig.*); **2.** Wolken-, Moirémuster *n*; '**cloud·less** [-lɪs] *adj.* □ **1.** wolkenlos; **2.** *fig.* ungetrübt; '**cloud·y** [-dɪ] *adj.* □ **1.** wolkig, bewölkt; **2.** geädert; moiriert (*Stoff*); **3.** trübe (*Flüssigkeit*); unklar, verschwommen; **4.** düster.

clout [klaʊt] F **I** *s.* **1.** Schlag *m*; **2.** *fig.* a) Macht *f*, Einfluss *m*, b) Wucht *f*; **II** *v/t.* **3.** hauen, schlagen; ~ **nail** *s.* (Schuh)Nagel *m.*

clove[1] [kləʊv] *s.* ⚘ Gewürznelke *f.*

clove[2] [kləʊv] *s.* ⚘ Brut-, Nebenzwiebel *f*: ~ **of garlic** Knoblauchzehe *f.*

clove[3] [kləʊv] *pret. von* **cleave**[2].

clove[4] [kləʊv] *s. Am.* Bergschlucht *f.*

clo·ven ['kləʊvn] **I** *p.p. von* **cleave**[2]; **II** *adj.* gespalten; ~ **foot** → ~ **hoof** *s.* **1.** Huf *m* der Paarhufer; **2.** *fig.* ‚Pferdefuß' *m*: **show the ~** *fig.* den Pferdefuß *od.* sein wahres Gesicht zeigen; ˌ**~-'hoofed** *adj.* **1.** *zo.* paarzehig, -hufig; **2.** teuflisch.

clove pink *s.* ⚘ Gartennelke *f.*

clo·ver ['kləʊvə] *s.* ⚘ Klee *m*: **be** (*od.* **live**) **in ~** ‚in der Wolle' sitzen, üppig leben; '**~·leaf** *s.* Kleeblatt *n*: ~ (**intersection**) Kleeblatt (*Autobahnkreuzung*).

clown [klaʊn] **I** *s.* **1.** Clown *m*, Hans'wurst *m*, Kasper *m* (*alle a. fig.*); **2.** Bauernlümmel *m*, 'Grobian *m*; **II** *v/i.* **3.** *a.* ~ **around** he'rumkaspern; '**clown·er·y** [-nərɪ] *s.* **1.** Clowne'rie *f*; **2.** Posse *f*; '**clown·ish** [-nɪʃ] *adj.* □ **1.** bäurisch, tölpelhaft; **2.** närrisch.

cloy [klɔɪ] *v/t.* **1.** über'sättigen; **2.** anwidern; **cloy·ing** ['klɔɪɪŋ] *adj.* widerlich.

club [klʌb] **I** *s.* **1.** Keule *f*, Knüppel *m*; **2.** *sport* a) Schlagholz *n*, Schläger *m*, b) *a.* **Indian ~** (Schwing)Keule *f*; **3.** Klub *m*: a) Verein *m*, Gesellschaft *f*, b) Klub-, Vereinshaus *n*, c) *fig., a. pol.* Klub *m*; **4.** *Spielkarten*: Treff *n*, Kreuz *n*, Eichel *f*; **II** *v/t.* **5.** mit e-r Keule *od.* mit dem Gewehrkolben schlagen; **6.** *Geld* zs.-legen, -schießen; sich teilen in (*acc.*); **III** *v/i.* **7.** *mst* ~ **together** (Geld) zs.-legen, sich zs.-tun; **club·(b)a·ble** ['klʌbəbl] *adj.* **1.** klub-, gesellschaftsfähig; **2.** → '**club·by** [-bɪ] *adj.* gesellig.

club| car *s.* 🚃 *Am.* Sa'lonwagen *m*; ˌ**~-'foot** *s.* ⚕ Klumpfuß *m*; ˌ**~-'foot·ed** *adj.* klumpfüßig; '**~·house** → **club** 3b; '**~·land** *s.* Klubviertel *n* (*bsd. in London*); '**~·man** [-mən] *s.* [*irr.*] **1.** Klubmitglied *n*; **2.** Klubmensch *m*; ~ **sandwich** *s. Am.* 'Sandwich *n* (*aus drei Lagen bestehend*); ~ **steak** *s.* Klubsteak *n.*

cluck [klʌk] **I** *v/i.* **1.** glucken, locken: **~ing hen** Glucke *f*; **II 2.** Glucken *n*; **3.** *Am. sl.* ‚Blödmann' *m.*

clue [kluː] **I 1.** Anhaltspunkt *m*, Fingerzeig *m*, Spur *f*: **I haven't a ~!** keine Ahnung!; **2.** *fig.* a) Faden *m*, b) Schlüssel *m* (*e-s Rätsels etc.*); **3.** → **clew** 1, 3; **II** *v/t.* **4.** ~ **s.o.** (**in** *od.* **up**) *sl.* j-n ins Bild setzen *od.* informieren.

clump [klʌmp] **I** *s.* **1.** Klumpen *m* (*Erde*), (*Holz*)Klotz *m*; **2.** (Baum)Gruppe *f*; **3.** Doppelsohle *f*; **4.** schwerer Tritt; **II** *v/i.* **5.** trampeln; **III** *v/t.* **6.** zs.-ballen; **7.** doppelt besohlen; **8.** F *j-m* e-n Schlag ‚verpassen'.

clum·si·ness ['klʌmzɪnɪs] *s.* Plumpheit *f*: a) Ungeschicklichkeit *f*, b) Unbeholfenheit *f*, Schwerfälligkeit *f*, c) Taktlosigkeit *f*, d) Unförmigkeit *f*; **clum·sy** ['klʌmzɪ] *adj.* □ plump: a) ungeschickt, unbeholfen, schwerfällig (*a. Stil*), b) taktlos, c) unförmig.

clung [klʌŋ] *pret. u. p.p. von* **cling**.

clus·ter ['klʌstə] **I** *s.* **1.** ⚘ Büschel *n*, Traube *f*; **2.** Haufen *m* (*a. ast.*), Menge *f*, Schwarm *m*, Gruppe *f*; *a.* ⚙ Bündel *n*, traubenförmige Anordnung; **3.** ⚔ *Am.* (Ordens)Spange *f*; **II** *v/i.* **4.** in Büscheln *od.* Trauben wachsen; **5.** sich sammeln *od.* häufen *od.* drängen *od.* ranken (**round** um); in Gruppen stehen.

clutch[1] [klʌtʃ] **I** *v/t.* **1.** fest (er)greifen, packen; drücken; **2.** ⚙ kuppeln; **II** *v/i.* **3.** (gierig) greifen (**at** nach); **III** *s.* **4.** fester Griff: **make a ~ at** (gierig) greifen nach; **5.** *pl.*, *mst. fig.* Klauen *pl.*; Gewalt *f*, Macht *f*, Bande *pl.*: **in** (**out of**) **s.o.'s ~es** in (aus) j-s Klauen *od.*

Gewalt; **6.** ⚙ (Schalt-, Ausrück)Kupplung *f*; Kupplungshebel *m*: ***let in the ~*** einkuppeln; ***disengage the ~*** auskuppeln; **7.** ⚙ Greifer *m*.

clutch² [klʌtʃ] *s.* **1.** Gelege *n*; Brut *f*; **2.** *fig.* F Schwarm *m von Leuten*.

clutch| disk *s.* Kupplungsscheibe *f*; **~ le·ver** *s.*, **~ ped·al** *s.* 'Kupplungspeˌdal *n*, -hebel *m*.

clut·ter ['klʌtə] **I** *v/t.* **1.** *a.* ***~ up*** in Unordnung bringen; **2.** voll stopfen, anfüllen, über'häufen; um'herstreuen; **II** *s.* **3.** Wirrwarr *m*.

clys·ter ['klɪstə] *s.* ⚕ *obs.* Kli'stier *n*.

coach [kəʊtʃ] **I** *s.* **1.** Kutsche *f*: ***~ and four*** Vierspänner *m*; **2.** 🚂 *Brit.* (*Personen*)Wagen *m*; **3.** *mot.* a) (Fern-, Reise)Omnibus *m*, b) *Am.* Limou'sine *f*, c) → ***coachwork***; **4.** Nachhilfe-, Pri'vatlehrer *m*, Einpauker *m*; **5.** *sport* 'Trainer *m*, Betreuer *m*; **II** *v/t.* **6.** 'Nachhilfeˌunterricht *od.* Anweisungen geben (*dat.*), instruieren, einarbeiten: ***~ s.o. in s.th.*** j-m et. einpauken; **7.** *sport* trainieren; **III** *v/i.* **8.** in e-r Kutsche reisen; **9.** Nachhilfeunterricht erteilen; **~ box** *s.* Kutschbock *m*; **'~ˌbuild·er** *s.* **1.** Stellmacher *m*; **2.** *mot. Brit.* Karosse'riebauer *m*; **~ horse** *s.* Kutschpferd *n*; **~ house** *s.* Wagenschuppen *m*.

coach·ing ['kəʊtʃɪŋ] *s.* **1.** Reisen *n* in e-r Kutsche; **2.** 'Nachhilfeˌunterricht *m*; **3.** Unter'weisung *f*, Anleitung *f*.

'coach·work *s. mot.* Karosse'rie *f*.

co·ac·tion [kəʊ'ækʃn] *s.* **1.** Zs.-wirken *n*; **2.** Zwang *m*.

co·ag·u·late [kəʊ'ægjʊleɪt] **I** *v/i.* **1.** gerinnen; **2.** flockig *od.* klumpig werden; **II** *v/t.* **3.** gerinnen lassen; **co·ag·u·la·tion** [kəʊˌægjʊ'leɪʃn] *s.* Gerinnen *n*; Flockenbildung *f*.

coal [kəʊl] **I** *s.* **1.** Kohle *f*; *engS.* Steinkohle *f*; *a* (ein) Stück Kohle; **2.** *pl. Brit.* Kohle *f*, Kohlen *pl.*, Kohlenvorrat *m*: ***lay in ~s*** sich mit Kohlen eindecken; ***carry ~s to Newcastle*** *fig.* Eulen nach Athen tragen; ***call*** (*od.* ***haul***) ***s.o. over the ~s*** j-n ‚fertig machen'; ***heap ~s of fire on s.o.'s head*** *fig.* feurige Kohlen auf j-s Haupt sammeln; **3.** glimmendes Stück Kohle *od.* Holz; **II** *v/t.* **4.** 🚂, ⚓ bekohlen, mit Kohle versorgen, **III** *v/i.* **5.** 🚂, ⚓ Kohle einnehmen, bunkern; **'~·bed** *s. geol.* Kohlenflöz *n*; **'~·box** *s.* Kohlenkasten *m*; **~ car** *s.* 🚂 *Am.* Kohlenwagen *m*; **'~·dust** *s.* Kohlengrus *m*.

coal·er ['kəʊlə] *s.* Kohlenschiff *n*; 'Kohlenzug *m*, -wagˌgon *m*.

co·a·lesce [ˌkəʊə'les] *v/i.* **1.** verschmelzen, sich verbinden *od.* vereinigen; **2.** *fig.* zs.-passen; **ˌco·a'les·cence** [-sns] *s.* Verschmelzung *f*, Vereinigung *f*.

'coal|·field *s.* 'Kohlenreˌvier *n*; **~ gas** *s.* Leuchtgas *n*.

coal·ing sta·tion ['kəʊlɪŋ] *s.* ⚓ 'Bunker-, 'Kohlenstatiˌon *f*.

co·a·li·tion [ˌkəʊə'lɪʃn] *s.* Zs.-schluss *m*, Vereinigung *f*; *pol.* Koaliti'on *f*; **~ partner** *s. pol.* Koaliti'onspartner *m*.

coal| mine *s.* Kohlenbergwerk *n*, Kohlengrube *f*, -zeche *f*; **~ min·er** *s.* Grubenarbeiter *m*, Bergmann *m*; **~ min·ing** *s.* Kohlenbergbau *m*; **~ oil** *s. Am.* Petroleum *n*; **'~·pit** *s.* Kohlengrube *f*; **~ seam** *s. geol.* Kohlenflöz *n*; **~ tar** *s.* Steinkohlenteer *m*; **~ wharf** *s.* ⚓ Bunkerkai *m*.

coarse [kɔːs] *adj.* □ **1.** grob (*Ggs. fein*): ***~ texture*** grobes Gewebe; **2.** grobkörnig: ***~ bread*** Schrotbrot *n*; **3.** *fig.* grob, derb, ungehobelt; unanständig, anstößig; **4.** einfach, gemein: ***~ fare*** grobe *od.* einfache Kost; **'~-grained** *adj.* **1.** grobkörnig, -faserig; grob (*Gewebe*); **2.** → ***coarse*** 3.

coars·en ['kɔːsn] **I** *v/t.* grob machen, vergröbern (*a. fig.*); **II** *v/i.* grob werden (*bsd. fig.*); **'coarse·ness** [-nɪs] *s.* **1.** grobe Quali'tät; **2.** *fig.* Grob-, Derbheit *f*; Unanständigkeit *f*.

coast [kəʊst] **I** *s.* **1.** Küste *f*, Meeresufer *n*: ***the ~ is clear*** *fig.* die Luft ist rein, die Bahn ist frei; **2.** Küstenlandstrich *m*; **3.** *Am.* a) Rodelbahn *f*, b) (Rodel-)Abfahrt *f*; **II** *v/i.* **4.** ⚓ a) die Küste entlangfahren, b) Küstenschifffahrt treiben; **5.** *Am.* rodeln; **6.** *mit e-m Fahrzeug* (berg'ab) rollen; im Freilauf (*Fahrrad*) *od.* im Leerlauf (*Auto*) fahren: ***~ on*** *sl.* auf *e-n Trick etc.* ‚reisen'; **7.** *sl.* mühelos vor'ankommen; **'coast·al** [-tl] *adj.* Küsten...

coast·er ['kəʊstə] *s.* **1.** ⚓ Küstenfahrer *m* (*bsd. Schiff*); **2.** *Am.* Rodelschlitten *m*; **3.** *Am.* Achterbahn *f*; **4.** Ta'blett *n*, *bsd.* Serviertischchen *n*; **~ brake** *s. Am.* Rücktrittbremse *f*.

coast guard *s.* **1.** *Brit.* Küstenwache *f* (*a.* ✕); Küstenzollwache *f*; **2.** *Am.* ⚓ (staatlicher) Küstenwach- u. Rettungsdienst; **3.** Angehörige(r) *m* von 1 u. 2.

coast·ing ['kəʊstɪŋ] *s.* **1.** Küstenschifffahrt *f*; **2.** *Am.* Rodeln *n*; **3.** Berg'abfahren *n* (*im Freilauf od. bei abgestelltem Motor*); **~ trade** *s.* Küstenhandel *m*.

'coast|·line *s.* Küstenlinie *f*, -strich *m*; **'~·wise** *adj. u. adv.* längs der Küste; Küsten...

coat [kəʊt] **I** *s.* **1.** Jac'kett *n*, Jacke *f*: ***wear the king's ~*** *hist.* des Königs Rock tragen (*Soldat sein*); ***~ and skirt*** (Schneider)Kostüm *n*; ***~ of arms*** Wappen *n*; ***~ armo(u)r*** Familienwappen *n*; ***~ of mail*** Panzerhemd *n*; ***cut one's ~ according to one's cloth*** sich nach der Decke strecken; **2.** Mantel *m*: ***turn one's ~*** sein Mäntelchen nach dem Wind hängen; **3.** Fell *n*, Pelz *m* (*Tier*); **4.** Schicht *f*, Lage *f*; Decke *f*, Hülle *f*, (*a. Farb-, Metall- etc.*)'Überzug *m*, Belag *m*, Anstrich *m*; Bewurf *m*: ***a second ~ of paint*** ein zweiter Anstrich; **II** *v/t.* **5.** anstreichen, über'streichen, -'ziehen, beschichten: ***~ with silver*** plattieren; **6.** um'hüllen, -'kleiden, bedecken; auskleiden (***with*** mit); **'coat·ed** [-tɪd] *adj.* **1.** mit e-m (...) Rock *od.* Mantel *od.* Fell (versehen): ***black-~*** schwarz gekleidet; **2.** mit ... über'zogen *od.* gestrichen *od.* bedeckt: ***sugar-~*** mit Zuckerüberzug; **3.** ⚕ belegt (*Zunge*); **coat·ee** ['kəʊtiː] *s.* kurzer (Waffen)Rock.

coat hang·er *s.* Kleiderbügel *m*.

coat·ing ['kəʊtɪŋ] *s.* **1.** Mantelstoff *m*; **2.** ⚙ Anstrich *m*, 'Überzug *m*, Schicht *f*; Bewurf *m*; **3.** ⚙ Auskleidung *f*, Futter *n*.

coat| stand *s.* Garde'robenständer *m*; **'~·tail** *s.* Rockschoß *m*; **'~ˌtrail·ing** *adj.* provoka'tiv.

co·au·thor [kəʊ'ɔːθə] *s.* Mitverfasser *m*, -autor *m*.

coax [kəʊks] **I** *v/t.* **1.** schmeicheln (*dat.*); gut zureden (*dat.*), beschwatzen (***to do*** *od.* ***into doing*** zu tun): ***~ s.th. out of s.o.*** j-m et. abschwatzen; **2.** *et.* mit Gefühl *od.* ‚mit Geduld und Spucke' bringen (***into*** in *acc.*); **II** *v/i.* **3.** schmeicheln.

co·ax·al [ˌkəʊ'æksl], **ˌco'ax·i·al** [-sɪəl] ⚡, ⚙ koaxi'al, kon'zentrisch.

cob [kɒb] *s.* **1.** *a.* ***~ swan*** *orn.* männlicher Schwan; **2.** *zo.* kleineres Reitpferd; **3.** Klumpen *m*, Stück *n* (*z. B.* Kohle); **4.** Maiskolben *m*; **5.** *Brit.* Strohlehm *m* (*Baumaterial*); **6.** → ***cobloaf***; **7.** → ***cobnut***.

co·balt [kəʊ'bɔːlt] *s. min.*, ⚗ Kobalt *m*; **~ blue** *s.* Kobaltblau *n*; **~ bomb** *s.* **1.** ✕ Kobaltbombe *f*; **2.** ⚕ 'Kobaltkaˌnone *f*.

cob·ble¹ ['kɒbl] **I** *s.* **1.** runder Pflasterstein, Kopfstein *m*; **2.** *pl.* → ***cob coal***; **II** *v/t.* **3.** mit Kopfsteinen pflastern.

cob·ble² ['kɒbl] *v/t. Schuhe* flicken; *fig.* zs.-flicken, zs.-schustern; **'cob·bler** [-lə] *s.* **1.** (Flick)Schuster *m*: ***~'s wax*** Schusterpech *n*; **2.** *fig.* Stümper *m*; **3.** *Am.* Cobbler *m* (*ein Cocktail*).

'cob·ble·stone → ***cobble¹*** 1: ***~ pavement*** Kopfsteinpflaster *n*, -pflasterung *f*.

cob coal *s.* Nuss-, Stückkohle *f*.

Cob·den·ism ['kɒbdənɪzəm] *s.* ✝ 'Manchestertum *n*, Freihandelslehre *f*.

co·bel·lig·er·ent [ˌkəʊbɪ'lɪdʒərənt] *s.* mit Krieg führender Staat.

'cob|·loaf *s.* rundes Brot; **'~·nut** *s.* ⚘ Haselnuss *f*.

Co·bol ['kəʊbɒl] *s.* COBOL *n* (*Computersprache*).

co·bra ['kəʊbrə] *s. zo.* Brillenschlange *f*, 'Kobra *f*.

cob·web ['kɒbweb] *s.* **1.** Spinn(en)gewebe *n*; Spinnenfaden *m*; **2.** feines, zartes Gewebe; **3.** *fig.* Hirngespinst *n*: ***blow away the ~s*** sich e-n klaren Kopf schaffen; **4.** *fig.* Netz *n*, Schlinge *f*; **5.** *fig.* alter Staub; **'cob·webbed** [-bd], **'cobˌweb·by** [-bɪ] *adj.* voller Spinnweben.

co·ca ['kəʊkə] *s.* 'Koka(blätter *pl.*) *f*.

co·cain(e) [kəʊ'keɪn] *s.* ⚗ Koka'in *n*; **co'cain·ism** [-nɪzəm] *s.* **1.** Koka'invergiftung *f*; **2.** Koka'insucht *f*.

coc·cus ['kɒkəs] *pl.* **-ci** [-kaɪ] *s.* ⚕ 'Kokkus *m*, 'Kokke *f* (*a.* ⚘).

coch·i·neal ['kɒtʃɪniːl] *s.* Kosche'nille (-laus) *f*; Kosche'nille(rot *n*) *f*.

coch·le·a ['kɒklɪə] *s. anat.* Cochlea *f*, Schnecke *f* (*im Ohr*).

cock¹ [kɒk] **I** *s.* **1.** *orn.* Hahn *m*: ***old ~*** F alter Knabe; ***that ~ won't fight*** F a) so geht das nicht, b) das zieht nicht; **2.** Vogelmännchen *n*: ***~ sparrow*** Sperlingsmännchen; **3.** Wetterhahn *m*; **4.** ⚙ (*Absperr*)Hahn *m*; **5.** (*Gewehr- etc.*) Hahn *m*: ***full ~*** Hahn gespannt; ***half ~*** Hahn in Ruh; **6.** Anführer *m*: ***~ of the roost*** (*od.* ***walk***) *oft contp.* der Größte; ***~ of the school*** Anführer *m* unter den Schülern; **7.** Aufrichten *n*: ***~ of the eye*** (bedeutsames) Augenzwinkern; ***give one's hat a saucy ~*** s-n Hut keck aufs Ohr setzen; **8.** V ‚Schwanz' *m* (*Penis*); **9.** F Quatsch *m*; **II** *v/t.* **10.** *Gewehrhahn* spannen; **11.** aufrichten: ***~ one's ears*** die Ohren spitzen; ***~ one's eye at s.o.*** j-n viel sagend *od.* verächtlich ansehen; ***~ one's hat*** den Hut schief *od.* keck aufsetzen; → ***cocked hat***; **12.** ***~ up*** *sl.* ‚versauen'.

cock² [kɒk] *s.* kleiner Heuhaufen.

cock·ade [kɒ'keɪd] *s.* Ko'karde *f*.

cock·a·doo·dle·doo [ˌkɒkəduːdl'duː] *s.* a) Kikeri'ki *n* (*Hahnenschrei*), b) *humor.* Kikeri'ki *m* (*Hahn*).

Cock·aigne [kɒ'keɪn] *s.* Schla'raffenland *n*.

ˌcock-and-'bull sto·ry *s.* Ammenmärchen *n*, Lügengeschichte *f*.

cock·a·too [ˌkɒkə'tuː] *s.* 'Kakadu *m*.

cock·a·trice ['kɒkətraɪs] *s.* Basi'lisk *m.*
Cock·ayne → ***Cockaigne.***
'**cock|·boat** *s.* ⚓ Jolle *f.*; '**~,chaf·er** *s.* Maikäfer *m.*; '**~·crow** *s.* Hahnenschrei *m.*; *fig.* Tagesanbruch *m.*
cocked hat [kɒkt] *s.* Zwei-, Dreispitz *m* (*Hut*): ***knock into a ~*** a) zu Brei schlagen, b) (restlos) ‚fertig machen'.
cock·er[1] ['kɒkə] → ***cocker spaniel.***
cock·er[2] ['kɒkə] *v/t.* verhätscheln, verwöhnen: ***~ up*** aufpäppeln.
Cock·er[3] ['kɒkə] *npr.*: ***according to ~*** nach Adam Riese, genau.
cock·er·el ['kɒkərəl] *s.* Hähnchen *n.*
cock·er span·iel *s.* 'Cocker,spaniel *m.*
'**cock|·eyed** *adj. sl.* **1.** schielend; **2.** (krumm u.) schief; **3.** ‚doof'; **4.** ‚blau' (*betrunken*); '**~,fight·ing** *s.* Hahnenkampf *m*: ***that beats ~!*** F das ist 'ne Wucht!
cock·i·ness ['kɒkɪnɪs] *s.* F Großspurigkeit *f*, Anmaßung *f.*
cock·le[1] ['kɒkl] **I** *s.* **1.** *zo.* (essbare) Herzmuschel: ***that warms the ~s of my heart*** das tut mir gut; **2.** → ***cockleshell***; **II** *v/i.* **3.** sich bauschen *od.* kräuseln *od.* werfen; **III** *v/t.* **4.** kräuseln.
cock·le[2] ['kɒkl] → ***corncockle.***
'**cock·le|·boat** → ***cockboat***; '**~·shell** *s.* **1.** Muschelschale *f*; **2.** ‚Nussschale' *f*, kleines Boot.
cock·ney ['kɒknɪ] *s. oft* ♎ **1.** Cockney *m*, (waschechter) Londoner; **2.** 'Cockney (-dia,lekt *m*, -aussprache *f*) *n*; '**cock·ney·dom** [-dəm] *s.* **1.** Cockneybezirk *m*; **2.** *coll.* die Cockneys *pl.*; '**cockney·ism** [-ɪɪzəm] *s.* Cockneyausdruck *m.*
'**cock|·pit** *s.* **1.** Hahnenkampfplatz *m*; **2.** *fig.* Kampfplatz *m*; **3.** ⚓, ✈, *mot.* Cockpit *n*; '**~·roach** *s.* Kaker'lak *m*, (Küchen)Schabe *f.*
cocks·comb ['kɒkskəʊm] *s.* **1.** *zo.* Hahnenkamm *m*; **2.** ⚘ Hahnenkamm *m*; **3.** → ***coxcomb*** 1.
'**cock|·shy** Wurfziel *n*; *fig.* Zielscheibe *f*; '**~·spur** *s.* **1.** *zo.* Hahnensporn *m*; **2.** ⚘ Hahnen-, Weißdorn *m*; **,~'sure** *adj.* **1.** todsicher, 'vollkommen über'zeugt; **2.** über'trieben selbstsicher, anmaßend; '**~·tail** *s. allg.* Cocktail *m*: ***~ cabinet*** Hausbar *f*; ***~ dress*** Cocktailkleid *n*; ***~ tomato*** 'Cocktailto,mate *f.*
'**cock-up** *s. Brit. sl.* 'Durcheinander *n*: ***make a ~ of s.th.*** et. vermasseln.
cock·y ['kɒkɪ] *adj.* F großspurig, anmaßend.
co·co ['kəʊkəʊ] *pl.* **-cos I** *s. mst in Zssgn* ⚘ 'Kokospalme *f*; **II** *adj.* Kokos...; aus 'Kokosfasern.
co·coa ['kəʊkəʊ] *s.* **1.** Ka'kao(pulver *n*) *m*; **2.** Ka'kao *m* (*Getränk*); ***~ bean*** *s.* Ka'kaobohne *f.*
co·co·nut ['kəʊkənʌt] *s.* **1.** ⚘ 'Kokosnuss *f*: ***that accounts for the milk in the ~*** F daher der Name!; **2.** *sl.* ‚Kürbis' *m* (*Kopf*); ***~ but·ter*** *s.* 'Kokosbutter *f*; ***~ milk*** *s.* 'Kokosmilch *f*; ***~ palm***, ***~ tree*** *s.* 'Kokospalme *f.*
co·coon [kə'ku:n] **I** *s. zo.* Ko'kon *m*, Puppe *f der Seidenraupe*; *weitS.* Gespinst *n*; ⚔, ⚙ Schutzhülle *f*; **II** *v/t. u. v/i.* (sich) einspinnen *od.* (*fig.*) einhüllen; *Gerät etc.* ‚einmotten'.
co·cotte [kɒ'kɒt] *s.* Ko'kotte *f.*
cod[1] [kɒd] *s. ichth.* Kabeljau *m*, Dorsch *m*: ***dried ~*** Stockfisch *m*; ***cured ~*** Klippfisch *m.*
cod[2] [kɒd] *v/t. j-n* foppen.
co·da ['kəʊdə] *s.* ♪ 'Koda *f.*
cod·dle ['kɒdl] *v/t.* verhätscheln, verzärteln, verwöhnen: ***~ up*** aufpäppeln.

code [kəʊd] **I** *s.* **1.** *bsd.* ⚖ 'Kodex *m*, Gesetzbuch *n*; *weitS.* Regeln *pl.*: ***~ of hono(u)r*** Ehrenkodex; **2.** ⚓, ⚔ Signalbuch *n*; **3.** (Tele'grafen)Kode *m*, (-)Schlüssel *m*; **4.** a) Kode *m* (*a. Computer*), Schlüssel(schrift *f*) *m*, b) Chiffre *f*: ***~ name*** Deckname *m*; ***~ number*** Kode-, Kennzahl *f*; ***~ word*** Kodewort *n*; **II** *v/t.* **5.** kodieren, chiffrieren, verschlüsseln: ***~d message***; ***coding device*** → ***coder.***
co·de·ine ['kəʊdi:n] *s. pharm.* Kode'in *n.*
cod·er ['kəʊdə] *s.* Kodiergerät *n*, Kodierer *m*, Verschlüssler *m.*
co·de·ter·mi·na·tion ['kəʊdɪ,tɜ:mɪ'neɪʃn] *s.* ✝ (***parity ~*** pari'tätische) Mitbestimmung.
co·dex ['kəʊdeks] *pl.* '**co·di·ces** [-dɪsi:z] *s.* 'Kodex *m*, alte Handschrift (*Bibel, Klassiker*).
'**cod|·fish** → ***cod***[1]; '**~,fish·er** *s.* Kabeljaufischer *m.*
codg·er ['kɒdʒə] *s.* F alter Kauz.
co·di·ces *pl. von* ***codex.***
cod·i·cil ['kɒdɪsɪl] *s.* ⚖ Kodi'zill *n.*
cod·i·fi·ca·tion [,kəʊdɪfɪ'keɪʃn] *s.* Kodifizierung *f*; **cod·i·fy** ['kəʊdɪfaɪ] *v/t.* **1.** *bsd.* ⚖ kodifizieren; **2.** *Nachricht* verschlüsseln; '**cod·ing** *s.* Verschlüsselung *f*, Kodierung *f.*
cod·ling[1] ['kɒdlɪŋ] *s.* junger Dorsch.
cod·ling[2] ['kɒdlɪŋ] *s. ein* Kochapfel *m*; ***~ moth*** *s. zo.* Obstmade *f.*
cod liv·er oil [,kɒdlɪvər'ɔɪl] *s.* Lebertran *m.*
co·driv·er ['kəʊ,draɪvə] *s.* Beifahrer *m.*
co·ed [,kəʊ'ed] *s. ped.* Stu'dentin *f od.* Schülerin *f* e-r gemischten Schule; **co·ed·u·ca·tion** [,kəʊedju:'keɪʃn] *s. ped.* Koedukati'on *f*, Gemeinschaftserziehung *f.*
co·ef·fi·cient [,kəʊɪ'fɪʃnt] **I** *s.* **1.** ♈, *phys.* Koeffizi'ent *m*; **2.** mitwirkende Kraft, 'Faktor *m*; **II** *adj.* **3.** mitwirkend.
coe·li·ac ['si:lɪæk] *adj. anat.* Bauch...
co·erce [kəʊ'ɜ:s] *v/t.* **1.** nötigen, zwingen (***into*** zu); **2.** erzwingen; **co'er·ci·ble** [-sɪbl] *adj.* □ zu (er)zwingen(d); **co'er·cion** [-'ɜ:ʃn] *s.* **1.** Zwang *m*; Gewalt *f*; ⚖ Nötigung *f*; **2.** *pol.* Zwangsherrschaft *f*; **co'er·cive** [-sɪv] **I** *adj.* □ zwingend (*a. fig.*), Zwangs...; **II** *s.* Zwangsmittel *n.*
co·es·sen·tial [,kəʊɪ'senʃl] *adj.* wesensgleich.
co·e·val [kəʊ'i:vl] *adj.* □ **1.** gleichzeitig; **2.** gleichaltrig; **3.** von gleicher Dauer.
co·ex·ist [,kəʊɪg'zɪst] *v/i.* gleichzeitig *od.* nebenein'ander bestehen *od.* leben, koexistieren; **,co·ex'ist·ence** [-təns] *s.* Koexi'stenz *f*; **,co·ex'ist·ent** [-tənt] *adj.* gleichzeitig *od.* nebenein'ander bestehend, koexi'stent.
cof·fee ['kɒfɪ] *s.* **1.** 'Kaffee *m* (*Getränk, Bohnen od. Baum*): ***black ~*** schwarzer Kaffee; ***white ~*** Milchkaffee; **2.** 'Kaffeebraun *n*; ***~ bar*** *s.* **1.** Ca'fé *n*; **2.** Imbissstube *f*; ***~ bean*** *s.* 'Kaffeebohne *f*; ***~ break*** *s.* 'Kaffeepause *f*; ***~ grounds*** *s. pl.* 'Kaffeesatz *m*; '**~·house** *s.* 'Kaffeehaus *n*; '**~,mak·er** *s. Am.* 'Kaffeema,schine *f*; ***~ mill*** *s.* 'Kaffeemühle *f*; '**~·pot** *s.* 'Kaffeekanne *f*; ***~ set*** *s.* 'Kaffeeser,vice *n*; ***~ shop*** *s. Am. für* ***coffee bar***; ***~ ta·ble*** *s.* Couchtisch *m*; ***~ book*** prächtiger Bildband; ***~ urn*** *s.* ('Groß)-,Kaffeema,schine *f.*
cof·fer ['kɒfə] **I** *s.* **1.** Kasten *m*, Kiste *f*, Truhe *f*, Kas'sette *f* (*für Wertsachen*); **2.** *pl.* a) Schatz *m*, Gelder *pl.*, b) Schatzkammer *f*, Tre'sor *m*; **3.** ⚠ Deckenfeld *n*, Kas'sette *f*; **4.** → ***cofferdam***; **II** *v/t.* **5.** verwahren; '**~·dam** *s.* ⚙ Kastendamm *m*, Senkkasten *m*, Cais'son *m.*
cof·fin ['kɒfɪn] **I** *s.* Sarg *m* (*a.* F *schlechtes Schiff*); **II** *v/t.* einsargen; ***~ bone*** *s. zo.* Hufbein *n* (*Pferd*); ***~ joint*** *s.* Hufgelenk *n* (*Pferd*).
cog[1] [kɒg] *s.* **1.** ⚙ (Rad)Zahn *m*; **2.** *fig.* ***he's just a ~ in the machine*** er ist nur ein Rädchen im Getriebe.
cog[2] [kɒg] **I** *v/t.* *Würfel* beschweren: ***~ the dice*** beim Würfeln mogeln; **II** *v/i.* betrügen.
co·gen·cy ['kəʊdʒənsɪ] *s.* Schlüssigkeit *f*, Triftigkeit *f*; '**co·gent** [-nt] *adj.* □ zwingend, triftig.
cogged [kɒgd] *adj.* ⚙ gezahnt, Zahn(rad)...: ***~ railway*** Zahnradbahn *f.*
cog·i·tate ['kɒdʒɪteɪt] **I** *v/i.* **1.** (nach-)denken, (nach)sinnen (***upon*** über *acc.*); **2.** *phls.* denken; **II** *v/t.* **3.** ersinnen; **cog·i·ta·tion** [,kɒdʒɪ'teɪʃn] *s.* **1.** (Nach)Denken *n*; **2.** Denkfähigkeit *f*; **3.** Gedanke *m.*
co·gnac ['kɒnjæk] *s.* 'Kognak *m.*
cog·nate ['kɒgneɪt] **I** *adj.* **1.** (*selten*) (bluts)verwandt; **2.** verwandt (*Wörter etc.*); **3.** *ling.* (sinn)verwandt: ***~ object*** Objekt *n* des Inhalts; **II** *s.* **4.** ⚖ Blutsverwandte(r *m*) *f*; **5.** verwandtes Wort.
cog·ni·tion [kɒg'nɪʃn] *s. bsd. phls.* Erkennen *n*, Wahrnehmung *f*; Kenntnis *f*; **cog·ni·tive** ['kɒgnɪtɪv] *adj.* kogni'tiv, erkenntnismäßig.
cog·ni·za·ble ['kɒgnɪzəbl] *adj.* □ **1.** erkennbar; **2.** ⚖ a) der Gerichtsbarkeit unter'worfen, b) gerichtlich verfolgbar, c) zu verhandeln(d); '**cog·ni·zance** [-zəns] *s.* **1.** Kenntnis *f*, Erkenntnis *f*; **2.** ⚖ a) Zuständigkeit *f*, b) (richterliche) Verhandlung, c) (richterliches) Erkenntnis, d) *Brit.* Anerkenntnis *n*: ***take ~ of*** sich zuständig mit *e-m Fall* befassen, *weitS.* zur Kenntnis nehmen; ***beyond my ~*** außerhalb m-r Befugnis; **3.** *her.* Ab-, Kennzeichen *n*; '**cog·ni·zant** [-zənt] *adj.* **1.** unter'richtet (***of*** über *acc. od.* von); **2.** *phls.* erkennend.
cog·no·men [kɒg'nəʊmen] *s.* **1.** Fa'milien-, Zuname *m*; **2.** Bei-, *bsd.* Spitzname *m.*
'**cog·wheel** *s.* ⚙ Zahnrad *n*; ***~ drive*** *s.* ⚙ Zahnradantrieb *m*; ***~ rail·way*** *s.* Zahnradbahn *f.*
co·hab·it [kəʊ'hæbɪt] *v/i.* (*bsd.* unverheiratet) zs.-leben; **co·hab·i·ta·tion** [,kəʊhæbɪ'teɪʃn] *s.* **1.** Zs.-leben *n*; **2.** Beischlaf *m*, Beiwohnung *f.*
co·heir [,kəʊ'eə] *s.* Miterbe *m*; **co·heir·ess** [,kəʊ'eərɪs] *s.* Miterbin *f.*
co·here [kəʊ'hɪə] *v/i.* **1.** zs.-hängen (*a. fig.*); **2.** *fig.* in Zs.-hang stehen; **3.** zs.-halten; **4.** zs.-passen, über'einstimmen (***with*** mit); **5.** *Radio*: fritten; **co'her·ence** [-ərəns], **co'her·en·cy** [-ərənsɪ] *s.* **1.** *phys.* Kohäsi'on *f*; **2.** *fig.* a) Zs.-hang *m*, b) Klarheit *f*, c) Über'einstimmung *f*; **3.** *Radio*: Frittung *f*; **co'her·ent** [-ərənt] *adj.* □ **1.** zs.-hängend (*a. fig.*), -haftend; *phys.* kohä'rent; **2.** einheitlich, verständlich, klar; **3.** über'einstimmend, zs.-passend; **co'her·er** [-ərə] *s. Radio*: Fritter(empfänger) *m.*
co·he·sion [kəʊ'hi:ʒn] *s.* **1.** Zs.-halt *m*, -hang *m* (*a. fig.*); **2.** Bindekraft *f*; **3.** *phys.* Kohäsi'on *f*; **co'he·sive** [-i:sɪv] *adj.* □ **1.** zs.-haltend *od.* -hängend, *fig. a.* bindend; **2.** Kohäsions...; **co'he·sive·ness** [-i:sɪvnɪs] *s.* **1.** *phys.* Kohä'si'ons-, Bindekraft *f*; **2.** Festigkeit *f.*

co·hort ['kəʊhɔːt] *s.* **1.** *antiq.* ✕ Ko'horte *f*; **2.** Schar *f*, Haufen *m*.

coif [kɔɪf] *s.* Kappe *f*, Haube *f*.

coif·feur [kwɑː'fɜː] (*Fr.*) *s.* Fri'seur *m*; **coif·fure** [kwɑː'fjʊə; kwafyːr] (*Fr.*) *s.* Fri'sur *f*.

coil¹ [kɔɪl] **I** *v/t.* **1.** *a.* **~ up** auf-, zs.-rollen, winden; **2.** ϟ wickeln; **II** *v/i.* **3.** *a.* **~ up** sich winden, sich zs.-rollen; **4.** sich schlängeln; **III** *s.* **5.** Rolle *f*, Spi'rale *f* (*a. Pessar*), Knäuel *m*, *n*; **6.** ϟ Wicklung *f*; Spule *f*; **7.** Windung *f*; **8.** ⚙ (Rohr)Schlange *f*; **9.** Locke *f*, Wickel *m* (*Haar*).

coil² [kɔɪl] *s. poet.* Tu'mult *m*, Wirrwarr *m*; Plage *f*: **mortal ~** Drang *m od.* Mühsal *f* des Irdischen.

coil| ig·ni·tion *s.* ϟ Abreißzündung *f*; **~ spring** *s.* ⚙ Spi'ralfeder *f*.

coin [kɔɪn] **I** *s.* **1.** a) Münze *f*, Geldstück *n*, b) Münzgeld *n*, c) Geld *n*: **the other side of the ~** *fig.* die Kehrseite (der Medaille); **pay s.o. back in his own ~** *fig.* es j-m mit gleicher Münze heimzahlen; **II** *v/t.* **2.** a) *Metall* münzen, b) *Münzen* prägen: **be ~ing money** F Geld wie Heu verdienen; **3.** *fig. Wort* prägen; **'coin·age** [-nɪdʒ] *s.* **1.** Prägen *n*; **2.** *coll.* Münzgeld *n*; **3.** 'Münzsyˌstem *n*; **4.** *fig.* Prägung *f* (*Wörter*); **'coin-box tel·e·phone** *s.* Münzfernsprecher *m*.

co·in·cide [ˌkəʊɪn'saɪd] *v/i.* (**with**) **1.** *örtlich od. zeitlich* zs.-treffen, -fallen (mit); **2.** über'einstimmen, sich decken (mit); genau entsprechen (*dat.*); **co·in·ci·dence** [kəʊ'ɪnsɪdəns] *s.* **1.** Zs.-treffen *n* (*Raum od. Zeit*); **2.** zufälliges Zs.-treffen: **mere ~** bloßer Zufall; **3.** Über'einstimmung *f*; **co·in·ci·dent** [kəʊ'ɪnsɪdənt] *adj.* □ (**with** mit); **1.** zs.-fallend, -treffend; **2.** über'einstimmend, sich deckend; **co·in·ci·den·tal** [kəʊˌɪnsɪ'dentl] *adj.* **1.** → **coincident** 2; **2.** zufällig; **3.** *bsd.* ⚙ gleichzeitig.

coin·er ['kɔɪnə] *s.* **1.** Münzer *m*; **2.** *bsd. Brit.* Falschmünzer *m*; **3.** *fig.* Präger *m*, (Wort)Schöpfer *m*.

coin|-op ['kɔɪnɒp] F **1.** 'Waschsaˌlon *m*; **2.** Münztankstelle *f*; **'~-ˌop·er·at·ed** *adj.* Münz...

coir ['kɔɪə], *a.* **~ fi·bre** *s.* 'Kokosfaser *f*; **~ mat** *s.* 'Kokosmatte *f*.

co·i·tal ['kəʊɪtl] *adj.* (den) Geschlechtsverkehr betreffend; **co·i·tion** [kəʊ'ɪʃn], **'co·i·tus** [-təs] *s.* 'Koitus *m*, Geschlechtsverkehr *m*.

coke¹ [kəʊk] **I** *s.* **1.** Koks *m*; **2.** *sl.* ‚Koks' *m*, Koka'in *n*; **II** *v/t.* **3.** verkoken.

coke² [kəʊk] *s.* F a) ≈ ‚Cola' *f*, *n*, (*Coca-Cola*), b) Limo'nade *f etc.*

co·ker ['kəʊkə] *s.* ☤ *Brit.* → **coco**; **'~·nut** *s. sl.* 'Kokosnuss *f*.

col [kɒl] *s.* Gebirgspass *m*, Joch *n*.

co·la ['kəʊlə] *s.* ⚘ 'Kolabaum *m*.

col·an·der ['kʌləndə] *s.* Sieb *n*, 'Durchschlag *m*.

co·la nut *s.* 'Kolanuss *f*.

col·chi·cum ['kɒltʃɪkəm] *s.* **1.** ⚘ Herbstzeitlose *f*; **2.** *pharm.* 'Colchicum *n*.

cold [kəʊld] **I** *adj.* □ **1.** kalt: **as ~ as ice** eiskalt; **~ meat** *od.* **cuts** kalte Platte, Aufschnitt *m*; **I feel** (*od.* **am**) **~** mir ist kalt, mich friert; **2.** kalt, kühl, ruhig, gelassen; trocken: **that leaves me ~** das lässt mich kalt; **~ reason** kalter Verstand; **the ~ facts** die nackten Tatsachen; **~ scent** kalte Fährte (*a. fig.*); → **comfort** 6, **print** 12; **3.** kalt (*Blick, Herz etc.*; *a. Frau*), kühl, frostig, unfreundlich, gefühllos: **a ~ reception** ein kühler Empfang; **give s.o. the ~ shoulder** → **cold-shoulder**; **have** (**get**) **~ feet** F kalte Füße (*Angst*) haben (kriegen); **as ~ as charity** hart wie Stein, lieblos; **4.** kalt (*noch nicht in Schwung*): **~ player**; **~ motor**; **5.** ‚kalt' (*im Suchspiel u. fig.*); **6.** *Am. sl.* a) bewusstlos, b) (tod)sicher; **II** *s.* **7.** Kälte *f*; Frost *m*: **leave s.o. out in the ~** *fig.* a) j-n übergehen *od.* ignorieren *od.* kaltstellen, b) j-n im Stich lassen; **8.** ⚕ Erkältung *f*: **common ~**, **~ in the head** Schnupfen *m*; **~ on the chest** Bronchialkatarr(h) *m*; **catch** (**a**) **~** sich erkälten.

cold| blood *s. fig.* kaltes Blut, Kaltblütigkeit *f*: **murder s.o. in ~** j-n kaltblütig *od.* kalten Blutes ermorden; **ˌ~-'blood·ed** *adj.* □ **1.** *zo.* kaltblütig; **2.** kälteempfindlich; **3.** *fig.* kaltblütig (begangen): **~ murder**; **~ boot** *s. Computer*: Kaltstart *m*; **~ box** *s.* Kühlbox *f*; **~ cream** *s.* Cold Cream *f*, *n*; **ˌ~-'drawn** *adj.* ⚙ kaltgezogen; kaltgepresst; **~ duck** *s.* kalte Ente (*Getränk*); **~ front** *s.* Kaltfront *f*; **ˌ~-'ham·mer** *v/t.* ⚙ kalthämmern, -schmieden; **ˌ~-'heart·ed** *adj.* □ kalt-, hartherzig.

cold·ish ['kəʊldɪʃ] *adj.* ziemlich kalt.

cold·ness ['kəʊldnɪs] *s.* Kälte *f* (*a. fig.*).

ˌcold|-'shoul·der *v/t. j-m* die kalte Schulter zeigen, *j-n* kühl behandeln *od.* abweisen; **~ steel** *s.* blanke Waffe (*Bajonett etc.*); **~ stor·age** *s.* Kühllagerung *f*; Kühlraum *m*: **put in ~** *fig.* ‚auf Eis legen' (*aufschieben*); **ˌ~-'stor·age** *adj.* Kühl(haus)...; **~ store** *s.* Kühlhalle *f*; Kühlanlage *f*; ≈ **War** *s. pol.* kalter Krieg; ≈ **War·ri·or** *s. pol.* kalter Krieger; **~ wave** *s.* **1.** Kältewelle *f*; **2.** Kaltwelle *f* (*Frisur*); **'~-ˌwork·ing** *s.* ⚙ Kaltverformung *f*.

cole [kəʊl] *s.* ⚘ **1.** (*Blätter*)Kohl *m*; **2.** Raps *m*.

co·le·op·ter·a [ˌkɒlɪ'ɒptərə] *s. pl. zo.* Käfer *pl.*

'cole|·seed *s.* ⚘ Rübsamen *m*; **'~·slaw** *s. Am.* 'Kohlsaˌlat *m*.

col·ic ['kɒlɪk] *s.* ⚕ 'Kolik *f*; **'col·ick·y** [-ɪkɪ] *adj.* ⚕ 'kolikartig.

col·i·se·um [ˌkɒlɪ'sɪəm] *s.* **1.** a) Sporthalle *f*, b) 'Stadion *n*; **2.** ≈ Kolos'seum *n* (*Rom*).

co·li·tis [kɒ'laɪtɪs] *s.* ⚕ Ko'litis *f*, 'Dickdarmkaˌtarr(h) *m*.

col·lab·o·rate [kə'læbəreɪt] *v/i.* **1.** zs.-, mitarbeiten; **2.** behilflich sein; **3.** *pol.* mit dem Feind zs.-arbeiten, kollaborieren; **col·lab·o·ra·tion** [kəˌlæbə'reɪʃn] *s.* **1.** Zs.-arbeit *f*: **in ~ with** gemeinsam mit; **2.** *pol.* Kollaborati'on *f*; **col·lab·o·ra·tion·ist** [kəˌlæbə'reɪʃnɪst] *s. pol.* Kollabora'teur *m*; **col'lab·o·ra·tor** [-tə] *s.* **1.** Mitarbeiter *m*; **2.** *pol.* Kollabora'teur *m*.

col·lage [kɒ'lɑːʒ] *s. Kunst*: Col'lage *f*.

col·lapse [kə'læps] **I** *v/i.* **1.** zs.-brechen, einfallen, einstürzen; **2.** *fig.* zs.-brechen, scheitern, versagen; **3.** (körperlich *od.* seelisch) zs.-brechen, ‚zs.-klappen'; **II** *s.* **4.** Zs.-fallen *n*, Einsturz *m*; **5.** Zs.-bruch *m*, Versagen *n*; Sturz *m*: **~ of a bank** Bankkrach *m*; **~ of prices** Preissturz *m*; **6.** ⚕ Kol'laps *m*, Zs.-bruch *m*; **col'laps·i·ble** [-səbl] *adj.* zs.-klappbar, Klapp..., Falt...: **~ boat** Faltboot *n*; **~ chair** Klappstuhl *m*; **~ hood**, **~ roof** Klappverdeck *n*.

col·lar ['kɒlə] **I** *s.* **1.** Kragen *m*: **double ~**, **turn-down ~** (Steh)Umlegekragen; **stand-up ~** Stehkragen; **wing ~** Eckenkragen; **get hot under the ~** F wütend werden; **2.** Halsband *n* (*Tier*); **3.** Kummet *n* (*Pferd etc.*): **against the ~** *fig.* angestrengt; **4.** Kolli'er *n*, Halskette *f*; Amts-, Ordenskette *f*; **5.** *zo.* Halsstreifen *m*; **6.** ⚙ Ring *m*, Bund *m*, Man'schette *f*, Muffe *f*; **II** *v/t.* **7.** *sport den Gegner* aufhalten; **8.** *j-n* beim Kragen packen; fassen, festnehmen; **9.** F *et.* ergattern, sich aneignen; **10.** *Fleisch etc.* rollen u. zs.-binden; **'~·bone** *s.* Schlüsselbein *n*; **~ stud** *s.* Kragenknopf *m*.

col·late [kɒ'leɪt] *v/t.* **1.** *Texte* vergleichen, kollationieren; zs.-stellen (u. vergleichen); **2.** *typ. Fahnen* kollationieren, auf richtige Anzahl prüfen.

col·lat·er·al [kɒ'lætərəl] **I** *adj.* □ **1.** seitlich, Seiten...; **2.** begleitend, paral'lel, zusätzlich, Neben...: **~ acceptance** ☤ Avalakzept *n*; **~ circumstances** Begleitumstände; **~ credit** Lombardkredit *m*; **3.** 'indirekt; **4.** in der Seitenlinie verwandt; **II** *s.* **5.** *a.* **~ security** zusätzliche Sicherheit, Nebenbürgschaft *f*; **6.** Seitenverwandte(r *m*) *f*.

col·la·tion [kɒ'leɪʃn] *s.* **1.** Vergleichung *f von Texten*, Über'prüfung *f*; **2.** leichte (Zwischen)Mahlzeit: **cold ~** kalter Imbiss.

col·league ['kɒliːg] *s.* Kol'lege *m*, Kol'legin *f*; Mitarbeiter(in).

col·lect¹ [kə'lekt] **I** *v/t.* **1.** *Briefmarken, Bilder etc.* sammeln: **~ed work(s)** gesammelte Werke; **2.** versammeln; **3.** einsammeln, auflesen; zs.-bringen, ansammeln; auffangen; **4.** *Sachen od. Personen* (ab)holen: **we ~ and deliver** ☤ wir holen ab und bringen zurück; **5.** *fig.* **~ one's thoughts** s-e Gedanken sammeln *od.* zs.-nehmen; **~ courage** Mut fassen; **6.** **~ o.s.** sich fassen; **7.** *Geld etc.* einziehen, (ein)kassieren; **8.** *Pferd* versammeln; **II** *v/i.* **9.** sich versammeln; sich ansammeln; **10.** **~ on delivery** ☤ *Am.* per Nachnahme; **III** *adj.* **11.** *Am.* Nachnahme...: **~ call** *teleph.* R-Gespräch *n*; **IV** *adv.* **12.** *Am.* gegen Nachnahme: **telegram sent ~** Nachnahmetelegramm *n*; **call ~** *Am.* ein R-Gespräch führen.

col·lect² ['kɒlekt] *s. eccl.* Kol'lekte *f*, *ein Kirchengebet n*.

col·lect·ed [kə'lektɪd] *adj.* □ *fig.* gefasst; → **calm** 5; **col'lect·ed·ness** [-nɪs] *s. fig.* Sammlung *f*, Gefasstheit *f*.

col·lect·ing| a·gent [kə'lektɪŋ] *s.* ☤ In'kassovertreter *m*; **~ bar** *s.* ϟ Sammelschiene *f*; **~ cen·tre** (*Am.* **cen·ter**) *s.* Sammelstelle *f*.

col·lec·tion [kə'lekʃn] *s.* **1.** Sammeln *n*; **2.** Sammlung *f*; **3.** Kol'lekte *f*, (Geld-)Sammlung *f*; **4.** *bsd.* ☤ Einziehung *f*, In'kasso *n*; (Steuer-, *a.* sta'tistische) Erhebung(en *pl.*) *f*: **forcible ~** Zwangsbeitreibung *f*; **5.** ☤ Kollekti'on *f*, Auswahl *f*; **6.** Abholung *f*, Leerung *f* (*Briefkasten*); **7.** Ansammlung *f*, Anhäufung *f*; **8.** *Brit.* Steuerbezirk *m*; **9.** *pl. Brit. univ.* Prüfung *f* am Ende des Tri'mesters.

col·lec·tive [kə'lektɪv] **I** *adj.* □ → **collectively**; **1.** gesammelt, vereint, zs.-gefasst; gesamt, kollek'tiv, Sammel..., Gemeinschafts...: **~ (wage) agreement** Kollektiv-, Tarifvertrag *m*; **~ guilt** *pol.* Kollektivschuld *f*; **~ interests** Gesamtinteressen; **~ name** Sammelbegriff *m*; **~ order** ☤ Sammelbestellung *f*; **~ ownership** gemeinsamer Besitz *m*; **~ security** kollektive Sicherheit; **~ sub-**

C

scription Sammelabonnement *n*; **II** *s.* **2.** *ling. a.* **~ noun** Kollek'tivum *n*, Sammelwort *n*; **3.** Gemeinschaft *f*, Gruppe *f*; **4.** *pol.* a) Kollek'tiv *n*, Produkti'onsgemeinschaft *f*, b) → ***collective farm***; **~ bar·gain·ing** *s.* Ta'rifverhandlungen *pl.* (*zwischen Arbeitgeber[n] u. Gewerkschaften*); **~ con·sign·ment** *s.* ✝ Sammelladung *f*; **~ farm** *s.* Kol'chose *f*.

col·lec·tive·ly [kə'lektɪvlɪ] *adv.* insgesamt, gemeinschaftlich, zu'sammen, kollek'tiv.

col·lec·tiv·ism [kə'lektɪvɪzəm] *s.* ✝, *pol.* Kollekti'vismus *m*; **col'lec·tiv·ist** [-ɪst] *s.* Anhänger *m* des Kollekti'vismus; **col·lec·tiv·i·ty** [ˌkɒlek'tɪvətɪ] *s.* **1.** *das* Ganze; **2.** Gesamtheit *f* des Volkes; **3.** → ***collectedness***; **col·lec·tiv·i·za·tion** [kəˌlektɪvaɪ'zeɪʃn] *s.* Kollektivierung *f*.

col·lec·tor [kə'lektə] *s.* **1.** Sammler *m*: **~'s item** Sammlerstück *n*; **~'s value** Liebhaberwert *m*; **2.** ✝ (Ein)Kassierer *m*, Einnehmer *m*: **~ of taxes** Steuereinnehmer; **3.** Einsammler *m*, Abnehmer *m* (*Fahrkarten*); **4.** ϟ Stromabnehmer *m*, 'Auffangelekˌtrode *f*; **5.** ϟ 'Sammelappaˌrat *m*.

col·leen ['kɒliːn] *s. Ir.* Mädchen *n*.

col·lege ['kɒlɪdʒ] *s.* **1.** College *n* (*Wohngemeinschaft von Dozenten u. Studenten innerhalb e-r Universität*): **~ of education** *Brit.* pädagogische Hochschule; **2.** höhere Lehranstalt, College *n*; Insti'tut *n*, Akade'mie *f* (*oft für besondere Studienzweige*): **Naval** ~ Marineakademie; **3.** (*anmaßender*) *Name mancher Schulen*; **4.** College (-gebäude) *n*; **5.** Kol'legium *n*; Vereinigung *f*: **~ of cardinals** Kardinalskollegium; **electoral ~** Wahlausschuss *m*; **~ pud·ding** *s.* kleiner 'Plumpudding.

col·leg·er ['kɒlɪdʒə] *s.* **1.** *Brit.* (im College wohnender) Stipendi'at (*in Eton*); **2.** *Am.* → **col·le·gi·an** [kə'liːdʒjən] *s.* Mitglied *n od.* Stu'dent *m* e-s College; höherer Schüler.

col·le·gi·ate [kə'liːdʒɪət] *adj.* □ **1.** College..., Universitäts..., aka'demisch: **~ dictionary** Schulwörterbuch *n*; **2.** Kollegial...; **~ church** *s.* **1.** *Brit.* Kollegi'at-, Stiftskirche *f*; **2.** *Am.* Vereinigung *f* mehrerer Kirchen (*unter gemeinsamem Pastorat*); **~ school** *s. Brit.* höhere Schule.

col·lide [kə'laɪd] *v/i.* (***with***) kollidieren (mit): a) zs.-stoßen (mit) (*a. fig.*), stoßen (gegen), b) *fig.* im 'Widerspruch stehen (zu).

col·lie ['kɒlɪ] *s. zo.* Collie *m*, Schottischer Schäferhund.

col·lier ['kɒlɪə] *s.* **1.** Kohlenarbeiter *m*, Bergmann *m*; **2.** ⚓ a) Kohlenschiff *n*, b) Ma'trose *m* auf e-m Kohlenschiff; **col·lier·y** ['kɒljərɪ] *s.* Kohlengrube *f*, (Kohlen)Zeche *f*.

col·li·mate ['kɒlɪmeɪt] *v/t. ast., phys.* **1.** *zwei Linien* zs.-fallen lassen; **2.** *Fernrohr* einstellen.

col·li·sion [kə'lɪʒn] *s.* **1.** Zs.-stoß *m*, Kollisi'on *f*: **be on (a) ~ course** auf Kollisionskurs sein (*a. fig.*); **2.** *fig.* 'Widerspruch *m*, Gegensatz *m*, Kon'flikt *m*.

col·lo·cate ['kɒləʊkeɪt] *v/t.* zs.-stellen, ordnen; **col·lo·ca·tion** [ˌkɒləʊ'keɪʃn] *s.* **1.** Zs.-stellung *f*; **2.** *ling.* Kollokati'on *f*.

col·loc·u·tor ['kɒləkjuːtə] *s.* Gesprächspartner(in).

col·lo·di·on [kə'ləʊdjən] *s.* ⚗ Kol'lodium *n*.

col·loid ['kɒlɔɪd] ⚗ **I** *s.* Kollo'id *n*; **II** *adj.* kolloi'dal, gallertartig.

col·lop ['kɒləp] *s. Scot.* Klops *m*.

col·lo·qui·al [kə'ləʊkwɪəl] *adj.* □ 'umgangssprachlich, famili'är: **~ English** Umgangsenglisch *n*; **~ expression** → **col'lo·qui·al·ism** [-lɪzəm] *s.* Ausdruck *m* der 'Umgangssprache.

col·lo·quy ['kɒləkwɪ] *s.* (förmliches) Gespräch; Konfe'renz *f*.

col·lo·type ['kɒləʊtaɪp] *s. phot.* **1.** Lichtdruckverfahren *n od.* -platte *f*; **2.** Farbenlichtdruck *m*.

col·lude [kə'luːd] *v/i. obs.* in geheimem Einverständnis stehen; unter 'einer Decke stecken; **col'lu·sion** [-uːʒn] *s.* ⚖ **1.** Kollusi'on *f*, geheimes *od.* betrügerisches Einverständnis; **2.** Verdunkelung *f des Sachverhalts*: **danger of ~** Verdunkelungsgefahr *f*; **3.** abgekartete Sache, Schwindel *m*; **col'lu·sive** [-uːsɪv] *adj.* □ geheim *od.* betrügerisch verabredet.

col·ly·wob·bles ['kɒlɪˌwɒblz] *s. pl.*: **have the ~** F ein flaues Gefühl in der Magengegend haben.

Co·lom·bi·an [kə'lɒmbɪən] **I** *adj.* ko'lumbisch; **II** *s.* Ko'lumbier(in).

co·lon[1] ['kəʊlən] *s.* Dickdarm *m*.

co·lon[2] ['kəʊlən] *s.* Doppelpunkt *m*.

colo·nel ['kɜːnl] *s.* ✕ Oberst *m*; **'colo·nel·cy** [-sɪ] *s.* Stelle *f od.* Rang *m* e-s Obersten.

co·lo·ni·al [kə'ləʊnjəl] **I** *adj.* □ **1.** koloni'al, Kolonial...: **♀ Office** *Brit.* Kolonialministerium *n*; **♀ Secretary** Kolonialminister *m*; **2.** *Am. hist.* die ersten 13 Staaten der heutigen USA *od.* die Zeit vor 1776 *od.* des 18. Jahrhunderts betreffend; **II** *s.* **3.** Bewohner(in) e-r Kolo'nie; **co'lo·ni·al·ism** [-lɪzəm] *s.* **1.** Kolonia'lismus *m*; **2.** koloni'aler (Wesens)Zug *od.* Ausdruck.

col·o·nist ['kɒlənɪst] *s.* Kolo'nist(in), (An)Siedler(in); **col·o·ni·za·tion** [ˌkɒlənaɪ'zeɪʃn] *s.* Kolonisati'on *f*, Besiedlung *f*; **'col·o·nize** [-naɪz] **I** *v/t.* **1.** kolonisieren, besiedeln; **2.** ansiedeln; **II** *v/i.* **3.** sich ansiedeln; **4.** e-e Kolo'nie bilden; **'col·o·niz·er** [-naɪzə] *s.* Koloni'sator *m*, An-, Besiedler *m*.

col·on·nade [ˌkɒlə'neɪd] *s.* **1.** Kolon'nade *f*, Säulengang *m*; **2.** Al'lee *f*.

col·o·ny ['kɒlənɪ] *s.* **1.** Kolo'nie *f* (*Siedlungsgebiet*): **the Colonies** *Am.* die ersten 13 Staaten der heutigen USA; **2.** Gruppe *f* von Ansiedlern: **the German ~ in Rome** die deutsche Kolonie in Rom; **a ~ of artists** e-e Künstlerkolonie; **3.** *biol.* (*Pflanzen-, Bakterien-, Zellen*)Kolo'nie *f*.

co·loph·o·ny [kə'lɒfənɪ] *s.* Kolo'phonium *n*, Geigenharz *n*.

col·or *etc. Am.* → ***colour*** *etc.*

Col·o·ra·do bee·tle [ˌkɒlə'rɑːdəʊ] *s. zo.* Kar'toffelkäfer *m*.

col·o·ra·tu·ra [ˌkɒlərə'tʊərə] *s.* ♪ **1.** Kolora'tur *f*; **2.** Kolora'tursängerin *f*; **~ so·pran·o** *s.* ♪ Kolora'turso,pran *m* (*Stimme u. Sängerin*).

col·or·if·ic [ˌkɒlə'rɪfɪk] *adj.* farbgebend; **ˌcol·or'im·e·ter** [-'rɪmɪtə] *s. phys.* Farbmesser *m*, Kolori'meter *n*.

co·los·sal [kə'lɒsl] *adj.* □ **1.** kolos'sal, riesig, Riesen..., ungeheuer (*alle a.* F *fig.*); riesenhaft; **2.** F kolos'sal, e'norm; **col·os·se·um** [ˌkɒlə'sɪəm] → ***coliseum***; **Co'los·sians** [-ɒʃənz] *s. pl. bibl.* (Brief *m* des Paulus an die) Ko'losser *pl.*; **co'los·sus** [-səs] *s.* **1.** Ko'loss *m*: a) Riese *m*, b) *et.* Riesengroßes; **2.** Riesenstandbild *n*.

col·our ['kʌlə] **I** *s.* **1.** Farbe *f*, Färbung *f*: **what ~ is ...?** welche Farbe hat ...?; **2.** *mst pl. Malerei*: Farbe *f*, Farbstoff *m*: **lay on the ~s too thickly** *fig.* zu dick auftragen; **paint in bright (dark) ~s** *fig.* in rosigen (düsteren) Farben schildern; **3.** (*a.* gesunde) Gesichtsfarbe: **she has little ~** sie ist blass; **change (lose) ~** die Farbe wechseln (verlieren); → ***off-colo(u)r***; **4.** Hautfarbe *f*: **~ problem** Rassenfrage *f*; **5.** Anschein *m*, Anstrich *m*, Vorwand *m*, Deckmantel *m*: **~ of law** ⚖ Amtsmissbrauch *m*; **~ of title** ⚖ unzureichender Eigentumsanspruch; **give ~ to** den Anstrich der Wahrscheinlichkeit geben (*dat.*); **under ~ of** unter dem Vorwand *od.* Anschein von; **6.** a) Färbung *f*, Ton *m*, b) Farbe *f*, Lebendigkeit *f*, Kolo'rit *n*: **lend** (*od.* **add**) **~ to** beleben, lebendig gestalten, *e-r Sache* Farbe verleihen; **in one's true ~s** in s-m wahren Licht; **local ~** Lokalkolorit; **7.** ♪ Klangfarbe *f*; **8.** *pl.* Farben *pl.*, Abzeichen *n* (*Klub, Schule, Partei, Jockei*): **show one's ~s** a) sein wahres Gesicht zeigen, b) Farbe bekennen; **to get one's ~s** sein Mitgliedsabzeichen bekommen; **9.** *pl.* bunte Kleider; **10.** *oft pl.* ✕ *od. fig.* Fahne *f*, Flagge *f*: **call to the ~s** einberufen; **join the ~s** Soldat werden; **with flying ~s** *fig.* mit fliegenden Fahnen; **come off with flying ~s** e-n glänzenden Sieg *od.* Erfolg erzielen; **nail one's ~s to the mast** nicht kapitulieren (wollen), standhaft bleiben; **sail under false ~s** unter falscher Flagge segeln; **stick to one's ~s** e-r Sache treu bleiben; → ***troop*** 6; **11.** *Kartenspiel*: rote u. schwarze Farbe; **II** *v/t.* **12.** färben, kolorieren; anstreichen; **13.** *fig.* färben, e-n Anstrich geben (*dat.*); **14.** a) schönfärben, b) entstellen; **III** *v/i.* **15.** sich (ver)färben; e-e Farbe annehmen; *a.* **~ up** erröten.

col·o(u)r·a·ble ['kʌlərəbl] *adj.* □ *fig.* **1.** vor-, angeblich; fingiert: **~ title** ⚖ unzureichender Eigentumsanspruch; **2.** glaubhaft, plau'sibel; **'col·o(u)r·ant** [-rənt] *s.* Farbstoff *m*.

col·o(u)r·a·tion [ˌkʌlə'reɪʃn] *s.* Färben *n*; Färbung *f*, Farbgebung *f*.

col·o(u)r| bar *s.* Rassenschranke *f*; **'~-blind** *adj.* farbenblind; **~ chart** *s.* Farbenskala *f*; **'~-code** *v/t.* mit Kennfarben versehen; **~ cop·y** *s.* 'Farbkoˌpie *f*.

col·o(u)red ['kʌləd] *adj.* **1.** farbig, bunt (*beide a. fig.*), koloriert; *in Zssgn* ...farbig: **~ pencil** Bunt-, Farbstift *m*; **~ plate** → ***colo(u)r plate***; **2.** farbig, *Am. bsd.* Neger...: **a ~ man** ein Farbiger; **3.** *fig.* gefärbt: a) beschönigt, b) tendenzi'ös entstellt; **4.** *fig.* angeblich, falsch; **'col·o(u)r·fast** *adj.* farbecht; **'col·o(u)r·ful** [-fʊl] *adj.* **1.** farbenfreudig; **2.** *fig.* farbig, bunt, lebhaft, abwechslungsreich; **'col·o(u)r·ing** [-ərɪŋ] **I** *s.* **1.** Farbe *f*, Farbton *m*; **2.** Farbgebung *f*; **3.** Gesichts- (u. Haar)farbe *f*; **4.** *fig.* Anstrich *m*, Färbung *f*; **II** *adj.* **5.** Farb...: **~ matter** Farbstoff *m*; **'col·o(u)r·ist** [-ərɪst] *s.* Farbenkünstler *m*, *engS.* Kolo'rist *m*; **'col·o(u)r·less** [-əlɪs] *adj.* □ farblos (*a. fig.*).

col·o(u)r| line *s.* Rassenschranke *f*; **~ pho·tog·ra·phy** *s.* 'Farbfotograˌfie *f*; **~ plate** *s.* Farben(kunst)druck *m*; **~ print** *s. ein* Farbendruck *m*; **~ prin·ter** *s.* Farbdrucker *m*; **~ print·ing** *s.* Bunt-, Farbendruck *m* (*Verfahren*); **~ scheme**

s. Farbgebung *f*, Farbenanordnung *f*; **~ screen** *s.* Farbbildschirm *m*; **~ ser·geant** *s.* ✕ (*etwa*) Oberfeldwebel *m*; **~ set** *s.* Farbfernseher *m*; **~ sup·ple·ment** *s.* Farbbeilage *f* (*Zeitung*); **~ tel·e·vi·sion** *s.* Farbfernsehen *n*; **'~-wash I** *s.* farbige Tünche; **II** *v/t.* farbig tünchen.

colt¹ [kəʊlt] **I** *s.* **1.** Füllen *n*, Fohlen *n*; **2.** *fig.* ‚Grünschnabel' *m*, *sport* F *a.* ‚Fohlen' *n*; **3.** ⚓ Tauende *n*; **II** *v/t.* **4.** mit dem Tauende prügeln.

colt² [kəʊlt] *s.* Colt *m* (*Revolver*).

col·ter ['kəʊltə] *Am.* → ***coulter***.

'colts·foot *s.* ⚘ Huflattich *m*.

col·um·bine ['kɒləmbaɪn] *s.* **1.** ⚘ Ake'lei *f*; **2.** *thea.* Kolom'bine *f*.

col·umn ['kɒləm] *s.* **1.** ⚠ Säule *f*, Pfeiler *m*; **2.** (*Rauch-*, *Wasser-*, *Luft- etc.*)Säule *f*; **3.** *typ.* (Zeitungs-, Buch)Spalte *f*, Ru'brik *f*: ***in double ~s*** zweispaltig; **4.** Spalte *f*, Ko'lumne *f* (*regelmäßig erscheinender Meinungsbeitrag*); **5.** ✕ Ko'lonne *f*; → ***fifth column***; **6.** Ko'lonne *f*, senkrechte Zahlenreihe; **co·lum·nar** [kə'lʌmnə] *adj.* säulenartig, -förmig; Säulen...; **'col·um·nist** [-mnɪst] *s. Zeitung*: Kolum'nist(in).

col·za ['kɒlzə] *s.* ⚘ Raps *m*: **~ oil** Rüb-, Rapsöl *n*.

co·ma¹ ['kəʊmə] *pl.* **-mae** [-miː] *s.* **1.** ⚘ Haarbüschel *n* (*an Samen*); **2.** *ast.* Nebelhülle *f e-s Kometen*.

co·ma² ['kəʊmə] *s.* ⚕ Koma *n*, tiefe Bewusstlosigkeit: ***be in*** (***fall into***) ***a ~*** im Koma liegen (ins Koma fallen); **'co·ma·tose** [-ətəʊs] *adj.* koma'tös, im Koma (befindlich).

comb [kəʊm] **I** *s.* **1.** Kamm *m*; **2.** ⚙ a) (Wollweber)Kamm *m*, b) (Flachs)Hechel *f*, c) Gewindeschneider *m*, d) ⚡ (Kamm)Stromabnehmer *m*; **3.** *zo.* Hahnenkamm *m*; **4.** Kamm *m* (*Berg*; *Woge*); **5.** → ***honeycomb*** 1; **II** *v/t.* **6.** *Haar* kämmen; **7.** ⚙ a) *Wolle* kämmen, krempeln, b) *Flachs* hecheln; **8.** *Pferd* striegeln; **9.** *fig.* 'durchkämmen, durch'kämmen, absuchen; **10.** *fig. a.* **~ out** a) sieben, sichten, b) aussondern, c) ✕ ausmustern.

com·bat ['kɒmbæt] **I** *v/t.* bekämpfen, kämpfen gegen; **II** *v/i.* kämpfen; **III** *s.* Kampf *m*; Streit *m*; ✕ *a.* Einsatz *m*: ***single ~*** Zweikampf; **'com·bat·ant** [-bətənt] **I** *s.* **1.** Kämpfer *m*; **2.** ✕ Frontkämpfer *m*; **II** *adj.* **3.** kämpfend; **4.** ✕ zur Kampftruppe gehörig; Kampf...

com·bat| car *s.* ✕ *Am.* Kampfwagen *m*; **~ fa·tigue** *s.* ✕ *psych.* 'Kriegsneu,rose *f*.

com·ba·tive ['kɒmbətɪv] *adj.* ☐ **1.** kampfbereit; **2.** kampflustig, streitsüchtig.

com·bat| plane *s.* ✈ *Am.* Kampfflugzeug *n*; **~ sport** *s.* Kampfsport *m*; **~ train·ing** *s.* Gefechtsausbildung *f*; **~ troops** *s. pl.* Kampftruppen *pl.*; **~ u·nit** *s.* ✕ *Am.* Kampfverband *m*.

combe [kuːm] → ***coomb(e)***.

comb·er ['kəʊmə] *s.* **1.** ⚙ a) 'Krempelma,schine *f*, b) 'Hechelma,schine *f*; **2.** Sturzwelle *f*.

comb hon·ey *s.* Scheibenhonig *m*.

com·bi·na·tion [,kɒmbɪ'neɪʃn] *s.* **1.** Verbindung *f*, Vereinigung *f*; Zs.-setzung *f*; Kombinati'on *f* (*a. sport*, ♟ *etc.*); **2.** Zs.-schluss *m*, Bündnis *n*; *b.s.* Kom'plott *n*; **3.** ⚖ *etc.* → ***combine*** 6, 7, 8; **4.** ⚗ Verbindung *f*; **5.** *mot.* Gespann *n*, 'Motorrad *n* mit Beiwagen; **6.** *mst. pl.* Kombinati'on *f*: a) Hemdhose *f*, b) Mon'tur *f*; **7.** ♪ → ***combo***; **~ lock** *s.* ⚙ Kombinati'ons-, Ve'xierschloss *n*; **~ room** *s. Brit. univ.* Gemeinschaftsraum *m*.

com·bine [kəm'baɪn] **I** *v/t.* **1.** verbinden (*a.* ⚗), vereinigen, kombinieren; **2.** in sich vereinigen; **II** *v/i.* **3.** sich verbinden (*a.* ⚗), sich vereinigen; **4.** sich zs.-schließen; **5.** zs.-wirken; **III** *s.* ['kɒmbaɪn] **6.** Verbindung *f*, Vereinigung *f*; **7.** ⚖ Kon'zern *m*, Verband *m*; **8.** po'litische *od.* wirtschaftliche Interessengemeinschaft; **9.** *a.* **~ harvester** ⚒ Mähdrescher *m*.

com·bined [kəm'baɪnd] *adj.* vereinigt, verbunden; vereint, gemeinsam, Gemeinschafts...; kombiniert: **~ arms** ✕ gemischte Verbände; **~ event** *sport* Mehrkampf *m*.

comb·ings ['kəʊmɪŋz] *s. pl.* ausgekämmte Haare *pl.*

com·bo ['kɒmbəʊ] *s.* Combo *f*, kleine Jazzband.

'comb-out *s.* Auskämmen *n*; *fig.* Siebung *f*, Sichtung *f*.

com·bus·ti·bil·i·ty [kəm,bʌstə'bɪlətɪ] *s.* Brennbarkeit *f*, Entzündlichkeit *f*; **com·bus·ti·ble** [kəm'bʌstəbl] **I** *adj.* **1.** brennbar, leicht entzündlich; **2.** *fig.* erregbar; **II** *s.* **3.** Brenn-, Zündstoff *m*; 'Brennmateri,al *n*.

com·bus·tion [kəm'bʌstʃən] *s.* Verbrennung *f* (*a.* ⚗, *biol.*): ***spontaneous ~*** Selbstentzündung *f*; **~ cham·ber** *s.* ⚙ Verbrennungsraum *m*; **~ en·gine**, **~ mo·tor** *s.* ⚙ Ver'brennungs,motor *m*.

come [kʌm] **I** *v/i.* [*irr.*] **1.** kommen: ***be long in coming*** lange auf sich warten lassen; ***he came to see us*** er besuchte uns, er suchte uns auf; ***that ~s on page 4*** das kommt auf Seite 4; ***~ what may!*** komme, was da wolle!; ***a year ago ~ March*** im März vor e-m Jahr; ***as stupid as they ~*** dumm wie Bohnenstroh; ***the message has ~*** die Nachricht ist gekommen *od.* eingetroffen; ***I was coming to that*** darauf wollte ich gerade hinaus; ***~ to that*** was das betrifft; ***~ again!*** F sags noch mal!; **2.** (dran)kommen, an die Reihe kommen: ***who ~s first?***; **3.** kommen, erscheinen, auftreten: ***~ and go*** a) kommen u. gehen, b) erscheinen u. verschwinden; ***love will ~ in time*** mit der Zeit wird die Liebe sich einstellen; ***~ (to pass)*** geschehen, sich ereignen, kommen; ***how ~?*** wie kommt das?, wieso (denn)?; **4.** kommen, gelangen (***to*** zu): ***~ to the throne*** den Thron besteigen; ***~ into danger*** in Gefahr geraten; **5.** kommen, abstammen (***of***, ***from*** von): ***he ~s of a good family*** er kommt *od.* stammt aus gutem Hause; ***I ~ from Leeds*** ich stamme aus Leeds; **6.** kommen, 'herrühren (***of*** von): ***that's what ~s of your hurry*** das kommt von deiner Eile; ***nothing came of it*** es wurde nichts daraus; **7.** sich erweisen: ***it ~s expensive*** es kommt teuer; ***the expenses ~ rather high*** die Kosten kommen recht hoch; ***it ~s to this that*** es läuft darauf hinaus, dass; ***it ~s to the same thing*** es läuft auf dasselbe hinaus; → *a.* ***come to*** 4; **8.** *fig.* ankommen (***to s.o.*** j-n): ***it ~s hard*** (***easy***) ***to me*** es fällt mir schwer (leicht); **9.** werden, sich entwickeln, dahin *od.* dazu kommen: ***he has ~ to be a good musician*** er ist ein guter Musiker geworden; ***it has ~ to be the custom*** es ist Sitte geworden; ***~ to know s.o.*** j-n kennen lernen; ***I have ~ to believe that*** ich bin zu der Überzeugung gekommen, dass; ***how did you ~ to do that?*** wie kamen Sie dazu, das zu tun?; ***~ true*** wahr werden, sich erfüllen; ***~ undone*** auf-, ab-, losgehen, sich lösen; **10.** ⚘ (her'aus)kommen, sprießen, keimen; **11.** erhältlich *od.* zu haben sein: ***these shirts ~ in three sizes***; **12.** ***to ~*** (*als adj. gebraucht*) (zu)künftig, kommend: ***the life to ~*** das zukünftige Leben; ***for all time to ~*** für alle Zukunft; ***in the years to ~*** in den kommenden Jahren; **13.** *sport etc.* ‚kommen' (*angreifen, stärker werden*); **14.** *sl.* ‚kommen' (*e-n Orgasmus haben*); **II** *v/t.* **15.** F sich aufspielen als, *j-n od. etwas* spielen, her'auskehren: ***don't try to ~ the great scholar over me!*** versuche nicht, mir gegenüber den großen Gelehrten zu spielen!; **III** *int.* **16.** na (hör mal)!, komm!, bitte!: **~, ~!** a) *a.* ***~ now!*** nanu!, nicht so wild!, immer langsam!, b) (*ermutigend*) na komm schon!, auf gehts!; **IV** *s.* **17.** V ‚Saft' *m* (*Sperma*);

Zssgn mit prp.:

come| a·cross *v/i.* zufällig treffen *od.* finden, stoßen auf (*acc.*); **~ af·ter** *v/i.* **1.** *j-m* folgen; **2.** *et.* holen kommen; **3.** suchen, sich bemühen um; **~ at** *v/i.* **1.** erreichen, bekommen; **2.** angreifen, auf *j-n* losgehen; **~ by** *v/i.* zu *et.* kommen, bekommen; **~ for** *v/i.* **1.** abholen kommen; **2.** → ***come at*** 2; **~ in·to** *v/i.* **1.** eintreten in (*acc.*); **2.** *e-m Klub etc.* beitreten; **3.** (*rasch od. unerwartet*) zu *et.* kommen: ***~ a fortune*** ein Vermögen erben; **~ near** *v/i.* **1.** *fig.* nahe kommen (*dat.*); **2.** ***~ doing*** (***s.th.***) beinahe (et.) tun; **~ on** → ***come upon***; **~ o·ver** *v/i.* **1.** über'kommen, beschleichen, befallen: ***what has ~ you?*** was ist mit dir los?, was fällt dir ein?; **2.** *sl. j-n* reinlegen; **3.** → ***come*** 15; **~ to** *v/i.* **1.** *j-m* zufallen (*bsd. durch Erbschaft*); **2.** *j-m* zukommen, zustehen: ***he had it coming to him*** F er hatte das längst verdient; **3.** zum *Bewusstsein etc.* kommen; **4.** kommen *od.* gelangen zu: ***what are things coming to?*** wohin sind wir (*od.* ist die Welt) geraten?; ***when it comes to paying*** wenn es ans Bezahlen geht; **5.** sich belaufen auf (*acc.*): ***it comes to £100***; → *a.* ***come*** 7; **~ un·der** *v/i.* **1.** kommen *od.* fallen unter (*acc.*): ***~ a law***; **2.** geraten unter (*acc.*); **~ up·on** *v/i.* **1.** *j-n* befallen, über'kommen, *j-m* zustoßen; **2.** über *j-n* 'herfallen; **3.** (*zufällig*) treffen, stoßen auf (*acc.*); **4.** *j-m* zur Last fallen; **~ with·in** → ***come under***.

Zssgn mit adv.:

come| a·bout *v/i.* **1.** geschehen, pas'sieren; **2.** entstehen; **3.** ⚓ 'umspringen (*Wind*); **~ a·cross** *v/i.* **1.** her'überkommen; **2.** a) verstanden werden, b) ‚ankommen' (*Rede etc.*), c) ‚rüberkommen' (*Filmszene etc.*); **3.** ***~ with*** F ‚rüberkommen' mit, *Geld etc.* her'ausrücken; **~ a·long** *v/i.* **1.** mitkommen, -gehen: ***~!*** F ‚dalli'!, komm schon!; **2.** sich ergeben (*Chance etc.*); **3.** F vorankommen, Fortschritte machen; **~ a·part** *v/i.* ausein'ander fallen, in Stücke gehen; **~ a·way** *v/i.* **1.** ab-, losgehen (*Knopf etc.*); **2.** weggehen (*Person*); **~ back** *v/i.* **1.** zu'rückkommen, *a. fig.* 'wiederkehren: ***~ to s.th.*** auf e-e Sache zurückkommen; **2.** *sl.* ein ‚Come-back' feiern; **3.** wieder einfallen (***to s.o.*** j-m); **4.** (*bsd.* schlagfertig) antworten (***at s.o.***

j-m); ~ **by** *v/i.* vor'beikommen, ‚reinschauen'; ~ **down** *v/i.* **1.** her'ab-, herunterkommen; **2.** (ein)stürzen, fallen; **3.** ✈ niedergehen; **4.** *a.* ~ ***in the world*** *fig.* her'unterkommen (*Person*); **5.** *ped. univ. Brit.* a) die Universi'tät verlassen, b) in die Ferien gehen; **6.** über'liefert werden; **7.** her'untergehen, sinken (*Preis*), billiger werden (*Dinge*); **8.** nachgeben, kleinlaut werden; **9.** ~ ***on*** a) sich stürzen auf (*acc.*), b) 'herfallen über (*acc.*), *j-m* ‚aufs Dach steigen'; **10.** ~ ***with*** F her'ausrücken mit: ~ ***handsome(ly)*** sich spendabel zeigen; **11.** ~ ***with*** erkranken an (*dat.*); **12.** ~ ***to*** hin'auslaufen auf (*acc.*); ~ **forth** *v/i.* her'vorkommen; ~ **for·ward** *v/i.* **1.** her'vortreten; **2.** sich melden (*Zeuge etc.*); ~ **home** *v/i.* **1.** nach Hause, *östr., schweiz.* nachhause kommen; **2.** *fig.* Eindruck machen, wirken, ‚einschlagen', ‚ziehen'; ~ **in** *v/i.* **1.** hereinkommen: ~! a) herein!, b) (*Funk*) bitte kommen!; **2.** eingehen, -treffen (*Nachricht, Geld etc.*), ⚓, 🚂 *sport* einlaufen: ~ ***second*** den zweiten Platz belegen; **3.** aufkommen, in Mode kommen: ***long skirts ~ again***; **4.** an die Macht kommen; **5.** sich *als nützlich etc.* erweisen: ***this will ~ useful***; **6.** Berücksichtigung finden: ***where do I ~?*** wo bleibe ich?; ***that's were you ~*** da bist dann du dran; ***where does the joke ~?*** was ist daran so witzig?; **7.** ~ ***for*** a) bekommen, ‚kriegen', b) *Bewunderung etc.* erregen: ~ ***for it*** F ‚sein Fett abkriegen'; ~ **off** *v/i.* **1.** ab-, losgehen, sich lösen; **2.** *fig.* stattfinden, ‚über die Bühne gehen'; **3.** a) abschneiden: ***he came off best***, b) erfolgreich verlaufen, glücken; **4.** ~ ***it!*** F hör schon auf damit!; ~ **on** *v/i.* **1.** her'ankommen: ~! a) komm (mit)!, b) komm her!, c) na, komm schon!, los!, d) F na, na!; **2.** beginnen, einsetzen: ***it came on to rain*** es begann zu regnen; **3.** an die Reihe kommen; **4.** *thea.* a) auftreten, b) aufgeführt werden; **5.** stattfinden; ⚖ verhandelt werden; **6.** a) wachsen, gedeihen, b) vor'ankommen, Fortschritte machen; ~ **out** *v/i.* **1.** her'aus-, her'vorkommen, sich zeigen; **2.** *a.* ~ ***on strike*** streiken; **3.** her'auskommen: a) erscheinen (*Bücher*), b) bekannt werden, ans Licht kommen; **4.** ausgehen (*Haare*), her'ausgehen (*Farbe*); **5.** F werden, sich *gut etc.* entwickeln; *phot. etc. gut etc.* werden (*Bild*); **6.** debü'tieren: a) zum ersten Mal auftreten (*Schauspieler*), b) in die Gesellschaft eingeführt werden; **7.** sich outen (*Homosexueller*); **8.** ~ ***with*** F mit *et.* her'ausrücken (*sagen*); **9.** ~ ***against*** sich aussprechen gegen, den Kampf ansagen (*dat.*); ~ **o·ver** *v/i.* **1.** her'überkommen; **2.** 'übergehen (***to*** zu); **3.** verstanden werden; ~ **round** *v/i.* **1.** ‚vor'beikommen' (*Besucher*); **2.** 'wiederkehren (*Fest, Zeitabschnitt*); **3.** ~ ***to s.o.'s way of thinking*** sich zu j-s Meinung bekehren; **4.** → ***come to*** 1; ~ **through** *v/i.* **1.** 'durchkommen (*a. allg. fig. Kranker, Meldung etc.*); **2.** *fig.* a) es ‚schaffen', b) → ***come across*** 3; ~ **to** *v/i.* **1.** a) wieder zu sich kommen, das Bewusstsein 'wiedererlangen, b) sich erholen; **2.** ⚓ vor Anker gehen; ~ **up** *v/i.* **1.** her'aufkommen; **2.** her'ankommen: ~ ***to s.o.*** an j-n herantreten; ***coming up!*** kommt gleich!; **3.** ⚖ zur Verhandlung kommen; **4.** *a.* ~ ***for discussion*** zur Sprache kommen, angeschnitten werden; **5.** ~ ***for*** zur *Abstimmung, Entscheidung* kommen; **6.** aufkommen, Mode werden; **7.** *Brit.* sein Studium aufnehmen; **8.** *Brit.* nach London kommen; **9.** ~ ***to*** a) reichen bis an (*acc.*) *od.* zu, b) erreichen (*acc.*), c) *fig.* her'anreichen an (*acc.*); **10.** ~ ***with*** a) *j-n* einholen, b) *fig.* es *j-m* gleichtun; **11.** ~ ***with*** ‚da'herkommen' mit, *e-e Idee etc.* präsentieren.

come-at-a·ble [ˌkʌm'ætəbl] *adj.* F **1.** zugänglich; **2.** erreichbar.

'**come·back** *s.* **1.** *sport, thea. etc.* Come-'back *n*: ***make*** *od.* ***stage a ~*** ein Come-back feiern; **2.** (schlagfertige) Antwort.

co·me·di·an [kə'miːdjən] *s.* **1.** a) Ko'mödienschauspieler *m*, b) Komiker *m* (*a. contp.*); **2.** Lustspieldichter *m*; **3.** Witzbold *m* (*a. contp.*); **co·me·di·enne** [kəˌmiːdɪ'en] *s.* a) Ko'mödienschauspielerin *f*, b) Komikerin *f*.

com·e·do ['kɒmədəʊ] *pl.* **-dos** *s.* ✱ Mitesser *m*.

'**come·down** *s.* **1.** *fig.* Abstieg *m*, Abfall *m* (***from*** gegenüber); **2.** F Enttäuschung *f*.

com·e·dy ['kɒmɪdɪ] *s.* **1.** Ko'mödie *f*: a) Lustspiel *n*: ***light ~*** Schwank *m*, b) *fig.* komische Sache; **2.** Komik *f*.

ˌ**come-'hith·er** *adj.*: ~ ***look*** F einladender Blick.

come·li·ness ['kʌmlɪnɪs] *s.* Anmut *f*, Schönheit *f*; '**come·ly** ['kʌmlɪ] *adj.* attrak'tiv, hübsch.

'**come-on** *s. Am. sl.* **1.** Köder *m* (*bsd. für Käufer*); **2.** Schwindler *m*; **3.** Gimpel *m* (*einfältiger Mensch*).

com·er ['kʌmə] *s.* **1.** Ankömmling *m*: ***first ~*** wer zuerst kommt, *weitS.* (*der od. die*) erste Beste; ***all ~s*** jedermann; **2.** ***he is a ~*** F er ist der kommende Mann.

co·mes·ti·ble [kə'mestɪbl] **I** *adj.* genießbar; **II** *s. pl.* Nahrungs-, Lebensmittel *pl.*

com·et ['kɒmɪt] *s. ast.* Ko'met *m*.

come·up·pance [ˌkʌm'ʌpəns] *s.* F wohlverdiente Strafe.

com·fit ['kʌmfɪt] *s. obs.* Zuckerwerk *n*, kan'dierte Früchte *pl.*

com·fort ['kʌmfət] **I** *v/t.* **1.** trösten, *j-m* Trost spenden; **2.** beruhigen; **3.** erfreuen; **4.** *j-m* Mut zusprechen; **5.** *obs.* unter'stützen, *j-m* helfen; **II** *s.* **6.** Trost *m*, Erleichterung *f* (***to*** für): ***derive*** *od.* ***take ~ from s.th.*** aus etwas Trost schöpfen; ***what a ~!*** Gott sei Dank!; welch ein Trost!; ***he was a great ~ to her*** er war ihr ein großer Trost *od.* Beistand; ***cold ~*** ein schwacher *od.* schlechter Trost; **7.** Wohltat *f*, Labsal *n*, Erquickung *f* (***to*** für); **8.** Behaglichkeit *f*, Wohlergehen *n*: ***live in ~*** ein behagliches u. sorgenfreies Leben führen; **9.** *a. pl.* Kom'fort *m*: ***with all modern ~s***; **10.** *a.* ***soldiers' ~s*** *pl.* Liebesgaben *pl.* (für Sol'daten); **11.** *obs.* Hilfe *f*.

com·fort·a·ble ['kʌmfətəbl] *adj.* (*adv.* ***comfortably***) **1.** komfor'tabel, bequem, behaglich, gemütlich: ***make o.s. ~*** es sich bequem machen; ***are you ~?*** haben Sie es bequem?, sitzen *od.* liegen *etc.* Sie bequem?; ***feel ~*** sich wohl fühlen; **2.** bequem, sorgenfrei: ***live in ~ circumstances*** in guten Verhältnissen leben; **3.** gut, reichlich: ***a ~ income***; **4.** *bsd. sport* beruhigend (*Vorsprung etc.*); **5.** ohne Beschwerden (*Patient*); '**com·fort·er** [-tə] *s.* **1.** Tröster *m*: → ***Job***²; **2.** ***the*** 2 *eccl.* der Heilige Geist; **3.** *bsd. Brit.* Wollschal *m*; **4.** *Am.* Steppdecke *f*; **5.** *bsd. Brit.* Schnuller *m* (*für Babys*); '**com·fort·ing** [-tɪŋ] *adj.* tröstlich; '**com·fort·less** [-lɪs] *adj.* **1.** unbequem; **2.** trostlos; **3.** unerfreulich.

com·frey ['kʌmfrɪ] *s.* ⚘ Schwarzwurz *f*.

com·fy ['kʌmfɪ] F → ***comfortable*** 1.

com·ic ['kɒmɪk] **I** *adj.* □ → ***comically***; **1.** komisch, Lustspiel...: ~ ***actor*** Komiker *m*; ~ ***opera*** komische Oper; ~ ***writer*** Lustspieldichter *m*; **2.** komisch, humo'ristisch: ~ ***paper*** Witzblatt *n*; ~ ***strips*** Comic Strips, Comics; **3.** drollig, spaßig; **II** *s.* **4.** Komiker *m*; **5.** Witzblatt *n*; *pl. Zeitung*: Comics *pl.*; **6.** 'Filmkoˌmödie *f*; '**com·i·cal** [-kəl] *adj.* □ **1.** komisch, ulkig; **2.** F komisch, sonderbar; **com·i·cal·i·ty** [ˌkɒmɪ'kælətɪ] *s.* Spaßigkeit *f*; '**com·i·cal·ly** [-kəlɪ] *adv.* komisch(erweise).

com·ing ['kʌmɪŋ] **I** *adj.* kommend, (zu)künftig: ***the ~ man*** der kommende Mann; ~ ***week*** nächste Woche; **II** *s.* Kommen *n*, Ankunft *f*; Beginn *m*: ~ ***of age*** Mündigwerden *n*; ***the Second*** 2 (***of Christ***) die Wiederkunft Christi.

com·i·ty ['kɒmɪtɪ] *s.* **1.** Höflichkeit *f*; **2.** ~ ***of nations*** gutes Einvernehmen der Nationen.

com·ma ['kɒmə] *s.* Komma *n*; ~ **ba·cil·lus** *s.* [*irr.*] ✱ 'Kommabaˌzillus *m*.

com·mand [kə'mɑːnd] **I** *v/t.* **1.** *j-m* befehlen, gebieten; **2.** gebieten, fordern, verlangen: ~ ***silence*** Ruhe gebieten; **3.** beherrschen, gebieten über (*acc.*): ***the hill ~s the plain*** der Hügel beherrscht die Ebene; **4.** ⚔ kommandieren: a) *j-m* befehlen, b) *Truppe* befehligen, führen; **5.** *Gefühle, die Lage* beherrschen: ~ ***o.s.*** sich beherrschen; **6.** verfügen über (*acc.*) (*Dienste, Gelder*); **7.** *Vertrauen, Liebe* einflößen: ~ ***respect*** Achtung gebieten; ~ ***admiration*** Bewunderung abnötigen *od.* verdienen; **8.** *Aussicht* gewähren, bieten; **9.** ✝ *Preis* erzielen; *Absatz* finden; **II** *v/i.* **10.** befehlen, herrschen; **11.** ⚔ kommandieren; **III** *s.* **12.** *allg.* Befehl *m*: ***by ~*** auf Befehl; ~ ***key*** *Computer*: Befehlstaste *f*; ~ ***menu*** Befehlsmenü *n*; **13.** ⚔ Kom'mando *n*: a) Befehl *m*: ***word of ~*** Kommando(wort) *n*, b) (Ober)Befehl *m*, Befehlsgewalt *f*, Führung *f*: ***be in ~*** a) (***of***) das Kommando führen (über *acc.*), b) *sport* den Gegner beherrschen; ***take ~*** das Kommando übernehmen; **14.** ⚔ a) Oberkom'mando *n*, Führungsstab *m*, b) Befehls-, Kom'mandobereich *m*; **15.** *fig.* Gewalt *f*, Herrschaft *f* (***of*** über *acc.*); Beherrschung *f*, Meisterung *f* (*Gefühle*): ***have ~ of*** *Fremdsprache etc.* beherrschen; ***his ~ of English*** s-e Englischkenntnisse *pl.*; **16.** Verfügung *f* (***of*** über *acc.*): ***at your ~*** zu Ihrer Verfügung; ***be*** (***have***) ***at ~*** zur Verfügung stehen (haben).

com·man·dant [ˌkɒmən'dænt] *s.* ⚔ Komman'dant *m*, Befehlshaber *m*.

com·mand car *s.* ⚔ *Am.* Befehlsfahrzeug *n*.

com·man·deer [ˌkɒmən'dɪə] *v/t.* **1.** zum Mili'tärdienst zwingen; **2.** ⚔ requirieren, beschlagnahmen; **3.** F ‚organisieren', sich aneignen.

com·mand·er [kə'mɑːndə] *s.* **1.** ⚔ Komman'dant *m* (*e-r Festung, e-s Flugzeugs etc.*), Befehlshaber *m*; Komman'deur *m* (*e-r Einheit*), Führer *m*; *Am.* ⚓ Fre'gattenkapiˌtän *m*: ~***-in-chief*** Oberbefehlshaber; **2.** 2 ***of the Faithful*** *hist.* Beherrscher *m* der Gläubigen (*Sultan*); **3.** *hist.* (*Ordens*)Kom'tur *m*; **com'mand·ing** [-dɪŋ] *adj.* □ **1.** herrschend, gebietend; **2.** *die Gegend* beherrschend: ~ ***point*** strategischer Punkt; **3.** ⚔ kommandierend, befehlshabend; **4.** imponierend, eindrucksvoll; **5.** gebieterisch; **com'mand·ment** [-dmənt] *s.* Gebot *n*, Vorschrift *f*: ***the Ten 2s*** *bibl.* die Zehn Gebote.

com·mand mod·ule *s. Raumfahrt*: Kom'mandokapsel *f*.

com·man·do [kə'mɑːndəʊ] *pl.* **-dos** *s.* ⚔ **1.** Kom'mando(truppe *f*, -einheit *f*) *n*: ~ ***squad***; ~ ***raid*** Kommandoüberfall *m*; **2.** Angehörige(r) *m* e-s Kom'mandos.

com·mand| pa·per *s. pol. Brit.* (*dem Parlament vorgelegter*) Kabi'nettsbeschluss *m*; ~ **per·form·ance** *s. thea.* Aufführung *f* auf königlichen Befehl *od.* Wunsch; ~ **post** *s.* ⚔ Befehls-, Gefechtsstand *m*.

com·mem·o·rate [kə'meməreɪt] *v/t.* (ehrend) gedenken (*gen.*); erinnern an (*acc.*): ***a monument to ~ a victory*** ein Denkmal zur Erinnerung an e-n Sieg; **com·mem·o·ra·tion** [kə,memə'reɪʃn] *s.* **1.** Gedenk-, Gedächtnisfeier *f*: ***in ~ of*** zum Gedächtnis an (*acc.*); **2.** *Brit. univ.* Stiftergedenkfest *n* (*Oxford*); **com'mem·o·ra·tive** [-rətɪv] *adj.* Gedächtnis..., Erinnerungs...: ~ ***issue*** Gedenkausgabe *f* (*Briefmarken etc.*); ~ ***plaque*** Gedenktafel *f*.

com·mence [kə'mens] *v/t. u. v/i.* **1.** beginnen, anfangen; ⚖ *Klage* anhängig machen; **2.** *Brit. univ.* promovieren (***M.A.*** zum M.A.); **com'mence·ment** [-mənt] *s.* **1.** Anfang *m*, Beginn *m*; **2.** *Am.* (Tag *m* der) Feier *f* der Verleihung aka'demischer Grade; **com'menc·ing** [-sɪŋ] *adj.* Anfangs...: ~ ***salary***.

com·mend [kə'mend] *v/t.* **1.** empfehlen, loben: ~ ***me to ...*** F da lobe ich mir ...; **2.** empfehlen, anvertrauen (***to*** *dat.*); **3.** ~ ***o.s.*** sich (*als geeignet*) empfehlen; **com'mend·a·ble** [-dəbl] *adj.* □ empfehlens-, lobenswert; **com·men·da·tion** [,kɒmen'deɪʃn] *s.* **1.** Empfehlung *f*; **2.** Lob *n*; **com'mend·a·to·ry** [-dətərɪ] *adj.* **1.** empfehlend, Empfehlungs...; **2.** lobend.

com·men·sal [kə'mensəl] *s.* **1.** Tischgenosse *m*; **2.** *biol.* Kommen'sale *m*.

com·men·su·ra·ble [kə'menʃərəbl] *adj.* □ **1.** kommensu'rabel, vergleichbar (***with, to*** mit); **2.** angemessen, im richtigen Verhältnis; **com'men·su·rate** [-rət] *adj.* □ **1.** gleich groß, von gleicher Dauer (***with*** wie); **2.** (***with, to***) im Einklang stehend (mit), angemessen *od.* entsprechend (*dat.*).

com·ment ['kɒment] **I** *s.* **1.** Be-, Anmerkung *f*, Stellungnahme *f*, Kommen'tar *m* (***on*** zu): ***no ~!*** kein Kommentar!; **2.** Erläuterung *f*, Kommen'tar *m*, Deutung *f*; Kri'tik *f*; **3.** Gerede *n*; **II** *v/i.* **4.** (***on***) kommentieren (*acc.*), Erläuterungen *od.* Anmerkungen machen (zu); **5.** sich (kritisch) äußern (***on*** über *acc.*); **'com·men·tar·y** [-tərɪ] *s.* Kommen'tar *m* (***on*** zu): ***radio ~*** Rundfunkkommentar; **'com·men·tate** [-teɪt] *v/i.* → ***comment*** 4; **'com·men·ta·tor** [-teɪtə] *s. allg., a. TV etc.*: Kommen'tator *m*.

com·merce ['kɒmɜːs] *s.* **1.** Handel *m*, Handelsverkehr *m*; **2.** Verkehr *m*, 'Umgang *m*.

com·mer·cial [kə'mɜːʃl] **I** *adj.* □ **1.** kommerzi'ell (*a. Theaterstück etc.*), kaufmännisch, geschäftlich, gewerblich, Handels..., Geschäfts...; ~ ***enterprise*** gewerbliches Unternehmen; ~ ***practice*** kaufmännische Praxis; ~ ***station*** kommerzieller Sender; **2.** Handel treibend; **3.** für den Handel bestimmt, Handels...; **4.** a) in großen Mengen erzeugt, b) mittlerer *od.* niederer Quali'tät, c) nicht (ganz) rein (*Chemikalien*); **5.** handelsüblich: ~ ***quality***; **6.** *Radio, TV*: Werbe...: ~ ***television*** a) Werbefernsehen *n*, b) kommerzielles Fernsehen; **II** *s.* **7.** *Radio, TV*: a) von e-m Sponsor finanzierte Sendung, b) Werbespot *m*; ~ **al·co·hol** *s.* handelsüblicher Alkohol, Sprit *m*; ~ **art** *s.* Werbegrafik *f*; ~ **a·vi·a·tion** *s.* Verkehrsluftfahrt *f*; ~ **code** *s.* Handelsgesetzbuch *n*; ~ **col·lege** *s.* Wirtschafts(ober)schule *f*; ~ **cor·re·spond·ence** *s.* 'Handelskorrespon,denz *f*; ~ **court** *s.* ⚖ Handelsgericht *n*; ~ **ge·og·ra·phy** *s.* 'Wirtschaftsgeogra,phie *f*.

com·mer·cial·ism [kə'mɜːʃəlɪzəm] *s.* **1.** Handels-, Geschäftsgeist *m*; **2.** Handelsgepflogenheit *f*; **3.** kommerzi'elle Ausrichtung; **com·mer·cial·i·za·tion** [kə,mɜːʃəlaɪ'zeɪʃn] *s.* Kommerzialisierung *f*, Vermarktung *f*, kaufmännische Verwertung *od.* Ausnutzung; **com·mer·cial·ize** [kə'mɜːʃəlaɪz] *v/t.* kommerzialisieren, vermarkten, verwerten, ein Geschäft machen aus; in den Handel bringen.

com·mer·cial| let·ter of cred·it *s.* Akkredi'tiv *n*; ~ **loan** *s.* 'Warenkre,dit *m*; ~ **man** *s.* [*irr.*] Geschäftsmann *m*; ~ **man·ag·er** *s.* Geschäftsführer(in); ~ **pa·per** *s.* 'Inhaberpa,pier *n* (*bsd. Wechsel*); ~ **plane** *s.* Verkehrsflugzeug *n*; ~ **room** *s. Brit. Hotelzimmer, in dem Handlungsreisende Kunden empfangen können*; ~ **school** *s.* Handelsschule *f*; ~ **trav·el·(l)er** *s.* Handlungsreisende(r) *m*; ~ **trea·ty** *s.* Handelsvertrag *m*; ~ **val·ue** *s.* Handels-, Marktwert *m*; ~ **ve·hi·cle** *s.* Nutzfahrzeug *n*.

com·mie ['kɒmɪ] *s.* F Kommu'nist(in).

com·mi·na·tion [,kɒmɪ'neɪʃn] *s.* Drohung *f*; *bsd. eccl.* Androhung *f* göttlicher Strafe; *a.* ~ ***service*** Bußgottesdienst *m*.

com·mi·nute ['kɒmɪnjuːt] *v/t.* zerkleinern, zerstückeln; zerreiben: ***~d fracture*** ⚕ Splitterbruch *m*; **com·mi·nu·tion** [,kɒmɪ'njuːʃn] *s.* **1.** Zerkleinerung *f*; Zerreibung *f*; **2.** ⚕ Splitterung *f*; **3.** Abnutzung *f*.

com·mis·er·ate [kə'mɪzəreɪt] **I** *v/t. j-n* bemitleiden, bedauern; **II** *v/i.* Mitleid haben (***with*** mit); **com·mis·er·a·tion** [kə,mɪzə'reɪʃn] *s.* Mitleid *n*, Erbarmen *n*.

com·mis·sar [,kɒmɪ'sɑː] *s.* Kommis'sar *m* (*bsd. Russland*): ***People's 2*** Volkskommissar; **,com·mis'sar·i·at** [-'seərɪət] *s.* ⚔ a) Intendan'tur *f*, b) Ver'pflegungsorganisati,on *f*; **com·mis·sar·y** ['kɒmɪsərɪ] *s.* **1.** Kommis'sar *m*, Beauftragte(r) *m*; **2.** *eccl.* bischöflicher Kommis'sar; **3.** 'Volkskommis,sar *m*; **4.** *Am.* a) ⚔ Verpflegungsstelle *f*, b) Restau'rant *n im Filmstudio etc.*

com·mis·sion [kə'mɪʃn] **I** *s.* **1.** Auftrag *m*, Vollmacht *f*; **2.** Bestallung *f*; Bestallungsurkunde *f*; **3.** ⚔ Offi'zierspa,tent *n*: ***hold a ~*** Offizier sein; ***receive one's ~*** Offizier werden; **4.** (An)Weisung *f*, Aufgabe *f*; **5.** Auftrag *m*, Bestellung *f*; **6.** Amt *n*, Dienst *m*, Tätigkeit *f*, Betrieb *m*: ***put into ~*** *Schiff* in Dienst stellen (F *a. Maschine etc.*); ***in ~*** im Dienst, in Betrieb; ***out of ~*** a) außer Dienst (*bsd. Schiff*), b) außer Betrieb, nicht funktionierend, kaputt; **7.** ☤ a) Kommissi'on *f*: ***have on ~*** in Kommission *od.* Konsignation haben, b) Provisi'on *f*, Vergütung *f*: ~ ***agent*** Kommissionär *m*, Provisionsvertreter *m*; ***goods on ~*** Kommissionswaren; ***on a ~ basis*** in Kommission, auf Provisionsgrundlage; ***sell on ~*** gegen Provision verkaufen; **8.** Ausführung *f*, Verübung *f*; → ***sin*** 1; **9.** Kommissi'on *f*, Ausschuss *m*; Vorstand *m* (*Klub*): ***Royal 2*** *Brit.* Untersuchungsausschuss; **II** *v/t.* **10.** beauftragen, be'vollmächtigen; **11.** *j-m* e-e Bestellung *od.* e-n Auftrag geben; **12.** in Auftrag geben, bestellen: ~ ***a statue***; ***~ed work*** Auftragsarbeit *f*; **13.** ⚔ zum Offi'zier ernennen: ***~ed officer*** (durch Patent bestallter) Offizier; **14.** *Schiff* in Dienst stellen.

com·mis·sion·aire [kə,mɪʃə'neə] *s.* **1.** *Brit.* (livrierter) Porti'er; **2.** ☤ *Am.* Vertreter *m*, Einkäufer *m*.

com·mis·sion·er [kə'mɪʃnə] *s.* **1.** Be'vollmächtigte(r) *m*, Beauftragte(r) *m*: ***2 for data protection*** Datenschutzbeauftragte *m*; **2.** (Re'gierungs)Kommis,sar *m*: ***High 2*** Hochkommissar; **3.** Leiter *m* des Amtes: ~ ***of police*** Polizeichef *m*; ***2 for Oaths*** (*etwa*) Notar *m*; **4.** ⚖ beauftragter Richter; **5.** a) Mitglied *n* e-r (Re'gierungs)Kommissi,on, Kommis'sar *m*, b) *pl.* Kommissi'on *f*, Behörde *f*.

com·mis·sure ['kɒmɪ,sjʊə] *s.* **1.** Naht *f*; Band *n* (*bsd. anat.*); **2.** *anat.* Nervenstrang *m*.

com·mit [kə'mɪt] *v/t.* **1.** anvertrauen, über'geben, über'tragen: ~ ***to the ground*** beerdigen; ~ ***to memory*** auswendig lernen; ~ ***to paper*** zu Papier bringen; ⚖ ~ ***s.o. to prison*** (***to an institution***) j-n in e-e Strafanstalt (Heil- u. Pflegeanstalt) einweisen; ~ ***for trial*** dem zuständigen Gericht zur Hauptverhandlung überstellen; **2.** anvertrauen, empfehlen; **3.** *pol.* an e-n Ausschuss über'weisen; **4.** (***to***) *pol. etc.* verpflichten (zu), binden (an *acc.*); festlegen (auf *acc.*) (*alle a.* ***o.s.*** sich): ***be ~ted*** sich festgelegt haben, gebunden sein; ***~ted writer*** engagierter Schriftsteller; **5.** *Verbrechen etc.* begehen, verüben; **6.** (***o.s.*** sich) kompromittieren; **com'mit·ment** [-mənt] *s.* **1.** (***to***) Verpflichtung *f* (zu), Bindung *f* (an *acc.*): ***without ~*** unverbindlich; **2.** ☤ Verbindlichkeit *f*; *Am. engS.* Börsengeschäft *n*; **3.** → ***committal*** 2; **4.** *fig.* Engage'ment *n*; **com'mit·tal** [-tl] *s.* **1.** → ***commitment*** 1; **2.** 'Übergabe *f*, Über'weisung *f* (***to*** an *acc.*): ~ ***to prison*** (***an institution***) Einlieferung *f* in e-e Strafanstalt (Einweisung *f* in e-e Heil- und Pflegeanstalt); ~ ***order*** Haftbefehl *m*, Einweisungsbeschluss *m*; ~ ***service*** Bestattung(sfeier) *f*; **3.** Verübung *f*, Begehung *f* (*von Verbrechen etc.*).

com·mit·tee [kə'mɪtɪ] *s.* Komi'tee *n*, Ausschuss *m*, Kommissi'on *f*: ***be*** (*od.* ***sit***) ***on a ~*** in e-m Ausschuss sein; ***the House goes into*** (*od.* ***resolves itself into a***) ***2*** *parl.* das Haus konstituiert sich als Ausschuss; ~ ***stage*** *parl.* Stadium *n* der Ausschussberatung (*zwischen 2. u. 3. Lesung e-s Gesetzentwurfes*); ***~man, ~woman*** Komiteemitglied *n*.

com·mo·di·ous [kə'məʊdjəs] *adj.* □ geräumig.

com·mod·i·ty [kə'mɒdətɪ] *s.* ☤ Ware *f*, ('Handels-, *bsd.* Ge'brauchs)Ar,tikel *m*; *oft pl.* Waren *pl.*: ~ ***value*** Waren-, Sachwert *m*; ~ **dol·lar** *s. Am.* Warendollar *m*; **~ ex·change** *s.* Warenbörse *f*; **~ mar·ket** *s.* **1.** Warenmarkt *m*; **2.** Rohstoffmarkt *m*; **~ pa·per** *s.* Doku'mententratte *f*.

com·mo·dore ['kɒmədɔː] *s.* ⚓ **1.** *allg.* Kommo'dore *m*; **2.** Präsi'dent *m* e-s Jachtklubs; **3.** Leitschiff *n* (*Geleitzug*).

com·mon ['kɒmən] **I** *adj.* □ → ***commonly***; **1.** gemeinsam (*a.* Ⱥ), gemeinschaftlich: ***make ~ cause*** gemeinsame Sache machen; ***~ ground*** gleiche Grundlage, Gemeinsamkeit *f* (der Interessen *etc.*); ***that's ~ ground*** darüber besteht Einigkeit; ***~ pricing*** Preisabsprache *f*; **2.** allgemein, öffentlich: ***~ knowledge*** allgemein bekannt; ***~ rights*** Menschenrechte; ***~ talk*** Stadtgespräch *n*; ***~ usage*** allgemein üblich; **3.** gewöhnlich, üblich, häufig, alltäglich: ***~ coin of the realm*** übliche Landesmünze; ***~ event*** normales Ereignis; ***~ sight*** alltäglicher Anblick; ***a very ~ name*** ein sehr häufiger Name; ***~ as dirt*** häufig, gewöhnlich; **4.** einfach, gewöhnlich: ***~ looking*** von gewöhnlichem Aussehen; ***the ~ people*** das (einfache) Volk; ***~ salt*** Kochsalz *n*; ***~ soldier*** einfacher Soldat; ***~ or garden ...*** F Feld-Wald-u.-Wiesen-...; → ***cold*** 8; **5.** gewöhnlich, gemein: ***~ accent*** ordinäre Aussprache; ***the ~ herd*** die große Masse; ***~ manners*** schlechtes Benehmen; **6.** *ling.* ***~ gender*** doppeltes Geschlecht; ***~ noun*** Gattungsname *m*; **II** *s.* **7.** Gemeindeland *n* (*heute oft mit Parkanlage*): (***right of***) ***~*** Mitbenutzungsrecht *n*; ***~ of pasturage*** Weiderecht *n*; **8.** *fig.* ***in ~*** gemeinsam; ***in ~ with*** (genau) wie; ***have s.th. in ~ with*** et. gemein haben mit; ***out of the ~*** außergewöhnlich, besonders; **9.** → ***commons***.

com·mon·al·ty ['kɒmənltɪ] *s. das* gemeine Volk, Allgemeinheit *f*.

com·mon| car·ri·er → ***carrier*** 2; **~ chord** *s.* ♪ Dreiklang *m*; **~ de·nom·i·na·tor** *s.* Ⱥ gemeinsamer Nenner (*a. fig.*).

com·mon·er ['kɒmənə] *s.* **1.** Bürger(licher) *m*; **2.** *Brit.* Stu'dent (*Oxford*), der s-n 'Unterhalt selbst bezahlt; **3.** *Brit.* a) Mitglied *n* des 'Unterhauses, b) Mitglied *n* des Londoner Stadtrats.

com·mon| frac·tion *s.* Ⱥ gemeiner Bruch; **~ law** *s.* a) *das gesamte angloamerikanische Rechtssystem* (*Ggs.* ***civil law***), b) *obs. das engl. Gewohnheitsrecht*; **,~-'law** *adj.* gewohnheitsrechtlich: ***~ marriage*** Konsensehe *f*, eheähnliches Zs.-leben; ***~ wife*** Lebensgefährtin *f*.

com·mon·ly ['kɒmənlɪ] *adv.* gewöhnlich, im Allgemeinen.

Com·mon Mar·ket *s.* ✝ Gemeinsamer Markt.

com·mon·ness ['kɒmənnɪs] *s.* **1.** All'täglichkeit *f*, Häufigkeit *f*; **2.** Gewöhnlichkeit *f*, ordi'näre Art.

'com·mon|·place I *s.* **1.** Gemeinplatz *m*, Platti'tüde *f*; **2.** *et.* All'tägliches; **II** *adj.* all'täglich, 'uninteres,sant, abgedroschen, platt; **℞ Prayer** *s. eccl.* **1.** die angli'kanische Litur'gie; **2.** (***Book of***) ***~*** Gebetbuch *n* der angli'kanischen Kirche; **~ room** [rʊm] *s.* **1.** *univ.* Gemeinschaftsraum *m*: a) ***junior ~*** für Studenten, b) ***senior ~*** für Dozenten; **2.** *Schule*: Lehrerzimmer *n*.

com·mons ['kɒmənz] *s. pl.* **1.** *das* gemeine Volk, *die* Bürgerlichen: ***the ℞*** *parl. Brit.* das Unterhaus; **2.** *bsd. Brit. univ.* Gemeinschaftskost *f*, -essen *n*: ***kept on short ~*** auf schmale Kost gesetzt.

com·mon| school *s.* staatliche Volksschule; **~ sense** *s.* gesunder Menschenverstand; **,~-'sen·si·cal** [-'sensɪkl] *adj.* vernünftig; **~ ser·geant** *s.* Richter *m* u. Rechtsberater *m* des Magi'strats der ***City of London***; **~ stock** *s.* ✝ *Am.* 'Stamm,aktie(n *pl.*) *f*; **'~·weal** *s.* **1.** Gemeinwohl *n*; **2.** → **'~·wealth** *s.* **1.** Gemeinwesen *n*, Staat *m*; **2.** Repu'blik *f*: ***the ℞*** *Brit. hist.* die engl. Republik unter Cromwell; **3.** ***British ℞*** (***of Nations***) *das* Commonwealth, *die* Britische Nationengemeinschaft; ***℞ of Australia*** *der* Australische Staatenbund; **4.** *Am. Bezeichnung für einige Staaten der USA*.

com·mo·tion [kə'məʊʃn] *s.* **1.** Erschütterung *f*, Aufregung *f*, Aufsehen *n*; **2.** Aufruhr *m*, Tu'mult *m*; → ***civil*** 2; **3.** Wirrwarr *m*.

com·mu·nal ['kɒmjʊnl] *adj.* **1.** Gemeinde..., Kommunal...: ***~ tax***; **2.** Gemeinschafts...; Volks...: ***~ aerial*** (*bsd. Am.* ***antenna***) *TV* Gemeinschaftsantenne *f*; ***~ kitchen*** Volksküche *f*; **3.** *Indien*: Volksgruppen betreffend; **'com·mu·nal·ism** [-nəlɪzəm] *s.* Kommuna'lismus *m* (*Regierungssystem nach Gemeindegruppen*); **'com·mu·nal·ize** [-nəlaɪz] *v/t.* in Gemeindebesitz über'führen, kommunalisieren.

com·mu·nard ['kɒmjʊnəd] *s. sociol.* Kommu'narde *m*.

com·mune[1] [kə'mjuːn] *v/i.* **1.** sich vertraulich besprechen: ***~ with o.s.*** mit sich zurate gehen; **2.** *eccl.* kommunizieren, die (heilige) Kommuni'on *od.* das Abendmahl empfangen.

com·mune[2] ['kɒmjuːn] *s.* Kom'mune *f* (*a. sociol.*).

com·mu·ni·ca·ble [kə'mjuːnɪkəbl] *adj.* □ **1.** mitteilbar; **2.** ⚕ über'tragbar, ansteckend; **com'mu·ni·cant** [-ənt] **I** *s.* **1.** *eccl.* Kommuni'kant(in); **2.** Gewährsmann *m*, Informant(in); **II** *adj.* **3.** mitteilend; **4.** teilhabend; **com'mu·ni·cate** [-keɪt] **I** *v/t.* **1.** mitteilen (***to*** *dat.*); **2.** (*a.* ⚕) über'tragen (***to*** auf *acc.*); **II** *v/i.* **3.** sich besprechen, Gedanken *etc.* austauschen, in Verbindung stehen, kommunizieren (***with*** mit), sich mitteilen (***with*** *dat.*); **4.** sich in Verbindung setzen (***with*** mit); **5.** in Verbindung stehen, zs.-hängen (***with*** mit): ***these two rooms ~*** diese beiden Räume haben e-e Verbindungstür; **6.** sich mitteilen (*Erregung etc.*) (***to*** *dat.*); **7.** *eccl.* → ***commune***[1] 2.

com·mu·ni·ca·tion [kə,mjuːnɪ'keɪʃn] *s.* **1.** (***to***) *allg.* Mitteilung *f* (an *acc.*): a) Verständigung *f* (*gen. od.* von), b) Über'mittlung *f e-r Nachricht* (an *acc.*), c) Nachricht *f* (an *acc.*), d) Kommunikati'on *f* (*e-r Idee etc.*); **2.** Kommunikati'on *f*, Gedankenaustausch *m*, Verständigung *f*; (Brief-, Nachrichten)Verkehr *m*; Verbindung *f*: ***be in ~ with s.o.*** mit j-m in Verbindung stehen; **3.** (*a. phys.*) Über'tragung *f*, Fortpflanzung *f* (***to*** auf *acc.*); **4.** Kommunikati'on *f*, Verkehrsweg *m*, Verbindung *f*, 'Durchgang *m*; **5.** *pl.* a) Fernmelde-, Nachrichtenwesen *n* (*a.* ⚔): ***~ net*** Fernmeldenetz *n*; ***~ officer*** Fernmeldeoffizier *m*, b) Verbindungswege *pl.*, Nachschublinien *pl.*; **6.** *pl.* Kommunikati'onswissenschaft *f*; **~ cen·tre** (*Am.* **cen·ter**) *s.* ⚔ 'Fernmeldezen,trale *f*; **~ cord** *s.* 🚆 Notleine *f*, -bremse *f*; **~ en·gi·neer·ing** *s.* 'Nachrichten,technik *f*; **~s gap** *s.* Kommunikati'onslücke *f*; **~s sat·el·lite** *s.* 'Nachrichtensatel,lit *m*; **~s sys·tem** *s.* Kommunikati'onssys,tem *n*; **~ trench** *s.* ⚔ Verbindungs-, Laufgraben *m*.

com·mu·ni·ca·tive [kə'mjuːnɪkətɪv] *adj.* □ mitteilsam, kommunika'tiv; **com'mu·ni·ca·tor** [-keɪtə] *s.* **1.** Mitteilende(r *m*) *f*; **2.** *tel.* (Zeichen)Geber *m*.

com·mun·ion [kə'mjuːnjən] *s.* **1.** Gemeinschaft *f*; **2.** enge Verbindung; 'Umgang *m*: ***hold ~ with o.s.*** Einkehr bei sich selbst halten; **3.** Religi'onsgemeinschaft *f*; **4.** *eccl.* ℞, *a.* ***Holy ℞*** (heilige) Kommuni'on, (heiliges) Abendmahl: ***℞ cup*** Abendmahlskelch *m*; ***℞ table*** Abendmahlstisch *m*.

com·mu·ni·qué [kə'mjuːnɪkeɪ] (*Fr.*) *s.* Kommuni'qué *n*.

com·mu·nism ['kɒmjʊnɪzəm] *s.* Kommu'nismus *m*; **'com·mu·nist** [-nɪst] **I** *s.* Kommu'nist(in); **II** *adj.* → **com·mu·nis·tic** [,kɒmjʊ'nɪstɪk] *adj.* kommu'nistisch.

com·mu·ni·ty [kə'mjuːnətɪ] *s.* **1.** Gemeinschaft *f*: ***~ aerial*** (*bsd. Am.* ***antenna***) Gemeinschaftsantenne *f*; ***~ spirit*** Gemeinschaftsgeist *m*; ***~ singing*** Gemeinschaftssingen *n*; **2.** Gemeinde *f*, Körperschaft *f*: ***the mercantile ~*** die Kaufmannschaft; ***~ centre*** (*Am.* ***center***) Gemeindezentrum *n*; ***~ chest***, ***~ fund*** *Am.* Wohlfahrtsfonds *m*; ***~ home*** *Brit.* Erziehungsheim *n*; **3.** Gemeinwesen *n*: ***the ~*** a) die Allgemeinheit, das Volk, b) der Staat; ***~ ownership*** öffentliches Eigentum; **4.** Gemeinschaft *f*, Gemeinsamkeit *f*, Gleichheit *f*: ***~ of goods*** *od.* ***property*** (eheliche) Gütergemeinschaft; ***~ of interest*** Interessengemeinschaft; ***~ of goods acquired during marriage*** Errungenschaftsgemeinschaft; ***~ of heirs*** ⚖ Erbengemeinschaft.

com·mu·nize ['kɒmjʊnaɪz] *v/t.* **1.** in Gemeineigentum 'überführen, sozialisieren; **2.** kommu'nistisch machen.

com·mut·a·ble [kə'mjuːtəbl] *adj.* **1.** austauschbar, 'umwandelbar; **2.** *durch Geld* ablösbar; **com·mu·tate** ['kɒmjʊteɪt] *v/t.* ϟ *Strom* a) wenden, b) gleichrichten; **com·mu·ta·tion** [,kɒmjuː'teɪʃn] *s.* **1.** 'Um-, Austausch *m*, 'Umwandlung *f*; **2.** Ablösung *f*, Abfindung *f*; **3.** ⚖ 'Straf,umwandlung *f*, -milderung *f*; **4.** ϟ 'Umschaltung *f*, Stromwendung *f*; **5.** 🚆 *etc.* Pendelverkehr *m*: ***~ ticket*** Zeitkarte *f*; **com'mu·ta·tive** [-ətɪv] *adj.* □ **1.** auswechselbar, Ersatz..., Tausch...; **2.** wechselseitig; **com·mu·ta·tor** ['kɒmjʊteɪtə] *s.* ϟ a) Kommu'tator *m*, Pol-, Stromwender *m*, b) Kol'lektor *m*, c) *mot.* Zündverteiler *m*; Gleichrichter *m*; **com·mute** [kə'mjuːt] **I** *v/t.* **1.** ein-, 'umtauschen, auswechseln; **2.** *Zahlung* 'umwandeln (***into*** in *acc.*), ablösen (***for***, ***into*** durch); **3.** ⚖ *Strafe* umwandeln (***to***, ***into*** in *acc.*); **4.** → ***commutate***; **II** *v/i.* **5.** 🚆 *etc.* pendeln; **com'mut·er** [-tə] *s.* **1.** 🚆 *etc.* Zeitkarteninhaber(in), Pendler *m*: ***~ belt*** Einzugsbereich *m* (*e-r Stadt*); ***~ traffic*** Pendlerverkehr *m*; ***~ train*** Nahverkehrszug *m*; **2.** → ***commutator***.

com·pact[1] ['kɒmpækt] *s.* Pakt *m*, Vertrag *m*.

com·pact[2] [kəm'pækt] **I** *adj.* □ **1.** kom'pakt, fest, dicht (zs.-)gedrängt; mas'siv: ***~ car*** → 6; ***~ camera*** Kom'pakt,kamera *f*; ***~ cassette*** Kompaktkassette *f*; ***~ disk*** CD *f*; **2.** gedrungen;

3. knapp, gedrängt (*Stil*); **II** *v/t.* **4.** zs.-drängen, -pressen, fest verbinden; zs.-fügen: **~ed of** zs.-gesetzt aus; **III** *s.* ['kɒmpækt] **5.** Kom'paktpuder(dose *f*) *m*; **6.** *Am.* Kom'paktwagen *m*; **com'pact·ness** [-nɪs] *s.* **1.** Kom'paktheit *f*, Festigkeit *f*; **2.** *fig.* Knappheit *f*, Gedrängtheit *f* (*Stil*).

com·pan·ion¹ [kəm'pænjən] **I** *s.* **1.** Begleiter(in), Gesellschafter(in); *engS.* Gesellschafterin *f e-r Dame*; **2.** Kame'rad(in), Genosse *m*, Genossin *f*, Gefährte *m*, Gefährtin *f*: **~-in-arms** Waffenbruder *m*; **~ in misfortune** Leidensgefährte; **constant ~** ‚ständiger Begleiter' (*e-r Dame*); **3.** Gegen-, Seitenstück *n*, Pen'dant *n*: **~ volume** Begleitband *m*; **4.** Handbuch *n*; **5.** Ritter *m*: **♀ of the Bath** Ritter des Bath-Ordens; **II** *v/t.* **6.** begleiten; **III** *v/i.* **7.** verkehren (**with** mit); **IV** *adj.* **8.** (dazu) passend, da'zugehörig.

com·pan·ion² [kəm'pænjən] *s.* ⚓ **1.** → **companion hatch**; **2.** Ka'jütstreppe *f*; **3.** Deckfenster *n*.

com·pan·ion·a·ble [kəm'pænjənəbl] *adj.* □ 'umgänglich, gesellig; **com'pan·ion·a·ble·ness** [-nɪs] *s.* 'Umgänglichkeit *f*; **com'pan·ion·ate** [-nɪt] *adj.* kame'radschaftlich: **~ marriage** Kameradschaftsehe *f*.

com·pan·ion| hatch *s.* ⚓ Ka'jütsklappe *f*, -luke *f*; **~ lad·der** → **companion²** 2.

com·pan·ion·ship [kəm'pænjənʃɪp] *s.* **1.** Kame'radschaft *f*; Gesellschaft *f*; **2.** *typ. Brit.* Ko'lonne *f* von Setzern.

com'pan·ion·way → **companion²** 2.

com·pa·ny ['kʌmpənɪ] *s.* **1.** Gesellschaft *f*, Begleitung *f*: **for ~** zur Gesellschaft; **in ~ with** in Gesellschaft von, zusammen mit; **he is good ~** man ist gern mit ihm zusammen; **I am** (*od.* **err**) **in good ~** ich bin in guter Gesellschaft (*wenn ich das tue*); **keep** (*od.* **bear**) **s.o. ~** j-m Gesellschaft leisten; **part ~** a) sich trennen (**with** von), b) uneinig werden; **2.** Gesellschaft *f*, Besuch *m*, Gäste *pl.*: **have ~** Besuch haben; **be fond of ~** die Geselligkeit lieben; **see much ~** a) viel Besuch haben, b) oft in Gesellschaft gehen; **3.** Gesellschaft *f*, 'Umgang *m*: **avoid bad ~** schlechte Gesellschaft meiden; **keep ~ with** verkehren mit; **4.** ✝ (Handels)Gesellschaft *f*, Firma *f*: **~ assets** Betriebsvermögen *n*; **~ car** Firmenwagen *m*; **~ failure** Insolvenz *f*; **~ law** Gesellschaftsrecht *n*; **~ pension plan** betriebliche Altersversorgung; **~ store** *Am.* betriebseigenes (Laden)Geschäft; **~ union** *Am.* Betriebsgewerkschaft *f*; **~'s water** Leitungswasser *n*; → **private** 2, **public** 3; **5.** Innung *f*, Zunft *f*, Gilde *f*; **6.** *thea.* Truppe *f*; **7.** ⚔ Kompa'nie *f*; **8.** ⚓ Mannschaft *f*.

com·pa·ra·ble ['kɒmpərəbl] *adj.* □ (**to**, **with**) vergleichbar (mit): **~ period** Vergleichszeitraum *m*; **com·par·a·tive** [kəm'pærətɪv] **I** *adj.* □ **1.** vergleichend: **~ literature** vergleichende Literaturwissenschaft; **2.** Vergleichs...; **3.** verhältnismäßig, rela'tiv; **4.** beträchtlich, ziemlich: **with ~ speed**; **5.** *ling.* komparativ, Komparativ...; **II** *s.* **6.** *a.* **~ degree** Komparativ *m*; **com·par·a·tive·ly** [kəm'pærətɪvlɪ] *adv.* verhältnismäßig, ziemlich.

com·pare [kəm'peə] **I** *v/t.* **1.** vergleichen (**with** mit): **as ~d with** im Vergleich zu; → **note** 2; **2.** vergleichen, gleichstellen, -setzen: **not to be ~d to** (*od.* **with**) nicht zu vergleichen mit; **3.** *ling.* steigern; **II** *v/i.* **4.** sich vergleichen (lassen), e-n Vergleich aushalten (**with** mit): **~ favo(u)rably with** den Vergleich mit ... nicht zu scheuen brauchen; besser sein als; **III** *s.* **5. beyond ~** unvergleichlich; **com'par·i·son** [-'pærɪsn] *s.* **1.** Vergleich *m*: **by ~** vergleichsweise; **in ~ with** im Vergleich mit *od.* zu; **bear ~ with** e-n Vergleich aushalten mit; **beyond** (**all**) **~** unvergleichlich; **2.** Ähnlichkeit *f*; **3.** *ling.* Steigerung *f*; **4.** Gleichnis *n*.

com·part·ment [kəm'pɑːtmənt] *s.* **1.** Ab'teilung *f*; Fach *n*, Feld *n*; **2.** 🚃 (Wagen)Abteil *n*; **3.** ⚓ Schott *n*: → **watertight**; **4.** *parl. Brit.* Punkt *m* der Tagesordnung; **com·part·men·tal·ize** [ˌkɒmpɑːt'mentəlaɪz] *v/t. bsd. fig.* (auf)teilen.

com·pass ['kʌmpəs] **I** *s.* **1.** *phys.* Kompass *m*: **mariner's ~** ⚓ Schiffskompass; **points of the ~** *die* Himmelsrichtungen; **2.** *pl. oft* **pair of ~es** Zirkel *m*; **3.** 'Umkreis *m*, 'Umfang *m*, Ausdehnung *f* (*a. fig.*): **within the ~ of** innerhalb; **it is beyond my ~** es geht über m-n Horizont; **4.** Bereich *m*, Gebiet *n*; **5.** ♪ 'Umfang *m* (*Stimme etc.*); **6.** Grenzen *pl.*, Schranken *pl.*: **to keep within ~** in Schranken halten; **II** *v/t.* **7.** erreichen, zu'stande bringen; **8.** planen; *b.s.* anzetteln; **9.** → **encompass**; **~ bear·ing** *s.* ⚓ Kompasspeilung *f*; **~ box** *s.* ⚓ Kompassgehäuse *n*; **~ card** *s.* ⚓ Kompassscheibe *f*, Windrose *f*.

com·pas·sion [kəm'pæʃn] *s.* Mitleid *n*, Erbarmen *n* (**for** mit): **to have** (*od.* **take**) **~** (**on**) Mitleid haben (mit), sich erbarmen (*gen.*); **com'pas·sion·ate** [-ʃənət] *adj.* □ mitleidsvoll: **~ allowance** (gesetzlich nicht verankerte Beihilfe als) Härteausgleich *m*; **~ leave** ⚔ Sonderurlaub *m* aus familiären Gründen.

com·pass| nee·dle *s.* Kompassnadel *f*; **~ plane** *s.* ⚙ Rundhobel *m*; **~ rose** *s.* ⚓ Windrose *f*; **~ saw** *s.* Stichsäge *f*; **~ win·dow** *s.* ⚠ Rundbogenfenster *n*.

com·pat·i·bil·i·ty [kəmˌpætə'bɪlətɪ] *s.* **1.** Vereinbarkeit *f*; **2.** Verträglichkeit *f*; **3.** *Nachrichtentechnik*: Kompatibili'tät *f*; **com·pat·i·ble** [kəm'pætəbl] *adj.* □ **1.** (mitein'ander) vereinbar, im Einklang (**with** mit); **2.** angemessen (**with** *dat.*); **3.** ⚕ verträglich; **4.** *Nachrichtentechnik*, *Computer etc.*: kompa'tibel.

com·pa·tri·ot [kəm'pætrɪət] *s.* Landsmann *m*, -männin *f*.

com·peer [kɒm'pɪə] *s.* **1.** Standesgenosse *m*; Gleichgestellte(r *m*) *f*: **have no ~** nicht seinesgleichen haben; **2.** Kame'rad(in).

com·pel [kəm'pel] *v/t.* **1.** zwingen, nötigen; **2.** *et.* erzwingen; *a. Bewunderung etc.* abnötigen (**from s.o.** j-m); **3. ~ s.o. to s.th.** j-m et. aufzwingen; **com'pel·ling** [-lɪŋ] *adj.* **1.** zwingend, stark; **2.** 'unwiderˌstehlich; verlockend.

com·pen·di·ous [kəm'pendɪəs] *adj.* □ kurz (gefasst), gedrängt; **com'pen·di·um** [-əm] *pl.* **-ums**, **-a** [-ə] *s.* **1.** Kom'pendium *n*, Handbuch *n*; **2.** Zs.-fassung *f*, Abriss *m*.

com·pen·sate ['kɒmpenseɪt] **I** *v/t.* **1.** *j-n* entschädigen (**for** für, **by** durch), *Am. a.* bezahlen, entlohnen; **2.** *et.* ersetzen, vergüten (**to s.o.** j-m); **3.** aufwiegen, ausgleichen (*a.* ⚙), *bsd. psych. u.* ⚙ kompensieren; **II** *v/i.* **4.** (**for**) ersetzen (*acc.*); Ersatz leisten (für); wettmachen (*acc.*); **5. ~ for** → 3; **6.** sich ausgleichen *od.* aufheben; **com·pen·sa·tion** [ˌkɒmpen'seɪʃn] *s.* **1.** Entschädigung *f*, (Schaden)Ersatz *m*; **2.** *Am.* Vergütung *f*, Entgelt *n*; **3.** Belohnung *f*; **4.** *pl.* Vorteile *pl.*; **5.** ⚖ Abfindung *f*; Aufrechnung *f*; **6.** ⚗, ⚡, ⚙, *psych.* Kompensati'on *f*; **com·pen·sa·tive** [kəm'pensətɪv] *adj.* **1.** entschädigend, Entschädigungs...; vergütend; **2.** Ersatz...; **3.** kompensierend, ausgleichend; **'com·pen·sa·tor** [-tə] *s.* ⚙ Kompen'sator *m*, Ausgleichsvorrichtung *f*; **com·pen·sa·to·ry** [kəm'pensətərɪ] → **compensative**.

com·père ['kɒmpeə] (*Fr.*) *bsd. Brit.* **I** *s.* Conférenci'er *m*, Ansager(in); **II** *v/t. u. v/i.* konferieren, ansagen (bei).

com·pete [kəm'piːt] *v/i.* **1.** in Wettbewerb treten, sich (mit)bewerben (**for** um); **2.** konkurrieren (*a.* ✝), wetteifern, sich messen (**with** mit); sich behaupten; **3.** *sport* am Wettkampf teilnehmen; kämpfen (**for** um).

com·pe·tence ['kɒmpɪtəns], **'com·pe·ten·cy** [-sɪ] *s.* **1.** (**for**) Befähigung *f* (zu), Tauglichkeit *f* (für); **2.** ⚖ a) Kompe'tenz *f*, Zuständigkeit *f*, Befugnis *f*, b) Zurechnungsfähigkeit *f*; **3.** Auskommen *n*; **'com·pe·tent** [-nt] *adj.* □ **1.** (leistungs)fähig, tüchtig; fachkundig, qualifiziert; **2.** ausreichend, angemessen; **3.** ⚖ a) zuständig, befugt, b) zulässig (*Zeuge*), c) zurechnungs-, geschäftsfähig; **4.** statthaft.

com·pe·ti·tion [ˌkɒmpɪ'tɪʃn] *s.* **1.** Wettbewerb *m*, -kampf *m* (**for** um), *sport a.* Ver'anstaltung *f*, Konkur'renz *f*; **2.** ✝ Konkur'renz *f*: a) Wettbewerb *m*: **open** (**unfair**) **~** freier (unlauterer) Wettbewerb; **destructive ~** ruinöser Wettbewerb, b) Konkur'renzkampf *m*, c) Konkur'renzfirmen *pl.*; **3.** Preisausschreiben *n*; **4.** Gegner *pl.*, Ri'valen *pl.*, Konkur'renz *f*; **com·pet·i·tive** [kəm'petətɪv] *adj.* □ **1.** konkurrierend, Konkurrenz..., Wettbewerbs...: **~ advantage** Wettbewerbsvorteil *m*; **~ capacity** ✝ Konkurrenzfähigkeit *f*; **~ disadvantage** Wettbewerbsnachteil *m*; **~ edge** Wettbewerbsvorteil *m*; **~ pressure** Wettbewerbsdruck *m*; **~ sport(s)** Kampfsport *m*; **2.** konkur'renz-, wettbewerbsfähig (*Preise etc.*); **com·pet·i·tive·ness** [kəm'petətɪvnɪs] *s.* ✝ Konkur'renz-, Wettbewerbsfähigkeit *f*; **com·pet·i·tor** [kəm'petɪtə] *s.* **1.** Mitbewerber(in) (**for** um); **2.** ✝ Konkur'rent(in); **3.** *sport* Teilnehmer(in), Ri'vale *m*, Ri'valin *f*.

com·pi·la·tion [ˌkɒmpɪ'leɪʃn] *s.* Kompilati'on *f*: a) Zs.-stellung *f*, b) Sammelwerk *n* (*Buch*); **com·pile** [kəm'paɪl] *v/t.* **1.** zs.-stellen, kompilieren; **2.** *Material* zs.-tragen; **com·pil·er** [kəm'paɪlə] *s.* **1.** Bearbeiter(in), Verfasser(in); **2.** *Computer*: Com'piler *m*.

com·pla·cence [kəm'pleɪsns], **com'pla·cen·cy** [-sɪ] *s.* 'Selbstzuˌfriedenheit *f*, -gefälligkeit *f*; **com'pla·cent** [-nt] *adj.* □ 'selbstzuˌfrieden, -gefällig.

com·plain [kəm'pleɪn] *v/i.* **1.** sich beklagen, sich beschweren (**of**, **about** über *acc.*, **to** bei, **that** dass); **2.** klagen (**of** über *acc.*); **3.** ✝ reklamieren: **~ about** *a. et.* beanstanden; **4.** ⚖ a) klagen, b) (Straf)Anzeige erstatten (**of** gegen); **com'plain·ant** [-nənt] *s.* ⚖ Kläger(in); Beschwerdeführer *m*; **com'plaint** [-nt] *s.* **1.** Klage *f*, Beschwerde *f*, Beanstandung *f*: **make a ~ about** Klage führen über (*acc.*); **2.** ⚖ Klage *f*, *a.* Strafanzeige *f*; **3.** ✝ Reklamati'on *f*, Beanstandung *f*; **4.** ⚕ Beschwerde *f*, Leiden *n*.

com·plai·sance [kəm'pleɪzəns] *s.* Gefälligkeit *f*, Willfährigkeit *f*, Höflichkeit *f*; **com'plai·sant** [-nt] *adj.* □ gefällig, entgegenkommend.

com·ple·ment **I** *v/t.* ['kɒmplɪment] **1.** ergänzen, ver'vollständigen: **~ each other** sich (gegenseitig) ergänzen; **II** *s.* [-mənt] **2.** Ergänzung *f*, Ver'vollständigung *f*; **3.** 'Vollständigkeit *f*, -zähligkeit *f*; **4.** *a.* **full ~** volle Anzahl *od.* Menge; ⚓ volle Besatzung; **5.** *ling.* Ergänzung *f*; **6.** ⚗ Komple'ment *n*; **com·ple·men·tal** [ˌkɒmplɪ'mentl] *adj.* □, **com·ple·men·ta·ry** [ˌkɒmplɪ'mentərɪ] *adj.* Ergänzungs..., Komplementär... (*a.* ⚗, *Farben*); (sich) ergänzend.

com·plete [kəm'pliːt] **I** *adj.* □ **1.** 'vollständig, voll'kommen, völlig, ganz, kom'plett: **~ with ...** samt (*dat.*), ... eingeschlossen; **2.** 'vollzählig, sämtlich; **3.** beendet, fertig; **4.** völlig: **a ~ surprise**; **5.** *obs.* per'fekt; **II** *v/t.* **6.** ver'vollständigen, ergänzen; **7.** beenden, abschließen, fertig stellen, erledigen; **8.** voll'enden, ver'vollkommnen; *Formular* ausfüllen; **com'plete·ly** [-lɪ] *adv.*: **~ automatic** vollautomatisch; **com'plete·ness** [-nɪs] *s.* 'Vollständigkeit *f*, Voll'kommenheit *f*; **com'ple·tion** [-iːʃn] *s.* **1.** Voll'endung *f*, Fertigstellung *f*, Abschluss *m*, Ablauf *m*: **(up)on ~ of** nach Vollendung *od.* Ablauf von *od. gen.*; **bring to ~** zum Abschluss bringen, fertig stellen; **~ date** Fertigstellungstermin *m*; **2.** Ver'vollständigung *f*; **3.** (Vertrags- *etc.*)Erfüllung *f*; **4.** Ausfüllung *f* (*e-s Formulars*).

com·plex ['kɒmpleks] **I** *adj.* □ **1.** zs.-gesetzt (*a. ling.*); **2.** kompliziert, verwickelt; **II** *s.* **3.** Kom'plex *m* (*a. psych.*), Gesamtheit *f*, *das* Ganze; **4.** (Ge'bäude- *etc.*)Komˌplex *m*; **5.** ⚗ Kom'plexverbindung *f*; **com·plex·ion** [kəm'plekʃn] *s.* **1.** Gesichtsfarbe *f*, Teint *m*; **2.** *fig.* Aussehen *n*, Anstrich *m*, Cha'rakter *m*: **that puts a different ~ on it** das gibt der Sache ein (ganz) anderes Gesicht; **3.** *fig.* Cou'leur *f*, (po'litische) Richtung; **com·plex·i·ty** [kəm'pleksɪtɪ] *s.* **1.** Komplexi'tät *f* (*a.* ⚗), Kompliziertheit *f*, Vielschichtigkeit *f*; **2.** *et.* Kom'plexes.

com·pli·ance [kəm'plaɪəns] *s.* **1.** Einwilligung *f*, Erfüllung *f*; Befolgung *f* (**with** *gen.*): **in ~ with** gemäß; **2.** Willfährigkeit *f*; **com'pli·ant** [-nt] *adj.* □ willfährig.

com·pli·ca·cy ['kɒmplɪkəsɪ] *s.* Kompliziertheit *f*; **com·pli·cate** ['kɒmplɪkeɪt] *v/t.* komplizieren; **'com·pli·cat·ed** [-keɪtɪd] *adj.* kompliziert; **com·pli·ca·tion** [ˌkɒmplɪ'keɪʃn] *s.* **1.** Komplikati'on *f* (*a.* ✱); **2.** Kompliziertheit *f*.

com·plic·i·ty [kəm'plɪsətɪ] *s.* Mitschuld *f*, Mittäterschaft *f*: **look of ~** komplizenhafter Blick.

com·pli·ment **I** *s.* ['kɒmplɪmənt] **1.** Kompli'ment *n*: **pay s.o. a ~** j-m ein Kompliment machen; → **fish** 8; **2.** Ehrenbezeigung *f*, Lob *n*: **do s.o. the ~** j-m die Ehre erweisen (**of** zu *inf. od. gen.*); **3.** Empfehlung *f*, Gruß *m*: **my best ~s** m-e Empfehlung; **with the ~s of the season** mit den besten Wünschen zum Fest; **II** *v/t.* [-ment] **4.** (**on**) beglückwünschen (zu); *j-m* Kompli'mente machen (über *acc.*); **com·plimen·ta·ry** [ˌkɒmplɪ'mentərɪ] *adj.* **1.** höflich, Höflichkeits...; schmeichelhaft: **~ close** Gruß-, Schlussformel *f* (*in Briefen*); **2.** Ehren...: **~ ticket** Ehren-, Freikarte *f*; **~ dinner** Festessen *n*; **3.** Frei..., Gratis...: **~ copy** Freiexemplar *n*; **~ meals** kostenlose Mahlzeiten.

com·plot ['kɒmplɒt] **I** *s.* Kom'plott *n*, Verschwörung *f*; **II** *v/i.* sich verschwören.

com·ply [kəm'plaɪ] *v/i.* (**with**) *e-r Bitte etc.* nachkommen *od.* entsprechen, erfüllen (*acc.*), *Regel etc.* befolgen, einhalten: **he would not ~** er wollte nicht einwilligen.

com·po ['kɒmpəʊ] (*abbr. für* **composition**) *s.* Putz *m*, Gips *m*, Mörtel *m etc.*

com·po·nent [kəm'pəʊnənt] **I** *adj.* e-n Teil bildend, Teil...: **~ part** → **II** *s.* (Bestand)Teil *m*, ⚙ *a.* 'Bauele,ment *n*.

com·port [kəm'pɔːt] **I** *v/t.* **~ o.s.** sich betragen; **II** *v/i.* **~ with** passen zu.

com·pos ['kɒmpəs] → **compos mentis**.

com·pose [kəm'pəʊz] **I** *v/t.* **1.** *mst pass.* zs.-setzen: **be ~d of** bestehen aus; **2.** bilden; **3.** entwerfen, ordnen, zurechtlegen; **4.** aufsetzen, verfassen; **5.** ♪ komponieren; **6.** *typ.* setzen; **7.** *Streit* schlichten; *s-e Gedanken* sammeln; **8.** besänftigen: **~ o.s.** sich beruhigen, sich fassen; **9.** **~ o.s.** sich anschicken (**to** zu); **II** *v/i.* **10.** schriftstellern, dichten; **11.** komponieren; **com'posed** [-zd] *adj.*, **com'pos·ed·ly** [-zɪdlɪ] *adv.* ruhig, gelassen; **com'pos·ed·ness** [-zɪdnɪs] *s.* Gelassenheit *f*, Ruhe *f*; **com'pos·er** [-zə] *s.* **1.** ♪ Kompo'nist(in); **2.** Verfasser(in).

com·pos·ing [kəm'pəʊzɪŋ] *adj.* **1.** beruhigend, Beruhigungs...; **2.** *typ.* Setz...: **~ machine**; **~ room** Setzerei *f*; **~ stick** Winkelhaken *m*.

com·pos·ite ['kɒmpəzɪt] **I** *adj.* □ **1.** zs.-gesetzt (*a.* ⚗), gemischt; vielfältig; Misch...: **~ construction** ⚠ Gemischtbauweise *f*; **~ metal** Verbundmetall *n*; **2.** ⚘ Korbblütler...; **II** *s.* **3.** Zs.-setzung *f*, Mischung *f*; **4.** *Kriminalistik*: Phan'tombild *n*; **5.** ⚘ Korbblütler *m*; **~ pho·to·graph** *s.* 'Fotomonˌtage *f*.

com·po·si·tion [ˌkɒmpə'zɪʃn] *s.* **1.** Zs.-setzung *f* (*a. ling.*), Bildung *f*; **2.** Abfassung *f*, Entwurf *m*, Anordnung *f*, Gestaltung *f*, Aufbau *m*; **3.** Satzbau *m*; Stilübung *f*, Aufsatz *m*, *a.* Über'setzung *f*: **English ~**; **4.** Schrift(werk *n*) *f*, Dichtung *f*; **5.** ♪ Kompositi'on *f*, Mu'sikstück *n*; **6.** *typ.* Setzen *n*, Satz *m*; **7.** *a.* ⚙, ⚗ Zs.-setzung *f*, Verbindung *f*, 'Mischmateriˌal *n*; **8.** Über'einkunft *f*, Abkommen *n*; **9.** ⚖, ✝ Vergleich *m mit Gläubigern*: **~ proceedings** (Konkurs)Vergleichsverfahren *n*; **10.** Wesen *n*, Na'tur *f*, Anlage *f*; **com·pos·i·tor** [kəm'pɒzɪtə] *s. typ.* (Schrift)Setzer *m*.

com·pos men·tis [ˌkɒmpəs'mentɪs] (*Lat.*) *adj.* ⚖ bei klarem Verstand, geschäftsfähig.

com·post ['kɒmpɒst] **I** *s.* Mischdünger *m*, Kom'post *m*; **II** *v/t.* kompostieren.

com·po·sure [kəm'pəʊʒə] *s.* (Gemüts-) Ruhe *f*, Gelassenheit *f*, Fassung *f*.

com·pote ['kɒmpɒt] *s.* **1.** Kom'pott *n*; **2.** Kom'pottschale *f*.

com·pound[1] ['kɒmpaʊnd] *s.* **1.** Lager *n*; **2.** Gefängnishof *m*; **3.** (Tier)Gehege *n*.

com·pound[2] [kəm'paʊnd] **I** *v/t.* **1.** mischen, mengen; zs.-setzen, vereinigen, verbinden; **2.** (zu)bereiten, herstellen; **3.** in Güte *od.* durch Vergleich beilegen; erledigen; **4.** ⚖, ✝ a) in Raten abzahlen, b) durch einmalige Zahlung regeln: **~ creditors** Gläubiger befriedigen; **5.** gegen Schadloshaltung auf Strafverfolgung (*gen.*) verzichten; **6.** verschlimmern, steigern; **II** *v/i.* **7.** *a.* ⚖, ✝ sich (durch Abfindung) einigen *od.* vergleichen (**with** mit, **for** über *acc.*); **III** *s.* ['kɒmpaʊnd] **8.** Zs.-setzung *f*, Mischung *f*; Masse *f*; Präpa'rat *n*; **9.** ⚗ Verbindung *f*; **10.** *ling.* Kom'positum *n*; **IV** *adj.* ['kɒmpaʊnd] **11.** zs.-gesetzt (*a.* ⚘, ⚗, *ling.*); ⚡, ⚙ Verbund...(*-dynamo*, *-motor*, *-stahl etc.*): **~ eye** *zo.* Netz-, Facettenauge *n*; **~ fracture** ✱ komplizierter Bruch; **~ fruit** ⚘ Sammelfrucht *f*; **~ interest** Staffel-, Zinseszinsen *pl.*; **~ sentence** *ling.* zs.-gesetzter Satz.

com·pre·hend [ˌkɒmprɪ'hend] *v/t.* **1.** um'fassen, einschließen; **2.** begreifen, verstehen; **ˌcom·pre'hen·si·ble** [-nsəbl] *adj.* begreiflich, verständlich; **ˌcom·pre'hen·sion** [-nʃən] *s.* **1.** 'Umfang *m*; **2.** Einbeziehung *f*; **3.** Begriffsvermögen *n*; Verstand *m*; Verständnis *n*, Einsicht *f*: **quick (slow) of ~** schnell (schwer) von Begriff; **4.** *bsd. eccl.* Duldung *f* (*anderer Ansichten*); **ˌcom·pre'hen·sive** [-nsɪv] **I** *adj.* □ **1.** um'fassend; inhaltsreich: **(fully) ~ insurance** *mot.* Vollkaskoversicherung *f*; **~ school** Gesamtschule *f*; **go ~** F a) die Gesamtschule einführen, b) in e-e Gesamtschule umgewandelt werden; **2.** verstehend: **~ faculty** Begriffsvermögen *n*; **II** *s.* **3.** *Brit.* Gesamtschule *f*; **ˌcom·pre'hen·sive·ness** [-nsɪvnɪs] *s.* 'Umfang *m*, Weite *f*; Reichhaltigkeit *f*; *das* Um'fassende.

com·press **I** *v/t.* [kəm'pres] zs.-drücken, -pressen, komprimieren; **II** *s.* ['kɒmpres] ✱ Kom'presse *f*, 'Umschlag *m*; **com'pressed** [-st] *adj.* **1.** komprimiert, zs.-gepresst: **~ air** Press-, Druckluft *f*; **2.** *fig.* zs.-gefasst, gedrängt, gekürzt; **com'press·i·ble** [-səbl] *adj.* komprimierbar; **com'pres·sion** [-eʃn] *s.* **1.** Zs.-pressen *n*, -drücken *n*; Verdichtung *f*, Druck *m*; **2.** *fig.* Zs.-drängung *f*; **3.** ⚙ Druck *m*, Kompressi'on *f*: **~ mo(u)lding** Formpressen *n*; **~-mo(u)lded** formgepresst (*Plastik*); **com'pres·sive** [-sɪv] *adj.* zs.-pressend, Press..., Druck...; **com'pres·sor** [-sə] *s.* **1.** ⚙ Kom'pressor *m*, Verdichter *m*; ✈ Lader *m*; **2.** *anat.* Schließmuskel *m*; **3.** ✱ Druckverband *m*.

com·prise [kəm'praɪz] *v/t.* einschließen, um'fassen, enthalten, beinhalten.

com·pro·mise ['kɒmprəmaɪz] **I** *s.* **1.** Kompro'miss *m*, (gütlicher) Vergleich; Über'einkunft *f*; **II** *v/t.* **2.** durch Kompro'miss regeln; **3.** gefährden, aufs Spiel setzen; beeinträchtigen; **4.** (*a.* **o.s.** sich) bloßstellen *od.* kompromittieren; **III** *v/i.* **5.** e-n Kompro'miss schließen, zu e-r Über'einkunft gelangen (**on** über *acc.*).

comp·trol·ler [kən'trəʊlə] *s.* (staatlicher) Rechnungsprüfer: **♀ General** *Am.* Präsident *m* des Rechnungshofes.

com·pul·sion [kəm'pʌlʃn] *s.* Zwang *m* (*a. psych.*): **under ~** unter Zwang *od.* Druck, gezwungen; **com'pul·sive** [-lsɪv] *adj.* □ zwingend, (*a. psych.*) Zwangs...; **com'pul·so·ry** [-lsərɪ] *adj.* □ obliga'torisch, zwangsmäßig, Zwangs...; bindend; Pflicht...: **~ auction** ⚖ Zwangsversteigerung *f*; **~ education** allgemeine Schulpflicht; **~ insurance** Pflichtversicherung *f*; **~ military service** allgemeine Wehrpflicht; **~ purchase** ⚖ Enteignung *f*; **~ subject** *ped.* Pflichtfach *n*.

com·punc·tion [kəm'pʌŋkʃn] *s.* a) Gewissensbisse *pl.*, b) Reue *f*, c) Bedenken *pl.*: ***without*** ~.

com·put·a·ble [kəm'pjuːtəbl] *adj.* berechenbar; **com·put·a·hol·ic** [kəm,pjuːtə'hɒlɪk] *s.* Computerfreak *m*; **com·pu·ta·tion** [ˌkɒmpjuː'teɪʃn] *s.* Berechnung *f*, 'Überschlag *m*, Schätzung *f*; **ˌcom·pu'ta·tion·al** [-ʃənl] *adj.* Computer...; **compute** [kəm'pjuːt] **I** *v/t.* berechnen, schätzen, veranschlagen (***at*** auf *acc.*); **II** *v/i.* rechnen; **com'put·er** [-tə] *s.* **1.** (Be)Rechner *m*; **2.** ↯ Com'puter *m*: ~***-aided*** computergestützt; ~ ***animation*** Com'puteranimatiˌon *f*; ~ ***centre*** (*Am.* ***center***) Rechenzentrum *n*; ~***-control(l)ed*** computergesteuert; ~ ***crash*** Computerabsturz *m*; ~ ***expert*** Computerfachmann *m*; ~ ***game*** Computerspiel *n*; ~ ***graphics*** *pl.* (*als sg. konstr.*) Com'puterˌgrafik *f*; ~***-literate*** mit Computerkenntnissen; ~ ***meltdown*** Computer-GAU *m*; ~ ***printout*** Computerausdruck *m*; ~ ***program*** Com'puterproˌgramm *n*; ~ ***room*** Computerraum *m*; ~ ***skills*** *pl.* P'C-ˌKenntnisse *pl.*; ~ ***science*** Informatik *f*; ~ ***scientist*** Informatiker(in); ~ ***tomography*** Com'putertomograˌphie *f*; ~ ***virus*** Com'puterˌvirus *m*; **com'put·er·ize** [-təraɪz] *v/t.* a) auf Com'puter 'umstellen, b) mit Com'putern betreiben.

com·rade ['kɒmrɪd] *s.* **1.** Kame'rad *m*, Genosse *m*, Gefährte *m*: ~***-in-arms*** Waffenbruder *m*; **2.** *pol.* Genosse *m*; **'com·rade·ly** [-lɪ] *adj.* kame'radschaftlich; **'com·rade·ship** [-ʃɪp] *s.* Kame'radschaft *f*.

com·sat ['kɒmsæt] → ***communications satellite***.

con[1] [kɒn] *v/t.* (auswendig) lernen, sich (*dat.*) *et.* einprägen.

con[2] → ***conn***.

con[3] [kɒn] **I** *s.* **1.** Neinstimme *f*; **2.** 'Gegenarguˌment *n*; → ***pro***[1] I; **II** *adv.* (da-) 'gegen.

con[4] [kɒn] *sl.* **I** *adj.* **1.** betrügerisch: ~ ***game*** → ***confidence game***; ~ ***man*** → 3; **II** *v/t.* **2.** ˌreinlegen': ~ ***s.o. out of*** j-n betrügen um; ~ ***s.o. into doing s.th.*** j-n (durch Schwindel) dazu bringen, et. zu tun; **III** *s.* **3.** Betrüger *m*; Hochstapler *m*; Ga'nove *m*; **4.** Sträfling *m*.

con·cat·e·nate [kɒn'kætɪneɪt] *v/t.* verketten, verknüpfen; **con·cat·e·na·tion** [kɒnˌkætɪ'neɪʃn] *s.* **1.** Verkettung *f*; **2.** Kette *f*.

con·cave [ˌkɒn'keɪv] **I** *adj.* ☐ **1.** kon'kav, hohl, ausgehöhlt; **2.** ⚙ hohlgeschliffen, Hohl...: ~ ***lens*** Zerstreuungslinse *f*; ~ ***mirror*** Hohlspiegel *m*; **II** *s.* **3.** (Aus)Höhlung *f*, Wölbung *f*; **con·cav·i·ty** [kɒn'kævətɪ] → ***concave*** 3.

con·ceal [kən'siːl] *v/t.* (***from*** vor *dat.*) verbergen: a) (*a.* ⚙) verdecken, kaschieren, b) verhehlen, verschweigen, verheimlichen, *a.* ⚔ verschleiern, tarnen, c) verstecken: ~***ed assets*** ✝ verschleierte Vermögenswerte, *Bilanz*: unsichtbare Aktiva; **con'ceal·ment** [-mənt] *s.* **1.** Verbergung *f*, Verheimlichung *f*, Geheimhaltung *f*; **2.** Verborgenheit *f*; **3.** Versteck *n*.

con·cede [kən'siːd] **I** *v/t.* **1.** zugestehen, einräumen, zugeben, anerkennen (*a.* ***that*** dass); **2.** gewähren, einräumen: ~ ***a point*** a) in e-m Punkt nachgeben, b) (***to***) *sport dem Gegner* e-n Punkt abgeben; ~ ***a goal*** ein Tor zulassen; **II** *v/i.* **3.** *sport, pol.* F sich geschlagen geben; **con'ced·ed·ly** [-dɪdlɪ] *adv.* zugestandenermaßen.

con·ceit [kən'siːt] *s.* **1.** Eingebildetheit *f*, Einbildung *f*, (Eigen)Dünkel *m*: ***in my own*** ~ nach m-r Ansicht; ***out of*** ~ ***with*** überdrüssig (*gen.*); **2.** *obs.* guter *od.* seltsamer Einfall; **con'ceit·ed** [-tɪd] *adj.* ☐ eingebildet, dünkelhaft, eitel.

con·ceiv·a·ble [kən'siːvəbl] *adj.* ☐ denkbar, erdenklich, begreiflich, vorstellbar: ***the best plan*** ~ der denkbar beste Plan; **con'ceiv·a·bly** [-blɪ] *adv.* es ist denkbar, dass; **con·ceive** [kən'siːv] **I** *v/t.* **1.** *biol. Kind* empfangen; **2.** begreifen; sich denken *od.* vorstellen: ~ ***an idea*** auf e-n Gedanken kommen; **3.** er-, ausdenken, ersinnen; **4.** *in Worten* ausdrücken; **5.** *Wunsch* hegen, (*Ab*)*Neigung* fassen, entwickeln; **II** *v/i.* **6.** (***of***) sich *et.* vorstellen; **7.** empfangen (*schwanger werden*); *zo.* aufnehmen (*trächtig werden*).

con·cen·trate ['kɒnsəntreɪt] **I** *v/t.* **1.** konzentrieren (***on***, ***upon*** auf *acc.*): a) zs.-ziehen, -ballen, massieren, b) *Gedanken etc.* richten; **2.** *fig.* zs.-fassen (***in*** in *dat.*); **3.** ⚗ a) sättigen, konzentrieren, b) verstärken, *bsd. Metall* anreichern; **II** *v/i.* **4.** sich konzentrieren (*etc.*; → 1); **5.** sich *an e-m Punkt* sammeln; **III** *s.* **6.** ⚗ Konzen'trat *n*; **'con·cen·trat·ed** [-tɪd] *adj.* konzentriert; **con·cen·tra·tion** [ˌkɒnsən'treɪʃn] *s.* **1.** Konzentrierung *f*, Konzentrati'on *f*: a) Zs.-ziehung *f*, -fassung *f*, (Zs.-)Ballung *f*, Massierung *f*, (An)Sammlung *f* (*alle a.* ⚔): ~ ***camp*** Konzentrationslager *n*, b) Hinlenkung *f* auf 'einen Punkt, c) (geistige) Sammlung, gespannte Aufmerksamkeit; **2.** ⚗ Konzentrati'on *f*, Dichte *f*, Sättigung *f*.

con·cen·tric [kɒn'sentrɪk] *adj.* (☐ ~***ally***) kon'zentrisch.

con·cept ['kɒnsept] *s.* **1.** Begriff *m*; **2.** Gedanke *m*, Auffassung *f*, Konzepti'on *f*; **con·cep·tion** [kən'sepʃn] *s.* **1.** *biol.* Empfängnis *f*; **2.** Begriffsvermögen *n*, Verstand *m*; **3.** Begriff *m*, Auffassung *f*, Vorstellung *f*: ***no*** ~ ***of ...*** keine Ahnung von ...; **4.** Gedanke *m*, I'dee *f*; **5.** Plan *m*, Anlage *f*, Kon'zept *n*, Entwurf *m*; Schöpfung *f*; **con·cep·tion·al** [kən'sepʃənl] *adj.* begrifflich, ab'strakt; **con·cep·tive** [kən'septɪv] *adj.* **1.** begreifend, Begriffs...; **2.** ⚕ empfängnisfähig; **con·cep·tu·al** [kən'septjʊəl] → ***conceptive*** 1; **conˌcep·tu·al·i'za·tion** [-laɪ'zeɪʃn] *s.* begriffliche Erfassung (u. Kategorisierung); **con'cep·tu·al·ize** [-laɪz] **I** *v/t.* begrifflich erfassen, auffassen (***as*** als); **II** *v/i.* begrifflich denken.

con·cern [kən'sɜːn] **I** *v/t.* **1.** betreffen, angehen; interessieren, von Belang sein für: ***it does not*** ~ ***me*** *od.* ***I am not*** ~***ed*** es geht mich nichts an; ***to whom it may*** ~ an alle, die es angeht; Bescheinigung (*Überschrift auf Urkunden*); ***his hono(u)r is*** ~***ed*** es geht um s-e Ehre; → ***concerned*** 1; **2.** beunruhigen: ***don't let that*** ~ ***you*** mache dir deswegen keine Sorgen!; → ***concerned*** 4; **3.** ~ ***o.s.*** (***with***, ***about***) sich beschäftigen *od.* befassen (mit); sich kümmern (um); **II** *s.* **4.** Angelegenheit *f*, Sache *f*: ***that is no*** ~ ***of mine*** das ist nicht meine Sache, das geht mich nichts an; **5.** ✝ Geschäft *n*, Unter'nehmen *n*, Betrieb *m*; → ***going*** 4; **6.** Beziehung *f*: ***have no*** ~ ***with*** nichts zu tun haben mit; **7.** Inter'esse *n* (***for*** für, ***in*** an *dat.*); **8.** Wichtigkeit *f*, Bedeutung *f*; **9.** Unruhe *f*, Sorge *f*; Bedenken *pl.* (***at***, ***about***, ***for*** um, wegen); **10.** F Ding *n*, Geschichte *f*; **con'cerned** [-nd] *adj.* ☐ **1.** betroffen, berührt; **2.** (***in***) beteiligt, interessiert (an *dat.*); verwickelt (in *acc.*): ***the parties*** ~ die Beteiligten; **3.** (***with***, ***in***) beschäftigt (mit); handelnd (von); **4.** besorgt (***about***, ***at***, ***for*** um, ***that*** dass), *a.* (po'litisch *od.* sozi'al) engagiert; **5.** betrübt, sorgenvoll; **con'cern·ing** [-nɪŋ] *prp.* betreffend, betreffs, hinsichtlich (*gen.*), was ... betrifft, über (*acc.*), wegen.

con·cert **I** *s.* ['kɒnsət] **1.** ♪ Kon'zert *n*: ~ ***hall*** Konzertsaal *m*; ~ ***pitch*** Kammerton *m*; ***at*** ~ ***pitch*** *fig.* in Höchstform; ***screw o.s. up to*** ~ ***pitch*** *fig.* sich enorm steigern; ***up to*** ~ ***pitch*** *fig.* auf der Höhe, in Form; **2.** [-sɜːt] Einvernehmen *n*, Über'einstimmung *f*, Harmo'nie *f*: ***in*** ~ ***with*** im Einvernehmen *od.* gemeinsam mit; ***2 of Europe*** *pol. hist.* Europäisches Konzert; **II** *v/t.* [kən'sɜːt] **3.** *et.* verabreden, vereinbaren; *Kräfte etc.* vereinigen; **4.** planen; **III** *v/i.* [kən'sɜːt] **5.** zs.-arbeiten; **con·cert·ed** [kən'sɜːtɪd] *adj.* **1.** gemeinsam, gemeinschaftlich: ~ ***action*** gemeinsames Vorgehen, konzertierte Aktion; **2.** ♪ mehrstimmig arrangiert.

'con·cert|ˌgo·er *s.* Kon'zertbesucher *m*; ~ **grand** *s.* Kon'zertflügel *m*.

con·cer·ti·na [ˌkɒnsə'tiːnə] *s.* Konzer'tina *f* (*Ziehharmonika*): ~ ***door*** Falttür *f*; **con·cer·to** [kən'tʃeətəʊ] *pl.* **-tos** *s.* ♪ ('Solo)Konˌzert *n*.

con·ces·sion [kən'seʃn] *s.* **1.** Zugeständnis *n*, Entgegenkommen *n*; **2.** Genehmigung *f*, Erlaubnis *f*, Gewährung *f*; **3.** amtliche *od.* staatliche Konzessi'on, Privi'leg *n*: a) Genehmigung *f*: ***mining*** ~ Bergwerkskonzession, b) *Am.* Gewerbeerlaubnis *f*, c) über'lassenes Siedlungs- *od.* Ausbeutungsgebiet; **con·ces·sion·aire** [kənˌseʃə'neə] *s.* ✝ Konzessi'onsinhaber *m*; **con'ces·sion·ar·y** [-ʃnərɪ] *adj.* Konzessions...; bewilligt; **con'ces·sive** [-esɪv] *adj.* **1.** einräumend; **2.** *ling.* ~ ***clause*** Konzes'sivsatz *m*.

conch [kɒŋk] *s. zo.* (Schale *f* der) Seeod. Schneckenmuschel *f*; **con·cha** ['kɒŋkə] *pl.* **-chae** [-kiː] *s.* **1.** *anat.* Ohrmuschel *f*; **2.** △ Kuppeldach *n*.

con·chy ['kɒntʃɪ] *s. Brit. sl.* Kriegs-, Wehrdienstverweigerer *m* (*von* ***conscientious objector***).

con·cil·i·ate [kən'sɪlɪeɪt] *v/t.* **1.** aus-, versöhnen; beschwichtigen; **2.** *Gunst etc.* gewinnen; **3.** ausgleichen; in Einklang bringen; **con·cil·i·a·tion** [kənˌsɪlɪ'eɪʃn] *s.* **1.** Versöhnung *f*, Schlichtung *f*: ~ ***board*** Schlichtungsausschuss *m*; **2.** Ausgleich *m*: ***debt*** ~ Schuldenausgleich; **con'cil·i·a·tor** [-tə] *s.* Vermittler *m*, Schlichter *m*; **con'cil·i·a·to·ry** [-ɪətərɪ] *adj.* versöhnlich, vermittelnd, Versöhnungs...

con·cin·ni·ty [kən'sɪnətɪ] *s.* Feinheit *f*, Ele'ganz *f* (*Stil*).

con·cise [kən'saɪs] *adj.* ☐ kurz, gedrängt, knapp, prä'gnant: ~ ***dictionary*** Handwörterbuch *n*; **con'cise·ness** [-nɪs] *s.* Kürze *f*, Prä'gnanz *f*.

con·clave ['kɒnkleɪv] *s.* **1.** *R.C.* Kon'klave *n*; **2.** geheime Sitzung.

con·clude [kən'kluːd] **I** *v/t.* **1.** beenden, zu Ende führen; (be-, ab)schließen: ***to be*** ~***d*** Schluss folgt; ***he*** ~***d by saying*** zum Schluss sagte er (noch); **2.** *Vertrag etc.* (ab)schließen; **3.** schließen, folgern (***from*** aus); **4.** beschließen, entscheiden; **II** *v/i.* **5.** schließen, enden, aufhören (***with*** mit); **con'clud·ing** [-dɪŋ] *adj.* (ab)schließend, End..., Schluss...; **con'clu·sion** [-uːʒn] *s.* **1.** (Ab)Schluss *m*, Ende *n*: ***bring to a ~*** zum Abschluss bringen; ***in ~*** zum Schluss, schließlich; **2.** (*Vertrags- etc.*)Abschluss *m*: ***~ of peace*** Friedensschluss *m*; **3.** Schluss *m*, (Schluss)Folgerung *f*: ***come to the ~*** zu dem Schluss *od.* der Überzeugung kommen; ***draw a ~*** e-n Schluss ziehen; ***jump*** *od.* ***rush to ~s*** voreilige Schlüsse ziehen; **4.** Beschluss *m*, Entscheidung *f*; **5.** Ausgang *m*, Folge *f*, Ergebnis *n*; **6.** ***try ~s with*** sich *od.* s-e Kräfte messen mit; **con'clu·sive** [-uːsɪv] *adj.* □ schlüssig, endgültig, entscheidend, über'zeugend, maßgebend: ***~ evidence*** ⚖ schlüssiger Beweis; **con'clu·sive·ness** [-uːsɪvnɪs] *s.* Endgültigkeit *f*, Triftigkeit *f*, Schlüssigkeit *f*, Beweiskraft *f*.

con·coct [kən'kɒkt] *v/t.* zs.-brauen (*a. fig.*); *fig.* aushecken, sich ausdenken; **con'coc·tion** [-kʃn] *s.* **1.** (Zs.-)Brauen *n*, Bereiten *n*; **2.** Mischung *f*, Trank *m*; Gebräu *n*; **3.** *fig.* Aushecken *n*, Ausbrüten *n*; **4.** *fig.* Gebräu *n*; Erfindung *f*: ***~ of lies*** Lügengewebe *n*.

con·com·i·tance [kən'kɒmɪtəns], **con'com·i·tan·cy** [-sɪ] *s.* **1.** Zs.-bestehen *n*, Gleichzeitigkeit *f*; **2.** *eccl.* Konkomi'tanz *f*; **con'com·i·tant** [-nt] **I** *adj.* □ begleitend, Begleit..., gleichzeitig; **II** *s.* Begleiterscheinung *f*, -umstand *m*.

con·cord ['kɒŋkɔːd] *s.* **1.** Eintracht *f*, Einklang *m*; Über'einstimmung *f* (*a. ling.*); **2.** ♪ Zs.-klang *m*, Harmo'nie *f*.

con·cord·ance [kən'kɔːdəns] *s.* **1.** Über'einstimmung *f*; **2.** Konkor'danz *f*; **con·cord·ant** [kən'kɔːdənt] *adj.* □ (***with***) über'einstimmend (mit), entsprechend (*dat.*); har'monisch (*a.* ♪); **con·cor·dat** [kɒn'kɔːdæt] *s. eccl.* Konkor'dat *n*.

con·course ['kɒŋkɔːs] *s.* **1.** Zs.-treffen *n*; **2.** Ansammlung *f*, Auflauf *m*, Menge *f*; **3.** a) *Am.* Fahrweg *m od.* Prome'nadeplatz *m* (*im Park*), b) Bahnhofshalle *f*, c) freier Platz.

con·crete [kən'kriːt] **I** *v/t.* **1.** zu e-r festen Masse verbinden, zs.-ballen *od.* vereinigen; **2.** ['kɒnkriːt] ⚙ betonieren; **II** *v/i.* **3.** sich zu e-r festen Masse verbinden; **III** *adj.* □ ['kɒnkriːt] **4.** kon'kret (*a. ling., phls.,* ♪ *etc.*), greifbar, wirklich, dinglich; **5.** fest, dicht, kom'pakt; **6.** 𝒜 benannt; **7.** ⚙ betoniert, Beton...; **IV** *s.* ['kɒnkriːt] **8.** kon'kreter Begriff: ***in the ~*** im konkreten Sinne, in Wirklichkeit; **9.** ⚙ Be'ton *m*: ***~ jungle*** Betonwüste *f*; **con'cre·tion** [-iːʃn] *s.* **1.** Zs.-wachsen *n*, Verwachsung *f*; **2.** Festwerden *n*; Verhärtung *f*, feste Masse; **3.** Häufung *f*; **4.** ⚕ Absonderung *f*, Stein *m*, Knoten *m*; **con·cre·tize** ['kɒnkriːtaɪz] *v/t.* konkretisieren.

con·cu·bi·nage [kɒn'kjuːbɪnɪdʒ] *s.* Konkubi'nat *n*, wilde Ehe; **con·cu·bine** ['kɒŋkjʊbaɪn] *s.* **1.** Konku'bine *f*, Mätresse *f*; **2.** Nebenfrau *f*.

con·cu·pis·cence [kən'kjuːpɪsns] *s.* Begierde *f*, Lüsternheit *f*; **con'cu·pis·cent** [-nt] *adj.* lüstern.

con·cur [kən'kɜː] *v/i.* **1.** zs.-treffen, -fallen; **2.** mitwirken, beitragen (***to*** zu); **3.** (***with s.o., in s.th.***) über'einstimmen, gleicher Meinung sein (mit j-m, in e-r Sache), beipflichten (j-m, e-r Sache); **con'cur·rence** [-'kʌrəns] *s.* **1.** Zs.-treffen *n*; **2.** Mitwirkung *f*; **3.** Zustimmung *f*, Einverständnis *n*; **4.** 𝒜 Schnittpunkt *m*; **con'cur·rent** [-'kʌrənt] **I** *adj.* □ **1.** gleichzeitig: ***~ condition*** ☤ Zug um Zug zu erfüllende Bedingung; ***~ sentence*** ⚖ gleichzeitige Verbüßung zweier Freiheitsstrafen; **2.** gemeinschaftlich; **3.** mitwirkend; **4.** über'einstimmend; **5.** 𝒜 durch 'einen Punkt laufend; **II** *s.* **6.** Be'gleit,umstand *m*.

con·cuss [kən'kʌs] *v/t. mst fig.* erschüttern; **con'cus·sion** [-ʌʃn] *s.* (*a.* ⚕ Gehirn)Erschütterung *f*: ***~ fuse*** ⚔ Aufschlagzünder *m*; ***~ spring*** ⚙ Stoßdämpfer *m*.

con·demn [kən'dem] *v/t.* **1.** verdammen, verurteilen, miss'billigen, tadeln: ***his looks ~ him*** sein Aussehen verrät ihn; **2.** ⚖ verurteilen (***to death*** zum Tode); *fig. a.* verdammen (***to*** zu): ***~ed cell*** Todeszelle *f*; → ***cost*** 4; **3.** ⚖ als verfallen erklären, beschlagnahmen; *Am.* (zu öffentlichen Zwecken) enteignen; **4.** verwerfen; für gebrauchsunfähig *od.* unbewohnbar *od.* gesundheitsschädlich *od.* seeuntüchtig erklären; *Schwerkranke* aufgeben: ***~ed building*** abbruchreifes Gebäude; **con'dem·na·ble** [-mnəbl] *adj.* verdammenswert, verwerflich, sträflich; **con·dem·na·tion** [ˌkɒndem'neɪʃn] *s.* **1.** Verurteilung *f* (*a.* ⚖), Verdammung *f*, 'Missbilligung *f*; **2.** Verwerfung *f*; Untauglichkeitserklärung *f*; **3.** Beschlagnahme *f*; *Am.* Enteignung *f*; **con'dem·na·to·ry** [-mnətərɪ] *adj.* verurteilend; verdammend.

con·den·sa·ble [kən'densəbl] *adj. phys.* kondensierbar; **con·den·sa·tion** [ˌkɒnden'seɪʃn] *s.* **1.** *bsd. phys.* Verdichtung *f*, Kondensati'on *f* (*Gase etc.*); Konzentrati'on *f* (*Licht*); **2.** Zs.-drängung *f*, Anhäufung *f*; **3.** *fig.* Zs.-fassung *f*, (Ab-)Kürzung *f*; **con·dense** [kən'dens] **I** *v/t.* **1.** *bsd. phys. Gase etc.* verdichten, kondensieren, niederschlagen; eindicken: ***~d milk*** Kondensmilch *f*; **2.** *fig.* zs.-drängen, -fassen; zs.-streichen, kürzen; **II** *v/i.* **3.** sich verdichten; flüssig werden; **con·dens·er** [kən'densə] *s.* **1.** ⚡, ⚙, *phys.* Konden'sator *m*; **2.** Kühlrohr *n*.

con·dens·ing| coil [kən'densɪŋ] *s.* ⚙ Kühlschlange *f*; ***~ lens*** *s. opt.* Sammel-, Kondensati'onslinse *f*.

con·de·scend [ˌkɒndɪ'send] *v/i.* **1.** sich her'ablassen, geruhen (***to*** [*mst inf.*] zu [*mst inf.*]); **2.** *b.s.* sich (so weit) erniedrigen (***to do*** zu tun); **3.** leutselig sein (***to*** gegen); **ˌcon·de'scend·ing** [-dɪŋ] *adj.* □ her'ablassend, gönnerhaft; **ˌcon·de'scen·sion** [-nʃn] *s.* Her'ablassung *f*, gönnerhaftes Wesen.

con·dign [kən'daɪn] *adj.* □ gebührend, angemessen (*Strafe*).

con·di·ment ['kɒndɪmənt] *s.* Würze *f*, Gewürz *n*.

con·di·tion [kən'dɪʃn] **I** *s.* **1.** Bedingung *f*, Vor'aussetzung *f*: ***on ~ that*** unter der Bedingung, dass; vorausgesetzt, dass; ***on no ~*** unter keinen Umständen, keinesfalls; ***to make it a ~*** es zur Bedingung machen; **2.** ⚖, ☤ (*Vertrags- etc.*) Bedingung *f*, Bestimmung *f*; Vorbehalt *m*, Klausel *f*; **3.** Zustand *m*, Verfassung *f*, Beschaffenheit *f*; *sport* Kondi'tion *f*, Form *f*: ***out of ~*** in schlechter Verfassung; ***in good ~*** gut in Form (*Person, Pferd etc.*), in gutem Zustand (*Sachen*); **4.** (*a.* Fa'milien)Stand *m*, Stellung *f*, Rang *m*: ***change one's ~*** heiraten; **5.** *pl.* 'Umstände *pl.*, Verhältnisse *pl.*, Lage *f*: ***weather ~s*** Witterung *f*; ***working ~s*** Arbeitsbedingungen; **6.** *Am. ped.* (Gegenstand *m* der) Nachprüfung *f*; **II** *v/t.* **7.** bedingen, bestimmen; regeln, abhängig machen: → ***conditioned***; **8.** *fig.* formen, gestalten; **9.** gewöhnen (***to*** an *acc.*, zu *tun*); **10.** *Tiere* in Form bringen; *Sachen* herrichten, in'stand setzen; ⚙ konditionieren, in den *od.* e-n (*gewünschten*) Zustand bringen; *fig. j-n* programmieren (***to, for*** auf *acc.*); **11.** ☤ (*bsd. Textil*)*Waren* prüfen; **12.** *Am. ped.* e-e Nachprüfung auferlegen (*dat.*); **con'di·tion·al** [-ʃənl] **I** *adj.* □ **1.** (***on***) bedingt (durch), abhängig (von), eingeschränkt (durch); unverbindlich; ☤ unter Eigentumsvorbehalt (*Verkauf*): ***~ discharge*** ⚖ bedingte Entlassung; ***make ~ on*** abhängig machen von; **2.** *ling.* konditio'nal: ***~ clause*** → 3 a; ***~ mood*** → 3 b; **II** *s.* **3.** *ling.* a) Bedingungs-, Konditio'nalsatz *m*, b) Bedingungsform *f*, Konditio'nalis *m*, c) Be'dingungspar,tikel *f*; **con'di·tion·al·ly** [-nəlɪ] *adv.* bedingungsweise; **con'di·tioned** [-nd] *adj.* **1.** (***by***) bedingt (durch), abhängig (von): ***~ reflex*** *psych.* bedingter Reflex; **2.** (so) beschaffen *od.* geartet; in ... Verfassung; **con'di·tion·er** [-nə] *s.* **1.** Weichspüler *m* (*für Wäsche*); **2.** Pflegespülung *f* (*für Haare*).

con·do ['kɒndəʊ] *s. Am.* F Eigentumswohnung *f*.

con·do·la·to·ry [kən'dəʊlətərɪ] *adj.* Beileids..., Kondolenz...; **con·dole** [kən'dəʊl] *v/i.* Beileid bezeigen, kondolieren (***with s.o. on s.th.*** j-m zu et.); **con'do·lence** [-əns] *s.* Beileid *n*, Kondo'lenz *f*.

con·dom ['kɒndəm] *s.* Kon'dom *n*, *m*, Präserva'tiv *n*.

con·do·min·i·um [ˌkɒndə'mɪnɪəm] *s.* **1.** *pol.* Kondo'minium *n*; **2.** *Am.* a) Eigentumswohnanlage *f*, b) *a.* ***~ apartment*** Eigentumswohnung *f*.

con·do·na·tion [ˌkɒndəʊ'neɪʃn] *s.* Verzeihung *f* (*bsd. ehelicher Untreue*); stillschweigende Duldung; **con·done** [kən'dəʊn] *v/t.* verzeihen.

con·dor ['kɒndɔː] *s. orn.* 'Kondor *m*.

con·duce [kən'djuːs] *v/i.* (***to***) dienen, führen, beitragen (zu); förderlich sein (*dat.*); **con'du·cive** [-sɪv] *adj.* dienlich, förderlich (***to*** *dat.*).

con·duct **I** *v/t.* [kən'dʌkt] **1.** führen, (ge)leiten; → ***tour*** 1; **2.** (be)treiben, handhaben; führen, leiten, verwalten; **3.** *Feldzug, Krieg, Prozess etc.* führen; **4.** ♪ dirigieren; **5.** ⚡, *phys.* leiten; **6.** ***~ o.s.*** sich betragen *od.* benehmen, sich (auf)führen; **II** *s.* ['kɒndʌkt] **7.** Führung *f*, Leitung *f*, Verwaltung *f*; Handhabung *f*; **8.** *fig.* Führung *f*, Betragen *n*; Verhalten *n*, Haltung *f*: ***~ sheet*** Strafregister(auszug *m*) *n*; **con'duct·ance** [-təns], **con·duct·i·bil·i·ty** [kənˌdʌktɪ'bɪlətɪ] *s.* ⚡, *phys.* Leitfähigkeit *f*; **con'duct·i·ble** [-tɪbl] *adj.* ⚡, *phys.* leitfähig; **con'duct·ing** [-tɪŋ] *adj.* ⚡, *phys.* Leit..., Leitungs...: ***~ wire*** Leitungsdraht *m*; **con'duc·tion** [-kʃn] *s.* *oft* ⚙, *phys.* Leitung *f*, (Zu)Führung *f*, Über'tragung *f*; **con'duc·tive** [-tɪv] *adj.* *phys.* leitend, leitfähig; **con·duc·tiv·i·ty** [ˌkɒndʌk'tɪvətɪ] *s.* ⚡, *phys.* spe'zifische Leitfähigkeit; **con'duc·tor** [-tə] *s.* **1.** Führer *m*, Leiter *m*; **2.** ♪ Diri'gent *m*; **3.** (Bus- *etc.*)Schaffner *m*; *Am.* 🚂 Zugbegleiter *m*; **4.** ⚡, *phys.* Leiter *m*; Ader *f* (*Kabel*); *Am. a.* Blitzableiter *m*; **con'duc·tress** [-trɪs] *s.* Schaffnerin *f*.

C

con·duit ['kɒndɪt] *s.* **1.** Rohrleitung *f*, Röhre *f*; Ka'nal *m* (*a. fig.*); **2.** Leitung *f* (*a. fig.*); **3.** ⚡ a) Rohrkabel *n*, b) Isolierrohr *n* (*für Leitungsdrähte*); ~ **pipe** *s.* Leitungsrohr *n*.

cone [kəʊn] *s.* **1.** ⚔ *u. fig.* Kegel *m*: ~ ***of fire*** Feuergarbe *f*; ~ ***of rays*** Strahlenbündel *n*; ~ ***sugar*** Zuckerhut *m*; **2.** ⚙ Kegel *m*, Konus *m* (*a.* ⚡): ~ ***drive*** Stufen(scheiben)antrieb *m*; ~ ***friction clutch*** Reibungskupplung *f*; ~ ***valve*** Kegelventil *n*; **3.** Bergkegel *m*; **4.** ⚘ (Tannen- *etc.*)Zapfen *m*; **5.** Waffeltüte *f für Speiseeis*; **coned** [-nd] *adj.* kegelförmig.

con·fab ['kɒnfæb] F *abbr. für* ***confabulation*** *u.* ***confabulate***; **con·fab·u·late** [kən'fæbjʊleɪt] *v/i.* plaudern; **con·fab·u·la·tion** [kənˌfæbjʊ'leɪʃn] *s.* **1.** Plaude'rei *f*; **2.** *psych.* Konfabulati'on *f*.

con·fec·tion [kən'fekʃn] *s.* **1.** Kon'fekt *n*, Süßwaren *pl.*, *mit Zucker* Eingemachtes *n*; **2.** 'Damenˌmodearˌtikel *m* (*Kleid, Hut etc.*); **con'fec·tion·er** [-nə] *s.* Kon'ditor *m*: ~'***s sugar*** *Am.* Puderzucker *m*; **con'fec·tion·er·y** [-nərɪ] *s.* **1.** Süßigkeiten *pl.*, Kon'ditorwaren *pl.*; **2.** Süßwarengeschäft *n*, Kondito'rei *f*.

con·fed·er·a·cy [kən'fedərəsɪ] *s.* **1.** Bündnis *n*, Bund *m*; **2.** Staatenbund *m*; **3.** ℒ *Am.* Konföderati'on *f* (*der Südstaaten im Bürgerkrieg*); **4.** Verschwörung *f*; **con'fed·er·ate** [-rət] **I** *adj.* **1.** verbündet, verbunden, Bundes...: ℒ *Am.* zur Konföderation der Südstaaten gehörig; **2.** mitschuldig; **II** *s.* **3.** Verbündete(r) *m*, Bundesgenosse *m*: ℒ *Am. hist.* Konföderierte(r) *m*, Südstaatler *m*; **4.** Kom'plize *m*, Helfershelfer *m*; **III** *v/t. u. v/i.* [-dəreɪt] **5.** (sich) verbünden *od.* vereinigen *od.* zs.-schließen; **con·fed·er·a·tion** [kənˌfedə'reɪʃn] *s.* **1.** Bund *m*, Bündnis *n*; Zs.-schluss *m*; **2.** Staatenbund *m*: ***Swiss*** ℒ (Schweizer) Eidgenossenschaft *f*.

con·fer [kən'fɜː] **I** *v/t.* **1.** *Titel etc.* verleihen, er-, zuteilen, über'tragen, *Gunst* erweisen (***on, upon*** *dat.*); **2.** *nur noch Imperativ, abbr.* **cf.** vergleiche; **II** *v/i.* **3.** sich beraten, Rücksprache nehmen, verhandeln (***with*** mit); **con·fer·ee** [ˌkɒnfə'riː] *s. Am.* **1.** Konfe'renzteilnehmer *m*; **2.** Empfänger *m e-s Titels etc.*; **con·fer·ence** ['kɒnfərəns] *s.* **1.** Konfe'renz *f*: a) Tagung *f*, Sitzung *f*, Zs.-kunft *f*, b) Besprechung *f*, Beratung *f*, Verhandlung *f*: ***at the*** ~ auf der Konferenz *od.* Tagung; ***in*** ~ bei e-r Besprechung (***with*** mit); ~ ***call*** *teleph.* Sammel-, Konferenzgespräch *n*; **2.** Verband *m*; *Am. sport* Liga *f*; **con'fer·ment** [-mənt] *s.* Verleihung *f* (***on, upon*** an *acc.*).

con·fess [kən'fes] **I** *v/t.* **1.** *Schuld etc.* bekennen, (ein)gestehen; anerkennen, zugeben (*a.* ***that*** dass); **2.** *eccl.* a) beichten, b) *j-m* die Beichte abnehmen; **II** *v/i.* **3.** (***to***) (ein)gestehen (*acc.*), sich schuldig bekennen (*gen. od.* an *dat.*); **4.** *eccl.* beichten; **con'fessed** [-st] *adj.* ☐ zugestanden; erklärt: ***a*** ~ ***enemy*** ein erklärter Gegner; **con'fess·ed·ly** [-sɪdlɪ] *adv.* zugestandenermaßen; **con'fes·sion** [-eʃn] *s.* **1.** Geständnis *n* (*a.* ⚖), Bekenntnis *n*: ***by*** (*od.* ***on***) ***his own*** ~ nach (s-m) eigenen Geständnis; **2.** Einräumung *f*, Zugeständnis *n*; **3.** ⚖ *Zivilrecht*: Anerkenntnis *n*; **4.** *eccl.* Beichte *f*: ***dying*** ~ Geständnis *n* auf dem Sterbebett; **5.** *eccl.* Konfessi'on *f*: a) Glaubensbekenntnis *n*, b) Glaubensgemeinschaft *f*; **con'fes·sion·al** [-eʃənl] **I** *adj.* konfessio'nell, Bekenntnis...; Beicht...; **II** *s.* Beichtstuhl *m*; **con'fes·sor** [-sə] *s.* **1.** (Glaubens)Bekenner *m*; **2.** *eccl.* Beichtvater *m*.

con·fet·ti [kən'fetɪ] (*Ital.*) *s. pl. sg. konstr.* Kon'fetti *n*.

con·fi·dant [ˌkɒnfɪ'dænt] *s.* Vertraute(r) *m*, Mitwisser *m*; **ˌcon·fi'dante** [-'dænt] *s.* Vertraute *f*, Mitwisserin *f*.

con·fide [kən'faɪd] **I** *v/i.* **1.** sich anvertrauen; (ver)trauen (***in*** *dat.*); **II** *v/t.* (***to***) **2.** vertraulich mitteilen, anvertrauen (*dat.*); **3.** *j-n* betrauen mit.

con·fi·dence ['kɒnfɪdəns] *s.* **1.** (***in***) Vertrauen *n* (auf *acc.*, zu), Zutrauen *n* (zu): ***have*** (*od.* ***place***) ~ ***in s.o.*** zu j-m Vertrauen haben; ***take s.o. into one's*** ~ j-n ins Vertrauen ziehen; ***be in s.o.'s*** ~ j-s Vertrauen genießen; ***in*** ~ vertraulich; **2.** Selbstvertrauen *n*, Zuversicht *f*; Über'zeugung *f*; **3.** vertrauliche Mitteilung, Geheimnis *n*; → ***vote*** 1; ~ ***game*** *s.*, ~ ***trick*** *s.* **1.** a) (aufgelegter) Schwindel, b) Hochstape'lei *f*; ~ ***man*** *s.* [*irr.*], ~ ***trick·ster*** *s.* **1.** a) Betrüger *m*, b) Hochstapler *m*; **2.** *weitS.* Ga'nove *m*.

con·fi·dent ['kɒnfɪdənt] *adj.* ☐ **1.** (***of, that***) über'zeugt (von, dass), gewiss, sicher (*gen.*, dass); **2.** vertrauensvoll; **3.** zuversichtlich, getrost; **4.** selbstsicher; **5.** eingebildet, kühn; **con·fi·den·tial** [ˌkɒnfɪ'denʃəl] *adj.* ☐ **1.** vertraulich, geheim; **2.** in'tim, vertraut, Vertrauens...: ~ ***agent*** Geheimagent *m*; ~ ***clerk*** ✝ Prokurist *m*; ~ ***secretary*** Privatsekretär(in); **con·fi·den·tial·ly** [ˌkɒnfɪ'denʃəlɪ] *adv.* im Vertrauen: ~ ***speaking*** unter uns gesagt; **con·fid·ing** [kən'faɪdɪŋ] *adj.* ☐ vertrauensvoll, zutraulich.

con·fig·u·ra·tion [kənˌfɪgjʊ'reɪʃn] *s.* **1.** Gestalt(ung) *f*, Bau *m*, Struk'tur *f*; Anordnung *f*, Stellung *f*; **2.** *ast.* Konfigurati'on *f*, A'spekt *m*; **3.** *Computer etc.*: Konfigurati'on *f*; **con'fig·ure** [-'fɪgə] *v/t.* konˌfigu'rieren (*a. Computersystem*).

con·fine I *s.* ['kɒnfaɪn] *mst pl.* **1.** Grenze *f*, Grenzgebiet *n*; *fig.* Rand *m*, Schwelle *f*; **II** *v/t.* [kən'faɪn] **2.** begrenzen; beschränken (***to*** auf *acc.*): ~ ***o.s. to*** sich beschränken auf; ***be*** ~***d to*** beschränkt sein auf (*acc.*); **3.** einsperren, einschließen: ~***d to bed*** bettlägerig; ~***d to one's room*** ans Zimmer gefesselt; ***be*** ~***d to barracks*** Kasernenarrest haben, die Kaserne nicht verlassen dürfen; **4.** *pass.* (***of***) niederkommen (mit), entbunden werden (von); **con'fined** [-nd] *adj.* **1.** beschränkt *etc.* (→ ***confine*** 2, 3); **2.** ⚕ verstopft; **con'finement** [-mənt] *s.* **1.** Beschränkung *f* (***to*** auf *acc.*); Beengtheit *f*; Gebundenheit *f*; **2.** Haft *f*, Gefangenschaft *f*; Ar'rest *m*: ***close*** ~ strenge Haft; ***solitary*** ~ Einzelhaft; **3.** Niederkunft *f*, Wochenbett *n*.

con·firm [kən'fɜːm] *v/t.* **1.** *Nachricht, Auftrag, Wahrheit etc.* bestätigen; **2.** *Entschluss* bekräftigen; bestärken (***s.o. in s.th.*** j-n in e-r Sache); **3.** *Macht etc.* festigen; **4.** *eccl.* konfirmieren; *R.C.* firmen; **con'firm·a·ble** [-məbl] *adj.* zu bestätigen(d); **con·firm·and** ['kɒnfəmænd] *s. eccl.* a) Konfir'mand(in), b) *R.C.* Firmling *m*; **con·fir·ma·tion** [ˌkɒnfə'meɪʃn] *s.* **1.** Bestätigung *f*, Bekräftigung *f*; **2.** Festigung *f*; **3.** *eccl.* Konfirmati'on *f*; *R.C.* Firmung *f*; **con'firm·a·tive** [-mətɪv] *adj.* ☐, **con'firm·a·to·ry** [-mətərɪ] *adj.* bestätigend: ~ ***letter*** Bestätigungsschreiben *n*; **con'firmed** [-md] *adj.* fest, hartnäckig, eingewurzelt, unverbesserlich, Gewohnheits...; chronisch: ~ ***bachelor*** eingefleischter Junggeselle.

con·fis·cate ['kɒnfɪskeɪt] *v/t.* beschlagnahmen, einziehen, konfiszieren; **con·fis·ca·tion** [ˌkɒnfɪ'skeɪʃn] *s.* Einziehung *f*, Beschlagnahme *f*, Konfiszierung *f*; F Plünderung *f*; **con·fis·ca·to·ry** [kən'fɪskətərɪ] *adj.* konfiszierend, Beschlagnahme...; F räuberisch.

con·fla·gra·tion [ˌkɒnflə'greɪʃn] *s.* Feuersbrunst *f*, (großer) Brand.

con·flict I *s.* ['kɒnflɪkt] **1.** Kon'flikt *m*: a) Zs.-prall *m*, Zs.-stoß *m*, Kampf *m*, Ausein'andersetzung *f*, Kollisi'on *f*, Streit *m*, b) 'Widerstreit *m*, -spruch *m*: ***armed*** ~ bewaffnete Auseinandersetzung; ***inner*** ~ innerer (*od.* seelischer) Konflikt; ~ ***of interests*** Interessenkonflikt, -kollision; ~ ***of laws*** Gesetzeskollision, *weitS.* internationales Privatrecht; **II** *v/i.* [kən'flɪkt] **2.** (***with***) kollidieren, im 'Widerspruch *od.* Gegensatz stehen (zu); **3.** sich wider'sprechen; **con·flict·ing** [kən'flɪktɪŋ] *adj.* wider'streitend, gegensätzlich; *a.* ⚖ entgegenstehend, kollidierend.

con·flu·ence ['kɒnflʊəns] *s.* **1.** Zs.-fluss *m*; **2.** Zustrom *m*, Zulauf *m* (*Menschen*); **3.** (Menschen)Menge *f*; **'con·flu·ent** [-nt] **I** *adj.* zs.-fließend, -laufend; **II** *s.* Nebenfluss *m*; **con·flux** ['kɒnflʌks] → ***confluence***.

con·form [kən'fɔːm] **I** *v/t.* **1.** (*a.* ***o.s.*** sich) anpassen (***to*** *dat. od.* an *acc.*); **II** *v/i.* **2.** (***to***) sich anpassen (*dat.*), sich richten (nach); sich fügen (*dat.*); entsprechen (*dat.*); **3.** *eccl. Brit.* sich der engl. Staatskirche unter'werfen; **con'form·a·ble** [-məbl] *adj.* ☐ (***to***) **1.** kon'form, gleichförmig (mit); entsprechend, gemäß (*dat.*); **2.** vereinbar (mit); **3.** fügsam, nachgiebig; **con'formance** [-məns] *s.* Anpassung *f* (***to*** an *acc.*); Über'einstimmung *f* (***with*** mit): ***in*** ~ ***with*** gemäß (*dat.*); **con·for·ma·tion** [ˌkɒnfɔː'meɪʃn] *s.* **1.** Anpassung *f*, Angleichung *f* (***to*** an *acc.*); **2.** Gestalt(-ung) *f*, Anordnung *f*, Bau *m*; **con'form·ism** [-mɪzəm] *s.* Konfor'mismus *m*; **con'form·ist** [-mɪst] *s.* Konfor'mist (-in): a) Angepasste(r *m*) *f*, b) Anhänger(in) der engl. Staatskirche; **con'form·i·ty** [-mətɪ] *s.* **1.** Gleichförmigkeit *f*, Ähnlichkeit *f*, Über'einstimmung *f*: ***in*** ~ ***with*** in Übereinstimmung mit, gemäß (*dat.*); **2.** (***to***) Anpassung *f* (an *acc.*); Befolgung *f* (*gen.*); **3.** *hist.* Zugehörigkeit *f* zur englischen Staatskirche.

con·found [kən'faʊnd] *v/t.* **1.** vermengen, verwechseln (***with*** mit); **2.** in Unordnung bringen, verwirren; **3.** bestürzen, verblüffen; **4.** vernichten, vereiteln; **5.** [*a.* ˌkɒn-] F ~ ***him!*** zum Teufel mit ihm!; ~ ***it!*** verdammt!; **con'found·ed** [-dɪd] F **I** *adj.* ☐ (*a. int.*) verwünscht, verflixt; scheußlich; **II** *adv.*, *a.* ~***ly*** ‚verdammt' (*kalt, etc.*).

con·fra·ter·ni·ty [ˌkɒnfrə'tɜːnətɪ] *s.* **1.** *bsd. eccl.* Bruderschaft *f*, Gemeinschaft *f*; **2.** Brüderschaft *f*; **con·frère** ['kɒnfreə] (*Fr.*) *s.* Amtsbruder *m*, Kol'lege *m*.

con·front [kən'frʌnt] *v/t.* **1.** (*oft* feindlich) gegen'übertreten, -stehen (*dat.*); **2.** mutig begegnen (*dat.*); **3.** ~ ***s.o. with*** j-n konfrontieren mit, j-m *et.* entgegenhalten; ***be*** ~***ed with*** sich gegenübersehen, gegenüberstehen (*dat.*); **con-**

fron·ta·tion [ˌkɒnfrənˈteɪʃn] *s.* Gegen'überstellung *f*, (*a. feindliche*) Konfrontati'on.

Con·fu·cian [kənˈfjuːʃjən] **I** *adj.* konfuzi'anisch; **II** *s.* Konfuzi'aner(in); **Con'fu·cian·ism** [-nɪzəm] *s.* Konfuzia'nismus *m*.

con·fuse [kənˈfjuːz] *v/t.* **1.** verwechseln, durchein'ander bringen (***with*** mit); **2.** verwirren: a) verlegen machen, aus der Fassung bringen, b) in Unordnung bringen; **3.** verworren *od.* undeutlich machen; **con'fused** [-zd] *adj.* □ **1.** verwirrt: a) kon'fus, verworren, wirr, b) verlegen, bestürzt; **2.** undeutlich, verworren: ***~ sounds***; **con'fus·ing** [-zɪŋ] *adj.* verwirrend; **con'fu·sion** [-uːʒn] *s.* **1.** Verwirrung *f*, Durchein'ander *n*, Unordnung *f*, Wirrwarr *m*; **2.** Aufruhr *m*, Lärm *m*; **3.** Bestürzung *f*: ***put s.o. to ~*** j-n in Verlegenheit bringen; **4.** Verworrenheit *f*; **5.** geistige Verwirrung; **6.** Verwechslung *f*.

con·fut·a·ble [kənˈfjuːtəbl] *adj.* wider'legbar; **con·fu·ta·tion** [ˌkɒnfjuːˈteɪʃn] *s.* Wider'legung *f*; **con·fute** [kənˈfjuːt] *v/t.* **1.** *et.* wider'legen; **2.** *j-n* wider'legen, e-s Irrtums über'führen.

con·geal [kənˈdʒiːl] **I** *v/t.* gefrieren *od.* gerinnen *od.* erstarren lassen (*a. fig.*); **II** *v/i.* gefrieren, gerinnen, erstarren (*a. fig.*); fest werden; **con'geal·ment** [-mənt] → ***congelation*** 1.

con·ge·la·tion [ˌkɒndʒɪˈleɪʃn] *s.* **1.** Gefrieren *n*, Gerinnen *n*, Erstarren *n*, Festwerden *n*; **2.** gefrorene (*etc.*) Masse.

con·ge·ner [ˈkɒndʒɪnə] *bsd. biol.* **I** *s.* gleichartiges *od.* verwandtes Ding *od.* Wesen; **II** *adj.* (art- *od.* stamm)verwandt (***to*** mit); **con·gen·er·ous** [kənˈdʒenərəs] *adj.* gleichartig, verwandt.

con·gen·ial [kənˈdʒiːnjəl] *adj.* □ **1.** (***with***) kongeni'al (*dat.*), (geistes)verwandt (mit *od. dat.*); **2.** sym'pathisch, zusagend, angenehm (***to*** *dat.*): ***be ~*** zusagen; **3.** zuträglich (***to*** *dat.*); **4.** freundlich; **5.** passend, angemessen, entsprechend (***to*** *dat.*); **con·ge·ni·al·i·ty** [kənˌdʒiːnɪˈælətɪ] *s.* **1.** Geistesverwandtschaft *f*; **2.** Zuträglichkeit *f*.

con·gen·i·tal [kənˈdʒenɪtl] *adj.* □ angeboren: ***~ defect*** Geburtsfehler *m*; **con'gen·i·tal·ly** [-təlɪ] *adv.* von Geburt (an); von Na'tur.

con·ger [ˈkɒŋgə], **~ eel** [ˌkɒŋgərˈiːl] *s.* Meeraal *m*.

con·ge·ries [kɒnˈdʒɪəriːz] *s. sg. u. pl.* Anhäufung *f*, (wirre) Masse.

con·gest [kənˈdʒest] **I** *v/t.* **1.** zs.-drängen, über'füllen, anhäufen, stauen; **2.** *fig.* über'schwemmen; **3.** verstopfen; **II** *v/i.* **4.** sich ansammeln, sich stauen, sich verstopfen; **con'gest·ed** [-tɪd] *adj.* **1.** über'füllt (***with*** von); über'völkert: ***~ area*** Ballungsraum *m*; **2.** ⚕ mit Blut über'füllt; **con'ges·tion** [-tʃn] *s.* **1.** Anhäufung *f*, Andrang *m*, Stauung *f*, Über'füllung *f*: ***~ of population*** Übervölkerung *f*; ***traffic ~*** Verkehrsstauung; **2.** ⚕ Blutandrang *m* (***of the brain*** zum Gehirn), (Gefäß)Stauung *f*.

con·glo·bate [ˈkɒngləʊbeɪt] **I** *adj.*(zs.-)geballt, kugelig; **II** *v/t. u. v/i.* (sich) zs.-ballen (***into*** zu).

con·glom·er·ate [kənˈglɒməreɪt] **I** *v/t. u. v/i.* (sich) zs.-ballen, verbinden, anhäufen; **II** *adj.* [-rət] zs.-geballt; *fig.* zs.-gewürfelt; **III** *s.* [-rət] *fig.* (An)Häufung *f*, Gemisch *n*, zs.-gewürfelte Masse, Konglome'rat *n* (*a. geol.*); **con·glom·er·a·tion** [kənˌglɒməˈreɪʃn] → ***conglomerate*** III.

con·glu·ti·nate [kənˈgluːtɪneɪt] **I** *v/t.* zs.- leimen, -kitten; **II** *v/i.* zs.-kleben,-haften; **con·glu·ti·na·tion** [kənˌgluːtɪˈneɪʃn] *s.* Zs.-kleben *n*; Verbindung *f*.

Con·go·lese [ˌkɒŋgəʊˈliːz] *hist.* **I** *adj.* Kongo..., kongo'lesisch; **II** *s.* Kongo'lese *m*, Kongo'lesin *f*.

con·grat·u·late [kənˈgrætjʊleɪt] *v/t.* *j-m* gratulieren, Glück wünschen; *j-n* beglückwünschen (***on*** zu) (*alle a.* ***o.s.*** sich); **con·grat·u·la·tion** [kənˌgrætjʊˈleɪʃn] *s.* Glückwunsch *m*: ***~s!*** ich gratuliere!; **con'grat·u·la·tor** [-tə] *s.* Gratu'lant (-in); **con'grat·u·la·to·ry** [-lətərɪ] *adj.* Glückwunsch..., Gratulations...

con·gre·gate [ˈkɒŋgrɪgeɪt] *v/t. u. v/i.* (sich) (ver)sammeln.

con·gre·ga·tion [ˌkɒŋgrɪˈgeɪʃn] *s.* **1.** (Kirchen)Gemeinde *f*; **2.** Versammlung *f*; **3.** *Brit. univ.* Versammlung *f* des Lehrkörpers *od.* des Se'nats; **ˌcon·gre'ga·tion·al** [-ʃənl] *adj. eccl.* **1.** Gemeinde...; **2.** ♀ unabhängig: ***♀ chapel*** Kapelle *f* der ‚freien' Gemeinden; **ˌCon·gre'ga·tion·al·ism** [-ʃnəlɪzəm] *s. eccl.* Selbstverwaltung *f* der ‚freien' Kirchengemeinden, Independen'tismus *m*; **ˌCon·gre'ga·tion·al·ist** [-ʃnəlɪst] *s.* Mitglied *n* e-r ‚freien' Kirchengemeinde.

con·gress [ˈkɒŋgres] *s.* **1.** Kon'gress *m*, Tagung *f*; **2.** *pol. Am.* ♀ Kon'gress *m*, gesetzgebende Versammlung; **3.** Geschlechtsverkehr *m*.

con·gres·sion·al [kəŋˈgreʃənl] *adj.* **1.** Kongress...; **2.** *pol. Am.* ♀ Kongress...: ***♀ medal*** Verdienstmedaille *f*.

'Con·gress·man [-mən] *s.* [*irr.*] *pol.* Mitglied *n* des amer. Repräsen'tantenhauses, Kon'gressabgeordnete(r) *m*.

con·gru·ence [ˈkɒŋgrʊəns] *s.* **1.** Über'einstimmung *f*; **2.** ⩘ Kongru'enz *f*; **'con·gru·ent** [-nt] *adj.* kongru'ent: a) (***with***) über'einstimmend (mit), entsprechend (*dat.*), b) ⩘ deckungsgleich; **con·gru·i·ty** [kɒŋˈgruːətɪ] *s.* **1.** Über'einstimmung *f*; Angemessenheit *f*; **2.** Folgerichtigkeit *f*; **3.** ⩘ Kongru'enz *f*; **'con·gru·ous** [-ʊəs] *adj.* □ **1.** (***to***, ***with***) übereinstimmend (mit), entsprechend (*dat.*); **2.** folgerichtig; passend.

con·ic [ˈkɒnɪk] **I** *adj.* → ***conical***; **II** *s. a.* ***~ section*** ⩘ a) Kegelschnitt *m*, b) *pl.* → ***conics***; **'con·i·cal** [-kl] *adj.* □ 'konisch, kegelförmig: ***~ frustrum*** ⩘ Kegelstumpf *m*; **co·nic·i·ty** [kəˈnɪsətɪ] *s.* Konizi'tät *f*, Kegelform *f*; **'con·ics** [-ks] *s. pl. sg. konstr.* ⩘ Lehre *f* von den Kegelschnitten.

co·ni·fer [ˈkɒnɪfə] *s.* ⚘ Koni'fere *f*, Nadelbaum *m*; **co·nif·er·ous** [kəʊˈnɪfərəs] *adj.* ⚘ a) Zapfen tragend, b) Nadel...: ***~ tree***.

con·jec·tur·a·ble [kənˈdʒektʃərəbl] *adj.* □ zu vermuten(d); **con'jec·tur·al** [-rəl] *adj.* □ mutmaßlich; **con·jec·ture** [kənˈdʒektʃə] **I** *s.* **1.** Vermutung *f*, Mutmaßung *f*; (vage) I'dee; **II** *v/t.* **2.** vermuten, mutmaßen; **III** *v/i.* **3.** Mutmaßungen anstellen, mutmaßen.

con·join [kənˈdʒɔɪn] *v/t. u. v/i.* (sich) verbinden *od.* vereinigen.

con·joint [ˈkɒndʒɔɪnt] *adj.* □ verbunden, vereinigt, gemeinsam, Mit...; **'con·joint·ly** [-lɪ] *adv.* zu'sammen, gemeinsam.

con·ju·gal [ˈkɒndʒʊgl] *adj.* □ ehelich, Ehe..., Gatten...

con·ju·gate [ˈkɒndʒʊgeɪt] **I** *v/t.* **1.** *ling.* konjugieren, beugen; **II** *v/i.* **2.** *biol.* sich paaren; **III** *adj.* [-gɪt] **3.** verbunden, gepaart; **4.** *ling.* wurzelverwandt; **5.** ⩘ zugeordnet; **6.** ⚘ paarig; **IV** *s.* [-gɪt] **7.** *ling.* wurzelverwandtes Wort; **con·ju·ga·tion** [ˌkɒndʒʊˈgeɪʃn] *s. ling., biol.,* ⚗ Konjugati'on *f*, *ling. a.* Beugung *f*.

con·junct [kənˈdʒʌŋkt] *adj.* □ verbunden, vereint, gemeinsam; **con'junction** [-kʃən] *s.* **1.** Verbindung *f*: ***in ~ with*** zusammen mit; **2.** Zs.-treffen *n*; **3.** *ast., ling.* Konjunkti'on *f*; **con·junc·ti·va** [ˌkɒndʒʌŋkˈtaɪvə] *s. anat.* Bindehaut *f*; **con'junc·tive** [-tɪv] **I** *adj.* □ **1.** verbindend, Verbindungs...: ***~ tissue*** *anat.* Bindegewebe *n*; **2.** *ling.* 'konjunktivisch: ***~ mood*** Konjunktiv *m*; **II** *s.* **3.** *ling.* 'Konjunktiv *m*; **con'junc·tive·ly** [-tɪvlɪ] *adv.* gemeinsam; **con·junc·ti·vi·tis** [kənˌdʒʌŋktɪˈvaɪtɪs] *s.* ⚕ Bindehautentzündung *f*; **con'junc·ture** [-tʃə] *s.* **1.** Zs.-treffen *n* (*von Umständen*); **2.** 'Umstände *pl.*; **3.** Krise *f*; **4.** *ast.* Konjunkti'on *f*.

con·ju·ra·tion [ˌkɒndʒʊəˈreɪʃn] *s.* **1.** feierliche Anrufung; Beschwörung *f*; **2.** a) Zauberformel *f*, b) Zaube'rei *f*.

con·jure[1] [kənˈdʒʊə] *v/t.* beschwören, inständig bitten (***to*** *inf.* zu *inf.*).

con·jure[2] [ˈkʌndʒə] **I** *v/t.* **1.** *Geist etc.* beschwören: ***~ up*** heraufbeschwören (*a. fig.*), zitieren, hervorzaubern; **2.** behexen, (be)zaubern: ***~ away*** wegzaubern, bannen; **II** *v/i.* **3.** zaubern, hexen: ***a name to ~ with*** ein Name, der Wunder wirkt; **'con·jur·er**, **'con·jur·or** [-dʒərə] *s.* **1.** Zauberer *m*, Zauberin *f*; **2.** Zauberkünstler *m*, Taschenspieler *m*; **'con·jur·ing trick** [-dʒərɪŋ] *s.* Zauberkunststück *n*.

conk[1] [kɒŋk] *s. sl.* ‚Riecher' *m* (*Nase*); *Am. a.* ‚Birne' (*Kopf*).

conk[2] [kɒŋk] *v/i. sl. mst* ***~ out*** **1.** ‚streiken', ‚den Geist aufgeben' (*Fernseher etc.*), ‚absterben' (*Motor*); **2.** ‚umkippen', ohnmächtig werden; **3.** ‚abkratzen', sterben.

con·ker [ˈkɒŋkə] *s.* F Ka'stanie *f*.

conn [kɒn] *v/t.* ⚓ *Schiff* steuern.

con·nate [ˈkɒneɪt] *adj.* **1.** angeboren; **2.** *biol.* verwachsen.

con·nat·u·ral [kəˈnætʃrəl] *adj.* □ **1.** (***to***) gleicher Na'tur (wie); verwandt (*dat.*); **2.** angeboren.

con·nect [kəˈnekt] **I** *v/t.* **1.** verbinden, verknüpfen (*mst* ***with*** mit): ***be ~ed*** (***with***) in Verbindung (mit) *od.* in Beziehungen (zu) treten *od.* stehen; ***be well ~ed*** *fig.* gute Beziehungen haben; **2.** ⚡ (***to***) anschließen (an *acc.*), verbinden (mit) (*a. teleph.*), zuschalten (*dat.*), Kon'takt herstellen zwischen (*dat.*); **3.** ⚙ (***to***) verbinden, zs.-fügen, koppeln (mit), ankuppeln (an *acc.*); **II** *v/i.* **4.** in Verbindung *od.* Zs.-hang treten *od.* stehen; **5.** 🚂 *etc.* Anschluss haben (***with*** an *acc.*); **6.** *Boxen*: ‚landen' (***with a blow*** e-n Schlag); **con'nect·ed** [-tɪd] *adj.* □ **1.** zs.-hängend; **2.** verwandt: ***~ by marriage*** verschwägert; → ***connect*** 1; **3.** (***with***) beteiligt (an *dat.*, bei), verwickelt (in *acc.*); **con'nect·ed·ly** [-tɪdlɪ] *adv.* zs.-hängend; logisch; **con'nect·ing** [-tɪŋ] *adj.* Binde..., Verbindungs..., Anschluss...: ***~ flight*** Anschlussflug *m*; ***~ link*** Bindeglied *n*; ***~ rod*** ⚙ Kurbel-, Pleuelstange *f*; ***~ shaft*** ⚙ Transmissionswelle *f*; ***~ train*** Anschlusszug *m*.

con·nec·tion [kəˈnekʃn] *s.* **1.** Verbindung *f*; **2.** ⚙ Verbindung *f*, Bindeglied *n*: ***hot-water ~s*** Heißwasseranlage *f*; **3.** Zs.-hang *m*, Beziehung *f*: ***in this ~*** in diesem Zs.-hang; ***in ~ with*** mit Bezug auf; **4.** per'sönliche Beziehung *od.* Verbindung; Verwandtschaft *f*, Verwandte(r *m*) *f*; **5.** *pl.* gute *od.* nützliche Beziehungen; Bekannten-, Kundenkreis *m*; **6.** ⚙ *allg.* Verbindung *f*, Anschluss *m* (*beide a.* ϟ, 🚂, *teleph. etc.*), Verbindungs-, Bindeglied *n*, ϟ Schaltung *f*, Schaltverbindung *f*: ***~ fee*** Anschlussgebühr *f*; ***~ plug*** Anschlussstecker *m*; ***catch one's ~*** 🚂 den Anschluss erreichen; ***run in ~ with*** Anschluss haben an (*acc.*); **7.** (*bsd. religiöse*) Gemeinschaft; **con'nec·tive** [-ktɪv] **I** *adj.* verbindend: ***~ tissue*** *anat.* Binde-, Zellgewebe *n*; **II** *s. ling.* Bindewort *n*.

con·nex·ion → ***connection***.

con·ning tow·er ['kɒnɪŋ] *s.* ⚓, ⚔ Kom'mandoturm *m*.

con·niv·ance [kə'naɪvəns] *s.* stillschweigende Duldung *od.* Einwilligung (*a.* ⚖), bewusstes Über'sehen (***at, in*** *gen.*); ⚖ Begünstigung *f*; **con·nive** [kə'naɪv] *v/i.* (***at***) stillschweigend dulden (*acc.*), ein Auge zudrücken (bei), Vorschub leisten (*dat.*).

con·nois·seur [ˌkɒnə'sɜː] (*Fr.*) *s.* (Kunst- *etc.*)Kenner *m*: ***~ of*** (*od.* ***in***) ***wines*** Weinkenner.

con·no·ta·tion [ˌkɒnəʊ'teɪʃn] *s.* **1.** Mitbezeichnung *f*; (Neben)Bedeutung *f*; **2.** *phls.* Begriffsinhalt *m*; **con·note** [kɒ'nəʊt] *v/t.* mitbezeichnen, (zu'gleich) bedeuten.

con·nu·bi·al [kə'njuːbjəl] *adj.* □ ehelich, Ehe...; **con·nu·bi·al·i·ty** [kəˌnjuːbɪ'ælətɪ] *s.* **1.** Ehestand *m*; **2.** eheliche Zärtlichkeiten *pl.*

co·noid ['kəʊnɔɪd] **I** *adj.* kegelförmig; **II** *s.* 𝔄 a) Kono'id *n*, b) Kono'ide *f* (*Fläche*).

con·quer ['kɒŋkə] **I** *v/t.* **1.** erobern, einnehmen, Besitz ergreifen von; **2.** *fig.* erobern, gewinnen; **3.** besiegen, über'winden; unter'werfen; **4.** *fig.* über'winden, bezwingen, Herr werden über (*acc.*); **II** *v/i.* **5.** siegen; Eroberungen machen; **'con·quer·ing** [-kərɪŋ] *adj.* siegreich; **'con·quer·or** [-kərə] *s.* **1.** Eroberer *m*; Sieger *m*: ***the 2*** *hist.* Wilhelm der Eroberer; **2.** F Entscheidungsspiel *n*.

con·quest ['kɒŋkwest] *s.* **1.** Eroberung *f*: a) Einnahme *f*: ***the 2*** *hist.* die normannische Eroberung, b) erobertes Gebiet, c) *fig.* Erringung *f*; **2.** Bezwingung *f*; **3.** *fig.* ‚Eroberung' *f*: ***make a ~ of s.o.*** j-n erobern.

con·san·guine [kɒn'sæŋgwɪn] *adj.* blutsverwandt; **con·san·guin·i·ty** [ˌkɒnsæŋ'gwɪnətɪ] *s.* Blutsverwandtschaft *f*.

con·science ['kɒnʃəns] *s.* Gewissen *n*: ***guilty ~*** schlechtes Gewissen; ***for ~ sake*** um das Gewissen zu beruhigen; ***in all ~*** F wahrhaftig; ***have s.th. on one's ~*** ein schlechtes Gewissen haben wegen e-r Sache; ***~ clause*** *s.* ⚖ Gewissensklausel *f*; ***~ mon·ey*** *s.* ano'nyme Steuernachzahlung; **'~-proof** *adj.* ‚abgebrüht'; **'~-ˌstrick·en** *adj.* von Gewissensbissen gepeinigt, reuevoll.

con·sci·en·tious [ˌkɒnʃɪ'enʃəs] *adj.* □ gewissenhaft, Gewissens...: ***~ objector*** Kriegs-, Wehrdienstverweigerer *m* (*aus Gewissensgründen*); **ˌcon·sci'en·tious·ness** [-nɪs] *s.* Gewissenhaftigkeit *f*.

-conscious [kɒnʃəs] *adj. in Zssgn* ...bewusst; ...freudig, ...begeistert.

con·scious ['kɒnʃəs] *adj.* □ **1.** *pred.* bei Bewusstsein; **2.** bewusst: ***be ~ of*** sich bewusst sein (*gen.*), wissen von; ***be ~ that*** wissen *od.* überzeugt sein, dass; ***she became ~ that*** es kam ihr zum Bewusstsein, dass; **3.** wissentlich, bewusst: ***a ~ liar*** ein bewusster Lügner; **4.** (selbst)bewusst, über'zeugt: ***a ~ artist*** ein überzeugter Künstler; **5.** denkend: ***man is a ~ being***; **'con·scious·ly** [-lɪ] *adv.* bewusst, wissentlich; gewollt; **'con·scious·ness** [-nɪs] *s.* **1.** Bewusstsein *n*: ***lose ~*** das Bewusstsein verlieren; ***regain ~*** wieder zu sich kommen; **2.** (***of***) Bewusstsein *n* (*gen.*), Wissen *n* (um), Kenntnis *f* (von *od.* *gen.*): ***~-expanding*** bewusstseinserweiternd (*Droge*); ***~-raising*** Bewusstwerdung *f od.* -machung *f*; **3.** Denken *n*, Empfinden *n*.

con·script ['kɒnskrɪpt] **I** *adj.* zwangsweise eingezogen (*Soldat etc.*) *od.* verpflichtet (*Arbeiter*); **II** *s.* ⚔ Dienst-, Wehrpflichtige(r) *m*; ausgehobener Rekrut; **III** *v/t.* [kən'skrɪpt] *bsd.* ⚔ (zwangsweise) ausheben, einziehen; **con·scrip·tion** [kən'skrɪpʃn] *s.* **1.** *bsd.* ⚔ Zwangsaushebung *f*, Wehrpflicht *f*: ***industrial ~*** Arbeitsverpflichtung *f*; **2.** *a.* ***~ of wealth*** (Her'anziehung *f* zur) Vermögensabgabe *f*.

con·se·crate ['kɒnsɪkreɪt] **I** *v/t.* **1.** *eccl.* weihen; **2.** widmen; **3.** heiligen; **II** *adj.* **4.** geweiht, geheiligt; **con·se·cra·tion** [ˌkɒnsɪ'kreɪʃn] *s.* **1.** *eccl.* Weihung *f*, Einsegnung *f*; **2.** Heiligung *f*; **3.** Widmung *f*, Hingabe *f* (***to*** an *acc.*).

con·se·cu·tion [ˌkɒnsɪ'kjuːʃn] *s.* **1.** (Aufein'ander)Folge *f*, Reihe *f*; logische Folge; **2.** *ling.* Wort-, Zeitfolge *f*; **con·sec·u·tive** [kən'sekjʊtɪv] *adj.* □ **1.** aufein'ander folgend, fortlaufend: ***six ~ days*** sechs Tage hintereinander; **2.** *ling.* ***~ clause*** Konsekutiv-, Folgesatz *m*; **con·sec·u·tive·ly** [kən'sekjʊtɪvlɪ] *adv.* nachein'ander, fortlaufend.

con·sen·sus [kən'sensəs] *s.* **1.** Über'einstimmung *f* (der Meinungen): ***~ of opinion*** übereinstimmende Meinung, allseitige Zustimmung; **2.** ⚕ Wechselwirkung *f* (*Organe*).

con·sent [kən'sent] **I** *v/i.* **1.** (***to***) zustimmen (*dat.*), einwilligen (in *acc.*); **2.** sich bereit erklären (***to*** *inf.* zu *inf.*); **II** *s.* **3.** (***to***) Zustimmung *f* (zu), Einwilligung *f* (in *acc.*), Genehmigung *f* (für), Einverständnis *n* (zu): ***age of ~*** ⚖ (*bsd.* Ehe-) Mündigkeit *f*; ***with one ~*** einstimmig; ***by common ~*** mit allgemeiner Zustimmung; → ***silence*** 1; **con'sen·tient** [-nʃənt] *adj.* zustimmend.

con·se·quence ['kɒnsɪkwəns] *s.* **1.** Konse'quenz *f*, Folge *f*, Resul'tat *n*, Wirkung *f*: ***in ~*** folglich, daher; ***in ~ of*** infolge von (*od.* *gen.*), wegen; ***in ~ of which*** weswegen; ***take the ~s*** die Folgen tragen; ***with the ~ that*** mit dem Ergebnis, dass; **2.** (Schluss)Folgerung *f*, Schluss *m*; **3.** Wichtigkeit *f*, Bedeutung *f*, Einfluss *m*: ***of no ~*** ohne Bedeutung, unwichtig; ***a man of ~*** ein bedeutender *od.* einflussreicher Mann; **4.** *pl. mst sg. konstr.* ein Erzählspiel; **'con·se·quent** [-nt] **I** *adj.* □ → ***consequently***; **1.** (***on***) folgend (auf *acc.*), sich ergebend (aus); **2.** *phls.* logisch (richtig); **II** *s.* **3.** Folge (-erscheinung) *f*, Folgerung *f*, Schluss *m*; **4.** *ling.* Nachsatz *m*; **con·se·quen·tial** [ˌkɒnsɪ'kwenʃl] *adj.* □ **1.** sich ergebend (***on*** aus): ***~ damage*** ⚖ Folgeschaden *m*; **2.** logisch (richtig); **3.** 'indiˌrekt; **4.** wichtigtuerisch; **'con·se·quent·ly** [-ntlɪ] *adv.* **1.** folglich, deshalb; **2.** als Folge.

con·serv·an·cy [kən'sɜːvənsɪ] *s.* **1.** Aufsichtsbehörde *f* für Flüsse, Häfen *etc.*; **2.** Forstbehörde *f*: ***nature ~*** Naturschutz(amt *n*) *m*; **con·ser·va·tion** [ˌkɒnsə'veɪʃn] *s.* **1.** Erhaltung *f*, Bewahrung *f*; Instandhaltung *f*, Schutz *m* (*von Forsten, Flüssen, Boden*); Na'tur-, Umweltschutz *m*: ***~ of energy*** *phys.* Erhaltung der Energie; **2.** Haltbarmachung *f*, Konservierung *f*; **con·ser·va·tion·ist** [ˌkɒnsə'veɪʃənɪst] *s.* Na'tur- *od.* 'Umweltschützer *m*.

con·serv·a·tism [kən'sɜːvətɪzəm] *s.* Konserva'tismus *m* (*a. pol.*); **con'serv·a·tive** [-tɪv] **I** *adj.* **1.** erhaltend, konservierend; **2.** konserva'tiv (*a. pol., mst* 2); **3.** zu'rückhaltend, vorsichtig (*Schätzung etc.*); **4.** unauffällig: ***~ dress***; **II** *s.* **5.** 2 *pol.* Konserva'tive(r) *m*.

con·ser·va·toire [kən'sɜːvətwɑː] (*Fr.*) *s. bsd. Brit.* Konserva'torium *n*, Hochschule *f* für Mu'sik (*etc.*).

con·ser·va·tor [kən'sɜːvətə] *s.* **1.** Konser'vator *m*, Mu'seumsdiˌrektor *m*; **2.** ⚖ *Am.* Vormund *m*; **con'serv·a·to·ry** [-trɪ] *s.* **1.** Treib-, Gewächshaus *n*, Wintergarten *m*; **2.** → ***conservatoire***;

con·serve [kən'sɜːv] **I** *v/t.* **1.** erhalten, bewahren; beibehalten; **2.** schonen, sparsam 'umgehen mit; **3.** einmachen, konservieren; **II** *s.* **4.** *mst pl.* Eingemachtes *n*, Konfi'türe *f*.

con·sid·er [kən'sɪdə] **I** *v/t.* **1.** nachdenken über (*acc.*), (sich) über'legen, erwägen: ***~ a plan***; **2.** in Betracht ziehen, berücksichtigen, beachten, bedenken: ***~ his age!*** bedenken Sie sein Alter!; ***all things ~ed*** wenn man alles in Betracht zieht; → ***considered***, ***considering***; **3.** Rücksicht nehmen auf (*acc.*): ***he never ~s others***; **4.** betrachten *od.* ansehen als, halten für: ***~ s.o.*** (***to be***) ***a fool*** j-n für e-n Narren halten; ***be ~ed rich*** als reich gelten; ***you may ~ yourself lucky*** du kannst dich glücklich schätzen; ***~ yourself at home*** tun Sie, als ob Sie zu Hause wären; ***~ yourself dismissed!*** betrachten Sie sich als entlassen!; **5.** denken, meinen, annehmen, finden (*a.* ***that*** dass); **II** *v/i.* **6.** nachdenken, über'legen; **con'sid·er·a·ble** [-dərəbl] **I** *adj.* □ beträchtlich, erheblich; bedeutend (*a. Person*); **II** *s. bsd. Am.* F e-e Menge, viel.

con·sid·er·ate [kən'sɪdərət] *adj.* □ rücksichtsvoll, aufmerksam (***towards***, ***of*** gegen): ***be ~ of*** Rücksicht nehmen auf (*acc.*); **con'sid·er·ate·ness** [-nɪs] *s.* Rücksichtnahme *f*; **con·sid·er·a·tion** [kənˌsɪdə'reɪʃn] *s.* **1.** Erwägung *f*, Über'legung *f*: ***take into ~*** in Betracht *od.* Erwägung ziehen; ***leave out of ~*** außer Betracht lassen, ausklammern; ***the matter is under ~*** die Sache wird (noch) erwogen *od.* geprüft; ***upon ~*** nach Prüfung; **2.** Berücksichtigung *f*, Begründung *f*: ***in ~ of*** in Anbetracht (*gen.*); ***on*** (*od.* ***under***) ***no ~*** unter keinen Umständen; ***that is a ~*** das ist ein triftiger Grund; ***money is no ~*** Geld spielt keine Rolle; **3.** Rücksicht (-nahme) *f* (***for*** auf *acc.*): ***lack of ~*** Rücksichtslosigkeit *f*; **4.** Entgelt *n*, Entschädigung *f*; (vertragliche) Gegenleistung: ***for a ~*** gegen Entgelt; **con'sid·ered** [-dəd] *adj. a.* ***well-~*** wohl überlegt; **con'sid·er·ing** [-rɪŋ] **I** *prp.* in Anbetracht (*gen.*); **II** *adv.* F den 'Umständen nach.

C

con·sign [kən'saɪn] *v/t.* **1.** über'geben, über'liefern; **2.** anvertrauen; **3.** bestimmen (***for, to*** für); **4.** ✝ *Waren* a) (***to***) versenden (an *acc.*), zu-, über'senden (*dat.*), verfrachten (an *acc.*), b) in Kommissi'on *od.* Konsignati'on geben, konsignieren; **con·sign·ee** [ˌkɒnsaɪ'niː] *s.* ✝ **1.** Empfänger *m*, Adres'sat *m*; **2.** *Überseehandel*: Konsigna'tar *m*; **con-'sign·ment** [-mənt] *s.* ✝ **1.** a) Über-'sendung *f*, b) *Überseehandel*: Konsignati'on *f*: ~ ***note*** Frachtbrief *m*; ***in*** ~ in Konsignation *od.* Kommission; **2.** a) (Waren)Sendung *f*, b) *Überseehandel*: Konsignati'onsware(n *pl.*) *f*; **con-'sign·or** [-nə] *s.* ✝ **1.** Über'sender *m*; **2.** *Überseehandel*: Konsi'gnant *m*.

con·sist [kən'sɪst] *v/i.* **1.** bestehen, sich zs.-setzen (***of*** aus); **2.** bestehen (***in*** in *dat.*); **con'sist·ence** [-təns] → ***consistency*** 1 *u.* 2; **con'sist·en·cy** [-tənsɪ] *s.* **1.** Konsi'stenz *f*, Beschaffenheit *f*; **2.** Festigkeit *f*, Dichtigkeit *f*, Dicke *f*; **3.** Konse'quenz *f*, Folgerichtigkeit *f*; **4.** Stetigkeit *f*; **5.** Über'einstimmung *f*, Vereinbarkeit *f*; **con'sist·ent** [-tənt] *adj.* ☐ **1.** konse'quent: a) folgerichtig, logisch, b) gleichmäßig, stetig, unbeirrbar (*a. Person*); **2.** über'einstimmend, vereinbar, im Einklang stehend (***with*** mit); **3.** beständig, kon'stant (*Leistung etc.*); **con'sist·ent·ly** [-təntlɪ] *adv.* **1.** im Einklang (***with*** mit); **2.** 'durchweg; **3.** logischerweise.

con·sis·to·ry [kən'sɪstərɪ] *s. eccl.* Konsistorium *n*.

con·so·la·tion [ˌkɒnsə'leɪʃn] *s.* Trost *m*, Tröstung *f*: ***poor*** ~ schwacher Trost; ~ ***goal*** *sport* Ehrentor *n*; ~ ***prize*** Trostpreis *m*.

con·sole[1] [kən'səʊl] *v/t. j-n* trösten: ~ ***o.s.*** sich trösten (***with*** mit).

con·sole[2] ['kɒnsəʊl] *s.* **1.** Kon'sole *f*: a) ⚠ Krag-, Tragstein *m*, b) Wandgestell *n*: ~ (***table***) Wandtischchen *n*; **2.** (Fernseh-, Mu'sik)Truhe *f*, (Radio)Schrank *m*; **3.** ⚙, ⚡ Schalt-, Steuerpult *n*, Kon'sole *f*.

con·sol·i·date [kən'sɒlɪdeɪt] **I** *v/t.* **1.** (ver)stärken, festigen, *fig. a.* konsolidieren; **2.** vereinigen: a) zs.-legen, zs.-schließen, b) *Truppen* zs.-ziehen; **3.** ✝ a) *Schulden* konsolidieren, fundieren, b) *Aktien, a.* ⚖ *Klagen* zs.-legen, c) *Gesellschaften* zs.-schließen; **4.** ⚙ verdichten; **II** *v/i.* **5.** fest werden; sich festigen (*a. fig.*); **con'sol·i·dat·ed** [-tɪd] *adj.* **1.** fest, dicht, kom'pakt; **2.** *bsd.* ✝ vereinigt, konsolidiert: ~ ***annuities*** → ***consols***; ~ ***debt*** fundierte Schuld; ℒ ***Fund*** *Brit.* konsolidierter Staatsfonds; **con·sol·i·da·tion** [kənˌsɒlɪ'deɪʃn] *s.* **1.** (Ver)stärkung *f*, Festigung *f* (*beide a. fig.*); **2.** ⚔ a) Zs.-ziehung *f*, b) Ausbau *m*; **3.** ✝ a) Konsolidierung *f*, b) Zs.-legung *f*, Vereinigung *f*, c) Zs.-schluss *m*; **4.** ⚙ Verdichtung *f*; **5.** ✓ Flurbereinigung *f*.

con·sols ['kɒnsəlz] *s. pl.* ✝ *Brit.* Kon-'sols *pl.*, konsolidierte Staatsanleihen *pl.*

con·som·mé [kən'sɒmeɪ] (*Fr.*) *s.* Consom'mé *f*, *n* (*klare Kraftbrühe*).

con·so·nance ['kɒnsənəns] *s.* **1.** Zs.-, Gleichklang *m*; **2.** ♪ Konso'nanz *f*; **3.** *fig.* Über'einstimmung *f*, Harmo'nie *f*; **'con·so·nant** [-nt] **I** *adj.* ☐ **1.** ♪ konso'nant; **2.** über'einstimmend, vereinbar (***with*** mit); **3.** gemäß (***to*** *dat.*); **II** *s.* **4.** *ling.* Konso'nant *m*; **con·so·nan·tal** [ˌkɒnsə'næntl] *adj. ling.* konso'nantisch.

con·sort I *s.* ['kɒnsɔːt] **1.** Gemahl(in); **2.** ⚓ Geleitschiff *n*; **II** *v/i.* [kən'sɔːt] **3.** (***with***) verkehren (mit), sich gesellen (zu); **4.** (***with***) über'einstimmen (mit), passen (zu); **con·sor·ti·um** [kən'sɔː-tjəm] *s.* **1.** Vereinigung *f*, Gruppe *f*, Kon'sortium *n* (*a.* ✝): ~ ***of banks*** Bankenkonsortium; **2.** ⚖ eheliche Gemeinschaft.

con·spi·cu·i·ty [ˌkɒnspɪ'kjuːətɪ] → ***conspicuousness***; **con·spic·u·ous** [kən-'spɪkjʊəs] *adj.* ☐ **1.** deutlich sichtbar; **2.** auffallend: ***be*** ~ in die Augen fallen; ***be*** ~ ***by one's absence*** durch Abwesenheit glänzen; ***make o.s.*** ~ sich auffällig benehmen, auffallen; ***render o.s.*** ~ sich hervortun; ~ ***consumption*** Prestigekonsum *m*; **3.** *fig.* bemerkenswert, her'vorragend; **con·spic·u·ous·ness** [kən'spɪkjʊəsnɪs] *s.* **1.** Deutlichkeit *f*; **2.** Auffälligkeit *f*, Augenfälligkeit *f*.

con·spir·a·cy [kən'spɪrəsɪ] *s.* Verschwörung *f*, Kom'plott *n*: ~ ***of silence*** verabredetes Stillschweigen; ~ (***to commit a crime***) (*strafbare*) Verabredung zur Verübung e-r Straftat; **con'spir·a·tor** [-ətə] *s.* Verschwörer *m*; **con·spir·a·to·ri·al** [kənˌspɪrə'tɔːrɪəl] *adj.* verschwörerisch, Verschwörungs...; **con·spire** [kən'spaɪə] **I** *v/i.* **1.** sich verschwören; sich (heimlich) zs.-tun; ⚖ sich *zu e-r Tat* verabreden; **2.** *fig.* zs.-wirken, (insgeheim) dazu beitragen, sich verschworen haben; **II** *v/t.* **3.** (heimlich) planen, anzetteln.

con·sta·ble ['kʌnstəbl] *s. bsd. Brit.* Poli-'zist *m*, Wachtmeister *m*: ***special*** ~ Hilfspolizist; → ***Chief Constable***; **con·stab·u·lar·y** [kən'stæbjʊlərɪ] *s.* Poli'zei(truppe) *f*.

con·stan·cy ['kɒnstənsɪ] *s.* **1.** Beständigkeit *f*, Unveränderlichkeit *f*; **2.** Bestand *m*, Dauer *f*; **3.** *fig.* Standhaftigkeit *f*; Treue *f*; **'con·stant** [-nt] **I** *adj.* ☐ **1.** (be)ständig, unveränderlich, gleich bleibend, kon'stant; **2.** dauernd, unaufhörlich; stetig, regelmäßig: ~ ***rain*** anhaltender Regen; → ***companion***[1] 2; **3.** standhaft, beharrlich, fest; **4.** verlässlich, treu; **5.** ⩚, ⚡, *phys.* kon'stant; **II** *s.* **6.** ⩚, *phys.* kon'stante Größe, Kon-'stante *f*.

con·stel·la·tion [ˌkɒnstə'leɪʃn] *s.* **1.** Konstellati'on *f*: a) *ast.* Sternbild *n*, b) *fig.* Gruppierung *f*; **2.** glänzende Versammlung.

con·ster·nat·ed ['kɒnstəneɪtɪd] *adj.* bestürzt, konsterniert; **con·ster·na·tion** [ˌkɒnstə'neɪʃn] *s.* Bestürzung *f*.

con·sti·pate ['kɒnstɪpeɪt] *v/t.* ⚕ verstopfen; **con·sti·pa·tion** [ˌkɒnstɪ'peɪʃn] *s.* ⚕ Verstopfung *f*.

con·stit·u·en·cy [kən'stɪtjʊənsɪ] *s.* **1.** Wählerschaft *f*; **2.** Wahlkreis *m*; **3.** *Am.* F Kundenkreis *m*; **con'stit·u·ent** [-nt] **I** *adj.* **1.** e-n (Bestand)Teil bildend: ~ ***part*** Bestandteil *m*; **2.** *pol.* Wähler..., Wahl...: ~ ***body*** Wählerschaft *f*; **3.** *pol.* konstituierend, verfassunggebend: ~ ***assembly*** verfassunggebende Versammlung; **II** *s.* **4.** Bestandteil *m*; **5.** ⚖ Vollmachtgeber(in); **6.** *pol.* Wähler (-in); **7.** *ling.* Satzteil *m*; **8.** ⩚, *phys.* Kompo'nente *f*.

con·sti·tute ['kɒnstɪtjuːt] *v/t.* **1.** ernennen, einsetzen: ~ ***s.o. president*** j-n als Präsidenten einsetzen; **2.** *Gesetz* in Kraft setzen; **3.** *oft pol.* gründen, einsetzen, konstituieren: ~ ***a committee*** e-n Ausschuss einsetzen; ***the*** ~***d authorities*** die verfassungsmäßigen Behörden; **4.** ausmachen, bilden: ~ ***a precedent*** e-n Präzedenzfall bilden; ***be so*** ~***d that*** so geartet sein, dass.

con·sti·tu·tion [ˌkɒnstɪ'tjuːʃn] *s.* **1.** Zs.-setzung *f*, (Auf)Bau *m*, Beschaffenheit *f*; **2.** Einsetzung *f*, Bildung *f*, Gründung *f*; **3.** Konstituti'on *f*, Körperbau *m*, Na-'tur *f*: ***by*** ~ von Natur; ***strong*** ~ starke Konstitution; **4.** Gemütsart *f*, Wesen *n*, Veranlagung *f*; **5.** *pol.* Verfassung *f*, Grundgesetz *n*, Satzung *f*; **ˌcon·sti'tu·tion·al** [-ʃənl] **I** *adj.* ☐ **1.** körperlich bedingt, angeboren, veranlagungsgemäß; **2.** *pol.* verfassungsmäßig, rechtsstaatlich, Verfassungs...: ~ ***monarchy*** konstitutionelle Monarchie; ~ ***state*** Rechtsstaat *m*; **II** *s.* **3.** F (Verdauungs-) Spaziergang *m*; **ˌcon·sti'tu·tion·al·ism** [-ʃnəlɪzəm] *s. pol.* verfassungsmäßige Regierungsform; **ˌcon·sti'tu·tion·al·ist** [-ʃnəlɪst] *s. pol.* Anhänger *m* der verfassungsmäßigen Regierungsform.

con·strain [kən'streɪn] *v/t.* **1.** zwingen, nötigen, drängen: ***be*** (*od.* ***feel***) ~***ed*** sich genötigt sehen; **2.** erzwingen; **3.** einzwängen; einsperren; **con'strained** [-nd] *adj.* ☐ gezwungen, steif, verkrampft, verlegen, befangen; **con-'strain·ed·ly** [-nɪdlɪ] *adv.* gezwungen; **con'straint** [-nt] *s.* **1.** Zwang *m*, Nötigung *f*: ***under*** ~ unter Zwang, zwangsweise; **2.** Beschränkung *f*; **3.** a) Befangenheit *f*, b) Gezwungenheit *f*; **4.** Zu-'rückhaltung *f*.

con·strict [kən'strɪkt] *v/t.* zs.-ziehen, -pressen, -schnüren, einengen; **con-'strict·ed** [-tɪd] *adj.* eingeengt; beschränkt; **con'stric·tion** [-kʃn] *s.* Zs.-ziehung *f*, Einschnürung *f*; Beengtheit *f*; **con'stric·tor** [-tə] *s.* **1.** *anat.* Schließmuskel *m*; **2.** *zo.* 'Boa *f*, Riesenschlange *f*.

con·strin·gent [kən'strɪndʒənt] *adj.* zs.-ziehend.

con·struct [kən'strʌkt] *v/t.* **1.** bauen, errichten; **2.** ⚙, ⩚, *ling.* konstruieren; **3.** *fig.* aufbauen, gestalten, formen; ausarbeiten, entwerfen, ersinnen; **con-'struc·tion** [-kʃn] *s.* **1.** (Er)Bauen *n*, Bau *m*, Errichtung *f*: ***under*** ~ im Bau; **2.** Bauwerk *n*, Bau *m*, Gebäude *n*; **3.** Bauweise *f*; *fig.* Aufbau *m*, Anlage *f*, Gestaltung *f*, Form *f*; **4.** ⚙, ⩚ Konstrukti'on *f*; **5.** *ling.* Konstrukti'on *f*, Satzbau *m*, Wortfügung *f*; **6.** Auslegung *f*, Deutung *f*: ***put a wrong*** ~ ***on s.th.*** et. falsch auslegen *od.* auffassen; **con'struc·tion·al** [-kʃənl] *adj.* Bau..., Konstruktions..., baulich; **con·struction pit** *s.* Baugrube *f*; **con'struc·tive** [-tɪv] *adj.* ☐ **1.** aufbauend, schaffend, schöpferisch, konstruk'tiv; **2.** konstruk-'tiv, positiv: ~ ***criticism***; **3.** Bau..., Konstruktions...; **4.** a) *a.* ⚖ abgeleitet, angenommen, b) ⚖ mittelbar: ~ ***dismissal*** unfreiwillige Kündigung seitens des Arbeitnehmers; **con'struc·tor** [-tə] *s.* Erbauer *m*, Konstruk'teur *m*.

con·strue [kən'struː] **I** *v/t.* **1.** *ling.* a) *Satz* zergliedern, konstruieren, b) (Wort für Wort) über'setzen; **2.** auslegen; deuten; auffassen; **II** *v/i.* **3.** *ling.* sich konstruieren *od.* zergliedern lassen.

con·sub·stan·ti·al·i·ty ['kɒnsəbˌstænʃɪ-'ælətɪ] *s. eccl.* Wesensgleichheit *f* (*der drei göttlichen Personen*); **con·sub·stan·ti·ate** [ˌkɒnsəb'stænʃɪeɪt] *v/t.* (*v/i.* sich) zu e-m einzigen Wesen vereinigen; **'con·subˌstan·ti'a·tion** [-ɪ'eɪʃn] *s. eccl.* Konsubstantiati'on *f* (*Mitgegen-*

wart des Leibes u. Blutes Christi beim Abendmahl).

con·sue·tude ['kɒnswɪtju:d] *s.* Gewohnheit *f*, Brauch *m*; **con·sue·tu·di·nar·y** [ˌkɒnswɪ'tju:dɪnərɪ] *adj.* gewohnheitsmäßig, Gewohnheits...

con·sul ['kɒnsəl] *s.* Konsul *m*: **~-general** Generalkonsul; **'con·su·lar** [-sjʊlə] Konsulats..., Konsular..., konsu'larisch: **~ invoice** † Konsulatsfaktura *f*; **'con·su·late** [-sjʊlət] *s.* Konsu'lat *n* (*a. Gebäude*): **~-general** Generalkonsulat; **'con·sul·ship** [-ʃɪp] *s.* Amt *n* e-s Konsuls.

con·sult [kən'sʌlt] **I** *v/t.* **1.** um Rat fragen, befragen, *Arzt etc.* zurate ziehen, konsultieren: **~ one's watch** auf die Uhr sehen; **~ the dictionary** im Wörterbuch nachschlagen; **2.** beachten, berücksichtigen: **~ s.o.'s wishes**; **II** *v/i.* **3.** sich beraten *od.* besprechen (**with** mit, **about** über *acc.*); **con'sult·ant** [-tənt] *s.* **1.** (*Fach-, Betriebs- etc.*)Berater *m*; **2.** ⚕ a) Facharzt *m*, b) fachärztlicher Berater; **con·sul·ta·tion** [ˌkɒnsəl'teɪʃn] *s.* Beratung *f*, Rücksprache *f* (**on** über *acc.*), Konsultati'on *f* (*a.* ⚕): **~ hour** ⚕ Sprechstunde *f*; **con'sult·a·tive** [-tətɪv] *adj.* beratend; **con'sult·ing** [-tɪŋ] *adj.* beratend: **~ engineer** technischer (Betriebs)Berater; **~ room** ⚕ Sprechzimmer *n*.

con·sum·a·ble [kən'sju:məbl] **I** *adj.* verzehrbar, verbrauchbar, zerstörbar; **II** *s.* *mst pl.* Ver'brauchsarˌtikel *m*; **con·sume** [kən'sju:m] **I** *v/t.* **1.** verzehren (*a. fig.*), verbrauchen: **be ~d with** *fig.* erfüllt sein von, von *Hass*, *Verlangen* verzehrt werden, vor *Neid* vergehen; **consuming desire** brennende Begierde; **2.** zerstören: **~d by fire** ein Raub der Flammen; **3.** (auf)essen, trinken; **4.** verschwenden; *Zeit* rauben *od.* benötigen; **II** *v/i.* **5.** *a.* **~ away** sich verzehren (*a. fig.*); sich verbrauchen *od.* abnutzen; **con'sum·er** [-mə] *s.* Verbraucher *m*, Abnehmer *m*, Konsu'ment *m*: **~ advice centre** (*Am.* **center**) Ver'braucherzentˌrale *f*; **~ counselling** Verbraucherberatung *f*; **~ goods** Konsumgüter; **~ prices** *pl.* Verbraucherpreise *pl.*; **~ protection** Verbraucherschutz *m*; **~ resistance** Kaufunlust *f*; **~ society** Konsumgesellschaft *f*; **~ spending** Ausgaben der Privathaushalte; **~ survey** Konsumentenbefragung *f*; **ultimate ~** Endverbraucher *m*; **con'sum·er·ism** [-mərɪzəm] *s.* **1.** Verbraucherschutzbewegung *f*; **2.** kritische Verbraucherhaltung.

con·sum·mate **I** *v/t.* ['kɒnsəmeɪt] voll'enden; *bsd. Ehe* voll'ziehen; **II** *adj.* □ [kən'sʌmɪt] voll'endet, 'vollkommen, völlig: **~ skill** höchste Geschicklichkeit; **con·sum·ma·tion** [ˌkɒnsə'meɪʃn] *s.* **1.** Voll'endung *f*, Ziel *n*, Ende *n*; **2.** Erfüllung *f*; **3.** ⚖ Voll'ziehung *f* (*Ehe*).

con·sump·tion [kən'sʌmpʃn] *s.* **1.** Verbrauch *m*, Kon'sum *m* (**of** an *dat. od.* von); **2.** Verzehrung *f*, Zerstörung *f*; **3.** Verzehr *m*: **unfit for human ~** für menschlichen Verzehr ungeeignet; **for public ~** *fig.* für die Öffentlichkeit bestimmt; **4.** ⚕ *obs.* Schwindsucht *f*; **con'sump·tive** [-ptɪv] **I** *adj.* □ **1.** verbrauchend, Verbrauchs...; **2.** (ver)zehrend; **3.** ⚕ *obs.* schwindsüchtig; **II** *s.* **4.** ⚕ *obs.* Schwindsüchtige(r *m*) *f*.

con·tact ['kɒntækt] **I** *s.* **1.** Berührung *f* (*a.* A), Kon'takt *m*; ⚔ Feindberührung *f*; **2.** *fig.* Kon'takt *m*: a) Verbindung *f*, Beziehung *f*, Fühlung *f* (*a.* ⚔), b) Verbindungs-, Gewährsmann *m*, c) *pol.* Kon'taktmann *m* (*Agent*): **make ~s** Verbindungen anknüpfen; **business ~** Geschäftsverbindung; **3.** ⚡ Kon'takt *m*: a) Anschluss *m*, b) Kon'taktstück *n*: **make** (**break**) **~** Kontakt herstellen (unterbrechen); **4.** ⚕ Kon'taktperˌson *f*; **II** *v/t.* **5.** in Berührung kommen mit; Kon'takt haben mit, berühren; **6.** *fig.* sich in Verbindung setzen mit, Beziehungen *od.* Kon'takt aufnehmen zu, sich an *j-n* wenden; **~ box** *s.* ⚡ Anschlussdose *f*; **~ break·er** *s.* ⚡ ('Strom-)Unterˌbrecher *m*; **~ flight** *s.* ✈ Sichtflug *m*; **~ lens** *s.* Haft-, Kon'taktschale *f*, Kon'taktlinse *f*; **~ light** *s.* ✈ Lande(bahn)feuer *n*; **'~-ˌmak·er** *s.* ⚡ Einschalter *m*, Stromschließer *m*; **~ man** *s.* [*irr.*] → **contact** 2 b, c; **~ mine** *s.* ⚔ Tretmine *f*.

con·tac·tor ['kɒntæktə] *s.* ⚡ (Schalt-)Schütz *n*: **~ switch** Schütz(schalter *m*).

con·tact| print *s. phot.* Kon'taktabzug *m*; **~ rail** *s.* ⚡ Kon'taktschiene *f*.

con·ta·gion [kən'teɪdʒən] *s.* **1.** ⚕ a) Ansteckung *f* (*durch Berührung*), b) ansteckende Krankheit; **2.** *fig.* Vergiftung *f*, verderblicher Einfluss; **con'ta·gious** [-dʒəs] *adj.* □ **1.** ⚕ a) ansteckend (*a. fig. Stimmung etc.*), b) infiziert: **~ matter** Krankheitsstoff *m*; **2.** *fig. obs.* verderblich.

con·tain [kən'teɪn] *v/t.* **1.** enthalten; *fig. a.* beinhalten; **2.** (um)'fassen, einschließen, aufnehmen, Raum haben für; **3.** bestehen aus, messen; **4.** zügeln, im Zaum halten, bändigen: **~ one's anger**; **5.** **~ o.s.** sich beherrschen *od.* mäßigen: **be unable to ~ o.s. for** sich nicht fassen können vor; **6.** *a.* ⚔ fest-, zu'rückhalten; ⚔ *Feindkräfte* fesseln, binden; *a. pol.* eindämmen: **~ the attack** den Angriff abriegeln; **~ a fire** e-n Brand unter Kontrolle bringen *od.* eindämmen; **7.** A teilbar sein durch; **con'tain·er** [-nə] *s.* **1.** Behälter *m*; Gefäß *n*; Ka'nister *m*; **2.** † Con'tainer *m* (*Großbehälter*): **~ port** Containerhafen *m*; **~ ship** Containerschiff *n*; **con'tain·er·ize** [-nəraɪz] *v/t.* **1.** auf Con'tainerbetrieb 'umstellen; **2.** in Con'tainern transportieren; **con'tain·ment** [-mənt] *s. fig.* Eindämmung *f*, In-'Schach-Halten *n*: **policy of ~** Eindämmungspolitik *f*.

con·tam·i·nant [kən'tæmɪnənt] *s.* Verseuchungsstoff *m*; **con'tam·i·nate** [-neɪt] *v/t.* **1.** verunreinigen; **2.** *a. fig.* infizieren, vergiften, (*a.* radioak'tiv) verseuchen: **~d area** verseuchtes Gelände; **con·tam·i·na·tion** [kən}ˌtæmɪ'neɪʃn] *s.* **1.** Verunreinigung *f*; **2.** (*a.* radioak'tive *etc.*) Verseuchung: **~ meter** Geigerzähler *m*; **3.** *ling.* Kontaminati'on *f*.

con·tan·go [kən'tæŋgəʊ] *s.* † *Börse*: Re'port *m* (*Kurszuschlag*).

con·temn [kən'tem] *v/t. poet.* verachten; **con'tem·nor** [-nə] *s.* ⚖ j-d der **contempt of court** begeht (→ **contempt** 4).

con·tem·plate ['kɒntempleɪt] **I** *v/t.* **1.** (nachdenklich) betrachten; nachdenken über (*acc.*); über'denken; **2.** ins Auge fassen, erwägen, beabsichtigen; **3.** erwarten, rechnen mit; **II** *v/i.* **4.** nachsinnen; **con·tem·pla·tion** [ˌkɒntem'pleɪʃn] *s.* **1.** (nachdenkliche) Betrachtung; **2.** Nachdenken *n*, -sinnen *n*; **3.** *bsd. eccl.* Meditati'on *f*, innere Einkehr, Versunkenheit *f*; **4.** Erwägung *f*: **have in ~** → **contemplate** 2; **be in ~** erwogen *od.* geplant werden; **5.** Absicht *f*; **'con·tem·pla·tive** [-tɪv] *adj.* □ **1.** nachdenklich; **2.** beschaulich, besinnlich, kontempla'tiv.

con·tem·po·ra·ne·ous [kənˌtempə'reɪnjəs] *adj.* □ gleichzeitig (**with** mit); **conˌtem·po'ra·ne·ous·ness** [-nɪs] *s.* Gleichzeitigkeit *f*; **con·tem·po·rar·y** [kən'tempərərɪ] **I** *adj.* **1.** zeitgenössisch: a) heutig, unserer Zeit, b) der damaligen Zeit: **~ history** Zeitgeschichte *f*; **2.** gleichalt(e)rig; **II** *s.* **3.** Zeitgenosse *m*, -genossin *f*; **4.** Altersgenosse *m*, -genossin *f*; **5.** gleichzeitig erscheinende Zeitung, Konkur'renz(blatt *n*) *f*.

con·tempt [kən'tempt] *s.* **1.** Verachtung *f*, Geringschätzung *f*: **feel ~ for s.o.**, **hold s.o. in ~** j-n verachten; **bring into ~** verächtlich machen; → **beneath** II; **2.** Schande *f*, Schmach *f*: **fall into ~** in Schande geraten; **3.** 'Missachtung *f*; **4.** **~** (**of court**) ⚖ 'Missachtung des Gerichts (*Ungebühr, Nichterscheinen etc.*); **con·tempt·i·bil·i·ty** [kənˌtemptə'bɪlətɪ] *s.* Verächtlichkeit *f*; **con'tempt·i·ble** [-təbl] *adj.* □ **1.** verächtlich, verachtenswert, nichtswürdig: **Old ♀s** *brit. Expeditionskorps in Frankreich 1914*; **2.** gemein, niederträchtig; **con'temp·tu·ous** [-tjʊəs] *adj.* □ verachtungsvoll, geringschätzig: **be ~ of s.th.** et. verachten; **con'temp·tu·ous·ness** [-tjʊəsnɪs] *s.* Verachtung *f*, Geringschätzigkeit *f*.

con·tend [kən'tend] **I** *v/i.* **1.** kämpfen, ringen (**with** mit, **for** um); **2.** *mit Worten* streiten, disputieren (**about** über *acc.*, **against** gegen); **3.** wetteifern, sich bewerben (**for** um); **II** *v/t.* **4.** behaupten, geltend machen (**that** dass); **con'tend·er** [-də] *s.* Kämpfer(in); Bewerber(in) (**for** um); Konkur'rent(in); **con'tend·ing** [-dɪŋ] *adj.* **1.** streitend, kämpfend; **2.** wider'streitend; **3.** konkurrierend.

con·tent[1] ['kɒntent] *s.* **1.** *mst pl.* (*Raum*)Inhalt *m*, Fassungsvermögen *n*; 'Umfang *m*; **2.** *pl. a. fig.* Inhalt *m* (*Buch etc.*); **3.** *mst* ⚒ Gehalt *m*: **gold ~** Goldgehalt.

con·tent[2] [kən'tent] **I** *pred. adj.* **1.** zu'frieden; **2.** bereit, willens (**to** *inf.* zu *inf.*); **3.** *parl. Brit.* (*nur House of Lords*) einverstanden: **not ~** dagegen; **II** *v/t.* **4.** befriedigen, zu'frieden stellen; **5.** **~ o.s.** zu'frieden sein, sich zufrieden geben *od.* begnügen *od.* abfinden (**with** mit); **III** *s.* **6.** Zu'friedenheit *f*, Befriedigung *f*: **to one's heart's ~** nach Herzenslust; **7.** *mst pl. parl. Brit.* Jastimmen *pl.*; **con'tent·ed** [-tɪd] *adj.* □ zu'frieden (**with** mit); **con'tent·ed·ness** [-tɪdnɪs] *s.* Zu'friedenheit *f*.

con·ten·tion [kən'tenʃn] *s.* **1.** Streit *m*, Zank *m*; **2.** Wortstreit *m*; **3.** Behauptung *f*: **my ~ is that** ich behaupte, dass; **4.** Streitpunkt *m*; **con'ten·tious** [-ʃəs] *adj.* □ **1.** streitsüchtig; **2.** streitig (*a.* ⚖), strittig, um'stritten; **con'ten·tious·ness** [-ʃəsnɪs] *s.* Streitsucht *f*.

con·tent·ment [kən'tentmənt] *s.* Zu'friedenheit *f*.

con·test **I** *s.* ['kɒntest] **1.** Kampf *m*, Streit *m*; **2.** Wettkampf *m*, -streit *m*, -bewerb *m* (**for** um); **II** *v/t.* [kən'test] **3.** ⚔ *u. fig.* kämpfen um; **4.** konkurrieren *od.* sich bewerben um; **5.** *pol.* **~ a seat** *od.* **an election** für e-e Wahl kandidieren; **6.** bestreiten; *a.* ⚖ *Aussage, Testa-*

ment, Wahl(ergebnis) etc. anfechten; **III** *v/i.* [kən'test] **7.** wetteifern (***with*** mit); **con·test·a·ble** [kən'testəbl] *adj.* strittig; anfechtbar; **con·test·ant** [kən'testənt] *s.* **1.** (Wett)Bewerber(in); **2.** Wettkämpfer(in); **3.** Kandi'dat(in); **4.** ⚖ a) streitende Par'tei, b) Anfechter(in); **con·tes·ta·tion** [ˌkɒntes'teɪʃn] *s.* Streit *m*; Dis'put *m*.

con·text ['kɒntekst] *s.* **1.** (*inhaltlicher*) Zs.-hang, Kontext *m*: ***out of ~*** aus dem Zs.-hang gerissen; **2.** Um'gebung *f*, Mili'eu *n*; **con·tex·tu·al** [kɒn'tekstjʊəl] *adj.* □ dem Zs.-hang gemäß; **con·tex·ture** [kɒn'tekstʃə] *s.* **1.** (Auf-)Bau *m*, Gefüge *n*, Struk'tur *f*; **2.** Gewebe *n*.

con·ti·gu·i·ty [ˌkɒntɪ'gju:ətɪ] *s.* **1.** (***to***) Angrenzen *n* (an *acc.*), Berührung *f* (mit); **2.** Nähe *f*, Nachbarschaft *f*; **con·tig·u·ous** [kən'tɪgjʊəs] *adj.* □ (***to***) **1.** angrenzend (an *acc.*), berührend (*acc.*); **2.** nahe, benachbart (*dat.*).

con·ti·nence ['kɒntɪnəns] *s.* Mäßigkeit *f*, (*bsd. sexuelle*) Enthaltsamkeit; **'con·ti·nent** [-nənt] **I** *adj.* □ **1.** mäßig; enthaltsam, keusch; **II** *s.* **2.** Konti'nent *m*, Erdteil *m*; **3.** Festland *n*: ***the** ♀ **Brit.*** das europäische Festland.

con·ti·nen·tal [ˌkɒntɪ'nentl] **I** *adj.* □ **1.** kontinen'tal, Kontinental...: ***~ shelf*** Festlandsockel *m*; **2.** *mst* ♀ *Brit.* kontinen'tal (*das europäische Festland etreffend*); ausländisch: ***~ quilt*** *Brit.* Federbett *n*; ***~ tour*** Europareise *f*; **II** *s.* **3.** Festländer(in); **4.** ♀ *Brit.* Kontinen'taleuroˌpäer(in); **ˌcon·ti'nen·tal·ize** [-təlaɪz] *v/t.* kontinen'talen Cha'rakter geben (*dat.*): ***~d*** *Brit.* ‚europäisiert'.

con·tin·gen·cy [kən'tɪndʒənsɪ] *s.* **1.** Eventuali'tät *f*, Möglichkeit *f*, unvorhergesehener Fall: ***~ insured against*** Versicherungsfall *m*; **2.** Zufälligkeit *f*, Zufall *m*; **3.** *pl.* † unvorhergesehene Ausgaben *pl.*; **con'tin·gent** [-nt] **I** *adj.* □ **1.** eventu'ell, möglich; zufällig, ungewiss; gelegentlich; **2.** (***on, upon***) abhängig (von), bedingt (durch), verbunden (mit): ***~ fee*** Erfolgshonorar *n*; ***~ reserve*** † Sicherheitsrücklage *f*; **II** *s.* **3.** Anteil *m*, Beitrag *m*, Quote *f*, (⚔ 'Truppen)Kontinˌgent *n*; ***~ duty*** *EU* Ausgleichsabgabe *f*; **con'tin·gent·ly** [-ntlɪ] *adv.* möglicherweise.

con·tin·u·al [kən'tɪnjʊəl] *adj.* □ **1.** fortwährend, 'ununterˌbrochen, (an)dauernd, (be)ständig; **2.** immer 'wiederkehrend, (sehr) häufig, oft wieder'holt; **3.** *a.* 𝔄 kontinuierlich, stetig; **con'tin·u·al·ly** [-lɪ] *adv.* **1.** fortwährend *etc.*; **2.** immer wieder; **con'tin·u·ance** [-əns] *s.* **1.** → ***continuation*** 1, 2; **2.** Dauer *f*, Beständigkeit *f*; **3.** (Ver)Bleiben *n*; **con'tin·u·ant** [-ənt] *s.* **1.** *ling.* Dauerlaut *m*; **2.** 𝔄 Kontinu'ante *f*; **con·tin·u·a·tion** [kənˌtɪnjʊ'eɪʃn] *s.* **1.** Fortsetzung *f* (*a. e-s Romans etc.*), Weiterführung *f*: ***~ school*** Fortbildungsschule *f*; **2.** Fortbestand *m*, -dauer *f*; **3.** Erweiterung *f*; **4.** Verlängerung(sstück *n*) *f*; **5.** † Prolongati'on *f*; **con·tin·ue** [kən'tɪnju:] **I** *v/i.* **1.** fortfahren, weitermachen; **2.** fortdauern: a) (an)dauern, anhalten, b) sich fortsetzen, weitergehen, c) (fort)bestehen; **3.** (ver)bleiben: ***~ in office*** im Amt bleiben; **4.** ver-, beharren (***in*** bei, in *dat.*); **5.** ***~ doing, ~ to do*** weiter *od.* auch weiterhin tun; ***~ talking*** weiterreden; ***~ (to be) obstinate*** eigensinnig bleiben; **II** *v/t.* **6.** fortsetzen, -führen, fortfahren mit: ***to be ~d*** Fortsetzung folgt; **7.** verlängern, weiterführen; **8.** aufrechterhalten; beibehalten, erhalten; belassen; **9.** vertagen; **con'tin·ued** [-ju:d] *adj.* □ **1.** → ***continuous*** 1&3: ***~ existence*** Fortbestand *m*; **2.** in Fortsetzungen erscheinend; **con·ti·nu·i·ty** [ˌkɒntɪ'nju:ətɪ] *s.* **1.** Fortbestand *m*, Stetigkeit *f*; **2.** Zs.-hang *m*; enge Verbindung; **3.** 'ununterˌbrochene Folge; **4.** *fig.* roter Faden; **5.** *Film*: Drehbuch *n*; *Radio, TV*: Manu'skript *n*: ***~ girl*** Skriptgirl *n*; ***~ writer*** a) Drehbuchautor *m*, b) Textschreiber *m*.

con·tin·u·ous [kən'tɪnjʊəs] *adj.* □ **1.** 'ununterˌbrochen, (fort)laufend; zs.-hängend; **2.** unaufhörlich, andauernd, fortwährend; **3.** kontinuierlich (*a.* ⚙, *phys.*): ***~ function***; **4.** *ling.* progres'siv: ***~ form*** Verlaufsform *f*; ***~ cur·rent*** *s.* ϟ Gleichstrom *m*; ***~ fire*** *s.* ⚔ Dauerfeuer *n*; ***~ form*** *s.* Endlos-, EDV-Papier *n*; ***~ op·er·a·tion*** *s.* ⚙ Dauerbetrieb *m*; ***~ pa·per*** *s.* 'Endlospaˌpier *n*; ***~ per·form·ance*** *s. thea.* Non'stopvorstellung *f*.

con·tin·u·um [kɒn'tɪnjʊəm] **1.** 𝔄 Kon'tinuum *n*; **2.** → ***continuity*** 3.

con·tort [kən'tɔ:t] *v/t.* **1.** (*a. Worte etc.*) verdrehen; **2.** *Gesicht etc.* verzerren, verziehen; **con'tor·tion** [-ɔ:ʃn] *s.* **1.** Verzerrung *f*; **2.** Verrenkung *f*; **con'tor·tion·ist** [-ɔ:ʃnɪst] *s.* **1.** Schlangenmensch *m*; **2.** Wortverdreher(in).

con·tour ['kɒnˌtʊə] **I** *s.* Kon'tur *f*, 'Umriss(linie *f*) *m*; **II** *v/t.* um'reißen, den 'Umriss zeichnen von; profilieren; *Straße* e-r Höhenlinie folgen lassen; ***~ chair*** *s.* körpergerecht gestalteter Sessel; ***~ lathe*** *s.* ⚙ Kopierdrehbank *f*; ***~ line*** *s. surv.* Höhenlinie *f*; ***~ map*** *s.* Höhenlinienkarte *f*.

con·tra ['kɒntrə] **I** *prp.* gegen, kontra (*acc.*); **II** *adv.* da'gegen; **III** *s.* † Gegen-, 'Kreditseite *f*: ***~ account*** Gegenrechnung *f*.

'con·tra|·band **I** *s.* **1.** 'Konterbande *f*, Bann-, Schmuggelware *f*: ***~ of war*** Kriegskonterbande; **2.** Schmuggel *m*, Schleichhandel *m*; **II** *adj.* **3.** Schmuggel..., gesetzwidrig; **ˌ~'bass** [-'beɪs] *s.* ♪ 'Kontrabass *m*; **ˌ~·bas'soon** *s.* ♪ 'Kontrafaˌgott *n*.

con·tra·cep·tion [ˌkɒntrə'sepʃn] *s.* Empfängnisverhütung *f*; **ˌcon·tra'cep·tive** [-ptɪv] *adj. u. s.* empfängnisverhütend(es Mittel).

con·tract **I** *s.* ['kɒntrækt] **1.** *a.* ⚖ Vertrag *m*, Kon'trakt *m*: ***by ~*** vertraglich; ***under ~*** a) (***to***) vertraglich verpflichtet (*dat.*), b) † in Auftrag gegeben (*Arbeit*); ***~ (to kill)*** Mordauftrag *m*; **2.** Vertragsurkunde *f*; **3.** † (Liefer-, Werk-) Vertrag *m*, (fester) Auftrag: ***~ note*** Schlussschein *m*, -note *f*; ***~ processing*** Lohnveredelung *f*; ***~ work*** a) durch Subunternehmer ausgeführte Arbeiten, b) Leiharbeit *f*; **4.** Ak'kord(arbeit *f*) *m*; **5.** *a. **marriage ~*** Ehevertrag *m*; **6.** a) *a. **~ bridge*** Kontrakt-Bridge *n* (*Kartenspiel*), b) höchstes Gebot; **II** *v/t.* [kən'trækt] **7.** *Muskel* zs.-ziehen; *Stirn* runzeln; **8.** *ling.* zs.-ziehen, verkürzen; **9.** ein-, verengen, be-, einschränken; **10.** *Gewohnheit* annehmen, sich *e-e Krankheit* zuziehen; *Vertrag, Ehe, Freundschaft* schließen; *Schulden* machen; **III** *v/i.* [kən'trækt] **11.** sich zs.-ziehen, (ein)schrumpfen; **12.** enger *od.* kürzer *od.* kleiner werden; **13.** e-n Vertrag schließen, sich vertraglich verpflichten (***to*** *inf.* zu *inf.*, ***for*** zu): ***~ for s.th.*** et. vertraglich übernehmen; ***as ~ed*** wie (vertraglich) vereinbart; ***the ~ing parties*** die vertragschließenden Parteien; ***~ in*** *v/i. pol. Brit.* sich zur Bezahlung des Par'teibeitrages (*für die Labour Party*) verpflichten; ***~ out*** **I** *v/i.* sich freizeichnen, sich von der Verpflichtung befreien; **II** *v/t.* (*Arbeiten*) außer Haus vergeben.

con·tract·ed [kən'træktɪd] *adj.* □ **1.** zs.-gezogen; verkürzt; **2.** *fig.* engherzig; beschränkt; **con'tract·i·ble** [-təbl], **con'trac·tile** [-taɪl] *adj.* zs.-ziehbar.

con·trac·tion [kən'trækʃn] *s.* **1.** Zs.-ziehung *f*; **2.** *ling.* Ver-, Abkürzung *f*; Kurzwort *n*; **3.** Verkleinerung *f*, Einschränkung *f*; **4.** Zuziehung *f* (*Krankheit*); Eingehen *n* (*Schulden*); Annahme *f* (*Gewohnheit*); **5.** ***contractions*** *pl.* ⚕ Wehen *pl.*; ***the contractions are coming strong*** die Wehen sind stark; **con'trac·tive** [-ktɪv] *adj.* zs.-ziehend; **con'trac·tor** [-ktə] *s.* **1.** (*bsd.* 'Bau-*etc.*)Unterˌnehmer *m*; **2.** Unter'nehmer *m* (*Dienst-, Werkvertrag*), (Ver'trags-) Liefeˌrant *m*; **3.** *anat.* Schließmuskel *m*; **con'trac·tual** [-ktʃʊəl] *adj.* vertraglich, Vertrags...: ***~ capacity*** ⚖ Geschäftsfähigkeit *f*.

con·tra·dict [ˌkɒntrə'dɪkt] *v/t.* **1.** (*a. o.s.* sich) wider'sprechen (*dat.*); im 'Widerspruch stehen zu; **2.** *et.* bestreiten, in Abrede stellen; **ˌcon·tra'dic·tion** [-kʃn] *s.* **1.** 'Widerspruch *m*, -rede *f*: ***spirit of ~*** Widerspruchsgeist *m*; **2.** 'Widerspruch *m*, Unvereinbarkeit *f*: ***in ~ to*** im Widerspruch zu; ***~ in terms*** Widerspruch in sich; **3.** Bestreitung *f*; **ˌcon·tra'dic·tious** [-kʃəs] *adj.* □ zum 'Widerspruch geneigt, streitsüchtig; **ˌcon·tra'dic·to·ri·ness** [-tərɪnɪs] *s.* **1.** 'Widerspruch *m*; **2.** 'Widerspruchsgeist *m*; **ˌcon·tra'dic·to·ry** [-tərɪ] **I** *adj.* □ (sich) wider'sprechend, entgegengesetzt; unvereinbar; **II** *s.* 'Widerspruch *m*, Gegensatz *m*.

con·tra·dis·tinc·tion [ˌkɒntrədɪ'stɪŋkʃn] *s.* Gegensatz *m*: ***in ~ to*** (*od.* ***from***) im Gegensatz zu.

con·trail ['kɒntreɪl] *s.* ✈ Kon'densstreifen *m*.

con·tra·in·di·cate [ˌkɒntrə'ɪndɪkeɪt] *v/t.* ⚕ kontraindizieren; **ˌcon·tra·in·di'ca·tion** *s.* ⚕ 'Kontraindikatiˌon *f*, Gegenanzeige *f*.

con·tral·to [kən'træltəʊ] *pl.* **-tos** *s.* ♪ Alt *m*: a) Altstimme *f*, b) Al'tist(in), c) 'Altparˌtie *f*.

con·trap·tion [kən'træpʃn] *s.* F (neumodischer) Appa'rat, (komisches) Ding(s).

con·tra·pun·tal [ˌkɒntrə'pʌntl] *adj.* ♪ 'kontrapunktisch.

con·tra·ri·e·ty [ˌkɒntrə'raɪətɪ] *s.* **1.** Gegensätzlichkeit *f*, Unvereinbarkeit *f*; **2.** 'Widerspruch *m*, Gegensatz *m* (***to*** zu); **con·tra·ri·ly** ['kɒntrərəlɪ] *adv.* **1.** entgegen (***to*** *dat.*); **2.** andererseits; **con·tra·ri·ness** ['kɒntrərɪnɪs] *s.* **1.** Gegensätzlichkeit *f*, 'Widerspruch *m*; **2.** Widrigkeit *f*, Ungunst *f*; **3.** F [*a.* kən'treər-] 'Widerspenstigkeit *f*, Eigensinn *m*; **con·tra·ri·wise** ['kɒntrərɪwaɪz] *adv.* im Gegenteil; 'umgekehrt; and(e)rerseits.

con·tra·ry ['kɒntrərɪ] **I** *adj.* □ → ***contrarily***; **1.** entgegengesetzt, gegensätzlich, -teilig; **2.** (***to***) wider'sprechend (*dat.*), im 'Widerspruch (zu); gegen (*acc.*), entgegen (*dat.*): ***~ to expectations*** wider Erwarten; **3.** F [*a.* kən-

'treərı] 'widerspenstig, aufsässig; **II** *adv.* **4.** ~ ***to*** gegen, wider: ***act ~ to nature*** wider die Natur handeln; **III** *s.* **5.** Gegenteil *n* (***to*** von *od. gen.*): ***on the ~*** im Gegenteil; ***unless I hear to the ~*** falls ich nichts Gegenteiliges höre; ***proof to the ~*** Gegenbeweis *m*.

con·trast I *s.* ['kɒntrɑ:st] Kon'trast *m*, Gegensatz *m*: ***~ control*** *TV* Kontrastregler *m*; ***by ~ with*** im Vergleich mit; ***in ~ to*** im Gegensatz zu; ***be a great ~ to*** grundverschieden sein von; **II** *v/t.* [kən'trɑ:st] (***with***) entgegensetzen, gegen'überstellen (*dat.*); vergleichen (mit); **III** *v/i.* [kən'trɑ:st] (***with***) e-n Gegensatz bilden (zu), sich scharf unter'scheiden (von); sich abheben, abstechen (von): ***~ing colo(u)rs*** Kontrastfarben; **con·trast·y** [kən'trɑ:stı] *adj.* kon'trastreich.

con·tra·vene [ˌkɒntrə'vi:n] *v/t.* **1.** zu'widerhandeln (*dat.*), verstoßen gegen, über'treten, verletzen; **2.** im 'Widerspruch stehen zu; **3.** bestreiten; ˌ**con·tra'ven·tion** [-'venʃn] *s.* (***of***) Über'tretung *f* (von *od. gen.*); Verstoß *m*, Zu'widerhandlung *f* (gegen): ***in ~ of the rules*** entgegen den Vorschriften.

con·tre·temps ['kɔ̃:ntrətɑ̃:ŋ] (*Fr.*) *s.* unglücklicher Zufall, Widrigkeit *f*, ‚Panne' *f*.

con·trib·ute [kən'trıbju:t] **I** *v/t.* **1.** beitragen, beisteuern (***to*** zu) (*beide a. fig.*); spenden (***to*** für); ✝ a) *Kapital in e-e Firma* einbringen, b) *Brit. Geld* nachschießen; **2.** *Zeitungsartikel* beitragen; **II** *v/i.* **3.** (***to***) beitragen, e-n Beitrag leisten (zu), mitwirken (an *dat.*, bei): ***~ to a newspaper*** für e-e Zeitung schreiben; **con·tri·bu·tion** [ˌkɒntrı'bju:ʃn] *s.* **1.** Beitragen *n*; **2.** Beitrag *m* (*a. für Zeitung*), Beisteuer *f*, Beihilfe *f* (***to*** zu); Spende *f* (***to*** für): ***make a ~*** e-n Beitrag liefern; **3.** Mitwirkung *f* (***to*** an *dat.*); **4.** ✝ a) Einlage *f*: ***~ in kind (cash)*** Sach-(Bar-)einlage, b) Nachschuss *m*, c) Sozi'alversicherungsbeitrag *m*: ***employer's ~*** Arbeitgeberanteil *m*, Sozialleistung *f*; **con'trib·u·tive** [-jʊtıv] *adj.* → ***contributory*** 1, 2; **con'trib·u·tor** [-jʊtə] *s.* **1.** Beitragende(r *m*) *f*; Beisteuernde(r *m*) *f*; **2.** Mitwirkende(r *m*) *f*; Mitarbeiter(in) (*bsd. Zeitung*); **con'trib·u·to·ry** [-jʊtərı] **I** *adj.* **1.** beisteuernd, beitragend (***to*** zu); Beitrags...; **2.** mitwirkend (***to*** an *dat.*, bei); Mit...: ***~ causes*** ⚖ mitverursachende Umstände; ***~ negligence*** mitwirkendes Verschulden; **3.** beitragspflichtig; **4.** ✝ *Brit.* nachschusspflichtig; **II** *s.* **5.** Beitrags- *od.* ✝ *Brit.* Nachschusspflichtige(r *m*) *f*.

con·trite ['kɒntraıt] *adj.* □ zerknirscht, reuevoll; **con·tri·tion** [kən'trıʃn] *s.* Zerknirschung *f*, Reue *f*.

con·triv·ance [kən'traıvns] *s.* **1.** Ein-, Vorrichtung *f*; Appa'rat *m*; **2.** Kunstgriff *m*, Erfindung *f*, Plan *m*; **3.** Findigkeit *f*, Scharfsinn *m*; **4.** Bewerkstelligung *f*; **con·trive** [kən'traıv] **I** *v/t.* **1.** erfinden, ersinnen, (sich) ausdenken, entwerfen; **2.** *Pläne* schmieden, aushecken; **3.** zu'stande bringen; **4.** es fertig bringen, es verstehen, es bewerkstelligen (***to*** *inf.* zu *inf.*); **II** *v/i.* **5.** Pläne *od.* Ränke schmieden; **6.** Haus halten, auskommen.

con·trol [kən'trəʊl] **I** *v/t.* **1.** beherrschen, die Herrschaft *od.* Kon'trolle haben über (*acc.*), *et.* in der Hand haben *od.* kontrollieren: ***~ling company*** Muttergesellschaft *f*; ***~ling share*** (*od.* ***interest***) ✝ maßgebliche Beteiligung; **2.** verwalten, beaufsichtigen, über'wachen; *Preise etc.* kontrollieren, nachprüfen; **3.** lenken, steuern, leiten; regeln, regulieren: ***radio-~led*** funkgesteuert; ***~led ventilation*** regulierbare Lüftung; **4.** (*a.* ***o.s.*** sich) beherrschen, meistern, im Zaum halten, Einhalt gebieten (*dat.*); zügeln; **5.** in Schranken halten, bekämpfen; **6.** (staatlich) bewirtschaften, planen, binden: ***~led economy*** Planwirtschaft *f*; ***~led prices*** gebundene Preise; ***~led rent*** preisrechtlich gebundene Miete; **II** *s.* **7.** Macht *f*, Gewalt *f*, Herrschaft *f*, Kon'trolle *f* (***of, over*** über *acc.*): ***foreign ~*** Überfremdung *f*; ***bring under ~*** Herr werden über (*acc.*); ***have the situation under ~*** Herr der Lage sein; ***get ~ over*** in s-e Gewalt bekommen; ***get beyond s.o.'s ~*** j-m über den Kopf wachsen; ***get out of ~*** außer Kontrolle geraten; ***have ~ over*** a) → 1, b) Gewalt haben über (*acc.*); ***keep under ~*** im Zaume halten; ***lose ~ over*** die Herrschaft *od.* Gewalt *od.* Kontrolle verlieren über (*acc.*); ***circumstances beyond our ~*** unvorhersehbare Umstände; **8.** Machtbereich *m*, Verantwortung *f*; **9.** Aufsicht *f*, Kontrolle *f* (***of*** über *acc.*); Leitung *f*, Über'wachung *f*, (Nach)Prüfung *f*; ⚖ (***of***) a) Verfügungsgewalt (über *acc.*), b) (Per'sonen)Sorge *f* (für): ***be in ~ of s.th.*** et. unter sich haben, et. leiten; ***be under s.o.'s ~*** j-m unterstellt sein *od.* unterstehen; ***traffic ~*** Verkehrsregelung *f*; **10.** Bekämpfung *f*, Eindämmung *f*: ***without ~*** uneingeschränkt, frei; ***beyond ~*** nicht einzudämmen, nicht zu bändigen; ***be out of ~*** nicht zu halten sein; ***get under ~*** eindämmen, bewältigen; ***noise ~*** Lärmbekämpfung *f*; **11.** *mst pl.* ⚙ a) Steuerung *f*, 'Steueror͵gan *n*, b) Reguliervorrichtung *f*, Regler *m*, Kon'trollhebel *m*: ***be at the ~s*** *fig.* an den Hebeln der Macht sitzen; **12.** ⚡, ⚙ Regelung *f*; **13.** *pl.* ✈ Steuerung *f*, Leitwerk *n*; **14.** ✝ a) (*Kapital-, Konsum- etc.*) Lenkung *f*, b) (Zwangs)Bewirtschaftung *f*: ***foreign exchange ~*** Devisenkontrolle *f*; **15.** a) Kon'trolle *f*, Anhaltspunkt *m*, b) Vergleichswert *m*, c) Kon'troll-, Gegenversuch *m*.

con·trol| board *s.* ⚡ Schalttafel *f*; **~ char·ac·ter** *s. Computer:* Steuerzeichen *n*; **~ col·umn** *s.* **1.** ✈ Steuersäule *f*; **2.** ⚙ Lenksäule *f*; **~ com·mand** *s. Computer:* Steuerbefehl *m*; **~ desk** *s.* ⚡ Steuer-, Schaltpult *n*; *Radio, TV:* Re'giepult *n*; **~ en·gi·neer·ing** *s.* 'Steuerungs-, 'Regel͵technik *f*; **~ ex·per·i·ment** → ***control*** 15 c; **~ key** *s. Computer etc.:* Control-Taste *f*, Steuerungstaste *f*; **~ knob** *s.* ⚙, ⚡ Bedienungsknopf *m*.

con·trol·la·ble [kən'trəʊləbl] *adj.* **1.** kontrollierbar, regulierbar, lenkbar; **2.** zu beaufsichtigen(d); zu beherrschen(d); **con'trol·ler** [-lə] *s.* **1.** Kontrol'leur *m*, Aufseher *m*; Leiter *m*; Kon'trollbe͵amte(r) *m*, ✈ *a.* Fluglotse *m*; **2.** Rechnungsprüfer *m* (*Beamter*); **3.** ⚡, ⚙ Regler *m*; *mot.* Fahrschalter *m*; **4.** *sport* Kon'trollposten *m*.

con·trol| le·ver *s. mot.* Schalthebel *m*; ✈ Steuerknüppel *m*; **~ light** *s.* Kon'troll͵lampe *f*.

con·trol·ling com·pa·ny ['kʌmpənı] *s.* ✝ Muttergesellschaft *f*.

con·trol| pan·el *s.* **1.** ⚙ Bedienungsfeld *n*; **2.** *Computer:* Sys'tem͵steuerung *f*; **~ post** *s.* ⚔ Kon'trollposten *m*; **~ room** *s.* **1.** Kon'trollraum *m*, (⚔ Be'fehls-) Zen͵trale *f*; **2.** *Radio, TV:* Re'gieraum *m*; **~ stick** *s.* ✈ Steuerknüppel *m*; **~ sur·face** *s.* Steuerfläche *f*; **~ tow·er** *s.* ✈ Kon'trollturm *m*, Tower *m*; **~ u·nit** *s.* ⚙ Steuergerät *n*.

con·tro·ver·sial [ˌkɒntrə'vɜ:ʃl] *adj.* □ **1.** strittig, um'stritten: ***~ subject*** Streitfrage *f*; **2.** po'lemisch; streitlustig; ˌ**con·tro'ver·sial·ist** [-ʃəlıst] *s.* Po'lemiker *m*; **con·tro·ver·sy** ['kɒntrəvɜ:sı] *s.* **1.** Kontro'verse *f*, Meinungsstreit *m*; Debatte *f*; Aussprache *f*: ***beyond*** (*od.* ***without***) ~ fraglos, unstreitig; **2.** Streitfrage *f*; **3.** Streit *m*; **con·tro·vert** ['kɒntrəvɜ:t] *v/t.* **1.** bestreiten, anfechten; **2.** wider'sprechen (*dat.*); ˌ**con·tro'vert·i·ble** [-ɜ:təbl] *adj.* □ strittig; anfechtbar.

con·tu·ma·cious [ˌkɒntju:'meıʃəs] *adj.* □ **1.** 'widerspenstig, halsstarrig; **2.** ⚖ ungehorsam; **con·tu·ma·cy** ['kɒntjʊməsı] *s.* **1.** 'Widerspenstigkeit *f*, Halsstarrigkeit *f*; **2.** ⚖ Ungehorsam *m od.* (absichtliches) Nichterscheinen vor Gericht: ***condemn for ~*** gegen *j-n* ein Versäumnisurteil fällen.

con·tume·ly ['kɒntju:mlı] *s.* **1.** Unverschämtheit *f*; **2.** Beleidigung *f*.

con·tuse [kən'tju:z] *v/t.* ✱ quetschen: ***~d wound*** Quetschwunde *f*; **con'tu·sion** [-u:ʒn] *s.* ✱ Quetschung *f*.

co·nun·drum [kə'nʌndrəm] *s.* **1.** Scherzfrage *f*, -rätsel *n*; **2.** *fig.* Rätsel *n*.

con·ur·ba·tion [ˌkɒnɜ:'beıʃn] *s.* Ballungsraum *m*, -zentrum *n*, Stadtgroßraum *m*.

con·va·lesce [ˌkɒnvə'les] *v/i.* gesund werden, genesen; ˌ**con·va'les·cence** [-sns] *s.* Rekonvales'zenz *f*, Genesung *f*; ˌ**con·va'les·cent** [-snt] **I** *adj.* genesend, auf dem Wege der Besserung: ***~ home*** Genesungsheim *n*; **II** *s.* Rekonvales'zent(in).

con·vec·tion [kən'vekʃn] *s. phys.* Konvekti'on *f*; **con'vec·tor** [-ktə] *s. phys.* Konvekti'ons(strom)leiter *m*.

con·vene [kən'vi:n] **I** *v/t.* **1.** zs.-rufen, (ein)berufen; versammeln; **2.** ⚖ vorladen; **II** *v/i.* **3.** zs.-kommen, sich versammeln.

con·ven·ience [kən'vi:njəns] *s.* **1.** Annehmlichkeit *f*, Bequemlichkeit *f*: ***all (modern) ~s*** alle Bequemlichkeiten *od.* aller Komfort (der Neuzeit); ***at your ~*** wenn es Ihnen passt; ***at your earliest ~*** möglichst bald; ***at one's own ~*** nach (eigenem) Gutdünken; ***suit your own ~*** handeln Sie ganz nach Ihrem Belieben; ***~ food*** Fertignahrung *f*; ***~ goods*** ✝ *Am.* bequem erhältliche Waren des täglichen Bedarfs; **2.** Vorteil *m*, Nutzen *m*: ***it is a great ~*** es ist sehr nützlich; → ***flag***[1] 1, ***marriage*** 2; **3.** Angemessenheit *f*, Eignung *f*; **4.** *Brit.* Klo'sett *n*: ***public ~*** öffentliche Bedürfnisanstalt; **con'ven·ient** [-nt] *adj.* □ **1.** bequem, geeignet, günstig, passend: ***if it is ~ to you*** wenn es Ihnen passt; ***it is not ~ for me*** (***to*** *inf.*) es passt mir schlecht (zu *inf.*); ***make it ~*** es (so) einrichten; **2.** (zweck)dienlich, praktisch, brauchbar; **3.** günstig gelegen.

con·vent ['kɒnvənt] *s.* (*bsd.* Nonnen-) Kloster *n*: ***~ (school)*** Klosterschule *f*.

con·ven·ti·cle [kən'ventıkl] *s. eccl.* Konven'tikel *n*.

con·ven·tion [kən'venʃn] *s.* **1.** Zs.-kunft *f*, (*Am. a.* Par'tei)Versammlung *f*, Kon-

'vent *m*, (*a.* Be'rufs-, 'Fach)Kon,gress *m*, (-)Tagung *f*; **2.** *a. pol.* Vertrag *m*, Abkommen *n*, Konventi'on *f* (*a.* ⚔); **3.** *oft pl.* (gesellschaftliche) Konventi'on, Sitte *f*, Gewohnheits- *od.* Anstandsregel *f*, (stillschweigende) Gepflogenheit *od.* Über'einkunft; **con'ven·tion·al** [-ʃənl] *adj.* □ **1.** herkömmlich, konventio'nell (*beide a.* ⚔), üblich, traditio'nell: **~ *weapons***; **~ *sign*** (*bsd.* Karten)Zeichen *n*, Symbol *n*; **2.** förmlich, for'mell; **3.** vereinbart, Vertrags...; **4.** *contp.* 'unorigi,nell; **con'ven·tion·al·ism** [-ʃnəlɪzəm] *s.* Festhalten *n* am Hergebrachten; **con·ven·tion·al·i·ty** [kən,venʃə'nælətɪ] *s.* **1.** Herkömmlichkeit *f*, Üblichkeit *f*; **2.** Scha'blonenhaftigkeit *f*; **con'ven·tion·al·ize** [-ʃnəlaɪz] *v/t.* konventio'nell machen *od.* darstellen, den Konventi'onen unter'werfen.

con·verge [kən'vɜːdʒ] *v/i.* zs.-laufen, sich (ein'ander) nähern, ⩚ *u. fig.* konvergieren; **con'ver·gence** [-dʒəns] *s.* **1.** Zs.-laufen *n*; **2.** ⩚ a) Konver'genz *f* (*a. biol., phys.*), b) Annäherung *f*: **~ *criteria*** *pl. EU* Konver'genzkri,terien *pl.*; **con'ver·gen·cy** [-dʒənsɪ] *s.* → ***convergence***; **con'ver·gent** [-dʒənt] *adj. bsd.* ⩚ konver'gent; **con'verg·ing** [-dʒɪŋ] *adj.* zs.-laufend, konvergierend: **~ *lens*** Sammellinse *f*; **~ *point*** Konvergenzpunkt *m*.

con·vers·a·ble [kən'vɜːsəbl] *adj.* □ unter'haltend, gesprächig; gesellig; **con'ver·sance** [-səns] *s.* Vertrautheit *f* (***with*** mit); **con'ver·sant** [-sənt] *adj.* **1.** bekannt, vertraut (***with*** mit); **2.** geübt, bewandert, erfahren (***with***, ***in*** in *dat.*).

con·ver·sa·tion [,kɒnvə'seɪʃn] *s.* **1.** Unter'haltung *f*, Gespräch *n*, Konversati'on *f*: ***enter into a*** **~** ein Gespräch anknüpfen; **2.** *obs.* (*a.* Geschlechts-) Verkehr *m*; → ***criminal conversation***; **3.** *a.* **~ *piece*** a) *paint.* Genrebild *n*, b) *thea.* Konversati'onsstück *n*; **,con·ver'sa·tion·al** [-ʃənl] *adj.* □ → ***conversationally***; **1.** gesprächig; **2.** Unterhaltungs..., Gesprächs...: **~ *grammar*** Konversationsgrammatik *f*; **~ *tone*** Plauderton *m*; **,con·ver'sa·tion·al·ist** [-ʃnəlɪst] *s.* gewandter Unter'halter, guter Gesellschafter; **,con·ver'sa·tion·al·ly** [-ʃnəlɪ] *adv.* **1.** gesprächsweise; **2.** im Plauderton.

con·ver·sa·zi·o·ne [,kɒnvəsætsɪ'əʊnɪ] *pl.* **-ni** [-niː], **-nes** (*Ital.*) *s.* **1.** 'Abendunter,haltung *f*; **2.** lite'rarischer Gesellschaftsabend.

con·verse[1] [kən'vɜːs] *v/i.* sich unter'halten, sprechen (***with*** mit, ***on***, ***about*** über *acc.*).

con·verse[2] ['kɒnvɜːs] **I** *adj.* □ gegenteilig, 'umgekehrt; wechselseitig; **II** *s.* 'Umkehrung *f*; Gegenteil *n*; **'con·verse·ly** [-lɪ] *adv.* 'umgekehrt.

con·ver·sion [kən'vɜːʃn] *s.* **1.** *allg.* 'Um-, Verwandlung *f* (***from*** von, ***into*** in *acc.*); **2.** † a) Konvertierung *f*, 'Umwandlung *f* (*Effekten, Schulden*), b) Zs.-legung *f* (*von Aktien*), c) ('Währungs),Umstellung *f*, d) (Ge'schäfts-, *a.* Ver'mögens),Umwandlung *f*; **3.** ⩚ a) *a. Währung*: 'Umrechnung *f* (***into*** in *acc.*): **~ *table*** Umrechnungstabelle *f*; **~ *rate*** *Währung*: Umrechnungskurs *m*, b) *EDV, Computer*: Konver'tierung *f*, c) *a. phls.* 'Umkehrung *f*; **4.** ⚙, *a.* † 'Umstellung *f* (***to*** auf *e-e andere Produktion etc.*); **5.** ⚙, ⚠ 'Umbau *m* (***into*** in *acc.*); **6.** ⚡ 'Umformung *f*; **7.** ⚗, *phys.* 'Umsetzung *f*; **8.** geistige Wandlung; Meinungsänderung *f*; **9.** 'Übertritt *m*, *bsd. eccl.* Bekehrung *f* (***to*** zu); **10.** ⚖ *a.* **~ *to one's own use*** 'widerrechtliche Aneignung *od.* Verwendung, *a.* Veruntreuung *f*; **11.** *sport* Verwandlung *f* (*Torschuss*).

con·vert **I** *v/t.* [kən'vɜːt] **1.** *allg.* 'um-, verwandeln (*a.* ⚗), 'umformen (*a.* ⚡), 'umändern (***into*** in *acc.*); **2.** ⚙, ⚠ 'umbauen (***into*** zu); **3.** †, ⚙ *Betrieb, Maschine, Produktion* 'umstellen (***to*** auf *acc.*); **4.** *metall.* frischen; **5.** † a) *Geld* 'um-, einwechseln, *a.* 'umrechnen: **~ *into cash*** zu Geld machen, flüssig machen, b) *Wertpapiere, Schulden* konvertieren, 'umwandeln, c) *Aktien* zs.-legen, d) *Währung* 'umstellen (***to*** auf *acc.*), e) *EDV*: (*Daten*) konver'tieren; **6.** ⩚ a) 'umrechnen (***into*** in *acc.*), b) *Gleichung* auflösen, c) *Proportionen* 'umkehren (*a. phls.*); **7.** *Computer*: 'umsetzen; **8.** *eccl.* bekehren (***to*** zu); **9.** (***to***) (zu *e-r anderen Ansicht*) bekehren, *a.* zum 'Übertritt (in *e-e andere Partei etc.*) veranlassen; **10.** ⚖ *a.* **~ *to one's own use*** sich 'widerrechtlich aneignen, veruntreuen; **11.** *sport* (zum Tor) verwandeln; **II** *v/i.* **12.** 'umgewandelt (*etc.*) werden (→ I); **13.** sich verwandeln *od.* 'umwandeln (***into*** zu); **14.** sich verwandeln (*etc.*) lassen (***into*** in *acc.*); **III** *s.* ['kɒnvɜːt] **15.** *bsd. eccl.* Bekehrte(r *m*) *f*, Konver'tit(in): ***become a*** **~ *to*** sich bekehren zu; **con'vert·ed** [-tɪd] *adj.* 'umge-, verwandelt *etc.*: **~ *cruiser*** ⚓ Hilfskreuzer *m*; **~ *flat*** in Teilwohnungen umgebaute große Wohnung; **~ *steel*** Zementstahl *m*; **con'vert·er** [-tə] *s.* **1.** ⚙ 'Bessemerbirne *f*; **2.** ⚡ 'Umformer *m*; **3.** *TV* Wandler *m*; **4.** *Computer*: Con'verter *m*, 'Umrechner *m*; **5.** ⚙ Bleicher *m*, Appre'teur *m*; **6.** Bekehrer *m*; **con·vert·i·bil·i·ty** [kən,vɜːtə'bɪlətɪ] *s.* **1.** 'Um-, Verwandelbarkeit *f*; **2.** † Konvertierbar-, 'Umwandelbarkeit *f*; **con'vert·i·ble** [-təbl] **I** *adj.* □ **1.** 'um-, verwandelbar; **2.** † konvertierbar, 'umwandelbar: **~ *bond*** Wandelobligation *f*; **3.** auswechselbar, gleichbedeutend; **4.** bekehrbar; **5.** *mot.* mit Klappverdeck; **II** *s.* **6.** *mot.* Kabrio'lett *n*.

con·vex [kɒn'veks] *adj.* □ kon'vex, nach außen gewölbt; ⩚ ausspringend (*Winkel*); **con·vex·i·ty** [kɒn'veksətɪ] *s.* kon'vexe Form.

con·vey [kən'veɪ] *v/t.* **1.** *Waren etc.* befördern, (ver)senden, (fort)schaffen, bringen; **2.** *bsd.* ⚙ (zu)führen, fördern; **3.** über'bringen, -'mitteln, bringen, geben: **~ *greetings*** Grüße übermitteln; **4.** *phys. Schall* fortpflanzen, leiten, über'tragen; **5.** *Nachricht etc.* mitteilen, vermitteln; *Meinung, Sinn* ausdrücken; andeuten; (be)sagen: **~ *an idea*** e-n Begriff geben; ***this word*** **~*s nothing to me*** dieses Wort sagt mir nichts; **6.** über'tragen, abtreten (***to*** an *acc.*); **con'vey·ance** [-eɪəns] *s.* **1.** Beförderung *f*, Über'sendung *f*, Trans'port *m*, Spediti'on *f*: ***means of*** **~** Transportmittel *n*; **2.** Über'bringung *f*, -'mittlung *f*, Vermittlung *f*, Mitteilung *f*; **3.** *phys.* Fortpflanzung *f*, Über'tragung *f*; **4.** ⚙ (Zu-) Leitung *f*, Zufuhr *f*; **5.** Beförderungs-, Trans'port-, Verkehrsmittel *n*; **6.** ⚖ a) Über'tragung *f*, Abtretung *f*, Auflassung *f*, b) Abtretungsurkunde *f*; **con'vey·anc·er** [-eɪənsə] *s.* ⚖ No'tar *m* für 'Eigentumsüber,tragungen.

con·vey·er, **con·vey·or** [kən'veɪə] *s.* **1.** Beförderer *m*, (Über)'Bringer(in); **2.** ⚙ Fördergerät *n*, -band *n*, Förderer *m*; **~ *band***, **~ *belt*** *s.* laufendes Band, Förder-, Fließband *n*; **~ *chain*** *s.* Becher-, Förderkette *f*; **~ *spi·ral*** *s.* Förder-, Trans'portschnecke *f*.

con·vict **I** *v/t.* [kən'vɪkt] **1.** ⚖ über'führen, für schuldig erklären (***of*** *gen.*); **2.** verurteilen; **3.** über'zeugen (***of*** von *e-m Unrecht, Fehler etc.*); **II** *s.* ['kɒnvɪkt] **4.** ⚖ a) Verurteilte(r *m*) *f*, b) Strafgefangene(r *m*) *f*, Sträfling *m*: **~ *colony*** Sträflingskolonie *f*; **~ *labo(u)r*** Sträflingsarbeit *f*; **con'vic·tion** [-kʃn] *s.* **1.** ⚖ a) Über'führung *f*, Schuldspruch *m*, b) Verurteilung *f*: ***previous*** **~** Vorstrafe *f*; **2.** Über'zeugung *f*: ***carry*** **~** überzeugend wirken *od.* klingen; ***live up to one's*** **~*s*** s-r Überzeugung gemäß leben; **3.** Anschauung *f*, Gesinnung *f*; **4.** (*Schuld- etc.*)Bewusstsein *n*.

con·vince [kən'vɪns] *v/t.* **1.** (*a.* ***o.s.*** sich) über'zeugen (***of*** von, ***that*** dass); **2.** **~ *s.o. of s.th.*** j-m et. zum Bewusstsein bringen; **con'vinc·ing** [-sɪŋ] *adj.* □ über'zeugend: **~ *proof*** schlagender Beweis; ***be*** **~** überzeugen.

con·viv·i·al [kən'vɪvɪəl] *adj.* □ **1.** gastlich, festlich, Fest...; **2.** gesellig, gemütlich, lustig; **con·viv·i·al·i·ty** [kən,vɪvɪ'ælətɪ] *s.* Geselligkeit *f*, Gemütlichkeit *f*, unbeschwerte Heiterkeit.

con·vo·ca·tion [,kɒnvəʊ'keɪʃn] *s.* **1.** Ein-, Zs.-berufung *f*; **2.** *eccl. Brit.* Provinzi'alsy,node *f*; Kirchenversammlung *f*; **3.** *univ.* a) *Brit.* gesetzgebende Versammlung (*Oxford etc.*); außerordentliche Se'natssitzung, b) *Am.* Promoti'ons- *od.* Eröffnungsfeier *f*.

con·voke [kən'vəʊk] *v/t.* (*bsd. amtlich*) ein-, zs.-berufen.

con·vo·lute ['kɒnvəluːt] *adj. bsd.* ⚘ zs.-gerollt, ringelförmig; **'con·vo·lut·ed** [-tɪd] *adj. bsd. zo.* zs.-gerollt, gebogen, gewunden, spi'ralig; **con·vo·lu·tion** [,kɒnvə'luːʃn] *s.* Zs.-rollung *f*, -wicklung *f*, Windung *f*.

con·voy ['kɒnvɔɪ] **I** *s.* **1.** Geleit *n*, (Schutz)Begleitung *f*; **2.** ⚔ a) Es'korte *f*, Bedeckung *f*, b) (bewachter) Trans'port; **3.** ⚓ Geleitzug *m*; **4.** *a.* ⚔ 'Lastwagenko,lonne *f*; **II** *v/t.* **5.** Geleitschutz geben (*dat.*), eskortieren.

con·vulse [kən'vʌls] *v/t.* **1.** erschüttern, in Zuckungen versetzen: ***be*** **~*d with pain*** sich vor Schmerzen krümmen; ***be*** **~*d*** (***with laughter***) e-n Lachkrampf bekommen; **2.** krampfhaft zs.-ziehen *od.* verzerren; **3.** *fig.* erschüttern, in Aufruhr versetzen; **con'vul·sion** [-lʃn] *s.* **1.** ⚕ Krampf *m*, Zuckung *f*: ***be seized with*** **~*s*** Krämpfe bekommen; **~*s*** (***of laughter***) *fig.* Lachkrämpfe; **2.** *pol., fig.* Erschütterung *f* (*a. geol.*), Aufruhr *m*; **con'vul·sive** [-sɪv] *adj.* □ **1.** *a. fig.* krampfhaft, -artig, konvul'siv; **2.** *fig.* erschütternd.

co·ny ['kəʊnɪ] *s.* **1.** *zo.* Ka'ninchen *n*; **2.** Ka'ninchenfell *n*.

coo [kuː] **I** *v/i.* gurren (*a. fig.*); **II** *v/t. fig. et.* gurren; **III** *s.* Gurren *n*; **IV** *int. Brit. sl.* Mann!

cook [kʊk] **I** *s.* **1.** Koch *m*, Köchin *f*: ***too many*** **~*s spoil the broth*** viele Köche verderben den Brei; **II** *v/t.* **2.** *Speisen* kochen, zubereiten, braten, backen: ***be*** **~*ed alive*** F vor Hitze umkommen; **3.** *a.* **~ *up*** *fig.* a) zs.-brauen, erdichten, b) ‚frisieren', verfälschen: **~*ed account*** † F frisierte Abrechnung; **~ *the books*** † F die Bi'lanzen *pl.* frisieren; **~ *up a story*** e-e Geschichte erfinden; ***he is*** **~*ed*** *sl.* der ist ‚erledigt'; **III** *v/i.* **4.** ko-

chen, sich kochen lassen: ~ ***well***; **5.** ***what's ~ing*** F was tut sich?, was ist los?; **'~·book** *s. Am.* Kochbuch *n.*
cook·er ['kʊkə] *s.* **1.** Kocher *m*, Kochgerät *n*; Herd *m*; **2.** Kochgefäß *n*; **3.** *pl.* Kochobst *n*: ***these apples are good ~s*** das sind gute Kochäpfel.
cook·er·y ['kʊkərɪ] *s.* Kochen *n*; Kochkunst *f*; ~ **book** *s. Brit.* Kochbuch *n.*
ˌ**cook|-'gen·er·al** *s. Brit.* Mädchen *n* für alles; **'~·house** *s.* **1.** Küche(ngebäude *n*) *f* (*a.* ⚔); **2.** ⚓ Schiffsküche *f.*
cook·ie ['kʊkɪ] *s. Am.* **1.** (süßer) Keks, Plätzchen *n*: ***that's the way the ~ crumbles*** F so gehts (*od.* so ist das) nun mal; **2.** *Internet*: Cookie *n* (*aus dem Internet auf die Festplatte zu übertragende kleine Datei*); **3.** *sl.* a) Kerl *m*, b) ‚Puppe' *f*; ~ **cut·ter** *s.* Ausstechform *f*, Plätzchenform *f.*
cook·ing ['kʊkɪŋ] **I** *s.* **1.** Kochen *n*, Kochkunst *f*; **2.** Küche *f*, Kochweise *f*; **II** *adj.* **3.** Koch...: ~ ***apple***; ~ **range** *s.* Kochherd *m*; ~ **so·da** *s.* ⚗ 'Natron *n.*
'cook·out *s. Am.* Abkochen *n* (am Lagerfeuer).
cook·y ['kʊkɪ] → ***cookie***.
cool [ku:l] **I** *adj.* ☐ **1.** kühl, frisch; **2.** kühl, gelassen, kalt(blütig), F ‚cool': ***as ~ as a cucumber*** ‚eiskalt', kaltblütig; ***keep ~!*** reg dich nicht auf!; ♪ ♫ ***Jazz*** ‚Cool Jazz' *m*; **3.** kühl, gleichgültig, lau; **4.** kühl, kalt, abweisend: ***a ~ reception*** ein kühler Empfang; **5.** unverfroren, frech: ~ ***cheek*** Frechheit *f*; ***a ~ customer*** ein geriebener Kunde; **6.** *fig.* glatt, rund: ***a ~ thousand pounds*** glatte *od.* die Kleinigkeit von tausend Pfund; **7.** *sl.* ‚dufte', ‚Klasse', ‚toll': ***that's ~!***; **II** *s.* **8.** Kühle *f*, Frische *f* (*bsd. Luft*): ***the ~ of the evening*** die Abendkühle; **9.** *sl.* (Selbst)Beherrschung *f*: ***blow*** (*od.* ***lose***) ***one's ~*** hochgehen, die Beherrschung verlieren; ***keep one's ~*** ruhig bleiben, die Nerven behalten; **III** *v/t.* **10.** (ab)kühlen; → ***heel***¹ *Redew.*; **11.** *fig. Leidenschaften etc.* (ab)kühlen, beruhigen; *Zorn etc.* mäßigen; **IV** *v/i.* **12.** kühl werden, sich abkühlen; **13.** *a.* ~ ***down*** *fig.* sich abkühlen, erkalten, nachlassen, sich beruhigen; **14.** ~ ***down*** F ruhiger werden, sich abregen; **15.** ~ ***it*** *sl.* ruhig bleiben, die Nerven behalten: ~ ***it!*** immer mit der Ruhe!, reg dich ab!;
'cool·ant [-lənt] *s.* ⚙ Kühlmittel *n*;
'cool·er [-lə] *s.* **1.** (*Wein- etc.*)Kühler *m*; **2.** Kühlraum *m*; **3.** *sl.* ‚Kittchen' *n*, ‚Knast' *m*; ˌ**cool-'head·ed** *adj.* **1.** besonnen, kaltblütig; **2.** leidenschaftslos.
coo·lie ['ku:lɪ] *s.* Kuli *m.*
cool·ing ['ku:lɪŋ] **I** *adj.* kühlend, erfrischend; Kühl...; **II** *s.* (Ab)Kühlung *f*; ~ **coil** *s.* Kühlschlange *f*; ˌ~**-'off pe·ri·od** *s.* Friedenspflicht *f*; ~ **plant** *s.* Kühlanlage *f.*
cool·ness ['ku:lnɪs] *s.* **1.** Kühle *f* (*a. fig.*); **2.** Kaltblütigkeit *f*; **3.** Unfreundlichkeit *f*; **4.** Frechheit *f.*
coomb(e) [ku:m] *s.* Talmulde *f.*
coon [ku:n] *s.* **1.** *zo.* → ***raccoon***; **2.** *Am. sl.* a) *contp.* Schwarze(r *m*) *f*: ~ ***song*** Negerlied *n*, b) ‚schlauer Hund'.
coop [ku:p] **I** *s.* **1.** Hühnerstall *m*; **2.** Fischkorb *m* (*zum Fangen*); **3.** F ‚Kabuff' *n*; **4.** F ‚Knast' *m*; **II** *v/t.* **5.** *oft* ~ ***up***, ~ ***in*** einsperren, einpferchen.
co-op ['kəʊɒp] *s.* F Co-op *m* (*Genossenschaft u. Laden*) (*abbr. für* ***cooperative***).
coop·er ['ku:pə] **I** *s.* **1.** Küfer *m*, Böttcher *m*; **2.** Mischbier *n*; **II** *v/t.* **3.** *Fässer* machen, ausbessern; **'coop·er·age** [-ərɪdʒ] *s.* Böttche'rei *f.*
co·op·er·ate [kəʊ'ɒpəreɪt] *v/t.* **1.** zs.-arbeiten (***with*** mit, ***to*** zu *e-m Zweck*, ***in*** an *dat.*); **2.** (***to***) mitwirken (an *dat.*), beitragen (zu), helfen (bei); **co·op·er·a·tion** [kəʊˌɒpə'reɪʃn] *s.* **1.** Zs.-arbeit *f*, Mitwirkung *f*; **2.** ✝ a) Kooperati'on *f*, Zs.-arbeit *f*, b) Zs.-schluss *m*, Vereinigung *f* (zu e-r Genossenschaft); **co-'op·er·a·tive** [-pərətɪv] **I** *adj.* ☐ **1.** zs.-arbeitend, mitwirkend; **2.** koopera'tiv, hilfsbereit; **3.** genossenschaftlich: ~ ***movement*** Genossenschaftsbewegung *f*; ~ ***society*** Konsumgenossenschaft *f*; ~ ***store*** → 4; **II** *s.* **4.** Co-op *m*, Kon'sumladen *m*; **co'op·er·a·tive·ness** [-pərətɪvnɪs] *s.* Hilfsbereitschaft *f*; **co'op·er·a·tor** [-tə] *s.* **1.** Mitarbeiter(in), Mitwirkende(r *m*) *f*, Helfer(in); **2.** Mitglied *n* e-r Kon'sumgenossenschaft *f.*
co-opt [kəʊ'ɒpt] *v/t.* hin'zuwählen; **co-op·ta·tion** [ˌkəʊɒp'teɪʃn] *s.* Zuwahl *f.*
co·or·di·nate **I** *v/t.* [kəʊ'ɔ:dɪneɪt] **1.** koordinieren, bei-, gleichordnen, gleichschalten; zs.-fassen; **2.** in Einklang bringen, aufein'ander abstimmen; richtig anordnen, anpassen; **II** *adj.* [-dnət] **3.** koordiniert, bei-, gleichgeordnet; gleichrangig, -wertig, -artig: ~ ***clause*** *ling.* beigeordneter Satz; **4.** ⩓ Koordinaten...; **III** *s.* [-dnət] **5.** Beigeordnetes *n*, Gleichwertiges *n*; **6.** ⩓ Koordi'nate *f*; **co·or·di·na·tion** [kəʊˌɔ:dɪ'neɪʃn] *s.* **1.** Koordinati'on *f* (*a. physiol. der Muskeln etc.*), Gleich-, Beiordnung *f*, Gleichstellung *f*, -schaltung *f*; richtige Anordnung; **2.** Zs.-fassung *f*; Zs.-arbeit *f*; **co'or·di·na·tor** [-tə] *s.* Koordi'nator *m.*
coot [ku:t] *s. orn.* Bläss-, Wasserhuhn *n*; → ***bald*** 1.
cop¹ [kɒp] *s.* Garnwickel *m.*
cop² [kɒp] *sl.* **I** *v/t.* **1.** erwischen (***at*** bei): ~ ***it*** ‚sein Fett kriegen'; **2.** klauen; **II** *v/i.* **3.** ~ ***out*** a) ‚aussteigen' (***of***, ***on*** aus), b) ‚sich drücken'; **III** *s.* **4.** ***it's a fair ~*** jetzt bin ich ‚dran'.
cop³ [kɒp] *s. sl.* ‚Bulle' *m* (*Polizist*).
co·pal ['kəʊpəl] *s.* Ko'pal(harz *n*) *m.*
co·par·ce·nar·y [ˌkəʊ'pɑ:sənərɪ] *s.* ⚖ gemeinschaftliches (Grund)Eigentum (gesetzlicher Erben); **co·par·ce·ner** [ˌkəʊ'pɑ:sənə] *s.* ⚖ Miterbe *m*, -erbin *f.*
co·part·ner [ˌkəʊ'pɑ:tnə] *s.* Teilhaber *m*, Mitinhaber *m*; ˌ**co'part·ner·ship** [-ʃɪp] *s.* ✝ **1.** Teilhaberschaft *f*; **2.** a) Gewinnbeteiligung *f*, b) Mitbestimmungsrecht *n* (*der Arbeitnehmer*).
cope¹ [kəʊp] *v/i.* **1.** (***with***) gewachsen sein (*dat.*), fertig werden (mit), bewältigen (*acc.*), meistern (*acc.*); **2.** die Lage meistern, zurande kommen, ‚es schaffen'.
cope² [kəʊp] **I** *s.* **1.** *eccl.* Chorrock *m*; **2.** *fig.* Mantel *m*, Gewölbe *n*: ~ ***of heaven*** Himmelszelt *n*; **3.** → ***coping***; **II** *v/t.* **4.** bedecken.
co·peck ['kəʊpek] *s.* Ko'peke *f* (*russische Münze*).
cop·er ['kəʊpə] *s.* Pferdehändler *m.*
Co·per·ni·can [kəʊ'pɜ:nɪkən] *adj.* kopernikanisch.
'cope·stone → ***coping stone***.
cop·i·er ['kɒpɪə] *s.* **1.** → ***copyist***; **2.** ⚙ Kopiergerät *n*, Kopierer *m.*
co·pi·lot ['kəʊˌpaɪlət] *s.* ✈ 'Kopiˌlot *m.*
cop·ing ['kəʊpɪŋ] *s.* Mauerkappe *f*, -krönung *f*; ~ **saw** *s.* Laubsäge *f*; ~ **stone** *s.* **1.** Deck-, Kappenstein *m*; **2.** *fig.* Krönung *f*, Schlussstein *m.*
co·pi·ous ['kəʊpjəs] *adj.* ☐ **1.** reichlich, aus-, ergiebig, reich, um'fassend; **2.** produk'tiv, fruchtbar: ~ ***writer***; **3.** wortreich; 'überschwänglich; **'co·pi·ous·ness** [-nɪs] *s.* **1.** Fülle *f*; 'Überfluss *m*; **2.** Wortreichtum *m.*
'cop-out *s. sl.* **1.** Vorwand *m*; **2.** ‚Rückzieher' *m*; **3.** a) ‚Aussteigen' *n*, b) *a.* ~ ***artist*** ‚Aussteiger(in)'.
cop·per¹ ['kɒpə] **I** *s.* **1.** *min.* Kupfer *n*; **2.** Kupfermünze *f*: ~***s*** Kupfer-, Kleingeld *n*; **3.** Kupferbehälter *m*, -gefäß *n*, -kessel *m*; *bsd. Brit.* Waschkessel *m*; **II** *adj.* **4.** kupfern, Kupfer...; **5.** kupferrot; **III** *v/t.* **6.** verkupfern; **7.** mit Kupferblech beschlagen.
cop·per² ['kɒpə] → ***cop***³.
cop·per·as ['kɒpərəs] *s.* ⚗ Vitri'ol *n.*
cop·per| beech *s.* ⚘ Blutbuche *f*; ˌ~**-'bot·tomed** *adj.* **1.** ⚓ a) mit Kupferbeschlag, b) seetüchtig; **2.** *fig.* kerngesund; ~ **en·grav·ing** *s.* **1.** Kupferstich *m*; **2.** Kupferstechkunst *f*; ~ **glance** *s. min.* Kupferglanz *m*; **'~·head** *s. zo.* Mokas'sinschlange *f*; **'~·plate** *s.* ⚙ **1.** Kupferstichplatte *f*; **2.** Kupferstich *m*; **3.** *fig.* gestochene Handschrift; **'~ˌplat·ed** *adj.* verkupfert; **'~·smith** *s.* Kupferschmied *m.*
cop·per·y ['kɒpərɪ] *adj.* kupferartig, -farbig, -haltig.
cop·pice ['kɒpɪs] *s.* **1.** 'Unterholz *n*, Gestrüpp *n*; Gebüsch *n*, Dickicht *n*; **2.** Gehölz *n*, niedriges Wäldchen.
cop·ra ['kɒprə] *s.* 'Kobra *f.*
copse [kɒps] → ***coppice***.
Copt [kɒpt] *s.* Kopte *m*, Koptin *f.*
'cop·ter ['kɒptə] F *für* ***helicopter***.
cop·u·la ['kɒpjʊlə] *s.* **1.** *ling. u. phls.* 'Kopula *f*; **2.** *anat.* Bindeglied *n*; **'cop·u·late** [-leɪt] *v/i.* kopulieren: a) koitieren, b) *zo.* sich paaren; **cop·u·la·tion** [ˌkɒpjʊ'leɪʃn] *s.* **1.** *ling. u. phls.* Verbindung *f*; **2.** Kopulati'on *f*: a) 'Koitus *m*, b) Paarung *f*; **'cop·u·la·tive** [-lətɪv] **I** *adj.* ☐ **1.** verbindend, Binde...; **2.** *ling.* kopula'tiv; **3.** *biol.* Kopulations...; **II** *s.* **4.** *ling.* 'Kopula *f.*
cop·y ['kɒpɪ] **I** *s.* **1.** Ko'pie *f*, Abschrift *f*: ***fair*** (*od.* ***clean***) ~ Reinschrift *f*; ***rough ~*** erster Entwurf, Konzept *n*, Kladde *f*; ***true ~*** (wort)getreue Abschrift; **2.** 'Durchschlag *m*, -schrift *f*; **3.** Abzug *m* (*a. phot.*), Abdruck *m*, Pause *f*; **4.** Nachahmung *f*, -bildung *f*, Reprodukti'on *f*, Ko'pie *f*, 'Wiedergabe *f*; **5.** Muster *n*, Mo'dell *n*, Vorlage *f*; Urschrift *f*; **6.** druckfertiges Manu'skript, lite'rarisches Materi'al; (*Zeitungs- etc.*)Stoff *m*, Text *m*; **7.** Ausfertigung *f*, Exem'plar *n*, Nummer *f* (*Zeitung etc.*); **8.** Urkunde *f*; **II** *v/t.* **9.** abschreiben, -drucken, -zeichnen, e-e Ko'pie anfertigen von; *Computer*: *Daten* über'tragen: ~ ***out*** ins Reine schreiben, abschreiben; **10.** *phot.* e-n Abzug machen von; **11.** nachbilden, reproduzieren, kopieren; **12.** nachahmen, -machen; **13.** 'wiedergeben, *Zeitungstext* wieder'holen; **III** *v/i.* **14.** kopieren, abschreiben; **15.** (vom Nachbarn) abschreiben (*Schule*); **16.** nachahmen; **'~·book** **I** *s.* **1.** (Schön-) Schreibheft *n*: ***blot one's ~*** F ‚sich danebenbenehmen'; **2.** ✝ Kopierbuch *n*; **II** *adj.* **3.** alltäglich; **4.** nor'mal; **'~·cat** F **I** *s.* (sklavischer) Nachahmer; **II** *v/t.* (sklavisch) nachahmen; ~ **desk** *s.* Redakti'onstisch *m*; ~ **ed·i·tor** *s.* a) 'Zeitungsredakˌteur(in), b) 'Lektor *m*, Lek-

'torin *f*; '~**·hold** *s.* ⚖ *Brit.* Zinslehen *n*, -gut *n*; '~,**hold·er** *s.* **1.** ⚖ *Brit.* Zinslehenbesitzer *m*; **2.** *typ.* a) Manu'skripthalter *m*, b) Kor'rektorgehilfe *m*.

cop·y·ing| ink ['kɒpɪɪŋ] *s.* Kopiertinte *f*; ~ **ma·chine** *s.* → ***copier*** 2; ~ **pa·per** *s.* Ko'pierpa,pier *n*; ~ **pen·cil** *s.* Tintenstift *m*; ~ **press** *s.* ⚙ Kopierpresse *f*; ~ **test** *s.* Copytest *m* (*werbepsychologischer Test*).

cop·y·ist ['kɒpɪɪst] *s.* **1.** Abschreiber *m*, Ko'pist *m*; **2.** Nachahmer *m*.

'**cop·y| pro·tec·tion** *s.* Kopierschutz *m*; ~ **read·er** *Am.* → ***copy editor***; '~**·right** ⚖ **I** *s.* 'Copyright *n*, Urheberrecht *n* (*in* an *dat.*): ~ ***in designs*** Musterschutz *m*; ~ ***reserved*** alle Rechte vorbehalten; **II** *v/t.* das Urheberrecht erwerben an (*dat.*); urheberrechtlich schützen; **III** *adj.* urheberrechtlich (geschützt); '~,**writ·er** *s.* (*a.* Werbe)Texter *m*.

co·quet [kɒ'ket] **I** *v/i.* kokettieren, flirten; *fig.* liebäugeln (***with*** mit); **II** *adj.* → ***coquettish***; **co·quet·ry** ['kɒkɪtrɪ] *s.* Kokette'rie *f*; **co·quette** [kɒ'ket] *s.* ko'kette Frau; **co'quet·tish** [-tɪʃ] *adj.* □ ko'kett.

cor·al ['kɒrəl] **I** *s.* **1.** *zo.* Ko'ralle *f*; **2.** Ko'rallenstück *n*; **3.** Ko'rallenrot *n*; **4.** Beißring *m od.* Spielzeug *n* (für Babys) aus Ko'ralle; **II** *adj.* **5.** Korallen...; **6.** ko'rallenrot; ~ **bead** *s.* **1.** Ko'rallenperle *f*; **2.** *pl.* Ko'rallenkette *f*; ~ **is·land** *s.* Ko'ralleninsel *f*.

cor·al·lin ['kɒrəlɪn] *s.* ⚗ Koral'lin *n*; '**cor·al·line** [-laɪn] **I** *adj.* **1.** ko'rallenartig, -haltig; ko'rallenrot; **II** *s.* **2.** ⚘ Ko'rallenalge *f*; **3.** → ***corrallin***; '**cor·al·lite** [-laɪt] *s.* **1.** Ko'rallenske,lett *n*; **2.** versteinerte Ko'ralle.

cor·al reef *s.* Ko'rallenriff *n*.

cor an·glais [,kɔːr'ɑ̃ːŋgleɪ] (*Fr.*) *s.* ♪ Englischhorn *n*.

cor·bel ['kɔːbəl] ⚠ **I** *s.* Kragstein *m*, Kon'sole *f*; **II** *v/t.* durch Kragsteine stützen.

cor·bie ['kɔːbɪ] *s. Scot.* Rabe *m*; '~**·steps** *s. pl.* ⚠ Giebelstufen *pl.*

cord [kɔːd] **I** *s.* **1.** Schnur *f*, Kordel *f*, Strick *m*, Strang *m*; **2.** *anat.* Band *n*, Schnur *f*, Strang *m*; → ***spinal cord*** *etc.*; **3.** ⚡ (Leitungs-, Anschluss)Schnur *f*; **4.** a) Rippe *f* (*e-s Stoffes*), b) gerippter Stoff, Rips *m*, *bsd.* → ***corduroy*** 1, *pl.* → ***corduroy*** 2; **5.** Klafter *m*, *n* (*Holz*); **II** *v/t.* **6.** (zu)schnüren, (fest)binden, befestigen; **7.** *Bücherrücken* rippen; '**cord·age** [-dɪdʒ] *s.* ⚓ Tauwerk *n*.

cor·date ['kɔːdeɪt] *adj.* ⚘, *zo.* herzförmig (*Blatt, Muschel etc.*).

cord·ed ['kɔːdɪd] *adj.* **1.** ge-, verschnürt; **2.** gerippt (*Stoff*); **3.** Strick...; **4.** in Klaftern gestapelt (*Holz*).

cor·de·lier [,kɔːdɪ'lɪə] *s. eccl.* Franzis'kaner(mönch) *m*.

cor·dial ['kɔːdjəl] **I** *adj.* □ **1.** *fig.* herzlich, freundlich, warm, aufrichtig; **2.** ⚕ belebend, stärkend; **II** *s.* **3.** ⚕ belebendes Mittel, Stärkungsmittel *n*; **4.** Li'kör *m*; **cor·di·al·i·ty** [,kɔːdɪ'ælətɪ] *s.* Herzlichkeit *f*, Wärme *f*.

cord·ite ['kɔːdaɪt] *s.* ⚔ Kor'dit *m*.

cord·less *adj. teleph.* schnurlos: ~ (***tele-***) ***phone*** schnurloses Tele'fon.

cor·don ['kɔːdn] **I** *s.* **1.** Kor'don *m*: a) ⚔ Postenkette *f*, b) Absperrkette *f*: ~ ***of police***; **2.** Kette *f*, Spa'lier *n* (*Personen*); **3.** Spa'lier(obst)baum *m*; **4.** ⚠ Mauerkranz *m*, -sims *m*, *n*; **5.** Ordensband *n*; **II** *v/t.* **6.** *a.* ~ ***off*** (mit Posten *etc.*) absperren, abriegeln; ~ **bleu** [,kɔːdɔ̃ːm'blɜː] (*Fr.*) *s.* **1.** Cordon *m* bleu; **2.** hohe Per'sönlichkeit; **3.** *humor.* erstklassiger Koch.

cor·do·van ['kɔːdəvən] *s.* 'Korduan(leder) *n*.

cord| tire *Am.*, ~ **tyre** *Brit. s. mot.* Kordreifen *m*.

cor·du·roy ['kɔːdərɔɪ] **I** *s.* **1.** Kord-, Ripssamt *m*; **2.** *pl.* Kordsamthose *f*; **II** *adj.* **3.** Kordsamt...; ~ **road** *s. Am.* Knüppeldamm *m*.

cord·wain·er ['kɔːd,weɪnə] *s.* Schuhmacher *m*: ***2s' Company*** Schuhmachergilde *f* (*London*).

'**cord·wood** *s. bsd. Am.* Klafterholz *n*.

core [kɔː] **I** *s.* **1.** ⚘ Kerngehäuse *n*, Kern *m* (*Obst*); **2.** *fig.* Kern *m* (*a.* ⚙, ⚡), *das* Innerste, Herz *n*, Mark *n*; Seele *f* (*a. Kabel, Seil*): ***to the*** ~ bis ins Mark *od.* Innerste, durch u. durch; ~ ***meltdown*** Kernschmelze *f*; ~ ***memory*** *Computer*: Kernspeicher *m*; ~ ***time*** Kernzeit *f*; → ***hard core***; **3.** (Eiter)Pfropf *m* (*Geschwür*); **II** *v/t.* **4.** *Äpfel etc.* entkernen.

co·re·late *etc.* → ***correlate*** *etc.*

co·re·li·gion·ist [,kəʊrɪ'lɪdʒənɪst] *s.* Glaubensgenosse *m*, -genossin *f*.

cor·er ['kɔːrə] *s.* Fruchtentkerner *m*.

co·re·spond·ent, *Am.* **co·re·spond·ent** [,kəʊrɪ'spɒndənt] *s.* ⚖ Mitbeklagte(r *m*) *f* (*im Ehebruchsprozess*).

core time *s.* Kernzeit *f* (*Ggs. Gleitzeit*).

cor·gi, cor·gy ['kɔːgɪ] → ***Welsh corgi***.

co·ri·a·ceous [,kɒrɪ'eɪʃəs] *adj.* **1.** ledern, Leder...; **2.** lederartig, zäh.

Co·rin·thi·an [kə'rɪnθɪən] **I** *adj.* **1.** ko'rinthisch: ~ ***column*** korinthische Säule; **II** *s.* **2.** Ko'rinther(in); **3.** *pl. bibl.* (Brief *m* des Paulus an die) Ko'rinther *pl.*

cork [kɔːk] **I** *s.* **1.** ⚘ Kork *m*, Korkrinde *f*; Korkeiche *f*; **2.** Kork(en) *m*, Stöpsel *m*, Pfropfen *m*; **3.** Angelkork *m*, Schwimmer *m*; **II** *adj.* **4.** Kork...; **III** *v/t.* **5.** ver-, zukorken; **6.** *Gesicht* mit gebranntem Kork schwärzen; '**cork·age** [-kɪdʒ] *s.* **1.** Verkorken *n*; **2.** Entkorken *n*; **3.** Korkengeld *n*; **corked** [-kt] *adj.* **1.** ver-, zugekorkt, verstöpselt; **2.** korkig, nach Kork schmeckend; **3.** mit Korkschwarz gefärbt; '**cork·er** [-kə] *s. sl.* **1.** *das* Entscheidende; **2.** entscheidendes Argu'ment; **3.** a) ‚Knüller', ‚tolles Ding', b) ‚toller Kerl'; '**cork·ing** [-kɪŋ] *adj. sl.* ‚toll', ‚prima'.

cork| jack·et *s.* Kork-, Schwimmweste *f*; ~ **oak** *s.* ⚘ Korkeiche *f*; '~**·screw I** *s.* Korkenzieher *m*: ~ ***curls*** Korkenzieherlocken; **II** *v/i.* sich schlängeln *od.* winden; **III** *v/t.* 'durchwinden, spi'ralig bewegen; F *fig.* mühsam her'ausziehen (***out of*** aus); ~ **sole** *s.* Korkeinlegesohle *f*; ~ **tree** → ***cork oak***; '~**·wood** *s.* **1.** ⚘ Korkholzbaum *m*; **2.** Korkholz *n*.

cork·y ['kɔːkɪ] *adj.* **1.** korkartig, Kork...; **2.** → ***corked*** 2; **3.** F ‚putzmunter'.

cor·mo·rant ['kɔːmərənt] *s.* **1.** *orn.* Kormo'ran *m*, Scharbe *f*, Seerabe *m*; **2.** *fig.* Vielfraß *m*.

corn[1] [kɔːn] **I** *s.* **1.** *coll.* Getreide *n*, Korn *n* (*Pflanze od. Frucht*); *engS.* a) *England*: Weizen *m*, b) *Scot.*, *Ir.* Hafer *m*, c) *Am.* Mais *m*, d) Hafer *m* (*Pferdefutter*): ~ ***on the cob*** Mais *m* am Kolben (*als Gemüse*); **2.** Getreide- *od.* Samenkorn *n*; **3.** *Am.* → ***corn whisky***; **II** *v/t.* **4.** pökeln, einsalzen: ~***ed beef*** Corned beef *n*, Büchsenfleisch *n*.

corn[2] [kɔːn] *s.* ⚕ Hühnerauge *n*: ***tread on s.o.'s*** ~***s*** *fig.* j-m auf die Hühneraugen treten.

corn| belt *s. Am.* Maisgürtel *m* (*im Mittleren Westen*); '~**·bind** *s.* ⚘ Ackerwinde *f*; ~ **bread** *s. Am.* Maisbrot *n*; ~ **cake** *s. Am.* (Pfann)Kuchen *m* aus Maismehl; ~ **chan·dler** *s. Brit.* Korn-, Saathändler *m*; '~**·cob** *s.* **1.** Maiskolben *m*; **2.** *a.* ~ ***pipe*** Maiskolbenpfeife *f*; '~,**cock·le** *s.* ⚘ Kornrade *f*.

cor·ne·a ['kɔːnɪə] *s. anat.* Hornhaut *f* (*des Auges*), 'Kornea *f*.

cor·nel ['kɔːnəl] *s.* ⚘ Kor'nelkirsche *f*.

cor·ne·ous ['kɔːnɪəs] *adj.* hornig.

cor·ner ['kɔːnə] **I** *s.* **1.** (Straßen-, Häuser)Ecke *f*, *bsd. mot.* Kurve *f*: ***round the*** ~ um die Ecke; ***blind*** ~ unübersichtliche (Straßen)Biegung; ***cut*** ~***s*** a) *mot.* die Kurven schneiden, b) *fig.* die Sache abkürzen; ***take a*** ~ e-e Kurve nehmen (*Auto*); ***cut off a*** ~ ein Stück (Weges) abschneiden; ***turn the*** ~ um die (*Straßen*)Ecke biegen; ***he's turned the*** ~ *fig.* er ist über den Berg; **2.** Winkel *m*, Ecke *f*: ***put a child in the*** ~ ein Kind in die Ecke stellen; ***in a tight*** ~ *fig.* in der Klemme, in Verlegenheit; ***drive s.o. into a*** ~ j-n in die Enge treiben; ***look at s.o. from the*** ~ ***of one's eye*** j-n aus den Augenwinkeln ansehen; **3.** verborgener *od.* geheimer Winkel, entlegene Stelle; **4.** Gegend *f*, ‚Ecke' *f*: ***from the four*** ~***s of the earth*** aus allen Himmelsrichtungen, von überall her; **5.** ✝ a) spekula'tiver Aufkauf, b) (Aufkäufer)Ring *m*, Mono'pol(gruppe *f*) *n*: ~ ***in wheat*** Weizenkorner *m*; **6.** *sport* a) *Fußball etc.*: Eckball *m*, Ecke *f*, b) *Boxen*: (Ring)Ecke *f*; **II** *v/t.* **7.** in die Enge treiben; in Bedrängnis bringen; **8.** ✝ *Ware* (spekula'tiv) aufkaufen, *fig.* mit Beschlag belegen: ~ ***the market*** den Markt *od.* alles aufkaufen; **III** *v/i.* **9.** *Am.* a) e-e Ecke *od.* e-n Winkel bilden, b) an e-r Ecke gelegen sein; **IV** *adj.* **10.** Eck...: ~ ***house***; '~,**chis·el** *s.* ⚙ Winkelmeißel *m*.

cor·nered ['kɔːnəd] *adj.* **1.** *in Zssgn*: ...eckig; **2.** in die Enge getrieben, in der Klemme.

cor·ner| kick *s. Fußball*: Eckstoß *m*; ~ **seat** *s.* Eckplatz *m*; ~ **shop** *s.* Tante-Emma-Laden *m*; '~**·stone** *s.* ⚠ Eck- *od.* Grundstein *m*; *fig.* Eckpfeiler *m*, Grundstein *m*; '~**·ways**, '~**·wise** *adv.* **1.** mit der Ecke nach vorn; **2.** diago'nal.

cor·net ['kɔːnɪt] *s.* **1.** ♪ a) (Pi'ston)Kor,nett *n* (*a. Orgelregister*), b) Kornet'tist *m*; **2.** spitze Tüte; **3.** a) *Brit.* Eistüte *f*, b) Cremerolle *f*; **4.** Schwesternhaube *f*; **5.** ⚔ *hist.* a) Fähnlein *n*, b) Kor'nett *m*, Fähnrich *m*; '**cor·net·(t)ist** [-tɪst] *s.* ♪ Kornet'tist *m*.

corn| ex·change *s.* Getreidebörse *f*; ~ **field** *s.* Getreidefeld *n*; *Am.* Maisfeld *n*; '~**·flakes** *s. pl.* Cornflakes *pl.*; ~ **flour** *s.* Stärkemehl *n*; '~,**flow·er** *s.* Kornblume *f*.

cor·nice ['kɔːnɪs] *s.* **1.** ⚠ Gesims *n*, Sims *m*, *n*; **2.** Kranz-, Randleiste *f*; **3.** Bilderleiste *f*; **4.** (Schnee)Wechte *f*.

Cor·nish ['kɔːnɪʃ] **I** *adj.* aus Cornwall, kornisch; **II** *s.* kornische Sprache; '~**·man** [-mən] *s.* [*irr.*] Einwohner *m* von Cornwall.

'**corn|·loft** *s.* Getreidespeicher *m*; ~ **pop·py**, ~ **rose** *s.* ⚘ Klatschmohn *m*, -rose *f*; '~**·stalk** *s.* **1.** Getreidehalm *m*; **2.** *Am.* Maisstängel *m*; **3.** F Bohnenstange *f* (*lange, dünne Person*); '~**·starch** *s. Am.* Stärkemehl *n*.

cor·nu·co·pi·a [,kɔːnjʊ'kəʊpjə] *s.* **1.**

C

Füllhorn *n* (*a. fig.*); **2.** *fig.* (**of**) Fülle *f* (von), 'Überfluss *m* (an *dat.*).

corn whis·ky *s. Am.* Maiswhisky.

corn·y ['kɔːnɪ] *adj.* **1.** a) *Brit.* Korn..., b) *Am.* Mais...; **2.** getreidereich; **3.** körnig; **4.** *Am. sl.* a) schmalzig, sentimen'tal (*bsd.* ♪), b) kitschig, abgedroschen, c) ländlich.

co·rol·la [kə'rɒlə] *s.* Blumenkrone *f.*

co·rol·lar·y [kə'rɒlərɪ] *s.* **1.** ⩚, *phls.* Folgesatz *m*; **2.** logische Folge *f* (**of, to** von *od. gen.*).

co·ro·na [kə'rəʊnə] *pl.* **-nae** [-niː] *s.* **1.** *ast.* a) Krone *f* (*Sternbild*), b) Hof *m*, Ko'rona *f*, Strahlenkranz *m*; **2.** *a.* **~ *discharge*** ϟ Glimmentladung *f*, Ko'rona *f*; **3.** ⚠ Kranzleiste *f*; **4.** *anat.* Zahnkrone *f*; **5.** ⚘ Nebenkrone *f*; **6.** Kronleuchter *m*.

cor·o·nach ['kɒrənək] *s. Scot. u. Ir.* Totenklage *f*.

cor·o·nal ['kɒrənl] *s.* **1.** Stirnreif *m*, Dia'dem *n*; **2.** (Blumen)Kranz *m*.

cor·o·nar·y ['kɒrənərɪ] **I** *adj.* **1.** kronen-, kranzartig; **2.** ⚕ koro'nar, (Herz-)Kranz...: **~ *artery*** Kranzarterie *f*; **~ *thrombosis*** → **II** *s.* **3.** ⚕ Koro'narthrom,bose *f*; **,~-'risk** *adj.* in'farktgefährdet;

cor·o·na·tion [,kɒrə'neɪʃn] *s.* **1.** Krönung *f*; **2.** Krönungsfeier *f*.

cor·o·ner ['kɒrənə] *s.* ⚖ Coroner *m* (*richterlicher Beamter zur Untersuchung der Todesursache in Fällen unnatürlichen Todes*); → ***inquest*** 1.

cor·o·net ['kɒrənɪt] *s.* **1.** kleine Krone; **2.** Adelskrone *f*; **3.** Dia'dem *n*; **4.** *zo.* Hufkrone *f* (*Pferd*); **'cor·o·net·ed** [-tɪd] *adj.* **1.** e-e Adelskrone *od.* ein Dia'dem tragend; **2.** adelig; **3.** mit Adelswappen (*Briefpapier*).

cor·po·ral[1] ['kɔːpərəl] *s.* ⚔ 'Unteroffi,zier *m*.

cor·po·ral[2] ['kɔːpərəl] *adj.* ☐ **1.** körperlich, leiblich: **~ *punishment*** körperliche Züchtigung; **2.** per'sönlich; **cor·po·ral·i·ty** [,kɔːpə'rælətɪ] *s.* Körperlichkeit *f*.

cor·po·rate ['kɔːpərət] *adj.* ☐ **1.** vereinigt, körperschaftlich, korpora'tiv, Körperschafts...; inkorporiert: **~ *body*** → ***corporation*** 1; **~ *seal*** a) *Brit.* Siegel *n* e-r juristischen Person, b) *Am.* Firmensiegel *n*; **~ *stock*** *Am.* (Gesellschafts)Aktien *pl.*; **~ *tax*** *Am.* Körperschaftssteuer *f*; **~ *town*** Stadt *f* mit eigenem Recht; **2.** gemeinsam, kollek'tiv; **cor·po·ra·tion** [,kɔːpə'reɪʃn] *s.* **1.** ⚖ ju'ristische Per'son: **~ *tax*** Körperschaftssteuer *f*; **2.** *Brit.* (rechtsfähige) Handelsgesellschaft; **3.** *a.* ***stock*** **~** ✝ *Am.* 'Aktiengesellschaft *f*; **4.** Vereinigung *f*; Gilde *f*, Innung *f*, Zunft *f*; **5.** Stadtbehörde *f*; inkorporierte Stadtgemeinde; **6.** F Schmerbauch *m*; **'cor·po·ra·tive** [-tɪv] *adj.* **1.** korpora'tiv, körperschaftlich; *Am.* ✝ Gesellschafts...; **2.** *pol.* korpora'tiv (*Staat etc.*).

cor·po·re·al [kɔː'pɔːrɪəl] *adj.* ☐ **1.** körperlich, leiblich; **2.** materi'ell, dinglich, greifbar; **cor·po·re·al·i·ty** [kɔː,pɔːrɪ'ælətɪ] *s.* Körperlichkeit *f*.

cor·po·sant ['kɔːpəzənt] *s.* ϟ Elmsfeuer *n*.

corps [kɔː] *pl.* **corps** [kɔːz] *s.* **1.** ⚔ a) (Ar'mee)Korps *n*, b) Korps *n*, Truppe *f*: ***volunteer*** **~** Freiwilligentruppe; **2.** Körperschaft *f*, Korps *n*; **3.** Korps *n*, Korporati'on *f*, (Stu'denten)Verbindung *f*; **~ *de bal·let*** [,kɔːdə'bæleɪ] (*Fr.*) *s.* Bal'lettgruppe *f*; ♀ **Di·plo·ma·tique** ['kɔː,dɪpləmæ'tɪk] (*Fr.*) *s.* diplo'matisches Korps.

corpse [kɔːps] *s.* Leichnam *m*, Leiche *f*.

cor·pu·lence ['kɔːpjʊləns], **'cor·pu·len·cy** [-sɪ] *s.* Korpu'lenz *f*, Beleibtheit *f*; **'cor·pu·lent** [-nt] *adj.* ☐ korpu'lent, beleibt.

cor·pus ['kɔːpəs] *pl.* **'cor·po·ra** [-pərə] *s.* **1.** Korpus *n*, Sammlung *f* (*Werk, Gesetz etc.*); **2.** Groß-, Hauptteil *m*; **3.** ✝ ('Stamm)Kapi,tal *n* (*Ggs. Zinsen etc.*); ♀ **Chris·ti** ['krɪstɪ] *s. eccl.* Fron'leichnam(sfest *n*) *m*.

cor·pus·cle ['kɔːpʌsl] *s.* **1.** *biol.* (Blut-)Körperchen *n*; **2.** *phys.* Kor'puskel *n*, *f*, Elemen'tarteilchen *n*; **cor·pus·cu·lar** [kɔː'pʌskjʊlə] *adj.* *phys.* Korpuskular...; **cor·pus·cule** [kɔː'pʌskjuːl] → ***corpuscle***.

cor·pus| de·lic·ti [dɪ'lɪktaɪ] *s.* ⚖ 'Corpus *n* De'licti: a) ⚖ Tatbestand *m*, b) Beweisstück *n*, *bsd.* Leiche *f* (des Ermordeten); **~ *ju·ris*** ['dʒʊərɪs] *s.* ⚖ Corpus *n* Juris, Gesetzessammlung *f*.

cor·ral [kɒ'rɑːl] **I** *s.* **1.** Kor'ral *m*, (Vieh)Hof *m*, Pferch *m*, Einzäunung *f*; **2.** Wagenburg *f*; **II** *v/t.* **3.** *Wagen* zu e-r Wagenburg zs.-stellen; **4.** in e-n Pferch treiben; **5.** *fig.* einsperren; **6.** *Am.* F sich *et.* ‚schnappen'.

cor·rect [kə'rekt] **I** *v/t.* **1.** korrigieren, verbessern, berichtigen, richtig stellen; **2.** regulieren, regeln, ausgleichen; **3.** *Mängel* abstellen, beheben; **4.** zu'rechtweisen, tadeln: ***I stand ~ed*** ich gebe m-n Fehler zu; **5.** *j-n od. et.* bestrafen; **II** *adj.* ☐ **6.** richtig, fehlerfrei: ***be ~*** a) stimmen, b) Recht haben; **7.** kor'rekt, schicklich, einwandfrei: ***it is the ~ thing*** es gehört sich; **~ *behavio(u)r*** korrektes Benehmen; **8.** genau, ordentlich; **cor'rec·tion** [-kʃn] *s.* **1.** Verbesserung *f*, Richtigstellung *f*, Berichtigen *n* (*a.* ⚙, *phys.*): ***I speak under ~*** ich kann mich natürlich (auch) irren; **2.** Korrek'tur *f* (*a.* ⚗, *phys.*, *typ. etc.*), (Fehler)Verbesserung *f*: **~ *fluid*** Korrek'turflüssigkeit *f*; **~ *tape*** *Schreibmaschine*: Korrek'turband *n*; **3.** Zu'rechtweisung *f*; **4.** Bestrafung *f*, ⚖ *a.* Besserung *f*: ***house of ~*** ⚖ Strafanstalt *f*; **5.** Bereinigung *f*, Abstellung *f*, Regulierung *f*; **cor'rec·tion·al** [-kʃənl] → ***corrective***; **cor'rect·i·tude** [-tɪtjuːd] *s.* Kor'rektheit *f* (*Benehmen*); **cor'rec·tive** [-tɪv] **I** *adj.* ☐ **1.** verbessernd, Verbesserungs..., Berichtigungs..., Korrektur...: **~ *measure*** Abhilfemaßnahme *f*; **2.** mildernd, lindernd; **3.** ⚖ Besserungs..., Straf...: **~ *training*** Besserungsmaßregel *f*; **II** *s.* **4.** Korrek'tiv *n*, Abhilfe *f*, Heil-, Gegenmittel *n*: **cor'rect·ness** [-nɪs] *s.* Richtigkeit *f*; Kor'rektheit *f*; **cor'rec·tor** [-tə] *s.* **1.** Verbesserer *m*; **2.** 'Kritiker(in); **3.** *mst* **~ *of the press*** *Brit. typ.* Kor'rektor *m*; **4.** Besserungsmittel *n*.

cor·re·late ['kɒrəleɪt] **I** *v/t.* in Wechselbeziehung bringen (**with** mit), aufeinander beziehen; in Über'einstimmung bringen (**with** mit); **II** *v/i.* in Wechselbeziehung stehen (**with** mit), sich aufeinander beziehen; entsprechen (**with** *dat.*); **III** *s.* Korre'lat *n*, Gegenstück *n*; **cor·re·la·tion** [,kɒrə'leɪʃn] *s.* Wechselbeziehung *f*, gegenseitige Abhängigkeit, Entsprechung *f*; **cor·rel·a·tive** [kɒ'relətɪv] **I** *adj.* ☐ korrela'tiv, in Wechselbeziehung stehend, sich ergänzend; entsprechend; **II** *s.* Korre'lat *n*, Gegenstück *n*, Ergänzung *f*.

cor·re·spond [,kɒrɪ'spɒnd] *v/i.* **1.** (**with, to**) entsprechen (*dat.*), über'einstimmen, in Einklang stehen (mit); **2.** (**with, to**) passen (zu), sich eignen (für); **3.** (**to**) entsprechen (*dat.*), das Gegenstück sein (von), ana'log sein (zu); **4.** in Briefwechsel (✝ in Geschäftsverkehr) stehen (**with** mit).

cor·re·spond·ence [,kɒrɪ'spɒndəns] *s.* **1.** Über'einstimmung *f* (**with** mit, **between** zwischen *dat.*); **2.** Angemessenheit *f*, Entsprechung *f*; **3.** Korrespon'denz *f*: a) Briefwechsel *m*, b) Briefe *pl.*; **4.** *Zeitung*: Beiträge *pl.*; **~ *clerk*** *s.* ✝ Korrespon'dent(in); **~ *col·umn*** *s.* Leserbriefspalte *f*; **~ *chess*** *s.* Fernschach *n*; **~ *course*** *s.* Fernkurs *m*; **~ *school*** *s.* 'Fernlehrinsti,tut *n*.

cor·re·spond·ent [,kɒrɪ'spɒndənt] **I** *s.* Korrespon'dent(in): a) (Brief)Schreiber(in); Briefpartner(in), b) ✝ Geschäftsfreund *m*, c) *Zeitung*: Mitarbeiter(in); Einsender(in): ***foreign ~*** Auslandskorrespondent; ***special ~*** Sonderberichterstatter *m*; **II** *adj.* → **,cor·re'spond·ing** [-dɪŋ] *adj.* ☐ **1.** entsprechend, gemäß (**to** *dat.*); **2.** in Briefwechsel stehend (**with** mit): **~ *member*** korrespondierendes Mitglied; **,cor·re'spond·ing·ly** [-dɪŋlɪ] *adv.* entsprechend, demgemäß.

cor·ri·dor ['kɒrɪdɔː] *s.* **1.** 'Korridor *m*, Gang *m*, Flur *m*; **2.** 🚃 'Korridor *m*, Seitengang *m*: **~ *train*** D-Zug *m*; **3.** *geogr.*, *pol.* 'Korridor *m* (*Landstreifen durch fremdes Gebiet*).

cor·ri·gen·dum [,kɒrɪ'dʒendəm] *pl.* **-da** [-də] *s.* **1.** zu verbessernder Druckfehler; **2.** *pl.* Druckfehlerverzeichnis *n*;

cor·ri·gi·ble ['kɒrɪdʒəbl] *adj.* **1.** zu verbessern(d); **2.** lenksam, fügsam.

cor·rob·o·rate [kə'rɒbəreɪt] *v/t.* bekräftigen, bestätigen, erhärten; **cor·rob·o·ra·tion** [kə,rɒbə'reɪʃn] *s.* Bekräftigung *f*, Bestätigung *f*, Erhärtung *f*; **cor'rob·o·ra·tive** [-bərətɪv], **cor'rob·o·ra·to·ry** [-bərətərɪ] *adj.* bestärkend, bestätigend.

cor·rode [kə'rəʊd] **I** *v/t.* **1.** ⚗, ⚙ zer-, anfressen, angreifen, korrodieren; wegätzen, -beizen; **2.** *fig.* zerfressen, zerstören, unter'graben, aushöhlen: ***corroding care*** nagende Sorge; **II** *v/i.* **3.** zerfressen werden, korrodieren; rosten; **4.** sich einfressen; **5.** verderben, verfallen; **cor'ro·dent** [-dənt] *Am.* **I** *adj.* ätzend; **II** *s.* Ätzmittel *n*; **cor'ro·sion** [-əʊʒn] *s.* **1.** ⚗, ⚙ Korrosi'on *f*, An-, Zerfressen *n*; Rostfraß *m*; Ätzen *n*, Beizen *n*; **2.** *fig.* Zerstörung *f*; **cor'ro·sive** [-əʊsɪv] **I** *adj.* ☐ **1.** ⚗, ⚙ zerfressend, ätzend, beizend, angreifend, Korrosions...; **2.** *fig.* nagend, quälend; **II** *s.* **3.** ⚗, ⚙ Ätz-, Beizmittel *n*; **cor'ro·sive·ness** [-əʊsɪvnɪs] *s.* ätzende Schärfe.

cor·ru·gate ['kɒrʊgeɪt] **I** *v/t.* wellen, riefen; runzeln, furchen; **II** *v/i.* sich wellen *od.* runzeln, runz(e)lig werden; **'cor·ru·gat·ed** [-tɪd] *adj.* runz(e)lig, gefurcht; gewellt, gerieft: **~ *iron*** (*od.* ***sheet***) Wellblech *n*; **~ *cardboard***, **~ *paper*** Wellpappe *f*; **cor·ru·ga·tion** [,kɒrʊ'geɪʃn] *s.* **1.** Runzeln *n*, Furchen *n*; Wellen *n*, Riefen *n*; **2.** Furche *f*, Falte *f* (*auf der Stirn*).

cor·rupt [kə'rʌpt] **I** *adj.* ☐ **1.** (*moralisch*) verdorben, schlecht, verworfen; **2.** unredlich, unlauter; **3.** kor'rupt, bestechlich, käuflich: **~ *practices*** Bestechungsmanöver *pl.*, Korruption *f*; **4.** faul, verdorben, schlecht; **5.** unrein, unecht, verfälscht, verderbt (*Text*); **II** *v/t.* **6.** verderben, zu'grunde richten: *~ing influences* verderbliche Einflüsse; **7.** verleiten, verführen; **8.** korrumpieren, bestechen; **9.** *Texte etc.* verderben, verfälschen, verunstalten; **10.** *fig.* anstecken, infizieren; **III** *v/i.* **11.** (*moralisch*) verderben, verkommen; **12.** schlecht werden, verderben; **cor'rupt·ed** [-tɪd] *adj. Computer*: fehlerhaft; **cor'rupt·i·ble** [-təbl] *adj.* □ **1.** zum Schlechten neigend; **2.** bestechlich; **3.** verderblich; vergänglich; **cor'rup·tion** [-pʃn] *s.* **1.** Verdorbenheit *f*, Verworfenheit *f*; **2.** verderblicher Einfluss; **3.** Korrupti'on *f*: a) Kor'ruptheit *f*, Bestechlichkeit *f*, Käuflichkeit *f*, b) kor'rupte Me'thoden *pl.*, Bestechung *f*; **4.** Verfälschung *f*, Korrumpierung *f* (*Text etc.*); **5.** Fäulnis *f*; **cor'rup·tive** [-tɪv] *adj.* **1.** zersetzend, verderblich; **2.** *fig.* ansteckend; **cor'rupt·ness** [-nɪs] → ***corruption*** 1, 3 a.

cor·sage [kɔː'sɑːʒ] *s.* **1.** Mieder *n*; **2.** 'Ansteckbu,kett *n*.

cor·sair ['kɔːseə] *s.* **1.** *hist.* Kor'sar *m*, Seeräuber *m*; **2.** Kaperschiff *n*.

corse·let ['kɔːslɪt] *s.* **1.** *Am. mst* **cor·se·let** [,kɔːsə'let] Korse'lett *n*, Mieder *n*; **2.** *hist.* Harnisch *m*.

cor·set ['kɔːsɪt] *s. oft pl.* Kor'sett *n*; **'cor·set·ed** [-tɪd] *adj.* (ein)geschnürt; **'cor·set·ry** [-trɪ] *s.* Miederwaren *pl.*

Cor·si·can ['kɔːsɪkən] **I** *adj.* korsisch; **II** *s.* Korse *m*, Korsin *f*.

cor·tège [kɔː'teɪʒ] (*Fr.*) *s.* **1.** Gefolge *n e-s Fürsten etc.*; **2.** Zug *m*, Prozessi'on *f*: ***funeral ~*** Leichenzug *m*.

cor·tex ['kɔːteks] *pl.* **-ti·ces** [-tɪsiːz] *s.* ♀, *zo.*, *anat.* Rinde *f*: ***cerebral ~*** Großhirnrinde.

cor·ti·sone ['kɔːtɪzəʊn] *s.* ⚕ Korti'son *n*.

co·run·dum [kə'rʌndəm] *s. min.* Ko'rund *m*.

cor·us·cate ['kɒrəskeɪt] *v/i.* (auf)blitzen, funkeln, glänzen (*a. fig.*).

cor·vée ['kɔːveɪ] (*Fr.*) *s.* Fronarbeit *f*, -dienst *m* (*a. fig.*).

cor·vette [kɔː'vet] *s.* ⚓ Kor'vette *f*.

cor·vine ['kɔːvaɪn] *adj.* raben-, krähenartig.

Cor·y·don ['kɒrɪdən] *s.* **1.** *poet.* 'Korydon *m*, Schäfer *m*; **2.** schmachtender Liebhaber.

cor·ymb ['kɒrɪmb] *s.* ♀ Doldentraube *f*.

cor·y·phae·us [,kɒrɪ'fiːəs] *pl.* **-phae·i** [-'fiːaɪ] *s. antiq. u. fig.* Kory'phäe *f*; **co·ry·phée** ['kɒrɪfeɪ] *s.* Primaballe'rina *f*.

cos[1] [kɒs] *s.* ♀ Lattich *m*.

cos[2] [kəz] *cj.* F weil, da.

co·se·cant [,kəʊ'siːkənt] *s.* A 'Kosekans *m*.

cosh [kɒʃ] *Brit.* F **I** *s.* Totschläger *m*; **II** *v/t.* mit e-m Totschläger schlagen, *j-m* ‚eins über den Schädel hauen'.

cosh·er ['kɒʃə] *v/t.* verhätscheln.

co·sig·na·to·ry [,kəʊ'sɪgnətərɪ] *s.* 'Mitunter,zeichner(in).

co·sine ['kəʊsaɪn] *s.* A 'Kosinus *m*.

co·si·ness ['kəʊzɪnɪs] *s.* Behaglichkeit *f*, Gemütlichkeit *f*.

cos·met·ic [kɒz'metɪk] **I** *adj.* (□ ***~ally***) **1.** kos'metisch (*a. fig.*): ***~ treatment*** → 4; ***~ (plastic) surgery*** Schönheitschirurgie *f od.* -operation *f*; **2.** *fig.* kosmetisch, optisch; **II** *s.* **3.** kosmetisches Mittel, Schönheitsmittel *n*, *pl. a.* Kos'metika; **4.** *pl.* Kos'metik *f*, Schönheitspflege *f*; **cos·me·ti·cian** [,kɒzmə'tɪʃn] *s.*, **cos·me·tol·o·gist** [,kɒzmə'tɒlədʒɪst] Kos'metiker(in).

cos·mic, **cos·mi·cal** ['kɒzmɪk(l)] *adj.* □ kosmisch (*a. fig.*).

cos·mog·o·ny [kɒz'mɒgənɪ] *s.* Kosmogo'nie *f* (*Theorie über die Entstehung des Weltalls*); **cos'mog·ra·phy** [-grəfɪ] *s.* Kosmogra'phie *f*, Weltbeschreibung *f*; **cos'mol·o·gy** [-ɒlədʒɪ] *s.* Kosmolo'gie *f*.

cos·mo·naut ['kɒzmənɔːt] *s.* (Welt-)Raumfahrer *m*, Kosmo'naut *m*.

cos·mo·pol·i·tan [,kɒzmə'pɒlɪtən] **I** *adj.* kosmopo'litisch; *weitS.* weltoffen; **II** *s.* Kosmopo'lit *m*, Weltbürger(in); **,cos·mo'pol·i·tan·ism** [-tənɪzəm] *s.* Weltbürgertum *n*; *weitS.* Weltoffenheit *f*.

cos·mos ['kɒzmɒs] *s.* **1.** 'Kosmos *m*: a) Weltall *n*, b) Weltordnung *f*; **2.** Welt *f* für sich; **3.** ♀ 'Kosmos *m* (*Blume*).

Cos·sack ['kɒsæk] *s.* Ko'sak *m*.

cos·set ['kɒsɪt] *v/t.* verhätscheln.

cost [kɒst] **I** *s.* **1.** *stets sg.* Kosten *pl.*, Preis *m*, Aufwand *m*: ***~ of living*** Lebenshaltungskosten; ***~-of-living allowance*** Teuerungszulage *f*; ***~-of-living index*** Lebenshaltungsindex *m*; **2.** ✝ a) *a.* ***~ price*** (Selbst-, Gestehungs)Kosten *pl.*, Selbstkosten-, (Netto)Einkaufspreis *m*, b) (Un)Kosten *pl.*, Auslagen *pl.*, Spesen *pl.*: ***at ~*** zum Selbstkostenpreis; ***~ accounting*** → ***costing***; ***~ accountant*** (Betriebs)Kalkulator *m*; ***~ allocation*** Kostenumlage *f*; ***~-benefit analysis*** Kosten-Nutzen-Analyse *f*; ***~ breakdown*** Kostenaufgliederung *f*; ***~--covering*** kostendeckend; ***~ free*** kostenlos; ***~ plus*** Gestehungskosten plus Unternehmergewinn; ***~ of construction*** Baukosten; **3.** *fig.* Kosten *pl.*, Schaden *m*, Nachteil *m*: ***at my ~*** auf m-e Kosten; ***at a heavy ~*** unter schweren Opfern; ***at the ~ of his health*** auf Kosten s-r Gesundheit; ***to my ~*** zu m-m Schaden; ***I know to my ~*** ich weiß aus eigener (bitterer) Erfahrung; ***at all ~s, at any ~*** um jeden Preis; **4.** *pl.* ⚖ (Gerichts)Kosten *pl.*, Gebühren *pl.*; ***condemn s.o. in the ~s*** j-n zu den Kosten verurteilen; ***dismiss with ~s*** kostenpflichtig abweisen; ***allow ~s*** die Kosten bewilligen; **II** *v/t.* [*irr.*] **5.** kosten: ***it ~ me one pound*** es kostete mich ein Pfund; **6.** kosten, bringen um: ***it ~ him his life*** es kostete ihn das Leben; **7.** kosten, verursachen: ***it ~ me a lot of trouble*** es verursachte mir (*od.* kostete mich) große Mühe; **8.** [*pret. u. p.p.* **cost·ed**] ✝ kalkulieren, den Preis berechnen von: ***~ed at*** mit e-m Kostenanschlag von; **III** *v/i.* [*irr.*] **9.** ***it ~ him dearly*** *fig.* es kam ihm teuer zu stehen.

cos·tal ['kɒstl] *adj.* **1.** *anat.* Rippen..., kos'tal; **2.** ♀ (Blatt)Rippen...; **3.** *zo.* (Flügel)Ader...

co-star ['kəʊstɑː] *thea.*, *Film* **I** *s.* e-r der Hauptdarsteller; **II** *v/i.* e-e der Hauptrollen spielen: ***~ring*** in e-r der Hauptrollen.

cos·ter·mon·ger ['kɒstə,mʌŋgə], *a.* **cos·ter** ['kɒstə] *s. Brit.* Straßenhändler(in) für Obst u. Gemüse *etc.*

cost·ing ['kɒstɪŋ] *s.* ✝ *Brit.* Kosten(be)rechnung *f*, Kalkulati'on *f*.

cos·tive ['kɒstɪv] *adj.* □ **1.** ⚕ verstopft, hartleibig; **2.** *fig.* geizig; **'cos·tive·ness** [-nɪs] *s.* **1.** ⚕ Verstopfung *f*; **2.** *fig.* Geiz *m*.

cost·li·ness ['kɒstlɪnɪs] *s.* **1.** Kostspieligkeit *f*; **2.** Pracht *f*; **cost·ly** ['kɒstlɪ] *adj.* **1.** kostspielig, teuer; **2.** kostbar, wertvoll; prächtig.

cost price → ***cost*** 2 a.

cos·tume ['kɒstjuːm] *s.* **1.** Ko'stüm *n*, Kleidung *f*, Tracht *f*: ***~ jewel(le)ry*** Modeschmuck *m*; **2.** *obs.* Ko'stüm(kleid) *n* (*für Damen*); **3.** ('Masken-, 'Bühnen-)Ko,stüm *n*: ***~ piece*** *thea.* Kostümstück *n*; **4.** Badeanzug *m*; **cos·tum·er** [kɒs'tjuːmə], **cos·tum·i·er** [kɒs'tjuːmɪə] *s.* **1.** Ko'stümverleiher(in); **2.** *thea.* Kostümi'er *m*.

co·sy ['kəʊzɪ] **I** *adj.* □ behaglich, gemütlich, traulich, heimelig; **II** *s.* Teehaube *f*, -wärmer *m*; Eierwärmer *m*.

cot[1] [kɒt] *s.* **1.** *Brit.* Kinderbettchen *n*: ***~ death*** ⚕ plötzlicher Kindstod; **2.** Feldbett *n*; **3.** leichte Bettstelle; **4.** ⚓ Schwingbett *n*, Koje *f*.

cot[2] [kɒt] *s.* **1.** (Schaf- *etc.*)Stall *m*; **2.** *obs.* Häus-chen *n*, Hütte *f*.

co·tan·gent [,kəʊ'tændʒənt] *s.* A 'Kotangens *m*.

cote [kəʊt] *s.* Stall *m*, Hütte *f*, Häuschen *n* (*für Kleinvieh etc.*).

co·te·rie ['kəʊtərɪ] *s.* **1.** *contp.* Kote'rie *f*, Klüngel *m*, 'Clique *f*; **2.** exklu'siver Zirkel.

co·thur·nus [kə'θɜːnəs] *pl.* **-ni** [-naɪ] *s.* **1.** *antiq.* Ko'thurn *m*; **2.** erhabener, pa'thetischer Stil.

co·tid·al lines [kəʊ'taɪdl] *s. pl.* ⚓ Isor'rhachien *pl.*

co·trus·tee, *Am.* **co·trus·tee** [,kəʊtrʌs'tiː] *s.* Mitreuhänder *m*.

cot·tage ['kɒtɪdʒ] *s.* **1.** (kleines) Landhaus, Cottage *n*; **2.** *Am.* Ferienhaus *n*; **3.** *Am.* Wohngebäude *n* (*bsd. in e-m Heim*); *Hotel*: Depen'dance *f*; ***~ cheese*** *s.* Hüttenkäse *m*; ***~ hos·pi·tal*** *s.* **1.** kleines Krankenhaus; **2.** *Am. aus Einzelgebäuden bestehendes Krankenhaus*; ***~ in·dus·try*** *s.* 'Heimindu,strie *f*; ***~ pi·a·no*** *s.* Pia'nino *n*; ***~ pud·ding*** *s.* Kuchen *m* mit süßer Soße.

cot·tag·er ['kɒtɪdʒə] *s.* **1.** Cottagebewohner(in); **2.** *Am.* Urlauber(in) in e-m Ferienhaus.

cot·ter ['kɒtə] *s.* ⚙ a) (Schließ)Keil *m*, b) → ***~ pin*** *s.* Splint *m*.

cot·ton ['kɒtn] **I** *s.* **1.** Baumwolle *f*: ***absorbent ~*** Watte *f*; **2.** Baumwollpflanze *f*; **3.** Baumwollstoff *m*; **4.** *pl.* a) Baumwollwaren *pl.*, b) Baumwollkleidung *f*; **5.** (Näh-, Stick)Garn *n*; **II** *adj.* **6.** baumwollen, Baumwoll...; **III** *v/i.* **7.** *Am.* F (***with***) a) sich anfreunden (mit), b) gut auskommen (mit); **8.** ***~ on to*** F a) *et.* ‚kapieren', b) *Am.* → 7 a; ***~ belt*** *s. Am.* Baumwollzone *f*; ***~ bud*** *s.* Wattestäbchen *n*; ***~ can·dy*** *s. Am.* Zuckerwatte *f*; ***~ gin*** *s.* ⚙ Ent'körnungsma,schine *f* (*für Baumwolle*); ***~ grass*** *s.* ♀ Wollgras *n*; ***~ mill*** *s.* 'Baumwollspinne,rei *f*; ***~ pad*** *s.* 'Wattepad *m*; ***~ pick·er*** *s.* Baumwollpflücker *m*; ***~ press*** *s.* Baumwollballenpresse *f*; ***~ print*** *s.* bedruckter Kat'tun; **'~·seed** *s.* ♀ Baumwollsamen *m*: ***~ oil*** Baumwollsamenöl *n*; **'~·tail** *s. zo.* amer. 'Wildka,ninchen *n*; ***~ waste*** *s.* **1.** Baumwollabfall *m*; **2.** ⚙ Putzwolle *f*; **'~·wood** *s.* ♀ *e-e* amer. Pappel; ***~ wool*** *s.* **1.** Rohbaumwolle *f*; **2.** (Verband)Watte *f*: ***~ ball*** Wattebausch *m*.

cot·ton·y ['kɒtnɪ] *adj.* **1.** baumwollartig; **2.** flaumig, weich.

cot·y·le·don [,kɒtɪ'liːdən] *s.* ♀ **1.** Keimblatt *n*; **2.** ♀ Nabelkraut *n*.

couch[1] [kaʊtʃ] **I** *s.* **1.** Couch *f* (*a. des Psychoanalytikers*), 'Liege(,sofa *n*) *f*; **2.** Bett *n*; Lager *n* (*a. obs. hunt.*), Lagerstätte *f*; **3.** ⚙ Lage *f*, Schicht *f*, erster Anstrich; **II** *v/t.* **4.** *Gedanken etc.* in

C

C

Worte fassen *od.* kleiden, ausdrücken; **5.** *Lanze* einlegen; **6.** ⚕ *Star* stechen; **7. *be ~ed*** liegen; **III** *v/i.* **8.** liegen, lagern (*Tier*); **9.** (sich) kauern *od.* ducken.
couch² [kaʊtʃ] → ***couch grass***.
couch·ant [ˈkaʊtʃənt] *adj. her.* mit erhobenem Kopf liegend.
cou·chette [ku:ˈʃet] *s.* 🚂 (Platz *m* in e-m) Liegewagen.
couch grass *s.* ⚘ Quecke *f*.
couch po·ta·to *s.* F Dauerglotzer(in) (*der/die nie Sport treibt*).
cou·gar [ˈku:gə] *s. zo.* ˈPuma *m*.
cough [kɒf] **I** *s.* **1.** Husten *m*: ***give a ~*** (einmal) husten; **II** *v/i.* **2.** husten; **3.** *mot.* F ‚stottern', husten (*Motor*); **III** *v/t.* **4. *~ out*** *od.* ***up*** aushusten; **5. *~ up*** *sl.* herˈausrücken mit (*Geld, der Wahrheit etc.*); **~ drop** *s.* ˈHustenbonˌbon *m, n*; **~ mix·ture** *s.* Hustensaft *m*.
could [kʊd] *pret. von* ***can¹***.
cou·loir [ˈku:lwɑ:] (*Fr.*) *s.* **1.** Bergschlucht *f*; **2.** ⚙ ˈBaggermaˌschine *f*.
cou·lomb [ˈku:lɒm] *s.* ⚡ Couˈlomb *n*, Amˈpereseˌkunde *f*.
coul·ter [ˈkəʊltə] *s.* ⚒ Kolter *n*, Pflugmesser *n*.
coun·cil [ˈkaʊnsl] *s.* **1.** Rat *m*, Ratsversammlung *f*, beratende Versammlung; Beratung *f*: ***be in ~*** zu Rate sitzen; ***meet in ~*** e-e (Rats)Sitzung abhalten; ***Queen in*** ***&*** *Brit.* Königin und Kronrat; ***& of Europe*** Europarat *m*; ***& of the European Union*** Rat *m* der Europäischen Union; ***~ of war*** Kriegsrat (*a. fig.*); **2.** Rat *m* (*Körperschaft*); *engS.* Gemeinderat *m*: ***municipal ~*** Stadtrat (*Behörde*); ***~ school*** Gemeindeschule *f*; **3.** Kirchenrat *m*, Synˈode *f*, Konˈzil *n*; **4.** Vorstand *m*, Komiˈtee *n*; **~ cham·ber** *s.* Ratszimmer *n*; **~ es·tate** *s. Brit.* städtische (soziˈale Wohn)Siedlung; **~ flat** *s. Brit.* gemeindeeigene Wohnung (*mit niedriger Miete*), *etwa*: Soziˈalwohnung *f*; **~ house** *s. Brit.* stadteigenes (Soziˈal)Wohnhaus.
coun·ci(l)·lor [ˈkaʊnsələ] *s.* Ratsmitglied *n*, -herr *m*, Stadtrat *m*, -rätin *f*.
coun·cil tax *s. Brit. e-e Art Haushaltssteuer, abhängig vom Wert des (privaten) Haushalts u. der Anzahl s-r Mitglieder.*
coun·sel [ˈkaʊnsl] **I** *s.* **1.** Rat(schlag) *m*: ***take ~ of s.o.*** von j-m (e-n) Rat annehmen; **2.** Beratung *f*, Überˈlegung *f*: ***take*** (*od.* ***hold***) ***~ with*** a) sich beraten mit, b) sich Rat holen bei; ***take ~ together*** zusammen beratschlagen; **3.** Plan *m*, Absicht *f*; Meinung *f*, Ansicht *f*: ***divided ~s*** geteilte Meinungen; ***keep one's*** (***own***) ***~*** s-e Meinung *od.* Absicht für sich behalten; **4.** ⚖ (*ohne Artikel*) a) *Brit.* (Rechts)Anwalt *m*, b) *Am.* Rechtsberater *m*, -beistand *m*: ***~ for the defence*** Anwalt des Beklagten, *Strafprozess*: Verteidiger *m*; ***~ for the prosecution*** Anklagevertreter *m*; **5.** ⚖ *coll.* juˈristische Berater *pl.*; **II** *v/t.* **6.** *j-m* raten *od.* e-n Rat geben; **7.** zu *et.* raten: ***~ delay*** Aufschub empfehlen; ˈ**coun·se(l)·lor** [-lə] *s.* **1.** Berater(in), Ratgeber *m*; **2.** *a.* ***~-at-law*** *Am.* (Rechts)Anwalt *m*; **3.** (Studien-, Berufs)Berater *m*.
count¹ [kaʊnt] **I** *s.* **1.** Zählen *n*, (*a. Volks- etc.*)Zählung *f*, (Be)Rechnung *f*: ***keep ~ of s.th.*** et. genau zählen (können); ***lose ~*** a) die Übersicht verlieren (***of*** über), b) sich verzählen; ***by my ~*** nach m-r Schätzung; ***take the ~*** *Boxen*: ausgezählt werden; ***take a ~ of nine*** *Boxen*: bis neun angezählt werden; **2.** (End)Zahl *f*, Anzahl *f*, Ergebnis *n*; *sport* Punktzahl *f*; **3.** Berücksichtigung *f*: ***take*** (***no***) ***~ of*** (nicht) zählen *od.* (nicht) berücksichtigen (*acc.*); **4.** ⚖ (An)Klagepunkt *m*; **II** *v/t.* **5.** (ab-, auf-) zählen, (be)rechnen: ***~ the cost*** a) die Kosten berechnen, b) *fig.* die Folgen bedenken; **6.** (mit)zählen, einschließen, berücksichtigen: ***I ~ him among my friends*** ich zähle ihn zu m-n Freunden; ***~ing those present*** die Anwesenden eingeschlossen; ***not ~ing*** abgesehen von; **7.** erachten, schätzen, halten für: ***~ o.s. lucky*** sich glücklich schätzen; ***~ for*** (*od.* ***as***) ***lost*** als verloren ansehen; ***~ it a great hono***(***u***)***r*** es als große Ehre betrachten; **III** *v/i.* **8.** zählen, rechnen: ***he ~s among my friends*** er zählt zu m-n Freunden; ***~ing from today*** von heute an (gerechnet); ***I ~ on you*** ich rechne (*od.* verlasse mich) auf dich; **9.** mitzählen, gelten, von Wert sein: ***~ for nothing*** nichts wert sein, nicht von Belang sein; ***every little ~s*** auf jede Kleinigkeit kommt es an; ***he simply doesn't ~*** er zählt überhaupt nicht;
Zssgn mit adv.:
count| down *v/t.* **1.** *Geld* hinzählen; **2.** *a. v/i.* den Count-down ˈdurchführen (für), *a. weitS.* letzte (Start)Vorbereitungen treffen (für); **~ in** *v/t.* mitzählen, einschließen: ***count me in!*** ich bin dabei *od.* mache mit!; **~ off** *v/t. u. v/i.* abzählen; **~ out** *v/t.* **1.** (langsam) abzählen; **2.** ausschließen: ***count me out!*** ohne mich!; **3.** *Boxen u. Kinderspiel*: auszählen; **4.** *parl. Brit.* a) *Gesetzesvorlage* zu Fall bringen, b) *Unterhaussitzung* wegen Beschlussunfähigkeit vertagen; **~ o·ver** *v/t.* nachzählen; **~ up** *v/t.* zs.-zählen, ˈdurchrechnen.
count² [kaʊnt] *s.* (nichtbrit.) Graf *m*; → ***palatine¹*** 1.
count·down [ˈkaʊntdaʊn] *s.* ˈCount-down *m, n* (*a. fig.*).
coun·te·nance [ˈkaʊntənəns] **I** *s.* **1.** Gesichtsausdruck *m*, Miene *f*: ***his ~ fell*** er machte ein langes Gesicht; ***change one's ~*** s-n Gesichtsausdruck ändern, die Farbe wechseln; **2.** Fassung *f*, Haltung *f*, Gemütsruhe *f*: ***keep one's ~*** die Fassung bewahren; ***keep s.o. in ~*** j-n ermuntern, j-n unterstützen; ***put s.o. out of ~*** j-n aus der Fassung bringen; **3.** Ermunterung *f*, Unterˈstützung *f*: ***give*** (*od.* ***lend***) ***~ to*** *j-n* ermutigen, *j-n od. et.* unterstützen, Glaubwürdigkeit verleihen (*dat.*); **II** *v/t.* **4.** *j-n* ermuntern, (unter)ˈstützen; **5.** *et.* gutheißen.
count·er¹ [ˈkaʊntə] *s.* **1.** Ladentisch *m*, *a.* Theke *f* (*im Wirtshaus etc.*): ***under the ~*** unter dem Ladentisch (*verkaufen etc.*), unter der Hand, heimlich; **2.** Schalter *m* (*Bank etc.*); **3.** Spielmarke *f*; **4.** Zählperle *f*, -kugel *f* (*Kinderrechenmaschine*); **5.** ⚙ Zähler *m*, Zählgerät *n*, -werk *n*.
coun·ter² [ˈkaʊntə] **I** *adv.* **1.** entgegengesetzt; (***to***) entgegen, zuˈwider (*dat.*): ***run*** (*od.* ***go***) ***~ to*** zuwiderlaufen (*dat.*); ***~ to all rules*** entgegen allen *od.* wider alle Regeln; **II** *adj.* **2.** Gegen..., entgegengesetzt; **III** *s.* **3.** Abwehr *f*; *Boxen etc., a. fig.*: Konter(schlag) *m*; *fenc.* Paˈrade *f*; *Eislauf*: Gegenwende *f*; **4.** *zo.* Brustgrube *f* (*Pferd*); **IV** *v/t. u. v/i.* **5.** entgegenwirken, entgegnen; widerˈsprechen, zuˈwiderhandeln (*dat.*); **6.** *Boxen, Fußball etc., a. fig.*: kontern.
ˌ**coun·ter|ˈact** [-təˈræ-] *v/t.* **1.** entgegenwirken (*dat.*); bekämpfen, vereiteln; **2.** kompensieren, neutralisieren; ˌ**~ˈac·tion** [-təˈræ-] *s.* **1.** Gegenwirkung *f*, -maßnahme *f*; **2.** ˈWiderstand *m*, Oppositiˈon *f*; **3.** Durchˈkreuzung *f*; ˌ**~ˈac·tive** [-təˈræ-] *adj.* □ entgegenwirkend; ˈ**~·atˌtack** [-tərə-] **I** *s.* Gegenangriff *m* (*a. fig.*), *sport* Konter *m*; **II** *v/i. u. v/t.* e-n Gegenangriff machen (gegen), *sport* kontern; ˈ**~·atˌtrac·tion** [-tərə-] *s.* **1.** *phys.* entgegengesetzte Anziehungskraft; **2.** *fig.* ˈGegenattraktiˌon *f*; ˈ**~ˌbal·ance** **I** *s.* Gegengewicht *n* (*a. fig.*); **II** *v/t.* [ˌkaʊntəˈbæləns] ein Gegengewicht bilden zu, ausgleichen, aufwiegen; die Waage halten (*dat.*); ˈ**~·blast** *s. fig.* Gegenschlag *m*, heftige Reaktiˈon; ˈ**~·blow** *s.* Gegenschlag *m* (*a. fig.*); ˈ**~·charge** **I** *s.* **1.** ⚖ Gegenklage *f*; **2.** ⚔ Gegenangriff *m*; **II** *v/t.* **3.** ⚖ e-e Gegenklage erheben gegen; **4.** ⚔ e-n Gegenangriff führen gegen; ˈ**~·check** *s.* **1.** a) Gegenwirkung *f*, b) Hindernis *n*; **2.** Gegen-, Nachprüfung *f*; ˈ**~·claim** ✝, ⚖ **I** *s.* Gegenforderung *f*; **II** *v/t.* als Gegenforderung verlangen; ˌ**~ˈclock·wise** → ***anticlockwise***; ˌ**~ˈcy·cli·cal** *adj.* □ ✝ konjunkˈturdämpfend; ˌ**~ˈes·pi·o·nage** [-tərˈe-] *s.* Spioˈnageabwehr *f*, Abwehr(dienst *m*) *f*; ˈ**~·feit** [-fɪt] **I** *adj.* **1.** nachgemacht, gefälscht, unecht, falsch: ***~ coin*** Falschgeld *n*; **2.** vorgetäuscht, falsch; verstellt; **II** *s.* **3.** Fälschung *f*; **4.** Falschgeld *n*; **III** *v/t.* **5.** fälschen; **6.** heucheln, vorgeben, vortäuschen; ˈ**~ˌfeit·er** [-ˌfɪtə] *s.* **1.** Fälscher *m*, Falschmünzer *m*; **2.** Heuchler(in); ˈ**~·foil** *s.* **1.** (Konˈtroll-) Abschnitt *m* (*Scheckbuch etc.*), Kuˈpon *m*; **2.** a) Kuˈpon *m*, Zins-, Diviˈdendenschein *m*, b) Taˈlon *m* (*Erneuerungsschein*); ˈ**~·inˌtel·li·gence** [-tərɪn-] Spioˈnageabwehr(dienst *m*) *f*; ˈ**~ˌjump·er** *s.* F Ladenschwengel *m* (*Verkäufer*); ˈ**~·man** [-mən] *s.* [*irr.*] Verkäufer *m*; **~·mand** [ˌkaʊntəˈmɑ:nd] **I** *v/t.* **1.** widerˈrufen, rückgängig machen, ✝ stornieren: ***until ~ed*** bis auf Widerruf; **2.** absagen, abbestellen; **II** *s.* **3.** Gegenbefehl *m*; **4.** Widerˈrufung *f*, Aufhebung; ✝ Stornierung *f*; ˈ**~·march** *s.* **1.** ⚔ Rückmarsch *m*; **2.** *fig.* völlige ˈUmkehr; ˈ**~·mark** *s.* Gegen-, Konˈtrollzeichen *n* (*bsd. für die Echtheit*); ˈ**~ˌmeas·ure** *s.* Gegenmaßnahme *f*; ˈ**~ˌmo·tion** *s.* **1.** Gegenbewegung *f*; **2.** *pol.* Gegenantrag *m*; ˈ**~·move** *s.* Gegenzug *m*; ˈ**~ˌof·fer** [-tərˌɒ-] *s.* ✝ Gegenangebot *n*; ˈ**~ˌor·der** [-tərˌɔ:-] **1.** ✝ Abbestellung *f*; **2.** ⚔ Gegenbefehl *m*; ˈ**~·pane** *s.* Tagesdecke *f*; ˈ**~·part** *s.* **1.** Gegen-, Seitenstück *n*; **2.** genaue Ergänzung; **3.** Ebenbild *n*; **4.** Dupliˈkat *n*; **5.** *fig.* ‚Gegenˈüber' *n*, Kolˈlege *m*: ***his Soviet ~***; ˈ**~·plot** *s.* Gegenanschlag *m*; ˈ**~·point** **I** *s.* ♪ ˈKontrapunkt *m*; **II** *v/t.* kontrapunktieren; ˈ**~·poise** **I** *s.* **1.** Gegengewicht *n* (*a. fig.*); Gleichgewicht *n*; **II** *v/t.* **2.** als Gegengewicht wirken zu, ausgleichen; **3.** *fig.* im Gleichgewicht halten, ausgleichen, aufwiegen; ˌ**~·proˈduct·ive** *adj.* ˈkontraproduktˌtiv, das Gegenteil bewirkend; ˈ**~·ref·orˌma·tion** *s.* ˈGegenreformatiˌon *f*; ˈ**~·rev·oˌlu·tion** *s.* ˈGegenrevolutiˌon *f*; ˈ**~·shaft** *s.* ⚙ Vorgewelle *f*: ***~ gear*** Vorgelege *n*; ˈ**~·sign** **I** *s.* **1.** ⚔ Losungswort *n*; **2.** Gegenzeichen *n*; **II** *v/t.* **3.** gegenzeichnen; **4.** *fig.* bestätigen; ˌ**~ˈsig·na·ture** *s.* Gegenzeichnung *f*; ˈ**~·sink** **I** *s.* **1.** Versenkbohrer *m*; **2.**

Senkschraube *f*; **II** *v/t.* [*irr.* → ***sink***] ⚙ **3.** *Loch* ausfräsen; **4.** *Schraubenkopf* versenken; ˌ~ˈ**ten·or** *s.* ♪ hoher Teˈnor (*Stimme u. Sänger*); **~·vail** [ˈkaʊntəveɪl] **I** *v/t.* aufwiegen, ausgleichen; **II** *v/i.* stark genug sein, ausreichen (***against*** gegen): **~*ing duty*** Ausgleichszoll *m*; ˈ**~·weight** *s.* Gegengewicht *n* (*a. fig.* ***to*** gegen); ˈ**~·word** *s.* Allerˈweltswort *n.*

count·ess [ˈkaʊntɪs] *s.* **1.** Gräfin *f*; **2.** Komˈtesse *f.*

count·ing| glass [ˈkaʊntɪŋ] *s.* ⚙ Zählglas *n*, -lupe *f*; **~ house** *s. bsd. Brit.* ✝ Büˈro *n*; *engS.* Buchhaltung *f*; **~ tube** *s.* Zählrohr *n.*

count·less [ˈkaʊntlɪs] *adj.* zahllos, unzählig.

ˈ**count-out** *s. parl. Brit.* Vertagung *f* wegen Beschlussunfähigkeit.

coun·tri·fied [ˈkʌntrɪfaɪd] *adj.* **1.** ländlich, bäuerlich; **2.** *contp.* bäurisch, verbauert.

coun·try [ˈkʌntrɪ] **I** *s.* **1.** Land *n*, Staat *m*: ***in this ~*** hierzulande; ***~ of destination*** Bestimmungsland; ***~ of origin*** Ursprungsland; ***~ of adoption*** Wahlheimat *f*; **2.** Natiˈon *f*, Volk *n*: ***appeal*** (*od.* ***go***) ***to the ~*** *pol.* an das Volk appellieren, Neuwahlen ausschreiben; **3.** Vaterland *n*, Heimat(land *n*) *f*: ***the old ~*** die alte Heimat; **4.** Gelände *n*, Landschaft *f*; Gebiet *n* (*a. fig.*): ***flat ~*** Flachland *n*; ***wooded ~*** waldige Gegend; ***unknown ~*** unbekanntes Gebiet (*a. fig.*); ***new ~*** *fig.* Neuland *n* (***to me*** für mich); ***go up ~*** ins Innere reisen; **5.** Land *n* (*Ggs. Stadt*), Proˈvinz *f*: ***in the ~*** auf dem Lande; ***go*** (***down***) ***into the ~*** aufs Land *od.* in die Provinz gehen; **6.** *a.* ***~-and-western*** → ***country music***; **II** *adj.* **7.** Land...; Provinz...; ländlich: ***~ life*** Landleben *n*; **~ beam** *s. mot. Am.* Fernlicht *n*; ˈ**~-bred** *adj.* auf dem Lande aufgewachsen; **~ bump·kin** *s.* Bauerntölpel *m*; **~ club** *s. Am.* Klub *m* auf dem Land (*für Städter*); **~ code** *s.* internationale Vorwahl; **~ cous·in** *s.* **1.** Vetter *m od.* Base *f* vom Lande; **2.** ‚Unschuld *f* vom Lande'; **~ dance** *s.* englischer Volkstanz; ˈ**~·folk** *s.* Landbevölkerung *f*; **~ gen·tle·man** *s.* [*irr.*] **1.** Landedelmann *m*; **2.** Gutsbesitzer *m*; **~ house** *s.* Landhaus *n*, Landsitz *m*; ˈ**~·man** [-mən] *s.* [*irr.*] **1.** *a.* ***fellow ~*** Landsmann *m*; **2.** Landmann *m*, Bauer *m*; **~ mu·sic** *s.* Country-Music *f*; ˈ**~·side** *s.* **1.** ländliche Gegend; Land (-schaft *f*) *n*; **2.** (Land)Bevölkerung *f*; ˈ**~-wide** *adj.* landesweit, im ganzen Land; ˈ**~ˌwom·an** *s.* [*irr.*] **1.** *a.* ***fellow ~*** Landsmännin *f*; **2.** a) Landbewohnerin *f*, b) Bäuerin *f.*

coun·ty [ˈkaʊntɪ] *s.* **1.** *Brit.* a) Grafschaft *f* (*Verwaltungsbezirk*); → ***county palatine***, b) ***the ~*** die Bewohner *pl. od.* die Aristokraˈtie e-r Grafschaft; **2.** *Am.* (Land)Kreis *m*, (Verwaltungs)Bezirk *m*; **~ bor·ough** *s.*, **~ cor·po·rate** *s. Brit.* Stadt *f*, die e-e eigene Grafschaft bildet; **~ coun·cil** *s. Brit.* Grafschaftsrat *m* (*Behörde*); **~ court** *s.* ⚖ **1.** *Brit.* Grafschaftsgericht *n* (*erstinstanzliches Zivilgericht*); **2.** *Am.* Kreisgericht *n*; **~ fam·i·ly** *s. Brit.* vornehme Faˈmilie mit Ahnensitz in e-r Grafschaft; **~ hall** *s. Brit.* Rathaus *n* e-r Grafschaft; **~ pal·a·tine** *s. Brit. hist.* Pfalzgrafschaft *f*; **~ seat** *s.*, **~ town** *s. Am.* Kreishauptstadt *f.*

coup [kuː] *s.* Coup *m*: a) Braˈvourstück *n*, Handstreich *m*, b) Staatsstreich *m*, Putsch *m*; **~ de grâce** [ˌkuːdəˈgrɑːs] (*Fr.*) *s.* Gnadenstoß *m* (*a. fig.*); **~ de main** [ˌkuːdəˈmɛ̃ːŋ] (*Fr.*) *s. bsd.* ⚔ Handstreich *m*; **~ d'é·tat** [ˌkuːdeɪˈtɑː] (*Fr.*) → ***coup*** b.

cou·pé [ˈkuːpeɪ] *s.* **1.** Couˈpé *n*: a) *mst zweisitzige Limousine*, b) *geschlossene Kutsche für zwei Personen*; **2.** 🚂 *Brit.* Halbabteil *n.*

cou·ple [ˈkʌpl] **I** *s.* **1.** Paar *n*: ***in ~s*** paarweise; ***a ~ of*** ein paar *Tage etc.*; **2.** (Braut-, Ehe-, Liebes)Paar *n*, Pärchen *n*; **3.** Koppel *f* (*Jagdhunde*): ***go*** (*od.* ***hunt***) ***in ~s*** *fig.* stets gemeinsam handeln; **II** *v/t.* **4.** (zs.-, ver)koppeln, verbinden: ***~d with*** *fig.* gepaart (*od.* verbunden, gekoppelt) mit; **5.** ehelich verbinden; paaren; **6.** *in Gedanken* verbinden, zs.-bringen; **7.** ⚙ (an-, ein-, ver-) kuppeln; **8.** ⚡, ♪ koppeln; **III** *v/i.* **9.** heiraten; sich paaren; **cou·pler** [ˈkʌplə] *s.* **1.** ♪ Kopplung *f* (*Orgel*); **2.** *Radio*: Koppler *m*; **3.** ⚙ Kupplung *f*; **4.** a) Koppel(glied *n*) *f*, b) (Leitungs)Muffe *f*: ***~ plug*** Gerätestecker *m.*

cou·ple skat·ing *s.* Paarlauf(en *n*) *m.*

cou·plet [ˈkʌplɪt] *s.* Reimpaar *n.*

cou·pling [ˈkʌplɪŋ] *s.* **1.** Verbindung *f*; **2.** Paarung *f*; **3.** ⚙ (*feste*) Kupplung; **4.** ⚡, *Radio*: Kopplung *f*; **~ box** *s.* ⚙ Kupplungsmuffe *f*; **~ chain** *s.* ⚙ Kupplungskette *f*; *pl.* 🚂 Kettenkupplung *f*; **~ coil** *s.* ⚡, *Radio*: Kopplungsspule *f.*

cou·pon [ˈkuːpɒn] *s.* **1.** ✝ Couˈpon *m*, Kuˈpon *m*, Zinsschein *m*: ***dividend ~*** Dividendenschein; ***~ bond*** *Am.* Inhaberschuldverschreibung *f* mit Zinsschein; ***~ sheet*** Couponbogen *m*; **2.** a) Kassenzettel *m*, Gutschein *m*, Bon *m*, b) Berechtigungs-, Bezugsschein *m*; **3.** Abschnitt *m der Lebensmittelkarte etc.*, Marke *f*; **4.** Konˈtrollabschnitt *m*; **5.** *Brit.* Tippzettel *m* (*Fußballtoto*).

cour·age [ˈkʌrɪdʒ] *s.* Mut *m*, Tapferkeit *f*: ***have the ~ of one's convictions*** stets s-r Überzeugung gemäß handeln, Zivilcourage haben; ***pluck up*** (*od.* ***take***) ***~*** Mut fassen; ***screw up*** (*od.* ***summon up***) ***one's ~***, ***take one's ~ in both hands*** sein Herz in beide Hände nehmen; **cou·ra·geous** [kəˈreɪdʒəs] *adj.* □ mutig, beherzt, tapfer.

cour·gette [ˌkʊəˈʒet] *s.* Zucˈchini *f.*

cour·i·er [ˈkʊrɪə] *s.* **1.** Eilbote *m*, (*a. diplomatischer etc.*) Kuˈrier *m*; **2.** Reiseleiter(in); **3.** *Am.* Verbindungsmann *m* (*Agent*).

course [kɔːs] **I** *s.* **1.** Lauf *m*, Bahn *f*, Weg *m*, Gang *m*; Ab-, Verlauf *m*, Fortgang *m*: ***the ~ of life*** der Lauf des Lebens; ***~ of events*** Gang der Ereignisse, Lauf der Dinge; ***the ~ of a disease*** der Verlauf e-r Krankheit; ***the ~ of nature*** der natürliche (Ver)Lauf; ***a matter of ~*** e-e Selbstverständlichkeit; ***of ~*** natürlich, gewiss, bekanntlich; ***in the ~ of*** im (Ver)Lauf (*gen.*), während (*gen.*); ***in ~ of construction*** im Bau (befindlich); ***in ~ of time*** im Laufe der Zeit; ***in due ~*** zur gegebenen *od.* rechten Zeit; ***in the ordinary ~ of things*** normalerweise; ***let things take*** (*od.* ***run***) ***their ~*** den Dingen ihren Lauf lassen; ***the disease took its ~*** die Krankheit nahm ihren (natürlichen) Verlauf; **2.** (feste) Bahn, Strecke *f*, *sport* (Renn)Bahn *f*, (-)Strecke *f*, Piste *f*: ***golf ~*** Golfbahn *f od.* -platz *m*; ***clear the ~*** die Bahn frei machen; **3.** Fahrt *f*, Weg *m*; Richtung *f*; ⚓, ✈ Kurs *m* (*a. fig.*): ***on*** (***off***) ***~*** (nicht) auf Kurs; ***be on ~ for*** (*od.* ***to do***) ***s.th.*** auf et. zusteuern, auf dem besten Weg zu et. sein; ***stand upon the ~*** Kurs halten; ***steer a ~*** e-n Kurs steuern (*a. fig.*); ***change one's ~*** s-n Kurs ändern (*a. fig.*); ***keep to one's ~*** *fig.* beharrlich s-n Weg verfolgen; ***take a new ~*** e-n neuen Weg einschlagen; ***~ computer*** Kursrechner *m*; ***~ recorder*** Kursschreiber *m*; **4.** Lebensbahn *f*, -weise *f*: ***evil ~s*** üble Gewohnheiten; **5.** Handlungsweise *f*, Verfahren *n*: ***a dangerous ~*** ein gefährlicher Weg; → ***action*** 1; **6.** Gang *m*, Gericht *n* (*Speisen*); **7.** Reihe *f*, (Reihen)Folge *f*; ˈZyklus *m*: ***~ of lectures*** Vortragsreihe; ***~ of treatment*** ⚕ längere Behandlung, Kur *f*; **8.** *a.* ***~ of instruction*** Kurs(us) *m*, Lehrgang *m*: ***a German ~*** ein Deutschkursus, ein deutsches Lehrbuch; **9.** ⚠ Schicht *f*, Lage *f* (*Ziegel etc.*); **10.** ⚓ unteres großes Segel: ***main ~*** Großsegel; **11.** (***monthly***) ***~s*** ⚕ Regel *f*, Periode *f*; **II** *v/t.* **12.** *bsd. Hasen* mit Hunden hetzen *od.* jagen; **III** *v/i.* **13.** rennen, eilen, jagen; **14.** an e-r Hetzjagd teilnehmen.

cours·er [ˈkɔːsə] *s. poet.* Renner *m*, schnelles Pferd; ˈ**cours·ing** [-sɪŋ] *s.* (*bsd.* Hasen)Hetzjagd *f* mit Hunden.

court [kɔːt] **I** *s.* **1.** (Vor-, ˈHinter-, Innen)Hof *m*; **2.** ˈHintergässchen *n*; Sackgasse *f*; kleiner Platz; **3.** *bsd. Brit.* stattliches Wohngebäude; **4.** (abgesteckter) Spielplatz: ***tennis ~*** Tennisplatz; ***grass ~*** Rasentennisplatz; **5.** Hof *m*, Resiˈdenz *f* (*Fürst etc.*): ***the 2 of St. James*** der britische Königshof; ***be presented at ~*** bei Hofe vorgestellt werden; **6.** a) fürstlicher Hof *od.* Haushalt, b) fürstliche Faˈmilie, c) Hofstaat *m*; **7.** (Empfang *m* bei) Hof *m*: ***hold ~*** Hof halten (*a. fig.*); **8.** fürstliche Regierung; **9.** ⚖ a) *a.* ***~ of justice***, ***law ~*** Gericht(shof *m*) *n*; ***~ of auditors*** *EU* Rechnungshof *m*, b) Gerichtshof *m*, *der od. die* Richter, c) Gerichtssitzung *f*, d) Gerichtssaal *m*: ***in ~*** vor Gericht; ***out of ~*** a) außergerichtlich, gütlich, b) nicht zur Sache gehörig, c) indiskutabel; ***bring into ~***, ***take to ~*** vor Gericht bringen; ***go to ~*** klagen; ***laugh out of ~*** *fig.* verlachen; → ***appeal*** 8, ***arbitration*** *etc.*; **10.** *fig.* Hof *m*, Cour *f*, Aufwartung *f*: ***pay*** (***one's***) ***~ to*** a) *e-r Dame* den Hof machen, b) *j-m* s-e Aufwartung machen; **11.** Rat *m*, Versammlung *f*: ***~ of directors*** Direktion *f*, Vorstand *m*; **II** *v/t.* **12.** den Hof machen, huldigen (*dat.*); **13.** umˈwerben (*a. fig.*), werben *od.* freien um; ‚poussieren' mit: ***~ing couple*** Liebespaar *n*; **14.** *fig.* werben *od.* buhlen *od.* sich bemühen um *et.*; suchen: ***~ disaster*** das Schicksal herausfordern, mit dem Feuer spielen.

court| card *s. Kartenspiel*: Bildkarte *f*; **2 Cir·cu·lar** *s.* (*tägliche*) Hofnachrichten *pl.*; **~ dress** *s.* Hoftracht *f.*

cour·te·ous [ˈkɜːtjəs] *adj.* □ höflich, liebenswürdig.

cour·te·san [ˌkɔːtɪˈzæn] *s.* Kurtiˈsane *f.*

cour·te·sy [ˈkɜːtɪsɪ] *s.* Höflichkeit *f*, Verbindlichkeit *f*, Liebenswürdigkeit *f* (*alle a. als Handlung*); Gefälligkeit *f*: ***by ~*** aus Höflichkeit *od.* Gefälligkeit; ***by ~ of*** a) mit freundlicher Genehmigung von (*od. gen.*), b) durch, mittels; ***~ light*** *mot.* Innenlampe *f*; ***~ title*** Höflichkeits- *od.* Ehrentitel *m*; ***~ call***, ***~ visit*** Höflichkeits- *od.* Anstandsbesuch *m.*

cour·te·zan → ***courtesan***.

court| guide *s.* ˈHof-, ˈAdelskaˌlender *m* (*Verzeichnis der hoffähigen Personen*);

C

~ hand *s.* gotische Kanz'leischrift; '**~·house** *s.* **1.** Gerichtsgebäude *n*; **2.** *Am.* Kreis(haupt)stadt *f*.
cour·ti·er ['kɔːtjə] *s.* Höfling *m*.
court·ly ['kɔːtlɪ] *adj.* **1.** vornehm, gepflegt, höflich; **2.** höfisch.
court| mar·tial *pl.* **courts mar·tial** *s.* Kriegsgericht *n*; **ˌ~-'mar·tial** *v/t.* vor ein Kriegsgericht stellen; **~ mourn·ing** *s.* Hoftrauer *f*; **~ or·der** *s.* ⚖ Gerichtsbeschluss *m*; **~ plas·ter** *s. hist.* Heftpflaster *n*; **~ room** *s.* Gerichtssaal *m*.
court·ship ['kɔːtʃɪp] *s.* **1.** Hofmachen *n*, Werben *n*, Freien *n*; **2.** *fig.* Werben *n* (***of*** um).
court| shoes *s. pl.* Pumps *pl.*; '**~·yard** *s.* Hof(raum) *m*.
cous·in ['kʌzn] *s.* **1.** a) Vetter *m*, Cou'sin *m*, b) Base *f*, Ku'sine *f*: ***first ~***, ***~ german*** leiblicher Vetter *od.* leibliche Base; ***second ~*** Vetter *od.* Base zweiten Grades; **2.** *weitS.* Verwandte(r *m*) *f*.
cou·tu·rier [kuːˈtjʊrɪeɪ] (*Fr.*) *s.* (Haute) Couturi'er *m*, Modeschöpfer *m*; **cou·tu'rière** [-ɪeə] (*Fr.*) *s.* Modeschöpferin *f*.
cove[1] [kəʊv] **I** *s.* **1.** kleine Bucht; **2.** *fig.* Schlupfwinkel *m*; **3.** △ Wölbung *f*; **II** *v/t.* **4.** △ (über)'wölben.
cove[2] [kəʊv] *s. sl.* Bursche *m*, Kerl *m*.
cov·en ['kʌvn] *s.* Hexensabbat *m*.
cov·e·nant ['kʌvənənt] **I** *s.* **1.** Vertrag *m*; feierliches Abkommen; **2.** ⚖ a) Vertrag *m*, b) Ver'tragsˌklausel *f*, c) bindendes Versprechen, Zusicherung *f*, d) Satzung *f*; **3.** *bibl.* a) Bund *m*; → ***ark*** 2, b) Verheißung *f*: ***the land of the ~*** das Gelobte Land; **II** *v/i.* **4.** e-n Vertrag schließen, über'einkommen (***with*** mit, ***for*** über *acc.*); **5.** sich feierlich verpflichten, geloben; **III** *v/t.* **6.** vertraglich zusichern; '**cov·e·nant·ed** [-tɪd] *adj.* **1.** vertragsmäßig; **2.** vertraglich gebunden.
cov·en·trize ['kɒvəntraɪz] *v/t.* to'tal zerbomben, dem Erdboden gleichmachen; **Cov·en·try** ['kɒvəntrɪ] *npr. englische Stadt*: ***send s.o. to ~*** *fig.* j-n gesellschaftlich ächten.
cov·er ['kʌvə] **I** *s.* **1.** Decke *f*; Deckel *m*; **2.** a) (Buch)Decke *f*, Einband *m*, b) 'Umschlag- *od.* Titelseite *f*: ***~ design*** Titelbild *n*; ***~ girl*** Covergirl *n*, Titelblattmädchen *n*; ***from ~ to ~*** von Anfang bis Ende; **3.** a) 'Briefˌumschlag *m*, b) *Philatelie*: Ganzsache *f*: ***under (the) same ~*** beiliegend; ***under separate ~*** mit getrennter Post; ***under ~ of*** unter der (Deck)Adresse von; **4.** 'Schutzˌumschlag *m*, Hülle *f*, Futte'ral *n*; 'Überzug *m*, (Bett-, Möbel- *etc.*)Bezug *m*; ⚙ Schutzhaube *f*, -platte *f*, -mantel *m*; *mot.* (Reifen)Decke *f*, Mantel *m*; **5.** Gedeck *n* (*bei Tisch*): ***~ charge*** (Kosten *pl.* für das) Gedeck; **6.** ⚔ a) Deckung *f*: ***take ~*** Deckung nehmen, b) Feuerschutz *m*, c) (Luft)Sicherung *f*, Abschirmung *f*: ***air ~***; **7.** *hunt.* Dickicht *n*, Lager *n*: ***break ~*** ins Freie treten; **8.** Ob-, Schutzdach *n*: ***get under ~*** sich unterstellen; **9.** *fig.* Schutz *m*: ***under ~ of night*** im Schutz der Nacht; **10.** *fig.* Deckmantel *m*, Tarnung *f*, Vorwand *m*: ***under ~ of friendship***; ***~ address*** Deckadresse *f*; ***~ name*** Deckname *m*; ***blow one's ~*** ‚auffliegen'; **11.** † Deckung *f*, Sicherheit *f*; (Schadens-) Deckung *f*, Versicherungsschutz *m*; **II** *v/t.* **12.** be-, zudecken: ***remain ~ed*** den Hut aufbehalten; ***~ o.s. with glory*** *fig.* sich mit Ruhm bedecken; ***~ed with*** voll von, über u. über bedeckt mit; **13.** einhüllen, -wickeln (***with*** in *acc.*); **14.** be-, über'ziehen: ***~ed button*** bezogener Knopf; ***~ed wire*** umsponnener Draht; **15.** *fig.* decken, schützen, sichern (***from*** vor *dat.*, gegen): ***~ o.s.*** sich absichern (***against*** gegen); **16.** † decken: a) *Kosten* bestreiten, b) *Schulden*, *Verlust* abdecken, c) versichern; **17.** decken, genügen für; **18.** enthalten, einschließen, um'fassen, be'inhalten; *a. statistisch, durch Werbung etc.* erfassen; *Thema* (erschöpfend) behandeln; → ***ground*** 2; **19.** *Presse*, *TV etc.*: berichten über (*acc.*); **20.** *Gebiet* bearbeiten, bereisen; **21.** sich über *e-e Fläche od. Zeitspanne* erstrecken; **22.** *e-e Strecke* zu'rücklegen; **23.** a) be-, verdecken, verhüllen, verbergen, b) *fig.* → ***cover up*** 2; **24.** ⚔ decken, schützen, sichern (***from*** vor *dat.* gegen); **25.** ⚔ a) *ein Gebiet* beherrschen, im Schussfeld haben, b) *Gelände* bestreichen, mit Feuer belegen; **26.** *mit e-r Waffe* zielen auf (*acc.*), *j-n* in Schach halten; **27.** *sport den Gegner* decken; **28.** *j-n* ‚beschatten'; **29.** *Hündin etc.* decken, *Stute a.* beschälen; **~ in** *v/t.* **1.** decken, bedachen; **2.** füllen; **~ o·ver** *v/t.* **1.** über'decken; **2.** † *Emission* über'zeichnen; **~ up I** *v/t.* **1.** zu-, verdecken; **2.** *fig.* vertuschen, verheimlichen, verbergen; **II** *v/i.* **3.** ***~ for s.o.*** j-n decken; **4.** *Boxen*: sich decken.
cov·er·age ['kʌvərɪdʒ] *s.* **1.** Erfassung *f*, Einschluss *m*; erfasstes Gebiet, erfasste Menge; *Werbung*: erfasster Per'sonenkreis; **2.** 'Umfang *m*; Reichweite *f*; Geltungsbereich *m*; **3.** † a) → ***cover*** 11, b) Ver'sicherungsˌumfang *m*; **4.** *Zeitung etc.*: Berichterstattung *f* (***of*** über *acc.*); **5.** ⚔ → ***cover*** 6 c; '**cov·ered** [-əd] *adj.* be-, gedeckt: ***~ court*** *Tennis*: Hallenplatz *m*; ***~ market*** Markthalle *f*; ***~ wag(g)on*** a) Planwagen *m*, b) geschlossener Güterwagen; → ***cover*** 14; '**cov·er·ing** [-ərɪŋ] **I** *s.* **1.** Bedeckung *f*; Be-, Ver-, Um'kleidung *f*, (*Fußboden-*) Belag *m*; → *a.* ***cover*** 4; **2.** *fig.* Schutz *m*, Deckung *f*; **3.** ⚔ → ***cover*** 6; **II** *adj.* **4.** deckend, Deck(ungs)...; ***~ letter*** Begleitbrief *m*; ***~ note*** → ***cover note***; **cov·er·let** ['kʌvəlɪt], *a.* '**cov·er·lid** [-lɪd] *s.* Tagesdecke *f*.
cov·er| note *s.* † Deckungsbrief *m* (*Versicherung*); **~ shot** *s. Film*: To'tale *f*; **~ sto·ry** *s.* Titelgeschichte *f*.
cov·ert I *adj.* □ ['kʌvət] **1.** heimlich, versteckt, verborgen; verschleiert; **2.** → ***feme covert***; **II** *s.* ['kʌvə] **3.** Obdach *n*; Schutz *m*; **4.** Versteck *n*; **5.** *hunt.* Dickicht *n*; Lager *n*; **~ coat** ['kʌvət] *s.* Covercoat *m* (*Sportmantel*).
cov·er·ture ['kʌvəˌtjʊə] *s.* ⚖ Ehestand *m der Frau*.
'**cov·er-up** *s. Am.* Tarnung *f*, Vertuschung *f* (***for*** *gen.*).
cov·et ['kʌvɪt] *v/t.* begehren, trachten nach; '**cov·et·a·ble** [-təbl] *adj.* begehrenswert; '**cov·et·ous** [-təs] *adj.* □ **1.** begehrlich, lüstern (***of*** nach); **2.** habsüchtig; '**cov·et·ous·ness** [-təsnɪs] *s.* **1.** Begehrlichkeit *f*; **2.** Habsucht *f*.
cov·ey ['kʌvɪ] *s.* **1.** *orn.* Brut *f*, Hecke *f*; **2.** *hunt.* Volk *n*, Kette *f*; **3.** Schar *f*, Schwarm *m*, Trupp *m*.
cov·ing ['kəʊvɪŋ] *s.* △ **1.** Wölbung *f*; **2.** 'überhängendes Obergeschoss, *östr.* -geschoß; **3.** schräge Seitenwände *pl.* (*Kamin*).
cow[1] [kaʊ] *s. zo.* **1.** Kuh *f*; **2.** Weibchen *n* (*bsd. Elefant, Wal etc.*).
cow[2] [kaʊ] *v/t.* einschüchtern: ***~ s.o. into*** j-n zwingen zu.
cow·ard ['kaʊəd] **I** *s.* Feigling *m*; **II** *adj.* feig(e); '**cow·ard·ice** [-dɪs] *s.* Feigheit *f*; '**cow·ard·li·ness** [-lɪnɪs] *s.* **1.** Feigheit *f*; **2.** Gemeinheit *f*; '**cow·ard·ly** [-lɪ] **I** *adj.* **1.** feig(e); **2.** gemein, 'hinterhältig; **II** *adv.* **3.** feig(e).
'**cow|·ber·ry** [-bərɪ] *s.* ⚘ Preiselbeere *f*; '**~·boy** *s.* **1.** *Am.* Cowboy *m*; **2.** Kuhjunge *m*; '**~ˌcatch·er** *s.* 🚂 *Am.* Schienenräumer *m*.
cow·er ['kaʊə] *v/i.* **1.** kauern, hocken; **2.** sich ducken (*aus Angst etc.*).
cow| hand → ***cowboy*** 1; '**~·herd** *s.* Kuhhirt *m*; '**~·hide** *s.* **1.** Rindsleder *n*; **2.** Ochsenziemer *m*; '**~·house** *s.* Kuhstall *m*.
cowl [kaʊl] *s.* **1.** Mönchskutte *f* (*mit Kapuze*); **2.** Ka'puze *f*; **3.** ⚙ Schornsteinkappe *f*; **4.** ⚙ a) *mot.* Haube *f*, b) Verkleidung *f*, c) → '**cowl·ing** [-lɪŋ] *s.* ✈ 'Motorhaube *f*.
'**cow·man** [-mən] *s.* [*irr.*] **1.** *Am.* Rinderzüchter *m*; **2.** Kuhknecht *m*.
'**co-ˌwork·er** *s.* Mitarbeiter(in).
cow| pars·nip *s.* ⚘ Bärenklau *f*, *m*; **~ pat** *s.* Kuhfladen *m*; '**~·pox** *s.* ⚕ Kuhpocken *pl.*; '**~ˌpunch·er** *s. Am.* F Cowboy *m*.
cow·rie, cow·ry ['kaʊrɪ] *s.* **1.** *zo.* 'Kaurischnecke *f*; **2.** 'Kauri(muschel *f*) *m*, *f*, Muschelgeld *n*.
'**cow|·shed** *s.* Kuhstall *m*; '**~·slip** *s.* ⚘ **1.** *Brit.* Schlüsselblume *f*; **2.** *Am.* Sumpfdotterblume *f*.
cox [kɒks] F **I** *s.* → ***coxswain***; **II** *v/t.* *Rennboot* steuern: ***~ed four*** Vierer *m* mit (Steuermann).
cox·comb ['kɒkskəʊm] *s.* **1.** Geck *m*, Stutzer *m*; **2.** → ***cockscomb*** 1, 2.
cox·swain ['kɒksweɪn; ⚓ 'kɒksn] **I** *s.* **1.** *Rudern*: Steuermann *m*; **2.** Bootsführer *m*; **II** *v/t.* **3.** → ***cox*** II.
coy [kɔɪ] *adj.* □ **1.** schüchtern, bescheiden, scheu; **2.** spröde, zimperlich (*Mädchen*); '**coy·ness** [-nɪs] *s.* Schüchternheit *f*, Sprödigkeit *f*.
coy·ote ['kɔɪəʊt] *s. zo.* Ko'jote *m*, Prä'rie-, Steppenwolf *m*.
coz·en ['kʌzn] *v/t. u. v/i.* **1.** betrügen, prellen (***out of*** um); **2.** betören; verleiten (***into doing*** zu tun).
co·zi·ness *etc.* → ***cosiness*** *etc.*
crab[1] [kræb] **I** *s.* **1.** *zo.* a) Krabbe *f*, b) Taschenkrebs *m*: ***catch a ~*** *Rudern*: ‚e-n Krebs fangen', mit dem Ruder im Wasser stecken bleiben; **2.** ♋ *ast.* Krebs *m*; **3.** ⚙ Winde *f*, Hebezeug *n*, Laufkatze *f*; **4.** *pl. Würfeln*: niedrigster Wurf; **5.** → ***crab louse***; **II** *v/t.* **6.** ✈ schieben.
crab[2] [kræb] **I** *s.* **1.** a) Nörgler *m*, b) Nörge'lei *f*; **II** *v/t.* **2.** F (her'um)nörgeln an (*dat.*); **3.** F verderben, -patzen; **III** *v/i.* **4.** nörgeln.
crab ap·ple *s.* ⚘ Holzapfel(baum) *m*.
crab·bed ['kræbɪd] *adj.* □ **1.** a) mürrisch, b) boshaft, bitter, c) halsstarrig; **2.** verworren; kraus; **3.** kritzelig, unleserlich (*Schrift*); **crab·by** ['kræbɪ] → ***crabbed*** 1, 2.
crab louse *s.* [*irr.*] *zo.* Filzlaus *f*.
crack [kræk] **I** *s.* **1.** Krach *m*, Knall *m* (*Peitsche, Gewehr etc.*): ***the ~ of doom*** die Posaunen des Jüngsten Gerichts; ***~ of dawn*** Morgengrauen *n*; **2.** (heftiger) Schlag: ***in a ~*** im Nu; ***take a ~ at s.th.*** *sl.* es mit et. versuchen; **3.** Riss *m*, Sprung *m*; Spalt(e *f*) *m*, Schlitz *m*; **4.** F ‚Knacks' (*geistiger Defekt*); **5.** *sl.* a)

Witz *m*, b) Stiche'lei *f*; **6.** *sport* ‚Ka'none' *f*, ‚As' *n*; **7.** F Crack *n* (*Rauschgift*); **II** *adj.* **8.** F erstklassig, großartig: **~ shot** Meisterschütze *m*; **~ regiment** Eliteregiment *n*; **III** *int.* **9.** krach!; **IV** *v/i.* **10.** krachen, knallen, knacken, (auf)brechen; **11.** platzen, bersten, (auf-, zer)springen, Risse bekommen, (auf)reißen: **get ~ing** F loslegen (*anfangen*); **~ing pace** tolles Tempo; **12.** 'überschnappen (*Stimme*): **his voice is ~ing** er ist im Stimmbruch; **13.** *fig.* zs.-brechen; **V** *v/t.* **14.** knallen mit (*Peitsche*); knacken mit (*Fingern*): **~ jokes** Witze reißen; **15.** zerbrechen, (zer-)spalten, ein-, zerschlagen; **16.** *Nuss* (auf)knacken, *Ei* aufschlagen: **~ a bottle** e-r Flasche den Hals brechen; **~ a code** e-n Kode ‚knacken'; **~ a crib** *sl.* in ein Haus einbrechen; **~ a safe** e-n Geldschrank knacken; **17.** a) e-n Sprung machen in (*acc.*), b) sich *e-e Rippe etc.* anbrechen; **18.** *fig.* erschüttern, zerrütten, zerstören; **19.** ⚙ *Erdöl* kracken, spalten; **~ down** *v/i.* F (**on**) a) scharf vorgehen (gegen), 'durchgreifen (bei), b) 'Razzia abhalten (bei); **~ up I** *v/i.* **1.** *fig.* (*körperlich od. seelisch*) zs.-brechen; **2.** ✈ abstürzen; **3.** sein Auto zu Schrott fahren; **4.** *Am.* F sich ‚ka'puttlachen'; **II** *v/t.* **5.** *Fahrzeug* zu Schrott fahren; **6.** F ‚hochjubeln', (an-)preisen.

'crack|-brained *adj.* verrückt; **'~-down** *s.* F (**on**) scharfes Vorgehen (gegen), 'Durchgreifen *n* (bei).

cracked [krækt] *adj.* **1.** zer-, gesprungen, geborsten, rissig: **the cup is ~** die Tasse hat e-n Sprung; **2.** F ‚angeknackst' (*Ruf etc.*); **3.** F verrückt.

crack·er ['krækə] *s.* **1.** Cracker *m*, Kräcker *m*: a) (Knusper)Keks *m*, b) Schwärmer *m*, Frosch *m* (*Feuerwerk*), *a.* 'Knallbon,bon *m, n*; **2.** Nussknacker *m*; **3.** *Computer*: Cracker(in) (*j-d, der in Computersysteme eindringt*); **4.** *Brit.* F a) toller Kerl, tolle Frau, b) tolles Ding, 'Überflieger *m*; **'~·jack** *Am.* F **I** *adj.* 'prima, toll; **II** *s.* a) tolle Sache, b) toller Kerl; **'crack·ers** *adj. Brit. sl.* verrückt, 'übergeschnappt: **go ~** überschnappen.

'crack·jaw F **I** *adj.* zungenbrecherisch; **II** *s.* Zungenbrecher *m*.

crack·le ['krækl] **I** *v/i.* **1.** knistern, prasseln, knattern; **II** *v/t.* **2.** ⚙ *Glas od. Glasur* krakelieren; **III** *s.* **3.** Knistern *n*, Knattern *n*; **4.** ⚙ Krakelierung *f*, Krake'lee *f, n*: **~ finish** Eisblumenlackierung *f*; **5.** ⚙ Haarrissbildung *f*; **'crack·ling** [-lɪŋ] *s.* **1.** → **crackle** 3; **2.** a) knusprige Kruste des Schweinebratens, b) *mst pl. Am.* Schweinegrieben *pl.*

crack·nel ['kræknl] *s.* **1.** Knusperkeks *m*; **2.** → **crackling** 2 a.

'crack·pot *sl.* **I** *s.* ‚Spinner' *m*, Verrückte(r *m*) *f*, **II** *adj.* verrückt.

cracks·man ['kræksmən] *s.* [*irr.*] *sl.* **1.** Einbrecher *m*; **2.** ‚Schränker' *m*, Geldschrankknacker *m*.

'crack-up *s.* F *pol.*, ⚕ (*a. körperlicher od. seelischer*) Zs.-bruch.

crack·y ['krækɪ] → **cracked** 1, 3.

cra·dle ['kreɪdl] **I** *s.* **1.** Wiege *f* (*a. fig.*): **the ~ of civilization**; **from the ~ to the grave** von der Wiege bis zur Bahre; **2.** *fig.* Wiege *f*, Kindheit *f*, 'Anfangs,stadium *n*, Ursprung *m*: **from the ~** von Kindheit an; **in the ~** in den ersten Anfängen (steckend); **3.** *wiegenartiges Gerät, bsd.* ⚙ a) Hängegerüst *n* (*Bau*), b) Gründungseisen *n* (*Graveur*), c) Räderschlitten *m* (*für Arbeiten unter e-m Auto*), d) Schwingtrog *m* (*Goldwäscher*), e) (Tele'fon)Gabel *f*, f) ⚒ Rohrwiege *f*; **4.** ⚓ Stapelschlitten *m*; **5.** ⚕ (Draht-)Schiene *f*, Schutzgestell *n*; **II** *v/t.* **6.** in die Wiege legen; **7.** in (den) Schlaf wiegen; **8.** auf-, großziehen; **9.** *den Kopf in den Armen etc.* bergen, betten.

craft [krɑːft] *s.* **1.** (Hand- *od.* Kunst-)Fertigkeit *f*, Kunst *f*, Geschicklichkeit *f*; → **gentle** 2; **2.** a) Gewerbe *n*, Handwerk *n*, b) Zunft *f*: **film ~** Filmgewerbe; **be one of the ~** F vom ‚Bau' sein; **3. the** ♀ die Königliche Kunst (*Freimaurerei*); **4.** List *f*, Verschlagenheit *f*; **5.** ⚓ Fahrzeug *n*, Schiff *n*; *coll.* Fahrzeuge *pl.*, Schiffe *pl.*; **6.** a) ✈ Flugzeug *n*, *coll.* Flugzeuge *pl.*, b) Raumschiff *n*, -fahrzeug *n*; **'craft·i·ness** [-tɪnɪs] *s.* List *f*, Schlauheit *f*.

crafts·man ['krɑːftsmən] *s.* [*irr.*] **1.** gelernter Handwerker; **2.** Kunsthandwerker *m*; **3.** *fig.* Könner *m*; **'crafts·man·ship** [-ʃɪp] *s.* Kunstfertigkeit *f*, handwerkliches Können *od.* Geschick.

craft·y ['krɑːftɪ] *adj.* □ listig, schlau, verschlagen.

crag [kræg] *s.* Felsenspitze *f*, Klippe *f*; **'crag·ged** [-gɪd], **'crag·gy** [-gɪ] *adj.* **1.** felsig, schroff; **2.** *fig.* knorrig (*Person*); **crags·man** ['krægzmən] *s.* [*irr.*] geübter Bergsteiger, Kletterer *m*.

cram [kræm] **I** *v/t.* **1.** *a. fig.* voll stopfen *od.* packen *od.* pfropfen, über'füllen (**with** mit); **2.** über'füttern, voll stopfen; **3.** *Geflügel* stopfen, mästen; **4.** (hin'ein-) stopfen, (-)zwängen (**into** in *acc.*); **5.** F a) mit *j-m* ‚pauken', b) *et.* ‚pauken' *od.* ‚büffeln'; **II** *v/i.* **6.** sich (gierig) voll essen *od.* stopfen; **7.** F ‚pauken', ‚büffeln': **~ up on** → 5 b; **III** *s.* **8.** F Gedränge *n*; **9.** F ‚Pauken' *n*: **~ course** Paukkurs *m*.

,cram-'full *adj.* zum Bersten voll.

cram·mer ['kræmə] *s.* F **1.** ‚Einpauker' *m*; **2.** ‚Paukstudio' *n*; **3.** ‚Paukbuch' *n*.

cramp[1] [kræmp] **I** *s.* **1.** ⚙ Krampe *f*, Klammer *f*; Schraubzwinge *f*; **2.** *fig.* Zwang *m*, Fessel *f*; Einengung *f*; **II** *v/t.* **3.** ver-, anklammern, befestigen; **4.** *a.* **~ up** *fig.* einengen, einzwängen; hemmen: **be ~ed for space** (zu) wenig Platz haben; → **style** 1 b.

cramp[2] [kræmp] **I** *s.* ⚕ Krampf *m*; **II** *v/t.* Krämpfe auslösen in (*dat.*); **cramped** [-pt] *adj.* **1.** verkrampft; **2.** eng, beengt.

'cramp|-fish *s.* Zitterrochen *m*; **~ i·ron** *s.* **1.** (Stahl)Klammer *f*, Krampe *f*; **2.** ⚠ Steinanker *m*.

cram·pon ['kræmpən], *Am. a.* **cram·poon** [kræm'puːn] *s. oft pl.* **1.** ⚙ Kanthaken *m*; **2.** *mount.* Steigeisen *n*.

cran·ber·ry ['krænbərɪ] *s.* ♀ Preisel-, Kranbeere *f*.

crane [kreɪn] **I** *s.* **1.** *orn. u.* ♀ *astr.* Kranich *m*; **2.** ⚙ Kran *m*: **~ truck** Kranwagen *m*; **II** *v/t.* **3.** mit e-m Kran heben; **4. ~ one's neck** sich den Hals verrenken (**for** nach); **~ fly** *s. zo.* (Erd)Schnake *f*.

cra·ni·a ['kreɪnjə] *pl. von* **cranium**; **'cra·ni·al** [-jəl] *adj. anat.* Schädel...; **cra·ni·ol·o·gy** [,kreɪnɪ'ɒlədʒɪ] *s.* Schädellehre *f*; **'cra·ni·um** [-jəm] *pl.* **-ni·a** [-jə] *Am. a.* **-ni·ums** *s. anat.* Schädel *m*.

crank [kræŋk] **I** *s.* **1.** ⚙ Kurbel *f*, Schwengel *m*: **~ case** Kurbelgehäuse *n*, -kasten *m*; **~ handle** Kurbelgriff *m*; **~ pin** Kurbelzapfen *m*; **~ shaft** Kurbelwelle *f*; **2.** Wortspiel *n*; **3.** Ma'rotte *f*, Grille *f*, fixe I'dee; **4.** ‚Spinner' *m*, (harmloser) Verrückter: **~ letter** Brief *m* von e-m ‚Spinner'; **II** *v/t.* **5.** ⚙ kröpfen, krümmen; **6.** *oft* **~ up** ankurbeln, *Motor* anlassen; *Maschine* 'durchdrehen; **III** *adj.* **7.** wack(e)lig, schwach; **8.** ⚓ rank; **'crank·i·ness** [-kɪnɪs] *s.* Wunderlichkeit *f*, Verschrobenheit *f*; **'crank·y** [-kɪ] *adj.* □ **1.** wunderlich, verschroben; **2.** → **crank** 7, 8.

cran·ny ['krænɪ] *s.* **1.** Ritze *f*, Spalte *f*, Riss *m*; **2.** Schlupfwinkel *m*.

crap[1] [kræp] *s. Am.* Fehlwurf *m beim* **craps**.

crap[2] [kræp] V **I** *s.* a) Scheiße *f*: **have a ~** → II, b) *fig.* ‚Mist' *m*, ‚Scheiß' *m*; **II** *v/i.* scheißen.

crape [kreɪp] *s.* **1.** Krepp *m*; **2.** Trauerflor *m*.

crap·py ['kræpɪ] *adj. sl.* ‚mistig', Scheiß...

craps [kræps] *s. pl. sg. konstr. Am. ein* Würfelspiel *n*: **shoot ~** Craps spielen.

crap·u·lence ['kræpjʊləns] *s.* Unmäßigkeit *f*, *bsd.* unmäßiger Alko'holgenuss.

crash[1] [kræʃ] **I** *v/i.* **1.** zs.-krachen, zerbrechen, *Computer*: ‚abstürzen'; **2.** (krachend) ab-, einstürzen; **3.** ✈ abstürzen, Bruch machen; *mot.* a) zs.-stoßen, b) verunglücken: **~ into** krachen gegen; **4.** poltern, platzen, rasen, stürzen: **~ in** hereinplatzen; **~ in on** → 9; **5.** *fig. bsd.* ⚕ zs.-brechen; **II** *v/t.* **6.** zertrümmern, zerschmettern; **7.** ✈ abstürzen *od.* e-e Bruchlandung machen mit; **8.** *mot.* zu Bruch fahren; **9.** *sl.* uneingeladen kommen zu *e-r Party*; **III** *s.* **10.** Krach(en *n*) *m*; **11.** Zs.-stoß *m*; Unfall *m*; **12.** ✈ Absturz *m*; **13.** ⚕ (Börsen)Krach *m*, *allg.* Zs.-bruch; **14.** *Computer*: ‚Absturz'; **IV** *adj.* **15.** *fig.* Schnell..., Sofort...

crash[2] [kræʃ] *s.* grober Leinendrell.

crash| bar·ri·er *s. Brit.* Leitplanke *f*; **~ course** *s.* Schnell-, Inten'sivkurs *m*; **~ di·et** *s.* radi'kale Abmagerungskur *f*; **'~-dive** *v/i.* ⚓ schnelltauchen (*U-Boot*); **~ halt** *s.* 'Vollbremsung *f*; **~ hel·met** *s.* Sturzhelm *m*; **~ job** *s.* brandeilige Arbeit, Eilauftrag *m*; **'~-land** *v/i.* ✈ e-e Bruchlandung machen; **~ land·ing** *s.* ✈ Bruchlandung *f*; **~ test** *s. mot.* 'Crashtest *m*; **~ truck** *s.* Rettungswagen *m*.

crass [kræs] *adj.* □ *fig.* krass, grob; **'crass·ness** [-nɪs] *s.* **1.** Krassheit *f*; **2.** krasse Dummheit.

crate [kreɪt] **I** *s.* **1.** Lattenkiste *f*, (Bier-*etc.*)Kasten *m*; **2.** großer Packkorb; **3.** *sl.* ‚Kiste' *f* (*Auto od. Flugzeug*); **II** *v/t.* **4.** in e-e Lattenkiste *etc.* verpacken.

cra·ter ['kreɪtə] *s.* **1.** *geol. etc. a.* ⚕ 'Krater *m*; **2.** (Bomben-, Gra'nat)Trichter *m*, -krater *m*.

cra·vat [krə'væt] *s.* Halstuch *n*; Kra'watte *f*.

crave [kreɪv] **I** *v/t.* **1.** flehen *od.* dringend bitten um; **II** *v/i.* **2.** sich (heftig) sehnen (**for** nach); **3.** flehen, inständig bitten (**for** um).

cra·ven ['kreɪvən] **I** *adj.* feige, zaghaft; **II** *s.* Feigling *m*, Memme *f*.

crav·ing ['kreɪvɪŋ] *s.* heftiges Verlangen, Sehnsucht *f*, (krankhafte) Begierde (**for** nach).

craw [krɔː] *s. zo.* Kropf *m* (*Vogel*).

craw·fish ['krɔːfɪʃ] **I** *s. zo.* → **crayfish**; **II** *v/i. Am.* F sich drücken, ‚kneifen'.

crawl [krɔːl] **I** *v/i.* **1.** kriechen: a) krabbeln, b) sich da'hinschleppen, schleichen (*a. Arbeit, Zeit*), c) im ‚Schneckentempo' gehen *od.* fahren; **2.** *fig.* (unter'würfig) kriechen (**to s.o.** vor j-m); **3.** wimmeln (***with*** von); **4.** kribbeln, prickeln; **5.** *Schwimmen*: kraulen; **II** *s.* **6.** Kriechen *n*, Schleichen *n*: ***go at a* ~** → 1 c; **7.** *Schwimmen*: Kraulstil *m*, Kraul(en) *n*; **'crawl·er** [-lə] *s.* **1.** Kriechtier *n*, Gewürm *n*; **2.** *fig.* Kriecher(in); **3.** F a) ‚Schnecke' *f*, b) Taxi *n* auf Fahrgastsuche; **4.** *pl.* Krabbelanzug *m für Kleinkinder*; **5.** *a.* **~ *tractor*** ⚙ Raupen-, Gleiskettenfahrzeug *n*; **6.** *Schwimmen*: Krauler(in); **crawl·er lane** *s. Brit. mot.* Kriechspur *f*; **'crawl·y** [-lɪ] *adj.* F grus(e)lig.

cray·fish ['kreɪfɪʃ] *s. zo.* **1.** Flusskrebs *m*; **2.** Lan'guste *f*.

cray·on ['kreɪən] **I** *s.* **1.** Zeichen-, Bunt-, Pa'stellstift *m*: ***blue* ~** Blaustift; **2.** Kreide-, Pa'stellzeichnung *f*; **II** *v/t.* **3.** mit Kreide *etc.* zeichnen; **4.** *fig.* skizzieren.

craze [kreɪz] **I** *v/t.* **1.** verrückt machen; **2.** *Töpferei*: krakelieren; **II** *s.* **3.** a) Ma'nie *f*, fixe I'dee, Verrücktheit *f*, b) ‚Fimmel' *m*: ***be the* ~** die große Mode sein; ***the latest* ~** der letzte Schrei; **crazed** [-zd] *adj.* **1.** wahnsinnig (***with*** vor *dat.*); **2.** (wild) begeistert, hingerissen (***about*** von); **'cra·zi·ness** [-zɪnɪs] *s.* Verrücktheit *f*.

cra·zy ['kreɪzɪ] *adj.* □ **1.** verrückt, wahnsinnig: **~ *with pain***; **2.** F (***about***) begeistert (von); versessen (auf *acc.*); **3.** baufällig, wackelig; ⚓ seeuntüchtig; **4.** zs.-gestückelt; **~ *bone*** *Am.* → ***funny bone***; **~ *pav·ing***, **~ *pave·ment*** *s.* Mosa'ikpflaster *n*; **~ *quilt*** *s.* Flickendecke *f*.

creak [kri:k] **I** *v/i.* knarren, kreischen, quietschen, knirschen: **~ *along*** *fig.* sich dahinschleppen (*Handlung etc.*); **II** *s.* Knarren *n*, Knirschen *n*, Quietschen *n*; **'creak·y** [-kɪ] *adj.* □ knarrend, knirschend.

cream [kri:m] **I** *s.* **1.** Rahm *m*, Sahne *f*; **2.** Creme(speise) *f*; **3.** (*Haut-, Schuh- etc.*)Creme *f*; **4.** Cremesuppe *f*; **5.** *fig.* Creme *f*, Auslese *f*, E'lite *f*: ***the* ~ *of society***; **6.** Kern *m*, Po'inte *f* (*Witz*); **7.** Cremefarbe *f*; **II** *v/i.* **8.** Sahne bilden; **9.** schäumen; **III** *v/t.* **10.** absahnen, den Rahm abschöpfen von (*a. fig.*); **11.** Sahne bilden lassen; **12.** schaumig rühren; **13.** (*dem Tee od. Kaffee*) Sahne zugießen: ***do you* ~ *your tea?*** nehmen Sie Sahne?; **14.** *Am. sl. j-n* ‚fertig machen'; **IV** *adj.* **15.** creme(farben); **~ *cake*** *s.* Creme- *od.* Sahnetorte *f*; **~ *cheese*** *s.* Rahm-, Vollfettkäse *m*; **'~-,col·o(u)red** *adj.* creme(farben).

cream·er·y ['kri:mərɪ] *s.* **1.** Molke'rei *f*; **2.** Milchhandlung *f*.

cream| ice *s. Brit.* Sahneeis *n*, Speiseeis *n*; **~ *jug*** *s.* Sahnekännchen *n*, -gießer *m*; **,~-'laid** *adj.* cremefarben und gerippt (*Papier*); **~ *of tar·tar*** *s.* ⚗ Weinstein *m*; **,~-'wove** → ***cream-laid***.

cream·y ['kri:mɪ] *adj.* sahnig; *fig.* weich, samten.

crease [kri:s] **I** *s.* **1.** Falte *f*, Kniff *m*; **2.** Bügelfalte *f*; **3.** Eselsohr *n* (*Buch*); **4.** *Eishockey*: Torraum *m*; **II** *v/t.* **5.** falten, knicken, kniffen, 'umbiegen; **6.** zerknittern; **7.** *hunt. etc.* streifen, anschießen; **III** *v/i.* **8.** Falten bekommen *od.* werfen; knittern; **9.** sich falten lassen; **creased** [-st] *adj.* **1.** in Falten gelegt, gefaltet; **2.** mit Bügelfalte, gebügelt; **3.** zerknittert.

'crease|-proof, **'~-re,sist·ant** *adj.* knitterfrei.

cre·ate [kri:'eɪt] *v/t.* **1.** (er)schaffen; **2.** schaffen, erzeugen: a) her'vorbringen, ins Leben rufen, b) her'vorrufen, verursachen; **3.** *thea.*, *Mode*: kre'ieren, gestalten; **4.** gründen, ein-, errichten; **5.** ⚖ *Recht etc.* begründen; **6.** *j-n* ernennen zu: **~ *s.o. a peer***; **cre'a·tion** [-'eɪʃn] *s.* **1.** (Er)Schaffung *f*; **2.** Erzeugung *f*, Schaffung *f*: a) Her'vorbringung *f*; **~ *of needs*** Bedarfsweckung *f*, b) Verursachung *f*, c) ***the* 2** *eccl.* die Schöpfung, die Erschaffung (der Welt): ***the whole* ~** alle Geschöpfe, die ganze Welt; **3.** Geschöpf *n*, Krea'tur *f*; **4.** (Kunst-, Mode)Schöpfung *f*, Kreati'on *f*; Werk *n*; **5.** *thea.* Kre'ierung *f*, Gestaltung *f*; **6.** Gründung *f*, Errichtung *f*, Bildung *f*; **7.** Ernennung *f* (*zu e-m Rang*); **cre'a·tive** [-tɪv] *adj.* □ **1.** schöpferisch, (er)schaffend, *a.* krea'tiv; **2.** (***of s.th.***) *et.* verursachend; **cre'a·tive·ness** [-tɪvnɪs]; **cre·a·tiv·i·ty** [,kri:eɪ'tɪvətɪ] *s.* Kreativi'tät *f*, schöpferische Kraft; **cre'a·tor** [-tə] *s.* Schöpfer *m*, Erschaffer *m*, Erzeuger *m*, Urheber *m*: ***the* 2** der Schöpfer, Gott *m*.

crea·ture ['kri:tʃə] *s.* **1.** Geschöpf *n*, (Lebe)Wesen *n*, Krea'tur *f*: ***fellow* ~** Mitmensch *m*; ***dumb* ~** stumme Kreatur; ***lovely* ~** süßes Geschöpf (*Frau*); ***silly* ~** dummes Ding; **~ *of habit*** Gewohnheitstier *n*; **2.** *fig. j-s* Krea'tur *f*, Werkzeug *n*; **~ *com·forts*** *s. pl. die* leiblichen Genüsse, *das* leibliche Wohl.

crèche [kreɪʃ] (*Fr.*) *s.* **1.** Kinderhort *m*, -krippe *f*; **2.** *Am.* (Weihnachts)Krippe *f*.

cre·dence ['kri:dəns] *s.* **1.** Glaube *m*: ***give* ~ *to*** Glauben schenken (*dat.*); **2.** *a.* **~ *table*** *eccl.* Kre'denz *f*.

cre·den·tials [krɪ'denʃlz] *s. pl.* **1.** Beglaubigungs- *od.* Empfehlungsschreiben *n*; **2.** (Leumunds)Zeugnis *n*; **3.** 'Ausweis(pa,piere *pl.*) *m*.

cred·i·bil·i·ty [,kredɪ'bɪlətɪ] *s.* Glaubwürdigkeit *f*; **~ *gap*** *s.* Glaubwürdigkeitslücke *f*; **cred·i·ble** ['kredəbl] *adj.* □ glaubwürdig; zuverlässig: ***show credibly that*** ⚖ glaubhaft machen, dass.

cred·it ['kredɪt] **I** *s.* **1.** ☤ a) Kre'dit *m*, b) Ziel *n*: (***letter of***) **~** Akkredi'tiv *n*; ***on* ~** auf Kredit; ***open a* ~** e-n Kredit *od.* ein Akkreditiv eröffnen; ***30 days'* ~** 30 Tage Ziel; **2.** ☤ a) Haben *n*, 'Kredit(seite *f*) *n*, b) Guthaben *n*, 'Kreditposten *m*, *pl. a.* Ansprüche: ***enter*** (*od.* ***place***) ***it to my* ~** schreiben Sie es mir gut; **~ *advice*** Gutschriftsanzeige *f*; (***tax***) **~** *Am.* (Steuer)Freibetrag *m*; **3.** ☤ Kre'ditwürdigkeit *f*; **4.** Glaube(n) *m*, Ver-, Zutrauen *n*: ***give* ~ *to*** → 10; **5.** Glaubwürdigkeit *f*, Zuverlässigkeit *f*; **6.** Ansehen *n*, Achtung *f*, guter Ruf, Ehre *f*: ***be a* ~ *to s.o.***, ***reflect* ~ *on s.o.***, ***do s.o.* ~, *be to s.o.'s* ~** j-m Ehre machen *od.* einbringen; ***he does me* ~** mit ihm lege ich Ehre ein; ***to his* ~ *it must be said*** a) zu s-r Ehre muss man sagen, b) man muss es ihm hoch anrechnen; ***add to s.o.'s* ~** j-s Ansehen erhöhen; ***with* ~** ehrenvoll, mit Lob; **7.** Verdienst *n*, Anerkennung *f*, Lob *n*: ***get* ~ *for*** Anerkennung finden für; ***very much to his* ~** sehr anerkennenswert von ihm; ***give s.o.*** (***the***) **~ *for s.th.*** a) j-m et. hoch anrechnen, b) j-m et. zutrauen, c) j-m et. verdanken; ***take*** (***the***) **~ *for*** sich *et.* als Verdienst anrechnen, den Ruhm *od.* alle Lorbeeren für *et.* in Anspruch nehmen; **8.** (***title and***) **~*s*** *pl. Film, TV*: Vor- *od.* Abspann *m*, Erwähnungen *pl.*; **9.** *ped. Am.* a) Anrechnungspunkt *m*, b) Abgangszeugnis *n*; **II** *v/t.* **10.** Glauben schenken (*dat.*), *j-m od. et.* glauben; *j-m* trauen; **11.** **~ *s.o. with s.th.*** a) j-m et. zutrauen, b) j-m et. zuschreiben; **12.** ☤ *Betrag* gutschreiben, kreditieren (***to s.o.*** j-m); *j-n* erkennen (***with*** für): **~ *an account with*** ... e-m Konto ... gutschreiben; **13.** *ped. Am.* (***s.o. with***) (j-m) Punkte anrechnen (für); **'cred·it·a·ble** [-təbl] *adj.* □ **1.** rühmlich, lobens-, anerkennenswert, ehrenvoll (***to*** für): ***be* ~ *to s.o.*** j-m Ehre machen; **2.** glaubwürdig.

cred·it| a·gen·cy *s.* Kre'ditauskunf,tei *f*; **~ *bal·ance*** *s.* ☤ 'Kredit,saldo *m*, Guthaben *n*; **~ *card*** *s.* ☤ Kre'ditkarte *f*; **~ *in·ter·est*** *s.* Habenzinsen *pl.*; **~ *note*** *s.* ☤ Gutschriftsanzeige *f*.

cred·i·tor ['kredɪtə] *s.* ☤ **1.** Gläubiger (-in); **2.** a) *a.* **~ *side*** Haben *n*, 'Kreditseite *f e-s Kontobuchs*, b) *pl. Bilanz*: Verbindlichkeiten *pl.*

cred·it| rat·ing *s. Am.* Kre'ditfähigkeit *f*; **~ *risk*** *s.* ☤ Kre'dit,risiko *n*; 'Gegenpartei,risiko *n*; **~*slip*** *s.* Einzahlungsschein *m*; **~ *squeeze*** *s.* ☤ Kre'ditzange *f*; **~ *stand·ing*** *s.* Bonität *f*; **~ *tit·les*** *pl.* → ***credit*** 8; **~ *trans·fer*** *s.* Über'weisung *f* (*von Geld*); **'~,wor·thi·ness** *s.* ☤ Kre'ditwürdigkeit *f*; **'~,wor·thy** *adj.* ☤ kre'ditwürdig.

cre·do ['kri:dəʊ] *pl.* **-dos** *s.* **1.** *eccl.* 'Kredo *n*, Glaubensbekenntnis *n*; **2.** → ***creed*** 2.

cre·du·li·ty [krɪ'dju:lətɪ] *s.* Leichtgläubigkeit *f*; **cred·u·lous** ['kredjuləs] *adj.* □ leichtgläubig.

creed [kri:d] *s.* **1.** a) Glaubensbekenntnis *n*, b) Glaube *m*, Konfessi'on *f*; **2.** *fig.* (*a. politische etc.*) Über'zeugung, 'Kredo *n*.

creek [kri:k] *s.* **1.** Flüsschen *n*; kleiner Wasserlauf (*nur von der Flut gespeist*): ***up the* ~** *fig.* in der Klemme (sitzend); **2.** kleine Bucht.

creel [kri:l] *s.* Fischkorb *m*.

creep [kri:p] **I** *v/i.* [*irr.*] **1.** *a. fig.* kriechen, (da'hin)schleichen: **~ *up on*** sich heranschleichen an (*acc.*); **~ *into s.o.'s favo(u)r*** *fig.* sich bei j-m einschmeicheln; **~ *in*** sich einschleichen (*Fehler*); ***old age is* ~*ing upon me*** das Alter naht heran; **2.** ⚘ kriechen, sich ranken; **3.** ⚙ kriechen; ⚡ nacheilen; **4.** kribbeln: ***it made my flesh* ~** dabei überlief es mich kalt, ich bekam eine Gänsehaut dabei; **II** *s.* **5.** → ***crawl*** 6; **6.** → ***creepage***; **7.** Schlupfloch *n*; **8.** *geol.* (Erd-) Rutsch *m*; **9.** *pl.* F Gruseln *n*, Gänsehaut *f*: ***the sight gave me the* ~*s*** bei dem Anblick überlief es mich kalt; **10.** *sl.* ‚Fiesling' *m*, ‚Scheißtyp' *m*; **'creep·age** [-pɪdʒ] *s.* ⚙, ⚡ Kriechen *n*; **'creep·er** [-pə] *s.* **1.** *fig.* Kriecher(in); **2.** Kriechtier *n* (*Insekt, Wurm*); **3.** ⚘ Kriech- *od.* Kletterpflanze *f*; **4.** *orn.* Baumläufer *m*; **5.** *mount.* Steigeisen *n*; **6.** ⚓ Dragganker *m*; **7.** *pl. Am.* (einteiliger) Spielanzug; **8.** F weichsohliger Schuh; **'creep·ing** [-pɪŋ] *adj.* □ **1.** kriechend, schleichend (*a. fig.*); **2.** ⚘ kriechend, kletternd; **3.** a) kribbelnd, b) grus(e)lig; **4.** → ***barrage***[1] 2; **'creep·y** [-pɪ] *adj.* **1.** kriechend: a) krabbelnd, b) schleichend; **2.** grus(e)lig.

cre·mate [krɪ'meɪt] *v/t. bsd. Leichen* verbrennen, einäschern; **cre'ma·tion** [-eɪʃn] *s.* Feuerbestattung *f*, Einäscherung *f*; **cre·ma·to·ri·um** [,kremə'tɔ:rɪəm] *pl.* **-ri·ums**, **-ri·a** [-rɪə], **cre·ma·to·ry** ['kremətərɪ] *s.* Krema'torium *n*.

crème [kreɪm] (*Fr.*) *s.* Creme *f*; **~ de menthe** [ˌkreɪmdəˈmɑːnt] *s.* ˈPfefferminzliˌkör *m*; **~ de la ~** [-dlɑː-] *s. fig.* a) *das* Beste vom Besten; *die* Eˈlite (der Gesellschaft), Crème *f* de la Crème.

cre·nate [ˈkriːneɪt], ˈ**cre·nat·ed** [-tɪd] *adj.* ⚘, ⚕ gekerbt, gefurcht; **cre·na·tion** [kriːˈneɪʃn] *s.* ⚘, ⚕ Kerbung *f*, Furchung *f*.

cren·el [ˈkrenl] *s.* Schießscharte *f*; ˈ**cren·el(l)ate** [-nəleɪt] *v/t.* krenelieren, mit Zinnen *od.* zinnenartigem Ornaˈment versehen; **cren·el(l)a·tion** [ˌkrenəˈleɪʃn] *s.* Krenelierung.

Cre·ole [ˈkriːəʊl] **I** *s.* Kreˈole *m*, Kreˈolin *f*; **II** *adj.* kreˈolisch.

cre·o·sote [ˈkrɪəsəʊt] *s.* ⚗ Kreoˈsot *n*.

crêpe [kreɪp] *s.* **1.** Krepp *m*; **2.** → **~ *rubber***; **~ de Chine** [ˌkreɪpdəˈʃiːn] *s.* Crêpe *m* de Chine; **~ pa·per** *s.* ˈKrepppaˌpier *n*; **~ rub·ber** *s.* ˈKreppˌgummi *n*, *m*; **~ su·zette** [suːˈzet] *s.* Crêpe *f* Suˈzette.

crep·i·tate [ˈkrepɪteɪt] *v/i.* knarren, knirschen, knacken, rasseln; **crep·i·ta·tion** [ˌkrepɪˈteɪʃn] *s.* Knarren *n*, Knirschen *n*, Knacken *n*, Rasseln *n*.

crept [krept] *pret. u. p.p.* von *creep*.

cre·pus·cu·lar [krɪˈpʌskjʊlə] *adj.* **1.** Dämmerungs..., dämmerig; **2.** *zo.* im Zwielicht erscheinend.

cre·scen·do [krɪˈʃendəʊ] (*Ital.*) ♪ **I** *pl.* **-dos** *s.* Creˈscendo *n* (*a. fig.*); **II** *adv.* creˈscendo, stärker werdend.

cres·cent [ˈkresnt] **I** *s.* **1.** Halbmond *m*, Mondsichel *f*; **2.** *hist. pol.* Halbmond *m* (*Türkei od. Islam*); **3.** halbmondförmiger Gegenstand, Straßenzug *etc.*; **4.** ♪ Schellenbaum *m*; **5.** Hörnchen *n* (*Gebäck*); **II** *adj.* **6.** halbmondförmig; **7.** zunehmend.

cress [kres] *s.* ⚘ Kresse *f*.

crest [krest] **I** *s.* **1.** *zo.* Kamm *m* (*Hahn*); **2.** *zo.* a) (Feder-, Haar)Schopf *m*, Haube *f* (*Vögel*), b) Mähne *f*; **3.** Helmbusch *m*, -schmuck *m*; **4.** Helm *m*; **5.** Bergrücken *m*, Kamm *m*; **6.** Kamm *m* (*Welle*): ***he's riding (along) a ~ of the wave*** *fig.* er schwimmt momentan ganz oben; **7.** Gipfel *m*, Krone *f*, Scheitelpunkt *m*; **8.** Verzierung *f* über dem (Faˈmilien)Wappen: ***family ~*** Familienwappen *n*; **9.** △ Bekrönung *f*; **II** *v/t.* **10.** erklimmen; **III** *v/i.* **11.** hoch aufwogen; ˈ**crest·ed** [-tɪd] *adj.* mit e-m Kamm *od.* Schopf *od.* e-r Haube (versehen): **~ *lark*** Haubenlerche *f*; ˈ**crestˌfall·en** *adj. fig.* geknickt, niedergeschlagen.

cre·ta·ceous [krɪˈteɪʃəs] *adj.* kreideartig, -haltig: **~ *period*** Kreide(zeit) *f*.

Cre·tan [ˈkriːtn] **I** *adj.* kretisch, aus Kreta; **II** *s.* Kreter(in).

cre·tin [ˈkretɪn] *s.* ⚕ Kreˈtin *m* (*a. contp.*); ˈ**cre·tin·ism** [-nɪzəm] *s.* Kretiˈnismus *m*; ˈ**cre·tin·ous** [-nəs] *adj.* kreˈtinhaft.

Creutz·feld(t)-Ja·kob dis·ease [ˌkrɔɪtsfeltˈjækɒb] *s.* ⚕ Creutzfeld(t)-Jakob-Krankheit *f* (= *BSE*).

cre·vasse [krɪˈvæs] *s.* **1.** tiefer Spalt *od.* Riss; **2.** Gletscherspalte *f*; **3.** *Am.* Bruch *m* im Deich.

crev·ice [ˈkrevɪs] *s.* Riss *m*, (Fels)Spalte *f*.

crew[1] [kruː] *pret. von crow*[2].

crew[2] [kruː] *s.* **1.** ⚓, ✈ *etc.* Besatzung *f*, (*a. sport* Boots)Mannschaft *f*; **2.** (Arbeits)Gruppe *f*, (ˈArbeiter)Koˌlonne *f*; **3.** ⚙ (Bedienungs)Mannschaft *f*; **4.** (ˈDienst)Persoˌnal *n*; **5.** *Am.* Pfadfindergruppe *f*; **6.** *contp.* Bande *f*; **~ cut** *s.* Bürste(nschnitt *m*) *f*.

crib [krɪb] **I** *s.* **1.** a) (Futter)Krippe *f*, b) Hürde *f*, Stall *m*; **2.** Kinderbettchen *n*; **3.** a) Hütte *f*, b) kleiner Raum; **4.** Weidenkorb *m* (*Fischfalle*); **5.** F a) kleiner Diebstahl, b) ‚Anleihe' *f*, Plagiˈat *n*; **6.** *ped.* F a) ‚Eselsbrücke' *f*, b) Spickzettel *m*; **7.** *Cribbage*: abgelegte Karten *pl.*; **II** *v/t.* **8.** ein-, zs.-pferchen; **9.** F ‚klauen' (*a. fig. plagiieren*), *ped.* abschreiben; **III** *v/i.* **10.** F abschreiben; ˈ**crib·bage** [-bɪdʒ] *s.* ˈCribbage *n* (*Kartenspiel*).

crick [krɪk] **I** *s.* Muskelkrampf *m*: **~ *in one's back (neck)*** steifer Rücken (Hals); **II** *v/t.* **~ *one's back (neck)*** sich e-n steifen Rücken (Hals) holen.

crick·et[1] [ˈkrɪkɪt] *s. zo.* Grille *f*, Heimchen *n*; → ***merry*** 1.

crick·et[2] [ˈkrɪkɪt] *s. sport* Kricket *n*: **~ *bat*** Kricketschläger *m*; **~ *field*, ~ *ground*** Kricket(spiel)platz *m*; **~ *pitch*** Feld *n* zwischen den beiden Dreistäben; ***not ~*** F nicht fair *od.* anständig; ˈ**crick·et·er** [-tə] *s.* Kricketspieler *m*.

cri·er [ˈkraɪə] *s.* **1.** Schreier *m*; **2.** (öffentlicher) Ausrufer.

cri·key [ˈkraɪkɪ] *int. sl.* Mann!

crime [kraɪm] **I** *s.* **1.** ⚖ *u. fig.* a) Verbrechen *n*, b) → ***criminality*** 1: **~ *novel*** Kriminalroman *m*; **~ *rate*** Verbrechensquote *f*; **~ *wave*** Welle *f* von Verbrechen; **2.** Frevel *m*, Übeltat *f*, Sünde *f*; **3.** *coll.* Krimiˈnalroˌmane *f*: **~ *writer*** ‚Krimi-Schreiber(in)'; **4.** F ‚Verbrechen' *n*, ‚Jammer' *m*, ‚Schande' *f*; **II** *v/t.* **5.** ⚔ beschuldigen.

Cri·me·an [kraɪˈmɪən] *adj.* die Krim betreffend: **~ *War*** Krimkrieg *m*.

crim·i·nal [ˈkrɪmɪnl] **I** *adj.* □ **1.** verbrecherisch, krimiˈnell, strafbar: **~ *act***; **2.** ⚖ strafrechtlich, Straf..., ... in Strafsachen: **~ *jurisdiction***; **~ *lawyer*** Strafrechtler *m*, Anwalt *m* für Strafsachen; **II** *s.* **3.** Verbrecher(in); **~ ac·tion** *s.* ˈStrafproˌzess *m*; **~ code** *s.* Strafgesetzbuch *n*; **~ con·ver·sa·tion** *s.* ⚖ *Brit. obs. u. Am.* Ehebruch *m* (*als Schadensersatzgrund*); **2 In·ves·ti·ga·tion De·part·ment** *s.* (*abbr. CID*) *Brit.* Krimiˈnalpoliˌzei *f*.

crim·i·nal·ist [ˈkrɪmɪnəlɪst] *s.* **1.** Kriminaˈlist *m*, Strafrechtler *m*; **2.** Kriminoˈloge *m*; **crim·i·nal·i·ty** [ˌkrɪmɪˈnælətɪ] *s.* **1.** Kriminaliˈtät *f*, Verbrechertum *n*; **2.** Schuld *f*; Strafbarkeit *f*; ˈ**crim·i·nal·ize** *v/t.* **1.** *et.* unter Strafe stellen; **2.** *j-n*, *et.* kriminalisieren.

crim·i·nal| law *s.* Strafrecht *n*; **~ neg·lect** *s.* grobe Fahrlässigkeit; **~ of·fence**, *Am.* **~ of·fense** *s.* strafbare Handlung; **~ pro·ceed·ings** *s. pl.* Strafverfahren *n*; **~ re·spon·si·bil·i·ty** *s.* a) Strafbarkeit *f*: ***age of ~*** Strafmündigkeit *f*, b) Zurechnungsfähigkeit *f*.

crim·i·nate [ˈkrɪmɪneɪt] *v/t.* anklagen, (e-s Verbrechens) beschuldigen; **crim·i·na·tion** [ˌkrɪmɪˈneɪʃn] *s.* Anklage *f*, Beschuldigung *f*; **crim·i·nol·o·gist** [ˌkrɪmɪˈnɒlədʒɪst] *s.* Kriminoˈloge *m*; **crim·i·nol·o·gy** [ˌkrɪmɪˈnɒlədʒɪ] *s.* Kriminoloˈgie *f*.

crimp[1] [krɪmp] **I** *v/t.* **1.** kräuseln, knittern, fälteln, wellen; **2.** *Leder* zuˈrechtbiegen; **3.** ⚙ bördeln; **4.** *Küche*: *Fisch*, *Fleisch* schlitzen; **5.** *Am. sl.* hindern, stören; **II** *s.* **6.** Kräuselung *f*, Welligkeit *f*; Krause *f*, Falte *f*; **7.** ⚙ Falz *m*; **8.** (Haar)Welle *f*, Locke *f*; **9.** *Am.* F Behinderung *f*.

crimp[2] [krɪmp] *v/t.* ⚓, ⚔ gewaltsam anwerben, pressen.

crim·son [ˈkrɪmzn] **I** *s.* Karmeˈsin-, Hochrot *n*; **II** *adj.* karmeˈsin-, hochrot; *fig.* puterrot (***from*** vor *Zorn etc.*); **III** *v/t.* hochrot färben; **IV** *v/i.* puterrot werden; **~ ram·bler** *s.* ⚘ *blutrote Kletterrose.*

cringe [krɪndʒ] *v/i.* **1.** sich ducken, sich krümmen: **~ *at*** zurückschrecken vor (*dat.*); **2.** *fig.* kriechen, ‚katzbuckeln' (***to*** vor *dat.*); ˈ**cring·ing** [-dʒɪŋ] *adj.* □ kriecherisch, unterˈwürfig.

crin·kle [ˈkrɪŋkl] **I** *v/i.* **1.** sich kräuseln *od.* krümmen *od.* biegen; **2.** Falten werfen, knittern; **II** *v/t.* **3.** kräuseln, krümmen; **4.** faltig machen, zerknittern; **III** *s.* **5.** Fältchen *n*, Runzel *f*; ˈ**crin·kly** [-lɪ] *adj.* **1.** kraus, faltig; **2.** zerknittert.

crin·o·line [ˈkrɪnəliːn] *s. hist.* Krinoˈline *f*, Reifrock *m*.

crip·ple [ˈkrɪpl] **I** *s.* **1.** Krüppel *m*; **II** *v/t.* **2.** a) zum Krüppel machen, b) lähmen; **3.** *fig.* lähmen, lahm legen; **4.** ⚔ aktiˈons- *od.* kampfunfähig machen; ˈ**crip·pled** [-ld] *adj.* **1.** verkrüppelt; **2.** *fig.* lahm gelegt; ˈ**crip·pling** [-lɪŋ] *adj. fig.* lähmend.

cri·sis [ˈkraɪsɪs] *pl.* **-ses** [-siːz] *s.* ⚕, *thea. u. fig.* ˈKrise *f*, ˈKrisis *f*: **~ *management*** Krisenmanagement *n*; **~-*prone*** krisenanfällig; **~ *staff*** Krisenstab *m*.

crisp [krɪsp] **I** *adj.* □ **1.** knusp(e)rig, mürbe: **~*bread*** Knäckebrot *n*; **2.** kraus, gekräuselt; **3.** frisch, fest (*Gemüse*); steif, unzerknittert (*Papier*); **4.** a) forsch, schneidig, b) flott, lebhaft; **5.** klar, knapp (*Stil etc.*); **6.** scharf, frisch (*Luft*); **II** *s.* **7.** *pl. bsd. Brit.* (Karˈtoffel) Chips *pl.*; **III** *v/t.* **8.** knusp(e)rig machen; **9.** kräuseln; **IV** *v/i.* **10.** knusp(e)rig werden; **11.** sich kräuseln; ˈ**crisp·ness** [-nɪs] *s.* **1.** Knusp(e)rigkeit *f*; **2.** Frische *f*, Schärfe *f*, Leˈbendigkeit *f*; ˈ**crisp·y** [-pɪ] → ***crisp*** 1, 2, 4.

criss·cross [ˈkrɪskrɒs] **I** *adj.* **1.** gekreuzt, kreuz u. quer (laufend), Kreuz...; **II** *adv.* **2.** kreuzweise, kreuz u. quer, durcheinˈander; **3.** *fig.* in die Quere, verkehrt; **III** *s.* **4.** Gewirr *n* von Linien; **5.** Kreuzzeichen *n* (*als Unterschrift*); **IV** *v/t.* **6.** (wiederˈholt ˈdurch-) kreuzen, kreuz u. quer durchˈziehen; **V** *v/i.* **7.** sich kreuzen; kreuz u. quer verlaufen.

cri·te·ri·on [kraɪˈtɪərɪən] *pl.* **-ri·a** [-rɪə] *s.* **1.** Kriˈterium *n*, Maßstab *m*, Prüfstein *m*: ***that is no ~*** das ist nicht maßgebend (***for*** für); **2.** (Unterˈscheidungs)Merkmal *n*.

crit·ic [ˈkrɪtɪk] *s.* **1.** Kritiker(in); **2.** (Kunst- *etc.*)Kritiker(in), Rezenˈsent (-in); **3.** Krittler *m*, Tadler *m*; ˈ**crit·i·cal** [-kl] *adj.* □ **1.** kritisch, tadelsüchtig (***of s.o.*** j-m gegenˈüber): ***be ~ of s.th.*** *et.* kritisieren *od.* beanstanden, Bedenken gegen et. haben; **2.** kritisch, kunstverständig; sorgfältig: **~ *edition*** kritische Ausgabe; **3.** kritisch, entscheidend: ***the ~ moment***; **4.** kritisch, bedenklich, gefährlich: **~ *situation***; **~ *supplies*** Mangelgüter; **5.** *phys.* kritisch: **~ *speed***; **~ *load*** Grenzbelastung *f*; ˈ**crit·i·cism** [-ɪsɪzəm] *s.* Kriˈtik *f*: a) kritische Beurteilung, b) (Buch- *etc.*)Besprechung *f*, Rezensiˈon *f*, c) kritische Unterˈsuchung, d) Tadel *m*: ***textual ~*** Textkritik; ***open to ~*** anfechtbar; ***above ~*** über jede Kritik *od.* jeden Tadel erhaben; '**crit·i·cize** [-ɪsaɪz] *v/t.* kritisieren (*a. v/i.*): a) kritisch beurteilen, b) besprechen, rezensieren; c) Kri'tik üben an (*dat.*), tadeln, rügen; **cri·tique** [krɪ'tiːk] *s.* Kri'tik *f*, kritische Besprechung *od.* Abhandlung.

croak [krəʊk] **I** *v/i.* **1.** quaken (*Frosch*); krächzen (*Rabe*); **2.** unken (*Unglück prophezeien*); **3.** *sl.* ‚abkratzen' (*sterben*); **II** *v/t.* **4.** *et.* krächzen(d sagen); **5.** *sl.* abmurksen (*töten*); **III** *s.* **6.** Quaken *n*; Krächzen *n*; **7.** → ***croaker*** 1; '**croak·er** [-kə] *s.* **1.** Schwarzseher *m*, Miesmacher *m*; **2.** *Am. sl.* Quacksalber *m*; '**croak·y** [-kɪ] *adj.* □ krächzend.

Cro·at ['krəʊæt] *s.* Kro'ate *m*, Kro'atin *f*; **Cro·a·tian** [krəʊ'eɪʃjən] *adj.* kro'atisch.

cro·chet ['krəʊʃeɪ] **I** *s. a.* ~ ***work*** Häkelarbeit *f*, Häke'lei *f*: ~ ***hook*** Häkelnadel *f*; **II** *v/t. u. v/i. pret. u. p.p.* '**cro·cheted** [-ʃeɪd] häkeln.

crock[1] [krɒk] **I** *s.* **1.** Klepper *m*, alter Gaul; **2.** *sl.* a) ‚altes Wrack' (*Person od. Sache*), b) *Am.* ‚altes Ekel' *od.* ‚alter Säufer'; **II** *v/i.* **3.** *mst* ~ ***up*** zs.-brechen, -krachen; **III** *v/t.* **4.** ka'puttmachen.

crock[2] [krɒk] *s.* **1.** irdener Topf *od.* Krug; **2.** Topfscherbe *f*; '**crock·er·y** [-kərɪ] *s.* (irdenes) Geschirr, Steingut *n*, Töpferware *f*.

croc·o·dile ['krɒkədaɪl] *s.* **1.** *zo.* Kroko'dil *n*; **2.** Kroko'dilleder *n*; **3.** *Brit.* F Zweierreihe *f* von Schulmädchen; ~ ***tears*** *s. pl.* Kroko'dilstränen *pl.*

cro·cus ['krəʊkəs] *s.* ⚘ 'Krokus *m*.

Croe·sus ['kriːsəs] *s.* 'Krösus *m*.

croft [krɒft] *s. Brit.* **1.** kleines (Acker-)Feld (*beim Haus*); **2.** kleiner Bauernhof; '**croft·er** [-tə] *s. Brit.* Kleinbauer *m*.

crois·sant ['kwæsɑ̃ːŋ] *s.* Crois'sant *n*, Hörnchen *n*.

crom·lech ['krɒmlek] *s.* 'Kromlech *m*, dru'idischer Steinkreis.

crone [krəʊn] *s.* altes Weib.

cro·ny ['krəʊnɪ] *s.* alter Freund, Kum'pan *m*: ***old*** ~ Busenfreund, Intimus *m*, ‚Spezi' *m*.

crook [krʊk] **I** *s.* **1.** Hirtenstab *m*; **2.** *eccl.* Bischofs-, Krummstab *m*; **3.** Krümmung *f*, Biegung *f*; **4.** Haken *m*; **5.** (*Schirm*)Krücke *f*; **6.** F Gauner *m*, Betrüger *m*, *allg.* Ga'nove *m*: ***on the*** ~ unehrlich, hintenherum; **II** *v/t. u. v/i.* **7.** (sich) krümmen, (sich) biegen; '~**·back** *s.* Buck(e)lige(r *m*) *f*; '~**·backed** *adj.* buck(e)lig.

crooked[1] [krʊkt] *adj.* mit e-r Krücke: ~ ***stick*** Krückstock *m*.

crook·ed[2] ['krʊkɪd] *adj.* □ **1.** krumm, gekrümmt; gebeugt; **2.** buck(e)lig, verwachsen; **3.** *fig.* unehrlich, betrügerisch: ~ ***ways*** ‚krumme' Wege.

croon [kruːn] *v/i. u. v/t.* leise *od.* schmachtend singen *od.* summen; '**croon·er** [-nə] *s.* Schlager-, Schnulzensänger *m*.

crop [krɒp] **I** *s.* **1.** Feldfrucht *f*, *bsd.* Getreide *n* auf dem Halm, Saat *f*: ***the*** ~***s*** a) die Saaten, b) die Gesamternte; ~ ***rotation*** Fruchtfolge *f*, -wechsel *m*; **2.** Bebauung *f*: ***in*** ~ bebaut; **3.** Ernte *f*, Ertrag *m*: ~ ***failure*** Missernte *f*; **4.** *fig.* Ertrag *m*, Ausbeute *f* (***of*** an *dat.*); **5.** Menge *f*, Haufen *m* (*Sachen od. Personen*); **6.** *zo.* Kropf *m* (*Vögel*); **7.** a) Peitschenstock *m*, b) Reitpeitsche *f*; **8.** kurzer Haarschnitt, kurz geschnittenes Haar; **II** *v/t.* **9.** abschneiden; *Haar* kurz scheren; *Ohren*, *Schwanz* stutzen; **10.** abbeißen, -fressen; **11.** ✓ bepflanzen, bebauen; **III** *v/i.* **12.** (Ernte) tragen; **13.** *geol.* ~ ***up***, ~ ***out*** zutage treten; **14.** ~ ***up*** *fig.* plötzlich auftauchen, -treten, sich zeigen; '**crop-eared** *adj.* mit gestutzten Ohren; '**crop·per** [-pə] *s.* **1.** ***a good*** ~ e-e gut tragende Pflanze; **2.** F Fall *m*, Sturz *m*: ***come a*** ~ ‚auf die Nase fallen' (*a. fig.*); **3.** *orn.* Kropftaube *f*.

cro·quet ['krəʊkeɪ] *sport* **I** *s.* 'Krocket *n*; **II** *v/t. u. v/i.* krockieren.

cro·quette [krɒ'ket] *s. Küche*: Kro'kette *f*.

cro·sier ['krəʊʒə] *s. R.C.* Bischofs-, Krummstab *m*.

cross [krɒs] **I** *s.* **1.** Kreuz *n* (*zur Kreuzigung*); **2.** ***the*** ≈ a) das Kreuz Christi, b) das Christentum, c) das Kruzi'fix *n*; **3.** Kreuz *n* (*Zeichen od. Gegenstand*): ***make the sign of the*** ~ sich bekreuzigen; ***sign with a*** ~ mit e-m Kreuz (*statt Unterschrift*) unterzeichnen; ***mark with a*** ~ ankreuzen; **4.** (Ordens)Kreuz *n*; **5.** *fig.* Kreuz *n*, Leiden *n*, Not *f*: ***bear one's*** ~ sein Kreuz tragen; **6.** Querstrich *m* (des Buchstabens t); **7.** Gaune'rei *f*, ‚krumme Tour': ***on the*** ~ unehrlich; **8.** *biol.* Kreuzung *f*, Mischung *f*; *fig.* Mittelding *n*; **9.** Kreuzungspunkt *m*; **10.** *sport* Cross *m*: a) *Fußball etc.*: Schrägpass *m*, b) *Tennis*: *diagonal geschlagener Ball*, c) *Boxen*: *Schlag über den Arm des Gegners*; **II** *v/t.* **11.** kreuzen, über Kreuz legen: ~ ***one's legs*** die Beine kreuzen *od.* überschlagen; ~ ***swords with s.o.*** die Klingen mit j-m kreuzen (*a. fig.*); ~ ***s.o.'s hand*** (*od.* ***palm***) a) j-m (Trink)Geld geben, b) j-n ‚schmieren'; **12.** e-n Querstrich ziehen durch: ~ ***one's t's*** sehr sorgfältig sein; ~ ***a cheque*** e-n Scheck ‚kreuzen' (*als Verrechnungsscheck kennzeichnen*); → ***cheque***; ~ ***off*** (*od.* ***out***) ausstreichen; ~ ***off*** *fig. et.* ‚abschreiben'; **13.** durch-, über'queren, *Grenze* über'schreiten, *Zimmer* durch'schreiten, (hin'über)gehen, (-)fahren über (*acc.*): ~ ***the ocean*** über den Ozean fahren; ~ ***the street*** über die Straße gehen; ***it*** ~***ed my mind*** es fiel mir ein, es kam mir in den Sinn; ~ ***s.o.'s path*** j-m in die Quere kommen; **14.** sich kreuzen mit: ***your letter*** ~***ed mine*** Ihr Brief kreuzte sich mit meinem; ~ ***each other*** sich kreuzen, sich schneiden, sich treffen; **15.** *biol.* kreuzen; **16.** *fig. Plan* durch'kreuzen, vereiteln; entgegentreten (*dat.*): ***be*** ~***ed in love*** Unglück in der Liebe haben; **17.** das Kreuzzeichen machen auf (*acc.*) *od.* über (*dat.*): ~ ***o.s.*** sich bekreuzigen; **III** *v/i.* **18.** *a.* ~ ***over*** hinübergehen, -fahren; 'übersetzen; **19.** sich treffen; sich kreuzen (*Briefe*); **IV** *adj.* □ **20.** quer (liegend, laufend), Quer...; schräg; sich (über)'schneidend; **21.** (***to***) entgegengesetzt (*dat.*), im 'Widerspruch (zu), Gegen...; **22.** F ärgerlich, mürrisch, böse (***with*** mit): ***as*** ~ ***as two sticks*** bitterböse; **23.** *sl.* unehrlich.

cross|ac·tion *s.* ⚖ Gegen-, 'Widerklage *f*; ~ **ap·peal** *s.* ⚖ Anschlussberufung *f*; '~**·bar** *s.* **1.** Querholz *n*, -riegel *m*, -stange *f*, -balken *m*; **2.** ⚙ Tra'verse *f*; **3.** a) *Fußball*: Querlatte *f*, b) *Hochsprung*: Latte *f*; '~**·bench** *parl. Brit.* **I** *s.* Querbank *f* der Par'teilosen (*im Oberhaus*); **II** *adj.* par'teilos, unabhängig; '~**·bones** *s. pl.* zwei gekreuzte Knochen unter e-m Totenkopf; '~**·bow** [-bəʊ] *s.* Armbrust *f*; '~-ˌ**bor·der** *adj.* grenzüberschreitend; '~**·bred** *adj. biol.* durch Kreuzung erzeugt, gekreuzt; '~**·breed I** *s.* **1.** Mischrasse *f*; **2.** Kreuzung *f*, Mischling *m*; **II** *v/t.* [*irr.* → ***breed***] **3.** kreuzen; ˌ~-'**Chan·nel** *adj.* den ('Ärmel)Kaˌnal über'querend: ~ ***steamer*** Kanaldampfer *m*; '~**·check I** *v/t.* **1.** (von verschiedenen Gesichtspunkten aus) über'prüfen; **2.** *Eishockey*: crosschecken; **II** *s.* **3.** mehrfache Über'prüfung; **4.** *Eishockey*: 'Crosscheck *m*; ˌ~-'**coun·try I** *adj.* Querfeldein...; Gelände..., *mot. a.* geländegängig: ~ ***skiing*** Skilanglauf *m*; ~ ***race*** → **II** *s. sport* a) Querfeld'ein-, Crosslauf *m*, b) *Radsport*: Querfeld'einrennen *n*; '~ˌ**cur·rent** *s.* Gegenströmung *f* (*a. fig.*); '~**·cut I** *adj.* **1.** a) quer schneidend, Quer..., b) quer geschnitten: ~ ***file*** Doppelfeile *f*; ~ ***saw*** Ablängsäge *f*; **II** *s.* **2.** Querweg *m*; **3.** ⚙ Kreuzhieb *m*.

crosse [krɒs] *s. sport* La'crosse-Schläger *m*.

cross|en·try *s.* ✝ Gegenbuchung *f*; '~-**exˌam·i'na·tion** *s.* ⚖ Kreuzverhör *n*; ˌ~-**ex'am·ine** *v/t.* ⚖ ins Kreuzverhör nehmen; '~**-eyed** *adj.* schielend; '~**-fade** *v/t. Film etc.*: über'blenden; ˌ~-'**fer·ti·lize** *v/i. biol.* sich kreuzweise (*fig.* gegenseitig) befruchten; '~**·fire** *s.* ⚔ Kreuzfeuer *n* (*a. fig.*); '~**-grained** *adj.* **1.** quer gefasert; **2.** *fig.* 'widerspenstig, eigensinnig; kratzbürstig; '~ˌ**hatch·ing** *s.* Kreuzschraffierung *f*; ~ **head**, ~ **head·ing** *s. Zeitung*: 'Zwischenˌüberschrift *f*.

cross·ing ['krɒsɪŋ] *s.* **1.** Kreuzen *n*, Kreuzung *f* (*a. biol.*); **2.** Durch-, Über'querung *f*; **3.** 'Überfahrt *f*; ('Straßen *etc.*)ˌÜbergang *m*; **4.** (Straßen-, Eisenbahn)Kreuzung *f*: ***level*** (*Am.* ***grade***) ~ schienengleicher (*oft* unbeschrankter) Bahnübergang; '~ˌ**o·ver** *s. biol.* Crossing-'over *n*, Genaustausch *m* zwischen Chromo'somenpaaren.

'**cross|-legged** *adj.* mit 'übergeschlagenen Beinen, *a.* im Schneidersitz; '~**·light** *s.* schräg einfallendes Licht.

cross·ness ['krɒsnɪs] *s.* Verdrießlichkeit *f*, schlechte Laune.

'**cross|ˌo·ver** *s.* **1.** → ***crossing*** 2–4; **2.** *biol.* ausgetauschtes Gen; **3.** ⚡ a) Über'kreuzung *f*, b) *opt.*, *TV* Bündelknoten *m*; '~**·patch** *s.* F ‚Kratzbürste' *f*; '~**·piece** *s.* ⚙ Querstück *n*, -balken *m*, -holz *n*; '~**-pol·liˌna·tion** *s. bot.* Fremdbestäubung *f*; ˌ~-'**pur·pos·es** *s. pl.* **1.** 'Widerspruch *m*: ***be at*** ~ a) einander entgegenarbeiten, b) sich missverstehen; ***talk at*** ~ aneinander vorbeireden; **2.** *sg. konstr. ein* Frage- u. Antwort-Spiel *n*; ˌ~-'**ques·tion I** *s.* ⚖ Frage *f* im Kreuzverhör; **II** *v/t.* → ***cross-examine***; ~ **ref·er·ence** *s.* Kreuz-, Querverweis *m*; '~**·road** *s.* **1.** Querstraße *f*; **2.** *pl. mst sg. konstr.* Straßenkreuzung *f*: ***at a*** ~***s*** an e-r Kreuzung; ***at the*** ~***s*** *fig.* am Scheidewege; ~ **sec·tion** *s.* A, ⚙ *u. fig.* Querschnitt *m* (***of*** durch); '~**-stitch** *s.* Kreuzstich *m*; ~ **sum** *s.* Quersumme *f*; ~ **talk** *s.* **1.** *teleph. etc.* Nebensprechen *n*; **2.** Ko'piereffˌfekt *m* (*Tonband*); **3.** *Brit.* Wortgefecht *n*; '~**·tie** *s.* Schienenschwelle *f*; '~**-town** *adj. Am.* quer durch die Stadt (gehend *od.* fahrend *od.* reichend); ~ **vot·ing** *s. Brit. pol.* Abstimmung *f* über Kreuz (*wobei einzelne Abgeordnete mit der Gegenpartei stimmen*); '~**·walk** *s. Am.* 'Fußgängerˌüberweg *m*; '~**·ways** → ***crosswise***;

~ wind *s.* ✈, ⚓ Seitenwind *m*; **'~·wise** *adv.* quer, kreuzweise; kreuzförmig; **'~-word** (**puz·zle**) *s.* Kreuzworträtsel *n*.

crotch [krɒtʃ] *s.* **1.** Gabelung *f*; **2.** Schritt *m* (*der Hose od. des Körpers*).

crotch·et ['krɒtʃɪt] *s.* **1.** ♪ Viertelnote *f*; **2.** Schrulle *f*, Ma'rotte *f*; **'crotch·et·y** [-tɪ] *adj.* **1.** grillenhaft; **2.** F mürrisch, schrullenhaft, verschroben.

cro·ton ['krəʊtən] *s.* ✿ 'Kroton *m*; ♀ **bug** *s. zo. Am.* Küchenschabe *f*.

crouch [kraʊtʃ] **I** *v/i.* **1.** hocken, sich (nieder)ducken, (sich zs.-)kauern; **2.** *fig.* kriechen, sich ducken (**to** vor); **II** *s.* **3.** kauernde Stellung, geduckte Haltung; Hockstellung *f*.

croup[1] [kru:p] *s.* ⚕ Krupp *m*, Halsbräune *f*.

croup[2], **croupe** [kru:p] *s.* Kruppe *f des Pferdes*.

crou·pi·er ['kru:pɪə] *s.* Croupi'er *m*.

crow[1] [krəʊ] *s.* **1.** *orn.* Krähe *f*: ***as the ~ flies*** a) schnurgerade, b) (in der) Luftlinie; ***eat ~*** *Am.* F zu Kreuze kriechen, ‚klein und hässlich' sein *od.* werden; ***have a ~ to pluck*** (*od.* ***pick***) ***with s.o.*** mit j-m ein Hühnchen zu rupfen haben; **2.** rabenähnlicher Vogel; **3.** *Am. contp.* Neger *m*.

crow[2] [krəʊ] **I** *v/i.* [*irr.*] **1.** krähen (*Hahn, a. Kind*); **2.** (vor Freude) quietschen; **3.** (**over**, **about**) a) triumphieren (über *acc.*), b) protzen, prahlen (mit); **II** *s.* **4.** Krähen *n* (*Hahn*); **5.** (Freuden)Schrei(e *pl.*) *m*.

'crow|·bar *s.* ⚙ Brech-, Stemmeisen *n*; **'~·ber·ry** [-bərɪ] *s.* ✿ Krähenbeere *f*.

crowd [kraʊd] **I** *s.* **1.** (Menschen)Menge *f*, Gedränge *n*: ***~s of people*** Menschenmassen; ***~ scene*** *Film*: Massenszene *f*; ***he would pass in a ~*** er ist nicht schlechter als andere; **2.** ***the ~*** das gemeine Volk; der Pöbel: ***follow the ~*** mit der Masse gehen; **3.** F ‚Ver'ein' *m*, Bande *f* (*Gesellschaft*): ***a jolly ~***; **4.** Ansammlung *f*, Haufen *m*: ***a ~ of books***; **II** *v/i.* **5.** sich drängen, zs.-strömen; vorwärts drängen: ***~ in*** hin'einströmen, sich hin'eindrängen; ***~ in upon s.o.*** auf j-n einstürmen (*Gedanken etc.*); **III** *v/t.* **6.** über'füllen, voll stopfen (**with** mit); → ***crowded*** 1; **7.** hin'einpressen, -stopfen (**into** in *acc.*); **8.** (zs.-)drängen: ***~ (on) sail*** ⚓ alle Segel beisetzen; ***~ out*** verdrängen; ausschalten; (*wegen Platzmangels*) aussperren; **9.** *Am.* a) (vorwärts *etc.*) drängen, b) *Auto etc.* abdrängen, c) *j-m* im Nacken sitzen, d) *j-s Geduld, Glück etc.* strapazieren: ***~ing thirty*** an die dreißig; ***~ up*** *Preise* in die Höhe treiben; **'crowd·ed** [-dɪd] *adj.* **1.** (**with**) über'füllt, voll gestopft (mit), voll, wimmelnd (von): ***~ to overflowing*** zum Bersten voll; ***~ profession*** überlaufener Beruf; **2.** gedrängt, zs.-gepfercht; **3.** bedrängt, beengt; **4.** voll ausgefüllt, arbeits-, ereignisreich: ***~ hours***.

'crow·foot *pl.* **-foots** *s.* **1.** ✿ Hahnenfuß *m*; **2.** → ***crow's-feet***.

crown [kraʊn] **I** *s.* **1.** Siegerkranz *m*, Ehrenkrone *f*; **2.** a) (Königs- *etc.*)Krone *f*, b) Herrschermacht *f*, Thron *m*: ***succeed to the ~*** den Thron besteigen, c) ***the*** ♀ die Krone, der König *etc.*, *a.* der Staat *od.* Fiskus: ***~ cases*** *Brit.* Strafsachen; **3.** Krone *f* (*Abzeichen*); **4.** *fig.* Krone *f*, Palme *f*, *sport a.* (Meister)Titel *m*; **5.** Gipfel *m*: a) höchster Punkt, b) *fig.* Krönung *f*, Höhepunkt *m*; **6.** Krone *f* (*Währung*): a) *Brit. obs.* Fünfschillingstück *n*: ***half a ~*** 2 Schilling 6 Pence, b) *Währungseinheit von Dänemark, Norwegen, Schweden etc.*; **7.** a) Scheitel *m*, Wirbel *m* (*Kopf*), b) Kopf *m*, Schädel *m*; **8.** ✿ (Baum)Krone *f*; **9.** a) *anat.* (Zahn)Krone *f*, b) (künstliche) Krone; **10.** a) Haarkrone *f*, b) Schopf *m*, Kamm *m* (*Vogel*); **11.** Kopf *m e-s Hutes*; **12.** ⚠ Krone *f*, Schlussstein *m* (*a. fig.*); **II** *v/t.* **13.** krönen: ***be ~ed king*** zum König gekrönt werden; ***~ed heads*** gekrönte Häupter; **14.** *fig.* krönen, ehren, belohnen; zieren, schmücken; **15.** *fig.* krönen, den Gipfel *od.* Höhepunkt bilden von: ***~ed with success*** von Erfolg gekrönt; **16.** *fig.* die Krone aufsetzen (*dat.*): ***~ all*** allem die Krone aufsetzen (*a. iro.*); ***to ~ all*** (*Redew.*) *iro.* zu allem Überfluss; **17.** *fig.* glücklich voll'enden; **18.** ⚕ *Zahn* über'kronen; **19.** *Damespiel*: zur Dame machen; **20.** *sl. j-m* ‚eins aufs Dach geben'; ***~ cap*** *s.* Kron(en)korken *m*; ♀ **Col·o·ny** *s. Brit.* 'Kronkolo‚nie *f*; ♀ **Court** *npr. Brit.* ⚖ *Gericht für Strafsachen höherer Ordnung* (*nur in England u. Wales*); **~ glass** *s.* **1.** Mondglas *n*, Butzenscheibe *f*; **2.** Kronglas *n*.

crown·ing ['kraʊnɪŋ] *adj.* krönend, alles über'bietend, höchst: ***~ achievement*** Glanzleistung *f*.

crown| jew·els *s. pl.* 'Kronju‚welen *pl.*, 'Reichsklein‚odien *pl.*; **~ land** *s.* Kron-, Staatsgut *n*; ♀ **law** *s.* ⚖ *Brit.* Strafrecht *n*; **~ prince** *s.* Kronprinz *m*; **~ prin·cess** *s.* 'Kronprin‚zessin *f*; **~ wheel** *s.* ⚙ Kronrad *n* (*Uhr etc.*); *mot.* Antriebskegelrad *n*.

'crow's|-feet ['krəʊz-] *pl.* ‚Krähenfüße' *pl.*, Fältchen *pl.*; **~ nest** *s.* ⚓ Ausguck *m*, Krähennest *n*.

cru·cial ['kru:ʃl] *adj.* **1.** 'kritisch, entscheidend: ***~ moment***; ***~ point*** springender Punkt; ***~ test*** Feuerprobe *f*; **2.** schwierig; **3.** kreuzförmig, Kreuz...

cru·ci·ble ['kru:sɪbl] *s.* **1.** ⚙ (Schmelz-)Tiegel *m*: ***~ steel*** Tiegelgussstahl *m*; **2.** *fig.* Feuerprobe *f*.

cru·ci·fix ['kru:sɪfɪks] *s.* Kruzi'fix *n*; **cru·ci·fix·ion** [‚kru:sɪ'fɪkʃn] *s.* Kreuzigung *f*; **'cru·ci·form** [-fɔ:m] *adj.* kreuzförmig; **'cru·ci·fy** [-faɪ] *v/t.* **1.** kreuzigen (*a. fig.*); **2.** *fig.* a) martern, quälen, b) *Begierden* abtöten, c) *j-n* ‚fertig machen'.

crud [krʌd] *s.* F Dreck *m*, ‚Mist' *m*.

crude [kru:d] *adj.* □ **1.** roh: a) ungekocht, b) unver-, unbearbeitet: ***~ oil*** Rohöl *n*; **2.** primi'tiv: a) plump, grob, b) simpel, c) bar'barisch; **3.** roh, grob, ungehobelt, unfein; **4.** roh, unfertig, unreif; 'undurch‚dacht: ***~ figures*** *Statistik*: rohe *od.* nicht aufgeschlüsselte Zahlen; **5.** grell, geschmacklos (*Farbe*); **6.** *fig.* ungeschminkt, nackt: ***~ facts***; **'crude·ness** [-nɪs] *s.* Rohheit *f*, Grobheit *f*, Unfertigkeit *f*, Unreife *f* (*a. fig.*); **'cru·di·ty** [-dɪtɪ] *s.* **1.** → ***crudeness***; **2.** *et.* Unfertiges *od.* Unbearbeitetes; **3.** *et.* Geschmackloses.

cru·el ['krʊəl] **I** *adj.* □ **1.** grausam (**to** gegen); **2.** hart, unbarmherzig, roh, gefühllos; **3.** schrecklich, mörderisch: ***~ heat***; **II** *adv.* **4.** F furchtbar, ‚grausam': ***~ hot***; **'cru·el·ty** [-tɪ] *s.* **1.** Grausamkeit *f* (**to** gegen['über]); → ***mental cruelty***; **2.** Miss'handlung *f*, Quäle'rei *f*: ***~ to animals*** Tierquälerei; **3.** Schwere *f*, Härte *f*.

cru·et ['kru:ɪt] *s.* **1.** Essig-, Ölfläschchen *n*; **2.** *R.C.* Messkännchen *n*; **3.** *a.* ***~ stand*** Me'nage *f*, Gewürzständer *m*.

cruise [kru:z] **I** *v/i.* **1.** a) ⚓ kreuzen, e-e Kreuzfahrt *od.* Seereise machen, b) her'umfahren: ***cruising taxi*** Taxi *n* auf Fahrgastsuche; **2.** ✈, *mot.* mit Reisegeschwindigkeit fliegen *od.* fahren; **II** *s.* **3.** Seereise *f*, Kreuz-, Vergnügungsfahrt *f*; **~ con·trol** *s. mot.* Temporegler *m*; **~ mis·sile** *s.* ⚔ Marschflugkörper *m*.

cruis·er ['kru:zə] *s.* **1.** ⚓ a) Kreuzer *m*, b) Kreuzfahrtschiff *n*; **2.** *Am.* (Funk-)Streifenwagen *m*; **3.** *Boxen*: ***~ weight*** *Am.* Halbschwergewicht *n*; **'cruis·ing** [-zɪŋ] *adj.* ✈, *mot.* Reise...: ***~ speed***; ***~ gear*** *mot.* Schongang *m*; ***~ radius*** Aktionsradius *m*; ***~ level*** ✈ Reiseflughöhe *f*.

crumb [krʌm] **I** *s.* **1.** Krume *f*: a) Krümel *m*, Brösel *m*, Brosame *m*, b) *weicher Teil des Brotes*; **2.** *fig.* a) Brocken *m*, b) Krümchen *n*, *ein* bisschen; **3.** *sl.* ‚Blödmann' *m*; **II** *v/t.* **4.** *Küche*: panieren; **5.** zerkrümeln; **'crum·ble** [-mbl] **I** *v/t.* **1.** zerkrümeln, -bröckeln; **II** *v/i.* **2.** zerbröckeln, -fallen; **3.** *fig.* a) zerfallen, zu'grunde gehen, b) (langsam) zs.-brechen; **4.** ✝ abbröckeln (*Kurse*); **'crum·bling** [-mblɪŋ], **'crum·bly** [-mblɪ] *adj.* **1.** krüm(e)lig, bröck(e)lig; **2.** zerbröckelnd, -fallend; **crumb·y** ['krʌmɪ] *adj.* **1.** voller Krumen; **2.** weich, krüm(e)lig.

crum·my ['krʌmɪ] *adj.* F lausig, mies.

crum·pet ['krʌmpɪt] *s.* **1.** *Brit.* Sauerteigfladen *m*; **2.** *sl.* ‚Miezen' *pl.*: ***she's a nice piece of ~*** sie ist sehr sexy.

crum·ple ['krʌmpl] **I** *v/t.* **1.** *a.* ***~ up*** zerknittern, zer-, zs.-knüllen; **2.** *fig. j-n* 'umwerfen; **II** *v/i.* **3.** faltig *od.* zerdrückt werden, zs.-schrumpeln; **4.** *oft* ***~ up*** zs.-brechen (*a. fig.*), einstürzen; ***~ zone*** *s. mot.* Knautschzone *f*.

crunch [krʌntʃ] **I** *v/t.* **1.** knirschend (zer)kauen; **2.** zermalmen; **II** *v/i.* **3.** knirschend kauen; **4.** knirschen; **III** *s.* **5.** Knirschen *n*; **6.** F *fig.* a) Druck(ausübung *f*) *m*, b) böse Situati'on, c) 'kritischer Mo'ment, 'Krise *f*; ***when it comes to the ~*** wenn es hart auf hart geht.

crup·per ['krʌpə] *s.* a) Schwanzriemen *m*, b) Kruppe *f* (*des Pferdes*).

cru·sade [kru:'seɪd] **I** *s. hist.* Kreuzzug *m* (*a. fig.*); **II** *v/i.* e-n Kreuzzug unter'nehmen; *fig.* zu Felde ziehen, kämpfen; **cru'sad·er** [-də] *s. hist.* Kreuzfahrer *m*; *fig.* Kämpfer *m*.

cruse [kru:z] *s. bibl.* irdener Krug.

crush [krʌʃ] **I** *s.* **1.** (zermalmender) Druck; **2.** Gedränge *n*, Gewühl *n*; **3.** große Gesellschaft *od.* Party; **4.** *sl.* Schwarm *m*: ***have a ~ on s.o.*** in j-n ‚verknallt' sein; **II** *v/t.* **5.** *a.* ***~ up*** *od.* ***down*** zerquetschen, -drücken, -malmen; **6.** zerstoßen, -kleinern, mahlen: ***~ed stone*** Schotter *m*; **7.** *a.* ***~ up*** zerknittern, -knüllen; **8.** drücken, drängen; **9.** *a.* ***~ out*** ausquetschen, -drücken; **10.** *a.* ***~ out*** *od.* ***down*** *fig.* er-, unter'drücken, über'wältigen, zerschmettern, zertreten, vernichten; **III** *v/i.* **11.** zerknittern, sich zerdrücken; **12.** zerbrechen; **13.** sich drängen; **'crush·a·ble** [-ʃəbl] *adj.* **1.** knitterfest; **2.** ***~ zone*** (*od.* ***bin***) *mot.* Knautschzone *f*; **crush bar·ri·er** *s. Brit.* Absperrung *f*; **'crush·er** [-ʃə] *s.* **1.** ⚙ a) Zer'kleinerungsma‚schine *f*, Brechwerk *n*, b) Presse *f*, Quetsche *f*; **2.** F a) vernichtender Schlag, b) ‚tolles Ding'; **'crush·ing** [-ʃɪŋ] *adj.* □ *fig.* vernichtend, erdrückend; **crush room** *s. thea.* Foy'er *n*.

C

crust [krʌst] **I** *s.* **1.** Kruste *f*, Rinde *f* (*Brot, Pastete*); **2.** Knust *m*, Stück *n* hartes Brot; **3.** *geol.* Erdkruste *f*; **4.** ✱ Schorf *m*; **5.** ⚘, *zo.* Schale *f*; **6.** Niederschlag *m* (*in Weinflaschen*), Ablagerung *f*; **7.** *sl.* Frechheit *f*; **8.** Harsch *m*; **II** *v/t.* **9.** *a.* ~ ***over*** mit e-r Kruste über'ziehen; **III** *v/i.* **10.** e-e Kruste bilden; verharschen (*Schnee*); → ***crusted***.

crus·ta·cea [krʌ'steɪʃjə] *s. pl. zo.* Krusten-, Krebstiere *pl.*; **crus'ta·cean** [-'steɪʃjən] **I** *adj.* zu den Krusten- *od.* Krebstieren gehörig, Krebs...; **II** *s.* Krusten-, Krebstier *n*; **crus'ta·ceous** [-'steɪʃjəs] → ***crustacean*** I.

crust·ed ['krʌstɪd] *adj.* **1.** mit e-r Kruste über'zogen: ~ ***snow*** Harsch(schnee) *m*; **2.** abgelagert (*Wein*); **3.** *fig.* a) alt'hergebracht, b) eingefleischt, ‚verkrustet'; '**crust·y** [-tɪ] *adj.* ☐ **1.** krustig; **2.** mit e-r Kruste (versehen); **3.** *fig.* barsch.

crutch [krʌtʃ] *s.* **1.** Krücke *f*: ***go on ~es*** auf *od.* an Krücken gehen; **2.** *fig.* Krücke *f*, Stütze *f*.

crux [krʌks] *s.* **1.** springender Punkt; **2.** Schwierigkeit *f*: a) ‚Haken' *m*, b) harte Nuss, (schwieriges) Pro'blem; **3.** ☊ *ast.* Kreuz *n* des Südens.

cry [kraɪ] **I** *s.* **1.** Schrei *m* (*a. Tier*), Ruf *m* (***for*** nach): ***within ~ (of)*** in Rufweite (von); ***a far ~ from*** *fig.* a) weit entfernt von, b) et. ganz anderes als; ***still a far ~*** *fig.* noch in weiter Ferne; **2.** Geschrei *n*: ***much ~ and little wool*** viel Geschrei um nichts; ***the popular ~*** die Stimme des Volkes; **3.** Weinen *n*, Klagen *n*: ***have a good ~*** sich (ordentlich) ausweinen; **4.** Bitten *n*, Flehen *n*; **5.** (Schlacht)Ruf *m*; Schlag-, Losungswort *n*; **6.** *hunt.* Anschlagen *n*, Gebell *n* (*Meute*): ***in full ~*** *fig.* in voller Jagd *od.* Verfolgung; **7.** *hunt.* Meute *f*; *fig.* Herde *f*, Menge *f*: ***follow in the ~*** mit der Masse gehen; **II** *v/i.* **8.** schreien, laut (aus)rufen: ~ ***for help*** um Hilfe rufen; ~ ***for vengeance*** nach Rache schreien; **9.** weinen, heulen, jammern; **10.** *hunt.* anschlagen, bellen; **III** *v/t.* **11.** *et.* schreien, (aus)rufen; **12.** *Waren etc.* ausrufen; **13.** flehen um; **14.** weinen: ~ ***one's eyes out*** sich die Augen ausweinen; ~ ***o.s. to sleep*** sich in den Schlaf weinen; ~ **down** *v/t.* her'untersetzen, -machen; ~ **off** *v/t. u. v/i.* (plötzlich) absagen, zu'rücktreten (von); ~ **out I** *v/t.* ausrufen; **II** *v/i.* aufschreien: ~ ***against*** heftig protestieren gegen; ***for crying out loud!*** F verdammt noch mal!; ~ **up** *v/t.* laut rühmen.

'**cry**ˌ**ba·by** *s.* kleiner Schreihals; *fig. contp.* Heulsuse *f*.

cry·ing ['kraɪɪŋ] *adj. fig.* a) (himmel-) schreiend: ~ ***shame***, b) dringend: ~ ***need***.

cryo- [kraɪəʊ] *in Zssgn* Kälte..., Kryo...: ***cryogen*** Kältemittel *n*; ***cryogenic*** a) ⚙ Kälte erzeugend, b) kryogenisch: ~-***computer***; ***cryosurgery*** ✱ Kryo-, Kältechirurgie *f*.

crypt [krɪpt] *s.* ⛪ 'Krypta *f*, 'unterirdisches Gewölbe, Gruft *f*; '**cryp·tic** [-tɪk] *adj.* geheim, verborgen; rätselhaft, dunkel: ~ ***colo(u)ring*** *zo.* Schutzfärbung *f*; '**cryp·ti·cal** [-tɪkl] *adj.* → ***cryptic***.

crypto- [krɪptəʊ] *in Zssgn* geheim, krypto...: ~-***communist*** verkappter Kommunist; '**cryp·to·gam** [-gæm] *s.* ⚘ Krypto'game *f*, Sporenpflanze *f*; **cryp·to·gam·ic** [ˌkrɪptəʊ'gæmɪk], **cryp·tog·a·mous** [krɪp'tɒgəməs] *adj.* ⚘ krypto'gamisch; '**cryp·to·gram** [-græm] *s.* Text *m* in Geheimschrift, verschlüsselter Text; '**cryp·to·graph** [-grɑːf] *s.* **1.** → ***cryptogram***; **2.** Geheimschriftgerät *n*; **cryp·tog·ra·phy** [krɪp'tɒgrəfɪ] *s.* Geheimschrift *f*; **cryp·tol·o·gist** [krɪp'tɒlədʒɪst] *s.* (Ver-, Ent)Schlüsseler *m*.

crys·tal ['krɪstl] **I** *s.* **1.** Kri'stall *m* (*a.* ⚗, *min., phys.*): ***as clear as ~*** *od.* ~ ***clear*** a) kristallklar, b) *fig.* sonnenklar; **2.** *a.* ~ ***glass*** a) Kri'stall(glas) *n*, b) *coll.* Kristall *n*, Glaswaren *pl.*; **3.** Uhrglas *n*; **4.** ⚡ a) (De'tektor)Kriˌstall *m*, b) (Kris'tall)Deˌtektor *m*, c) (Schwing)Quarz *m*: ~ ***set*** Kristallempfänger *m*; **II** *adj.* Kristall..., kri'stallen; **5.** kri'stallklar; ~ **de·tec·tor** → ***crystal*** 4 b; ~ **gaz·er** *s.* Hellseher(in); ~ **gaz·ing** *s.* Hellsehen *n*.

crys·tal·line ['krɪstəlaɪn] *adj. a.* ⚗, *min.* kristal'linisch, kri'stallen, kri'stallartig, Kristall...: ~ ***lens*** *anat.* (Augen)Linse *f*; '**crys·tal·liz·a·ble** [-aɪzəbl] *adj.* kristallisierbar; **crys·tal·li·za·tion** [ˌkrɪstəlaɪ'zeɪʃn] *s.* Kristallisati'on *f*, Kristallisierung *f*, Kri'stallbildung *f*; '**crys·tal·lize** [-aɪz] **I** *v/t.* **1.** kristallisieren; **2.** *fig.* feste Form geben (*dat.*), klären; **3.** *Früchte* kandieren; **II** *v/i.* **4.** kristallisieren; **5.** *fig.* sich kristallisieren, kon'krete *od.* feste Form annehmen; **crys·tal·log·ra·phy** [ˌkrɪstə'lɒgrəfɪ] *s.* Kristallogra'phie *f*.

cub [kʌb] **I** *s.* **1.** *zo. das* Junge (*des Fuchses, Bären etc.*); **2.** *a.* ***unlicked*** ~ grüner Junge; **3.** ‚Küken' *n*, Anfänger *m*: ~ ***reporter*** (unerfahrener) junger Reporter; **4.** *a.* ~ ***scout*** Wölfling *m*, Jungpfadfinder *m*; **II** *v/i.* **5.** Junge werfen (*Füchse etc.*).

cub·age ['kjuːbɪdʒ] → ***cubature***.

Cu·ban ['kjuːbən] **I** *adj.* ku'banisch; **II** *s.* Ku'baner(in).

cu·ba·ture ['kjuːbətʃə] *s.* ⨍ **1.** Raum(inhalts)berechnung *f*; **2.** Rauminhalt *m*.

cub·by(·hole) ['kʌbɪ(həʊl)] *s.* **1.** gemütliches Plätzchen; **2.** ‚Ka'buff' *n*, winziger Raum.

cube [kjuːb] **I** *s.* **1.** ⨍ Würfel *m*, 'Kubus *m*; **2.** (*a.* Eis-, *phot.* Blitz)Würfel *m*: ~ ***sugar*** Würfelzucker *m*; **3.** ⨍ Ku'bikzahl *f*, dritte Po'tenz: ~ ***root*** Kubikwurzel *f*; **4.** Pflasterstein *m* (*in Würfelform*); **II** *v/t.* **5.** ⨍ kubieren: a) zur dritten Po'tenz erheben: ***two ~d*** zwei hoch drei (2^3), b) den Rauminhalt messen von (*od. gen.*); **6.** in Würfel schneiden *od.* pressen.

cu·bic ['kjuːbɪk] *adj.* (☐ ~***ally***) **1.** Kubik..., Raum...: ~ ***capacity*** *mot.* Hubraum *m*; ~ ***content*** Rauminhalt *m*, Volumen *n*; ~ ***metre***, *Am.* ***meter*** Kubik-, Raum-, Festmeter *m*; **2.** kubisch, würfelförmig, Würfel...; **3.** ⨍ kubisch: ~ ***equation*** kubische Gleichung, Gleichung dritten Grades.

cu·bi·cle ['kjuːbɪkl] *s.* kleiner abgeteilter (Schlaf)Raum; Zelle *f*, Nische *f*, Ka'bine *f*; ⚡ Schallzelle *f*.

cub·ism ['kjuːbɪzəm] *s.* Ku'bismus *m*; '**cub·ist** [-ɪst] **I** *s.* Ku'bist *m*; **II** *adj.* ku'bistisch.

cu·bit ['kjuːbɪt] *s. hist.* Elle *f* (*Längenmaß*); '**cu·bi·tus** [-təs] *s. anat.* a) 'Unterarm *m*, b) Ell(en)bogen *m*.

cuck·old ['kʌkəʊld] **I** *s.* Hahnrei *m*; **II** *v/t.* zum Hahnrei machen, *j-m* Hörner aufsetzen.

cuck·oo ['kʊkuː] **I** *s.* **1.** *orn.* Kuckuck *m*; **2.** Kuckucksruf *m*; **3.** *sl.* ‚Heini' *m*; **II** *v/i.* **4.** ‚kuckuck' rufen; **III** *adj.* **5.** *sl.* ‚bekloppt'; ~ **clock** *s.* Kuckucksuhr *f*; '~ˌ**flow·er** *s.* ⚘ Wiesenschaumkraut *n*.

cu·cum·ber ['kjuːkʌmbə] *s.* Gurke *f*; → ***cool*** 2; ~ **tree** *s. e-e* amer. Ma'gnolie.

cu·cur·bit [kjuː'kɜːbɪt] *s.* ⚘ Kürbisgewächs *n*.

cud [kʌd] *s.* Klumpen *m*, 'wiedergekäutes Futter: ***chew the ~*** a) wiederkäuen, b) *fig.* überlegen, nachdenken.

cud·dle ['kʌdl] **I** *v/t.* hätscheln, ‚knuddeln', *a.* schmusen mit; **II** *v/i.* ~ ***up*** a) sich kuscheln *od.* schmiegen (***to*** an *acc.*), b) sich (wohlig) zs.-kuscheln: ~ ***up together*** sich aneinander kuscheln; **III** *s.* enge Um'armung, Lieb'kosung *f*; '**cud·dle·some** [-səm], '**cud·dly** [-lɪ] *adj.* ‚knudd(e)lig'.

cudg·el ['kʌdʒəl] **I** *s.* Knüppel *m*, Keule *f*: ***take up the ~s for s.o.*** für j-n eintreten, für j-n e-e Lanze brechen; **II** *v/t.* prügeln: ~ ***one's brains*** *fig.* sich den Kopf zerbrechen (***for*** wegen, ***about*** über *acc.*).

cue[1] [kjuː] **I** *s.* **1.** *thea. etc., a. fig.* Stichwort *n*; ♪ Einsatz *m*: ~ ***card*** *TV* ‚Neger' *m*; (***dead***) ***on ~*** (genau) aufs Stichwort, *fig.* wie gerufen; **2.** Wink *m*, Fingerzeig *m*: ***give s.o. his ~*** j-m die Worte in den Mund legen; ***take the ~ from s.o.*** sich nach j-m richten; **II** *v/t.* **3.** *j-m* das Stichwort *od.* (♪) den Einsatz geben: ~ ***s.o. in*** *fig.* j-n ins Bild setzen.

cue[2] [kjuː] *s.* **1.** Queue *n*, 'Billardstock *m*; **2.** → ***queue*** 2.

cuff[1] [kʌf] *s.* **1.** Man'schette *f* (*a.* ⚙), Stulpe *f*, Ärmel- (*Am. a.* Hosen)aufschlag *m*: ~ ***link*** Manschettenknopf *m*; ***off the ~*** *Am.* F aus dem Handgelenk *od.* Stegreif; ***on the ~*** *Am.* F a) auf Pump, b) gratis; **2.** *pl.* Handschellen *pl.*

cuff[2] [kʌf] **I** *v/t.* schlagen, *a.* ohrfeigen; **II** *s.* Schlag *m*, Klaps *m*.

cui·rass [kwɪ'ræs] *s.* **1.** *hist.* 'Kürass *m*, Brustharnisch *m*; **2.** ✱ a) Gipsverband *m* um Rumpf u. Hals, b) *ein* 'Sauerstoffappaˌrat *m*; **3.** *zo.* Panzer *m*; **cui·ras·sier** [ˌkwɪrə'sɪə] *s.* ⚔ Küras'sier *m*.

cui·sine [kwiː'ziːn] *s.* Küche *f* (*Kochkunst*): ***French ~***.

cul-de-sac [ˌkʊldə'sæk, 'kʌldəsæk] *pl.* **-sacs** (*Fr.*) *s.* Sackgasse *f* (*a. fig.*).

cu·li·nar·y ['kʌlɪnərɪ] *adj.* Koch..., Küchen...: ~ ***art*** Kochkunst *f*; ~ ***herbs*** Küchenkräuter.

cull [kʌl] **I** *v/t.* **1.** pflücken; **2.** *fig.* auslesen, -suchen; **II** *s.* **3.** *et.* (als minderwertig) Aussortiertes.

culm[1] [kʌlm] *s.* **1.** Kohlenstaub *m*, Grus *m*; **2.** *geol.* Kulm *m*, *n*.

culm[2] [kʌlm] *s.* (Gras)Halm *m*.

cul·mi·nate ['kʌlmɪneɪt] *v/i.* **1.** *ast.* kulminieren; **2.** *fig.* den Höhepunkt erreichen; gipfeln (***in*** in *dat.*); **cul·mi·na·tion** [ˌkʌlmɪ'neɪʃn] *s.* **1.** *ast.* Kulminati'on *f*; **2.** *bsd. fig.* Gipfel *m*, Höhepunkt *m*, höchster Stand.

cu·lottes [kjuː'lɒts] *s. pl.* Hosenrock *m*.

cul·pa·bil·i·ty [ˌkʌlpə'bɪlətɪ] *s.* Sträflichkeit *f*, Schuld *f*; **cul·pa·ble** ['kʌlpəbl] *adj.* ☐ sträflich, schuldhaft; strafbar: ~ ***negligence*** ⚖ grobe Fahrlässigkeit.

cul·prit ['kʌlprɪt] *s.* **1.** Schuldige(r *m*) *f*, *a. iro.* Missetäter(in); **2.** ⚖ a) Angeklagte(r *m*) *f*, b) Täter(in).

cult [kʌlt] *s.* **1.** *eccl.* Kult(us) *m*; **2.** *fig.* Kult *m* (*Verehrung, a. dumme Mode*): ~ ***figure*** a) Idol *n*, b) Kultbild *n*.

cul·ti·va·ble ['kʌltɪvəbl] *adj.* kultivierbar (*a. fig.*).

cul·ti·vate ['kʌltɪveɪt] *v/t.* **1.** ⚒ a) *Boden*

bebauen, bestellen, kultivieren, b) *Pflanzen* züchten, ziehen, (an)bauen; **2.** *fig.* entwickeln, verfeinern, fort-, ausbilden, *Kunst etc.* fördern; **3.** zivilisieren; **4.** *Kunst etc.* pflegen, betreiben, sich widmen (*dat.*); **5.** sich befleißigen (*gen.*), Wert legen auf (*acc.*); **6.** a) *e-e Freundschaft etc.* pflegen, b) freundschaftlichen Verkehr suchen *od.* pflegen mit, sich *j-n* ‚warm halten'; **'cul·ti·vat·ed** [-tɪd] *adj.* **1.** bebaut, kultiviert (*Land*); **2.** ✓ gezüchtet, Kultur...; **3.** kultiviert, gebildet; **cul·ti·va·tion** [ˌkʌltɪ'veɪʃn] *s.* **1.** Bearbeitung *f*, Bestellung *f*, Bebauung *f*, Urbarmachung *f*: ***under ~*** bebaut; **2.** Anbau *m*, Ackerbau *m*; **3.** Züchtung *f*; **4.** *fig.* (Aus)Bildung *f*, Pflege *f*; **5.** Kul'tur *f*, Kultiviertheit *f*, Bildung *f*; **'cul·ti·va·tor** [-tə] *s.* **1.** Landwirt *m*; **2.** Züchter *m*; **3.** ✓ Kulti'vator *m* (*Gerät*).

cul·tur·al ['kʌltʃərəl] *adj.* □ **1.** Kultur..., kultu'rell; ***~ channel*** *TV etc.*: Kul'turkaˌnal *m*; ***2 Heritage of the World*** Weltkul'turerbe *n*; **2.** → ***cultivated*** 2; **cul·ture** ['kʌltʃə] *s.* **1.** → ***cultivation*** 1, 2, 4; **2.** a) (*Obst- etc.*)Anbau *m*, (*Pflanzen*)Zucht *f*, b) (*Tier*)Zucht *f*, Züchtung *f* (*a. biol.*), c) (*Pflanzen-, a. Bakterien- etc.*)Kul'tur *f*: ***~ medium*** künstlicher Nährboden; ***~ pearl*** Zuchtperle *f*; **3.** Kul'tur *f*: a) (Geistes)Bildung *f*, b) Kultiviertheit *f*: ***~ vulture*** F Kulturbeflissene(r *m*) *f*; **4.** Kul'tur *f*: a) Kul'turkreis *m*, b) Kul'turform *f od.* -stufe *f*: ***~ lag*** partielle Kulturrückständigkeit; ***~ shock*** Kulturschock *m*; **'cul·tured** [-tʃəd] *adj.* **1.** kultiviert, gepflegt, gebildet; **2.** gezüchtet: ***~ pearl*** Zuchtperle *f*.

cul·ver ['kʌlvə] *s.* Ringeltaube *f*.

cul·vert ['kʌlvət] *s.* ⚙ (über'wölbter) 'Abzugskaˌnal; 'unterirdische (Wasser-) Leitung; ('Bach)ˌDurchlass *m*.

cum [kʌm] (*Lat.*) *prp.* **1.** mit, samt; **2.** *Brit.* F und gleichzeitig, ... in 'einem: ***garage-~-workshop***.

cum·ber·some ['kʌmbəsəm] *adj.* □ **1.** lästig, beschwerlich, hinderlich; **2.** schwerfällig, klobig.

Cum·bri·an ['kʌmbrɪən] **I** *adj.* Cumberland betreffend; **II** *s.* Bewohner(in) von Cumberland.

cum·brous ['kʌmbrəs] → ***cumbersome***.

cum·in ['kʌmɪn] *s.* Kreuzkümmel *m*.

cum·mer·bund ['kʌməbʌnd] *s. Mode*: Kummerbund *m*.

cu·mu·la·tive ['kju:mjʊlətɪv] *adj.* □ **1.** *a.* ✝ kumula'tiv: ***~ dividend***; **2.** sich (an)häufend *od.* steigernd *od.* summierend; anwachsend; **3.** zusätzlich, verstärkend; ***~ ev·i·dence*** *s.* ⚖ verstärkender Beweis; ***~ vot·ing*** *s.* Kumulieren *n* (*bei Wahlen*).

cu·mu·lus ['kju:mjʊləs] *pl.* **-li** [-laɪ] *s.* 'Kumulus *m*, Haufenwolke *f*.

cu·ne·ate ['kju:nɪɪt] *adj. bsd.* ⚘ keilförmig; **'cu·ne·i·form** [-ɪɪfɔ:m] **I** *adj.* **1.** keilförmig; **2.** Keilschrift *f*: ***~ characters*** → 3; **II** *s.* **3.** Keilschrift *f*; **'cu·ni·form** [-ɪfɔ:m] → ***cuneiform***.

cun·ning ['kʌnɪŋ] **I** *adj.* □ **1.** listig, schlau; **2.** geschickt, klug; **3.** *Am.* F niedlich, ‚süß'; **II** *s.* **4.** Schlauheit *f*, Gerissenheit *f*; **5.** Geschicktheit *f*.

cunt [kʌnt] *s.* V Fotze *f*.

cup [kʌp] **I** *s.* **1.** Tasse *f*, Schale *f*: ***~ and saucer*** Ober- und Untertasse; ***that's not my ~ of tea*** *Brit.* F das ist nicht mein Fall; **2.** Kelch *m* (*a. eccl.*), Becher *m*; **3.** *sport* Cup *m*, Po'kal *m*: ***~ final*** Pokalendspiel *n*; ***~ tie*** Pokalspiel *n*, -paarung *f*; **4.** Weinbecher *m*: ***be fond of the ~*** gern (einen) trinken; ***be in one's ~s*** zu tief ins Glas geschaut haben; **5.** Bowle *f*; **6.** *et.* Schalenförmiges, *z.B.* Büstenhalterschale *f od. sport* 'Unterleibs-, Tiefschutz *m*; **7.** *fig.* Kelch *m* (*der Freude, des Leidens*): ***drink the ~ of joy*** den Becher der Freude leeren; ***drain the ~ of sorrow to the dregs*** den Kelch des Leidens bis auf die Neige leeren; ***his ~ is full*** das Maß s-r Leiden (*od.* Freuden) ist voll; **8.** → ***cupful*** 2; **II** *v/t.* **9.** *Kinn* in die (hohle) Hand legen; *Hand* wölben über (*acc.*): ***cupped hand*** hohle Hand; **10.** ⚕ schröpfen; **'~ˌbear·er** *s.* Mundschenk *m*.

cup·board ['kʌbəd] *s.* (*bsd.* Speise-, Geschirr)Schrank *m*; ***~ bed*** *s.* Schrankbett *n*; ***~ love*** *s.* berechnende Liebe.

cu·pel [kju:pəl] *s.* ⚗, ⚙ Ku'pelle *f*.

cup·ful ['kʌpfʊl] *pl.* **-fuls** *s.* **1.** *e-e* Tasse (voll); **2.** *Am. Küche*: ½ Pint *n* (*0,235 l*).

Cu·pid ['kju:pɪd] *s.* **1.** *antiq.* 'Kupido *m*, 'Amor *m* (*a. fig. Liebe*); **2.** 2 Amo'rette *f*.

cu·pid·i·ty [kju:'pɪdətɪ] *s.* (Hab)Gier *f*, Begierde *f*, Begehrlichkeit *f*.

cu·po·la ['kju:pələ] *s.* **1.** Kuppel(dach *n*) *f*; **2.** *a.* ***~ furnace*** ⚙ Ku'polofen *m*; **3.** ⚔, ⚓ Panzerturm *m*.

cu·pre·ous ['kju:prɪəs] *adj.* kupfern; kupferartig, -haltig; **'cu·pric** [-ɪk] *adj.* ⚗ Kupfer...; **ˌcu·pro'nick·el** [ˌkju:prəʊ-] *s.* Kupfernickel *n*; **'cu·prous** [-rəs] → ***cupric***.

cur [kɜ:] *s.* **1.** Köter *m*; **2.** *fig.* ‚Hund' *m*, ‚Schwein' *n*.

cur·a·bil·i·ty [ˌkjʊərə'bɪlətɪ] *s.* Heilbarkeit *f*; **cur·a·ble** ['kjʊərəbl] *adj.* heilbar (*a.* ⚖ *Rechtsmangel*).

cu·ra·cy ['kjʊərəsɪ] *s. eccl.* Amt *n* e-s ***curate***.

cu·rate I *s.* ['kjʊərət] *eccl.* Hilfsgeistliche(r) *m*, Vi'kar *m*, Ku'rat *m*; **II** *v/t. e-e Ausstellung etc.* organisieren (u. betreuen).

cur·a·tive ['kjuərətɪv] **I** *adj.* heilend, Heil...; **II** *s.* Heilmittel *n*.

cu·ra·tor [ˌkjʊə'reɪtə] *s.* **1.** Mu'seumsdiˌrektor *m*; **2.** *Brit. univ.* (*Oxford*) Mitglied *n* des Kura'toriums; **3.** ⚖ *Scot.* Vormund *m*; **4.** ⚖ Verwalter *m*, Pfleger *m*; **ˌcu'ra·tor·ship** [-ʃɪp] *s.* Amt *n od.* Amtszeit *f* e-s ***curator***.

curb [kɜ:b] **I** *s.* **1.** a) Kan'dare *f*, b) Kinnkette *f*; **2.** *fig.* Zaum *m*, Zügel(ung *f*) *m*: ***put a ~ on s.th.*** e-r Sache Zügel anlegen, et. zügeln; **3.** *Am.* → ***kerb***; **4.** *vet.* Spat *m*, Hasenfuß *m*; **II** *v/t.* **5.** an die Kan'dare nehmen; **6.** *fig.* zügeln, im Zaum halten; drosseln, einschränken; ***~ bit*** *s.* Kan'darenstange *f*; ***~ mar·ket*** *Am.* → ***kerb*** 3; **'~·stone** *Am.* → ***kerbstone***.

curd [kɜ:d] *s. oft pl.* geronnene *od.* dicke Milch, Quark *m*: ***~ cheese*** Quark-, Weißkäse *m*; **cur·dle** ['kɜ:dl] **I** *v/t. Milch* gerinnen lassen: ***~ one's blood*** einem das Blut in den Adern erstarren lassen; **II** *v/i.* gerinnen, dick werden (*Milch*): ***it made my blood ~*** das Blut erstarrte mir in den Adern; **'curd·y** [-dɪ] *adj.* geronnen; dick, flockig.

cure [kjʊə] **I** *s.* **1.** ⚕ Heilmittel *n*; *fig.* Mittel *n* Re'zept *n* (***for*** gegen); **2.** ⚕ Kur *f*, Heilverfahren *n*, Behandlung *f*; **3.** ⚕ Heilung *f*: ***past ~*** a) unheilbar krank, b) unheilbar (*Krankheit*), c) *fig.* hoffnungslos; **4.** *eccl.* a) *a.* ***~ of souls*** Seelsorge *f*, b) Pfar'rei *f*; **II** *v/t.* **5.** ⚕ *j-n* (***of*** von) *od. Krankheit od. fig. Übel* heilen (*a.* ⚖ *Rechtsmangel etc.*), kurieren: ***~ s.o. of lying*** j-m das Lügen abgewöhnen; **6.** haltbar machen: a) räuchern, b) einpökeln, -salzen, c) trocknen, d) beizen; **7.** ⚙ a) vulkanisieren, b) aushärten (*Kunststoffe*); **'~-all** *s.* All'heilmittel *n*.

cu·ret·tage [kjʊə'retɪdʒ] *s.* ⚕ Ausschabung *f*.

cur·few ['kɜ:fju:] *s.* **1.** *hist.* a) Abendläuten *n*, b) Abendglocke *f*; **2.** Sperrstunde *f*; **3.** ⚔ a) Ausgehverbot *n*, b) Zapfenstreich *m*.

cu·ri·a ['kjʊərɪə] *s. R.C.* 'Kurie *f*.

cu·rie ['kjʊərɪ] *s. phys.* Cu'rie *n*.

cu·ri·o ['kjʊərɪəʊ] *pl.* **-os** *s.* → ***curiosity*** 2 a *u.* c.

cu·ri·os·i·ty [ˌkjʊərɪ'ɒsətɪ] *s.* **1.** Neugier *f*, Wissbegierde *f*; **2.** Kuriosi'tät *f*: a) Rari'tät *f*, *pl.* Antiqui'täten, b) Sehenswürdigkeit *f*, c) Kuri'osum *n* (*Sache od. Person*); ***~ shop*** *s.* Antiqui'täten-, Rari'tätenladen *m*.

cu·ri·ous ['kjʊərɪəs] *adj.* □ **1.** neugierig; wissbegierig: ***I am ~ to know if*** ich möchte gern wissen, ob; **2.** kuri'os, seltsam, merkwürdig: ***~ly enough*** merkwürdigerweise; **3.** F komisch, wunderlich.

curl [kɜ:l] **I** *v/t.* **1.** *Haar* locken *od.* kräuseln; **2.** *Wasser* kräuseln; *Lippen* (verächtlich) schürzen; **3.** ***~ up*** zs.-rollen: ***~ o.s. up*** → 6 a; **II** *v/i.* **4.** sich locken *od.* kräuseln (*Haar*); **5.** wogen, sich wellen *od.* winden; **6.** ***~ up*** a) sich hochringeln (*Rauch*), b) sich zs.-rollen: ***~ up on the sofa*** es sich auf dem Sofa gemütlich machen; **7.** *sport* Curling spielen; **III** *s.* **8.** Locke *f*: ***in ~s*** gelockt; **9.** (Rauch-) Ring *m*, Kringel *m*; **10.** Windung *f*; **11.** Kräuseln *n der Lippen*; **12.** ⚘ Kräuselkrankheit *f*; **curled** [-ld] → ***curly***; **'curl·er** [-lə] *s.* **1.** Lockenwickel *m*; **2.** *sport* Curlingspieler *m*.

cur·lew ['kɜ:lju:] *s.* Brachvogel *m*.

curl·i·cue ['kɜ:lɪkju:] *s.* Schnörkel *m*.

curl·ing ['kɜ:lɪŋ] *s.* **1.** Kräuseln *n*, Ringeln *n*; **2.** *sport* Curling *n*: ***~ stone*** Curlingstein *m*; **3.** ⚙ bördeln; ***~ i·rons***, ***~ tongs*** *s. pl.* (Locken)Brennschere *f*.

'curlˌpa·per *s.* Pa'pierhaarwickel *m*.

curl·y ['kɜ:lɪ] *adj.* **1.** lockig, kraus, gekräuselt, **2.** wellig; gewunden; **'~-head**, **'~-pate** *s.* F Locken- *od.* Krauskopf *m* (*Person*).

cur·mudg·eon [kɜ:'mʌdʒən] *s.* Brummbär *m*.

cur·rant ['kʌrənt] *s.* **1.** Ko'rinthe *f*; **2.** ***red*** (***white***, ***black***) ***~*** Rote (Weiße, Schwarze) Jo'hannisbeere.

cur·ren·cy ['kʌrənsɪ] *s.* **1.** 'Umlauf *m*, Zirkulati'on *f*: ***give ~ to*** *Gerücht etc.* in Umlauf setzen; **2.** a) (allgemeine) Geltung, (Allge'mein)Gültigkeit *f*, b) Gebräuchlichkeit *f*, Geläufigkeit *f*, c) Verbreitung *f*; **3.** ✝ a) Währung *f*, Va'luta *f*; → ***foreign*** 1, ***hard currency***, b) Zahlungsmittel *n od. pl.*, c) 'Geldˌumlauf *m*, d) 'umlaufendes Geld, e) Laufzeit *f* (*Wechsel, Vertrag*); ***~ account*** *s.* ✝ 'Währungs-, De'visenˌkonto *n*; ***~ bill*** *s.* De'visenwechsel *m*; ***~ bond*** *s.* Fremdwährungsschuldverschreibung *f*; ***~ crisis*** *s.* Währungskrise *f*; ***~ re·a·lign·ment*** *s.* Neuordnung der Währungsparitäten; ***~ re·form*** *s.* 'Währungsreˌform *f*; ***~ up·heav·als*** *s. pl.* 'Währungsturbuˌlenzen *pl.*

cur·rent ['kʌrənt] **I** *adj.* □ → ***currently***; **1.** laufend (*Jahr, Konto, Unkosten*

C

etc.); **2.** gegenwärtig, jetzig, aktu'ell: ~ ***events*** Tagesereignisse; ~ ***price*** ✝ Tagespreis *m*; **3.** 'umlaufend, kursierend (*Geld, Gerücht etc.*); **4.** a) allgemein bekannt *od.* verbreitet, b) üblich, geläufig, gebräuchlich: ***not in ~ use*** nicht allgemein üblich, c) allgemein gültig *od.* anerkannt; **5.** ✝ a) (markt)gängig (*Ware*), b) gültig (*Geld*), c) verkehrsfähig, d) → 3; **II** *s.* **6.** Strömung *f*, Strom *m* (*beide a. fig.*): ***against the ~*** gegen den Strom; ~ ***of air*** Luftstrom; **7.** *fig.* a) Trend *m*, Ten'denz *f*, b) (Ver)Lauf *m*, Gang *m*; **8.** ⚡ Strom *m*; ~ **ac·count** *s.* ✝ laufendes Konto, Girokonto *n*; ~ **coin** *s.* gängige Münze (*a. fig.*); ~ **ex·change** *s.* (***at the ~*** zum) Tageskurs *m*.

cur·rent·ly ['kʌrəntlɪ] *adv.* **1.** jetzt, zur Zeit, gegenwärtig; **2.** *fig.* fließend.

cur·rent| me·ter *s.* ⚡ Stromzähler *m*; ~ **mon·ey** *s.* ✝ 'umlaufendes Geld.

cur·ric·u·lum [kə'rɪkjʊləm] *pl.* **-lums, -la** [-lə] *s.* Lehr-, Studienplan *m*; ~ **vi·tae** ['vaɪtiː] *s.* Lebenslauf *m*.

cur·ri·er ['kʌrɪə] *s.* Lederzurichter *m*.

cur·ry[1] ['kʌrɪ] **I** *s.* Curry(gericht *n*) *m*, *n*: ~ ***powder*** Currypulver *n*; **II** *v/t.* mit Curry(soße) zubereiten: ***curried chicken*** Curryhuhn *n*.

cur·ry[2] ['kʌrɪ] *v/t.* **1.** *Pferd* striegeln; **2.** *Leder* zurichten; **3.** verprügeln; **4.** ~ ***fa·vo(u)r with s.o.*** sich bei j-m lieb Kind machen (wollen); '~**·comb** *s.* Striegel *m*.

curse [kɜːs] **I** *s.* **1.** Fluch(wort *n*) *m*; Verwünschung *f*; **2.** *eccl.* Bann(fluch) *m*; Verdammnis *f*; **3.** Fluch *m*, Unglück *n* (***to*** für); **4.** ***the ~*** F die ‚Tage' (*der Frau*); **II** *v/t.* **5.** verfluchen, verwünschen, verdammen: ~ ***him!*** der Teufel soll ihn holen!; **6.** fluchen auf (*acc.*), beschimpfen; **7.** *pass.* ***be ~d with s.th.*** mit et. gestraft *od.* geplagt sein; **III** *v/i.* **8.** fluchen, Flüche ausstoßen; '**curs·ed** [-sɪd] *adj.* □ *a.* F verflucht, verdammt, verwünscht.

cur·sive ['kɜːsɪv] **I** *adj.* kur'siv: ~ ***characters*** → **II** *s. typ.* Schreibschrift *f*.

cur·sor ['kɜːsə] *s.* **1.** *Computer*: Cursor *m*; **2.** ⩘, ⚙ Schieber *m*, ⚙ *a.* Zeiger *m*.

cur·so·ri·ness ['kɜːsərɪnɪs] *s.* Flüchtigkeit *f*, Oberflächlichkeit *f*; **cur·so·ry** ['kɜːsərɪ] *adj.* □ flüchtig, oberflächlich.

curst [kɜːst] *obs. pret. u. p.p. von* ***curse***.

curt [kɜːt] *adj.* □ **1.** kurz (gefasst), knapp; **2.** (***with***) barsch, schroff (gegen), kurz angebunden (mit).

cur·tail [kɜː'teɪl] *v/t.* **1.** (ab-, ver)kürzen; **2.** *Ausgaben etc.* kürzen, *a. Rechte* be-, einschränken, beschneiden; *Preise etc.* her'absetzen; **cur'tail·ment** [-mənt] *s.* **1.** (Ab-, Ver)Kürzung *f*; **2.** Kürzung *f*, Beschneidung *f*; Beschränkung *f*.

cur·tain ['kɜːtn] **I** *s.* **1.** Vorhang *m* (*a. fig.*), Gar'dine *f*: ***draw the ~(s)*** den Vorhang (die Gardinen) zuziehen; ***draw the ~ over s.th.*** *fig.* et. begraben; ***lift the ~*** *fig.* den Schleier lüften; ***behind the ~*** hinter den Kulissen; ~ ***of fire*** ⚔ Feuervorhang; ~ ***of rain*** Regenwand *f*; **2.** *thea.* a) Vorhang *m*, b) Aktschluss *m*: ***the ~ rises*** der Vorhang geht auf; ***the ~ falls*** der Vorhang fällt (*a. fig.*); ***it's ~s for him*** F es ist aus mit ihm; ***now it's ~s!*** F jetzt ist der Ofen aus!, aus ists!; **3.** *thea.* Her'vorruf *m*: ***take ten ~s*** zehn Vorhänge haben; **II** *v/t.* **4.** mit Vorhängen versehen; ~ **call** → ***curtain*** 3; ~ **fall** *s. thea.* Fallen *n* des Vorhanges; ~ **lec·ture** *s.* Gar'dinenpredigt *f*; ~ **rais·er** *s. thea.* **1.** kurzes Vorspiel; **2.** *fig.* Vorspiel *n*, Auftakt (***to*** zu); ~ **wall** *s.* ⚠ **1.** Blendwand; **2.** Zwischenwand *f*.

curt·s(e)y ['kɜːtsɪ] **I** *s.* Knicks *m*: ***drop a ~*** → **II** *v/i.* e-n Knicks machen, knicksen (***to*** vor *dat.*).

cur·va·ceous [kɜː'veɪʃəs] *adj.* F ‚kurvenreich' (*Frau*); **cur·va·ture** ['kɜːvətʃə] *s.* Krümmung *f* (*a.* ⩘, *geol.*): ~ ***of the spine*** ✱ Rückgratverkrümmung *f*.

curve [kɜːv] **I** *s.* **1.** Kurve *f* (*a.* ⩘), Krümmung *f*, Biegung *f*, Bogen *m*; **2.** *pl.* F ‚Kurven' *pl.*, Rundungen *pl.*; **II** *v/t.* **3.** biegen, krümmen; **III** *v/i.* **4.** sich biegen *od.* wölben *od.* krümmen; **curved** [-vd] *adj.* gekrümmt, gebogen; krumm.

cur·vet [kɜː'vet] **I** *s. Reitkunst*: Kur'bette *f*, Bogensprung *m*; **II** *v/i.* kurbettieren.

cur·vi·lin·e·ar [ˌkɜːvɪ'lɪnɪə] *adj.* krummlinig (begrenzt).

cush·ion ['kʊʃn] **I** *s.* **1.** Kissen *n*, Polster *n* (*a. fig.*); **2.** Wulst *m* (*für die Frisur*); **3.** Bande *f* (*Billard*); **4.** *vet.* Strahl *m* (*Pferdehuf*); **5.** ⚙ Puffer *m*, Dämpfer *m*; **6.** *phys.* ⚙ Luftkissen *n*; **II** *v/t.* **7.** durch Kissen schützen, polstern (*a. fig.*); **8.** *Stoß, Fall* dämpfen *od.* auffangen; **9.** weich betten; **10.** ⚙ abfedern; '~**·craft** *s.* Luftkissenfahrzeug(e *pl.*) *n*.

cush·ioned ['kʊʃənd] *adj.* **1.** gepolstert, Polster...; **2.** *fig.* bequem, behaglich; **3.** ⚙ stoßgedämpft.

cush·y ['kʊʃɪ] *adj. Brit. sl.* ‚gemütlich', bequem, angenehm: ~ ***job***.

cusp [kʌsp] *s.* **1.** Spitze *f*; **2.** ⩘ Scheitelpunkt *m* (*Kurve*); **3.** *ast.* Horn *n* (*Halbmond*); **4.** ⚠ Nase *f* (*gotisches Maßwerk*); **cusped** [-pt], **'cus·pi·dal** [-pɪdl] *adj.* spitz (zulaufend).

cus·pi·dor ['kʌspɪdɔː] *s. Am.* **1.** Spucknapf *m*; **2.** ✈ Speitüte *f*.

cuss [kʌs] *s.* F **1.** Fluch *m*: ~ ***word*** Fluch *m*, Schimpfwort *n*; → ***tinker*** 1; **2.** Kerl *m*; **'cuss·ed** [-sɪd] *adj.* F **1.** verflucht, -flixt; **2.** boshaft, gemein; **'cuss·ed·ness** [-sɪdnɪs] *s.* F Bosheit *f*, Gemeinheit *f*, Tücke *f*.

cus·tard ['kʌstəd] *s.* Eiercreme *f*: (***running***) ~ Vanillesoße *f*; ~ **ap·ple** *s.* ♀ Zimtapfel *m*; ~ **pow·der** *s. ein* 'Pudding,pulver *n*; ~ **pie** *s.* **1.** Sahnetorte *f*; **2.** *thea.* F Kla'mauk(komödie *f*) *m*.

cus·to·di·an [kʌ'stəʊdjən] *s.* **1.** Aufseher *m*, Wächter *m*, Hüter *m*; **2.** (⚖ Vermögens)Verwalter *m*, ⚖ *a.* Verwahrer *m*, *Am. a.* Vormund *m*; **cus·to·dy** ['kʌstədɪ] *s.* **1.** Aufsicht *f* (***of*** über *acc.*), (Ob)Hut *f*, Schutz *m*; **2.** Verwahrung *f*; Verwaltung *f*; **3.** ⚖ a) Gewahrsam *m*, Haft *f*: ***protective ~*** Schutzhaft *f*; ***take into ~*** verhaften, in Gewahrsam nehmen, b) Gewahrsam *m* (*tatsächlicher Besitz*), c) Sorgerecht *n*; **4.** ✝ *Am.* De'pot *n*.

cus·tom ['kʌstəm] **I** *s.* **1.** Brauch *m*, Gewohnheit *f*, Sitte *f*; *coll.* Sitten u. Gebräuche *pl.*, *pl.* Brauchtum *n*; **2.** ⚖ Gewohnheitsrecht *n*; **3.** ✝ Kundschaft *f*, Kunden(kreis *m*) *pl.*: ***draw*** (*od.* ***get***) ***a lot of ~ from*** viel Geschäft machen mit; ***take one's custom elsewhere*** anderswo Kunde werden; ***withdraw one's ~ from*** s-e Kundschaft entziehen (*dat.*); **4.** *pl.* a) Zoll *m*, b) Zoll(behörde *f*) *m*, Zollamt *n*; **II** *adj.* **5.** *Am.* a) auf Bestellung *od.* nach Maß arbeitend: ~ ***tailor*** Maßschneider *m*, b) → ***custom-made***: ~**-*built*** einzeln (*od.* nach Kundenangaben) angefertigt; ~ ***shoes*** Maßschuhe; **'cus·tom·ar·i·ly** [-mərɪlɪ] *adv.* üblicherweise, herkömmlicherweise; **'cus·tom·ar·y** [-mərɪ] *adj.* □ **1.** gebräuchlich, herkömmlich, üblich, gewohnt, Gewohnheits...; **2.** ⚖ gewohnheitsrechtlich; **'cus·tom·er** [-mə] *s.* **1.** Kunde *m*, Kundin *f*, Abnehmer(in), Käufer(in): ~ ***country*** Abnehmerland *n*; ~***'s check*** *Am.* Barscheck *m*; ***regular ~*** Stammkunde *m od.* -gast *m*; **2.** F Bursche *m*, ‚Kunde' *m*: ***queer ~*** komischer Kauz; ***ugly ~*** übler Kunde; **'cus·tom·ize** [-maɪz] *v/t.* **1.** ✝ auf den Kundenbedarf zuschneiden; **2.** *Auto etc.* individu'ell herrichten.

'cus·tom|·house *s.* Zollamt *n*; '~**-made** *adj.* nach Maß *od.* auf Bestellung *od.* spezi'ell angefertigt, Maß...

cus·tom·ize ['kʌstəmaɪz] *v/t.* kundengerecht anfertigen.

cus·toms| clear·ance *s.* Zollabfertigung *f*; ~ **dec·la·ra·tion** *s.* 'Zolldeklarati,on *f*, -erklärung *f*; ~ **ex·am·i·na·tion**, ~ **in·spec·tion** *s.* 'Zollkon,trolle *f*; ~ **of·fi·cer** *s.* Zollbeamte(r) *m*; ~ **un·ion** *s.* 'Zollverein *m*, -uni,on *f*; ~ **war·rant** *s.* Zollauslieferungsschein *m*; ~ **ware·house** *s.* Zolllager *n*.

cut [kʌt] **I** *s.* **1.** Schnitt *m*: ***a ~ above*** e-e Stufe besser als; → ***haircut***; **2.** Schnittwunde *f*; **3.** Hieb *m*, Schlag *m*: ~ ***and thrust*** a) *Fechten*: Hieb u. Stoß *m* (*od.* Stich *m*), b) *fig.* (feindseliges) Hin u. Her, ‚Schlagabtausch' *m*; **4.** Schnitte *f*, Stück *n* (*bsd. Fleisch*); Ab-, Anschnitt *m*; Schur *f* (*Wolle*); Schlag *m* (*Holzfällen*); ⸙ Mahd *f* (*Gras*); **5.** F (An)Teil *m*: ***my ~ is 10%***; **6.** (Zu)Schnitt *m*, Fas'son *f* (*bsd. Kleidung*); *fig.* Art *f*, Schlag *m*; **7.** *typ.* a) Druckstock *m*, b) Holzschnitt *m*, (Kupfer)Stich *m*, c) Kli'schee *n*; **8.** Schnitt *m*, Schliff *m* (*Edelstein*); **9.** Gesichtsschnitt *m*; **10.** Beschneidung *f*, Kürzung *f*, Streichung *f*, Abzug *m*, Abstrich *m* (*Preis, Lohn, a. Text etc.*): ***power ~*** ⚡ Stromsperre *f*; → ***short cut***; **11.** ⚙, 🚆 *etc.* Einschnitt *m*, Kerbe *f*, Graben *m*; **12.** a) Stich *m*, Bosheit *f*, b) Grußverweigerung *f*: ***give s.o. the ~ direct*** j-n ostentativ schneiden; **13.** *Kartenspiel*: Abheben *n*; **14.** *Tennis*: Schnitt *m*; **15.** *Film etc.*: Schnitt *m*, (scharfe) Über'blendung; **II** *adj.* **16.** ge-, beschnitten, behauen: ~ ***flowers*** Schnittblumen; ~ ***glass*** geschliffenes Glas, Kristall *n*; ~ ***prices*** herabgesetzte Preise; ***well-~ features*** fein geschnittene Züge; ~ ***and dried*** fix u. fertig, schablonenhaft; ***badly ~ about*** arg zugerichtet; **III** *v/t.* [*irr.*] **17.** (ab-, be-, 'durch-, zer)schneiden: ~ ***one's finger*** sich in den Finger schneiden; ~ ***one's nails*** sich die Nägel schneiden; ~ ***a book*** ein Buch aufschneiden; ~ ***a joint*** e-n Braten vorschneiden, zerlegen; ~ ***to pieces*** zerstückeln; **18.** *Hecke* beschneiden, stutzen; **19.** *Gras, Korn* mähen; *Baum* fällen; **20.** schlagen; *Kohlen* hauen; *Weg* aushauen, -graben; *Holz* hacken; *Graben* stechen; *Tunnel* bohren: ~ ***one's way*** sich e-n Weg bahnen (*a. fig.*); **21.** *Tier* verschneiden, kastrieren: ~ ***horse*** Wallach *m*; **22.** *Kleid* zuschneiden; *et.* zu'rechtschneiden; *Stein* behauen; *Glas, Edelstein* schleifen: ~ ***it fine*** *fig.* a) es (zu) knapp bemessen, b) es gerade noch schaffen; ~ ***a deal*** *fig., bsd. Am.* F ein Abkommen treffen; **23.** einschneiden, -ritzen, schnitzen; **24.** *Tennis*: *Ball* schneiden; **25.** *Text etc., a. Betrag* beschneiden, kürzen, zs.-streichen; *sport Rekord* brechen; **26.** *Film*: a) schneiden, über'blenden: ~ ***to*** hinüberblenden zu, b) abbrechen; **27.** verdünnen, verwässern; **28.** *fig. j-n* schneiden, nicht grüßen: ~ ***s.o. dead*** j-n völlig ignorieren; **29.** *fig.* schneiden (*Wind*); verletzen, kränken (*Worte*); **30.** *Verbindung* abbrechen, aufgeben; fern bleiben von, *Vorlesung* ‚schwänzen'; **31.** *Zahn* bekommen; **32.** *Schlüssel* anfertigen; **33.** *Spielkarten* abheben; **IV** *v/i.* [*irr.*] **34.** schneiden (*a. fig.*), hauen: ***it ~s both ways*** es ist ein zweischneidiges Schwert; ~ ***and come again*** greifen Sie tüchtig zu! (*beim Essen*); ***it ~s into his time*** es kostet ihn Zeit; ~ ***into a conversation*** in e-e Unterhaltung eingreifen; **35.** sich schneiden lassen; **36.** F ‚abhauen': ~ ***and run*** Reißaus nehmen; **37.** (*in der Schule etc.*) ‚schwänzen'; **38.** *Kartenspiel*: abheben; **39.** *sport* (den Ball) schneiden; **40.** ~ ***across*** a) quer durch *et.* gehen, b) *fig.* hin'ausgehen über (*acc.*), c) *fig.* wider'sprechen, d) *fig. Am.* einbeziehen;

Zssgn mit adv.:

cut| a·long *v/i.* F sich auf die Beine machen; ~ **back I** *v/t.* beschneiden, stutzen, *fig. a.* kürzen, zs.-streichen, verringern; **II** *v/i.* (zu)'rückblenden (***to*** auf *acc.*) (*Film, Roman etc.*); ~ **down I** *v/t.* **1.** zerschneiden; **2.** *Baum* fällen, *j-n a.* niederschlagen; **3.** *fig.* a) → ***cut back*** I, b) drosseln; **II** *v/i.* **4.** ~ ***on s.th.*** et. einschränken; ~ **in I** *v/t.* **1.** ⚙ einschalten (*a. Filmszene*); **2.** *j-n* beteiligen (***on*** an *dat.*); **II** *v/i.* **3.** unter'brechen, sich einmengen *od.* einschalten (*a. teleph.*); **4.** einspringen; **5.** *mot.* einscheren; **6.** F (*beim Tanzen*) abklatschen; ~ **loose I** *v/t.* **1.** trennen, losmachen; **2.** ***cut o.s. loose*** sich trennen *od.* lossagen; **II** *v/i.* **3.** sich gehen lassen; **4.** sich lossagen; **5.** *sl.* a) loslegen (***with*** mit), b) ‚auf den Putz hauen'; ~ **off** *v/t.* **1.** abschneiden, -schlagen, -hauen: ~ ***s.o.'s head*** j-n köpfen; **2.** unter'brechen, trennen; **3.** *Strom etc.* absperren, abdrehen; **4.** *Debatte* beenden; **5.** niederschlagen, da'hinraffen; vernichten; **6.** ***cut s.o. off with a shilling*** j-n enterben; ~ **out I** *v/t.* **1.** aus-, zuschneiden: ~ ***for a job*** wie geschaffen für e-n Posten; → ***work*** 1; **2.** *j-n* ausstechen; verdrängen; **3.** *Am. sl.* unter'lassen: ***cut it out!*** lass den Quatsch!; **4.** aufgeben; entfernen; *Am. Tier* von der Herde absondern; **5.** ⚙ ausschalten; **II** *v/i.* **6.** ⚙ sich ausschalten, aussetzen; **7.** ausscheren (*Fahrzeug*); **8.** *Kartenspiel*: ausscheiden; ~ **short** *v/t.* **1.** unter'brechen; *j-m* ins Wort fallen; **2.** plötzlich beenden, kürzen; *es* kurz machen; ~ **un·der** *v/t.* ✝ *j-n* unter'bieten; ~ **up I** *v/t.* **1.** in Stücke schneiden, zerhauen; zerlegen; **2.** vernichten; **3.** F ‚verreißen', her'untermachen; **4.** tief betrüben, aufregen: ***be badly ~*** ganz ‚kaputt' sein; **II** *v/i.* **5.** *Brit.* F ~ ***fat*** (*od.* ***rich***) reich sterben; **6.** F ‚den wilden Mann' spielen: ~ ***rough*** ‚massiv' werden; **7.** *Am. sl.* a) ‚angeben', b) Unsinn treiben.

ˌcut-and-'dried *adj.* **1.** (fix und) fertig, fest(gelegt); **2.** scha'blonenhaft.

cu·ta·ne·ous [kjuː'teɪnjəs] *adj.* ⚕ Haut...: ~ ***eruption*** Hautausschlag *m.*

'cut·a·way I *s.* Cut(away) *m*; **II** *adj.* ⚙ Schnitt...(*-modell etc.*): ~ ***view*** Ausschnitt(darstellung *f*) *m.*

'cut·back *s.* **1.** *Film*: Rückblende *f*; **2.** Kürzung *f*, Beschneidung *f*, Verringerung *f.*

cute [kjuːt] *adj.* □ F **1.** schlau, clever; **2.** *Am.* niedlich, ‚süß'.

cu·ti·cle ['kjuːtɪkl] *s.* ⚘, *anat.* Oberhaut *f*, Epi'dermis *f*; Nagelhaut *f*: ~ ***scissors*** Hautschere *f.*

cu·tie ['kjuːtɪ] *s. Am. sl.* ‚dufte Biene' (*Mädchen*).

'cut-in *s. Film*: a) Einschnitt(szene *f*) *m*, b) *a. Zeitung*: Zwischentitel *m.*

cu·tis ['kjuːtɪs] *s. anat.* 'Kutis *f*, Lederhaut *f.*

cut·lass ['kʌtləs] *s.* **1.** ⚓ *hist.* Entermesser *n*; **2.** Ma'chete *f.*

cut·ler ['kʌtlə] *s.* Messerschmied *m*; **'cut·ler·y** [-ərɪ] *s.* **1.** Messerwaren *pl.*; **2.** *coll.* Essbesteck(e *pl.*) *n.*

cut·let ['kʌtlɪt] *s.* Schnitzel *n.*

'cut|·off *s.* **1.** ⚙ (Ab)Sperrung *f*; **2.** ⚙, ⚡ Ab-, Ausschaltung *f* (*a. Vorrichtung*); **3.** *Am.* Abkürzung(sweg *m*) *f*; **'~·out** *s.* **1.** Ausschnitt *m*; 'Ausschneidefiˌgur *f*; **2.** ⚡ a) Ausschalter *m*, Sicherung *f*; **3.** *mot.* Auspuffklappe *f*; **'~·purse** *s.* Taschendieb(in); **'~·rate** *adj.* ✝ ermäßigt, her'abgesetzt, billig (*a. fig.*).

cut·ter ['kʌtə] *s.* **1.** Schneidende(r) *m*; (Blech-, Holz)Schneider *m* (Stein)Hauer *m*; (Glas-, Dia'mant)Schleifer *m*; **2.** Zuschneider *m*; **3.** ⚙ Schneidewerkzeug *n*; **4.** *Film*: Cutter(in); **5.** *Küche*: Ausstechform *f*; **6.** ⚓ a) Kutter *m*, b) Beiboot *n*, c) *Am.* Küstenwachboot *n.*

'cut·throat I *s.* **1.** Mörder *m*; **2.** *fig.* Halsabschneider *m*; **II** *adj.* **3.** *fig.* mörderisch, halsabschneiderisch: ~ ***competition.***

cut·ting ['kʌtɪŋ] **I** *s.* **1.** Schneiden *n*; Zuschneiden *n*; **2.** *bsd.* 🚂 Einschnitt *m*, 'Durchstich *m*; **3.** ⚙ a) Fräsen *n*, spanabhebende Bearbeitung, b) Kerbe *f*, Schlitz *m*, c) *pl.* Späne *pl.*, Schnitzel *pl.*; **4.** (Zeitungs)Ausschnitt *m*; **5.** *pl.* Schnitzel *pl.*, Abfälle *pl.*; **6.** ⚘ Ableger *m*, Steckling *m*; **7.** *Film*: Schnitt *m*; **II** *adj.* □ **8.** schneidend, Schneid(e)...; **9.** *fig.* schneidend (*Wind*), scharf (*Worte*), beißend (*Hohn*); ~ **die** *s.* ⚙ Schneideisen *n*, 'Stanzschaˌblone *f*; ~ **edge** *s.* Schneide *f*: ***be*** (***at***) ***the ~*** *fig.* ganz vorn mitmischen, zur Spitze gehören; ~ **nippers** *s. pl.* Kneifzange *f*; ~ **torch** *s.* ⚙ Schneidbrenner *m.*

cut·tle ['kʌtl], **'~·fish** *s. zo.* (Gemeiner) Tintenfisch.

cy·a·nate ['saɪəneɪt] *s.* ⚗ Zya'nat *n*; **cy·an·ic** [saɪ'ænɪk] *adj.* Zyan...: ~ ***acid*** Zyansäure *f*; **'cy·a·nide** [-naɪd] *s.* Zya'nid *n*: ~ ***of potassium*** (*od.* ***potash***) Zyankali *n*; **cy·an·o·gen** [saɪ'ænədʒɪn] *s.* Zy'an *n.*

cy·ber|·ca·fe ['saɪbəˌkæfeɪ] *s.* Cybercafé *n*, Internetcafé *n*; **'~·mall** [-mɔːl, -mæl] *s.* 'Cybermall *f*, virtu'elles 'Einkaufsˌzentrum.

cy·ber·net·ics [ˌsaɪbə'netɪks] *s. pl.* (*sg. konstr.*) Kyber'netik *f*; **ˌcy·ber'net·ist** [-ɪst] *s.* Kyber'netiker *m.*

'cy·ber|·sex *s. Internet*: Cybersex *m*; **'~·space** *s. Computer*: Cyberspace *m*, virtu'eller Raum.

cy·borg ['saɪbɔːg] *s. Science-Fiction*: Cyborg *m* (*Wesen zwischen Mensch u. Roboter*).

cyc·la·men ['sɪkləmən] *s.* ⚘ Alpenveilchen *n.*

cy·cle ['saɪkl] **I** *s.* **1.** 'Zyklus *m*, Kreis(-lauf) *m*, 'Umlauf *m*: ***lunar ~*** Mondzyklus; → ***business cycle***; ***come full ~*** a) e-n ganzen Kreislauf beschreiben, b) *fig.* zum Anfangspunkt zurückkehren; **2.** *a.* ⚡, *phys.* Peri'ode *f*: ***in ~s*** periodisch wiederkehrend; ***~s per second*** (*abbr.* ***cps***) Hertz; **3.** (Gedicht-, Sagen)Kreis *m*; **4.** Folge *f*, Reihe *f*, 'Serie *f*, 'Zyklus *m*; **5.** ⚙ 'Kreisproˌzess *m*; Arbeitsgang *m*; **6.** *mot.* Takt *m*: ***four-stroke ~*** Viertakt; ***four-~ engine*** Viertaktmotor *m*; **7.** a) Fahrrad *n*: ~ ***path*** (*od.* ***track***) Rad(fahr)weg *m*, b) Motorrad *n*, c) Dreirad *n*; **II** *v/i.* **8.** Rad fahren, radeln; **III** *v/t.* **9.** e-n Kreislauf 'durchmachen lassen; **10.** *a.* ⚙ peri'odisch wieder'holen; **'cy·cle·way** *s.* Rad(fahr)weg *m*; **'cy·clic**, **'cy·clical** [-lɪk(l)] *adj.* □ **1.** zyklisch, peri'odisch, kreisläufig; **2.** ✝ konjunk'turbedingt, -poˌlitisch, Konjunktur...; **'cy·cling** [-lɪŋ] *s.* **1.** Radfahren *n*: ~ ***tour*** Radtour *f*; **2.** Rad(renn)sport *m*; **'cy·clist** [-lɪst] *s.* Radfahrer(in).

cy·clo-cross [ˌsaɪklə'krɒs] *s. Radsport*: Querfeld'einfahren *n.*

cy·clom·e·ter [saɪ'klɒmɪtə] *s.* **1.** ⚙ Wegmesser *m*; **2.** ⚘ Zyklo'meter *m.*

cy·cloid ['saɪklɔɪd] **I** *s.* ⚘ Zyklo'ide *f*; **II** *adj. allg.* zyklo'id.

cy·clone ['saɪkləʊn] *s.* **1.** *meteor.* a) Zyklon *m*, Wirbelsturm *m*, b) Zy'klone *f*, Tief(druckgebiet) *n*; **2.** *fig.* Or'kan *m.*

cy·clo·p(a)e·di·a [ˌsaɪkləʊ'piːdjə] → ***encyclop(a)edia.***

Cy·clo·pe·an [saɪ'kləʊpjən] *adj.* zy'klopisch, riesig; **Cy·clops** ['saɪklɒps] *pl.* **Cy·clo·pes** [saɪ'kləʊpiːz] *s.* Zy'klop *m.*

cy·clo·tron ['saɪklətrɒn] *s. Kernphysik*: 'Zyklotron *n.*

cy·der → ***cider.***

cyg·net ['sɪgnɪt] *s.* junger Schwan.

cyl·in·der ['sɪlɪndə] *s.* **1.** ⚘, ⚙, *typ.* Zy'linder *m*, Walze *f*: ***six-~ car*** Sechszylinderwagen *m*; **2.** ⚙ Trommel *f*, Rolle *f*; 'Mess-, 'Dampfzyˌlinder *m*; Gas-, Stahlflasche *f*; Stiefel *m* (*Pumpe*); ~ **block** *s. mot.* Zy'linderblock *m*; ~ **bore** *s.* Zy'linderbohrung *f*; ~ **es·cape·ment** *s.* Zy'linderhemmung *f* (*Uhr*); ~ **head** *s.* Zy'linderkopf *m*; ~ **jack·et** *s.* Zy'lindermantel *m*; ~ **print·ing** *s. typ.* Walzendruck *m.*

cy·lin·dri·cal [sɪ'lɪndrɪkl] *adj.* zy'lindrisch, Zylinder...

cym·bal ['sɪmbl] *s.* ♪ **1.** Becken *n*; **2.** 'Zimbel *f*; **'cym·bal·ist** [-bəlɪst] *s.* Beckenschläger *m*; **'cym·ba·lo** [-bələʊ] *pl.* **-los** *s.* ♪ Hackbrett *n.*

Cym·ric ['kɪmrɪk] **I** *adj.* kymrisch, *bsd.* wa'lisisch; **II** *s. ling.* Kymrisch *n.*

cyn·ic ['sɪnɪk] *s.* **1.** Zyniker *m*, bissiger Spötter; **2.** ♌ *antiq. phls.* Kyniker *m*; **'cyn·i·cal** [-kl] *adj.* □ zynisch; **'cyn·i·cism** [-ɪsɪzəm] *s.* **1.** Zy'nismus *m*; **2.** zynische Bemerkung.

cy·no·sure ['sɪnəzjʊə] *s.* **1.** *fig.* Anziehungspunkt *m*, Gegenstand *m* der Bewunderung; **2.** *fig.* Leitstern *m*; **3.** ♌ *ast.* a) Kleiner Bär, b) Po'larstern *m.*

cy·pher → ***cipher.***

cy·press ['saɪprɪs] *s.* Zy'presse *f.*

Cyp·ri·ote ['sɪprɪəʊt], **'Cyp·ri·ot** [-ɪət] **I** *s.* Zypri'ot(in), Zyprer(in); **II** *adj.* zyprisch.

Cy·ril·lic [sɪ'rɪlɪk] *adj.* ky'rillisch.

cyst [sɪst] *s.* **1.** ⚕ Zyste *f*; **2.** Kapsel *f*, Hülle *f*; **'cyst·ic** [-tɪk] *adj.* **1.** ⚕ zystisch; **2.** *anat.* Blasen...; **cys·ti·tis** [sɪs'taɪtɪs] *s.* ⚕ Blasenentzündung *f*; **'cys·to·scope** [-təskəʊp] *s.* ⚕ Blasenspiegel *m*; **cys·tos·co·py** [sɪs'tɒskəpɪ] *s.* ⚕ Blasenspiegelung *f.*

C

cy·to·blast ['saɪtəʊblæst] *s. biol.* Zyto'blast *m*, Zellkern *m*.
cy·tol·o·gy [saɪ'tɒlədʒɪ] *s. biol.* Zytolo'gie *f*, Zellenlehre *f*.
czar [zɑː] *s.* Zar *m*.
czar·das ['tʃɑːdæʃ] *s.* 'Csárdás *m*.
czar·e·vitch ['zɑːrəvɪtʃ] *s.* Za'rewitsch *m*; **cza·ri·na** [zɑː'riːnə] *s.* Zarin *f*; **'czar·ism** [-rɪzəm] *s.* Zarentum *n*; **'czar·ist** [-rɪst], **czar·is·tic** [zɑː'rɪstɪk] *adj.* za'ristisch; **cza·rit·za** [zɑː'rɪtsə] → ***czarina***.
Czech [tʃek] **I** *s.* **1.** Tscheche *m*, Tschechin *f*; **2.** *ling.* Tschechisch *n*; **II** *adj.* **3.** tschechisch.

D, d [diː] *s.* **1.** D *n*, d *n* (*Buchstabe*); **2.** ♪ D *n*, d *n* (*Note*); **3.** *ped. Am.* Vier *f*, Ausreichend *n* (*Note*).

'd [-d] F *für* ***had***, ***should***, ***would***: ***you'd***.

dab¹ [dæb] **I** *v/t.* **1.** leicht klopfen, antippen; **2.** be-, abtupfen; **3.** bestreichen; **4.** *typ.* abklatschen, klischieren; **5.** *a.* ~ ***on*** *Farbe etc.* auftragen; **6.** *sl.* Fingerabdrücke machen von; **II** *v/i.* **7.** ~ ***at*** → 1, 2; **III** *s.* **8.** (leichter) Klaps, Tupfer *m*; **9.** Klecks *m*, Spritzer *m*; **10.** *Am. sl.* Fingerabdruck *m*.

dab² [dæb] *s.* F Könner *m*, ‚Künstler' *m*, Ex'perte *m*: ***be a ~ at s.th.*** et. aus dem Effeff können.

dab·ber ['dæbə] *s. typ.* a) Farbballen *m*, b) Klopfbürste *f*.

dab·ble ['dæbl] **I** *v/t.* **1.** bespritzen, besprengen; **II** *v/i.* **2.** plantschen, plätschern; **3.** *fig.* ~ ***in s.th.*** sich aus Liebhaberei *od.* oberflächlich *od.* dilet'tantisch mit et. befassen, ein bisschen *malen etc.*; '**dab·bler** [-lə] *s.* Ama'teur *m*, *contp.* Dilet'tant(in), Stümper(in).

dab·ster ['dæbstə] *s.* **1.** → ***dab²***; **2.** F *Am.* Stümper *m*.

dace [deɪs] *s. ichth.* Häsling *m*.

da·cha ['dætʃə] *s.* Datscha *f*.

dachs·hund ['dækshʊnd] *s. zo.* Dachshund *m*, Dackel *m*.

dac·tyl ['dæktɪl] *s.* Daktylus *m* (*Versfuß*); **dac·tyl·ic** [dæk'tɪlɪk] *adj. u. s.* dak'tylisch(er Vers).

dac·ty·lo·gram [dæk'tɪləʊgræm] *s.* Fingerabdruck *m*.

dad [dæd] *s.* F ‚Paps' *m*, Vati *m*.

Da·da·ism ['dɑːdəɪzəm] *s.* Dada'ismus *m*; '**Da·da·ist** [-ɪst] **I** *s.* Dada'ist *m*; **II** *adj.* dada'istisch.

dad·dy ['dædɪ] → ***dad***; ~ **long·legs** [ˌdædɪ'lɒŋlegz] *s. zo.* **1.** *Brit.* Schnake *f*; **2.** *Am.* Weberknecht *m*.

dae·mon → ***demon***.

daf·fo·dil ['dæfədɪl] *s.* ⚘ Gelbe Nar'zisse, Osterblume *f*, -glocke *f*.

daft [dɑːft] *adj.* □ F verrückt, blöde, ‚doof', ‚bekloppt'.

dag·ger ['dægə] *s.* **1.** Dolch *m*: ***be at ~s drawn*** (***with***) *fig.* auf (dem) Kriegsfuß stehen (mit); ***look ~s at s.o.*** j-n mit Blicken durchbohren; **2.** *typ.* Kreuz (-zeichen) *n* (†).

da·go ['deɪgəʊ] *pl.* **-gos** *od.* **-goes** *s. sl. contp.* = *Spanier*, *Portugiese od. Italiener*; *weitS.* ‚Ka'nake' *m*, (verdammter) Ausländer.

da·guerre·o·type [də'gerəʊtaɪp] *s. phot.* a) Daguerreoty'pie *f*, b) Daguerreo'typ *n* (*Bild*).

dahl·ia ['deɪljə] *s.* ⚘ Dahlie *f*.

Dail Eir·eann [ˌdaɪl'eərən] *a.* **Dail** *s.* Abgeordnetenhaus *n von Eire*.

dai·ly ['deɪlɪ] **I** *adj.* **1.** täglich, Tage(s)...: ***our ~ bread*** unser täglich(es) Brot; ***~ wages*** Tagelohn *m*; ***~ newspaper*** → 5; **2.** alltäglich, häufig, ständig; **II** *adv.* **3.** täglich; **4.** immer, ständig; **III** *s.* **5.** Tageszeitung *f*; **6.** *Brit.* Zugeh-, Putzfrau *f*.

dain·ti·ness ['deɪntɪnɪs] *s.* **1.** Zierlichkeit *f*, Niedlichkeit *f*; **2.** wählerisches Wesen, Verwöhntheit *f*; **3.** Geziertheit *f*, Zimperlichkeit *f*; **4.** Schmackhaftigkeit *f*; **dain·ty** ['deɪntɪ] **I** *adj.* □ **1.** zierlich, niedlich, fein, reizend; **2.** köstlich, exqui'sit; **3.** wählerisch, verwöhnt (*bsd. im Essen*); **4.** geziert, zimperlich; **5.** lecker, schmackhaft; **II** *s.* **6.** *a. fig.* Leckerbissen *m*, Delika'tesse *f*.

dair·y ['deərɪ] *s.* **1.** Molke'rei *f*; **2.** Milchwirtschaft *f*, Molke'rei(betrieb *m*) *f*; **3.** Milchhandlung *f*; ~ **bar** *s. Am.* Milchbar *f*; ~ **cat·tle** *s. pl.* Milchvieh *n*; ~ **farm** *s.* auf Milchwirtschaft spezialisierter Bauernhof; ~ **lunch** → ***dairy bar***; '**~maid** *s.* **1.** Melkerin *f*; **2.** Molke'reiangestellte *f*; '**~man** [-mən] *s.* [*irr.*] **1.** Milchmann *m*; **2.** Melker *m*, Schweizer *m*; ~ **prod·uce** *s.* Molke'reipro,dukte *pl.*

da·is ['deɪɪs] *pl.* **-is·es** *s.* **1.** Podium *n*, E'strade *f*; **2.** *obs.* Baldachin *m*.

dai·sy ['deɪzɪ] **I** *s.* **1.** ⚘ Gänseblümchen *n*: (***double***) ~ Tausendschön(chen) *n*; ***be pushing up the daisies*** *sl.* ‚sich die Radies-chen von unten betrachten' (*tot sein*); → ***fresh*** 4; **2.** *sl.* a) 'Prachtexem,plar *n*, b) Prachtkerl *m*, ‚Perle' *f*; **II** *adj.* **3.** *sl.* erstklassig, prima; ~ **chain** *s.* **1.** Gänseblumenkränzchen *n*; **2.** *fig.* Reigen *m*, Kette *f*; '**~-ˌcut·ter** *s. sl.* **1.** Pferd *n* mit schleppendem Gang; **2.** *sport* Flachschuss *m*; ~ **wheel** *s. Schreibmaschine, Drucker*: 'Typenrad *n*: ***~ typewriter*** 'Typenradschreibma,schine *f*.

dale [deɪl] *s. poet.* Tal *n*; **dales·man** ['deɪlzmən] *s.* [*irr.*] Talbewohner *m* (*bsd. in Nordengland*).

dal·li·ance ['dælɪəns] *s.* **1.** Tröde'lei *f*, Bumme'lei *f*; **2.** Tände'lei *f*: a) Spiele'rei *f*, b) Schäke'rei *f*, Liebe'lei *f*; **dal·ly** ['dælɪ] **I** *v/i.* **1.** trödeln, Zeit vertändeln; **2.** tändeln, spielen, liebäugeln (***with*** mit); **3.** scherzen, schäkern; **II** *v/t.* **4.** ~ ***away*** *Zeit* vertrödeln; *Gelegenheit* verpassen.

Dal·ma·tian [dæl'meɪʃjən] **I** *adj.* **1.** dalma'tinisch; **II** *s.* **2.** Dalma'tiner(in); **3.** Dalma'tiner *m* (*Hund*).

dal·ton·ism ['dɔːltənɪzəm] *s.* ⚕ Farbenblindheit *f*.

dam¹ [dæm] **I** *s.* **1.** (Stau)Damm *m*, Wehr *n*, Talsperre *f*; **2.** Stausee *m*; **3.** *fig.* Damm *m*; **II** *v/t.* **4.** *a.* ~ ***up*** a) stauen, (ab-, ein-, zu'rück)dämmen (*a. fig.*), b) (ab)sperren, hemmen (*a. fig.*).

dam² [dæm] *s. zo.* Mutter(tier *n*) *f*.

dam·age ['dæmɪdʒ] **I** *s.* **1.** (***to***) Schaden *m* (an *dat.*), (Be)Schädigung *f* (*gen.*): ***do ~*** Schaden anrichten; ***do ~ to*** → 6; ***~ by sea*** ⚓ Seeschaden *m*, Havarie *f*; **2.** Nachteil *m*, Verlust *m*; ***~ limitation*** Schadensbegrenzung *f*; **3.** *pl.* ⚖ Schadensersatz *m*: ***for ~s*** auf Schadensersatz *klagen*; **4.** *sl.* Kosten *pl.*: ***what's the ~?*** was kostet es?; **II** *v/t.* **5.** beschädigen; **6.** *j-n*, *j-s Ruf etc.* schädigen, Schaden zufügen, *j-m* schaden; '**dam·age·a·ble** [-dʒəbl] *adj.* leicht zu beschädigen(d); '**dam·aged** [-dʒd] *adj.* **1.** beschädigt, schadhaft, de'fekt; **2.** verletzt, (körper)geschädigt; **3.** verdorben; '**dam·ag·ing** [-dʒɪŋ] *adj.* □ schädlich, nachteilig (***to*** für).

dam·a·scene(d) ['dæməsiːn(d)] *adj.* Damaszener..., damasziert.

dam·ask ['dæməsk] **I** *s.* **1.** Da'mast *m* (*Stoff*); **2.** *a.* ***~ steel*** Damas'zenerstahl *m*; **3.** *a.* ***~ rose*** ⚘ Damas'zenerrose *f*; **II** *adj.* **4.** Damast...; Damaszener...; **5.** rosarot; **III** *v/t.* **6.** *Stahl* damaszieren; **7.** da'mastartig weben; **8.** *fig.* verzieren.

dame [deɪm] *s.* **1.** *Brit.* a) Freifrau *f*, b) ~ *der dem* ***knight*** *entsprechende Titel*: ~ ***Diana X***; **2.** alte Dame: ~ ***Nature*** Mutter *f* Natur; **3.** *ped.* Schul- *od.* Heimleiterin *f*; **4.** *Am. sl.* ‚Frau' *f*, Weibsbild *n*.

damn [dæm] **I** *v/t.* **1.** verdammen (*a.*

D

eccl.); verwünschen, verfluchen: (***oh***) **~!**, **~ *it*** (***all***)**!** *sl.* verflucht!; **~ *you!*** *sl.* hol dich der Teufel!; ***well, I'll be ~ed!*** nicht zu glauben!, das ist die Höhe!; ***I'll be ~ed if*** a) ich fress 'nen Besen, wenn..., b) es fällt mir nicht im Traum ein (*das zu tun*); ***I'll be ~ed if I know!*** ich habe keinen blassen Dunst; **2.** verurteilen, verwerfen, ablehnen; **3.** vernichten, ruinieren; **II** *s.* **4.** Fluch *m*; **5.** ***I don't care a ~*** *sl.* das kümmert mich einen Dreck; ***not worth a ~*** keinen Pfifferling wert; **III** *adj. u. adv.* **6.** → ***damned*** 2, 3; '**dam·na·ble** [-nəbl] *adj.* □ **1.** verdammenswert; **2.** F ab'scheulich; **dam·na·tion** [dæm'neɪʃn] **I** *s.* **1.** Verdammung *f*; **2.** Ru'in *m*; **II** *int.* **3.** verflucht!; **damned** [dæmd] **I** *adj.* **1.** verdammt: ***the ~*** *eccl.* die Verdammten; **2.** *sl.* verflucht: **~ *fool*** Idiot *m*, ‚Blödmann' *m*; ***do one's ~est*** sein Möglichstes tun; **3.** *a. adv. Bekräftigung*: *sl.* verdammt: ***a ~ sight better*** viel besser; ***every ~ one*** jeder Einzelne; **~ *funny*** urkomisch; ***he ~ well ought to know*** das müsste er wahrhaftig wissen; **II** *int.* **4.** verdammt!; **damn·ing** ['dæmɪŋ] *adj. fig.* erdrückend, vernichtend: **~ *evidence*.**

Dam·o·cles ['dæməkliːz] *npr.* Damokles: ***sword of ~*** Damoklesschwert *n*.

damp [dæmp] **I** *adj.* □ **1.** feucht; dunstig: **~ *course*** ⚠ Isolierschicht *f*; **~ *smell*** modriger Geruch; **II** *s.* **2.** Feuchtigkeit *f*; **3.** Dunst *m*; **4.** → ***fire-damp***; **5.** *fig.* Dämpfer *m*, Entmutigung *f*, Hemmnis *n*: ***cast a ~ over s.th.*** et. dämpfen *od.* lähmen, et. überschatten; **III** *v/t.* **6.** an-, befeuchten; **7.** *a.* **~ *down*** *fig. Eifer etc.* dämpfen (*a.* ♪, ⚡, *phys.*); (ab)schwächen, drosseln (*a.* ⚙); ersticken; **~ *course*** *s.* ⚠ Sperrbahn *f* (*gegen Nässe*).

damp·en ['dæmpən] **I** *v/t.* **1.** an-, befeuchten; **2.** *fig.* dämpfen, 'niederdrücken; entmutigen; **II** *v/i.* **3.** feucht werden; '**damp·er** [-pə] *s.* **1.** Dämpfer *m* (*bsd. fig.*): ***cast a ~ on*** dämpfen, lähmend wirken auf (*acc.*); **2.** ⚙ Ofen-, Zugklappe *f*, Schieber *m*; **3.** ♪ Dämpfer *m*; **4.** ⚡ Dämpfung *f*; **5.** *Brit.* Stoßdämpfer *m*; '**damp·ish** [-pɪʃ] *adj.* etwas feucht, klamm; '**damp·ness** [-nɪs] *s.* Feuchtigkeit *f*; '**damp·proof** *adj.* feuchtigkeitsbeständig.

dam·sel ['dæmzl] *s. obs. od. iro.* Maid *f*.

dam·son ['dæmzən] *s.* ⚘ Damas'zenerpflaume *f*; **~ *cheese*** *s.* steifes Pflaumenmus.

dan [dæn] *s. Judo etc.*: Dan *m*.

dance [dɑːns] **I** *v/i.* **1.** tanzen: **~ *to s.o.'s pipe*** (*od.* ***tune***) *fig.* nach j-s Pfeife tanzen; **2.** tanzen: a) (her'um)hüpfen, b) flattern, schaukeln (*Blätter etc.*); **II** *v/t.* **3.** *e-n Tanz* tanzen: **~ *attendance on s.o.*** *fig.* um j-n scharwenzeln; **4.** *Tier* tanzen lassen; *Kind* schaukeln; **III** *s.* **5.** Tanz *m*: ***give a ~*** e-n Ball geben; ***lead s.o. a ~*** a) j-n zum Narren halten, b) j-m das Leben sauer machen; ***2 of Death*** Totentanz; **~ *hall*** *s.* 'Tanzloˌkal *n*.

danc·er ['dɑːnsə] *s.* Tänzer(in).

danc·ing ['dɑːnsɪŋ] *s.* Tanzen *n*, Tanzkunst *f*; **~ *girl*** *s.* (Tempel)Tänzerin *f* (*in Asien*); **~ *les·son*** *s.* Tanzstunde *f*; **~ *mas·ter*** *s.* Tanzlehrer *m*.

D and C [ˌdiːənd'siː] *abbr.* (= ***dilatation and curettage***) ⚕ Dilatati'on *f* u. Ausschabung *f*.

dan·de·li·on ['dændɪlaɪən] *s.* ⚘ Löwenzahn *m*.

dan·der ['dændə] *s.*: ***get s.o.'s ~ up*** F j-n ‚auf die Palme' bringen.

dan·di·fied ['dændɪfaɪd] *adj.* stutzer-, geckenhaft, geschniegelt.

dan·dle ['dændl] *v/t.* **1.** *Kind* auf den Armen *od.* auf den Knien schaukeln; **2.** hätscheln; **3.** verhätscheln, verwöhnen.

dan·druff ['dændrəf] *a.* '**dan·driff** [-rɪf] *s.* (Kopf-, Haar)Schuppen *pl.*

dan·dy ['dændɪ] **I** *s.* **1.** Dandy *m*, Stutzer *m*; **2.** F *et.* Großartiges: ***the ~*** genau das Richtige; **3.** ⚓ Scha'luppe *f*; **4.** ⚓ a) Heckmaster *m*, b) Besansegel *n*; **II** *adj.* **5.** stutzerhaft; **6.** F erstklassig, prima, ‚bestens'; **~ *brush*** *s.* Striegel *m*.

dan·dy·ish ['dændɪɪʃ] → ***dandy*** 5; '**dan·dy·ism** [-ɪzəm] stutzerhaftes Wesen.

Dane [deɪn] *s.* **1.** Däne *m*, Dänin *f*; **2.** → ***Great Dane***.

dan·ger ['deɪndʒə] **I** *s.* **1.** Gefahr *f* (***to*** für): ***in ~ of one's life*** in Lebensgefahr; ***be in ~ of falling*** Gefahr laufen zu fallen; ***the signal is at ~*** ⛟ das Signal steht auf Halt; **2.** Bedrohung *f*, Gefährdung *f* (***to*** *gen.*); **II** *adj.* Gefahren...: **~ *area*** Gefahrenzone *f*, Sperrgebiet *n*; ***be on*** (***off***) ***the ~ list*** in (außer) Lebensgefahr sein; **~ *money***, **~ *pay*** Gefahrenzulage *f*; **~ *point***, **~ *spot*** Gefahrenpunkt *m*; **~ *signal*** Not-, Warnsignal *n*; '**dan·ger·ous** [-dʒərəs] *adj.* □ **1.** gefährlich, gefahrvoll (***to*** für); **2.** bedenklich.

dan·gle ['dæŋgl] **I** *v/i.* **1.** baumeln, (herab)hängen; **2.** **~ *after s.o.*** sich an j-n anhängen, j-m nachlaufen: **~ *after girls***; **II** *v/t.* **3.** schlenkern, baumeln lassen: **~ *s.th. before s.o.*** *fig.* j-m et. verlockend in Aussicht stellen.

Dan·iel ['dænjəl] *s. bibl.* (das Buch) Daniel *m*.

Dan·ish ['deɪnɪʃ] **I** *adj.* **1.** dänisch; **II** *s.* **2.** ***the ~*** die Dänen; **3.** *ling.* Dänisch *n*, das Dänische; **~ *pas·try*** *s. ein* Blätterteiggebäck *n*.

dank [dæŋk] *adj.* feucht, nasskalt, dumpfig.

Da·nu·bi·an [dæ'njuːbjən] *adj.* Donau...

daph·ne ['dæfnɪ] *s.* ⚘ Seidelbast *m*.

dap·per ['dæpə] *adj.* **1.** a'drett, ele'gant, *iro.* geschniegelt; **2.** flink, gewandt.

dap·ple ['dæpl] *v/t.* tüpfeln, sprenkeln; '**dap·pled** [-ld] *adj.* **1.** gesprenkelt, gefleckt, scheckig; **2.** bunt.

ˌ**dap·ple-'grey** (***horse***) *s.* Apfelschimmel *m*.

dar·bies ['dɑːbɪz] *s. pl. sl.* Handschellen *pl.*

Dar·by and Joan ['dɑːbɪ ən(d) 'dʒəʊn] glückliches älteres Ehepaar: **~ *club*** Seniorenklub *m*.

dare [deə] **I** *v/i.* [*irr.*] **1.** es wagen, sich (ge)trauen; sich erdreisten, sich unter'stehen: ***he ~n't do it*** er wagt es nicht (zu tun); ***how ~ you say that?*** wie können Sie es wagen, das zu sagen?; ***don't*** (***you***) **~ *to touch me!*** untersteh dich nicht, mich anzurühren!; ***how ~ you!*** a) untersteh dich!, b) was fällt dir ein!; ***I ~ say*** a) ... wohl ..., ich könnte mir denken dass, b) allerdings (*a. iro.*); **II** *v/t.* [*irr.*] **2.** *et.* wagen, riskieren; **3.** mutig begegnen (*dat.*), trotzen (*dat.*); **4.** *j-n* her'ausfordern: ***I ~ you!*** du traust dich ja nicht!; ***I ~ you to deny it*** wage nicht, es abzustreiten; '**~ˌdev·il I** *s.* Wag(e)hals *m*, Draufgänger *m*, Teufelskerl *m*; **II** *adj.* tollkühn, waghalsig; '**~ˌdev·il(t)ry** *s.* Tollkühnheit *f*.

dar·ing ['deərɪŋ] **I** *adj.* □ **1.** wagemutig, kühn, verwegen; **2.** unverschämt, dreist; **3.** *fig.* gewagt, kühn; **II** *s.* **4.** Wagemut *m*.

dark [dɑːk] **I** *adj.* □ → ***darkly***; **1.** dunkel, finster: ***it is getting ~*** es wird dunkel; **2.** dunkel (*Farbe*): **~ *blue*** dunkelblau; **~ *hair*** braunes *od.* dunkles Haar; → ***horse*** 1; **3.** geheim(nisvoll), dunkel, verborgen, unklar: ***a ~ secret*** ein tiefes Geheimnis; ***keep s.th. ~*** et. geheim halten; **4.** böse, finster, schwarz: **~ *thoughts***; **5.** düster, trübe, freudlos: ***a ~ future***; ***the ~ side of things*** die Schattenseite der Dinge; **6.** dunkel, unerforscht; kul'turlos; **II** *s.* **7.** Dunkel (-heit *f*) *n*, Finsternis *f*: ***in the ~*** im Dunkel(n); ***at ~*** bei Einbruch der Dunkelheit; **8.** *pl. paint.* Schatten *m*; **9.** *fig.* Dunkel *n*, Ungewissheit *f*, *das* Geheime, Unwissenheit *f*: ***keep s.o. in the ~*** j-n im Ungewissen lassen; ***I am in the ~*** ich tappe im Dunkeln; ***a leap in the ~*** ein Sprung ins Ungewisse; ***2 A·ges*** *s. pl. das* frühe Mittelalter; ***2 Con·ti·nent*** *s. hist. der* dunkle Erdteil, Afrika *n*.

dark·en ['dɑːkən] **I** *v/t.* **1.** verdunkeln (*a. fig.*), verfinstern: ***don't ~ my door again!*** komm mir nie wieder ins Haus!; **2.** dunkel *od.* dunkler färben; **3.** *fig.* verdüstern, trüben; **II** *v/i.* **4.** dunkel werden, sich verdunkeln (*etc.* → I); '**dark·ish** [-kɪʃ] *adj.* **1.** etwas dunkel, schwärzlich; **2.** trübe; **3.** dämmerig.

dark lan·tern *s.* 'Blendlaˌterne *f*.

dark·ling ['dɑːklɪŋ] *adj.* sich verdunkelnd; '**dark·ly** [-lɪ] *adv. fig.* **1.** finster, böse; **2.** dunkel, geheimnisvoll; **3.** undeutlich; '**dark·ness** [-nɪs] *s.* **1.** *a. fig.* Dunkelheit *f*, Finsternis *f*; **2.** dunkle Färbung; **3.** *das* Böse: ***the powers of ~*** die Mächte der Finsternis; **4.** Unwissenheit *f*; **5.** Unklarheit *f*; **6.** Heimlichkeit *f*.

'**dark|·room** [-rʊm] *s. phot.* Dunkelkammer *f*; '**~-skinned** *adj.* dunkelhäutig; '**~·slide** *s. phot.* Kas'sette *f*.

dark·y ['dɑːkɪ] *s. contp.* Neger(in).

dar·ling ['dɑːlɪŋ] **I** *s.* **1.** Liebling *m*, Schatz *m*: **~ *of fortune*** Glückskind *n*; ***aren't you a ~*** du bist doch ein Engel; **II** *adj.* **2.** lieb, geliebt; Herzens...; **3.** reizend, ‚süß', entzückend.

darn[1] [dɑːn] **I** *v/t. Strümpfe etc.* stopfen, ausbessern; **II** *s. das* Gestopfte.

darn[2] [dɑːn] *v/t. sl. für* ***damn*** 1; **darned** [-nd] *adj. u. adv. sl. für* ***damned*** 2, 3.

darn·er ['dɑːnə] *s.* **1.** Stopfer(in); **2.** Stopf-ei *n*, -pilz *m*.

darn·ing ['dɑːnɪŋ] *s.* Stopfen *n*; **~ *egg*** *s.* Stopf-ei *n*; **~ *nee·dle*** *s.* Stopfnadel *f*; **~ *yarn*** *s.* Stopfgarn *n*.

dart [dɑːt] **I** *s.* **1.** Wurfspeer *m*, -spieß *m*; **2.** (Wurf)Pfeil *m*; *fig.* Stachel *m des Spotts*; **3.** Satz *m*, Sprung *m*: ***make a ~ for*** losstürzen auf (*acc.*); **4.** *pl. sg. konstr.* Darts *n* (*Wurfpfeilspiel*): **~-*board*** Zielscheibe *f*; **5.** Abnäher *m* (*in Kleidern*); **II** *v/t.* **6.** schleudern, schießen; *Blicke* zuwerfen; **III** *v/i.* **7.** sausen, flitzen: **~ *at s.o.*** auf j-n losstürzen; **~ *off*** davonstürzen; **8.** sich blitzschnell bewegen, zucken, schnellen (*Schlange, Zunge*), huschen (*a. Auge*).

Dart·moor ['dɑːtˌmʊə] *a.* **~ *pris·on*** *s. englische Strafanstalt.*

Dar·win·ism ['dɑːwɪnɪzəm] *s.* Darwi'nismus *m*.

dash [dæʃ] **I** *v/t.* **1.** schleudern, (heftig) stoßen *od.* schlagen, schmettern: **~ *to pieces*** zerschmettern; **~ *out s.o.'s brains*** j-m den Schädel einschlagen;

2. (be)spritzen; (über)'schütten, über'gießen (*a. fig.*): **~ off** *od.* **down** *Schriftliches* hinwerfen, -hauen; **3.** *Hoffnung etc.* zunichte machen, vereiteln; **4.** *fig.* a) niederdrücken, deprimieren, b) aus der Fassung bringen, verwirren; **5.** (ver)mischen (*a. fig.*); **6.** F → **damn** 1: **~ it** (**all**)**!** verflixt!; **II** *v/i.* **7.** sausen, flitzen, stürmen; *sport* spurten: **~ off** davonjagen, -stürzen; **8.** heftig (auf)schlagen, prallen, klatschen; **III** *s.* **9.** Sprung *m*, (Vor)Stoß *m*; Anlauf *m*, Ansturm *m*: **at a** (*od.* **one**) **~** mit 'einem Schlag; **make a ~** (**for**, **at**) (los)stürmen, sich stürzen (auf *acc.*); **10.** (Auf)Schlagen *n*, Prallen *n*, Klatschen *n*; **11.** Zusatz *m*; Schuss *m Rum etc.*; Prise *f Salz etc.*; Anflug *m*, Stich *m* (**of red** ins Rote); Klecks *m* (*Farbe*): **add a ~ of colo(u)r** *fig.* e-n Farbtupfer aufsetzen; **12.** Federstrich *m*; *typ.* Gedankenstrich *m*; ♪, A, *tel.* Strich *m*; **13.** Schneid *m*, Schwung *m*, Schmiss *m*; Ele'ganz *f*: **cut a ~** Aufsehen erregen, e-e gute Figur abgeben; **14.** *sport* a) Kurzstreckenlauf *m*, b) Spurt *m*; **15.** ⚙ F → '**~·board** *s.* ✈, *mot.* Arma'turen-, Instru'mentenbrett *n*.

dashed [dæʃt] *adj. u. adv.* F verflixt; '**dash·er** [-ʃə] *s.* **1.** Butterstößel *m*; **2.** F ele'gante Erscheinung, fescher Kerl; '**dash·ing** [-ʃɪŋ] *adj.* □ **1.** schneidig, forsch, kühn; **2.** ele'gant, flott, fesch.

das·tard ['dæstəd] *s.* (gemeiner) Feigling, Memme *f*; '**das·tard·li·ness** [-lɪnɪs] *s.* **1.** Feigheit *f*; **2.** Heimtücke *f*; '**das·tard·ly** [-lɪ] *adj.* **1.** feig(e); **2.** (heim)tückisch, gemein.

da·ta ['deɪtə] *s. pl. von* **datum** (*oft* [*fälschlich*] *sg. konstr.*) (*a. technische*) Daten *pl. od.* Angaben *pl. od.* Einzelheiten *pl. od.* 'Unterlagen *pl.*; Tatsachen *pl.*; ⚙ (Mess-, Versuchs)Werte *pl.*; *Computer*: Daten *pl.*: **personal ~** Personalangaben, Personalien; (**electronic**) **~ processing** (elektronische) Datenverarbeitung; **~ abuse** Datenmissbrauch *m*; **~ bank** Datenbank *f*; **~ carrier** Datenträger *m*; **~ collection** Datenerfassung *f*; **~ communication**(**s** *pl.*) 'Datenkommunikati,on *f*; **~ display device** Datensichtgerät *n*; **~ editing** Datenaufbereitung *f*; **~ exchange** Datenaustausch *m*; **~ file** Datei *f*; **~ input** Dateneingabe *f*; **~ logger** Datenerfassungssystem *n*; **~ medium** Datenträger *m*; **~ output** Datenausgabe *f*; **~ printer** Datendrucker *m* (*Gerät*); **~ protection** Datenschutz *m*; **~ protection officer** Datenschutzbeauftragte *m*; **~ recall** Datenabruf *m*; **~ transfer** (*od.* **transmission**) Datenübertragung *f*; **~ typist** Datentypist(in).

da·ta·base ['deɪtəbeɪs] *s.* 'Datenbank *f*: **set up a ~** e-e Datenbank aufbauen; **maintain a ~** e-e Datenbank unter'halten.

date¹ [deɪt] *s.* ⚘ **1.** Dattel *f*; **2.** *a.* **~ tree** Dattelpalme *f*.

date² [deɪt] **I** *s.* **1.** Datum *n*, Zeitangabe *f*, (Monats)Tag *m*: **what's the ~ today?** der Wievielte ist heute?; **2.** Datum *n*, Zeit(punkt *m*) *f*: **at an early ~** (recht) bald; **of recent ~** neu(eren Datums), modern; **fix a ~** e-n Termin festsetzen; **3.** Zeit(raum *m*) *f*, E'poche *f*: **of Roman ~** aus der Römerzeit; **4.** ♆ a) Ausstellungstag *m* (*Wechsel*), b) Frist *f*, Ziel *n*: **~ of delivery** Liefertermin *m*; **~ of maturity** Fälligkeitstag *m*; **at long ~** auf lange Sicht; **5.** heutiger Tag: **of this** (*od.* **today's**) **~** heutig; **four weeks after ~** heute in vier Wochen; **to ~** bis heute; **out of ~** veraltet, überholt, unmodern; **go out of ~** veralten; **up to ~** zeitgemäß, modern, auf der Höhe (der Zeit), auf dem Laufenden; **bring up to ~** auf den neuesten Stand bringen, modernisieren; → **up-to-date**; **6.** F Verabredung *f*, Rendez'vous *n*: **have a ~ with s.o.** mit j-m verabredet sein; **make a ~** sich verabreden; **7.** F (Verabredungs)Partner(in): **who is your ~?** mit wem bist du verabredet?; **II** *v/t.* **8.** *Brief etc.* datieren: **~ ahead** voraus-, vordatieren; **9.** a) ein Datum *od.* e-e Zeit festsetzen *od.* angeben für, b) e-r bestimmten Zeit zuordnen; **10.** herleiten (**from** aus); **11.** als über'holt *od.* veraltet kennzeichnen; **12.** *a.* **~ up** F a) sich verabreden mit, b) (*regelmäßig*) ‚gehen' mit: **~ a girl**; **III** *v/i.* **13.** datieren, datiert sein (**from** von); **14. ~ from** (*od.* **back to**) stammen *od.* sich herleiten aus, entstanden sein in (*dat.*); **15. ~ back to** zu'rückreichen bis, zu'rückgehen auf (*e-e Zeit*); **16.** veralten, sich über'leben.

date| block *s.* ('Abreiß)Ka,lender *m*; **~ change** *s.* Datumswechsel *m*.

dat·ed ['deɪtɪd] *adj.* **1.** veraltet, über'holt; **2. ~ up** F ‚ausgebucht' (*Person*), voll besetzt (*Tag*); '**date·less** [-lɪs] *adj.* **1.** undatiert; **2.** endlos; **3.** zeitlos (*Mode, Kunstwerk etc.*).

'**date|·line** *s.* **1.** Datumszeile *f* (*e-r Zeitung etc.*); **2.** *geogr.* Datumsgrenze *f*; **~ palm** → **date¹** 2; **~ rape** *s.* Vergewaltigung *f* nach e-m Rendezvous; **~ stamp** *s.* Datums- *od.* Poststempel *m*.

da·ti·val [də'taɪvəl] *adj. ling.* Dativ...

da·tive ['deɪtɪv] **I** *s. a.* **~ case** *ling.* Dativ *m*, dritter Fall; **II** *adj.* da'tivisch, Dativ...

da·tum ['deɪtəm] *pl.* **-ta** [-tə] *s.* **1.** *et.* Gegebenes *od.* Bekanntes, Gegebenheit *f*; **2.** Vor'aussetzung *f*, Grundlage *f*; **3.** A gegebene Größe; **4.** → **data**; **~ line** *s. surv.* Bezugslinie *f*; **~ point** *s.* **1.** A, *phys.* Bezugspunkt *m*; **2.** *surv.* Nor'malfixpunkt *m*.

daub [dɔːb] **I** *v/t.* **1.** be-, verschmieren, bestreichen; **2.** (**on**) schmieren, streichen (auf *acc.*); **3.** *Wand* bewerfen, verputzen; **4.** *fig.* besudeln; **II** *v/i.* **5.** *paint.* klecksen, schmieren; **III** *s.* **6.** (Lehm-) Bewurf *m*; **7.** *paint.* Schmiere'rei *f*, Farbenkleckse'rei *f*, schlechtes Gemälde; '**daub·(st)er** [-b(st)ə] *s.* Schmierer(in); Farbenkleckser(in).

daugh·ter ['dɔːtə] *s.* **1.** Tochter *f* (*a. fig.*): **~ language** Tochtersprache *f*; → **Eve¹**; **2.** → **~ com·pa·ny** *s.* ♆ Tochter (-gesellschaft) *f*; **~-in-law** ['dɔːtərɪnlɔː] *pl.* **~s-in-law** [-təz-] *s.* Schwiegertochter *f*; '**daugh·ter·ly** [-lɪ] *adj.* töchterlich.

daunt [dɔːnt] *v/t.* einschüchtern, (er-) schrecken; entmutigen: **nothing ~ed** unverzagt; **a ~ing task** e-e beängstigende Aufgabe; '**daunt·less** [-lɪs] *adj.* □ unerschrocken.

dav·en·port ['dævnpɔːt] *s.* **1.** kleiner Sekre'tär (*Schreibtisch*); **2.** *Am.* (*bsd.* Bett)Couch *f*.

Da·vy Jones's lock·er ['deɪvɪ'dʒəʊnzɪz] *s.* ⚓ Meeresgrund *m*, nasses Grab: **go to ~** ertrinken.

daw [dɔː] *s. orn. obs.* Dohle *f*.

daw·dle ['dɔːdl] **I** *v/i.* trödeln, bummeln; **II** *v/t. a.* **~ away** *Zeit* vertrödeln; '**daw·dler** [-lə] *s.* Trödler(in), Bummler(in).

dawn [dɔːn] **I** *v/i.* **1.** tagen, dämmern, anbrechen (*Morgen, Tag*); **2.** *fig.* (herauf)dämmern, erwachen, entstehen; **3. ~** (**up**)**on** *fig. j-m* dämmern, klarwerden, zum Bewusstsein kommen; **II** *s.* **4.** Morgendämmerung *f*, Tagesanbruch *m*: **at ~** beim Morgengrauen, bei Tagesanbruch; **5.** (An)Beginn *m*, Erwachen *n*, Anbruch *m*.

day [deɪ] *s.* **1.** Tag *m* (*Ggs. Nacht*): **by ~** bei Tage; **before ~** vor Tagesanbruch; **~ and night** Tag u. Nacht, immer; **2.** Tag *m* (*Zeitraum*): **~'s work** Tagesleistung *f*; **three ~s from London** drei Tage(reisen) von London; **she is 30 if a ~** sie ist mindestens 30 Jahre alt; **3.** *bestimmter* Tag: **New Year's ~** Neujahrstag; **4.** festgesetzter Tag: **~ of payment** ♆ Zahlungstermin *m*; **5.** *pl.* (Lebens)Zeit *f*, Zeit(en *pl.*) *f*, Tage *pl.*: **in my young ~s** in m-r Jugend; **student ~s** Studentenzeit; **~ after ~** Tag für Tag; **the ~ after** tags darauf; **the ~ after tomorrow** übermorgen; **all ~ long** den ganzen Tag, den lieben langen Tag; **the ~ before yesterday** vorgestern; **~ by ~** (tag)täglich, Tag für Tag; **for ~s** (**on end**) tagelang; **call it a ~** F (für heute) Schluss machen; **have a nice ~!** *Am.* machs gut!; **let's call it a ~!** F Feierabend!, Schluss für heute!; **carry** (*od.* **win**) **the ~** den Sieg davontragen; **end one's ~s** s-e Tage beschließen; **every other ~** alle zwei Tage, e-n Tag um den andern; **fall on evil ~s** ins Unglück geraten; **he** (*od.* **it**) **has had his** (*od.* **its**) **~** s-e beste Zeit ist vorüber; **~ in, ~ out** tagaus, tagein; **in his ~** zu s-r Zeit, einst; **late in the ~** reichlich spät; **that's all in the ~'s work** *fig.* das gehört alles mit dazu; **that made my ~** F damit war der Tag für mich gerettet; **what's the time of ~?** wie viel Uhr ist es?; **know the time of ~** *fig.* wissen, was die Glocke geschlagen hat; **pass the time of ~ with s.o.** j-n grüßen; **one ~** eines Tages, einmal; **the other ~** neulich; **save the ~** die Lage retten; **some ~** (**or other**) e-s Tages, nächstens einmal; (**in**) **these ~s** heutzutage; **this ~** heute; **this ~ week** heute in e-r Woche; **this ~ last week** heute vor e-r Woche; **in those ~s** damals; **those were the ~s!** das waren noch Zeiten!; **to a ~** auf den Tag genau; **what ~ of the month is it?** den Wievielten haben wir heute?; **~ bed** *s.* Bettcouch *f*; '**~·book** *s.* **1.** Tagebuch *n*; **2.** ♆ a) Jour'nal *n*, b) Verkaufsbuch *n*, c) Kassenbuch *n*; '**~·boy** *s. Brit.* Ex'terne(r) *m* (*e-s Internats*); '**~·break** *s.* (**at ~** bei) Tagesanbruch *m*; ,**~-by-'day** *adj.* (tag)täglich; '**~-care cen·ter** *s. Am.* Kindertagesstätte *f*; '**~-care moth·er** *s. Am.* Tagesmutter *f*; **~ coach** *s.* 🚃 *Am.* Per'sonenwagen *m*; '**~·dream I** *s.* **1.** Wachtraum *m*, Träume'rei *f*; **2.** *fig.* Luftschloss *n*; **II** *v/i.* **3.** (mit offenen Augen) träumen; '**~,dream·er** *s.* Träumer(in); '**~·fly** *s. zo.* Eintagsfliege *f*; '**~·girl** *s. Brit.* Ex'terne *f* (*e-s Internats*); **~ la·bo(u)r·er** *s.* Tagelöhner *m*; **~ let·ter** *s. Am.* 'Briefte-le,gramm *n*.

'**day·light** *s.* **1.** Tageslicht *n*: **by** *od.* **in ~** bei Tag(eslicht); → **broad** 2; **let ~ into s.th.** *fig.* a) et. der Öffentlichkeit zu-

D

gänglich machen, b) et. aufhellen; ***beat the ~s out of s.o.*** F j-n windelweich schlagen; ***he saw ~ at last*** *fig.* a) endlich ging ihm ein Licht auf, b) endlich sah er Land; **2.** (***at*** ~ bei) Tagesanbruch *m*; **3.** (lichter) Zwischenraum; ~ **rob·ber·y** *s.* F Wucher(ei *f*) *m*; ~ **sav·ing time** *s.* Sommerzeit *f*.

'**day|-long** *adj. u. adv.* den ganzen Tag (dauernd); ~ **nurs·er·y** *s.* **1.** Kindertagesstätte *f*, -krippe *f*; **2.** Spielzimmer *n*; ~ **pu·pil** *s.* ex'terner Schüler, ex'terne Schülerin (*e-s Internats*); ~ **re·lease** *s.* zur beruflichen Fortbildung freigegebene Zeit; ~ **re·turn** *s.* 🚂, *Bus*: Tagesrückfahrkarte *f*; '~·**room** *s.* Tagesraum *m*; ~ **school** *s.* **1.** Exter'nat *n*, Schule *f* ohne Inter'nat; **2.** Tagesschule *f*; ~ **shift** *s.* Tagschicht *f*: ***be on*** ~ Tagschicht haben; ~ **stu·dent** Ex'terne(r *m*) *f e-s Internats*; ~ **tick·et** *s.* 🚂 Tagesrückfahrkarte *f*; '~·**time** *s.* **1.** Tageszeit *f*, (*heller*) Tag: ***in the*** ~ bei Tage; **2.** ☨ Arbeitstag *m*; ˌ~-**to-**'~ *adj.* (tag)'täglich: ~ ***money*** ☨ Tagesgeld *n*; '~ˌ**trad·er** *s. Börse*: 'Dayˌtrader *m*, 'Tagesspekuˌlant *m*.

daze [deɪz] **I** *v/t.* betäuben, lähmen (*a. fig.*); blenden; verwirren; **II** *s.* Betäubung *f*, Benommenheit *f*: ***in a*** ~ benommen, betäubt; '**daz·ed·ly** [-zɪdlɪ] *adv.* betäubt *etc.* (→ ***daze*** I).

daz·zle ['dæzl] **I** *v/t.* **1.** blenden (*a. fig.*); **2.** *fig.* verwirren, verblüffen; **3.** ⚔ *durch Anstrich* tarnen; **II** *s.* **4.** Blenden *n*; Glanz *m*; **5.** *a.* ~ ***paint*** ⚔ Tarnanstrich *m*; '**daz·zler** [-lə] *s.* F **1.** ‚Blender' *m*; **2.** ‚tolle Frau'; '**daz·zling** [-lɪŋ] *adj.* □ **1.** blendend, glänzend (*a. fig.*); *fig.* strahlend (schön); **2.** verwirrend.

D-Day ['di:deɪ] *s. Tag der alliierten Landung in der Normandie, 6. Juni 1944.*

dea·con ['di:kən] *s. eccl.* Dia'kon *m*; '**dea·con·ess** [-kənɪs] *s. eccl.* **1.** Dia'konin *f*; **2.** Diako'nisse *f*; '**dea·con·ry** [-rɪ] *s. eccl.* Diako'nat *n*.

de·ac·ti·vate [ˌdi:'æktɪveɪt] *v/t.* **1.** ⚔ a) *Einheit* auflösen, b) *Munition* entschärfen; **2.** außer Akti'on *od.* Betrieb setzen.

dead [ded] **I** *adj.* □ → ***deadly*** II; **1.** tot, gestorben, leblos: ***as ~ as a doornail*** (*od.* ***as mutton***) mausetot; ~ ***body*** Leiche *f*, Leichnam *m*; ***he is a ~ man*** *fig.* er ist ein Kind des Todes; ~ ***matter*** tote Materie (→ 11); ~ ***and gone*** tot u. begraben (*a. fig.*); ~ ***to the world*** F ‚total weg' (*bewusstlos, volltrunken*); ***I'm ~!*** F ich bin ‚total fertig'!; ***wait for a ~ man's shoes*** a) auf e-e Erbschaft warten, b) nur darauf warten, dass jemand stirbt (*um seine Position einzunehmen*); **2.** *fig. allg.* tot: a) ausgestorben: ~ ***languages*** tote Sprachen, b) über'lebt, veraltet: ~ ***customs***, c) matt, stumpf: ~ ***colo(u)rs***; ~ ***eyes***, d) nichts sagend, farb-, ausdruckslos, e) geistlos, f) leer, öde: ~ ***streets***; ~ ***land***, g) still, stehend: ~ ***water***, h) *sport* nicht im Spiel: ~ ***ball*** ‚toter Ball'; **3.** unzugänglich, unempfänglich (***to*** für), taub (***to*** gegen *Ratschläge etc.*); **4.** gefühllos, abgestorben: ~ ***fingers***; **5.** *fig.* gefühllos, abgestumpft (***to*** gegen); **6.** erloschen: ~ ***fire***; ~ ***volcano***; ~ ***passions***; **7.** ⚖ ungültig; **8.** *bsd.* ☨ still, ruhig, flau: ~ ***season***; **9.** ☨ tot, umsatzlos: ~ ***assets*** unproduktive (Kapital)Anlage; ~ ***capital*** (***stock***) totes Kapital (Inventar); **10.** ⚙ a) tot, außer Betrieb, b) de'fekt: ~ ***valve***; ~ ***engine*** ausgefallener *od.* abgestorbener Motor, c) leer, erschöpft: ~ ***battery***, d) tot, starr: ~ ***axle***, e) ⚡ tot, strom-, spannungslos; **11.** *typ.* abgelegt: ~ ***matter*** Ablegesatz *m*; **12.** *bsd.* ⚠ blind, Blend...: ~ ***floor***; ~ ***window*** totes Fenster; **13.** Sack... (*ohne Ausgang*): ~ ***street*** Sackgasse *f*; **14.** schal, abgestanden: ~ ***drinks***; **15.** verwelkt, dürr, abgestorben: ~ ***flowers***; **16.** völlig, to'tal: ~ ***calm*** Flaute *f*, (völlige) Windstille; ~ ***certainty*** absolute Gewissheit; ***in ~ earnest*** in vollem Ernst; ~ ***loss*** Totalverlust *m*, *fig.* totaler Ausfall (*Person*); ~ ***silence*** Totenstille *f*; ~ ***stop*** völliger Stillstand; ***come to a ~ stop*** schlagartig stehen bleiben *od.* aufhören; **17.** todsicher, unfehlbar: ***he is a ~ shot***; **18.** äußerst: ***a ~ strain***; ***a ~ push*** ein verzweifelter, aber vergeblicher Stoß; **II** *s.* **19.** stillste Zeit: ***at ~ of night*** mitten in der Nacht; ***the ~ of winter*** der tiefste Winter; **20.** ***the*** ~ a) der (die, das) Tote, b) *coll.* die Toten: ***several ~*** mehrere Tote; ***rise from the ~*** von den Toten auferstehen; **III** *adv.* **21.** restlos, völlig, gänzlich, abso'lut, to'tal: ~ ***asleep*** in tiefstem Schlaf; ~ ***drunk*** sinnlos betrunken; ~ ***slow!*** *mot.* Schritt fahren; ~ ***straight*** schnurgerade; ~ ***tired*** todmüde; ***the facts are ~ against him*** alles spricht gegen ihn; **22.** plötzlich, schlagartig, abrupt: ***stop ~***; **23.** genau: ~ ***against*** genau gegenüber von (*od. dat.*); ~ (***set***) ***against*** ganz u. gar *od.* entschieden gegen (*et.* eingestellt); ~ ***set on*** scharf auf (*acc.*).

dead| ac·count *s.* ☨ 'umsatzloses Konto; ˌ~-**(and-)a'live** *adj. fig.* (tod)langweilig; '~·**beat** *s.* F **1.** Schnorrer *m*; **2.** Gammler *m*; ˌ~-'**beat** *adj.* F todmüde, völlig ka'putt; ~ **cen·ter** *Am.*, ~ **cen·tre** *Brit. s.* ⚙ **1.** toter Punkt; **2.** genaue Mitte; **3.** tote Spitze (*der Drehbank*); ~ **drop** *s. Spionage*: toter Briefkasten; ~ **duck** *s.*: ***be a ~*** F keine Chance mehr haben, passé sein.

dead·en ['dedn] *v/t.* **1.** *Gefühl etc.* (ab-)töten, abstumpfen (***to*** gegen); betäuben; **2.** *Geräusch, Schlag etc.* dämpfen, (ab)schwächen; **3.** ⚙ mattieren.

dead| end *s.* **1.** Sackgasse *f* (*a. fig.*): ***come to a ~*** in e-e Sackgasse geraten; **2.** ⚙ blindes Ende; '~-**end** *adj.* **1.** ohne Ausgang, Sack...: ~ ***street*** Sackgasse *f*; ~ ***station*** Kopfbahnhof *m*; **2.** *fig.* ausweglos; **3.** ohne Aufstiegschancen: ~ ***job***; **4.** verwahrlost, Slum...: ~ ***kid*** verwahrlostes Kind; '~·**fall** *s.* Baumfalle *f*; ~ **file** *s.* abgelegte Akte; ~ **fire** *s.* Elmsfeuer *n*; ~ **freight** *s.* ⚓ Fehlfracht *f*; ~ **hand** → ***mortmain***; '~·**head** *s.* F a) Freikarteninhaber(in), b) Schwarzfahrer(in), c) *Am. contp.* ‚Blindgänger' *m*, ‚Niete' *f*, d) *Am.* Mitläufer *m*; ~ **heat** *s. sport* totes Rennen; ~ **let·ter** *s.* **1.** *fig.* toter Buchstabe (*unwirksames Gesetz*); **2.** unzustellbarer Brief; '~·**line** *s.* **1.** letzter *od.* äußerster Termin, Frist(ablauf *m*) *f*; *Zeitung*: Redakti'onsschluss *m*: ~ ***pressure*** Termindruck *m*; ***meet the ~*** den Termin *od.* die Frist einhalten; **2.** Stichtag *m*; **3.** äußerste Grenze; **4.** *Am.* Todesstreifen *m* (*Strafanstalt*).

dead·li·ness ['dedlɪnɪs] *s. das* Tödliche; tödliche Wirkung.

dead| load *s.* ⚙ totes Gewicht, tote Last, Eigengewicht *n*; '~·**lock** **I** *s. fig.* toter Punkt, 'Patt(situatiˌon *f*) *n*: ***break the ~*** den toten Punkt überwinden; ***come to a ~*** → **II** *v/i.* sich festfahren, stecken bleiben, an e-m toten Punkt anlangen: ~***ed*** festgefahren.

dead·ly ['dedlɪ] **I** *adj.* **1.** tödlich, todbringend: ~ ***poison***; ~ ***precision*** tödliche Genauigkeit; ~ ***sin*** Todsünde *f*; ~ ***combat*** Kampf *m* auf Leben u. Tod; **2.** *fig.* unversöhnlich, grausam: ~ ***enemy*** Todfeind *m*; ~ ***fight*** mörderischer Kampf; **3.** totenähnlich: ~ ***pallor*** Leichenblässe *f*; **4.** F schrecklich, groß, äußerst: ~ ***haste***; **II** *adv.* **5.** totenähnlich: ~ ***pale*** leichenblass; **6.** F schrecklich, tod...: ~ ***dull*** sterbenslangweilig.

dead| march *s.* ♪ Trauermarsch *m*; ~ **ma·rine** *s. sl.* leere ‚Pulle'.

dead·ness ['dednɪs] *s.* **1.** Leblosigkeit *f*, Erstarrung *f*; *fig. a.* Leere *f*, Öde *f*; **2.** Gefühllosigkeit *f*, Gleichgültigkeit *f*, Kälte *f*; **3.** *bsd.* ☨ Flauheit *f*, Flaute *f*; **4.** Glanzlosigkeit *f*.

dead| net·tle *s.* ⚘ Taubnessel *f*; ~ **pan** *s.* F ausdrucksloses Gesicht; '~-**pan** *adj.* **1.** ausdruckslos; **2.** mit ausdruckslosem Gesicht; **3.** *fig.* trocken (*Humor*); ~ **point** *s.* ⚙ toter Punkt; ~ **reck·on·ing** *s.* ⚓ gegisstes Besteck, Koppeln *n*; ~ **set** *s.* **1.** *hunt.* Stehen *n des Hundes*; **2.** verbissene Feindschaft; **3.** hartnäckiges Bemühen *od.* Werben (***at*** um): ***make a ~ at*** sich hartnäckig bemühen um; ~ **wa·ter** *s.* **1.** stehendes Wasser; **2.** ⚓ Kielwasser *n*, Sog *m*; ~ **weight** *s.* **1.** a) ganze Last, volles Gewicht, b) totes Gewicht, Eigengewicht *n*; **2.** *fig.* schwere Last; '~-**weight ca·pac·i·ty** *s.* Tragfähigkeit *f*; '~·**wood** *s.* **1.** totes Holz, *weitS.* Reisig *n*; **2.** *fig.* Plunder *m*; ☨ Ladenhüter *m*; **3.** *fig. et.* Veraltetes *od.* Über'holtes; (nutzloser) 'Ballast.

de-aer·ate [di:'eɪəreɪt] *v/t.* entlüften.

deaf [def] *adj.* □ **1.** ⚕ taub: ***the ~*** die Tauben *pl.*; ~ ***and dumb*** taubstumm; ~***-and-dumb language*** Taubstummensprache *f*; ~ ***as a post*** stocktaub; → ***ear***[1] 1; **2.** schwerhörig; **3.** *fig.* (***to***) taub (gegen), unzugänglich (für); **deaf aid** *s.* Hörgerät *n*; '**deaf·en** [-fn] *v/t.* **1.** taub machen; betäuben; **2.** *Schall* dämpfen; **3.** *Wände* schalldicht machen; '**deaf·en·ing** [-fnɪŋ] *adj.* ohrenbetäubend; ˌ**deaf-'mute** **I** *adj.* taubstumm; **II** *s.* Taubstumme(r *m*) *f*; '**deaf·ness** [-nɪs] *s.* **1.** ⚕ Taubheit *f* (*a. fig.* ***to*** gegen); **2.** Schwerhörigkeit *f*.

deal[1] [di:l] **I** *v/i.* [*irr.*] **1.** (***with***) sich befassen *od.* beschäftigen *od.* abgeben (mit); **2.** (***with***) handeln (von), *et.* behandeln *od.* zum Thema haben; **3.** ~ ***with*** sich mit *e-m Problem etc.* befassen *od.* ausein'ander setzen; *et.* in Angriff nehmen; **4.** ~ ***with*** *et.* erledigen, mit *et. od. j-m* fertig werden; **5.** ~ ***with*** *od.* ***by*** behandeln (*acc.*), 'umgehen mit: ~ ***fairly with s.o.*** j-n anständig behandeln, sich fair gegen j-n verhalten; **6.** ~ ***with*** ☨ Geschäfte machen *od.* Handel treiben mit, in Geschäftsverkehr stehen mit; **7.** ☨ handeln, Handel treiben (***in*** mit): ~ ***in paper***; **8.** dealen (*mit Rauschgift handeln*); **9.** *Kartenspiel*: geben; **II** *v/t.* [*irr.*] **10.** *oft* ~ ***out*** *et.* ver-, austeilen: ~ ***out rations***; ~ ***s.o.*** (***s.th.***) ***a blow***, ~ ***a blow at s.o.*** (***s.th.***) j-m (e-r Sache) e-n Schlag versetzen; **11.** *j-m et.* zuteilen; **12.** *Karten od. j-m e-e Karte* geben; **III** *s.* F **13.** Handlungsweise *f*, Verfahren *n*, Poli'tik *f*; → ***New Deal***; **14.** Behandlung *f*; → ***raw*** 10, ***square***

37; **15.** Geschäft *n*, Handel *m*: ***it's a ~!*** abgemacht!; (***a***) ***good ~!*** gutes Geschäft!, nicht schlecht!; ***no ~!*** F da läuft nichts!; ***big ~!*** *Am. sl.* na und?, pah!; ***no big ~*** *Am. sl.* keine große Sache; **16.** Abkommen *n*, Über'einkunft *f*: ***make*** (*od.* ***do***) ***a ~*** ein Abkommen treffen, sich einigen; **17.** *Kartenspiel*: ***it is my ~*** ich muss geben.

deal[2] [diːl] *s.* **1.** Menge *f*, Teil *m*: ***a great ~*** (***of money***) sehr viel (Geld); ***a good ~*** ziemlich viel, ein gut Teil; ***think a great ~ of s.o.*** sehr viel von j-m halten; **2.** e-e ganze Menge: ***a ~ worse*** F viel schlechter.

deal[3] [diːl] *s.* **1.** Diele *f*, Brett *n*, Planke *f* (*bsd. aus Kiefernholz*); **2.** Tannen- *od.* Kiefernholz *n*.

deal·er ['diːlə] *s.* **1.** ✝ Händler(in), Kaufmann *m*: ***~ in antiques*** Antiquitätenhändler; ***plain ~*** *fig.* ehrlicher Mensch; **2.** *Brit. Börse*: Dealer *m* (*der auf eigene Rechnung Geschäfte tätigt*); **3.** Dealer *m* (*Rauschgifthändler*); **4.** *Kartenspiel*: Geber(in); '**deal·ing** [-lɪŋ] *s.* **1.** *mst pl.* 'Umgang *m*, Verkehr *m*, Beziehungen *pl.*: ***have ~s with s.o.*** mit j-m zu tun haben; ***there is no ~ with her*** mit ihr ist nicht auszukommen; **2.** ✝ a) Handel *m*, Geschäft *n* (***in*** in *dat.*, mit), b) Geschäftsverkehr *m*, c) Geschäftsgebaren *n*; **3.** Verhalten *n*, Handlungsweise *f*; **4.** Austeilen *n*, Geben *n* (*von Karten*).

dealt [delt] *pret. u. p.p. von* ***deal***[1].

dean [diːn] *s.* **1.** *Brit. univ.* a) De'kan *m* (*Vorstand e-r Fakultät od. e-s College*), b) Fellow *m* mit besonderen Aufgaben (*Oxford, Cambridge*); **2.** *Am. univ.* a) Vorstand *m* e-r Fakul'tät, b) Hauptberater(in), Vorsteher(in) (*der Studenten*); **3.** *eccl.* De'kan *m*, De'chant *m*; **4.** Vorsitzende(r *m*) *f*, Präsi'dent(in): ***𝔇 of the Diplomatic Corps*** Doyen *m* des Diplomatischen Korps; '**dean·er·y** [-nərɪ] *s.* Deka'nat *n*.

dear [dɪə] **I** *adj.* □ → ***dearly***; **1.** teuer, lieb (***to*** *dat.*): ***~ mother*** liebe Mutter; ***𝔇 Sir,*** (*in Briefen*) Sehr geehrter Herr (*Name*)!; ***my ~est wish*** mein Herzenswunsch; ***for ~ life*** als ob es ums Leben ginge; ***hold ~*** (wert-) schätzen; **2.** teuer, kostspielig; ***~ money policy*** Hochzinspolitik *f*; **II** *adv.* **3.** teuer: ***it cost him ~*** es kam ihm teuer zu stehen; → ***dearly*** 2; **III** *s.* **4.** Liebste(r *m*) *f*, Liebling *m*, Schatz *m*: ***isn't she a ~?*** ist sie nicht ein Engel?; ***there's a ~!*** sei (so) lieb!; **IV** *int.* **5.** ***oh ~!, ~, ~!, ~ me!*** du liebe Zeit!, ach je!; **dear·ie** ['dɪərɪ] → ***deary***; '**dear·ly** [-lɪ] *adv.* **1.** innig, herzlich; **2.** teuer; → ***buy*** 3; '**dear·ness** [-nɪs] *s.* **1.** Kostspieligkeit *f*, hoher Preis *od.* Wert (*a. fig.*); **2.** *das* Liebe(nswerte).

dearth [dɜːθ] *s.* **1.** Mangel *m* (***of*** an *dat.*); **2.** Hungersnot *f*.

dear·y ['dɪərɪ] *s.* F Liebling *m*, Schätzchen *n*.

death [deθ] *s.* **1.** Tod *m*: ***~s*** Todesfälle; ***to*** (***the***) ***~*** zu Tode, bis zum Äußersten; ***at 𝔇's door*** an der Schwelle des Todes; ***bleed to ~*** (sich) verbluten; ***do to ~*** a) *j-n* umbringen, b) *fig. et.* ‚kaputtmachen' *od.* ‚zu Tode reiten'; ***done to ~*** F *Küche*: totgekocht; ***frozen to ~*** erfroren; ***sure as ~*** tod-, bombensicher; ***tired to ~*** todmüde; ***catch one's ~*** sich den Tod holen (*engS. durch Erkältung*); ***be in at the ~*** *fig.* das Ende miterleben; ***that will be his ~*** das wird ihm das Leben kosten; ***he'll be the ~ of me*** a) er bringt mich noch ins Grab, b) ich lach mich noch tot über ihn; ***hold on like grim ~*** verbissen festhalten, sich festkrallen (***to*** an *dat.*); ***put to ~*** zu Tode bringen, *bsd.* hinrichten; **2.** Tod *m*, (Ab)Sterben *n*, Ende *n*, Vernichtung *f*: ***united in ~*** im Tode vereint; ***~ ag·o·ny*** *s.* Todeskampf *m*; '**~·bed** *s.* Sterbebett *n*: ***~ repentance*** Reue *f* auf dem Sterbebett; **~ ben·e·fit** *s.* **1.** Sterbegeld *n*; **2.** bei Todesfall fällige Versicherungsleistung; '**~·blow** *s.* Todesstreich *m*; *fig.* Todesstoß *m* (***to*** für); **~ cell** *s.* ⚖ Todeszelle *f*; **~ cer·tif·i·cate** *s.* Sterbeurkunde *f*, Totenschein *m*; **~ du·ty** *s. obs.* Erbschaftssteuer *f*; **~ grant** *s.* Sterbegeld *n*; **~ house** → ***~ row***; **~ in·stinct** *s. psych.* Todestrieb *m*; **~ knell** *s.* Totengeläut *n*, -glocke *f* (*a. fig.*).

death·less ['deθlɪs] *adj.* □ *bsd. fig.* unsterblich; '**death·like** *adj.*, '**death·ly** [-lɪ] *adj. u. adv.* totenähnlich, Todes..., Leichen..., toten...: ***~ pale*** leichenblass.

death| mask *s.* Totenmaske *f*; **~ pen·al·ty** *s.* Todesstrafe *f*; **~ rate** *s.* Sterblichkeitsziffer *f*; **~ rat·tle** *s.* Todesröcheln *n*; **~ ray** *s.* Todesstrahl *m*; **~ roll** *s.* Zahl *f* der Todesopfer; ✕ Gefallenen-, Verlustliste *f*; **~ row** *s. Am.* Todestrakt *m* (*e-r Strafanstalt*); **~'s head** *s.* **1.** Totenkopf *m* (*bsd. als Symbol*); **2.** *zo.* Totenkopf *m* (*Falter*); **~ throes** *s. pl.* Todeskampf *m*; '**~·trap** *s. fig.* ‚Mausefalle' *f*; **~ war·rant** *s.* **1.** ⚖ Hinrichtungsbefehl *m*; **2.** *fig.* Todesurteil *n*; '**~·watch** *s. Brit. a.* ***~ beetle*** zo. Klopfkäfer *m*; **~ wish** *s.* Todeswunsch *m*.

deb [deb] *s.* F *abbr. für* ***débutante***.

dé·bâ·cle [deɪ'bɑːkl] (*Fr.*) *s.* **1.** De'bakel *n*, Zs.-bruch *m*, Kata'strophe *f*; **2.** Massenflucht *f*, wildes Durchein'ander; **3.** *geol.* Eisgang *m*.

de·bar [dɪ'bɑː] *v/t.* **1.** (***from***) *j-n* ausschließen (von), hindern (an *dat. od.* zu *inf.*); **2.** ***~ s.o. s.th.*** j-m et. versagen; **3.** *et.* verhindern.

de·bark [dɪ'bɑːk] → ***disembark***.

de·base [dɪ'beɪs] *v/t.* **1.** (cha'rakterlich) verderben, verschlechtern; **2.** (***o.s.*** sich) entwürdigen, erniedrigen; **3.** entwerten; im Wert mindern; *Wert* mindern; **4.** *Münzen* verschlechtern; **5.** verfälschen; **de'based** [-st] *adj.* **1.** verderbt (*etc.*); **2.** minderwertig (*Geld*); **3.** abgegriffen (*Wort*).

de·bat·a·ble [dɪ'beɪtəbl] *adj.* **1.** disku'tabel; **2.** strittig, fraglich, um'stritten; **3.** bestreitbar, anfechtbar; **de·bate** [dɪ'beɪt] **I** *v/i.* **1.** debattieren, diskutieren; **2.** ***~ with o.s.*** hin u. her über'legen; **II** *v/t.* **3.** *et.* debattieren, erörtern, diskutieren; **4.** erwägen, sich *et.* über'legen; **III** *s.* **5.** De'batte *f* (*a. parl.*), Erörterung *f*: ***be under ~*** zur Debatte stehen; ***~ on request*** *parl.* aktuelle Stunde; **de'bat·er** [-tə] *s.* **1.** Debat'tierer *m*, Dispu'tant *m*; **2.** *parl.* Redner *m*; **de'bat·ing** [-tɪŋ] *adj.*: ***~ club*** *od.* ***society*** Debattierklub *m*.

de·bauch [dɪ'bɔːtʃ] **I** *v/t.* **1.** *sittlich* verderben; **2.** verführen, verleiten; **II** *s.* **3.** Ausschweifung *f*, Orgie *f*; **4.** Schwelge'rei *f*; **de'bauched** [-tʃt] *adj.* ausschweifend, liederlich, zügellos; **deb·au·chee** [ˌdebɔː'tʃiː] *s.* Wüstling *m*; **de'bauch·er** [-tʃə] *s.* Verführer *m*; **de'bauch·er·y** [-tʃərɪ] *s.* Ausschweifung (-en *pl.*) *f*, Orgie(n *pl.*) *f*; Schwelge'rei *f*.

de·ben·ture [dɪ'bentʃə] *s.* **1.** Schuldschein *m*; **2.** ✝ a) *a.* ***~ bond***, ***~ certificate*** Obligati'on *f*, Schuldverschreibung *f*, b) *Brit.* Pfandbrief *m*: ***~ holder*** Obligationsinhaber *m*; *Brit.* Pfandbriefinhaber(in); ***~ stock*** *Brit.* Obligationen *pl.*, Anleiheschuld *f*, *Am.* Vorzugsaktien erster Klasse; **3.** ✝ Rückzollschein *m*.

de·bil·i·tate [dɪ'bɪlɪteɪt] *v/t.* schwächen, entkräften; **de·bil·i·ta·tion** [dɪˌbɪlɪ'teɪʃn] *s.* Schwächung *f*, Entkräftung *f*; **de'bil·i·ty** [-lətɪ] *s.* Schwäche *f*, Kraftlosigkeit *f*, Erschöpfung(szustand *m*) *f*.

deb·it ['debɪt] **I** *s.* ✝ **1.** Debet *n*, Soll *n*, Schuldposten *m*: ***~ and credit*** Soll *n* u. Haben *n*; **2.** Belastung *f*: ***to the ~ of*** zu Lasten von; **3.** *a.* ***~ side*** Debetseite *f*: ***charge*** (*od.* ***carry***) ***a sum to s.o.'s ~*** j-s Konto mit e-r Summe belasten; **II** *v/t.* **4.** debitieren, belasten (***with*** mit); **III** *adj.* **5.** Debet..., Schuld...: ***~ account***; ***~ balance*** Debetsaldo *m*; ***your ~ balance*** Saldo *m* zu Ihren Lasten; ***~ entry*** Lastschrift *f*; ***~ note*** Lastschriftanzeige *f*.

de·block [ˌdiː'blɒk] *v/t.* ✝ *eingefrorene Konten* freigeben.

deb·o·nair(**e**) [ˌdebə'neə] *adj.* **1.** höflich, gefällig; **2.** heiter, fröhlich; **3.** 'lässig(-eleˌgant).

de·bouch [dɪ'baʊtʃ] *v/i.* **1.** ✕ her'vorbrechen; **2.** einmünden, sich ergießen (*Fluss*).

De·brett [də'bret] *npr.*: ***~'s peerage*** *englisches Adelsregister*.

de·brief·ing [ˌdiː'briːfɪŋ] *s.* ✕, ✈ Einsatzbesprechung *f* (*nach dem Flug*).

de·bris ['deɪbriː] *s.* Trümmer *pl.*, (Gesteins)Schutt *m* (*a. geol.*).

debt [det] *s.* Schuld *f* (*Geld od. fig.*); Verpflichtung *f*: ***~-collecting agency*** Inkassobüro *n*; ***~ collector*** Inkassobeauftragte(r) *m*; ***collection of ~s*** Inkasso *n*; ***~ restructuring*** Umschuldung *f*; ***bad ~s*** zweifelhafte Forderungen *od.* Außenstände; ***~ of gratitude*** Dankesschuld; ***~ of hono***(***u***)***r*** Ehrenschuld; ***pay one's ~ to nature*** der Natur s-n Tribut entrichten, sterben; ***run into ~*** in Schulden geraten; ***run up ~s*** Schulden machen; ***be in ~*** verschuldet sein, Schulden haben; ***be in s.o.'s ~*** *fig.* j-m verpflichtet sein, in j-s Schuld stehen; '**debt·or** [-tə] *s.* Schuldner(in), ✝ Debitor *m*: ***common ~*** Gemeinschuldner *m*.

de·bug [ˌdiː'bʌg] *v/t.* **1.** ⚙ F (die) ‚Mucken' *e-r Maschine* beseitigen; ***~ program*** *Computer*: Fehlersuchprogramm *n*; **2.** entwanzen (*a.* F *von Minispionen befreien*).

de·bunk [ˌdiː'bʌŋk] *v/t.* F entlarven.

de·bu·reauc·ra·tize [ˌdiːbjʊə'rɒkrətaɪz] *v/t.* entbürokratisieren.

de·bus [ˌdiː'bʌs] *v/i.* aus dem *od.* e-m Bus aussteigen.

dé·but, *Am.* **de·but** ['deɪbuː] (*Fr.*) *s.* De'büt *n*: a) erstes Auftreten (*thea. od. in der Gesellschaft*), b) Anfang *m*, Antritt *m* (*e-r Karriere etc.*): ***make one's ~*** sein Debüt geben; **déb·u·tant**, *Am.* **deb·u·tant** ['debjuːtɑ̃ːŋ] (*Fr.*) *s.* Debü'tant *m*; **déb·u·tante**, *Am.* **deb·u·tante** ['debjuːtɑːnt] (*Fr.*) *s.* Debü'tantin *f*.

deca- [dekə] *in Zssgn* zehn(mal).

dec·ade ['dekeɪd] *s.* **1.** De'kade *f*: a) Jahr'zehnt *n*, b) Zehnergruppe *f*; **2.** ↯, ⚙ De'kade *f*.

dec·a·dence ['dekədəns] *s.* Deka'denz

f, Entartung *f*, Verfall *m*, Niedergang *m*; '**dec·a·dent** [-nt] **I** *adj.* deka'dent, entartet, verfallend; Dekadenz...; **II** *s.* deka'denter Mensch.

de·caf ['di:kæf] *s.* F koffe'infreier Kaffee.

de·caf·fein·ate [ˌdi:'kæfɪneɪt] *v/t. Kaffee* koffe'infrei machen.

dec·a·gon ['dekəgən] *s.* ⩘ Zehneck *n*; **dec·a·gram(me)** ['dekəgræm] *s.* Deka'gramm *n*.

de·cal [dɪ'kæl] → ***decalcomania***.

de·cal·ci·fy [ˌdi:'kælsɪfaɪ] *v/t.* entkalken.

de·cal·co·ma·ni·a [dɪˌkælkəʊ'meɪnɪə] *s.* Abziehbild(verfahren) *n*.

dec·a|·li·ter *Am.*, **~·li·tre** *Brit.* ['dekəˌli:tə] *s.* Deka'liter *m, n*; **℘·log(ue)** ['dekəlɒg] *s. bibl.* Deka'log *m*, *die* Zehn Gebote *pl.*; **~·me·ter** *Am.*, **~·me·tre** *Brit.* ['dekəˌmi:tə] *s.* Deka'meter *m, n*.

de·camp [dɪ'kæmp] *v/i.* **1.** ⚔ das Lager abbrechen; **2.** F sich aus dem Staube machen.

de·cant [dɪ'kænt] *v/t.* **1.** ab-, 'umfüllen; **2.** dekantieren, vorsichtig abgießen; **de'cant·er** [-tə] *s.* **1.** Ka'raffe *f*; **2.** Klärflasche *f*.

de·cap·i·tate [dɪ'kæpɪteɪt] *v/t.* **1.** enthaupten, köpfen; **2.** *Am.* F entlassen, ‚absägen'; **de·cap·i·ta·tion** [dɪˌkæpɪ'teɪʃn] *s.* **1.** Enthauptung *f*; **2.** *Am.* F ‚Rausschmiss' *m*.

de·car·bon·ate [ˌdi:'kɑ:bəneɪt] *v/t.* Kohlensäure *od.* Kohlen'dioxid entziehen (*dat.*); **de·car·bon·ize** [ˌdi:'kɑ:bənaɪz] *v/t.* dekarbonisieren; **de·car·bu·rize** [ˌdi:'kɑ:bjʊəraɪz] → ***decarbonize***.

de·car·tel·i·za·tion ['di:ˌkɑ:təlaɪ'zeɪʃn] *s.* ⚕ Entkartellisierung *f*, (Kon'zern-)Entflechtung *f*; **de·car·tel·ize** [ˌdi:'kɑ:təlaɪz] *v/t.* entflechten.

de·cath·lete [dɪ'kæθli:t] *s. sport* Zehnkämpfer *m*; **de·cath·lon** [dɪ'kæθlɒn] *s.* Zehnkampf *m*.

dec·a·tize ['dekətaɪz] *v/t. Seide* dekatieren.

de·cay [dɪ'keɪ] **I** *v/i.* **1.** verfallen, zerfallen (*a. phys.*), in Verfall geraten, zu'grunde gehen; **2.** verderben, verkümmern, verblühen; **3.** (ver)faulen (*a. Zahn*), (ver)modern, verwesen; **4.** schwinden, abnehmen, schwach werden, (her'ab)sinken: ***~ed with age*** altersschwach; **II** *s.* **5.** Verfall *m*, Zerfall *m* (*a. phys. von Radium etc.*): ***fall into ~*** → 1; **6.** Nieder-, Rückgang *m*, Verblühen *n*; Ru'in *m*; **7.** ⚕ Karies *f*, (Zahn)Fäule *f*; Schwund *m*; **8.** Fäulnis *f*, Vermodern *n*; **de'cayed** [-eɪd] *adj.* **1.** ver-, zerfallen; kraftlos; zerrüttet; **2.** her'untergekommen; **3.** verblüht; **4.** verfault, morsch; *geol.* verwittert; **5.** ⚕ kari'ös, schlecht (*Zahn*).

de·cease [dɪ'si:s] **I** *v/i.* sterben, verscheiden; **II** *s.* Tod *m*, Ableben *n*; **de'ceased** [-st] **I** *adj.* verstorben; **II** *s.* ***the ~*** a) der *od.* die Verstorbene, b) die Verstorbenen *pl*.

de·ce·dent [dɪ'si:dənt] *s.* ⚖ *Am.* **1.** → ***deceased*** II; **2.** Erb-lasser(in).

de·ceit [dɪ'si:t] *s.* **1.** Betrug *m*, (bewusste) Täuschung; Betrüge'rei *f*; **2.** Falschheit *f*, Tücke *f*; **de'ceit·ful** [-fʊl] *adj.* □ betrügerisch; falsch, 'hinterlistig; **de'ceit·ful·ness** [-fʊlnɪs] *s.* Falschheit *f*, 'Hinterlist *f*, Arglist *f*.

de·ceiv·a·ble [dɪ'si:vəbl] *adj.* leicht zu täuschen(d); **de·ceive** [dɪ'si:v] **I** *v/t.* **1.** täuschen (*Person od. Sache*), trügen (*Sache*): ***be ~d*** sich täuschen lassen, sich irren (***in*** in *dat.*); ***~ o.s.*** sich et. vormachen; **2.** *mst pass. Hoffnung etc.* enttäuschen; **II** *v/i.* **3.** trügen, täuschen (*Sache*); **de'ceiv·er** [-və] *s.* Betrüger (-in).

de·cel·er·ate [ˌdi:'seləreɪt] **I** *v/t.* verlangsamen; die Geschwindigkeit verringern von (*od. gen.*); **II** *v/i.* sich verlangsamen; s-e Geschwindigkeit verringern; **de·cel·er·a·tion** ['di:ˌselə'reɪʃn] *s.* Verlangsamung *f*; Geschwindigkeitsabnahme *f*: ***~ lane*** *mot.* Verzögerungsspur *f*.

De·cem·ber [dɪ'sembə] *s.* De'zember *m*: ***in ~*** im Dezember.

de·cen·cy ['di:snsɪ] *s.* **1.** Anstand *m*, Schicklichkeit *f*: ***for ~'s sake*** anstandshalber; ***sense of ~*** Anstandsgefühl *n*; **2.** Anständigkeit *f*; **3.** *pl.* Anstand *m*; **4.** *pl.* Annehmlichkeiten *pl. des Lebens*.

de·cen·ni·al [dɪ'senjəl] **I** *adj.* □ **1.** zehnjährig; **2.** alle zehn Jahre 'wiederkehrend; **II** *s.* **3.** *Am.* Zehn'jahrfeier *f*; **de'cen·ni·al·ly** [-lɪ] *adv.* alle zehn Jahre; **de'cen·ni·um** [-jəm] *pl.* **-ni·ums**, **-ni·a** [-jə] *s.* Jahr'zehnt *n*, De'zennium *n*.

de·cent ['di:snt] *adj.* □ **1.** anständig: a) schicklich, b) sittsam, c) ehrbar; **2.** de'zent, unaufdringlich; **3.** F ‚anständig': a) annehmbar: ***a ~ meal***, b) nett: ***that was ~ of him***.

de·cen·tral·i·za·tion [di:ˌsentrəlaɪ'zeɪʃn] *s.* Dezentralisierung *f*; **de·central·ize** [ˌdi:'sentrəlaɪz] *v/t.* dezentralisieren.

de·cep·tion [dɪ'sepʃn] *s.* **1.** Täuschung *f*, Irreführung *f*; **2.** Betrug *m*; **3.** Trugbild *n*; **de'cep·tive** [-ptɪv] *adj.* □ täuschend, irreführend, trügerisch: ***appearances are ~*** der Schein trügt.

deci- [desɪ] *in Zssgn* Dezi...

dec·i·bel ['desɪbel] *s. phys.* Dezi'bel *n*.

de·cide [dɪ'saɪd] **I** *v/t.* **1.** *et.* entscheiden; **2.** *j-n* bestimmen, veranlassen; *et.* bestimmen, festsetzen: ***~ the right moment***; ***that ~d me*** das gab für mich den Ausschlag, das bestärkte mich in m-m Entschluss; ***the weather ~d me against going*** aufgrund des Wetters entschloss ich mich, nicht zu gehen; **II** *v/i.* **3.** entscheiden, bestimmen, den Ausschlag geben; **4.** beschließen; sich entscheiden *od.* entschließen (***in favo[u]r of*** für; ***against doing*** nicht zu tun; ***to do*** zu tun); **5.** zu dem Schluss *od.* der Über'zeugung kommen: ***I ~d that it was worth trying***; **6.** feststellen, finden: ***we ~d that the weather was too bad***; **7.** ***~ (up)on*** sich entscheiden für *od.* über (*acc.*); festsetzen, -legen, bestimmen (*acc.*); **de'cid·ed** [-dɪd] *adj.* □ **1.** entschieden, unzweifelhaft, deutlich; **2.** entschieden, entschlossen, fest, bestimmt; **de'cid·ed·ly** [-dɪdlɪ] *adv.* entschieden, fraglos, bestimmt; **de'cid·er** [-də] *s.* **1.** *sport* Entscheidungskampf *m*, Stechen *n*; **2.** *das* Entscheidende, *die* Entscheidung.

de·cid·u·ous [dɪ'sɪdjʊəs] *adj.* **1.** ⚘ jedes Jahr abfallend: ***~ tree*** Laubbaum *m*; **2.** *zo.* abfallend (*Geweih etc.*).

dec·i|·gram(me) ['desɪgræm] *s.* Dezi'gramm *n*; **~·li·ter** *Am.*, **~·li·tre** *Brit.* ['desɪˌli:tə] *s.* Dezi'liter *m, n*.

dec·i·mal ['desɪml] ⩘ **I** *adj.* □ → ***decimally***; dezi'mal, Dezimal...: ***~ fraction***; ***go ~*** das Dezimalsystem einführen; **II** *s.* a) Dezi'malzahl *f*, b) Dezi'malе *f*, Dezi'malstelle *f*: ***circulating*** (***recurring***) ***~*** periodische (unendliche) Dezimalzahl; **'dec·i·mal·ize** [-məlaɪz] *v/t.* auf das Dezi'malsyˌstem 'umstellen; **'dec·i·mal·ly** [-məlɪ] *adv.* **1.** nach dem Dezi'malsyˌstem; **2.** in Dezi'malzahlen (ausgedrückt).

dec·i·mal| place *s.* Dezi'malstelle *f*; **~ point** *s.* Komma *n* (*im Englischen ein Punkt*) vor der ersten Dezi'malstelle: ***floating ~*** Fließkomma (*Taschenrechner etc.*); **~ sys·tem** *s.* Dezi'malsyˌstem *n*.

dec·i·mate ['desɪmeɪt] *v/t.* dezimieren, *fig. a.* stark schwächen *od.* vermindern; **dec·i·ma·tion** [desɪ'meɪʃn] *s.* Dezimierung *f*.

dec·i·me·ter *Am.*, **dec·i·me·tre** *Brit.* ['desɪˌmi:tə] *s.* Dezi'meter *m, n*.

de·ci·pher [dɪ'saɪfə] *v/t.* **1.** entziffern; **2.** dechiffrieren; **3.** *fig.* enträtseln; **de'ci·pher·a·ble** [-fərəbl] *adj.* entzifferbar; *fig.* enträtselbar; **de'ci·pher·ment** [-mənt] *s.* Entzifferung *f etc.*

de·ci·sion [dɪ'sɪʒn] *s.* **1.** Entscheidung *f* (*a.* ⚖); Entscheid *m*, Urteil *n*, Beschluss *m*: ***make*** (*od.* ***take***) ***a ~*** e-e Entscheidung treffen; **2.** Entschluss *m*: ***arrive at a ~***, ***come to a ~***, ***take a ~*** zu e-m Entschluss kommen; **3.** Entschlusskraft *f*, Entschlossenheit *f*: ***~ of character*** Charakterstärke *f*; **~-ˌmak·er** *s.* Entscheidungsträger *m*; **~-ˌmak·ing** *adj.* entscheidungstragend, entscheidend: ***~ board***.

de·ci·sive [dɪ'saɪsɪv] *adj.* □ **1.** entscheidend, ausschlag-, maßgebend; endgültig, schlüssig: ***be ~ in*** entscheidend beitragen zu; ***be ~ of*** entscheiden (*acc.*); ***~ battle*** Entscheidungsschlacht *f*; **2.** entschlossen, entschieden (*Person*); **de'ci·sive·ness** [-nɪs] *s.* **1.** entscheidende Kraft; **2.** Maßgeblichkeit *f*; **3.** Endgültigkeit *f*; **4.** Entschiedenheit *f*.

deck [dek] **I** *s.* **1.** ⚓ Deck *n*: ***on ~*** a) auf Deck, b) *Am.* F bereit, zur Hand; ***all hands on ~!*** alle Mann an Deck!; ***below ~*** unter Deck; ***clear the ~s*** (***for action***) a) das Schiff klar zum Gefecht machen, b) *fig.* sich bereitmachen; **2.** ✈ Tragdeck *n*, -fläche *f*; **3.** 🚂 (Wag'gon)Dach *n*; **4.** (Ober)Deck *n* (*Bus*); **5.** a) Laufwerk *n* (*e-s Plattenspielers*), b) → ***tape deck***; **6.** *sl.* ‚Briefchen' *n* (*Rauschgift*); Spiel *n*, Pack *m* (Spiel-)Karten; **II** *v/t.* **7.** *oft* ***~ out*** a) (aus-)schmücken, b) *j-n* her'ausputzen; **'~·chair** *s.* Liegestuhl *m*.

-deck·er [dekə] *s. in Zssgn* ...decker *m*; → ***three-decker***.

deck| game *s.* Bordspiel *n*; **~ hand** *s.* ⚓ Ma'trose *m*.

deck·le-edged [ˌdekl'edʒd] *adj.* **1.** mit Büttenrand; **2.** unbeschnitten: ***~ book***.

de·claim [dɪ'kleɪm] **I** *v/i.* **1.** reden, e-e Rede halten; **2.** ***~ against*** eifern *od.* wettern gegen; **3.** Phrasen dreschen; **II** *v/t.* **4.** deklamieren, (*contp.* bom'bastisch) vortragen.

dec·la·ma·tion [ˌdeklə'meɪʃn] *s.* **1.** Deklamati'on *f* (*a.* ♪); **2.** bom'bastische Rede; **3.** Ti'rade *f*; **4.** Vortragsübung *f*; **de·clam·a·to·ry** [dɪ'klæmətərɪ] *adj.* □ **1.** Rede..., Vortrags...; **2.** deklama'torisch; **3.** eifernd; **4.** bom'bastisch, theatralisch.

de·clar·a·ble [dɪ'kleərəbl] *adj.* zollpflichtig; **de'clar·ant** [-rənt] *s.* **1.** ⚖ Erschienene(r *m*) *f*; **2.** *Am.* Einbürgerungsanwärter(in).

dec·la·ra·tion [ˌdeklə'reɪʃn] *s.* **1.** Erklärung *f*, Aussage *f*: ***make a ~*** eine Erklärung abgeben; ***~ of intent*** Absichtserklärung; ***~ of war*** Kriegserklärung; **2.** Mani'fest *n*, Proklamati'on *f*; **3.** ⚖ a)

Am. Klageschrift *f*, b) Beteuerung *f* (*an Eides Statt*); **4.** Anmeldung *f*, Angabe *f*: **~ of bankruptcy** ✝ Konkursanmeldung; **customs ~** Zolldeklaration *f*, -erklärung *f*; **5.** *Bridge*: Ansage *f*; **de·clar·a·tive** [dɪ'klærətɪv] *adj.*: **~ sentence** *ling.* Aussagesatz *m*; **de·clar·a·to·ry** [dɪ'klærətərɪ] *adj.* erklärend: **be ~ of** erklären, darlegen, feststellen; **~ judgment** ⚖ Feststellungsurteil *n*.

de·clare [dɪ'kleə] **I** *v/t.* **1.** erklären, aussagen, verkünden, bekannt machen, proklamieren: **~ war (on)** (*j-m*) den Krieg erklären, *fig.* (*j-m*) den Kampf ansagen; **he was ~d winner** er wurde zum Sieger erklärt; **2.** erklären, behaupten; **3.** angeben, anmelden; erklären, deklarieren (*Zoll*); ✝ *Dividende* festsetzen; **4.** *Kartenspiel*: ansagen; **5. ~ o.s.** a) sich erklären (*a. durch Heiratsantrag*), sich offenbaren, s-e Meinung kundtun, b) sich im wahren Licht zeigen; **~ o.s. for s.th.** sich zu e-r Sache bekennen; **II** *v/i.* **6.** erklären, bestätigen: **well, I ~!** ich muss schon sagen!, nanu!; **7.** sich erklären *od.* entscheiden (**for** für; **against** gegen); **8. ~ off** a) absagen, b) sich lossagen (**from** von); *Kricket*: ein Spiel vorzeitig abbrechen; **de'clared** [-eəd] *adj.* □ *fig.* erklärt (*Feind etc.*); **de'clar·ed·ly** [-eərɪdlɪ] *adv.* erklärtermaßen, ausgesprochen.

de·clas·si·fy [dɪ'klæsɪfaɪ] *v/t.* die Geheimhaltung (*gen.*) aufheben, *Dokumente etc.* freigeben.

de·clen·sion [dɪ'klenʃn] *s.* **1.** Abweichung *f*, Abfall *m* (**from** von); **2.** Verfall *m*, Niedergang *m*; **3.** *ling.* Deklinati'on *f*; **de'clen·sion·al** [-ʃənl] *adj. ling.* Deklinations...

de·clin·a·ble [dɪ'klaɪnəbl] *adj. ling.* deklinierbar; **dec·li·na·tion** [ˌdeklɪ'neɪʃn] *s.* **1.** Neigung *f*, Abschüssigkeit *f*; **2.** Abweichung *f*; **3.** *ast., phys.* Deklinati'on *f*: **~ compass** ⚓ Deklinationsbussole *f*; **compass ~** Missweisung *f*.

de·cline [dɪ'klaɪn] **I** *v/i.* **1.** sich neigen, sich senken; **2.** sich neigen, zur Neige *od.* zu Ende gehen: **declining years** Lebensabend *m*; **3.** abnehmen, nachlassen, zu'rückgehen; sich verschlechtern, schwächer werden; verfallen; **4.** sinken, fallen (*Preise*); **5.** (höflich) ablehnen; **II** *v/t.* **6.** neigen, senken; **7.** ablehnen, nicht annehmen, ausschlagen; es ablehnen (**doing** *od.* **to do** zu tun); **8.** *ling.* deklinieren, beugen; **III** *s.* **9.** Neigung *f*, Senkung *f*, Abhang *m*; **10.** Neige *f*, Ende *n*: **~ of life** Lebensabend *m*; **11.** Nieder-, Rückgang *m*, Abnahme *f*, Verschlechterung *f*: **be on the ~** a) zur Neige gehen, b) im Niedergang begriffen sein, sinken; **~ of strength** Kräfteverfall *m*; **~ of** (*od.* **in**) **prices** Preisrückgang; **~ in value** Wertminderung *f*; **12.** ⚕ körperlicher *od.* geistiger Verfall, Siechtum *n*.

de·cliv·i·tous [dɪ'klɪvɪtəs] *adj.* abschüssig, steil; **de'cliv·i·ty** [-vətɪ] *s.* **1.** Abschüssigkeit *f*; **2.** Abhang *m*.

de·clutch [ˌdiː'klʌtʃ] *v/i. mot.* auskuppeln.

de·coct [dɪ'kɒkt] *v/t.* auskochen, absieden; **de'coc·tion** [-kʃn] *s.* **1.** Auskochen *n*, Absieden *n*; **2.** Absud *m*; *pharm.* De'kokt *n*.

de·code [ˌdiː'kəʊd] *v/t.* dekodieren (*a. ling., Computer*), dechiffrieren, entschlüsseln, über'setzen; ˌ**de'cod·er** [-də] *s. a. Radio, Computer*: Dekoder *m*.

dé·col·le·té [deɪ'kɒlteɪ] (*Fr.*) *adj.* **1.** (tief) ausgeschnitten (*Kleid*); **2.** dekolletiert (*Dame*).

de·col·o·nize [ˌdiː'kɒlənaɪz] *v/t.* dekolonisieren, in die Unabhängigkeit entlassen.

de·col·or·ant [diː'kʌlərənt] **I** *adj.* entfärbend, bleichend; **II** *s.* Bleichmittel *n*; **de'col·o(u)r·ize** [-raiz] *v/t.* entfärben, bleichen.

de·com·mis·sion [ˌdiːkə'mɪʃn] *v/t.* **1.** *Atomkraftwerk etc.* stilllegen; **2.** *Schiff etc.* außer Dienst nehmen: **~ing of arms** Außerdienstnahme *f* von Waffen.

de·com·pose [ˌdiːkəm'pəʊz] **I** *v/t.* **1.** zerlegen, spalten; **2.** zersetzen; **3.** ⚗, *phys.* scheiden, abbauen; **II** *v/i.* **4.** sich auflösen, zerfallen; **5.** sich zersetzen, verwesen, verfaulen; ˌ**de·com'posed** [-zd] *adj.* verfault, verdorben; **de·com·po·si·tion** [ˌdiːkɒmpə'zɪʃn] *s.* **1.** ⚗, *phys.* Zerlegung *f*, Aufspaltung *f*, Scheidung *f*, Auflösung *f*, Abbau *m*; **2.** Zersetzung *f*, Zerfall *m*; **3.** Verwesung *f*, Fäulnis *f*.

de·com·press [ˌdiːkəm'pres] *v/t.* dekomprimieren, den Druck vermindern in (*dat.*); ˌ**de·com'pres·sion** [-eʃn] *s.* Dekompressi'on *f*, Druckverminderung *f*.

de·con·tam·i·nate [ˌdiːkən'tæmɪneɪt] *v/t.* entgiften, -seuchen, -strahlen; **de·con·tam·i·na·tion** ['diːkənˌtæmɪ'neɪʃn] *s.* Entgiftung *f*, -seuchung *f*, -gasung *f*.

de·con·trol [ˌdiːkən'trəʊl] **I** *v/t.* die Zwangsbewirtschaftung aufheben von *od.* für; *Waren, Handel* freigeben; **II** *s.* Aufhebung *f* der Zwangsbewirtschaftung, Freigabe *f*.

dé·cor ['deɪkɔː] (*Fr.*) *s.* ⚠, *thea. etc.* De'kor *m*, *n*, Ausstattung *f*.

dec·o·rate ['dekəreɪt] *v/t.* **1.** (aus-) schmücken, (ver)zieren, dekorieren; **2.** *Wohnung* a) (neu) tapezieren *od.* streichen, b) einrichten, ausstatten; **3.** *mit e-m Orden* dekorieren, auszeichnen; **dec·o·ra·tion** [ˌdekə'reɪʃn] *s.* **1.** Ausschmückung *f*, Verzierung *f*; **2.** Schmuck *m*, Zierrat *m*, Dekorati'on *f*; **3.** Orden *m*, Ehrenzeichen *n*; **4.** *a.* **interior ~** a) Innenausstattung *f*, b) 'Innenarchitekˌtur *f*.

Dec·o·ra·tion Day → **Memorial Day**.

dec·o·ra·tive ['dekərətɪv] *adj.* □ dekora'tiv, schmückend, ornamen'tal, Zier..., Schmuck...: **~ plant** Zierpflanze *f*; **dec·o·ra·tor** ['dekəreɪtə] *s.* **1.** Dekora'teur *m*; **2.** → **interior** 1; **3.** Maler *m* u. Tapezierer *m*.

dec·o·rous ['dekərəs] *adj.* □ schicklich, anständig.

de·cor·ti·cate [ˌdiː'kɔːtɪkeɪt] *v/t.* **1.** entrinden; schälen; **2.** enthülsen.

de·co·rum [dɪ'kɔːrəm] *s.* **1.** Anstand *m*, Schicklichkeit *f*, De'korum *n*; **2.** Eti'kette *f*, Anstandsformen *pl*.

de·coy **I** *s.* ['diːkɔɪ] **1.** Köder *m*, Lockspeise *f*; **2.** *a.* **~ duck** Lockvogel *m* (*a. fig.*); **3.** *hunt.* Entenfang *m*, -falle *f*; **4.** ⚔ Scheinanlage *f*; **II** *v/t.* [dɪ'kɔɪ] **5.** ködern, locken; **6.** *fig.* (ver)locken, verleiten; **~ ship** *s.* ⚓, ⚔ U-Boot-Falle *f*.

de·crease [diː'kriːs] **I** *v/i.* abnehmen, sich vermindern, kleiner werden: **~ in length** kürzer werden; **II** *v/t.* vermindern, verringern, reduzieren, her'absetzen; **III** *s.* ['diːkriːs] Abnahme *f*, Verminderung *f*, Verringerung *f*; Rückgang *m*: **~ in prices** Preisrückgang; **be on the ~** → I; **de'creas·ing·ly** [-sɪŋlɪ] *adv.* immer weniger: **~ rare**.

de·cree [dɪ'kriː] **I** *s.* **1.** De'kret *n*, Erlass *m*, Verfügung *f*, Verordnung *f*: **issue a ~** e-e Verfügung erlassen; **by ~** auf dem Verordnungsweg; **2.** ⚖ Entscheid *m*, Urteil *n*: **~ absolute** rechtskräftiges (Scheidungs)Urteil; → **nisi**; **3.** *fig.* Ratschluss *m Gottes*, Fügung *f des Schicksals*; **II** *v/t.* **4.** verfügen, an-, verordnen.

dec·re·ment ['dekrɪmənt] *s.* Abnahme *f*, Verminderung *f*.

de·crep·it [dɪ'krepɪt] *adj.* **1.** altersschwach, klapp(e)rig (*beide a. fig.*); **2.** verfallen, baufällig.

de·cres·cent [dɪ'kresnt] *adj.* abnehmend: **~ moon**.

de·cry [dɪ'kraɪ] *v/t.* schlecht machen, her'untermachen, her'absetzen.

dec·u·ple ['dekjʊpl] **I** *adj.* zehnfach; **II** *s. das* Zehnfache; **III** *v/t.* verzehnfachen.

de·cus·sate [dɪ'kʌsət] *adj.* **1.** sich kreuzend *od.* schneidend; **2.** ⚘ kreuzgegenständig.

ded·i·cate ['dedɪkeɪt] *v/t.* (**to** *dat.*) **1.** weihen, widmen; **2.** *s-e Zeit etc.* widmen; **3. ~ o.s.** sich widmen *od.* hingeben; sich zuwenden; **4.** *Buch etc.* widmen, zueignen; **5.** *Am.* feierlich eröffnen *od.* einweihen; **6.** a) der Öffentlichkeit zugänglich machen, b) dem öffentlichen Verkehr über'geben: **~ a road**; **7.** *dem Feuer, der Erde* über'antworten; **'ded·i·cat·ed** [-tɪd] *adj.* **1.** pflichtbewusst, hingebungsvoll; **2.** engagiert; **3.** spezi'ell: **~ line** *teleph.*, *Internet*: Standleitung *f*; **4.** zugehörig; **5.** *EDV* dezi'diert. **ded·i·ca·tion** [ˌdedɪ'keɪʃn] *s.* **1.** Weihung *f*, Widmung *f*; feierliche Einweihung; **2.** 'Hingabe *f* (**to** an *acc.*), Engage'ment *n*; **3.** Widmung *f*, Zueignung *f*; **4.** *Am.* feierliche Einweihung *od.* Eröffnung; **5.** 'Übergabe *f* an den öffentlichen Verkehr; **'ded·i·ca·tor** [-tə] *s.* Widmende(r *m*) *f*; **'ded·i·ca·to·ry** [-kətərɪ] *adj.* (Ein)Weihungs...; Widmungs..., Zueignungs...

de·duce [dɪ'djuːs] *v/t.* **1.** folgern, schließen (**from** aus); **2.** ab-, 'herleiten (**from** von); **de'duc·i·ble** [-səbl] *adj.* **1.** zu folgern(d); **2.** ab-, 'herleitbar, 'herzuleiten(d).

de·duct [dɪ'dʌkt] *v/t. e-n Betrag* abziehen (**from** von), einbehalten; (*von der Steuer*) absetzen: **after ~ing** nach Abzug von *od. gen.*; **~ing expenses** abzüglich (der) Unkosten; **de'duct·i·ble** [-təbl] *adj.* **1.** abzugsfähig; **2.** (*von der Steuer*) absetzbar; **de'duc·tion** [-kʃn] *s.* **1.** Abzug *m*, Abziehen *n*; **2.** ✝ Abzug *m*, Ra'batt *m*, (Preis)Nachlass *m*; **~ at source** Quellenbesteuerung *f*; **3.** (Schluss)Folgerung *f*, Schluss *m*; **4.** 'Herleitung *f*; **de'duc·tive** [-tɪv] *adj.* □ **1.** deduk'tiv, folgernd, schließend; **2.** → **deducible**.

deed [diːd] **I** *s.* **1.** Tat *f*, Handlung *f*: **in word and ~** in Wort u. Tat; **2.** Helden-, Großtat *f*; **3.** ⚖ (Vertrags-, *bsd.* Über'tragungs)Urkunde *f*, Doku'ment *n*: **~ of donation** Schenkungsurkunde; **II** *v/t.* **4.** *Am.* urkundlich über'tragen (**to** auf *j-n*); **~ poll** *s.* ⚖ einseitige (gesiegelte) Erklärung (*e-r Vertragspartei*).

dee·jay ['diːdʒeɪ] *s.* F Diskjockey *m*.

deem [diːm] **I** *v/i.* denken, meinen; **II** *v/t.* halten für, erachten für, betrachten als: **I ~ it advisable**.

de-e·mo·tion·al·ize [ˌdiːɪ'məʊʃnəlaɪz] *v/t.* versachlichen.

de-em·pha·size [ˌdiː'emfəsaɪz] *v/t.* bagatellisieren.

deem·ster ['diːmstə] *s.* Richter *m* (*auf der Insel Man*).

deep [diːp] **I** *adj.* □ → ***deeply***; **1.** tief (*vertikal*): ***~ hole***; ***~ snow***; ***~ sea*** Tiefsee *f*; ***in ~ water(s)*** *fig.* in Schwierigkeiten; ***go off the ~ end*** a) *Brit.* in Rage kommen, b) *Am.* et. unüberlegt riskieren; **2.** tief (*horizontal*): ***~ cupboard***; ***~ forests***; ***~ border*** breiter Rand; ***they marched four ~*** sie marschierten in Viererreihen; ***three men ~*** drei Mann hoch (*zu dritt*); **3.** tief, vertieft, versunken (***in*** in *acc.*): ***~ in thought***; **4.** tief, gründlich, scharfsinnig: ***~ learning*** gründliches Wissen; ***~ intellect*** scharfer Verstand; ***a ~ thinker*** ein tiefer Denker; **5.** tief, heftig, stark, fest, schwer: ***~ sleep*** tiefer *od.* fester Schlaf; ***~ mourning*** tiefe Trauer; ***~ disappointment*** tiefe *od.* bittere Enttäuschung; ***~ interest*** großes Interesse; ***~ grief*** schweres Leid; ***~ in debt*** stark *od.* tief verschuldet; **6.** tief, innig, aufrichtig: ***~ love***; ***~ gratitude***; **7.** tief, dunkel; verborgen, geheim: ***~ night*** tiefe Nacht; ***~ silence*** tiefes *od.* völliges Schweigen; ***~ secret*** tiefes Geheimnis; ***~ designs*** dunkle Pläne; ***he is a ~ one*** *sl.* er hat es faustdick hinter den Ohren; **8.** schwierig: ***~ problem***; ***that is too ~ for me*** das ist mir zu hoch; **9.** tief, dunkel (*Farbe, Klang*); **10.** *psych.* un(ter)bewusst; **11.** ⚕ subku'tan; **II** *adv.* **12.** tief (*a. fig.*): ***~ into the flesh*** tief ins Fleisch; ***still waters run ~*** stille Wasser sind tief; ***~ into the night*** (bis) tief in die Nacht (hinein); ***drink ~*** unmäßig trinken; **III** *s.* **13.** Tiefe *f* (*a. fig.*); Abgrund *m*: ***in the ~ of night*** in tiefster Nacht; **14.** ***the ~*** *poet.* das Meer.

'deep|-dish pie *s.* 'Napfpa,stete *f*; **,~-'draw** *v/t.* [*irr.*] ⚙ tiefziehen; **,~-'drawn** *adj.* **1.** ⚙ tiefgezogen; **2.** ***~ sigh*** tiefer Seufzer.

deep·en ['diːpən] **I** *v/t.* **1.** tiefer machen, vertiefen; verbreitern; **2.** *fig.* vertiefen (*a. Farben*), verstärken, steigern; **II** *v/i.* **3.** tiefer werden, sich vertiefen; **4.** *fig.* sich vertiefen *od.* steigern, stärker werden; **5.** dunkler werden.

'deep|-felt *adj.* tief empfunden; **,~-'freeze I** *s.* Tiefkühlgerät *n*, -truhe *f*, -schrank *m*; **II** *adj.* Tiefkühl..., Gefrier...; **III** *v/t.* [*irr.*] tiefkühlen, einfrieren; **,~-'fro·zen** *adj.* tiefgefroren, Tiefkühl...; **'~-fry** *v/t.* frittieren, in schwimmendem Fett braten; **~ fry·er** *s.*, **'~-,fry·ing pan** *s.* Frit'teuse *f*; **,~-'laid** *adj.* schlau (*Plan*).

deep·ly ['diːplɪ] *adv.* tief (*a. fig.*): ***~ indebted*** äußerst dankbar; ***~ hurt*** tief *od.* schwer gekränkt; ***~ interested*** höchst interessiert; ***~ read*** sehr belesen; ***drink ~*** unmäßig trinken; ***go ~ into s.th.*** e-r Sache auf den Grund gehen.

deep·ness ['diːpnɪs] *s.* **1.** Tiefe *f* (*a. fig.*); **2.** Dunkelheit *f*; **3.** Gründlichkeit *f*; **4.** Scharfsinn *m*; **5.** Durch'triebenheit *f*.

,deep|-'read *adj.* sehr belesen; **,~-'rooted** *adj. bsd. fig.* tief eingewurzelt, fest verwurzelt; *fig. a.* eingefleischt; **,~-'sea** *adj.* Tiefsee..., Hochsee...: ***~ fish*** Tiefseefisch *m*; ***~ fishing*** Hochseefischerei *f*; **,~-'seat·ed** → ***deep-rooted***; **'~-set** *adj.* tief liegend: ***~ eyes***; **the ♀ South** *s. Am.* der tiefe Süden (*südlichste Staaten der USA*).

deer [dɪə] *pl.* **deer** *s.* **1.** *zo.* a) Hirsch *m*, b) Reh *n*: ***red ~*** Rot-, Edelhirsch; **2.** Hoch-, Rotwild *n*; **~ for·est** *s.* Hochwildgehege *n*; **'~·hound** *s.* Schottischer Jagdhund; **~ lick** *s.* Salzlecke *f*; **'~-park** *s.* Wildpark *m*; **'~·shot** *s.* Rehposten *m* (*Schrot*); **'~·skin** *s.* Hirsch-, Rehleder *n*; **'~,stalk·er** *s.* **1.** Pirscher *m*; **2.** Jagdmütze *f*; **'~,stalk·ing** *s.* (Rotwild)Pirsch *f*.

de-es·ca·late [,diː'eskəleɪt] **I** *v/t.* **1.** *Krieg etc.* deeskalieren; **2.** *fig.* her'unterschrauben; **II** *v/i.* **3.** deeskalieren; **de-es·ca·la·tion** [,diːeskə'leɪʃn] *s. pol.* Deeskalati'on *f* (*a. fig.*).

de·face [dɪ'feɪs] *v/t.* **1.** entstellen, verunstalten, beschädigen; **2.** ausstreichen, unleserlich machen; **3.** *Briefmarken* entwerten; **de'face·ment** [-mənt] *s.* Entstellung *f* (*etc.*).

de fac·to [diː'fæktəʊ] (*Lat.*) **I** *adj.* De-facto-...; **II** *adv.* de 'facto, tatsächlich.

de·fal·ca·tion [,diːfæl'keɪʃn] *s.* **1.** Veruntreuung *f*, Unter'schlagung *f*; **2.** unter'schlagenes Geld.

def·a·ma·tion [,defə'meɪʃn] *s.* Verleumdung *f*, ⚖ *a.* (verleumderische) Beleidigung; **de·fam·a·to·ry** [dɪ'fæmətərɪ] *adj.* □ verleumderisch, Schmäh...: ***be ~ of s.o.*** j-n verleumden; **de·fame** [dɪ'feɪm] *v/t.* verleumden; **de·fam·er** [dɪ'feɪmə] *s.* Verleumder(in).

de·fat·ted [diː'fætɪd] *adj.* entfettet.

de·fault [dɪ'fɔːlt] **I** *s.* **1.** (Pflicht)Versäumnis *n*, Unter'lassung *f*; **2.** *bsd.* ✝ Nichterfüllung *f*, Verzug *m*, Versäumnis *n*, Säumnis *f*, Zahlungseinstellung *f*; *engS.* Zahlungsverzug *m*: ***be in ~*** im Verzug sein; **3.** ⚖ Nichterscheinen *n* vor Gericht: ***judg(e)ment by ~*** Versäumnisurteil *n*; **4.** *sport* Nichtantreten *n*; **5.** Fehlen *n*, Mangel *m*: ***in ~ of*** mangels, in Ermangelung (*gen.*); ***in ~ of which*** widrigenfalls; ***go by ~*** unterbleiben; **6.** *Computer*: Default *m*, Vor-, Grundeinstellung *f*; **II** *v/i.* **7.** s-n Verpflichtungen nicht nachkommen: ***~ on s.th.*** et. vernachlässigen, mit et. im Rückstand sein; **8.** ✝ s-n Verbindlichkeiten nicht nachkommen, im (Zahlungs)Verzug sein: ***~ on a debt*** s-e Schuld nicht bezahlen; **9.** ⚖ nicht vor Gericht erscheinen; **10.** *sport* nicht antreten; **III** *v/t.* **11.** *e-r Verpflichtung* nicht nachkommen, in Verzug geraten mit; **12.** ⚖ wegen Nichterscheinens (vor Gericht) verurteilen; **13.** *sport* nicht antreten (*zu e-m Kampf*); **de'fault·er** [-tə] *s.* **1.** Säumige(r *m*) *f*; **2.** ✝ a) säumiger Zahler *od.* Schuldner, b) Zahlungsunfähige(r *m*) *f*; **3.** ⚖ vor Gericht nicht Erscheinende(r *m*) *f*; **4.** ⚔ *Brit.* Delin'quent *m*.

de·fea·sance [dɪ'fiːzns] *s.* ⚖ **1.** Aufhebung *f*, Annullierung *f*, Nichtigkeitserklärung *f*; **2.** Nichtigkeitsklausel *f*; **de'fea·si·ble** [-zəbl] *adj.* anfecht-, annullierbar.

de·feat [dɪ'fiːt] **I** *v/t.* **1.** besiegen, schlagen: ***it ~s me to*** *inf.* es geht über m-e Kraft zu *inf.*; **2.** *Angriff etc.* zu'rückschlagen, abwehren; **3.** *parl. Antrag* zu Fall bringen, ablehnen; **4.** vereiteln, zu'nichte machen: ***that ~s the purpose*** das verfehlt den Zweck; **II** *s.* **5.** Niederwerfung *f*, Besiegung *f*; **6.** Niederlage *f* (*a. fig.*): ***admit ~*** sich geschlagen geben; **7.** *parl.* Ablehnung *f*; **8.** Vereitelung *f*, Vernichtung *f*; **9.** 'Misserfolg *m*, Fehlschlag *m*; **de'feat·ism** [-tɪzəm] *s.* Defä'tismus *m*, Miesmache'rei *f*; **de'feat·ist** [-tɪst] **I** *s.* Defä'tist *m*; **II** *adj.* defä'tistisch.

def·e·cate ['defɪkeɪt] **I** *v/t.* reinigen; *fig.* läutern; **II** *v/i.* ⚕ Stuhlgang haben; **def·e·ca·tion** [,defɪ'keɪʃn] *s.* ⚕ Stuhlgang *m*.

de·fect I *s.* ['diːfekt] **1.** De'fekt *m*, Fehler *m* (***in*** an *dat.*, in *dat.*): ***~ in title*** ⚖ Fehler im Recht; **2.** Mangel *m*, Unvollkommenheit *f*, Schwäche *f*; **3.** (*geistiger od. psychischer*) De'fekt; ⚕ Gebrechen *n*: ***~ in character*** Charakterfehler *m*; ***~ of vision*** Sehfehler *m*; **II** *v/i.* [dɪ'fekt] **4.** abtrünnig werden; **5.** *zum Feind* 'übergehen; **de·fec·tion** [dɪ'fekʃn] *s.* **1.** Abfall *m*, Lossagung *f* (***from*** von); **2.** Treubruch *m*; **3.** 'Übertritt *m* (***to*** zu); **de·fec·tive** [dɪ'fektɪv] **I** *adj.* □ **1.** mangelhaft, unvollkommen: ***mentally ~*** schwachsinnig; ***he is ~ in*** es mangelt ihm an (*dat.*); **2.** schadhaft, de'fekt; **II** *s.* **3.** ***mental ~*** Schwachsinnige(r *m*) *f*; **de·fec·tive·ness** [dɪ'fektɪvnɪs] *s.* **1.** Mangelhaftigkeit *f*; **2.** Schadhaftigkeit *f*; **de·fec·tor** [dɪ'fektə] *s.* Abtrünnige(r *m*) *f*, 'Überläufer(in).

de·fence, *Am.* **de·fense** [dɪ'fens] *s.* **1.** Verteidigung *f*, Schutz *m*, Abwehr *f*: ***come to s.o.'s ~*** j-n verteidigen; ***~ mechanism*** *biol., psych.* Abwehrmechanismus *m*; **2.** ⚖ *allg.* Verteidigung *f*, *a.* Einrede *f*: ***in his ~*** zu s-r Entlastung; ***conduct one's own ~*** sich selbst verteidigen; → ***counsel*** 4; ***witness*** 1; **3.** Verteidigung *f*, Rechtfertigung *f*: ***in his ~*** zu s-r Rechtfertigung; **4.** ⚔ Verteidigung *f*, *sport a.* Abwehr *f* (*Spieler od. deren Spielweise*); *pl.* Verteidigungsanlagen *pl.*: ***~ spending*** Verteidigungsausgaben *pl.*; **de'fence·less** [-lɪs] *adj.* □ **1.** schutz-, wehr-, hilflos; **2.** ⚔ unbefestigt; **de'fence·less·ness** [-lɪsnɪs] *s.* Schutz-, Wehrlosigkeit *f*.

de·fend [dɪ'fend] *v/t.* **1.** (***from, against***) verteidigen (gegen), schützen (vor *dat.*, gegen); **2.** *Meinung etc.* verteidigen, rechtfertigen; **3.** *Rechte* schützen, wahren; **4.** ⚖ a) *j-n* verteidigen, b) sich auf *e-e Klage* einlassen: ***~ the suit*** den Klageanspruch bestreiten; **de'fend·a·ble** [-dəbl] *adj.* zu verteidigen(d); **de'fend·ant** [-dənt] ⚖ **I** *s.* a) *Zivilrecht*: Beklagte(r *m*) *f*, b) *Strafrecht*: Angeklagte(r *m*) *f*; **II** *adj.* a) beklagt, b) angeklagt; **de'fend·er** [-də] *s.* **1.** Verteidiger *m*, *sport a.* Abwehrspieler *m*; **2.** Beschützer *m*.

de·fense *etc. Am.* → ***defence*** *etc.*

de·fen·si·ble [dɪ'fensəbl] *adj.* □ **1.** zu verteidigen(d), haltbar; **2.** zu rechtfertigen(d), vertretbar; **de'fen·sive** [-sɪv] **I** *adj.* □ **1.** defen'siv, verteidigend, schützend; abwehrend (*a. fig. Geste etc.*); **2.** Verteidigungs...; Schutz..., Abwehr... (*a. biol.*); **II** *s.* **3.** Defen'sive *f*, Verteidigung *f*: ***on the ~*** in der Defensive.

de·fer[1] [dɪ'fɜː] *v/t.* **1.** auf-, verschieben; **2.** hin'ausschieben; zu'rückstellen (*Am. a.* ⚔).

de·fer[2] [dɪ'fɜː] *v/i.* (***to***) sich fügen, nachgeben (*dat.*), sich beugen (vor *dat.*); sich *j-s* Wunsche fügen; **def·er·ence** ['defərəns] *s.* **1.** Ehrerbietung *f*, Achtung *f*: ***with all due ~ to*** bei aller Hochachtung vor (*dat.*); **2.** Nachgiebigkeit *f*, Rücksicht(nahme) *f*: ***in ~ to your wishes*** wunschgemäß; **def·er·ent** ['defərənt] *adj.*, **def·er·en·tial** [,defə'renʃl] *adj.* □ **1.** ehrerbietig; **2.** rücksichtsvoll.

de·fer·ment [dɪ'fɜːmənt] *s.* **1.** Aufschub *m*; **2.** ⚔ *Am.* Zu'rückstellung *f* (vom Wehrdienst); **de'fer·ra·ble** [-ɜːrəbl] *adj.* **1.** aufschiebbar; **2.** ⚔ *Am.* zu'rückstellbar.

de·ferred| an·nu·i·ty [dɪ'fɜːd] *s.* hin'ausgeschobene Rente; **~ bond** *s. Am.* Obligati'on *f* mit aufgeschobener Zinszahlung; **~ pay·ment** *s.* **1.** Zahlungsaufschub *m*, **2.** Ratenzahlung *f*; **~ shares** *s. pl.* ✝ Nachzugsaktien *pl.*; **~ terms** *s. pl. Brit.* 'Abzahlungssy,stem *n*: ***on ~*** auf Abzahlung *od.* Raten.

de·fi·ance [dɪ'faɪəns] *s.* **1.** a) Trotz *m*, 'Widerstand *m*, b) Hohn *m*, offene Verachtung: ***in ~ of*** ungeachtet (*gen.*), trotz (*gen. od. dat.*), *e-m Gebot etc.* zuwider, *j-m* zum Trotz *od.* Hohn; ***bid ~, set at ~*** Trotz bieten, Hohn sprechen (***to*** *dat.*); **2.** Her'ausforderung *f*; **de'fi·ant** [-nt] *adj.* □ trotzig, her'ausfordernd.

de·fi·cien·cy [dɪ'fɪʃnsɪ] *s.* **1.** (***of***) Mangel *m* (an *dat.*), Fehlen *n* (von): ***~ disease*** ⚕ Mangelkrankheit *f*; **2.** Fehlbetrag *m*, Manko *n*, Ausfall *m*, Defizit *n*; **3.** Mangelhaftigkeit *f*, Schwäche *f*, Lücke *f*, Unzulänglichkeit *f*; **de'fi·cient** [-nt] *adj.* □ **1.** unzureichend, mangelhaft, ungenügend: ***be ~ in*** ermangeln (*gen.*), es fehlen lassen an (*dat.*), arm sein an (*dat.*); ***he is ~ in courage*** ihm fehlt es an Mut; **2.** fehlend: ***~ amount*** Fehlbetrag *m*.

def·i·cit ['defɪsɪt] *s.* **1.** ✝ Defizit *n*, Fehlbetrag *m*, 'Unterbi,lanz *f*; **2.** Mangel (***in*** an *dat.*); **~ spend·ing** *s.* ✝ Deficit-spending *n*, Defizitfinanzierung *f*.

de·file¹ **I** *s.* ['diːfaɪl] **1.** Engpass *m*, Hohlweg *m*; **2.** ⚔ Vor'beimarsch *m*; **II** *v/i.* [dɪ'faɪl] **3.** defilieren, vor'beimarschieren.

de·file² [dɪ'faɪl] *v/t.* **1.** beschmutzen, verunreinigen; **2.** *fig.* besudeln, beflecken, verunglimpfen; **3.** schänden; **4.** entweihen; **de'file·ment** [-mənt] *s.* Besudelung *f etc.*

de·fin·a·ble [dɪ'faɪnəbl] *adj.* □ definier-, erklär-, bestimmbar; **de·fine** [dɪ'faɪn] *v/t.* **1.** *Wort etc.* definieren, (genau) erklären; **2.** (genau) bezeichnen *od.* bestimmen; kennzeichnen, festlegen; klarmachen; **3.** scharf abzeichnen, (klar) um'reißen, be-, um'grenzen.

def·i·nite ['defɪnɪt] *adj.* □ **1.** bestimmt (*a. ling.*), prä'zis, klar, deutlich, eindeutig, genau; **2.** defini'tiv, endgültig; **'def·i·nite·ly** [-lɪ] *adv.* **1.** bestimmt (*etc.*); **2.** zweifellos, abso'lut, entschieden; **'def·i·nite·ness** [-nɪs] *s.* Bestimmtheit *f*; **def·i·ni·tion** [,defɪ'nɪʃn] *s.* **1.** Definiti'on *f*, (genaue) Erklärung; (Begriffs)Bestimmung *f*; **2.** Genauigkeit *f*, Ex'aktheit *f*; **3.** (*a.* Bild-, Ton-) Schärfe *f*, Präzisi'on *f*; *TV* Auflösung *f*; **de·fin·i·tive** [dɪ'fɪnɪtɪv] **I** *adj.* □ **1.** defini'tiv, endgültig; maßgeblich (*Buch*); **2.** → ***definite*** 1; **II** *s.* **3.** *ling.* Bestimmungswort *n*.

def·la·grate ['defləgreɪt] *v/i.* (*u. v/t.*) ⚗ rasch abbrennen (lassen); **def·la·gra·tion** [,deflə'greɪʃn] *s.* ⚗ Verpuffung *f*.

de·flate [dɪ'fleɪt] *v/t.* **1.** (die) Luft ablassen aus, entleeren; **2.** ✝ *Geldumlauf etc.* deflationieren, her'absetzen; **3.** *fig.* a) *j-n* ‚klein u. hässlich machen', b) ernüchtern; **de'fla·tion** [-eɪʃn] *s.* **1.** Ablassen *n* von Luft *od.* Gas; **2.** ✝ Deflati'on *f*; **de'fla·tion·ar·y** [-eɪʃnərɪ] *adj.* ✝ deflatio'nistisch, Deflations...

de·flect [dɪ'flekt] **I** *v/t.* ablenken, *sport a. Schuss* abfälschen; **II** *v/i.* abweichen (***from*** von); **de'flec·tion**, *Brit. a.* **de'flex·ion** [-ekʃn] *s.* **1.** Ablenkung *f* (*a. phys.*); **2.** Abweichung *f* (*a. fig.*); **3.** Ausschlag *m* (*Zeiger etc.*); **de'flec·tor** [-tə] *s.* De'flektor *m*, Ablenkvorrichtung *f*: ***~ coil*** ⚡ Ablenkspule *f*.

de·flo·rate ['diːflɔːreɪt] → ***deflower***; **def·lo·ra·tion** [,diːflɔː'reɪʃn] *s.* Deflorati'on *f*, Entjungferung *f*.

de·flow·er [,diː'flaʊə] *v/t.* **1.** deflorieren, entjungfern; **2.** *fig. e-r Sache* den Reiz nehmen.

de·fo·li·ant [,diː'fəʊlɪənt] *s.* ⚗, ⚔ Entlaubungsmittel *n*; **de·fo·li·ate** [,diː'fəʊlɪeɪt] *v/t.* entblättern, entlauben; **de·fo·li·a·tion** [,diːfəʊlɪ'eɪʃn] *s.* Entblätterung *f*.

de·for·est·a·tion [diː,fɒrɪ'steɪʃn] *s.* Abforstung *f*, -holzung *f*; Entwaldung *f*.

de·form [dɪ'fɔːm] *v/t.* **1.** *a.* ⚙, *phys.* verformen; **2.** verunstalten, entstellen, deformieren; verzerren (*a. fig.*, ₰, *phys.*); **3.** *Charakter* verderben, ‚verbiegen'; **de·for·ma·tion** [,diːfɔː'meɪʃn] *s.* **1.** *a.* ⚙, *phys.* Verformung *f*; **2.** Verunstaltung *f*, Entstellung *f*; 'Missbildung *f*; **3.** ₰, *phys.* Verzerrung *f*; **de'formed** [-md] *adj.* verformt (*etc.* → ***deform***); **de'form·i·ty** [-mətɪ] *s.* **1.** Entstelltheit *f*, Hässlichkeit *f*; **2.** 'Missbildung *f*, Auswuchs *m*; **3.** 'missgestaltete Per'son *od.* Sache; **4.** Verderbtheit *f*, mo'ralischer De'fekt.

de·fraud [dɪ'frɔːd] *v/t.* betrügen (***of*** um): ***~ the revenue*** Steuern hinterziehen; ***with intent to ~*** in betrügerischer Absicht, arglistig; **de·frau·da·tion** [,diːfrɔː'deɪʃn] *s.* Betrug *m*; Hinter'ziehung *f*, Unter'schlagung *f*; **de'fraud·er** [-də] *s.* 'Steuerhinter,zieher *m*.

de·fray [dɪ'freɪ] *v/t. Kosten* tragen, bestreiten, bezahlen.

de·frock [,diː'frɒk] → ***unfrock***.

de·frost [,diː'frɒst] *v/t.* von Eis befreien, *Windschutzscheibe etc.* entfrosten, *Kühlschrank etc.* abtauen, *Tiefkühlkost etc.* auftauen: ***~ing rear window*** *mot.* heizbare Heckscheibe.

deft [deft] *adj.* □ geschickt, gewandt; **'deft·ness** [-nɪs] *s.* Geschicktheit *f*, Gewandtheit *f*.

de·funct [dɪ'fʌŋkt] **I** *adj.* **1.** verstorben; **2.** erloschen, nicht mehr existierend, ehemalig; **II** *s.* **3.** ***the ~*** der *od.* die Verstorbene.

de·fuse [,diː'fjuːz] *v/t. Bombe etc., fig. a. Lage etc.* entschärfen.

de·fy [dɪ'faɪ] *v/t.* **1.** trotzen, Trotz *od.* die Stirn bieten (*dat.*); **2.** sich wider'setzen (*dat.*); **3.** sich hin'wegsetzen über (*acc.*), verstoßen gegen; **4.** standhalten, Schwierigkeiten machen (*dat.*): ***~ description*** jeder Beschreibung spotten; ***~ translation*** (fast) unübersetzbar sein; **5.** her'ausfordern: ***I ~ anyone to do it*** den möchte ich sehen, der das fertig bringt; ***I ~ you to do it*** ich weiß genau, dass du es nicht (tun) kannst.

de·gauss [,diː'gaʊs] *v/t. Schiff* entmagnetisieren.

de·gen·er·a·cy [dɪ'dʒenərəsɪ] *s.* Degenerati'on *f*, Entartung *f*, Verderbtheit *f*; **de·gen·er·ate** **I** *v/i.* [dɪ'dʒenəreɪt] (***into***) entarten: a) *biol. etc.* degenerieren (zu), b) *allg.* ausarten (zu, in *acc.*), herabsinken (zu, auf die Stufe *gen.*), *a.* verflachen; **II** *adj.* [-rət] degeneriert, entartet; verderbt; **III** *s.* [-rət] degenerierter Mensch; **de·gen·er·a·tion** [dɪ,dʒenə'reɪʃn] *s.* Degenerati'on *f*, Entartung *f*; *biol. a.* Rückentwicklung *f*.

deg·ra·da·tion [,degrə'deɪʃn] *s.* **1.** Degradierung *f* (*a.* ⚔), Ab-, Entsetzung *f*; **2.** Verminderung *f*, Schwächung *f*, Verschlechterung *f*, Entartung *f*, Degenerati'on *f* (*a. biol.*); **3.** Entwürdigung *f*, Erniedrigung *f*, Her'absetzung *f*; **4.** ⚗ Abbau *m*; **5.** *phys.* Degradati'on *f*; **6.** *geol.* Verwitterung *f*; **de·grade** [dɪ'greɪd] **I** *v/t.* **1.** degradieren (*a.* ⚔), (her)'absetzen; **2.** vermindern, her'untersetzen, verschlechtern; **3.** erniedrigen, entwürdigen; **4.** ⚗ abbauen; **II** *v/i.* **5.** (ab)sinken, her'unterkommen; **6.** entarten; **de·grad·ing** [dɪ'greɪdɪŋ] *adj.* erniedrigend, entwürdigend; her'absetzend.

de·gree [dɪ'griː] *s.* **1.** Grad *m*, Stufe *f*, Maß *n*: ***by ~s*** allmählich; ***by slow ~s*** ganz allmählich; ***in some ~*** einigermaßen; ***in no ~*** keineswegs; ***in the highest ~*** im höchsten Maße *od.* Grad(e), aufs Höchste; ***to what ~*** in welchem Maße, wie weit *od.* sehr; ***to a ~*** a) in hohem Maße, b) einigermaßen, c) → ***to a certain ~*** bis zu e-m gewissen Grade, ziemlich; **2.** ₰, *geogr.*, *phys.* Grad *m*: ***~ of latitude*** Breitengrad; ***32 ~s centigrade*** 32 Grad Celsius; ***~ of hardness*** Härtegrad; ***of high ~*** hochgradig; **3.** *univ.* Grad *m*, Würde *f*: ***doctor's ~*** Doktorwürde; ***take one's ~*** e-n akademischen Grad erwerben, (*zum Doktor*) promovieren; ***~ day*** Promotionstag *m*; **4.** (Verwandtschafts)Grad *m*; **5.** Rang *m*, Stand *m*: ***of high ~*** von hohem Rang; **6.** *ling. a.* ***~ of comparison*** Steigerungsstufe *f*; **7.** ♪ Tonstufe *f*, Inter'vall *n*.

de·gres·sion [dɪ'greʃn] *s.* ✝ Degressi'on *f*; **de'gres·sive** [-esɪv] *adj.* ✝ degres'siv: ***~ depreciation*** degressive Abschreibung.

de·hu·man·ize [,diː'hjuːmənaɪz] *v/t.* entmenschlichen.

de·hy·drate [,diː'haɪdreɪt] *v/t.* ⚗ dehydrieren, das Wasser entziehen (*dat.*); dörren, trocknen: ***~d vegetables*** Trocken-, Dörrgemüse *n*; **de·hy·dra·tion** [,diːhaɪ'dreɪʃn] *s.* Dehy'drierung *f*, Wasserentzug *m*; Dörren *n*, Trocknen *n*.

de-ice [,diː'aɪs] *v/t.* enteisen; **,de-'ic·er** [-sə] *s.* Enteisungsmittel *n*, -anlage *f*, -gerät *n*.

de·i·de·ol·o·gize ['diː,aɪdɪ'ɒlədʒaɪz] *v/t.* entideologisieren.

de·i·fi·ca·tion [,diːɪfɪ'keɪʃn] *s.* **1.** Apothe'ose *f*, Vergötterung *f*; **2.** *et.* Vergöttlichtes; **de·i·fy** ['diːɪfaɪ] *v/t.* **1.** zum Gott erheben; **2.** als Gott verehren, anbeten (*a. fig.*).

deign [deɪn] **I** *v/i.* sich her'ablassen, geruhen, belieben (***to do*** zu tun); **II** *v/t.* sich her'ablassen zu: ***he ~ed no answer***.

de·in·stall [,diːɪn'stɔːl] *v/t. Computer*: ‚deinstal'lieren.

de·ism ['diːɪzəm] *s.* De'ismus *m*; **de·ist** ['diːɪst] *s.* De'ist(in); **de·is·tic, de·is·ti·cal** [diː'ɪstɪk(l)] *adj.* □ de'istisch; **de·i·ty** ['diːɪtɪ] *s.* **1.** Gottheit *f*; **2.** ***the*** *2 eccl.* die Gottheit, Gott *m*.

de·ject·ed [dɪ'dʒektɪd] *adj.* □ niedergeschlagen, deprimiert; **de'jec·tion** [-kʃn] *s.* **1.** Niedergeschlagenheit *f*, Trübsinn *m*; **2.** ⚕ a) Stuhlgang *m*, b) Stuhl *m*, Kot *m*.

de ju·re [,diː'dʒʊərɪ] (*Lat.*) **I** *adj.* De-jure-...; **II** *adv.* de 'jure, von Rechts wegen.

dek·ko ['dekəʊ] *s. sl.* (kurzer) Blick: ***have a ~*** mal schauen.

D

de·lac·ta·tion [ˌdi:lækˈteɪʃn] *s.* ⚕ Abstillen *n*, Entwöhnung *f*.

de·lay [dɪˈleɪ] **I** *v/t.* **1.** ver-, auf-, hinˈausschieben, verzögern, verschleppen; **2.** auf-, hinhalten, hindern, hemmen; **II** *v/i.* **3.** zögern, zaudern; Zeit verlieren, sich aufhalten; **III** *s.* **4.** Aufschub *m*, Verzögerung *f*, Verzug *m*: ***without ~*** unverzüglich; ***~ of payment*** ✝ Zahlungsaufschub *m*; **de·layed** [dɪˈleɪd] *adj.* verzögert, verspätet, nachträglich, Spät...: ***~-action bomb*** Bombe *f* mit Verzögerungszünder; ***~ fuse*** Verzögerungszünder *m*; ***~ ignition*** ⚙ Spätzündung *f*; **de·lay·ing** [dɪˈleɪɪŋ] *adj.* aufschiebend, verzögernd; ˈhinhaltend: ***~ action*** Verzögerung(saktion) *f*, Hinhaltung *f*; ⚔ hinhaltendes Gefecht; ***~ tactics*** Hinhaltetaktik *f*.

del cred·er·e [ˌdelˈkredərɪ] *s.* ✝ Delˈkredere *n*, Bürgschaft *f*.

de·le [ˈdi:li:] (*Lat.*) *typ.* **I** *v/t.* tilgen, streichen; **II** *s.* Deleˈatur(zeichen) *n*.

de·lec·ta·ble [dɪˈlektəbl] *adj.* □ köstlich; **de·lec·ta·tion** [ˌdi:lekˈteɪʃn] *s.* Ergötzen *n*, Vergnügen *n*, Genuss *m*.

del·e·ga·cy [ˈdelɪgəsɪ] *s.* Abordnung *f*, Delegatiˈon *f*; **ˈdel·e·gate I** *s.* [-gət] **1.** Delegierte(r *m*) *f*, Vertreter(in), Abgeordnete(r *m*) *f*; **2.** *parl. Am.* Konˈgressabgeordnete(r *m*) *f* (*e-s Einzelstaats*); **II** *v/t.* [-geɪt] **3.** abordnen, delegieren; bevollmächtigen; **4.** (***to***) *Aufgabe, Vollmacht etc.* überˈtragen, delegieren (an *acc.*); **del·e·ga·tion** [ˌdelɪˈgeɪʃn] *s.* **1.** Abordnung *f*, Ernennung *f*; **2.** Überˈtragung *f* (*Vollmacht etc.*), Delegieren *n*; Überˈweisung *f*; **3.** Delegatiˈon *f*, Abordnung *f*; **4.** *pl. parl. Am. die* (Konˈgress)Abgeordneten *pl.* (*e-s Einzelstaats*).

de·lete [dɪˈli:t] *v/t.* tilgen, (aus)streichen, ausradieren; *Computer:* entfernen, löschen; ***~ key*** *s.* Löschtaste *f*.

del·e·te·ri·ous [ˌdelɪˈtɪərɪəs] *adj.* □ schädlich, verderblich, nachteilig.

de·le·tion [dɪˈli:ʃn] *s.* Streichung *f*: a) Tilgung *f*, b) *das* Ausgestrichene.

delft [delft], *a.* **delf** [delf] *s.* **1.** Delfter Fayˈencen *pl.*; **2.** *allg.* glasiertes Steingut.

del·i [ˈdelɪ] *s.* F → ***delicatessen***.

de·lib·er·ate I *adj.* □ [dɪˈlɪbərət] **1.** überˈlegt, wohlerwogen, bewusst, absichtlich, vorsätzlich: ***a ~ lie*** e-e bewusste Lüge; **2.** bedächtig: a) besonnen, vorsichtig, b) gemächlich, langsam; **II** *v/t.* [-bəreɪt] **3.** überˈlegen, erwägen; **III** *v/i.* [-bəreɪt] **4.** nachdenken, überˈlegen; **5.** beratschlagen, sich beraten (***on*** über *acc.*); **deˈlib·er·ate·ness** [-nɪs] *s.* **1.** Vorsätzlichkeit *f*; **2.** Bedächtigkeit *f*; **de·lib·er·a·tion** [dɪˌlɪbəˈreɪʃn] *s.* **1.** Überˈlegung *f*; **2.** Beratung *f*; **3.** Bedachtsam-, Behutsamkeit *f*, Vorsicht *f*; **deˈlib·er·a·tive** [-rətɪv] *adj.* beratend: ***~ assembly***.

del·i·ca·cy [ˈdelɪkəsɪ] *s.* **1.** Zartheit *f*, Feinheit *f*; Zierlichkeit *f*; **2.** Zartheit *f*, Schwächlichkeit *f*, Empfindlichkeit *f*, Anfälligkeit *f*; **3.** Anstand *m*, Zartgefühl *n*, Takt *m*: ***~ of feeling*** Feinfühligkeit *f*; **4.** Feinheit *f*, Genauigkeit *f*; **5.** *fig.* Kitzligkeit *f*: ***negotiations of great ~*** sehr heikle Besprechungen; **6.** (*a. fig.*) Leckerbissen *m*, Delikaˈtesse *f*; **ˈdel·icate** [-kət] *adj.* □ **1.** zart, fein, zierlich; **2.** zart (*a. Gesundheit, Farbe*), empfindlich, zerbrechlich, schwächlich: ***she was in a ~ condition*** sie war in anderen Umständen; **3.** fein, leicht, dünn; **4.** sanft, leise: ***~ hint*** zarter Wink; **5.** fein, genau; **6.** fein, anständig; **7.** vornehm; verwöhnt; **8.** heikel, kitzlig, schwierig; **9.** zartfühlend, feinfühlig, taktvoll; **10.** lecker, schmackhaft, deliˈkat; **del·i·ca·tes·sen** [ˌdelɪkəˈtesn] *s. pl.* **1.** Delikaˈtessen *pl.*, Feinkost *f*; **2.** *sg. konstr.* Feinkostgeschäft *n*.

de·li·cious [dɪˈlɪʃəs] *adj.* □ köstlich: a) wohlschmeckend, b) herrlich.

de·lict [ˈdi:lɪkt] *s.* ⚖ Deˈlikt *n*.

de·light [dɪˈlaɪt] **I** *s.* Vergnügen *n*, Freude *f*, Wonne *f*, Entzücken *n*: ***to my ~*** zu m-r Freude; ***take ~ in*** → III; **II** *v/t.* erfreuen, entzücken; **III** *v/i.* ***~ in*** (große) Freude haben an (*dat.*), Vergnügen finden an (*dat.*); sich ein Vergnügen machen aus; **deˈlight·ed** [-tɪd] *adj.* □ entzückt, (hoch)erfreut (***with*** über *acc.*): ***I am*** (*od.* ***shall be***) ***~ to come*** ich komme mit dem größten Vergnügen; **deˈlight·ful** [-fʊl] *adj.* □ entzückend, reizend; herrlich, wunderbar.

de·lim·it [di:ˈlɪmɪt], **de·lim·i·tate** [dɪˈlɪmɪteɪt] *v/t.* abgrenzen, die Grenze(n) festsetzen von (*od. gen.*); **de·lim·i·ta·tion** [dɪˌlɪmɪˈteɪʃn] *s.* Abgrenzung *f*.

de·lin·e·ate [dɪˈlɪnɪeɪt] *v/t.* **1.** skizzieren, entwerfen, zeichnen; **2.** beschreiben, schildern, darstellen; **de·lin·e·a·tion** [dɪˌlɪnɪˈeɪʃn] *s.* **1.** Skizze *f*, Entwurf *m*, Zeichnung *f*; **2.** Beschreibung *f*, Schilderung *f*, Darstellung *f*.

de·lin·quen·cy [dɪˈlɪŋkwənsɪ] *s.* **1.** Vergehen *n*; **2.** Pflichtvergessenheit *f*; **3.** ⚖ Kriminaliˈtät *f*; → ***juvenile*** 1; **deˈlin·quent** [-nt] **I** *adj.* **1.** straffällig, kriminˈnell; **2.** pflichtvergessen: ***~ taxes*** *Am.* Steuerrückstände; **II** *s.* **3.** Delinˈquent (-in), Straffällige(r *m*) *f*, (Straf)Täter (-in); → ***juvenile*** 1; **4.** Pflichtvergessene(r *m*) *f*.

del·i·quesce [ˌdelɪˈkwes] *v/i. bsd.* ⚗ zerfließen; wegschmelzen.

de·lir·i·ous [dɪˈlɪrɪəs] *adj.* □ **1.** ⚕ irreredend, fantasierend: ***be ~*** irrereden, fantasieren; **2.** *fig.* rasend, wahnsinnig (***with*** vor *dat.*): ***~*** (***with joy***) überglücklich.

de·lir·i·um [dɪˈlɪrɪəm] *s.* **1.** ⚕ Deˈlirium *n*, (Fieber)Wahn *m*; **2.** *fig.* Raseˈrei *f*, Verzückung *f*; ***~ tre·mens*** [ˈtri:menz] *s.* Deˈlirium *n* ˈtremens, Säuferwahnsinn *m*.

de·liv·er [dɪˈlɪvə] *v/t.* **1.** befreien, erlösen, retten (***from*** von, aus); **2.** *Frau* entbinden (***of*** von), *Kind* ‚holen' (*Arzt*): ***be ~ed of a child*** entbunden werden, entbinden; **3.** *Meinung* äußern; *Urteil* aussprechen; *Rede etc.* halten; **4.** ***~ o.s.*** äußern (***of*** *acc.*), sich äußern (***on*** über *acc.*); **5.** *Waren* liefern: ***~*** (***the goods***) F Wort halten, die Sache ‚schaukeln', ‚es schaffen'; **6.** ab-, ausliefern; überˈgeben, -ˈbringen, -ˈliefern; überˈsenden, (hin)befördern; **7.** *Briefe* zustellen; *Nachricht* bestellen; ⚖ zustellen; **8.** ***~ up*** abgeben, -treten, überˈgeben, -ˈliefern; ⚖ herˈausgeben: ***~ o.s. up*** sich ergeben *od.* stellen (***to*** *dat.*); **9.** *Schlag* versetzen; ⚔ (ab)feuern; **deˈliv·er·a·ble** [-vərəbl] *adj.* ✝ lieferbar, zu liefern(d); **deˈliv·er·ance** [-vərəns] *s.* **1.** Befreiung *f*, Erlösung *f*, (Er)Rettung *f* (***from*** aus, von); **2.** Äußerung *f*, Verkündung *f*; **deˈliv·er·er** [-vərə] *s.* **1.** Befreier *m*, Erlöser *m*, (Er)Retter *m*; **2.** Überˈbringer *m*.

de·liv·er·y [dɪˈlɪvərɪ] *s.* **1.** Lieferung *f*: ***on ~*** bei Lieferung, bei Empfang; ***take ~ (of)*** abnehmen (*acc.*); **2.** ✉ Zustellung *f*; **3.** Ab-, Auslieferung *f*; Aushändigung *f*, ˈÜbergabe *f* (*a.* ⚖); **4.** Überˈbringung *f*, -ˈsendung *f*, Beförderung *f*; **5.** ⚙ (Zu)Leitung *f*, Zuführung *f*; Förderung *f*; Leistung *f*; **6.** *rhet.* Vortragsweise *f*; **7.** *Baseball, Kricket:* ˈWurf (-ˌtechnik *f*) *m*; **8.** ⚔ Abfeuern *n*; **9.** ⚕ Entbindung *f*; ***~ charge*** *s.* ✉ Zustellgebühr *f*; ***~·man*** *s.* [*irr.*] Ausfahrer *m*; Verkaufsfahrer *m*; ***~ note*** *s.* ✝ Lieferschein *m*; ***~ or·der*** *s.* ✝ Auslieferungsschein *m*, Lieferschein *m*; ***~ pipe*** *s.* Leitungsröhre *f*; ***~ room*** *s.* ⚕ Entbindungssaal *m*, -zimmer *n*, Kreißsaal *m*; ***~ ser·vice*** *s.* ✉ Zustelldienst *m*; ***~ truck*** *s. mot. Am.*, ***~ van*** *s. Brit.* Lieferwagen *m*.

dell [del] *s.* kleines, enges Tal.

de·louse [ˌdi:ˈlaʊs] *v/t.* entlausen.

Del·phic [ˈdelfɪk] *adj.* delphisch, *fig. a.* dunkel, zweideutig.

del·phin·i·um [delˈfɪnɪəm] *s.* ⚘ Rittersporn *m*.

del·ta [ˈdeltə] *s. allg.* (*a.* Fluss)Delta *n*; ***~ con·nec·tion*** *s.* ⚡ Dreieckschaltung *f*; ***~ rays*** *s. pl. phys.* Deltastrahlen *pl.*; ***~ wing*** *s.* ✈ Deltaflügel *m*.

del·toid [ˈdeltɔɪd] **I** *adj.* deltaförmig; **II** *s. anat.* Deltamuskel *m*.

de·lude [dɪˈlu:d] *v/t.* **1.** täuschen, irreführen; (be)trügen: ***~ o.s.*** sich Illusionen hingeben, sich et. vormachen; **2.** verleiten (***into*** zu).

del·uge [ˈdelju:dʒ] **I** *s.* **1.** (große) Überˈschwemmung: ***the*** ♀ *bibl.* die Sintflut; **2.** *fig.* Flut *f*, (Un)Menge *f*; **II** *v/t.* **3.** *a. fig.* überˈschwemmen, -ˈfluten, -ˈschütten.

de·lu·sion [dɪˈlu:ʒn] *s.* **1.** (Selbst)Täuschung *f*, Verblendung *f*, Wahn *m*, Irrglauben *m*; **2.** Trug *m*, Wahnvorstellung *f*: ***be*** (*od.* ***labo[u]r***) ***under the ~ that*** in dem Wahn leben, dass; → ***grandeur*** 3; **deˈlu·sive** [-u:sɪv] *adj.* □ irreführend, trügerisch, Wahn...

de luxe [dəˈlʌks] *adj.* Luxus...

delve [delv] *v/i. fig.* (***into***) sich vertiefen (in *acc.*), erforschen, ergründen (*acc.*); graben (***for*** nach): ***~ among*** stöbern in (*dat.*).

de·mag·net·ize [ˌdi:ˈmægnɪtaɪz] *v/t.* entmagnetisieren.

dem·a·gog [ˈdeməgɒg] *Am.* → ***demagogue***; **dem·a·gog·ic**, **dem·a·gog·i·cal** [ˌdeməˈgɒgɪk(l)] *adj.* □ demaˈgogisch, aufwieglerisch; **ˈdem·a·gogue** [-gɒg] *s.* Demaˈgoge *m*; **ˈdem·a·gog·y** [-gɪ] *s.* Demagoˈgie *f*.

de·mand [dɪˈmɑ:nd] **I** *v/t.* **1.** *Person: et.* verlangen, fordern, begehren (***of***, ***from*** von, *a.* ***that*** dass, ***to do*** zu tun): ***I ~ payment***; **2.** *Sache:* erfordern, verlangen (*acc.*, ***that*** dass), bedürfen (*gen.*): ***the matter ~s great care*** die Sache erfordert große Sorgfalt; **3.** *oft* ⚖ beanspruchen; **4.** wissen wollen, fragen nach: ***the police ~ed his name***; **II** *s.* **5.** Verlangen *n*, Forderung *f*, Ersuchen *n*: ***on ~*** a) auf Verlangen, b) ✝ bei Vorlage, bei Sicht; **6.** ✝ (***for***) Nachfrage *f* (nach), Bedarf *m* (an *dat.*) (*Ggs.* ***supply***): ***in ~*** *a. fig.* gefragt, begehrt, gesucht; **7.** (***on***) Anspruch *m*, Anforderung *f* (an *acc.*); Beanspruchung *f* (*gen.*): ***make great ~s on*** sehr in Anspruch nehmen (*acc.*), große Anforderungen stellen an (*acc.*); **8.** ⚖ (Rechts-) Anspruch *m*, Forderung *f*; ***~ bill*** *s.* ✝ *Am.* Sichtwechsel *m*; ***~ de·pos·it*** *s.* ✝ Sichteinlage *f*; ***~ draft*** → ***demand bill***.

de·mand·ing [dɪ'mɑːndɪŋ] *adj.* **1.** anspruchsvoll (*a. fig. Musik etc.*), schwierig; **2.** genau, streng; **3.** fordernd.

de·mand| man·age·ment *s.* Nachfragesteuerung *f*; **~ note** *s.* **1.** *Brit.* Zahlungsaufforderung *f*; **2.** Sichtwechsel *m*; **~ pull** *s.* 'Nachfrageinflati,on *f*.

de·mar·cate ['diːmɑːkeɪt] *v/t. a. fig.* abgrenzen (***from*** gegen, von); **de·mar·ca·tion** [ˌdiːmɑː'keɪʃn] *s.* Abgrenzung *f*, Grenzziehung *f*: ***line of ~*** a) Grenzlinie *f* (*a. fig.*), b) *pol.* Demarkationslinie *f*, c) *fig.* Trennungslinie *f*, -strich *m*; ***~ dispute*** Kompetenzstreit unter Gewerkschaften.

dé·marche ['deɪmɑːʃ] (*Fr.*) *s.* De'marche *f*, diplo'matischer Schritt.

de·mean¹ [dɪ'miːn] *v/t.*: **~ *o.s.*** sich benehmen, sich verhalten.

de·mean² [dɪ'miːn] *v/t.*: **~ *o.s.*** sich erniedrigen; **de'mean·ing** [-nɪŋ] *adj.* erniedrigend.

de·mean·o(u)r [dɪ'miːnə] *s.* Benehmen *n*, Verhalten *n*, Haltung *f*.

de·ment·ed [dɪ'mentɪd] *adj.* □ wahnsinnig, verrückt (F *a. fig.*); **de'men·ti·a** [-nʃɪə] *s.* ⚕ **1.** Schwachsinn *m*; **2.** Wahn-, Irrsinn *m*.

de·mer·it [diː'merɪt] *s.* **1.** Schuld(haftigkeit) *f*, Fehler *m*, Mangel *m*; **2.** Unwürdigkeit *f*; **3.** Nachteil *m*, schlechte Seite; **4.** *mst* ***~ mark*** *ped. Am.* Tadel *m*, Minuspunkt *m*.

dem·e·ra·ra sug·ar [ˌdemə'reərə] *s.* brauner (Rohr)Zucker.

de·mesne [dɪ'meɪn] *s.* **1.** ⚖ Eigenbesitz *m*, freier Grundbesitz; Landgut *n*, Do'mäne *f*: ***Royal ~*** Krongut *n*; **2.** *fig.* Do'mäne *f*, Gebiet *n*.

'dem·i|·god ['demɪ-] *s.* Halbgott *m*; **'~·john** [-dʒɒn] *s.* Korbflasche *f*, 'Glasbal,lon *m*.

de·mil·i·ta·rize [ˌdiː'mɪlɪtəraɪz] *v/t.* entmilitarisieren.

dem·i|-monde [ˌdemɪ'mɔ̃ːnd] *s.* Halbwelt *f*; **ˌ~-'pen·sion** *s.* 'Halbpensi,on *f*; **~·rep** ['demɪrep] *s.* Frau *f* von zweifelhaftem Ruf.

de·mise [dɪ'maɪz] ⚖ **I** *s.* **1.** Be'sitzüber,tragung *f od.* -verpachtung *f*: ***~ of the Crown*** Übergehen *n* der Krone *an den Nachfolger*; **2.** Ableben *n*, Tod *m*; **II** *v/t.* **3.** *allg. et.* über'tragen, *a.* verpachten *od.* vermachen.

dem·i·sem·i·qua·ver ['demɪsemɪˌkweɪvə] *s.* ♪ Zweiunddreißigstel(note *f*) *n*.

de·mis·sion [dɪ'mɪʃn] *s.* Rücktritt *m*, Abdankung *f*, Demissi'on *f*.

de·mo ['deməʊ] *s.* F **1.** ‚Demo' *f* (*Demonstration*); **2.** a) Vorführband *n*, b) Vorführwagen *m*.

de·mob [ˌdiː'mɒb] *v/t. Brit.* F → ***demobilize*** 1b.

de·mo·bi·li·za·tion ['diːˌməʊbɪlaɪ'zeɪʃn] *s.* Demobilisierung *f*: a) Abrüstung *f*, b) Entlassung *f* aus dem Wehrdienst; **de·mo·bi·lize** [diː'məʊbɪlaɪz] *v/t.* **1.** demobilisieren: a) abrüsten, b) *Truppen* entlassen, *Heer* auflösen; **2.** *Kriegsschiff* außer Dienst stellen.

de·moc·ra·cy [dɪ'mɒkrəsɪ] *s.* **1.** Demokra'tie *f*; **2.** ≈ *pol. Am.* die Demo'kratische Par'tei (*od.* deren Grundsätze); **dem·o·crat** ['deməkræt] *s.* **1.** Demo'krat(in); **2.** ≈ *Am. pol.* Demo'krat(in), Mitglied *n* der Demo'kratischen Par'tei; **dem·o·crat·ic** [ˌdemə'krætɪk] *adj.* (□ ***~ally***) **1.** demo'kratisch; **2.** ≈ *pol. Am.* demo'kratisch (*die Demokratische Partei betreffend*); **de·moc·ra·ti·za·tion** [dɪˌmɒkrətaɪ'zeɪʃn] *s.* Demokratisierung *f*; **de·moc·ra·tize** [dɪ'mɒkrətaɪz] *v/t.* demokratisieren.

dé·mo·dé [ˌdeɪməʊ'deɪ] (*Fr.*), **de·mod·ed** [diː'məʊdɪd] *adj.* altmodisch, außer Mode.

de·mog·ra·pher [diː'mɒgrəfə] *s.* Demo'graph *m*; **de'mog·ra·phy** [-fɪ] *s.* Demogra'phie *f*.

de·mol·ish [dɪ'mɒlɪʃ] *v/t.* **1.** ab-, niederreißen; **2.** *Festung* schleifen; **3.** ⚔ sprengen; **4.** *fig.* (*a. j-n*) vernichten, ka'puttmachen; **5.** *sport* F ‚über'fahren'; **dem·o·li·tion** [ˌdemə'lɪʃn] *s.* **1.** Abbruch *m*, Niederreißen *n*; **2.** Schleifen *n* (*Festung*); **3.** ⚔ Spreng...: ***~ bomb*** Sprengbombe *f*; ***~ squad*** Sprengkommando *n*; **4.** Vernichtung *f*.

de·mon (*myth. oft* ***daemon***) ['diːmən] **I** *s.* **1.** 'Dämon *m*, böser Geist, 'Satan *m* (*a. fig.*); **2.** *fig.* Teufelskerl *m*: ***~ for work*** ‚Wühler' *m*, unermüdlicher Arbeiter; **II** *adj.* **3.** dä'monisch, *fig a.* wild, besessen.

de·mon·e·ti·za·tion [diːˌmʌnɪtaɪ'zeɪʃn] *s.* Außer'kurssetzung *f*, Entwertung *f*; **de·mon·e·tize** [ˌdiː'mʌnɪtaɪz] *v/t.* außer Kurs setzen.

de·mo·ni·ac [dɪ'məʊnɪæk] **I** *adj.* **1.** dä'monisch, teuflisch; **2.** besessen, rasend, tobend; **II** *s.* **3.** Besessene(r *m*) *f*; **de·mo·ni·a·cal** [ˌdiːməʊ'naɪəkl] *adj.* □ → ***demoniac*** 1, 2; **de·mon·ic** [diː'mɒnɪk] *adj.* (□ ***~ally***) dä'monisch, teuflisch; **de·mon·ism** ['diːmənɪzəm] *s.* Dä'monenglaube *m*; **de·mon·ize** ['diːmənaɪz] *v/t.* dämonisieren, *fig. a.* verteufeln; **de·mon·ol·o·gy** [ˌdiːmə'nɒlədʒɪ] *s.* Dä'monenlehre *f*.

de·mon·stra·ble ['demənstrəbl] *adj.* □ beweisbar, nachweislich; **dem·on·strate** ['demənstreɪt] **I** *v/t.* **1.** demonstrieren: a) be-, nachweisen, b) veranschaulichen, darlegen; **2.** vorführen; **II** *v/i.* **3.** demonstrieren, e-e Demonstrati'on veranstalten; **dem·on·stra·tion** [ˌdemən'streɪʃn] *s.* **1.** Demon'strierung *f*, Veranschaulichung *f*, Darstellung *f*; **2.** a) Beweis *m* (***of*** für), b) Beweisführung *f*; **3.** Vorführung *f*, Demonstrati'on *f* (***to*** vor *j-m*): ***~ car*** Vorführwagen *m*; **4.** (Gefühls)Äußerung *f*, Bekundung *f*; **5.** Demonstrati'on *f* (*a. pol. u.* ⚔), Kundgebung *f*; **6.** ⚔ 'Täuschungsma,növer *n*; **de·mon·stra·tive** [dɪ'mɒnstrətɪv] **I** *adj.* □ **1.** anschaulich (zeigend); über'zeugend, beweiskräftig: ***be ~ of*** → ***demonstrate*** 1; **2.** demonstra'tiv, ostenta'tiv, auffällig, betont; **3.** ausdrucks-, gefühlvoll; **4.** *ling.* Demonstrativ..., hinweisend: ***~ pronoun***; **II** *s.* **5.** *ling.* Demonstra'tivum *n*; **de·mon·stra·tive·ness** [dɪ'mɒnstrətɪvnɪs] *s.* das Demonstra'tive *od.* Ostenta'tive, Betontheit *f*; **'dem·on·stra·tor** [-reɪtə] *s.* **1.** Beweisführer *m*, Erklärer *m*; **2.** † a) Vorführer(in), b) 'Vorführmo,dell *n*; **3.** *pol.* Demon'strant(in); **4.** *univ.* a) Assi'stent *m*, b) ⚕ 'Prosektor *m*.

de·mor·al·i·za·tion [dɪˌmɒrəlaɪ'zeɪʃn] *s.* Demoralisati'on *f*: a) Sittenverfall *m*, Zuchtlosigkeit *f*, b) Entmutigung *f*, Demoralisierung *f*; **de·mor·al·ize** [dɪ'mɒrəlaɪz] *v/t.* demoralisieren: a) (sittlich) verderben, b) zersetzen, c) zermürben, entmutigen, d) die ('Kampf)Mo,ral *od.* die Diszi'plin *der Truppe* unter'graben; **de·mor·al·iz·ing** [dɪ'mɒrəlaɪzɪŋ] *adj.* demoralisierend.

de·mote [ˌdiː'məʊt] *v/t.* **1.** degradieren; **2.** *ped. Am.* zu'rückversetzen.

de·moth(·ball) [ˌdiː'mɒθ(bɔːl)] *v/t.* ⚔ *Am. Flugzeuge etc.* ‚entmotten', wieder in Dienst stellen.

de·mo·tion [ˌdiː'məʊʃn] *s.* **1.** Degradierung *f*; **2.** *ped. Am.* Zu'rückversetzung *f*.

de·mo·ti·vate [ˌdiː'məʊtɪveɪt] *v/t.* demotivieren.

de·mount [ˌdiː'maʊnt] *v/t.* abmontieren, abnehmen; zerlegen; **de'mount·a·ble** [-təbl] *adj.* abmontierbar; zerlegbar.

de·mur [dɪ'mɜː] **I** *v/i.* **1.** Einwendungen machen, Bedenken äußern (***to*** gegen); zögern; **2.** ⚖ e-n Rechtseinwand erheben; **II** *s.* **3.** Einwand *m*, Bedenken *n*, Zögern *n*: ***without ~*** anstandslos, ohne Zögern.

de·mure [dɪ'mjʊə] *adj.* □ **1.** zimperlich, spröde; **2.** sittsam, prüde; **3.** zu'rückhaltend; **4.** gesetzt, ernst, nüchtern; **de'mure·ness** [-nɪs] *s.* **1.** Zimperlichkeit *f*; **2.** Zu'rückhaltung *f*; **3.** Gesetztheit *f*.

de·mur·rage [dɪ'mʌrɪdʒ] *s.* † **1.** a) ⚓ 'Überliegezeit *f*, b) 🚂 zu langes Stehen (*bei der Entladung*); **2.** a) ⚓ ('Über-)Liegegeld *n*, b) 🚂 Wagenstandgeld *n*, c) Lagergeld *n*.

de·mur·rer [dɪ'mʌrə] *s.* ⚖ Rechtseinwand *m*.

de·my [dɪ'maɪ] *pl.* **-'mies** [-aɪz] *s.* **1.** Stipendi'at *m* (*Magdalen College, Oxford*); **2.** *ein Papierformat*.

den [den] *s.* **1.** Lager *n*, Bau *m*, Höhle *f* *wilder Tiere*: ***lion's ~*** Löwengrube *f*, *fig.* Höhle des Löwen; **2.** *fig.* Höhle *f*, Versteck *n*: ***robber's ~*** Räuberhöhle; ***~ of vice*** Lasterhöhle; **3.** a) (gemütliches) Zimmer, ‚Bude' *f*, b) Arbeitszimmer *n*, c) *contp.* ‚Loch' *n*, Höhle *f*.

de·na·tion·al·ize [ˌdiː'næʃnəlaɪz] *v/t.* **1.** entnationalisieren, den natio'nalen Cha'rakter nehmen (*dat.*); **2.** *j-m* die Staatsbürgerschaft aberkennen; **3.** † entstaatlichen, reprivatisieren.

de·nat·u·ral·ize [ˌdiː'nætʃrəlaɪz] *v/t.* **1.** s-r wahren Na'tur entfremden; **2.** *j-n* denaturalisieren, ausbürgern.

de·na·ture [ˌdiː'neɪtʃə] *v/t.* ⚗ denaturieren.

de·na·zi·fi·ca·tion [diːˌnɑːtsɪfɪ'keɪʃn] *s.* *pol.* Entnazifizierung *f*.

den·dri·form ['dendrɪfɔːm] *adj.* baumförmig; **'den·droid** [-rɔɪd] *adj.* baumähnlich; **'den·dro·lite** [-rəlaɪt] *s.* Pflanzenversteinerung *f*; **den·drol·o·gy** [den'drɒlədʒɪ] *s.* Dendrolo'gie *f*, Baumkunde *f*.

dene¹ [diːn] *s. Brit.* (Sand)Düne *f*.

dene² [diːn] *s.* kleines Tal.

de·ni·a·ble [dɪ'naɪəbl] *adj.* abzuleugnen(d), zu verneinen(d); **de·ni·al** [dɪ'naɪəl] *s.* **1.** Ablehnung *f*, Verweigerung *f*, -sagung *f*; Absage *f*, abschlägige Antwort: ***take no ~*** sich nicht abweisen lassen; **2.** Verneinung *f*, Leugnen *n*, Ab-, Verleugnung *f*: ***official ~*** Dementi *n*.

de·nic·o·tin·ize [ˌdiːnɪ'kɒtɪnaɪz] *v/t.* entnikotisieren: ***~d*** nikotinfrei, -arm.

de·ni·er¹ [dɪ'naɪə] *s.* **1.** Leugner(in); **2.** Verweigerer *m*.

de·nier² ['denɪə] *s.* † Deni'er *m* (*Einheit für die Fadenstärke bei Seidengarn etc.*).

de·nier³ [dɪ'nɪə] *s. hist.* Deni'er *m* (*Münze*).

den·i·grate ['denɪgreɪt] *v/t.* anschwärzen, verunglimpfen; **den·i·gra·tion** [ˌdenɪ'greɪʃn] *s.* Anschwärzung *f*, Verunglimpfung *f*.

den·im ['denɪm] *s.* **1.** Köper *m*; **2.** *pl.* Overall *m od.* Jeans *pl.* aus Köper.

D

den·i·zen ['denɪzn] *s.* **1.** Ein-, Bewohner *m* (*a. fig.*); **2.** *hist. Brit.* (teilweise) eingebürgerter Ausländer; **3.** *et.* Eingebürgertes (*Tier*, *Pflanze*, *Wort*); **4.** Stammgast *m*.

de·nom·i·nate [dɪ'nɒmɪneɪt] *v/t.* (be-)nennen, bezeichnen; **de·nom·i·na·tion** [dɪˌnɒmɪ'neɪʃn] *s.* **1.** Benennung *f*, Bezeichnung *f*; Name *m*; **2.** Gruppe *f*, Klasse *f*; **3.** (Maß- *etc.*)Einheit *f*; Nennwert *m* (*Banknoten*): ***shares in small ~s*** Aktien kleiner Stückelung; **4.** a) Konfessi'on *f*, Bekenntnis *n*, b) Sekte *f*; **de·nom·i·na·tion·al** [dɪˌnɒmɪ'neɪʃənl] *adj.* konfessio'nell, Konfessions..., Bekenntnis...: ***~ school***; **de·nom·i·na·tion·al·ism** [dɪˌnɒmɪ'neɪʃnəlɪzəm] *s.* Prin'zip *n* des konfessio'nellen 'Unterrichts; **de·nom·i·na·tor** [dɪ'nɒmɪneɪtə] *s.* ⅍ Nenner *m*: ***common ~*** gemeinsamer Nenner (*a. fig.*); → ***reduce*** 11.

de·no·ta·tion [ˌdiːnəʊ'teɪʃn] *s.* **1.** Bezeichnung *f*; **2.** Bedeutung *f*; **3.** Be'griffsˌumfang *m*; **de·note** [dɪ'nəʊt] *v/t.* **1.** be-, kennzeichnen, anzeigen, andeuten; **2.** bedeuten.

dé·noue·ment [deɪ'nuːmɑ̃ːŋ] (*Fr.*) *s.* **1.** Lösung *f* (des Knotens *im Drama etc.*); **2.** Ausgang *m*.

de·nounce [dɪ'naʊns] *v/t.* **1.** öffentlich anprangern, brandmarken, verurteilen; **2.** anzeigen, *contp.* denunzieren (**to** bei); **3.** *Vertrag* kündigen; **de'nounce·ment** [-mənt] *s.* **1.** (öffentliche) Anprangerung *od.* Verurteilung; **2.** Anzeige *f*, *contp.* Denunziati'on *f*; **3.** Kündigung *f* (**of** *gen.*), Rücktritt *m* (*vom Vertrag*).

dense [dens] *adj.* ☐ **1.** dicht (*a. phys.*), dick (*Nebel etc.*); **2.** gedrängt, eng; **3.** *fig.* beschränkt, schwer von Begriff; **4.** *phot.* dicht, kräftig (*Negativ*); **'dense·ness** [-nɪs] *s.* **1.** Dichtheit *f*, Dichte *f*; **2.** *fig.* Beschränktheit *f*, Schwerfälligkeit *f*; **'den·si·ty** [-sətɪ] *s.* **1.** Dichte *f* (*a.* ⚗, *phys.*), Dichtheit *f*: ***traffic ~*** Verkehrsdichte; **2.** Gedrängtheit *f*, Enge *f*; **3.** *fig.* Beschränktheit *f*, Dummheit *f*; **4.** *phot.* Dichte *f*, Schwärzung *f*.

dent [dent] **I** *s.* Beule *f*, Einbeulung *f*: ***make a ~ in*** F a) ein Loch reißen in (*Ersparnisse etc.*), b) *j-s Stolz etc.* ‚anknacksen'; **II** *v/t. u. v/i.* (sich) einbeulen: ***~ s.o.'s image*** *fig.* j-s Image schaden.

den·tal ['dentl] **I** *adj.* **1.** ⚕ Zahn...; zahnärztlich: ***~ floss*** Zahnseide *f*; ***~ plate*** Platte *f*, Zahnersatz *m*; ***~ surgeon*** Zahnarzt *m*; ***~ technician*** Zahntechniker(in); **2.** *ling.* Dental..., Zahn...: ***~ sound*** → 3; **II** *s.* **3.** *ling.* Den'tal(laut) *m*; **den·tate** ['denteɪt] *adj.* ⚘, *zo.* gezähnt; **den·ta·tion** [den'teɪʃn] *s.* ⚘, *zo.* Zahnung *f*; **den·ti·cle** ['dentɪkl] *s.* Zähnchen *n*; **den·tic·u·lat·ed** [den'tɪkjʊleɪtɪd] *adj.* **1.** gezähnt; **2.** gezackt; **den·ti·form** ['dentɪfɔːm] *adj.* zahnförmig; **den·ti·frice** ['dentɪfrɪs] *s.* Zahnputzmittel *n*; **den·tils** ['dentɪlz] *s. pl.* ⚠ Zahnschnitt *m*; **den·tine** ['dentiːn] *s.* ⚕ Den'tin *n*, Zahnbein *n*; **den·tist** ['dentɪst] *s.* Zahnarzt *m*, -ärztin *f*; **den·tist·ry** ['dentɪstrɪ] *s.* Zahnheilkunde *f*; **den·ti·tion** [den'tɪʃn] *s.* ⚕ **1.** Zahnen *n* (*der Kinder*); **2.** 'Zahnformel *f*, -syˌstem *n*; **den·ture** ['dentʃə] *s.* **1.** *anat.* Gebiss *n*; **2.** a) künstliches Gebiss, ('Voll)Proˌthese *f*, b) ('Teil)Proˌthese *f*.

de·nu·cle·ar·ize [ˌdiː'njuːklɪəraɪz] *v/t.* a'tomwaffenfrei machen, e-e atomwaffenfreie Zone schaffen in (*dat.*).

den·u·da·tion [ˌdiːnjuː'deɪʃn] *s.* **1.** Entblößung *f*; **2.** *geol.* Abtragung *f*; **de·nude** [dɪ'njuːd] *v/t.* **1.** (**of**) entblößen (von), berauben (*gen.*) (*a. fig.*); **2.** *geol.* bloßlegen.

de·nun·ci·a·tion [dɪˌnʌnsɪ'eɪʃn] → ***denouncement***; **de·nun·ci·a·tor** [dɪ'nʌnsɪeɪtə] *s.* Denunzi'ant(in); **de·nun·ci·a·to·ry** [dɪ'nʌnsɪətərɪ] *adj.* **1.** denunzierend; **2.** anprangernd, brandmarkend.

de·ny [dɪ'naɪ] *v/t.* **1.** ab-, bestreiten, in Abrede stellen, dementieren, (ab)leugnen, verneinen: ***it cannot be denied that ..., there is no ~ing (the fact) that ...*** es lässt sich nicht *od.* es ist nicht zu leugnen *od.* bestreiten, dass; ***I ~ saying so*** ich bestreite, dass ich das gesagt habe; ***~ a charge*** e-e Beschuldigung zurückweisen; **2.** *Glauben*, *Freund* verleugnen; *Unterschrift* nicht anerkennen; **3.** *Bitte etc.* ablehnen; ⚖ *Antrag* abweisen; *j-m et.* abschlagen, verweigern, versagen: ***~ o.s. the pleasure*** sich das Vergnügen versagen; ***he was denied the privilege*** das Vorrecht wurde ihm versagt; ***he was hard to ~*** es war schwer, ihn abzuweisen; ***she denied herself to him*** sie versagte sich ihm; **4.** ***~ o.s. to s.o.*** sich vor j-m verleugnen lassen.

de·o·dor·ant [diː'əʊdərənt] **I** *s.* De(s)odo'rant *n*: ***roll-on ~*** 'Deoroller *m*; **II** *adj.* de(s)odorierend: ***~ spray*** 'Deospray *m od. n*; **de·o·dor·i·za·tion** [diːˌəʊdəraɪ'zeɪʃn] *s.* Desodorierung *f*; **de·o·dor·ize** [diː'əʊdəraɪz] *v/t.* de(s)odorieren; **de'o·dor·iz·er** [-raɪzə] → ***deodorant*** I.

de·ox·i·dize [diː'ɒksɪdaɪz] *v/t.* ⚗ den Sauerstoff entziehen (*dat.*).

de·part [dɪ'pɑːt] *v/i.* **1.** (**for** nach) weg-, fortgehen, *bsd.* abreisen, abfahren; **2.** 🚆 *etc.* abgehen, abfahren, ✈ abfliegen; **3.** *a.* ***~ (from) this life*** 'hinscheiden, entschlafen, sterben; **4.** (**from**) abweichen (von *e-r Regel*, *der Wahrheit etc.*), *Plan etc.* ändern, aufgeben: ***~ from one's word*** sein Wort brechen; **de'part·ed** [-tɪd] *adj.* **1.** vergangen; **2.** verstorben: ***the ~*** der *od.* die Verstorbene, *coll.* die Verstorbenen; **de'part·ment** [-mənt] *s.* **1.** Fach *n*, Gebiet *n*, Res'sort *n*, Geschäftsbereich *m*: ***that's your ~!*** F das ist dein Ressort!; **2.** Abteilung *f*: ***~ of German*** *univ.* germanistische Abteilung; ***export ~*** ✝ Exportabteilung; ***~ store*** Waren-, Kaufhaus *n*; **3.** *pol.* Departe'ment *n* (*in Frankreich*); **4.** Dienst-, Geschäftsstelle *f*, Amt *n*: ***health ~*** Gesundheitsamt; **5.** *pol.* Ministerium *n*: ***ℒ of Defense*** *Am.* Verteidigungsministerium; ***ℒ of the Interior*** *Am.* Innenministerium; **6.** ⚔ Bereich *m*, Zone *f*; **de·part·men·tal** [ˌdiːpɑːt'mentl] *adj.* **1.** Abteilungs...; Bezirks...; Fach...; **2.** Ministerial...; **de·part·men·tal·ize** [ˌdiːpɑːt'mentəlaɪz] *v/t.* in (viele) Abteilungen gliedern.

de·par·ture [dɪ'pɑːtʃə] *s.* **1.** Weggang *m*, *bsd.* ⚔ Abzug *m*: ***take one's ~*** sich verabschieden, weg-, fortgehen; **2.** a) Abreise *f*, b) 🚆 *etc.* Abfahrt *f*, ✈ Abflug *m*: ***(time of) ~*** Abfahrts- *od.* Abflugzeit *f*; ***~ gate*** Flugsteig *m*; ***~ lounge*** Abflughalle *f*; ***~ platform*** Abfahrtsbahnsteig *m*; **3.** Abweichen *n*, Abweichung *f* (**from** von *e-m Plan*, *e-r Regel etc.*); **4.** *fig.* Anfang *m*, Beginn *m*: ***a new ~*** a) ein neuer Anfang, b) ein neuer Weg, ein neues Verfahren; ***point of ~*** Ausgangspunkt *m*; **5.** 'Hinscheiden *n*, Tod *m*.

de·pend [dɪ'pend] *v/i.* **1.** (**on**, **upon**) abhängen (von), ankommen (auf *acc.*): ***it ~s on the weather***; ***it ~s on you***; ***~ing on the quantity used*** je nach (der zu verwendenden) Menge; ***~ing on whether*** je nachdem, ob; ***that ~s*** F das kommt (ganz) darauf an, je nachdem; **2.** (**on**, **upon**) a) abhängig sein (von), b) angewiesen sein (auf *acc.*): ***he ~s on my help***; **3.** sich verlassen (**on**, **upon** auf *acc.*): ***you may ~ on that man***; ***~ upon it!*** verlass dich drauf!; **de·pend·a·bil·i·ty** [dɪˌpendə'bɪlətɪ] *s.* Zuverlässigkeit *f*; **de'pend·a·ble** [-dəbl] *adj.* ☐ verlässlich, zuverlässig; **de·pend·ance** [-dəns] *Am.* → ***dependence***; **de·pend·ant** [-dənt] **I** *s.* Abhängige(r *m*) *f*, *bsd.* (Fa'milien)Angehörige(r *m*) *f*; **II** *adj. Am.* → ***dependent*** I; **de'pend·ence** [-dəns] *s.* **1.** (**on**, **upon**) Abhängigkeit *f* (von), Angewiesensein *n* (auf *acc.*); Bedingtsein *n* (durch); **2.** Vertrauen *n*, Verlass *m* (**on**, **upon** auf *acc.*); **3.** ***in ~*** ⚖ in der Schwebe; **4.** Nebengebäude *n*, Depen'dance *f*; **de'pend·en·cy** [-dənsɪ] **1.** → ***dependence*** 1; **2.** *pol.* Schutzgebiet *n*, Kolo'nie *f*; **de'pend·ent** [-dənt] **I** *adj.* **1.** (**on**, **upon**) abhängig (von): a) angewiesen (auf *acc.*), b) bedingt (durch); **2.** vertrauend, sich verlassend (**on**, **upon** auf *acc.*); **3.** (**on**) 'untergeordnet (*dat.*), abhängig (von), unselbstständig: ***~ clause*** *ling.* Nebensatz *m*; **4.** her'abhängend (**from** von); **II** *s.* **5.** *Am.* → ***dependant*** I.

de·peo·ple [ˌdiː'piːpl] *v/t.* entvölkern.

de·per·son·al·ize [ˌdiː'pɜːsnəlaɪz] *v/t.* **1.** *psych.* entper'sönlichen; **2.** 'unperˌsönlich machen.

de·pict [dɪ'pɪkt] *v/t.* **1.** (ab)malen, zeichnen, darstellen; **2.** schildern, beschreiben, veranschaulichen.

dep·i·late ['depɪleɪt] *v/t.* enthaaren, depilieren; **dep·i·la·tion** [ˌdepɪ'leɪʃn] *s.* Enthaarung *f*; **de·pil·a·to·ry** [dɪ'pɪlətərɪ] **I** *adj.* enthaarend; **II** *s.* Enthaarungsmittel *n*.

de·plane [ˌdiː'pleɪn] *v/t. u. v/i.* aus dem Flugzeug ausladen (aussteigen).

de·plen·ish [dɪ'plenɪʃ] *v/t.* entleeren.

de·plete [dɪ'pliːt] *v/t.* **1.** (ent)leeren; **2.** Raubbau treiben mit; *Vorräte*, *Kräfte etc.* erschöpfen; *Bestand etc.* dezimieren: ***~ a lake of fish*** e-n See abfischen; **de·ple·tion** [dɪ'pliːʃn] *s.* **1.** Entleerung *f*; **2.** Raubbau *m*; Erschöpfung *f*; ⚕ *a.* Erschöpfungszustand *m*; ✝ *a.* Sub'stanzverlust *m*; ***~ of the ozone layer*** Ozonabbau *m*.

de·plor·a·ble [dɪ'plɔːrəbl] *adj.* ☐ **1.** bedauerns-, beklagenswert; **2.** erbärmlich, kläglich; **de·plore** [dɪ'plɔː] *v/t.* beklagen: a) bedauern, b) miss'billigen, c) betrauern.

de·ploy [dɪ'plɔɪ] **I** *v/t.* **1.** ⚔ a) aufmarschieren lassen, entwickeln, entfalten, b) *a. allg.* verteilen, *Raketen etc.* aufstellen; **2.** *Arbeitskräfte etc.* einsetzen; **3.** *fig.* anwenden, einsetzen; **II** *v/i.* **4.** sich entwickeln, sich entfalten, ausschwärmen, Ge'fechtsformatiˌon annehmen; **III** *s.* **5.** → **de'ploy·ment** [-mənt] *s.* **1.** ⚔ Entfaltung *f*, -wicklung *f*, Aufmarsch *m*; Gliederung *f*; Aufstellung *f*; **2.** ✝ *etc.* Einsatz *m*, Verteilung *f*.

de·poi·son [ˌdiː'pɔɪzn] *v/t.* entgiften.

de·po·lar·ize [ˌdiː'pəʊləraɪz] *v/t.* **1.** ⚡,

phys. depolarisieren; **2.** *fig.* *Überzeugung etc.* erschüttern.

de·pol·it·i·cize [ˌdiːpəˈlɪtɪsaɪz] *v/t.* entpolitisieren.

de·pone [dɪˈpəʊn] → ***depose*** II; **deˈpo·nent** [-nənt] **I** *adj.* **1.** ***~ verb*** *ling.* → 2; **II** *s.* **2.** *ling.* Deˈponens *n*; **3.** ⚖ vereidigter Zeuge; *in Urkunden:* der (die) Erschienene.

de·pop·u·late [ˌdiːˈpɒpjʊleɪt] *v/t.* (*v/i.* sich) entvölkern; **de·pop·u·la·tion** [diːˌpɒpjʊˈleɪʃn] *s.* Entvölkerung *f.*

de·port [dɪˈpɔːt] *v/t.* **1.** (zwangsweise) fortschaffen; **2.** *pol.* a) deportieren, b) ausweisen, *Ausländer* abschieben, c) *hist.* verbannen; **3.** ***~ o.s.*** sich *gut etc.* betragen *od.* benehmen; **de·por·ta·tion** [ˌdiːpɔːˈteɪʃn] *s.* Deportatiˈon *f*, Zwangsverschickung *f*; Ausweisung *f*; *hist.* Verbannung *f*; **de·por·tee** [ˌdiːpɔːˈtiː] *s.* Deportierte(r *m*) *f*; **deˈport·ment** [-mənt] *s.* **1.** Benehmen *n*, Betragen *n*, Verhalten *n*; **2.** (Körper)Haltung *f.*

de·pos·a·ble [dɪˈpəʊzəbl] *adj.* absetzbar; **de·pos·al** [dɪˈpəʊzl] *s.* Absetzung *f*; **de·pose** [dɪˈpəʊz] **I** *v/t.* **1.** absetzen, entheben (***from*** *gen.*); entthronen; **2.** ⚖ eidlich erklären, unter Eid zu Protoˈkoll geben; **II** *v/i.* (*bsd.* in Form e-r schriftlichen, beeideten Erklärung) aussagen *od.* bezeugen (***to s.th.*** et., ***that*** dass).

de·pos·it [dɪˈpɒzɪt] **I** *v/t.* **1.** ab-, niedersetzen, ab-, niederlegen; *Eier* (ab)legen; **2.** ⚗, ⚙, *geol.* ablagern, -setzen, anschwemmen; **3.** *Geld* a) einzahlen, *a. Sache* hinterˈlegen, deponieren; überˈgeben, b) anzahlen; **II** *v/i.* **4.** ⚗ sich absetzen *od.* ablagern *od.* niederschlagen; **III** *s.* **5.** ⚗, ⚙ Ablagerung *f*, (Boden)Satz *m*, Niederschlag *m*, Sediˈment *n*; Schicht *f*, Belag *m*; **6.** ⚒, *geol.* Ablagerung *f*, Lager *n*, Flöz *n*; **7.** ✝ a) Deˈpot *n*: ***place on ~*** einzahlen, hinterlegen, b) Einzahlung *f*, Einlage *f*, Guthaben *n*: ***~s*** Depositen; ***~ account*** Termineinlagekonto *n*; **8.** Flaschenpfand *n*, *schweiz.* Deˈpot *n.*; **deˈpos·i·tar·y** [-tərɪ] *s.* **1.** Depositˈtar(in), Verwahrer(in); **2.** → ***depot*** 1.

dep·o·si·tion [ˌdepəˈzɪʃn] *s.* **1.** Amtsenthebung *f*; Absetzung *f* (***from*** von); **2.** ⚗, ⚙, *geol.* Ablagerung *f*, Niederschlag *m*; **3.** ⚖ (Protoˈkoll *n od.* Abgabe *f* e-r beeideten) Erklärung *od.* Aussage; **4.** (Bild *n* der) Kreuzabnahme *f Christi*; **de·pos·i·tor** [dɪˈpɒzɪtə] *s.* ✝ a) Hinterˈleger(in), b) Einzahler(in), c) Kontoinhaber(in); **de·pos·i·to·ry** [dɪˈpɒzɪtərɪ] *s.* **1.** a) Aufbewahrungsort *m*, b) → ***depot*** 1; **2.** *fig.* Fundgrube *f.*

de·pot [ˈdepəʊ] *s.* **1.** Deˈpot *n*, Lagerhaus *n*, -platz *m*, Niederlage *f*; **2.** *Am.* Bahnhof *m*; **3.** ⚔ Deˈpot *n*: a) Gerätepark *m*, b) (Nachschub)Lager *n*, c) Sammelplatz *m*, d) Ersatztruppenteil *m*; **4.** ⚕ Deˈpot *n.*

dep·ra·va·tion [ˌdeprəˈveɪʃn] → ***depravity***; **de·prave** [dɪˈpreɪv] *v/t. moralisch* verderben; **de·praved** [dɪˈpreɪvd] *adj.* verderbt, verkommen, verworfen, schlecht; **de·prav·i·ty** [dɪˈprævətɪ] *s.* **1.** Verderbtheit *f*, Verworfenheit *f*; Schlechtigkeit *f*; **2.** böse Tat.

dep·re·cate [ˈdeprɪkeɪt] *v/t.* missˈbilligen, verurteilen, verwerfen; **ˈdep·re·cat·ing** [-tɪŋ] *adj.* ☐ **1.** missˈbilligend, ablehnend; **2.** entschuldigend; **3.** wegwerfend, (bescheiden) abwehrend; **dep·re·ca·tion** [ˌdeprɪˈkeɪʃn] *s.* ˈMissbilligung *f*; **ˈdep·re·ca·tor** [-tə] *s.* Gegner(in); **ˈdep·re·ca·to·ry** [-kətərɪ] → ***deprecating***.

de·pre·ci·ate [dɪˈpriːʃɪeɪt] **I** *v/t.* **1.** a) gering schätzen, b) herˈabsetzen, -würdigen; **2.** a) *im Preis od. Wert* herˈabsetzen, b) abschreiben; **3.** ✝ *Währung* abwerten; **II** *v/i.* **4.** im Preis *od.* Wert sinken; **deˈpre·ci·at·ing** [-tɪŋ] → ***depreciatory***; **de·pre·ci·a·tion** [dɪˌpriːʃɪˈeɪʃn] *s.* **1.** a) Geringschätzung *f*, b) Herˈabsetzung *f*, -würdigung *f*; **2.** ✝ a) Wertminderung *f*, Kursverlust *m*, b) Abschreibung *f*, c) Abwertung *f*: ***~ fund*** Abschreibungsfond *m*; **deˈpre·ci·a·to·ry** [-ʃjətərɪ] *adj.* geringschätzig, verächtlich, abschätzig.

dep·re·da·tion [ˌdeprɪˈdeɪʃn] *s. oft pl.* **1.** Plünderung *f*, Verwüstung *f*; **2.** *fig.* Raubzug *m*; **dep·re·da·tor** [ˈdeprɪdeɪtə] *s.* Plünderer *m.*

de·press [dɪˈpres] *v/t.* **1.** a) *j-n* deprimieren, bedrücken, b) *Stimmung* drücken; **2.** *Tätigkeit, Handel* niederdrücken; *Preis, Wert* (herˈab)drücken, senken: ***~ the market*** ✝ die Kurse drücken; **3.** *Leistung etc.* schwächen, herˈabsetzen; **4.** *Pedal, Taste etc.* (nieder)drücken; **deˈpres·sant** [-snt] ⚕ **I** *adj.* dämpfend, beruhigend; **II** *s.* Depressiˈonsmittel *n.*

de·pressed [dɪˈprest] *adj.* **1.** deprimiert, niedergeschlagen, bedrückt (*Person*), gedrückt (*Stimmung*, *a.* ✝ *Börse*); **2.** verringert, geschwächt (*Tätigkeit etc.*); **3.** ✝ flau (*Markt*), gedrückt (*Preis*), Not leidend (*Industrie*); ***~ a·re·a*** *s.* Notstandsgebiet *n.*

de·press·ing [dɪˈpresɪŋ] *adj.* ☐ **1.** deprimierend, bedrückend; **2.** kläglich; **deˈpres·sion** [-eʃn] *s.* **1.** Depressiˈon *f*, Niedergeschlagenheit *f*, Ge-, Bedrücktheit *f*; Melanchoˈlie *f*; **2.** Senkung *f*, Vertiefung *f*; *geol.* Landsenke *f*; **3.** ✝ Fallen *n* (*Preise*); Wirtschaftskrise *f*, Depressiˈon *f*, Flaute *f*, Tiefstand *m*; **4.** *ast.*, *surv.* Depressiˈon *f*; **5.** *meteor.* Tief(druckgebiet) *n*; **6.** Abnahme *f*, Schwächung *f*; **7.** ⚕ Schwäche *f*, Entkräftung *f*; **deˈpres·sive** [-sɪv] *adj.* deprimiert, *psych.* depresˈsiv.

dep·ri·va·tion [ˌdeprɪˈveɪʃn] *s.* **1.** Beraubung *f*, Entziehung *f*, Entzug *m*; **2.** (schmerzlicher) Verlust; **3.** Entbehrung *f*, Mangel *m*; **4.** *psych.* Deprivatiˈon *f*, (Liebes- *etc.*)Entzug *m*; **de·prive** [dɪˈpraɪv] *v/t.* **1.** (***of s.th.***) (*j-n od. et.* e-r Sache) berauben, (*j-m* et.) entziehen *od.* rauben *od.* nehmen: ***be ~d of s.th.*** et. entbehren (müssen); ***~d child*** *psych.* an Liebesentzug leidendes Kind; ***~d persons*** benachteiligte *od.* unterprivilegierte Personen; **2.** (***of s.th.***) *j-n* ausschließen (von et.), (*j-m* et.) vorenthalten; **3.** *eccl.* *j-n* absetzen.

depth [depθ] *s.* **1.** Tiefe *f*: ***eight feet in ~*** acht Fuß tief; ***get out of one's ~*** den (sicheren) Grund unter den Füßen verlieren (*a. fig.*); ***be out of one's ~*** a) *im Wasser* nicht mehr stehen können, b) *fig.* ratlos *od.* unsicher sein, ‚schwimmen'; ***it is beyond my ~*** es geht über m-n Horizont; **2.** Tiefe *f* (*als 3. Dimension*): ***~ of a cupboard***; **3.** a) *a.* ***~ of focus*** *od.* ***field*** Schärfentiefe *f*, b) *bsd. phot.* Tiefenschärfe *f*, c) Tiefe *f* (*von Farben, Tönen*); **4.** *oft pl.* Tiefe *f*, Mitte *f*, (*das*) Innerste (*a. fig.*): ***in the ~ of night*** mitten in der Nacht; ***in the ~ of winter*** mitten im Winter; ***from the ~ of misery*** aus tiefstem Elend; **5.** *fig.* a) Tiefe *f*: ***~ of meaning***, b) tiefer Sinn, c) Tiefe *f*, Intensiˈtät *f*: ***~ of grief***; ***in ~*** eingehend, tief schürfend, d) (Gedanken)Tiefe *f*, Tiefgründigkeit *f*, e) Scharfsinn *m*, f) Dunkelheit *f*, Unklarheit *f*; **6.** ⚒ Teufe *f*; **7.** *psych.* ˈUnterbewusstsein *n*: ***~ analysis*** tiefenpsychologische Analyse; ***~ interview*** Tiefeninterview *n*; ***~ psychology*** Tiefenpsychologie *f*; ***~ bomb***, ***~ charge*** *s.* ⚔ Wasserbombe *f.*

dep·u·rate [ˈdepjʊreɪt] *v/t.* ⚗, ⚕, ⚙ reinigen, läutern.

dep·u·ta·tion [ˌdepjʊˈteɪʃn] *s.* Deputatiˈon *f*, Abordnung *f*; **de·pute** [dɪˈpjuːt] *v/t.* **1.** abordnen, delegieren, deputieren; **2.** *Aufgabe etc.* überˈtragen (***to*** *dat.*); **dep·u·tize** [ˈdepjʊtaɪz] **I** *v/t.* (als Vertreter) ernennen, abordnen; **II** *v/i.* ***~ for s.o.*** j-n vertreten; **dep·u·ty** [ˈdepjʊtɪ] **I** *s.* **1.** (Stell)Vertreter(in), Beauftragte(r *m*) *f*; **2.** *pol.* Abgeordnete(r *m*) *f*; **II** *adj.* **3.** stellvertretend, Vize...: ***~ chairman*** stellvertretende(r) Vorsitzende(r), Vizepräsident(in).

de·rac·i·nate [dɪˈræsɪneɪt] *v/t.* entwurzeln (*a. fig.*); ausrotten, vernichten.

de·rail [dɪˈreɪl] *v/i. u. v/t.* entgleisen (lassen); **deˈrail·ment** [-mənt] *s.* Entgleisung *f.*

de·range [dɪˈreɪndʒ] *v/t.* **1.** in Unordnung bringen, durcheinˈander bringen; **2.** stören; **3.** verrückt machen, (geistig) zerrütten; **deˈranged** [-dʒd] *adj.* **1.** in Unordnung, gestört: ***a ~ stomach*** e-e Magenverstimmung; **2.** ⚕ *a.* ***mentally ~*** geistesgestört; **deˈrange·ment** [-mənt] *s.* **1.** Unordnung *f*, Durcheinander *n*; **2.** Störung *f*; **3.** ⚕ *a.* ***mental ~*** Geistesgestörtheit *f.*

de·ra·tion [ˌdiːˈræʃn] *v/t.* die Rationierung von ... aufheben, *Ware* freigeben.

Der·by [ˈdɑːbɪ] *s.* **1.** *Rennsport:* a) (*das* englische) Derby (*in Epsom*), b) *allg.* Derby *n* (*Pferderennen*); **2.** 𝔰 *sport* (*bsd.* Loˈkal)Derby *n*; **3.** 𝔰 *Am.* ‚Meˈlone' *f.*

de·reg·u·la·tion [ˌdiːregjʊˈleɪʃn] *s.* ✝ Deregulierung *f*, Abbau *m* staatlicher Kontrollen.

der·e·lict [ˈderɪlɪkt] **I** *adj.* **1.** herrenlos, aufgegeben, verlassen; **2.** herˈuntergekommen, zerfallen, baufällig; **3.** nachlässig: ***~ in duty*** pflichtvergessen; **II** *s.* **4.** ⚖ herrenloses Gut; **5.** ⚓ a) aufgegebenes Schiff, b) treibendes Wrack; **6.** menschliches Wrack, *a.* Obdachlose(r *m*) *f*; **7.** Pflichtvergessene(r *m*) *f*; **der·e·lic·tion** [ˌderɪˈlɪkʃn] *s.* **1.** Aufgeben *n*, Preisgabe *f*; **2.** Verlassenheit *f*; **3.** Vernachlässigung *f*, Versäumnis *n*: ***~ of duty*** Pflichtversäumnis; **4.** Versagen *n*; **5.** Ver-, Zerfall *m*; **6.** ⚖ a) Besitzaufgabe *f*, b) Verlandung *f*, Landgewinn *m* infolge Rückgangs des Wasserspiegels.

de·re·strict [ˌdiːrɪˈstrɪkt] *v/t.* die Einschränkungsmaßnahmen aufheben für; **ˌde·reˈstric·tion** [-kʃn] *s.* Aufhebung *f* der Einschränkungsmaßnahmen, *bsd.* der Geschwindigkeitsbegrenzung.

de·ride [dɪˈraɪd] *v/t.* verlachen, -höhnen, -spotten; **deˈrid·er** [-də] *s.* Spötter *m*; **deˈrid·ing·ly** [-dɪŋlɪ] *adv.* spöttisch.

de ri·gueur [dərɪˈgɜː] (*Fr.*) *pred. adj.* **1.** streng nach der Etiˈkette; **2.** unerlässlich, ‚ein Muss'.

de·ri·sion [dɪˈrɪʒn] *s.* Hohn *m*, Spott *m*: ***hold in ~*** verspotten; ***bring into ~*** zum Gespött machen; ***be the ~ of s.o.*** j-s Gespött sein; **de·ri·sive** [dɪˈraɪsɪv], **de·ri·so·ry** [dɪˈraɪsərɪ] *adj.* ☐ höhnisch, spöttisch.

de·riv·a·ble [dɪ'raɪvəbl] *adj.* **1.** ab-, herleitbar (***from*** von); **2.** erreichbar, zu gewinnen(d) (***from*** aus); **der·i·va·tion** [ˌderɪ'veɪʃn] *s.* **1.** Ab-, Herleitung *f* (*a. ling.*); **2.** Ursprung *m*, Herkunft *f*, Abstammung *f*; **de·riv·a·tive** [dɪ'rɪvətɪv] **I** *adj.* **1.** abgeleitet; **2.** sekun'där; **II** *s.* **3.** *et.* Ab- *od.* Hergeleitetes; **4.** *ling.* Ableitung *f*, abgeleitete Form (*od.* A Funkti'on); **5.** ⚗ Deri'vat *n*, Abkömmling *m*; **de·rive** [dɪ'raɪv] **I** *v/t.* **1.** (***from***) herleiten (von), zu'rückführen (auf *acc.*), verdanken (*dat.*): ***be ~d from*** → 4; ***~d income*** ☤ abgeleitetes Einkommen; **2.** bekommen, erlangen, gewinnen: ***~d from coffee*** aus Kaffee gewonnen; ***~ profit from*** Nutzen ziehen aus; ***~ pleasure from*** Freude haben an (*dat.*); **3.** ⚗, A, *ling.* ableiten; **II** *v/i.* **4.** ***~ from*** (ab)stammen *od.* herrühren *od.* abgeleitet sein *od.* sich ableiten von.

derm [dɜːm], **der·ma** ['dɜːmə] *s. anat.* Haut *f*; **der·mal** ['dɜːml] *adj. anat.* Haut...; **der·ma·ti·tis** [ˌdɜːmə'taɪtɪs] *s.* ⚕ Derma'titis *f*, Hautentzündung *f*; **der·ma·tol·o·gist** [ˌdɜːmə'tɒlədʒɪst] *s.* Dermato'loge *m*, Hautarzt *m*; **der·ma·tol·o·gy** [ˌdɜːmə'tɒlədʒɪ] *s.* ⚕ Dermato-lo'gie *f*.

der·o·gate ['derəgeɪt] **I** *v/i.* (***from***) **1.** Abbruch tun, schaden (*dat.*), beeinträchtigen, schmälern (*acc.*); **2.** abweichen (von *e-r Norm etc.*); **II** *v/t.* **3.** herabsetzen; **der·o·ga·tion** [ˌderə'geɪʃn] *s.* **1.** Beeinträchtigung *f*, Schmälerung *f*, Nachteil *m*; **2.** Her'absetzung *f*; **de·rog·a·to·ry** [dɪ'rɒgətərɪ] *adj.* **1.** (***to***) nachteilig (für), abträglich (*dat.*), schädlich (*dat. od.* für): ***be ~*** schaden, beeinträchtigen; **2.** abfällig, geringschätzig (*Worte*).

der·rick ['derɪk] *s.* **1.** ⚙ a) Mastenkran *m*, b) Ausleger *m*; **2.** ⚙ Bohrturm *m*; **3.** ⚓ Ladebaum *m*.

der·ring-do [ˌderɪŋ'duː] *s.* Verwegenheit *f*, Tollkühnheit *f*.

der·vish ['dɜːvɪʃ] *s.* Derwisch *m*.

de·sal·i·nate [ˌdiː'sælɪneɪt] *v/t.* entsalzen.

des·cant I *s.* ['deskænt] **1.** *poet.* Lied *n*, Weise *f*; **2.** ♪ a) Dis'kant *m*, b) variierte Melo'die; **II** *v/i.* [dɪ'skænt] **3.** sich auslassen (***on*** über *acc.*); **4.** ♪ diskantieren.

de·scend [dɪ'send] **I** *v/i.* **1.** her'unter-, hin'untersteigen, -gehen, -kommen, -fahren, -fallen, -sinken; ab-, aussteigen; ⚒ einfahren; ✈ niedergehen, landen; **2.** sinken, fallen; sich senken (*Straße*), abfallen (*Gebirge*); **3.** *mst* ***be ~ed*** abstammen, herkommen (***from*** von, aus); **4.** (***to***) zufallen (*dat.*), 'übergehen, sich vererben (auf *acc.*); **5.** (***to***) sich hergeben, sich erniedrigen (zu); **6.** (***to***) 'übergehen (zu), eingehen (auf *ein Thema etc.*); **7.** (***on, upon***) sich stürzen (auf *acc.*), herfallen (über *acc.*), einfallen (in *acc.*); her'einbrechen (über *acc.*); *fig. j-n* ‚über'fallen' (*Besuch etc.*); **8.** ♪, *ast.* fallen, absteigen; **II** *v/t.* **9.** *Treppe etc.* her'unter-, hin'untersteigen, -gehen *etc.*; **de'scend·ant** [-dənt] *s.* **1.** Nachkomme *m*, Abkömmling *m*; **2.** *ast.* Deszen'dent *m*.

de·scent [dɪ'sent] *s.* **1.** Her'unter-, Hinuntersteigen *n*, Abstieg *m*; Talfahrt *f*; ⚒ Einfahrt *f*; ✈ Landung *f*; (*Fallschirm*)Absprung *m*; **2.** Abhang *m*, Abfall *m*, Senkung *f*, Gefälle *n*; **3.** *fig.* Abstieg *m*, Niedergang *m*, Fallen *n*, Sinken *n*; **4.** Abstammung *f*, Herkunft *f*, Geburt *f*; **5.** ⚖ Vererbung *f*, 'Übergang *m*, Über'tragung *f*; **6.** (***on, upon***) 'Überfall *m* (auf *acc.*), Einfall *m* (in *acc.*), Angriff *m* (auf *acc.*); **7.** *bibl.* Ausgießung *f* (*des Heiligen Geistes*); **8.** ***~ from the cross*** *paint.* Kreuzabnahme *f*.

de·scrib·a·ble [dɪ'skraɪbəbl] *adj.* zu beschreiben(d); **de·scribe** [dɪ'skraɪb] *v/t.* **1.** beschreiben, schildern; **2.** (***as***) bezeichnen (als), nennen (*acc.*); **3.** *bsd.* A *Kreis, Kurve* beschreiben; **de·scrip·tion** [dɪ'skrɪpʃn] *s.* **1.** Beschreibung *f* (*a.* A *etc.*), Darstellung *f*, Schilderung *f*: ***beautiful beyond ~*** unbeschreiblich *od.* unsagbar schön; **2.** Bezeichnung *f*; **3.** Art *f*, Sorte *f*: ***of the worst ~*** schlimmster Art; **de·scrip·tive** [dɪ'skrɪptɪv] *adj.* ☐ **1.** beschreibend, schildernd: ***~ geometry*** darstellende Geometrie; ***be ~ of*** beschreiben, bezeichnen; **2.** anschaulich (geschrieben *od.* schreibend).

de·scry [dɪ'skraɪ] *v/t.* gewahren, wahrnehmen, erspähen, entdecken.

des·e·crate ['desɪkreɪt] *v/t.* entweihen, -heiligen, schänden; **des·e·cra·tion** [ˌdesɪ'kreɪʃn] *s.* Entweihung *f*, -heiligung *f*, Schändung *f*.

de·seg·re·gate [ˌdiː'segrɪgeɪt] *v/t.* die Rassenschranken aufheben in (*dat.*); **de·seg·re·ga·tion** [ˌdiːsegrɪ'geɪʃn] *s.* Aufhebung *f* der Rassentrennung.

de·sen·si·tize [ˌdiː'sensɪtaɪz] *v/t.* **1.** ⚕ desensibilisieren, unempfindlich machen; **2.** *phot.* lichtunempfindlich machen.

de·sert[1] [dɪ'zɜːt] *s. oft pl.* **1.** Verdienst *n*; **2.** verdienter Lohn (*a. iro.*), Strafe *f*: ***get one's ~s*** s-n wohlverdienten Lohn empfangen.

des·ert[2] ['dezət] **I** *s.* **1.** Wüste *f*; **2.** Ödland *n*; **3.** *fig.* Öde *f*, Einöde *f*; **4.** *fig.* Öde *f*, Fadheit *f*; **II** *adj.* **5.** öde, wüst; verödet, verlassen: ***~ island*** einsame Insel; **6.** Wüsten...

de·sert[3] [dɪ'zɜːt] **I** *v/t.* **1.** verlassen; im Stich lassen; ⚖ *Ehepartner* (böswillig) verlassen; **2.** untreu *od.* abtrünnig werden (*dat.*): ***~ the colo(u)rs*** ⚔ fahnenflüchtig werden; **II** *v/i.* **3.** ⚔ desertieren, fahnenflüchtig werden; 'überlaufen, -gehen (***to*** zu); **de'sert·ed** [-tɪd] *adj.* **1.** verlassen, ausgestorben, menschenleer; **2.** verlassen, einsam; **de'sert·er** [-tə] *s.* **1.** ⚔ a) Fahnenflüchtige(r) *m*, Deser'teur *m*, b) 'Überläufer *m*; **2.** *fig.* Abtrünnige(r *m*) *f*; **de'ser·tion** [-ɜːʃn] *s.* **1.** Verlassen *n*, Im-'Stich-Lassen *n*; **2.** Abtrünnigwerden *n*, Abfall *m* (***from*** von); **3.** ⚖ böswilliges Verlassen; **4.** ⚔ Fahnenflucht *f*.

de·serve [dɪ'zɜːv] **I** *v/t.* verdienen, verdient haben (*acc.*), würdig *od.* wert sein (*gen.*): ***~ praise*** Lob verdienen; **II** *v/i.* ***~ well of*** sich verdient gemacht haben um; ***~ ill of*** e-n schlechten Dienst erwiesen haben (*dat.*); **de'serv·ed·ly** [-vɪdlɪ] *adv.* verdientermaßen, mit Recht; **de'serv·ing** [-vɪŋ] *adj.* **1.** verdienstvoll, verdient (*Person*); **2.** verdienstlich, -voll (*Tat*); **3.** ***be ~ of*** → ***deserve*** I.

des·ha·bille ['dezæbiːl] → ***dishabille***.

des·ic·cate ['desɪkeɪt] *v/t. u. v/i.* (aus-) trocknen, ausdörren: ***~d milk*** Trockenmilch *f*; ***~d fruit*** Dörrobst *n*; **des·ic·ca·tion** [ˌdesɪ'keɪʃn] *s.* (Aus)Trocknung *f*, Trockenwerden *n*; **'des·ic·ca·tor** [-tə] *s.* ⚙ 'Trockenappaˌrat *m*.

de·sid·er·a·tum [dɪˌzɪdə'reɪtəm] *pl.* **-ta** [-tə] *s. et.* Erwünschtes, Erfordernis *n*, Bedürfnis *n*.

de·sign [dɪ'zaɪn] **I** *v/t.* **1.** entwerfen, (auf)zeichnen, skizzieren: ***~ a dress*** ein Kleid entwerfen; **2.** gestalten, ausführen, anlegen; **3.** *fig.* entwerfen, ausdenken, ersinnen: ***~ed to do s.th.*** dafür bestimmt *od.* darauf angelegt, et. zu tun (*Sache*); **4.** planen, beabsichtigen: ***~ doing*** (*od.* ***to do***) beabsichtigen zu tun; **5.** bestimmen: a) vorsehen (***for*** für, ***as*** als), b) ausersehen: ***~ed to be a priest*** zum Priester bestimmt; **II** *v/i.* **6.** Zeichner *od.* Konstruk'teur *od.* De'signer sein; **III** *s.* **7.** Entwurf *m*, Zeichnung *f*, Plan *m*, Skizze *f*; **8.** Muster *n*, Zeichnung *f*, Fi'gur *f*, Des'sin *n*: ***floral ~*** Blumenmuster; ***registered ~*** ⚖ Gebrauchsmuster; ***protection of ~s*** ⚖ Musterschutz *m*; **9.** a) Gestaltung *f*, Formgebung *f*, De'sign *n*, b) Bauart *f*, Konstrukti'on *f*, Ausführung *f*, Mo'dell *n*; → ***industrial design***; **10.** Anlage *f*, Anordnung *f*; **11.** Absicht *f*, Plan *m*; Zweck *m*, Ziel *n*: ***by ~*** mit Absicht; **12.** böse Absicht, Anschlag *m*: ***have ~s on*** (*od.* ***against***) et. im Schilde führen gegen, *a. iro.* e-n Anschlag vorhaben auf (*acc.*).

des·ig·nate ['dezɪgneɪt] **I** *v/t.* **1.** bezeichnen, (be)nennen; **2.** kennzeichnen; **3.** berufen, ausersehen, bestimmen, ernennen (***for*** zu); **II** *adj.* **4.** designiert, einstweilig ernannt: ***bishop ~***; **des·ig·na·tion** [ˌdezɪg'neɪʃn] *s.* **1.** Bezeichnung *f*, Name *m*; **2.** Kennzeichnung *f*; **3.** Bestimmung *f*; **4.** einstweilige Ernennung *od.* Berufung.

de·signed [dɪ'zaɪnd] *adj.* ☐ **1.** (***for***) bestimmt *etc.* (für); → ***design*** 3, 4, 5; **2.** vorsätzlich, absichtlich; **de'sign·ed·ly** [-nɪdlɪ] *adv.* → ***designed*** 2; **de'sign·er** [-nə] *s.* **1.** Entwerfer(in): a) (Muster-) Zeichner(in), b) De'signer(in), (Form-) Gestalter(in), Gebrauchsgrafiker(in), c) ⚙ Konstruk'teur *m*; **2.** Ränkeschmied *m*, Intri'gant(in); **de'sign·ing** [-nɪŋ] *adj.* ☐ ränkevoll, intri'gant.

de·sir·a·bil·i·ty [dɪˌzaɪərə'bɪlətɪ] *s.* Erwünschtheit *f*; **de·sir·a·ble** [dɪ'zaɪərəbl] *adj.* ☐ **1.** wünschenswert, erwünscht; **2.** begehrenswert, reizvoll; **de·sire** [dɪ'zaɪə] **I** *v/t.* **1.** wünschen, begehren, verlangen, wollen: ***if ~d*** auf Wunsch; ***leaves much to be ~d*** lässt viel zu wünschen übrig; **2.** *j-n* bitten, ersuchen; **II** *s.* **3.** Wunsch *m*, Verlangen *n*, Begehren *n* (***for*** nach); **4.** Wunsch *m*, Bitte *f*: ***at*** (*od.* ***by***) ***s.o.'s ~*** auf (j-s) Wunsch; **5.** Lust *f*, Begierde *f*; **6.** *das* Gewünschte; **de·sir·ous** [dɪ'zaɪərəs] *adj.* ☐ (***of***) begierig, verlangend (nach), wünschend (*acc.*): ***I am ~ to know*** ich möchte (sehr) gern wissen; ***the parties are ~ to ...*** (*in Verträgen*) die Parteien beabsichtigen, zu ...

de·sist [dɪ'zɪst] *v/i.* abstehen, ablassen, Abstand nehmen (***from*** von): ***~ from asking*** aufhören zu fragen.

desk [desk] **I** *s.* **1.** Schreibtisch *m*; **2.** (Lese-, Schreib-, Noten-, Kirchen-, ⚙ Schalt)Pult *n*; **3.** ☤ (Zahl)Kasse *f*: ***pay at the ~!*** zahlen Sie an der Kasse!; ***first ~*** ♪ erstes Pult (*Orchester*); **4.** *eccl. bsd. Am.* Kanzel *f*; **5.** *Am.* Redakti'on *f*: ***city ~*** Lokalredaktion; **6.** Auskunft (-sschalter *m*) *f*; **7.** Empfang *m*, Rezepti'on *f* (*im Hotel*): ***~ clerk*** *Am.* Empfangschef *m*; **II** *adj.* **8.** Schreibtisch..., Büro...: ***~ work***; ***~ calender*** Tischkalender *m*; ***~ sergeant*** Dienst habender (Polizei)Wachtmeister; **~ set** Schreibzeug(garnitur *f*) *n*.

desk·top ['desktɒp] *s. a.* **~ computer** (*od.* **calculator**) 'Desktop(-Com,puter) *m*, Tischrechner *m*; **~ cop·i·er** ['kɒpɪə] *s.* 'Tischko,pierer *m*; **~ pub·lish·ing** *s. Computer*: Desktop-'Publishing *n*.

des·o·late I *adj.* □ ['desələt] **1.** wüst, unwirtlich, öde; verwüstet; **2.** verlassen, einsam; **3.** trostlos, *fig. a.* öde; **II** *v/t.* [-leɪt] **4.** verwüsten; **5.** einsam zu'rücklassen; **6.** betrüben, bekümmern; **'des·o·late·ness** [-nɪs] → **desolation** 2, 3; **des·o·la·tion** [ˌdesə'leɪʃn] *s.* **1.** Verwüstung *f*, -ödung *f*; **2.** Verlassenheit *f*, Einsamkeit *f*; **3.** Trostlosigkeit *f*, Elend *n*.

de·spair [dɪ'speə] **I** *v/i.* (**of**) verzweifeln (an *dat.*), ohne Hoffnung sein, alle Hoffnung aufgeben *od.* verlieren (auf *acc.*): **the patient's life is ~ed of** man bangt um das Leben des Kranken; **II** *s.* Verzweiflung *f* (**at** über *acc.*), Hoffnungslosigkeit *f*: **drive s.o. to ~**, **be s.o.'s ~** j-n zur Verzweiflung bringen; **de'spair·ing** [-eərɪŋ] *adj.* □ verzweifelt.

des·patch *etc.* → **dispatch** *etc.*

des·per·a·do [ˌdespə'rɑːdəʊ] *pl.* **-does, -dos** *s.* Despe'rado *m*.

des·per·ate ['despərət] *adj.* □ **1.** verzweifelt: **she was ~** sie war (völlig) verzweifelt; **a ~ deed** e-e Verzweiflungstat; **~ efforts** verzweifelte *od.* krampfhafte Anstrengungen; **~ remedy** äußerstes Mittel; **be ~ for s.th.** *od.* **to get s.th.** et. verzweifelt *od.* ganz dringend brauchen, et. unbedingt haben wollen; **2.** verzweifelt, hoffnungs-, ausweglos: **~ situation**; **3.** verzweifelt, despa'rat, zu allem fähig, zum Äußersten entschlossen (*Person*); **4.** F schrecklich: **a ~ fool**; **~ly in love** wahnsinnig verliebt; **not ~ly** F a) nicht unbedingt, b) nicht übermäßig (*schön etc.*); **des·per·a·tion** [ˌdespə'reɪʃn] *s.* **1.** (höchste) Verzweiflung, Hoffnungslosigkeit *f*; **2.** Rase'rei *f*, Verzweiflung *f*: **drive to ~** rasend machen, zur Verzweiflung bringen.

des·pi·ca·ble ['despɪkəbl] *adj.* □ verächtlich, verachtenswert.

de·spise [dɪ'spaɪz] *v/t.* verachten, *Speise etc. a.* verschmähen: **not to be ~d** nicht zu verachten.

de·spite [dɪ'spaɪt] **I** *prp.* trotz (*gen.*), ungeachtet (*gen.*); **II** *s.* Bosheit *f*, Tücke *f*; Trotz *m*, Verachtung *f*: **in ~ of** → I.

de·spoil [dɪ'spɔɪl] *v/t.* plündern; berauben (**of** *gen.*); **de'spoil·ment** [-mənt], **de·spo·li·a·tion** [dɪˌspəʊlɪ'eɪʃn] *s.* Plünderung *f*, Beraubung *f*.

de·spond [dɪ'spɒnd] **I** *v/i.* verzagen; verzweifeln (**of** an *dat.*); **II** *s. obs.* Verzweiflung *f*; **de'spond·en·cy** [-dənsɪ] *s.* Verzagtheit *f*, Mutlosigkeit *f*; **de'spond·ent** [-dənt] *adj.* □, **de'spond·ing** [-dɪŋ] *adj.* □ verzagt, mutlos, kleinmütig.

des·pot ['despɒt] *s.* Des'pot *m*, Gewaltherrscher *m*; *fig.* Ty'rann *m*; **des·pot·ic, des·pot·i·cal** [de'spɒtɪk(l)] *adj.* □ des'potisch, herrisch, ty'rannisch; **'des·pot·ism** [-pətɪzəm] *s.* Despo'tismus *m*, Tyran'nei *f*, Gewaltherrschaft *f*.

des·qua·mate ['deskwəmeɪt] *v/i.* **1.** ⚕ sich abschuppen; **2.** sich häuten.

des·sert [dɪ'zɜːt] *s.* Des'sert *n*, Nachtisch *m*: **~ spoon** Dessertlöffel *m*.

des·ti·na·tion [ˌdestɪ'neɪʃn] *s.* **1.** Bestimmungsort *m*; Reiseziel *n*: **country of ~** ✝ Bestimmungsland *n*; **2.** Bestimmung *f*, Zweck *m*, Ziel *n*.

des·tine ['destɪn] *v/t.* bestimmen, vorsehen (**for** für, **to do** zu tun); **'des·tined** [-nd] *adj.* bestimmt: **~ for** unterwegs nach (*Schiff etc.*); **he was ~** (**to** *inf.*) es war ihm beschieden (zu *inf.*), er sollte (*inf.*); **'des·ti·ny** [-nɪ] *s.* **1.** Schicksal *n*, Geschick *n*, Los *n*: **he met his ~** sein Schicksal ereilte ihn; **2.** Vorsehung *f*; **3.** Verhängnis *n*, zwingende Notwendigkeit; **4. the Destinies** die Parzen (*Schicksalsgöttinnen*).

des·ti·tute ['destɪtjuːt] **I** *adj.* **1.** verarmt, mittellos, Not leidend; **2.** (**of**) ermangelnd, entblößt (*gen.*), ohne (*acc.*), bar (*gen.*); **II** *s.* **3. the ~** die Armen; **des·ti·tu·tion** [ˌdestɪ'tjuːʃn] *s.* **1.** Armut *f*, (bittere) Not, Elend *n*; **2.** (völliger) Mangel (**of** an *dat.*).

de·stroy [dɪ'strɔɪ] *v/t.* **1.** zerstören, vernichten; **2.** zertrümmern, *Gebäude etc.* niederreißen; **3.** *et.* ruinieren, unbrauchbar machen; **3.** *j-n*, *e-e Armee etc.* vernichten, *Insekten etc. a.* vertilgen; **4.** töten; **5.** *fig. j-n*, *j-s Ruf*, *Gesundheit etc.* ruinieren, zu'grunde richten, *Hoffnungen etc.* zu'nichte machen, zerstören; **6.** F *j-n* ka'puttmachen *od.* fertig machen; **de'stroy·er** [-ɔɪə] *s. a.* ⚔, ⚓ Zerstörer *m*.

de·struct [dɪ'strʌkt] **I** *v/t.* **1.** ⚔ (aus Sicherheitsgründen) zerstören; **II** *v/i.* **2.** zerstört werden; **3.** sich selbst zerstören; **de'struct·i·ble** [-təbl] *adj.* zerstörbar; **de'struc·tion** [-kʃn] *s.* **1.** Zerstörung *f*, Vernichtung *f*; **2.** Abriss *m* (*e-s Gebäudes*); **3.** Tötung *f*; **de'struc·tive** [-tɪv] *adj.* □ **1.** zerstörend, vernichtend (*a. fig.*): **be ~ of** *et.* zerstören *od.* unter'graben; **2.** zerstörerisch, destruk'tiv, schädlich, verderblich: **~ to health** gesundheitsschädlich; **4.** rein negativ, destruk'tiv (*Kritik*); **de'struc·tive·ness** [-tɪvnɪs] *s.* **1.** zerstörende *od.* vernichtende Wirkung; **2.** *das* Destruk'tive, destruk'tive Eigenschaft; **de'struc·tor** [-tə] *s.* ⚙ (Müll)Verbrennungsofen *m*.

des·ue·tude [dɪ'sjuːɪtjuːd] *s.* Ungebräuchlichkeit *f*: **fall into ~** außer Gebrauch kommen.

de·sul·phu·rize [ˌdiː'sʌlfəraɪz] *v/t.* ⚗ entschwefeln.

des·ul·to·ri·ness ['desəltərɪnɪs] *s.* **1.** Zs.-hangs-, Plan-, Ziellosigkeit *f*; **2.** Flüchtigkeit *f*, Oberflächlichkeit *f*, Sprunghaftigkeit *f*; **des·ul·to·ry** ['desəltərɪ] *adj.* **1.** 'unzu,sammenhängend, planlos, ziellos, oberflächlich; **2.** abschweifend, sprunghaft; **3.** unruhig; **4.** vereinzelt, spo'radisch.

de·tach [dɪ'tætʃ] **I** *v/t.* **1.** ab-, loslösen, losmachen, abtrennen, *a.* ⚙ abnehmen; **2.** absondern; befreien; **3.** ⚔ abkommandieren; **II** *v/i.* **4.** sich (los)lösen; **de'tach·a·ble** [-tʃəbl] *adj.* abnehmbar (*a.* ⚙); abtrennbar; lose; **de'tached** [-tʃt] *adj.*, **de'tached·ly** [-tʃtlɪ] *adv.* **1.** getrennt, gesondert; **2.** einzeln, frei-, al'lein stehend (*Haus*); **3.** *fig.* a) objek'tiv, unvoreingenommen, b) uninteressiert, c) distanziert; **4.** *fig.* losgelöst, entrückt; **de'tach·ment** [-mənt] *s.* **1.** Absonderung *f*, Abtrennung *f*, Loslösung *f*; **2.** *fig.* (innerer) Abstand, Di'stanz *f*, Losgelöstsein *n*, (innere) Freiheit; **3.** *fig.* Objektivi'tät *f*, Unvoreingenommenheit *f*; **4.** Gleichgültigkeit *f* (**from** gegen); **5.** ⚔ → **detail** 5 a u. b.

de·tail ['diːteɪl] **I** *s.* **1.** De'tail *n*: a) Einzelheit *f*, b) *a. pl. coll.* (nähere) Einzelheiten *pl.*: **in ~** im Einzelnen, ausführlich; **go** (*od.* **enter**) **into ~(s)** ins Einzelne gehen, es ausführlich behandeln; **2.** Einzelteil *n*; **3.** 'Nebensache *f*, -ˌumstand *m*, Kleinigkeit *f*; **4.** *Kunst etc.*: a) De'tail(darstellung *f*) *n*, b) Ausschnitt *m*; **5.** ⚔ a) Ab'teilung *f*, Trupp *m*, b) ('Sonder)Komˌmando *n*, c) 'Abkommanˌdierung *f*, d) Sonderauftrag *m*; **II** *v/t.* **6.** ausführlich berichten über (*acc.*), genau schildern; einzeln aufzählen *od.* -führen; **7.** ⚔ abkommandieren; **'detailed** [-ld] *adj.* ausführlich, genau, eingehend.

de·tain [dɪ'teɪn] *v/t.* **1.** *j-n* auf-, abhalten, zu'rück(be)halten, hindern; **2.** ⚖ *j-n* in (Unter'suchungs)Haft behalten; **3.** *et.* vorenthalten, einbehalten; **4.** *ped.* nachsitzen lassen; **de·tain·ee** [ˌdiːteɪ'niː] *s.* ⚖ Häftling *m*; **de'tain·er** [-nə] *s.* ⚖ **1.** 'widerrechtliche Vorenthaltung; **2.** Anordnung *f* der Haftfortdauer.

de·tect [dɪ'tekt] *v/t.* **1.** entdecken; (heraus)finden, ermitteln; **2.** feststellen, wahrnehmen; **3.** aufdecken, enthüllen; **4.** ertappen (**in** bei); **5.** *Radio*: gleichrichten; **de'tect·a·ble** [-təbl] *adj.* feststellbar; **de'tec·ta·phone** [-təfəʊn] *s. teleph.* Abhörgerät *n*; **de'tec·tion** [-kʃn] *s.* **1.** Ent-, Aufdeckung *f*; Feststellung *f*; **2.** *Radio*: Gleichrichtung *f*; **3.** *coll.* Krimi'nalroˌmane *pl.*; **de'tec·tive** [-tɪv] **I** *adj.* Detektiv..., Kriminal...: **~ force** Kriminalpolizei *f*; **~ story** Kriminalroman *m*; **do ~ work** *bsd. fig.* Detektivarbeit leisten; **II** *s.* Detek'tiv *m*, Krimi'nalbeamte(r) *m*, Ge'heimpoliˌzist *m*; **de'tec·tor** [-tə] *s.* **1.** Auf-, Entdecker *m*; **2.** ⚙ a) Sucher *m*, b) Anzeigevorrichtung *f*; **3.** ⚡ a) De'tektor *m*, b) Gleichrichter *m*.

de·tent [dɪ'tent] *s.* ⚙ Sperrhaken *m*, -klinke *f*, Sperre *f*; Auslösung *f*.

dé·tente [deɪ'tɑ̃ːnt] (*Fr.*) *s. bsd. pol.* Entspannung *f*.

de·ten·tion [dɪ'tenʃn] *s.* **1.** Festnahme *f*; **2.** (*a.* Unter'suchungs)Haft *f*, Gewahrsam *m*, Ar'rest *m*: **~ barracks** Militärgefängnis *n*; **~ center** *Am.*, **~ home** *Brit.* Jugendstrafanstalt *f*; **~ colony** Strafkolonie *f*; **3.** *ped.* Nachsitzen *n*, Arrest *m*; **4.** Ab-, Zu'rückhaltung *f*; **5.** Einbehaltung *f*, Vorenthaltung *f*.

de·ter [dɪ'tɜː] *v/t.* abschrecken, abhalten (**from** von).

de·ter·gent [dɪ'tɜːdʒənt] **I** *adj.* reinigend; **II** *s.* Reinigungs-, Wasch-, Geschirrspülmittel *n*.

de·te·ri·o·rate [dɪ'tɪərɪəreɪt] **I** *v/i.* **1.** sich verschlechtern *od.* verschlimmern, schlecht(er) werden, verderben; **2.** an Wert verlieren; **II** *v/t.* **3.** verschlechtern; **4.** beeinträchtigen; im Wert mindern; **de·te·ri·o·ra·tion** [dɪˌtɪərɪə'reɪʃn] *s.* **1.** Verschlechterung *f*; Verfall *m*; **2.** Wertminderung *f*.

de·ter·ment [dɪ'tɜːmənt] *s.* **1.** Abschreckung *f*; **2.** → **deterrent** II.

de·ter·mi·na·ble [dɪ'tɜːmɪnəbl] *adj.* bestimmbar; **de'ter·mi·nant** [-nənt] **I** *adj.* **1.** bestimmend, entscheidend; **II** *s.* **2.** entscheidender Faktor; **3.** ⚗, *biol.* Determi'nante *f*; **de'ter·mi·nate** [-nət] *adj.* □ bestimmt, fest(gesetzt), entschieden; **de·ter·mi·na·tion** [dɪˌtɜːmɪ'neɪʃn] *s.* **1.** Ent-, Beschluss *m*; **2.** Entscheidung *f*; Bestimmung *f*, Festsetzung *f*; **3.** Bestimmung *f*, Ermittlung *f*, Feststellung *f*; **4.** Bestimmtheit *f*, Entschlossenheit *f*, Zielstrebigkeit *f*; feste Absicht; **5.** Ziel *n*, Begrenzung *f*; Ablauf *m*, Ende *n*; **6.** Richtung *f*, Neigung *f*, Drang *m*; **de'ter·mi·na·tive** [-nətɪv] **I** *adj.* □ **1.** (näher) bestimmend, einschränkend; **2.** entscheidend; **II** *s.* **3.** *et.* Entscheidendes *od.* Charakte'ristisches; **4.** *ling.* a) Determina'tiv *n*, b) Bestimmungswort *n*; **de·ter·mine** [dɪ'tɜːmɪn] **I** *v/t.* **1.** entscheiden; regeln; **2.** *et.* bestimmen, festsetzen; beschließen (*a.* ***to do*** zu tun, ***that*** dass); **3.** feststellen, ermitteln, her'ausfinden; **4.** *j-n* bestimmen, veranlassen (***to do*** zu tun); **5.** *bsd.* ⚖ beendigen, aufheben; **II** *v/i.* **6.** (***on***) sich entscheiden (für), sich entschließen (zu); beschließen (***on doing*** zu tun); **7.** *bsd.* ⚖ enden, ablaufen; **de'ter·mined** [-mɪnd] *adj.* □ (fest) entschlossen, fest, entschieden, bestimmt; **de'ter·min·er** [-mɪnə] *s. ling.* Bestimmungswort *n*; **de'ter·min·ism** [-mɪnɪzəm] *s. phls.* Determi'nismus *m*.

de·ter·rence [dɪ'terəns] *s.* Abschreckung *f*; **de'ter·rent** [-nt] **I** *adj.* abschreckend; **II** *s.* Abschreckungsmittel *n*.

de·test [dɪ'test] *v/t.* verabscheuen, hassen; **de'test·a·ble** [-təbl] *adj.* □ ab'scheulich, hassenswert; **de·tes·ta·tion** [ˌdiːte'steɪʃn] *s.* (***of***) Verabscheuung *f* (*gen.*), Abscheu *m* (vor *dat.*): ***hold in ~*** verabscheuen.

de·throne [dɪ'θrəʊn] *v/t.* entthronen (*a. fig.*); **de'throne·ment** [-mənt] *s.* Entthronung *f*.

det·o·nate ['detəneɪt] **I** *v/t.* explodieren lassen, zur Explosi'on bringen; **II** *v/i.* explodieren; *mot.* klopfen; **'det·o·nat·ing** [-tɪŋ] *adj.* ⚙ Spreng..., Zünd..., Knall...; **det·o·na·tion** [ˌdetə'neɪʃn] *s.* Detonati'on *f*, Knall *m*; **'det·o·na·tor** [-tə] *s.* ⚙ **1.** Bri'sanzsprengstoff *m*; **2.** Zünd-, Sprengkapsel *f*.

de·tour, dé·tour ['diːˌtʊə] **I** *s.* **1.** 'Umweg *m*; Abstecher *m*; **2.** a) 'Umleitung *f*, b) Um'gehungsstraße *f*; **3.** *fig.* 'Umschweif *m*; **II** *v/i.* **4.** e-n 'Umweg machen; **III** *v/t.* **5.** e-n 'Umweg machen um; **6.** *Verkehr* 'umleiten.

de·tox·i·fi·ca·tion ['diːˌtɒksɪfɪ'keɪʃn] *s.* **1.** Entgiftung *f*; **2.** ⚕ Entziehungskur *f*; **de·tox·i·fy** [ˌdiː'tɒksɪfaɪ] **I** *v/t.* **1.** entgiften, unschädlich machen; **2.** ⚕ ***be detoxified*** e-e Entziehungskur machen; **II** *v/i* **3.** sich entgiften; **4.** Giftstoffe abbauen (*durch freiwilligen Entzug*); **5.** giftfrei (*od.* unschädlich) werden.

de·tract [dɪ'trækt] **I** *v/t. Aufmerksamkeit etc.* ablenken; **II** *v/i.* (***from***) a) Abbruch tun (*dat.*), beeinträchtigen, schmälern (*acc.*), b) her'absetzen; **de'trac·tion** [-kʃn] *s.* **1.** a) Beeinträchtigung *f*, Schmälerung *f*, b) Her'absetzung *f*; **2.** Verunglimpfung *f*; **de'trac·tor** [-tə] *s.* **1.** Kritiker *m*, Her'absetzer *m*; **2.** Verunglimpfer *m*.

de·train [ˌdiː'treɪn] 🚂, ⚔ **I** *v/i.* aussteigen; **II** *v/t.* ausladen; **ˌde'train·ment** [-mənt] *s.* **1.** Aussteigen *n*; **2.** Ausladen *n*.

det·ri·ment ['detrɪmənt] *s.* Schaden *m*, Nachteil *m*: ***to the ~ of*** zum Schaden *od.* Nachteil (*gen.*); ***without ~ to*** ohne Schaden für; ***be a ~ to health*** gesundheitsschädlich sein; **det·ri·men·tal** [ˌdetrɪ'mentl] *adj.* □ (***to***) schädlich, nachteilig (für), abträglich (*dat.*).

de·tri·tal [dɪ'traɪtl] *adj. geol.* Geröll..., Schutt...; **de'trit·ed** [-tɪd] *adj.* **1.** abgenützt; abgegriffen (*Münze*); *fig.* abgedroschen; **2.** *geol.* verwittert; **de·tri·tion** [dɪ'trɪʃn] *s. geol.* Ab-, Zerreibung *f*; **de'tri·tus** [-təs] *s. geol.* Geröll *n*, Schutt *m*.

de trop [də'trəʊ] (*Fr.*) *pred. adj.* 'überflüssig, zu viel (des Guten).

deuce [djuːs] *s.* **1.** *Würfeln, Kartenspiel*: Zwei *f*; **2.** *Tennis*: Einstand *m*; **3.** F Teufel *m*: ***who*** (***what***) ***the ~?*** wer (was) zum Teufel?; ***a ~ of a row*** ein Mordskrach (*Lärm od. Streit*); ***there's the ~ to pay*** F das dicke Ende kommt noch; ***play the ~ with*** Schindluder treiben mit *j-m*; **deuced** [-st] *adj.*, **'deuc·ed·ly** [-sɪdlɪ] *adv.* F verteufelt, verflixt.

deu·te·ri·um [djuː'tɪərɪəm] *s.* Deu'terium *n*, schwerer Wasserstoff.

Deu·ter·on·o·my [ˌdjuːtə'rɒnəmɪ] *s. bibl.* Deutero'nomium *n*, Fünftes Buch Mose.

Deutsch·mark ['dɔɪtʃmɑːk] *s.* Deutsche Mark *f*.

de·val·u·ate [ˌdiː'væljʊeɪt] ✝ abwerten; **de·val·u·a·tion** [ˌdiːvæljʊ'eɪʃn] *s.* ✝ Abwertung *f*; **de·val·ue** [ˌdiː'væljuː] → ***devaluate***.

dev·as·tate ['devəsteɪt] *v/t.* verwüsten, vernichten (*beide a. fig.*): ***be devastated*** *fig.* am Boden zerstört sein; **'dev·as·tat·ing** [-tɪŋ] *adj.* □ **1.** verheerend, vernichtend (*a. Kritik etc.*); **2.** F e'norm, fan'tastisch, 'umwerfend; **dev·as·ta·tion** [ˌdevə'steɪʃn] *s.* Verwüstung *f*.

de·vel·op [dɪ'veləp] **I** *v/t.* **1.** *allg. Theorie, Kräfte, Tempo etc.* entwickeln (*a.* ♞, ♪, *phot.*), *Muskeln etc. a.* bilden, *Interesse etc. a.* zeigen, an den Tag legen, *Fähigkeiten etc. a.* entfalten, *Gedanken, Plan etc. a.* ausarbeiten, gestalten (***into*** zu); **2.** entwickeln, ausbauen: ***~ an industry***; **3.** *Bodenschätze, a.* Bauland erschließen, nutzbar machen; *Altstadt* sanieren; **4.** sich *e-e Krankheit* zuziehen, *Fieber etc.* bekommen; **II** *v/i.* **5.** sich entwickeln (***from*** aus); sich entfalten: ***~ into*** sich entwickeln zu, zu *et.* werden; **6.** zu'tage treten, sich zeigen; **de'vel·op·er** [-pə] *s.* **1.** *phot.* Entwickler *m*; **2.** ***late ~*** *psych.* Spätentwickler *m*; **3.** (Stadt)Planer *m*; **de'vel·op·ing** [-pɪŋ] *adj.*: ***~ bath*** *phot.* Entwicklungsbad *n*; ***~ company*** Bauträger *m*; ***~ country*** *pol.* Entwicklungsland *n*; **de'vel·op·ment** [-mənt] *s.* **1.** Entwicklung *f* (*a. phot.*); **2.** Entfaltung *f*, Entstehen *n*, Bildung *f*, Wachstum *n*; Schaffung *f*; **3.** Erschließung *f*, Nutzbarmachung *f*; Ausbau *m*, 'Umgestaltung *f*: ***~ area*** Entwicklungs-, Notstandsgebiet *n*; ***ripe for ~*** baureif; **4.** ℒ ✝ Entwicklung(sabteilung) *f*; **5.** Darlegung *f*, Ausarbeitung *f*; 'Durchführung *f* (*a.* ♪); **de·vel·op·ment·al** [dɪˌveləp'mentl] *adj.* Entwicklungs...

de·vi·ate ['diːvɪeɪt] **I** *v/i.* abweichen, abgehen, abkommen (***from*** von); **II** *v/t.* ablenken.

de·vi·a·tion [ˌdiːvɪ'eɪʃn] *s.* **1.** Abweichung *f*, Abweichen *n* (***from*** von); **2.** *bsd. phys., opt.* Ablenkung *f*; **3.** ✈, ⚓ Abweichung *f*, Ablenkung *f*, Abtrieb *m*; **ˌde·vi'a·tion·ism** [-ʃənɪzəm] *s. pol.* Abweichlertum *n*; **ˌde·vi'a·tion·ist** [-ʃənɪst], **de·vi·a·tor** ['diːvɪeɪtə] *s. pol.* Abweichler(in).

de·vice [dɪ'vaɪs] *s.* **1.** Plan *m*, Einfall *m*, Erfindung *f*: ***left to one's own ~s*** sich selbst überlassen; **2.** Anschlag *m*, böse Absicht, Kniff *m*; **3.** ⚙ Vor-, Einrichtung *f*, Gerät *n*; *fig.* Behelf *m*, Kunstgriff *m*; **4.** Wahlspruch *m*, De'vise *f*; **5.** *her.* Sinn-, Wappenbild *n*; **6.** Muster *n*, Zeichnung *f*.

dev·il ['devl] **I** *s.* **1.** ***the ~***, *a.* ***the*** ℒ der Teufel: ***between the ~ and the deep sea*** *fig.* zwischen zwei Feuern, in ausweglöser Lage; ***like the ~*** F wie der Teufel, wie wahnsinnig; ***go to the ~*** *sl.* zum Teufel *od.* vor die Hunde gehen; ***go to the ~!*** scher dich zum Teufel!; ***play the ~ with*** F Schindluder treiben mit; ***the ~ take the hindmost*** den Letzten beißen die Hunde; ***there's the ~ to pay*** F das setzt was ab!; ***the ~!*** F a) (*verärgert*) zum Teufel!, zum Henker!, b) (*erstaunt*) Donnerwetter!; **2.** Teufel *m*, böser Geist, 'Satan *m* (*a. fig.*); → ***due*** 9; ***tattoo***[1] 2; **3.** *fig.* Laster *n*, Übel *n*; **4.** ***poor ~*** armer Teufel *od.* Schlucker; **5.** *a.* ***~ of a fellow*** Teufelskerl *m*, toller Bursche; **6.** ***a*** (*od.* ***the***) ***~*** F e-e verflixte Sache: ***~ of a job*** Heiden-, Mordsarbeit *f*; ***who*** (***what, how***) ***the ~ ...*** wer (was, wie) zum Teufel ...; ***~ a one*** kein Einziger; **7.** Handlanger *m*, Laufbursche *m*; → ***printer*** 1; **8.** ⚖ As'sessor m (*bei e-m* ***barrister***); **9.** scharf gewürztes Gericht; **10.** ⚙ Reißwolf *m*; **II** *v/t.* **11.** F schikanieren, piesacken; **12.** scharf gewürzt braten: ***devil(l)ed eggs*** gefüllte Eier; **13.** ⚙ zerfasern, wolfen; **III** *v/i.* **14.** als As'sessor (*bei e-m* ***barrister***) arbeiten; **'~-ˌdodg·er** *s.* F Prediger *m*; **'~-fish** *s.* Seeteufel *m*.

dev·il·ish ['devlɪʃ] **I** *adj.* □ **1.** teuflisch; **2.** F fürchterlich, höllisch, verteufelt; **II** *adv.* **3.** → 2.

ˌdev·il-may-'care *adj.* **1.** leichtsinnig; **2.** verwegen.

dev·il·ment ['devlmənt] *s.* **1.** Unfug *m*; **2.** Schurkenstreich *m*; **dev·il·ry** ['devlrɪ] *s.* **1.** Teufe'lei *f*, Untat *f*; **2.** 'Übermut *m*; **3.** Teufelsbande *f*; **4.** Teufelskunst *f*.

dev·il's ad·vo·cate ['devlz] *s. R.C.* Advo'catus *m* Di'aboli; **'~-bones** *s. pl.* Würfel(spiel *n*) *pl.*; **~ book** *s.* (des Teufels) ‚Gebetbuch' *n* (*Spielkarten*); **~ darn·ing-nee·dle** *s. zo.* Li'belle *f*; **~ food cake** *s. Am.* schwere Schoko'ladentorte.

de·vi·ous ['diːvjəs] *adj.* □ **1.** abwegig, irrig; **2.** gewunden (*a. fig.*): ***~ path*** Ab-, Umweg *m*; **3.** verschlagen, unredlich: ***by ~ means*** auf krummen Wegen, ‚hintenherum'; ***~ step*** Fehltritt *m*; **'de·vi·ous·ness** [-nɪs] *s.* **1.** Abwegigkeit *f*; **2.** Gewundenheit *f*; **3.** Unaufrichtigkeit *f*, Verschlagenheit *f*.

de·vis·a·ble [dɪ'vaɪzəbl] *adj.* **1.** erdenkbar, -lich; **2.** ⚖ vermachbar; **de·vise** [dɪ'vaɪz] **I** *v/t.* **1.** ausdenken, ersinnen, erfinden, konstruieren; **2.** ⚖ *Grundbesitz* vermachen, hinter'lassen (***to*** *dat.*); **II** *s.* **3.** ⚖ Vermächtnis *n*; **dev·i·see** [ˌdevɪ'ziː] *s.* ⚖ Vermächtnisnehmer (-in); **de·vis·er** [dɪ'vaɪzə] *s.* Erfinder (-in); Planer(in); **de·vi·sor** [ˌdevɪ'zɔː] *s.* ⚖ Erb-lasser(in).

de·vi·tal·ize [ˌdiː'vaɪtəlaɪz] *v/t.* der Lebenskraft berauben, schwächen.

de·void [dɪ'vɔɪd] *adj.*: ***~ of*** ohne (*acc.*), leer an (*dat.*), frei von, bar (*gen.*), ...los: ***~ of feeling*** gefühllos.

de·voir [də'vwɑː] (*Fr.*) *s. obs.* **1.** Pflicht *f*; **2.** *pl.* Höflichkeitsbezeigungen *pl.*, Artigkeiten *pl*.

dev·o·lu·tion [ˌdiːvə'luːʃn] *s.* **1.** Ab-, Verlauf *m*; **2.** *bsd.* ⚖ 'Übergang *m*, Über'tragung *f*, Heimfall *m*; *parl.* Über'weisung *f*; **3.** *pol.* ˌDezentralisati'on *f*, Regionalisierung *f*; **4.** *biol.* Entartung *f*.

de·volve [dɪ'vɒlv] **I** *v/t.* **1.** (**upon**) über'tragen (*dat.*), abwälzen (auf *acc.*); **II** *v/i.* **2.** (**on**, **upon**) 'übergehen (auf *acc.*), zufallen (*dat.*); sich vererben auf (*acc.*); **3.** *j-m* obliegen.

De·vo·ni·an [de'vəʊnjən] **I** *adj.* **1.** Devonshire betreffend; **2.** *geol.* de'vonisch; **II** *s.* **3.** Bewohner(in) von Devonshire; **4.** *geol.* De'von *n*.

de·vote [dɪ'vəʊt] *v/t.* (**to** *dat.*) **1.** widmen, opfern, weihen, 'hingeben; **2.** **~ o.s.** sich widmen *od.* 'hingeben; sich verschreiben; **de'vot·ed** [-tɪd] *adj.* □ **1.** 'hingebungsvoll: a) aufopfernd, treu, b) anhänglich, liebevoll, zärtlich, c) eifrig, begeistert; **2.** todgeweiht; **dev·o·tee** [ˌdevəʊ'tiː] *s.* **1.** begeisterter Anhänger; **2.** Verehrer *m*; Verfechter *m*; **3.** Frömmler *m*; **4.** Fa'natiker *m*, Eiferer *m*; **de'vo·tion** [-əʊʃn] *s.* **1.** Widmung *f*; **2.** 'Hingabe *f*: a) Ergebenheit *f*, Treue *f*, b) (Auf)Opferung *f*, c) Eifer *m*, 'Hingebung *f*, d) Liebe *f*, Verehrung *f*, innige Zuneigung; **3.** *eccl.* a) Andacht *f*, Frömmigkeit *f*, b) *pl.* Gebet(e *pl.*) *n*; **de'vo·tion·al** [-əʊʃənl] *adj.* **1.** andächtig, fromm; **2.** Andachts..., Erbauungs...

de·vour [dɪ'vaʊə] *v/t.* **1.** verschlingen, fressen; **2.** wegraffen; verzehren, vernichten; **3.** *fig. Buch* verschlingen; *mit Blicken* verschlingen *od.* verzehren; **4.** j-n verzehren (*Leidenschaft*): **be ~ed by** sich verzehren vor (*Gram etc.*); **de'vour·ing** [-ərɪŋ] *adj.* □ **1.** gierig; **2.** *fig.* verzehrend.

de·vout [dɪ'vaʊt] *adj.* □ **1.** fromm; **2.** *a. fig.* andächtig; **3.** innig, herzlich; **4.** sehnlich, eifrig; **de'vout·ness** [-nɪs] *s.* **1.** Frömmigkeit *f*; **2.** Andacht *f*, 'Hingabe *f*; **3.** Eifer *m*, Inbrunst *f*.

dew [djuː] *s.* **1.** Tau *m*; **2.** *fig.* Tau *m*: a) Frische *f*, b) Feuchtigkeit *f*, Tränen *pl.*; **'~·ber·ry** *s.* ⚘ *e-e* Brombeere; **'~-drop** *s.* Tautropfen *m*.

dew·i·ness ['djuːɪnɪs] *s.* Tauigkeit *f*, (Tau)Feuchtigkeit *f*.

'dew|·lap *s.* **1.** *zo.* Wamme *f*; **2.** F (*altersbedingte*) Halsfalte; **~ point** *s. phys.* Taupunkt *m*; **~ worm** *s. Angeln*: Tauwurm *m*.

dew·y ['djuːɪ] *adj.* □ **1.** taufeucht; *a. fig.* taufrisch; **2.** feucht; *poet.* um'flort (*Augen*); **3.** frisch, erfrischend; **'~-eyed** *adj. iro.* na'iv, ‚blauäugig'.

dex·ter ['dekstə] *adj.* **1.** recht, rechts (-seitig); **2.** *her.* rechts (*vom Beschauer aus links*); **dex·ter·i·ty** [dek'sterətɪ] *s.* **1.** Geschicklichkeit *f*; Gewandtheit *f*; **2.** Rechtshändigkeit *f*; **'dex·ter·ous** [-tərəs] *adj.* □ **1.** gewandt, geschickt, be'händ, flink; **2.** rechtshändig; **'dex·tral** [-trəl] *adj.* □ **1.** rechtsseitig; **2.** rechtshändig.

dextro- [dekstrəʊ] *in Zssgn* (nach) rechts.

dex·trose ['dekstrəʊs] *s.* ⚗ Dex'trose *f*, Traubenzucker *m*.

dex·trous ['dekstrəs] → ***dexterous***.

dhoo·ti ['duːtɪ], **dho·ti** ['dəʊtɪ] *pl.* **-tis** [-tɪz] *s.* (*Indien*) Lendentuch *n*.

di·a·be·tes [ˌdaɪə'biːtiːz] *s.* ⚕ Dia'betes *m*, Zuckerkrankheit *f*; **di·a·bet·ic** [ˌdaɪə'betɪk] **I** *adj.* dia'betisch, zuckerkrank; **II** *s.* Dia'betiker(in), Zuckerkranke(r *m*) *f*.

di·a·ble·rie [dɪ'ɑːbləriː] *s.* Zaube'rei *f*, Hexe'rei *f*, Teufe'lei *f*.

di·a·bol·ic, di·a·bol·i·cal [ˌdaɪə'bɒlɪk(l)] *adj.* □ dia'bolisch, teuflisch; **di·ab·o·lism** [daɪ'æbəlɪzəm] *s.* **1.** Teufe'lei *f*; **2.** Teufelskult *m*.

di·ac·id [daɪ'æsɪd] *adj.* zweisäurig.

di·ac·o·nate [daɪ'ækənɪt] *s. eccl.* Diako'nat *n*.

di·a·crit·ic [ˌdaɪə'krɪtɪk] **I** *adj.* dia'kritisch, unter'scheidend; **II** *s. ling.* dia'kritisches Zeichen.

di·ac·tin·ic [ˌdaɪæk'tɪnɪk] *adj. phys.* die ak'tinischen Strahlen 'durchlassend.

di·a·dem ['daɪədem] *s.* **1.** Dia'dem *n*, Stirnband *n*; **2.** Hoheit *f*, Herrscherwürde *f*, -gewalt *f*.

di·aer·e·sis [daɪ'ɪərɪsɪs] *s. ling.* a) Diä'rese *f*, b) Trema *n*.

di·ag·nose ['daɪəgnəʊz] *v/t.* ⚕ diagnostizieren, *fig. a.* bestimmen, feststellen; **di·ag·no·sis** [ˌdaɪəg'nəʊsɪs] *pl.* **-ses** [-siːz] *s.* ⚕ Dia'gnose *f*, Befund *m*, *fig. a.* Beurteilung *f*, Bestimmung *f*; **di·ag·nos·tic** [ˌdaɪəg'nɒstɪk] ⚕ **I** *adj.* (□ **~ally**) dia'gnostisch: **~ of** *fig.* sympto'matisch für; **II** *s.* a) Sym'ptom *n*, b) *pl. sg. konstr.* Dia'gnostik *f*; **di·ag·nos·ti·cian** [ˌdaɪəgnɒs'tɪʃn] *s.* ⚕ Dia'gnostiker(in).

di·ag·o·nal [daɪ'ægənl] **I** *adj.* □ **1.** diago'nal; schräg (laufend), über Kreuz; **II** *s.* **2.** *a.* **~ line** ✎ Diago'nale *f*; **3.** *a.* **~ cloth** Diago'nal *m*, schräg geripptes Gewebe.

di·a·gram ['daɪəgræm] *s.* Dia'gramm *n*, grafische Darstellung, Schaubild *n*, Plan *m*, Schema *n*: **wiring ~** ⚡ Schaltbild *n*, -plan *m*: **you need a ~?** *iro.* brauchst du e-e Zeichnung (dazu)?; **di·a·gram·mat·ic** [ˌdaɪəgrə'mætɪk] *adj.* (□ **~ally**) diagram'matisch, grafisch, sche'matisch.

di·al ['daɪəl] **I** *s.* **1.** *a.* **~ plate** Zifferblatt *n* (*Uhr*); **2.** *a.* **~ plate** ⚙ Skala *f*, Skalen-, Ziffernscheibe *f*; **3.** *teleph.* Wähl-, Nummernscheibe *f*; **4.** *Radio*: Skalenscheibe *f*, Skala *f*: **~ light** Skalenbeleuchtung *f*; **5.** → ***sundial***; **6.** *sl.* Vi'sage *f* (*Gesicht*); **II** *v/t.* **7.** *teleph.* wählen: **~ling code** *Brit.* Vorwahl(nummer) *f*; **~ tone** *Am.*, **~ling tone** *Brit.* Amtszeichen *n*.

di·a·lect ['daɪəlekt] *s.* Dia'lekt *m*, Mundart *f*; **di·a·lec·tal** [ˌdaɪə'lektl] *adj.* □ dia'lektisch, mundartlich; **di·a·lec·tic** [ˌdaɪə'lektɪk] **I** *adj.* **1.** *phls.* dia'lektisch; **2.** spitzfindig; **3.** *ling.* → ***dialectal***; **II** *s.* **4.** *oft pl. phls.* Dia'lektik *f*; **5.** Spitzfindigkeit *f*; **di·a·lec·ti·cal** [ˌdaɪə'lektɪkl] *adj.* □ **1.** → ***dialectal***; **2.** → ***dialectic*** 1, 2; **di·a·lec·ti·cian** [ˌdaɪəlek'tɪʃn] *s.* phls. Dia'lektiker *m*.

di·a·logue, *Am. a.* **di·a·log** ['daɪəlɒg] *s.* Dia'log *m*, (Zwie)Gespräch *n*; **~ box** *s. Computer*: Dia'logfeld *n*, -ˌfenster *n*; **~ track** *s. Film*: Sprechband *n*.

di·al·y·sis [daɪ'ælɪsɪs] *s.* **1.** ⚗ Dia'lyse *f*; **2.** ⚕ Dia'lyse *f*, Blutwäsche *f*.

di·am·e·ter [daɪ'æmɪtə] *s.* **1.** ✎ Dia'meter *m*, 'Durchmesser *m*; **2.** 'Durchmesser *m*, Dicke *f*, Stärke *f*: **inner ~** lichte Weite; **di·a·met·ri·cal** [ˌdaɪə'metrɪkl] *adj.* □ **1.** dia'metrisch; **2.** *fig.* diametral, genau entgegengesetzt.

di·a·mond ['daɪəmənd] **I** *s.* **1.** *min.* Dia'mant *m*: **black ~** a) schwarzer Diamant, b) *fig.* (Stein)Kohle *f*; **rough ~** a) ungeschliffener Diamant, b) *fig.* Mensch *m* mit gutem Kern u. rauer Schale; **it was ~ cut ~** es war Wurst wider Wurst, die beiden standen sich in nichts nach; **2.** ⚙ ('Glaser)Diaˌmant *m*; **3.** ✎ a) Raute *f*, 'Rhombus *m*, b) spitzgestelltes Viereck; **4.** *Kartenspiel*: Karo *n*; **5.** *Baseball*: a) Spielfeld *n*, b) Innenfeld *n*; **6.** *typ.* Dia'mant *f* (*Schriftgrad*); **II** *adj.* **7.** dia'manten, Diamant...; **8.** rhombisch, rautenförmig; **~ cut·ter** *s.* Dia'mantschleifer *m*; **~ drill** *s.* ⚙ Dia'mantbohrer *m*; **~ field** *s.* Dia'mantenfeld *n*; **~ ju·bi·lee** *s.* dia'mantenes Jubi'läum; **~ mine** *s.* Dia'mantenmine *f*; **~ pane** *s.* rautenförmige Fensterscheibe; **'~-shaped** *adj.* rautenförmig; **~ wed·ding** *s.* dia'mantene Hochzeit.

D

di·an·thus [daɪ'ænθəs] *s.* ⚘ Nelke *f*.

di·a·per ['daɪəpə] **I** *s.* **1.** Di'aper *m*, Gänseaugenstoff *m*; **2.** *a.* **~ pattern** Rauten-, Karomuster *n*; **3.** *Am.* (Baby-) Windel *f*; **4.** Monatsbinde *f*; **II** *v/t.* **5.** mit Rautenmuster verzieren; **~ rash** *s.* ⚕ Wundsein *n beim Säugling*.

di·aph·a·nous [daɪ'æfənəs] *adj.* 'durchsichtig, -scheinend.

di·a·pho·ret·ic [ˌdaɪəfə'retɪk] *adj. u. s.* ⚕ schweißtreibend(es Mittel).

di·a·phragm ['daɪəfræm] *s.* **1.** *anat.* Scheidewand *f*, *bsd.* Zwerchfell *n*; **2.** ⚕ Dia'phragma *n* (*Verhütungsmittel*); **3.** *teleph. etc.* Mem'bran(e) *f*; **4.** *opt.*, *phot.* Blende *f*; **~ shut·ter** *s. phot.* Blendenverschluss *m*; **~ valve** *s.* Membranventil *n*.

di·a·rist ['daɪərɪst] *s.* Tagebuchschreiber(in); **'di·a·rize** [-raɪz] **I** *v/i.* Tagebuch führen; **II** *v/t.* ins Tagebuch eintragen.

di·ar·rh(o)e·a [ˌdaɪə'rɪə] *s.* ⚕ Diar'rhö(e) *f*, 'Durchfall *m*.

di·a·ry ['daɪərɪ] *s.* **1.** Tagebuch *n*: **keep a ~** ein Tagebuch führen; **2.** 'Taschenkaˌlender *m*, (Vor)Merkbuch *n*, Ter'min-, No'tizbuch *n*.

Di·as·po·ra [daɪ'æspərə] *s. allg.* Di'aspora *f*.

di·as·to·le [daɪ'æstəlɪ] *s.* ⚕ *u. Metrik*: Dia'stole *f*.

di·a·ther·my ['daɪəθɜːmɪ] *s.* ⚕ Diather'mie *f*.

di·ath·e·sis [daɪ'æθɪsɪs] *pl.* **-ses** [-siːz] *s.* ⚕ *u. fig.* Neigung *f*, Anlage *f*.

di·a·to·ma·ceous earth [ˌdaɪətə'meɪʃəs] *s. geol.* Kieselgur *f*.

di·a·ton·ic [ˌdaɪə'tɒnɪk] *adj.* ♪ dia'tonisch.

di·a·tribe ['daɪətraɪb] *s.* gehässiger Angriff, Hetze *f*, Hetzrede *f od.* -schrift *f*.

di·bas·ic [daɪ'beɪsɪk] *adj.* ⚗ zweibasisch.

dib·ber ['dɪbə] → ***dibble*** I.

dib·ble ['dɪbl] **I** *s.* Dibbelstock *m*, Pflanz-, Setzholz *n*; **II** *v/t. a.* **~ in** mit e-m Setzholz pflanzen; **III** *v/i.* mit e-m Setzholz Löcher machen, dibbeln.

dibs [dɪbz] *s.* **1.** *pl. sg. konstr. Brit. Kinderspiel mit Steinchen etc.*; **2.** F Recht *n* (**on** auf *acc.*); **3.** *Am. sl.* (ein paar) ‚Kröten' *pl.* (*Geld*).

dice [daɪs] **I** *s. pl. von* **die**[2] 1 Würfel *pl.*, Würfelspiel *n*: **play (at) ~** → II; **no ~!** *Am. sl.* ‚da läuft nichts'!; → ***load*** 10; **II** *v/i.* würfeln, knobeln; **III** *v/t. Küche*: in Würfel schneiden.

dic·ey ['daɪsɪ] *adj.* F pre'kär, heikel.

di·chot·o·my [daɪ'kɒtəmɪ] *s.* Dichoto'mie *f*: a) *bsd. Logik*: Zweiteilung *f e-s Begriffs*, b) ⚘, *zo.* wieder'holte Gabelung.

di·chro·mat·ic [ˌdaɪkrəʊ'mætɪk] *adj.* **1.** dichro'matisch, zweifarbig; **2.** ⚕ dichro'mat.

dick [dɪk] *s.* **1.** *Brit. sl.* Kerl *m*; **2.** *Am. sl.* ‚Schnüffler' *m*: **private ~** Privatdetektiv *m*; **3.** V ‚Schwanz' *m*.

dick·ens ['dɪkɪnz] *s. sl.* Teufel *m*: **what**

D

the ~! was zum Teufel!; ***a ~ of a mess*** ein böser Schlamassel.
dick·er[1] ['dıkə] *v/i.* feilschen, schachern (***for*** um).
dick·er[2] ['dıkə] *s.* ✝ zehn Stück.
dick·(e)y[1] ['dıkı] *s.* F **1.** Hemdbrust *f*; **2.** Bluseneinsatz *m*; **3.** *a.* ***~ bow*** ‚Fliege' *f*, Schleife *f*; **4.** *a.* ***~ bird*** Vögelchen *n*, Piepmatz *m*; **5.** Rück-, Not-, Klappsitz *m*; **6.** *Brit.* F Esel *m*.
dick·(e)y[2] ['dıkı] *adj.* F wack(e)lig, ‚mies': ***~ heart*** schwaches Herz.
di·cot·y·le·don [ˌdaıkɒtı'li:dən] *s.* ⚘ Diko'tyle *f*, zweikeimblättrige Pflanze.
dic·ta ['dıktə] *pl. von* ***dictum***.
dic·tate [dık'teıt] **I** *v/t.* (***to*** *dat.*) **1.** *Brief etc.* diktieren; **2.** diktieren, vorschreiben, gebieten (*a. fig.*); **3.** auferlegen; **4.** eingeben; **II** *v/i.* **5.** diktieren, ein Dik'tat geben; **6.** diktieren, befehlen: ***he will not be ~d to*** er lässt sich keine Vorschriften machen; **III** *s.* ['dıkteıt] **7.** Gebot *n*, Befehl *m*, Dik'tat *n*: ***the ~s of reason*** das Gebot der Vernunft; **dic'ta·tion** [-eıʃn] *s.* **1.** Dik'tat *n*: a) Diktieren *n*, b) Dik'tatschreiben *n*, c) diktierter Text; **2.** Befehl(e *pl.*) *m*, Geheiß *n*; **dic'ta·tor** [-tə] *s.* Dik'tator *m*, Gewalthaber *m*; **dic·ta·to·ri·al** [ˌdıktə'tɔ:rıəl] *adj.* □ dikta'torisch; **dic'ta·tor·ship** [-təʃıp] *s.* Dikta'tur *f*; **dic'ta·tress** [-trıs] *s.* Dikta'torin *f*.
dic·tion ['dıkʃn] *s.* **1.** Dikti'on *f*, Ausdrucksweise *f*, Stil *m*, Sprache *f*; **2.** (deutliche) Aussprache.
dic·tion·ar·y ['dıkʃənrı] *s.* **1.** Wörterbuch *n*; **2.** (*bsd.* einsprachiges) enzyklo'pädisches Wörterbuch; **3.** Lexikon *n*, Enzyklopä'die *f*: ***a walking*** (*od.* ***living***) ***~*** *fig.* ein wandelndes Lexikon.
dic·to·graph ['dıktəgrɑ:f] *s.* Abhörgerät *n* (*beim Telefon*).
dic·tum ['dıktəm] *pl.* **-ta** [-tə], **-tums** *s.* **1.** Machtspruch *m*; **2.** ⚖ richterliches Diktum, (Aus)Spruch *m*; **3.** Spruch *m*, geflügeltes Wort.
did [dıd] *pret. von* **do**[1].
di·dac·tic [dı'dæktık] *adj.* (□ ***~ally***) **1.** di'daktisch, lehrhaft, belehrend: ***~ play*** *thea.* Lehrstück *n*; ***~ poem*** Lehrgedicht *n*; **2.** schulmeisterlich.
did·dle[1] ['dıdl] *v/t. sl.* beschwindeln, betrügen, übers Ohr hauen.
did·dle[2] ['dıdl] *v/i.* F zappeln.
did·n't ['dıdnt] F *für* ***did not***.
didst [dıdst] *obs. 2. sg. pret. von* **do**[1].
die[1] [daı] **I** *v/i. pres. p.* **dy·ing** ['daııŋ] **1.** sterben (***of*** an): ***~ of hunger*** hungers sterben, verhungern; ***~ from a wound*** an e-r Verwundung sterben; ***~ a violent death*** e-s gewaltsamen Todes sterben; ***~ of*** (*od.* ***with***) ***laughter*** *fig.* sich totlachen; ***~ of boredom*** vor Lange(r)weile fast umkommen; ***~ a beggar*** als Bettler sterben; ***~ hard*** a) zählebig sein (*a. Sache*), ‚nicht totzukriegen sein', b) nicht nachgeben (wollen); ***never say ~!*** nur nicht aufgeben!; → ***bed*** 1; ***boot***[1] 1; ***ditch*** 1; ***harness*** 1; **2.** eingehen (*Pflanze, Tier*), verenden (*Tier*); **3.** *fig.* ver-, 'untergehen, schwinden, aufhören, sich verlieren, verhallen, erlöschen, vergessen werden; **4.** *mst* ***be dying*** (***for***; ***to*** *inf.*) sich sehnen (nach; danach, zu *inf.*), brennen (auf *acc.*; darauf, zu *inf.*): ***I am dying to ...*** ich würde schrecklich gern; **II** *v/t.* **5.** e-s *natürlichen etc.* Todes sterben;
Zssgn mit adv.:
die|a·way *v/i.* **1.** schwächer werden, nachlassen, sich verlieren, schwinden; **2.** ohnmächtig werden; **~ down** *v/i.* **1.** → ***die away*** 1; **2.** ⚘ (von oben) absterben; **~ off** *v/i.* 'hin-, wegsterben; **~ out** *v/i.* aussterben (*a. fig.*).
die[2] [daı] *s.* **1.** *pl.* ***dice*** Würfel *m*: ***the ~ is cast*** die Würfel sind gefallen; ***straight as a ~*** a) pfeilgerade, b) *fig.* grundehrlich; → ***dice***; ***straight*** 4; **2.** Würfelspiel *n*; **3.** *bsd. Küche*: Würfel *m*; **4.** *pl.* ***dies*** ⚠ Würfel *m e-s Sockels*; **5.** *pl.* ***dies*** ⚙ a) (Press-, Spritz)Form *f*, Gesenk *n*: ***lower ~*** Matrize *f*; ***upper ~*** Patrize *f*, b) (Münz)Prägestempel *m*, c) Schneideisen *n*, Stanze *f*, d) Gussform *f*.
'die|-a·way *adj.* schmachtend; **'~-cast** *v/t.* ⚙ spritzgießen, spritzen; **~ cast·ing** *s.* ⚙ Spritzguss *m*; **'~-hard I** *s.* **1.** unnachgiebiger Mensch, Dickschädel *m*; **2.** *pol.* hartnäckiger Reaktio'när; **3.** zählebige Sache; **II** *adj.* **4.** hartnäckig, zäh u. unnachgiebig; **5.** zählebig; **~ head** *s.* ⚙ Schneidkopf *m*.
di·e·lec·tric [ˌdaıı'lektrık] ⚡ **I** *s.* Di-e'lektrikum *n*; **II** *adj.* (□ ***~ally***) di-e'lektrisch: ***~ strength*** Spannungs-, Durchschlagfestigkeit *f*.
die·en·ceph·a·lon [ˌdaıın'sefələn] *s. anat.* Zwischenhirn *n*.
di·er·e·sis → ***diaeresis***.
Die·sel ['di:zl] **I** Diesel *m* (*Motor, Fahrzeug od. Kraftstoff*); **II** *adj.* Diesel...; **die·sel·ize** ['di:zəlaız] *v/t.* ⚙ auf Dieselbetrieb 'umstellen.
'die,sink·er *s.* ⚙ Werkzeugmacher *m*.
di·e·sis ['daıısıs] *pl.* **-ses** [-si:z] *s.* **1.** *typ.* Doppelkreuz *n*; **2.** ♪ Kreuz *n*.
di·es non [ˌdaıi:z'nɒn] *s.* ⚖ gerichtsfreier Tag.
die stock *s.* ⚙ Schneidkluppe *f*.
di·et[1] ['daıət] *s.* **1.** *parl.* a) 'Unterhaus *n* (*in Japan etc.*), b) *hist.* Reichstag *m*; **2.** ⚖ *Scot.* Ge'richtster,min *m*.
di·et[2] ['daıət] **I** *s.* **1.** Nahrung *f*, Ernährung *f*, (*a. fig. geistige*) Kost: ***vegetable ~*** vegetarische Kost; ***full*** (***low***) ***~*** reichliche (magere) Kost; **2.** ⚕ Di'ät *f*, Schon-, Krankenkost *f*: ***be*** (***put***) ***on a ~*** auf Diät gesetzt sein, Diät leben (müssen); **II** *v/t.* **3.** *j-n* auf Di'ät setzen: ***~ o.s.*** → 4; **III** *v/i.* **4.** Di'ät halten; **'di·e·tar·y** [-tərı] ⚕ **I** *adj.* **1.** diä'tetisch, Diät...; **II** *s.* **2.** Di'ätvorschrift *f*; **3.** 'Speise(rati,on) *f*.
di·e·tet·ic [ˌdaıə'tetık] *adj.* (□ ***~ally***) → ***dietary*** 1; **ˌdi·e'tet·ics** [-ks] *s. pl. sg. od. pl. konstr.* ⚕ Diä'tetik *f*, Di'ätkunde *f*; **ˌdi·e'ti·tian**, **ˌdi·e'ti·cian** [-'tıʃn] *s.* **1.** Di'ätassis,tent(in); **2.** Diä'tetiker(in).
dif·fer ['dıfə] *v/i.* **1.** sich unter'scheiden, verschieden sein, abweichen (***from*** von); **2.** (*mst* ***with***, *a.* ***from***) nicht über'einstimmen (mit), anderer Meinung sein (als): ***I beg to ~*** ich bin (leider) anderer Meinung; **3.** uneinig sein (***on*** über *acc.*); → ***agree*** 2; **dif·fer·ence** ['dıfrəns] *s.* **1.** 'Unterschied *m*, Verschiedenheit *f*: ***~ in price*** Preisunterschied; ***~ of opinion*** Meinungsverschiedenheit; ***that makes a*** (***great***) ***~*** a) das macht et. (*od.* viel) aus, b) das ändert die Sache; ***it made all the ~*** das änderte die Sache vollkommen; ***it makes no ~*** (***to me***) es ist (mir) gleich(gültig); ***what's the ~?*** was macht es schon aus?; **2.** 'Unterschied *m*, unter'scheidendes Merkmal: ***the ~ between him and his brother***; **3.** 'Unterschied *m* (*in Menge*), Diffe'renz *f* (*a.* ✝, ⩕): ***split the ~*** a) sich in die Differenz teilen, b) e-n Kompromiss schließen; **4.** Besonderheit *f*: ***a film with a ~*** ein Film (von) ganz besonderer Art *od.* ‚mit Pfiff'; ***holidays with a ~*** Ferien ‚mal anders'; **5.** Meinungsverschiedenheit *f*, Diffe'renz *f*; **dif·fer·ent** ['dıfrənt] *adj.* □ **1.** (***from***, *a.* ***to***) verschieden (von), abweichend (von); anders (*pred.* als), ander (*attr.* als): ***in two ~ countries*** in zwei verschiedenen Ländern; ***that's a ~ matter*** das ist etwas anderes; ***at ~ times*** verschiedentlich, mehrmals; **2.** außergewöhnlich, besonder.
dif·fer·en·tial [ˌdıfə'renʃl] **I** *adj.* □ **1.** 'unterschiedlich, charakte'ristisch, Unterscheidungs...; **2.** ⚙, ⚡, ⩕, *phys.* Differenzial...; **3.** ✝ gestaffelt, Differenzial..., Staffel...: ***~ tariff***; **II** *s.* **4.** ⚙, *mot.* Differenzi'al-, Ausgleichsgetriebe *n*; **5.** ⩕ Differenzi'al *n*; **6.** ('Preis-, 'Lohn- *etc.*)Gefälle *n*, (-)Diffe,renz *f*; **~ cal·cu·lus** *s.* ⩕ Differenzi'alrechnung *f*; **~ du·ty** *s.* ✝ Differenzi'alzoll *m*; **~ gear** *s.* ⚙ Differenzi'al-, Ausgleichsgetriebe *n*; **~ rate** *s.* ✝ 'Ausnahmeta,rif *m*.
dif·fer·en·ti·ate [ˌdıfə'renʃıeıt] **I** *v/t.* **1.** einen 'Unterschied machen zwischen (*dat.*), unter'scheiden; **2.** vonein'ander abgrenzen; unter'scheiden, trennen (***from*** von): ***be ~d*** → 4; **II** *v/i.* **3.** e-n 'Unterschied machen, unter'scheiden, differenzieren (***between*** zwischen *dat.*); **4.** sich unter'scheiden *od.* entfernen; sich verschieden entwickeln; **dif·fer·en·ti·a·tion** [ˌdıfərenʃı'eıʃn] *s.* Differenzierung *f*: a) Unter'scheidung *f*, b) (Auf)Teilung *f*, c) Spezialisierung *f*, d) ⩕ Ableitung *f*.
dif·fi·cult ['dıfıkəlt] *adj.* **1.** schwierig, schwer; **2.** beschwerlich, mühsam; **3.** schwierig, schwer zu behandeln(d); **'dif·fi·cul·ty** [-tı] *s.* **1.** Schwierigkeit *f*: a) Mühe *f*: ***with ~*** schwer, mühsam; ***have*** (*od.* ***find***) ***~ in doing s.th.*** et. schwierig (zu tun) finden, b) schwierige Sache, c) Hindernis *n*, 'Widerstand *m*: ***make difficulties*** Schwierigkeiten bereiten; **2.** *oft pl.* (*a.* Geld)Schwierigkeiten *pl.*, (-)Verlegenheit *f*.
dif·fi·dence ['dıfıdəns] *s.* Schüchternheit *f*, mangelndes Selbstvertrauen; **'dif·fi·dent** [-nt] *adj.* □ schüchtern, ohne Selbstvertrauen, scheu: ***be ~ about doing*** sich scheuen zu tun, *et.* nur zaghaft *od.* zögernd tun.
dif·fract [dı'frækt] *v/t. phys.* beugen; **dif'frac·tion** [-kʃn] *s. phys.* Beugung *f*, Diffrakti'on *f*.
dif·fuse [dı'fju:z] **I** *v/t.* **1.** ausgießen, -schütten; **2.** *bsd. fig.* verbreiten; **3.** ⚗, *phys., opt.* diffundieren: a) zerstreuen, b) vermischen, c) durch'dringen; **II** *v/i.* **4.** sich verbreiten; **5.** ⚗, *phys.* diffundieren: a) sich zerstreuen, b) sich vermischen, c) eindringen; **III** *adj.* [dı'fju:s] □ **6.** dif'fus: a) weitschweifig, langatmig, b) unklar (*Gedanken etc.*), c) ⚗, *phys.* zerstreut: ***~ light*** diffuses Licht; **7.** *fig.* verbreitet; **dif·fus·i·bil·i·ty** [dıˌfju:zə'bılətı] *s. phys.* Diffusi'onsvermögen *n*; **dif'fus·i·ble** [-zəbl] *adj. phys.* diffusi'onsfähig; **dif·fu·sion** [dı'fju:ʒn] *s.* **1.** Ausgießen *n*; **2.** *fig.* Verbreitung *f*; **3.** Weitschweifigkeit *f*; **4.** ⚗, *phys., a. sociol.* Diffusi'on *f*; **dif·fu·sive** [dı'fju:sıv] *adj.* □ **1.** *bsd. fig.* sich verbreitend; **2.** *fig.* weitschweifig; **3.** ⚗, *phys.* Diffusions...; **dif·fu·sive·ness** [dı'fju:sıvnıs] *s.* **1.** *phys.* Diffusi'onsfähigkeit *f*; **2.** *fig.* Weitschweifigkeit *f*.

dig [dɪg] **I** *s.* **1.** Grabung *f*; **2.** F (archäo'logische) Ausgrabung(sstätte); **3.** F Puff *m*, Stoß *m*: **~ in the ribs** Rippenstoß; **4.** F *fig.* (Seiten)Hieb *m* (**at** auf *j-n*); **5.** *Am.* F ‚Büffler' *m*; **6.** *pl. Brit.* F ‚Bude' *f*, (*bsd. Studenten*)Zimmer *n*; **II** *v/t.* [*irr.*] **7.** *Loch etc.* graben; *Boden* 'umgraben; *Bodenfrüchte* ausgraben; **8.** *fig.* ‚ausgraben', ans Tageslicht bringen, her'ausfinden; **9.** F *j-m* e-n Stoß geben: **~ spurs into a horse** e-m Pferd die Sporen geben; **10.** F a) ‚kapieren', b) ‚stehen auf', ein ‚Fan' sein von, c) sich ansehen *od.* anhören; **III** *v/i.* [*irr.*] **11.** graben (**for** nach); **12.** *fig.* a) forschen (**for** nach), b) sich gründlich beschäftigen (**into** mit); **13. ~ into** F a) ‚reinhauen' in *e-n Kuchen etc.*, b) sich einarbeiten in (*acc.*); **14.** *Am. sl.* ‚büffeln', ‚ochsen';
Zssgn mit adv.:
dig| in I *v/t.* **1.** eingraben (*a. fig.*); **2. dig o.s. in** sich eingraben, *fig. a.* sich verschanzen; **II** *v/i.* **3.** ⚔ sich eingraben, sich verschanzen; **~ out** *v/t.* **1.** ausgraben; **2.** → **dig** 8; **~ up** *v/t.* **1.** 'um-, ausgraben; **2.** → **dig** 8.

di·gest [dɪ'dʒest] **I** *v/t.* **1.** *Speisen* verdauen; **2.** *fig.* verdauen: a) (innerlich) verarbeiten, über'denken, in sich aufnehmen, b) ertragen, verwinden; **3.** ordnen, einteilen; **4.** ⚗ digerieren, ausziehen, auflösen; **II** *v/i.* **5.** sich verdauen lassen: **~ well** leicht verdaulich sein; **6.** ⚗ sich auflösen; **III** *s.* ['daɪdʒest] **7.** (**of**) a) Auslese *f* (*a. Zeitschrift*), Auswahl *f* (aus), b) Abriss *m* (*gen.*), 'Überblick *m* (über *acc.*); **8.** ⚖ systematisierte Sammlung von Gerichtsentscheidungen; **di'gest·i·ble** [-təbl] *adj.* □ verdaulich, bekömmlich; **di'ges·tion** [-tʃən] *s.* **1.** Verdauung *f*: **easy of ~** leicht verdaulich; **2.** *fig.* (innerliche) Verarbeitung; **di'ges·tive** [-tɪv] **I** *adj.* □ **1.** verdauungsfördernd; **2.** bekömmlich; **3.** Verdauungs... (*-apparat, -trakt etc.*); **II** *s.* **4.** verdauungsförderndes Mittel.

dig·ger ['dɪgə] *s.* **1.** Gräber(in); **2.** → **gold digger**; **3.** 'Grabgerät *n*, -ma͵schine *f*; **4.** Erdarbeiter *m*; **5.** *a.* **~ wasp** Grabwespe *f*; **6.** *sl.* Au'stralier *m od.* Neu'seeländer *m*; '**dig·gings** [-gɪŋz] *s. pl.* **1.** *sg. od. pl. konstr.* Goldbergwerk *n*; **2.** Aushub *m* (*Erde*); **3.** → **dig** 6.

dig·it ['dɪdʒɪt] *s.* **1.** *anat., zo.* Finger *m od.* Zehe *f*; **2.** Fingerbreite *f* (*Maß*); **3.** *ast.* astro'nomischer Zoll ($^1/_{12}$ *des Sonnen- od. Monddurchmessers*); **4.** ⩕ a) eine der Ziffern von 0 bis 9, Einer *m*, b) Stelle *f*: **three-~ number** dreistellige Zahl; '**dig·it·al** [-tl] **I** *adj.* **1.** Finger...; **2.** *EDV, Computer etc.* digi'tal, Digital...: **~ clock**; **~ display** Digitalanzeige *f*; **~ recording** Digitalaufzeichnung *f*; **~ technology** Digitaltechnik; **~ly remastered** digital re'mastered; **II** *s.* **3.** ♪ Taste *f*; **dig·i·tal·is** [͵dɪdʒɪ'teɪlɪs] *s.* **1.** ⚘ Fingerhut *m*; **2.** ⚕ Digi'talis *n*; '**dig·i·tate**, '**dig·i·tat·ed** [-teɪt(ɪd)] *adj.* **1.** ⚘ gefingert, handförmig; **2.** *zo.* gefingert; '**dig·i·tize** *v/t. EDV etc.*: digitali'sieren.

dig·ni·fied ['dɪgnɪfaɪd] *adj.* würdevoll, würdig; **dig·ni·fy** ['dɪgnɪfaɪ] *v/t.* **1.** ehren, auszeichnen; Würde verleihen (*dat.*); **2.** zieren, schmücken; **3.** hochtrabend benennen.

dig·ni·tar·y ['dɪgnɪtərɪ] *s.* **1.** Würdenträger *m*; **2.** *eccl.* Prä'lat *m*; **dig·ni·ty** ['dɪgnɪtɪ] *s.* **1.** Würde *f*, würdevolles Auftreten; **2.** Würde *f*, (hoher) Rang, *a.* Ansehen *n*: **beneath my ~** unter m-r Würde; **stand on one's ~** sich nichts vergeben wollen; **3.** *fig.* Größe *f*: **~ of soul** Seelengröße, -adel *m*.

di·graph ['daɪgrɑːf] *s. ling.* Di'graph *m* (*Verbindung von zwei Buchstaben zu einem Laut*).

di·gress [daɪ'gres] *v/i.* abschweifen; **di'gres·sion** [-eʃn] *s.* Abschweifung *f*; **di'gres·sive** [-sɪv] *adj.* □ **1.** abschweifend; **2.** abwegig.

digs [dɪgz] → **dig** 6.

di·he·dral [daɪ'hiːdrəl] **I** *adj.* **1.** di'edrisch, zweiflächig: **~ angle** ⩕ Flächenwinkel *m*; **2.** ✈ V-förmig; **II** *s.* **3.** ⩕ Di'eder *m*, Zweiflächner *m*; **4.** ✈ V-Form *f*, V-Stellung *f*.

dike[1] [daɪk] **I** *s.* **1.** Deich *m*, Damm *m*; **2.** Erdwall *m*, erhöhter Fahrdamm; **3.** *a. fig.* Schutzwall *m*, *fig.* Bollwerk *n*; **4.** a) Graben *m*, b) Wasserlauf *m*; **5.** *a.* **~ rock** *geol.* Gangstock *m*; **II** *v/t.* **6.** eindämmen, -deichen.

dike[2] [daɪk] *v/t. a.* **~ out** *od.* **up** *Am.* F aufputzen.

dike[3] [daɪk] *s. sl.* ‚Lesbe' *f*.

dik·tat [dɪk'tɑːt] *s.* (*Ger.*) *pol.* Dik'tat *n*.

di·lap·i·date [dɪ'læpɪdeɪt] **I** *v/t.* **1.** *Haus etc.* verfallen lassen; **2.** vergeuden; **II** *v/i.* **3.** verfallen, baufällig werden; **di'lap·i·dat·ed** [-tɪd] *adj.* **1.** verfallen, baufällig; **2.** klapp(e)rig (*Auto etc.*); **di·lap·i·da·tion** [dɪ͵læpɪ'deɪʃn] *s.* **1.** Verfall *m*, Baufälligkeit *f*; **2.** *geol.* Verwitterung *f*; **3.** *pl. Brit.* notwendige Repara'turen (*zu Lasten des Mieters*).

di·lat·a·bil·i·ty [daɪ͵leɪtə'bɪlətɪ] *s. phys.* Dehnbarkeit *f*, (Aus)Dehnungsvermögen *n*; **di·lat·a·ble** [daɪ'leɪtəbl] *adj. phys.* (aus)dehnbar.

dil·a·ta·tion [͵daɪleɪ'teɪʃn] *s.* **1.** *phys.* Ausdehnung *f*; **2.** ⚕ Erweiterung *f*.

di·late [daɪ'leɪt] **I** *v/t.* **1.** (aus)dehnen, (aus)weiten, erweitern: **with ~d eyes** mit aufgerissenen Augen; **II** *v/i.* **2.** sich (aus)dehnen *od.* (aus)weiten *od.* erweitern; **3.** *fig.* sich (ausführlich) verbreiten *od.* auslassen (**[up]on** über *acc.*); **di'la·tion** [-eɪʃn] → **dilatation**; **di'la·tor** [-tə] *s.* Di'lator *m*: a) *anat.* Dehnmuskel *m*, b) ⚕ Dehnsonde *f*.

dil·a·to·ri·ness ['dɪlətərɪnɪs] *s.* Saumseligkeit *f*, Verschleppung *f*; **dil·a·to·ry** ['dɪlətərɪ] *adj.* □ **1.** aufschiebend (*a.* ⚖), verzögernd, 'hinhaltend, Verzögerungs..., Verschleppungs..., Hinhalte...: **~ tactics**; **2.** langsam, saumselig.

dil·do ['dɪldəʊ] *s.* Godemi'ché *m* (*künstlicher Penis*).

di·lem·ma [dɪ'lemə] *s.* Di'lemma *n*, Zwangslage *f*, Klemme *f*: **on the horns of a ~** in e-r Zwickmühle.

dil·et·tan·te [͵dɪlɪ'tæntɪ] **I** *pl.* **-ti** [-tiː], **-tes** [-tɪz] *s.* **1.** Dilet'tant(in): a) Nichtfachmann *m*, Ama'teur(in), b) *contp.* Stümper(in); **2.** Kunstliebhaber(in); **II** *adj.* **3.** → ͵**dil·et'tant·ish** [-tɪʃ] *adj.* □ dilet'tantisch; ͵**dil·et'tant·ism** [-tɪzəm] *s.* Dilettan'tismus *m*.

dil·i·gence[1] ['dɪlɪʒɑ̃ːns] (*Fr.*) *s. hist.* Postkutsche *f*.

dil·i·gence[2] ['dɪlɪdʒəns] *s.* Fleiß *m*, Eifer *m*; *a.* ⚖ Sorgfalt *f*; '**dil·i·gent** [-nt] *adj.* □ **1.** fleißig, emsig; **2.** sorgfältig, gewissenhaft.

dill [dɪl] *s.* ⚘ Dill *m*, Gurkenkraut *n*.

dil·ly-dal·ly ['dɪlɪdælɪ] *v/i.* F **1.** die Zeit vertrödeln, (her'um)trödeln; **2.** zaudern, schwanken.

dil·u·ent ['dɪljʊənt] **I** *adj.* ⚗ verdünnend; **II** *s.* ⚕ Verdünnungsmittel *n*.

di·lute [daɪ'ljuːt] **I** *v/t.* **1.** verdünnen, *bsd.* wässern; **2.** *Farben* dämpfen; **3.** *fig.* (ab)schwächen, verwässern: **~ labo(u)r** *Facharbeit in Arbeitsgänge zerlegen, deren Ausführung nur geringe Fachkenntnisse erfordert*; **II** *adj.* **4.** verdünnt; **5.** *fig.* (ab)geschwächt, verwässert; **di'lut·ed** [-tɪd] *adj.* → **dilute** II; **dil·u·tee** [͵daɪljuː'tiː] *s. zwischen dem angelernten u. dem Facharbeiter stehender Beschäftigter*; **di·lu·tion** [daɪ'luːʃn] *s.* **1.** Verdünnung *f*, Verwässerung *f*; **2.** verdünnte Lösung; **3.** *fig.* Abschwächung *f*, Verwässerung *f*: **~ of labo(u)r** *Zerlegung von Facharbeit in Arbeitsgänge, deren Ausführung nur geringe Fachkenntnisse erfordert.*

di·lu·vi·al [daɪ'luːvjəl], **di'lu·vi·an** [-jən] *adj.* **1.** *geol.* diluvi'al, Eiszeit...; **2.** Überschwemmungs...; **3.** (Sint)Flut...; **di'lu·vi·um** [-jəm] *s. geol.* Di'luvium *n*.

dim [dɪm] **I** *adj.* □ **1.** (halb)dunkel, düster, trübe (*a. fig.*); **2.** undeutlich, verschwommen, schwach; **3.** blass, matt (*Farbe*); **4.** F schwer von Begriff; **II** *v/t.* **5.** verdunkeln, verdüstern; trüben; **6.** *a.* **~ out** *Licht* abblenden, dämpfen; **7.** mattieren; **III** *v/i.* **8.** sich verdunkeln; **9.** matt *od.* trübe werden; **10.** undeutlich werden; verblassen (*a. fig.*).

dime [daɪm] *s. Am.* Zehn'centstück *n*; *fig.* Groschen *m*: **~ novel** Groschenroman *m*; **~ store** billiges Warenhaus; **they are a ~ a dozen** a) sie sind spottbillig, b) es gibt jede Menge davon.

di·men·sion [dɪ'menʃn] **I** *s.* **1.** Dimensi'on *f* (*a.* ⩕): a) Abmessung *f*, Maß *n*, Ausdehnung *f*, b) *pl. oft fig.* Ausmaß *n*, Größe *f*, 'Umfang *m*: **of vast ~s** riesengroß; **II** *v/t.* **2.** bemessen, dimensionieren: **amply ~ed**; **3.** mit Maßangaben versehen: **~ed sketch** Maßskizze *f*; **di'men·sion·al** [-ʃənl] *adj. mst in Zssgn* dimensio'nal.

di·min·ish [dɪ'mɪnɪʃ] **I** *v/t.* **1.** vermindern (*a.* ♪), verringern; **2.** verkleinern (*a.* ⩕), her'absetzen (*a. fig.*); **3.** (ab-)schwächen; **4.** ⩓ verjüngen; **II** *v/i.* **5.** sich vermindern, abnehmen: **~ in value** an Wert verlieren.

dim·i·nu·tion [͵dɪmɪ'njuːʃn] *s.* **1.** Verminderung *f*, Verringerung *f*, Verkleinerung *f* (*a.* ♪); **2.** Abnahme *f*; **3.** ⩓ Verjüngung *f*; **di·min·u·ti·val** [dɪ͵mɪnjʊ'taɪvl] *adj.* □ → **diminutive** 2; **di·min·u·tive** [dɪ'mɪnjʊtɪv] **I** *adj.* □ **1.** klein, winzig; **2.** *ling.* Diminutiv..., Verkleinerungs...; **II** *s.* **3.** *ling.* Diminu'tiv(um) *n*, Verkleinerungsform *f od.* -silbe *f*.

dim·i·ty ['dɪmɪtɪ] *s.* Dimity *m*, Barchentköper *m*.

dim·mer ['dɪmə] *s.* **1.** Dimmer *m* (*Helligkeitseinsteller*); **2.** *pl. mot.* a) Abblendlicht *n*, b) Standlicht *n*: **~ switch** Abblendschalter *m*; **dim·ness** ['dɪmnɪs] *s.* **1.** Dunkelheit *f*, Düsterkeit *f*; **2.** Mattheit *f*; **3.** Undeutlichkeit *f*.

di·mor·phic [daɪ'mɔːfɪk], **di'mor·phous** [-fəs] *adj.* di'morph, zweigestaltig.

'**dim-out** *s.* ⚔ Teilverdunkelung *f*.

dim·ple ['dɪmpl] **I** *s.* **1.** Grübchen *n* (*Wange*); **2.** Vertiefung *f*; **3.** Kräuselung *f* (*Wasser*); **II** *v/t.* **4.** Grübchen machen in (*acc.*); **5.** *Wasser* kräuseln; **III** *v/i.* **6.** Grübchen bekommen; **7.** sich kräuseln (*Wasser*); '**dim·pled** [-ld], '**dimp·ly** [-lɪ] *adj.* **1.** mit Grübchen; **2.** gekräuselt (*Wasser*).

D

D

ˌ**dim-ˈwit·ted** *adj. sl.* **1.** dämlich; **2.** (*geistig*) beschränkt.

din [dɪn] **I** *s.* **1.** Lärm *m*, Getöse *n*; **2.** Geklirr *n* (*Waffen*), Gerassel *n*; **II** *v/t.* **3.** *durch Lärm* betäuben; **4.** *et.* dauernd (vor)predigen: ~ ***s.th. into s.o.('s ears)*** j-m et. einhämmern; **III** *v/i.* **5.** lärmen; **6.** dröhnen (***with*** von).

dine [daɪn] **I** *v/i.* **1.** speisen, essen: ~ ***in*** (***out***) zu Hause (auswärts) essen; ~ ***off*** (*od.* ***on***) ***roast beef*** Rostbraten essen; **II** *v/t.* **2.** *j-n* bei sich zu Gast haben, bewirten; **3.** für ... *Personen* Platz zum Essen haben, fassen (*Zimmer, Tisch*); ˈ**din·er** [-nə] *s.* **1.** Tischgast *m*; **2.** 🚂 Speisewagen *m*; **3.** *Am.* Imbissstube *f*, ˈEssloˌkal *n*.

di·nette [daɪˈnet] *s.* Essecke *f*.

ding [dɪŋ] **I** *v/t.* **1.** läuten; **2.** → ***din*** 4; **II** *v/i.* **3.** läuten.

ding·dong [ˌdɪŋˈdɒŋ] **I** *s.* Bimbam *n*; **II** *adj.*: ***a*** ~ ***fight*** ein hin u. her wogender Kampf.

din·ghy [ˈdɪŋgɪ] *s.* **1.** ⚓ a) Dingi *n*, b) Beiboot *n*; **2.** Schlauchboot *n*.

din·gi·ness [ˈdɪndʒɪnɪs] *s.* **1.** trübe *od.* schmutzige Farbe; **2.** Schmuddeligkeit *f*; **3.** Schäbigkeit *f* (*a. fig.*); **4.** *fig.* Anrüchigkeit *f*.

din·gle [ˈdɪŋgl] *s.* Waldschlucht *f*.

din·go [ˈdɪŋgəʊ] *pl.* **-goes** *s. zo.* Dingo *m* (*Wildhund Australiens*).

ding·us [ˈdɪŋgəs] *s. Am. sl.* **1.** Dingsda *n*; **2.** ‚Ding' *n* (*Penis*).

din·gy [ˈdɪndʒɪ] *adj.* □ **1.** schmutzig, schmuddelig; **2.** schäbig (*a. fig.*); **3.** *fig.* anrüchig.

din·ing| **car** [ˈdaɪnɪŋ] *s.* 🚂 Speisewagen *m*; ~ **hall** *s.* Speisesaal *m*; ~ **room** *s.* Speise-, Esszimmer *n*; ~ **ta·ble** *s.* Esstisch *m*.

dink [dɪŋk] *s.* **1. *dinks*** *pl.* → ***dinkies***; **2.** *Am. contp.* Vietnaˈmese *m*, -ˈmesin *f*; **din·kies** [ˈdɪŋkiːz] *s. pl.* (*double income no kids*) kinderlose Doppelverdiener *pl.*

din·kum [ˈdɪŋkəm] *adj. Austral.* F reˈell: ~ ***oil*** die volle Wahrheit.

dink·y [ˈdɪŋkɪ] **I** *adj.* F **1.** *Brit.* zierlich, niedlich, nett; **2.** *Am.* klein; **II** *s.* F *gut verdienende(r) Partner(in) in e-r kinderlosen Partnerschaft*; → ***dinkies***.

din·ner [ˈdɪnə] *s.* **1.** Hauptmahlzeit *f*, Mittag-, Abendessen *n*: ***after*** ~ nach dem Essen, nach Tisch; ***be at*** ~ bei Tisch sein; ***stay for*** (*od.* ***to***) ~ zum Essen bleiben; ~ ***is ready*** es (*od.* das Essen) ist angerichtet; ***what are we having for*** ~***?*** was gibt es zum Essen?; **2.** Diˈner *n*, Festessen *n*: ***at a*** ~ bei *od.* auf e-m Diner; ~ **coat** *s. bsd. Am.* Smoking *m*; ~ **dance** *s.* Abendgesellschaft *f* mit Tanz; ~ **jack·et** *s.* Smoking *m*; ~ **pail** *s. Am.* Essgefäß *n*; ~ **par·ty** *s.* Tisch-, Abendgesellschaft *f*; ~ **serv·ice**, ~ **set** *s.* ˈSpeiseserˌvice *n*, Tafelgeschirr *n*; ~ **ta·ble** *s.* Esstisch *m*; ~ **time** *s.* Tischzeit *f*; ~ **wag·on** *s.* Servierwagen *m*.

di·no·saur [ˈdaɪnəʊsɔː] *s. zo.* Dinoˈsaurier *m*.

dint [dɪnt] **I** *s.* **1.** Beule *f*, Delle *f*; **2.** Strieme *f*; **3. *by*** ~ ***of*** kraft, vermöge, mittels (*alle gen.*); **II** *v/t.* **4.** einbeulen.

di·oc·e·san [daɪˈɒsɪsn] *eccl.* **I** *adj.* Diözesan...; **II** *s.* (Diözeˈsan)Bischof *m*; **di·o·cese** [ˈdaɪəsɪs] *s.* Diöˈzese *f*.

di·ode [ˈdaɪəʊd] *s.* ⚡ **1.** Diˈode *f*, Zweipolröhre *f*; **2.** Kriˈstalldiˌode *f*.

Di·o·nys·i·ac [ˌdaɪəˈnɪzɪæk], **Di·oˈnysian** [-zɪən] *adj.* dioˈnysisch.

di·op·ter *Am.*, *Brit.* **di·op·tre** [daɪˈɒptə] *s. phys.* Diopˈtrie *f*; **diˈop·tric** [-trɪk] *phys.* **I** *adj.* **1.** diˈoptrisch, lichtbrechend; **II** *s.* **2.** → ***diopter***; **3.** *pl. sg. konstr.* Diˈoptrik *f*, Brechungslehre *f*.

di·o·ra·ma [ˌdaɪəˈrɑːmə] *s.* Dioˈrama *n* (*plastisch wirkendes Schaubild*).

Di·os·cu·ri [ˌdaɪəʊˈskjʊəraɪ] *s. pl.* Diosˈkuren *pl.* (*Castor u. Pollux*).

di·ox·ide [daɪˈɒksaɪd] *s.* ˈDioˌxid *n*.

di·ox·in [daɪˈɒksɪn] *s.* ⚗ Dioˈxin *n*.

dip [dɪp] **I** *v/t.* **1.** (ein)tauchen (***in***, ***into*** in *acc.*): ~ ***one's hand into one's pocket*** in die Tasche greifen (*a. fig. Geld ausgeben*); **2.** färben; **3.** *Schafe etc.* dippen (*Desinfektionsbad*); **4.** *Kerzen* ziehen; **5.** ⚓ *Flagge* (zum Gruß) dippen, auf- u. niederholen; **6.** *a.* ~ ***up*** schöpfen (***from***, ***out of*** aus); **7.** *mot. Scheinwerfer* abblenden; **II** *v/i.* **8.** ˈunter-, eintauchen; **9.** sich senken *od.* neigen (*Gelände, Waage, Magnetnadel*); **10.** ⚒ ab-, einfallen; **11.** nieder- u. wieder auffliegen; **12.** ✈ vor dem Steigen tiefer gehen; **13.** *fig.* hinˈeingreifen: ~ ***into*** a) e-n Blick werfen in (*acc.*), sich flüchtig befassen mit, b) *Reserven* angreifen; ~ ***into one's purse*** (*od.* ***pocket***) (tief) in die Tasche greifen; ~ ***deep into the past*** die Vergangenheit erforschen; **III** *s.* **14.** Eintauchen *n*; **15.** kurzes Bad(en); **16.** ⚙ Farbbad *n*; Tauchbad *n*: ~ ***brazing*** Tauchlöten *n*; **17.** Desinfektiˈonsbad *n* (*Schafe*); **18.** geschöpfte Flüssigkeit; **19.** *Am.* F Tunke *f*, Soße *f*; **20.** (gezogene) Kerze; **21.** Neigung *f*, Senkung *f*, Gefälle *n*; Neigungswinkel *m*; **22.** *geol.* Abdachung *f*; Einfallen *n*, Versinken *n*; **23.** schnelles Hinˈab(- u. Hinˈauf)Fliegen; **24.** ✈ plötzliches Tiefergehen vor dem Steigen; **25.** ⚓ Dippen *n* (*kurzes Niederholen der Flagge*); **26.** *fig.* flüchtiger Blick, ‚Ausflug' *m* (*in die Politik etc.*); **27.** Angreifen *n* (***into*** *e-s Vorrats etc.*); **28.** *sl.* Taschendieb *m*.

diph·the·ri·a [dɪfˈθɪərɪə] *s.* ⚕ Diphtheˈrie *f*.

diph·thong [ˈdɪfθɒŋ] *s. ling.* **1.** Diphˈthong *m*, ˈDoppelvoˌkal *m*; **2.** *die Ligatur* æ *od.* œ; **diph·thon·gal** [dɪfˈθɒŋgl] *adj. ling.* diphˈthongisch; **diph·thong·i·za·tion** [ˌdɪfθɒŋgaɪˈzeɪʃn] *s. ling.* Diphthongierung *f*.

di·ple·gi·a [daɪˈpliːdʒɪə] *s.* ⚕ Dipleˈgie *f*, doppelseitige Lähmung.

di·plo·ma [dɪˈpləʊmə] *s.* Diˈplom *n*, (*a.* Ehren-, Sieger)Urkunde *f*; **diˈplo·ma·cy** [-əsɪ] *s. pol.*, *a. fig.* Diplomaˈtie *f*; **diˈplo·maed** [-məd] *adj.* diplomiert, Diplom...; **dip·lo·mat** [ˈdɪpləmæt] *s. pol.*, *a. fig.* Diploˈmat *m*; **dip·lo·mat·ic** [ˌdɪpləˈmætɪk] *adj.* (□ ~***ally***) **1.** *pol.* diploˈmatisch (*a. fig.*): ~ ***body*** (*od.* ***corps***) diplomatisches Korps; ~ ***service*** diplomatischer Dienst; **2.** urkundlich; **dip·lo·mat·ics** [ˌdɪpləˈmætɪks] *s. pl. sg. konstr.* Diploˈmatik *f*, Urkundenlehre *f*; **diˈplo·ma·tist** [-ətɪst] → ***diplomat***; **diˈplo·ma·tize** [-ətaɪz] *v/i.* diploˈmatisch vorgehen.

di·po·lar [daɪˈpəʊlə] *adj.* ⚡ zweipolig; **di·pole** [ˈdaɪpəʊl] *s.* Dipol *m*.

dip·per [ˈdɪpə] *s.* **1.** *orn.* Taucher *m*; **2.** Schöpflöffel *m*; **3.** ⚙ a) Baggereimer *m*, b) Bagger *m*; **4.** ⚙ Färber *m*, Beizer *m*; **5.** *ast.* ***2***, ***Big 2*** *Am.* Großer Bär; ***Little 2*** *Am.* Kleiner Bär; **6.** *s. eccl. obs.* ˈWiedertäufer *m*; ~ **dredg·er** *s.* Löffelbagger *m*.

dip·ping [ˈdɪpɪŋ] *s.* **1.** ⚙ (Tauch)Bad *n*; **2.** *in Zssgn* Tauch...: ~ ***electrode***; ~ ***compass*** Inklinationskompass *m*; ~ ***rod*** Wünschelrute *f*.

dip·py [ˈdɪpɪ] *adj.* □ F **1.** (ein bisschen) verrückt; **2.** ˈübergeschnappt, meˈschugge.

dip·so·ma·ni·a [ˌdɪpsəʊˈmeɪnjə] *s.* ⚕ Dipsomaˈnie *f* (*periodisch auftretende Trunksucht*); ˌ**dip·soˈma·ni·ac** [-nɪæk] *s.* Dipsoˈmane *m*, Dipsoˈmanin *f*.

ˈ**dip**|**·stick** *s. mot.* (Öl- *etc.*)Messstab *m*; ~ **switch** *s. mot. Brit.* Abblendschalter *m*.

dip·ter·a [ˈdɪptərə] *s. pl. zo.* Zweiflügler *pl.*; ˈ**dip·ter·al** [-rəl], ˈ**dip·ter·ous** [-rəs] *adj.* zweiflügelig.

dip·tych [ˈdɪptɪk] *s.* Diptychon *n*.

dire [ˈdaɪə] *adj.* **1.** grässlich, entsetzlich, schrecklich; **2.** unheilvoll; **3.** äußerst, höchst: ***be in*** ~ ***need of*** *et.* ganz dringend brauchen.

di·rect [dɪˈrekt] **I** *v/t.* **1.** lenken, leiten, führen; beaufsichtigen; ♪ dirigieren; *Film, TV*: Reˈgie führen bei: ~***ed by*** unter der Regie von; **2.** *Aufmerksamkeit, Blicke* richten, lenken (***to***, ***towards*** auf *acc.*): ***be*** ~***ed to doing s.th.*** darauf abzielen, et. zu tun (*Verfahren etc.*); **3.** *Worte etc.* richten, *Brief* richten, adressieren (***to*** an *acc.*); **4.** anweisen, beauftragen; (An)Weisung geben (*dat.*): ~ ***the jury as to the law*** ⚖ den Geschworenen Rechtsbelehrung erteilen; **5.** anordnen, verfügen, bestimmen: ~ ***s.th. to be done*** anordnen, dass et. geschieht; ***as*** ~***ed*** nach Vorschrift, laut Anordnung; **6.** befehlen; **7.** (***to***) den Weg zeigen (nach, zu), verweisen (an *acc.*); **II** *v/i.* **8.** befehlen, bestimmen; **9.** ♪ dirigieren; *Film, TV*: Reˈgie führen; **III** *adj.* □ → ***directly***; **10.** diˈrekt, gerade; **11.** diˈrekt, unmittelbar (*a.* ⚙, ☤, *phys.*, *pol.*): ~ ***action*** *pol.* direkte Aktion; ~ ***advertising*** Werbung *f* beim Konsumenten; ~ ***costing*** ☤ *Am.* Grenzkostenrechnung *f*; ~ ***current*** ⚡ Gleichstrom *m*; ~ ***dial(l)ing*** *teleph.* Durchwahl *f*; ~ ***debiting*** Einzugsverfahren *n*; ~***-debit mandate*** Einzugsermächtigung *f*; ~ ***distance dialing*** *teleph. Am.* Selbstwählfernverkehr *m*; ~ ***evidence*** ⚖ unmittelbarer Beweis; ~ ***flight*** Diˈrektflug *m*; ~ ***hit*** Volltreffer *m*; ~ ***line*** a) direkte (Abstammungs)Linie, b) *teleph.* ˈDurchwahl *f*; ~ ***method*** direkte Methode (*Sprachunterricht*); ***the*** ~ ***opposite*** das genaue Gegenteil; ~ ***responsibility*** persönliche Verantwortung; ~ ***selling*** ☤ Direktverkauf *m*; ~ ***taxes*** direkte Steuern; ~ ***train*** durchgehender Zug; **12.** gerade, offen, deutlich: ~ ***answer***; ~ ***question***; **13.** *ling.* ~ ***method*** direkte Methode; ~ ***object*** direktes Objekt; ~ ***speech*** direkte Rede; **14.** *ast.* rechtläufig; **IV** *adv.* **15.** diˈrekt, unmittelbar (***to*** zu, an *acc.*).

di·rec·tion [dɪˈrekʃn] *s.* **1.** Richtung *f* (*a.* ⚙, *phys.*, *fig.*): ***sense of*** ~ Orts-, Orientierungssinn *m*; ***in the*** ~ ***of*** in (der) Richtung nach *od.* auf (*acc.*); ***in all*** ~***s*** nach allen Richtungen *od.* Seiten; ***in many*** ~***s*** in vieler Hinsicht; **2.** Leitung *f*, Führung *f*, Lenkung *f*: ***under his*** ~ unter s-r Leitung; **3.** Leitung *f*, Direktiˈon *f*, Direkˈtorium *n*; **4.** *Film, TV*: Reˈgie *f*; **5.** *mst pl.* (An)Weisung *f*, Anleitung *f*, Belehrung *f*, Anordnung *f*, Vorschrift *f*, Richtlinie *f*: ***by*** ~ ***of*** auf Anordnung von; ***give*** ~***s*** Anweisungen *od.* Vorschriften geben; ~***s for use*** Gebrauchsanweisung; ***full*** ~***s inside*** genaue Anweisung(en) anbei; **6.** Anschrift *f*, A'dresse *f* (*Brief*).

di·rec·tion·al [dɪ'rekʃənl] *adj.* **1.** Richtungs...; **2.** ⚡ a) Richt..., b) Peil...; ~ **aer·i·al**, *bsd. Am.* ~ **an·ten·na** *s.* ⚡ 'Richtan,tenne *f*, -strahler *m*; ~ **beam** *s.* ⚡ Richtstrahl *m*; ~ **ra·di·o** *s.* ⚡ **1.** Richtfunk *m*: ~ ***beacon*** ⚓ Richtfunkfeuer *n*; **2.** Peilfunk *m*; ~ **trans·mit·ter** *s.* ⚡ **1.** Richtfunksender *m*; **2.** Peilsender *m*.

di'rec·tion| find·er *s.* ⚡ (Funk)Peiler *m*, Peilempfänger *m*; ~ **find·ing** *s.* a) (Funk)Peilung *f*, Richtungsbestimmung *f*, b) Peilwesen *n*: ~ ***set*** Peilgerät *n*; ~ **in·di·ca·tor** *s.* **1.** *mot.* (Fahrt)Richtungsanzeiger *m*, Blinker *m*; **2.** ✈ Kursweiser *m*.

di·rec·tive [dɪ'rektɪv] **I** *adj.* lenkend, leitend, richtungweisend; **II** *s.* Direk'tive *f*, (An)Weisung *f*, Vorschrift *f*; **di·rect·ly** [dɪ'rektlɪ] **I** *adv.* **1.** gerade, di'rekt; **2.** unmittelbar, di'rekt (*a.* ⚙): ~ ***proportional*** direkt proportional; ~ ***opposed*** genau entgegengesetzt; **3.** *bsd. Brit.* [F *a.* 'dreklɪ] so'fort, gleich, bald; **II** *cj.* **4.** *bsd. Brit.* [F *a.* 'dreklɪ] so'bald (als): ~ ***he entered*** sobald er eintrat; **di'rect·ness** [-tnɪs] *s.* **1.** Di'rekt-, Geradheit *f*, gerade Richtung; **2.** Unmittelbarkeit *f*; **3.** Offenheit *f*; **4.** Deutlichkeit *f*.

di·rec·tor [dɪ'rektə] *s.* **1.** Di'rektor *m*, Leiter *m*, Vorsteher *m*; **2.** ⚚ a) Di'rektor *m*: ~-***general*** Generaldirektor *m*, b) Mitglied *n* des Verwaltungsrats (*e-r AG*); → ***board*** 10; **3.** *Film etc.*: Regis'seur *m*; **4.** ♪ Diri'gent *m*; **5.** ⚔ Kom'mandogerät *n*; **di'rec·to·rate** [-tərət] *s.* **1.** → ***directorship***; **2.** Direk'torium *n*, Leitung *f*; **3.** ⚚ a) Direk'torium *n*, b) Verwaltungsrat *m*; **di'rec·tor·ship** [-ʃɪp] *s.* Direk'torenposten *m*, -stelle *f*.

di·rec·to·ry [dɪ'rektərɪ] *s.* **1.** a) A'dressbuch *n*, b) Tele'fonbuch *n*, c) Branchenverzeichnis *n*: ~ ***enquiries***, *Am.* ~ ***assistance*** Telefonauskunft *f*, d) *Computer*: Verzeichnis *n*; **2.** *eccl.* Gottesdienstordnung *f*; **3.** Leitfaden *m*; **4.** Direk'torium *n*; **5.** *hist.* Direk'torium *n* (*französische Revolution*).

di·rec·tress [dɪ'rektrɪs] *s.* Direk'torin *f*, Vorsteherin *f*, Leiterin *f*.

dire·ful ['daɪəfʊl] → ***dire***.

dirge [dɜːdʒ] *s.* Klage-, Trauerlied *n*, Totenklage *f*.

dir·i·gi·ble ['dɪrɪdʒəbl] **I** *adj.* lenkbar; **II** *s.* lenkbares Luftschiff.

dirk [dɜːk] *s.* Dolch *m*.

dirn·dl ['dɜːndl] (*Ger.*) *s.* Dirndl(kleid) *n*.

dirt [dɜːt] *s.* **1.** Schmutz *m* (*a. fig.*), Kot *m*, Dreck *m*; **2.** Staub *m*, Boden *m*, (lockere) Erde; **3.** *fig.* Plunder *m*, Schund *m*; **4.** *fig.* unflätige Reden *pl.*; Gemeinheit(en *pl.*) *f*: ***eat*** ~ sich widerspruchslos demütigen; ***fling*** (*od.* ***throw***) ~ ***at s.o.*** j-n in den Schmutz ziehen; ***do s.o.*** ~ *sl.* j-n ganz gemein reinlegen; ***treat s.o. like*** ~ j-n wie (den letzten) Dreck behandeln; **,~-'cheap** *adj. u. adv.* spottbillig.

dirt·i·ness ['dɜːtɪnɪs] *s.* **1.** Schmutz *m*, Schmutzigkeit *f* (*a. fig.*); **2.** Gemeinheit *f*, Niedertracht *f*.

dirt| road *s. Am.* unbefestigte Straße; ~ **track** *s. sport mot.* Aschenbahn *f*.

dirt·y ['dɜːtɪ] **I** *adj.* □ **1.** schmutzig, dreckig, Schmutz...: ~ ***brown*** schmutzig braun; ~ ***work*** a) Schmutzarbeit *f*, b) *fig.* unsauberes Geschäft, Schurkerei *f*; **2.** *fig.* gemein, niederträchtig: ***a*** ~ ***look*** ein böser Blick; ***a*** ~ ***lot*** ein Lumpenpack; ~ ***trick*** Gemeinheit *f*; ***do the*** ~ ***on s.o.*** *Brit. sl.* j-n gemein behandeln; **3.** *fig.* schmutzig, unflätig, unanständig: ***a*** ~ ***mind*** schmutzige Gedanken *od.* Fantasie; **4.** schlecht, *bsd.* ⚓ stürmisch (*Wetter*); **II** *v/t.* **5.** beschmutzen, besudeln (*a. fig.*); **III** *v/i.* **6.** schmutzig werden; schmutzen.

dis·a·bil·i·ty [,dɪsə'bɪlətɪ] *s.* **1.** Unvermögen *n*, Unfähigkeit *f*; **2.** ⚖ Rechtsunfähigkeit *f*; **3.** Körperbeschädigung *f*, -behinderung *f*; Gebrechen *n*; Arbeits-, Erwerbsunfähigkeit *f*; Invalidi'tät *f*; ⚔ → ***disablement*** 2; **4.** Unzulänglichkeit *f*; **5.** Benachteiligung *f*, Nachteil *m*; ~ **ben·e·fit** *s.* Invalidi'tätsrente *f*; ~ **in·sur·ance** *s.* Inva'lidenversicherung *f*; ~ **pen·sion** *s.* (Kriegs)Versehrtenrente *f*.

dis·a·ble [dɪs'eɪbl] *v/t.* **1.** unfähig machen, außer'stand setzen (***from doing s.th.*** et. zu tun); **2.** unbrauchbar *od.* untauglich machen (***for*** für, zu); **3.** ⚔ a) dienstuntauglich machen, b) kampfunfähig machen; **4.** verkrüppeln; **5.** ⚖ geschäfts- *od.* rechtsunfähig machen; **dis'a·bled** [-ld] *adj.* **1.** ⚖ geschäfts- *od.* rechtsunfähig; **2.** arbeits-, erwerbsunfähig, inva'lide; **3.** ⚔ a) dienstuntauglich, b) kriegsversehrt: ***a*** ~ ***ex-soldier*** ein Kriegsversehrter, c) kampfunfähig; **4.** ⚓ manövrierunfähig, seeuntüchtig; **5.** *mot.* fahruntüchtig: ~ ***car***; **6.** unbrauchbar; **7.** (körperlich *od.* geistig) behindert; **dis'a·ble·ment** [-mənt] *s.* **1.** → ***disability*** 2, 3; **2.** ⚔ a) (Dienst-) Untauglichkeit *f*, b) Kampfunfähigkeit *f*.

dis·a·buse [,dɪsə'bjuːz] *v/t.* aus dem Irrtum befreien, e-s Besseren belehren, aufklären (***of s.th.*** über *acc.*): ~ ***o.s.*** (*od.* ***one's mind***) ***of s.th.*** sich von et. (*Irrtümlichem*) befreien, sich et. aus dem Kopf schlagen.

dis·ac·cord [,dɪsə'kɔːd] **I** *v/i.* nicht über'einstimmen; **II** *s.* Uneinigkeit *f*; 'Widerspruch *m*.

dis·ac·cus·tom [,dɪsə'kʌstəm] *v/t.* abgewöhnen (***s.o. to s.th.*** j-m et.).

dis·ad·van·tage [,dɪsəd'vɑːntɪdʒ] *s.* Nachteil *m*, Schaden *m*: ***be at a*** ~, ***labo(u)r under a*** ~ im Nachteil sein; ***to s.o.'s*** ~ zu j-s Nachteil *od.* Schaden; ***put s.o. at a*** ~ j-n benachteiligen; ***take s.o. at a*** ~ j-s ungünstige Lage ausnutzen; ***sell to*** (*od.* ***at a***) ~ mit Verlust verkaufen; **dis·ad·van·ta·geous** [,dɪsædvɑːn'teɪdʒəs] *adj.* □ nachteilig, ungünstig, unvorteilhaft, schädlich (***to*** für).

dis·af·fect·ed [,dɪsə'fektɪd] *adj.* □ **1.** (***to***, ***towards***) unzufrieden (mit), abgeneigt (*dat.*); **2.** *pol.* unzuverlässig, untreu; **,dis·af'fec·tion** [-kʃn] *s.* Unzufriedenheit *f* (***for*** mit), (*a. pol.* Staats-) Verdrossenheit *f*.

dis·af·firm [,dɪsə'fɜːm] *v/t.* **1.** (ab)leugnen; **2.** ⚖ aufheben, 'umstoßen.

dis·af·for·est [,dɪsə'fɒrɪst] *v/t.* **1.** ⚖ *e-m Wald* den Schutz durch das Forstrecht nehmen; **2.** abholzen.

dis·ag·i·o [dɪs'ædʒɪəʊ] *s.* ⚚ Dis'agio *n*, Abschlag *m*.

dis·a·gree [,dɪsə'griː] *v/i.* **1.** (***with***) nicht über'einstimmen (mit), im 'Widerspruch stehen (zu, mit); sich wider'sprechen; **2.** (***with***) anderer Meinung sein (als), nicht zustimmen (*dat.*); **3.** (***with***) nicht einverstanden sein (mit), gegen *et.* sein, ablehnen (*acc.*); **4.** (sich) streiten (***on*** über *acc.*); **5.** (***with*** *j-m*) schlecht bekommen, nicht zuträglich sein (*Essen etc.*); **,dis·a'gree·a·ble** [-'grɪəbl] *adj.* □ **1.** unangenehm, widerlich, lästig; **2.** unliebenswürdig, eklig; **,dis·a'gree·a·ble·ness** [-'grɪəblnɪs] *s.* **1.** Widerwärtigkeit *f*; **2.** Lästigkeit *f*; **3.** Unliebenswürdigkeit *f*; **,dis·a'gree·ment** [-mənt] *s.* **1.** Unstimmigkeit *f*, Verschiedenheit *f*, 'Widerspruch *m*; **2.** Meinungsverschiedenheit *f*, 'Misshelligkeit *f*, Streit *m*.

dis·al·low [,dɪsə'laʊ] *v/t.* **1.** nicht zulassen (*a.* ⚖) *od.* erlauben, verweigern; **2.** nicht anerkennen, nicht gelten lassen, *sport a.* annullieren, nicht geben; **,dis·al'low·ance** [-'laʊəns] *s.* Nichtanerkennung *f*, *sport a.* Annullierung *f*.

dis·ap·pear [,dɪsə'pɪə] *v/i.* **1.** verschwinden (***from*** von, aus); **2.** verloren gehen, aufhören; **,dis·ap'pear·ance** [-'pɪərəns] *s.* **1.** Verschwinden *n*; **2.** ⚙ Schwund *m*; **,dis·ap'pear·ing** [-'pɪərɪŋ] *adj.* **1.** verschwindend; **2.** versenkbar.

dis·ap·point [,dɪsə'pɔɪnt] *v/t.* **1.** enttäuschen: ***be*** ~***ed*** enttäuscht sein (***at*** *od.* ***with*** über *acc.*, ***in*** von *dat.*); ***be*** ~***ed of s.th.*** um et. betrogen *od.* gebracht werden; **2.** *Hoffnung* (ent)täuschen, zu'nichte machen; **,dis·ap'point·ed** [-tɪd] *adj.* □ enttäuscht; **,dis·ap'point·ing** [-tɪŋ] *adj.* □ enttäuschend; **,dis·ap'point·ment** [-mənt] *s.* **1.** Enttäuschung *f* (*a. von Hoffnungen etc.*): ***to my*** ~ zu m-r Enttäuschung; **2.** Enttäuschung *f* (*enttäuschende Person od. Sache*).

dis·ap·pro·ba·tion [,dɪsæprəʊ'beɪʃn] *s.* 'Missbilligung *f*.

dis·ap·prov·al [,dɪsə'pruːvl] *s.* (***of***) 'Missbilligung *f* (*gen.*), 'Missfallen *n* (über *acc.*); **dis·ap·prove** [,dɪsə'pruːv] **I** *v/t.* miss'billigen, ablehnen; **II** *v/i.* da'gegen sein: ~ ***of*** → I; **,dis·ap'prov·ing·ly** [-vɪŋlɪ] *adv.* miss'billigend.

dis·arm [dɪs'ɑːm] **I** *v/t.* **1.** entwaffnen (*a. fig.*); **2.** unschädlich machen; *Bomben etc.* entschärfen; **3.** besänftigen; **II** *v/i.* **4.** *pol.*, ⚔ abrüsten; **dis'ar·ma·ment** [-məmənt] *s.* **1.** Entwaffnung *f*; **2.** *pol.*, ⚔ Abrüstung *f*; **dis'arm·ing** [-mɪŋ] *adj.* □ *fig.* entwaffnend.

dis·ar·range [,dɪsə'reɪndʒ] *v/t.* in Unordnung bringen; **,dis·ar'range·ment** [-mənt] *s.* Verwirrung *f*, Unordnung *f*.

dis·ar·ray [,dɪsə'reɪ] **I** *v/t.* in Unordnung bringen, durchein'ander bringen; **II** *s.* Unordnung *f*: ***be in*** ~ a) in Unordnung sein, b) ⚔ in Auflösung begriffen sein; ***throw into*** ~ → I.

dis·as·sem·ble [,dɪsə'sembl] *v/t.* ⚙ ausein'ander nehmen, ausein'ander montieren, zerlegen; **,dis·as'sem·bly** [-blɪ] *s.* Zerlegung *f*, Abbau *m*.

dis·as·ter [dɪ'zɑːstə] *s.* Unglück *n* (***to*** für), Unheil *n*, Kata'strophe *f*: ~ ***area*** Katastrophengebiet *n*; ~ ***relief*** Katastrophenhilfe *f*; **dis'as·trous** [-trəs] *adj.* □ unglückselig, unheil-, verhängnisvoll, katastro'phal, verheerend.

dis·a·vow [,dɪsə'vaʊ] *v/t.* **1.** nicht anerkennen, abrücken *od.* sich lossagen von; **2.** in Abrede stellen, ableugnen; **,dis·a'vow·al** [-'vaʊəl] *s.* **1.** Nichtanerkennung *f*; **2.** Ableugnung *f*.

dis·band [dɪs'bænd] **I** *v/t.* ⚔ *Truppen etc.* entlassen, auflösen; **II** *v/i. bsd.* ⚔ sich auflösen; **dis'band·ment** [-mənt] *s.* ⚔ Auflösung *f*.

dis·bar [dɪs'bɑː] *v/t.* ⚖ aus der Anwaltschaft ausschließen.

dis·be·lief [ˌdɪsbɪˈliːf] *s.* Unglaube *m*, Zweifel *m* (**in** an *dat.*); ˌ**dis·beˈlieve** [-iːv] **I** *v/t. et.* nicht glauben, bezweifeln; *j-m* nicht glauben; **II** *v/i.* nicht glauben (**in** an *acc.*); ˌ**dis·beˈliev·er** [-iːvə] *s. a. eccl.* Ungläubige(r *m*) *f*, Zweifler(in).

dis·bur·den [dɪsˈbɜːdn] *v/t. mst fig.* von e-r Bürde befreien, entlasten (**of, from** von): **~ one's mind** sein Herz erleichtern.

dis·burse [dɪsˈbɜːs] *v/t.* **1.** be-, auszahlen; **2.** *Geld* auslegen; **disˈburse·ment** [-mənt] *s.* **1.** Auszahlung *f*; **2.** Auslage *f*, Verauslagung *f*.

disc [dɪsk] → **disk**.

dis·card [dɪˈskɑːd] **I** *v/t.* **1.** *Gewohnheit, Vorurteil etc.* ablegen, aufgeben, *Kleider etc.* ausscheiden, ausrangieren; **2.** *Freund* fallen lassen; **3.** *Karten* ablegen *od.* abwerfen; **II** *v/i.* **4.** *Kartenspiel*: Karten ablegen *od.* abwerfen; **III** *s.* [ˈdɪskɑːd] **5.** *Kartenspiel*: a) Ablegen *n*, b) abgeworfene Karte(n *pl.*); **6.** *et.* Abgelegtes, ausrangierte Sache: **go into the ~** *Am.* a) in Vergessenheit geraten, b) außer Gebrauch kommen.

dis·cern [dɪˈsɜːn] *v/t.* **1.** wahrnehmen, erkennen; **2.** feststellen; **3.** *obs.* unterˈscheiden (können); **disˈcern·i·ble** [-nəbl] *adj.* □ erkennbar, sichtbar; **disˈcern·ing** [-nɪŋ] *adj.* scharf(sichtig), kritisch (urteilend), klug; **disˈcern·ment** [-mənt] *s.* **1.** Scharfblick *m*, Urteilskraft *f*; **2.** Einsicht *f* (**of** in *acc.*); **3.** Wahrnehmen *n*; **4.** Wahrnehmungsvermögen *n*.

dis·charge [dɪsˈtʃɑːdʒ] **I** *v/t.* **1.** *Waren, Wagen* ab-, ausladen; *Schiff* aus-, entladen; *Personen* ausladen, absetzen; *(Schiffs)Ladung* löschen; **2.** ⚡ entladen; **3.** ausströmen (lassen), aussenden, -stoßen, ergießen; absondern: **~ matter** ⚕ eitern; **4.** ⚔ *Geschütz etc.* abfeuern, abschießen; **5.** entlassen, verabschieden, fortschicken; **6.** *Gefangene* ent-, freilassen; *Patienten* entlassen; **7.** *s-n Gefühlen* Luft machen, *s-n Zorn* auslassen (**on** an *dat.*); *Flüche* ausstoßen; **8.** freisprechen, entlasten (**of** von); **9.** befreien, entbinden (**of, from** von); **10.** *Schulden* bezahlen, tilgen; *Wechsel* einlösen; *Verpflichtungen, Aufgabe* erfüllen; *s-n Verbindlichkeiten* nachkommen; *Schuldner* entlasten; *obs. Gläubiger* befriedigen; ⚖ *Urteil etc.* aufheben: **~ed bankrupt** entlasteter Gemeinschuldner; **11.** *Amt* ausüben, versehen; *Rolle* spielen; **12. ~ o.s.** sich ergießen, münden; **II** *v/i.* **13.** ⚡ sich entladen (*a. Gewehr*); **14.** sich ergießen, abfließen; **15.** ⚕ eitern; **III** *s.* **16.** Ent-, Ausladung *f*, Löschen *n* (*Schiff, Waren*); **17.** ⚡ Entladung *f*: **~ current** Entladestrom *m*; **18.** Ausfließen *n*, -strömen *n*, Abfluss *m*; Ausstoßen *n* (*Rauch*); **19.** Absonderung *f* (*Eiter*), Ausfluss *m*; **20.** Abfeuern *n* (*Geschütz etc.*); **21.** a) (Dienst)Entlassung *f*, b) (Entlassungs)Zeugnis *n*; **22.** Ent-, Freilassung *f*; **23.** ⚚, ⚖ Befreiung *f*, Entlastung *f*; Rehabilitatiˈon *f*: **~ of a bankrupt** Aufhebung *f* des Konkursverfahrens; **24.** Erfüllung *f* (*Aufgabe*), Ausübung *f*, Ausführung *f*; **25.** Bezahlung *f*, Einlösung *f*; **26.** Quittung *f*: **~ in full** vollständige Quittung; **disˈcharg·er** [-dʒə] *s.* ⚡ Entlader *m*.

dis·ci·ple [dɪˈsaɪpl] *s.* Jünger *m* (*bsd. bibl.*; *a. fig.*), Schüler *m*; **disˈci·ple·ship** [-ʃɪp] *s.* Jünger-, Anhängerschaft *f*.

dis·ci·pli·nar·i·an [ˌdɪsɪplɪˈneərɪən] *s.* Zuchtmeister *m*, strenger Lehrer *od.* Vorgesetzter; **dis·ci·pli·nar·y** [ˈdɪsɪplɪnərɪ] *adj.* **1.** erzieherisch, Zucht...; **2.** disziplˈnarisch: **~ action** Disziplinarverfahren *n*; **~ punishment** Disziplinarstrafe *f*; **~ transfer** Strafversetzung *f*; **dis·ci·pline** [ˈdɪsɪplɪn] **I** *s.* **1.** Schulung *f*, Erziehung *f*; **2.** Disziˈplin *f* (*a. eccl.*), Zucht *f*; ˈSelbstdisziˌplin *f*; **3.** Bestrafung *f*, Züchtigung *f*; **4.** Disziˈplin *f*, Wissenszweig *m*; **II** *v/t.* **5.** schulen, erziehen; **6.** disziplinieren: a) an Disziplin gewöhnen, b) bestrafen: **well ~d** (wohl)diszipliniert; **badly ~d** disziplinlos, undiszipliniert.

dis·claim [dɪsˈkleɪm] *v/t.* **1.** abstreiten, in Abrede stellen; **2.** a) *et.* nicht anerkennen, b) *e-e Verantwortung* ablehnen, c) jede Verantwortung ablehnen für; **3.** widerˈrufen, dementieren; verzichten auf (*acc.*), keinen Anspruch erheben auf (*acc.*), ⚖ *a. Erbschaft* ausschlagen; **disˈclaim·er** [-mə] *s.* **1.** ⚖ Verzicht(leistung *f*) *m*, Ausschlagung *f* (*e-r Erbschaft*); **2.** ˈWiderruf *m*, Deˈmenti *n*.

dis·close [dɪsˈkləʊz] *v/t.* **1.** bekannt geben *od.*, machen; **2.** aufdecken, ans Licht bringen, enthüllen; **3.** zeigen, verraten, offenbaren; **disˈclo·sure** [-əʊʒə] *s.* **1.** Enthüllung *f*; **2.** Bekanntgabe *f*, Verlautbarung *f*; **3.** *Patentrecht*: Offenbarung *f*.

dis·co [ˈdɪskəʊ] *pl.* **-cos** *s.* F ‚Diskoʻ *f* (*Diskothek*).

dis·cog·ra·phy [dɪsˈkɒgrəfɪ] *s.* Schallplattenverzeichnis *n*.

dis·col·o(u)r [dɪsˈkʌlə] **I** *v/t.* **1.** verfärben; entfärben; **2.** *fig.* entstellen; **II** *v/i.* **3.** sich verfärben; **4.** verschießen; **dis·col·o(u)r·a·tion** [dɪsˌkʌləˈreɪʃn] *s.* **1.** Verfärbung *f*; Entfärbung *f*; **2.** verschossene Stelle; **3.** Fleck *m*; **disˈcol·o(u)red** [-əd] *adj.* verfärbt; verschossen.

dis·com·fit [dɪsˈkʌmfɪt] *v/t.* **1.** aus der Fassung bringen, verwirren; **2.** *obs.* schlagen, besiegen; **3.** *j-s* Pläne durchˈkreuzen; **disˈcom·fi·ture** [-tʃə] *s.* **1.** *obs.* Niederlage *f*; **2.** Durchˈkreuzung *f*; **3.** a) Verwirrung *f*, b) Verlegenheit *f*.

dis·com·fort [dɪsˈkʌmfət] *s.* **1.** Unbehagen *n*; **2.** Verdruss *m*; **3.** *körperliche* Beschwerde.

dis·com·mode [ˌdɪskəˈməʊd] *v/t.* belästigen, *j-m* zur Last fallen.

dis·com·pose [ˌdɪskəmˈpəʊz] *v/t.* **1.** in Unordnung bringen; **2.** → **disconcert** 1; ˌ**dis·comˈpos·ed·ly** [-zɪdlɪ] *adv.* verwirrt; ˌ**dis·comˈpo·sure** [-əʊʒə] *s.* Verwirrung *f*, Fassungslosigkeit *f*.

dis·con·cert [ˌdɪskənˈsɜːt] *v/t.* **1.** aus der Fassung bringen, verwirren; **2.** beunruhigen; **3.** durcheinˈander bringen; ˌ**dis·conˈcert·ed** [-tɪd] *adj.* verwirrt; beunruhigt; ˌ**dis·conˈcert·ing** [-tɪŋ] *adj.* beunruhigend, peinlich.

dis·con·nect [ˌdɪskəˈnekt] *v/t.* **1.** trennen (**with, from** von); **2.** ⚙ auskuppeln, *Kupplung* ausrücken; **3.** ⚡ trennen; *Gerät* ausstecken; **4.** *Gas, Strom, Telefon* abstellen; *Telefongespräch* unterˈbrechen, *Teilnehmer* trennen; ˌ**dis·conˈnect·ed** [-tɪd] *adj.* □ **1.** getrennt, losgelöst; **2.** zs.-hanglos; ˌ**dis·conˈnect·ing** [-tɪŋ] *adj.* ⚡ Trenn..., Ausschalt...; ˌ**dis·conˈnec·tion** [-kʃn] *s.* **1.** Trennung *f* (*a.* ⚡); **2.** ⚙ Abstellung *f*; *teleph.* Unterˈbrechung *f*.

dis·con·so·late [dɪsˈkɒnsələt] *adj.* □ untröstlich; trostlos (*a. fig.*).

dis·con·tent [ˌdɪskənˈtent] *s.* **1.** Unzufriedenheit *f* (**at, with** mit); **2.** Unzufriedene(r *m*) *f*; ˌ**dis·conˈtent·ed** [-tɪd] *adj.* □ unzufrieden (**with** mit); ˌ**dis·conˈtent·ment** [-mənt] → **discontent** 1.

dis·con·tin·u·ance [ˌdɪskənˈtɪnjʊəns], ˌ**dis·con·tin·uˈa·tion** [-njʊˈeɪʃn] *s.* **1.** Unterˈbrechung *f*; **2.** Einstellung *f* (*a.* ⚖ *des Verfahrens*); **3.** Aufgeben *n*; **dis·con·tin·ue** [ˌdɪskənˈtɪnjuː] **I** *v/t.* **1.** unterˈbrechen, aussetzen; **2.** einstellen (*a.* ⚖), aufgeben; **3.** *Zeitung* abbestellen; **4.** aufhören (**doing** zu tun); **II** *v/i.* **5.** aufhören; ˌ**dis·con·tiˈnu·i·ty** [-tɪˈnjuːətɪ] *s.* Diskontinuiˈtät *f*, Zs.-hanglosigkeit *f*; ˌ**dis·conˈtin·u·ous** [-jʊəs] *adj.* □ **1.** diskontinuierlich, unterˈbrochen, ˈunzuˌsammenhängend; **2.** sprunghaft.

dis·cord [ˈdɪskɔːd] *s.* **1.** Uneinigkeit *f*, Zwietracht *f*, Streit *m*; → **apple**; **2.** ♪ Dissoˈnanz *f*, ˈMissklang *m*; **3.** Lärm *m*; **dis·cord·ance** [dɪˈskɔːdəns] *s.* **1.** Uneinigkeit *f*; **2.** ˈMissklang *m*, Dissoˈnanz *f*; **dis·cord·ant** [dɪˈskɔːdənt] *adj.* □ **1.** uneinig, sich widerˈsprechend; **2.** ˈunharˌmonisch; **3.** ♪ dissoˈnantisch, ˈmisstönend.

dis·co·theque [ˈdɪskəʊtek] *s.* Diskoˈthek *f*.

dis·count [ˈdɪskaʊnt] **I** *s.* **1.** ⚚ Preisnachlass *m*, Abschlag *m*, Raˈbatt *m*, Skonto *m, n*: **allow a ~** (e-n) Rabatt gewähren; **2.** ⚚ a) Disˈkont *m*, Wechselzins *m*, b) → **discount rate**; **3.** ⚚ Abzug *m* (*vom Nominalwert*): **at a ~** a) unter Pari, b) *fig.* unbeliebt, nicht geschätzt *od.* gefragt; **sell at a ~** mit Verlust verkaufen; **4.** *fig.* Abzug *m*, Vorbehalt *m*, Abstriche *pl.*; **II** *v/t.* [*a.* dɪˈskaʊnt] **5.** ⚚ e-n Abzug gewähren auf (*acc.*); **6.** *Wechsel* diskontieren; **7.** im Wert vermindern, beeinträchtigen; **8.** unberücksichtigt lassen; **9.** mit Vorsicht aufnehmen, nur teilweise glauben; **dis·count·a·ble** [dɪˈskaʊntəbl] *adj.* ⚚ diskontierbar, disˈkontfähig.

dis·count| bank *s.* ⚚ Disˈkontbank *f*; **~ bill** *s.* Disˈkontwechsel *m*; **~ bro·ker** *s.* ⚚ Disˈkont-, Wechselmakler *m*.

dis·coun·te·nance [dɪˈskaʊntɪnəns] *v/t.* **1.** → **discomfit** 1; **2.** (offen) missˈbilligen, ablehnen.

dis·count| house *s.* ⚚ **1.** *Am.* Disˈcount-, Disˈkontgeschäft *n*; **2.** *Brit.* Disˈkontbank *f*; **~ rate** *s.* ⚚ Disˈkontsatz *m*; **~ shop, ~ store** → **discount house** 1.

dis·cour·age [dɪˈskʌrɪdʒ] *v/t.* **1.** entmutigen; **2.** abschrecken, abhalten, *j-m* abraten (**from** von; **from doing** *et.* zu tun); **3.** hemmen, beeinträchtigen; **4.** missˈbilligen; **dis·cour·age·ment** [dɪˈskʌrɪdʒmənt] *s.* **1.** Entmutigung *f*; **2.** a) Abschreckung *f*, b) Abschreckungsmittel *n*; **3.** Hemmung *f*, Hindernis *n*, Schwierigkeit *f* (**to** für); **dis·cour·ag·ing** [dɪˈskʌrɪdʒɪŋ] *adj.* □ entmutigend.

dis·course **I** *s.* [ˈdɪskɔːs] **1.** Unterˈhaltung *f*, Gespräch *n*; **2.** Abhandlung *f*, *bsd.* Vortrag *m*, Disˈkurs *m*, Predigt *f*; Abhandlung *f*; **II** *v/i.* [dɪˈskɔːs] **3.** e-n Vortrag halten (**on** über *acc.*), *mst. fig.* predigen *od.* dozieren (**on** über *acc.*); **4.** sich unterˈhalten (**on** über *acc.*).

dis·cour·te·ous [dɪsˈkɜːtjəs] *adj.* □ unhöflich; **disˈcour·te·sy** [-tɪsɪ] *s.* Unhöflichkeit *f*.

dis·cov·er [dɪ'skʌvə] *v/t.* **1.** *Land etc.* entdecken; **2.** entdecken, ausfindig machen, erspähen; **3.** entdecken, (heraus)finden, (plötzlich) erkennen; **4.** aufdecken, enthüllen; **dis·cov·er·a·ble** [dɪ'skʌvərəbl] *adj.* **1.** zu entdecken(d); **2.** wahrnehmbar; **3.** feststellbar; **dis·cov·er·er** [dɪ'skʌvərə] *s.* Entdecker(in); **dis·cov·er·y** [dɪ'skʌvərɪ] *s.* **1.** Entdeckung *f* (*a. fig.*); **2.** Fund *m*; **3.** Feststellung *f*; **4.** Enthüllung *f*; **5.** ~ **of documents** ⚖ Offenlegung *f* prozesswichtiger Urkunden.

dis·cred·it [dɪs'kredɪt] **I** *v/t.* **1.** in Verruf *od.* 'Misskreˌdit bringen (**with** bei); ein schlechtes Licht werfen auf (*acc.*), diskreditieren; **2.** anzweifeln; keinen Glauben schenken (*dat.*); **II** *s.* **3.** schlechter Ruf, 'Misskreˌdit *m*, Schande *f*: **bring s.o. into ~**, **bring ~ on s.o.** → 1; **4.** Zweifel *m*: **throw ~ on** *et.* zweifelhaft erscheinen lassen; **dis'cred·it·a·ble** [-təbl] *adj.* □ schändlich; **dis'cred·it·ed** [-tɪd] *adj.* **1.** verrufen, diskreditiert; **2.** unglaubwürdig.

dis·creet [dɪ'skriːt] *adj.* □ **1.** 'um-, vorsichtig, besonnen, verständig; **2.** dis'kret, taktvoll, verschwiegen.

dis·crep·an·cy [dɪ'skrepənsɪ] *s.* **1.** Diskre'panz *f*, Unstimmigkeit *f*, Verschiedenheit *f*; **2.** 'Widerspruch *m*, Zwiespalt *m*.

dis·crete [dɪ'skriːt] *adj.* □ **1.** getrennt, einzeln; **2.** unstet, unbeständig; **3.** ⩓ unstetig, dis'kret.

dis·cre·tion [dɪ'skreʃn] *s.* **1.** 'Um-, Vorsicht *f*, Besonnenheit *f*, Klugheit *f*: **act with ~** vorsichtig handeln; **2.** Verfügungsfreiheit *f*, Machtbefugnis *f*: **age** (*od.* **years**) **of ~** Alter *n* der freien Willensbestimmung, Strafmündigkeit *f* (*14 Jahre*); **3.** Gutdünken *n*, Belieben *n*; (⚖ freies) Ermessen: **at** (**your**) **~** nach (Ihrem) Belieben; **it is within your ~** es steht Ihnen frei; **use your own ~** handle nach eigenem Gutdünken *od.* Ermessen; **surrender at ~** bedingungslos kapitulieren; **4.** Diskreti'on *f*: a) Takt (-gefühl *n*) *m*, b) Zu'rückhaltung *f*, c) Verschwiegenheit *f*; **5.** Nachsicht *f*: **ask for ~**; **dis·cre·tion·ar·y** [dɪ'skreʃnərɪ] *adj.* □ dem eigenen Gutdünken über'lassen, ins freie Ermessen gestellt, wahlfrei: **~ clause** ⚖ Kannvorschrift *f*; **~ income** frei verfügbares Einkommen; **~ powers** unumschränkte Vollmacht, Handlungsfreiheit *f*.

dis·crim·i·nate [dɪ'skrɪmɪneɪt] **I** *v/i.* (scharf) unter'scheiden, e-n 'Unterschied machen: **~ between** unterschiedlich behandeln (*acc.*); **~ against s.o.** j-n benachteiligen *od.* diskriminieren; **~ in favo(u)r of s.o.** j-n begünstigen *od.* bevorzugen; **II** *v/t.* (scharf) unter'scheiden; abheben, absondern (**from** von); **dis·crim·i·nat·ing** [dɪ'skrɪmɪneɪtɪŋ] *adj.* □ **1.** unter'scheidend, charakte'ristisch; **2.** scharfsinnig, klug, urteilsfähig; anspruchsvoll; **3.** diskriminierend, benachteiligend; **4.** ⚡ Differenzial..., Sonder...: **~ duty** Differenzialzoll *m*; **5.** ⚡ Rückstrom...; Selektiv...; **dis·crim·i·na·tion** [dɪˌskrɪmɪ'neɪʃn] *s.* **1.** 'unterschiedliche Behandlung, Diskriminierung *f*: **~ against** (**in favo[u]r of**) **s.o.** Benachteiligung *f* (Begünstigung *f*) e-r Person; **2.** Scharfblick *m*, Urteilsfähigkeit *f*, Unter'scheidungsvermögen *n*; **dis·crim·i·na·tive** [dɪ'skrɪmɪnətɪv] *adj.* □, **dis·crim·i·na·to·ry** [dɪ'skrɪmɪnətərɪ] *adj.* **1.** charakte'ristisch, unter'scheidend; **2.** 'unterschiedlich (behandelnd); Sonder..., Ausnahme...

dis·cur·sive [dɪ'skɜːsɪv] *adj.* □ **1.** abschweifend, unbeständig; sprunghaft; **2.** weitschweifig, allgemein gehalten; **3.** *phls.* folgernd, diskur'siv.

dis·cus ['dɪskəs] *s. sport* Diskus *m*: **~ throw** Diskuswerfen *n*; **~ thrower** Diskuswerfer *m*.

dis·cuss [dɪ'skʌs] *v/t.* **1.** diskutieren, besprechen, erörtern; **2.** sprechen *od.* reden über (*acc.*); **3.** F sich *e-e Flasche Wein etc.* zu Gemüte führen; **dis·cus·sion** [dɪ'skʌʃn] *s.* **1.** Diskussi'on *f*, Erörterung *f*, Besprechung *f*: **be under ~** zur Debatte stehen, erörtert werden; **matter for ~** Diskussionsthema *n*; **~ group** Diskussionsgruppe *f*; **2.** Behandlung *f* (*e-s Themas*).

dis·dain [dɪs'deɪn] **I** *v/t.* **1.** verachten; *a. Essen etc.* verschmähen; **2.** es für unter s-r Würde halten (**doing**, **to do** zu tun); **II** *s.* **3.** Verachtung *f*, Geringschätzung *f*; **4.** Hochmut *m*; **dis'dain·ful** [-fʊl] *adj.* □ **1.** verachtungsvoll, geringschätzig: **be ~ of s.th.** et. verachten; **2.** hochmütig.

dis·ease [dɪ'ziːz] *s.* ⚕, *biol. u. fig.* Krankheit *f*, Leiden *n*: **sexually transmitted ~** Geschlechtskrankheit *f*; **dis·eased** [dɪ'ziːzd] *adj.* **1.** krank, erkrankt; **2.** krankhaft.

dis·em·bark [ˌdɪsɪm'bɑːk] **I** *v/t.* ausschiffen; **II** *v/i.* sich ausschiffen, von Bord *od.* an Land gehen; **dis·em·bar·ka·tion** [ˌdɪsembɑː'keɪʃn] *s.* Ausschiffung *f*.

dis·em·bar·rass [ˌdɪsɪm'bærəs] *v/t.* **1.** *j-m* aus e-r Verlegenheit helfen; **2.** (**o.s.** sich) befreien (**of** von).

dis·em·bod·i·ment [ˌdɪsɪm'bɒdɪmənt] *s.* **1.** Entkörperlichung *f*; **2.** Befreiung *f* von der körperlichen Hülle; **dis·em·bod·y** [ˌdɪsɪm'bɒdɪ] *v/t.* **1.** entkörperlichen: **disembodied voice** geisterhafte Stimme; **2.** *Seele* von der körperlichen Hülle befreien.

dis·em·bow·el [ˌdɪsɪm'baʊəl] *v/t.* **1.** ausnehmen, *erlegtes Wild a.* ausweiden; **2.** *j-m* den Bauch aufschlitzen.

dis·en·chant [ˌdɪsɪn'tʃɑːnt] *v/t.* desillusionieren, ernüchtern: **be ~ed with** sich keinen Illusionen mehr hingeben über (*acc.*), enttäuscht sein von; **ˌdis·en'chant·ment** [-mənt] *s.* Ernüchterung *f*, Enttäuschung *f*; **~ with politics** Politikverdrossenheit *f*.

dis·en·cum·ber [ˌdɪsɪn'kʌmbə] *v/t.* **1.** befreien (**of** von *e-r Last etc.*) (*a. fig.*); **2.** ⚖ entschulden; *Grundstück etc.* hypo'thekenfrei machen.

dis·en·fran·chise [ˌdɪsɪn'fræntʃaɪz] → **disfranchise**.

dis·en·gage [ˌdɪsɪn'geɪdʒ] **I** *v/t.* **1.** los-, freimachen, (los)lösen, befreien (**from** von); **2.** befreien, entbinden (**from** von); **3.** ⚙ loskuppeln, ausrücken, ausschalten: **~ the clutch** auskuppeln; **4.** ⚗ abscheiden, entbinden; **II** *v/i.* **5.** sich freimachen, loskommen (**from** von); **6.** ⚔ sich absetzen (*vom Feind*); **ˌdis·en'gaged** [-dʒd] *adj.* frei, nicht besetzt; abkömmlich; **ˌdis·en'gage·ment** [-mənt] *s.* **1.** Befreiung *f*; Loslösung *f* (*a.* ⚔), Entbindung *f* (*a.* ⚗); **2.** ⚔ Absetzen *n*; *pol.* Disen'gagement *n*; **ˌdis·en'gag·ing** [-dʒɪŋ] *adj.*: ⚙ **~ gear** Ausrück-, Auskuppelungsvorrichtung *f*; **~ lever** Ausrückhebel *m*.

dis·en·tan·gle [ˌdɪsɪn'tæŋgl] **I** *v/t.* entwirren (*a. fig.*), lösen; *fig.* befreien; **II** *v/i.* sich loslösen; *fig.* sich befreien; **ˌdis·en'tan·gle·ment** [-mənt] *s.* Loslösung *f*; Entwirrung *f*; Befreiung *f*.

dis·en·ti·tle [ˌdɪsɪn'taɪtl] *v/t.* *j-m* e-n Rechtsanspruch nehmen: **be ~d to** keinen Anspruch haben auf (*acc.*).

dis·e·qui·lib·ri·um [ˌdɪsekwɪ'lɪbrɪəm] *s.* *bsd. fig.* gestörtes Gleichgewicht, Ungleichgewicht *n*.

dis·es·tab·lish [ˌdɪsɪ'stæblɪʃ] *v/t.* **1.** abschaffen; **2.** *Kirche* vom Staat trennen; **dis·es·tab·lish·ment** [ˌdɪsɪ'stæblɪʃmənt] *s.*: **~ of the Church** Trennung *f* von Kirche u. Staat.

dis·fa·vo(u)r [ˌdɪs'feɪvə] **I** *s.* 'Missbilligung *f*, -fallen *n*; Ungnade *f*: **regard with ~** mit Missfallen betrachten; **be in** (**fall into**) **~** in Ungnade gefallen sein (fallen); **II** *v/t.* ungnädig behandeln; ablehnen.

dis·fig·ure [dɪs'fɪgə] *v/t.* **1.** entstellen, verunstalten; **2.** beeinträchtigen; Abbruch tun (*dat.*); **dis'fig·ure·ment** [-mənt] *s.* Entstellung *f*, Verunstaltung *f*.

dis·fran·chise [ˌdɪs'fræntʃaɪz] *v/t.* *j-m* die Bürgerrechte *od.* das Wahlrecht entziehen; **ˌdis'fran·chise·ment** [-tʃɪzmənt] *s.* Entziehung *f* der Bürgerrechte *etc.*

dis·gorge [dɪs'gɔːdʒ] **I** *v/t.* **1.** ausspeien, -werfen, -stoßen, ergießen; **2.** *widerwillig* wieder her'ausgeben; **II** *v/i.* **3.** sich ergießen, sich entladen.

dis·grace [dɪs'greɪs] **I** *s.* **1.** Schande *f*, Schmach *f*: **bring ~ on s.o.** → 4; **2.** Schande *f*, Schandfleck *m* (**to** für): **he is a ~ to the party**; **3.** Ungnade *f*: **be in ~ with** in Ungnade gefallen sein bei; **II** *v/t.* **4.** Schande bringen über (*acc.*), *j-m* Schande bereiten; **5.** *j-m* s-e Gunst entziehen; mit Schimpf entlassen: **be ~d** in Ungnade fallen; **6. ~ o.s.** a) sich blamieren, b) sich schändlich benehmen; **dis'grace·ful** [-fʊl] *adj.* □ schändlich, schimpflich, schmachvoll.

dis·grun·tle [dɪs'grʌntl] *v/t. Am.* verärgern, verstimmen; **dis'grun·tled** [-ld] *adj.* verärgert, verstimmt (**at** über *acc.*), unwirsch.

dis·guise [dɪs'gaɪz] **I** *v/t.* **1.** verkleiden, maskieren; tarnen; **2.** *Handschrift, Stimme* verstellen; **3.** *Gefühle, Wahrheit* verhüllen, verbergen, verhehlen; tarnen; **II** *s.* **4.** Verkleidung *f*, *a. fig.* Maske *f*, Tarnung *f*: **in ~** maskiert, verkleidet, *fig.* verkappt; → **blessing**; **5.** Verstellung *f*; **6.** Vorwand *m*, Schein *m*; **dis'guised** [-zd] *adj.* verkleidet, maskiert *etc.*; *fig.* verkappt.

dis·gust [dɪs'gʌst] **I** *s.* **1.** (**at**, **for**) Ekel *m* (vor *dat.*), 'Widerwille *m* (gegen): **in ~** mit Abscheu; **II** *v/t.* **2.** anekeln, anwidern; **3.** entrüsten, verärgern, empören; **dis'gust·ed** [-tɪd] *adj.* □ (**with**, **at**) **1.** angeekelt, angewidert (von): **~ with life** lebensüberdrüssig; **2.** em'pört, entrüstet (über *acc.*); **dis'gust·ing** [-tɪŋ] *adj.* □ **1.** ekelhaft, widerlich, ab'scheulich; **2.** F schrecklich.

dish [dɪʃ] **I** *s.* **1.** Schüssel *f*, Platte *f*, Teller *m*; **2.** Gericht *n*, Speise *f*: **cold ~es** kalte Speisen; **3.** *pl.* Geschirr *n*: **~-cloth** Spül-, *Brit.* Geschirrtuch *n*; → **wash** 16; **4.** F a) ‚dufte Puppe', b) ‚dufter Typ', c) ‚prima Sache'; **II** *v/t.* **5.** *mst* **~ up** *Speisen* anrichten, auftragen; **6. ~ up** *fig.* auftischen; **7. ~ out** a) austeilen, b) *sl.* auftischen, von sich geben; **8.** *sl.* ‚anschmieren', her'einlegen; **9.** *sl.* a) *j-n* ‚erledigen', ‚fertig machen', b) *et.* restlos vermasseln; **10.** ⚙ *schüsselartig* wölben; vertiefen.

dis·ha·bille [ˌdɪsæˈbiːl] *s.* Negliˈgee *n*, Morgenrock *m*: ***in*** ~ im Negligee.

dis·har·mo·ni·ous [ˌdɪshɑːˈməʊnjəs] *adj.* □ disharˈmonisch; **dis·har·mo·ny** [ˌdɪsˈhɑːmənɪ] *s.* Disharmoˈnie *f*, ˈMissklang *m*.

dis·heart·en [dɪsˈhɑːtn] *v/t.* entmutigen, deprimieren; **disˈheart·en·ing** [-nɪŋ] *adj.* □ entmutigend, bedrückend.

dished [dɪʃt] *adj.* **1.** konˈkav gewölbt; ⚙ gestürzt (*Räder*); **2.** F ‚erledigt', ‚kaˈputt'.

di·shev·el(l)ed [dɪˈʃevld] *adj.* **1.** zerzaust, wirr, aufgelöst (*Haar*); **2.** unordentlich, ungepflegt, schlampig.

dis·hon·est [dɪsˈɒnɪst] *adj.* □ unehrlich, unredlich; unlauter, betrügerisch; **disˈhon·es·ty** [-tɪ] *s.* Unehrlichkeit *f*, Unredlichkeit *f*.

dis·hon·o(u)r [dɪsˈɒnə] **I** *s.* **1.** Unehre *f*, Schmach *f*, Schande *f* (***to*** für); **2.** Beschimpfung *f*; **II** *v/t.* **3.** entehren (*a. Frau*); Schande bringen über (*acc.*); **4.** schimpflich behandeln; **5.** *sein Wort* nicht einlösen; **6.** ✝ *Scheck etc.* nicht honorieren, nicht einlösen; **disˈhon·o(u)r·a·ble** [-nərəbl] *adj.* □ **1.** schimpflich, unehrenhaft: ~ ***discharge*** ⚔ unehrenhafte Entlassung; **2.** ehrlos; **disˈhon·o(u)r·a·ble·ness** [-nərəblnɪs] *s.* **1.** Schändlichkeit *f*, Gemeinheit *f*; **2.** Ehrlosigkeit *f*.

dish| rack *s.* Geschirrständer *m*; ~ **tow·el** *s.* Geschirrtuch *n*; ˈ~ˌ**wash·er** *s.* **1.** Tellerwäscher(in); **2.** Geˈschirrˌspülmaˌschine *f*; ˈ~ˌ**wa·ter** *s.* Spülwasser *n*.

dish·y [ˈdɪʃɪ] *adj. sl.* schick, ‚toll': ~ ***girl.***

dis·il·lu·sion [ˌdɪsɪˈluːʒn] **I** *s.* Ernüchterung *f*, Enttäuschung *f*; **II** *v/t.* ernüchtern, desillusionieren, von Illusiˈonen befreien; ˌ**dis·ilˈlu·sion·ment** [-mənt] → ***disillusion*** I.

dis·in·cen·tive [ˌdɪsɪnˈsentɪv] **I** *s.* **1.** Abschreckungsmittel *n*: ***be a*** ~ ***to*** abschreckend wirken auf (*acc.*); **2.** ✝ leistungshemmender Faktor; **II** *adj.* **3.** abschreckend; **4.** ✝ leistungshemmend.

dis·in·cli·na·tion [ˌdɪsɪnklɪˈneɪʃn] *s.* Abneigung *f* (***for***, ***to*** gegen): ~ ***to buy*** Kaufunlust *f*; **dis·in·cline** [ˌdɪsɪnˈklaɪn] *v/t.* abgeneigt machen; ˌ**dis·inˈclined** [-ˈklaɪnd] *adj.* abgeneigt (***to*** *dat.*, ***to do*** zu tun).

dis·in·fect [ˌdɪsɪnˈfekt] *v/t.* desinfizieren, keimfrei machen; ˌ**dis·inˈfect·ant** [-tənt] **I** *s.* Desinfektiˈonsmittel *n*; **II** *adj.* desinfizierend, keimtötend; ˌ**dis·inˈfec·tion** [-kʃən] *s.* Desinfektiˈon *f*; ˌ**dis·inˈfec·tor** [-tə] *s.* Desinfektiˈonsgerät *n*.

dis·in·fest [ˌdɪsɪnˈfest] *v/t.* von Ungeziefer *etc.* befreien, entwesen, entlausen.

dis·in·fla·tion [ˌdɪsɪnˈfleɪʃn] → ***deflation*** 2.

dis·in·gen·u·ous [ˌdɪsɪnˈdʒenjʊəs] *adj.* □ **1.** unaufrichtig; **2.** ˈhinterhältig, arglistig; ˌ**dis·inˈgen·u·ous·ness** [-nɪs] *s.* **1.** Unredlichkeit *f*, Unaufrichtigkeit *f*; **2.** ˈHinterhältigkeit *f*.

dis·in·her·it [ˌdɪsɪnˈherɪt] *v/t.* enterben; ˌ**dis·inˈher·it·ance** [-təns] *s.* Enterbung *f*.

dis·in·hi·bi·tion [ˌdɪsɪnhɪˈbɪʃn] *s. psych.* Enthemmung *f*.

dis·in·te·grate [dɪsˈɪntɪgreɪt] **I** *v/t.* **1.** (*a. phys.*) (in s-e Bestandteile) auflösen, aufspalten, zerkleinern; **2.** *fig.* auflösen, zersetzen, zerrütten; **II** *v/i.* **3.** sich (in s-e Bestandteile, *fig. a.* in nichts) auflösen, sich aufspalten, sich zersetzen; **4.** ver-, zerfallen (*a. fig.*); **dis·in·te·gra·tion** [dɪsˌɪntɪˈgreɪʃn] *s.* **1.** (*a. phys.*) Auflösung *f*, Aufspaltung *f*, Zerstückelung *f*, Zertrümmerung *f*, Zersetzung *f*; **2.** Zerfall *m* (*a. fig.*); **3.** *geol.* Verwitterung *f*.

dis·in·ter [ˌdɪsɪnˈtɜː] *v/t. Leiche* exhumieren, ausgraben (*a. fig.*).

dis·in·ter·est·ed [dɪsˈɪntrəstɪd] *adj.* □ **1.** uneigennützig, selbstlos; **2.** objekˈtiv, unvoreingenommen; **3.** unbeteiligt; **disˈin·ter·est·ed·ness** [-nɪs] *s.* **1.** Uneigennützigkeit *f*; **2.** Objektiviˈtät *f*.

dis·in·ter·ment [ˌdɪsɪnˈtɜːmənt] *s.* **1.** Exhumierung *f*; **2.** Ausgrabung *f* (*a. fig.*).

dis·joint [dɪsˈdʒɔɪnt] *v/t.* **1.** auseinˈander nehmen, zerlegen, zerstückeln; **2.** ⚕ ver-, ausrenken; **3.** (ab)trennen; **4.** *fig.* in Unordnung *od.* aus den Fugen bringen; **disˈjoint·ed** [-tɪd] *adj.* □ *fig.* zuˈsammenhanglos, wirr.

dis·junc·tion [dɪsˈdʒʌŋkʃn] *s.* Trennung *f*; **disˈjunc·tive** [-ktɪv] *adj.* □ **1.** (ab-) trennend, ausschließend; **2.** *ling.*, *phls.* disjunkˈtiv.

disk [dɪsk] *s.* **1.** *allg.* Scheibe *f*; **2.** ⚙ Scheibe *f*, Laˈmelle *f*; Siˈgnalscheibe *f*; **3.** ♀, *anat.*, *zo.* Scheibe *f*, *anat. a.* Bandscheibe *f*: ***slipped*** ~ Bandscheibenvorfall *m*; **4.** *teleph.* Wählscheibe *f*; **5.** *sport* a) Diskus *m*, b) *Eishockey*: Scheibe *f*, Puck *m*; **6.** (Schall)Platte *f*; **7.** *Computer*: Platte *f*: a) *a.* ***floppy*** ~ Disˈkette *f*, b) *a.* ***hard*** ~ Festplatte *f*; ~ **brake** *s.* ⚙ Scheibenbremse *f*; ~ **clutch** *s. mot.* Scheibenkupplung *f*.

disk drive [ˈdɪskdraɪv] *s. Computer*: a) *a.* ***floppy*** ~ Disˈkettenlaufwerk *n*, b) *a.* ***hard*** ~ (ˈFest)Plattenlaufwerk *n*.

disk·ette [dɪˈsket] *s.* Disˈkette *f*.

ˈ**disk| jock·ey** *s.* Diskjockey *m*; ~ **pack** *s. Computer*: Plattenstapel *m*; ~ **valve** *s.* ⚙ ˈTellervenˌtil *n*.

dis·like [dɪsˈlaɪk] **I** *v/t.* nicht leiden können, nicht mögen; *et.* nicht gern *od.* (nur) ungern tun: ***make o.s.*** **~d** sich unbeliebt machen; **II** *s.* Abneigung *f*, ˈWiderwille *m* (***to***, ***of***, ***for*** gegen): ***take a*** ~ ***to*** e-e Abneigung fassen gegen.

dis·lo·cate [ˈdɪsləʊkeɪt] *v/t.* **1.** verrücken; *a. Industrie*, *Truppen etc.* verlagern; **2.** ⚕ ver-, ausrenken: ~ ***one's arm*** sich den Arm verrenken; **3.** *fig.* erschüttern; **4.** *geol.* verwerfen; **dis·lo·ca·tion** [ˌdɪsləʊˈkeɪʃn] *s.* **1.** Verrückung *f*, Verlagerung *f* (*a.* ⚔); **2.** ⚕ Verrenkung *f*; **3.** *fig.* Erschütterung *f*; **4.** *geol.* Verwerfung *f*.

dis·lodge [dɪsˈlɒdʒ] *v/t.* **1.** entfernen, herˈausnehmen, losreißen; **2.** vertreiben, verjagen, verdrängen; **3.** ⚔ *Feind* aus der Stellung werfen; **4.** ausquartieren.

dis·loy·al [ˌdɪsˈlɔɪəl] *adj.* □ untreu, treulos, verräterisch; ˌ**disˈloy·al·ty** [-tɪ] *s.* Untreue *f*, Treulosigkeit *f*.

dis·mal [ˈdɪzməl] **I** *adj.* □ **1.** düster, trübe, bedrückend, trostlos; **2.** furchtbar, grässlich; **II** *s.* **3.** ***the*** **~s** der Trübsinn: ***be in the*** **~s** Trübsinn blasen; ˈ**dis·mal·ly** [-məlɪ] *adv.* **1.** düster *etc.*; **2.** schmählich.

dis·man·tle [dɪsˈmæntl] *v/t.* **1.** ab-, demontieren; *Bau* abbrechen, niederreißen; **2.** auseinˈander nehmen, zerlegen; **3.** ⚓ a) abtakeln, b) abwracken; **4.** *Festung* schleifen; **5.** *Haus* (aus)räumen; **6.** unbrauchbar machen; **disˈman·tle·ment** [-mənt] *s.* **1.** Abbruch *m*, Demonˈtage *f*; Zerlegung *f*; **2.** ⚓ Abtakelung *f*; **3.** ⚔ Schleifung *f*.

dis·may [dɪsˈmeɪ] **I** *v/t.* erschrecken, in Schrecken versetzen, bestürzen, entsetzen: ***not*** **~ed** unbeirrt; **II** *s.* Schreck(en) *m*, Entsetzen *n*, Bestürzung *f*.

dis·mem·ber [dɪsˈmembə] *v/t.* zergliedern, zerstückeln, verstümmeln (*a. fig.*); **disˈmem·ber·ment** [-mənt] *s.* Zerstückelung *f etc.*

dis·miss [dɪsˈmɪs] *v/t.* **1.** entlassen, gehen lassen, verabschieden: **~!** ⚔ weg(ge)treten!; **2.** entlassen (***from*** aus *dem Dienst*), absetzen, abbauen; wegschicken: ***be*** **~*ed from the service*** ⚔ aus dem Heer *etc.* entlassen *od.* ausgestoßen werden; **3.** *Thema etc.* fallen lassen, aufgeben, hinˈweggehen über (*acc.*), *Vorschlag* ab-, zuˈrückweisen, *Gedanken* verbannen, von sich weisen; ⚖ *Klage* abweisen: ~ ***from one's mind*** *et.* aus s-n Gedanken verbannen; ~ ***as ...*** als ... abtun, kurzerhand als ... betrachten; **disˈmiss·al** [-sl] *s.* **1.** Entlassung *f* (***from*** aus): ~ ***pay*** Abfindung *f*; **2.** Aufgabe *f*, Abtun *n*; **3.** ⚖ Abweisung *f*.

dis·mount [ˌdɪsˈmaʊnt] **I** *v/i.* **1.** absteigen, absitzen (***from*** von); **II** *v/t.* **2.** aus dem Sattel heben; abwerfen (*Pferd*); **3.** (ab)steigen von; **4.** abmontieren, ausbauen, auseinˈander nehmen.

dis·o·be·di·ence [ˌdɪsəˈbiːdjəns] *s.* **1.** Ungehorsam *m* (***to*** gegen), Gehorsamsverweigerung *f*: ***civil*** ~ *pol.* ziviler *od.* bürgerlicher Ungehorsam; **2.** Nichtbefolgung *f*; ˌ**dis·oˈbe·di·ent** [-nt] *adj.* □ ungehorsam (***to*** gegen); **dis·o·bey** [ˌdɪsəˈbeɪ] *v/t.* **1.** *j-m* nicht gehorchen, ungehorsam sein gegen *j-n*; **2.** *Gesetz etc.* nicht befolgen, missˈachten, *Befehl a.* verweigern: ***I will not be*** **~*ed*** ich dulde keinen Ungehorsam.

dis·o·blige [ˌdɪsəˈblaɪdʒ] *v/t.* **1.** ungefällig sein gegen *j-n*; **2.** *j-n* kränken; ˌ**dis·oˈblig·ing** [-dʒɪŋ] *adj.* □ ungefällig, unfreundlich.

dis·or·der [dɪsˈɔːdə] **I** *s.* **1.** Unordnung *f*, Verwirrung *f*; **2.** (Ruhe)Störung *f*; Aufruhr *m*, Unruhe(n *pl.*) *f*; **3.** ungebührliches Betragen; **4.** ⚕ Störung *f*, Erkrankung *f*: ***mental*** ~ Geistesstörung; **II** *v/t.* **5.** in Unordnung bringen, durcheinˈander bringen, stören; **6.** *den Magen* verderben; **disˈor·dered** [-əd] *adj.* **1.** in Unordnung, durcheinˈander (*beide a. fig.*); **2.** gestört, (*a.* geistes)krank: ***my stomach is*** ~ ich habe mir den Magen verdorben; **disˈor·der·li·ness** [-lɪnɪs] *s.* **1.** Unordentlichkeit *f*; **2.** Schlampigkeit *f*; **3.** Unbotmäßigkeit *f*; **4.** Liederlichkeit *f*; **disˈor·der·ly** [-lɪ] *adj.* **1.** unordentlich, schlampig; **2.** ordnungs-, gesetzwidrig, aufrührerisch; **3.** Ärgernis erregend: ~ ***conduct*** ⚖ ordnungswidriges Verhalten, grober Unfug; ~ ***house*** *mst* Bordell *n*, *a.* Spielhölle *f*; ~ ***person*** Ruhestörer *m*.

dis·or·gan·i·za·tion [dɪsˌɔːgənaɪˈzeɪʃn] *s.* Desorganisatiˈon *f*, Auflösung *f*, Zerrüttung *f*, Unordnung *f*; **dis·or·gan·ize** [dɪsˈɔːgənaɪz] *v/t.* auflösen, zerrütten, in Unordnung bringen, desorganisieren; **dis·or·gan·ized** [dɪsˈɔːgənaɪzd] *adj.* in Unordnung, desorganisiert.

dis·o·ri·ent [dɪsˈɔːrɪent] *v/t. a. psych.* desorientieren: **~*ed*** desorientiert, *psych. a.* ‚gestört', laˈbil; **disˈo·ri·en·tate** [-teɪt] → ***disorient.***

dis·own [dɪsˈəʊn] *v/t.* **1.** nicht (als sein eigen *od.* als gültig) anerkennen, nichts zu tun haben wollen mit; **2.** ableugnen; **3.** *Kind* verstoßen.

dis·par·age [dɪˈspærɪdʒ] *v/t.* **1.** in Verruf bringen; **2.** herˈabsetzen, verächtlich machen; **3.** verachten; **dis·par·age·ment** [dɪˈspærɪdʒmənt] *s.* Herˈabsetzung *f*, Verächtlichmachung *f*: ***no ~ (intended)*** ohne Ihnen nahe treten zu wollen; **dis·par·ag·ing** [dɪˈspærɪdʒɪŋ] *adj.* □ gering-, abschätzig, verächtlich.

dis·pa·rate [ˈdɪspərət] **I** *adj.* □ ungleich(artig), (grund)verschieden, unvereinbar, dispaˈrat; **II** *s. pl.* unvereinbare Dinge *pl.*; **dis·par·i·ty** [dɪˈspærətɪ] *s.* Verschiedenheit *f*: ***~ in age*** (*zu großer*) Altersunterschied *m*.

dis·pas·sion·ate [dɪˈspæʃnət] *adj.* □ leidenschaftslos, ruhig, gelassen, sachlich, nüchtern.

dis·patch [dɪˈspætʃ] **I** *v/t.* **1.** *j-n od. et.* (ab)senden, *et.* (ab)schicken, versenden, befördern, *Telegramm* aufgeben; **2.** abfertigen (*a.* 🚂); **3.** rasch *od.* prompt erledigen *od.* ausführen; **4.** ins Jenseits befördern, töten; **5.** F ‚wegputzen', rasch aufessen; **II** *s.* **6.** Absendung *f*, Versand *m*, Abfertigung *f*, Beförderung *f*; **7.** rasche Erledigung; **8.** Eile *f*, Schnelligkeit *f*: ***with ~*** eilends, prompt; **9.** (*oft* verschlüsselte) (Eil)Botschaft; **10.** Bericht *m* (*e-s Korrespondenten*); **11.** *pl.* Kriegsberichte *pl.*: ***mentioned in ~es*** ⚔ im Kriegsbericht rühmend erwähnt; **12.** Tötung *f*: ***happy ~*** Harakiri *n*; **~ boat** *s.* Kuˈrierboot *n*; **~ box** *s.*, **~ case** *s.* **1.** Kuˈriertasche *f*; **2.** *Brit.* Aktenkoffer *m*.

dis·patch·er [dɪˈspætʃə] *s.* **1.** 🚂 Fahrdienstleiter *m*; **2.** ✝ *Am.* Abteilungsleiter *m* für Produktiˈonsplanung.

dis·patch| goods *s. pl.* Eilgut *n*; **~ note** *s.* Paˈketkarte *f* für ˈAuslandspaˌket; **~ rid·er** *s.* ⚔ Meldereiter *m*, -fahrer *m*.

dis·pel [dɪˈspel] *v/t.* *Menge etc., a. fig. Befürchtungen etc.* zerstreuen, *Nebel* zerteilen.

dis·pen·sa·ble [dɪˈspensəbl] *adj.* □ entbehrlich, verzichtbar; erlässlich; **dis·pen·sa·ry** [dɪˈspensərɪ] *s.* **1.** ˈWerks- *od.* ˈKrankenhausapoˌtheke *f*; **2.** ⚔ a) Lazaˈrettapoˌtheke *f*, b) (ˈKranken)Reˌvier *n*; **dis·pen·sa·tion** [ˌdɪspenˈseɪʃn] *s.* **1.** Aus-, Verteilung *f*; **2.** Gabe *f*; **3.** göttliche Fügung; Fügung *f* (*des Schicksals*), Walten *n* (*der Vorsehung*); **4.** religiˈöses Syˈstem; **5.** Regelung *f*, Syˈstem *n*; **6.** ⚖, *eccl.* (***with, from***) Disˈpens *m*, Befreiung *f* (von,) Erlass *m* (*gen.*); **7.** Verzicht *m* (***with*** auf *acc.*); **dis·pense** [dɪˈspens] **I** *v/t.* **1.** aus-, verteilen; *Sakrament* spenden: ***~ justice*** Recht sprechen; **2.** *Arzneien* (nach Reˈzept) zubereiten u. abgeben; **3.** dispensieren, entheben, befreien, entbinden (***from*** von); **II** *v/i.* **4.** Disˈpens erteilen; **5. *~ with*** a) verzichten auf (*acc.*), b) ˈüberflüssig machen, auskommen ohne: ***it can be ~d with*** man kann darauf verzichten, es ist entbehrlich; **dis·pens·er** [dɪˈspensə] *s.* **1.** Ver-, Austeiler *m*; **2.** ⚙ Spender *m* (*Gerät*); (*Briefmarken- etc.*)Autoˈmat *m*; → **dis·pens·ing chem·ist** [dɪˈspensɪŋ] *s.* Apoˈtheker(in).

dis·per·sal [dɪˈspɜːsl] *s.* **1.** (Zer)Streuung *f*; Verbreitung *f*; Zersplitterung *f*; **2.** ⚔, *a.* ✝ Auflockerung *f*; **~ a·pron** *s.* ✈ (auseinˈander gezogener) Abstellplatz; **~ a·re·a** *s.* **1.** ✈ → ***dispersal apron***; **2.** ⚔ Auflockerungsgebiet *n*.

dis·perse [dɪˈspɜːs] **I** *v/t.* **1.** verstreuen; **2.** → ***dispel***; **3.** *Nachrichten etc.* verbreiten; **4.** ⚗, *phys.* dispergieren, zerstreuen; **5.** ⚔ a) *Formation* auflockern, b) versprengen; **II** *v/i.* **6.** sich zerstreuen (*Menge*); **7.** sich auflösen; **8.** sich verteilen *od.* zersplittern; **dis·pers·ed·ly** [dɪˈspɜːsɪdlɪ] *adv.* verstreut, vereinzelt; **dis·per·sion** [dɪˈspɜːʃn] *s.* **1.** Zerstreuung *f* (*a. fig.*); Verteilung *f* (*von Nebel*); **2.** a) ⚗, ⚔ Streuung *f*: ***~ pattern*** Trefferbild *n*, b) → ***dispersal*** 2; **3.** ⚗ Dispersiˈon(sphase) *f*: ***~ agent*** Dispersionsmittel *n*; **4.** ⚗ Zerstreuung *f*, Diˈaspora *f der Juden*.

dis·pir·it [dɪˈspɪrɪt] *v/t.* entmutigen, niederdrücken, deprimieren; **disˈpir·it·ed** [-tɪd] *adj.* □ niedergeschlagen, mutlos, deprimiert.

dis·place [dɪsˈpleɪs] *v/t.* **1.** versetzen, -rücken, -lagern, -schieben; **2.** verdrängen (*a.* ⚓); **3.** *j-n* ablösen, entlassen; **4.** ersetzen; **5.** verschleppen: ***~d person*** *hist.* Verschleppte(r *m*) *f*; **disˈplace·ment** [-mənt] *s.* **1.** Verlagerung *f*, Verschiebung *f*; **2.** Verdrängung *f* (*a.* ⚓, *phys.*); ⚙ Kolbenverdrängung *f*; **3.** Ersetzung *f*, Ersatz *m*; **4.** *psych.* Afˈfektverlagerung *f*: ***~ activity*** Übersprunghandlung *f*.

dis·play [dɪˈspleɪ] **I** *v/t.* **1.** entfalten: a) ausbreiten, b) *fig.* an den Tag legen, zeigen: ***~ activity*** (***strength*** *etc.*); **2.** (*contp.* protzig) zur Schau stellen, zeigen; **3.** ✝ ausstellen, -legen; **4.** *typ.* herˈvorheben; **II** *s.* **5.** Entfaltung *f* (*a. fig. von Tatkraft, Macht etc.*); **6.** (*a.* protzige) Zurˈschaustellung; **7.** ✝ Ausstellung *f*, (Waren)Auslage *f*, Disˈplay *n*: ***be on ~*** ausgestellt *od.* zu sehen sein; **8.** Aufwand *m*, Pomp *m*, Prunk *m*: ***make a great ~*** a) großen Prunk entfalten, b) ***of s.th.*** et. (protzig) zur Schau stellen; **9.** *Computer*: Disˈplay *n*: a) Sichtanzeige *f*, b) Sichtbildgerät *n*; **10.** *typ.* Herˈvorhebung *f*; **III** *adj.* **11.** ✝ Ausstellungs..., Schau...: ***~ advertising*** Displaywerbung *f*; ***~ artist***, ***~man*** (Werbe)Dekorateur *m*; ***~ box***, ***~ pack*** Schaupackung *f*; ***~ case*** Schaukasten *m*, Vitrine *f*; ***~ window*** Auslagefenster *n*; **12.** *Computer*: Display..., Sicht(bild)...: ***~ unit*** → 9 b; **~ beˈhav·i·o(u)r** *s. zo.* Imponiergehabe *n*.

dis·please [dɪsˈpliːz] *v/t.* **1.** *j-m* missˈfallen; **2.** *j-n* ärgern, verstimmen; **3.** *das Auge* beleidigen; **disˈpleased** [-zd] *adj.* (***at, with***) unzufrieden (mit), ungehalten (über *acc.*); **disˈpleas·ing** [-zɪŋ] *adj.* □ unangenehm; **dis·pleas·ure** [dɪsˈpleʒə] *s.* ˈMissfallen *n* (***at*** über *acc.*): ***incur s.o.'s ~*** j-s Unwillen erregen.

dis·port [dɪˈspɔːt] *v/t.*: ***~ o.s.*** a) sich vergnügen *od.* amüsieren, b) herˈumtollen, sich (ausgelassen) tummeln.

dis·pos·a·ble [dɪˈspəʊzəbl] **I** *adj.* **1.** (frei) verfügbar: ***~ income***; **2.** ✝ Einweg..., Wegwerf...: ***~ package***; **II** *s.* **3.** Einweg-, Wegwerfgegenstand *m*; **dis·pos·al** [dɪˈspəʊzl] *s.* **1.** Anordnung *f*, Aufstellung *f* (*a.* ⚔); Verwendung *f*; **2.** Erledigung *f*: a) (endgültige) Regelung *e-r Sache*, b) Vernichtung *f e-s Gegners etc.*; **3.** Verfügung(srecht *n*) *f* (***of*** über *acc.*): ***be at s.o.'s ~*** j-m zur Verfügung stehen; ***place s.th. at s.o.'s ~*** j-m et. zur Verfügung stellen; ***have the ~ of*** verfügen (können) über (*acc.*); **4.** ✝, ⚖ a) ˈÜbergabe *f*, Überˈtragung *f*, b) Veräußerung *f*, Verkauf *m*: ***for ~*** zum Verkauf; **5.** Beseitigung *f*, (Müll- *etc.*) Abfuhr *f*, (-)Entsorgung *f*; **dis·pose** [dɪˈspəʊz] **I** *v/t.* **1.** anordnen, aufstellen (*a.* ⚔); zuˈrechtlegen, einrichten; ein-, verteilen; **2.** *j-n* bewegen, geneigt machen, veranlassen (***to*** zu; ***to do*** zu tun); **II** *v/i.* **3.** verfügen, Verfügungen treffen; **4. *~ of*** a) (frei) verfügen *od.* disponieren über (*acc.*), b) entscheiden über (*acc.*), lenken, c) (endgültig) erledigen: ***~ of an affair***, d) *j-n od. et.* abtun, abfertigen, e) loswerden, sich entledigen (*gen.*), f) wegschaffen, beseitigen: ***~ of trash***, g) *e-n Gegner etc.* erledigen, unschädlich machen, vernichten, h) ⚔ *Bomben etc.* entschärfen, i) verzehren, trinken: ***~ of a bottle***, j) überˈgeben, -ˈtragen: ***~ of by will*** testamentarisch vermachen, letztwillig verfügen über (*acc.*); ***disposing mind*** ⚖ Testierfähigkeit *f*, k) verkaufen, veräußern, ✝ *a.* absetzen, abstoßen, l) *s-e Tochter* verheiraten (***to*** an *acc.*); **dis·posed** [dɪˈspəʊzd] *adj.* **1.** geneigt, bereit (***to*** zu; ***to do*** zu tun); **2.** ⚕ anfällig (***to*** für); **3.** gelaunt, gesinnt: ***well-~*** wohlgesinnt, ***ill-~*** übel gesinnt (***towards*** *dat.*); **dis·po·si·tion** [ˌdɪspəˈzɪʃn] *s.* **1.** a) Veranlagung *f*, Dispositiˈon *f*, b) (Wesens)Art *f*; **2.** a) Neigung *f*, Hang *m* (***to*** zu), b) ⚕ Anfälligkeit *f* (***to*** für); **3.** Stimmung *f*; **4.** Anordnung *f*, Aufstellung *f* (*a.* ⚔); **5.** (***of***) a) Erledigung *f* (*gen.*), b) *bsd.* ⚖ Entscheidung *f* (über *acc.*); **6.** (*bsd.* göttliche) Lenkung; **7.** *pl.* Dispositiˈonen *pl.*, Vorkehrungen *pl.*: ***make (one's) ~s*** (s-e) Vorkehrungen treffen, disponieren; **8.** → ***disposal*** 3.

dis·pos·sess [ˌdɪspəˈzes] *v/t.* **1.** enteignen, aus dem Besitz (***of*** *gen.*) setzen; *Mieter* zur Räumung zwingen; **2.** berauben (***of*** *gen.*); **3.** *sport j-m* den Ball abnehmen; **ˌdis·posˈses·sion** [-eʃn] *s.* Enteignung *f etc.*

dis·praise [dɪsˈpreɪz] *s.* Herˈabsetzung *f*: ***in ~*** geringschätzig.

dis·proof [ˌdɪsˈpruːf] *s.* Widerˈlegung *f*.

dis·pro·por·tion [ˌdɪsprəˈpɔːʃn] *s.* ˈMissverhältnis *n*; **ˌdis·proˈpor·tion·ate** [-ʃnət] *adj.* □ **1.** unverhältnismäßig (groß *od.* klein), in keinem Verhältnis stehend (***to*** zu); **2.** überˈtrieben, unangemessen; **3.** unproportioniert.

dis·prove [ˌdɪsˈpruːv] *v/t.* widerˈlegen.

dis·pu·ta·ble [dɪˈspjuːtəbl] *adj.* □ strittig; **dis·pu·tant** [dɪˈspjuːtənt] *s.* Disˈpuˈtant *m*, Gegner *m*.

dis·pu·ta·tion [ˌdɪspjuːˈteɪʃn] **1.** Disˈput *m*, Streitgespräch *n*, Wortwechsel *m*; **2.** Disputatiˈon *f*, wissenschaftliches Streitgespräch; **ˌdis·puˈta·tious** [-ʃəs] *adj.* □ streitsüchtig; **dis·pute** [dɪˈspjuːt] **I** *v/i.* **1.** streiten, *Wissenschaftler*: *a.* disputieren (***on, about*** über *acc.*); **2.** (sich) streiten, zanken; **II** *v/t.* **3.** streiten *od.* disputieren über (*acc.*); **4.** in Zweifel ziehen, anzweifeln; **5.** kämpfen um, *j-m et.* streitig machen; **III** *s.* **6.** Disˈput *m*, Kontroˈverse *f*: ***in*** (*od.* ***under***) ***~*** umstritten, strittig; ***beyond*** (*od.* ***without***) ***~*** unzweifelhaft, fraglos; **7.** (heftiger) Streit.

dis·qual·i·fi·ca·tion [dɪsˌkwɒlɪfɪˈkeɪʃn] *s.* **1.** Disqualifikatiˈon *f*, Disqualifizierung *f*; **2.** Untauglichkeit *f*, mangelnde Eignung *od.* Befähigung (***for*** für); **3.** disqualifizierender ˈUmstand; **4.** *sport* Disqualifikatiˈon *f*, Ausschluss *m*; **dis·qual·i·fy** [dɪsˈkwɒlɪfaɪ] *v/t.* **1.** ungeeignet *od.* unfähig *od.* untauglich machen (***for*** für): ***be disqualified for*** ungeeignet (*etc.*) sein für; **2.** für unfähig *od.*

D

untauglich *od.* nicht berechtigt erklären (**for** zu): **~ s.o. from (holding) public office** j-m die Fähigkeit zur Ausübung e-s öffentlichen Amtes absprechen *od.* nehmen; **~ s.o. from driving** j-m die Fahrerlaubnis entziehen; **3.** *sport* disqualifizieren, ausschließen.

dis·qui·et [dɪs'kwaɪət] **I** *v/t.* beunruhigen; **II** *s.* Unruhe *f*, Besorgnis *f*; **dis'qui·et·ing** [-tɪŋ] *adj.* beunruhigend; **dis'qui·e·tude** [-aɪətjuːd] → **disquiet** II.

dis·qui·si·tion [ˌdɪskwɪ'zɪʃn] *s.* ausführliche Abhandlung *od.* Rede.

dis·rate [dɪs'reɪt] *v/t.* ⚓ degradieren.

dis·re·gard [ˌdɪsrɪ'ɡɑːd] **I** *v/t.* **1.** a) nicht beachten, ignorieren, außer Acht lassen, b) absehen von, ausklammern; **2.** nicht befolgen, miss'achten; **II** *s.* **3.** Nichtbeachtung *f*, Ignorierung *f* (**of**, **for** *gen.*); **4.** 'Missachtung *f* (**of**, **for** *gen.*); **5.** Gleichgültigkeit *f* (**of**, **for** gegen'über); ˌ**dis·re'gard·ful** [-fʊl] *adj.* □: **be ~ of → disregard** 1 a.

dis·rel·ish [ˌdɪs'relɪʃ] *s.* Abneigung *f*, 'Widerwille *m* (**for** gegen).

dis·re·mem·ber [ˌdɪsrɪ'membə] *v/t.* F *et.* vergessen (haben).

dis·re·pair [ˌdɪsrɪ'peə] *s.* Verfall *m*; Baufälligkeit *f*, schlechter (baulicher) Zustand: **in (a state of) ~** baufällig; **fall into ~** baufällig werden.

dis·rep·u·ta·ble [dɪs'repjʊtəbl] *adj.* □ verrufen, anrüchig; **dis·re·pute** [ˌdɪsrɪ'pjuːt] *s.* Verruf *m*, Verrufenheit *f*, schlechter Ruf: **bring into ~** in Verruf bringen.

dis·re·spect [ˌdɪsrɪ'spekt] **I** *s.* **1.** Respektlosigkeit *f* (**to**, **for** gegenüber); **2.** Unhöflichkeit *f* (**to** gegen); **II** *v/t.* **3.** sich re'spektlos benehmen gegen'über; **4.** unhöflich behandeln; ˌ**dis·re'spect·ful** [-fʊl] *adj.* □ **1.** re'spektlos (**to** gegen); **2.** unhöflich (**to** zu).

dis·robe [ˌdɪs'rəʊb] **I** *v/t.* entkleiden (*a. fig.*) (**of** *gen.*); **II** *v/i.* s-e Kleidung *od.* Amtstracht ablegen.

dis·root [ˌdɪs'ruːt] *v/t.* **1.** entwurzeln, ausreißen; **2.** vertreiben.

dis·rupt [dɪs'rʌpt] **I** *v/t.* **1.** zerbrechen, sprengen, zertrümmern; **2.** zerreißen, (zer)spalten; **3.** unter'brechen, stören; **4.** zerrütten; **5.** *Versammlung, Koalition etc.* sprengen; **II** *v/i.* **6.** zerreißen; **7.** ⚡ 'durchschlagen; **dis'rup·tion** [-pʃn] *s.* **1.** Zerreißung *f*, Zerschlagung *f*; Unter'brechung *f*; **2.** Zerrissenheit *f*, Spaltung *f*; **3.** Bruch *m*; **4.** Zerrüttung *f*; **dis'rup·tive** [-tɪv] *adj.* **1.** zerbrechend, zertrümmernd, zerreißend; **2.** zerrüttend; **3.** ⚡ Durchschlags...(*-festigkeit etc.*): **~ discharge** Durchschlag *m*.

dis·sat·is·fac·tion ['dɪsˌsætɪs'fækʃn] *s.* Unzufriedenheit *f* (**at**, **with** mit); '**disˌsat·is'fac·to·ry** [-ktərɪ] *adj.* unbefriedigend; **dis·sat·is·fied** [ˌdɪs'sætɪsfaɪd] *adj.* unzufrieden (**with**, **at** mit); **dis·sat·is·fy** [ˌdɪs'sætɪsfaɪ] *v/t.* nicht befriedigen, *j-n* verdrießen; *j-m* miss'fallen.

dis·sect [dɪ'sekt] *v/t.* **1.** zergliedern, zerlegen; **2.** a) ✱ sezieren, b) ✱, ♀, *zo.* präparieren; **3.** *fig.* zergliedern, analysieren; **dis'sec·tion** [-kʃn] *s.* **1.** Zergliederung *f*, *fig. a.* a) Aufgliederung *f*, b) (genaue) Ana'lyse; **2.** ✱ Sezieren *n*; **3.** ✱, ♀, *zo.* Präpa'rat *n*; **dis'sec·tor** [-tə] *s.* **1.** ✱ Sezierer *m*; **2.** ✱, ♀, *zo.* Präpa'rator *m*.

dis·seise, **dis·seize** [ˌdɪ'siːz] *v/t.* ⚖ *j-m* 'widerrechtlich den Besitz entziehen; ˌ**dis'sei·sin**, ˌ**dis'sei·zin** [-zɪn] *s.* ⚖ 'widerrechtliche Besitzentziehung.

dis·sem·ble [dɪ'sembl] **I** *v/t.* **1.** verhehlen, verbergen, sich *et.* nicht anmerken lassen; **2.** vortäuschen, simulieren; **3.** *obs.* unbeachtet lassen; **II** *v/i.* **4.** sich verstellen, heucheln; **dis'sem·bler** [-lə] *s.* **1.** Heuchler(in); **2.** Simu'lant (-in).

dis·sem·i·nate [dɪ'semɪneɪt] *v/t.* **1.** *Saat* ausstreuen (*a. fig.*); **2.** *fig.* verbreiten: **~ ideas**; **~d sclerosis** ✱ multiple Sklerose; **dis·sem·i·na·tion** [dɪˌsemɪ'neɪʃn] *s.* Ausstreuung *f*; *fig. a.* Verbreitung *f*.

dis·sen·sion [dɪ'senʃn] *s.* Meinungsverschiedenheit(en *pl.*) *f*, Diffe'renz(en *pl.*) *f*.

dis·sent [dɪ'sent] **I** *v/i.* **1.** (**from**) anderer Meinung sein (als), nicht über'einstimmen (mit); **2.** *eccl.* von der Staatskirche abweichen; **II** *s.* **3.** Meinungsverschiedenheit *f*, andere Meinung; **4.** *eccl.* Abweichen *n* von der Staatskirche; **dis'sent·er** [-tə] *s.* **1.** Andersdenkende(r *m*) *f*; **2.** *eccl.* a) Dissi'dent *m*, b) *oft* ℒ Dis'senter *m*, Nonkonfor'mist (-in); **dis'sen·ti·ent** [-nʃɪənt] **I** *adj.* anders denkend, abweichend: **without a ~ vote** ohne Gegenstimme; **II** *s.* a) Andersdenkende(r *m*) *f*, b) Gegenstimme *f*: **with no ~** ohne Gegenstimme.

dis·ser·ta·tion [ˌdɪsə'teɪʃn] *s.* **1.** (wissenschaftliche) Abhandlung; **2.** Dissertati'on *f*.

dis·serv·ice [ˌdɪs'sɜːvɪs] *s.* (**to**) schlechter Dienst (an *dat.*): **do a ~** *j-m* e-n schlechten Dienst erweisen; **be of ~ to s.o.** j-m zum Nachteil gereichen.

dis·sev·er [dɪs'sevə] *v/t.* trennen, absondern, spalten.

dis·si·dence ['dɪsɪdəns] *s.* **1.** Meinungsverschiedenheit *f*; **2.** *pol.*, *eccl.* Dissi'dententum *n*; '**dis·si·dent** [-nt] **I** *adj.* **1.** anders denkend, nicht über'einstimmend, abweichend; **II** *s.* **2.** Andersdenkende(r *m*) *f*; **3.** *eccl.* Dissi'dent(in), *pol. a.* Re'gimekritiker(in).

dis·sim·i·lar [ˌdɪ'sɪmɪlə] *adj.* □ (**to**) verschieden (von), unähnlich (*dat.*); **dis·sim·i·lar·i·ty** [ˌdɪsɪmɪ'lærətɪ] *s.* Verschiedenartigkeit *f*, Unähnlichkeit *f*; 'Unterschied *m*.

dis·sim·u·late [dɪ'sɪmjʊleɪt] **I** *v/t.* verbergen, verhehlen; **II** *v/i.* sich verstellen; heucheln; **dis·sim·u·la·tion** [dɪˌsɪmjʊ'leɪʃn] *s.* **1.** Verheimlichung *f*; **2.** Verstellung *f*, Heuche'lei *f*; **3.** ✱ Dissimulati'on *f*.

dis·si·pate ['dɪsɪpeɪt] **I** *v/t.* **1.** zerstreuen (*a. fig. u. phys.*); *Nebel* zerteilen; **2.** a) verschwenden, vergeuden, verzetteln, b) *Geld* 'durchbringen, verprassen; **3.** *fig.* verscheuchen, vertreiben; **4.** *phys.* a) *Hitze* ableiten, b) in 'Wärmeenerˌgie 'umwandeln; **II** *v/i.* **5.** sich zerstreuen (*a. fig.*); sich zerteilen (*Nebel*); **6.** ein ausschweifendes Leben führen; '**dis·si·pat·ed** [-tɪd] *adj.* ausschweifend, zügellos; **dis·si·pa·tion** [ˌdɪsɪ'peɪʃn] *s.* **1.** Zerstreuung *f* (*a. fig. u. phys.*); **2.** Vergeudung *f*; **3.** Verprassen *n*, 'Durchbringen *n*; **4.** Ausschweifung(en *pl.*) *f*; zügelloses Leben; **5.** *phys.* a) Ableitung *f*, b) Dissipati'on *f*.

dis·so·ci·ate [dɪ'səʊʃɪeɪt] **I** *v/t.* **1.** trennen, loslösen, absondern (**from** von); **2.** ⚗ dissoziieren; **3.** **~ o.s.** (**from**) sich lossagen *od.* distanzieren *od.* abrücken (von); **II** *v/i.* **4.** sich (ab)trennen *od.* loslösen; **5.** ⚗ dissoziieren; **dis·so·ci·a·tion** [dɪˌsəʊsɪ'eɪʃn] *s.* **1.** (Ab-)Trennung *f*, Loslösung *f*; **2.** Abrücken *n*; **3.** ⚗, *psych.* Dissoziati'on *f*.

dis·sol·u·bil·i·ty [dɪˌsɒljʊ'bɪlətɪ] *s.* **1.** Löslichkeit *f*; **2.** Auflösbarkeit *f*, Trennbarkeit *f*; **dis·sol·u·ble** [dɪ'sɒljʊbl] *adj.* **1.** löslich; **2.** ⚖ auflösbar, trennbar.

dis·so·lute ['dɪsəluːt] *adj.* □ ausschweifend, zügellos; '**dis·so·lute·ness** [-nɪs] *s.* Ausschweifung *f*, Zügellosigkeit *f*.

dis·so·lu·tion [ˌdɪsə'luːʃn] *s.* **1.** Auflösung *f* (*a. parl.*, ✝; *a. Ehe*); ⚖ *a.* Aufhebung *f*; **2.** Zersetzung *f*; **3.** Zerstörung *f*, Vernichtung *f*; **4.** ⚗ Lösung *f*.

dis·solv·a·ble [dɪ'zɒlvəbl] → **dissoluble**; **dis·solve** [dɪ'zɒlv] **I** *v/t.* **1.** auflösen (*a. fig.*, *Ehe*, *Parlament*, *Firma etc.*); *Ehe a.* scheiden; lösen (*a.* ⚗): **~d in tears** in Tränen aufgelöst; **2.** ⚖ aufheben; **3.** auflösen, zersetzen; **4.** vernichten; **5.** *Geheimnis etc.* lösen; **6.** *Film*: über'blenden; **II** *v/i.* **7.** sich auflösen (*a. fig.*), zergehen, schmelzen; **8.** zerfallen; **9.** sich (in nichts) auflösen, verschwinden; **10.** *Film*: über'blenden, inein'ander 'übergehen; **III** *s.* **11.** *Film*: Über'blendung *f*; **dis'sol·vent** [-vənt] **I** *adj.* (auf)lösend; zersetzend; **II** *s.* ⚗ Lösungsmittel *n*.

dis·so·nance ['dɪsənəns] *s.* Disso'nanz *f*: a) ♪ 'Missklang *m* (*a. fig.*), b) *fig.* Unstimmigkeit *f*; '**dis·so·nant** [-nt] *adj.* □ **1.** ♪ disso'nant (*a. fig.*); **2.** 'misstönend; **3.** *fig.* unstimmig.

dis·suade [dɪ'sweɪd] *v/t.* **1.** *j-m* abraten (**from** von); **2.** *j-n* abbringen (**from** von); **dis'sua·sion** [-eɪʒn] *s.* **1.** Abraten *n*; **2.** Abbringen *n*; **dis'sua·sive** [-eɪsɪv] *adj.* □ abratend.

dis·syl·lab·ic, **dis·syl·la·ble** → **disyllabic**, **disyllable**.

dis·sym·met·ri·cal [ˌdɪsɪ'metrɪkl] *adj.* 'unsymˌmetrisch; **dis·sym·met·ry** [ˌdɪ'sɪmɪtrɪ] *s.* Asymme'trie *f*.

dis·taff ['dɪstɑːf] *s.* (Spinn)Rocken *m*; *fig. das* Reich der Frau: **~ side** weibliche Linie *e-r Familie*.

dis·tance ['dɪstəns] **I** *s.* **1.** a) Entfernung *f*, b) Ferne *f*: **at a ~** a) in einiger Entfernung, b) von weitem; **in the ~** in der Ferne; **from a ~** aus einiger Entfernung; **at an equal ~** gleich weit (entfernt); **a good ~ off** ziemlich weit entfernt; **braking ~** *mot.* Bremsweg *m*; **stopping ~** *mot.* Anhalteweg *m*; **within striking ~** handgreiflich nahe, in erreichbarer Nähe; → **hail** 7; **walking** II; **2.** Zwischenraum *m*, Abstand *m* (**between** zwischen); **3.** Entfernung *f*, Strecke *f*: **~ covered** zurückgelegte Strecke; **4.** *zeitlicher* Abstand, Zeitraum *m*; **5.** *fig.* Abstand *m*, Entfernung *f*, 'Unterschied *m*; **6.** *fig.* Di'stanz *f*, Abstand *m*, Re'serve *f*, Zu'rückhaltung *f*: **keep s.o. at a ~** j-m gegenüber reserviert sein, sich j-n vom Leib halten; **keep one's ~** den Abstand wahren, (die gebührende) Distanz halten; **7.** *paint. etc.* a) Perspek'tive *f*, b) *a. pl.* 'Hintergrund *m*, c) Ferne *f*; **8.** ♪ Inter'vall *n*; **9.** *sport* a) Di'stanz *f*, Strecke *f*, b) *fenc.*, *Boxen*: Di'stanz *f*, c) Langstrecke *f*: **~ race** Langstreckenlauf *m*; **~ runner** Langstreckenläufer(in); **II** *v/t.* **10.** über'holen, hinter sich lassen, *sport a.* distanzieren: **~d** *fig.* distanziert; **11.** *fig.* über'flügeln; '**dis·tant** [-nt] *adj.* □ **1.** entfernt (*a. fig.*), weit (**from** von); fern (*Ort od. Zeit*): **~ relation** entfernte(r) *od.* weitläufige(r) Verwandte(r); **~**

resemblance entfernte *od.* schwache Ähnlichkeit; **~ *dream*** vager Traum, schwache Aussicht; **2.** weit vonein'ander entfernt; **3.** zu'rückhaltend, kühl, distanziert; **4.** ⚙ Fern...: **~ *control*** Fernsteuerung *f*; **~ *reading instrument*** Fernmessgerät *n*.

dis·taste [ˌdɪsˈteɪst] *s.* (***for***) 'Widerwille *m*, Abneigung *f* (gegen), Ekel *m*, Abscheu *m* (vor *dat.*); ˌ**dis'taste·ful** [-fʊl] *adj.* ☐ **1.** Ekel erregend; **2.** *fig.* a) unangenehm, zu'wider (***to*** *dat.*), b) ekelhaft, widerlich.

dis·tem·per[1] [dɪˈstempə] **I** *s.* **1.** Tempera- *od.* Leimfarbe *f*; **2.** 'Temperamaleˌrei *f* (*a. Bild*); **II** *v/t.* **3.** mit Temperafarbe(n) (an)malen.

dis·tem·per[2] [dɪˈstempə] *s.* **1.** *vet.* a) Staupe *f* (*bei Hunden*), b) Druse *f* (*bei Pferden*); **2.** *obs.* a) üble Laune, b) Unpässlichkeit *f*, c) po'litische Unruhe(n *pl.*).

dis·tend [dɪˈstend] **I** *v/t.* (aus)dehnen, weiten; aufblähen; **II** *v/i.* sich (aus)dehnen *etc.*; **dis·ten·si·ble** [dɪˈstensəbl] *adj.* (aus)dehnbar; **dis·ten·sion** [dɪˈstenʃn] *s.* (Aus)Dehnung *f*, Aufblähung *f*.

dis·tich [ˈdɪstɪk] *s.* **1.** Distichon *n* (*Verspaar*); **2.** gereimtes Verspaar.

dis·til, *Am.* **dis·till** [dɪˈstɪl] **I** *v/t.* **1.** ⚗ a) ('um)destillieren, abziehen, b) abdestillieren (***from*** aus), c) entgasen: **~*(l)ing flask*** Destillierkolben *m*; **2.** *Branntwein* brennen (***from*** aus); **3.** her'abtropfen lassen: ***be ~led*** sich niederschlagen; **4.** *fig. das Wesentliche* he'rausdestilˌlieren, -arbeiten (***from*** aus); **II** *v/i.* **5.** ⚗ destillieren; **6.** (her'ab)tropfen; **7.** *fig.* sich her'auskristalliˌsieren; **dis·til·late** [ˈdɪstɪlət] *s.* ⚗ Destil'lat *n*; **dis·til·la·tion** [ˌdɪstɪˈleɪʃn] *s.* **1.** ⚗ Destillati'on *f*; **2.** Brennen *n* (*von Branntwein*); **3.** Ex'trakt *m*, Auszug *m*; **4.** *fig.* 'Quintesˌsenz *f*, Kern *m*; **dis·til·ler** [dɪˈstɪlə] *s.* Branntweinbrenner *m*; **dis·til·ler·y** [dɪˈstɪlərɪ] *s.* **1.** ⚗ Destil'lierappaˌrat *m*; **2.** Destilla'teur *m*, ('Branntwein)Brenneˌrei *f*.

dis·tinct [dɪˈstɪŋkt] *adj.* ☐ → ***distinctly***; **1.** ver-, unter'schieden: ***as ~ from*** im Unterschied zu, zum Unterschied von; **2.** einzeln, getrennt, (ab)gesondert; **3.** eigen, selbstständig; **4.** ausgeprägt, charakte'ristisch; **5.** klar, eindeutig, bestimmt, entschieden, ausgesprochen, deutlich; **dis·tinc·tion** [dɪˈstɪŋkʃn] *s.* **1.** Unter'scheidung *f*: ***a ~ without a difference*** e-e spitzfindige Unterscheidung; **2.** 'Unterschied *m*: ***in ~ from*** (*od.* ***to***) im Unterschied zu, zum Unterschied von; ***draw*** (*od.* ***make***) ***a ~ between*** e-n Unterschied machen zwischen (*dat.*); **3.** Unter'scheidungsmerkmal *n*, Kennzeichen *n*; **4.** her'vorragende Eigenschaft; **5.** Auszeichnung *f*, Ehrung *f*; **6.** (hoher) Rang; **7.** Würde *f*; Vornehmheit *f*; **8.** Ruf *m*, Berühmtheit *f*; **dis·tinc·tive** [dɪˈstɪŋktɪv] *adj.* ☐ **1.** unter'scheidend, Unterscheidungs...; **2.** kenn-, bezeichnend, charakte'ristisch (***of*** für), besonder; **3.** deutlich, ausgesprochen; **dis·tinc·tive·ness** [dɪˈstɪŋktɪvnɪs] *s.* **1.** Besonderheit *f*; **2.** → ***distinctness*** 1; **dis·tinct·ly** [dɪˈstɪŋktlɪ] *adv.* deutlich, *fig. a.* ausgesprochen; **dis·tinct·ness** [dɪˈstɪŋktnɪs] *s.* **1.** Deutlichkeit *f*, Klarheit *f*; **2.** Verschiedenheit *f*; **3.** Verschiedenartigkeit *f*.

dis·tin·gué [dɪˈstæŋgeɪ] (*Fr.*) *adj.* distingu'iert, vornehm.

dis·tin·guish [dɪˈstɪŋgwɪʃ] **I** *v/t.* **1.** (***between***) unter'scheiden (zwischen), (*zwei Dinge etc.*) ausein'ander halten: ***as ~ed from*** zum Unterschied von, im Unterschied zu; ***be ~ed by*** sich durch *et.* unterscheiden *od. weitS.* auszeichnen; **2.** wahrnehmen, erkennen; **3.** kennzeichnen, charakterisieren: **~*ing mark*** Merkmal *n*, Kennzeichen *n*; **4.** auszeichnen, rühmend her'vorheben: **~ *o.s.*** sich auszeichnen (*a. iro.*); **II** *v/i.* **5.** unter'scheiden, e-n 'Unterschied machen; **dis·tin·guish·a·ble** [dɪˈstɪŋgwɪʃəbl] *adj.* ☐ **1.** unter'scheidbar; **2.** wahrnehmbar, erkennbar; **3.** kenntlich (***by*** an *dat.*, durch); **dis·tin·guished** [dɪˈstɪŋgwɪʃt] *adj.* **1.** → ***distinguishable*** 1, 2; **2.** bemerkenswert, berühmt (***for*** wegen, ***by*** durch); **3.** vornehm; **4.** her'vorragend, ausgezeichnet.

dis·tort [dɪˈstɔːt] *v/t.* **1.** verdrehen (*a. fig.*); *a. Gesicht* verzerren (*a.* ⚙, ϟ *u. fig.*); verrenken; ⚙ verformen: **~*ing mirror*** Vexier-, Zerrspiegel *m*; **2.** *fig. Tatsachen etc.* verdrehen, entstellen; **dis·tor·tion** [dɪˈstɔːʃn] *s.* **1.** Verdrehung *f* (*a. phys.*); Verrenkung *f*; Verzerrung *f* (*a.* ϟ, *phot.*); Verziehung *f*, Verwindung *f* (*a.* ⚙); **2.** *fig.* Entstellung *f*, Verzerrung *f*.

dis·tract [dɪˈstrækt] *v/t.* **1.** *Aufmerksamkeit, Person etc.* ablenken; **2.** *j-n* zerstreuen; **3.** erregen, aufwühlen; **4.** beunruhigen, stören, quälen; **5.** rasend machen; **dis·tract·ed** [dɪˈstræktɪd] *adj.* ☐ **1.** verwirrt; **2.** beunruhigt; **3.** außer sich, von Sinnen: **~ *with*** (*od.* ***by***) ***pain*** wahnsinnig vor Schmerzen; **dis·trac·tion** [dɪˈstrækʃn] *s.* **1.** Ablenkung *f*, *a.* Zerstreuung *f*; **2.** Zerstreutheit *f*; **3.** Verwirrung *f*; **4.** Wahnsinn *m*, Rase'rei *f*: ***drive s.o. to ~*** j-n zur Raserei bringen; ***love to ~*** bis zum Wahnsinn lieben; **5.** *oft pl.* Ablenkung *f*, Zerstreuung *f*, Unter'haltung *f*.

dis·train [dɪˈstreɪn] ⚖ *v/i.*: **~ (*up*)*on*** a) *j-n* pfänden, b) *et.* mit Beschlag belegen; **dis·train·ee** [ˌdɪstreɪˈniː] *s.* Pfandschuldner(in); **dis·train·er** [dɪˈstreɪnə], **dis·train·or** [ˌdɪstreɪˈnɔː] *s.* Pfandgläubiger(in); **dis·traint** [dɪˈstreɪnt] *s.* Beschlagnahme *f*.

dis·traught [dɪˈstrɔːt] → ***distracted***.

dis·tress [dɪˈstres] **I** *s.* **1.** Qual *f*, Pein *f*, Schmerz *m*; **2.** Leid *n*, Kummer *m*, Sorge *f*; **3.** Elend *n*; Not(lage) *f*; **4.** ⚓ Seenot *f*: **~ *call*** Notruf *m*, SOS-Ruf *m*; **~ *rocket*** Notrakete *f*; **~ *signal*** Notsignal *n*; **5.** ⚖ a) Beschlagnahme *f*, b) mit Beschlag belegte Sache; **II** *v/t.* **6.** quälen, peinigen, bedrücken; beunruhigen; betrüben: **~ *o.s.*** sich sorgen (***about*** um); **7.** → ***distrain***; **dis·tressed** [dɪˈstrest] *adj.* **1.** (***about***) beunruhigt (über *acc.*, wegen), besorgt (um); **2.** bekümmert, betrübt; unglücklich; **3.** bedrängt, in Not, Not leidend: **~ *area*** *Brit.* Notstandsgebiet *n*; **~ *ships*** Schiffe in Seenot; **4.** erschöpft; **dis·tress·ful** [dɪˈstresfʊl], **dis·tress·ing** [dɪˈstresɪŋ] *adj.* ☐ **1.** quälend; **2.** bedrückend.

dis·trib·ut·a·ble [dɪˈstrɪbjʊtəbl] *adj.* **1.** verteilbar; **2.** zu verteilen(d); **dis·trib·u·tar·y** [dɪˈstrɪbjʊtərɪ] *s. geogr.* abzweigender Flussarm, *bsd.* Deltaarm *m*; **dis·trib·ute** [dɪˈstrɪbjuːt] *v/t.* **1.** ver-, austeilen (***among*** unter *acc.*, ***to*** an *acc.*); **2.** zuteilen (***to*** *dat.*); **3.** ✝ a) *Waren* vertreiben, absetzen, b) *Filme* verleihen, c) *Dividende, Gewinne* ausschütten; **4.** *Post* zustellen; **5.** verbreiten; ausstreuen; *Farbe etc.* verteilen; **6.** auf-, einteilen; ⚔ gliedern; **7.** *typ.* a) *Satz* ablegen, b) *Farbe* auftragen; **dis·trib·u·tee** [dɪˌstrɪbjʊˈtiː] *s.* **1.** Empfänger(in); **2.** ⚖ Erbe *m*, Erbin *f*; **dis·trib·ut·er** → ***distributor***.

dis·trib·ut·ing| a·gent [dɪˈstrɪbjʊtɪŋ] *s.* ✝ (Großhandels)Vertreter *m*; **~ cen·ter** *Am.*, *Brit.* **~ cen·tre** *s.* ✝ 'Absatz-, Ver'teilungsˌzentrum *n*.

dis·tri·bu·tion [ˌdɪstrɪˈbjuːʃn] *s.* **1.** Ver-, Austeilung *f*; **2.** ⚙, ϟ a) Verteilung *f*, b) Verzweigung *f*; **3.** Ver-, Ausbreitung *f*; **4.** Einteilung *f*, *a.* ⚔ Gliederung *f*; **5.** a) Zuteilung *f*, b) Gabe *f*, Spende *f*; **6.** ✝ a) Vertrieb *m*, Absatz *m*, b) Verleih *m* (*von Filmen*), c) Ausschüttung *f* (*von Dividenden, Gewinnen*); **7.** Ausstreuen *n* (*von Samen*); **8.** Verteilen *n* (*von Farben etc.*); **9.** *typ.* a) Ablegen *n* (*des Satzes*), b) Auftragen *n* (*von Farbe*); **dis·trib·u·tive** [dɪˈstrɪbjʊtɪv] **I** *adj.* ☐ **1.** aus-, zu-, verteilend, Verteilungs...: **~ *share*** ⚖ gesetzlicher Erbteil; **~ *justice*** *fig.* ausgleichende Gerechtigkeit; **2.** jeden Einzelnen betreffend; **3.** Ꭿ, *ling.* distribu'tiv, Distributiv...; **II** *s.* **4.** *ling.* Distribu'tivum *n*; **dis·trib·u·tor** [dɪˈstrɪbjʊtə] *s.* **1.** Verteiler *m* (*a.* ⚙, ϟ); **2.** ✝ a) Großhändler *m*, Gene'ralvertreter *m*, b) *pl.* (Film)Verleih *m*; **3.** ⚙ Verteilerdüse *f*.

dis·trict [ˈdɪstrɪkt] *s.* **1.** Di'strikt *m*, (Verwaltungs)Bezirk *m*, Kreis *m*; **2.** (Stadt)Bezirk *m*, (-)Viertel *n*; **3.** Gegend *f*, Gebiet *n*, Landstrich *m*; **~ at·tor·ney** *s. Am.* Staatsanwalt *m*; **2 Coun·cil** *s. Brit.* Bezirksamt *n*; **2 Court** *s.* ⚖ *Am.* (Bundes)Bezirksgericht *n*; **~ heat·ing** *s.* Fernheizung *f*; **~ judge** *s.* ⚖ *Am.* Richter *m* an e-m (Bundes)Bezirksgericht; **~ man·ag·er** *s.* Be'zirksleiter(in), Gebietsleiter(in); **~ nurse** *s.* Gemeindeschwester *f*.

dis·trust [dɪsˈtrʌst] **I** *s.* 'Misstrauen *n*, Argwohn *m* (***of*** gegen): ***have a ~ of s.o.*** j-m misstrauen; **II** *v/t.* miss'trauen (*dat.*); **dis'trust·ful** [-fʊl] *adj.* ☐ 'misstrauisch, argwöhnisch (***of*** gegen): **~ *of o.s.*** gehemmt, ohne Selbstvertrauen.

dis·turb [dɪˈstɜːb] **I** *v/t.* stören (*a.* ⚙, ϟ, Ꭿ, *meteor. etc.*): a) behindern, b) belästigen, c) beunruhigen, d) aufschrecken, -scheuchen, e) durchein'ander bringen, in Unordnung bringen: **~*ed at*** beunruhigt über (*acc.*); **~ *the peace*** ⚖ die öffentliche Sicherheit u. Ordnung stören; **II** *v/i.* stören; **dis·turb·ance** [dɪˈstɜːbəns] *s.* **1.** Störung *f* (*a.* ⚙, ϟ, Ꭿ, ✈); **2.** Belästigung *f*; Beunruhigung *f*; Aufregung *f*; **3.** Unruhe *f*, Tu'mult *m*, Aufruhr *m*: **~ *of the peace*** ⚖ öffentliche Ruhestörung; ***cause*** (*od.* ***create***) ***a ~*** ⚖ die öffentliche Sicherheit u. Ordnung stören; **4.** Verwirrung *f*; **5.** **~ *of possession*** ⚖ Besitzstörung *f*; **dis·turb·er** [dɪˈstɜːbə] *s.* Störenfried *m*, Unruhestifter(in); **dis·turb·ing** [dɪˈstɜːbɪŋ] *adj.* ☐ beunruhigend.

dis·un·ion [ˌdɪsˈjuːnjən] *s.* **1.** Trennung *f*, Spaltung *f*; **2.** Uneinigkeit *f*, Zwietracht *f*; **dis·u·nite** [ˌdɪsjuːˈnaɪt] *v/t. u. v/i.* (sich) trennen; *fig.* (sich) entzweien; **dis·u·nit·ed** [ˌdɪsjuːˈnaɪtɪd] *adj.* entzweit, verfeindet; **dis·u·ni·ty** [ˌdɪsˈjuːnətɪ] → ***disunion*** 2.

dis·use I *s.* [ˌdɪsˈjuːs] Nichtgebrauch *m*; Aufhören *n e-s Brauchs*: ***fall into ~*** außer Gebrauch kommen; **II** *v/t.* [ˌdɪsˈjuːz] nicht mehr gebrauchen; **dis·used**

[ˌdɪs'juːzd] *adj.* **1.** ausgedient, nicht mehr benützt; **2.** stillgelegt (*Bergwerk etc.*), außer Betrieb.
dis·yl·lab·ic [ˌdɪsɪ'læbɪk] *adj.* (□ **~ally**) zweisilbig; **di·syl·la·ble** [dɪ'sɪləbl] *s.* zweisilbiges Wort.
ditch [dɪtʃ] **I** *s.* **1.** (Straßen)Graben *m*: ***last ~*** verzweifelter Kampf, Not(lage) *f*; ***die in the last ~*** bis zum letzten Atemzug kämpfen (*a. fig.*); **2.** Abzugsgraben *m*; **3.** Bewässerungs-, Wassergraben *m*; **4.** ✈ *sl.* ,Bach' *m* (*Meer, Gewässer*); **II** *v/t.* **5.** mit e-m Graben versehen, Gräben ziehen durch; **6.** durch Abzugsgräben entwässern; **7.** F *Wagen* in den Straßengraben fahren: ***be ~ed*** im Straßengraben landen; **8.** *sl.* a) *Wagen etc.* stehen lassen, b) *j-m* entwischen, c) *j-m* den ,Laufpass' geben, *j-n* ,sausen' lassen, d) *et.* ,wegschmeißen', e) *Am. Schule* schwänzen; **9.** ✈ *sl. Maschine* im ,Bach' landen; **III** *v/i.* **10.** Gräben ziehen *od.* ausbessern; **11.** ✈ *sl.* notlanden, notwassern; **'ditch·er** [-tʃə] *s.* **1.** Grabenbauer *m*; **2.** Grabbagger *m*; **'ditch,wa·ter** *s.* abgestandenes, fauliges Wasser; → ***dull*** 4.
dith·er ['dɪðə] **I** *v/i.* **1.** bibbern, zittern; **2.** *fig.* schwanken (***between*** zwischen *dat.*); **3.** aufgeregt sein; **II** *s.* **4.** *fig.* Schwanken *n*; **5.** Aufregung *f*: ***be all of*** (*od.* ***in***) ***a ~*** F aufgeregt sein, ,bibbern'.
dith·y·ramb ['dɪθɪræm*b*] *s.* **1.** Dithy'rambus *m*; **2.** Lobeshymne *f*; **dith·y·ram·bic** [ˌdɪθɪ'ræmbɪk] *adj.* dithy'rambisch; enthusi'astisch.
dit·to ['dɪtəʊ] (*abbr.* **do.**) **I** *adv.* dito, des'gleichen: ***~ marks*** Ditozeichen *n*; ***say ~ to s.o.*** j-m beipflichten; **II** *s.* F Dupli'kat *n*, Ebenbild *n*.
dit·ty ['dɪtɪ] *s.* Liedchen *n*.
di·u·ret·ic [ˌdaɪjʊə'retɪk] **I** *adj.* diu'retisch, harntreibend; **II** *s.* harntreibendes Mittel, Diu'retikum *n*.
di·ur·nal [daɪ'ɜːnl] *adj.* □ **1.** täglich ('wiederkehrend), Tag(es)...; **2.** *zo.* 'tagakˌtiv, bei Tag auftretend.
di·va ['diːvə] *s.* Diva *f*.
di·va·gate ['daɪvəgeɪt] *v/i.* abschweifen; **di·va·ga·tion** [ˌdaɪvə'geɪʃn] *s.* Abschweifung *f*, Ex'kurs *m*.
di·va·lent ['daɪˌveɪlənt] *adj.* ⚗ zweiwertig.
di·van [dɪ'væn] *s.* **1.** a) Diwan *m*, (Liege)Sofa *n*, b) *a.* ***~ bed*** Bettcouch *f*; **2.** Diwan *m*: a) *orientalischer Staatsrat*, b) *Regierungskanzlei*, c) *Gerichtssaal*, d) *öffentliches Gebäude*; **3.** Diwan *m* (*orientalische Gedichtsammlung*).
di·var·i·cate [daɪ'værɪkeɪt] *v/i.* sich gabeln, sich spalten; abzweigen.
dive [daɪv] **I** *v/i.* **1.** tauchen (***for*** nach, ***into*** in *acc.*); **2.** 'untertauchen; **3.** e-n Kopf- *od.* Hechtsprung (*a. Torwart*) machen; **4.** *Wasserspringen*: springen; **5.** ✈ e-n Sturzflug machen; **6.** (hastig) hin'eingreifen *od.* -fahren (***into*** in *acc.*); **7.** sich stürzen, verschwinden (***into*** in *acc.*); **8.** (***into***) sich vertiefen (in *ein Buch etc.*); **9.** fallen (*Thermometer etc.*); **II** *s.* **10.** ('Unter)Tauchen *n*, ⚓ *a.* Tauchfahrt *f*; **11.** Kopfsprung *m*; Hechtsprung *m* (*a. des Torwarts*); ***make a ~*** → 3; ***take a ~*** *sport sl.* a) *Fußball*: ,e-e Schwalbe bauen', b) ,sich (einfach) hinlegen' (*Boxer*); **12.** *Wasserspringen*: Sprung *m*; **13.** ✈ Sturzflug *m*; **14.** F Spe'lunke *f*, Kneipe *f*; **'~·bomb** *v/t. u. v/i.* im Sturzflug mit Bomben angreifen; **~ bomb·er** *s.* Sturzkampfflugzeug *n*, Sturzbomber *m*, Stuka *m*.
div·er ['daɪvə] *s.* **1.** Taucher(in); *sport* Wasserspringer(in); **2.** *orn. ein* Tauchvogel *m*, *bsd.* Pinguin *m*.
di·verge [daɪ'vɜːdʒ] *v/i.* **1.** divergieren (*a.* Ⱥ, *phys.*), ausein'ander gehen, *od.* laufen, sich trennen; abweichen; **2.** abzweigen (***from*** von); **3.** verschiedener Meinung sein; **di'ver·gence** [-dʒəns], **di'ver·gen·cy** [-dʒənsɪ] *s.* **1.** Ⱥ, *phys.* etc. Diver'genz *f*; **2.** Ausein'anderlaufen *n*; **3.** Abzweigung *f*; **4.** Abweichung *f*; **5.** Meinungsverschiedenheit *f*; **di'ver·gent** [-dʒənt] *adj.* □ **1.** divergierend (*a.* Ⱥ, *phys. etc.*); **2.** ausein'ander gehend *od.* laufend; **3.** abweichend.
di·vers ['daɪvɜːz] *adj. obs.* etliche.
di·verse [daɪ'vɜːs] *adj.* □ **1.** verschieden, ungleich; **2.** mannigfaltig; **di·ver·si·fi·ca·tion** [daɪˌvɜːsɪfɪ'keɪʃn] *s.* **1.** abwechslungsreiche Gestaltung; **2.** ⚚ Diversifizierung *f*, Streuung *f*: ***~ (of products)*** Verbreiterung *f* des Produktionsprogramms; ***~ of capital*** Anlagenstreuung *f*; **3.** Verschiedenartigkeit *f*; **di'ver·si·fied** [-sɪfaɪd] *adj.* **1.** verschieden(artig); **2.** ⚚ a) verteilt (*Risiko*), b) verteilt angelegt (*Kapital*), c) diversifiziert (*Produktion*); **di'ver·si·fy** [-sɪfaɪ] *v/t.* **1.** verschieden(artig) *od.* abwechslungsreich gestalten, variieren; **2.** ⚚ diversifizieren, streuen.
di·ver·sion [daɪ'vɜːʃn] *s.* **1.** Ablenkung *f*; **2.** ⚔ 'Ablenkungsmaˌnöver *n* (*a. fig.*); **3.** *Brit.* 'Umleitung *f* (*Verkehr*); **4.** *fig.* Zerstreuung *f*, Zeitvertreib *m*; **di'ver·sion·ar·y** [-ʃnərɪ] *adj.* ⚔ Ablenkungs...; **di'ver·sion·ist** *pol.* **I** *s.* Diversio'nist(in), Sabo'teur(in); **II** *adj.* diversio'nistisch.
di·ver·si·ty [daɪ'vɜːsətɪ] *s.* **1.** Verschiedenheit *f*, Ungleichheit *f*; **2.** Mannigfaltigkeit *f*.
di·vert [daɪ'vɜːt] *v/t.* **1.** ablenken, ableiten, abwenden (***from*** von, ***to*** nach), lenken (***to*** auf *acc.*); **2.** abbringen (***from*** von); **3.** *Geld etc.* abzweigen (***to*** für); **4.** *Brit. Verkehr* 'umleiten; **5.** zerstreuen, unter'halten; **di'vert·ing** [-tɪŋ] *adj.* □ unter'haltsam, amü'sant.
di·vest [daɪ'vest] *v/t.* **1.** entkleiden (***of*** *gen.*); **2.** *fig.* entblößen, berauben (***of*** *gen.*): ***~ s.o. of*** j-m *ein Recht etc.* entziehen *od.* nehmen; ***~ o.s. of*** *et.* ablegen, *et.* ab- *od.* aufgeben, sich *e-s Rechts etc.* entäußern; **di'vest·i·ture** [-tɪtʃə], **di'vest·ment** [-*s*tmənt] *s. fig.* Entblößung *f*, Beraubung *f*.
di·vide [dɪ'vaɪd] **I** *v/t.* **1.** (ein)teilen (***in***, ***into*** in *acc.*): ***be ~d into*** zerfallen in (*acc.*); **2.** Ⱥ teilen, dividieren (***by*** durch); **3.** verteilen (***between***, ***among*** unter *acc. od. dat.*): ***~ s.th. with s.o.*** et. mit j-m teilen; **4.** *a.* ***~ up*** zerteilen, zerlegen; zerstückeln, spalten; **5.** entzweien, ausein'ander bringen; **6.** trennen, absondern, scheiden (***from*** von); *Haar* scheiteln; **7.** *Brit. parl.* (im Hammelsprung) abstimmen lassen; **II** *v/i.* **8.** sich teilen; zerfallen (***in***, ***into*** in *acc.*); **9.** Ⱥ a) sich teilen lassen (***by*** durch), b) aufgehen (***into*** in *dat.*); **10.** sich trennen *od.* spalten; **11.** *parl.* im Hammelsprung abstimmen; **III** *s.* **12.** *Am.* Wasserscheide *f*; **13.** *fig.* Trennlinie *f*: ***the Great ≈*** der Tod; **di'vid·ed** [-dɪd] *adj.* geteilt (*a. fig.*): ***~ opinions*** geteilte Meinungen; ***~ counsel*** Uneinigkeit *f*; ***his mind was ~*** er war unentschlossen; ***~ against themselves*** unter sich uneins; ***~ highway*** *Am.* Schnellstraße *f*; ***~ skirt*** Hosenrock *m*.
div·i·dend ['dɪvɪdend] *s.* **1.** Ⱥ Divi'dend *m*; **2.** ⚚ Divi'dende *f*, Gewinnanteil *m*: *Brit.* ***cum ~***, *Am.* ***~ on*** einschließlich Dividende; *Brit.* ***ex ~***, *Am.* ***~ off*** ausschließlich Dividende; ***pay ~s*** *fig.* sich bezahlt machen; **3.** ⚖ Rate *f*, (Kon'kurs)quote *f*; ***~ cou·pon***, ***~ war·rant*** *s.* ⚚ Divi'dendenschein *m*.
di·vid·er [dɪ'vaɪdə] *s.* **1.** (Ver)Teiler(in); **2.** *pl.* Stechzirkel *m*; **3.** Trennwand *f*; **di'vid·ing** [-dɪŋ] *adj.* Trennungs..., Scheide...; ⚙ Teil...
div·i·na·tion [ˌdɪvɪ'neɪʃn] *s.* **1.** Weissagung *f*, Wahrsagung *f*; **2.** (Vor)Ahnung *f*.
di·vine [dɪ'vaɪn] **I** *adj.* □ **1.** Gottes..., göttlich, heilig: ***~ service*** Gottesdienst *m*; ***~ right of kings*** Königtum *n* von Gottes Gnaden, Gottesgnadentum *n*; **2.** *fig.* F göttlich, himmlisch; **II** *s.* **3.** Geistliche(r) *m*; **4.** Theo'loge *m*; **III** *v/t.* **5.** (vor'aus)ahnen; erraten; **6.** weissagen, prophe'zeien: ***divining rod*** Wünschelrute *f*; **di'vin·er** [-nə] *s.* **1.** Wahrsager *m*; **2.** (Wünschel)Rutengänger *m*.
div·ing ['daɪvɪŋ] *s.* **1.** Tauchen *n*; **2.** *sport* Wasserspringen *n*; ***~ bell*** *s.* Taucherglocke *f*; ***~ board*** *s.* Sprungbrett *n*; ***~ duck*** *s.* Tauchente *f*; ***~ dress*** → ***diving suit***; ***~ hel·met*** *s.* Taucherhelm *m*; ***~ suit*** *s.* Taucheranzug *m*; ***~ tow·er*** *s.* Sprungturm *m*.
di·vin·i·ty [dɪ'vɪnətɪ] *s.* **1.** Göttlichkeit *f*, göttliches Wesen; **2.** Gottheit *f*: ***the ≈*** die Gottheit, Gott; **3.** Theolo'gie *f*; **4.** *a.* ***~ fudge*** *Am. ein Schaumgebäck*; **div·i·nize** ['dɪvɪnaɪz] *v/t.* vergöttlichen.
di·vis·i·bil·i·ty [dɪˌvɪzɪ'bɪlətɪ] *s.* Teilbarkeit *f*; **di·vis·i·ble** [dɪ'vɪzəbl] *adj.* □ teilbar; **di·vi·sion** [dɪ'vɪʒn] *s.* **1.** (Auf-, Ein)Teilung *f* (***into*** in *acc.*); Verteilung *f*, Gliederung *f*: ***~ of labo(u)r*** Arbeitsteilung; ***~ into shares*** ⚚ Stückelung *f*; **2.** Trennung *f*, Grenze *f*, Scheidelinie *f*, -wand *f*; **3.** Teil *m*, Ab'teilung *f* (*a. e-s Amtes etc.*), Abschnitt *m*; **4.** Gruppe *f*, Klasse *f*; **5.** ⚔ Divisi'on *f*; **6.** *sport* 'Liga *f*, (Spiel-, *Boxen etc.*: Gewichts)Klasse *f*; **7.** *pol.* Bezirk *m*; **8.** *parl.* (Abstimmung *f* durch) Hammelsprung *m*: ***go into ~*** zur Abstimmung schreiten; ***upon a ~*** nach Abstimmung; **9.** *fig.* Spaltung *f*, Kluft *f*; Uneinigkeit *f*, Diffe'renz *f*; **10.** Ⱥ Divisi'on *f*, Dividieren *n*; **di·vi·sion·al** [dɪ'vɪʒənl] *adj.* □ **1.** Trenn..., Scheide...: ***~ line***; **2.** Abteilungs...; **3.** ⚔ Divisions...; **di·vi·sive** [dɪ'vaɪsɪv] *adj.* **1.** teilend; scheidend; **2.** entzweiend; trennend; **di·vi·sor** [dɪ'vaɪzə] *s.* Ⱥ Di'visor *m*, Teiler *m*.
di·vorce [dɪ'vɔːs] **I** *s.* **1.** ⚖ (Ehe)Scheidung *f*: ***~ action***, ***~ suit*** Scheidungsklage *f*, -prozess *m*; ***obtain a ~*** geschieden werden; ***seek a ~*** auf Scheidung klagen; **2.** *fig.* (völlige) Trennung *f* (***from*** von); **II** *v/t.* **3.** ⚖ *Ehegatten* scheiden; **4.** ***~ one's husband*** (***wife***) ⚖ sich von s-m Mann (s-r Frau) scheiden lassen; **5.** *fig.* (völlig) trennen, scheiden, (los-) lösen (***from*** von); **di·vor·cee** [dɪˌvɔː'siː] *s.* Geschiedene(r *m*) *f*.
div·ot ['dɪvət] *s.* **1.** *Scot.* Sode *f*, Rasenstück *n*; **2.** *Golf*: Divot *n*, Kote'lett *n*.
div·ul·ga·tion [ˌdaɪvʌl'geɪʃn] *s.* Enthüllung *f*, Preisgabe *f*.
di·vulge [daɪ'vʌldʒ] *v/t.* *Geheimnis etc.* enthüllen, preisgeben; **di'vulge·ment** [-mənt], **di'vul·gence** [-dʒəns] → ***divulgation***.
div·vy ['dɪvɪ] *v/t.* *oft* ***~ up*** *Am.* F aufteilen.

dix·ie[1] ['dɪksɪ] *s.* ⚔ *sl.* **1.** Kochgeschirr *n*; **2.** ‚'Gulaschka‚none' *f.*

Dix·ie[2] ['dɪksɪ] → ***Dixieland***; '**Dix·ie·crat** [-kræt] *s. Am. pol. Mitglied e-r Splittergruppe der Demokratischen Partei in den Südstaaten*; '**Dix·ie·land** *s.* **1.** *Bezeichnung für den Süden der USA*; **2.** ♪ Dixieland *m*, Dixie *m.*

DIY cen·tre [ˌdiːaɪ'waɪ] *s. bsd. Brit.* Heimwerkermarkt *m*, Baumarkt *m.*

diz·zi·ness ['dɪzɪnɪs] *s.* Schwindel(anfall) *m*; Benommenheit *f*; **diz·zy** ['dɪzɪ] **I** *adj.* □ **1.** schwindlig: ~ ***spell*** Schwindelanfall *m*; **2.** schwindelnd, Schwindel erregend: ~ ***heights***; **3.** verwirrt, benommen; **4.** unbesonnen; **5.** F verrückt; **II** *v/t.* **6.** schwindlig machen; **7.** verwirren.

D-mark ['diːmɑːk] *s.* Deutsche Mark.

DNA fin·ger·print [ˌdiːeneɪ'fɪŋgəprɪnt] *s.* ge'netischer Fingerabdruck.

do[1] [duː; dʊ] **I** *v/t.* [*irr.*] **1.** tun, machen: ***what can I ~ for you?*** womit kann ich dienen?; ***what does he ~ for a living?*** womit verdient er sein Brot?; ~ ***right*** recht tun; → ***done*** 1; **2.** tun, ausführen, sich beschäftigen mit, verrichten, voll'bringen, erledigen: ~ ***business*** Geschäfte machen; ~ ***one's duty*** s-e Pflicht tun; ~ ***French*** Französisch lernen; ~ ***Shakespeare*** Shakespeare durchnehmen *od.* behandeln; ~ ***it into German*** es ins Deutsche übersetzen; ~ ***lecturing*** Vorlesungen halten; ***my work is done*** m-e Arbeit ist getan *od.* fertig; ***he had done working*** er war mit der Arbeit fertig; ~ ***60 miles per hour*** 60 Meilen die Stunde fahren; ***he did all the talking*** er führte das große Wort; ***it can't be done*** es geht nicht; ~ ***one's best*** sein Bestes tun, sich alle Mühe geben; ~ ***better*** a) (et.) Besseres tun *od.* leisten, b) sich verbessern; → ***done***; **3.** herstellen, anfertigen: ~ ***a translation*** e-e Übersetzung machen; ~ ***a portrait*** ein Porträt malen; **4.** *j-m et.* tun, zufügen, erweisen, gewähren: ~ ***s.o. harm*** j-m schaden; ~ ***s.o. an injustice*** j-m ein Unrecht zufügen, j-m unrecht tun; ***these pills ~ me (no) good*** diese Pillen helfen mir (nicht); **5.** bewirken, erreichen: ***I did it*** ich habe es geschafft; ***now you've done it!*** *b.s.* nun hast du es glücklich geschafft!; **6.** herrichten, in Ordnung bringen, (zu'recht)machen, *Speisen* zubereiten: ~ ***a room*** ein Zimmer aufräumen *od.* ‚machen'; ~ ***one's hair*** sich das Haar machen, sich frisieren; ***I'll ~ the flowers*** ich werde die Blumen gießen; **7.** *Rolle etc.* spielen, ‚machen': ~ ***Hamlet*** den Hamlet spielen; ~ ***the host*** den Wirt spielen; ~ ***the polite*** den höflichen Mann markieren; **8.** genügen, passen, recht sein (*dat.*): ***will this glass ~ you?*** genügt Ihnen dieses Glas?; **9.** F erschöpfen, ermüden: ***he was pretty well done*** er war ‚erledigt' (*am Ende s-r Kräfte*); **10.** F erledigen, abfertigen: ***I'll ~ you next*** ich nehme Sie als Nächsten dran; ~ ***a town*** e-e Stadt besichtigen *od.* ‚erledigen'; ***that has done me*** das hat mich ‚fertig gemacht' *od.* ruiniert; ~ ***3 years in prison*** *sl.* drei Jahre ‚abbrummen'; **11.** F ‚reinlegen', ‚übers Ohr hauen', ‚einseifen': ~ ***s.o. out of s.th.*** j-n um et. betrügen *od.* bringen; ***you have been done (brown)*** du bist schön angeschmiert worden; **12.** F behandeln, versorgen, bewirten: ~ ***s.o. well*** j-n gut versorgen; ~ ***o.s. well*** es sich gut gehen lassen, sich gütlich tun; **II** *v/i.* [*irr.*] **13.** handeln, vorgehen, tun, sich verhalten: ***he did well to come*** er tat gut daran zu kommen; ***nothing ~ing!*** a) es ist nichts los, b) F nichts zu machen!, ausgeschlossen!; ***it's ~ or die now!*** jetzt gehts ums Ganze!; ***have done!*** hör auf!, genug davon!; → ***Rome***; **14.** vor'ankommen, Leistungen voll'bringen: ~ ***well*** a) es gut machen, Erfolg haben, b) gedeihen, gut verdienen (→ 15); ~ ***badly*** schlecht daran sein, schlecht *mit et.* fahren; ***he did brilliantly at his examination*** er hat ein glänzendes Examen gemacht; **15.** sich befinden: ~ ***well*** a) gesund sein, b) in guten Verhältnissen leben, c) sich gut erholen; ***how ~ you ~?*** a) guten Tag!, b) *obs.* wie geht es Ihnen?, c) es freut mich (, Sie kennen zu lernen); **16.** genügen, ausreichen, passen, recht sein: ***will this quality ~?*** reicht diese Qualität aus?; ***that will ~*** a) das genügt, b) genug davon!; ***it will ~ tomorrow*** es hat Zeit bis morgen; ***that won't ~*** a) das genügt nicht, b) das geht nicht (an); ***that won't ~ with me*** das verfängt bei mir nicht; ***it won't ~ to be rude*** mit Grobheit kommt man nicht weit(er), man darf nicht unhöflich sein; ***I'll make it ~*** ich werde damit (schon) auskommen *od.* reichen; **III** *v/aux.* **17.** *Verstärkung*: ***I ~ like it*** es gefällt mir sehr; ***~ be quiet!*** sei doch still!; ***he did come*** er ist tatsächlich gekommen; ***they did go, but*** sie sind zwar *od.* wohl gegangen, aber; **18.** *Umschreibung*: a) *in Fragesätzen*: ***~ you know him? No, I don't*** kennst du ihn? Nein (, ich kenne ihn nicht), b) *in mit* **not** *verneinten Sätzen*: ***he did not*** (*od.* ***didn't***) ***come*** er ist nicht gekommen; **19.** *bei Umstellung nach* ***hardly***, ***little*** *etc.*: ***rarely does one see such things*** solche Dinge sieht man selten; **20.** *statt Wiederholung des Verbs*: ***you know as well as I ~*** Sie wissen so gut wie ich; ***did you buy it? – I did!*** hast du es gekauft? – jawohl!; ***I take a bath – so ~ I*** ich nehme ein Bad – ich auch; **21.** ***you learn German, don't you?*** du lernst Deutsch, nicht wahr?; ***he doesn't work too hard, does he?*** er arbeitet sich nicht tot, nicht wahr?;

Zssgn mit prp.:

do| by *v/i.* behandeln, handeln an (*dat.*): ***do well by s.o.*** j-n gut *od.* anständig behandeln; ***do ([un]to others) as you would be done by*** was du nicht willst, dass man dir tu, das füg auch keinem andern zu; ~ **for** *v/i.* **1.** passen *od.* sich eignen für *od.* als; ausreichen für; **2.** F *j-m* den Haushalt führen; **3.** sorgen für; **4.** F zu'grunde richten, ruinieren: ***he is done for*** er ist ‚erledigt'; ~ **to** → ***do by***; ~ **with** *v/t. u. v/i.* **1.** : ***I can't do anything with him (it)*** ich kann nichts mit ihm (damit) anfangen; ***I have nothing to ~ it*** ich habe nichts damit zu schaffen, es geht mich nichts an, es betrifft mich nicht; ***I won't have anything to ~ you*** ich will mit dir nichts zu schaffen haben; **2.** auskommen *od.* sich begnügen mit: ***can you ~ bread and cheese for supper?*** genügen dir Brot und Käse zum Abendessen?; **3.** er-, vertragen: ***I can't ~ him and his cheek*** ich kann ihn mit s-r Frechheit nicht ertragen; **4.** *mst* ***could ~*** (gut) gebrauchen können: ***I could ~ the money***; ***he could ~ a haircut*** er müsste sich mal (wieder) die Haare schneiden lassen; ~ **with·out** *v/i.* auskommen ohne, *et.* entbehren, verzichten auf (*acc.*): ***we shall have to ~*** wir müssen ohne (es) auskommen;

Zssgn mit adv.:

do| a·way with *v/i.* **1.** beseitigen, abschaffen, aufheben; **2.** *Geld* 'durchbringen; **3.** 'umbringen, töten; ~ **down** *v/t.* F **1.** reinlegen, ‚übers Ohr hauen', ‚bescheißen'; **2.** ‚her'untermachen'; ~ **in** *v/t. sl.* **1.** *j-n* 'umbringen; **2.** → ***do down*** 1; **3.** *j-n* ‚erledigen', ‚schaffen'; ~ **out** *v/t.* F *Zimmer etc.* säubern; ~ **up** *v/t.* **1.** a) zs.-schnüren, b) *Päckchen* verschnüren, zu'rechtmachen, c) einpacken, d) *Kleid etc.* zumachen; **2.** *das Haar* hoch stecken; **3.** herrichten, in Ordnung bringen; **4.** → ***do in*** 3.

do[2] [duː] *pl.* **dos, do's** [-z] *s.* **1.** *sl.* Schwindel *m*, ‚Beschiss' *m*, fauler Zauber; **2.** *Brit.* F Fest *n*, ‚Festivi'tät' *f*, ‚große Sache'; **3.** ***do's and don'ts*** Gebote *pl. u.* Verbote *pl.*, Regeln *pl.*

do[3] [dəʊ] *s.* ♪ do *n* (*Solmisationssilbe*).

do·a·ble ['duːəbl] *adj.* 'durchführ-, machbar; '**do-all** *s.* Fak'totum *n.*

doat [dəʊt] → ***dote***.

do·ber·man ['dəʊbəmən] *pl.* **-mans** [-mənz] *s. Hund*: 'Dobermann *m.*

doc [dɒk] F *abbr. für* ***doctor***.

do·cent [dəʊ'sent] *s. Am.* Pri'vatdo‚zent *m.*

doc·ile ['dəʊsaɪl] *adj.* □ **1.** fügsam, gefügig; **2.** gelehrig; **3.** fromm (*Pferd*); **do·cil·i·ty** [dəʊ'sɪlətɪ] *s.* **1.** Fügsamkeit *f*; **2.** Gelehrigkeit *f.*

dock[1] [dɒk] **I** *s.* **1.** Dock *n*: ***dry ~***, ***graving ~*** Trockendock; ***floating ~*** Schwimmdock; ***wet ~*** Dockhafen *m*; ***put in ~*** → 6; **2.** Hafenbecken *n*, Anlegeplatz *m*: ~ ***authorities*** Hafenbehörde *f*; ~ ***dues*** → ***dockage***[1] 1; ~ ***strike*** Dockarbeiterstreik *m*; **3.** *pl.* Docks *pl.*, Dock-, Hafenanlagen *pl.*; **4.** *Am.* Kai *m*; **5.** 🚂 *Am.* Laderampe *f*; **II** *v/t.* **6.** *Schiff* (ein)docken; **7.** *Raumschiffe* koppeln; **III** *v/i.* **8.** ins Dock gehen, docken; im Dock liegen; **9.** anlegen (*Schiff*); **10.** andocken (*Raumschiffe*).

dock[2] [dɒk] **I** *s.* **1.** Fleischteil *m* des Schwanzes; **2.** Schwanzstummel *m*; **3.** Schwanzriemen *m*; **4.** (Lohn- *etc.*)Kürzung *f*; **II** *v/t.* **5.** a) stutzen, b) den Schwanz stutzen *od.* kupieren (*dat.*); **6.** *fig.* beschneiden, kürzen.

dock[3] [dɒk] *s.* ⚖ Anklagebank *f*: ***be in the ~*** auf der Anklagebank sitzen; ***put in the ~*** *fig.* anklagen.

dock[4] [dɒk] *s.* ⚘ Ampfer *m.*

dock·age[1] ['dɒkɪdʒ] *s.* ⚓ **1.** Dock-, Hafengebühren *pl.*, Kaigebühr *f*; **2.** Docken *n*; **3.** → ***dock***[1] 3.

dock·age[2] ['dɒkɪdʒ] *s.* Kürzung *f.*

dock·er ['dɒkə] *s. Brit.* Dock-, Hafenarbeiter *m.*

dock·et ['dɒkɪt] **I** *s.* **1.** ⚖ a) Ge'richts-, Ter'minka‚lender *m*, b) *Brit.* 'Urteilsre‚gister *n*, c) *Am.* Pro'zessliste *f*; **2.** Inhaltsangabe *f*, -vermerk *m*; **3.** *Am.* Tagesordnung *f*; **4.** ✝ a) A'dresszettel *m*, Eti'kett *n*, b) *Brit.* Zollquittung *f*, c) *Brit.* Bestell-, Lieferschein *m*; **II** *v/t.* **5.** in e-e Liste eintragen (→ 1 b u. c); **6.** mit Inhaltsangabe *od.* Eti'kett versehen; **7.** *Am.* auf die Tagesordnung setzen.

dock·ing ['dɒkɪŋ] *s. Raumfahrt*: Andocken *n*, Kopp(e)lung *f.*

'**dock|·land** *s.* Hafenviertel *n*; '**~‚mas·ter** *s.* 'Hafenkapi‚tän *m*, Dockmeister *m*; '~ˌ**war·rant** *s.* † Docklagerschein *m*; ~ **work·er** → ***docker***; '~·**yard** *s.* ⚓ **1.** Werft *f*; **2.** *Brit.* Ma'rinewerft *f*.

doc·tor ['dɒktə] **I** *s.* **1.** Doktor *m*, Arzt *m*: ~**'s stuff** F Medizin *f*; ***that's just what the ~ ordered*** das ist genau das Richtige; ***doll ~*** F Puppendoktor; **2.** *univ.* Doktor *m*: ***≈ of Divinity (Laws)*** Doktor der Theologie (Rechte); ***take one's ~'s degree*** (zum Doktor) promovieren; ***Dear ~*** Sehr geehrter Herr Doktor!; **3.** ***≈ of the Church*** Kirchenvater *m*; **4.** ⚓ *sl.* Smutje *m*, Schiffskoch *m*; **5.** ⚙ Schaber *m*, Abstreichmesser *n*; **6.** *Angeln*: künstliche Fliege; **II** *v/t.* **7.** ‚verarzten', ärztlich behandeln; **8.** F *Tier* kastrieren; **9.** ‚ausbessern', ‚zu'rechtflicken'; **10.** *a.* ~ ***up*** a) *Wein etc.* (ver)pantschen, b) *Abrechnungen etc.* ‚frisieren', (ver)fälschen; **III** *v/i.* **11.** F (als Arzt) praktizieren; '**doc·tor·al** [-tərəl] *adj.* Doktor(s)...: ~ ***candidate*** Doktorand(in); ~ ***cap*** Doktorhut *m*; '**doc·tor·ate** [-tərɪt] *s.* Dokto'rat *n*, Doktorwürde *f*; **doc·tor's sur·ger·y** *s.* 'Arztˌpraxis *f*.

doc·tri·naire [ˌdɒktrɪ'neə] **I** *s.* Doktri'när *m*, Prin'zipienreiter *m*; **II** *adj.* doktri'när.

doc·tri·nal [dɒk'traɪnl] *adj.* ☐ lehrmäßig, Lehr...; *weitS* dog'matisch: ~ ***proposition*** Lehrsatz *m*; ~ ***theology*** Dogmatik *f*; **doc·trine** ['dɒktrɪn] *s.* **1.** Doktrin *f*, Lehre *f*, Lehrmeinung *f*; **2.** *bsd. pol.* Dok'trin *f*, Grundsatz *m*: ***party ~*** Parteiprogramm *n*.

doc·u·dra·ma ['dɒkjʊˌdrɑːmə] *s. Film, TV*: Dokumen'tarspiel *n*.

doc·u·ment ['dɒkjʊmənt] **I** *s.* **1.** Doku'ment *n*, Urkunde *f*, Schrift-, Aktenstück *n*, 'Unterlage *f*, *pl. a.* Akten *pl.*; **2.** Beweisstück *n*; **3.** (***shipping***) ~***s*** *pl.* † Ver'lade-, 'Schiffspaˌpiere *pl.*: ~***s against acceptance (payment)*** Dokumente gegen Akzept (Bezahlung); **II** *v/t.* [-ment] **4.** dokumentieren (*a. fig.*), (urkundlich) belegen; **5.** *Buch etc.* mit (genauen) Beleghinweisen versehen; **6.** † mit den notwendigen Pa'pieren versehen; **doc·u·men·ta·ry** [ˌdɒkjʊ'mentərɪ] **I** *adj.* **1.** dokumen'tarisch, urkundlich: ~ ***bill*** † Dokumententratte *f*; ~ ***evidence*** Urkundenbeweis *m*; **2.** *Film etc.*: Dokumentar..., Tatsachen...: ~ ***film***; ~ ***novel***; **II** *s.* Dokumen'tar-, Tatsachenfilm *m*; **doc·u·men·ta·tion** [ˌdɒkjʊmen'teɪʃn] *s.* Dokumentati'on *f*: a) Urkunden-, Quellenbenutzung *f*, b) dokumen'tarischer Nachweis *od.* Beleg.

dod·der[1] ['dɒdə] *s.* ⚘ Teufelszwirn *m*, Flachsseide *f*.

dod·der[2] ['dɒdə] *v/i.* F **1.** zittern (*vor Schwäche*); **2.** wack(e)lig gehen, wackeln; '**dod·dered** [-əd] *adj.* **1.** astlos (*Baum*); **2.** altersschwach, tatterig; '**dod·der·ing** [-ərɪŋ], '**dod·der·y** [-ərɪ] *adj.* F se'nil, tatterig, vertrottelt.

dod·dle ['dɒdl] *s. Brit.* F Kinderspiel *n*, Kleinigkeit *f*: ***it's a ~*** es ist kinder'leicht.

do·dec·a·gon [dəʊ'dekəgən] *s.* A Zwölfeck *n*.

do·dec·a·he·dron [ˌdəʊdekə'hedrən] *pl.* **-drons, dra** [-drə] *s.* A Dodeka'eder *n*, Zwölfflächner *m*; ˌ**do·dec·a'syl·la·ble** [-'sɪləbl] *s.* zwölfsilbiger Vers.

dodge [dɒdʒ] **I** *v/i.* **1.** (rasch) zur Seite springen, ausweichen; **2.** a) schlüpfen, b) sich verstecken, c) flitzen; **3.** Ausflüchte gebrauchen, Winkelzüge machen; **4.** sich drücken; **II** *v/t.* **5.** ausweichen (*dat.*); **6.** F sich drücken vor, um'gehen, aus dem Weg gehen (*dat.*), vermeiden; **III** *s.* **7.** Sprung *m* zur Seite, rasches Ausweichen; **8.** Kniff *m*, Trick *m*: ***be up to all the ~s*** mit allen Wassern gewaschen sein; **dodg·em** (**car**) ['dɒdʒəm] *s.* (Auto)Scooter *m*; '**dodg·er** [-dʒə] *s.* **1.** ‚Schlitzohr' *n*; **2.** Gauner *m*, Schwindler *m*; **3.** Drückeberger *m*; **4.** *Am.* Hand-, Re'klamezettel *m*; '**dodg·y** [-dʒɪ] *adj. Brit.* F **1.** vertrackt; **2.** ris'kant; **3.** nicht einwandfrei.

do·do ['dəʊdəʊ] *s.* **1.** 'Dodo *m*, 'Dronte *f* (*ausgestorbener Vogel*): ***as dead as a ~*** mausetot; *fig* völlig ‚out', ein ‚alter Hut'; **2.** F ‚Schnecke' *f* (*Person*), Trottel *m*; **3.** *contp.* Ewig'gestriger *m*, F ‚Grufti' *m*.

doe [dəʊ] *s. zo.* **1.** a) Damhirschkuh *f*, b) Rehgeiß *f*; **2.** *Weibchen der Hasen, Kaninchen etc.*

do·er ['duːə] *s.* ‚Macher' *m*, Tatmensch *m*.

does [dʌz; dəz] *3. pres. sg. von* **do**[1].

'**doe·skin** *s.* **1.** a) Rehfell *n*, b) Rehleder *n*; **2.** Doeskin *n* (*ein Wollstoff*).

doest [dʌst] *obs. od. poet. 2. pres. sg. von* **do**[1]: ***thou ~*** du tust.

doff [dɒf] *v/t.* **1.** *Kleider* ablegen, ausziehen; *Hut* lüften, ziehen; **2.** *fig. Gewohnheit* ablegen.

dog [dɒg] **I** *s.* **1.** *zo.* Hund *m*; **2.** *engS.* Rüde *m* (*männlicher Hund, Wolf* [*a.* ***dog wolf***], *Fuchs* [*a.* ***dog fox***] *etc.*); **3.** *oft* ***dirty ~*** (gemeiner) Hund *m*, Schuft *m*; **4.** F Bursche *m*, Kerl *m*: ***gay ~*** lustiger Vogel; ***lucky ~*** Glückspilz *m*; ***sly ~*** schlauer Fuchs; **5.** *ast.* a) ***Greater (Lesser) ≈*** Großer (Kleiner) Hund, b) → ***Dog Star***; **6.** ***the ~s*** *Brit.* F das Windhundrennen; **7.** ⚙ a) Klaue *f*, Knagge *f*, b) Anschlag(bolzen) *m*, c) Bock *m*, Gestell *n*; **8.** ⚒ Hund *m*, Förderwagen *m*; **9.** → ***firedog***;

Besondere Redewendungen:

not a ~'s chance nicht die geringste Chance; ***~ in the manger*** Neidhammel *m*; ***~s of war*** Kriegsfurien; ***~'s dinner*** F Pfusch(arbeit *f*) *m*; ***~ does not eat ~*** eine Krähe hackt der anderen kein Auge aus; ***go to the ~s*** vor die Hunde gehen; ***every ~ has his day*** jeder hat einmal Glück im Leben; ***help a lame ~ over a stile*** j-m in der Not helfen; ***lead a ~'s life*** ein Hundeleben führen; ***lead s.o. a ~'s life*** j-m das Leben zur Hölle machen; ***let sleeping ~s lie*** a) schlafende Hunde soll man nicht wecken, lass die Finger davon, b) lass den Hund begraben sein, rühr nicht alte Geschichten auf; ***put on ~*** F‚angeben', vornehm tun; ***throw to the ~s*** wegwerfen, vergeuden, *fig.* den Wölfen (zum Fraß) vorwerfen, opfern;

II *v/t.* **10.** *j-m* auf dem Fuße folgen, *j-n* verfolgen, jagen, *j-m* nachspüren: ***~ s.o.'s steps*** j-m auf den Fersen bleiben; **11.** *fig.* verfolgen: ***~ged by bad luck***.

dog| bis·cuit *s.* Hundekuchen *m*; '~·**cart** *s.* Dogkart *m* (*Wagen*); ˌ~-'**cheap** *adj. u. adv.* F spottbillig; ~ **col·lar** *s.* **1.** Hundehalsband *n*; **2.** F Kol'lar *n*, (steifer) Kragen *e-s Geistlichen*; ~ **days** *s. pl.* Hundstage *pl.*

doge [dəʊdʒ] *s. hist.* Doge *m*.

'**dog|-ear** *s.* Eselsohr *n*; '~-**eared** *adj.* mit Eselsohren (*Buch*); ~ **end** *s. Brit.* F (Ziga'retten)Kippe *f*; '~·**fight** *s.* Handgemenge *n*; ⚔ Einzel-, Nahkampf *m*; ✈ Kurven-, Luftkampf *m*; '~·**fish** *s.* kleiner Hai, *bsd.* Hundshai *m*.

dog·ged ['dɒgɪd] *adj.* ☐ verbissen, hartnäckig, zäh; '**dog·ged·ness** [-nɪs] *s.* Verbissenheit *f*, Zähigkeit *f*.

dog·ger ['dɒgə] *s.* ⚓ Dogger *m* (*zweimastiges Fischerboot*).

dog·ger·el ['dɒgərəl] **I** *s.* Knittelvers *m*; **II** *adj.* holperig (*Vers etc.*).

dog·gie ['dɒgɪ] → ***doggy*** 1; ~ **bag** *s.* F Beutel *m* zum Mitnehmen von Essensresten (*im Restaurant*).

dog·gish ['dɒgɪʃ] *adj.* ☐ **1.** hundeartig, Hunde...; **2.** bissig, mürrisch.

dog·go ['dɒgəʊ] *adv.*: ***lie ~*** a) sich nicht mucksen, b) sich versteckt halten.

dog·gone ['dɒgɒn] *adj. u. int. Am.* F verdammt.

dog·gy ['dɒgɪ] **I** *s.* **1.** Hündchen *n*, Wauwau *m*; **II** *adj.* **2.** hundeartig; **3.** hundeliebend; **4.** *Am.* F todschick.

'**dog|·house** *s.* Hundehütte *f*: ***in the ~*** *Am.* F in Ungnade; ~ **Lat·in** *s.* 'Küchenlaˌtein *n*; ~ **lead** [liːd] *s.* Hundeleine *f*.

dog·ma ['dɒgmə] *pl.* **-mas**, **-ma·ta** [-mətə] *s.* **1.** *eccl.* Dogma *n*: a) Glaubenssatz *m*, b) 'Lehrsysˌtem *n*; **2.** Lehrsatz *m*; **3.** *fig.* Dogma *n*, Grundsatz *m*; **dog·mat·ic** [dɒg'mætɪk] **I** *adj.* (☐ ~***ally***) *eccl. u. fig. contp.* dog'matisch; **II** *s. pl. sg. konstr.* Dog'matik *f*; '**dog·ma·tism** [-ətɪzəm] *s. contp.* Dogma'tismus *m*; '**dog·ma·tist** [-ətɪst] *s. eccl. u. fig.* Dog'matiker *m*; '**dog·ma·tize** [-ətaɪz] **I** *v/i. bsd. contp.* dogmatisieren, dog'matische Behauptungen aufstellen (***on*** über *acc.*); **II** *v/t.* dogmatisieren, zum Dogma erheben.

ˌ**do-'good·er** *s.* F Weltverbesserer *m*, Humani'tätsaˌpostel *m*.

'**dog|-ˌpad·dle** *v/i.* (wie ein Hund) paddeln; ~ **rac·ing** *s.* Hunderennen *n*; ~ **rose** *s.* ⚘ Heckenrose *f*.

'**dogsˌbod·y** ['dɒgz-] *s.* F ‚Kuli' *m* (*der die Dreckarbeit machen muss*).

'**dog's-ear** *etc.* → ***dog-ear*** *etc.*

dog| show *s.* Hundeausstellung *f*; '~·**skin** *s.* Hundsleder *n*; ≈ **Star** *s. ast.* Sirius *m*, Hundsstern *m*; ~ **tag** *s.* **1.** Hundemarke *f*; **2.** ⚔ *Am. sl.* ‚Hundemarke' *f* (*Erkennungsmarke*); ~ **tax** *s.* Hundesteuer *f*; ˌ~-'**tired** *adj.* F hundemüde; '~·**tooth** *s.* [*irr.*] △ 'Zahnornaˌment *n*; '~·**trot** *s.* leichter Trab; '~·**watch** *s.* ⚓ ‚Plattfuß' *m* (*Wache*); '~·**wood** *s.* ⚘ Hartriegel *m*.

doi·ly ['dɔɪlɪ] *s.* (Zier)Deckchen *n*.

do·ing ['duːɪŋ] *s.* **1.** Tun *n*: ***that was your ~*** a) das hast du getan, b) es war deine Schuld; ***that will take some ~*** das will erst getan sein; **2.** *pl.* a) Taten *pl.*, Tätigkeit *f*, b) Vorfälle *pl.*, Begebenheiten *pl.*, c) Treiben *n*, Betragen *n*: ***fine ~s these!*** das sind mir schöne Geschichten!; **3.** *pl. sg. konstr. Brit.* F ‚Dingsbums' *n*.

doit [dɔɪt] *s.* Deut *m*: ***not worth a ~*** keinen Pfifferling wert.

ˌ**do-it-your'self** **I** *s.* Heimwerken *n*; **II** *adj.* Do-it-yourself-..., Heimwerker...; ˌ**do-it-your'self·er** [-fə] *s.* F Heimwerker *m*.

dol·drums ['dɒldrəmz] *s. pl.* **1.** *geogr.* a) Kalmengürtel *m*, -zone *f*, b) Kalmen *pl.*, äquatori'ale Windstillen *pl.*; **2.** Niedergeschlagenheit *f*, Trübsinn *m*: ***in the ~*** a) deprimiert, Trübsal blasend, b) e-e Flaute durchmachend (*Geschäft etc.*).

dole [dəʊl] **I** *s.* **1.** milde Gabe, Almosen *n*; **2.** *a.* ~ ***money*** *bsd. Brit.* F ‚Stütze' *f*

(*Arbeitslosengeld*): **be** (*od.* **go**) **on the ~** stempeln gehen; **II** *v/t.* **3.** *mst* **~ out** sparsam aus-, verteilen.

dole·ful ['dəʊlfʊl] *adj.* □ traurig; trübselig; '**dole·ful·ness** [-nɪs] *s.* Trübseligkeit *f.*

dol·i·cho·ce·phal·ic [ˌdɒlɪkəʊse'fælɪk] *adj.* langköpfig, -schädelig.

'**do-ˌlit·tle** *s.* F Faulpelz *m.*

doll [dɒl] **I** *s.* **1.** Puppe *f*: **~'s house** Puppenstube *f*, -haus *n*; **~'s pram** *bsd. Brit.* Puppenwagen *m*; **~'s face** *fig.* Puppengesicht *n*; **2.** F ‚Puppe' *f* (*Mädchen*); *Am. sl. allg.* Frau *f*; **II** *v/t. u. v/i.* **~ up** F (sich) fein machen: **all ~ed up** aufgedonnert.

dol·lar ['dɒlə] *s.* Dollar *m*: **the almighty ~** das Geld, der Mammon; **~ diplomacy** Dollardiplomatie *f.*

doll·ish ['dɒlɪʃ] *adj.* □ puppenhaft.

dol·lop ['dɒləp] *s.* F Klumpen *m*, ‚Klacks' *m*; *Am.* ‚Schuss' *m*: **~ of brandy.**

doll·y ['dɒlɪ] **I** *s.* **1.** Püppchen *n*; **2.** ⚙ a) niedriger Trans'portkarren, b) *Film*: Kamerawagen *m*, c) 'Schmalspurlokoˌmoˌtive *f* (*an Baustellen*); **3.** ⚙ Nietkolben *m*; **4.** Wäschestampfer *m*, -stößel *m*; **5.** *Am.* Anhängerbock *m* (*Sattelschlepper*); **6.** *a.* **~ bird** F ‚Püppchen' *n* (*Mädchen*); **II** *adj.* **7.** puppenhaft; **III** *v/t.* **8. ~ in** (**out**) *Film*: *die Kamera* vorfahren (zu'rückfahren); **~ shot** *s. Film*: Fahraufnahme *f.*

dol·man ['dɒlmən] *pl.* **-mans** *s.* **1.** Damenmantel *m* mit capeartigen Ärmeln: **~ sleeve** capeartiger Ärmel; **2.** Dolman *m* (*Husarenjacke*).

dol·men ['dɒlmen] *s.* Dolmen *m* (*vorgeschichtliches Steingrabmal*).

dol·o·mite ['dɒləmaɪt] *s. min.* Dolo'mit *m*: **the** 𝔖**s** *geogr.* die Dolomiten.

do·lor *Am.* → **dolour**; **dol·or·ous** ['dɒlərəs] *adj.* □ traurig, schmerzlich; **do·lour** ['dɒlə] *s.* Leid *n*, Pein *f*, Qual *f*, Schmerz *m.*

dol·phin ['dɒlfɪn] *s.* **1.** *zo.* a) Del'phin *m*, b) Tümmler *m*; **2.** *ichth.* 'Goldmakˌrele *f*; **3.** ⚓ a) Ankerboje *f*, b) Dalbe *f.*

dolt [dəʊlt] *s.* Dummkopf *m*, Tölpel *m*; '**dolt·ish** [-tɪʃ] *adj.* □ tölpelhaft, dumm.

do·main [dəʊ'meɪn] *s.* **1.** Do'mäne *f*, Staatsgut *n*; **2.** Landbesitz *m*; Herrengut *n*; **3.** (**power of**) **eminent ~** *Am.* Enteignungsrecht *n des Staates*; **4.** *fig.* Do'mäne *f*, Gebiet *n*, Bereich *m*, Sphäre *f*, Reich *n.*

dome [dəʊm] *s.* **1.** *allg.* Kuppel *f*; **2.** Wölbung *f*; **3.** *obs.* Dom *m*, *poet. a.* stolzer Bau; **4.** ⚙ Haube *f*, Deckel *m*; **5.** *Am.* ‚Birne' *f* (*Kopf*); **domed** [-md] *adj.* gewölbt; kuppelförmig.

Domes·day Book ['du:mzdeɪ] *s. Reichsgrundbuch Englands* (*1086*).

'**dome-shaped** → **domed.**

do·mes·tic [dəʊ'mestɪk] **I** *adj.* (□ **~ally**) **1.** häuslich, Haus..., Haushalts..., Familien..., Privat...: **~ affairs** häusliche Angelegenheiten (→ 4); **~ court** *Am.* Familiengericht *n*; **~ drama** *thea.* bürgerliches Drama; **~ economy** *od.* **science** Hauswirtschaft(slehre) *f*; **~ life** Familienleben *n*; **~ relations law** ⚖ *Am.* Familienrecht *n*; **~ servant** → 6; **2.** häuslich (veranlagt): **a ~ man**; **3.** inländisch, Inland(s)..., einheimisch, Landes...; Innen..., Binnen...: **~ bill** ✝ Inlandswechsel *m*; **~ goods** Inlandswaren; **~ mail** *Am.* Inlandspost *f*; **~ trade** Binnenhandel *m*; **4.** *pol.* inner, Innen...: **~ affairs** innere *od.* innenpolitische Angelegenheiten (→ 1); **~ policy** Innenpolitik *f*; **5.** zahm, Haus...: **~ animal** Haustier *n*; **II** *s.* **6.** Hausangestellte(r *m*) *f*, Dienstbote *m*; **do'mes·ti·cate** [-keɪt] *v/t.* **1.** domestizieren: a) zähmen, zu Haustieren machen, b) zu Kulturpflanzen machen; **2.** an häusliches Leben gewöhnen: **not ~d** a) nichts vom Haushalt verstehend, b) nicht am Familienleben hängend, ‚nicht gezähmt'; **3.** *Wilde* zivilisieren; **do·mes·ti·ca·tion** [dəʊˌmestɪ'keɪʃn] *s.* **1.** Domestizierung *f*: a) Zähmung *f*, b) ⚘ Kultivierung *f*; **2.** Gewöhnung *f* an häusliches Leben; **3.** Einbürgerung *f*; **do·mes·tic·i·ty** [ˌdəʊme'stɪsətɪ] *s.* **1.** (Neigung *f* zur) Häuslichkeit *f*; **2.** häusliches Leben; **3.** *pl.* häusliche Angelegenheiten *pl.*

dom·i·cile ['dɒmɪsaɪl], *Am. a.* '**dom·i·cil** [-sɪl] **I** *s.* **1.** a) (ständiger *od.* bürgerlichrechtlicher) Wohnsitz, b) Wohnort *m*, c) Wohnung *f*; **2.** ✝ Sitz *m* e-r Gesellschaft; **3.** *a.* **legal ~** ⚖ Gerichtsstand *m*; **II** *v/t.* **4.** ansässig *od.* wohnhaft machen, ansiedeln; **5.** ✝ *Wechsel* domizilieren; '**dom·i·ciled** [-ld] *adj.* **1.** ansässig, wohnhaft; **2. ~ bill** ✝ Domizilwechsel *m*; **dom·i·cil·i·ar·y** [ˌdɒmɪ'sɪljərɪ] *adj.* Haus..., Wohnungs...: **~ arrest** Hausarrest *m*; **~ visit** Haussuchung *f*; **dom·i·cil·i·ate** [ˌdɒmɪ'sɪljeɪt] *v/t.* ✝ *Wechsel* domizilieren.

dom·i·nance ['dɒmɪnəns] *s.* **1.** (Vor-)Herrschaft *f*, (Vor)Herrschen *n*; **2.** Macht *f*; **3.** *biol.* Domi'nanz *f*; '**dom·i·nant** [-nt] **I** *adj.* □ **1.** dominierend, vorherrschend; **2.** beherrschend: a) bestimmend, entscheidend: **~ factor**, b) em'porragend, weithin sichtbar; **3.** *biol.* domi'nant, überlagernd; **4.** ♪ Dominant...; **II** *s.* **5.** *biol.* vorherrschendes Merkmal; ♪, *a.* ⚘ Domi'nante *f*; '**dom·i·nate** [-neɪt] **I** *v/t.* beherrschen (*a. fig.*): a) herrschen über (*acc.*), b) em'porragen über (*acc.*); **II** *v/i.* dominieren, (vor)herrschen: **~ over** herrschen über (*acc.*).

dom·i·na·tion [ˌdɒmɪ'neɪʃn] *s.* (Vor-)Herrschaft *f*; ˌ**dom·i'neer** [-'nɪə] *v/i.* **1.** den Herrn spielen, anmaßend auftreten; **2.** (**over**) des'potisch herrschen (über *acc.*), tyrannisieren (*acc.*); ˌ**dom·i'neer·ing** [-'nɪərɪŋ] *adj.* □ **1.** ty'rannisch, herrisch, gebieterisch; **2.** anmaßend.

do·min·i·cal [də'mɪnɪkl] *adj. eccl.* des Herrn (Jesu): **~ day** Tag *m* des Herrn (*Sonntag*); **~ prayer** *das* Gebet des Herrn (*Vaterunser*); **~ year** Jahr *n* des Herrn.

Do·min·i·can [də'mɪnɪkən] *eccl.* **I** *adj.* **1.** *eccl.* Dominikaner..., domini'kanisch; **2.** *pol.* dominikanisch; **II** *s.* **3.** *a.* **~ friar** Domini'kaner(mönch) *m*; **4.** *pol.* Domini'kaner(in).

dom·i·nie ['dɒmɪnɪ] *s.* **1.** *Scot.* Schulmeister *m*; **2.** (Herr) Pastor *m.*

do·min·ion [də'mɪnjən] *s.* **1.** (Ober-)Herrschaft *f*, (Regierungs)Gewalt *f*; **2.** ⚖ a) Eigentumsrecht *n*, b) (tatsächliche) Gewalt (**over** über *e-e Sache*); **3.** (Herrschafts)Gebiet *n*; **4.** a) *hist.* 𝔖 Do'minion *n* (*im Brit. Commonwealth*), b) **the** 𝔖 *Am.* Kanada *n.*

dom·i·no ['dɒmɪnəʊ] *pl.* **-noes** *s.* **1.** a) *pl. sg. konstr.* Domino(spiel) *n*, b) Dominostein *m*; **2.** Domino *m* (*Maskenkostüm od. Person*); **~ the·o·ry** *s. pol.* 'Dominotheoˌrie *f.*

don[1] [dɒn] *s.* **1.** 𝔖 *span. Titel*; *weitS.* Spanier *m*; **2.** *Brit.* Universitätslehrer *m* (*Fellow od. Tutor*); **3.** Fachmann *m* (**at** in *dat.*, für).

don[2] [dɒn] *v/t. et.* anziehen, *den Hut* aufsetzen.

do·nate [dəʊ'neɪt] *v/t.* schenken (*a.* ⚖), stiften, *a. Blut etc.* spenden (**to s.o.** j-m); **do'na·tion** [-eɪʃn] *s.* Schenkung *f* (*a.* ⚖), Stiftung *f*, Gabe *f*, Geschenk *n*, Spende *f.*

done [dʌn] **I** *p.p. von* **do**[1]; **II** *adj.* **1.** getan: **well ~!** gut gemacht!, bravo!; **it isn't ~** so et. tut man nicht, das gehört sich nicht; **what is to be ~?** was ist zu tun?, was soll geschehen?; **~ at ...** *in Urkunden*: gegeben in *der Stadt New York etc.*; **2.** erledigt (*a. fig.*): **get s.th. ~** et. erledigen (lassen); **he gets things ~** er bringt et. zuwege; **3.** gar: **is the meat ~ yet?**; **well ~** durchgebraten; **4.** F fertig: **have ~ with** a) fertig sein mit (*a. fig.*), b) nicht mehr brauchen, c) nichts mehr zu tun haben wollen mit; **5.** *a.* **~ up**, **~ in** erschöpft, ‚erledigt', ‚fertig'; **6. ~!** abgemacht!

do·nee [dəʊ'ni:] *s.* ⚖ Beschenkte(r *m*) *f*, Schenkungsempfänger(in).

dong [dɒŋ] *s. Am.* F ‚Pimmel' *m* (*Penis*).

don·gle ['dɒŋgl] *s. Computer*: Dongle *n od. m* (*Ansteckteil, ohne das geschützte Software nicht funktioniert*).

don·jon ['dɒndʒən] *s.* **1.** Don'jon *m*, Hauptturm *m*; **2.** Bergfried *m*, Burgturm *m.*

don·key ['dɒŋkɪ] **I** *s.* **1.** Esel *m* (*a. fig.*): **~'s years** *Brit.* F e-e ‚Ewigkeit'; **2.** → **donkey engine**; **II** *adj.* **3.** ⚙ Hilfs...: **~ pump**; **~ en·gine** *s.* ⚙ kleine (*transportable*) 'Hilfsmaˌschine; '**~·work** *s.* F Dreckarbeit *f.*

don·nish ['dɒnɪʃ] *adj.* **1.** gelehrt; **2.** belehrend.

do·nor ['dəʊnə] *s.* Geber *m*; Schenker *m* (*a.* ⚖); Spender *m* (*a.* ⚕), Stifter *m*; **~ card** *s.* Or'ganspenderausweis *m.*

'**do-ˌnoth·ing** **I** *s.* Faulenzer(in); **II** *adj.* faul, nichtstuerisch.

Don Quix·ote [ˌdɒn'kwɪksət] *s.* Don Qui'chotte *m* (*weltfremder Idealist*).

don't [dəʊnt] **I** a) F *für* **do not**, b) *sl. für* **does not**; **II** *s.* F Verbot *n*; → **do**[2] 3; **~ know** *s.* a) Unentschiedene(r *m*) *f*, b) j-d, der (*bei e-r Umfrage*) keine Meinung hat.

doo·dah ['du:dɑ:] *s.* F Dingsbums; **all of a ~** durcheinander.

doo·dle ['du:dl] **I** *s.* gedankenlos hingezeichnete Fi'gur(en *pl.*), Gekritzel *n*; **II** *v/i.* et. (gedankenlos) 'hinkritzeln, ‚Männchen malen'.

doom [du:m] **I** *s.* **1.** Schicksal *n*; (*bsd.* böses) Geschick, Verhängnis *n*: **he met his ~** das Schicksal ereilte ihn; **2.** Verderben *n*, 'Untergang *m*, *a.* Tod *m*, *fig.* Todesurteil *n*; **3.** *obs.* Urteilsspruch *m*, Verdammung *f*; **4. the day of ~** das Jüngste Gericht; → **crack** 1; **II** *v/t.* **5.** verurteilen, verdammen (**to** zu): **~ to death**; **doomed** [-md] *adj.* a) verloren, dem 'Untergang geweiht, b) *bsd. fig.* verdammt, verurteilt (**to** zu, **to do** zu tun): **~ to failure** zum Scheitern verurteilt; **the ~ train** der Unglückszug *m*; **dooms·day** ['du:mzdeɪ] *s. das* Jüngste Gericht: **till ~** bis zum Jüngsten Tag; **Dooms·day Book** → **Domesday Book**; **dooms·day cult** (*od.* **group**) *s.* Weltuntergangssekte *f*; **doom·ster** ['du:mstə] *s.* 'Weltuntergangsproˌphet *m.*

D

door [dɔː] *s.* **1.** Tür *f*: ***out of ~s*** draußen, im Freien; ***within ~s*** im Haus(e), drinnen; ***from ~ to ~*** von Haus zu Haus; ***delivered to your ~*** frei Haus (geliefert); ***two ~s away*** (*od.* ***off***) zwei Häuser weiter; → ***next*** 1; **2.** Ein-, Zugang *m*, Tor *n*, Pforte *f* (*alle a. fig.*): ***at death's ~*** am Rande des Grabes; ***lay s.th. at s.o.'s ~*** j-m et. zur Last legen; ***lay the blame at s.o.'s ~*** j-m die Schuld zuschieben; ***close*** (*od.* ***bang, shut***) ***the ~ on*** a) *j-n* abweisen, b) *et.* unmöglich machen; ***open a ~ to s.th.*** et. ermöglichen, *b.s.* e-r Sache Tür u. Tor öffnen; ***see*** (*od.* ***show***) ***s.o. to the ~*** j-n zur Tür begleiten; ***show s.o. the ~*** j-m die Tür weisen; ***turn out of ~s*** *j-n* hinauswerfen; → ***darken*** 1; **'~·bell** *s.* Türklingel *f*; **~ han·dle** *s.* Türgriff *m*, -klinke *f*; **'~ˌkeep·er** *s.* Pförtner *m*; **'~-key child** *s.* Schlüsselkind *n*; **'~·knob** *s.* Türgriff *m*; **'~ˌknock·er** *s.* Türklopfer *m*; **'~·man** [-mən] *s.* [*irr.*] (livrierter) Porti'er; **'~·mat** *s.* Fußmatte *f*, Fußabstreifer *m* (*a. fig. contp.*); **'~·nail** *s.* Türnagel *m*; → ***dead*** 1; **'~·plate** *s.* Türschild *n*; **'~·post** *s.* Türpfosten *m*; **'~·step** *s.* (Haus)Türstufe *f*: ***on s.o.'s ~*** vor j-s Tür (*a. fig.*); **ˌ~-to-'~** *adj.* Haus-zu-Haus-...: **~ *selling*** Verkauf *m* an der Haustür; **'~·way** *s.* **1.** Torweg *m*; **2.** Türöffnung *f*; **3.** *fig.* Zugang *m*; **'~·yard** *s. Am.* Vorgarten *m*.

dope [dəʊp] **I** *s.* **1.** Schmiere *f*, dicke Flüssigkeit; **2.** ✈ (Spann)Lack *m*, Firnis *m*; **3.** ⚙ Schmiermittel *n*; Zusatz(-stoff) *m*; Ben'zinzusatzmittel *n*; **4.** *sl.* ‚Stoff' *m*, Rauschgift *n*; **5.** *sl.* Reiz-, Aufputschmittel *n*; **6.** *oft* ***inside ~*** *sl.* Geheimtipp(s *pl.*) *m*, 'Insider-Informaˌtiˌon(en *pl.*) *f* (***on*** über); **7.** *sl.* Trottel *m*, Idi'ot *m*; **II** *v/t.* **8.** ✈ lackieren, firnissen; **9.** ⚙ *dem Benzin* ein Zusatzmittel beimischen; **10.** *sl. j-m* ‚Stoff' geben; **11.** *sl.* a) *sport* dopen, b) *e-m Pferd* ein leistungshemmendes Präpa'rat geben, c) *ein Getränk etc.* (mit e-m Betäubungsmittel) präparieren, d) *fig.* einschläfern, -lullen; **12.** *mst* **~ *out*** *sl.* a) her'ausfinden, ausfindig machen, b) ausknobeln; **~ fiend** *s. sl.* Rauschgiftsüchtige(r *m*) *f*.

dope·y ['dəʊpɪ] *adj. sl.* doof.

dop·ing ['dəʊpɪŋ] *s. sport* 'Doping *n*: **~ *problem*** 'Dopingprobˌlem *n*; **~ *test*** Dopingtest *m*, -konˌtrolle *f*; ***take a firm anti-~ line*** sich entschieden gegen das Doping aussprechen.

dor [dɔː], **dor·bee·tle** ['dɔːˌbiːtl] *s. zo.* **1.** Mist-, Rosskäfer *m*; **2.** Maikäfer *m*.

Do·ri·an ['dɔːrɪən] **I** *adj.* dorisch; **II** *s.* Dorier *m*; **Dor·ic** ['dɒrɪk] **I** *adj.* **1.** dorisch: **~ *order*** ⚠ dorische (Säulen)Ordnung; **2.** breit, grob (*Mundart*); **II** *s.* **3.** Dorisch *n*, dorischer Dia'lekt; **4.** breiter *od.* grober Dia'lekt.

dorm [dɔːm] *s.* F *für* ***dormitory***.

dor·man·cy ['dɔːmənsɪ] *s.* Schlafzustand *m*, Ruhe(zustand *m*) *f* (*a.* ⚘); **'dor·mant** [-nt] *adj.* **1.** schlafend (*a. her.*), ruhend (*a.* ⚘), untätig (*a. Vulkan*); **2.** *zo.* Winterschlaf haltend; **3.** *fig.* a) schlummernd, la'tent, verborgen, b) unbenutzt, brachliegend: **~ *talent***; **~ *capital*** ✝ totes Kapital: **~ *partner*** ✝ stiller Teilhaber; **~ *title*** ⚖ ruhender *od.* nicht beanspruchter Titel; ***lie ~*** ruhen, brachliegen.

dor·mer ['dɔːmə] *s.* ⚠ **1.** (Dach)Gaupe *f*; **2.** *a.* **~ *window*** stehendes Dachfenster.

dor·mi·to·ry ['dɔːmɪtrɪ] *s.* **1.** Schlafsaal *m*; **2.** (*bsd.* Stu'denten)Wohnheim *n*; **~ sub·urb** *s.* Schlafstadt *f*.

dor·mouse ['dɔːmaʊs] *pl.* **-mice** [-maɪs] *s. zo.* Haselmaus *f*; → ***sleep*** 1.

dor·my ['dɔːmɪ] *adj. Golf*: dormy (*mit so viel Löchern führend, wie noch zu spielen sind*): ***be ~ two*** dormy 2 stehen.

dor·sal ['dɔːsl] *adj.* □ dor'sal (⚘, *zo.*, *anat.*, *ling.*), Rücken...

do·ry[1] ['dɔːrɪ] *s.* Dory *n* (*Boot*).

do·ry[2] ['dɔːrɪ] → ***John Dory***.

dos·age ['dəʊsɪdʒ] *s.* **1.** Dosierung *f*; **2.** → ***dose*** 1, 2; **dose** [dəʊs] **I** *s.* **1.** ⚕ Dosis *f*, (Arz'nei)Gabe *f*; **2.** *fig.* Dosis *f*, ‚Schuss' *m*, Porti'on *f*; **3.** *a.* **~ *of clap*** V Tripper *m*; **II** *v/t.* **4.** *Arznei* dosieren; **5.** *j-m* Arz'nei geben; **6.** *Wein* zuckern.

doss [dɒs] *Brit. sl.* **I** *s.* ‚Falle' *f*, ‚Klappe' *f*, Schlafplatz *m*; **II** *v/i.* ‚pennen'.

dos·ser[1] ['dɒsə] *s.* Rücken(trag)korb *m*.

dos·ser[2] ['dɒsə] *s. sl.* **1.** ‚Pennbruder' *m*; **2.** → ***dosshouse***.

'doss·house *s. sl.* ‚Penne' *f* (*billige Pension*).

dos·si·er ['dɒsɪeɪ] *s.* Dossi'er *n*, Akten *pl.*, Akte *f*.

dost [dʌst; dəst] *obs. od. poet. 2. pres. sg. von* ***do***[1].

dot[1] [dɒt] *s.* ⚖ Mitgift *f*.

dot[2] [dɒt] **I** *s.* **1.** Punkt *m* (*a.* ♪), Tüpfelchen *n*: **~*s and dashes*** Punkte u. Striche, *tel.* Morsezeichen; ***come on the ~*** F auf den Glockenschlag pünktlich kommen; ***at seven-thirty on the ~*** um Punkt sieben Uhr dreißig; ***since the year ~*** F seit e-r Ewigkeit; **2.** Tupfen *m*, Fleck *m*; **3.** *et.* Winziges, Knirps *m*; **II** *v/t.* **4.** punktieren (*a.* ♪): **~*ted line***; ***sign on the ~ted line*** (*fig.* ohne weiteres) unterschreiben; **5.** mit dem i-Punkt versehen: **~ *the*** (*od.* ***one's***) ***i's*** [***and cross the*** (*od.* ***one's***) ***t's***] *fig.* peinlich genau *od.* penibel sein; **6.** tüpfeln; **7.** über'säen, sprenkeln: **~*ted with flowers***; **8.** *sl.* **~ *s.o. one*** j-m eine ‚knallen'.

dot·age ['dəʊtɪdʒ] *s.* **1.** Senili'tät *f*: ***he is in his ~*** er ist kindisch *od.* senil geworden; **2.** *fig.* Affenliebe *f*, Vernarrtheit *f*; **'do·tard** [-təd] *s.* se'niler Mensch; **dote** [dəʊt] *v/i.* **1.** kindisch *od.* senil sein; **2.** (***on***) vernarrt sein (in *acc.*), abgöttisch lieben (*acc.*).

doth [dʌθ; dəθ] *obs. od. poet. 3. pres. sg. von* ***do***[1].

dot·ing ['dəʊtɪŋ] *adj.* □ **1.** vernarrt (***on*** in *acc.*): ***he is a doting husband*** er liebt s-e Frau abgöttisch; **2.** se'nil, kindisch.

dot ma·trix print·er *s.* 'Matrixˌdrucker *m* (*Gerät*).

dot·ter·el, **dot·trel** ['dɒtrəl] *s. orn.* Mor'nell(regenpfeifer) *m*.

dot·ty ['dɒtɪ] *adj.* **1.** punktiert, getüpfelt; **2.** F wackelig; **3.** F ‚bekloppt'.

dou·ble ['dʌbl] **I** *adj.* □ **1.** doppelt, Doppel..., zweifach, gepaart: **~ *the amount*** der doppelte *od.* zweifache Betrag; **~ *bottom*** doppelter Boden (*Schiff*, *Koffer*); **~ *doors*** Doppeltür *f*; **~ *taxation*** Doppelbesteuerung *f*; **~ *width*** doppelte Breite, doppelt breit; **~ *pneumonia*** ⚕ doppelseitige Lungenentzündung; **~ *standard of morals*** *fig.* doppelte *od.* doppelbödige Moral; **~** (***of***) ***what it was*** doppelt *od.* zweimal so viel wie vorher; **2.** Doppel..., verdoppelt, verstärkt: **~ *ale*** Starkbier *n*; **3.** Doppel..., für zwei bestimmt: **~ *bed*** Doppelbett *n*; **~ *room*** Doppel-, Zweibettzimmer *n*; **4.** ⚘ gefüllt (*Blume*); **5.** ♪ eine Ok'tave tiefer, Kontra...; **6.** zwiespältig, zweideutig, doppelsinnig; **7.** unaufrichtig, falsch: **~ *character***; **8.** gekrümmt, gebeugt; **II** *adv.* **9.** doppelt, noch einmal: **~ *as long***; **10.** doppelt, zweifach: ***see ~*** doppelt sehen; ***play*** (***at***) **~ *or quit***(***s***) alles aufs Spiel setzen; **11.** paarweise, zu zweit: ***sleep ~***; **III** *s.* **12.** *das* Doppelte *od.* Zweifache; **13.** Doppel *n*, Dupli'kat *n*: **14.** a) Gegenstück *n*, Ebenbild *n*, b) Double *n*, Doppelgänger *m*; **15.** Windung *f*, Falte *f*; **16.** Haken *m* (*bsd. Hase*, *a. Person*), plötzliche Kehrtwendung; **17.** ***at the ~*** ⚔ im Schnellschritt; **18.** *mst pl. sg. konstr. sport* Doppel *n*: ***play a ~s*** (***match***); ***men's ~s*** Herrendoppel; **19.** *sport* a) Doppelsieg *m*, b) Doppelniederlage *f*; **20.** Doppelwette *f*; **21.** *Film*: Double *n*, *thea.* zweite Besetzung; **22.** *Bridge etc.*: Doppel *n*; **IV** *v/t.* **23.** verdoppeln (*a.* ♪); **24.** um das Doppelte über'treffen; **25.** *oft* **~ *up*** ('um-, zs.-) falten, 'um-, zs.-legen, 'umschlagen; **26.** *Beine* 'überschlagen; *Faust* ballen; **27.** ⚓ um'segeln, -'schiffen; **28.** a) *Film*, *TV* als Double einspringen für, *j-n* doubeln, b) **~ *the parts of A. and B.*** *thea. etc.* A. u. B. in e-r Doppelrolle spielen; **29.** *Spinnerei*: doublieren; **30.** *Karten*: *Gebot* doppeln; **V** *v/i.* **31.** sich verdoppeln; **32.** sich falten (lassen); **33.** a) plötzlich kehrtmachen, b) e-n Haken schlagen; **34.** *thea.* a) e-e Doppelrolle spielen, b) **~ *for*** → 28a; **35.** ♪ zwei Instru'mente spielen; **36.** ⚔ a) im Schnellschritt marschieren, b) F Tempo vorlegen; **37.** a) den Einsatz verdoppeln, b) *Bridge*: doppeln.

Zssgn mit adv.:

dou·ble| back **I** *v/t.* → ***double*** 25; **II** *v/i.* kehrtmachen; **~ *in*** *v/t.* nach innen falten, einbiegen, -schlagen; **~ *up*** **I** *v/t.* **1.** → ***double*** 25; **2.** (zs.-)krümmen; **II** *v/i.* **3.** → ***double*** 32; **4.** sich krümmen *od.* biegen (*a. fig.* ***with*** vor *Schmerz*, *Lachen*); **5.** das Zimmer *etc.* gemeinsam benutzen: **~ *on s.th.*** sich (in) et. teilen.

ˌdou·ble|-'act·ing, **ˌ~-'ac·tion** *adj.* ⚙ doppelt wirkend; **~ a·gent** *s. pol.* 'Doppelaˌgent *m*; **'~-ˌbar·rel(l)ed** *adj.* **1.** doppelläufig: **~ *gun*** Doppelflinte *f*; **2.** zweideutig; **3.** zweifach: **~ *name*** F Doppelname *m*; **~ bass** [beɪs] → ***contrabass***; **'~-ˌbed·ded** *adj.*: **~ *room*** Zweibettzimmer *n*; **~ bend** *s.* S-Kurve *f*; **~ bill** *s.* Doppelveranstaltung *f*; **ˌ~-'breast·ed** *adj.* zweireihig (*Anzug*); **ˌ~-'check** *v/t.* genau nachprüfen; **~ chin** *s.* Doppelkinn *n*; **~ click** *s. Computer*: Doppelklick *m*; **'~-click I** *v/i* doppelklicken (***on*** auf *acc.*); **II** *v/t* doppelklicken auf (*acc.*); **~ col·umn** *s.* Doppelspalte *f* (*Zeitung*): ***in ~s*** zweispaltig; **ˌ~-'cross** *v/t.* ein doppeltes *od.* falsches Spiel treiben mit, *bsd. den Partner* ‚anschmieren'; **~ date** *s.* 'Doppelrendezˌvous *n* (*zweier Paare*); **ˌ~-'deal·er** *s.* falscher *od.* ‚linker' Kerl, Betrüger *m*; **ˌ~-'deal·ing I** *adj.* falsch, betrügerisch; **II** *s.* Betrug *m*, Gemeinheit *f*; **ˌ~-'deck·er** *s.* **1.** Doppeldecker *m* (*Schiff*, *Flugzeug*, *Omnibus*); **2.** a) zweistöckiges Haus *etc.*, b) E'tagenbett *n*, c) Ro'man *m* in zwei Bänden, d) *Am.* F Doppelsandwich *n*; **~ Dutch** *s.* F Kauderwelsch *n*; **ˌ~-'dyed** *adj.* **1.** zweimal gefärbt; **2.** *fig.* eingefleischt, Erz...: **~ *villain*** Erzgauner *m*; **~ ea·gle** *s.* **1.** *her.* Doppeladler *m*; **2.** *Am.* goldenes

20-Dollar-Stück; ˌ**~-ˈedged** *adj.* zweischneidig (*a. fig.*): ***~ sword***; **~ en·ten·dre** [ˌduːblɑ̃ːnˈtɑ̃ːndrə] (*Fr.*) *s. allg.* Zweideutigkeit *f*; **~ en·try** *s.* ✝ **1.** doppelte Buchung; **2.** doppelte Buchführung; **~ ex·po·sure** *s. phot.* Doppelbelichtung *f*; ˈ**~-faced** *adj.* heuchlerisch, scheinheilig, unaufrichtig; **~ fault** *s. Tennis*: Doppelfehler *m*; **~ fea·ture** *s. Film*: ˈDoppelproˌgramm *n* (*zwei Spielfilme in jeder Vorstellung*); **~ first** *s. univ. Brit.* mit Auszeichnung erworbener ***honours degree*** in zwei Fächern; ˈ**~ˌgang·er** [-ˌgæŋə] *s. psych.* Doppelgänger *m*; ˌ**~ˈglaze** *v/t* mit Doppelverglasung versehen; **~ glaz·ing** *s.* **1.** Doppelverglasung *f*; **2.** Doppelfenster *pl.*; **~ har·ness** *s. fig.* Ehestand *m*, -joch *n*; **~ in·dem·ni·ty** *s. Am.* Verdoppelung *f* der Versicherungssumme (*bei Unfalltod*); ˌ**~-ˈjointed** *adj.* mit ‚Gummigelenken' (*Person*); **~ life** *s.* Doppelleben *n*; **~ meaning** *s.* Zweideutigkeit *f*; ˌ**~-ˈmind·ed** *adj.* **1.** wankelmütig, unentschlossen; **2.** unaufrichtig; **~ mur·der** *s.* Doppelmord *m*.

dou·ble·ness [ˈdʌblnɪs] *s.* **1.** *das* Doppelte; **2.** Doppelzüngigkeit *f*, Falschheit *f*.

ˌ**dou·ble|-ˈpark** *v/t. u. v/i. mot.* in zweiter Reihe parken; ˌ**~-ˈquick** ⚔ **I** *s.* → ***double time***; **II** *adv.* F im Eiltempo; ˌ**~-ˈspaced** *adj.* zweizeilig, mit doppeltem Zeilenabstand; **~ star** *s. ast.* Doppelstern *m*; ˌ**~-ˈstop** ♪ **I** *s.* Doppelgriff *m* (*Streichinstrument*); **II** *v/t.* Doppelgriffe spielen auf (*dat.*).

dou·blet [ˈdʌblɪt] *s.* **1.** *hist.* Wams *n*; **2.** Paar *n* (*Dinge*); **3.** Duˈblette *f*: a) Dupliˈkat *n*, b) *typ.* Doppelsatz *m*; **4.** *pl.* Pasch *m* (*beim Würfeln*).

dou·ble| take *s. sl.* ‚Spätzündung' *f* (*verzögerte Reaktion*): ***I did a ~ when*** ich stutzte zweimal, als; ˈ**~·talk** *s.* F doppeldeutiges Gerede, ‚Augenauswischeˈrei' *f*; **~ tax·a·tion** *s.* ✝ Doppelbesteuerung *f*; ˈ**~·think** *s.* ‚Zwiedenken' *n*; **~ time** *s.* ⚔ a) Schnellschritt *m*, b) (langsamer) Laufschritt: ***in ~*** F im Eiltempo, fix; ˌ**~-ˈtongued** *adj.* doppelzüngig, falsch; ˌ**~-ˈtracked** *adj.* 🚂 zweigleisig; **~ vi·son** *s.* ⚕ Doppeltsehen *n*: ***suffer from ~*** doppelt sehen.

dou·bling [ˈdʌblɪŋ] *s.* **1.** Verdoppelung *f*; **2.** Faltung *f*; **3.** Haken(schlagen *n*) *m*; **4.** Trick *m*; **dou·bly** [ˈdʌblɪ] *adv.* doppelt.

doubt [daʊt] **I** *v/i.* **1.** zweifeln; schwanken, Bedenken haben; **2.** zweifeln (***of***, ***about*** an *e-r Sache*); (darˈan) zweifeln, (es) bezweifeln (***whether***, ***if*** ob; ***that*** dass; *neg. u. interrog.* ***that***, ***but that***, ***but*** dass): ***I ~ whether he will come*** ich zweifle, ob er kommen wird; **II** *v/t.* **3.** *et.* bezweifeln: ***I ~ his honesty***; ***I ~ it***; **4.** missˈtrauen (*dat.*), keinen Glauben schenken (*dat.*): ***~ s.o.***; ***~ s.o.'s words***; **III** *s.* **5.** Zweifel *m* (***of*** an *dat.*, ***about*** hinsichtlich *gen.*; ***that*** dass): ***no ~***, ***without ~***, ***beyond ~*** zweifellos, fraglos, gewiss; ***I have no ~*** ich zweifle nicht (daran), ich bezweifle es nicht; ***be in ~ about*** Zweifel haben an (*dat.*); ***leave s.o. in no ~ about s.th.*** j-n nicht im Ungewissen über et. lassen; → ***benefit*** 1; **6.** a) Bedenken *n*, Besorgnis *f*, (***about*** wegen), b) Argwohn *m*: ***raise ~s*** Zweifel aufkommen lassen; **7.** Ungewissheit *f*: ***be in ~*** unschlüssig sein; ˈ**doubt·er** [-tə] *s.* Zweifler(in); ˈ**doubt·ful** [-fʊl] *adj.* ☐ **1.** zweifelnd, im Zweifel, unschlüssig: ***be ~ of*** (*od.* ***about***) ***s.th.*** an e-r Sache zweifeln, im Zweifel über et. sein; **2.** zweifelhaft: a) unsicher, fraglich, unklar, b) fragwürdig, bedenklich, c) ungewiss, d) verdächtig, dubiˈos; ˈ**doubt·ful·ness** [-fʊlnɪs] *s.* **1.** Zweifelhaftigkeit *f*: a) Unsicherheit *f*, b) Fragwürdigkeit *f*, c) Ungewissheit *f*; **2.** Unschlüssigkeit *f*; ˈ**doubt·ing** [-tɪŋ] *adj.* ☐ zweifelnd: a) schwankend, unschlüssig, b) ˈmisstrauisch: ***♀ Thomas*** ungläubiger Thomas; ˈ**doubt·less** [-lɪs] *adv.* zweifellos, sicherlich.

dou·ceur [duˈsɜː] (*Fr.*) *s.* **1.** (Geld)Geschenk *n*, Trinkgeld *n*; **2.** Bestechungsgeld *n*.

douche [duːʃ] **I** *s.* **1.** Dusche *f*, Brause *f*: ***cold ~*** *a. fig.* kalte Dusche; **2.** ⚕ a) Spülung *f*, Dusche *f*, b) Irriˈgator *m*; **II** *v/t. u. v/i.* **3.** (sich) (ab)duschen; **4.** ⚕ (aus)spülen; **III** *v/i.* **5.** ⚕ e-e Spülung machen.

dough [dəʊ] *s.* **1.** Teig *m* (*a. weitS.*); **2.** *bsd. Am. sl.* ‚Zaster' *m* (*Geld*); ˈ**~·boy** *s.* **1.** Mehlkloß *m*; **2.** *a.* ˈ**~·foot** *Am. sl.* Landser *m* (*Infanterist*); ˈ**~·nut** *s.* Krapfen *m*, Berˈliner (Pfannkuchen) *m*.

dough·ty [ˈdaʊtɪ] *adj.* ☐ *obs. od. poet.* mannhaft, tapfer.

dough·y [ˈdəʊɪ] *adj.* **1.** teigig (*a. fig.*); **2.** klitschig, nicht ˈdurchgebacken.

dour [ˈdʊə] *adj.* ☐ **1.** mürrisch; **2.** streng, hart; **3.** halsstarrig, stur.

douse [daʊs] *v/t.* **1.** a) ins Wasser tauchen, b) begießen; **2.** F *Licht* auslöschen; **3.** ⚓ a) *Segel* laufen lassen, b) *Tau* loswerfen.

dove [dʌv] *s.* **1.** *orn.* Taube *f*: ***~ of peace*** Friedenstaube; **2.** Täubchen *n*, ‚Schatz' *m*; **3.** *eccl.* Taube *f* (*Symbol des Heiligen Geistes*); **4.** *pol.* ‚Taube' *f*: ***~s and hawks*** Tauben u. Falken; ˈ**~ˌcol·o(u)r** *s.* Taubengrau *n*; **~·cot(e)** [ˈdʌvkɒt] *s.* Taubenschlag *m*; ˈ**~-eyed** *adj.* sanftäugig; ˈ**~·like** *adj.* sanft.

ˈ**dove's-foot** [ˈdʌvz-] *s.* ⚘ Storchschnabel *m*.

ˈ**dove·tail** **I** *s.* **1.** ⚙ Schwalbenschwanz *m*, Zinke *f*; **II** *v/t.* **2.** verschwalben, verzinken; **3.** *fig.* fest zs.-fügen, (ineinˈander) verzahnen, verquicken; **4.** einfügen, -passen, -gliedern (***into*** in *acc.*); **5.** passend zs.-setzen; einpassen (***into*** in *acc.*); **III** *v/i.* **6.** genau passen (***into*** in *acc.*, zu; ***with*** mit); angepasst sein (***with*** *dat.*); genau ineinˈander greifen *od.* passen.

dow·a·ger [ˈdaʊədʒə] *s.* **1.** Witwe *f* (von Stande): ***queen ~*** Königinwitwe; ***~ duchess*** Herzoginwitwe; **2.** Maˈtrone *f*, würdevolle ältere Dame.

dow·di·ness [ˈdaʊdɪnɪs] *s.* Schäbigkeit *f*, Schlampigkeit *f*; **dow·dy** [ˈdaʊdɪ] **I** *adj.* ☐ **1.** schlecht gekleidet, ˈuneleˌgant, schäbig, schlampig; **II** *s.* **2.** nachlässig gekleidete Frau; **3.** *Am.* (*ein*) Apfelauflauf *m*.

dow·el [ˈdaʊəl] ⚙ **I** *s.* (Holz-, *a.* Wand-) Dübel *m*, Holzpflock *m*; **II** *v/t.* (ver)dübeln.

dow·er [ˈdaʊə] **I** *s.* **1.** ⚖ Wittum *n*; **2.** *obs.* Mitgift *f*; **3.** Begabung *f*; **II** *v/t.* **4.** ausstatten (*a. fig.*).

Dow-Jones av·er·age *od.* **in·dex** [ˌdaʊˈdʒəʊnz] *s.* ✝ Dow-Jones-Index *m* (*Aktienindex der New Yorker Börse*).

down[1] [daʊn] *s.* **1.** a) Daunen *pl.*, flaumiges Gefieder, b) Daune *f*, Flaumfeder *f*: ***~ quilt*** Daunendecke *f*; **2.** Flaum *m* (*a.* ⚘), feine Härchen *pl.*

down[2] [daʊn] *s.* **1.** a) Hügel *m*, b) Düne *f*; **2.** *pl.* waldloses, *bsd.* grasbewachsenes Hügelland.

down[3] [daʊn] **I** *adv.* **1.** (*Richtung*) nach unten, her-, hinˈunter, her-, hinˈab, abwärts, zum Boden, nieder...: ***~ from*** von ... herab, von ... an, fort von; ***~ to*** bis (hinunter) zu; ***~ to the last man*** bis zum letzten Mann; ***~ to our times*** bis in unsere Zeit; ***burn ~*** niederbrennen; ***~!*** nieder!, *zum Hund*: leg dich!; ***~ with the capitalists!*** nieder mit den Kapitalisten!; **2.** *Brit.* a) nicht in London, b) nicht an der Universiˈtät: ***~ to the country*** aufs Land, in die Provinz; **3.** *Am.* ins Geschäftsviertel, in die Stadt (-mitte); **4.** südwärts; **5.** angesetzt: ***~ for Friday*** für Freitag angesetzt; ***~ for second reading*** *parl.* zur zweiten Lesung angesetzt; **6.** (in) bar, soˈfort: ***pay ~*** bar bezahlen; ***one pound ~*** ein Pfund sofort *od.* als Anzahlung; **7.** ***be ~ on s.o.*** F a) j-n ‚auf dem Kieker' haben, b) über j-n herfallen; **8.** (*Lage, Zustand*) unten; unten im Hause: ***~ below*** unten; ***~ there*** dort unten; ***~ under*** F in *od.* nach Australien *od.* Neuseeland; ***~ in the country*** auf dem Land(e); ***~ south*** (unten) im Süden; ***he is not ~ yet*** er ist noch nicht unten *od.* (*morgens*) noch nicht aufgestanden; **9.** ˈuntergegangen (*Gestirne*); **10.** herˈabgelassen (*Haare, Vorhänge*); **11.** gefallen (*Preise, Temperatur etc.*); billiger (*Ware*); **12.** ***he was two points ~*** *sport* er lag zwei Punkte zurück; ***he is £10 ~*** *fig.* er hat 10 £ verloren; **13.** a) niedergestreckt, am Boden (liegend), b) *Boxen*: am Boden, ‚unten': ***~ and out*** k.o., *fig.* (*a. physisch u. psychisch*) ‚erledigt', ‚kaputt', ‚fix u. fertig'; ***~ with flu*** mit Grippe im Bett; **14.** niedergeschlagen, deprimiert; **15.** herˈuntergekommen, in elenden Verhältnissen lebend: ***~ at heels*** abgerissen; **II** *adj.* **16.** abwärts gerichtet, nach unten, Abwärts...: ***~ trend*** fallende Tendenz; **17.** *Brit.* von London abfahrend *od.* kommend: ***~ train***; ***~ platform*** Abfahrtsbahnsteig *m* (*in London*); **18.** *Am.* in Richtung Stadt(mitte), zum Geschäftsviertel (hin); **III** *prp.* **19.** her-, hinˈunter, her-, hinˈab, entlang: ***~ the hill*** den Hügel hinunter; ***~ the river*** flussabwärts; ***further ~ the river*** weiter unten am Fluss; ***~ the road*** die Straße entlang; ***~ the middle*** durch die Mitte; ***~ (the) wind*** ⚓ mit dem Wind; → ***downtown***; **20.** (*Zeit*) durch: ***~ the ages*** durch alle Zeiten; **IV** *s.* **21.** Nieder-, Rückgang *m*; Tiefstand *m*; **22.** Depressiˈon *f*, (seelischer) Tiefpunkt; **23.** F Groll *m*: ***have a ~ on s.o.*** j-n auf dem ‚Kieker' haben; **V** *v/t.* **24.** zu Fall bringen (*a. sport u. fig.*); niederschlagen; bezwingen; ruinieren; **25.** niederlegen: ***~ tools*** die Arbeit niederlegen, in den Streik treten; **26.** ✈ abschießen, ‚runterholen'; **27.** F *ein Getränk* ‚runterkippen'.

ˌ**down|-and-ˈout** **I** *adj.* völlig ‚erledigt', ‚restlos fertig'; ganz ‚auf den Hund' gekommen; **II** *s.* Pennbruder *m*; ˌ**~-at-(-the-)ˈheels** *adj. allg.* heˈruntergekommen; ˈ**~·beat** **I** *s.* **1.** ♪ erster Schlag (*des Taktes*); **2.** ***on the ~*** *fig.* im Rückgang (begriffen); **II** *adj.* **3.** F pessiˈmistisch; ˈ**~·cast** **I** *adj.* **1.** niedergeschlagen (*a. Augen*), deprimiert; **2.** ⚙ einziehend (*Schacht*); **II** *s.* **3.** ⚙ Wetterschacht *m*.

down·er [ˈdaʊnə] *s.* **1.** Beruhigungsmittel *n*; **2.** a) ‚Dämpfer' *m*, b) depresˈsive

D

Stimmung: ***be on a ~*** down sein, c) Pechsträhne *f*, depres'sive Phase.
'down|·fall *s.* **1.** *fig.* Sturz *m*; **2.** starker Regen- *od.* Schneefall; **3.** *fig.* Nieder-, 'Untergang *m*; **'~·grade** *s.* **1.** Gefälle *n*; **2.** *fig.* Niedergang *m*: ***on the ~*** im Niedergang begriffen; **II** *v/t.* **3.** im Rang her'absetzen, degradieren; **4.** niedriger einstufen; **5.** ⚚ in der Quali'tät herabsetzen, verschlechtern; **ˌ~-'heart·ed** *adj.* niedergeschlagen, entmutigt; **ˌ~'hill I** *adv.* abwärts, berg'ab (*beide a. fig.*): ***he is going ~*** *fig.* es geht bergab mit ihm; **II** *adj.* abschüssig: ***~ race*** *Skisport*: Abfahrtslauf *m*; **'~ˌhill·er** *s. Skisport*: Abfahrtsläufer(in).
Down·ing Street ['daʊnɪŋ] *s.* Downing Street *f* (*Amtssitz des Premiers od. der brit. Regierung*).
down·load ['daʊnləʊd] *Computer*: **I** *v/t. Datei* her'unterladen; **II** *s.* (Her'unter)Laden *n* (*von Dateien, a. aus dem Internet*).
ˌdown|-'mar·ket *adj.* Billig-, Massen-; **~ pay·ment** *s.* **1.** Barzahlung *f*; **2.** Anzahlung *f*; **'~·pipe** *s.* ⚙ Fallrohr *n*; **'~·play** *v/t.* her'unterspielen, bagatelli'sieren; **'~·pour** *s.* Regenguss *m*, Platzregen *m*; **'~·right I** *adj.* **1.** völlig, abso'lut, to'tal: ***a ~ lie*** e-e glatte Lüge; ***a ~ rogue*** ein Erzschurke; **2.** offen(herzig), gerade, ehrlich, unverblümt, unzweideutig; **II** *adv.* **3.** völlig, ganz u. gar, durch u. durch, ausgesprochen, to'tal; **ˌ~'ri·ver** → ***downstream***; **'~·side** *s.* Kehrseite *f*; **ˌ~'size I** *v/t.* verkleinern, redu'zieren, abbauen, F ‚abspecken'; **II** *v/i.* sich verkleinern, F ‚abspecken'; **'~ˌsiz·ing** *s.* ⚚ 'Downsizing *n* (*Abbau von Arbeitskräften etc.*); **ˌ~'stairs I** *adv.* **1.** (die Treppe) hin'unter *od.* her'unter, nach unten; **2.** a) unten (im Haus), b) e-e Treppe tiefer; **II** *adj.* **3.** im unteren Stockwerk (gelegen), unter; **III** *s.* **4.** *pl. a. sg. konstr.* unteres Stockwerk, 'Untergeschoss *n*; **ˌ~'state** *Am.* **I** *adv.* in der *od.* die Pro'vinz; **II** *s.* (*bsd.* südliche) Pro'vinz (*e-s Bundesstaates*); **ˌ~'stream I** *adv.* **1.** strom'abwärts; **2.** mit dem Strom; **II** *adj.* **3.** stromabwärts gelegen *od.* gerichtet; **'~·stroke** *s.* **1.** Grundstrich *m beim Schreiben*; **2.** ⚙ Abwärts-, Leerhub *m*; **'~·swing** *s.* Abwärtstrend *m*, Rückgang *m*; **'~·time** *s.* Ausfallzeit *f*; **ˌ~-to-'earth** *adj.* rein sachlich, nüchtern; **ˌ~'town** *Am.* **I** *adv.* **1.** im *od.* ins Geschäftsviertel, in der *od.* die Innenstadt; **II** *adj.* ['daʊntaʊn] **2.** zum Geschäftsviertel, im Geschäftsviertel (gelegen *od.* tätig): ***~ Chicago*** die Innenstadt *od.* City von Chicago; **3.** ins *od.* durchs Geschäftsviertel (fahrend *etc.*); **III** *s.* ['daʊntaʊn] **4.** Geschäftsviertel *n*, Innenstadt *f*, City *f*; **'~·trend** *s.* Abwärtstrend *m*; **'~ˌtrod·den** *adj.* unter'drückt; **'~·turn** → ***downswing***.
down·ward ['daʊnwəd] **I** *adv.* **1.** abwärts, hin'ab, hin'unter, nach unten; **2.** *fig.* abwärts, berg'ab; **3.** *zeitlich*: abwärts: ***from ... ~ to*** von... (herab) bis...; **II** *adj.* **4.** Abwärts... (*a.* ⚙, *phys. u. fig.*); *fig.* sinkend (*Preise etc.*); **'down·wards** [-wədz] → ***downward*** I.
down·y[1] ['daʊnɪ] *adj.* **1.** mit Daunen *od.* Flaum bedeckt; **2.** flaumig, weich; **3.** *sl.* gerieben, ausgekocht.
down·y[2] ['daʊnɪ] *adj.* sanft gewellt (u. mit Gras bewachsen).
dow·ry ['daʊərɪ] *s.* **1.** Mitgift *f*, Aussteuer *f*; **2.** Gabe *f*, Ta'lent *n*.
dowse[1] [daʊz] → ***douse***.
dowse[2] [daʊz] *v/i.* mit der Wünschelrute suchen; **'dows·er** [-zə] *s.* (Wünschel-) Rutengänger *m*; **dows·ing rod** [-zɪŋ] *s.* Wünschelrute *f*.
doy·en ['dɔɪən] *s.* (*Fr.*) **1.** Rangälteste(r) *m*; **2.** Doy'en *m eines diplomatischen Korps*; **3.** *fig.* Nestor *m*, Altmeister *m*.
doze [dəʊz] **I** *v/i.* dösen, (halb) schlummern: ***~ off*** einnicken; **II** *s.* a) Dösen *n*, b) Nickerchen *n*.
doz·en ['dʌzn] *s.* **1.** *sg. u. pl.* (*vor Haupt- u. nach Zahlwörtern etc. außer nach* ***some***) Dutzend *n*: ***two ~ eggs*** 2 Dutzend Eier; **2.** Dutzend *n* (*a. weitS.*): ***~s of birds*** Dutzende von Vögeln; ***some ~s of children*** einige Dutzend Kinder; ***~s of people*** F ein Haufen Leute; ***~s of times*** F x-mal, hundertmal; ***by the ~, in ~s*** zu Dutzenden, dutzendweise; ***cheaper by the ~*** im Dutzend billiger; ***do one's daily ~*** Frühgymnastik machen; ***talk nineteen to the ~*** *Brit.* reden wie ein Wasserfall; → ***baker*** 1.
doz·y ['dəʊzɪ] *adj.* □ schläfrig, verschlafen, dösig.
drab[1] [dræb] **I** *adj.* gelbgrau, graubraun; *fig.* grau, trüb(e); düster (*Farben etc.*); freudlos (*Dasein etc.*); langweilig; **II** *s.* Gelbgrau *n*, Graubraun *n*.
drab[2] [dræb] **1.** Schlampe *f*; **2.** Dirne *f*, Hure *f*.
drab·ble ['dræbl] → ***draggle*** I.
drachm [dræm] *s.* **1.** → ***drachma*** 1; **2.** → ***dram***.
drach·ma ['drækmə] *pl.* **-mas, -mae** [-miː] *s.* **1.** Drachme *f*; **2.** → ***dram***.
Dra·co ['dreɪkəʊ] *s. ast.* Drache *m*; **Dra·co·ni·an** [drə'kəʊnjən], **Dra·con·ic** [drə'kɒnɪk] *adj.* dra'konisch, hart, äußerst streng.
draff [dræf] *s.* **1.** Bodensatz *m*; *engS.* Trester *m*; **2.** Vieh-, Schweinetrank *m*.
draft [drɑːft] **I** *s.* **1.** Skizze *f*, Zeichnung *f*; **2.** Entwurf *m*: a) Skizze *f*, b) ⚙, ⚠ Riss *m*, c) Kon'zept *n*: ***~ agreement*** Vertragsentwurf *m*; **3.** ⚔ a) ('Sonder-) Komˌmando *n*, Abteilung *f*, b) Ersatz (-truppe *f*) *m*, c) Aushebung *f*, Einberufung *f*, Einziehung *f*: ***~ evader*** *Am.* Drückeberger *m*; ***~-exempt*** *Am.* vom Wehrdienst befreit; **4.** ⚚ a) Zahlungsanweisung *f*, b) Tratte *f*, (trassierter) Wechsel, c) Scheck *m*, d) Ziehung *f*, Trassierung *f*: ***~ (payable) at sight*** Sichttratte, -wechsel; **5.** ⚚ Abhebung *f*, Entnahme *f*: ***make a ~ on*** *Geld* abheben von; **6.** *fig.* (starke) Beanspruchung: ***make a ~ on*** in Anspruch nehmen (*acc.*); **7.** → ***draught***; *bsd. Am.* → ***draught*** 1, 7, 8; **II** *v/t.* **8.** skizzieren, entwerfen; **9.** *Schriftstück* aufsetzen, abfassen; **10.** ⚔ a) auswählen, abkommandieren, b) ⚔ einziehen, -berufen (***into*** zu); **draft·ee** [drɑː'tiː] *s.* ⚔ *Am.* Einberufene(r) *m*, Eingezogene(r) *m*; **'draft·er** [-tə] *s.* **1.** Urheber *m*, Verfasser *m*, Planer *m*; **2.** → ***draftsman*** 2.
draft·ing| board ['drɑːftɪŋ] Zeichenbrett *n*; **~ room** *s. Am.* ⚙ 'Zeichensaal, -büˌro *n*.
drafts·man ['drɑːftsmən] *s.* [*irr.*] **1.** (Konstrukti'ons-, Muster)Zeichner *m*; **2.** Entwerfer *m*, Verfasser *m*.
draft·y ['drɑːftɪ] *adj.* zugig.
drag [dræg] **I** *s.* **1.** ⚓ a) Schleppnetz *n*, b) Dregganker *m*; **2.** ✓ a) schwere Egge, b) Mistharke *f*; **3.** ⚙ Baggerschaufel *f*; **4.** ⚙ a) Rollwagen *m*, b) Lastschlitten *m*, Schleife *f*; **5.** vierspännige Kutsche; **6.** Hemmschuh *m* (*a. fig.* ***on*** für); **7.** *aer.*, *phys.* 'Luftˌwiderstand *m*; **8.** *hunt.* a) Fährte *f*, Witterung *f*, b) Schleppe *f* (*künstliche Fährte*), c) Schleppjagd *f*; **9.** *fig.* schleppendes Verfahren; **10.** F mühsame Sache, ‚Schlauch' *m*; **11.** F a) fade Sache, b) unangenehme *od.* ‚blöde' Sache: ***what a ~!*** so ein Mist!, c) fader *od.* ‚mieser' Kerl; **12.** *Am.* F Einfluss *m*, Beziehungen *pl.*; **13.** F Zug *m* (***at, on*** an *e-r Zigarette*); **14.** F (*bsd. von Transvestiten getragene*) Frauenkleidung: ***~ queen*** Homosexuelle(r) *m* in Frauenkleidung; **15.** *Am.* F Straße *f*; **16.** F *für* ***drag race***; **II** *v/t.* **17.** schleppen, schleifen, zerren, ziehen: ***~ one's feet*** schlurfen, *fig.* ‚langsam tun'; ***~ the anchor*** ⚓ vor Anker treiben; **18.** mit e-m Schleppnetz absuchen (***for*** nach) *od.* fangen *od.* finden; **19.** ausbaggern; **20.** *fig.* hi'neinziehen, -bringen (***into*** in *acc.*); → ***drag in***; **III** *v/i.* **21.** geschleppt werden; **22.** schleppen, schleifen, zerren; schlurfen (*Füße*); **23.** *fig.* zerren, ziehen (***at*** an *dat.*); **24.** mit e-m Schleppnetz suchen, dreggen (***for*** nach); **25.** → ***drag on***; **26.** → ***drag behind***; **27.** ⚚ schleppend gehen; **28.** ♪ schleppen; **~ a·long I** *v/t.* (weg-) schleppen; **II** *v/i.* sich da'hinschleppen; **~ a·way** *v/t.* wegschleppen, -zerren: ***drag o.s. away from*** *iro.* sich losreißen von; **~ behind** *v/i. a. fig.* zu'rückbleiben, nachhinken; **~ down** *v/t.* **1.** herunterziehen; **2.** *fig. j-n* ‚fertig machen', zermürben; **~ in** *v/t.* **1.** hin'einziehen; **2.** *fig.* a) *j-n* (mit) hin'einziehen, b) *et.* (krampfhaft) aufs Tapet bringen, bei den Haaren her'beiziehen; **~ on** *v/i. fig.* a) sich da'hinschleppen, b) sich in die Länge ziehen, sich hinziehen (*Rede etc.*); **~ out** *v/t.* **1.** in die Länge ziehen, hin'ausziehen; **2.** *fig. et.* aus j-m herausholen; **~ up** *v/t.* **1.** hochziehen; **2.** F *Skandal etc.* ausgraben; **3.** *fig. Kind* recht u. schlecht aufziehen.
drag| an·chor *s.* Treib-, Schleppanker *m*; **~ chain** *s.* Hemmkette *f*.
drag·gle ['drægl] **I** *v/t.* **1.** beschmutzen; **II** *v/i.* **2.** nachschleifen; **3.** nachhinken; **'drag·gle·tail** *s.* Schlampe *f*.
'drag|·hound *s. hunt.* Jagdhund *m* für Schleppjagden; **~ hunt** *s.* Schleppjagd *f*; **'~·lift** *s.* Schlepplift *m*; **'~·line** *s.* **1.** Schleppleine *f*, ⚒ -seil *n*; **2.** Schürfkübelbagger *m*; **'~·net** *s.* **1.** a) ⚓ Schleppnetz *n*, b) *hunt.* Streichnetz *n*; **2.** *fig.* (Fahndungs)Netz *n* (*der Polizei*): ***~ operation*** Großfahndung *f*.
drag·o·man ['drægəʊmən] *pl.* **-mans** *od.* **-men** *s. hist.* Dragoman *m*, Dolmetscher *m*.
drag·on ['drægən] *s.* **1.** Drache *m*, Lindwurm *m*, Schlange *f*: ***the old*** ***~*** Satan *m*; **2.** F ‚Drache(n)' *m* (*zänkische Frau etc.*); **'~·fly** *s. zo.* Li'belle *f*; **~'s teeth** *s. pl.* **1.** ⚔ (Panzer)Höcker *pl.*; **2.** *fig.* Drachensaat *f*: ***sow ~*** Zwietracht säen.
dra·goon [drə'guːn] **I** *s.* ⚔ Dra'goner *m*; **II** *v/t. fig.* zwingen (***into*** zu).
drag| race *s. mot.* Dragsterrennen *n*; **'~·rope** *s.* **1.** Schleppseil *n*; **2.** ⚒ a) Leitseil *n*, b) Vertauungsleine *f*; **~ show** *s.* F Transve'stitenshow *f*.
drag·ster ['drægstə] *s. mot.* Dragster *m* (*formelfreier Spezialrennwagen*).
drain [dreɪn] **I** *v/t.* **1.** *Land* entwässern, dränieren, trockenlegen; **2.** ⚕ a) *Wunde von Eiter* säubern, b) *Eiter* abziehen; **3.** *a.* ***~ off, ~ away*** (*Ab*)*Wasser etc.* ableiten, -führen, -ziehen; **4.** austrin-

ken, leeren; → ***dreg*** 1; **5.** *Ort etc.* kanalisieren; **6.** *fig.* aufzehren, verschlucken; *Vorräte etc.* aufbrauchen, erschöpfen: ***~ed*** *fig.* erschöpft, *Person: a.* ausgelaugt; **7.** (***of***) berauben (*gen.*), arm machen (an *dat.*); **II** *v/i.* **8.** *a.* ***~ off***, ***~ away*** (langsam) abfließen, -tropfen; versickern; **9.** *a.* ***~ away*** *fig.* da'hin-, verschwinden; **10.** (langsam) austrocknen; **11.** sich entwässern; **III** *s.* **12.** Ableitung *f*, Abfluss *m*, *fig. a.* Aderlass *m*: ***foreign ~*** ✝ Kapitalabwanderung *f*; → ***brain drain***; **13.** Abflussrohr *n*, 'Abzugska,nal *m*, Entwässerungsgraben *m*; Gosse *f*: ***down the ~*** F ‚futsch', ‚im Eimer'; ***go down the ~*** vor die Hunde gehen; ***pour down the ~*** *Geld* zum Fenster hinauswerfen; **14.** *pl.* Kanalisati'on *f*; **15.** ⚕ Drän *m*, Ka'nüle *f*; **16.** *fig.* (***on***) Belastung *f*, Beanspruchung *f* (*gen.*): ***a great ~ on the purse*** e-e schwere finanzielle Belastung.

drain·age ['dreɪnɪdʒ] *s.* **1.** Ableitung *f*, Abfluss *m*; Entleerung *f*; **2.** Entwässerung *f*, Trockenlegung *f*, *a.* ⚕ Drai'nage *f*; **3.** Entwässerungsanlage *f*; **4.** Kanalisati'on *f*; **5.** Abwasser *n*; ***~ a·re·a***, ***~ ba·sin*** *s.* Einzugsgebiet *n e-s Flusses*; ***~ tube*** *s.* ⚕ 'Abflusska,nüle *f*.

drain cock *s.* ⚙ Abflusshahn *m*.

drain·er ['dreɪnə] *s.* **1.** Abtropfgefäß *n*, Seiher *m*; **2.** → ***draining board***.

drain·ing board ['dreɪnɪŋ] *s.* Abtropfbrett *n*.

'drain·pipe *s.* **1.** Abflussrohr *n*; **2.** *pl. a.* ***~ trousers*** F Röhrenhose(n *pl.*) *f*.

drake [dreɪk] *s. orn.* Enterich *m*.

dram [dræm] *s.* **1.** Drachme *f* (*Gewicht*); **2.** ‚Schluck' *m* (*Whisky etc.*).

dra·ma ['drɑːmə] **I** *s.* **1.** Drama *n*: a) Schauspiel *n*, b) dra'matische Dichtung *od.* Litera'tur, Dra'matik *f*; **2.** Schauspielkunst *f*; **3.** *fig.* Drama *n*; **II** *adj.* **4.** Schauspiel...: ***~ school***.

dra·mat·ic [drə'mætɪk] *adj.* (□ ***~ally***) **1.** dra'matisch (*a.* ♪), Schauspiel..., Theater...: ***~ rights*** Aufführungsrechte; ***~ school*** Schauspielschule *f*; ***~ tenor*** ♪ Heldentenor *m*; **2.** *fig.* dramatisch, spannend, aufregend, erregend; **3.** *fig.* drastisch: ***~ changes***; **dra'mat·ics** [-ks] *s. pl. sg. od. pl. konstr.* **1.** Dramatur'gie *f*; **2.** The'ater-, *bsd.* Liebhaberaufführungen *pl.*; **3.** *contp.* thea'tralisches Benehmen *od.* Getue.

dram·a·tis per·so·nae [ˌdrɑːmətɪs pɜː'səʊnaɪ] *s. pl.* **1.** Per'sonen *pl.* der Handlung; **2.** Rollenverzeichnis *n*.

dram·a·tist ['dræmətɪst] *s.* Dra'matiker *m*; **dram·a·ti·za·tion** [ˌdræmətaɪ'zeɪʃn] *s.* Dramatisierung *f* (*a. fig.*), Bühnenbearbeitung *f*; **dram·a·tize** ['dræmətaɪz] **I** *v/t.* **1.** dramatisieren: a) für die Bühne bearbeiten, b) *fig.* aufbauschen: ***~ o.s.*** sich aufspielen; **II** *v/i.* **2.** sich für die Bühne *etc.* bearbeiten lassen; **3.** *fig.* über'treiben; **dram·a·tur·gic** [ˌdræmə'tɜːdʒɪk] *adj.* drama'turgisch; **dram·a·tur·gist** ['dræməˌtɜːdʒɪst] *s.* Drama'turg *m*; **dram·a·tur·gy** ['dræməˌtɜːdʒɪ] *s.* Dramatur'gie *f*.

drank [dræŋk] *pret. von* ***drink***.

drape [dreɪp] **I** *v/t.* **1.** drapieren: a) (mit Stoff) behängen, b) in (schöne) Falten legen, c) *et.* hängen (***over*** über *acc.*), (ein)hüllen (***in*** in *acc.*); **II** *v/i.* **2.** schön fallen (*Stoff etc.*); **'drap·er** [-pə] *s.* Tuch-, Stoffhändler *m*: ***~'s*** (***shop***) Textilgeschäft *n*; **'dra·per·y** [-pərɪ] *s.* **1.** dekora'tiver Behang, Drapierung *f*; **2.** Faltenwurf *m*; **3.** *coll.* Tex'tilien *pl.*, Tex'til-, Webwaren *pl.*, Stoffe *pl.*; **4.** *Am.* Vorhangstoffe *pl.*, Vorhänge *pl.*

dras·tic ['dræstɪk] *adj.* (□ ***~ally***) drastisch (*a.* ⚕), 'durchgreifend, rigo'ros.

drat [dræt] *int.* F: ***~ it*** (***you***)***!*** zum Teufel damit (mit dir)!; **'drat·ted** [-tɪd] *adj.* F verdammt.

draught [drɑːft] **I** *s.* **1.** Ziehen *n*, Zug *m*: ***~ animal*** Zugtier *n*; **2.** Fischzug *m* (*Fischen od. Fang*); **3.** Abziehen *n* (aus dem Fass): ***beer on ~*** Bier *n* vom Fass; ***~ beer*** *Brit.* Fassbier *n*; **4.** Zug *m*, Schluck *m*: ***a ~ of beer*** ein Schluck Bier; ***at a*** (*od.* ***one***) ***~*** auf 'einen Zug, mit 'einem Mal; **5.** ⚕ Arz'neitrank *m*; **6.** ⚓ Tiefgang *m*; **7.** (Luft)Zug *m*, Zugluft *f*: ***there is a ~*** es zieht; ***~ excluder*** Dichtungsstreifen *m* (*für Türen etc.*); ***feel the ~*** F ‚den Wind im Gesicht spüren', in (finanzi'eller) Bedrängnis sein; **8.** ⚙ Zug *m* (*Schornstein etc.*); **9.** *pl. sg. konstr. Brit.* Damespiel *n*; **10.** → ***draft*** I; **II** *v/t.* **11.** → ***draft*** II; **'~·board** *s. Brit.* Dame- *od.* Schachbrett *n*.

draughts·man *s.* [*irr.*] **1.** ['drɑːftsmæn] *Brit.* Damestein *m*; **2.** [-mən] → ***draftsman***.

draught·y ['drɑːftɪ] *adj.* zugig.

draw [drɔː] **I** *s.* **1.** *a.* ⚙ Ziehen *n*, Zug *m*: ***quick on the ~*** F a) schnell (mit der Pistole), b) *fig.* ‚fix', schlagfertig; **2.** Ziehung *f*, Verlosung *f*; **3.** *fig.* Zugkraft *f*; **4.** a) Attrakti'on *f*, Glanznummer *f* (*Person od. Sache*), b) *thea.* Zugstück *n*, Schlager *m*; → ***box office*** 2; **5.** *sport* Unentschieden *n*: ***end in a ~*** unentschieden ausgehen; **II** *v/t.* [*irr.*] **6.** *Wagen, Pistole, Schwert, Los, (Spiel)Karte, Zahn etc.* ziehen; *Gardine* zuziehen *od.* aufziehen; *Bier, Wein* abziehen, -zapfen; *Bogen(sehne)* spannen: ***~ s.o. into talk*** j-n ins Gespräch ziehen; → ***conclusion*** 3, ***bow²*** 1, ***parallel*** 3; **7.** *fig.* anziehen, -locken, fesseln; her'vorrufen; *j-n zu et.* bewegen; *sich et.* zuziehen: ***feel ~n to s.o.*** sich zu j-m hingezogen fühlen; ***~ attention*** die Aufmerksamkeit lenken (***to*** auf *acc.*); ***~ an audience*** Zuhörer anlocken; ***~ ruin upon o.s.*** sich selbst sein Grab graben; ***~ tears from s.o.*** j-n zu Tränen rühren; **8.** *Gesicht* verziehen; → ***drawn*** 2; **9.** holen, sich verschaffen; entnehmen: ***~ water*** Wasser holen *od.* schöpfen; ***~ (a) breath*** Atem holen, *fig.* aufatmen; ***~ a sigh*** (auf)seufzen; ***~ consolation*** Trost schöpfen (***from*** aus); ***~ inspiration*** sich Anregung holen (***from*** von, bei, durch); **10.** *Mahlzeiten*, ⚔ *Rationen* in Empfang nehmen, *a. Gehalt, Lohn* beziehen; *Geld* holen, abheben, entnehmen; **11.** ziehen, auslosen: ***~ a prize*** e-n Preis gewinnen, *fig.* Erfolg haben; ***~ bonds*** ✝ Obligationen auslosen; **12.** *fig.* her'ausziehen, -bringen, her'aus-, entlocken: ***~ applause*** Beifall entlocken (***from*** *dat.*); ***~ information from s.o.*** j-n aushorchen; ***~ a reply from s.o.*** e-e Antwort aus j-m herausholen; **13.** ausfragen, -horchen (***s.o. on s.th*** j-n über et.); *j-n* aus s-r Reserve her'auslocken: ***he refused to be ~n*** er ließ sich nicht aushorchen; **14.** zeichnen: ***~ a portrait***; ***~ a line*** e-e Linie ziehen; ***~ it fine*** *fig.* es *zeitlich etc.* gerade noch schaffen; → ***line¹*** 12; **15.** gestalten, darstellen, schildern; **16.** *a.* ***~ up*** *Schriftstück* entwerfen, aufsetzen: ***~ a deed*** e-e Urkunde aufsetzen; ***~ a cheque*** (*Am.* ***check***) e-n Scheck ausstellen; ***~ a bill*** e-n Wechsel ziehen (***on*** auf *j-n*); **17.** ⚓ e-n Tiefgang von ... haben; **18.** *Tee* ziehen lassen; **19.** *geschlachtetes Tier* ausnehmen, *Wild a.* ausweiden; **20.** *hunt. Wald, Gelände* durch'stöbern, abpirschen; *Teich* ausfischen; **21.** ⚙ *Draht* ziehen; strecken, dehnen; **22.** ***~ the match*** *sport* unentschieden spielen; **III** *v/i.* [*irr.*] **23.** ziehen (*a. Tee, Schornstein*); **24.** das Schwert, die Pistole *etc.* ziehen, zur Waffe greifen; **25.** sich (*leicht etc.*) ziehen lassen; **26.** zeichnen, malen; **27.** Lose ziehen, losen (***for*** um); **28.** unentschieden spielen; **29.** sich (hin)begeben; sich nähern: ***~ close*** (***to s.o.*** j-m) näher rücken; ***~ round the table*** sich um den Tisch versammeln; ***~ into the station*** 🚂 in den Bahnhof einfahren; → ***draw near***, ***level*** 11; **30.** ✝ (e-n Wechsel) ziehen (***on*** auf *acc.*); **31.** ***~ on*** in Anspruch nehmen (*acc.*), her'anziehen (*acc.*), Gebrauch machen von, zu'rückgreifen auf (*acc.*); *Kapital, Vorräte* angreifen: ***~ on one's imagination*** sich et. einfallen lassen;

Zssgn mit adv.:

draw| a·part **I** *v/i.* **1.** sich lösen, abrücken (***from*** von); **2.** sich ausein'ander leben; **II** *v/t.* **3.** → ***~ a·side*** *v/t. j-n* bei'seite nehmen, *a. et.* zur Seite ziehen; ***~ a·way*** **I** *v/t.* **1.** weg-, zu'rückziehen; **2.** ablenken; **3.** weglocken; **II** *v/i.* **4.** (***from***) sich entfernen (von); abrücken (von); **5.** (***from***) e-n Vorsprung gewinnen (vor *dat.*), sich lösen (von); ***~ back*** **I** *v/t.* **1.** *Truppen, Vorhang etc.* zu'rückziehen; **2.** ✝ *Zoll* zu'rückerhalten; **II** *v/i.* **3.** sich zu'rückziehen; ***~ down*** *v/t.* her'abziehen, *Jalousien* her'unterlassen; ***~ in*** **I** *v/t.* **1.** *a. Luft* einziehen; **2.** *fig. j-n* (mit) hin'einziehen; **3.** *Ausgaben etc.* einschränken; **II** *v/i.* **4.** einfahren (*Zug*); **5.** (an)halten (*Auto*); **6.** abnehmen, kürzer werden (*Tage*); **7.** sich einschränken; ***~ near*** *v/i.* sich nähern (***to*** *dat.*), her'anrücken; ***~ off*** **I** *v/t.* **1.** ab-, zu'rückziehen; **2.** ⚗ ausziehen; **3.** abzapfen; **4.** *Handschuhe etc.* ausziehen; **5.** *fig.* ablenken; **II** *v/i.* **6.** sich zurückziehen; ***~ on*** **I** *v/t.* **1.** anziehen: ***~ gloves***; **2.** *fig.* a) anziehen, anlocken, b) verursachen; **II** *v/i.* **3.** sich nähern; ***~ out*** **I** *v/t.* **1.** her'ausziehen, -holen; **2.** *fig.* a) *Aussage* her'ausholen, -locken, b) *j-n* ausholen, -horchen; **3.** ⚔ *Truppen* a) abkommandieren, b) aufstellen; **4.** *fig.* ausdehnen, hin'ausziehen, in die Länge ziehen; **II** *v/i.* **5.** länger werden (*Tage*); **6.** ausfahren (*Zug*); ***~ up*** **I** *v/t.* **1.** her'aufziehen, aufrichten: ***draw o.s. up*** sich aufrichten; **2.** *Truppen etc.* aufstellen; **3.** a) → ***draw*** 16, b) ✝ *Bilanz* aufstellen, c) *Plan etc.* entwerfen; **4.** *j-n* innehalten lassen; **5.** *Pferd* zum Stehen bringen; **II** *v/i.* **6.** (an)halten; **7.** vorfahren (*Wagen*); **8.** aufmarschieren; **9.** (***with***, ***to***) her'ankommen (an *acc.*), einholen (*acc.*).

'draw|·back *s.* **1.** Nachteil *m*, Hindernis *n*, ‚Haken' *m*; **2.** ✝ Zollrückvergütung *f*; **'~·bridge** *s.* Zugbrücke *f*; **'~·card** → ***drawing card***.

draw·ee [drɔː'iː] *s.* ✝ Bezogene(r) *m*.

draw·er ['drɔːə] *s.* **1.** Zeichner *m*; **2.** ✝ Aussteller *m e-s Wechsels*; **3.** [drɔː] a) Schublade *f*, -fach *n*, b) *pl.* Kom'mode *f*; **4.** *pl.* [drɔːz] *a.* ***pair of ~s*** a) 'Unterhose *f*, b) (Damen)Schlüpfer *m*.

draw·ing ['drɔːɪŋ] *s.* **1.** Ziehen *n*; **2.** Zeichnen *n*: ***out of ~*** verzeichnet; **3.** Zeichnung *f*, Skizze *f*; **4.** Ziehung *f*,

D

D

Verlosung *f*; **5.** ✝ a) *pl.* Bezüge *pl.*, Einnahmen *pl.*, b) Abhebung *f*, c) Trassierung *f*, Ziehung *f* (*Wechsel*); **~ ac·count** *s.* ✝ **1.** Girokonto *n*; **2.** Spesenkonto *n*; **~ block** *s.* Zeichenblock *m*; **~ board** *s.* Reiß-, Zeichenbrett *n*: ***back to the ~!*** F wir müssen noch einmal von vorn anfangen!; **~ card** *s. thea. Am.* Zugnummer *f* (*Stück od. Person*); **~ com·pass·es** *s. pl.* (Reiß-, Zeichen-) Zirkel *m*; **~ ink** *s.* (Auszieh)Tusche *f*; **~ pen** *s.* Reißfeder *f*; **~ pen·cil** *s.* Zeichenstift *m*; **~ pin** *s. Brit.* Reiß-, Heftzwecke *f*; **~ pow·er** *s. fig.* Zugkraft *f*; **~ room** *s.* **1.** Gesellschaftszimmer *n*, Sa'lon *m*: ***not fit for a ~*** nicht ‚salonfähig'; **~ *comedy*** Salonkomödie *f*; **2.** Empfang *m* (*Brit. bsd.* bei Hofe); **3.** 🚂 *Am.* Pri'vatabteil *n*: **~ *car*** Salonwagen *m*; **~ set** *s.* Reißzeug *n.*

drawl [drɔːl] **I** *v/t. u. v/i.* gedehnt *od.* schleppend sprechen; **II** *s.* gedehntes Sprechen.

drawn [drɔːn] **I** *p.p. von* **draw**; **II** *adj.* **1.** gezogen (*a.* ⚙ *Draht*); **2.** *fig.* a) abgespannt, b) verhärmt (*Gesicht*): **~ *with pain*** schmerzverzerrt; **3.** *sport*: unentschieden: **~ *match*** Unentschieden *n*; **~ but·ter (sauce)** *s.* Buttersoße *f*; **~ work** *s.* Hohlsaumarbeit *f.*

draw| po·ker *s. Kartenspiel*: Draw Poker *n*; **'~·string** *s.* Zug- *od.* Vorhangschnur *f*; **~ well** *s.* Ziehbrunnen *m.*

dray [dreɪ], *a.* **~ cart** *s.* Rollwagen *m*; **~ horse** *s.* Zugpferd *n*; **'~·man** [-mən] *s.* [*irr.*] Rollkutscher *m.*

dread [dred] **I** *v/t.* (sehr) fürchten, (große) Angst haben *od.* sich fürchten vor (*dat.*); **II** *s.* Furcht *f*, große Angst, Grauen *n* (**of** vor *dat.*); **III** *adj. poet.* → ***dreadful*** 1; **'dread·ed** [-dɪd] *adj.* gefürchtet; **'dread·ful** [-fʊl] *adj.* ☐ **1.** furchtbar, schrecklich (*beide a. fig.* F); → ***penny dreadful***; **2.** F a) grässlich, scheußlich, b) furchtbar groß *od.* lang, kolos'sal; **'dread·locks** *s. pl.* Rastafrisur *f*; **'dread·nought** *s.* **1.** ⚔ Dreadnought *m*, Schlachtschiff *n*; **2.** dicker, wetterfester Stoff *od.* Mantel.

dream [driːm] **I** *s.* **1.** Traum *m*: ***pleasant ~s!*** F träume süß!; ***wet ~*** ‚feuchter Traum' (*Pollution*); **2.** Traum(zustand) *m*, Träume'rei *f*; **3.** *fig.* (Wunsch-) Traum *m*, Sehnsucht *f*, Ide'al *n*: **~ *factory*** ‚Traumfabrik' *f*; **~ *job*** Traumberuf *m*; **4.** *fig.* ‚Gedicht' *n*, Traum *m*: ***a ~ of a hat*** ein traumhaft schöner Hut; ***a perfect ~*** traumhaft schön; **II** *v/i.* [*a. irr.*] **5.** träumen (**of** von) (*a. fig.*); **6.** träumerisch *od.* verträumt sein; **7.** *mst neg.* ahnen: ***I shouldn't ~ of such a thing*** das würde mir nicht einmal im Traume einfallen; ***I shouldn't ~ of doing that*** ich würde nie daran denken, das zu tun; ***he little dreamt that*** er ahnte kaum, dass; **III** *v/t.* [*a. irr.*] **8.** träumen (*a. fig.*); **9. ~ *away*** verträumen; **10. ~ *up*** F sich *et.* einfallen lassen *od.* ausdenken; **'dream·boat** *s. sl.* a) ‚Schatz' *m*, b) ‚dufter Typ', c) Schwarm *m*, Ide'al *n*; **'dream·er** [-mə] *s.* Träumer(in) (*a. fig.*); **'dream·i·ness** [-mɪnɪs] *s.* **1.** Verträumtheit *f*; **2.** Traumhaftigkeit *f*, Verschwommenheit *f*; **'dream·ing** [-mɪŋ] → ***dreamy*** 1.

'dream|·land *s.* Traumland *n*; **'~·like** *adj.* traumhaft; **~ read·er** *s.* Traumdeuter(in); **'~·sic·le** [-sɪkl] *s.* Traumgebilde *n.*

dreamt [dremt] *pret. u. p.p. von* **dream**.

dream world *s.* Traumwelt *f.*

dream·y ['driːmɪ] *adj.* ☐ **1.** verträumt, träumerisch; **2.** traumhaft, verschwommen; **3.** F traumhaft (schön).

drear [drɪə] *adj. poet.* → ***dreary***; **drear·ie** ['drɪərɪ] *s.* F fader *od.* ‚mieser' Typ; **drear·i·ness** ['drɪərɪnɪs] *s.* **1.** Tristheit *f*, Trostlosigkeit *f*; **2.** Langweiligkeit *f*; **drear·y** ['drɪərɪ] *adj.* ☐ **1.** *allg.* trist, trüb(selig); **2.** langweilig, fad(e); **3.** F ‚mies', ‚blöd'.

dredge[1] [dredʒ] **I** *s.* **1.** ⚙ Bagger *m*; **2.** Schleppnetz *n*; **II** *v/t.* **3.** ausbaggern; **4.** *oft* **~ *up*** mit dem Schleppnetz fangen *od.* her'aufholen; **5.** *fig.* a) **~ *up*** *Tatsachen* ausgraben, b) durch'forschen; **III** *v/i.* **6.** mit dem Schleppnetz fischen (***for*** nach); **7. ~ *for*** suchen nach.

dredge[2] [dredʒ] *v/t.* (mit Mehl *etc.*) bestreuen.

dredg·er[1] ['dredʒə] *s.* **1.** ⚙ Bagger *m*; **2.** Schwimmbagger *m*; **3.** Schleppnetzfischer *m.*

dredg·er[2] ['dredʒə] *s.* (Mehl- *etc.*)Streuer *m.*

dreg [dreg] *s.* **1.** *mst pl.* (Boden)Satz *m*, Hefe *f*: ***drain*** (*od.* ***drink***) ***to the ~s*** *Glas* bis zur Neige leeren; ***not a ~*** gar nichts; → ***cup*** 7; **2.** *mst pl. fig.* Abschaum *m* (*der Menschheit*), Hefe *f* (*des Volkes*): ***the ~s of mankind***.

drench [drentʃ] **I** *v/t.* **1.** durch'nässen: ***~ed in blood*** blutgetränkt; ***~ed with rain*** vom Regen (völlig) durchnässt; ***~ed in tears*** in Tränen gebadet; **2.** *vet. Tieren* Arz'nei einflößen; **II** *s.* **3.** (Regen)Guss *m*; **4.** *vet.* Arz'neitrank *m*; **'drench·er** [-tʃə] *s.* **1.** Regenguss *m*; **2.** *vet.* Gerät *n* zum Einflößen von Arz'neien.

Dres·den (chi·na) ['drezdən] *s.* Meißner Porzel'lan *n.*

dress [dres] **I** *s.* **1.** Kleidung *f*, Anzug *m* (*a.* ⚔); **2.** (Damen)Kleid *n*; **3.** Abend-, Gesellschaftskleidung *f*: ***full ~*** Gesellschaftsanzug *m*, Gala *f*; **4.** *fig.* Gewand *n*, Kleid *n*, Gestalt *f*; **II** *v/t.* **5.** be-, ankleiden, anziehen: **~ *o.s.*** → 11; **6.** einkleiden; **7.** *thea.* mit Ko'stümen ausstatten: **~ *it*** Kostümprobe abhalten; **8.** schmücken, *Schaufenster etc.* dekorieren: **~ *ship*** ⚓ über die Toppen flaggen; **9.** zu'rechtmachen, herrichten, zubereiten, behandeln, bearbeiten; *Salat* anmachen; *Huhn etc.* koch- *od.* bratfertig machen; *Haare* frisieren; *Leder* zurichten; *Tuch* glätten, appretieren; *Erz etc.* aufbereiten; *Stein* behauen; *Flachs* hecheln; *Boden* düngen; ⚕ *Wunde* behandeln, verbinden; **10.** ⚔ (aus)richten; **III** *v/i.* **11.** sich ankleiden *od.* anziehen; **12.** Abend- *od.* Festkleidung anziehen, sich ‚in Gala werfen'; **13.** sich (*geschmackvoll etc.*) kleiden: **~ *well*** (***badly***); **14.** ⚔ sich (aus)richten; **~ down** *v/t.* **1.** *Pferd* striegeln; **2.** F *j-m* ‚eins auf den Deckel geben'; **~ up I** *v/t.* **1.** fein anziehen, herausputzen; **II** *v/i.* **2.** sich fein machen, sich auftakeln; **3.** sich kostümieren *od.* verkleiden.

dres·sage ['dresɑːʒ] **I** *s. sport* Dres'sur (-reiten *n*) *f*; **II** *adj.* Dressur...

dress| cir·cle *s. thea.* erster Rang; **~ clothes** *s. pl.* Gesellschaftskleidung *f*; **~ coat** *s.* Frack *m*; **~ de·sign·er** *s.* Modezeichner(in).

dress·er[1] ['dresə] *s.* **1.** *thea.* a) Kostümi'er *m*, b) Garderobi'ere *f*; **2.** j-d, der sich *sorgfältig etc.* kleidet; **3.** ⚕ Operati'onsassi,stent *m*; **4.** 'Schaufensterdekora,teur *m*; **5.** ⚙ a) Zurichter *m*, Aufbereiter *m*, b) Appretierer *m.*

dress·er[2] ['dresə] *s.* **1.** a) Küchen-, Geschirrschrank *m*, b) Anrichte *f*; **2.** → ***dressing table***.

dress·ing ['dresɪŋ] *s.* **1.** Ankleiden *n*; **2.** ⚙ a) (Nach)Bearbeitung *f*, Aufbereitung *f*, Zurichtung *f*; **3.** ⚙ Appre'tur *f*; **4.** Zubereitung *f von Speisen*; **5.** a) Dressing *n* (*Salatsoße*), b) *Am.* Füllung *f*; **6.** ⚕ a) Verbinden *n* (*Wunde*), b) Verband *m*; **7.** ✓ Dünger *m*; **~ case** *s.* Toi'lettentasche *f*, 'Reiseneces,saire *n*; **,~-'down** *s.* F Standpauke *f*, Rüffel *m*; **~ gown** *s.* Schlaf-, Morgenrock *m*; **~ room** *s.* **1.** Ankleidezimmer *n*; **2.** ('Künstler)Garde,robe *f*; **3.** *sport* ('Umkleide)Ka,bine *f*; **~ sta·tion** *s.* ⚔ (Feld)Verband(s)platz *m*; **~ ta·ble** *s.* Fri'sierkom,mode *f.*

'dress|,mak·er *s.* (Damen)Schneider (-in); **'~,mak·ing** *s.* Schneidern *n*; **~ pa·rade** *s.* **1.** Modevorführung *f*; **2.** Pa'rade *f* in 'Galauni,form; **~ pat·tern** *s.* Schnittmuster *n*; **~ re·hears·al** *s. thea.* Gene'ralprobe *f* (*a. fig.*), Kos'tümprobe *f*; **~ shield** *s.* Schweißblatt *n*; **~ shirt** *s.* Frackhemd *n*; **~ suit** *s.* Frackanzug *m*; **~ u·ni·form** *s.* ⚔ großer Dienstanzug *m.*

dress·y ['dresɪ] *adj.* **1.** ele'gant (gekleidet), *weitS.* modebewusst; **2.** geschniegelt; **3.** F schick, fesch (*Kleid*).

drew [druː] *pret. von* **draw**.

drib·ble ['drɪbl] **I** *v/i.* **1.** tröpfeln (*a. fig.*); **2.** sabbern, geifern; **3.** *sport* dribbeln; **II** *v/t.* **4.** (her'ab)tröpfeln lassen, träufeln; **5.** *sport* **~ *the ball*** (mit dem Ball) dribbeln.

drib·(b)let ['drɪblɪt] kleine Menge; ***by ~s*** *fig.* in kleinen Mengen, kleckerweise.

dribs and drabs [,drɪbzən'dræbz] *s. pl.*: ***in ~*** F kleckerweise.

dried [draɪd] *adj.* getrocknet: **~ *cod*** Stockfisch *m*; **~ *fruit*** Dörrobst *n*; **~ *milk*** Trockenmilch *f.*

dri·er[1] ['draɪə] *s.* **1.** Trockenmittel *n*, Sikka'tiv *n*; **2.** 'Trockenappa,rat *m*, Trockner *m*: ***hair-~*** Föhn *m.*

dri·er[2] ['draɪə] *comp. von* **dry**.

dri·est ['draɪɪst] *sup. von* **dry**.

drift [drɪft] **I** *s.* **1.** Treiben *n*; **2.** *fig.* Abwanderung *f*: **~ *from the land*** Landflucht *f*; **3.** ⚓, ✈ Abtrift *f*, -trieb *m*; **4.** *Ballistik*: Seitenabweichung *f*; **5.** Drift(strömung) *f* (*im Meer*); (Strömungs)Richtung *f*; **6.** *fig.* a) Strömung *f*, Ten'denz *f*, Lauf *m*, Richtung *f*, b) Absicht *f*, c) Gedankengang *m*, d) Sinn *m*: ***the ~ of what he said*** was er meinte *od.* sagen wollte; **7.** a) Treibholz *n*, b) Treibeis *n*, c) Schneegestöber *n*; **8.** Treibgut *n*; **9.** (Schnee)Verwehung *f*, (Schnee-, Sand)Wehe *f*; **10.** *geol.* Geschiebe *n*; **11.** *fig.* Einfluss *m*, (treibende) Kraft; **12.** 'Treibenlassen *n*, Sich-'treiben-Lassen *n*, Ziellosigkeit *f*: ***policy of ~***; **II** *v/i.* **13.** treiben (*a. fig.* ***into*** in *e-n Krieg etc.*), getrieben werden: ***let things ~*** den Dingen ihren Lauf lassen; **~ *away*** a) abwandern, b) sich entfernen (***from*** von); **~ *apart*** *fig.* sich auseinander leben; **14.** sich (willenlos) treiben lassen; **15.** *auf et.* zutreiben; **16.** gezogen werden, geraten *od.* (hinein)schlittern (***into*** in *acc.*); **17.** sich häufen (*Sand, Schnee*); **III** *v/t.* **18.** (da'hin)treiben, (fort)tragen; **19.** aufhäufen, zs.-tragen; **~ an·chor** *s.* ⚓ Treibanker *m.*

drift·er ['drɪftə] *s.* **1.** zielloser Mensch, ‚Gammler' *m*; **2.** Treibnetzfischer(boot *n*) *m.*

drift| ice *s.* Treibeis *n*; **~ net** *s.* Treibnetz *n*; '**~·wood** *s.* Treibholz *n*.

drill[1] [drɪl] **I** *s.* **1.** ⚙ 'Bohrgerät *n*, -maˌschine *f*, Bohrer *m*: **~ *chuck*** Bohrfutter *n*; **2.** Drill *m*: a) ⚔ Exerzieren *n*, b) (*Luftschutz- etc.*)Übung *f*, c) *fig.* strenge Schulung, d) 'Ausbildung(smeˌthode) *f*; **II** *v/t.* **3.** *Loch* bohren; **4.** ⚔ *u. fig.* drillen, einexerzieren: **~ *him in Latin*** ihm Lateinisch einpauken; **5.** *fig.* drillen, gründlich ausbilden; **III** *v/i.* **6.** (⚙ *engS.* ins Volle) bohren: **~ *for oil*** nach Öl bohren; **7.** ⚔ a) exerzieren (*a. fig.*), b) gedrillt *od.* ausgebildet werden.

drill[2] [drɪl] ✓ **I** *s.* **1.** (Saat)Rille *f*, Furche *f*; **2.** 'Drill-, 'Sämaˌschine *f*; **II** *v/t.* **3.** *Saat* in Reihen säen; **4.** *Land* in Reihen besäen.

drill[3] [drɪl] *s.* Drill(ich) *m*, Drell *m*.

drill| bit *s.* ⚙ **1.** Bohrspitze *f*; **2.** Einsatzbohrer *m*; **~ ground** *s.* ⚔ Exerzierplatz *m*.

drill·ing ['drɪlɪŋ] *s.* **1.** Bohren *n*; **2.** Bohrung *f* (***for*** nach *Öl etc.*); **3.** → ***drill***[1] 2; **~ rig** *s.* Bohrinsel *f*.

'**drill|ˌmas·ter** *s.* **1.** ⚔ Ausbilder *m*; **2.** *fig.* ‚Einpauker' *m*; **~ ser·geant** *s.* ⚔ 'Ausbildungsˌunteroffiˌzier *m*.

dri·ly ['draɪlɪ] *adv. von* **dry** (*mst fig.*).

drink [drɪŋk] **I** *s.* **1.** a) Getränk *n*, b) Drink *m*, alko'holisches Getränk, c) *coll.* Getränke *pl.*; **~s *machine*** Getränkeautomat *m*; ***have a ~*** et. trinken, e-n Drink nehmen; ***have a ~ with s.o.*** mit j-m ein Glas trinken; ***a ~ of water*** ein Schluck Wasser; ***food and ~*** Essen *n* u. Getränke *pl.*; **2.** das Trinken, der Alkohol: ***take to ~*** sich das Trinken angewöhnen; **3.** *sl. der* ‚Große Teich' (*Meer*); **II** *v/t.* [*irr.*] **4.** *Tee etc.* trinken; *Suppe* essen: **~ *s.o. under the table*** j-n unter den Tisch trinken; **5.** trinken, saufen (*Tier*); **6.** trinken *od.* anstoßen auf (*acc.*); → ***health*** 3; **7.** (aus)trinken, leeren; → ***cup*** 7; **8.** *fig.* → ***drink in***; **III** *v/i.* [*irr.*] **9.** trinken; **10.** saufen (*Tier*); **11.** trinken, *weitS. a.* ein Trinker sein; **12.** trinken *od.* anstoßen (***to*** auf *acc.*): **~ *to s.o.*** *a.* j-m zuprosten; **~ a·way** *v/t.* **1.** *sein Geld etc.* vertrinken; **2.** *s-e Sorgen* im Alkohol ersäufen; **~ in** *v/t. fig.* **1.** *Luft etc.* einsaugen, (tief) einatmen; **2.** *fig.* (hingerissen) in sich aufnehmen, verschlingen: **~ *s.o.'s words***; **~ off**, **~ up** *v/t.* austrinken.

drink·a·ble ['drɪŋkəbl] *adj.* trinkbar, Trink...; **drink·er** ['drɪŋkə] *s.* **1.** Trinkende(r *m*) *f*: ***beer ~*** Biertrinker *m*; **2.** Trinker(in): ***a heavy ~***.

drink·ing ['drɪŋkɪŋ] *s.* **1.** *allg.* Trinken *n*; **2.** → **~ bout** *s.* Trinkgelage *n*; **~ cup** *s.* Trinkbecher *m*; **~ foun·tain** *s.* Trinkbrunnen *m*; **~ song** *s.* Trinklied *n*; **~ straw** *s.* Trinkhalm *m*; **~ wa·ter** *s.* Trinkwasser *n*.

drip [drɪp] **I** *v/i.* **1.** (her'ab)tropfen, (-)tröpfeln; **2.** tropfen (*Wasserhahn*); **3.** triefen (***with*** von, vor *dat.*) (*a. fig.*); **II** *v/t.* **4.** (her'ab)tröpfeln *od.* (her'ab-)tropfen lassen; **III** *s.* **5.** → ***dripping*** 1, 2; **6.** ⚠ Traufe *f*; **7.** ⚙ Tropfrohr *n*; **8.** ⚕ a) 'Tropfinfusiˌon *f*, b) Tropf *m*: ***be on the ~*** am Tropf hängen; **9.** F ‚Nulpe' *f*, ‚Blödmann' *m*; **~ cof·fee** *s. Am.* Filterkaffee *m*; ˌ**~-'dry I** *adj.* bügelfrei; **II** *v/t.* tropfnass aufhängen; '**~-feed** *v/t.* ⚕ parente'ral *od.* künstlich ernähren.

drip·ping ['drɪpɪŋ] **I** *s.* **1.** Tröpfeln *n*, Tropfen *n*; **2.** *a. pl.* her'abtröpfelnde Flüssigkeit; **3.** (abtropfendes) Bratenfett: **~ *pan*** Fettpfanne *f*; **II** *adj.* **4.** *a. fig.* triefend (***with*** von); **5.** *a.* **~ *wet*** triefend nass, tropfnass.

'**drip·proof** *adj.* ⚙ tropfwassergeschützt.

drip·py ['drɪpɪ] *adj. sl.* **1.** langweilig, lahm(arschig); **2.** rührselig, kitschig.

drive [draɪv] **I** *s.* **1.** Fahrt *f*, *bsd.* Aus-, Spa'zierfahrt *f*: ***take*** (*od.* ***go for***) ***a ~*** → ***drive out*** II; ***an hour's ~ away*** e-e Autostunde entfernt; **2.** a) Fahrweg *m*, -straße *f*, b) (pri'vate) Auf-, Einfahrt *f*, c) Zufahrtsstraße *f*; **3.** a) (Zs.-)Treiben *n* (*von Vieh etc.*), b) zs.-getriebene Tiere; **4.** Treibjagd *f*; **5.** ⚙ a) Antrieb *m*: ***rear(-wheel) ~*** Hinterradantrieb *m*, b) *mot. a.* Steuerung *f*: ***left-hand ~*** Linkssteuerung *f*, c) *Computer*: Laufwerk *n*; **6.** ⚔ Vorstoß *m*; **7.** *sport* a) Schuss *m*, b) *Golf*, *Tennis*: Drive *m*, Treibschlag *m*; **8.** Tatkraft *f*, Schwung *m*, E'lan *m*, Dy'namik *f*; **9.** Trieb *m*, Drang *m*: ***sexual ~*** Geschlechtstrieb; **10.** ('Sammel-, Ver'kaufs- *etc.*)Aktiˌon *f*, Kam'pagne *f*, (*bes.* Werbe)Feldzug *m*; **II** *v/t.* [*irr.*] **11.** *Vieh, Wild, Keil, etc.* treiben; *Ball* treiben, (weit) schlagen, schießen; *Nagel* einschlagen, treiben (***into*** in *acc.*); *Pfahl* einrammen; *Schwert etc.* stoßen; *Tunnel* bohren, treiben: **~ *s.th. into s.o.*** *fig.* j-m et. einbläuen; **~ *all before one*** *fig.* jeden Widerstand überwinden, unaufhaltsam sein; → ***home*** 13; **12.** vertreiben, -jagen; **13.** *hunt.* jagen, treiben; **14.** (zur Arbeit) antreiben, hetzen: **~ *s.o. hard*** a) j-n schinden, b) j-n in die Enge treiben; **~ *o.s.*** (***hard***) sich abschinden *od.* antreiben; **15.** *fig. j-n* dazu bringen *od.* treiben *od.* veranlassen *od.* zwingen (***to*** zu; ***to do*** zu tun): **~ *to despair*** zur Verzweiflung treiben; **~ *s.o. mad*** j-n verrückt machen; ***driven by hunger*** vom Hunger getrieben; **16.** *Wagen* fahren, lenken, steuern; **17.** *j-n od. et.* (im Auto) fahren, befördern; **18.** ⚙ (an-, be)treiben (*mst pass.*): ***driven by steam*** mit Dampf betrieben, mit Dampfantrieb; **19.** zielbewusst 'durchführen: **~ *a hard bargain*** hart verhandeln; ***he ~s a roaring trade*** er treibt e-n schwunghaften Handel; **III** *v/i.* [*irr.*] **20.** (da'hin)treiben, getrieben werden: **~ *before the wind*** ⚓ vor dem Wind treiben; **21.** eilen, stürmen, jagen; **22.** stoßen, schlagen; **23.** (e-n *od.* den Wagen) fahren: ***can you ~?*** können Sie Auto fahren?; **24.** **~ *at*** *fig.* (ab)zielen auf (*acc.*): ***what is he driving at?*** was will *od.* meint er eigentlich?, worauf will er hinaus?; **25.** schwer arbeiten (***at*** an *dat.*);

Zssgn mit adv.:

drive| a·way **I** *v/t. a. fig.* vertreiben, verjagen; **II** *v/i.* wegfahren; **~ in I** *v/t.* **1.** *Pfahl* einrammen, *Nagel* einschlagen; **2.** *Vieh* eintreiben; **II** *v/i.* **3.** hin'einfahren; **~ on I** *v/t.* vo'rantreiben (*a. fig.*); **II** *v/i.* weiterfahren; **~ out I** *v/t.* aus-, vertreiben; **II** *v/i.* spazieren fahren, ausfahren; **~ up I** *v/t. Preise* in die Höhe treiben; **II** *v/i.* vorfahren (***to*** vor *dat.*).

'**drive-in I** *adj.* Auto..., Drive-in-...; **II** *s.* a) Auto-, Drive-in-Kino *n*, -rasthaus *n etc.*, b) Auto-, Drive-in-Schalter *m e-r Bank*.

driv·el ['drɪvl] **I** *v/i.* **1.** sabbern, geifern; **2.** dummes Zeug schwatzen, faseln; **II** *s.* **3.** Geschwätz *n*, Gefasel *n*, Fase'lei *f*; '**driv·el·(l)er** [-lə] *s.* (blöder) Schwätzer.

driv·en ['drɪvn] *p.p. von* **drive**.

driv·er ['draɪvə] *s.* **1.** (An)Treiber *m*; **2.** Fahrer *m*, Lenker *m*, b) (*Kran- etc.*, *Brit. Lokomotiv*)Führer *m*, c) Kutscher *m*; **3.** (Vieh)Treiber *m*; **4.** F Antreiber *m*, (Leute)Schinder *m*; **5.** ⚙ a) Treibrad *n*, Ritzel *n*, b) Mitnehmer *m*, c) Ramme *f*; **6.** *Computer*: Treiber *m*; **7.** *Golf*: Driver *m* (*Holzschläger 1*); **~'s cab** *s.* ⚙ Führerhaus *n*; **~'s li·cense** *s. mot. Am.* Führerschein *m*; **~'s seat** *s.* Fahrer-, Führersitz *m*: ***in the ~*** *fig.* am Ruder.

drive| shaft → ***driving shaft***; '**~·way** *s.* → ***drive*** 2; '**~-yourˌself** *adj. Am.* Selbstfahrer...: **~ *car*** Mietwagen *m*.

driv·ing ['draɪvɪŋ] **I** *adj.* **1.** (an)treibend: **~ *force*** treibende Kraft; **~ *rain*** stürmischer Regen; **2.** a) ⚙ Antriebs..., Treib..., Trieb..., b) *TV* Treiber...(*-impulse etc.*); **3.** *mot.* Fahr...: **~ *comfort***; **~ *instructor*** Fahrlehrer *m*; **~ *lessons*** Fahrstunden; ***take ~ lessons*** Fahrunterricht nehmen, den Führerschein machen; **~ *licence*** *Brit.* Führerschein *m*; **~ *mirror*** Rückspiegel *m*; **~ *school*** Fahrschule *f*; **~ *test*** Fahrprüfung *f*; **II** *s.* **4.** Treiben *n*; **5.** (Auto)Fahren *n*; **~ ax·le** *s.* Antriebsachse *f*; **~ belt** *s.* Treibriemen *m*; **~ gear** *s.* Triebwerk *n*, Getriebe *n*; **~ i·ron** *s. Golf*: Driving Iron *m* (*Eisenschläger Nr. 1*); **~ pow·er** *s.* ⚙ Antriebskraft *f*, -leistung *f*; **~ shaft** *s.* ⚙ Antriebswelle *f*; **~ wheel** *s.* Triebrad *n*.

driz·zle ['drɪzl] **I** *v/i.* nieseln; **II** *s.* Niesel-, Sprühregen *m*; '**driz·zly** [-lɪ] *adj.* Niesel-, Sprüh...: **~ *rain***; ***it was a ~ day*** es nieselte den ganzen Tag.

droll [drəʊl] *adj.* □ drollig, spaßig, komisch; **droll·er·y** ['drəʊlərɪ] *s.* **1.** Posse *f*, Schwank *m*; **2.** Spaß *m*; **3.** Komik *f*, Spaßigkeit *f*.

drome [drəʊm] F *für* ***aerodrome***, ***airdrome***.

drom·e·dar·y ['drɒmədərɪ] *s. zo.* Drome'dar *n*.

drone[1] [drəʊn] **I** *s.* **1.** *zo.* Drohne *f*; **2.** *fig.* Drohne *f*, Schma'rotzer *m*; **3.** ⚔ ferngesteuertes Flugzeug *n*; 'Fernlenkraˌkete *f*; **II** *v/i.* **4.** faulenzen; **III** *v/t.* **5.** **~ *away*** vertrödeln.

drone[2] [drəʊn] **I** *v/i.* **1.** brummen, summen, dröhnen; **2.** *fig.* leiern, eintönig reden; **II** *v/t.* **3.** herleiern; **III** *s.* **4.** ♪ a) Bor'dun *m*, b) Basspfeife *f des Dudelsacks*; **5.** Brummen *n*, Summen *n*; **6.** *fig.* a) Geleier *n*, b) einschläfernder Redner.

drool [druːl] **I** *v/i.* **1.** sabbern, geifern; **2.** (dummes Zeug) schwatzen; **3.** **~ *over*** (*od.* ***about***) sich begeistern für, vernarrt sein in (*acc.*); **II** *v/t.* **4.** *et.* salbungsvoll von sich geben *od.* versprechen; **III** *s.* **5.** ‚Geschwätz' *n*, ‚Gefasel' *n*.

droop [druːp] **I** *v/i.* **1.** (schlaff) her'abhängen *od.* -sinken; **2.** ermatten, erschlaffen; **3.** sinken, schwinden (*Mut etc.*), erlahmen (*Interesse etc.*); **4.** *fig.* den Kopf hängen lassen (*a. Blume*); **5.** ✝ abbröckeln (*Preise*); **II** *v/t.* **6.** (schlaff) her'abhängen lassen; **III** *s.* **7.** Her'abhängen *n*, Senken *n*; **8.** Erschlaffen *n*; '**droop·ing** [-pɪŋ] *adj.* □ **1.** (herunter)hängend, schlaff (*a. fig.*); **2.** matt; **3.** welk.

drop [drɒp] **I** *s.* **1.** Tropfen *m*: ***in ~s*** tropfenweise (*a. fig.*); ***a ~ in the bucket*** (*od.* ***ocean***) *fig.* ein Tropfen auf e-n heißen Stein; **2.** ⚕ *mst pl.* Tropfen *pl.*; **3.** *fig.* a) Tropfen *m*, Tröpfchen *n*, b) Glas *n*, ‚Gläs-chen' *n*: ***he has had a ~ too much*** er hat ein Glas *od.* eins

über den Durst getrunken; **4.** Bon'bon *m, n*: ***fruit ~s*** Drops *pl.*; **5.** a) Fall *m*, Fallen *n*: ***at the ~ of a hat*** F beim geringsten Anlass; ***get*** *od.* ***have the ~ on s.o.*** F j-m (*beim Ziehen e-r Waffe*) zuvorkommen, *fig.* j-m gegenüber im Vorteil sein, b) Fall(tiefe *f*) *m*, 'Höhen-ˌunterschied *m*, c) steiler Abfall, Gefälle *n*; **6.** *fig.* Fall *m*, Sturz *m*, Rückgang *m*: ***~ in prices*** Preissturz, -rückgang; ***~ in the temperature*** Temperaturabfall, -sturz; ***~ in the voltage*** ϟ Spannungsabfall; **7.** → ***airdrop*** I; **8.** ⚙ a) (Fall-)Klappe *f*, -vorrichtung *f*, b) Falltür *f*, c) Vorrichtung *f* zum Her'ablassen von Lasten: (***letter***) ***~*** *Am.* (Brief)Einwurf *m*; **9.** *thea.* Vorhang *m*; **II** *v/i.* **10.** (herab)tropfen, (-)tröpfeln; **11.** (he'rab-, her'unter)fallen: ***let s.th. ~*** a) et. fallen lassen, b) → 26; **12.** (nieder-)sinken, fallen: ***~ into a chair***; ***~ dead*** tot umfallen; ***~ dead!*** *sl.* geh zum Teufel!; ***ready*** (*od.* ***fit***) ***to ~*** zum Umfallen müde; **13.** *fig.* aufhören, ‚einschlafen': ***our correspondence ~ped***; **14.** (ver-)fallen: ***~ into a habit*** in e-e Gewohnheit verfallen; ***~ asleep*** einschlafen; **15.** a) (ab)sinken, sich senken, b) sinken, fallen, her'untergehen (*Preise, Thermometer etc.*); **16.** sich senken (*Stimme*); **17.** sich legen (*Wind*); **18.** zufällig *od.* unerwartet kommen: ***~ into the room***; ***~ across s.o.*** (***s.th.***) zufällig auf j-n (et.) stoßen; **19.** *zo.* (Junge) werfen, *bsd.* a) lammen, b) kalben, c) fohlen; **III** *v/t.* **20.** (her'ab)tropfen *od.* (-)tröpfeln lassen; **21.** senken, her'ablassen; **22.** fallen lassen: ***~ a book***; **23.** (hin'ein)werfen (***into*** in *acc.*); **24.** *Bomben etc.* (ab)werfen; **25.** ⚓ *den Anker* auswerfen; **26.** *e-e Bemerkung* fallen lassen: ***~ a remark***; ***~ me a line!*** schreibe mir ein paar Zeilen!; **27.** *ein Thema, e-e Gewohnheit etc.* fallen lassen: ***~ a subject*** (***habit*** *etc.*); **28.** *e-e Tätigkeit* aufgeben, aufhören mit: ***~ the correspondence*** die Korrespondenz einstellen; ***~ it!*** hör auf damit!, lass das!; **29.** *j-n* fallen lassen, nichts mehr zu tun haben wollen mit; **30.** *Am.* a) *j-n* entlassen, b) *sport Spieler* aus der Mannschaft nehmen; **31.** *zo. Junge, bsd. Lämmer* werfen; **32.** *e-e Last, a. Passagiere* absetzen; **33.** F *Geld* a) loswerden, b) verlieren; **34.** *Buchstaben etc.* auslassen: ***~ one's aitches*** a) das ‚h' nicht sprechen, b) *fig.* e-e vulgäre Aussprache haben; **35.** a) zu Fall bringen, zu Boden schlagen, b) F *j-n* ‚abknallen'; **36.** ab-, her'unterschießen: ***~ a bird***; **37.** *die Augen od. die Stimme* senken; **38.** *sport e-n Punkt, ein Spiel* abgeben (***to*** gegen);
Zssgn mit adv.:
drop| a·round *v/i.* F vor'beikommen, (kurz) ‚her'einschauen'; **~ a·way** *v/i.* **1.** abfallen; **2.** immer weniger werden; (e-r nach dem anderen) weggehen; **~ back**, **~ be·hind** *v/i.* **1.** zu'rückbleiben, -fallen; **2.** sich zu'rückfallen lassen; **~ down** *v/i.* **1.** her'abtröpfeln; **2.** her'unterfallen; **~ in** *v/i.* **1.** her'einkommen (*a. fig. Aufträge etc.*); **2.** (kurz) her'einschauen (***on*** bei), ‚her'einschneien'; **~ off I** *v/i.* **1.** abfallen (*a.* ϟ); **2.** zu'rückgehen (*Umsatz etc.*), nachlassen (*Interesse etc.*); **3.** einschlafen, -nicken; **II** *v/t.* **4.** → ***drop*** 32; **~ out** *v/i.* **1.** her'ausfallen (***of*** aus); **2.** ‚aussteigen' (***of*** aus *der Politik, s-m Beruf etc.*), *a.* die Schule, das Studium abbrechen.

drop| ball *s. Fußball*: Schiedsrichterball *m*; **~ cur·tain** *s. thea.* Vorhang *m*; **'~-down men·u** *s. Computer*: 'Drop-down-Meˌnü *n*; **'~-forge** *v/t.* ⚙ im Gesenk schmieden; **~ forg·ing** *s.* ⚙ **1.** Gesenkschmieden *n*; **2.** Gesenkschmiedestück *n*; **'~-head** *s.* **1.** ⚙ Versenkvorrichtung *f*; **2.** *mot. Brit. a.* **~ coupé** Kabrio'lett *n*; **~ kick** *s. sport* Dropkick *m*.

drop·let ['drɒplɪt] *s.* Tröpfchen *n*.

drop| let·ter *s.* **1.** *Am.* postlagernder Brief; **2.** Ortsbrief *m*; **'~-out** *s.* Drop-out *m*: a) ‚Aussteiger' *m aus der Gesellschaft*, b) (Schul-, Studien)Abbrecher *m*, c) *Computer*: Sig'nalausfall *m*, d) *Tonband*: Schadstelle *f*.

drop·per ['drɒpə] *s.* Tropfglas *n*, Tropfenzähler *m*: ***eye ~*** Augentropfer *m*; **'drop·pings** [-pɪŋz] *s. pl.* **1.** Mist *m*, tierischer Kot; **2.** (Ab)Fallwolle *f*.

drop| scene *s.* **1.** *thea.* (Zwischen)Vorhang *m*; **2.** *fig.* Fi'nale *n*, Schlussszene *f*; **~ seat** *s.* Klappsitz *m*; **~ shot** *s. Tennis etc.*: Stoppball *m*; **~ shut·ter** *s. phot.* Fallverschluss *m*.

drop·si·cal ['drɒpsɪkl] *adj.* □ ⚕ **1.** wassersüchtig; **2.** ödema'tös.

'drop-stitch *s.* Fallmasche *f*.

drop·sy ['drɒpsɪ] *s.* ⚕ Wassersucht *f*.

dross [drɒs] *s.* **1.** ⚙ Schlacke *f*; **2.** Abfall *m*, Unrat *m*; *fig.* wertloses Zeug.

drought [draʊt] *s.* Dürre *f* (*a. fig. Mangel* ***of*** an *dat.*); (Zeit *f* der) Trockenheit *f*; **'drought·y** [-tɪ] *adj.* **1.** trocken, dürr; **2.** regenlos.

drove[1] [drəʊv] *pret. von* ***drive***.

drove[2] [drəʊv] *s.* **1.** (Vieh)Herde *f*; **2.** *fig.* Schar *f*: ***in ~s*** in hellen Scharen; **'dro·ver** [-və] *s.* Viehtreiber *m*.

drown [draʊn] **I** *v/i.* **1.** ertrinken; **II** *v/t.* **2.** ertränken, ersäufen: ***be ~ed*** → 1; ***~ one's sorrows*** s-e Sorgen (im Alkohol) ertränken; **3.** über'schwemmen (*a. fig.*): ***~ed in tears*** tränenüberströmt; **4.** *a.* ***~ out*** *fig.* übertönen.

drowse [draʊz] **I** *v/i.* **1.** dösen: ***~ off*** eindösen; **II** *v/t.* **2.** schläfrig machen; **3.** *mst* ***~ away*** *Zeit etc.* verdösen; **'drow·si·ness** [-zɪnɪs] *s.* Schläfrigkeit *f*; **'drow·sy** [-zɪ] *adj.* □ **1.** a) schläfrig, b) verschlafen (*a. fig.*); **2.** einschläfernd.

drub [drʌb] *v/t.* F **1.** (ver)prügeln: ***~ s.th. into s.o.*** j-m et. einbläuen; **2.** *sport* ‚über'fahren'; **'drub·bing** [-bɪŋ] *s.* F (Tracht *f*) Prügel *pl.*: ***take a ~*** *a. sport* Prügel beziehen, ‚über'fahren werden'.

drudge [drʌdʒ] **I** *s.* **1.** *fig.* F Packesel *m*, Arbeitstier *n*, Kuli *m*; **2.** → ***drudgery***; **II** *v/i.* **3.** sich (ab)placken, sich abschinden, schuften; **'drudg·er·y** [-dʒərɪ] *s.* Plackerei *f*, Schinde'rei *f*; **'drudg·ing** [-dʒɪŋ] *adj.* □ **1.** mühsam; **2.** stumpfsinnig.

drug [drʌg] **I** *s.* **1.** Arz'nei(mittel *n*) *f*, Medika'ment *n*: ***be on a ~*** ein Medikament (ständig) nehmen; **2.** Rauschgift *n*, Droge *f* (*a. fig.*): ***be on ~s***, F ***do ~s*** → 8; ***get off the drug*** von den Drogen loskommen; ***hard ~s*** *pl.* harte Drogen *pl.*; ***soft ~s*** weiche Drogen *pl.*; **3.** ***~ on*** (*Am. a.* ***in***) ***the market*** ☤ schwer verkäufliche Ware, *a.* Ladenhüter *m*; **II** *v/t.* **4.** *j-m* Medika'mente geben; **5.** *j-n* unter Drogen setzen; **6.** ein Betäubungsmittel beimischen (*dat.*); **7.** *j-n* betäuben (*a. fig.*): ***~ged with sleep*** schlaftrunken; **III** *v/i.* **8.** Drogen *od.* Rauschgift nehmen; **~ a·buse** *s.* **1.** 'Drogenˌmissbrauch *m*; **2.** Arz'neimittelˌmissbrauch *m*; **~ ad·dict** *s.* Drogen- *od.* Rauschgiftsüchtige(r *m*) *f*; **'~-adˌdict·ed** *adj.* **1.** drogen- *od.* rauschgiftsüchtig; **2.** arz'neimittelsüchtig; **~ ad·dic·tion** *s.* **1.** Drogen- *od.* Rauschgiftsucht *f*; **2.** Arz'neimittelsucht *f*; **~ com·pa·ny** *s.* 'Pharmaunterˌnehmen *n*; **~ deal·er** *s.* Drogenhändler(in), -dealer *m*; **~ de·pend·ence** *s.* Drogenabhängigkeit *f*.

drug·gie ['drʌgɪ] *s.* F 'Junkie *m*, Drogenabhängige(r *m*) *f*.

drug·gist ['drʌgɪst] *s. Am.* **1.** Apo'theker *m*; **2.** Inhaber(in) e-s Drugstores.

drug| ped·dler, **'~ˌpush·er** *s.* Rauschgifthändler *m*, ‚Pusher' *m*; **~ scene** *s.* Drogenszene *f*; **~ squad** *s. bsd. Brit.* 'Rauschgiftdezerˌnat *n*.

drug·ster ['drʌgstə] → ***drug addict***.

'drug·store *s. Am.* **1.** Apo'theke *f*; **2.** Drugstore *m* (*Drogerie, Kaufladen u. Imbissstube*).

'drug|-ˌtak·ing *s.* Drogenkonsum *m*; **~ traf·fick·ing** ['træfɪkɪŋ] *s.* Drogenhandel *m*.

Dru·id ['druːɪd] *s.* Dru'ide *m*; **'Dru·id·ess** [-dɪs] *s.* Dru'idin *f*.

drum [drʌm] **I** *s.* **1.** ♪ Trommel *f*: ***beat the ~*** die Trommel schlagen *od.* (*a. fig.*) rühren, trommeln; **2.** *pl.* Schlagzeug *n*; **3.** Trommeln *n* (*a. fig. des Regens etc.*); **4.** ⚙ Trommel *f*, Walze *f*, Zy'linder *m*; **5.** ⚔ Trommel *f* (*am Maschinengewehr etc.*); **6.** Trommel *f*, trommelförmiger Behälter; **7.** *anat.* a) Mittelohr *n*, b) Trommelfell *n*; **8.** △ Säulentrommel *f*; **II** *v/i.* **9.** *a. weitS.* trommeln (***on*** auf *acc.*, ***at*** an *acc.*); **10.** (rhythmisch) dröhnen; **11.** *fig. Am.* die Trommel rühren (***for*** für); **III** *v/t.* **12.** *Rhythmus* trommeln: ***~ s.th. into s.o.*** j-m et. einhämmern; **13.** trommeln auf (*acc.*); ***~ out*** *v/t. j-n* ausstoßen (***of*** aus); ***~ up*** *v/t.* a) zs.-trommeln, (an)werben, ‚auf die Beine stellen', b) *Am.* sich *et.* einfallen lassen.

drum| brake *s.* Trommelbremse *f*; **'~-ˌfire** *s.* ⚔ Trommelfeuer *n* (*a. fig.*); **'~-head** *s.* **1.** ♪, *anat.* Trommelfell *n*; **2.** ***~ court martial*** ⚔ Standgericht *n*; **3.** ***~ service*** ⚔ Feldgottesdienst *m*; **~ ma·jor** *s.* ⚔ 'Tambourmaˌjor *m*; **~ ma·jor·ette** *s.* 'Tambourmaˌjorin *f*.

drum·mer ['drʌmə] *s.* **1.** ♪ a) Trommler *m*, b) Schlagzeuger *m*; **2.** ☤ *Am.* F Handlungsreisende(r) *m*.

'drum·stick *s.* **1.** Trommelstock *m*, -schlägel *m*; **2.** 'Unterschenkel *m* (*von zubereitetem Geflügel*).

drunk [drʌŋk] **I** *adj. mst pred.* **1.** betrunken (***on*** von): ***get ~*** sich betrinken; ***~ as a lord*** (*od.* ***a fish*** *od.* F ***a skunk***) total blau, stockbetrunken, F -besoffen; ***~ and incapable*** volltrunken; ***~ driving*** ⚖ Trunkenheit *f* am Steuer; **2.** *fig.* (be)trunken, berauscht (***with*** vor, von): ***~ with joy*** freudetrunken; **II** *s.* **3.** *sl.* a) Betrunkene(r *m*) *f*, b) Säufer(in); **4.** a) Saufe'rei *f*, Besäufnis *n*, b) ‚Affe' *m*, Rausch *m*; **III** *p.p. von* ***drink***; **'drunkard** [-kəd] *s.* Säufer *m*, Trunkenbold *m*; **'drunk·en** [-kən] *adj.* □ betrunken; *fig.* → ***drunk*** 2: ***a ~ man*** ein Betrunkener; ***a ~ brawl*** ein im Rausch angefangener Streit; ***a ~ party*** ein Saufgelage *n*; **'drunk·en·ness** [-kənnɪs] *s.* Betrunkenheit *f*.

drupe [druːp] *s.* ⚘ Steinfrucht *f*, -obst *n*.

dry [draɪ] **I** *adj.* □ **1.** trocken: ***not yet ~ behind the ears*** noch nicht trocken hinter den Ohren; ***~ cough*** trockener Husten; ***run ~*** austrocknen, versiegen; → ***dock***[1] 1; **2.** trocken, regenarm, niederschlagsarm: **~ country**; **~ summer**; **3.** dürr, ausgedörrt; **4.** ausgetrocknet; **5.** F durstig; **6.** durstig machend: **~ work**; **7.** trockenstehend (*Kuh*); **8.** F ‚trocken': a) mit Alkoholverbot: **a ~ State**, b) ohne Alkohol: **a ~ party**, c) weg vom Alkohol: **he is now ~**; **9.** antialko'holisch: **~ law** Prohibitionsgesetz *n*; **go ~** das Alkoholverbot einführen; **10.** 'unproduk,tiv, ‚ausgeschrieben': **~ writer**; **11.** herb, trocken (*Wein etc.*); **12.** *fig.* trocken, langweilig; nüchtern: **~ as dust** strohtrocken, sterbenslangweilig; **~ facts** nüchterne *od.* nackte Tatsachen; **13.** *fig.* trocken: **~ humo(u)r**; **II** *v/t.* **14.** (ab)trocknen: **~ one's hands** sich die Hände abtrocknen; **15.** *Obst* dörren; **16.** *a.* **~ up** austrocknen; trockenlegen; **III** *v/i.* **17.** trocknen, trocken werden; **18.** **~ up** a) ein-, ver-, austrocknen, b) F versiegen, aufhören, c) F die ‚Klappe' halten: **~ up!**; **IV** *s.* **19.** Trockenheit *f*.

dry·ad ['draɪəd] *s.* Dry'ade *f*.

dry·as·dust ['draɪəzdʌst] **I** *s.* Stubengelehrte(r) *m*; **II** *adj.* strohtrocken, sterbenslangweilig.

dry| bat·ter·y *s.* ⚡ 'Trockenbatte,rie *f*; **~ cell** *s.* ⚡ 'Trockenele,ment *n*; **,~-'clean** *v/t.* chemisch reinigen; **,~-'clean·er('s)** *s.* chemische Reinigung(sanstalt); **,~-'clean·ing** *s.* chemische Reinigung; **'~-cure** *v/t.* *Fleisch etc.* dörren *od.* einsalzen; **,~'dock** *v/t.* ⚓ ins Trockendock bringen.

dry·er ['draɪə] → **drier**[1].

'dry|-farm *s.* Trockenfarm *f*; **~ fly** *s.* *Angeln*: Trockenfliege *f*; **~ goods** *s. pl.* ⚚ *Am.* Tex'tilien *pl.*; **~ ice** *s.* Trockeneis *n*.

dry·ing ['draɪɪŋ] *adj.* Trocken...

dry·ly → **drily**.

dry meas·ure *s.* Trockenmaß *n*.

dry·ness ['draɪnɪs] *s.* Trockenheit *f*: a) trockener Zustand, b) Dürre *f*, c) Hu'morlosigkeit *f*, d) Langweiligkeit *f*.

'dry|-nurse I *s.* **1.** Säuglingsschwester *f*; **II** *v/t.* **2.** *Säuglinge* pflegen; **3.** F bemuttern (*a. fig.*); **'~-out farm** *s.* F Entziehungsheim *n*; **~ rot** *s.* **1.** Trockenfäule *f*; **2.** ⚘ Hausschwamm *m*; **3.** *fig.* Verfall *m*; **~ run** *s.* **1.** ⚔ *Am.* Übungsschießen *n* ohne scharfe Muniti'on; **2.** F Probe *f*, Test *m*; **'~-salt** *v/t.* dörren u. einsalzen; **,~-'shod** *adv.* trockenen Fußes.

du·al ['dju:əl] **I** *adj.* □ doppelt, Doppel..., Zwei..., ⚙ *a.* Zwillings...: **~ carriageway** *Brit.* Schnellstraße *f*; **~ display** *EU* → **dual pricing**; **~-income family** Doppelverdiener *pl.*; **~ nationality** doppelte Staatsangehörigkeit; **~ pricing** (*od.* **price display**) doppelte Preisauszeichnung *f od.* -angabe *f*; **~-purpose** ⚙ Doppel..., Zwei..., Mehrzweck...; **II** *s. ling. a.* **~ number** 'Dual *m*, Du'alis *m*; **'du·al·ism** [-lɪzəm] *s.* Dua'lismus *m*; **du·al·i·ty** [dju:'ælətɪ] *s.* Duali'tät *f*, Zweiheit *f*.

dub [dʌb] *v/t.* **1.** **~ s.o. a knight** j-n zum Ritter schlagen; **2.** *fig. humor.* titulieren, nennen: **they ~bed him Fatty**; **3.** ⚙ zurichten; **4.** *Leder* einfetten; **5.** a) *Film* synchronisieren, b) (nach)synchronisieren, c) **~ in** einsynchronisieren.

dub·bin ['dʌbɪn] *s.* Lederfett *n*.

dub·bing ['dʌbɪŋ] *s.* **1.** Ritterschlag *m*; **2.** *Film*: ('Nach)Synchronisati,on *f*; **3.** → **dubbin**.

du·bi·ous ['dju:bjəs] *adj.* □ **1.** zweifelhaft: a) unklar, zweideutig, b) ungewiss, unbestimmt, c) fragwürdig, dubi'os, d) unzuverlässig; **2.** a) im Zweifel (**of**, **about** über *acc.*), unsicher, b) unschlüssig; **'du·bi·ous·ness** [-nɪs] *s.* **1.** Zweifelhaftigkeit *f*; **2.** Ungewissheit *f*; **3.** Fragwürdigkeit *f*.

du·cal ['dju:kl] *adj.* herzoglich, Herzogs...

duc·at ['dʌkət] *s.* **1.** *hist.* Du'katen *m*; **2.** *pl. obs. sl.* ‚Mo'neten' *pl*.

duch·ess ['dʌtʃɪs] *s.* Herzogin *f*; **duch·y** ['dʌtʃɪ] *s.* Herzogtum *n*.

duck[1] [dʌk] *s.* **1.** *pl.* **ducks**, *coll.* **duck** *orn.* (*engS.* weibliche) Ente: **like a dying ~ (in a thunderstorm)** F völlig verdattert; **take to s.th. like a ~ takes to water** F sich in et. sofort in s-m Element fühlen; **it ran off him like water off a ~'s back** F es ließ ihn völlig kalt; **can a ~** (*od.* **fish**) **swim**? F worauf du dich verlassen kannst!, da fragst du noch?; **play ~s and drakes** a) Steine (über das Wasser) hüpfen lassen, b) (**with**) *fig.* aasen (mit); **2.** Ente *f*, Entenfleisch *n*: **roast ~** Entenbraten *m*; **3.** F ‚(Gold)Schatz' *m*, ‚Süße(r' *m*) *f*; **4.** F a) ‚Vogel' *m*, b) ‚Tante' *f*: **a funny old ~**; **5.** ⚔ Am'phibienlastkraftwagen *m*; **6.** *Kricket*: Null *f*, null Punkte *pl*.

duck[2] [dʌk] **I** *v/i.* **1.** (rasch) 'untertauchen; **2.** (*a. fig.*) sich ducken (**to** vor *dat.*); **3.** *a.* **~ out** F ‚verduften', verschwinden; **~ out of** → 5 c; **II** *v/t.* **4.** ('unter)tauchen; **5.** a) *den Kopf* ducken *od.* einziehen, b) *e-n Schlag* abducken, ausweichen (*dat.*), c) F sich ‚drücken' vor (*dat.*), ausweichen (*dat.*).

duck[3] [dʌk] *s.* **1.** Segeltuch *n*; **2.** *pl.* Segeltuchhose *f*.

'duck|·bill *s.* **1.** *zo.* Schnabeltier *n*; **2.** ⚘ *Brit.* roter Weizen; **'~-billed plat·y·pus** → **duckbill** 1; **'~·board** *s.* Laufbrett *n*.

duck·ie ['dʌkɪ] → **duck**[1] 3.

duck·ing ['dʌkɪŋ] *s.*: **give s.o. a ~** j-n untertauchen; **get a ~** völlig durchnässt werden.

duck·ling ['dʌklɪŋ] *s.* Entchen *n*.

duck shot *s.* Entenschrot *m*, *n*.

duck·y ['dʌkɪ] F **I** *s.* → **duck**[1] 3; **II** *adj.* ‚goldig', ‚süß'.

duct [dʌkt] *s.* **1.** ⚙ Röhre *f*, Leitung *f*; (*a.* ⚡ *Kabel- etc.*)Ka'nal *m*; **2.** ⚘, *anat.*, *zo.* Gang *m*, Ka'nal *m*; **'duc·tile** [-taɪl] *adj.* **1.** ⚙ dehn-, streck-, schmied-, hämmerbar; **2.** biegsam, geschmeidig; **3.** fügsam; **duc·til·i·ty** [dʌk'tɪlətɪ] *s.* Dehnbarkeit *f etc.*; **'duct·less** [-lɪs] *adj.*: **~ gland** *anat.* endokrine Drüse, Hormondrüse *f*.

dud [dʌd] F **I** *s.* **1.** ⚔ Blindgänger *m* (*a. fig. Person*); **2.** ‚Niete' *f*: a) Versager *m*, b) Reinfall *m*; **3.** *pl.* a) ‚Kla'motten' *pl.* (*Kleider*), b) Krempel *m*; **4.** *a.* **~ cheque** (*Am.* **check**) ungedeckter Scheck; **II** *adj.* **5.** ‚mies', schlecht; **6.** gefälscht: **~ note** ‚Blüte' *f*.

dude [dju:d] *s. Am.* **1.** F ‚Typ' *m*, Kerl *m*; **2.** Dandy *m*, **3.** Stadtmensch *m*, ‚Stadtfrack' *m*: **~ ranch** Ferienranch *f*.

dudg·eon ['dʌdʒən] *s.*: **in high ~** sehr aufgebracht.

due [dju:] **I** *adj.* □ → **duly**; **1.** ⚚ fällig, so'fort zahlbar: **fall** (*od.* **become**) **~** fällig werden; **when ~** bei Verfall *od.* Fälligkeit; **~ date** Fälligkeitstag *m*; **the balance ~ to us from A.** der uns von A. geschuldete Saldo; **2.** *zeitlich* fällig, erwartet: **the train is ~ at ...** der Zug ist um ... fällig *od.* soll um ... ankommen; **he is ~ to return today** er wird heute zurückerwartet; **3.** gebührend, angemessen, geziemend, gehörig: **it is ~ to him** (**to do**, **to say**) es steht ihm zu (zu tun, zu sagen) (→ *a.* 5); **hono(u)r to whom hono(u)r is ~** Ehre, wem Ehre gebührt; **with all ~ respect to you** bei aller dir schuldigen Achtung; **after ~ consideration** nach reiflicher Überlegung; **in ~ time** zur rechten *od.* gegebenen Zeit; → **care** 2, **course** 1, **form** 3; **4.** verpflichtet: **be ~ to go** gehen müssen *od.* sollen; **5.** **~ to** zuzuschreiben(d) (*dat.*), verursacht durch: **~ to an accident** auf einen Unfall *od.* Zufall zurückzuführen; **death was ~ to cancer** Krebs war die Todesursache; **it is ~ to him** es ist ihm zu verdanken; **6.** **~ to** (*inkorrekt statt* **owing to**) wegen (*gen.*), auf Grund *od.* in'folge von (*od. gen.*): **~ to his poverty**; **7.** *Am.* im Begriff *sein*; **II** *adv.* **8.** genau, gerade: **~ east** genau nach Osten; **III** *s.* **9.** *das* Gebührende, (An-) Recht *n*, Anspruch *m*: **it is my ~** es gebührt mir; **to give you your ~** um dir nicht unrecht zu tun; **give the devil his ~** *fig.* selbst dem Teufel *od.* s-m Feind Gerechtigkeit widerfahren lassen; **give him his ~!** das muss man ihm lassen!; **10.** *pl.* Gebühren *pl.*, Abgaben *pl.*, Beitrag *m*.

du·el ['dju:əl] **I** *s. a. fig.* Du'ell *n*, (Zwei)Kampf *m*: **students' ~** Mensur *f*; **II** *v/i.* sich duellieren; **'du·el·ist** [-lɪst] *s.* Duel'lant *m*.

du·en·na [dju:'enə] *s.* Anstandsdame *f*.

du·et [dju:'et] *s.* **1.** ♪ Du'ett *n*, Duo *n*: **play a ~** ein Duo *od.* (*am Klavier*) vierhändig spielen; **2.** *fig.* Duo *n*, Paar *n*, ‚Pärchen' *n*.

duf·fel ['dʌfl] *s.* **1.** Düffel *m* (*Baumwollgewebe*): **~ coat** Dufflecoat *m*; **2.** *Am.* F Ausrüstung *f*: **~ bag** Matchbeutel *m*.

duff·er ['dʌfə] *s.* Trottel *m*.

duf·fle → **duffel**.

dug[1] [dʌg] *pret. u. p.p. von* **dig**.

dug[2] [dʌg] *s.* **1.** Zitze *f*; **2.** Euter *n*.

du·gong ['du:gɒŋ] *s. zo.* Seekuh *f*.

'dug·out *s.* **1.** ⚔ 'Unterstand *m*; **2.** Einbaum *m*.

duke [dju:k] *s.* Herzog *m*; **'duke·dom** [-dəm] *s.* **1.** Herzogswürde *f*; **2.** Herzogtum *n*.

dul·cet ['dʌlsɪt] *adj.* **1.** wohlklingend, einschmeichelnd: **in ~ tone** in süßem Ton; **'dul·ci·fy** [-sɪfaɪ] *v/t.* **1.** versüßen; **2.** *fig.* besänftigen; **'dul·ci·mer** [-sɪmə] *s.* ♪ **1.** Hackbrett *n*; **2.** Zimbal *n*.

dull [dʌl] **I** *adj.* □ **1.** dumm, schwer von Begriff; **2.** langsam, schwerfällig, träge; **3.** teilnahmslos, stumpf; **4.** langweilig, fade: **a ~ evening**; **~ as ditchwater** F stinklangweilig; **5.** schwach (*Licht etc.*, *a. Sehkraft*, *Gehör*); **6.** matt, trübe (*Farbe*, *Augen*); dumpf (*Klang*, *Schmerz*); glanz-, leblos; **7.** stumpf (*Klinge*); **8.** trübe (*Wetter*); blind (*Spiegel*); **9.** ge-, betrübt; **10.** ⚓ windstill; ⚚ flau, still; *Börse*: lustlos; **II** *v/t.* **11.** *Klinge* stumpf machen; **12.** mattieren, glanzlos machen; trüben; **13.** *fig.* a) abstumpfen, b) dämpfen, schwächen, mildern; *Schmerz* betäuben; **III** *v/i.* **14.** abstumpfen (*a. fig.*); **15.** sich trüben; **16.** abflauen; **'dull·ard** [-ləd] *s.* Dummkopf *m*; **'dull·ish** [-lɪʃ] *adj.* ziemlich dumm *etc.*; **'dul(l)·ness** [-nɪs] *s.* **1.** Dummheit *f*, Dumpfheit *f*; **2.** Langweiligkeit *f*; **3.** Trägheit *f*; **4.** Schwäche *f*; **5.** Mattheit *f*, Trübheit *f*; Stumpfheit *f*; **6.** ⚚ Flaute *f*.

du·ly ['dju:lɪ] *adv.* **1.** ordnungsgemäß, vorschriftsmäßig, wie es sich gehört, richtig; **2.** gebührend, gehörig; **3.** rechtzeitig, pünktlich.

dumb [dʌm] *adj.* ☐ **1.** *allg.* stumm (*a. fig.*): *~ **animals*** stumme Geschöpfe; ***the ~ masses*** *fig.* die stumme Masse; ***strike s.o. ~*** j-m die Sprache verschlagen; ***struck ~ with horror*** sprachlos vor Entsetzen; → ***deaf*** 1; **2.** *bsd. Am.* F doof, blöd; '**~·bell** *s.* **1.** *sport* Hantel *f*; **2.** *Am. sl.* Trottel *m*; **~'found** *v/t.* verblüffen; **~'found·ed** *adj.* verblüfft, sprachlos; **~ show** *s.* **1.** Gebärdenspiel *n*, stummes Spiel; **2.** Panto'mime *f*; **~ wait·er** *s.* **1.** stummer Diener, Ser'viertisch *m*; **2.** Speisenaufzug *m*.

dum·dum ['dʌmdʌm], *a.* **~ bul·let** *s.* Dum'dum(geschoss) *n*.

dum·found *etc.* → ***dumbfound*** *etc.*

dum·my ['dʌmɪ] **I** *s.* **1.** *allg.* At'trappe *f*, ⚚ *a.* Schau-, Leerpackung *f*; **2.** Kleider-, Schaufensterpuppe *f*; **3.** Puppe *f*, Fi'gur *f* (*als Zielscheibe od. für Crashtests*); **4.** ⚚ *etc.* Strohmann *m*; **5.** (Karten-, *bsd.* Whistspiel *n* mit) Strohmann *m*; **6.** *Am.* F ‚Blödmann' *m*; **7.** *Am.* vierseitige (Verkehrs)Ampel; **8.** *Brit.* (Baby)Schnuller *m*; **9.** *typ.* Blindband *m*; **II** *adj.* **10.** Schein...: ***~ candidates***; ***~ cartridge*** ⚔ Exerzierpatrone *f*; ***~ gun*** Gewehr- *od.* Geschützattrappe *f*; ***~ warhead*** blinder Gefechtskopf.

dump [dʌmp] **I** *v/t.* **1.** ('hin)plumpsen *od.* ('hin)fallen lassen, 'hinwerfen; **2.** abladen, schütten, auskippen: ***~ truck*** *mot.* Kipper *m*; **3.** ⚔ lagern, stapeln; **4.** ⚚ zu Dumpingpreisen verkaufen, verschleudern; **5.** a) *et.* wegwerfen, ‚abladen', *Auto* loswerden, b) *j-n* abschieben, loswerden; **II** *s.* **6.** Plumps *m*, dumpfer Schlag; **7.** (Schutt-, Müll)Abladeplatz *m*, Müllhalde *f*; **8.** ⚒ Halde *f*; **9.** ⚔ (*Munitions- etc.*)De'pot *n*, Stapelplatz *m*, (Nachschub)Lager *n*; **10.** *sl.* a) Bruchbude *f* (*Haus*); ‚Dreckloch' *n* (*Haus, Wohnung*), b) (elendes) Kaff; '**~·cart** *s.* Kippkarren *m*, -wagen *m*.

dump·er (**truck**) ['dʌmpə] *s. mot.* Kipper *m*.

dump·ing ['dʌmpɪŋ] *s.* **1.** Schuttabladen *n*; **2.** ⚚ Dumping *n*, Ausfuhr *f* zu Schleuderpreisen; **~ ground** → ***dump*** 7; **~ price** *s.* 'Dumping-Preis *m*.

dump·ling ['dʌmplɪŋ] *s.* **1.** Kloß *m*, Knödel *m*; **2.** F ‚Dickerchen' *n* (*Person*).

dumps [dʌmps] *s. pl.*: ***be*** (***down***) ***in the ~*** F ‚down' *od.* deprimiert sein.

dump·y ['dʌmpɪ] *adj.* plump, unter'setzt.

dun[1] [dʌn] *v/t.* **1.** *Schuldner* mahnen, drängen: ***~ning letter*** Zahlungsaufforderung *f*; **2.** bedrängen, belästigen.

dun[2] [dʌn] **I** *adj.* grau-, schwärzlich braun; dunkel (*a. fig.*); **II** *s.* Braune(r) *m* (*Pferd*).

dunce [dʌns] *s.* **1.** Dummkopf *m*; **2.** *ped.* schlechter Schüler.

dun·der·head ['dʌndəhed] *s.* Schwachkopf *m*; '**dun·der,head·ed** [-dɪd] *adj.* schwachköpfig.

dune [dju:n] *s.* Düne *f*: ***~ buggy*** *mot.* Strandbuggy *m*.

dung [dʌŋ] **I** *s.* Mist *m*, Dung *m*, Dünger *m*; (Tier)Kot *m*: ***~ beetle*** Mistkäfer *m*; ***~ fork*** Mistgabel *f*; ***~ heap***, ***~ hill*** Misthaufen *m*; ***~ hill fowl*** Hausgeflügel *n*; **II** *v/t.* düngen.

dun·ga·ree [,dʌŋgə'ri:] *s.* **1.** grober Baumwollstoff; **2.** *pl.* Arbeitsanzug *m*, -hose *f*.

dun·geon ['dʌndʒən] *s.* Burgverlies *n*; Kerker *m*.

dunk [dʌŋk] *v/i. u. v/t.* eintunken; *fig.* (ein)tauchen.

dun·no [də'nəʊ] F *für* (***I***) ***don't know***.

du·o ['dju:əʊ] *pl.* **-os** → ***duet***.

duo- [dju:əʊ] *in Zssgn* zwei.

du·o·dec·i·mal [,dju:əʊ'desɪml] *adj.* A̷ duodezi'mal; **,du·o'dec·i·mo** [-məʊ] *pl.* **-mos** *s. typ.* **1.** Duo'dezfor,mat *n*; **2.** Duo'dezband *m*.

du·o·de·nal [,dju:əʊ'di:nl] *adj.*: ***~ ulcer*** ⚕ Zwölffingerdarmgeschwür *n*; **,du·o·'de·num** [-nəm] *s. anat.* Zwölf'fingerdarm *m*.

du·o·logue ['djʊəlɒg] *s.* **1.** Zwiegespräch *n*; **2.** Duo'drama *n*.

dupe [dju:p] **I** *s.* **1.** Betrogene(r *m*) *f*, ‚Lackierte(r' *m*) *f*: ***be the ~ of s.o.*** auf j-n hereinfallen; **2.** Gimpel *m*, Leichtgläubige(r *m*) *f*; **II** *v/t.* **3.** *j-n* ‚reinlegen', ‚anschmieren', hinters Licht führen.

du·ple ['dju:pl] *adj.* zweifach: ***~ ratio*** A̷ doppeltes Verhältnis; ***~ time*** ♪ Zweiertakt *m*; '**du·plex** [-leks] **I** *adj. mst* ⚙ doppelt, Doppel..., *a.* ⚡ Duplex...: ***~ apartment*** → II b; ***~ burner*** Doppelbrenner *m*; ***~ house*** → II a; ***~ telegraphy*** Gegensprech-, Duplextelegrafie *f*; **II** *s. Am.* a) 'Zweifa,milien-, Doppelhaus *n*, b) Maiso'nette *f*.

du·pli·cate ['dju:plɪkət] **I** *adj.* **1.** doppelt, Doppel...: ***~ proportion*** A̷ doppeltes Verhältnis; **2.** genau gleich *od.* entsprechend, Duplikat...: ***~ key*** Nachschlüssel *m*; ***~ part*** Ersatzteil *n*; ***~ production*** Reihen-, Serienfertigung *f*; **II** *s.* **3.** Dupli'kat *n*, Doppel *n*, Zweitschrift *f*; **4.** doppelte Ausfertigung: ***in ~***; **5.** ⚚ a) Se'kundawechsel *m*, b) Pfandschein *m*; **6.** Seitenstück *n*, Ko'pie *f*; **III** *v/t.* [-keɪt] **7.** verdoppeln, im Dupli'kat herstellen; **8.** ein Dupli'kat anfertigen von; **9.** kopieren, abschreiben; **10.** ver'vielfältigen, 'umdrucken; **11.** *fig. et.* 'nachvollziehen; wieder'holen; **du·pli·ca·tion** [,dju:plɪ'keɪʃn] *s.* **1.** Verdoppelung *f*; Ver'vielfältigung *f*; 'Umdruck *m*; **2.** Wieder'holung *f*; '**du·pli·ca·tor** [-keɪtə] *s.* Ver'vielfältigungsappa,rat *m*; **du·plic·i·ty** [dju:'plɪsətɪ] *s.* **1.** Doppelzüngigkeit *f*, Falschheit *f*; **2.** Duplizi'tät *f*.

du·ra·bil·i·ty [,djʊərə'bɪlətɪ] *s.* **1.** Dauer (-haftigkeit) *f*; **2.** Haltbarkeit *f*; **du·ra·ble** ['djʊərəbl] **I** *adj.* ☐ **1.** dauerhaft; **2.** haltbar, ⚚ *a.* langlebig: ***~ goods*** → **II** *s. pl.* ⚚ Gebrauchsgüter *pl*.

du·ral·u·min [djʊə'ræljʊmɪn] *s.* Du'ral *n*, 'Duralu,min *n*.

du·ra·tion [djʊə'reɪʃn] *s.* Dauer *f*: ***for the ~*** a) bis zum Ende, b) F für die Dauer des Krieges.

du·ress [djʊə'res] *s.* ⚖ **1.** Zwang *m* (*a. fig.*), Nötigung *f*: ***act under ~*** unter Zwang handeln; **2.** Freiheitsberaubung *f*.

dur·ing ['djʊərɪŋ] *prp.* während: ***~ the night*** während (*od.* in *od.* im Laufe) der Nacht.

durst [dɜ:st] *pret. obs. von* ***dare***.

dusk [dʌsk] **I** *s.* (Abend)Dämmerung *f*: ***at ~*** bei Einbruch der Dunkelheit; **II** *adj. poet.* düster; '**dusk·y** [-kɪ] *adj.* ☐ **1.** dunkel (*a. Hautfarbe*); **2.** dunkelhäutig.

dust [dʌst] **I** *s.* **1.** Staub *m*: ***bite the ~*** *fig.* ins Gras beißen; ***raise a ~*** a) e-e Staubwolke aufwirbeln, b) *fig.* viel Staub aufwirbeln; ***the ~ has settled*** *fig.* die Aufregung hat sich gelegt; ***shake the ~ off one's feet*** *fig.* a) den Staub von seinen Füßen schütteln, b) entrüstet weggehen; ***throw ~ in s.o.'s eyes*** *fig.* j-m Sand in die Augen streuen; ***in the ~*** *fig.* a) im Staube, gedemütigt, b) tot; ***lick the ~*** *fig.* im Staube kriechen; → ***dry*** 12; **2.** Staub *m*, Asche *f*, sterbliche 'Überreste *pl.*: ***turn to ~ and ashes*** zu Staub u. Asche werden, zerfallen; **3.** *Brit.* a) Müll *m*, b) Kehricht *m*, *n*; **4.** ✿ Blütenstaub *m*; **5.** (Gold- *etc.*)Staub *m*; **6.** Bestäubungsmittel *n*, Pulver *n*; **II** *v/t.* **7.** abstauben; **8.** *a.* ***~ down*** ausbürsten, -klopfen: ***~ s.o.'s jacket*** F j-n vermöbeln; **9.** bestreuen, (ein)pudern; **10.** *Pulver etc.* stäuben, streuen; '**~·bin** [-sɪ-] *s. Brit.* **1.** Mülleimer *m*; **2.** Mülltonne *f*; ***~ liner*** Müllbeutel *m*; **~ bowl** *s. Am. geogr.* Trockengebiet *n*; '**~·cart** [-sɪ-] *s. Brit.* Müllwagen *m*; **~ cloth** *s. Am.* Staubtuch *n*; '**~·coat** [-sɪ-] *s.* Staubmantel *m*; **~ cov·er** *s.* **1.** 'Schutz,umschlag *m* (*um Bücher*); **2.** Schonbezug *m*.

dust·er ['dʌstə] *s.* **1.** Staubtuch *n*, -wedel *m*; **2.** Streudose *f*; **3.** Staubmantel *m*.

dust·ing ['dʌstɪŋ] *s.* **1.** Abstauben *n*; **2.** (Ein)Pudern *n*: ***~ powder*** Körperpuder *m*; **3.** *sl.* Abreibung *f*, (Tracht *f*) Prügel *pl*.

dust| jack·et → ***dust cover*** 1; '**~·man** [-tmən] *s.* [*irr.*] *Brit.* Müllmann *m*; '**~·pan** [-sɪ-] *s.* Kehrichtschaufel *f*; '**~·proof** *adj.* staubdicht; **~ trap** *s.* ‚Staubfänger' *m*; '**~·up** *s.* F **1.** ‚Krach' *m*; **2.** (handgreifliche) Ausein'andersetzung.

dust·y ['dʌstɪ] *adj.* ☐ **1.** staubig; **2.** sandfarben; **3.** *fig.* verstaubt, fade: ***not so ~*** F gar nicht so übel; **4.** vage, unklar.

Dutch [dʌtʃ] **I** *adj.* **1.** holländisch, niederländisch: ***talk to s.o. like a ~ uncle*** j-m e-e Standpauke halten; **2.** *sl.* deutsch; **II** *adv.* **3.** ***go ~*** F getrennte Kasse machen; **III** *s.* **4.** *ling.* Holländisch *n*, das Holländische: ***that's all ~ to me*** das sind für mich böhmische Dörfer; **5.** *sl.* Deutsch *n*; **6.** ***the ~*** *pl.* a) die Holländer *pl.*, b) *sl.* die Deutschen *pl.*: ***that beats the ~!*** F das ist ja die Höhe!; **7.** ***be in ~ with s.o.*** F bei j-m ‚unten durch' sein; **8.** ***my old ~*** *sl.* meine ‚Alte' (*Ehefrau*); **~ cour·age** *s.* F angetrunkener Mut.

'**Dutch|·man** [-mən] *s.* [*irr.*] **1.** Holländer *m*, Niederländer *m*: ***I'm a ~ if*** F ich lass mich hängen, wenn; ***... or I'm a ~*** F ... oder ich will Hans heißen; **2.** *Am. sl.* Deutsche(r) *m*; **~ tile** *s.* glasierte Ofenkachel *f*; **~ treat** *s.* F Essen *n etc.*, bei dem jeder für sich bezahlt; '**~,wom·an** *s.* [*irr.*] Holländerin *f*, Niederländerin *f*.

du·te·ous ['dju:tjəs] → ***dutiful***; '**du·ti·a·ble** [-jəbl] *adj.* zoll- *od.* steuerpflichtig; '**du·ti·ful** [-tɪfʊl] *adj.* ☐ **1.** pflichtgetreu; **2.** gehorsam; **3.** pflichtgemäß.

du·ty ['dju:tɪ] *s.* **1.** Pflicht *f*, Schuldigkeit *f* (***to***, ***towards*** gegen['über]): ***do one's ~*** s-e Pflicht tun (***by s.o.*** an j-m); (***as***) ***in ~ bound*** a) pflichtgemäß, b) *a.* ***~-bound*** verpflichtet (*et. zu tun*); ***~ call*** Pflichtbesuch *m*; **2.** Pflicht *f*, Aufgabe *f*, Amt *n*; **3.** (amtlicher) Dienst: ***on ~*** Dienst habend *od.* tuend, im Dienst; ***be on ~*** Dienst haben, im Dienst sein; ***be off ~*** dienstfrei haben; ***~ chemist*** dienstbereite Apotheke; ***~ doctor*** ⚕ Bereitschaftsarzt *m*: ***~ officer*** ⚔ Offizier *m* vom Dienst; ***~ solicitor*** ⚖ *Brit.* Offizialverteidiger *m*; ***do ~ for*** a) *j-n* vertreten, b) *fig.* dienen *od.* benutzt werden als; **4.** Ehrerbietung *f*; **5.** ⚙ a) (Nutz)Leistung *f*, b) Arbeitsweise *f*, c) Funkti'on *f*; **6.** ⚖ a) Abgabe *f*, b) Gebühr *f*, c) Zoll *m*: **~ on exports** Ausfuhrzoll; **~-free** zollfrei; **~-free shop** Duty-free- Shop *m*; **~-paid** verzollt; **pay ~ on** *et.* verzollen *od.* versteuern.

du·um·vi·rate [djuː'ʌmvɪrət] *s.* Duumvi'rat *n.*

du·vet ['duːveɪ] *s. bsd. Brit.* a) Federbett *n*, b) *mit syn'thetischem Material gefüllte* Bettdecke.

dwarf [dwɔːf] **I** *pl. mst* **dwarv·es** [-vz] *s.* **1.** Zwerg(in) (*a. fig.*); **2.** ⚘, *zo.* Zwergpflanze *f od.* -tier *n*; **II** *adj.* **3.** *bsd.* ⚘, *zo.* Zwerg...; **III** *v/t.* **4.** verkümmern lassen, in der Entwicklung hindern *od.* hemmen (*beide a. fig.*); **5.** klein erscheinen lassen: **be ~ed by** verblassen neben (*dat.*); **6.** *fig.* in den Schatten stellen; **'dwarf·ish** [-fɪʃ] *adj.* □ zwergenhaft, winzig.

dwell [dwel] *v/i.* [*irr.*] **1.** wohnen, leben; **2.** *fig.* **~ on** verweilen bei, näher eingehen auf (*acc.*), Nachdruck legen auf (*acc.*); **3. ~ on** ♪ *Ton* (aus)halten; **4. ~ in** begründet sein in (*dat.*); **'dwell·er** [-lə] *s. mst in Zssgn* Bewohner(in); **'dwell·ing** [-lɪŋ] *s. a.* **~ place** Wohnung *f*, Wohnsitz *m*; Aufenthalt *m*: **~ house** Wohnhaus *n*; **~ unit** Wohneinheit *f*.

dwelt [dwelt] *pret. u. p.p.* von **dwell**.

dwin·dle ['dwɪndl] *v/i.* abnehmen, schwinden, (zs.-)schrumpfen: **~ away** dahinschwinden.

dye [daɪ] **I** *s.* **1.** Farbstoff *m*, Farbe *f*; **2.** ⚙ Färbeflüssigkeit *f*; **3.** (Haar)Färbemittel *n*; **4.** Färbung *f* (*a. fig.*): **of the deepest ~** übelster Sorte; **II** *v/t.* **5.** färben: **~d-in-the-wool** in der Wolle gefärbt, *fig.* waschecht, *Politiker etc.* durch und durch; **III** *v/i.* **6.** sich färben (lassen); **'dye·house** *s.* Färbe'rei *f*.

dy·er ['daɪə] *s.* Färber *m*; **~'s oak** *s.* ⚘ Färbereiche *f*.

'dye|·stuff *s.* Farbstoff *m*; **'~·works** *s. pl. oft sg. konstr.* Färbe'rei *f*.

dy·ing ['daɪɪŋ] *adj.* **1.** sterbend: **be ~** im Sterben liegen; **~ wish** letzter Wunsch; **~ words** letzte Worte; **to my ~ day** bis an mein Lebensende; **2.** *a. fig.* aussterbend: **~ tradition**; **3.** a) ersterbend (*Stimme*), b) verhallend; **4.** schmachtend (*Blick*).

dyke [daɪk] *s.* **1.** → **dike**[1]; **2.** *sl.* ‚Lesbe' *f* (*Lesbierin*).

dy·nam·ic [daɪ'næmɪk] *adj.* (□ **~ally**) dy'namisch (*a. allg. fig.*); **dy'nam·ics** [-ks] *s. pl. sg. konstr.* **1.** Dy'namik *f*: a) *phys. Bewegungslehre*, b) *fig.* Schwung *m*, Kraft *f*; **2.** *fig.* Triebkraft *f*, treibende Kraft; **dy·na·mism** ['daɪnəmɪzəm] *s.* **1.** *phls.* Dyna'mismus *m*; **2.** dy'namische Kraft, Dy'namik *f*.

dy·na·mite ['daɪnəmaɪt] **I** *s.* **1.** Dyna'mit *n*; **2.** F a) Zündstoff *m*, 'hochbriˌsante Sache, b) gefährliche Per'son *od.* Sache, c) ‚tolle' Person *od.* Sache, *e-e* ‚Wucht'; **II** *v/t.* **3.** (mit Dyna'mit) sprengen; **'dy·na·mit·er** [-tə] *s.* Sprengstoffattentäter *m*.

dy·na·mo ['daɪnəməʊ] *s.* **1.** ⚡ Dy'namo (-maˌschine *f*) *m*, 'Gleichstrom-, 'Lichtmaˌschine *f*; **2.** *fig.* ‚Ener'giebündel' *n*; **~-e·lec·tric** [ˌdaɪnəməʊɪ'lektrɪk] *adj.* (□ **~ally**) *phys.* e'lektrodyˌnamisch; **ˌdy·na'mom·e·ter** [-'mɒmɪtə] *s.* ⚙ Dynamo'meter *n*, Kraftmesser *m*.

dy·nas·tic [dɪ'næstɪk] *adj.* (□ **~ally**) dy'nastisch; **dy·nas·ty** ['dɪnəstɪ] *s.* Dynastie *f*, Herrscherhaus *n*.

dyne [daɪn] *s. phys.* Dyn *n* (*Krafteinheit*).

dys·en·ter·y ['dɪsntrɪ] *s.* Dysente'rie *f*, Ruhr *f*.

dys·func·tion [dɪs'fʌŋkʃn] *s.* ⚕ Funkti'onsstörung *f*.

dys·lex·i·a [dɪs'leksɪə] *s.* ⚕ Dysle'xie *f*, Legasthe'nie *f*; **dys'lex·ic I** *s.* Legas'theniker(in); **II** *adj.* legas'thenisch: **be ~** Legas'theniker(in) sein.

dys·pep·si·a [dɪs'pepsɪə] *s.* ⚕ Dyspep'sie *f*, Verdauungsstörung *f*; **dys'pep·tic** [-ptɪk] **I** *adj.* **1.** ⚕ dys'peptisch; **2.** *fig.* missgestimmt; **II** *s.* **3.** Dys'peptiker (-in).

dys·tro·phy ['dɪstrəfɪ] *s.* ⚕ Dystro'phie *f*, Ernährungsstörung *f*.

D

E

E, e [iː] *s.* **1.** E *n*, e *n* (*Buchstabe*); **2.** ♪ E *n*, e *n* (*Note*); **3.** *ped. Am.* Fünf *f*, Mangelhaft *n* (*Note*).

each [iːtʃ] **I** *adj.* jeder, jede, jedes: **~ *man*** jeder (Mann); **~ *one*** jede(r) Einzelne; **~ *and every one*** jeder Einzelne, all u. jeder; **II** *pron.* (ein) jeder, (e-e) jede, (ein) jedes: **~ *of us*** jede(r) von uns; **~ *has a car*** jede(r) hat ein Auto; **~ *other*** einander, sich (gegenseitig); **III** *adv.* je, pro Per'son *od.* Stück: ***a penny* ~** je e-n Penny.

ea·ger ['iːgə] *adj.* ☐ **1.** eifrig: **~ *beaver*** F Übereifrige(r) *m*, ‚Arbeitspferd' *n*; **2.** (***for***, ***after***, ***to*** *inf.*) begierig (auf *acc.*, nach, zu *inf.*), erpicht (auf *acc.*); **3.** begierig, gespannt: ***an* ~ *look***; **4.** heftig (*Begierde etc.*); **'ea·ger·ness** [-nɪs] *s.* Eifer *m*; Begierde *f*; Ungeduld *f*.

ea·gle ['iːgl] *s.* **1.** *orn.* Adler *m*; **2.** *Am.* goldenes Zehn'dollarstück; **3.** *pl.* ⚔ Adler *m* (*Rangabzeichen e-s Obersten der US-Armee*); **4.** *Golf*: Eagle *n* (*zwei Schläge unter Par*); **,~-'eyed** *adj.* adleräugig, scharfsichtig; **~ *owl*** *s. orn.* Uhu *m*.

ea·glet ['iːglɪt] *s. orn.* junger Adler.

ea·gre ['eɪgə] *s.* Flutwelle *f*.

ear¹ [ɪə] *s.* **1.** *anat.* Ohr *n*: ***up to the* ~*s*** F bis über die Ohren; ***a word in your* ~** ein Wort im Vertrauen; ***be all* ~*s*** ganz Ohr sein; ***bring s.th. about one's* ~*s*** sich et. einbrocken *od.* auf den Hals laden; ***not to believe one's* ~*s*** s-n Ohren nicht trauen; ***his* ~*s were burning*** ihm klangen die Ohren; ***have one's* ~ *to the ground*** F die Ohren offen halten; ***set by the* ~*s*** gegeneinander aufhetzen; ***fall on deaf* ~*s*** auf taube Ohren stoßen; ***turn a deaf* ~ *to*** taub sein gegen; ***it came to my* ~*s*** es kam mir zu Ohren; **2.** *fig.* Gehör *n*, Ohr *n*: ***by* ~** nach dem Gehör; ***play by* ~** nach dem Gehör spielen, improvisieren; ***play it by* ~** *fig.* (es) von Fall zu Fall entscheiden, es darauf ankommen lassen; ***have a good* ~** ein feines Gehör haben; ***an* ~ *for music*** musikalisches Gehör, *weitS.* Sinn *m* für Musik; **3.** *fig.* Gehör *n*, Aufmerksamkeit *f*: ***give*** (*od.* ***lend***) ***one's* ~ *to s.o.*** j-m Gehör schenken; ***have s.o.'s* ~** j-s Vertrauen genießen; **4.** Henkel *m*; Öse *f*, Öhr *n*.

ear² [ɪə] *s.* (Getreide)Ähre *f*, (Mais-) Kolben *m*.

ear|·ache ['ɪəreɪk] *s.* ⚕ Ohrenschmerzen *pl.*; **'~-,catch·er** *s.* eingängige Melo'die; **'~·drops** *s. pl.* **1.** Ohrgehänge *n*; **2.** ⚕ Ohrentropfen *pl.*; **'~·drum** *s. anat.* Trommelfell *n*; **'~·ful** [-fʊl] *s.*: ***get an* ~** F ‚et. zu hören bekommen'.

earl [ɜːl] *s.* (brit.) Graf *m*: **♕ *Marshal*** Großzeremonienmeister *m*; **'earl·dom** [-dəm] *s.* **1.** Grafenwürde *f*; **2.** *hist.* Grafschaft *f*.

ear·li·er ['ɜːlɪə] *comp. von* **early**; **I** *adv.* früher, 'vorher; **II** *adj.* früher, vergangen; **'ear·li·est** [-ɪɪst] *sup. von* **early**; **I** *adv.* am frühesten, frühestens; **II** *adj.* frühest: ***at the* ~** frühestens; → ***convenience*** 1; **'ear·li·ness** [-ɪnɪs] *s.* **1.** Frühe *f*, Frühzeitigkeit *f*; **2.** Frühaufstehen *n*.

'ear·lobe *s.* Ohrläppchen *n*.

ear·ly ['ɜːlɪ] **I** *adv.* **1.** früh(zeitig): **~ *in the day*** früh am Tag; ***as* ~ *as May*** schon im Mai; **~ *on*** a) schon früh(zeitig), b) bald; **2.** bald: ***as* ~ *as possible*** so bald wie möglich; **3.** am Anfang; **4.** zu früh: ***he arrived five minutes* ~**; **5.** früher: ***he left five minutes* ~**; **II** *adj.* **6.** früh(zeitig): ***at an* ~ *hour*** zu früher Stunde; ***in his* ~ *days*** in s-r Jugend; ***it's* ~ *days yet*** *fig.* es ist noch früh am Tage; **~ *fruit*** Frühobst *n*; **~ *history*** Frühgeschichte *f*; **~ *riser*** Frühaufsteher(in); → ***bird*** 1; **7.** anfänglich, Früh...: ***the* ~ *Christians*** die ersten Christen; **8.** vorzeitig, zu früh: ***an* ~ *death***; ***you are* ~ *today*** du bist heute (et.) zu früh (dran); **9.** baldig, schnell: ***an* ~ *reply***; **~ *morn·ing tea*** *s. e-e* Tasse Tee(, die morgens ans Bett gebracht wird); **~ *re·tire·ment scheme*** *s.* Vorruhestandsregelung *f*; **~ *warn·ing system*** *s.* ⚔ 'Frühwarnsys,tem *n*.

'ear|·mark I *s.* **1.** Ohrmarke *f* (*Vieh*); **2.** *fig.* Kennzeichen *n*, Merkmal *n*; **3.** Eselsohr *n*; **II** *v/t.* **4.** kenn-, bezeichnen; **5.** *Geld etc.* bestimmen, vorsehen, zu'rücklegen (***for*** für): **~*ed*** zweckgebunden (*Mittel etc.*); **'~·muff** *s.* Ohrenschützer *m*.

earn [ɜːn] *v/t.* **1.** *Geld etc.* verdienen (*a. fig.*): **~*ed income*** Arbeitseinkommen *n*; **~*ing capacity*** Ertragsfähigkeit *f*; **~*ing power*** a) Erwerbsfähigkeit *f*, b) Ertragsfähigkeit *f*; **~*ing value*** Ertragswert *m*; ***a well-~ed rest*** e-e wohlverdiente Ruhepause; **2.** *fig.* (sich) *et.* verdienen, *Lob etc.* ernten.

ear·nest¹ ['ɜːnɪst] *s.* **1.** *a.* **~ *money*** Handgeld *n*, Anzahlung *f* (***of*** auf *acc.*): ***in* ~** als Anzahlung; **2.** *fig.* Zeichen *n* (*des guten Willens etc.*); **3.** *fig.* Vorgeschmack *m*.

ear·nest² ['ɜːnɪst] **I** *adj.* ☐ **1.** ernst; **2.** ernst-, gewissenhaft; **3.** ernstlich: a) ernst (gemeint), b) dringend, c) ehrlich, aufrichtig; **II** *s.* **4.** Ernst *m*: ***in good* ~** in vollem Ernst; ***are you in* ~?** ist das Ihr Ernst?; ***be in* ~ *about s.th.*** es ernst meinen mit et.; **'ear·nest·ness** [-nɪs] *s.* Ernst(haftigkeit *f*) *m*.

earn·ings ['ɜːnɪŋz] *s. pl.* Verdienst *m*: a) Einkommen *n*, Lohn *m*, Gehalt *n*, b) Einnahmen *pl.*, Gewinn *m*; **~*-related pension*** verdienstbezogene Rente.

'ear|·phone *s.* **1.** a) Ohrhörer *m od.* -muschel *f*, b) Kopfhörer *m*; **2.** a) Haarschnecke *f*, b) *pl.* 'Schneckenfri,sur *f*; **'~·piece** *s.* **1.** Ohrenklappe *f*; **2.** a) *teleph.* Hörmuschel *f*, b) → **earphone** 1; **3.** (Brillen)Bügel *m*; **'~-,pierc·ing** *adj.* ohrenzerreißend; **'~·ring** *s.* Ohrring *m*; **'~·shot** *s.*: ***within*** (***out of***) **~** in (außer) Hörweite; **'~,split·ting** *adj.* ohrenzerreißend.

earth [ɜːθ] **I** *s.* **1.** Erde *f*, Erdball *m*, Welt *f*: ***on* ~** auf Erden, auf der Erde; ***why on* ~?** F warum in aller Welt?; ***cost the* ~** *fig.* ein Vermögen kosten; **2.** *das* (trockene) Land; Erde *f*, (Erd-) Boden *m*: ***down to* ~** *fig.* nüchtern, prosaisch, rea'listisch; ***come back to* ~** auf den Boden der Wirklichkeit zurückkehren; **3.** ⚗ Erde *f*: ***rare* ~*s*** seltene Erden; **4.** (*Fuchs- etc.*)Bau *m*: ***run to* ~** a) *hunt. Fuchs etc.* bis in s-n Bau verfolgen (*Hund, Frettchen*), b) *fig.* aufstöbern, herausfinden, *a. j-n* zur Strecke bringen; ***gone to* ~** *fig.* untergetaucht; **5.** ↯ *Brit.* a) Erdung *f*, Erde *f*, Masse *f*, b) Erdschluss *m*; **II** *v/t.* **6.** *mst* **~ *up*** ⚒ mit Erde bedecken, häufeln; **7.** ↯ *Brit.* erden; **'~-born** *adj.* staubgeboren, irdisch, sterblich; **'~-bound** *adj.* erdgebunden.

earth·en ['ɜːθn] *adj.* irden, tönern, Ton...; **'~·ware I** *s.* Steingut(geschirr)

n, Töpferware *f*; **II** *adj.* Steingut..., Ton...
earth·i·ness ['ɜːθɪnɪs] *fig.* Derbheit *f*, Urigkeit *f*.
earth·ling ['ɜːθlɪŋ] *s.* a) Erdenbürger (-in), b) *Science Fiction*: Erdbewohner (-in); **'earth·ly** [-lɪ] *adj.* **1.** irdisch, weltlich: **~ *joys***; **2.** F begreiflich: ***no ~ reason*** kein erfindlicher Grund; ***of no ~ use*** völlig unnütz; ***you haven't an ~ (chance)*** du hast nicht die geringste Chance.
earth| moth·er *s. fig.* Urweib *n*; **'~-,mov·ing** *adj.* ⚙ Erdbewegungs...: **~ *equipment***; **'~·quake** *s.* **1.** Erdbeben *n*; **2.** *fig.* 'Umwälzung *f*, Erschütterung *f*; **'~-,shak·ing** *adj. fig.* welterschütternd; **~ trem·or** *s.* leichtes Erdbeben; **'~·ward(s)** [-wəd(z)] *adv.* erdwärts; **~ wave** *s.* **1.** Bodenwelle *f*; **2.** Erdbebenwelle *f*; **'~·worm** *s.* Regenwurm *m*.
earth·y ['ɜːθɪ] *adj.* **1.** erdig, Erd...; **2.** weltlich *od.* materi'ell (gesinnt); **3.** *fig.* a) grob, b) derb, ro'bust, urig (*Person, Humor etc.*).
ear| trum·pet *s.* ⚕ Hörrohr *n*; **'~·wax** *s.* Ohrenschmalz *n*; **'~·wig** *s. zo.* Ohrwurm *m*; **,~'wit·ness** *s.* Ohrenzeuge *m*.
ease [iːz] **I** *s.* **1.** Bequemlichkeit *f*, Behagen *n*, Wohlgefühl *n*: ***at (one's) ~*** a) ruhig, entspannt, gelöst, b) behaglich, c) gemächlich, d) ungeniert, ungezwungen, wie zu Hause; ***take one's ~*** es sich bequem machen; ***be (od. feel) at ~*** sich wohl *od.* wie zu Hause fühlen; **2.** Gemächlichkeit *f*, *innere* Ruhe, Sorglosigkeit *f*, Entspannung *f*: ***ill at ~*** unbehaglich, unruhig; ***put (od. set) s.o. at ~*** a) j-n beruhigen, b) j-m die Befangenheit nehmen; **3.** Ungezwungenheit *f*, Na'türlichkeit *f*, Zwanglosigkeit *f*, Freiheit *f*: ***live at ~*** in guten Verhältnissen leben; ***at ~!*** ⚔ rührt euch!; **4.** Linderung *f*, Erleichterung *f*; **5.** Spielraum *m*, Weite *f*; **6.** Leichtigkeit *f*: ***with ~*** bequem, mühelos; **7.** ✝ a) Nachgeben *n* (*Preise*), b) Flüssigkeit *f* (*Kapital*); **II** *v/t.* **8.** erleichtern, beruhigen: **~ *one's mind*** sich erleichtern *od.* beruhigen; **9.** *Schmerzen* lindern; **10.** lockern, entspannen (*beide a. fig.*); **11.** sacht *od.* vorsichtig bewegen *od.* manövrieren: **~ *one's foot into the shoe*** vorsichtig in den Schuh fahren; **12.** *mst* **~ *down*** *die Fahrt etc.* verlangsamen, vermindern; **III** *v/i.* **13.** erleichtern; **14.** *mst* **~ *off*** *od.* ***up*** a) nachlassen, sich abschwächen (*a.* ✝ *Preise*), b) sich entspannen (*Lage*); c) (*bei der Arbeit*) kürzer treten, d) weniger streng sein (***on*** zu).
ea·sel ['iːzl] *s. paint.* Staffe'lei *f*.
ease·ment ['iːzmənt] *s.* ⚖ Grunddienstbarkeit *f*.
eas·i·ly ['iːzɪlɪ] *adv.* **1.** leicht, mühelos, bequem, glatt; **2.** a) sicher, durchaus, b) bei weitem; **'eas·i·ness** [-ɪnɪs] *s.* **1.** Leichtigkeit *f*; **2.** Ungezwungenheit *f*, Zwanglosigkeit *f*; **3.** Leichtfertigkeit *f*; **4.** Bequemlichkeit *f*.
east [iːst] **I** *s.* **1.** Osten *m*: ***(to the) ~ of*** östlich von; **~ *by north*** ⚓ Ost zu Nord; **2.** *a.* ♀ Osten *m*: ***the*** ♀ a) *Brit.* Ostengland *m*, b) *Am.* die Oststaaten *pl.*, c) *pol.* der Osten, d) der Orient, e) *hist.* das Oströmische Reich; **3.** *poet.* Ost (-wind) *m*; **II** *adj.* **4.** Ost..., östlich; **III** *adv.* **5.** nach Osten, ostwärts; **6.** **~ *of*** östlich von (*od. gen.*); **'~·bound** *adj.* nach Osten fahrend *etc.*; ♀ **End** *s.* Eastend *n* (*Stadtteil Londons*); **,♀-'End·er** *s. Bewohner(in) des* ***East End***.
East·er ['iːstə] *s.* Ostern *n od. pl.*, Osterfest *n*: ***at ~*** an *od.* zu Ostern; **~ *Day*** Oster(sonn)tag *m*; **~ *egg*** Osterei *n*.
east·er·ly ['iːstəlɪ] **I** *adj.* östlich, Ost...; **II** *adv.* von *od.* nach Osten.
east·ern ['iːstən] *adj.* **1.** östlich, Ost...; **2.** ostwärts, Ost...; ♀ **Church** *s. die* griechisch-ortho'doxe Kirche; ♀ **Empire** *s. hist. das* Oströmische Reich.
east·ern·er ['iːstənə] *s.* **1.** Bewohner (-in) des Ostens e-s Landes; **2.** ♀ *Am.* Oststaatler(in).
'East·er|·tide, **~ time** *s.* Osterzeit *f*.
East In·di·a·man *s.* [*irr.*] *hist.* Ost'indienfahrer *m* (*Schiff*).
East Side *s. Am. Ostteil von Manhattan.*
east|·ward ['iːstwəd] *adj. u. adv.* ostwärts, nach Osten, östlich: **~ *enlargement*** Osterweiterung *f* (*der Nato etc.*); **'~·wards** [-z] *adv.* → ***eastward***.
eas·y ['iːzɪ] **I** *adj.* □ → ***easily***; **1.** leicht, mühelos: ***an ~ victory***; **~ *of access*** leicht zugänglich *od.* erreichbar; **2.** leicht, einfach: ***an ~ language***; ***an ~ task***; **~ *money*** leicht verdientes Geld (→ 11 c); **3.** *a.* **~ *in one's mind*** ruhig, unbesorgt (***about*** um), unbeschwert, sorglos: ***I'm ~*** F ich bin mit allem einverstanden; **4.** bequem, leicht, angenehm: ***an ~ life***; ***live in ~ circumstances***, F ***be on ~ street*** in guten Verhältnissen leben; ***be ~ on the ear (eye)*** F hübsch anzuhören (anzusehen) sein; **5.** frei von Schmerzen *od.* Beschwerden: ***feel easier*** sich besser fühlen; **6.** gemächlich, gemütlich: ***an ~ walk***; **7.** nachsichtig (***on*** mit); **8.** leicht, mäßig, erträglich: ***an ~ penalty***; ***on ~ terms*** zu günstigen Bedingungen; ***be ~ on*** *et.* schonen *od.* nicht belasten; **9.** a) leichtfertig, b) locker, frei (*Moral etc.*); **10.** ungezwungen, zwanglos, natürlich, frei: **~ *manners***; **~ *style*** leichter *od.* flüssiger Stil; **11.** ✝ a) flau, lustlos (*Markt*), b) wenig gefragt (*Ware*), c) billig (*Geld*); **II** *adv.* **12.** leicht, bequem: **~ *to clean*** leicht zu reinigen(d), pflegeleicht; ***go ~***, ***take it ~*** a) sich Zeit lassen, langsam tun, b) sich nicht aufregen; ***take it ~!*** a) immer mit der Ruhe!, b) keine Bange!; ***go ~ on*** a) *j-n od. et.* sachte anfassen, b) schonend *od.* sparsam umgehen mit; **~*!***, F **~ *does it!*** sachte!, langsam!; ***stand ~!*** ⚔ rührt euch!; ***easier said than done*** (das ist) leichter gesagt als getan; **~ *come, ~ go*** wie gewonnen, so zerronnen; **'~-care** *adj.* pflegeleicht; **~ chair** *s.* Sessel *m*; **'~,go·ing** *adj.* **1.** gelassen; **2.** unbeschwert; **3.** leichtlebig; **,~-'peas·y** [-'piːzɪ] *adj. Brit.* F ganz einfach, kinderleicht (*Frage etc.*).
eat [iːt] **I** *s.* **1.** *pl.* F ‚Fres'salien' *pl.*, ‚Futter' *n*; **II** *v/t.* [*irr.*] **2.** essen (*Mensch*), fressen (*Tier*): **~ *s.o. out of house and home*** j-n arm (fr)essen; **~ *one's words*** alles(, was man gesagt hat,) zurücknehmen; ***don't ~ me*** F friss mich nur nicht (gleich) auf!; ***what's ~ing him?*** F was (für e-e Laus) ist ihm über die Leber gelaufen?, was hat er denn?; (*siehe auch die Verbindungen mit anderen Substantiven*); **3.** zerfressen, -nagen, nagen an (*dat.*): **~*en by acid*** von Säure zerfressen; **4.** fressen, nagen: **~ *holes into s.th.***; **5.** → ***eat up***; **III** *v/i.* **6.** essen: **~ *well***; **7.** fressen (*Tier*); **8.** fressen, nagen (*a. fig.*): **~ *into*** a) sich (hin)einfressen in (*acc.*), b) *Reserven etc.* angreifen, ein Loch reißen in (*acc.*): **~ *through s.th.*** sich durch et. hindurchfressen; **9.** sich essen (lassen): ***it ~s like beef***;
Zssgn mit adv.:
eat| a·way **I** *v/t.* **1.** *geol.* a) erodieren, auswaschen, b) abtragen; **II** *v/i.* **2.** (tüchtig) zugreifen; **3.** **~ *at*** → 1; **~ out** **I** *v/i.* auswärts essen, essen gehen; **II** *v/t.* **~ *one's heart out*** Trübsal blasen, schrecklich leiden; ***...,*** **~ *your heart out, ...*** a) ..., da kannst du (können Sie) vor Neid platzen, ..., b) ..., da hast du (haben Sie) Pech gehabt, ...; **~ up** *v/t.* **1.** aufessen (*Mensch*), auffressen (*Tier*) (*beide a. v/i.*); **2.** *Reserven etc.* verschlingen, völlig aufbrauchen; **3.** *j-n* verzehren (*Gefühl*): ***be eaten up with envy*** vor Neid platzen; **4.** F a) ‚fressen', ‚schlucken' (*glauben*), b) *j-s Worte* verschlingen, c) *et.* mit den Augen verschlingen; **5.** F *Kilometer* ‚fressen' (*Auto*).
eat·a·ble ['iːtəbl] **I** *adj.* ess-, genießbar; **II** *s. mst pl.* Esswaren *pl.*; **'eat-by date** *s.* (Mindest)Haltbarkeitsdatum *n*; **eaten** ['iːtn] *p.p. von* ***eat***; **eat·er** ['iːtə] *s.* Esser(in): ***be a poor ~*** ein schwacher Esser sein, sehr wenig essen.
eat·ing ['iːtɪŋ] **I** *s.* **1.** Essen *n*, Speise *f*; **II** *adj.* **2.** Ess...: **~ *apple***; **3.** *fig.* nagend; zehrend; **~ house** *s.* 'Esslo,kal *n*.
eau de Co·logne [,əʊdəkə'ləʊn] (*Fr.*) *s.* Kölnischwasser *n*.
eaves [iːvz] *s. pl.* **1.** Dachgesims *n*, -vorsprung *m*; **2.** Traufe *f*; **'~·drop** *v/i.* (heimlich) lauschen *od.* horchen: **~ *on*** *j-n, ein Gespräch* belauschen; **'~,drop·per** *s.* Horcher(in), Lauscher(in): **~*s hear what they deserve*** der Lauscher an der Wand hört s-e eigne Schand.
ebb [eb] **I** *s.* **1.** Ebbe *f*: **~ *and flow*** Ebbe u. Flut, *fig. das* Hin u. Her *der Schlacht etc., das* Auf u. Ab *der Wirtschaft etc.*; **2.** *fig.* Ebbe *f*, Tiefstand *m*: ***at a low ~*** *fig.* auf e-m Tiefstand; **II** *v/i.* **3.** zu'rückgehen (*a. fig.*): **~ *and flow*** steigen u. fallen, *fig. a.* kommen u. gehen; **4.** *a.* **~ *away*** *fig.* verebben, abnehmen; **~ tide** → ***ebb*** 1 u. 2.
eb·on ['ebən] *poet. für* **ebony**; **'eb·o·nite** [-naɪt] *s.* Ebo'nit *n* (*Hartkautschuk*); **'eb·on·ize** [-naɪz] *v/t.* schwarz beizen; **'eb·on·y** [-nɪ] **I** *s.* Ebenholz(baum *m*) *n*; **II** *adj.* a) aus Ebenholz, b) (tief-) schwarz.
e·bul·li·ence [ɪ'bʌljəns], **e'bul·li·en·cy** [-sɪ] *s.* **1.** Aufwallen *n* (*a. fig.*); **2.** *fig.* 'Überschäumen *n*, -schwänglichkeit *f*; **e'bul·li·ent** [-nt] *adj.* □ *fig.* sprudelnd, 'überschäumend (***with*** von), 'überschwänglich; **eb·ul·li·tion** [,ebə'lɪʃən] → ***ebullience***.
e-cash ['iːkæʃ] *s.* 'E-Cash *n*, elektronische 'Geldüber,weisung *f*.
ec·cen·tric [ɪk'sentrɪk] **I** *adj.* (□ **~*ally***) **1.** ⚙, ⚡ ex'zentrisch; **2.** *ast.* nicht rund; **3.** *fig.* ex'zentrisch: a) wunderlich, über'spannt, verschroben, b) ausgefallen; **II** *s.* **4.** Ex'zentriker(in); **5.** ⚙ Ex'zenter *m*: **~ *wheel*** Exzenterscheibe *f*; **ec·cen·tric·i·ty** [,eksen'trɪsətɪ] *s.* ⚙, ⚡ *u. fig.* Exzentrizi'tät, *fig. a.* Über'spanntheit *f*, Verschrobenheit *f*.
Ec·cle·si·as·tes [ɪ,kliːzɪ'æstiːz] *s. bibl.* Ekklesi'astes *m*, der Prediger Salomo;
ec,cle·si'as·ti·cal [-tɪkl] *adj.* □ kirchlich, geistlich: **~ *law*** Kirchenrecht *n*;
ec,cle·si'as·ti·cism [-tɪsɪzəm] *s.* Kirchentum *n*; Kirchlichkeit *f*.
ech·e·lon ['eʃəlɒn] **I** *s.* **1.** ⚔ a) Staffel

(-ung) *f*, (Angriffs)Welle *f*: ***in ~*** staffelförmig, b) ✈ 'Staffelflug *m*, -formati͵on *f*, c) (Befehls)Ebene *f*; **2.** *fig.* Rang *m*, Stufe *f*: ***the upper ~s*** die höheren Ränge; **II** *v/t.* **3.** staffeln, (staffelförmig) gliedern.

e·chi·no·derm [e'kaınədɜːm] *s. zo.* Stachelhäuter *m*.

ech·o ['ekəʊ] **I** *pl.* **-oes** *s.* **1.** *a. fig.* Echo *n*, 'Widerhall *m*: (***sympathetic***) **~** Anklang *m*; ***find an ~*** ein (...) Echo finden, Anklang finden; ***to the ~*** laut, schallend; **2.** *fig.* Echo *n* (*Person*); **3.** ♪ Wieder'holung *f*; **4.** ⚡, *TV*: Echo *n*, *Radar*: *a.* Schattenbild *n*; **5.** (genaue) Nachahmung *f*; **II** *v/i.* **6.** 'widerhallen (***with*** von); **7.** hallen; **III** *v/t.* **8.** *Ton* zu'rückwerfen, 'widerhallen lassen; **9.** *fig.* 'Widerhall erwecken; **10.** *Worte* echoen; (*j-m*) *et.* nachbeten; **11.** echoen, nachahmen; **~ sound·er** *s.* ⚓ Echolot *n*; **~ sound·ing** *s.* ⚓ Echolotung *f*.

é·clair [eı'kleə] (*Fr.*) *s.* E'clair *n*.

é·clat ['eıklɑː] (*Fr.*) *s.* **1.** glänzender Erfolg, allgemeiner Beifall, öffentliches Aufsehen *n*; **2.** *fig.* Auszeichnung *f*, Geltung *f*.

ec·lec·tic [e'klektık] **I** *adj.* (□ ***~ally***) ek'lektisch; **II** *s.* Ek'lektiker *m*; **ec·lec·ti·cism** [e'klektısızəm] *s. phls.* Eklekti'zismus *m*.

e·clipse [ı'klıps] **I** *s.* **1.** *ast.* Verfinsterung *f*, Finsternis *f*: ***~ of the moon*** Mondfinsternis; ***partial ~*** partielle Finsternis; **2.** Verdunkelung *f*; **3.** *fig.* Schwinden *n*, Niedergang *m*: ***in ~*** im Schwinden, *a.* in der Versenkung verschwunden; **II** *v/t.* **4.** *ast.* verfinstern; **5.** verdunkeln; **6.** *fig.* in den Schatten stellen, über'ragen.

ec·logue ['eklɒg] *s.* Ek'loge *f*, Hirtengedicht *n*.

eco- [iːkəʊ] *in Zssgn* öko'logisch, Umwelt..., Öko...; **͵e·co·ca'tas·tro·phe** *s.* 'Umweltkata͵strophe *f*; **e·co·cide** ['iːkəʊsaıd] *s.* 'Umweltzerstörung *f*; **'e·co-͵friend·ly** *adj.* 'umweltfreundlich; **'e·co·home** *s.* Ökohaus *n*.

ec·o·log·i·cal [͵iːkə'lɒdʒıkl] *adj.* □ *biol.* öko'logisch, Umwelt...: ***~ system*** → ***ecosystem***; **͵ec·o'log·i·cal·ly** [-kəlı] *adv.*: ***~ harmful*** (*od.* ***noxious***) umweltfeindlich; ***~ beneficial*** umweltfreundlich; **e·col·o·gist** [iː'kɒlədʒıst] *s. biol.* Öko'loge *m*; **e·col·o·gy** [iː'kɒlədʒı] *s. biol.* Ökolo'gie *f*.

e-com·merce ['iː͵kɒmɜːs] *s.* ⚚ 'E-͵Commerce *m*, elekt'ronischer Handel: ***~ business*** a) Handel im 'Internet, 'E-͵Commerce *m*, b) 'E-͵Commerce-Firma *f*.

e·co·no·met·rics [ı͵kɒnə'metrıks] *s. pl. sg. konstr.* ⚚ Ökonome'trie *f*.

e·co·nom·ic [͵iːkə'nɒmık] **I** *adj.* (□ ***~ally***) **1.** (natio'nal)öko͵nomisch, (volks-) wirtschaftlich, Wirtschafts...: ***~ area*** Wirtschaftsraum *m*; ***~ divide*** Wirtschaftsgefälle *n*; ***~ geography*** Wirtschaftsgeographie *f*; ***~ growth*** Wirtschaftswachstum *n*; ***~ indicators*** Konjunkturindikatoren *pl.*; ***~ migrant*** Wirtschaftsflüchtling *m*; ***~ miracle*** Wirtschaftswunder *n*; ***~ policy*** Wirtschaftspolitik *f*; ***~ recovery*** konjunktureller Aufschwung; ***~ refugee*** Wirtschaftsflüchtling *m*; ***~ science*** → 3; ***~ slowdown*** Konjunkturrückgang *m*; ***~ summit*** Wirtschaftsgipfel *m*; **2.** wirtschaftlich, ren'tabel; **II** *s. pl. sg. konstr.* **3.** a) Natio'nalökono͵mie *f*, Volkswirtschaft(slehre) *f*, b) → ***economy*** 4; **͵e·co'nom·i·cal** [-kl] *adj.* □ wirtschaftlich, sparsam, *Person a.* haushälterisch: ***be ~ with s.th.*** mit et. Haus halten *od.* sparsam umgehen.

e·con·o·mist [ı'kɒnəmıst] *s.* **1.** *a.* ***political ~*** Volkswirt(schaftler) *m*, Natio'nalöko͵nom *m*; **2.** sparsamer Wirtschafter, guter Haushälter; **e'con·o·mize** [-maız] **I** *v/t.* **1.** sparsam 'umgehen mit, Haus halten mit, sparen; **2.** nutzbar machen; **II** *v/i.* **3.** sparen: a) sparsam wirtschaften, Einsparungen machen: ***~ on*** → 1, b) sich einschränken (***in*** in *dat.*); **e'con·o·miz·er** [-maızə] *s.* **1.** haushälterischer Mensch; **2.** ⚙ Sparanlage *f*, *bsd.* Wasser-, Luftvorwärmer *m*; **e·con·o·my** [ı'kɒnəmı] **I** *s.* **1.** Sparsamkeit *f*, Wirtschaftlichkeit *f*; **2.** *fig.* sparsame Anwendung, Sparsamkeit *f* in den (künstlerischen) Mitteln: ***~ of style*** knapper Stil; **3.** a) Sparmaßnahme *f*, b) Einsparung *f*, c) Ersparnis *f*; **4.** ⚚ 'Wirtschaft(ssy͵stem *n od.* -lehre *f*) *f*: ***political ~*** → ***economic*** 3a; **5.** Sy'stem *n*, Aufbau *m*, Gefüge *n*; **II** *adj.* **6.** Spar...: ***~ bottle***; ***~ class*** ✈ Economyklasse *f*; ***~ drive*** Sparmaßnahmen *pl.*; ***~-priced*** preisgünstig, billig, Billig...

'e·co|͵pol·i·cy *s.* 'Umweltpoli͵tik *f*; **e·co·sphere** ['iːkəʊsfıə(r)] *s.* Ökosphäre *f*; **'~͵sys·tem** *s. biol.* 'Ökosy͵stem *n*; **'~·type** *s. biol.* Öko'typus *m*.

ec·ru ['eıkruː] *adj.* e'krü, na'turfarben, ungebleicht (*Stoff*).

ec·sta·size ['ekstəsaız] *v/t.* (*u. v/i.*) in Ek'stase versetzen (geraten).

ec·sta·sy ['ekstəsı] *s.* **1.** Ek'stase *f*, Verzückung *f*, Rausch *m*, (Taumel *m* der) Begeisterung *f*: ***go into ecstasies over*** in Verzückung geraten über (*acc.*), hingerissen sein von; **2.** Aufregung *f*; **3.** ⚕ Ek'stase *f*, krankhafte Erregung; **4.** 'Ecstasy *n* (*Droge*); **ec·stat·ic** [ık'stætık] *adj.* (□ ***~ally***) **1.** ek'statisch, verzückt, begeistert, hingerissen; **2.** entzückend, hinreißend.

ec·to·blast ['ektəʊblɑːst], **'ec·to·derm** [-dɜːm] *s. biol.* Ekto'derm *n*, äußeres Keimblatt; **'ec·to·plasm** [-plæzəm] *s. biol. u. Spiritismus*: Ekto'plasma *n*.

ec·u·men·i·cal [͵iːkjuː'menıkl] *adj. bsd. eccl.* öku'menisch: ***~ council*** a) *R.C.* ökumenisches Konzil, b) Weltkirchenrat *m*.

ec·ze·ma ['eksımə] *s.* ⚕ Ek'zem *n*.

E-Day ['iːdeı] *s. pol. Tag des Beitritts Großbritanniens zur EWG*.

ed·dy ['edı] **I** *s.* (*Wasser-*, *Luft*)Wirbel *m*, Strudel *m* (*a. fig.*); **II** *v/i.* (um'her-) wirbeln.

e·del·weiss ['eıdlvaıs] *s.* Edelweiß *n*.

e·de·ma [iː'diːmə] → ***oedema***.

E·den ['iːdn] *s. bibl.* (der Garten) Eden *n*, das Para'dies (*a. fig.*).

edge [edʒ] **I** *s.* **1.** a) *a.* ***cutting ~*** Schneide *f*, b) Schärfe *f* (*der Klinge*): ***the knife has no ~*** das Messer schneidet nicht; ***put an ~ on s.th.*** et. schärfen *od.* schleifen; ***take the ~ off*** a) *Messer etc.* stumpf machen, b) *fig. e-r Sache* die Spitze abbrechen, die Schärfe nehmen; **2.** *fig.* Schärfe *f*, Spitze *f*, Heftigkeit *f*: ***give an ~ to s.th.*** et. verschärfen *od.* in Schwung bringen; ***not to put too fine an ~ on it*** kein Blatt vor den Mund nehmen; ***he is*** (*od.* ***his nerves are***) ***on ~*** er ist gereizt *od.* nervös; **3.** Ecke *f*, Zacke *f*, (scharfe) Kante; Grat *m*: ***~ of a chair*** Stuhlkante; ***set*** (***up***) ***on ~*** hochkant stellen; → ***tooth*** 1; **4.** Rand *m*, Saum *m*, Grenze *f*: ***the ~ of the lake*** der Rand *od.* das Ufer des Sees; ***~ of a page*** Rand e-r (Buch)Seite; ***on the ~ of*** a) am Rande (*der Verzweiflung etc.*), an der Schwelle (*gen.*), kurz vor (*dat.*), b) im Begriff (***of doing*** zu tun); **5.** Schnitt *m* (*Buch*); → ***gilt-edged*** 1; **6.** F Vorteil *m*: ***have the ~ on*** (*od.* ***over***) ***s.o.*** e-n Vorteil gegenüber j-m haben, j-m ͵voraus' *od.* ͵über' sein; **II** *v/t.* **7.** schärfen, schleifen; **8.** um'säumen, um'randen; begrenzen, einfassen; **9.** ⚙ beschneiden, abkanten; **10.** *langsam* schieben, rücken, drängen: ***~ o.s. into s.th.*** sich in et. (hinein)drängen; **III** *v/i.* **11.** sich *wohin* schieben *od.* drängen; *Zssgn mit adv.*:

edge| a·way *v/i.* **1.** (langsam) wegrücken; **2.** wegschleichen; **~ in I** *v/t.* einschieben; **II** *v/i.* sich hin'eindrängen *od.* -schieben; **~ off** → ***edge away***; **~ on** *v/t. j-n* antreiben; **~ out** *v/t.* (*v/i.* sich) hin'ausdrängen.

edged [edʒd] *adj.* **1.** schneidend, scharf; **2.** *in Zssgn* ...schneidig; **3.** eingefasst, gesäumt; **4.** *in Zssgn* ...randig; **~ tool** *s.* **1.** → ***edge tool***; **2.** ***play with edge***(***d***) ***tools*** *fig.* mit dem Feuer spielen.

edge| tool *s.* Schneidewerkzeug *n*; **'~·ways** [-weız], **'~·wise** [-waız] *adv.* a) seitlich, mit der Kante nach oben *od.* vorn, b) hochkant(ig): ***I couldn't get a word in ~*** *fig.* ich bin kaum zu Wort gekommen.

edg·ing ['edʒıŋ] *s.* Rand *m*, Besatz *m*, Einfassung *f*, Borte *f*; **edg·y** ['edʒı] *adj.* **1.** kantig, scharf; **2.** *fig.* ner'vös, gereizt; **3.** *paint.* scharflinig.

ed·i·bil·i·ty [͵edı'bılətı] *s.* Ess-, Genießbarkeit *f*; **ed·i·ble** ['edıbl] **I** *adj.* ess-, genießbar: ***~ oil*** Speiseöl *n*; **II** *s. pl.* Esswaren *pl.*

e·dict ['iːdıkt] *s.* Erlass *m*, *hist.* E'dikt *n*.

ed·i·fi·ca·tion [͵edıfı'keıʃn] *s. fig.* Erbauung *f*.

ed·i·fice ['edıfıs] *s. a. fig.* Gebäude *n*, Bau *m*; **'ed·i·fy** [-faı] *v/t. fig.* erbauen, aufrichten; **'ed·i·fy·ing** [-faııŋ] *adj.* □ erbaulich (*a. iro.*).

ed·it ['edıt] *v/t.* **1.** *Texte etc.* a) her'ausgeben, edieren, b) redigieren, druckfertig machen; **2.** *Zeitung* als Her'ausgeber leiten; **3.** *Buch etc.* bearbeiten, zur Veröffentlichung fertig machen; kürzen; *Film*, *Tonband* schneiden: ***~ out*** a) herausstreichen, b) herausschneiden; ***~ing table*** *TV* Schneidetisch *m*; **4.** *Computer*: *Daten* edi'tieren; **5.** *fig.* zu'rechtstutzen; **e·di·tion** [ı'dıʃn] *s.* **1.** Ausgabe *f*: ***pocket ~*** Taschen(buch)ausgabe; ***morning ~*** Morgenausgabe (*Zeitung*); **2.** Auflage *f*: ***first ~*** erste Auflage, Erstdruck *m*, -ausgabe *f* (*Buch*); ***run into 20 ~s*** 20 Auflagen erleben; **3.** *fig.* (*kleinere etc.*) Ausgabe *f*; **'ed·i·tor** [-tə] *s.* **1.** *a.* ***~ in chief*** Herausgeber(in) (*e-s Buchs etc.*); **2.** *Zeitung*: a) *a.* ***~ in chief*** 'Chefredak͵teur (-in), b) Redak'teur(in): ***the ~s*** die Redaktion; **3.** *Film*, *TV*: Cutter(in); **ed·i·to·ri·al** [͵edı'tɔːrıəl] **I** *adj.* □ **1.** Herausgeber...; **2.** redaktio'nell, Redaktions...: ***~ staff*** Redaktion *f*; **II** *s.* **3.** 'Leitar͵tikel *m*; **ed·i·to·ri·al·ize** [͵edı'tɔːrıəlaız] *v/i.* (e-n) 'Leitar͵tikel schreiben; **'ed·i·tor·ship** [-təʃıp] *s.* Positi'on *f* e-s Her'ausgebers *od.* ('Chef)Redak͵teurs; **'ed·i·tress** [-trıs] *s.* Her'ausgeberin *f etc.* (→ ***editor***).

ed·u·cate ['edjuːkeıt] *v/t.* erziehen (*a. weitS.* ***to*** zu), unter'richten, (aus)bilden: ***he was ~d at ...*** er besuchte die (Hoch)Schule in ...; **'ed·u·cat·ed** [-tɪd] *adj.* **1.** gebildet; **2.** ***an ~ guess*** e-e fundierte Annahme.

ed·u·ca·tion [ˌedjuːˈkeɪʃn] *s.* **1.** Erziehung *f* (*a. weitS.* ***to*** zu *demokratischem Denken etc.*), (Aus)Bildung *f*; **2.** (*erworbene*) Bildung, Bildungsstand *m*: ***general ~*** Allgemeinbildung *f*; **3.** Bildungs-, Schulwesen *n*; **4.** (Aus)Bildungsgang *m*; **5.** Päda'gogik *f*, Erziehungswissenschaft *f*; **ˌed·u'ca·tion·al** [-ʃənl] *adj.* □ **1.** erzieherisch, Erziehungs..., päda'gogisch, Unterrichts...: ***~ film*** Lehrfilm *m*; ***~ psychology*** Schulpsychologie *f*; ***~ television*** Schulfernsehen *n*; ***~ toys*** pädagogisch wertvolles Spielzeug; **2.** Bildungs...: ***~ leave*** Bildungsurlaub *m*; ***~ level*** Bildungsniveau *n*; ***~ misery*** Bildungsnotstand *m*; **ˌed·u'ca·tion·al·ist** [-ʃnəlɪst], *a.* **ˌed·u'ca·tion·ist** [-ʃnɪst] *s.* Päda'goge *m*, Päda'gogin *f*: a) Erzieher(in), b) Erziehungswissenschaftler(in); **ed·u·ca·tive** ['edjuːkətɪv] *adj.* **1.** erzieherisch, Erziehungs...; **2.** bildend, Bildungs...; **'ed·u·ca·tor** ['edjuːkeɪtə] → ***educationalist***.

e·duce [iːˈdjuːs] *v/t.* **1.** her'ausholen, entwickeln; **2.** *Begriff* ableiten; **3.** ⚗ ausziehen, extrahieren.

ed·u·tain·ment [ˌedjuːˈteɪnmənt] *s. TV etc.*: Edu'tainment *n*, bildende Unter'haltung.

Ed·war·di·an [edˈwɔːdjən] *adj.* aus *od.* im Stil der Zeit König Eduards (*bsd.* Eduards VII.).

eel [iːl] *s.* Aal *m*; ***~ buck***, **'~·pot** *s.* Aalreuse *f*; **'~·spear** *s.* Aalgabel *f*; **'~·worm** *s. zo.* Älchen *n*, Fadenwurm *m*.

e'en [iːn] *poet.* → ***even***[1, 3].

e'er [eə] *poet.* → ***ever***.

ee·rie, **ee·ry** ['ɪərɪ] *adj.* □ unheimlich, schaurig; **'ee·ri·ness** [-nɪs] *s.* Unheimlichkeit *f*.

eff [ef] *v/i.*: ***~ off*** V ‚abhauen'; → ***effing***.

ef·face [ɪˈfeɪs] *v/t.* **1.** wegwischen, -reiben, löschen; **2.** *bsd. fig.* auslöschen, tilgen; **3.** in den Schatten stellen: ***~ o.s.*** sich (bescheiden) zurückhalten, sich im Hintergrund halten; **ef'face·a·ble** [-səbl] *adj.* auslöschbar; **ef'face·ment** [-mənt] *s.* Auslöschung *f*, Tilgung *f*, Streichung *f*.

ef·fect [ɪˈfekt] **I** *s.* **1.** Wirkung *f* (***on*** auf *acc.*): ***take ~*** wirken (→ 4); **2.** (Ein-)Wirkung *f*, Einfluss *m*, Erfolg *m*, Folge *f*: ***of no ~*** nutzlos, vergeblich; **3.** (gesuchte) Wirkung, Eindruck *m*, Ef'fekt *m*: ***general ~*** Gesamteindruck; ***have an ~ on*** wirken auf (*acc.*); ***calculated*** *od.* ***meant for ~*** auf Effekt berechnet; ***special ~s*** *pl.* Spezi'alef,fekte *pl.*; ***straining after ~*** Effekthascherei *f*; **4.** Wirklichkeit *f*; ⚖ (Rechts)Wirksamkeit *f*, (-)Kraft *f*, Gültigkeit *f*: ***in ~*** a) tatsächlich, eigentlich, im Wesentlichen, b) ⚖ *etc.* in Kraft, gültig; ***with ~ from*** mit Wirkung vom; ***come into*** (*od.* ***take***) ***~*** wirksam werden, in Kraft treten; ***carry into ~*** ausführen, verwirklichen; **5.** Inhalt *m*, Sinn *m*, Absicht *f*; Nutzen *m*: ***to the ~ that*** des Inhalts, dass; ***to this ~*** diesbezüglich, in diesem Sinn; ***words to this ~*** derartige Worte; **6.** ⚙ Leistung *f*, 'Nutzef,fekt *m*; **7.** *pl.* ♆ a) Ef'fekten *pl.*, b) Vermögen(swerte *pl.*) *n*, Habe *f*, c) Barbestand *m*, d) (Bank)Guthaben *n*: ***no ~s*** ohne Deckung (*Scheck*); **II** *v/t.* **8.** be-, erwirken, verursachen; **9.** ausführen, erledigen, voll'ziehen, tätigen, bewerkstelligen: ***~ an insurance*** ♆ e-e Versicherung abschließen; ***~ payment*** Zahlung leisten; **ef'fec·tive** [-tɪv] **I** *adj.* □ **1.** wirksam, erfolgreich, wirkungsvoll, kräftig: ***~ range*** ⚔ wirksame Schussweite; **2.** eindrucks-, ef'fektvoll; **3.** (rechts)wirksam, rechtskräftig, gültig, in Kraft: ***~ from*** *od.* ***as of*** mit Wirkung vom; ***~ immediately*** mit sofortiger Wirkung; ***~ date*** Tag *m* des In-Kraft-Tretens; ***become ~*** in Kraft treten; **4.** tatsächlich, effek'tiv, wirklich; **5.** ⚔ dienstfähig, kampffähig, einsatzbereit: ***~ strength*** → 7b; **6.** ⚙ wirksam, nutzbar, Nutz...: ***~ capacity*** *od.* ***output*** Nutzleistung *f*; **II** *s. pl.* **7.** ⚔ a) einsatzfähige Sol'daten *pl.*, b) Iststärke *f*; **ef'fec·tive·ness** [-tɪvnɪs] *s.* Wirksamkeit *f*; **ef'fec·tu·al** [-tʃʊəl] *adj.* □ **1.** wirksam; **2.** → ***effective*** 3; **3.** wirklich, tatsächlich; **ef'fectu·ate** [-tjʊeɪt] → ***effect*** 8, 9.

ef·fem·i·na·cy [ɪˈfemɪnəsɪ] *s.* **1.** Weichlichkeit *f*, Verweichlichung *f*; **2.** unmännliches Wesen; **ef'fem·i·nate** [-nət] *adj.* □ **1.** weichlich, verweichlicht; **2.** unmännlich, weibisch.

ef·fer·vesce [ˌefəˈves] *v/i.* **1.** (auf)brausen, moussieren, sprudeln, schäumen; **2.** *fig.* ('über)sprudeln, 'überschäumen; **ˌef·fer'ves·cence** [-sns] *s.* **1.** (Auf-)brausen *n*, Moussieren *n*; **2.** *fig.* ('Über)Sprudeln *n*, 'Überschäumen *n*; **ˌef·fer'ves·cent** [-snt] *adj.* **1.** sprudelnd, schäumend; moussierend: ***~ powder*** Brausepulver *n*; **2.** *fig.* ('über-)sprudelnd, 'überschäumend.

ef·fete [ɪˈfiːt] *adj.* erschöpft, entkräftet, kraftlos, verbraucht.

ef·fi·ca·cious [ˌefɪˈkeɪʃəs] *adj.* □ wirksam; **ef·fi·ca·cy** ['efɪkəsɪ] *s.* Wirksamkeit *f*.

ef·fi·cien·cy [ɪˈfɪʃənsɪ] *s. allg.* Effizi'enz *f*: a) Tüchtigkeit *f*, Leistungsfähigkeit *f* (*a. e-s Betriebs etc.*), b) Wirksamkeit *f*, ⚙ (Nutz)Leistung *f*, Wirkungsgrad *m*, c) Tauglichkeit *f*, Brauchbarkeit *f*, d) ♆, ⚙ Wirtschaftlichkeit *f*: ***~ engineer***, ***~ expert*** ♆ Rationalisierungsfachmann *m*; ***~ wages*** leistungsbezogener Lohn; ***~ apartment*** *Am.* (Einzimmer)Appartement *n*; **ef'fi·cient** [-nt] *adj.* □ **1.** *allg.* effizi'ent: a) tüchtig, (*a.* ⚙ leistungs)fähig, b) wirksam, c) gründlich, d) zügig, rasch, e) ratio'nell, wirtschaftlich, f) tauglich, gut funktionierend, ⚙ *a.* leistungsstark; **2.** ***~ cause*** *phls.* wirkende Ursache.

ef·fi·gy ['efɪdʒɪ] *s.* Bild(nis) *n*: ***burn s.o. in ~*** j-n in effigie *od.* symbolisch verbrennen.

ef·fing ['efɪŋ] *adj.* V verdammt, Scheiß...

ef·flo·resce [ˌefloːˈres] *v/i.* **1.** *bsd. fig.* aufblühen, sich entfalten; **2.** ⚗ ausblühen, -wittern; **ˌef·flo'res·cence** [-sns] *s.* **1.** *bsd. fig.* (Auf)Blühen *n*; **2.** Efflores'zenz: a) ⚗ Ausblühen *n*, Beschlag *m*, b) ⚕ Ausschlag *m*; **ˌef·flo'res·cent** [-snt] *adj.* **1.** *bsd. fig.* (auf)blühend; **2.** ⚗ ausblühend.

ef·flu·ence ['eflʊəns] *s.* Ausfließen *n*, -strömen *n*; Ausfluss *m*; **'ef·flu·ent** [-nt] **I** *adj.* **1.** ausfließend, -strömend; **II** *s.* **2.** Ausfluss *m*; **3.** Abwasser *n*.

ef·flux ['eflʌks] *s.* **1.** Ausfluss *m*, Ausströmen *n*; **2.** *fig.* Ablauf *m* (*der Zeit*).

ef·fort ['efət] *s.* **1.** Anstrengung *f*: a) Bemühung *f*, Versuch *m*, b) Mühe *f*: ***make an ~*** sich bemühen, sich anstrengen; ***make every ~*** sich alle Mühe geben; ***put a lot of ~ into it*** sich gewaltig anstrengen bei der Sache; ***spare no ~*** keine Mühe scheuen; ***with an ~*** mühsam; **2.** F Leistung *f*: ***a good ~***; **'ef·fort·less** [-lɪs] *adj.* mühelos, leicht.

ef·fron·ter·y [ɪˈfrʌntərɪ] *s.* Frechheit *f*, Unverschämtheit *f*.

ef·ful·gence [ɪˈfʌldʒəns] *s.* Glanz *m*; **ef'ful·gent** [-nt] *adj.* □ strahlend.

ef·fuse [ɪˈfjuːz] **I** *v/t.* **1.** ausgießen, ausströmen (lassen); **2.** *Licht etc.* verbreiten; **II** *v/i.* **3.** ausströmen; **III** *adj.* [-s] **4.** ♆ ausgebreitet; **ef·fu·sion** [ɪˈfjuːʒn] *s.* **1.** Ausströmen *n*; Ausgießung *f*; Erguss *m* (*a. fig.*): ***~ of blood*** ⚕ Bluterguss; **2.** *phys.* Effusi'on *f*; **3.** 'Überschwänglichkeit *f*; **ef'fu·sive** [-sɪv] *adj.* □ 'überschwänglich; **ef'fu·sive·ness** [-sɪvnɪs] → ***effusion*** 3.

e·gad [ɪˈgæd] *int. obs.* F o Gott!

e·gal·i·tar·i·an [ɪˌgælɪˈteərɪən] **I** *s.* Verfechter(in) des Egalita'rismus; **II** *adj.* egali'tär; **eˌgal·i'tar·i·an·ism** [-nɪzəm] *s.* Egalita'rismus *m*.

egg[1] [eg] *s.* **1.** Ei *n*: ***in the ~*** *fig.* im Anfangsstadium; ***a bad ~*** *fig.* F ein übler Kerl; ***as sure as ~s is*** *od.* ***are ~s*** *sl.* todsicher; ***have*** (*od.* ***put***) ***all one's ~s in one basket*** alles auf 'eine Karte setzen; ***lay an ~*** *thea. sl.* durchfallen; ***lay an ~!*** *sl.* ‚leck mich'!; → ***grandmother***; **2.** *biol.* Eizelle *f*; **3.** ⚔ *sl.* ‚Ei' *n*, ‚Koffer' *m* (*Bombe etc.*).

egg[2] [eg] *v/t. mst* ***~ on*** anstacheln.

'egg|ˌbeat·er *s.* **1.** *Küche*: Schneebesen *m*; **2.** *Am.* F Hubschrauber *m*; ***~ coal*** *s.* Nusskohle *f*; ***~ co·sy***, *Am.* ***~ co·zy*** *s.* Eierwärmer *m*; **'~·cup** *s.* Eierbecher *m*; ***~ flip*** *s.* Eierflip *m*; **'~·head** *s.* F ‚Eierkopf' *m* (*Intellektueller*); **'~·nog** → ***egg flip***; **'~·plant** *s.* ♆ Eierfrucht *f*, Auber'gine *f*; ***~ roll*** *s.* Frühlingsrolle *f*; **'~-shaped** *adj.* eiförmig; **'~·shell I** *s.* Eierschale *f*: ***~ china*** Eierschalenporzellan *n*; **II** *adj.* zerbrechlich; ***~ spoon*** *s.* Eierlöffel *m*; ***~ tim·er*** *s.* Eieruhr *f*; ***~ whisk*** *s.* *Küche*: Schneebesen *m*.

e·go ['egəʊ] *pl.* **-os** *s.* **1.** *psych.* Ich *n*, Selbst *n*, Ego *n*; **2.** Selbstgefühl *n*, -bewusstsein *n*, *a.* Stolz *m*, F Selbstsucht *f*, Selbstgefälligkeit *f*: ***~ trip*** F ‚Egotrip' *m* (*geistige Selbstbefriedigung, Angeberei etc.*); ***that will boost his ~*** das wird ihm Auftrieb geben *od.* ‚gut tun'; ***it feeds his ~*** das stärkt sein Selbstbewusstsein; ***his ~ was low*** s-e Moral war auf null; ***need one's ~ stroked*** Streicheleinheiten für sein Ego brauchen.

e·go·cen·tric [ˌegəʊˈsentrɪk] *adj.* ego'zentrisch, ichbezogen; **e·go·ism** ['egəʊɪzəm] *s.* Ego'ismus *m* (*a. phls.*), Selbstsucht *f*; **e·go·ist** ['egəʊɪst] *s.* **1.** Ego'ist(in); **2.** → ***egotist*** 1; **e·go·is·tic**, **e·go·is·ti·cal** [ˌegəʊˈɪstɪk(l)] *adj.* □ ego'istisch; **e·go·ma·ni·a** [ˌegəʊˈmeɪnjə] *s.* krankhafte Selbstsucht *od.* -gefälligkeit *f*; **e·go·tism** ['egəʊtɪzəm] *s.* **1.** Ego'tismus *m*: a) 'Selbstüberˌhebung *f*, b) Ichbezogenheit *f*, c) Geltungsbedürfnis *n*; **2.** → ***egoism***; **e·go·tist** ['egəʊtɪst] *s.* **1.** Ego'tist(in), geltungsbedürftiger *od.* selbstgefälliger Mensch; **2.** → ***egoist*** 1; **e·go·tis·tic**, **e·go·tis·ti·cal** [ˌegəʊˈtɪstɪk(l)] *adj.* □ **1.** selbstgefällig, ego'tistisch, geltungsbedürftig; **2.** → ***egoistic***.

e·gre·gious [ɪˈgriːdʒəs] *adj.* □ unerhört, ungeheuer(lich), krass, Erz...

e·gress ['iːgres] *s.* **1.** Ausgang *m*; **2.** Ausgangsrecht *n*; **3.** *fig.* Ausweg *m*; **4.**

ast. Austritt *m*; **e·gres·sion** [iːˈgreʃn] *s.* Ausgang *m*, -tritt *m*.
e·gret [ˈiːgret] *s.* **1.** *orn.* Silberreiher *m*; **2.** Reiherfeder *f*; **3.** ⚘ Federkrone *f*.
E·gyp·tian [ɪˈdʒɪpʃn] **I** *adj.* **1.** äˈgyptisch: **~ cotton** Mako *f*, *m*, *n*; **II** *s.* **2.** Äˈgypter (-in); **3.** *ling.* Äˈgyptisch *n*.
E·gyp·to·log·i·cal [ɪˌdʒɪptəˈlɒdʒɪkl] *adj.* ägyptoˈlogisch; **E·gyp·tol·o·gist** [ˌiːdʒɪpˈtɒlədʒɪst] *s.* Ägyptoˈloge *m*; **E·gyp·tol·o·gy** [ˌiːdʒɪpˈtɒlədʒɪ] *s.* Ägyptoloˈgie *f*.
eh [eɪ] *int.* **1.** eh?: a) wie (bitte)?, b) nicht wahr?; **2.** ei!, sieh da!
ei·der [ˈaɪdə] *s. orn. a.* **~ duck** Eiderente *f*; **ˈ~·down** *s.* **1.** *coll.* Eiderdaunen *pl.*; **2.** Daunendecke *f*.
ei·det·ic [aɪˈdetɪk] *psych.* **I** Eiˈdetiker (-in); **II** *adj.* eiˈdetisch.
eight [eɪt] **I** *adj.* **1.** acht: **~-hour day** Achtstundentag *m*; **II** *s.* **2.** Acht *f* (*Zahl, Spielkarte etc.*): **have one over the ~** *sl.* e-n ‚in der Krone' haben; **3.** *Rudern*: Achter *m* (*Boot od. Mannschaft*); **eight·een** [ˌeɪˈtiːn] **I** *adj.* achtzehn; **II** *s.* Achtzehn *f*; **eight·eenth** [ˌeɪˈtiːnθ] **I** *adj.* achtzehnt; **II** *s.* Achtzehntel *n*; **ˈeight·fold** *adj. u. adv.* achtfach; **eighth** [eɪtθ] **I** *adj.* □ acht(er, e, es); **II** *s.* Achtel *n* (*a.* ♪); **eighth·ly** [ˈeɪtθlɪ] *adv.* achtens; **ˈeight·i·eth** [-tɪɪθ] **I** *adj.* achtzigst; **II** *s.* Achtzigstel *n*; **ˈeight·y** [-tɪ] **I** *adj.* achtzig; **II** *s.* Achtzig *f*: **the eighties** die Achtzigerjahre (*eines Jahrhunderts*); **he is in his eighties** er ist in den Achtzigern.
Ein·stein·i·an [aɪnˈstaɪnjən] *adj.* einsteinsch(er, -e, -es).
ei·ther [ˈaɪðə] **I** *adj.* **1.** jeder, jede, jedes (*von zweien*), beide: **on ~ side** auf beiden Seiten; **there is nothing in ~ bottle** beide Flaschen sind leer; **2.** (irgend)ein (*von zweien*): **~ way** auf die e-e od. andere Art; **~ half of the cake** (irgend-) eine Hälfte des Kuchens; **II** *pron.* **3.** (irgend)ein (*von zweien*): **~ of you can come** (irgend)einer von euch (beiden) kann kommen; **I didn't see ~** ich sah keinen (von beiden); **4.** beides: **~ is possible**; **III** *cj.* **5. ~ ... or** entweder ... oder: **~ be quiet or go!** entweder sei still oder geh!; **6.** *neg.*: **~ ... or** weder ... noch: **it isn't good ~ for parent or child** es ist weder für Eltern noch Kinder gut; **IV** *adv.* **7.** *neg.*: **nor ... ~** (und) auch nicht, noch: **he could not hear nor speak ~** er konnte weder hören noch sprechen; **I shall not go ~** ich werde auch nicht gehen; **she sings, and not badly ~** sie singt, und gar nicht schlecht; **8. without ~ good or bad intentions** ohne gute oder schlechte Absichten; **ˌ~-ˈor** *s.* Entweder-Oder *n*.
e·jac·u·late [ɪˈdʒækjʊleɪt] **I** *v/t.* **1.** *physiol.* Samen ausstoßen; **2.** *Worte* ausstoßen; **II** *v/i.* **3.** *physiol.* ejakulieren; **4.** *fig.* aus-, herˈvorstoßen; **III** *s.* **5.** *physiol.* Ejakuˈlat *n*; **e·jac·u·la·tion** [ɪˌdʒækjʊˈleɪʃn] *s.* **1.** ⚕ Ejakulatiˈon *f*, Samenerguss *m*; **2.** a) Ausruf *m*, b) Stoßseufzer *m*, -gebet *n*; **eˈjac·u·la·to·ry** [-lətərɪ] *adj.* **1.** ⚕ Ejakulations...; **2.** hastig (ausgestoßen): **~ prayer** Stoßgebet *n*.
e·ject [ɪˈdʒekt] **I** *v/t.* **1.** (**from**) *j-n* hinauswerfen (aus), vertreiben (aus, von); entlassen (aus); **2.** ⚖ exmittieren, ausweisen (**from** aus); **3.** ⚙ ausstoßen, -werfen; **II** *v/i.* **4.** ✈ den Schleudersitz betätigen; **eˈjec·tion** [-kʃn] *s.* **1.** (**from** aus) Vertreibung *f*, Entfernung *f*, Entlassung *f*; **2.** ⚙ Ausstoßung *f*, Auswerfen *n*: **~ seat** ✈ Schleudersitz *m*; **eˈject·ment** [-mənt] *s.* **1.** → **ejection** 1; **2.** ⚖ a) Räumungsklage *f*, b) Herˈausgabeklage *f*; **eˈjec·tor** [-tə] *s.* **1.** Vertreiber *m*; **2.** ⚙ a)ˈAuswurfappaˌrat *m*, Strahlpumpe *f*, b) ⚔ (Paˈtronenhülsen)Auswerfer *m*: **~ seat** ✈ Schleudersitz *m*.
eke [iːk] *v/t.* **~ out** a) *Flüssigkeit, Vorrat etc.* strecken, b) *Einkommen* aufbessern, c) **~ out a living** sich (mühsam) durchschlagen.
el [el] *s.* **1.** L *n*, l *n* (*Buchstabe*); **2.** 🚆 F Hochbahn *f*.
e·lab·o·rate I *adj.* [ɪˈlæbərət] □ **1.** sorgfältig *od.* kunstvoll ausgeführt *od.* (aus)gearbeitet; **2.** (wohl) durchdacht, (sorgfältig) ausgearbeitet: **an ~ report**; **3.** a) kunstvoll, kompliziert, b) ˈumständlich; **II** *v/t.* [-bəreɪt] **4.** sorgfältig aus- *od.* herˈausarbeiten, verˈvollkommnen; **5.** *Theorie* entwickeln; **6.** genau darlegen; **III** *v/i.* **7. ~ (up)on** ausführlich behandeln, sich verbreiten über (*acc.*); **eˈlab·o·rate·ness** [-nɪs] *s.* **1.** sorgfältige *od.* kunstvolle Ausführung; **2.** a) Sorgfalt *f*, b) Kompliziertheit *f*, c) ausführliche Behandlung; **e·lab·o·ra·tion** [ɪˌlæbəˈreɪʃn] *s.* **1.** → **elaborateness** 1; **2.** (Weiter)Entwicklung *f*.
é·lan [eɪˈlɑ̃ːŋ] (*Fr.*) *s.* Eˈlan *m*, Schwung *m*.
e·land [ˈiːlənd] *s.* ˈElenantiˌlope *f*.
e·lapse [ɪˈlæps] *v/i.* vergehen, verstreichen (*Zeit*), ablaufen (*Frist*).
e·las·tic [ɪˈlæstɪk] **I** *adj.* (□ **~ally**) **1.** eˈlastisch: a) federnd, spannkräftig (*alle a. fig.*), b) dehnbar, biegsam, geschmeidig (*a. fig.*): **~ conscience** weites Gewissen; **an ~ word** ein dehnbarer Begriff; **2.** *phys.* a) elastisch, b) expansiˈonsfähig (*Gas*), c) inkompresˈsibel (*Flüssigkeit*): **~ force → elasticity**; **3.** Gummi...: **~ band**; **~ stocking** Gummistrumpf *m*; **II** *s.* **4.** Gummiband *n*, -zug *m*; **5.** Gummigewebe *n*, -stoff *m*; **eˈlas·ti·cat·ed** [-keɪtɪd] *adj.* mit Gummizug; **e·las·tic·i·ty** [ˌelæˈstɪsətɪ] *s.* Elastiziˈtät *f*: a) Spannkraft *f* (*a. fig.*), b) Dehnbarkeit *f*, Biegsamkeit *f*, Geschmeidigkeit *f* (*a. fig.*).
e·late [ɪˈleɪt] *v/t.* **1.** mit Hochstimmung erfüllen, begeistern, freudig erregen; **2.** *j-m* Mut machen; **3.** *j-n* stolz machen; **eˈlat·ed** [-tɪd] *adj.* □ **1.** in Hochstimmung, freudig erregt (**at** über *acc.*, **with** durch); **2.** stolz; **eˈla·tion** [-eɪʃn] *s.* **1.** Hochstimmung, freudige Erregung; **2.** Stolz *m*.
el·bow [ˈelbəʊ] **I** *s.* **1.** Ell(en)bogen *m*: **at one's ~** a) in Reichweite, bei der Hand, b) *fig.* an s-r Seite; **out at ~s** a) schäbig (*Kleidung*), b) schäbig gekleidet, heruntergekommen (*Person*); **be up to the ~s in work** bis über die Ohren in der Arbeit stecken; **bend** *od.* **lift one's ~** F ‚einen heben'; **2.** Biegung *f*, Krümmung *f*, Ecke *f*, Knie *n*; **3.** ⚙ Knie *n*; (Rohr)Krümmer *m*, Winkel (-stück *n*) *m*; **II** *v/t.* **4.** *mit dem Ellbogen stoßen, drängen* (*a. fig.*): **~ s.o. out** j-n hinausdrängen; **~ o.s. through** sich durchdrängeln; **~ one's way** → 5; **III** *v/i.* **5.** sich (mit den Ellbogen) e-n Weg bahnen (**through** durch); **~ chair** *s.* Arm-, Lehnstuhl *m*; **~ grease** *s.* *humor.* **1.** ‚Arm-, Knochenschmalz' *n* (*Kraft*); **2.** schwere Arbeit; **ˈ~·room** [-rʊm] *s.* Bewegungsfreiheit *f*, Spielraum *m* (*a. fig.*).
eld [eld] *s. obs.* **1.** (Greisen)Alter *n*; **2.** alte Zeiten *pl.*
eld·er¹ [ˈeldə] **I** *adj.* **1.** älter: **my ~ brother** mein älterer Bruder; **2.** rangälter: **ℒ Statesman** *pol. u. fig.* ‚großer alter Mann'; **II** *s.* **3.** (der, die) Ältere: **he is my ~ by two years** er ist zwei Jahre älter als ich; **my ~s** ältere Leute als ich; **4.** Reˈspektsperˌson *f*; **5.** *oft pl.* (Kirchen-, Gemeinde- *etc.*)Älteste(r) *m*.
el·der² [ˈeldə] *s.* Hoˈlunder *m*; **ˈel·derˌber·ry** *s.* Hoˈlunderbeere *f*.
eld·er·ly [ˈeldəlɪ] *adj.* ältlich: **an ~ couple** ein älteres Ehepaar; **eld·est** [ˈeldɪst] *adj.* ältest: **my ~ brother** mein ältester Bruder.
El Do·ra·do [ˌeldəˈrɑːdəʊ] *pl.* **-dos** *s.* (El)Doˈrado *n*.
e·lect [ɪˈlekt] **I** *v/t.* **1.** *j-n in ein Amt* wählen: **~ s.o. to an office**; **2.** *et.* wählen, sich entscheiden für: **~ to do s.th.** sich (dazu) entschließen *od.* es vorziehen, et. zu tun; **he was ~ed president** er wurde zum Präsidenten gewählt; **3.** *eccl.* auserwählen; **II** *adj.* **4.** (*nachgestellt*) designiert, zukünftig: **bride ~** Zukünftige *f*, Braut *f*; **the president ~** der designierte Präsident; **5.** erlesen; **6.** *eccl.* (*von Gott*) auserwählt; **III** *s.* **7.** *eccl. u. fig.* **the ~** die Auserwählten *pl.*; **eˈlec·tion** [-kʃn] *s. mst pol.* Wahl *f*: **~ campaign** Wahlkampf *m*, -feldzug *m*; **~ pledge** Wahlversprechen *n*; **~ returns** Wahlergebnisse; **e·lec·tion·eer** [ɪˌlekʃəˈnɪə] *v/i. pol.* Wahlkampf betreiben: **~ for s.o.** für j-n Wahlpropaganda machen *od.* Stimmen werben; **e·lec·tion·eer·ing** [ɪˌlekʃəˈnɪərɪŋ] *s. pol.* ˈWahlpropaˌganda *f*, -kampf *m*, -feldzug *m*; **eˈlec·tive** [-tɪv] **I** *adj.* □ **1.** gewählt, durch Wahl, Wahl...; **2.** wahlberechtigt, wählend; **3.** *ped. Am.* wahlfrei, fakultaˈtiv: **~ subject** → 4; **II** *s.* **4.** *ped. Am.* Wahlfach *n*; **eˈlec·tor** [-tə] *s.* **1.** *pol.* a) Wähler(in), b) *Am.* Wahlmann *m*; **2.** ℒ *hist.* Kurfürst *m*; **eˈlec·tor·al** [-tərəl] *adj.* **1.** Wahl..., Wähler...: **~ college** *Am.* Wahlmänner *pl.* (*e-s Staates*); **2.** *hist.* Kurfürsten...; **eˈlec·tor·ate** [-tərət] *s.* **1.** *pol.* Wähler (-schaft *f*) *pl.*; **2.** *hist.* a) Kurwürde *f*, b) Kurfürstentum *n*; **eˈlec·tress** [-trɪs] *s.* **1.** Wählerin *f*; **2.** ℒ *hist.* Kurfürstin *f*.
e·lec·tric [ɪˈlektrɪk] *adj.* (□ **~ally**) **1.** a) eˈlektrisch: **~ cable** (**charge**, **current**, **light** *etc.*), b) Elektro...: **~ motor**, c) Elektrizitäts...: **~ works**, d) eˌlektroˈtechnisch; **2.** *fig.* a) elektrisierend: **an ~ effect**, b) spannungsgeladen: **~ atmosphere**; **eˈlec·tri·cal** [-kl] → **electric** 1: **~ engineer** Elektroingenieur *m od.* -techniker *m*; **~ engineering** Elektrotechnik *f*.
e·lec·tric| arc *s.* Lichtbogen *m*; **~ art** *s.* Lichtkunst *f*; **~ blan·ket** *s.* Heizdecke *f*; **~ blue** *s.* Stahlblau *n*; **~ chair** *s.* ⚖ eˈlektrischer Stuhl; **~ cir·cuit** *s.* Stromkreis *m*; **~ cush·ion** *s.* Heizkissen *n*; **~ eel** *s. zo.* Zitteraal *m*; **~ eye** *s.* **1.** Fotozelle *f*; **2.** magisches Auge; **~ gui·tar** *s.* eˈlektrische Giˈtarre, ˈE-Giˌtarre *f*.
e·lec·tri·cian [ˌɪlekˈtrɪʃn] *s.* Eˈlektriker *m*, Eˌlektroˈtechniker *m*.
e·lec·tric·i·ty [ˌɪlekˈtrɪsətɪ] *s.* Elektriziˈtät *f*; **~ con·sump·tion** *s.* Stromverbrauch *m*; **~ gen·er·a·tion** *s.* Stromerzeugung *f*.
e·lec·tric| plant *s.* eˈlektrische Anlage; **~ ray** *s. zo.* Zitterrochen *m*; **~ shock** *s.* **1.** eˈlektrischer Schlag; **2.** ⚕ Eˈlektroschock *m*; **~ steel** *s.* ⚙ Eˈlektrostahl *m*; **~ storm** *s.* Gewittersturm *m*; **~ torch** *s.* (eˈlektrische) Taschenlampe.

e·lec·tri·fi·ca·tion [ɪˌlektrɪfɪ'keɪʃn] *s.* **1.** Elektrisierung *f* (*a. fig.*); **2.** Elektrifizierung *f*; **e·lec·tri·fy** [ɪ'lektrɪfaɪ] *v/t.* **1.** elektrisieren (*a. fig.*), e'lektrisch laden; **2.** elektrifizieren; **3.** *fig.* anfeuern, erregen, begeistern.

e·lec·tro [ɪ'lektrəʊ] *pl.* **-tros** *s. typ.* F Gal'vano *n*, Kli'schee *n*.

electro- [ɪlektrəʊ] *in Zssgn* Elektro..., elektro..., e'lektrisch.

eˌlec·tro|·a'nal·y·sis [ɪˌlektrəʊ-] *s.* ⚗ Eˌlektroana'lyse *f*; **~'car·di·o·gram** *s.* ⚕ Eˌlektrokardio'gramm *n*, EK'G *n*; **~'chem·is·try** *s.* Eˌlektroche'mie *f*.

e·lec·tro·cute [ɪ'lektrəkjuːt] *v/t.* **1.** auf dem e'lektrischen Stuhl hinrichten; **2.** durch elektrischen Strom töten; **e·lec·tro·cu·tion** [ɪˌlektrə'kjuːʃn] *s.* Hinrichtung *f od.* Tod *m* durch elektrischen Strom.

e·lec·trode [ɪ'lektrəʊd] *s.* ↯ Elek'trode *f*.

eˌlec·tro|·dy'nam·ics *s. pl. sg. konstr.* Eˌlektrody'namik *f*; **~·en·gi'neer·ing** *s.* Eˌlektro'technik *f*; **~·ki'net·ics** *s. pl. sg. konstr.* Eˌlektroki'netik *f*.

e·lec·trol·y·sis [ˌɪlek'trɒlɪsɪs] *s.* Elektro'lyse *f*; **e·lec·tro·lyte** [ɪ'lektrəʊlaɪt] *s.* Elektro'lyt *m*.

eˌlec·tro|'mag·net *s.* Eˌlektroma'gnet *m*; **~·mag'net·ic** *adj.* (□ **~ally**) eˌlektroma'gnetisch; **~·me'chan·ics** *s. pl. sg. konstr.* Eˌlektrome'chanik *f*.

e·lec·trom·e·ter [ˌɪlek'trɒmɪtə] *s.* Eˌlektro'meter *n*.

eˌlec·tro|'mo·tive *adj.* eˌlektromo'torisch; **~'mo·tor** *s.* Eˌlektro'motor *m*.

e·lec·tron [ɪ'lektrɒn] *phys.* **I** *s.* Elektron *n*; **II** *adj.* Elektronen...: **~ *microscope***; **e·lec·tron·ic** [ˌɪlek'trɒnɪk] *adj.* (□ **~ally**) elekt'ronisch, Elektronen...: **~ *banking*** Elec'tronic 'Banking *n*; **~ *cash*** 'E-cash *n*, elektronische 'Geldüberˌweisung *f*; **~ *commerce*** elekt'ronischer Handel, 'E-ˌCommerce *m*; **~ *flash*** *phot.* Elektronenblitz *m*; **~ *funds transfer*** EDV-Überweisungsverkehr *m*; **~ *mail*** elektronische Post; **~ *music*** elektronische Musik; **e·lectron·ics** [ˌɪlek'trɒnɪks] *s. pl. sg. konstr.* Elekt'ronik *f* (*a. als Konstruktionsteil*).

e·lec·tro|·plate [ɪ'lektrəʊ-] **I** *v/t.* elektroplattieren, galvanisieren; **II** *s.* elektroplattierte Ware; **~·scope** [-əskəʊp] *s. phys.* Eˌlektro'skop *n*; **~·scop·ic** [ɪˌlektrə'skɒpɪk] *adj.* (□ **~ally**) eˌlektro'skopisch; **~'ther·a·py** [ɪˌlektrəʊ-] *s.* ⚕ Eˌlektrothera'pie *f*; **~·type I** *s.* **1.** Gal'vano *n*; **2.** galˌvano'plastischer Druck; **II** *v/t.* **3.** galˌvano'plastisch vervielfältigen.

el·e·gance ['elɪgəns] *s. allg.* Ele'ganz *f*; **'el·e·gant** [-nt] *adj.* □ **1.** ele'gant: a) fein, geschmackvoll, vornehm (u. schön), b) gewählt, gepflegt, c) anmutig, d) geschickt, gekonnt; **2.** F erstklassig, ‚prima'.

el·e·gi·ac [ˌelɪ'dʒaɪək] **I** *adj.* e'legisch (*a. fig. schwermütig*), Klage...; **II** *s.* elegischer Vers; *pl.* elegisches Gedicht; **el·e·gize** ['elɪdʒaɪz] *v/i.* e-e Ele'gie schreiben (***upon*** auf *acc.*); **el·e·gy** ['elɪdʒɪ] *s.* Ele'gie *f*, Klagelied *n*.

el·e·ment ['elɪmənt] *s.* **1.** *allg.* Ele'ment *n*: a) *phls.* Urstoff *m*, b) Grundbestandteil *m*, c) ⚗ Grundstoff *m*, d) ⚙ Bauteil *n*, e) Grundlage *f*; **2.** Grundtatsache *f*, wesentlicher Faktor: ***an ~ of risk*** ein gewisses Risiko; ***~ of surprise*** Überraschungsmoment *n*; ***~ of uncertainty*** Unsicherheitsfaktor; **3.** ⚖ Tatbestandsmerkmal *n*; **4.** *pl.* Anfangsgründe *pl.*, Anfänge *pl.*, Grundlage(n *pl.*) *f*; **5.** *pl.* Na'turkräfte *pl.*, Ele'mente *pl.*; **6.** ('Lebens)Eleˌment *n*, gewohnte Um'gebung: ***be in (out of) one's ~*** (nicht) in s-m Element sein; **7.** *fig.* Körnchen *n*, Fünkchen *n*, Hauch *m*: ***an ~ of truth*** ein Körnchen Wahrheit; **8.** a) ⚔ Truppenteil *m*, b) ✈ Rotte *f*; **9.** (Bevölkerungs-) Teil *m*, (*kriminelle etc.*) Ele'mente *pl.*; **el·e·men·tal** [ˌelɪ'mentl] *adj.* **1.** elemen'tar: a) ursprünglich, na'türlich, b) urgewaltig, c) wesentlich; **2.** Elementar..., Ur...

el·e·men·ta·ry [ˌelɪ'mentərɪ] *adj.* □ **1.** → ***elemental*** 1 *u.* 2; **2.** elemen'tar, Elementar..., Einführungs..., Anfangs..., grundlegend; **3.** elemen'tar, einfach; **4.** ⚗, A̸, *phys.* elemen'tar, Elementar...: **~ *particle*** Elementarteilchen *n*; **5.** rudimen'tär, unentwickelt; **~ *ed·u·ca·tion*** *s.* **1.** Grundschul-, Volksschulbildung *f*; **2.** Volksschulwesen *n*; **~ *school*** *s.* Volks-, Grundschule *f*.

el·e·phant ['elɪfənt] *s.* **1.** *zo.* Ele'fant *m*: **~ *seal*** See-Elefant; ***pink ~*** F ‚weiße Mäuse' *pl.*, Halluzinationen *pl.*; ***white ~*** *fig.* lästiger *od.* kostspieliger Besitz; **2.** *ein Papierformat* (*711 × 584 mm*); **el·e·phan·ti·a·sis** [ˌelɪfən'taɪəsɪs] *s.* ⚕ Elefan'tiasis *f*; **el·e·phan·tine** [ˌelɪ'fæntaɪn] *adj.* **1.** ele'fantenartig, Elefanten...; **2.** *fig.* riesenhaft; **3.** plump, schwerfällig.

El·eu·sin·i·an [ˌeljuː'sɪnɪən] *adj. antiq.* eleu'sinisch.

el·e·vate ['elɪveɪt] *v/t.* **1.** hoch-, em'porheben; aufrichten; erhöhen; **2.** *Blick* erheben; *Stimme* heben; **3.** (***to***) *j-n* erheben (in *den Adelsstand*), befördern (zu *e-m Posten*); **4.** *fig. j-n* (*seelisch*) erheben, erbauen; **5.** erheitern; **6.** *Niveau etc.* heben; **7.** ⚔ *Geschützrohr* erhöhen; **'el·e·vat·ed** [-tɪd] **I** *adj.* **1.** erhöht; Hoch...: **~ *railway***, *Am.* **~ *railroad*** Hochbahn *f*; **2.** gehoben (*Position, Stil etc.*), erhaben (*Gedanken*); **3.** a) erheitert, b) F beschwipst; **II** *s.* **4.** *Am.* F Hochbahn *f*; **'el·e·vat·ing** [-tɪŋ] *adj.* **1.** *bsd.* ⚙ hebend, Hebe..., Höhen...; **2.** *fig.* a) erhebend, erbaulich, b) erheiternd; **el·e·va·tion** [ˌelɪ'veɪʃn] *s.* **1.** Hoch-, Em'porheben *n*; **2.** (Boden)Erhebung *f*, (An)Höhe *f*; **3.** Höhe *f* (*a. ast.*), (Grad *m* der) Erhöhung *f*; **4.** *geogr.* Meereshöhe *f*; **5.** ⚔ Richthöhe *f*; **6.** ⚙ Aufstellung *f*, Errichtung *f*; **7.** △ Aufriss *m*: ***front ~*** Vorderansicht *f*; **8.** a) (***to***) Erhebung *f* (in *den Adelsstand*), Beförderung *f* (zu *e-m Posten etc.*), b) gehobene Positi'on; **9.** *fig.* (*seelische*) Erhebung, Erbauung *f*; **10.** *fig.* Hebung *f* (*des Niveaus etc.*); **11.** *fig.* Erhabenheit *f*, Gehobenheit *f* (*des Stils etc.*); **'el·e·va·tor** [-tə] *s.* **1.** ⚙ a) Hebe-, Förderwerk *n*, b) Hebewerk *n*, c) *Am.* Fahrstuhl *m*, Aufzug *m*; **2.** Getreidesilo *m*; **3.** ✈ Höhensteuer *n*, -ruder *n*; **4.** *anat.* Hebemuskel *m*.

e·lev·en [ɪ'levn] **I** *adj.* **1.** elf; **II** *s.* **2.** Elf *f*; **3.** *sport* Elf *f*; **eˌlev·en-'plus** *s. ped. Brit. hist. im Alter von 11–12 Jahren abgelegte Prüfung, die über die schulische Weiterbildung entschied;* **e'lev·enses** [-zɪz] *s. pl. Brit.* F zweites Frühstück; **e'lev·enth** [-nθ] **I** *adj.* □ **1.** elft: → ***hour*** 2; **II** *s.* **2.** (*der, die, das*) Elfte; **3.** Elftel *n*.

elf [elf] *pl.* **elves** [elvz] *s.* **1.** Elf *m*, Elfe *f*; **2.** Kobold *m*; **3.** *fig.* a) Knirps *m*, b) (kleiner) Racker; **elf·in** ['elfɪn] **I** *adj.* Elfen..., Zwergen...; **II** *s.* → ***elf***; **elf·ish** ['elfɪʃ] *adj.* **1.** elfenartig; **2.** schelmisch, koboldhaft.

'elf·lock *s.* Weichselzopf *m*, verfilztes Haar.

e·lic·it [ɪ'lɪsɪt] *v/t.* **1.** (***from*** *j-m, e-m Instrument etc.*) *et.* entlocken; **2.** (***from*** aus *j-m*) *e-e Aussage etc.* her'auslocken, -holen; **3.** *e-e Reaktion* auslösen, her'vorrufen; **4.** *et.* ans Licht bringen.

e·lide [ɪ'laɪd] *v/t. ling. Vokal od. Silbe* elidieren, auslassen.

el·i·gi·bil·i·ty [ˌelɪdʒə'bɪlətɪ] *s.* **1.** Eignung *f*, Befähigung *f*: ***his eligibilities*** s-e Vorzüge; **2.** Berechtigung *f*; **3.** Wählbarkeit *f*; **4.** Teilnahmeberechtigung *f*, *sport a.* Startberechtigung *f*; **el·i·gi·ble** ['elɪdʒəbl] **I** *adj.* □ **1.** (***for***) infrage kommend (für): a) geeignet, akzep'tabel (für), b) berechtigt, befähigt (zu), qualifiziert (für): **~ *for a pension*** pensionsberechtigt, c) wählbar; **2.** wünschenswert, vorteilhaft; **3.** teilnahmeberechtigt, *sport a.* startberechtigt; **II** *s.* **4.** F infrage kommende Per'son *od.* Sache.

e·lim·i·nate [ɪ'lɪmɪneɪt] *v/t.* **1.** beseitigen, entfernen, ausmerzen, *a.* A̸ eliminieren (***from*** aus); **2.** ausscheiden (*a.* ⚗, *physiol.*), ausschließen, *a. Gegner* ausschalten: ***be ~d*** *sport* ausscheiden; **3.** *fig. et.* ausklammern, ignorieren; **e·lim·i·na·tion** [ɪˌlɪmɪ'neɪʃn] *s.* **1.** Beseitigung *f*, Entfernung *f*, Ausmerzung *f*, Eliminierung *f*; **2.** A̸ Eliminati'on *f*; **3.** ⚗, *physiol.*, *a. sport* Ausscheidung *f*: **~ *contest*** Ausscheidungs-, Qualifikationswettbewerb *m*; **4.** Ausschaltung *f* (*e-s Gegners*); **5.** *fig.* Ignorierung *f*; **e'lim·i·na·tor** [-tə] *s. Radio*: Sieb-, Sperrkreis *m*.

e·li·sion [ɪ'lɪʒn] *s. ling.* Elisi'on *f*, Auslassung *f* (*e-s Vokals od. e-r Silbe*).

e·lite [eɪ'liːt] (*Fr.*) *s.* E'lite *f*: a) Auslese *f*, (*das*) Beste, (*die*) Besten *pl.*, b) Führungs-, Oberschicht *f*, c) ⚔ E'lite-, Kerntruppe *f*; **e'lit·ism** [-tɪzəm] *s.* eli'täres Denken; **e'lit·ist** [-tɪst] *adj.* eli'tär.

e·lix·ir [ɪ'lɪksə] *s.* **1.** Eli'xier *n*, Zaubertrank *m*: **~ *of life*** Lebenselixier; **2.** All'heilmittel *n*.

E·liz·a·be·than [ɪˌlɪzə'biːθn] **I** *adj.* elisabe'thanisch; **II** *s.* Zeitgenosse *m* E'lisabeths I. von England.

elk [elk] *s. zo.* **1.** Elch *m*, Elen *m, n*; **2.** *Am.* Elk *m*, Wa'piti *m*.

ell [el] *s.* Elle *f*; → ***inch*** 2.

el·lipse [ɪ'lɪps] *s.* **1.** A̸ El'lipse *f*; **2.** → **el'lip·sis** [-sɪs] *pl.* **-ses** [-siːz] *s. ling.* El'lipse *f*, Auslassung *f* (*a. typ.*); **el'lip·soid** [-sɔɪd] *s.* A̸ Ellipso'id *n*; **el'lip·tic, el'lip·ti·cal** [-ptɪk(l)] *adj.* □ **1.** A̸ el'liptisch; **2.** *ling.* elliptisch, unvollständig (*Satz*).

elm [elm] *s.* Ulme *f*, Rüster *f*.

el·o·cu·tion [ˌelə'kjuːʃn] *s.* **1.** Vortrag(sweise *f*) *m*, Dikti'on *f*; **2.** Vortragskunst *f*; **3.** Sprechtechnik *f*; **ˌel·o'cu·tion·ist** [-nɪst] *s.* **1.** Vortragskünstler(in); **2.** Sprecherzieher(in).

e·lon·gate ['iːlɒŋgeɪt] **I** *v/t.* **1.** verlängern; *bsd.* ⚙ strecken, dehnen; **II** *v/i.* **2.** sich verlängern; **3.** ⚘ spitz zulaufen; **III** *adj.* **4.** → **'e·lon·gat·ed** [-tɪd] *adj.* **1.** verlängert: **~ *charge*** ⚔ gestreckte Ladung; **2.** lang u. dünn; **e·lon·ga·tion** [ˌiːlɒŋ'geɪʃn] *s.* **1.** Verlängerung *f*; **2.** ⚙ Streckung *f*, Dehnung *f*; **2.** *ast., phys.* Elongati'on *f*.

e·lope [ɪ'ləʊp] *v/i.* (mit s-m *od.* s-r Ge-

E

E

liebten) ‚'durchbrennen': ~ ***with*** *a. die Geliebte* entführen; **e'lope·ment** [-mənt] *s.* ‚'Durchbrennen' *n*; Flucht *f*; Entführung *f*; **e'lop·er** [-pə] *s.* Ausreißer(in).

el·o·quence ['eləkwəns] *s.* Beredsamkeit *f*, Redegewandtheit *f*, -kunst *f*; **'el·o·quent** [-nt] *adj.* □ **1.** beredt, redegewandt; **2.** *fig.* a) sprechend, ausdrucksvoll, b) beredt, viel sagend (*Blick etc.*).

else [els] *adv.* **1.** (*neg. u. interrog.*) sonst, weiter, außerdem: ***anything ~?*** sonst noch etwas?; ***what ~ can we do?***; was können wir sonst (noch) tun?; ***no one ~*** sonst *od.* weiter niemand; ***where ~?*** wo anders?, wo sonst (noch)?; **2.** anderer, andere, anderes: ***that's something ~*** das ist et. anderes; ***everybody ~*** alle anderen *od.* Übrigen; ***somebody ~'s dog*** der Hund e-s anderen; **3.** *oft* ***or ~*** oder, sonst, wenn nicht: ***hurry, (or) ~ you will be late*** beeile dich, oder du kommst zu spät *od.* sonst kommst du zu spät; ***or ~!*** (*drohend*) sonst passiert was!; **ˌ~'where** *adv.* **1.** sonst wo, anderswo; **2.** 'anderswo'hin.

e·lu·ci·date [ɪ'luːsɪdeɪt] *v/t. Geheimnis etc.* aufhellen, aufklären; *Text, Gründe etc.* erklären; **e·lu·ci·da·tion** [ɪˌluːsɪ'deɪʃn] *s.* Erklärung *f*; Aufhellung *f*, -klärung *f*; **e'lu·ci·da·to·ry** [-tərɪ] *adj.* erklärend, aufhellend.

e·lude [ɪ'luːd] *v/t.* **1.** (geschickt) ausweichen, entgehen, sich entziehen (*dat.*); *Gesetz etc.* um'gehen; **2.** *fig. j-m* entgehen, *j-s* Aufmerksamkeit entgehen; **3.** sich nicht (er)fassen lassen von, sich entziehen (*dat.*): ***it ~s definition*** es lässt sich nicht definieren; **4.** *j-m* nicht einfallen; **e'lu·sion** [-uːʒn] *s.* **1.** (***of***) Ausweichen *n*, Entkommen *n* (vor *dat.*); Um'gehung *f* (*gen.*); **2.** Ausflucht *f*, List *f*; **e'lu·sive** [-uːsɪv] *adj.* □ **1.** ausweichend (***of*** *dat.*, vor *dat.*); **2.** schwer zu fassen(d) (*Dieb etc.*); **3.** schwer fassbar, schwer zu definieren(d) *od.* zu übersetzen(d); **4.** um'gehend; **5.** unzuverlässig; **e'lu·sive·ness** [-uːsɪvnɪs] *s.* **1.** Ausweichen *n* (***of*** vor *dat.*), ausweichendes Verhalten; **2.** Unbestimmbarkeit *f*, Undefinierbarkeit *f*; **e'lu·so·ry** [-uːsərɪ] *adj.* **1.** trügerisch; **2.** → ***elusive***.

e·lu·tri·ate [ɪ'luːtrɪeɪt] *v/t.* ⚗ (aus-) schlämmen.

el·ver ['elvə] *s. ichth.* junger Aal.

elves [elvz] *pl. von* ***elf***; **'elv·ish** [-vɪʃ] → ***elfish***.

E·ly·sian [ɪ'lɪzɪən] *adj.* e'lysisch, *fig. a.* para'diesisch; **E'ly·si·um** [-əm] *s.* E'lysium *n*, *fig. a.* Para'dies *n*.

em [em] *s.* **1.** M *n*, m *n* (*Buchstabe*); **2.** *typ.* Geviert *n*.

'em [əm] F *für* ***them***: ***let 'em***.

e·ma·ci·ate [ɪ'meɪʃɪeɪt] *v/t.* **1.** auszehren, ausmergeln; **2.** *Boden* auslaugen; **e'ma·ci·at·ed** [-tɪd] *adj.* **1.** abgemagert, ausgezehrt, ausgemergelt; **2.** ausgelaugt (*Boden*); **e·ma·ci·a·tion** [ɪˌmeɪsɪ'eɪʃn] *s.* **1.** Auszehrung *f*, Abmagerung *f*; **2.** Auslaugung *f*.

e-mail ['iːmeɪl] **I** *s.* E-mail *f*; **II** *v/t* per *od.* als E-Mail schicken.

em·a·nate ['eməneɪt] *v/i.* **1.** ausströmen (*Gas etc.*), ausstrahlen (*Licht*) (***from*** von); **2.** *fig.* herrühren, ausgehen (***from*** von); **em·a·na·tion** [ˌemə'neɪʃn] *s.* **1.** Ausströmen *n*; **2.** Ausströmung *f*, Ausstrahlung *f* (*a. fig.*); **3.** Auswirkung *f*; **4.** *phls., psych., eccl.* Emanati'on *f*.

e·man·ci·pate [ɪ'mænsɪpeɪt] *v/t.* **1.** (***o.s.*** sich) emanzipieren, unabhängig machen, befreien (***from*** von); **2.** *Sklaven* freilassen; **e'man·ci·pat·ed** [-tɪd] *adj.* **1.** *allg.* emanzipiert: ***an ~ woman***; ***an ~ citizen*** ein mündiger Bürger; **2.** freigelassen (*Sklave*); **e·man·ci·pa·tion** [ɪˌmænsɪ'peɪʃn] *s.* **1.** Emanzipati'on *f*; **2.** Freilassung *f*, Befreiung *f* (*a. fig.*) (***from*** von); **e·man·ci·pa·tion·ist** [ɪˌmænsɪ'peɪʃnɪst] *s.* Befürworter(in) der Emanzipati'on *od.* der Sklavenbefreiung; **e'man·ci·pa·to·ry** [-pətərɪ] *adj.* emanzipa'torisch.

e·mas·cu·late **I** *v/t.* [ɪ'mæskjʊleɪt] **1.** entmannen, kastrieren; **2.** *fig.* verweichlichen; **3.** entkräften, (ab)schwächen; verwässern; **4.** *Sprache* farb- *od.* kraftlos machen; **II** *adj.* [-lɪt] **5.** entmannt; **6.** verweichlicht; **7.** verwässert, kraftlos; **e·mas·cu·la·tion** [ɪˌmæskjʊ'leɪʃn] *s.* **1.** Entmannung *f*; **2.** Verweichlichung *f*; **3.** Schwächung *f*; **4.** *fig.* Verwässerung *f* (*Text etc.*).

em·balm [ɪm'bɑːm] *v/t.* **1.** einbalsamieren; **2.** *fig. j-s Andenken* bewahren *od.* pflegen: ***be ~ed in*** fortleben in (*dat.*); **em'balm·ment** [-mənt] *s.* Einbalsamierung *f*.

em·bank [ɪm'bæŋk] *v/t.* eindämmen, -deichen; **em'bank·ment** [-mənt] *s.* **1.** Eindämmung *f*, -deichung *f*; **2.** (Erd-) Damm *m*; **3.** (Bahn-, Straßen)Damm *m*; **4.** gemauerte Uferstraße.

em·bar·go [em'bɑːgəʊ] **I** *s.* **1.** ⚓ Em'bargo *n*: a) (Schiffs)Beschlagnahme *f* (*durch den Staat*), b) Hafensperre *f*; **2.** ⚚ a) Handelssperre *f*, b) *a. allg.* Sperre *f*, Verbot *n*: ***~ on imports*** Einfuhrsperre; **II** *v/t.* **3.** *Handel, Hafen* sperren, ein Em'bargo verhängen über (*acc.*); **4.** beschlagnahmen.

em·bark [ɪm'bɑːk] **I** *v/t.* **1.** ⚓, ✈ Passagiere an Bord nehmen, ⚓ *a.* einschiffen, *Waren a.* verladen (***for*** nach); **2.** *Geld* investieren (***in*** in *dat.*); **II** *v/i.* **3.** ⚓ sich einschiffen (***for*** nach), an Bord gehen; **4.** *fig.* (***on***) (*et.*) anfangen *od.* unter'nehmen; **em·bar·ka·tion** [ˌembɑː'keɪʃn] *s.* ⚓ Einschiffung *f*, (*von Waren*) *a.* Verladung *f* (*a.* ✈); ✈ Einsteigen *n*.

em·bar·ras de rich·esse(s) [ɑ̃ːŋbɑˌrɑdəriː'ʃes] (*Fr.*) *s. die* Qual der Wahl.

em·bar·rass [ɪm'bærəs] *v/t.* **1.** *j-n* in Verlegenheit bringen *od.* in e-e peinliche Lage versetzen, verwirren; **2.** *j-n* behindern, *j-m* lästig sein; **3.** in Geldverlegenheit bringen; **4.** *et.* behindern, erschweren, komplizieren; **em'bar·rassed** [-st] *adj.* **1.** verlegen, peinlich berührt; **2.** ⚚ in Geldverlegenheit; **em'bar·rass·ing** [-sɪŋ] *adj.* □ unangenehm, peinlich (***to*** *dat.*); **em'bar·rass·ment** [-mənt] *s.* **1.** Verlegenheit *f*; **2.** *bsd.* ⚕ Behinderung *f*, Störung *f*; **3.** Geldverlegenheit *f*.

em·bas·sy ['embəsɪ] *s.* **1.** Botschaft *f*: a) Botschaftsgebäude *n*, b) 'Botschaftsperso‚nal *n*; **2.** diplo'matische Missi'on.

em·bat·tle [ɪm'bætl] *v/t.* **1.** ⚔ in Schlachtordnung aufstellen: ***~d*** kampfbereit (*a. fig.*); **2.** ⚠ mit Zinnen versehen.

em·bed [ɪm'bed] *v/t.* **1.** (ein)betten, (ein)lagern, eingraben; **2.** *im Gedächtnis etc.* verankern.

em·bel·lish [ɪm'belɪʃ] *v/t.* **1.** verschöne(r)n, schmücken, verzieren; **2.** *fig. Erzählung etc.* ausschmücken; *die Wahrheit* beschönigen; **em'bel·lish·ment** [-mənt] *s.* **1.** Verschönerung *f*, Schmuck *m*; **2.** *fig.* a) Ausschmückung *f*, b) Beschönigung *f*.

em·ber[1] ['embə] *s.* **1.** *mst pl.* glühende Kohle *od.* Asche; **2.** *pl. fig.* letzte Funken *pl.*

em·ber[2] ['embə] *adj.*: ***~ days*** *eccl.* Quatember(fasten *n*) *pl.*

em·ber[3] ['embə] *s. orn. a.* ***~goose*** Eistaucher *m*.

em·bez·zle [ɪm'bezl] *v/t.* veruntreuen, unter'schlagen; **em'bez·zle·ment** [-mənt] *s.* Veruntreuung *f*, Unter'schlagung *f*; **em'bez·zler** [-lə] *s.* Veruntreuer(in).

em·bit·ter [ɪm'bɪtə] *v/t.* **1.** *j-n* verbittern; **2.** *et.* (noch) verschlimmern; **em'bit·ter·ment** [-mənt] *s.* **1.** Verbitterung *f*; **2.** Verschlimmerung *f*.

em·bla·zon [ɪm'bleɪzn] *v/t.* **1.** he'raldisch schmücken *od.* darstellen; **2.** schmücken; **3.** *fig.* feiern, verherrlichen, groß her'ausstellen; **4.** 'auspo‚saunen; **em'bla·zon·ment** [-mənt] *s.* Wappenschmuck *m*; **em'bla·zon·ry** [-rɪ] *s.* **1.** Wappenmale'rei *f*; **2.** Wappenschmuck *m*.

em·blem ['embləm] *s.* **1.** Em'blem *n*, Sym'bol *n*: ***national ~*** Hoheitszeichen *n*; **2.** Kennzeichen *n*; **3.** *fig.* Verkörperung *f*; **em·blem·at·ic**, **em·blem·at·i·cal** [ˌemblɪ'mætɪk(l)] *adj.* □ sym'bolisch, sinnbildlich.

em·bod·i·ment [ɪm'bɒdɪmənt] *s.* **1.** Verkörperung *f*; **2.** Darstellung *f*; **3.** ⚙ Anwendungsform *f*; **4.** Einverleibung *f*; **em·bod·y** [ɪm'bɒdɪ] *v/t.* **1.** kon'krete Form geben (*dat.*); **2.** verkörpern, darstellen; **3.** aufnehmen (***in*** in *acc.*); **4.** um'fassen, in sich schließen.

em·bold·en [ɪm'bəʊldən] *v/t.* ermutigen.

em·bo·lism ['embəlɪzəm] *s.* ⚕ Embo'lie *f*.

em·bon·point [ˌɔ̃ːmbɔ̃ːm'pwæːŋ] (*Fr.*) *s.* Embon'point *m*, Beleibtheit *f*, ‚Bäuchlein' *n*.

em·bos·om [ɪm'bʊzəm] *v/t.* **1.** ans Herz drücken; **2.** *fig.* ins Herz schließen; **3.** *fig.* um'schließen.

em·boss [ɪm'bɒs] *v/t.* ⚙ **1.** a) bosseln, erhaben *od.* in Reli'ef ausarbeiten, prägen, b) (mit dem Hammer) treiben; **2.** mit erhabener Arbeit schmücken; **3.** *Stoffe* gaufrieren; **em'bossed** [-st] *adj.* ⚙ a) erhaben gearbeitet, Relief..., getrieben, b) geprägt, gepresst, c) gaufriert; **em'boss·ment** [-mənt] *s.* Reli'efarbeit *f*.

em·bou·chure [ˌɒmbʊ'ʃʊə] (*Fr.*) *s.* **1.** Mündung *f* (*Fluss*); **2.** ♪ a) Mundstück *n* (*Blasinstrument*), b) Ansatz *m*.

em·brace [ɪm'breɪs] **I** *v/t.* **1.** um'armen, in die Arme schließen; **2.** um'schließen, um'geben, um'klammern; *a. fig.* einschließen, um'fassen; **3.** erfassen, (in sich) aufnehmen; **4.** *Religion, Angebot* annehmen; *Beruf, Gelegenheit* ergreifen; *Hoffnung* hegen; **II** *v/i.* **5.** sich umarmen; **III** *s.* **6.** Um'armung *f*.

em·bra·sure [ɪm'breɪʒə] *s.* **1.** ⚠ Laibung *f*; **2.** ⚔ Schießscharte *f*.

em·bro·ca·tion [ˌembrəʊ'keɪʃn] *s.* ⚕ **1.** Einreibemittel *n*; **2.** Einreibung *f*.

em·broi·der [ɪm'brɔɪdə] *v/t.* **1.** *Muster* sticken; **2.** *Stoff* besticken, mit Sticke'rei verzieren; **3.** *fig. Bericht* ausschmücken, ‚garnieren'.

em·broi·der·y [ɪm'brɔɪdərɪ] *s.* **1.** Sticke'rei *f*: ***do ~*** sticken; **2.** *fig.* Ausschmückung *f*; **~ cot·ton** *s.* Stickgarn *n*; **~ frame** *s.* Stickrahmen *m*.

em·broil [ɪm'brɔɪl] *v/t.* **1.** *j-n* verwickeln, hin'einziehen (***in*** in *acc.*); **2.** *j-n* in Kon'flikt bringen (***with*** mit); **3.** durcheinander bringen, verwirren; **em'broil·ment** [-mənt] *s.* **1.** Verwicklung *f*; **2.** Verwirrung *f*.

em·bry·o ['embrɪəʊ] *pl.* **-os** *s. biol.* a) Embryo *m*, b) Fruchtkeim *m*: ***in ~*** *fig.* im Keim, im Entstehen, im Werden; **em·bry·on·ic** [ˌembrɪ'ɒnɪk] *adj.* **1.** Embryo..., embryo'nal; **2.** *fig.* (noch) unentwickelt, keimend, rudimen'tär.

em·bus [ɪm'bʌs] ✕ **I** *v/t.* auf Kraftfahrzeuge verladen; **II** *v/i.* aufsitzen.

em·cee [em'siː] **I** *s.* Conférenci'er *m*; **II** *v/t.* (*u. v/i.*) als Conférencier leiten (fungieren).

e·mend [iː'mend] *v/t. Text* verbessern, korrigieren; **e·men·da·tion** [ˌiːmen'deɪʃn] *s.* Verbesserung *f*, Korrek'tur *f*; **e·men·da·tor** ['iːmendeɪtə] *s.* (Text-)Verbesserer *m*; **e'mend·a·to·ry** [-dətərɪ] *adj.* (text)verbessernd.

em·er·ald ['emərəld] **I** *s.* **1.** Sma'ragd *m*; **2.** Sma'ragdgrün *n*; **3.** *typ.* In'sertie *f* (*e-e 6½-Punkt-Schrift*); **II** *adj.* **4.** sma'ragdgrün; **5.** mit Sma'ragden besetzt; **2 Isle** *s. die* Grüne Insel (*Irland*).

e·merge [ɪ'mɜːdʒ] *v/i.* **1.** *allg.* auftauchen: a) an die (Wasser)Oberfläche kommen, b) *a. fig.* zum Vorschein kommen, sich zeigen: ***signs are emerging that ...*** es gibt Anzeichen dafür, dass ..., c) *fig.* sich erheben (*Frage, Problem*), d) *fig.* auftreten, in Erscheinung treten; **2.** her'vor-, herauskommen (***from*** aus); **3.** sich herausstellen *od.* ergeben (*Tatsache*); **4.** (*als Sieger etc.*) her'vorgehen (***from*** aus); **5.** *fig.* aufstreben; **e'mer·gence** [-dʒəns] *s.* Auftauchen *n*, *fig. a.* Auftreten *n*, Entstehen *n*.

e·mer·gen·cy [ɪ'mɜːdʒənsɪ] **I** *s.* Not(lage *f*, -fall *m*) *f*, kritische Lage, Krise *f*, unvorhergesehenes Ereignis, dringender Fall: ***in an ~, in case of ~*** im Notfall, notfalls; ***state of ~*** Notstand *m*, *pol. a.* Ausnahmezustand *m*; **II** *adj.* Not..., Behelfs..., (Aus)Hilfs...; *pol.* Notstands..., Soforthilfe..., **~ brake** *s.* Not-, *mot.* Handbremse *f*; **~ call** *s. teleph.* Notruf *m*; **~ de·cree** *s.* Notverordnung *f*; **~ doc·tor** *s.* Notarzt *m*, -ärztin *f*; **~ door, ~ ex·it** *s.* Notausgang *m*; **~ hos·pi·tal** *s.* A'kutkrankenhaus *n*; **~ land·ing** *s.* ✈ Notlandung *f*; **~ laws** *s. pl. pol.* Notstandsgesetze *pl.*; **~ meet·ing** *s.* Dringlichkeitssitzung *f*; **~ num·ber** *s.* Notruf(nummer *f*) *m*; **~ pow·ers** *s. pl. pol.* Vollmachten *pl.* auf Grund e-s Notstandsgesetzes; **~ ra·tion** *s.* ✕ eiserne Rati'on; **~ ser·vice** *s.* Rettungsdienst *m*, Notdienst *m*; **~ tel·e·phone** *s.* 'Notruftele,fon *n*, *an Straßen*: Notrufsäule *f*; **~ ward** *s.* Notaufnahme *f*, 'Unfallstati,on *f*.

e·mer·gent [ɪ'mɜːdʒənt] *adj.* ☐ **1.** auftauchend (*a. fig.*); **2.** *fig.* (jung u.) aufstrebend (*Land*): **~ *country*** *a.* Schwellenland *n*.

e·mer·i·tus [iː'merɪtəs] *adj.* emeritiert: ***~ professor***.

em·er·y ['emərɪ] **I** *s. min.* Schmirgel *m*; **II** *v/t.* (ab)schmirgeln; **~ board** *s.* Sandblattnagelfeile *f*; **~ cloth** *s.* Schmirgelleinen *n*; **~ pa·per** *s.* 'Schmirgelpa,pier *n*; **~ wheel** *s.* Schmirgelscheibe *f*.

e·met·ic [ɪ'metɪk] *pharm.* **I.** *adj.* e'metisch, Brechreiz erregend; **II** *s.* E'metikum *n*, Brechmittel *n* (*a. fig.*).

em·i·grant ['emɪgrənt] **I** *s.* Auswanderer *m*, Emi'grant(in); **II** *adj.* auswandernd, emigrierend, Auswanderungs...; **'em·i·grate** [-reɪt] *v/i.* emigrieren, auswandern; **em·i·gra·tion** [ˌemɪ'greɪʃn] *s.* Auswanderung *f*, Emigrati'on *f*.

em·i·nence ['emɪnəns] *s.* **1.** Erhöhung *f*, (An)Höhe *f*; **2.** hohe Stellung, (hoher) Rang, Würde *f*; **3.** Ansehen *n*, Berühmtheit *f*, Bedeutung *f*; **4.** bedeutende Per'sönlichkeit; **5.** **2** *R.C.* Emi'nenz *f* (*Kardinal*).

é·mi·nence grise [ˌeɪmiːnɑ̃ːns'griːz] (*Fr.*) *s. pol.* graue Emi'nenz.

em·i·nent ['emɪnənt] *adj.* ☐ **1.** her'vorragend, ausgezeichnet, berühmt; **2.** emi'nent, bedeutend, außergewöhnlich; **3.** → ***domain*** 3; **'em·i·nent·ly** [-ntlɪ] *adv.* ganz besonders, in hohem Maße.

e·mir [e'mɪə] *s.* Emir *m*; **e'mir·ate** [-ɪərɪt] *s.* Emi'rat *n* (*Würde od. Land e-s Emirs*).

em·is·sar·y ['emɪsərɪ] *s.* **1.** Abgesandte(r) *m*, Emis'sär *m*; **2.** Ge'heima,gent *m*.

e·mis·sion [ɪ'mɪʃn] *s.* **1.** Ausstrahlung *f* (*von Licht etc.*), Ausstoß *m* (*von Rauch etc.*), Aus-, Verströmen *n*, *phys.* Emissi'on *f*; **~-*free*** abgasfrei; **~ *standards*** Emissionsnormen *pl.*; **2.** *physiol.* Ausfluss *m*, (*bsd.* Samen)Erguss *m*; **3.** ✝ Ausgabe *f* (*von Banknoten*), *von Wertpapieren: a.* Emissi'on *f*; **e'mis·sive** [-ɪsɪv] *adj.* ausstrahlend; **e·mit** [ɪ'mɪt] *v/t.* **1.** *Lava, Rauch* ausstoßen, *Licht etc.* ausstrahlen, *Gas etc.* aus-, verströmen, *phys. Elektronen etc.* emittieren; **2.** a) *e-n Ton, a. e-e Meinung* von sich geben, b) *e-n Schrei etc.* ausstoßen; **3.** ✝ *Banknoten* ausgeben, *Wertpapiere a.* emittieren.

Em·my ['emɪ] *pl.* **-mys, -mies** *s. Am.* Emmy *m* (*Fernsehpreis*).

e·mol·li·ent [ɪ'mɒlɪənt] **I** *adj.* erweichend (*a. fig.*); **II** *s. pharm.* erweichendes Mittel, Weichmacher *m*.

e·mol·u·ment [ɪ'mɒljʊmənt] *s. mst pl.* Einkünfte *pl.*

e·mote [ɪ'məʊt] *v/i.* emotio'nal reagieren, e-n Gefühlsausbruch erleiden *od.* (*thea.*) mimen.

e·mo·tion [ɪ'məʊʃn] *s.* **1.** Emoti'on *f*, Gemütsbewegung *f*, (Gefühls)Regung *f*, Gefühl *n*; **2.** Gefühlswallung *f*, Erregung *f*, Leidenschaft *f*; **3.** Rührung *f*, Ergriffenheit *f*; **e'mo·tion·al** [-ʃənl] *adj.* ☐ → ***emotionally***; **1.** emotio'nal, emotio'nell: a) gefühlsmäßig, -bedingt, b) Gefühls..., Gemüts..., seelisch, c) gefühlsbetont, empfindsam: **~ *block*** Affektstau *m*; **2.** gefühlvoll, rührselig; **3.** rührend, ergreifend; **e'mo·tion·al·ism** [-ʃnəlɪzəm] *s.* **1.** Gefühlsbetontheit *f*, Empfindsamkeit *f*; **2.** Gefühlsduse'lei; **3.** Gefühlsäußerung *f*; **e'mo·tion·al·ist** [-ʃnəlɪst] *s.* Gefühlsmensch *m*; **e·mo·tion·al·i·ty** [ɪˌməʊʃə'nælətɪ] *s.* Emotionali'tät *f*, emotio'nale Verhaltensweise; **e'mo·tion·al·ize** [-ʃnəlaɪz] **I** *v/t. j-n od. et.* emotionalisieren; **II** *v/i.* in Gefühlen schwelgen; **e'mo·tion·al·ly** [-ʃnəlɪ] *adv.* gefühlsmäßig, seelisch, emotio'nal, emotio'nell: **~ *disturbed*** seelisch gestört; **e'mo·tion·less** [-lɪs] *adj.* ungerührt, gefühllos, kühl; **e'mo·tive** [-əʊtɪv] *adj.* ☐ **1.** gefühlsbedingt, emo'tiv; **2.** gefühlvoll; **3.** gefühlsbetont: **~ *word*** Reizwort *n*.

em·pale → ***impale***.

em·pan·el [ɪm'pænl] *v/t.* in die Liste (*bsd.* der Geschworenen) eintragen: **~ *the jury*** *Am.* die Geschworenenliste aufstellen.

em·pa·thize ['empəθaɪz] *v/i.* Einfühlungsvermögen haben *od.* zeigen; sich einfühlen können (***with*** in *acc.*); **'em·pa·thy** [-θɪ] *s.* Einfühlung(svermögen *n*) *f*, Empa'thie *f*.

em·pen·nage [ɪm'penɪdʒ] *s.* ✈ Leitwerk *n*.

em·per·or ['empərə] *s.* Kaiser *m*; **~ moth** *s. zo.* kleines Nachtpfauenauge.

em·pha·sis ['emfəsɪs] *s.* **1.** *ling.* Betonung *f*, Ton *m*, Ak'zent *m*; **2.** *fig.* Betonung *f*, Gewicht *n*, Nachdruck *m*, Schwerpunkt *m*: ***lay ~ on s.th.*** Gewicht *od.* Wert auf e-e Sache legen, et. hervorheben *od.* betonen; ***give ~ to*** → **'em·pha·size** [-saɪz] *v/t.* (nachdrücklich) betonen (*a. ling.*), Nachdruck verleihen (*dat.*), her'vorheben, unter'streichen; **em·phat·ic** [ɪm'fætɪk] *adj.* (☐ **~*ally***) nachdrücklich: a) betont, em'phatisch, ausdrücklich, deutlich, b) bestimmt, (ganz) entschieden.

em·phy·se·ma [ˌemfɪ'siːmə] *s.* ⚕ Emphy'sem *n*.

em·pire ['empaɪə] **I** *s.* **1.** (Kaiser)Reich *n*: ***the British 2*** das Brit. Weltreich; **2 *Day*** *obs. brit. Staatsfeiertag* (*am 24. Mai, dem Geburtstag Königin Victorias*); **~ *produce*** Erzeugnis *n* aus dem brit. Weltreich; **2.** ✝ *u. fig.* Im'perium *n*: ***tobacco ~***; **3.** Herrschaft *f* (***over*** über *acc.*); **II** *adj.* **4.** Reichs...: **~ *building*** a) Schaffung *f* e-s Weltreichs, b) *fig.* Schaffung e-s eigenen Imperiums *od.* e-r Hausmacht; **5.** Empire..., im Em'pirestil: **~ *furniture***.

em·pir·ic [em'pɪrɪk] **I** *s.* **1.** Em'piriker (-in), **2.** *obs.* Kurpfuscher *m*; **II** *adj.* **3.** → **em'pir·i·cal** [-kl] *adj.* ☐ em'pirisch, erfahrungsmäßig, Erfahrungs...; **em'pir·i·cism** [-ɪsɪzəm] *s.* **1.** Empi'rismus *m*; **2.** *obs.* Kurpfusche'rei *f*; **em'pir·i·cist** [-ɪsɪst] *s.* **1.** Em'piriker(in); **2.** *phls.* Empi'rist(in).

em·place [ɪm'pleɪs] *v/t.* ✕ *Geschütz* in Stellung bringen; **em'place·ment** [-mənt] *s.* **1.** Aufstellung *f*; **2.** ✕ a) In-'Stellung-Bringen *n*, b) Geschützstellung *f*, c) Bettung *f*.

em·plane [ɪm'pleɪn] ✈ **I** *v/t. Passagiere* an Bord nehmen, *Waren a.* verladen (***for*** nach); **II** *v/i.* an Bord gehen.

em·ploy [ɪm'plɔɪ] **I** *v/t.* **1.** *j-n* beschäftigen; an-, einstellen, einsetzen: ***be ~ed in doing s.th.*** damit beschäftigt sein, et. zu tun; **2.** an-, verwenden, gebrauchen; **II** *s.* **3.** a) → ***employment*** 1, b) Dienst(e *pl.*) *m*: ***be in s.o.'s ~*** in j-s Dienst(en) stehen, bei j-m angestellt *od.* beschäftigt sein; **em'ploy·a·ble** [-ɔɪəbl] *adj.* **1.** zu beschäftigen(d), anstellbar; **2.** arbeitsfähig; **3.** verwendbar; **em·ploy·é** [ɒm'plɔɪeɪ] *s.*, **em·ploy·ee** [ˌemplɔɪ'iː] *s.* Arbeitnehmer (-in), (*engS.* ***salaried ~***) Angestellte(r *m*) *f*: ***the ~s*** a) die Belegschaft *e-s Betriebs*, b) die Arbeitnehmer(schaft *f*) *pl*; **em'ploy·er** [-ɔɪə] *s.* **1.** Arbeitgeber(in), Unter'nehmer(in), Chef(in), Dienstherr(in): ***~'s contribution*** Arbeitgeberanteil *m*; ***~'s liability*** Unternehmerhaftpflicht *f*; ***~s' association*** Arbeitgeberverband *m*; **2.** ✝ Auftraggeber(in).

em·ploy·ment [ɪm'plɔɪmənt] *s.* **1.** Beschäftigung *f* (*a. allg.*), Arbeit *f*, (An-)Stellung *f*, Arbeitsverhältnis *n*: ***in ~*** beschäftigt; ***out of ~*** stellen-, arbeitslos; ***full ~*** Vollbeschäftigung; **2.** Ein-, Anstellung *f*; **3.** Beruf *m*, Tätigkeit *f*, Geschäft *n*; **4.** Gebrauch *m*, Ver-, Anwen-

E

dung *f*, Einsatz *m*; **~ a·gen·cy**, **~ bu·reau** *s.* 'Stellenvermittlung(sbü,ro *n*) *f*; **~ ex·change** *s. Brit. obs.* Arbeitsamt *n*; **~ mar·ket** *s.* Stellen-, Arbeitsmarkt *m*; **~ serv·ice a·gen·cy** *s. Brit.* Arbeitsamt *n*.

em·poi·son [ɪm'pɔɪzn] *v/t.* **1.** *bsd. fig.* vergiften; **2.** verbittern.

em·po·ri·um [em'pɔːrɪəm] *s.* **1.** a) Handelszentrum *n*, b) Markt *m* (*Stadt*); **2.** Warenhaus *n*.

E

em·pow·er [ɪm'paʊə] *v/t.* **1.** bevollmächtigen, ermächtigen (***to*** zu): ***be ~ed to*** befugt sein zu; **2.** befähigen (***to*** zu).

em·press ['emprɪs] *s.* Kaiserin *f*.

emp·ti·ness ['em*p*tɪnɪs] *s.* **1.** Leerheit *f*, Leere *f*; **2.** *fig.* Hohlheit *f*, Leere *f*.

emp·ty ['em*p*tɪ] **I** *adj.* **1.** leer: ***~ of*** *fig.* bar (*gen.*), ohne; ***~ of meaning*** nichts sagend; ***feel ~*** F ‚Kohldampf haben'; ***on an ~ stomach*** auf nüchternen Magen; **2.** leer (stehend), unbewohnt; **3.** leer, unbeladen; **4.** *fig.* leer, hohl, nichts sagend; **II** *v/t.* **5.** (aus-, ent)leeren; **6.** *Glas etc.* leeren, austrinken; **7.** *Haus etc.* räumen; **8.** leeren, gießen, schütten (***into*** in *acc.*); **9.** berauben (***of*** *gen.*); **10.** ***~ itself*** → 12; **III** *v/i.* **11.** sich leeren; **12.** sich ergießen, münden (***into the sea*** ins Meer); **IV** *s.* **13.** *pl.* ✝ Leergut *n*; **,~-'hand·ed** *adj.* mit leeren Händen; **,~-'head·ed** *adj.* hohlköpfig.

e·mu ['iːmjuː] *s. orn.* Emu *m*.

em·u·late ['emjʊleɪt] *v/t.* wetteifern mit; nacheifern (*dat.*), es gleichtun wollen (*dat.*); **em·u·la·tion** [,emjʊ'leɪʃn] *s.* Wetteifer *m*; Nacheifern *n*.

e·mul·si·fy [ɪ'mʌlsɪfaɪ] *v/t.* emulgieren; **e'mul·sion** [-lʃn] *s.* ⚗, ⚕, *phot.* Emulsi'on *f*.

en [en] *s. typ.* Halbgeviert *n*.

en·a·ble [ɪ'neɪbl] *v/t.* **1.** *j-n* befähigen, in den Stand setzen, es *j-m* ermöglichen *od.* möglich machen (***to do*** zu tun); **2.** *j-n* berechtigen, ermächtigen: ***Enabling Act*** Ermächtigungsgesetz *n*; **3.** *et.* möglich machen, ermöglichen: ***~ s.th. to be done*** es ermöglichen, dass et. geschieht; ***this ~s the housing to be detached*** dadurch kann das Gehäuse abgenommen werden.

en·act [ɪ'nækt] *v/t.* **1.** ⚖ a) *Gesetz* erlassen: ***~ing clause*** Einführungsklausel *f*, b) verfügen, verordnen, c) Gesetzeskraft verleihen (*dat.*); **2.** *thea.* a) *Stück* aufführen, inszenieren (*a. fig.*), b) *Person, Rolle* darstellen, spielen; **3.** ***be ~ed*** *fig.* stattfinden, über die Bühne *od.* vor sich gehen; **en·ac·tion** [ɪ'nækʃn], **en·act·ment** [ɪ'næktmənt] *s.* **1.** ⚖ a) Erlassen *n* (*Gesetz*), b) Erhebung *f* zum Gesetz, c) Verfügung *f*, Verordnung *f*, Erlass *m*; **2.** *thea.* a) Inszenierung *f* (*a. fig.*), b) Darstellung *f* (*e-r Rolle*).

en·am·el [ɪ'næml] **I** *s.* **1.** E'mail(le *f*) *n*, Schmelzglas *n*; **2.** Gla'sur *f* (*auf Töpferwaren*); **3.** *a.* ***~ ware*** E'mailgeschirr *n*; **4.** Lack *m*; **5.** Nagellack *m*; **6.** E'mailmale,rei *f*; **7.** *anat.* Zahnschmelz *m*; **II** *v/t.* **8.** emaillieren: ***~(l)ing furnace*** Emaillierofen *m*; **9.** glasieren; **10.** lackieren; **11.** in E'mail malen; **en·am·el·(l)er** [ɪ'næmlə] *s.* Email'leur *m*, Schmelzarbeiter *m*.

en·am·o(u)r [ɪ'næmə] *v/t. mst pass.* verliebt machen: ***be ~ed of*** a) verliebt sein in (*acc.*), b) *fig.* sehr angetan sein von.

en bloc [ɑ̃ːŋ'blɒk] (*Fr.*) en bloc, im Ganzen, als Ganzes.

en·cae·ni·a [en'siːnjə] *s.* Gründungs-, Stiftungsfest *n*.

en·cage [ɪn'keɪdʒ] *v/t.* (in e-n Käfig) einsperren, einschließen.

en·camp [ɪn'kæmp] **I** *v/i.* sein Lager aufschlagen, *bsd.* ⚔ lagern; **II** *v/t. bsd.* ⚔ lagern lassen: ***be ~ed*** lagern; **en'camp·ment** [-mənt] *s.* ⚔ **1.** (Feld)Lager *n*; **2.** Lagern *n*.

en·cap·su·late [ɪn'kæpsjʊleɪt] ein-, verkapseln; *fig.* kurz zs.-fassen.

en·case [ɪn'keɪs] *v/t.* **1.** einschließen; **2.** um'schließen, um'hüllen; **3.** ⚙ verkleiden, um'manteln.

en·cash [ɪn'kæʃ] *v/t. Brit. Scheck etc.* einlösen; **en'cash·ment** [-mənt] *s.* Einlösung *f*.

en·caus·tic [en'kɔːstɪk] *paint.* **I** *adj.* en'kaustisch, eingebrannt; **II** *s.* En'kaustik *f*; ***~ tile*** *s.* bunt glasierte Kachel.

en·ce·phal·ic [,enke'fælɪk] *adj.* ⚕ Gehirn...; **,en·ceph·a'li·tis** [-kefə'laɪtɪs] *s.* ⚕ Gehirnentzündung *f*, Enzepha'litis *f*.

en·chant [ɪn'tʃɑːnt] *v/t.* **1.** verzaubern: ***~ed wood*** Zauberwald *m*; **2.** *fig.* bezaubern, entzücken; **en'chant·er** [-tə] *s.* Zauberer *m*; **en'chant·ing** [-tɪŋ] *adj.* □ bezaubernd, entzückend; **en'chant·ment** [-mənt] *s.* **1.** Zauber *m*, Zaube'rei *f*; Verzauberung *f*; **2.** *fig.* a) Zauber *m*, b) Bezauberung *f*, c) Entzücken *n*; **en'chant·ress** [-trɪs] *s.* **1.** Zauberin *f*; **2.** *fig.* bezaubernde Frau.

en·chase [ɪn'tʃeɪs] *v/t.* **1.** *Edelstein* fassen; **2.** ziselieren: ***~d work*** getriebene Arbeit; **3.** (ein)gravieren.

en·ci·pher [ɪn'saɪfə] → ***encode***.

en·cir·cle [ɪn'sɜːkl] *v/t.* **1.** um'geben, -'ringen; **2.** um'fassen, um'schlingen; **3.** einkreisen (*a. pol.*), um'zingeln, ⚔ *a.* einkesseln; **en'cir·cle·ment** [-mənt] *s.* Einkreisung *f* (*a. pol.*), Um'zingelung *f*, ⚔ *a.* Einkesselung *f*.

en·clasp [ɪn'klɑːsp] → ***encircle*** 2.

en·clave I *s.* ['enkleɪv] En'klave *f*; **II** *v/t.* [en'kleɪv] *Gebiet* einschließen, um'geben.

en·clit·ic [ɪn'klɪtɪk] *ling.* **I** *adj.* (□ ***~ally***) en'klitisch; **II** *s.* enklitisches Wort, En'klitikon *n*.

en·close [ɪn'kləʊz] *v/t.* **1.** (***in***) einschließen, ⚙ *a.* einkapseln (in *dat. od. acc.*), um'geben (mit); **2.** um'ringen; **3.** um'fassen; **4.** *Land* einfried(ig)en, um'zäunen; **5.** beilegen, -fügen (***in a letter*** e-m Brief); **en'closed** [-zd] *adj.* **1.** *a. adv.* an'bei, beiliegend, in der Anlage: ***~ please find*** in der Anlage erhalten Sie; **2.** ⚙ geschlossen, gekapselt: ***~ motor***; **en'clo·sure** [-əʊʒə] *s.* **1.** Einschließung *f*; **2.** Einfried(ig)ung *f*, Um'zäunung *f*; **3.** eingehegtes Grundstück; **4.** Zaun *m*, Mauer *f*; **5.** Anlage *f* (*zu e-m Brief etc.*).

en·code [en'kəʊd] *v/t. Text* verschlüsseln, chiffrieren, kodieren.

en·co·mi·um [en'kəʊmjəm] *s.* Lobrede *f*, -lied *n*, Lobpreisung *f*.

en·com·pass [ɪn'kʌmpəs] *v/t.* **1.** um'geben (***with*** mit); **2.** *fig.* um'fassen, einschließen; **3.** *fig. j-s Ruin etc.* her'beiführen.

en·core [ɒŋ'kɔː] (*Fr.*) **I** *int.* **1.** da 'capo!, noch einmal!; **II** *s.* **2.** Da'kapo(ruf *m*) *n*; **3.** a) Wieder'holung *f*, b) Zugabe *f*: ***he got an ~*** er musste e-e Zugabe geben; **III** *v/t.* **4.** (durch Da'kaporufe) nochmals verlangen: ***~ a song***; **5.** *j-n* um e-e Zugabe bitten; **IV** *v/i.* da 'capo rufen.

en·coun·ter [ɪn'kaʊntə] **I** *v/t.* **1.** *j-m od. e-r Sache* begegnen, *j-n od. et.* treffen, auf *j-n*, *a.* auf *Fehler, Widerstand, Schwierigkeiten etc.* stoßen; **2.** mit *j-m* (*feindlich*) zs.-stoßen *od.* anein'ander geraten; **3.** entgegentreten (*dat.*); **II** *v/i.* **4.** sich begegnen; **III** *s.* **5.** Begegnung *f*; **6.** Zs.-stoß *m* (*a. fig.*), Gefecht *n*; **7.** *psych.* Trainingsgruppensitzung *f*: ***~ group*** Trainingsgruppe *f*.

en·cour·age [ɪn'kʌrɪdʒ] *v/t.* **1.** *j-n* ermutigen, *j-m* Mut machen, *j-n* ermuntern (***to*** zu); **2.** *j-n* anfeuern; **3.** *j-m* zureden; **4.** *j-n* unter'stützen, bestärken (***in*** in *dat.*); **5.** *et.* fördern, unter'stützen, begünstigen; **en'cour·age·ment** [-mənt] *s.* **1.** Ermutigung *f*, Ermunterung *f*, Ansporn *m* (***to*** für); **2.** Anfeuerung *f*; **3.** Unterstützung *f*, Bestärkung *f*; **4.** Förderung *f*, Begünstigung *f*; **en'cour·ag·ing** [-dʒɪŋ] *adj.* □ **1.** ermutigend; **2.** hoffnungsvoll, viel versprechend.

en·croach [ɪn'krəʊtʃ] *v/i.* **1.** (***on***, ***upon***) unbefugt eindringen *od.* -greifen (in *acc.*), sich 'Übergriffe leisten (in, auf *acc.*), (*j-s Recht*) verletzen; **2.** (***on***, ***upon***) über Gebühr beanspruchen, missbrauchen; zu weit gehen; **3.** (***on***, ***upon***) *et.* beeinträchtigen, schmälern; **en'croach·ment** [-mənt] *s.* **1.** (***on***, ***upon***) Eingriff *m* (in *acc.*), 'Übergriff *m* (in, auf *acc.*), Verletzung *f* (*gen.*); **2.** Beeinträchtigung *f*, Schmälerung *f* (***on***, ***upon*** *gen.*); **3.** 'Übergreifen *n*, Vordringen *n*.

en·crust [ɪn'krʌst] **I** *v/t.* **1.** ver-, über'krusten; **2.** reich verzieren; **II** *v/i.* **3.** eine Kruste bilden; **,en·crus'ta·tion** *s.* **1.** Krustenbildung *f*; **2.** reiche Verzierung.

en·crypt [ɪn'krɪpt, en-] *v/t. Computer, TV etc.*: verschlüsseln; **en'cryp·tion** [-ʃn] *s.* Verschlüsselung *f*: ***~ program*** Ver'schlüsselungspro,gramm *n*; ***~ system*** Ver'schlüsselungssys,tem *n*.

en·cum·ber [ɪn'kʌmbə] *v/t.* **1.** belasten (*a. Grundstück etc.*): ***~ed with mortgages*** hypothekarisch belastet; ***~ed with debts*** (völlig) verschuldet; **2.** (be)hindern; **3.** *Räume* voll stopfen, über'laden; **en'cum·brance** [-brəns] *s.* **1.** Last *f*, Belastung *f*; **2.** Hindernis *n*, Behinderung *f*; **3.** ✝ (Grundstücks)Belastung *f*, Hypo'theken-, Schuldenlast *f*; **4.** (Fa'milien)Anhang *m*, *bsd.* Kinder *pl.*: ***without ~(s)***; **en'cum·branc·er** [-brənsə] *s.* ⚖ Hypo'thekengläubiger (-in).

en·cy·clic, **en·cy·cli·cal** [en'sɪklɪk(l)] **I** *adj.* □ en'zyklisch; **II** *s. eccl.* (päpstliche) En'zyklika.

en·cy·clo·p(a)e·di·a [en,saɪkləʊ'piːdjə] *s.* Enzyklopä'die *f*; **en,cy·clo'p(a)e·dic**, **en,cy·clo'p(a)e·di·cal** [-dɪk(l)] *adj.* enzyklo'pädisch, um'fassend.

en·cyst [en'sɪst] *v/t.* ⚕, *zo.* ein-, verkapseln; **en'cyst·ment** [-mənt] *s.* ⚕, *zo.* Ein-, Verkapselung *f*.

end [end] **I** *s.* **1.** (*örtlich*) Ende *n*: ***begin at the wrong ~*** falsch herum anfangen; ***from one ~ to another***, ***from ~ to ~*** von Anfang bis (zum) Ende; ***at the ~ of the letter*** am Ende *od.* Schluss des Briefes; ***no ~ of*** a) unendlich, unzählig, b) sehr viel(e); ***no ~ of trouble*** endlose Mühe *od.* Scherereien; ***no ~ of a fool*** F Vollidiot *m*; ***no ~ disappointed*** F maßlos enttäuscht; ***he thinks no ~ of himself*** er ist grenzenlos eingebildet; ***on ~*** a) ununterbrochen, b) aufrecht, hochkant; ***for hours on ~*** stundenlang; ***stand s.th. on ~*** et. hochkant stellen; ***my hair stood on ~*** mir standen die Haare zu Berge; ***at our*** (*od.* ***this***) ***~*** F bei uns, hier; ***be at an ~*** a) zu Ende sein, aus sein, b) mit s-n Mitteln *od.* Kräften am Ende sein; ***at a loose ~*** a) müßig, b) ohne feste Bindung, c) verwirrt; ***there's an ~ of it!*** Schluss damit!, basta!; ***there's an ~ to everything*** alles hat mal ein Ende; ***come to an ~*** ein Ende nehmen, zu Ende gehen; ***come to a bad ~*** ein schlimmes Ende nehmen; ***go (in) off the deep ~*** F außer sich geraten, ‚hochgehen'; ***keep one's ~ up*** a) s-n Mann stehen, b) sich nicht unterkriegen lassen; ***make both ~s meet*** *finanziell* über die Runden kommen; ***make an ~ of*** (*od.* ***put an ~ to***) ***s.th.*** Schluss machen mit et., e-r Sache ein Ende setzen; ***put an ~ to o.s.*** s-m Leben ein Ende machen; ***he is the (absolute) ~!*** F a) er ist das ‚Letzte'!, b) er ist ‚zum Brüllen'!; ***it's the ~*** F a) das ist das ‚Letzte', b) es ist ‚sagenhaft'; **2.** (äußerstes) Ende, *mst* entfernte Gegend: ***the other ~ of the street*** das andere Ende der Straße; ***the ~ of the road*** *fig.* das Ende; ***to the ~s of the earth*** bis ans Ende der Welt; **3.** ⚙ Spitze *f*, Kopf(ende *n*) *m*, Stirnseite *f*: ***~ to ~*** der Länge nach; ***~ on*** mit dem Ende *od.* der Spitze voran; **4.** (*zeitlich*) Ende *n*, Schluss *m*: ***in the ~*** am Ende, schließlich; ***at the ~ of May*** Ende Mai; ***to the bitter ~*** bis zum bitteren Ende; ***to the ~ of time*** bis in alle Ewigkeit; ***without ~*** unaufhörlich; ***no ~ in sight*** kein Ende abzusehen; **5.** Tod *m*, Ende *n*, 'Untergang *m*: ***near one's ~*** dem Tod(e) nahe; ***the ~ of the world*** das Ende der Welt; ***you'll be the ~ of me!*** du bringst mich noch ins Grab!; **6.** Rest *m*, Endchen *n*, Stück(chen) *n*, Stummel *m*, Stumpf *m*: ***the ~ of a pencil***; **7.** ⚓ Kabel-, Tauende *n*; **8.** Folge *f*, Ergebnis *n*: ***the ~ of the matter was that*** die Folge (davon) war, dass; **9.** Ziel *n*, (End)Zweck *m*, Absicht *f*: ***to this ~*** zu diesem Zweck; ***to no ~*** vergebens; ***gain one's ~s*** s-n Zweck erreichen; ***for one's own ~*** zum eigenen Nutzen; ***private ~s*** Privatinteressen; ***the ~ justifies the means*** der Zweck heiligt die Mittel; **II** *v/t.* **10.** *a.* ***~ off*** beend(ig)en, zu Ende führen; *e-r Sache* ein Ende machen: ***~ it all*** F ‚Schluss machen' (*sich umbringen*); ***the dictionary to ~ all dictionaries*** das beste Wörterbuch aller Zeiten; **11.** a) *a.* ***~ up*** *et.* ab-, beschließen, b) *den Rest s-r Tage* verbringen, *s-e Tage* beschließen; **III** *v/i.* **12.** *a.* ***~ off*** enden, aufhören, schließen: ***all's well that ~s well*** Ende gut, alles gut; **13.** *a.* ***~ up*** enden, ausgehen (***by, in, with*** damit, dass): ***~ happily*** gut ausgehen; ***he ~ed by boring me*** schließlich langweilte er mich; ***~ in disaster*** mit e-m Fiasko enden; **14.** sterben; **15.** ***~ up*** a) enden, ‚landen' (***in prison*** im Gefängnis), b) enden (***as*** als): ***he ~ed up as an actor*** er wurde schließlich Schauspieler.

'end-all → ***be-all.***

en·dan·ger [ɪn'deɪndʒə] *v/t.* gefährden, in Gefahr bringen.

en·dear [ɪn'dɪə] *v/t.* beliebt machen (***to*** bei *j-m*): ***~ o.s. to s.o.*** a) j-s Zuneigung gewinnen, b) sich bei j-m lieb Kind machen; **en'dear·ing** [-ɪərɪŋ] *adj.* □ lieb, gewinnend; liebenswert; **en'dear·ment** [-mənt] *s.*: (***term of***) ***~*** Kosewort *n*, -name *m*; ***words of ~*** liebe *od.* zärtliche Worte.

en·deav·o(u)r [ɪn'devə] **I** *v/i.* (***after***) sich bemühen (um), streben (nach); **II** *v/t.* (ver)suchen, bemüht *od.* bestrebt sein (***to do s.th.*** et. zu tun); **III** *s.* Bemühung *f*, Bestreben *n*, Anstrengung *f*: ***to make every ~*** sich nach Kräften bemühen.

en·dem·ic [en'demɪk] **I** *adj.* (□ ***~ally***) **1.** en'demisch: a) (ein)heimisch, b) ⚕ örtlich begrenzt (auftretend), c) *zo.*, ⚘ *in e-m bestimmten Gebiet verbreitet*; **II** *s.* **2.** ⚕ en'demische Krankheit; **3.** a) *zo.* en'demisches Tier, b) en'demische Pflanze.

end game *s.* **1.** Schlussphase *f* (*e-s Spiels*); **2.** *Schach*: Endspiel *n*.

end·ing ['endɪŋ] *s.* **1.** Ende *n*, (Ab-)Schluss *m*: ***happy ~*** glückliches Ende, Happy End *n*; **2.** *ling.* Endung *f*; **3.** *fig.* Ende *n*, Tod *m*.

en·dive ['endɪv] *s.* ⚘ ('Winter)En,divie *f*.

end·less ['endlɪs] *adj.* □ **1.** endlos, ohne Ende, un'endlich; **2.** ewig, unauf'hörlich; **3.** unendlich lang; **4.** ⚙ endlos: ***~ belt*** endloses Band; ***~ chain*** endlose Kette, Raupenkette *f*, Paternosterwerk *n*; ***~ paper*** Endlos-, Rollenpapier *n*; ***~ screw*** Schraube *f* ohne Ende, Schnecke *f*; **'end·less·ness** [-nɪs] *s.* Un'endlichkeit *f*, Endlosigkeit *f*.

en·do·car·di·tis [ˌendəʊkɑː'daɪtɪs] *s.* ⚕ Herzinnenhautentzündung *f*, Endokar'ditis *f*; **en·do·car·di·um** [ˌendəʊ'kɑːdɪəm] *s. anat.* innere Herzhaut, Endo'kard *n*; **en·do·carp** ['endəʊkɑːp] *s.* ⚘ Endo'karp *n* (*innere Fruchthaut*); **en·do·crane** ['endəʊkreɪn] *s. anat.* Schädelinnenfläche *f*, Endo'kranium *n*; **en·do·crine** ['endəʊkraɪn] *adj.* endo'krin, mit innerer Sekreti'on: ***~ glands***; **en·dog·a·my** [en'dɒgəmɪ] *s. sociol.* Endoga'mie *f*; **en·dog·e·nous** [en'dɒdʒɪnəs] *adj. bsd.* ⚘ endo'gen; **en·do·par·a·site** [ˌendəʊ'pærəsaɪt] *s. zo.* Endopara'sit *m*; **en·do·plasm** ['endəʊplæzəm] *s. biol.* innere Proto'plasmaschicht, Endo'plasma *n*.

en·dorse [ɪn'dɔːs] *v/t.* **1.** a) *Dokument* auf der Rückseite beschreiben, b) e-n Vermerk *od.* Zusatz machen auf (*dat.*), c) *bsd. Brit.* e-e Strafe vermerken auf (*e-m Führerschein*); **2.** ☿ a) *Scheck etc.* indossieren, girieren, b) *a.* ***~ over*** über'tragen, -'weisen (***to*** *j-m*), c) *e-e Zahlung* auf der Rückseite des Schecks *etc.* bestätigen; **3.** a) *e-n Plan etc.* billigen, gutheißen, b) sich *e-r Ansicht etc.* anschließen: ***~ s.o.'s opinion*** j-m beipflichten; **en·dor·see** [ˌendɔː'siː] *s.* ☿ Indos'sat *m*, Indossa'tar *m*; Gi'rat *m*; **en'dorse·ment** [-mənt] *s.* **1.** Vermerk *m od.* Zusatz *m* (*auf der Rückseite von Dokumenten*); **2.** ☿ a) Indossa'ment *n*, Giro *n*, b) Über'tragung *f*: ***~ in blank*** Blankogiro; ***~ in full*** Vollgiro; **3.** *fig.* Billigung *f*, Unter'stützung *f*; **en'dors·er** [-sə] *s.* ☿ Indos'sant *m*, Gi'rant *m*: ***preceding ~*** Vormann *m*.

en·dow [ɪn'daʊ] *v/t.* **1.** dotieren, e-e Stiftung machen (*dat.*); **2.** *et.* stiften: ***~ s.o. with s.th.*** j-m et. stiften; **3.** *fig.* ausstatten (***with*** mit *e-m Talent etc.*); **en'dowed** [-aʊd] *adj.* **1.** gestiftet: ***well-~*** wohlhabend; ***~ school*** mit Stiftungsgeldern finanzierte Schule; **2.** ***~ with*** *fig.* ausgestattet mit: ***~ with many talents***; ***she is well ~ humor.*** sie ist von der Natur reichlich ausgestattet; **en'dow·ment** [-mənt] *s.* **1.** a) Stiftung *f*, b) *pl.* Stiftungsgeld *n*: ***~ insurance*** (*Brit.* ***assurance***) ☿ Versicherung *f* auf den Todes- u. Erlebensfall; **2.** *fig.* Begabung *f*, Ta'lent *n*, *mst pl.* (körperliche *od.* geistige) Vorzüge *pl.*

end| pa·per *s.* Vorsatzblatt *n*; **~ product** *s.* ☿ *u. fig.* 'Endproˌdukt *n*; **~ rhyme** *s.* Endreim *m*.

en·dur·a·ble [ɪn'djʊərəbl] *adj.* □ erträglich, leidlich.

en·dur·ance [ɪn'djʊərəns] **I** *s.* **1.** Dauer *f*; **2.** Dauerhaftigkeit *f*; **3.** a) Ertragen *n*, Aushalten *n*, Erdulden *n*, b) Ausdauer *f*, Geduld *f*, Standhaftigkeit *f*: ***beyond*** (*od.* ***past***) ***~*** unerträglich, nicht auszuhalten(d); **4.** ⚙ Dauerleistung *f*; Lebensdauer *f*; **II** *adj.* **5.** Dauer...; ***~ flight*** *s.* ✈ Dauerflug *m*; ***~ limit*** *s.* ⚙ Belastungsgrenze *f*; ***~ run*** *s.* Dauerlauf *m*; ***~ test*** *s.* ⚙ Belastungs-, Ermüdungsprobe *f*.

en·dure [ɪn'djʊə] **I** *v/i.* **1.** an-, fortdauern; **2.** 'durchhalten; **II** *v/t.* **3.** aushalten, ertragen, erdulden, 'durchmachen: ***not to be ~d*** unerträglich; **4.** *fig.* (*nur neg.*) ausstehen, leiden: ***I cannot ~ him***; **en'dur·ing** [-ərɪŋ] *adj.* □ an-, fortdauernd, bleibend.

end us·er *s.* ☿ Endverbraucher *m*, End(be)nutzer *m*.

'end·ways [-weɪz], **'end·wise** [-waɪz] *adv.* **1.** mit dem Ende nach vorn *od.* oben; **2.** aufrecht; **3.** der Länge nach.

en·e·ma ['enɪmə] *s.* ⚕ **1.** Kli'stier *n*, Einlauf *m*; **2.** Kli'stierspritze *f*.

en·e·my ['enəmɪ] **I** *s.* **1.** ⚔ Feind *m*; **2.** Gegner *m*, Feind *m*: ***the Old ~*** *bibl.* der Teufel, der böse Feind; ***be one's own*** (***worst***) ***~*** sich selbst (am meisten) schaden *od.* im Weg stehen; ***make an ~ of s.o.*** sich j-n zum Feind machen; ***she made no enemies*** sie machte sich keine Feinde; **II** *adj.* **3.** feindlich, Feind...: ***~ action*** Feind-, Kriegseinwirkung *f*; ***~ alien*** feindlicher Ausländer; ***~ country*** Feindesland *n*; ***~ property*** ☿ Feindvermögen *n*.

en·er·get·ic [ˌenə'dʒetɪk] **I** *adj.* (□ ***~ally***) **1.** e'nergisch: a) tatkräftig, b) nachdrücklich; **2.** (sehr) wirksam; **3.** *phys.* ener'getisch; **II** *s. pl. sg. konstr.* **4.** *phys.* Ener'getik *f*; **en·er·gize** ['enədʒaɪz] **I** *v/t.* **1.** *et.* kräftigen, Ener'gie verleihen (*dat.*); *j-n* anspornen; **2.** ⚡, ⚙, *phys.* erregen: ***~d*** ⚡ unter Spannung (stehend); **II** *v/i.* **3.** energisch handeln.

en·er·gu·men [ˌenɜː'gjuːmen] *s.* Enthusi'ast(in), Fa'natiker(in).

en·er·gy ['enədʒɪ] *s.* **1.** Ener'gie *f*: a) Kraft *f*, Nachdruck *m*, b) Tatkraft *f*; **2.** Wirksamkeit *f*, 'Durchschlagskraft *f*; **3.** ⚗, *phys.* Ener'gie *f*, Kraft *f*, Leistung *f*: ***~ crisis*** Energiekrise *f*; ***~-efficient*** energieeffizient; ***~ recovery*** Energierückgewinnung *f*; ***~-saving*** Energie sparend; ***~ squandering*** Energieverschwendung *f*; ***~ tax*** Energiesteuer *f*.

en·er·vate ['enɜːveɪt] *v/t.* a) entnerven, b) entkräften, schwächen (*alle a. fig.*); **en·er·va·tion** [ˌenɜː'veɪʃn] *s.* **1.** Entnervung; **2.** Entkräftung *f*, Schwächung *f*; **3.** Schwäche *f*.

en·fee·ble [ɪn'fiːbl] *v/t.* schwächen.

en·feoff [ɪn'fef] *v/t. hist.* belehnen (***with*** mit); **en'feoff·ment** [-mənt] *s.* **1.** Belehnung *f*; **2.** Lehnsbrief *m*; **3.** Lehen *n*.

en·fi·lade [ˌenfɪ'leɪd] ⚔ **I** *s.* Flankenfeuer *n*; **II** *v/t.* (mit Flankenfeuer) bestreichen.

en·fold [ɪn'fəʊld] *v/t.* **1.** *a. fig.* einhüllen (***in*** *in acc.*), um'hüllen (***with*** mit); **2.** um'fassen, -'armen; **3.** falten.

en·force [ɪn'fɔːs] *v/t.* **1.** a) (mit Nachdruck) geltend machen: ***~ an argu-***

E

ment, b) Geltung verschaffen (*dat.*), *Gesetz etc.* 'durchführen, c) ✝ *Forderungen* (gerichtlich) geltend machen, *Schuld* beitreiben, d) ⚖ Urteil voll'strecken: ~ ***a contract*** (s-e) Rechte aus e-m Vertrag geltend machen; **2.** (***on***, ***upon***) *et.* 'durchsetzen (bei *j-m*); *Gehorsam etc.* erzwingen (von *j-m*); **3.** (***on***, ***upon*** *dat.*) aufzwingen, auferlegen; **en'force·a·ble** [-səbl] *adj.* 'durchsetz-, erzwingbar; ⚖ voll'streckbar, beitreibbar; (ein)klagbar; **en'forced** [-st] *adj.* □ erzwungen, aufgezwungen: ~ ***sale*** Zwangsverkauf *m*; **en'for·ced·ly** [-sɪdlɪ] *adv.* **1.** notgedrungen; **2.** zwangsweise, gezwungenermaßen; **en'force·ment** [-mənt] *s.* **1.** Erzwingung *f*, 'Durchsetzung *f*; **2.** a) ✝ (gerichtliche) Geltendmachung, b) ⚖ Voll'streckung *f*, Voll'zug *m*: ~ ***officer*** Vollzugsbeamte(r) *m*.

en·frame [ɪn'freɪm] *v/t.* einrahmen.

en·fran·chise [ɪn'frænt∫aɪz] *v/t.* **1.** *j-m* die Bürgerrechte *od.* das Wahlrecht verleihen: ***be*** ~***d*** das Wahlrecht erhalten; **2.** *e-r Stadt* po'litische Rechte gewähren; **3.** *Brit. e-m Ort* Vertretung im 'Unterhaus verleihen; **4.** *Sklaven* freilassen; **5.** befreien (***from*** von); **en'fran·chise·ment** [-t∫ɪzmənt] *s.* **1.** Verleihung *f* der Bürgerrechte *od.* des Wahlrechts; **2.** Gewährung *f* po'litischer Rechte; **3.** Freilassung *f*, Befreiung *f*.

en·gage [ɪn'geɪdʒ] **I** *v/t.* **1.** (***o.s.*** sich) (*vertraglich etc.*) verpflichten *od.* binden (***to do s.th.*** et. zu tun); **2.** ***become*** (*od.* ***get***) ~***d*** sich verloben (***to*** mit); **3.** *j-n* an-, einstellen, *Künstler etc.* engagieren; **4.** a) *et.* mieten, *Zimmer* belegen, nehmen, b) *Platz etc.* (vor)bestellen, belegen; **5.** *j-n*, *j-s Kräfte etc.* in Anspruch nehmen, *j-n* fesseln: ~ ***s.o. in conversation*** j-n ins Gespräch ziehen; ~ ***s.o.'s attention*** j-s Aufmerksamkeit auf sich lenken *od.* in Anspruch nehmen; **6.** ⚔ a) *Truppen* einsetzen, b) *Feind* angreifen, *Feindkräfte* binden; **7.** ⚙ einrasten lassen; *Kupplung etc.* einrücken, *e-n Gang* einlegen, -schalten; **II** *v/i.* **8.** sich verpflichten, es über'nehmen (***to do s.th.*** et. zu tun); **9.** Gewähr leisten, garantieren, sich verbürgen (***that*** dass); **10.** ⚔ angreifen, den Kampf beginnen; ~ ***in*** sich beschäftigen *od.* befassen *od.* abgeben mit; **11.** ~ ***in*** sich beteiligen an (*dat.*), sich einlassen in *od.* auf (*acc.*); **12.** ⚙ inein'ander greifen, einrasten; **en'gaged** [-dʒd] *adj.* **1.** verpflichtet; **2.** *a.* ~ ***to be married*** verlobt (***to*** mit); **3.** beschäftigt, nicht abkömmlich, ‚besetzt': ***are you*** ~***?*** sind Sie frei?; ***be*** ~ ***in*** (*od.* ***on***) beschäftigt sein mit, arbeiten an (*dat.*); ***deeply*** ~ ***in conversation*** in ein Gespräch vertieft; ***my time is fully*** ~ ich bin zeitlich völlig ausgelastet; **4.** *teleph. Brit.* besetzt: ~ ***tone*** *od.* ***signal*** Besetztzeichen *n*; **5.** ⚙ eingerückt, im Eingriff (stehend); **en'gage·ment** [-mənt] *s.* **1.** (*vertragliche etc.*) Verpflichtung *f*: ***without*** ~ unverbindlich, ✝ *a.* freibleibend; ***be under an*** ~ ***to s.o.*** j-m (gegenüber) verpflichtet sein; ~***s*** ✝ Zahlungsverpflichtungen *pl.*; **2.** Verabredung *f*: ~ ***diary*** Terminkalender *m*; **3.** Verlobung *f* (***to*** mit): ~ ***ring*** Verlobungsring *m*; **4.** (An)Stellung *f*, Stelle *f*, Posten *m*; **5.** *thea.* Engage'ment *n*; **6.** Beschäftigung *f*, Tätigkeit *f*; **7.** ⚔ Kampf(handlung *f*) *m*, Gefecht *n*; **8.** ⚙ Eingriff *m*; **en'gag·ing** [-dʒɪŋ] *adj.* □ **1.** einnehmend, gewinnend; **2.** ⚙ Ein- u. Ausrück...: ~ ***gear***.

en·gen·der [ɪn'dʒendə] *v/t. fig.* erzeugen, her'vorbringen, -rufen.

en·gine ['endʒɪn] **I** *s.* **1.** a) *allg.* Ma'schine *f*, b) Motor *m*, c) 🚂 Lokomo'tive *f*; **2.** ⚙ Holländer *m*, Stoffmühle *f*; **3.** Feuerspritze *f*; **II** *v/t.* **4.** mit Ma'schinen *od.* Mo'toren *od.* e-m Motor versehen; ~ ***block*** *s.* Motorblock *m*; ~ ***build·er*** *s.* Ma'schinenbauer *m*; ~ ***driv·er*** *s.* Lokomo'tivführer *m*.

en·gi·neer [ˌendʒɪ'nɪə] **I** *s.* **1.** a) Ingeni'eur *m*, b) Techniker *m*, c) Me'chaniker *m*: ~***s*** *teleph.* Stördienst *m*; **2.** *a.* ***mechanical*** ~ Ma'schinenbauer *m*, -ingeniˌeur *m*; **3.** *a.* ⚓ Maschi'nist *m*; **4.** *Am.* Lokomo'tivführer *m*; **5.** ⚔ Pio'nier *m*; **II** *v/t.* **6.** *Straßen*, *Brücken etc.* bauen, anlegen, konstruieren, errichten; **7.** *fig. geschickt* in die Wege leiten, ‚organisieren', ‚einfädeln', ‚deichseln'; **III** *v/i.* **8.** als Ingeni'eur tätig sein; ˌ**engi'neer·ing** [-ərɪŋ] *s.* **1.** Technik *f*, *engS.* Ingeni'eurwesen *n*; (*a.* ***mechanical*** ~) Ma'schinen- u. Gerätebau *m*: ~ ***department*** technische Abteilung, Konstruktionsbüro *n*; ~ ***sciences*** technische Wissenschaften; ~ ***standards committee*** Fachnormenausschuss *m*; ~ ***works*** Maschinenfabrik *f*; **2.** ***social*** ~ angewandte Sozialwissenschaft; **3.** ⚔ Pio'nierwesen *n*.

en·gine| fit·ter *s.* Ma'schinenschlosser *m*, Mon'teur *m*; ~ ***lathe*** *s.* ⚙ Leitspindeldrehbank *f*; '~**·man** [-mən] *s.* [*irr.*] **1.** Maschi'nist *m*; **2.** Lokomo'tivführer *m*; ~ ***oil*** *s.* 'Motoröl *n*; ~ ***room*** *s.* Ma'schinenraum *m*.

en·gird [ɪn'gɜːd], **en'gir·dle** [-dl] *v/t.* um'gürten, -'geben, -'schließen.

Eng·land·er ['ɪŋgləndə] *s.* Engländer *m*: ***Little*** ~ *pol. hist.* Gegner der imperialistischen Politik.

Eng·lish ['ɪŋglɪ∫] **I** *adj.* **1.** englisch: ~ ***disease***, ~ ***sickness*** ✝ ‚englische Krankheit'; ~ ***flute*** ♪ Blockflöte *f*; ~ ***studies*** *pl.* Anglistik *f*; **II** *s.* **2.** ***the*** ~ die Engländer; **3.** *ling.* Englisch *n*, das Englische: ~ ~ britisches Englisch; ***in*** ~ auf Englisch, im Englischen; ***into*** ~ ins Englische; ***from*** (***the***) ~ aus dem Englischen, ***the King's*** (*od.* ***Queen's***) ~ gutes, reines Englisch; ***in plain*** ~ *fig.* ‚auf gut Deutsch', ‚im Klartext'; **4.** *typ.* Mittel *f* (*Schriftgrad*); **Eng·lish·ism** ['ɪŋlɪ∫ɪzəm] *s. bsd. Am.* **1.** *ling.* Briti'zismus *m*; **2.** englische Eigenart; **3.** Anglophi'lie *f*; '**Eng·lish·man** [-mən] *s.* [*irr.*] Engländer *m*; '**Eng·lishˌwom·an** *s.* [*irr.*] Engländerin *f*.

en·gorge [ɪn'gɔːdʒ] *v/t.* **1.** gierig verschlingen; **2.** ⚕ *Gefäß etc.* anschoppen: ~***d kidney*** Stauungsniere *f*.

en·graft [ɪn'grɑːft] *v/t.* **1.** (auf)pfropfen (***into*** in *acc.*, ***upon*** auf *acc.*); **2.** *fig.* a) einfügen, b) verankern (***into*** in *dat.*).

en·grained [ɪn'greɪnd] *adj. fig.* **1.** eingefleischt, unverbesserlich; **2.** eingewurzelt.

en·gram [ɪn'græm] *s. biol.*, *psych.* En'gramm *n*.

en·grave [ɪn'greɪv] *v/t.* **1.** (ein)gravieren, (ein)meißeln, *in Holz*: (ein)schnitzen, einschneiden (***on*** in, auf *acc.*); **2.** ***it is*** ~***d*** (***up***)***on his memory*** (*od.* ***mind***) *fig.* es hat sich ihm tief eingeprägt; **en'grav·er** [-və] *s.* Gra'veur *m*, (Kunst-)Stecher *m*: ~ (***on copper***) Kupferstecher *m*; **en'grav·ing** [-vɪŋ] *s.* **1.** Gravieren *n*, Gravierkunst *f*; **2.** (Kupfer-, Stahl)Stich *m*; Holzschnitt *m*.

en·gross [ɪn'grəʊs] *v/t.* **1.** ⚖ a) *Urkunde* ausfertigen, b) e-e Reinschrift anfertigen von, c) in gesetzlicher *od.* rechtsgültiger Form ausdrücken, d) *parl. e-m Gesetzentwurf* die endgültige Fassung geben; **2.** ✝ a) *Ware* spekula'tiv aufkaufen, b) *den Markt* monopolisieren; **3.** *fig. j-s Aufmerksamkeit etc.* (ganz) in Anspruch nehmen; *et.* an sich reißen; **en'grossed** [-st] *adj.* vertieft, versunken (***in*** in *acc.*); **en'gross·ing** [-sɪŋ] *adj.* **1.** fesselnd, spannend; **2.** voll in Anspruch nehmend; **en'gross·ment** [-mənt] *s.* **1.** ⚖ Ausfertigung *f*, Reinschrift *f e-r Urkunde*; **2.** ✝ a) (spekula'tiver) Aufkauf, b) Monopolisierung *f*; **3.** Inanspruchnahme *f* (***of***, ***with*** durch).

en·gulf [ɪn'gʌlf] *v/t.* **1.** über'fluten; **2.** verschlingen (*a. fig.*).

en·hance [ɪn'hɑːns] *v/t.* **1.** erhöhen, vergrößern, steigern, heben; **2.** *et.* (vorteilhaft) zur Geltung bringen; **en'hance·ment** [-mənt] *s.* Steigerung *f*, Erhöhung *f*, Vergrößerung *f*.

e·nig·ma [ɪ'nɪgmə] *s.* Rätsel *n* (*a. fig.*); **e·nig·mat·ic**, **e·nig·mat·i·cal** [ˌenɪg'mætɪk(l)] *adj.* □ rätselhaft, dunkel; **e'nig·ma·tize** [-ətaɪz] **I** *v/i.* in Rätseln sprechen; **II** *v/t. et.* in Dunkel hüllen, verschleiern.

en·join [ɪn'dʒɔɪn] *v/t.* **1.** *et.* auferlegen, vorschreiben (***on s.o.*** j-m); **2.** *j-m* befehlen, einschärfen, *j-n* (eindringlich) mahnen (***to do*** zu tun); **3.** bestimmen, Anweisung(en) erteilen (***that*** dass); **4.** ⚖ unter'sagen (***s.th. on s.o.*** j-m et.; ***s.o. from doing s.th.*** j-m, et. zu tun).

en·joy [ɪn'dʒɔɪ] *v/t.* **1.** Vergnügen *od.* Gefallen finden *od.* Freude haben an (*dat.*), sich erfreuen an (*dat.*): ***I*** ~ ***dancing*** ich tanze gern, Tanzen macht mir Spaß; ***did you*** ~ ***the play?*** hat dir das (Theater)Stück gefallen?; ~ ***o.s.*** sich amüsieren *od.* gut unterhalten; ***did you*** ~ ***yourself in London?*** hat es dir in London gefallen?; ~ ***yourself!*** viel Spaß!; **2.** genießen, sich *et.* schmecken lassen: ***I*** ~ ***my food*** das Essen schmeckt mir; **3.** sich *e-s Besitzes* erfreuen, *et.* haben, besitzen, genießen; erleben: ~ ***good health*** sich e-r guten Gesundheit erfreuen; ~ ***a right*** ein Recht genießen *od.* haben; **en'joy·a·ble** [-ɔɪəbl] *adj.* □ **1.** brauch-, genießbar; **2.** angenehm, erfreulich, schön; **en'joy·ment** [-mənt] *s.* **1.** Genuss *m*, Vergnügen *n*, Gefallen *n*, Freude *f* (***of*** an *dat.*); **2.** Genuss *m* (*e-s Besitzes od. Rechtes*), Besitz *m*: ***quiet*** ~ ⚖ ruhiger Besitz; **3.** ⚖ Ausübung *f* (*e-s Rechts*).

en·kin·dle [ɪn'kɪndl] *v/t. fig.* entflammen, entzünden, entfachen.

en·lace [ɪn'leɪs] *v/t.* **1.** um'schlingen; **2.** verstricken.

en·large [ɪn'lɑːdʒ] **I** *v/t.* **1.** vergrößern (*a. phot.*), *Kenntnisse etc. a.* erweitern, *Einfluss etc. a.* ausdehnen: ~***d and revised edition*** erweiterte u. verbesserte Auflage; ~ ***the mind*** den Gesichtskreis erweitern; **II** *v/i.* **2.** sich vergrößern *od.* ausdehnen *od.* erweitern, zunehmen; **3.** *phot.* sich vergrößern lassen; **4.** *fig.* sich verbreiten *od.* weitläufig auslassen (***upon*** über *acc.*); **en'large·ment** [-mənt] *s.* **1.** Vergrößerung *f* (*a. phot.*), Erweiterung *f*, Ausdehnung *f*; ⚕ (Herz-)Erweiterung *f*, (*Mandel- etc.*) Schwellung *f*; **2.** Erweiterungs-, Anbau *m*; **en'larg·er** [-dʒə] *s.* Vergrößerungsgerät *n*.

en·light·en [ɪnˈlaɪtn] *v/t. fig.* erleuchten, aufklären, belehren (**on**, **as to** über *acc.*); **enˈlight·ened** [-nd] *adj.* **1.** erleuchtet, aufgeklärt; **2.** verständig; **enˈlight·en·ing** [-nɪŋ] *adj.* aufschlussreich; **enˈlight·en·ment** [-mənt] *s.* Aufklärung *f*, Erleuchtung *f*: (**Age of**) ♀ *hist.* (Zeitalter *n* der) Aufklärung.

en·list [ɪnˈlɪst] **I** *v/t.* **1.** *Soldaten* anwerben, *Rekruten* einstellen: **~ed men** *Am.* Unteroffiziere und Mannschaften; **2.** *fig. j-n* herˈanziehen, gewinnen, engagieren (**in** für): **~ s.o.'s services** j-s Dienste in Anspruch nehmen; **II** *v/i.* **3.** ✕ sich anwerben lassen, Solˈdat werden, sich (freiwillig) melden; **4.** (**in**) mitwirken (bei), sich beteiligen (an *dat.*); **enˈlist·ment** [-mənt] *s.* **1.** ✕ (An)Werbung *f*, Einstellung *f*; **2.** ✕ *Am.* a) Eintritt *m* in den Wehrdienst, b) (Dauer *m* der) (Wehr)Dienstverpflichtung; **3.** *fig.* Gewinnung *f* (*zur Mitarbeit*), Herˈan-, Hinˈzuziehung *f* (*von Helfern*).

en·liv·en [ɪnˈlaɪvn] *v/t.* beleben, in Schwung bringen, ‚ankurbeln'.

en masse [ɑ̃ːŋˈmæs] (*Fr.*) *adv.* **1.** in Massen; **2.** im Großen; **3.** zuˈsammen, als Ganzes.

en·mesh [ɪnˈmeʃ] *v/t.* **1.** in e-m Netz fangen; **2.** *fig.* verstricken.

en·mi·ty [ˈenmətɪ] *s.* Feindschaft *f*, -seligkeit *f*, Hass *m*: **at ~ with** verfeindet *od.* in Feindschaft mit; **bear no ~** nichts nachtragen.

en·no·ble [ɪˈnəʊbl] *v/t.* adeln (*a. fig.*), in den Adelsstand erheben; *fig.* veredeln, erhöhen; **enˈno·ble·ment** [-mənt] *s.* **1.** Erhebung *f* in den Adelsstand; **2.** *fig.* Veredelung *f*.

en·nui [ɑ̃ːˈnwiː] (*Fr.*) *s.* Langeweile *f*.

e·nor·mi·ty [ɪˈnɔːmətɪ] *s.* Ungeheuerlichkeit *f*: a) Enormiˈtät *f*, b) Untat *f*, Gräuel *m*, Frevel *m*; **eˈnor·mous** [-məs] *adj.* □ eˈnorm, ungeheuer(lich), gewaltig, riesig; **eˈnor·mous·ness** [-məsnɪs] *s.* Riesengröße *f*.

e·nough [ɪˈnʌf] **I** *adj.* genug, ausreichend: **~ bread**, **bread ~** genug Brot, Brot genug; **not ~ sense** nicht genug Verstand; **this is ~** (**for us**) das genügt (uns); **I was fool ~ to believe her** ich war so dumm u. glaubte ihr; **he was not man ~** (*od.* **~ of a man**) (**to** *inf.*) er war nicht Manns genug (zu *inf.*); **that's ~ to drive me mad** das macht mich (noch) wahnsinnig; **II** *s.* Genüge *f*, genügende Menge: **have** (**quite**) **~** (völlig) genug haben; **I've had ~, thank you** danke, ich bin satt; **I have ~ of it** ich bin (*od.* habe) es satt, ‚ich bin bedient'; **~ of that!**, **~ said!** genug davon!, Schluss damit!; **~ and to spare** mehr als genug; **~ is as good as a feast** allzu viel ist ungesund; **III** *adv.* genug, genügend; ganz, recht, ziemlich: **it's a good ~ story** die Geschichte ist nicht übel; **he does not sleep ~** er schläft nicht genug; **be kind ~ to help me** sei so gut und hilf mir; **oddly ~** sonderbarerweise; **safe ~** durchaus sicher; **sure ~** tatsächlich, gewiss; **true ~** nur zu wahr; **well ~** recht *od.* ziemlich *od.* ganz gut; **he could do it well ~** (**but ...**) er könnte es (zwar) recht gut(, aber ...); **you know well ~** du weißt es (ganz) genau; **that's not good ~** das reicht nicht, das lasse ich nicht gelten.

en pas·sant [ɑ̃ːmˈpæsɑ̃ːŋ] (*Fr.*) *adv.* en pasˈsant: a) im Vorˈbeigehen, b) beiläufig, nebenˈher, -ˈbei.

en·plane [ɪnˈpleɪn] → **emplane**.

en·print [ˈenprɪnt] *s. Brit. phot. Abzug vom Negativ in der Größe 5,0 × 3,5 Zoll.*

en·quire *etc.* → **inquire** *etc.*

en·rage [ɪnˈreɪdʒ] *v/t.* wütend machen; **enˈraged** [-dʒd] *adj.* wütend, aufgebracht (**at**, **by** über *acc.*).

en·rapt [ɪnˈræpt] *adj.* hingerissen, entzückt; **enˈrap·ture** [-tʃə] *v/t.* entzücken: **~d with** hingerissen von.

en·rich [ɪnˈrɪtʃ] *v/t.* **1.** (*a.* **o.s.** sich) bereichern (*a. fig.*); wertvoll(er) machen; **2.** anreichern: a) ⊙, ⚘ veredeln, b) ↗ ertragreich(er) machen, c) den Nährwert erhöhen; **3.** ausschmücken, verzieren; **4.** *fig.* a) *Geist* bereichern, b) *Wert* steigern; **enˈrich·ment** [-mənt] *s.* **1.** Bereicherung *f* (*a. fig.*); **2.** ⊙, ⚘ Anreicherung *f*; **3.** *fig.* Befruchtung *f*; **4.** Ausschmückung *f*.

en·rol(l) [ɪnˈrəʊl] **I** *v/t.* **1.** *j-s Namen* eintragen, -schreiben (**in** in *acc.*); *univ. j-n* immatrikulieren: **~ o.s.** → 5; **2.** a) *mst* ✕ (an)werben, b) ⚓ anmustern, anheuern, c) *Arbeiter* einstellen: **be enrolled** eingestellt werden, *in e-e Firma* eintreten; **3.** als Mitglied aufnehmen: **~ o.s. in a society** e-r Gesellschaft beitreten; **4.** ⚖ registrieren, protokollieren; **II** *v/i.* **5.** sich einschreiben (lassen), *univ.* sich immatrikulieren: **~ for a course** e-n Kurs belegen; **enˈrol(l)·ment** [-mənt] *s.* **1.** Eintragung *f*, -schreibung *f*; *univ.* Immatrikulatiˈon *f*; **2.** *bsd.* ✕ Anwerbung *f*, Einstellung *f*, Aufnahme *f*; **3.** Beitrittserklärung *f*; **4.** ⚖ Reˈgister *n*.

en route [ɑ̃ːnˈruːt] (*Fr.*) *adv.* unterwegs (**for** nach); auf der Reise (**from ... to** von ... nach).

ens [enz] *pl.* **entia** [ˈenʃɪə] (*Lat.*) *s. phls.* Ens *n*, Sein *n*, Wesen *n*.

en·sconce [ɪnˈskɒns] *v/t.* **1.** (*mst* **~ o.s.** sich) verstecken, verbergen; **2. ~ o.s.** es sich bequem machen (*in e-m Sessel etc.*).

en·sem·ble [ɑ̃ːnˈsɑ̃ːmbl] (*Fr.*) *s.* **1.** *das* Ganze, Gesamteindruck *m*; **2.** ♪, *thea.* Enˈsemble *n*; **3.** *Mode*: Enˈsemble *n*, Komˈplet *n*.

en·shrine [ɪnˈʃraɪn] *v/t.* **1.** *in e-n Schrein* einschließen; **2.** (als Heiligtum) bewahren; **3.** als Schrein dienen für.

en·shroud [ɪnˈʃraʊd] *v/t.* ein-, verhüllen (*a. fig.*).

en·sign [ˈensaɪn; *bsd.* ✕ *u.* ⚓ ˈensn] *s.* **1.** Fahne *f*, Stanˈdarte *f*, ⚓ (Schiffs-) Flagge, *bsd.* (Natioˈnal)Flagge *f*: **white** (**red**) **~** Flagge der brit. Kriegs- (Handels)marine; **blue ~** Flagge der brit. Flottenreserve; **2.** [ˈensaɪn] *hist. Brit.* Fähnrich *m*; **3.** [ˈensn] ⚓ *Am.* Leutnant *m* zur See; **4.** (Rang)Abzeichen *n*.

en·si·lage [ˈensɪlɪdʒ] ↗ **I** *s.* **1.** Silierung *f*; **2.** Silo-, Gärfutter *n*; **II** *v/t.* **3.** → **en·sile** [ɪnˈsaɪl] *v/t.* ↗ *Futterpflanzen* silieren.

en·slave [ɪnˈsleɪv] *v/t.* versklaven, zum Sklaven machen (*a. fig.*): **be ~d by** *j-m od. e-r Sache* verfallen sein; **enˈslave·ment** [-mənt] *s.* **1.** Versklavung *f*, Sklaveˈrei *f*; **2.** *fig.* (**to**) sklavische Abhängigkeit *f* (von) *od.* Bindung (an *acc.*), Hörigkeit *f*.

en·snare [ɪnˈsneə] *v/t.* **1.** *in e-r Schlinge* fangen; **2.** *fig.* berücken, bestricken, umˈgarnen.

en·sue [ɪnˈsjuː] *v/i.* **1.** ˈdarauf folgen, (nach)folgen; **2.** folgen, sich ergeben (**from** aus); **enˈsu·ing** [-ɪŋ] *adj.* (nach-)folgend.

en·sure [ɪnˈʃʊə] *v/t.* **1.** (**against**, **from**) (**o.s.** sich) sichern, sicherstellen (gegen), schützen (vor); **2.** Gewähr bieten für, garantieren (*et.*, **that** dass, **s.o. being** dass j-d ist); **3.** für *et.* sorgen: **~ that** dafür sorgen, dass.

en·tail [ɪnˈteɪl] **I** *v/t.* **1.** ⚖ a) in ein Erbgut umwandeln, b) als Erbgut vererben (**on** auf *acc.*): **~ed estate** Erb-, Familiengut *n*; **~ed interest** beschränktes Eigentumsrecht; **2.** *fig.* a) mit sich bringen, zur Folge haben, nach sich ziehen, verursachen, b) erforderlich machen, erfordern; **II** *s.* **3.** ⚖ a) (Überˈtragung *f* als) unveräußerliches Erbgut, b) (festgelegte) Erbfolge.

en·tan·gle [ɪnˈtæŋgl] *v/t.* **1.** *Haare, Garn etc.* verwirren, ‚verfilzen'; **2.** (**o.s.** sich) verwickeln, -heddern (**in** in *acc.*); **3.** *fig.* verwickeln, verstricken: **~ o.s. in s.th.**, **become ~d in s.th.** in e-e Sache verwickelt werden; **become ~d with s.o.** sich mit j-m einlassen; **enˈtan·gle·ment** [-mənt] *s.* **1.** *a. fig.* Verwicklung *f*, Verwirrung *f*, Verstrickung *f*; **2.** *fig.* Kompliziertheit *f*; **3.** Liebschaft *f*, Liaiˈson *f*; **4.** ✕ Drahtverhau *m*.

en·tente [ɑ̃ːnˈtɑ̃ːnt] (*Fr.*) *s.* Enˈtente *f*, Bündnis *n*.

en·ter [ˈentə] **I** *v/t.* **1.** eintreten, -fahren, -steigen, (hinˈein)gehen, (-)kommen in (*acc.*), *Haus etc.* betreten; in *ein Land* einreisen; ✕ einrücken in (*acc.*); ⚓, 🚆 einlaufen in (*acc.*): **~ the skull** in den Schädel eindringen (*Kugel etc.*); **the idea ~ed my head** (*od.* **mind**) mir kam der Gedanke, ich hatte die Idee; **2.** sich in *et.* begeben: **~ a hospital** ein Krankenhaus aufsuchen; **3.** eintreten in (*acc.*), beitreten (*dat.*), Mitglied werden (*gen.*): **~ s.o.'s service** in j-s Dienst treten; **~ a club** e-m Klub beitreten; **~ the university** sein Studium aufnehmen; **~ the army** (**the Church**) Soldat (Geistlicher) werden; **~ a profession** e-n Beruf ergreifen; **4.** eintragen, -schreiben; hinˈeinbringen; *j-n* aufnehmen, zulassen: **~ one's name** sich einschreiben *od.* anmelden; **~ s.o. at a school** j-n zur Schule anmelden; **be ~ed** *univ.* immatrikuliert werden; **5.** ✝ (ver)buchen, eintragen: **~ to s.o.'s debit** j-m *et.* in Rechnung stellen; → **credit** 2; **~ up** *Posten* regelrecht verbuchen; **6.** *sport* melden, nennen (**for** für); **7.** ⚓, ✝ *Schiff* einklarieren; *Waren beim Zollamt* deklarieren; **8.** einreichen, -bringen, geltend machen: **~ an action** ⚖ e-e Klage einreichen; **~ a motion** *parl.* e-n Antrag einbringen; **~ a protest** Protest erheben; **II** *v/i.* **9.** (ein)treten, herˈein-, hinˈeinkommen, -gehen; ✕ einrücken; eindringen: **I don't ~ in it** *fig.* ich habe damit nichts zu tun; **~!** herein!; **10.** *sport* sich melden, nennen (**for** für, zu); **11.** *thea.* auftreten: ♀ **Hamlet** Hamlet tritt auf; *Zssgn mit prp.*:

en·ter| in·to *v/i.* **1.** → **enter** 1, 2, 3; **2.** *Vertrag*, *Bündnis* eingehen, schließen: **~ an obligation** e-e Verpflichtung eingehen; **~ a partnership** sich assoziieren; **3.** *et.* beginnen, sich beteiligen an (*dat.*), eingehen auf (*acc.*), sich einlassen auf *od.* in (*acc.*): **~ correspondence** in Briefwechsel treten; **~ a joke** auf e-n Scherz eingehen; → **detail** 1; **4.** sich hinˈeinversetzen in (*acc.*): **~ s.o.'s feelings** sich in j-n hineinversetzen, j-s Gefühle verstehen; **~ the spirit** sich in den Geist *e-r Sache* einfühlen *od.* hineinversetzen; **~ *the spirit of the game*** mitmachen; **5.** e-e Rolle spielen bei: ***this did not ~ our plans*** das war nicht eingeplant; **~ on** *od.* **up·on** *v/i.* **1.** ⚖ Besitz ergreifen von: **~ *an inheritance*** e-e Erbschaft antreten; **2.** a) *Thema* anschneiden, b) sich in *ein Gespräch* einlassen; **3.** a) beginnen, in *ein (neues) Stadium od. ein neues Lebensjahr* eintreten, b) *Amt* antreten, *Laufbahn* einschlagen; **4.** in *ein neues Stadium* treten.

en·ter·ic [en'terɪk] *adj.* **1.** *anat.* en'terisch, Darm...: **~ *fever*** (Unterleibs)Typhus *m*; **2.** ⚕ darmlöslich: **~ *pill***; **en·ter·i·tis** [ˌentə'raɪtɪs] *s.* ⚕ 'Darmkaˌtarr(h) *m*, Ente'ritis *f.*

en·ter key ['entəkiː] *s. Computer*: Eingabetaste *f*, 'Enter-Taste *f.*

en·ter·o·gas·tri·tis [ˌentərəʊgæ'straɪtɪs] *s.* Magen- 'Darm-Kaˌtarr(h) *m*; **en·ter·on** ['entərən] *pl.* **-ter·a** [-rə] *s.* Enteron *n*, (*bsd.* Dünn)Darm *m.*

en·ter·prise ['entəpraɪz] *s.* **1.** Unter'nehmen *n*, -'nehmung *f*; **2.** ⚚ Unter'nehmen *n*, Betrieb *m*: **~ *zone*** Gewerbegebiet *n*; ***free ~*** freies Unternehmertum, freie (Markt)Wirtschaft; ***free ~ economist*** Marktwirtschaftler *m*; **3.** Initia'tive *f*, Unter'nehmungsgeist *m*, -lust *f*; **'en·ter·pris·ing** [-zɪŋ] *adj.* ☐ **1.** unter'nehmend, unter'nehmungslustig, mit Unter'nehmungsgeist; **2.** kühn, wagemutig.

en·ter·tain [ˌentə'teɪn] **I** *v/t.* **1.** (angenehm) unter'halten, amüsieren (*a. iro.*); **2.** *j-n* gastlich aufnehmen, bewirten, einladen; **3.** *Furcht, Hoffnung etc.* hegen; **4.** *Vorschlag etc.* in Erwägung ziehen, eingehen auf (*acc.*), näher treten (*dat.*): **~ *an idea*** sich mit e-m Gedanken tragen; **II** *v/i.* **5.** Gäste empfangen, ein gastliches Haus führen: ***they ~ a great deal*** sie haben oft Gäste; **ˌen·ter'tain·er** [-nə] *s.* **1.** Gastgeber(in); **2.** Unter'halter(in), *engS.* Enter'tainer (-in), Unter'haltungskünstler(in); **ˌen·ter'tain·ing** [-nɪŋ] *adj.* ☐ unter'haltend, -'haltsam, amü'sant; **ˌen·ter'tain·ment** [-mənt] *s.* **1.** Unter'haltung *f*, Belustigung *f*: ***place of ~*** Vergnügungsstätte *f*; **~ *tax*** Vergnügungssteuer *f*; ***much to his ~*** sehr zu s-r Belustigung; **2.** (*öffentliche*) Unterhaltung, *thea. etc. a.* Enter'tainment *n*: **~ *electronics*** Unterhaltungselektronik *f*; **~ *expenses*** Bewirtungskosten *pl.*; **~ *industry*** Unterhaltungsindustrie *f*; **~*s officer*** Animateur *m*; **~ *value*** Unterhaltungswert *m*; **3.** Gastfreundschaft *f*, Bewirtung *f*: **~ *allowance*** ⚚ Aufwandsentschädigung *f*; **4.** Fest *n*, Gesellschaft *f.*

en·thral(l) [ɪn'θrɔːl] *v/t.* **1.** *fig.* bezaubern, fesseln, in s-n Bann schlagen; **2.** *obs.* unter'jochen; **en'thrall·ing** [-lɪŋ] *adj.* fesselnd, bezaubernd; **en'thral(l)·ment** [-mənt] *s.* **1.** Bezauberung *f*; **2.** *obs.* Unter'jochung *f.*

en·throne [ɪn'θrəʊn] *v/t.* auf den Thron setzen, *a. eccl. Bischof* inthronisieren: ***be ~d*** *fig.* thronen; **en'throne·ment** [-mənt] *s.* Inthronisati'on *f.*

en·thuse [ɪn'θjuːz] F **I** *v/t.* begeistern; **II** *v/i.* (***about***) begeistert sein (von), schwärmen (für, von); **en'thu·si·asm** [-zɪæzəm] *s.* **1.** Enthusi'asmus *m*, Begeisterung *f* (***for*** für, ***about*** über *acc.*); **2.** Schwärme'rei *f*; **en'thu·si·ast** [-zɪæst] *s.* **1.** Enthusi'ast(in); **2.** Schwärmer(in); **en·thu·si·as·tic** [ɪnˌθjuːzɪ'æstɪk] *adj.* (☐ **~*ally***) enthusi'astisch, begeistert (***about***, ***over*** über *acc.*): ***become*** (*od.* ***get***) **~** in Begeisterung geraten.

en·tice [ɪn'taɪs] *v/t.* **1.** locken: **~ *s.o. away*** a) j-n weglocken (***from*** von), b) ⚚ j-n abwerben; **~ *s.o.'s wife away*** j-m s-e Frau abspenstig machen; **2.** verlocken, -leiten, -führen (***into s.th.*** zu et., ***to do*** *od.* ***into doing*** zu tun); **en'tice·ment** [-mənt] *s.* **1.** (Ver-) Lockung *f*, (An)Reiz *m*; **2.** Verführung *f*, -leitung *f*; **en'tic·ing** [-sɪŋ] *adj.* ☐ verlockend, verführerisch.

en·tire [ɪn'taɪə] **I** *adj.* ☐ → ***entirely***; **1.** ganz, völlig, vollkommen, vollständig, vollzählig, kom'plett, Gesamt...; **2.** ganz, unversehrt, unbeschädigt; **3.** voll, ungeschmälert, uneingeschränkt: ***he enjoys my ~ confidence***; **4.** nicht kastriert: **~ *horse*** Hengst *m*; **II** *s.* **5.** *das* Ganze; **6.** nicht kastriertes Pferd, Hengst *m*; **7.** ♉ Ganzsache *f*; **en'tire·ly** [-lɪ] *adv.* **1.** völlig, gänzlich, ganz u. gar; **2.** ausschließlich: ***it is ~ his fault***; **en'tire·ty** [-tɪ] *s. das* Ganze, Ganzheit *f*, Gesamtheit *f*: ***in its ~*** in s-r Gesamtheit, als Ganzes.

en·ti·tle [ɪn'taɪtl] *v/t.* **1.** *Buch etc.* betiteln: **~*d*** *Buch etc.* mit dem Titel ...; **2.** *j-n* anreden, titulieren; **3.** (***to***) *j-n* berechtigen (zu), *j-m* ein Anrecht geben (auf *acc.*): ***be ~d to*** berechtigt sein zu, e-n (Rechts)Anspruch haben auf (*acc.*); **~*d to vote*** stimm-, wahlberechtigt; **en'ti·tle·ment** [-mənt] *s.* (berechtigter) Anspruch; zustehender Betrag.

en·ti·ty ['entətɪ] *s.* **1.** Dasein *n*; **2.** Wesen *n*, Ding *n*; **3.** ⚖ 'Rechtsperˌsönlichkeit *f*: ***legal ~*** juristische Person; **4.** *EDV etc.*: Enti'tät *f*, (separate) Informationseinheit *f.*

en·tomb [ɪn'tuːm] *v/t.* **1.** begraben, beerdigen; **2.** verschütten, lebendig begraben; **en'tomb·ment** [-mənt] *s.* Begräbnis *n.*

en·to·mo·log·i·cal [ˌentəmə'lɒdʒɪk(l)] *adj.* ☐ entomo'logisch, Insekten...; **en·to·mol·o·gist** [ˌentəʊ'mɒlədʒɪst] *s.* Entomo'loge *m*; **en·to·mol·o·gy** [ˌentəʊ'mɒlədʒɪ] *s.* Entomolo'gie *f*, In'sektenkunde *f.*

en·tou·rage [ˌɒntʊ'rɑːʒ] (*Fr.*) *s.* Entou'rage *f*: a) Um'gebung *f*, b) Gefolge *n.*

en·to·zo·on [ˌentəʊ'zəʊɒn] *pl.* **-zo·a** [-ə] *s. zo.* Ento'zoon *n* (*Parasit*).

entr'acte ['ɒntrækt] (*Fr.*) *s. thea.* Zwischenakt *m*, -spiel *n.*

en·trails ['entreɪlz] *s. pl.* **1.** *anat.* Eingeweide *pl.*; **2.** *fig. das* Innere.

en·train [ɪn'treɪn] 🚆 **I** *v/i.* einsteigen; **II** *v/t.* verladen.

en·trance[1] ['entrəns] *s.* **1.** a) Eintreten *n*, Eintritt *m*, b) 🚆, ⚓ Einlaufen *n*, Einfahrt *f*, c) ✈ Einflug *m*: **~ *duty*** ⚚ Eingangszoll *m*; ***make one's ~*** eintreten, erscheinen (→ 4); **2.** Ein-, Zugang *m*; Zufahrt *f*, (*a.* Hafen)Einfahrt *f*: **~ *hall*** (Eingangs-, Vor)Halle *f*, Hausflur *m*; **3.** Einlass *m*, Ein-, Zutritt *m*: **~ *fee*** a) Eintritt(sgeld *n*) *m*, b) Aufnahmegebühr *f*; **~ *examination*** Aufnahmeprüfung *f*; ***no ~!*** Zutritt verboten!; **4.** *thea.* Auftritt *m*: ***make one's ~*** auftreten; **5.** (***on***, ***upon***) Antritt *m* (*e-s Amtes, e-r Erbschaft etc.*); **6.** *fig.* (***to***) Beginn *m* (*gen.*), Einstieg *m* (in *acc.*).

en·trance[2] [ɪn'trɑːns] *v/t.* in Verzückung versetzen, hinreißen: **~*d*** ver-, entzückt, hingerissen; **~*d with joy*** freudetrunken; **en'trance·ment** [-mənt] *s.* Verzückung *f*; **en'tranc·ing** [-sɪŋ] *adj.* hinreißend, bezaubernd.

en·trant ['entrənt] *s.* **1.** Eintretende(r *m*) *f*; **2.** neues Mitglied; **3.** Berufsanfänger(in) (***to*** in *dat.*); **4.** *bsd. sport* Teilnehmer(in), Konkur'rent(in), *a.* Bewerber(in).

en·trap [ɪn'træp] *v/t.* **1.** (in e-r Falle) fangen; **2.** verführen, verleiten (***into doing*** zu tun).

en·treat [ɪn'triːt] *v/t.* **1.** *j-n* dringend bitten *od.* ersuchen, anflehen; **2.** *et.* erflehen; **3.** *obs. od. bibl. j-n* behandeln; **en'treat·ing·ly** [-ɪŋlɪ] *adv.* flehentlich; **en'treat·y** [-tɪ] *s.* dringende Bitte, Flehen *n.*

en·trée ['ɒntreɪ] (*Fr.*) *s.* **1.** *bsd. fig.* Zutritt *m* (***into*** zu); **2.** *Küche*: a) En'tree *n*, Zwischengericht *n*, b) *Am.* Hauptgericht *n*; **3.** ♪ En'tree *n.*

en·tre·mets ['ɒntrəmeɪ; *pl.* 'ɒntrəmeɪz] (*Fr.*) *s.* a) Zwischengericht *n*, b) Süßspeise *f.*

en·trench [ɪn'trentʃ] *v/t.* ⚔ mit Schützengräben durch'ziehen, befestigen: **~ *o.s.*** sich verschanzen *od.* festsetzen (*beide a. fig.*); **~*ed*** *fig.* eingewurzelt, verwurzelt; **en'trench·ment** [-mənt] *s.* ⚔ **1.** Verschanzung *f*; **2.** *pl.* Schützengräben *pl.*

en·tre·pôt ['ɒntrəpəʊ] (*Fr.*) *s.* ⚚ **1.** Lager-, Stapelplatz *m*; **2.** (Waren-, Zoll-) Niederlage *f.*

en·tre·pre·neur [ˌɒntrəprə'nɜː] (*Fr.*) *s.* **1.** ⚚ Unter'nehmer *m*; **2.** *Am.* Veranstalter *m*; **ˌen·tre·pre'neur·i·al** [-ɜːrɪəl] *adj.* ⚚ unter'nehmerisch, Unternehmer...

en·tre·sol ['ɒntrəsɒl] (*Fr.*) *s.* ⚠ Zwischen-, Halbgeschoss, *östr.* -geschoß *n.*

en·trust [ɪn'trʌst] *v/t.* **1.** anvertrauen (***to*** *dat.*); **2.** *j-n* betrauen (***with s.th.*** mit et.).

en·try ['entrɪ] *s.* **1.** Zugang *m*, Zutritt *m*, Einreise *f*: **~ *permit*** Einreisegenehmigung *f*; **~ *visa*** Einreisevisum *n*; ***no ~!*** Kein Zutritt!, *mot.* Keine Einfahrt!; **2.** Eintritt *m*, -gang *m*, -fahrt *f*, -zug *m*, -rücken *n*; **3.** Eingang(stür *f*) *m*, Einfahrt(stor *n*) *f*; (Eingangs)Halle *f*; **4.** *thea.* Auftritt *m*; **5.** (Amts-, Dienst)Antritt *m*: **~ *into office*** (***service***); **6.** ⚖ a) Besitzantritt *m*, -ergreifung *f* (***upon*** *gen.*), b) Eindringen *n*, -bruch *m*; **7.** *fig.* Beitritt *m* (***to***, ***into*** zu); **8.** ⚚, ⚓ Einklarierung *f*: **~ *inwards*** Einfuhrdeklaration *f*; **9.** Eintragung *f*, Vermerk *m*; **10.** ⚚ a) Buchung *f*: ***credit ~*** Gutschrift *f*; ***debit ~*** Lastschrift *f*; ***make an ~*** (***of***) (*et.*) buchen, b) Posten *m*, c) Eingang *m* (*von Geldern*); **11.** Stichwort *n* (*Lexikon*); **12.** *bsd. sport* a) Meldung *f*, Nennung *f*, Teilnahme *f*: **~ *form*** (An)Meldeformular *n*; **~ *fee*** Nenngebühr *f*, Startgeld *n*, b) → ***entrant*** 4; **'~·phone** *s.* Sprechanlage *f.*

en·twine [ɪn'twaɪn] *v/t.* **1.** um'schlingen, um'winden, (ver)flechten (*a. fig.*); **~*d letters*** verschlungene Buchstaben; **2.** winden, schlingen (***about*** um).

en·twist [ɪn'twɪst] *v/t.* (ver)flechten, um'winden, verknüpfen.

e·nu·cle·ate [ɪ'njuːklɪeɪt] *v/t.* **1.** ⚕ *Tumor* ausschälen; **2.** *fig.* erläutern, deutlich machen.

e·nu·mer·ate [ɪ'njuːməreɪt] *v/t.* **1.** aufzählen; **2.** spezifizieren; **e·nu·mer·a·tion** [ɪˌnjuːmə'reɪʃn] *s.* **1.** Aufzählung *f*; **2.** Liste *f*, Verzeichnis *n*; **e'nu·mer·a·tor** [-tə] *s.* Zähler *m* (*bei Volkszählungen*).

e·nun·ci·ate [ɪ'nʌnsɪeɪt] *v/t.* **1.** (deutlich) ausdrücken, -sprechen; **2.** behaupten, erklären, formulieren; *Grundsatz* aufstellen; **e·nun·ci·a·tion** [ɪ,nʌnsɪ'eɪʃn] *s.* **1.** Ausdruck *m*; Ausdrucks-, Vortragsweise *f*; **2.** Erklärung *f*, Verkündung *f*; Aufstellung *f* (*e-s Grundsatzes*); **e'nun·ci·a·tive** [-nʃɪətɪv] *adj.*: ***be ~ of s.th.*** et. ausdrücken.

en·ure → ***inure***.

en·vel·op [ɪn'veləp] **I** *v/t.* **1.** einwickeln, -schlagen, (ein)hüllen (***in*** in *acc.*); **2.** *oft fig.* um-, ver'hüllen, um'geben; **3.** ⚔ um'fassen, um'klammern; **II** *s.* **4.** *Am.* → **en·ve·lope** ['envələʊp] *s.* **1.** Decke *f*, Hülle *f* (*a. anat.*), 'Umschlag *m*; **2.** 'Brief,umschlag *m*; **3.** ✈ (Bal'lon)Hülle *f*; **4.** ⚘ Kelch *m*; **en'vel·op·ment** [-mənt] *s.* **1.** Um'hüllung *f*, Hülle *f*; **2.** ⚔ Um'fassung(sangriff *m*) *f*, Um'klammerung *f*.

en·ven·om [ɪn'venəm] *v/t.* **1.** vergiften (*a. fig.*); **2.** *fig.* a) verschärfen, b) mit Hass erfüllen.

en·vi·a·ble ['envɪəbl] *adj.* □ beneidenswert, zu beneiden(d); **'en·vi·er** [-vɪə] *s.* Neider(in); **'en·vi·ous** [-vɪəs] *adj.* □ (***of***) neidisch (auf *acc.*), 'missgünstig (gegen): ***be ~ of s.o. because of*** j-n beneiden um.

en·vi·ron [ɪn'vaɪərən] *v/t.* um'geben (*a. fig.*); **en'vi·ron·ment** [-mənt] *s.* **1.** *a.* ***~s*** *pl.* Um'gebung *f e-s Ortes*; **2.** *biol.*, *sociol.* Um'gebung *f*, 'Umwelt *f*, Mili'eu *n* (*a.* ⚗): ***~ policy*** Umweltpolitik *f*; **en·vi·ron·men·tal** [ɪn,vaɪərən'mentl] *adj.* □ *biol.*, *psych.* Milieu..., Umwelt(s)...: ***~ awareness*** Umweltbewusstsein *n*; ***~ly aware*** 'umweltbe,wusst; ***~ compatibility*** Umweltverträglichkeit *f*; ***~ compatibility assessment*** Umweltverträglichkeitsprüfung *f*; ***~ crime*** a) 'Umweltkriminali,tät *f*, b) 'Umweltverbrechen *n*, Verbrechen *n* an der 'Umwelt; ***~ disaster*** Umweltkatastrophe *f*; ***~ engineering*** Umwelttechnik *f*; ***~ly friendly*** umweltfreundlich; ***~ impact*** Umwelteinfluss *m*; ***~ pollution*** Umweltverschmutzung *f*; ***~ protection*** Umweltschutz *m*; ***~ regulations*** Umweltschutzbestimmungen *pl.*; ***~ summit*** 'Umweltgipfel(treffen *n*) *m*; ***~ technology*** Umwelttechnik *f*; **en·vi·ron·men·tal·ism** [ɪn,vaɪərən'mentəlɪzəm] *s.* **1.** 'Umweltschutz(bewegung *f*) *m*; **2.** *sociol.* Environmenta'lismus *m*; **en·vi·ron·mental·ist** [ɪn,vaɪərən'mentəlɪst] *s.* 'Umweltschützer(in); **en·vi·ron·men·tal·ly** [ɪn,vaɪərən'mentəlɪ] *adv.* in Bezug auf *od.* durch die Umwelt: ***~ beneficial*** (***harmful***) umweltfreundlich (-belastend, -schädigend, -feindlich); **en·vi·rons** [ɪn'vaɪərənz] *s. pl.* Um'gebung *f*, 'Umgegend *f*.

en·vis·age [ɪn'vɪzɪdʒ] *v/t.* **1.** in Aussicht nehmen, ins Auge fassen, gedenken (***doing*** *et.* zu tun); **2.** sich *et.* vorstellen; **3.** *j-n, et.* begreifen (***as*** als).

en·vi·sion [ɪn'vɪʒn] *v/t.* sich *et.* vorstellen.

en·voy¹ ['envɔɪ] *s.* Zueignungs-, Schlussstrophe *f* (*e-s Gedichts*).

en·voy² ['envɔɪ] *s.* **1.** *pol.* Gesandte(r) *m*; **2.** Abgesandte(r) *m*, Be'vollmächtigte(r) *m*.

en·vy ['envɪ] **I** *s.* **1.** (***of***) Neid *m* (auf *acc.*), 'Missgunst *f* (gegen): ***be eaten up with ~*** vor Neid platzen; → ***green*** 1; **2.** Gegenstand *m* des Neides: ***his car is the ~ of all*** alle beneiden ihn um sein Auto; **II** *v/t.* **3.** *j-n* (um *et.*) beneiden: ***I ~ (him) his car*** ich beneide ihn um sein Auto; **4.** *j-m et.* miss'gönnen.

en·wrap [ɪn'ræp] → ***wrap*** I.

en·zyme ['enzaɪm] *s.* ⚗ En'zym *n*, Fer'ment *n*.

e·o·cene ['iːəʊsiːn] *s. geol.* Eo'zän *n*;

e·o·lith·ic [,iːəʊ'lɪθɪk] *adj. geol.* eo'lithisch.

e·on → ***aeon***.

ep·au·let(te) ['epəʊlet] *s.* ⚔ Epau'lette *f*, Achselschnur *f*, -stück *n*.

é·pée ['epeɪ] (*Fr.*) *s. fenc.* Degen *m*; **é·pee·ist** ['epeɪɪst] *s.* Degenfechter *m*.

ep·en·the·sis [e'penθɪsɪs] *s. ling.* Epen'these *f*, Lauteinfügung *f*.

e·pergne [ɪ'pɜːn] (*Fr.*) *s.* Tafelaufsatz *m*.

e·phed·rin(e) [ɪ'fedrɪn; ⚗ 'efɪdriːn] *s.* ⚗ Ephe'drin *n*.

e·phem·er·a [ɪ'femərə] *s.* **1.** *zo. u. fig.* Eintagsfliege *f*; **2.** *pl. von* ***ephemeron***; **e'phem·er·al** [-rəl] *adj.* ephe'mer: a) eintägig, b) *fig.* flüchtig, kurzlebig; **e'phem·er·on** [-rɒn] *pl.* **-a** [-ə], **-ons** *s. zo. u. fig.* Eintagsfliege *f*.

E·phe·sian [ɪ'fiːʒjən] *s.* **1.** 'Epheser(in); **2.** *pl. bibl.* (Brief *m* des Paulus an die) 'Epheser *pl.*

ep·ic ['epɪk] **I** *adj.* (□ ***~ally***) **1.** episch: ***~ poem*** Epos *n*; **2.** *fig.* heldenhaft, he'roisch, Helden...: ***~ laughter*** homerisches Gelächter; **II** *s.* **3.** Epos *n*, Heldengedicht *n*; **4.** *allg.* episches Werk.

ep·i·cene ['epɪsiːn] *adj. ling. u. fig.* beiderlei Geschlechts.

ep·i·cen·ter *Am.*, **ep·i·cen·tre** ['epɪsentə] *Brit.*, **ep·i·cen·trum** [,epɪ'sentrəm] *s.* **1.** Epi'zentrum *n* (*Gebiet über dem Erdbebenherd*); **2.** *fig.* Mittelpunkt *m*.

ep·i·cure ['epɪ,kjʊə] *s.* Genießer *m*, Genussmensch *m*; Feinschmecker *m*; **ep·i·cu·re·an** [,epɪkjʊə'riːən] **I** *adj.* **1.** ℒ *phls.* epiku'reisch; **2.** a) genusssüchtig, schwelgerisch, b) feinschmeckerisch; **II** *s.* **3.** ℒ *phls.* Epiku'reer *m*; **4.** → ***epicure***; **'ep·i·cur·ism** [-kjʊərɪzəm] *s.* **1.** ℒ *phls.* Epikure'ismus *m*; **2.** Genusssucht *f*.

ep·i·cy·cle ['epɪsaɪkl] *s.* ⚹, *ast.* Epi'zykel *m*; **ep·i·cy·clic** [,epɪ'saɪklɪk] *adj.* epi'zyklisch: ***~ gear*** ⚙ Planetengetriebe *n*; **ep·i·cy·cloid** [,epɪ'saɪklɔɪd] *s.* ⚹ Epizyklo'ide *f*.

ep·i·dem·ic [,epɪ'demɪk] **I** *adj.* (□ ***~ally***) ⚕ epi'demisch, seuchenartig, *fig. a.* grassierend; **II** *s.* ⚕ Epide'mie *f*, Seuche *f* (*beide a. fig.*); **,ep·i'dem·i·cal** [-kl] → ***epidemic*** I; **ep·i·de·mi·ol·o·gy** [,epɪdiːmɪ'ɒlədʒɪ] *s.* ⚕ Epidemiolo'gie *f*.

ep·i·der·mis [,epɪ'dɜːmɪs] *s. anat.* Epi'dermis *f*, Oberhaut *f*.

ep·i·gas·tri·um [,epɪ'gæstrɪəm] *s. anat.* Epi'gastrium *n*, Oberbauchgegend *f*, Magengrube *f*.

ep·i·glot·tis [,epɪ'glɒtɪs] *s. anat.* Epi'glottis *f*, Kehldeckel *m*.

ep·i·gone ['epɪgəʊn] *s.* Epi'gone *m*.

ep·i·gram ['epɪgræm] *s.* Epi'gramm *n*, Sinngedicht *n*, -spruch *m*; **ep·i·gram·mat·ic** [,epɪgrə'mætɪk] *adj.* (□ ***~ally***) **1.** epigram'matisch; **2.** kurz u. treffend, scharf pointiert; **ep·i·gram·ma·tist** [,epɪ'græmətɪst] *s.* Epigram'matiker *m*; **ep·i·gram·ma·tize** [,epɪ'græmətaɪz] **I** *v/t.* **1.** kurz u. treffend formulieren; **2.** ein Epi'gramm verfassen über *od.* auf (*acc.*); **II** *v/i.* **3.** Epi'gramme verfassen.

ep·i·graph ['epɪgrɑːf] *s.* **1.** Epi'graph *n*, Inschrift *f*; **2.** Sinnspruch *m*, Motto *n*; **ep·i·graph·ic** [,epɪ'græfɪk] *adj.* epi'graphisch; **e·pig·ra·phist** [e'pɪgrəfɪst] *s.* Epi'graphiker *m*, Inschriftenforscher *m*.

ep·i·lep·sy ['epɪlepsɪ] *s.* ⚕ Epilep'sie *f*; **ep·i·lep·tic** [,epɪ'leptɪk] **I** *adj.* epi'leptisch; **II** *s.* Epi'leptiker(in).

ep·i·logue, *Am. a.* **ep·i·log** ['epɪlɒg] *s.* **1.** Epi'log *m*: a) Nachwort *n*, b) *thea.* Schlussrede *f*, c) *fig.* Ausklang *m*, Nachspiel *n*, -lese *f*; **2.** *Radio, TV*: (Wort *n* zum) Tagesausklang *m*.

E·piph·a·ny [ɪ'pɪfənɪ] *s. eccl.* **1.** Epi'phanias *n*, Drei'königsfest *n*; **2.** ℒ Epipha'nie *f* (*göttliche Erscheinung*).

e·pis·co·pa·cy [ɪ'pɪskəpəsɪ] *s. eccl.* Episko'pat *m*, *n*: a) bischöfliche Verfassung, b) Gesamtheit *f* der Bischöfe, c) Amtstätigkeit *f* e-s Bischofs, d) Bischofsamt *n*, -würde *f*; **e'pis·co·pal** [-pl] *adj.* □ *eccl.* bischöflich, Bischofs...: ℒ ***Church*** Episkopalkirche *f*; **e·pis·co·pa·li·an** [ɪ,pɪskəʊ'peɪljən] **I** *adj.* **1.** bischöflich; **2.** zu e-r Episko'palkirche gehörig; **II** *s.* **3.** Mitglied *n* e-r Episko'palkirche; **e'pis·co·pate** [-kəʊpət] *s. eccl.* Episko'pat *m*, *n*: a) → ***episcopacy*** b *u.* d, b) Bistum *n*.

ep·i·sode ['epɪsəʊd] *s. allg.* Epi'sode *f*: a) Neben-, Zwischenhandlung *f* (*im Drama etc.*), eingeflochtene Erzählung, b) (Neben)Ereignis *n*, Vorfall *m*, Erlebnis *n*, c) ♪ Zwischenspiel *n*; **ep·i·sod·ic, ep·i·sod·i·cal** [,epɪ'sɒdɪk(l)] *adj.* □ epi'sodisch.

e·pis·te·mol·o·gy [e,pɪstiː'mɒlədʒɪ] *s. phls.* Er'kenntnistheo,rie *f*.

e·pis·tle [ɪ'pɪsl] *s.* **1.** E'pistel *f*, Sendschreiben *n*; **2.** ℒ a) *bibl.* (*Römer- etc.*) Brief *m*, b) *eccl.* E'pistel *f* (*Auszug aus* a); **3.** E'pistel *f*, (*bsd.* langer) Brief; **e'pis·to·lar·y** [-stələrɪ] *adj.* Brief...

ep·i·style ['epɪstaɪl] *s.* △ Epi'styl *n*, Tragbalken *m*.

ep·i·taph ['epɪtɑːf] *s.* **1.** Epi'taph *n*, Grabschrift *f*; **2.** Totengedicht *n*.

ep·i·the·li·um [,epɪ'θiːljəm] *pl.* **-ums** *od.* **-a** [-ə] *s. anat.* Epi'thel *n*.

ep·i·thet ['epɪθet] *s.* **1.** E'pitheton *n*, Beiwort *n*, Attri'but *n*; **2.** Beiname *m*.

e·pit·o·me [ɪ'pɪtəmɪ] *s.* **1.** Auszug *m*, Abriss *m*, (kurze) Inhaltsangabe *od.* Darstellung: ***in ~*** a) auszugsweise, b) in gedrängter Form; **2.** *fig.* (***of***) a) kleines Gegenstück (zu), Minia'tur *f* (*gen.*), b) Verkörperung *f* (*gen.*); **e'pit·o·mize** [-maɪz] *v/t.* e-n Auszug machen aus, *et.* kurz darstellen *od.* ausdrücken.

ep·i·zo·on [,epɪ'zəʊɒn] *pl.* **-a** [-ə] *s. zo.* Epi'zoon *n*; **ep·i·zo·ot·ic** [,epɪzəʊ'ɒtɪk] *s. vet.* Epizoo'tie *f* (*Tierseuche*).

e·poch ['iːpɒk] *s.* **1.** E'poche *f* (*a. geol. u. ast.*), Zeitalter *n*, -abschnitt *m*: ***this marks an ~*** dies ist ein Markstein *od.* Wendepunkt (*in der Geschichte*); **ep·och·al** ['epɒkl] *adj.* epo'chal: a) Epochen..., b) → **'e·poch-,mak·ing** *adj.* E'poche machend, bahnbrechend.

ep·o·nym ['epəʊnɪm] *s.* Epo'nym *n* (*Gattungsbezeichnung, die auf e-n Personennamen zurückgeht*).

ep·o·pee ['epəʊpiː] *s.* **1.** → ***epos***; **2.** epische Dichtung.

ep·os ['epɒs] *s.* **1.** Epos *n*, Heldengedicht *n*; **2.** (*mündlich überlieferte*) epische Dichtung.

Ep·som salt ['epsəm] *s.*, *oft pl. sg. konstr.* Epsomer Bittersalz *n*.

eq·ua·bil·i·ty [,ekwə'bɪlətɪ] *s.* **1.** Gleichmäßigkeit *f*; **2.** Gleichmut *m*; **eq·ua·ble** ['ekwəbl] *adj.* □ **1.** gleichförmig, -mäßig; **2.** ausgeglichen, gleichmütig, gelassen.

E

e·qual ['iːkwəl] **I** *adj.* □ → *equally*; **1.** gleich: ***be ~ to*** gleich sein, gleichen (*dat.*) (→ *a.* 2); ***of ~ size***, ***~ in size*** gleich groß; ***with ~ courage*** mit demselben Mut; ***not ~ to*** geringer als; ***other things being ~*** unter sonst gleichen Umständen; **2.** entsprechend: ***~ to the demand***; ***be ~ to*** gleichkommen (*dat.*); → 1; ***~ to new*** wie neu; **3.** fähig, im'stande, gewachsen: ***~ to do*** fähig zu tun; ***~ to a task*** (***the occasion***) e-r Aufgabe (der Sache) gewachsen; **4.** aufgelegt, geneigt (***to*** *dat. od.* zu): ***~ to a cup of tea*** e-r Tasse Tee nicht abgeneigt; **5.** gleichmäßig; **6.** gleichberechtigt, -wertig, ebenbürtig: ***on ~ terms*** a) unter gleichen Bedingungen, b) auf gleicher Stufe stehend (***with*** mit); ***~ opportunities*** Chancengleichheit *f*; ***~ rights for women*** Gleichberechtigung *f* der Frau; **7.** gleichmütig, gelassen: ***~ mind*** Gleichmut *m*; **II** *s.* **8.** Gleichgestellte(r *m*) *f*, Ebenbürtige(r *m*) *f*: ***your ~s*** deinesgleichen; ***~s in age*** Altersgenossen; ***he has no ~, he is without ~*** er hat nicht *od.* sucht seinesgleichen; ***be the ~ of s.o.*** j-m ebenbürtig sein; **III** *v/t.* **9.** gleichen (*dat.*), gleichkommen (***in*** an *dat.*): ***not to be ~(l)ed*** ohnegleichen (sein).

e·qual·i·tar·i·an [ɪˌkwɒlɪ'teərɪən] *etc.* → ***egalitarian*** *etc.*

e·qual·i·ty [iː'kwɒlətɪ] *s.* Gleichheit *f*: ***~ (of rights)*** Gleichberechtigung *f*; ***~ of opportunity*** Chancengleichheit *f*; ***~ of votes*** Stimmengleichheit *f*; ***be on an ~ with*** a) auf gleicher Stufe stehen mit (*j-m*), b) gleichbedeutend sein mit (*et.*); ***~ sign***, ***sign of ~*** ∡ Gleichheitszeichen *n*; **e·qual·i·za·tion** [ˌiːkwəlaɪ'zeɪʃn] *s.* **1.** Gleichstellung *f*, -machung *f*; **2.** *bsd.* ☤ Ausgleich(ung *f*) *m*: ***~ fund*** Ausgleichsfonds *m*; **3.** a) ⚙ Abgleich *m*, b) ϟ, *phot.* Entzerrung *f*.

e·qual·ize ['iːkwəlaɪz] **I** *v/t.* **1.** gleichmachen, -stellen, -setzen, angleichen; **2.** ausgleichen, kompensieren; **3.** a) ⚙ abgleichen, b) ϟ, *phot.* entzerren; **II** *v/i.* **4.** *sport* ausgleichen, den Ausgleich erzielen; **'e·qual·iz·er** [-zə] *s.* **1.** ⚙ Stabili'sator *m*; **2.** ϟ Entzerrer *m*; **3.** *sport* Ausgleichstreffer *m od.* -punkt *m*; **4.** *sl.* Schießeisen *n*; **'e·qual·ly** [-əlɪ] *adv.* ebenso, gleich(ermaßen), in gleicher Weise; **'e·quals sign** [-lz] *s.* ∡ Gleichheitszeichen *n*.

e·qua·nim·i·ty [ˌekwə'nɪmətɪ] *s.* Gleichmut *m*, Gelassenheit *f*.

e·quate [ɪ'kweɪt] **I** *v/t.* **1.** ausgleichen; **2.** *j-n, et.* gleichstellen, -setzen (***to***, ***with*** *dat.*); **3.** ∡ in die Form e-r Gleichung bringen; **4.** als gleich(wertig) ansehen *od.* behandeln; **II** *v/i.* **5.** gleichen, entsprechen (***with*** *dat.*); **e'quat·ed** [-tɪd] *adj.* ☤ Staffel...: ***~ calculation of interest*** Staffelzinsrechnung *f*; **e'qua·tion** [-eɪʃn] *s.* **1.** Ausgleich *m*; **2.** Gleichheit *f*; **3.** ∡, ⚗, *ast.* Gleichung *f*: ***~ formula*** Gleichungsformel *f*; **4.** *sociol.* Ge'samtkomˌplex *m* der Fak'toren u. Mo'tive menschlichen Verhaltens; **e'qua·tor** [-tə] *s.* Ä'quator *m*; **e·quato·ri·al** [ˌekwə'tɔːrɪəl] *adj.* □ äquatori'al.

eq·uer·ry ['ekwərɪ; ɪ'kwerɪ] *s. Brit.* **1.** königlicher Stallmeister; **2.** per'sönlicher Diener (*e-s Mitglieds der königlichen Familie*).

e·ques·tri·an [ɪ'kwestrɪən] **I** *adj.* Reit(er)...: ***~ sports*** Reitsport *m*; ***~ statue*** Reiterstandbild *n*; **II** *s.* (Kunst)Reiter (-in).

equi- [iːkwɪ] *in Zssgn* gleich.

ˌe·quiˈan·gu·lar *adj.* ∡ gleichwink(e)lig; **ˌ~'dis·tant** *adj.* □ gleich weit entfernt, in gleichem Abstand (***from*** von); **ˌ~'lat·er·al** *bsd.* ∡ **I** *adj.* gleichseitig: ***~ triangle***; **II** *s.* gleichseitige Fi'gur.

e·qui·li·brate [ˌiːkwɪ'laɪbreɪt] *v/t.* **1.** ins Gleichgewicht bringen (*a. fig.*); **2.** ⚙ auswuchten; **3.** ϟ abgleichen; **e·qui·li·bra·tion** [ˌiːkwɪlaɪ'breɪʃn] *s.* **1.** Gleichgewicht *n*; **2.** Herstellung *f* des Gleichgewichts; **e·quil·i·brist** [iː'kwɪlɪbrɪst] *s.* Äquili'brist(in), *bsd.* Seiltänzer(in); **ˌe·qui'lib·ri·um** [-'lɪbrɪəm] *s.* *phys.* Gleichgewicht *n* (*a. fig.*), Ba'lance *f*.

e·quine ['iːkwaɪn] *adj.* Pferde...

e·qui·noc·tial [ˌiːkwɪ'nɒkʃl] **I** *adj.* **1.** Äquinoktial..., die Tagund'nachtgleiche betreffend: ***~ point*** → ***equinox*** 2; **II** *s.* **2.** *a.* ***~ circle*** *od.* ***line*** 'Himmelsäˌquator *m*; **3.** *pl.* → ***~ gale*** *s.* Äquinokti'alsturm *m*.

e·qui·nox ['iːkwɪnɒks] *s.* **1.** Äqui'noktium *n*, Tagund'nachtgleiche *f*: ***vernal ~*** Frühlingsäquinoktium; **2.** Äquinokti'alpunkt *m*.

e·quip [ɪ'kwɪp] *v/t.* **1.** ausrüsten, -statten (***with*** mit) (*a.* ⚙, ⚔, ⚓), *Klinik etc.* einrichten; **2.** *fig.* ausrüsten (***with*** mit), *j-m* das (geistige) Rüstzeug geben (***for*** für); **eq·ui·page** ['ekwɪpɪdʒ] *s.* **1.** Ausrüstung *f* (*a.* ⚔, ⚓); **2.** *obs.* Gebrauchsgegenstände *pl.*; **3.** Equi'page *f*, Kutsche *f*; **e'quip·ment** [-mənt] *s.* **1.** ⚔, ⚓ Ausrüstung *f*; **2.** a) *a.* ⚙ Ausrüstung *f*, -stattung *f*, b) *mst pl.* Ausrüstung(sgegenstände *pl.*) *f*, Materi'al *n*, c) ⚙ Einrichtung *f*, (Betriebs)Anlage(n *pl.*) *f*, Ma'schine(n *pl.*) *f*, Gerät *n*, Appa'ratur *f*, d) 🚂 *Am.* rollendes Materi'al; **3.** *fig.* (geistiges) Rüstzeug.

e·qui·poise ['ekwɪpɔɪz] **I** *s.* **1.** Gleichgewicht *n* (*a. fig.*); **2.** *fig.* Gegengewicht *n* (***to*** zu); **II** *v/t.* **3.** im Gleichgewicht halten; **4.** ein Gegengewicht bilden zu.

eq·ui·ta·ble ['ekwɪtəbl] *adj.* □ **1.** gerecht, (recht u.) billig; **2.** 'unparˌteiisch; **3.** § a) auf dem Billigkeitsrecht beruhend, b) billigkeitsgerichtlich: ***~ mortgage*** ☤ Hypothek *f* nach dem Billigkeitsrecht; **'eq·ui·ta·ble·ness** [-nɪs] → ***equity*** 1; **'eq·ui·ty** [-tɪ] *s.* **1.** Billigkeit *f*, Gerechtigkeit *f*, 'Unparˌteilichkeit *f*: ***in ~*** billiger-, gerechterweise; **2.** § a) (*ungeschriebenes*) Billigkeitsrecht: ***Court of*** ℒ Billigkeitsgericht *n*, b) Anspruch *m* nach dem Billigkeitsrecht; **3.** § Wert *m* nach Abzug aller Belastungen, reiner Wert (*e-s Hauses etc.*); **4.** ☤ a) *a.* ***~ capital*** Eigenkapital *n* (*e-r Gesellschaft*), b) *a.* ***~ security*** Dividendenpapier *n*; **5.** ℒ *Brit.* Gewerkschaft *f* der Schauspieler.

e·quiv·a·lence [ɪ'kwɪvələns] *s.* Gleichwertigkeit *f* (*a.* ⚗); **e'quiv·a·lent** [-nt] **I** *adj.* □ **1.** gleichwertig, -bedeutend, entsprechend: ***be ~ to*** gleichkommen, entsprechen (*dat.*), den gleichen Wert haben wie; **2.** ⚗, ∡ gleichwertig, äquiva'lent; **II** *s.* **3.** Gegenwert *m* (***of*** von *od. gen.*); gleiche Menge; **4.** Gegen-, Seitenstück *n* (***of***, ***to*** zu); **5.** *genaue* Entsprechung, Äquiva'lent.

e·quiv·o·cal [ɪ'kwɪvəkl] *adj.* □ **1.** zweideutig, doppelsinnig; **2.** ungewiss, zweifelhaft; **3.** fragwürdig, verdächtig; **e'quiv·o·cal·ness** [-nɪs] *s.* Zweideutigkeit *f*; **e'quiv·o·cate** [-keɪt] *v/i.* zweideutig reden, Worte verdrehen; Ausflüchte machen; **e·quiv·o·ca·tion** [ɪˌkwɪvə'keɪʃn] *s.* Zweideutigkeit *f*; Ausflucht *f*, Wortverdrehung *f*; **e'quiv·o·ca·tor** [-keɪtə] *s.* Wortverdreher(in).

e·ra ['ɪərə] *s.* Ära *f*: a) Zeitrechnung *f*, b) E'poche *f*, Zeitalter *n*: ***mark an ~*** e-e Epoche einleiten.

e·rad·i·ca·ble [ɪ'rædɪkəbl] *adj.* ausrottbar, auszurotten(d); **e'rad·i·cate** [-keɪt] *v/t.* *mst fig.* ausrotten; **e·rad·i·ca·tion** [ɪˌrædɪ'keɪʃn] *s.* Ausrottung *f*.

e·rase [ɪ'reɪz] *v/t.* **1.** a) *Farbe etc.* ab-, auskratzen, b) *Schrift etc.* ausstreichen, -radieren, *a. Tonbandaufnahme* löschen: ***erasing head*** Löschkopf *m*; **2.** *fig.* auslöschen, (aus)tilgen (***from*** aus): ***~ from one's memory*** aus dem Gedächtnis löschen; **3.** a) vernichten, auslöschen, b) *Am. sl.* ‚kaltmachen' (*töten*); **e'ras·er** [-zə] *s.* **1.** Radiermesser *n*; **2.** Radiergummi *m*; **e·ra·sion** [ɪ'reɪʒn] *s.* **1.** → ***erasure***; **2.** ⚕ Auskratzung *f*; **e·ra·sure** [ɪ'reɪʒə] *s.* **1.** Ausradierung *f*, Tilgung *f*, Löschung *f*; **2.** ausradierte *od.* gelöschte Stelle.

ere [eə] *poet.* **I** *cj.* ehe, bevor; **II** *prp.* vor: ***~ long*** bald; ***~ this*** schon vorher; ***~ now*** vordem, bislang.

e·rect [ɪ'rekt] **I** *v/t.* **1.** aufrichten, -stellen; **2.** *Gebäude etc.* errichten, bauen; **3.** ⚙ aufstellen, montieren; **4.** *fig. Theorie* aufstellen; **5.** § einrichten, gründen; **6.** ∡ *das Lot, e-e Senkrechte* fällen, errichten; **II** *adj.* □ **7.** aufgerichtet, aufrecht: ***with head ~*** erhobenen Hauptes; ***stand ~(ly)*** gerade stehen, *fig.* standhaft bleiben; **8.** *physiol.* erigiert (*Penis*); **9.** zu Berge stehend, sich sträubend (*Haare*); **e'rec·tile** [-taɪl] *adj.* **1.** aufrichtbar; **2.** aufgerichtet; **3.** *physiol.* erek'til, Schwell...: ***~ tissue***; **e'rect·ing** [-tɪŋ] *s.* **1.** ⚙ Aufbau *m*, Mon'tage *f*; **2.** *opt.* 'Bildˌumkehrung *f*; **e'rec·tion** [-kʃn] *s.* **1.** Auf-, Errichtung *f*, Aufführung *f*; **2.** Bau *m*, Gebäude *n*; **3.** ⚙ Mon'tage *f*; **4.** *physiol.* Erekti'on *f*; **5.** § Gründung *f*; **e'rect·ness** [-nɪs] *s.* **1.** aufrechte Haltung (*a. fig.*); **2.** *a. fig.* Geradheit *f*; **e'rec·tor** [-tə] *s.* **1.** Erbauer *m*; **2.** *anat.* E'rektor *m*, Aufrichtmuskel *m*.

er·e·mite ['erɪmaɪt] *s.* Ere'mit *m*, Einsiedler *m*.

e-re·tail·er ['iːˌriːteɪlə] *s.* ☤ 'E-ˌRetailer *m*, elekt'ronischer Einzelhändler.

erg [ɜːɡ], **er·gon** ['ɜːɡɒn] *s. phys.* Erg *n*, Ener'gieeinheit *f*.

er·go·nom·ic [ˌɜːɡəʊ'nɒmɪk] *adj.* (□ ***~ally***) ergo'nomisch; **ˌer·go'nom·ics** *s. pl. sg. konstr. sociol.* Ergono'mie *f*, Ergo'nomik *f* (*Lehre von den Leistungsmöglichkeiten des Menschen*).

er·got ['ɜːɡət] *s.* ⚘ Mutterkorn *n*.

er·i·ca ['erɪkə] *s.* ⚘ Erika *f*.

Er·in ['ɪərɪn] *npr. poet.* Erin *n*, Irland *n*.

er·mine ['ɜːmɪn] *s.* **1.** *zo.* Herme'lin *n* (*a. her.*); **2.** Herme'lin(pelz) *m*.

erne, *Am. a.* **ern** [ɜː] *s. orn.* Seeadler *m*.

e·rode [ɪ'rəʊd] *v/t.* **1.** an-, zer-, wegfressen; **2.** *geol.* erodieren, auswaschen; **3.** ⚙ *u. fig.* verschleißen; **4.** *fig.* aushöhlen, unter'graben.

er·o·gen·ic [ˌerəʊ'dʒenɪk], **e·rog·e·nous** [ɪ'rɒdʒɪnəs] *adj. physiol.* ero'gen: ***~ zone***.

e·ro·sion [ɪ'rəʊʒn] *s.* **1.** Zerfressen *n*; **2.** *geol.* Erosi'on *f*, Auswaschung *f*, Verwitterung *f*; **3.** ⚙ Verschleiß *m*, Abnützung *f*, Schwund *m*; **4.** *fig.* Aushöhlung *f*; **e'ro·sive** [-əʊsɪv] *adj.* ätzend, zerfressend.

e·rot·ic [ɪ'rɒtɪk] **I** *adj.* (□ ***~ally***) e'rotisch; **II** *s.* E'rotiker(in); **e'rot·i·ca** [-kə] *pl.* E'rotika *pl.*; **e'rot·i·cism** [-ɪsɪzəm] *s.* E'rotik *f.*

err [ɜː] *v/i.* **1.** (sich) irren: **~ on the safe side**, **~ on the side of caution** übervorsichtig sein; **to ~ is human** Irren ist menschlich; **2.** falsch sein, fehlgehen (*Urteil*); **3.** (mo'ralisch) auf Abwege geraten.

er·rand ['erənd] *s.* Botengang *m*, Auftrag *m*: **go on** (*od.* **run**) **an ~** e-n (Boten)Gang *od.* e-e Besorgung machen, e-n Auftrag ausführen; **'~-boy** *s.* Laufbursche *m.*

er·rant ['erənt] *adj.* **1.** um'herziehend, (-)wandernd, fahrend: **~ knight**; **2.** *fig.* a) fehlgeleitet, auf Ab- *od.* Irrwegen, b) abtrünnig, fremdgehend (*Ehepartner*); **'er·rant·ry** [-trɪ] **1.** Um'herziehen *n*; **2.** *hist.* fahrendes Rittertum.

er·ra·ta [e'rɑːtə] → **erratum**.

er·rat·ic [ɪ'rætɪk] *adj.* (□ **~ally**) **1.** (um'her)wandernd, (-)ziehend; **2.** *geol.*, ⚕ er'ratisch: **~ block**, **~ boulder** erratischer Block, Findling *m*; **3.** ungleich-, unregelmäßig, regel-, ziellos; **4.** unstet, unberechenbar, sprunghaft.

er·ra·tum [e'rɑːtəm] *pl.* **-ta** [-tə] *s.* **1.** Druckfehler *m*; **2.** *pl.* Druckfehlerverzeichnis *n*, Er'rata *pl.*

err·ing ['ɜːrɪŋ] *adj.* □ **1.** → **erroneous**; **2.** a) irrend, sündig, b) → **errant** 2.

er·ro·ne·ous [ɪ'rəʊnjəs] *adj.* □ irrig, irrtümlich, unrichtig, falsch; **er'ro·ne·ous·ly** [-lɪ] *adv.* irrtümlicherweise, fälschlich, aus Versehen.

er·ror ['erə] *s.* **1.** Irrtum *m*, Fehler *m*, Versehen *n*: **~ message** *Computer*: 'Fehlermeldung *f*, -ˌmessage *f*; **in ~** irrtümlicherweise; **be in ~** sich irren; **~s (and omissions) excepted** ✝ Irrtümer (u. Auslassungen) vorbehalten; **~ of omission** Unterlassungssünde *f*; **~ of judg(e)ment** Trugschluss *m*, irrige Ansicht, falsche Beurteilung; **2.** ⩚, *ast.* Fehler *m*, Abweichung *f*; **~ rate** Fehlerquote *f*; **~ in range** *a.* ⚔ Längenabweichung; **3.** ⚖ a) Tatsachen- *od.* Rechtsirrtum *m*: **~ in law** (**in fact**), b) Formfehler *m*, Verfahrensmangel *m*: **writ of ~** Revisionsbefehl *m*; **4.** Fehltritt *m*, Vergehen *n.*

er·satz ['eəzæts] (*Ger.*) **I** *s.* Ersatz(stoff) *m*; **II** *adj.* Ersatz...

Erse [ɜːs] *ling.* **I** *adj.* **1.** gälisch; **2.** irisch; **II** *s.* **3.** Gälisch *n*; **4.** Irisch *n.*

erst·while ['ɜːstwaɪl] **I** *adv.* ehedem, früher; **II** *adj.* ehemalig, früher.

e·ruc·tate [ɪ'rʌkteɪt] *v/i.* aufstoßen, rülpsen; **e·ruc·ta·tion** [ˌiːrʌk'teɪʃn] *s.* Aufstoßen *n*, Rülpsen *n.*

er·u·dite ['eruːdaɪt] *adj.* □ gelehrt (*a. Abhandlung etc.*), belesen; **er·u·di·tion** [ˌeruː'dɪʃn] *s.* Gelehrsamkeit *f*, Belesenheit *f.*

e·rupt [ɪ'rʌpt] *v/i.* **1.** ausbrechen (*Vulkan, a. Ausschlag, Streit etc.*); **2.** *geol.* her'vorbrechen, eruptieren (*Lava etc.*); **3.** 'durchbrechen (*Zähne*); **4.** plötzlich auftauchen: **~ into the room** ins Zimmer platzen; **5.** *fig.* (zornig) losbrechen, ‚explodieren'; **e'rup·tion** [-pʃn] *s.* **1.** Ausbruch *m* (*e-s Vulkans, Streits etc.*); **2.** Her'vorbrechen *n*, *geol.* Erupti'on *f*; **3.** 'Durchbruch *m* (*der Zähne*); **4.** ⚕ Erupti'on *f*: a) Ausbruch *m e-s Ausschlags*, b) Ausschlag *m*; **5.** (Wut- *etc.*)Ausbruch *m*; **e'rup·tive** [-tɪv] *adj.* □ **1.** *geol.* erup'tiv: **~ rock** Eruptivgestein; **2.** ⚕ von Ausschlag begleitet.

er·y·sip·e·las [ˌerɪ'sɪpɪləs] *s.* ⚕ (Wund-) Rose *f*; **ˌer·y'sip·e·loid** [-lɔɪd] *s.* ⚕ (Schweine)Rotlauf *m.*

es·ca·lade [ˌeskə'leɪd] ⚔ *hist.* **I** *s.* Eska'lade *f*, Mauerersteigung *f* (*mit Leitern*), Erstürmung *f*; **II** *v/t.* mit Sturmleitern ersteigen.

es·ca·late ['eskəleɪt] **I** *v/t.* **1.** *Krieg etc.* eskalieren (*stufenweise verschärfen*); **2.** *Erwartungen, Preise etc.* höher schrauben; **II** *v/i.* **3.** eskalieren; **4.** steigen, in die Höhe gehen (*Preise etc.*); **es·ca·la·tion** [ˌeskə'leɪʃn] *s.* **1.** ⚔, *pol.* Eskalati'on *f*; **2.** ✝ *Am.* Anpassung *f* der Löhne *od.* Preise an gestiegene (Lebenshaltungs)Kosten; **'es·ca·la·tor** ['eskəleɪtə] *s.* **1.** Rolltreppe *f*; **2.** *a.* **~ clause** ✝ (Preis-, Lohn)Gleitklausel *f.*

es·ca·lope ['eskələʊp] *s.* (*bsd.* Wiener) Schnitzel *n.*

es·ca·pade [ˌeskə'peɪd] *s.* Eska'pade *f*: a) toller Streich, b) ‚Seitensprung' *m.*

es·cape [ɪ'skeɪp] **I** *v/t.* **1.** *j-m* entfliehen, -kommen, -rinnen; **2.** *e-r Sache* entgehen, -rinnen, *et.* vermeiden: **he just ~d being killed** er entging knapp dem Tode; **I cannot ~ the impression** ich kann mich des Eindrucks nicht erwehren; **3.** *fig. j-m* entgehen, über'sehen *od.* nicht verstanden werden von *j-m*: **that fact ~d me** diese Tatsache entging mir; **the sense ~s me** der Sinn leuchtet mir nicht ein; **it ~d my notice** ich bemerkte es nicht; **4.** (*dem Gedächtnis*) entfallen: **his name ~s me** sein Name ist mir entfallen; **5.** entfahren, -schlüpfen: **an oath ~d him**; **II** *v/i.* **6.** (**from**) (ent)fliehen, entkommen, -rinnen, -laufen, -wischen, -weichen (aus, von), flüchten, ausbrechen (aus); **7.** (*oft* **from**) sich retten (vor *dat.*), (ungestraft *od.* mit dem Leben) da'vonkommen; **8.** a) ausfließen, b) entweichen, ausströmen (*Gas etc.*); **III** *s.* **9.** Entrinnen *n*, -weichen *n*, -kommen *n*, Flucht *f* (**from** aus, von): **have a narrow ~** mit knapper Not davon- *od.* entkommen; **that was a narrow ~!** das war knapp!, das hätte ins Auge gehen können!; **make one's ~** entkommen, sich aus dem Staub machen; **10.** Rettung *f* (**from** vor *dat.*): (**way of**) **~** Ausweg *m*; **11.** Fluchtmittel *n*; → **fire escape**; **12.** Ausströmen *n*, Entweichen *n*; **13.** *fig.* (Mittel *n* der) Entspannung *f od.* Zerstreuung *f*, Unter'haltung *f*: **~ reading** Unterhaltungslektüre *f*; **~ art·ist** *s.* **1.** Entfesselungskünstler *m*; **2.** Ausbrecherkönig *m*; **~ car** *s.* Fluchtwagen *m*; **~ chute** *s.* ✈ Notrutsche *f*; **~ clause** *s.* Befreiungsklausel *f.*

es·ca·pee [ˌeskeɪ'piː] *s.* entwichener Strafgefangener, Ausbrecher *m.*

es·cape| hatch *s.* **1.** a) ⚓ Notluke *f*, b) ✈ Notausstieg *m*; **2.** *fig.* ‚Schlupfloch' *n*; **~ key** *s. Computer*: Es'cape-Taste *f*; **~ mech·a·nism** *s. psych.* 'Abwehrmechaˌnismus *m.*

es·cape·ment [ɪ'skeɪpmənt] *s.* **1.** Hemmung *f* (*der Uhr*); **2.** Vorschub *m* (*der Schreibmaschine*); **~ wheel** *s.* **1.** Hemmungsrad *n* (*der Uhr*); **2.** Schaltrad *n* (*der Schreibmaschine*).

es·cape| pipe *s.* **1.** Abflussrohr *n*; **2.** Abzugsrohr *n* (*für Gase*); **~-proof** *adj.* ausbruchssicher; **~ route** *s.* Fluchtweg *m*; **~ shaft** *s.* Rettungsschacht *m*; **~ valve** *s.* 'Sicherheitsvenˌtil *n.*

es·cap·ism [ɪs'keɪpɪzəm] *s. psych.* Eska'pismus *m*, Wirklichkeitsflucht *f*; **es·cap·ist** [ɪ'skeɪpɪst] **I** *s.* j-d, der vor der Reali'tät zu fliehen sucht; **II** *adj.* eska'pistisch, *weitS.* Zerstreuungs.., Unterhaltungs...: **~ literature**.

es·ca·pol·o·gist [ˌeskeɪ'pɒlədʒɪst] *s.* **1.** → **escape artist** 1; **2.** *j-d, der sich immer wieder geschickt herauswindet.*

es·carp·ment [ɪ'skɑːpmənt] *s.* **1.** ⚔ Böschung *f*; **2.** *geol.* Steilabbruch *m.*

es·cha·to·log·i·cal [ˌeskətə'lɒdʒɪkl] *adj. eccl.* eschato'logisch; **es·cha·tol·o·gy** [ˌeskə'tɒlədʒɪ] *s.* Eschatolo'gie *f.*

es·cheat [ɪs'tʃiːt] ⚖ **I** *s.* **1.** Heimfall *m* (*an den Staat*); **2.** Heimfallsgut *n*; **3.** Heimfallsrecht *n*; **II** *v/i.* **4.** an'heim fallen; **III** *v/t.* **5.** (als Heimfallsgut) einziehen.

es·chew [ɪs'tʃuː] *v/t. et.* (ver)meiden, scheuen, sich enthalten (*gen.*).

es·cort **I** *s.* ['eskɔːt] **1.** ⚔ Es'korte *f*, Bedeckung *f*, Begleitmannschaft *f*; **2.** a) ✈, ⚓ Geleit(schutz *m*) *n*, b) *a.* **~ vessel** ⚓ Geleitschiff *n*: **~ fighter** ✈ Begleitjäger *m*; **3.** *fig.* a) Geleit *n*, Schutz *m*, b) Begleitung *f*, Gefolge *n*, c) Begleiter(in): **~ agency** Begleitagentur *f*; **II** *v/t.* [ɪ'skɔːt] **4.** ⚔ eskortieren; **5.** ✈, ⚓ Geleit(schutz) geben (*dat.*); **6.** *fig.* a) geleiten, b) begleiten.

es·cri·toire [ˌeskriː'twɑː] (*Fr.*) *s.* Schreibpult *n.*

es·crow [e'skrəʊ] *s.* ⚖ *bei e-m Dritten (als Treuhänder) hinterlegte Vertragsurkunde, die erst bei Erfüllung e-r Bedingung in Kraft tritt.*

es·cutch·eon [ɪ'skʌtʃən] *s.* **1.** Wappen(-schild *m*) *n*: **a blot on his ~** *fig.* ein Fleck auf s-r (weißen) Weste; **2.** ⚙ a) (Deck)Schild *n* (*e-s Schlosses*), b) Abdeckung *f* (*e-s Schalters*); **3.** *zo.* Spiegel *m*, Schild *m.*

e-shop·per ['iːˌʃɒpə] *s.* ✝ 'E-ˌShopper *m*, elekt'ronischer Kunde.

Es·ki·mo ['eskɪməʊ] *pl.* **-mos** *s.* **1.** Eskimo *m*; **2.** Eskimosprache *f.*

e·soph·a·gus [iː'sɒfəgəs] → **oesophagus**.

es·o·ter·ic [ˌesəʊ'terɪk] *adj.* (□ **~ally**) eso'terisch: a) *phls.* nur für Eingeweihte bestimmt, b) geheim, pri'vat.

es·pal·ier [ɪ'spæljə] *s.* **1.** Spa'lier *n*; **2.** Spa'lierbaum *m.*

es·pe·cial [ɪ'speʃl] *adj.* □ besonder: a) her'vorragend, b) Haupt..., hauptsächlich, spezi'ell; **es·pe·cial·ly** [ɪ'speʃəlɪ] *adv.* besonders, hauptsächlich: **more ~** ganz besonders.

Es·pe·ran·tist [ˌespə'ræntɪst] *s. ling.* Esperan'tist(in); **Es·pe·ran·to** [ˌespə'ræntəʊ] *s.* Espe'ranto *n.*

es·pi·o·nage [ˌespɪə'nɑːʒ] *s.* Spio'nage *f*: **industrial ~** Werkspionage.

es·pla·nade [ˌesplə'neɪd] *s.* **1.** Espla'nade *f* (*a.* ⚔ *hist.*), großer freier Platz; **2.** (*bsd.* 'Strand)Promeˌnade *f.*

es·pous·al [ɪ'spaʊzl] *s.* **1.** (**of**) Eintreten *n*, Par'teinahme *f* (für); Annahme *f* (*gen.*); **2.** *pl. obs.* a) Vermählung *f*, b) Verlobung *f*; **es·pouse** [ɪ'spaʊz] *v/t.* **1.** Par'tei ergreifen für, eintreten für, sich *e-r Sache* verschreiben, *e-n Glauben* annehmen; **2.** *obs.* a) sich vermählen mit, zur Frau nehmen, b) (**to**) zur Frau geben (*dat.*), c) (**o.s.** sich) verloben (**to** mit).

es·pres·so [e'spresəʊ] (*Ital.*) *s.* **1.** Es'presso *m*; **2.** Es'pressomaˌschine *f*; **~ bar**, **~ ca·fé** *s.* Es'presso(bar *f*) *n.*

es·prit ['espriː] (*Fr.*) *s.* Es'prit *m*, Geist *m*, Witz *m*; **~ de corps** [ˌespriːdə'kɔː] (*Fr.*) *s.* Korpsgeist *m.*

es·py [ɪ'spaɪ] *v/t.* erspähen.

Es·qui·mau ['eskɪməʊ] *pl.* **-maux** [-məʊz] → **Eskimo**.

E

es·quire [ɪ'skwaɪə] *s.* **1.** *Brit. obs.* → ***squire*** 1; **2.** *abbr.* ***Esq.*** (*ohne Mr., Dr. etc. auf Briefen dem Namen nachgestellt*): ***John Smith, Esq.*** Herrn John Smith.

ess [es] *s.* **1.** S *n*, s *n*; **2.** S-Form *f*.

es·say I *s.* ['eseɪ] **1.** Essay *m, n*, Abhandlung *f*, Aufsatz *m*; **2.** Versuch *m*; **II** *v/t. u. v/i.* [e'seɪ] **3.** versuchen; **'es·say·ist** [-ɪst] *s.* Essay'ist(in).

es·sence ['esns] *s.* **1.** *phls.* a) Es'senz *f*, Wesen *n*, b) Sub'stanz *f*, abso'lutes Sein; **2.** *fig.* Es'senz *f*, *das* Wesentliche, Kern *m*: ***of the ~*** von entscheidender Bedeutung; **3.** Es'senz *f*, Ex'trakt *m*.

es·sen·tial [ɪ'senʃl] **I** *adj.* □ → ***essentially***; **1.** wesentlich; **2.** wichtig, unentbehrlich, erforderlich; lebenswichtig: ***~ goods***; **3.** ⚗ ä'therisch: ***~ oil***; **II** *s. mst pl.* **4.** *das* Wesentliche *od.* Wichtigste, Hauptsache *f*; wesentliche Punkte *pl.*; unentbehrliche Sache *od.* Per'son; **es·sen·ti·al·i·ty** [ɪˌsenʃɪ'ælətɪ] → ***essential*** 4; **es'sen·tial·ly** [-lɪ] *adv.* im Wesentlichen, eigentlich, in der Hauptsache; in hohem Maße.

es·tab·lish [ɪ'stæblɪʃ] *v/t.* **1.** ein-, errichten, gründen; einführen; *Regierung* bilden; *Gesetz* erlassen; *Rekord, Theorie* aufstellen; ✝ *Konto* eröffnen; **2.** *j-n* einsetzen, 'unterbringen; ✝ etablieren: ***~ o.s.*** sich niederlassen *od.* einrichten, ✝ *u. fig.* sich etablieren; **3.** *Kirche* verstaatlichen; **4.** feststellen, festsetzen; *s-e Identität etc.* nachweisen; **5.** Geltung verschaffen (*dat.*); *Forderung, Ansicht* 'durchsetzen; *Ordnung* schaffen; **6.** *Verbindung* herstellen; **7.** begründen: ***~ one's reputation*** sich e-n Namen machen; **es·tab·lished** [ɪ'stæblɪʃt] *adj.* **1.** bestehend; **2.** feststehend, fest begründet, unzweifelhaft; **3.** planmäßig (*Beamter*): ***the ~ staff*** das Stammpersonal; **4.** ***2 Church*** Staatskirche *f*; **es·tab·lish·ment** [ɪ'stæblɪʃmənt] *s.* **1.** Er-, Einrichtung *f*; Einsetzung *f*; Gründung *f*, Einführung *f*, Schaffung *f*; **2.** Feststellung *f*, -setzung *f*; **3.** (*großer*) Haushalt; ✝ Unter'nehmen *n*, Firma *f*: ***keep a large ~*** a) ein großes Haus führen, b) ein bedeutendes Unternehmen leiten; **4.** Anstalt *f*, Insti'tut *n*; **5.** organisierte Körperschaft: ***civil ~*** Beamtenschaft *f*; ***military ~*** stehendes Heer; ***naval ~*** Flotte *f*; **6.** festes Perso'nal, Perso'nal- *od.* ⚔ Mannschaftsbestand *m*; Sollstärke *f*: ***peace ~*** Friedensstärke; ***war ~*** Kriegsstärke; **7.** Staatskirche *f*; **8.** ***the 2*** das Establishment (*etablierte Macht, herrschende Schicht, konventionelle Gesellschaft*).

es·tate [ɪ'steɪt] *s.* **1.** Stand *m*, Klasse *f*, Rang *m*: ***the Three 2s*** (***of the Realm***) *Brit.* die drei (*gesetzgebenden*) Stände; ***third ~*** *Fr. hist.* dritter Stand, Bürgertum *n*; ***fourth ~*** *humor.* Presse *f*; **2.** *obs.* (Zu)Stand *m*: ***man's ~*** *bibl.* Mannesalter; **3.** ⚖ a) Besitz *m*, Vermögen *n*; → ***personal*** 1, ***real*** 3, b) (Kon'kurs- *etc.*)Masse *f*, Nachlass *m*; **4.** ⚖ Besitzrecht *n*, Nutznießung *f*; **5.** Grundbesitz *m*, Besitzung *f*, Gut *n*: ***family ~*** Familienbesitz *m*; **6.** (Wohn)Siedlung *f*; **7.** → ***estate car***; **~ a·gent** *s. Brit.* **1.** Grundstücksmakler *m*; **2.** Grundstücksverwalter *m*; **~-ˌbot·tled** *adj.* auf dem (Wein)Gut abgefüllt; *als Aufschrift*: Gutsabfüllung!; **~ car** *s. Brit.* Kombiwagen *m*; **~ du·ty** *s. Brit. obs.*, **~ tax** *s. Am.* Erbschaftssteuer *f*.

es·teem [ɪ'stiːm] **I** *v/t.* **1.** achten, (hoch) schätzen; **2.** erachten *od.* ansehen als, halten für; **II** *s.* **3.** Wertschätzung *f*, Achtung *f*: ***to hold in*** (***high***) **~** achten.

es·ter ['estə] *s.* ⚗ Ester *m*.

Es·ther ['estə] *npr. u. s. bibl.* (das Buch) Esther *f*.

es·thete *etc.* → ***aesthete*** *etc.*

Es·tho·ni·an [e'stəʊnjən] **I** *s.* **1.** Este *m*, Estin *f*; **2.** *ling.* Estnisch *n*; **II** *adj.* **3.** estnisch, estländisch.

es·ti·ma·ble ['estɪməbl] *adj.* □ achtens-, schätzenswert; **es·ti·mate I** *v/t.* ['estɪmeɪt] **1.** (ab-, ein)schätzen, taxieren, veranschlagen (***at*** auf *acc.*): ***an ~d 200 buyers*** schätzungsweise 200 Käufer; ***~d time of arrival*** (*od.* ***departure***) voraussichtliche Ankunftszeit (*od.* Abflug-, Abfahrtszeit); **2.** bewerten, beurteilen; **II** *s.* ['estɪmɪt] **3.** (Ab-, Ein)Schätzung *f*, Veranschlagung *f*, (Kosten)Anschlag *m*: ***rough ~*** grober Überschlag; ***at a rough ~*** grob geschätzt; **4.** ***the 2s*** *pl. pol.* der (Staats)Haushaltsplan; **5.** Bewertung *f*, Beurteilung *f*: ***form an ~ of*** *et.* beurteilen *od.* einschätzen; **es·ti·ma·tion** [ˌestɪ'meɪʃn] *s.* **1.** Urteil *n*, Meinung *f*: ***in my ~*** nach m-r Ansicht; **2.** Bewertung *f*, Schätzung *f*; **3.** Achtung *f*: ***hold in*** (***high***) **~** hoch schätzen.

es·ti·val → ***aestival***.

es·top [ɪ'stɒp] *v/t.* ⚖ rechtshemmenden Einwand erheben gegen, hindern (***from*** an *dat.*, ***from doing*** zu tun); **es·top·pel** [ɪ'stɒpl] *s.* ⚖ Ausschluss *m* e-r Klage *od.* Einrede.

es·trange [ɪ'streɪndʒ] *v/t. j-n* entfremden (***from*** *dat.*): ***become ~d*** a) sich entfremden (***from*** *dat.*), b) sich auseinander leben; **es·tranged** [ɪ'streɪndʒd] *adj.* **1.** ***an ~ couple*** ein Paar, das sich auseinander gelebt hat; **2.** ⚖ getrennt lebend: ***his ~ wife*** s-e von ihm getrennt lebende Frau; ***she is ~ from her husband*** sie lebt von ihrem Mann getrennt; **es·trange·ment** [ɪ'streɪndʒmənt] *s.* Entfremdung *f* (***from*** von).

es·tro·gen ['estrədʒən] *s. biol.*, ⚗ Östro'gen *n*.

es·tu·ar·y ['estjʊərɪ] *s.* **1.** (den Gezeiten ausgesetzte) Flussmündung; **2.** Meeresarm *m*, -bucht *f*.

et cet·er·a [ɪt'setərə] *abbr.* ***etc.***, ***&c.*** (*Lat.*) und so weiter; **et'cet·er·a** *s.* **1.** (*lange etc.*) Reihe; **2.** *pl.* allerlei Dinge.

etch [etʃ] *v/t. u. v/i.* **1.** ätzen; **2.** a) Kupfer stechen, b) radieren; **3.** schneiden, kratzen (***on*** in *acc.*): ***sharply ~ed features*** *fig.* scharf geschnittene Gesichtszüge; ***the event was ~ed on*** (*od.* ***in***) ***his memory*** das Ereignis hatte sich s-m Gedächtnis (tief) eingeprägt; **4.** *fig.* (klar *etc.*) zeichnen, (gut *etc.*) her'ausarbeiten; **etch·er** ['etʃə] *s.* **1.** Kupferstecher *m*; **2.** Radierer *m*; **etch·ing** ['etʃɪŋ] *s.* **1.** Ätzen *etc.* (→ ***etch*** 1, 2); **2.** a) Radierung *f*, b) Kupferstich *m*: ***come up and see my ~s*** *humor.* wollen Sie sich m-e Briefmarkensammlung ansehen?

e·ter·nal [ɪ'tɜːnl] **I** *adj.* □ **1.** ewig, immer während: ***the 2 City*** die Ewige Stadt (*Rom*); **2.** unab'änderlich: ***~ romantic*** hoffnungsloser Romantiker; **3.** F ewig, unaufhörlich; **II** *s.* **4.** ***the 2*** Gott *m*; **5.** *pl.* ewige Dinge *pl.*; **e'ter·nal·ize** [-nəlaɪz] *v/t.* verewigen; **e'ter·ni·ty** [-nətɪ] *s.* **1.** Ewigkeit *f* (*a.* F *fig. lange Zeit*): ***from here to ~***, ***to all ~*** bis in alle Ewigkeit; **2.** *eccl.* a) *das* Jenseits, b) *pl.* ewige Wahrheiten; **e'ter·nize** [-naɪz] → ***eternalize***.

eth·ane ['eθeɪn] *s.* ⚗ Ä'than *n*; **'eth·ene** ['eθiːn] *s.* Ä'then *n*, Äthy'len *n*; **eth·e·nol** ['eθənɒl] *s.* Vi'nylalkoˌhol *m*; **eth·e·nyl** ['eθənɪl] *s.* Äthyli'den *n*.

e·ther ['iːθə] *s.* **1.** ⚗, *phys.* Äther *m*; **2.** *poet.* Äther *m*, Himmel *m*; **e·the·re·al** [iː'θɪərɪəl] *adj.* □ **1.** ⚗ a) ätherartig, b) ä'therisch; **2.** ä'therisch, himmlisch; vergeistigt; **e·the·re·al·ize** [iː'θɪərɪəlaɪz] *v/t.* **1.** ⚗ ätherisieren; **2.** vergeistigen, verklären; **'e·ther·ize** [-əraɪz] *v/t.* □ **1.** ⚗ in Äther verwandeln; **2.** ⚕ mit Äther narkotisieren.

eth·ic ['eθɪk] **I** *adj.* **1.** → ***ethical***; **II** *s.* **2.** *pl. sg. konstr.* Sittenlehre *f*, Ethik *f*; **3.** *pl.* Sittlichkeit *f*, Mo'ral *f*, Ethos *n*: ***professional ~s*** Standesehre *f*, Berufsethos; **'eth·i·cal** [-kl] *adj.* □ **1.** *phls.*, *a. ling.* ethisch; **2.** ethisch, mo'ralisch, sittlich; **3.** von ethischen Grundsätzen (geleitet); **4.** dem Berufsethos entsprechend; **5.** *pharm.* re'zeptpflichtig; **'eth·i·cist** [-ɪsɪst] *s.* Ethiker *m*.

E·thi·o·pi·an [iːθɪ'əʊpjən] **I** *adj.* äthi'opisch; **II** *s.* Äthi'opier(in).

eth·nic ['eθnɪk] **I** *adj.* □ **1.** ethnisch, völkisch, Volks...: ***~ cleansing*** ethnische Säuberung; ***~ group*** Volksgruppe *f*; ***~ German*** Volksdeutsche(r *m*) *f*; ***~ joke*** Witz *m* auf Kosten e-r bestimmten Volksgruppe; **II** *s.* **2.** Angehörige(r *m*) *f* e-r (homo'genen) Volksgruppe; **3.** *pl.* sprachliche *od.* kultu'relle Zugehörigkeit; **'eth·ni·cal** [-kl] → ***ethnic*** I; **eth·nog·ra·pher** [eθ'nɒgrəfə] *s.* Ethno'graph *m*; **eth·no·graph·ic** [ˌeθnəʊ'græfɪk] *adj.* □ ethno'graphisch, völkerkundlich; **eth·nog·ra·phy** [eθ'nɒgrəfɪ] *s.* Ethnogra'phie *f*, (beschreibende) Völkerkunde; **eth·no·log·i·cal** [ˌeθnəʊ'lɒdʒɪkl] *adj.* □ ethno'logisch; **eth·nol·o·gist** [eθ'nɒlədʒɪst] *s.* Ethno'loge *m*, Völkerkundler *m*; **eth·nol·o·gy** [eθ'nɒlədʒɪ] *s.* Ethnolo'gie *f*, (vergleichende) Völkerkunde.

e·thol·o·gist [iː'θɒlədʒɪst] *s.* Etho'loge *m*, (Tier)Verhaltensforscher *m*; **e'thol·o·gy** [-dʒɪ] *s.* Etholo'gie *f*, Verhaltensforschung *f*.

e·thos ['iːθɒs] *s.* **1.** Ethos *n*, Cha'rakter *m*, Wesensart *f*, Geist *m*, sittlicher Gehalt (*e-r Kultur*); **2.** ethischer Wert.

eth·yl ['eθɪl; ⚗ 'iːθaɪl] *s.* ⚗ Ä'thyl *n*: ***~ alcohol*** Äthylalkohol *m*; **eth·yl·ene** ['eθɪliːn] *s.* Äthy'len *n*, Kohlenwasserstoffgas *n*.

e·ti·o·lat·ed ['iːtɪəleɪtɪd] *adj.* **1.** verkümmert (*Pflanze, Erinnerung etc.*); **2.** bleichsüchtig, blass u. ausgezehrt (Gesicht).

et·i·quette ['etɪket] *s.* Eti'kette *f*: a) Zeremoni'ell *n*, b) Anstandsregeln *pl.*, (gute) 'Umgangsformen *pl*.

E·ton col·lar ['iːtn] *s.* breiter, steifer 'Umlegekragen; **~ Col·lege** *s. berühmte englische Public School*; **~ crop** *s.* Herrenschnitt *m* (*für Damen*).

E·to·ni·an [iː'təʊnjən] **I** *adj.* Eton...; **II** *s.* Schüler *m* des ***Eton College***.

E·ton jack·et *s.* schwarze, kurze Jacke *der Etonschüler*.

E·trus·can [ɪ'trʌskən] **I** *adj.* **1.** e'truskisch; **II** *s.* **2.** E'trusker(in); **3.** *ling.* E'truskisch *n*.

et·y·mo·log·ic, **et·y·mo·log·i·cal** [ˌetɪmə'lɒdʒɪk(l)] *adj.* □ etymo'logisch; **et·y·mol·o·gist** [ˌetɪ'mɒlədʒɪst] *s.* Etymo'loge *m*; **et·y·mol·o·gy** [ˌetɪ'mɒlədʒɪ] *s. allg.* Etymolo'gie *f*; **et·y·mon** ['etɪmɒn] *s.* Etymon *n*, Stammwort *n*.

eu·ca·lyp·tus [ˌjuːkə'lɪptəs] *s.* ⚘ Euka'lyptus *m*.

Eu·cha·rist ['ju:kərɪst] *s. eccl.* Eucharis'tie *f*: a) *die Feier des heiligen Abendmahls*, b) *die eucharistische Gabe* (*Brot u. Wein*).
eu·chre ['ju:kə] *v/t. Am.* F prellen, betrügen.
Eu·clid ['ju:klɪd] *s.* die (Eu'klidische) Geome'trie.
EU coun·try ['i:ju:] *s.* E'U-Land *n.*
eu·gen·ic [ju:'dʒenɪk] **I** *adj.* (☐ **~ally**) eu'genisch; **II** *s. pl. sg. konstr.* Eu'genik *f* (*Erbhygiene*); **eu·ge·nist** ['ju:dʒɪnɪst] *s.* Eu'geniker *m.*
EU law ['i:ju:] *s.* E'U-Gesetz *n.*
eu·lo·gist ['ju:lədʒɪst] *s.* Lobredner(in); **eu·lo·gis·tic** [ˌju:lə'dʒɪstɪk] *adj.* (☐ **~ally**) preisend, lobend; **'eu·lo·gize** [-dʒaɪz] *v/t.* loben, preisen, rühmen; **'eu·lo·gy** [-dʒɪ] *s.* **1.** Lob(preisung *f*) *n*; **2.** Lobrede *f od.* -schrift *f.*
eu·nuch ['ju:nək] *s.* Eu'nuch *m, weitS. a.* Ka'strat *m.*
eu·pep·sia [ju:'pepsɪə] *s.* ⚕ nor'male Verdauung; **eu'pep·tic** [-ptɪk] *adj.* **1.** ⚕ gut verdauend; **2.** *fig.* gut gelaunt.
eu·phe·mism ['ju:fɪmɪzəm] *s.* Euphe'mismus *m*, beschönigender Ausdruck, sprachliche Verhüllung; **eu·phe·mis·tic** [ˌju:fɪ'mɪstɪk] *adj.* (☐ **~ally**) euphe'mistisch, beschönigend, verhüllend.
eu·phon·ic [ju:'fɒnɪk] *adj.* (☐ **~ally**) eu'phonisch, wohlklingend; **eu·pho·ny** ['ju:fənɪ] *s.* Eupho'nie *f*, Wohlklang *m.*
eu·phor·bi·a [ju:'fɔ:bjə] *s.* ♀ Wolfsmilch *f.*
eu·pho·ri·a [ju:'fɔ:rɪə] *s.* ⚕ *u. fig.* Eupho'rie *f*; **eu'phor·ic** [-'fɒrɪk] *adj.* (☐ **~ally**) eu'phorisch; **eu·pho·ry** ['ju:fərɪ] → ***euphoria***.
eu·phu·ism ['ju:fju:ɪzəm] *s.* Euphu'ismus *m* (*schwülstiger Stil od. Ausdruck*); **eu·phu·is·tic** [ˌju:fju:'ɪstɪk] *adj.* (☐ **~ally**) euphu'istisch, schwülstig.
Eu·rail·pass ['jʊəreɪlpɑ:s] *s.* 🚆 Eu'railpass *m.*
Eur·a·sian [jʊə'reɪʒjən] **I** *s.* Eu'rasier (-in); **II** *adj.* eu'rasisch.
EU reg·u·la·tion ['i:ju:] *s.* E'U-Bestimmung *f.*
Eu·ro ['jʊərəʊ] *s. Währung:* 'Euro *m.*
Euro- [jʊərəʊ] *in Zssgn* euro'päisch, Euro...
eu·ro·cent ['jʊrəʊsent] *s. Währung:* 'Eurocent *m.*
'Eu·ro|·cheque *s.* ✝ Eurocheque *m*, -scheck *m*: **~ card** Eurochequekarte *f*; **ˌ~'com·mun·ism** *s.* 'Eurokommuˌnismus *m*; **~·crat** ['jʊərəʊkræt] *s.* Euro'krat *m*; **'~ˌcur·ren·cy** *s.* Eurowährung *f*; **'~ˌdol·lar** *s.* ✝ Eurodollar *m.*
Eu·ro·pe·an [ˌjʊərə'pi:ən] **I** *adj.* euro'päisch: **~ Central Bank** Euro'päische Zent'ralbank; **~ Commission** Europäische Kommissi'on *f*; **~ Court of Justice** Euro'päischer Gerichtshof; **~ Cup** *sport* Europacup *m*; **~ Economic and Monetary Union** Europäische Wirtschafts- u. Währungsunion *f*; **~ (Economic) Community** Europäische (Wirtschafts)Gemeinschaft; **~ elections** *pl.* Eu'ropawahlen *pl.*; **~ Free Trade Area** Euro'päische Freihandelszone; **~ Investment Bank** Euro'päische Investiti'onsbank; **~ Monetary Institute** Europäisches Währungsinstitut; **~ Monetary System** Europäisches Währungssystem; **~ Monetary Union** Europäische Währungsunion *f*; **~ Parliament** Europaparlament *n*; **~ plan** *Am.* Hotelzimmervermietung *f* ohne Verpflegung; **~ single market** europäischer Binnenmarkt; **~ Union** Europäische Union; **II** *s.* Euro'päer(in); **ˌEu·ro'pe·an·ism** [-nɪzəm] *s.* Euro'päertum *n*; **ˌEu·ro'pean·ize** [-naɪz] *v/t.* europäisieren.
Eu·ro·pol ['jʊərəʊpɒl] *s.* 'Europol *f* (*Europäisches Polizeiamt*).
Eu·ro·scep·tic ['jʊərəʊskeptɪk] *s.* Euroskeptiker *m.*
Eu·ro sym·bol *s.* 'Euro-Symˌbol *n.*
Eu·ro·vi·sion ['jʊərəʊˌvɪʒn] *s. u. adj. TV* Eurovision(s...) *f.*
Eu·sta·chi·an tube [ju:'steɪʃjən] *s. anat.* eu'stachische Röhre, 'Ohrtromˌpete *f.*
eu·tha·na·si·a [ˌju:θə'neɪzjə] *s.* **1.** sanfter *od.* leichter Tod; **2.** Euthana'sie *f*: **active (passive) ~** ⚕ aktive (passive) Sterbehilfe.
EU-wide [ˌi:'ju:waɪd] *adj.* E'U-weit.
e·vac·u·ant [ɪ'vækjʊənt] **I** *adj.* abführend; **II** *s.* Abführmittel *n*; **e·vac·u·ate** [ɪ'vækjʊeɪt] *v/t.* **1.** ent-, ausleeren: **~ the bowels** a) den Darm entleeren, b) abführen; **2.** a) *Luft etc.* her'auspumpen, b) *Gefäß* luftleer pumpen; **3.** a) *Personen* evakuieren, b) ⚔ *Truppen* verlegen, *Verwundete etc.* abtransportieren, c) *Gebiet* evakuieren, *a. Haus* räumen; **e·vac·u·a·tion** [ɪˌvækjʊ'eɪʃn] *s.* **1.** Aus-, Entleerung *f*; **2.** ⚕ a) Stuhlgang *m*, b) Stuhl *m*, Kot *m*; **3.** a) Evakuierung *f*, b) ⚔ Verlegung *f* (*von Truppen*), 'Abtransˌport *m*, c) Räumung *f*; **e·vac·u·ee** [ɪˌvækju:'i:] *s.* Evakuierte(r *m*) *f.*
e·vade [ɪ'veɪd] *v/t.* **1.** ausweichen (*dat.*); **2.** *j-m* entkommen; **3.** sich *e-r Sache* entziehen, *e-r Sache* entgehen, ausweichen, *et.* um'gehen, vermeiden; sich *e-r Pflicht etc.* entziehen, ⚖ *Steuern* hinter'ziehen: **~ a question** e-r Frage ausweichen; **~ definition** sich nicht definieren lassen; **e'vad·er** [-də] *s. j-d, der sich e-r Sache entzieht*; → ***tax evader***.
e·val·u·ate [ɪ'væljʊeɪt] *v/t.* **1.** auswerten; **2.** bewerten, beurteilen; **3.** abschätzen; **4.** berechnen; **e·val·u·a·tion** [ɪˌvæljʊ'eɪʃn] *s.* **1.** Auswertung *f*; **2.** Bewertung *f*, Beurteilung *f*; **3.** Schätzung *f*; **4.** Berechnung *f.*
ev·a·nesce [ˌi:və'nes] *v/i.* sich verflüchtigen; schwinden; **ˌev·a'nes·cence** [-sns] *s.* (Da'hin)Schwinden *n*, Verflüchtigung *f*; **ˌev·a'nes·cent** [-snt] *adj.* ☐ **1.** (ver-, da'hin)schwindend, flüchtig; **2.** vergänglich.
e·van·gel·ic [ˌi:væn'dʒelɪk] *adj.* (☐ **~ally**) **1.** die Evan'gelien betreffend, Evangelien...; **2.** evan'gelisch; **ˌe·van'gel·i·cal** [-kl] *adj.* ☐ → ***evangelic***.
e·van·ge·lism [ɪ'vændʒəlɪzəm] *s.* Verkündigung *f* des Evan'geliums; **e'van·ge·list** [-lɪst] *s.* **1.** Evange'list *m*; **2.** Evange'list *m*, Erweckungs-, Wanderprediger *m*; **3.** Patri'arch *m der Mormonen*; **e'van·ge·lize** [-laɪz] **I** *v/i.* das Evan'gelium verkünden; **II** *v/t.* missio'nieren, (zum Christentum) bekehren.
e·vap·o·rate [ɪ'væpəreɪt] **I** *v/i.* **1.** verdampfen, -dunsten, sich verflüchtigen; **2.** *fig.* verfliegen, sich verflüchtigen (*a.* F *abhauen*); **II** *v/t.* **3.** verdampfen *od.* verdunsten lassen; **4.** ⚙ ab-, eindampfen, evaporieren: **~d milk** Kondensmilch *f*; **e·vap·o·ra·tion** [ɪˌvæpə'reɪʃn] *s.* **1.** Verdampfung *f*, -dunstung *f*; **2.** *fig.* Verflüchtigung *f*, Verfliegen *n*; **e'vap·o·ra·tor** [-tə] *s.* ⚙ Abdampfvorrichtung *f*, Verdampfer *m.*
e·va·sion [ɪ'veɪʒn] *s.* **1.** Entkommen *n*, -rinnen *n*; **2.** Ausweichen *n*, Um'gehung *f*, Vermeidung *f*; → ***tax evasion***; **3.** Ausflucht *f*, Ausrede *f.*
e·va·sive [ɪ'veɪsɪv] *adj.* ☐ **1.** ausweichend: **~ answer**; **~ action** Ausweichmanöver *n*; **be ~** *fig.* ausweichen; **2.** schwer fassbar *od.* feststellbar; **e'va·sive·ness** [-nɪs] *s.* ausweichendes Verhalten.
Eve¹ [i:v] *npr. bibl.* Eva *f*: **daughter of ~** Evastochter *f* (*typische Frau*).
eve² [i:v] *s.* **1.** *poet.* Abend *m*; **2.** *mst* ♀ Vorabend *m*, -tag *m* (*e-s Festes*); **3.** *fig.* Vorabend *m*: **on the ~ of** am Vorabend von (*od. gen.*); **be on the ~ of** kurz vor (*dat.*) stehen.
e·ven¹ ['i:vn] *adv.* **1.** so'gar, selbst, auch: **~ the king** sogar der König; **he ~ kissed her** er küsste sie sogar; **~ if, ~ though** selbst wenn, wenn auch; **~ now** a) selbst jetzt, noch jetzt, b) eben *od.* gerade jetzt, c) schon jetzt; **not ~ now** selbst jetzt noch nicht, nicht einmal jetzt; **or ~** oder auch (nur), oder gar; **without ~ looking** ohne auch nur hinzusehen; **2.** *vor comp.* noch: **~ better** (sogar) noch besser; **3.** *nach neg.*: **not ~** nicht einmal; **I never ~ saw it** ich habe es nicht einmal gesehen; **4.** gerade, eben: **~ as I expected** gerade *od.* genau wie ich erwartete; **~ as he spoke** gerade als er sprach; **~ so** dennoch, trotzdem, immerhin, selbst dann.
e·ven² ['i:vn] **I** *adj.* ☐ **1.** eben, flach, gerade; **2.** waag(e)recht, horizon'tal; → ***keel*** 1; **3.** in gleicher Höhe (**with** mit): **~ with the ground** dem Boden gleich; **4.** gleich: **~ chances** gleiche Chancen; **stand an ~ chance of winning** e-e echte Siegeschance haben; **~ money** gleicher Einsatz (*Wette*); **~ bet** Wette *f* mit gleichem Einsatz; **of ~ date** ✝ gleichen Datums; **5.** ✝ a) ausgeglichen, schuldenfrei, b) ohne Gewinn od. Verlust: **be ~ with s.o.** mit j-m quitt sein; **get ~ with s.o.** mit j-m abrechnen *od.* quitt werden, *fig. a.* es j-m heimzahlen; → ***break even***; **6.** gleich-, regelmäßig; im Gleichgewicht (*a. fig.*); **7.** ausgeglichen, ruhig (*Gemüt etc.*): **~ voice** ruhige *od.* kühle Stimme; **8.** gerecht, 'unparˌteiisch; **9.** a) gerade (*Zahl*), b) geradzahlig (*Schwingungen etc.*), c) rund, voll (*Summe*): **~ page** (Buch)Seite *f* mit gerader Zahl; **10.** genau, prä'zise: **an ~ dozen** genau ein Dutzend; **II** *v/t.* **11.** (ein)ebnen, glätten; **12.** *a.* **~ out** ausgleichen; **13.** **~ up** ✝ *Rechnung* aus-, begleichen, *Konten* abstimmen; **III** *v/i.* **14.** *mst.* **~ out** eben werden; **15.** *a.* **~ out** sich ausgleichen; **16.** **~ up on** mit *j-m* quitt werden.
e·ven³ ['i:vn] *s. poet.* Abend *m.*
ˌe·ven-'hand·ed *adj.* 'unparˌteiisch, ob'jek'tiv.
eve·ning ['i:vnɪŋ] *s.* **1.** Abend *m*: **in the ~** abends, am Abend; **on the ~ of** am Abend (*gen.*); **this (tomorrow) ~** heute (morgen) Abend; **2.** 'Abend(-unterˌhaltung *f*) *m*, Gesellschaftsabend *m*; **3.** *fig.* Ende *n*, *bsd.* (*a.* **~ of life**) Lebensabend *m*; **~ class·es** *s. pl. ped.* 'Abenduntерˌricht *m*; **~ dress** *s.* **1.** Abendkleid *n*; **2.** Gesellschaftsanzug *m*, *bsd.* a) Frack *m*, b) Smoking *m*; **~ pa·per** *s.* Abendzeitung *f*; **~ school** → ***night-school***; **~ shirt** *s.* Frackhemd *n*; **~ star** *s.* Abendstern *m.*
e·ven·ness ['i:vnnɪs] *s.* **1.** Ebenheit *f*, Geradheit *f*; **2.** Gleichmäßigkeit *f*; **3.**

E

Gleichheit *f*; **4.** Gelassenheit *f*, Seelenruhe *f*, Ausgeglichenheit *f*.
'e·ven·song *s*. Abendandacht *f*.
e·vent [ɪ'vent] *s*. **1.** Ereignis *n*, Vorfall *m*, Begebenheit *f*: **(quite) an ~** ein großes Ereignis; **after the ~** hinterher, im Nachhinein; **before the ~** vorher, im Voraus; **2.** Ergebnis *n*, Ausgang *m*: **in the ~** schließlich; **3.** Fall *m*, 'Umstand *m*: **in either ~** in jedem Fall; **in any ~** auf jeden Fall; **at all ~s** auf alle Fälle, jedenfalls; **in the ~ of** im Falle (*gen. od.* dass); **4.** *bsd. sport* a) Veranstaltung *f*, b) Diszi'plin *f* (*Sportart*), c) Wettbewerb *m*, -kampf *m*.
ˌe·ven-'tem·pered *adj*. ausgeglichen, gelassen, ruhig.
e·vent·ful [ɪ'ventfʊl] *adj*. **1.** ereignisreich; **2.** denkwürdig, bedeutsam.
'e·ven·tide *s. poet*. (**at ~** zur) Abendzeit *f*.
e·ven·tu·al [ɪ'ventʃʊəl] *adj*. □ → **eventually**; **1.** schließlich: **this led to his ~ dismissal** dies führte schließlich *od.* letzten Endes zu s-r Entlassung; **2.** *obs.* eventu'ell, etwaig; **e·ven·tu·al·i·ty** [ɪˌventʃʊ'ælətɪ] *s*. Möglichkeit *f*, Eventuali'tät *f*; **e'ven·tu·al·ly** [-lɪ] *adv.* schließlich, endlich; **e'ven·tu·ate** [-ʃʊeɪt] *v/i*. **1.** ausgehen, enden (**in** in *dat.*); **2.** die Folge sein (**from** *gen.*).
ev·er ['evə] *adv*. **1.** immer, ständig, unaufhörlich: **for ~ (and ~)**, **for ~ and a day** für immer (u. ewig); **~ and again** (*obs.* **anon**) dann u. wann, hin und wieder; **~ since**, **~ after** seit der Zeit, seitdem; **yours ~ ...** Viele Grüße, dein(e) *od.* Ihr(e) ...; **2.** *vor comp.* immer: **~ larger** immer größer; **~ increasing** ständig zunehmend; **3.** *neg., interrog., konditional*: je(mals): **do you ~ see him?** siehst du ihn jemals?; **if I ~ meet him** falls ich ihn je treffe; **did you ~?** F hast du Töne?, na, so was!; **the fastest ~** F der (die, das) Schnellste aller Zeiten; **4.** nur, irgend, über'haupt: **as soon as ~ I can** sobald ich nur kann; **what ~ do you mean?** was (in aller Welt) meinst du denn (eigentlich)?; **how ~ did he manage?** wie hat er es nur fertig gebracht?; **hardly ~**, **seldom if ~** fast niemals; **5. ~ so** sehr, noch so: **~ so simple** ganz einfach; **~ so long** e-e Ewigkeit; **~ so many** sehr viele; **thank you ~ so much!** tausend Dank!; **if I were ~ so rich** wenn ich noch so reich wäre; **~ such a nice man** wirklich ein netter Mann.
'ev·er|·glade *s. Am.* sumpfiges Flussgebiet; **'~·green I** *adj*. **1.** immergrün; **2.** unverwüstlich, nie veraltend, immer wieder gern gehört: **~ song** → 4; **II** *s*. **3.** ⚘ a) immergrüne Pflanze, b) Immergrün *n*; **4.** Evergreen *m*, *n* (*Schlager*); **ˌ~'last·ing I** *adj*. □ **1.** immer während, ewig (*a. Gott, Schnee*): **~ flower** → 5; **2.** *fig.* F unaufhörlich, endlos; **3.** dauerhaft, unbegrenzt haltbar, unverwüstlich; **II** *s*. **4.** Ewigkeit *f*; **5.** ⚘ Immor'telle *f*, Strohblume *f*; **ˌ~'more** *adv*. **1.** immerfort: **for ~** in Ewigkeit; **2.** je(mals) wieder.
ev·er·y ['evrɪ] *adj*. **1.** jeder, jede, jedes, all: **he has read ~ book on this subject**; **~ other** a) jeder andere, b) → **other** 6; **~ day** jeden Tag, alle Tage, täglich; **~ four days** alle vier Tage; **~ fourth day** jeden vierten Tag; **~ now and then** (*od.* **again**), **~ so often** F gelegentlich, hin u. wieder; **~ bit (of it)** ganz, völlig: **~ bit as good** genauso gut; **~ time** a) jedesmal(, wenn), sooft, b) jederzeit, F *a.* allemal; **2.** jeder, jede, jedes (einzelne ... *od.* erdenkliche ...), all: **her ~ wish** jeder ihrer Wünsche, alle ihre Wünsche; **have ~ reason** allen Grund haben; **their ~ liberty** ihre ganze Freiheit; **'~ˌbod·y** *pron*. jeder(mann); **'~·day** *adj*. **1.** (all)täglich; **2.** Alltags...; **3.** (mittel)mäßig; **'~·one**, **~ one** *pron.* jeder(mann): **in ~'s mouth** in aller Munde; **'♀·man** *s. bsd. thea.* Jedermann *m*; **'~·thing** *pron*. **1.** alles: **~ new** alles Neue; **2.** F die Hauptsache, alles: **speed is ~**; **he (it) has ~** F er (es) hat alles *od.* ist ‚fantastisch'; **'~·where** *adv.* 'überall, allenthalben.
e·vict [ɪ'vɪkt] *v/t*. ⚖ **1.** *j-n* zur Räumung zwingen; *fig. j-n* gewaltsam vertreiben; **2.** wieder in Besitz nehmen; **e'vic·tion** [-kʃn] *s*. ⚖ **1.** Zwangsräumung *f*, Heraussetzung *f*: **~ order** Räumungsbefehl *m*; **2.** Wiederinbe'sitznahme *f*.
ev·i·dence ['evɪdəns] **I** *s*. **1.** ⚖ a) Be'weis(mittel *n*, -stück *n*, -materiˌal *n*) *m*, Beweise *pl.*, Ergebnis *n* der Beweisaufnahme *f*, b) 'Unterlage *f*, Beleg *m*, c) (Zeugen)Aussage *f*, Zeugnis *n*: **a piece of ~** ein Beweisstück; **medical ~** Aussage *f od.* Gutachten *n* des medizinischen Sachverständigen; **for lack of ~** mangels Beweises; **in ~ of** zum Beweis (*gen.*); **offer in ~** Beweisantritt *m*; **on the ~** auf Grund des Beweismaterials; **admit in ~** als Beweis zulassen; **call s.o. in ~** j-n als Zeugen benennen; **give** *od.* **bear ~ (of)** (als Zeuge) aussagen (über *acc.*), *fig.* zeugen (von); **hear ~** Zeugen vernehmen; **hearing** *od.* **taking of ~** Beweisaufnahme *f*; **turn King's** (*od.* **Queen's**, *Am.* **State's**) **~** als Kronzeuge auftreten; **2.** Augenscheinlichkeit *f*, Klarheit *f*: **in ~** sichtbar, er-, offensichtlich; **be much in ~** stark in Erscheinung treten, deutlich feststellbar sein; stark vertreten sein; **3.** (An)Zeichen *n*, Spur *f*: **there is no ~** es ist nicht ersichtlich *od.* feststellbar, nichts deutet darauf hin; **II** *v/t*. **4.** dartun, be-, nachweisen, zeigen; **'ev·i·dent** [-nt] *adj*. □ → **evidently**; augenscheinlich, einleuchtend, offensichtlich, klar (ersichtlich); **ev·i·den·tial** [ˌevɪ'denʃl] *adj*. □, **ev·i·den·tia·ry** [ˌevɪ'denʃərɪ] *adj*. **1.** ⚖ beweiserheblich; Beweis... (*-kraft, -wert*); **2.** über'zeugend: **be ~ of** *et.* (klar) beweisen; **'ev·i·dent·ly** [-ntlɪ] *adv.* offensichtlich, zweifellos.
e·vil ['i:vl] **I** *adj*. □ **1.** übel, böse, schlimm: **~ eye** a) böser Blick, b) schlimmer Einfluss; **the ♀ One** der Teufel; **~ repute** schlechter Ruf; **~ spirit** böser Geist; **2.** gottlos, boshaft, schlecht: **~ tongue** Lästerzunge *f*; **3.** unglücklich: **~ day** Unglückstag *m*; **fall on ~ days** ins Unglück geraten; **II** *s*. **4.** Übel *n*, Unglück *n*: **the lesser of two ~s**, **the lesser ~** das geringere Übel; **5.** *das* Böse, Sünde *f*, Verderbtheit *f*: **do ~** Böses tun; **the powers of ~** die Mächte der Finsternis; **the social ~** die Prostitution; **ˌ~-dis'posed** → **evil-minded**; **ˌ~-'do·er** *s*. Übeltäter(in); **ˌ~-'mind·ed** *adj*. übel gesinnt, bösartig; **ˌ~-'speak·ing** *adj*. verleumderisch.
e·vince [ɪ'vɪns] *v/t*. dartun, be-, erweisen, bekunden, zeigen.
e·vis·cer·ate [ɪ'vɪsəreɪt] *v/t*. **1.** *Tier* ausnehmen, *hunt. a.* ausweiden; **2.** *fig. et.* inhalts- *od.* bedeutungslos machen; **e·vis·cer·a·tion** [ɪˌvɪsə'reɪʃn] *s*. Ausweidung *f*.
ev·o·ca·tion [ˌevəʊ'keɪʃn] *s*. **1.** (Geister)Beschwörung *f*; **2.** *fig.* (**of**) a) Wachrufen *n* (*gen.*), b) Erinnerung *f* (an *acc.*); **3.** plastische Schilderung; **e·voc·a·tive** [ɪ'vɒkətɪv] *adj*. **1. be ~ of** erinnern an (*acc.*); **2.** sinnträchtig, beziehungsreich.
e·voke [ɪ'vəʊk] *v/t*. **1.** *Geister* her'beirufen, beschwören; **2.** *fig.* her'vor-, wachrufen, wecken.
ev·o·lu·tion [ˌi:və'lu:ʃn] *s*. **1.** Entwicklung *f*, Entfaltung *f*, (Her'aus)Bildung *f*; **2.** *biol.* Evoluti'on *f*: **theory of ~** Evolutionstheorie *f*; **3.** Folge *f*, (Handlungs)Ablauf *m*; **4.** ⚔ Ma'növer *n*, Bewegung *f*; **5.** *phys.* (*Gas- etc.*) Entwicklung *f*; **6.** & Wurzelziehen *n*; **ˌev·o'lu·tion·ar·y** [-nərɪ] *adj*. Entwicklungs..., *biol.* Evolutions...; **ˌev·o'lu·tion·ist** [-ʃənɪst] **I** *s*. Anhänger(in) der (*biologischen*) Entwicklungslehre; **II** *adj*. die Entwicklungslehre betreffend.
e·volve [ɪ'vɒlv] **I** *v/t*. **1.** entwickeln, entfalten, her'ausarbeiten; **2.** *Gas, Wärme* aus-, verströmen; **II** *v/i*. **3.** sich entwickeln *od.* entfalten (**into** zu); **4.** entstehen (**from** aus).
ewe [ju:] *s. zo.* Mutterschaf *n*; **~ lamb** *s. zo.* Schaflamm *n*.
ew·er ['ju:ə] *s*. Wasserkrug *m*.
ex[1] [eks] *prp*. **1.** ✝ a) aus, ab, von: **~ factory** ab Fabrik; **~ works** ab Werk; → **ex officio**, b) ohne, exklu'sive: **~ all** ausschließlich aller Rechte; **~ dividend** ohne Dividende; **2.** → **ex cathedra** *etc.*
ex[2] [eks] *s*. X *n*, x *n* (*Buchstabe*).
ex- [eks] *in Zssgn* Ex..., ehemalig; Alt...
ex·ac·er·bate [ek'sæsəbeɪt] *v/t*. **1.** *j-n* verärgern; **2.** *et.* verschlimmern; **ex·ac·er·ba·tion** [ekˌsæsə'beɪʃn] *s*. **1.** Verärgerung *f*; **2.** Verschlimmerung *f*.
ex·act [ɪg'zækt] **I** *adj*. □ → **exactly**; **1.** ex'akt, genau, (genau) richtig: **the ~ time** die genaue Zeit; **the ~ sciences** die exakten Wissenschaften; **2.** streng, genau: **~ rules**; **3.** me'thodisch, gewissenhaft, sorgfältig (*Person*); **4.** genau, tatsächlich: **his ~ words**; **II** *v/t*. **5.** *Gehorsam, Geld etc.* fordern, verlangen; **6.** *Zahlung* eintreiben, einfordern; **7.** *Geschick etc.* erfordern; **ex'act·ing** [-tɪŋ] *adj*. **1.** streng, genau; **2.** anspruchsvoll: **an ~ customer**; **be ~** hohe Anforderungen stellen; **3.** hart, aufreibend (*Aufgabe etc.*); **ex'ac·tion** [-kʃn] *s*. **1.** Fordern *n*; **2.** Eintreiben *n*; **3.** (unmäßige) Forderung; **ex'act·i·tude** [-tɪtju:d] → **exactness**; **ex'act·ly** [-lɪ] *adv.* **1.** genau, ex'akt; **2.** sorgfältig; **3.** *als Antwort*: genau, ganz recht, du sagst (Sie sagen) es: **not ~** a) nicht ganz, b) *iro.* nicht gerade *od.* eben *schön etc.*; **4.** *wo, wann etc.* eigentlich; **ex'act·ness** [-nɪs] *s*. **1.** Ex'aktheit *f*, Genauigkeit *f*, Richtigkeit *f*; **2.** Sorgfalt *f*.
ex·ag·ger·ate [ɪg'zædʒəreɪt] **I** *v/t*. **1.** über'treiben; über'trieben darstellen; aufbauschen; **2.** 'überbewerten; **3.** 'überbetonen; **II** *v/i*. **4.** übertreiben; **ex'ag·ger·at·ed** [-tɪd] *adj*. □ über'trieben, -'zogen; **ex·ag·ger·a·tion** [ɪgˌzædʒə'reɪʃn] *s*. Über'treibung *f*.
ex·alt [ɪg'zɔ:lt] *v/t*. **1.** *im Rang* erheben, erhöhen (**to** zu); **2.** (lob)preisen, verherrlichen: **~ to the skies** in den Himmel heben; **3.** verstärken (*a. fig.*); **ex·al·ta·tion** [ˌegzɔ:l'teɪʃn] *s*. **1.** Erhebung *f*: **♀ of the Cross** *eccl.* Kreuzeserhöhung *f*; **2.** Begeisterung *f*, Ek'stase *f*, Erregung *f*; **ex'alt·ed** [-tɪd] *adj*. **1.** gehoben: **~ style**; **2.** hoch: **~ rank**; **~ ide-**

E

al; **3.** begeistert; **4.** über'trieben hoch: ***have an ~ opinion of o.s.***

ex·am [ɪg'zæm] F *für* ***examination*** 2.

ex·am·i·na·tion [ɪgˌzæmɪ'neɪʃn] *s.* **1.** Unter'suchung *f* (*a.* ⚕), Prüfung *f* (***of***, ***into*** *gen.*); Besichtigung *f*, 'Durchsicht *f*: (***up***)***on ~*** bei näherer Prüfung; ***be under ~*** geprüft *od.* erwogen werden (→ *a.* 3); **2.** *ped.* Prüfung *f*, Ex'amen *n*: ***~ paper*** Prüfungsarbeit *f*, -aufgabe(n *pl.*) *f*; ***take*** (*od.* ***go in for***) ***an ~*** sich e-r Prüfung unterziehen; **3.** ⚖ a) *Zivilprozess*: Vernehmung *f*, b) *Strafprozess*: Verhör *n*: ***be under ~*** vernommen werden (→ *a.* 1).

ex·am·ine [ɪg'zæmɪn] **I** *v/t.* **1.** unter'suchen (*a.* ⚕), prüfen (*a.* *ped.*), examinieren, besichtigen, 'durchsehen, revidieren: ***~ one's conscience*** sein Gewissen prüfen; **2.** ⚖ vernehmen, *Straftäter* verhören; **II** *v/i.* **3.** ***~ into s.th.*** et. untersuchen; **ex·am·i·nee** [ɪgˌzæmɪ'niː] *s.* Prüfling *m*, ('Prüfungs)Kandiˌdat(in); **ex'am·in·er** [-nə] *s.* **1.** *allg.* Prüfer(in); **2.** ⚖ beauftragter Richter; **ex'am·in·ing bod·y** [-nɪŋ] *s.* Prüfungsausschuss *m.*

ex·am·ple [ɪg'zɑːmpl] *s.* **1.** Beispiel *n* (***of*** für): ***for ~*** zum Beispiel; ***without ~*** beispiellos, ohnegleichen; **2.** Vorbild *n*, Beispiel *n*: ***hold up as an ~*** als Beispiel hinstellen; ***set a good ~*** ein gutes Beispiel geben; ***take an ~ by*** sich ein Beispiel nehmen an (*dat.*); **3.** warnendes Beispiel: ***let this be an ~ to you*** lass dir das e-e Warnung sein; ***make an ~ of s.o.*** an j-m ein Exempel statuieren.

ex·as·per·ate [ɪg'zæspəreɪt] *v/t.* ärgern, wütend machen, aufbringen; **ex'as·per·at·ed** [-tɪd] *adj.* aufgebracht, erbost; **ex'as·per·at·ing** [-tɪŋ] *adj.* □ ärgerlich, zum Verzweifeln; **ex·as·per·a·tion** [ɪgˌzæspə'reɪʃn] *s.* Wut *f*: ***in ~*** wütend.

ex ca·the·dra [ˌekskə'θiːdrə] **I** *adj.* maßgeblich, autorita'tiv; **II** *adv.* ex 'cathedra; maßgeblich.

ex·ca·vate ['ekskəveɪt] *v/t.* **1.** ausgraben (*a. fig.*), ausschachten, -höhlen; **2.** *Zahnmedizin*: exkavieren; **ex·ca·va·tion** [ˌekskə'veɪʃn] *s.* **1.** Ausgrabung *f*; **2.** Ausschachtung *f*, Aushöhlung *f*; Aushub *m*; **3.** *geol.* Auskolkung *f*; **4.** *Zahnmedizin*: Exkavati'on *f*; **'ex·ca·va·tor** [-tə] *s.* **1.** Ausgräber *m*; **2.** Erdarbeiter *m*; **3.** ⚙ (Trocken)Bagger *m.*

ex·ceed [ɪk'siːd] **I** *v/t.* **1.** über'schreiten, -'steigen (*a. fig.*); **2.** *fig.* a) hin'ausgehen über (*acc.*), b) *j-n*, *et.* über'treffen; **II** *v/i.* **3.** zu weit gehen, das Maß über'schreiten; **4.** her'ausragen; **ex'ceed·ing** [-dɪŋ] *adj.* □ → ***exceedingly***; **1.** außer'ordentlich, äußerst; **2.** mehr als, über: ***not ~*** (von) höchstens; **ex'ceed·ing·ly** [-dɪŋlɪ] *adv.* 'überaus, äußerst, aufs Äußerste.

ex·cel [ɪk'sel] **I** *v/t.* über'treffen (***o.s.*** sich selbst); **II** *v/i.* sich auszeichnen, her'vorragen (***in*** *od.* ***at*** in *dat.*).

ex·cel·lence ['eksələns] *s.* **1.** Vor'trefflichkeit *f*; **2.** vor'zügliche Leistung; **'Ex·cel·len·cy** [-sɪ] *s.* Exzel'lenz *f* (*Titel*): ***Your ~*** Eure Exzellenz; **'ex·cel·lent** [-nt] *adj.* □ vor'züglich, ausgezeichnet, her'vorragend.

ex·cel·si·or [ek'selsɪɔː] *s.* **1.** *Am.* Holzwolle *f*; **2.** *typ.* Bril'lant *f* (*Schriftgrad*).

ex·cept [ɪk'sept] **I** *v/t.* **1.** ausnehmen, -schließen (***from*** von, aus); **2.** sich *et.* vorbehalten; → ***error*** 1; **II** *v/i.* **3.** Einwendungen machen, Einspruch erheben (***against*** gegen); **III** *prp.* **4.** ausgenommen, außer, mit Ausnahme von (*od. gen.*): ***~ for*** abgesehen von, bis auf (*acc.*); **IV** *cj.* **5.** es sei denn, dass; außer, wenn: ***~ that*** außer, dass; **ex'cept·ing** [-tɪŋ] *prp.* (*nach* ***always*** *od. neg.*) ausgenommen, außer; **ex'cep·tion** [-pʃn] *s.* **1.** Ausnahme *f*: ***by way of ~*** ausnahmsweise; ***with the ~ of*** mit Ausnahme von (*od. gen.*), außer, bis auf (*acc.*); ***without ~*** ohne Ausnahme, ausnahmslos; ***make no ~(s)*** keine Ausnahme machen; ***an ~ to the rule*** e-e Ausnahme von der Regel; **2.** Einwendung *f*, Einwand *m*, Einspruch *m* (*a.* ⚖ *Rechtsmittelvorbehalt*): ***take ~ to*** a) Einwendungen machen *od.* protestieren gegen, b) Anstoß nehmen an (*dat.*); **ex'cep·tion·a·ble** [-pʃnəbl] *adj.* □ **1.** anfechtbar; **2.** anstößig; **ex'cep·tion·al** [-pʃənl] *adj.* □ → ***exceptionally***; **1.** außergewöhnlich, Ausnahme..., Sonder...: ***~ case*** Ausnahmefall *m*; **2.** ungewöhnlich (gut); **ex'cep·tion·al·ly** [-pʃnəlɪ] *adv.* **1.** ausnahmsweise; **2.** außergewöhnlich.

ex·cerpt **I** *v/t.* [ek'sɜːpt] **1.** *Textstelle* exzerpieren, ausziehen; **II** *s.* ['eksɜːpt] **2.** Ex'zerpt *n*, Auszug *m*; **3.** Sonder(ab)druck *m.*

ex·cess [ɪk'ses] *s.* **1.** 'Übermaß *n*, -fluss *m* (***of*** an *dat.*): ***~ of ...*** zu viel ...; ***carry to ~*** übertreiben, *et.* zu weit treiben; **2.** Ex'zess *m*, Unmäßigkeit *f*, Ausschweifung *f*; *mst pl.* Ausschreitungen *pl.*: ***drink to ~*** übermäßig trinken; **3.** 'Überschuss *m* (*a.* A, ✝), Mehrsumme *f*: ***in ~ of*** mehr als, über ...; ***be in ~ of*** überschreiten, -steigen; ***~ of exports*** Ausfuhrüberschuss *m*; ***~ bag·gage*** *s.* ✈ *Am.* 'Übergepäck *n*; ***~ ca·pac·i·ty*** *s.* Überkapazität *f*; ***~ cost*** *s.* Mehrkosten *pl.*; ***~ cur·rent*** *s.* ⚡ 'Überstrom *m*; ***~ fare*** *s.* (Fahrpreis)Zuschlag *m*; ***~ freight*** *s.* 'Überfracht *f.*

ex·ces·sive [ɪk'sesɪv] *adj.* □ 'übermäßig, über'trieben; unangemessen hoch (*Strafe etc.*).

ex·cess| lug·gage *s.* ✈ 'Übergepäck *n*; ***~ post·age*** *s.* Nachporto *n*, -gebühr *f*; ***~ prof·its tax*** *s. Am.* Mehrgewinnsteuer *f*; ***~ volt·age*** *s.* ⚡ 'Überspannung *f*; ***~ weight*** *s.* Mehrgewicht *n.*

ex·change [ɪks'tʃeɪndʒ] **I** *v/t.* **1.** (***for***) aus-, 'umtauschen (gegen), vertauschen (mit); **2.** *Geld* eintauschen, ('um)wechseln (***for*** gegen); **3.** (*gegenseitig*) *Blicke*, *Küsse*, *Plätze* tauschen; *Grüße*, *Gedanken*, *Gefangene etc.* austauschen; *Worte*, *Schüsse etc.* wechseln: ***~ blows*** sich prügeln; **4.** ersetzen (***for*** durch); **5.** ⚙ auswechseln; **II** *v/i.* **6.** ***~ for*** wert sein: ***one Euro ~s for one dollar***; **III** *s.* **7.** Tausch *m* (*a. Schach*), Aus-, 'Umtausch *m*, Auswechselung *f*, Tauschhandel *m*: ***in ~*** als Ersatz, dafür; ***in ~ for*** gegen, als Entgelt für; ***~ of letters*** Schriftwechsel *m*; ***~ of blows*** Schlagwechsel *m*, *Boxen*: *a.* Schlagabtausch *m*; ***~ of shots*** Schusswechsel *m*; ***~ of views*** Meinungsaustausch; **8.** ✝ a) ('Um-) Wechseln *n*, Wechselverkehr *m*: ***money ~*** Geldwechsel *m*, b) → ***bill***[2] 3, c) → ***rate***[1] 2, d) ***foreign ~*** Devisen *pl.*, Valuta *f*, e) Wechselstube *f*; **9.** ✝ Börse *f*; **10.** (Fernsprech)Amt *n*, Vermittlung *f*; **ex'change·a·ble** [-dʒəbl] *adj.* **1.** (aus-) tausch-, auswechselbar (***for*** gegen); **2.** Tausch...

ex·change| bro·ker *s.* **1.** Wechselmakler *m*; **2.** De'visenmakler *m*; ***~ con·trol*** *s.* De'visenbewirtschaftung *f*, -konˌtrolle *f*; ***~ list*** *s.* ✝ Kurszettel *m*; ***~ of·fice*** *s.* Wechselstube *f*; ***~ rate*** *s.* ✝ 'Umrechnungs-, Wechselkurs *m*: ***~ adjustment*** Wechselkursberichtigung *f*; ***~ fluctuation band*** Bandbreite der Wechselkurse; ***~ parity*** Wechselkursparität *f*; ***~ reg·u·la·tions*** *s. pl.* ✝ De'visenbestimmungen *pl.*; ***~ re·stric·tions*** *s. pl.* ✝ De'visenbeschränkungen *pl.*; ***~ stu·dent*** *s.* 'Austauschstuˌdent(in).

ex·cheq·uer [ɪks'tʃekə] *s.* **1.** *Brit.* Schatzamt *n*, Staatskasse *f*, Fiskus *m*: ***the*** 𝔈 das Finanzministerium; ***~ bill*** *obs.* Schatzwechsel *m*; ***~ bond*** Schatzanweisung *f*; **2.** ✝ (Geschäfts)Kasse *f.*

ex·cis·a·ble [ek'saɪzəbl] *adj.* (verbrauchs)steuerpflichtig.

ex·cise[1] **I** *v/t.* [ek'saɪz] besteuern; **II** *s.* ['eksaɪz] *a.* ***~ duty*** Verbrauchssteuer *f*: ***~man*** Steuereinnehmer *m.*

ex·cise[2] [ek'saɪz] *v/t.* ⚕ her'ausschneiden, entfernen; **ex·ci·sion** [ek'sɪʒn] *s.* **1.** ⚕ Exzisi'on *f*, Ausschneidung *f*; **2.** Ausmerzung *f.*

ex·cit·a·bil·i·ty [ɪkˌsaɪtə'bɪlətɪ] *s.* Reizbar-, Erregbarkeit *f*, Nervosi'tät *f*; **ex·cit·a·ble** [ɪk'saɪtəbl] *adj.* reiz-, erregbar, ner'vös; **ex·cit·ant** ['eksɪtənt] *s.* ⚕ Reizmittel *n*, 'Stimulans *n*; **ex·ci·ta·tion** [ˌeksɪ'teɪʃn] *s.* **1.** *a.* ⚡, ⚗ Erregung *f*; **2.** ⚕ Reiz *m*, 'Stimulus *m.*

ex·cite [ɪk'saɪt] *v/t.* **1.** *j-n* er-, aufregen: ***get ~d*** (***over***) sich aufregen (über *acc.*); **2.** *j-n* an-, aufreizen, aufstacheln; **3.** *j-n* (*sexuell*) erregen; **4.** *Interesse etc.* erregen, erwecken, her'vorrufen; **5.** ⚕ *Nerv* reizen; **6.** ⚡ erregen; **7.** *phot.* lichtempfindlich machen; **ex'cit·ed** [-tɪd] *adj.* □ erregt; aufgeregt; **ex'cite·ment** [-mənt] *s.* **1.** Er-, Aufregung *f*; **2.** Reizung *f*; **ex'cit·er** [-tə] *s.* ⚡ Erreger *m*; **ex'cit·ing** [-tɪŋ] *adj.* **1.** erregend; aufregend; spannend, anregend, toll; **2.** ⚡ Erreger...

ex·claim [ɪk'skleɪm] **I** *v/i.* **1.** ausrufen, (auf)schreien; **2.** eifern, wettern (***against*** gegen); **II** *v/t.* **3.** ausrufen.

ex·cla·ma·tion [ˌeksklə'meɪʃn] *s.* **1.** Ausruf *m*, (Auf)Schrei *m*; **2.** *a.* ***~ mark***, ***note of ~***, *Am.* ***point of ~*** Ausrufe-, Ausrufungszeichen *n*; **3.** heftiger Pro'test; **4.** *ling.* a) Ausrufesatz *m*, b) Interjekti'on *f*; **ex·clam·a·to·ry** [ek'sklæmətərɪ] *adj.* **1.** exklama'torisch: ***~ style***; **2.** Ausrufe...: ***~ sentence***.

ex·clave ['ekskleɪv] *s.* Ex'klave *f.*

ex·clude [ɪk'skluːd] *v/t.* ausschließen (***from*** von): ***not excluding myself*** mich selbst nicht ausgenommen; **ex'clu·sion** [-uːʒən] *s.* **1.** Ausschließung *f*, Ausschluss *m* (***from*** von): ***to the ~ of*** unter Ausschluss von; **2.** ⚙ Absperrung *f*; ***~ zone*** *s. pol.* Schutzzone *f.*

ex·clu·sive [ɪk'skluːsɪv] **I** *adj.* □ → ***exclusively***; **1.** ausschließend: ***~ of*** ausschließlich (*gen.*), abgesehen von, ohne; ***be ~ of*** *et.* ausschließen; **2.** a) ausschließlich, al'leinig, Allein..., Sonder...: ***~ agent*** Alleinvertreter *m*; ***~ rights*** ausschließliche Rechte; ***be ~ to*** beschränkt sein auf (*acc.*), b) Exklusiv...: ***~ contract*** (***report*** *etc.*); **3.** exklu'siv: a) vornehm, b) anspruchsvoll; **4.** unnahbar; **II** *s.* **5.** Exklu'sivbericht *m*; **ex'clu·sive·ly** [-lɪ] *adv.* ausschließlich, nur; **ex'clu·sive·ness** [-nɪs] *s.* Exklusivi'tät *f.*

ex·cog·i·tate [eks'kɒdʒɪteɪt] *v/t.* (sich) *et.* ausdenken, ersinnen.

ex·com·mu·ni·cate [ˌekskə'mjuːnɪkeɪt]

v/t. R.C. exkommunizieren; **ex·com·mu·ni·ca·tion** [ˈekskəˌmjuːnɪˈkeɪʃn] *s.* Exkommunikatiˈon *f.*

ex·co·ri·ate [eksˈkɔːrɪeɪt] *v/t.* **1.** die Haut abziehen von; *Baum* abrinden; **2.** *Haut* wund reiben, abschürfen; **3.** heftig angreifen, vernichtend kritisieren; **ex·co·ri·a·tion** [eksˌkɔːrɪˈeɪʃn] *s.* **1.** (Haut)Abschürfung *f*; **2.** Wundreiben *n.*

ex·cre·ment [ˈekskrɪmənt] *s. oft pl.* Kot *m*, Exkreˈmente *pl.*

ex·cres·cence [ɪkˈskresns] *s.* **1.** Auswuchs *m* (*a. fig.*); **2.** ✱ Wucherung *f*; **exˈcres·cent** [-nt] *adj.* **1.** auswachsend; wuchernd; **2.** *fig.* ˈüberflüssig; **3.** *ling.* eingeschoben.

ex·cre·ta [ekˈskriːtə] *s. pl.* Exˈkrete *pl.*; **ex·crete** [ekˈskriːt] *v/t.* absondern, ausscheiden; **exˈcre·tion** [-iːʃn] *s.* **1.** Ausscheidung *f*; **2.** Exˈkret *n.*

ex·cru·ci·ate [ɪkˈskruːʃɪeɪt] *v/t. fig.* quälen; **exˈcru·ci·at·ing** [-tɪŋ] *adj.* □ **1.** qualvoll, heftig; **2.** F schauderhaft, unerträglich.

ex·cul·pate [ˈekskʌlpeɪt] *v/t.* rein waschen, rechtfertigen, freisprechen (***from*** von); **ex·cul·pa·tion** [ˌekskʌlˈpeɪʃn] *s.* Entschuldigung *f*, Rechtfertigung *f*, Entlastung *f.*

ex·cur·sion [ɪkˈskɜːʃn] *s.* **1.** (*a.* wissenschaftliche) Exkursiˈon, Ausflug *m*, Abstecher *m*, Streifzug *m* (*alle a. fig.*): **~ train** Sonder-, Ausflugszug *m*; **2.** Abschweifung *f*; **3.** Abweichung *f* (*a. ast.*); **exˈcur·sion·ist** [-ʃnɪst] *s.* Ausflügler (-in); **exˈcur·sive** [-ɜːsɪv] *adj.* □ **1.** abschweifend; **2.** weitschweifig; **3.** sprunghaft; **exˈcur·sus** [-ɜːsəs] *pl.* **-sus·es** *s.* Exˈkurs *m* (*Erörterung od. Abschweifung*).

ex·cus·a·ble [ɪkˈskjuːzəbl] *adj.* □ entschuldbar, verzeihlich.

ex·cuse I *v/t.* [ɪkˈskjuːz] **1.** *j-n od. et.* entschuldigen, *j-m et.* verzeihen: **~ me** a) entschuldigen Sie!, b) aber erlauben Sie mal!; **~ me for being late, ~ my being late** verzeih, dass ich zu spät komme; **please ~ my mistake** bitte entschuldige m-n Irrtum; **2.** Nachsicht mit *j-m* haben; **3.** *et.* entschuldigen, überˈsehen; **4.** *et.* entschuldigen, e-e Entschuldigung für *et.* sein, rechtfertigen: **that does not ~ your conduct**; **5.** (***from***) *j-n* befreien (von), *j-m et.* erlassen: **~ s.o. from attendance**; **~d from duty** vom Dienst befreit; **he begs to be ~d** er lässt sich entschuldigen; **I must be ~d from doing this** ich muss es leider ablehnen, dies zu tun; **6.** *j-m et.* erlassen; **II** *s.* [-kjuːs] **7.** Entschuldigung *f*: **offer** (*od.* **make**) **an ~** sich entschuldigen; **please make my ~s to her** bitte entschuldige mich bei ihr; **8.** Rechtfertigung *f*: **there is no ~ for his conduct** sein Benehmen ist nicht zu entschuldigen; **9.** Vorwand *m*, Ausrede *f*, Ausflucht *f*; **10.** dürftiger Ersatz: **a poor ~ for a car** e-e armselige ‚Kutsche'; **exˈcuse-me** *s.* Tanz *m* mit Abklatschen.

ˌex-diˈrec·to·ry *adj.*: **~ number** *teleph.* Geheimnummer *f.*

ex·e·at [ˈeksɪæt] (*Lat.*) *s. Brit.* (kurzer) Urlaub (*für Studenten*).

ex·e·cra·ble [ˈeksɪkrəbl] *adj.* □ abˈscheulich, scheußlich; **ex·e·crate** [ˈeksɪkreɪt] **I** *v/t.* **1.** verfluchen, verwünschen; **2.** verabscheuen; **II** *v/i.* **3.** fluchen; **ex·e·cra·tion** [ˌeksɪˈkreɪʃn] *s.* **1.** Verwünschung *f*, Fluch *m*; **2.** Abscheu *m*: **hold in ~** verabscheuen.

ex·ec·u·tant [ɪɡˈzekjʊtənt] *s.* Ausführende(r *m*) *f*, *bsd.* ♪ Vortragende(r *m*) *f*; **ex·e·cute** [ˈeksɪkjuːt] *v/t.* **1.** aus-, ˈdurchführen, verrichten, tätigen; **2.** *Amt* ausüben; **3.** ♪, *thea.* vortragen, spielen; **4.** ⚖ a) *Urkunde* (rechtsgültig) ausfertigen, durch ˈUnterschrift, Siegel *etc.* vollˈziehen, b) *Urteil* vollˈstrecken, *bsd. j-n* hinrichten, c) *j-n* pfänden; **ex·e·cu·tion** [ˌeksɪˈkjuːʃn] *s.* **1.** Aus-, ˈDurchführung *f*, Verrichtung *f*: **carry into ~** ausführen; **2.** (*Art u. Weise der*) Ausführung: a) ♪ Vortrag *m*, Spiel *n*, Technik *f*, b) *Kunst, Literatur*: Darstellung *f*, Stil *m*; **3.** ⚖ a) Ausfertigung *f*, b) Errichtung *f* (*e-s Testaments*), c) Vollˈziehung *f*, (ˈUrteils-, *a.* ˈZwangs-) Vollˌstreckung *f*, Pfändung *f*, d) Hinrichtung *f*: **sale under ~** Zwangsversteigerung *f*; **levy ~ against a company** die Zwangsvollstreckung in das Vermögen e-r Gesellschaft betreiben; **ex·e·cu·tion·er** [ˌeksɪˈkjuːʃnə] *s.* **1.** Henker *m*, Scharfrichter *m*; **2.** *sport* Vollˈstrecker *m*; **exˈec·u·tive** [-tɪv] **I** *adj.* □ **1.** ausübend, vollˈziehend, *pol.* Exekutiv...: **~ officer** Verwaltungsbeamte(r) *m*; **~ power** → 3; **2.** ✝ geschäftsführend, leitend: **~ board** Vorstand *m*; **~ committee** Exekutivausschuss *m*; **~ floor** Chefetage *f*; **~ functions** Führungsaufgaben; **~ post** leitende Stellung; **~ staff** leitende Angestellte *pl.*; **II** *s.* **3.** Exekuˈtive *f*, vollˈziehende Gewalt (*im Staat*); **4.** *a.* **senior ~** ✝ leitender Angestellter; **5.** ⚔ *Am.* stellvertretender Kommanˈdeur; **exˈec·u·tor** [-tə] *s.* ⚖ Testaˈmentsvollˌstrecker *m*, Erbschaftsverwalter *m*: **literary ~** Nachlassverwalter e-s Autors; **exˈec·u·to·ry** [-tərɪ] *adj.* **1.** ⚖ bedingt, erfüllungsbedürftig: **~ contract**; **2.** Ausführungs...; **exˈec·u·trix** [-trɪks] *s.* ⚖ Testaˈmentsvollˌstreckerin *f.*

ex·e·ge·sis [ˌeksɪˈdʒiːsɪs] *s.* Exeˈgese *f*, (Bibel)Auslegung *f*; **ex·e·gete** [ˈeksɪdʒiːt] *s.* Exeˈget *m*; **ˌex·eˈget·ic** [-ˈdʒetɪk] **I** *adj.* □ exeˈgetisch, auslegend; **II** *s. pl. sg. konstr.* Exeˈgetik *f.*

ex·em·plar [ɪɡˈzemplə] *s.* **1.** Muster(beispiel) *n*, Vorbild *n*; **2.** typisches Beispiel; **3.** *typ.* (Druck)Vorlage *f*; **exˈem·pla·ry** [-ərɪ] *adj.* □ **1.** exemˈplarisch: a) beispiel-, musterhaft, b) warnend, abschreckend, draˈkonisch (*Strafe etc.*); **2.** typisch, Muster...

ex·em·pli·fi·ca·tion [ɪɡˌzemplɪfɪˈkeɪʃn] *s.* **1.** Erläuterung *f* durch Beispiele; Veranschaulichung *f*; **2.** Beleg *m*, Beispiel *n*, Muster *n*; **3.** ⚖ beglaubigte Abschrift, Ausfertigung *f*; **ex·em·pli·fy** [ɪɡˈzemplɪfaɪ] *v/t.* **1.** veranschaulichen: a) durch Beispiele erläutern, b) als Beispiel dienen für; **2.** ⚖ e-e beglaubigte Abschrift machen von.

ex·empt [ɪɡˈzempt] **I** *v/t.* **1.** *j-n* befreien, ausnehmen (***from*** von *Steuern, Verpflichtungen etc.*): **~ed amount** ✝ (Steuer)Freibetrag *m*; **2.** ⚔ (*vom Wehrdienst*) freistellen; **II** *adj.* befreit, ausgenommen, frei (***from*** von): **~ from taxes** steuerfrei; **exˈemp·tion** [-pʃn] *s.* **1.** Befreiung *f*, Freisein *n* (***from*** von): **~ from taxes** Steuerfreiheit *f*; **~ from liability** ⚖ Haftungsausschluss *m*; **2.** ⚔ Freistellung *f* (*vom Wehrdienst*); **3.** *pl.* ⚖ unpfändbare Gegenstände *pl. od.* Beträge *pl.*; **4.** Sonderstellung *f*, Vorrechte *pl.*

ex·er·cise [ˈeksəsaɪz] **I** *s.* **1.** Ausübung *f* (*e-s Amtes, der Pflicht, e-r Kunst, e-s Rechts, der Macht etc.*), Gebrauch *m*, Anwendung *f*; **2.** *oft pl.* (*körperliche od. geistige*) Übung, (*körperliche*) Bewegung, *sport* (Turn)Übung *f*: **do one's ~s** Gymnastik machen; **take ~** sich Bewegung machen; **~ therapy** Bewegungstherapie *f*; **physical ~** Leibesübungen *pl.*; (***military***) **~** a) Exerzieren *n*, b) Manöver *n*; (***religious***) **~** Gottesdienst *m*, Andacht *f*; **3.** Übungsarbeit *f*, Schulaufgabe *f*: **~ book** Schul-, Schreibheft *n*; **4.** ♪ Übung(sstück *n*) *f*; **5.** *pl. Am.* Feier(lichkeiten *pl.*) *f*; **II** *v/t.* **6.** *ein Amt, ein Recht, Macht, Einfluss* ausüben, *Einfluss, Recht, Macht* geltend machen, *et.* anwenden; *Geduld* üben; **7.** *Körper, Geist* üben, trainieren; **8.** *j-n* üben, ausbilden; **9.** *s-e Glieder, Tiere* bewegen; **10.** *j-n, j-s Geist* stark beschäftigen, plagen, beunruhigen: **be ~d** beunruhigt sein (***about*** über *acc.*); **III** *v/i.* **11.** sich Bewegung machen; **12.** *sport* trainieren; **13.** ⚔ exerzieren.

ex·ert [ɪɡˈzɜːt] *v/t.* gebrauchen, anwenden; *Druck, Einfluss etc.* ausüben (***on*** auf *acc.*); *Autorität* geltend machen: **~ o.s.** sich anstrengen; **exˈer·tion** [-ɜːʃn] *s.* **1.** Anwendung *f*, Ausübung *f*; **2.** Anstrengung *f*: a) Straˈpaze *f*, b) Bemühung *f.*

ex·e·unt [ˈeksɪʌnt] (*Lat.*) *thea.* (sie gehen) ab: **~ omnes** alle ab.

ex·fo·li·ate [eksˈfəʊlɪeɪt] *v/i. mst* ✱ abblättern, sich abschälen; **ex·fo·li·a·tion** [eksˌfəʊlɪˈeɪʃn] *s.* Abblätterung *f.*

ex·gra·ti·a [eksˈɡreɪʃə] *adj.* freiwillig; ✝ **~ payment** Kulanzzahlung *f.*

ex·ha·la·tion [ˌekshəˈleɪʃn] *s.* **1.** Ausatmen *n*; **2.** Verströmen *n*; **3.** a) Gas *n*, b) Rauch *m*, c) Geruch *m*, Ausdünstung *f*; **ex·hale** [eksˈheɪl] **I** *v/t.* **1.** ausatmen; **2.** *Gas, Geruch etc.* verströmen, *Rauch* ausstoßen; **II** *v/i.* **3.** ausströmen; **4.** ausatmen.

ex·haust [ɪɡˈzɔːst] **I** *v/t.* **1.** *mst* ⚙ a) (ent)leeren, b) luftleer pumpen, c) *Luft, Wasser etc.* herˈauspumpen, *Gas* auspuffen, d) absaugen; **2.** *allg.* erschöpfen: a) *Boden* ausmergeln, b) *Bergwerk etc.* völlig abbauen, c) *Vorräte* ver-, aufbrauchen, d) *j-n* ermüden, entkräften, e) *j-s Kräfte* strapazieren; **3.** *Thema* erschöpfend behandeln; *alle Möglichkeiten* ausschöpfen; **II** *v/i.* **4.** ausströmen; **5.** sich entleeren; **III** *s.* **6.** ⚙ a) Dampfaustritt *m*, b) *a.* **~ gas** Abgas *n*, c) Auspuffgase *pl.*; **7.** *mot.* Auspuff *m*: **~ box** Auspufftopf *m*; **~ brake** Motorbremse *f*; **~ emission test** Abgastest *m*; **~ fumes** Abgase; **8.** → **exhauster**; **exˈhaust·ed** [-tɪd] *adj.* **1.** aufgebraucht, zu Ende, erschöpft (*Vorräte*), vergriffen (*Auflage*), abgelaufen (*Frist, Versicherung*); **2.** *fig.* erschöpft, ermattet; **exˈhaust·er** [-tə] *s.* ⚙ (Ent-) Lüfter *m*, Absaugevorrichtung *f*, Exˈhaustor *m*; **exˈhaust·ing** [-tɪŋ] *adj.* ermüdend, anstrengend, strapaziˈös; **exˈhaus·tion** [-tʃn] *s.* **1.** ⚙ a) (Ent)Leerung *f*, b) Herˈauspumpen *n*, c) Absaugung *f*; **2.** Ausströmen *n* (*von Dampf etc.*); **3.** Erschöpfung *f*, (völliger) Verbrauch; **4.** *fig.* Erschöpfung *f*, Ermüdung *f*, Entkräftung *f*; **5.** ⩘ Approximatiˈon *f*; **exˈhaus·tive** [-tɪv] *adj.* □ **1.** *fig.* erschöpfend; **2.** → **exhausting**.

ex·haust| pipe *s.* ⚙ Auspuffrohr *n*; **~ pol·lu·tion** *s.* Luftverschmutzung *f* durch Abgase; **~ pol·lu·tion stand·ards** *s. pl.* Abgaswerte *pl.*; **~ steam** *s.* ⚙ Abdampf *m*; **~ stroke** *s.* ⚙ Auspuffhub *m*; ~ **valve** *s.* ⚙ 'Auslassven,til *n.*

ex·hib·it [ɪg'zɪbɪt] **I** *v/t.* **1.** ausstellen, zur Schau stellen: ~ ***goods***; **2.** *fig.* zeigen, an den Tag legen, entfalten; **3.** ⚖ vorlegen; **II** *v/i.* **4.** ausstellen; **III** *s.* **5.** Ausstellungsstück *n*, Expo'nat *n*; **6.** ⚖ a) Eingabe *f*, b) Beweisstück *n*, Beleg *m*, c) Anlage *f zu e-m Schriftsatz*.

ex·hi·bi·tion [,eksɪ'bɪʃn] *s.* **1.** a) Ausstellung *f*, Schau *f*: ***be on*** ~ ausgestellt sein, zu sehen sein, b) Vorführung *f*: ~ ***contest*** *sport* Schaukampf *m*; ***make an*** ~ ***of o.s.*** sich lächerlich *od.* zum Gespött machen, ‚auffallen'; **2.** *fig.* Zur'schaustellung *f*, Bekundung *f*; **3.** ⚖ Vorlage *f*, Beibringung *f* (*von Beweisen etc.*); **4.** *Brit. univ.* Sti'pendium *n*; **,ex·hi'bi·tion·er** [-ʃnə] *s. Brit. univ.* Stipendi'at *m*; **,ex·hi'bi·tion·ism** [-ʃnɪzəm] *s. psych. u. fig.* Exhibitio'nismus *m*; **,ex·hi-'bi·tion·ist** [-ʃnɪst] *psych. u. fig.* **I** *s.* Exhibitio'nist *m*; **II** *adj.* exhibitio'nistisch; **ex·hib·i·tor** [ɪg'zɪbɪtə] *s.* **1.** Aussteller *m*; **2.** Kinobesitzer *m*.

ex·hil·a·rant [ɪg'zɪlərənt] → ***exhilarating***; **ex·hil·a·rate** [ɪg'zɪləreɪt] *v/t.* **1.** erheitern; **2.** beleben, erfrischen; **ex'hil·a·rat·ed** [-tɪd] *adj.* erheitert, heiter, amüsiert; **ex'hil·a·rat·ing** [-tɪŋ] *adj.* ☐ erheiternd, erfrischend, amü'sant; **ex·hil·a·ra·tion** [ɪg,zɪlə'reɪʃn] *s.* **1.** Erheiterung *f*; **2.** Heiterkeit *f*.

ex·hort [ɪg'zɔːt] *v/t.* ermahnen; **ex·hor·ta·tion** [,egzɔː'teɪʃn] *s.* Ermahnung *f*.

ex·hu·ma·tion [,eks*h*juː'meɪʃn] *s.* Exhumierung *f*; **ex·hume** [eks'hjuːm] *v/t.* **1.** *Leiche* exhumieren; **2.** *fig.* ausgraben.

ex·i·gence ['eksɪdʒəns], **ex·i·gen·cy** [-dʒənsɪ; ɪg'zɪ-] *s.* **1.** Dringlichkeit *f*; **2.** Not(lage) *f*; **3.** *mst pl.* (An)Forderung *f*; **'ex·i·gent** [-nt] *adj.* **1.** dringend, kritisch; **2.** anspruchsvoll.

ex·i·gu·i·ty [,eksɪ'gjuːətɪ] *s.* Dürftigkeit *f*; **ex·ig·u·ous** [eg'zɪgjʊəs] *adj.* dürftig.

ex·ile ['eksaɪl] **I** *s.* **1.** a) Ex'il *n*, b) Verbannung *f*: ***government in*** ~ Exilregierung *f*; ***the*** ♀ *bibl.* die Babylonische Gefangenschaft; **2.** a) im Ex'il Lebende(r *m*) *f*, b) Verbannte(r *m*) *f*; **II** *v/t.* **3.** a) exilieren, b) verbannen (***from*** aus), in die Verbannung schicken.

ex·ist [ɪg'zɪst] *v/i.* **1.** existieren, vor'handen sein, da sein: ***do such things*** **~?** gibt es so etwas?; ***right to*** ~ Existenzberechtigung *f*; **2.** sich finden, vorkommen (***in*** in *dat.*); **3.** (***on***) existieren, leben (von); **ex'ist·ence** [-təns] *s.* **1.** Exi'stenz *f*, Vor'handensein *n*, Vorkommen *n*: ***call into*** ~ ins Leben rufen; ***be in*** ~ bestehen, existieren; ***remain in*** ~ weiter bestehen; **2.** Exi'stenz *f*, Leben *n*, Dasein *n*: ***a wretched*** ~ ein kümmerliches Dasein; **3.** Exi'stenz *f*, (Fort-)Bestand *m*; **ex'ist·ent** [-tənt] *adj.* **1.** existierend, bestehend, vor'handen, lebend; **2.** gegenwärtig.

ex·is·ten·tial [,egzɪ'stenʃl] *adj.* **1.** Existenz...; **2.** *phls.* Existenzial...; **,ex·is-'ten·tial·ism** [-ʃəlɪzəm] *s.* Existenzia'lismus *m*, Exi'stenzphiloso,phie *f*; **,ex·is'ten·tial·ist** [-ʃəlɪst] *s.* Existenzia'list (-in).

ex·ist·ing [ɪg'zɪstɪŋ] → ***existent***.

ex·it ['eksɪt] **I** *s.* **1.** Abgang *m*: a) *thea.* Abtreten *n* (*von der Bühne*), b) *fig.* Tod *m*: ***make one's*** ~ → 6a, 7; **2.** (*a.* Not)Ausgang *m*; **3.** ⚙ Abzug *m*, -fluss *m*, Austritt *m*; **4.** Ausreise *f*: ~ ***permit*** Ausreisegenehmigung *f*; ~ ***visa*** Ausreisevisum *n*; **5.** (Autobahn)Ausfahrt *f*; **II** *v/i.* **6.** *thea.* a) abgehen, abtreten, b) *Bühnenanweisung*: (*er, sie* geht) ab: ♀ ***Romeo***; **7.** *fig.* sterben; **III 8.** *v/t. Computer: Programm* beenden.

ex li·bris [eks'laɪbrɪs] (*Lat.*) *s.* Ex'libris *n*, Bücherzeichen *n*.

,ex·o·bi'ol·o·gy [,eksəʊ-] *s.* Exo-, Ektobiolo'gie *f*.

ex·o·carp ['eksəʊkɑːp] *s.* ♀ Exo'karp *n*, äußere Fruchthaut.

ex·o·crine ['eksəʊkraɪn] *physiol.* **I** *adj.* **1.** exo'krin; **II** *s.* **2.** äußere Sekreti'on; **3.** exo'krine Drüse.

ex·o·don·ti·a [,eksəʊ'dɒnʃɪə] *s.* **,ex·o'don·tics** [-ntɪks] *s. pl. sg. konstr.* 'Zahnchirur,gie *f*.

ex·o·dus ['eksədəs] *s.* **1.** a) *bibl. u. fig.* Auszug *m*, b) ♀ *bibl.* Exodus *m*, Zweites Buch Mose; **2.** *fig.* Ab-, Auswanderung *f*, Massenflucht *f*; Aufbruch *m*: ~ ***of capital*** ✝ Kapitalabwanderung; ***rural*** ~ Landflucht.

ex of·fi·ci·o [,eksə'fɪʃɪəʊ] (*Lat.*) **I** *adv.* von Amts wegen; **II** *adj.* Amts..., amtlich.

ex·on·er·ate [ɪg'zɒnəreɪt] *v/t.* **1.** *Angeklagten etc., a. Schuldner* entlasten (***from*** von); **2.** *j-n* befreien, entbinden (***from*** von); **ex·on·er·a·tion** [ɪg,zɒnə'reɪʃn] *s.* **1.** Entlastung *f*; **2.** Befreiung *f*.

ex·or·bi·tance [ɪg'zɔːbɪtəns] *s.* Maßlosigkeit *f*; **ex'or·bi·tant** [-nt] *adj.* ☐ maßlos, über'trieben, unverschämt: ~ ***price*** Wucherpreis *m*.

ex·or·cism ['eksɔːsɪzəm] *s.* Exor'zismus *m*, Teufelsaustreibung *f*, Geisterbeschwörung *f*; **'ex·or·cist** [-ɪst] *s.* Exor'zist *m*, Teufelsaustreiber *m*, Geisterbeschwörer *m*; **'ex·or·cize** [-saɪz] *v/t.* *Teufel* austreiben, *Geister* beschwören, bannen.

ex·or·di·um [ek'sɔːdjəm] *s.* Einleitung *f*, Anfang *m* (*e-r Rede*).

ex·o·ter·ic [,eksəʊ'terɪk] *adj.* (☐ **~ally**) exo'terisch, für Außenstehende bestimmt, gemeinverständlich.

ex·ot·ic [ɪg'zɒtɪk] *adj.* (☐ **~ally**) ex'otisch: a) aus-, fremdländisch, b) fremdartig, bi'zarr; **ex'ot·i·ca** [-kə] *s. pl.* E'xotika *pl.* (*fremdländische Kunstwerke*).

ex·pand [ɪk'spænd] **I** *v/t.* **1.** ausbreiten, -spannen, entfalten; **2.** ✝, *phys. u. fig.* ausdehnen, -weiten, erweitern: **~*ed metal*** Streckmetall *n*; **~*ed plastics*** Schaumkunststoffe; **~*ed program(me)*** erweitertes Programm; **3.** *Abkürzung* ausschreiben; **II** *v/i.* **4.** sich ausbreiten *od.* -dehnen; sich erweitern (*a. fig.*): ***his heart*** **~*ed with joy*** sein Herz schwoll vor Freude; **5.** *fig.* sich entwickeln, aufblühen (***into*** zu); größer werden; **6.** *fig.* a) *vor Stolz, Freude etc.* ‚aufblühen', b) aus sich her'ausgehen; **ex'pand·er** [-də] *s. sport* Ex'pander *m*; **ex'pand·ing** [-dɪŋ] *adj.* sich (aus)dehnend, dehnbar; **ex'panse** [-ns] *s.* weiter Raum, weite Fläche, Weite *f*, Ausdehnung *f*; *orn.* Spannweite *f*; **ex'pan·sion** [-nʃn] *s.* **1.** Ausbreitung *f*, Erweiterung *f*, Zunahme *f*; (✝ *Industrie-, Produktions-, a. Kredit*)Ausweitung *f*; *pol.* Expansi'on *f*: ***ego*** ~ *psych.* gesteigertes Selbstgefühl; **2.** *a.* ⚙, *phys.* (Aus)Dehnung *f*, Expansi'on *f*: ~ ***engine*** Expansionsmaschine *f*; ~ ***stroke*** *mot.* Arbeitstakt *m*, Expansionshub *m*; **3.** 'Umfang *m*, Raum *m*, Weite *f*; **ex'pan·sion·ism** [-nʃənɪzəm] *s.* Expansi'onspoli,tik *f*; **ex'pan·sion·ist** [-nʃənɪst] **I** *s.* Anhänger(in) der Expansi'onspoli,tik; **II** *adj.* Expansions...; **ex-'pan·sive** [-nsɪv] *adj.* ☐ **1.** ausdehnungsfähig, ausdehnend, (Aus)Dehnungs...; **2.** ausgedehnt, weit, um'fassend; **3.** *fig.* mitteilsam, aufgeschlossen; **4.** *fig.* 'überschwänglich; **ex'pan·sive·ness** [-nsɪvnɪs] *s.* **1.** Ausdehnungsvermögen *n*; **2.** *fig.* a) Mitteilsamkeit *f*, Aufgeschlossenheit *f*, b) 'Überschwänglichkeit *f*.

ex par·te [,eks'pɑːtɪ] (*Lat.*) *adj. u. adv.* ⚖ einseitig (*Prozesshandlung*).

ex·pa·ti·ate [ek'speɪʃɪeɪt] *v/i.* sich weitläufig auslassen *od.* verbreiten (***on*** über *acc.*); **ex·pa·ti·a·tion** [ek,speɪʃɪ'eɪʃn] *s.* weitläufige Erörterung, Erguss *m*, ‚Salm' *m*.

ex·pa·tri·ate I *v/t.* [eks'pætrɪeɪt] **1.** ausbürgern, expatriieren, *j-m* die Staatsangehörigkeit aberkennen: ~ ***o.s.*** auswandern, s-e Staatsangehörigkeit aufgeben; **II** *adj.* [-ɪət] **2.** verbannt, ausgebürgert; **3.** ständig im Ausland lebend; **III** *s.* [-ɪət] **4.** Ausgebürgerte(r *m*) *f*; **5.** (freiwillig) im Ex'il *od.* ständig im Ausland Lebende(r *m*) *f*; **ex·pa·tri·a·tion** [eks,pætrɪ'eɪʃn] *s.* **1.** Ausbürgerung *f*, Aberkennung *f* der Staatsangehörigkeit; **2.** Auswanderung *f*; **3.** Aufgabe *f* s-r Staatsangehörigkeit.

ex·pect [ɪk'spekt] *v/t.* **1.** *j-n* erwarten: ***I*** ~ ***him to dinner*** ich erwarte ihn zum Essen; **2.** *et.* erwarten *od.* vor'hersehen; entgegensehen (*dat.*): ***I did not*** ~ ***that question*** auf diese Frage war ich nicht gefasst *od.* vorbereitet; **3.** erwarten, hoffen, rechnen auf (*acc.*): ***I*** ~ ***you to come*** ich erwarte, dass du kommst; ***I*** ~ (***that***) ***he will come*** ich erwarte, dass er kommt; **4.** *et. von j-m* erwarten, verlangen: ***you*** ~ ***too much from him***; **5.** F annehmen, denken, vermuten: ***that is hardly to be*** **~*ed*** das ist kaum anzunehmen; ***I*** ~ ***so*** ich denke ja (*od.* schon); **ex'pect·ance** [-təns], **ex'pect·an·cy** [-tənsɪ] *s.* (***of***) **1.** Erwartung *f* (*gen.*); Hoffnung *f*, Aussicht *f* (auf *acc.*); **2.** ✝, ⚖ Anwartschaft *f* (auf *acc.*); **ex'pect·ant** [-tənt] **I** *adj.* ☐ **1.** erwartend: ***be*** ~ ***of*** *et.* erwarten; ~ ***heir*** a) ⚖ Erb(schafts)anwärter(in), b) Thronanwärter *m*; **2.** erwartungsvoll; **3.** zu erwarten(d); **4.** schwanger: ~ ***mother*** werdende Mutter, Schwangere *f*; **II** *s.* **5.** ⚖ Anwärter(in) (***of*** auf *acc.*); **ex·pec·ta·tion** [,ekspek'teɪʃn] *s.* **1.** Erwartung *f*, Erwarten *n*: ***beyond*** (***contrary to***) ~ über (wider) Erwarten; ***according to*** ~ erwartungsgemäß; ***come up to*** ~ den Erwartungen entsprechen; **2.** Gegenstand *m* der Erwartung; **3.** *oft pl.* Hoffnung *f*, Aussicht *f*: ~ ***of life*** Lebenserwartung *f*; **ex'pect·ing** [-tɪŋ] *adj.*: ***she is*** ~ F sie ist in anderen Umständen.

ex·pec·to·rant [ek'spektərənt] *adj. u. s. pharm.* schleimlösend(es Mittel); **ex·pec·to·rate** [ek'spektəreɪt] **I** *v/t.* ausspucken, -husten; **II** *v/i.* a) (aus-)spucken, b) Blut spucken; **ex·pec·to·ra·tion** [ek,spektə'reɪʃn] *s.* **1.** Auswerfen *n*, Aushusten *n*, -spucken *n*; **2.** Auswurf *m*.

ex·pe·di·ence [ɪk'spiːdjəns], **ex'pe·di·en·cy** [-sɪ] *s.* **1.** Ratsamkeit *f*, Zweckmäßigkeit *f*; **2.** Nützlichkeit *f*, Zweckdienlichkeit *f*; **3.** Eigennutz *m*; **ex'pe·di·ent** [-nt] **I** *adj.* ☐ **1.** ratsam, angebracht; **2.** zweckmäßig, -dienlich, praktisch, nützlich, vorteilhaft; **3.** ei-

E

gennützig; **II** *s.* **4.** (Hilfs)Mittel *n*, (Not)Behelf *m*.

ex·pe·dite ['ekspɪdaɪt] *v/t.* **1.** beschleunigen, fördern; **2.** schnell ausführen; **3.** befördern, expedieren.

ex·pe·di·tion [ˌekspɪ'dɪʃn] *s.* **1.** Eile *f*, Schnelligkeit *f*; **2.** (Forschungs)Reise *f*, Expediti'on *f*; **3.** ✕ Feldzug *m*; ˌ**ex·pe'di·tion·ar·y** [-ʃnərɪ] *adj.* Expeditions...: *~ force* Expeditionskorps *n*; ˌ**ex·pe'di·tious** [-ʃəs] *adj.* □ schnell, rasch, prompt.

ex·pel [ɪk'spel] *v/t.* (**from**) **1.** vertreiben, wegjagen (aus, von); **2.** ausstoßen, -schließen, hi'nauswerfen (aus); **3.** aus-, verweisen, verbannen (aus), *schweiz. pol.* ausschaffen (*des Landes verweisen*) (aus); **4.** *Rauch etc.* ausstoßen (aus); **ex·pel·lee** [ˌekspe'liː] *s.* (Heimat)Vertriebene(r *m*) *f*.

ex·pend [ɪk'spend] *v/t.* **1.** *Geld* ausgeben; **2.** *Mühe, Zeit etc.* ver-, aufwenden (**on** für); **3.** verbrauchen; **ex'pend·a·ble** [-dəbl] **I** *adj.* **1.** verbrauchbar, Verbrauchs...; **2.** entbehrlich; **3.** ✕ (*im Notfall*) zu opfern(d); **II** *s.* **4.** *mst pl. et.* Entbehrliches; **5.** ✕ verlorener Haufen; **ex'pend·i·ture** [-dɪtʃə] *s.* **1.** Aufwand *m*, Verbrauch *m* (**of** an *dat.*); **2.** (Geld)Ausgabe(n *pl.*) *f*, (Kosten-)Aufwand *m*, Auslage(n *pl.*) *f*, Kosten *pl.*: ***cash ~*** ⚚ Barauslagen.

ex·pense [ɪk'spens] *s.* **1.** → ***expenditure*** 2; **2.** *pl.* Unkosten *pl.*, Spesen *pl.*: ***~ account*** ⚚ Spesenkonto *n*; ***~ allowance*** ⚚ Aufwandsentschädigung *f*, Spesenvergütung *f*; ***~ report*** Spesenabrechnung *f*; ***travel(l)ing ~s*** Reisespesen; ***and all ~s paid*** und alle Unkosten *od.* Spesen (werden) vergütet; ***at an ~ of*** mit e-m Aufwand von; ***at great ~*** mit großen Kosten; ***at my ~*** auf m-e Kosten, für m-e Rechnung; ***they laughed at my ~*** *fig.* sie lachten auf m-e Kosten; ***at the ~ of his health*** auf Kosten s-r Gesundheit; ***go to great ~*** sich in (große) (Un)Kosten stürzen; ***put s.o. to great ~*** j-n in große (Un-)Kosten stürzen; ***spare no ~*** keine Kosten scheuen; **ex'pen·sive** [-sɪv] *adj.* □ teuer, kostspielig, aufwändig.

ex·pe·ri·ence [ɪk'spɪərɪəns] **I** *s.* **1.** a) Erfahrung *f*, (Lebens)Praxis *f*, b) Erfahrenheit *f*, (praktische) Erfahrung, Praxis *f*, praktische Kenntnisse *pl.*, Fach-, Sachkenntnis *f*: ***by*** (*od.* ***from***) ***~*** aus (eigener) Erfahrung; ***in my ~*** nach m-n Erfahrungen, m-s Wissens; ***~ in cooking*** Kochkenntnisse; ***business ~*** Geschäftserfahrung, -routine *f*; ***driving ~*** Fahrpraxis; ***previous ~*** Vorkenntnisse; **2.** Erlebnis *n*: ***I had a strange ~***; **3.** Vorkommnis *n*, Geschehnis *n*; **4.** *Am. eccl.* religi'öse Erweckung; **II** *v/t.* **5.** erfahren: a) kennen lernen, b) erleben, c) erleiden, *Schlimmes* 'durchmachen, *Vergnügen etc.* empfinden: ***~ kindness*** Freundlichkeit erfahren; ***~ difficulties*** auf Schwierigkeiten stoßen; **ex'pe·ri·enced** [-st] *adj.* erfahren, routiniert, bewandert, (fach-, sach)kundig.

ex·pe·ri·en·tial·ism [ɪkˌspɪərɪ'enʃəlɪzəm] *s. phls.* Empi'rismus *m*.

ex·per·i·ment **I** *s.* [ɪk'sperɪmənt] Versuch *m*, Experi'ment *n*; **II** *v/i.* [-ment] experimentieren, Versuche anstellen (**on**, **upon** an *dat.*; **with** mit): ***~ with s.th.*** *a.* et. erproben.

ex·per·i·men·tal [ekˌsperɪ'mentl] *adj.* □ **1.** *phys.* Versuchs..., experimen'tell, Experimental...: ***~ animal*** Versuchstier *n*; ***~ physics*** Experimentalphysik *f*; ***~ station*** Versuchsanstalt *f*; **2.** experimentierfreudig; **3.** Erfahrungs...; **ex**ˌ**per·i'men·tal·ist** [-təlɪst] *s.* Experimen'tator *m*; **ex**ˌ**per·i'men·tal·ly** [-təlɪ] *adv.* experimen'tell, versuchsweise; **ex·per·i·men·ta·tion** [ekˌsperɪmen'teɪʃn] *s.* Experimentieren *n*.

ex·pert ['ekspɜːt] **I** *adj* [*pred. a.* ɪk'spɜːt] □ **1.** erfahren, kundig; **2.** geschickt, gewandt (**at**, **in** in *dat.*); **3.** fachmännisch, fach-, sachkundig; Fach...(*-ingenieur*, *-wissen etc.*); **4.** Sachverständigen...: ***~ opinion*** (Sachverständigen-)Gutachten *n*; ***~ witness*** ⚖ Sachverständige(r *m*) *f*; **II** *s.* **5.** a) Fachmann *m*, Ex'perte *m*, b) Sachverständige(r *m*) *f*, Gutachter(in) (**at**, **in** in *dat.*; **on s.th.** [auf dem Gebiet] e-r Sache); **ex·per·tise** [ˌekspɜː'tiːz] *s.* **1.** Exper'tise *f*, (Sachverständigen)Gutachten *n*; **2.** Sach-, Fachkenntnis *f*, Know-how *n*; **3.** (fachmännisches) Können; **'ex·pert·ness** [-nɪs] *s.* **1.** Erfahrenheit *f*; **2.** Geschicklichkeit *f*; **ex·pert sys·tem** ['ekspɜːt] *s.* *Computer*: Ex'pertensysˌtem *n*.

ex·pi·a·ble ['ekspɪəbl] *adj.* sühnbar; **'ex·pi·ate** [-ɪeɪt] *v/t.* sühnen, wieder gutmachen, (ab)büßen; **ex·pi·a·tion** [ˌekspɪ'eɪʃn] *s.* Sühne *f*, Buße *f*: ***in ~ of s.th.*** um et. zu sühnen, als Sühne für et.; **'ex·pi·a·to·ry** [-ɪətərɪ] *adj.* sühnend, Sühn(e)..., Buß...: ***be ~ of*** *et.* sühnen.

ex·pi·ra·tion [ˌekspɪ'reɪʃn] *s.* **1.** Ausatmen *n*; **2.** *fig.* Ablauf *m* (*e-r Frist*, *e-s Vertrags*), Ende *n*; **3.** ⚚ a) Fälligwerden *n*, b) Verfall *m* (*e-s Wechsels*): ***~ date*** Verfallsdatum *n*; **ex·pir·a·to·ry** [ɪk'spaɪərətərɪ] *adj.* Ausatmungs...

ex·pire [ɪk'spaɪə] *v/i.* **1.** ausatmen, -hauchen (*a. v/t.*); **2.** sein Leben aushauchen, verscheiden; **3.** ablaufen (*Frist*, *Vertrag etc.*), erlöschen (*Patent*, *Recht etc.*), enden, ungültig werden, verfallen; **4.** ⚚ fällig werden; **ex'pired** [-əd] *adj.* ungültig, verfallen, erloschen; **ex'pi·ry** [-ərɪ] → ***expiration*** 2, 3.

ex·plain [ɪk'spleɪn] **I** *v/t.* **1.** erklären, erläutern, ausein'ander setzen (**s.th. to s.o.** j-m et.): ***~ s.th. away*** a) sich aus et. herausreden, b) e-e einleuchtende Erklärung für et. finden; **2.** erklären, begründen, rechtfertigen: ***~ o.s.*** a) sich erklären, b) sich rechtfertigen; **II** *v/i.* **3.** es erklären: ***you have got a little ~ing to do*** da müsstest du (mir, uns) schon einiges erklären; **ex'plain·a·ble** [-nəbl] *adj.* → ***explicable***; **ex·pla·na·tion** [ˌeksplə'neɪʃn] *s.* **1.** Erklärung *f*, Erläuterung *f* (**for**, **of** für): ***in ~ of*** als Erklärung für; ***make some ~*** e-e Erklärung abgeben; **2.** Er-, Aufklärung *f*; **3.** Verständigung *f*; **ex·plan·a·to·ry** [ɪk'splænətərɪ] *adj.* □ erklärend, erläuternd.

ex·ple·tive [ek'spliːtɪv] **I** *adj.* **1.** ausfüllend, (Aus)Füll...; **II** *s.* **2.** *ling.* Füllwort *n*; **3.** Füllsel *n*, Lückenbüßer *m*; **4.** a) Fluch *m*, b) Kraftausdruck *m*.

ex·pli·ca·ble [ɪk'splɪkəbl] *adj.* erklärbar, erklärlich; **ex·pli·cate** ['eksplɪkeɪt] *v/t.* **1.** explizieren, erklären; **2.** *Theorie etc.* entwickeln; **ex·pli·ca·tion** [ˌekspl'keɪʃn] *s.* **1.** Erklärung *f*, Erläuterung *f*; **2.** Entwicklung *f*.

ex·plic·it [ɪk'splɪsɪt] *adj.* □ **1.** deutlich, klar, ausdrücklich; **2.** offen, deutlich (*Person*) (**on** in Bezug auf *acc.*); **3.** 𝔄 expli'zit.

ex·plode [ɪk'spləʊd] **I** *v/t.* **1.** a) zur Explosi'on bringen, explodieren lassen, b) (in die Luft) sprengen; **2.** *fig.* a) *Plan etc.* über den Haufen werfen, zum Platzen bringen, zu'nichte machen: ***~ a myth*** e-e Illusion zerstören, b) *Theorie etc.* wider'legen, *e-m Gerücht etc.* den Boden entziehen; **II** *v/i.* **3.** a) explodieren, ✕ *a.* krepieren (*Granate etc.*), b) in die Luft fliegen; **4.** *fig.* ausbrechen (***into***, ***with*** in *acc.*), ‚platzen' (***with*** vor *dat.*): ***~ with fury*** vor Wut platzen, ‚explodieren'; ***~ with laughter*** in schallendes Gelächter ausbrechen; **5.** *fig.* sprunghaft ansteigen, sich explosi'onsartig vermehren; **ex'plod·ed view** [-dɪd] *s.* ⚙ Darstellung *f e-r Maschine etc.* in zerlegter Anordnung.

ex·ploit **I** *v/t.* [ɪk'splɔɪt] **1.** *et.* auswerten; *kommerziell* verwerten; ⚒ *etc.* ausbeuten, abbauen; **2.** *fig. b.s. et. od. j-n* ausbeuten, -nutzen; *et.* ausschlachten, Kapi'tal schlagen aus; **II** *s.* ['eksplɔɪt] **3.** (Helden)Tat *f*; **4.** Großtat *f*, große Leistung; **ex·ploi·ta·tion** [ˌeksplɔɪ'teɪʃn] *s.* ⚚ (*Patent- etc.*)Verwertung *f*; ⚙ Ausnutzung *f*, -beutung *f* (*beide a. fig. b.s.*); ⚒ Abbau *m*, Gewinnung *f*; **ex'ploi·ter** [-tə] *s.* Ausbeuter *m* (*a. fig.*).

ex·plo·ra·tion [ˌeksplə'reɪʃn] *s.* **1.** Erforschung *f* (*e-s Landes*); **2.** Unter'suchung *f*.

ex·plor·a·tive [ek'splɒrətɪv], **ex'plor·a·to·ry** [-tərɪ] *adj.* **1.** (er)forschend, Forschungs...; **2.** Erkundungs..., untersuchend, sondierend; ⚙ *etc.* Versuchs..., Probe...: ***~ drilling***; ***~ talks*** Sondierungsgespräche; **ex·plore** [ɪk'splɔː] *v/t.* **1.** *Land* erforschen; **2.** erforschen, erkunden, unter'suchen (*a.* ⚕), sondieren; **ex·plor·er** [ɪk'splɔːrə] *s.* Forscher *m*, Forschungsreisende(r *m*) *f*.

ex·plo·sion [ɪk'spləʊʒn] *s.* **1.** a) Explosi'on *f* (*a. ling.*), Entladung *f*, b) Knall *m*, Detonati'on *f*; **2.** *fig.* Explosi'on *f*: ***population ~***; **3.** *fig.* Zerstörung *f*, Wider'legung *f*; **4.** *fig.* (*Wut- etc.*)Ausbruch *m*.

ex·plo·sive [ɪk'spləʊsɪv] **I** *adj.* □ **1.** explo'siv, Knall..., Spreng..., Explosions...; **2.** *fig.* jähzornig, aufbrausend; **II** *s.* **3.** Explo'siv-, Sprengstoff *m*; **4.** *ling.* → ***plosive*** II; ***~ charge*** *s.* Sprengladung *f*; ***~ cot·ton*** *s.* Schießbaumwolle *f*; ***~ flame*** *s.* Stichflamme *f*; ***~ force*** *s.* Sprengkraft *f*.

ex·po·nent [ek'spəʊnənt] *s.* **1.** 𝔄 Expo'nent *m*, Hochzahl *f*; **2.** *fig.* Expo'nent (-in): a) Repräsen'tant(in), Vertreter (-in), b) Verfechter(in); **3.** Inter'pret (-in); **ex·po·nen·tial** [ˌekspəʊ'nenʃl] 𝔄 **I** *adj.* Exponential...; **II** *s.* Exponenti'algröße *f*.

ex·port **I** *v/t. u. v/i.* [ek'spɔːt] **1.** exportieren, ausführen; **II** *s.* ['ekspɔːt] **2.** Ex'port *m*, Ausfuhr(handel *m*) *f*; **3.** Ex'port-, 'Ausfuhrarˌtikel *m*; **4.** *pl.* a) (Ge'samt)Ex,port *m*, (-)Ausfuhr *f*, b) Ex'portgüter *pl.*; **III** *adj.* ['ekspɔːt] **5.** Ausfuhr..., Export...: ***~ duty*** Ausfuhrzoll *m*; ***~ license***, ***~ permit*** Ausfuhrgenehmigung *f*; ***~ trade*** Export-, Ausfuhr-, Außenhandel *f*; **ex'port·a·ble** [-təbl] *adj.* ex'portfähig, zur Ausfuhr geeignet; **ex·por·ta·tion** [ˌekspɔː'teɪʃən] *s.* Ausfuhr *f*, Ex'port *m*; **ex'porter** [-tə] *s.* Expor'teur *m*.

ex·pose [ɪk'spəʊz] **I** *v/t.* **1.** *Kind* aussetzen; **2.** *Waren* ausstellen (**for sale** zum Verkauf); **3.** *fig. e-r Gefahr*, *e-m Übel* aussetzen, preisgeben: ***~ o.s.*** sich exponieren; ***~ o.s. to ridicule*** sich lächerlich machen; **4.** *fig.* a) (**o.s.** sich) bloßstellen, b) *j-n* entlarven, c) *et.* aufdecken, enthüllen; **5.** *et.* darlegen, ausein'ander setzen; **6.** entblößen (*a.* ⚔), enthüllen, zeigen; **7.** *phot.* belichten; **II** *s.* **8.** *Am.* → ***exposé*** 2.

ex·po·sé [ek'spəʊzeɪ] (*Fr.*) *s.* **1.** Expo'see *n*, Darlegung *f*; **2.** Enthüllung *f*, Entlarvung *f*.

ex·posed [ɪk'spəʊzd] *adj.* **1.** *pred.* ausgesetzt (**to** *dat.*); **2.** unverdeckt, offen (-liegend); **3.** ungeschützt, exponiert; **4.** *phot.* belichtet.

ex·po·si·tion [ˌekspəʊ'zɪʃn] *s.* **1.** Ausstellung *f*, Schau *f*; **2.** Darlegung(en *pl.*) *f*, Ausführung(en *pl.*) *f*; **3.** *thea. u.* ♪ Expositi'on *f*; **ex·pos·i·tor** [ek'spɒzɪtə] *s.* Erklärer *m*; **ex·pos·i·to·ry** [ek'spɒzɪtərɪ] *adj.* erklärend.

ex·pos·tu·late [ɪk'spɒstjʊleɪt] *v/i.* **1.** protestieren; **2.** ~ ***with*** *j-m* ernste Vorhaltungen machen, *j-n* zu'rechtweisen; **ex·pos·tu·la·tion** [ɪkˌspɒstjʊ'leɪʃn] *s.* **1.** Pro'test *m*; **2.** ernste Vorhaltung, Verweis *m*.

ex·po·sure [ɪk'spəʊʒə] *s.* **1.** (Kindes-) Aussetzung *f*; **2.** Aussetzen *n*, Preisgabe *f*; **3.** Ausgesetztsein *n*, Preisgegebensein *n* (**to** *dat.*): ***death from*** ~ Tod *m* durch Erfrieren *od.* vor Entkräftung *etc.*; **4.** Entblößung *f*: ***indecent*** ~ unsittliche (Selbst)Entblößung; **5.** *fig.* a) Bloßstellung *f*, b) Entlarvung *f*, c) Enthüllung *f*, Aufdeckung *f*; **6.** *phot.* Belichtung *f*: ~ ***meter*** Belichtungsmesser *m*; ***time*** ~ Zeitaufnahme *f*; ~ ***value*** Lichtwert *m* (*e-s Films*); **7.** Lage *f* (*e-s Gebäudes*): ***southern*** ~ Südlage.

ex·pound [ɪk'spaʊnd] *v/t.* **1.** erklären, erläutern; *Theorie* entwickeln; **2.** auslegen.

ex·press [ɪk'spres] **I** *v/t.* **1.** *obs. Saft* auspressen, ausdrücken; **2.** *fig.* ausdrücken, äußern, zum Ausdruck bringen: ~ ***o.s.*** sich äußern, sich erklären; ***be*** ~***ed*** zum Ausdruck kommen; **3.** bezeichnen, bedeuten, darstellen; **4.** *Gefühle etc.* offen'baren, zeigen, bekunden; **5.** a) *Brit.* durch Eilboten *od.* als Eilgut schicken, b) *bsd. Am.* durch ein ('Schnell)Transˌportunterˌnehmen befördern lassen; **II** *adj.* □ → ***expressly***; **6.** ausdrücklich, bestimmt, deutlich, eindeutig; **7.** besonder: ***for the*** ~ ***purpose*** eigens zu dem Zweck; **8.** Express..., Schnell..., Eil...; **III** *adv.* **9.** → ***expressly***; **10.** *Brit.* durch Eilboten, per Ex'press, als Eilgut; **IV** *s.* **11.** *Brit.* a) Eilbote *m*, b) Eilbeförderung *f*, c) Eilbrief *m*, -gut *n*; **12.** 🚂 D-Zug *m*; **13.** *Am.* → ***express company***; **ex'press·age** [-sɪdʒ] *s. Am.* **1.** Beförderung *f* durch ein ('Schnell)Transˌportunterˌnehmen; **2.** Eilfracht(gebühr) *f*.

ex·press| com·pa·ny *s. Am.* ('Schnell-) Transˌportunterˌnehmen *n*; ~ **de·liv·er·y** *s.* a) *Brit.* Eilzustellung *f*, b) → ***expressage*** 1; ~ **goods** *s. pl.* Eilfracht *f*, -gut *n*.

ex·pres·sion [ɪk'spreʃn] *s.* **1.** Ausdruck *m*, Äußerung *f*: ***find*** ~ ***in*** sich äußern in (*dat.*); ***give*** ~ ***to*** Ausdruck verleihen (*dat.*); ***beyond*** ~ unsagbar; **2.** Redensart *f*, Ausdruck *m*; **3.** Ausdrucksweise *f*, Dikti'on *f*; **4.** Ausdruck(skraft *f*) *m*: ***with*** ~ mit Gefühl, ausdrucksvoll; **5.** (Gesichts)Ausdruck *m*; **6.** ⩚ Ausdruck *m*, Formel *f*; **ex'pres·sion·ism** [-ʃnɪzəm] *s.* Expressio'nismus *m*; **ex'pres·sion·ist** [-ʃnɪst] **I** *s.* Expressio'nist(in); **II** *adj.* expressio'nistisch; **ex'pres·sion·less** [-lɪs] *adj.* ausdruckslos.

ex·pres·sive [ɪk'spresɪv] *adj.* □ **1.** ausdrückend (***of*** *acc.*): ***be*** ~ ***of*** *et.* ausdrücken; **2.** ausdrucksvoll; **3.** Ausdrucks...; **ex'pres·sive·ness** [-nɪs] *s.* **1.** Ausdruckskraft *f*; **2.** *das* Ausdrucksvolle; **ex'press·ly** [-slɪ] *adv.* **1.** ausdrücklich; **2.** eigens, besonders.

ex'press|·man [-mæn] *s.* [*irr.*] *Am.* Angestellte(r) *m* e-s ('Schnell)Transˌportunterˌnehmens; ~ **train** *s.* D-Zug *m*; ~**·way** *s. bsd. Am.* Schnellstraße *f*.

ex·pro·pri·ate [eks'prəʊprɪeɪt] *v/t.* ⚖ *j-n od. et.* enteignen; **ex·pro·pri·a·tion** [eksˌprəʊprɪ'eɪʃn] *s.* ⚖ Enteignung *f*.

ex·pul·sion [ɪk'spʌlʃn] *s.* (***from***) **1.** Vertreibung *f* (aus); **2.** *pol.* Ausweisung *f*, Verbannung *f*, Abschiebung *f* (aus); **3.** Ausstoßung *f* (aus), Ausschließung (aus, von): ~ ***from school***; **4.** ⚕ Austreibung *f*; **ex'pul·sive** [-lsɪv] *adj.* aus-, vertreibend.

ex·punge [ek'spʌndʒ] *v/t.* **1.** (aus)streichen; *a. fig.* löschen (***from*** aus); **2.** *fig.* ausmerzen, vernichten.

ex·pur·gate ['ekspɜːgeɪt] *v/t. Buch etc.* (von anstößigen Stellen) reinigen: ~***d version*** gereinigte Version; **ex·pur·ga·tion** [ˌekspɜː'geɪʃn] *s.* Reinigung *f*.

ex·quis·ite ['ekskwɪzɪt] *adj.* □ **1.** köstlich, (aus)erlesen, vor'züglich, ausgezeichnet, exqui'sit; **2.** gepflegt, fein: ~ ***taste***; **3.** äußerst fein: ***an*** ~ ***ear***; **4.** äußerst, höchst; **5.** heftig: ~ ***pain***; ~ ***pleasure*** großes Vergnügen.

ex-serv·ice·man [ˌeks'sɜːvɪsmən] *s.* [*irr.*] ehemaliger Sol'dat, Vete'ran *m*.

ex·tant [ek'stænt] *adj.* (noch) vor'handen *od.* bestehend.

ex·tem·po·ra·ne·ous [ekˌstempə'reɪnɪəs], **ex·tem·po·rar·y** [ɪk'stempərərɪ] *adj.* □ improvisiert, extemporiert, unvorbereitet, aus dem Stegreif: ~ ***translation*** Stegreifübersetzung *f*; **ex·tem·po·re** [ek'stempərɪ] **I** *adj. u. adv.* → ***extemporaneous***; **II** *s.* Improvisati'on *f*, Stegreifgedicht *n*, unvorbereitete Rede; **ex·tem·po·rize** [ɪk'stempəraɪz] *v/t. u. v/i.* aus dem Stegreif *od.* unvorbereitet reden *od.* dichten *od.* spielen, improvisieren; **ex·tem·po·riz·er** [ɪk'stempəraɪzə] *s.* Improvi'sator *m*, Stegreifdichter *m*.

ex·tend [ɪk'stend] **I** *v/t.* **1.** (aus)dehnen, ausbreiten; **2.** verlängern; **3.** vergrößern, erweitern, ausbauen: ~ ***a factory***; **4.** *Seil etc.* spannen, ziehen; **5.** *Hand etc.* ausstrecken; **6.** *Nahrungsmittel* strecken; **7.** *fig. e-n Besuch, s-e Macht etc.* ausdehnen (**to** auf *acc.*), *e-e Frist, s-n Pass, e-n Vertrag etc.* verlängern, ✝ *a.* prolongieren; **8.** (**to, towards** *dat.*) a) *Gunst, Hilfe etc.* gewähren, *Gutes* erweisen, b) *s-n Dank, Glückwunsch etc.* aussprechen, *e-e Einladung* schicken, c) *e-n* Gruß entbieten; **9.** ✈ *Fahrgestell* ausfahren; **10.** ⚔ ausschwärmen lassen; **11.** *Abkürzungen* voll ausschreiben; *Kurzschrift* in Normalschrift über'tragen; **12.** *sport* das Letzte her'ausholen aus (*e-m Pferd etc.*): ~ ***o.s.*** sich völlig ausgeben; **II** *v/i.* **13.** sich ausdehnen *od.* erstrecken, reichen (**to** bis zu); hin'ausgehen (***beyond*** über *acc.*); **14.** ⚔ ausschwärmen; **ex'tend·ed** [-dɪd] *adj.* **1.** ausgedehnt (*a. Zeitraum*); **2.** ausgestreckt: ~ ***hands***; **3.** verlängert; **4.** ausgebreitet; *typ.* breit: ~ ***formation*** ⚔ auseinander gezogene Formation; ~ ***order*** ⚔ geöffnete Ordnung; **5.** groß, um'fassend: ~ ***family*** Großfamilie *f*.

ex·ten·si·bil·i·ty [ɪkˌstensə'bɪlətɪ] *s.* (Aus)Dehnbarkeit *f*; **ex·ten·si·ble** [ɪk'stensəbl] *adj.* (aus)dehnbar, (aus-) streckbar; ausziehbar (*Tisch*): ~ ***table*** Ausziehtisch *m*.

ex·ten·sion [ɪk'stenʃn] *s.* **1.** Ausdehnung *f* (*a. fig.*; **to** auf *acc.*); Ausbreitung *f*; (*Frist- Kredit- etc.*)Verlängerung *f*, ✝ *a.* Prolongati'on *f*: ~ ***of leave*** Nachurlaub *m*; **2.** ⚙ Dehnung *f*, Streckung *f* (*a.* ⚕); **3.** *fig.* Vergrößerung *f*, Erweiterung *f*, Ausbau *m*; *Computer*: Erweiterung *f* (*Anhängsel hinter Dateinamen*); **4.** Ausdehnung *f*, 'Umfang *m*; **5.** ⚠ Anbau *m* (*Gebäude*); **6.** *teleph.* Nebenanschluss *m*, *a.* Appa'rat *m*; **7.** *phot.* (Kamera)Auszug *m*; ~ **band·age** *s.* ⚕ Streckverband *m*; ~ **board** *s. teleph.* 'Hauszentˌrale *f*; ~ **cord** *s.*, ~ **flex** *s.* ⚡ Verlängerungskabel *n*; ~ **lad·der** *s.* Ausziehleiter *f*; ~ **ta·ble** *s. Am.* Ausziehtisch *m*.

ex·ten·sive [ɪk'stensɪv] *adj.* □ ausgedehnt (*a.* ⩚ *u. fig.*), um'fassend; eingehend; exten'siv (*a.* ✓); **ex'ten·sive·ness** [-nɪs] *s.* Ausdehnung *f*, 'Umfang *m*; **ex'ten·sor** [-sə] *s. anat.* Streckmuskel *m*.

ex·tent [ɪk'stent] *s.* **1.** Ausdehnung *f*, Länge *f*, Weite *f*, Höhe *f*, Größe *f*; **2.** ⩚ *u. fig.* Bereich *m*; **3.** Raum *m*, Strecke *f*; **4.** *fig.* 'Umfang *m*, (Aus)Maß *n*, Grad *m*: ***to the*** ~ ***of*** bis zum Betrag *od.* zur Höhe von; ***to some*** (*od.* ***a certain***) ~ in gewissem Grade, einigermaßen; ***to the full*** ~ in vollem Umfang, völlig.

ex·ten·u·ate [ek'stenjʊeɪt] *v/t.* **1.** abschwächen, mildern: ***extenuating circumstances*** ⚖ mildernde Umstände; **2.** beschönigen, bemänteln; **ex·ten·u·a·tion** [ekˌstenjʊ'eɪʃn] *s.* **1.** Abschwächung *f*, Milderung *f*; **2.** Beschönigung *f*.

ex·te·ri·or [ek'stɪərɪə] **I** *adj.* **1.** äußer, Außen...: ~ ***angle*** Außenwinkel *m*; ~ ***to*** abseits von, außerhalb (*gen.*); **2.** von außen (ein)wirkend *od.* kommend; **3.** *pol.* auswärtig: ~ ***possessions***; ~ ***policy***; **II.** *s.* **4.** *das* Äußere: a) Außenseite *f*, b) äußere Erscheinung *f* (*e-r Person*), c) *pol.* auswärtige Angelegenheiten *pl.*; **5.** *Film*: Außenaufnahme *f*.

ex·ter·mi·nant [ɪk'stɜːmɪnənt] *s.* Vertilgungsmittel *n*; **ex·ter·mi·nate** [ɪk'stɜːmɪneɪt] *v/t.* ausrotten (*a. fig.*), *Ungeziefer etc. a.* vertilgen; **ex·ter·mi·na·tion** [ɪkˌstɜːmɪ'neɪʃn] *s.* Ausrottung *f*, Vertilgung *f*: ~ ***camp*** *hist.* Vernichtungslager *n*; **ex'ter·mi·na·tor** [-tə] *s.* **1.** Kammerjäger *m*; **2.** → ***exterminant***.

ex·tern [ek'stɜːn] *s.* **1.** Ex'terne(r *m*) *f* (*e-s Internats*); **2.** *Am.* ex'terner 'Krankenhausarzt *od.* -assiˌstent; **ex'ter·nal** [-nl] **I** *adj.* □ → ***externally***; **1.** äußer, äußerlich, Außen...: ~ ***angle*** ⩚ Außenwinkel *m*; ~ ***ear*** äußeres Ohr; ***for*** ~ ***use*** ⚕ zum äußerlichen Gebrauch, äußerlich; ~ ***to*** außerhalb (*gen.*); ~ ***world*** Außenwelt *f*; **2.** von außen (ein)wirkend *od.* kommend; **3.** (äußerlich) wahrnehmbar; **4.** ✝, *pol.* auswärtig, Außen..., Auslands...: ~ ***affairs*** auswärtige Angelegenheiten; ~ ***frontiers*** *EU* Außengrenze *f*; ~ ***loan*** Auslandsanleihe *f*; ~ ***rate of duty*** *EU* Außenzollsatz *m*; ~ ***trade*** Außenhandel *m*; **5.** ✝ außerbetrieblich, Fremd...; **II.** *s.* **6.** *mst pl. das* Äußere; **7.** *pl.* Äußerlichkeiten *pl.*, Nebensächlichkeiten *pl.*; **ex'ter·nal·ize** [-nəlaɪz] *v/t. psych.* **1.** objektivieren; **2.** *Konflikte* nach außen

E

verlagern; **ex'ter·nal·ly** [-nəlɪ] *adv.* äußerlich, von außen.
ex·ter·ri·to·ri·al ['eks,terɪ'tɔːrɪəl] *etc.* → ***extraterritorial*** *etc.*
ex·tinct [ɪk'stɪŋkt] *adj.* **1.** erloschen (*a. fig. Titel etc., geol. Vulkan*); **2.** ausgestorben (*Pflanze, Tier etc.*), 'untergegangen (*Rasse, Reich etc.*); nicht mehr existierend; **3.** abgeschafft, aufgehoben; **ex'tinc·tion** [-kʃn] *s.* **1.** Erlöschen *n*; **2.** Aussterben *n*, 'Untergang *m*; **3.** (Aus)Löschen *n*; **4.** Vernichtung *f*; **5.** Abschaffung *f*; **6.** Tilgung *f*; **7.** ⚡, *phys.* Löschung *f*.
ex·tin·guish [ɪk'stɪŋgwɪʃ] *v/t.* **1.** *Feuer, Lichter* (aus)löschen; **2.** *fig. Leben, Gefühl* auslöschen, ersticken, töten; **3.** vernichten; **4.** *fig.* in den Schatten stellen; **5.** *fig. j-n* zum Schweigen bringen; **6.** (*a.* ⚖) abschaffen, aufheben; **7.** *Schuld* tilgen; **ex'tin·guish·er** [-ʃə] *s.* **1.** Löschgerät *n*; **2.** Löschhütchen *n* (*für Kerzen*); **3.** Glut-, Ziga'rettentöter *m*.
ex·tir·pate ['ekstɜːpeɪt] *v/t.* **1.** (mit den Wurzeln) ausreißen; **2.** *fig.* ausmerzen, ausrotten; **3.** ⚕ exstirpieren, entfernen.
ex·tol, *Am. a.* **ex·toll** [ɪk'stəʊl] *v/t.* (lob)preisen, rühmen.
ex·tort [ɪk'stɔːt] *v/t.* (***from***) a) *et.* erpressen, erzwingen (von), b) *a. Bewunderung etc.* abringen, abnötigen (*dat.*).
ex·tor·tion [ɪk'stɔːʃn] *s.* **1.** Erpressung *f*; **2.** Wucher *m*; **ex'tor·tion·ate** [-nət] *adj.* **1.** erpresserisch; **2.** unmäßig, Wucher...; **ex'tor·tion·er** [-ʃnə], **ex'tor·tion·ist** [-nɪst] *s.* **1.** Erpresser *m*; **2.** Wucherer *m*.
ex·tra ['ekstrə] **I** *adj.* **1.** zusätzlich, Extra..., Sonder..., Neben...: ~ ***charge*** Zuschlag *m*; ~ ***charges*** Nebenkosten; ~ ***dividend*** Extra-, Zusatzdividende *f*; ~ ***pay*** Zulage *f*; ~ ***time*** *sport* (Spiel-) Verlängerung *f*; ***if you pay an*** ~ ***two pounds*** wenn Sie noch zwei Pfund zulegen; **2.** besonder, außergewöhnlich; besonders gut: ***it is nothing*** ~ es ist nichts Besonderes; **II** *adv.* **3.** extra, besonders: ~ ***high***; ~ ***late***; ***be charged for*** ~ gesondert berechnet werden; **III** *s.* **4.** *et.* Außergewöhnliches, *bsd.* a) Sonderarbeit *f*, -leistung *f*, b) *bsd. mot.* Extra *n*, c) Sonderberechnung *f*, Zuschlag *m*: ***heating and light are*** ~***s*** Heizung u. Licht werden gesondert berechnet; **5.** *pl.* Nebenkosten *pl.*; **6.** Extrablatt *n* (*Zeitung*); **7.** Aushilfskraft *f*; **8.** *thea., Film*: Sta'tist(in).
ex·tract I *v/t.* [ɪk'strækt] **1.** her'ausziehen, -holen (***from*** aus); **2.** extrahieren: a) ⚕ *Zahn*(*wurzel*) ziehen, b) ⚗ ausscheiden, -ziehen, c) *Metall etc.* gewinnen, d) A *Wurzel* ziehen; **3.** *Honig etc.* schleudern; **4.** *Beispiele etc.* ausziehen, exzerpieren (***from a text*** aus e-m Text); **5.** *fig.* (***from***) *et.* her'ausholen (aus), entlocken (*dat.*); **6.** *fig.* ab-, herleiten; **II** *s.* ['ekstrækt] **7.** *a.* ⚗ Auszug *m*, Ex'trakt *m*: ~ ***of beef*** Fleischextrakt; ~ ***of account*** Kontoauszug; **ex'trac·tion** [-kʃn] *s.* **1.** Her'ausziehen *n*; **2.** Extrakti'on *f*: a) ⚕ Ziehen *n* (*e-s Zahns*), b) ⚗ Ausziehen *n*, Ausscheidung *f*, Gewinnung *f*, c) A Ziehen *n* (*Wurzel*); **3.** *fig.* Entlockung *f*; **4.** Abstammung *f*, Herkunft *f*; **ex'trac·tive** [-tɪv] *adj.*: ~ ***industry*** Industrie *f* zur Gewinnung von Naturprodukten; **ex'trac·tor** [-tə] *s.* **1.** ⚙, ⚔ Auszieher *m*, -werfer *m*; **2.** ⚕ (Geburts-, Zahn-, Wurzel)Zange *f*; **3.** Trockenschleuder *f*; **4.** Ent'safter *m*; **5.** Dunstabzug(svorrichtung *f*) *m*: ~ ***hood*** Dunstabzugshaube *f*.
ex·tra·cur·ric·u·lar [,ekstrəkə'rɪkjʊlə] *adj.* **1.** *ped., univ.* außerhalb des Stunden- *od.* Lehrplans; **2.** außerplanmäßig.
ex·tra·dit·a·ble ['ekstrədaɪtəbl] *adj.* **1.** auszuliefern(d): ~ ***criminal***; **2.** auslieferungsfähig: ~ ***offence***; **ex·tra·dite** ['ekstrədaɪt] *v/t.* ausliefern; **ex·tra·di·tion** [,ekstrə'dɪʃn] *s.* Auslieferung *f*: ***request for*** ~ Auslieferungsantrag *m*.
,ex·tra|·ju'di·cial *adj.* ⚖ außergerichtlich; **,~'mar·i·tal** *adj.* außerehelich; **,~'mu·ral** *adj.* außerhalb der Mauern (*e-r Stadt od. Universität*): ~ ***courses*** Hochschulkurse außerhalb der Universität; ~ ***student*** Gasthörer(in).
ex·tra·ne·ous [ek'streɪnjəs] *adj.* ☐ **1.** fremd (***to*** *dat.*); **2.** unwesentlich; **3.** ***be*** ~ ***to*** nicht gehören zu.
ex·traor·di·nar·i·ly [ɪk'strɔːdnrəlɪ] *adv.*, **ex·traor·di·nar·y** [ɪk'strɔːdnrɪ] *adj.* **1.** außerordentlich: ***ambassador*** ~ Sonderbotschafter *m*; **2.** ungewöhnlich, seltsam, merkwürdig.
ex·trap·o·late [ek'stræpəʊleɪt] *v/t.* extrapolieren.
,ex·tra|'sen·so·ry *adj. psych.* außersinnlich: ~ ***perception*** außersinnliche Wahrnehmung; **,~·ter'res·trial** *adj.* außerirdisch; **'~,ter·ri'to·ri·al** *adj.* ,exterritori'al; **'~,ter·ri'to·ri'al·i·ty** *s.* ,Exterritoriali'tät *f*; ~ ***time*** *s. sport* (Spiel)Verlängerung *f*.
ex·trav·a·gance [ɪk'strævəgəns] *s.* **1.** Verschwendung *f*; **2.** Ausschweifung *f*, Zügellosigkeit *f*; 'Übermut *m*; **3.** Extrava'ganz *f*, 'Übermaß *n*, Über'triebenheit *f*, Über'spanntheit *f*; **ex'trav·a·gant** [-nt] *adj.* ☐ **1.** verschwenderisch; **2.** ausschweifend, zügellos; **3.** extrava'gant, über'trieben, -'spannt; **ex·trav·a·gan·za** [ek,strævə'gænzə] *s.* **1.** fan'tastisches Werk (*Musik od. Literatur*); **2.** Ausstattungsstück *n*.
ex·treme [ɪk'striːm] **I** *adj.* ☐ → ***extremely***; **1.** äußerst, weitest, letzt: ~ ***border*** äußerster Rand; ~ ***value*** Extremwert *m*; → ***unction*** 3 c; **2.** äußerst, höchst; außergewöhnlich, über'trieben: ~ ***case*** äußerster (Not)Fall; ~ ***measure*** drastische *od.* radikale Maßnahme; ~ ***necessity*** zwingende Notwendigkeit; ~ ***old age*** hohes Greisenalter; ~ ***penalty*** höchste Strafe, *a.* Todesstrafe *f*; **3.** *pol.* ex'trem, radi'kal: ~ ***Left*** äußerste Linke; ~ ***views***; **II** *s.* **4.** äußerstes Ende: ***at the other*** ~ am entgegengesetzten Ende; **5.** *das* Äußerste, höchster Grad, Ex'trem *n*: ***awkward in the*** ~ äußerst peinlich; ***go to*** ~***s*** vor nichts zurückschrecken; ***go to the other*** ~ ins andere Extrem fallen; **6.** 'Übermaß *n*, Über'triebenheit *f*: ***carry s.th. to an*** ~ et. zu weit treiben; **7.** Gegensatz *m*: ~***s meet*** Extreme berühren sich; **8.** *pl. obs.* äußerste Not; **ex'treme·ly** [-lɪ] *adv.* äußerst, höchst; **ex'trem·ism** [-mɪzəm] *s.* Extre'mismus *m*, Radika'lismus *m*; **ex'trem·ist** [-mɪst] *s.* **I** Extre'mist(in), Radi'kale(r *m*) *f*; **II** *adj.* extre'mistisch; **ex'trem·i·ty** [-remətɪ] *s.* **1.** *das* Äußerste, äußerstes Ende, äußerste Grenze: ***to the last*** ~ bis zum Äußersten; ***drive s.o. to extremities*** j-n zum Äußersten treiben; ***resort to extremities*** zu drastischen Mitteln greifen; **2.** *fig.* a) höchster Grad: ~ ***of joy*** Übermaß der Freude, b) äußerste Not, verzweifelte Situation: ***reduced to extremities*** in größter Not, c) verzweifelter Gedanke; **3.** *pl.* Gliedmaßen *pl.*, Extremi'täten *pl.*
ex·tri·cate ['ekstrɪkeɪt] *v/t.* **1.** (***from***) her'auswinden, -ziehen (aus), befreien (aus, von): ~ ***o.s.*** sich befreien; **2.** ⚗ *Gas* frei machen; **ex·tri·ca·tion** [,ekstrɪ'keɪʃn] *s.* **1.** Befreiung *f*; **2.** ⚗ Freimachen *n*.
ex·trin·sic [ek'strɪnsɪk] *adj.* (☐ ~***ally***) **1.** äußer; **2.** a) nicht zur Sache gehörig, b) unwesentlich: ***be*** ~ ***to s.th.*** nicht zu et. gehören.
ex·tro·ver·sion [,ekstrəʊ'vɜːʃn] *s. psych.* Extro- *od.* Extraversi'on *f*; **ex·tro·vert** ['ekstrəʊvɜːt] *psych.* **I** *s.* Extro- *od.* Extraver'tierte(r *m*) *f*; **II** *adj.* extro- *od.* extraver'tiert.
ex·trude [ek'struːd] **I** *v/t.* **1.** ausstoßen, (her)'auspressen; **2.** ⚙ strangpressen; **II** *v/i.* **3.** vorstehen; **ex'tru·sion** [-uːʒn] *s.* **1.** Ausstoßung *f*; **2.** ⚙ a) Strangpressen *n*, b) Strangpressling *m*.
ex·u·ber·ance [ɪg'zjuːbərəns] *s.* **1.** (***of***) ('Über)Fülle (von *od. gen.*), Reichtum *m* (an *dat.*); **2.** 'Überschwang *m*; Ausgelassenheit *f*; **3.** (Wort)Schwall *m*; **ex'u·ber·ant** [-nt] *adj.* ☐ **1.** üppig, ('über)reichlich; **2.** *fig.* a) 'überschwänglich, b) ('über)sprudelnd, ausgelassen; **3.** *fig.* (äußerst) fruchtbar.
ex·ude [ɪg'zjuːd] **I** *v/t.* **1.** ausschwitzen, absondern; **2.** *fig.* von sich geben, verströmen; **II** *v/i.* **3.** *a. fig.* ausströmen (***from*** aus, von).
ex·ult [ɪg'zʌlt] *v/i.* froh'locken, jubeln, triumphieren (***at***, ***over***, ***in*** über *acc.*); **ex'ult·ant** [-tənt] *adj.* ☐ froh'lockend, jubelnd, triumphierend; **ex·ul·ta·tion** [,egzʌl'teɪʃn] *s.* Jubel *m*, Froh'locken *n*.
ex·urb ['eksɜːb] *s. Am.* (vornehmes) Einzugsgebiet (*e-r Großstadt*); **ex·ur·ban·ite** [ɪg'zɜːbənaɪt] *s. Am.* Bewohner(in) e-s ***exurb***; **ex·ur·bia** [ɪg'zɜːbɪə] *s.* die (vornehmen) Außenbezirke *pl.*
eye [aɪ] **I** *s.* **1.** Auge *n*: ***an*** ~ ***for an*** ~ *bibl.* Auge um Auge; ***under my*** ~***s*** vor m-n Augen; ***up to the*** ~***s in work*** bis über die Ohren in Arbeit; ***with one's*** ~***s shut*** mit geschlossenen Augen (*a. fig.*); ***be all*** ~***s*** ganz Auge sein; ***cry one's*** ~***s out*** sich die Augen ausweinen; **2.** *fig.* Blick *m*, Gesichtssinn *m*, Auge(nmerk) *n*: ***with an*** ~ ***to*** a) im Hinblick auf (*acc.*), b) mit der Absicht zu (*inf.*); ***cast an*** ~ ***over*** e-n Blick werfen auf (*acc.*); ***catch*** (*od.* ***strike***) ***the*** ~ ins Auge fallen; ***she caught his*** ~ sie fiel ihm auf; ***catch the Speaker's*** ~ *parl.* das Wort erhalten; ***do s.o. in the*** ~ F j-n ,reinlegen' *od.* ,übers Ohr hauen'; ***give an*** ~ ***to s.th.*** et. anblicken, ein Auge auf et. haben; ***give s.o. the*** (***glad***) ~ j-m e-n einladenden Blick zuwerfen; ***have an*** ~ ***for*** e-n Sinn *od.* Blick *od.* ein (offenes) Auge haben für; ***he has an*** ~ ***for beauty*** er hat Sinn für Schönheit; ***have an*** ~ ***to s.th.*** a) ein Auge auf et. haben, b) auf et. achten; ***keep an*** ~ ***on*** ein (wachsames) Auge haben auf (*acc.*); ***make*** ~***s at*** *j-m* verliebte Blicke zuwerfen; → ***meet*** 9; ***open s.o.'s*** ~***s*** (***to s.th.***) j-m die Augen öffnen (für et.); ***that made him open his*** ~***s*** das verschlug ihm die Sprache; ***you can see that with half an*** ~ das sieht doch ein Blinder!; ***set*** (*od.* ***clap***) ~***s on*** zu Gesicht bekommen; ***close one's*** ~***s to*** die Augen verschließen vor

(*dat.*); ***my ~!*** F denkste!, von wegen!, Quatsch!; **3.** Ansicht *f*: ***in the ~s of*** nach Ansicht von; ***see ~ to ~ with s.o.*** mit j-m übereinstimmen; **4.** Öhr *n* (*Nadel*); Öse *f*; **5.** ⚘ Auge *n*, Knospe *f*; **6.** *zo.* Auge *n* (*Schmetterling*, *Pfauenschweif*); **7.** ⚠ rundes Fenster; **8.** Auge *n*, windstilles Zentrum *e-s Sturms*; **II** *v/t.* **9.** ansehen, betrachten, (scharf) beobachten, ins Auge fassen: ***~ s.o. from top to toe*** j-n von oben bis unten mustern.

eye| ap·peal *s.* optische Wirkung, attrak'tive Gestaltung; **'~·ball** *s.* Augapfel *m*; **'~·black** *s.* Wimperntusche *f*; **'~·brow** *s.* Augenbraue *f*: ***~ pencil*** Augenbrauenstift *m*; ***raise one's ~s*** *fig.* die Stirn runzeln; ***cause raised ~s*** Aufsehen *od.* Missfallen erregen; **'~-ˌcatch·er** *s.* Blickfang *m*; **'~-ˌcatch·ing** *adj.* ins Auge fallend, auffallend.

eyed [aɪd] *adj. in Zssgn* ...äugig; mit (...) Ösen.

'eye|·ful *s.* F **1.** ‚toller Anblick'; **2.** ‚tolle Frau'; **3.** ***get an ~ of this!*** sieh dir das mal an!; **'~·glass** *s.* **1.** Mon'okel *n*; **2.** *opt.* Oku'lar *n*; **3.** *pl. a.* ***pair of ~es*** *bsd. Am.* Brille *f*; **'~·hole** *s.* **1.** Augenhöhle *f*; **2.** Guckloch *n*; **'~·lash** *s. mst pl.* Augenwimper *f*; → ***bat³***; ***~*** **lens** *s.* Oku'larlinse *f*.

eye·let ['aɪlɪt] *s.* **1.** Öse *f*; **2.** Loch *n*.

eye| lev·el *s.* (***on ~*** in) Augenhöhe *f*; **'~·lid** *s.* Augenlid *n*; → ***bat³***; **'~ˌlin·er** *s.* Eyeliner *m*; **'~-ˌo·pen·er** *s.* **1.** *fig.* Über'raschung *f*, Entdeckung *f*: ***that was an ~ to me*** das hat mir die Augen geöffnet; **2.** *Am.* F (*bsd. alkoholischer*) ‚Muntermacher'; **'~·piece** *s. opt.* Oku'lar *n*; ***~*** **rhyme** *s.* Augenreim *m*; **'~·shade** *s.* Sonnenschild *m*; ***~*** **shad·ow** *s.* Lidschatten *m*; **'~·shot** *s.*: (***with***)***in*** (***beyond*** *od.* ***out of***) ***~*** in (außer) Sichtweite; **'~·sight** *s.* Augenlicht *n*, Sehkraft *f*: ***poor ~*** schwache Augen *pl.*; ***~*** **sock·et** *s. anat.* Augenhöhle *f*; **'~·sore** *s. fig.* Schandfleck *m*, *et.* Hässliches; **'~·strain** *s.* Über'anstrengung *f* der Augen; **'~·tooth** *s.* [*irr.*] *anat.* Augen-, Eckzahn *m*: ***he'd give his eye-teeth for it*** er würde alles darum geben; **'~·wash** *s.* **1.** *pharm.* Augenwasser *n*; **2.** *fig.* a) ‚Quatsch' *m*, b) Augen(aus)wische'rei *f*; **ˌ~'wit·ness I** *s.* Augenzeuge *m*; **II** *v/t.* Augenzeuge sein *od.* werden von (*od. gen.*).

ey·rie ['aɪərɪ] *s. orn.* Horst *m*.

E·ze·ki·el, **E·ze·chi·el** [ɪ'ziːkjəl] *npr. u. s. bibl.* (das Buch) He'sekiel *m od.* E'zechiel *m*; **Ez·ra** ['ezrə] *npr. u. s. bibl.* (das Buch) Esra *m od.* Esdras *m*.

E

F, f [ef] *s.* **1.** F *n*, f *n* (*Buchstabe*); **2.** ♪ F *n*, f *n* (*Note*); **3.** ℒ *ped.* Sechs *f*, Ungenügend *n* (*Note*).

fab [fæb] *adj. sl.* → ***fabulous*** 2.

Fa·bi·an ['feɪbjən] **I** *adj.* **1.** Hinhalte..., Verzögerungs...: **~ *tactics***; **2.** *pol.* die ***Fabian Society*** betreffend; **II** *s.* **3.** *pol.* Fabier(in); **'Fa·bi·an·ism** [-nɪzəm] *s.* Poli'tik *f* der → **Fa·bi·an So·ci·e·ty** *s.* (*sozialistische*) Gesellschaft der Fabier.

fa·ble ['feɪbl] *s.* **1.** Fabel *f* (*a. e-s Dramas*); Sage *f*, Märchen *n*; **2.** *coll.* a) Fabeln *pl.*, b) Sagen *pl.*; **3.** *fig.* ‚Märchen' *n*; **'fa·bled** [-ld] *adj.* **1.** legen'där; **2.** (frei) erfunden.

fab·ric ['fæbrɪk] *s.* **1.** Bau *m* (*a. fig*); Gebilde *n*; **2.** *fig.* a) Gefüge *n*, Struk'tur *f*, b) Sy'stem *n*; **3.** Stoff *m*, Gewebe *n*; ⚙ Leinwand *f*, Reifengewebe *n*: **~ *gloves*** Stoffhandschuhe; **'fab·ri·cate** [-keɪt] *v/t.* **1.** fabrizieren, herstellen, (an)fertigen; **2.** *fig.* ‚fabrizieren': a) erfinden, b) fälschen; **fab·ri·ca·tion** [ˌfæbrɪ'keɪʃn] *s.* **1.** Herstellung *f*, Fabrikati'on *f*; **2.** *fig.* Erfindung *f*, ‚Märchen' *n*, Lüge *f*; **3.** Fälschung *f*; **'fab·ri·ca·tor** [-keɪtə] *s.* **1.** Hersteller *m*; **2.** *fig. b.s.* Erfinder *m*, Urheber *m e-r Lüge etc.*, Lügner *m*; **3.** Fälscher *m*.

fab·u·list ['fæbjʊlɪst] *s.* **1.** Fabeldichter (-in); **2.** Schwindler(in); **'fab·u·lous** [-ləs] *adj.* ☐ **1.** legen'där, Sagen..., Fabel...; **2.** *fig.* F fabel-, sagenhaft, ‚toll'.

fa·çade [fə'sɑːd] (*Fr.*) *s.* ⚠ Fas'sade *f* (*a. fig.*), Vorderseite *f*.

face [feɪs] **I** *s.* **1.** Gesicht *n*, Angesicht *n*, Antlitz *n* (*a. fig.*): ***for s.o.'s fair ~*** *iro.* um j-s schönen Augen willen; ***in (the) ~ of*** a) angesichts (*gen.*), gegenüber (*dat.*), b) trotz (*gen. od. dat.*); ***in the ~ of danger*** angesichts der Gefahr; ***to s.o.'s ~*** j-m ins Gesicht *sagen etc.*; **~ *to ~*** von Angesicht zu Angesicht; **~ *to ~ with*** Auge in Auge mit, gegenüber, vor (*dat.*); ***fly in the ~ of*** a) *j-m* ins Gesicht fahren, b) *fig.* sich offen widersetzen (*dat.*), trotzen (*dat.*); ***I couldn't look him in the ~*** ich konnte ihm (vor Scham) nicht in die Augen sehen; ***do (up) one's ~***, F ***put one's ~ on*** sich ‚anmalen' (*schminken*); ***set one's ~ against s.th.*** sich e-r Sache widersetzen, sich gegen et. wenden; ***show one's ~*** sich blicken lassen; ***shut the door in s.o.'s ~*** j-m die Tür vor der Nase zuschlagen; **2.** (Gesichts)Ausdruck *m*, Aussehen *n*, Miene *f*: ***make*** (*od.* ***pull***) ***a ~*** (*od.* **~*s***) ein Gesicht (*od.* e-e Grimasse) machen *od.* schneiden; ***make*** (*od.* ***pull***) ***a long ~*** *fig.* ein langes Gesicht machen; ***put a bold ~ on*** a) *e-r Sache* gelassen entgegensehen, b) sich *et. Unangenehmes etc.* nicht anmerken lassen; ***put a good*** (*od.* ***brave***) **~ *on the matter*** gute Miene zum bösen Spiel machen; **3.** *fig.* Stirn *f*, Unverfrorenheit *f*, Frechheit *f*: ***have the ~ to*** *inf.* die Stirn haben zu *inf.*; **4.** Ansehen *n*: ***save*** (***one's***) **~** das Gesicht wahren; ***lose ~*** das Gesicht verlieren; ***loss of ~*** Prestigeverlust *m*; **5.** *das* Äußere, Gestalt *f*, Erscheinung *f*, Anschein *m*: ***on the ~ of it*** auf den ersten Blick, oberflächlich betrachtet, vordergründig; ***put a new ~ on s.th.*** et. in neuem *od.* anderem Licht erscheinen lassen; **6.** Ober-, Außenfläche *f*, Fläche *f* (*a.* A), Seite *f*; ⚙ Stirnfläche *f*; ⚙ (Amboss-, Hammer)Bahn *f*: ***the ~ of the earth*** die Erdoberfläche, die Welt; **7.** Oberseite *f*; rechte Seite (*Stoff etc.*): ***lying on its ~*** nach unten gekehrt liegend; **8.** Fas'sade *f*, Vorderseite *f*; **9.** Bildseite *f* (*Spielkarte*); *typ.* Bild *n* (*Type*); Zifferblatt *n* (*Uhr*); **10.** Wand *f* (*Berg etc.*, ⚒ *Kohlenflöz*): ***at the ~*** ⚒ am (Abbau)Stoß, vor Ort; **II** *v/t.* **11.** ansehen, *j-m* ins Gesicht sehen *od.* das Gesicht zuwenden; **12.** gegen'überstehen, -liegen, -sitzen, -treten (*dat.*); nach *Osten etc.* blicken *od.* liegen (*Raum*): ***the man facing me*** der Mann mir gegenüber; ***the house ~s the sea*** das Haus liegt nach dem Meer zu; ***the window ~s the street*** das Fenster geht auf die Straße; ***the room ~s east*** das Zimmer liegt nach Osten; **13.** (mutig) entgegentreten *od.* begegnen (*dat.*), ins Auge sehen (*dat.*), die Stirn bieten (*dat.*): **~ *the enemy***; **~ *death*** dem Tod ins Auge blicken; **~ *it out*** die Sache durchstehen; **~ *s.o. off*** *Am.* es auf e-e Kraft- *od.* Machtprobe mit j-m ankommen lassen; → ***music*** 1; **14.** *oft* ***be ~d with*** sich *e-r Gefahr etc.* gegen'übersehen, gegen'überstehen (*dat.*): ***he was ~d with ruin*** er stand vor dem Nichts; **15.** *et.* hinnehmen, sich mit *et.* abfinden: **~ *the facts***; ***let's ~ it, ...!*** seien wir ehrlich, ...!; **16.** 'umkehren, -wenden; *Spielkarten* aufdecken; **17.** *Schneiderei*: besetzen, einfassen, mit Aufschlägen versehen; **18.** ⚙ verkleiden, verblenden, über'ziehen; **19.** ⚙ *Stirnflächen* bearbeiten, (plan)schleifen, glätten; **III** *v/i.* **20.** *bsd.* ⚔ **~ *about*** kehrtmachen (*a. fig.*): ***left ~!*** *Am.* links um!; ***right about ~!*** rechts um kehrt!; **21.** **~ *off*** *Eishockey*: das Bully ausführen; **22.** **~ *up to*** → 13, 15.

'face|-aˌbout → ***about-face***; **~ brick** *s.* ⚠ Verblendstein *m*; **~ card** *s. Kartenspiel*: Bild(karte *f*) *n*; **'~·cloth** *s.* Waschlappen *m*; **~ cream** *s.* Gesichtscreme *f*.

-faced [feɪst] *adj. in Zssgn* mit e-m ... Gesicht.

'face|·down *s. Am.* Kraft-, Machtprobe *f*; **~ flan·nel** → ***facecloth***; **~ grind·ing** *s.* ⚙ Planschleifen *n*; **~ guard** *s.* Schutzmaske *f*; **~ lathe** *s.* ⚙ Plandrehbank *f*.

face·less ['feɪslɪs] *adj.* gesichtslos, *fig. a.* ano'nym.

'face|-lift I *s.* → ***face-lifting***; **II** *v/t. fig.* verschönern; **'~-ˌlift·ing** *s.* **1.** Gesichtsstraffung *f*, Facelifting *n*; **2.** *fig.* Verschönerung *f*, Renovierung *f*; **'~-off** *s.* **1.** *Eishockey*: Bully *n*: **~ *circle*** Anspielkreis *m*; **2.** → ***facedown***; **~ pack** *s.* Gesichtspackung *f*, -maske *f*.

fac·er ['feɪsə] *s.* **1.** Schlag *m* ins Gesicht (*a. fig.*); **2.** *fig.* Schlag *m* (ins Kon'tor); **3.** *Brit.* F ‚harte Nuss'.

'face-ˌsav·ing *adj.*: **~ *excuse*** Ausrede *f*, um das Gesicht zu wahren.

fac·et ['fæsɪt] **I** *s.* **1.** a) Fa'cette *f* (*a. fig.*), b) Schliff-, Kri'stallfläche *f*; **2.** *fig.* Seite *f*, A'spekt *m*; **II** *v/t.* **3.** facettieren: **~*ed eye*** *zo.* Facettenauge *n*.

fa·ce·tious [fə'siːʃəs] *adj.* ☐ scherzhaft, witzig, drollig, spaßig; **fa'ce·tious·ness** [-nɪs] *s.* Scherzhaftigkeit *f etc.*

ˌface|-to-'face *adj.* **1.** per'sönlich; **2.** di'rekt; **~ tow·el** *s.* (Gesichts)Handtuch *n*; **~ val·ue** *s.* **1.** ☤ Nenn-, Nomi'nalwert *m*; **2.** scheinbarer Wert, *das* Äußere: ***take s.th. at its ~*** et. für bare Münze nehmen *od.* unbesehen glauben.

fa·ci·a ['feɪʃə] *s. Brit.* **1.** Firmen-, Ladenschild *n*; **2.** *a.* ~ ***board***, ~ ***panel*** *mot.* Arma'turenbrett *n*.

fa·cial ['feɪʃl] **I** *adj.* □ a) Gesichts...: ~ ***pack*** Gesichtspackung *f*, b) des Gesichts, im Gesicht; **II** *s. Kosmetik*: Gesichtsbehandlung *f*.

-fa·cient [feɪʃənt] *in Zssgn* verursachend, machend.

fac·ile ['fæsaɪl] *adj.* □ **1.** leicht (zu tun *od.* zu meistern *etc.*); **2.** *fig.* oberflächlich; **3.** flüssig (*Stil*).

fa·cil·i·tate [fə'sɪlɪteɪt] *v/t.* erleichtern, fördern; **fa·cil·i·ta·tion** [fəsɪlɪ'teɪʃn] *s.* Erleichterung *f*, Förderung *f*; **fa'cil·i·ty** [-tɪ] *s.* **1.** Leichtigkeit *f* (*der Ausführung etc.*); **2.** Oberflächlichkeit *f*; **3.** Flüssigkeit *f* (*des Stils*); **4.** (günstige) Gelegenheit *f*, Möglichkeit *f* (**for** für, zu); **5.** *mst pl.* Einrichtung(en *pl.*) *f*, Anlage(n *pl.*) *f*; **6.** *mst pl.* Erleichterung(en *pl.*) *f*, Vorteil(e *pl.*) *m*, Vergünstigung(en *pl.*) *f*, Annehmlichkeit(en *pl.*) *f*.

fac·ing ['feɪsɪŋ] *s.* **1.** ⚔ Wendung *f*, Schwenkung *f*: ***go through one's*** ~***s*** *fig.* zeigen (müssen), was man kann; ***put s.o. through his*** ~***s*** *fig.* j-n auf Herz u. Nieren prüfen; **2.** Außen-, Oberschicht *f*, Belag *m*, 'Überzug *m*; **3.** ⚙ Plandrehen *n*: ~ ***lathe*** Plandrehbank *f*; **4.** ⚠ a) Verkleidung *f*, -blendung *f*, b) Bewurf *m*: ~ ***brick*** Verblendstein *m*; **5.** *a.* ~ ***sand*** ⚙ fein gesiebter Formsand; **6.** *Schneiderei*: a) Aufschlag *m*, b) Besatz *m*, Einfassung *f*: ~***s*** ⚔ (Uniform-) Aufschläge.

fac·sim·i·le [fæk'sɪmɪlɪ] **I** *s.* **1.** Fak'simile *n*, Reprodukti'on *f*; **2.** 'Telefax *n*, 'Telekopie *f*; **3.** *a.* ~ ***transmission*** *od.* ***broadcast(ing)*** a) ⚡, *tel.* Bildfunk *m*: ~ ***apparatus*** Bildfunkgerät *n*, b) Fak'similеübertragung *f*; **II** *v/t.* **4.** faksimilieren.

fact [fækt] *s.* **1.** Tatsache *f*, Wirklichkeit *f*, Wahrheit *f*: ~ ***and fancy*** Dichtung u. Wahrheit; ~***s and figures*** genaue Daten; ***naked*** (*od.* ***hard***) ~***s*** nackte Tatsachen; ***in*** (***point of***) ~ in der Tat, tatsächlich, genau gesagt; ***it is a*** ~ es stimmt, es ist e-e Tatsache; ***founded on*** ~ auf Tatsachen beruhend; ***the*** ~ (***of the matter***) ***is*** Tatsache ist *od.* die Sache ist die (***that*** dass); ***know s.th. for a*** ~ et. (ganz) sicher wissen; ***tell the*** ~***s of life to a child*** ein Kind (sexuell) aufklären; **2.** ⚖ a) Tatsache *f*: ***in*** ~ ***and law*** in tatsächlicher u. rechtlicher Hinsicht; ***the*** ~***s*** (***of the case***) der Tatbestand *m*, die Tatumstände *pl.*, der Sachverhalt *m*, b) Tat *f*: ***before*** (***after***) ***the*** ~ vor (nach) begangener Tat; → ***accessory*** 7; '~-ˌ**find·ing** *adj.* Untersuchungs...: ~ ***committee***; ~ ***tour*** Informationsreise *f*.

fac·tion ['fækʃn] *s.* **1.** Fakti'on *f*, Splittergruppe *f*; **2.** Zwietracht *f*; '**fac·tion·al·ism** [-ʃnəlɪzəm] *s.* Par'teigeist *m*; '**fac·tion·ist** [-ʃənɪst] *s.* Par'teigänger *m*; '**fac·tious** [-ʃəs] *adj.* □ **1.** vom Par'teigeist beseelt, fakti'ös; **2.** aufrührerisch.

fac·ti·tious [fæk'tɪʃəs] *adj.* □ gekünstelt, künstlich.

fac·ti·tive ['fæktɪtɪv] *adj. ling.* fakti'tiv, bewirkend: ~ ***verb***.

fac·tor ['fæktə] *s.* **1.** *fig.* Faktor *m* (*a.* ⅍, ⚕, *phys.*), (mitwirkender) 'Umstand, Mo'ment *n*, Ele'ment *n*: ***safety*** ~ Sicherheitsfaktor *m*; **2.** *biol.* Erbfaktor *m*; **3.** ✝ a) (Handels)Vertreter *m*, Kommissio'när *m*, b) *Am.* Finan'zierungskommissioˌnär *m*; **4.** ⚖ *Scot.* (Guts-) Verwalter *m*; '**fac·tor·ing** [-tərɪŋ] *s.* ✝ Factoring *n* (*Absatzfinanzierung u. Kreditrisikoabsicherung*); '**fac·to·ry** [-tərɪ] *s.* **1.** Fa'brik *f*: ♀ ***Acts*** Arbeiterschutzgesetze; ~ ***cost*** Herstellungskosten *pl.*; ~ ***expenses*** Gemeinkosten; ~ ***farming*** Massentierhaltung *f*; ~ ***hand*** Fabrikarbeiter *m*; ~ ***ship*** Fabrikschiff *n*; ~***-made*** fabrikmäßig hergestellt, Fabrik... (*-ware etc.*); **2.** ✝ Handelsniederlassung *f*, Fakto'rei *f*.

fac·to·tum [fæk'təʊtəm] *s.* Fak'totum *n*, ‚Mädchen *n* für alles'.

fac·tu·al ['fæktʃʊəl] *adj.* □ **1.** tatsächlich: ~ ***situation*** Sachlage *f*, -verhalt *m*; **2.** Tatsachen...: ~ ***report***; **3.** sachlich.

fac·ul·ta·tive ['fækltətɪv] *adj.* fakulta'tiv, wahlfrei: ~ ***subject*** *ped.* Wahlfach *n*; **fac·ul·ty** ['fækltɪ] *s.* **1.** Fähigkeit *f*, Vermögen *n*, Kraft *f*: ~ ***of hearing*** Hörvermögen; **2.** Gabe *f*, Anlage *f*, Ta'lent *n*, Fähigkeit *f*: (***mental***) ***faculties*** Geisteskräfte; **3.** *univ.* a) Fakul'tät *f*, Abteilung *f*, b) (Mitglieder *pl.* e-r) Fakul'tät, Lehrkörper *m*, c) (Ver'waltungs)Persoˌnal *n* (*a. e-r Schule*): ***the medical*** ~ die medizinische Fakultät, *weitS.* die Mediziner *pl.*; **4.** ⚖ Ermächtigung *f*, Befugnis *f* (**for** zu, für).

fad [fæd] *s.* **1.** Mode(torheit) *f*; **2.** ‚Fimmel' *m*, Ma'rotte *f*; '**fad·dish** [-dɪʃ] **1.** Mode..., vor'übergehend; **2.** ex'zentrisch: ~ ***woman*** Frau, die jede Mode (-torheit) mitmacht.

fade [feɪd] **I** *v/i.* **1.** (ver)welken; **2.** verschießen, -blassen, ver-, ausbleichen (*Farbe etc.*); **3.** *a.* ~ ***away*** verklingen (*Lied, Stimme etc.*), abklingen (*Schmerzen etc.*), verblassen (*Erinnerung*), schwinden, zerrinnen (*Hoffnungen etc.*), verrauchen (*Zorn etc.*), sich auflösen (*Menge*), (in der Ferne *etc.*) verschwinden, immer weniger werden, ⚕ immer schwächer werden (*Person*); **4.** *Radio*: schwinden (*Ton, Sender*); **5.** ⚙ nachlassen (*Bremsen*); **6.** nachlassen, abbauen (*Sportler*); **7.** *bsd. Am.* F ‚verduften'; **8.** *Film, Radio*: über'blenden: ~ ***in*** (*od.* ***up***) auf- *od.* eingeblendet werden; ~ (***out***) aus- *od.* abgeblendet werden; **II** *v/t.* **9.** (ver)welken lassen; **10.** *Farbe etc.* ausbleichen; **11.** *a.* ~ ***out*** *Ton, Bild* aus- *od.* abblenden: ~ ***in*** (*od.* ***up***) auf- *od.* einblenden; '**fad·ed** [-dɪd] *adj.* □ **1.** welk, verwelkt, -blüht (*alle a. fig. Schönheit etc.*); **2.** verblasst, verblichen, -schossen; '**fade-in** *s. Film, Radio, TV*: Auf-, Einblendung *f*; '**fade·less** [-lɪs] *adj.* □ **1.** licht-, farbecht; **2.** *fig.* unvergänglich; '**fade-out** *s.* **1.** *Film, Radio, TV*: Aus-, Abblendung *f*: ***do a*** ~ *sl.* ‚sich verziehen'; **2.** *phys.* Ausschwingen *n*; '**fad·er** [-də] *s. Radio, TV*: Auf- *od.* Abblendregler *m*; '**fad·ing** [-dɪŋ] **I** *adj.* **1.** (ver)welkend (*a. fig.*); **2.** ausbleichend (*Farbe*); **3.** matt, schwindend; **4.** *fig.* vergänglich; **II** *s.* **5.** (Ver)Welken *n*; **6.** Verblassen *n*, Ausbleichen *n*; **7.** *Radio*: Fading *n*, Schwund *m*: ~ ***control*** Schwundregelung *f*; **8.** ⚙ Fading *n* (*Nachlassen der Bremswirkung*).

fae·cal ['fi:kl] *adj.* fä'kal, Kot...: ~ ***matter*** Kot *m*; **fae·ces** ['fi:si:z] *s. pl.* Fä'kalien *pl.*, Kot *m*.

fa·er·ie, fa·er·y ['feərɪ] **I** *s. obs.* **1.** → ***fairy*** 1; **2.** Märchenland *n*; **II** *adj.* **3.** Feen..., Märchen...

fag[1] [fæg] *s. sl.* **1.** ‚Glimmstängel' *m*, Ziga'rette *f*; **2.** → ***fag(g)ot*** 5.

fag[2] [fæg] **I** *v/i.* **1.** *Brit.* sich (ab)schinden; **2.** ~ ***for s.o.*** *Brit. ped.* e-m älteren Schüler Dienste leisten; **II** *v/t.* **3.** *a.* ~ ***out*** F ermüden, erschöpfen; **4.** *Brit. ped.* sich von *e-m jüngeren Schüler* bedienen lassen; **III** *s.* **5.** Placke'rei *f*, Schinde'rei *f*; **6.** Erschöpfung *f*; **7.** *Brit. ped.* ‚Diener' *m* (→ 2).

fag[3] [fæg] → ***fag(g)ot*** 5.

fag end *s.* **1.** Ende *n*, Schluss *m*; **2.** letzter *od.* schäbiger Rest; **3.** *Brit. sl.* (Ziga'retten)Kippe *f*.

fag·ging ['fægɪŋ] *s. a.* ~ ***system*** *Brit. ped. die Sitte, dass jüngere Schüler den älteren Dienste leisten müssen.*

fag·(g)ot ['fægət] *s.* **1.** Reisigbündel *n*; **2.** Fa'schine *f*; **3.** ⚙ a) Bündel *n* Stahlstangen, b) 'Schweißpaˌket *n*; **4.** *Brit. Küche*: Frika'delle *f* aus Inne'reien; **5.** *sl.* ‚Homo' *m*, Schwule(r) *m*.

Fahr·en·heit ['færənhaɪt] *s.*: ***10°*** ~ zehn Grad Fahrenheit, 10° F.

fa·ience [faɪ'ɑ:ns] (*Fr.*) *s.* Fay'ence *f*.

fail [feɪl] **I** *v/i.* **1.** versagen (*Stimme, Herz, Motor etc., a. fig. Person*); aufhören, zu Ende gehen, nicht (aus)reichen, versiegen (*Vorrat*); ~ ***abysmally*** kläglich versagen; **2.** miss'raten (*Ernte*), nicht aufgehen (*Saat*); **3.** nachlassen, schwächer werden, schwinden, abnehmen: ***his health*** ~***ed*** s-e Gesundheit ließ nach; **4.** unter'lassen, versäumen, verfehlen, vernachlässigen: ***he*** ~***ed to come*** er kam nicht; ***he never*** ~***s to come*** er kommt immer; ***don't*** ~ ***to come!*** komm ja (*od.* bestimmt)!; ***he cannot*** ~ ***to win*** er muss (einfach) gewinnen; ~ ***in one's duty*** s-e Pflicht versäumen; ***he*** ~***s in perseverance*** es fehlt ihm an Ausdauer; **5.** a) s-n Zweck verfehlen, miss'lingen, fehlschlagen, miss'glücken, b) es nicht fertig bringen *od.* schaffen (zu *inf.*): ***the plan*** ~***ed*** der Plan scheiterte; ***if everything else*** ~***s*** wenn alle Stränge reißen; ***I*** ~ ***to see why*** ich sehe nicht ein, warum; ***he*** ~***ed in his attempt*** der Versuch misslang ihm; ***it*** ~***ed in its effect*** die erhoffte Wirkung blieb aus; ***a*** ~***ed husband*** als Ehemann ein Versager; ***a*** ~***ed artist*** ein verkrachter Künstler; **6.** *ped.* 'durchfallen (***in*** in *dat.*); **7.** ✝ Bank'rott machen, in Kon'kurs geraten; **II** *v/t.* **8.** im Stich lassen, enttäuschen: ***I will never*** ~ ***you***; ***my courage*** ~***ed me*** mir sank der Mut; ***words*** ~ ***me*** mir fehlen die Worte; **9.** *j-m* fehlen; **10.** *ped.* a) *j-n* 'durchfallen lassen (*in der Prüfung*), b) 'durchfallen in (*der Prüfung*); **III** *s.* **11.** ***he got a*** ~ ***in biology*** *ped.* er ist in Biologie durchgefallen; **12.** ***without*** ~ ganz bestimmt, unbedingt; '**fail·ing** [-lɪŋ] **I** *adj.*: ***never*** ~ nie versagend, unfehlbar; **II** *prp.* in Ermangelung (*gen.*), ohne: ~ ***this*** andernfalls; ~ ***which*** widrigenfalls; **III** *s.* Mangel *m*, Schwäche *f*, Fehler *m*, De'fekt *m*.

'**fail|-safe**, '~**-proof** *adj.* pannensicher (*a. fig.*).

fail·ure ['feɪljə] *s.* **1.** Fehlen *n*; **2.** Ausbleiben *n*, Versagen *n*; **3.** Unter'lassung *f*, Versäumnis *n*: ~ ***to comply*** Nichtbefolgung *f*; ~ ***to pay*** Nichtzahlung *f*; **4.** Fehlschlag(en *n*) *m*, Scheitern *n*, Miss'lingen *n*, 'Misserfolg *m*: ***crop*** ~ Missernte *f*; **5.** *fig.* Zs.-bruch *m*, Schiffbruch *m*; ✝ Bank'rott *m*, Kon'kurs *m*: ***meet with*** ~ → ***fail*** 5; **6.** ⚕, ⚙ (*Herz-, Nieren- etc.*)Versagen *n*, Störung *f*, De'fekt *m*, ⚙ *a.* Panne *f*; **7.** Abnahme *f*, Versiegen *n*; **8.** *ped.* 'Durchfallen *n* (*in der Prüfung*); **9.** a) Versager *m*, ‚Niete' *f* (*Person od. Sache*), b) ‚Reinfall' *m*, ‚Pleite' *f* (*Sache*).

F

faint [feɪnt] **I** *adj.* ☐ **1.** schwach, matt, kraftlos: ***feel*** ~ sich matt *od.* e-r Ohnmacht nahe fühlen; **2.** schwach, matt (*Ton, Farbe, a. fig.*): ***a*** ~ ***effort***; ***I haven't got the*** ~***est idea*** ich habe nicht die leiseste Ahnung; ~ ***hope*** schwache Hoffnung; **3.** furchtsam; **II** *s.* **4.** (***dead*** ~ tiefe) Ohnmacht; **III** *v/i.* **5.** schwach *od.* matt werden (***with*** vor *dat.*); **6.** in Ohnmacht fallen (***with*** vor *dat.*): ~***ing fit*** Ohnmachtsanfall *m*; ~ ***with happiness*** vor Glück zerspringen; '~**·heart** *s.* Feigling *m*; ˌ~-'**heart·ed** *adj.* ☐ feig(e), furchtsam.

faint·ness ['feɪntnɪs] *s.* **1.** Schwäche *f* (*a. fig.*), Mattigkeit *f*: ~ ***of heart*** Feigheit *f*, Furchtsamkeit *f*; **2.** Ohnmachtsgefühl *n*.

fair¹ [feə] **I** *adj.* ☐ → ***fairly***; **1.** schön, hübsch, lieblich: ***the*** ~ ***sex*** das schöne Geschlecht; **2.** a) hell (*Haut, Haar*), blond (*Haar*), zart (*Teint, Haut*), b) hellhäutig; **3.** rein, sauber, tadel-, makellos, *fig. a.* unbescholten: ~ ***name*** guter Ruf; **4.** *fig.* schön, gefällig: ***give s.o.*** ~ ***words*** j-n mit schönen Worten abspeisen; **5.** deutlich, leserlich: ~ ***copy*** Reinschrift *f*; **6.** klar, heiter (*Himmel*), schön, trocken (*Wetter, Tag*): ***set*** ~ beständig; **7.** frei, unbehindert: ~ ***game*** jagdbares Wild, *bsd. fig.* Freiwild *n* (***to*** für); **8.** günstig (*Wind*), aussichtsreich, gut: ~ ***chance*** reelle Chance; ***be in a*** ~ ***way to*** auf dem besten Wege sein zu; **9.** anständig: a) *bsd. sport* fair, b) ehrlich, offen, aufrichtig, c) 'unparˌteiisch, d) fair: ~ ***price*** angemessener Preis; ~ ***and square*** offen u. ehrlich, anständig; ~ ***play*** a) faires Spiel, b) *fig.* Anständigkeit *f*, Fairness *f*; ***by*** ~ ***means or foul*** so oder so; ~ ***is*** ~ Gerechtigkeit muss sein!; ~ ***enough!*** in Ordnung!; ***all's*** ~ ***in love and war*** im Krieg u. in der Liebe ist alles erlaubt; **10.** leidlich, ziemlich *od.* einigermaßen gut, nicht übel: ***be a*** ~ ***judge*** ein recht gutes Urteil haben (***of*** über *acc.*); ~ ***to middling*** gut bis mittelmäßig, *iro.* ‚mittelprächtig'; ~ ***average*** guter Durchschnitt; **11.** ansehnlich, beträchtlich, ganz schön: ***a*** ~ ***sum***; **II** *adv.* → *a.* ***fairly***; **12.** schön, gut, freundlich, höflich; **13.** rein, sauber, leserlich; **14.** günstig: ***bid*** (*od.* ***promise***) ~ a) sich gut anlassen, zu Hoffnungen berechtigen, b) Aussicht haben, versprechen (***to*** *inf.* zu *inf.*); **15.** anständig, fair: ***play*** ~ fair spielen, *a. fig.* sich an die Spielregeln halten; **16.** genau: ~ ***in the face*** mitten ins Gesicht; **17.** völlig; **III** *v/t.* **18.** ⚙ zurichten, glätten; **19.** *Flugzeug etc.* verkleiden.

fair² [feə] *s.* **1.** a) Jahrmarkt *m*, b) Volksfest *n*; **2.** Messe *f*, Ausstellung *f*: ***at the industrial*** ~ auf der Industriemesse; **3.** Ba'sar *m*.

'**fair|-faced** *adj.*: ~ ***concrete*** △ Sichtbeton *m*; '~**·ground** *s.* **1.** Messegelände *n*; **2.** Rummelplatz *m*; ˌ~-'**haired** *adj.* blond: ~ ***boy*** *fig. iro.* Liebling *m* (*des Chefs etc.*).

fair·ing¹ ['feərɪŋ] *s.* ✈ Verkleidung *f*.

fair·ing² ['feərɪŋ] *s. obs.* Jahrmarktsgeschenk *n*.

fair·ly ['feəlɪ] *adv.* **1.** ehrlich; **2.** anständig(erweise); **3.** gerecht(erweise); **4.** ziemlich; **5.** leidlich; **6.** völlig; **7.** geradezu; **8.** deutlich; **9.** genau.

ˌ**fair-'mind·ed** *adj.* aufrichtig, gerecht (denkend).

fair·ness ['feənɪs] *s.* **1.** Schönheit *f*; **2.** a) Blondheit *f*, b) Hellhäutigkeit *f*; **3.** Klarheit *f* (*des Himmels*); **4.** Anständigkeit *f*: a) *bsd. sport* Fairness *f*, b) Ehrlichkeit *f*, c) Gerechtigkeit *f*: ***in*** ~ gerechterweise; ***in*** ~ ***to him*** um ihm Gerechtigkeit widerfahren zu lassen; **5.** ⚖ ✝ Lauterkeit *f* (*des Wettbewerbs etc.*).

ˌ**fair|-'spo·ken** *adj.* freundlich, höflich; '~**·way** *s.* **1.** ⚓ Fahrwasser *n*, -rinne *f*; **2.** *Golf*: Fairway *n*; '~-ˌ**weath·er** *adj.* Schönwetter...: ~ ***friends*** *fig.* Freunde nur in guten Zeiten.

fair·y ['feərɪ] **I** *s.* **1.** Fee *f*, Elf(e *f*) *m*; **2.** *sl.* ‚Homo' *m*, Schwule(r) *m*; **II** *adj.* ☐ **3.** feenhaft (*a. fig.*): ~ ***godmother*** *fig.* gute Fee; '~**·land** *s.* Feen-, Märchenland *n*; ~ **tale** *s.* Märchen *n* (*a. fig.*).

faith [feɪθ] *s.* **1.** (***in***) Glaube(n) *m* (an *acc.*), Vertrauen *n* (auf *acc.*, zu): ***have*** *od.* ***put*** ~ ***in*** a) Glauben schenken (*dat.*), b) Vertrauen haben zu; ***on the*** ~ ***of*** im Vertrauen auf (*acc.*); **2.** *eccl.* (*überzeugter*) Glaube(n), b) Glaube(nsbekenntnis *n*) *m*: ***the Christian*** ~; **3.** Treue *f*, Redlichkeit *f*: ***breach of*** ~ Treu-, Vertrauensbruch *m*; ***in good*** ~ in gutem Glauben, gutgläubig (*a.* ⚖); ***in bad*** ~ in böser Absicht, arglistig (*a.* ⚖), ⚖ bösgläubig; **4.** Versprechen *n*: ***keep one's*** ~ (sein) Wort halten; ~ **cure** → ***faith healing***.

faith·ful ['feɪθfʊl] **I** *adj.* ☐ **1.** treu (***to*** *dat.*); **2.** (pflicht)getreu; **3.** ehrlich, aufrichtig; **4.** gewissenhaft; **5.** (wahrheits- *od.* wort)getreu, genau; **6.** glaubwürdig, zuverlässig; **7.** *eccl.* gläubig; **II** *s.* **8.** ***the*** ~ *eccl.* die Gläubigen *pl.*; **9.** *pl.* treue Anhänger *pl.*; '**faith·ful·ly** [-fʊlɪ] *adv.* **1.** treu, ergeben: ***Yours*** ~ Mit freundlichen Grüßen (*Briefschluss*); **2.** → ***faithful*** 2–5; **3.** F nachdrücklich: ***promise*** ~ fest versprechen; '**faith·ful·ness** [-nɪs] *s.* **1.** (*a.* Pflicht)Treue *f*; **2.** Ehrlichkeit *f*; **3.** Gewissenhaftigkeit *f*; **4.** Genauigkeit *f*; **5.** Glaubwürdigkeit *f*.

faith| heal·er *s.* Gesundbeter(in); ~ **heal·ing** *s.* Gesundbeten *n*.

faith·less ['feɪθlɪs] *adj.* ☐ **1.** *eccl.* ungläubig; **2.** treulos; **3.** unehrlich.

fake [feɪk] F **I** *v/t.* **1.** nachmachen, fälschen; *Presse etc.*: *Foto etc.* ‚türken'; **2.** *Bilanz etc.* ‚frisieren'; **3.** vortäuschen; **4.** *sport* a) *Gegner* täuschen, b) *Schlag etc.* antäuschen; **II** *s.* **5.** Fälschung *f*, Nachahmung *f*; **6.** Schwindel *m*; **7.** Schwindler *m*, ‚Schauspieler' *m*, j-d, der nicht ‚echt' ist; **III** *adj.* **8.** nachgemacht, gefälscht; **9.** falsch; **10.** vorgetäuscht; ~ ***asylum seeker*** 'Scheinasyˌlant(in) '**fak·er** *s.* **1.** Fälscher *m*; **2.** Simu'lant(in); **3.** → ***fake*** 7.

fa·kir ['feɪˌkɪə] *s.* **1.** Fakir *m*; **2.** *Am.* F → ***fake*** 7.

fal·con ['fɔːlkən] *s. orn.* Falke *m*; '**fal·con·er** [-nə] *s. hunt.* Falkner *m*; '**fal·con·ry** [-kənrɪ] *s.* **1.** Falkne'rei *f*; **2.** Falkenbeize *f*, -jagd *f*.

fall [fɔːl] **I** *s.* **1.** Fall(en *n*) *m*, Sturz *m*: ***have a*** (***bad***) ~ (schwer) stürzen; ***ride for a*** ~ a) verwegen reiten, b) *fig.* das Schicksal herausfordern; **2.** a) (Ab)Fallen *n* (*der Blätter etc.*), b) *Am.* Herbst *m*; **3.** Fallen *n* (*des Vorhangs*); **4.** Fall *m*, Faltenwurf *m* (*von Stoff*); **5.** *phys.* a) *a.* ***free*** ~ freier Fall, b) Fallhöhe *f*, -strecke *f*; **6.** a) (*Regen-, Schnee*)Fall *m*, b) Regen-, Schneemenge *f*; **7.** Zs.-fallen *n*, Einsturz *m* (*e-s Hauses*); **8.** Fallen *n*, Sinken *n*, Abnehmen *n* (*Temperatur, Flut, Preis*): ***heavy*** ~ ***in prices*** Kurs-, Preissturz *m*; ***speculate on the*** ~ auf Baisse spekulieren; **9.** Abfallen *n*, Gefälle *n*, Neigung *f* (*des Geländes*); **10.** Fall *m* (*a. e-r Festung etc.*), Sturz *m*, Nieder-, 'Untergang *m*, Abstieg *m*, Verfall *m*, Ende *n*; **11.** Fall *m*, Fehltritt: ***the*** ℒ (***of man***) *bibl.* der (erste) Sündenfall *m*; **12.** *mst pl.* Wasserfall *m*; **13.** Wurf *m* (*Lämmer etc.*); **14.** *Ringen*: Niederwurf *m*: ***win by*** ~ Schultersieg *m*; ***try a*** ~ ***with s.o.*** *fig.* sich mit j-m messen; **II** *v/i.* [*irr.*] **15.** fallen: ***the curtain*** ~***s*** der Vorhang fällt; **16.** (ab)fallen (*Blätter etc.*); **17.** (he'runter)fallen, abstürzen: ***he fell to his death*** er stürzte tödlich ab; **18.** ('um-, hin-, nieder)fallen, zu Boden fallen, zu Fall kommen; **19.** 'umfallen, -stürzen (*Baum etc.*); **20.** (*in Falten od. Locken*) her'abfallen; **21.** *fig. allg.* fallen: a) (*im Kampf*) getötet werden, b) erobert werden (*Stadt etc.*), c) gestürzt werden (*Regierung*), d) e-n Fehltritt begehen (*Frau*); **22.** *fig.* fallen (*Preis, Temperatur, Flut*), abnehmen, sinken: ***his courage fell*** ihm sank der Mut; ***his face fell*** er machte ein langes Gesicht; **23.** abfallen, sich senken (*Gelände*); **24.** (*in Stücke*) zerfallen; **25.** (*zeitlich*) fallen: ***Easter*** ~***s late this year***; **26.** her'einbrechen (*Nacht*); **27.** *fig.* fallen (*Worte etc.*); **28.** *krank, fällig etc.* werden: ~ ***ill*** (***due***);

Zssgn mit prp.:

fall| a·mong *v/i.* unter ... (*acc.*) geraten *od.* fallen: ~ ***the thieves*** *bibl. u. fig.* unter die Räuber fallen; ~ **be·hind** *v/i.* zu'rückbleiben hinter (*acc.*) (*a. fig.*); ~ **for** *v/i.* F auf *et. od. j-n* reinfallen, *a.* sich in *j-n* ‚verknallen'; ~ **from** *v/i.* abfallen von, abtrünnig *od.* untreu werden (*dat.*): ~ ***grace*** a) sündigen, b) in Ungnade fallen; ~ **in·to** *v/i.* **1.** kommen *od.* geraten *od.* verfallen in (*acc.*): ~ ***disuse*** außer Gebrauch kommen; ~ ***a habit*** in e-e Gewohnheit verfallen; → ***line¹*** 9; **2.** in *Teile* zerfallen: ~ ***ruin*** zerfallen; **3.** münden in (*acc.*) (*Fluss*); **4.** fallen in (*ein Gebiet od. Fach*); ~ **on** *v/i.* **1.** treffen, fallen auf (*acc.*) (*a. Blick etc.*); **2.** herfallen über (*acc.*), über'fallen (*acc.*); **3.** in *et.* geraten: ~ ***evil days*** e-e schlimme Zeit durchmachen müssen; ~ **o·ver** *v/i.* fallen über (*acc.*): ~ ***o.s. to do s.th.*** F sich ‚fast umbringen', et. zu tun; ~ **to** *v/i.* **1.** mit *et.* beginnen: ~ ***work***; **2.** fallen an (*acc.*), *j-m* zufallen *od.* obliegen (***to do*** zu tun); ~ **un·der** *v/i. fig.* **1.** unter *ein Gesetz etc.* fallen, zu *et.* gehören; **2.** *der Kritik etc.* unter'liegen; ~ **with·in** → ***fall into*** 4.

Zssgn mit adv.:

fall| a·stern *v/i.* ⚓ zu'rückbleiben; ~ **a·way** *v/i.* **1.** → ***fall*** 23; **2.** → ***fall off*** 1; ~ **back** *v/i.* **1.** zu'rückweichen: ~ (***up***)***on*** *fig.* zurückgreifen auf (*acc.*); **2.** → ~ **be·hind** *v/i. a. fig.* zu'rückbleiben, -fallen: ~ ***with*** in Rückstand *od.* Verzug geraten mit; ~ **down** *v/i.* **1.** hin-, hinunterfallen; **2.** 'umfallen, einstürzen; **3.** (*ehrfürchtig*) auf die Knie sinken, niederfallen; **4.** F (***on***) a) versagen (bei), b) Pech haben (mit); ~ **in** *v/i.* **1.** einfallen, -stürzen; **2.** ⚔ antreten; **3.** *fig.* a) sich anschließen (*Person*), b) sich einfügen (*Sache*); **4.** ✝ ablaufen, fällig werden; **5.** ~ ***with*** (zufällig) treffen (*acc.*), stoßen auf (*acc.*); **6.** ~ ***with*** a) zustimmen (*dat.*), b) passen zu, entsprechen (*dat.*), c) sich anpassen (*dat.*); ~ **off** *v/i. fig.* **1.** zu'rückgehen, sinken, nachlassen, abnehmen; **2.** (***from***) abfallen (von), abtrünnig werden (*dat.*);

3. ⚓ (vom Strich) abfallen; **4.** ✈ abrutschen; **~ out** *v/i.* **1.** her'ausfallen; **2.** *fig.* ausfallen, sich erweisen als; **3.** sich ereignen; **4.** ⚔ wegtreten; **5.** sich streiten *od.* entzweien; **~ o·ver** *v/i.* 'umfallen, -kippen: ***~ backwards*** F sich ‚fast umbringen' (*et. zu tun*); **~ through** *v/i.* **1.** 'durchfallen (*a. fig.*); **2.** *fig.* a) miss'lingen, b) ins Wasser fallen; **~ to** *v/i.* **1.** zufallen (*Tür*); **2.** ‚reinhauen', (tüchtig) zugreifen (*beim Essen*); **3.** handgemein werden.

fal·la·cious [fə'leɪʃəs] *adj.* □ trügerisch: a) irreführend, b) irrig, falsch; **fal·la·cy** ['fæləsɪ] *s.* **1.** Trugschluss *m*, Irrtum *m*: ***popular ~*** weit verbreiteter Irrtum; **2.** Unlogik *f*; **3.** Täuschung *f*.

fall·en ['fɔːlən] **I** *p.p. von* ***fall***; **II** *adj. allg.* gefallen: a) gestürzt (*a. fig.*), b) entehrt (*Frau*), c) (*im Krieg*) getötet, d) erobert (*Stadt etc.*): ***~ angel*** gefallener Engel; **III** *s. coll.* ***the ~*** die Gefallenen *pl.*; **~ arch·es** *s. pl.* Senkfüße *pl.*

fall guy *s. Am.* F **1.** a) Opfer *n* (*e-s Betrügers*), b) ‚Gimpel' *m*; **2.** Sündenbock *m*.

fal·li·bil·i·ty [ˌfælə'bɪlətɪ] *s.* Fehlbarkeit *f*; **fal·li·ble** ['fæləbl] *adj.* □ fehlbar.

ˌ**fall·ing|-a'way**, ˌ**~-'off** ['fɔːlɪŋ] *s.* Rückgang *m*, Abnahme *f*, Sinken *n*; **~ sick·ness** *s.* ⚕ Fallsucht *f*; **~ star** *s.* Sternschnuppe *f*.

Fal·lo·pi·an tubes [fə'ləʊpɪən] *s. pl. anat.* Eileiter *pl.*

'**fall·out** *s.* **1.** *phys.* radioak'tiver Niederschlag, Fall-'out *m*: ***~ shelter*** 'Strahlenschutzraum *m*; **2.** *fig.* a) 'Nebenproˌdukt *n*, b) (böse) Auswirkung(en *pl.*).

fal·low[1] ['fæləʊ] **I** *adj.* brach(liegend): ***lie ~*** brachliegen; **II** *s.* Brache *f*: a) Brachfeld *n*, b) Brachliegen *n*.

fal·low[2] ['fæləʊ] *adj.* falb, fahl, braungelb; **~ deer** [-ləʊd-] *s. zo.* Damhirsch *m*, -wild *n*.

false [fɔːls] **I** *adj.* □ *allg.* falsch: a) unrichtig, fehlerhaft, irrig, b) unwahr, c) (***to***) treulos (gegen), untreu (*dat.*), d) irreführend, vorgetäuscht, trügerisch, 'hinterhältig, e) gefälscht, unecht, künstlich, f) Schein..., fälschlich (so genannt), g) 'widerrechtlich, rechtswidrig: ***~ alarm*** blinder Alarm (*a. fig.*); ***~ ceiling*** △ Zwischendecke *f*; ***~ coin*** Falschgeld *n*; ***~ hair*** falsche Haare; ***~ imprisonment*** ⚖ Freiheitsberaubung *f*; ***~ key*** Nachschlüssel *m*; ***~ pregnancy*** ⚕ Scheinschwangerschaft *f*; ***~ shame*** falsche Scham; ***~ start*** Fehlstart *m*; ***~ step*** Fehltritt *m*; ***~ tears*** Krokodilstränen; ***~ teeth*** falsche Zähne; **II** *adv.* falsch, unaufrichtig: ***play s.o. ~*** ein falsches Spiel mit j-m treiben; **'false-'heart·ed** *adj.* falsch, treulos; **'false·hood** [-hʊd] *s.* **1.** Unwahrheit *f*, Lüge *f*; **2.** Falschheit *f*; **'false·ness** [-nɪs] *s. allg.* Falschheit *f*.

fal·set·to [fɔːl'setəʊ] *pl.* **-tos** *s.* Fistelstimme *f*, ♪ *a.* Fal'sett(stimme *f*) *n*.

fal·sies ['fɔːlsɪz] *s. pl.* F Schaumgummieinlagen *pl.* (*im Büstenhalter*).

fal·si·fi·ca·tion [ˌfɔːlsɪfɪ'keɪʃn] *s.* (Ver-)Fälschung *f*; **fal·si·fi·er** ['fɔːlsɪfaɪə] *s.* Fälscher(in); **fal·si·fy** ['fɔːlsɪfaɪ] *v/t.* **1.** fälschen; **2.** verfälschen, falsch *od.* irreführend darstellen; **3.** *Hoffnungen* enttäuschen; **fal·si·ty** ['fɔːlsətɪ] *s.* **1.** Irrtum *m*, Unrichtigkeit *f*; **2.** Lüge *f*, Unwahrheit *f*.

falt·boat ['fɔːltbəʊt] *s.* Faltboot *n*.

fal·ter ['fɔːltə] **I** *v/i.* schwanken: a) taumeln, b) zögern, zaudern, c) stocken (*a. Stimme*): ***his courage ~ed*** der Mut verließ ihn; **II** *v/t. et.* stammeln; **'fal·ter·ing** [-tərɪŋ] *adj.* □ *allg.* schwankend (→ ***falter*** I).

fame [feɪm] *s.* **1.** Ruhm *m*, (guter) Ruf, Berühmtheit *f*: ***of ill ~*** berüchtigt; ***house of ill ~*** Freudenhaus *n*; **2.** *obs.* Gerücht *n*; **famed** [-md] *adj.* berühmt, bekannt (***for*** wegen *gen.*, für).

fa·mil·iar [fə'mɪljə] **I** *adj.* □ **1.** vertraut: a) gewohnt: ***a ~ sight***, b) bekannt: ***a ~ face***, c) geläufig: ***a ~ expression***; ***~ quotations*** geflügelte Worte; **2.** vertraut, bekannt (***with*** mit): ***be ~ with*** *a. et.* gut kennen; ***make o.s. ~ with*** a) sich mit *j-m* bekannt machen, b) sich mit *et.* vertraut machen; ***the name is ~ to me*** der Name ist mir vertraut; **3.** vertraut, in'tim, eng: ***a ~ friend***; ***be on ~ terms with s.o.*** mit j-m gut bekannt sein; (***too***) ***~*** *contp.* allzu familiär, plumpvertraulich; **4.** ungezwungen, famili'är; **II** *s.* **5.** Vertraute(r *m*) *f*; **6.** *a.* ***~ spirit*** Schutzgeist *m*; **fa·mil·i·ar·i·ty** [fəˌmɪlɪ'ærətɪ] *s.* **1.** Vertrautheit *f*, Bekanntschaft *f* (***with*** mit); **2.** a) famili'ärer Ton, Ungezwungenheit *f*, Vertraulichkeit *f*, b) *contp.* plumpe Vertraulichkeit; **fa·mil·iar·i·za·tion** [fəˌmɪljəraɪ'zeɪʃn] *s.* (***with***) Vertrautmachen *n od.* -werden *n* (mit), Gewöhnung *f* (an *acc.*); **fa'mil·iar·ize** [-əraɪz] *v/t.* (***with***) vertraut *od.* bekannt machen (mit), gewöhnen (an *acc.*).

fam·i·ly ['fæməlɪ] **I** *s.* **1.** Fa'milie *f* (*a. biol. u. fig.*): ***~ of nations*** Völkerfamilie; ***she was living as one of the ~*** sie gehörte zur Familie, sie hatte Familienanschluss; **2.** Fa'milie *f*: a) Geschlecht *n*, Sippe *f*, *a.* Verwandtschaft *f*, b) Ab-, Herkunft *f*: ***of*** (***good***) ***~*** aus gutem *od.* vornehmem Hause; **3.** *ling.* ('Sprach-)Faˌmilie *f*; **4.** ♣ Schar *f*; **II** *adj.* **5.** Familien...: ***~ business*** (***tradition*** *etc.*); ***~ doctor*** Hausarzt *m*; ***~ environment*** häusliches Milieu; ***~ warmth*** Nestwärme *f*; ***in a ~ way*** zwanglos; ***be in the ~ way*** F in anderen Umständen sein; **~ al·low·ance** *s.* Kindergeld *n*; **~ cir·cle** *s.* **1.** Fa'milienkreis *m*; **2.** *thea. Am.* oberer Rang; **~ court** *s.* ⚖ Fa'miliengericht *n*; **~ man** *s.* [*irr.*] **1.** Mann *m* mit Fa'milie, Fa'milienvater *m*; **2.** häuslicher Mensch; **~ plan·ning** *s.* Fa'milienplanung *f*; **'~-ˌsize pack·age** *s.* Haushaltspackung *f*; **~ skel·e·ton** *s.* streng gehütetes Fa'miliengeheimnis; **~ tree** *s.* Stammbaum *m*.

fam·ine ['fæmɪn] *s.* **1.** Hungersnot *f*; **2.** Mangel *m*, Knappheit *f* (***of*** an *dat.*); **3.** Hunger *m* (*a. fig.*).

fam·ish ['fæmɪʃ] **I** *v/i.* **1.** *obs.* verhungern: ***be ~ing*** F am Verhungern sein; **2.** darben; **II** *v/t. obs.* verhungern lassen: ***he ate as if ~ed*** er aß, als ob er am Verhungern wäre.

fa·mous ['feɪməs] *adj.* □ **1.** berühmt (***for*** wegen *gen.*, für); **2.** F fa'mos, ausgezeichnet, prima.

fan[1] [fæn] **I** *s.* **1.** Fächer *m*: ***~ dance***; ***~ aerial*** ⚡ Fächerantenne *f*; ***~-fold paper*** Endlospapier, EDV-Papier *n*; **2.** ⚙ a) Venti'lator *m*, Lüfter *m*, b) *a.* ***~ blower*** (Flügelrad)Gebläse *n*, c) ✓ (Worfel)Schwinge *f*, d) ⚓ Flügel *m*, Schraubenblatt *n*; **II** *v/t.* **3.** *Luft* fächeln; **4.** um'fächeln, *j-m* Luft zufächeln; **5.** *Feuer* anfachen: ***~ the flame*** *fig.* Öl ins Feuer gießen; **6.** *fig.* entfachen; (an)wedeln; **7.** ✓ worfeln, schwingen; **III** *v/i.* **8.** *oft* **~ out** a) sich (fächerförmig) ausbreiten, b) ⚔ ausschwärmen.

fan[2] [fæn] *s.* F Fan *m*, begeisterter Anhänger: ***~ club*** Fanklub *m*; ***~ mail*** Verehrerpost *f*.

fa·nat·ic [fə'nætɪk] **I** *s.* Fa'natiker(in); **II** *adj.* → **fa'nat·i·cal** [-kl] *adj.* □ fa'natisch; **fa'nat·i·cism** [-ɪsɪzəm] *s.* Fana'tismus *m*.

fan·ci·er ['fænsɪə] *s.* (*Tier-, Blumen- etc.*)Liebhaber(in) *od.* Züchter(in); **'fan·ci·ful** [-ɪfʊl] *adj.* □ **1.** (allzu) fanta'siereich, schrullig, wunderlich (*Person*); **2.** bi'zarr, ausgefallen (*Sache*); **3.** eingebildet, unwirklich; **4.** fan'tastisch, wirklichkeitsfremd.

fan·cy ['fænsɪ] **I** *s.* **1.** Fanta'sie *f*: a) Einbildungskraft *f*, b) Fanta'sievorstellung *f*, c) (bloße) Einbildung; **2.** I'dee *f*, plötzlicher Einfall *m*: ***I have a ~ that*** ich habe so e-e Idee, dass; **3.** Laune *f*, Grille *f*; **4.** (individu'eller) Geschmack; **5.** (***for***) Neigung *f* (zu), Vorliebe *f* (für), Gefallen *n* (an *dat.*): ***have a ~ for*** gern haben (wollen) (*acc.*), Lust haben zu *od.* auf (*acc.*); ***take a ~ to*** Gefallen finden an (*dat.*), sympathisch finden (*acc.*); ***take*** (*od.* ***catch***) ***s.o.'s ~*** j-m gefallen; ***just as the ~ takes you*** nach Lust u. Laune; **6.** *coll.* ***the ~*** die (*Sport-, Tier- etc.*)Liebhaberwelt; **II** *adj.* **7.** Fantasie..., fan'tastisch: ***~ name*** Fantasiename *m*; ***~ price*** Fantasie-, Liebhaberpreis *m*; **8.** Mode...: ***~ article***; **9.** (reich) verziert, bunt, kunstvoll, ausgefallen, extrafein: ***~ cakes*** feines Gebäck; ***~ car*** schicker Wagen; ***~ dog*** Hund *m* aus e-r Liebhaberzucht; ***~ foods*** Delikatessen; ***~ words*** *contp.* geschwollene Ausdrücke; **III** *v/t.* **10.** sich *j-n od. et.* vorstellen: ***~*** (***that***)***!*** a) stell dir vor!, b) sieh mal einer an!, nanu!; ***~ meeting you here!*** nanu, du hier?; **11.** glauben, denken, annehmen; **12.** ***~ o.s.*** sich einbilden (***to be*** zu sein), sich halten für: ***~ o.s.*** (***very important***) sich sehr wichtig vorkommen; **13.** gern haben *od.* mögen: ***I don't ~ this suit*** dieser Anzug gefällt mir nicht; **14.** Lust haben (auf *acc.*; ***doing*** zu tun): ***I could ~ an ice cream*** ich hätte Lust auf ein Eis; **15.** ***~ up*** *Am.* F aufputzen, ‚Pfiff geben' (*dat.*); **~ ball** *s.* Ko'stümfest *n*, Maskenball *m*; **~ dress** *s.* ('Masken-)Koˌstüm *n*; ˌ**~-'dress** *adj.*: ***~ ball*** → ***fancy ball***; ˌ**~-'free** *adj.* frei u. ungebunden; **~ goods** *s. pl.* **1.** 'Modearˌtikel *pl.*; **2.** kleine Ge'schenkarˌtikel *pl.*, *a.* Nippes *pl.*; **~ man** *s.* [*irr.*] *sl.* **1.** ‚Louis' *m*, Zuhälter *m*; **2.** Liebhaber *m*; **~ pants** *s. Am. sl.* **1.** ‚feiner Pinkel'; **2.** ‚Waschlappen' *m*; **~ wom·an** *s.* [*irr.*] **1.** Geliebte *f*; **2.** Prostituierte *f*; **'~·work** *s.* feine (Hand-) Arbeit.

fan·dan·gle [fæn'dæŋgl] *s.* F ‚Firlefanz' *m*.

fane [feɪn] *s. poet.* Tempel *m*.

fan·fare ['fænfeə] *s.* ♪ Fan'fare *f*, Tusch *m*: ***with much ~*** *fig.* mit großem Tamtam.

fang [fæŋ] *s.* **1.** *zo.* a) Fang(zahn) *m* (*Raubtier*), b) Hauer *m* (*Eber*), c) Giftzahn *m* (*Schlange*); **2.** *pl.* F Zähne *pl.*, ‚Beißer' *pl.*; **3.** *anat.* Zahnwurzel *f*; **4.** ⚙ Dorn *m*.

fan| heat·er *s.* Heizlüfter *m*; **'~·light** *s.* △ (fächerförmiges) (Tür)Fenster, Oberlicht *n*.

fan·ner ['fænə] *s.* ⚙ Gebläse *n*.

fan·ny ['fænɪ] *s.* **1.** *Am. sl.* ‚Arsch' *m*; **2.** *Brit.* V ‚Möse' *f*.

F

fan ov·en ['ʌvn] *s.* Heißluftherd *m.*
fan·ta·sia [fæn'teɪzjə] *s.* ♪ Fanta'sia *f*;
fan·ta·size ['fæntəsaɪz] *v/i.* **1.** fantasieren (***about*** von); **2.** (mit offenen Augen) träumen; **fan'tas·tic** [-'tæstɪk] *adj.* (□ **~ally**) *allg.* fan'tastisch: a) unwirklich, b) verstiegen, über'spannt, c) ab'surd, aus der Luft gegriffen, d) F ‚toll'; **fan·ta·sy** ['fæntəsɪ] *s.* **1.** Fanta'sie *f*: a) Einbildungskraft *f*, b) Fanta'sievorstellung *f*, c) (Tag-, Wach)Traum *m*, d) Hirngespinst *n*; **2.** ♪ Fanta'sia *f*.
fan| trac·er·y *s.* ⚠ Fächermaßwerk *n*; **~ vault·ing** *s.* ⚠ Fächergewölbe *n*.
fan·zine ['fænziːn] *s.* 'Fanmaga,zin *n* (*Zeitschrift*).
far [fɑː] **I** *adj.* **1.** fern, (weit) entfernt, weit; **2.** (*vom Sprecher aus*) entfernter: ***at the ~ end*** am anderen Ende; **3.** weit vorgerückt, fortgeschritten (***in*** in *dat.*); **II** *adv.* **4.** weit, fern: ***~ away, ~ off*** weit weg, weit entfernt; ***from ~*** von weit her; ***~ and near*** nah u. fern, überall; ***~ and wide*** weit und breit; ***~ and away the best*** a) bei weitem *od.* mit Abstand das Beste, b) bei weitem am besten; ***as ~ as*** a) so weit *od.* so viel (wie), insofern als, b) bis (nach); ***as ~ as that goes*** was das betrifft; ***as ~ back as 1907*** schon (im Jahre) 1907; ***in as*** (*od.* ***so***) ***~ as*** insofern als; ***so ~*** bisher, bis jetzt; ***so ~ so good*** so weit, so gut; ***~ from*** weit entfernt von, keineswegs; ***~ from completed*** noch lange *od.* längst nicht fertig; ***~ from rich*** alles andere als reich; ***~ from it!*** keineswegs!, ganz u. gar nicht!; ***I am ~ from believing it*** ich bin weit davon entfernt, es zu glauben; ***~ into*** bis weit *od.* hoch *od.* tief in (*acc.*); ***~ into the night*** bis spät *od.* tief in die Nacht; ***~ out*** a) weit draußen *od.* hinaus, b) F ‚toll'; ***be ~ out*** weit danebenliegen (*mit e-r Vermutung etc.*); ***~ up*** hoch oben; ***~ be it from me*** (***to*** *inf.*) es liegt mir fern (zu *inf.*); ***go ~*** a) weit *od.* lange (aus)reichen, b) es weit bringen; ***ten dollars don't go ~*** mit 10 Dollar kommt man nicht weit; ***go too ~*** *fig.* zu weit gehen; ***that went ~ to convince me*** das hat mich beinahe überzeugt; ***I will go so ~ as to say*** ich will sogar behaupten; **5.** *a.* ***by ~*** weit(aus), bei weitem, sehr viel, ganz: ***~ better*** viel besser; (***by***) ***~ the best*** a) weitaus der (die, das) Beste, b) bei weitem am besten.
far·ad ['færəd] *s.* ⚡ Fa'rad *n*.
'far·a·way *adj.* **1.** → ***far*** 1; **2.** *fig.* verträumt, versonnen, (geistes)abwesend.
farce [fɑːs] *s.* **1.** *thea.* Posse *f*, Schwank *m*; **2.** *fig.* Farce *f*, ‚The'ater' *n*; **'far·ci·cal** [-sɪkl] *adj.* □ **1.** possenhaft, Possen...; **2.** *fig.* ab'surd.
fare [feə] **I** *s.* **1.** a) Fahrpreis *m*, -geld *n*, b) Flugpreis *m*: ***what's the ~?*** was kostet die Fahrt *od.* der Flug?; ***~ stage*** *Brit.* Fahrpreiszone *f*, Teilstrecke *f* (*Bus etc.*); ***any more ~s?*** noch jemand zugestiegen?; **2.** Fahrgast *m* (*bsd. e-s Taxis*); **3.** Kost *f* (*a. fig.*), Verpflegung *f*, Nahrung *f*: ***slender ~*** magere Kost; ***literary ~*** literarische Kost, geistiges ‚Menü'; **II** *v/i.* **4.** sich befinden; (er)gehen: ***how did you ~?*** wie ist es dir ergangen?; ***he ~d ill, it ~d ill with him*** er war schlecht d(a)ran; ***we ~d no better*** uns ist es nicht besser ergangen; ***~ alike*** in der gleichen Lage sein; **5.** *poet.* reisen, sich aufmachen: ***~ thee well!*** leb wohl!
Far East *s.*: ***the ~*** der Ferne Osten.
,fare'well I *int.* lebe(n Sie) wohl!, lebt wohl!; **II** *s.* Lebe'wohl *n*, Abschiedsgruß *m*: ***bid s.o. ~*** j-m Lebewohl sagen; ***make one's ~s*** sich verabschieden; ***take one's ~ of*** Abschied nehmen von (*a. fig.*); ***~ to*** adieu ..., nie wieder ...; **III** *adj.* Abschieds...
,far|-'famed *adj.* 'weithin berühmt; **,~-'fetched** *adj. fig.* weit hergeholt, an den Haaren her'beigezogen; **,~-'flung** *adj.* **1.** weit (ausgedehnt); **2.** *fig.* weit gespannt; **3.** weit entfernt; **,~-'go·ing** → ***far-reaching***.
fa·ri·na [fə'raɪnə] *s.* **1.** (feines) Mehl; **2.** ⚗ Stärke *f*; **3.** *Brit.* ⚘ Blütenstaub *m*; **4.** *zo.* Staub *m*; **far·i·na·ceous** [,færɪ'neɪʃəs] *adj.* Mehl..., Stärke...
farm [fɑːm] **I** *s.* **1.** (Bauern)Hof *m*, landwirtschaftlicher Betrieb, Gut(shof *m*) *n*, Farm *f*; **2.** (*Geflügel- etc.*)Farm *f*; **3.** *obs.* Bauernhaus *n*; **4.** *bsd. Am.* a) Sana'torium *n*, b) Entziehungsanstalt *f*; **II** *v/t.* **5.** *Land* bebauen, bewirtschaften; **6.** *Geflügel etc.* züchten; **7.** pachten; **8.** *oft* ***~ out*** verpachten, in Pacht geben (***to. s.o.*** j-m *od.* an j-n); **9.** *mst* ***~ out*** a) *Kinder* in Pflege geben, b) ✝ *Arbeit* vergeben (***to*** an *acc.*); **III** *v/i.* **10.** Landwirt sein; **'farm·er** [-mə] *s.* **1.** (Groß-)Bauer *m*, Landwirt *m*, Farmer *m*; **2.** Pächter *m*; **3.** (*Geflügel- etc.*)Züchter *m*.
farm| hand *s.* Landarbeiter(in); **'~-house** *s.* Bauern-, Gutshaus *n*: ***~ bread*** Landbrot *n*; ***~ butter*** Landbutter *f*.
farm·ing ['fɑːmɪŋ] *s.* **1.** Landwirtschaft; **2.** (*Geflügel- etc.*)Zucht *f*.
farm| la·bo(u)r·er → ***farm hand***; **~ land** *s.* Ackerland *n*; **'~·stead** *s.* Bauernhof *m*, Gehöft *n*; **~ work·er** → ***farm hand***; **'~·yard** *s.* Wirtschaftshof *m* (e-s Bauernhofs).
far·o ['feərəʊ] *s.* Phar(a)o *n* (*Kartenglücksspiel*).
far-off [,fɑːr'ɒf] → ***far*** 1, ***faraway*** 2.
far-out [,fɑːr'aʊt] *adj. sl.* **1.** ‚toll', ‚super'; **2.** ‚verrückt'.
far·ra·go [fə'rɑːgəʊ] *pl.* **-gos**, *Am.* **-goes** *s.* Kunterbunt *n* (***of*** aus, von).
,far-'reach·ing *adj.* **1.** *bsd. fig.* weit reichend; **2.** *fig.* folgenschwer, tief greifend.
far·ri·er ['færɪə] *s.* Hufschmied *m*; ⚔ Beschlagmeister *m*.
far·row ['færəʊ] **I** *s.* Wurf *m* Ferkel: ***with ~*** trächtig (*Sau*); **II** *v/i.* ferkeln; **III** *v/t. Ferkel* werfen.
,far|-'see·ing *adj. fig.* weit blickend; **,~-'sight·ed** *adj.* **1.** *fig.* → ***far-seeing***; **2.** ⚕ weitsichtig; **,~-'sight·ed·ness** *s.* **1.** *fig.* Weitblick *m*, 'Umsicht *f*; **2.** ⚕ Weitsichtigkeit *f*.
fart [fɑːt] V **I** *s.* Furz *m*; **II** *v/i.* furzen: ***~ around*** *fig.* herumalbern, -blödeln.
far·ther ['fɑːðə] **I** *adj.* **1.** *comp. von* ***far***; **2.** → ***further*** 3, 4; **3.** entfernter (*vom Sprecher aus*): ***the ~ shore*** das gegenüberliegende Ufer; ***at the ~ end*** am anderen Ende; **II** *adv.* **4.** weiter: ***so far and no ~*** bis hierher u. nicht weiter; **5.** → ***further*** 1, 2; **'far·ther·most** → ***farthest*** 2; **'far·thest** [-ðɪst] **I** *adj.* **1.** *sup.* von ***far***; **2.** entferntest, weitest; **II** *adv.* **3.** am weitesten, am entferntesten.
far·thing ['fɑːðɪŋ] *s. Brit. hist.* Farthing *m* (1/4 *Penny*): ***not worth a*** (***brass***) ***~*** *fig.* keinen (roten) Heller wert; ***it doesn't matter a ~*** das macht gar nichts.
Far West *s. Am. Gebiet der Rocky Mountains u. der pazifischen Küste.*
fas·ci·a ['feɪʃə] *pl.* **-ae** [-ʃiː] *s.* **1.** Binde *f*, (Quer)Band *n*; **2.** *zo.* Farbstreifen *m*; **3.** ['fæʃɪə] *anat.* Muskelhaut *f*; **4.** ⚠ a) Gurtsims *m*, b) Bund *m* (*von Säulenschäften*); **5.** ⚕ (Bauch- *etc.*)Binde *f*; **6.** → ***facia***.
fas·ci·cle ['fæsɪkl] *s.* **1.** *a.* ⚘ Bündel *n*, Büschel *n*; **2.** Fas'zikel *m*: a) (Teil)Lieferung *f*, Einzelheft *n* (*Buch*), b) Aktenbündel *n*; **fas·cic·u·lar** [fə'sɪkjʊlə], **fas·cic·u·late** [fə'sɪkjʊlət] *adj.* büschelförmig.
fas·ci·nate ['fæsɪneɪt] *v/t.* **1.** faszinieren: a) bezaubern, b) fesseln, packen, gefangen nehmen: ***~d*** fasziniert, (wie) gebannt; **2.** hypnotisieren; **'fas·ci·nating** [-tɪŋ] *adj.* □ faszinierend: a) hinreißend, b) fesselnd, spannend; **fas·ci·na·tion** [,fæsɪ'neɪʃn] *s.* **1.** Faszinati'on *f*, Bezauberung *f*; **2.** Zauber *m*, Reiz *m*.
Fas·cism ['fæʃɪzəm] *s. pol.* Fa'schismus *m*; **'Fas·cist** [-ɪst] **I** *s.* Fa'schist *m*; **II** *adj.* fa'schistisch.
fash·ion ['fæʃn] **I** *s.* **1.** Mode *f*: ***come into ~*** in Mode kommen; ***set the ~*** die Mode diktieren, *fig.* den Ton angeben; ***it is*** (***all***) ***the ~*** es ist (große) Mode; ***in the English ~*** nach englischer Mode (*od.* Art, → 2); ***out of ~*** aus der Mode, unmodern; ***~ designer*** Modedesigner(in); **2.** Sitte *f*, Brauch *m*, Art *f* (u. Weise *f*), Stil *m*, Ma'nier *f*: ***behave in a strange ~*** sich sonderbar benehmen; ***after their ~*** nach ihrer Weise; ***after*** (*od.* ***in***) ***a ~*** schlecht u. recht, ‚so lala'; ***an artist after a ~*** so etwas wie ein Künstler; **3.** (feine) Lebensart, gute Ma'nieren *pl.*: ***a man of ~***; **4.** Machart *f*, Form *f* (Zu)Schnitt *m*, Fas'son *f*; **II** *v/t.* **5.** herstellen, machen; **6.** bilden, formen, gestalten; **7.** anpassen; **III** *adv.* **8.** wie: ***horse-~*** nach Pferdeart, wie ein Pferd; **fash·ion·a·ble** ['fæʃnəbl] **I** *adj.* □ **1.** modisch, mo'dern; **2.** vornehm, ele'gant; **3.** in Mode, Mode...: ***~ complaint*** Modekrankheit *f*; **II** *s.* **4.** ***the ~s*** die elegante Welt, die Schickeria.
'fash·ion| mag·a·zine *s.* 'Modejour,nal *n*; **'~,mon·ger** *s.* Modenarr *m*; **~ parade** *s.* Mode(n)schau *f*: **~ plate** *s.* **1.** Modebild *n*, -blatt *n*; **2.** F ‚'superele,gante' Per'son; **~ show** *s.* Mode(n)schau *f*.
fast[1] [fɑːst] **I** *adj.* **1.** schnell, geschwind, rasch: ***~ train*** Schnell-, D-Zug *m*; ***my watch is ~*** m-e Uhr geht vor: ***pull a ~ one on s.o.*** *sl.* j-n ‚reinlegen'; **2.** ‚schnell' (*hohe Geschwindigkeit gestattend*): ***~ road***; ***~ tennis court***; ***~ lane*** *mot.* Überholspur *f*; **3.** *phot.* lichtstark; **4.** flott, leichtlebig; **II** *adv.* **5.** schnell: ***~ and furious*** Schlag auf Schlag; **6.** häufig, reichlich, stark; **7.** leichtsinnig: ***live ~*** ein flottes Leben führen.
fast[2] [fɑːst] **I** *adj.* **1.** fest(gemacht), befestigt, unbeweglich; fest zs.-haltend: ***make ~*** festmachen, befestigen, *Tür* (fest) verschließen; ***~ friend*** treuer Freund; **2.** beständig, haltbar: ***~ colo(u)r*** (wasch)echte Farbe; ***~ to light*** lichtecht; **II** *adv.* **3.** fest, sicher: ***be ~ asleep*** fest schlafen; ***stuck ~*** festgefahren; ***play ~ and loose*** Schindluder treiben (***with*** mit).
fast[3] [fɑːst] *bsd. eccl.* **I** *v/i.* **1.** fasten; **II** *s.* **2.** Fasten *n*: ***break one's ~*** das Fasten brechen, *a.* frühstücken; **3.** Fastenzeit *f*.
'fast|·back *s. mot.* (Wagen *m* mit) Fließheck *n*; **~ breed·er** (**re·ac·tor**) *s. phys.* schneller Brüter.

fas·ten ['fɑːsn] **I** *v/t.* **1.** befestigen, festmachen, -binden (**to**, **on** an *dat.*); **2.** *a.* **~ up** (fest) zumachen, (ver-, ab)schließen, zuknöpfen, ver-, zuschnüren; zs.-fügen, verbinden: **~ with nails** zunageln; **~ down** a) befestigen, b) F *j-n* ‚festnageln' (**to** auf *acc.*); **3.** *Augen* heften, *a. s-e Aufmerksamkeit* richten (**on** auf *acc.*); **4.** **~** (**up**)**on** *fig.* a) *j-m e-n Spitznamen* ‚anhängen', geben, b) *j-m et.* ‚anhängen' *od.* ‚in die Schuhe schieben'; **II** *v/i.* **5.** sich schließen *od.* festmachen lassen; **6.** **~** (**up**)**on** a) sich heften *od.* klammern an (*acc.*), b) *fig.* sich stürzen auf (*acc.*), ‚einhaken' bei, aufs Korn nehmen (*acc.*); **'fas·ten·er** [-nə] *s.* Befestigung(smittel *n*, -vorrichtung *f*) *f*, Verschluss *m*, Halter *m*, Druckknopf *m*; **'fas·ten·ing** [-nɪŋ] *s.* **1.** → **fastener**; **2.** Befestigung *f*, Sicherung *f*, Halterung *f*.

fast food [ˌfɑːst'fuːd] *s.* Fast Food *f*; **'fast-food res·tau·rant** *s.* Schnellimbiss *m*, -gaststätte *f*.

fas·tid·i·ous [fæs'tɪdɪəs] *adj.* ☐ anspruchsvoll, heikel, wählerisch; **fas'tid·i·ous·ness** [-nɪs] *s.* anspruchsvolles Wesen.

fast·ing cure ['fɑːstɪŋ] *s.* Fasten-, Hungerkur *f*.

'fast-ˌmov·ing *adj.* **1.** schnell; **2.** *fig.* tempogeladen, spannend.

fast·ness¹ ['fɑːstnɪs] *s.* **1.** *obs.* Schnelligkeit *f*; **2.** *fig.* Leichtlebigkeit *f*.

fast·ness² ['fɑːstnɪs] *s.* **1.** Feste *f*, Festung *f*; **2.** Zufluchtsort *m*; **3.** 'Widerstandsfähigkeit *f*, Beständigkeit *f* (**to** gegen), Echtheit *f* (*von Farben*): **~ to light** Lichtechtheit *f*.

fast-sell·ing *adj.* gut gehend.

'fast-talk *v/t.* F *j-n* beschwatzen (**into doing s.th.** et. zu tun).

fat [fæt] **I** *adj.* ☐ → **fatly**; **1.** dick, beleibt, fett, feist: **~ stock** Mastvieh *n*; **~ type** *typ.* Fettdruck *m*; **2.** fett, fetthaltig, fettig, ölig: **~ coal** Fettkohle *f*; **3.** *fig.* ‚dick': **~ bank account**; **~ purse**; **4.** *fig.* fett, einträglich: **a ~ job** ein lukrativer Posten; **~ soil** fetter *od.* fruchtbarer Boden; **a ~ lot it helps!** *sl. iro.* das hilft mir (uns) herzlich wenig; **a ~ chance** *sl.* herzlich wenig Aussicht (-en); **II** *s.* **5.** *a.* ⚗, *biol.* Fett *n*: **run to ~** Fett ansetzen; **the ~ is in the fire** der Teufel ist los; **6.** **the ~** das Beste: **live on** (*od.* **off**) **the ~ of the land** in Saus u. Braus leben; **III** *v/t.* **7.** *a.* **~ up** mästen: **kill the ~ted calf** a) *bibl.* das gemästete Kalb schlachten, b) ein Willkommensfest geben.

fa·tal ['feɪtl] *adj.* ☐ **1.** tödlich, todbringend, mit tödlichem Ausgang: **a ~ accident** ein tödlicher Unfall; **2.** unheilvoll, verhängnisvoll (**to** für): **~ mistake**; **3.** schicksalhaft, entscheidend; **4.** Schicksals...: **~ thread** Lebensfaden *m*; **'fa·tal·ism** [-təlɪzəm] *s.* Fata'lismus *m*; **'fa·tal·ist** [-təlɪst] *s.* Fata'list *m*; **fa·tal·is·tic** [ˌfeɪtə'lɪstɪk] *adj.* (☐ **~ally**) fata'listisch.

fa·tal·i·ty [fə'tælətɪ] *s.* **1.** Verhängnis *n*, Unglück *n*; **2.** Schicksalhaftigkeit *f*; **3.** tödlicher Ausgang *od.* Verlauf; **4.** Todesfall *m*, -opfer *n*.

fa·ta mor·ga·na [ˌfɑːtəmɔː'gɑːnə] *s.* Fata Mor'gana *f*.

fat cat [ˌfæt'kæt] *s. contp.* F ‚Geldsack' (*Reicher*); **'fat-cat** *adj. contp.* F ‚stinkreich'.

fate [feɪt] *s.* **1.** Schicksal *n*, Geschick *n*, Los *n*: **he met his ~** das Schicksal ereilte ihn; **he met his ~ calmly** er sah s-m Schicksal ruhig entgegen; **seal s.o.'s ~** j-s Schicksal besiegeln; **2.** Verhängnis *n*, Verderben *n*, 'Untergang *m*: **go to one's ~** den Tod finden; **3.** Schicksalsgöttin *f*: **the ℒs** die Parzen; **'fat·ed** [-tɪd] *adj.* **1.** vom Schicksal (dazu) bestimmt: **they were ~ to meet** es war ihnen bestimmt, sich zu begegnen; **2.** dem 'Untergang geweiht; **'fate·ful** [-fʊl] *adj.* ☐ **1.** schicksalhaft; **2.** verhängnisvoll; **3.** schicksalsschwer.

'fat|·head *s.* F ‚Blödmann' *m*; **'~-ˌhead·ed** *adj.* dämlich, doof.

fa·ther ['fɑːðə] **I** *s.* **1.** Vater *m*: **like ~ like son** der Apfel fällt nicht weit vom Stamm; **ℒ Time** Chronos *m*, die Zeit; **2.** **ℒ** (Gott)Vater *m*; **3.** *eccl.* a) Pastor *m*, b) *R.C.* Pater *m*, c) *R.C.* Vater *m* (*Bischof, Abt*): **the Holy ℒ** der Heilige Vater; **~ confessor** Beichtvater; **ℒ of the Church** Kirchenvater; **4.** *mst pl.* Ahn *m*, Vorfahr *m*: **be gathered to one's ~s** zu s-n Vätern versammelt werden; **5.** *fig.* Vater *m*, Urheber *m*: **the ~ of chemistry**; **ℒ of the House** *Brit.* dienstältestes Parlamentsmitglied; **the wish was ~ to the thought** der Wunsch war der Vater des Gedankens; **6.** *pl.* Stadt-, Landesväter *pl.*: **the ℒs of the Constitution** die Gründer der USA; **7.** väterlicher Freund (**to** *gen.*); **II** *v/t.* **8.** *Kind* zeugen; **9.** *et.* ins Leben rufen, her'vorbringen; **10.** wie ein Vater sein zu *j-m*; **11.** die Vaterschaft (*gen.*) anerkennen; **12.** *fig.* a) die Urheberschaft (*gen.*) anerkennen, b) die Urheberschaft (*gen.*) *od.* die Schuld für *et.* zuschreiben (**on**, **upon** *dat.*); **ℒ Christ·mas** *s. Brit.* Weihnachtsmann *m*; **~ fig·ure** *s. psych.* 'Vaterfiˌgur *f*.

fa·ther·hood ['fɑːðəhʊd] *s.* Vaterschaft *f*; **'fa·ther-in-law** [-ərɪn-] *s.* Schwiegervater *m*; **'fa·ther·land** *s.* Vaterland *n*: **the ℒ** Deutschland *n*; **'fa·ther·less** [-lɪs] *adj.* vaterlos; **'fa·ther·li·ness** [-lɪnɪs] *s.* Väterlichkeit *f*; **'fa·ther·ly** [-lɪ] *adj. u. adv.* väterlich.

fath·om ['fæðəm] **I** *s.* **1.** a) ⚓ Faden *m* (*Tiefenmaß: 1,83 m*), b) *obs. u. fig.* Klafter *m*, *n*, c) ⚒ *Raummaß* (= *1,17 m³*); **II** *v/t.* **2.** ⚓ (aus)loten (*a. fig.*); **3.** *fig.* ergründen; **'fath·om·less** [-lɪs] *adj.* ☐ unergründlich (*a. fig.*); **fath·om line** *s.* ⚓ Lotleine *f*.

fa·tigue [fə'tiːg] **I** *s.* **1.** Ermüdung *f* (*a.* ⚙), Erschöpfung *f* (*a.* ⚘ *des Bodens*): **~ strength** ⚙ Dauerfestigkeit *f*; **~ test** ⚙ Ermüdungsprobe *f*; **2.** schwere Arbeit, Mühsal *f*, Stra'paze *f*; **3.** ⚔ a) *a.* **~ duty** Arbeitsdienst *m*: **~ detail**, **~ party** Arbeitskommando *n*, b) *pl. a.* **~ clothes**, **~ dress** Arbeits-, Drillichanzug *m*; **II** *v/t. u. v/i.* **4.** ermüden (*a.* ⚙); **fa'ti·guing** [-gɪŋ] *adj.* ☐ ermüdend, anstrengend.

fat·less ['fætlɪs] *adj.* ohne Fett, mager; **'fat·ling** [-lɪŋ] *s.* junges Masttier; **'fat·ly** [-lɪ] *adv. fig.* reichlich; **'fat·ness** [-nɪs] *s.* Fettheit *f*: a) Beleibtheit *f*, b) Fettigkeit *f*, Fetthaltigkeit *f*; **'fat·ten** [-tn] **I** *v/t.* **1.** fett *od.* dick machen: **~ing** dick machend; **2.** *Tier*, F *a. Person* mästen; **3.** *Land* düngen; **II** *v/i.* **4.** fett *od.* dick werden; **5.** sich mästen (**on** von); **'fat·tish** [-tɪʃ] *adj.* etwas fett, dicklich; **'fat·ty** [-tɪ] **I** *adj. a.* ⚗, ⚕ fetthaltig, fettig, Fett...: **~ acid** Fettsäure *f*; **~ degeneration** Verfettung *f*; **~ heart** Herzverfettung; **~ tissue** Fettgewebe *n*; **II** *s.* F Dickerchen *n*.

fa·tu·i·ty [fə'tjuːətɪ] *s.* Albernheit *f*; **fat·u·ous** ['fætjʊəs] *adj.* ☐ albern, dumm.

fau·cal ['fɔːkl] *adj.* Kehl..., Rachen...; **fau·ces** ['fɔːsiːz] *s. pl. mst sg. konstr. anat.* Rachen *m*.

fau·cet ['fɔːsɪt] *s.* ⚙ *Am.* a) (Wasser-) Hahn *m*, b) (Fass)Zapfen *m*.

faugh [fɔː] *int.* pfui!

fault [fɔːlt] **I** *s.* **1.** Schuld *f*, Verschulden *n*: **it is not his ~** er hat *od.* trägt *od.* ihn trifft keine Schuld, es ist nicht s-e Schuld; **be at ~** schuld(ig) sein, die Schuld tragen (→ 4a); **2.** Fehler *m*, (⚖ *a.* Sach)Mangel *m*: **find ~** nörgeln, kritteln; **find ~ with** et. auszusetzen haben an (*dat.*), herumnörgeln an (*dat.*); **to a ~** allzu(sehr), ein bisschen zu *ordnungsliebend etc.*; **3.** (Cha'rakter)Fehler *m*: **in spite of all his ~s**; **4.** a) Fehler *m*, Irrtum *m*: **be at ~** sich irren, *hunt. u. fig. a.* auf der falschen Fährte sein, b) Vergehen *n*, Fehltritt *m*; **5.** ⚙ De'fekt *m*: a) Fehler *m*, Störung *f*, b) ⚡ Erd-, Leitungsfehler *m*; **6.** *Tennis etc.*: Fehler *m*; **7.** *geol.* Verwerfung *f*; **II** *v/t.* **8.** etwas auszusetzen haben an (*dat.*): **he** (**it**) **can't be ~ed** an ihm (daran) ist nichts auszusetzen; **9.** *et.* ‚verpatzen'; **III** *v/i.* **10.** e-n Fehler machen; **'~ˌfind·er** *s.* Nörgler(in), Krittler(in); **'~ˌfind·ing I** *s.* Kritte'lei *f*, Nörge'lei *f*; **II** *adj.* nörglerisch, kritt(e)lig.

fault·i·ness ['fɔːltɪnɪs] *s.* Fehlerhaftigkeit *f*; **'fault·less** [-tlɪs] *adj.* ☐ einwand-, fehlerfrei, untadelig; **'fault·less·ness** [-tlɪsnɪs] *s.* Fehler-, Tadellosigkeit *f*; **'fault·y** [-tɪ] *adj.* ☐ fehlerhaft, schlecht, ⚙ *a.* de'fekt: **~ design** Fehlkonstruktion *f*.

faun [fɔːn] *s. myth. u. fig.* Faun *m*.

fau·na ['fɔːnə] *s.* Fauna *f*, (*a.* Abhandlung *f* über e-e) Tierwelt *f*.

faux pas [ˌfəʊ'pɑː] *pl.* **pas** [pɑːz] *s.* Faux'pas *m*.

fa·vo(u)r ['feɪvə] **I** *s.* **1.** Gunst *f*, Wohlwollen *n*: **be** (*od.* **stand**) **high in s.o.'s ~** bei j-m in besonderer Gunst stehen *od.* gut angeschrieben sein; **be in ~** (**with**) beliebt sein (bei), begehrt sein (von); **find ~** Gefallen *od.* Anklang finden; **find ~ with s.o.** (*od.* **in s.o.'s eyes**) Gnade vor j-s Augen finden, j-m gefallen; **grant s.o. a ~** j-m e-e Gunst gewähren; **grant s.o. one's ~s** j-m s-e Gunst gewähren (*Frau*); **by ~ of** a) mit gütiger Erlaubnis (*gen.*) *od.* von, b) überreicht von (*Brief*); **in ~ of** für, *a.* ☤ zugunsten von (*od. gen.*); **who is in ~** (**of it**)**?** wer ist dafür?; **out of ~** a) in Ungnade (gefallen), b) nicht mehr gefragt *od.* beliebt; **2.** Gefallen *m*, Gefälligkeit *f*: **as a ~** aus Gefälligkeit; **by ~ of** mit gütiger Erlaubnis von, durch gütige Vermittlung von; **do me a ~** tu mir e-n Gefallen; **ask s.o. a ~** j-n um e-n Gefallen bitten; **we request the ~ of your company** wir laden Sie höflich ein; **3.** Begünstigung *f*, Bevorzugung *f*: **show ~ to s.o.** j-n bevorzugen; **under ~ of night** im Schutze der Nacht; **4.** ☤ *obs.* Schreiben *n*; **5.** a) kleines (*auf e-r Party etc. verteiltes*) Geschenk, b) 'Scherzarˌtikel *m*; **6.** (Par'tei- *etc.*)Abzeichen *n*; **II** *v/t.* **7.** günstig gesinnt sein (*dat.*), *j-m* wohl wollen *od.* gewogen sein; **8.** begünstigen: a) bevorzugen, vorziehen, *a. sport* favorisieren, b) günstig sein für, fördern, c) eintreten für, für *et.* sein; **9.** einverstanden sein (**with** mit); **10.** *j-n* beehren *od.* erfreuen (**with** mit); **11.** *j-m* ähnlich sein;

F

12. schonen: **~ *one's leg***; **'fa·vo(u)r·a·ble** [-vərəbl] *adj.* □ **1.** wohlgesinnt, gewogen, geneigt (***to*** *dat.*); **2.** *allg.* günstig: a) vorteilhaft (***to***, ***for*** für), b) befriedigend, gut, c) positiv, zustimmend: **~ *answer***, d) viel versprechend; **'fa·vo(u)red** [-vəd] *adj.* begünstigt: ***the ~ few*** die Auserwählten; → ***most-favo(u)red-nation clause***; **'fa·vo(u)r·ite** [-vərɪt] **I** *s.* **1.** Liebling *m* (*a. fig. Schriftsteller*, *Schallplatte etc.*), *contp.* Günstling *m*: ***be s.o.'s (great) ~*** bei j-m (sehr) beliebt sein; ***that book is a great ~ of mine*** dieses Buch liebe ich sehr; **2.** *sport* Favo'rit(in); **3.** *Computer*, *Internet*: Favo'rit *m* (*Webseite*): ***add favorites*** zu Favoriten hin'zufügen; ***organize favorites*** Favoriten verwalten; **II** *adj.* **4.** Lieblings...: **~ *dish*** Leibgericht *n*; **'favo(u)r·it·ism** [-vərɪtɪzəm] *s.* Günstlings-, Vetternwirtschaft *f.*

fawn[1] [fɔːn] **I** *s.* **1.** *zo.* Damkitz *n*, Rehkalb *n*; **2.** Rehbraun *n*; **II** *adj.* **3.** *a.* **~-*colo(u)red*** rehbraun; **III** *v/t.* **4.** *ein Kitz* setzen.

fawn[2] [fɔːn] *v/i.* **1.** schwänzeln, wedeln; **2.** *fig.* (***upon***) schar'wenzeln (um), katzbuckeln (vor *j-m*); **'fawn·ing** [-nɪŋ] *adj.* □ *fig.* kriecherisch, schmeichlerisch.

fax [fæks] **I** *s.* **1.** Fax *n*, Faxkopie *f*; **2. ~ (*ma·chine*)** Fax *n*, Faxgerät *n*; **II** *v/t.* **3.** faxen: **~ *s.o. s.th.***, **~ *s.th. through to s.o.*** j-m et. faxen; **~ *num·ber*** *s.* 'Faxnummer *f.*

fay [feɪ] *s. poet.* Fee *f.*

faze [feɪz] *v/t.* F *j-n* durchein'ander bringen: ***not to ~ s.o.*** j-n kalt lassen.

fe·al·ty ['fiːəltɪ] *s.* **1.** *hist.* Lehenstreue *f*; **2.** *fig.* Treue *f.*

fear [fɪə] **I** *s.* **1.** Furcht *f*, Angst *f* (***of*** vor *dat.*, ***that*** *od.* ***lest*** dass ...): ***be in ~ of*** → 6; ***in ~ of one's life*** in Todesangst; ***for ~ of*** a) aus Furcht vor (*dat.*) *od.* dass, b) um nicht, damit nicht; ***for ~ of losing it*** um es nicht zu verlieren; ***without ~ or favo(u)r*** ganz objektiv *od.* unparteiisch; ***no ~!*** keine Bange!; **2.** *pl.* Befürchtung *f*, Bedenken *n*; **3.** Sorge *f*, Besorgnis *f* (***for*** um); **4.** Gefahr *f*, Risiko *n*: ***there is not much ~ of that*** das ist kaum zu befürchten; **5.** Scheu *f*, Ehrfurcht *f* (***of*** vor): **~ *of God*** Gottesfurcht; ***put the ~ of God into s.o.*** j-m e-n heiligen Schrecken einjagen; **II** *v/t.* **6.** fürchten, sich fürchten vor (*dat.*), Angst haben vor (*dat.*); **7.** *et.* befürchten: **~ *the worst***; **8.** *Gott* fürchten; **III** *v/i.* **9.** sich fürchten, Angst haben; **10.** besorgt sein (***for*** um): ***never ~!*** sei unbesorgt!; **'fear·ful** [-fʊl] *adj.* □ **1.** furchtbar, fürchterlich, schrecklich (*alle a. fig.* F); **2.** furchtsam, angsterfüllt, bange (***of*** vor *dat.*); **3.** besorgt, in (großer) Sorge (***of*** um, ***that*** *od.* ***lest*** dass); **4.** ehrfürchtig; **'fear·less** [-lɪs] *adj.* □ furchtlos, unerschrocken; **'fear·less·ness** [-lɪsnɪs] *s.* Furchtlosigkeit *f*; **'fear·some** [-səm] *adj.* □ *mst humor.* Furcht erregend, schrecklich, grässlich.

fea·si·bil·i·ty [ˌfiːzə'bɪlətɪ] *s.* 'Durchführbarkeit *f*, Machbarkeit *f*; **fea·si·ble** ['fiːzəbl] *adj.* □ aus-, 'durchführbar, machbar, möglich.

feast [fiːst] **I** *s.* **1.** *eccl.* Fest(tag *m*) *n*, Feiertag *m*; **2.** Festmahl *n*, -essen *n*; → ***enough*** II; **3.** (Hoch)Genuss *m*: ***a ~ for the eyes*** e-e Augenweide; **II** *v/t.* **4.** (festlich) bewirten; **5.** ergötzen: **~ *one's eyes on*** s-e Augen weiden an (*dat.*); **III** *v/i.* **6.** (***on***) schmausen (von), sich gütlich tun (an *dat.*); schwelgen (in *acc.*); **7.** (***on***) sich weiden (an *dat.*), schwelgen (in *dat.*).

feat [fiːt] *s.* **1.** Helden-, Großtat *f*: **~ *of arms*** Waffentat; **2.** (*technische etc.*) Großtat, große Leistung; **3.** a) Kunst-, Meisterstück *n*, b) Kraftakt *m.*

feath·er ['feðə] **I** *s.* **1.** Feder *f*, *pl.* Gefieder *n*: ***in fine*** (*od.* ***full***) **~** F a) (bei) bester Laune, b) in Hochform; ***that is a ~ in his cap*** darauf kann er stolz sein; ***that will make the ~s fly*** da werden die Fetzen fliegen; ***you might have knocked me down with a ~*** ich war einfach ‚platt' (*erstaunt*); → ***bird*** 1, ***fur*** 3, ***white feather***; **2.** Pfeilfeder *f*; **3.** Schaumkrone *f* (*e-r Welle*); **II** *v/t.* **4.** mit Federn versehen *od.* schmücken; *Pfeil* fiedern; **5.** *Rudern*: *Riemen* flach drehen; **~ *bed*** **I** *s.* **1.** Ma'tratze *f* mit Federfüllung; **2.** *fig.* ‚gemütliche Sache'; **II** *v/t.* **3.** verhätscheln; **III** *v/i.* **4.** unnötige Arbeitskräfte einstellen; **'~ˌbed·ding** *s.* (*gewerkschaftlich geforderte*) 'Überbesetzung mit Arbeitskräften; **'~-brained** *adj.* **1.** schwachköpfig; **2.** leichtsinnig; **~ *dust·er*** *s.* Staubwedel *m.*

feath·ered ['feðəd] *adj.* gefiedert: **~ *tribe(s)*** Vogelwelt *f.*

feath·er·ing ['feðərɪŋ] *s.* **1.** Gefieder *n*; **2.** Befiederung *f*; **3.** ✈ Segelstellung *f* (*Propeller*).

'feath·er·weight **I** *s.* **1.** *sport* Federgewicht(ler *m*) *n*; **2.** ‚Leichtgewicht' *n* (*Person*); **3.** *fig. contp.* a) ‚Würstchen' *n* (*Person*), b) ‚kleine Fische' *pl.* (*et. Belangloses*); **II** *adj.* **4.** Federgewichts...

feath·er·y ['feðərɪ] *adj.* feder(n)artig.

fea·ture ['fiːtʃə] **I** *s.* **1.** (Gesichts)Zug *m*; **2.** Merkmal *n*, Charakte'ristikum *n*, (Haupt)Eigenschaft *f*; Hauptpunkt *m*, -teil *m*, Besonderheit *f*; **3.** (Gesichts-)Punkt *m*, Seite *f*; **4.** ('Haupt)Attraktiˌon *f*, Darbietung *f*; **5.** *a.* **~ *film*** a) Spielfilm *m*, b) Hauptfilm *m*; **6.** *a.* **~ *program(me)*** *Radio*, *TV*: Feature *n*, (aktu'eller) Dokumen'tarbericht; **7.** *a.* **~ *article***, **~ *story*** Feature *n*, Spezi'alarˌtikel *m e-r Zeitung*; **II** *v/t.* **8.** kennzeichnen, bezeichnend sein für; **9.** (als Besonderheit) haben *od.* aufweisen, sich auszeichnen durch; **10.** (groß her'aus-) bringen, her'ausstellen; (als Hauptschlager) zeigen *od.* bringen; *Film etc.*: in der Hauptrolle zeigen: ***a film featuring X*** ein Film mit X in der Hauptrolle; **'fea·ture-length** *adj.* mit Spielfilmlänge; **'fea·ture·less** [-lɪs] *adj.* nichts sagend.

feb·ri·fuge ['febrɪfjuːdʒ] *s.* ⚕ Fiebermittel *n*; **fe·brile** ['fiːbraɪl] *adj.* fiebrig, Fieber...

Feb·ru·ar·y ['febrʊərɪ] *s.* Februar *m*: ***in ~*** im Februar.

fe·cal *etc.* → ***faecal*** *etc.*

feck·less ['feklɪs] *adj.* □ **1.** schwach, kraftlos; **2.** hilfslos; **3.** zwecklos.

fe·cund ['fiːkənd] *adj.* fruchtbar, produk'tiv (*beide a. fig.*); **'fe·cun·date** [-deɪt] *v/t.* fruchtbar machen; befruchten (*a. biol.*); **fe·cun·da·tion** [ˌfiːkən'deɪʃn] *s.* Befruchtung *f*; **fe·cun·di·ty** [fɪ'kʌndətɪ] *s.* Fruchtbarkeit *f*, Produktivi'tät *f.*

fed[1] [fed] *pret. u. p.p. von* ***feed***.

fed[2] [fed] *s. Am.* F **1.** FB'I-Aˌgent *m*; **2.** *mst.* ℒ (*die*) 'Bundesreˌgierung.

fed·er·al ['fedərəl] **I** *adj.* □ *pol.* **1.** föde-ra'tiv; **2.** *mst* ℒ Bundes...: a) bundesstaatlich, den Bund *od.* die 'Bundesreˌgierung betreffend, b) *USA* Unions...: **~ *government*** Bundesregierung *f*; **~ *jurisdiction*** Bundesgerichtsbarkeit *f*; ***the ℒ Republic (of Germany)*** die Bundesrepublik (Deutschland); **ℒ *State*** *Am.* Bundesstaat *m*, (Einzel)Staat *m*; **3.** ℒ *Am. hist.* födera'listisch; **II** *s.* **4.** (*Am. hist.* ℒ) Födera'list *m*; **ℒ *Bu·reau of In·ves·ti·ga·tion*** *s.* amer. Bundeskrimi'nalamt *n od.* -poliˌzei *f* (*abbr.* ***FBI***).

fed·er·al·ism ['fedərəlɪzəm] *s. pol.* Födera'lismus *m*; **'fed·er·al·ist** [-ɪst] **I** *adj.* födera'listisch; **II** *s.* Födera'list *m*; **'fed·er·al·ize** [-laɪz] → ***federate*** I.

fed·er·ate ['fedəreɪt] **I** *v/t. u. v/i.* (sich) föderalisieren, (sich) zu e-m (Staaten-) Bund vereinigen; **II** *adj.* [-rət] föderiert, verbündet; **fed·er·a·tion** [ˌfedə'reɪʃn] *s.* **1.** Föderati'on *f*: a) po'litischer Zs.-schluss, b) Staatenbund *m*; **2.** Bundesstaat *m*; **3.** ✝ (Zen'tral-, Dach-) Verband *m*; **'fed·er·a·tive** [-rətɪv] *adj.* □ → ***federal*** 1.

fe·do·ra [fɪ'dɔːrə] *s. Am.* (weicher) Filzhut.

fee [fiː] **I** *s.* **1.** Gebühr: a) ('Anwalts-*etc.*)Honoˌrar *n*, Vergütung *f*, b) amtliche Gebühr, Taxe *f*, c) (Mitglieds)Beitrag *m*, d) (***admission*** *od.* ***entrance***) **~** Eintrittsgeld *n*, e) Trinkgeld *n*: ***doctor's ~*** Arztrechnung *f*; ***school ~(s)*** Schulgeld *n*; **2.** *Fußball*: Trans'fersumme *f*; **3.** *hist.* Lehn(s)gut *n*; **4.** ⚖ Eigentum(srecht) *n*: **~ *simple*** (unbeschränktes) Eigentumsrecht, Grundeigentum; **~ *tail*** erbrechtlich gebundenes Grundeigentum; ***hold land in ~*** Land zu Eigen haben; **II** *v/t.* **5.** *j-m* e-e Gebühr *etc.* bezahlen.

fee·ble ['fiːbl] *adj.* □ *allg.* schwach, *fig. a.* lahm, kläglich (*Versuch*, *Ausrede etc.*), matt (*Lächeln*, *Stimme*); **ˌfee·ble-'mind·ed** *adj.* schwachsinnig; **'fee·ble·ness** [-nɪs] *s.* Schwäche *f.*

feed [fiːd] **I** *v/t.* [*irr.*] **1.** Nahrung zuführen (*dat.*), *Tier*, *Kind*, *Kranken* füttern (***on***, ***with*** mit), *e-m Menschen* zu essen geben, *e-m Tier* zu fressen geben, *Vieh* weiden lassen: **~ *(at the breast)*** *Säugling* stillen; **~ *up*** a) *Vieh* mästen, b) *j-n* ‚hochpäppeln'; ***be fed up with*** F *et.* satt haben, ‚die Nase voll haben' von; ***I'm fed up to the teeth with him (it)*** F er (es) ‚steht mir bis hierher'; **~ *the fishes*** a) ‚die Fische füttern' (*bei Seekrankheit*), b) ertrinken; **~ *a cold*** bei Erkältung tüchtig essen; **2.** *Familie etc.* ernähren (***on*** von), erhalten; **3.** versorgen (***with*** mit); **4.** ⚙ a) *Maschine* speisen, beschicken, b) *Material* zuführen, *Werkstück* vorschieben, *Daten in e-n Computer* eingeben: **~ *back*** a) ⚡ rückkoppeln, b) *fig.* zu'rückleiten (***to*** an *acc.*); **5.** *Feuer* unter'halten; **6.** *fig.* a) *Gefühl*, *Hoffnung etc.* nähren, Nahrung geben (*dat.*), b) befriedigen: **~ *one's vanity***; **~ *one's eyes on*** s-e Augen weiden an (*dat.*); **7.** *thea.* F *j-m* Stichworte liefern; **8.** *sport* F *j-n* ‚bedienen', mit Bällen ‚füttern'; **9.** *oft* **~ *down***, **~ *close*** *Wiese* abweiden lassen; **II** *v/i.* [*irr.*] **10.** a) fressen (*Tier*), b) F ‚futtern' (*Mensch*); **11.** sich ernähren, leben (***on*** von); **III** *s.* **12.** Fütterung *f*, F Mahlzeit *f*; **13.** Futter *n*, Nahrung *f*: ***off one's ~*** ohne Appetit; ***out at ~*** auf der Weide; **14.** ⚙ a) Speisung *f*, Beschickung *f*, (Materi'al)Zuführung *f*, b) (Werkzeug)Vorschub *m*; **15.** Zufuhr *f*, Ladung *f*; Beschickungsgut *n*; '**~·back** *s.* ⚡ *u. fig.* Feed-back *n*; **~ bag** *s. Am.* Futtersack *m*.

feed·er ['fiːdə] *s.* **1. *a heavy ~*** ein starker Esser (*Mensch*) *od.* Fresser (*Tier*); **2.** ⚙ a) Beschickungsvorrichtung *f*, b) ⚡ Speiseleitung *f*, Feeder *m*; **3.** *Verkehr*: Zubringerlinie *f*, -strecke *f*: **~ (*road*)** Zubringerstraße *f*; **4.** Bewässerungs-, Zuflussgraben *m*; Nebenfluss *m*; **5.** *Brit.* a) Lätzchen *n*, b) (Saug)Flasche *f*; **6.** *thea. Am.* F Stichwortgeber *m*; **~ line** *s.* **1.** *Verkehr*: Zubringerlinie *f*; **2.** → ***feeder*** 2 b.

feed hop·per *s.* Fülltrichter *m*.

feed·ing ['fiːdɪŋ] **I** *s.* **1.** Fütterung *f*; **2.** Ernährung *f*; **3.** ⚙ → ***feed*** 14 a; **II** *adj.* **4.** Zufuhr...; **~ bot·tle** *s.* (Saug)Flasche *f*; **~ cup** *s.* ⚕ Schnabeltasse *f*.

feed pipe *s.* Zuleitungsrohr *n*.

feel [fiːl] **I** *v/t.* [*irr.*] **1.** (an-, be)fühlen, betasten; ***just ~ my hand*** fühl mal m-e Hand (an); ***~ one's way*** sich vortasten (*a. fig.*), *fig.* vorsichtig vorgehen, sondieren; ***~ s.o. up*** *sl.* j-n ‚abgrapschen' *od.* ‚befummeln'; **2.** a) fühlen, (ver-)spüren, wahrnehmen, merken, b) empfinden: ***~ the cold***; ***~ pleasure*** Freude *od.* Lust empfinden; ***he felt the loss deeply*** der Verlust traf ihn schwer; ***~ s.o.'s wrath*** j-s Zorn zu spüren bekommen; ***make itself felt*** spürbar werden, zu spüren sein; ***a (long-)felt want*** ein dringendes Bedürfnis, ein (längst) spürbarer Mangel; **3.** a) ahnen, spüren, b) glauben, c) halten für: ***I ~ it (to be) my duty*** ich halte es für m-e Pflicht; **4.** *a.* ***~ out*** *et.* sondieren, *j-m* ‚auf den Zahn fühlen'; **II** *v/i.* **5.** fühlen: a) empfinden, b) durch Tasten feststellen *od.* festzustellen suchen (***whether***, ***if*** ob; ***how*** wie); **6. *~ for*** a) tasten nach, b) suchen nach, c) *et.* herauszufinden suchen; **7.** sich fühlen, sich befinden, sich vorkommen wie, sein: ***~ cold*** frieren; ***I ~ cold*** mir ist kalt; ***~ ill*** sich krank fühlen; ***~ certain*** sicher sein; ***~ quite o.s. again*** wieder ‚auf dem Posten' sein; ***~ like (doing) s.th.*** Lust haben zu *et.* (*od.* et. zu tun); ***~ up to s.th.*** a) sich e-r Sache gewachsen fühlen, b) sich in der Lage fühlen zu et., c) in (der) Stimmung sein zu et.; **8. *~ for*** (*od.* ***with***) ***s.o.*** Mitgefühl mit j-m haben; ***we ~ with you*** wir fühlen mit dir (*od.* euch); **9.** das Gefühl *od.* den Eindruck haben, finden, meinen, glauben (***that*** dass): ***I ~ that*** ich finde, dass ...; ***how do you ~ about it?*** was meinst du dazu: ***it is felt in London*** in London ist man der Ansicht; ***~ strongly*** a) entschiedene Ansichten haben, b) sich erregen (***about*** über *acc.*); **10.** sich *weich etc.* anfühlen: ***velvet ~s soft***; **11.** *impers.* ***I know how it ~s to be hungry*** ich weiß, was es heißt, hungrig zu sein; **III** *s.* **12.** Gefühl *n* (*wie sich et. anfühlt*): ***a sticky ~***; **13.** (An-)Fühlen *n*: ***soft to the ~*** weich anzufühlen; ***let me have a ~*** lass mich mal fühlen; **14.** Gefühl *n*: a) Empfindung *f*, Eindruck *m*, b) Stimmung *f*, Atmo'sphäre *f*, c) feiner In'stinkt, ‚Riecher' *m* (***for*** für): ***clutch ~*** *mot.* Gefühl für richtiges Kuppeln.

feel·er ['fiːlə] *s.* **1.** *zo.* Fühler *m* (*a. fig.*): ***put*** (*od.* ***throw***) ***out a ~*** s-e Fühler ausstrecken, sondieren; **2.** ⚙ a) Dorn *m*, Fühler *m*, b) Taster *m*; '**feel·ing** [-lɪŋ] **I** *s.* **1.** Gefühl *n*, Gefühlssinn *m*; **2.** Gefühl(szustand *m*) *n*, Stimmung *f*: ***bad*** (*od.* ***ill***) ***~*** Groll *m*, böses Blut, Feindseligkeit *f*; ***good ~*** a) gutes Gefühl, b) Wohlwollen *n*; ***no hard ~s!*** F a) nicht böse sein!, b) (das) macht nichts!; **3.** *pl.* Gefühle *pl.*, Empfindlichkeit *f*: ***hurt s.o.'s ~s*** j-s Gefühle *od.* j-n verletzen; **4.** Feingefühl, Empfindsamkeit: ***have a ~ for*** Gefühl haben für; **5.** (Gefühls)Eindruck *m*: ***I have a ~ that*** ich habe (so) das Gefühl, dass; **6.** Gefühl *n*, Gesinnung *f*, Ansicht *f*: ***strong ~s*** a) starke Überzeugung, b) Erregung *f*; **7.** Auf-, Erregung *f*, Rührung *f*: ***with ~*** a) mit Gefühl, gefühlvoll, b) mit Nachdruck, c) erbittert; ***~s ran high*** die Gemüter erhitzten sich; **8.** (Vor)Gefühl *n*, Ahnung *f*; **II** *adj.* □ **9.** fühlend, Gefühls...; **10.** gefühlvoll: a) mitfühlend, b) voll Gefühl, lebhaft.

feel-good fac·tor ['fiːlgʊd] *s.* subjek'tives Wohlbefinden.

feet [fiːt] *pl. von* ***foot***.

feign [feɪn] **I** *v/t.* **1.** *et.* vortäuschen, *Krankheit a.* simulieren: ***~ death*** sich tot stellen; **2.** *e-e Ausrede etc.* erfinden; **II** *v/i.* **3.** sich verstellen, so tun als ob, simulieren; '**feign·ed·ly** [-nɪdlɪ] *adv.* zum Schein.

feint[1] [feɪnt] **I** *s.* **1.** *sport* Finte *f* (*a. fig.*); **2.** ⚔ Scheinangriff *m*, 'Täuschungsma‚növer *n* (*a. fig.*); **II** *v/i.* **3.** *sport* fintieren: ***~ at*** (*od.* ***upon***) *j-n* täuschen; **III** *v/t.* **4.** *sport Schlag etc.* antäuschen.

feint[2] [feɪnt] *adj. typ.* schwach: ***~ lines***.

feist·y ['faɪstɪ] *adj.* □ *bsd. Am.* **1.** lebhaft, munter; **2.** draufgängerisch, aggres'siv; **3.** reizbar, streitsüchtig; **4.** knifflig (*Problem etc.*).

feld·spar ['feldspɑː] *s. min.* Feldspat *m*.

fe·lic·i·tate [fɪ'lɪsɪteɪt] *v/t.* (***on***) beglückwünschen, *j-m* gratulieren (zu); **fe·lic·i·ta·tion** [fɪ‚lɪsɪ'teɪʃn] *s.* Glückwunsch *m*; **fe'lic·i·tous** [-təs] *adj.* □ glücklich (gewählt), treffend (*Ausdruck etc.*); **fe'lic·i·ty** [-tɪ] *s.* **1.** Glück(seligkeit *f*) *n*; **2.** a) glücklicher Einfall, b) glücklicher Griff, c) treffender Ausdruck.

fe·line ['fiːlaɪn] **I** *adj.* **1.** Katzen...; **2.** katzenartig, -haft: ***~ grace***; **3.** *fig.* falsch, tückisch; **II** *s.* **4.** Katze *f*.

fell[1] [fel] *pret. von* ***fall***.

fell[2] [fel] *v/t. Baum* fällen, *Gegner a.* niederstrecken.

fell[3] [fel] *adj. poet.* **1.** grausam, wild, mörderisch; **2.** tödlich.

fell[4] [fel] *s.* **1.** Balg *m*, Tierfell *n*; Vlies *n*; **2.** struppiges Haar.

fell[5] [fel] *s. Brit.* **1.** Hügel *m*, Berg *m*; **2.** Moorland *n*.

fel·lah ['felə] *pl.* **-lahs**, **fel·la·heen** [‚felə'hiːn] (*Arab.*) *s.* Fel'lache *m*.

fell·er ['felə] F → ***fellow*** 4.

fel·loe ['feləʊ] *s.* (Rad)Felge *f*.

fel·low ['feləʊ] **I** *s.* **1.** Gefährte *m*, Gefährtin *f*, Genosse *m*, Genossin *f*, Kame'rad(in): ***~s in misery*** Leidensgenossen; **2.** Mitmensch *m*, Zeitgenosse *m*; **3.** Ebenbürtige(r *m*) *f*: ***he will never have his ~*** er wird nie seinesgleichen finden; **4.** F Kerl *m*, Bursche *m*, ‚Mensch' *m*, ‚Typ' *m*: ***my dear ~*** mein lieber Freund!; ***good ~*** guter Kerl; ***old ~!*** alter Knabe!; ***a ~*** man, einer; **5.** *der* (*die, das*) Da'zugehörige, *der* (*die, das*) andere *e-s Paares*: ***where is the ~ of this shoe?***; **6.** Fellow *m*: a) Mitglied *n* e-s College (*Dozent, der im College wohnt*), b) Inhaber(in) e-s 'Forschungssti‚pendiums, c) *Am.* Stu'dent(in) höheren Se'mesters, c) Mitglied *n* e-r gelehrten *etc.* Gesellschaft; **II** *adj.* **7.** Mit...: ***~ being*** Mitmensch *m*; ***~ citizen*** Mitbürger *m*; ***~ countryman*** Landsmann *m*; ***~ feeling*** a) Zs.-gehörigkeitsgefühl *n*, b) Mitgefühl *n*; ***~ student*** Studienkollege *m*, -kollegin *f*, Kommilitone *m*, Kommilitonin *f*; ***~ travel(l)er*** a) Mitreisende(r *m*) *f*, b) *pol.* Mitläufer(in), Sympathisant(in), *bsd.* Kommunistenfreund (-in).

fel·low·ship ['feləʊʃɪp] *s.* **1.** *oft* ***good ~*** a) Kame'radschaft(lichkeit) *f*, b) Geselligkeit *f*; **2.** (*geistige etc.*) Gemeinschaft, Verbundenheit *f*; **3.** Gemein-, Gesellschaft *f*, Gruppe *f*; **4.** *univ.* a) die Fellows *pl.*, b) *Brit.* Stellung *f* e-s Fellow, c) Sti'pendienfonds *m*, d) 'Forschungssti‚pendium *n*.

fel·on[1] ['felən] *s.* Nagelgeschwür *n*.

fel·on[2] ['felən] *s.* (Schwer)Verbrecher *m*; **fe·lo·ni·ous** [fə'ləʊnjəs] *adj.* □ ⚖ verbrecherisch; '**fel·o·ny** [-nɪ] *s.* ⚖ *Am.* Verbrechen *n*, *Brit. obs.* Schwerverbrechen *n*.

fel·spar ['felspɑː] → ***feldspar***.

felt[1] [felt] *pret. u. p.p. von* ***feel***.

felt[2] [felt] **I** *s.* Filz *m*; **II** *adj.* Filz...: **~-*tip(ped) pen***, ***~ tip***, ***~ pen*** Filzschreiber *m*, -stift *m*; **III** *v/t. u. v/i.* (sich) verfilzen; '**felt·ing** [-tɪŋ] *s.* Filzstoff *m*.

fe·male ['fiːmeɪl] **I** *adj.* **1.** weiblich (*a.* ♀): ***~ dog*** Hündin *f*; ***~ student*** Studentin *f*; **2.** weiblich, Frauen...: ***~ dress*** Frauenkleidung *f*; **3.** ⚙ Hohl..., Steck...: ***~ screw*** Schraubenmutter *f*; ***~ thread*** Muttergewinde *n*; **II** *s.* **4.** a) Frau *f*, b) Mädchen *n*, c) *contp.* Weibsbild *n*, -stück *n*; **5.** *zo.* Weibchen *n*; **6.** ♀ weibliche Pflanze.

feme| cov·ert [fiːm] *s.* ⚖ verheiratete Frau; **~ sole** *s.* ⚖ a) unverheiratete Frau, b) vermögensrechtlich selbstständige Ehefrau: ***~ trader*** selbstständige Geschäftsfrau.

fem·i·nine ['femɪnɪn] **I** *adj.* □ **1.** weiblich (*a. ling.*); **2.** weiblich, Frauen...: ***~ voice***; **3.** fraulich, sanft, zart; **4.** weibisch, femi'nin; **II** *s.* **5.** *ling.* Femininum *n*.

fem·i·nin·i·ty [‚femɪ'nɪnətɪ] *s.* **1.** Fraulich-, Weiblichkeit *f*; **2.** weibische *od.* femi'nine Art; **3.** *coll.* (*die*) (holde) Weiblichkeit; **fem·i·nism** ['femɪnɪzəm] *s.* Femi'nismus *m*; Frauenrechtsbewegung *f*; **fem·i·nist** ['femɪnɪst] *s.* Frauenrechtler(in), Femi'nist(in).

fem·o·ral ['femərəl] *adj. anat.* Oberschenkel(knochen)...; **fe·mur** ['fiːmə] *pl.* **-murs** *od.* **fem·o·ra** ['femərə] *s.* Oberschenkel(knochen) *m*.

fen [fen] *s.* Fenn *n*: a) Marschland *n*, b) (Flach)Moor *n*: ***the ~s*** die Niederungen in ***East Anglia***.

fence [fens] **I** *s.* **1.** Zaun *m*, Einzäunung *f*, Gehege *n*: ***mend one's ~s*** *Am. pol.* s-e angeschlagene Position festigen; ***sit on the ~*** a) sich abwartend *od.* neutral verhalten, b) unschlüssig sein; **2.** *Reitsport*: Hindernis *n*; **3.** *sport das* Fechten; **4.** *sl.* a) Hehler *m*, b) Hehlernest *n*; **II** *v/t.* **5.** *a.* ***~ in*** einzäunen, einfrieden: ***~ in*** (*od.* ***round***, ***off***) um'zäunen; ***~ off*** abzäunen; **6. *~ in*** einsperren; **7.** *fig.* schützen, sichern (***from*** vor *dat.*): ***~ off*** *Fragen etc.* abwehren, parieren; **8.** *sl. Diebesbeute* an e-n Hehler verkaufen; **III** *v/i.* **9.** fechten; **10.** *fig.* Ausflüchte machen, ausweichen; **11.** *sl.* Hehle'rei treiben; **~ month** *s. hunt. Brit.* Schonzeit *f*.

fenc·er ['fensə] *s. sport* **1.** Fechter(in); **2.** Springpferd *n*.

fence sea·son → *fence month*.
fenc·ing ['fensɪŋ] *s.* **1.** *sport* Fechten *n*; **2.** *fig.* ausweichendes Verhalten, Ausflüchte *pl.*; **3.** a) Zaun *m*, b) Zäune *pl.*, c) 'Zaunmateri,al *n*.
fend [fend] **I** *v/t.* **1.** ~ **off** abwehren; **II** *v/i.* **2.** sich wehren; **3.** ~ **for** sorgen für: ~ **for o.s.** für sich selbst sorgen, sich ganz allein durchs Leben schlagen; **'fend·er** [-də] *s.* **1.** ⚙ Schutzvorrichtung *f*; **2.** *rail. etc.* Puffer *m*; **3.** *mot. Am.* Kotflügel *m*: ~ **bender** F (Unfall *m* mit) Blechschaden *m*; **4.** Schutzblech *n am Fahrrad*; **5.** ⚓ Fender *m*; **6.** Ka'minvorsetzer *m*, -gitter *n*.
fen·es·tra·tion [,fenɪ'streɪʃn] *s.* **1.** ⚠ Fensteranordnung *f*; **2.** ✱ 'Fensterung(soperati,on) *f*.
fen fire *s.* Irrlicht *n*.
Fe·ni·an ['fiːnjən] *hist.* **I.** *s.* Fenier *m*; **II** *adj.* fenisch; **'Fe·ni·an·ism** [-nɪzəm] *s.* Feniertum *n*.
fen·nel ['fenl] *s.* ⚘ Fenchel *m*.
feoff [fef] → *fief*; **feoff·ee** [fe'fiː] *s.* ⚖ Belehnte(r) *m*: ~ **in** (*od.* **of**) **trust** Treuhänder(in); **feoff·er** ['fefə], **feof·for** [fe'fɔː] *s.* ⚖ Lehnsherr *m*.
fe·ral ['fɪərəl] *adj.* **1.** wild (lebend); **2.** *fig.* wild, bar'barisch.
fer·e·to·ry ['ferɪtərɪ] *s.* Re'liquienschrein *m*.
fer·ment [fə'ment] **I** *v/t.* **1.** in Gärung bringen, *fig. a.* in Wallung bringen, erregen; **II** *v/i.* **2.** gären (*a. fig.*); **III** *s.* ['fɜːment] **3.** ⚗ Fer'ment *n*, Gärstoff *m*; **4.** ⚗ Gärung *f*, *fig. a.* (innere) Unruhe, Aufruhr *m*: **the country was in a state of** ~ es gärte im Land; **fer·men·ta·tion** [,fɜːmen'teɪʃn] *s.* **1.** ⚗ Fermentati'on *f*, Gärung *f* (*a. fig.*); **2.** *fig.* Aufruhr *m*, (innere) Unruhe.
fern [fɜːn] *s.* ⚘ Farn(kraut *n*) *m*; **'fern·y** [-nɪ] *adj.* **1.** farnartig; **2.** voller Farnkraut.
fe·ro·cious [fə'rəʊʃəs] *adj.* ☐ **1.** wild, grausam, grimmig, heftig; **2.** *Am.* F a) ‚toll', b) *contp.* ‚grausam'; **fe·roc·i·ty** [fə'rɒsətɪ] *s.* Grausamkeit *f*, Wildheit *f*.
fer·re·ous ['ferɪəs] *adj.* eisenhaltig.
fer·ret ['ferɪt] **I** *s.* **1.** *zo.* Frettchen *n*; **2.** *fig.* ‚Spürhund' *m* (*Person*); **II** *v/i.* **3.** *hunt.* mit Frettchen jagen; **4.** ~ **about** her'umsuchen (**for** nach); **III** *v/t.* **5.** ~ **out** *fig. et.* aufspüren, -stöbern, herausfinden.
fer·ric ['ferɪk] *adj.* ⚗ Eisen...; **fer·ri·cy·a·nide** [,ferɪ'saɪənaɪd] *s.* Zy'aneisenverbindung *f*; **fer·rif·er·ous** [fe'rɪfərəs] *adj.* ⚗ eisenhaltig.
Fer·ris wheel ['ferɪs] *s.* Riesenrad *n*.
ferro- [ferəʊ] *in Zssgn* Eisen...; ~**-'con·crete** *s.* 'Eisenbe,ton *m*; '~**-type** *s. phot.* Ferroty'pie *f*.
fer·rous ['ferəs] *adj.* eisenhaltig, Eisen...
fer·rule ['feruːl] *s.* **1.** ⚙ Stockzwinge *f*; **2.** Muffe *f*.
fer·ry ['ferɪ] **I** *s.* **1.** Fähre *f*, Fährschiff *n*, -boot *n*; **2.** *a.* ~ **service** Fährdienst *m*; **3.** ✈ Über'führungsdienst *m* (*von der Fabrik zum Flugplatz*); **4.** *Raumfahrt*: (Lande)Fähre *f*; **II** *v/t.* **5.** 'übersetzen; *bsd.* ✈ über'führen; befördern; **III** *v/i.* **6.** 'übersetzen; '~**·boat** → *ferry* 1; ~ **bridge** *s.* **1.** Tra'jekt *m*, *n*, Eisenbahnfähre *f*; **2.** Landungsbrücke *f*; '~**·man** [-mən] *s.* [*irr.*] Fährmann *m*.
fer·tile ['fɜːtaɪl] *adj.* ☐ **1.** *a. fig.* fruchtbar, produk'tiv, reich (**in**, **of** an *dat.*); **2.** *fig.* schöpferisch; **fer·til·i·ty** [fə'tɪlətɪ] *s. a. fig.* Fruchtbarkeit *f*, Reichtum *m*;
fer·ti·li·za·tion [,fɜːtɪlaɪ'zeɪʃn] *s.* **1.** Fruchtbarmachen *n*; **2.** *biol. u. fig.* Befruchtung *f*; **3.** ✓ Düngung *f*; **'fer·ti·lize** [-tɪlaɪz] *v/t.* **1.** fruchtbar machen; **2.** *biol. u. fig.* befruchten; **3.** ✓ düngen; **'fer·ti·liz·er** [-tɪlaɪzə] *s.* (Kunst)Dünger *m*, Düngemittel *n*.
fer·ule ['feruːl] **I** *s.* (flaches) Line'al (*zur Züchtigung*), (Zucht)Rute *f* (*a. fig.*); **II** *v/t.* züchtigen.
fer·ven·cy ['fɜːvənsɪ] → ***fervo(u)r*** 1; **'fer·vent** [-nt] *adj.* ☐ **1.** *fig.* glühend, feurig, inbrünstig, leidenschaftlich; **2.** (glühend) heiß; **'fer·vid** [-vɪd] *adj.* ☐ → ***fervent*** 1; **'fer·vo(u)r** [-və] *s.* **1.** *fig.* Glut *f*, Feuer(eifer *m*) *n*, Leidenschaft *f*, Inbrunst *f*; **2.** Glut *f*, Hitze *f*.
fess(e) [fes] *s. her.* (Quer)Balken *m*.
fes·tal ['festl] *adj.* ☐ festlich, Fest...
fes·ter ['festə] **I** *v/i.* **1.** schwären, eitern: ~**ing sore** Eiterbeule *f* (*a. fig.*); **2.** verwesen, verfaulen; **3.** *fig.* gären: ~ **in s.o.'s mind** an j-m nagen *od.* fressen; **II** *s.* **4.** a) Schwäre *f*, eiternde Wunde, b) Geschwür *n*.
fes·ti·val ['festəvl] **I** *s.* **1.** Fest(tag *m*) *n*, Feier *f*; **2.** Festspiele *pl.*, 'Festival *n*; **II** *adj.* **3.** festlich, Fest...; **4.** Festspiel...; **'fes·tive** [-tɪv] *adj.* ☐ **1.** festlich, Fest...; **2.** fröhlich, gesellig; **fes·tiv·i·ty** [fe'stɪvətɪ] *s.* **1.** *oft pl.* Fest(lichkeit *f*) *n*; **2.** festliche Stimmung.
fes·toon [fe'stuːn] **I** *s.* Gir'lande *f*; **II** *v/t.* mit Gir'landen schmücken.
fe·tal ['fiːtl] *etc.* → ***foetal*** *etc.*
fetch [fetʃ] **I** *v/t.* **1.** (her'bei)holen, (her)bringen: ~ **a doctor** e-n Arzt holen; ~ **s.o. round** F j-n ‚rumkriegen'; **2.** *et. od. j-n* abholen; **3.** *Atem* holen: ~ **a sigh** (auf)seufzen; ~ **tears** (ein paar) Tränen hervorlocken; **4.** ~ **up** *et.* erbrechen; **5.** apportieren (*Hund*); **6.** *Preis etc.* (ein)bringen, erzielen; **7.** *fig.* fesseln, anziehen, für sich einnehmen; **8.** *j-m e-n Schlag* versetzen: ~ **s.o. one** j-m ‚eine langen' *od.* ‚runterhauen'; **9.** ⚓ erreichen; **II** *v/i.* **10.** ~ **and carry for s.o.** j-s Handlanger sein, j-n bedienen; **11.** ~ **up** F ‚landen' (**at**, **in** in *dat.*); **'fetch·ing** [-tʃɪŋ] *adj.* F reizend, bezaubernd.
fête [feɪt] **I** *s.* Fest(lichkeit *f*) *n*; **II** *v/t. j-n od. et.* feiern.
fet·id ['fetɪd] *adj.* ☐ stinkend.
fet·ish ['fetɪʃ] *s.* Fetisch *m*; **'fet·ish·ism** [-ʃɪzəm] *s.* Fetischkult *m*, *a. psych.* Feti'schismus *m*; **'fet·ish·ist** [-ʃɪst] *s.* Feti'schist *m*.
fet·lock ['fetlɒk] *s. zo.* **1.** Behang *m*; **2.** *a.* ~ **joint** Fesselgelenk *n* (*des Pferdes*).
fet·ter ['fetə] **I** *s.* **1.** (Fuß)Fessel *f*; **2.** *pl. fig.* Fesseln *pl.*; **II** *v/t.* **3.** fesseln, *fig. a.* hemmen, behindern.
fet·tle ['fetl] *s.* Verfassung *f*, Zustand *m*: **in good** (*od.* **fine**) ~ (gut) in Form.
fe·tus ['fiːtəs] → ***foetus***.
feu [fjuː] *s.* ⚖ *Scot.* Lehen *n*.
feud[1] [fjuːd] **I** *s.* Fehde *f*: **be at** ~ **with** mit *j-m* in Fehde liegen; **II** *v/i.* sich befehden.
feud[2] [fjuːd] *s.* ⚖ Lehen *n*, Lehn(s)gut *n*; **'feu·dal** [-dl] *adj.* ⚖ Feudal..., Lehns..., feu'dal; **'feu·dal·ism** [-dəlɪzəm] *s.* Feuda'lismus *m*; **feu·dal·i·ty** [fjuː'dælətɪ] *s.* **1.** Lehenswesen *n*; **2.** Lehnbarkeit *f*; **'feu·da·to·ry** [-dətərɪ] **I** *s.* Lehnsmann *m*, Va'sall *m*; **II** *adj.* Lehns...
feuil·le·ton ['fɜːɪtɔ̃ːŋ] (*Fr.*) *s.* Feuille'ton *n*, kultu'reller Teil (*e-r Zeitung*).
fe·ver ['fiːvə] **I** *s.* **1.** ✱ Fieber *n*: ~ **heat** a) Fieberhitze *f*, b) *fig.* → 2; **2.** *fig.* Fieber *n*, fieberhafte Aufregung, *a.* Sucht *f*, Rausch *m*: **gold** ~; **in a** ~ **of excitement** in fieberhafter Aufregung; **reach** ~ **pitch** den Höhe- *od.* Siedepunkt erreichen; **work at** ~ **pitch** fieberhaft arbeiten; **II** *v/i.* **3.** fiebern (*a. fig.* **for** nach); **'fe·vered** [-əd] *adj.* **1.** fiebernd, fiebrig; **2.** *fig.* fieberhaft, aufgeregt; **'fe·ver·ish** [-vərɪʃ] *adj.* ☐ **1.** fieberkrank, fiebrig, Fieber...; **2.** *fig.* fieberhaft; **'fe·ver·ish·ness** [-vərɪʃnɪs] *s.* Fieberhaftigkeit *f* (*a. fig.*).
few [fjuː] *adj. u. s.* (*pl.*) **1.** (*Ggs.* **many**) wenige: ~ **persons**; **some** ~ einige wenige; **his friends are** ~ er hat (nur) wenige Freunde; **no** ~**er than** nicht weniger als; ~ **and far between** (sehr) dünn gesät; **the lucky** ~ die wenigen Glücklichen; **2. a** ~ (*Ggs.* **none**) einige, ein paar: **a** ~ **days** einige Tage; **not a** ~ nicht wenige, viele; **a good** ~ e-e ganze Menge; **only a** ~ nur wenige; **every** ~ **days** alle paar Tage; **have a** ~ F ein paar ‚kippen'; **'few·ness** [-nɪs] *s.* geringe Anzahl.
fey [feɪ] *adj. Scot.* **1.** todgeweiht; **2.** 'übermütig; **3.** 'übersinnlich.
fez [fez] *s.* Fes *m*.
fi·an·cé [fɪ'ɑ̃ːŋseɪ] (*Fr.*) *s.* Verlobte(r) *m*; **fi'an·cée** [-seɪ] (*Fr.*) *s.* Verlobte *f*.
fi·as·co [fɪ'æskəʊ] *pl.* **-cos** *s.* Fi'asko *n*.
fi·at ['faɪæt] *s.* **1.** ⚖ *Brit.* Gerichtsbeschluss *m*; **2.** Befehl *m*, Erlass *m*; **3.** Ermächtigung *f*; ~ **mon·ey** *s. Am.* Pa'piergeld *n* ohne Deckung.
fib [fɪb] **I** *s.* kleine Lüge, Schwinde'lei *f*, Flunke'rei *f*: **tell a** ~ → **II** *v/i.* schwindeln, flunkern; **'fib·ber** [-bə] *s.* F Flunkerer *m*, Schwindler *m*.
fi·ber *Am.*, **fi·bre** ['faɪbə] *Brit. s.* **1.** ⚙, *biol.* Faser *f*, Na'turfaser (*a. Wolle, Fell*); **2.** Bal'laststoffe *pl.*; **3.** Faserstoff *m*, -gefüge *n*, Tex'tur *f*; **4.** *fig.* a) Struk'tur *f*, b) Schlag *m*, Cha'rakter *m*: **moral** ~ ‚Rückgrat *n*'; **of coarse** ~ grobschlächtig; '~**·board** *s.* ⚙ Holzfaserplatte *f*; '~**·glass** *s.* ⚙ Fiberglas *n*; '~**,op·tic ca·ble** *s.* ⚙ Glasfaserkabel *n*.
fi·bril ['faɪbrɪl] *s.* **1.** Fäserchen *n*; **2.** ⚘ Wurzelfaser *f*; **'fi·brin** [-brɪn] *s.* **1.** Fib'rin *n*, Blutfaserstoff *m*; **2.** *a.* **plant** ~ Pflanzenfaserstoff *m*; **'fi·broid** [-brɔɪd] **I** *adj.* faserartig, Faser...; **II** *s.* → **fi·bro·ma** [faɪ'brəʊmə] *pl.* **-ma·ta** [-mətə] *s.* ✱ Fib'rom *n*; Fasergeschwulst *f*; **fi·bro·si·tis** [,faɪbrəʊ'saɪtɪs] *s.* ✱ Bindegewebsentzündung *f*; **'fi·brous** [-brəs] *adj.* ☐ **1.** faserig, Faser...; **2.** ⚙ sehnig (*Metall*).
fib·u·la ['fɪbjʊlə] *pl.* **-lae** [-liː] *s.* **1.** *anat.* Wadenbein *n*; **2.** *antiq.* Fibel *f*, Spange *f*.
fiche [fiːʃ] *s.* Fiche *n*, *m* (*Mikrodatenkarte*).
fick·le ['fɪkl] *adj.* unbeständig, launisch, *Person a.* wankelmütig; **'fick·le·ness** [-nɪs] *s.* Unbeständigkeit *f*, Wankelmut *m*.
fic·tile ['fɪktaɪl] *adj.* **1.** formbar; **2.** tönern, irden: ~ **art** Töpferkunst *f*; ~ **ware** Steingut *n*.
fic·tion ['fɪkʃn] *s.* **1.** (freie) Erfindung, Dichtung *f*; *contp.* ‚Märchen' *n*; **2.** a) Belle'tristik *f*, 'Prosa-, Ro'manlitera,tur *f*: **work of** ~, b) *coll.* Ro'mane *pl.*, Prosa *f* (*e-s Autors*); **3.** ⚖ Fikti'on *f*; **'fic·tion·al** [-ʃənl] *adj.* **1.** erdichtet; **2.** Roman...
fic·ti·tious [fɪk'tɪʃəs] *adj.* ☐ **1.** (frei) erfunden, fik'tiv; **2.** unwirklich, Fanta-

sie..., Roman...; **3.** ⚖ *etc.* fik'tiv: a) angenommen: **~ *name***, b) fingiert, falsch, Schein...: **~ *bill*** † Kellerwechsel *m*; **fic'ti·tious·ness** [-nɪs] *s. das* Fik'tive; Unechtheit *f*.

fid·dle ['fɪdl] **I** *s.* **1.** ♪ Fiedel *f*, Geige *f*: ***play first*** (***second***) **~** *fig.* die erste (zweite) Geige spielen; → ***fit***¹ 5; **2.** *Brit.* F a) Schwindel *m*, Betrug *m*, Schiebung *f*, b) Manipulati'on *f*; **II** *v/i.* **3.** F fiedeln, geigen; **4.** *a.* **~ *about*** (*od.* ***around***) her'umtrödeln; **5.** (***with***) spielen (mit), her'umfingern (an *dat.*), *contp.* her'umpfuschen (an *dat.*); **III** *v/t.* **6.** F fiedeln; **7.** **~ *away*** F *Zeit* vertrödeln; **8.** *Brit.* F ‚frisieren', manipulieren; **IV** *int.* **9.** Quatsch!; **ˌ~-de-'dee** [-dɪ'diː] → ***fiddle*** 9; **'~-ˌfad·dle** [-ˌfædl] **I** *s.* **1.** Lap'palie *f*; **2.** Unsinn *m*; **II** *v/i.* **3.** dummes Zeug reden; **4.** die Zeit vertrödeln.

fid·dler ['fɪdlə] *s.* **1.** Geiger(in): ***pay the* ~** *Am.* F ‚blechen'; **2.** *Brit.* F Schwindler *m*.

'fid·dle·stick I *s.* Geigenbogen *m*; **II** *int.* **~*s!*** F Quatsch!

fid·dling ['fɪdlɪŋ] *adj.* F läppisch, geringfügig, ‚poplig'.

fi·del·i·ty [fɪ'delətɪ] *s.* **1.** (*a.* eheliche) Treue (***to*** gegenüber, zu); **2.** Genauigkeit *f*, genaue Über'einstimmung *od.* 'Wiedergabe: ***with* ~** wortgetreu; **3.** ϟ 'Wiedergabe(güte) *f*, Klangtreue *f*.

fidg·et ['fɪdʒɪt] **I** *s.* **1.** *oft pl.* ner'vöse Unruhe, Zappe'lei *f*; **2.** ‚Zappelphilipp' *m*, Zapp(e)ler *m*; **II** *v/t.* **3.** ner'vös *od.* zapp(e)lig machen; **III** *v/i.* **4.** (herum)zappeln, zapp(e)lig sein; **5.** **~ *with*** (herum)spielen *od.* (-)fuchteln mit; **'fidg·et·i·ness** [-tɪnɪs] *s.* Zapp(e)ligkeit *f*, Nervosi'tät *f*; **'fidg·et·y** [-tɪ] *adj.* ner'vös, zappelig: **~ *Philipp*** → ***fidget*** 2.

fi·du·ci·ar·y [fɪ'djuːʃjərɪ] ⚖ **I** *s.* **1.** Treuhänder(in); **II** *adj.* **2.** treuhänderisch, Treuhand..., Treuhänder...; **3.** † ungedeckt (*Noten*).

fie [faɪ] *int. oft* **~ *upon you!*** pfui(, schäm dich)!

fief [fiːf] *s.* Lehen *n*, Lehn(s)gut *n*.

field [fiːld] **I** *s.* **1.** ✓ Feld *n*; **2.** ⚒ a) (*Gold-, Öl- etc.*)Feld *n*, b) (Gruben-)Feld *n*, (Kohlen)Flöz *n*: ***coal* ~**; **3.** *fig.* Bereich *m*, (Sach-, Fach)Gebiet *n*: ***in the* ~ *of art*** auf dem Gebiet der Kunst; ***in his* ~** auf s-m Gebiet, in s-m Fach; **~ *of activity*** Tätigkeitsbereich; **~ *of application*** Anwendungsbereich; **4.** a) (weite) Fläche, b) ✈, ϟ, *phys., a. her.* Feld *n*: **~ *of force*** Kraftfeld; **~ *of vision*** Blick-, Gesichtsfeld, *fig.* Gesichtskreis *m*, Horizont *m*; **5.** *sport* a) Spielfeld *n*, (Sport)Platz *m*: ***take the* ~** einlaufen, auf den Platz kommen (→ 6), b) Feld *n* (*geschlossene Gruppe*), c) Teilnehmer(feld *n*) *pl.*, Besetzung *f*, *fig.* Wettbewerbsteilnehmer *pl.*: ***fair* ~ *and no favo(u)r*** gleiche Bedingungen für alle; ***play the* ~** F sich keine Chance entgehen lassen (*in der Liebe*), d) *Baseball, Kricket*: 'Fängerparˌtei *f*; **6.** ⚔ a) *poet.* (Schlacht)Feld *n*, (Feld)Schlacht *f*, b) Feld *n*, Front *f*: ***in the* ~** an der Front, im Felde; ***hold*** (*od.* ***keep***) ***the* ~** sich behaupten; ***take the* ~** ins Feld rücken, den Kampf eröffnen; ***win the* ~** den Sieg davontragen; **7.** ⚔ Feld *n* (*im Geschützrohr*); **8.** ⚕ (Operati'ons)Feld *n*; **9.** *TV* Feld *n*, Rasterbild *n*; **10.** a) *bsd. psych., sociol.* Praxis *f*, Wirklichkeit *f*, b) † Außendienst *m*, (praktischer) Einsatz; → ***field service***, ***field study***, ***fieldwork*** 2–4 *etc.*; **II** *v/t.* **11.** *sport Mannschaft, Spieler* aufs Feld schicken; **12.** *Baseball, Kricket*: a) *den Ball* auffangen u. zu'rückwerfen, b) *Spieler* im Feld aufstellen; **13.** *fig. e-e Frage etc.* kontern; **III** *v/i.* **14.** *Kricket etc.*: bei der 'Fängerparˌtei sein.

field| am·bu·lance *s.* ⚔ Sanka *m*, Sani'tätswagen *m*; **~ coil** *s.* ϟ Feldspule *f*; **~ day** *s.* **1.** ⚔ a) Felddienstübung *f*, b) 'Truppenpaˌrade *f*; **2.** *Am.* a) *ped.* Sportfest *n*, b) Exkursi'onstag *m*; **3.** ***have a* ~** *fig.* a) s-n großen Tag haben, b) e-n Mordsspaß haben (***with*** mit); **~ en·gi·neer** *s.* Außendiensttechniker *m*.

field·er ['fiːldə] *s.* *Kricket etc.*: a) Fänger *m*, b) Feldspieler *m*, c) *pl.* 'Fängerparˌtei *f*.

field| e·vent *s.* *sport* technische Disziplin, *pl. mst* 'Sprung- u. 'Wurfdisziˌplinen *pl.*; **~ glass**(**·es** *pl.*) *s.* Fernglas *n*, Feldstecher *m*; **~ goal** *s.* *Basketball*: Feldkorb *m*; **~ gun** *s.* ⚔ Feldgeschütz *n*; **~ hos·pi·tal** *s.* ⚔ 'Feldlazaˌrett *n*; **~ kitch·en** *s.* ⚔ Feldküche *f*; **≗ Mar·shal** *s.* ⚔ Feldmarschall *m*; **~ mouse** *s.* [*irr.*] Feldmaus *f*; **~ of·fi·cer** *s.* ⚔ 'Stabsoffiˌzier *m*; **~ pack** *s.* ⚔ Marschgepäck *n*, Tor'nister *m*; **~ re·search** *s.* † *etc.* Feldforschung *f*; **~ ser·vice** *s.* † Außendienst *m*.

fields·man ['fiːldzmən] *s.* [*irr.*] → ***fielder*** a, b.

field| sports *s. pl.* Sport *m* im Freien (*bsd. Jagen, Fischen*); **~ stud·y** *s.* Feldstudie *f*; **~ test** *s.* praktischer Versuch; **~ train·ing** *s.* ⚔ Geländeausbildung *f*; **'~·work** *s.* **1.** ⚔ Feldschanze *f*; **2.** praktische (wissenschaftliche) Arbeit, *a.* Arbeit *f* im Gelände; **3.** † Außendienst *m*, -einsatz *m*; **4.** *Markt-, Meinungsforschung*: Feldarbeit *f*; **'~ˌwork·er** *s.* **1.** † Außendienstmitarbeiter(in); **2.** Inter'viewer(in), Befrager(in).

fiend [fiːnd] *s.* **1.** a) *a. fig.* Satan *m*, Teufel *m*, b) Dämon *m*, *fig. a.* Unhold *m*; **2.** *bsd. in Zssgn*: a) Süchtige(r *m*) *f*: ***opium* ~**, b) Fa'natiker(in), Narr *m*, Fex *m*: → ***fresh-air fiend***, c) *Am. sl.* ‚Ka'none' *f* (***at*** in *dat.*); **'fiend·ish** [-dɪʃ] *adj.* □ teuflisch, unmenschlich; *fig.* F verteufelt, ‚gemein'; **'fiend·ish·ness** [-dɪʃnɪs] *s.* teuflische Bosheit; *fig.* Gemeinheit *f*.

fierce [fɪəs] *adj.* □ **1.** wild, grimmig, wütend (*alle a. fig.*); **2.** heftig, scharf; **3.** grell; **'fierce·ness** [-nɪs] *s.* Wildheit *f*, Grimmigkeit *f*; Schärfe *f*, Heftigkeit *f*.

fi·er·y ['faɪərɪ] *adj.* □ **1.** brennend, glühend (*a. fig.*); **2.** *fig.* feurig, hitzig, heftig; **3.** feuerrot; **4.** feuergefährlich; **5.** Feuer...

fife [faɪf] ♪ **I** *s.* **1.** (Quer)Pfeife *f*; **2.** → ***fifer***; **II** *v/t. u. v/i.* **3.** (*auf der Querpfeife*) pfeifen; **'fif·er** [-fə] *s.* (Quer)Pfeifer *m*.

fif·teen [ˌfɪf'tiːn] **I** *adj.* **1.** fünfzehn; **II** *s.* **2.** Fünfzehn *f*; **3.** *Rugby*: Fünfzehn *f*; **ˌfif'teenth** [-nθ] **I** *adj.* **1.** fünfzehnt; **II** *s.* **2.** *der* (*die, das*) Fünfzehnte; **3.** Fünfzehntel *n*.

fifth [fɪfθ] **I** *adj.* □ **1.** fünft; **II** *s.* **2.** *der* (*die, das*) Fünfte; **3.** Fünftel *n*; **4.** ♪ Quinte *f*; **~ col·umn** *s.* *pol.* fünfte Ko'lonne.

fifth·ly ['fɪfθlɪ] *adv.* fünftens.

fifth wheel *s.* **1.** *mot.* a) Ersatzrad *n*, b) Drehschemel(ring) *m* (*Sattelschlepper*); **2.** *fig.* fünftes Rad am Wagen.

fif·ti·eth ['fɪftɪɪθ] **I** *adj.* **1.** fünfzigst; **II** *s.* **2.** *der* (*die, das*) Fünfzigste; **3.** Fünfzigstel *n*; **fif·ty** ['fɪftɪ] **I** *adj.* fünfzig; **II** *s.* Fünfzig *f*: ***in the fifties*** in den Fünfzigerjahren (*e-s Jahrhunderts*); ***he is in his fifties*** er ist in den Fünfzigern; **ˌfif·ty-'fif·ty** *adj. u. adv.* F fifty-fifty, ‚halbe-halbe'.

fig¹ [fɪg] *s.* ♣ **1.** Feige *f*: ***I don't care a* ~** (***for it***) F das ist mir schnuppe!; **2.** Feigenbaum *m*.

fig² [fɪg] **I** *s.* F **1.** Kleidung *f*, Gala *f*: ***in full* ~** in voller Gala; **2.** Zustand *m*: ***in good* ~** gut in Form; **II** *v/t.* **3.** **~ *out*** her'ausputzen.

fight [faɪt] **I** *s.* **1.** Kampf *m* (*a. fig.*), Gefecht *n*: **~ *against drugs*** Drogenbekämpfung *f*; ***make a* ~ *of it, put up a* ~** kämpfen, sich wehren; ***put up a good* ~** sich tapfer schlagen; **2.** a) Schläge'rei *f*, Raufe'rei *f*, b) *sport* (Box)Kampf *m*: ***have a* ~** → 12; ***make a* ~ *for*** kämpfen um; **3.** Kampf(es)lust *f*, -fähigkeit *f*: ***show* ~** sich zur Wehr setzen; ***there is no* ~ *left in him*** er ist kampfmüde *od.* ‚fertig'; **4.** Streit *m*, Kon'flikt *m*; **II** *v/t.* [*irr.*] **5.** *j-n od. et.* bekämpfen, bekriegen, kämpfen mit *od.* gegen, sich schlagen mit, *sport a.* boxen gegen; *fig.* ankämpfen gegen (*e-e schlechte Gewohnheit etc.*): **~ *back*** (*od.* ***down***) *fig. Tränen, Enttäuschung* unterdrücken; **~ *off*** *j-n od. et.* abwehren, *a. e-e Erkältung etc.* bekämpfen; **6.** *e-n Krieg, e-n Prozess* führen, *e-e Schlacht* schlagen *od.* austragen, *e-e Sache* ausfechten: **~ *a duel*** sich duellieren; **~ *an election*** kandidieren; **~ *it out*** es (untereinander) ausfechten; **7.** *et.* verfechten, sich einsetzen für; **8.** *et.* erkämpfen: **~ *one's way*** sich durchschlagen; **9.** ⚔ *Truppen etc.* kommandieren, (im Kampf) führen; **III** *v/i.* [*irr.*] **10.** kämpfen (***with*** *od.* ***against*** mit *od.* gegen, ***for*** um): **~ *against s.th.*** gegen et. ankämpfen; **~ *back*** sich zur Wehr setzen; **11.** boxen; **12.** sich raufen *od.* prügeln *od.* schlagen.

fight·er ['faɪtə] *s.* **1.** Kämpfer *m*, Streiter *m*; **2.** Schläger *m*, Raufbold *m*; **3.** *sport* (*bsd.* Offen'siv)Boxer *m*; **4.** *a.* **~ *plane*** ⚔, ✈ Jagdflugzeug *n*, Jäger *m*: **~*-bomber*** Jagdbomber *m*; **~ *group*** *Brit.* Jagdgruppe *f*, *Am.* Jagdgeschwader *n*; **~*-interceptor*** Abfangjäger *m*; **~ *pilot*** Jagdflieger *m*.

fight·ing ['faɪtɪŋ] **I** *s.* Kampf *m*, Kämpfe *pl*; **II** *adj.* Kampf...; streitlustig; **~ chance** *s.* e-e re'elle Chance (*wenn man sich anstrengt*); **~ cock** *s.* Kampfhahn *m* (*a. fig.*): ***live like a* ~** in Saus u. Braus leben; **~ dog** *s.* Kampfhund *m*.

fig leaf *s.* Feigenblatt *n* (*a. fig.*).

fig·ment ['fɪgmənt] *s.* **1.** *oft* **~ *of the imagination*** Fanta'sieproˌdukt *n*, reine Einbildung; **2.** ‚Märchen' *n*, (pure) Erfindung.

fig tree *s.* Feigenbaum *m*.

fig·ur·a·tive ['fɪgjʊrətɪv] *adj.* □ **1.** *ling.* bildlich, über'tragen, fi'gürlich, meta'phorisch; **2.** bilderreich (*Stil*); **3.** sym'bolisch.

fig·ure ['fɪgə] **I** *s.* **1.** Fi'gur *f*, Form *f*, Gestalt *f*, Aussehen *n*: ***keep one's* ~** schlank bleiben; **2.** *fig.* Fi'gur *f*, Per'son *f*, Per'sönlichkeit *f*, (bemerkenswerte) Erscheinung: ***a public* ~** e-e Persönlichkeit des öffentlichen Lebens; **~ *of fun*** komische Figur; ***cut*** (*od.* ***make***) ***a poor* ~** e-e traurige Figur abgeben; **3.** Darstellung *f* (*bsd. des menschlichen*

Körpers), Bild *n*, Statue *f*; **4.** *a.* ⚙, ✈ Fi'gur *f*, *weitS.* *a.* Zeichnung *f*, Dia'gramm *n*; *a.* Abbildung *f*, Illustrati'on *f* (*in e-m Buch etc.*); **5.** *Tanz, Eiskunstlauf etc.*: Fi'gur *f*; **6.** (Stoff)Muster *n*; **7.** *a.* **~ of speech** a) ('Rede-, 'Sprach)Fi,gur *f*, b) Me'tapher *f*, Bild *n*; **8.** ♪ a) Fi'gur *f*, b) (Bass)Bezifferung *f*; **9.** Zahl(zeichen *n*) *f*, Ziffer *f*: **run into three ~s** in die Hunderte gehen; **be good at ~s** ein guter Rechner sein; **10.** Preis *m*, Summe *f*: **at a low ~** billig; **II** *v/t.* **11.** gestalten, formen; **12.** bildlich darstellen, abbilden; **13.** *a.* **~ to o.s.** sich *et.* vorstellen; **14.** verzieren (*a.* ♪); ⚙ mustern; **15. ~ out** F a) ausrechnen, b) ausknobeln, ‚rauskriegen', c) ‚kapieren': **I can't ~ him out** ich werde aus ihm nicht schlau; **III** *v/i.* **16. ~ out at** sich belaufen auf (*acc.*); **17. ~ on** *Am.* F a) rechnen mit, b) sich verlassen auf (*acc.*); **18.** erscheinen, vorkommen, e-e Rolle spielen: **~ large** e-e große Rolle spielen; **~ on a list** auf e-r Liste stehen; **19.** F (genau) passen: **that ~s!** das ist klar!; **~ dance** *s.* Fi'gurentanz *m*; **'~·head** *s.* ⚓ Gali'onsfi,gur *f*, *fig. a.* ‚Aushängeschild' *n*; **~ skat·er** *s. sport* (Eis)Kunstläufer(in); **~ skat·ing** *s. sport* Eiskunstlauf *m*.

fig·u·rine ['fɪgjʊriːn] *s.* Statu'ette *f*, Figu'rine *f*.

fil·a·ment ['fɪləmənt] *s.* **1.** Faden *m* (*a. anat.*); Faser *f*; **2.** ⚘ Staubfaden *m*; **3.** ⚡ (Glüh-, Heiz)Faden *m*: **~ battery** Heizbatterie *f*.

fil·bert ['fɪlbət] *s.* ⚘ **1.** Haselnussstrauch *m*; **2.** Haselnuss *f*.

filch [fɪltʃ] *v/t.* F ‚klauen' (*stehlen*).

file[1] [faɪl] **I** *s.* **1.** Aufreihdraht *m*, -faden *m*; **2.** (Akten-, Brief-, Doku'menten- *etc.*)Ordner *m*, Sammelmappe *f*, *a.* Kar'tei(kasten *m*) *f*; **3.** a) Akte(nstück *n*) *f*, *a.* Dossi'er *n* (*der Polizei etc.*): **~ number** Aktenzeichen *n*, b) Akten (-bündel *n*, -stoß *m*) *pl.*, c) Ablage *f*, abgelegte Briefe *pl. od.* Pa'piere *pl.*: **on ~** bei den Akten, d) *Computer*: Da'tei *f*: **activate a ~** e-e Datei aufrufen; **attach a ~** e-e Datei (*als Attachment*) anhängen; **close** (*od.* **open**) **a ~** e-e Datei öffnen (*od.* schließen); **insert a ~** e-e Datei einfügen, e) Liste *f*, Verzeichnis *n*: **~ management** Dateiverwaltung *f*; **4.** ⚔ Reihe *f*; **5.** Reihe *f* (*Personen od. Sachen hintereinander*); **II** *v/t.* **6.** *Briefe etc.* ablegen, einordnen, ab-, einheften, zu den Akten nehmen, *Computer*: abspeichern; **7.** *Antrag*, ⚖ *Klage* einreichen; **III** *v/i.* **8.** hinterein'ander *od.* ⚔ in Reihe (hi'nein-, hin'aus- *etc.*)marschieren.

file[2] [faɪl] **I** *s.* **1.** ⚙ Feile *f*; **II** *v/t.* **2.** ⚙ feilen; **3.** *Stil* feilen, glätten.

file| man·ag·er *s. Computer*: Da'tei,manager *m*; **~ name** *s.* Dateiname *m*.

fi·let ['fɪlɪt] (*Fr.*) *s.* **1.** *Küche*: Fi'let *n*; **2.** *a.* **~ lace** Fi'let *n*, Netz(sticke'rei *f*) *n*.

fil·i·al ['fɪljəl] *adj.* ☐ kindlich, Kindes..., Sohnes..., Tochter...; **fil·i·a·tion** [,fɪlɪ'eɪʃn] *s.* **1.** Kindschaft(sverhältnis *n*) *f*: **~ proceeding** ⚖ *Am.* Vaterschaftsprozess *m*; **2.** Abstammung *f*; **3.** Herkunftsfeststellung *f*; **4.** Verzweigung *f*.

fil·i·bus·ter ['fɪlɪbʌstə] **I** *s.* **1.** *hist.* Freibeuter *m*; **2.** *parl. Am.* a) Obstrukti'on *f*, Verschleppungstaktik *f*, b) Obstrukti'onspo,litiker *m*; **II** *v/i.* **3.** *parl. Am.* Obstrukti'on treiben; **III** *v/t.* **4.** *Antrag etc.* durch Obstrukti'on zu Fall bringen.

fil·i·gree ['fɪlɪgriː] *s.* Fili'gran(arbeit *f*) *n*.

fil·ing| cab·i·net ['faɪlɪŋ] *s.* Aktenschrank *m*; **~ card** *s.* Kar'teikarte *f*.

fil·ings ['faɪlɪŋz] *s. pl.* Feilspäne *pl.*

Fil·i·pi·no [,fɪlɪ'piːnəʊ] **I** *pl.* **-nos** *s.* Fili'pino *m*; **II** *adj.* philip'pinisch.

fill [fɪl] **I** *s.* **1. eat one's ~** sich satt essen; **have one's ~ of s.th.** genug von et. haben; **weep one's ~** sich ausweinen; **2.** Füllung *f* (*Material od. Menge*): **a ~ of petrol** *mot.* e-e Tankfüllung; **II** *v/t.* **3.** (an-, aus)füllen, voll füllen: **~ s.o.'s glass** j-m einschenken; **~ the sails** die Segel (auf)blähen; **4.** ab-, einfüllen: **~ wine into bottles**; **5.** (*mit Nahrung*) sättigen; **6.** *Pfeife* stopfen; **7.** *Zahn* füllen, plombieren; **8.** *die Straßen, ein Stadion etc.* füllen; **9.** *a. fig.* erfüllen: **smoke ~ed the room**; **grief ~ed his heart**; **~ed with fear** angsterfüllt; **10.** *Amt, Posten* a) besetzen, b) ausfüllen, bekleiden: **~ s.o.'s place** j-s Stelle einnehmen, j-n ersetzen; **11.** *Auftrag* ausführen: **~ an order**; → **bill**[2] 4; **III** *v/i.* **12.** sich füllen, (*Segel*) sich (auf)blähen; **~ in I** *v/t.* **1.** Loch *etc.* auf-, ausfüllen; **2.** *Brit. Formular* ausfüllen; **3.** a) *Namen etc.* einsetzen, b) *Fehlendes* ergänzen; **4. fill s.o. in** F (**on** über *acc.*) j-n ins Bild setzen, j-n informieren; **II** *v/i.* **5.** einspringen (**for s.o.** für j-n); **~ out I** *v/t.* **1.** *bsd. Am. Formular* ausfüllen; **2.** *Bericht etc.* abrunden; **II** *v/i.* **3.** fülliger werden (*Figur*), (*Person a.*) zunehmen, (*Gesicht*) voller werden; **~ up I** *v/t.* **1.** auffüllen, voll füllen: **~ her up!** F voll tanken, bitte; **2.** → **fill in** 2; **II** *v/i.* **3.** sich füllen.

fill·er ['fɪlə] *s.* **1.** Füllvorrichtung *f*, *a.* 'Abfüllma,schine *f*, Trichter *m*: **~ cap** *mot.* Tankverschluss *m*; **2.** Füllstoff *m*, Zusatzmittel *n*; **3.** *paint.* Spachtel(masse *f*) *m*, Füller *m*; **4.** *fig.* Füllsel *n*, Füller *m*; **5.** *ling.* Füllwort *n*; **6.** Sprengladung *f*.

fil·let ['fɪlɪt] **I** *s.* **1.** Stirn-, Haarband *n*; **2.** Leiste *f*, Band *n*; **3.** Zierstreifen *m*, Fi'let *n* (*am Buch*); **4.** ⚠ Leiste *f*, Rippe *f*; **5.** *Küche*: Fi'let *n*; **6.** ⚙ a) Hohlkehle *f*, b) Schweißnaht *f*; **II** *v/t.* **7.** mit e-m Haarband *od.* e-r Leiste *etc.* schmücken; **8.** *Küche*: a) filetieren, b) als Fi'let zubereiten.

fill·ing ['fɪlɪŋ] **I** *s.* **1.** Füllung *f*, Füllmasse *f*, Einlage *f*, Füllsel *n*; **2.** (Zahn)Plombe *f*, (-)Füllung *f*; **3.** *das* 'Voll-, Aus-, Auffüllen, Füllung *f*: **~ machine** Abfüllmaschine *f*; **~ station** *Am.* Tankstelle *f*; **II** *adj.* **4.** sättigend.

fil·lip ['fɪlɪp] **I** *s.* **1.** Schnalzer *m* (*mit Finger u. Daumen*); **2.** Klaps *m*; **3.** *fig.* Ansporn *m*, Auftrieb *m*: **give a ~ to** → 6; **II** *v/t.* **4.** schnippen, schnipsen; **5.** *j-m* e-n Klaps geben; **6.** *fig.* anspornen, in Schwung bringen.

fil·ly ['fɪlɪ] *s.* **1.** *zo.* Stutenfohlen *n*; **2.** *fig.* ‚wilde Hummel' (*Mädchen*).

film [fɪlm] **I** *s.* **1.** Mem'bran(e) *f*, Häutchen *n*, Film *m*; **2.** *phot.* Film *m*; **3.** Film *m*: **the ~s** die Filmindustrie, der Film, das Kino; **be in ~s** beim Film sein; **shoot a ~** e-n Film drehen; **4.** (hauch)dünne Schicht, 'Überzug *m* (*Zellophan- etc.*)Haut *f*; **5.** (hauch)dünnes Gewebe, *a.* Faser *f*; **6.** Trübung *f* (*des Auges*), Schleier *f*; **II** *v/t.* **7.** (mit e-m Häutchen *etc.*) über'ziehen; **8.** a) *Szene etc.* filmen: **~ed report** Filmbericht *m*, b) *Roman etc.* verfilmen; **III** *v/i.* **9.** *a.* **~ over** sich mit e-m Häutchen über'ziehen; **10.** a) sich (gut) verfilmen lassen, b) e-n Film drehen, filmen; **~ li·brar·y** *s.* 'Filmar,chiv *n*; **~ mak·er** *s.* Filmemacher *m*; **~ pack** *s. phot.* Filmpack *m*; **~ reel** *s.* Filmspule *f*; **'~·set** *v/t.* [*irr.*] *typ.* im Foto- *od.* Filmsatz herstellen; **~ star** *s.* Filmstar *m*; **~ strip** *s.* **1.** Bildstreifen *m*; **2.** Bildband *n*; **~ version** *s.* Verfilmung *f*.

film·y ['fɪlmɪ] *adj.* ☐ **1.** mit e-m Häutchen bedeckt; **2.** duftig, zart, hauchdünn; **3.** trübe, verschleiert (*Auge*).

Fi·lo·fax ['faɪləʊfæks] *npr. Warenzeichen*: Ter'minplaner *m*.

fi·lo pas·try ['faɪləʊ] *s.* Blätterteiggebäck *n*.

fil·ter ['fɪltə] **I** *s.* **1.** Filter *m*, Seihtuch *n*, Seiher *m*; **2.** ⚗, ⚙, ⚡, *phot.*, *phys.*, *tel.* Filter *n*, *m*; **3.** *mot. Brit.* grüner Pfeil (*für Abbieger*); **II** *v/t.* **4.** filtern: a) ('durch)seihen, b) filtrieren: **~ off** (**out**) ab- (heraus)filtern; **III** *v/i.* **5.** 'durchsickern, (*Licht a.*) 'durchscheinen, -dringen; **6.** *fig.* **~ out** *od.* **through** 'durchsickern (*Nachrichten etc.*); **~ into** einsickern *od.* -dringen in (*acc.*); **7. ~ out** langsam *od.* grüppchenweise herauskommen (**of** aus); **8.** *mot. Brit.* a) die Spur wechseln, b) sich einordnen (**to the left** links), c) abbiegen (*bei grünem Pfeil*); **~ bag** *s.* Filtertüte *f*; **~ bed** *s.* **1.** Kläranlage *f*, -becken *n*; **2.** Filterschicht *f*; **~ char·coal** *s.* ⚙ Filterkohle *f*; **~ cir·cuit** *s.* ⚡ Siebkreis *m*; **~ lane** *s. mot.* Abbiegespur *f*; **~ pa·per** *s.* 'Filterpa,pier *n*; **~ tip** *s.* **1.** Filter(mundstück *n*) *m*; **2.** 'Filterziga,rette *f*; **'~-tipped** mit Filter, Filter...: **~ cigarette**.

filth [fɪlθ] *s.* **1.** Schmutz *m*, Dreck *m*; **2.** *fig.* Schmutz *m*, Schweine'rei(en *pl.*) *f*; **3.** a) unflätige Sprache, b) unflätige Ausdrücke *pl.*, Unflat *m*; **'filth·i·ness** [-θɪnɪs] *s.* Schmutzigkeit *f* (*a. fig.*); **'filth·y** [-θɪ] **I** *adj.* ☐ **1.** schmutzig, dreckig, *fig. a.* schweinisch; **2.** *fig.* unflätig; **3.** F ekelhaft, scheußlich: **~ mood**; **~ weather** *a.* ‚Sauwetter' *n*; **II** *adv.* **4.** F ‚unheimlich', ‚furchtbar': **~ rich** stinkreich.

fil·trate ['fɪltreɪt] **I** *v/t.* filtrieren; **II** *s.* Fil'trat *n*; **fil'tra·tion** [fɪl'treɪʃn] *s.* Filtrati'on *f*.

fin[1] [fɪn] *s.* **1.** *zo.* Flosse *f*, Finne *f*; **2.** ⚓ Kielflosse *f*; **3.** ✈ a) (Seiten)Flosse *f*, b) ⚔ Steuerschwanz *m* (*e-r Bombe*); **4.** ⚙ a) Grat *m*, (Guss)Naht *f*, b) (Kühl)Rippe *f*; **5.** Schwimmflosse *f*; **6.** *sl.* ‚Flosse' *f* (*Hand*).

fin[2] [fɪn] *s. Am. sl.* Fünf'dollarschein *m*.

fi·na·gle [fɪ'neɪgl] F **I** *v/t.* **1.** *et.* her'ausschinden; **2.** (sich) *et.* ergaunern; **3.** *j-n* betrügen, begaunern; **II** *v/i.* **4.** gaunern, mogeln.

fi·nal ['faɪnl] **I** *adj.* ☐ → **finally** **1.** letzt, schließlich; **2.** endgültig, End..., Schluss...: **~ assembly** ⚙ Endmontage *f*; **~ date** Schlusstermin *m*; **~ disposal site** Endlager *n*; **~ examination** Abschlussprüfung *f*; **~ score** *sport* Endstand *m*; **~ speech** ⚖ Schlussplädoyer *n*; **~ storage** Endlagerung *f* (*von Atommüll etc.*); **~ whistle** *sport* Schlusspfiff *m*; **3.** endgültig: a) 'unwider,ruflich, b) entscheidend, c) ⚖ rechtskräftig: **after ~ judg(e)ment** nach Rechtskraft des Urteils; **4.** per'fekt; **5.** *ling.* a) auslautend, End...; Schluss..., b) Absichts..., Final...: **~ clause**; **II** *s.* **6.** *a. pl.* Fi'nale *n*, Endkampf *m od.* -runde *f od.* -spiel *n od.* -lauf *m*; **7.** *mst pl. univ.* 'Schlusse,xamen *n*, -prüfung *f*; **8.** F Spätausgabe *f* (*e-r Zeitung*); **fi·na·le** [fɪ'nɑːlɪ] *s.* Fi'nale *n*: a) ♪ (*mst* schneller) Schlusssatz, b) *thea.* Schluss(szene *f*) *m* (*bsd. Oper*), c) *fig.* (dra'matisches) Ende; **'fi·nal·ist** [-nəlɪst] *s.* **1.** *sport* Fina'list(in), Endspiel-, Endkampf-, Endrundenteilnehmer(in); **2.** *univ.* Ex'amenskandi,dat(in); **fi·nal·i·ty** [faɪ'nælətɪ] *s.* **1.** Endgültigkeit *f*; **2.** Entschiedenheit *f*; **'fi·nal·ize** [-nəlaɪz] *v/t.* **1.** be-, voll'enden, (endgültig) erledigen, abschließen; **2.** endgültige Form geben (*dat.*); **'fi·nal·ly** [-nəlɪ] *adv.* **1.** endlich, schließlich, zu'letzt; **2.** zum (Ab)Schluss; **3.** endgültig, defini'tiv.

fi·nance [faɪ'næns] **I** *s.* **1.** Fi'nanz *f*, Fi'nanzwesen *n*, -wirtschaft *f*, -wissenschaft *f*; **2.** *pl.* Fi'nanzen *pl.*, Einkünfte *pl.*, Vermögenslage *f*; **II** *v/t.* **3.** finanzieren; **~ act** *s. pol.* Steuergesetz *n*; **~ bill** *s.* **1.** *pol.* Fi'nanzvorlage *f*; **2.** ✝ Fi'nanzwechsel *m*; **~ com·pa·ny** *s.* ✝ Finanzierungsgesellschaft *f*; **~ house** *s.* ✝ *Brit.* 'Kundenkre,ditbank *f*.

fi·nan·cial [faɪ'nænʃl] *adj.* □ finanzi'ell, Finanz..., Geld..., Fiskal...: **~ aid** Finanzhilfe *f*; **~ backer** Geldgeber *m*; **~ columns** Handels-, Wirtschaftsteil *m*; **~ investment** Geldanlage *f*; **~ paper** Börsen-, Handelsblatt *n*; **~ plan** Finanzierungsplan *m*; **~ policy** Finanzpolitik *f*; **~ situation** (*od.* **condition**) Vermögenslage *f*; **~ standing** Kreditwürdigkeit *f*; **~ statement** ✝ Bilanz *f*; **~ year** a) ✝ Geschäftsjahr *n*, b) *parl.* Haushalts-, Rechnungsjahr *n*; **fi'nan·cier** [-nsɪə] **I** *s.* **1.** Finanzi'er *m*; **2.** Fi'nanz(fach)mann *m*; **II** *v/t.* **3.** finanzieren; **III** *v/i.* **4.** (*bsd.* skrupellose) Geldgeschäfte machen.

finch [fɪntʃ] *s. orn.* Fink *m*.

find [faɪnd] **I** *v/t.* [*irr.*] **1.** finden; **2.** finden, (an)treffen, stoßen auf (*acc.*): ***I found him in*** ich traf ihn zu Hause an; **~ *a good reception*** e-e gute Aufnahme finden; **3.** entdecken, bemerken, sehen, feststellen, (her'aus)finden: ***he found that ...*** er stellte fest *od.* fand, dass; ***I ~ it easy*** ich finde es leicht; **~ *one's way*** den Weg finden (***to*** nach, zu), sich zurechtfinden (***in*** in *dat.*); **~ *its way into*** *fig.* hineingeraten in (*acc.*) (*Sache*); **~ *o.s.*** a) sich *wo od. wie* befinden, b) sich sehen: **~ *o.s. surrounded***, c) sich finden, sich voll entfalten, s-e Fähigkeiten erkennen, d) zu sich selbst finden (→ 5); ***I found myself telling a lie*** ich ertappte mich bei e-r Lüge; **4.** finden: a) beschaffen, auftreiben, b) erlangen, sich verschaffen, c) *Zeit etc.* aufbringen; **5.** *j-n* versorgen, ausstatten (***in*** mit): ***be well found in clothes***; ***all found*** freie Station, freie Unterkunft u. Verpflegung; **~ *o.s.*** sich selbst versorgen; **6.** ⚖ (be)finden für, erklären (für): ***he was found guilty***; **7. ~ *out*** a) *et.* herausfinden, -bekommen, b) *j-n* ertappen, entlarven, durch'schauen; **II** *v/i.* [*irr.*] **8.** ⚖ (be)finden, (für Recht) erkennen (***that*** dass): **~ *for the defendant*** a) die Klage abweisen, b) *Strafprozess*: den Angeklagten freisprechen; **~ *against the defendant*** a) der Klage stattgeben, b) *Strafprozess*: den Angeklagten verurteilen; **III** *s.* **9.** Fund *m*, Entdeckung *f*; **'find·er** [-də] *s.* **1.** Finder *m*, Entdecker *m*: **~*s keepers*** F wer etwas findet, darf es (auch) behalten; **~*'s reward*** Finderlohn *m*; **2.** *phot.* Sucher *m*; **'find·ing** [-dɪŋ] *s.* **1.** Fund *m*, Entdeckung *f*; **2.** *mst pl. phys. etc.* Befund *m* (*a.* ⚕), Feststellung(en *pl.*) *f*, Erkenntnis(se *pl.*) *f*; **3.** ⚖ Feststellung *f*, *der Geschworenen*: *a.* Spruch *m*: **~*s of fact*** Tatsachenfeststellungen; **4.** *pl.* Werkzeuge *pl. od.* Materi'al *n* (*von Handwerkern*).

fine[1] [faɪn] **I** *adj.* □ **1.** *allg.* fein: a) dünn, zart, zierlich: **~ *china***, b) scharf: ***a ~ edge***, c) rein: **~ *silver*** Feinsilber *n*; ***gold 24 carats ~*** 24-karätiges Gold, d) *aus kleinsten Teilchen bestehend*: **~ *sand***, e) schön: ***a ~ ship***; **~ *weather***, f) vornehm, edel: ***a ~ man***, g) geschmackvoll, gepflegt, ele'gant, h) angenehm, lieblich: ***a ~ scent***, i) feinsinnig: ***a ~ distinction*** ein feiner Unterschied; **2.** prächtig, großartig: ***a ~ view***; ***a ~ musician***; ***a ~ fellow*** ein feiner *od.* prächtiger Kerl (→ 3); **3.** F, *a. iro.* fein, schön: ***that's all very ~ but ...*** das ist ja alles gut u. schön, aber ...; ***a ~ fellow you are!*** *contp.* du bist mir ein schöner Genosse!; ***that's ~ with me!*** in Ordnung!; **4.** ⚙ fein, genau, Fein...; **II** *adv.* **5.** F fein: a) vornehm (*a. contp.*): ***talk ~***, b) sehr gut, ‚bestens': ***that will suit me ~*** das passt mir ausgezeichnet; **6.** knapp: ***cut*** (*od.* ***run***) ***it ~*** ins Gedränge (*bsd.* in Zeitnot) kommen; **III** *v/t.* **7. ~ *away***, **~ *down*** fein(er) machen, abschleifen, zuspitzen; **8.** *oft* **~ *down*** *Wein etc.* läutern, klären; **9.** *metall.* frischen; **IV** *v/i.* **10. ~ *away***, **~ *down***, **~ *off*** fein(er) werden, abnehmen, sich abschleifen; **11.** sich klären.

fine[2] [faɪn] **I** *s.* **1.** ⚖ Geldstrafe *f*, Bußgeld *n*; **2. *in ~*** a) schließlich, b) kurzum; **II** *v/t.* **3.** mit e-r Geldstrafe *od.* e-m Bußgeld belegen: ***he was ~d £2*** er musste 2 Pfund (Strafe) bezahlen.

fine| ad·just·ment *s.* ⚙ Feineinstellung *f*; **~ arts** *s. pl.* (*die*) schönen Künste *pl.*; **'~-bore** *v/t.* ⚙ präzisi'onsbohren; **~ cut** *s.* Feinschnitt *m* (*Tabak*); **,~-'draw** *v/t.* [*irr.* → ***draw***] **1.** fein zs.-nähen, kunststopfen; **2.** ⚙ *Draht* fein ausziehen; **,~-'drawn** → ***fine-spun***.

fine·ness ['faɪnnɪs] *s. allg.* Feinheit *f*; **'fin·er·y** [-nərɪ] *s.* **1.** Putz *m*, Staat *m*; **2.** ⚙ a) Frischofen *m*, b) Frische'rei *f*; **fines** [faɪnz] *s. pl.* ⚙ Grus *m*, fein gesiebtes Materi'al; **,fine-'spun** *adj.* fein gesponnen (*a. fig.*).

fi·nesse [fɪ'nes] **I** *s.* **1.** Fi'nesse *f*: a) Spitzfindigkeit *f*, b) (kleiner) Kunstgriff, Kniff *m*; **2.** Raffi'nesse *f*, Schlauheit *f*; **3.** *Kartenspiel*: Schneiden *n*; **II** *v/i.* **4.** *Kartenspiel*: schneiden; **5.** ‚tricksen', Kniffe anwenden.

,fine|-'tooth(ed) *adj.* fein (gezahnt): **~ *comb*** Staubkamm *m*; ***go over s.th. with a ~ comb*** a) et. genau durchsuchen, b) et. genau unter die Lupe nehmen; **~ tun·ing** *s. Radio*: Feinabstimmung *f*.

fin·ger ['fɪŋgə] **I** *s.* **1.** Finger *m*: ***first, second, third ~*** Zeige-, Mittel-, Ringfinger; ***fourth*** (*od.* ***little***) **~** kleiner Finger; ***get*** (*od.* ***pull***) ***one's ~ out*** *Brit.* F ‚sich am Riemen reißen'; ***have a*** (*od.* ***one's***) **~ *in the pie*** die Hand im Spiel haben; ***keep one's ~s crossed for s.o.*** j-m den Daumen drücken *od.* halten; ***lay*** (*od.* ***put***) ***one's ~ on s.th.*** *fig.* den Finger auf et. legen; ***not to lay a ~ on s.o.*** j-m kein Härchen krümmen, j-n nicht anrühren; ***not to lift*** (*od.* ***raise***, ***stir***) ***a ~*** keinen Finger rühren; ***put the ~ on s.o.*** → 10; ***twist*** (*od.* ***wrap***, ***wind***) ***s.o.*** (***a***)***round one's little ~*** j-n um den (kleinen) Finger wickeln; ***work one's ~s to the bone*** (***for s.o.***) sich (für j-n) die Finger abarbeiten; → *a. Verbindungen mit anderen Verben u. Substantiven*; **2.** Finger(ling) *m* (*am Handschuh*); **3.** (Uhr)Zeiger *m*; **4.** Fingerbreit *m*; **5.** schmaler Streifen; schmales Stück; **6.** ⚙ Daumen *m*, Greifer *m*; **7.** *sl.* → ***finger man***; **II** *v/t.* **8.** a) betasten, befühlen, b) her'umfingern an (*dat.*), spielen mit; **9.** ♪ a) *et.* mit den Fingern spielen, b) *Noten* mit Fingersatz versehen; **10.** *Am.* F a) *j-n* verpfeifen, b) *j-n* beschatten, c) *Opfer* ausspähen; **III** *v/i.* **11.** her'umfingern (***at*** an *dat.*), spielen (***with*** mit); **'~·board** *s.* ♪ a) Griffbrett *n*, b) Klavia'tur *f*, c) Manu'al *n* (*der Orgel*); **~ bowl** *s.* Fingerschale *f*; **'~·breadth** *s.* Fingerbreit *m*.

-fin·gered [fɪŋgəd] *adj. in Zssgn* mit ... Fingern, ...fing(e)rig.

fin·ger·ing ['fɪŋgərɪŋ] *s.* ♪ Fingersatz *m*.

fin·ger| man *s.* Spitzel *m* (*e-r Bande*); **'~·mark** *s.* Fingerabdruck *m* (*Schmutzfleck*); **'~·nail** *s.* Fingernagel *m*; **~ nut** *s.* ⚙ Flügelmutter *f*; **'~·paint I** *s.* Fingerfarbe *f*; **II** *v/t. u. v/i.* mit Fingerfarben malen; **~ post** *s.* **1.** Wegweiser *m*; **2.** *fig.* Fingerzeig *m*; **'~·print I** *s.* Fingerabdruck *m*; **II** *v/t.* von *j-m* Fingerabdrücke machen; **'~·stall** *s.* Fingerling *m*; **'~·tip** *s. mst fig.* Fingerspitze *f*: ***have at one's ~s*** *Kenntnisse* parat haben; ***to one's ~s*** durch u. durch.

fin·i·cal ['fɪnɪkl] *adj.* □, **'fin·ick·ing** [-kɪŋ], **'fin·ick·y** [-kɪ] *adj.* **1.** über'trieben genau, pe'dantisch; **2.** heikel, ‚pingelig'; **3.** affek'tiert, geziert; **4.** knifflig.

fi·nis ['fɪnɪs] (*Lat.*) *s.* Ende *n*.

fin·ish ['fɪnɪʃ] **I** *s.* **1.** Ende *n*, Schluss *m*; **2.** *sport* a) Endspurt *m*, Finish *n*, b) Ziel *n*, c) Endkampf *m*, Entscheidung *f*: ***be in at the ~*** in die Endrunde kommen, *fig.* das Ende miterleben; **3.** Voll'endung *f*, letzter Schliff, Ele'ganz *f*; **4.** ⚙ a) (äußerliche) Ausführung, Bearbeitung(sgüte) *f*, Oberflächenbeschaffenheit *f*, b) ('Lack- *etc.*),Überzug *m*, c) Poli'tur *f*, d) Appre'tur *f*; **5.** gute Ausführung *od.* Verarbeitung; **6.** △ a) Ausbau *m*, b) Verputz *m*; **II** *v/t.* **7.** *a.* **~ *off*** voll'enden, beendigen, fertig stellen, erledigen, zu Ende führen: **~ *a task***; **~ *a book*** ein Buch auslesen *od.* zu Ende lesen; **8.** *a.* **~ *off*** (*od.* ***up***) a) *Vorräte* auf-, verbrauchen, b) aufessen *od.* austrinken; **9.** *a.* **~ *off*** a) *j-n* ‚erledigen', *j-m* den Rest geben' (*töten od. erschöpfen od. ruinieren*), b) *bsd. e-m Tier* den Gnadenschuss *od.* -stoß geben; **10.** a) *a.* **~ *off*** (*od.* **~ *up***) *et.* vervollkommnen, *e-r Sache* den letzten Schliff geben, b) *j-m* feine Lebensart beibringen; **11.** ⚙ nachbearbeiten, fertig bearbeiten, *Papier* glätten, *Stoff* zurichten, appretieren, *Möbel etc.* polieren; **III** *v/i.* **12.** *a.* **~ *off*** (*od.* ***up***) enden, schließen, aufhören (***with*** mit): ***have you ~ed?*** bist du fertig?; ***he ~ed by saying*** abschließend *od.* zum Abschluss sagte er; **13.** *a.* **~ *up*** enden, *im Gefängnis etc.* ‚landen'; **14.** enden, zu Ende gehen; **15. ~ *with*** mit *j-m od. et.* Schluss machen: ***I'm ~ed with him!*** mit ihm bin ich fertig!; ***have ~ed with s.o.*** (*od.* ***s.th.***) j-n (et.) nicht mehr brauchen; ***I haven't ~ed with you yet!*** ich bin noch nicht fertig mit dir!; **16.** *sport* einlaufen, durchs Ziel gehen: **~ *third*** *a.* Dritter werden, den dritten Platz belegen, *allg.* als Dritter fertig sein.

fin·ished ['fɪnɪʃt] *adj.* **1.** beendet, fertig: ***half-~ products*** Halbfabrikate; **~ *goods*** Fertigwaren; **~ *part*** Fertigteil *n*;

2. *fig.* F ‚erledigt' (*erschöpft od. ruiniert od. todgeweiht*): ***he is ~ a.*** mit ihm ist es aus!; **3.** voll'endet, voll'kommen; **'fin·ish·er** [-ʃə] *s.* **1.** ⚙ a) Fertigbearbeiter *m*; Appretierer *m*, b) Ma'schine *f* zur Fertigbearbeitung, *z.B.* Fertigwalzwerk *n*; **2.** F vernichtender Schlag, ‚K.-'o.-Schlag' *m*; **3.** ***strong ~*** *sport* (starker) Spurtläufer.

fin·ish·ing ['fɪnɪʃɪŋ] **I** *s.* **1.** Voll'enden *n*, Fertigmachen *n*, -stellen *n*; **2.** ⚙ a) Fertigbearbeitung *f*, b) (abschließende) Oberflächenbehandlung *f*, *z.B.* Hochglanzpolieren *n*, c) Veredelung, d) Appre'tur *f* (*von Stoffen*); **3.** *sport* Abschluss *m*; **II** *adj.* **4.** abschließend; → ***touch*** 3; **~ a·gent** *s.* ⚙ Appre'turmittel *n*; **~ in·dus·try** *s.* Ver'edelungsindust-ˌrie *f*, verarbeitende Indu'strie; **~ lathe** *s.* ⚙ Fertigdrehbank *f*; **~ line** *s. sport* Ziellinie *f*; **~ mill** *s.* ⚙ **1.** Feinwalzwerk *n*; **2.** Schlichtfräser *m*; **~ post** *s. sport* Zielpfosten *m*; **~ school** *s.* 'Mädchenpensioˌnat *n* (*zur Vorbereitung auf das gesellschaftliche Leben*).

fi·nite ['faɪnaɪt] *adj.* **1.** begrenzt, endlich (*a.* Ʀ); **2.** *ling.* fi'nit: **~ *form*** *a.* Personalform *f*; **~ *verb*** Verbum *n* finitum.

fink [fɪŋk] *Am. sl.* **I** *s.* **1.** Streikbrecher *m*; **2.** Spitzel *m*; **3.** ‚Dreckskerl' *m*; **II** *v/i.* **4.** **~ *on*** *j-n* verpfeifen; **5.** **~ *out*** sich drücken, ‚aussteigen'.

Finn [fɪn] *s.* Finne *m*, Finnin *f*.

fin·nan had·dock ['fɪnən] *s.* geräucherter Schellfisch.

finned [fɪnd] *adj.* **1.** *ichth.* mit Flossen; **2.** ⚙ gerippt; **fin·ner** ['fɪnə] *s. zo.* Finnwal *m*.

Finn·ish ['fɪnɪʃ] **I** *adj.* finnisch; **II** *s. ling.* Finnisch *n*.

fin·ny ['fɪnɪ] *adj.* **1.** → ***finned*** 1; **2.** Flossen..., Fisch...

fiord [fɪ'ɔːd] *s. geogr.* Fjord *m*.

fir [fɜː] *s.* **1.** ⚘ Tanne *f*, Fichte *f*; **2.** Tannen-, Fichtenholz *n*; **~ cone** *s.* Tannenzapfen *m*.

fire ['faɪə] **I** *s.* **1.** Feuer *n* (*a. Edelstein*): ***~ and brimstone*** a) *bibl.* Feuer u. Schwefel *m*, b) *eccl.* Hölle *f* u. Verdammnis *f*; ***be on ~*** brennen, in Flammen stehen, *fig.* Feuer u. Flamme sein; ***catch ~*** Feuer fangen, in Brand geraten, *fig.* in Hitze geraten; ***go through ~ and water for s.o.*** *fig.* für j-n durchs Feuer gehen; ***play with ~*** *fig.* mit dem Feuer spielen; ***pull s.th. out of the ~*** *fig.* et. aus dem Feuer reißen; ***set on ~, set ~ to*** anzünden, in Brand stecken; **2.** Feuer *n* (*im Ofen etc.*): ***on a slow ~*** bei schwachem Feuer (*kochen*); **3.** Brand *m*, Feuer(sbrunst *f*) *n*: ***where's the ~?*** F wo brennts?; **4.** *Brit.* Heizgerät *n*; **5.** *fig.* Feuer *n*, Glut *f*, Leidenschaft *f*, Begeisterung *f*; **6.** ⚔ Feuer *n*, Beschuss *m*: ***blank ~*** blindes Schießen; ***come under ~*** unter Beschuss geraten (*a. fig.*); ***come under ~ from s.o.*** *fig.* in j-s Schusslinie geraten; ***hang ~*** schwer losgehen (*Schusswaffe*), *fig.* auf sich warten lassen (*Sache*); ***hold one's ~*** *fig.* sich zurückhalten; ***miss ~*** versagen (*Schusswaffe*), *fig.* fehlschlagen; **II** *v/t.* **7.** anzünden, in Brand stecken; **8.** *Kessel* heizen, *Ofen* (be)feuern, beheizen: ***~ up inflation*** *fig.* die Inflation ‚anheizen'; **9.** *Ziegel* brennen; **10.** *Tee* feuern; **11.** *fig. j-n, j-s Gefühle* entflammen, *j-n* in Begeisterung versetzen, *j-s Fantasie* beflügeln; **12.** *a.* ***~ off*** a) *Schusswaffe* abfeuern, b) *Schuss* abfeuern, -geben, c) *Sprengladung, Rakete* zünden; **13.** *a.* ***~ off*** *fig.* a) *Fragen etc.* abschießen, b) *j-n mit Fragen* bombardieren; **14.** *Motor* anlassen; **15.** F *j-n* ‚feuern', ‚rausschmeißen'; **III** *v/i.* **16.** Feuer fangen, (an)brennen; **17.** ⚔ feuern, schießen (***at, on*** auf *acc.*): ***~ away!*** F schieß los!; **18.** zünden (*Motor*); **19.** *a.* ***~ up*** ‚hochgehen', wütend werden.

fire| a·larm *s.* **1.** 'Feueraˌlarm *m*; **2.** Feuermelder *m*; **'~·arm** [-ərɑːm] *s.* Feuer-, Schusswaffe *f*: ***~ certificate*** *Brit.* Waffenschein *m*; **'~·ball** *s.* **1.** *hist.* ⚔ *u. ast.* Feuerkugel *f*; **2.** Feuerball *m* (*Sonne, Explosion etc.*); **3.** Kugelblitz *m*; **~ bal·loon** *s.* 'Heißluftbalˌlon *m*; **'~·brand** *s.* **1.** brennendes Holzscheit; **2.** *fig.* Unruhestifter *m*, Aufwiegler *m*; **'~·brick** *s.* feuerfester Ziegel, Scha'mottestein *m*; **~ bri·gade** *s. Brit.* Feuerwehr *f* (*a. fig. pol. etc.*); **'~·bug** *s. sl.* ‚Feuerteufel' *m*; **~ clay** *s.* feuerfester Ton, Scha'motte *f*; **~ com·pa·ny** *s.* **1.** *Am.* Feuerwehr *f*; **2.** → ***fire-office***; **~ con·trol** *s.* **1.** ⚔ Feuerleitung *f*; **2.** Brandbekämpfung *f*; **'~·crew** *s.* Löschmannschaft *f*; **'~ˌcrack·er** *s.* Frosch *m* (*Knallkörper*); **'~·damp** *s.* ⚒ schlagende Wetter *pl.*, Grubengas *n*; **~ de·part·ment** *s. Am.* Feuerwehr *f*; **'~·dog** *s.* Ka'minbock *m*; **~ drag·on** *s.* Feuer speiender Drache; **~ drill** *s.* **1.** 'Feueraˌlarmübung *f*; **2.** Feuerwehrübung *f*; **'~-ˌeat·er** [-ərˌiː-] *s.* **1.** Feuerschlucker *m*; **2.** *fig.* ‚Eisenfresser' *m*; **~ en·gine** *s.* **1.** Feuerspritze *f*; **2.** Löschfahrzeug *n*; **~ es·cape** *s.* Feuerleiter *f*, -treppe *f*; **~ ex·tin·guish·er** *s.* Feuerlöscher *m*; **'~ˌfight·er** *s.* Feuerwehrmann *m*; *pl.* Löschmannschaft *f*; **'~ˌfight·ing I** *s.* Brandbekämpfung *f*; **II** *adj.* Lösch..., Feuerwehr...; **'~·fly** *s.* Glühwürmchen *n*; **'~·guard** *s.* **1.** Ka'mingitter *n*; **2.** Brandwache *f od.* -wart *m*; **~ hose** *s.* Feuerwehrschlauch *m*; **~ lane** *f* Feuerschneise *f*; **'~·man** [-mən] *s.* [*irr.*] **1.** Feuerwehrmann *m*; *pl.* Löschmannschaft *f*; **2.** Heizer *m*; **~ of·fice** [-ərˌɒ-] *s. Brit.* Feuerversicherung(sanstalt) *f*; **'~·place** *s.* (offener) Ka'min; **'~·plug** *s.* ⚙ Hy'drant *m*; **~ point** *s.* Flammpunkt *m*; **~ pol·i·cy** *s. Brit.* 'Feuerversicherungspoˌlice *f*; **~ pow·er** *s.* ⚔ Feuerkraft *f*; **'~·proof I** *adj.* feuerfest, -sicher: ***~ curtain*** *thea.* eiserner Vorhang; **II** *v/t.* feuerfest machen; **~ rais·er** *s. Brit.* Brandstifter(in); **~ serv·ice** *s. Brit.* Feuerwehr *f*; **~ ship** *s.* ⚓ Brander *m*; **'~·side** *s.* **1.** (offener) Ka'min *m*: ***~ chat*** Plauderei *f* am Kamin; **2.** *fig.* häuslicher Herd, Da'heim *n*; **~ sta·tion** *s.* Feuerwehrwache *f*; **'~·storm** *s.* Feuersturm *m*; **'~·trap** *s.* ‚Mausefalle' *f* (*Gebäude ohne genügende Notausgänge*); **~ wall** *s.* Brandmauer *f*; **'~ˌward·en** *s. Am.* **1.** Brandmeister *m*; **2.** Brandwache *f*; **'~ˌwatch·er** *s. Brit.* Brandwache *f*, Luftschutzwart *m*; **'~ˌwa·ter** *s.* F ‚Feuerwasser' *n* (*Schnaps etc.*); **'~·wood** *s.* Brennholz *n*; **'~·works** *s. pl.* Feuerwerk *n* (*a. fig.*): ***a ~ of wit***; ***there were ~*** da flogen die Fetzen.

fir·ing ['faɪərɪŋ] *s.* **1.** ⚔ (Ab)Feuern *n*; **2.** ⚙ Zünden *n*; **3.** a) Heizen *n*, b) Feuerung *f*, c) 'Brennmateriˌal *n*; **~ line** *s.* ⚔ Feuerlinie *f*, -stellung *f*; Kampffront *f*: ***be in*** (*Am.* ***on***) ***the ~*** *fig.* in der Schusslinie stehen; **~ or·der** *s.* **1.** ⚔ Schießbefehl *m*; **2.** *mot.* Zündfolge *f*; **~ par·ty**, **~ squad** *s.* ⚔ a) 'Ehrensaˌlutkomˌmando *n*, b) Exekuti'onskomˌmando *n*.

fir·kin ['fɜːkɪn] *s.* **1.** (Holz)Fässchen *n*; **2.** Viertelfass *n* (*Hohlmaß = etwa 40 l*).

firm[1] [fɜːm] **I** *adj.* ☐ **1.** fest, stark, hart; **2.** ☤ fest: **~ *offer***; **~ *market***; **3.** fest, beständig; **4.** standhaft, fest, entschlossen, bestimmt: ***be ~ with s.o.*** j-m gegenüber hart sein; **II** *adv.* **5.** fest: ***stand ~*** *fig.* festbleiben; **III** *v/t.* **6.** *a.* ***~ up*** fest machen; **IV** *v/i.* **7.** *a.* ***~ up*** fest werden; **8.** *a.* ***~ up*** ☤ anziehen (*Preise*), sich erholen (*Markt*).

firm[2] [fɜːm] *s.* Firma *f*: a) Firmenname *m*, b) Unter'nehmen *n*, Geschäft *n*, Betrieb *m*.

fir·ma·ment ['fɜːməmənt] *s.* Firma'ment *n*, Himmelsgewölbe *n*.

firm·ness ['fɜːmnɪs] *s.* **1.** Festigkeit *f*, Entschlossenheit *f*, Beständigkeit *f*; **2.** ☤ Festigkeit *f*, Stabili'tät *f*.

fir nee·dle *s.* Tannennadel *f*.

first [fɜːst] **I** *adj.* ☐ → ***firstly***; **1.** erst: ***at ~ hand*** aus erster Hand, direkt; ***in the ~ place*** zuerst, an erster Stelle; ***~ thing*** (***in the morning***) (morgens) als Allererstes; ***~ things ~!*** das Wichtigste zuerst!; ***he doesn't know the ~ thing*** er hat keine (blasse) Ahnung; → ***cousin***; **2.** erst, best, bedeutendst, führend: ***~ officer*** ⚓ Erster Offizier; ***~ quality*** beste *od.* prima Qualität; **II** *adv.* **3.** zu'erst, voran: ***head ~*** (mit dem) Kopf voraus; **4.** zum ersten Mal; **5.** eher, lieber; **6.** *a.* ***~ off*** F (zu)'erst (einmal): ***I must ~ do that***; **7.** zu'erst, als Erst(er, -e, -es), an erster Stelle: ***~ come, ~ served*** wer zuerst kommt, mahlt zuerst; ***~ or last*** früher oder später; ***~ and last*** a) vor allen Dingen, b) im großen Ganzen; ***~ of all*** zuallererst, vor allen Dingen; → 8; **III** *s.* **8.** (*der, die, das*) Erste *od.* (*fig.*) Beste: ***be ~ among equals*** Primus inter Pares sein; ***at ~*** zuerst, anfangs, zunächst; ***from the ~*** von Anfang an; ***from ~ to last*** durchweg, von A bis Z; **9.** ♪ erste Stimme; **10.** *mot.* (*der*) erste Gang; **11.** *der* (Monats)Erste; **12.** 🚂 F erste Klasse; **13.** *univ. Brit. akademischer Grad erster Klasse*; **14.** *pl.* ☤ Ware(n *pl.*) *f* erster Quali'tät, erste Wahl; **15.** ***~ of exchange*** ☤ Primawechsel *m*; **~ aid** *s.* erste Hilfe: ***render ~*** erste Hilfe leisten; **ˌ~-'aid** *adj.* Erste-Hilfe-...: ***~ kit*** Verbandskasten *m*; ***~ post*** *od.* ***station*** Sanitätswache *f*, Unfallstation *f*; **~ bid** *s.* ☤ Erstgebot *n*; **'~-born I** *adj.* erstgeboren; **II** *s.* (*der, die, das*) Erstgeborene; **~ cause** *s. phls.* Urgrund *m* aller Dinge, Gott *m*; **~ class** *s.* **1.** 🚂 *etc.* erste Klasse; **2.** *univ. Brit.* → ***first*** 13; **ˌ~-'class** *adj. u. adv.* **1.** erstklassig, ausgezeichnet; F prima; **2.** 🚂 *etc.* erster Klasse: ***~ mail*** a) *Am.* Briefpost *f*, b) *Brit.* bevorzugt beförderte Inlandspost; **~ cost** *s.* ☤ Selbstkosten(preis *m*) *pl.*, Gestehungskosten *pl.*, Einkaufspreis *m*; **~ floor** *s.* **1.** *Brit.* erste(r) Stock, erste E'tage; **2.** *Am.* Erdgeschoss, *östr.* -geschoß *n*; **~ fruits** *s. pl.* **1.** ⚘ Erstlinge *pl.*; **2.** *fig.* a) erste Erfolge *pl.*, b) Erstlingswerk(e *pl.*) *n*; **ˌ~-gen·er'a·tion** *adj. Computer etc.* der ersten Generati'on; **ˌ~-'hand** *adj. u. adv.* aus erster Hand, di'rekt; **~ la·dy** *s.* First Lady *f*: a) *Gattin e-s Staatsoberhauptes*, b) *führende Persönlichkeit*: ***the ~ of jazz***; **~ lieu·ten·ant** *s.* ⚔ Oberleutnant *m*.

first·ling ['fɜːstlɪŋ] *s.* Erstling *m*; **first·ly** ['fɜːstlɪ] *adv.* erstens, zu'erst (einmal).

first| name *s.* Vorname *m*; **~ night** *s. thea.* Erst-, Uraufführung *f*, Premi'ere *f*; **ˌ~-'night·er** *s.* Premi'erenbesucher

(-in); ~ **pa·pers** *s. pl. Am.* (*erster*) *Antrag e-s Ausländers auf amer. Staatsangehörigkeit*; ~ **per·son** *s.* **1.** *ling.* erste Per'son; **2.** Ichform *f* (*in Romanen etc.*); ~ **prin·ci·ples** *s. pl.* 'Grundprin,zipien *pl.*; ,~-'**rate** → ***first-class*** 1; ~ **ser·geant** *s.* ⚔ *Am.* Hauptfeldwebel *m*; ~ **strike** *s.* ⚔ (ato'marer) Erstschlag; ,~-'**time** *adj.*: ~ ***voter*** Erstwähler(in).

firth [fɜːθ] *s.* Meeresarm *m*, Förde *f*.

fir tree *s.* Tanne(nbaum *m*) *f*.

fis·cal ['fɪskl] *adj.* □ fis'kalisch, steuerlich, Finanz...: ~ ***policy*** Finanzpolitik *f*; ~ ***stamp*** Banderole *f*; ~ ***year*** a) *Am.* Geschäftsjahr *n*, b) *parl. Am.* Haushalts-, Rechnungsjahr *n*, c) *Brit.* Steuerjahr *n*.

fish [fɪʃ] **I** *pl.* **fish** *od.* (*Fischarten*) **fishes** *s.* **1.** Fisch *m*: ***fried*** ~ Bratfisch; ***drink like a*** ~ saufen wie ein Loch; ***like a*** ~ ***out of water*** wie ein Fisch auf dem Trockenen; ***I have other*** ~ ***to fry*** ich habe Wichtigeres zu tun; ***all is*** ~ ***that comes to his net*** er nimmt unbesehen alles (mit); ***a pretty kettle of*** ~ F e-e schöne Bescherung; ***neither*** ~ ***nor flesh*** (***nor good red herring***), ***neither*** ~ ***nor fowl*** F weder Fisch noch Fleisch, nichts Halbes und nichts Ganzes; ***there are plenty more*** ~ ***in the sea*** F es gibt noch mehr davon auf der Welt; ***loose*** ~ F lockerer Vogel; ***queer*** ~ F komischer Kauz; ***can a*** ~ (*od.* ***duck***) ***swim***? worauf du dich verlassen kannst!, da fragst du noch?; → ***feed*** 1; **2.** *ast.* ***the*** ♋(***es*** *pl.*) die Fische *pl.*: ***be*** (***a***) ♋***es*** Fisch sein; **II** *v/t.* **3.** fischen, *Fische* fangen, angeln; **4.** a) fischen *od.* angeln in (*dat.*), b) *Fluss etc.* abfischen, absuchen: ~ ***up*** *j-n* auffischen; **5.** *fig. a.* ~ ***out*** her'vorkramen, -holen, -ziehen; **6.** ⚙ verlaschen; **III** *v/i.* **7.** (***for***) fischen, angeln (auf *acc.*); **8.** ~ ***for*** *fig.* a) fischen nach: ~ ***for compliments***, b) aus sein auf (*acc.*): ~ ***for information***; **9.** *a.* ~ ***around*** kramen (***for*** nach).

fish| and chips *s. Brit.* Bratfisch *m* u. Pommes 'frites; ~ **ball** *s.* 'Fischfrika,delle *f*, -klops *m*; ~ **bas·ket** *s.* (Fisch-)Reuse *f*; '~·**bone** *s.* Gräte *f*; ~ **bowl** *s.* Goldfischglas *n*; ~ **cake** → ***fish ball***; ~ **eat·ers** *s. pl.* Fischbesteck *n*.

fish·er ['fɪʃə] *s.* **1.** Fischer *m*, Angler *m*; **2.** *zo.* Fischfänger *m*; '**fish·er·man** [-mən] *s.* [*irr.*] **1.** (*a.* Sport)Fischer *m*; **2.** Fischdampfer *m*; '**fish·er·y** [-ərɪ] *s.* **1.** Fische'rei *f*, Fischfang *m*; **2.** Fischzuchtanlage *f*; **3.** Fischgründe *pl.*, Fanggebiet *n*.

'**fish|·eye** (**lens**) *s. phot.* 'Fischauge(nobjek,tiv) *n*; ~ **fin·gers** *s. pl. Küche*: Fischstäbchen *pl.*; ~ **flour** *s.* Fischmehl *n*; ~ **glue** *s.* Fischleim *m*; '~·**hook** *s.* Angelhaken *m*.

fish·ing ['fɪʃɪŋ] *s.* **1.** Fischen *n*, Angeln *n*; **2.** → ***fishery*** 1, 3; ~ **boat** *s.* Fischerboot *n*; ~ **grounds** *s. pl.* → ***fishery*** 3; ~ **in·dus·try** *s.* Fische'rei(gewerbe *n*) *f*; ~ **line** *s.* Angelschnur *f*; ~ **net** *s.* Fischnetz *n*; ~ **pole** *s.*, ~ **rod** *s.* Angelrute *f*; ~ **tack·le** *s.* Angel- *od.* Fische'reigeräte *pl.*; ~ **vil·lage** *s.* Fischerdorf *n*.

fish| lad·der *s.* Fischleiter *f*, -treppe *f*; ~ **meal** *s.* Fischmehl *n*; '~,**mon·ger** *s. Brit.* Fischhändler *m*; '~·**net** *adj.* Netz...: ~ ***shirt***; ~ ***stockings***; ~ **oil** *s.* Fischtran *m*; '~·**plate** *s.* 🚂 Lasche *f*; '~·**pond** *s.* Fischteich *m*; '~·**pot** *s.* Fischreuse *f*; ~ **slice** *s.* Fischheber *m*; ~ **stor·y** *s. Am.* F ,Seemannsgarn' *n*; ~ **tank** *s.* A'quarium *n*; '~·**wife** *s.* [*irr.*] Fischhändlerin *f*: ***swear like a*** ~ keifen wie ein Fischweib.

fish·y ['fɪʃɪ] *adj.* □ **1.** fischartig, Fisch...: ~ ***eyes*** *fig.* Fischaugen; **2.** fischreich; **3.** F ,faul', verdächtig: ***there's s.th.*** ~ ***about it*** daran ist irgendetwas faul.

fis·sile ['fɪsaɪl] *adj. bsd. phys.* spaltbar: ~ ***material*** 'Spaltmateri,al *n*; **fis·sion** ['fɪʃn] *s.* **1.** *phys.* Spaltung *f* (*a. fig.*): ~ ***bomb*** A'tombombe *f*; **2.** *biol.* (Zell-)Teilung *f*; **fis·sion·a·ble** ['fɪʃnəbl] → ***fissile***.

fis·sip·a·rous [fɪ'sɪpərəs] *adj. biol.* sich durch Teilung vermehrend, fissi'par.

fis·sure ['fɪʃə] *s.* Spalt(e *f*) *m*, Riss *m* (*a.* ⚕), Ritz(e *f*) *m*, Sprung *m*; '**fis·sured** [-əd] *adj.* gespalten, rissig (*a.* ⚙); ⚕ schrundig.

fist [fɪst] **I** *s.* **1.** Faust *f*: ~ ***law*** Faustrecht *n*; **2.** *humor.* a) ,Pfote' *f*, Hand *f*, b) ,Klaue' *f*, Handschrift *f* (*a. fig.*); **3.** F Versuch *m* (***at*** mit); **II** *v/t.* **4.** mit der Faust schlagen; **5.** packen.

-fist·ed [fɪstɪd] *adj. in Zssgn* mit e-r ... Faust *od.* Hand, mit ... Fäusten.

'**fist·ful** [-fʊl] *s.* (*e-e*) Hand *f* voll.

fist·ic, fist·i·cal ['fɪstɪk(l)] *adj. sport* Box...; '**fist·i·cuffs** [-kʌfs] *s. pl.* Faustschläge *pl.*, Schläge'rei *f*.

fis·tu·la ['fɪstjʊlə] *s.* ⚕ Fistel *f*.

fit¹ [fɪt] **I** *adj.* □ **1.** a) passend, geeignet, b) fähig, tauglich: ~ ***for service*** dienstfähig, (-)tauglich; ~ ***to drink*** trinkbar; ~ ***to drive*** fahrtüchtig; ~ ***to eat*** ess-, genießbar; ***laugh*** ~ ***to burst*** F vor Lachen beinahe platzen; ~ ***to kill*** F wie verrückt; ***he was*** ~ ***to be tied*** *Am.* F er hatte eine Stinkwut; ***he is not*** ~ ***for the job*** er ist für den Posten nicht geeignet; → ***drop*** 12; **2.** wert, würdig: ***not to be*** ~ ***to*** *inf.* es nicht verdienen zu *inf.*; ***not*** ~ ***to be seen*** nicht präsentabel *od.* vorzeigbar; **3.** angemessen, angebracht: ***more than*** ~ über Gebühr; ***see*** (*od.* ***think***) ~ es für richtig *od.* angebracht halten (***to do*** zu tun); **4.** schicklich, geziemend: ***it is not*** ~ ***for us to do so*** es gehört sich *od.* ziemt sich nicht, dass wir das tun; **5.** a) gesund, b) fit, (gut) in Form: ***keep*** ~ sich in Form *od.* fit halten; ***as*** ~ ***as a fiddle*** a) kerngesund, b) quietschvergnügt; **II** *s.* **6.** Passform *f*, Sitz *m* (*Kleid*): ***it is a bad*** (***perfect***) ~ es sitzt schlecht (tadellos); ***it is a tight*** ~ es sitzt stramm, *fig.* es ist sehr knapp bemessen; **7.** ⚙ Passung *f*; **III** *v/t.* **8.** passend *od.* geeignet machen (***for*** für), anpassen (***to*** an *acc.*); **9.** passen für *od.* auf (*j-n*), *e-r Sache* angemessen *od.* angepasst sein: ***the key*** ~***s the lock*** der Schlüssel passt (ins Schloss); ***the description*** ~***s him*** die Beschreibung trifft auf ihn zu; ***the name*** ~***s him*** der Name passt zu ihm; ~ ***the facts*** (mit den Tatsachen überein)stimmen; ***to*** ~ ***the occasion*** (*Redew.*) dem Anlass entsprechend; **10.** *j-m* passen (*Kleid etc.*); **11.** sich eignen für; **12.** *j-n* befähigen (***for*** für; ***to do*** zu tun); **13.** *j-n* vorbereiten, ausbilden (***for*** für); **14.** *a.* ⚙ ausrüsten, -statten, einrichten, versehen (***with*** mit); **15.** ⚙ a) einpassen, -bauen (***into*** in *acc.*), b) anbringen (***to*** an *dat.*), c) → ***fit up*** 2; **16.** a) an *j-m* Maß nehmen, b) *Kleid etc.* anprobieren; **IV** *v/i.* **17.** passen: a) sitzen (*Kleid*), b) angemessen sein, c) sich eignen; **18.** ~ ***into*** passen in (*acc.*), sich einfügen in (*acc.*); ~ **in I** *v/t.* einfügen, -passen, *a. fig. j-n od. et.* einschieben; **II** *v/i.* (***with***) passen (in *acc.*), über'einstimmen (mit); ~ **on** *v/t.* **1.** *Kleid etc.* anprobieren; **2.** anbringen, (an)montieren (***to*** an *acc.*); ~ **out** → ***fit¹*** 14; ~ **up** *v/t.* **1.** → ***fit¹*** 14; **2.** ⚙ aufstellen, montieren.

fit² [fɪt] *s.* **1.** ⚕ *u. fig.* Anfall *m*, Ausbruch *m*: ~ ***of coughing*** Hustenanfall; ~ ***of anger*** Wutanfall; ~ ***of laughter*** Lachkrampf *m*; ***have a*** ~ F ,Zustände' *od.* e-n Lachkrampf kriegen; ***give s.o. a*** ~ F a) j-m e-n Schrecken einjagen, b) j-n ,auf die Palme bringen'; **2.** (plötzliche) Anwandlung, Laune *f*: ~ ***of generosity*** Anwandlung von Großzügigkeit, Spendierlaune; ***by*** ~***s*** (***and starts***) a) stoß-, ruckweise, b) spo'radisch.

fitch [fɪtʃ], **fitch·ew** ['fɪtʃuː] *s. zo.* Iltis *m*.

fit·ful ['fɪtfʊl] *adj.* □ unstet, unbeständig, veränderlich; sprung-, launenhaft; **fit·ment** ['fɪtmənt] *s.* **1.** Einrichtungsgegenstand *m*; *pl.* Ausstattung *f*, Einrichtung *f*; **2.** *Am.* (Tropf- *etc.*)Vorrichtung *f*; **fit·ness** ['fɪtnɪs] *s.* **1.** Eignung *f*, Fähig-, Tauglichkeit *f*: ~ ***test*** Eignungsprüfung *f* (→ 5); **2.** Zweckmäßigkeit *f*; **3.** Angemessenheit *f*; **4.** Schicklichkeit *f*; **5.** a) Gesundheit *f*, b) (gute) Form, Fitness *f*: ~ ***room*** Fitnessraum *m*; ~ ***test*** *sport* Fitnesstest *m*; ~ ***trail*** *Am.* Trimmpfad *m*; **fit·ted** ['fɪtɪd] *adj.* **1.** passend, geeignet; **2.** nach Maß (gearbeitet), zugeschnitten: ~ ***carpet*** Teppichboden *m*; ~ ***coat*** taillierter Mantel; **3.** Einbau...: ~ ***kitchen***; **fit·ter** ['fɪtə] *s.* **1.** Ausrüster *m*, Einrichter *m*; **2.** Schneider(in); **3.** ⚙ Mon'teur *m*, Me'chaniker *m*; Installa'teur *m*; (Ma'schinen)Schlosser *m*; **fit·ting** ['fɪtɪŋ] **I** *adj.* □ **1.** a) passend, geeignet, b) angemessen, c) schicklich; **II** *s.* **2.** Anprobe *f*: ~ ***room*** 'Anproberaum *m*, -ka,bine *f*; **3.** ⚙ Einpassen *n*, -bauen *n*; **4.** ⚙ Mon'tage *f*, Installieren *n*, Aufstellung *f*: ~ ***shop*** Montagehalle *f*; **5.** *pl.* ⚙ Beschläge *pl.*, Zubehör *n*, Arma'turen *pl.*, Ausstattungsgegenstände *pl.*; **6.** ⚙ a) Passarbeit *f*, b) Passteil *n*, c) Bau-, Zubehörteil *n*, d) (Rohr)Verbindung *f*, e) Einrichtung *f*, Ausrüstung *f*, -stattung *f*; '**fit-up** *s. thea. Brit.* F **1.** provi'sorische Bühne; **2.** *a.* ~ ***company*** (kleine) Wanderbühne.

five [faɪv] **I** *adj.* fünf; ~-***and-ten*** *Am.* billiges Kaufhaus; ~-***day week*** Fünftagewoche *f*; ~-***finger exercise*** ♪ Fünffingerübung *f*, *fig.* Kinderspiel *n*; ~-***o'clock shadow*** Anflug *m* von Bartstoppeln am Nachmittag; ~-***year plan*** Fünfjahresplan *m*; **II** *s.* Fünf *f*: ***the*** ~ ***of hearts*** die Herzfünf (*Spielkarte*); '**five·fold** *adj. u. adv.* fünffach; '**fiv·er** [-və] *s.* F *Brit.* Fünf'pfund-, *Am.* Fünf'dollarschein *m*; **fives** [-vz] *s. pl. sg. konstr. sport Brit. ein* Wandballspiel *n*.

fix [fɪks] **I** *v/t.* **1.** befestigen, festmachen, anheften, anbringen (***to*** an *acc.*); → ***bayonet*** I; **2.** *fig.* verankern: ~ ***s.th. in s.o.'s mind*** j-m et. einprägen; **3.** *fig. Termin, Preis etc.* festsetzen, -legen (***at*** auf *acc.*), bestimmen, verabreden; **4.** *Blick, s-e Aufmerksamkeit etc.* richten, heften, *Hoffnung* setzen (***on*** auf *acc.*); **5.** *j-s Aufmerksamkeit* fesseln; **6.** *j-n, et.* fixieren, anstarren; **7.** *die Schuld etc.* zuschreiben (***on*** *dat.*); **8.** ✈, ⚓ die Positi'on bestimmen von (*od. gen.*); **9.** *phot.* fixieren; **10.** (zur mikro'skopischen Unter'suchung) präparieren; **11.**

⚙ *Werkstücke* feststellen; **12.** reparieren, instand setzen; **13.** *bsd. Am. et.* zu'rechtmachen, *Essen* zubereiten: **~ s.o. a drink** j-m e-n Drink mixen; **~ one's face** sich schminken; **~ one's hair** sich frisieren; **14.** *a.* **~ up** *et.* arrangieren, regeln, *a.* in Ordnung bringen, *Streit* beilegen; **15.** F a) *e-n Wahlkampf etc.* (vorher) ‚arrangieren', manipulieren, b) *j-n* ‚schmieren', bestechen; **16.** F es *j-m* ‚besorgen' *od.* ‚geben'; **17.** *mst* **~ up** a) *j-n* 'unterbringen, b) **with** *j-m et.* besorgen; **18.** *mst* **~ up** *Vertrag* (ab-)schließen; **II** *v/i.* **19.** ⚗ fest werden, erstarren; **20.** sich festsetzen; **21.** **~ (up)on** a) sich entscheiden *od.* entschließen für *od.* zu, *et.* wählen, b) → 3; **22.** *Am.* F vorhaben, planen: **it's ~ing to rain** es wird gleich regnen; **23.** *sl.* ‚fixen' (*Drogensüchtiger*); **III** *s.* **24.** F üble Lage, ‚Klemme' *f*, ‚Patsche' *f*; **25.** F a) Schiebung *f*, b) Bestechung *f*; **26.** ✈, ⚓ a) Standort *m*, Positi'on *f*, b) Ortung *f*; **27.** *sl.* ‚Fix' *m*, ‚Schuss' *m* (*Drogeninjektion*): **give o.s. a ~** sich ‚e-n Schuss setzen'; **28.** F (rasche, provi'sorische) Lösung: **quick ~** (rasche) Notlösung, Provi'sorium *n*; **fix·ate** ['fɪkseɪt] *v/t.* **1.** → **fix** 1; **2.** *Am. j-n, et.* fixieren; **3.** *fig.* erstarren *od.* stagnieren lassen; **4. be ~d on** *psych.* fixiert sein auf (*acc.*); **fix·a·tion** [fɪk'seɪʃn] *s.* **1.** Fi'xierung *f*, Befestigung *f*; **2.** Festlegung *f*; **3.** *psych.* a) → **fixed idea**, b) (*Mutter- etc.*)Bindung *f*, (-)Fi'xierung *f*; '**fix·a·tive** [-sətɪv] **I** *s.* Fixa'tiv *n*, Fi'xiermittel *n*; **II** *adj.* Fixier...

fixed [fɪkst] *adj.* □ → **fixedly**; **1.** fest (angebracht), befestigt, (orts)fest, Fest...(*antenne etc.*); starr (*Geschütz, Kupplung etc.*): **of ~ purpose** *fig.* zielstrebig; **2.** ⚗ gebunden: **~ oil**; **3.** starr (*Blick*), unverwandt (*Aufmerksamkeit*); **4.** *bsd.* ♆ fest(gelegt, -stehend): **~ assets** feste Anlagen, Anlagevermögen *n*; **~ capital** ♆ Anlagekapital *n*; **~ conversion rates** *Geld*: feste Umrechnungskurse *pl.*; **~ cost** feste Kosten, Fixkosten *pl.*; **~ income** festes Einkommen; **~ price** fester Preis, Festpreis *m*, *a.* gebundener Preis; **5.** F abgekartet, manipuliert; **6.** F (*gut etc.*) versorgt *od.* versehen (**for** mit); **~ i·de·a** *s. psych.* fixe I'dee, Zwangsvorstellung *f*; ˌ**~-'in·ter·est(-ˌbear·ing)** *adj.* ♆ festverzinslich.

fix·ed·ly ['fɪksɪdlɪ] *adv.* starr, unverwandt.

fixed| point *s.* ⚕ Fixpunkt *m*; **~ sight** *s.* ⚔ 'Standviˌsier *n*; **~ star** *s.* Fixstern *m*; ˌ**~-'wing air·craft** *s.* ✈ Starrflügler *m*.

fix·er ['fɪksə] *s.* **1.** *phot.* Fi'xiermittel *n*; **2.** F ‚Organi'sator' *m*, Manipu'lator *m*; **3.** *sl.* ‚Dealer' *m*; '**fix·ing** [-ksɪŋ] *s.* **1.** Befestigen *n*, Anbringen *n*: **~ bolt** Haltebolzen *m*; **~ screw** Stellschraube *f*; **2.** Repara'tur *f*; **3.** *phot.* Fixieren *n*; **4.** Festlegung *f*, 'Fixing *n* (*von Wechsel- od. Börsenkursen*); **5.** *pl. bsd. Am.* a) Geräte *pl.*, b) Zubehör *n*, c) Zutaten *pl.*, *fig. a.* Drum u. Dran *n*; '**fix·i·ty** [-ksətɪ] *s.* Festigkeit *f*, Beständigkeit *f*: **~ of purpose** Zielstrebigkeit *f*; '**fix·ture** [-kstʃə] *s.* **1.** feste Anlage, Installati'onsteil *m*: **lighting ~** Beleuchtungskörper *m*; **2.** Inven'tarstück *n*, ⚖ festes Inven'tar *od.* Zubehör: **be a ~** *humor.* zum (lebenden) Inventar gehören; **~s and fittings** bewegliche u. unbewegliche Einrichtungsgegenstände; **3.** ⚙ Spannvorrichtung *f*, -futter *n*; **4.** *bsd. sport Brit.* (Ter'min *m* für e-e) Veranstaltung *f*.

fizz [fɪz] **I** *v/i.* **1.** zischen; **2.** moussieren, sprudeln; **3.** *fig.* sprühen (**with** vor *dat.*); **II** *s.* **4.** Zischen *n*; **5.** Sprudeln *n*; **6.** a) Sprudel *m*, b) Fizz *m* (*Mischgetränk*), c) F ‚Schampus' *m* (*Sekt*); '**fiz·zle** [-zl] **I** *s.* **1.** → **fizz** 4; **2.** F ‚Pleite' *f*, Misserfolg *m*; **II** *v/i.* **3.** → **fizz** 1; **4.** *a.* **~ out** *fig.* verpuffen, im Sand verlaufen; '**fiz·zy** [-zɪ] *adj.* **1.** zischend; **2.** sprudelnd, moussierend.

fjord [fjɔːd] → **fiord**.

flab·ber·gast ['flæbəgɑːst] *v/t.* F verblüffen: **I was ~ed** ich war ‚platt'.

flab·bi·ness ['flæbɪnɪs] *s.* **1.** Schlaffheit *f* (*a. fig.*); **2.** Schwammigkeit *f*; **flab·by** ['flæbɪ] *adj.* □ **1.** schlaff; **2.** schwammig; **3.** *fig.* ‚schlapp', ‚schlaff', schwach.

flac·cid ['flæksɪd] *adj.* → **flabby**; **flac·cid·i·ty** [flæk'sɪdətɪ] → **flabbiness**.

flack[1] [flæk] → **flak**.

flack[2] [flæk] *s. Am. sl.* 'Presseaˌgent *m*.

flag[1] [flæg] **I** *s.* **1.** Fahne *f*, Flagge *f*: **~ of convenience** ⚓ Billigflagge *f*; **hoist** (*od.* **fly**) **one's ~** a) die Fahne aufziehen, b) das Kommando übernehmen (*Admiral*); **strike one's ~** a) die Flagge streichen, *fig. a.* kapitulieren, b) das Kommando abgeben (*Admiral*); **keep the ~ flying** *fig.* die Fahne hochhalten; **2.** → **flagship**; **3.** *sport* (Markierungs-)Fähnchen *n*; **4.** a) (Kar'tei)Reiter *m*, b) Lesezeichen *n*; **5.** *hunt.* Fahne *f* (*Schwanz*); **6.** *typ.* Im'pressum *n* (*e-r Zeitung*); **II** *v/t.* **7.** beflaggen; **8.** *sport Strecke* ausflaggen; **9.** *et.* signalisieren: **~ offside** *Fußball*: Abseits winken; **10.** **~ down** *Fahrzeug* anhalten, *Taxi* herbeiwinken, *sport Rennen, Fahrer* abwinken.

flag[2] [flæg] *s.* ⚘ Gelbe *od.* Blaue Schwertlilie.

flag[3] [flæg] *v/i.* **1.** schlaff her'abhängen; **2.** *fig.* nachlassen, erlahmen, ermatten; **3.** langweilig werden.

flag[4] [flæg] **I** *s.* (Stein)Platte *f*, Fliese *f*; **II** *v/t.* mit (Stein)Platten *od.* Fliesen belegen.

flag| cap·tain *s.* Komman'dant *m* des Flaggschiffs; **~ day** *s.* **1.** *Brit.* Opfertag *m* (*Straßensammlung*); **2.** ♌ *Am.* Jahrestag *m* der Natio'nalflagge (*14. Juni*).

flag·el·lant ['flædʒələnt] **I** *s. eccl.* Geißler *m*, Flagel'lant *m* (*a. psych.*); **II** *adj.* geißelnd (*a. fig.*); '**flag·el·late** [-leɪt] **I** *v/t.* geißeln (*a. fig.*); **II** *s. zo.* Geißeltierchen *n*; **flag·el·la·tion** [ˌflædʒə'leɪʃn] *s.* Geißelung *f* (*a. fig.*).

flag·eo·let [ˌflædʒəʊ'let] *s.* ♪ Flageo'lett *n*.

flag·ging[1] ['flægɪŋ] *adj.* erlahmend.

flag·ging[2] ['flægɪŋ] *s. collect.* a) (Stein-)Platten *pl.*, b) Fliesen *pl.*, c) gefliester Boden.

flag| lieu·ten·ant *s.* ⚓ *Brit.* Flaggleutnant *m*; **~ of·fi·cer** *s.* ⚓ 'Flaggoffiˌzier *m*.

flag·on ['flægən] *s.* **1.** *bauchige* (Wein-)Flasche; **2.** (Deckel)Krug *m*.

fla·gran·cy ['fleɪgrənsɪ] *s.* **1.** Schamlosigkeit *f*, Ungeheuerlichkeit *f*; **2.** Krassheit *f*; '**fla·grant** [-nt] *adj.* □ **1.** schamlos, schändlich, ungeheuerlich; **2.** krass, ekla'tant, schreiend.

'**flag|·ship** *s.* ⚓ Flaggschiff *n* (*a. fig.*); *fig.* Aushängeschild *n*; '**~·staff**, '**~·stick** *s.* Fahnenstange *f*, -mast *m*, Flaggenmast, ⚓ Flaggenstock *m*; **~ sta·tion** *s.* 🚂 *Am.* Bedarfshaltestelle *f*; '**~·stone** → **flag**[4] I; **~ stop** → **flag station**; '**~-ˌwav·er** *s.* F Hur'rapatriˌot *m*; '**~-ˌwaving** **I** *s.* Hur'rapatrioˌtismus *m*; **II** *adj.* hur'rapatriˌotisch.

flail [fleɪl] **I** *s.* **1.** ⸗ Dreschflegel *m*; **II** *v/t.* **2.** dreschen; **3.** wild einschlagen auf *j-n*; **4. ~ one's arms** mit den Armen fuchteln.

flair [fleə] *s.* **1.** (besondere) Begabung, Ta'lent *n*; **2.** (feines) Gespür (**for** für).

flak [flæk] (*Ger.*) *s.* **1.** ⚔ Flak *f*: a) 'Fliegerabwehr(kaˌnone *od.* -truppe) *f*, b) Flakfeuer *n*; **2.** *fig.* F (heftiger) ‚Beschuss', ‚Zunder' *m* (*Kritik etc.*).

flake [fleɪk] **I** *s.* **1.** (*Schnee-, Seifen-, Hafer- etc.*)Flocke *f*; **2.** dünne Schicht, Schuppe *f*, Blättchen *n*; **3.** Fetzen *m*, Splitter *m*; **4.** *Am. sl.* ‚Spinner' *m*; **II** *v/t.* **5.** abblättern; **6.** flockig machen; **III** *v/i.* **7.** in Flocken fallen; **8.** **~ off** abblättern, sich abschälen; **9.** **~ out** F a) ‚'umkippen' (*ohnmächtig werden*), b) ‚einpennen', c) ‚sich verziehen'; **flaked** [-kt] *adj.* flockig, Blättchen..., Flocken...; '**flak·y** [-kɪ] *adj.* **1.** flockig; **2.** blätterig: **~ pastry** Blätterteig *m*; **3.** *Am. sl.* verrückt.

flam·beau ['flæmbəʊ] *pl.* **-x** [-z] *od.* **-s** *s.* **1.** Fackel *f*; **2.** Leuchter *m*.

flam·boy·ance [flæm'bɔɪəns] *s.* **1.** Extrava'ganz *f*; **2.** über'ladener Schmuck; **3.** Grellheit *f*; **4.** *fig.* a) Bom'bast *m*, b) Großartigkeit *f*; **flam'boy·ant** [-nt] *adj.* □ **1.** extrava'gant; **2.** grell, leuchtend; **3.** farbenprächtig; **4.** *fig.* flammend; **5.** auffallend; **6.** über'laden (*a. Stil*); **7.** bom'bastisch, pom'pös; **8.** ⩓ wellig: **~ style** Flammenstil *m*.

flame [fleɪm] **I** *s.* **1.** Flamme *f*: **be in ~s** in Flammen stehen; **2.** *fig.* Feuer *n*, Flamme *f*, Glut *f*, Leidenschaft *f*, Heftigkeit *f*: **fan the ~** Öl ins Feuer gießen; **3.** Leuchten *n*, Glanz *m*; **4.** F ‚Flamme' *f*, ‚Angebetete' *f*: **an old ~ of mine**; **5.** *Computer, E-Mail*: Flame *n*, beleidigende E-Mail; **II** *v/i.* **6.** lodern: **~ up** a) auflodern, b) in Flammen aufgehen, c) *fig.* aufbrausen; **7.** leuchten, (rot) glühen: **her eyes ~d with anger** ihre Augen flammten vor Wut; **her cheeks ~d red** ihr Gesicht flammte; **~ cut·ter** *s.* ⚙ Schneidbrenner *m*; **~ mail** *s.* → **flame** 5; '**~-proof** *adj. tech.* **1.** feuerfest; **2.** explosi'onsgeschützt; '**~ˌthrow·er** *s.* ⚔ Flammenwerfer *m*.

flam·ing ['fleɪmɪŋ] *adj.* **1.** lodernd (*a. Farben etc.*), brennend; **2.** *fig.* glühend, leidenschaftlich; **3.** *Brit.* F a) verdammt: **you ~ idiot!**, b) gewaltig, Mords...: **a ~ row** ein ‚Mordskrach'.

flam·ma·ble ['flæməbl] → **inflammable**.

flan [flæn] *s.* Obst-, Käsekuchen *m*.

flange [flændʒ] ⚙ **I** *s.* **1.** Flansch *m*; **2.** Rad-, Spurkranz *m*; **II** *v/t.* **3.** (an)flanschen: **~d motor** Flanschmotor *m*; **~d rim** umbördelter Rand.

flank [flæŋk] **I** *s.* **1.** Flanke *f*, Weiche *f* (*der Tiere*); **2.** Seite *f*, Flanke *f* (*e-r Person*); **3.** Seite *f* (*e-s Gebäudes etc.*): **~ clearance** ⚙ Flankenspiel *n*; **4.** ⚔ Flanke *f*, Flügel *m* (*beide a. fig.*): **turn the ~ (of)** die Flanke (*gen.*) aufrollen; **II** *v/t.* **5.** flankieren, seitlich stehen von, säumen, um'geben; **6.** ⚔ flankieren, die Flanke (*gen.*) decken *od.* angreifen; **7.** flankieren, (seitwärts) um'gehen; **III** *v/i.* **8.** angrenzen, -stoßen; seitlich liegen; '**flank·ing** [-kɪŋ] *adj.* seitlich; angrenzend; ⚔ Flanken..., Flankierungs...: **~ fire**; **~ march** Flankenmarsch *m*.

flan·nel ['flænl] **I** *s.* **1.** Fla'nell *m*: **~-mouthed** *Am. fig.* (aal)glatt; **2.** *pl.* Fla'nellkleidung *f*, *bsd.* Fla'nellhose *f*; **3.** *pl.* Fla'nell,unterwäsche *f od.* -,unterhose *f*; **4.** *Brit.* Waschlappen *m*; **5.** *Brit.* F ‚Schmus' *m*; **II** *v/t.* **6.** mit Fla'nell bekleiden; **7.** mit Fla'nell abreiben; **III** *v/i.* **8.** *Brit.* F ‚Schmus' reden.

flan·nel·et(te) [ˌflænl'et] *s.* 'Baumwollfla,nell *m.*

flap [flæp] **I** *s.* **1.** Schlag *m*, Klaps *m*; **2.** Flügelschlag *m*; **3.** (*Verschluss*)Klappe *f* (*Tasche, Briefkasten, Buchumschlag etc.*); **4.** (*Tisch-, Fliegen-,* ✈ *Lande-*) Klappe *f*; Falltür *f*; **5.** Lasche *f* (*Schuh, Karton*); **6.** weiche Krempe; **7.** ⚕ Hautlappen *m*; **8.** F Aufregung *f*: ***be (all) in a ~*** (ganz) aus dem Häuschen sein; ***don't get into a ~!*** reg dich nicht auf!; **II** *v/t.* **9.** e-n Klaps *od.* Schlag geben (*dat.*); **10.** auf u. ab (*od.* hin u. her) bewegen, mit *den Flügeln etc.* schlagen; **III** *v/i.* **11.** flattern; **12.** flattern, mit den Flügeln schlagen: ***~ off*** davonflattern; **13.** klatschen, schlagen (***against*** gegen); **14.** F sich aufregen; **15.** *Am.* F ‚quasseln'; **'~,doo·dle** *s.* F Quatsch *m*; **'~-eared** *adj.* schlappohrig; **'~·jack** *s. bsd. Am.* Pfannkuchen *m.*

flap·per ['flæpə] *s.* **1.** Fliegenklappe *f*; **2.** Klappe *f*, her'abhängendes Stück; **3.** *zo.* (breite) Flosse; **4.** *sl.* ‚Flosse' *f* (*Hand*); **5.** *sl. hist.* ‚irre Type' (*Mädchen in den 20er Jahren*).

flare [fleə] **I** *s.* **1.** (auf)flackerndes Licht; Aufflackern *n*, -leuchten *n*, Lodern *n*; **2.** a) Leuchtfeuer *n*, b) 'Licht-, 'Feuersi,gnal *n*, c) ⚔ Leuchtkugel *f od.* -bombe *f*; **3.** *fig.* → ***flare-up*** 2; **4.** *Mode*: Schlag *m*: ***with a ~*** ausgestellt (*Rock*), *Hose a.* mit Schlag; **II** *v/i.* **5.** flackern, lodern, leuchten: ***~ up*** a) aufflammen, -flackern, -lodern (*alle a. fig.*), b) *a.* ***~ out*** *fig.* aufbrausen; **6.** ausgestellt sein (*Rock etc.*); **III** *v/t.* **7.** flackern lassen; **8.** aufflammen lassen; **9.** mit Licht *od.* Feuer signalisieren; **10.** flattern lassen; **11.** *Mode*: ausstellen (*Rock etc.*), bauschen (→ *a.* 4); **~ pis·tol** *s.* ⚔ 'Leuchtpi,stole *f*; **'~-up** [-ərʌp] *s.* **1.** Aufflackern *n*, -lodern *n* (*a. fig.*); **2.** *fig.* a) Aufbrausen *n*, Wutausbruch *m*, b) ‚Krach' *m*, (plötzlicher) Streit.

flash [flæʃ] **I** *s.* **1.** Aufblitzen *n*, Blitz *m*, Strahl *m*: ***~ of fire*** Feuergarbe *f*; ***~ of hope*** *fig.* Hoffnungsstrahl; ***~ of wit*** Geistesblitz; ***like a ~*** *fig.* wie der Blitz; ***catch a ~ of*** *fig.* e-n Blick erhaschen von; ***give s.o. a ~*** *mot.* j-n anblinken; **2.** Stichflamme *f*: ***a ~ in the pan*** *fig.* a) e-e ‚Eintagsfliege' *f*, b) ein ‚Strohfeuer'; **3.** Augenblick *m*: ***in a ~*** im Nu, blitzartig, -schnell; ***for a ~*** e-n Augenblick lang; **4.** *Radio etc.*: 'Durchsage *f*, Kurzmeldung *f*; **5.** ⚔ *Brit.* (Uni'form-) Abzeichen *n*; **6.** *phot.* F Blitz(licht *n*) *m*; **7.** *bsd. Am.* F Taschenlampe *f*; **8.** *sl.* ‚Flash' *m* (*Drogenwirkung*); **II** *v/t.* **9.** *a.* ***~ on*** aufleuchten *od.* (auf)blitzen lassen: ***he ~ed a light in my face*** er leuchtete mir (plötzlich) ins Gesicht; ***~ one's lights*** *mot.* die Lichthupe betätigen; ***his eyes ~ed fire*** s-e Augen sprühten Feuer *od.* blitzten; ***~ s.o. a glance*** j-m e-n Blick zuwerfen; **10.** (*mit Licht*) signalisieren; **11.** F *et.* zücken *od.* kurz zeigen (***at s.o.*** j-m): ***~ a badge***; **12.** F zur Schau tragen, protzen mit; **13.** *Nachricht* (*per Funk etc.*) 'durchgeben; **III** *v/i.* **14.** aufflammen, (auf)blitzen; zucken (*Blitz, Lichtschein*); **15.** blinken; **16.** sich blitzartig bewegen, rasen, flitzen: ***~ by*** vorbeirasen, *fig.* wie im Flug(e) vergehen; ***it ~ed across*** (*od.* ***through***) ***his mind that*** plötzlich schoss es ihm durch den Kopf, dass; ***~ out*** *fig.* aufbrausen; **17.** ***~ back*** zurückblenden (*im Film etc.*) (***to*** auf *acc.*); **IV** *adj.* **18.** F → ***flashy***; **19.** F a) geschniegelt, ‚aufgedonnert' (*Person*), b) protzig; **20.** F falsch, gefälscht; **21.** *in Zssgn* Schnell...; **'~·back** *s.* **1.** Rückblende *f* (*Film, Roman etc.*); **2.** ⚙ (Flammen)Rückschlag *m*; **~ bomb** *s.* ⚔, *phot.* Blitzlichtbombe *f*; **~ bulb** *s. phot.* Blitzlicht(lampe *f*) *n*; **~ card** *s.* **1.** Illustrati'onstafel *f*; **2.** *sport* Wertungstafel *f*; **~ cube** *s. phot.* Blitzwürfel *m.*

flash·er ['flæʃə] *s.* **1.** *mot.* Lichthupe *f*; **2.** *Brit.* F Exhibitio'nist *m.*

flash| flood *s.* plötzliche Überschwemmung; **~ gun** *s. phot.* Blitzleuchte *f*, Elek'tronenblitzgerät *n*; **~ lamp** → ***flash bulb***; **'~·light** *s.* **1.** ⚓ Leuchtfeuer *n*; **2.** *phot.* Blitzlicht *n*; **3.** *Am.* Taschenlampe *f*; **4.** blinkendes Re'klamelicht; **'~,o·ver** *s.* ⚡ 'Überschlag *m*; **~ point** *s. phys.* Flammpunkt *m*; **~ weld·ing** *s.* ⚙ Abschmelzschweißen *n.*

flash·y ['flæʃɪ] *adj.* □ protzig, auffällig, grell, ‚knallig'.

flask [flɑːsk] *s.* **1.** (Taschen-, Reise-, Feld)Flasche *f*; **2.** ⚙ Kolben *m*, Flasche *f*; **3.** ⚙ Formkasten *m.*

flat¹ [flæt] **I** *s.* **1.** Fläche *f*, Ebene *f*; **2.** flache Seite: ***~ of the hand*** Handfläche *f*; **3.** Flachland *n*, Niederung *f*; **4.** Untiefe *f*, Flach *n*; **5.** ♪ B *n*; **6.** *thea.* Ku'lisse *f*; **7.** *mot.* ‚Plattfuß' *m*, Reifenpanne *f*; **8.** → ***flatcar***; **9.** ***the ~*** *Pferdesport*: die Flachrennen *pl.*; **10.** *pl.* flache Schuhe; **II** *adj.* **11.** flach, eben; platt (*a. Reifen*); ra'sant (*Flugbahn*): ***~ feet*** Plattfüße; ***the ~ hand*** die flache *od.* offene Hand; ***~ nose*** platte Nase; ***as ~ as a pancake*** F flach wie ein Brett (*Mädchen*); **12.** hingestreckt, flach am Boden liegend: ***knock ~*** umhauen; ***lay ~*** dem Erdboden gleichmachen; **13.** entschieden, glatt: ***a ~ refusal***; ***and that's ~*** und damit basta!; **14.** fade, schal (*Bier etc.*); **15.** *a.* ✝ lustlos, flau; **16.** a) langweilig, fad(e), ‚lahm', b) flach, oberflächlich; **17.** a) einheitlich: ***~ price*** (*od.* ***rate***) Einheitspreis *m*, b) pau'schal: ***~ fee*** Pauschalgebühr *f*; → ***flat price***, ***flat rate***; **18.** *paint.*, *phot.* a) matt, b) kon'trastlos; **19.** klanglos (*Stimme*); **20.** ♪ a) erniedrigt (*Note*), b) mit B-Vorzeichen (*Tonart*); **21.** leer (*Batterie*); **III** *adv.* **22.** flach: ***fall ~*** a) der Länge nach hinfallen, b) *fig.* F ‚danebengehen' (*missglücken od. s-e Wirkung verfehlen*), *thea. etc.* ‚durchfallen'; **23.** genau: ***in 10 seconds ~***; ***in nothing ~*** blitzschnell; **24.** eindeutig; **25.** entschieden, kate'gorisch; **26.** ♪ a) um e-n halben Ton niedriger, b) zu tief: ***sing ~***; **27.** ohne Zinsen; **28.** F völlig: ***~ broke*** ‚total pleite'; **29.** ***~ out*** F auf Hochtouren, ‚volle Pulle' (*fahren, arbeiten etc.*); **30.** ***~ out*** F ‚to'tal erledigt'.

flat² [flæt] *s. Brit.* (E'tagen)Wohnung *f.*

'flat|-bed trail·er *s. mot.* Tiefladeanhänger *m*; **'~·boat** *s.* ⚓ Prahm *m*; **'~·car** *s.* 🚂 *Am.* Plattformwagen *m*; **~ cost** *s.* ✝ Selbstkosten(preis *m*) *pl.*; **'~·fish** *s.* Plattfisch *m*; **'~·foot** *s.* [*irr.*] **1.** ⚕ Platt-, Senkfuß *m*; **2.** *pl. a.* ***~s*** *sl.* ‚Bulle' *m* (*Polizist*); **,~-'foot·ed** *adj.* **1.** ⚕ plattfüßig: ***be ~*** Plattfüße haben; **2.** ⚙ standfest; **3.** F ‚eisern', entschieden; **4.** *Brit.* F linkisch, unbeholfen; **'~-hunt** *v/i.*: ***go ~ing*** *Brit.* auf Wohnungssuche gehen; **'~,i·ron** *s.* **1.** Bügeleisen *n*; **2.** ⚙ Flacheisen *n.*

flat·let ['flætlɪt] *s. Brit.* Kleinwohnung *f.*

flat·ly ['flætlɪ] *adv.* kate'gorisch, rundweg.

'flat·mate *s. Brit.* Mitbewohner(in).

flat·ness ['flætnɪs] *s.* **1.** Flachheit *f*; **2.** Plattheit *f*, Eintönigkeit *f*; **3.** Entschiedenheit *f*; **4.** ✝ Flauheit *f.*

'flat|-nosed pli·ers *s. pl.* ⚙ Flachzange *f*; **'~·pack fur·ni·ture** *s.* Möbel für Selbstabholer; **~ price** *s.* ✝ Pau'schalpreis *m*; **~ race** *s.* Flachrennen *n*; **~ rate** *s.* Einheits-, Pau'schalsatz *m*; **~ screen** *s. Computer, TV*: Flachbildschirm *m*; **~ sea·son** *s.* 'Flachrennsai,son *f.*

flat·ten ['flætn] **I** *v/t.* **1.** flach *od.* eben *od.* glatt machen, (ein)ebnen, planieren: ***~ o.s. against s.th.*** sich (platt) an et. drücken; **2.** ⚙ a) abflachen (*a.* ⚕), b) ausbeulen, flach hämmern; **3.** dem Erdboden gleichmachen; **4.** F *Gegner* ‚flachlegen', *weitS.* ‚fertig machen'; **5.** ♪ *Note* um e-n halben Ton erniedrigen; **6.** *paint. Farben* dämpfen, *a.* ⚙ grundieren; **II** *v/i.* **7.** flach *od.* eben werden; **~ out I** *v/t.* **1.** → ***flatten*** 2; **2.** ✈ *das Flugzeug* (*vor der Landung*) aufrichten; **II** *v/i.* **3.** → ***flatten*** 7; **4.** ✈ ausschweben.

flat·ter ['flætə] *v/t.* **1.** *j-m* schmeicheln: ***be ~ed*** sich geschmeichelt fühlen (***at***, ***by*** durch); ***~ s.o. into doing s.th.*** j-n so lange umschmeicheln, bis er et. tut; **2.** *fig. j-m* schmeicheln (*Bild etc.*): ***the picture ~s him*** das Bild ist geschmeichelt; **3.** *fig. dem Ohr, j-s Eitelkeit etc.* schmeicheln, wohl tun; **4.** ***~ o.s.*** a) sich schmeicheln *od.* einbilden (***that*** dass), b) sich beglückwünschen (***on*** zu); **'flat·ter·er** [-ərə] *s.* Schmeichler(in); **'flat·ter·ing** [-ərɪŋ] *adj.* □ schmeichelhaft: a) schmeichlerisch, b) geschmeichelt (*Bild etc.*); **'flat·ter·y** [-ərɪ] *s.* Schmeiche'lei *f.*

flat·tie ['flætɪ] → ***flatfoot*** 2.

'flat·top *s.* ⚓ *Am.* F Flugzeugträger *m.*

flat·u·lence ['flætjʊləns], **'flat·u·len·cy** [-sɪ] *s.* **1.** ⚕ Blähung(en *pl.*) *f*; **2.** *fig.* a) Hohlheit *f*, b) Schwülstigkeit *f*; **'flat·u·lent** [-nt] *adj.* □ **1.** blähend; **2.** *fig.* a) hohl, b) schwülstig.

'flat·ware *s. Am.* **1.** (Tisch-, Ess)Besteck *n*; **2.** flaches (Ess)Geschirr.

flaunt [flɔːnt] **I** *v/t.* **1.** zur Schau stellen, protzen mit: ***~ o.s.*** → 3; **2.** *Am. e-n Befehl etc.* miss'achten; **II** *v/i.* **3.** (herum)stolzieren, paradieren; **4.** a) stolz wehen, b) prangen.

flau·tist ['flɔːtɪst] *s.* ♪ Flötenspieler(in).

fla·vo(u)r ['fleɪvə] **I** *s.* **1.** (Wohl)Geschmack *m*, A'roma *n*, *a.* Geschmacksrichtung *f*: ***~ enhancer*** Aromazusatz *m*; ***~-enhancing*** geschmacksverbessernd; **2.** Würze *f*, A'roma *n*, aro'matischer Geschmackstoff, ('Würz)Es,senz *f*; **3.** *fig.* Beigeschmack *m*, Anflug *m*; **II** *v/t.* **4.** würzen (*a. fig.*), Geschmack geben (*dat.*); **III** *v/i.* **5.** ***~ of*** schmecken *od.* riechen nach (*a. fig. contp.*); **'fla·vo(u)red** [-əd] *adj.* würzig, schmackhaft; *in Zssgn* mit ... Geschmack; **'fla·vo(u)r·ing** [-vərɪŋ] *s.* → ***flavo(u)r*** 2; **'fla·vo(u)r·less** [-lɪs] *adj.* ohne Geschmack, fad(e), schal.

flaw [flɔː] **I** *s.* **1.** Fehler *m*: a) Mangel *m*, Makel *m*, b) ⚙, ✝ fehlerhafte Stelle,

De'fekt *m* (*a. fig.*), Fabrikati'onsfehler *m*; **2.** Sprung *m*, Riss *m*, Bruch *m*; **3.** Blase *f*, Wolke *f* (*im Edelstein*); **4.** ⚖ a) Formfehler *m*, b) Fehler *m* im Recht; **5.** *fig.* schwacher Punkt, Mangel *m*; **II** *v/t.* **6.** brüchig *od.* rissig machen; **7.** *fig.* Fehler aufzeigen in (*dat.*); **8.** verunstalten; **'flaw·less** [-lɪs] *adj.* □ fehler-, einwandfrei, tadellos; lupenrein (*Edelstein*).

flax [flæks] *s.* ⚘ **1.** Flachs *m*, Lein *m*; **2.** Flachs(faser *f*) *m*; **flax·en** ['flæksən] *adj.* **1.** Flachs...; **2.** flachsartig; **3.** flachsen, flachsfarben: **~-haired** flachsblond; **'flax·seed** *s.* ⚘ Leinsamen *m*.

flay [fleɪ] *v/t.* **1.** *Tier* abhäuten, *hunt.* abbalgen: **~ s.o. alive** F a) kein gutes Haar an j-m lassen, b) j-n ‚zur Schnecke' machen; **2.** *et.* schälen; **3.** *j-n* auspeitschen; **4.** F *j-n* ausplündern *od.* ‚ausnehmen'.

flea [fliː] *s. zo.* Floh *m*: ***send s.o. away with a ~ in his ear*** j-m ‚heimleuchten'; **'~·bag** *s. sl.* **1.** a) ‚Flohkiste' *f* (*Bett*), b) Schlafsack *m*; **2.** ‚Schlampe' *f*; **'~·bite** *s.* **1.** Flohbiss *m*; **2.** Baga'telle *f*; **'~-ˌbit·ten** *adj.* **1.** von Flöhen zerbissen; **2.** rötlich gesprenkelt (*Pferd etc.*); **~ mar·ket** *s.* Flohmarkt *m*.

fleck [flek] **I** *s.* **1.** Licht-, Farbfleck *m*; **2.** a) (Haut)Fleck *m*, b) Sommersprosse *f*; **3.** (*Staub- etc.*)Teilchen *n*: ***~ of dust***; ***~ of mud*** Dreckspritzer *m*; ***~ of snow*** Schneeflocke *f*; **II** *v/t.* **4.** → **'fleck·er** [-kə] *v/t.* sprenkeln.

flec·tion ['flekʃn] *etc. Am.* → ***flexion etc.***

fled [fled] *pret. u. p.p. von* ***flee***.

fledge [fledʒ] **I** *v/t. Pfeil etc.* befiedern, mit Federn versehen; **II** *v/i. orn.* flügge werden: ***~d*** flügge; **'fledg(e)·ling** [-dʒlɪŋ] *s.* **1.** eben flügge gewordener Vogel; **2.** *fig.* Grünschnabel *m*, Anfänger *m*.

flee [fliː] **I** *v/i.* [*irr.*] **1.** fliehen, flüchten (***before***, ***from*** vor *dat.*; ***from*** aus, von): ***~ from justice*** sich der Strafverfolgung entziehen; **2.** eilen; **3.** ***~ from*** → 5; **II** *v/t.* [*irr.*] **4.** fliehen aus: ***~ the country***; **5.** aus dem Weg gehen (*dat.*), meiden.

fleece [fliːs] **I** *s.* **1.** Vlies *n*, Schaffell *n*; **2.** *a.* ***~ wool*** Schur(wolle) *f*; **3.** *fig.* dickes Gewebe, Flausch *m*; **4.** (Haar)Pelz *m*; **5.** Schnee- *od.* Wolkendecke *f*; **II** *v/t.* **6.** *fig.* schröpfen (***of*** um), ‚rupfen'; **7.** bedecken; **'fleec·y** [-sɪ] *adj.* wollig, weich: ***~ cloud*** Schäfchenwolke *f*.

fleet¹ [fliːt] *s.* **1.** (*bsd.* Kriegs)Flotte *f*: ***2 Admiral*** *Am.* Großadmiral *m*; ***merchant ~*** Handelsflotte; **2.** ✈ Gruppe *f*, Geschwader *n*; **3.** ***~ (of cars)*** Wagenpark *m*.

fleet² [fliːt] *adj.* □ **1.** schnell, flink: ***~ of foot***, ***~-footed*** schnellfüßig; **2.** *poet.* → ***fleeting***.

fleet·ing ['fliːtɪŋ] *adj.* □ (schnell) da'hineilend, flüchtig, vergänglich: ***~ time***; ***~ glimpse*** flüchtiger (An)Blick *od.* Eindruck; **'fleet·ness** [-tnɪs] *s.* **1.** Schnelligkeit *f*; **2.** Flüchtigkeit *f*.

Fleet Street *npr.* Fleet Street *f*: a) *das frühere Londoner Presseviertel*, b) *fig. die* (*Londoner*) *Presse*.

Flem·ing ['flemɪŋ] *s.* Flame *m*, Flamin *f*, Flämin *f*; **'Flem·ish** [-mɪʃ] **I** *s.* **1.** ***the ~*** die Flamen *pl.*; **2.** *ling.* Flämisch *n*; **II** *adj.* **3.** flämisch.

flench [flentʃ], **flense** [flenz] *v/t.* **1.** a) *den Wal* flensen, b) *den Walspeck* abziehen; **2.** *Seehund* häuten.

flesh [fleʃ] **I** *s.* **1.** Fleisch *n*: ***my own ~ and blood*** mein eigen Fleisch u. Blut; ***more than ~ and blood can bear*** einfach unerträglich; ***in ~*** *obs.* korpulent, dick; ***lose ~*** abmagern, abnehmen; ***put on ~*** Fett ansetzen, zunehmen; ***press (the) ~*** *Am.* F Hände schütteln; ***(bare) ~*** *iro.* (nacktes) Fleisch, ‚Fleischbeschau' *f*; → ***creep*** 4; **2.** Körper *m*, Leib *m*: ***in the ~*** leibhaftig, (höchst)persönlich, *weitS.* in natura; ***become one ~*** 'ein Leib u. 'eine Seele werden; **3.** a) *sündiges* Fleisch, b) Fleischeslust *f*: ***pleasures of the ~*** Freuden des Fleisches; **4.** Menschheit *f*: ***go the way of all ~*** den Weg allen Fleisches gehen; **5.** (Frucht)Fleisch *n*; **II** *v/t.* **6.** *Jagdhund* Fleisch kosten lassen; **7.** *Tierhaut* ausfleischen; **8.** *mst* ***~ out*** *fig. Gesetz etc.* ‚mit Fleisch versehen', Sub'stanz verleihen (*dat.*); **~ col·o(u)r** *s.* Fleischfarbe *f*; **'~-ˌcol·o(u)red** *adj.* fleischfarben.

flesh·ings ['fleʃɪŋz] *s. pl.* fleischfarbene Strumpfhose *f*; **flesh·ly** ['fleʃlɪ] *adj.* **1.** fleischlich: a) leiblich, b) sinnlich; **2.** irdisch, menschlich.

'flesh|·pot *s.*: ***the ~s of Egypt*** *fig.* die Fleischtöpfe Ägyptens; **~ tights** → ***fleshings***; **~ tints** *s. pl. paint.* Fleischtöne *pl.*; **~ wound** *s.* Fleischwunde *f*.

flesh·y ['fleʃɪ] *adj.* **1.** fleischig (*a. Früchte etc.*), dick; **2.** fleischartig.

fleur-de-lis [ˌflɜːdə'liː] *pl.* **fleurs-de-lis** [ˌflɜːdə'liːz] (*Fr.*) *s.* **1.** *her.* Lilie *f*; **2.** *königliches Wappen Frankreichs*.

flew [fluː] *pret. von* ***fly¹***.

flews [fluːz] *s. pl.* Lefzen *pl.*

flex [fleks] **I** *v/t. anat.* beugen, biegen: ***~ one's knees***; ***~ one's muscles*** die Muskeln anspannen, s-e Muskeln spielen lassen (*a. fig.*); **II** *s.* ⚡ *bsd. Brit.* (Anschluss-, Verlängerungs)Kabel *n*; **flex·i·bil·i·ty** [ˌfleksə'bɪlətɪ] *s.* **1.** Biegsamkeit *f*, Elastizi'tät *f*; **2.** *fig.* Flexibili'tät *f*, Wendigkeit *f*, Beweglichkeit *f*; **flex·i·ble** ['fleksəbl] *adj.* □ **1.** fle'xibel: a) biegsam, e'lastisch, b) *fig.* wendig, anpassungsfähig, geschmeidig: ***~ car*** *mot.* wendiger Wagen; ***~ drive shaft*** ⚙ Kardanwelle *f*; ***~ gun*** schwenkbares Geschütz; ***~ metal tube*** Metallschlauch *m*; ***~ policy*** flexible Politik; ***~ working hours*** Gleitzeit(regelung) *f*; **2.** lenkbar, folg-, fügsam; **'flex·ile** [-ksɪl] → ***flexible***; **'flex·ion** [-kʃn] *s.* **1.** *bsd. anat.* Biegen *n*, Beugung *f*; **2.** *ling.* Flexi'on *f*, Beugung *f*; **'flex·ion·al** [-kʃənl] *adj. ling.* flektiert, Flexions..., Beugungs...; **'flex·i·time** *s.* gleitende Arbeitszeit, Gleitzeit *f*; **'flexor** [-ksə] *s. anat.* Beuger *m*, Beugemuskel *m*; **'flex·time** *s. Am.* → ***flexitime***.

flib·ber·ti·gib·bet [ˌflɪbətɪ'dʒɪbɪt] *s.* a) Klatschbase *f*, b) ‚verrückte Nudel'.

flick¹ [flɪk] **I** *s.* **1.** leichter, schneller Schlag, Klaps *m*; **2.** a) Schnipser *m*, (Finger)Schnalzen *n*, b) (Peitschen-) Schnalzen *n*, (-)Knall *m*: ***a ~ of the wrist*** schnelle Drehung des Handgelenks; **II** *v/t.* **3.** schnippen, schnipsen; e-n Klaps geben (*dat.*); *Schalter* an- *od.* ausknipsen; *Messer* (auf)schnappen lassen; **III** *v/i.* **4.** schnellen; **5.** ***~ through*** *Buch etc.* 'durchblättern.

flick² [flɪk] *s.* F a) Film *m*, b) *pl.* ‚Kintopp' *m*, Kino *n*.

flick·er ['flɪkə] **I** *s.* **1.** Flackern *n*: ***a ~ of hope*** ein Hoffnungsfunke; **2.** Zucken *n*; **3.** *Bildschirm*: Flimmern *n*: ***~-free*** flimmerfrei; **4.** Flattern *n*; **II** *v/i.* **5.** *a. fig.* (auf)flackern; **6.** zucken; **7.** *TV* flimmern; **8.** huschen (***over*** über *acc.*) (*Augen*).

flick knife *s.* [*irr.*] *Brit.* Schnappmesser *n*.

fli·er ['flaɪə] *s.* **1.** etwas, das fliegt (*Vogel, Insekt, etc.*); **2.** ✈ Flieger *m*: a) Pi'lot *m*, b) ‚Vogel' *m* (*Flugzeug*); **3.** Flieger *m* (*Trapezkünstler*); **4.** *Am.* a) Ex'press(zug) *m*, b) Schnell(auto)bus *m*; **5.** ⚙ Schwungrad *n*; **6.** ***take a ~*** F a) e-n Riesensatz machen, b) *Am.* sich auf e-e gewagte Sache einlassen; **7.** *Am.* Flugblatt *n*, Re'klamezettel *m*; **8.** F *für* ***flying start***.

flight¹ [flaɪt] *s.* Flucht *f*: ***put to ~*** in die Flucht schlagen; ***take (to) ~*** die Flucht ergreifen; ***~ of capital*** ✝ Kapitalflucht; ***~ capital*** Fluchtkapital *n*.

flight² [flaɪt] *s.* **1.** Flug *m*, Fliegen *n*: ***in ~*** im Flug; **2.** ✈ a) Flug *m*, b) Flug(strecke *f*) *m*; **3.** Schwarm *m* (*Vögel od. Insekten*), Flug *m*, Schar *f* (*Vögel*): ***in the first ~*** *fig.* an der Spitze; **4.** ✈, ⚔ a) Schwarm *m* (*4 Flugzeuge*), b) Kette *f* (*3 Flugzeuge*); **5.** (*Geschoss-, Pfeil- etc.*) Hagel *m*; **6.** (*Gedanken- etc.*)Flug *m*, Schwung *m*; **7.** ***~ of stairs*** (*od.* ***steps***) Treppe *f*; **~ at·tend·ant** *s.* Flugbegleiter(in); **~ con·trol** *s.* ✈ **1.** Flugsicherung *f*; **2.** Steuerfläche *f* (*z. B. Seitenruder, Klappen*), **~ con·trol·ler** *s.* Fluglotse *m*, -lotsin *f*; **~ deck** *s.* **1.** ⚓ Flugdeck *n*; **2.** ✈ Cockpit *n*; **~ en·gi·neer** *s.* 'Bordingeniˌeur *m*; **~ feath·er** *s. orn.* Schwungfeder *f*.

flight·i·ness ['flaɪtɪnɪs] *s.* **1.** Flatterhaftigkeit *f*; **2.** Leichtsinn *m*.

flight| in·struc·tor *s.* ✈ Fluglehrer *m*; **~ lane** *s.* ✈ Flugschneise *f*; **~ lieu·ten·ant** *s. Brit.* (Flieger)Hauptmann *m*; **~ me·chan·ic** *s.* 'Bordmeˌchaniker *m*; **~ path** *s.* **1.** ✈ Flugroute *f*; **2.** *Ballistik*: Flugbahn *f*; **~ re·cord·er** *s.* ✈ Flugschreiber *m*; **'~-test** *v/t.* im Flug erproben: ***~ed*** flugerprobt; **~ tick·et** *s.* Flugticket *n*; **'~-ˌworth·y** *adj.* flugtauglich (*Person*); fluggeeignet (*Maschine*).

flight·y ['flaɪtɪ] *adj.* □ **1.** flatterhaft, launisch, fahrig; **2.** leichtsinnig.

flim·flam ['flɪmflæm] **I** *s.* **1.** Quatsch *m*; **2.** ‚fauler Zauber', Trick(s *pl.*) *m*; **II** *v/t.* *j-n* ‚reinlegen'.

flim·si·ness ['flɪmzɪnɪs] *s.* **1.** Dünnheit *f*; **2.** *fig.* Fadenscheinigkeit *f*; **3.** Dürftigkeit *f*; **flim·sy** ['flɪmzɪ] **I** *adj.* □ **1.** (hauch)dünn, zart, leicht, schwach; **2.** *fig.* dürftig, 'durchsichtig, schwach, fadenscheinig: ***a ~ excuse***; **II** *s.* **3.** a) 'Durchschlag-, 'Kohlepaˌpier *n*, b) 'Durchschlag *m*; **4.** *pl.* F ‚Reizwäsche' *f*.

flinch¹ [flɪntʃ] *v/i.* **1.** zu'rückschrecken (***from***, ***at*** vor *dat.*); **2.** (zu'rück)zucken, zs.-fahren (*vor Schmerz etc.*): ***without ~ing*** ohne mit der Wimper zu zucken.

flinch² [flɪntʃ] → ***flench***.

fling [flɪŋ] **I** *s.* **1.** Wurf *m*: ***(at) full ~*** mit voller Wucht; **2.** Ausschlagen *n* (*des Pferdes*); **3.** *fig.* F Versuch *m*: ***have a ~ at s.th.*** es mit et. probieren; ***have a ~ at s.o.*** über j-n herfallen, gegen j-n sticheln; **4.** ***have one's*** (*od.* ***a***) ***~*** sich austoben; **5.** *ein schottischer Tanz*; **II** *v/t.* [*irr.*] **6.** schleudern, werfen: ***~ open*** *Tür* aufreißen; ***~ s.th. in s.o.'s teeth*** *fig.* j-m et. ins Gesicht schleudern; ***~ o.s. at s.o.*** a) sich auf j-n stürzen, b) *fig.* sich j-m an den Hals werfen; ***~ o.s. into s.th.*** *fig.* sich in *od.* auf e-e Sache stürzen; **III** *v/i.* [*irr.*] **7.** eilen, stürzen (***out of the room*** aus dem Zimmer); **8.** ***~ out (at)*** ausschlagen (nach) (*Pferd*);

Zssgn mit adv.:
fling| a·way *v/t.* **1.** wegwerfen; **2.** *fig. Zeit, Geld* vergeuden, verschwenden (*on* für *et.*, an *j-n*); **~ back** *v/t. Kopf* zu'rückwerfen; **~ down** *v/t.* zu Boden werfen; **~ off I** *v/t.* **1.** *Kleider, a. Joch, Skrupel* abwerfen; **2.** *Verfolger* abschütteln; **3.** *Gedicht etc.* ‚hinhauen'; **4.** *Bemerkung* fallen lassen; **II** *v/i.* **5.** da'vonstürzen; **~ on** *v/t.* (sich) *Kleider* 'überwerfen; **~ out I** *v/t.* **1.** *j-n* hin'auswerfen; **2.** *et.* wegwerfen; **3.** *Worte* her'vorstoßen; **4.** *Arme* (plötzlich) ausstrecken; **II** *v/i.* **5.** → ***fling*** 7, 8.
flint [flɪnt] *s.* **1.** *min.* Flint *m*, Feuerstein *m* (*a. des Feuerzeugs*); **2.** → **~ glass** *s.* ⚙ Flintglas *n*; **'~·lock** *s.* ⚔ *hist.* Steinschloss(gewehr) *n*.
flint·y ['flɪntɪ] *adj.* ☐ **1.** aus Feuerstein; **2.** kieselhart; **3.** *fig.* hart(herzig).
flip[1] [flɪp] **I** *v/t.* **1.** schnipsen, schnellen: **~ *off*** wegschnipsen; **~ (*over*)** *Buchseiten, Schallplatte etc.* wenden, *a. Spion* 'umdrehen; **~ *a coin*** e-e Münze hochwerfen (*zum Losen*); **2. ~ *one's lid*** (*od.* ***top***) → 5; **II** *v/i.* **3.** schnipsen; **4. ~ *through*** *Buch etc.* 'durchblättern; **5.** *a.* **~ *out*** *sl.* ‚ausflippen', ‚durchdrehen'; **III** *s.* **6.** Schnipser *m*; **7.** *sport* Salto *m*; **8.** ✈ *Brit.* F kurzer Rundflug; **IV** *adj.* **9.** F a) → ***flippant***, b) gut aufgelegt.
flip[2] [flɪp] *s.* Flip *m* (*alkoholisches Mischgetränk mit Ei*).
flip chart ['flɪptʃɑːt] *s.* 'Flipchart *f* (*für Präsentationen*).
flip-flap ['flɪpflæp] → **'flip-flop** [-flɒp] *s.* **1.** Klappern *n*; **2.** *sport* Flickflack *m*, 'Handstand,überschlag *m*; **3.** *a.* **~ *circuit*** ϟ Flipflopschaltung *f*; **4.** 'Zehensan,dale *f*; **II** *v/i.* **5.** klappern; **6.** *sport* e-n Flic(k)flac(k) machen.
flip·pan·cy ['flɪpənsɪ] *s.* **1.** ‚Schnoddrigkeit' *f*, vorlaute Art; **2.** Leichtfertigkeit *f*, Frivoli'tät *f*; **'flip·pant** [-nt] *adj.* ☐ **1.** ‚schnodd(e)rig', vorlaut, frech; **2.** fri'vol, leichtfertig.
flip·per ['flɪpə] *s.* **1.** *zo.* (Schwimm)Flosse *f*; **2.** *sport* Schwimmflosse *f*; **3.** *sl.* ‚Flosse' *f* (*Hand*).
flirt [flɜːt] **I** *v/t.* **1.** schnipsen; **2.** wedeln mit: **~ *a fan***; **II** *v/i.* **3.** her'umflattern; **4.** flirten (***with*** mit) (*a. fig. pol. etc.*): **~ *with death*** mit dem Leben spielen; **5.** *mit e-r Idee spielen*, liebäugeln; **III** *s.* **6.** a) ko'kette Frau, b) Schäker *m*; **7.** → **flir·ta·tion** [flɜː'teɪʃn] *s.* **1.** Flirten *n*; **2.** Flirt *m*; **3.** Liebäugeln *n*; **flir·ta·tious** [flɜː'teɪʃəs] *adj.* (gern) flirtend, ko'kett.
flit [flɪt] **I** *v/i.* **1.** flitzen, huschen, sausen; **2.** (um'her)flattern; **3.** verfliegen (*Zeit*); **4.** *Brit.* F heimlich ausziehen; **II** *s.* **5.** *a.* ***moonlight*** **~** *Brit.* F Auszug *m* bei Nacht u. Nebel.
flitch [flɪtʃ] *s.* **1.** *a.* **~ *of bacon*** gesalzene *od.* geräucherte Speckseite; **2.** Heilbuttschnitte *f*; **3.** Walspeckstück *n*.
fliv·ver ['flɪvə] *s. Am. sl.* **1.** kleine ‚Blechkiste' (*Auto, Flugzeug*); **2.** ‚Pleite' *f* (*Misserfolg*).
float [fləʊt] **I** *v/i.* **1.** (im Wasser) treiben, schwimmen; **2.** ⚓ flott sein *od.* werden; **3.** schweben, treiben, gleiten; **4.** *a.* † 'umlaufen, in 'Umlauf sein; † gegründet werden; **5.** (ziellos) her'umwandern; **6.** *Am.* häufig den Wohnsitz *od.* Arbeitsplatz wechseln; **II** *v/t.* **7.** schwimmen *od.* treiben lassen; *Baumstämme* flößen; **8.** ⚓ flottmachen; **9.** schwemmen, tragen (*Wasser*) (*a. fig.*); **10.** über'schwemmen (*a. fig.*); **11.** *fig. Verhandlungen etc.* in Gang bringen, lancieren; *Gerücht etc.* in 'Umlauf setzen; **12.** † a) *Gesellschaft* gründen, b) *Anleihe* auflegen, c) *Wertpapiere* in 'Umlauf bringen; **13.** † floaten, den Wechselkurs (*gen.*) freigeben; **III** *s.* **14.** Floß *n*; **15.** schwimmende Landebrücke; **16.** *Angeln*: (Kork)Schwimmer *m*; **17.** *ichth.* Schwimmblase *f*; **18.** ⚙, ✈ Schwimmer *m*; **19.** *a.* **~ *board*** (Rad-)Schaufel *f*; **20.** a) niedriger Plattformwagen (*für Güter*), b) Festwagen *m* (*bei Umzügen etc.*); **21.** ⚙ a) Raspel *f*, b) Pflasterkelle *f*; **22.** *pl. thea.* Rampenlicht *n*; **23.** *Brit.* Notgroschen *m*; **'float·a·ble** [-təbl] *adj.* **1.** schwimmfähig; **2.** flößbar (*Fluss*); **'float·age, float·a·tion** → ***flotage, flotation***.
float bridge *s.* Floßbrücke *f*.
float·er ['fləʊtə] *s.* **1.** † Gründer *m e-r Firma*; **2.** † *Brit.* erstklassiges 'Wertpa,pier; **3.** *Am.* F ‚Zugvogel' *m* (*j-d, der ständig Wohnsitz od. Arbeitsplatz wechselt*); **4.** Springer *m* (*im Betrieb*); **5.** *pol.* a) Wechselwähler *m*, b) *Wähler, der s-e Stimme illegal in mehreren Wahlbezirken abgibt*; **6.** *Am. sl.* Wasserleiche *f*.
float·ing ['fləʊtɪŋ] **I** *adj.* ☐ **1.** schwimmend, treibend, Schwimm..., Treib...; **2.** schwebend (*a. fig.*); **3.** lose, beweglich; **4.** schwankend; **5.** ohne festen Wohnsitz, wandernd; **6.** † a) 'umlaufend (*Geld etc.*), b) schwebend (*Schuld*), c) flüssig (*Kapital*), d) fle'xibel (*Wechselkurs*), e) frei konvertierbar (*Währung*); **II** *s.* **7.** † Floating *n*, Freigabe *f* des Wechselkurses; **~ an·chor** *s.* ⚓ Treibanker *m*; **~ as·sets** *s. pl.* † flüssige Ak'tiva *pl.*; **~ ax·le** *s.* ⚙ Schwingachse *f*; **~ bridge** *s.* Tonnen-, Floßbrücke *f*; **~ cap·i·tal** *s.* † 'Umlaufvermögen *n*; **~ crane** *s.* ⚙ Schwimmkran *m*; **~ dec·i·mal point** → ***floating point***; **~ dock** *s.* ⚓ Schwimmdock *n*; **~ ice** *s.* Treibeis *n*; **~ kid·ney** *s.* ⚕ Wanderniere *f*; **~ light** *s.* ⚓ Leuchtboje *f od.* -schiff *n*; **~ mine** *s.* ⚔ Treibmine *f*; **~ point** *s. Computer etc.*: Fließkomma *n*; **~ pol·i·cy** *s.* † Pau'schalpo,lice *f*; **~ rib** *s. anat.* falsche Rippe; **~ trade** *s.* † Seefrachthandel *m*; **~ vote** (*od.* **vot·ers** *pl.*) *s. pol.* Wechselwähler *pl.*
'float|·plane *s.* ✈ Schwimmerflugzeug *n*; **~ switch** *s.* ϟ Schwimmerschalter *m*; **~ valve** *s.* ⚙ 'Schwimmerven,til *n*.
floc·cose ['flɒkəʊs], **'floc·cu·lent** [-kjʊlənt] *adj.* flockig, wollig; **'floc·cus** [-kəs] *pl.* **-ci** [-kaɪ] *s.* **1.** Flocke *f*; **2.** Büschel *n*; **3.** *orn.* Flaum *m*.
flock[1] [flɒk] **I** *s.* **1.** Herde *f* (*bsd. Schafe*); **2.** Schwarm *m*, *hunt.* Flug *m* (*Vögel*); **3.** Menge *f*, Schar *f* (*Personen*): ***come in ~s*** (in Scharen) herbeiströmen; **4.** *eccl.* Herde *f*, Gemeinde *f*; **II** *v/i.* **5.** *fig.* strömen: **~ *to a place*** zu e-m Ort (hin)strömen; **~ *to s.o.*** j-m zuströmen, in Scharen zu j-m kommen; **~ *together*** zs.-strömen.
flock[2] [flɒk] *s.* **1.** (Woll)Flocke *f*; **2.** *sg. od. pl.* a) Wollabfall *m*, b) Wollpulver *n* (*für Tapeten etc.*): **~ (*wall*)*paper*** Velourstapete *f*.
floe [fləʊ] *s.* Treibeis *n*, Eisscholle *f*.
flog [flɒg] *v/t.* **1.** prügeln, schlagen: **~ *a dead horse*** a) s-e Zeit verschwenden, b) offene Türen einrennen; **~ *s.th. to death*** *fig.* et. zu Tode reiten; **2.** auspeitschen; **3. ~ *s.th. into s.o.*** j-m et. einbläuen; **~ *s.th. out of s.o.*** j-m et. austreiben; **4.** *Brit.* F *et.* ‚verscheuern', ‚verkloppen'; **'flog·ging** [-gɪŋ] *s.* **1.** Tracht *f* Prügel; **2.** Prügelstrafe *f*.
flood [flʌd] **I** *s.* **1.** Flut *f* (*a. Ggs. Ebbe*): ***on the ~*** mit der (*od.* bei) Flut; **2.** Über'schwemmung *f* (*a. fig.*), Hochwasser *n*: ***the*** ♀ *bibl.* die Sintflut; **3.** *fig.* Flut *f*, Strom *m*, Schwall *m* (*von Briefen, Worten etc.*): ***a ~ of tears*** ein Tränenstrom; **II** *v/t.* **4.** über'schwemmen, -'fluten (*a. fig.*): **~ *the market*** † den Markt überschwemmen; **5.** unter Wasser setzen; **6.** ⚓ fluten; **7.** *mot. den Motor* ‚absaufen' lassen; **8.** *Fluss* anschwellen lassen; **9.** *fig.* strömen in (*acc.*), sich ergießen über (*acc.*); **III** *v/i.* **10.** *a. fig.* fluten, strömen, sich ergießen: **~ *in*** hereinströmen; **11.** a) anschwellen (*Fluss*), b) über die Ufer treten; **12.** 'überlaufen (*Bad etc.*); **13.** über'schwemmt werden; **~ con·trol** *s.* Hochwasserschutz *m*; **~ dis·as·ter** *s.* 'Hochwasserkata,strophe *f*; **'~·gate** *s.* Schleusentor *n*, *fig.* Schleuse *f*: ***open the ~s to*** *fig.* Tür u. Tor öffnen (*dat.*).
flood·ing ['flʌdɪŋ] *s.* **1.** Über'schwemmung *f*; **2.** ⚕ Gebärmutterblutung *f*.
'flood|·light I *s.* **1.** Scheinwerfer-, Flutlicht *n*; **2.** *a.* **~ *projector*** Scheinwerfer *m*: ***under ~s*** bei Flutlicht; **II** *v/t.* [*irr.* → ***light***[1]] (mit Scheinwerfern) beleuchten *od.* anstrahlen: ***floodlit*** in Flutlicht getaucht; ***floodlit match*** *sport* Flutlichtspiel *n*; **'~·mark** *s.* Hochwasserstandszeichen *n*; **~ tide** *s.* Flut(zeit) *f*.
floor [flɔː] **I** *s.* **1.** (Fuß)Boden *m*: ***mop*** (*od.* ***wipe***) ***the ~ with s.o.*** j-n ‚fertig machen', mit j-m ‚Schlitten fahren'; **2.** Tanzfläche *f*: ***take the ~*** auf die Tanzfläche gehen (→ 3); **3.** *parl.* Sitzungs-, Ple'narsaal *m*: ***cross the ~*** zur Gegenpartei übergehen; ***admit to the ~*** *j-m* das Wort erteilen; ***get*** (***have*** *od.* ***hold***) ***the ~*** das Wort erhalten (haben); ***take the ~*** das Wort ergreifen (→ 2); **4.** † Börsensaal *m*; **5.** Stock(werk *n*) *m*, Geschoss, *östr.* Geschoß *n*; → ***first floor*** *etc.*; **6.** (Meeres- *etc.*)Boden *m*, Grund *m*, (*Fluss-, Tal- etc.*, ⚒ *Strecken*)Sohle *f*; **7.** Minimum *n*: ***price ~***; ***cost ~*** Mindestkosten *pl.*; **II** *v/t.* **8.** e-n (Fuß)Boden legen in (*dat.*); **9.** zu Boden strecken, niederschlagen; **10.** F a) *j-n* ‚'umhauen': ***~ed*** sprachlos, ‚platt', b) *j-n* ‚schaffen'; **11.** *Am. das Gaspedal etc.* voll 'durchtreten; **'~·cloth** *s.* Scheuertuch *n*; **~ cov·er·ing** *s.* Fußbodenbelag *m*.
floor·er ['flɔːrə] *s.* F **1.** vernichtender Schlag, *fig. a.* ‚Schlag *m* ins Kon'tor'; **2.** ‚harte Nuss', knifflige Frage.
floor ex·er·cis·es *s. pl.* Bodenturnen *n*.
floor·ing ['flɔːrɪŋ] *s.* **1.** (Fuß)Boden *m*; **2.** Bodenbelag *m*.
floor| lamp *s.* Stehlampe *f*; **~ lead·er** *s. pol. Am.* Frakti'onsvorsitzende(r) *m*; **~ man·ag·er** *s.* **1.** † Ab'teilungsleiter *m* (*in e-m Kaufhaus*); **2.** *pol. Am.* Geschäftsführer *m* (*e-r Partei*); **3.** *TV* Aufnahmeleiter *m*; **~ plan** *s.* **1.** Grundriss *m* (*e-s Stockwerks*); **2.** Raumverteilungsplan *m* (*auf e-r Messe etc.*); **~ show** *s.* Varie'teevorstellung *f* (*in e-m Nachtklub etc.*); **~ space** *s.* Bodenfläche *f*; **~ tile** *s.* Fußbodenfliese *f*; **~ trad·er** *s. Börse*: Par'ketthändler(in); **'~,walk·er** *s.* (Aufsicht führender) Ab'teilungsleiter (*in e-m Kaufhaus*).
floo·zie ['fluːzɪ] *s. Am. sl.* ‚Flittchen' *n*.
flop [flɒp] **I** *v/i.* **1.** ('hin)plumpsen; **2.** (***into***) sich (in *e-n Sessel etc.*) plumpsen lassen; **3.** a) zappeln, b) flattern; **4.** F a) *ped., thea. etc.* ‚'durchfallen', b) *allg.* e-e ‚Pleite' sein, ‚da'nebengehen'; **II** *v/t.* **5.** ('hin)plumpsen lassen; **III** *s.* **6.**

F

Plumps *m*; **7.** F a) *thea. etc.* ,'Durchfall' *m*, ,Flop' *m*, b) ,Pleite' *f*, ,Reinfall' *m*, c) Versager *m*, ,Niete' *f* (*Person*); **IV** *adv. u. int.* **8.** plumps; '**flop·house** *s. Am. sl.* ,Penne' *f*, (billige) ,Absteige'; '**flop·py** [-pɪ] *adj.* □ schlaff, schlotterig: **~ *ears*** Schlappohren; **~ *hat*** Schlapphut *m*; **~ *disk*** *Computer*: Diskette *f*; **~ (*disk*) *drive*** Dis'ketten,laufwerk *n*.

flo·ra ['flɔːrə] *pl.* **-ras**, *a.* **-rae** [-riː] *s.* **1.** Flora *f*, (*a.* Abhandlung *f* über e-e) Pflanzenwelt *f*; **2.** *physiol.* (*Darm- etc.*) Flora *f*; '**flo·ral** [-rəl] *adj.* □ Blumen..., Blüten..., *a.* geblümt: **~ *design*** Blumenmuster *n*; **~ *emblem*** Wappenblume *f*.

Flor·en·tine ['flɒrəntaɪn] **I** *adj.* floren'tinisch, Florentiner...; **II** *s.* Floren'tiner(in).

flo·res·cence [flɔː'resns] *s.* ⚘ Blüte(-zeit) *f* (*a. fig.*); **flo·ret** ['flɔːrɪt] *s.* Blümchen *n*.

flo·ri·cul·tur·e ['flɔːrɪkʌltʃə] *s.* Blumenzucht *f*.

flor·id ['flɒrɪd] *adj.* □ **1.** rot, gerötet: **~ *complexion***; **2.** blühend (*Gesundheit*); **3.** über'laden: a) blumig (*Stil*), b) 'übermäßig verziert; **4.** ♪ figuriert; **5.** ⚕ stark ausgeprägt (*Krankheit*).

Flo·rid·i·an [flɒ'rɪdɪən] **I** *adj.* Florida...; **II** *s.* Bewohner(in) von Florida.

flor·in ['flɒrɪn] *s.* **1.** *Brit. hist.* Zwei'schillingstück *n*; **2.** *obs.* (*bsd.* niederländischer) Gulden.

flo·rist ['flɒrɪst] *s.* Blumenhändler(in), -züchter(in).

floss[1] [flɒs] *s.* **1.** Ko'kon-, Seidenwolle *f*; **2.** Flo'rettgarn *n*; **3.** *a.* **~ *silk*** Schappe-, Flo'rettseide *f*; **4.** ⚘ Seidenbaumwolle *f*; **5.** Flaum *m*, seidige Sub'stanz; **6.** *a.* ***dental ~*** Zahnseide *f*.

floss[2] [flɒs] *s.* ⚙ **1.** Glasschlacke *f*; **2.** *a.* **~ *hole*** Schlackenloch *n*.

floss·y ['flɒsɪ] *adj.* **1.** flo'rettseiden; **2.** seidig; **3.** *Am. sl.* ,schick'.

flo·tage ['fləʊtɪdʒ] *s.* **1.** Schwimmen *n*; **2.** Schwimmfähigkeit *f*; **3.** *et.* Schwimmendes *od.* Treibendes, Treibgut *n*.

flo·ta·tion [fləʊ'teɪʃn] *s.* **1.** → ***flotage*** 1; **2.** Schweben *n*; **3.** ✝ a) Gründung *f* (*e-er Gesellschaft*), b) In'umlaufbringung *f* (*von Wertpapieren etc.*), c) Auflegung *f* (*e-r Anleihe*); **4.** ⚙ Flotati'on *f*.

flo·til·la [fləʊ'tɪlə] *s.* ⚓ Flot'tille *f*.

flot·sam ['flɒtsəm], *a.* **~ and jet·sam** *s.* **1.** ⚓ Strand-, Treibgut *n*; **2.** *fig.* Strandgut *n* des Lebens; **3.** *fig.* 'Überbleibsel *pl.*, Krimskrams *m*.

flounce[1] [flaʊns] *v/i.* **1.** erregt stürmen *od.* stürzen; **2.** stolzieren; **3.** sich herumwerfen, zappeln.

flounce[2] [flaʊns] **I** *s.* Vo'lant *m*, Besatz *m*; Falbel *f*; **II** *v/t.* mit Vo'lants besetzen.

floun·der[1] ['flaʊndə] *v/i.* **1.** zappeln, strampeln, *fig. a.* sich (ab)quälen; **2.** taumeln, stolpern, um'hertappen; **3.** *fig.* sich verhaspeln, nicht weiterwissen, *a. sport* ins ,Schwimmen' kommen.

floun·der[2] ['flaʊndə] *s. ichth.* Flunder *f*.

flour ['flaʊə] **I** *s.* **1.** Mehl *n*; **2.** feines Pulver, Mehl *n*; **II** *v/t.* **3.** *Am.* (zu Mehl) mahlen; **4.** mit Mehl bestreuen.

flour·ish ['flʌrɪʃ] **I** *v/i.* **1.** gedeihen, *fig. a.* blühen, florieren; **2.** auf der Höhe s-r Macht *od.* s-s Ruhmes stehen; **3.** wirken, erfolgreich sein (*Künstler etc.*); **4.** prahlen; **5.** sich geschraubt ausdrücken; **6.** sich auffällig benehmen; **7.** Schnörkel *od.* Floskeln machen; **8.** ♪ a) fantasieren, b) e-n Tusch spielen; **II** *v/t.* **9.** schwingen, schwenken; **10.** zur Schau stellen, protzen mit; **11.** (aus)schmücken; **III** *s.* **12.** Schwingen *n*, Schwenken *n*; **13.** Schwung *m*, schwungvolle Gebärde; **14.** Schnörkel *m*; **15.** Floskel *f*; **16.** ♪ a) bravou'röse Pas'sage, b) Tusch *m*: **~ *of trumpets*** Trompetenstoß *m*, Fanfare *f*, *fig.* (großes) Trara; '**flour·ish·ing** [-ʃɪŋ] *adj.* □ blühend, gedeihend, florierend: **~ *trade*** schwunghafter Handel.

flour·y ['flaʊərɪ] *adj.* mehlig.

flout [flaʊt] **I** *v/t.* **1.** verspotten, -höhnen; **2.** *Befehl, Ratschlag etc.* miss'achten, *Angebot etc.* ausschlagen; **II** *v/i.* **3.** spotten (***at*** über *acc.*), höhnen.

flow [fləʊ] **I** *v/i.* **1.** fließen, strömen, fluten, rinnen, laufen (*alle a. fig.*): **~ *freely*** in Strömen fließen (*Sekt etc.*); **2.** *fig.* da'hinfließen, gleiten; **3.** ⚓ steigen (*Flut*); **4.** wallen (*Haar, Kleid etc.*), lose he'rabhängen; **5.** *fig.* (***from***) herrühren (von), entspringen (*dat.*); **6.** *fig.* (***with***) reich sein (an *dat.*), 'überfließen (vor *dat.*), voll sein (von); **II** *v/t.* **7.** über'fluten, -'schwemmen; **III** *s.* **8.** Fließen *n*, Strömen *n* (*beide a. fig.*), Rinnen *n*: **~ *characteristics*** *phys.* Strömungsbild *n*; **~ *chart*** (*od.* ***sheet***) *Computer*, ✝ Flussdiagramm *n*; **~ *pattern*** *phys.* Stromlinienbild *n*; **~ *production***, **~ *system*** ✝ Fließbandfertigung *f*; **9.** Fluss *m*, Strom *m* (*beide a. fig.*): **~ *of traffic*** Verkehrsfluss, -strom; **10.** Zu- *od.* Abfluss *m*; **11.** Wallen *n*; **12.** *fig.* (*Wort- etc.*)Schwall *m*, Erguss *m* (*a. von Gefühlen*); **13.** *physiol.* F Peri'ode *f*.

flow·er ['flaʊə] **I** *s.* **1.** Blume *f*: ***say it with ~s!*** lasst Blumen sprechen!; **2.** ⚘ a) Blüte *f*, b) Blütenpflanze *f*, c) Blüte (-zeit) *f* (*a. fig.*): ***be in ~*** in Blüte stehen, blühen; ***in the ~ of his life*** in der Blüte s-r Jahre; **3.** *fig.* *das* Beste *od.* Feinste, Auslese *f*, E'lite *f*; **4.** *fig.* Blüte *f*, Zierde *f*; **5.** ('Blumen)Orna,ment *n*, (-)Verzierung *f*: **~*s of speech*** Floskeln; **6.** *typ.* Vi'gnette *f*; **7.** *pl.* ⚗ Blumen *pl.*: **~*s of sulphur*** Schwefelblumen *pl.*, -blüte *f*; **II** *v/i.* **8.** blühen, *fig. a.* in höchster Blüte stehen; **III** *v/t.* **9.** mit Blumen(mustern) verzieren, blüme(l)n; **~ bed** *s.* Blumenbeet *n*; **~ child** *s.* [*irr.*] ,Blumenkind' *n* (*Hippie*).

flow·ered ['flaʊəd] *adj.* **1.** mit Blumen geschmückt; **2.** geblümt; **3.** *in Zssgn* ...blütig.

flow·er girl *s.* **1.** Blumenmädchen *n*; **2.** *Am.* Blumen streuendes Mädchen (*bei e-r Hochzeit*).

flow·er·ing ['flaʊərɪŋ] **I** *adj.* blühend, Blüten...: **~ *plant*** Blütenpflanze *f*; **II** *s.* Blüte(zeit) *f*.

flow·er| peop·le *s.* ,Blumenkinder' *pl.* (*Hippies*); **~ piece** *s. paint.* Blumenstück *n*; '**~·pot** *s.* Blumentopf *m*; **~ show** *s.* Blumenausstellung *f*.

flow·er·y ['flaʊərɪ] *adj.* **1.** blumen-, blütenreich; **2.** geblümt; **3.** *fig.* blumig.

flow·ing ['fləʊɪŋ] *adj.* □ **1.** fließend, strömend; **2.** *fig.* flüssig (*Stil etc.*); **3.** wallend (*Bart, Kleid*); **4.** wehend, flatternd (*Haar etc.*).

'**flow,me·ter** *s.* ⚙ 'Durchflussmesser *m*.

flown [fləʊn] *p.p. von* ***fly***[1].

flu [fluː] *s.* ⚕ F Grippe *f*.

flub [flʌb] *Am. sl.* **I** *s.* (grober) Schnitzer; **II** *v/i.* (e-n groben) Schnitzer machen, patzen.

flub·dub ['flʌbdʌb] *s. Am. sl.* Geschwafel *n*, ,Quatsch' *m*.

fluc·tu·ate ['flʌktjʊeɪt] *v/i.* schwanken: a) fluktuieren (*a.* ✝), sich (ständig) verändern, b) *fig.* unschlüssig sein; '**fluc·tu·at·ing** [-tɪŋ] *adj.* schwankend: a) fluktuierend, b) unschlüssig: **~ *exchange rate*** frei schwankender Wechselkurs; **fluc·tu·a·tion** [,flʌktjʊ'eɪʃn] *s.* **1.** Schwankung *f*, Fluktuati'on *f* (*beide a.* ✝, ⚡, *phys.*): **~ *margin*** Bandbreite *f*, Schwankungsbreite *f*; ***cyclical ~*** ✝ Konjunkturschwankung; **2.** *fig.* Schwanken *n*.

flue[1] [fluː] *s.* **1.** ⚙ a) Rauchfang *m*, Esse *f*, b) Abzugsrohr *n*, (Feuerungs)Zug *m*: **~ *gas*** Rauch-, Abgas *n*, c) Heizröhre *f*, d) Flammrohr *n*, 'Feuerka,nal *m*; **2.** ♪ a) *a.* **~ *pipe*** Lippenpfeife *f*, b) Kernspalt *m der Orgelpfeife*.

flue[2] [fluː] *s.* Flusen *pl.*, Staubflocken *pl.*

flue[3] [fluː] *s.* ⚓ Schleppnetz *n*.

flu·en·cy ['fluːənsɪ] *s.* Fluss *m* (*der Rede etc.*), Flüssigkeit *f* (*des Stils etc.*); Gewandtheit *f*; '**flu·ent** [-nt] *adj.* □ **1.** fließend, geläufig: ***speak ~ German***, ***be ~ in German*** fließend Deutsch sprechen; **2.** flüssig, ele'gant (*Stil etc.*), gewandt (*Redner etc.*).

fluff [flʌf] **I** *s.* **1.** Staubflocke *f*, Fussel(n *pl.*) *f*; **2.** Flaum *m* (*a. erster Bartwuchs*); **3.** F *sport, thea. etc.* ,Patzer' *m*; **4.** *Am.* Schaumspeise *f*; **5.** *thea. Am.* F ,leichte Kost'; **6.** *oft* ***bit of ~*** F ,Betthäschen' *n*, ,Mieze' *f*; **II** *v/t.* **7.** **~ *out***, **~ *up*** a) *Federn* aufplustern, b) *Kissen etc.* aufschütteln; **8.** F *bsd. thea., sport* ,verpatzen'; **III** *v/i.* **9.** F *thea., sport* ,patzen'; '**fluf·fy** [-fɪ] *adj.* **1.** flaumig; **2.** *thea. Am.* F leicht, anspruchslos.

flu·id ['fluːɪd] **I** *s.* **1.** Flüssigkeit *f*; **II** *adj.* **2.** flüssig; **3.** *fig.* → ***fluent***; **4.** *fig.* fließend, veränderlich; **~ cou·pling**, **~ clutch** *s.* ⚙ hy'draulische Kupplung; **~ drive** *s.* ⚙ Flüssigkeitsgetriebe *n*.

flu·id·i·ty [fluː'ɪdətɪ] *s.* **1.** *phys.* a) flüssiger Zustand, Flüssigkeit(sgrad *m*) *f*, b) Gasförmigkeit *f*; **2.** *fig.* Veränderlichkeit *f*; **3.** Flüssigkeit *f des Stils etc.*

flu·id| me·chan·ics *s. pl. sg. konstr. phys.* 'Strömungsme,chanik *f*; **~ ounce** *s. Hohlmaß*: a) *Brit.* = *28,4 ccm*, b) *Am.* = *29,6 ccm*; **~ pres·sure** *s.* ⚙, *phys.* hy'draulischer Druck.

fluke[1] [fluːk] *s.* **1.** ⚓ Ankerflügel *m*; **2.** ⚙ Bohrlöffel *m*; **3.** 'Widerhaken *m*; **4.** Schwanzflosse *f* (*des Wals*); **5.** *zo.* Leberegel *m*.

fluke[2] [fluːk] *s.* **1.** ,Dusel' *m*, ,Schwein' *n*: **~ *hit*** Zufallstreffer *m*; **2.** *Billard*: glücklicher Stoß; '**fluk·(e)y** [-kɪ] *adj. sl.* **1.** Glücks..., Zufalls...; **2.** unsicher.

flume [fluːm] **I** *s.* **1.** Klamm *f*; **2.** künstlicher Wasserlauf, Ka'nal *m*; **II** *v/t.* **3.** durch e-n Kanal flößen.

flum·mer·y ['flʌmərɪ] *s.* **1.** *Küche*: a) (Hafer)Mehl *n*, b) Flammeri *m* (*Süßspeise*); **2.** F a) *fig.* leere Schmeiche'lei, b) ,Quatsch' *m*.

flum·mox ['flʌməks] *v/t. sl.* verblüffen, aus der Fassung bringen.

flung [flʌŋ] *pret. u. p.p. von* ***fling***.

flunk [flʌŋk] *ped. Am. sl.* **I** *v/t.* **1.** ,'durchrauschen' *od.* ,'durchrasseln' lassen; **2.** *oft* **~ *out*** von der Schule ,werfen'; **3.** ,'durchrasseln' in (*e-r Prüfung, e-m Fach*); **II** *v/i.* **4.** ,'durchrasseln', ,'durchrauschen'; **III** *s.* **5.** 'Durchfallen *n*.

flunk·(e)y ['flʌŋkɪ] *s.* **1.** *oft contp.* La'kai *m*; **2.** *contp.* Kriecher *m*, Speichellecker *m*; **3.** *Am.* Handlanger *m*; '**flunk·(e)y·ism** [-ɪɪzəm] *s.* Speichellecke'rei *f*.

flu·or ['flu:ɔ:] → ***fluorspar***.
flu·o·resce [ˌfluə'res] *v/i.* ⚗, *phys.* fluoreszieren; ˌ**flu·o'res·cence** [-sns] *s.* ⚗, *phys.* Fluores'zenz *f*; ˌ**flu·o'res·cent** [-snt] *adj.* fluoreszierend: **~ *lamp*** Leuchtstofflampe *f*; **~ *screen*** Leuchtschirm *m*; **~ *tube*** Leucht(stoff)röhre *f*.
flu·or·ic [flu:'ɒrɪk] *adj.* ⚗ Fluor...: **~ *acid*** Flusssäure *f*; **flu·o·ri·date** ['flʊərɪdeɪt] *v/t.* *Trinkwasser* fluorieren; **flu·o·ride** ['flʊəraɪd] *s.* ⚗ Fluo'rid *n*; **flu·o·rine** ['flʊəri:n] *s.* ⚗ Fluor *n*; **flu·o·rite** ['flʊəraɪt] *s.* → ***fluorspar***; **flu·o·ro·scope** ['flʊərəskəʊp] *s.* ⚕ Fluoro'skop *n*, Röntgenbildschirm *m*; **fluo·ro·scop·ic** [ˌflʊərə'skɒpɪk] *adj.*: **~ *screen*** → ***fluoroscope***; '**flu·or·spar** *s. min.* Flussspat *m*, Fluo'rit *n*.
flur·ry ['flʌrɪ] **I** *s.* **1.** a) Windstoß *m*, b) (Regen-, Schnee)Schauer *m*; **2.** *fig.* Hagel *m*, Wirbel *m von Schlägen etc.*; **3.** *fig.* Aufregung *f*, Unruhe *f*: ***in a ~*** aufgeregt; **4.** Hast *f*; **5.** ✝ kurze, plötzliche Belebung (*an der Börse*); **II** *v/t.* **6.** beunruhigen.
flush[1] [flʌʃ] **I** *v/i.* (aufgeregt) auffliegen; **II** *v/t. Vögel* aufscheuchen.
flush[2] [flʌʃ] **I** *s.* **1.** a) Erröten *n*, b) Röte *f*; **2.** (Wasser)Schwall *m*, Strom *m*; **3.** a) (Aus)Spülung *f*, b) (Wasser)Spülung *f* (*im WC*); **4.** (Gefühls)Aufwallung *f*, Hochgefühl *n*, Erregung *f*: **~ *of anger*** Wutanfall *m*; **~ *of success*** Triumphgefühl *n*; **~ *of victory*** Siegestaumel *m*; **5.** Glanz *m*, Blüte *f* (*der Jugend etc.*); **6.** ⚕ Wallung *f*, (Fieber)Hitze *f*; → ***hot flushes***; **II** *v/t.* **7.** *j-n* erröten lassen; **8.** *a.* **~ *out*** (aus)spülen: **~ *down*** hinunterspülen; **~ *the toilet*** spülen; **9.** unter Wasser setzen; **10.** erregen, erhitzen: ***~ed with anger*** wutentbrannt; ***~ed with joy*** außer sich vor Freude; **III** *v/i.* **11.** erröten, rot werden (***with*** *vor dat.*); **12.** strömen, schießen (*a. Blut*); **13.** spülen (*WC etc.*).
flush[3] [flʌʃ] **I** *adj.* **1.** eben, auf gleicher Höhe; **2.** ⚙ fluchtgerecht, glatt (anliegend), *typ.* bündig (abschließend) (***with*** mit) (*alle a. adv.*): **~ *left*** linksbündig; **~ *right*** rechtsbündig; **3.** a) ⚙ versenkt, Senk...: **~ *screw***, b) ϟ Unterputz...: **~ *socket***; **4.** ('über)voll (***with*** von); **5.** blühend, frisch; **6.** **~** (***with money***) F gut bei Kasse; **~ *with one's money*** verschwenderisch; **II** *v/t.* **7.** ebnen, bündig machen; **8.** ⚙ *Fugen* ausstreichen.
flush[4] [flʌʃ] *Poker*: Flush *m*; → ***royal*** 1, ***straight flush***.
flus·ter ['flʌstə] **I** *v/t.* durchein'ander bringen, aufregen, ner'vös machen; **II** *v/i.* a) ner'vös werden, durchein'ander kommen, b) sich aufregen; **III** *s.* → ***flutter*** 8.
flute [flu:t] **I** *s.* **1.** ♪ a) Flöte *f*, b) → ***flutist***, c) *a.* **~ *stop*** 'Flötenreˌgister *n* (*Orgel*); **2.** △, ⚙ Rille *f*, Riefe *f*, Hohlkehle *f*; **3.** ⚙ (Span-)Nut *f*; **4.** Rüsche *f*; **II** *v/i.* **5.** Flöte spielen, flöten (*a. fig.*); **III** *v/t.* **6.** *et.* auf der Flöte spielen, flöten (*a. fig.*); **7.** △, ⚙ riefen, riffeln, auskehlen, kannelieren; *Stoff* kräuseln; '**flut·ed** [-tɪd] *adj.* **1.** flötenartig, sanft; **2.** gerieft, gerillt; '**flut·ing** [-tɪŋ] *s.* **1.** △ Riffelung *f*; **2.** Falten *pl.*, Rüschen *pl.*; **3.** Flöten *n* (*a. fig.*); '**flut·ist** [-tɪst] *s.* Flö'tist(in).
flut·ter ['flʌtə] **I** *v/i.* **1.** flattern (*a.* ⚕ *Herz*), wehen; **2.** a) aufgeregt hin- und herrennen, b) aufgeregt sein; **3.** zittern; **4.** flackern; **II** *v/t.* **5.** schwenken, flattern lassen, wedeln mit, mit *den Flügeln* schlagen, mit *den Augendeckeln* ‚klimpern'; **6.** → ***fluster*** I; **III** *s.* **7.** Flattern *n* (*a.* ⚕ *Puls etc.*); **8.** Aufregung *f*, Tu'mult *m*: ***all in a ~*** ganz durcheinander; **9.** *Brit.* F kleine Spekulati'on *od.* Wette; **10.** *Schwimmen*: Kraulbeinschlag *m*.
flu·vi·al ['flu:vjəl] *adj.* fluvi'al, Fluss..., in Flüssen vorkommend.
flux [flʌks] *s.* **1.** Fließen *n*, Fluss *m* (*a.* ϟ, *phys.*); **2.** Ausfluss *m* (*a.* ⚕); **3.** Strom *m* (*a. fig.*), Flut *f* (*a. fig.*): **~ *and reflux*** Flut u. Ebbe (*a. fig.*); **~ *of words*** Wortschwall *m*; **4.** ständige Bewegung; Wandel *m*: ***in*** (***a state of***) **~** im Fluss; **5.** ⚙ Fluss-, Schmelzmittel *n*, Zuschlag *m*; '**flux·ion·al** [-kʃənl] *adj.* **1.** fließend, veränderlich; **2.** Å Fluxions...
fly[1] [flaɪ] **I** *s.* **1.** Fliegen *n*, Flug *m* (*a.* ✈): ***on the ~*** a) im Fluge, schnell, prompt, b) in Bewegung; **2.** *Brit. hist.* Einspänner *m*, Droschke *f*; **3.** a) Knopfleiste *f*, b) Hosenklappe *f*, -schlitz *m*; **4.** Zelttür *f*; **5.** ⚙ → ***flywheel***; **6.** Unruh *f* (*Uhr*); **7.** *pl. thea.* Sof'fitten *pl.*; **II** *v/i.* [*irr.*] **8.** fliegen: **~ *blind*** (*od.* ***on instruments***) ✈ blind fliegen; **~ *high*** (*od.* ***at high game***) *fig.* hoch hinauswollen; → ***let***[1] *Redew.*; **9.** flattern, wehen; **10.** verfliegen (*Zeit*), zerrinnen (*Geld*); **11.** stieben, fliegen (*Funken etc.*): **~ *to pieces*** zerspringen, bersten, reißen; **12.** stürmen, stürzen, sausen: **~ *to arms*** zu den Waffen eilen; ***he flew into her arms*** er flog in ihre Arme; ***send s.o. ~ing*** a) j-n fortjagen, b) j-n zu Boden schleudern; ***send things ~ing*** Sachen umherwerfen; **~ *at s.o.*** auf j-n losgehen; ***I must ~!*** F ich muss schleunigst weiter!; → ***temper*** 3; **13.** (*nur pres., inf. u. p.pr.*) fliehen; **III** *v/t.* [*irr.*] **14.** fliegen lassen: **~ *hawks*** *hunt.* mit Falken jagen; → ***kite*** 1; **15.** ✈ a) *Flugzeug* fliegen, führen, b) *j-n, et.* (hin)fliegen, im Flugzeug befördern, c) *Strecke* fliegen, d) *Ozean etc.* über'fliegen; **16.** *Fahne, Flagge* a) führen, b) hissen, wehen lassen; **17.** *Zaun etc.* im Sprung nehmen; **18.** (*nur pres., inf. u. p.pr.*) a) fliehen aus, b) fliehen vor (*dat.*), meiden; **~ *in*** ✈ *v/t. u. v/i.* einfliegen; **~ *off*** *v/i.* **1.** fortfliegen; **2.** fortstürmen; **3.** abspringen (*Knopf*); **~ *o·pen*** *v/i.* auffliegen (*Tür etc.*); **~ *out*** *v/i.* **1.** ausfliegen; **2.** hin'ausstürzen; **3.** wütend werden: **~ *at s.o.*** auf j-n losgehen.
fly[2] [flaɪ] *s.* **1.** *zo.* Fliege *f*: ***a ~ in the ointment*** ein Haar in der Suppe; ***break a ~ on the wheel*** mit Kanonen nach Spatzen schießen; ***no flies on him*** (*od.* ***it***) F ‚den legt man nicht so schnell aufs Kreuz'; ***they died*** (*od.* ***dropped***) ***like flies*** sie starben wie die Fliegen; ***he wouldn't hurt*** (*od.* ***harm***) ***a ~*** er tut keiner Fliege was zuleide; ***I would like to be a ~ on the wall*** da würde ich gern ‚Mäuschen spielen'; **2.** *Angeln*: (künstliche) (Angel)Fliege: ***cast a ~*** e-e Angel auswerfen.
fly[3] [flaɪ] *adj. sl.* gerissen, raffiniert.
fly·a·ble ['flaɪəbl] *adj.* ✈ **1.** flugtüchtig; **2.** **~ *weather*** Flugwetter *n*.
fly| **a·gar·ic** *s.* ⚘ Fliegenpilz *m*; '**~·a·way** *adj.* **1.** flatternd; **2.** flatterhaft; **3.** *Am.* flugbereit; '**~·blow** *s.* Fliegenei *n*, -dreck *m*; '**~·blown** *adj.* **1.** von Fliegen beschmutzt; **2.** *fig.* besudelt; '**~·by** *s.* **1.** ✈ Vorbeiflug *m*; **2.** *Raumfahrt*: Flyby *n* (*Navigationstechnik*); '**~-by-night** F **I** *s.* **1.** *zo.* Nachtschwärmer *m*; **2.** a) Schuldner, der sich heimlich *od.* bei Nacht aus dem Staub macht, b) ✝ zweifelhafter Kunde; **II** *adj.* **3.** ✝ zweifelhaft, anrüchig; '**~ˌcatch·er** *s.* **1.** Fliegenfänger *m*; **2.** *orn.* Fliegenschnäpper *m*.
fly·er → ***flier***.
'**fly-fish** *v/i.* mit (künstlichen) Fliegen angeln.
fly·ing ['flaɪɪŋ] **I** *adj.* **1.** fliegend, Flug...; **2.** flatternd, fliegend, wehend; → ***colour*** 10; **3.** kurz, flüchtig: **~ *visit*** Stippvisite *f*; **4.** *sport* a) fliegend: → ***flying start***, b) mit Anlauf: **~ *jump***; **5.** schnell; **6.** fliehend, flüchtig; **II** *s.* **7.** a) Fliegen *n*, Flug *m*, b) Fliege'rei *f*, Flugwesen *n*; **~ *boat*** *s.* ✈ Flugboot *n*; **~ *bomb*** *s.* ⚔ fliegende Bombe, Ra'ketenbombe *f*; **~ *bridge*** *s.* **1.** Rollfähre *f*; **2.** ⚓ Laufbrücke *f*; **~ *but·tress*** *s.* △ Strebebogen *m*; **~ *cir·cus*** *s.* ✈ **1.** ⚔ rotierende 'Staffelformatiˌon (*im Einsatz*); **2.** Schaufliegergruppe *f*; **~ *col·umn*** *s.* ⚔ fliegende *od.* schnelle Ko'lonne; **~ *ex·hi·bi·tion*** *s.* Wanderausstellung *f*; **~ *field*** *s.* (*kleiner*) Flugplatz; **~ *fish*** *s.* Fliegender Fisch; **~ *fox*** *s. zo.* Flughund *m*; **~ *lane*** *s.* ✈ (Ein-) Flugschneise *f*; ♎ **Of·fi·cer** *s.* ✈ *Brit.* Oberleutnant *m der RAF*; **~ *range*** *s.* ✈ Akti'onsradius *m*; **~ *sau·cer*** *s.* fliegende 'Untertasse; **~ *school*** *s.* Fliegerschule *f*; **~ *speed*** *s.* Fluggeschwindigkeit *f*; **~ *squad*** *s. Brit.* 'Überfallkomˌmando *n* (*Polizei*); **~ *squad·ron*** *s.* **1.** ✈ (Flieger)Staffel *f*; **2.** *Am.* a) fliegende Ko'lonne, b) 'Rollkomˌmando *n*; **~ *start*** *s. sport* fliegender Start: ***get off to a ~*** glänzend wegkommen, *a. fig.* e-n glänzenden Start haben; **~ *u·nit*** *s.* ✈ fliegender Verband; **~ *weight*** *s.* ✈ Fluggewicht *n*; **~ *wing*** *s.* Nurflügelflugzeug *n*.
'**fly**|**·leaf** *s. typ.* Vorsatz-, Deckblatt *n*; '**~ˌo·ver** *s.* **1.** → ***fly-past***; **2.** *Brit.* ('Straßen-, 'Eisenbahn)Überˌführung *f*; '**~ˌpa·per** *s.* Fliegenfänger *m*; '**~-past** *s.* ✈ 'Luftpaˌrade *f*; **~ *rod*** *s.* Angelrute *f* (*für künstliche Fliegen*); **~ *sheet*** *s.* **1.** Flug-, Re'klameblatt *n*; **2.** ('Zelt)ˌÜberdach *n*; '**flyˌswat·ter** *s.* Fliegenklappe *f*, -klatsche *f*; '**~·weight** *sport* **I** *s.* Fliegengewicht(ler *m*) *n*; **II** *adj.* Fliegengewichts...; '**~·wheel** *s.* ⚙ Schwungrad *n*.
'**f-ˌnum·ber** *s. phot.* **1.** Blende *f* (*Einstellung*); **2.** Lichtstärke *f* (*vom Objektiv*).
foal [fəʊl] *zo.* **I** *s.* Fohlen *n*, Füllen *n*: ***in*** (*od.* ***with***) **~** trächtig (*Stute*); **II** *v/t. Fohlen* werfen; **III** *v/i.* fohlen, werfen; '**~·foot** *pl.* '**~·foots** *s.* ⚘ Huflattich *m*.
foam [fəʊm] **I** *s.* Schaum *m*; **II** *v/i.* schäumen (***with rage*** *fig.* vor Wut): ***he ~ed at the mouth*** der Schaum stand ihm vor dem Mund, *fig. a.* er schäumte vor Wut; **III** *v/t.* schäumen: ***~ed concrete*** Schaumbeton *m*; ***~ed plastic*** Schaumstoff *m*; **~ *ex·tin·guish·er*** *s.* Schaum(feuer)löscher *m*; **~ *rub·ber*** *s.* Schaumgummi *n*, *m*.
foam·y ['fəʊmɪ] *adj.* schäumend.
fob[1] [fɒb] *s.* **1.** Uhrtasche *f* (*im Hosenbund*); **2.** *a.* **~ *chain*** Chate'laine *f* (*Uhrband, -kette*).
fob[2] [fɒb] *v/t.* **1.** **~ *off s.th. on s.o.*** j-m et. ‚andrehen' *od.* ‚aufhängen'; **2.** **~ *s.o. off*** j-n abspeisen, *j-n* abwimmeln (***with*** mit).
fob[3], **f.o.b.**, **F.O.B.** *abbr. für* ***free on board*** (→ ***free*** 13).
fo·cal ['fəʊkl] *adj.* **1.** Å, *phys., opt.* im Brennpunkt stehend (*a. fig.*), fo'kal, Brenn(punkt)...: **~ *distance***, **~ *length*** Brennweite *f*; **~ *plane*** Brennebene *f*; **~**

F

point Brennpunkt *m* (*a. fig.*); **2.** ✱ fo'kal, Herd...; '**fo·cal·ize** [-kəlaɪz] → ***focus*** 4, 5.

fo'c's'le ['fəʊksl] → ***forecastle***.

fo·cus ['fəʊkəs] *pl.* **-cus·es, -ci** [-saɪ] **I** *s.* **1.** a) ⩓, ⚙, *phys.* Brennpunkt *m*, Fokus *m*, b) *TV* Lichtpunkt *m*, c) *phys.* Brennweite *f*, d) *opt.* Scharfeinstellung *f*: ***in ~*** scharf eingestellt, *fig.* klar und richtig; ***out of ~*** unscharf, verschwommen (*a. fig.*); ***bring into ~*** → 4, 5; ***~ control*** Scharfeinstellung *f* (*Vorrichtung*); **2.** *fig.* Brenn-, Mittelpunkt *m*: ***be the ~ of attention*** im Mittelpunkt des Interesses stehen; ***bring (in)to ~*** in den Brennpunkt rücken; **3.** Herd *m* (*e-s Erdbebens, Aufruhrs etc.*), ✱ *a.* Fokus *m*; **II** *v/t.* **4.** *opt., phot.* fokussieren, (*v/i.* sich) scharf einstellen; **5.** *phys.* (*v/i.* sich) im Brennpunkt vereinigen, (sich) sammeln; **6.** ***~ on*** *fig.* (*v/i.* sich) konzentrieren *od.* richten auf (*acc.*).

fo·cus·(s)ing| lens ['fəʊkəsɪŋ] *s.* Sammellinse *f*; **~ scale** *s. phot.* Entfernungsskala *f*; **~ screen** *s. phot.* Mattscheibe *f*.

fod·der ['fɒdə] **I** *s.* (Trocken)Futter *n*; *humor.* ‚Futter' *n*; **II** *v/t. Vieh* füttern.

foe [fəʊ] *s.* Feind *m* (*a. fig.*); *a. sport u. fig.* Gegner *m*, 'Widersacher *m* (***to*** *gen.*).

foe·tal ['fiːtl] *adj.* ✱ fö'tal; **foe·tus** ['fiːtəs] *s.* ✱ Fötus *m*.

fog [fɒg] **I** *s.* **1.** (dichter) Nebel; **2.** a) Dunst *m*, b) Dunkelheit *f*; **3.** *fig.* a) Nebel *m*, Verschwommenheit *f*, b) Verwirrung *f*: ***in a ~*** (völlig) ratlos; **4.** ⚙ (abgesprühter) Nebel; **5.** *phot.* Schleier *m*; **II** *v/t.* **6.** in Nebel hüllen, einnebeln; **7.** *fig.* verdunkeln, verwirren; **8.** *phot.* verschleiern; **III** *v/i.* **9.** neb(e)lig werden; (sich) beschlagen (*Scheibe etc.*); **~ bank** *s.* Nebelbank *f*; '**~·bound** *adj.* **1.** in dichten Nebel eingehüllt; **2.** ***be ~*** ⚓, ✈ wegen Nebels festsitzen.

fo·gey → ***fogy***.

fog·gi·ness ['fɒgɪnɪs] *s.* **1.** Nebligkeit *f*; **2.** Verschwommenheit *f*, Unklarheit *f*; '**fog·gy** [-gɪ] *adj.* □ **1.** neb(e)lig; **2.** trüb, dunstig; **3.** *fig.* a) nebelhaft, verschwommen, unklar, b) benebelt (***with*** vor *dat.*): ***I haven't got the foggiest (idea)*** F ‚ich habe keinen blassen Schimmer'; **4.** *phot.* verschleiert.

'**fog|·horn** *s.* Nebelhorn *n*; '**~·light** *s. mot.* Nebelscheinwerfer *m*: ***rear ~*** *mot.* Nebelschlussleuchte *f*.

fo·gy ['fəʊgɪ] *s. mst* ***old ~*** ‚alter Knacker'; '**fo·gy·ish** [-ɪɪʃ] *adj.* verknöchert, verkalkt, altmodisch.

foi·ble ['fɔɪbl] *s. fig.* Faible *n*, (kleine) Schwäche *f*.

foil[1] [fɔɪl] *v/t.* **1.** a) vereiteln, durch'kreuzen, zu'nichte machen, b) *j-m* e-n Strich durch die Rechnung machen; **2.** *hunt. Spur* verwischen.

foil[2] [fɔɪl] **I** *s.* **1.** ⚙ (Me'tall- *od.* Kunststoff)Folie *f*, 'Blattme,tall *n*; **2.** ⚙ (Spiegel)Belag *m*; **3.** Folie *f*, 'Unterlage *f* (*für Edelsteine*); **4.** *fig.* Folie *f*, 'Hintergrund *m*: ***serve as a ~ to*** als Folie dienen (*dat.*); **5.** △ Blattverzierung *f*; **II** *v/t.* **6.** ⚙ mit Me'tallfolie belegen; **7.** △ mit Blätterwerk verzieren.

foil[3] [fɔɪl] *s. fenc.* **1.** Flo'rett *n*; **2.** *pl.* Flo'rettfechten *n*.

foils·man ['fɔɪlzmən] *s.* [*irr.*] *fenc.* Flo'rettfechter *m*.

foist [fɔɪst] *v/t.* **1.** ***~ s.th. on s.o.*** a) j-m et. ‚andrehen', b) j-m et. aufhalsen; **2.** einschmuggeln.

fold[1] [fəʊld] **I** *v/t.* **1.** falten: ***~ cloth (one's hands)***; ***~ed mountains*** *geol.* Faltengebirge *n*; ***~ one's arms*** die Arme verschränken; **2.** *oft* ***~ up*** zs.-falten, -legen, -klappen; **3.** *a.* ***~ down*** a) 'umbiegen, kniffen, b) her'unterklappen: ***~ back*** *Bettdecke etc.* zurückschlagen, *Stuhllehne etc.* zurückklappen; **4.** ⚙ falzen; **5.** einhüllen, um'schließen: ***~ in one's arms*** in die Arme schließen; **6.** *Küche*: ***~ in*** *Ei etc.* einrühren, 'unterziehen; **II** *v/i.* **7.** sich falten *od.* zs.-legen *od.* zs.-klappen (lassen); **8.** *mst* ***~ up*** F a) zs.-brechen (*a. fig.*), b) ✝ ‚zumachen' (müssen), ‚eingehen' (*Firma etc.*): ***~ up with laughter*** sich biegen vor Lachen; **III** *s.* **9.** Falte *f*; Windung *f*; 'Umschlag *m*; **10.** ⚙ Falz *m*, Kniff *m*; **11.** *typ.* Bogen *m*; **12.** *geol.* Bodenfalte *f*.

fold[2] [fəʊld] **I** *s.* **1.** (Schaf)Hürde *f*, Pferch *m*; **2.** Schafherde; **3.** *eccl.* a) (Schoß *m* der) Kirche, b) Herde *f*, Gemeinde *f*; **4.** *fig.* Schoß *m* der Fa'milie *od.* Par'tei: ***return to the ~***; **II** *v/t.* **5.** *Schafe* einpferchen.

-fold [-fəʊld] *in Zssgn* ...fach, ...fältig.

'**fold|·a·way** *adj.* zs.-klappbar, Klapp...: ***~ bed***; '**~·boat** *s.* Faltboot *n*.

fold·er ['fəʊldə] *s.* **1.** 'Faltpro,spekt *m*, -blatt *n*, Bro'schüre *f*, Heft *n*; **2.** Aktendeckel *m*, Mappe *f*, Schnellhefter *m*; **3.** ⚙ 'Falzma,schine *f*, -bein *n*; **4.** Falzer *m* (*Person*).

fold·ing ['fəʊldɪŋ] *adj.* zs.-legbar, zs.-klappbar, aufklappbar, Falt..., Klapp...; **~ bed** *s.* Klappbett *n*; **~ bi·cy·cle** *s.* Klapp(fahr)rad *n*; **~ boat** *s.* Faltboot *n*; **~ cam·er·a** *s.* 'Klapp,kamera *f*; **~ car·ton** *s.* Faltschachtel *f*; **~ chair** *s.* Klappstuhl *m*; **~ doors** *s. pl.* Flügeltür *f*; **~ gate** *s.* zweiflügeliges Tor; **~ hat** *s.* Klapphut *m*; **~ lad·der** *s.* Klappleiter *f*; **~ rule** *s.* zs.-legbarer Zollstock; **~ screen** *s.* spanische Wand; **~ ta·ble** *s.* Klapptisch *m*; **~ top** *s. mot.* Rolldach *n*.

fo·li·a·ceous [ˌfəʊlɪ'eɪʃəs] *adj.* blattartig; blätt(e)rig, Blätter...; **fo·li·age** ['fəʊlɪɪdʒ] *s.* **1.** Laub(werk) *n*, Blätter *pl.*: ***~ plant*** Blattpflanze *f*; **2.** △ Blattverzierung *f*; **fo·li·aged** ['fəʊlɪɪdʒd] *adj.* **1.** *in Zssgn* ...blätt(e)rig; **2.** △ mit Blätterwerk verziert.

fo·li·ate ['fəʊlɪeɪt] **I** *v/t.* **1.** △ mit Blätterwerk verzieren: ***~d capital*** Blätterkapitell *n*; **2.** ⚙ mit Folie belegen; **II** *v/i.* **3.** ⚘ Blätter treiben; **4.** sich in Blätter spalten; **III** *adj.* [-ɪət] **5.** belaubt; **6.** blattartig; **fo·li·a·tion** [ˌfəʊlɪ'eɪʃn] *s.* **1.** ⚘ Blattbildung *f*, -wuchs *m*, Belaubung *f*; **2.** △ (Verzierung *f* mit) Blätterwerk *n*; **3.** ⚙ Foliierung *f*; Folie *f*; **4.** Paginierung *f* (*Buch*); **5.** *geol.* Schieferung *f*.

fo·li·o ['fəʊlɪəʊ] **I** *pl.* **-os** *s.* **1.** (Folio-)Blatt *n*; **2.** 'Folio(for,mat) *n*; **3.** *a.* ***~ volume*** Foli'ant *m*; **4.** nur vorderseitig nummeriertes Blatt; **5.** Seitenzahl *f* (*Buch*); **6.** ✝ Kontobuchseite; **II** *v/t.* **7.** *Buch etc.* paginieren.

folk [fəʊk] **I** *pl.* **folk, folks** *s.* **1.** *pl.* (*die*) Leute *pl.*: ***poor ~***; ***~s say*** die Leute sagen; **2.** *pl.* (*nur* ***~s***) F *m-e etc.* ‚Leute' *pl.* (*Familie*); **3.** *obs.* Volk *n*, Nati'on *f*; **4.** F ‚Folk' *m* (*Volksmusik*); **II** *adj.* **5.** Volks...: ***~ dance***.

folk·lore ['fəʊklɔː] *s.* Folk'lore *f*: a) Volkskunde *f*, b) Volkstum *n* (*Bräuche etc.*); '**folk,lor·ism** [-ˌlɔːrɪzəm] → ***folklore*** a; '**folk,lor·ist** [-ˌlɔːrɪst] *s.* Folklo'rist *m*, Volkskundler *m*; ˌ**folk·lor'is·tic** [-lɔː'rɪstɪk] *adj.* folklo'ristisch.

folk song *s.* **1.** Volkslied *n*; **2.** Folksong *m* (*bsd. sozialkritisches Lied*).

folk·sy ['fəʊksɪ] *adj.* **1.** F gesellig, 'umgänglich; **2.** volkstümlich, *contp. a.* volkstümelnd.

fol·li·cle ['fɒlɪkl] *s.* **1.** ⚘ Fruchtbalg *m*; **2.** *anat.* a) Fol'likel *n*, Drüsenbalg *m*, b) Haarbalg *m*.

fol·low ['fɒləʊ] **I** *s.* **1.** *Billard*: Nachläufer *m*; **II** *v/t.* **2.** *allg.* folgen (*dat.*): a) (*zeitlich u. räumlich*) nachfolgen (*dat.*), sich anschließen (*dat.*): ***~ s.o. close*** j-m auf dem Fuß folgen; ***a dinner ~ed by a dance*** ein Essen mit anschließendem Tanz, b) verfolgen (*acc.*), entlanggehen, -führen (*acc.*) (*Straße*), c) (*zeitlich*) folgen auf (*acc.*), nachfolgen (*dat.*): ***~ one's father as manager*** s-m Vater als Direktor (nach)folgen, d) nachgehen (*dat.*), verfolgen (*acc.*), sich widmen (*dat.*), betreiben (*acc.*), *Beruf* ausüben: ***~ one's pleasure*** s-m Vergnügen nachgehen; ***~ the sea (the law)*** Seemann (Jurist) sein, e) befolgen, beachten, *die Mode* mitmachen; sich richten nach (*Sache*): ***~ my advice***, f) *j-m als Führer od. Vorbild* folgen, sich bekennen zu, zustimmen (*dat.*): ***I cannot ~ your view*** Ihren Ansichten kann ich nicht zustimmen, g) folgen können (*dat.*), verstehen (*acc.*): ***do you ~ me?*** können Sie mir folgen?, h) (*mit dem Auge od. geistig*) verfolgen, beobachten (*acc.*): ***~ a tennis match***; ***~ events***; **3.** verfolgen (*acc.*), ⚔ *a.* nachstoßen (*dat.*): ***~ the enemy***; **III** *v/i.* **4.** (*räumlich od. zeitlich*) (nach)folgen, sich anschließen: ***~ (up)on*** folgen auf (*acc.*); ***I ~ed after him*** ich folgte ihm nach; ***as ~s*** wie folgt, folgendermaßen; ***letter to ~*** Brief folgt; **5.** *mst impers.* folgen, sich ergeben (***from*** aus): ***it ~s from this*** hieraus folgt; ***it does not ~ that*** dies besagt nicht, dass; ***so what ~s?*** und was folgt daraus?; ***it doesn't ~!*** das ist nicht unbedingt so!

Zssgn mit adv.:

fol·low| a·bout *v/t.* überall('hin) folgen (*dat.*); **~ on** *v/i.* gleich weitermachen *od.* -gehen; **~ out** *v/t. Plan etc.* 'durchziehen; **~ through I** *v/t.* → ***follow out***; **II** *v/i. bsd. Golf*: 'durchschwingen; **~ up I** *v/t.* **1.** (eifrig *od.* e'nergisch weiter-)verfolgen, *e-r Sache* nachgehen; *auf e-n Brief, Schlag etc. e-n anderen* folgen lassen, nachstoßen mit; **2.** *fig. e-n Vorteil* ausnutzen; **II** *v/i.* **3.** ⚔ nachstoßen (*a. fig.* ***with*** mit); **4.** ✝ nachfassen.

fol·low·er ['fɒləʊə] *s.* **1.** *obs.* Verfolger (-in); **2.** a) Anhänger *m* (*pol., sport etc.*), Jünger *m*, Schüler *m*, b) *pl.* → ***following*** 1; **3.** *hist.* Gefolgsmann *m*; **4.** Begleiter *m*; **5.** *pol.* Mitläufer(in); '**fol·low·ing** [-əʊɪŋ] **I** *s.* **1.** a) Gefolge *n*, Anhang *m*, b) Gefolgschaft *f*, Anhänger *pl.*; **2.** ***the ~*** a) das Folgende, b) die Folgenden *pl.*; **II** *adj.* **3.** folgend; **III** *prp.* **4.** im Anschluss an (*acc.*).

ˌ**fol·low|-my-'lead·er** [-əʊmɪ-] *s. Kinderspiel, bei dem jede Aktion des Anführers nachgemacht werden muss*; ˌ**~-'through** *s.* **1.** *bsd. Golf*: 'Durchschwung *m*; **2.** *fig.* 'Durchführung *f*; '**~-up I** *s.* **1.** Weiterverfolgen *n e-r Sache*; **2.** Ausnutzung *f e-s Vorteils*; **3.** ⚔ Nachstoßen *n* (*a. fig.*); **4.** *bsd.* ✝ Nachfassen *n*; **5.** *Radio, TV etc.*: Fortsetzung *f* (***to*** *gen.*); **6.** ✱ Nachbehandlung *f*; **II** *adj.* **7.** weiter, Nach...: ***~ advertising*** Nachfasswerbung *f*; ***~ conference*** Nachfolgekonferenz *f*; ***~ costs*** Folgekosten *pl.*; ***~ file*** Wiedervorlagemappe *f*; ***~ letter*** Nachfassschreiben *n*; ***~ order*** Anschlussauftrag *m*; ***~ question*** Zusatzfrage *f*.

fol·ly ['fɒlɪ] *s.* **1.** Narr-, Torheit *f*, Narre'tei *f*; **2.** ***Follies*** *pl.* (*sg. konstr.*) *thea.* Re'vue *f*.

fo·ment [fəʊ'ment] *v/t.* **1.** ⚕ bähen, mit warmen 'Umschlägen behandeln; **2.** *fig.* anfachen, schüren, aufhetzen (zu); **fo·men·ta·tion** [ˌfəʊmen'teɪʃn] *s.* **1.** ⚕ Bähung *f*, heißer 'Umschlag; **2.** *fig.* Aufhetzung *f*, -wiegelung *f*; **fo'ment·er** [-tə] *s.* Aufwiegler(in), Schürer(in).

fond [fɒnd] *adj.* □ → ***fondly***; **1.** zärtlich, liebevoll; **2.** töricht, (allzu) kühn, über'trieben: ***~ hope***; ***it went beyond my ~est dreams*** es übertraf m-e kühnsten Träume; **3.** ***be ~ of*** *j-n od et.* lieben, mögen, gern haben: ***be ~ of smoking*** gern rauchen.

fon·dant ['fɒndənt] *s.* Fon'dant *m*.

fon·dle ['fɒndl] *v/t.* (liebevoll) streicheln, hätscheln; '**fond·ly** [-lɪ] *adv.* **1.** → ***fond*** 1; **2.** ***I ~ hoped that ...*** ich war so töricht zu hoffen, dass ...; '**fond·ness** [-dnɪs] *s.* **1.** Zärtlichkeit *f*; **2.** Liebe *f*, Zuneigung (***of*** zu); **3.** Vorliebe (***for*** für).

font [fɒnt] *s.* **1.** *eccl.* Taufstein *m*, -becken *n*: ***~ name*** Taufname *m*; **2.** Ölbehälter *m* (*Lampe*); **3.** *poet.* Quelle *f*, Brunnen *m*; **4.** *typ.* Schrift *f*, Font *m*: ***~ size*** Schriftgrad *m*.

fon·ta·nel(le) [ˌfɒntə'nel] *s. anat.* Fonta'nelle *f*.

food [fuːd] *s.* **1.** Essen *n*, Kost *f*, Nahrung *f*, Verpflegung *f*: ***~ and drink*** Essen u. Trinken; ***~ plant*** Nahrungspflanze *f*; **2.** Nahrungs-, Lebensmittel *pl.*: ***~ analyst*** Lebensmittelchemiker(in); ***~ chain*** Nahrungskette *f*; ***~ poisoning*** Lebensmittelvergiftung *f*; ***~ processor*** 'Küchenmaˌschine *f*; ***~ slicer*** Allesschneider *m* (*Küchengerät*); **3.** Futter *n*; **4.** *fig.* Nahrung *f*, Stoff *m*: ***~ for thought*** Stoff zum Nachdenken; '**~·stuff** → ***food*** 2.

food·ie ['fuːdɪ] *s.* F Feinschmecker *m*.

fool[1] [fuːl] **I** *s.* **1.** Narr *m*, Närrin *f*, Dummkopf *m*, ‚Idi'ot(in)': ***he is no ~*** er ist nicht dumm; ***he is nobody's ~*** er lässt sich nichts vormachen; ***he is a ~ for*** F er ist ganz verrückt auf (*acc.*); ***I am a ~ to him*** ich bin ein Waisenknabe gegen ihn; ***make a ~ of*** → 4; ***make a ~ of o.s.*** sich lächerlich machen, sich blamieren; **2.** (Hof)Narr *m*, Hans'wurst *m*: ***play the ~*** → 8; **II** *adj.* **3.** *Am.* F blöd, ‚doof': ***a ~ question***; **III** *v/t.* **4.** *j-n* zum Narren *od.* zum Besten haben: ***you could have ~ed me!*** *iro.* was du nicht sagst!, ach nee!; **5.** betrügen (***out of*** um), täuschen; verleiten (***into doing*** zu tun); **6.** ***~ away*** *Zeit etc.* vergeuden; **IV** *v/i.* **7.** Spaß machen, spaßen: ***he was only ~ing*** *Am.* er tat ja nur so (als ob); **8.** ***~ about***, ***~ around*** her'umalbern, Unsinn *od.* Faxen machen; **9.** (her'um)spielen (***with*** mit, an *dat.*).

fool[2] [fuːl] *s. bsd. Brit. Süßspeise aus Obstpüree u. Sahne.*

fool·er·y ['fuːlərɪ] *s.* → ***folly*** 1.

'**fool|ˌhar·di·ness** *s.* Tollkühnheit *f*; '**~ˌhar·dy** *adj.* tollkühn, verwegen.

fool·ing ['fuːlɪŋ] *s.* Dummheit(en *pl.*) *f*, Unfug *m*, Spiele'rei *f*; '**fool·ish** [-lɪʃ] *adj.* □ dumm, töricht: a) albern, läppisch, b) unklug; '**fool·ish·ness** [-lɪʃnɪs] *s.* Dumm-, Tor-, Albernheit *f*; '**fool·proof** *adj.* **1.** kinderleicht, idi'otensicher; **2.** ⚙ betriebssicher; **3.** todsicher.

fools·cap ['fuːlskæp] *s. Schreib- u. Druckpapierformat (34,2×43,1 cm).*

fool's| er·rand [fuːlz] *s.* ‚Metzgergang' *m*; **~ par·a·dise** *s.* Wolken'kuckucksheim *n*: ***live in a ~*** sich Illusionen hingeben.

foos·ball ['fuːsbɔːl] *s. bsd. Am.* Tischfußball *n*, F Kicker *n*.

foot [fʊt] **I** *pl.* **feet** [fiːt] *s.* **1.** Fuß *m*: ***on ~*** a) zu Fuß, b) *fig.* im Gange; ***on one's feet*** auf den Beinen (*a. fig.*); ***my ~*** (*od.* ***feet***)***!*** F von wegen!, Quatsch!; ***it is wet under ~*** der Boden ist nass; ***carry*** (*od.* ***sweep***) ***s.o. off his feet*** a) j-n begeistern, b) j-s Herz im Sturm erobern; ***fall on one's feet*** *fig.* immer auf die Füße fallen; ***get on*** (*od.* ***to***) ***one's feet*** aufstehen; ***find one's feet*** a) gehen lernen *od.* können, b) sich ‚finden', sich ‚freischwimmen', c) wissen, was man tun soll *od.* kann, d) festen Boden unter den Füßen haben; ***have one ~ in the grave*** mit einem Fuß im Grabe stehen; ***put one's ~ down*** a) energisch werden, ein Machtwort sprechen, b) *mot.* Gas geben; ***put one's ~ in it***, *Am. a.* ***put one's ~ in one's mouth*** F ins Fettnäpfchen treten, sich danebenbenehmen; ***put one's best ~ forward*** a) sein Bestes geben, sich mächtig anstrengen, b) sich von der besten Seite zeigen; ***put s.o.*** (*od.* ***s.th.***) ***on his*** (***its***) ***feet*** *fig.* j-n (*od.* et.) wieder auf die Beine bringen; ***put*** *od.* ***set a*** (*od.* ***one's***) ***~ wrong*** et. Falsches tun *od.* sagen; ***set on ~*** *et.* in Gang bringen *od.* in die Wege leiten; ***set ~ on*** *od.* ***in*** betreten; ***tread under ~*** mit Füßen treten (*mst fig.*); → ***cold*** 3; **2.** Fuß *m* (*0,3048 m*): ***3 feet long*** 3 Fuß lang; **3.** *fig.* Fuß *m* (*Berg, Glas, Säule, Seite, Strumpf, Treppe*): ***at the ~ of the page*** unten auf *od.* am Fuß der Seite; **4.** Fußende *n* (*Bett, Tisch etc.*); **5.** ⚔ a) *hist.* Fußvolk *n*: ***500 ~*** 500 Fußsoldaten, b) Infante'rie *f*: ***the 4th ~*** Infanterieregiment Nr. 4; **6.** Versfuß *m*; **7.** Schritt *m*, Tritt *m*: ***a heavy ~***; **8.** *pl.* ***~s*** Bodensatz *m*; **II** *v/t.* **9.** ***~ it*** F a) ‚tippeln', zu Fuß gehen, b) tanzen; **10.** e-n Fuß anstricken an (*acc.*); **11.** bezahlen, begleichen; ***~ the bill***; **12.** *mst* ***~ up*** zs.-zählen, addieren.

foot·age ['fʊtɪdʒ] *s.* **1.** Gesamtlänge *f*, -maß *n* (*in Fuß*); **2.** Filmmeter *pl.*

ˌ**foot|-and-'mouth dis·ease** *s. vet.* Maul- u. Klauenseuche *f*; '**~·ball** *s. sport* a) Fußball(spiel *n*) *m*: ***~ fan*** 'Fußballˌfan *m*, -ˌanhänger(in), b) *Am.* Football(spiel *n*) *m*: ***~ match*** (***team***) Fußballspiel *n* (-mannschaft *f*); ***~ pools*** *pl.* Fußballtoto *n*; '**~ˌball·er** *s.* Fußballspieler *m*, Fußballer *m*; '**~·bath** *s.* Fußbad *n*; '**~·boy** *s.* **1.** Laufbursche *m*; **2.** Page *m*; **~ brake** *s.* Fußbremse *f*; '**~·bridge** *s.* 'Fußgängerüberˌführung *f*, -brücke *f*, (Lauf)Steg *m*; **~ can·dle** *s. phys.* Foot-Candle *f* (*Lichteinheit*); **~ con·trol** *s.* ⚙ Fußsteuerung *f*, -schaltung *f*; **~ drop** *s.* ⚕ Spitzfuß *m*.

foot·ed ['fʊtɪd] *adj. mst in Zssgn* mit ... Füßen, ...füßig; '**foot·er** [-tə] *s.* **1.** *in Zssgn* ... Fuß groß *od.* lang: ***a six-~*** ein sechs Fuß großer Mensch; **2.** *Brit. sl.* Fußball(spiel *n*) *m*; **3.** *Computer*: Fußzeile *f* (*in Textverarbeitung*).

'**foot|·fall** *s.* Schritt *m*, Tritt *m* (*Geräusch*); **~ fault** *s. Tennis*: Fußfehler *m*; '**~·gear** *s.* Schuhwerk *n*; **~ guard** *s.* Fußschutz *m*; '**~·hill** *s.* **1.** Vorberg *m*; **2.** *pl.* Ausläufer *pl.* e-s Gebirges; '**~·hold** *s.* Stand *m*, Raum *m* zum Stehen; *fig.* Halt *m*, Stütze *f*; ('Ausgangs)Basis *f*, (-)Positiˌon *f*: ***gain a ~*** (festen) Fuß fassen.

foot·ing ['fʊtɪŋ] *s.* **1.** → ***foothold***: ***lose*** (*od.* ***miss***) ***one's ~*** ausgleiten, den Halt verlieren; **2.** Aufsetzen *n* der Füße.

foo·tle ['fuːtl] F **I** *v/i.* **1.** *oft* ***~ around*** her'umtrödeln; **2.** a) her'umalbern, b) ‚Stuss' reden; **II** *v/t.* **3.** ***~ away*** *Zeit, Geld etc.* vergeuden, *Chance* vertun; **III** *s.* **4.** ‚Stuss' *m*.

'**foot·lights** *s. pl. thea.* **1.** Rampenlicht (-er *pl.*) *n*; **2.** Bühne *f* (*a. Schauspielerberuf*).

foo·tling ['fuːtlɪŋ] *adj. sl.* albern, läppisch.

'**foot|·loose** *adj.* (völlig) ungebunden *od.* frei; '**~·man** [-mən] *s.* [*irr.*] La'kai *m*, Diener *m*; '**~·mark** *s.* Fußspur *f*; '**~·note** *s.* Fußnote *f*; ˌ**~-'op·er·at·ed** *adj.* mit Fußantrieb, Tret..., Fuß...; '**~·pad** *s. obs.* Straßenräuber *m*; **~ pas·sen·ger** *s.* Fußgänger(in); '**~·path** *s.* **1.** (Fuß)Pfad *m*; **2.** Bürgersteig *m*; '**~-pound** *s.* Foot-Pound *n* (*Arbeits- u. Energie-Einheit*); '**~-ˌpound·al** [-ˌpaʊndl] *n* Foot-Poundal *n* (*1/32 Foot-pound*); '**~·print** *s.* Fußabdruck *m*, *pl. a.* Fußspur(en *pl.*) *f*; '**~·race** *s.* Wettlauf *m*; '**~·rest** *s.* Fußstütze *f*, -raste *f*; **~ rule** *s.* Zollstock *m*; '**~ˌscrap·er** *s.* Fußabtreter *m* (*aus Metall*).

foot·sie ['fʊtsɪ] *s.* F **1.** ‚Füßeln' *n*: ***play ~ with s.o.*** mit j-m ‚füßeln'; **2.** heimliches Flirten.

Foot·sie ['fʊtsɪ] *npr.* F *Börse*: 'Footsieˌ Index *m* (*FTSE-100 Index*).

'**foot|·sore** *adj.* fußkrank; '**~·step** *s.* **1.** Tritt *m*, Schritt *m*; **2.** Fuß(s)tapfe *f*: ***follow in s.o.'s ~s*** in j-s Fußstapfen treten, j-s Beispiel folgen; '**~·stool** *s.* Schemel *m*, Fußbank *f*; **~ switch** *s.* ⚙ Fußschalter *m*; '**~·way** *s.* Fußweg *m*; '**~·wear** → ***footgear***; '**~·work** *s. sport* Beinarbeit *f*.

fooz·ball ['fuːzbɔːl] *s. bsd. Am.* Tischfußball *n*, F Kicker *n*.

foo·zle ['fuːzl] *sl.* **I** *v/t.* ‚verpatzen'; **II** *v/i.* ‚patzen', ‚Mist bauen'; **III** *s.* Murks *m*; ‚Patzer' *m*.

fop [fɒp] *s.* Stutzer *m*, Geck *m*, ‚Fatzke' *m*; '**fop·per·y** [-pərɪ] *s.* Affigkeit *f*; '**fop·pish** [-pɪʃ] *adj.* □ geckenhaft, affig.

for [fɔː; fə] **I** *prp.* **1.** *allg.* für: ***a gift ~ him***; ***it is good ~ you***; ***I am ~ the plan***; ***an eye ~ beauty*** Sinn für das Schöne; ***it was very awkward ~ her*** es war sehr peinlich für sie, es war ihr sehr unangenehm; ***he spoilt their weekend ~ them*** er verdarb ihnen das ganze Wochenende; ***~ and against*** für u. wider; **2.** für, (mit der Absicht) zu, um (...willen): ***apply ~ the post*** sich um die Stellung bewerben; ***die ~ a cause*** für e-e Sache sterben; ***go ~ a walk*** spazieren gehen; ***come ~ dinner*** zum Essen kommen; ***what ~?*** wozu?, wofür?; **3.** (*Wunsch, Ziel*) nach, auf (*acc.*): ***a claim ~ s.th.*** ein Anspruch auf e-e Sache; ***the desire ~ s.th.*** der Wunsch *od.* das Verlangen nach et.; ***call ~ s.o.*** nach j-m rufen; ***wait ~ s.th.*** auf etwas warten; ***oh, ~ a car!*** ach, hätte ich doch e-n Wagen!; **4.** a) (*passend od. geeignet*) für, b) (*bestimmt*) für *od.* zu: ***tools ~ cutting*** Werkzeuge zum Schneiden, Schneidewerkzeuge; ***the right man ~***

F

F

the job der richtige Mann für diesen Posten; **5.** (*Mittel*) gegen: ***a remedy ~ influenza***; ***treat s.o. ~ cancer*** j-n gegen *od.* auf Krebs behandeln; ***there is nothing ~ it but to give in*** es bleibt nichts (anderes) übrig, als nachzugeben; **6.** (*als Belohnung*) für: ***a medal ~ bravery***; **7.** (*als Entgelt*) für, gegen, um: ***I sold it ~ £10*** ich verkaufte es für 10 Pfund; **8.** (*im Tausch*) für, gegen: ***I exchanged the knife ~ a pencil***; **9.** (*Betrag, Menge*) über (*acc.*): ***a postal order ~ £20***; **10.** (*Grund*) aus, vor (*dat.*), wegen (*gen. od. dat.*): ***~ this reason*** aus diesem Grund; ***~ fun*** aus *od.* zum Spaß; ***die ~ grief*** aus *od.* vor Gram sterben; ***weep ~ joy*** vor Freude weinen; ***I can't see ~ the fog*** ich kann nichts sehen wegen des Nebels *od.* vor lauter Nebel; **11.** (*als Strafe etc.*) für, wegen: ***punished ~ theft***; **12.** dank, wegen: ***were it not ~ his energy*** wenn er nicht so energisch wäre, dank s-r Energie; **13.** für, in Anbetracht (*gen.*), im Verhältnis zu: ***he is tall ~ his age*** er ist groß für sein Alter; ***it is rather cold ~ July*** es ist ziemlich kalt für Juli; ***~ a foreigner he speaks rather well*** für e-n Ausländer spricht er recht gut; **14.** (*zeitlich*) für, während (*gen.*), auf (*acc.*), für die Dauer von, seit: ***~ a week*** e-e Woche (lang); ***come ~ a week*** komme auf *od.* für e-e Woche; ***~ hours*** stundenlang; ***~ some time past*** seit längerer Zeit; ***the first picture ~ two months*** der erste Film in *od.* seit zwei Monaten; **15.** (*Strecke*) weit, lang: ***run ~ a mile*** e-e Meile (weit) laufen; **16.** nach, auf (*acc.*), in Richtung auf (*acc.*): ***the train ~ London*** der Zug nach London; ***the passengers ~ Rome*** die nach Rom reisenden Passagiere; ***start ~ Paris*** nach Paris abreisen; ***now ~ it!*** *Brit.* F jetzt (nichts wie) los *od.* drauf!, ran!; **17.** für, an Stelle von (*od. gen.*), (an)'statt: ***he appeared ~ his brother***; **18.** für, in Vertretung *od.* im Auftrage *od.* im Namen von (*od. gen.*): ***act ~ s.o.***; **19.** für, als: ***~ example*** als *od.* zum Beispiel; ***books ~ presents*** Bücher als Geschenk; ***take that ~ an answer*** nimm das als Antwort; **20.** trotz (*gen. od. dat.*): ***~ all that*** trotz alledem; ***~ all his wealth*** trotz s-s ganzen Reichtums, bei allem Reichtum; ***~ all you may say*** sage, was du willst; **21.** was ... betrifft: ***as ~ me*** was mich betrifft *od.* an(be)langt; ***as ~ that matter*** was das betrifft; ***~ all I know*** soviel ich weiß; **22.** *nach adj. u. vor inf.*: ***it is too heavy ~ me to lift*** es ist so schwer, dass ich es nicht heben kann; es ist zu schwer für mich; ***he ran too fast ~ me to catch him*** er rannte zu schnell, als dass ich ihn hätte einholen können; ***it is impossible ~ me to come*** es ist mir unmöglich zu kommen, ich kann unmöglich kommen; ***it seemed useless ~ him to continue*** es erschien sinnlos, dass er noch weitermachen sollte; **23.** *mit s. od. pron. u. inf.*: ***it is time ~ you to go home*** es ist Zeit, dass du heimgehst; ***it is ~ you to decide*** die Entscheidung liegt bei Ihnen; ***he called ~ the girl to bring him tea*** er rief nach dem Mädchen, damit es ihm Tee bringe; ***don't wait ~ him to turn up yet*** wartet nicht darauf, dass er noch auftaucht; ***wait ~ the rain to stop!*** warte, bis der Regen aufhört!; ***there is no need ~ anyone to know*** es braucht niemand zu wissen; ***I should be sorry ~ you to think that*** es täte mir Leid, wenn du das dächtest; ***he brought some papers ~ me to sign*** er brachte mir einige Papiere zur Unterschrift; **24.** (*ethischer Dativ*): ***that's a wine ~ you*** das ist vielleicht ein Weinchen, das nenne ich e-n Wein; ***that's gratitude ~ you!*** a) das ist (wahre) Dankbarkeit!, b) *iro.* von wegen Dankbarkeit!; **25.** *Am.* nach: ***he was named ~ his father***; **II** *cj.* **26.** a) denn, weil, b) nämlich; **III** *s.* **27.** Für *n.*

for·age ['fɒrɪdʒ] **I** *s.* **1.** (Vieh)Futter *n*; **2.** Nahrungssuche *f*; **3.** ⚔ 'Überfall *m*; **II** *v/i.* **4.** (nach) Nahrung *od.* Futter suchen; **5.** *fig.* her'umstöbern, -kramen (***for*** nach); **6.** ⚔ e-n 'Überfall machen; **III** *v/t.* **7.** mit Nahrung *od.* Futter versorgen; **8.** *obs.* (aus)plündern; ***~ cap*** *s.* ⚔ Feldmütze *f.*

for·ay ['fɒreɪ] **I** *s.* **1.** a) Beute-, Raubzug *m*, b) ⚔ Ein-, 'Überfall *m*; **2.** *fig.* ,Ausflug' *m* (***into*** in *acc.*); **II** *v/i.* **3.** plündern; **4.** einfallen (***into*** in *acc.*).

for·bade [fə'bæd], *a.* **for'bad** [-'bæd] *pret. von* ***forbid***.

for·bear¹ ['fɔːbeə] *s.* Vorfahr *m.*

for·bear² [fɔː'beə] **I** *v/t.* [*irr.*] **1.** unter'lassen, Abstand nehmen von, sich enthalten (*gen.*): ***I cannot ~ laughing*** ich muss (einfach) lachen; **II** *v/i.* [*irr.*] **2.** Abstand nehmen (***from*** von); es unterlassen; **3.** nachsichtig sein (***with*** mit); **for'bear·ance** [-eərəns] *s.* **1.** Unter'lassung *f*; **2.** Geduld *f*, Nachsicht *f*; **for'bear·ing** [-eərɪŋ] *adj.* □ nachsichtig, geduldig.

for·bid [fə'bɪd] **I** *v/t.* [*irr.*] **1.** verbieten, unter'sagen (*j-m et. od. zu tun*); **2.** unmöglich machen, ausschließen; **II** *v/i.* **3.** ***God ~!*** Gott behüte!; **for'bid·den** [-dn] *p.p. von* ***forbid*** *u. adj.* verboten: ***~ fruit*** *fig.* verbotene Frucht; ***♀ City*** *hist. die* Verbotene Stadt (*in Peking*); **for'bidding** [-dɪŋ] *adj.* □ **1.** abschreckend, abstoßend, scheußlich; **2.** bedrohlich, gefährlich; **3.** ,unmöglich', unerträglich.

for·bore [fɔː'bɔː] *pret. von* ***forbear²***; **for'borne** [-ɔːn] *p.p. von* ***forbear²***.

force [fɔːs] **I** *s.* **1.** (*a. fig. geistige, politische etc.*) Kraft (*a. phys.*), Stärke *f* (*a. Charakter*), Wucht *f*: ***join ~s*** a) sich zs.-tun, b) ⚔ s-e Streitkräfte vereinigen; **2.** Gewalt *f*, Macht *f*: ***by ~*** a) gewaltsam, b) zwangsweise; ***by ~ of arms*** mit Waffengewalt; **3.** Zwang *m* (*a.* ⚖), Druck *m*: ***~ of circumstances*** Zwang der Verhältnisse; **4.** Einfluss *m*, Wirkung *f*, Wert *m*; Nachdruck *m*, Über'zeugungskraft *f*: ***by ~ of*** vermittels; ***~ of habit*** Macht *f* der Gewohnheit; ***lend ~ to*** Nachdruck verleihen (*dat.*); **5.** ⚖ (Rechts)Gültigkeit *f*, (-)Kraft *f*: ***in ~*** in Kraft, geltend; ***come*** (***put***) ***into ~*** in Kraft treten (setzen); **6.** *ling.* Bedeutung *f*, Gehalt *m*; **7.** ⚔ Streit-, Kriegsmacht *f*, Truppe(n *pl.*) *f*, Verband *m*: ***the*** (***armed***) ***~s*** die Streitkräfte; ***labo(u)r ~*** Arbeitskräfte *pl.*, Belegschaft *f*; ***a strong ~ of police*** ein starkes Polizeiaufgebot; **8.** ***the ♀*** *Brit.* die Poli'zei; **9.** F Menge *f*: ***in ~*** in großer Zahl *od.* Menge; ***the police came out in ~*** die Polizei rückte in voller Stärke aus; **II** *v/t.* **10.** zwingen, nötigen: ***~ s.o.'s hand*** j-n (zum Handeln) zwingen; ***~ one's way*** sich durchzwängen; ***~ s.th. from s.o.*** j-m et. entreißen; **11.** erzwingen, forcieren, 'durchsetzen: ***~ a smile*** gezwungen lächeln; **12.** treiben, drängen; *Preise* hochtreiben: ***~ s.th. on s.o.*** j-m et. aufdrängen *od.* -zwingen; **13.** ✓ treiben, hochzüchten; **14.** forcieren, beschleunigen: ***~ the pace***; **15.** *j-m, a. e-r Frau, a. fig. dem Sinn etc.* Gewalt antun; *Ausdruck* zu Tode hetzen; **16.** *Tür etc.* aufbrechen, (-)sprengen; **17.** ⚔ erstürmen; über'wältigen; **18.** ***~ down*** a) ✈ zur Landung zwingen, b) *Essen* hin'unterwürgen.

forced [fɔːst] *adj.* □ **1.** erzwungen, forciert, Zwangs...: ***~ lubrication*** → ***force feed***; ***~ labo(u)r*** Zwangsarbeit *f*; ***~ landing*** ✈ Notlandung *f*; ***~ loan*** ✝ Zwangsanleihe *f*; ***~ march*** ⚔ Eil-, Gewaltmarsch *m*; ***~ sale*** ⚖ Zwangsverkauf *m*, -versteigerung *f*; **2.** forciert, gekünstelt, gezwungen (*Lächeln etc.*); manieriert (*Stil etc.*); **'forc·ed·ly** [-sɪdlɪ] *adv.* → ***forced***.

force| feed *s.* ⚙ Druckschmierung *f*; **'~-feed** *v/t.* [*irr.* → ***feed***] *j-n* zwangsernähren; **~ field** *s. phys.* Kräftefeld *n.*

force·ful ['fɔːsfʊl] *adj.* □ **1.** kräftig, wuchtig (*a. fig.*); **2.** eindringlich, -drucksvoll; zwingend, über'zeugend (*Argumente etc.*); **'force·ful·ness** [-nɪs] *s.* Eindringlichkeit *f*, Wucht *f.*

'force-land I *v/t.* ✈ zur Notlandung zwingen; **II** *v/i.* notlanden.

force ma·jeure [ˌfɔːsmæ'ʒɜː] (*Fr.*) *s.* ⚖ höhere Gewalt.

'force·meat *s. Küche*: Farce *f*, (Fleisch-)Füllung *f.*

for·ceps ['fɔːseps] *s. sg. u. pl.* ⚕ a) Zange *f*, b) Pin'zette *f*: ***~ delivery*** ⚕ Zangengeburt *f.*

force pump *s.* ⚙ Druckpumpe *f.*

for·ci·ble ['fɔːsəbl] *adj.* □ **1.** gewaltsam: ***~ feeding*** Zwangsernährung *f*; **2.** → ***forceful***.

forc·ing| bed ['fɔːsɪŋ], **~ frame** *s.* ✓ Früh-, Mistbeet *n*; **~ house** *s.* Treibhaus *n.*

ford [fɔːd] **I** *s.* Furt *f*; **II** *v/i.* 'durchwaten; **III** *v/t.* durch'waten; **'ford·a·ble** [-dəbl] *adj.* seicht.

fore [fɔː] **I** *adj.* vorder, Vorder..., Vor...; früher; **II** *s.* Vorderteil *m*, *n*, -seite *f*, Front *f*: ***to the ~*** a) bei der *od.* zur Hand, zur Stelle, b) am Leben, c) im Vordergrund: ***come to the ~*** a) hervortreten, in den Vordergrund treten, b) sich hervortun; **III** *int.* *Golf*: Achtung!

ˌfore-and-'aft [-ɔːrə-] *adj.* ⚓ längsschiffs: ***~ sail*** Stagsegel *n.*

fore·arm¹ ['fɔːrɑːm] *s.* 'Unterarm *m.*

fore·arm² [fɔːr'ɑːm] *v/t.*: ***~ o.s.*** sich wappnen; → ***forewarn***.

'fore|·bear → ***forbear¹***; **~'bode** [-'bəʊd] *v/t.* **1.** vor'hersagen, prophe'zeien; **2.** ahnen lassen, deuten auf (*acc.*); **3.** ein böses Omen sein für; **4.** *Schlimmes* ahnen, vor'aussehen; **~'bod·ing** [-'bəʊdɪŋ] *s.* **1.** (böses) Vorzeichen *od.* Omen; **2.** (böse) Ahnung; **3.** Prophe'zeiung *f*; **'~·cast I** *v/t.* [*irr.* → ***cast***] **1.** vor'aussagen, vor'hersehen; **2.** vor'ausberechnen, im Vor'aus schätzen *od.* planen; **3.** *Wetter etc.* vor'hersagen; **II** *s.* **4.** Vor'her-, Vor'aussage *f*: ***weather ~*** Wetterbericht *m*, -vorhersage; **~·castle** ['fəʊksl] *s.* ⚓ Back *f*, Vorderdeck *n*; **'~ˌcheck·ing** *s. sport* Forechecking *n*, frühes Stören; **~'close** *v/t.* **1.** ⚖ ausschließen (***of*** von *e-m Rechtsanspruch*); **2.** ***~ a mortgage*** a) e-e Hypothekenforderung geltend machen, b) e-e Hypothek (gerichtlich) für verfallen erklären, c) *Am.* aus e-r Hypothek die

Zwangsvollstreckung betreiben; für verfallen erklären; **3.** (ver)hindern; **4.** *Frage etc.* vor'wegnehmen; **~'clo·sure** *s.* ⚖ a) (gerichtliche) Verfallserklärung (*e-r Hypothek*), b) *Am.* Zwangsvollstreckung *f*: **~ *action*** Ausschlussklage *f*; **~ *sale*** *Am.* Zwangsversteigerung *f*; **'~·deck** *s.* ⚓ Vorderdeck *n*; **~'doom** *v/t.*: **~*ed* (*to failure*)** *fig.* von vornherein zum Scheitern verurteilt, tot geboren; **'~,fa·ther** *s.* Ahn *m*, Vorfahr *m*; **'~,fin·ger** *s.* Zeigefinger *m*; **'~·foot** *s.* [*irr.*] **1.** *zo.* Vorderfuß *m*; **2.** ⚓ Stevenanlauf *m*; **'~·front** *s.* vorderste Reihe (*a. fig.*): ***in the ~ of the battle*** ⚔ in vorderster Linie; ***be in the ~ of s.o.'s mind*** j-n (*geistig*) sehr beschäftigen; **~'gath·er** → ***forgather***; **~'go** *v/t. u. v/i.* [*irr.* → ***go***] **1.** vor'angehen (*dat.*), *zeitlich a.* vor'hergehen (*dat.*): **~*ing*** vorhergehend, vorerwähnt, vorig; **2.** → ***forgo***; **'~·gone** *adj.*: **~ *conclusion*** ausgemachte Sache, Selbstverständlichkeit *f*; ***his success was a ~ conclusion*** sein Erfolg stand von vornherein fest *od.* war ‚vorprogrammiert'; **'~·ground** *s.* Vordergrund *m* (*a. fig.*); **'~·hand I** *s.* **1.** Vorderhand *f* (*Pferd*); **2.** *sport* Vorhand(schlag *m*) *f*; **II** *adj.* **3.** *sport* Vorhand...

fore·head ['fɒrɪd] *s.* Stirn *f*.

'fore·hold *s.* ⚓ vorderer Laderaum.

for·eign ['fɒrən] *adj.* **1.** fremd, ausländisch, auswärtig, Auslands..., Außen...: **~ *affairs*** *pol.* auswärtige Angelegenheiten; **~ *aid*** Auslandshilfe *f*; **~-*born*** im Ausland geboren; **~ *bill* (*of exchange*)** ☤ Auslandswechsel *m*; **~ *control*** Überfremdung *f*; **~ *correspondent*** 'Auslandskorrespon,dent(in); **~ *country*, ~ *countries*** Ausland *n*; **~ *currency*** a) ausländische Währung, b) ☤ Devisen *pl.*; **~ *department*** Auslandsabteilung *f*; **~ *exchange*** ☤ De'visen *pl.*: **~ *exchange market*** ☤ De'visenmarkt *m*, -börse *f*; **~ *exchange reserves*** ☤ De'visenreserven *pl.*; **~ *language*** Fremdsprache *f*; **~-*language*** a) fremdsprachig, b) fremdsprachlich, Fremdsprachen...; **ℒ *Legion*** ⚔ Fremdenlegion *f*; **~ *minister*** *pol.* Außenminister *m*; **ℒ *Office*** *Brit.* Außenministerium *n*; **~-*owned*** in ausländischem Besitz (befindlich); **~ *policy*** Außenpolitik *f*; **ℒ *Secretary*** *Brit.* Außenminister *m*; **~ *trade*** ☤ Außenhandel *m*; **~ *word*** a) Fremdwort *n*, b) Lehnwort *n*; **~ *worker*** Gastarbeiter(in); **2.** fremd (***to*** *dat.*): **~ *body*** (*od.* ***matter***) Fremdkörper *m*; ***that is ~ to his nature*** das ist ihm wesensfremd; **3. ~ *to*** nicht gehörig *od.* passend zu.

for·eign·er ['fɒrənə] *s.* **1.** Ausländer (-in); **2.** *et.* Ausländisches (*z. B. Schiff, Produkt etc.*).

fore|'judge *v/t.* im Vor'aus *od.* voreilig entscheiden *od.* beurteilen; **~'know** *v/t.* [*irr.* → ***know***] vor'herwissen, vor'aussehen; **,~'knowl·edge** *s.* Vor'herwissen *n*, vor'herige Kenntnis; **'~,la·dy** *Am.* → ***forewoman***; **'~·land** [-lənd] *s.* Vorland *n*, Vorgebirge *n*, Landspitze *f*; **'~·leg** *s.* Vorderbein *n*; **'~·lock** *s.* Stirnlocke *f*, -haar *n*: ***take time by the ~*** die Gelegenheit beim Schopfe fassen; **'~·man** [-mən] *s.* [*irr.*] **1.** Werkmeister *m*, Vorarbeiter *m*, △ Po'lier *m*; Aufseher *m*; **2.** ⚖ Obmann *m der Geschworenen*; **'~·mast** [-mɑːst; ⚓ -məst] *s.* ⚓ Fockmast *m*; **'~·most I** *adj.* vorderst; erst, best, vornehmst; **II** *adv.* zu'erst: ***first and ~*** zuallererst; ***feet ~*** mit den Füßen voran; **'~·name** *s.* Vorname *m*; **'~·noon** *s.* Vormittag *m*.

fo·ren·sic [fə'rensɪk] *adj.* (□ **~*ally***) fo'rensisch, Gerichts...: **~ *medicine***.

,fore|·or'dain [-ɔːrɔː-] *v/t.* vor'herbestimmen; **,~·or·di'na·tion** [-ɔːrɔː-] *s. eccl.* Vor'herbestimmung *f*; **'~·part** *s.* **1.** Vorderteil *m*; **2.** Anfang *m*; **'~·play** *s.* (*sexuelles*) Vorspiel; **'~,run·ner** *s. fig.* **1.** Vorläufer *m*; **2.** Vorbote *m*, Anzeichen *n*; **'~·sail** [-seɪl; ⚓ -sl] *s.* ⚓ Focksegel *n*; **~'see** *v/t.* [*irr.* → ***see***[1]] vor'aussehen *od.* -wissen; **~'see·a·ble** [-'siːəbl] *adj.* vor'auszusehen(d), absehbar: ***in the ~ future*** in absehbarer Zeit; **~'shad·ow** *v/t.* ahnen lassen, (drohend) ankündigen; **'~·sheet** *s.* ⚓ **1.** Fockschot *f*; **2.** *pl.* Vorderboot *n*; **'~·shore** *s.* Uferland *n*, (Küsten)Vorland *n*; **~'short·en** *v/t. Figuren* in Verkürzung *od.* perspek'tivisch zeichnen; **'~·sight** *s.* **1.** a) Weitblick *m*, b) (weise) Vor'aussicht; → ***hindsight*** 2; **2.** Blick *m* in die Zukunft; **3.** ⚔ (Vi'sier)Korn *n*; **'~·skin** *s. anat.* Vorhaut *f*.

for·est ['fɒrɪst] **I** *s.* Wald *m* (*a. fig. von Masten etc.*), Forst *m*: **~ *fire*** Waldbrand *m*; **II** *v/t.* aufforsten.

fore|'stall *v/t.* **1.** *j-m* zu'vorkommen; **2.** *e-r Sache* vorbeugen, *et.* vereiteln; **3.** *Einwand etc.* vor'wegnehmen; **4.** ☤ (spekula'tiv) aufkaufen; **'~·stay** *s.* ⚓ Fockstag *n*.

for·est deaths ['fɒrɪst] *pl.* Waldsterben *n*; **for·est·ed** ['fɒrɪstɪd] *adj.* bewaldet; **'forest·er** [-tə] *s.* **1.** Förster *m*; **2.** Waldbewohner *m* (*a. Tier*); **'for·est·ry** [-trɪ] *s.* **1.** Forstwirtschaft *f*, -wesen *n*; **2.** Wälder *pl.*

'fore|·taste *s.* Vorgeschmack *m*; **~'tell** *v/t.* [*irr.* → ***tell***] **1.** vor'her-, vor'aussagen; **2.** andeuten, ahnen lassen; **'~·thought** → ***foresight*** 1; **'~·top** [-tɒp; ⚓ -təp] *s.* ⚓ Fock-, Vormars *m*; **,~·top'gal·lant** *s.* ⚓ Vorbramsegel *n*: **~ *mast*** Vorbramstenge *f*; **'~·top·mast** *s.* ⚓ Fock-, Vormarsstenge *f*; **'~·top·sail** [-seɪl; ⚓ -sl] *s.* ⚓ Vormarssegel *n*.

for ev·er, for·ev·er [fə'revə] *adv.* **1.** *a.* **~ *and ever*** für *od.* auf immer, für alle Zeit; **2.** andauernd, ständig, unaufhörlich; **3.** F ‚ewig' (lang); **for ev·er·more, for'ev·er·more** *adv.* für immer u. ewig.

fore|'warn *v/t.* vorher warnen (***of*** vor *dat.*): **~*ed is forearmed*** gewarnt sein heißt gewappnet sein; **'~·wom·an** *s.* [*irr.*] **1.** Vorarbeiterin *f*, Aufseherin *f*; **2.** ⚖ Obmännin *f der Geschworenen*; **'~·word** *s.* Vorwort *n*; **'~·yard** *s.* ⚓ Fockrahe *f*.

for·feit ['fɔːfɪt] **I** *s.* **1.** (Geld-, *a.* Vertrags)Strafe *f*, Buße *f*: ***pay the ~ of one's life*** mit s-m Leben bezahlen; **2.** Verlust *m*, Einbuße *f*; **3.** verwirktes Pfand: ***pay a ~*** ein Pfand geben; **4.** *pl.* Pfänderspiel *n*; **II** *v/t.* **5.** verwirken, verlieren, *fig.* einbüßen, verscherzen; **III** *adj.* **6.** verwirkt, verfallen; **'for·fei·ture** [-tʃə] *s.* Verlust *m*, Verwirkung *f*, Verfallen *n*, Einziehung *f*, Entzug *m*.

for·fend [fɔː'fend] *v/t.* **1.** *obs.* verhüten: ***God ~!*** Gott behüte!; **2.** *Am.* schützen, sichern (***from*** vor *dat.*).

for·gath·er [fɔː'gæðə] *v/i.* zs.-kommen, sich treffen; verkehren (***with*** mit).

for·gave [fə'geɪv] *pret. von* ***forgive***.

forge[1] [fɔːdʒ] *v/i.*: **~ *ahead*** a) sich (mühsam) vor'ankämpfen, sich Bahn brechen, b) *fig.* (allmählich) Fortschritte machen, c) (sich) nach vorn drängen, *a. sport* sich an die Spitze setzen.

forge[2] [fɔːdʒ] **I** *s.* **1.** Schmiede *f* (*a. fig.*); **2.** ⚙ a) Schmiedefeuer *n*, -esse *f*, b) Glühofen *m*, c) Hammerwerk *n*: **~ *lathe*** Schmiededrehbank *f*; **II** *v/t.* **3.** schmieden (*a. fig.*); **4.** *fig.* a) formen, schaffen, b) erfinden, sich ausdenken; **5.** fälschen: **~ *a document***; **'forge·a·ble** [-dʒəbl] *adj.* schmiedbar; **'forg·er** [-dʒə] *s.* **1.** Schmied *m*; **2.** Erfinder *m*, Erschaffer *m*; **3.** Fälscher *m*: **~ (*of coin*)** Falschmünzer *m*; **'for·ger·y** [-dʒərɪ] *s.* **1.** Fälschen *n*: **~ *of a document*** ⚖ Urkundenfälschung *f*; **~-*proof*** fälschungssicher; **2.** Fälschung *f*, Falsifi'kat *n*.

for·get [fə'get] **I** *v/t.* [*irr.*] **1.** vergessen, nicht denken an (*acc.*), nicht bedenken, sich nicht erinnern an (*acc.*): ***I ~ his name*** sein Name ist mir entfallen; **2.** vergessen, verlernen: ***I have forgotten my French***; **3.** vergessen, unter'lassen: **~ *it!*** F a) vergiss es!, schon gut!, b) *iro.* das kannst du vergessen!; ***don't you ~ it*** merk dir das!; **4. ~ *o.s.*** a) (nur) an andere denken, b) sich vergessen, ‚aus der Rolle fallen'; **II** *v/i.* [*irr.*] **5.** vergessen: **~ *about it!*** denk nicht mehr daran!; ***I ~!*** das ist mir entfallen!; **for'get·ful** [-fʊl] *adj.* □ **1.** vergesslich; **2.** achtlos, nachlässig (***of*** gegenüber): **~ *of one's duties*** pflichtvergessen; **for'get·ful·ness** [-fʊlnɪs] *s.* **1.** Vergesslichkeit *f*; **2.** Achtlosigkeit *f*.

for'get-me-not *s.* ⚘ Ver'gissmeinnicht *n*.

for·giv·a·ble [fə'gɪvəbl] *adj.* verzeihlich, entschuldbar; **for·give** [fə'gɪv] *v/t.* [*irr.*] **1.** verzeihen, vergeben; **2.** *j-m e-e Schuld etc.* erlassen; **for'giv·en** [-vn] *p.p. von* ***forgive***; **for'give·ness** [-vnɪs] *s.* **1.** Verzeihung *f*, -gebung *f*; **2.** Versöhnlichkeit *f*; **for'giv·ing** [-vɪŋ] *adj.* □ **1.** versöhnlich, nachsichtig; **2.** verzeihend.

for·go [fɔː'gəʊ] *v/t.* [*irr.* → ***go***] verzichten auf (*acc.*).

for·got [fə'gɒt] *pret.* [*u. p.p. obs.*] *von* ***forget***; **for'got·ten** [-tn] *p.p. von* ***forget***.

fork [fɔːk] **I** *s.* **1.** (*Ess-, Heu-, Mist- etc.*) Gabel *f* (*a.* ⚙); **2.** ♪ (Stimm)Gabel *f*; **3.** Gabelung *f*, Abzweigung *f*; **4.** *Am.* a) Zs.-fluss *m*, b) *oft pl.* Gebiet *n* an e-r Flussgabelung; **II** *v/t.* **5.** gabelförmig machen, gabeln; **6.** mit e-r Gabel aufladen *od.* 'umgraben *od.* wenden; **7.** *Schach: zwei Figuren* gleichzeitig angreifen; **III** *v/i.* **8.** sich gabeln *od.* spalten; **~ *out*, ~ *over*, ~ *up*** *v/t. u. v/i.* ‚blechen' (*zahlen*); **forked** [-kt] *adj.* gabelförmig, gegabelt, gespalten; zickzackförmig (*Blitz*); **'fork-lift (truck)** *s.* ⚙ Gabelstapler *m*.

for·lorn [fə'lɔːn] *adj.* **1.** verlassen, einsam; **2.** verzweifelt, hilflos; unglücklich, elend; **~ *hope*** *s.* **1.** aussichtsloses Unter'nehmen; **2.** letzte (verzweifelte) Hoffnung; **3.** ⚔ a) verlorener Haufen *od.* Posten, b) 'Himmelfahrtskom,mando *n*.

form [fɔːm] **I** *s.* **1.** Form *f*, Gestalt *f*, Fi'gur *f*; **2.** ⚙ Form *f*, Fas'son *f*, Mo'dell *n*, Scha'blone *f*; △ Schalung *f*; **3.** Form *f*, Art *f*; Me'thode *f*, (An)Ordnung *f*, Schema *n*: ***in due ~*** vorschriftsmäßig; **4.** Form *f*, Fassung *f* (*Wort, Text, a. ling.*), Formel *f* (*Gebet etc.*); **5.** *phls.* Wesen *n*, Na'tur *f*; **6.** 'Umgangsform *f*, Ma'nieren *pl.*, Benehmen *n*: ***good*** (***bad***) **~** guter (schlechter) Ton; ***it is good*** (***bad***) **~** es gehört *od.* schickt sich

F

(nicht); **7.** Formblatt *n*, Formu'lar *n*: ***printed ~*** Vordruck *m*; ***~ letter*** Schemabrief *m*; **8.** Formali'tät *f*, Äußerlichkeit *f*: ***matter of ~*** Formsache *f*; ***mere ~*** bloße Förmlichkeit; **9.** Form *f*, (körperliche *od.* geistige) Verfassung: ***in*** (*od.* ***on***) ***~*** (gut) in Form; ***off*** (*od.* ***out of***) ***~*** nicht in Form; **10.** *Brit.* a) (Schul-) Bank *f*, b) (Schul)Klasse *f*: ***~ master*** (***mistress***) Klassenlehrer(in); **11.** *typ.* → ***forme***; **II** *v/t.* **12.** formen, bilden (*a. ling.*); schaffen, gestalten (***into*** zu, ***after*** nach); *Regierung* bilden, *Gesellschaft etc.* gründen; **13.** *den Charakter etc.* formen, bilden; **14.** a) *e-n Teil etc.* bilden, ausmachen, b) dienen als; **15.** anordnen, zs.-stellen; **16.** ⚔ formieren, aufstellen; **17.** *e-n Plan* fassen, entwerfen; **18.** sich *e-e Meinung* bilden; **19.** *e-e Freundschaft etc.* schließen; **20.** *e-e Gewohnheit* annehmen; **21.** ⚙ formen; **III** *v/i.* **22.** sich formen *od.* bilden *od.* gestalten, Form annehmen, entstehen; **23.** *a.* ***~ up*** ⚔ sich formieren *od.* aufstellen, antreten.

-form [-fɔːm] *in Zssgn* ...förmig.

for·mal ['fɔːml] **I** *adj.* □ → ***formally***; **1.** förmlich, for'mell: a) offizi'ell: ***~ call*** Höflichkeitsbesuch *m*, b) feierlich: ***~ event*** → 5; ***~ dress*** → 6, c) steif, 'unper‚sönlich, d) (peinlich) genau, pe'dantisch (die Form wahrend), e) formgerecht, vorschriftsmäßig: ***~ contract*** förmlicher Vertrag; **2.** for'mal, for'mell: a) rein äußerlich, b) rein gewohnheitsmäßig, c) scheinbar, Schein...; **3.** for'mal: a) herkömmlich, konventio'nell: ***~ style***, b) schulmäßig, streng me'thodisch, c) Form...: ***~ defect*** ⚖ Formfehler *m*; **4.** regelmäßig: ***~ garden*** architektonischer Garten; **II** *s. Am.* **5.** Veranstaltung, für die Gesellschaftskleidung vorgeschrieben ist; **6.** Gesellschafts-, Abendanzug *m od.* -kleid *n*.

form·al·de·hyde [fɔː'mældɪhaɪd] *s.* ⚗ Formalde'hyd *m*; **for·ma·lin** ['fɔːməlɪn] *s.* ⚗ Forma'lin *n*.

for·mal·ism ['fɔːməlɪzəm] *s. allg.* Forma'lismus *m*; **'for·mal·ist** [-lɪst] *s.* Forma'list *m*; **for·mal·is·tic** [‚fɔːmə'lɪstɪk] *adj.* forma'listisch; **for·mal·i·ty** [fɔː'mælətɪ] *s.* **1.** Förmlichkeit: a) Herkömmlichkeit *f*, b) Zeremo'nie *f*, c) *das* Offizi'elle, d) Steifheit *f*, e) Umständlichkeit *f*: ***without ~*** ohne viel Umstände (zu machen); **2.** Formali'tät *f*: a) Formsache *f*, b) Formvorschrift *f*: ***for the sake of ~*** aus formellen Gründen; **3.** Äußerlichkeit *f*, leere Geste; **'for·mal·ize** [-laɪz] *v/t.* **1.** zur bloßen Formsache machen; **2.** formalisieren, feste Form geben (*dat.*); **'for·mal·ly** [-əlɪ] *adv.* **1.** for'mell, in aller Form; **2.** → ***formal***.

for·mat ['fɔːmæt] **I** *s.* **1.** *typ.* a) Aufmachung *f*, b) For'mat *n*; **2.** *Computer*: For'matvorlage *f*; **3.** Ein-, Ausrichtung *f*; **II** *v/t.* **4.** *Computer*: formatieren: ***~ a disk*** e-e Dis'kette formatieren.

for·ma·tion [fɔː'meɪʃn] *s.* **1.** Bildung *f*: a) Formung *f*, Gestaltung *f*, b) Entstehung *f*, Entwicklung *f*: ***~ of gas*** Gasbildung *f*, c) Gründung *f*: ***~ of a company***, d) Gebilde *n*: ***word ~s*** Wortbildungen; **2.** Anordnung *f*, Zs.-setzung *f*, Struk'tur *f*; **3.** ✈, ⚔, *sport* Formati'on *f*, Aufstellung *f*: ***~ flight*** Formations-, Verbandsflug *m*; **4.** *geol.* Formati'on *f*;

form·a·tive ['fɔːmətɪv] **I** *adj.* **1.** formend, gestaltend, bildend; **2.** prägend, Entwicklungs...: ***~ years of a person***; **3.** *ling.* formbildend: ***~ element*** → 5; **4.** ⚘, *zo.* morpho'gen; **II** *s.* **5.** *ling.* Forma'tiv *n*.

for·mat·ting ['fɔːmætɪŋ] *s. Computer*: Forma'tierung *f*.

forme [fɔːm] *s. typ.* (Druck)Form *f*.

form·er¹ ['fɔːmə] *s.* **1.** Former *m* (*a.* ⚙), Gestalter *m*; **2.** *ped. Brit. in Zssgn* Schüler(in) der ... Klasse; **3.** ✈ Spant *m*.

for·mer² ['fɔːmə] *adj.* □ **1.** früher, vorig, ehe-, vormalig, vergangen: ***in ~ times*** vormals, einst; ***he is his ~ self again*** er ist wieder (ganz) der Alte; ***the ~ Mrs. A.*** die frühere Frau A.; **2.** ***the ~*** *sg. u. pl.* der *etc.* (die *pl.*) Ersterwähnte(n *pl.*), -genannte(n *pl.*), Erste(n *pl.*): ***the ~ ..., the latter ...*** der Erstere ..., der Letztere ...; **'for·mer·ly** [-lɪ] *adv.* früher, vor-, ehemals: ***Mrs. A., ~ B.*** a) Frau A., geborene B., b) Frau A., ehemalige Frau B.

'form‚fit·ting *adj.* **1.** eng anliegend: ***~ dress***; **2.** körpergerecht: ***~ chair***.

For·mi·ca [fɔː'maɪkə] *TM npr.* Reso'pal *TM n*.

for·mic ac·id ['fɔːmɪk] *s.* ⚗ Ameisensäure *f*.

for·mi·da·ble ['fɔːmɪdəbl] *adj.* □ **1.** schrecklich, Furcht erregend; **2.** gewaltig, ungeheuer, e'norm; **3.** beachtlich, ernst zu nehmend: ***~ opponent***; **4.** äußerst schwierig: ***~ problem***.

form·ing ['fɔːmɪŋ] *s.* **1.** Formen *n*; **2.** ⚙ (Ver)Formen *n*, Fassonieren *n*; **form·less** ['fɔːmlɪs] *adj.* □ formlos.

for·mu·la ['fɔːmjʊlə] *pl.* **-las**, **-lae** [-liː] *s.* **1.** ⚗, ⚕ *etc.*, *a. mot.* Formel *f*, *pharm. u. fig. a.* Re'zept *n*; **2.** Formel *f*, fester Wortlaut; **3.** *contp.* a) ‚Schema F', b) (leere) Phrase; **'for·mu·lar·y** [-ərɪ] *s.* **1.** Formelsammlung *f*, -buch *n* (*bsd. eccl.*); **2.** *pharm.* Re'zeptbuch *n*; **'for·mu·late** [-leɪt] *v/t.* formulieren; **for·mu·la·tion** [‚fɔːmjʊ'leɪʃn] *s.* Formulierung *f*, Fassung *f*.

'form·work *s.* ⚠ (Ver)Schalung *f*, Schalungen *pl.*

for·ni·cate ['fɔːnɪkeɪt] *v/i.* unerlaubten außerehelichen Geschlechtsverkehr haben; *bibl. u. weitS.* Unzucht treiben, huren; **for·ni·ca·tion** [‚fɔːnɪ'keɪʃn] *s.* ⚖ unerlaubter außerehelicher Geschlechtsverkehr; *weitS.* Unzucht *f*, Hure'rei *f*; **'for·ni·ca·tor** [-tə] *s.* j-d, der unerlaubten außerehelichen Geschlechtsverkehr hat; *weitS.* Wüstling *m*.

for·rad·er ['fɒrədə] *adv.*: ***get no ~*** *Brit.* F nicht vom Fleck kommen.

for·sake [fə'seɪk] *v/t.* [*irr.*] **1.** *j-n* verlassen, im Stich lassen; **2.** *et.* aufgeben; **for'sak·en** [-kən] **I** *p.p. von* ***forsake***; **II** *adj.* (gott)verlassen, einsam; **for'sook** [-'sʊk] *pret. von* ***forsake***.

for·sooth [fə'suːθ] *adv. iro.* wahrlich, für'wahr.

for·swear [fɔː'sweə] *v/t.* [*irr.* → ***swear***] **1.** eidlich bestreiten; **2.** unter Pro'test zu'rückweisen; **3.** abschwören (*dat.*), feierlich entsagen (*dat.*); feierlich geloben (*es nie wieder zu tun etc.*); **4.** ***~ o.s.*** e-n Meineid leisten; **for'sworn** [-'swɔːn] **I** *p.p. von* ***forswear***; **II** *adj.* meineidig.

for·syth·i·a [fɔː'saɪθjə] *s.* ⚘ For'sythie *f*.

fort [fɔːt] *s.* ⚔ Fort *n*, Feste *f*, Festungswerk *n*: ***hold the ~*** *fig.* ‚die Stellung halten'.

forte¹ ['fɔːteɪ] *s. fig. j-s* Stärke *f*, starke Seite.

for·te² ['fɔːtɪ] *adv.* ♪ forte, laut.

forth [fɔːθ] *adv.* **1.** her'vor, vor, her; → ***bring forth*** *etc.*; **2.** her'aus, hinaus; **3.** (dr)außen; **4.** vo'ran, vorwärts; **5.** weiter: ***and so ~*** und so weiter; ***from that day ~*** von diesem Tag an; **6.** weg, fort.

Forth Bridge [‚fɔːθ'brɪdʒ] *npr.*: ***it's like painting the ~*** *Brit. fig.* das nimmt ja nie ein Ende.

‚forth|'com·ing *adj.* **1.** bevorstehend, kommend; **2.** erscheinend, unter'wegs: ***be ~*** erfolgen, sich einstellen; **3.** in Kürze erscheinend (*Buch*) *od.* anlaufend (*Film*); **4.** bereitstehend, verfügbar; **5.** zu'vor-, entgegenkommend (*Person*); **6.** mitteilsam; **'~·right** *adj. u. adv.* offen (und ehrlich), gerade(her'aus); **‚~'with** [-'wɪθ] *adv.* so'fort, (so)'gleich, unverzüglich.

for·ti·eth ['fɔːtɪɪθ] **I** *adj.* **1.** vierzigst; **II** *s.* **2.** Vierzigste(r *m*) *f*, *n*; **3.** Vierzigstel *n*.

for·ti·fi·a·ble ['fɔːtɪfaɪəbl] *adj.* zu befestigen(d); **for·ti·fi·ca·tion** [‚fɔːtɪfɪ'keɪʃn] *s.* **1.** ⚔ a) Befestigung *f*, b) Befestigung(sanlage) *f*, c) Festung *f*; **2.** (*a.* geistige *od.* mo'ralische) Stärkung; **3.** a) Verstärkung *f* (*a.* ⚙), b) Anreicherung *f*; **4.** *fig.* Unter'mauerung *f*; **'for·ti·fi·er** [-faɪə] *s.* Stärkungsmittel *n*; **for·ti·fy** ['fɔːtɪfaɪ] *v/t.* **1.** (*a.* geistig *od.* mo'ralisch) kräftigen, **2.** ⚙ verstärken; *Nahrungsmittel* anreichern; *Wein etc.* verstärken; **3.** ⚔ befestigen; **4.** bekräftigen, stützen, unter'mauern; **5.** bestärken, ermutigen.

for·tis·si·mo [fɔː'tɪsɪməʊ] *adv.* ♪ sehr stark *od.* laut, for'tissimo.

for·ti·tude ['fɔːtɪtjuːd] *s.* (seelische) Kraft: ***bear s.th. with ~*** et. mit Fassung *od.* tapfer ertragen.

fort·night ['fɔːtnaɪt] *s. bsd. Brit.* vierzehn Tage: ***this day ~*** a) heute in 14 Tagen, b) heute vor 14 Tagen; ***a ~'s holiday*** ein vierzehntägiger Urlaub; **'fort·night·ly** [-lɪ] *bsd. Brit.* **I** *adj.* vierzehntägig, halbmonatlich, Halbmonats...; **II** *adv.* alle 14 Tage; **III** *s.* Halbmonatsschrift *f*.

For·tran ['fɔːtræn] *s.* FORTRAN *n* (*Computersprache*).

for·tress ['fɔːtrɪs] *s.* ⚔ Festung *f*, *fig. a.* Bollwerk *n*.

for·tu·i·tous [fɔː'tjuːɪtəs] *adj.* □ zufällig; **for'tu·i·ty** [-tɪ] *s.* Zufall *m*, Zufälligkeit *f*.

for·tu·nate ['fɔːtʃnət] *adj.* □ **1.** glücklich: ***be ~*** a) Glück haben (*Person*), b) ein (wahres) Glück sein (*Sache*); ***how ~!*** welch ein Glück!, wie gut!; **2.** Glück verheißend; günstig; vom Glück begünstigt (*Leben*); **'for·tu·nate·ly** [-lɪ] *adv.* glücklicherweise, zum Glück.

for·tune ['fɔːtʃuːn] *s.* **1.** Glück(sfall *m*) *n*, (glücklicher) Zufall: ***good ~*** Gück; ***ill ~*** Unglück; ***try one's ~*** sein Glück versuchen; ***make one's ~*** sein Glück machen; **2.** *a.* ♀ *myth.* For'tuna *f*, Glücksgöttin *f*: ***~ favo(u)red him*** das Glück war ihm hold; **3.** Schicksal *n*, Geschick *n*, Los *n*: ***tell*** (*od.* ***read***) ***~s*** wahrsagen; ***read s.o.'s ~*** j-m die Karten legen *od.* aus der Hand lesen; ***have one's ~ told*** sich wahrsagen lassen; **4.** Vermögen *n*: ***make a ~*** ein Vermögen verdienen; ***come into a ~*** ein Vermögen erben; ***marry a ~*** e-e gute Partie machen; ***a small ~*** F ein kleines Vermögen (*viel Geld*); **~ hunt·er** ['fɔːtʃən-] *s.* Mitgiftjäger *m*; **~ tell·er** ['fɔːtʃən-] *s.* Wahrsager(in); **~ tell·ing** ['fɔːtʃən-] *s.* Wahrsage'rei *f*.

for·ty ['fɔːtɪ] **I** *adj.* **1.** vierzig: ***the ≈ Thieves*** die 40 Räuber (*1001 Nacht*); → ***wink*** 4; **II** *s.* **2.** Vierzig: ***he is in his forties*** er ist in den Vierzigern; ***in the forties*** in den Vierzigerjahren (*e-s Jahrhunderts*); **3.** ***the Forties*** die See zwischen Schottlands Nord'ost- u. Norwegens Süd'westküste; **4.** ***the roaring forties*** stürmischer Teil des Ozeans (zwischen dem 39. u. 50. Breitengrad).

fo·rum ['fɔːrəm] *s.* **1.** *antiq. u. fig.* Forum *n*; **2.** Gericht *n*, Tribu'nal *n* (*a. fig.*); *engS.* ⚖ Gerichtsort *m*, örtliche Zuständigkeit; **3.** Forum *n*, (öffentliche) Diskussi'on(sveranstaltung).

for·ward ['fɔːwəd] **I** *adv.* **1.** vor, nach vorn, vorwärts, vor'an, vor'aus, weiter: ***from this day ~*** von heute an; ***freight ~*** ✝ Fracht gegen Nachnahme; ***buy ~*** ✝ auf Termin kaufen; ***go ~*** *fig.* Fortschritte machen, vorankommen; ***help ~*** weiterhelfen (*dat.*); → ***bring*** (***carry***, ***come***, *etc.*) ***forward***; **II** *adj.* □ **2.** vorwärts *od.* nach vorn gerichtet, Vorwärts...: ***a ~ motion***; ***~ defence*** ⚔ Vorwärtsverteidigung *f*; ***~ planning*** Vorausplanung *f*; ***~ speed*** *mot.* Vorwärtsgang *m*; ***~ strategy*** ⚔ Vorwärtsstrategie *f*; **3.** vorder; **4.** a) ❀ frühreif (*a. fig. Kind*), b) zeitig (*Frühling etc.*); **5.** *zo.* a) hochträchtig, b) gut entwickelt; **6.** *fig.* a) fortgeschritten, b) fortschrittlich; **7.** *fig.* vorlaut, dreist; **8.** *fig.* a) vorschnell, -eilig, b) schnell bereit (***to do s.th.*** et. zu tun); **9.** ✝ auf Ziel *od.* Zeit, Termin...: ***~ business*** (***market***, ***sale***, *etc.*); ***~ rate*** Terminkurs *m*, Kurs *m* für Termingeschäfte; **III** *s.* **10.** *sport* Stürmer *m*: ***~ line*** Sturm(reihe *f*) *m*; **IV** *v/t.* **11.** a) fördern, begünstigen, b) beschleunigen; **12.** befördern, schicken, verladen; **13.** *Brief etc.* nachsenden, weiterbefördern.

for·ward·er ['fɔːwədə] *s.* Spedi'teur; **'for·ward·ing** [-dɪŋ] **I** *s.* Versand *m*; **II** *adj.* Versand...: ***~ charges***; ***~ instructions***; ***~ agent*** Spediteur *m*; ***~ note*** Frachtbrief *m*; ***~ address*** Nachsendeadresse *f*; **'for·ward-ˌlook·ing** *adj.* vorausschauend, fortschrittlich; **'for·ward·ness** [-dnɪs] *s.* **1.** Frühzeitigkeit *f*, Frühreife *f* (*a.* ❀); **2.** Dreistigkeit *f*, vorlaute Art; **3.** Voreiligkeit *f*.

for·wards ['fɔːwədz] → ***forward*** I.

fosse [fɒs] *s.* **1.** (Burg-, Wall)Graben *m*; **2.** *anat.* Grube *f*.

fos·sil ['fɒsl] **I** *s.* **1.** *geol.* Fos'sil *n*; Versteinerung *f*; **2.** F ‚Fos'sil' *n*: a) verkalkter *od.* verknöcherter Mensch, b) *et.* ‚Vorsintflutliches'; **II** *adj.* **3.** fos'sil, versteinert: ***~ fuel*** fossiler Brennstoff; ***~ oil*** Erd-, Steinöl *n*; **4.** F a) verknöchert, verkalkt (*Person*), b) vorsintflutlich (*Sache*); **fos·sil·if·er·ous** [ˌfɒsɪ'lɪfərəs] *adj.* fos'silienhaltig; **fos·sil·i·za·tion** [ˌfɒsɪlaɪ'zeɪʃn] *s.* **1.** Versteinerung *f*; **2.** F Verknöcherung *f*; **'fos·sil·ize** [-sɪlaɪz] **I** *v/t. geol.* versteinern; **II** *v/i.* versteinern; *fig.* verknöchern, verkalken.

fos·so·ri·al [fɒ'sɔːrɪəl] *adj. zo.* grabend, Grab...

fos·ter ['fɒstə] **I** *v/t.* **1.** *Kind etc.* a) aufziehen, b) in Pflege haben *od.* geben; **2.** *et.* fördern; begünstigen, protegieren; **3.** *Wunsch etc.* hegen, nähren; **II** *adj.* **4.** Pflege...: ***~ child*** (***father***, ***mother*** *etc.*).

fos·ter·ling ['fɒstəlɪŋ] *s.* Pflegekind *n*.

fought [fɔːt] *pret. u. p.p. von* ***fight***.

foul [faʊl] **I** *adj.* □ **1.** a) stinkend, widerlich, übel riechend (*a. Atem*), b) verpestet, schlecht (*Luft*), c) faul, verdorben (*Lebensmittel etc.*); **2.** schmutzig, verschmutzt; **3.** verstopft; **4.** voll Unkraut, überwachsen; **5.** schlecht, stürmisch (*Wetter etc.*), widrig (*Wind*); **6.** ⚓ a) unklar (*Taue etc.*), b) in Kollisi'on (geratend) (***of*** mit); **7.** *fig.* a) widerlich, ekelhaft, b) abscheulich, gemein: ***~ deed*** ruchlose Tat, c) schädlich, gefährlich: ***~ tongue*** böse Zunge, d) schmutzig, zotig, unflätig: ***~ language***; **8.** F scheußlich; **9.** unehrlich, betrügerisch; **10.** *sport* unfair, regelwidrig; **11.** *typ.* a) unsauber (*Druck etc.*), b) voller Fehler *od.* Änderungen; **II** *adv.* **12.** auf gemeine Art, gemein (*etc.* → 7–10): ***play ~*** *sport* foul spielen; ***play s.o. ~*** j-m übel mitspielen; **13.** ***fall ~ of*** ⚓ zs.-stoßen mit (*a. fig.*); **III** *s.* **14.** ***through fair and ~*** durch dick u. dünn; **15.** ⚓ Zs.-stoß *m*; **16.** *sport* a) Foul *n*, Regelverstoß *m*, b) → ***foul shot***; **IV** *v/t.* **17.** *a.* ***≈ up*** a) beschmutzen (*a. fig.*), verschmutzen, verunreinigen, b) verstopfen; **18.** *sport* foulen; **19.** ⚓ zs.-stoßen mit; **20.** *a.* ***~ up*** sich verwickeln in (*dat.*) *od.* mit; **21.** ***~ up*** F a) ‚vermasseln', ‚versauen', b) durchein'ander bringen; **V** *v/i.* **22.** schmutzig werden; **23.** ⚓ zs.-stoßen (***with*** mit); **24.** sich verwickeln; **25.** *sport* foulen, ein Foul begehen; **26.** ***~ up*** F a), ‚Mist bauen', ‚patzen', b) durchein'ander kommen.

'foul|-mouthed *adj.* unflätig; ***~ play*** *s.* **1.** *sport* unfaires Spiel, Unsportlichkeit *f*; **2.** (Gewalt)Verbrechen *n*, *bsd.* Mord *m*; ***~ shot*** *s. Basketball*: Freiwurf *m*; **'~-ˌspo·ken** → ***foul-mouthed***.

found¹ [faʊnd] *pret. u. p.p. von* ***find***.

found² [faʊnd] *v/t.* ⚙ schmelzen; gießen.

found³ [faʊnd] *fig.* **I** *v/t.* **1.** gründen, errichten; **2.** begründen, einrichten, ins Leben rufen, *Schule etc.* stiften: ***≈ing Fathers*** *Am.* Staatsmänner aus der Zeit der Unabhängigkeitserklärung; **3.** *fig.* gründen, stützen (***on*** auf *acc.*): ***be ~ed on*** → 4; ***well-~ed*** wohl begründet, fundiert; **II** *v/i.* **4.** (***on***) sich stützen (auf *acc.*), beruhen, sich gründen (auf *dat.*);

foun·da·tion [faʊn'deɪʃn] *s.* **1.** *oft pl.* ⚠ Grundmauer *f*, Funda'ment *n* (*a. fig.*); 'Unterbau *m*, -lage *f*, Bettung *f* (*Straße etc.*); **2.** Grund(lage *f*) *m*, Basis *f*: ***without*** (***any***) ***~*** (völlig) unbegründet; ***shaken to the ~s*** in den Grundfesten erschüttert; ***lay the ~s of*** den Grund(stock) legen zu; **3.** Gründung *f*, Errichtung *f*; **4.** (gemeinnützige) Stiftung: ***be on the ~*** Geld aus der Stiftung erhalten; **5.** Ursprung *m*, Beginn *m*; **6.** steifes (Zwischen)Futter: ***~ muslin*** Steifleinen *n*; **7.** *a.* ***~ garment*** a) Mieder *n*, b) Kor'sett *n*, c) *pl.* Mieder (-waren) *pl.*; **8.** *a.* ***~ cream*** *Kosmetik*: Grundierung *f*; ***~ stone*** *s.* Grundstein *m* (*a. fig.*); → ***lay¹*** 5.

found·er¹ ['faʊndə] *s.* Gründer *m*, Stifter *m*: ***~s' shares*** ✝ Gründeraktien.

found·er² ['faʊndə] *s.* ⚙ Gießer *m*.

found·er³ ['faʊndə] **I** *v/i.* **1.** ⚓ sinken, 'untergehen; **2.** einstürzen, -fallen; **3.** *fig.* scheitern; **4.** *vet.* a) lahmen, b) zs.-brechen (*Pferd*); **5.** stecken bleiben; **II** *v/t.* **6.** *Pferd* lahm reiten; **7.** *Schiff* zum Sinken bringen.

found·ing mem·ber ['faʊndɪŋ] *s.* Gründungsmitglied *n*.

found·ling ['faʊndlɪŋ] *s.* Findling *m*, Findelkind *n*: ***~ hospital*** Findelhaus *n*.

found·ress ['faʊndrɪs] *s.* Gründerin *f*, Stifterin *f*.

found·ry ['faʊndrɪ] *s.* ⚙ Gieße'rei *f*.

fount¹ [faʊnt] *s. typ.* (Setzkasten *m* mit) Schriftsatz *m*.

fount² [faʊnt] → ***fountain*** 2, 4a.

foun·tain ['faʊntɪn] *s.* **1.** Fon'täne *f*: a) Springbrunnen *m*, b) (Wasser)Strahl *m*; **2.** Quelle *f*, *fig. a.* Born *m*: ***≈ of Youth*** Jungbrunnen *m*; **3.** a) (Trink-) Brunnen *m*, b) → ***soda fountain***; **4.** ⚙ a) (Öl-, Tinten- *etc.*)Behälter *m*, b) Reser'voir *n*; **'~·head** *s.* Quelle *f* (*a. fig.*); *fig.* Urquell *m*; ***~ pen*** *s.* Füll(feder)-halter *m*.

four [fɔː] **I** *adj.* **1.** vier; **II** *s.* **2.** Vier *f* (*Zahl, Spielkarte etc.*): ***the ~ of hearts*** die Herzvier; ***by ~s*** immer vier (auf einmal); ***on all ~s*** a) auf allen vieren, b) *fig.* stimmend, richtig; ***be on all ~s with*** übereinstimmen mit, genau entsprechen (*dat.*); **3.** *Rudern*: Vierer *m* (*Boot od. Mannschaft*); **ˌ~-'cor·nered** *adj.* viereckig, mit vier Ecken; **'~-ˌcy·cle** *adj.*: ***~ engine*** ⚙ Viertaktmotor *m*; **'~·eyes** *s. pl. sg. konstr.* F ‚Brillenschlange' *f*; ***~ flush*** *s. Poker*: unvollständige Hand; **'~ˌflush·er** *s. Am.* Bluffer *m*, ‚falscher Fuffziger'; **'~·fold** *adj. u. adv.* vierfach; **ˌ~-'four (time)** *s.* ♪ Vier'vierteltakt *m*; **ˌ~-'hand·ed** *adj.* ♪, *zo.* vierhändig; ***≈ Hun·dred*** *s.*: ***the ~*** *Am.* die Hautevolee (*e-r Gemeinde*); **ˌ~-in-'hand** [-ɔːrɪn-] *s.* **1.** Vierspänner *m*; **2.** Viergespann *n*; **'~-ˌleaf(ed) clo·ver** *s.* ❀ vierblätt(e)riges Kleeblatt; **'~--legged** *adj.* vierbeinig; **'~-ˌlet·ter word** *s.* unanständiges Wort; **ˌ~-'oar** [-ɔːr'ɔː] *s.* Vierer *m* (*Boot*); **'~-part** *adj.* ♪ vierstimmig (*Satz*); **'~·pence** [-pəns] *s. Brit. hist.* Vierpencestück *n*; **'~·plex** [-pleks] *s. Am.* 'Vierfamilienhaus *n*; **ˌ~--'post·er** *s.* **1.** Himmelbett *n*; **2.** ⚓ *sl.* Viermaster *m*; **ˌ~'score** *adj. obs.* achtzig; **'~-ˌseat·er** *s. mot.* Viersitzer *m*; **'~·some** [-səm] *s. Golf*: Vierer *m*; *fig. humor.* ‚Quar'tett' *n*; **ˌ~-'speed gear** *s.* ⚙ Vierganggetriebe *n*; **ˌ~-'square** *adj. u. adv.* **1.** qua'dratisch; **2.** *fig.* a) fest, unerschütterlich, b) grob, barsch; **'~-star I** *s. Brit.* 'Super(benˌzin) *n*; **II** *adj.* Viersterne...: ***~ general***; ***~ hotel***; ***~ petrol*** *Brit.* → I; **ˌ~-'stroke** *adj.*: ***~ engine*** ⚙ Viertaktmotor *m*.

four·teen [ˌfɔː'tiːn] **I** *adj.* vierzehn; **II** *s.* Vierzehn *f*; **ˌfour'teenth** [-nθ] **I** *adj.* vierzehnt; **II** *s.* a) (*der, die, das*) Vierzehnte, b) Vierzehntel *n*.

fourth [fɔːθ] **I** *adj.* □ **1.** viert; **2.** viertel; **II** *s.* **3.** (*der, die, das*) Vierte; **4.** Viertel *n*; **5.** ♪ Quarte *f*; **6.** ***the ≈*** (***of July***) *Am.* der Vierte (Juli), der Unabhängigkeitstag; **'fourth·ly** [-lɪ] *adv.* viertens.

ˌfour|-'way *adj.*: ***~ switch*** ⚡ Vierfach-, Vierwegeschalter *m*; **ˌ~-'wheel** *adj.* vierräd(e)rig; Vierrad...(*-antrieb*, *-bremse*): ***~ drive*** a) Vierradantrieb *m*, b) Geländefahrzeug *n*.

fowl [faʊl] **I** *pl.* **fowls**, *coll. mst* **fowl** *s.* **1.** Haushuhn *n od.* -ente *f*, *a.* Truthahn *m*; *coll.* Geflügel *n* (*a. Fleisch*), Hühner *pl.*: ***~ house*** Hühnerstall *m*; ***~ pest*** Hühnerpest *f*; ***~ pox*** Geflügelpocken *pl*; ***~ run*** Hühnerhof *m*, Auslauf *m*; **2.** *selten* Vogel *m*, Vögel *pl.*: ***the ~(s) of the air*** *bibl.* die Vögel unter dem Himmel; **II** *v/i.* **3.** Vögel fangen *od.* schießen; **'fowl·er** [-lə] *s.* Vogelfänger *m*; **'fowl·ing** [-lɪŋ] *s.* Vogelfang *m*, -jagd *f*: ***~ piece*** Vogelflinte *f*; ***~ shot*** Hühnerschrot *n*.

fox [fɒks] **I** *s.* **1.** *zo.* Fuchs *m*: ***set the ~***

F

to keep the geese den Bock zum Gärtner machen; **~ *and geese*** Wolf u. Schafe (*ein Brettspiel*); **2.** (***sly old***) **~** *fig.* (schlauer) Fuchs; **3.** Fuchspelz(kragen) *m*; **II** *v/t.* **4.** *sl.* über'listen, ‚reinlegen'; **III** *v/i.* **5.** stockfleckig werden (*Papier*); **~ brush** *s. hunt.* Lunte *f*, Fuchsschwanz *m*; **'~·glove** *s.* ⚘ Fingerhut *m*; **'~·hole** *s.* **1.** Fuchsbau *m*; **2.** ⚔ Schützenloch *n*; **~ hunt, '~-ˌhunt·ing** *s.* Fuchsjagd *f*; **~ mark** *s.* Stockfleck *m*; **'~·tail** *s.* **1.** Fuchsschwanz *m*; **2.** ⚘ Fuchsschwanzgras *n*; **~ ter·ri·er** *s. zo.* Foxterrier *m*; **'~·trot** *s. u. v/i.* Foxtrott *m* (tanzen).

fox·y ['fɒksɪ] *adj.* **1.** gerissen, listig; **2.** fuchsrot; **3.** stockfleckig (*Papier*).

foy·er ['fɔɪeɪ] (*Fr.*) *s. allg.* Fo'yer *n*.

fra·cas ['frækɑː] *pl.* **~** [-kɑːz] *s.* Aufruhr *m*, Spek'takel *m*.

frac·tion ['frækʃn] *s.* **1.** Ꭿ Bruch *m*: **~ *bar*, ~ *line*, ~ *stroke*** Bruchstrich *m*; **2.** Bruchteil *m*, Frag'ment *n*; Stückchen *n*, *ein* bisschen: ***not by a ~*** nicht im Geringsten; ***by a ~ of an inch*** um ein Haar; **~ *of a share*** ☤ Teilaktie *f*; **3.** ♰ *eccl.* Brechen *n des Brotes*; **'frac·tion·al** [-ʃənl] *adj.* **1.** *a.* Ꭿ Bruch..., gebrochen: **~ *amount*** Teilbetrag *m*; **~ *currency*** Scheidemünze *f*; **~ *part*** Bruchteil *m*; **2.** *fig.* unbedeutend, mini'mal; **3.** ⚗ fraktioniert, teilweise; **'frac·tion·ar·y** [-ʃnərɪ] *adj.* Bruch(stück)..., Teil...; **'frac·tion·ate** [-ʃəneɪt] *v/t.* ⚗ fraktionieren.

frac·tious ['frækʃəs] *adj.* □ **1.** mürrisch, zänkisch, reizbar; **2.** störrisch; **'frac·tious·ness** [-nɪs] *s.* **1.** Reizbarkeit *f*; **2.** 'Widerspenstigkeit *f*.

frac·ture ['fræktʃə] **I** *s.* **1.** ⚕ Frak'tur *f*, Bruch *m* (*a. fig.*); **2.** *min.* Bruchfläche *f*; **3.** *ling.* Brechung *f*; **II** *v/t.* **4.** (zer)brechen: **~ *one's arm*** sich den Arm brechen; **~*d skull*** Schädelbruch *m*; **III** *v/i.* **5.** (zer)brechen.

frag·ile ['frædʒaɪl] *adj.* **1.** zerbrechlich (*a. fig.*); **2.** ⚙ brüchig; **3.** *fig.* schwach, zart (*Gesundheit etc.*), gebrechlich (*Person*); **fra·gil·i·ty** [frə'dʒɪlətɪ] *s.* **1.** Zerbrechlichkeit *f*; **2.** Brüchigkeit *f*; **3.** *fig.* Ge-, Zerbrechlichkeit *f*, Zartheit *f*.

frag·ment ['frægmənt] *s.* **1.** Bruchstück *n* (*a.* ⚙), -teil *m*; **2.** Stück *n*, Brocken *m*, Splitter *m* (*a.* ⚔), Fetzen *m*; 'Überrest *m*; **3.** (lite'rarisches *etc.*) Frag'ment; **frag·men·tal** [fræg'mentl] *adj.* **1.** *geol.* Trümmer...; **2.** → **'frag·men·tar·y** [-tərɪ] *adj.* **1.** zerstückelt, aus Stücken bestehend; **2.** fragmen'tarisch, unvollständig, bruchstückhaft; **frag·men·ta·tion** [ˌfrægmen'teɪʃn] *s.* Zerstückelung *f*, -splitterung *f*: **~ *bomb*** ⚔ Splitterbombe *f*.

fra·grance ['freɪgrəns] *s.* Wohlgeruch *m*, Duft *m*, A'roma *n*; **'fra·grant** [-nt] *adj.* □ **1.** wohlriechend, duftend: ***be ~ with*** duften nach; **2.** *fig.* angenehm, köstlich.

frail [freɪl] *adj.* □ **1.** zerbrechlich; **2.** a) zart, schwach, b) gebrechlich, c) (*charakterlich*) schwach, d) schwach, seicht (*Buch etc.*); **'frail·ty** [-tɪ] *s.* **1.** Zerbrechlichkeit *f*; **2.** a) Zartheit *f*, b) Gebrechlichkeit *f*; **3.** a) Schwachheit *f*, (mo'ralische) Schwäche, b) Fehltritt *m*.

fraise [freɪz] *s.* **1.** ⚔ Pali'sade *f*; **2.** ⚙ Bohrfräse *f*.

fram·b(o)e·si·a [fræm'biːzɪə] *s.* ⚕ Frambö'sie *f* (*tropische Hautkrankheit*).

frame [freɪm] **I** *s.* **1.** (*Bilder-, Fenster- etc.*)Rahmen *m* (*a.* ⚙, *mot.*): **~ *aerial*** Rahmenantenne *f*; **2.** (*a. Brillen-, Schirm-, Wagen*)Gestell *n*, Gerüst *n*; **3.** Einfassung *f*; **4.** 🏛 a) Balkenwerk *n*: **~ *house*** Holz- *od.* Fachwerkhaus *n*, b) Gerippe *n*, Ske'lett *n*: ***steel ~***; **5.** *typ.* ('Setz)Reˌgal *n*; **6.** ⚡ Stator *m*; **7.** ✈, ⚓ a) Spant *n*, *m*, b) Gerippe *n*; **8.** *TV* a) Abtastfeld *n*, b) Raster(bild *n*) *m*; **9.** *Film*: Einzelbild *n*; **10.** *Comic strips*: Bild *n*; **11.** ⚘ verglaster Treibbeetkasten; **12.** *Weberei*: ('Spinn-, 'Web)Maˌschine *f*; **13.** a) Rahmen(erzählung *f*) *m*, b) 'Hintergrund *m*; **14.** Körper(bau) *m*, Fi'gur *f*: ***the mortal ~*** die sterbliche Hülle; **15.** *fig.* Rahmen *m*, Sy'stem *n*: ***within the ~ of*** im Rahmen (*gen.*); **16.** *bsd.* **~ *of mind*** (Gemüts)Verfassung *f*, (-)Zustand *m*, Stimmung *f*; **17.** → ***frame-up***; **II** *v/t.* **18.** zs.-fügen, -setzen; **19.** a) *Bild etc.* (ein)rahmen, (-)fassen, b) *fig.* um'rahmen; **20.** *et.* ersinnen, entwerfen, *Plan* schmieden, *Gedicht etc.* machen, verfertigen, *Politik etc.* abstecken; **21.** *Worte, a. Entschuldigung etc.* formulieren; **22.** gestalten, formen, bilden; **23.** anpassen (***to*** *dat.*); **24.** *a.* **~ *up*** *sl.* a) *et.* ‚drehen', ‚schaukeln', b) *j-m* et. ‚anhängen', *j-n* ‚reinhängen': **~ *a match*** ein Spiel (vorher) absprechen; **framed** [-md] *adj.* **1.** gerahmt; **2.** 🏛 Fachwerk...; **3.** ⚓, ✈ in Spanten; **'fram·er** [-mə] *s.* **1.** (Bilder-)Rahmer *m*; **2.** *fig.* Gestalter *m*, Entwerfer *m*.

frame| saw *s.* ⚙ Spannsäge *f*; **~ sto·ry, ~ tale** *s.* Rahmenerzählung *f*; **~ tent** *s.* Steilwandzelt *n*; **'~-up** *s.* F **1.** Kom'plott *n*, In'trige *f*; Falle *f*; **2.** abgekartetes Spiel, Schwindel *m*; **'~·work** *s.* **1.** ⚙, *a.* ✈ *u. biol.* Gerüst *n*, Gerippe *n*; **2.** 🏛 Fachwerk *n*, Gebälk *n*; **3.** 🚂 Gestell *n*; **4.** *fig.* Rahmen *m*, Gefüge *n*, Sy'stem *n*: ***within the ~ of*** im Rahmen (*gen.*).

franc [fræŋk] *s.* **1.** Franc *m* (*Währungseinheit Frankreichs etc.*); **2.** Franken *m* (*Währungseinheit der Schweiz*).

fran·chise ['fræntʃaɪz] *s.* **1.** *pol.* a) Wahl-, Stimmrecht *n*, b) Bürgerrecht(e *pl.*) *n*; **2.** *Am.* Privi'leg *n*; **3.** *hist.* Gerechtsame *f*; **4.** ☤ *bsd. Am.* a) *a. sport* Konzessi'on *f*, b) Al'leinverkaufsrecht *n*, c) 'Rechtsperˌsönlichkeit *f*, d) Franchise *n*, Franchising *n* (*Vertriebsart*); **5.** *Versicherung*: Fran'chise *f*.

Fran·cis·can [fræn'sɪskən] **I** *s.* Franzis'kaner(mönch) *m*; **II** *adj.* Franziskaner...

Fran·co-Ger·man [ˌfræŋkəʊ'dʒɜːmən] *adj.*: ***the ~ War*** der Deutsch-Französische Krieg (*1870/71*).

Fran·co·ni·an [fræŋ'kəʊnjən] *adj.* fränkisch.

Fran·co|·phile ['fræŋkəʊfaɪl], **'~·phil** [-fɪl] **I** *s.* Franko'phile *m*, Fran'zosenfreund *m*; **II** *adj.* franko'phil; **'~·phobe** [-fəʊb] **I** *s.* Fran'zosenhasser *m*, -feind *m*; **II** *adj.* fran'zosenfeindlich.

fran·gi·ble ['frændʒɪbl] *adj.* zerbrechlich.

fran·gi·pane ['frændʒɪpeɪn] *s. Art* Mandelcreme *f*.

Fran·glais ['frɑ̃ːŋgleɪ] (*Fr.*) *s. stark anglisiertes Französisch.*

Frank[1] [fræŋk] *s. hist.* Franke *m*.

frank[2] [fræŋk] **I** *adj.* □ → ***frankly***; **1.** offen, aufrichtig, frei(mütig); **II** *s.* **2.** 📯 *hist.* a) Freivermerk *m*, b) Portofreiheit *f*; **III** *v/t.* **3.** *Brief* (*a.* mit der Ma'schine) frankieren: **~*ing machine*** Frankiermaschine *f*; **4.** *j-m* (freien) Zutritt verschaffen; **5.** *et.* amtlich freigeben.

frank[3] [fræŋk] *Am.* F *für* **frank·furt·er** ['fræŋkfɜːtə] *s.* Frankfurter (Würstchen *n*) *f*.

frank·in·cense ['fræŋkɪnˌsens] *s.* Weihrauch *m*.

Frank·ish ['fræŋkɪʃ] *adj. hist.* fränkisch.

frank·lin ['fræŋklɪn] *s. hist.* **1.** Freisasse *m*; **2.** kleiner Landbesitzer.

frank·ly ['fræŋklɪ] *adv.* **1.** → ***frank***[2] 1; **2.** frei her'aus, frank u. frei; **3.** *a.* **~ *speaking*** offen gestanden *od.* gesagt; **'frank·ness** [-nɪs] *s.* Offenheit *f*, Freimütigkeit *f*.

fran·tic ['fræntɪk] *adj.* □ (*mst* **~*ally***) **1.** wild, außer sich, rasend (***with*** vor *dat.*); wütend; **2.** verzweifelt: **~ *efforts***; **3.** hektisch: ***a ~ search***.

frap·pé ['fræpeɪ] (*Fr.*) **I** *adj.* eisgekühlt; **II** *s.* Frap'pee *m* (*Getränk*).

frat [fræt] *sl.* → ***fraternity*** 3.

fra·ter·nal [frə'tɜːnl] **I** *adj.* □ **1.** brüderlich, Bruder...; **2.** *biol.* zweieiig: **~ *twins***; **II** *s.* **3.** *a.* **~ *association*, ~ *society*** *Am.* Verein *m* zur Förderung gemeinsamer Interessen; **fra'ter·ni·ty** [-nətɪ] *s.* **1.** Brüderlichkeit *f*; **2.** Vereinigung *f*, Zunft *f*, Gilde *f*: ***the angling ~*** die Zunft der Angler; ***the legal ~*** die Juristen *pl.*; **3.** *Am.* Stu'dentenverbindung *f*; **frat·er·ni·za·tion** [ˌfrætənaɪ'zeɪʃn] *s.* Verbrüderung *f*; **frat·er·nize** ['frætənaɪz] *v/i.* sich verbrüdern, *bsd.* ⚔ fraternisieren.

frat·ri·cid·al [ˌfrætrɪ'saɪdl] *adj.* brudermörderisch: **~ *war*** Bruderkrieg *m*; **frat·ri·cide** ['frætrɪsaɪd] *s.* **1.** Bruder-, Geschwistermord *m*; **2.** Bruder-, Geschwistermörder *m*.

fraud [frɔːd] *s.* **1.** ⚖ Betrug *m*, arglistige Täuschung: ***by ~*** arglistig; ***obtain by ~*** sich *et.* erschleichen; **~ *department*** Betrugsdezernat *n*; **2.** Schwindel *m*; **3.** F a) Schwindler *m*, ‚falscher Fuffziger', b) ‚Schauspieler' *m*, j-d, der nicht ‚echt' ist; **'fraud·u·lence** [-djʊləns] *s.* Betrüge'rei *f*; **'fraud·u·lent** [-djʊlənt] *adj.* □ betrügerisch, arglistig: **~ *bankruptcy*** betrügerischer Bankrott; **~ *conversion*** Unterschlagung *f*; **~ *preference*** Gläubigerbegünstigung *f*; **~ *representation*** Vorspiegelung *f* falscher Tatsachen; **~ *transaction*** Schwindelgeschäft *n*.

fraught [frɔːt] *adj.* **1.** *mst fig.* (***with***) voll (von), beladen (mit): **~ *with danger*** gefahrvoll; **~ *with meaning*** bedeutungsschwer, -schwanger; **~ *with sorrow*** kummerbeladen; **2.** F a) schlimm, b) ‚schwer im Druck'.

fray[1] [freɪ] *s.* **1.** (lauter) Streit; **2.** a) Schläge'rei *f*, b) ⚔ *u. fig.* Kampf *m*: ***eager for the ~*** kampflustig.

fray[2] [freɪ] **I** *v/t.* **1.** *a.* **~ *out*** *Stoff etc.* abtragen, 'durchscheuern, ausfransen, *a. fig.* abnutzen: **~*ed nerves*** strapazierte Nerven; **~*ed at the edges*** *fig.* sehr mitgenommen; **~*ed temper*** *fig.* gereizte Stimmung; **2.** *Geweih* fegen; **II** *v/i.* **3.** *a.* **~ *out*** sich abnutzen (*a. fig.*), sich ausfransen *od.* 'durchscheuern; **4.** *fig.* sich ereifern: ***tempers began to ~*** die Stimmung wurde gereizt.

fraz·zle ['fræzl] **I** *v/t.* **1.** ausfransen; **2.** *oft* **~ *out*** F *j-n* ‚fix u. fertig' machen; **II** *v/i.* **3.** sich ausfransen *od.* 'durchscheuern; **III** *s.* **4.** Franse *f*: ***worn to a ~*** F ‚fix u. fertig'; ***work o.s. to a ~*** F sich ‚kaputtmachen' (vor Arbeit); ***burnt to a ~*** total verkohlt.

freak [friːk] **I** *s.* **1.** 'Missbildung *f*, (*Mensch, Tier*) *a.* 'Missgeburt *f*, Monstrosi'tät *f*: **~ *of nature*** Laune *f* der

Natur, *contp.* Monstrum *n*; **~ show** Monstrositätenkabinett *n*; **2.** Grille *f*, Laune *f*; **3.** ‚verrückte' *od.* ‚irre' Sache; **4.** *sl.* ‚Freak' *m*: a) ‚irrer Typ', *contp.* ‚Ausgeflippte(r' *m*) *f*, ‚Spinner' *m*, b) (*Jazz-*, *Computer- etc.*)Narr *m*, c) Süchtige(r *m*) *f*: **pill ~**; **II** *adj.* **5.** → **freakish**; **III** *v/i.* **6. ~ out** *sl.* ‚ausflippen' (*Süchtiger*, *a. allg. fig.*); **IV** *v/t.* **7.** *sl. j-n* ‚ausflippen' lassen; **'freak·ish** [-kɪʃ] *adj.* □ **1.** launisch, unberechenbar (*Wetter etc.*); **2.** ‚verrückt', ‚irr'; **'freak-out** *s. sl.* **1.** ‚Horrortrip' *m*; **2.** ‚Ausflippen' *n*; **'freak·y** *adj.* F **1.** unheimlich; **2.** ‚schräg', irre.

freck·le ['frekl] **I** *s.* **1.** Sommersprosse *f*; **2.** Fleck(chen *n*) *m*; **II** *v/t.* **3.** tüpfeln, sprenkeln; **III** *v/i.* **4.** Sommersprossen bekommen; **'freck·led** [-ld] *adj.* sommersprossig.

free [friː] **I** *adj.* □ (→ *a.* 18) **1.** frei: a) unabhängig, b) selbstständig, c) ungebunden, d) ungehindert, e) uneingeschränkt, f) in Freiheit (befindlich): ***a ~ man***; ***the ♀ World***; ***~ elections***; ***you are ~ to go*** es steht dir frei zu gehen; ***it's*** (*od.* ***this is***) ***a ~ country*** F hier kann jeder tun u. lassen, was er will; ***'Mind if I sit here?' – 'It's a ~ country'*** ‚Darf ich mich hierher setzen?' – ‚Ich kann Sie *od.* dich nicht daran hindern'; **2.** frei: a) *unbeschäftigt*: ***I am ~ after 5 o'clock***, b) *ohne Verpflichtungen*: ***a ~ evening***, c) nicht besetzt: ***this room is ~***; **3.** frei: a) *nicht wörtlich*: ***a ~ translation***, b) *nicht an Regeln gebunden*: ***~ verse***; ***~ skating*** *sport* Kür(laufen *n*) *f*, c) frei gestaltet: ***a ~ version***; **4.** (***from***, ***of***) frei (von), ohne (*acc.*): ***~ from error*** fehlerfrei; ***~ from infection*** frei von ansteckenden Krankheiten; ***~ from pain*** schmerzfrei; ***~ of debt*** schuldenfrei; ***~ and unencumbered*** ⚖ unbelastet, hypothekenfrei; ***~ of taxes*** steuerfrei; **5.** ⚗ frei, nicht gebunden; **6.** frei, los(e); **7.** frei, unbefangen, ungezwungen: ***~ manners***; **8.** a) offen(herzig), freimütig, b) unverblümt, c) unverschämt: ***make ~ with*** sich Freiheiten herausnehmen gegen *j-n*; **9.** allzu frei, unanständig: ***~ talk***; **10.** freigebig, großzügig: ***be ~ with s.th.***; **11.** leicht, flott, zügig; **12.** (kosten-, gebühren-) frei, kostenlos, unentgeltlich, gratis, zum Nulltarif: ***~ copy*** Freiexemplar *n*; ***~ fares*** Nulltarif *m*; ***~ gift*** ☤ Zugabe *f*, Gratisprobe *f*; ***~ ticket*** a) Freikarte *f*, b) Freifahrschein *m*; **13.** ☤ frei (*Klausel*): ***~ on board*** frei an Bord; ***~ on rail*** frei Waggon; ***~ domicile*** frei Haus; **14.** ☤ frei verfügbar: ***~ assets***; **15.** öffentlich: ***~ library*** Volksbibliothek *f*; ***be*** (***made***) ***~ of s.th.*** freien Zutritt zu et. haben; **16.** willig, bereit; **17.** *Turnen*: ohne Geräte: ***~ gymnastics*** Freiübungen; **II** *adv.* **18.** *allg.* frei (→ I): ***go ~*** frei ausgehen; ***run ~*** ⚙ leer laufen (*Maschine*); **III** *v/t.* **19.** *a. fig.* befreien (***from*** von, aus); **20.** freilassen; **21.** entlasten (***from***, ***of*** von).

free| ar·e·a *s. fig.* Freiraum *m*; **~ back** *s. sport* Libero *m*; **'~·bee**, **'~·bie** [-biː] *s.* F ('Gratis)Geschenk *n*: ***get s.th. as a ~*** et. gratis bekommen; **'~·board** *s.* ⚓ Freibord *n*; **'~ˌboot·er** *s.* Freibeuter *m*; **♀ Church** *s.* Freikirche *f*; **'~ˌcut·ting** *adj.*: ***~ steel*** ⚙ Automatenstahl *m*.

freed·man ['friːdmæn] *s.* [*irr.*] Freigelassene(r) *m*.

free·dom ['friːdəm] *s.* **1.** a) Freiheit *f*, b) Unabhängigkeit *f*: ***~ of the press*** Pressefreiheit; ***~ of the seas*** Freiheit der Meere; ***~ of the city*** (*od.* ***town***) Ehrenbürgerrecht *n*; ***~ from taxation*** Steuerfreiheit; ***~ fighter*** Freiheitskämpfer (-in); **2.** freier Zutritt, freie Benutzung; **3.** Freimütigkeit *f*, Offenheit *f*; **4.** Zwanglosigkeit *f*; **5.** Aufdringlichkeit *f*, (plumpe) Vertraulichkeit; **6.** *phls.* Willensfreiheit *f*, Selbstbestimmung *f*.

free| en·er·gy *s. phys.* freie *od.* ungebundene Ener'gie; **~ en·ter·prise** *s.* freies Unter'nehmertum; **~ fall** *s.* ✈ *phys.* freier Fall; **~ fight** *s.* ('Massen-) Schläge,rei *f*; **'~·fone** *s.* gebührenfreies Telefo'nieren: ***call us on ~ ...*** rufen Sie uns gebührenfrei unter ... an; **~ number** gebührenfreie Tele'fonnummer; **'~-‑for-ˌall** [-ərˌɔːl] F **1.** → ***free fight***; **2.** wildes ‚Gerangel'; **~ hand** *s.*: ***give s.o. a ~*** j-m freie Hand lassen; **'~·hand** *adj.* **1.** Freihand..., freihändig: ***~ drawing***; **2.** *fig.* a) frei, b) ausschweifend; **ˌ~'hand·ed** *adj.* **1.** freigebig, großzügig; **2.** → ***freehand***; **ˌ~'heart·ed** *adj.* **1.** freimütig, offen (-herzig); **2.** → ***freehanded*** 1; **'~·hold** *s.* (volles) Eigentumsrecht an Grundbesitz: ***~ flat*** *Brit.* Eigentumswohnung *f*; **'~ˌhold·er** *s.* Grund- u. Hauseigentümer *m*; **~ kick** *s. Fußball*: Freistoß *m*: (***in***)***direct ~***; **~ la·bo(u)r** *s.* nicht organisierte Arbeiter(schaft *f*) *pl.*; **'~·lance I** *s.* **1.** a) freier Schriftsteller *od.* Journa'list (*etc.*), Freiberufler *m*; freischaffender Künstler, b) freier Mitarbeiter; **2.** *pol.* Unabhängige(r) *m*, Par'teilose(r) *m*; **II** *adj.* **3.** freiberuflich (tätig), freischaffend; **III** *v/i.* **4.** freiberuflich tätig sein; **'~ˌlanc·er** → ***freelance*** 1; **~ list** *s.* **1.** Liste *f* zollfreier Ar'tikel; **2.** Liste *f* der Empfänger von 'Freikarten *od.* -exemˌplaren; **~ liv·er** *s.* Schlemmer *m*, Genießer *m*; **'~ˌload·er** *s.* F ‚Schnorrer(in)', Schmarotzer(in) *m*; **~ love** *s.* freie Liebe; **~ man** *s.* [*irr.*] *Fußball*: freier Mann, Libero *m*; **'~·man** *s.* [*irr.*] **1.** [-mæn] freier Mann; **2.** [-mən] (Ehren)Bürger *m* (*Stadt*); **~ mar·ket** *s.* ☤ **1.** freier Markt: ***~ economy*** freie Marktwirtschaft; **2.** *Börse*: Freiverkehr *m*; **'♀ˌma·son** *s.* Freimaurer *m*: ***~s' lodge*** Freimaurerloge *f*; **'♀ˌma·son·ry** *s.* **1.** Freimaure'rei *f*; **2.** *fig.* Zs.-gehörigkeitsgefühl *n*; **'~·phone** *s.* → ***freefone***; **~ play** *s.* **1.** ⚙ Spiel *n*; **2.** *fig.* freie Hand; **~ port** *s.* Freihafen *m*; **'~·post** *s. Brit. Teil e-r Adresse: etwa* Gebühr zahlt Empfänger; **'~-range** *adj.*: ***~ hens*** Freilandhühner; **~ rid·er** → ***freeloader***; **~ share** *s.* ☤ Freiaktie *f*.

free·si·a ['friːzjə] *s.* ⚘ Freesie *f*.

free| speech *s.* Redefreiheit *f*; **ˌ~-'spoken** *adj.* offen, freimütig; **ˌ~-'standing** *adj.*: ***~ exercises*** Freiübungen *pl.*; ***~ sculpture*** Freiplastik *f*; **~ state** *s.* Freistaat *m*; **'~·style** *sport* **I** *s.* Freistil (-schwimmen *n etc.*) *m*; **II** *adj.* Freistil..., Kür...: ***~ skating*** Kür(laufen *n*) *f*; **ˌ~'think·er** *s.* Freidenker *m*, Freigeist *m*; **ˌ~'think·ing** *s.*, **~ thought** *s.* Freidenke'rei *f*, -geiste'rei *f*; **~ throw** *s. Basketball*: Freiwurf *m*; **ˌ~'trade a·re·a** *s.* Freihandelszone *f*; **ˌ~'trad·er** *s.* Anhänger *m* des Freihandels; **~ vote** *s. parl.* Abstimmung *f* ohne Frakti'onszwang; **'~·ware** *s. Computer*: 'Freeware *f* (*kostenlos erhältliche*[*s*] *Computerprogramm*[*e pl.*]); **'~·way** *s. Am.* gebührenfreie Schnellstraße; **ˌ~'wheel** ⚙ **I** *s.* Freilauf *m*; **II** *v/i.* im Freilauf fahren; **ˌ~'wheeling** *adj.* F **1.** sorglos; **2.** frei u. ungebunden; **~ will** *s.* freier Wille, Willensfreiheit *f*.

freeze [friːz] **I** *v/i.* [*irr.*] → ***frozen***; **1.** frieren (*a. impers.*): ***it is freezing hard*** es friert stark; ***I am freezing*** mir ist eiskalt; ***~ to death*** erfrieren; **2.** gefrieren; **3.** *a.* ***~ up*** (*od.* ***over***) ein-, zufrieren, vereisen; **4.** an-, festfrieren: ***~ on to*** *sl.* sich wie eine Klette an *j-n* heften; **5.** (*vor Kälte*, *fig. vor Schreck etc.*) erstarren, eisig werden (*Person*, *Gesicht*): ***it made my blood ~*** es ließ mir das Blut in den Adern erstarren; ***~!*** *sl.* keine Bewegung!; **6.** ***~ up*** *Computer*: ‚abstürzen'; **II** *v/t.* [*irr.*] **7.** zum Gefrieren bringen: ***I was frozen*** mir war eiskalt; **8.** erfrieren lassen; **9.** *Fleisch etc.* einfrieren, tiefkühlen; ✈ vereisen; **10.** *a. fig.* erstarren lassen, *fig. a.* lähmen: ***~ out*** *Am.* F *j-n* hinausekeln, kaltstellen; **11.** ☤ *Guthaben etc.* sperren, *a. Preise etc.*, *pol. diplomatische Beziehungen* einfrieren: ***~ prices*** (***wages***) *a.* e-n Preis- (Lohn)stopp einführen; **12.** ***~ up*** *Computer*: zum Absturz bringen; **III** *s.* **13.** Gefrieren *n*; **14.** Erstarrung *f*; **15.** 'Frost(periˌode *f*) *m*, Kälte(welle) *f*; **16.** ☤, *pol.* Einfrieren *n*, ☤ *a.* (Preis-, Lohn)Stopp *m*: ***~ on wages***; ***put a ~ on*** → 10; **ˌ~-'dry** *v/t.* gefriertrocknen; **~ dry·er** *s.* Gefriertrockner *m*.

freez·er ['friːzə] *s.* **1.** Ge'friermaˌschine *f od.* -kammer *f*; **2.** Tiefkühlgerät *n*; **3.** Gefrierfach *n* (*Kühlschrank*); **'freeze-up** *s.* **1.** starker Frost; **2.** Com'puterabsturz *m*, F -crash *m*; **'freez·ing** [-zɪŋ] **I** *adj.* □ **1.** ⚙ Gefrier..., Kälte...: ***~ compartment*** → ***freezer*** 3; ***below ~ point*** unter dem Gefrierpunkt, unter null; **2.** eisig; **3.** kalt, unnahbar; **II** *s.* **4.** Einfrieren *n* (*a.* ☤, *pol.*); **5.** *a.* ✈ Vereisung *f*; **6.** Erstarrung *f*.

freight [freɪt] **I** *s.* **1.** Fracht *f*, Beförderung *f*; **2.** ⚓ (*Am. a.* ✈, 🚆, *mot.*) Fracht(gut *n*) *f*, Ladung *f*: ***~ and carriage*** *Brit.* See- und Landfracht; **3.** Fracht(gebühr) *f*: ***~ forward*** Fracht gegen Nachnahme; **4.** *Am.* → ***freight train***; **II** *v/t.* **5.** *Schiff*, *Am. a. Güterwagen etc.* befrachten, beladen; **6.** *Güter* verfrachten; **'freight·age** [-tɪdʒ] *s.* **1.** Trans'port *m*; **2.** → ***freight*** 2, 3.

freight| bill *s.* ☤ *Am.* Frachtbrief *m*; **~ car** *s. Am.* Güterwagen *m*.

freight·er ['freɪtə] *s.* **1.** a) Frachtschiff *n*, Frachter *m*, b) Trans'portflugzeug *n*; **2.** a) Befrachter *m*, Reeder *m*, b) Ab-, Verlader *m*.

'freight|ˌlin·er *s. Brit.* Con'tainerzug *m*; **~ rate** *s.* ☤ Frachtsatz *m*; **~ sta·tion** *s. Am.* Güterbahnhof *m*; **~ train** *s. Am.* Güterzug *m*.

French [frentʃ] **I** *adj.* **1.** fran'zösisch: ***~ master*** Französischlehrer; **II** *s.* **2.** ***the ~*** die Franzosen *pl.*; **3.** *ling.* Fran'zösisch *n*: ***in ~*** a) auf Französisch, b) im Französischen; **~ beans** *s. pl.* grüne Bohnen *pl.*; **~ Ca·na·di·an I** *s.* **1.** 'Frankokaˌnadier(in); **2.** *ling.* ka'nadisches Fran'zösisch; **II** *adj.* **3.** 'frankokaˌnadisch; **~ chalk** *s.* Schneiderkreide *f*; **~ doors** *Am.* → ***French windows***; **~ dress·ing** *s.* French Dressing *n* (*Salatsoße aus Öl, Essig, Senf u. Gewürzen*); **~ fried po·ta·toes**, F **~ fries** [fraɪz] *s. pl. Am.* Pommes 'frites *pl.*; **~ horn** *s.* ♪ (Wald)Horn *n*; **~ kiss** *s.* Zungenkuss *m*; **~ leave** *s.*: ***take ~*** sich auf Französisch empfehlen, sich französisch empfehlen; **~ let·ter** *s.* F ‚Pa'riser'

F

F

m (*Kondom*); **~ loaf** *s.* [*irr.*] Ba'guette *f*; **'~·man** [-mən] *s.* [*irr.*] Fran'zose *m*; **~ mar·i·gold** *s.* ♀ Stu'dentenblume *f*; **~ pol·ish** *s.* 'Schellackpoli,tur *f*; **~ roof** *s.* ⚠ Man'sardendach *n*; **~ win·dows** *s. pl.* Ter'rassen-, Bal'kontür *f*; **'~,wom·an** *s.* [*irr.*] Fran'zösin *f*.

fre·net·ic [frə'netɪk] *adj.* (□ **~ally**) → ***frenzied***.

fren·zied ['frenzɪd] *adj.* **1.** fre'netisch (*Geschrei etc.*), rasend: **~ *applause***; **2.** a) außer sich, rasend (***with*** vor *dat.*), b) wild, hektisch; **fren·zy** ['frenzɪ] **I** *s.* **1.** Wahnsinn *m*, Rase'rei *f*: ***in a ~ of hate*** rasend vor Hass; **2.** wilde Aufregung; **3.** Verzückung *f*, Ek'stase *f*; **4.** Wirbel *m*, Hektik *f*; **II** *v/t.* **5.** rasend machen.

fre·quen·cy ['fri:kwənsɪ] *s.* **1.** Häufigkeit *f* (*a.* ⚕, *biol.*); **2.** *phys.* Fre'quenz *f*, Schwingungszahl *f*: ***high ~*** Hochfrequenz; **~ band** *s.* ⚡ Fre'quenzband *n*; **~ chang·er**, **~ con·vert·er** *s.* ⚡, *phys.* Fre'quenzwandler *m*; **~ curve** *s.* ⚕, *biol.* Häufigkeitskurve *f*; **~ mod·u·la·tion** *s. phys.* Fre'quenzmodulati,on *f*; **~ range** *s.* Fre'quenzbereich *m*.

fre·quent **I** *adj.* ['fri:kwənt] □ → ***frequently***; **1.** häufig, (häufig) wieder'holt: ***be ~*** häufig vorkommen; ***he is a ~ visitor*** er kommt häufig zu Besuch; **2.** ⚕ beschleunigt (*Puls*); **II** *v/t.* [frɪ'kwent] **3.** häufig *od.* oft be-, aufsuchen, frequentieren; **fre·quen·ta·tive** [frɪ'kwentətɪv] *ling.* **I** *adj.* frequenta'tiv; **II** *s.* Frequenta'tiv(um) *n*; **fre·quent·er** [frɪ'kwentə] *s.* (fleißiger) Besucher, Stammgast *m*; **'fre·quent·ly** [-lɪ] *adv.* oft, häufig.

fres·co ['freskəʊ] **I** *pl.* **-cos, -coes** *s.* a) 'Freskomale,rei *f*, b) Fresko(gemälde) *n*; **II** *v/t.* in Fresko (be)malen.

fresh [freʃ] **I** *adj.* □ (→ *a.* 8); **1.** *allg.* frisch; **2.** neu: **~ *evidence***; **~ *news***; **~ *arrival*** Neuankömmling *m*; ***make a ~ start*** neu anfangen; ***take a ~ look at*** *et.* noch einmal *od.* von e-r anderen Seite betrachten; **3.** frisch: a) zusätzlich: **~ *supplies***, b) *nicht alt*: **~ *eggs***, c) *nicht eingemacht*: **~ *vegetables*** *a.* Frischgemüse *n*; **~ *meat*** Frischfleisch *n*; **~ *herrings*** grüne Heringe, d) sauber, rein: **~ *shirt***; **4.** frisch: a) blühend, gesund: **~ *complexion***, b) ausgeruht, erholt: (***as***) **~ *as a daisy*** quicklebendig; **5.** frisch: a) unverbraucht, b) erfrischend, c) kräftig: **~ *wind***, d) kühl; **6.** *fig.* ‚grün', unerfahren; **7.** F frech, ‚pampig': ***don't get ~ with me!*** werd (mir) ja nicht frech!; **II** *adv.* **8.** frisch: **~ *from*** frisch *od.* direkt von *od.* aus; **III** *s.* **9.** Frische *f*, Kühle *f*: **~ *of the day*** *der* Tagesanfang; **10.** → ***freshet***.

,fresh-'air fiend *s.* F 'Frischluftfa,natiker(in), -a,postel *m*.

fresh·en ['freʃn] **I** *v/t. a.* **~ *up*** **1.** *j-n* erfrischen: **~ *o.s. up*** → 4; **2.** *fig. et.* auffrischen, ‚aufpolieren'; **II** *v/i. mst* **~ *up*** **3.** frisch werden, aufleben; **4.** sich frisch machen; **5.** auffrischen (*Wind*); **'fresh·er** [-ʃə] *Brit.* F → ***freshman***; **'fresh·et** [-ʃɪt] *s.* Hochwasser *n*, Flut *f* (*a. fig.*); **'fresh·man** [-mən] *s.* [*irr.*] Stu'dent *m* im ersten Se'mester; **'fresh·ness** [-ʃnɪs] *s.* Frische *f*; Neuheit *f*; Unerfahrenheit *f*.

fresh| wa·ter *s.* Süßwasser *n*; **'~,wa·ter** *adj.* **1.** Süßwasser...: **~ *fish***; **2.** *Am.* Provinz...: **~ *college***.

fret¹ [fret] *s.* ♪ Bund *m*, Griffleiste *f*.

fret² [fret] **I** *s.* ⚠ *etc.* **1.** durch'brochene Verzierung; **2.** Gitterwerk *n*; **II** *v/t.* **3.** durch'brochen *od.* gitterförmig verzieren.

fret³ [fret] **I** *v/t.* **1.** ⚙, ⚗ an-, zerfressen, angreifen; **2.** abnutzen, -scheuern; **3.** *j-n* ärgern, reizen; **II** *v/i.* **4.** a) sich ärgern: **~ *and fume*** vor Wut schäumen, b) sich Sorgen machen; **III** *s.* **5.** Ärger *m*, Verärgerung *f*; **'fret·ful** [-fʊl] *adj.* □ ärgerlich, gereizt.

fret| saw *s.* ⚙ Laubsäge *f*; **'~·work** *s.* **1.** ⚠ *etc.* Gitterwerk *n*; **2.** Laubsägearbeit *f*.

Freud·i·an ['frɔɪdjən] **I** *s.* Freudi'aner (-in); **II** *adj.* freudi'anisch, freudsch: **~ *slip*** *psych.* freudsche Fehlleistung.

fri·a·ble ['fraɪəbl] *adj.* bröck(e)lig, krümelig.

fri·ar ['fraɪə] *s. eccl.* (*bsd.* Bettel-) Mönch *m*: ***Black*** **2** Dominikaner *m*; ***Grey*** **2** Franziskaner *m*; ***White*** **2** Karmeliter *m*; **'fri·ar·y** [-ərɪ] *s.* Mönchskloster *n*.

fric·as·see ['frɪkəsi:] (*Fr.*) **I** *s.* Frikas'see *n*; **II** *v/t.* [,frɪkə'si:] frikassieren.

fric·a·tive ['frɪkətɪv] *ling.* **I** *adj.* Reibe...; **II** *s.* Reibelaut *m*.

fric·tion ['frɪkʃn] **I** *s.* **1.** ⚙, *phys.* Reibung *f*, Frikti'on *f*; **2.** *bsd.* ⚕ Einreibung *f*; **3.** *fig.* Reibungen *pl.*, Reibe'rei *f*, Spannung *f*, 'Misshelligkeit *f*; **II** *adj.* **4.** ⚙, *phys.* Reibungs...: **~ *brake***; **~ *clutch***; **~ *drive*** Friktionsantrieb *m*; **~ *gear*(*ing*)** Friktionsgetriebe *n*; **~ *match*** Streichholz *n*; **~ *surface*** Lauffläche *f*; **~ *tape*** *Am.* Isolierband *n*; **'fric·tion·al** [-ʃənl] *adj.* **1.** Reibungs..., Friktions...; **2.** **~ *unemployment*** temporäre Arbeitslosigkeit; **'fric·tion·less** [-lɪs] *adj.* ⚙ reibungsfrei, -arm.

Fri·day ['fraɪdɪ] *s.* Freitag *m*: ***on ~*** am Freitag; ***on ~s*** freitags; → ***Good Friday***, ***girl Friday***.

fridge [frɪdʒ] *s.* F Kühlschrank *m*.

fried [fraɪd] *adj.* **1.** gebraten; → ***fry²*** 1; **2.** *Am. sl.* ‚blau', besoffen; **'~·cake** *s.* *Am.* Krapfen *m*.

friend [frend] *s.* **1.** Freund(in): **~ *at court*** ‚Vetter' (*einflussreicher Freund*); **~ *of the court*** ⚖ sachverständiger Beistand (des Gerichts); → ***next*** 1; ***be ~s with s.o.*** mit j-m befreundet sein; ***make ~s with*** mit *j-m* Freundschaft schließen; ***a ~ in need is a ~ indeed*** der wahre Freund zeigt sich erst in der Not; **2.** Bekannte(r *m*) *f*; **3.** Helfer(in), Förderer *m*; **4.** Hilfe *f*, Freund(in); **5.** *Brit.* a) ***my honourable ~*** *parl.* mein Herr Kollege *od.* Vorredner (*Anrede*), b) ***my learned ~*** ⚖ mein verehrter Herr Kollege; **6.** ***Society of*** **2*s*** Gesellschaft der Freunde, *die* Quäker; **'friend·less** [-lɪs] *adj.* ohne Freunde; **'friend·li·ness** [-lɪnɪs] *s.* Freund(schaft)lichkeit *f*; freundschaftliche Gesinnung; **'friend·ly** [-lɪ] **I** *adj.* **1.** freundlich; **2.** freundschaftlich, Freundschafts...: **~ *match*** *sport* Freundschaftsspiel *n*; ***a ~ nation*** e-e befreundete Nation; **3.** wohlwollend, -gesinnt: **~ *neutrality*** *pol.* wohlwollende Neutralität; **2 *Society*** Versicherungsverein *m* auf Gegenseitigkeit; **~ *troops*** ⚔ eigene Truppen; **4.** günstig; **II** *s.* **5.** *sport* F Freundschaftsspiel *n*; **'friend·ship** [-ʃɪp] *s.* **1.** Freundschaft *f*; **2.** → ***friendliness***.

fri·er → ***fryer***.

fries [fraɪz] *s. pl. bsd. Am.* Pommes 'frites *pl.*

Frie·sian ['fri:zjən] → ***Frisian***.

frieze¹ [fri:z] **I** *s.* **1.** ⚠ Fries *m*; **2.** Zierstreifen *m* (*Tapete etc.*); **II** *v/t.* **3.** mit e-m Fries versehen.

frieze² [fri:z] *s.* Fries *m* (*Wollzeug*).

frig [frɪg] V **I** *v/t.* ‚ficken'; **II** *v/i.* ‚wichsen'.

frig·ate ['frɪgɪt] *s.* ⚓ Fre'gatte *f*.

frige [frɪdʒ] → ***fridge***.

fright [fraɪt] **I** *s.* Schreck(en) *m*, Entsetzen *n*: ***get*** (*od.* ***have***) ***a ~*** erschrecken; ***give s.o. a ~*** j-n erschrecken; ***take ~*** a) erschrecken, b) scheuen (*Pferd*); ***get off with a ~*** mit dem Schrecken davonkommen; ***he looked a ~*** F er sah ‚verboten' aus; **II** *v/t. poet.* → ***frighten***; **'fright·en** [-tn] **I** *v/t.* **1.** a) *j-n* erschrecken (***s.o. to death*** j-n zu Tode), *j-m* e-n Schrecken einjagen, b) *j-m* Angst einjagen: **~ *s.o. into doing s.th.*** j-n so einschüchtern, dass er et. tut; ***I was ~ed*** ich erschrak *od.* bekam Angst (***of*** vor *dat.*); **2.** **~ *away*** vertreiben, -scheuchen; **II** *v/i.* **3.** ***he ~s easily*** a) er ist sehr schreckhaft, b) dem kann man leicht Angst einjagen; **'fright·ened** [-tnd] *adj.* erschreckt, erschrocken, verängstigt; **'fright·en·ing** [-tnɪŋ] *adj.* □ erschreckend; **'fright·ful** [-fʊl] *adj.* □ furchtbar, schrecklich, entsetzlich, grässlich, scheußlich (*alle a.* F *fig.*); **'fright·ful·ly** [-flɪ] *adv.* furchtbar (*etc.*); **'fright·ful·ness** [-fʊlnɪs] *s.* **1.** Schrecklichkeit *f*; **2.** Schreckensherrschaft *f*, Terror *m*.

frig·id ['frɪdʒɪd] *adj.* □ **1.** kalt, frostig, eisig (*alle a. fig.*): **~ *zone*** *geogr.* kalte Zone; **2.** *fig.* kühl, steif; **3.** *psych.* fri'gid, gefühlskalt; **fri·gid·i·ty** [frɪ'dʒɪdətɪ] *s.* Kälte *f*, Frostigkeit *f* (*a. fig.*); *psych.* Frigidi'tät *f*.

frill [frɪl] **I** *s.* **1.** (Hals-, Hand)Krause *f*, Rüsche *f*; **2.** Pa'pierkrause *f*, Man'schette *f*; **3.** *zo.*, *orn.* Kragen *m*; **4.** *mst pl. contp.* ‚Verzierungen' *pl.*, Kinkerlitzchen *pl.*, ‚Mätzchen' *pl.*, ‚Firlefanz' *m*: ***put on ~s*** *fig.* ‚auf vornehm machen', sich aufplustern; ***without ~s*** ‚ohne Kinkerlitzchen', schlicht; **II** *v/t.* **5.** mit e-r Krause besetzen; **6.** kräuseln; **III** *v/i.* **7.** *phot.* sich kräuseln; **'frill·ies** [-lɪz] *s. pl. Brit.* F ‚Reizwäsche' *f*, 'Spitzen,unterwäsche *f*.

fringe [frɪndʒ] **I** *s.* **1.** Franse *f*, Besatz *m*; **2.** Rand *m*, Einfassung *f*, Um'randung *f*; **3.** 'Ponyfri,sur *f*; **4.** a) Randbezirk *m*, -gebiet *n* (*a. fig.*), b) *fig.* Rand(zone *f*) *m*, Grenze *f*: **~*s of civilization***, c) → ***fringe group***; → ***lunatic*** I; **5.** ***the*** **2** *thea.* der ‚Fringe' (*avantgardistisches Gegen-Festival zum Edinburgh Festival*); **II** *v/t.* **6.** mit Fransen besetzen; **7.** (um)'säumen; **~ ben·e·fits** *s. pl.* (Gehalts-, Lohn)Nebenleistungen *pl.*

fringed [frɪndʒd] *adj.* gefranst.

fringe| group *s. sociol.* Randgruppe *f*; **~ the·a·ter** *Am.*, **~ the·a·tre** *Brit.* Experimen'tierthe,ater *m*.

frip·per·y ['frɪpərɪ] *s.* **1.** Putz *m*, Flitterkram *m*; **2.** Tand *m*, Plunder *m*; **3.** *fig.* → ***frill*** 4.

fris·bee ['frɪzbi:] *TM s.* 'Frisbee *TM m.*

Fri·sian ['frɪzɪən] **I** *s.* **1.** Friese *m*, Friesin *f*; **2.** *ling.* Friesisch *n*; **II** *adj.* **3.** friesisch.

frisk [frɪsk] **I** *v/i.* **1.** her'umtollen, -hüpfen; **II** *v/t.* **2.** wedeln mit; **3.** *j-n* ‚filzen', *a. et.* durch'suchen; **III** *s.* **4.** a) Ausgelassenheit *f*, b) Freudensprung *m*; **5.** F ‚Filzen' *n*; **'frisk·i·ness** [-kɪnɪs] *s.* Lustigkeit *f*, Ausgelassenheit *f*; **'frisk·y** [-kɪ] *adj.* □ lebhaft, munter, ausgelassen.

fris·son ['frɪsɔ̃:ŋ] (*Fr.*) *s.* (leichter) Schauer.

frit [frɪt] *v/t.* ⚙ fritten, schmelzen.
frith [frɪθ] → ***firth***.
frit·ter[1] [ˈfrɪtə] *s.* Beiˈgnet *m* (*Gebäck*).
frit·ter[2] [ˈfrɪtə] *v/t.* **1.** *mst* ~ ***away*** verplempern, vergeuden; **2.** a) zerfetzen, b) in Streifen schneiden, *Küche*: schnetzeln.
fritz [frɪts] *s. Am. sl.*: ***on the*** ~ kaputt, ‚im Eimer'.
friv·ol [ˈfrɪvl] **I** *v/i.* (heˈrum)tändeln; **II** *v/t.* ~ ***away*** → ***fritter***[2] 1; **fri·vol·i·ty** [frɪˈvɒlətɪ] *s.* Frivoliˈtät *f*: a) Leichtsinn(igkeit *f*) *m*, Oberflächlichkeit *f*, b) Leichtfertigkeit *f* (*Rede od. Handlung*); **ˈfriv·o·lous** [-vələs] *adj.* □ **1.** friˈvol, leichtsinnig, -fertig; **2.** nicht ernst zu nehmen(d); **3.** ⚖ schikaˈnös.
frizz[1] [frɪz] **I** *v/t. u. v/i.* (sich) kräuseln; **II** *s.* gekräuseltes Haar.
frizz[2] [frɪz] → ***frizzle***[1] I.
friz·zle[1] [ˈfrɪzl] **I** *v/i.* brutzeln; **II** *v/t.* (braun) rösten.
friz·zle[2] [ˈfrɪzl] → ***frizz***[1]; **ˈfriz·zly** [-lɪ], **ˈfriz·zy** [-zɪ] *adj.* kraus, gekräuselt.
fro [frəʊ] *adv.*: ***to and*** ~ hin u. her, auf u. ab.
frock [frɒk] **I** *s.* **1.** (Mönchs)Kutte *f*; **2.** (Damen)Kleid *n*; **3.** ⚓ Wolljacke *f*; **4.** Kinderkleid *n*, Kittel *m*; **5.** Gehrock *m*; **6.** (Arbeits)Kittel *m*; **II** *v/t.* **7.** mit e-m geistlichen Amt bekleiden; **8.** mit e-m Kittel bekleiden; ~ **coat** *s.* Gehrock *m*.
frog [frɒg] *s.* **1.** *zo.* Frosch *m*: ***have a*** ~ ***in the throat*** e-n Frosch im Hals haben, heiser sein; **2.** Schnurbesatz *m*, -verschluss *m* (*Rock*); **3.** ⚔ Quaste *f*, Säbeltasche *f*; **4.** 🚂 Herz-, Kreuzungsstück *n*; **5.** ⚡ Oberleitungsweiche *f*; **6.** *zo.* Strahl *m* (*Pferdehuf*); **7.** *Am. sl.* Bizeps *m*; **8.** ♀ *sl. contp.* ‚ˈScheißfranˌzose' *m*; ~ **kick** *s. Schwimmen*: Grätschstoß *m*; **ˈ~·man** [-mən] *s.* [*irr.*] Froschmann *m*, ⚔ *a.* Kampfschwimmer *m*; **ˈ~·march** *v/t. j-n* (mit dem Gesicht nach unten) fortschleppen; **~'s legs** *s. pl.* Froschschenkel *pl.*; ~ **spawn** *s.* **1.** *zo.* Froschlaich *m*; **2.** ⚘ Froschlaichalge *f*.
frol·ic [ˈfrɒlɪk] **I** *s.* **1.** Herˈumtollen *n*, Ausgelassenheit *f*; **2.** Jux *m*, Spaß *m*, Streich *m*; **II** *v/i. pret. u. p.p.* **ˈfrol·icked** [-kt] **3.** herˈumtollen, -toben; **ˈfrol·ic·some** [-səm] *adj.* ˈübermütig, ausgelassen.
from [frɒm; frəm] *prp.* von, von ... her, aus, aus ... herˈaus: a) *Ort, Herkunft*: ***a gift*** ~ ***his son*** ein Geschenk von s-m Sohn; ~ ***outside*** (*od.* ***without***) von (dr)außen; ***the train*** ~ ***X*** der Zug von *od.* aus X; ***he is*** ~ ***Kent*** er ist *od.* stammt aus Kent; *auf Sendungen*: ~ ***...*** Absender ..., b) *Zeit*: ~ ***2 to 4 o'clock*** von 2 bis 4 Uhr; ~ ***now*** von jetzt an; ~ ***a child*** von Kindheit an, c) *Entfernung*: ***6 miles*** ~ ***Rome*** 6 Meilen von Rom (entfernt); ***far*** ~ ***the truth*** weit von der Wahrheit entfernt, d) *Fortnehmen*: ***stolen*** ~ ***the shop*** (***the table***) aus dem Laden (vom Tisch) gestohlen; ***take it*** ~ ***him!*** nimm es ihm weg!, e) *Anzahl*: ~ ***six to eight boats*** sechs bis acht Boote, f) *Wandlung*: ~ ***bad to worse*** immer schlimmer, g) *Unterscheidung*: ***he does not know black*** ~ ***white*** er kann Schwarz u. Weiß nicht unterscheiden, h) *Quelle, Grund*: ~ ***my point of view*** von meinem Standpunkt (aus); ~ ***what he said*** nach dem, was er sagte; ***painted*** ~ ***life*** nach dem Leben gemalt; ***he died*** ~ ***hunger*** er verhungerte; ~ **a·bove** *adv.* von oben; ~ **a·cross** *adv. u. prp.* von jenseits (*gen.*), von der anderen Seite (*gen.*); ~ **a·mong** *prp.* aus ... herˈaus; ~ **be·fore** *prp.* aus der Zeit vor (*dat.*); ~ **be·neath** *adv.* von unten; *prp.* unter (*dat.*) ... herˈvor *od.* herˈaus; ~ **be·tween** *prp.* zwischen (*dat.*) ... herˈvor; ~ **be·yond** *adv. u. prp.* von jenseits (*gen.*); ~ **in·side** *adv.* von innen; *prp.* aus ... herˈaus: ~ ***the house*** aus dem Inneren des Hauses (heraus); ~ **out of** *prp.* aus ... herˈaus; ~ **un·der** → ***from beneath***.
frond [frɒnd] *s.* ⚘ (Farn)Wedel *m*.
front [frʌnt] **I** *s.* **1.** *allg.* Vorder-, Stirnseite *f*, Front *f*; **2.** ⌂ (Vorder)Front *f*, Fasˈsade *f*; **3.** Vorderteil *n*; **4.** ⚔ a) Front *f*, Kampflinie *f*, -gebiet *n*, b) Frontbreite *f*: ***at the*** ~ an der Front; ***on all*** **~s** an allen Fronten (*a. fig.*); **5.** Vordergrund *f*, Spitze *f*: ***in*** ~ an der *od.* die Spitze, vorn, davor; ***in*** ~ ***of*** vor (*dat.*); ***to the*** ~ nach vorn; ***come to the*** ~ *fig.* in den Vordergrund treten; ***up*** ~ a) vorn, *fig. a.* an der Spitze, b) nach vorn, *fig. a.* an die Spitze; **6.** (Straßen-, Wasser)Front *f*: ***the*** ~ *Brit.* die Strandpromenade; **7.** *fig.* Front *f*: a) (*bsd. politische*) Organisatiˈon, b) Sektor *m*: ***on the economic*** ~ an der wirtschaftlichen Front; **8.** a) ‚Strohmann' *m*, b) ‚Aushängeschild' *n* (*e-r Interessengruppe od. Geheimorganisation etc.*); **9.** F ‚Fasˈsade' *f*: ***put up a*** ~ a) sich Allüren geben, b) ‚Theater spielen'; ***show a bold*** ~ kühn auftreten; ***maintain a*** ~ den Schein wahren; **10.** *poet.* a) Stirn *f*, b) Antlitz *n*; **11.** *fig.* Frechheit *f*: ***have the*** ~ ***to*** (*inf.*) die Stirn haben zu (*inf.*); **12.** Hemdbrust *f*; **13.** (falsche) Stirnlocken *pl.*; **14.** *meteor.* Front *f*: ***cold*** ~; **II** *adj.* **15.** Front..., Vorder...: ~ ***entrance***; ~ ***row*** vorder(st)e Reihe; ~ ***tooth*** Vorderzahn *m*; **16.** ~ ***man*** ‚Strohmann' *m*; **17.** *ling.* Vorderzungen...; **III** *v/t.* **18.** gegenˈüberstehen, -liegen (*dat.*): ***the house*** **~s** ***the sea*** das Haus liegt (nach) dem Meer zu; ***the windows*** ~ ***the street*** die Fenster gehen auf die Straße; **19.** *j-m* entgegen-, gegenˈübertreten, *j-m* die Stirn bieten; **20.** mit e-r Front *od.* Vorderseite versehen; **21.** als Front *od.* Vorderseite dienen für; **22.** *ling.* palatalisieren; **23.** *TV Brit. Programm* moderieren; **IV** *v/i.* **24.** ~ **on** (*od.* **to**[**wards**]) → 18; **25.** ~ ***for*** als ‚Strohmann' *od.* ‚Aushängeschild' fungieren für.
front·age [ˈfrʌntɪdʒ] *s.* **1.** (Vorder)Front *f* (e-s Hauses): ~ ***line*** Bau(flucht)linie *f*; ~ ***road*** *Am. Parallelstraße zu e-r Schnellstraße* (*mit Wohnhäusern, Geschäften etc.*); ***have a*** ~ ***on*** → ***front*** 18; **2.** Land *n* an der Straßen- *od.* Wasserfront; **3.** Grundstück *n* zwischen der Vorderfront e-s Hauses u. der Straße; **4.** ⚔ Front- *od.* Angriffsbreite *f*.
fron·tal [ˈfrʌntl] **I** *adj.* **1.** fronˈtal, Vorder..., Front...: ~ ***attack*** (***collision***) Frontalangriff *m* (-zs.-stoß *m*); ~ ***axle*** ⚙ Vorderachse *f*; **2.** ⚙, *anat.* Stirn...; **II** *s.* **3.** *eccl.* Anteˈpendium *n*; **4.** ⌂ Ziergiebel *m*; ~ **bone** *s.* Stirnbein *n*; ~ **sinus** *s.* Stirn(bein)höhle *f*.
front| bench *s. parl.* vordere Sitzreihe (*für Regierung u. Oppositionsführer*); ˌ**~ˈbench·er** *s. parl.* führendes Fraktiˈonsmitglied; ~ **door** *s.* Haus-, Vordertür *f*; ~ **drive** *s. mot.* Frontantrieb *m*; **ˈ~-end col·li·sion** *s. mot.* Auffahrunfall *m*; ~ **en·gine** *s.* Frontmotor *m*.
fron·tier [ˈfrʌnˌtɪə] **I** *s.* **1.** (Landes)Grenze *f*; **2.** *Am.* Grenzgebiet *n*, Grenze *f* (zum Wilden Westen): ***new*** **~s** *fig.* neue Ziele; **3.** *fig. oft pl.* Grenze *f*, Grenzbereich *m*; Neuland *n*; **II** *adj.* **4.** Grenz...: ~ ***town***; ˌ**fronˈtiers·man** [-ɪəzmən] *s.* [*irr.*] *Am. hist.* Grenzbewohner *m*.
fron·tis·piece [ˈfrʌntɪspiːs] *s.* Frontiˈspiz *n*: a) Titelbild *n* (*Buch*), b) ⌂ Giebelseite *f od.* -feld *n*.
front·let [ˈfrʌntlɪt] *s.* **1.** *zo.* Stirn *f*; **2.** Stirnband *n*.
front| line *s.* ⚔ Kampffront *f*, Front(linie) *f*; **ˈ~-line** *adj.*: ~ ***officer*** Frontoffizier *m*; ~ **mo·ney** *s. Am.* **1.** Vorschuss *m*; **2.** ˈStartkapiˌtal *n*; ~ **page** *s.* Titelseite *f* (*Zeitung*); **ˈ~-page** *adj.*: ~ ***news*** wichtige *od.* aktuelle Nachricht(en); ~ **pas·sen·ger** *s. mot.* Beifahrer(in); ˌ**~ˈrun·ner** *s.* **1.** *sport* a) Spitzenreiter *m* (*a. fig.*), b) Favoˈrit(in); **2.** *pol.* ˈSpitzenkandiˌdat(in); **3.** Tempoläufer *m*; ~ **seat** *s.* Vordersitz *m*; ~ **sight** *s.* ⚔ Korn *n*; ~ **view** *s.* Vorderansicht *f*; **ˈ~-wheel** *adj.*: ~ ***drive*** ⚙ Vorderradantrieb *m*.
frosh [frɒʃ] *s. sg. u. pl. Am.* → ***freshman***.
frost [frɒst] **I** *s.* **1.** Frost *m*: ***10 degrees of*** ~ *Brit.* 10 Grad Kälte; **2.** Eisblumen *pl.*, Reif *m*; **3.** *fig.* Kühle *f*, Kälte *f*, Frostigkeit *f*; **4.** *sl.* ‚Reinfall' *m*; ‚Pleite' *f*; **II** *v/t.* **5.** mit Reif *od.* Eis überˈziehen; **6.** ⚙ *Glas* mattieren; **7.** *Küche*: a) glasieren, mit Zuckerguss überˈziehen, b) mit (Puder)Zucker bestreuen; **8.** Frostschäden verursachen bei; **9.** *j-n* sehr kühl behandeln; **ˈ~·bite** *s.* ⚕ Erfrierung *f*; **ˈ~ˌbit·ten** *adj.* ⚕ erfroren.
frost·ed [ˈfrɒstɪd] *adj.* **1.** bereift, überˈfroren; **2.** ⚙ mattiert: ~ ***glass*** Matt-, Milchglas *n*; **3.** ⚕ erfroren; **4.** mit Zuckerguss, glasiert; **ˈfrost·i·ness** [-tɪnɪs] *s.* Frost *m*, eisige Kälte (*a. fig.*); **ˈfrost·ing** [-tɪŋ] *s.* **1.** Zuckerguss *m*, Glaˈsur *f*; **2.** ⚙ Mattierung *f*; **ˈfrost·work** *s.* Eisblumen *pl.*; **ˈfrost·y** [-tɪ] *adj.* □ **1.** eisig, frostig (*a. fig.*); **2.** mit Reif *od.* Eis bedeckt; **3.** eisgrau: ~ ***hair***.
froth [frɒθ] **I** *s.* **1.** Schaum *m*; **2.** ⚕ (Blasen)Schaum *m*; **3.** *fig.* ‚Firlefanz' *m*; **II** *v/t.* **4.** a) zum Schäumen bringen, b) zu Schaum schlagen; **III** *v/i.* **5.** schäumen (*a. fig. vor Wut*); **ˈfroth·i·ness** [-θɪnɪs] *s.* **1.** Schäumen *n*, Schaum *m*; **2.** *fig.* Seicht-, Hohlheit *f*; **ˈfroth·y** [-θɪ] *adj.* □ **1.** schaumig, schäumend; **2.** *fig.* seicht, hohl.
frou-frou [ˈfruːfruː] (*Fr.*) *s.* **1.** Knistern *n*, Rascheln *n* (*von Seide*); **2.** Flitter *m*.
fro·ward [ˈfrəʊəd] *adj.* □ *obs.* eigensinnig.
frown [fraʊn] **I** *v/i.* a) die Stirn runzeln (***at*** über *acc.*; *a. fig.*), b) finster dreinschauen: ~ (***up***)***on*** stirnrunzelnd *od.* finster betrachten, *fig.* missbilligen (*acc.*); **II** *v/t.* ~ ***down*** *j-n* durch finstere Blicke einschüchtern; **III** *s.* Stirnrunzeln *n*; finsterer Blick; **ˈfrown·ing** [-nɪŋ] *adj.* □ **1.** stirnrunzelnd; **2.** a) missˈbilligend, b) finster (*Blick*); **3.** bedrohlich.
frowst [fraʊst] F **I** *s.* ‚Mief' *m*; **II** *v/i.* im ‚Mief' hocken; **ˈfrowst·y** [-tɪ] *adj.* muffig, ‚miefig'.
frowz·i·ness [ˈfraʊzɪnɪs] *s.* **1.** Schlampigkeit *f*; Ungepflegtheit *f*; **2.** muffiger Geruch; **frowz·y** [ˈfraʊzɪ] *adj.* **1.** schlampig, ungepflegt; **2.** muffig.
froze [frəʊz] *pret. von* ***freeze***; **ˈfro·zen** [-zn] **I** *p.p. von* ***freeze***; **II** *adj.* **1.** (ein-, zu)gefroren; **2.** erfroren; **3.** gefroren,

F

Gefrier...: *~ food* Tiefkühlkost *f*; *~ meat* Gefrierfleisch *n*; **4.** eisig, frostig (*a. fig.*); **5.** kalt, teilnahms-, gefühllos; **6.** ⚕ eingefroren: a) festliegend: *~ capital*, b) gestoppt: *~ prices*; *~ wages*; **7.** *~ facts Am.* unumstößliche Tatsachen.

fruc·ti·fi·ca·tion [ˌfrʌktɪfɪ'keɪʃn] *s.* ⚘ **1.** Fruchtbildung *f*; **2.** Befruchtung *f*; **fruc·ti·fy** ['frʌktɪfaɪ] ⚘ **I** *v/i.* Früchte tragen (*a. fig.*); **II** *v/t.* befruchten (*a. fig.*); **fruc·tose** ['frʌktəʊs] *s.* Fruchtzucker *m.*

fru·gal ['fru:gl] *adj.* □ **1.** sparsam, haushälterisch (*of* mit); **2.** genügsam, bescheiden; **3.** einfach, spärlich, fru'gal: *a ~ meal*; **fru·gal·i·ty** [fru:'gælətɪ] *s.* Sparsamkeit *f*; Genügsamkeit *f*; Einfachheit *f.*

fru·giv·o·rous [fru:'dʒɪvərəs] *adj. zo.* fruchtfressend.

fruit [fru:t] **I** *s.* **1.** ⚘ a) Frucht *f*, b) Samenkapsel *f*; **2.** *coll.* a) Früchte *pl.*: *bear ~* Früchte tragen (*a. fig.*), b) Obst *n*; **3.** *bibl.* Nachkommen(schaft *f*) *pl.*: *~ of the body* Leibesfrucht *f*; **4.** *mst pl. fig.* Frucht *f*, Früchte *pl.*, Ergebnis *n*, Erfolg *m*, Gewinn *m*; **5.** *sl.* ‚Spinner' *m*; **6.** *Am. sl.* ‚Homo' *m*; **II** *v/i.* **7.** ⚘ (Früchte) tragen; **fruit·ar·i·an** [fru:'teərɪən] *s.* Obstesser(in), Rohköstler(in).

'**fruit|·cake** *s.* **1.** englischer Kuchen; **2.** *Brit. sl.* ‚Spinner' *m*; *~* **cock·tail** *s.* Früchtecocktail *m*; *~* **cup** *s.* Früchtebecher *m.*

fruit·er·er ['fru:tərə] *s.* Obsthändler *m*; '**fruit·ful** [-fʊl] *adj.* □ **1.** fruchtbar (*a. fig.*); **2.** *fig.* erfolgreich; '**fruit·ful·ness** [-fʊlnɪs] *s.* Fruchtbarkeit *f.*

fru·i·tion [fru:'ɪʃn] *s.* Erfüllung *f*, Verwirklichung *f*: *come to ~* sich verwirklichen, Früchte tragen.

fruit| jar *s.* Einweckglas *n*; *~* **juice** *s.* Obstsaft *m*; *~* **knife** *s.* [*irr.*] Obstmesser *n.*

fruit·less ['fru:tlɪs] *adj.* □ **1.** unfruchtbar; **2.** *fig.* frucht-, erfolglos, vergeblich.

fruit| ma·chine *s. Brit.* F 'Spielautoˌmat *m*; *~* **pulp** *s.* Fruchtfleisch *n*; *~* **sal·ad** *s.* **1.** 'Obstsaˌlat *m*; **2.** *fig. humor.* ‚La'metta' *n*, Ordenspracht *f*; *~* **tree** *s.* Obstbaum *m.*

fruit·y ['fru:tɪ] *adj.* **1.** fruchtartig; **2.** fruchtig (*Wein*); **3.** so'nor (*Stimme*); **4.** *Brit. sl.* ‚saftig', ‚gepfeffert' (*Witz*); **5.** *Am.* F ‚schmalzig'.

fru·men·ta·ceous [ˌfru:mən'teɪʃəs] *adj.* getreideartig, Getreide...

frump [frʌmp] *s. a. old ~* ‚alte Schachtel', ‚Spi'natwachtel' *f*; '**frump·ish** [-pɪʃ], '**frump·y** [-pɪ] *adj.* **1.** altmodisch; **2.** schlampig, ungepflegt.

frus·trate [frʌ'streɪt] *v/t.* **1.** *et.* vereiteln, durch'kreuzen, zu'nichte machen; **2.** *j-n od. et.* hemmen, (be)hindern, *j-n* einengen, *j-n* am Fortkommen hindern; **3.** *j-m* die *od.* jede Hoffnung *od.* Aussicht nehmen, *j-n* zu'rückwerfen: *I was ~d in my efforts* meine Bemühungen wurden vereitelt; **4.** frustrieren: a) *j-n* entmutigen, b) *j-n* enttäuschen, c) mit Minderwertigkeitsgefühlen erfüllen; **frus'trat·ed** [-tɪd] *adj.* **1.** vereitelt, gescheitert: *~ plans*; **2.** gescheitert (*Person*), ‚verhindert' (*Maler etc.*); **3.** frustriert: a) entmutigt, b) enttäuscht, c) voller Minderwertigkeitsgefühle; **frus'trat·ing** [-tɪŋ] *adj.* frustrierend, enttäuschend, entmutigend; **frus'tra·tion** [-eɪʃn] *s.* **1.** Vereitelung *f*; **2.** Behinderung *f*, Hemmung *f*; **3.** Enttäuschung *f*, 'Misserfolg *m*, Rückschlag *m*; **4.** *psych. u. allg.* Frustrati'on *f*: a) Enttäuschung *f*, b) *a. sense of ~ das* Gefühl, ein Versager zu sein, Minderwertigkeitsgefühle *pl.*, Niedergeschlagenheit *f*; **5.** aussichtslose Sache (*to* für).

frus·tum ['frʌstəm] *pl.* **-tums** *od.* **-ta** [-tə] *s.* ⩓ Stumpf *m*: *~ of a cone* Kegelstumpf.

fry[1] [fraɪ] *s. pl.* **1.** a) junge Fische *pl.*, b) Fischrogen *m*; **2.** *small ~* a) ‚junges Gemüse', Kinder *pl.*, b) kleine (*unbedeutende*) Leute *pl.*, c) ‚kleine Fische' *pl.*, Lappalien *pl.*

fry[2] [fraɪ] **I** *v/t.* **1.** braten: *fried potatoes* Bratkartoffeln; **2.** *Am. sl.* auf dem e'lektrischen Stuhl hinrichten; **II** *v/i.* **3.** braten, schmoren; **4.** *Am. sl.* auf dem e'lektrischen Stuhl hingerichtet werden; **III** *s.* **5.** Gebratenes *n*, *bsd.* gebratene Inne'reien *pl.*; **6.** *Am. bsd. in Zssgn*: Brat-, Grillfest *n*: *fish ~*; **fry·er** ['fraɪə] *s.* **1.** j-d, der et. brät: *he is a fish ~* er hat ein Fischrestaurant; **2.** (*Fisch- etc.*)Bratpfanne *f*; **3.** *et.* zum Braten Geeignetes, *bsd.* Brathühnchen *n*; **fry·ing pan** ['fraɪɪŋ] *s.* Bratpfanne *f*: *jump out of the ~ into the fire* vom Regen in die Traufe kommen.

fuch·sia ['fju:ʃə] *s.* ⚘ Fuchsie *f.*

fuch·sine ['fu:ksi:n] *s.* ⚗ Fuch'sin *n.*

fuck [fʌk] V **I** *v/t.* **1.** ‚ficken', ‚vögeln': *~ it!* ‚Scheiße'!; *~ you!, get ~ed!* a) du Scheißkerl!, b) leck mich am Arsch!; **2.** *~ up et.* ‚versauen' *od.* ‚vermasseln': (*all*) *~ed up* (total) ‚im Arsch'; **II** *v/i.* **3.** ‚ficken', ‚vögeln'; **4.** *~ around fig.* herumgammeln; *~ off!* verpiss dich!; **III** *s.* **5.** ‚Fick' *m*: *I don't give a ~ fig.* das ist mir ‚scheißegal'; *~!* ‚Scheiße'!; '**fuck·er** [-kə] *s.* V **1.** ‚Ficker' *m*; **2.** ‚(Scheiß-)Kerl' *m*: *poor ~* armes Schwein; '**fuck·ing** [-kɪŋ] V **I** *adj.* verdammt, Scheiß... (*oft nur verstärkend*); **II** *adv.* verdammt: *~ cold* ‚saukalt'; *~ good* ‚unheimlich' gut, ‚sagenhaft'.

fud·dle ['fʌdl] F **I** *v/t.* **1.** berauschen: *~ o.s.* → 3; **2.** verwirren; **II** *v/i.* **3.** saufen, sich ‚voll laufen lassen'; **III** *s.* **4.** Verwirrung *f*: *get in a ~* durcheinander kommen; '**fud·dled** [-ld] *adj.* F **1.** ‚benebelt'; **2.** verwirrt.

fud·dy-dud·dy ['fʌdɪˌdʌdɪ] F **I** *s.* ‚verkalkter Trottel'; **II** *adj.* ‚verkalkt'.

fudge [fʌdʒ] F **I** *v/t.* **1.** *oft ~ up* zu'rechtpfuschen, zs.-stoppeln; **2.** ‚frisieren', fälschen; **II** *v/i.* **3.** ‚blöd da'herreden'; **4.** *~ on e-m Problem etc.* ausweichen; **III** *s.* **5.** ‚Quatsch' *m*, Blödsinn *m*; **6.** *Zeitung*: (Ma'schine *f od.* Spalte *f* für) letzte Meldungen *pl.*; **7.** *Küche*: (*Art*) Fon'dant *m.*

fu·el ['fjʊəl] **I** *s.* Brennstoff *m*: a) 'Brenn-, 'Heizmateriˌal *n*, b) Betriebs-, Treib-, Kraftstoff *m*: *add ~ to the flames* (*od. fire*) *fig.* Öl ins Feuer gießen; *add ~ to fig. et.* schüren; **II** *v/i.* Brennstoff nehmen; *a. ~ up* (auf)tanken, ⚓ bunkern; **III** *v/t.* mit Brennstoff versehen, ✈ *a.* betanken; ⚓ *Öl* bunkern: *fuelled with* be- *od.* getrieben mit; ˌ*~-'***air mix·ture** *s. mot.* Kraftstoff-Luft-Gemisch *n*; *~* **cap** *s.* Tankdeckel *m*; *~* **e·con·o·my** *s.* sparsamer Kraftstoffverbrauch; *~* **el·e·ment** *s. Reaktor*: 'Brenneleˌment *n*; *~* **feed** *s.* Brennstoffzuleitung *f*; *~* **gas** *s.* Heizgas *n*; *~* **ga(u)ge** *s. mot.* Kraftstoffmesser *m*, Ben'zinuhr *f*; '*~-***guzz·ling** *adj.* F ‚Ben'zin fressend' (*Motor etc.*); *~* **in·jec·tion en·gine** *s.* Einspritzmotor *m*; *~* **jet** *s.* Kraftstoffdüse *f*; *~* **oil** *s.* Heizöl *n*; *~* **pump** *s. mot.* Kraftstoff-, Ben'zinpumpe *f*; *~* **rod** *s. Reaktor*: Brennstab *m.*

fug [fʌg] *s.* F ‚Mief' *m.*

fu·ga·cious [fju:'geɪʃəs] *adj.* kurzlebig (*a.* ⚘), flüchtig, vergänglich.

fug·gy ['fʌgɪ] *adj.* F ‚miefig'.

fu·gi·tive ['fju:dʒɪtɪv] **I** *s.* a) Flüchtige(r *m*) *f*, b) *pol. etc.* Flüchtling *m*, c) Ausreißer *m*: *~ from justice* flüchtiger Rechtsbrecher; **II** *adj.* flüchtig, *fig. a.* vergänglich, kurzlebig.

fu·gle·man ['fju:glmæn] *s.* [*irr.*] (An-, Wort)Führer *m.*

fugue [fju:g] **I** *s.* **1.** ♪ Fuge *f*; **2.** *psych.* Fu'gue *f*; **II** *v/t. u. v/i.* **3.** ♪ fugieren.

ful·crum ['fʌlkrəm] *pl.* **-crums** *od.* **-cra** [-krə] *s.* **1.** *phys.* Dreh-, Hebe-, Stützpunkt *m*; **2.** *fig.* Angelpunkt *m.*

ful·fil(l) [fʊl'fɪl] *v/t.* **1.** *allg.* erfüllen; **2.** voll'bringen, -'ziehen, ausführen; **ful'fil(l)·ment** [-mənt] *s.* Erfüllung *f.*

ful·gent ['fʌldʒənt] *adj.* □ *poet.* strahlend, glänzend; **ful·gu·rant** ['fʌlgjʊərənt] *adj.* (auf)blitzend.

full[1] [fʊl] **I** *adj.* □ → *fully*; **1.** *allg.* voll: *~ of* voll von, voller *Fische etc.*, *fig. a.* a) reich an (*dat.*), b) (ganz) erfüllt von; *~ of plans* voller Pläne; *~ of o.s.* (ganz) von sich eingenommen; *a ~ heart* ein (über)volles Herz; **2.** voll, ganz: *a ~ mile*; *a ~ hour* e-e volle *od.* ‚geschlagene' Stunde; **3.** voll, rund, vollschlank; **4.** weit (geschnitten): *a ~ skirt*; **5.** voll, kräftig: *~ colo(u)r*; *~ voice*; **6.** schwer, vollmundig: *~ wine*; **7.** voll besetzt: *~ up* (voll) besetzt (*Bus etc.*); *house ~! thea.* ausverkauft!; **8.** ausführlich, genau, voll(ständig): *~ details*; **9.** reichlich: *a ~ meal*; **10.** a) voll, unbeschränkt: *~ power* Vollmacht *f*, b) voll (-berechtigt): *~ member*; **11.** echt, rein: *a ~ sister* e-e leibliche Schwester; **12.** F ‚voll': a) *a. ~ up* satt, b) betrunken; **II** *adv.* **13.** völlig, gänzlich, ganz: *know ~ well that* ganz genau wissen, dass; **14.** gerade, genau, di'rekt: *~ in the face*; **15.** *~ out* mit Vollgas *fahren*, auf Hochtouren *arbeiten*; **III** *s.* **16.** *in ~* voll(ständig); *write in ~ et.* ausschreiben; *to the ~* vollständig, bis ins Kleinste, total; *at the ~* auf dem Höhepunkt *od.* Höchststand.

full[2] [fʊl] *v/t.* ⚙ *Tuch* walken.

full| age *s.*: *of ~* ⚖ mündig, volljährig; '*~***·back** *s.* a) *Fußball, Hockey*: Verteidiger *m*, b) *Rugby*: Schlussspieler *m*; *~* **blood** *s. biol.* Vollblut *n*; ˌ*~-'***blood·ed** *adj.* **1.** reinrassig, Vollblut...; **2.** *fig.* Vollblut...: *~ socialist*; ˌ*~-'***blown** *adj.* **1.** ⚘ ganz aufgeblüht; **2.** *fig.* a) voll entwickelt, ausgereift, b) F → *fully fledged* 2, 3; *~* **board** *s.* 'Vollpensiˌon *f*; ˌ*~-'***bod·ied** *adj.* **1.** schwer, üppig; **2.** schwer, vollmundig: *~ wine*; ˌ*~-'***bot·tomed** *adj.* **1.** breit, mit großem Boden: *~ wig* Allongeperücke *f*; **2.** ⚓ mit großem Laderaum; '*~-***bound** *adj.* Ganzleder..., Ganzleinen...: *~ book*; *~* **dress** *s.* **1.** Gesellschaftsanzug *m*; **2.** ⚔ 'Galauniˌform *f*; ˌ*~-'***dress** *adj.* **1.** Gala...: *~ uniform*; **2.** *~ rehearsal* → *dress rehearsal*; **3.** *fig.* groß angelegt, um'fassend.

ful·ler ['fʊlə] *s.* ⚙ **1.** (Tuch)Walker *m*; **2.** (halb)runder Setzhammer; *~'s* **earth** *s. min.* Fullererde *f.*

ˌ**full|'face I** *s.* **1.** En-'face-Bild *n*, Vorderansicht *f*; **2.** *typ.* (halb)fette Schrift; **II** *adj.* **3.** en face; **4.** *typ.* (halb)fett;

ˌ~-ˈ**faced** *adj.* **1.** mit vollem Gesicht, pausbäckig; **2.** *typ.* fett; ˌ~-ˈ**fash·ioned** *Am.* → ***fully fashioned***; ˌ~-ˈ**fledged** → ***fully fledged***; ~ **gal·lop** *s.*: ***at*** ~ in vollem *od.* gestrecktem Galopp; ˌ~--ˈ**grown** *adj.* ausgewachsen; ~ **hand** → ***full house*** 2; ˌ~-ˈ**heart·ed** *adj.* rückhaltlos, voll; ~ **house** *s.* **1.** *thea. etc.* volles Haus; **2.** *Poker*: Full'house *n*; ˌ~-ˈ**length** *adj.* **1.** in voller Größe, lebensgroß: ~ ***portrait***; **2.** bodenlang (*Kleid*); **3.** abendfüllend (*Film*); ~ **load** *s.* **1.** ⚙, ✈ Gesamtgewicht *n*; **2.** ⚡ Volllast *f*; ~ **nel·son** *s. Ringen*: Doppelnelson *m*.

full·ness [ˈfʊlnɪs] *s.* **1.** Fülle *f*: ***in the*** ~ ***of time*** zur gegebenen Zeit; **2.** *fig.* (ˈÜber)Fülle *f* (*des Herzens*); **3.** Körperfülle *f*; **4.** Sattheit *f* (*a. Farben*); **5.** ♪ Klangfülle *f*; **6.** Weite *f* (*Kleid*).

ˌ**full**|-ˈ**page** *adj.* ganzseitig; ~ **pro·fes·sor** *s. Am. univ.* Ordi'narius *m*; ˌ~--ˈ**rigged** *adj.* **1.** ⚓ voll getakelt; **2.** voll ausgerüstet; ~ **scale** *s.* ⚙ na'türliche Größe; ˌ~-ˈ**scale** *adj.* **1.** in na'türlicher Größe; **2.** *fig.* groß angelegt, um'fassend: ~ ***attack*** ⚔ Großangriff *m*; ~ ***test*** Großversuch *m*; ~ ***war*** regelrechter Krieg; ~ **stop** *s.* **1.** (Schluss)Punkt *m*; **2.** *fig.* Schluss *m*, Ende *n*, Stillstand *m*; ˈ~-**text search** *s. Computer*: 'Volltextsuche *f*; ˌ~-ˈ**time I** *adj.* ✝ hauptberuflich (tätig): ~ ***job*** Ganztagsstellung *f*, -beschäftigung *f*; **II** *adv.* ganztags; ˈ~-ˌ**tim·er** *s.* ganztägig Beschäftigte(r *m*) *f*; ˌ~-ˈ**track** *adj.*: ~ ***vehicle*** ⚙ Vollketten-, Raupenfahrzeug *n*; ˌ~-ˈ**view** *adj.* ✈ Vollsicht...

ful·ly [ˈfʊlɪ] *adv.* voll, völlig, gänzlich; ausführlich: ~ ***ten minutes*** volle zehn Minuten; ~ ***automatic*** vollautomatisch; ~ ***entitled*** voll berechtigt; ~ **fashioned** *adj.* mit (voller) Passform (*Strümpfe etc.*); ~ **fledged** *adj.* **1.** flügge (*Vogel*); **2.** *fig.* richtig(gehend): ***a*** ~ ***pilot***; **3.** *fig.* ‚ausgewachsen': ***a*** ~ ***scandal***.

ful·mar [ˈfʊlmə] *s. orn.* Fulmar *m*, Eissturmvogel *m*.

ful·mi·nant [ˈfʌlmɪnənt] *adj.* **1.** krachend; **2.** ⚕ plötzlich ausbrechend; **ful·mi·nate** [ˈfʌlmɪneɪt] **I** *v/i.* **1.** donnern, explodieren (*a. fig.*); **2.** *fig.* (los)donnern, wettern; **II** *v/t.* **3.** zur Explosi'on bringen; **4.** *fig. Befehle etc.* donnern; **III** *s.* **5.** ⚗ Fulmi'nat *n*: ~ ***of mercury*** Knallquecksilber *n*; ˈ**ful·mi·nat·ing** [-neɪtɪŋ] *adj.* **1.** ⚗ explodierend, Knall...: ~ ***powder*** Knallpulver *n*; **2.** *fig.* donnernd, wetternd; **3.** → ***fulminant*** 2; **ful·mi·na·tion** [ˌfʌlmɪˈneɪʃn] *s.* **1.** Explosi'on *f*, Knall *m*; **2.** *fig.* Donnern *n*, Wettern *n*.

ful·ness *bsd. Am.* → ***fullness***.

ful·some [ˈfʊlsəm] *adj.* ☐ **1.** über'trieben: ~ ***flattery***; **2.** *obs.* widerlich.

ful·vous [ˈfʌlvəs] *adj.* rötlich gelb.

fum·ble [ˈfʌmbl] **I** *v/i.* **1.** *a.* ~ ***around*** a) um'hertappen, -tasten (***for*** nach): ~ ***for*** tappen *od.* suchen nach, b) (her'um-) fummeln (***at*** an *dat.*); **2.** (***with***) ungeschickt 'umgehen (mit), sich ungeschickt anstellen (bei); **3.** *sport* ‚patzen'; **II** *v/t.* **4.** ‚verpatzen'; **5.** ~ ***out*** *et.* mühsam (her'vor)stammeln; **III** *s.* **6.** (Her'um)Tappen *n*, (-)Fummeln *n*; **7.** *sport* ‚Patzer' *m*; ˈ**fum·bler** [-lə] *s.* Stümper *m*, ‚Patzer' *m*; ˈ**fum·bling** [-lɪŋ] *adj.* ☐ tappend; täppisch, ungeschickt.

fume [fjuːm] **I** *s.* **1.** *oft pl.* a) (*unangenehmer*) Dampf, Rauch(gas *n*) *m*, Schwade *f*, b) Dunst *m*, Nebel *m*; **2.** *fig.* Koller *m*, Erregung *f*, Wut *f*; **3.** *fig.* Schall *m* u. Rauch *m*; **II** *v/t.* **4.** *Holz* räuchern, dunkler machen, beizen: ~***d oak*** dunkles Eichenholz; **III** *v/i.* **5.** rauchen, dunsten, dampfen; **6.** *fig.* wüten (***at*** gegen), (vor Wut) schäumen: ***fuming with anger*** kochend vor Wut.

fu·mi·gant [ˈfjuːmɪgənt] *s.* Ausräucherungsmittel *n*; **fu·mi·gate** [ˈfjuːmɪgeɪt] *v/t.* ausräuchern; **fu·mi·ga·tion** [ˌfjuːmɪˈgeɪʃn] *s.* Ausräucherung *f*; ˈ**fu·mi·ga·tor** [-geɪtə] *s.* 'Ausräucherappaˌrat *m*.

fun [fʌn] **I** *s.* Scherz *m*, Spaß *m*, Ulk *m*: ***for*** (*od.* ***in***) ~ aus *od.* zum Spaß; ***for the*** ~ ***of it*** spaßeshalber, zum Spaß; ***it's not all*** ~ ***and games*** es ist gar nicht so rosig; ***it is*** ~ es macht Spaß; ***he*** (***it***) ***is great*** ~ F er (es) ist sehr amüsant *od.* lustig; ***have*** ~***!*** viel Spaß!; ***make*** ~ ***of s.o.*** sich über j-n lustig machen; ***I don't see the*** ~ ***of it*** ich finde das (gar) nicht komisch; **II** *adj.* lustig, spaßig: ~ ***man*** → ***funster***.

func·tion [ˈfʌŋkʃn] **I** *s.* **1.** Funkti'on *f* (*a.* ⚕, ⚙, *biol.*, *ling.*, *phys.*): a) Aufgabe *f*, b) Zweck *m*, c) Tätigkeit *f*, d) Arbeits-, Wirkungsweise *f*, e) Amt *n*, f) (Amts)Pflicht *f*, Obliegenheit *f*: ***out of*** ~ ⚙ außer Betrieb, kaputt; **2.** a) feierlicher *od.* festlicher Anlass, Feier *f*, Zeremo'nie *f*, b) Veranstaltung *f*, (gesellschaftliches) Fest; **II** *v/i.* **3.** fungieren, tätig sein; **4.** ⚙ *etc.* funktionieren, arbeiten.

func·tion·al [ˈfʌŋkʃənl] *adj.* ☐ → ***functionally***; **1.** amtlich, dienstlich; **2.** a) ⚕, ⚕, ⚙ funktio'nell, Funktions...: ~ ***disorder*** ⚕ Funktionsstörung *f*, b) funkti'onsfähig, -tüchtig; **3.** sachlich, praktisch, zweckbetont, -mäßig: ~ ***building*** Zweckbau *m*; ˈ**func·tion·al·ism** [-ʃnəlɪzəm] *s.* **1.** ⚠, *psych.* Funktiona'lismus *m*; **2.** Zweckmäßigkeit *f*; ˈ**func·tion·al·ize** [-ʃnəlaɪz] *v/t.* funktionstüchtig machen, wirksam gestalten; ˈ**func·tion·al·ly** [-ʃnəlɪ] *adv.* in funktioneller Hinsicht; ˈ**func·tion·ar·y** [-ʃnərɪ] *s.* Funktio'när *m*.

func·tion key [ˈfʌŋkʃnkiː] *s. Computer*: Funkti'onstaste *f*.

fund [fʌnd] **I** *s.* **1.** a) Kapi'tal *n*, Geldsumme *f*, b) *zweckgebunden*: Fonds *m*: ***relief*** ~ Hilfsfonds; ***strike*** ~ Streikfonds; **2.** *pl.* (Bar-, Geld)Mittel *pl.*, Gelder *pl.*: ***be in*** ~***s*** (gut) bei Kasse sein; ***no*** ~***s*** ✝ kein Guthaben, keine Deckung; ***public*** ~***s*** öffentliche Gelder; **3.** ~***s*** *pl.* a) *Brit.* fundierte 'Staatspaˌpiere *pl.*, Kon'sols *pl.*, b) *Am.* Ef'fekten *pl.*; **4.** *fig.* Vorrat *m*, Schatz *m*, Fülle *f*, Grundstock *m* (***of*** von, an *dat.*); **II** *v/t.* **5.** ✝ a) in 'Staatspaˌpieren anlegen, b) fundieren, konsolidieren: ~***ed debt*** fundierte Schuld; ~ **rais·er** *s. Veranstaltung zum Aufbringen von Geldmitteln*, *bsd.* Wohltätigkeitsveranstaltung *f*; ~ **rais·ing** *s.* Geld-, Kapitalbeschaffung *f*.

fun·da·ment [ˈfʌndəmənt] *s.* **1.** ⚠ *u. fig.* Funda'ment *n*; **2.** *humor. die* ‚vier Buchstaben' *pl.*, Gesäß *n*.

fun·da·men·tal [ˌfʌndəˈmentl] **I** *adj.* ☐ → ***fundamentally***; **1.** fundamen'tal, grundlegend, wesentlich (***to*** für), Haupt...; **2.** grundsätzlich, Grund..., elemen'tar: ~ ***colo***(***u***)***r*** Grund-, Primärfarbe *f*; ~ ***particle*** *phys.* Elementarteilchen *n*; ~ ***research*** Grundlagenforschung *f*; ~ ***tone*** ♪ Grundton *m*; ~ ***truth***(***s***) Grundwahrheit(en) *f*; **II** *s.* **3.** *oft pl.* 'Grundlage *f*, -prinˌzip *n*, -begriff *m*; **4.** ♪ Grundton *m*; ˌ**fun·daˈmen·tal·ism** [-təlɪzəm] *s. eccl.* Fundamenta'lismus *m*, streng wörtliche Bibelgläubigkeit; ˌ**fun·daˈmen·tal·ist** *s. eccl.* Fundamenta'list(in); ˌ**fun·daˈmen·tal·ly** [-təlɪ] *adv.* im Grunde, im Wesentlichen.

fu·ner·al [ˈfjuːnərəl] **I** *s.* **1.** Begräbnis *n*, Beerdigung *f*, Bestattung *f*: ***that's your*** ~***!*** *sl.* das ist deine Sache!; **2.** *a.* ~ ***procession*** Leichenzug *m*; **3.** *Am.* Trauerfeier *f*; **II** *adj.* **4.** Begräbnis..., Leichen..., Trauer..., Grab...: ~ ***director*** Bestattungsunternehmer *m*; ~ ***home*** (*od.* ***parlor***) *Am.* Leichenhalle *f*; ~ ***march*** ♪ Trauermarsch *m*; ~ ***pile***, ~ ***pyre*** Scheiterhaufen *m*; ~ ***service*** Trauergottesdienst *m*; ~ ***urn*** Totenurne *f*; ˈ**fu·ner·ar·y** [-nərərɪ], **fu·ne·re·al** [fjuːˈnɪərɪəl] *adj.* ☐ **1.** Begräbnis..., Leichen... Trauer...; **2.** *fig.* düster, wie bei e-m Begräbnis.

ˈ**fun·fair** *s. Brit.* Vergnügungspark *m*, Rummelplatz *m*.

fun·gal [ˈfʌŋgl] *adj.* Pilz...; **fun·gi** [ˈfʌŋgaɪ] *pl. von* ***fungus***.

fun·gi·ble [ˈfʌndʒɪbl] *adj.* ⚖ vertretbar (*Sache*): ~ ***goods*** Fungibilien.

fun·gi·cid·al [ˌfʌndʒɪˈsaɪdl] *adj.* pilztötend; **fun·gi·cide** [ˈfʌndʒɪsaɪd] *s.* pilztötendes Mittel; **fun·goid** [ˈfʌŋgɔɪd] *adj.*, **fun·gous** [ˈfʌŋgəs] *adj.* pilz-, schwammartig, *a.* ⚕ schwammig; **fun·gus** [ˈfʌŋgəs] *pl.* **fun·gi** [ˈfʌŋgaɪ] *od.* **-gus·es** *s.* **1.** ⚘ Pilz *m*, Schwamm *m*; **2.** ⚕ Fungus *m*, schwammige Geschwulst; **3.** *humor.* Bart *m*.

fu·nic·u·lar [fjuːˈnɪkjʊlə] **I** *adj.* Seil..., Ketten...; **II** *s. a.* ~ ***railway*** (Draht-) Seilbahn *f*.

funk [fʌŋk] F **I** *s.* **1.** ‚Schiss' *m*, ‚Bammel' *m*, Angst *f*: ***be in a blue*** ~ a) ‚schwer Schiss haben' (***of*** vor *dat.*), b) völlig ‚down' sein; ~ ***hole*** ⚔ a) ‚Heldenkeller' *m*, Unterstand *m*, b) *fig.* Druckposten *m*; **2.** feiger Kerl; **3.** Drückeberger *m*; **II** *v/i.* **4.** ‚Schiss' haben *od.* bekommen; **5.** ‚kneifen', sich drücken; **III** *v/t.* **6.** ‚Schiss' haben vor (*dat.*); **7.** ‚kneifen' vor (*dat.*), sich drücken vor (*dat.*) *od.* um; ˈ**funk·y** [-kɪ] *adj.* feig(e).

fun·nel [ˈfʌnl] **I** *s.* **1.** Trichter *m*; **2.** ⚓, 🚂 Schornstein *m*; **3.** ⚙ Luftschacht *m*; **4.** Vul'kanschlot *m*; **II** *v/t.* **5.** eintrichtern, -füllen; **6.** *fig.* schleusen.

fun·nies [ˈfʌnɪz] *s. pl.* F **1.** Comic Strips *pl.*, Comics *pl.*; **2.** Witzseite *f*.

fun·ny [ˈfʌnɪ] *adj.* ☐ **1.** *a.* ~ ***haha*** komisch, drollig, lustig, ulkig; **2.** ‚komisch': a) *a.* ~ ***peculiar*** sonderbar, merkwürdig, b) F unwohl, c) F zweifelhaft, faul: ***the*** ~ ***thing is that*** das Merkwürdige ist, dass; ***funnily enough*** merkwürdigerweise; ~ ***business*** F ‚faule Sache', ‚krumme Tour'; ~ **bone** *s.* Musi'kantenknochen *m*; ~ **farm** *s. sl.* ‚Klapsmühle' *f*; ˈ~·**man** [-mən] *s.* [*irr.*] Komiker *m*; ~ **pa·per** *s. Am.* Comicteil *m e-r Zeitung*.

fun·ster [ˈfʌnstə] *s.* F Spaßvogel *m*.

fur [fɜː] **I** *s.* **1.** Pelz *m*, Fell *n*: ***make the*** ~ ***fly*** ‚Stunk' machen; **2.** a) Pelzbesatz *m*, b) *a.* ~ ***coat*** Pelzmantel *m*, c) *pl.* Pelzwerk *n*, -kleidung *f*, Rauchwaren *pl.*; **3.** *coll.* Pelztiere *pl.*: ~ ***and feather*** Haarwild u. Federwild *n*; **4.** ⚕ (Zungen)Belag *m*; **5.** ⚙ Kesselstein *m*; **II** *v/t.*

6. mit Pelz besetzen *od.* füttern; **7.** ⚙ mit Kesselstein über'ziehen; **III** *v/i.* **8.** ⚙ Kesselstein ansetzen.
fur·be·low ['fɜːbɪləʊ] *s.* **1.** Falbel *f*, Faltensaum *m*; **2.** *pl. contp.* ‚Firlefanz' *m*.
fur·bish ['fɜːbɪʃ] *v/t.* **1.** polieren; **2.** *oft* ~ **up** herrichten, renovieren; **3.** *mst* ~ **up** *fig.* ‚aufpolieren', auffrischen.
fur·cate ['fɜːkeɪt] **I** *adj.* gabelförmig, gegabelt, gespalten; **II** *v/i.* sich gabeln *od.* teilen; **fur·ca·tion** [fɜː'keɪʃn] *s.* Gabelung *f*.
fu·ri·ous ['fjʊərɪəs] *adj.* □ **1.** wütend; **2.** wild, aufbrausend: ~ **temper**; **3.** wild, heftig, furi'os: **a ~ attack**.
furl [fɜːl] *v/t. Fahne, Segel* aufrollen, *Schirm* zs.-rollen.
fur·long ['fɜːlɒŋ] *s.* Achtelmeile *f* (*201,17 m*).
fur·lough ['fɜːləʊ] *bsd.* ⚔ **I** *s.* (Heimat-) Urlaub *m*; **II** *v/t.* beurlauben.
fur·nace ['fɜːnɪs] *s.* **1.** ⚙ (Schmelz-, Brenn-, Hoch)Ofen *m*: **enamel(l)ing ~** Farbenschmelzofen; **2.** ⚙ (Heiz)Kessel *m*, Feuerung *f*; **3.** *fig.* ‚Backofen' *m*, glühend heißer Raum *od.* Ort; **4.** *fig.* Feuerprobe *f*, harte Prüfung: **tried in the ~** gründlich erprobt.
fur·nish ['fɜːnɪʃ] *v/t.* **1.** ausstatten, -rüsten, versehen, -sorgen (**with** mit); **2.** *Wohnung* einrichten, ausstatten, möblieren: **~ed room** möbliertes Zimmer; **3.** *allg. a. Beweise etc.* liefern, beschaffen, er- *od.* beibringen; '**fur·nish·er** [-ʃə] *s.* **1.** Liefe'rant *m*; **2.** *Am.* Herrenausstatter *m*; '**fur·nish·ing** [-ʃɪŋ] *s.* **1.** Ausrüstung *f*, -stattung *f*; **2.** *pl.* Einrichtung *f*, Mobili'ar *n*: **soft ~s** Möbelstoffe; **3.** *pl. Am.* ('Herren)Be‚kleidungsar‚tikel *pl.*; **4.** ⚙ a) Zubehör *n*, *m*, b) Beschläge *pl.*
fur·ni·ture ['fɜːnɪtʃə] *s.* **1.** Möbel *pl.*, Einrichtung *f*, Mobili'ar *n*: **piece of ~** Möbel(stück) *n*; **~ remover** Möbelspediteur *m od.* -packer *m*; **~ van** Möbelwagen *m*; **2.** Ausrüstung *f*, -stattung *f*; **3.** Inhalt *m*, Bestand *m*; **4.** *geistiges* Rüstzeug, Wissen *n*; **5.** ⚙ Zubehör *n*, *m*.
fu·ror ['fjʊːrɔː] *s. Am.*, **fu·ro·re** [fjʊə'rɔːrɪ] *s.* **1.** Ek'stase *f*, Begeisterungstaumel *m*; **2.** Wut *f*; **3.** Fu'rore *n*, Aufsehen: **create a ~** Furore machen.
furred [fɜːd] *adj.* **1.** mit Pelz besetzt *od.* bekleidet; **2.** ⚕ belegt (*Zunge*); **3.** ⚙ mit Kesselstein belegt.
fur·ri·er ['fʌrɪə] *s.* Kürschner *m*, Pelzhändler *m*; '**fur·ri·er·y** [-ərɪ] *s.* **1.** Pelzwerk *n*; **2.** Kürschne'rei *f*.
fur·row ['fʌrəʊ] **I** *s.* **1.** ✓ Furche *f*; **2.** Bodenfalte *f*; **3.** ⚙ Rille *f*; **4.** Runzel *f*, Furche *f* (*a. anat.*); **II** *v/t.* **5.** pflügen; **6.** ⚙ riefen, auskehlen; **7.** *Wasser* durch'furchen; **8.** runzeln; **III** *v/i.* **9.** sich furchen (*Stirn etc.*).
fur·ry ['fɜːrɪ] *adj.* **1.** pelzartig, Pelz...; **2.** → ***furred*** 2.
fur seal *s. zo.* Bärenrobbe *f*.
fur·ther ['fɜːðə] **I** *adv.* **1.** *comp. von far* weiter, ferner, entfernter: **no ~** nicht weiter; ***I'll see you ~ first*** F ich werde dir was husten!; **2.** ferner, weiterhin, über'dies, außerdem; **II** *adj.* **3.** weiter, ferner, entfernter: **the ~ end** das andere Ende; **4.** *fig.* weiter: **~ education** *Brit.* Fort-, Weiterbildung *f*; **~ particulars** weitere Einzelheiten, Näheres; **until ~ notice** bis auf weiteres; **anything ~?** (sonst) noch etwas?; **III** *v/t.* **5.** fördern, unter'stützen; '**fur·ther·ance** [-ðərəns] *s.* Förderung *f*, Unter'stützung *f*; ‚**fur·ther'more** *adv.* ferner, über'dies, außerdem; '**fur·ther·most** *adj.* **1.** fernst, weitest; **2.** äußerst; **furthest** ['fɜːðɪst] *adj. u. adv.* **1.** *sup. von far*; **2.** *fig.* weitest, meist: **at the ~** höchstens; **II** *adv.* **3.** am weitesten.
fur·tive ['fɜːtɪv] *adj.* □ **1.** heimlich, verstohlen; **2.** heimlichtuerisch; '**fur·tive·ness** [-nɪs] *s.* Heimlichkeit *f*, Verstohlenheit *f*.
fu·run·cle ['fjʊərʌŋkl] *s.* ⚕ Fu'runkel *m*; **fu·run·cu·lo·sis** [fjʊ‚rʌŋkjʊ'ləʊsɪs] *s.* ⚕ Furunku'lose *f*.
fu·ry ['fjʊərɪ] *s.* **1.** (wilder) Zorn *m*, Wut *f*; **2.** Wildheit *f*, Heftigkeit *f*: **like ~** wie toll; **3.** ♀ *antiq.* Furie *f*; **4.** *fig.* Furie *f* (*böses Weib etc.*).
furze [fɜːz] *s.* ♀ Stechginster *m*.
fuse [fjuːz] **I** *s.* **1.** ⚔ Zünder *m*: **~ cord** Abreißschnur *f*; **2.** ⚡ (Schmelz)Sicherung *f*: **~ box** Sicherungsdose *f*, -kasten *m*; **~ wire** Sicherungsdraht *m*; **he blew a ~** ihm ist die Sicherung durchgebrannt (*a. fig.* F); **he has a short ~** *Am.* F bei ihm brennt leicht die Sicherung durch; **II** *v/t.* **3.** ⚔ Zünder anbringen an (*dat.*); **4.** ⚙ (ab)sichern; **5.** *phys.*, ⚙ (ver)schmelzen; **6.** *fig.* verschmelzen, vereinigen, ✝ *a.* fusionieren; **III** *v/i.* **7.** ⚡ 'durchbrennen; **8.** ⚙ schmelzen; **9.** *fig.* verschmelzen, ✝ *a.* fusionieren.
fu·se·lage ['fjuːzɪlɑːʒ] *s.* ✈ (Flugzeug-) Rumpf *m*.
fu·sel (oil) ['fjuːzl] *s.* Fuselöl *n*.
fu·si·ble ['fjuːzəbl] *adj.* schmelzbar, -flüssig: **~ cut-out** ⚡ Schmelzsicherung *f*.
fu·sil ['fjuːzɪl] *s.* ⚔ *hist.* Steinschlossflinte *f*, Mus'kete *f*; **fu·sil·ier**, *Am. a.* **fu·sil·eer** [‚fjuːzɪ'lɪə] *s.* ⚔ Füsi'lier *m*; **fu·sil·lade** [‚fjuːzɪ'leɪd] **I** *s.* **1.** ⚔ Salve *f*; **2.** Exekuti'onskom‚mando *n*; **3.** *fig.* Hagel *m*; **II** *v/t.* **4.** ⚔ unter Salvenfeuer nehmen; **5.** (standrechtlich) erschießen, füsilieren.
fus·ing ['fjuːzɪŋ] *s.* ⚙ Schmelzen *n*: **~ burner** Schneidbrenner *m*; **~ point** Schmelzpunkt *m*; **fu·sion** ['fjuːʒn] *s.* **1.** ⚙ Schmelzen *n*: **~ welding** Schmelzschweißen *n*; **2.** Schmelzmasse *f*; **3.** *biol.*, *opt.*, *Kernphysik*: Fusi'on *f* (*Verschmelzung*): **~ bomb** Wasserstoffbombe *f*; **~ reactor** Fusionsreaktor *m*; **4.** *fig.* Verschmelzung *f*, Vereinigung *f*; Zs.-schluss *m*, Fusi'on *f* (*a.* ✝, *pol.*).
fuss [fʌs] **I** *s.* **1.** a) (unnötige) Aufregung, b) Hektik *f*; **2.** ‚Wirbel' *m*, ‚The'ater' *n*, Getue *n*: **make a ~** a) → 5, b) *a.* **kick up a ~** ‚Krach schlagen'; **a lot of ~ about nothing** viel Lärm um nichts; **3.** Ärger *m*, Unannehmlichkeiten *pl.*; **II** *v/i.* **4.** sich (unnötig) aufregen (**about** über *acc.*): **don't ~!** nur keine Aufregung!, schon gut!; **5.** viel ‚Wirbel' *od.* ‚Wind' machen (**about, of, over** um *j-n od. et.*); **6.** sich (viel) Umstände machen (**over** mit *e-m Gast etc.*): **~ over s.o.** *a.* j-n bemuttern; **~ about** (*od.* **around**) ‚herumfuhrwerken'; **7.** heikel sein; **III** *v/t.* **8.** *j-n* ner'vös machen; '**fuss‚budg·et** *Am.* → ***fusspot***; **fuss·i·ness** ['fʌsɪnɪs] *s.* **1.** (unnötige) Aufregung; **2.** Hektik *f*; **3.** Kleinlichkeit *f*; **4.** heikle Art; '**fusspot** *s.* F Umstands-, Kleinigkeitskrämer *m*, ‚pingeliger' Kerl; **fuss·y** ['fʌsɪ] *adj.* □ **1.** a) aufgeregt, b) hektisch; **2.** kleinlich, ‚pingelig'; **3.** heikel, wählerisch, ‚eigen' (**about** hinsichtlich *gen.*, mit).
fus·tian ['fʌstɪən] **I** *s.* **1.** Barchent *m*; **2.** *fig.* Schwulst *m*; **II** *adj.* **3.** Barchent...; **4.** *fig.* schwülstig.
fus·ti·ga·tion [‚fʌstɪ'geɪʃn] *s. humor.* Tracht *f* Prügel.
fust·i·ness ['fʌstɪnɪs] *s.* **1.** Moder(geruch) *m*; **2.** *fig.* Rückständigkeit *f*; **fust·y** ['fʌstɪ] *adj.* **1.** mod(e)rig, muffig; **2.** a) verstaubt, antiquiert, b) rückständig.
fu·tile ['fjuːtaɪl] *adj.* □ nutz-, sinn-, zweck-, aussichtslos, vergeblich; **fu·til·i·ty** [fjuː'tɪlətɪ] *s.* Zweck-, Nutz-, Wert-, Sinnlosigkeit *f*.
fu·ton ['fuːtɒn] *s.* 'Futon *m*.
fu·ture ['fjuːtʃə] **I** *s.* **1.** Zukunft *f*: **in ~** in Zukunft, künftig; **in the near ~** in der nahen Zukunft, bald; **for the ~** für die Zukunft, künftig; **have no ~** keine Zukunft haben; **there is no ~ in that!** das hat keine Zukunft!; **2.** *ling.* Fu'tur(um) *n*, Zukunft *f*: **~ perfect** Futurum exactum, zweite Zukunft; **3.** *pl.* ✝ a) Ter'mingeschäfte *pl.*, b) Ter'minwaren *pl.*; **II** *adj.* **4.** (zu)künftig, Zukunfts...; **5.** *ling.* fu'turisch: **~ tense** → 2; **6.** ✝ Termin...; **~ life** *s.* Leben *n* nach dem Tode.
fu·tur·ism ['fjuːtʃərɪzəm] *s. Kunst*: Futu'rismus *m*; '**fu·tur·ist** [-ɪst] **I.** *adj.* **1.** futu'ristisch; **II.** *s.* **2.** Futu'rist *m*; **3.** → ***futurologist***; **fu·tu·ri·ty** [fjuː'tjʊərətɪ] *s.* **1.** Zukunft *f*; **2.** zukünftiges Ereignis; **3.** Zukünftigkeit *f*.
fu·tur·ol·o·gist [‚fjuːtʃə'rɒlədʒɪst] *s.* Futuro'loge *m*, Zukunftsforscher *m*; ‚**fu·tur'ol·o·gy** [-dʒɪ] *s.* Futurolo'gie *f*, Zukunftsforschung *f*.
fuze *Am.* → ***fuse***.
fuzz [fʌz] **I** *s.* **1.** (feiner) Flaum *m*; **2.** Fusseln *pl.*, Fäserchen *pl.*; **3.** F a) Wuschelhaar(e *pl.*) *n*, b) ‚Zottelbart' *m*; **4.** *sl.* a) ‚Bulle' *m* (*Polizist*), b) **the ~** *coll.* die Bullen (*die Polizei*); **II** *v/t.* **5.** zerfasern; **6.** *fig.* ‚benebeln'; **III** *v/i.* **7.** zerfasern; '**fuzz·y** [-zɪ] *adj.* □ **1.** flaumig; **2.** faserig, fusselig; **3.** kraus, struppig (*Haar*); **4.** verschwommen; **5.** benommen.
fyl·fot ['fɪlfɒt] *s.* Hakenkreuz *n*.

G, g [dʒiː] *s.* **1.** G *n*, g *n* (*Buchstabe*); **2.** ♪ G *n*, g *n* (*Note*): ***G flat*** Ges *n*, ges *n*; ***G sharp*** Gis *n*, gis *n*; **3.** ***G*** *Am. sl.* ‚Riese' *m* (*1000 Dollar*).

gab [gæb] F **I** *s.* ‚Gequassel' *n*, Geschwätz *n*: ***stop your ~!*** halt den Mund!; ***the gift of the ~*** ein gutes Mundwerk; **II** *v/i.* ‚quasseln'.

gab·ar·dine ['gæbədiːn] *s.* Gabardine *m* (*feiner Wollstoff*).

gab·ble ['gæbl] **I** *v/i.* **1.** plappern; **2.** schnattern; **II** *v/t.* **3.** *et.* plappern; **4.** *et.* ‚her'unterleiern'; **III** *s.* **5.** ‚Gebrabbel' *n*; **6.** Geschnatter *n*; '**gab·bler** [-lə] *s.* Schwätzer(in); '**gab·by** [-bɪ] *adj.* F geschwätzig.

gab·er·dine → ***gabardine***.

gab·fest ['gæbfest] *s. Am.* F ‚Quasse'lei' *f.*

ga·bi·on ['geɪbjən] *s.* ⚔ Schanzkorb *m.*

ga·ble ['geɪbl] *s.* △ **1.** Giebel *m*; **2.** *a.* ***~ end*** Giebelwand *f*; '**ga·bled** [-ld] *adj.* giebelig, Giebel...; '**ga·blet** [-lɪt] *s.* giebelförmiger Aufsatz (*über Fenstern*), Ziergiebel *m.*

gad¹ [gæd] **I** *v/i. mst* ***~ about*** sich herumtreiben, ‚rumsausen'; **II** *s.* ***be on the ~*** → I.

gad² [gæd] *int.*: (***by***) ***~!*** *obs.* bei Gott!

'**gad|·a·bout** *s.* Her'umtreiber(in); '**~·fly** *s.* **1.** *zo.* Viehbremse *f*; **2.** *fig.* Störenfried *m*, lästiger Mensch.

gadg·et ['gædʒɪt] *s.* F **1.** a) Appa'rat *m*, Gerät *n*, Vorrichtung *f*, b) *iro.* ‚Appa'rätchen' *n*, ‚Kinkerlitzchen' *n*, technische Spiele'rei; **2.** ‚Dingsbums' *n*; **3.** *fig.* ‚Dreh' *m*, Kniff *m*; **gadg·e·teer** [ˌgædʒɪ'tɪə] *s.* F Liebhaber *m* von technischen Spiele'reien *od.* Neuerungen; '**gadg·et·ry** [-trɪ] *s.* **1.** a) Appa'rate *pl.*, b) *iro.* technische Spiele'reien *pl.*; **2.** Beschäftigung *f* mit technischen Spiele'reien; '**gadg·et·y** [-tɪ] *adj.* F **1.** raffiniert (konstruiert); **2.** Apparate...; **3.** versessen auf technische Spiele'reien.

Ga·dhel·ic [gæ'delɪk] → ***Gaelic***.

gad·wall ['gædwɔːl] *s. orn.* Schnatterente *f.*

Gael [geɪl] *s.* Gäle *m*; '**Gael·ic** [-lɪk] **I** *s. ling.* Gälisch *n*, das Gälische; **II** *adj.* gälisch.

gaff¹ [gæf] *s.* **1.** *Fischen*: Landungshaken *m*; **2.** ⚓ Gaffel *f*; **3.** Stahlsporn *m*; **4.** *Am. sl.* ‚Schlauch' *m*: ***stand the ~*** durchhalten; **5.** *Am. sl.* Schwindel *m*; **6.** *sl.* ‚Quatsch' *m*: ***blow the ~*** alles verraten, ‚plaudern'.

gaff² [gæf] *s. Brit. sl. a.* ***penny ~*** Varie'tee *n*, ‚Schmiere' *f.*

gaffe [gæf] *s.* Faux'pas *m*, (grobe) Taktlosigkeit.

gaf·fer ['gæfə] *s.* **1.** *humor.* ‚Opa' *m*; **2.** *Brit.* F a) Chef *m*, b) Vorarbeiter *m.*

gag [gæg] **I** *v/t.* **1.** knebeln, *fig. a.* mundtot machen; **2.** zum Würgen reizen; **3.** *a.* ***~ up*** *thea.* mit Gags spicken; **II** *v/i.* **4.** würgen (***on*** an *dat.*); **5.** *thea. etc.* F Gags anbringen, *allg.* witzeln; **III** *s.* **6.** Knebel *m*, *fig. a.* Knebelung *f*; **7.** ⚕ Mundsperrer *m*; **8.** *parl.* Schluss *m* der De'batte; **9.** *thea. u. allg.* F Gag *m*: a) witziger Einfall, komische Po'inte, ‚Knüller' *m*, b) Jux *m*, Ulk *m*, c) Trick *m.*

ga·ga ['gɑːgɑː] *adj. sl.* a) vertrottelt, b) ‚plem'plem': ***go ~ over*** in Verzückung geraten über (*acc.*).

gag bit *s.* Zaumgebiss *n.*

gage¹ [geɪdʒ] **I** *s.* **1.** *hist. u. fig.* Fehdehandschuh *m*; **2.** ('Unter)Pfand *n*; **II** *v/t.* **3.** *obs.* zum Pfand geben.

gage² [geɪdʒ] → ***gauge***.

gage³ [geɪdʒ] → ***greengage***.

gag·gle ['gægl] **I** *v/i.* **1.** schnattern; **II** *s.* **2.** Geschnatter *n*; **3.** a) Gänseherde *f*, b) F schnatternde Schar: ***a ~ of girls***.

gag·man ['gægmən] *s.* [*irr.*] *thea. etc.* Gagman *m* (*Pointenerfinder etc.*).

gai·e·ty ['geɪətɪ] *s.* **1.** Frohsinn *m*, Fröhlich-, Lustigkeit *f*; **2.** *oft pl.* Lustbarkeit *f*, Fest *n*; **3.** *fig.* (Farben)Pracht *f.*

gai·ly ['geɪlɪ] *adv.* **1.** → ***gay*** 1, 2; **2.** unbekümmert, sorglos.

gain [geɪn] **I** *v/t.* **1.** *s-n Lebensunterhalt etc.* verdienen; **2.** gewinnen: ***~ time***; **3.** *das Ufer etc.* erreichen; **4.** *fig.* erreichen, erlangen, erringen: ***~ wealth*** Reichtümer erwerben; ***~ experience*** Erfahrung(en) sammeln; ***~ admission*** Einlass finden; **5.** *j-m et.* einbringen, -tragen; **6.** zunehmen an (*dat.*): ***~ strength*** (***speed***) kräftiger (schneller) werden; ***he ~ed 10 pounds*** (***in weight***) er nahm 10 Pfund zu; **7.** ***~ over*** *j-n* für sich gewinnen; **8.** vorgehen um *2 Minuten etc.* (*Uhr*); **II** *v/i.* **9.** besser *od.* kräftiger werden; **10.** † Gewinn *od.* Pro'fit machen; **11.** (an Wert) gewinnen, im Ansehen steigen, besser zur Geltung kommen; **12.** zunehmen (***in*** an *dat.*): ***~*** (***in weight***) (an Gewicht) zunehmen; **13.** (***on, upon***) a) näher her'ankommen (an *dat.*), (an) Boden gewinnen, aufholen (gegen'über), b) s-n Vorsprung vergrößern (vor *dat.*, gegen'über); **14.** (***on, upon***) 'übergreifen (auf *acc.*); **15.** vorgehen (*Uhr*); **III** *s.* **16.** Gewinn *m*, Vorteil *m*, Nutzen *m* (***to*** für); **17.** Zunahme *f*, Steigerung *f*: ***~ in weight*** Gewichtszunahme; **18.** † a) Gewinn *m*, Pro'fit *m*: ***for ~*** ⚖ gewerbsmäßig, in gewinnsüchtiger Absicht, b) Wertzuwachs *m*; **19.** ⚡, *phys.* Verstärkung *f*: ***~ control*** Lautstärkeregelung *f*; '**gain·er** [-nə] *s.* **1.** Gewinner *m*; **2.** *sport* Auerbach(sprung) *m*: ***full ~*** Auerbachsalto *m*; ***half ~*** Auerbachkopfsprung *m*; '**gain·ful** [-fʊl] *adj.* □ einträglich, Gewinn bringend: ***~ occupation*** Erwerbstätigkeit *f*; ***~ly employed*** erwerbstätig; '**gain·ings** [-nɪŋz] *s. pl.* Gewinn(e *pl.*) *m*, Einkünfte *pl.*, Pro'fit *m*; '**gain·less** [-lɪs] *adj.* **1.** unvorteilhaft, ohne Gewinn; **2.** nutzlos.

gain·say [ˌgeɪn'seɪ] *v/t.* [*irr.* → ***say***] *obs.* **1.** *et.* bestreiten, leugnen: ***there is no ~ing that*** das lässt sich nicht leugnen; **2.** *j-m* wider'sprechen.

gainst, 'gainst [geɪnst] *poet. abbr. für* ***against***.

gait [geɪt] *s.* Gangart *f* (*a. fig. Tempo*), Gang *m.*

gai·ter ['geɪtə] *s.* **1.** Ga'masche *f*; **2.** *Am.* Zugstiefel *m.*

gal¹ [gæl] *s.* F Mädchen *n.*

gal² [gæl] *s. phys.* Gal *n* (*Einheit der Beschleunigung*).

ga·la ['gɑːlə] **I** *adj.* **1.** festlich, Gala...; **II** *s.* **2.** *a.* ***~ occasion*** festlicher Anlass, Fest *n*; **3.** Galaveranstaltung *f*; **4.** *sport Brit.* (*Schwimm- etc.*)Fest *n.*

ga·lac·tic [gə'læktɪk] *adj.* **1.** ga'laktisch, *ast.* Milchstraßen...; **2.** *physiol.* Milch...

Ga·la·tians [gə'leɪʃjənz] *s. pl. bibl.* (Brief *m* des Paulus an die) Galater *pl.*

gal·ax·y ['gæləksɪ] *s.* **1.** *ast.* Milchstraße *f*, Gala'xie *f*: ***the ~*** die Milchstraße, die Galaxis; **2.** *fig.* Schar *f* (*prominenter etc. Personen*).

gale¹ [geɪl] *s.* Sturm *m*; steife Brise: ***~ force*** Sturmstärke *f*; ***~ of laughter*** Lachsalve *f*.

gale² [geɪl] *s.* ⚘ Heidemyrthe *f*.

ga·le·na [gəˈliːnə] *s. min.* Gale'nit *m*, Bleiglanz *m*.

Ga·li·cian [gəˈlɪʃɪən] **I** *adj.* ga'lizisch; **II** *s.* Ga'lizier(in).

Gal·i·le·an¹ [ˌgælɪˈliːən] **I** *adj.* **1.** gali'läisch; **II** *s.* **2.** Gali'läer(in); **3. *the ~*** der Gali'läer (*Christus*); **4.** Christ(in).

Gal·i·le·an² [ˌgælɪˈliːən] *adj.* gali'leisch: ***~ telescope***.

gal·i·lee [ˈgælɪliː] *s.* △ Vorhalle *f*.

gal·i·pot [ˈgælɪpɒt] Gali'pot-, Fichtenharz *n*.

gall¹ [gɔːl] *s.* **1.** *obs.* a) *anat.* Gallenblase *f*, b) *physiol.* Galle(nflüssigkeit) *f*; **2.** *fig.* Galle *f*: a) Bitterkeit *f*, Erbitterung *f*, b) Bosheit *f*; **3.** F Frechheit *f*.

gall² [gɔːl] **I** *s.* **1.** wund geriebene Stelle; **2.** *fig.* a) Ärger *m*, b) Ärgernis *n*; **II** *v/t.* **3.** wund reiben; **4.** (ver)ärgern; **III** *v/i.* **5.** reiben, scheuern; **6.** sich wund reiben; **7.** sich ärgern.

gall³ [gɔːl] *s.* ⚘ Galle *f*.

gal·lant [ˈgælənt] **I** *adj.* □ **1.** tapfer, heldenhaft; **2.** prächtig, stattlich; **3.** ga'lant: a) höflich, ritterlich, b) amou'rös, Liebes...; **II** *s.* **4.** Kava'lier *m*; **5.** Verehrer *m*; **6.** Geliebte(r) *m*; **'gal·lant·ry** [-trɪ] *s.* **1.** Tapferkeit *f*; **2.** Galante'rie *f*, Ritterlichkeit *f*; **3.** heldenhafte Tat; **4.** Liebe'lei *f*.

gall| blad·der *s. anat.* Gallenblase *f*; **~ duct** *s. anat.* Gallengang *m*.

gal·le·on [ˈgælɪən] *s.* ⚓ *hist.* Gale'one *f*.

gal·ler·y [ˈgælərɪ] *s.* **1.** △ a) Gale'rie *f*, b) Em'pore *f* (*in Kirchen*); **2.** *thea.* dritter Rang, *a. weitS.* Gale'rie *f*: ***play to the ~*** für die Galerie spielen, *fig. a.* nach Effekt haschen; **3.** ('Kunst-, Ge'mälde)Gale,rie *f*; **4.** a) ⚓ Laufgang *m*, b) ⚙ Laufsteg *m*, c) ⚒ *u.* ⚔ Stollen *m*, d) → ***shooting gallery***; **5.** *fig.* Gale'rie *f*, Schar *f* (*Personen*).

gal·ley [ˈgælɪ] *s.* **1.** ⚓ a) Ga'leere *f*, b) Langboot *n*; **2.** ⚓ Kom'büse *f*, Küche *f*; **3.** *typ.* Setzschiff *n*; **4.** *a.* ***~ proof*** *typ.* Fahne *f*; **~ slave** *s.* **1.** Ga'leerensklave *m*; **2.** *fig.* Sklave *m*, ‚Kuli' *m*; **ˌ~-'west** *adv.*: ***knock ~*** *Am.* F a) *j-n* zs.-schlagen, b) *fig. j-n* ‚umhauen', c) *et.* (total) ‚kaputtmachen'.

'gall·fly *s. zo.* Gallwespe *f*.

gal·lic¹ [ˈgælɪk] *adj.*: ***~ acid*** ⚗ Gallussäure *f*.

Gal·lic² [ˈgælɪk] *adj.* **1.** gallisch; **2.** fran'zösisch; **'Gal·li·cism** [-ɪsɪzəm] *s. ling.* Galli'zismus *m*, französische Spracheigenheit; **'Gal·li·cize** [-ɪsaɪz] *v/t.* franzö(si)sieren.

gal·li·na·ceous [ˌgælɪˈneɪʃəs] *adj. orn.* hühnerartig.

gall·ing [ˈgɔːlɪŋ] *adj.* ärgerlich (*Sache*).

gal·li·pot¹ → ***galipot***.

gal·li·pot² [ˈgælɪpɒt] *s.* Salbentopf *m*, Medika'mentenbehälter *m*.

gal·li·vant [ˌgælɪˈvænt] *v/i.* **1.** sich amüsieren; **2. *~ around*** sich her'umtreiben.

'gall·nut *s.* ⚘ Gallapfel *m*.

gal·lon [ˈgælən] *s.* Gal'lone *f* (*Hohlmaß*; *Brit. 4,5459 l*, *Am. 3,7853 l*).

gal·loon [gəˈluːn] *s.* Tresse *f*.

gal·lop [ˈgæləp] **I** *v/i.* **1.** galoppieren; **2.** F ‚sausen': ***~ through s.th.*** *et.* ‚im Galopp' erledigen; ***~ through a book*** ein Buch durchfliegen; ***~ing consumption (inflation)*** galoppierende Schwindsucht (Inflation); **II** *v/t.* **3.** galoppieren lassen; **III** *s.* **4.** Ga'lopp *m* (*a. fig.*): ***at full ~*** in gestrecktem Galopp; **gal·lo·pade** [ˌgæləˈpeɪd] → ***galop***.

Gal·lo·phile [ˈgæləʊfaɪl], **'Gal·lo·phil** [-fɪl] *s.* Fran'zosenfreund *m*; **'Gal·lo·phobe** [-fəʊb] *s.* Fran'zosenhasser *m*.

gal·lows [ˈgæləʊz] *s. pl. mst sg. konstr.* **1.** Galgen *m*; **2.** galgenähnliches Gestell, Galgen *m*; **~ bird** *s.* F Galgenvogel *m*; **~ hu·mo(u)r** *s.* 'Galgenhuˌmor *m*; **~ tree** → ***gallows*** 1.

'gall·stone *s.* ⚕ Gallenstein *m*.

Gal·lup poll [ˈgæləp] *s.* 'Meinungsˌumfrage *f*.

gal·lus·es [ˈgæləsɪz] *s. pl. Am.* F Hosenträger *pl.*

gal·op [ˈgæləp] **I** *s.* Ga'lopp *m* (*Tanz*); **II** *v/i.* e-n Ga'lopp tanzen.

ga·lore [gəˈlɔː] *adv.* F ‚in rauen Mengen': ***whisk(e)y ~*** *a.* jede Menge Whisky.

ga·losh [gəˈlɒʃ] *s. mst pl.* 'Über-, Gummischuh *m*, Ga'losche *f*.

ga·lumph [gəˈlʌmf] *v/i.* F stapfen, trapsen.

gal·van·ic [gælˈvænɪk] *adj.* (□ ***~ally***) ⚡, *phys.* gal'vanisch; *fig.* F elektrisierend; **gal·va·nism** [ˈgælvənɪzəm] *s.* **1.** *phys.* Galva'nismus *m*; **2.** ⚕ Galvanisati'on *f*; **gal·va·ni·za·tion** [ˌgælvənaɪˈzeɪʃn] *s.* ⚕, ⚗ Galvanisierung *f*; **gal·va·nize** [ˈgælvənaɪz] *v/t.* **1.** ⚙ galvanisieren, (feuer)verzinken; **2.** ⚕ mit Gleichstrom behandeln; **3.** *fig.* F *j-n* elektrisieren: ***~ into action*** *j-n* schlagartig aktiv werden lassen; **gal·va·nom·e·ter** [ˌgælvəˈnɒmɪtə] *s. phys.* Galvano'meter *n*; **gal·va·no·plas·tic** [ˌgælvənəʊˈplæstɪk] *adj.* ⚙ galvano'plastisch; **gal·va·no·plas·tics** [ˌgælvənəʊˈplæstɪks] *s. pl. sg. konstr.*, **gal·va·no·plas·ty** [ˌgælvənəʊˈplæstɪ] *s.* Galvano'plastik *f*, Eˌlektroty'pie *f*; **gal·va·no·scope** [ˈgælvənəʊskəʊp] *s. phys.* Galvano'skop *n*.

gam·bit [ˈgæmbɪt] *s.* **1.** *Schach*: Gam'bit *n*, Eröffnung *f*; **2.** *fig.* a) erster Schritt, Einleitung *f*, b) (raffinierter) Trick.

gam·ble [ˈgæmbl] **I** *v/i.* **1.** (um Geld) spielen: ***~ with s.th.*** *fig.* et. aufs Spiel setzen; ***you can ~ on that*** darauf kannst du wetten; ***she ~d on his coming*** sie verließ sich darauf, dass er kommen würde; **2.** *Börse*: spekulieren; **II** *v/t.* **3. *~ away*** verspielen (*a. fig.*); **4.** (als Einsatz) setzen (***on*** auf *acc.*), *fig.* aufs Spiel setzen; **III** *s.* **5.** Glücksspiel *n*, Ha'sardspiel *n* (*a. fig.*); **6.** *fig.* Wagnis *n*, Risiko *n*; **'gam·bler** [-lə] *s.* Spieler(in); *fig.* Hasar'deur *m*; **'gam·bling** [-blɪŋ] *s.* Spielen *n*: ***~ den*** Spielhölle *f*; ***~ debt*** Spielschuld *f*.

gam·boge [gæmˈbuːʒ] *s.* ⚗ Gummigutt *n*.

gam·bol [ˈgæmbl] **I** *v/i.* her'umtanzen, Luftsprünge machen; **II** *s.* Freuden-, Luftsprung *m*.

game¹ [geɪm] **I** *s.* **1.** Spiel *n*, Zeitvertreib *m*, Sport *m*: ***2s*** *pl.* (*Olympische etc.*) Spiele, *ped.* Sport; ***~ of golf*** Golfspiel; ***~ of skill*** Geschicklichkeitsspiel; ***play the ~*** *a. fig.* sich an die Spielregeln halten; ***play a good ~*** gut spielen; ***play ~s with s.o.*** *fig.* mit j-m sein Spiel treiben; ***play a losing ~*** auf der Verliererstraße sein; ***be on (off) one's ~*** gut (nicht) in Form sein; ***the ~ is yours*** du hast gewonnen; **2.** *sport* (einzelnes) Spiel, Par'tie *f* (*Schach etc.*); *Tennis*: Spiel *n* (*in e-m Satz*): ***~, set and match*** *Tennis*: Spiel, Satz u. Sieg; **3.** Scherz *m*, Ulk *m*: ***make ~ of*** sich lustig machen über (*acc.*); **4.** Spiel *n*, Unter'nehmen *n*, Plan *m*: ***the ~ is up*** das Spiel ist aus *od.* verloren; ***give the ~ away*** F sich *od.* alles verraten; ***play a double ~*** ein doppeltes Spiel treiben; ***play a waiting ~*** e-e abwartende Haltung einnehmen; ***I know his (little) ~*** ich weiß, was er im Schilde führt; ***see through s.o.'s ~*** j-s Spiel *od.* j-n durchschauen; ***beat s.o. at his own ~*** j-n mit s-n eigenen Waffen schlagen; ***two can play at this ~!*** das kann ich auch!; **5.** *pl. fig.* Schliche *pl.*, Tricks *pl.*; **6.** Spiel *n* (*Geräte etc.*); **7.** F Branche *f*, Geschäft *n*: ***he is in the advertising ~*** er macht in Werbung; ***she's on the ~*** ‚sie geht auf den Strich'; **8.** *hunt.* Wild *n*: ***big ~*** Großwild; ***fly at higher ~*** höher hinauswollen; **9.** Wildbret *n*: ***~ pie*** Wildpastete *f*; **II** *adj.* □ **10.** Jagd..., Wild...; **11.** schneidig, mutig; **12.** a) aufgelegt (***for*** zu), b) bereit (***for*** zu, ***to do*** zu tun): ***I am ~!*** ich bin dabei!, ich mache mit!; **III** *v/i.* **13.** (um Geld) spielen; **IV** *v/t.* **14. *~ away*** verspielen.

game² [geɪm] *adj.* F lahm: ***a ~ leg***.

game| bag *s.* Jagdtasche *f*; **~ bird** *s.* Jagdvogel *m*; **'~·cock** *s.* Kampfhahn *m* (*a. fig.*); **~ fish** *s.* Sportfisch *m*; **~ fowl** *s.* **1.** Federwild *n*; **2.** Kampfhahn *m*; **'~ˌkeep·er** *s. Brit.* Wildhüter *m*; **~ li·cence** *s. Brit.* Jagdschein *m*.

game·ness [ˈgeɪmnɪs] *s.* Mut *m*, Schneid *m*.

game| park *s.* Wildpark *m*; **~ plan** *s. Am. fig.* ‚Schlachtplan' *m*; **~ point** *s. sport* a) entscheidender Punkt, b) *Tennis*: Spielball *m*, c) *Tischtennis*: Satzball *m*; **~ pre·serve** *s.* Wildgehege *n*.

games·man·ship [ˈgeɪmzmənʃɪp] *s. bsd. sport* die Kunst, mit allen (gerade noch erlaubten) Tricks zu gewinnen.

games| mas·ter [geɪmz] *s. ped. Brit.* Sportlehrer *m*; **~ mis·tress** *s. ped. Brit.* Sportlehrerin *f*.

game·some [ˈgeɪmsəm] *adj.* □ lustig, ausgelassen.

game·ster [ˈgeɪmstə] *s.* Spieler(in) (*um Geld*).

gam·ete [gæˈmiːt] *s. biol.* Ga'met *m* (*Keimzelle*).

game ward·en *s.* Jagdaufseher *m*.

gam·in [ˈgæmɪn] *s.* Gassenjunge *m*.

gam·ing [ˈgeɪmɪŋ] *s.* Spielen *n* (*um Geld*): ***~ laws*** Gesetze über Glücksspiele u. Wetten; **~ house** *s.* Spielhölle *f*, 'Spielkaˌsino *n*; **~ ta·ble** *s.* Spieltisch *m*.

gam·ma [ˈgæmə] *s.* **1.** Gamma *n* (*griech. Buchstabe*): ***~ rays*** *phys.* Gammastrahlen; **2.** *phot.* Kon'trastgrad *m*; **3.** *ped. Brit.* Drei *f*, Befriedigend *n*.

gam·mer [ˈgæmə] *s. Brit.* F ‚Oma' *f*.

gam·mon¹ [ˈgæmən] *s.* **1.** (schwach) geräucherter Schinken; **2.** unteres Stück e-r Speckseite.

gam·mon² [ˈgæmən] *s.* ⚓ Bugsprietzurring *f*.

gam·mon³ [ˈgæmən] F **I** *s.* **1.** Humbug *m*: a) Schwindel *m*, b) ‚Quatsch' *m*; **II** *v/i.* **2.** ‚quatschen', Unsinn reden; **3.** sich verstellen, so tun als ob; **III** *v/t.* **4.** *j-n* ‚reinlegen'.

gamp [gæmp] *s. Brit.* F (großer) Regenschirm, ‚Fa'miliendach' *n*.

gam·ut [ˈgæmət] *s.* **1.** ♪ Tonleiter *f*; **2.** *fig.* Skala *f*: ***run the whole ~ of emotion*** von e-m Gefühl ins andere taumeln.

gam·y [ˈgeɪmɪ] *adj.* **1.** nach Wild riechend *od.* schmeckend: ***~ taste*** a) Wildgeschmack *m*, b) Hautgout *m*; **2.** F schneidig, mutig.

gan·der ['gændə] *s.* **1.** Gänserich *m*; → ***sauce*** 1; **2.** *fig.* F ‚Esel' *m*, Dussel *m*; **3.** *sl.* Blick *m*: ***take a ~ at*** sich (rasch) *et.* angucken.

gang [gæŋ] **I** *s.* **1.** ('Arbeiter)Ko,lonne *f*, (-)Trupp *m*; **2.** Gang *f*, (Verbrecher-) Bande *f*; **3.** *contp.* Bande *f*, Horde *f*, Clique *f*; **4.** ⚙ Satz *m* (*Werkzeuge*): ***~ of tools***; **II** *v/i.* **5.** *mst* ***~ up*** sich zs.-tun, sich zs.-rotten (***on, against*** gegen).

'**gang|·bang I** *s. bsd. Am.* F **1.** a) als Bande um'herziehen, Bandenaktivitäten *pl.* betreiben, b) Bandenüberfälle *pl.* machen; **II** *v/t.* **2.** *bsd. Am.* F herfallen über (*acc.*), anpöbeln, über'fallen; **3.** a) *e-e Frau als Gruppe von Männern* vergewaltigen, b) *e-e Frau als Gruppe von Männern nacheinander* ‚bumsen'; **III** *s.* **4.** a) *Vergewaltigung e-r Frau durch mehrere Männer*, b) *Geschlechtsverkehr mehrerer Männer nacheinander mit e-r Frau*; **5.** *bsd. Am.* F *von e-r Straßenbande begangenes Verbrechen*; '**~,bang·er** *s.* **1.** *bsd. Am.* F Mitglied *n* e-r Straßenbande; **2.** a) *Mitglied e-r Gruppe von Männern, die e-e Frau od. Frauen nacheinander vergewaltigen*, b) *Mitglied e-r Gruppe von Männern, die mit e-r Frau od. Frauen nacheinander Geschlechtsverkehr haben*; '**~,bang·ing** *s.* **1.** *bsd. Am.* F *das Auftreten od. die Aktivitäten von Straßenbanden*, Bandenaktivitäten *pl.*; **2.** a) *Vergewaltigung(en pl.) e-r Frau od. von Frauen durch mehrere Männer nacheinander*; b) *Geschlechtsverkehr mehrerer Männer nacheinander mit e-r Frau*; '**~·board** *s.* ⚓ Laufplanke *f*; **~ boss** → ***ganger***; **~ cut·ter** *s.* ⚙ Satz-, Mehrfachfräser *m*.

gang·er ['gæŋə] *s.* Vorarbeiter *m*, Kapo *m*.

'**gang·land** *s.* ‚'Unterwelt' *f*.

gan·gling ['gæŋglɪŋ] *adj.* schlaksig.

gan·gli·on ['gæŋglɪən] *pl.* **-a** [-ə] *s.* **1.** *anat.* Ganglion *n*, Nervenknoten *m*: ***~ cell*** Ganglienzelle *f*; **2.** ⚕ 'Überbein *n*; **3.** *fig.* Knoten-, Mittelpunkt *m*, Zentrum *n*.

'**gang|·plank** → ***gangway*** 2b; **~ rape** → ***gangbang*** b.

gan·grene ['gæŋgriːn] **I** *s.* **1.** ⚕ Brand *m*, Gan'grän *n*; **2.** *fig.* Fäulnis *f*, sittlicher Verfall; **II** *v/t. u. v/i.* **3.** ⚕ brandig machen (werden); '**gan·gre·nous** [-rɪnəs] *adj.* ⚕ brandig.

gang saw *s.* ⚙ Gattersäge *f*.

gang·ster ['gæŋstə] *s.* Gangster *m*.

'**gang·way I** *s.* **1.** 'Durchgang *m*, Pas'sage *f*; **2.** a) ⚓ Fallreep *n*, b) ⚓ Gangway *f*, Landungsbrücke *f*, c) ✈ Gangway *f*; **3.** *Brit. thea. etc.* (Zwischen)Gang *m*; **4.** ⚒ Strecke *f*; **5.** ⚙ a) Schräge *f*, Rutsche *f*, b) Laufbühne *f*; **II** *int.* **6.** Platz (machen) (, bitte)!

gan·net ['gænɪt] *s. orn.* Tölpel *m*.

gant·let ['gæntlɪt] → ***gauntlet***[1].

gan·try ['gæntrɪ] *s.* **1.** ⚙ Fasslager *n*; **2.** *a.* ***~ bridge*** ⚙ Kranbrücke *f*: ***~ crane*** Portalkran *m*; **3.** a) 🚂 Si'gnalbrücke *f*, b) *mot.* Schilderbrücke *f*; **4.** *a.* ***~ scaffold*** *Raumfahrt*: Mon'tageturm *m*.

Gan·y·mede ['gænɪmiːd] *s.* **1.** *a.* ♀ Mundschenk *m*; **2.** *ast.* Gany'med *m*.

gaol [dʒeɪl] *bsd. Brit.* → ***jail*** *etc.*

gap [gæp] *s.* **1.** Lücke *f*, Spalt *m*, Öffnung *f*; **2.** ⚔ Bresche *f*, Gasse *f*; **3.** (Berg)Schlucht *f*; **4.** *fig.* a) Lücke *f*, b) Zwischenraum *m*, -zeit *f*, c) Unter'brechung *f*, d) Kluft *f*, 'Unterschied *m*: ***close the ~*** die Lücke schließen; ***fill*** (*od.* ***stop***) ***a ~*** e-e Lücke ausfüllen (*od.* schließen); ***leave a ~*** e-e Lücke hinterlassen; ***find*** (*od.* ***spot***) ***a ~ in the market*** e-e Marktlücke finden (*od.* erkennen, ausfindig machen); ***dollar ~*** ✝ Dollarlücke; ***rocket ~*** Raketenlücke; ***~ in one's education*** Bildungslücke; **5.** ⚡ Funkenstrecke *f*.

gape [geɪp] **I** *v/i.* **1.** den Mund aufreißen (*vor Staunen etc.*), staunen: ***stand gaping*** Maulaffen feilhalten; **2.** starren, glotzen, gaffen: ***~ at s.o.*** j-n anstarren; **3.** gähnen; **4.** *fig.* klaffen, gähnen, sich öffnen *od.* auftun; **II** *s.* **5.** Gaffen *n*, Glotzen *n*; **6.** Staunen *n*; **7.** Gähnen *n*; **8.** ***the ~s*** *pl. sg. konstr.* a) *vet.* Schnabelsperre *f*, b) *humor.* Gähnkrampf *m*; '**gap·ing** [-pɪŋ] *adj.* □ **1.** gaffend, glotzend; **2.** klaffend (*Wunde*), gähnend (*Abgrund*).

gap·py ['gæpɪ] *adj.* lückenhaft (*a. fig.*).

ga·rage ['gærɑːdʒ] **I** *s.* **1.** Ga'rage *f*; **2.** Repara'turwerkstätte *f* u. Tankstelle *f*; **II** *v/t.* **3.** *Auto* a) in e-r Ga'rage ab- *od.* 'unterstellen, b) in die Ga'rage fahren.

garb [gɑːb] **I** *s.* Tracht *f*, Gewand *n* (*a. fig.*); **II** *v/t.* kleiden.

gar·bage ['gɑːbɪdʒ] *s.* **1.** *Am.* Abfall *m*, Müll *m*; ***~ bag*** Müllbeutel *m*; ***~ can*** Mülleimer *m*, -tonne *f*; ***~ chute*** Müllschlucker *m*; **2.** *fig.* a) Schund *m*, b) ‚Abschaum' *m*; **3.** *Computer*: wertlose Daten *pl.*

gar·ble ['gɑːbl] *v/t. Text etc.* a) durcheinander bringen, b) verstümmeln, entstellen, ‚frisieren'.

gar·den ['gɑːdn] **I** *s.* **1.** Garten *m*; **2.** *fig.* Garten *m*, fruchtbare Gegend: ***the ~ of England*** die Grafschaft Kent; **3.** *mst pl.* Gartenanlagen *pl.*, Park *m*: ***botanical ~(s)*** botanischer Garten; **II** *v/i.* **4.** gärtnern, im Garten arbeiten; **5.** Gartenbau treiben; **III** *adj.* **6.** Garten...: ***~ plants***; **~ cit·y** *s. Brit.* Gartenstadt *f*; **~ cress** *s.* ⚘ Gartenkresse *f*.

gar·den·er ['gɑːdnə] *s.* Gärtner(in).

gar·den| frame *s.* glasgedeckter Pflanzenkasten; **~ gnome** *s.* Gartenzwerg *m*.

gar·de·ni·a [gɑː'diːnjə] *s.* ⚘ Gar'denie *f*.

gar·den·ing ['gɑːdnɪŋ] *s.* **1.** Gartenbau *m*; **2.** Gartenarbeit *f*.

gar·den| mo(u)ld *s.* Blumen(topf)erde *f*; **~ par·ty** *s.* Gartenfest *n*, -party *f*; **~ path** *s.*: ***lead s.o. up the ~*** *fig.* j-n hinters Licht führen; ♀ **State** *s. Am.* (*Beiname für*) New Jersey *n*; **~ stuff** *s.* Gartenerzeugnisse *pl.*; **~ sub·urb** *s. Brit.* Gartenvorstadt *f*; **~ truck** *Am.* → ***garden stuff***; **~ white** *s. zo.* Weißling *m*.

gar·gan·tu·an [gɑː'gæntjʊən] *adj.* riesig, gewaltig, ungeheuer.

gar·gle ['gɑːgl] **I** *v/t.* **1.** a) gurgeln mit: ***~ salt water***, b) ***~ one's throat*** → 3; **2.** *Worte* (her'vor)gurgeln; **II** *v/i.* **3.** gurgeln; **III** *s.* **4.** Gurgeln *n*; **5.** Gurgelmittel *n*.

gar·goyle ['gɑːgɔɪl] *s.* **1.** △ Wasserspeier *m*; **2.** *fig.* Scheusal *n*.

gar·ish ['geərɪʃ] *adj.* □ grell, schreiend, aufdringlich, protzig.

gar·land ['gɑːlənd] **I** *s.* **1.** Gir'lande *f* (*a.* △), Blumengewinde *n*, -gehänge *n*; (*a. fig.* Sieges)Kranz *m*; **2.** *fig.* (*bsd.* Gedicht)Sammlung *f*; **II** *v/t.* **3.** bekränzen.

gar·lic ['gɑːlɪk] *s.* ⚘ Knoblauch *m*; '**gar·lick·y** [-kɪ] *adj.* **1.** knoblauchartig; **2.** nach Knoblauch schmeckend *od.* riechend.

gar·ment ['gɑːmənt] *s.* **1.** Kleidungsstück *n*, *pl. a.* Kleider *pl.*; **2.** *fig.* Gewand *n*, Hülle *f*.

gar·ner ['gɑːnə] **I** *s.* **1.** *obs.* Getreidespeicher *m*; **2.** *fig.* Speicher *m*, Vorrat *m* (***of*** an *dat.*); **II** *v/t.* **3.** a) speichern (*a. fig.*), b) aufbewahren, c) sammeln (*a. fig.*), d) erlangen, erwerben.

gar·net ['gɑːnɪt] **I** *s. min.* Gra'nat *m*; **II** *adj.* gra'natrot.

gar·nish ['gɑːnɪʃ] **I** *v/t.* **1.** schmücken, verzieren; **2.** *Küche*: garnieren (*a. fig. iro.*); **3.** ⚖ a) *Forderung beim Drittschuldner* pfänden, b) *dem Drittschuldner* ein Zahlungsverbot zustellen; **II** *s.* **4.** Orna'ment *n*, Verzierung *f*; **5.** *Küche*: Garnierung *f* (*a. fig. iro.*); **gar·nish·ee** [,gɑːnɪ'ʃiː] ⚖ **I** *s.* Drittschuldner *m*; **II** *v/t.* → ***garnish*** 3; '**gar·nish·ment** [-mənt] *s.* **1.** → ***garnish*** 4; **2.** ⚖ a) (Forderungs)Pfändung *f*, b) Zahlungsverbot *n* an den Drittschuldner, c) *Brit.* Mitteilung *f* an den Pro'zessgegner; '**gar·ni·ture** [-ɪtʃə] *s.* **1.** → ***garnish*** 4; **2.** Zubehör *n*, *m*, Ausstattung *f*.

ga·rotte → ***garrot(t)e***.

gar·ret ['gærət] *s.* a) Dachstube *f*, Man'sarde *f*, b) Dachgeschoss, *östr.* -geschoß *n*.

gar·ri·son ['gærɪsn] ⚔ **I** *s.* **1.** Garni'son *f* (*Standort od. stationierte Truppen*); **II** *v/t.* **2.** *Ort* mit e-r Garni'son belegen; **3.** *Truppen* in Garni'son legen: ***be ~ed*** in Garnison liegen; **~ cap** *s.* Feldmütze *f*; **~ com·mand·er** *s.* 'Standortkomman,dant *m*; **~ town** *s.* Garni'sonsstadt *f*.

gar·rot(t)e [gə'rɒt] **I** *s.* **1.** ('Hinrichtung *f* durch die) Ga(r)'rotte *f*; **2.** Erdrosselung *f*; **II** *v/t.* **3.** ga(r)rottieren; **4.** erdrosseln.

gar·ru·li·ty [gæ'ruːlətɪ] *s.* Geschwätzigkeit *f*; **gar·ru·lous** ['gærʊləs] *adj.* □ geschwätzig.

gar·ter ['gɑːtə] **I** *s.* **1.** a) Strumpfband *n*, b) Sockenhalter *m*, c) *Am.* Strumpfhalter *m*, Straps *m*: ***~ belt*** Hüfthalter *m*, -gürtel *m*; **2.** ***the*** ♀ a) *a.* ***the Order of the*** ♀ der Hosenbandorden (*der höchste brit. Orden*), b) der Hosenbandorden (*Abzeichen*), c) die Mitgliedschaft des Hosenbandordens; **II** *v/t.* **3.** mit e-m Strumpfband *etc.* befestigen *od.* versehen.

gas [gæs] **I** *s.* **1.** ⚗ Gas *n*; **2.** (Leucht-) Gas *n*; **3.** ⚒ Grubengas *n*; **4.** ⚕ Lachgas *n*; **5.** ⚔ (Gift)Gas *n*, (Gas)Kampfstoff *m*: ***~ shell*** Gasgranate *f*; **6.** *mot.* F a) *Am.* Ben'zin *n*, ‚Sprit' *m*, b) 'Gas(pe,dal) *n*: ***step on the ~*** Gas geben, ‚auf die Tube drücken' (*beide a. fig.*); **7.** *sl.* a) ‚Gequatsche' *n*, b) ‚Gaudi' *f*, Mordsspaß *m*: ***it's a*** (***real***) ***~!*** (das ist) zum Brüllen!, *weitS.* große Klasse!; **II** *v/t.* **8.** mit Gas versorgen *od.* füllen; **9.** ⚙ begasen; **10.** vergasen, mit Gas töten *od.* vernichten; **11.** ***~ up*** *mot. Auto* voll tanken; **III** *v/i.* **12.** *mst* ***~ up*** *Am.* F (auf-) tanken; **13.** F ‚quatschen'; '**~·bag** *s.* **1.** ⚙ Gassack *m*, -zelle *f*; **2.** F ‚Quatscher' *m*; **~ bomb** *s.* ⚔ Kampfstoffbombe *f*; **~ bot·tle** *s.* ⚙ Gas-, Stahlflasche *f*; **~ burn·er** *s.* Gasbrenner *m*; **~ cham·ber** *s.* **1.** Gaskammer *f* (*zur Hinrichtung*); **2.** ⚔ Gasprüfraum *m*; **~ coal** *s.* Gaskohle *f*; **~ coke** *s.* (Gas)Koks *m*; **~ cook·er** *s.* Gasherd *m*; **~ cyl·in·der** *s.* Gasflasche *f*; **~ en·gine** *s.* 'Gasmotor *m*, -ma,schine *f*.

gas·e·ous ['gæsjəs] *adj.* **1.** ⚗ a) gasartig, -förmig, b) Gas...; **2.** *fig.* leer.

gas| field *s.* (Erd)Gasfeld *n*; '**~-,fired** *adj.* mit Gasfeuerung, gasbeheizt; **~ fit·ter** *s.* 'Gasinstalla,teur *m*; **~ fit·ting** *s.* **1.** 'Gasinstallati,on *f*; **2.** *pl.* 'Gasarma-

G

ˌturen *pl.*; **~ gan·grene** *s.* ⚕ Gasbrand *m*; **~ guz·zler** *s. mot. bsd. Am.* F Ben'zinschlucker *m*, -fresser *m*.

gash [gæʃ] **I** *s.* **1.** klaffende Wunde, tiefer Schnitt *od.* Riss; **2.** Spalte *f*; **II** *v/t.* **3.** *j-m* e-e klaffende Wunde beibringen.

gas| heat·er *s.* Gasofen *m*; **~ heat·ing** *s.* Gasheizung *f*.

gas·i·fi·ca·tion [ˌgæsɪfɪ'keɪʃn] *s.* ⚙ Vergasung *f*; **gas·i·fy** ['gæsɪfaɪ] **I** *v/t.* vergasen, in Gas verwandeln; **II** *v/i.* zu Gas werden.

gas jet *s.* Gasflamme *f*, -brenner *m*.

gas·ket ['gæskɪt] *s.* ⚙ 'Dichtung(smanˌschette *f*, -sring *m*) *f*: ***blow a ~*** *fig.* F ˌdurchdrehen'.

'gas|·light *s.* Gaslicht *n*, -lampe *f*; **~ light·er** *s.* **1.** Gasfeuerzeug *n*; **2.** Gasanzünder *m*; **~ main** *s.* (Haupt-)Gasleitung *f*; **'~·man** [-mæn] *s.* [*irr.*] **1.** 'Gasinstallaˌteur *m*; **2.** Gasmann *m*, -ableser *m*; **~ man·tle** *s.* (Gas)Glühstrumpf *m*; **~ mask** *s.* ⚔ Gasmaske *f*; **~ me·ter** *s.* ⚙ Gasuhr *f*, -zähler *m*; **~ mo·tor** → ***gas engine***.

gas·o·lene, gas·o·line ['gæsəʊliːn] *s.* **1.** ⚗ Gaso'lin *n*, Gasäther *m*; **2.** *Am.* Ben'zin *n*: **~ *ga*(*u*)*ge*** Kraftstoffmesser *m*, Benzinuhr *f*.

gas·om·e·ter [gæ'sɒmɪtə] *s.* Gaso'meter *m*, Gasbehälter *m*.

gas ov·en *s.* Gasherd *m*.

gasp [gɑːsp] **I** *v/i.* keuchen (*a. Maschine etc.*): ***~ for breath*** nach Luft schnappen; ***it made me ~*** mir stockte der Atem (*vor Erstaunen*); ***~ for s.th.*** *fig.* nach et. lechzen; **II** *v/t. a.* ***~ out*** *Worte* (her'vor)keuchen: ***~ one's life out*** sein Leben aushauchen; **III** *s.* a) Keuchen *n*, b) Laut *m* des Erstaunens *od.* Erschreckens: ***at one's last ~*** in den letzten Zügen (liegend), *fig.* ˌam Eingehen'; **'gasp·er** [-pə] *s. Brit. sl.* ˌStäbchen' *n* (*Zigarette*).

gas| pipe *s.* Gasrohr *n*; **'~·proof** *adj.* gasdicht; **~ pump** *s. mot. Am.* Zapfsäule *f*; **~ range** *s. Am.* Gasherd *m*; **~ ring** *s.* Gasbrenner *m*, -kocher *m*.

gassed [gæst] *adj.* vergast, gaskrank, -vergiftet; **gas·ser** ['gæsə] *s.* **1.** Gas freigebende Ölquelle; **2.** F ˌQuatscher' *m*; **gas·sing** ['gæsɪŋ] *s.* **1.** ⚙ Behandlung *f* mit Gas; **2.** Vergasung *f*; **3.** F ˌQuatschen' *n*.

gas| sta·tion *s. Am.* Tankstelle *f*; **~ stove** *s.* Gasherd *m od.* -ofen *m*; **~ tank** *s.* Gas- *od. Am.* F Ben'zinbehälter *m*; **~ tar** *s.* Steinkohlenteer *m*.

gas·ter·o·pod ['gæstərəpɒd] → ***gastropod***.

'gas·tight *adj.* gasdicht.

gas·tric ['gæstrɪk] *adj.* ⚕ gastrisch, Magen...: ***~ acid*** Magensäure *f*; ***~ flu*** Darmgrippe *f*; ***~ juice*** Magensaft *m*; ***~ ulcer*** Magengeschwür *n*; **gas·tri·tis** [gæ'straɪtɪs] *s.* ⚕ Ga'stritis *f*, Magenschleimhautentzündung *f*; **gas·tro·en·ter·i·tis** [ˌgæstrəʊentə'raɪtɪs] *s.* ⚕ Gastroente'ritis *f*, 'Magen-'Darm-Kaˌtarr(h) *m*; **gas·tro·in·tes·ti·nal** [ˌgæstrəʊɪn'testɪnl] ⚕ gastrointesti'nal.

gas·trol·o·gist [gæ'strɒlədʒɪst] *s.* **1.** ⚕ Facharzt *m* für Magenkrankheiten; **2.** *humor.* Kochkünstler *m*.

gas·tro·nome ['gæstrənəʊm], **gas·tron·o·mer** [gæ'strɒnəmə] *s.* Feinschmecker *m*; **gas·tro·nom·ic, gas·tro·nom·i·cal** [ˌgæstrə'nɒmɪk(l)] *adj.* □ feinschmeckerisch; **gas·tron·o·mist** [gæ'strɒnəmɪst] → ***gastronome***; **gas·tron·o·my** [gæ'strɒnəmɪ] *s.* **1.** Gastrono'mie *f*, höhere Kochkunst; **2.** *fig.* Küche *f*: ***the Italian ~***.

gas·tro·pod ['gæstrəpɒd] *s. zo.* Gastro'pode *m*, Schnecke *f*.

gas·tro·scope ['gæstrəʊskəʊp] *s.* ⚕ Magenspiegel *m*.

gas| weld·ing *s.* ⚙ Gasschweißen *n*; **'~·works** *s. pl. sg. konstr.* Gaswerk *n*.

gat [gæt] *s. Am. sl.* ˌKa'none' *f*, ˌBallermann' *m*, ˌSchießeisen' *n*.

gate [geɪt] **I** *s.* **1.** Tor *n*, Pforte *f*, *fig. a.* Zugang *m*, Weg *m* (***to*** zu): ***crash the ~*** → ***gatecrash***; **2.** a) 🚂 Sperre *f*, Schranke *f*, b) ✈ Flugsteig *m*; **3.** (enger) Eingang, (schmale) 'Durchfahrt; **4.** (Gebirgs)Pass *m*; **5.** ⚙ (Schleusen-)Tor *n*; **6.** *sport*: a) *Slalom*: Tor *n*, b) → ***starting gate***; **7.** *sport* a) Besucherzahl *f*, b) (Gesamt)Einnahmen *pl.*, Kasse *f*; **8.** ⚙ Schieber *m*, Ven'til *n*; **9.** *Gießerei*: (Einguss)Trichter *m*, Anschnitt *m*; **10.** *phot.* Bild-, Filmfenster *n*; **11.** ϟ 'Torimˌpuls *m*; **12.** *TV* Ausblendstufe *f*; **13.** *Am.* F a) ˌRausschmiss' *m*, b) ˌLaufpass' *m*: ***get the ~*** ˌgefeuert' werden; ***give s.o. the ~*** a) j-n ˌfeuern', b) j-m den Laufpass geben; **II** *v/t.* **14.** *ped., univ. Brit. j-m* den Ausgang sperren: ***he was ~d*** er erhielt Ausgangsverbot; **'~·crash** *v/i.* (*u. v/t.*) F a) uneingeladen kommen *od.* gehen (zu *e-r Party etc.*), b) sich (ohne zu bezahlen) einschmuggeln (in *e-e Veranstaltung*); **'~ˌcrash·er** *s.* F Eindringling *m*: a) uneingeladener Gast, b) *j-d, der sich in e-e Veranstaltung einschmuggelt*; **'~ˌkeep·er** *s.* **1.** Pförtner *m*; **2.** 🚂 Bahn-, Schrankenwärter *m*; **'~·leg(ged) ta·ble** *s.* Klapptisch *m*; **~ mon·ey** → ***gate*** 7b; **'~·post** *s.* Tor-, Türpfosten *m*: ***between you and me and the ~*** im Vertrauen *od.* unter uns (gesagt); **'~·way** *s.* **1.** Torweg *m*, Einfahrt *f*; **2.** *fig.* Tor *n*, Zugang *m*: ***~ drug*** Einstiegsdroge *f*.

gath·er ['gæðə] **I** *v/t.* **1.** *Personen* versammeln; → ***father*** 4; **2.** *Dinge* (an-)sammeln, anhäufen: ***~ wealth***; ***~ experience*** Erfahrung(en) sammeln; ***~ facts*** Fakten zs.-tragen, Material sammeln; ***~ strength*** Kräfte sammeln; **3.** a) ernten, sammeln, b) *Blumen, Obst etc.* pflücken; **4.** *a.* ***~ up*** aufsammeln, -lesen, -heben: ***~ together*** zs.-raffen; ***~ o.s. together*** sich zs.-raffen; ***~ s.o. in one's arms*** j-n in s-e Arme schließen; **5.** erwerben, gewinnen, ansetzen: ***~ dust*** verstauben; ***~ speed*** Geschwindigkeit aufnehmen, schneller werden; ***~ way*** ⚓ in Fahrt kommen (*a. fig.*), *fig.* sich durchsetzen; **6.** *fig.* folgern (*a.* ⚖), schließen (***from*** aus); **7.** *Näherei*: raffen, kräuseln, zs.-ziehen; → ***brow*** 1; **8.** ***~ up*** a) *Kleid etc.* aufnehmen, zs.-raffen, b) *die Beine* einziehen; **II** *v/i.* **9.** sich versammeln *od.* scharen (***round s.o.*** um j-n); **10.** sich (an)sammeln, sich häufen; **11.** sich zs.-ziehen *od.* -ballen (*Wolken, Gewitter*); **12.** anwachsen, sich entwickeln, zunehmen; **13.** ⚕ a) reifen (*Abszess*), b) eitern (*Wunde*); **'gath·er·er** [-ərə] *s.* **1.** Erntearbeiter(in), Schnitter(in), Winzer *m*; **2.** (Ein)Sammler *m*; Geldeinnehmer *m*; **'gath·er·ing** [-ðərɪŋ] *s.* **1.** Sammeln *n*; **2.** Sammlung *f*; **3.** a) (Menschen)Ansammlung *f*, b) Versammlung *f*, Zs.-kunft *f*; **4.** ⚕ a) Reifen *n*, b) Eitern *n*; **5.** Kräuseln *n*; **6.** *Buchbinderei*: Lage *f*.

gat·ing ['geɪtɪŋ] *s.* **1.** ϟ a) Austastung *f*, b) (Sig'nal)Auswertung *f*; **2.** *ped., univ. Brit.* Ausgangsverbot *n*.

gauche [gəʊʃ] *adj.* **1.** linkisch; **2.** taktlos; **gau·che·rie** ['gəʊʃəriː] *s.* **1.** linkische Art; **2.** Taktlosigkeit *f*.

Gau·cho ['gaʊtʃəʊ] *pl.* **-chos** *s.* Gaucho *m*.

gaud [gɔːd] *s.* **1.** billiger Schmuck, Flitterkram *m*; **2.** *oft pl.* (über'triebener) Prunk; **'gaud·i·ness** [-dɪnɪs] *s.* **1.** → ***gaud***; **2.** Protzigkeit *f*, Geschmacklosigkeit *f*; **'gaud·y** [-dɪ] **I** *adj.* □ (farben-)prächtig, auffällig (bunt), *Farben*: grell, schreiend, *Einrichtung etc.*: protzig; **II** *s. ped., univ. Brit.* jährliches Festessen.

gauf·fer → ***goffer***.

gauge [geɪdʒ] **I** *s.* **1.** Nor'mal-, Eichmaß *n*; **2.** ⚙ Messgerät *n*, Messer *m*, Anzeiger *m*: *bsd.* a) Pegel *m*, Wasserstandsanzeiger *m*, b) Mano'meter *n*, Druckmesser *m*, c) Lehre *f*, d) Maß-, Zollstab *m*, e) *typ.* Zeilenmaß *n*; **3.** ⚙ (Blech-, Draht)Stärke *f*; **4.** *Strumpfherstellung*: Gauge *n* (*Maschenzahl*); **5.** ⚔ Ka'liber *n*; **6.** 🚂 Spur(weite) *f*; **7.** ⚓ *oft* ***gage*** Abstand *m*, Lage *f*: ***have the lee*** (***weather***) ***~*** zu Lee (Luv) liegen (*Schiff*); **8.** 'Umfang *m*, Inhalt *m*: ***take the ~ of*** → 12; **9.** *fig.* Maßstab *m*, Norm *f*; **II** *v/t.* **10.** (ab)lehren, (ab-, aus)messen; **11.** eichen, justieren; **12.** *fig.* (ab)schätzen, beurteilen; **~ lathe** *s.* Präzisi'onsdrehbank *f*.

gaug·er ['geɪdʒə] *s.* Eichmeister *m*.

gaug·ing ['geɪdʒɪŋ] *s.* ⚙ Eichung *f*, Messung *f*: ***~ office*** Eichamt *n*.

Gaul [gɔːl] *s.* **1.** Gallier *m*; **2.** Fran'zose *m*; **'Gaul·ish** [-lɪʃ] **I** *adj.* gallisch; **II** *s. ling.* Gallisch *n*.

Gaull·ism ['gəʊlɪzəm] *s. pol.* Gaul'lismus *m*.

gaunt [gɔːnt] *adj.* □ **1.** a) hager, mager, b) ausgemergelt; **2.** verlassen, öde; **3.** kahl.

gaunt·let¹ ['gɔːntlɪt] *s.* **1.** ⚔ *hist.* Panzerhandschuh *m*; **2.** *fig.* Fehdehandschuh *m*: ***fling*** (*od.* ***throw***) ***down the ~*** (***to s.o.***) (j-m) den Fehdehandschuh hinwerfen, (j-n) herausfordern; ***pick*** (*od.* ***take***) ***up the ~*** die Herausforderung annehmen; **3.** Schutzhandschuh *m*.

gaunt·let² ['gɔːntlɪt] *s.*: ***run the ~*** Spießruten laufen (*a. fig.*); ***run the ~ of s.th.*** et. durchstehen müssen.

gaun·try ['gɔːntrɪ] → ***gantry***.

gauss [gaʊs] *s. phys.* Gauß *n*.

gauze [gɔːz] *s.* **1.** Gaze *f*, ⚕ *a.* (Verbands)Mull *m*: ***~ bandage*** Mull-, Gazebinde *f*; **2.** *fig.* Dunst *m*, Schleier *m*; **'gauz·y** [-zɪ] *adj.* gazeartig, hauchdünn.

ga·vage ['gævɑːʒ] *s.* ⚕ künstliche Sondenernährung.

gave [geɪv] *pret. von* ***give***.

gav·el ['gævl] *s.* **1.** Hammer *m e-s Auktionators, Vorsitzenden etc.*; **2.** (Maurer)Schlägel *m*.

ga·vot(te) [gə'vɒt] *s.* ♪ Ga'votte *f*.

gawk [gɔːk] **I** *s. contp.* (Bauern)Lackel *m*; **II** *v/i.* → ***gawp***; **'gawk·y** [-kɪ] *adj. contp.* ˌblöd(e)', trottelhaft.

gawp [gɔːp] *v/i.* glotzen: ***~ at*** anglotzen.

gay [geɪ] *adj.* □ → ***gaily***; **1.** lustig, fröhlich; **2.** a) bunt, (farben)prächtig: ***~ with*** belebt von, geschmückt mit, b) fröhlich, lebhaft (*Farben*); **3.** flott, *Person*: *a.* lebenslustig: ***a ~ dog*** ein ˌlockerer Vogel'; **4.** liederlich; **5.** *Am. sl.* ˌpampig', frech; **6.** F homosexu'ell, ˌschwul', Schwulen...: **2** ***Lib*(*eration*)** *die* Schwulenbewegung.

gaze [geɪz] **I** *v/i.* starren: ***~ at*** anstarren; ***~ (up)on*** ansichtig werden (*gen.*); **II** *s.* (starrer) Blick, Starren *n*.

ga·ze·bo [gə'ziːbəʊ] *s.* Gebäude *n* mit schönem Ausblick, Aussichtspunkt *m.*
ga·zelle [gə'zel] *s. zo.* Ga'zelle *f.*
gaz·er ['geɪzə] *s.* Gaffer *m.*
ga·zette [gə'zet] **I** *s.* **1.** Zeitung *f*; **2.** *Brit.* Amtsblatt *n*, Staatsanzeiger *m*; **II** *v/t.* **3.** *Brit.* im Amtsblatt bekannt geben *od.* veröffentlichen; **gaz·et·teer** [ˌgæzə'tɪə] *s.* alpha'betisches Ortsverzeichnis (mit Ortsbeschreibung).
gear [gɪə] **I** *s.* **1.** ⚙ a) Zahnrad *n*, b) *a. pl.* Getriebe *n*, Triebwerk *n*; **2.** ⚙ a) Über'setzung *f*, b) *mot. etc.* Gang *m*: ***first*** (***second***, *etc.*) ~; ***in high*** ~ in e-m hohen *od.* schnellen Gang; ***get into*** (***high***) ~ *fig.* in Fahrt *od.* Schwung kommen; ***in low*** (*od.* ***bottom***) ~ im ersten Gang; (***in***) ***top*** ~ im höchsten Gang; ***change*** (*Am.* ***shift***) ~(***s***) schalten; ***change into second*** ~ den zweiten Gang einlegen, c) *pl.* Gangschaltung *f* (*e-s Fahrrads*); **3.** ⚙ Eingriff *m*: ***in*** ~ a) eingerückt, eingeschaltet, b) *fig.* funktionierend, in Ordnung; ***in*** ~ ***with*** im Eingriff stehend mit; ***out of*** ~ a) ausgerückt, ausgeschaltet, b) *fig.* in Unordnung, nicht funktionierend; ***throw out of*** ~ ausrücken, -schalten, *fig.* durcheinander bringen; **4.** ✈, ⚓ *etc. mst in Zssgn* Vorrichtung *f*, Gerät *n*; → ***landing gear*** *etc.*; **5.** Ausrüstung *f*, Gerät *n*, Werkzeug(e *pl.*) *n*, Zubehör *n*: ***fishing*** ~ Angelgerät *n*, -zeug *n*; **6.** F a) Hausrat *m*, b) Habseligkeiten *pl.*, Sachen *pl.*, c) Aufzug *m*, Kleidung *f*; **7.** (Pferde- *etc.*)Geschirr *n*; **II** *v/t.* **8.** ⚙ a) mit e-m Getriebe versehen, b) über'setzen, c) in Gang setzen (*a. fig.*): ~ ***up*** ins Schnelle übersetzen, *fig.* steigern, verstärken; **9.** *fig.* (***to***, ***for***) einstellen *od.* abstimmen (auf *acc.*), anpassen (*dat. od.* an *acc.*); **10.** ausrüsten; **11.** *a.* ~ ***up*** *Tiere* anschirren; **III** *v/i.* **12.** ⚙ a) eingreifen (***into***, ***with*** in *acc.*), b) inein'ander greifen; **13.** ~ ***up*** (***down***) *mot.* hinauf- (her'unter)schalten; **14.** *fig.* (***with***) passen (zu), eingerichtet *od.* abgestimmt sein (auf *acc.*).
'gear|·box *s.* ⚙ Getriebe(gehäuse) *n*; ~ **change** *s. Brit. mot.* (Gang)Schaltung *f*; ~ **cut·ter** *s.* Zahnradfräser *m*; ~ **drive** → ***gearing*** 1.
gear·ed [gɪəd] *adj.* ⚙ verzahnt; Getriebe...; **gear·ing** ['gɪərɪŋ] *s.* ⚙ **1.** (Zahnrad)Getriebe *n*, Vorgelege *n*; **2.** Über'setzung *f* (*e-s Getriebes*); Transmissi'on *f*; **3.** Verzahnung *f*.
gear| le·ver *s.* Schalthebel *m*; ~ **ra·tio** *s.* Über'setzung(sverhältnis *n*) *f*; ~ **rim** *s.* Zahnkranz *m*; ~ **shaft** *s.* Getriebe-, Schaltwelle *f*; ~ **shift** *s. Am.* a) → ***gear change***, b) → ***gear lever***; **'~·wheel** *s.* Getriebe-, Zahnrad *n*.
geck·o ['gekəʊ] *pl.* **-os**, **-oes** *s. zo.* Gecko *m* (*Echse*).
gee[1] [dʒiː] *s.* G *n*, g *n* (*Buchstabe*).
gee[2] [dʒiː] **I** *s.* **1.** *Kindersprache*: ‚Hotte'hü' *n* (*Pferd*); **II** *int.* **2.** *a.* ~ ***up!*** a) hott! (*nach rechts*), b) hü(h), hott! (*schneller*); **3.** *Am.* F na so was!, Mann!
geek [giːk] *s.* **1.** komischer Typ; **2.** (Computer- *etc.*)Freak *m*; **3.** Langweiler *m*.
geese [giːs] *pl. von* ***goose***.
gee| whiz [ˌdʒiː'wɪz] → ***gee***[2] 3; **'~-whiz** *adj. Am.* F **1.** ‚toll', Super...; **2.** Sensations...
gee·zer ['giːzə] *s.* F komischer (alter) Kauz, ‚Opa' *m*.
Gei·ger count·er ['gaɪgə] *s. phys.* Geigerzähler *m*.
gei·sha ['geɪʃə] *s.* Geisha *f*.
gel [dʒel] **I** *s.* **1.** Gel *n*; **II** *v/i.* **2.** gelieren; **3.** → ***jell*** 3.
gel·a·tin(e) [ˌdʒelə'tiːn] *s.* **1.** Gela'tine *f*; **2.** Gal'lerte *f*; **3.** *a.* ***blasting*** ~ 'Sprenggelaˌtine *f*; **ge·lat·i·nize** [dʒə'lætɪnaɪz] *v/i. u. v/t.* gelatinieren (lassen); **ge·lat·i·nous** [dʒə'lætɪnəs] *adj.* gallertartig.
geld [geld] *v/t. Tier* kastrieren, verschneiden; **'geld·ing** [-dɪŋ] *s.* kastriertes Tier, *bsd.* Wallach *m*.
gel·id ['dʒelɪd] *adj.* □ eisig.
gel·ig·nite ['dʒelɪgnaɪt] *s.* ⚙ Gela'tinedynaˌmit *n*.
gem [dʒem] **I** *s.* **1.** Edelstein *m*; **2.** Gemme *f*; **3.** *fig.* Perle *f*, Ju'wel *n*, Glanz-, Prachtstück *n*: ~ ***role*** *thea.* Glanzrolle *f*; **4.** *Am.* Brötchen *n*; **5.** *typ. e-e* $3^1/_2$*-Punkt-Schrift*; **II** *v/t.* **6.** mit Edelsteinen schmücken.
gem·i·nate I *adj.* ['dʒemɪnət] paarweise, Doppel...; **II** *v/t. u. v/i.* [-neɪt] (sich) verdoppeln (*a. ling.*); **gem·i·na·tion** [ˌdʒemɪ'neɪʃn] *s.* Verdoppelung *f* (*a. ling.*).
Gem·i·ni ['dʒemɪnaɪ] *s. pl. ast.* Zwillinge *pl.*
gem·ma ['dʒemə] *pl.* **-mae** [-miː] *s.* **1.** ⚘ a) Gemme *f*, Brutkörper *m*, b) Blattknospe *f*; **2.** *biol.* Knospe *f*, Gemme *f*; **'gem·mate** [-meɪt] *adj. biol.* sich durch Knospung fortpflanzend; **gem·ma·tion** [dʒe'meɪʃn] *s.* **1.** ⚘ Knospenbildung *f*; **2.** *biol.* Fortpflanzung *f* durch Knospen; **gem·mif·er·ous** [dʒe'mɪfərəs] *adj.* **1.** edelsteinhaltig; **2.** *biol.* → ***gemmate***.
gems·bok ['gemzbɒk] *s. zo.* 'Gämsantiˌlope *f*.
gen [dʒen] *Brit. sl.* **I** *s.* Informati'on(en *pl.*) *f*; **II** *v/t. u. v/i.*: ~ ***up*** (sich) informieren.
gen·der ['dʒendə] *s. ling.* Genus *n*, Geschlecht *n* (*a. humor. von Personen*); ~ **ben·der** *s.* F jemand vom anderen Ufer.
gene [dʒiːn] *s. biol.* Gen *n*, Erbfaktor *m*: ~ ***bank*** 'Genbank *f*; ~ ***pool*** Erbmasse *f*; ~ ***technology*** Gentechnologie *f*.
gen·e·a·log·i·cal [ˌdʒiːnjə'lɒdʒɪkl] *adj.* □ genea'logisch: ~ ***tree*** Stammbaum *m*.
gen·e·al·o·gist [ˌdʒiːnɪ'ælədʒɪst] *s.* Genea'loge *m*, Ahnenforscher *m*; **ˌgen·e'al·o·gize** [-dʒaɪz] *v/i.* Stammbaumforschung treiben; **ˌgen·e'al·o·gy** [-dʒɪ] *s.* Genealo'gie *f*: a) Ahnenforschung *f*, b) Ahnentafel *f*, c) Abstammung *f*.
gen·er·a ['dʒenərə] *pl. von* ***genus***.
gen·er·al ['dʒenərəl] **I** *adj.* □ → ***generally***; **1.** allgemein, um'fassend: ~ ***knowledge*** (***medicine***) Allgemeinbildung *f* (-medizin *f*); ~ ***outlook*** allgemeine Aussichten; ***the*** ~ ***public*** die breite Öffentlichkeit; **2.** allgemein (*nicht spezifisch*): ~ ***dealer*** *Brit.* Gemischtwarenhändler *m*; ***the*** ~ ***reader*** der Durchschnittsleser; ~ ***store*** Gemischtwarenhandlung *f*; ~ ***term*** Allgemeinbegriff *m*; ***in*** ~ ***terms*** allgemein (ausgedrückt); **3.** allgemein (üblich), gängig, verbreitet: ~ ***practice***; ***as a*** ~ ***rule*** meistens; **4.** allgemein gehalten, ungefähr: ***a*** ~ ***idea*** e-e ungefähre Vorstellung; ~ ***resemblance*** vage Ähnlichkeit; ***in a*** ~ ***way*** in großen Zügen, in gewisser Weise; **5.** allgemein, General..., Haupt...: ~ ***agent*** ✝ Generalvertreter *m*; ~ ***manager*** ✝ Generaldirektor *m*; ~ ***meeting*** ✝ General-, Hauptversammlung *f*; **6.** (*Amtstiteln nachgestellt*) *mst* General...: ***consul*** ~ Generalkonsul *m*; **II** *s.* **7.** ⚔ a) Gene'ral *m*, b) Heerführer *m*, Feldherr *m*, Stra'tege *m*; **8.** ⚔ *Am.* a) (Vier'sterne)GeneˌraI *m* (*zweithöchster Offiziersrang*), b) ~ ***of the army*** Fünf'sternegeneˌral *m* (*höchster Offiziersrang*); **9.** *eccl.* ('Ordens)Geneˌral *m*; **10.** ***the*** ~ das Allgemeine: ♀ (*Überschrift*) Allgemeines; ***in*** ~ im Allgemeinen.
gen·er·al| ac·cept·ance *s.* ✝ uneingeschränktes Ak'zept; ♀ **As·sem·bly** *s.* **1.** *pol.* Voll-, Gene'ralversammlung *f* (*der UNO*); **2.** *pol. Am.* Parla'ment *n* (*einiger Einzelstaaten*); **3.** *eccl.* oberstes Gericht der schottischen Kirche; ~ **car·go** *s.* ✝, ⚓ Stückgut(ladung *f*) *n*; ♀ **Cer·tif·i·cate of Ed·u·ca·tion** *s. ped. Brit.*: ~ ***O level*** *etwa*: mittlere Reife; ~ ***A level*** *etwa*: Abitur *n*; ~ **de·liv·er·y** *s.* ✉ *Am.* **1.** (Ausgabestelle *f* für) postlagernde Sendungen *pl.*; **2.** ‚postlagernd'; ~ **e·lec·tion** *s. pol.* allgemeine Wahlen *pl.*; ~ **head·quar·ters** *s. pl. mst sg. konstr.* ⚔ Großes Hauptquartier; ~ **hos·pi·tal** *s.* allgemeines Krankenhaus.
gen·er·al·is·si·mo [ˌdʒenərə'lɪsɪməʊ] *pl.* **-mos** *s.* ⚔ Genera'lissimus *m*, Oberbefehlshaber *m*.
gen·er·al·ist ['dʒenərəlɪst] *s.* Genera'list *m* (*Ggs. Spezialist*).
gen·er·al·i·ty [ˌdʒenə'rælətɪ] *s.* **1.** *pl.* allgemeine Redensarten *pl.*, Gemeinplätze *pl.*; **2.** Allgemeingültigkeit *f*; **3.** allgemeine Regel; **4.** Unbestimmtheit *f*; **5.** *obs.* Mehrzahl *f*, große Masse; **gen·er·al·i·za·tion** [ˌdʒenərəlaɪ'zeɪʃn] *s.* Verallgemeinerung *f*; **gen·er·al·ize** ['dʒenərəlaɪz] **I** *v/t.* **1.** verallgemeinern; **2.** auf e-e allgemeine Formel bringen; **3.** *paint.* in großen Zügen darstellen; **II** *v/i.* **4.** verallgemeinern; **gen·er·al·ly** ['dʒenərəlɪ] *adv.* **1.** *oft* ~ ***speaking*** allgemein, im Allgemeinen, im Großen u. Ganzen; **2.** allgemein; **3.** gewöhnlich, meistens.
gen·er·al| med·i·cine *s.* Allge'meinmediˌzin *f*; ~ **meet·ing** *s.* ✝ Gene'ral-, Hauptversammlung *f*; ~ **of·fi·cer** *s.* ⚔ Gene'ral *m*, Offi'zier *m* im Gene'ralsrang; ~ **par·don** *s.* (Gene'ral)Amnesˌtie *f*; ♀ **Post Of·fice** *s.* Hauptpostamt *n*; ~ **prac·ti·tion·er** *s.* Arzt *m* für Allge'meinmediˌzin, praktischer Arzt; **ˌ~-'pur·pose** *adj.* ⚙ Mehrzweck..., Universal...: ~ ***road*** vom Individu'alverkehr genutzte Straße; ~ ***road vehicle*** Allzweckfahrzeug *n*.
gen·er·al·ship ['dʒenərəlʃɪp] *s.* **1.** ⚔ Gene'ralsrang *m*; **2.** Strate'gie *f*: a) ⚔ Feldherrnkunst *f*, b) *a. allg.* geschickte Taktik.
gen·er·al| staff *s.* ⚔ Gene'ralstab *m*: ***chief of*** ~ Generalstabschef *m*; ~ **strike** *s.* ✝ Gene'ralstreik *m*.
gen·er·ate ['dʒenəreɪt] *v/t.* **1.** *bsd.* ⚗, *phys.* erzeugen (*a.* ⩘), *Gas, Rauch* entwickeln, *a.* ⩘ bilden; **2.** *biol.* zeugen; **3.** *fig.* erzeugen, her'vorrufen, bewirken, verursachen.
gen·er·at·ing sta·tion ['dʒenəreɪtɪŋ] *s.* ⚡ Kraftwerk *n*.
gen·er·a·tion [ˌdʒenə'reɪʃn] *s.* **1.** Generati'on *f*: ***the rising*** ~ die junge (*od.* heranwachsende) Generation; ~ ***gap*** Generationsunterschied *m*, Generationenkonflikt *m*; **2.** Generati'on *f*, Menschenalter *n* (*etwa 33 Jahre*): ~***s*** F e-e Ewigkeit; **3.** ⚙, ✝ Generati'on *f*: ***a new*** ~ ***of cars***; **4.** *biol.* Entwicklungs-

stufe *f*; **5.** Zeugung *f*, Fortpflanzung *f*; **6.** *bsd.* ⚗, ⚡, *phys.* Erzeugung *f* (*a.* ⚘), Entwicklung *f*; **7.** Entstehung *f*; ˌ**gen·er'a·tion·al** [-ʃənl] *adj.* Generations...: ~ ***conflict***; **gen·er·a·tive** ['dʒenərətɪv] *adj.* **1.** *biol.* Zeugungs..., Fortpflanzungs..., Geschlechts...; **2.** *biol.* fruchtbar; **3.** *ling.* genera'tiv: ~ ***grammar***; **gen·er·a·tor** ['dʒenəreɪtə] *s.* **1.** ⚡ Gene'rator *m*, Stromerzeuger *m*, Dy'namomaˌschine *f*; **2.** ⚙ a) Gaserzeuger *m*: ~ ***gas*** Generatorgas *n*, b) Dampferzeuger *m*, -kessel *m*; **3.** ⚙ (Ab)Wälzfräser *m*; **4.** ⚗ Entwickler *m*; **5.** ♪ Grundton *m*.

ge·ner·ic [dʒɪ'nerɪk] *adj.* (☐ ~***ally***) **1.** allgemein, gene'rell; **2.** ge'nerisch, Gattungs...: ~ ***term*** *od.* ***name*** Gattungsname *m*, Oberbegriff *m*.

gen·er·os·i·ty [ˌdʒenə'rɒsətɪ] *s.* **1.** Großzügigkeit *f*: a) Freigebigkeit *f*, b) Edelmut *m*, Hochherzigkeit *f*; **2.** edle Tat; **3.** Fülle *f*; **gen·er·ous** ['dʒenərəs] *adj.* ☐ **1.** großzügig: a) freigebig, b) edel, hochherzig; **2.** reichlich, üppig: ~ ***mouth*** volle Lippen *pl.*; **3.** vollmundig, gehaltvoll (*Wein*); fruchtbar (*Boden*).

gen·e·sis ['dʒenɪsɪs] *s.* **1.** Genesis *f*, Ge'nese *f*, Entstehung *f*; **2.** ♀ *bibl.* Genesis *f*, Erstes Buch Mose; **3.** Ursprung *m*.

gen·et ['dʒenɪt] *s.* **1.** *zo.* Ge'nette *f*, Ginsterkatze *f*; **2.** Ge'nettepelz *m*.

ge·net·ic [dʒɪ'netɪk] **I** *adj.* (☐ ~***ally***) **1.** *bsd. biol.* ge'netisch: a) entwicklungsgeschichtlich, b) Vererbungs..., Erb..., c) 'gentechnisch: ~ ***code*** genetischer Kode; ~ ***engineering*** Genmanipulation *f*, -technik *f*; ~***ally manipulated, changed, modified*** genetisch (*od.* gentechnisch) manipuliert, verändert; ~ ***fingerprint*** genetischer Fingerabdruck; ~ ***information*** Erbinformation *f*; **II** *s. pl. biol.* **2.** *sg. konstr.* Ge'netik *f*, Vererbungslehre *f*; **3.** ge'netische Formen *pl.* u. Erscheinungen *pl.*; **ge'net·i·cist** [-ɪsɪst] *s. biol.* Ge'netiker *m*.

ge·nette [dʒɪ'net] → ***genet***.

ge·ne·va[1] [dʒɪ'niːvə] *s.* Ge'never *m*, Wa'cholderschnaps *m*.

Ge·ne·va[2] [dʒɪ'niːvə] **I** *npr.* Genf *n*; **II** *adj.* Genfer(...); ~ **bands** *s. pl. eccl.* Beffchen *n*; ~ **Con·ven·tion** *s. pol.*, ⚔ Genfer Konventi'on *f*; ~ **cross** → ***red*** 1; ~ **drive** *s.* ⚙ Mal'teserkreuzantrieb *m*; ~ **gown** *s. eccl.* Ta'lar *m*.

ge·ni·al ['dʒiːnjəl] *adj.* ☐ **1.** freundlich (*a. fig. Klima etc.*), herzlich: ***in*** ~ ***company*** in angenehmer Gesellschaft; **2.** belebend, anregend; **ge·ni·al·i·ty** [ˌdʒiːnɪ'ælətɪ] *s.* **1.** Freundlichkeit *f*, Herzlichkeit *f*; **2.** Milde *f* (*Klima*).

ge·nie ['dʒiːnɪ] *s.* dienstbarer Geist, Dschinn *m*.

ge·ni·i ['dʒiːnɪaɪ] *pl. von* ***genie*** *u.* ***genius*** 4.

gen·i·tal ['dʒenɪtl] *adj.* Zeugungs..., Geschlechts..., geni'tal: ~ ***gland*** Keimdrüse *f*; '**gen·i·tals** [-lz] *s. pl.* Geni'talien *pl.*, Geschlechtsteile *pl.*

gen·i·ti·val [ˌdʒenɪ'taɪvl] *adj.* Genitiv..., genitivisch; **gen·i·tive** ['dʒenɪtɪv] *s. a.* ~ ***case*** *ling.* Genitiv *m*, zweiter Fall.

gen·i·to-u·ri·nar·y [ˌdʒenɪtəʊ'jʊərɪnərɪ] *adj.* ⚕ urogeni'tal.

ge·ni·us ['dʒiːnjəs] *pl.* '**ge·ni·us·es** *s.* **1.** Ge'nie *n*: a) geni'aler Mensch, b) (*ohne pl.*) Geniali'tät *f*, geni'ale Schöpferkraft; **2.** Begabung *f*, Gabe *f*; **3.** Genius *m*, Geist *m*, Seele *f*, *das* Eigentümliche (*e-r Nation etc.*): ~ ***of a period*** Zeitgeist; **4.** *pl.* '**ge·ni·i** [-nɪaɪ] *antiq.* Genius *m*, Schutzgeist *m*: ***good*** (***evil***) ~ guter (böser) Geist (*a. fig.*); ~ **lo·ci** ['ləʊsaɪ] (*Lat.*) *s.* a) Genius *m* Loci, Schutzgeist *m* e-s Ortes, b) Atmo'sphäre *f* e-s Ortes.

gen·o·blast ['dʒenəʊblɑːst] *s. biol.* reife Geschlechtszelle.

gen·o·cide ['dʒenəʊsaɪd] *s.* Geno'zid *m, n*, Völker-, Gruppenmord *m*.

Gen·o·ese [ˌdʒenəʊ'iːz] **I** *s.* Genu'eser (-in); **II** *adj.* genu'esisch, Genueser...

ge·nome ['dʒiːnəʊm] *s. biol.* Ge'nom *n*.

gen·o·type ['dʒenəʊtaɪp] *s. biol.* Geno'typ(us) *m*.

gen·re ['ʒɑ̃ːŋrə] (*Fr.*) *s.* **1.** Genre *n*, (*a.* Litera'tur)Gattung *f*: ~ ***painting*** Genremalerei *f*; **2.** Form *f*, Stil *m*.

gent [dʒent] *s.* **1.** F *für* ***gentleman***; **2.** *pl. sg. konstr.* F ‚Herrenklo' *n*; **3.** *Am.* F ‚Knabe' *m*, Kerl *m*.

gen·teel [dʒen'tiːl] *adj.* ☐ **1.** *obs.* vornehm; **2.** vornehm tuend, geziert, affek'tiert; **3.** ele'gant, fein.

gen·tian ['dʒenʃɪən] *s.* ✿ Enzian *m*; ~ **bit·ter** *s. pharm.* 'Enziantinkˌtur *f*.

gen·tile ['dʒentaɪl] **I** *s.* **1.** Nichtjude *m*, -jüdin *f*, *bsd.* Christ(in); **2.** Heide *m*, Heidin *f*; **3.** 'Nichtmorˌmone *m*, -morˌmonin *f*; **II** *adj.* **4.** nichtjüdisch, *bsd.* christlich; **5.** heidnisch; **6.** 'nichtmorˌmonisch.

gen·til·i·ty [dʒen'tɪlətɪ] *s.* **1.** *obs.* vornehme Herkunft; **2.** Vornehmheit *f*; **3.** Vornehmtue'rei *f*.

gen·tle ['dʒentl] *adj.* ☐ **1.** freundlich, sanft, gütig, liebenswürdig: ~ ***reader*** geneigter Leser; **2.** milde, ruhig, mäßig, leicht, sanft, zart: ~ ***blow*** leichter Schlag; ~ ***craft*** Angelsport *m*; ~ ***hint*** zarter Wink; ~ ***rebuke*** sanfter Tadel; ***the*** ~ ***sex*** das zarte Geschlecht; ~ ***slope*** sanfter Abhang; **3.** zahm, fromm (*Tier*); **4.** edel, vornehm: ***of*** ~ ***birth*** von vornehmer Geburt; '~·**folk**(**s**) *s. pl.* vornehme Leute *pl.*

gen·tle·man ['dʒentlmən] *s.* [*irr.*] **1.** Gentleman *m*: a) Ehrenmann *m*, b) Mann *m* von Lebensart u. Cha'rakter: ~***'s*** (*od.* ***gentlemen's***) ***agreement*** Gentleman's (*od.* Gentlemen's) Agreement *n*, ✝ *etc.* Vereinbarung *f* auf Treu u. Glauben; ~***'s*** ~ (Kammer)Diener *m*; **2.** Herr *m*: ***gentlemen*** a) (*Anrede*) m-e Herren!, b) *in Briefen*: Sehr geehrte Herren (*oft unübersetzt*); ~ ***farmer*** Gutsbesitzer *m*; ~ ***friend*** Freund *m e-r Dame*; ~ ***rider*** Herrenreiter *m*; ***Gentlemen***(***'s***) Herren(toilette *f*) *pl.*; **3.** *Titel von Hofbeamten*: ~ ***in waiting*** Kämmerer *m*; ~***-at-arms*** Leibgardist *m*; **4.** *obs.* Privati'er *m*; **5.** *hist.* a) Mann *m* von Stand, b) Edelmann *m*; '~·**like** → ***gentlemanly***; '**gen·tle·man·li·ness** [-lɪnɪs] *s.* **1.** vornehmes *od.* feines Wesen, Vornehmheit *f*; **2.** gebildetes *od.* feines Benehmen; '**gen·tle·man·ly** [-lɪ] *adj.* ‚gentlemanlike', vornehm, fein.

gen·tle·ness ['dʒentlnɪs] *s.* **1.** Freundlichkeit *f*, Güte *f*, Milde *f*, Sanftheit *f*; **2.** *obs.* Vornehmheit *f*.

'**gen·tleˌwom·an** *s.* [*irr.*] Dame *f* (von Lebensart u. Cha'rakter; von Stand *od.* Bildung); '**gen·tleˌwom·an·like**, '**gen·tleˌwom·an·ly** [-lɪ] *adj.* damenhaft, vornehm.

gen·tly ['dʒentlɪ] *adv. von* ***gentle***.

gen·try ['dʒentrɪ] *s.* **1.** Oberschicht *f*; **2.** *Brit.* Gentry *f*, niederer Adel; **3.** *a. pl. konstr.* F Leute *pl.*, Sippschaft *f*.

gen·u·flect ['dʒenjuːflekt] *v/i.* (*bsd. eccl.*) knien, die Knie beugen, *contp.* e-n Kniefall machen (***before*** vor *dat.*); **gen·u·flec·tion**, *Brit. a.* **gen·u·flex·ion** [ˌdʒenjuː'flekʃn] *s.* Kniebeugung *f*; *fig.* Kniefall *m*.

gen·u·ine ['dʒenjʊɪn] *adj.* ☐ echt: a) au'thentisch, b) ernsthaft (*Angebot etc.*), c) aufrichtig (*Mitgefühl etc.*), d) ungekünstelt (*Lachen etc.*); '**gen·u·ine·ness** [-nɪs] *s.* Echtheit *f*.

ge·nus ['dʒiːnəs] *pl.* **gen·er·a** ['dʒenərə] *s.* **1.** ✿, *zo.*, *phls.* Gattung *f*; **2.** *fig.* Art *f*, Klasse *f*.

ge·o·cen·tric [ˌdʒiːəʊ'sentrɪk] *adj. ast.* geo'zentrisch; ˌ**ge·o'chem·is·try** [-'kemɪstrɪ] *s.* Geoche'mie *f*; ˌ**ge·o'cy·clic** [-'saɪklɪk] *adj. ast.* geo'zyklisch.

ge·ode ['dʒiːəʊd] *s. min. allg.* Ge'ode *f*.

ge·o·des·ic, **ge·o·des·i·cal** [ˌdʒiːəʊ'desɪk(l)] *adj.* ☐ geo'dätisch; **ge·od·e·sist** [dʒiː'ɒdɪsɪst] *s.* Geo'dät *m*; **ge·od·e·sy** [dʒiː'ɒdɪsɪ] *s.* Geodä'sie *f* (*Erdvermessung*); ˌ**ge·o'det·ic**, ˌ**ge·o'det·i·cal** [-etɪk(l)] *adj.* geo'dätisch.

ge·og·ra·pher [dʒɪ'ɒgrəfə] *s.* Geo'graph (-in); **ge·o·graph·ic**, **ge·o·graph·i·cal** [dʒɪə'græfɪk(l)] *adj.* ☐ geo'graphisch: ***geographical mile***; **ge'og·ra·phy** [-fɪ] *s.* **1.** Geogra'phie *f*, Erdkunde *f*; **2.** geo'graphische Abhandlung; **3.** geo'graphische Beschaffenheit.

ge·o·log·ic, **ge·o·log·i·cal** [ˌdʒɪəʊ'lɒdʒɪk(l)] *adj.* ☐ geo'logisch; **ge·ol·o·gist** [dʒɪ'ɒlədʒɪst] *s.* Geo'loge *m*, Geo'login *f*; **ge·ol·o·gize** [dʒɪ'ɒlədʒaɪz] **I** *v/i.* geo'logische Studien betreiben; **II** *v/t.* geo'logisch unter'suchen; **ge·ol·o·gy** [dʒɪ'ɒlədʒɪ] *s.* **1.** Geolo'gie *f*; **2.** geo'logische Abhandlung; **3.** geo'logische Beschaffenheit.

ge·o·mag·net·ism [ˌdʒɪəʊ'mægnɪtɪzəm] *s. phys.* 'Erdmagneˌtismus *m*.

ge·o·man·cy ['dʒɪəʊmænsɪ] *s.* Geoman'tie *f*, Geo'mantik *f* (*Art Wahrsagerei*).

ge·om·e·ter [dʒɪ'ɒmɪtə] *s.* **1.** *obs.* Geo'meter *m*; **2.** Ex'perte *m* auf dem Gebiet der Geome'trie; **3.** *zo.* Spannerraupe *f*; **ge·o·met·ric**, **ge·o·met·ri·cal** [ˌdʒɪəʊ'metrɪk(l)] *adj.* ☐ geo'metrisch; **ge·om·e·tri·cian** [ˌdʒɪəʊme'trɪʃn] → ***geometer*** 1, 2; **ge'om·e·try** [-mətrɪ] *s.* **1.** Geome'trie *f*; **2.** geo'metrische Abhandlung.

ge·o·phys·i·cal [ˌdʒiːəʊ'fɪzɪkl] *adj.* geophysi'kalisch; ˌ**ge·o'phys·ics** [-ks] *s. pl.*, *oft sg. konstr.* Geophy'sik *f*.

ge·o·pol·i·tics [ˌdʒiːəʊ'pɒlɪtɪks] *s. pl.*, *oft sg. konstr.* Geopoli'tik *f*.

George [dʒɔːdʒ] *s.*: ***St*** ~ der heilige Georg (*Schutzpatron Englands*): ***St*** ~***'s Cross*** Georgskreuz *n*; ~ ***Cross*** *od.* ***Medal*** ⚔ *Brit.* Georgskreuz *n* (*Orden*); ***by*** ~***!*** a) beim Zeus!, b) Mann!; ***let*** ~ ***do it!*** *Am. sl.* solls machen, wer Lust hat!

geor·gette [dʒɔː'dʒet] *Am.* ♀ *s.* Geor'gette *m* (*Seidenkrepp*).

Geor·gi·an ['dʒɔːdʒjən] **I** *adj.* **1.** georgi'anisch: a) *aus der Zeit der Könige Georg I.–IV.* (*1714–1830*), b) *aus der Zeit der Könige Georg V. u. VI.* (*1910–52*); **2.** geor'ginisch (*den Staat Georgia, USA, betreffend*); **3.** ge'orgisch (*die Sowjetrepublik Georgien betreffend*); **II** *s.* **4.** Ge'orgier(in).

ge·o·sci·ence [ˌdʒiːəʊ'saɪəns] *s.* Geowissenschaft *f*.

ge·o·ther·mal [ˌdʒiːəʊ'θɜːml] *adj.* geothermisch; ~ ***energy*** Erdwärme *f*.

ge·ra·ni·um [dʒɪ'reɪnjəm] *s.* ✿ **1.** Storchschnabel *m*; **2.** Ge'ranie *f*.

ger·fal·con ['dʒɜː,fɔːlkən] *s. orn.* G(i)erfalke *m.*

ger·i·at·ric [,dʒerɪ'ætrɪk] **I** *adj.* ⚕ geri'atrisch; **II** *s. humor.* Greis *m*; **ger·i·a·tri·cian** [,dʒerɪə'trɪʃn] *s.* Geri'ater *m*, Facharzt *m* für Alterskrankheiten; **,ger·i'at·rics** [-ks] *s. pl., oft sg. konstr.* Geria'trie *f.*

germ [dʒɜːm] **I** *s.* **1.** ⚘, *biol.* Keim *m* (*a. fig. Ansatz, Ursprung*); **2.** a) *biol.* Mikrobe *f*, b) ⚕ Keim *m*, Ba'zillus *m*, Bak'terie *f*, Krankheitserreger *m*; **II** *v/i. u. v/t.* **3.** keimen (lassen).

ger·man[1] ['dʒɜːmən] *adj.* leiblich: ***brother** ~* leiblicher Bruder.

Ger·man[2] ['dʒɜːmən] **I** *adj.* **1.** deutsch; **II** *s.* **2.** Deutsche(r *m*) *f*; **3.** *ling.* Deutsch *n*, das Deutsche: ***in** ~* a) auf Deutsch, b) im Deutschen; ***into** ~* ins Deutsche; ***from** (**the**) ~* aus dem Deutschen.

,Ger·man-A'mer·i·can **I** *adj.* 'deutschameri,kanisch; **II** *s.* 'Deutschameri,kaner(in).

ger·man·der [dʒɜː'mændə] *s.* ⚘ **1.** Ga'mander *m*; **2.** *a.* ***~ speedwell*** Ga'manderehrenpreis *m.*

ger·mane [dʒɜː'meɪn] *adj.* (***to***) gehörig (zu), zs.-hängend (mit), betreffend (*acc.*), passend (zu).

Ger·man·ic[1] [dʒɜː'mænɪk] **I** *adj.* **1.** ger'manisch; **2.** deutsch; **II** *s.* **3.** *ling. das* Ger'manische.

ger·man·ic[2] [dʒɜː'mænɪk] *adj.* ⚗ Germanium...: ***~ acid.***

Ger·man·ism ['dʒɜːmənɪzəm] *s.* **1.** *ling.* Germa'nismus *m*, deutsche Spracheigenheit; **2.** (typisch) deutsche Art; **3.** et. typisch Deutsches; **4.** Deutschfreundlichkeit *f*; **'Ger·man·ist** [-ɪst] *s.* Germa'nist(in); **Ger·man·i·ty** [dʒɜː'mænətɪ] → ***Germanism*** 2.

ger·ma·ni·um [dʒɜː'meɪnjəm] *s.* ⚗ Ger'manium *n.*

Ger·man·i·za·tion [,dʒɜːmənaɪ'zeɪʃn] *s.* Germanisierung *f*, Eindeutschung *f*; **Ger·man·ize** ['dʒɜːmənaɪz] **I** *v/t.* germanisieren, eindeutschen; **II** *v/i.* deutsch werden.

Ger·man mea·sles *s. pl. sg. konstr.* ⚕ Röteln *pl.*

Ger·man·o·phil [dʒɜː'mænəfɪl], **Ger'man·o·phile** [-faɪl] **I** *adj.* deutschfreundlich; **II** *s.* Deutschfreundliche(r *m*) *f*; **Ger'man·o·phobe** [-fəʊb] *s.* Deutschenhasser(in); **Ger·man·o·pho·bi·a** [dʒɜː,mænə'fəʊbjə] *s.* Deutschfeindlichkeit *f.*

Ger·man| po·lice dog, ~ shep·herd (dog) *s. Am.* Deutscher Schäferhund; **~ sil·ver** *s.* Neusilber *n*; **~ steel** *s.* ⚙ Schmelzstahl *m*; **~ text, ~ type** *s. typ.* Frak'tur(schrift) *f.*

germ| car·ri·er *s.* ⚕ Keim-, Ba'zillenträger *m*; **~ cell** *s. biol.* Keimzelle *f.*

ger·men ['dʒɜːmɪn] *s.* ⚘ Fruchtknoten *m.*

ger·mi·cid·al [,dʒɜːmɪ'saɪdl] *adj.* keimtötend; **ger·mi·cide** ['dʒɜːmɪsaɪd] *adj. u. s.* keimtötend(es Mittel).

ger·mi·nal ['dʒɜːmɪnl] *adj.* □ **1.** *biol.* Keim(zellen)...; **2.** ⚕ Keim..., Bakterien...; **3.** *fig.* keimend, im Keim befindlich: ***~ ideas***; **'ger·mi·nant** [-nənt] *adj.* keimend (*a. fig.*); **'ger·mi·nate** [-neɪt] ⚘ **I** *v/i.* keimen (*a. fig. sich entwickeln*); **II** *v/t.* zum Keimen bringen, keimen lassen (*a. fig.*); **ger·mi·na·tion** [,dʒɜːmɪ'neɪʃn] *s.* ⚘ Keimen *n* (*a. fig.*); **'ger·mi·na·tive** [-nətɪv] *adj.* ⚘ **1.** Keim...; **2.** (keim)entwicklungsfähig.

'germ|·proof *adj.* keimsicher, -frei; **~ war·fare** *s.* ⚔ Bak'terienkrieg *m*, bio'logische Kriegführung.

ge·ron·toc·ra·cy [,dʒerɒn'tɒkrəsɪ] *s.* Gerontokra'tie *f*, Altenherrschaft *f.*

ger·on·tol·o·gist [,dʒerɒn'tɒlədʒɪst] Geronto'loge *m*; **,ger·on'tol·o·gy** [-dʒɪ] → ***geriatrics.***

ger·ry·man·der ['dʒerɪmændə] **I** *v/t.* **1.** *pol.* die Wahlbezirksgrenzen in *e-m Gebiet* manipulieren; **2.** *Fakten* manipulieren, verfälschen; **II** *s.* **3.** *pol.* manipulierte Wahlbezirksabgrenzung.

ger·und ['dʒerənd] *s. ling.* Ge'rundium *n*; **ge·run·di·al** [dʒɪ'rʌndjəl] *adj. ling.* Gerundial...; **ger·un·di·val** [,dʒerən'daɪvl] *adj. ling.* Gerundiv..., gerun'divisch; **ge·run·dive** [dʒɪ'rʌndɪv] *s. ling.* Gerun'div *n.*

ges·ta·tion [dʒes'teɪʃn] *s.* **1.** a) Schwangerschaft *f*, b) *zo.* Trächtigkeit *f*; **2.** *fig.* Reifen *n.*

ges·ta·to·ri·al chair [,dʒestə'tɔːrɪəl] *s.* Tragsessel *m des Papstes.*

ges·tic·u·late [dʒe'stɪkjʊleɪt] *v/i.* gestikulieren, (her'um)fuchteln; **ges·tic·u·la·tion** [dʒe,stɪkjʊ'leɪʃn] *s.* **1.** Gestikulati'on *f*, Gestik *f*, Gebärdenspiel *n*, Gesten *pl.*; **2.** lebhafte Geste; **ges·tic·u·la·to·ry** [-lətərɪ] *adj.* gestikulierend.

ges·ture ['dʒestʃə] **I** *s.* **1.** Gebärde *f*, Geste *f*: ***~ of friendship*** *fig.* freundschaftliche Geste; **2.** Gebärdenspiel *n*; **II** *v/i.* **3.** → ***gesticulate.***

get [get] **I** *v/t.* [*irr.*] **1.** bekommen, erhalten, ‚kriegen': ***~ it*** F ‚sein Fett kriegen', etwas ‚erleben'; ***~ a (radio) station*** e-n Sender (rein)bekommen *od.* (-)kriegen; **2.** a) ***~ s.th. (for o.s.), get o.s. s.th.*** sich et. verschaffen *od.* besorgen, et. erwerben *od.* kaufen *od.* finden: ***~ (o.s.) a car***, b) ***~ s.o. s.th., ~ s.th. for s.o.*** j-m et. besorgen *od.* verschaffen; **3.** *Ruhm etc.* erlangen, erringen, erwerben, *Sieg* erringen, erzielen, *Reichtum* erwerben, kommen zu, *Wissen, Erfahrung* erwerben, sich aneignen; **4.** *Kohle etc.* gewinnen, fördern; **5.** erwischen: a) (zu fassen) kriegen, packen, fangen, b) ertappen, c) treffen, d) *sl.* ‚kriegen', ‚erledigen' (*abschießen, töten*): ***(I've) got him!*** (ich) hab ihn!; ***he'll ~ you yet!*** er kriegt dich doch (noch)!; ***he's got it bad(ly)*** F *allg.* ‚ihn hats bös erwischt'; ***you've got me there!*** F da bin ich überfragt!, da muss ich passen!; ***that ~s me!*** F a) das kapier ich nicht!, b) das geht mir auf die Nerven!, c) das geht mir unter die Haut *od.* an die Nieren!; **6.** a) holen: ***~ help (a doctor, etc.)***, b) bringen, holen: ***~ me the book***, c) ('hin)bringen, *wohin* schaffen: ***~ me to the hospital!***; **7.** (*a. telefonisch etc.*) erreichen; **8.** ***have got*** a) haben: ***I've got enough money***, b) (*mit inf.*) müssen: ***we have got to do it***; ***it's got to be wrong*** es muss falsch sein; **9.** machen, werden lassen: ***~ o.s. dirty*** sich schmutzig machen; ***~ one's feet wet*** nasse Füße bekommen; ***~ s.o. nervous*** j-n nervös machen; **10.** (*mit p.p.*) lassen: ***~ one's hair cut*** sich die Haare schneiden lassen; ***~ the door shut*** die Tür zubekommen; ***~ things done*** etwas zuwege bringen; **11.** (*mit inf. od. pres. p.*) dazu bringen *od.* bewegen: ***~ s.o. to talk*** j-n zum Sprechen bringen; ***~ the machine to work, ~ the machine working*** die Maschine in Gang bringen; → ***go*** 21; **12.** a) machen, zubereiten: ***~ dinner***, b) *Brit.* F essen, zu sich nehmen: ***~ breakfast*** frühstücken; **13.** F ‚kapieren', verstehen (*a. hören*): ***I didn't ~ that!***; ***I don't ~ him*** ich versteh nicht, was er will; ***don't ~ me wrong!*** versteh mich nicht falsch!; ***got it?*** kapiert?; ***~ that!*** *iron.* a) was sagst du dazu?, b) sieh (*od.* hör) dir das (bloß mal) an!; **II** *v/i.* **14.** kommen, gelangen: ***~ home*** nach Hause kommen, zu Hause ankommen; ***~ into debt (into a rage)*** in Schulden (in Wut) geraten; ***~ somewhere*** F weiterkommen, Erfolg haben; ***now we are ~ting somewhere!*** jetzt kommen wir der Sache schon näher!; ***~ nowhere, not to ~ anywhere*** nicht weiterkommen; ***that will ~ us nowhere!*** so kommen wir nicht weiter!; **15.** (*mit adj. od. p.p.*) werden: ***~ old***; ***~ better*** a) besser werden, sich (ver)bessern, b) sich erholen; ***~ caught*** gefangen *od.* erwischt werden; ***~ tired*** müde werden, ermüden; **16.** (*mit inf.*) dahin kommen: ***~ to like it*** daran Gefallen finden, es allmählich mögen; ***~ to know*** kennen lernen; ***how did you ~ to know that?*** wie hast du das erfahren?; ***~ to be friends*** Freunde werden; **17.** (*mit pres. p.*) anfangen, beginnen: ***they got quarrel(l)ing***; ***~ talking*** a) ins Gespräch kommen, b) zu reden anfangen; → ***go*** 21; **18.** *sl.* ‚abhauen': ***~!*** hau ab!;

Zssgn mit prp.:

get| a·round *v/i.* F **1.** *et.* um'gehen; **2.** a) *j-n* ‚her'umkriegen', b) *j-n* ‚reinlegen'; **~ at** *v/i.* **1.** (her'an)kommen an (*acc.*), erreichen: ***I can't ~ my books***; **2.** an *j-n* ‚rankommen', *j-m* beikommen; **3.** *et.* ‚kriegen', ‚auftreiben'; **4.** *et.* her'ausbekommen, *e-r Sache* auf den Grund kommen; **5.** sagen wollen: ***what is he getting at?*** worauf will er hinaus?; **6.** *j-n* ‚schmieren', bestechen; **~ be·hind** *v/i.* **1.** sich stellen hinter (*acc.*), *fig. a. j-n* unterstützen; **2.** zu'rückbleiben hinter (*dat.*); **~ off** *v/i.* **1.** a) absteigen von, b) aussteigen aus; **2.** freikommen von; **~ on** *v/i.* a) *Pferd, Wagen etc.* besteigen, b) einsteigen in (*acc.*): ***~ to one's feet*** sich erheben; **~ to** F hinter *et. od.* hinter *j-s* Schliche kommen; **~ out of** *v/i.* **1.** her'aussteigen, -kommen, -gelangen aus; **2.** e-e Gewohnheit ablegen: ***~ smoking*** sich das Rauchen abgewöhnen; **3.** *fig.* aus *e-r Sache* ‚aussteigen'; sich her'auswinden aus: ***~ from under*** F sich rauswinden; **4.** sich drücken vor (*dat.*); **5.** *Geld etc.* aus *j-m* ‚her'ausholen'; **6.** *et.* bei *e-r Sache* ‚kriegen'; **~ o·ver** *v/i.* **1.** (hinüber)kommen über (*acc.*); **2.** *fig.* hin'wegkommen über (*acc.*); **3.** *et.* über'stehen; **~ round** → ***get around***; **~ through** *v/i.* **1.** kommen durch (*e-e Prüfung, den Winter etc.*); **2.** *Geld* 'durchbringen; **3.** *et.* erledigen; **~ to** *v/i.* **1.** kommen nach, erreichen; **2.** a) sich machen an (*acc.*), b) (*zufällig*) dazu kommen: ***we got to talking about it*** wir kamen darauf zu sprechen;

Zssgn mit adv.:

get| a·bout *v/i.* **1.** her'umgehen; **2.** he'rumkommen; **3.** (wieder) auf den Beinen sein (*nach Krankheit*); **4.** sich her'umsprechen *od.* verbreiten (*Gerücht*); **~ a·cross** **I** *v/i.* **1.** *fig.* ‚ankommen': a) ‚einschlagen', Anklang finden: ***the play got across***, b) sich verständlich machen; **2.** (***to*** *j-m*) klar werden; **II** *v/t.* **3.** *e-r Sache* Wirkung *od.* Erfolg verschaffen, *et.* an den Mann bringen:

get an idea across; **4.** *et.* klarmachen; **~ a·head** *v/i.* F vorankommen, Fortschritte machen: **~ *of s.o.*** j-n überholen *od.* überflügeln; **~ a·long** *v/i.* **1.** auskommen (***with*** mit *j-m*); **2.** zu'recht-, auskommen (***with*** mit *et.*); **3.** → ***get on*** 1; **4.** weitergehen: ***~!*** verschwinde!; ***~ with you!*** F a) verschwinde!, b) jetzt hör aber auf!; **5.** älter werden; **~ a·way** *v/i.* **1.** loskommen, sich losmachen: ***you can't ~ from that*** a) darüber kannst du dich nicht hinwegsetzen, b) das musst du doch einsehen; ***you can't ~ from the fact that*** man kommt um die Tatsache nicht herum, dass; **2.** *bsd. sport* ‚wegkommen': a) starten, b) sich lösen; **3.** → ***get along*** 4; **4.** entkommen, entwischen: ***he won't ~ with that*** damit kommt er nicht durch; ***he gets away with everything*** (*od.* ***with murder***) er kann sich alles erlauben; **~ back I** *v/t.* **1.** zu'rückbekommen: ***get one's own back*** F sich rächen; ***get one's own back on s.o.*** → 3; **II** *v/i.* **2.** zu'rückkommen; **3. *~ at s.o.*** F sich an j-m rächen; **~ be·hind** *v/i.* zu'rückbleiben; in Rückstand kommen; **~ by** *v/i.* **1.** vor'bei-, 'durchkommen; **2.** aus-, zu'rechtkommen; ‚es schaffen'; **~ down I** *v/i.* **1.** her'unterkommen, -steigen; **2.** aus-, absteigen; **3. *~ to s.th.*** sich an et. (her'an-) machen; → ***business*** 5; **II** *v/t.* **4.** herunterholen, -schaffen; **5.** aufschreiben; **6.** *Essen etc.* runterkriegen; **7.** *fig. j-n* ‚fertig machen'; **~ in I** *v/t.* **1.** hin'einbringen, -schaffen, -bekommen; **2.** *Ernte* einbringen; **3.** einfügen; **4.** *Bemerkung, Schlag etc.* anbringen; **5.** *Arzt etc.* (hin)'zuziehen; **II** *v/i.* **6.** hin'ein- *od.* her'eingelangen, -kommen: **7.** einsteigen; **8.** *pol.* (ins Parla'ment *etc.*) gewählt werden; **9. *~ on*** F mitmachen bei; **10. *~ with s.o.*** sich mit j-m anfreunden; **~ off I** *v/t.* **1.** *Kleid etc.* ausziehen; **2.** losbekommen, -kriegen; **3.** *Brief etc.* ‚loslassen'; **II** *v/i.* **4.** abreisen; **5.** ✈ abheben; **6.** (***from***) absteigen (von), aussteigen (aus): ***tell s.o. where to ~*** F j-m ‚Bescheid stoßen'; **7.** da'vonkommen: ***~ cheaply*** a) billig wegkommen, b) mit e-m blauen Auge davonkommen; **8.** entkommen; **9.** (*von der Arbeit*) wegkommen; **~ on I** *v/i.* **1.** vor'ankommen (*a. fig.*): ***~ in life*** a) es zu et. bringen, b) *a.* ***~ (in years)*** älter werden; ***be getting on for sixty*** auf die sechzig zugehen; ***~ without*** ohne *et.* auskommen; ***let's ~ with it!*** machen wir weiter!; ***it was getting on*** es wurde spät; **2.** → ***get along*** 1, 2; **3. *~ to*** F a) *Brit.* sich in Verbindung setzen mit, *teleph. j-n* anrufen, b) *et.* ‚spitzkriegen', c) *j-m* auf die Schliche kommen; **II** *v/t.* **4.** *et.* vor'antreiben; **5. *get it on*** a) anfangen, loslegen (mit), b) *bsd. Am.* F ‚bumsen' (***with*** mit); **~ out I** *v/t.* **1.** her'ausbekommen, -kriegen (*a. fig.*); **2.** a) her'ausholen, b) hin'ausschaffen; **3.** *Worte* her'ausbringen; **II** *v/i.* **4.** a) aussteigen, b) herauskommen, c) hin'ausgehen: ***~!*** raus!; ***~ from under*** *Am.* F mit heiler Haut davonkommen; **5.** *fig.* F ‚aussteigen'; **6.** → ***get out of*** (*Zssgn mit prp.*); **~ round** *v/i.* dazu kommen (***to doing s.th.*** et. zu tun); **~ through I** *v/t.* **1.** 'durchbringen, -bekommen (*a. fig.*); **2.** *et.* hinter sich bringen; **3.** (***to*** *j-m*) *et.* klarmachen; **II** *v/i.* **4.** *a. fig., a. ped., teleph.* 'durchkommen; **5.** (***with***) fertig werden mit, (*et.*) ‚schaffen'; **6.** (***to*** *j-m*) klar werden; **~ to·geth·er I** *v/t.* **1.** zs.-bringen; **2.** zs.-tragen; **3. *get it together*** F ‚es bringen'; **II** *v/i.* **4.** zs.-kommen; **5.** sich einig werden; **~ up I** *v/t.* **1.** hin'aufbringen, -schaffen; **2.** ins Werk setzen; **3.** veranstalten, organisieren; **4.** (ein)richten, vorbereiten; **5.** konstruieren, zs.-basteln; **6.** (***o.s.*** sich) her'ausputzen; **7.** *Buch etc.* ausstatten; *Waren* (hübsch) aufmachen; **8.** *thea.* einstudieren; **9.** F ‚büffeln'; **II** *v/i.* **10.** aufstehen.

get|-at-a·ble [get'ætəbl] *adj.* **1.** erreichbar (*Ort od. Sache*); **2.** zugänglich (*Ort od. Person*); **'~·a·way** *s.* **1.** F Flucht *f*, Entkommen *n*: **~ *car*** Fluchtwagen *m*; ***make one's ~*** entkommen, entwischen, sich aus dem Staub machen; **2.** ✈, *sport* Start *m*; **3.** *mot.* Anzugsvermögen *n*; **'~-off** *s.* ✈ Abheben *n*.

get·ter ['getə] *s.* ⚒ Hauer *m*.

'get|-to,geth·er *s.* Zs.-kunft *f*, zwangloses Bei'sammensein; **,~-'tough** *adj. Am.* F hart, aggres'siv: **~ *policy***; **'~-up** *s.* **1.** Aufbau *m*, Anordnung *f*; **2.** Aufmachung *f*: a) Ausstattung *f*, b) ‚Aufzug' *m*, Kleidung *f*; **3.** *thea.* Inszenierung *f*.

gew·gaw ['gju:gɔ:] *s.* **1.** → ***gimcrack*** I; **2.** *fig.* Lap'palie *f*, Kleinigkeit *f*.

gey·ser *s.* **1.** ['gaɪzə] Geysir *m*, heiße Quelle; **2.** ['gi:zə] *Brit.* ('Gas-),Durchlauferhitzer *m*.

ghast·li·ness ['gɑ:stlɪnɪs] *s.* **1.** Grausigkeit *f*, schreckliches Aussehen; **2.** Totenblässe *f*; **ghast·ly** ['gɑ:stlɪ] **I** *adj.* **1.** grässlich, gräulich, entsetzlich (*alle a. fig.* F); **2.** gespenstisch; **3.** totenbleich; **4.** verzerrt (*Lächeln*); **II** *adv.* **5.** grässlich *etc.*: **~ *pale*** totenblass.

gher·kin ['gɜ:kɪn] *s.* Essig-, Gewürzgurke *f*.

ghet·to ['getəʊ] *pl.* **-tos** *s. hist. u. sociol.* G(h)etto *n*; **'~,blast·er** *s.* F Dröhne *f*; Heuler *m*.

ghost [gəʊst] **I** *s.* **1.** Geist *m*, Gespenst *n*: ***lay a ~*** e-n Geist beschwören; ***lay the ~s of the past*** *fig.* Vergangenheitsbewältigung betreiben; ***the ~ walks*** *thea. sl.* es gibt Geld; **2.** Geist *m*, Seele *f* (*nur noch in*): ***give*** (*od.* ***yield***) ***up the ~*** den Geist aufgeben (*a. fig.* F); **3.** *fig.* Spur *f*, Schatten *m*: ***not the ~ of a chance*** F nicht die geringste Chance; ***the ~ of a smile*** der Anflug e-s Lächelns; **4.** → ***ghost writer***; **5.** *opt. TV* Doppelbild *n*; **II** *v/t.* **6.** *j-n* verfolgen (*Erinnerungen etc.*); **7.** *Buch etc.* als Ghostwriter schreiben; **III** *v/i.* **8.** Ghostwriter sein (***for*** für); **'~·like** → ***ghostly***.

ghost·li·ness ['gəʊstlɪnɪs] *s.* Geisterhaftigkeit *f*; **ghost·ly** ['gəʊstlɪ] *adj.* geisterhaft, gespenstisch.

ghost| sto·ry *s.* Geister-, Gespenstergeschichte *f*; **~ town** *s. Am.* Geisterstadt *f*, verödete Stadt; **~ train** *s.* Geisterbahn *f*; **~ word** *s.* Ghostword *n* (*falsche Wortbildung*); **'~-write** → ***ghost*** 7, 8; **~ writ·er** *s.* Ghostwriter *m*.

ghoul [gu:l] *s.* **1.** Ghul *m* (*Leichen fressender Dämon*); **2.** *fig.* Unhold *m* (*Person mit makabren Gelüsten*), *z.B.* Grabschänder *m*; **'ghoul·ish** [-lɪʃ] *adj.* □ **1.** ghulenhaft; **2.** gräulich, ma'kaber.

G.I. [,dʒi:'aɪ] (*von* ***Government Issue***) ⚔ *Am.* F **I** *s.* ‚G'I' *m* (*US-Soldat*); **II** *adj.* GI-..., Kommiss...; *weitS.* vorschriftsmäßig.

gi·ant ['dʒaɪənt] **I** *s.* Riese *m*, *fig. a.* Gi'gant *m*, Ko'loss *m*; **II** *adj.* riesenhaft, riesig; *a.* ♀, *zo.* Riesen...: **~ *slalom*** Riesenslalom *m*; **~ *stride*** Riesenschritt *m*; **~('s) *stride*** Rundlauf *m* (*Turngerät*); **~ *wheel*** Riesenrad *n*; **'gi·ant·ess** [-tes] *s.* Riesin *f*.

gib [gɪb] *s.* ⚙ **1.** Keil *m*, Bolzen *m*; **2.** 'Führungsline,al *n* (*e-r Werkzeugmaschine*); **3.** Ausleger *m* (*e-s Krans*).

gib·ber ['dʒɪbə] *v/i.* schnattern, quatschen; **'gib·ber·ish** [-ərɪʃ] *s.* Geschnatter *n*; Geschwätz, ‚Geschwafel' *n*.

gib·bet ['dʒɪbɪt] **I** *s.* **1.** Galgen *m*; **2.** ⚙ Kran- *od.* Querbalken *m*; **II** *v/t.* **3.** *j-n* hängen; **4.** *fig.* anprangern, bloßstellen.

gib·bon ['gɪbən] *s. zo.* Gibbon *m*.

gib·bous ['gɪbəs] *adj.* **1.** gewölbt; **2.** buck(e)lig.

gibe [dʒaɪb] **I** *v/t.* verhöhnen, verspotten; **II** *v/i.* spotten (***at*** über *acc.*); **III** *s.* höhnische Bemerkung, Stiche'lei *f*, Seitenhieb *m*.

gib·lets ['dʒɪblɪts] *s. pl.* Inne'reien *pl.*, *bsd.* Hühner-, Gänseklein *n*.

gid·di·ness ['gɪdɪnɪs] *s.* **1.** Schwindel (-gefühl *n*) *m*; **2.** *fig.* a) Leichtsinn *m*, Flatterhaftigkeit *f*, b) Wankelmütigkeit *f*; **gid·dy** ['gɪdɪ] *adj.* □ **1.** schwind(e)lig: ***I am*** (*od.* ***feel***) **~** mir ist schwind(e)lig; **2.** *a. fig.* Schwindel erregend, schwindelnd; **3.** *fig.* a) leichtsinnig, flatterhaft, b) ‚verrückt', ‚wild'.

gie [gi:] *Scot. für* ***give***.

gift [gɪft] **I** *s.* **1.** Geschenk *n*, Gabe *f*: ***make a ~ of*** *et.* schenken; ***I wouldn't have it as a ~*** das nähme ich nicht (mal) geschenkt; ***it's a ~!*** das ist ja geschenkt (*billig*)!; **2.** ⚖ Schenkung *f*; **3.** ⚖ Verleihungsrecht *n*: ***the office is in his ~*** er kann dieses Amt verleihen; **4.** *fig.* Begabung *f*, Gabe *f*, Ta'lent *n* (***for***, ***of*** für): **~ *for languages*** Sprachbegabung; ***of many ~s*** vielseitig begabt; → ***gab*** I; **II** *v/t.* **5.** (be)schenken; **'gift·ed** [-tɪd] *adj.* begabt, talen'tiert.

gift| horse *s.*: ***don't look a ~ in the mouth*** e-m geschenkten Gaul schaut man nicht ins Maul; **~ shop** *s.* Ge'schenkar,tikelladen *m*; **~ tax** Schenkungssteuer *f*; **~ to·ken**, **~ vouch·er** *s.* Geschenkgutschein *m*; **'~-wrap** *v/t.* geschenkmäßig verpacken; **~ wrap·ping** *s.* Ge'schenkpa,pier *n*.

gig¹ [gɪg] *s.* **1.** ⚓ Gig(boot *n*) *f*; **2.** Gig *f* (*Ruderboot*); **3.** Gig *n* (*zweirädriger, offener Einspänner*); **4.** Fischspeer *m*; **5.** ⚙ ('Tuch),Rauma,schine *f*.

gig² [gɪg] *s.* ♪ F a) Engage'ment *n*, b) Auftritt *m*.

gig·a·byte ['gɪgəbaɪt] *s. Computer*: 'Gigabyte *n*.

gi·gan·tic [dʒaɪ'gæntɪk] *adj.* (□ ***~ally***) gi'gantisch: a) riesenhaft, Riesen..., b) riesig, ungeheuer (groß).

gig·gle ['gɪgl] **I** *v/i. u. v/t.* kichern; **II** *s.* Gekicher *n*, Kichern *n*; **'gig·gly** [-lɪ] *adj.* ständig kichernd.

gig·o·lo ['ʒɪgələʊ] *pl.* **-los** *s.* Gigolo *m*.

Gil·ber·ti·an [gɪl'bɜ:tjən] *adj.* in der Art (*des Humors*) von W. S. Gilbert; *fig.* komisch, possenhaft.

gild¹ [gɪld] → ***guild***.

gild² [gɪld] *v/t.* [*irr.*] **1.** vergolden; **2.** *fig.* a) verschöne(r)n, (aus)schmücken, b) über'tünchen, verbrämen, c) versüßen: **~ *the pill*** die bittere Pille versüßen; **'gild·ed** [-dɪd] *adj.* vergoldet, golden (*a. fig.*): **~ *cage*** *fig.* goldener Käfig; **~ *youth*** Jeunesse dorée *f*; **'gild·er** [-də] *s.* Vergolder *m*; **'gild·ing** [-dɪŋ] *s.* **1.** Vergoldung *f*; **2.** *fig.* Verschönerung *f etc.* (→ ***gild²*** 2).

gill¹ [gɪl] *s.* **1.** *ichth.* Kieme *f*; **2.** *pl.* Doppelkinn *n*: ***rosy*** (***green***) ***about the ~s*** rosig, frisch aussehend (grün im Gesicht); **3.** *orn.* Kehllappen *m*; **4.** ♀ La-

'melle *f*: ~ ***fungus*** Blätterpilz *m*; **5.** ⚙ (Heiz-, Kühl)Rippe *f*.

gill² [gɪl] *s. Scot.* **1.** waldige Schlucht; **2.** Gebirgsbach *m*.

gill³ [dʒɪl] *s.* Viertelpinte *f* (*Brit. 0,14, Am. 0,12 Liter*).

Gill⁴ [dʒɪl] *s. obs.* Liebste *f*.

gil·ly·flow·er ['dʒɪlɪˌflaʊə] *s.* ⚘ **1.** Gartennelke *f*; **2.** Lev'koje *f*; **3.** Goldlack *m*.

gilt [gɪlt] **I** *pret. u. p.p. von* **gild²**; **II** *adj.* **1.** → ***gilded***; **III** *s.* **2.** Vergoldung *f*; **3.** *fig.* Reiz *m*: ***take the ~ off the gingerbread*** der Sache den Reiz nehmen; ˌ**~-'edged** *adj.* **1.** mit Goldschnitt; **2.** ~ ***securities*** † mündelsichere (Wert)Papiere *pl*.

gim·bals ['dʒɪmbəlz] *s. pl.* ⚙ Kar'danringe *pl.*, -aufhängung *f*.

gim·crack ['dʒɪmkræk] **I** *s.* **1.** wertloser *od.* kitschiger Gegenstand *od.* Schmuck, (*a.* technische) Spiele'rei, ‚Mätzchen' *n*; **2.** *pl.* → ***gimcrackery***; **II** *adj.* **3.** wertlos, kitschig; '**gimˌcracker·y** [-kərɪ] *s.* Plunder *m*, ‚Kinkerlitzchen' *pl*.

gim·let ['gɪmlɪt] *s.* **1.** ⚙ Handbohrer *m*: ~ ***eyes*** *fig.* stechende Augen; **2.** *Am. ein Cocktail.*

gim·mick ['gɪmɪk] *s.* F **1.** → ***gadget***; **2.** *fig.* ‚Dreh' *m*, (Re'klame- *etc.*)Masche *f*, ‚Aufhänger' *m*, ‚Knüller' *m*, *a.* Gimmick *m*, *n*; '**gim·mick·ry** [-krɪ] *s.* F (technische) Mätzchen *pl*.

gimp [gɪmp] *s. Schneiderei*: Gimpe *f*.

gin¹ [dʒɪn] *s.* Gin *m*, Wa'cholderschnaps *m*: ~ ***and it*** Gin u. Wermut *m*; ~ ***and tonic*** Gin Tonic *m*.

gin² [dʒɪn] **I** *s.* **1.** *a.* ***cotton*** ~ Ent'körnungsmaˌschine *f*; **2.** ⚙ Hebezeug *n*, Winde *f*; ⚓ Spill *n*; **3.** ⚙ Göpel *m*, 'Fördermaˌschine *f*; **4.** *hunt.* Falle *f*, Schlinge *f*; **II** *v/t.* **5.** *Baumwolle* entkörnen; **6.** mit e-r Schlinge fangen.

gin·ger ['dʒɪndʒə] **I** *s.* **1.** ⚘ Ingwer *m*; **2.** Rötlich(gelb) *n*, Ingwerfarbe *f*; **3.** F a) ‚Mumm' *m*, Schneid *m* (*e-r Person*), b) Schwung *m*, ‚Schmiss' *m* (*a. e-r Sache*), c) ‚Pfeffer' *m*, ‚Pfiff' *m* (*e-r Geschichte etc.*); **II** *adj.* **4.** rötlich (gelb); **5.** F schwungvoll, ‚schmissig'; **III** *v/t.* **6.** mit Ingwer würzen; **7.** *a.* ~ ***up*** *fig.* a) *et.* ‚ankurbeln', b) *j-n* aufmöbeln, c) *j-n* ‚scharfmachen', d) *e-m Film etc.* ‚Pfiff' geben; ~ **ale**, ~ **beer** *s.* Ginger-ale *n*, 'Ingwerlimoˌnade *f*; '**~·bread I** *s.* **1.** Ingwer-, Pfefferkuchen *m*; → ***gilt*** 3; **2.** *fig. contp.* über'ladene Verzierung, Kitsch *m*; **II** *adj.* **3.** kitschig, über'laden; ~ **group** *s. pol. Brit.* Gruppe *f* von Scharfmachern.

gin·ger·ly ['dʒɪndʒəlɪ] *adv. u. adj.* sachte, behutsam; zimperlich.

'**gin·ger|·nut** *s.* Ingwerkeks *m*; ~ **pop** *s.* F *für* ***ginger ale***; '**~·snap** *s.* Ingwerwaffel *f*; ~ **wine** *s.* Ingwerwein *m*.

gin·ger·y ['dʒɪndʒərɪ] *adj.* **1.** Ingwer...; **2.** → ***ginger*** 4; **3.** *fig.* a) → ***ginger*** 5, b) beißend.

ging·ham ['gɪŋəm] *s.* Gingham *m*, Gingan *m* (*Baumwollstoff*).

gin·gi·vi·tis [ˌdʒɪndʒɪ'vaɪtɪs] *s.* ✱ Zahnfleischentzündung *f*.

gink·go ['gɪŋkəʊ] *pl.* **-gos** *od.* **-goes** *s.* ⚘ Gingko *m* (*Baum*).

gin mill *s. Am.* F Kneipe *f*.

gin·ner·y ['dʒɪnərɪ] *s.* Entkörnungswerk *n* (*für Baumwolle*).

gin| pal·ace *s.* auffällig dekoriertes Wirtshaus; ~ **rum·my** *s. Form des Rommees*; ~ **sling** *s. Am.* Mischgetränk *n* mit Gin.

gip·sy ['dʒɪpsɪ] **I** *s.* **1.** Zi'geuner(in) (*a. fig.*); **2.** Zi'geunersprache *f*; **II** *adj.* **3.** zi'geunerhaft, Zigeuner...; **III** *v/i.* **4.** ein Zi'geunerleben führen; '**gip·sy·dom** [-dəm] *s.* **1.** Zi'geunertum *n*; **2.** *coll.* Zi'geuner *pl*.

gi·raffe [dʒɪ'rɑːf] *s. zo.* Gi'raffe *f*.

gird [gɜːd] *v/t.* [*irr.*] **1.** *obs. j-n* (um)'gürten; **2.** *Kleid etc.* gürten, mit e-m Gürtel halten; **3.** *oft* ~ ***on*** *Schwert etc.* 'umgürten, an-, 'umlegen: ~ ***s.th. on s.o.*** j-m et. umgürten; **4.** *j-m, sich* ein Schwert 'umgürten: ~ ***o.s.*** (***up***), ~ (***up***) ***one's loins*** *fig.* sich rüsten *od.* wappnen; **5.** binden (***to*** an *acc.*); **6.** um'geben, -'schließen: ***sea-girt*** meerumschlungen; **7.** *fig.* ausstatten, -rüsten.

gird·er ['gɜːdə] *s.* ⚙ (Längs)Träger *m*: ~ ***bridge*** Balken-, Trägerbrücke *f*.

gir·dle ['gɜːdl] **I** *s.* **1.** Gürtel *m*, Gurt *m*; **2.** Hüfthalter *m*, -gürtel *m*; **3.** *anat. in Zssgn* (Knochen)Gürtel *m*; **4.** *fig.* Gürtel *m* (*Umkreis, Umgebung*); **II** *v/t.* **5.** um'gürten; **6.** um'geben, einschließen; **7.** *Baum* ringeln.

girl [gɜːl] *s.* **1.** Mädchen *n*: ***a German*** ~ e-e junge Deutsche; ***~'s name*** weiblicher Vorname; ***my eldest*** ~ m-e älteste Tochter; ***the ~s*** F a) die Töchter *pl.* des Hauses, b) die Damen *pl.*; **2.** (Dienst-)Mädchen *n*; **3.** F ‚Mädchen' *n* (*e-s jungen Mannes*); ~ **Fri·day** *s.* (unentbehrliche) Gehilfin, ‚rechte Hand' (*des Chefs, bsd. Sekretärin*); '**~·friend** *s.* Freundin *f*; ~ **guide** *s. Brit.* Pfadfinderin *f*.

girl·hood ['gɜːlhʊd] *s.* Mädchenzeit *f*, -jahre *pl.*, Jugend(zeit) *f*; '**girl·ie** [-lɪ] *s.* F Mädchen *n*: ~ ***mag***(***azine***) ‚Titten-u.-Po'-Magazin *n*; '**girl·ish** [-lɪʃ] *adj.* □ mädchenhaft; '**girl·ish·ness** [-lɪʃnɪs] *s. das* Mädchenhafte; **girl scout** *s. Am.* Pfadfinderin *f*.

gi·ro ['dʒaɪrəʊ] *s.* (*der*) Postscheckdienst (*in England*): ~ ***account*** Postscheckkonto *n*.

girt¹ [gɜːt] *pret. u. p.p. von* **gird**.

girt² [gɜːt] **I** *s.* 'Umfang *m*; **II** *v/t.* den 'Umfang messen von; **III** *v/i.* messen (*an Umfang*).

girth [gɜːθ] **I** *s.* **1.** 'Umfang *m*; **2.** 'Körperˌumfang *m*; **3.** (Sattel-, Pack)Gurt *m*; **4.** ⚙ Tragriemen *m*, Gurt *m*; **II** *v/t.* **5.** *Pferd* gürten; **6.** an-, aufschnallen; **7.** a) → ***gird*** 6, b) → ***girt²*** II.

gis·mo → ***gizmo***.

gist [dʒɪst] *s.* **1.** *das* Wesentliche, Hauptpunkt *m*, -inhalt *m*, Kern *m der Sache*; **2.** ⚖ Grundlage *f*: ~ ***of action*** Klagegrund *m*.

git [gɪt] *s. Brit.* F *contp.* Kerl *m*: ***that stupid*** ~ dieser blöde Hund.

give [gɪv] **I** *s.* **1.** *fig.* a) Nachgiebigkeit *f*, b) Elastizi'tät *f*; → ***give and take***; **2.** Elastizi'tät *f* (*des Fußbodens etc.*); **II** *v/t.* [*irr.*] **3.** geben, (über)'reichen; schenken: ***he gave me a book***; ~ ***a present*** ein Geschenk machen; ~ ***s.o. a blow*** j-m e-n Schlag versetzen; ~ ***it to him!*** F gibs ihm!, gib ihm Saures (*Strafe, Schelte*)!; ~ ***me Mozart any time*** a) Mozart geht mir über alles, b) da lobe ich mir (doch) Mozart; ~ ***as good as one gets*** (*od.* ***takes***) mit gleicher Münze zurückzahlen; ~ ***or take*** plus/minus; **4.** geben, zahlen: ***how much did you ~ for that hat?***; **5.** (ab-, weiter)geben, über'tragen; (zu)erteilen, an-, zuweisen; verleihen: ***she gave me her bag to carry*** sie gab mir ihre Tasche zu tragen; ~ ***s.o. a part in a play*** j-m e-e Rolle in e-m Stück geben; ~ ***s.o. a title*** j-m e-n Titel verleihen; **6.** hingeben, widmen, schenken: ~ ***one's attention to*** s-e Aufmerksamkeit widmen (*dat.*); ~ ***one's mind to s.th.*** sich e-r Sache widmen; ~ ***one's life*** sein Leben hingeben *od.* opfern (***for*** für); **7.** geben, (dar)bieten, reichen: ***he gave me his hand***; ***do ~ us a song*** singen Sie uns doch bitte ein Lied; **8.** gewähren, liefern, geben: ***cows ~ milk*** Kühe geben *od.* liefern Milch; ~ ***no result*** kein Ergebnis zeitigen; ***it was not ~n him to*** *inf.* es war ihm nicht gegeben *od.* vergönnt, zu *inf.*; **9.** verursachen: ~ ***pleasure*** Vergnügen bereiten *od.* machen; ~ ***pain*** Schmerzen bereiten, wehtun; **10.** zugeben, -gestehen, erlauben: ***just ~ me 24 hours*** gib mir nur 24 Stunden (Zeit); ***I ~ you till tomorrow!*** ich gebe dir noch bis morgen Zeit!; ***I ~ you that point*** in diesem Punkt gebe ich dir Recht; **11.** ausführen, äußern, vortragen: ~ ***a cry*** e-n Schrei ausstoßen, aufschreien; ~ ***a loud laugh*** laut auflachen; ~ ***s.o. a look*** j-m e-n Blick zuwerfen, j-n anblicken; ~ ***a party*** e-e Party geben; ~ ***a play*** ein Stück geben *od.* aufführen; ~ ***a lecture*** e-n Vortrag halten; ~ ***one's name*** s-n Namen nennen *od.* angeben; **12.** beschreiben, mitteilen, geben: ~ ***us the facts***; (***come on,***) ~***!*** *Am.* F sag schon!, raus mit der Sprache!; **III** *v/i.* [*irr.*] **13.** geben, schenken, spenden (***to*** *dat.*): ~ ***generously***; ~ ***and take*** *fig.* geben u. nehmen, einander entgegenkommen; **14.** nachgeben (*a.* † *Preise*), -lassen, weichen, versagen: ~ ***under pressure*** unter Druck nachgeben; ***his knees gave under him*** s-e Knie versagten; ***what ~s?*** *sl.* was ist los?; ***s.th.'s got to ~*** *sl.* es muss (doch) was passieren; **15.** a) nachgeben, (*Fußboden etc.*) *a.* federn, b) sich dehnen (*Schuhe etc.*): ~ ***but not to break*** sich biegen, aber nicht brechen; ***the chair ~s comfortably*** der Stuhl federt angenehm; ***the foundations are giving*** das Fundament senkt sich; **16.** a) führen (***into*** in *acc.*; ***on*** auf *acc.*, nach) (*Straße etc.*), b) gehen (***on*** [***-to***] nach) (*Fenster etc.*);

Zssgn mit adv.:

give| a·way *v/t.* **1.** weg-, hergeben, verschenken (*a. fig. u. sport den Sieg etc.*); → ***bride***; **2.** *Preise* verteilen; **3.** aufgeben, opfern, preisgeben; **4.** verraten: ***his accent gives him away***; ***give o.s. away*** sich verraten *od.* verplappern; → ***show*** 14; ~ **back** *v/t.* **1.** zu'rückgeben; **2.** *Blick* erwidern; ~ **forth** *v/t.* **1.** → ***give off***; **2.** *Ansicht etc.* äußern; **3.** veröffentlichen, bekannt geben; ~ **in I** *v/t.* **1.** *Gesuch etc.* einreichen, abgeben; **II** *v/i.* **2.** (***to*** *dat.*) a) nachgeben (*dat.*), b) sich anschließen (*dat.*); **3.** aufgeben, sich geschlagen geben; ~ **off** *v/t.* *Dampf etc.* abgeben, *Gas, Wärme etc.* aus-, verströmen, *Rauch etc.* ausstoßen, *Geruch* verbreiten, ausströmen; ~ **out I** *v/t.* **1.** ausgeben, aus-, verteilen; **2.** bekannt geben: ***give it out that*** a) verkünden, dass, b) behaupten, dass; **3.** → ***give off***; **II** *v/i.* **4.** zu Ende gehen (*Kräfte, Vorrat*): ***his strength gave out*** die Kräfte verließen ihn; **5.** versagen (*Kräfte, Maschine etc.*); ~ **o·ver I** *v/t.* **1.** über'geben (***to*** *dat.*); **2.** *et.* aufgeben: ~ ***doing s.th.*** aufhören, et. zu tun; **3.** ***give o.s. over to*** sich *der Verzweiflung etc.* hingeben, verfallen (*dat.*): ***give o.s. over to drink***; **II** *v/i.* **4.** aufhören; ***~ up*** **I** *v/t.* **1.** aufgeben, aufhören mit, *et.* sein lassen: ***~ smoking*** das Rauchen aufgeben; **2.** (*als aussichtslos*) aufgeben: ***~ a plan***; ***he was given up by the doctors***; **3.** *j-n* ausliefern: ***give o.s. up*** sich (freiwillig) stellen (***to the police*** der Polizei); **4.** *et.* abgeben, abtreten (***to*** an *acc.*); **5.** ***give o.s. up to*** a) → ***give over*** 3, b) sich *e-r Sache* widmen; **II** *v/i.* **6.** (es) aufgeben, sich geschlagen geben, *weitS. a.* resignieren.

give| and take *s.* **1.** (*ein*) Geben u. Nehmen, beiderseitiges Nachgeben, Kompro'miss(bereitschaft *f*) *m*; **2.** Meinungsaustausch *m*; **,~-and-'take** [-vənt-] *adj.* Kompromiss..., Ausgleichs...; **'~·a·way I** *s.* **1.** (ungewolltes) Verraten, Verplappern *n*; **2.** † a) Werbegeschenk *n*, b) kostenlos verteilte Zeitung; **3.** *a.* ***~ show*** *TV* Quiz(sendung *f*) *n*, Preisraten *n*; **II** *adj.* **4.** ***~ price*** Schleuderpreis *m*.

giv·en ['gɪvn] **I** *p.p. von* ***give***; **II** *adj.* **1.** gegeben, bestimmt: ***at a ~ time*** zur festgesetzten Zeit; ***under the ~ conditions*** unter den gegebenen Umständen; **2.** ***~ to*** a) ergeben, verfallen (*dat.*): ***~ to drinking***, b) neigend zu: ***~ to boasting***; **3.** &, *phls.* gegeben, bekannt; **4.** vor'ausgesetzt: ***~ health*** Gesundheit vorausgesetzt; **5.** in Anbetracht (*gen.*): ***~ his temperament***; **6.** *auf Dokumenten*: gegeben, ausgefertigt (am): ***~ this 10th day of May***; ***~ name*** *s. Am.* Vorname *m*.

giv·er ['gɪvə] *s.* **1.** Geber(in), Spender (-in); **2.** † (*Wechsel*)Aussteller *m*.

giz·mo ['gɪzməʊ] *s. Am.* F ‚Dingsbums' *n*.

giz·zard ['gɪzəd] *s.* **1.** *ichth.*, *orn.* Muskelmagen *m*; **2.** F Magen *m*: ***that sticks in my ~***.

gla·brous ['gleɪbrəs] *adj.* ⚘, *zo.* kahl.

gla·cé ['glæseɪ] (*Fr.*) *adj.* **1.** glasiert, mit Zuckerguss; **2.** kandiert; **3.** Glacee..., Glanz... (*Leder*, *Stoff*).

gla·cial ['gleɪsjəl] *adj.* **1.** *geol.* Eis..., Gletscher...: ***~ epoch*** *od.* ***period*** Eiszeit *f*; ***~ man*** Eiszeitmensch *m*; **2.** ⚗ Eis...: ***~ acetic acid*** Eisessig *m*; **3.** eisig (*a. fig.*); **gla·ci·a·tion** [ˌglæsɪ'eɪʃn] *s.* **1.** Vereisung *f*; **2.** Vergletscherung *f*.

gla·cier ['glæsjə] *s.* Gletscher *m*.

glac·i·ol·o·gy [ˌglæsɪ'ɒlədʒɪ] *s.* Glaziolo'gie *f*, Gletscherkunde *f*.

gla·cis ['glæsɪs; *pl.* -sɪz] *s.* **1.** Abdachung *f*; **2.** ⚔ Gla'cis *n*.

glad [glæd] *adj.* □ → ***gladly***; **1.** (*pred.*) froh, erfreut (***of***, ***at*** über *acc.*): ***I am ~ of it*** ich freue mich darüber, es freut mich; ***I am ~ to hear*** (***to say***) es freut mich zu hören (sagen zu können); ***I am ~ to come*** ich komme gern; ***I should be ~ to know*** ich möchte gern wissen; **2.** freudig, froh, fröhlich, erfreulich: ***give s.o. the ~ eye*** *sl.* j-m e-n einladenden Blick zuwerfen, j-m schöne Augen machen; ***give s.o. the ~ hand*** → ***glad-hand***; ***~ rags*** F ‚Sonntagsstaat' *m*; ***~ news*** frohe Kunde; **'glad·den** [-dn] *v/t.* erfreuen.

glade [gleɪd] *s.* Lichtung *f*, Schneise *f*.

'glad-hand *v/t.* F *j-n* herzlich *od.* 'überschwänglich begrüßen.

glad·i·a·tor ['glædɪeɪtə] *s.* Gladi'ator *m*; *fig.* Streiter *m*, Kämpfer *m*; **glad·i·a·to·ri·al** [ˌglædɪə'tɔːrɪəl] *adj.* Gladiatoren...

glad·i·o·lus [ˌglædɪ'əʊləs] *pl.* **-li** [-laɪ] *od.* **-lus·es** *s.* ⚘ Gladi'ole *f*.

glad·ly ['glædlɪ] *adv.* mit Freuden, gern(e); **glad·ness** ['glædnɪs] *s.* Freude *f*, Fröhlichkeit *f*; **glad·some** ['glædsəm] *adj.* □ *obs.* **1.** erfreulich; **2.** freudig, fröhlich.

Glad·stone (**bag**) ['glædstən] *s.* zweiteilige leichte Reisetasche.

glair [gleə] **I** *s.* **1.** Eiweiß *n*; **2.** Eiweißleim *m*; **3.** eiweißartige Sub'stanz; **II** *v/t.* **4.** mit Eiweiß(leim) bestreichen.

glaive [gleɪv] *s. poet.* (Breit)Schwert *n*.

glam·or *Am.* → ***glamour***.

glam·or·ize ['glæməraɪz] *v/t.* **1.** (mit viel Re'klame *etc.*) verherrlichen; **2.** e-n besonderen Zauber verleihen (*dat.*); **'glam·or·ous** [-rəs] *adj.* bezaubernd (schön), zauberhaft; **glam·our** ['glæmə] **I** *s.* **1.** Zauber *m*, Glanz *m*, bezaubernde Schönheit: ***~ boy*** a) Schönling *m*, b) ‚toller Kerl'; ***~ girl*** Glamourgirl *n*, (Re'klame-, Film)Schönheit *f*; ***cast a ~ over*** bezaubern, *j-n* in s-n Bann schlagen; **2.** falscher Glanz; **II** *v/t.* **3.** bezaubern.

glance[1] [glɑːns] **I** *v/i.* **1.** e-n Blick werfen, (rasch *od.* flüchtig) blicken (***at*** auf *acc.*): ***~ over*** (*od.* ***through***) ***a letter*** e-n Brief überfliegen; **2.** (auf)blitzen, (auf-) leuchten; **3.** ***~ off*** abgleiten (von) (*Messer etc.*), abprallen (von) (*Kugel etc.*): ***hit*** (*od.* ***strike***) ***s.o. a glancing blow*** j-n (mit einem Schlag) streifen; **4.** (***at***) *Thema* flüchtig berühren *od.* streifen, *bsd.* anspielen (auf *acc.*); **II** *v/t.* **5.** ***~ one's eye over*** (*od.* ***through***) → 1; **III** *s.* **6.** flüchtiger Blick (***at*** auf *acc.*): ***at a ~*** mit 'einem Blick; ***at first ~*** auf den ersten Blick; ***take a ~ at*** → 1; **7.** (Auf-) Blitzen *n*, (Auf)Leuchten *n*; **8.** Abprallen *n*, Abgleiten *n*; **9.** (***at***) flüchtige Erwähnung (*gen.*), Anspielung *f* (auf *acc.*).

glance[2] [glɑːns] *s. min.* Blende *f*, Glanz *m*: ***lead ~*** Bleiglanz.

gland[1] [glænd] *s. biol.* Drüse *f*.

gland[2] [glænd] *s.* ⚙ **1.** Dichtungsstutzen *m*; **2.** Stopfbuchse *f*.

glan·dered ['glændəd] *adj. vet.* rotzkrank; **'glan·der·ous** [-dərəs] *adj.* **1.** Rotz...; **2.** rotzkrank; **glan·ders** ['glændəz] *s. pl. sg. konstr.* Rotz(krankheit *f*) *m* (*der Pferde*).

glan·du·lar ['glændjʊlə] *adj. biol.* drüsig, Drüsen...: ***~ fever*** (pfeiffersches) Drüsenfieber; **'glan·du·lous** [-əs] → ***glandular***.

glans [glænz] *pl.* **'glan·des** [-diːz] *s. anat.* Eichel *f*.

glare[1] [gleə] **I** *v/i.* **1.** grell leuchten *od.* sein, *Farben*: *a.* schreiend sein; → ***glaring***; **2.** wütend starren: ***~ at s.o.*** j-n wütend anstarren; **II** *s.* **3.** blendendes Licht, greller Schein, grelles Leuchten: ***be in the full ~ of publicity*** im Scheinwerferlicht der Öffentlichkeit stehen; **4.** *fig. das* Grelle *od.* Schreiende; **5.** wütender Blick.

glare[2] [gleə] *Am.* **I** *s.* spiegelglatte Fläche: ***a ~ of ice***; **II** *adj.* spiegelglatt: ***~ ice*** Glatteis *n*.

glar·ing ['gleərɪŋ] *adj.* □ **1.** grell (*Sonne etc.*), *Farben*: *a.* schreiend; **2.** *fig.* krass, ekla'tant (*Fehler etc.*), (himmel)schreiend (*Unrecht etc.*); **3.** wütend, funkelnd (*Blick*).

glass [glɑːs] **I** *s.* **1.** Glas *n*: ***broken ~*** Glasscherben *pl.*; **2.** → ***glassware***; **3.** a) (Trink)Glas *n*, b) Glas(gefäß) *n*; **4.** Glas *n* (voll): ***a ~ too much*** ein Gläschen zu viel; **5.** Glas(scheibe *f*) *n*; **6.** Spiegel *m*; **7.** *opt.* a) Lupe *f*, Vergrößerungsglas *n*, b) *pl. a.* ***pair of ~es*** Brille *f*, c) Linse *f*, Augenglas *n*, d) (Fern- *od.* Opern)Glas *n*, e) Mikro'skop *n*; **8.** Uhrglas *n*; **9.** a) Thermo'meter *n*, b) Baro'meter *n*; **10.** Sanduhr *f*; **II** *v/t.* **11.** verglasen: ***~ in*** einglasen; ***~ bead*** Glasperle *f*; ***~ block*** *s.* ⚠ Glasziegel *m*; **~ blow·er** *s.* Glasbläser *m*; **~ blow·ing** *s.* Glasbläse'rei *f*; **~ brick** → ***glass block***; **~ case** *s.* Glasschrank *m*, Vi'trine *f*; **~ cloth** *s.* **1.** ⚙ Glas(faser)gewebe *n*; **2.** Gläsertuch *n*; **~ cul·ture** *s.* 'Treibhauskulˌtur *f*; **~ cut·ter** *s.* **1.** Glasschleifer *m*; **2.** ⚙ Glasschneider *m* (*Werkzeug*); **~ eye** *s.* Glasauge *n*; **~ fi·bre** *s.* Glasfaser *f*, -fiber *f*.

glass·ful ['glɑːsfʊl] *pl.* **-fuls** *s. ein* Glas *n* voll.

'glass|·house *s.* **1.** → ***glasswork*** 2; **2.** Treibhaus *n*: ***people who live in ~s should not throw stones*** wer im Glashaus sitzt, soll nicht mit Steinen werfen; **3.** ⚔ *Brit. sl.* ‚Bau' *m* (*Gefängnis*); **~ jaw** *s. Boxen*: F ‚Glaskinn' *n*; **~ pa·per** *s.* 'Glaspaˌpier *n*; **'~·ware** *s.* Glas(waren *pl.*) *n*, Glasgeschirr *n*, -sachen *pl.*; **~ wool** *s.* ⚙ Glaswolle *f*; **'~·work** *s.* ⚙ **1.** Glas(waren)herstellung *f*; **2.** *pl. mst sg. konstr.* 'Glashütte *f*, -faˌbrik *f*.

glass·y ['glɑːsɪ] *adj.* □ **1.** gläsern, glasartig, glasig; **2.** glasig (*Auge*).

Glas·we·gian [glæs'wiːdʒjən] **I** *adj.* aus Glasgow; **II** *s.* Glasgower(in).

Glau·ber('s) salt ['glɔːbə(z)] *s.* Glaubersalz *n*.

glau·co·ma [glɔː'kəʊmə] *s.* ⚕ Glau'kom *n*, grüner Star; **glau·cous** ['glɔːkəs] *adj.* graugrün.

glaze [gleɪz] **I** *v/t.* **1.** verglasen, mit Glasscheiben versehen: ***~ in*** einglasen; **2.** polieren, glätten; **3.** ⚙, *a. Küche*: glasieren, mit Gla'sur über'ziehen; **4.** *paint.* lasieren; **5.** ⚙ *Papier* satinieren; **6.** *Augen* glasig machen; **II** *v/i.* **7.** e-e Gla'sur *od.* Poli'tur annehmen, blank werden; **8.** glasig werden (*Augen*); **III** *s.* **9.** Poli'tur *f*, Glätte *f*, Glanz *m*; **10.** a) Gla'sur *f* (*a. auf Kuchen etc.*), b) Gla'surmasse *f*; **11.** La'sur *f*; **12.** ⚙ Satinierung *f*; **13.** Glasigkeit *f*; **14.** a) Eisschicht *f*, b) ✈ Vereisung *f*, c) *Am.* Glatteis *n*; **glazed** [-zd] *adj.* **1.** verglast, Glas...: ***~ veranda***; **2.** ⚙ glatt, blank, poliert, Glanz...: ***~ paper*** Glanzpapier *n*; ***~ tile*** Kachel *f*; **3.** glasiert; **4.** lasiert; **5.** satiniert; **6.** poliert; **7.** glasig (*Augen*); **8.** vereist: ***~ frost*** *Brit.* Glatteis *n*; **'glaz·er** [-zə] *s.* ⚙ **1.** Glasierer *m*; **2.** Polierer *m*; **3.** Satinierer *m*; **4.** Polier-, Schmirgelscheibe *f*; **'gla·zier** [-zjə] *s.* Glaser *m*; **'glaz·ing** [-zɪŋ] *s.* **1.** a) Verglasen *n*, b) Glaserarbeit *f*; **2.** Fenster(scheiben) *pl.*; **3.** ⚙ *u. Küche*: a) Gla'sur *f*, b) Glasieren *n*; **4.** a) Poli'tur *f*, b) Polieren *n*; **5.** Satinieren *n*; **6.** *paint.* a) La'sur *f*, b) Lasieren *n*; **'glaz·y** [-zɪ] *adj.* **1.** glasig, glasiert; **2.** glanzlos, glasig (*Auge*).

gleam [gliːm] **I** *s.* schwacher Schein, Schimmer *m* (*a. fig.*): ***~ of hope*** Hoffnungsschimmer; ***the ~ in his eye*** das Funkeln s-r Augen; **II** *v/i.* glänzen, leuchten, schimmern, *Augen a.* funkeln.

glean [gliːn] **I** *v/t.* **1.** *Ähren* (auf-, nach-) lesen, *Feld* sauber lesen; **2.** *fig.* sammeln, zs.-tragen, *a.* her'ausfinden: ***~ from*** schließen *od.* entnehmen aus; **II** *v/i.* **3.** Ähren lesen; **'glean·er** [-nə] *s.* Ährenleser *m*; *fig.* Sammler *m*; **'glean·ings** [-nɪŋz] *s. pl.* **1.** ⚘ Nachlese *f*; **2.** *fig. das* Gesammelte.

glebe [gli:b] *s.* **1.** ⚖, *eccl.* Pfarrland *n;* **2.** *poet.* (Erd)Scholle *f,* Feld *n.*
glede [gli:d] *s. orn.* Gabelweihe *f.*
glee [gli:] *s.* **1.** Fröhlichkeit *f,* Ausgelassenheit *f;* **2.** (*a.* Schaden)Freude *f,* Froh'locken *n;* **3.** ♪ *hist.* Glee *m* (*geselliges Lied*): ~ **club** *bsd. Am.* Gesangverein *m;* '**glee·ful** [-fʊl] *adj.* □ **1.** ausgelassen, fröhlich; **2.** schadenfroh, froh'lockend; '**glee·man** [-mən] *s.* [*irr.*] *hist.* fahrender Sänger.
glen [glen] *s.* enges Tal, Bergschlucht *f,* Klamm *f.*
glen·gar·ry [glen'gærɪ] *s. Mütze f der Hochlandschotten.*
glib [glɪb] *adj.* □ **1.** a) zungen-, schlagfertig, b) gewandt, ‚fix': *a* ~ **tongue** e-e glatte Zunge; **2.** oberflächlich; '**glib·ness** [-nɪs] *s.* **1.** Zungen-, Schlagfertigkeit *f;* Gewandtheit *f;* **2.** Glätte *f,* Oberflächlichkeit *f.*
glide [glaɪd] **I** *v/i.* **1.** gleiten (*a. fig.*): ~ **along** dahingleiten, -fliegen (*a. Zeit*); ~ **out** hinausgleiten, -schweben (*Person*); **2.** ✈ a) gleiten, e-n Gleitflug machen, b) segeln; **II** *s.* **3.** (Da'hin)Gleiten *n;* **4.** ✈ a) Gleitflug *m,* b) Segelflug *m:* ~ **path** Gleitweg *m;* **5.** → **glissade** 2; **6.** *ling.* Gleitlaut *m;* '**glid·er** [-də] *s.* **1.** ⚓ Gleitboot *n;* **2.** ✈ a) Segelflugzeug *n,* b) *a.* ~ **pilot** Segelflieger(in); **3.** *Skisport:* Gleiter(in); '**glid·ing** [-dɪŋ] *s.* **1.** Gleiten *n;* **2.** ✈ a) → **glide** 3, b) *das* Segelfliegen.
glim·mer ['glɪmə] **I** *v/i.* **1.** glimmen, schimmern; **II** *s.* **2.** a) Glimmen *n,* b) *a. fig.* Schimmer *m,* (schwacher) Schein: *a* ~ **of hope** ein Hoffnungsschimmer; **3.** *min.* Glimmer *m.*
glimpse [glɪmps] **I** *s.* **1.** flüchtiger (An-) Blick: **catch a ~ of** → 4; **2.** (**of**) flüchtiger Eindruck (von), kurzer Einblick (in *acc.*); **3.** *fig.* Schimmer *m,* schwache Ahnung; **II** *v/t.* **4.** *j-n, et.* (nur) flüchtig zu sehen bekommen, e-n flüchtigen Blick erhaschen von; **III** *v/i.* **5.** flüchtig blicken (**at** auf *acc.*).
glint [glɪnt] **I** *s.* Schimmer *m,* Schein *m,* Glitzern *n;* **II** *v/i.* schimmern, glitzern, blinken.
glis·sade [glɪ'sɑ:d] **I** *s.* **1.** *mount.* Abfahrt *f;* **2.** *Tanz:* Glis'sade *f,* Gleitschritt *m;* **II** *v/i.* **3.** *mount.* abfahren; **4.** *Tanz:* Gleitschritte machen.
glis·ten ['glɪsn] **I** *v/i.* glitzern, glänzen; **II** *s.* Glitzern *n,* Glanz *m.*
glitch [glɪtʃ] *s.* ⚙ F **1.** (Funkti'ons)Störung *f,* ‚Macke' *f,* ‚Problem' *n;* **2.** *fig.* Rückschlag *m.*
glit·ter ['glɪtə] **I** *v/i.* **1.** glitzern, funkeln, *a. fig.* strahlen, glänzen; → **gold** 1; **II** *s.* **2.** Glitzern *n* (*etc.*), Glanz *m;* **3.** *fig.* Pracht *f,* Prunk *m,* Glanz *m;* **glit·ter·a·ti** [ˌglɪtə'rɑ:tɪ] *s. pl.* Schickimickis *pl.;* '**glit·ter·ing** [-tərɪŋ] *adj.* □ **1.** glitzernd (*etc.*); **2.** glanzvoll, prächtig.
glitz [glɪts] *s.* F Pomp *m,* 'Glamour *m;* '**glitz·y** *adj.* **1.** pom'pös, glanzvoll; **2.** prunkvoll, schick (*Kleidung*).
gloat [gləʊt] *v/i.:* ~ **over** sich weiden an (*dat.*): a) verzückt betrachten (*acc.*), b) sich hämisch *od.* diebisch freuen über (*acc.*); '**gloat·ing** [-tɪŋ] *adj.* □ schadenfroh, hämisch.
glob [glɒb] *s.* F ‚Klacks' *m,* ‚Klecks' *m.*
glob·al ['gləʊbl] *adj.* glo'bal: a) 'weltumˌfassend, Welt...: ~ **economy** Weltwirtschaft *f;* ~ **warming** Erwärmung *f* der 'Erdatmoˌsphäre, b) um'fassend, pau'schal, Gesamt...; ˌ**glo·bal·i'za·tion** *s. bsd.* ✝ Globali'sierung *f;* '**glo·bal·ize** *bsd.* ✝ **I** *v/i.* **1.** weltweit tätig werden; **II** *v/t.* **2.** globali'sieren; **3.** die Globali'sierung *gen.* ermöglichen; '**glo·bate** [-beɪt] *adj.* kugelförmig.
globe [gləʊb] **I** *s.* **1.** Kugel *f:* ~ **of the eye** Augapfel *m;* **2.** Pla'net *m:* **the ~** der Erdball, die Erdkugel, die Erde; **3.** *geogr.* Globus *m;* **4.** a) Lampenglocke *f,* b) Goldfischglas *n;* **5.** *hist.* Reichsapfel *m;* **II** *v/t. u. v/i.* **6.** kugelförmig machen (werden); ~ **ar·ti·choke** *s.* ⚘ Arti'schocke *f;* '**~·fish** *s.* Kugelfisch *m;* '**~ˌtrot·ter** *s.* Weltenbummler(in), Globetrotter(in); '**~ˌtrot·ting I** *s.* Globetrotten *n;* **II** *adj.* Weltenbummler..., Globetrotter...
glo·bose ['gləʊbəʊs] → **globular** 1; **glo·bos·i·ty** [gləʊ'bɒsətɪ] *s.* Kugelform *f,* -gestalt *f;* **glob·u·lar** ['glɒbjʊlə] *adj.* □ **1.** kugelförmig: ~ **lightning** Kugelblitz *m;* **2.** aus Kügelchen (bestehend); **glob·ule** ['glɒbju:l] *s.* Kügelchen *n.*
glom·er·ate ['glɒmərət] *adj.* (zs.-)geballt, knäuelförmig; **glom·er·a·tion** [ˌglɒmə'reɪʃn] *s.* Zs.-ballung *f,* Knäuel *m, n.*
gloom [glu:m] **I** *s.* **1.** *a. fig.* Dunkel *n,* Düsterkeit *f;* **2.** *fig.* düstere Stimmung, Schwermut *f,* Trübsinn *m:* **cast a ~ over** e-n Schatten werfen über (*acc.*); **II** *v/i.* **3.** traurig *od.* verdrießlich *od.* düster blicken *od.* aussehen; **4.** sich verdüstern; '**gloom·i·ness** [-mɪnɪs] *s.* **1.** → **gloom** 1, 2; **2.** *fig.* Hoffnungslosigkeit *f;* '**gloom·y** [-mɪ] *adj.* □ **1.** *a. fig.* düster, trübe; **2.** schwermütig, trübsinnig, düster, traurig; **3.** hoffnungslos.
glo·ri·fi·ca·tion [ˌglɔ:rɪfɪ'keɪʃn] *s.* **1.** Verherrlichung *f;* **2.** *eccl.* a) Verklärung *f,* b) Lobpreisung *f;* **3.** *Brit.* F lautes Fest; **glo·ri·fied** ['glɔ:rɪfaɪd] *adj.* F ‚besser': **a ~ barn**; **a ~ office boy**; **glo·ri·fy** ['glɔ:rɪfaɪ] *v/t.* **1.** verherrlichen; **2.** *eccl.* a) lobpreisen, b) verklären; **3.** erstrahlen lassen, e-e Zierde sein (*gen.*); **4.** F ‚aufmotzen', ‚hochjubeln'; → **glorified.**
glo·ri·ole ['glɔ:rɪəʊl] *s.* Glori'ole *f,* Heiligenschein *m.*
glo·ri·ous ['glɔ:rɪəs] *adj.* □ **1.** ruhmvoll, -reich, glorreich; **2.** herrlich, prächtig, wunderbar (*alle a.* F *fig.*): **a ~ mess** *iro.* ein schönes Chaos.
glo·ry ['glɔ:rɪ] **I** *s.* **1.** Ruhm *m,* Ehre *f:* **covered in ~** ruhmbedeckt; **~ be!** F a) juchhu!, b) Donnerwetter!; → **Old Glory**; **2.** Stolz *m,* Zierde *f,* Glanz (-punkt) *m;* **3.** *eccl.* Verehrung *f,* Lobpreisung *f;* **4.** Herrlichkeit *f,* Glanz *m,* Pracht *f,* Glorie *f;* höchste Blüte; **5.** *eccl.* a) himmlische Herrlichkeit, b) Himmel *m:* **gone to ~** F in die ewigen Jagdgründe eingegangen (*tot*); **send to ~** F *j-n* ins Jenseits befördern; **6.** → **gloriole**; **II** *v/i.* **7.** sich freuen, triumphieren, froh'locken (**in** über *acc.*); **8.** (**in**) sich sonnen (in *dat.*), sich rühmen (*gen.*); ~ **hole** *s.* F a) Rumpelkammer *f od.* -kiste *f;* b) Kramschublade *f.*
gloss[1] [glɒs] **I** *s.* **1.** Glanz *m:* ~ **paint** Glanzlack *m;* **2.** *fig.* äußerer Glanz; **II** *v/t.* **3.** glänzend machen; **4.** *mst* ~ **over** *fig.* a) beschönigen, b) vertuschen.
gloss[2] [glɒs] **I** *s.* **1.** (Rand)Glosse *f,* Erläuterung *f,* Anmerkung *f;* **2.** Kommen'tar *m,* Auslegung *f;* **II** *v/t.* **3.** glossieren; **4.** *oft* ~ **over** (absichtlich) irreführend deuten; '**glos·sa·ry** [-sərɪ] *s.* Glos'sar *n.*
gloss·eme [glɒ'si:m] *s. ling.* Glos'sem *n.*
gloss·i·ness ['glɒsɪnɪs] *s.* Glanz *m;*
gloss·y ['glɒsɪ] **I** *adj.* □ **1.** glänzend: ~ **paper** (Hoch)Glanzpapier *n;* **2.** auf ('Hoch)Glanzpaˌpier gedruckt, Hochglanz...: ~ **magazine**; **3.** *fig.* a) raffiniert, b) prächtig (aufgemacht); **II** *s.* **4.** 'Hochglanzmagaˌzin *n.*
glot·tal ['glɒtl] *adj.* **1.** *anat.* Stimmritzen...: ~ **chink** → **glottis**; **2.** *ling.* glot'tal: ~ **stop** Knacklaut *m;* **glot·tis** ['glɒtɪs] *s. anat.* Stimmritze *f.*
glove [glʌv] **I** *s.* **1.** Handschuh *m:* **fit** (**s.o.**) **like a ~** a) (j-m) wie angegossen sitzen, b) *fig.* (auf j-n) haargenau passen; **take the ~s off** Ernst machen, ‚massiv werden'; **with the ~s off**, **without ~s** unsanft, rücksichts-, schonungslos; **2.** *sport* (Box-, Fecht-, Reit- *etc.*) Handschuh *m;* **3.** **fling** (*od.* **throw**) **down the ~** (**to s.o.**) *fig.* (j-m) den Fehdehandschuh hinwerfen, (j-n) herausfordern; **pick** (*od.* **take**) **up the ~** die Herausforderung annehmen; **II** *v/t.* **4.** mit Handschuhen bekleiden: **~d** behandschuht; ~ **box**, ~ **com·part·ment** *s. mot.* Handschuhfach *n;* ~ **pup·pet** *s.* Handpuppe *f.*
glow [gləʊ] **I** *v/i.* **1.** glühen; **2.** *fig.* glühen: a) leuchten, strahlen, b) brennen (*Gesicht*); **3.** *fig.* (er)glühen, brennen (**with** vor *dat.*): ~ **with anger** vor Zorn glühen; **II** *s.* **4.** Glühen *n,* Glut *f:* **in a ~** glühend; **5.** *fig.* Glut *f:* a) Glühen *n,* Leuchten *n,* b) Hitze *f,* Röte *f* (*im Gesicht etc.*): **in a ~**, **all of a ~** glühend, ganz gerötet, c) Feuer *n,* Leidenschaft *f.*
glow·er ['glaʊə] *v/i.* finster (drein)blicken: ~ **at** finster anblicken.
glow·ing ['gləʊɪŋ] *adj.* □ **1.** glühend; **2.** *fig.* glühend: a) leuchtend, strahlend, b) brennend, c) 'überschwänglich, begeistert: **a ~ account**; **in ~ colo(u)rs** in glühenden *od.* leuchtenden Farben *schildern etc.*
glow| plug *s. mot.* Glühkerze *f;* '**~·worm** *s.* Glühwürmchen *n.*
gloze [gləʊz] → **gloss**[1] 4.
glu·cose ['glu:kəʊs] *s.* ⚗ Glu'kose *f,* Glu'cose *f,* Traubenzucker *m.*
glue [glu:] **I** *s.* **1.** Leim *m;* **2.** Klebstoff *m;* ~ **sniffing** Klebstoffschnüffeln *n;* ~ **stick** Klebestift *m;* **II** *v/t.* **3.** leimen, kleben (**on** auf *acc.*, **to** an *acc.*): ~ (**together**) zs.-kleben; **4.** *fig.* (**to**) heften (auf *acc.*), drücken (an *acc.*, gegen): **she remained ~d to her mother** sie ‚klebte' an ihrer Mutter; **~d to his TV set** *er saß* wie angewachsen vor dem Bildschirm; **glue·y** ['glu:ɪ] *adj.* klebrig.
glum [glʌm] *adj.* □ **1.** verdrossen; **2.** bedrückt, niedergeschlagen.
glume [glu:m] *s.* ⚘ Spelze *f.*
glut [glʌt] **I** *v/t.* **1.** *den Hunger* stillen; **2.** über'sättigen (*a. fig.*): ~ **o.s. on** (*od.* **with**) sich überessen mit *od.* an (*dat.*); **3.** ✝ *Markt* über'schwemmen; **4.** verstopfen; **II** *s.* **5.** Über'sättigung *f;* **6.** ✝ 'Überangebot *n,* Schwemme *f:* ~ **of eggs**; **a ~ in the market** e-e Marktschwemme.
glu·tam·ic ac·id [glu:'tæmɪk] *s.* ⚗ Gluta'minsäure *f.*
glu·ten ['glu:tən] *s.* ⚗ Kleber *m,* Glu'ten *n;* '**glu·ti·nous** [-tɪnəs] *adj.* □ klebrig.
glut·ton ['glʌtn] *s.* **1.** Vielfraß *m* (*a. zo.*); **2.** *fig. ein* Unersättlicher: **a ~ for books** ein Bücherwurm, e-e Leseratte; **a ~ for punishment** ein Maso'chist; **a ~ for work** ein Arbeitstier; '**glut·tonous** [-nəs] *adj.* □ gefräßig, unersättlich (*a.*

G

fig.); '**glut·ton·y** [-nɪ] *s.* Gefräßigkeit *f*, Unersättlichkeit *f* (*a. fig.*).
glyc·er·in(e) ['glɪsəriːn], '**glyc·er·ol** [-rɒl] *s.* ⚗ Glyze'rin *n*.
glyph [glɪf] *s.* ⚠ Glypte *f*, Glyphe *f*: a) (verti'kale) Furche *od.* Rille, b) Skulp'tur *f*.
glyp·tic ['glɪptɪk] **I** *adj.* Steinschneide...; **II** *s. pl. sg. konstr.* Glyptik *f*, Steinschneidekunst *f*; **glyp·tog·ra·phy** [glɪp'tɒgrəfɪ] *s.* Glyptogra'phie *f*: a) Steinschneidekunst *f*, b) Gemmenkunde *f*.
G-man ['dʒiːmæn] *s.* [*irr.*] F G-Mann *m*, FB'I-A,gent *m*.
GM| crops ['dʒiːem] *pl.* 'gentechnisch verändertes Getreide (*od.* Gemüse); ~ **foods** *pl.* 'gentechnisch veränderte Lebensmittel *pl.*; ~ **maize** *s.* 'gentechnisch veränderter Mais; ~ **po·ta·toes** (**to·ma·toes** *pl. etc.*) *pl.* 'gentechnisch veränderte Kartoffeln (Tomaten *etc.*).
gnarled [nɑːld] *adj.* **1.** knorrig (*Baum, a. Hand, Person etc.*); **2.** *fig.* mürrisch, ruppig.
gnash [næʃ] *v/t.* **1.** *et.* knirschend beißen; **2.** ~ ***one's teeth*** mit den Zähnen knirschen (*vor Wut etc.*): ***wailing and ~ing of teeth*** Heulen u. Zähneklappern *n*; '**gnash·ers** [-ʃəz] *s. pl.* F ‚dritte Zähne' *pl.*
gnat [næt] *s. zo.* **1.** (Stech)Mücke *f*: ***strain at a ~*** *fig.* Haarspalterei betreiben; **2.** *Am.* Kriebelmücke *f*.
gnaw [nɔː] **I** *v/t.* **1.** nagen an (*dat.*) (*a. fig.*), ab-, zernagen; **2.** zerfressen (*Säure etc.*); **3.** *fig.* quälen, zermürben; **II** *v/i.* **4.** nagen: ~ ***at*** → 1; **5.** ~ ***into*** sich einfressen in (*acc.*); **6.** *fig.* nagen, zermürben; **gnaw·er** ['nɔːə] *s. zo.* Nagetier *n*; **gnaw·ing** ['nɔːɪŋ] **I** *adj.* nagend (*a. fig.*); **II** *s.* Nagen *n* (*a. fig.*); *fig.* Qual *f*.
gneiss [naɪs] *s. geol.* Gneis *m*.
gnome[1] [nəʊm] *s.* **1.** Gnom *m*, *Zwerg m* (*beide a. contp. Person*), Kobold *m*; **2.** Gartenzwerg *m*.
gnome[2] ['nəʊmiː] *s.* Gnome *f*, Sinnspruch *m*.
gnom·ish ['nəʊmɪʃ] *adj.* gnomenhaft, zwergenhaft.
gno·sis ['nəʊsɪs] *s. phls.* Gnosis *f*; **Gnos·tic** ['nɒstɪk] **I** *adj.* gnostisch; **II** *s.* Gnostiker *m*; **Gnos·ti·cism** ['nɒstɪsɪzəm] *s.* Gnosti'zismus *m*.
gnu [nuː] *s. zo.* Gnu *n*.
go [gəʊ] **I** *pl.* **goes** [gəʊz] *s.* **1.** Gehen *n*: ***on the ~*** F ständig in Bewegung, immer ‚auf Achse'; ***from the word ~*** F von Anfang an; ***it's a ~!*** abgemacht!; **2.** F Schwung *m*, ‚Schmiss' *m*: ***he is full of ~*** er hat Schwung, er ist voller Leben *od.* sehr unternehmungslustig; **3.** F Mode *f*: ***be all the ~*** große Mode sein; **4.** F Erfolg *m*: ***make a ~ of it*** es zu e-m Erfolg machen, bei *od.* mit et. Erfolg haben; ***it's no ~!*** es geht nicht!, nichts zu machen!; **5.** F Versuch *m*: ***have a ~ at it!*** probiers doch mal!; ***at one ~*** auf 'einen Schlag, auf Anhieb; ***at the first ~*** gleich beim ersten Versuch; ***it's your ~!*** du bist an der Reihe *od.* dran!; **6.** F ‚Geschichte' *f*: ***what a ~!*** 'ne schöne Geschichte *od.* Bescherung!; ***it was a near ~!*** es ging gerade noch (mal) gut!; **7.** F a) Porti'on *f* (*e-r Speise*), b) Glas *n*: ***his third ~ of brandy*** sein dritter Kognak; **8.** Anfall *m* (*e-r Krankheit*): ***my second ~ of influenza*** m-e zweite Grippe; **II** *adj.* **9.** ⚙ F: ***you are ~ (for take-off)!*** alles klar (zum Start)!; **III** *v/i.* [*irr.*] **10.** gehen, fahren, reisen, sich begeben (***to*** nach): ~ ***on foot*** zu Fuß gehen; ~ ***by train*** mit dem Zug fahren; ~ ***by plane*** (*od.* ***air***) mit dem Flugzeug reisen, fliegen; ~ ***to Paris*** nach Paris reisen *od.* gehen; ***there he goes!*** da ist er (ja)!; ***who goes there?*** ⚔ wer da?; **11.** verkehren, fahren (*Bus, Zug etc.*); **12.** (fort)gehen, abfahren, abreisen (***to*** nach): ***don't ~ yet*** geh noch nicht (fort)!; ***let me ~!*** a) lass mich gehen!, b) lass mich los!; **13.** anfangen, loslegen: ***~!*** *sport* los!; ~ ***to it!*** mach dich dran!, los!; ***here you ~ again!*** F jetzt fängst du schon wieder an!; ***here we ~ again*** F jetzt geht das schon wieder los!; ***just ~ and try it!*** versuchs doch mal!; ***here goes!*** also los!, jetzt gehts los!; **14.** gehen, führen: ***this road goes to York***; **15.** sich erstrecken, reichen, gehen (***to*** bis): ***the belt doesn't ~ round her waist*** der Gürtel geht *od.* reicht nicht um ihre Taille; ***it goes a long way*** es reicht lange (aus); ***as far as it goes*** bis zu e-m gewissen Grade, soweit man das sagen kann; **16.** *fig.* gehen: ~ ***as far as to say*** so weit gehen zu sagen; ***let it ~ at that!*** lass es dabei bewenden!; ~ ***all out*** F sich ins Zeug legen (***for*** für); *s. die Verbindungen mit anderen Stichwörtern*; **17.** ✗ (***into***) gehen (in *acc.*), enthalten sein (in *dat.*): ***5 into 10 goes twice***; **18.** gehen, passen (***in, into*** in *acc.*): ***it does not ~ into my pocket***; **19.** gehören (***in, into*** in *acc.*, ***on*** auf *acc.*): ***the books ~ on this shelf*** die Bücher gehören *od.* kommen auf dieses Regal; **20.** ~ ***to*** gehen an (*acc.*) (*Siegerpreis etc.*), zufallen (*dat.*) (*Erbe*); **21.** ⚙ *u. fig.* gehen, laufen, funktionieren: ***get ~ing*** ⚙ in Gang kommen, *fig. a.* in Schwung *od.* Fahrt kommen (*Person, Party etc.*), *Person*: *a.* loslegen; ***get s.th.*** (*od.* ***s.o.***) ***~ing*** et. (*Maschine, Projekt etc.*) in Gang bringen, et. (*Party etc.*) (*od.* j-n) in Schwung *od.* Fahrt bringen; ***keep ~ing*** ⚙ weiterlaufen, *fig.* weitermachen (*Person*); ***that hope kept her ~ing*** diese Hoffnung hielt sie aufrecht; ***this sum will keep you ~ing*** diese Summe wird dir (fürs Erste) weiterhelfen; **22.** *kalt, schlecht, verrückt etc.* werden: ~ ***blind*** erblinden; ~ ***Conservative*** zu den Konservativen übergehen; ~ ***decimal*** das Dezimalsystem einführen; **23.** (gewöhnlich) *in e-m Zustand* sein, sich befinden: ~ ***armed*** bewaffnet sein; ~ ***in rags*** (ständig) in Lumpen herumlaufen; ~ ***hungry*** hungern; **24.** ~ ***by*** (*od.* [***up***]***on***) sich halten an (*acc.*), gehen *od.* sich richten *od.* urteilen nach: ***have nothing to ~ (up)on*** keine Anhaltspunkte haben; ***~ing by her clothes*** ihrer Kleidung nach (zu urteilen); **25.** 'umgehen, im 'Umlauf sein, kursieren (*Gerüchte etc.*): ***the story goes*** es heißt, man erzählt sich; **26.** gelten (***for*** für): ***what he says goes*** F was er sagt, gilt; ***that goes for you too!*** das gilt auch für dich!; ***it goes without saying*** das versteht sich von selbst; **27.** ~ ***by the name of*** a) unter dem Namen ... laufen, b) auf den Namen ... hören (*Hund*); **28.** im Allgemeinen sein: ***as men ~*** wie Männer eben *od.* (nun ein-) mal sind; **29.** vergehen, verstreichen: ***how time goes!***; ***one minute to ~*** noch e-e Minute; **30.** ✝ (weg)gehen, verkauft werden: ***the coats went for £ 60***; **31.** (***on, in***) ausgegeben werden (für), aufgehen (in *dat.*) (*Geld*): ***all his money went in drink***; **32.** dazu beitragen, dienen (***to*** zu): ***it goes to show*** dies zeigt, daran erkennt man; ***this only goes to show you the truth*** dies dient nur dazu, Ihnen die Wahrheit zu zeigen; **33.** (aus)gehen, verlaufen, sich entwickeln *od.* gestalten: ***it went well*** es ging gut (aus), es lief (alles) gut; ***things have gone badly with me*** es ist mir schlecht ergangen; ***the decision went against him*** die Entscheidung fiel zu s-n Ungunsten aus; ~ ***big*** F ein Riesenerfolg sein; **34.** ~ ***with*** gehen *od.* sich vertragen mit, passen zu: ***black goes well with yellow***; **35.** ertönen, läuten (*Glocke*), schlagen (*Uhr*): ***the door bell went*** es klingelte; ***bang went the gun*** die Kanone machte bumm; **36.** lauten (*Worte etc.*), gehen: ***this is how the tune goes*** so geht die Melodie; **37.** gehen, verschwinden, abgeschafft werden: ***my hat is gone!*** mein Hut ist weg!; ***he must ~*** er muss weg; ***these laws must ~*** diese Gesetze müssen weg; ***warmongering must ~!*** Schluss mit der Kriegshetze!; **38.** (da'hin)schwinden: ***his strength is ~ing***; ***my eyesight is ~ing*** m-e Augen werden immer schlechter; ***trade is ~ing*** der Handel kommt zum Erliegen; ***the shoes are ~ing*** die Schuhe gehen (langsam) kaputt; **39.** sterben: ***he is (dead and) gone*** er ist tot; **40.** (*pres. p. mit inf.*) *zum Ausdruck e-r Zukunft, e-r Absicht od. et. Unabänderlichem*: ***it is ~ing to rain*** es wird (gleich *od.* bald) regnen; ***he is ~ing to read it*** er wird *od.* will es (bald) lesen; ***she is ~ing to have a baby*** sie bekommt ein Kind; ***I was (just) ~ing to do it*** ich wollte es eben tun, ich war gerade dabei *od.* im Begriff, es zu tun; **41.** (*mit nachfolgendem Gerundium*) *mst* gehen: ~ ***swimming*** schwimmen gehen; ***he goes frightening people*** er erschreckt immer die Leute; **42.** (da'ran)gehen, sich anschicken: ***he went to find him*** er ging ihn suchen; ***he went and sold it*** F er hat es doch tatsächlich verkauft; **43.** erlaubt sein: ***everything goes here*** hier ist alles erlaubt; ***anything goes!*** F alles ist ‚drin' (*möglich*); **44.** ***pizzas to ~!*** *Am.* Pizzas zum Mitnehmen!; **IV** *v/t.* [*irr.*] **45.** *e-n Betrag* wetten, setzen (***on*** auf *acc.*); **46.** ~ ***it*** F a) (mächtig) rangehen, sich dahinterklemmen, b) es toll treiben, ‚auf den Putz hauen': ~ ***it alone*** es ganz allein(e) machen; ~ ***it!*** ran!, feste!, drauf!;
Zssgn mit prp.:
go| a·bout *v/i.* in Angriff nehmen, sich machen an (*acc.*), anpacken (*acc.*); ~ **af·ter** *v/i.* **1.** nachlaufen (*dat.*); **2.** → ***go for*** 4; ~ **a·gainst** *v/i.* wider'streben (*dat.*), *j-s Prinzipien* zu'widerlaufen; ~ **at** *v/i.* **1.** losgehen auf (*acc.*); **2.** → ***go about***; ~ **be·hind** *v/i.* unter'suchen, auf den Grund gehen (*dat.*); ~ **be·tween** *v/i.* vermitteln zwischen (*dat.*); ~ **be·yond** *v/i. fig.* über'schreiten, *Erwartungen etc.* über'treffen; ~ **by** *v/i.* **1.** sich richten nach, sich halten an (*acc.*), urteilen nach; **2.** auf *e-n Namen* hören; ~ **for** *v/i.* **1.** holen (gehen); **2.** *e-n Spaziergang etc.* machen; **3.** gelten als *od.* für; **4.** streben nach, sich bemühen um; **5.** F losgehen auf (*acc.*), sich stürzen auf (*acc.*), *fig.* herziehen über (*acc.*); **6.** *sl.* ‚stehen' auf (*dat.*); ~ **in·to** *v/i.* **1.** hin'eingehen in (*acc.*); **2.** eintreten in (*ein Geschäft etc.*): ~ ***business*** Kauf-

mann werden; **3.** (genau) unter'suchen *od.* prüfen; eingehen auf (*acc.*); **4.** geraten in (*acc.*): ***~ a faint*** in Ohnmacht fallen; **~ off** *v/i.* **1.** abgehen von; **2.** *j-n, et.* nicht mehr mögen *od.* wollen; **~ on** *v/i.* **1.** sich stützen auf (*acc.*); **2.** sich richten nach, sich halten an (*acc.*), urteilen nach: ***I have nothing to ~*** ich habe keine Anhaltspunkte; **~ o·ver** → ***go through*** 1, 2, 3; **~ through** *v/i.* **1.** 'durchgehen, -nehmen, -sprechen; **2.** (gründlich) über'prüfen *od.* unter'suchen; **3.** 'durchsehen, -gehen, -lesen; **4.** durch'suchen; **5.** a) 'durchmachen, erleiden, b) erleben; **6.** *Vermögen* 'durchbringen; **~ with** *v/i.* **1.** begleiten; **2.** gehören zu; **3.** über'einstimmen mit; **4.** passen zu; **5.** mit *j-m* ‚gehen'; **~ without** *v/i.* **1.** auskommen ohne, sich behelfen ohne; **2.** verzichten auf (*acc.*); *Zssgn mit adv.*:

go| a·bout *v/i.* **1.** um'hergehen, -fahren, -reisen; **2.** a) kursieren, im 'Umlauf sein (*Gerüchte etc.*), b) 'umgehen (*Grippe etc.*); **3.** ⚓ wenden; **~ a·head** *v/i.* **1.** vorwärts gehen, vor'angehen: ***~!*** *fig.* los!, nur zu!; ***~ with*** a) weitermachen mit, b) Ernst machen mit, durchführen; **2.** (*erfolgreich*) vor'ankommen; **3.** *bsd. sport* sich an die Spitze setzen; **~ a·long** *v/i.* **1.** weitergehen; **2.** *fig.* weitermachen; **3.** mitgehen, -kommen (***with*** mit); **4.** ***~ with*** einverstanden sein mit, mitmachen bei; **~ a·round** *v/i.* **1.** → ***go about*** 1, 2; **2.** → ***go round***; **~ back** *v/i.* **1.** zu'rückgehen: ***~ to*** *fig.* zurückgehen auf (*acc.*), zurückreichen bis; **2.** ***~ on*** *fig.* a) *j-n* im Stich lassen, b) *sein Wort etc.* nicht halten, c) *Entscheidung* rückgängig machen; **~ by** *v/i.* **1.** vor'beigehen (*a. Chance etc.*), -fahren; **2.** vergehen (*Zeit*): ***in days gone by*** in längst vergangenen Tagen; **~ down** *v/i.* **1.** hin'untergehen: ***~ in history*** *fig.* in die Geschichte eingehen; **2.** 'untergehen (*Schiff, Sonne etc.*); **3.** zu Boden gehen (*Boxer etc.*); **4.** *thea.* fallen (*Vorhang*); **5.** zu'rückgehen, sinken, fallen (*Fieber, Preise etc.*); **6.** a) sich im Niedergang befinden, b) zugrunde gehen; **7.** *sport* absteigen; **8.** ‚(runter)rutschen' (*Essen*); **9.** *fig.* (***with***) a) Anklang finden, ‚ankommen' (bei): ***it went down well with him***, b) ‚geschluckt' werden: ***that won't ~ with me*** das nehme ich dir nicht ab; **10.** *Brit.* London verlassen; **11.** *univ. Brit.* a) die Universi'tät verlassen, b) in die Ferien gehen; **~ in** *v/i.* **1.** hin'eingehen: ***~ and win!*** auf in den Kampf!; **2.** ***~ for*** a) sich befassen mit, betreiben, *Sport etc.* treiben, b) mitmachen bei, c) *ein Examen* machen, d) hinarbeiten auf (*acc.*), e) sich einsetzen für, f) sich begeistern für; **~ off** *v/i.* **1.** fort-, weggehen, -laufen; (*Zug etc.*) abfahren; *thea.* abgehen; **2.** losgehen (*Gewehr, Sprengladung etc.*); **3.** (***into***) los-, her'ausplatzen (mit), ausbrechen (in *Gelächter etc.*); **4.** nachlassen, sich verschlechtern; **5.** (*gut etc.*) von'statten gehen; **6.** a) einschlafen, b) ohnmächtig werden; **7.** verderben, schlecht werden (*Essen etc.*), sauer werden (*Milch*); **8.** ausgehen (*Licht etc.*); **~ on** *v/i.* **1.** weitergehen *od.* -fahren; **2.** weitermachen, fortfahren (***with*** mit; ***doing*** zu tun): ***~!*** a) (mach) weiter!, b) *iro.* hör auf!, ach komm!; ***~ reading*** weiterlesen; **3.** fortdauern, weitergehen; **4.** vor sich gehen, vorgehen, passieren; **5.** sich ‚aufführen': ***don't ~ like that!*** hör schon auf damit!; **6.** F a) unaufhörlich reden (***about*** über *acc.*, von), b) ständig herumnörgeln (***at*** an *dat.*); **7.** angehen (*Licht etc.*); **8.** ***~ for*** gehen auf (*acc.*), bald sein: ***it's going on for five o'clock***; **~ out** *v/i.* **1.** ausgehen: a) spazieren gehen, b) zu Veranstaltungen *od.* Gesellschaften gehen, c) erlöschen (*Feuer, Licht*): ***~ fishing*** fischen (*od.* zum Fischen) gehen; **2.** in den Streik treten; **3.** aus der Mode kommen; **4.** *pol.* abgelöst werden; **5.** *sport* ausscheiden; **6.** zu'rückgehen (*Flut*); **7.** ***~ to j-m*** entgegenschlagen (*Herz*), sich *j-m* zuwenden (*Sympathie*); **~ o·ver** *v/i.* **1.** hin'übergehen (***to*** zu); **2.** 'übertreten, -gehen (***to*** zu *e-r anderen Partei etc.*); **3.** vertagt werden; **4.** ***~ big*** F ein Bombenerfolg sein; **~ round** *v/i.* **1.** her'umgehen (*a. fig. j-m im Kopf*); **2.** (für alle) (aus)reichen: ***there is enough*** (***of it***) ***to ~***; **~ through** *v/i.* **1.** 'durchgehen, angenommen werden (*Antrag*); **2.** ***~ with*** 'durchführen; **~ to·geth·er** *v/i.* **1.** zs.-passen (*Farben etc.*); **2.** F mitein'ander ‚gehen' (*Liebespaar*); **~ un·der** *v/i.* **1.** 'untergehen (*a. fig.*); **2.** *fig.* ‚eingehen' (*Firma etc.*), ‚ka'puttgehen'; **~ up** *v/i.* **1.** hin'aufgehen (*a. fig.*); **2.** *fig.* steigen (*Fieber, Preise etc.*); **3.** *thea.* hochgehen (*Vorhang*); **4.** gebaut werden; **5.** *Brit.* nach London fahren; **6.** *Brit.* (zum Se'mesteranfang) zur Universi'tät gehen; **7.** *sport* aufsteigen.

goad [gəʊd] **I** *s.* **1.** Stachelstock *m des Viehtreibers*; **2.** *fig.* Stachel *m*; Ansporn *m*; **II** *v/t.* **3.** antreiben; **4.** *mst* ***~ on*** *fig. j-n* an-, aufstacheln, (an)treiben (***into doing s.th.*** dazu, et. zu tun).

'go-a·head I *adj.* **1.** voller Unter'nehmungsgeist *od.* Initia'tive, zielstrebig; **II** *s.* **2.** (Mensch *m* mit) Unter'nehmungsgeist *od.* Initia'tive; **3.** ***get the ~*** (***on***) ‚grünes Licht' bekommen (für); ***give s.o. the ~*** j-m ‚grünes Licht' geben.

goal [gəʊl] *s.* **1.** Ziel *n* (*a. fig.*); **2.** *sport* a) Ziel *n*, b) (*Fußball- etc.*)Tor *n*, c) Tor(erfolg *m*, -schuss *m*) *n*: ***score a ~*** ein Tor schießen; **~ a·re·a** *s. sport* Torraum *m*; **'~,get·ter** *s.* Torjäger *m*.

goal·ie ['gəʊlɪ] F → ***goalkeeper***.

'goal|,keep·er *s. sport* Tormann *m*, -wart *m*, -hüter(in); **~ kick** *s.* (Tor-)Abstoß *m*; **~ line** *s.* a) Torlinie *f*, b) Torauslinie *f*, c) *Rugby*: Mallinie *f*; **'~·mouth** *s.* Torraum *m*; **'~·post** *s.* Torpfosten *m*: ***move*** (*od.* ***shift***) ***the ~s*** F *fig.* (plötzlich *od.* unerwartet) die Spielregeln ändern, sich nicht an die vereinbarten Bedingungen halten.

,go-as-you-'please *adj.* ungebunden.

goat [gəʊt] *s.* **1.** a) Ziege *f*, b) *a.* ***he-~*** Ziegenbock *m*: ***play the*** (***giddy***) ***~*** *fig.* herumkaspern; ***get s.o.'s ~*** *sl.* j-n ‚auf die Palme bringen'; **2.** *fig.* (geiler) Bock; **3.** F Sündenbock *m*; **4.** ℒ *ast.* → ***Capricorn***; **goat·ee** [gəʊ'tiː] *s.* Spitzbart *m*; **'goat·herd** *s.* Ziegenhirt *m*; **'goat·ish** [-tɪʃ] *adj.* ☐ **1.** bockig; **2.** *fig.* geil.

goat|'s beard *s.* ⚘ Bocks- *od.* Geiß- *od.* Ziegenbart *m*; **'~·skin** *s.* Ziegenleder(flasche *f*) *n*; **'~,suck·er** *s. orn.* Ziegenmelker *m*.

gob¹ [gɒb] *s.* F **1.** (*a.* Schleim)Klumpen *m*; **2.** *oft pl.* ‚Haufen' *m*, Menge *f*.

gob² [gɒb] *s.* ⚓ *Am. sl.* ‚Blaujacke' *f*, Ma'trose *m* (*US-Kriegsmarine*).

gob·bet ['gɒbɪt] *s.* Brocken *m*.

gob·ble¹ ['gɒbl] **I** *v/t. mst* ***~ up*** verschlingen (*a. fig.*); **II** *v/i.* gierig essen.

gob·ble² ['gɒbl] **I** *v/i.* kollern (*Truthahn*); **II** *s.* Kollern *n*.

gob·ble·dy·gook ['gɒbldɪguːk] *s.* F **1.** ‚Be'amtenchi,nesisch' *n*; **2.** (Be'rufs-) Jar,gon *m*; **3.** ‚Geschwafel' *n*.

gob·bler¹ ['gɒblə] *s.* Fresser(in).

gob·bler² ['gɒblə] *s.* Truthahn *m*, Puter *m*.

Gob·e·lin ['gəʊbəlɪn] **I** *adj.* Gobelin...; **II** *s.* Gobe'lin *m*.

'go-be,tween *s.* **1.** Mittelsmann *m*, Vermittler(in); **2.** Makler(in); **3.** Kuppler(in).

gob·let ['gɒblɪt] *s.* **1.** *obs.* Po'kal *m*; **2.** Kelchglas *n*.

gob·lin ['gɒblɪn] *s.* Kobold *m*.

gob·smacked ['gɒbsmækt] *adj. Brit.* F to'tal verblüfft, ‚platt': ***I was ~*** mir ‚blieb die Spucke weg'.

go·by ['gəʊbɪ] *s. ichth.* Meergrundel *f*.

go-by ['gəʊbaɪ] *s.*: ***give s.o. the ~*** F j-n ‚schneiden' *od.* ignorieren; ***give s.th. the ~*** F die Finger von et. lassen.

'go-cart *s.* **1.** Laufstuhl *m* (*Gehhilfe für Kinder*); **2.** Sportwagen *m* (*für Kinder*); **3.** Handwagen *m*; **4.** → ***go-kart***.

god [gɒd] *s.* **1.** Gott(heit *f*) *m*; Götze *m*, Abgott *m*: ***~ of love*** Liebesgott, Amor *m*; ***ye ~s!*** F heiliger Strohsack!; ***a sight for the ~s*** ein Bild für (die) Götter; **2.** ℒ Gott *m*: ***ℒ's acre*** Gottesacker *m*; ***house of ℒ*** Gotteshaus *n*; ***play ~*** den lieben Gott spielen; ***ℒ forbid!*** Gott behüte!; ***ℒ help him*** Gott sei ihm gnädig; ***so help me ℒ*** so wahr mir Gott helfe; ***ℒ knows*** a) weiß Gott, b) wer weiß(, *ob etc.*); ***ℒ willing*** so Gott will; ***thank ℒ*** Gott sei Dank; ***for ℒ's sake*** a) um Gottes willen, b) verdammt noch mal!; ***the good ℒ*** der liebe Gott; ***good ℒ!***, ***my ℒ!***, (***oh***) ***ℒ!*** du lieber Gott!, lieber Himmel!; → ***act*** 1 *etc.*; **3.** *fig.* (Ab)Gott *m*; **4.** *pl. thea.* (Publikum *n* auf der) Gale'rie *f*, ‚O'lymp' *m*; **,~-'aw·ful** *adj.* F scheußlich, ‚beschissen'; **'~·child** *s.* [*irr.*] Patenkind *n*; **,~'dam·mit** *int. bsd. Am.* F verdammt noch mal; **'~·damn**(**ed**) *adj., adv. u. int.* (gott)verdammt; **,~'damn·it** *int.* → ***goddammit***.

god·dess ['gɒdɪs] *s.* Göttin *f* (*a. fig.*).

'god|,fa·ther I *s.* Pate *m* (*a. fig.*), Patenonkel *m*, Taufzeuge *m*: ***stand ~ to*** → **II** *v/t. a. fig.* Pate stehen bei, aus der Taufe heben; **'~,fear·ing** *adj.* gottesfürchtig; **'~·for,sak·en** *adj. contp.* gottverlassen.

god·head ['gɒdhed] *s.* Gottheit *f*; **'god·less** [-lɪs] *adj.* ohne Gott; *fig.* gottlos; **'god·like** *adj.* **1.** gottähnlich, göttlich; **2.** göttergleich; **'god·li·ness** [-lɪnɪs] *s.* Frömmigkeit *f*; Gottesfurcht *f*; **'god·ly** [-lɪ] *adj.* fromm.

'god|,moth·er *s.* Patin *f*, Patentante *f*; **'~,par·ent** *s.* Pate *m*, Patin *f*; **'~·send** *s. fig.* Geschenk *n* des Himmels, Glücksfall *m*, Segen *m*; **'~·son** *s.* Patensohn *m*; **,~'speed** *s.*: ***bid s.o. ~*** j-m viel Glück *od.* glückliche Reise wünschen.

go·er ['gəʊə] *s.* **1.** ***be a good ~*** gut laufen (*bsd. Pferd*); **2.** *in Zssgn mst* ...besucher(in), ...gänger(in).

gof·fer ['gəʊfə] **I** *v/t.* kräuseln, plissieren; **II** *s.* Plis'see *n*.

'go-,get·ter *s.* F j-d, der weiß, was er will; Draufgänger *m*.

gog·gle ['gɒgl] **I** *v/i.* **1.** stieren, glotzen; **II** *s.* **2.** stierer Blick; **3.** *pl.* Schutzbrille *f*; **'~·box** *s. bsd. Brit.* F ‚Glotze' *f* (*Fernseher*).

go-go – goodliness

go-go [ˈgəʊgəʊ] *adj.* **1.** **~ girl** Go-go-Girl *n*; **2.** *fig.* a) schwungvoll, b) schick.
Goid·el·ic [gɔɪˈdelɪk] → **Gaelic**.
go-in [ˈgəʊɪn] *s.* Go-ˈin *n*.
go·ing [ˈgəʊɪŋ] **I** *s.* **1.** (Weg)Gehen *n*, Abreise *f*; **2.** Straßenzustand *m*, (*Pferdesport*) Geläuf *n*; **3.** Tempo *n*: ***good ~*** ein flottes Tempo; ***rough*** (*od.* ***heavy***) **~** e-e Schinderei; ***while the ~ is good*** a) solange noch Zeit ist, b) solange es noch gut läuft; **II** *adj.* **4.** in Betrieb, arbeitend: ***a ~ concern*** ein gut gehendes Geschäft; **5.** vorˈhanden: ***still ~*** noch zu haben; ***the best beer ~*** das beste Bier, das es gibt; ***~, ~, gone!*** (*Auktion*) zum Ersten, zum Zweiten, zum Dritten!; **6.** geltend: ***~ price*** Marktpreis *m*; ***~ rate*** geltender Satz; **ˌgo·ing-ˈo·ver** *s.* F **1.** Überˈprüfung *f*; **2.** a) Tracht *f* Prügel, b) Standpauke *f*; **ˌgo·ings-ˈon** *s. pl.* F *mst b.s.* Vorgänge *pl.*, Treiben *n*: ***strange ~*** merkwürdige Dinge.
goi·ter *Am.*, **goi·tre** *Brit.* [ˈgɔɪtə] *s.* ✱ Kropf *m*; **ˈgoi·trous** [-trəs] *adj.* **1.** kropfartig; **2.** mit e-m Kropf (behaftet).
go-kart [ˈgəʊkɑːt] *s. mot.* Gokart *m*.
gold [gəʊld] **I** *s.* **1.** Gold *n*: ***all is not ~ that glitters*** es ist nicht alles Gold, was glänzt; ***a heart of ~*** *fig.* ein goldenes Herz; ***worth one's weight in ~*** unbezahlbar, nicht mit Gold aufzuwiegen; → ***good*** 8; **2.** Gold(münzen *pl.*) *n*; **3.** Geld *n*, Reichtum *m*; **4.** Goldfarbe *f*; **II** *adj.* **5.** aus Gold, golden, Gold...: ***~ dollar*** Golddollar *m*; ***~ watch*** goldene Uhr; **~ back·ing** *s.* † Golddeckung *f*; **~ bar** *s.* † Goldbarren *m*; **~ bloc** *s.* † Goldblock(länder *pl.*) *m*; **~ brick** *Am.* F **I** *s.* **1.** falscher Goldbarren; **2.** *fig.* a) wertlose Sache, b) Schwindel *m*, ‚Beschiss' *m*: ***sell s.o. a ~*** → 4; **3.** Drückeberger *m*; **II** *v/t.* **4.** *j-n* ‚übers Ohr hauen'; **~ bul·lion** *s.* Gold *n* in Barren; **ˈ~-ˌdig·ger** *s.* **1.** Goldgräber *m*; **2.** *sl. Frau, die nur hinter dem Geld der Männer her ist*; **~ dust** *s.* Goldstaub *m*.
gold·en [ˈgəʊldən] *adj.* **1.** *mst fig.* golden: ***~ days***; ***~ disc*** goldene Schallplatte; ***~ opportunity*** einmalige Gelegenheit; **2.** goldgelb, golden (*Haar etc.*); **~ age** *s. das* goldene Zeitalter; **~ calf** *s. bibl. u. fig. das* Goldene Kalb; **~ ea·gle** *s. orn.* Gold-, Steinadler *m*; **≈ Fleece** *s. myth. das* Goldene Vlies; **~ hand·shake** *s.* F **1.** Abfindung *f bei Entlassung*; **2.** ‚ˈUmschlag' *m* (*mit e-m Geldgeschenk der Firma*); **~ mean** *s. die* goldene Mitte, *der* goldene Mittelweg; **~ o·ri·ole** *s. orn.* Piˈrol *m*; **~ pheas·ant** *s. orn.* ˈGoldfaˌsan *m*; **~ rule** *s.* **1.** *bibl.* goldene Sittenregel; **2.** *fig.* goldene Regel; **~ sec·tion** *s.* Goldener Schnitt; **~ wed·ding** *s.* goldene Hochzeit.
gold| fe·ver *s.* Goldfieber *n*, -rausch *m*; **ˈ~·field** *s.* Goldfeld *n*; **ˈ~·finch** *s. orn.* Stieglitz *m*, Distelfink *m*; **ˈ~·fish** *s.* Goldfisch *m*; **ˈ~·foil** *s.* Blattgold *n*; **ˈ~ˌham·mer** *s. orn.* Goldammer *f*; **~ lace** *s.* Goldtresse *f*, -borte *f*; **~ leaf** *s.* Blattgold *n*; **~ med·al** *s.* ˈGoldmeˌdaille *f*; **~ med·al·(l)ist** *s. sport* ˈGoldmeˌdaillengewinner(in); **~ mine** *s.* Goldbergwerk *n*; Goldgrube *f* (*a. fig.*); **~ plate** *s.* goldenes Tafelgeschirr; **ˈ~-ˌplat·ed** *adj.* vergoldet; **~ point** *s.* † Goldpunkt *m*; **~ rush** → ***gold fever***; **ˈ~·smith** *s.* Goldschmied *m*; **~ stand·ard** *s.* Goldwährung *f*; **≈ Stick** *s. Brit.* Oberst *m* der königlichen Leibgarde.
golf [gɒlf] *sport* **I** *s.* Golf(spiel) *n*; **II** *v/i.* Golf spielen; **~ ball** *s.* **1.** Golfball *m*; **2.** Kugelkopf *m* (*der Schreibmaschine*); **~ club** *s.* **1.** Golfschläger *m*; **2.** Golfklub *m*.
golf·er [ˈgɒlfə] *s.* Golfspieler(in).
golf links *s. pl., a. sg. konstr.* Golfplatz *m*.
Go·li·ath [gəʊˈlaɪəθ] *s. fig.* Goliath *m*, Riese *m*, Hüne *m*.
gol·li·wog(g) [ˈgɒlɪwɒg] *s.* **1.** groˈteske schwarze Puppe; **2.** *fig.* ‚Vogelscheuche' *f* (*Person*).
gol·ly [ˈgɒlɪ] *int. a.* ***by ~!*** F Menschenskind!, Mann!
go·losh [gəˈlɒʃ] → ***galosh***.
Go·mor·rah, **Go·mor·rha** [gəˈmɒrə] *s. fig.* Goˈmorr(h)a *n*, Sündenpfuhl *m*.
go·nad [ˈgəʊnæd] *s.* ✱ Keim-, Geschlechtsdrüse *f*.
gon·do·la [ˈgɒndələ] *s.* **1.** Gondel *f* (*a. e-s Ballons, e-r Seilbahn etc.*); **2.** *Am.* flaches Flussboot; **3.** *a.* ***~ car*** 🚃 *Am.* offener Güterwagen; **gon·do·lier** [ˌgɒndəˈlɪə] *s.* Gondoliˈere *m*.
gone [gɒn] **I** *p.p. von* **go**; **II** *adj.* **1.** weg(gegangen), fort: ***he is ~***; ***be ~!*** fort mit dir!; ***I must be ~*** ich muss weg; **2.** verloren, verschwunden, weg, daˈhin; **3.** ‚hin', ‚futsch': a) weg, verbraucht, b) kaˈputt, c) ruiniert, d) tot; ***a ~ case*** ein hoffnungsloser Fall; ***a ~ man*** → ***goner***; ***a ~ feeling*** ein Schwächegefühl; ***all his money is ~*** sein ganzes Geld ist weg *od.* ‚futsch'; **4.** mehr als, älter als, über: ***he is ~ forty***; **5.** F (**on**) ganz ‚weg' (von): a) begeistert (von), b) ‚verknallt' (in *acc.*); **6.** *sl.* ‚high', ‚weg'; **7.** ***she's four months ~*** F sie ist im 4. Monat; **gon·er** [ˈgɒnə] *s.* ˈTodeskandiˌdat *m*: ***he is a ~*** F er ist ‚erledigt' (*a. weitS.*).
gon·fa·lon [ˈgɒnfələn] *s.* Banner *n*.
gong [gɒŋ] **I** *s.* **1.** Gong *m*; **2.** ⚔ *Brit. sl.* Orden *m*; **II** *v/t.* **3.** *Brit. Auto* durch ˈGongsiˌgnal stoppen (*Polizei*).
go·ni·om·e·ter [ˌgəʊnɪˈɒmɪtə] *s.* ⚒ *u. Radio*: Winkelmesser *m*.
gon·o·coc·cus [ˌgɒnəʊˈkɒkəs] *pl.* **-coc·ci** [-ˈkɒkaɪ] *s.* ✱ Gonoˈkokkus *m*.
gon·or·rhoe·a, *Am. mst* **gon·or·rhe·a** [ˌgɒnəˈriːə] *s.* ✱ Gonorˈrhö(e) *f*, Tripper *m*.
goo [guː] *s. sl.* **1.** Schmiere *f*, klebriges Zeug; **2.** *fig.* sentimenˈtaler Kitsch, ‚Schmalz' *m*.
good [gʊd] **I** *adj.* **1.** gut, angenehm, erfreulich: ***~ news***; ***it is ~ to be rich*** es ist angenehm, reich zu sein; ***~ morning*** (***evening***)***!*** guten Morgen (Abend)!; ***~ afternoon!*** guten Tag! (*nachmittags*); ***~ night!*** a) gute Nacht! (*a.* F *fig.*), b) guten Abend!; ***have a ~ time*** sich amüsieren; (***it's a***) ***~ thing that*** es ist gut, dass; ***be ~ eating*** gut schmecken; **2.** gut, geeignet, nützlich, günstig, zuträglich: ***is this ~ to eat?*** kann man das essen?; ***milk is ~ for children*** Milch ist gut für Kinder; ***~ for gout*** gut für *od.* gegen Gicht; ***that's ~ for you!*** *a. iro.* das tut dir gut!; ***get in ~ with s.o.*** sich mit j-m gut stellen; ***what is it ~ for?*** wofür ist es gut?, wozu dient es?; **3.** befriedigend, reichlich, beträchtlich: ***a ~ hour*** e-e gute Stunde; ***a ~ day's journey*** e-e gute Tagereise; ***a ~ many*** ziemlich viele; ***a ~ threshing*** e-e ordentliche Tracht Prügel; ***~ money*** *sl.* hoher Lohn; **4.** (*vor adj.*) *verstärkend*: ***a ~ long time*** sehr lange (Zeit); ***~ old age*** hohes Alter; ***~ and angry*** F äußerst erbost; **5.** gut, tugendhaft: ***lead a ~ life*** ein rechtschaffenes Leben führen; ***a ~ deed*** e-e gute Tat; **6.** gut, gewissenhaft: ***a ~ father and husband*** ein guter Vater und Gatte; **7.** gut, gütig, lieb: ***~ to the poor*** gut zu den Armen; ***it is ~ of you to help me*** es ist nett (von Ihnen), dass Sie mir helfen; ***be ~ enough*** (*od.* ***so ~ as***) ***to fetch it*** sei so gut und hole es; ***be ~ enough to hold your tongue!*** halt gefälligst deinen Mund!; ***my ~ man*** F mein Lieber!; **8.** artig, lieb, brav (*Kind*): ***be a ~ boy***; ***as ~ as gold*** a) kreuzbrav, b) goldrichtig; **9.** gut, geschickt, tüchtig (**at** in *dat.*): ***a ~ rider*** ein guter Reiter; ***he is ~ at golf*** er spielt gut Golf; **10.** gut, geachtet: ***of ~ family*** aus guter Familie; **11.** gültig (*a.* †), echt: ***a ~ reason*** ein triftiger Grund; ***tell false money from ~*** falsches Geld von echtem unterscheiden; ***a ~ Republican*** ein guter *od.* überzeugter Republikaner; ***be as ~ as*** auf dasselbe hinauslaufen; ***as ~ as finished*** so gut wie fertig; ***he has as ~ as promised*** er hat es so gut wie versprochen; **12.** gut, genießbar, frisch: ***a ~ egg***; ***is this fish still ~?***; **13.** gut, gesund, kräftig: ***in ~ health*** bei guter Gesundheit, gesund; ***be ~ for*** ‚gut' sein für, fähig *od.* geeignet sein zu; ***I am ~ for another mile*** ich schaffe noch eine Meile; ***he is always ~ for a surprise*** er ist immer für e-e Überraschung gut; ***I am ~ for a walk*** ich habe Lust zu e-m Spaziergang; **14.** *bsd.* † gut, sicher, zuverlässig: ***a ~ firm*** e-e gute *od.* zahlungsfähige Firma; ***~ debts*** sichere Schulden; ***be ~ for any amount*** für jeden Betrag gut sein; **II** *s.* **15.** *das* Gute, Gutes *n*, Wohl *n*: ***the common ~*** das Gemeinwohl; ***do s.o. ~*** a) j-m Gutes tun, b) j-m gut *od.* wohl tun; ***he is up to no ~*** er führt nichts Gutes im Schilde; ***it comes to no ~*** es führt zu nichts Gutem; **16.** Nutzen *m*, Vorteil *m*: ***for his ~*** zu s-m Nutzen; ***he is too nice for his own ~*** er ist viel zu nett; ***what is the ~ of it?***, ***what ~ is it?*** was nützt es?, wozu soll das gut sein?; ***it's no ~*** a) es taugt nichts, b) es ist zwecklos; ***it is no ~ trying*** es hat keinen Wert *od.* Sinn, es zu versuchen; ***much ~ may it do you*** *iro.* wohl bekomms!; ***for ~*** (***and all***) für immer, endgültig, ein für alle Mal; ***to the ~*** obendrein, extra, † als Gewinn *od.* Kreditsaldo; ***it's all to the ~*** es ist nur zu s-m *etc.* Besten; **17.** ***the ~*** *pl.* die Guten *pl. od.* Rechtschaffenen *pl.*; **18.** *pl.* (bewegliche) Habe: ***~s and chattles*** Hab u. Gut *n*; F *j-s* ‚Siebensachen' *pl.*; **19.** *pl.* Güter *pl.*, Waren *pl.*, Gegenstände *pl.*: ***by ~s*** † *Brit.* als Frachtgut; → ***deliver*** 5.
Good| Book *s. die* Bibel; **ˌ~ˈby(e)** [-ˈbaɪ] **I** *s.* **1.** Abschiedsgruß *m*: ***say ~ to*** *j-m* auf (*od.* Auf) Wiedersehen sagen, sich von *j-m* verabschieden; ***you may say ~ to that!*** F das kannst du vergessen!; **2.** Abschied *m*; **II** *adj.* Abschieds...: ***~ kiss***; **III** *int.* [ˌgʊdˈbaɪ] **3.** auf Wiedersehen!, adiˈeu!, aˈde!: ***then ~ democracy!*** *fig. iron.* dann ade Demokratie!; **ˌ~ˈfel·low·ship** *s.* gute Kameˈradschaft, Kameˈradschaftlichkeit *f*; **~-for-noth·ing** **I** [ˈgʊdfəˌnʌθɪŋ] *adj.* nichtsnutzig; **II** [ˌgʊdfəˈn-] *s.* Taugenichts *m*, Nichtsnutz *m*; **≈ Fri·day** *s. eccl.* Karˈfreitag *m*; **~ hu·mo(u)r** *s.* gute Laune; **ˌ~-ˈhu·mo(u)red** *adj.* □ **1.** bei guter Laune, gut aufgelegt; **2.** gutmütig.
good·ish [ˈgʊdɪʃ] *adj.* **1.** ziemlich gut; **2.** ziemlich (*Menge*); **good·li·ness** [ˈgʊd-

lɪnɪs] *s.* **1.** Güte *f*, Wert *m*; **2.** Anmut *f*; **3.** Schönheit *f*.
ˌgood|-ˈlook·ing *adj.* gut aussehend, hübsch, schön; **~ looks** *s. pl.* gutes Aussehen, Schönheit *f*.
good·ly [ˈgʊdlɪ] *adj.* **1.** schön, anmutig; **2.** beträchtlich, ansehnlich; **3.** *oft iro.* glänzend, prächtig.
ˈgood|·man [-mæn] *s.* [*irr.*] *obs.* Hausvater *m*, Ehemann *m*: **⁓ *Death*** Freund Hein *m*; **ˌ~-ˈna·tured** *adj.* □ gutmütig, gefällig; **ˌ~-ˈneigh·bo(u)r·li·ness** *s.* gutnachbarliches Verhältnis; **⁓ Neigh·bo(u)r pol·i·cy** *s.* Poliˈtik *f* der guten Nachbarschaft.
good·ness [ˈgʊdnɪs] *s.* **1.** Tugend *f*, Frömmigkeit *f*; **2.** Güte *f*, Freundlichkeit *f*; **3.** Wert *m*, Güte *f*; *engS. das* Wertvolle *od.* Nahrhafte; **4. *~ gracious!, my ~!*** du meine Güte!, du lieber Gott!; ***~ knows*** weiß der Himmel; ***for ~' sake*** um Himmels willen; ***thank ~!*** Gott sei Dank!; ***I wish to ~*** wollte Gott.
goods| a·gent *s.* ✝ (ˈBahn)Spediˌteur *m*; **~ en·gine** *s. Brit.* ˈGüterzuglokomoˌtive *f*; **~ lift** *s. Brit.* Lastenaufzug *m*.
good speed *Am.* → ***godspeed***.
goods| sta·tion *s. Brit.* Güterbahnhof *m*; **~ train** *s. Brit.* Güterzug *m*; **~ van** *s. mot. Brit.* Lieferwagen *m*; **~ wag·on** *s. Brit.* Güterwagen *m*; **~ yard** *s. Brit.* Güter(bahn)hof *m*.
ˌgood|-ˈtem·pered *adj.* □ gutartig, -mütig, ausgeglichen; **ˈ~-time Charlie** [ˈtʃɑːlɪ] *s. Am.* F lebenslustiger *od.* vergnügungssüchtiger Mensch; **ˌ~ˈwill** *s.* **1.** Wohlwollen *n*, guter Wille, Verständigungsbereitschaft *f*: **~ *tour*** *pol.* Goodwillreise *f*; **~ *visit*** Freundschaftsbesuch *m*; **2.** *mst* **good will** ✝ a) Goodwill *m*, (ideˈeller) Firmen- *od.* Geschäftswert (*guter Ruf, Kundenstamm etc.*).
good·y [ˈgʊdɪ] F **I** *s.* **1.** Bonˈbon *m, n, pl.* Süßigkeiten *pl.*, gute Sachen; **2.** *fig.* ‚klasse Ding'; **3.** *Film etc.*: Gute(r *m*) *f* (*Ggs Schurke*); **4.** Tugendbold *m*, Mucker *m*; **II** *adj.* **5.** frömmelnd, ‚moraˈlinsauer'; **III** *int.* **6.** prima!, ‚Klasse'!; **ˈ~-ˌgood·y** → ***goody*** 4, 5, 6.
goo·ey [ˈguːɪ] *adj. sl.* klebrig, schmierig.
goof [guːf] F **I** *s.* **1.** ‚Pfeife' *f*, Idiˈot *m*; **2.** ‚Schnitzer' *m*, ‚Patzer' *m*; **II** *v/t.* **3.** *oft* ***~ up*** ‚vermasseln'; **III** *v/i.* **4.** ‚Mist bauen'; **5.** *oft* ***~ around*** ‚herˈumspinnen'.
ˈgo-off *s.* Start *m*: ***at the first ~*** (gleich) beim ersten Mal, auf Anhieb.
ˈgoof·y [ˈguːfɪ] *adj.* □ *sl.* ‚doof', ‚bekloppt'.
gook [gʊk] *s. Am. sl. contp.* ‚Schlitzauge' *n* (*Asiate*).
goon [guːn] *s. sl.* **1.** *Am.* angeheuerter Schläger; **2.** → ***goof*** 1.
goose [guːs] **I** *pl.* **geese** [giːs] *s.* **1.** *orn.* Gans *f*: ***cook s.o.'s ~*** F es j-m ‚besorgen', j-n ‚fertig machen'; ***he's cooked his ~ with me*** F bei mir ist er ‚unten durch'; ***all his geese are swans*** bei ihm ist immer alles besser als bei andern; ***kill the ~ that lays the golden eggs*** das Huhn schlachten, das goldene Eier legt; → ***sauce*** 1; **2.** Gans *f*, Gänsebraten *m*; **3.** *fig.* a) Dummkopf *m*, b) (dumme) Gans; **4.** (*pl.* **goos·es**) Schneiderbügeleisen *n*; **II** *v/t.* **5.** F *j-n* (in den ‚Po') zwicken.
goose·ber·ry [ˈgʊzbərɪ] *s.* **1.** ⚘ Stachelbeere *f*: ***play ~*** F den Anstandswauwau spielen; **2.** *a.* ***~ wine*** Stachelbeerwein *m*; **~ fool** *s.* Stachelbeercreme *f* (*Speise*).
goose| bumps *s. pl.*, **~ flesh** *s. fig.* Gänsehaut *f*; **ˈ~·neck** *s.* ⚙ Schwanenhals *m*; **~ pim·ples** *s. pl.* → ***goose bumps***; **~ quill** *s.* Gänsekiel *m*; **ˈ~-skin** → ***goose bumps***; **~ step** *s.* ⚔ Paˈrade-, Stechschritt *m*.
goos·ey [ˈguːsɪ] *s. fig.* Gäns-chen *n*.
go·pher¹ [ˈgəʊfə] *s. Am. zo.* a) Taschenratte *f*, b) Ziesel *m*, c) Gopherschildkröte *f*, d) *a.* **~ *snake*** Schildkrötenschlange *f*.
go·pher² → ***goffer***.
go·pher³ [ˈgəʊfə] *s. bibl. Baum, aus dessen Holz Noah die Arche baute*; **ˈ~·wood** *s. Am.* ⚘ Gelbholz *n*.
Gor·di·an [ˈgɔːdjən] *adj.*: ***cut the ~ knot*** den gordischen Knoten durchˈhauen.
gore¹ [gɔː] *s.* (*bsd.* geronnenes) Blut.
gore² [gɔː] **I** *s.* **1.** Zwickel *m*, Keil(stück *n*) *m*; **II** *v/t.* **2.** keilförmig zuschneiden; **3.** e-n Zwickel einsetzen in (*acc.*).
gore³ [gɔː] *v/t.* (*mit den Hörnern*) durchˈbohren, aufspießen.
gorge [gɔːdʒ] **I** *s.* **1.** enge (Fels-) Schlucht; **2.** *rhet.* Kehle *f*, Schlund *m*: ***my ~ rises at it*** *fig.* mir wird übel davon *od.* dabei; **3.** Schlemmeˈrei *f*, Völleˈrei *f*; **4.** ▲ Hohlkehle *f*; **II** *v/i.* **5.** schlemmen: **~ *on*** (*od.* ***with***) → 7; **III** *v/t.* **6.** gierig verschlingen; **7. *~ o.s. on*** (*od.* ***with***) sich voll fressen mit, *et.* in sich hineinschlingen.
gor·geous [ˈgɔːdʒəs] *adj.* □ **1.** prächtig, prachtvoll (*beide a. fig.* F); **2.** F großartig, wunderbar, ‚toll'.
Gor·gon [ˈgɔːgən] *s.* **1.** *myth.* Gorgo *f*; **2.** a) hässliches *od.* abstoßendes Weib, b) ‚Drachen' *m*; **gor·go·ni·an** [gɔːˈgəʊnjən] *adj.* **1.** Gorgonen...; **2.** schauerlich.
go·ril·la [gəˈrɪlə] *s.* **1.** *zo.* Goˈrilla *m*; **2.** *Am. sl.* ‚Gorilla' *m*: a) Leibwächter *m e-s Gangsters etc.*, b) Scheusal *n*.
gor·mand·ize [ˈgɔːməndaɪz] **I** *v/t. et.* gierig verschlingen; **II** *v/i.* schlemmen; **ˈgor·mand·iz·er** [-zə] *s.* Schlemmer (-in).
gorse [gɔːs] *s.* ⚘ *Brit.* Stechginster *m*.
gor·y [ˈgɔːrɪ] *adj.* **1.** *poet.* a) blutbefleckt, voll Blut, b) blutig: **~ *battle***; **2.** *fig.* blutrünstig.
gosh [gɒʃ] *int.* F Mensch!, Mann!
gos·hawk [ˈgɒshɔːk] *s. orn.* Hühnerhabicht *m*.
gos·ling [ˈgɒzlɪŋ] *s.* **1.** junge Gans, Gäns-chen *n*; **2.** *fig.* Grünschnabel *m*.
ˌgo-ˈslow *s.* ✝ *Brit.* Bummelstreik *m*.
gos·pel [ˈgɒspl] *s. eccl. a.* ⁓ Evanˈgelium *n* (*a. fig.*): ***take s.th. for ~*** et. für bare Münze nehmen; **~ *song*** Gospelsong *m*; **~ *truth*** *fig.* absolute Wahrheit; **ˈgos·pel·(l)er** [-pələ] *s.* Vorleser *m* des Evanˈgeliums: ***hot ~*** a) religiöser Eiferer, b) faˈnatischer Befürworter.
gos·sa·mer [ˈgɒsəmə] **I** *s.* **1.** Altˈweibersommer *m*, Spinnfäden *pl.*; **2.** a) feine Gaze, b) hauchdünner Stoff; **3.** *et.* sehr Zartes u. Dünnes; **II** *adj.* **4.** leicht u. zart, hauchdünn.
gos·sip [ˈgɒsɪp] **I** *s.* **1.** Klatsch *m*, Tratsch *m*: **~ *column*** Klatschspalte *f*; **~ *columnist*** Klatschkolumnist(in); **2.** Plaudeˈrei *f*, Schwatz *m*, Plausch *m*; **3.** Klatschbase *f*; **II** *v/i.* **4.** klatschen, tratschen; **5.** plaudern; **ˈgos·sip·y** [-pɪ] *adj.* **1.** klatschhaft, -süchtig; **2.** schwatzhaft; **3.** im Plauderton (geschrieben).
got [gɒt] *pret. u. p.p. von* ***get***.
Goth [gɒθ] *s.* **1.** Gote *m*; **2.** *fig.* Barˈbar *m*.
Go·tham [ˈgəʊθəm, ˈgɒ-] *s. Am.* (*Spitzname für*) New York; **ˈGo·tham·ite** *s.* [-maɪt] *humor.* New Yorker(in).
Goth·ic [ˈgɒθɪk] **I** *adj.* **1.** gotisch; **2.** *fig.* barˈbarisch, roh; **3.** *typ.* a) *Brit.* gotisch, b) *Am.* Grotesk...; **4.** *Literatur*: a) baˈrock, roˈmantisch, b) Schauer...: **~ *novel***; **II** *s.* **5.** *ling.* Gotisch *n*; **6.** ▲ Gotik *f*, gotischer (Bau)Stil; **7.** *typ.* a) *Brit.* Frakˈtur *f*, gotische Schrift, b) *Am.* Groˈtesk *f*; **Goth·i·cism** [ˈgɒθɪsɪzəm] *s.* **1.** Gotik *f*; **2.** *fig.* Barbaˈrei *f*, ˈUnkulˌtur *f*.
ˌgo-to-ˈmeet·ing *adj.* F Sonntags..., Ausgeh...: **~ *suit***.
got·ten [ˈgɒtn] *obs. od. Am. p.p. von* ***get***.
gou·ache [gʊˈɑːʃ] (*Fr.*) *s. paint.* Gouˈache *f*.
gouge [gaʊdʒ] **I** *s.* **1.** ⚙ Hohlmeißel *m*; **2.** Rille *f*, Furche *f*; **3.** *Am.* F a) Gauneˈrei *f*, b) Erpressung *f*; **II** *v/t.* **4.** *a.* **~ *out*** ⚙ ausmeißeln, -höhlen, -stechen; **5. *~ out s.o.'s eye*** a) j-m den Finger ins Auge stoßen, b) j-m ein Auge ausdrücken *od.* -stechen; **6.** *Am.* F a) *j-n* überˈvorteilen, b) *e-e Summe* erpressen.
gou·lash [ˈguːlæʃ] *s.* Gulasch *n*: **~ *communism*** *pol. contp.* Gulaschkommunismus *m*.
gourd [gʊəd] *s.* **1.** ⚘ Flaschenkürbis *m*; **2.** Kürbisflasche *f*.
gour·mand [ˈgʊəmənd] **I** *s.* **1.** Schlemmer *m*, Gourˈmand *m*; **2.** → ***gourmet***; **II** *adj.* **3.** schlemmerisch.
gour·met [ˈgʊəmeɪ] *s.* Feinschmecker *m*, Gourˈmet *m*.
gout [gaʊt] *s.* **1.** ⚕ Gicht *f*; **2.** ⚘ Gicht *f* (*Weizenkrankheit*): **~*fly*** *zo.* Gelbe Halmfliege; **ˈgout·y** [-tɪ] *adj.* □ ⚕ **1.** gichtkrank; **2.** zur Gicht neigend; **3.** gichtisch, Gicht...: **~ *concretion*** Gichtknoten *m*.
gov·ern [ˈgʌvn] **I** *v/t.* **1.** regieren (*a. ling.*); beherrschen (*a. fig.*); **2.** leiten, führen, verwalten, lenken; **3.** *fig.* regeln, bestimmen, maßgebend sein für, leiten: **~*ed by circumstances*** durch die Umstände bestimmt; ***I was ~ed by*** ich ließ mich leiten von ...; **4.** beherrschen, zügeln; **5.** ⚙ regeln, steuern; **II** *v/i.* **6.** regieren, herrschen (*a. fig.*); **ˈgov·ern·ance** [-nəns] *s.* **1.** Regierungsgewalt *f od.* -form *f*; **2.** *fig.* Herrschaft *f*, Gewalt *f*, Konˈtrolle *f* (***of*** über *acc.*); **ˈgov·ern·ess** [-nɪs] **I** *s.* Erzieherin *f*, Gouverˈnante *f*; **II** *v/i.* Erzieherin sein; **ˈgov·ern·ing** [-nɪŋ] *adj.* **1.** regierend, Regierungs...; **2.** leitend, Vorstands...: **~ *body*** Vorstand *m*, Leitung *f*; **3.** *fig.* leitend, Leit...: **~ *idea*** Leitgedanke *m*; **gov·ern·ment** [ˈgʌvnmənt] *s.* **1.** a) Regierung *f*, Herrschaft *f*, Konˈtrolle *f* (***of, over*** über *acc.*), b) Regierungsgewalt *f*, c) Leitung *f*, Verwaltung *f*; **2.** Reˈgierung(sform *f*, -ssyˌstem *n*) *f*; **3.** (*e-s bestimmten Landes*) *mst* ⁓ *die* Regierung: ***the British ⁓***; **~ *agency*** Regierungsstelle *f*, (-)Behörde *f*; **~ *bill*** *parl.* Regierungsvorlage *f*; **~ *spokesman*** Regierungssprecher *m*; **4.** Staat *m*: **~ *bonds*, ~ *securities*** a) Staatsanleihen, -papiere, b) *Am.* Bundesanleihen; **~ *employee*** Angestellte(r *m*) *f* des öffentlichen Dienstes; **~ *grant*** staatlicher Zuschuss; **~ *indebtedness*** Staatsverschuldung *f*; **~ *issue*** *Am. von der Regierung gestellte Ausrüstung*; **~ *monopoly*** Staatsmonopol *n*; **5.** *univ.* Politoloˈgie *f*; **6.** *ling.* Rektiˈon *f*; **gov·ern·men·tal** [ˌgʌvnˈmentl] *adj.* □ Regierungs..., Staats..., staatlich; **gov-**

ern·men·tal·ize [ˌgʌvnˈmentəlaɪz] *v/t.* unter staatliche Kon'trolle bringen. ˌ**gov·ern·ment|-in-ˈex·ile** *pl.* ˌ**~s-in-ˈex·ile** *s. pol.* E'xilregierung *f*; ˈ**~-owned** *adj.* staatseigen; ˈ**~-run** *adj.* staatlich (*Rundfunk etc.*).

gov·er·nor [ˈgʌvənə] *s.* **1.** Gouver'neur *m* (*a. e-s Staates der USA*): **~ *general*** Generalgouverneur; **2.** ⚔ Komman'dant *m*; **3.** a) *allg.* Di'rektor *m*, Leiter *m*, Vorsitzende(r) *m*, b) Präsi'dent *m* (*e-r Bank*), c) *Brit.* Ge'fängnisdiˌrektor *m*, d) *pl.* Vorstand *m*, Direk'torium *n*; **4.** F *der* ‚Alte': a) ‚Alter Herr' (*Vater*), b) Chef *m* (*a. als Anrede*); **5.** ⚙ Regler *m*: **~ *valve*** Reglerventil *n*; ˈ**gov·er·nor·ship** [-ʃɪp] *s.* **1.** Gouver'neursamt *n*; **2.** Amtszeit *f* e-s Gouver'neurs.

gown [gaʊn] **I** *s.* **1.** Kleid *n*; **2.** *bsd.* ⚖ *u. univ.* Ta'lar *m*, Robe *f*; **3.** *coll.* Stu'denten(schaft *f*) *pl. u.* Hochschullehrer *pl.* (*e-r Universitätsstadt*): ***town and ~*** Stadt u. Universität; **II** *v/t.* **4.** mit e-m Ta'lar *etc.* bekleiden; **gowns·man** [ˈgaʊnzmən] *s.* [*irr.*] Robenträger *m* (*Anwalt, Richter, Geistlicher etc.*).

goy [gɔɪ] *s.* ‚Goi' *m* (*jiddisch für Nichtjude*).

grab [græb] **I** *v/t.* **1.** (hastig *od.* gierig) ergreifen, an sich reißen, fassen, packen, (sich) ‚schnappen'; **2.** *fig.* a) sich ‚schnappen', an sich reißen, b) *e-e Gelegenheit* beim Schopf ergreifen; **3.** F *Publikum* packen, fesseln; **II** *v/i.* **4.** **~ *at*** (hastig *od.* gierig) greifen *od.* ‚schnappen' nach; **III** *s.* **5.** (hastiger *od.* gieriger) Griff (***for*** nach): ***make a ~ at*** → 1 u. 4; ***be up for ~s*** F für jeden zu haben *od.* zu gewinnen sein; **6.** *fig.* Griff (***for*** nach *der Macht etc.*); **7.** ⚙ (Bagger-, Kran)Greifer *m*: **~ *crane*** Greiferkran *m*; **~ *dredge*(*r*)** Greiferbagger *m*; **~ *handle*** Haltegriff *m*; **~ bag** *s. Am.* **1.** ‚Grabbelsack' *m*; **2.** *fig.* Sammel'surium *n*.

grab·ber [ˈgræbə] *s.* Habgierige(r *m*) *f*, ‚Raffke' *m*.

grab·ble [ˈgræbl] *v/i.* tasten, tappen, suchen (***for*** nach).

grab raid *s.* 'Raubˌüberfall *m*.

grace [greɪs] **I** *s.* **1.** Anmut *f*, Grazie *f*, Liebreiz *m*, Charme *m*: ***the three* ♀*s*** *myth.* die drei Grazien; **2.** Anstand *m*, Takt *m*, Schicklichkeit *f*: ***have the ~ to do*** den Anstand haben zu tun; ***with ~*** mit Anstand *od.* Würde *od.* ‚Grazie' (→ *a.* 3); **3.** Bereitwilligkeit *f*: ***with a bad ~*** bereitwillig, gern; ***with a bad ~*** widerwillig, (nur) ungern; **4.** *mst pl.* gute Eigenschaft, schöner Zug: ***social ~s*** feine Lebensart; **5.** Gunst *f*, Wohlwollen *n*, Huld *f*, Gnade *f*: ***be in s.o.'s good ~s*** in j-s Gunst stehen, bei j-m gut angeschrieben sein; ***be in s.o.'s bad ~s*** bei j-m in Ungnade sein; ***fall from ~*** in Ungnade fallen; ***by way of ~*** ⚖ auf dem Gnadenwege; ***act of ~*** Gnadenakt *m*; **6.** ***by the ~ of God*** von Gottes Gnaden; ***in the year of ~*** im Jahre des Heils; **7.** *eccl.* a) *a.* ***state of ~*** Stand *m* der Gnade, b) Tugend *f*: **~ *of charity*** (Tugend der) Nächstenliebe *f*, c) ***say ~*** das Tischgebet sprechen; **8.** ✝, ⚖ Aufschub *m*, (Zahlungs-, Nach)Frist *f*: ***days of ~*** Respekttage *pl.*; ***grant s.o. a week's ~*** j-m e-e Woche Aufschub gewähren; **9.** ♀ (*Eure, Seine, Ihre*) Gnaden *pl.* (*Titel*): ***Your* ♀** a) Eure Hoheit (*Herzogin*), b) Eure Exzellenz (*Erzbischof*); **10.** *a.* **~ *note*** ♪ Verzierung *f*; **II** *v/t.* **11.** zieren, schmücken; **12.** *fig.* a) zieren, b) (be)ehren, auszeichnen; ˈ**grace·ful** [-fʊl] *adj.* □ **1.** anmutig, grazi'ös, reizend, ele'gant; **2.** geziemend, takt-, würdevoll: **~*ly*** *fig.* mit Anstand *od.* Würde *alt werden etc.*; ˈ**grace·ful·ness** [-fʊlnɪs] *s.* Anmut *f*, Grazie *f*; ˈ**grace·less** [-lɪs] *adj.* □ **1.** 'ungraziˌös, reizlos, 'uneleˌgant; **2.** *obs.* verworfen.

grac·ile [ˈgræsaɪl] *adj.* zierlich, gra'zil, zart(gliedrig).

gra·cious [ˈgreɪʃəs] **I** *adj.* □ **1.** gnädig, huldvoll, wohlwollend; **2.** *poet.* gütig, freundlich; **3.** *eccl.* gnädig, barmherzig (*Gott*); **4.** *obs.* für ***graceful*** 1; **5.** a) angenehm, b) geschmackvoll, schön: **~ *living*** elegantes Leben, kultivierter Luxus; **II** *int.* **6.** **~ *me!***, **~ *goodness!***, ***good ~!*** du meine Güte!, lieber Himmel!; ˈ**gra·cious·ness** [-nɪs] *s.* **1.** Gnade *f*, *eccl. a.* Barm'herzigkeit *f*; **2.** *poet.* Güte *f*, Freundlichkeit *f*.

grad [græd] *s.* F Stu'dent(in).

gra·date [grəˈdeɪt] **I** *v/t.* *Farben* abstufen, inein'ander 'übergehen lassen, abtönen; **II** *v/i.* stufenweise (inein'ander) 'übergehen; **gra·da·tion** [grəˈdeɪʃn] *s.* **1.** Abstufung *f*: a) Abtönung *f*, b) Staffelung *f*; **2.** Stufenleiter *f*, -folge *f*; **3.** *ling.* Ablaut *m*.

grade [greɪd] **I** *s.* **1.** Grad *m*, Stufe *f*, Klasse *f*; **2.** ⚔ *Am.* Dienstgrad *m*; **3.** (*höherer etc.*) (Be'amten)Dienst; **4.** Art *f*, Gattung *f*, Sorte *f*; Quali'tät *f*, Güte *f*, Klasse *f*: ♀ ***A*** ✝ (Güte)Klasse A (→ 6); **5.** Steigung *f*, Gefälle *n*, Neigung *f*, Ni'veau *n* (*a. fig.*): **~ *crossing*** (schienengleicher) Bahnübergang; ***at ~*** *Am.* auf gleicher Höhe; ***on the up ~*** aufwärts (gehend), im Aufstieg; ***make the ~*** ‚es schaffen'; **6.** *ped. Am.* a) (Schüler *pl.* e-r) Klasse *f*, b) Note *f*, Zen'sur *f*, c) *pl.* (Grund)Schule *f*: **~ *A*** (Note *f*) „sehr gut" *n* (→ 4); **II** *v/t.* **7.** sortieren, einteilen, -reihen, -stufen, staffeln; **8.** *ped.* benoten, zensieren; **9.** **~ *up*** verbessern, veredeln; **~ (*up*)** Vieh (auf)kreuzen; **10.** *Gelände* planieren; **11.** *ling.* ablauten; **12.** → ***gradate*** I; ˈ**grad·er** [-də] *s.* **1.** a) Sortierer(in), b) Sor'tiermaˌschine *f*; **2.** ⚙ Pla'niermaˌschine *f*; **3.** *Am. ped. in Zssgn* ...klässler *m*: ***fourth ~*** Viertklässler.

grade school *s. Am.* Grundschule *f*.

gra·di·ent [ˈgreɪdjənt] **I** *s.* **1.** Neigung *f*, Steigung *f*, Gefälle *n* (*des Geländes etc.*); **2.** ⚗ Gradi'ent *m* (*a. meteor.*), Gefälle *n*; **II** *adj.* **3.** gehend, schreitend; **4.** *zo.* Geh..., Lauf...

grad·u·al [ˈgrædjʊəl] **I** *adj.* □ all'mählich, schritt-, stufenweise, langsam (fortschreitend), gradu'ell; **II** *s. eccl.* Gradu'ale *n*; ˈ**grad·u·al·ly** [-əlɪ] *adv.* a) nach u. nach, b) → ***gradual*** I.

grad·u·ate [ˈgrædʒʊət] **I** *s.* **1.** *univ.* a) 'Hochschulabsolˌvent(in), Aka'demiker (-in), b) Graduierte(r *m*) *f* (*bsd. Inhaber[in] des niedrigsten akademischen Grades*), c) *Am.* Stu'dent(in) an e-r ***graduate school***; **2.** *ped. Am.* ('Schul-) Absolˌvent(in): ***high-school ~*** *etwa* Abiturient(in); **3.** *fig. Am.* ‚Pro'dukt' *n* (*e-r Anstalt etc.*); **4.** *Am.* Messgefäß *n*; **II** *adj.* **5.** *univ.* a) Akademiker..., b) graduiert: **~ *student*** → 1, c) für Graduierte: **~ *course*** (Fach)Kurs *m* an e-r ***graduate school***; **6.** *Am.* staatlich geprüft, Diplom...: **~ *nurse***; **7.** → ***graduated*** 1; **III** *v/t.* [-djʊeɪt] **8.** ⚙ mit e-r Maßeinteilung versehen, in Grade einteilen, *a.* ⚗ gradieren; **9.** abstufen, staffeln; **10.** *univ.* graduieren, *j-m* e-n (*bsd. den niedrigsten*) aka'demischen Grad verleihen; **11.** *ped. Am.* a) *oft* ***be ~d from*** die Abschlussprüfung bestehen an (*e-r Schule*), absolvieren, her'vorgehen aus, b) *j-n* (*in die nächste Klasse*) versetzen; **IV** *v/i.* [-djʊeɪt] **12.** *univ.* graduieren, e-n (*bsd. den niedrigsten*) aka'demischen Grad erwerben (***from*** an *dat.*); **13.** *ped. Am.* die Abschlussprüfung bestehen: **~ *from*** → 11a; **14.** sich staffeln, sich abstufen: **~ *into*** a) sich entwickeln zu, b) allmählich übergehen in (*acc.*); ˈ**grad·u·at·ed** [-jʊeɪtɪd] *adj.* **1.** abgestuft, gestaffelt; **2.** ⚙ graduiert, mit e-r Gradeinteilung: **~ *dial*** Skalenscheibe *f*; **grad·u·ate school** *s. univ. Am.* a) höhere 'Fachseˌmester *pl.* (*mit Studienziel ‚Magister'*), b) *Universität(seinrichtung) zur Erlangung höherer akademischer Grade*; **grad·u·a·tion** [ˌgrædjʊˈeɪʃn] *s.* **1.** Abstufung *f*, Staffelung *f*; **2.** ⚙ a) Gradeinteilung *f*, b) Grad-, Teilstrich(e *pl.*) *m*; **3.** ⚗ Gradierung *f*; **4.** *univ.* Graduierung *f*, Erteilung *f od.* Erlangung *f* e-s aka'demischen Grades; **5.** *ped. Am.* a) Absolvieren *n* (***from*** *e-r Schule*), b) Schluss-, Verleihungsfeier *f*.

Graeco- [griːkəʊ] *in Zssgn* griechisch, gräko...

graf·fi·to [grəˈfiːtəʊ] *pl.* **-ti** [-tɪ] *s.* **1.** (S)Graf'fito *m, n*, Kratzmale'rei *f*; **2.** *pl.* Wandkritze'leien *pl.*, Graf'fiti *pl.*

graft [grɑːft] **I** *s.* **1.** ♣ a) Pfropfreis *n*, b) veredelte Pflanze, c) Pfropfstelle *f*; **2.** ⚕ a) Transplan'tat *n*, b) Transplantati'on *f*; **3.** *bsd. Am.* F a) Korrupti'on *f*, b) Bestechungs-, Schmiergelder *pl.*; **II** *v/t.* **4.** ♣ a) *Zweig* pfropfen, b) *Pflanze* okulieren, veredeln; **5.** ⚕ *Gewebe* transplantieren, verpflanzen; **6.** *fig.* (***in***, [***up***]***on***) a) *et.* aufpfropfen (*dat.*), b) *Ideen etc.* einimpfen (*dat.*), c) über'tragen (auf *acc.*); **III** *v/i.* **7.** *bsd. Am.* F a) sich (durch 'Amtsˌmissbrauch) bereichern, b) Schmiergelder zahlen; ˈ**graft·er** [-tə] *s.* **1.** ♣ a) Pfropfer *m*, b) Pfropfmesser *n*; **2.** *bsd. Am.* F kor'rupter Be'amter *od.* Po'litiker *etc.*

Grail [greɪl] *s. eccl.* Gral *m*.

grain [greɪn] **I** *s.* **1.** ♣ (Samen-, *bsd.* Getreide)Korn *n*; **2.** *coll.* Getreide *n*, Korn *n*; **3.** Körnchen *n*, (*Sand- etc.*) Korn *n*: ***of fine ~*** feinkörnig; → ***salt*** 1; **4.** *fig.* Spur *f*, *ein* bisschen: ***a ~ of truth*** ein Körnchen Wahrheit; ***not a ~ of hope*** kein Funke Hoffnung; **5.** ✝ Gran *n* (*Gewicht*); **6.** a) Faser(ung) *f*, Maserung *f* (*Holz*), b) Narbe *f* (*Leder*), c) Korn *n*, Narbe *f* (*Papier*), d) *metall.* Korn *n*, Körnung *f*, e) Strich *m* (*Tuch*), f) *min.* Korn *n*, Gefüge *n*: **~ (*side*)** Narbenseite (*Leder*); ***it goes against the ~ (with me)*** *fig.* es geht mir gegen den Strich; **7.** *hist.* Coche'nille *f* (*Farbstoff*): ***dyed in ~*** a) im Rohzustand gefärbt, b) *a. fig.* waschecht; **8.** *phot.* a) Korn *n*, b) Körnigkeit *f* (*Film*); **II** *v/t.* **9.** körnen, granulieren; **10.** ⚙ *Leder*: a) enthaaren, b) körnen, narben; **11.** ⚙ *Holz etc.* (*künstlich*) masern, ädern; **12.** ⚙ a) *Papier* narben, b) in der Wolle färben; **~ al·co·hol** *s.* ⚗ Ä'thylalkohol *m*; **~ leath·er** *s.* genarbtes Leder.

gram[1] [græm] → ***chickpea***.

gram[2] [græm] *Am.* → ***gramme***.

gram·i·na·ceous [ˌgræmɪˈneɪʃəs], **gra·min·e·ous** [grəˈmɪnɪəs] *adj.* ♣ grasartig, Gras...; **gram·i·niv·o·rous** [ˌgræmɪˈnɪvərəs] *adj.* Gras fressend.

gram·mar ['græmə] *s.* **1.** Gram'matik *f* (*a. Lehrbuch*): ***bad ~*** ungrammatisch; **2.** *fig.* Grundbegriffe *pl.*; **gram·mar·i·an** [grə'meərɪən] *s.* **1.** Gram'matiker (-in); **2.** Verfasser(in) e-r Gram'matik; **gram·mar school** *s.* **1.** *Brit.* höhere Schule, *etwa* Gym'nasium *n*; **2.** *Am. etwa* Grundschule *f*; **gram·mat·i·cal** [grə'mætɪkl] *adj.* ☐ gram'matisch, grammati'kalisch: ***not ~*** grammatisch falsch.

gramme [græm] *s.* Gramm *n.*

gram mol·e·cule *s. phys.* 'Grammmole,kül *n.*

Gram·my ['græmɪ] *s.* Grammy *m* (*amer. Schallplattenpreis*).

gram·o·phone ['græməfəʊn] *s.* a) Grammo'phon *n*, b) Plattenspieler *m*; **~ rec·ord** *s.* Schallplatte *f.*

gram·pus ['græmpəs] *s. zo.* Schwertwal *m*: ***blow like a ~*** *fig.* wie ein Nilpferd schnaufen.

gran·a·ry ['grænərɪ] *s.* Kornkammer *f* (*a. fig.*), Kornspeicher *m.*

grand [grænd] **I** *adj.* ☐ **1.** großartig, gewaltig, grandi'os, eindrucksvoll, prächtig: ***in ~ style*** großartig; **2.** (*geistig etc.*) groß, bedeutend, über'ragend; **3.** erhaben (*Stil etc.*); **4.** (*gesellschaftlich*) groß, hoch stehend, vornehm, distinguiert: ***~ air*** Vornehmheit *f*, Würde *f*, *iro.* Gran'dezza *f*; ***do the ~*** den vornehmen Herrn spielen; ***..., he said ~ly*** ..., sagte er großartig; **5.** Haupt...: ***~ question***; ***~ staircase*** Haupttreppe *f*; ***~ total*** Gesamtsumme *f*; **6.** F großartig, prächtig: ***a ~ idea***; ***have a ~ time*** sich glänzend amüsieren; **II** *s.* **7.** ♪ Flügel *m*; **8.** *pl.* ***grand*** *Am. sl.* ‚Riese' *m* (*1000 Dollar*).

gran·dad → ***granddad.***

gran·dam ['grændæm] *s.* **1.** Großmutter *f*; **2.** alte Dame.

'grand|·aunt *s.* Großtante *f*; **'~·child** [-ntʃ-] *s.* [*irr.*] Enkel(in); **'~·dad** [-ndæd] *s.* ‚Opa' *m* (*a. alter Mann*); **'~,daugh·ter** [-n,dɔː-] *s.* Enkelin *f*; **,~-'Du·cal** [-ndʲd-] *adj.* großherzoglich; **~ Duch·ess** [-ndd-] *s.* Großherzogin *f*; **~ Duch·y** *s.* Großherzogtum *n*; **~ Duke** *s.* **1.** Großherzog *m*; **2.** *hist.* (*russischer*) Großfürst.

gran·dee [græn'diː] *s.* Grande *m.*

gran·deur ['grændʒə] *s.* **1.** Großartigkeit *f* (*a. iro.*); **2.** Größe *f*, Erhabenheit *f*; **3.** Vornehmheit *f*, Hoheit *f*, Würde *f*: ***delusions of ~*** Größenwahnsinn *m*; **4.** Herrlichkeit *f*, Pracht *f.*

'grand,fa·ther ['grænd,f-] *s.* Großvater *m*: ***~('s) clock*** Standuhr *f*; ***~('s) chair*** Ohrensessel *m*; **'grand,fa·ther·ly** [-lɪ] *adj.* großväterlich (*a. fig.*).

gran·dil·o·quence [græn'dɪləkwəns] *s.* **1.** (Rede)Schwulst *m*, Bom'bast *m*; **2.** Großsprече'rei *f*; **gran'dil·o·quent** [-nt] *adj.* ☐ **1.** schwülstig, hochtrabend, ‚geschwollen'; **2.** großsprecherisch.

gran·di·ose ['grændɪəʊs] *adj.* ☐ **1.** großartig, grandi'os; **2.** pom'pös, prunkvoll; **3.** schwülstig, hochtrabend, bom'bastisch.

grand| ju·ry *s.* ⚖ *Am.* Anklagejury *f* (*Geschworene, die die Eröffnung des Hauptverfahrens beschließen od. ablehnen*); **~ lar·ce·ny** *s.* ⚖ *Am.* schwerer Diebstahl; **~·ma** ['grænmɑː], **~·mam·ma** ['grænmə,mɑː] *s.* F 'Großma,ma *f*, ‚Oma' *f*; **~ mas·ter** *s.* **1.** *Schach*: Großmeister *m*; **2.** ***Grand Master*** Großmeister *m* (*der Freimaurer etc.*); **'~,moth·er** [-n,m-] *s.* Großmutter *f*: ***teach your ~ to suck eggs!*** das Ei will klüger sein als die Henne!; **'~,moth·er·ly** [-lɪ] *adj.* großmütterlich (*a. fig.*); **2 Na·tion·al** *s. Pferdesport*: Grand National *n* (*Hindernisrennen auf der Aintree-Rennbahn bei Liverpool*); **'~,neph·ew** [-n,n-] *s.* Großneffe *m.*

grand·ness ['grændnɪs] → ***grandeur.***

'grand|·niece [-nniːs] *s.* Großnichte *f*; **~ old man** *s.* ‚großer alter Mann' (*e-r Berufsgruppe etc.*); **2 Old Par·ty**, *abbr.* **GOP** *s. pol. Am. die* Republi'kanische Par'tei *der USA*; **~ op·er·a** *s.* ♪ große Oper; **~·pa** ['grænpɑː], **~·pa·pa** ['grænpə,pɑː] *s.* ‚Opa' *m*, 'Großpa,pa *m*; **'~,par·ent** [-n,p-] *s.* **1.** Großvater *m od.* -mutter *f*; **2.** *pl.* Großeltern *pl.*; **~ pi·an·o** *s.* ♪ (Kon'zert)Flügel *m*; **'~,sire** [-n,s-] *s. obs.* **1.** alter Herr; **2.** Großvater *m*; **'~·son** [-ns-] *s.* Enkel *m*; **~ slam** *s.* **1.** *Tennis*: Grand Slam *m*; **2.** → ***slam***[2]; **'~·stand** [-ndʃ-] **I** *s. sport* 'Haupttri,büne *f*: ***play to the ~*** → III; **II** *adj.* Haupttribünen...: ***~ seat***; ***~ play*** F Effekthascherei *f*; ***~ finish*** packendes Finish; **III** *v/i. Am.* F sich in Szene setzen, ‚e-e Schau abziehen'; **~ tour** *s. hist.* Bildungs-, Kava'liersreise *f*; **'~,un·cle** *s.* Großonkel *m.*

grange [greɪndʒ] *s.* **1.** Farm *f*; **2.** kleiner Gutshof *od.* Landsitz.

gra·nif·er·ous [grə'nɪfərəs] *adj.* ⚘ Körner tragend.

gran·ite ['grænɪt] **I** *s. min.* Gra'nit *m* (*a. fig.*): ***bite on ~*** *fig.* auf Granit beißen; **II** *adj.* Granit...; *fig.* hart, eisern, unbeugsam; **gra·nit·ic** [græ'nɪtɪk] → ***granite*** II.

gra·niv·o·rous [grə'nɪvərəs] *adj.* Körner fressend.

gran·nie, gran·ny ['grænɪ] *s.* F **1.** ‚Oma' *f*: ***~ glasses*** Nickelbrille *f*; ***~ annexe*** Einliegerwohnung *f*; **2.** *a.* ***~('s) knot*** ⚓ Alt'weiberknoten *m.*

grant [grɑːnt] **I** *v/t.* **1.** bewilligen, gewähren (***s.o. a credit*** *etc.* j-m e-n Kredit *etc.*): ***it was not ~ed to her*** es war ihr nicht vergönnt; ***God ~ that*** gebe Gott, dass; **2.** *e-e Erlaubnis etc.* geben, erteilen; **3.** *e-e Bitte etc.* erfüllen, (*a.* ⚖ *e-m Antrag etc.*) stattgeben; **4.** ⚖ über'tragen, -'eignen, verleihen, *Patent* erteilen; **5.** zugeben, zugestehen, einräumen: ***I ~ you that ...*** ich gebe zu, dass ...; ***~ed, but*** zugegeben, aber; ***~ed that ...*** a) zugegeben, dass, b) angenommen, dass; ***take for ~ed*** a) *et.* als erwiesen annehmen, b) *et.* als selbstverständlich betrachten, c) gar nicht mehr wissen, was man an *j-m* hat; **II** *s.* **6.** a) Bewilligung *f*, Gewährung *f*, b) Zuschuss *m*, Unter'stützung *f*, Subventi'on *f*; **7.** (Ausbildungs-, Studien)Beihilfe *f*, Sti'pendium *n*; **8.** ⚖ a) Verleihung *f e-s Rechts*, Erteilung *f e-s Patents etc.*, b) (urkundliche) Über'tragung (***to*** auf *acc.*); **9.** *Am.* zugewiesenes Amt; **gran·tee** [grɑːn'tiː] *s.* **1.** Begünstigte(r *m*) *f*; **2.** ⚖ a) Zessio'nar(in), Rechtsnachfolger(in), b) Privile'gierte(r *m*) *f*; **,grant-in-'aid** *pl.* **,grants-in-'aid** *s.* a) *Brit.* Re'gierungszuschuss *m* an Kom'munen, b) *Am.* Bundeszuschuss *m* an Einzelstaaten; **gran·tor** [grɑːn'tɔː] *s.* ⚖ a) Ze'dent(in), b) Li'zenzgeber(in).

gran·u·lar ['grænjʊlə] *adj.* **1.** gekörnt, körnig; **2.** granuliert; **'gran·u·late** [-leɪt] **I** *v/t.* **1.** körnen, granulieren; **2.** *Leder* rauen, narben; **II** *v/i.* körnig werden; **'gran·u·lat·ed** [-leɪtɪd] *adj.* **1.** gekörnt, körnig, granuliert (*a.* ⚕): ***~ sugar*** Kristallzucker *m*; **2.** geraut; **gran·u·la·tion** [,grænjʊ'leɪʃn] *s.* **1.** ⚙ Körnen *n*, Granulieren *n*; **2.** Körnigkeit *f*; **3.** ⚕ Granulati'on *f*; **'gran·ule** [-juːl] *s.* Körnchen *n*; **'gran·u·lous** [-ləs] → ***granular.***

grape [greɪp] *s.* **1.** Weintraube *f*, -beere *f*: ***the (juice of the) ~*** der Saft der Reben (*Wein*); ***but that's just sour ~s*** *fig.* aber ihm (*etc.*) hängen die Trauben zu hoch; → ***bunch*** 1; **2.** → ***grapevine*** 1; **3.** *pl. vet.* a) Mauke *f*, b) 'Rindertuberku,lose *f*; **~ cure** *s.* ⚕ Traubenkur *f*; **'~·fruit** *s.* ⚘ Grapefruit *f*, Pampelmuse *f*; **~ juice** *s.* Traubensaft *m*; **'~·louse** *s.* [*irr.*] *zo.* Reblaus *f*; **'~·shot** *s.* ⚔ Kar'tätsche *f*; **'~·stone** *s.* (Wein)Traubenkern *m*; **~ sug·ar** *s.* Traubenzucker *m*; **'~·vine** *s.* **1.** ⚘ Weinstock *m*; **2.** F a) Gerücht *n*, b) *a.* ***~ telegraph*** ‚Buschtrommel' *f*, 'Nachrichtensy,stem *n*: ***hear s.th. on the ~*** et. gerüchteweise hören.

graph [græf] *s.* **1.** Schaubild *n*, Dia'gramm *n*, grafische Darstellung, Kurvenblatt *n*, -bild *n*; **2.** *bsd.* Ꞩ Kurve *f*: ***~ paper*** Millimeterpapier *n*; **3.** *ling.* Graph *m*; **'graph·ic** [-fɪk] **I** *adj.* (☐ ***~ally***) **1.** anschaulich, plastisch, lebendig (geschildert *od.* schildernd); **2.** grafisch, zeichnerisch: ***~ arts*** → 4; ***~ artist*** Grafiker(in); **3.** Schrift..., Schreib...; **II** *s. pl. sg. konstr.* **4.** Grafik, grafische Kunst; **5.** technisches Zeichnen; **6.** grafische Darstellung (*als Fach*); **'graph·i·cal** [-fɪkl] *adj.* ☐ → ***graphic*** I; **'graph·ics card** *s. Computer*: 'Grafikkarte *f.*

graph·ite ['græfaɪt] *s. min.* Gra'phit *m*, Reißblei *n*; **gra·phit·ic** [grə'fɪtɪk] *adj.* Graphit...

graph·o·log·i·cal [,græfə'lɒdʒɪkl] *adj.* ☐ grapho'logisch; **graph·ol·o·gist** [græ'fɒlədʒɪst] *s.* Grapho'loge *m*; **graph·ol·o·gy** [græ'fɒlədʒɪ] *s.* Grapholo'gie *f*, Handschriftendeutung *f.*

grap·nel ['græpnl] *s.* **1.** ⚓ a) Enterhaken *m*, b) Dregganker *m*, Dregge *f*; **2.** ⚙ a) Ankereisen *n*, b) (Greif)Haken *m*, Greifer *m.*

grap·ple ['græpl] **I** *s.* **1.** → ***grapnel*** 1 a u. 2 b; **2.** a) Griff *m* (*a. beim Ringen etc.*), b) Handgemenge *n*, Kampf *m*; **II** *v/t.* **3.** ⚓ entern; **4.** ⚙ verankern, verklammern; **5.** packen, fassen; **III** *v/i.* **6.** e-n Enterhaken *od.* Greifer gebrauchen; **7.** ringen, kämpfen (*a. fig.*): ***~ with s.th.*** *fig.* sich mit et. herumschlagen.

grap·pling| hook, ~ i·ron ['græplɪŋ] → ***grapnel*** 1 a u. 2 b.

grasp [grɑːsp] **I** *v/t.* **1.** packen, fassen, (er)greifen; → ***nettle*** 1; **2.** an sich reißen; **3.** *fig.* verstehen, begreifen, (er-)fassen; **II** *v/i.* **4.** zugreifen, zupacken; **5.** ***~ at*** greifen nach; → ***shadow*** 2, ***straw*** 1; **6.** ***~ at*** *fig.* streben nach; **III** *s.* **7.** Griff *m*; **8.** a) Reichweite *f*, b) *fig.* Macht *f*, Gewalt *f*, Zugriff *m*: ***within one's ~*** in Reichweite, *fig. a.* greifbar nahe; ***within the ~ of*** in der Gewalt von (*od. gen.*); **9.** *fig.* Verständnis *n*, Auffassungsgabe *f*: ***it is within his ~*** das kann er begreifen; ***it is beyond his ~*** es geht über seinen Verstand; ***have a good ~ of s.th.*** et. gut beherrschen; **'grasp·ing** [-pɪŋ] *adj.* ☐ habgierig.

grass [grɑːs] **I** *s.* **1.** ⚘ Gras *n*: ***hear the ~ grow*** *fig.* das Gras wachsen hören; ***not to let the ~ grow under one's feet*** nicht lange fackeln, keine Zeit ver-

G

schwenden; **2.** Gras *n*, Rasen *m*: ***keep off the ~*** Betreten des Rasens verboten!; **3.** Grasland *n*, Weide *f*: ***be*** (***out***) ***at ~*** a) auf der Weide sein, b) F im Ruhestand sein; ***put*** (*od.* ***turn***) ***out to ~*** a) *Vieh* auf die Weide treiben, b) *bsd. e-m Rennpferd* das Gnadenbrot geben, c) F *j-n* in Rente schicken; **4.** *sl.* ‚Grass' *n*, Marihu'ana *n*; **II** *v/t.* **5.** a) *a.* ***~ down*** mit Gras besäen, b) *a.* ***~ over*** mit Rasen bedecken; **6.** *Vieh* weiden (lassen); **7.** *Wäsche* auf dem Rasen bleichen; **8.** *Vogel* abschießen; **9.** *sport Gegner* zu Fall bringen; **III** *v/i.* **10.** grasen, weiden; **11.** *Brit. sl.* ‚singen': ***~ on s.o.*** j-n ‚verpfeifen'; **~ blade** *s.* Grashalm *m*; **~ court** *s. Tennis*: Rasenplatz *m*; **,~-'green** *adj.* grasgrün; **'~-grown** *adj.* mit Gras bewachsen; **'~,hop·per** *s.* **1.** *zo.* (Feld)Heuschrecke *f*, Grashüpfer *m*; **2.** ✈, ⚔ Leichtflugzeug *n*; **'~·land** *s.* Weide(land *n*) *f*; **'~·plot** *s.* Rasenplatz *m*; **~ roots** *s. pl.* **1.** *fig.* Wurzel *f*; **2.** *pol.* a) Basis *f* (*e-r Partei*), b) ländliche Bezirke *od.* Landbevölkerung *f*; **'~·roots** *adj. pol.* a) (an) der Basis (*e-r Partei*), b) bodenständig: ***~ democracy***; **~ snake** *s. zo.* Ringelnatter *f*; **~ wid·ow** *s.* **1.** Strohwitwe *f*; **2.** *Am.* geschiedene *od.* getrennt lebende Frau; **~ wid·ow·er** *s.* **1.** Strohwitwer *m*; **2.** *Am.* geschiedener *od.* getrennt lebender Mann.

grass·y ['grɑːsɪ] *adj.* grasbedeckt, grasig, Gras...

grate¹ [greɪt] **I** *v/t.* **1.** *Käse etc.* reiben, *Gemüse etc. a.* raspeln; **2.** a) knirschen mit: ***~ one's teeth***, b) kratzen mit, c) quietschen mit; **3.** *et.* krächzen(d sagen); **II** *v/i.* **4.** knirschen *od.* kratzen *od.* quietschen; **5.** wehtun ([***up***]***on s.o.*** j-m): ***~ on s.o.'s nerves*** an j-s Nerven zerren; ***~ on the ear*** dem Ohr wehtun; ***~ on s.o.'s ears*** j-m in den Ohren wehtun.

grate² [greɪt] *s.* **1.** Gitter *n*; **2.** (Feuer-, ⚙ Kessel)Rost *m*; **3.** Ka'min *m*; **4.** *Wasserbau*: Fangrechen *m*; **'grat·ed** [-tɪd] *adj.* vergittert.

grate·ful ['greɪtfʊl] *adj.* □ **1.** dankbar (***to s.o. for s.th.*** j-m für et.): ***a ~ letter*** ein Dank(es)brief; **2.** *fig.* dankbar (*Aufgabe etc.*); **3.** angenehm, wohltuend, will'kommen (***to s.o.*** j-m); **'grate·ful·ness** [-nɪs] *s.* Dankbarkeit *f*.

grat·er ['greɪtə] *s.* Reibe *f*, Reibeisen *n*, Raspel *f*.

grat·i·cule ['grætɪkjuːl] *s.* ⚙ **1.** a) (Grad)Netz *n*, Koordi'natensy,stem *n*, b) mit e-m Netz versehene Zeichnung; **2.** Fadenkreuz *n*.

grat·i·fi·ca·tion [,grætɪfɪ'keɪʃn] *s.* **1.** Befriedigung *f*: a) Zu'friedenstellung *f*, b) Genugtuung *f* (***at*** über *acc.*); **2.** Freude *f*, Vergnügen *n*, Genuss *m*; **3.** *obs.* Gratifikati'on *f*; **grat·i·fy** ['grætɪfaɪ] *v/t.* **1.** befriedigen: ***~ one's thirst for knowledge*** s-n Wissensdurst stillen; **2.** *j-m* gefällig sein; **3.** erfreuen: ***be gratified*** sich freuen; ***I am gratified to hear*** ich höre mit Genugtuung *od.* Befriedigung; **grat·i·fy·ing** ['grætɪfaɪɪŋ] *adj.* □ erfreulich, befriedigend (***to*** für).

gra·tin ['grætæ̃ŋ] (*Fr.*) *s.* **1.** Bratkruste *f*: ***au ~*** gratiniert, überbacken; **2.** Gra'tin *n*, gratinierte Speise.

grat·ing¹ ['greɪtɪŋ] *adj.* □ **1.** kratzend, knirschend; **2.** krächzend, heiser; **3.** unangenehm.

grat·ing² ['greɪtɪŋ] *s.* **1.** Gitter *n* (*a. phys.*), Gitterwerk *n*; **2.** ⚙ (Balken-, Lauf)Rost *m*; **3.** ⚓ Gräting *f*.

gra·tis ['greɪtɪs] **I** *adv.* gratis, unentgeltlich, um'sonst; **II** *adj.* unentgeltlich, frei, Gratis...

grat·i·tude ['grætɪtjuːd] *s.* Dankbarkeit *f*: ***in ~ for*** aus Dankbarkeit für.

gra·tu·i·tous [grə'tjuːɪtəs] *adj.* □ **1.** → ***gratis*** II; **2.** ⚖ ohne Gegenleistung; **3.** freiwillig, unverlangt; **4.** grundlos, unberechtigt, unverdient; **gra'tu·i·ty** [-tɪ] *s.* **1.** (Geld)Geschenk *n*, Gratifikati'on *f*, Sondervergütung *f*, Zuwendung *f*; **2.** Trinkgeld *n*.

gra·va·men [grə'veɪmen] *s.* **1.** ⚖ a) (Haupt)Beschwerdegrund *m*, b) *das Belastende e-r Anklage*; **2.** *bsd. eccl.* Beschwerde *f*.

grave¹ [greɪv] *s.* **1.** Grab *n*: ***dig one's own ~*** sein eigenes Grab schaufeln; ***have one foot in the ~*** mit einem Bein im Grab stehen; ***rise from the ~*** (von den Toten) auferstehen; ***turn in one's ~*** sich im Grabe umdrehen; **2.** *fig.* Grab *n*, Tod *m*, Ende *n*.

grave² [greɪv] **I** *adj.* □ **1.** ernst: a) feierlich, b) bedenklich: ***~ illness*** (***voice***, *etc.*), c) gewichtig, schwerwiegend, d) gesetzt, würdevoll, e) schwer, tief: ***~ thoughts***; **2.** dunkel, gedämpft (*Farbe*); **3.** *ling.* fallend: ***~ accent*** → 5; **4.** tief (*Ton*); **II** *s.* **5.** *ling.* Gravis *m*, Ac'cent *m* grave.

grave³ [greɪv] *v/t.* [*irr.*] *obs.* **1.** *Figur* (ein)schnitzen, (-)meißeln; **2.** *fig.* eingraben, -prägen.

grave⁴ [greɪv] *v/t.* ⚓ *Schiffsboden* reinigen u. teeren.

'grave,dig·ger *s.* Totengräber *m* (*a. zo. u. fig.*).

grav·el ['grævl] **I** *s.* **1.** Kies *m*: ***~ pit*** Kiesgrube *f*; **2.** Schotter *m*; **3.** *geol.* Geröll *n*; **4.** ⚕ Harngrieß *m*; **II** *v/t.* **5.** a) mit Kies bestreuen, b) beschottern; **6.** *fig.* verwirren, verblüffen.

grav·en ['greɪvn] *p.p. von* ***grave³*** *u. adj.* geschnitzt: ***~ image*** Götzenbild *n*.

grav·er ['greɪvə] → ***graving tool.***

Graves' dis·ease [greɪvz] *s.* ⚕ basedowsche Krankheit.

'grave|·side *s.*: ***at the ~*** am Grab; **'~·stone** *s.* Grabstein *m*; **'~·yard** *s.* Fried-, Kirchhof *m*.

grav·id ['grævɪd] *adj.* a) schwanger, b) trächtig (*Tier*).

gra·vim·e·ter [grə'vɪmɪtə] *s. phys.* Gravi'meter *n*: a) Dichtemesser *m*, b) Schweremesser *m*.

grav·ing| dock ['greɪvɪŋ] *s.* ⚓ Trockendock *n*; **~ tool** *s.* ⚙ Grabstichel *m*.

grav·i·tate ['grævɪteɪt] *v/i.* **1.** sich (durch Schwerkraft) fortbewegen; **2.** *a. fig.* gravitieren, (hin)streben (***towards*** zu, nach); **3.** *fig.* sich hingezogen fühlen, tendieren, (hin)neigen (***to***, ***towards*** zu); **4.** sinken, fallen; **grav·i·ta·tion** [,grævɪ'teɪʃn] *s.* **1.** *phys.* Gravitati'on *f*: a) Schwerkraft *f*, b) Gravitieren *n*; **2.** *fig.* Neigung *f*, Hang *m*, Ten'denz *f*; **grav·i·ta·tion·al** [,grævɪ'teɪʃənl] *adj. phys.* Gravitations...: ***~ force*** Schwerkraft *f*; ***~ field*** Schwerefeld *n*; ***~ pull*** Anziehungskraft *f*.

grav·i·ty ['grævətɪ] **I** *s.* **1.** Ernst *m*: a) Feierlichkeit *f*, b) Bedenklichkeit *f*, c) Gesetztheit *f*, d) Schwere *f*; **2.** ♪ Tiefe *f* (*Ton*); **3.** *phys.* a) *a.* ***force of ~*** Gravitati'on *f*, Schwerkraft *f*, b) (Erd)Schwere *f*, c) Erdbeschleunigung; → ***centre*** 1, ***specific*** 8; **II** *adj.* **4.** *phys.*, ⚙ Schwerkraft...: ***~ drive***; ***~ feed*** Gefällezuführung *f*; ***~ tank*** Falltank *m*.

gra·vure [grə'vjʊə] *s.* Gra'vüre *f*.

gra·vy ['greɪvɪ] *s.* **1.** Braten-, Fleischsaft *m*; **2.** (Fleisch-, Braten)Soße *f*; **3.** *sl.* a) lukra'tive Sache, b) (unverhoffter) Gewinn: ***that's pure ~!*** das ist ja fantastisch!; **~ beef** *s.* Saftbraten *m*; **~ boat** *s.* Sauci'ere *f*, Soßenschüssel *f*; **~ train** *s.*: ***get on the ~*** *sl.* a) leicht ans große Geld kommen, b) ein Stück vom ‚Kuchen' abkriegen.

gray *etc. bsd. Am.* → ***grey*** *etc.*

graze¹ [greɪz] **I** *v/t.* **1.** *Vieh* weiden (lassen); **2.** abweiden, -grasen; **II** *v/i.* **3.** weiden, grasen (*Vieh*): ***grazing ground*** Weideland *n*.

graze² [greɪz] **I** *v/t.* **1.** streifen: a) leicht berühren, b) schrammen; **2.** ⚕ (ab-) schürfen, (auf)schrammen; **II** *v/i.* **3.** streifen; **III** *s.* **4.** Streifen *n*; **5.** ⚕ Abschürfung *f*, Schramme *f*; **6.** *a.* ***grazing shot*** Streifschuss *m*.

gra·zier ['greɪzjə] *s.* Viehzüchter *m*.

grease I *s.* [griːs] **1.** (*zerlassenes*) Fett, Schmalz *n*; **2.** ⚙ Schmierfett *n*, -mittel *n*, Schmiere *f*; **3.** a) Wollfett *n*, b) Schweißwolle *f*; **4.** *vet.* (Flechten)Mauke *f* (*Pferd*); **5.** *hunt.* Feist *n*: ***in ~ of pride*** (*od.* ***prime***) fett (*Wild*); **II** *v/t.* [griːz] **6.** ⚙ (ein)fetten, (ab)schmieren; → ***lightning*** I; **7.** beschmieren; **8.** F *j-n* ‚schmieren', bestechen; **~ cup** *s.* ⚙ Staufferbüchse *f*; **~ gun** *s.* ⚙ (Ab-) Schmierpresse *f*; **~ mon·key** *s.* F ✈, *mot.* (*bsd.* 'Auto-, 'Flugzeug)Me,chaniker *m*; **~ paint** *s. thea.* (Fett)Schminke *f*; **'~·proof** *adj.* Fett abstoßend.

greas·er ['griːzə] *s.* **1.** Schmierer *m*, Öler *m*; **2.** ⚙ Schmiervorrichtung *f*; **3.** *Brit.* F 'Autome,chaniker *m*; **4.** *Brit.* F *contp.* ‚Schleimscheißer' *m*; **5.** *Am. contp.* Mexi'kaner *m*.

greas·i·ness ['griːzɪnɪs] *s.* **1.** Fettig-, Öligkeit *f*; **2.** Schmierigkeit *f*; **3.** Schlüpfrigkeit *f*; **4.** *fig.* Aalglätte *f*; **greas·y** ['griːzɪ] *adj.* □ **1.** fettig, schmierig, ölig; **2.** schmierig, beschmiert; **3.** glitschig, schlüpfrig; **4.** ungewaschen (*Wolle*); **5.** *fig.* a) aalglatt, b) ölig, c) schmierig.

great [greɪt] **I** *adj.* □ → ***greatly***; **1.** groß, beträchtlich: ***a ~ number*** e-e große Anzahl; ***a ~ many*** sehr viele; ***the ~ majority*** die große Mehrheit; ***live to a ~ age*** ein hohes Alter erreichen; **2.** groß, Haupt...: ***to a ~ extent*** in hohem Maße; ***~ friends*** dicke Freunde; **3.** groß, bedeutend, berühmt: ***a ~ poet***; ***a ~ city*** e-e bedeutende Stadt; ***~ issues*** wichtige Probleme; **4.** hoch stehend, vornehm, berühmt: ***a ~ family***; ***the ~ world*** die gute Gesellschaft; **5.** großartig, vor'züglich, wertvoll: ***a ~ opportunity*** e-e vorzügliche Gelegenheit; ***it is a ~ thing to be healthy*** es ist viel wert, gesund zu sein; **6.** erhaben, hoch: ***~ thoughts***; **7.** eifrig: ***a ~ reader***; **8.** groß(geschrieben); **9.** *nur pred.* a) gut: ***he is ~ at golf*** er spielt (sehr) gut Golf, er ist ‚ganz groß' im Golfspielen, b) interessiert: ***he is ~ on dogs*** er ist ein großer Hundeliebhaber; **10.** F großartig, wunderbar, prima; ***we had a ~ time*** wir haben uns herrlich amüsiert, es war sagenhaft (schön); ***the ~ thing is that ...*** das Großartige (daran) ist, dass; **11.** *in Verwandtschaftsbezeichnungen*: a) Groß..., b) (*vor* ***grand...***) Ur...; **12.** *als Beiname*: ***the ~ Elector*** der Große Kurfürst; ***Frederick the ~*** Friedrich der Große; **II** *s.* **13.** ***the ~*** *pl.* die Großen *pl.*, die Promi'nenten *pl.*; **14.** *pl. Brit. univ.*

'Schlussex,amen *n* für den Grad des B.A. (*Oxford*).

,**great|-'aunt** *s.* Großtante *f*; ♀ **Char·ter** → ***Magna C(h)arta***; **~ cir·cle** *s.* A Großkreis *m* (*e-r Kugel*); '**~·coat** *s.* (Herren)Mantel *m*; ♀ **Dane** *s. zo.* Dänische Dogge; **~ di·vide** *s.* **1.** *geogr.* Hauptwasserscheide *f*: ***the Great Divide*** die Rocky Mountains; ***cross the ~*** *fig.* die Schwelle des Todes überschreiten; **2.** *fig.* Krise *f*, entscheidende Phase.

Great·er Lon·don ['greɪtə] *s.* Groß-London *n*.

,**great|-'grand·child** *s.* Urenkel(in); ,**~-'grand,daugh·ter** *s.* Urenkelin *f*; ,**~-'grand,fa·ther** *s.* Urgroßvater *m*; ,**~-'grand,moth·er** *s.* Urgroßmutter *f*; ,**~-'grand,par·ents** *s. pl.* Urgroßeltern *pl.*; ,**~-'grand·son** *s.* Urenkel *m*; **~ gross** *s.* zwölf Gros *pl.*; ,**~-'heart·ed** *adj.* **1.** beherzt; **2.** hochherzig; ♀ **Lakes** *s. pl. die* Großen Seen *pl.* (*USA*).

great·ly ['greɪtlɪ] *adv.* sehr, höchst, außerordentlich, 'überaus.

Great| Mo·gul ['məʊgʌl] *s. hist.* Großmogul *m*; ,**♀-'neph·ew** *s.* Großneffe *m*.

great·ness ['greɪtnɪs] *s.* **1.** Größe *f*, Erhabenheit *f*: ***~ of mind*** Geistesgröße; **2.** Größe *f*, Bedeutung *f*, Wichtigkeit *f*, Rang *m*; **3.** Ausmaß *n*.

,**great|-'niece** *s.* Großnichte *f*; ♀ **Plains** *s. pl. Am. Präriegebiete im Westen der USA*; ♀ **Pow·ers** *s. pl. pol.* Großmächte *pl.*; ♀ **Seal** *s. Brit. hist.* Großsiegel *n*; **~ tit** *s. orn.* Kohlmeise *f*; ,**~-'un·cle** *s.* Großonkel *m*; ♀ **Wall (of Chi·na)** *s. die* Chi'nesische Mauer; ♀ **War** *s.* (*bsd. der* Erste) Weltkrieg.

greave [gri:v] *s. hist.* Beinschiene *f*.

greaves [gri:vz] *s. pl.* Grieben *pl.*

grebe [gri:b] *s. orn.* (See)Taucher *m*.

Gre·cian ['gri:ʃn] **I** *adj.* **1.** (*bsd.* klassisch) griechisch; **II** *s.* **2.** Grieche *m*, Griechin *f*; **3.** Grä'zist *m*.

greed [gri:d] *s.* Gier *f* (***for*** nach); Habgier *f*, -sucht *f*: ***~ for power*** Machtgier; '**greed·i·ness** [-dɪnɪs] *s.* **1.** Gierigkeit *f*; **2.** Gefräßigkeit *f*; '**greed·y** [-dɪ] *adj.* □ **1.** gierig (***for*** auf *acc.*, nach): ***~ for power*** machtgierig; **2.** habgierig; **3.** gefräßig, gierig.

Greek [gri:k] **I** *s.* **1.** Grieche *m*, Griechin *f*: ***when ~ meets ~*** *fig.* wenn zwei Ebenbürtige sich miteinander messen; **2.** *ling.* Griechisch *n*, das Griechische: ***that's ~ to me*** das sind für mich böhmische Dörfer; **II** *adj.* **3.** griechisch; **~ Church** *s.* ,griechisch-ortho'doxe *od.* -ka'tholische Kirche; **~ cross** *s.* griechisches Kreuz; **~ gift** *s. fig.* Danaergeschenk *n*; **~ Or·tho·dox Church** → ***Greek Church***.

green [gri:n] **I** *adj.* □ **1.** *allg.* grün (*a. weitS. grünend, schneefrei, unreif*): ***~ apples (fields)***; ***~ food***, ***~ vegetables*** → 13; ***~ with envy*** grün *od.* gelb vor Neid; ***~ with fear*** schreckensbleich; **2.** grün, frisch: ***~ fish***; ***~ wine*** neuer Wein; **3.** roh, frisch, Frisch...: ***~ meat***; ***~ coffee*** Rohkaffee *m*; **4.** ⚙ nicht fertig verarbeitet: ***~ ceramics*** ungebrannte Töpferwaren; ***~ hide*** ungegerbtes Fell; ***~ ore*** Roherz *n*; **5.** ⚙ fa'brikneu: ***~ assembly*** Erstmontage *f*; ***~ run*** Einfahren *n*, erster Lauf; **6.** *fig.* frisch: a) neu, b) lebendig: ***~ memories***; **7.** *fig.* grün, unerfahren, na'iv: ***a ~ youth***; ***~ in years*** jung an Jahren; **8.** jugendlich: ***~ old age*** rüstiges Alter; **II** *s.* **9.** Grün *n*, grüne Farbe: ***the Greens*** *pl. pol.* die Grünen: ***the lights are at ~*** *mot.* die Ampel steht auf Grün; ***at ~*** bei Grün; **10.** Grünfläche *f*, Rasen(platz) *m*: ***village ~*** Dorfanger *m*, -wiese *f*; **11.** Golfplatz *m*; **12.** *pl.* Grün *n*, grünes Laub; **13.** *mst pl.* grünes Gemüse, Blattgemüse *n*; **14.** *fig.* Jugendfrische *f*; **15.** *sl.* ,Kies' *m* (*Geld*); **III** *v/t.* **16.** grün machen *od.* färben; **IV** *v/i.* **17.** grün werden, grünen.

'**green|·back** *s.* **1.** *Am.* F Dollarschein *m*; **2.** *zo.* Laubfrosch *m*; **~ belt** *s.* Grüngürtel *m* (*um e-e Stadt*); **~ card** *s.* **1.** *Am.* grüne Karte *f* (*Aufenthaltsgenehmigung*); **2.** *Brit. mot.* grüne Versicherungskarte *f*; **~ cheese** *s.* **1.** unreifer Käse; **2.** Molkenkäse *m*; **3.** Kräuterkäse *m*; **~ cloth** *s. bsd. Am.* **1.** Spieltisch *m*; **2.** Billardtisch *m*; **~ crop** *s.* ⚘ Grünfutter *n*.

green·er·y ['gri:nərɪ] *s.* **1.** Grün *n*, Laub *n*; **2.** → ***greenhouse*** 1.

'**green|-eyed** *adj. fig.* eifersüchtig, neidisch: ***the ~ monster*** die Eifersucht; '**~·finch** *s. orn.* Grünfink *m*; **~ fin·gers** *s. pl.* F gärtnerische Begabung: ***he has ~*** bei ihm gedeihen alle Pflanzen, ,er hat einen grünen Daumen'; '**~·fly** *s. zo. Brit.* grüne Blattlaus; '**~·gage** *s.* Reine-'claude *f*; '**~,gro·cer** *s.* Obst- u. Gemüsehändler *m*; '**~,gro·cer·y** *s.* **1.** Obst- u. Gemüsehandlung *f*; **2.** *pl.* Obst *n* u. Gemüse *n*; '**~·horn** *s.* F **1.** ,Greenhorn' *n*, Grünschnabel *m*, (unerfahrener) Neuling; **2.** Gimpel *m*; '**~·house** *s.* **1.** Treib-, Gewächshaus *n*: ***~ effect*** Treibhauseffekt *m*; ***~ gases*** Treibhausgase *pl.*; **2.** ✈ F Vollsichtkanzel *f*.

green·ish ['gri:nɪʃ] *adj.* grünlich.

Green·land·er ['gri:nləndə] *s.* Grönländer(in).

green| light *s.* grünes Licht (*bsd. der Verkehrsampel*; *a. fig. Genehmigung*): ***give s.o. the ~*** *fig.* j-m grünes Licht geben; **~ lung** *s. Brit.* ,grüne Lunge', Grünflächen *pl.*; '**~·man** [-mən] *s.* [*irr.*] Platzmeister *m* (*Golfplatz*).

green·ness ['gri:nnɪs] *s.* **1.** Grün *n*, *das* Grüne; **2.** *fig.* Frische *f*, Munterkeit *f*, Kraft *f*; **3.** *fig.* Unreife *f*, Unerfahrenheit *f*.

green| pound *s.* ✝ grünes Pfund (*EG-Verrechnungseinheit*); '**~·room** [-rʊm] *s. thea.* 'Künstlerzimmer *n*, -garde,robe *f*; '**~,sick·ness** *s.* ⚕ Bleichsucht *f*; '**~-stick (frac·ture)** *s.* ⚕ Knickbruch *m*; '**~·stuff** *s.* **1.** Grünfutter *n*; **2.** grünes Gemüse; '**~·sward** *s.* Rasen *m*; **~ ta·ble** *s.* Konfe'renztisch *m*; **~ tea** *s.* grüner Tee; **~ thumb** *Am.* → ***green fingers***.

Green·wich (Mean) Time ['grenɪdʒ] *s.* Greenwicher Zeit.

greet [gri:t] *v/t.* **1.** grüßen; **2.** begrüßen, empfangen; **3.** *fig. dem Auge* begegnen, *ans Ohr* dringen, sich *j-m* bieten (*Anblick*); **4.** *e-e Nachricht etc. freudig etc.* aufnehmen; '**greet·ing** [-tɪŋ] *s.* **1.** Gruß *m*, Begrüßung *f*; **2.** *pl.* a) Grüße *pl.*, b) Glückwünsche *pl.*: ***~s card*** Glückwunschkarte *f*.

gre·gar·i·ous [grɪ'geərɪəs] *adj.* □ **1.** gesellig; **2.** *zo.* in Herden *od.* Scharen lebend, Herden...; **3.** ⚘ traubenartig wachsend; **gre'gar·i·ous·ness** [-nɪs] *s.* **1.** Geselligkeit *f*; **2.** *zo.* Zs.-leben *n* in Herden.

Gre·go·ri·an [grɪ'gɔ:rɪən] *adj.* gregori'anisch: ***~ calendar***; ***~ chant*** ♪ gregorianischer Gesang.

greige [greɪʒ] *adj. u. s.* ⚙ na'turfarben(e Stoffe *pl.*).

grem·lin ['gremlɪn] *s. sl.* böser Geist, Kobold *m* (*der Maschinenschaden etc. anrichtet*).

gre·nade [grɪ'neɪd] *s.* **1.** ✕ Ge'wehr-, 'Handgra,nate *f*; **2.** 'Tränengaspa,trone *f*; **gren·a·dier** [,grenə'dɪə] *s.* ✕ Grena-'dier *m*.

gres·so·ri·al [gre'sɔ:rɪəl] *adj. orn., zo.* Schreit..., Stelz...: ***~ birds***.

Gret·na Green mar·riage ['gretnə] *s.* Heirat *f* in Gretna Green (*Schottland*).

grew [gru:] *pret. von* ***grow***.

grey [greɪ] **I** *adj.* □ **1.** grau; **2.** grau (-haarig), ergraut: ***grow ~*** → 8; **3.** farblos, blass; **4.** trübe, düster, grau: ***a ~ day***; ***~ prospects*** trübe Aussichten; **5.** ⚙ neu'tral, farblos, na'turfarben: ***~ cloth*** ungebleichter Baumwollstoff; **II** *s.* **6.** Grau *n*, graue Farbe: ***dressed in ~*** grau *od.* in Grau gekleidet; **7.** *zo.* Grauschimmel *m*; **III** *v/i.* **8.** grau werden, ergrauen: ***~ing*** angegraut (*Haare*); **~ a·re·a** *s.* **1.** *Statistik*: Grauzone *f*; **2.** *Brit.* Gebiet *n* mit hoher Arbeitslosigkeit; '**~·back** *s.* **1.** *zo.* Grauwal *m*; **2.** *Am.* F ,Graurock' *m* (*Soldat der Südstaaten im Bürgerkrieg*); **~ crow** *s. orn.* Nebelkrähe *f*; '**~·fish** *s. ein* Hai(fisch) *m*; **~ goose** → ***greylag***; ,**~-'head·ed** *adj.* **1.** grauköpfig; **2.** *fig.* alterfahren; '**~·hen** *s. orn.* Birk-, Haselhuhn *n*; '**~·hound** *s.* Windhund *m*; **~ *racing*** Windhundrennen *n*.

grey·ish ['greɪɪʃ] *adj.* gräulich, Grau...

grey·lag ['greɪlæg] *s. orn.* Grau-, Wildgans *f*.

grey| mar·ket *s.* ✝ grauer Markt; **~ mat·ter** *s.* **1.** ⚕ graue ('Hirnrinden-) Sub,stanz; **2.** F ,Grips' *m*, ,Grütze' *f* (*Verstand*); **~ mul·let** *s. ichth.* Meeräsche *f*.

grey·ness ['greɪnɪs] *s.* **1.** Grau *n*; **2.** *fig.* Trübheit *f*, Düsterkeit *f*.

grey squir·rel *s. zo.* Grauhörnchen *n*.

grid [grɪd] *s.* **1.** Gitter *n*, Rost *m*; **2.** ⚡ a) Bleiplatte *f*, b) Gitter *n* (*in Elektronenröhre*); **3.** ⚡ *etc.* Versorgungsnetz *n*; **4.** Gitternetz *n auf Landkarten*: ***~ded map*** Gitternetzkarte *f*; **5.** → ***gridiron*** 1, 4, 6; **~ bi·as** *s.* ⚡ Gittervorspannung *f*; **~ cir·cuit** *s.* ⚡ Gitterkreis *m*.

grid·dle ['grɪdl] *s.* **1.** Kuchen-, Backblech *n*: ***~ cake*** Pfannkuchen *m*; ***be on the ~*** F ,in die Mangel genommen werden'; **2.** ⚙ Drahtsieb *n*.

'**grid,i·ron** *s.* **1.** Bratrost *m*; **2.** ⚙ Gitterrost *m*; **3.** Netz(werk) *n* (*Leitungen, Bahnlinien etc.*); **4.** ⚓ Balkenrost *m*; **5.** *thea.* Schnürboden *m*; **6.** *American Football*: F Spielfeld *n*.

grid| leak *s.* ⚡ 'Gitter(ableit),widerstand *m*; **~ line** *s.* Gitternetzlinie *f* (*auf Landkarten*); '**~·lock** *s.* **1.** *mot.* Verkehrsstau *m*, Verkehrsinfarkt *m*; **2.** *fig.* festgefahrene Situation; '**~·locked** *adj.* **1.** *mot.* a) verstopft (*Straßen*), b) stehend, zum Stillstand gekommen (*Verkehr*); **2.** *fig.* festgefahren (*Situation etc.*); **~ plate** *s.* ⚡ Gitterplatte *f*; **~ square** *s.* 'Planqua,drat *n*.

grief [gri:f] *s.* Gram *m*, Kummer *m*, Leid *n*, Schmerz *m*: ***bring to ~*** zu Fall bringen, zugrunde richten; ***come to ~*** a) zu Schaden kommen, verunglücken, b) zugrunde gehen, c) fehlschlagen, scheitern: ***good ~!*** F meine Güte!; '**~-,strick·en** *adj.* kummervoll.

griev·ance ['gri:vns] *s.* **1.** Beschwerde (-grund *m*) *f*, (Grund *m* zur) Klage *f*: ***~ committee*** Schlichtungsausschuss *m*; **2.** Missstand *m*; **3.** Groll *m*; **4.** Unzufriedenheit *f*; **grieve** [griːv] **I** *v/t.* betrüben, bekümmern, *j-m* wehtun; **II** *v/i.* bekümmert sein, sich grämen (**at**, **about** über *acc.*, wegen; **for** um); **'griev·ous** [-vəs] *adj.* ☐ **1.** schmerzlich, bitter, quälend; **2.** schwer, schlimm: *~ **error***; *~ **bodily harm*** ⚖ schwere Körperverletzung; **3.** bedauerlich; **'griev·ous·ness** [-vəsnɪs] *s. das* Schmerzliche *etc.*

grif·fin¹ ['grɪfɪn] *s.* **1.** *myth.*, *her.* Greif *m*; **2.** → ***griffon¹***.

grif·fin² ['grɪfɪn] *s.* Neuankömmling *m* (*im Orient*).

grif·fon¹ ['grɪfən], *a.* *~* **vul·ture** *s. orn.* Weißköpfiger Geier.

grif·fon² ['grɪfən] *s.* **1.** → ***griffin¹*** 1; **2.** Grif'fon *m* (*ein Vorstehhund*).

grift·er ['grɪftə] *s. Am. sl.* Gauner *m*.

grill¹ [grɪl] **I** *s.* **1.** Grill *m*, (Brat)Rost *m*; **2.** Grillen *n*; **3.** Gegrillte(s) *n*; **4.** → ***grillroom***; **II** *v/t.* **5.** *Fleisch etc.* grillen; **6.** *~ **o.s.*** sich (in der Sonne) grillen; **7.** *a.* ***give a ~ing*** F *j-n* ‚in die Mangel nehmen', ‚ausquetschen' (*bsd. Polizei*); **III** *v/i.* **8.** gegrillt werden.

grill² [grɪl] → ***grille***.

grille [grɪl] *s.* **1.** Tür-, Fenster-, Schaltergitter *n*; **2.** Gitterfenster *n*, Sprechgitter *n*; **3.** *mot.* (Kühler)Grill *m*; **grilled** [-ld] *adj.* vergittert.

grill·er ['grɪlə] → ***grill¹*** 1; **'grill·room** *s.* Grill(room) *m*.

grilse [grɪls] *s.*, *a. pl. ichth.* junger Lachs.

grim [grɪm] *adj.* ☐ **1.** grimmig: a) zornig, wütend, b) erbittert, verbissen: *~ **struggle***, c) hart, schlimm, grausam; **2.** schrecklich, grausig: *~ **accident***.

gri·mace [grɪ'meɪs] **I** *s.* Gri'masse *f*, Fratze *f*: ***make a ~***, ***make ~s*** → **II** *v/i.* e-e Gri'masse *od.* Gri'massen schneiden, das Gesicht verzerren *od.* verziehen.

gri·mal·kin [grɪ'mælkɪn] *s.* **1.** (alte) Katze; **2.** alte Hexe (*Frau*).

grime [graɪm] **I** *s.* (zäher) Schmutz *od.* Ruß; **II** *v/t.* beschmutzen; **'grim·i·ness** [-mɪnɪs] *s.* Schmutzigkeit *f*.

Grimm's law [grɪmz] *s. ling.* (Gesetz *n* der) Lautverschiebung *f*.

grim·ness ['grɪmnɪs] *s.* Grimmigkeit *f*, Schrecklichkeit *f*, Grausamkeit *f*, Härte *f*, Verbissenheit *f*.

grim·y ['graɪmɪ] *adj.* ☐ schmutzig, rußig.

grin [grɪn] **I** *v/i.* grinsen, feixen, *oft nur* (verschmitzt) lächeln: *~ **at s.o.*** j-n angrinsen *od.* anlächeln; *~ **to o.s.*** in sich hineingrinsen; *~ **and bear it*** a) gute Miene zum bösen Spiel machen, b) die Zähne zs.-beißen; **II** *v/t. et.* grinsend sagen; **III** *s.* Grinsen *n*, (verschmitztes) Lächeln.

grind [graɪnd] **I** *v/t.* [*irr.*] **1.** *Messer etc.* schleifen, wetzen, schärfen; *Glas* schleifen: *~ **in*** *Ventile* einschleifen; → ***ax*** 1; **2.** *a.* *~ **down*** (zer)mahlen, zerreiben, -kleinern, -stoßen, -stampfen, schroten; **3.** *Kaffee*, *Korn*, *Mehl etc.* mahlen; **4.** ⚙ schmirgeln, glätten, polieren; **5.** *~ **down*** abwetzen; → 2 *u.* 11; **6.** *~ **one's teeth*** mit den Zähnen knirschen; **7.** knirschend (*hinein*)bohren; **8.** *Leierkasten etc.* drehen; **9.** *~ **out*** a) *Zeitungsartikel etc.* her'unterschreiben, b) ♪ her'unterspielen; **10.** *~ **out** et.* mühsam her'vorbringen; **11.** *a.* *~ **down** fig.* (unter)'drücken, schinden, quälen: *~ **the faces of the poor*** die Armen (gnadenlos) ausbeuten; **12.** *~ **s.th. into s.o.*** F j-m et. ‚einpauken'; **II** *v/i.* [*irr.*] **13.** mahlen; **14.** knirschen; **15.** F sich plagen *od.* abschinden; **16.** *ped.* F ‚pauken', ‚ochsen', ‚büffeln'; **III** *s.* **17.** F Schinde'rei *f*: ***the daily ~***; **18.** *ped.* F a) ‚Pauken' *n*, ‚Büffeln' *n*, b) Streber(in), ‚Büffler(in)'; **19.** *Brit. sl.* ‚Nummer' *f* (*Koitus*); **'grind·er** [-də] *s.* **1.** (*Messer-*, *Scheren-*, *Glas*)Schleifer *m*; **2.** Schleifstein *m*; **3.** oberer Mühlstein; **4.** ⚙ a) 'Schleifma,schine *f*, b) Mahlwerk *n*, Mühle *f*, c) Quetschwerk *n*; **5.** a) (Kaffee)Mühle *f*, b) *a.* ***meat ~*** Fleischwolf *m*; **6.** *anat.* a) Backenzahn *m*, b) *pl. sl.* Zähne *pl.*; **'grind·ing** [-dɪŋ] **I** *s.* **1.** Mahlen *n*; **2.** Schleifen *n*; **3.** Knirschen *n*; **II** *adj.* **4.** mahlend (*etc.* → ***grind*** I *u.* II); **5.** Mahl..., Schleif...: *~ **mill*** a) Mahlwerk *n*, Mühle *f*, b) Schleif-, Reibmühle *f*; *~ **paste*** Schleifpaste *f*; **6.** *~ **work*** ‚Schinderei' *f*.

'grind·stone [-ndʒ-] *s.* Schleifstein *m*: ***keep s.o.'s nose to the ~*** *fig.* j-n hart *od.* schwer arbeiten lassen; ***keep one's nose to the ~*** schwer arbeiten, sich ranhalten; ***get back to the ~*** sich wieder an die Arbeit machen.

grin·go ['grɪŋgəʊ] *pl.* **-gos** *s.* Gringo *m* (*lateinamer. Spottname für Ausländer*, *bsd. Angelsachsen*).

grip [grɪp] **I** *s.* **1.** Griff *m* (*a. die Art*, *et. zu packen*): ***come to ~s with*** a) aneinander geraten mit, b) *fig.* sich auseinander setzen mit, *et.* in Angriff nehmen; ***be at ~s with*** a) in e-n Kampf verwickelt sein mit, b) *fig.* sich auseinander setzen *od.* ernsthaft beschäftigen mit *e-r Sache*; **2.** *fig.* a) Griff *m*, Halt *m*, b) Herrschaft *f*, Gewalt *f*, Zugriff *m*, c) Verständnis *n*, ‚'Durchblick' *m*: ***in the ~ of*** in den Klauen *od.* in der Gewalt (*gen.*); ***get a ~ on*** in s-e Gewalt *od.* (*geistig*) in den Griff bekommen; ***have a ~ on** et.* in der Gewalt haben, *fig. Zuhörer etc.* fesseln, gepackt halten; ***have a*** (***good***) ***~ on*** *die Lage*, *e-e Materie etc.* (sicher) beherrschen, *die Situation etc.* (klar) erfassen; ***lose one's ~*** a) die Herrschaft verlieren (**of** über *acc.*), b) (*bsd. geistig*) nachlassen; **3.** (*bestimmter*) Händedruck *m* (*z.B. der Freimaurer*); **4.** (Hand)Griff *m* (*Koffer etc.*); **5.** Haarspange *f*; **6.** ⚙ Greifer *m*, Klemme *f*; **7.** ⚙ Griffigkeit *f* (*a. von Autoreifen*); **8.** *thea.* Ku'lissenschieber *m*; **9.** Reisetasche *f*; **II** *v/t.* **10.** packen, ergreifen; **11.** *fig. j-n* packen: a) ergreifen (*Furcht*, *Spannung*), b) *Leser*, *Zuhörer etc.* fesseln; **12.** *fig.* begreifen, verstehen; **13.** ⚙ festklemmen; **III** *v/i.* **14.** Halt finden; **15.** *fig.* packen, fesseln; *~* **brake** *s.* ⚙ Handbremse *f*.

gripe [graɪp] **I** *v/t.* **1.** zwicken: ***be ~d*** Bauchschmerzen *od.* e-e Kolik haben; **2.** ⚓ *Boot etc.* sichern; **II** *v/i.* **3.** F nörgeln, ‚meckern'; **III** *s.* **4.** *pl.* ⚕ Bauchweh *n*, Kolik *f*; **5.** F (Grund *m* zur) ‚Mecke'rei' *f*; **6.** *pl.* ⚓ Seile *pl.* zum Festmachen.

grip·per ['grɪpə] *s.* ⚙ Greifer *m*, Halter *m*; **'grip·ping** [-pɪŋ] *adj.* **1.** *fig.* fesselnd, packend, spannend; **2.** ⚙ Greif..., Klemm...: *~ **lever*** Spannhebel *m*; *~ **tool*** Spannwerkzeug *n*.

'grip·sack *s. Am.* Reisetasche *f*.

gris·kin ['grɪskɪn] *s. Brit. Küche*: Rippenstück *n*.

gris·ly ['grɪzlɪ] *adj.* grässlich.

grist [grɪst] *s.* **1.** Mahlgut *n*, -korn *n*: ***that's ~ to his mill*** das ist Wasser auf s-e Mühle; ***bring ~ to the mill*** Gewinn bringen; ***all is ~ to his mill*** er weiß aus allem Kapital zu schlagen; **2.** Malzschrot *m*, *n*; **3.** *Am.* ('Grundlagen)Materi,al *n*; **4.** Stärke *f*, Dicke *f* (*Garn od. Tau*).

gris·tle ['grɪsl] *s.* Knorpel *m*; **'gris·tly** [-lɪ] *adj.* knorpelig.

grit [grɪt] **I** *s.* **1.** *geol.* a) grober Sand, Kies *m*, b) *a.* *~ **stone*** grober Sandstein; **2.** *fig.* Mut *m*, ‚Mumm' *m*; **3.** *pl.* Haferschrot *m*, *n*, -grütze *f*; **II** *v/i.* **4.** knirschen, mahlen; **III** *v/t.* **5.** *~ **one's teeth*** a) die Zähne zs.-beißen, b) mit den Zähnen knirschen; **'grit·ty** [-tɪ] *adj.* **1.** sandig, kiesig; **2.** *fig.* F mutig.

griz·zle¹ ['grɪzl] *v/i. Brit.* F **1.** quengeln; **2.** sich beklagen.

griz·zle² ['grɪzl] *s.* **1.** graue Farbe, Grau *n*; **2.** graues Haar; **'griz·zled** [-ld] *adj.* grau(haarig); **'griz·zly** [-lɪ] **I** *adj.* → ***grizzled***; **II** *s.* *a.* *~ **bear*** Grisli(bär) *m*, Graubär *m*.

groan [grəʊn] **I** *v/i.* **1.** stöhnen, ächzen (**with** vor; *a. fig. leiden* ***beneath***, ***under*** unter *dat.*); **2.** ächzen, knarren (*Tür etc.*): ***a ~ing board*** (*od.* ***table***) ein überladener Tisch; **II** *v/t.* **3.** ächzen, unter Stöhnen äußern; **4.** *~ **down*** durch Laute des Unmuts zum Schweigen bringen; **III** *s.* **5.** Stöhnen *n*, Ächzen *n*: ***give a ~*** → 1; **6.** Laut *m* des Unmuts.

groats [grəʊts] *s. pl.* Hafergrütze *f*.

gro·cer ['grəʊsə] *s.* Lebensmittelhändler *m*; **'gro·cer·y** [-sərɪ] *s.* **1.** Lebensmittelgeschäft *n*; **2.** *mst pl.* Lebensmittel *pl.*; **3.** Lebensmittelhandel *m*; **gro·ce·te·ri·a** [,grəʊsə'tɪərɪə] *s. Am.* Lebensmittelgeschäft *n* mit Selbstbedienung.

grog [grɒg] **I** *s.* Grog *m*; **II** *v/i.* Grog trinken.

grog·gi·ness ['grɒgɪnɪs] *s.* **1.** F Betrunkenheit *f*, ‚Schwips' *m*; **2.** Wack(e)ligkeit *f*; **3.** *a. Boxen*: Benommenheit *f*, (halbe) Betäubung; **'grog·gy** [-gɪ] *adj.* **1.** groggy: a) *Boxen*: angeschlagen, b) F erschöpft, ‚ka'putt', c) F wacklig (auf den Beinen); **2.** wacklig; **3.** morsch.

groin [grɔɪn] *s.* **1.** *anat.* Leiste *f*, Leistengegend *f*; **2.** △ Grat(bogen) *m*, Rippe *f*; **3.** ⚙ Buhne *f*; **groined** [-nd] *adj.* gerippt: *~ **vault*** Kreuzgewölbe *n*.

grom·met ['grɒmɪt] → ***grummet***.

groom [gruːm] **I** *s.* **1.** Pferdepfleger *m*, Stallbursche *m*; **2.** Bräutigam *m*; **3.** *Brit.* Diener *m*, königlicher Be'amter; → ***bedchamber***; **II** *v/t.* **4.** *Pferd* striegeln, pflegen; **5.** *Person*, *Kleidung* pflegen: ***well-~ed*** gepflegt; **6.** *fig.* a) *j-n* aufbauen (**for presidency** als zukünftigen Präsidenten), lancieren, b) *j-n als Nachfolger etc.* ‚her'anziehen'; **grooms·man** ['gruːmzmən] *s.* [*irr.*] *Am.* → ***best man***.

groove [gruːv] **I** *s.* **1.** Rinne *f*, Furche *f* (*a. anat.*): ***in the ~*** *sl. obs.* a) ‚groß in Form', b) *Am.* in Mode; **2.** ⚙ a) Rinne *f*, Furche *f*, b) Nut *f*, Hohlkehle *f*, Rille *f*, c) Kerbe *f*; **3.** Rille *f* (*e-r Schallplatte*); **4.** ⚙ Zug *m* (*in Gewehren etc.*); **5.** *fig.* a) gewohntes Geleise, b) altes Geleise, alter Trott, Scha'blone *f*, Rou'tine *f*: ***get into a ~*** in e-e Gewohnheit *od.* in e-n (immer gleichen) Trott verfallen; ***run*** (*od.* ***work***) ***in a ~*** sich in e-m ausgefahrenen Geleise bewegen, stagnieren; **6.** *sl.* ‚klasse Sache'; ***it's a ~!*** das ist klasse!; **II** *v/t.* **7.** ⚙ a) auskehlen, rillen, falzen, nuten, kerben, b) *Gewehrlauf etc.* ziehen; **III** *v/i. sl.* **8.** Spaß haben (**with** bei *od.* mit); **9.** Spaß machen, ‚(große) Klasse sein'; **grooved** [-vd] *adj.* gerillt; genutet; '**groov·y** [-vɪ] *adj.* **1.** scha'blonenhaft; **2.** *sl.* ‚toll', ‚klasse'.

grope [grəʊp] **I** *v/i.* **1.** tasten (*for* nach): ~ *about* herumtasten, -tappen, -suchen; ~ *in the dark bsd. fig.* im Dunkeln tappen; ~ *for* (*od. after*) *a solution* nach e-r Lösung suchen; **II** *v/t.* **2.** tastend suchen: ~ *one's way* sich vorwärts tasten; **3.** F *Mädchen* ‚befummeln'; **grop·er** *s.* F Grapscher *m*; '**grop·ing·ly** [-pɪŋlɪ] *adv.* tastend: a) tappend, b) *fig.* vorsichtig, unsicher.

gros·beak ['grəʊsbiːk] *s. orn.* Kernbeißer *m*.

gros·grain ['grəʊgreɪn] *adj. u. s.* grob gerippt(es Seidentuch).

gross [grəʊs] **I** *adj.* ☐ → *grossly*; **1.** dick, feist, plump; **2.** grob(körnig); **3.** roh, grob, derb; **4.** schwer, grob (*Fehler, Pflichtverletzung etc.*): ~ *negligence* ⚖ grobe Fahrlässigkeit; **5.** schwerfällig; **6.** dicht, stark, üppig: ~ *vegetation*; **7.** a) derb, grob, unfein, b) unanständig; **8.** brutto, Brutto..., Roh..., Gesamt...: ~ *amount* Gesamtbetrag *m*; ~ *domestic product* Brutto'inlandspro,dukt *n*; ~ *margin* ✝ 'Brutto,marge *f*; ~ *national product* Bruttosozi'alpro,dukt *n*; ~ *profit* Rohgewinn *m*; ~ *register(ed) ton* Bruttoregistertonne *f*; ~ *tonnage* Bruttotonnengehalt *m*; ~ *weight* Bruttogewicht *n*; **II** *s.* **9.** *das* Ganze, *die* Masse: *in* (*the*) ~ im Ganzen, in Bausch u. Bogen; **10.** *pl.* *gross* Gros *n* (*12 Dutzend*); **III** *v/t.* **11.** brutto verdienen *od.* einnehmen *od.* (*Film etc.*) einspielen; '**gross·ly** [-lɪ] *adv.* äußerst, maßlos, ungeheuerlich; ⚖ *etc.* grob: ~ *negligent*; '**gross·ness** [-nɪs] *s.* **1.** Schwere *f*, Ungeheuerlichkeit *f*; **2.** Rohheit *f*, Derbheit *f*, Grobheit *f*; **3.** Anstößigkeit *f*, Unanständigkeit *f*; **4.** Dicke *f*; **5.** Plumpheit *f*.

gro·tesque [grəʊ'tesk] **I** *adj.* ☐ **1.** gro'tesk (*a. Kunst*); **II** *s.* **2.** *das* Gro'teske; **3.** *Kunst:* Gro'teske *f*, gro'teske Fi'gur; **gro'tesque·ness** [-nɪs] *s.* *das* Gro'teske.

grot·to ['grɒtəʊ] *pl.* **-toes** *od.* **-tos** *s.* Höhle *f*, Grotte *f*.

grot·ty ['grɒtɪ] *adj. Brit. sl.* **1.** ‚mies'; **2.** grässlich, eklig.

grouch [graʊtʃ] F **I** *v/i.* **1.** nörgeln, ‚meckern', **II** *s.* **2.** a) ‚miese' Laune, b) *have a* ~ → 1; **3.** a) ‚Meckerfritze' *m*, b) ‚Miesepeter' *m*; '**grouch·y** [-tʃɪ] *adj.* ☐ F a) ‚sauer', ‚grantig', b) nörglerisch.

ground¹ [graʊnd] **I** *s.* **1.** (Erd)Boden *m*, Erde *f*, Grund *m*: *above* ~ a) oberirdisch, ⚒ über Tage, b) am Leben; *below* ~ a) ⚒ unter Tage, b) unter der Erde, tot; *down to the* ~ *fig.* völlig, total, restlos; *from the* ~ *up Am.* F von Grund auf; *break new* (*od. fresh*) ~ Land urbar machen, *a. fig.* Neuland erschließen; *cut the* ~ *from under s.o.'s feet* j-m den Boden unter den Füßen wegziehen; *fall to the* ~ zu Boden fallen, *fig.* sich zerschlagen, ins Wasser fallen; *fall on stony* ~ *fig.* auf taube Ohren stoßen; *get off the* ~ a) *v/t. fig. et.* in Gang bringen, *et.* verwirklichen, b) *v/i.* ✈ abheben, c) *v/i. fig.* in Gang kommen, verwirklicht werden; *go to* ~ im Bau verschwinden (*Fuchs*), *fig.* ‚untertauchen' (*Verbrecher*); *play s.o. into the* ~ *sport* F j-n in Grund u. Boden spielen; **2.** Boden *m*, Grund *m*, Gebiet *n* (*a. fig.*), Strecke *f*, Gelände *n*: *on German* ~ auf deutschem Boden; *be on safe* ~ sich auf sicherem Boden bewegen; *be forbidden* ~ *fig.* tabu sein; *cover much* ~ e-e große Strecke zurücklegen, *fig.* viel umfassen, weit reichen; *cover the* ~ *well fig.* nichts außer Acht lassen, alles in Betracht ziehen; *gain* ~ (an) Boden gewinnen, *fig. a.* um sich greifen, Fuß fassen; *give* (*od. lose*) ~ (an) Boden verlieren (*a. fig.*); *go over the* ~ *fig.* die Sache durchsprechen, alles gründlich prüfen; *hold* (*od. stand*) *one's* ~ standhalten, nicht weichen, sich *od.* s-n Standpunkt behaupten; *shift one's* ~ seinen Standpunkt ändern, umschwenken; **3.** Grundbesitz *m*, Grund *m* u. Boden *m*, Lände'reien *pl.*; **4.** Gebiet *n*, Grund *m*, *bsd. sport* Platz *m*: *cricket* ~; **5.** *hunting* ~ Jagd(-gebiet *n*) *f*; **6.** *pl.* (Garten)Anlagen *pl.*: *standing in its own* ~*s* von Anlagen umgeben (*Haus*); **7.** Meeresboden *m*, (Meeres)Grund *m*: *take* ~ auflaufen, stranden; **8.** *pl.* Bodensatz *m* (*Kaffee etc.*); **9.** Grundierung *f*, Grund(farbe *f*) *m*, Grund(fläche *f*) *m*; **10.** *a. pl.* Grundlage *f* (*a. fig.*); **11.** *fig.* (Beweg-)Grund *m*: ~ *for divorce* Scheidungsgrund; *on the* ~*(s) of* aufgrund (*gen.*), wegen (*gen.*); *on the* ~*(s) that* mit der Begründung, dass; *on medical* ~*s* aus gesundheitlichen Gründen; *have no* ~*(s) for* keinen Grund haben für (*od.* zu *inf.*); **12.** ⚡ Erde *f*, Erdung *f*, Erdschluss *m*: ~ *cable* Massekabel *n*; **13.** *thea.* Par'terre *n*; **II** *v/t.* **14.** niederlegen, -setzen; → *arm²* 1; **15.** ⚓ *Schiff* auf Grund setzen; **16.** ⚡ erden; **17.** ⚙, *paint.* grundieren; **18.** a) *e-m Flugzeug od. Piloten* Startverbot erteilen, b) *mot. Am. j-m* die Fahrerlaubnis entziehen: *be* ~*ed a.* nicht (ab)fliegen *od.* starten können *od.* dürfen, (*Passagiere*) *a.* festsitzen; **19.** *fig.* (*on, in*) gründen, stützen (auf *acc.*), begründen (in *dat.*): ~*ed in fact* auf Tatsachen beruhend; *be* ~*ed in* → 22; **20.** (*in*) j-n einführen (in *acc.*), *j-m* die Anfangsgründe beibringen (*gen.*): *well* ~*ed in* mit guten (Vor-)Kenntnissen in (*od. gen.*); **III** *v/i.* **21.** ⚓ stranden, auflaufen; **22.** (*on, upon*) beruhen (auf *dat.*), sich gründen (auf *acc.*).

ground² [graʊnd] **I** *pret. u. p.p. von* *grind*; **II** *adj.* **1.** gemahlen: ~ *coffee*; **2.** matt (geschliffen); → *ground glass*.

ground·age ['graʊndɪdʒ] *s.* ⚓ *Brit.* Hafengebühr *f*, Ankergeld *n*.

,**ground|-'air** *adj.* ✈ Boden-Bord-...; ~ **a·lert** *s.* ✈, ⚔ A'larm-, Startbereitschaft *f*; ~ **an·gling** *s.* Grundangeln *n*; ~ **at·tack** *s.* ✈ Angriff *m* auf Erdziele, Tiefangriff *m*; ~ **bass** *s.* ♪ Grundbass *m*; ~ **box** *s.* ⚘ Zwergbuchsbaum *m*; ~ **clear·ance** *s. mot.* Bodenfreiheit *f*; ~ **col·o(u)r** *s.* Grundfarbe *f*; ~ **con·nec·tion** → *ground¹* 12; '~**-con,trolled ap·proach** *s.* ✈ GC'A-Anflug *m* (*per Bodenradar*); ~ **crew** *s.* ✈ 'Bodenperso,nal *n*; ~ **fish** *s. ichth.* Grundfisch *m*; ~ **fish·ing** *s.* Grundangeln *n*; ~ **floor** *s. Brit.* Erdgeschoss, *östr.* -geschoß *n*: *get in on the* ~ F a) ✝ sich zu den Gründerbedingungen beteiligen, b) von Anfang an mit dabei sein, c) ganz unten anfangen (*in e-r Firma etc.*); ~ **fog** *s.* Bodennebel *m*; ~ **forc·es** *s. pl.* ⚔ Bodentruppen *pl.*, Landstreitkräfte *pl.*; ~ **form** *s. ling.* a) Grundform *f*, b) Wurzel *f*, c) Stamm *m*; ~ **frost** *s.* Bodenfrost *m*; ~ **glass** *s.* **1.** Mattglas *n*; **2.** *phot.* Mattscheibe *f*; ~ **game** *s. hunt. Brit.* Niederwild *n*; ~ **hog** *s. zo.* Amer. Murmeltier *n*; ~ **host·ess** *s.* ✈ Ground-Hostess *f*; ~ **ice** *s. geol.* Grundeis *n*.

ground·ing ['graʊndɪŋ] *s.* **1.** Funda'ment *n*, 'Unterbau *m*; **2.** a) Grundierung *f*, b) Grundfarbe *f*; **3.** ⚓ Stranden *n*; **4.** ⚡ Erdung *f*; **5.** a) 'Anfangs,unterricht *m*, Einführung *f*, b) (Vor)Kenntnisse *pl.*

ground·less ['graʊndlɪs] *adj.* ☐ grundlos, unbegründet.

ground| lev·el *s. phys.* Bodennähe *f*; ~ **line** *s.* ⩚ Grundlinie *f*; '~**·man** [-ndmæn] *s.* [*irr.*] *sport* Platzwart *m*; ~ **note** *s.* ♪ Grundton *m*; '~**·nut** [-ndn-] *s.* Erdnuss *f*; ~ **plan** *s.* **1.** ⚠ Grundriss *m*; **2.** *fig.* (erster) Entwurf, Kon'zept *n*; ~ **plane** *s.* Horizon'talebene *f*; ~ **plate** *s.* **1.** ⚠ Grundplatte *f*; **2.** ⚡ Erdplatte *f*; ~ **rule** *s.* Grundregel *f*; ~ **sea** *s.* ⚓ Grundsee *f*; ~ **sheet** *s.* **1.** Zeltboden *m*; **2.** *sport* Regenplane *f* (*für das Spielfeld*); '~**s·man** [-ndzmən] → *groundman*; ~ **speed** *s.* ✈ Geschwindigkeit *f* über Grund; ~ **staff** → *ground crew*; ~ **sta·tion** *s.* 'Bodenstati,on *f*; ~ **swell** *s.* **1.** (Grund)Dünung *f*; **2.** *fig.* Anschwellen *n*; ,~**-to-'air** *adj.* a) ✈ Boden-Bord-...: ~ *communication*, b) ⚔ Boden-Luft-...: ~ *weapon*; '~,**wa·ter lev·el** *s. geol.* Grundwasserspiegel *m*; ~ **wave** *s.* ⚡, *phys.* Bodenwelle *f*; '~**·work** *s.* **1.** ⚠ a) Erdarbeit *f*, b) 'Unterbau *m*, Funda'ment *n* (*a. fig.*); **2.** *fig.* Grundlage(n *pl.*) *f*; **3.** *paint. etc.* Grund *m*.

group [gruːp] **I** *s.* **1.** *allg.*, *a.* ⚒, ⩚, ♪, *biol., sociol. etc.* Gruppe *f*; **2.** *fig.* Gruppe *f*, Kreis *m*: *the Group of Eight* ✝, *pol.* die G-8(-Staaten *pl.*) *f*; **3.** *parl.* a) Gruppe *f* (*Partei mit zu wenig Abgeordneten für e-e Fraktion*, b) Frakti'on *f*; **4.** ✝ Gruppe *f*, Kon'zern *m*; **5.** ⚔ a) Gruppe *f*, b) Kampfgruppe *f* (*2 od. mehr Bataillone*); **6.** ✈ a) *Brit.* Geschwader *n*: ~ *captain* Oberst *m* (*der RAF*), b) *Am.* Gruppe *f*; **7.** ♪ a) Instru'menten- *od.* Stimmgruppe *f*, b) Notengruppe *f*; **II** *v/t.* **8.** gruppieren, anordnen; **9.** klassifizieren, einordnen; **III** *v/i.* **10.** sich gruppieren; ~ **drive** *s.* ⚙ Gruppenantrieb *m*; ~ **dynam·ics** *s. pl. sg. konstr. sociol., psych.* 'Gruppendy,namik *f*.

group·ie ['gruːpɪ] *s.* ‚Groupie' *n* (*weiblicher Fan*).

group| sex *s.* Gruppensex *m*; ~ **ther·a·py** *s. psych.* 'Gruppenthera,pie *f*; ~ **work** *s. sociol.* Gruppenarbeit *f*.

grouse¹ [graʊs] *s. sg. u. pl. orn.* **1.** Waldhuhn *n*; **2.** Schottisches Moorhuhn.

grouse² [graʊs] **I** *v/i.* (*about*) meckern (über *acc.*), nörgeln (an *dat.*, über *acc.*); **II** *s.* Nörge'lei *f*, Gemecker *n*; '**grous·er** [-sə] *s.* ‚Meckerfritze' *m*.

grout [graʊt] **I** *s.* **1.** ⚙ Vergussmörtel *m*; **2.** Schrotmehl *n*; **3.** *pl.* Hafergrütze *f*; **II** *v/t.* **4.** *Fugen* ausstreichen.

grove [grəʊv] *s.* Hain *m*, Gehölz *n*.

grov·el ['grɒvl] *v/i.* **1.** am Boden kriechen; **2.** ~ *before* (*od. to*) *s.o. fig.* vor j-m kriechen, vor j-m zu Kreuze kriechen; **3.** ~ *in* schwelgen in (*dat.*), frönen (*dat.*); '**grov·el·(l)er** [-lə] *s. fig.* Kriecher *m*, Speichellecker *m*; '**grov·el·(l)ing** [-lɪŋ] *adj.* ☐ *fig.* kriecherisch, unter'würfig.

grow [grəʊ] **I** *v/i.* [*irr.*] **1.** wachsen; **2.** ⚘ wachsen, vorkommen; **3.** wachsen: a) größer *od.* stärker werden, sich entwickeln, b) *fig.* anwachsen, zunehmen (*in*

an *dat.*); **4.** (all'mählich) werden: ***~ rich***; ***~ less*** sich vermindern; ***~ light*** hell(er) werden, sich aufklären; **II** *v/t.* [*irr.*] **5.** (an)bauen, züchten, ziehen: ***~ apples***; **6.** (sich) wachsen lassen: ***~ one's hair long***; ***~ a beard*** sich e-n Bart stehen lassen;
Zssgn mit adv. u. prp.:
grow| a·way *v/i.*: ***~ from*** sich *j-m* entfremden; ***~ from** → **grow out of***; **~ in·to** *v/i.* **1.** hin'einwachsen in (*acc.*) (*a. fig.*); **2.** werden zu, sich entwickeln zu; **~ on** *v/i.* **1.** Einfluss *od.* Macht gewinnen über (*acc.*): ***the habit grows on one*** man gewöhnt sich immer mehr daran; **2.** *j-m* lieb werden *od.* ans Herz wachsen; **~ out of** *v/i.* **1.** her'auswachsen aus: ***~ one's clothes***; **2.** *fig.* entwachsen (*dat.*), über'winden (*acc.*), ablegen: ***~ a habit***; **3.** erwachsen *od.* entstehen aus, e-e Folge sein (*gen.*); **~ up** *v/i.* **1.** auf-, her'anwachsen: ***~ (into) a beauty*** sich zu e-r Schönheit entwickeln; **2.** erwachsen werden: ***~!*** sei kein Kindskopf!; **3.** sich einbürgern (*Brauch etc.*); **4.** sich entwickeln, entstehen; **~ up·on** → ***grow on***.
grow·er ['grəʊə] *s.* **1.** (*schnell etc.*) wachsende Pflanze: ***a fast ~***; **2.** Züchter *m*, Pflanzer *m*, Erzeuger *m*, *in Zssgn* ...bauer *m*; **grow·ing** ['grəʊɪŋ] **I** *adj.* □ **1.** wachsend (*a. fig. zunehmend*); **II** *s.* **2.** Anbau *m*; **3.** Wachstum *n*: ***~ pains*** a) Wachstumsschmerzen, b) *fig.* Anfangsschwierigkeiten, ‚Kinderkrankheiten'.
growl [graʊl] **I** *v/i.* **1.** knurren (*Hund etc.*), brummen (*Bär*) (*beide a. fig. Person*): ***~ at*** *j-n* anknurren; **2.** (g)rollen (*Donner*); **II** *v/t.* **3.** *Worte* knurren; **III** *s.* **4.** Knurren *n*, Brummen *n*; **5.** (G)Rollen *n*; **'growl·er** [-lə] *s.* **1.** knurriger Hund; **2.** *fig.* ‚Brummbär' *m*; **3.** *ichth.* Knurrfisch *m*; **4.** ⚡ Prüfspule *f*; **5.** kleiner Eisberg.
grown [grəʊn] **I** *p.p. von* ***grow***; **II** *adj.* **1.** gewachsen; → ***full-grown***; **2.** erwachsen: ***~ man*** Erwachsene(r) *m*; **3.** *a.* ***~ over*** be-, über'wachsen; **~-up I** *adj.* [ˌgrəʊn'ʌp] **1.** erwachsen; **2.** a) für Erwachsene: ***~ books***, b) Erwachsenen...: ***~ clothes***; **II** *s.* ['grəʊnʌp] **3.** Erwachsene(r *m*) *f*.
growth [grəʊθ] *s.* **1.** Wachsen *n*, Wachstum *n* (*a. fig. u.* †); **2.** Wuchs *m*, Größe *f*; **3.** Anwachsen *n*, Zunahme *f*, Zuwachs *m*; **4.** *fig.* Entwicklung *f*; **5.** a) Anbau *m*, b) Pro'dukt *n*, Erzeugnis *n*: ***of one's own ~*** selbst gezogen; **6.** ⚘ Schössling *m*, Trieb *m*; **7.** ⚕ Gewächs *n*, Wucherung *f*; **~ in·dus·try** *s.* † 'Wachstumsinduˌstrie *f*; **~ rate** *s.* † Wachstumsrate *f*.
groyne [grɔɪn] *s. Brit.* ⚙ Buhne *f*.
grub [grʌb] **I** *v/i.* **1.** a) graben, wühlen, b) jäten, c) roden; **2.** ‚wühlen', schwer arbeiten; **3.** *fig.* stöbern, wühlen, kramen; **4.** *sl.* ‚futtern', essen; **II** *v/t.* **5.** a) aufwühlen, b) 'umgraben, c) roden; **6.** *oft* ***~ up*** a) ausjäten, b) (mit den Wurzeln) ausgraben, c) *fig.* ausgraben, aufstöbern; **III** *s.* **7.** *zo.* Made *f*, Larve *f*; **8.** *fig.* Arbeitstier *n*; **9.** *sl.* ‚Futter' *n* (*Essen*).
grub·ber ['grʌbə] *s.* **1.** ⚒ a) Rodehacke *f*, -werkzeug *n*, b) Eggenpflug *m*; **2.** → ***grub*** 8; **'grub·by** [-bɪ] *adj.* **1.** schmuddelig; **2.** madig.
'grub|·stake *s. Am.* ⚒ *e-m Schürfer gegen Gewinnbeteiligung gegebene* Ausrüstung u. Verpflegung; **♀ Street I** *s. fig.* armselige Lite'raten *pl.*; **II** *adj.* (lite'rarisch) minderwertig, ‚dritter Garni'tur'.
grudge [grʌdʒ] **I** *v/t.* **1.** (***s.o. s.th.*** *od.* ***s.th. to s.o.***) (j-m et.) miss'gönnen *od.* nicht gönnen, (j-n um et.) beneiden; **2.** ***~ doing s.th.*** et. nur widerwillig *od.* ungern tun; **II** *s.* **3.** Groll *m*: ***bear s.o. a ~, have a ~ against s.o.*** e-n Groll gegen j-n hegen; **'grudg·er** [-dʒə] *s.* Neider *m*; **'grudg·ing** [-dʒɪŋ] *adj.* □ **1.** neidisch, 'missgünstig; **2.** 'widerwillig, ungern (getan *od.* gegeben): ***she was very ~ in her thanks*** sie bedankte sich nur sehr widerwillig.
gru·el ['grʊəl] *s.* Haferschleim *m*; Schleimsuppe *f*; **'gru·el·(l)ing** [-lɪŋ] **I** *adj. fig.* mörderisch, aufreibend, zermürbend; **II** *s. Brit.* F a) harte Strafe *od.* Behandlung, b) Stra'paze *f*, ‚Schlauch' *m*.
grue·some ['gru:səm] *adj.* □ grausig, grauenhaft, schauerlich.
gruff [grʌf] *adj.* □ **1.** schroff, barsch, ruppig; **2.** rau (*Stimme*); **'gruff·ness** [-nɪs] *s.* **1.** Barsch-, Schroffheit *f*; **2.** Rauheit *f*.
grum·ble ['grʌmbl] **I** *v/i.* **1.** a) murren, schimpfen (***at, about, over*** über *acc.*, wegen), b) knurren, brummen; **2.** (g)rollen (*Donner*); **II** *s.* **3.** Murren *n*, Knurren *n*; **4.** (G)Rollen *n*; **'grum·bler** [-lə] *s.* Brummbär *m*, Nörgler *m*; **'grum·bling** [-lɪŋ] *adj.* □ **1.** brummig; **2.** murrend.
grume [gru:m] *s.* (*bsd.* Blut)Klümpchen *n*.
grum·met ['grʌmɪt] *s. Brit.* **1.** ⚓ Seilschlinge *f*; **2.** ⚙ (Me'tall)Öse *f*.
gru·mous ['gru:məs] *adj.* geronnen, dick, klumpig (*Blut etc.*).
grump [grʌmp] *s. Am.* F **1.** → ***grumbler***; **2.** *pl.* Missmut *m*: ***have the ~s*** missmutig sein; **grump·y** ['grʌmpɪ] *adj.* □ mürrisch, missmutig.
Grun·dy ['grʌndɪ] *s.* engstirnige, sittenstrenge Per'son: ***Mrs. ~*** *a.* ‚die Leute' *pl.* (*die gefürchtete öffentliche Meinung*): ***what will Mrs. ~ say?***
grunge [grʌndʒ] *s. bsd. Am.* **1.** F Schmutz *m*; **2.** *a.* ***~ rock*** ♪ Grunge *m*; **3.** Grunge *m* (*Modestil der frühen 90er-Jahre, der schmuddelige Kleidung propagierte*); **'grung·y** *adj. bsd. Am.* **1.** hässlich, her'untergekommen (*Gebäude etc.*); **2.** schmutzig, schmuddelig (*Kleidung*).
grunt [grʌnt] **I** *v/i. u. v/t.* **1.** grunzen; **2.** *fig.* murren, brummen; **3.** ächzen, stöhnen (***with*** vor *dat.*); **II** *s.* **4.** Grunzen *n*; **5.** → ***growler*** 3.
gryph·on ['grɪfən] → ***griffin***[1] 1.
'G-string *s.* **1.** ♪ G-Saite *f*; **2.** a) ‚letzte Hülle' (*e-r Stripteasetänzerin*), b) Tanga *m* (*Mini-Bikini*).
gua·na ['gwɑ:nɑ:] → ***iguana***.
gua·no ['gwɑ:nəʊ] *s.* Gu'ano *m*.
guar·an·tee [ˌgærən'ti:] **I** *s.* **1.** Garan'tie *f*: a) Bürgschaft *f*, Sicherheit *f*, b) Gewähr *f*, Zusicherung *f*, c) Garan'tiefrist *f*: ***~ (card)*** Garantieschein *m*; ***there is a one-year ~ on this camera*** die Kamera hat ein Jahr Garantie; **2.** Kauti'on *f*, Sicherheit(sleistung) *f*, Pfand(summe *f*) *n*; **3.** Bürge *m*, Bürgin *f*; **4.** Sicherheitsempfänger(in); **II** *v/t.* **5.** (sich ver-) bürgen für, Garan'tie leisten für; **6.** *et.* garantieren, gewährleisten, sicherstellen, verbürgen; **7.** schützen, sichern (***from, against*** vor *dat.*, gegen); **ˌguar·an'tor** [-'tɔ:] *s. bsd.* ⚖ Bürge *m*, Bürgin *f*, Ga'rant(in); **guar·an·ty** ['gærəntɪ] → ***guarantee*** 1, 2, 3.
guard [gɑ:d] **I** *v/t.* **1.** (***against, from***) (be)hüten, (be)schützen, bewahren (vor *dat.*), sichern (gegen): ***~ one's interests*** *fig.* s-e Interessen wahren; ***~ your tongue!*** hüte deine Zunge!; **2.** bewachen, beaufsichtigen; **3.** ⚙ (ab)sichern; **4.** *Schach*: *Figur* decken; **II** *v/i.* **5.** (***against***) auf der Hut sein, sich hüten *od.* schützen *od.* in Acht nehmen (vor *dat.*), vorbeugen (*dat.*); **III** *s.* **6.** a) ⚔ *etc.* Wache *f*, (Wach)Posten *m*, b) Wächter *m*, c) Aufseher *m*, Wärter *m*, d) Bewacher *m*, Sicherheitsbeamter *m*; **7.** ⚔ a) Wachmannschaft *f*, Wache *f*, b) Garde *f*, Leibwache *f*: ***~ of hono(u)r*** Ehrenwache *f*, c) ♀***s*** *pl. Brit.* 'Garde (-korps *n*, -regiˌment *n*) *f*; **8.** 🚂 a) *Brit.* Schaffner *m*, b) *Am.* Bahnwärter *m*; **9.** Bewachung *f*, Aufsicht *f*: ***keep under close ~*** scharf bewachen; ***be on ~*** auf Wache sein; ***stand (mount, relieve, keep) ~*** Wache stehen (beziehen, ablösen, halten); **10.** *fenc.*, *Boxen etc.*, *a. Schach*: Deckung *f*: ***lower one's ~*** die Deckung herunternehmen, *fig.* sich e-e Blöße geben, nicht aufpassen; **11.** *fig.* Wachsamkeit *f*: ***on one's ~*** auf der Hut, vorsichtig; ***off one's ~*** nicht auf der Hut, unachtsam; ***put s.o. on his ~*** j-n warnen; ***throw s.o. off his ~*** j-n überrumpeln; **12.** ⚙ Schutzvorrichtung *f*, -gitter *n*, -blech *n*; **13.** a) Stichblatt *n* (*am Degen*), b) Bügel *m* (*am Gewehr*); **14.** *fig.* Vorsichtsmaßnahme *f*, Sicherung *f*; **~ boat** *s.* ⚓ Wachboot *n*; **~ book** *s.* **1.** *Brit.* Sammelalbum *n*; **2.** ⚔ Wachbuch *n*; **~ chain** *s.* Sicherheitskette *f*; **~ dog** *s.* Wachhund *m*; **~ du·ty** *s.* Wachdienst *m*: ***be on ~*** Wache haben.
guard·ed ['gɑ:dɪd] *adj.* □ *fig.* vorsichtig, zu'rückhaltend: ***~ hope*** gewisse Hoffnung; ***~ optimism*** gedämpfter Optimismus; **'guard·ed·ness** [-nɪs] *s.* Vorsicht *f*, Zu'rückhaltung *f*.
'guard·house *s.* ⚔ **1.** 'Wachloˌkal *n*, -haus *n*; **2.** Ar'restloˌkal *n*.
guard·i·an ['gɑ:djən] *s.* **1.** Hüter *m*, Wächter *m*: ***~ angel*** Schutzengel *m*; ***~ of the law*** Gesetzeshüter; **2.** ⚖ Vormund *m*: ***~ ad litem*** Prozessvertreter *m* (*für Minderjährige od. Geschäftsunfähige*); **'guard·i·an·ship** [-ʃɪp] *s.* **1.** ⚖ Vormundschaft *f*: ***be (place) under ~*** unter Vormundschaft stehen (stellen); **2.** *fig.* Schutz *m*, Obhut *f*.
'guard|·rail *s.* **1.** Handlauf *m*; **2.** *mot.* Leitplanke *f*; **'~s·man** [-dzmən] *s.* [*irr.*] ⚔ **1.** → ***guard*** 6a; **2.** Gar'dist *m*; **3.** *Am.* Natio'nalgarˌdist *m*.
Gua·te·ma·lan [ˌgwætɪ'mɑ:lən] **I** *adj.* guatemal'tekisch; **II** *s.* Guatemal'teke *m*, -'tekin *f*.
gua·va ['gwɑ:və] *s.* ⚘ Gua'jave *f*.
gu·ber·na·to·ri·al [ˌgju:bənə'tɔ:rɪəl] *adj. bsd. Am.* Gouverneurs...
gudg·eon[1] ['gʌdʒən] *s.* **1.** *ichth.* Gründling *m*; **2.** *fig.* Gimpel *m*.
gudg·eon[2] ['gʌdʒən] *s.* **1.** ⚙ Zapfen *m*, Bolzen *m*: ***~ pin*** Kolbenbolzen; **2.** ⚓ Ruderöse *f*.
guel·der rose ['geldə] *s.* ⚘ Schneeball *m*.
Guelph, Guelf [gwelf] *s.* Welfe *m*, Welfin *f*; **'Guelph·ic, 'Guelf·ic** [-fɪk] *adj.* welfisch.
guer·don ['gɜ:dən] *poet.* **I** *s.* Sold *m*, Lohn *m*; **II** *v/t.* belohnen.
gue·ril·la → ***guerrilla***.
Guern·sey ['gɜ:nzɪ] *s.* **1.** Guernsey (-rind) *n*; **2.** *a.* ♀ ⚓ 'Wollpulˌlover *m*.
guer·ril·la [gə'rɪlə] *s.* ⚔ **1.** Gue'rilla *m*, Parti'san *m*; **2.** *mst* ***~ war(fare)*** Gue'rillakrieg *m*, *fig.* Kleinkrieg *m*.

guess [ges] **I** *v/t.* **1.** erraten: **~ *a riddle*; ~ *s.o.'s thoughts*; ~ *who!*** rate mal, wer!; **2.** (ab)schätzen (***at*** auf): **~ *s.o.'s age***; **3.** ahnen, vermuten; **4.** *bsd. Am.* F glauben, denken, meinen, ahnen; **II** *v/i.* **5.** schätzen (***at s.th.*** et.); **6.** a) raten, b) her'umraten (***at, about*** an *dat.*): ***keep s.o. ~ing*** j-n im Unklaren *od.* Ungewissen lassen; ***~ing game*** Ratespiel *n*; **III** *s.* **7.** Schätzung *f*, Vermutung *f*, Annahme *f*: ***my ~ is that*** ich schätze *od.* vermute, dass; ***that's anybody's ~*** das weiß niemand; ***your ~ is as good as mine*** ich kann auch nur raten; ***a good ~!*** gut geraten *od.* geschätzt; ***at a ~*** bei bloßer Schätzung; ***at a rough ~*** grob geschätzt; ***by ~*** schätzungsweise; ***by ~ and by god*** F ‚nach Gefühl u. Wellenschlag'; ***make*** (*od.* ***take***) ***a ~*** raten, schätzen; ***miss one's ~*** ‚danebenhauen', falsch raten; **~ rope** → ***guest rope***; **~ stick** *s. Am. sl.* **1.** Rechenschieber *m*; **2.** Maßstab *m*.

guess·ti·mate F **I** *s.* ['gestımət] grobe Schätzung, bloße Rate'rei; **II** *v/t.* [-meıt] ‚über den Daumen peilen'.

'guess·work *s.* (bloße) Rate'rei, (reine) Vermutung(en *pl.*).

guest [gest] **I** *s.* **1.** Gast *m*: ***paying ~*** (Pensions)Gast; ***~ of hono(u)r*** Ehrengast; ***be my ~!*** aber bitte(, ja)!; **2.** ⚘, *zo.* Einmieter *m* (*Parasit*); **II** *v/i.* **3.** *bsd. Am. thea.* gastieren, als Gast mitwirken (***on*** bei); **~ book** *s.* Gästebuch *n*; **~ con·duc·tor** *s.* ♪ 'Gastdiri,gent *m*; **'~·house** *s.* Pensi'on *f*; Gästehaus *n*; **~ room** [rʊm] *s.* Gästezimmer *n*; **~ rope, ~ warp** ['ges-] *s.* ⚓ **1.** Schlepptrosse *f*; **2.** Bootstau *n*.

guf·faw [gʌ'fɔː] **I** *s.* schallendes Gelächter; **II** *v/i.* laut lachen.

guid·a·ble ['gaıdəbl] *adj.* lenkbar, lenksam; **'guid·ance** [-dns] *s.* **1.** Leitung *f*, Führung *f*; **2.** Anleitung *f*, Belehrung *f*, Unter'weisung *f*: ***for your ~*** zu Ihrer Orientierung; **3.** (*Berufs-, Ehe- etc.*)Beratung *f*, Führung *f*: **~ *counsel(l)or*** a) Berufs-, Studienberater *m*, b) Heilpädagoge *m*.

guide [gaıd] **I** *v/t.* **1.** *j-n* führen, geleiten, *j-m* den Weg zeigen; **2.** ⚙ *u. fig.* lenken, leiten, führen, steuern; **3.** *et., a. j-n* bestimmen: ***~ s.o.'s actions*** (***life, etc.***); ***be ~d by*** sich leiten lassen von, folgen (*dat.*), bestimmt sein von; **4.** anleiten, belehren, beraten(d zur Seite stehen *dat.*); **II** *s.* **5.** Führer(in), Leiter (-in); **6.** (Reise-, Fremden-, Berg- *etc.*) Führer *m*; **7.** (Reise- *etc.*)Führer *m* (***to*** durch, von) (*Buch*); **8.** (***to***) Leitfaden *m*, Handbuch *n* (*gen.*); **9.** Berater (-in); **10.** *fig.* Richtschnur *f*, Anhaltspunkt *m*: ***if that (he) is any ~*** wenn man sich danach (nach ihm) überhaupt richten kann; **11.** → ***girl guide***; **12.** a) Wegweiser *m*, b) 'Wegmar,kierung(szeichen *n*) *f*; **13.** ⚙ Führung *f*; **~ bar** *s.* ⚙ Führungsschiene *f*; **~ beam** *s.* ✈ (Funk)Leitstrahl *m*; **~ blade** *s.* ⚙ Leitschaufel *f* (*Turbine*); **~ block** *s.* ⚙ Führungsschlitten *m*; **'~·book** → ***guide*** 7.

guid·ed ['gaıdıd] *adj.* **1.** (fern)gelenkt: **~ *missile*** ⚔ Fernlenkgeschoss *n*, Fernlenkkörper *m*; **2.** geführt: **~ *tour*** Führung *f*.

guide| dog *s.* Blindenhund *m*; **'~·line** *s.* **1.** ✈ Schleppseil *n*; **2.** (***on*** *gen.*) Richtlinie *f*, -schnur *f*; **'~·post** *s.* Wegweiser *m*; **~ pul·ley** *s.* ⚙ Leit-, 'Umlenkrolle *f*; **~ rail** *s.* → ***guide bar***; **~ rod** *s.* ⚙ Führungsstange *f*; **~ rope** *s.* ✈ Schlepptau *n*; **'~·way** *s.* ⚙ Führungsbahn *f*.

guid·ing ['gaıdıŋ] *adj.* führend, leitend, Lenk...: **~ *principle*** Leitprinzip *n*; **~ rule** *s.* Richtlinie *f*; **~ star** *s.* Leitstern *m*.

gui·don ['gaıdən] *s.* **1.** Wimpel *m*, Fähnchen *n*, Stan'darte *f*; **2.** Stan'dartenträger *m*.

guild [gıld] *s.* **1.** Gilde *f*, Zunft *f*, Innung *f*; **2.** Vereinigung *f*.

guil·der ['gıldə] *s.* Gulden *m*.

,guild'hall *s.* **1.** *hist.* Gilden-, Zunfthaus *n*; **2.** Rathaus *n*: ***the*** ♀ *das Rathaus der City von London*.

guile [gaıl] *s.* (Arg)List *f*, Tücke *f*; **'guile·ful** [-fʊl] *adj.* □ arglistig, tückisch; **'guile·less** [-lıs] *adj.* □ arglos, ohne Falsch, treuherzig, harmlos; **'guile·less·ness** [-lısnıs] *s.* Harm-, Arglosigkeit *f*.

guil·lo·tine [,gılə'tiːn] **I** *s.* **1.** Guillo'tine *f*, Fallbeil *n*; **2.** ⚙ Pa'pier,schneidema,schine *f*; **3.** *Brit. parl.* Befristung *f* der De'batte; **II** *v/t.* **4.** guillotinieren, durch die Guillo'tine hinrichten.

guilt [gılt] *s.* Schuld *f* (*a.* ⚖): ***joint ~*** Mitschuld; **~ *complex*** Schuldkomplex *m*; **'guilt·i·ness** [-tınıs] *s.* **1.** Schuld *f*; **2.** Schuldbewusstsein *n*, -gefühl *n*; **'guilt·less** [-lıs] *adj.* □ **1.** schuldlos, unschuldig (***of*** an *dat.*); **2.** *fig.* (***of***) a) unwissend, unerfahren (in *dat.*): ***be ~ of s.th.*** et. nicht kennen (*a. fig.*), b) frei *od.* unberührt (von), ohne (*acc.*); **'guilt·y** [-tı] *adj.* □ **1.** schuldig (***of*** *gen.*): ***find (not) ~*** für (un)schuldig erklären (***on a charge*** e-r Anklage); **2.** schuldbewusst, -beladen: ***a ~ conscience*** ein schlechtes Gewissen.

guin·ea ['gını] *s.* **1.** *Brit.* Gui'nee *f* (*£1.05*); **2.** → **~ fowl** *s.*, **~ hen** *s.* Perlhuhn *n*; **~ pig** *s.* **1.** Meerschweinchen *n*; **2.** *fig.* Ver'suchska,ninchen *n*.

guise [gaız] *s.* **1.** Gestalt *f*, Erscheinung *f*, Aufmachung *f*: ***in the ~ of*** als ... (verkleidet); **2.** *fig.* Maske *f*, (Deck-) Mantel *m*: ***under the ~ of*** in der Maske (*gen.*), unter dem Deckmantel (*gen.*).

gui·tar [gı'tɑː] *s.* ♪ Gi'tarre *f*; **gui'tar·ist** [-rıst] *s.* Gitar'rist(in), Gi'tarrenspieler(in).

gulch [gʌlʃ] *s. Am.* (Berg)Schlucht *f*.

gulf [gʌlf] **I** *s.* **1.** Golf *m*, Meerbusen *m*, Bucht *f*; **2.** *a. fig.* Abgrund *m*, Schlund *m*; **3.** *fig.* Kluft *f*; **4.** Strudel *m*; **II** *v/t.* **5.** *fig.* verschlingen.

gull[1] [gʌl] *s. orn.* Möwe *f*.

gull[2] [gʌl] **I** *v/t.* über'tölpeln; **II** *s.* Gimpel *m*, Trottel *m*.

gul·let ['gʌlıt] *s.* **1.** *anat.* Schlund *m*, Speiseröhre *f*; **2.** Gurgel *f*, Kehle *f*; **3.** Wasserrinne *f*; **4.** ⚙ 'Förderka,nal *m*.

gul·li·bil·i·ty [,gʌlə'bılətı] *s.* Leichtgläubigkeit *f*, Einfalt *f*; **gul·li·ble** ['gʌləbl] *adj.* leichtgläubig, na'iv.

gul·ly ['gʌlı] *s.* **1.** (Wasser)Rinne *f*; **2.** ⚙ a) Gully *m*, Sinkkasten *m*, Senkloch *n*, b) *a.* **~ *drain*** 'Abzugska,nal *m*: **~ *hole*** Abflussloch *n*.

gulp [gʌlp] **I** *v/t. mst* **~ *down*** **1.** *Speise* hin'unterschlingen, *Getränk* hin'unterstürzen; **2.** *Tränen etc.* hin'unterschlucken, unter'drücken; **II** *v/i.* **3.** (*a. vor Rührung etc.*) schlucken; **4.** würgen; **III** *s.* **5.** (großer) Schluck: ***at one ~*** auf 'einen Zug.

gum[1] [gʌm] *s. mst. pl. anat.* Zahnfleisch *n*.

gum[2] [gʌm] **I** *s.* **1.** ⚘, ⚙ a) Gummi *n*, *m*, b) Gummiharz *n*, c) Kautschuk *m*; **2.** Klebstoff *m*, *bsd.* Gummilösung *f*; **3.** → a) ***chewing gum***, b) ***gum arabic***, c) ***gum elastic***, d) ***gum tree***; **4.** ⚘ Gummifluss *m* (*Baumkrankheit*); **5.** 'Gummi (-bon,bon) *m*, *n*; **6.** *pl. Am.* Gummischuhe *pl.*; **II** *v/t.* **7.** gummieren; **8.** (an-, ver)kleben; **9.** **~ *up*** a) verkleben, b) F *et.* ‚vermasseln'; **III** *v/i.* **10.** ⚘ Gummi absondern (*Baum*).

gum[3] [gʌm], *a.* ♀ *s.*: ***my ~!, by ~!*** heiliger Strohsack!

gum| am·mo·ni·ac *s.* ⚗, ⚕ Ammoni'akgummi *n*, *m*; **~ ar·a·bic** *s.* Gummia'rabikum *n*; **'~·boil** *s.* ⚕ Zahngeschwür *n*; **'~·drop** → ***gum***[2] 5; **~ e·las·tic** *s.* Gummie'lastikum *n*, Kautschuk *m*.

gum·my ['gʌmı] *adj.* **1.** gummiartig, klebrig; **2.** Gummi...; **3.** gummihaltig.

gump·tion ['gʌmpʃn] *s.* F **1.** ‚Köpfchen' *n*, ‚Grütze' *f*, ‚Grips' *m*; **2.** ‚Mumm' *m*, Schneid *m*.

gum| res·in *s.* ⚘ Schleim-, Gummiharz *n*; **'~·shield** *s. Boxen*: Zahnschutz *m*; **'~·shoe** *s. Am.* **1.** F a) 'Gummi,überschuh *m*, b) Tennis-, Turnschuh *m*; **2.** *sl.* ‚Schnüffler' *m* (*Detektiv, Polizist*); **~ tree** *s.* ⚘ **1.** Gummibaum *m*: ***be up a ~*** *sl.* in der Klemme sein *od.* sitzen; **2.** Euka'lyptus(baum) *m*; **3.** Tu'pelobaum *m*; **4.** Amberbaum *m*; **'~·wood** *s.* Holz *n* des Gummibaums (*etc.* → ***gum tree***).

gun [gʌn] **I** *s.* **1.** ⚔ Geschütz *n*, Ka'none *f* (*a. fig.*): ***bring up one's big ~s*** schweres Geschütz auffahren (*a. fig.*); ***go great ~s*** F ‚schwer in Fahrt sein'; ***stick to one's ~s*** *fig.* festbleiben, nicht weichen *od.* nachgeben; ***a big ~*** *sl.* ‚e-e große Kanone', ‚ein großes Tier'; **2.** (*engS.* Jagd)Gewehr *n*, Flinte *f*, Büchse *f*; **3.** ‚Ka'none' *f*, Pi'stole *f*, Re'volver *m*; **4.** *sport*: a) 'Startpis,tole *f*, b) Startschuss *m*: ***jump the ~*** e-n Fehlstart verursachen, *fig.* voreilig handeln; **5.** Ka'nonen-, Sa'lutschuss *m*; **6.** Schütze *m*, Jäger *m*; **7.** ✈, ⚙ a) Drosselklappe *f*, b) Drosselhebel *m*: ***give the engine the ~*** Vollgas geben; **II** *v/i.* **8.** auf die Jagd gehen; schießen; **9.** **~ *for*** es abgesehen haben auf *j-n od. et.*; **III** *v/t.* **10.** a) schießen auf (*acc.*), b) erschießen, c) *mst* **~ *down*** niederschießen; **11.** *oft* **~ *up*** *mot.* F ‚auf Touren bringen': **~ *the car up*** (Voll)Gas geben.

gun| bar·rel *s.* ⚔ **1.** Geschützrohr *n*; **2.** Gewehrlauf *m*; **~ bat·tle** *s.* Feuergefecht *n*, Schieße'rei *f*; **'~·boat** *s.* Ka'nonenboot *n*: **~ *diplomacy***; **~ cam·er·a** *s.* ✈, ⚔ 'Foto-M,G *n*; **~ car·riage** *s.* ⚔ La'fette *f*; **~ cot·ton** *s.* Schießbaumwolle *f*; **~ dog** *s.* Jagdhund *m*; **'~·fight** → ***gun battle***; **'~,fire** *s.* ⚔ Geschützfeuer *n*.

gunge [gʌndʒ] *Brit.* F **I** *s.* klebrige Masse, klebriges (*od.* schmieriges) Zeug; **II** *v/t. a.* **~ *up*** verkleben.

gung-ho [,gʌŋ'həʊ] *adj.* F **1.** allzu enthusi'astisch, voller Begeisterung; **2.** 'übereifrig.

gung·y ['gʌndʒı] *adj. Brit.* F **1.** klebrig, schmierig; **2.** eklig, widerlich.

'gun|-,hap·py *adj.* schießwütig; **~ harpoon** *s.* ⚓ Ge'schützhar,pune *f*.

gunk [gʌŋk] *bsd. Am.* F **I** *s.* klebriges Zeug; **II** *v/t.* **~ *up*** verkleben.

gun| li·cence, *Am.* **~ li·cense** *s.* Waffenschein *m*; **'~·lock** *s.* Gewehrschloss *n*; **'~·man** [-mən] *s.* [*irr.*] Bewaffnete(r) *m*; Re'volverheld *m*; **'~,met·al** *s.* Rotguss *m*; **~ moll** *s. Am. sl.* Gangsterbraut *f*; **~ mount** *s.* ⚔ La'fette *f*.

gun·ner ['gʌnə] *s.* **1.** ⚔ a) Kano'nier *m*,

G

Artille'rist *m*, b) Richtschütze *m* (*Panzer etc.*), c) M'G-Schütze *m*, Gewehrführer *m*; **2.** ✈ Bordschütze *m*; **gun·ner·y** ['gʌnərɪ] *s.* ⚔ Schieß-, Geschützwesen *n*: **~ officer** Artillerieoffizier *m*.

gun·ny ['gʌnɪ] *s.* Juteleinwand *f*: **~ (bag)** Jutesack *m*.

gun| pit *s.* ⚔ **1.** Geschützstand *m*; **2.** ✈ Kanzel *f*; **'~·play** → ***gun battle***; **'~·point** *s.*: ***at ~*** mit vorgehaltener (Schuss)Waffe; **'~ˌpow·der** *s.* Schießpulver *n*: **♀ Plot** *hist.* Pulververschwörung *f* (*in London 1605*); **'~·room** [-rʊm] *s. Brit.* ⚓, ⚔ Ka'dettenmesse *f*; **'~ˌrun·ner** *s.* Waffenschmuggler *m*; **'~ˌrun·ning** *s.* Waffenschmuggel *m*.

gun·sel ['gʌnsl] *Am. sl.* **1.** → ***gunman***; **2.** ‚Fiesling' *m*; **3.** Trottel *m*.

'gun|·ship *s.* ✈, ⚔ Kampfhubschrauber *m*; **'~·shot 1.** (Ka'nonen-, Gewehr-)Schuss *m*: **~ wound** Schusswunde *f*; **2.** ***within*** (***out of***) **~** in (außer) Schussweite (*a. fig.*); **'~-shy** *adj.* **1.** *hunt.* schussscheu (*Hund etc.*); **2.** *Am.* F 'misstrauisch; **'~ˌsling·er** *s. Am.* F → ***gunman***; **'~·smith** *s.* Büchsenmacher *m*; **~ turret** *s.* ⚔ **1.** Geschützturm *m*; **2.** ✈ Waffendrehstand *m*.

gun·wale ['gʌnl] *s.* **1.** ⚓ Schandeckel *m*; **2.** Dollbord *n* (*am Ruderboot*).

gur·gi·ta·tion [ˌgɜːdʒɪ'teɪʃn] *s.* (Auf-)Wallen *n*, Strudeln *n*.

gur·gle ['gɜːgl] *v/i.* gurgeln: a) gluckern (*Wasser*), b) glucksen (*Stimme, Person, Wasser etc.*).

Gur·kha ['gɜːkə] *s.* Gurkha *m, f* (*Mitglied e-s indischen Volksstamms*).

gu·ru ['gʊruː] *s.* Guru *m* (*a. fig.*).

gush [gʌʃ] **I** *v/i.* **1.** her'vorströmen, -schießen, sich ergießen (***from*** aus); **2.** 'überströmen (***with*** von); **3.** (***over***) *fig.* F schwärmen (von), sich 'überschwänglich *od.* verzückt äußern (über *acc.*); **II** *s.* **4.** Schwall *m*, Strom *m*, Erguss *m* (*alle a. fig.*); **5.** F Schwärme'rei *f*, 'Überschwänglichkeit *f*, (Gefühls)Erguss *m*; **'gush·er** [-ʃə] *s.* **1.** Springquelle *f* (*Erdöl*); **2.** F Schwärmer(in); **'gush·ing** [-ʃɪŋ] *adj.* □ **1.** ('über)strömend; **2.** → **'gush·y** [-ʃɪ] *adj.* überschwänglich, schwärmerisch.

gus·set ['gʌsɪt] **I** *s.* **1.** *Näherei etc.*: Zwickel *m*, Keil *m*; **2.** ⚙ Winkelstück *n*, Eckblech *n*; **II** *v/t.* **3.** e-n Zwickel *etc.* einsetzen in (*acc.*).

gust [gʌst] *s.* **1.** Windstoß *m*, Bö *f*; **2.** *fig.* (Gefühls)Ausbruch *m*, Sturm *m* (*der Leidenschaft etc.*).

gus·ta·tion [gʌ'steɪʃn] *s.* **1.** Geschmack *m*, Geschmackssinn *m*; **2.** Schmecken *n*; **gus·ta·to·ry** ['gʌstətərɪ] *adj.* Geschmacks...

gus·to ['gʌstəʊ] *s.* Begeisterung *f*, Genuss *m*, Gusto *m*.

gust·y ['gʌstɪ] *adj.* □ **1.** böig, stürmisch; **2.** *fig.* ungestüm.

gut [gʌt] **I** *s.* **1.** *pl.* Eingeweide *pl.*, Gedärme *pl.*: ***I hate his ~s*** F ich hasse ihn wie die Pest; ***I'll have his ~s for garters*** F den mach ich zur Schnecke (*od.* fertig); **2.** *anat.* a) 'Darm(kaˌnal) *m*, b) (*bestimmter*) Darm; **3.** *a. pl.* F Bauch *m*: ***know s.th. at ~ level*** et. instinktiv (genau) wissen; **4.** (*präparierter*) Darm; **5.** a) Engpass *m*, b) enge 'Durchfahrt, Meerenge *f*; **6.** *pl.* F a) *das* Innere: ***the ~s of a machine***, b) Kern *m*, *das* Wesentliche, c) Gehalt *m*, Sub'stanz *f*: ***it has no ~s in it*** es steckt nichts dahinter; **7.** *pl.* ‚Mumm' *m*, Schneid *m*; **II** *v/t.* **8.** *Fisch etc.* ausnehmen, -weiden; **9.** *Haus etc.* a) ausrauben, b) ausbrennen: ***~ted by fire*** völlig ausgebrannt; **10.** *fig. Buch etc.* ‚ausschlachten'; **III** *adj.* **11.** F instink'tiv, von innen her'aus, *a.* leidenschaftlich: ***a ~ reaction***; **12.** von entscheidender Bedeutung: ***a ~ problem***; **'gut·less** [-lɪs] *adj.* ‚schlaff': a) ohne Schneid, b) ‚müde': ***a ~ enterprise***; **'gut·sy** [-tsɪ] *adj.* mutig, schneidig.

gut·ta-per·cha [ˌgʌtə'pɜːtʃə] *s.* **1.** ⌂ Gutta *n*; **2.** ✿, ⚙ Gutta'percha *n*.

gut·ter ['gʌtə] **I** *s.* **1.** Dachrinne *f*; **2.** Gosse *f*, Rinnstein *m*; **3.** *fig. contp.* Gosse *f*: ***language of the ~***; ***take s.o. out of the ~*** j-n aus der Gosse auflesen; **4.** (Abfluss-, Wasser)Rinne *f*; **5.** ⚙ Rille *f*, Hohlkehlfuge *f*, Furche *f*; **6.** Kugelfangrinne *f* (*der Bowlingbahn*); **II** *v/t.* **7.** furchen, aushöhlen; **III** *v/i.* **8.** rinnen, strömen; **9.** tropfen (*Kerze*); **IV** *adj.* **10.** vul'gär, schmutzig, Schmutz...; **~ press** *s.* Skan'dal-, Sensati'onspresse *f*; **'~·snipe** *s.* Gassenkind *n*.

gut·tur·al ['gʌtərəl] **I** *adj.* □ **1.** Kehl..., guttu'ral (*beide a. ling.*), kehlig; **2.** rau, heiser; **II** *s.* **3.** *ling.* Kehllaut *m*, Guttu'ral *m*.

guv [gʌv], **guv·nor**, **guv'nor** ['gʌvnə] *sl.* → ***governor*** 4.

guy¹ [gaɪ] **I** *s.* **1.** F ‚Typ' *m*, Kerl *m*, ‚Bursche' *m*; **~s** *pl.* Leute *pl*; **2.** ‚Vogelscheuche' *f*, ‚Schießbudenfiˌgur' *f*; **3.** Zielscheibe *f* des Spotts; **4.** *Brit. Spottfigur des Guy Fawkes* (*die am* ***Guy Fawkes Day*** *verbrannt wird*); **II** *v/t.* **5.** F *j-n* lächerlich machen, verulken.

guy² [gaɪ] **I** *s.* **1.** *a.* **~ rope** Halteseil *n*, -tau *n*; **2.** a) ⚙ (Ab)Spannseil *n* (*e-s Mastes*): **~ wire** Spanndraht *m*, b) ⚓ Gei(tau *n*) *f*; **3.** Spannschnur *f* (*Zelt*); **II** *v/t.* **4.** mit e-m Tau *etc.* sichern, verspannen.

Guy Fawkes Day [ˌgaɪ'fɔːks] *s. Brit. der Jahrestag des* **Gunpowder Plot** (*„Pulververschwörung" katholischer Extremisten am 5. November 1605*).

guz·zle ['gʌzl] *v/t.* **1.** *a. v/i.* a) ‚saufen', b) ‚fressen'; **2.** *oft* **~ away** *Geld* verprassen, *bsd.* ‚versaufen'; **'guz·zler** *s.* F **1.** Säufer(in); **2.** Fresssack *m*.

gybe [dʒaɪb] *v/t. u. v/i.* ⚓ *Brit.* (sich) 'umlegen (*Segel beim Kreuzen*).

gym [dʒɪm] *s.* F **1.** *abbr. für* ***gymnasium*** *u.* ***gymnastics***: **~ shoe** Turnschuh *m*; **~ teacher** Turnlehrer(in); **2.** 'Fitnessˌstudio *n*, -club *m*.

gym·kha·na [dʒɪm'kɑːnə] *s.* Gym'khana *f* (*Geschicklichkeitswettbewerb für Reiter, a. Austragungsort*).

gym·na·si·um [dʒɪm'neɪzjəm] *pl.* **-si·ums**, **-si·a** [-zjə] *s.* **1.** Turnhalle *f*; **2.** *ped.* (*nur das deutsche*) Gym'nasium; **gym·nast** ['dʒɪmnæst] *s.* (Kunst)Turner(in); **gym'nas·tic** [-'næstɪk] **I** *adj.* **1.** (□ **~ally**) gym'nastisch, turnerisch, Turn..., Gymnastik...; **II** *s.* **2.** *pl. sg. konstr.* Turnen *n*, Gym'nastik *f*: ***mental ~s*** ‚Gehirnakrobatik' *f*; **3.** *mst pl.* Turn-, Gym'nastikübung *f*.

gyn·ae·co·log·ic, **gyn·ae·co·log·i·cal** [ˌgaɪnɪkə'lɒdʒɪk(l)] *adj.* ⚕ gynäko'logisch; **gyn·ae·col·o·gist** [ˌgaɪnɪ'kɒlədʒɪst] *s.* ⚕ Gynäko'loge *m*, -'login *f*, Frauenarzt *m*, -ärztin *f*; **gyn·ae·col·o·gy** [ˌgaɪnɪ'kɒlədʒɪ] *s.* ⚕ Gynäkolo'gie *f*.

gyp [dʒɪp] *sl.* **I** *v/i. u. v/t.* **1.** ‚bescheißen', ‚neppen'; **II** *s.* **2.** a) ‚Beschiss' *m*, b) ‚Nepp' *m*; **3.** ***give s.o. ~*** j-n ‚fertig machen'; **~ joint** *s. sl.* 'Nepploˌkal *n*.

gyp·se·ous ['dʒɪpsɪəs] *adj. min.* gipsartig, Gips...; **gyp·sum** ['dʒɪpsəm] *s. min.* Gips *m*.

gyp·sy ['dʒɪpsɪ] *etc. bsd. Am.* → ***gipsy*** *etc.*

gy·rate I *v/i.* [ˌdʒaɪə'reɪt] kreisen, sich (im Kreis) drehen, wirbeln; **II** *adj.* ['dʒaɪərɪt] gewunden; **ˌgy'ra·tion** [-eɪʃən] *s.* **1.** Kreisbewegung *f*, Drehung *f*; **2.** *anat., zo.* Windung *f*; **gy·ra·to·ry** ['dʒaɪərətərɪ] *adj.* kreisend, sich (im Kreis) drehend.

gyr·fal·con ['dʒɜːˌfɔːlkən] → ***gerfalcon***.

gy·ro·com·pass ['dʒaɪərəʊˌkʌmpəs] *s.* ⚓, *phys.* Kreiselkompass *m*; **'gy·ro·graph** [-əʊgrɑːf] *s.* ⚙ Um'drehungszähler *m*.

gy·ro ho·ri·zon ['dʒaɪərəʊ] *s. ast.*, ✈ künstlicher Hori'zont.

gy·ro·pi·lot ['dʒaɪərəʊˌpaɪlət] *s.* ✈ Autopi'lot *m*; **'gy·ro·plane** [-rəpleɪn] *s.* ✈ Tragschrauber *m*; **'gy·ro·scope** [-rəskəʊp] *s.* **1.** *phys.* Gyro'skop *n*, Kreisel *m*; **2.** ⚓, ⚔ Ge'radlaufappaˌrat *m* (*Torpedo*); **gy·ro·scop·ic** [ˌdʒaɪərə'skɒpɪk] *adj.* (□ **~ally**) Kreisel..., gyro'skopisch; **gy·ro·sta·bi·liz·er** [ˌdʒaɪərəʊ'steɪbɪlaɪzə] *s.* ⚓, ✈ (Stabilisier-, Lage)Kreisel *m*; **'gy·ro·stat** [-rəʊstæt] *s.* Gyro'stat *m*.

gyve [dʒaɪv] *obs. od. poet.* **I** *s. mst pl.* (*bsd.* Fuß)Fessel *f*; **II** *v/t.* fesseln.

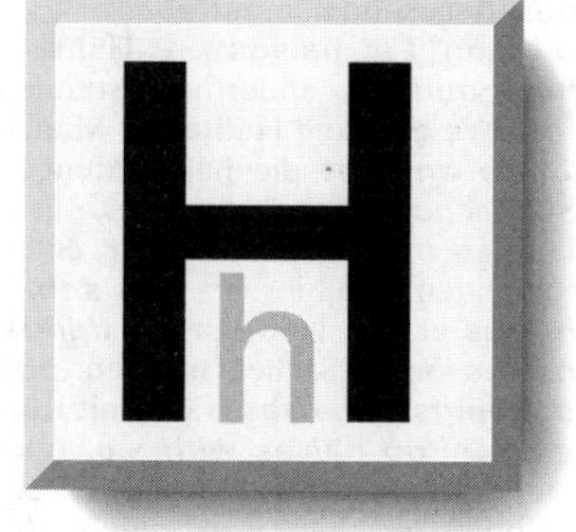

H, h [eɪtʃ] *s.* H *n*, h *n* (*Buchstabe*).
ha [hɑː] *int.* ha!, ah!
ha·be·as cor·pus [ˌheɪbjəs'kɔːpəs] (*Lat.*) *s. a.* ***writ of ~*** ⚖ Vorführungsbefehl *m* zur Haftprüfung: **𝔈 *Act*** Habeas-Corpus-Akte *f* (*1679*).
hab·er·dash·er ['hæbədæʃə] *s.* **1.** Kurzwarenhändler(in); **2.** *Am.* Herrenausstatter *m*; '**hab·er·dash·er·y** [-ərɪ] *s.* **1.** a) Kurzwaren *pl.*, b) Kurzwarengeschäft *n*; **2.** *Am.* a) 'Herrenbeˌkleidungsarˌtikel *pl.*, b) Herrenmodengeschäft *n*.
ha·bil·i·ments [hə'bɪlɪmənts] *s. pl.* (Amts)Kleidung *f*, Kleider *pl.*
hab·it ['hæbɪt] *s.* **1.** (An)Gewohnheit *f*: ***out of ~*** aus Gewohnheit; ***the force of ~*** die Macht der Gewohnheit; ***be in the ~ of doing s.th.*** pflegen *od.* die (An-) Gewohnheit haben, et. zu tun; ***get*** (*od.* ***fall***) ***into a ~*** sich et. angewöhnen; ***break o.s. of a ~*** sich et. abgewöhnen; ***make a ~ of s.th.*** et. zur Gewohnheit werden lassen; **2.** *oft* ***~ of mind*** Geistesverfassung *f*; **3.** *psych.* Habit *n*, *a. m*; **4.** ⚕ Sucht *f*; **5.** (Amts-, Berufs-) Kleidung *f*, Tracht *f*; **6.** ⚘ Habitus *m*, Wachstumsart *f*; **7.** *zo.* Lebensweise *f*.
hab·it·a·ble ['hæbɪtəbl] *adj.* ☐ bewohnbar; **hab·i·tant** *s.* **1.** ['hæbɪtənt] Einwohner(in); **2.** ['hæbɪtɔ̃ːŋ] a) 'Frankokaˌnadier *m*, b) Einwohner *m* fran'zösischer Abkunft (*in Louisiana*); **hab·i·tat** ['hæbɪtæt] *s.* ⚘, *zo.* Habi'tat *n*, Heimat *f*, Stand-, Fundort *m*; **hab·i·ta·tion** [ˌhæbɪ'teɪʃn] *s.* Wohnen *n*; Wohnung *f*, Behausung *f*, Aufenthalt *m*: ***unfit for human ~*** unbewohnbar.
'**hab·it-ˌform·ing** *adj.* **1.** zur Gewohnheit werdend; **2.** ⚕ Sucht erzeugend: ***~ drug*** Suchtmittel *n*.
ha·bit·u·al [hə'bɪtjʊəl] *adj.* ☐ **1.** gewohnt, üblich, ständig; **2.** gewohnheitsmäßig, Gewohnheits…, *contp. a.* no'torisch: ***~ criminal*** Gewohnheitsverbrecher *m*; ***~ drinker*** Gewohnheitstrinker (-in); **ha'bit·u·ate** [-jʊeɪt] *v/t.* **1.** (***o.s.*** sich) gewöhnen (***to*** an *acc.*; ***to doing s.th.*** daran, et. zu tun); **2.** *Am.* F frequentieren, häufig besuchen; **ha'bit·u·é** [-jʊeɪ] *s.* ständiger Besucher, Stammgast *m*.
ha·chures [hæ'ʃjʊəz] *s. pl.* Schraffierung *f*, Schraf'fur *f*.
hack¹ [hæk] **I** *v/t.* **1.** (zer)hacken: ***~ off*** abhacken (von); ***~ out*** *fig.* grob darstellen, ‚hinhauen'; ***~ to pieces*** (*od.* ***bits***) in Stücke hacken, *fig.* ‚kaputtmachen'; **2.** (ein)kerben; **3.** ✓ *Boden* (auf-, los-) hacken; **4.** ⚙ *Steine* behauen; **5.** *sport j-n* (gegen das Schienbein) treten; **6.** *Computer*: sich *et. als Hacker* holen (***from*** aus); **II** *v/i.* **7.** hacken: ***~ at*** a) hacken nach, b) einhauen auf (*acc.*); **8.** trocken u. stoßweise husten: ***~ing cough*** → 14; **9.** *sport* treten, ‚holzen'; **10.** *Computer*: hacken: ***~ into a computer system*** *als Hacker* in ein Computersystem eindringen; **III** *s.* **11.** Hieb *m*; **12.** Kerbe *f*; **13.** *sport* a) Tritt *m* (gegen das Schienbein), b) Trittwunde *f*; **14.** trockener, stoßweiser Husten.
hack² [hæk] **I** *s.* **1.** a) Reit- *od.* Kutschpferd *n*, b) Mietpferd *n*, Gaul *m*, Klepper *m*; **2.** *Am.* a) (Miets)Droschke *f*, b) F Taxi *n*, c) → ***hackie***; **3.** a) Lohnschreiber *m*, Schriftsteller, der auf Bestellung arbeitet, b) Schreiberling *m*; **II** *adj.* **4.** ***~ writer*** → 3; **5.** einfallslos, mittelmäßig; **6.** → ***hackneyed***; **III** *v/i.* **7.** *Brit.* ausreiten; **8.** *Am.* F a) in e-m Taxi fahren, b) ein Taxi fahren; **9.** auf Bestellung arbeiten (*Schriftsteller*).
hack·er ['hækə] *s. Computer*: Hacker *m*.
hack·ie ['hækɪ] *s. Am.* F Taxifahrer *m*.
hack·le ['hækl] **I** *s.* **1.** ⚙ Hechel *f*; **2.** a) *orn.* (lange) Nackenfeder(n *pl.*), b) *pl.* (*aufstellbare*) Rücken- u. Halshaare *pl.* (*Hund*): ***have one's ~s up*** *fig.* wütend sein; ***this got his ~s up, his ~s rose*** (***at this***) das brachte ihn in Wut; **II** *v/t.* **3.** ⚙ hecheln.
hack·ney ['hæknɪ] *s.* **1.** → ***hack²*** 1; **2.** *a.* ***~ carriage*** Droschke *f*; '**hack·neyed** [-ɪd] *adj. fig.* abgenutzt, abgedroschen.
'**hack·saw** *s.* ⚙ Bügelsäge *f*.
had [hæd; həd] *pret. u. p.p. von* ***have***.
had·dock ['hædək] *s.* Schellfisch *m*.
Ha·des ['heɪdiːz] *s.* **1.** *antiq.* Hades *m*, 'Unterwelt *f*; **2.** F Hölle *f*.
hae·mal ['hiːml] *adj. anat.* Blut(gefäß)…; **hae·mat·ic** [hiː'mætɪk] **I** *adj.* a) blutgefüllt, b) Blut…, c) Blut bildend; **II** *s.* ⚕ Hä'matikum *n*, Blut bildendes Mittel; **haem·a·tite** ['hemətaɪt] *s. min.* Häma'tit *m*; **hae·ma·tol·o·gy** [ˌhemə'tɒlədʒɪ] *s.* ⚕ Hämatolo'gie *f*; **hae·mo·glo·bin** [ˌhiːməʊ'gləʊbɪn] *s.* Hämoglo'bin *n*, roter Blutfarbstoff; **hae·mo·phile** ['hiːməʊfaɪl] *s.* ⚕ Bluter *m*; **hae·mo·phil·i·a** [ˌhiːməʊ'fɪlɪə] *s.* ⚕ Bluterkrankheit *f*, Hämophi'lie *f*; **hae·mo·phil·i·ac** [ˌhiːməʊ'fɪlɪæk] → ***haemophile***; **haem·or·rhage** ['hemərɪdʒ] *s.* (***cerebral ~*** Gehirn)Blutung *f*; **haem·or·rhoids** ['hemərɔɪdz] *s. pl.* ⚕ Hämor-r(ho)'iden *pl.*
haft [hɑːft] *s.* Griff *m*, Heft *n*, Stiel *m*.
hag [hæg] *s.* ‚alte Vettel', Hexe *f*.
hag·gard ['hægəd] **I** *adj.* ☐ **1.** wild, verstört: ***~ look***; **2.** a) abgehärmt, b) sorgenvoll, gequält, c) abgespannt, d) abgezehrt, hager; **3.** ***~ falcon*** → 4; **II** *s.* **4.** Falke, der ausgewachsen gefangen wurde.
hag·gle ['hægl] *v/i.* (***about, over***) schachern, feilschen, handeln (um); '**haggler** [-lə] *s.* Feilscher(in).
hag·i·og·ra·phy [ˌhægɪ'ɒgrəfɪ] *s.* Hagiogra'phie *f* (*Erforschung u. Beschreibung von Heiligenleben*); ˌ**hag·i'ol·a·try** [-'ɒlətrɪ] *s.* Heiligenverehrung *f*.
'**hagˌrid·den** *adj.* **1.** gepeinigt, gequält; **2.** ***be ~*** *humor.* von Frauen schikaniert werden.
Hague| Con·ven·tions [heɪg] *s. pl. pol. die* Haager Abkommen *pl*; **~ Tri·bu·nal** *s. pol. der* Haager Schiedshof.
hail¹ [heɪl] **I** *s.* **1.** Hagel *m* (*a. fig. von Geschossen, Flüchen etc.*); **II** *v/i.* **2.** *impers.* hageln: ***it is ~ing*** es hagelt; **3.** *a.* ***~ down*** *fig.* (***on*** auf *acc.*) (nieder)hageln, (nieder)prasseln; **III** *v/t.* **4.** *a.* ***~ down*** *fig.* (nieder)hageln *od.* (-)prasseln lassen (***on*** auf *acc.*).
hail² [heɪl] **I** *v/t.* **1.** freudig *od.* mit Beifall begrüßen, zujubeln (*dat.*); **2.** *j-n, a. Taxi* her'beirufen *od.* -winken; **3.** *fig. et.* begrüßen, begeistert aufnehmen; **II** *v/i.* **4.** *bsd.* ⚓ rufen, sich melden; **5.** (her)stammen, (-)kommen (***from*** von *od.* aus); **III** *int.* **6.** heil!; **IV** *s.* **7.** Gruß *m*, Zuruf *m*: ***within ~*** (*od.* ***~ing distance***) in Ruf- *od.* Hörweite, *fig.* greifbar nahe; '**hail·er** *s. Am.* Mega'phon *n*.
'**hail|-ˌfel·low-ˌwell-'met** [-ləʊ-] **I** *s.* a) umgänglicher Mensch, b) *contp.* plumpvertraulicher Kerl; **II** *adj.* a) umgänglich, b) *contp.* plumpvertraulich, c) ***~ with*** (sehr) vertraut *od.* auf Du u.

Du mit; '**~·stone** *s.* Hagelkorn *n*, -schloße *f*; '**~·storm** *s.* Hagelschauer *m*.

hair [heə] *s.* **1.** *ein* Haar *n*: ***by a ~*** *fig.* ganz knapp *gewinnen etc.*; ***to a ~*** haargenau; ***it turned on a ~*** es hing an e-m Faden; ***without turning a ~*** ohne mit der Wimper zu zucken, kaltblütig; ***split ~s*** Haarspalterei treiben; ***not to harm*** (*od.* ***hurt***) ***a ~ on s.o.'s head*** j-m kein Haar krümmen; **2.** *coll.* Haar *n*, Haare *pl.*: ***comb s.o.'s ~ for him*** (*od.* ***her***) F *fig.* j-m gehörig den Kopf waschen; ***do one's ~*** sich die Haare machen; ***get in s.o.'s ~*** F j-m auf die Nerven fallen; ***have s.o. by the short ~s*** F j-n in der Hand haben; ***have one's ~ cut*** sich die Haare schneiden lassen; ***have a ~ of the dog*** (***that bit you***) F e-n Schluck Alkohol trinken, um s-n ‚Kater' zu vertreiben; ***let one's ~ down*** a) sein Haar aufmachen, b) *fig.* sich ungeniert benehmen, c) aus sich herausgehen, d) sein Herz ausschütten; ***my ~ stood on end*** mir sträubten sich die Haare; ***keep s.o. out of one's ~*** F sich j-n vom Leib halten; ***keep your ~ on!*** F nur keine Aufregung; ***tear one's ~*** sich die Haare raufen; **3.** ⚘ Haar *n*; **4.** Härchen *n*, Fäserchen *n*; '**~·breadth** *s.*: ***by a ~*** um Haaresbreite; ***escape by a ~*** mit knapper Not davonkommen; '**~·brush** *s.* **1.** Haarbürste *f*; **2.** Haarpinsel *m*; **~ clippers** *s. pl.* 'Haarschneidema,schine *f*; '**~·cloth** *s.* Haartuch *n*; **~ com·passes** *s. pl. a.* ***pair of ~*** Haar(strich)zirkel *m*; '**~,curl·ing** *adj.* F **1.** grausig; **2.** haarsträubend; '**~·cut** *s.* Haarschnitt *m*, *weitS.* Fri'sur *f*: ***have a ~*** sich die Haare schneiden lassen; '**~·do** *pl.* '**~·dos** *s.* F Fri'sur *f*; '**~,dress·er** *s.* Fri'seur *m*, Fri'seuse *f*; '**~,dress·ing** *s.* Frisieren *n*: ***~ salon*** Friseursalon *m*; '**~,dri·er** *s.* Haartrockner *m*: a) Föhn *m*, b) Trockenhaube *f*.

haired [heəd] *adj.* **1.** behaart; **2.** *in Zssgn* ...haarig.

hair| fol·li·cle *s. anat.* Haarbalg *m*; '**~·grip** *s.* Haarklammer *f*.

hair·i·ness ['heərɪnɪs] *s.* Behaartheit *f*; **hair·less** ['heəlɪs] *adj.* unbehaart, haarlos, kahl.

'**hair|·line** *s.* **1.** Haaransatz *m*; **2.** a) feiner Streifen (*Stoffmuster*), b) fein gestreifter Stoff; **3.** Haarseil *n*; **4.** *a.* ***~ crack*** ⚙ Haarriss *m*; **5.** *opt.* Fadenkreuz *n*; **6.** → ***hair stroke***; **~ mat·tress** *s.* 'Rosshaarma,tratze *f*; **~ net** *s.* Haarnetz *n*; **~ oil** *s.* Haaröl *n*; '**~·piece** *s.* Haarteil *n*, *für Männer*: Tou'pet *n*; '**~·pin** *s.* **1.** Haarnadel *f*; **2.** *a.* ***~ bend*** Haarnadelkurve *f*; '**~-,rais·er** *s.* F *et.* Haarsträubendes, *z.B.* Horrorfilm *m*; '**~-,rais·ing** *adj.* F haarsträubend; **~ re·stor·er** *s.* Haarwuchsmittel *n*.

hair's breadth → ***hairbreadth***.

hair| shirt *s.* härenes Hemd; **~ sieve** *s.* Haarsieb *n*; **~ slide** *s.* Haarspange *f*; '**~,split·ter** *s. fig.* Haarspalter(in); '**~,split·ting I** *s.* Haarspalte'rei *f*; **II** *adj.* haarspalterisch; '**~·spring** *s.* ⚙ Haar-, Unruhfeder *f*; **~ stroke** *s.* Haarstrich *m* (*Schrift*); '**~·style** *s.* Fri'sur *f*; **~ styl·ist** *s.* Hair-Stylist *m*, 'Damenfri,seur *m*; '**~-,trig·ger I** *s.* **1.** Stecher *m* (*am Gewehr*); **II** *adj.* F **2.** äußerst reizbar (*Person*); **3.** la'bil; **4.** prompt.

hair·y ['heərɪ] *adj.* **1.** haarig, behaart; **2.** Haar...; **3.** F ‚haarig', schwierig.

hake [heɪk] *s. ichth.* Seehecht *m*.

ha·la·tion [hə'leɪʃn] *s. phot.* Halo-, Lichthofbildung *f*.

hal·berd ['hælbɜːd] *s.* ⚔ *hist.* Helle'barde *f*; **hal·berd·ier** [,hælbə'dɪə] *s.* Hellebar'dier *m*.

hal·cy·on ['hælsɪən] **I** *s. orn.* Eisvogel *m*; **II** *adj.* halky'onisch, friedlich; **~ days** *s. pl.* **1.** halky'onische Tage *pl.*: a) Tage *pl.* der Ruhe (*auf dem Meer*), b) *fig.* Tage glücklicher Ruhe; **2.** *fig.* glückliche Zeit.

hale [heɪl] *adj.* gesund, kräftig: ***~ and hearty*** gesund u. munter.

half [hɑːf] **I** *pl.* **halves** *s.* **1.** Hälfte *f*: ***an hour and a ~*** anderthalb Stunden; ***~ (of) the girls*** die Hälfte der Mädchen; ***~ the amount*** die halbe Menge *od.* Summe; ***cut in halves*** (*od.* ***~***) in zwei Hälften *od.* Teile schneiden, entzweischneiden, halbieren; ***do s.th. by halves*** et. nur halb tun; ***do things by halves*** halbe Sachen machen; ***not to do things by halves*** Nägel mit Köpfen machen; ***go halves with s.o.*** (gleichmäßig) mit j-m teilen, mit j-m (bei et.) halbpart machen; ***too clever by ~*** überschlau; ***a game and a ~*** F ein ‚Bombenspiel'; ***not good enough by ~*** lange nicht gut genug; ***torn in ~*** *fig.* hin- u. hergerissen; → ***better***[1] 1; **2.** *sport*: a) Halbzeit *f*, (Spiel)Hälfte *f*, b) (Spielfeld)Hälfte *f*, c) *Golf*: Gleichstand *m*, d) → ***halfback***; **3.** Fahrkarte *f* zum halben Preis; **4.** kleines Bier (*halbes Pint*); **II** *adj.* **5.** halb: ***a ~ mile***, *mst* ***~ a mile*** e-e halbe Meile; ***~ an hour, a ~ hour*** e-e halbe Stunde; ***two pounds and a ~*** zweieinhalb Pfund; ***a ~ share*** ein halber Anteil, e-e Hälfte; ***~ knowledge*** Halbwissen *n*; ***at ~ the price*** zum halben Preis; ***that's ~ the battle*** damit ist es halb gewonnen; → ***mind*** 5, ***eye*** 2; **III** *adv.* **6.** halb, zur Hälfte: ***~ full***; ***my work is ~ done***; ***~ as much*** halb so viel; ***~ as much again*** anderthalbmal so viel; ***~ past ten*** halb elf (Uhr); ***~ one*** (***two*** *etc.*) F (= ***half past one*** *etc.*) halb zwei (drei *etc.*); **7.** halb(wegs), nahezu, fast: ***~ dead*** halb tot; ***not ~ bad*** F gar nicht übel; ***be ~ inclined*** beinahe geneigt sein; ***he ~ wished*** (***suspected***) er wünschte (vermutete) fast.

,half|-and-'half [-fənd'h-] **I** *s.* Halb-u.-halb-Mischung *f*; **II** *adj.* halb u. 'halb; **III** *adv.* halb u. halb; '**~·back** *s.* **1.** *obs. Fußball etc.*: Läufer *m*; **2.** *Rugby*: Halbspieler *m*; **,~-'baked** *adj. fig.* F **1.** ‚grün', unreif, unerfahren; **2.** unausgegoren, nicht durch'dacht (*Plan etc.*); **3.** blöd; **~ bind·ing** *s.* Halb(leder)band *m*; '**~·blood** *s.* **1.** Halbbürtigkeit *f*: ***brother of the ~*** Halbbruder *m*; **2.** → ***half-breed*** 1; **,~-'blood·ed** → ***half-bred*** I; **~ board** *s. Hotel*: 'Halbpensi,on *f*; **,~-'bound** *adj.* im Halbband (*Buch*); '**~-bred I** *adj.* halbblütig, Halbblut...; **II** *s.* Halbblut(tier) *n*; '**~-breed I** *s.* **1.** Mischling *m*, Halbblut *n* (*a. Tier*); **2.** *Am.* Me'stize *m*; **3.** ⚘ Kreuzung *f*; **II** *adj.* **4.** → ***half-bred***; '**~-,broth·er** *s.* Halbbruder *m*; '**~-caste** → ***half-breed*** 1 *u.* ***half-bred***; '**~-cloth** *adj.* in Halbleinen gebunden, Halbleinen...; **~ cock** *s.*: ***go off at ~*** F a) ‚hochgehen', wütend werden, b) ‚da'nebengehen'; **~ crown** *s. Brit. obs.* Halbkronenstück *n* (*Wert: 2s.6d.*); **~ deck** *s.* ⚓ Halbdeck *n*; **~ face** *s. paint., phot.* Pro'fil *n*; **,~'heart·ed** *adj.* ☐ halbherzig; **~ hol·i·day** *s.* halber Feier- *od.* Urlaubstag; **~ hose** *s. coll., pl. konstr.* a) Halb-, Kniestrümpfe *pl.*, b) Socken *pl.*; **,~-'hour I** *s.* halbe Stunde; **II** *adj.* a) halbstündig, b) halbstündlich; **III** *adv.* → **,~-'hour·ly** *adv.* jede *od.* alle halbe Stunde, halbstündlich; **,~-'length** *s. a.* ***~ portrait*** Brustbild *n*; '**~-life** (**pe·ri·od**) *s.* ⚗, *phys.* Halbwertzeit *f*; **,~-'mast** *s.*: ***fly at ~*** auf halbmast *od.* ⚓ halbstock(s) setzen (*v/i.* wehen); **~ meas·ure** *s.* Halbheit *f*, halbe Sache; **~ moon** *s.* **1.** Halbmond *m*; **2.** (Nagel)Möndchen *n*; **~ mourn·ing** *s.* Halbtrauer *f*; **~ nel·son** *s. Ringen*: Halbnelson *m*; **,~-'or·phan** *s.* Halbwaise *f*; **~ pay** *s.* **1.** halbes Gehalt; **2.** ⚔ Halbsold *m*; Ruhegeld *n*: ***on ~*** außer Dienst; **~·pen·ny** ['heɪpnɪ] *s.* **1.** *pl.* **half·pence** ['heɪpəns] halber Penny: ***three halfpence***, ***a penny ~*** eineinhalb Pennies; ***turn up again like a bad ~*** immer wieder auftauchen; **2.** *pl.* **half·pen·nies** ['heɪpnɪz] Halbpennystück *n*; '**~-pint** *s.* **1.** halbes Pint (*bsd. Bier*); **2.** F ‚halbe Porti'on'; '**~-pipe** *s. Skate-, Snowboarden etc.*: 'Halfpipe *f*; **,~-seas-'o·ver** *adj.* F ‚angesäuselt'; '**~-,sis·ter** *s.* Halbschwester *f*; **,~-'staff** → ***halfmast***; **~ term** *s. univ. Brit. kurze Ferien in der Mitte e-s Trimesters*; **,~-'tide** *s.* ⚓ Gezeitenmitte *f*; **,~-'tim·bered** *adj.* ⚠ Fachwerk...; **~ time** *s.* **1.** halbe Arbeitszeit; **2.** *sport* Halbzeit *f*; **,~-'time I** *adj.* **1.** Halbtags...: ***~ job***; **2.** *sport* Halbzeit...: ***~ score*** Halbzeitstand *m*; **II** *adv.* **3.** halbtags; **,~-'tim·er** *s.* Halbtagsbeschäftigte(r *m*) *f*; **~ ti·tle** *s.* Schmutztitel *m*; '**~·tone** *s.* ♪, *paint., typ.* Halbton *m*: ***~ etching*** Autotypie *f*; ***~ process*** Halbtonverfahren *n*; '**~-track I** *s.* **1.** ⚙ Halbkettenantrieb *m*; **2.** Halbkettenfahrzeug *n*; **II** *adj.* **3.** Halbketten...; '**~-truth** *s.* Halbwahrheit *f*; **,~-'vol·ley** *s. sport* Halbvolley *m*, Halbflugball *m*; **,~-'way I** *adj.* **1.** auf halbem Weg *od.* in der Mitte (liegend): ***~ measures*** halbe Maßnahmen; **II** *adv.* **2.** auf halbem Weg, in der Mitte; → ***meet*** 4; **3.** teilweise, halb(wegs); **,~·way 'house** *s.* **1.** auf halbem Weg gelegenes Gasthaus; **2.** *fig.* a) 'Zwischenstufe *f*, -stati,on *f*, b) Kompro'miss *m*, *n*; **3.** Rehabilitati'onszentrum *n*; '**~·wit** *s.* Schwachkopf *m*, -sinnige(r *m*) *f*, Trottel *m*; **,~-'wit·ted** *adj.* schwachsinnig, blöd; **,~-'year·ly** *adv.* halbjährlich.

hal·i·but ['hælɪbət] *s.* Heilbutt *m*.

hal·ide ['hælaɪd] *s.* ⚗ Haloge'nid *n*.

hal·i·to·sis [,hælɪ'təʊsɪs] *s.* Hali'tose *f*, (übler) Mundgeruch.

hall [hɔːl] *s.* **1.** Halle *f*, Saal *m*; **2.** a) Diele *f*, Flur *m*, b) (Empfangs-, Vor-) Halle *f*, Vesti'bül *n*; **3.** a) (Versammlungs)Halle *f*, b) großes (öffentliches) Gebäude: ***ℒ of Fame*** Ruhmeshalle; **4.** *hist.* Gilden-, Zunfthaus *n*; **5.** *Brit.* Herrenhaus *n* (*e-s Landguts*); **6.** *univ.* a) *a.* ***~ of residence*** Stu'dentenheim *n*, b) *Brit.* (Essen *n* im) Speisesaal *m*, c) *Am.* Insti'tut *n*: ***Science ℒ***; **7.** *hist.* a) Schloss *n*, Stammsitz *m*, b) Fürsten-, Königssaal *m*, c) Festsaal *m*; **~ clock** *s.* Standuhr *f*.

hal·le·lu·jah, hal·le·lu·iah [,hælɪ'luːjə] **I** *s.* Halle'luja *n*; **II** *int.* halle'luja!

hal·liard ['hæljəd] → ***halyard***.

'**hall·mark I** *s.* **1.** Feingehaltsstempel *m* (*der Londoner Goldschmiedeinnung*); **2.** *fig.* (Güte)Stempel *m*, Gepräge *n*, (Kenn)Zeichen *n*; **II** *v/t.* **3.** *Gold od. Silber* stempeln; **4.** *fig.* kennzeichnen, stempeln.

hal·lo [hə'ləʊ] *bsd. Brit. für* ***hello***.

hal·loo [hə'luː] **I** *int.* hallo!, he!; **II** *s.* Hallo *n*; **III** *v/i.* (hallo) rufen *od.* schrei-

en: ***don't ~ till you are out of the wood!*** freu dich nicht zu früh!
hal·low¹ ['hæləʊ] *v/t.* heiligen: a) weihen, b) als heilig verehren: ***~ed be Thy name*** geheiligt werde Dein Name.
hal·low² ['hæləʊ] → ***halloo***.
Hal·low·e'en [ˌhæləʊ'iːn] *s.* Abend *m* vor Aller'heiligen; **Hal·low·mas** ['hæləʊmæs] *s. obs.* Aller'heiligen(fest) *n.*
hall| por·ter *s. bsd. Brit.* Ho'tel-, Hausdiener *m*; '**~·stand** *s.* a) *Am. a.* **~ tree** Garde'robenständer *m*, b) 'Flurgardeˌrobe *f.*
hal·lu·ci·nate [hə'luːsɪneɪt] *v/i.* halluzinieren; **hal·lu·ci·na·tion** [həˌluːsɪ'neɪʃn] *s.* Halluzinati'on *f*; **hal·lu·ci·na·to·ry** [hə'luːsɪnətərɪ] *adj.* halluzina'torisch; **hal·lu·ci·no·gen** [hə'luːsɪnədʒen] *s.* ⚕ Halluzino'gen *n.*
'**hall·way** *s. Am.* **1.** (Eingangs)Halle *f*, Diele *f*; **2.** Korridor *m.*
halm [hɑːm] → ***haulm***.
hal·ma ['hælmə] *s.* Halma(spiel) *n.*
ha·lo ['heɪləʊ] *pl.* **ha·loes**, **ha·los** *s.* **1.** Heiligen-, Glorienschein *m*, Nimbus *m* (*a. fig.*); **2.** *ast.* Halo *m*, Ring *m*, Hof *m*; **3.** *allg.* Ring *m*, (*phot.* Licht)Hof *m*; '**ha·loed** [-əʊd] *adj.* mit e-m Heiligenschein *etc.* um'geben.
hal·o·gen ['hælədʒen] *s.* ⚗ Halo'gen *n*, Salzbildner *m*: ***~ lamp*** Halogenlampe *f*, *mot.* -scheinwerfer *m.*
halt¹ [hɔːlt] **I** *s.* **1.** a) Halt *m*, Pause *f*, Rast *f*, Aufenthalt *m*, b) *a. fig.* Stillstand *m*: ***call a ~*** (***to***) (*fig.* Ein)Halt gebieten (*dat.*); ***bring to a ~*** → 3; ***come to a ~*** → 4; **2.** 🚂 *Brit.* (Bedarfs-)Haltestelle *f*, Haltepunkt *m*; **II** *v/t.* **3.** a) Halt machen lassen, anhalten (lassen), *a. fig.* zum Halten *od.* Stehen bringen; **III** *v/i.* **4.** a) anhalten, Halt machen, b) *a. fig.* zum Stehen *od.* Stillstand kommen: ***~!*** halt!
halt² [hɔːlt] *v/i.* **1.** *obs.* hinken; **2.** *fig.* ‚hinken' (*Vergleich etc.*), (*Vers etc.*) *a.* holpern; **3.** zögern, schwanken, stocken.
hal·ter ['hɔːltə] **I** *s.* **1.** Halfter *f, m, n*; **2.** Strick *m* (*zum Hängen*); **3.** rückenfreies Oberteil *od.* Kleid mit Nackenband; **II** *v/t.* **4.** *Pferd* (an)halftern; **5.** *j-n* hängen; '**~·neck** → ***halter*** 3.
halt·ing ['hɔːltɪŋ] *adj.* □ **1.** *obs.* hinkend; **2.** *fig.* a) hinkend, b) holp(e)rig; **3.** stockend; **4.** zögernd, schwankend.
halve [hɑːv] *v/t.* **1.** halbieren: a) zu gleichen Hälften teilen, b) auf die Hälfte reduzieren; **2.** ⚙ verblatten.
halves [hɑːvz] *pl. von* ***half***.
hal·yard ['hæljəd] *s.* ⚓ Fall *n.*
ham [hæm] **I** *s.* **1.** Schinken *m*: ***~ and eggs*** Schinken mit (Spiegel)Ei; **2.** *anat.* (hinterer) Oberschenkel, Gesäßbacke *f*, *pl.* Gesäß *n*; **3.** F a) *a.* ***~ actor*** über'trieben *od.* mise'rabel spielender Schauspieler, 'Schmierenkomödiˌant (-in), b) *fig. contp.* ‚Schauspieler(in)', c) Stümper(in); **4.** F Ama'teurfunker *m*; **II** *v/t.* **5.** F a) *e-e Rolle* über'trieben *od.* mise'rabel spielen: ***~ it up*** → 6, b) *et.* verkitschen; **III** *v/i.* **6.** über'trieben *od.* mise'rabel spielen, wie ein 'Schmierenkomödiˌant auftreten.
ham·burg·er ['hæmbɜːgə] *s.* **1.** *Am.* Rinderhack *n*; **2.** a) *a.* ***2 steak*** Frika'delle *f*, b) Hamburger *m.*
Ham·burg steak ['hæmbɜːg] → ***hamburger*** 2a.
hames [heɪmz] *s. pl.* Kummet *n.*
'**ham|-ˌfist·ed**, '**~-ˌhand·ed** *adj.* F ungeschickt, tollpatschig.
ha·mite¹ ['heɪmaɪt] *s. zo.* Ammo'nit *m.*
Ham·ite² ['hæmaɪt] *s.* Ha'mit(in).
ham·let ['hæmlɪt] *s.* Weiler *m*, Flecken *m*, Dörfchen *n.*
ham·mer ['hæmə] **I** *s.* **1.** Hammer *m* (*a. anat.*): ***come*** (*od.* ***go***) ***under the ~*** unter den Hammer kommen, versteigert werden; ***go at it ~ and tongs*** F a) ‚mächtig rangehen', b) (sich) streiten, dass die Fetzen fliegen; ***~ and divider*** *pol.* Hammer u. Zirkel (*Symbol der DDR*); ***~ and sickle*** *pol.* Hammer u. Sichel (*Symbol der UdSSR*); **2.** Hammer *m* (*Klavier etc.*); **3.** *sport* Hammer *m*; **4.** ⚙ a) Hammer(werk *n*) *m*, b) Hahn *m* (*e-r Feuerwaffe*); **II** *v/t.* **5.** (ein-)hämmern, (ein)schlagen: ***~ an idea into s.o.'s head*** *fig.* j-m e-e Idee einhämmern *od.* -bläuen; **6.** *a.* ***~ out*** a) *Metall* hämmern, bearbeiten, formen, b) *fig.* ausarbeiten, schmieden, c) *Differenzen* ‚ausbügeln'; **7.** *a.* ***~ together*** zs.-hämmern, -zimmern; **8.** F a) vernichtend schlagen, *sport a.* ‚über'fahren', b) besiegen; **9.** *Börse*: *Brit.* für zahlungsunfähig erklären; **III** *v/i.* **10.** hämmern (*a. Puls etc.*): ***~ at*** einhämmern auf (*acc.*); ***~ away*** draufloshämmern, -arbeiten; ***~ away*** (***at***) *fig.* sich abmühen (mit); **~ blow** *s.* Hammerschlag *m*; **~ drill** *s.* ⚙ Schlagbohrer *m.*
ham·mered ['hæməd] *adj.* ⚙ gehämmert, getrieben, Treib...
ham·mer| face *s.* ⚙ Hammerbahn *f*; **~ forg·ing** *s.* ⚙ Reckschmieden *n*; '**~-ˌhard·en** *v/t.* ⚙ kalthämmern; '**~·head** *s.* **1.** *ichth.* Hammerhai *m*; **2.** ⚙ (Hammer)Kopf *m*; **~·less** ['hæməlɪs] *adj.* mit verdecktem Schlaghammer (*Gewehr*); '**~·lock** *s. Ringen*: Hammerlock *m* (*Griff*); **~ scale** *s.* ⚙ (Eisen)Hammerschlag *m*, Zunder *m*; '**~·smith** *s.* ⚙ Hammerschmied *m*; **~ throw** *s. sport* Hammerwerfen *n*; **~ throw·er** *s. sport* Hammerwerfer *m*; '**~·toe** *s.* ⚕ Hammerzehe *f.*
ham·mock ['hæmək] *s.* Hängematte *f.*
ham·per¹ ['hæmpə] *v/t.* **1.** (be)hindern, hemmen; **2.** stören.
ham·per² ['hæmpə] *s.* **1.** (Pack-, Trag-)Korb *m*; **2.** Geschenkkorb *m*, ‚Fresskorb' *m.*
ham·ster ['hæmstə] *s. zo.* Hamster *m.*
'**ham·string** **I** *s.* **1.** *anat.* Kniesehne *f*; **2.** *zo.* A'chillessehne *f*; **II** *v/t.* [*irr.* → ***string***] **3.** (durch Zerschneiden der Kniesehnen) lähmen; **4.** *fig.* lähmen.
hand [hænd] **I** *s.* **1.** Hand *f* (*a. fig.*): ***~s off!*** Hände weg!; ***~s up!*** Hände hoch!; ***be in good ~s*** *fig.* in guten Händen sein; ***fall into s.o's ~s*** j-m in die Hände fallen; ***give*** (*od.* ***lend***) ***a*** (***helping***) ***~*** (*j-m*) helfen; ***give s.o. a ~ up*** j-m auf die Beine helfen; ***I am entirely in your ~s*** ich bin ganz in Ihrer Hand; ***I have his fate in my ~s*** sein Schicksal liegt in m-r Hand; ***he asked for her ~*** er hielt um ihre Hand an; ***get a big ~*** F starken Applaus bekommen; → *Bes. Redew.*; **2.** *zo.* a) Hand *f* (*Affe*), b) Vorderfuß *m* (*Pferd*), c) Schere *f* (*Krebs*); **3.** *pl.* Hände *pl.*, Besitz *m*: ***change ~s*** → *Bes. Redew.*; **4.** (gute *od.* glückliche) Hand, Geschick *n*: ***he has a ~ for horses*** er versteht es, mit Pferden umzugehen; **5.** *oft in Zssgn* Arbeiter *m*, Mann (*a. pl.*), *pl.* Leute *pl.*, ⚓ Ma'trose: ***all ~s on deck!*** alle Mann an Deck!; **6.** Fachmann *m*, Routini'er *m*: ***an old ~*** *a.* ein alter ‚Hase' *od.* Praktikus; ***a good ~ at*** sehr geschickt in (*dat.*), ein guter *Golfspieler etc.*; **7.** Handschrift *f*: ***a legible ~***; **8.** Unterschrift *f*: ***set one's ~ to a document***; **9.** Handbreit *f* (*4 engl. Zoll*) (*nur für die Größe e-s Pferdes*); **10.** *Kartenspiel*: a) Spieler *m*, b) Blatt *n*, Karten *pl.*: ***show one's ~*** → *Bes. Redew.*, c) Runde *f*, Spiel *n*; **11.** (Uhr-)Zeiger *m*; **12.** Seite *f* (*a. fig.*): ***on the right ~*** rechter Hand, rechts; ***on every ~*** überall, ringsum; ***on all ~s*** a) überall, b) von allen Seiten; ***on the one ~, on the other ~*** einerseits ... andererseits; **13.** Büschel *m, n*, Bündel *n* (*Früchte*), Hand *f* (*Bananen*); **14.** *Fußball*: Handspiel *n*: ***~s!*** Hand!;
Besondere Redewendungen:
~ and foot a) an Händen u. Füßen (*fesseln*), b) *fig.* hinten u. vorn (*bedienen*); ***be ~ in glove*** (***with***) a) ein Herz u. 'eine Seele sein (mit), b) *b.s.* unter 'einer Decke stecken (mit); ***~s down*** mühelos, spielend (*gewinnen etc.*); ***~ in ~*** Hand in Hand (*a. fig.*); ***~ over fist*** a) Hand über Hand (*klettern etc.*), b) schnell, spielend, c) zusehends; ***~ to ~*** Mann gegen Mann (*kämpfen*); ***at ~*** a) nahe, bei der Hand, b) nahe (bevorstehend), c) zur Hand, bereit, d) vorliegend; ***at first*** (***second***) ***~*** aus erster (zweiter) Hand *od.* Quelle; ***at the ~s of s.o.*** *schlechte Behandlung etc.* seitens j-s, durch j-n; ***by ~*** a) mit der Hand, b) durch Boten, c) mit der Flasche (*ein Kind ernähren*); ***made by ~*** handgefertigt, Handarbeit; ***take s.o. by the ~*** a) j-n bei der Hand nehmen, b) F j-n unter s-e Fittiche nehmen; ***from ~ to mouth*** von der Hand in den Mund (*leben*); ***in ~*** a) in der Hand, b) zur Verfügung, c) vorrätig, vorhanden, d) in Bearbeitung, e) *fig.* in der Hand *od.* Gewalt, f) im Gange; ***the matter in ~*** die vorliegende Sache; ***the stock in ~*** der Warenbestand; ***have the situation well in ~*** die Lage gut im Griff haben; ***take in ~*** a) *et.* in die Hand *od.* in Angriff nehmen, b) F *j-n* unter s-e Fittiche nehmen; ***on ~*** a) verfügbar, vorrätig, b) vorliegend, c) bevorstehend, d) *Am.* zur Stelle; ***have s.th. on one's ~s*** et. auf dem Hals haben; ***out of ~*** a) kurzerhand, ohne weiteres, b) außer Kontrolle, nicht mehr zu bändigen; ***get out of ~*** a) außer Rand u. Band geraten, *Party etc.*: *a.* ausarten, b) außer Kontrolle geraten (*Lage etc.*); ***to ~*** zur Hand; ***come to ~*** eingehen, eintreffen (*Brief etc.*); ***under ~*** a) unter Kontrolle, b) unter der Hand, heimlich; ***with a heavy ~*** mit harter Hand, streng; ***with a high ~*** selbstherrlich, willkürlich; ***change ~s*** in andere Hände übergehen, den Besitzer wechseln; ***force s.o.'s ~*** j-n zum Handeln zwingen; ***get s.th. off one's ~s*** et. loswerden; ***have a ~ in s.th.*** beteiligt sein an e-r Sache, *b.s. a.* die Hand im Spiel haben bei e-r Sache; ***have one's ~ in*** in Übung sein; ***hold ~s*** Händchen halten; ***hold*** (*od.* ***stay***) ***one's ~*** sich zurückhalten; ***join ~s*** sich die Hände reichen, *fig. a.* sich verbünden *od.* zs.-tun; ***keep one's ~ in*** sich in Übung halten; ***keep a firm ~ on*** unter strenger Zucht halten; ***lay*** (***one's***) ***~s on*** a) anfassen, b) ergreifen, habhaft werden (*gen.*), erwischen, c) *gewaltsam* Hand an *j-n* legen, d) *eccl.* ordinieren; ***I can't lay my ~s on it*** ich kann es nicht finden; ***play into s.o.'s ~s*** j-m in die Hände arbeiten; ***put one's ~s on*** a) finden, b) sich erinnern an (*acc.*);

shake ~s sich die Hände schütteln; ***shake ~s with s.o.***, ***shake s.o. by the ~*** j-m die Hand schütteln *od.* geben; ***show one's ~*** *fig.* s-e Karten aufdecken; ***take a ~ at a game*** bei e-m Spiel mitmachen; ***try one's ~ at s.th.*** et. versuchen, es mit et. probieren; ***wash one's ~s of it*** a) (in dieser Sache) s-e Hände in Unschuld waschen, b) nichts mit der Sache zu tun haben wollen; ***I wash my ~s of him*** mit ihm will ich nichts mehr zu tun haben; → ***off hand***; **II** *v/t.* **15.** ein-, aushändigen, (über)'geben, (-)'reichen (***s.o. s.th.***, ***s.th. to s.o.*** j-m et.): ***you have got to ~ it to him*** F das muss man ihm lassen (*anerkennend*); **16.** *j-m* helfen: ***~ s.o. into*** (***out of***) ***the car***;

Zssgn mit adv.:

hand| a·round *v/t.* her'umreichen; **~ back** *v/t.* zu'rückgeben; **~ down** *v/t.* **1.** *et.* her'unter- *od.* hin'unterreichen; **2.** *j-n* hin'untergeleiten; **3.** vererben, hinter'lassen (***to*** *dat.*); **4.** (***to***) *fig.* weitergeben (an *acc.*), über'liefern (*dat.*); **5.** ⚖ a) *Urteil etc.* verkünden, b) *Entscheidung e-s höheren Gerichts* e-m 'untergeordneten Gericht über'mitteln; **~ in** *v/t.* **1.** *et.* hin'ein- *od.* her'einreichen; **2.** abgeben, *Bericht*, *Gesuch etc.* einreichen; **~ on** *v/t.* **1.** weiterreichen, -geben; **2.** → ***hand down*** 3; **~ out** *v/t.* **1.** ausgeben, -teilen, verteilen (***to*** an *acc.*); **2.** *Ratschläge etc.* verteilen; **3.** verschenken; **~ o·ver** *v/t.* (***to*** *dat.*) **1.** über'geben; **2.** über'lassen; **3.** (her)geben, aushändigen; **4.** *j-n der Polizei etc.* über'geben; **~ up** *v/t.* hin'auf- *od.* her'aufreichen (***to*** *dat.*).

'**hand|·bag** [-ndb-] *s.* **1.** (Damen)Handtasche *f*; **2.** Handtasche *f*, -koffer *m*; '**~·ball** [-ndb-] *s. sport* Handball(spiel *n*) *m*; '**~ˌbar·row** [-ndˌb-] *s.* **1.** → ***handcart***; **2.** Trage *f*; '**~·bell** [-ndb-] *s.* Tisch-, Handglocke *f*; '**~·bill** [-ndb-] *s.* Hand-, Re'klamezettel *m*, Flugblatt *n*; '**~·book** [-ndb-] *s.* **1.** Handbuch *n*; **2.** Reiseführer *m* (***of*** durch, von); '**~·brake** *s.* ⚙ Handbremse *f*; '**~·breadth** [-ndb-] *s.* Handbreit *f*; '**~·cart** [-ndk-] *s.* Handkarre(n *m*) *f*; '**~·clasp** [-ndk-] *Am.* → ***handshake***; '**~·craft** [-ndk-] → ***handicraft***; '**~·cuff** [-ndk-] **I** *s. mst pl.* Handschellen *pl.*; **II** *v/t. j-m* Handschellen anlegen: ***~ed*** in Handschellen; **~ drill** *s.* ⚙ Handbohrer *m*.

-handed [hændɪd] *in Zssgn* ...händig, mit ... Händen.

'**hand|·ful** [-ndfʊl] *s.* **1.** Hand *f* voll (*a. fig. Personen*); **2.** F Plage *f* (*Person od. Sache*), ‚Nervensäge' *f*: ***he is a ~*** er macht einem ganz schön zu schaffen; '**~·glass** [-ndg-] *s.* **1.** Handspiegel *m*; **2.** (Lese-)Lupe *f*; **~ gre·nade** *s.* ⚔ 'Handgraˌnate *f*; '**~·grip** [-ndg-] *s.* **1.** Händedruck *m*; **2.** *a.* ⚙ Griff *m*; **3.** ***come to ~s*** handgemein werden; '**~·held I** *adj. Film*: tragbar (*Kamera*); **II** *s. Computer*: 'Handheld *m*, *n*; '**~·hold** *s.* Halt *m*, Griff *m*.

hand·i·cap ['hændɪkæp] **I** *s.* Handikap *n*: a) *sport* Vorgabe *f*, b) Vorgaberennen *n od.* -spiel *n*, c) *fig.* Behinderung *f*, Hindernis *n*, Nachteil *m*, Erschwerung *f* (***to*** für); **II** *v/t. sport* (*a.* körperlich *od.* geistig) (be)hindern, benachteiligen, belasten: ***~ped*** behindert (*etc.*), gehandikapt.

hand·i·craft ['hændɪkrɑːft] *s.* **1.** Handfertigkeit *f*; **2.** (*bsd.* Kunst)Handwerk *n*.

hand·i·ness ['hændɪnɪs] *s.* **1.** Geschick(-lichkeit *f*) *n*; **2.** Handlichkeit *f*; **3.** Nützlichkeit *f*.

hand·i·work ['hændɪwɜːk] *s.* **1.** Handarbeit *f*; **2.** Werk *n*.

hand·ker·chief ['hæŋkətʃɪf] *s.* Taschentuch *n*.

'**hand-ˌknit(·ted)** *adj.* handgestrickt.

han·dle ['hændl] **I** *s.* **1.** Griff *m*, Stiel *m*; Henkel *m* (*Topf*); Klinke *f* (*Tür*); Schwengel *m* (*Pumpe*); ⚙ Kurbel *f*: ***a ~ to one's name*** F ein Titel; ***fly off the ~*** ‚hochgehen', wütend werden; **2.** *fig.* a) Handhabe *f*, b) Vorwand *m*; **II** *v/t.* **3.** anfassen, berühren; **4.** handhaben, hantieren mit, *Maschine* bedienen: ***~ with care! glass!*** Vorsicht, Glas!; **5.** a) *ein Thema etc.* behandeln, *e-e Sache a.* handhaben, b) *et.* erledigen, 'durchführen, abwickeln, c) mit *et. od. j-m* fertig werden, *et.* deichseln: ***I can ~ it*** (***him***) damit (mit ihm) werde ich fertig; **6.** *j-n* behandeln, 'umgehen mit; **7.** a) *e-n Boxer* betreuen, trainieren, b) *Tier* dressieren (u. vorführen); **8.** sich beschäftigen mit; **9.** *Güter* befördern, weiterleiten; **10.** ✝ Handel treiben mit; **III** *v/i.* **11.** sich *leicht etc.* handhaben lassen; **12.** sich *weich etc.* anfühlen; '**~·bar** *s.* Lenkstange *f*.

hand·ler ['hændlə] *s.* **1.** Dres'seur *m*, Abrichter *m*; **2.** *Boxen*: a) Trainer *m*, b) Betreuer *m*, Sekun'dant *m*.

han·dling ['hændlɪŋ] *s.* **1.** Berühren *n*; **2.** Handhabung *f*; **3.** Führung *f*; **4.** *a. weitS.* Behandlung *f*; **5.** ✝ Beförderung *f*; **~ charg·es** *s. pl.* ✝ 'Umschlagspesen *pl.*

'**hand|·loom** *s.* Handwebstuhl *m*; **~ lug·gage** *s.* Handgepäck *n*; **ˌ~-'made** [-nd'm-] *adj.* von Hand gemacht, handgefertigt, Hand...; handgeschöpft (*Papier*): ***~ paper*** Büttenpapier *n*; '**~ˌmaid**(**·en**) [-ndˌm-] *s.* **1.** *obs. u. fig.* Dienerin *f*, Magd *f*; **2.** *fig.* Gehilfe *m*, Handlanger(in); '**~-me-ˌdown I** *adj.* **1.** fertig *od.* von der Stange (gekauft), Konfektions...; **2.** abgelegt, getragen; **II** *s.* **3.** Konfekti'onsanzug *m*, Kleid *n* von der Stange, *pl.* Konfekti'onskleidung *f*; **4.** abgelegtes Kleidungsstück; **ˌ~-'op·er·at·ed** *adj.* ⚙ mit Handantrieb, handbedient, Hand...; **~ or·gan** *s.* ♪ Drehorgel *f*; '**~·out** *s.* **1.** Almosen *n* (*a. fig.*), (milde) Gabe, *weitS.* (*Wahl- etc.*) Geschenk *n*; **2.** Pro'spekt *m*, Hand-, Werbezettel *m*; **3.** Hand-out *n* (*Informationsunterlage*); '**~·pick** *v/t.* **1.** mit der Hand pflücken *od.* auslesen: ***~ed*** handverlesen; **2.** F sorgsam auswählen; '**~·rail** *s.* Handlauf *m*; Handleiste *f*; '**~·saw** *s.* Handsäge *f*; ***~'s breadth*** *s.* Handbreit *f*.

hand·sel ['hænsl] *s. obs.* **1.** Neujahrs-, *od.* Einstandsgeschenk *n*; **2.** Morgengabe *f*; Hand-, Angeld *n*.

'**hand|·set** *s. teleph.* Hörer *m*; '**~·shake** *s.* Händedruck *m*; '**~-signed** *adj.* handsigniert.

hand·some ['hænsəm] *adj.* □ **1.** hübsch, schön, gut aussehend, stattlich; **2.** beträchtlich, ansehnlich, stattlich: ***a ~ sum***; **3.** großzügig, nobel, ‚anständig': ***~ is that ~ does*** edel ist, wer edel handelt; ***come down ~ly*** sich großzügig zeigen; **4.** *Am.* geschickt; '**hand·some·ness** [-nɪs] *s.* **1.** Schönheit *f*, Stattlichkeit *f*, gutes Aussehen; **2.** Beträchtlichkeit *f*; **3.** Großzügigkeit *f*.

'**hand|·spike** *s.* ⚓, ⚙ Handspake *f*, Hebestange *f*; '**~·spring** *s. sport* 'Handstandˌüberschlag *m*; '**~·stand** *s. sport* Handstand *m*; **ˌ~-to-'hand** *adj.* Mann gegen Mann: ***~ combat*** Nahkampf *m*; **ˌ~-to-'mouth** *adj.* kümmerlich: ***lead a ~ existence*** von der Hand in den Mund leben; '**~·wheel** *s.* ⚙ Hand-, Stellrad *n*; '**~ˌwrit·ing** *s.* **1.** (Hand)Schrift *f*: ***~ expert*** ⚖ Schriftsachverständige(r *m*) *f*; **2.** *et.* Handgeschriebenes.

hand·y ['hændɪ] *adj.* □ **1.** zur Hand, bei der Hand, greifbar, leicht erreichbar; **2.** geschickt, gewandt; **3.** handlich, praktisch; **4.** nützlich: ***come in ~*** (sehr) gelegen kommen; '**~·man** *s.* [*irr.*] Mädchen *n* für alles, Fak'totum *n*.

hang [hæŋ] **I** *s.* **1.** Hängen *n*, Fall *m*, Sitz *m* (*Kleid etc.*); **2.** F a) Sinn *m*, Bedeutung *f*, b) (richtige) Handhabung: ***get the ~ of s.th.*** et. ka'pieren, den ‚Dreh' rauskriegen; **3.** ***I don't care a ~*** F das ist mir völlig ‚schnuppe'; **II** *v/t. pret. u. p.p.* **hung** [hʌŋ] *nur 9 mst* **hanged**; **4.** (***on***) aufhängen (an *dat.*), hängen (an *acc.*): ***~ s.th. on a hook***; ***~ the head*** den Kopf hängen lassen *od.* senken; **5.** (*zum Trocknen etc.*) aufhängen: ***hung beef*** gedörrtes Rindfleisch; **6.** *Tür* einhängen; **7.** *Tapete* ankleben; **8.** behängen: ***hung with flags***; **9.** (auf-)hängen: ***~ o.s.*** sich erhängen; ***I'll be ~ed first*** F eher lasse ich mich hängen!; ***I'll be ~ed if*** F ‚ich will mich hängen lassen', wenn; ***~ it*** (***all***)***!*** F zum Henker damit!; **10.** → ***fire*** 6; **III** *v/i.* **11.** hängen, baumeln (***by***, ***on*** an *dat.*); → ***balance*** 2, ***thread*** 1; **12.** (her'ab)hängen, fallen (*Kleid etc.*); **13.** hängen, gehängt werden: ***he deserves to ~***; ***let s.th. go ~*** F sich den Teufel um et. scheren; ***let it go ~!*** F zum Henker damit!; **14.** (***on***) sich hängen (an *dat.*), sich klammern (an *acc.*): ***~ on s.o.'s lips*** (***words***) *fig.* an j-s Lippen (Worten) hängen; **15.** (***on***) hängen (an *dat.*), abhängen (von); **16.** sich senken *od.* neigen;

Zssgn mit prp.:

hang| a·bout, **~ a·round** *v/i.* her'umlungern *od.* sich her'umtreiben in (*dat.*) *od.* bei; **~ on** → ***hang*** 14, 15; **~ o·ver** *v/i.* **1.** *fig.* hängen *od.* schweben über (*dat.*), drohen (*dat.*); **2.** sich neigen über (*acc.*); **3.** aufragen über (*acc.*);

Zssgn mit adv.:

hang| a·bout, **~ a·round** *v/i.* **1.** herumlungern, sich her'umtreiben; **2.** trödeln; **3.** warten; **~ back** *v/i.* **1.** zögern; **2.** → **~ be·hind** *v/i.* zu'rückbleiben, -hängen; **~ down** *v/i.* her'unterhängen; **~ on** *v/i.* **1.** (***to***) *a. fig.* sich klammern (an *acc.*), festhalten (*acc.*), nicht loslassen *od.* aufgeben; **2.** *teleph.* am Appa'rat bleiben; **3.** nicht nachlassen, ‚dranbleiben'; **4.** warten; **~ out I** *v/t.* **1.** (hin- *od.* her)'aushängen; **II** *v/i.* **2.** her'aushängen; **3.** ausgehängt sein; **4.** F a) hausen, sich aufhalten, b) sich her'umtreiben; **~ o·ver I** *v/i.* andauern; **II** *v/t.*: ***be hung over*** F e-n ‚Kater' haben; **~ to·geth·er** *v/i.* **1.** zs.-halten (*Personen*); **2.** zs.-hängen, verknüpft sein; **~ up I** *v/t.* **1.** aufhängen; **2.** aufschieben, hin'ausziehen: ***be hung up*** aufgehalten werden; **3.** ***be hung up on*** F a) e-n Komplex haben wegen, ‚es haben' mit, b) besessen sein von; **II** *v/i.* **4.** *teleph.* (den Hörer) auflegen, einhängen: ***she hung up on me!*** sie legte einfach auf!

hang·ar ['hæŋə] *s.* Hangar *m*, Flugzeughalle *f*, -schuppen *m*.

'**hang·dog I** *s.* **1.** Galgenvogel *m*, -strick *m*; **II** *adj.* **2.** gemein; **3.** jämmerlich: ***~ look*** Armesündermiene *f*.

hang·er ['hæŋə] *s.* **1.** a) (Auf)Hänger *m*, b) Ankleber *m*, c) Tapezierer *m*; **2.** a) Kleiderbügel *m*, b) Aufhänger *m* (*a.* ⊙), Schlaufe *f*; **3.** a) Hirschfänger *m*, b) kurzer Säbel.

ˌ**hang·er-'on** [-ər'ɒn] *pl.* ˌ**hang·ers-'on** *s. contp.* **1.** Anhänger *m*, *pl. a.* Anhang *m*; **2.** ‚Klette' *f*.

'**hang**|**-**ˌ**glid·er** *s. sport* **1.** Hängegleiter *m*, (Flug)Drachen *m*; **2.** Drachenflieger(in); '**~-**ˌ**glid·ing** *s. sport* Drachenfliegen *n*.

hang·ing ['hæŋɪŋ] **I** *s.* **1.** (Auf)Hängen *n*; **2.** (Er)Hängen *n*: ***execution by ~*** Hinrichtung *f* durch den Strang; **3.** *mst pl.* Wandbehang *m*, Ta'pete *f*, Vorhang *m*; **II** *adj.* **4.** a) (her'ab)hängend, Hänge..., b) hängend, abschüssig, ter'rassenförmig: ***~ gardens***; **5.** ***a ~ matter*** e-e Sache, die e-n an den Galgen bringt; ***a ~ judge*** ein Richter, der mit der Todesstrafe rasch bei der Hand ist; ***~ com·mit·tee*** *s.* Hängeausschuss *m* (*bei Gemäldeausstellungen*).

'**hang**|**·man** [-mən] *s.* [*irr.*] Henker *m*; '**~·nail** *s.* ✱ Niednagel *m*; '**~·out** *s.* F **1.** ‚Bude' *f*, Wohnung *f*; **2.** Treffpunkt *m*, 'Stammloˌkal *n*; '**~**ˌ**o·ver** *s.* **1.** 'Überbleibsel *n*; **2.** F ‚Katzenjammer' *m* (*a. fig.*), ‚Kater' *m*; '**~·up** *s.* F **1.** a) Kom'plex *m*, b) Fimmel *m*: ***have a ~ about*** → ***hang up*** 3; **2.** Pro'blem *n*.

hank [hæŋk] *s.* **1.** Strang *m*, Docke *f* (*Garn etc.*); **2.** Hank *n* (*ein Garnmaß*); **3.** ⚓ Legel *m*.

han·ker ['hæŋkə] *v/i.* sich sehnen (***after***, ***for*** nach); '**han·ker·ing** [-ərɪŋ] *s.* Sehnsucht *f*, Verlangen *n* (***after***, ***for*** nach).

han·ky, *a.* **han·kie** ['hæŋkɪ] F → ***handkerchief***.

han·ky-pan·ky [ˌhæŋkɪ'pæŋkɪ] *s. sl.* **1.** Hokus'pokus *m*; **2.** ‚fauler Zauber', ‚Mätzchen' *n od. pl.*, Trick(s *pl.*) *m*; **3.** ‚Techtelmechtel' *n*.

Han·o·ve·ri·an [ˌhænəʊ'vɪərɪən] **I** *adj.* han'nover(i)sch; *pol. hist.* hannove'ranisch; **II** *s.* Hannove'raner(in).

Han·sard ['hænsəd] *s. parl. Brit.* Parla'mentsprotoˌkoll *n*.

hanse [hæns] *s. hist.* **1.** Kaufmannsgilde *f*; **2.** ♀ Hanse *f*, Hansa *f*; **Han·se·at·ic** [ˌhænsɪ'ætɪk] *adj.* hanse'atisch, Hanse...: ***the ~ League*** die Hanse.

han·sel → ***handsel***.

han·som (**cab**) ['hænsəm] *s.* Hansom *m* (*zweirädrige Kutsche*).

hap [hæp] *obs.* **I** *s.* a) Zufall *m*, b) Glücksfall *m*; **II** *v/i.* → ***happen***; ˌ**hap-'haz·ard** [-'hæzəd] **I** *adj. u. adv.* plan-, wahllos, willkürlich; **II** *s.*: ***at ~*** aufs Geratewohl; '**hap·less** [-lɪs] *adj.* □ glücklos, unglücklich.

hap·pen ['hæpən] *v/i.* **1.** geschehen, sich ereignen, vorkommen, -fallen, passieren, stattfinden, vor sich gehen: ***what has ~ed?*** was ist geschehen *od.* passiert?; ***... and nothing ~ed*** ... u. nichts geschah; **2.** *impers.* zufällig geschehen, sich zufällig ergeben, sich (gerade) treffen: ***it ~ed that*** es traf *od.* ergab sich, dass; ***as it ~s*** a) wie es sich gerade trifft, b) wie es nun einmal so ist; **3.** ***~ to*** *inf.*: ***we ~ed to hear it*** wir hörten es zufällig; ***it ~ed to be hot*** zufällig war es heiß; **4.** ***~ to*** geschehen mit (*od. dat.*), passieren (*dat.*), zustoßen (*dat.*), werden aus: ***what is going to ~ to his plan?*** was wird aus s-m Plan?; ***if anything should ~ to me*** sollte mir et. zustoßen; **5.** ***~ (up)on*** a) zufällig begegnen (*dat.*) *od.* treffen (*acc.*), b) zufällig stoßen (auf *acc.*) *od.* finden (*acc.*); **6.** ***~ along*** F zufällig kommen; ***~ in*** F ‚hereinschneien'; **hap·pen·ing** ['hæpnɪŋ] *s.* **1.** a) Ereignis *n*, b) Eintreten *n e-s Ereignisses*; **2.** *thea. u. humor.* Happening *n*: ***~ artist*** Happenist *m*; **hap·pen·stance** ['hæpənstæns] *s. Am.* F Zufall *m*.

hap·pi·ly ['hæpɪlɪ] *adv.* **1.** glücklich; **2.** glücklicherweise, zum Glück; '**hap·pi·ness** [-ɪnɪs] *s.* **1.** Glück *n* (*Gefühl*); **2.** glückliche Wahl (*e-s Ausdrucks etc.*), glückliche Formulierung; **hap·py** ['hæpɪ] *adj.* □ → ***happily***; **1.** *allg.* glücklich: a) glückselig, b) beglückt, erfreut (***at***, ***about*** über *acc.*): ***I am ~ to see you*** es freut mich, Sie zu sehen; ***I would be ~ to do that*** ich würde das sehr *od.* liebend gern tun; ***I am quite ~*** (, ***thank you***)! (danke,) ich bin wunschlos glücklich!, c) voller Glück: ***~ days***, d) erfreulich: ***~ event*** freudiges Ereignis, e) Glück verheißend: ***~ news***, f) gut, trefflich: ***~ idea***, g) geglückt, treffend, passend: ***a ~ phrase***; **2.** *in Glückwünschen*: ***~ new year!*** gutes neues Jahr!; **3.** F beschwipst, ‚angesäuselt'; **4.** *in Zssgn* a) F wirr (im Kopf), benommen: → ***slaphappy***, b) begeistert, ‚verrückt', -freudig, -lustig: → ***trigger-happy***.

hap·py| **dis·patch** *s. euphem.* Hara'kiri *n*; ˌ**~-go-'luck·y** [-gəʊ-] *adj. u. adv.* unbekümmert, sorglos, leichtfertig, lässig.

hap·tic ['hæptɪk] *adj.* haptisch.

har·a·kir·i [ˌhærə'kɪrɪ] *s.* Hara'kiri *n* (*a. fig.*).

ha·rangue [hə'ræŋ] **I** *s.* **1.** Ansprache *f*, (flammende) Rede; **2.** Ti'rade *f*; **3.** Strafpredigt *f*; **II** *v/i.* **4.** e-e (bom'bastische *od.* flammende) Rede halten (*v/t.* vor *dat.*); **5.** e-e Strafpredigt halten (*v/t.* *j-m*).

har·ass ['hærəs] *v/t.* **1.** a) (ständig) belästigen, schikanieren, quälen, b) aufreiben, zermürben: ***~ed*** mitgenommen, (von Sorgen) gequält, (viel) geplagt; **2.** ⚔ stören: ***~ing fire*** Störfeuer *n*; '**har·ass·ment** [-mənt] *s.* **1.** Belästigung *f*; **2.** Schikanieren *n*, Schi'kane(n *pl.*) *f*: ***~ at work*** 'Mobbing *n*; **3.** ⚔ 'Störmaˌnöver *pl.*

har·bin·ger ['hɑːbɪndʒə] **I** *s. fig.* a) Vorläufer *m*, b) Vorbote *m*: ***the ~ of spring***; **II** *v/t. fig.* ankündigen.

har·bo(u)r ['hɑːbə] **I** *s.* **1.** Hafen *m*; **2.** *fig.* Zufluchtsort *m*, 'Unterschlupf *m*; **II** *v/t.* **3.** beherbergen, Schutz *od.* Zuflucht gewähren (*dat.*); **4.** verbergen, verstecken: ***~ criminals***; **5.** *Gedanken, Groll etc.* hegen: ***~ thoughts of revenge***; **III** *v/i.* **6.** ⚓ (im Hafen) vor Anker gehen; ***~ bar*** *s.* Sandbank *f* vor dem Hafen; ***~ dues*** *s. pl.* Hafengebühren *pl.*; ***~ mas·ter*** *s.* Hafenmeister *m*; ***~ seal*** *s. zo.* Gemeiner Seehund.

hard [hɑːd] **I** *adj.* **1.** *allg.* hart (*a. Farbe, Stimme etc.*); **2.** fest: ***~ knot***; **3.** schwer, schwierig: a) mühsam, anstrengend, hart: ***~ work***, b) schwer zu bewältigen(d): ***~ problems*** schwierige Probleme; ***~ to believe*** kaum zu glauben; ***~ to imagine*** schwer vorstellbar; ***~ to please*** schwer zufrieden zu stellen(d), ‚schwierig' (*Kunde etc.*); **4.** hart, zäh, 'widerstandsfähig: ***in ~ condition*** *sport* konditionsstark, fit; ***a ~ customer*** F ein schwieriger ‚Kunde', ein zäher Bursche; → ***nail Bes. Redew.***; **5.** hart, angestrengt: ***~ studies***; **6.** hart arbeitend, fleißig: ***a ~ worker***; ***try one's ~est*** sich alle Mühe geben; **7.** heftig, stark: ***a ~ rain***; ***a ~ blow*** ein harter *od.* schwerer Schlag (*a. fig.* ***to*** für); ***be ~ on*** *Kleidung etc.* (sehr) strapazieren (→ 8); **8.** hart: a) streng, rau: ***~ climate*** (***winter***), b) *fig.* hartherzig, gefühllos, streng, c) nüchtern, kühl (überlegend): ***a ~ businessman***, d) drückend: ***be ~ on s.o.*** j-n hart anfassen *od.* behandeln; ***it is ~ on him*** es ist hart für ihn; ***the ~ facts*** die harten *od.* nackten Tatsachen; †***~ sell(ing)*** aggressive Verkaufstaktik; ***~ times*** schwere Zeiten; ***have a ~ time*** Schlimmes durchmachen (müssen); ***he had a ~ time doing it*** es fiel ihm schwer, dies zu tun; ***give s.o. a ~ time*** j-m hart zusetzen, j-m das Leben sauer machen; **9.** a) sauer, herb (*Getränk*), b) hart (*Droge*), *Getränk*: *a.* stark, 'hochproˌzentig; **10.** *phys.* hart: ***~ water***; ***~ X rays***; ***~ wheat*** ↗ Hartweizen *m*; **11.** † hart (*Währung etc.*): ***~ dollars***; ***~ prices*** harte *od.* starre Preise; **12.** *Phonetik*: a) hart, stimmlos, b) nicht palatalisiert; **13.** ***~ up*** a) schlecht bei Kasse, in (Geld)Schwierigkeiten, b) in Verlegenheit (***for*** um); **II** *adv.* **14.** hart, fest; **15.** *fig.* hart, schwer: ***work ~***; ***brake ~*** scharf bremsen; ***drink ~*** ein starker Trinker sein; ***it will go ~ with him*** es wird unangenehm für ihn sein; ***hit s.o. ~*** a) j-m e-n harten Schlag versetzen, b) *fig.* ein harter Schlag für j-n sein; ***~ hit*** schwer betroffen; ***be ~ pressed***, ***be ~ put to it*** in schwerer Bedrängnis sein; ***look ~ at*** scharf ansehen; ***try ~*** sich alle Mühe geben; → ***die***[1] 1; **16.** nah(e), dicht: ***~ by*** ganz in der Nähe; ***~ on*** (*od.* ***after***) gleich nach; ***~ aport*** ⚓ hart Backbord; **III** *s.* **17.** ***get*** (***have***) ***a ~ on*** V e-n ‚Ständer' kriegen (haben).

ˌ**hard**|**-and-'fast** *adj.* fest, bindend, 'umumstößlich: ***a ~ rule***; '**~·back** → ***hardcover*** II; '**~·ball** *s. Am.* Baseball(spiel *n*) *m*; ˌ**~-'bit·ten** *adj.* **1.** verbissen, hartnäckig; **2.** → ***hard-boiled*** 2a; '**~·board** *s.* Hartfaserplatte *f*; ˌ**~-'boiled** *adj.* **1.** hart (gekocht): ***a ~ egg***; **2.** F ‚knallhart': a) ‚abgebrüht', ‚hartgesotten', b) ‚ausgekocht', gerissen, c) von hartem Rea'lismus: ***~ fiction***; ***~ case*** *s.* **1.** Härtefall *m*; **2.** schwieriger Mensch; **3.** ‚schwerer Junge' (*Verbrecher*); ***~ cash*** *s.* † **1.** a) Hartgeld *n*, b) Bargeld *n*: ***pay in ~*** (in) bar (be)zahlen; **2.** klingende Münze; ***~ coal*** *s.* Anthra'zit *m*, Steinkohle *f*; ***~ cop·y*** *s. Computer*: Hard Copy *f*, Ausdruck *m*; ***~ core*** *s.* **1.** *Brit.* Schotter *m*; **2.** *fig.* harter Kern (*e-r Bande etc.*); ˌ**~-'core** *adj. fig.* **1.** zum harten Kern gehörend; **2.** hart: ***~ pornography***; ***~ court*** *s. Tennis*: Hartplatz *m*; '**~**ˌ**cov·er** **I** *adj.* gebunden: ***~ edition***; **II** *s.* Hard cover *n*, gebundene Ausgabe; ***~ curren·cy*** *s.* † harte Währung; ***~ disk*** *s. Computer*: Festplatte *f*: ***~ drive*** Festplattenlaufwerk *n*.

hard·en ['hɑːdn] **I** *v/t.* **1.** härten (*a.* ⊙), hart *od.* härter machen; **2.** *fig.* hart *od.* gefühllos machen, verhärten: ***~ed*** verstockt, ‚abgebrüht'; ***a ~ed sinner*** ein verstockter Sünder; **3.** bestärken; **4.** abhärten (***to*** gegen); **II** *v/i.* **5.** hart werden, erhärten; **6.** *fig.* hart *od.* gefühllos werden, sich verhärten; **7.** *fig.* sich abhärten (***to*** gegen); **8.** a) † *u. fig.* sich festigen, b) † anziehen, steigen (*Preise*); '**hard·en·er** [-nə] *s.* Härtemittel *n*, Härter *m*; '**hard·en·ing** [-nɪŋ] **I** *s.* **1.** Härten *n*, Härtung *f* (*a.* ⊙): ***~ of the***

H

arteries Arterienverkalkung *f*; **2.** → ***hardener***; **II** *adj.* **3.** Härte...

ˌ**hard|-ˈfea·tured** *adj.* mit harten *od.* groben Gesichtszügen; **~ fi·ber**, *Brit.* **~ fi·bre** *s.* ⚙ Hartfaser *f*; **~ goods** *s. pl.* ✝ *Am.* Gebrauchsgüter *pl.*; **~ hat** *s.* **1.** *Brit.* Meˈlone *f* (*Hut*); **2.** a) Schutzhelm *m*, b) F Bauarbeiter *m*; **3.** *Brit.* ˈErzreaktioˌnär *m*; ˌ**~-ˈhead·ed** *adj.* **1.** praktisch, nüchtern, reaˈlistisch; **2.** *Am.* starrköpfig, stur; ˌ**~-ˈheart·ed** *adj.* □ hart(herzig); ˌ**~-ˈhit·ting** *adj. fig.* hart, aggresˈsiv.

har·di·hood [ˈhɑːdɪhʊd], ˈ**har·di·ness** [-ɪnɪs] *s.* **1.** Ausdauer *f*, Zähigkeit *f*; **2.** ⚘ Winterfestigkeit *f*; **3.** Kühnheit *f*: a) Tapferkeit *f*, b) Verwegenheit *f*, c) Dreistigkeit *f*.

hard| la·bo(u)r *s.* ⚖ Zwangsarbeit *f*; **~ line** *s.* **1.** *bsd. pol.* harte Linie, harter Kurs: ***follow*** *od.* ***adopt a ~*** e-n harten Kurs einschlagen; **2.** *pl. Brit.* ‚Pech' *n* (***on*** für); ˌ**~-ˈline** *adj. bsd. pol.* hart, komproˈmisslos; ˌ**~-ˈlin·er** *s. bsd. pol.* j-d, der e-n harten Kurs einschlägt; ˌ**~-ˈluck sto·ry** *s. contp.*, ‚Jammergeschichte' *f*.

hard·ly [ˈhɑːdlɪ] *adv.* **1.** kaum, fast nicht: ***~ ever*** fast nie; ***I ~ know her*** ich kenne sie kaum; **2.** (wohl) kaum, schwerlich; **3.** mühsam, mit Mühe; **4.** hart, streng.

hard| mon·ey → ***hard cash***; ˌ**~-ˈmouthed** *adj.* **1.** hartmäulig (*Pferd*); **2.** *fig.* starrköpfig.

hard·ness [ˈhɑːdnɪs] *s.* **1.** Härte *f* (*a. fig.*); **2.** Schwierigkeit *f*; **3.** Hartherzigkeit *f*; **4.** ˈWiderstandsfähigkeit *f*; **5.** Strenge *f*, Härte *f*.

ˌ**hard|-ˈnosed** F → a) ***hard-boiled*** 2a, b) ***hard-headed*** 2; **~ pan** *s.* **1.** *geol.* Ortstein *m*; **2.** harter Boden; **3.** *fig.* a) Grund(lage *f*) *m*, b) Kern *m* (der Sache); ˌ**~-ˈpress·ed** *adj.* (hart) bedrängt, unter Druck stehend; **~ re·turn** *s. Computer*: ‚harte' Zeilenschaltung (*per Absatzmarke*); **~ rock** *s.* ♪ Hardrock *m*; **~ rub·ber** *s.* Hartgummi *m*; **~ sci·ence** *s.* (*e-e*) exˈakte Wissenschaft; **~ sell** *s.* aggressive Verkaufsmethode *f*; ˌ**~-ˈset** *adj.* **1.** hart bedrängt; **2.** streng, starr; **3.** angebrütet (*Ei*); ˈ**~-shell** *adj.* **1.** *zo.* hartschalig; **2.** *Am.* F ‚eisern'.

hard·ship [ˈhɑːdʃɪp] *s.* **1.** Not *f*, Elend *n*; **2.** *a.* ⚖ Härte *f*: ***work ~ on s.o.*** e-e Härte bedeuten für j-n; ***~ case*** Härtefall *m*.

hard| shoul·der *s. mot. Brit.* Standspur *f*; **~ sol·der** *s.* ⚙ Hartlot *n*; ˈ**~-ˌsol·der** *v/t. u. v/i.* hartlöten; **~ tack** *s.* Schiffszwieback *m*; ˈ**~·top** *s. mot.* Hardtop *n*, *m*: a) *festes, abnehmbares Autodach*, b) *Auto mit a*; ˈ**~·ware** *s.* **1.** a) Meˈtall-, Eisenwaren *pl.*, b) Haushaltswaren *pl.*; **2.** *Computer*, *a. Sprachlabor*: Hardware *f*; **3.** *a.* ***military ~*** Waffen *pl.* u. miliˈtärische Ausrüstung; **4.** *Am. sl.* Schießeisen *n od. pl.*; ˈ**~·wood** *s.* Hartholz *n*, *bsd.* Laubbaumholz *n*; ˌ**~-ˈwork·ing** *adj.* fleißig, hart arbeitend.

har·dy [ˈhɑːdɪ] *adj.* □ **1.** a) zäh, roˈbust, b) abgehärtet; **2.** ⚘ winterfest: ***~ annual*** a) winterfeste Pflanze, b) *humor.* Frage, die jedes Jahr wieder aktuell wird; **3.** kühn: a) tapfer, b) verwegen, c) dreist.

hare [heə] **I** *s. zo.* Hase *m*: ***run with the ~ and hunt with the hounds*** *fig.* es mit beiden Seiten halten; ***start a ~*** *fig.* vom Thema ablenken; ***~ and hounds*** Schnitzeljagd *f*; **II** *v/i* F flitzen, sausen: ***~ off*** daˈvonsausen; ˈ**~·bell** *s.* ⚘ Glockenblume *f*; ˈ**~·brained** *adj.* ‚verrückt'; ˈ**~·foot** *s.* [*irr.*] ⚘ **1.** Balsabaum *m*; **2.** Ackerklee *m*; ˌ**~ˈlip** *s.* ⚕ Hasenscharte *f*.

ha·rem [ˈhɑːriːm] *s.* Harem *m*.

ˈ**hare's-foot** → ***harefoot***.

har·i·cot [ˈhærɪkəʊ] *s.* **1.** *a.* ***~ bean*** Gartenbohne *f*; **2.** ˈHammelraˌgout *n*.

hark [hɑːk] *v/i.* **1.** *obs. u. poet.* horchen: ***~ at him!*** *Brit.* F hör dir ihn (*od.* den) an!; **2.** ***~ back*** a) *hunt.* auf der Fährte zuˈrückgehen (*Hund*), b) *fig.* zuˈrückgreifen, -kommen, (*a. zeitlich*) zuˈrückgehen (***to*** auf *acc.*); **hark·en** [ˈhɑːkən] → ***hearken***.

har·le·quin [ˈhɑːlɪkwɪn] **I** *s.* Harlekin *m*, Hansˈwurst *m*; **II** *adj.* bunt, scheckig; **har·le·quin·ade** [ˌhɑːlɪkwɪˈneɪd] *s.* Harlekiˈnade *f*, Possenspiel *n*.

har·lot [ˈhɑːlət] *obs.* Hure *f*, Metze *f*; ˈ**har·lot·ry** [-rɪ] *s.* Hureˈrei *f*.

harm [hɑːm] **I** *s.* **1.** Schaden *m*: ***bodily ~*** körperlicher Schaden, ⚖ Körperverletzung *f*; ***come to ~*** zu Schaden kommen; ***do ~ to s.o.*** j-m schaden, j-m et. antun; (***there is***) ***no ~ done!*** es ist nichts (Schlimmes) passiert!; ***it does more ~ than good*** es schadet mehr, als dass es nützt; ***there is no ~ in doing*** (***s.th.***) es kann *od.* könnte nicht schaden, (et.) zu tun; ***mean no ~*** es nicht böse meinen; ***keep out of ~'s way*** die Gefahr meiden; ***out of ~'s way*** a) in Sicherheit, b) in sicherer Entfernung; **2.** Unrecht *n*, Übel *n*; **II** *v/t.* **3.** schaden (*dat.*), *j-n* verletzen (*a. fig.*); ˈ**harm·ful** [-fʊl] *adj.* □ nachteilig, schädlich (***to*** für): ***~ publications*** ⚖ jugendgefährdende Schriften; ˈ**harm·ful·ness** [-fʊlnɪs] *s.* Schädlichkeit *f*; ˈ**harm·less** [-lɪs] *adj.* □ **1.** harmlos: a) unschädlich, ungefährlich, b) unschuldig, arglos, c) unverfänglich; **2.** ***keep*** (*od.* ***save***) ***s.o. ~*** ⚖ j-n schadlos halten; ˈ**harm·less·ness** [-lɪsnɪs] *s.* Harmlosigkeit *f*.

har·mon·ic [hɑːˈmɒnɪk] **I** *adj.* (□ ***~ally***) **1.** ♪, ⚛, *phys.* harˈmonisch (*a. fig.*); **II** *s.* **2.** ♪, *phys.* Harˈmonische *f*: a) Oberton *m*, b) Oberwelle *f*; **3.** *pl. oft sg. konstr.* ♪ Harmoˈnielehre *f*; **harˈmon·i·ca** [-kə] *s.* **1.** *hist.* ˈGlasharˌmonika *f*; **2.** ˈMundharˌmonika *f*; **harˈmo·ni·ous** [-ˈməʊnjəs] *adj.* □ harˈmonisch: a) ebenmäßig, b) wohlklingend, c) überˈeinstimmend, d) einträchtig; **harˈmo·ni·ous·ness** [-ˈməʊnjəsnɪs] *s.* Harmoˈnie *f*; **harˈmo·ni·um** [-ˈməʊnjəm] *s.* ♪ Harˈmonium *n*; **har·mo·nize** [ˈhɑːmənaɪz] **I** *v/i.* **1.** harmonieren (*a.* ♪), zs.-passen, in Einklang sein (***with*** mit); **II** *v/t.* **2.** (***with***) harmonisieren, in Einklang bringen (mit); **3.** versöhnen; **4.** ♪ harmonisieren, mehrstimmig setzen; **har·mo·ny** [ˈhɑːmənɪ] *s.* **1.** Harmoˈnie *f*: a) Wohlklang *m*, b) Eben-, Gleichmaß *n*, c) Einklang *m*, Eintracht *f*; **2.** ♪ Harmoˈnie *f*.

har·ness [ˈhɑːnɪs] **I** *s.* **1.** (Pferde- *etc.*) Geschirr *n*: ***in ~*** *fig.* in der (täglichen) Tretmühle; ***die in ~*** in den Sielen sterben; ***~ horse*** *Am.* Traber(pferd *n*) *m*; ***~ race*** *Am.* Trabrennen *n*; **2.** a) *mot. etc.* (Sicherheits)Gurt *m* (*für Kinder*), b) (Fallschirm)Gurtwerk *n*; **3.** Laufgeschirr *n für Kinder*; **4.** *Am. sl.* (Arbeits-) Kluft *f*, Uniˈform *f* (*e-s Polizisten etc.*); **5.** ⚔ *hist.* Harnisch *m*; **II** *v/t.* **6.** *Pferd etc.* a) anschirren, b) anspannen (***to*** an *acc.*); **7.** *fig. Naturkräfte etc.* nutzbar machen.

harp [hɑːp] **I** *s.* **1.** ♪ Harfe *f*; **II** *v/i.* **2.** (die) Harfe spielen; **3.** *fig.* (***on***, ***upon***) herˈumreiten (auf *dat.*), dauernd reden (von); → ***string*** 5; ˈ**harp·er** [-pə], ˈ**harp·ist** [-pɪst] *s.* Harfeˈnist(in).

har·poon [hɑːˈpuːn] **I** *s.* Harˈpune *f*: ***~ gun*** Harpunengeschütz *n*; **II** *v/t.* harpunieren.

harp·si·chord [ˈhɑːpsɪkɔːd] *s.* ♪ Cembalo *n*.

har·py [ˈhɑːpɪ] *s.* **1.** *antiq.* Harˈpyie *f*; **2.** *fig.* a) ‚Geier' *m*, Blutsauger *m*, b) Hexe *f* (*Frau*).

har·que·bus [ˈhɑːkwɪbəs] *s.* ⚔ *hist.* Hakenbüchse *f*, Arkeˈbuse *f*.

har·ri·dan [ˈhærɪdən] *s.* alte Vettel.

har·ri·er[1] [ˈhærɪə] *s.* **1.** Verwüster *m*; Plünderer *m*; **2.** *orn.* Weihe *f*.

har·ri·er[2] [ˈhærɪə] *s.* **1.** *hunt.* Hund *m* für die Hasenjagd; **2.** *sport* Querfeldˈeinläufer(in).

Har·ro·vi·an [həˈrəʊvjən] *s.* Schüler *m* (*der Public School*) von Harrow.

har·row [ˈhærəʊ] **I** *s.* **1.** ⚒ Egge *f*: ***under the ~*** *fig.* in großer Not; **II** *v/t.* **2.** ⚒ eggen; **3.** *fig.* quälen, peinigen; *Gefühl* verletzen; ˈ**har·row·ing** [-əʊɪŋ] *adj.* □ quälend, qualvoll, schrecklich.

har·rumph [həˈrʌmpf] *v/i.* **1.** sich (gewichtig) räuspern; **2.** missbilligend schnauben.

har·ry[1] [ˈhærɪ] *v/t.* **1.** verwüsten; **2.** plündern; **3.** quälen, peinigen.

Har·ry[2] [ˈhærɪ] *s.* ***old ~*** der Teufel; ***play old ~ with*** Schindluder treiben mit, ‚zur Sau' machen.

harsh [hɑːʃ] *adj.* □ **1.** *allg.* hart: a) rau: ***~ cloth***, b) rau, scharf: ***~ voice***; ***~ note***, c) grell: ***~ colo(u)r***, d) barsch, schroff: ***~ words***, e) streng: ***~ penalty***; **2.** herb, scharf, sauer: ***~ taste***; ˈ**harsh·ness** [-nɪs] *s.* Härte *f*.

hart [hɑːt] *s.* Hirsch *m* (*nach dem 5. Jahr*): ***~ of ten*** Zehnender *m*.

har·te·beest [ˈhɑːtɪbiːst] *s. zo.* ˈKuhantiˌlope *f*.

ˈ**harts·horn** *s.* ⚗ Hirschhorn *n*: ***salt of ~*** Hirschhornsalz *n*.

har·um-scar·um [ˌheərəmˈskeərəm] **I** *adj.* F **1.** leichtsinnig, ‚verrückt'; **2.** flatterhaft; **II** *s.* **3.** leichtsinniger *etc.* Mensch.

har·vest [ˈhɑːvɪst] **I** *s.* **1.** Ernte *f*: a) Ernten *n*, b) Erntezeit *f*, c) (Ernte)Ertrag *m*; **2.** *fig.* Ertrag *m*, Früchte *pl.*; **II** *v/t.* **3.** ernten, *fig. a.* einheimsen; **4.** *Ernte* einbringen; **5.** *fig.* sammeln; **III** *v/i.* **6.** die Ernte einbringen; ˈ**har·vest·er** [-tə] *s.* **1.** Erntearbeiter(in); **2.** a) ˈMäh-, ˈErntemaˌschine *f*, b) Mähbinder *m*: ***combine ~*** Mähdrescher *m*.

har·vest| fes·ti·val *s.* Ernteˈdankfest *n*; **~ home** *s.* **1.** Ernte(zeit) *f*; **2.** Erntefest *n*; **3.** Erntelied *n*; **~ moon** *s.* Vollmond *m* (*im September*).

has [hæz; həz] *3. sg. pres. von* ***have***; ˈ**~-been** *s.* F **1.** *et.* Überˈholtes; **2.** ‚ausrangierte' Perˈson, j-d, der s-e Glanzzeit hinter sich hat.

hash[1] [hæʃ] **I** *v/t.* **1.** *Fleisch* (zer)hacken; **2.** *a.* ***~ up*** *fig. et.* ‚vermasseln', verpatzen; **II** *s.* **3.** *Küche*: Haˈschee *n*; **4.** *fig. et.* Aufgewärmtes, ‚Aufguss' *m*: ***old ~*** ‚ein alter Hut'; **5.** *fig.* Kuddelmuddel *n*: ***make a ~ of*** → 2; ***settle s.o.'s ~*** F es j-m ‚besorgen'.

hash[2] [hæʃ] *s.* F ‚Hasch' *n* (*Haschisch*).

hash·eesh, **hash·ish** [ˈhæʃiːʃ] *s.* Haschisch *n*.

has·n't [ˈhæznt] F *für* ***has not***.

hasp [hɑːsp] **I** *s.* **1.** ⚙ a) Haspe *f*, Spange *f*, b) Schließband *n*; **2.** Haspel *f*, Spule *f* (*für Garn*); **II** *v/t.* **3.** mit e-r Haspe *etc.* verschließen, zuhaken.

has·sle ['hæsl] *s.* F **I** *s.* **1.** Mühe *f*: ***no ~*** kein Problem; **2.** ‚The'ater' *n*, ‚Zirkus', 'Umständlichkeit(en *pl.*) *f*; **3.** Ärger *m*, ‚Krach' *m*, (*a.* handgreifliche) Auseinandersetzung; **II** *v/i.* **4.** ‚Krach' haben *od.* sich prügeln; **III** *v/t.* **5.** *Am.* drangsalieren.

has·sock ['hæsək] *s.* **1.** Knie-, Betkissen *n*; **2.** Grasbüschel *n*.

hast [hæst] *obs.* *2. sg. pres. von* **have**.

haste [heɪst] *s.* **1.** Eile *f*, Schnelligkeit *f*; **2.** Hast *f*, Eile *f*: ***make ~*** sich beeilen; ***in ~*** in Eile, hastig; ***more ~, less speed*** eile mit Weile; ***~ makes waste*** in der Eile geht alles schief; **'has·ten** [-sn] **I** *v/t.* a) *j-n* antreiben, b) *et.* beschleunigen; **II** *v/i.* sich beeilen, eilen, hasten: ***I ~ to add that …*** ich muss gleich hinzufügen, dass; **'hast·i·ness** [-tɪnɪs] *s.* **1.** Eile *f*, Hastigkeit *f*, Über'eilung *f*, Voreiligkeit *f*; **2.** Heftigkeit *f*, Hitze *f*, ('Über-) Eifer *m*; **'hast·y** [-tɪ] *adj.* □ **1.** eilig, hastig, über'stürzt; **2.** voreilig, -schnell, über'eilt; **3.** heftig, hitzig.

hat [hæt] *s.* Hut *m*: ***my ~!*** *sl.* von wegen!, dass ich nicht lache; ***a bad ~*** *Brit.* F ein übler Kunde; ***~ in hand*** demütig, unterwürfig; ***keep it under your ~!*** behalte es für dich!, sprich nicht darüber!; ***pass*** (*od.* ***send***) ***the ~ round*** den Hut herumgehen lassen, e-e Sammlung veranstalten; ***take one's ~ off to s.o.*** s-n Hut vor j-m ziehen (*a. fig.*); ***~s off*** (***to him***)***!*** Hut ab (vor ihm)!; ***I'll eat my ~ if*** F ich fress e-n Besen, wenn; ***produce out of a ~*** hervorzaubern; ***talk through one's ~*** F dummes Zeug reden; ***throw*** (*od.* ***toss***) ***one's ~ in the ring*** F ‚s-n Hut in den Ring werfen' (*sich zum Kampf stellen od. kandidieren*); → **drop** 5.

hat·a·ble ['heɪtəbl] → ***hateful***.

hatch¹ [hætʃ] *s.* **1.** ⚓, ✈ Luke *f*: ***down the ~es!*** *sl.* ‚runter damit'!, prost!; **2.** ⚓ Lukendeckel *m*; **3.** Bodenluke *f*, -tür *f*; **4.** Halbtür *f*; **5.** 'Durchreiche *f* (*für Speisen*).

hatch² [hætʃ] **I** *v/t.* **1.** *a.* ***~ out*** *Eier*, *Junge* ausbrüten: ***the ~ed, matched and dispatched*** → 7; **2.** *a.* ***~ out*** *fig.* aushecken, -brüten, -denken; **II** *v/i.* **3.** Junge ausbrüten; **4.** *a.* ***~ out*** *aus dem Ei* ausschlüpfen; **5.** *fig.* sich entwickeln; **III** *s.* **6.** Brut *f*; **7.** ***~es, matches, and dispatches*** F Familienanzeigen *pl.*

hatch³ [hætʃ] **I** *v/t.* schraffieren; **II** *s.* Schraf'fur *f*.

'hatch·back *s. mot.* (Wagen *m* mit) Hecktür *f*.

'hat·check girl *s. Am.* Garde'robenfräulein *n*.

hatch·el ['hætʃl] **I** *s.* **1.** (Flachs- *etc.*)Hechel *f*; **II** *v/t.* **2.** hecheln; **3.** *fig.* quälen, piesacken.

hatch·er ['hætʃə] *s.* **1.** Bruthenne *f*; **2.** 'Brutappa,rat *m*; **3.** *fig.* Aushecker(in), Planer(in); **'hatch·er·y** [-ərɪ] *s.* Brutplatz *m*.

hatch·et ['hætʃɪt] *s.* (*a.* Kriegs)Beil *n*: ***bury*** (***take up***) ***the ~*** *fig.* das Kriegsbeil begraben (ausgraben); **~ face** *s.* scharf geschnittenes Gesicht; **~ job** *s.* F **1.** ‚Hinrichtung' *f*, ‚Abschuss' *m*; **2.** ‚Verriss' *m* (*Kritik*); **~ man** *s.* F **1.** ‚Henker' *m*, Killer *m*; **2.** ‚Zuchtmeister' *m*.

hatch·ing¹ ['hætʃɪŋ] *s.* **1.** Ausbrüten *n*; **2.** Ausschlüpfen *n*; **3.** Brut *f*; **4.** *fig.* Aushecken *n*.

hatch·ing² ['hætʃɪŋ] *s.* Schraffierung *f*.

'hatch·way → ***hatch¹*** 1–3.

hate [heɪt] **I** *v/t.* **1.** hassen (***like poison*** wie die Pest): ***~d*** verhasst; **2.** verabscheuen, hassen, nicht ausstehen können; **3.** nicht mögen *od.* wollen, sehr ungern tun: ***I ~ to do it*** ich tue es (nur) sehr ungern, es ist mir äußerst peinlich; ***I ~ to think of it*** bei dem (bloßen) Gedanken wird mir schlecht; **II** *s.* **4.** Hass *m* (***of, for*** auf *acc.*, gegen): ***full of ~, with ~*** hasserfüllt; ***~ object*** Hassobjekt *n*; ***~ tunes*** *fig.* Hassgesänge *pl.*; **5.** *et.* Verhasstes: ***that's my pet ~*** F das ist mir ein Gräuel *od.* in tiefster Seele verhasst; **6.** Abscheu *m* (***of, for*** vor *dat.*, gegen); **'hate·a·ble** [-təbl], **'hate·ful** [-fʊl] *adj.* □ hassenswert, verhasst, abscheulich; **'hat·er** [-tə] *s.* Hasser(in); **'hate,mong·er** *s.* (Auf)Hetzer *m*.

hath [hæθ; həθ] *obs.* *3. sg. pres. von* **have**.

hat·less ['hætlɪs] *adj.* ohne Hut, barhäuptig.

'hat|·pin *s.* Hutnadel *f*; **'~·rack** *s.* Hutablage *f*.

ha·tred ['heɪtrɪd] *s.* (***of, for, against***) a) Hass *m* (gegen, auf *acc.*), b) Abscheu *m* (vor *dat.*).

hat stand *s.* Hutständer *m*.

hat·ter ['hætə] *s.* Hutmacher *m*, -händler *m*: ***as mad as a ~*** total verrückt.

hat| tree *s. Am.* Hutständer *m*; **~ trick** *s. sport* Hattrick *m*: ***score a ~*** e-n Hattrick erzielen.

haugh·ti·ness ['hɔːtɪnɪs] *s.* Hochmut *m*, Über'heblichkeit *f*, Arro'ganz *f*; **haugh·ty** ['hɔːtɪ] *adj.* □ hochmütig, -näsig, über'heblich, arro'gant.

haul [hɔːl] **I** *s.* **1.** Ziehen *n*, Zerren *n*, Schleppen *n*; **2.** kräftiger Zug, Ruck *m*; **3.** Fischzug *m*, *fig. a.* Fang *m*, Beute *f*: ***make a big ~*** e-n guten Fang *od.* reiche Beute machen; **4.** a) Beförderung *f*, Trans'port *m*, b) (Trans'port)Strecke *f*: ***it was quite a ~ home*** der Heimweg zog sich ganz schön hin; ***in*** (*od.* ***over***) ***the long ~*** auf lange Sicht, c) Ladung *f*: ***a ~ of coal***; **II** *v/t.* **5.** ziehen, zerren, schleppen; → ***coal*** 2; **6.** befördern, transportieren; **7.** ⚒ fördern; **8.** heraufholen, (mit e-m Netz) fangen; **9.** ⚓ a) *Brassen* anholen, b) her'umholen, anluven: ***~ the wind*** an den Wind gehen, *fig.* sich zurückziehen; **III** *v/i.* **10.** ziehen, zerren (***on, at*** an *dat.*); **11.** mit dem Schleppnetz fischen; **12.** 'umspringen (*Wind*); **13.** ⚓ a) abdrehen, b) an den Wind gehen, c) *fig.* s-e Meinung ändern; **~ down** *v/t.* **1.** *Flagge* ein- *od.* niederholen; **2.** *et.* her'unterschleppen *od.* -ziehen; **~ in** *v/t.* ⚓ *Tau* einholen; **~ off** *v/i.* **1.** ⚓ abdrehen; **2.** *Am.* F ausholen; **~ round** → ***haul*** 12; **~ up** *v/t.* **1.** → ***haul*** 9b; **2.** F sich *j-n* ‚vorknöpfen'; **3.** F a) *j-n* vor den ‚Kadi' schleppen, b) *j-n* ‚schleppen' (***before*** vor *e-n Vorgesetzten etc.*).

haul·age ['hɔːlɪdʒ] *s.* **1.** Ziehen *n*, Schleppen *n*; **2.** a) Trans'port *m*, Beförderung *f*: ***~ contractor*** → ***hauler*** 2, b) Trans'portkosten *pl.*; **3.** ⚒ Förderung *f*; **'haul·er** [-lə], *Brit.* **'haul·ier** [-ljə] *s.* **1.** ⚒ Schlepper *m*; **2.** Trans'portunter,nehmer *m*, Spedi'teur *m*.

haulm [hɔːm] *s.* ⚘ **1.** Halm *m*, Stängel *m*; **2.** *coll. Brit.* Halme *pl.*, Stängel *pl.*, (*Bohnen- etc.*)Stroh *n*.

haunch [hɔːntʃ] *s.* **1.** Hüfte *f*; **2.** *pl.* Gesäß *n*; **3.** *zo.* Keule *f*; **4.** *Küche*: Lendenstück *n*, Keule *f*.

haunt [hɔːnt] **I** *v/t.* **1.** 'umgehen *od.* spuken in (*dat.*): ***this place is ~ed*** hier spukt es; **2.** *fig.* a) verfolgen, quälen, b) *j-m* nicht mehr aus dem Kopf gehen; **3.** frequentieren, häufig besuchen; **II** *v/i.* **4.** ständig verkehren (***with*** mit); **III** *s.* **5.** häufig besuchter Ort, *bsd.* Lieblingsplatz *m*: ***holiday ~*** beliebter Ferienort; **6.** a) Treffpunkt *m*, b) Schlupfwinkel *m*; **7.** *zo.* a) Lager *n*, b) Futterplatz *m*; **'haunt·ed** [-tɪd] *adj.*: ***a ~ house*** ein Haus, in dem es spukt; ***he was a ~ man*** er fand keine Ruhe mehr; ***~ed eyes*** gehetzter Blick; **'haunt·ing** [-tɪŋ] *adj.* □ **1.** quälend, beklemmend; **2.** unvergesslich: ***~ beauty*** betörende Schönheit; ***a ~ melody*** e-e Melodie, die einen verfolgt.

haut·boy ['əʊbɔɪ] *obs.* → **oboe**.

hau·teur [əʊ'tɜː] *s.* Hochmut *m*, Arro'ganz *f*.

Ha·van·a [hə'vænə] *s.* Ha'vanna(zi,garre) *f*.

H

have [hæv; həv] **I** *v/t.* [*irr.*] **1.** *allg.* haben, besitzen: ***he has a house*** (***a friend, a good memory***); ***you ~ my word for it*** ich gebe Ihnen mein Wort darauf; ***let me ~ a sample*** gib *od.* schicke *od.* besorge mir ein Muster; ***~ got*** → ***get*** 8; **2.** haben, erleben: ***we had a nice time*** wir hatten es schön; **3.** a) *ein Kind* bekommen: ***she had a baby in March***, b) *zo. Junge* werfen; **4.** *Gefühle, e-n Verdacht etc.* haben, hegen; **5.** behalten, haben: ***may I ~ it?***; **6.** erhalten, bekommen: ***we had no news from her***; (***not***) ***to be had*** (nicht) zu haben, (nicht) erhältlich; **7.** (erfahren) haben, wissen: ***I ~ it from my friend***; ***I ~ it from a reliable source*** ich habe es aus verlässlicher Quelle (erfahren); ***I ~ it!*** ich habs!; → ***rumo***(***u***)***r*** I; **8.** *Speisen etc.* zu sich nehmen, einnehmen, essen *od.* trinken: ***what will you ~?*** was nehmen Sie?; ***I had a glass of wine*** ich trank ein Glas Wein; ***~ another sandwich!*** nehmen Sie noch ein Sandwich!; ***~ a cigar*** e-e Zigarre rauchen; ***~ a smoke?*** wollen Sie (eine) rauchen?; → ***breakfast*** I, ***dinner*** 1, *etc.*; **9.** haben, ausführen, (mit)machen: ***~ a discussion*** e-e Diskussion haben *od.* abhalten; ***~ a walk*** e-n Spaziergang machen; **10.** können, beherrschen: ***she has no French*** sie kann kein Französisch; **11.** (be)sagen, behaupten: ***as Mr. B has it*** wie Herr B. sagt; ***he will ~ it that*** er behauptet steif und fest, dass; **12.** sagen, ausdrücken: ***as Byron has it*** wie Byron sagt, wie es bei Byron heißt; **13.** haben, dulden, zulassen: ***I won't ~ it!***, ***I am not having that!*** ich dulde es nicht!, ich will es nicht (haben); ***I won't ~ it mentioned*** ich will nicht, dass es erwähnt wird; ***he wasn't having any*** F er ließ sich auf nichts ein; **14.** haben, erleiden: ***~ an accident***; **15.** *Brit.* F *j-n* ‚reinlegen', ‚übers Ohr hauen': ***you've been had!*** man hat dich reingelegt; **16.** (*vor inf.*) müssen: ***I ~ to go now***; ***he will ~ to do it***; ***we ~ to obey*** wir haben zu *od.* müssen gehorchen; ***it has to be done*** es muss getan werden; **17.** (*mit Objekt u. p.p.*) lassen: ***I had a suit made*** ich ließ mir e-n Anzug machen; ***they had him shot*** sie ließen ihn erschießen; **18.** (*mit Objekt u. p.p. zum Ausdruck des Passivs*): ***I had my arm broken*** ich brach mir den Arm; ***he had a son born to him*** ihm wurde ein Sohn geboren; ***~ a tooth out*** sich e-n Zahn ziehen lassen; **19.** (*mit Objekt u. inf.*) (veran)lassen: ***~ them come here at once!*** lass sie sofort herherkommen!; ***I had him sit down*** ich ließ ihn Platz nehmen; **20.** (*mit Objekt u. inf.*) es erleben (müssen), dass: ***I had all my friends turn against me***; **21.** *in Wendungen wie*: ***he has had it*** F er ist ‚erledigt' (*a. tot*) *od.* ‚fertig'; ***the car has had it*** F das Auto ist ‚hin' *od.* ‚im Eimer'; ***he had me there*** da hatte er mich (an m-r schwachen Stelle *etc.*) erwischt; ***I would ~ you to know it*** ich möchte, dass Sie es wissen; ***let s.o. ~ it*** ‚es j-m besorgen *od.* geben', j-n ‚fertig machen'; ***~ it in for s.o.*** F j-n ‚auf dem Kieker haben'; ***I did'nt know he had it in him*** ich wusste gar nicht, dass er das Zeug dazu hat; ***~ it off*** (***with s.o.***) *Brit. sl.* (mit j-m) ‚bumsen'; ***you are having me on!*** F du nimmst mich (doch) auf den Arm!; ***~ it out with s.o.*** die Sache mit j-m endgültig bereinigen; ***~ nothing on s.o.*** F a) j-m nichts anhaben können, nichts gegen j-n in der Hand haben, b) j-m in keiner Weise überlegen sein; ***I ~ nothing on tonight*** ich habe heute Abend nichts vor; ***~ it*** (***all***) ***over s.o.*** F j-m (haushoch) überlegen sein; ***~ what it takes*** das Zeug dazu haben; **II** *v/i.* **22.** würde, täte (*mit* ***as well***, ***rather***, ***better***, ***best*** *etc.*): ***you had better go!*** es wäre besser, du gingest!; ***you had best go!*** du tätest am besten daran zu gehen; **III** *v/aux.* **23.** haben: ***I ~ seen*** ich habe gesehen; **24.** (*bei vielen v/i.*) sein: ***I ~ been*** ich bin gewesen; **IV** *s.* **25.** ***the ~s and the ~-nots*** die Begüterten u. die Habenichtse; **26.** *Brit.* F Trick *m.*

have·lock ['hævlɒk] *s. Am.* über den Nacken her'abhängender 'Mützen-ˌüberzug (*Sonnenschutz*).

ha·ven ['heɪvn] *s.* **1.** *mst fig.* (sicherer) Hafen; **2.** Zufluchtsort *m*, A'syl *n*, O'ase *f.*

'have-not → ***have*** 25.

hav·er·sack ['hævəsæk] *s. bsd.* ⚔ Provi'anttasche *f.*

hav·ings ['hævɪŋz] *s. pl.* Habe *f.*

hav·oc ['hævək] *s.* Verwüstung *f*, Zerstörung *f*: ***cause ~*** große Zerstörungen anrichten *od.* (*a. fig.*) ein Chaos verursachen, schrecklich wüten; ***play*** (*od.* ***cause***, ***wreak***) ***~ with***, ***make ~ of*** *et.* verwüsten *od.* zerstören, *fig.* verheerend wirken auf (*acc.*), übel zurichten.

haw¹ [hɔː] *s.* ⚘ **1.** Mehlbeere *f* (*Weißdornfrucht*); **2.** → ***hawthorn***.

haw² [hɔː] **I** *int.* hm!, äh; **II** *v/i.* hm machen, sich räuspern; stockend sprechen.

Ha·wai·ian [hə'waɪɪən] **I** *adj.* ha'waiisch: ***~ guitar*** Hawaiigitarre *f*; **II** *s.* Hawai'ianer(in).

'haw·finch *s. orn.* Kernbeißer *m.*

haw-haw **I** *int.* [ˌhɔː'hɔː] ha'ha!; **II** *s.* ['hɔːhɔː] (lautes) Ha'ha *n.*

hawk¹ [hɔːk] **I** *s.* **1.** *orn.* a) Falke *m*, b) Habicht *m*; **2.** *fig.* Halsabschneider *m*, Wucherer *m*; **3.** *pol.* ‚Falke' *m*: ***the ~s and the doves*** die Falken u. die Tauben; **II** *v/i.* **4.** (*mit Falken*) Jagd machen (***at*** auf *acc.*); **III** *v/t.* **5.** jagen.

hawk² [hɔːk] *v/t.* **1.** a) hausieren (gehen) mit (*a. fig.*), b) auf der Straße verkaufen; **2.** *a.* ***~ about*** *Gerücht etc.* verbreiten.

hawk³ [hɔːk] **I** *v/i.* sich räuspern; **II** *v/t.* *oft* ***~ up*** aushusten; **III** *s.* Räuspern *n.*

hawk⁴ [hɔːk] *s.* Mörtelbrett *n.*

hawk·er¹ ['hɔːkə] → ***falconer***.

hawk·er² ['hɔːkə] *s.* **1.** Hausierer(in); **2.** Straßenhändler(in).

'hawk-eyed *adj.* mit Falkenaugen, scharfsichtig.

hawk·ing ['hɔːkɪŋ] → ***falconry***.

hawk| moth *s. zo.* Schwärmer *m*; **~ nose** *s.* Adlernase *f.*

hawse [hɔːz] *s.* ⚓ (Anker)Klüse *f*; **'haw·ser** [-zə] *s.* Trosse *f.*

'haw·thorn *s.* ⚘ Weiß- *od.* Rot- *od.* Hagedorn *m.*

hay [heɪ] *s.* **1.** Heu *n*: ***make ~*** Heu machen; ***make ~ of s.th.*** *fig.* et. durcheinander bringen *od.* zunichte machen; ***make ~ while the sun shines*** *fig.* das Eisen schmieden, solange es heiß ist; ***hit the ~*** *sl.* ‚sich in die Falle hauen'; **2.** *sl.* Marihu'ana *n*; **'~·cock** *s.* Heuschober *m*; **~ fe·ver** *s.* ⚕ Heufieber *n*, -schnupfen *m*; **~ field** *s.* Wiese *f* (*zum Mähen*); **'~·fork** *s.* Heugabel *f*; **~·loft** *s.* Heuboden *m*; **'~ˌmak·er** *s.* **1.** Heumacher *m*; **2.** ✓, ⚙ Heuwender *m*; **3.** *sl. Boxen*: ‚Heumacher' *m*, wilder Schwinger; **'~·rick** *s.* Heumiete *f*; **'~·seed** *s.* **1.** Grassamen *m*; **2.** *Am.* F ‚Bauer' *m*; **'~·stack** → ***hayrick***; **'~ˌwire** *adj. sl.* a) ka'putt, b) (hoffnungslos) durchein'ander, c) verrückt (*Person*): ***go ~*** a) kaputtgehen (*Sache*), b) ‚schief gehen', durcheinander geraten (*Sache*), c) überschnappen.

haz·ard ['hæzəd] **I** *s.* **1.** Gefahr *f*, Wagnis *n*, Risiko *n* (*a. Versicherung*): ***health ~*** Gesundheitsrisiko; ***~ bonus*** Gefahrenzulage *f*; ***at all ~s*** unter allen Umständen; ***at the ~ of one's life*** unter Lebensgefahr; **2.** Zufall *m*: ***by ~*** zufällig; **3.** (***game of***) ***~*** Glücks-, Ha'sardspiel *n*; **4.** *Golf*: Hindernis *n*; **5.** *Brit. Billard*: ***losing ~*** Verläufer *m*; ***winning ~*** Treffer *m*; **6.** *pl.* Launen *pl.* (*des Wetters*); **II** *v/t.* **7.** riskieren, wagen, aufs Spiel setzen; **8.** zu sagen wagen, riskieren: ***~ a remark***; **9.** sich *e-r Gefahr etc.* aussetzen; **'haz·ard·ous** [-dəs] *adj.* □ gewagt, ris'kant, gefährlich, unsicher: ***~ waste*** Sondermüll *m.*

haze¹ [heɪz] *s.* **1.** Dunst(schleier) *m*, feiner Nebel; **2.** *fig.* Nebel *m*, Schleier *m*: ***his mind was in a ~*** a) er war wie betäubt, b) er ‚blickte nicht mehr durch'.

haze² [heɪz] *v/t. Am.* **1.** piesacken, schikanieren; **2.** beschimpfen.

ha·zel ['heɪzl] **I** *s.* **1.** ⚘ Hasel(nuss)strauch *m*; **2.** (Hasel)Nussbraun *n*; **II** *adj.* (hasel)nussbraun; **'~·nut** *s.* ⚘ Haselnuss *f.*

ha·zi·ness ['heɪzɪnɪs] *s.* **1.** Dunstigkeit *f*; **2.** *fig.* Unklarheit *f*, Verschwommenheit *f*; **ha·zy** ['heɪzɪ] *adj.* □ **1.** dunstig, diesig, leicht nebelig; **2.** *fig.* verschwommen, nebelhaft: ***a ~ idea***; ***be ~ about*** nur e-e vage Vorstellung haben von; **3.** benommen.

H-bomb ['eɪtʃbɒm] *s.* ⚔ H-Bombe *f* (*Wasserstoffbombe*).

he [hiː; hɪ] **I** *pron.* **1.** er; **2.** ***~ who*** wer; derjenige, welcher; **II** *s.* **3.** ‚Er' *m*: a) Junge *m od.* Mann *m*, b) *zo.* Männchen *n*; **III** *adj.* **4.** *in Zssgn* männlich, ...männchen: ***~-goat*** Ziegenbock *m.*

head [hed] **I** *v/t.* **1.** die Spitze bilden von (*od. gen.*), anführen, an der Spitze *od.* an erster Stelle stehen von (*od. gen.*): ***~ a list***; **2.** vor'an-, vor'ausgehen (*dat.*); **3.** (an)führen, leiten: ***~ed by*** unter der Leitung von; **4.** lenken, steuern: ***~ off*** a) 'um-, ablenken, b) abfangen, c) *fig.* abwenden, verhindern; **5.** betiteln; **6.** *bsd. Pflanzen* köpfen, *Bäume* kappen; **7.** *Fußball*: (***~ in*** ein)köpfen; **II** *v/i.* **8.** a) gehen, fahren, b) (***for***) zu-, losgehen, -steuern (auf *acc.*): ***he is ~ing for trouble*** er wird noch Ärger kriegen; **9.** ⚓ Kurs halten, zusteuern (***for*** auf *acc.*); **10.** sich entwickeln: ***~*** (***up***) (e-n Kopf) ansetzen (*Kohl etc.*); **11.** entspringen (*Fluss*); **III** *s.* **12.** Kopf *m*: ***back of the ~*** Hinterkopf; ***have a ~*** F e-n ‚Brummschädel' haben; ***win by a ~*** um e-e Kopflänge *od.* (*a. fig.*) um e-e Nasenlänge gewinnen; → *Bes. Redew.*; **13.** *poet. u. fig.* Haupt *n*: ***~ of the family*** Haupt der Familie, Familienoberhaupt; ***~s of state*** Staatsoberhäupter *pl.*; **14.** Kopf *m*, Verstand *m*, *a.* Begabung *f* (***for*** für): ***he has a*** (***good***) ***~ for languages*** er ist (sehr) sprachbegabt; ***two ~s are better than one*** zwei Köpfe wissen mehr als einer; **15.** Spitze *f*, führende Stellung: ***at the ~ of*** an der Spitze (*gen.*); **16.** a) (An)Führer *m*, Leiter *m*, b) Chef *m*, c) Vorstand *m*, Vorsteher *m*, d) Di'rektor *m*, Direk'torin *f* (*e-r Schule*); **17.** Kopf(ende *n*) *m*, oberes Ende, oberer Teil *od.* Rand, Spitze *f*, *a.* oberer Absatz (*e-r Treppe*), Kopf *m* (*e-r Buchseite*, *e-s Briefes*, *e-r Münze*, *e-s Nagels*, *e-s Hammers etc.*): ***~s or tails?*** Kopf oder Wappen?; **18.** Kopf *m* (*e-r Brücke od. Mole*); oberes *od.* unteres Ende (*e-s Sees*); Boden *m* (*e-s Fasses*); **19.** Kopf *m*, Spitze *f*, vorderes Ende, Vorderteil *m*, *n*, ⚓ Bug *m*; **20.** Kopf *m*, (einzelne) Per'son: ***a pound a ~*** ein Pfund pro Person *od.* pro Kopf; **21.** a) (*pl.* ***~***) Stück *n* (*Vieh*): ***50 ~ of cattle***, b) *Brit.* Anzahl *f*, Herde *f*; **22.** (Haupt)Haar *n*: ***a fine ~ of hair*** schönes, volles Haar; **23.** ⚘ a) (*Salat-etc.*)Kopf *m*, b) (*Baum*)Krone *f*, Wipfel *m*; **24.** *anat.* Kopf *m* (*e-s Knochens etc.*); **25.** ⚕ 'Durchbruchsstelle *f* (*e-s Geschwürs*); **26.** Vorgebirge *n*, Landspitze *f*, Kap *n*; **27.** *hunt.* Geweih *n*; **28.** Schaum(krone *f*) *m* (*vom Bier etc.*); **29.** *Brit.* Rahm *m*, Sahne *f*; **30.** Quelle *f* (*e-s Flusses*); **31.** a) 'Überschrift *f*, Titelkopf *m*, b) Abschnitt *m*, Ka'pitel *n*, c) (Haupt)Punkt *m* (*e-r Rede etc.*), d) Ru'brik *f*, Katego'rie *f*, e) *typ.* (Titel-) Kopf *m*; **32.** *ling.* Oberbegriff *m*; **33.** ⚙ a) Stauwasser *n*, b) Staudamm *m*; **34.** *phys.*, ⚙ a) Gefälle *n*, b) Druckhöhe *f*, c) (*Dampf- etc.*)Druck *m*, d) Säule(nhöhe) *f*: ***~ of water*** Wassersäule; **35.** ⚙ a) Spindelkopf *m*, b) Spindelbank *f*, c) Sup'port *m* (*e-r Bohrbank*), d) (Gewinde)Schneidkopf *m*, e) Kopf-, Deckplatte *f*; **36.** (Wagen-, Kutschen-) Dach *n*; **37.** → ***heading***; **IV** *adj.* **38.** Kopf...; **39.** Spitzen..., Vorder...; **40.** Chef..., Haupt..., Ober..., Spitzen..., führend, oberst: ***~ cook*** Chefkoch *m*;

Besondere Redewendungen:

that is (*od.* ***goes***) ***above*** (*od.* ***over***) ***my ~*** das ist zu hoch für mich, das geht über m-n Horizont; ***talk above s.o.'s ~*** über j-s Kopf hinwegreden; ***by ~ and shoulders*** an den Haaren (*herbeiziehen*); (***by***) ***~ and shoulders*** um Haupteslänge (*größer etc.*), weitaus; ***~ and shoulders above s.o.*** j-m haushoch überlegen; ***from ~ to foot*** von Kopf bis Fuß; ***off*** (*od.* ***out of***) ***one's ~*** F ‚übergeschnappt'; ***I can do that*** (***standing***) ***on my ~*** F das kann ich im Schlaf, das mach ich ‚mit links'; ***on this ~*** in diesem Punkt; ***out of one's own ~*** von sich aus; ***over s.o.'s ~*** *fig.* über j-s Kopf hinweg; ***~ over heels*** a) kopfüber (*stürzen*), b) bis über beide Ohren (*verliebt*), c) ***in debt*** bis über die Ohren in Schulden (*stecken*); ***~ first*** (*od.* ***foremost***) → ***headlong***; ***bite s.o.'s ~ off*** F j-m ‚den Kopf abreißen'; ***bring to a ~*** zum Ausbruch *od.* zur Entscheidung *od.* ‚zum Klappen' bringen; ***come to a ~*** a) ⚕ aufbrechen, eitern, b) sich zuspitzen, zur Entscheidung *od.* ‚zum Klappen' kommen; ***it entered my ~*** es fiel mir ein; ***gather ~*** überhand nehmen, immer stärker werden; ***give a horse his ~*** e-m Pferd die Zügel schießen lassen; ***give s.o. his ~*** j-m s-n Willen lassen, j-n gewähren *od.* machen lassen; ***give*** (***s.o.***) ***~*** *Am.* V (j-m e-n) ‚blasen'; ***go to the ~*** zu Kopfe steigen; ***have*** (*od.* ***be***) ***an old ~ on young shoulders*** für sein Alter (schon) sehr reif sein; ***keep one's ~*** kühlen Kopf bewahren; ***keep one's ~ above water*** sich über Wasser halten (*a. fig.*); ***knock s.th. on the ~*** F et. (*e-n Plan etc.*) ‚über den Haufen werfen'; ***laugh*** (***shout***) ***one's ~ off*** sich halb totlachen (sich die Lunge aus dem Hals schreien); ***lose one's ~*** *fig.* den Kopf verlieren; ***make ~*** gut vorankommen; ***make ~ against*** sich entgegenstemmen (*dat.*); ***I cannot make ~ or tail of it*** ich kann daraus nicht schlau werden; ***put s.th. into s.o.'s ~*** j-m et. in den Kopf setzen; ***put that out of your ~*** schlag dir das aus dem Kopf; ***they put their ~s together*** sie steckten ihre Köpfe zusammen; ***take s.th. into one's ~*** sich et. in den Kopf setzen; ***talk one's ~ off*** reden wie ein Wasserfall; ***talk s.o.'s ~ off*** ‚j-m ein Loch in den Bauch reden'; ***turn s.o.'s ~*** j-m den Kopf verdrehen.

'head|·ache *s.* **1.** Kopfschmerzen *pl.*, -weh *n*: ***have a ~*** Kopfweh haben; **2.** F *et., was Kopfzerbrechen od. Sorgen macht*, schwieriges Problem, Sorge *f*; **'~,ach·y** *adj.* F **1.** an Kopfschmerzen leidend; **2.** Kopfschmerzen verursachend; **'~·band** *s.* Stirnband *n*; **'~·board** *s.* Kopfbrett *n* (*Bett*); **~ boy** *s. Brit. ped.* Schulsprecher *m*; **'~·cheese** *s. Am.* Presskopf *m* (*Sülzwurst*); **~ clerk** *s.* Bü'rochef *m*; **'~·dress** *s.* **1.** Kopfschmuck *m*; **2.** Fri'sur *f*.

-headed [hedɪd] *in Zssgn* ...köpfig.

head·ed ['hedɪd] *adj.* **1.** mit e-m Kopf *etc.* (versehen); **2.** mit e-r 'Überschrift (versehen), betitelt.

head·er ['hedə] *s.* **1.** △, ⚙ a) Schlussstein *m*, b) Binder *m*; **2.** ***take a ~*** a) *sport* e-n Kopfsprung machen, b) kopfüber *die Treppe etc. hinunter*stürzen; **3.** *Fußball*: Kopfball *m*, -stoß *m*; **4.** *Computer*: Kopfzeile *f* (*in Textverarbeitung*).

,head|'first, **,~'fore·most** → ***headlong***; **'~·gear** *s.* **1.** Kopfbedeckung *f*; **2.** Kopfgestell *n*, Zaumzeug *n* (*vom Pferd*); **3.** ⚒ Fördergerüst *n*; **~ girl** *s. Brit. ped.* Schulsprecherin *f*; **'~,hunt·er** *s.* **1.** Kopfjäger *m*; **2.** ✝ 'Headhunter *m*.

head·i·ness ['hedɪnɪs] *s.* **1.** Unbesonnenheit *f*, Ungestüm *n*; **2.** *das* Berauschende (*a. fig.*).

head·ing ['hedɪŋ] *s.* **1.** a) Kopfstück *n*, -ende *n*, b) Vorderende *n*, -teil *n*; **2.** 'Überschrift *f*, Titel(zeile *f*) *m*; **3.** Briefkopf *m*; **4.** (Rechnungs)Posten *m*; **5.** Thema *n*, Punkt *m*; **6.** ⚒ Stollen *m*; **7.** a) ✈ Steuerkurs *m*, b) ⚓ Kompasskurs *m*; **8.** *Fußball*: Kopfballspiel *n*; **~ stone** *s.* △ Schlussstein *m*.

'head|·lamp → ***headlight***; **'~·land** *s.* **1.** ⁄ Rain *m*; **2.** [-lənd] Landspitze *f*, -zunge *f*.

head·less ['hedlɪs] *adj.* **1.** kopflos (*a. fig.*), ohne Kopf; **2.** *fig.* führerlos.

'head|·light *s.* **1.** *mot. etc.* Scheinwerfer *m*: ***~ flasher*** Lichthupe *f*; **2.** ⚓ Mast-, Topplicht *n*; **'~·line I** *s.* **1.** a) 'Überschrift *f*, b) *Zeitung*: Schlagzeile *f*, c) *pl. a.* ***~ news*** *Radio, TV*: (*das*) Wichtigste in Schlagzeilen: ***hit*** (*od.* ***make***) ***the ~s*** Schlagzeilen machen; **II** *v/t.* **2.** e-e Schlagzeile widmen (*dat.*); **3.** *fig.* groß her'ausstellen; **'~,lin·er** *s. Am.* F **1.** *thea. etc.* Star *m*; **2.** promi'nente Per'sönlichkeit; **'~·lock** *s. Ringen*: Kopfzange *f*; **'~·long I** *adv.* **1.** kopf'über, mit dem Kopf vor'an; **2.** *fig.* Hals über Kopf, blindlings; **II** *adj.* **3.** mit dem Kopf vor'an: ***a ~ fall***; **4.** *fig.* über'stürzt, unbesonnen, ungestüm; **~ louse** *s.* Kopflaus *f*; **~·man** *s.* [*irr.*] **1.** ['hedmæn] Führer *m*; **2.** Häuptling *m*; **3.** [ˌhed'mæn] Vorarbeiter *m*; **,~'mas·ter** *s.* Schulleiter *m*, Di'rektor *m*; **,~'mis·tress** *s.* Schulleiterin *f*, Direk'torin *f*; **~ mon·ey** *s.* Kopfgeld *n*; **~ of·fice** *s.* 'Hauptbüˌro *n*, -geschäftsstelle *f*, -sitz *m*, Zen'trale *f*; **,~'on** *adj. u. adv.* **1.** fron'tal: ***~ collision*** Frontalzusammenstoß *m*; **2.** di'rekt; **'~·phone** *s. mst pl.* Kopfhörer *m*; **'~·piece** *s.* **1.** Kopfbedeckung *f*; **2.** Oberteil *n*, *bsd.* a) Türsturz *m*, b) Kopfbrett *n* (*Bett*); **3.** *typ.* 'Titelviˌgnette *f*; **,~'quar·ters** *s. pl. oft sg. konstr.* **1.** ⚔ a) 'Hauptquarˌtier *n*, b) Stab *m*, c) Kom'mandostelle *f*, d) 'Oberkomˌmando *n*; **2.** *allg.* (*Feuerwehr-, Partei- etc.*)Zen'trale *f*, (Poli'zei-)Präˌsidium *n*; **3.** → ***head office***; **'~·rest**, **~ re·straint** *s.* Kopfstütze *f*; **'~·room** [-rʊm] *s.* lichte Höhe; **'~·sail** *s.* ⚓ Fockmastsegel *n*; **'~·scarf**, *pl.* **-scarfs**, **-scarves** [-vz] *s.* Kopftuch *n*; **'~·set** *s.* Kopfhörer *m*.

head·ship ['hedʃɪp] *s.* (oberste) Leitung, Führung *f*.

head|·shrink·er ['hedˌʃrɪŋkə] *s.* F Psychoana'lytiker(in); **'~·spring** *s.* **1.** Hauptquelle *f*; **2.** *fig.* Quelle *f*, Ursprung *m*; **3.** *sport* Kopfkippe *f*; **'~·stall** → ***headgear*** 2; **'~·stand** *s.* Kopfstand *m*; **~ start** *s.* **1.** *sport* a) Vorgabe *f*, b) Vorsprung *m* (*a. fig.*); **2.** *fig.* guter Start; **'~·stock** *s.* ⚙ **1.** Spindelstock *m*; **2.** Triebwerkgestell *n*; **'~·stone** *s.* **1.** △ a) Eck-, Grundstein *m* (*a. fig.*), b) Schlussstein *m*; **2.** Grabstein *m*; **'~·strong** *adj.* eigensinnig, halsstarrig; **~ tax** *s.* Kopf-, *bsd.* Einwanderungssteuer *f* (*USA*); **,~-to-'head** *adj. Am.* **1.** Mann gegen Mann; **2.** Kopf-an-Kopf-...: ***~ race***; **~ voice** *s.* Kopfstimme *f*; **~ wait·er** *s.* Oberkellner *m*; **'~,wa·ter** *s. mst pl.* Oberlauf *m*, Quellgebiet *n* (*Fluss*); **'~·way** *s.* **1.** ⚓ a) Fahrt *f* vor'aus, b) Fahrt *f*, Geschwindigkeit *f*; **2.** *fig.* Fortschritt(e *pl.*) *m*: ***make ~*** vorankommen, Fortschritte machen; **3.** △ lichte Höhe; **4.** ⚒ *Brit.* Hauptstollen *m*; **5.** 🚂 Zugfolge *f*, -abstand *m*; **~ wind** *s.* Gegenwind *m*; **'~·word** *s.* Stichwort *n* (*im Wörterbuch*); **'~·work** *s.* geistige Arbeit; **'~,work·er** *s.* Geistes-, Kopfarbeiter *m*.

head·y ['hedɪ] *adj.* □ **1.** unbesonnen, ungestüm; **2.** a) berauschend (*Getränk*; *a. fig.*), b) berauscht (***with*** von); **3.** *Am.* F schlau.

heal [hiːl] **I** *v/t.* **1.** *a. fig.* heilen, kurieren (***of*** von); **2.** *fig.* versöhnen, *Streit etc.* beilegen; **II** *v/i.* **3.** *oft* ***~ up***, ***~ over*** (zu)heilen; **'heal·er** [-lə] *s.* **1.** Heil(end)er *m*, *bsd.* Gesundbeter(in); **2.** Heilmittel *n*: ***time is a great ~*** die Zeit heilt alle Wunden; **'heal·ing** [-lɪŋ] **I** *s.* Heilung *f*; **II** *adj.* □ heilsam, heilend, Heil(ungs)...

health [helθ] *s.* **1.** Gesundheit *f*: ***~ care*** Gesundheitsfürsorge *f*; ***~ centre*** (*Am.* ***center***) Ärztezentrum *n*; ***~ certificate*** ärztliches Attest; ***~ club*** Fitnessklub *m*; ***~ farm*** Gesundheitsform *f*; ***~ food*** Reformkost *f*; ***~ food shop*** (*od.* ***store***) Reformhaus *n*; ***~ freak*** Gesundheitsfanatiker(in); ***~ insurance*** Krankenversicherung *f*; ***~ officer*** *Am.* a) Beamte(r) *m* des Gesundheitsamtes, b) ⚓ Hafen-, Quarantänearzt *m*; ***~ resort*** Kurort *m*; ***~ service*** Gesundheitsdienst *m*; ***~ visitor*** Gesundheitsfürsorger(in); **2.** *a.* ***state of ~*** Gesundheitszustand *m*: ***ill ~***; ***in good ~*** gesund, bei guter Gesundheit; **3.** Gesundheit *f*, Wohl *n*: ***drink*** (***to***) ***s.o.'s ~*** auf j-s Wohl trinken; ***your ~!*** auf Ihr Wohl!; ***here is to the ~ of the host*** ein Prosit dem Gastgeber!; **'~-,con·scious** *adj.* gesundheitsbewusst; **'health·ful** [-fʊl] *adj.* □ → ***healthy*** 1, 2; **'health·y** [-θɪ] *adj.* □ **1.** *allg.* gesund (*a. fig.*): ***~ body*** (***climate***, ***economy***, *etc.*); **2.** gesund(heitsfördernd), heilsam, bekömmlich; **3.** F gesund, kräftig: ***~ appetite***; **4.** ***not ~*** F ‚nicht gesund', schlecht, gefährlich.

heap [hiːp] **I** *s.* **1.** Haufe(n) *m*: ***in ~s*** haufenweise; ***be struck all of a ~*** F ‚platt' *od.* sprachlos sein; ***fall in a ~*** (in sich) zs.-sacken; **2.** F Haufen *m*, Menge *f*: ***~s of time*** e-e *od.* jede Menge Zeit; ***~s of times*** unzählige Male; ***~s better*** sehr viel besser; **3.** *sl.* ‚Schlitten' *m* (*Auto*); **II** *v/t.* **4.** häufen: ***a ~ed spoonful*** ein gehäufter Löffel (voll); ***~ up*** anhäufen, *fig. a.* aufhäufen; ***~ insults*** (***praises***) (***up***)***on s.o.*** j-n mit Beschimpfungen (Lob) überschütten; → ***coal*** 2; **5.** beladen, anfüllen.

hear [hɪə] [*irr.*] **I** *v/t.* **1.** hören: ***I ~ him laugh***(***ing***) ich höre ihn lachen; ***make o.s. ~d*** sich Gehör verschaffen; ***let's ~ it for him!*** *Am.* F Beifall für ihn!; **2.** (an)hören: ***~ a concert*** sich ein Konzert anhören; **3.** *j-m* zuhören, *j-n* anhören: ***~ s.o. out*** j-n ausreden lassen; **4.** hören *od.* achten auf (*acc.*), *j-s* Rat folgen: ***do you ~ me?*** hast du (mich) verstanden?; **5.** *Bitte etc.* erhören; **6.** *ped. Aufgabe od. Schüler* abhören; **7.** *et.* hören, erfahren (***about***, ***of*** über *acc.*); **8.** ⚖ a) verhören, vernehmen, b) *Sachverständige etc.* anhören, c) (über) *e-n Fall* verhandeln: ***~ and decide a case*** über e-n Fall befinden; → ***evidence*** 1; **II** *v/i.* **9.** hören: ***~! ~!*** *parl.* hört! hört! (*a. iro.*), bravo!, sehr richtig!; **10.** hören, erfahren, Nachricht erhalten (***from*** von; ***of***, ***about*** von, über [*acc.*]; ***that*** dass): ***you'll ~ of this!*** F das wirst du mir büßen!; ***I won't ~ of it*** ich erlaube *od.* dulde es nicht; ***he would not ~ of it*** er wollte davon nichts hören *od.* wissen;

heard [hɜːd] *pret. u. p.p. von* ***hear***;

'hear·er [-ərə] *s.* (Zu)Hörer(in);

'hear·ing [-ərɪŋ] *s.* **1.** Hören *n*: ***within*** (***out of***) ***~*** in (außer) Hörweite; ***in his ~*** in s-r Gegenwart, solange er noch in Hörweite ist; **2.** Gehör(sinn *m*) *n*: ***~ aid*** Hörhilfe *f*, -gerät *n*; ***~ spectacles*** *pl.* Hörbrille *f*; ***hard of ~*** schwerhörig; **3.**

H

a) Anhören *n*, b) Gehör *n*, c) Audi'enz *f*: ***gain a ~*** sich Gehör verschaffen; ***give s.o. a ~*** j-n anhören; **4.** *thea. etc.* Hörprobe *f*; **5.** ⚖ a) Vernehmung *f*, b) *a.* ***preliminary ~*** 'Vorunter,suchung *f*, c) (mündliche) Verhandlung, Ter'min *m*; **6.** *bsd. pol.* Hearing *n*, Anhörung *f*.

heark·en ['hɑːkən] *v/i. poet.* (***to***) a) horchen (auf *acc.*), b) Beachtung schenken (*dat.*).

'hear·say *s.* **1.** (***by ~*** vom) Hörensagen *n*; **2.** *a.* ***~ evidence*** ⚖ Beweis(e *pl.*) *m* vom Hörensagen, mittelbarer Beweis: ***~ rule*** *Regel über den grundsätzlichen Ausschluss aller Beweise vom Hörensagen.*

hearse [hɜːs] *s.* Leichenwagen *m*.

heart [hɑːt] *s.* **1.** *anat.* a) Herz *n*, b) Herzhälfte *f*; **2.** *fig.* Herz *n*: a) Seele *f*, Gemüt *n*, b) Liebe *f*, Zuneigung *f*, c) (Mit)Gefühl *n*, d) Mut *m*, e) Gewissen *n*: ***change of ~*** Gesinnungswandel *m*; ***affairs of the ~*** Herzensangelegenheiten; → *Bes. Redew.*; **3.** Herz *n*, (*das*) Innere, Kern *m*, Mitte *f*: ***in the ~ of*** inmitten (*gen.*), mitten in (*dat.*), im Herzen (*des Landes etc.*); **4.** Kern *m*, (*das*) Wesentliche: ***go to the ~ of s.th.*** zum Kern e-r Sache vorstoßen, e-r Sache auf den Grund gehen; ***the ~ of the matter*** der Kern der Sache, des Pudels Kern; **5.** Liebling *m*, Schatz *m*, *mein Herz*; **6.** *Kartenspiel*: a) Herz *n*, Cœur *n*, b) *pl.* Herz *n*, Cœur *n* (*Farbe*): ***king of ~s*** Herzkönig *m*; **7.** ⚘ Herz *n* (*Salat, Kohl*): ***~ of oak*** a) Kernholz *n* der Eiche, b) *fig.* Standhaftigkeit *f*;

Besondere Redewendungen:

~ and soul mit Leib u. Seele; ***~'s desire*** Herzenswunsch *m*; ***after my*** (***own***) ***~*** ganz nach m-m Herzen *od.* Geschmack *od.* Wunsch; ***at ~*** im Innersten, im Grunde (m-s *etc.* Herzens); (***have, learn***) ***by ~*** auswendig (wissen, lernen); ***from one's ~*** von Herzen; ***in one's ~*** (***of ~s***) a) im Grunde s-s Herzens, b) insgeheim; ***in good ~*** ✓ in gutem Zustand (*Boden*), *fig. a.* in guter Verfassung, gesund, *a.* guten Mutes; ***to one's ~'s content*** nach Herzenslust; ***with all my ~*** von *od.* mit ganzem Herzen; ***with a heavy ~*** schweren Herzens; ***bless my ~!*** du meine Güte!; ***it breaks my ~*** es bricht mir das Herz; ***you are breaking my ~!*** *iro.* ich fang gleich an zu weinen!; ***cross my ~!*** Hand aufs Herz!; ***eat one's ~ out*** sich vor Gram verzehren; ***not to have the ~ to do s.th.*** es nicht übers Herz bringen, et. zu tun; ***go to s.o.'s ~*** j-m zu Herzen gehen; ***my ~ goes out to*** ich empfinde tiefes Mitleid mit; ***have a ~!*** hab Erbarmen!; ***have no ~*** kein Herz *od.* Mitgefühl haben; ***I have your health at ~*** deine Gesundheit liegt mir am Herzen; ***I had my ~ in my mouth*** das Herz schlug mir bis zum Halse, ich war zu Tode erschrocken; ***have one's ~ in the right place*** das Herz auf dem rechten Fleck haben; ***his ~ is not in his work*** er ist nicht mit ganzem Herzen dabei; ***lose ~*** den Mut verlieren; ***lose one's ~ to s.o.*** sein Herz an j-n verlieren; ***open one's ~*** a) (***to s.o.*** j-m) sein Herz ausschütten, b) großmütig sein; ***clasp s.o. to one's ~*** j-n ans Herz *od.* an die Brust drücken; ***put one's ~ into s.th.*** mit Leib u. Seele bei et. sein; ***set one's ~ on*** sein Herz hängen an (*acc.*); ***my ~ sank into my boots*** das Herz rutschte mir in die Hose(n); ***take ~*** Mut fassen; ***I took ~ from that*** das machte mir Mut; ***take s.th. to ~*** sich et. zu Herzen nehmen; ***wear one's ~ on one's sleeve*** das Herz auf der Zunge tragen.

'heart|·ache *s.* Kummer *m*; **~ ac·tion** *s. physiol.* Herztätigkeit *f*; **~ at·tack** *s.* ⚕ Herzanfall *m*; **'~·beat** *s.* **1.** *physiol.* Herzschlag *m* (*Pulsieren*); **2.** *fig. Am.* Herzstück *n*; **'~·break** *s.* (Herze)Leid *n*, Gram *m*; **'~,break·ing** *adj.* herzzerreißend; **'~,bro·ken** *adj.* (ganz) gebrochen, todunglücklich, untröstlich; **'~·burn** *s.* ⚕ Sodbrennen *n*; **~ con·di·tion, ~ dis·ease** *s.* ⚕ Herzleiden *n*.

-hearted [hɑːtɪd] *in Zssgn* ...herzig, ...mütig.

heart·en ['hɑːtn] *v/t.* ermutigen, aufmuntern; **'heart·en·ing** [-nɪŋ] *adj.* ermutigend.

heart| fail·ure *s.* ⚕ a) Herzversagen *n*, b) 'Herzinsuffizi,enz *f*; **'~·felt** *adj.* tiefempfunden, herzlich, aufrichtig, innig.

hearth [hɑːθ] *s.* **1.** Ka'min(platte *f*, -sohle *f*) *m*; **2.** Herd *m*, Feuerstelle *f*; **3.** ⚙ a) Schmiedeherd *m*, Esse *f*, b) Herd *m*, Hochofengestell *n*; **4.** *fig. a.* ***~ and home*** häuslicher Herd, Heim *n*; **'~·stone** *s.* **1.** → ***hearth*** 1 u. 4; **2.** Scheuerstein *m*.

heart·i·ly ['hɑːtɪlɪ] *adv.* **1.** herzlich: a) von Herzen, innig, b) *iro.* äußerst, gründlich: ***dislike s.o. ~***; **2.** herzhaft, kräftig, tüchtig: ***eat ~***; **'heart·i·ness** [-nɪs] *s.* **1.** Herzlichkeit *f*: a) Innigkeit *f*, b) Aufrichtigkeit *f*; **2.** Herzhaftigkeit *f*, Kräftigkeit *f*.

'heart·land *s.* Herz-, Kernland *n*.

heart·less ['hɑːtlɪs] *adj.* □ herzlos, grausam, gefühllos; **'heart·less·ness** [-nɪs] *s.* Herzlosigkeit *f*.

,heart|-'lung ma·chine *s.* ⚕ 'Herz-'Lungen-Ma,schine *f*: ***put on the ~*** an die Herz-Lungen-Maschine anschließen; **~ pace·mak·er** *s.* ⚕ Herzschrittmacher *m*; **~ rate** *s. physiol.* 'Herzfre,quenz *f*; **'~,rend·ing** *adj.* herzzerreißend; **~ rot** *s.* Kernfäule *f* (*Baum*); **'~'s-blood** *s.* Herzblut *n*; **'~-,search·ing** *s.* Gewissenserforschung *f*; **~ shake** *s.* Kernriss *m* (*Baum*); **'~-shaped** *adj.* herzförmig; **'~·sick, '~·sore** *adj.* tief betrübt, todunglücklich; **'~·strings** *s. pl. fig.* Herz *n*, innerste Gefühle *pl.*: ***pull at s.o.'s ~*** j-m das Herz zerreißen, j-n tief rühren; ***play on s.o.'s ~*** mit j-s Gefühlen spielen; **~ sur·ger·y** *s.* ⚕ 'Herzchirur,gie *f*; **'~·throb** *s.* **1.** *physiol.* Herzschlag *m*; **2.** F Schatz *m*, Schwarm *m*; **,~-to-'~** *adj.* offen, aufrichtig: ***~ talk***; **~ trans·plant** *s.* ⚕ Herzverpflanzung *f*; **'~-,warm·ing** *adj.* **1.** herzerfrischend; **2.** bewegend; **'~-whole** *adj.* **1.** (noch) ungebunden, frei; **2.** aufrichtig, rückhaltlos.

heart·y ['hɑːtɪ] **I** *adj.* □ → ***heartily***; **1.** herzlich: a) von Herzen kommend, warm, innig, b) aufrichtig, tief empfunden, c) *iro.* ‚gründlich': ***~ dislike***; **2.** a) munter, b) e'nergisch, c) begeistert, d) herzlich, jovi'al; **3.** herzhaft, kräftig: ***~ appetite*** (***meal, kick***); **4.** gesund, kräftig; **5.** fruchtbar (*Boden*); **II** *s.* **6.** *sport Brit.* F dy'namischer Spieler; **7.** F Mat'rose *m*: ***my hearties*** meine Jungs.

heat [hiːt] **I** *s.* **1.** Hitze *f*: a) große Wärme, b) heißes Wetter; **2.** Wärme *f* (*a. phys.*); **3.** a) Erhitztheit *f* (*des Körpers*), b) (*bsd.* Fieber)Hitze *f*; **4.** (Glüh-)Hitze *f*, Glut *f*; **5.** Schärfe *f* (*von Gewürzen etc.*); **6.** *fig.* a) Ungestüm *n*, b) Zorn *m*, Wut *f*, c) Leidenschaft(lichkeit) *f*, Erregtheit *f*, d) Eifer *m*: ***in the ~ of the moment*** im Eifer des Gefechts; ***in the ~ of passion*** ⚖ im Affekt; ***at one ~*** in 'einem Zug, auf 'einen Schlag; **7.** *sport* a) (Einzel)Lauf *m*, b) *a.* ***preliminary ~*** Vorlauf *m*, c) 'Durchgang *m*, Runde *f*; **8.** *zo.* Brunst *f*, *bsd.* a) Läufigkeit *f* (*e-r Hündin*), b) Rolligkeit *f* (*e-r Katze*), c) Rossen *n* (*e-r Stute*), d) Stieren *n* (*e-r Kuh*): ***in*** (*od.* ***on***) ***~*** brünstig; ***a bitch in ~*** e-e läufige Hündin; **9.** *metall.* a) Schmelzgang *m*, b) Charge *f*; **10.** F Druck *m*: ***turn on the ~*** Druck machen; ***turn*** (*od.* ***put***) ***the ~ on s.o.*** j-n unter Druck setzen; ***the ~ is on*** es herrscht ‚dicke Luft'; ***the ~ is off*** es hat sich wieder beruhigt; **11.** ***the ~*** *Am.* F die ‚Bullen' *pl.* (*Polizei*); **II** *v/t.* **12.** *a.* ***~ up*** erhitzen (*a. fig.*), heiß machen, *Speisen a.* aufwärmen; **13.** *Haus etc.* heizen; **14.** ***~ up*** *fig. Diskussion, Konjunktur etc.* anheizen; **III** *v/i.* **15.** sich erhitzen (*a. fig.*).

heat·a·ble ['hiːtəbl] *adj.* **1.** erhitzbar; **2.** heizbar.

heat| ap·o·plex·y → ***heatstroke***; **~ bar·ri·er** *s.* ✈ Hitzemauer *f*, -schwelle *f*.

heat·ed ['hiːtɪd] *adj.* □ erhitzt: a) heiß geworden, b) *fig.* erhitzt *od.* erregt (***with*** von), hitzig: ***~ debate***.

heat·er ['hiːtə] *s.* **1.** Heizgerät *n*, -körper *m*, (Heiz)Ofen *m*; **2.** ϟ Heizfaden *m*; **3.** (Plätt)Bolzen *m*; **4.** *sl.* ‚Ka'none' *f*, ‚Ballermann' *m* (*Pistole etc.*); **~ plug** *s. mot. Brit.* Glühkerze *f*.

heath [hiːθ] *s.* **1.** *bsd. Brit.* Heide(land *n*) *f*; **2.** ⚘ a) Erika *f*, b) Heidekraut *n*; **'~·bell** *s.* ⚘ Heide(blüte) *f*.

hea·then ['hiːðn] **I** *s.* **1.** Heide *m*, Heidin *f*; **2.** *fig.* Bar'bar *m*; **II** *adj.* **3.** heidnisch, Heiden...; **4.** bar'barisch, unzivilisiert; **'hea·then·dom** [-dəm] *s.* **1.** Heidentum *n*; **2.** *die* Heiden *pl.*; **'hea·then·ish** [-ðənɪʃ] → ***heathen*** 3 u. 4; **'hea·then·ism** [-ðənɪzəm] *s.* **1.** Heidentum *n*; **2.** Barba'rei *f*.

heath·er ['heðə] → ***heath*** 2; **'~·bell** *s.* ⚘ Glockenheide *f*; **'~-,mix·ture** *s.* gesprenkelter Wollstoff.

heat·ing ['hiːtɪŋ] **I** *s.* **1.** Heizung *f*; **2.** ⚙ a) Beheizung *f*, b) Heißwerden *n*, -laufen *n*; **3.** *phys.* Erwärmung *f*; **4.** Erhitzung *f* (*a. fig.*); **II** *adj.* **5.** heizend, *phys.* erwärmend; **6.** Heiz...: ***~ battery*** (***costs, oil, etc.***); ***~ system*** Heizung *f*; **~ jack·et** *s.* ⚙ Heizmantel *m*; **~ pad** *s.* Heizkissen *n*; **~ sur·face** *s.* ⚙ Heizfläche *f*.

heat| in·su·la·tion *s.* ⚙ Wärmedämmung *f*; **'~·proof** *adj.* hitzebeständig; **~ pro·stra·tion** *s.* ⚕ Hitzschlag *m*; **~ pump** *s.* ⚙ Wärmepumpe *f*; **~ rash** *s.* ⚕ Hitzeausschlag *m*; **'~-re,sist·ing** → ***heatproof***; **'~-seal** *v/t.* *Kunststoffe* heißsiegeln; **~ shield** *s.* *Raumfahrt*: Hitzeschild *m*; **~ spot** *s.* ⚕ Hitzebläschen *n*; **'~·stroke** *s.* ⚕ Hitzschlag *m*; **'~-treat** *v/t.* ⚙ wärmebehandeln (*a.* ⚕); **~ u·nit** *s. phys.* Wärmeeinheit *f*; **~ wave** *s.* Hitzewelle *f*.

heave [hiːv] **I** *v/t.* (⚓ [*irr.*] *pret. u. p.p.* **hove** [həʊv]) **1.** (hoch)heben, (-)wuchten, (-)stemmen, (-)hieven: ***~ coal*** Kohlen schleppen; ***~ s.o. into a post*** *fig.* j-n auf e-n Posten ‚hieven'; **2.** hochziehen, -winden; **3.** F schmeißen, schleudern; **4.** ⚓ hieven; *den Anker* lichten: ***~ the lead*** (***log***) loten (loggen); ***~ to*** beidrehen; **5.** ausstoßen: ***~ a sigh***; **6.** F ‚(aus)kotzen', erbrechen; **7.** aufschwellen, dehnen; **8.** heben u. senken; **II** *v/i.* (⚓ *[irr.] pret. u. p.p.* **hove** [həʊv]) **9.** sich heben u. senken, wogen (*a. Busen*): *~ **and set*** ⚓ stampfen (*Schiff*); **10.** keuchen; **11.** F a) ‚kotzen', sich über'geben, b) würgen, Brechreiz haben: ***his stomach ~d*** ihm hob sich der Magen; **12.** ⚓ a) hieven, ziehen (***at*** an *dat.*): ***~ ho!*** holt auf!, *allg.* hau ruck!, b) treiben: ***~ in(to) sight*** in Sicht kommen, *fig. humor.* ‚aufkreuzen'; ***~ to*** beidrehen; **III** *s.* **13.** Heben *n*, Hub *m*, (mächtiger) Ruck; **14.** Hochziehen *n*, -winden *n*; **15.** Wurf *m*; **16.** *Ringen*: Hebegriff *m*; **17.** Wogen *n*: ***~ of the sea*** ⚓ Seegang *m*; **18.** *geol.* Verwerfung *f*; **19.** *pl. sg. konstr. vet.* Dämpfigkeit *f*; **ˌ~-'ho** [-'həʊ] *s.*: ***give s.o. the (old) ~*** F a) j-n ‚rausschmeißen', b) j-m ‚den Laufpass geben'.

heav·en ['hevn] *s.* **1.** Himmel(reich *n*) *m*: ***go to ~*** in den Himmel kommen; ***move ~ and earth*** *fig.* Himmel u. Hölle in Bewegung setzen; ***to ~, to high ~s*** F zum Himmel *stinken etc.*; ***in the seventh ~ (of delight)*** *fig.* im siebten Himmel; **2.** *fig.* Himmel *m*, Para'dies *n*: ***a ~ on earth***; ***it was ~*** es war himmlisch; **3.** ♀ Himmel *m*, Gott *m*, Vorsehung *f*: ***the ♀s*** die himmlischen Mächte; **4.** ***by ~!, (good) ~s!*** du lieber Himmel!; ***for ~'s sake*** um Himmels willen!; ***~ forbid!*** Gott behüte!; ***thank ~!*** Gott sei Dank!; ***~ knows what ...*** weiß der Himmel, was ...; **5.** *mst pl.* Himmel *m*, Firma'ment *n*: ***the northern ~s*** der nördliche (Sternen)Himmel; **6.** Himmel *m*, Klima *n*, Zone *f*.

heav·en·ly ['hevnlɪ] *adj.* himmlisch: a) Himmels...: ***~ body*** Himmelskörper *m*, b) göttlich, 'überirdisch: ***~ hosts*** himmlische Heerscharen, c) F himmlisch, wunderbar.

'heav·en|-sent *adj.* (wie) vom Himmel gesandt: ***it was a ~ opportunity*** es kam wie gerufen; **'~·ward** [-wəd] **I** *adv.* himmelwärts; **II** *adj.* gen Himmel gerichtet; **'~·wards** [-wədz] → ***heavenward*** I.

ˌheav·i·er-than-'air [ˌhevɪə-] *adj.* schwerer als Luft (*Flugzeug*).

heav·i·ly ['hevɪlɪ] *adv.* **1.** schwer (*etc.* → ***heavy***): ***suffer ~*** schwere (finanzielle) Verluste erleiden; ***~ polluted area*** Belastungsgebiet *n*; **2.** mit schwerer Stimme; **'heav·i·ness** [-ɪnɪs] *s.* **1.** Schwere *f* (*a. fig.*); **2.** Gewicht *n*, Last *f*; **3.** Massigkeit *f*; **4.** Bedrückung *f*, Schwermut *f*; **5.** Schwerfälligkeit *f*; **6.** Schläfrigkeit *f*; **7.** Langweiligkeit *f*.

heav·y ['hevɪ] **I** *adj.* □ → ***heavily***; **1.** *allg.* schwer (*a.* ⚗, *phys.*): ***~ load***; ***~ steps***; ***~ benzene*** Schwerbenzin *n*; ***~ industry*** Schwerindustrie *f*; ***with a ~ heart*** schweren Herzens; **2.** ⚔ schwer: ***~ artillery (bomber, cruiser)***; ***bring up one's (od. the) ~ guns*** *fig.* F schweres Geschütz auffahren; **3.** schwer: a) heftig, stark: ***~ fall*** schwerer Sturz; ***~ losses*** schwere Verluste; ***~ rain*** starker Regen; ***~ traffic*** starker Verkehr, *a.* schwere Fahrzeuge *pl.*, b) massig: ***~ body***, c) wuchtig: ***~ blow***, d) hart: ***~ fine*** hohe Geldstrafe; **4.** groß, beträchtlich: ***~ buyer*** Großabnehmer *m*; ***~ orders*** große Aufträge; **5.** schwer, stark, 'übermäßig: ***~ drinker (eater)*** starker Trinker (Esser); **6.** schwer: a) stark, 'hochproˌzentig: ***~ beer*** Starkbier *n*, b) stark, betäubend: ***~ perfume***, c) schwer verdaulich: ***~ food***; **7.** drückend, lastend: ***a ~ silence***; **8.** *meteor.* a) schwer: ***~ clouds***, b) finster, trüb: ***~ sky***, c) drückend: ***~ air***; **9.** schwer: a) schwierig, mühsam: ***a ~ task***, b) schwer verständlich: ***a ~ book***; **10.** (***with***) a) (schwer) beladen (mit), b) *fig.* über'laden (mit), voll (von); **11.** schwerfällig: ***~ style***; **12.** langweilig, stumpfsinnig; **13.** begriffsstutzig (*Person*); **14.** schläfrig, benommen (***with*** von): ***~ with sleep*** schlaftrunken; **15.** ernst, düster; **16.** *thea. etc.* würdevoll *od.* (ge)streng: ***a ~ husband***; **17.** ✝ flau, schleppend; **18.** unwegsam, lehmig: ***~ road***; **19.** grob: ***~ features***; **20.** a) *a.* ***~ with child*** (hoch)schwanger, b) *a.* ***~ with young*** *zo.* trächtig; **21.** *typ.* fett (gedruckt); **II** *adv.* **22.** schwer (*etc.*): ***hang ~*** dahinschleichen (*Zeit*); ***time was hanging ~ on my hands*** die Zeit wurde mir lang; ***lie ~ on s.o.*** schwer auf j-m lasten; **III** *s.* **23.** *thea. etc.* a) Schurke *m*, b) würdiger älterer Herr; **24.** *sport* F Schwergewichtler *m*; **25.** *pl. Am.* F warme 'Unterwäsche *f*; **26.** *Am.* F ‚schwerer Junge' (*Verbrecher*); **27.** ⚔ schwere Artille'rie; **ˌ~-'armed** *adj.* ⚔ schwer bewaffnet; ***~ chem·i·cals*** *s. pl.* 'Schwercheemiˌkalien *pl.*; ***~ con·crete*** *s.* 'Schwerbeˌton *m*; ***~ cur·rent*** *s.* ⚡ Starkstrom *m*; **ˌ~-'du·ty** *adj.* **1.** ⚙ Hochleistungs...; **2.** strapazierfähig; **ˌ~-'hand·ed** *adj.* **1.** *a. fig.* plump, unbeholfen; **2.** drückend; **ˌ~-'heart·ed** *adj.* niedergeschlagen, bedrückt; ***~ hy·dro·gen*** *s.* ⚗ schwerer Wasserstoff; ***~ met·al*** *s.* 'Schwermeˌtall *n*; ***~ oil*** *s.* ⚙ Schweröl *n*; ***~ plate*** *s.* Grobblech *n*; ***~ spar*** *s. min.* Schwerspat *m*; ***~ type*** *s. typ.* Fettdruck *m*; ***~ wa·ter*** *s.* ⚗ schweres Wasser; **'~·weight I** *s.* **1.** *sport* Schwergewicht (-ler *m*) *n*; **2.** ‚Schwergewicht' *n* (*Person od. Sache*); **3.** F Promi'nente(r) *m*, ‚großes Tier'; **II** *adj.* **4.** *sport* Schwergewichts...; **5.** schwer (*a. fig.*).

heb·dom·a·dal [heb'dɒmədl] *adj.* wöchentlich: ***♀ Council*** *wöchentlich zs.-tretender Rat der Universität Oxford.*

He·bra·ic [hiː'breɪɪk] *adj.* (□ ***~ally***) hebräisch; **He·bra·ism** ['hiːbreɪɪzəm] *s.* **1.** *ling.* Hebra'ismus *m*; **2.** *das* Jüdische; **He·bra·ist** ['hiːbreɪɪst] *s.* Hebra'ist(in).

He·brew ['hiːbruː] **I** *s.* **1.** He'bräer(in), Jude *m*, Jüdin *f*; **2.** *ling.* He'bräisch *n*; **3.** F Kauderwelsch *n*; **4.** *pl. sg. konstr. bibl.* (Brief *m* an die) He'bräer *pl.*; **II** *adj.* **5.** he'bräisch.

Heb·ri·de·an [ˌhebrɪ'diːən] **I** *adj.* he'bridisch; **II** *s.* Bewohner(in) der Hebriden.

hec·a·tomb ['hekətuːm] *s.* Heka'tombe *f* (*bsd. fig. gewaltige Menschenverluste*).

heck [hek] *s.* F Hölle *f*: ***a ~ of a row*** ein Höllenlärm; ***what the ~?*** was zum Teufel?; → *a.* ***hell*** 2.

heck·le ['hekl] *v/t.* **1.** *Flachs* hecheln; **2.** a) *j-n* ‚piesacken', b) *e-m Redner* durch Zwischenfragen zusetzen, ‚in die Zange nehmen'; **'heck·ler** [-lə] *s.* Zwischenrufer *m*.

hec·tare ['hektɑː] *s.* Hektar *n*, *m*.

hec·tic ['hektɪk] *adj.* **1.** hektisch, schwindsüchtig: ***~ fever*** Schwindsucht *f*; ***~ flush*** hektische Röte; **2.** F fieberhaft, aufgeregt, hektisch: ***have a ~ time*** keinen Augenblick Ruhe haben.

hec·to·gram(me) ['hektəʊgræm] *s.* Hekto'gramm *n*; **'hec·to·graph** [-grɑːf] **I** *s.* Hekto'graph *m*; **II** *v/t.* hektographieren; **'hec·toˌli·ter** *Am.*, **'hec·toˌli·tre** *Brit.* [-ˌliːtə] *s.* Hektoliter *m*, *n*.

hec·tor ['hektə] **I** *s.* Ty'rann *m*; **II** *v/t.* tyrannisieren, schikanieren: ***~ about (od. around)*** *j-n* herumkommandieren; einhacken auf (*acc.*); **III** *v/i.* her'umkommandieren.

he'd [hiːd] F *für* a) ***he would***, b) ***he had***.

hedge [hedʒ] **I** *s.* **1.** Hecke *f*, *bsd.* Heckenzaun *m*; **2.** *fig.* Kette *f*, Absperrung *f*: ***a ~ of police***; **3.** *fig.* (Ab)Sicherung *f* (***against*** gegen); **4.** ✝ Hedge-, Deckungsgeschäft *n*; **II** *adj.* **5.** *fig.* drittrangig, schlecht; **III** *v/t.* **6.** *a.* ***~ in (od. round)*** a) mit e-r Hecke um'geben, einzäunen, b) *a.* ***~ about (od. around)*** *fig. et.* behindern, c) *fig. j-n* einengen: ***~ off*** *a. fig.* abgrenzen (***against*** gegen); **7.** a) (ab)sichern (***against*** gegen), b) sich gegen den Verlust *e-r Wette etc.* sichern: ***~ a bet***; ***~ one's bets*** *fig.* auf Nummer sicher gehen; **IV** *v/i.* **8.** *fig.* ausweichen, sich nicht festlegen (wollen), sich winden, ‚kneifen'; **9.** sich vorsichtig äußern; **10.** sich (ab)sichern (***against*** gegen); ***~ cut·ter*** *s.* Heckenschere *f*; **~·hog** ['hedʒhɒg] *s.* **1.** *zo.* a) Igel *m*, b) *Am.* Stachelschwein *n*; **2.** ♀ stachelige Samenkapsel; **3.** ⚔ a) Igelstellung *f*, b) Drahtigel *m*, c) ⚓ Wasserbombenwerfer *m*; **'~·hop** *v/i.* ✈ dicht über dem Boden fliegen; **'~ˌhop·per** *s.* ✈ *sl.* Tiefflieger *m*; ***~ law·yer*** *s.* 'Winkeladvoˌkat *m*.

hedg·er ['hedʒə] *s.* **1.** Heckengärtner *m*; **2.** *j-d, der sich nicht festlegen will.*

'hedge|·row *s.* Hecke *f*; ***~ school*** *s. Brit.* Klippschule *f*; ***~ shears*** *s. pl. a.* ***pair of ~*** Heckenschere *f*.

he·don·ic [hiː'dɒnɪk] *adj.* hedo'nistisch; **he·don·ism** ['hiːdəʊnɪzəm] *s. phls.* Hedo'nismus *m*; **he·don·ist** ['hiːdəʊnɪst] *s.* Hedo'nist *m*; **he·do·nis·tic** [ˌhiːdə'nɪstɪk] *adj.* hedo'nistisch.

hee·bie-jee·bies [ˌhiːbɪ'dʒiːbɪz] *s. pl.* F: ***it gives me the ~, I get the ~*** dabei wirds mir ganz ‚anders', da krieg ich ‚Zustände'.

heed [hiːd] **I** *v/t.* beachten, Acht geben auf (*acc.*); **II** *v/i.* Acht geben; **III** *s.* Beachtung *f*: ***give (od. pay) ~ to***, ***take ~ of*** → I; ***take ~*** → II; **'heed·ful** [-fʊl] *adj.* □ achtsam: ***be ~ of*** → ***heed*** I; **'heed·less** [-lɪs] *adj.* □ achtlos, unachtsam: ***be ~ of*** keine Beachtung schenken (*dat.*); **'heed·less·ness** [-lɪsnɪs] *s.* Achtlosigkeit *f*, Unachtsamkeit *f*.

hee·haw [ˌhiː'hɔː] **I** *s.* **1.** 'I'ah *n* (*Eselsschrei*); **2.** *fig.* wieherndes Gelächter; **II** *v/i.* **3.** 'i'ahen; **4.** *fig.* wiehern(d lachen).

heel[1] [hiːl] **I** *v/t.* **1.** Absätze machen auf (*acc.*); **2.** Fersen anstricken an (*acc.*); **3.** *Fußball*: *den Ball* mit dem Absatz kicken; **II** *s.* **4.** Ferse *f*: ***~ of the hand*** *Am.* Handballen *m*; **5.** Absatz *m*, Hacken *m* (*vom Schuh*); **6.** Ferse *f* (*Strumpf, Golfschläger*); **7.** Fuß *m*, Ende *n*, Rest *m*, *bsd.* (Brot)Kanten *m*; **8.** vorspringender Teil, Sporn *m*; **9.** *Am. sl.* ‚Scheißkerl' *m*;

Besondere Redewendungen:

~ of Achilles Achillesferse *f*; ***at (od. on) s.o.'s ~s*** j-m auf den Fersen, dicht hinter j-m; ***on the ~s of s.th.*** *fig.* unmittelbar auf et. folgend, gleich nach et.; ***down at ~*** a) mit schiefen Absätzen, b) *a.* ***out at ~s*** *fig.* heruntergekommen (*Person, Hotel etc.*); abgerissen, schäbig; ***under the ~ of*** *fig.* unter *j-s* Knute; ***bring to ~*** *j-n* gefügig *od.* ‚kirre' machen; ***come to ~*** a) bei Fuß gehen (*Hund*), b) gefügig werden, ‚spuren'; ***cool (od. kick) one's ~s*** ungedul-

H

H

dig warten; ***dig*** (*od.* ***stick***) ***one's ~s in*** F ‚sich auf die Hinterbeine stellen'; ***drag one's ~s*** *fig.* sich Zeit lassen; ***kick up one's ~s*** F ‚auf den Putz hauen'; ***lay s.o. by the ~s*** j-n zur Strecke bringen, j-n dingfest machen; ***show a clean pair of ~s, take to one's ~s*** Fersengeld geben, die Beine in die Hand nehmen; ***tread on s.o.'s ~s*** j-m auf die Hacken treten; ***turn on one's ~s*** (auf dem Absatz) kehrtmachen.

heel[2] [hiːl] *v/t. u. v/i. a.* ***~ over*** (sich) auf die Seite legen (*Schiff*), krängen.

ˌ**heel|-and-ˈtoe walk·ing** *s. sport* Gehen *n*; ˈ**~·ball** *s.* Polierwachs *n*; ***~ bone*** *s. anat.* Fersenbein *n*.

heeled [hiːld] *adj.* **1.** mit e-r Ferse *od.* e-m Absatz (versehen); **2.** → ***well-heeled***; ˈ**heel·er** [-lə] *s. pol. Am.* Handlanger *m*, ‚La'kai' *m*.

ˈ**heel·tap** *s.* **1.** Absatzfleck *m*; **2.** letzter Rest, Neige *f* (*im Glas*): ***no ~s!*** ex!

heft [heft] *v/t.* **1.** hochheben; **2.** in der Hand wiegen; ˈ**heft·y** [-tɪ] *adj.* F **1.** schwer; **2.** kräftig, stämmig; **3.** ‚mächtig', ‚saftig', gewaltig: ***~ blow*** (***prices***).

He·ge·li·an [heɪˈgiːljən] *s. phls.* Hegeli'aner *m*.

he·gem·o·ny [hɪˈgemənɪ] *s. pol.* Hegemo'nie *f*.

heif·er [ˈhefə] *s.* Färse *f*, junge Kuh.

heigh [heɪ] *int.* hei!; he(da)!; ˌ**~-ˈho** [-ˈhəʊ] *int.* ach jeh!; oh!

height [haɪt] *s.* **1.** Höhe *f* (*a. ast.*): ***10 feet in ~*** 10 Fuß hoch; ***~ of fall*** Fallhöhe *f*; **2.** (Körper)Größe *f*: ***what is your ~?*** wie groß sind Sie?; **3.** Anhöhe *f*, Erhebung *f*; **4.** *fig.* Höhe(punkt *m*) *f*, Gipfel *m*: ***at its ~*** auf s-m (ihrem) *od.* dem Höhepunkt; ***at the ~ of summer*** (***of the season***) im Hochsommer (in der Hochsaison); ***the ~ of folly*** der Gipfel der Torheit; ***dressed in the ~ of fashion*** nach der neuesten Mode gekleidet; ˈ**height·en** [-tn] **I** *v/t.* **1.** erhöhen (*a. fig.*); **2.** *fig.* vergrößern, -stärken, steigern, heben, vertiefen; **3.** her'vorheben; **II** *v/i.* **4.** wachsen, (an)steigen.

height| find·er, ***~ ga(u)ge*** *s.* ✈ Höhenmesser *m*.

hei·nous [ˈheɪnəs] *adj.* □ ab'scheulich, grässlich; ˈ**hei·nous·ness** [-nɪs] *s.* Ab'scheulichkeit *f*.

Heinz [haɪnz] *npr.*: ***~ 57*** F Prome'nadenmischung *f* (*Hund*).

heir [eə] *s.* **1.** ⚖ *u. fig.* Erbe *m* (***to*** *od.* ***of s.o.*** j-s): ***~ to the throne*** Thronfolger *m*; ***~-at-law, ~ general, ~ apparent*** gesetzlicher Erbe; ***~ presumptive*** mutmaßlicher Erbe; ***~ of the body*** leiblicher Erbe; **heir·dom** [ˈeədəm] → ***heirship***; **heir·ess** [ˈeərɪs] *s.* (*bsd.* reiche) Erbin; **heir·loom** [ˈeəluːm] *s.* (Fa'milien)Erbstück *n*; **heir·ship** [ˈeəʃɪp] *s.* **1.** Erbrecht *n*; **2.** Erbschaft *f*, Erbe *n*.

heist [haɪst] *Am. sl.* **I** *s.* a) ‚Ding' *n* (*Raubüberfall od. Diebstahl*), b) Beute *f*; **II** *v/t.* über'fallen; ‚klauen'; erbeuten.

held [held] *pret. u. p.p. von* ***hold***[2].

he·li·an·thus [ˌhiːlɪˈænθəs] *s.* ♀ Sonnenblume *f*.

hel·i·borne [ˈhelɪbɔːn] *adj.* im Hubschrauber befördert.

hel·i·bus [ˈhelɪbʌs] *s.* ✈ Hubschrauber *m* für Per'sonenbeförderung, Lufttaxi *n*.

hel·i·cal [ˈhelɪkl] *adj.* □ spi'ralen-, schrauben-, schneckenförmig: ***~ gear*** ⚙ Schrägstirnrad *n*; ***~ spring*** Schraubenfeder *f*; ***~ staircase*** Wendeltreppe *f*.

hel·i·ces [ˈhelɪsiːz] *pl. von* ***helix***.

hel·i·cop·ter [ˈhelɪkɒptə] ✈ **I** *s.* Hubschrauber *m*, Heli'kopter *m*: ***~ gunship*** Kampfhubschrauber; **II** *v/i. u. v/t.* mit dem Hubschrauber fliegen *od.* befördern.

helio- [hiːlɪəʊ-] *in Zssgn* Sonnen...

he·li·o·cen·tric [ˌhiːlɪəʊˈsentrɪk] *adj. ast.* helio'zentrisch; **he·li·o·chro·my** [ˈhiːlɪəʊˌkrəʊmɪ] *s.* ˈFarbfotograˌfie *f*; **he·li·o·gram** [ˈhiːlɪəʊgræm] *s.* Helio'gramm *n*; **he·li·o·graph** [ˈhiːlɪəʊgrɑːf] **I** *s.* Helio'graph *m*; **II** *v/t.* heliographieren; **he·li·o·gra·vure** [ˌhiːlɪəʊgrəˈvjʊə] *s. typ.* Heliogra'vüre *f*.

he·li·o·trope [ˈheljətrəʊp] *s.* ♀, *min.* Helio'trop *n*.

he·li·o·type [ˈhiːlɪətaɪp] *s. typ.* Lichtdruck *m*.

hel·i·pad [ˈhelɪpæd], ˈ**hel·i·port** [-pɔːt] *s.* Heli'port *m*, Hubschrauberlandeplatz *m*; ˈ**hel·iˌski·ing** *s sport* ˈHeliˌskiing *n* (*Skilaufen im Hochgebirge mit Hubschraubertransport*).

he·li·um [ˈhiːljəm] *s.* ⚗ Helium *n*.

he·lix [ˈhiːlɪks] *pl.* **hel·i·ces** [ˈhelɪsiːz] *s.* **1.** Spi'rale *f*; **2.** ⩘ Schneckenlinie *f*; **3.** *anat.* Helix *f*, Ohrleiste *f*; **4.** ⚠ Schnecke *f*; **5.** *zo.* Helix *f* (*Schnecke*); **6.** ⚗ Helix *f* (*Molekülstruktur*).

hell [hel] **I** *s.* **1.** Hölle *f* (*a. fig.*): ***it was ~*** es war die reinste Hölle; ***catch*** (*od.* ***get***) ***~*** F ‚eins aufs Dach kriegen'; ***come ~ or high water*** F (ganz) egal, was passiert, unter allen Umständen; ***give s.o. ~*** F j-m ‚die Hölle heiß machen'; ***~ for leather*** F was das Zeug hält, wie verrückt; ***there will be ~ to pay*** F das werden wir schwer büßen müssen; ***raise ~*** F ‚e-n Mordskrach schlagen'; ***suffer ~*** (***on earth***) die Hölle auf Erden haben; **2.** F (*verstärkend*) Hölle *f*, Teufel *m*: ***a ~ of a noise*** ein Höllenlärm; ***be in a ~ of a temper*** e-e ‚Mordswut' *od.* e-e ‚Stinklaune' haben; ***a*** (*od.* ***one***) ***~ of a*** (***good***) ***car*** ein ‚verdammt' guter Wagen; ***a ~ of a guy*** ein prima Kerl; ***go to ~!*** ‚scher dich zum Teufel'!, *a.* ‚du kannst mich mal!'; ***get the ~ out of here!*** mach, dass du rauskommst!; ***like ~*** wie verrückt (*arbeiten etc.*); ***like*** (*od.* ***the***) ***~ you did!*** ‚e-n Dreck' hast du (getan)!; ***what the ~ ...?*** was zum Teufel ...?; ***what the ~!*** ach, was!; ***~'s bells*** → 6; **3.** F Spaß *m*: ***for the ~ of it*** aus Spaß an der Freud; ***the ~ of it is that ...*** das Komische *od.* Tolle daran ist, dass; **4.** Spielhölle *f*; **5.** *typ.* De'fektenkasten *m*; **II** *int.* **6.** F a) *Brit. sl. a.* ***bloody ~!*** verdammt!, b) (*überrascht*) Teufel, Teufel!, Mann!; ***~, I didn't know*** (***that***)***!*** Mann, das hab ich nicht gewusst!

he'll [hiːl] F *für* ***he will***.

ˈ**hell|ˌbend·er** *s.* **1.** *zo.* Schlammteufel *m*; **2.** *Am.* F ‚wilder Bursche'; ˌ**~ˈbent** *adj.* F **1.** ***be ~ on*** (***doing***) ***s.th.*** ganz versessen sein auf et. (darauf, et. zu tun); **2.** ‚verrückt', wild, leichtsinnig; ˈ**~·broth** *s.* Hexen-, Zaubertrank *m*; ˈ**~·cat** *s.* (wilde) Hexe, Xan'thippe *f*.

hel·le·bore [ˈhelɪbɔː] *s.* ♀ Nieswurz *f*.

Hel·lene [ˈheliːn] *s.* Hel'lene *m*, Grieche *m*; **Hel·len·ic** [heˈliːnɪk] *adj.* hel'lenisch, griechisch; **Hel·len·ism** [ˈhelɪnɪzəm] *s.* Helle'nismus *m*, Griechentum *n*; **Hel·len·ist** [ˈhelɪnɪst] *s.* Helle'nist *m*; **Hel·len·is·tic** [ˌhelɪˈnɪstɪk] *adj.* helle'nistisch; **Hel·len·ize** [ˈhelɪnaɪz] *v/t. u. v/i.* (sich) hellenisieren.

ˌ**hell|ˈfire** *s.* **1.** Höllenfeuer *n*; **2.** *fig.* Höllenqualen *pl.*; ˈ**~·hound** *s.* **1.** Höllenhund *m*; **2.** *fig.* Teufel *m*.

hel·lion [ˈheljən] *s.* F Range *f*, *m*, Bengel *m*.

hell·ish [ˈhelɪʃ] *adj.* □ **1.** höllisch (*a. fig.* F); **2.** F ‚verteufelt', ‚scheußlich'.

hel·lo [həˈləʊ] **I** *int.* **1.** hal'lo!, *überrascht: a.* na'nu!; **II** *pl.* **-los** *s.* **2.** Hal'lo *n*; **3.** Gruß *m*: ***say ~*** (***to s.o.***) (j-m) guten (*od.* Guten) Tag sagen; **III** *v/i.* **4.** hal'lo rufen.

hell·uv·a [ˈheləvə] *adj. u. adv.* F ‚mordsmäßig', ‚toll': ***a ~ noise*** ein Höllenlärm; ***a ~ guy*** a) ein prima Kerl, b) ein toller Kerl.

helm[1] [helm] *s.* **1.** ⚓ a) Ruder *n*, Steuer *n*, b) Ruderpinne *f*: ***the ship answers the ~*** das Schiff gehorcht dem Ruder; **2.** *fig.* Ruder *n*, Führung *f*: ***~ of State*** Staatsruder; ***at the ~*** am Ruder *od.* an der Macht; ***take the ~*** das Ruder übernehmen.

helm[2] [helm] *s. obs.* Helm *m*; **helmed** [-md] *adj. obs.* behelmt.

hel·met [ˈhelmɪt] *s.* **1.** ⚔ Helm *m*; **2.** (Schutz-, Sturz-, Tropen-, Taucher-) Helm *m*; **3.** ♀ Kelch *m*; ˈ**hel·met·ed** [-tɪd] *adj.* behelmt.

helms·man [ˈhelmzmən] *s.* [*irr.*] ⚓ Steuermann *m* (*a. fig.*).

Hel·ot [ˈhelət] *s. hist.* He'lot(e) *m*, *fig.* (*mst* ♀) *a.* Sklave *m*; ˈ**hel·ot·ry** [-trɪ] *s.* **1.** He'lotentum *n*; **2.** *coll.* He'loten *pl.*

help [help] **I** *s.* **1.** Hilfe *f* (*a. Hilfedatei e-r Software*), Beistand *m*, Mit-, Beihilfe *f*: ***by*** (*od.* ***with***) ***the ~ of*** mithilfe von; ***he came to my ~*** er kam mir zu Hilfe; ***it*** (***she***) ***is a great ~*** es (sie) ist e-e große Hilfe; ***can I be of any ~*** (***to you***)***?*** kann ich Ihnen (irgendwie) helfen *od.* behilflich sein?; **2.** Abhilfe *f*: ***there is no ~ for it*** da kann man nichts machen, es lässt sich nicht ändern; **3.** Hilfsmittel *n*; **4.** a) Gehilfe *m*, Gehilfin *f*, (*bsd.* Haus)Angestellte(r *m*) *f*, (*bsd.* Land)Arbeiter(in): ***domestic ~*** Hausgehilfin, b) *coll.* ('Dienst)Persoˌnal *n*, (Hilfs)Kräfte *pl.*; **II** *v/t.* **5.** *j-m* helfen *od.* beistehen *od.* behilflich sein, *j-n* unter'stützen (***in*** *od.* ***with s.th.*** bei et.): ***can I ~ you?*** a) kann ich Ihnen behilflich sein?, b) werden Sie schon bedient?; ***so ~ me*** (***I did, etc.***)***!*** Ehrenwort!; ***be ~ing the police*** *euphem.* (zurzeit) von der Polizei vernommen werden; → ***god*** 2; **6.** fördern, beitragen zu; **7.** lindern, helfen *od.* Abhilfe schaffen bei; **8.** ***~ s.o. to s.th.*** a) j-m zu et. verhelfen, b) (*bsd. bei Tisch*) j-m et. reichen *od.* geben; ***~ o.s.*** sich bedienen, zugreifen; ***~ o.s. to*** a) sich bedienen mit, sich *et.* nehmen, b) sich *et.* aneignen *od.* nehmen (*a. iro. stehlen*); **9.** *mit* ***can***: abhelfen (*dat.*), *et.* verhindern, vermeiden, ändern: ***I can't ~ it*** a) ich kanns nicht ändern, b) ich kann nichts dafür; ***it can't be ~ed*** da kann man nichts machen, es lässt sich nicht ändern; (***not***) ***if I can ~ it*** (nicht,) wenn ich es vermeiden kann; ***how could I ~ it?*** a) was konnte ich dagegen tun?, b) was konnte ich dafür?; ***I can't ~ it*** a) ich kann es nicht ändern, b) ich kann nichts dafür; ***she can't ~ her freckles*** für ihre Sommersprossen kann sie nichts; ***don't be late if you can ~ it*** komme möglichst nicht zu spät!; ***I could not ~ laughing*** ich musste einfach lachen; ***I can't ~ feeling*** ich werde das Gefühl nicht los; ***I can't ~ myself*** ich kann nicht anders; **III** *v/i.* **10.** helfen: ***every***

little ~s jede Kleinigkeit hilft; **11. *don't stay longer than you can ~!*** bleib nicht länger als nötig!; *Zssgn mit adv.*:

help| down *v/t.* **1.** *j-m* her'unter-, hinunterhelfen; **2.** *fig.* zum 'Untergang (*gen.*) beitragen; **~ in** *v/t. j-m* hin'einhelfen; **~ off** *v/t.* **1.** → ***help on*** 1; **2. *help s.o. off with his coat*** j-m aus dem Mantel helfen; **~ on** *v/t.* **1.** weiter-, forthelfen (*dat.*); **2. *help s.o. on with his coat*** j-m in den Mantel helfen; **~ out I** *v/t.* **1.** *j-m* her'aus-, hin'aushelfen (***of*** aus); **2.** *fig. j-m* aus der Not helfen; **3.** *fig. j-m* aushelfen, *j-n* unter'stützen; **II** *v/i.* **4.** aushelfen (***with*** bei, mit); **5.** helfen, nützlich sein; **~ through** *v/t. j-m* (hin)'durch-, hin'weghelfen; **~ up** *v/t. j-m* her'auf-, hin'aufhelfen.

help·er ['helpə] *s.* **1.** Helfer(in); **2.** Gehilfe *m*, Gehilfin *f*; → ***help*** 4; **help·ful** ['helpfʊl] *adj.* □ **1.** hilfsbereit, behilflich (***to*** *dat.*); **2.** hilfreich, nützlich (***to*** *dat.*); **help·ful·ness** ['helpfʊlnɪs] *s.* **1.** Hilfsbereitschaft *f*; **2.** Nützlichkeit *f*; **help·ing** ['helpɪŋ] **I** *adj.* helfend, hilfreich: ***lend (s.o.) a ~ hand*** (j-m) helfen *od.* behilflich sein; **II** *s.* Porti'on *f* (*e-r Speise*): ***have*** (*od.* ***take***) ***a second ~*** sich noch mal (davon) nehmen; **helpless** ['helplɪs] *adj.* □ *allg.* hilflos: ***be ~ with laughter*** sich totlachen; **helpless·ness** ['helplɪsnɪs] *s.* Hilflosigkeit *f*; **help·line** ['helplaɪn] *s.* 'Helpline *f*: a) tele'fonische Beratung, b) Informati'onsdienst *m*, c) Notruf *m*.

'help·mate, 'help·meet *s. obs.* Gehilfe *m*, Gehilfin *f*; (Ehe)Gefährte *m*, (Ehe-) Gefährtin *f*, Gattin *f*.

hel·ter-skel·ter [ˌheltə'skeltə] **I** *adv.* Hals über Kopf, in wilder Hast; **II** *adj.* hastig, über'stürzt; **III** *s.* Durchein'ander *n*, wilde Hast.

helve [helv] *s.* Griff *m*, Stiel *m*: ***throw the ~ after the hatchet*** *fig.* das Kind mit dem Bade ausschütten.

Hel·ve·tian [hel'viːʃjən] **I** *adj.* hel'vetisch, schweizerisch; **II** *s.* Hel'vetier (-in), Schweizer(in).

hem¹ [hem] **I** *s.* **1.** (Kleider-, Rock- *etc.*) Saum *m*; **2.** Rand *m*; **3.** Einfassung *f*; **II** *v/t.* **4.** *Kleid etc.* säumen; **5. ~ *in*, ~ *about*, ~ *around*** um'randen, einfassen; **6. ~ *in*** a) ⚔ einschließen, b) *fig.* einengen.

hem² [hm] **I** *int.* hm!, hem!; **II** *s.* H(e)m *n*, Räuspern *n*; **III** *v/i.* ‚hm' machen, sich räuspern; stocken (*im Reden*): **~ *and haw*** herumstottern, -drucksen.

he·mal *etc.* → ***haemal*** *etc.*

'he-man *s.* [*irr.*] F ‚'He-Man' *m*, ‚richtiger' Mann, sehr männlicher Typ.

he·mat·ic *etc.* → ***haematic*** *etc.*

hem·i·ple·gi·a [ˌhemɪ'pliːdʒɪə] *s.* ⚕ einseitige Lähmung, Hemiple'gie *f*.

hem·i·sphere ['hemɪˌsfɪə] *s. bsd. geogr.* Halbkugel *f*, Hemi'sphäre *f* (*a. anat. des Großhirns*); **hem·i·spher·i·cal** [ˌhemɪ'sferɪkl], *a.* **hem·i·spher·ic** [ˌhemɪ'sferɪk] *adj.* hemi'sphärisch, halbkugelig.

'hem·line *s.* (Kleider)Saum *m*: ***~s are going up again*** die Kleider werden wieder kürzer.

hem·lock ['hemlɒk] *s.* **1.** ⚘ Schierling *m*; **2.** *fig.* Schierlings-, Giftbecher *m*; **3.** *a.* **~ *fir*, ~ *spruce*** Hemlock-, Schierlingstanne *f*.

he·mo·glo·bin, he·mo·phil·i·a, hem·or·rhage, hem·or·rhoids *etc.* → ***haemo...***

hemp [hemp] *s.* **1.** ⚘ Hanf *m*; **2.** Hanf (-faser *f*) *m*; **3.** 'Hanfnarˌkotikum *n*, *bsd.* Haschisch *n*; **'hemp·en** [-pən] *adj.* hanfen, Hanf...

'hem·stitch I *s.* Hohlsaum(stich) *m*; **II** *v/t.* mit Hohlsaum nähen.

hen [hen] *s.* **1.** *orn.* Henne *f*, Huhn *n*: ***~'s egg*** Hühnerei *n*; **2.** Weibchen *n* (*von Vögeln, a. Krebs u. Hummer*); **3.** F a) (aufgeregte) ‚Wachtel', b) Klatschbase *f*; **'~·bane** *s.* ⚘, *pharm.* 'Bilsenkraut(exˌtrakt *m*) *n*.

hence [hens] *adv.* **1.** *a.* ***from ~*** (*räumlich*) von hier, von hinnen, fort: **~ *with it!*** weg damit!; ***go ~*** von hinnen gehen (*sterben*); **2.** *zeitlich*: von jetzt an, binnen: ***a week ~*** in *od.* nach einer Woche; **3.** folglich, daher, deshalb; **4.** hieraus, daraus: **~ *it follows that*** daraus folgt, dass; **ˌ~'forth, ˌ~'for·ward(s)** *adv.* von nun an, fort'an, künftig.

hench·man ['hentʃmən] *s.* [*irr.*] *bsd. pol.* a) Gefolgsmann *m*, b) *contp.* Handlanger *m*, *j-s* ‚Krea'tur' *f*.

'hen|·coop *s.* Hühnerstall *m*; **~ har·ri·er** *s. orn.* Kornweihe *f*; **~ hawk** *s. orn. Am.* Hühnerbussard *m*; **ˌ~-'heart·ed** *adj.* feig(e).

hen·na ['henə] *s.* **1.** ⚘ Hennastrauch *m*; **2.** Henna *f* (*Färbemittel*); **'hen·naed** [-nəd] *adj.* mit Henna gefärbt.

hen| par·ty *s.* F Kaffeeklatsch *m*; **'~·pecked** [-pekt] *adj.* F unter dem Pan'toffel stehend: **~ *husband*** Pantoffelheld *m*; **'~·roost** *s.* Hühnerstange *f od.* -stall *m*.

hen·ry ['henrɪ] *pl.* **-rys, -ries** *s.* ⚡, *phys.* Henry *n* (*Einheit der Induktivität*).

hep [hep] → ***hip⁴***.

he·pat·ic [hɪ'pætɪk] *adj.* ⚕ he'patisch, Leber...; **hep·a·ti·tis** [ˌhepə'taɪtɪs] *s.* ⚕ Leberentzündung *f*, Hepa'titis *f*; **hep·a·tol·o·gist** [ˌhepə'tɒlədʒɪst] *s.* ⚕ Hepato'loge *m*.

'hep·cat *s. sl. obs.* Jazz-, *bsd.* Swingmusiker *m od.* -freund *m*.

hep·ta·gon ['heptəgən] *s.* ⩓ Siebeneck *n*, Hepta'gon *n*; **hep·tag·o·nal** [hep'tægənl] *adj.* ⩓ siebeneckig; **hep·ta·he·dron** [ˌheptə'hedrən] *pl.* **-drons** *od.* **-dra** [-drə] *s.* ⩓ Hepta'eder *n*.

hep·tath·lete [hep'tæθliːt] *s. sport* Siebenkämpferin *f*; **hep·tath·lon** [hep'tæθlɒn] *s.* Siebenkampf *m*.

her [hɜː; hə] **I** *pron.* **1.** a) sie (*acc. von* ***she***), b) ihr (*dat. von* ***she***); **2.** F sie (*nom.*): ***it's ~*** sie ist es; **II** *poss. adj.* **3.** ihr, ihre; **III** *refl. pron.* **4.** sich: ***she looked about ~*** sie sah um sich.

her·ald ['herəld] **I** *s.* **1.** *hist.* a) Herold *m*, b) Wappenherold *m*; **2.** *fig.* Verkünder *m*; **3.** *fig.* (Vor)Bote *m*; **II** *v/t.* **4.** verkünden, ankündigen (*a. fig.*); **5.** *a.* **~ *in*** a) einführen, b) einleiten.

he·ral·dic [he'rældɪk] *adj.* he'raldisch, Wappen...; **her·ald·ry** ['herəldrɪ] *s.* **1.** He'raldik *f*, Wappenkunde *f*; **2.** a) Wappen *n*, b) he'raldische Sym'bole *pl.*

herb [hɜːb] *s.* ⚘ a) Kraut *n*, b) Heilkraut *n*, c) Küchenkraut *n*: **~ *tea*** Kräutertee *m*; **her·ba·ceous** [hɜː'beɪʃəs] *adj.* ⚘ krautartig, Kraut...: **~ *border*** (Stauden)Rabatte *f*; **'herb·age** [-bɪdʒ] *s.* **1.** *coll.* Kräuter *pl.*, Gras *n*; **2.** ⚖ *Brit.* Weiderecht *n*; **'herb·al** [-bl] **I** *adj.* Kräuter..., Pflanzen...; **II** *s.* Pflanzenbuch *n*; **'herb·al·ist** [-bəlɪst] *s.* **1.** Kräuter-, Pflanzenkenner(in); **2.** Kräutersammler(in), -händler(in); **3.** Herba'list(in), Kräuterheilkundige(r *m*) *f*; **her·bar·i·um** [hɜː'beərɪəm] *s.* Her'barium *n*.

her·bi·vore ['hɜːbɪvɔː] *s. zo.* Pflanzenfresser *m*; **her·biv·o·rous** [hɜː'bɪvərəs] *adj.* Pflanzen fressend.

Her·cu·le·an [ˌhɜːkjʊ'liːən] *adj.* her'kulisch (*a. fig. riesenstark*), Herkules...: ***the ~ labo(u)rs*** die Arbeiten des Herkules; ***a ~ labo(u)r*** *fig.* e-e Herkulesarbeit; **Her·cu·les** ['hɜːkjʊliːz] *s. myth., ast. u. fig.* Herkules *m*.

herd [hɜːd] **I** *s.* **1.** Herde *f*, (*wild lebender Tiere a.*) Rudel *n*; **2.** *contp.* Herde *f*, Masse *f* (*Menschen*): ***the common*** (*od.* ***vulgar***) **~** die Masse (Mensch), die große Masse; **3.** *in Zssgn* Hirt(in); **II** *v/t.* **4.** *Vieh* hüten; **5.** (**~ *together*** zs.-)treiben; **III** *v/i.* **6.** *a.* **~ *together*** a) in Herden gehen *od.* leben, b) sich zs.-drängen; **7.** sich zs.-tun (***among, with*** mit); **'~·book** *s.* ✓ Herdbuch *n*; **~ in·stinct** *s.* 'Herdeninˌstinkt *m*, -trieb *m* (*a. fig.*); **'~s·man** [-dzmən] *s.* [*irr.*] **1.** *Brit.* Hirt *m*; **2.** Herdenbesitzer *m*.

here [hɪə] **I** *adv.* **1.** hier: ***I am ~*** a) ich bin hier, b) ich bin da (*anwesend*); **~ *and there*** a) hier u. da, da u. dort, b) hierhin u. dorthin, c) hin u. wieder, hie u. da; **~ *and now*** hier u. jetzt *od.* heute; **~, *there and everywhere*** (all)überall; ***that's neither ~ nor there*** a) das gehört nicht zur Sache, b) das besagt nichts; ***we are leaving ~ today*** wir reisen heute von hier ab; **~ *goes*** F also los!; ***~'s to you!*** auf dein Wohl!; **~ *you are!*** hier (bitte)! (*da hast du es*); ***this ~ man*** *sl.* dieser Mann hier; **2.** (hier)her, hierhin: ***bring it ~!*** bring es hierher!; ***come ~!*** komm her!; ***this belongs ~*** das gehört hierher *od.* hierhin; **II** *s.* **3. *the ~ and now*** a) das Hier u. Heute, b) das Diesseits; **'~·aˌbout(s)** [-ərə-] *adv.* hier her'um, in dieser Gegend; **ˌ~'af·ter** [-ər'ɑː-] **I** *adv.* **1.** her'nach, nachher; **2.** in Zukunft; **II** *s.* **3.** Zukunft *f*; **4.** (*das*) Jenseits; **ˌ~'by** *adv.* 'hierdurch, hiermit.

he·red·i·ta·ble [hɪ'redɪtəbl] → ***heritable***; **her·e·dit·a·ment** [ˌherɪ'dɪtəmənt] *s.* ⚖ a) *Brit.* Grundstück *n* (als Bemessungsgrundlage für die Kommu'nalabgaben), b) *Am.* vererblicher Vermögensgegenstand; **he'red·i·tar·y** [-tərɪ] *adj.* □ **1.** erblich, er-, vererbt, Erb...: **~ *disease*** ⚕ Erbkrankheit *f*; **~ *portion*** ⚖ Pflichtteil *m*, *n*; **~ *succession*** *Am.* Erbfolge *f*; **~ *taint*** ⚕ erbliche Belastung; **2.** *fig.* Erb..., alt'hergebracht: **~ *enemy*** Erbfeind *m*; **he'red·i·ty** [-tɪ] *s. biol.* **1.** Vererbbarkeit *f*, Erblichkeit *f*; **2.** ererbte Anlagen *pl.*, Erbmasse *f*.

ˌhere|'from *adv.* hieraus; **ˌ~'in** [-ər'ɪ-] *adv.* hierin; **ˌ~·in·a'bove** *adv.* im Vorstehenden, oben (*erwähnt*); **ˌ~·in'af·ter** *adv.* nachstehend, im Folgenden; **ˌ~'of** *adv.* hiervon, dessen.

her·e·sy ['herəsɪ] *s.* Ketze'rei *f*, Häre'sie *f*; **'her·e·tic** [-ətɪk] **I** *s.* Ketzer(in); **II** *adj.* → **he·ret·i·cal** [hɪ'retɪkl] *adj.* □ ketzerisch.

ˌhere|'to [-'tuː] *adv.* **1.** hierzu; **2.** bis'her; **ˌ~·to'fore** [-tʊ-] *adv.* vordem, ehemals; **ˌ~'un·der** [-ər'ʌ-] **1.** → ***hereinafter***; **2.** ⚖ kraft dieses (*Vertrags etc.*); **ˌ~·un'to** [-ərʌ-] → ***hereto***; **ˌ~·up'on** [-ərə-] *adv.* hierauf, darauf('hin); **ˌ~'with** → ***hereby***.

her·it·a·ble ['herɪtəbl] *adj.* □ **1.** erblich, vererbbar; **2.** erbfähig; **'her·it·age** [-ɪtɪdʒ] *s.* **1.** Erbe *n*: a) Erbschaft *f*, Erbgut *n*, b) *ererbtes Recht etc.*; **2.** *bibl.* (*das*) Volk Israel; **'her·i·tor** [-ɪtə] *s.* ⚖ Erbe *m*.

her·maph·ro·dite [hɜː'mæfrədaɪt] *s.*

H

biol. Hermaphro'dit *m*, Zwitter *m*; **her'maph·ro·dit·ism** [-daɪtɪzəm] *s. biol.* Hermaphrodi'tismus *m*, Zwittertum *n od.* -bildung *f*.

her·met·ic [hɜː'metɪk] *adj.* (□ **~ally**) her'metisch (*a. fig.*), luftdicht: **~ seal** luftdichter Verschluss.

her·mit ['hɜːmɪt] *s.* Einsiedler *m* (*a. fig.*), Ere'mit *m*; **'her·mit·age** [-tɪdʒ] *s.* Einsiede'lei *f*, Klause *f*.

her·mit crab *s. zo.* Einsiedlerkrebs *m*.

her·ni·a ['hɜːnjə] *s.* ⚕ Bruch *m*, Hernie *f*; **'her·ni·al** [-jəl] *adj.*: **~ truss** ⚕ Bruchband *n*.

he·ro ['hɪərəʊ] *pl.* **-roes** *s.* **1.** Held *m*; **2.** *thea. etc.* Held *m*, 'Hauptper,son *f*; **3.** *antiq.* Heros *m*, Halbgott *m*.

he·ro·ic [hɪ'rəʊɪk] **I** *adj.* (□ **~ally**) **1.** he'roisch (*a. paint. etc.*), heldenmütig, -haft, Helden...: **~ age** Heldenzeitalter *n*; **~ couplet** heroisches Reimpaar; **~ poem** → 4b; **~ tenor** ♪ Heldentenor *m*; **~ verse** → 4a; **2.** a) erhaben, b) hochtrabend (*Stil*); **3.** ⚕ drastisch, Radikal...; **II** *s.* **4.** a) he'roisches Versmaß, b) he'roisches Gedicht; **5.** *pl.* bom'bastische Worte.

her·o·in ['herəʊɪn] *s.* Hero'in *n*.

her·o·ine ['herəʊɪn] *s.* **1.** Heldin *f* (*a. thea. etc.*); **2.** *antiq.* Halbgöttin *f*; **'her·o·ism** [-ɪzəm] *s.* Heldentum *n*, Hero'ismus *m*; **he·ro·ize** ['hɪərəʊaɪz] **I** *v/t.* heroisieren, zum Helden machen; **II** *v/i.* den Helden spielen.

her·on ['herən] *s. orn.* Reiher *m*; **'her·on·ry** [-rɪ] *s.* Reiherhorst *m*.

he·ro| wor·ship *s.* **1.** Heldenverehrung *f*; **2.** Schwärme'rei *f*; **'~-,wor·ship** *v/t.* **1.** als Helden verehren; **2.** schwärmen für.

her·pes ['hɜːpiːz] *s.* ⚕ Herpes *m*, Bläschenausschlag *m*.

her·pe·tol·o·gy [,hɜːpɪ'tɒlədʒɪ] *s.* Herpetolo'gie *f*, Rep'tilienkunde *f*.

her·ring ['herɪŋ] *s. ichth.* Hering *m*; **'~·bone I** *s.* **1.** *a.* **~ design, ~ pattern** Fischgrätenmuster *n*; **2.** fischgrätenartige Anordnung; **3.** *Stickerei*: **~ (stitch)** Fischgrätenstich *m*; **4.** *Skilauf*: Grätenschritt *m*; **II** *v/t.* **5.** mit e-m Fischgrätenmuster nähen; **III** *v/i.* **6.** *Skilauf*: im Grätenschritt steigen; **~ pond** *s. humor. der* ‚Große Teich' (*Atlantik*).

hers [hɜːz] *poss. pron.* ihrer (ihre, ihres), der (die, das) Ihre (*od.* Ihrige): **my mother and ~** meine u. ihre Mutter; **it is ~** es gehört ihr; **a friend of ~** e-e Freundin von ihr.

her·self [hɜː'self; hə-] *pron.* **1.** *refl.* sich: **she hurt ~**; **2.** sich (selbst): **she wants it for ~**; **3.** *verstärkend*: sie (*nom. od. acc.*) *od.* ihr (*dat.*) selbst: **she ~ did it, she did it ~** sie selbst hat es getan, sie hat es selbst getan; **by ~** allein, ohne Hilfe, von selbst; **4. she is not quite ~** a) sie ist nicht ganz normal, b) sie ist nicht auf der Höhe; **she is ~ again** sie ist wieder die Alte.

hertz [hɜːts] *s. phys.* Hertz *n*; **Hertz·i·an** ['hɜːtsɪən] *adj. phys.* hertzsch: **~ waves** hertzsche Wellen.

he's [hiːz; hɪz] F *für* a) **he is**, b) **he has**.

hes·i·tance ['hezɪtəns], **'hes·i·tan·cy** [-sɪ] *s.* Zögern *n*, Unschlüssigkeit *f*; **'hes·i·tant** [-nt] *adj.* **1.** zögernd, unschlüssig; **2.** *beim Sprechen*: stockend; **'hes·i·tate** [-teɪt] *v/i.* **1.** zögern, zaudern, unschlüssig sein, Bedenken haben (**to** *inf.* zu *inf.*): **not to ~ at** nicht zurückschrecken vor (*dat.*); **2.** (*beim Sprechen*) stocken; **'hes·i·tat·ing·ly** [-teɪtɪŋlɪ] *adv.* zögernd; **hes·i·ta·tion** [,hezɪ'teɪʃən] *s.* **1.** Zögern *n*, Zaudern *n*, Unschlüssigkeit *f*: **without any ~** ohne (auch nur) zu zögern, bedenkenlos; **2.** Stocken *n*.

Hes·si·an ['hesɪən] **I** *adj.* **1.** hessisch; **II** *s.* **2.** Hesse *m*, Hessin *f*; **3.** ꕤ Juteleinen *n* (*für Säcke etc.*); **~ boots** *s. pl.* Schaftstiefel *pl.*

het [het] *adj.*: **~ up** F ganz ‚aus dem Häus-chen'.

he·tae·ra [hɪ'tɪərə] *pl.* **-rae** [-riː], **he'tai·ra** [-'taɪərə] *pl.* **-rai** [-raɪ] *s. antiq.* He'täre *f*.

hetero- [hetərəʊ] *in Zssgn* anders, verschieden, fremd.

het·er·o ['hetərəʊ] *pl.* **-os** *s.* F ‚Hetero' *m* (*Heterosexuelle[r]*).

het·er·o·clite ['hetərəʊklaɪt] *ling.* **I** *adj.* hetero'klitisch; **II** *s.* Hete'rokliton *n*;

het·er·o·dox ['hetərəʊdɒks] *adj.* **1.** *eccl.* hetero'dox, anders-, irrgläubig; **2.** *fig.* 'unkonventio,nell; **het·er·o·dox·y** ['hetərəʊdɒksɪ] *s.* Andersgläubigkeit *f*, Irrglaube *m*; **'het·er·o·dyne** [-əʊdaɪn] *adj. Radio*: **~ receiver** Überlagerungsempfänger *m*, Super(het) *m*; **het·er·o·ge·ne·i·ty** [,hetərəʊdʒɪ'niːətɪ] *s.* Verschiedenartigkeit *f*; **het·er·o·ge·ne·ous** [,hetərəʊ'dʒiːnjəs] *adj.* □ hetero'gen, ungleichartig, verschiedenartig: **~ number** ⩚ gemischte Zahl; **het·er·on·o·mous** [,hetə'rɒnəməs] *adj.* hetero'nom: a) unselbstständig, b) *biol.* ungleichartig; **het·er·on·o·my** [,hetə'rɒnəmɪ] *s.* Heterono'mie *f*; **het·er·o·sex·u·al** [,hetərəʊ'seksjʊəl] **I** *adj.* heterosexu'ell; **II** *s.* Heterosexu'elle (r *m*) *f*.

hew [hjuː] *v/t.* [*irr.*] hauen, hacken; *Steine* behauen; *Bäume* fällen; **~ down** *v/t.* 'um-, niederhauen, fällen; **~ out** *v/t.* **1.** aushauen; **2.** *fig.* (mühsam) schaffen: **~ a path for o.s.** sich s-n Weg bahnen.

hew·er ['hjuːə] *s.* **1.** (Holz-, Stein)Hauer *m*: **~s of wood and drawers of water** a) *bibl.* Holzhauer u. Wasserträger, b) einfache Leute; **2.** ⚒ Hauer *m*;

hewn [hjuːn] *p.p. von* **hew**.

hex [heks] *Am.* F **I** *s.* **1.** Hexe *f*; **2.** Zauber *m*: **put the ~ on** → **II** *v/t.* **3.** *j-n* behexen; *et.* ‚verhexen'.

hexa- [heksə] *in Zssgn* sechs; **,hex·a'dec·i·mal** [-'desɪml] *adj.* □ ⩚, *EDV* ,hexadezi'mal; **hex·a·gon** ['heksəgən] *s.* ⩚ Hexa'gon *n*, Sechseck *n*: **~ voltage** ⚡ Sechsecksspannung *f*; **hex·ag·o·nal** [hek'sægənl] *adj.* sechseckig; **'hex·a·gram** [-græm] *s.* Hexa'gramm *n* (*Sechsstern*); **hex·a·he·dral** [,heksə'hedrəl] *adj.* ⩚ sechsflächig; **hex·a·he·dron** [,heksə'hedrən] *pl.* **-drons** *od.* **-dra** [-drə] *s.* ⩚ Hexa'eder *n*; **hex·am·e·ter** [hek'sæmɪtə] **I** *s.* He'xameter *m*; **II** *adj.* hexa'metrisch.

hey [heɪ] *int.* **1.** he!, heda!; **2.** *erstaunt*: he!, Mann!; **3.** hei; → **presto** I.

hey·day ['heɪdeɪ] *s.* Höhepunkt *m*, Blüte(zeit) *f*, Gipfel *m*: **in the ~ of his power** auf dem Gipfel s-r Macht.

Hez·bol·lah [,hezbə'lɑː] *npr. coll.* His'bollah *f*.

H-hour ['eɪtʃ,aʊə] *s.* ⚔ die Stunde X (*Zeitpunkt für den Beginn e-r militärischen Aktion*).

hi [haɪ] *int.* **1.** he!, heda!; **2.** hal'lo!, F *als Begrüßung*: *a.* ‚Tag'!

hi·a·tus [haɪ'eɪtəs] *s.* **1.** Lücke *f*, Spalt *m*, Kluft *f*; **2.** *anat., ling.* Hi'atus *m*.

hi·ber·nate ['haɪbəneɪt] *v/i.* über'wintern: a) *zo.* Winterschlaf halten, b) den Winter verbringen; **hi·ber·na·tion** [,haɪbə'neɪʃn] *s.* Winterschlaf *m*, Über'winterung *f*.

Hi·ber·ni·an [haɪ'bɜːnjən] *poet.* **I** *adj.* irisch; **II** *s.* Irländer(in).

hi·bis·cus [hɪ'bɪskəs] *s.* ⚘ Eibisch *m*.

hic·cough, hic·cup ['hɪkʌp] **I** *s.* Schlucken *m*, Schluckauf *m*: **have the ~s** → **II** *v/i.* den Schluckauf haben.

hick [hɪk] *s. Am.* F ‚Bauer' *m*, 'Hinterwäldler *m*: **~ girl** Bauerntrampel *m, n*; **~ town** ‚(Provinz)Nest' *n*, Kaff *n*.

hick·o·ry ['hɪkərɪ] *s.* ⚘ **1.** Hickory(-baum) *m*; **2.** Hickoryholz *n od.* -stock *m*.

hid [hɪd] *pret. u. p.p. von* **hide**[1]; **hid·den** [hɪdn] **I** *p.p. von* **hide**[1]; **II** *adj.* □ verborgen, versteckt, geheim; **~ persuaders** heimliche Verführer.

hide[1] [haɪd] **I** *v/t.* [*irr.*] (**from**) verbergen (*dat. od.* vor *dat.*): a) verstecken (vor *dat.*), b) verheimlichen (*dat. od.* vor *dat.*), c) verhüllen: **~ from view** den Blicken entziehen, d) *Computer*: ausblenden; **II** *v/i.* [*irr.*] *a.* **~ out** sich verstecken (*a. fig.* **behind** hinter *dat.*).

hide[2] [haɪd] **I** *s.* **1.** Haut *f*, Fell *n* (*beide a. fig.*): **save one's ~** die eigene Haut retten; **tan s.o.'s ~** F j-m das Fell gerben; **I'll have his ~ for this!** F das soll er mir bitter büßen!; **II** *v/t.* **2.** abhäuten; **3.** F *j-n* ‚verdreschen'.

hide[3] [haɪd] *s.* Hufe *f* (*altes engl. Feldmaß, 60–120 acres*).

,hide|-and-'seek *s.* Versteckspiel *n*: **play ~** Versteck spielen (*a. fig.*); **'~·a·way** → **hideout**; **'~·bound** *adj. fig.* engstirnig, beschränkt, borniert.

hid·e·ous ['hɪdɪəs] *adj.* □ ab'scheulich, scheußlich, schrecklich (*alle a.* F *fig.*); **'hid·e·ous·ness** [-nɪs] *s.* Scheußlichkeit *f etc.*

'hide·out *s.* **1.** Versteck *n*; **2.** Zufluchtsort *m*.

hid·ing[1] ['haɪdɪŋ] *s.* Versteck *n*: **be in ~** sich versteckt halten.

hid·ing[2] ['haɪdɪŋ] *s.* F Tracht *f* Prügel, ‚Dresche' *f*.

hie [haɪ] *v/i. obs. od. humor.* eilen.

hi·er·arch ['haɪərɑːk] *s. eccl.* Hier'arch *m*, Oberpriester *m*; **hi·er·ar·chic, hi·er·ar·chi·cal** [,haɪə'rɑːkɪk(l)] *adj.* □ hier'archisch; **'hi·er·arch·y** [-kɪ] *s.* Hierar'chie *f*.

hi·er·o·glyph ['haɪərəʊglɪf] *s.* **1.** Hiero'glyphe *f*; **2.** *pl. mst sg. konstr.* Hiero'glyphenschrift *f*; **3.** *pl. humor.* Hiero'glyphen *pl.*, unleserliches Gekritzel; **hi·er·o·glyph·ic** [,haɪərəʊ'glɪfɪk] **I** *adj.* (□ **~ally**) **1.** hiero'glyphisch; **2.** rätselhaft; **3.** unleserlich; **II** *s.* **4.** → **hieroglyph** 1–3; **hi·er·o·glyph·i·cal** [,haɪərəʊ'glɪfɪkl] *adj.* □ → **hieroglyphic** 1–3.

hi-fi [,haɪ'faɪ] F **I** *s.* **1.** → **high fidelity**; **2.** Hi-Fi-Anlage *f*; **II** *adj.* **3.** Hi-Fi-...

hig·gle ['hɪgl] → **haggle**.

hig·gle·dy-pig·gle·dy [,hɪgldɪ'pɪgldɪ] F **I** *adv.* drunter u. drüber, (wie Kraut u. Rüben) durchein'ander; **II** *s.* Durcheinander *n*, Tohuwa'bohu *n*.

high [haɪ] **I** *adj.* (□ → **highly**) (→ **higher, highest**) **1.** hoch: **ten feet ~**; **a ~ tower**; **2.** hoch (gelegen): ꕤ **Asia** Hochasien *n*; **~ latitude** *geogr.* hohe Breite; **the ~est floor** das oberste Stockwerk; **3.** hoch (*Grad*): **~ prices** (**temperature**); **~ favo(u)r** hohe Gunst; **~ praise** großes Lob; **~ speed** hohe Geschwindigkeit, ⚓ hohe Fahrt, äußerste Kraft; → **gear** 2a; **4.** stark, heftig: **~ wind**; **~**

words heftige Worte; **5.** hoch (im Rang), Hoch..., Ober..., Haupt...: ***~ commissioner*** Hoher Kommissar; ***the Most 2*** der Allerhöchste (*Gott*); **6.** hoch, bedeutend, wichtig: ***~ aims*** hohe Ziele; ***~ politics*** hohe Politik; **7.** hoch (*Stellung*), vornehm, edel: ***of ~ birth***; ***~ society*** High Society *f*, die vornehme Welt; ***~ and low*** hoch u. niedrig; **8.** hoch, erhaben, edel; **9.** hoch, gut, erstklassig: ***~ quality***; ***~ performance*** Hochleistung *f*; **10.** hoch, Hoch... (*auf dem Höhepunkt*): ***2 Middle Ages*** Hochmittelalter *n*; ***~ period*** Glanzzeit *f*; **11.** hoch, fortgeschritten (*Zeit*): ***~ summer*** Hochsommer *m*; ***~ antiquity*** fernes *od.* tiefes Altertum; ***it is ~ time*** es ist höchste Zeit; → ***noon***; **12.** *ling.* a) Hoch... (*Sprache*), b) hoch (*Laut*); **13.** a) hoch, b) schrill: ***~ voice***; **14.** hoch (*im Kurs*), teuer; **15.** → ***high and mighty***; **16.** ex'trem, eifrig: ***a ~ Tory***; **17.** lebhaft (*Farbe*): ***~ complexion*** a) rosiger Teint, b) gerötetes Gesicht; **18.** erregend, spannend: ***~ adventure***; **19.** a) heiter: ***in ~ spirits*** (in) gehobener Stimmung, b) F ‚blau' (*betrunken*), c) F ‚high' (*im Drogenrausch od. fig. in euphorischer Stimmung*); **20.** F ‚scharf', erpicht (***on*** auf *acc.*); **21.** *Küche*: angegangen, mit Haut'gout; **II** *adv.* **22.** hoch: ***aim ~*** *fig.* sich hohe Ziele setzen; ***run ~*** a) hochgehen (*Wellen*), b) toben (*Gefühle*); ***feelings ran ~*** die Gemüter erhitzten sich; ***play ~*** hoch *od.* mit hohem Einsatz spielen; ***pay ~*** teuer bezahlen; ***search ~ and low*** überall suchen; **23.** üppig: ***live ~***; **III** *s.* **24.** (An-)Höhe *f*: ***on ~*** a) hoch oben, droben, b) hoch (hinauf), c) im *od.* zum Himmel; ***from on ~*** a) von oben, b) vom Himmel; **25.** *meteor.* Hoch(druckgebiet) *n*; **26.** ⚙ a) höchster Gang, b) Geländegang *m*: ***shift into ~*** den höchsten Gang einlegen; **27.** *fig.* Höchststand *m*: ***reach a new ~***; **28.** F *für* ***high school***; **29.** ***he's still got his ~*** F er ist immer noch ‚high'.

high| al·tar *s. eccl.* 'Hochal͵tar *m*; ͵**~-'al·ti·tude** *adj.* ✈ Höhen...: ***~ flight***; ***~ nausea*** Höhenkrankheit *f*; **~ and dry** *adj.* hoch u. trocken, auf dem Trockenen: ***leave s.o. ~*** *fig.* j-n im Stich lassen; **~ and might·y** *adj.* F anmaßend, arro'gant; **'~·ball** *Am.* **I** *s.* **1.** Highball *m* (*Whisky-Cocktail*); **2.** 🚂 a) Freie-'Fahrt-Si͵gnal *n*, b) Schnellzug *m*; **II** *v/i. u. v/t.* **3.** F mit vollem Tempo fahren; **~ beam** *s. mot. Am.* Fernlicht *n*; **'~͵bind·er** *s. Am.* F **1.** Gangster *m*; **2.** Gauner *m*; **3.** Rowdy *m*; **'~·blown** *adj. fig.* großspurig, aufgeblasen; **'~·born** *adj.* hochgeboren; **'~·boy** *s. Am.* Kom'mode *f* mit Aufsatz; **'~·bred** *adj.* vornehm, wohlerzogen; **'~·brow** *oft contp.* **I** *s.* Intellektu'elle(r *m*) *f*; **II** *adj. a.* **'~-·browed** (betont) intellektu'ell, (geistig) anspruchsvoll, ‚hochgestochen'; **2 Church I** *s.* High-Church *f*, angli'kanische Hochkirche; **II** *adj.* hochkirchlich, der High-Church; ͵**~-cir·cu·'la·tion** *adj.* auflagenstark; ͵**~-'class** *adj.* **1.** erstklassig; **2.** der High Society; **~ com·mand** *s.* ⚔ 'Oberkom͵mando *n*; **2 Court** (**of Jus·tice**) *s. Brit.* oberstes (*erstinstanzliches*) Zi'vilgericht; **~ day** *s.*: ***~s and holidays*** Fest- u. Feiertage; **~ div·ing** *s. sport* Turmspringen *n*; ͵**~-'du·ty** *adj.* ⚙ Hochleistungs...

high·er ['haɪə] **I** *comp. von* ***high***; **II** *adj.* höher (*a. fig. Bildung, Rang etc.*), Ober...: ***the ~ mammals*** die höheren Säugetiere; ***~ mathematics*** höhere Mathematik; **III** *adv.* höher, mehr: ***bid ~***; **'~-up** [-ərʌ-] *s.* F ‚höheres Tier'.

high·est ['haɪɪst] **I** *sup. von* ***high***; **II** *adj.* höchst (*a. fig.*), Höchst...: ***~ bidder*** Meistbietende(r *m*) *f*; **III** *adv.* am höchsten: ***~ possible*** höchstmöglich; **IV** *s.* (*das*) Höchste: ***at its ~*** auf dem Höhepunkt.

high| ex·plo·sive *s.* 'hochexplo͵siver *od.* 'hochbri͵santer Sprengstoff; ͵**~-ex'plo·sive** *adj.* 'hochexplo͵siv: ***~ bomb*** Sprengbombe *f*; ͵**~-fa'lu·tin** [-fə'luːtɪn], ͵**~-fa'lu·ting** [-tɪŋ] *adj. u. s.* hochtrabend(es Geschwätz); **~ farm·ing** *s.* ✓ inten'sive Bodenbewirtschaftung; **~ fi·del·i·ty** *s. Radio*: 'High Fi'delity *f* (*hohe Wiedergabequalität*), Hi-Fi *n*; ͵**~-fi'del·i·ty** *adj.* High-Fidelity-..., Hi-Fi-...; **~ fi·nance** *s.* 'Hochfi͵nanz *f*; ͵**~'fli·er** → ***highflyer***; **'~-flown** *adj.* **1.** bom'bastisch, hochtrabend; **2.** hoch gesteckt (*Ziele etc.*), hochfliegend (*Pläne*); ͵**~'fly·er** *s.* **1.** Erfolgsmensch *m*; **2.** Ehrgeizling *m*, ‚Aufsteiger' *m*; **3.** schnell steigende Aktie; ͵**~-'fly·ing** *adj.* **1.** hoch fliegend; **2.** → ***high-flown***; **~ fre·quen·cy** *s.* ⚡ 'Hochfre͵quenz *f*; ͵**~-'fre·quen·cy** *adj.* Hochfrequenz...; **2 Ger·man** *s. ling.* Hochdeutsch *n*; ͵**~-'grade** *adj.* erstklassig, hochwertig; **~ hand** *s.*: ***with a ~*** → ͵**~-'hand·ed** *adj.* □ anmaßend, selbstherrlich, eigenmächtig; **~ hat** *s.* Zy'linder *m* (*Hut*); ͵**~-'hat I** *s.* Snob *m*, hochnäsiger Mensch; **II** *adj.* hochnäsig; **III** *v/t. j-n* von oben her'ab behandeln; ͵**~-'heeled** *adj.* hochhackig (*Schuhe*); **~ jump** *s. sport* Hochsprung *m*: ***be for the ~*** *Brit.* F ‚dran' sein; **'~·land** [-lənd] **I** *s.* Hoch-, Bergland *n*: ***the 2s of Scotland*** das schottische Hochland; **II** *adj.* hochländisch, Hochland...; **'2·land·er** [-ləndə] *s.* (*bsd. schottische*[*r*]) Hochländer(in); ͵**~-'lev·el** *adj.* **1.** hoch: ***~ railway*** Hochbahn *f*; **2.** *fig.* auf hoher Ebene, Spitzen...: ***~ talks***; ***~ officials*** hohe Beamte; **~ life** *s.* Highlife *n* (*exklusives Leben der vornehmen Welt*); **'~·light I** *s.* **1.** *paint., phot.* (Schlag)Licht *n*; **2.** *fig.* Höhe-, Glanzpunkt *m*; **3.** *pl.* (*Opern- etc.*)Querschnitt *m* (*Schallplatte etc.*); **II** *v/t.* **4.** *fig.* ein Schlaglicht werfen auf (*acc.*), her'vorheben, groß her'ausstellen; **5.** *Text* her'vorheben, mar'kieren; **6.** *Computer*: *Text* markieren; **7.** *Haare*: Strähnchen *pl.* machen in (*acc.*); **8.** *fig.* den Höhepunkt (*gen.*) bilden; **'~·light·er** *s.* **1.** Leuchtstift *m*; **2.** *Kosmetik*: Aufheller *m*, Töner *m*; **'~·lights** *pl.* Strähnchen *pl.* (*im Haar*).

high·ly ['haɪlɪ] *adv.* hoch, höchst, äußerst, sehr: ***~ gifted*** hoch begabt; ***~ placed*** *fig.* hoch gestellt; ***~ strung*** → ***high-strung***; ***~ paid*** a) hoch bezahlt, b) teuer bezahlt; ***think ~ of*** viel halten von.

High| Mass *s. eccl.* Hochamt *n*; ͵**2-'mind·ed** *adj.* hochgesinnt; ͵**2-'mind·ed·ness** *s.* hohe Gesinnung; ͵**2-'necked** *adj.* hochgeschlossen (*Kleid*).

high·ness ['haɪnɪs] *s.* **1.** *mst fig.* Höhe *f*; **2.** **2** Hoheit *f* (*in Titeln*); **3.** Haut'gout *m* (*von Fleisch etc.*).

͵**high|-'pitched** *adj.* **1.** hoch (*Ton etc.*); **2.** ⌂ steil; **3.** exaltiert: a) über'spannt, b) über'dreht, aufgeregt; **~ point** *s.* Höhepunkt *m*; ͵**~-'pow·er**(**ed**) *adj.* **1.** ⚙ Hochleistungs..., Groß..., stark; **2.** *fig.* dy'namisch; ͵**~-'pres·sure I** *adj.* **1.** ⚙ *u. meteor.* Hochdruck...: ***~ area*** Hoch(-druckgebiet) *n*; ***~ engine*** Hochdruckmaschine *f*; **2.** F a) aufdringlich, aggres'siv, b) dy'namisch: ***~ salesman***; **II** *v/t.* **3.** F *Kunden* ‚bekníen', ‚bearbeiten'; ͵**~-'priced** *adj.* teuer; **~ priest** *s.* Hohe'priester *m* (*a. fig.*); ͵**~-'prin·ci·pled** *adj.* von hohen Grundsätzen; ͵**~-'pro·file** *adj. attr.* **1.** *Politiker etc.*: a) überall in den Medien prä'sent, b) publicitysüchtig; **2.** *it was* ***a ~ campaign*** e-e Kam'pagne, die in den Medien starke Beachtung fand; ͵**~-'proof** *adj.* stark alko'holisch; **'~-͵rank·ing** *adj.*: ***~ officer*** hoher Offizier; **~ re·lief** *s.* 'Hochreli͵ef *n*; ͵**~-res·o·'lu·tion** *adj.* TV hochauflösend; **'~·rise I** *adj.* Hoch(haus)...: ***~ building*** → **II** *s.* Hochhaus *n*; **'~·road** *s.* Hauptstraße *f*: ***the ~ to success*** *fig.* der sicherste Weg zum Erfolg; **~ school** *s. Am.* High School *f* (*weiterführende Schule*); ͵**~-'sea** *adj.* Hochsee...; **~ sea·son** *s.* 'Hochsai͵son *f*; **~ sign** *s. Am.* (*bsd.* warnendes) Zeichen; **'~-͵sound·ing** *adj.* hochtönend, -trabend; ͵**~-'speed** *adj.* **1.** ⚙ a) schnell laufend: ***~ motor***, b) Schnell..., Hochleistungs...: ***~ regulator***; ***~ steel*** Schnellarbeitsstahl *m*, c) Hochgeschwindigkeits...: ***~ train***; **2.** *phot.* a) hoch empfindlich: ***~ film***, b) lichtstark: ***~ lens***; ͵**~-'spir·it·ed** *adj.* lebhaft, tempera'mentvoll; **~ spir·its** *s. pl.* fröhliche Laune, gehobene Stimmung; **~ spot** F → ***highlight*** 2; **~ street** *s.* Hauptstraße *f*; ͵**~-'strung** *adj.* reizbar, (äußerst) ner'vös; **~ ta·ble** *s. Brit. univ.* erhöhte Speisetafel (*für Dozenten etc.*); **'~-tail** *v/i. a.* ***~ it*** *Am.* F (da'hin-, da'von)rasen, (-)flitzen; **~ tea** *s. bsd. Brit.* frühes Abendessen; **~ tech** [tek] *s.* ͵High'tech *n, f*; ͵**~-'tech** *adj.* ͵High'tech..., 'hochtechno͵logisch: ***~ medicine*** Apparatemedizin *f*; **~ tech·nol·o·gy** *s.* 'Hochtechnolo͵gie *f*; **~ ten·sion** *s.* ⚡ Hochspannung *f*; ͵**~-'ten·sion** *adj.* ⚡ Hochspannungs...; **~ tide** *s.* **1.** Hochwasser *n* (*höchster Flutwasserstand*); **2.** *fig.* Höhepunkt *m*; ͵**~-'toned** *adj.* **1.** *fig.* erhaben; **2.** vornehm; **~ trea·son** *s.* Hochverrat *m*; **'~-up** *s.* F ‚hohes Tier'; **~ volt·age** → ***high tension***; **~ wa·ter** → ***high tide*** 1; ͵**~-'wa·ter mark** *s.* a) Hochwassерstandsmarke *f*, b) *fig.* Höchststand *m*; **'~·way** *s.* Haupt(verkehrs)straße *f*, Highway *m*: ***Federal ~*** *Am.* Bundesstraße *f*; **2 Code** *Brit.* Straßenverkehrsordnung *f*; ***~ robbery*** a) Straßenraub *m*, b) F *der* ‚reinste Nepp'; ***the ~ to success*** der sicherste Weg zum Erfolg; ***all the ~s and byways*** a) alle Wege, b) sämtliche Spielarten; **'~·way·man** [-mən] *s.* [*irr.*] Straßenräuber *m*.

hi·jack ['haɪdʒæk] **I** *v/t.* **1.** *Flugzeug* entführen; **2.** *Geldtransport etc.* über'fallen u. ausrauben; **II** *s.* **3.** Flugzeugentführung *f*; **4.** 'Überfall *m* (*auf Geldtransport etc.*); **'hi͵jack·er** [-kə] *s.* **1.** Flugzeugentführer *m*, 'Luftpi͵rat *m*; **2.** Räuber *m*; **'hi͵jack·ing** [-kɪŋ] → ***hijack*** II.

hike [haɪk] **I** *v/i.* **1.** wandern; **2.** marschieren; **3.** hochrutschen (*Kleidungsstück*); **II** *v/t.* **4.** *mst* ***~ up*** hochziehen; **5.** *Am. Preise etc.* (drastisch) erhöhen; **III** *s.* **6.** a) Wanderung *f*, b) ⚔ Geländemarsch *m*; **7.** *Am.* (drastische) Erhöhung: ***a ~ in prices***; **'hik·er** [-kə] *s.* Wanderer *m*.

hi·lar·i·ous [hɪ'leərɪəs] *adj.* □ vergnügt, 'übermütig, ausgelassen; **hi·lar·i·ty**

[hɪ'lærətɪ] *s.* Ausgelassenheit *f*, 'Übermütigkeit *f*.

Hil·a·ry term ['hɪlərɪ] *s. Brit.* **1.** ⚖ *Gerichtstermine in der Zeit vom 11. Januar bis Mittwoch vor Ostern*; **2.** *univ.* 'Frühjahrsse,mester *n*.

hill [hɪl] **I** *s.* **1.** Hügel *m*, Anhöhe *f*, kleiner Berg: ***up ~ and down dale*** bergauf u. bergab; ***be over the ~*** a) s-e besten Jahre hinter sich haben, b) *bsd.* ✱ über den Berg sein; → ***old*** 3; **2.** (Erd- *etc.*)Haufen *m*; **II** *v/t.* **3.** *a.* ***~ up*** ✓ *Pflanzen* häufeln; '**~,bil·ly** *s. Am.* F *contp.* Hinterwäldler *m*: ***~ music*** 'Hillbillymusik *f*; **~ climb** *s. mot.*, *Radsport*: Bergrennen *n*; '**~-,climb·ing a·bil·i·ty** *s. mot.* Steigfähigkeit *f*.

hill·i·ness ['hɪlɪnɪs] *s.* Hügeligkeit *f*.

hill·ock ['hɪlək] *s.* kleiner Hügel.

,**hill|'side** *s.* Hang *m*, (Berg)Abhang *m*; ,**~'top** *s.* Bergspitze *f*.

hill·y ['hɪlɪ] *adj.* hügelig.

hilt [hɪlt] *s.* Heft *n*, Griff *m* (*Schwert etc.*): ***up to the ~*** a) bis ans Heft, b) *fig.* total; ***armed to the ~*** bis an die Zähne bewaffnet; ***back s.o. up to the ~*** j-n voll (u. ganz) unterstützen; ***prove up to the ~*** unwiderleglich beweisen.

him [hɪm] *pron.* **1.** a) ihn (*acc.*), b) ihm (*dat.*); **2.** F er (*nom.*): ***it's ~*** er ist es; **3.** den(jenigen), wer: ***I saw ~ who did it***; **4.** *refl.* sich: ***he looked about ~*** er sah um sich.

Hi·ma·la·yan [,hɪmə'leɪən] *adj.* Himalaja...

him'self *pron.* **1.** *refl.* sich: ***he cut ~***; **2.** sich (selbst): ***he needs it for ~***; **3.** *verstärkend*: (er *od.* ihn *od.* ihm) selbst: ***he ~ said it, he said it ~*** er selbst sagte es, er sagte es selbst; ***by ~*** allein, ohne Hilfe, von selbst; **4.** ***he is not quite ~*** a) er ist nicht ganz normal, b) er ist nicht auf der Höhe; ***he is ~ again*** er ist wieder (ganz) der Alte.

hind¹ [haɪnd] *s. zo.* Hindin *f*, Hirschkuh *f*.

hind² [haɪnd] *adj.* hinter, Hinter...: ***~ leg*** Hinterbein *n*; ***talk the ~ legs off a donkey*** F unaufhörlich reden; ***~ wheel*** Hinterrad *n*.

hind·er¹ ['haɪndə] *comp. von* ***hind²***.

hin·der² ['hɪndə] **I** *v/t.* **1.** aufhalten; **2.** (***from***) hindern (an *dat.*), abhalten (von): ***~ed in one's work*** bei der Arbeit behindert *od.* gestört; **II** *v/i.* **3.** im Wege *od.* hinderlich sein, hindern.

Hin·di ['hɪndi:] *s. ling.* Hindi *n*.

'**hind·most** [-ndm-] *sup. von* ***hind²***.

,**hind'quar·ter** *s.* **1.** 'Hinterviertel *n* (*vom Schlachttier*); **2.** *pl.* a) 'Hinterteil *n*, Gesäß *n*, b) 'Hinterhand *f* (*vom Pferd*).

hin·drance ['hɪndrəns] *s.* **1.** Hinderung *f*; **2.** Hindernis *n* (***to*** für).

'**hind·sight** *s.* **1.** ⚔ Vi'sier *n*; **2.** *fig.* späte Einsicht: ***by ~, with the wisdom of ~*** ‚im Nachhinein', hinterher; ***foresight is better than ~*** Vorsicht ist besser als Nachsicht; ***~ is easier than foresight*** hinterher ist man immer klüger (als vorher), *contp. a.* hinterher kann man leicht klüger sein (als vorher).

Hin·du [,hɪn'du:] **I** *s.* **1.** Hindu *m*; **2.** Inder *m*; **II** *adj.* **3.** Hindu...; **Hin·du·ism** ['hɪndu:ɪzəm] *s.* Hindu'ismus *m*; **Hin·du·sta·ni** [,hɪndʊ'stɑ:nɪ] **I** *s. ling.* Hindu'stani *n*; **II** *adj.* hindu'stanisch.

hinge [hɪndʒ] **I** *s.* **1.** ⚙ Schar'nier *n*, Gelenk *n*, (Tür)Angel *f*: ***off its ~s*** aus den Angeln, *fig. a.* aus den Fugen; **2.** *fig.* Angelpunkt *m*; **II** *v/t.* **3.** mit Scharnieren *etc.* versehen; **4.** *Tür etc.* einhängen; **III** *v/i.* **5.** *fig.*: ***~ on*** a) sich drehen um, b) abhängen von, ankommen auf (*acc.*); **hinged** [-dʒd] *adj.* (um ein Gelenk) drehbar, auf-, her'unter-, zs.-klappbar, Scharnier...; **hinge joint** *s.* **1.** → ***hinge*** 1; **2.** *anat.* Schar'niergelenk *n*.

hin·ny ['hɪnɪ] *s. zo.* Maulesel *m*.

hint [hɪnt] **I** *s.* **1.** Wink *m*: a) Andeutung *f*, b) Tipp *m*, Hinweis *m*, Fingerzeig *m*: ***broad ~*** Wink mit dem Zaunpfahl; ***take a*** (*od.* ***the***) ***~*** den Wink verstehen; ***drop a ~*** e-e Andeutung machen; **2.** Anspielung *f* (***at*** auf *acc.*); **3.** Anflug *m*, Spur *f* (***of*** von); **II** *v/t.* **4.** andeuten, *et.* zu verstehen geben; **III** *v/i.* **5.** (***at***) e-e Andeutung machen (von), anspielen (auf *acc.*).

hin·ter·land ['hɪntəlænd] *s.* **1.** 'Hinterland *n*; **2.** Einzugsgebiet *n*.

hip¹ [hɪp] *s.* **1.** *anat.* Hüfte *f*: ***have s.o. on the ~*** *fig.* j-n in der Hand haben; **2.** → ***hip joint***; **3.** Δ a) Walm *m*, b) Walmsparren *m*.

hip² [hɪp] *s.* ⚘ Hagebutte *f*.

hip³ [hɪp] *int.*: ***~, ~, hurrah!*** hipp, hipp, hurra!

hip⁴ [hɪp] *adj. sl.* **1.** ***be ~*** ‚voll dabei' sein (*in der Mode etc.*); **2.** ***be ~ to*** im Bilde *od.* auf dem Laufenden sein über (*acc.*); ***get ~ to*** *et.* ‚spitzkriegen'.

'**hip|·bath** *s.* Sitzbad *n*; '**~·bone** *s. anat.* Hüftbein *n*; **~ flask** *s.* Taschenflasche *f*, ‚Flachmann' *m*; **~ joint** *s. anat.* Hüftgelenk *n*.

hipped¹ [hɪpt] *adj.* **1.** *in Zssgn* mit ... Hüften; **2.** Δ Walm...: ***~ roof***.

hipped² [hɪpt] *adj. Am. sl.* versessen, ‚scharf' (***on*** auf *acc.*).

hip·pie ['hɪpɪ] *s.* Hippie *m*.

hip·po ['hɪpəʊ] *pl.* **-pos** *s.* F *für* ***hippopotamus***.

hip·po·cam·pus [,hɪpəʊ'kæmpəs] *pl.* **-pi** [-paɪ] *s.* **1.** *myth.* Hippo'kamp *m*; **2.** *ichth.* Seepferdchen *n*; **3.** *anat.* Ammonshorn *n* (*des Gehirns*).

hip pock·et *s.* Gesäßtasche *f*.

Hip·po·crat·ic [,hɪpəʊ'krætɪk] *s.* hippo'kratisch: ***~ face***; ***~ oath***.

hip·po·drome ['hɪpədrəʊm] *s.* **1.** Hippo'drom *n*, Reitbahn *f*; **2.** a) Zirkus *m*, b) Varie'tee(the,ater) *n*; **3.** *sport Am. sl.* ‚Schiebung' *f*.

hip·po·griff, hip·po·gryph ['hɪpəgrɪf] *s.* Hippo'gryph *m* (*Fabeltier*).

hip·po·pot·a·mus [,hɪpə'pɒtəməs] *pl.* **-mus·es, -mi** [-maɪ] *s. zo.* Fluss-, Nilpferd *n*.

hip·py ['hɪpɪ] → ***hippie***.

'**hip·shot** *adj.* **1.** mit verrenkter Hüfte; **2.** *fig.* (lenden)lahm.

hip·ster ['hɪpstə] *s. sl.* **1.** ‚cooler Typ'; **2.** *pl. a.* ***~ trousers*** *Brit.* Hüfthose *f*.

hir·a·ble ['haɪərəbl] *adj.* mietbar.

hire ['haɪə] **I** *v/t.* **1.** *et.* mieten, *Flugzeug* chartern: ***~d car*** Leih-, Mietwagen *m*; ***~d airplane*** Charterflugzeug *n*; **2.** *a.* ***~ on*** a) *j-n* ein-, anstellen, b) *bsd.* ⚓ anheuern, c) *j-n* engagieren: ***~d killer*** bezahlter *od.* gekaufter Mörder, Killer *m*; **3.** *mst* ***~ out*** vermieten; **4.** ***~ o.s. out*** e-e Beschäftigung annehmen (***to*** bei); **II** *s.* **5.** Miete *f*: ***on*** (*od.* ***for***) ***~*** a) mietweise, b) zu vermieten(d); ***for ~*** frei (*Taxi*); ***take*** (***let***) ***a car on ~*** ein Auto (ver)mieten; ***~ car*** Leih-, Mietwagen *m*; **6.** Entgelt *n*, Lohn *m*.

hire·ling ['haɪəlɪŋ] *mst contp.* **I** *s.* Mietling *m*; **II** *adj.* a) käuflich, b) *b.s.* angeheuert.

hire pur·chase *s. bsd. Brit.* † Abzahlungs-, Teilzahlungs-, Ratenkauf *m*: ***buy on ~*** auf Abzahlung kaufen; **,~-'pur·chase** *adj.*: ***~ agreement*** Abzahlungsvertrag *m*; ***~ system*** Teilzahlungssystem *n*.

hir·er ['haɪərə] *s.* **1.** Mieter(in); **2.** Vermieter(in).

hir·sute ['hɜ:sju:t] *adj.* **1.** haarig, zottig, struppig; **2.** ⚘, *zo.* rauhaarig, borstig.

his [hɪz] *poss. pron.* **1.** sein, seine: ***~ family***; **2.** seiner (seine, seines), der (die, das) Seine (*od.* Seinige); ***my father and ~*** mein u. sein Vater; ***this hat is ~*** das ist sein Hut, dieser Hut gehört ihm; ***a book of ~*** eines seiner Bücher, ein Buch von ihm.

hiss [hɪs] **I** *v/i.* **1.** zischen; **II** *v/t.* **2.** auszischen, -pfeifen; **3.** zischeln; **III** *s.* **4.** Zischen *n*.

hist [s:t] *int.* sch!, pst!

his·tol·o·gist [hɪ'stɒlədʒɪst] *s.* ✱ Histo'loge *m*; **his'tol·o·gy** [-dʒɪ] *s.* ✱ Histolo'gie *f*, Gewebelehre *f*; **his'tol·y·sis** [-lɪsɪs] *s.* ✱, *biol.* Histo'lyse *f*, Gewebszerfall *m*.

his·to·ri·an [hɪ'stɔ:rɪən] *s.* Hi'storiker (-in), Geschichtsforscher(in); **his·tor·ic** [hɪ'stɒrɪk] *adj.* (□ ***~ally***) **1.** hi'storisch, geschichtlich (berühmt *od.* bedeutsam): ***~ buildings***; ***a ~ speech***; **2.** → **his·tor·i·cal** [hɪ'stɒrɪkl] *adj.* □ **1.** hi'storisch: a) geschichtlich (belegt *od.* über'liefert): ***a(n) ~ event***, b) Geschichts...: ***~ science***, c) geschichtlich orientiert: ***~ materialism*** historischer Materialismus, d) geschichtlich(en Inhalts): ***~ novel*** historischer Roman; **2.** → ***historic*** 1; **3.** *ling.* hi'storisch: ***~ present***; **his·to·ric·i·ty** [,hɪstə'rɪsətɪ] *s.* Geschichtlichkeit *f*; **his·to·ried** ['hɪstərɪd] → ***historic*** 1; **his·to·ri·og·ra·pher** [,hɪstɔ:rɪ'ɒgrəfə] *s.* Historio'graph *m*, Geschichtsschreiber *m*; **his·to·ri·og·ra·phy** [,hɪstɔ:rɪ'ɒgrəfɪ] *s.* Geschichtsschreibung *f*.

his·to·ry ['hɪstərɪ] *s.* **1.** Geschichte *f*: a) geschichtliche Vergangenheit *od.* Entwicklung, b) (*ohne art.*) Geschichtswissenschaft *f*: ***~ book*** Geschichtsbuch *n*; ***ancient*** (***modern***) ***~*** alte (neuere) Geschichte; ***~ of art*** Kunstgeschichte; ***go down in ~ as*** als ... in die Geschichte eingehen; ***make ~*** Geschichte machen; → ***natural history***; **2.** Werdegang *m* (*a.* ⚙), Entwicklung *f*, (Entwicklungs-) Geschichte *f*; **3.** *allg.*, *a.* ✱ Vorgeschichte *f*, Vergangenheit *f*: (***case***) ***~*** Krankengeschichte *f*, Anamnese *f*; ***have a ~***; **4.** (*a.* Lebens)Beschreibung *f*, Darstellung *f*; **5.** *paint.* Hi'storienbild *n*; **6.** hi'storisches Drama.

his·tri·on·ic [,hɪstrɪ'ɒnɪk] **I** *adj.* (□ ***~ally***) **1.** Schauspiel(er)..., schauspielerisch; **2.** thea'tralisch; **II** *s.* **3.** *pl. a. sg. konstr.* a) Schauspielkunst *f*, b) *contp.* Schauspiele'rei *f*, thea'tralisches Getue.

hit [hɪt] **I** *s.* **1.** Schlag *m*, Hieb *m* (*a. fig.*); **2.** *a. sport u. fig.* Treffer *m*, *Internet*: Zugriff *m* (*auf e-e Homepage*): ***make a ~*** a) e-n Treffer erzielen, b) *fig.* gut ankommen (***with*** bei); **3.** Glücksfall *m*, Erfolg *m*; **4.** *thea.*, *Buch etc.*: Schlager *m*, ‚Knüller' *m*, Hit *m*: ***song ~*** Schlager, Hit; ***he*** (***it***) ***was a great ~*** (***with***) er (es) war ein großer Erfolg (bei); **5.** (Seiten)Hieb *m*, Spitze *f* (***at*** gegen); **6.** *bsd. Am. sl.* ‚Abschuss' *m*, Ermordung *f*; **II** *v/t.* [*irr.*] **7.** schlagen, stoßen; *Auto etc.* rammen: ***~ one's head against***

s.th. mit dem Kopf gegen et. stoßen; **8.** treffen (*a. fig.*): ***be ~ by a bullet***; ***when it ~s you*** *fig.* wenn es dich packt; ***you've ~ it*** *fig.* du hast es getroffen (*ganz recht*); **9.** (*seelisch*) treffen: ***be hard*** (*od.* ***badly***) **~** schwer getroffen sein (***by*** durch); **10.** stoßen *od.* kommen auf (*acc.*), treffen, finden: ***~ the right road***; ***~ a mine*** ⚓, ⚔ auf e-e Mine laufen; ***~ the solution*** die Lösung finden; **11.** *fig.* geißeln, scharf kritisieren; **12.** erreichen, *et.* ‚schaffen': ***the car ~s 100 mph***; ***prices ~ an all-time high*** die Preise erreichten e-e Rekordhöhe; ***~ the town*** in der Stadt ankommen; **III** *v/i.* [*irr.*] **13.** treffen; **14.** schlagen (***at*** nach); **15.** stoßen, schlagen (***against*** gegen); **16. ~** (***up***)***on*** → 10; **~ back** *v/i.* zu'rückschlagen (*a. fig.*): ***~ at s.o.*** j-m Kontra geben; **~ off** *v/t.* **1.** treffend *od.* über'zeugend darstellen *od.* schildern; *die Ähnlichkeit* genau treffen; **2. *hit it off with s.o.*** sich bestens vertragen *od.* glänzend auskommen mit j-m; **~ out** *v/i.* um sich schlagen: ***~ at*** auf *j-n* einschlagen, *fig.* über *j-n od. et.* losziehen.

ˌ**hit|-and-'miss** *adj.* **1.** mit wechselndem Erfolg; **2.** → ***hit-or-miss***; ˌ**~-and-'run I** *adj.* **1. *~ accident*** → 3; ***~ driver*** (unfall)flüchtiger Fahrer; **2.** kurz(lebig); **II** *s.* **3.** Unfall *m* mit Fahrerflucht.

hitch [hɪtʃ] **I** *s.* **1.** Ruck *m*, Zug *m*; **2.** ⚓ Stich *m*, Knoten *m*; **3.** ‚Haken' *m*: ***there is a ~*** (***somewhere***) die Sache hat (irgendwo) e-n Haken; ***without a ~*** reibungslos, glatt; **II** *v/t.* **4.** (ruckartig) ziehen: ***~ up one's trousers*** s-e Hosen hochziehen; **5.** befestigen, festhaken, ankoppeln, *Pferd* anspannen: ***get ~ed*** → 8; **III** *v/i.* **6.** hinken; **7.** sich festhaken; **8.** *a.* ***~ up*** F heiraten; **9.** → **'~hike** *v/i.* F ‚per Anhalter' fahren, trampen; **'~ˌhik·er** *s.* F Anhalter(in), Tramper (-in).

hi-tech [ˌhaɪ'tek] **I** *s.* ˌHi'tech *n*, *f*; **II** *adj.* ˌHi'tech...

hith·er ['hɪðə] **I** *adv.* hierher: ***~ and thither*** hierhin u. dorthin, hin und her; **II** *adj.* diesseitig: ***the ~ side*** die nähere Seite; ***𝔏 India*** Vorderindien *n*; ˌ**~'to** [-'tuː] *adv.* bis'her, bis jetzt.

Hit·ler·ism ['hɪtlərɪzəm] *s.* Na'zismus *m*; **'Hit·ler·ite** [-raɪt] **I** *s.* Nazi *m*; **II** *adj.* na'zistisch.

hit| list *s. sl.* Abschussliste *f* (*a. fig.*); **~ man** *s.* [*irr.*] *Am. sl.* Killer *m*; **'~-off** *s.* treffende Nachahmung, über'zeugende Darstellung; **~ or miss** *adv.* aufs Gerate'wohl; ˌ**~-or-'miss** *adj.* **1.** sorglos, unbekümmert; **2.** aufs Gerate'wohl getan; **~ pa·rade** *s.* 'Hitpaˌrade *f.*

Hit·tite ['hɪtaɪt] *s. hist.* He'thiter *m.*

hive [haɪv] **I** *s.* **1.** Bienenkorb *m*, -stock *m*; **2.** Bienenvolk *n*, -schwarm *m*; **3.** *fig.* a) *a.* ***~ of activity*** *das* reinste Bienenhaus, b) Sammelpunkt *m*, c) Schwarm *m* (*von Menschen*); **II** *v/t.* **4.** *Bienen* in e-n Stock bringen; **5.** *Honig* im Bienenstock sammeln; **6.** *a.* ***~ up*** *fig.* a) sammeln, b) auf die Seite legen; **7. *~ off*** a) *Amt etc.* abtrennen (***from*** von), b) reprivatisieren; **III** *v/i.* **8.** in den Stock fliegen (*Bienen*): ***~ off*** *fig.* a) abschwenken, b) sich selbstständig machen; **9.** sich zs.-drängen.

hives [haɪvz] *s. pl. sg. od. pl. konstr.* ⚕ Nesselausschlag *m.*

HIV-neg·a·tive [ˌeɪtʃaɪviː'negətɪv] *adj.* ⚕ HIV-'negativ; ˌ**HIV-'pos·i·tive** *adj.* ⚕ HIV-'positiv.

Hiz·bol·lah [ˌhɪzbə'lɑː], **Hiz·bul·lah** [ˌhɪzbʊ'lɑː] *npr. coll.* His'bollah *f.*

ho [həʊ] *int.* **1.** halt!, holla!, heda!; **2.** na'nu!; **3.** *contp.* ha'ha!, pah!; **4. *westward ~!*** auf nach Westen!; ***land ~!*** ⚓ Land in Sicht!

hoar [hɔː] *adj. obs.* **1.** → ***hoary***; **2.** (*vom Frost*) bereift, weiß.

hoard [hɔːd] **I** *s.* a) Hort *m*, Schatz *m*, b) Vorrat *m* (***of*** an *dat.*); **II** *v/t. u. v/i. a.* ***~ up*** horten, hamstern; **'hoard·er** [-də] *s.* Hamsterer *m.*

hoard·ing ['hɔːdɪŋ] *s.* **1.** Bau-, Bretterzaun *m*; **2.** *Brit.* Re'klamewand *f.*

ˌ**hoar'frost** *s.* (Rau)Reif *m.*

hoarse [hɔːs] *adj.* □ heiser; **'hoarse·ness** [-nɪs] *s.* Heiserkeit *f.*

hoar·y ['hɔːrɪ] *adj.* □ **1.** weißlich; **2.** a) (alters)grau, ergraut, b) *fig.* altersgrau, (ur)alt, ehrwürdig.

hoax [həʊks] **I** *s.* **1.** Falschmeldung *f*, (Zeitungs)Ente *f*; **2.** Schabernack *m*, Streich *m*; **II** *v/t.* **3.** *j-n* zum Besten haben, *j-m* e-n Bären aufbinden *od.* et. weismachen.

hob[1] [hɒb] **I** *s.* **1.** Ka'mineinsatz *m*, -vorsprung *m* (*für Kessel etc.*); **2.** Kochfeld *n* (*auf Herd*); **3.** → ***hobnail***; **4.** ⚙ a) (Ab)Wälzfräser *m*, b) Strehlbohrer *m*; **II** *v/t.* **5.** ⚙ abwälzen, verzahnen: ***~bing machine*** → 4 a.

hob[2] [hɒb] *s.* Kobold *m*: ***play*** (*od.* ***raise***) ***~ with*** Schindluder treiben mit.

hob·ble ['hɒbl] **I** *v/i.* **1.** humpeln, hoppeln, *a. fig.* hinken, holpern; **II** *v/t.* **2.** *e-m Pferd etc.* die Vorderbeine fesseln; **3.** hindern; **III** *s.* **4.** Humpeln *n.*

hob·ble·de·hoy [ˌhɒbldɪ'hɔɪ] *s.* F (junger) Tollpatsch *od.* Flegel.

hob·by ['hɒbɪ] *s. fig.* Steckenpferd *n*, Liebhabe'rei *f*, Hobby *n*; **'~·horse** *s.* **1.** Steckenpferd *n* (*a. fig.*); **2.** Schaukelpferd *n*; **3.** Karus'sellpferd *n*; **'hob·by·ist** [-ɪɪst] *s.* Hobby'ist *m*, *engS. a.* Bastler *m*, Heimwerker *m.*

hob·gob·lin ['hɒbgɒblɪn] *s.* **1.** Kobold *m*; **2.** *fig.* (Schreck)Gespenst *n.*

'hob·nail *s.* grober Schuhnagel; **'hob·nailed** *adj.* **1.** genagelt; **2.** *fig.* ungehobelt; **'hob·nail(ed) liv·er** *s.* ⚕ Säuferleber *f.*

'hob·nob *v/i.* **1.** in'tim *od.* ‚auf Du u. Du' sein, freundschaftlich verkehren (***with*** mit); **2.** plaudern (***with*** mit).

ho·bo ['həʊbəʊ] *pl.* **-bos, -boes** *s. Am.* **1.** Wanderarbeiter *m*; **2.** Landstreicher *m*, Tippelbruder *m.*

Hob·son's choice ['hɒbsnz] *s.*: ***it's ~*** man hat keine andere Wahl.

hock[1] [hɒk] **I** *s.* **1.** *zo.* Sprung-, Fesselgelenk *n* (*der Huftiere*); **2.** Hachse *f* (*beim Schlachttier*); **II** *v/t.* **3.** → ***hamstring*** 3.

hock[2] [hɒk] *s.* **1.** weißer Rheinwein; **2.** trockener Weißwein.

hock[3] [hɒk] F **I** *s.*: ***in ~*** a) verschuldet, b) versetzt, verpfändet, c) *Am.* im ‚Knast'; **II** *v/t.* versetzen, verpfänden.

hock·ey ['hɒkɪ] *s.* a) Hockey *n*, b) *bsd. Am.* Eishockey *n*: ***~ stick*** Hockeyschläger *m.*

'hock·shop *s. sl.* Pfandhaus *n.*

ho·cus ['həʊkəs] *v/t.* **1.** betrügen; **2.** *j-n* betäuben; **3.** *e-m Getränk* ein Betäubungsmittel beimischen; ˌ**~-'po·cus** [-'pəʊkəs] *s.* Hokus'pokus *m*: a) *Zauberformel*, b) Schwindel *m*, fauler Zauber.

hod [hɒd] *s.* **1.** ⚠ Mörteltrog *m*, Steinbrett *n* (*zum Tragen*): ***~ carrier*** → ***hodman*** 1; **2.** Kohleneimer *m.*

hodge·podge ['hɒdʒpɒdʒ] *bsd. Am.* → ***hotchpotch.***

'hod·man [-mən] *s.* [*irr.*] **1.** ⚠ Mörtel-, Ziegelträger *m*; **2.** Handlanger *m.*

ho·dom·e·ter [hɒ'dɒmɪtə] *s.* Hodo'meter *n*, Wegmesser *m*, Schrittzähler *m.*

hoe [həʊ] ⚘ **I** *s.* Hacke *f*; **II** *v/t.* *Boden* hacken; *Unkraut* aushacken: ***a long row to ~*** e-e schwere Aufgabe.

hog [hɒg] **I** *s.* **1.** (Haus-, Schlacht-) Schwein *n*, *Am. allg.* (*a.* Wild)Schwein *n*: ***go the whole ~*** F aufs Ganze gehen, ganze Arbeit leisten; **2.** F a) Vielfraß *m*, b) Flegel *m*, c) Schmutzfink *m*, Ferkel *n*; **3.** ⚓ Scheuerbesen *m*; **4.** ⚙ *Am.* (Reiß)Wolf *m*; **5.** → ***hogget***; **II** *v/t.* **6.** *den Rücken* krümmen; **7.** scheren, stutzen; **8.** (gierig) verschlingen, ‚fressen', *fig. a.* an sich reißen, mit Beschlag belegen: ***~ the road*** → 10; **III** *v/i.* **9.** den Rücken krümmen; **10.** F rücksichtslos in der (Fahrbahn)Mitte fahren; **'~·back** *s.* langer u. scharfer Gebirgskamm; **~ chol·er·a** *s. vet. Am.* Schweinepest *f.*

hog·get ['hɒgɪt] *s. Brit. noch ungeschorenes* einjähriges Schaf.

hog·gish ['hɒgɪʃ] *adj.* □ a) schweinisch, b) rücksichtslos, c) gierig, gefräßig.

hog·ma·nay ['hɒgməneɪ] *s. Scot.* Sil'vester *m*, *n.*

hog| mane *s.* gestutzte Pferdemähne; ***~'s back*** → ***hogback.***

hogs·head ['hɒgzhed] *s.* **1.** *Hohlmaß, etwa 240 l*; **2.** großes Fass.

'hog|·skin *s.* Schweinsleder *n*; **'~·tie** *v/t.* **1.** *e-m Tier* alle vier Füße zs.-binden; **2.** *fig.* lähmen, (be)hindern; **'~·wash** *s.* **1.** Schweinefutter *n*; **2.** *contp.* ‚Spülwasser' *n* (*Getränk*); **3.** Quatsch *m*, ‚Mist' *m.*

hoi(c)k [hɔɪk] *v/t.* ✈ hochreißen.

hoicks [hɔɪks] *int. hunt.* hussa! (*Hetzruf an Hunde*).

hoi pol·loi [ˌhɔɪ'pɒlɔɪ] (*Greek*) *s.* **1. *the ~*** die (breite) Masse, der Pöbel; **2.** *Am. sl.* ‚Tam'tam' *n* (***about*** um).

hoist[1] [hɔɪst] *obs. p.p.*: ***~ with one's own petard*** *fig.* in der eigenen Falle gefangen.

hoist[2] [hɔɪst] **I** *v/t.* **1.** hochziehen, -winden, hieven, heben; **2.** *Flagge*, *Segel* hissen; **3.** *Am. sl.* ‚klauen'; **4. *~ a few*** *Am. sl.* ein paar ‚heben'; **II** *s.* **5.** (Lasten)Aufzug *m*, Hebezeug *n*, Kran *m*, Winde *f.*

hoist·ing| cage ['hɔɪstɪŋ] *s.* ⚒ Förderkorb *m*; **~ crane** *s.* ⚙ Hebekran *m*; **~ en·gine** *s.* **1.** ⚙ Hebewerk *n*; **2.** ⚒ 'Förderma͵schine *f.*

hoi·ty-toi·ty [ˌhɔɪtɪ'tɔɪtɪ] **I** *adj.* **1.** hochnäsig; **2.** leichtsinnig; **II** *s.* **3.** Hochnäsigkeit *f.*

ho·k(e)y-po·k(e)y [ˌhəʊkɪ'pəʊkɪ] *s.* **1.** *sl.* → ***hocus-pocus***; **2.** Speiseeis *n.*

ho·kum ['həʊkəm] *s. sl.* **1.** *thea.* ‚Mätzchen' *pl.*, Kitsch *m*; **2.** ‚Krampf' *m*, Quatsch *m.*

hold[1] [həʊld] *s.* ⚓, ✈ Lade-, Frachtraum *m.*

hold[2] [həʊld] **I** *s.* **1.** Halt *m*, Griff *m*: ***catch*** (*od.* ***get***, ***lay***, ***seize***, ***take***) ***~ of s.th.*** et. ergreifen *od.* in die Hand bekommen *od.* zu fassen bekommen *od.* erwischen; ***get ~ of s.o.*** j-n erwischen; ***get ~ of o.s.*** *fig.* sich in die Gewalt bekommen; ***keep ~ of*** festhalten; ***let go one's ~ of*** loslassen; ***miss one's ~*** danebengreifen; ***take ~*** *fig.* sich festsetzen, Wurzel fassen; **2.** Halt *m*, Stütze *f*: ***afford no ~*** keinen Halt bieten; **3.** *Rin-*

H

gen: Griff *m*: (**with**) **no ~s barred** *fig.* mit harten Bandagen (*kämpfen*); **4.** (**on, over, of**) Gewalt *f*, Macht *f* (über *acc.*), Einfluss (auf *acc.*): **get a ~ on s.o.** j-n unter s-n Einfluss *od.* in s-e Macht bekommen; **have a** (**firm**) **~ on s.o.** j-n in s-r Gewalt haben, j-n beherrschen; **5.** *Am.* Einhalt *m*: **put a ~ on s.th.** et. stoppen; **6.** *Raumfahrt*: Unter'brechung *f* des Count-down; **II** *v/t.* [*irr.*] **7.** (fest)halten; **8.** sich *die Nase, die Ohren* zuhalten: **~ one's nose** (**ears**); **9.** *Gewicht, Last etc.* tragen, (aus)halten; **10.** *in e-m Zustand* halten: **~ o.s. erect** sich gerade halten; **~** (**o.s.**) **ready** (sich) bereithalten; **11.** (zu'rück-, ein-) behalten: **~ the shipment** die Sendung zurück(be)halten; **~ everything!** sofort aufhören!; **12.** zu'rück-, abhalten (**from** von *et.*, **from doing s.th.** davon, et. zu tun); **13.** an-, aufhalten, im Zaume halten: **there is no ~ing him** er ist nicht zu halten *od.* zu bändigen; **~ the enemy** den Feind aufhalten; **14.** *Am.* a) *j-n* festnehmen: **12 persons were held**, b) in Haft halten; **15.** *sport* sich erfolgreich verteidigen gegen *den Gegner*; **16.** *j-n* festlegen (**to** auf *acc.*): **~ s.o. to his word** j-n beim Wort nehmen; **17.** a) *Versammlung, Wahl etc.* abhalten, b) *Fest etc.* veranstalten, c) *sport Meisterschaft etc.* austragen; **18.** (beibe)halten: **~ the course**; **19.** *Alkohol* vertragen: **~ one's liquor well** e-e ganze Menge vertragen; **20.** ⚔ *u. fig. Stellung* halten, behaupten: **~ one's own** sich behaupten (**with** gegen); **~ the stage** a) sich halten (*Theaterstück*), b) *fig.* die Szene beherrschen, im Mittelpunkt stehen; → **fort**; **21.** innehaben: a) besitzen: **~ land** (**shares**, *etc.*), b) *Amt* bekleiden, c) *Titel* führen, d) *Platz etc.* einnehmen, e) *Rekord* halten; **22.** fassen: a) enthalten: **the tank ~s 10 gallons**, b) Platz bieten für, 'unterbringen (können): **the hotel ~s 500 guests**; **the place ~s many memories** der Ort ist voll von Erinnerungen; **life ~s many surprises** das Leben ist voller Überraschungen; **what the future ~s** was die Zukunft bringt; **23.** *Bewunderung etc.* hegen, *a. Vorurteile etc.* haben (**for** für); **24.** behaupten, meinen: **~** (**the view**) **that** die Ansicht vertreten *od.* der Ansicht sein, dass; **25.** halten für: **I ~ him to be a fool**; **it is held to be true** man hält es für wahr; **26.** ⚖ entscheiden (**that** dass); **27.** *fig.* fesseln: **~ the audience**; **~ s.o.'s attention**; **28.** **~ to** *Am.* beschränken auf (*acc.*); **29.** **~ against** *j-m et.* vorwerfen *od.* verübeln; **30.** ♪ *Ton* (aus)halten; **III** *v/i.* [*irr.*] **31.** (stand)halten: **will the bridge ~?**; **32.** (sich) festhalten (**by, to** an *dat.*); **33.** sich verhalten: **~ still** stillhalten; **34.** *a.* **~ good** (weiterhin) gelten, gültig sein *od.* bleiben: **the promise still ~s** das Versprechen gilt noch; **35.** anhalten, andauern: **the fine weather held**; **my luck held** das Glück blieb mir treu; **36.** einhalten: **~!** halt!; **37.** **~ by** (*od.* **to**) *j-m od. e-r Sache* treu bleiben; **38.** **~ with** es halten mit *j-m*, für *j-n od. et.* sein;

Zssgn mit adv.:

hold| back I *v/t.* **1.** zu'rückhalten; **2.** → **hold in**; **3.** zu'rückhalten mit, verschweigen; **II** *v/i.* **4.** sich zu'rückhalten (*a. fig.*); **5.** nicht mit der Sprache herausrücken; **~ down** *v/t.* **1.** niederhalten, *fig. a.* unter'drücken; **2.** F a) *e-n Posten* (inne)haben, b) sich *in e-r Stellung* halten; **~ forth I** *v/t.* **1.** (an)bieten; **2.** in Aussicht stellen; **II** *v/i.* **3.** sich auslassen *od.* verbreiten (**on** über *acc.*); **4.** *Am.* stattfinden; **~ in I** *v/t.* im Zaum halten, zu'rückhalten: **hold o.s. in** a) → II, b) den Bauch einziehen; **II** *v/i.* sich zu'rückhalten; **~ off I** *v/t.* **1.** a) abhalten, fern halten, b) abwehren; **2.** *et.* aufschieben, *j-n* hinhalten; **II** *v/i.* **3.** sich fern halten (**from** von); **4.** a) zögern, b) warten; **5.** ausbleiben; **~ on** *v/i.* **1.** *a. fig.* (*a.* sich) festhalten (**to** an *dat.*); **2.** aus-, 'durchhalten; **3.** andauern, -halten; **4.** *teleph.* am Appa'rat bleiben; **5.** **~!** immer langsam!, halt!; **6.** **~ to** *et.* behalten; **~ out I** *v/t.* **1.** *die Hand etc.* ausstrecken: **hold s.th. out to s.o.** j-m et. hinhalten; **2.** in Aussicht stellen: **~ little hope** wenig Hoffnung äußern *od.* haben; **3.** **hold o.s. out as** *Am.* sich ausgeben für *od.* als; **II** *v/i.* **4.** reichen (*Vorräte*); **5.** aus-, 'durchhalten; **6.** sich behaupten (**against** gegen); **7.** **~ on s.o.** j-m et. vorenthalten *od.* verheimlichen; **8.** **~ for** F bestehen auf (*dat.*); **~ o·ver** *v/t.* **1.** *et.* vertagen, -schieben (**until** auf *acc.*); **2.** ✝ prolongieren; **3.** *Amt etc.* (weiter) behalten; **4.** *thea. etc. j-s* Engage'ment verlängern (**for** um); **~ to·geth·er** *v/t. u. v/i.* zs.-halten (*a. fig.*); **~ up I** *v/t.* **1.** (hoch)heben; **2.** hochhalten: **~ to view** den Blicken darbieten; **3.** halten, stützen, tragen; **4.** aufrechterhalten; **5.** **~ as** als *Beispiel etc.* hinstellen; **6.** *j-n od. et.* aufhalten, *et.* verzögern; **7.** *j-n, e-e Bank etc.* über'fallen; **II** *v/i.* **8.** → **hold out** 5, 6; **9.** sich halten (*Preise, Wetter*); **10.** sich bewahrheiten.

'hold|·all *s.* Reisetasche *f*; **'~·back** *s.* Hindernis *n*.

hold·er ['həʊldə] *s.* **1.** *oft in Zssgn* Halter *m*, Behälter *m*; **2.** ⚙ a) Halter (-ung *f*) *m*, b) Zwinge *f*; **3.** ↯ (Lampen)Fassung *f*; **4.** Pächter *m*; **5.** ✝ Inhaber(in) (*e-s Patents, Schecks etc.*), Besitzer(in): **previous ~** Vorbesitzer *m*; **6.** *sport* Inhaber(in) (*e-s Rekords, Titels etc.*).

'hold·fast *s.* **1.** ⚙ Klammer *f*, Zwinge *f*, Haken *m*, Kluppe *f*; **2.** ⚘ Haftscheibe *f*.

hold·ing ['həʊldɪŋ] *s.* **1.** (Fest)Halten *n*; **2.** ⚖ a) Pachtgut *n*, b) Pacht *f*, c) Grundbesitz *m*; **3.** *oft pl.* a) Besitz *m*, Bestand *m* (*an Effekten etc.*), b) (Aktien)Anteil *m*, (-)Beteiligung *f*: **large steel ~s** ✝ großer Besitz von Stahl(werks)aktien; **4.** ✝ a) Vorrat *m*, b) Guthaben *n*; **5.** ⚖ (gerichtliche) Entscheidung; **~ at·tack** *s.* ⚔ Fesselungsangriff *m*; **~ com·pa·ny** *s.* ✝ Dach-, Holdinggesellschaft *f*; **~ pat·tern** *s.* ✈ Warteschleife *f*.

'hold|,o·ver *s.* **1.** ‚Überbleibsel' *n* (*Amtsträger etc.*); **2.** *Film etc.*: a) Verlängerung *f*, b) *Künstler etc., dessen Engagement verlängert worden ist*; **'~-up** *s.* **1.** Verzögerung *f*, (*a.* Verkehrs)Stockung *f*; **2.** (bewaffneter) ('Raub)‚Überfall.

hole [həʊl] **I** *s.* **1.** Loch *n*: **be in a ~** *fig.* in der Klemme sitzen; **make a ~ in** *fig.* ein Loch reißen in (*Vorräte*); **pick ~s in** *fig.* a) an *e-r Sache* herumkritteln, b) *Argument etc.* zerpflücken, c) *j-m* am Zeug flicken; **full of ~s** *fig.* fehlerhaft, ‚wack(e)lig' (*Theorie etc.*); **like a ~ in the head** F *unnötig* wie ein Kropf; **2.** Loch *n*, Grube *f*; **3.** Höhle *f*, Bau *m* (*Tier*); **4.** *fig.* ‚Loch' *n*: a) (Bruch)Bude *f*, b) ‚Kaff' *n*, c) Schlupfwinkel *m*; **5.** *Golf*: a) Hole *n*, Loch *n*, b) (Spiel)Bahn *f*: **~ in one** As *n*; **II** *v/t.* **6.** ein Loch machen in (*acc.*), durch'löchern; **7.** ⚒ schrämen; **8.** *Tier* in s-e Höhle treiben; **9.** *Golf*: *Ball* einlochen; **III** *v/i.* **10.** *mst* **~ up** a) sich in die Höhle verkriechen (*Tier*), b) *Am.* F sich verstecken *od.* -kriechen; **11.** *a.* **~ out** *Golf*: einlochen.

,hole-and-'cor·ner [-nd'k-] *adj.* **1.** heimlich, versteckt; **2.** anrüchig; **3.** armselig; **,hole-in-the-'wall** *s.* **1.** *Brit.* F 'Geldauto,mat *m*; **2.** (kleine) Spe'lunke, kleiner düsterer Laden.

hol·i·day ['hɒlədɪ] **I** *s.* **1.** (**public ~** gesetzlicher) Feiertag; **2.** freier Tag, Ruhetag *m*: **have a ~** e-n freien Tag haben (→ 3); **have a ~ from** sich von *et.* erholen können; **3.** *mst pl. bsd. Brit.* Ferien *pl.*, Urlaub *m*: **the Easter ~s** die Osterferien; **be on ~** im Urlaub sein; **go on ~** in Urlaub gehen; **have a ~** Urlaub haben (→ 2); **take a ~** Urlaub nehmen *od.* machen; **~s with pay** bezahlter Urlaub; **II** *adj.* **4.** Feiertags...: **~ clothes** Festtagskleidung *f*; **5.** *bsd. Brit.* Ferien..., Urlaubs...: **~ apartment** Ferienwohnung *f*; **~ camp** Feriendorf *n*; **~ course** Ferienkurs *m*; **~ home** a) Ferienhaus *n*, b) Ferienwohnung *f*; **~ trip** Urlaubsreise *f*; **III** *v/i.* **6.** *bsd. Brit.* Ferien *od.* Urlaub machen; **'~,mak·er** *s. bsd. Brit.* Urlauber(in).

,ho·li·er-than-'thou [,həʊlɪə-] *Am.* F **I** *s.* ‚Phari'säer' *m*; **II** *adj.* phari'säisch.

ho·li·ness ['həʊlɪnɪs] *s.* Heiligkeit *f*: **His** 2 Seine Heiligkeit (*Papst*).

ho·lism ['həʊlɪzəm] *s. phls.* Ho'lismus *m* (*Ganzheitstheorie*); **ho·lis·tic** [həʊ'lɪstɪk] *adj.* ho'listisch.

Hol·lands ['hɒləndz], *a.* **Hol·land gin** *s.* Ge'never *m*.

hol·ler ['hɒlə] *v/i. u. v/t.* F brüllen.

hol·low ['hɒləʊ] **I** *s.* **1.** Höhle *f*, (Aus-)Höhlung *f*, Hohlraum *m*: **~ of the hand** hohle Hand; **~ of the knee** Kniekehle *f*; **have s.o. in the ~ of one's hand** *fig.* j-n völlig in der Hand haben; **2.** Vertiefung *f*, Mulde *f*, Senke *f*; **3.** ⚙ a) Hohlkehle *f*, b) (Guss)Blase *f*; **II** *adj.* ☐ → *a.* III; **4.** hohl, Hohl...; **5.** hohl, dumpf (*Ton, Stimme*); **6.** *fig.* a) hohl, leer: **feel ~** Hunger haben, b) falsch: **~ promises**; **~ victory** wertloser Sieg; **7.** hohl: a) eingefallen (*Wangen*), b) tief liegend (*Augen*); **III** *adv.* **8.** hohl: **ring ~** hohl *od.* unglaubwürdig klingen; **beat s.o. ~** F j-n vernichtend schlagen; **IV** *v/t.* **9.** *oft* **~ out** aushöhlen, -kehlen; **~ bit** *s.* ⚙ Hohlmeißel *m*, -bohrer *m*; **~ charge** *s.* ⚔ Haft-Hohlladung *f*; **,~-'cheeked** *adj.* hohlwangig; **'~-eyed** *adj.* hohläugig; **,~-'ground** *adj.* ⚙ hohlgeschliffen.

hol·low·ness ['hɒləʊnɪs] *s.* **1.** Hohlheit *f*; **2.** Dumpfheit *f*; **3.** *fig.* a) Hohlheit *f*, Leere *f*, b) Falschheit *f*.

hol·low| square *s.* ⚔ Kar'ree *n*; **~ tile** *s.* ⚙ Hohlziegel *m*; **'~·ware** *s.* tiefes (Küchen)Geschirr (*Töpfe etc.*).

hol·ly ['hɒlɪ] *s.* **1.** ⚘ Stechpalme *f*; **2.** Stechpalmenzweige *pl.*

'hol·ly·hock *s.* ⚘ Stockrose *f*.

hol·o·caust ['hɒləkɔːst] *s.* **1.** Massenvernichtung *f*, (*engS.* 'Brand)Kata,strophe *f*: **the** 2 *pol. hist.* der Holocaust; **2.** Brandopfer *n*.

hol·o|·cene ['hɒləʊsiːn] *s. geol.* Holo'zän *n*, Al'luvium *n*; **'~·gram** [-əʊgræm] *s. phys.* Holo'gramm *n*; **'~·graph** [-əʊgrɑːf; -əʊgræf] *adj. u. s.* ⚖ eigenhändig geschrieben(e Urkunde).

ho·log·ra·phy [hɒ'lɒgrəfɪ] *s. phys.* Hologra'phie *f.*

hols [hɒlz] *s. pl. Brit.* F *für* ***holiday*** 3.

hol·ster ['həʊlstə] *s.* (Pi'stolen)Halfter *f, n.*

ho·ly ['həʊlɪ] **I** *adj.* □ **1.** heilig, (*Hostie etc.*) geweiht: ⁓ ***cow*** (*od.* ***smoke***)***!*** F ‚heiliger Bimbam'!; **2.** fromm; **3.** gottgefällig; **II** *s.* **4. *the*** ⁓ ***of holies*** *bibl.* das Allerheiligste; ≈ **Al·li·ance** *s. hist. die* Heilige Alli'anz; ⁓ **bread** *s.* Abendmahlsbrot *n*, Hostie *f*; ≈ **Cit·y** *s. die* Heilige Stadt; ⁓ **day** *s.* kirchlicher Feiertag; ≈ **Fa·ther** *s. der* Heilige Vater; ≈ **Ghost** *s. der* Heilige Geist; ≈ **Land** *s. das* Heilige Land; ≈ **Of·fice** *s. R.C.* a) *hist. die* Inquisiti'on, b) *das* Heilige Of'fizium; ≈ **Ro·man Em·pire** *s. hist. das* Heilige Römische Reich; ≈ **Sat·ur·day** *s.* Kar'samstag *m*; ≈ **Scrip·ture** *s. die* Heilige Schrift; ≈ **See** *s. der* Heilige Stuhl; ≈ **Spir·it** → ***Holy Ghost***; ⁓ **ter·ror** *s.* F ‚Nervensäge' *f*; ≈ **Thurs·day** *s.* **1.** *R.C.* Grün'donnerstag *m*; **2.** (*anglikanische Kirche*) Himmelfahrtstag *m*; ≈ **Trin·i·ty** *s. die* Heilige Drei'einigkeit *od.* Drei'faltigkeit; ⁓ **wa·ter** *s. R.C.* Weihwasser *n*; ≈ **Week** *s.* Karwoche *f*; ≈ **Writ** → ***Holy Scripture***.

hom·age ['hɒmɪdʒ] *s.* **1.** *hist. u. fig.* Huldigung *f*: ***do*** (*od.* ***render***) ⁓ huldigen (***to*** *dat.*); **2.** *fig.* Reve'renz *f*: ***pay*** ⁓ ***to*** Anerkennung zollen (*dat.*), (s-e) Hochachtung bezeigen (*dat.*).

Hom·burg (hat) ['hɒmbɜːg] *s.* Homburg *m* (*Herrenfilzhut*).

home [həʊm] **I** *s.* **1.** Heim *n*: a) Haus *n*, (*eigene*) Wohnung, b) Zu'hause *n*, Da'heim *n*, c) Elternhaus *n*: ***at*** ⁓ zu Hause, *östr., schweiz.* zu'hause, daheim (*a. sport*) (→ 2); ***at*** ⁓ ***in*** (*od.* ***on***, ***with***) *fig.* bewandert in (*dat.*), vertraut mit (*e-m Fachgebiet etc.*); ***not at*** ⁓ (***to s.o.***) nicht zu sprechen (für j-n); ***feel at*** ⁓ sich wie zu Hause fühlen; ***make o.s. at*** ⁓ es sich bequem machen; tun, als ob man zu Hause wäre; ***make one's*** ⁓ ***at*** sich niederlassen in (*dat.*); ***away from*** ⁓ abwesend, verreist, *bsd. sport* auswärts; **2.** Heimat *f* (*a.* ⚘, *zo. u. fig.*), Geburts-, Heimatland *n*: ***at*** ⁓ a) im Lande, in der Heimat, b) im Inland, daheim; ***at*** ⁓ ***and abroad*** im In- u. Ausland; ***a letter from*** ⁓ ein Brief von Zuhause; **3.** (ständiger *od.* jetziger) Wohnort, Heimatort *m*: ***last*** ⁓ letzte Ruhestätte; **4.** Heim *n*, Anstalt *f*: ⁓ ***for the aged*** Altenheim; ⁓ ***for the blind*** Blindenheim, -anstalt; **5.** *sport* a) Ziel *n*, b) → ***home plate***, c) Heimspiel *n*, d) Heimsieg *m*; **II** *adj.* **6.** Heim...: a) häuslich, Familien..., b) zu Hause ausgeübt: ⁓ ***life*** häusliches Leben, Familienleben *n*; ⁓ ***remedy*** Hausmittel *n*; ⁓***-baked*** selbst gebacken; **7.** Heimat...: ⁓ ***address*** (***city***, ***port*** *etc.*); ⁓ ***fleet*** ⚓ Flotte *f* in Heimatgewässern; **8.** einheimisch, inländisch, Inland(s)..., Binnen...: ⁓ ***affairs*** *pol.* innere Angelegenheiten; ⁓ ***market*** Inlands-, Binnenhandel *m*; **9.** *sport* a) Heim...: ⁓ ***advantage*** (***match***, ***win***, *etc.*): ⁓ ***strength*** Heimstärke *f*, b) Ziel...; **10.** a) (wohl)gezielt, wirkungsvoll (*Schlag etc.*), b) *fig.* treffend, beißend (*Bemerkung etc.*); → ***home thrust***, ***home truth***; **III** *adv.* **11.** heim, nach Hause, *östr., schweiz.* nach'hause: ***the way*** ⁓ der Heimweg; ***go*** ⁓ nach Hause gehen (→ 13); → ***write*** 10; **12.** zu Hause, *östr., schweiz.* zu'hause (wieder) da'heim; **13.** a) ins Ziel, b) im Ziel, c) bis zum Ausgangspunkt, d) ganz, so weit wie möglich: ***drive a nail*** ⁓ e-n Nagel fest einschlagen; ***drive*** (*od.* ***bring***) ***s.th.*** ⁓ ***to s.o.*** j-m et. klarmachen *od.* beibringen *od.* vor Augen führen; ***drive a charge*** ⁓ ***to s.o.*** j-n überführen; ***go*** (*od.* ***get***, ***strike***) ⁓ ‚sitzen', s-e Wirkung tun; ***the thrust went*** ⁓ der Hieb saß; **IV** *v/i.* **14.** zu'rückkehren; **15.** ✈ a) (*per Leitstrahl*) das Ziel anfliegen, b) *mst* ⁓ ***in on*** *ein Ziel* auto'matisch ansteuern (*Rakete*); **V** *v/t.* **16.** *Flugzeug* (*per Radar*) einweisen, ‚herunterholen'.

ˌ**home|-and-'home** *adj. sport Am.* im Vor- u. Rückspiel ausgetragen: ⁓ ***match***; ⁓ **bank·ing** *s.* 'Homebanking *n*; '⁓ˌ**bod·y** *s.* häuslicher Mensch, *contp.* Stubenhocker(in); '⁓**·bound** *adj.* ans Haus gefesselt: ⁓ ***invalid***; ˌ⁓'**bred** *adj.* **1.** einheimisch; **2.** *obs.* hausbacken; '⁓**·brew** *s.* selbst gebrautes Getränk (*bsd.* Bier); '⁓ˌ**coming** *s.* Heimkehr *f*; ⁓ **con·tents** *s. pl.* Hausrat *m*; ≈ **Coun·ties** *s. pl. die um London liegenden Grafschaften*; ⁓ **e·co·nom·ics** *s. pl. sg. konstr.* Hauswirtschaft(slehre) *f*; ⁓ **front** *s.* Heimatfront *f*; ⁓ **ground** *s. sport* eigener Platz; *fig.* vertrautes Gelände; ≈ **Guard** *s.* Bürgerwehr *f*; '⁓-ˌ**keep·ing** *adj.* häuslich, *contp.* stubenhockerisch; '⁓**·land** *s.* **1.** Heimat-, Vater-, Mutterland *n*; **2.** *pol.* Homeland *n*, Heimstatt *f* (*in Südafrika*).

home·less ['həʊmlɪs] *adj.* **1.** heimatlos; **2.** obdachlos; '**home·like** *adj.* wie zu Hause (*östr., schweiz.* zuhause), gemütlich; **home·li·ness** ['həʊmlɪnɪs] *s.* **1.** Einfachheit *f*, Schlichtheit *f*; **2.** Gemütlichkeit *f*; **3.** *Am.* Reizlosigkeit *f*; **home·ly** ['həʊmlɪ] *adj.* **1.** → ***homelike***; **2.** freundlich; **3.** einfach, hausbacken; **4.** *Am.* reizlos: ***a*** ⁓ ***girl***.

ˌ**home|'made** *adj.* **1.** selbst gemacht, Hausmacher...; **2.** selbst gebastelt: ⁓ ***bomb***; **3.** † a) einheimisch, im Inland hergestellt: ⁓ ***goods***, b) hausgemacht: ⁓ ***inflation***; '⁓ˌ**mak·er** *s. Am.* **1.** Hausfrau *f*; **2.** Fa'milienpflegerin *f*; '⁓ˌ**mak·ing** *s. Am.* Haushaltsführung *f*; ⁓ **mar·ket** *s.* † Inlandsmarkt *m*; ⁓ **me·chan·ic** *s.* Heimwerker *m*; ⁓ **mov·ie** *s.* Heimkino *n*.

homeo- *etc.* → ***homoeo-*** *etc.*

home| of·fice *s.* **1.** ≈ *Brit.* 'Innenminisˌterium *n*; **2.** *bsd.* † *Am.* Hauptsitz *m*; ⁓ **page** *s. Internet*: 'Homepage *f* (*Startseite e-s Anbieters*); ⁓ **perm** *s.* F HeimDauerwelle *f*; ⁓ **plate** *s. Baseball*: Heimbase *n*.

hom·er ['həʊmə] *s.* F *für* ***home run***.

Ho·mer·ic [həʊ'merɪk] *adj.* ho'merisch: ⁓ ***laughter***.

home| rule *s. pol.* a) 'Selbstreˌgierung *f*, b) ≈ *hist.* Homerule *f* (*in Irland*); ⁓ **run** *s. Baseball*: Homerun *m* (*Lauf über alle 4 Male*); ≈ **Sec·re·tar·y** *s. Brit.* 'Innenmiˌnister *m*; ⁓ **shop·ping** *s.* Teleshopping *n*; '⁓**·sick** *adj.*: ***be*** ⁓ Heimweh haben; '⁓ˌ**sick·ness** *s.* Heimweh *n*; '⁓**·spun I** *adj.* **1.** a) zu Hause gesponnen, b) Homespun...: ⁓ ***clothing***; **2.** *fig.* schlicht, einfach; **II** *s.* **3.** Homespun *n* (*Streichgarn*[*gewebe*]); '⁓**·stead** *s.* **1.** Heimstätte *f*, Gehöft *n*; **2.** ⚖ *Am.* Heimstätte *f* (*Grundparzelle od. gegen Zugriff von Gläubigern geschützter Grundbesitz*); ⁓ **straight**, ⁓ **stretch** *s. sport* Zielgerade *f*: ***be on the*** ⁓ *fig.* kurz vor dem Ziel stehen; ⁓ **thrust** *s. fig.* wohlgezielter Hieb; ⁓ **truth** *s.* harte Wahrheit, unbequeme Tatsache; '⁓**·ward** [-wəd] **I** *adv.* heimwärts, nach Hause, *östr.*, *schweiz.* nachhause; **II** *adj.* Heim..., Rück...; → ***bound***[2]; '⁓**·wards** [-wədz] → ***homeward*** I; '⁓**·work** *s.* **1.** *ped.* Hausaufgabe(n *pl.*) *f*, Schularbeiten *pl.*: ***do one's*** ⁓ s-e Hausaufgaben machen (*a. fig. sich gründlich vorbereiten*); **2.** † Heimarbeit *f*; '⁓ˌ**work·er** *s.* † Heimarbeiter (-in); '⁓ˌ**wreck·er** *s. j-d, der e-e Ehe zerstört*.

home·y *Am. für* ***homy***.

hom·i·cid·al [ˌhɒmɪ'saɪdl] *adj.* **1.** mörderisch, mordlustig; **2.** Mord..., Totschlags...; **hom·i·cide** ['hɒmɪsaɪd] *s.* **1.** *allg.* Tötung *f*, *engS.* a) Mord *m*, b) Totschlag *m*: ⁓ ***by misadventure*** *Am.* Unfall *m* mit Todesfolge; ⁓ (***squad***) Mordkommission *f*; **2.** Mörder(in), Totschläger(in).

hom·i·ly ['hɒmɪlɪ] *s.* **1.** Homi'lie *f*, Predigt *f*; **2.** *fig.* Mo'ralpredigt *f*.

hom·ing ['həʊmɪŋ] **I** *adj.* **1.** heimkehrend: ⁓ ***pigeon*** Brieftaube *f*; ⁓ ***instinct*** *zo.* Heimkehrvermögen *n*; **2.** ⚔ zielansteuernd (*Rakete etc.*); **II** *s.* ✈ **3.** a) Zielflug *m*, b) Zielpeilung *f*, c) Rückflug *m*: ⁓ ***beacon*** Zielflugfunkfeuer *n*; ⁓ ***device*** Zielfluggerät *n*.

hom·i·nid ['hɒmɪnɪd] *zo.* **I** *adj.* menschenartig; **II** *s.* Homi'nide *m*, menschenartiges Wesen; '**hom·i·noid** [-nɔɪd] *adj. u. s.* menschenähnlich(es Tier).

hom·i·ny ['hɒmɪnɪ] *s. Am.* **1.** Maismehl *n*; **2.** Maisbrei *m*.

ho·mo ['həʊməʊ] *s.* F ‚Homo' *m*.

homo- [həʊməʊ; hɒməʊ], **homoeo-** [həʊmjəʊ] *in Zssgn* gleich(artig).

ho·moe·o·path ['həʊmjəʊpæθ] *s.* ✱ Homöo'path(in); **ho·moe·o·path·ic** [ˌhəʊmjəʊ'pæθɪk] *adj.* (□ ⁓***ally***) ✱ homöo'pathisch; **ho·moe·op·a·thist** [ˌhəʊmɪ'ɒpəθɪst] → ***homoeopath***; **homoe·op·a·thy** [ˌhəʊmɪ'ɒpəθɪ] *s.* ✱ Homöopa'thie *f*.

ho·mo·e·rot·ic [ˌhəʊməʊɪ'rɒtɪk] *adj.* homoe'rotisch.

ho·mo·ge·ne·i·ty [ˌhɒməʊdʒe'niːətɪ] *s.* Homogeni'tät *f*, Gleichartigkeit *f*; **homo·ge·ne·ous** [ˌhɒməʊ'dʒiːnjəs] *adj.* □ homo'gen: a) gleichartig, b) einheitlich; **ho·mo·gen·e·sis** [ˌhɒməʊ'dʒenɪsɪs] *s. biol.* Homoge'nese *f*; **homog·e·nize** [hɒ'mɒdʒənaɪz] *v/t.* homogenisieren.

ho·mol·o·gate [hɒ'mɒləgeɪt] *v/t.* **1.** ⚖ a) genehmigen, b) beglaubigen, bestätigen; **2.** *Ski- u. Motorsport*: homologieren; **ho'mol·o·gous** [-gəs] *adj.* 𝛑, ⚗, *biol.* homo'log.

hom·o·nym ['hɒməʊnɪm] *s. ling.* Homo'nym *n* (*a. biol.*), gleich lautendes Wort; **ho·mo·nym·ic** [ˌhɒməʊ'nɪmɪk], **homon·y·mous** [hɒ'mɒnɪməs] *adj.* homo'nym.

ho·mo·phile ['hɒməʊfaɪl] **I** *s.* Homo'phile(r *m*) *f*; **II** *adj.* homo'phil.

hom·o·phone ['hɒməʊfəʊn] *s. ling.* Homo'phon *n*; **hom·o·phon·ic** [ˌhɒməʊ'fɒnɪk] *adj.* ♪, *ling.* homo'phon.

ho·mop·ter·a [həʊ'mɒptərə] *s. pl. zo.* Gleichflügler *pl.* (*Insekten*).

ho·mo·sex·u·al [ˌhɒməʊ'seksjʊəl] **I** *s.* Homosexu'elle(r *m*) *f*; **II** *adj.* homosexu'ell; **ho·mo·sex·u·al·i·ty** [ˌhɒməʊseksjʊ'ælətɪ] *s.* Homosexuali'tät *f*.

ho·mun·cu·lar [hɒ'mʌŋkjʊlə] *adj.* ho'munkulusähnlich; **ho'mun·cule** [-kjuːl], **ho'mun·cu·lus** [-kjʊləs] *pl.* **-li** [-laɪ] *s.* **1.** Ho'munkulus *m* (*künstlich*

H

erzeugter Mensch); **2.** Menschlein *n*, Knirps *m*.
hom·y ['həʊmɪ] *adj*. F gemütlich.
hon·cho ['hɒntʃəʊ] *s*. *bsd*. *Am*. F Boss *m*: ***head ~*** Big Boss *m*, 'Oberboss *m*.
hone [həʊn] **I** *s*. **1.** (feiner) Schleifstein; **II** *v/t*. **2.** honen, fein-, ziehschleifen; **3.** *fig*. a) schärfen, b) (aus)feilen.
hon·est ['ɒnɪst] *adj*. □ **1.** ehrlich: a) redlich, rechtschaffen, anständig, b) offen, aufrichtig; **2.** *humor*. wacker, bieder; **3.** ehrlich verdient; **4.** *obs*. ehrbar (*Frau*); '**hon·est·ly** [-lɪ] **I** *adv*. → ***honest***; **II** *int*. F a) offen gesagt, b) ehrlich!, c) *empört*: nein (*od*. also) wirklich!; ˌ**hon·est-to-'God**, ˌ**hon·est-to-'good·ness** *adj*. F echt, wirklich, ‚richtig'; '**hon·es·ty** [-tɪ] *s*. **1.** Ehrlichkeit *f*: a) Rechtschaffenheit *f*: ***~ is the best policy*** ehrlich währt am längsten, b) Aufrichtigkeit *f*; **2.** *obs*. Ehrbarkeit *f*; **3.** ♀ 'Mondviˌole *f*.
hon·ey ['hʌnɪ] *s*. **1.** Honig *m* (*a*. *fig*.); **2.** ♀ Nektar *m*; **3.** F *bsd*. *Am*. a) *Anrede*: ‚Schatz' *m*, Süße(r *m*) *f*, b) *Am*. ‚süßes' *od*. ‚schickes' Ding: ***a ~ of a car*** ein ‚klasse' Wagen; '**~·bag** *s*. *zo*. Honigmagen *m der Bienen*; '**~·bee** *s*. *zo*. Honigbiene *f*; '**~·bun**(**ch**) [-bʌn(tʃ)] → ***honey*** 3 a.
'**hon·ey·comb** [-kəʊm] **I** *s*. **1.** Bienen-, Honigwabe *f*; **2.** Waffelmuster *n* (*Gewebe*): ***~*** (***quilt***) Waffeldecke *f*; **3.** ⚙ Lunker *m*, (Guss)Blase *f*; **4.** *in Zssgn* ⚙ Waben... (*-kühler*, *-spule etc*.): ***~ stomach*** *zo*. Netzmagen *m*; **II** *v/t*. **5.** (wabenartig) durch'löchern; **6.** *fig*. durch'setzen (***with*** mit); '**hon·ey·combed** [-kəʊmd] *adj*. **1.** durch'löchert, löcherig, zellig; **2.** ⚙ blasig; **3.** *fig*. (***with***) a) durch'setzt (mit), b) unter'graben (durch).
'**hon·ey|·dew** *s*. **1.** ♀ Honigtau *m*, Blatthonig *m*: ***~ melon*** Honigmelone *f*; **2.** gesüßter Tabak; **~ eat·er** *s*. *orn*. Honigfresser *m*.
hon·eyed ['hʌnɪd] *adj*. **1.** voller Honig; **2.** *a*. *fig*. honigsüß.
hon·ey| ex·trac·tor *s*. Honigschleuder *f*; **~ flow** *s*. (Bienen)Tracht *f*; '**~·moon** **I** *s*. **1.** Flitterwochen *pl*., Honigmond *m* (*a*. *iro*. *fig*.); **2.** Hochzeitsreise *f*; **II** *v/i*. **3.** a) die Flitterwochen verbringen, b) s-e Hochzeitsreise machen; '**~ˌmoon·er** *s*. a) ‚Flitterwöchner' *m*, b) Hochzeitsreisende(r *m*) *f*; **~ sac** *s*. *zo*. Honigmagen *m*; '**~ˌsuck·le** *s*. ♀ Geißblatt *n*.
hon·ied ['hʌnɪd] → ***honeyed***.
honk [hɒŋk] **I** *s*. **1.** Schrei *m* (*der Wildgans*); **2.** 'Hupensiˌgnal *n*; **II** *v/i*. **3.** schreien; **4.** hupen.
honk·y-tonk ['hɒŋkɪtɒŋk] *s*. *Am*. *sl*. ‚Spe'lunke' *f*.
hon·or *etc*. *Am*. → ***honour*** *etc*.
hon·o·rar·i·um [ˌɒnə'reərɪəm] *pl*. **-rar·i·a** [-'reərɪə], **-rar·i·ums** *s*. (*freiwillig gezahltes*) Hono'rar; **hon·or·ar·y** ['ɒnərərɪ] *adj*. **1.** ehrend; **2.** Ehren...: ***~ doctor*** (***member***, *etc*.); ***~ debt*** Ehrenschuld *f*; ***~ degree*** ehrenhalber verliehener akademischer Grad; **3.** ehrenamtlich: ***~ secretary***; **hon·or·if·ic** [ˌɒnə'rɪfɪk] **I** *adj*. (□ ***~ally***) ehrend, Ehren...; **II** *s*. Ehrung *f*, Ehrentitel *m*.
hon·our ['ɒnə] **I** *s*. **1.** Ehre *f*: (***sense of***) ***~*** Ehrgefühl *n*; (***up***)***on my ~!***, *Brit*. F ***~ bright!*** Ehrenwort!; ***man of ~*** Ehrenmann *m*; ***point of ~*** Ehrensache *f*; ***do s.o. ~*** j-m zur Ehre gereichen, j-m Ehre machen; ***do s.o. the ~ of doing s.th.*** j-m die Ehre erweisen, et. zu tun; ***he is an ~ to his parents*** (***to his school***) er macht s-n Eltern Ehre (er ist e-e Zierde s-r Schule); ***put s.o. on his ~*** j-n bei s-r Ehre packen; (***in***) ***~ bound***, ***on one's ~*** moralisch verpflichtet; ***to his ~ it must be said*** zu s-r Ehre muss gesagt werden; (***there is***) ***~ among thieves*** (es gibt so etwas wie) Ganovenehre *f*; ***may I have the ~*** (***of the next dance***)***?*** darf ich (um den nächsten Tanz) bitten?; **2.** Ehrung *f*, Ehre(n *pl*.) *f*: a) Ehrerbietung *f*, Ehrenbezeigung *f*, b) Hochachtung *f*, c) Auszeichnung *f*, (Ehren)Titel *m*, Ehrenamt *n*, -zeichen *n*: ***in s.o.'s ~*** zu j-s *od*. j-m zu Ehren; ***hold*** (*od*. ***have***) ***in ~*** in Ehren halten; ***pay s.o. the last*** (*od*. ***funeral***) ***~s*** j-m die letzte Ehre erweisen; ***military ~s*** militärische Ehren; ***~s list*** *Brit*. Liste *f* der Titelverleihungen (*zum Geburtstag des Herrschers etc*.) (→ 3); → ***due*** 3; **3.** *pl*. *univ*. besondere Auszeichnung: ***~s degree*** *akademischer Grad mit Prüfung in e-m Spezialfach*; ***~s list*** *Liste der Studenten, die auf e-n **honours degree** hinarbeiten*; ***~s man*** *Brit*., ***~s student*** *Am*. *Student, der e-n **honours degree** anstrebt od. innehat*; **4.** *pl*. Hon'neurs *pl*.: ***do the ~s*** die Honneurs machen, als Gastgeber(in) fungieren; **5.** *Kartenspiel*: Bild *n*; **6.** *Golf*: Ehre *f* (*Berechtigung zum 1. Schlag*): ***it is his ~*** er hat die Ehre; **7.** ***Your*** (***His***) ♀ *obs*. Euer (Seine) Gnaden; **II** *v/t*. **8.** ehren; **9.** ehren, auszeichnen (***with*** mit); **10.** beehren (***with*** mit); **11.** *j-m* zur Ehre gereichen *od*. Ehre machen; **12.** *e-r Einladung etc*. Folge leisten; **13.** ✝ a) *Scheck etc*. honorieren, einlösen, b) *Schuld* begleichen, c) *Vertrag* erfüllen; **hon·our·a·ble** ['ɒnərəbl] *adj*. □ **1.** achtbar, ehrenwert; **2.** rechtschaffen: ***an ~ man*** ein Ehrenmann; **3.** ehrenhaft, ehrlich (*Absicht etc*.); **4.** ehrenvoll, rühmlich; **5.** ♀ (*der od. die*) Ehrenwerte (*in Großbritannien*: *Adelstitel od. Titel der Ehrendamen des Hofes, der Mitglieder des Unterhauses, der Bürgermeister*; *in USA*: *Titel der Mitglieder des Kongresses, hoher Beamter, der Richter u. Bürgermeister*): ***Right*** ♀ (*der*) Sehr Ehrenwerte; → ***friend*** 5.
hooch [huːtʃ] *s*. *Am*. F ‚Fusel' *m*.
hood [hʊd] **I** *s*. **1.** Ka'puze *f* (*a*. *univ*. *am Talar*); **2.** ♀ Helm *m*; **3.** *orn*., *zo*. Haube *f*, Schopf *m*; Brillenzeichnung *f* der Kobra; **4.** *mot*. a) *Brit*. Verdeck *n*, b) *Am*. (Motor)Haube *f*; **5.** ⚙ a) Kappe *f*, (Schutz)Haube *f*, b) Abzug(shaube *f*) *m* (*für Gas etc*.); **6.** → ***hoodlum***; **II** *v/t*. **7.** *j-m* e-e Ka'puze aufsetzen; **8.** be-, verdecken.
hood·ed ['hʊdɪd] *adj*. **1.** mit e-r Ka'puze bekleidet; **2.** ver-, bedeckt, verhüllt (*a*. *Augen*); **3.** *orn*. mit e-r Haube; **~ crow** *s*. *orn*. Nebelkrähe *f*; **~ seal** *s*. *zo*. Mützenrobbe *f*; **~ snake** *s*. *zo*. Kobra *f*.
hood·lum ['huːdləm] *s*. F **1.** Rowdy *m*, ‚Schläger' *m*; **2.** Ga'nove *m*, Gangster *m*.
hoo·doo ['huːduː] **I** *s*. *Am*. **1.** → ***voodoo*** I; **2.** a) Unglücksbringer *m*, b) Unglück *n*, Pech *n*; **II** *v/t*. **3.** a) verhexen, b) *j-m* Unglück bringen; **III** *adj*. **4.** Unglücks...
'**hood·wink** *v/t*. **1.** *obs*. die Augen verbinden (*dat*.); **2.** *fig*. hinters Licht führen, reinlegen.
hoo·ey ['huːɪ] *s*. *sl*. Quatsch *m*, Blödsinn *m*.
hoof [huːf] *pl*. **hoofs**, **hooves** [huːvz] **I** *s*. **1.** *zo*. a) Huf *m*, b) Fuß *m*: ***on the ~*** lebend (*Schlachtvieh*); **2.** *humor*. ‚Pe'dal' *n*, Fuß *m*; **3.** Huftier *n*; **II** *v/t*. **4.** F *Strecke* ‚tippeln': ***~ it*** → 6, 7; **5.** ***~ out*** *j-n* ‚rausschmeißen'; **III** *v/i*. **6.** F ‚tippeln', marschieren; **7.** F tanzen; ˌ**~-and-'mouth dis·ease** *s*. *vet*. Maul- u. Klauenseuche *f*.
hoofed [huːft] *adj*. gehuft, Huf...; '**hoof·er** [-fə] *s*. *Am*. *sl*. Berufstänzer (-in), *bsd*. Re'vuegirl *n*.
hoo-ha ['huːhɑː] *s*. F ‚Tam'tam' *n*.
hook [hʊk] **I** *s*. **1.** Haken *m* (*a*. ⚔): ***~ and eye*** Haken u. Öse; ***~ and ladder*** *Am*. Gerätewagen *m* der Feuerwehr; ***by ~ or*** (***by***) ***crook*** mit allen Mitteln, so oder so; ***on one's own ~*** F auf eigene Faust; **2.** ⚙ a) (Klammer-, Dreh)Haken *m*, b) (Tür)Angel *f*, Haspe *f*; **3.** Angelhaken *m*: ***be off the ~*** F ‚aus dem Schneider' sein; ***get s.o. off the ~*** F j-m ‚aus der Patsche' helfen, j-n ‚herauspauken'; ***get o.s. off the ~*** sich aus der ‚Schlinge' ziehen; ***have s.o. on the ~*** F j-n ‚zappeln' lassen; ***that lets him off the ~*** damit ist er raus aus der Sache; ***fall for s.o.*** (***s.th.***) ***~, line and sinker*** voll auf j-n (et.) ‚abfahren'; ***swallow s.th. ~, line and sinker*** et. voll u. ganz ‚schlucken'; **4.** ✓ Sichel *f*; **5.** a) scharfe Krümmung, b) gekrümmte Landspitze; **6.** *pl*. *sl*. ‚Griffel' *pl*. (*Finger*); **7.** ♪ Notenfähnchen *n*; **8.** *sport*: a) *Boxen*: Haken *m*: ***~ to the body*** Körperhaken, b) *Golf*: Hook *m* (*Kurvschlag*); **II** *v/t*. **9.** an-, ein-, fest-, zuhaken; **10.** fangen, (sich) angeln (*a*. *fig*. F): ***~ a husband*** sich e-n Mann angeln; ***he is ~ed*** F a) er zappelt im Netz, er ist ‚dran' od. ‚geliefert', b) → ***hooked*** 3; **11.** *sl*. ‚klauen', stehlen; **12.** krümmen; **13.** aufspießen; **14.** a) *Boxen*: *j-m* e-n Haken versetzen, b) *Golf*: *Ball* mit (e-m) Hook schlagen, c) (*Eis*)*Hockey*: *Gegner* haken; **15.** ***~ it*** F ‚verduften'; **III** *v/i*. **16.** sich zuhaken lassen; **17.** sich festhaken (***to*** an *dat*.); ***~ on*** **I** *v/t*. **1.** ein-, anhaken; **II** *v/i*. **2.** → ***hook*** 17; **3.** sich einhängen (***to s.o.*** bei j-m); ***~ up*** *v/t*. **1.** → ***hook on*** 1; **2.** zuhaken; **3.** ⚙ a) *Gerät* zs.-bauen, b) anschließen; **4.** *Radio*, *TV*: a) zs.-schalten, b) zuschalten (***with*** *dat*.); **5.** *bsd*. *Am*. F a) sich zs.-tun (***with*** *mit*), b) gehen zu (***with*** *dat*.) (*e-r Firma etc*.).
hook·a(**h**) ['hʊkə] *s*. Huka *f* (*orientalische Wasserpfeife*).
hooked [hʊkt] *adj*. **1.** krumm, hakenförmig, Haken...; **2.** mit (e-m) Haken (versehen); **3.** F a) (***on***) süchtig (nach); *fig*. *a*. ‚scharf' (auf *acc*.), ‚verrückt' (nach): ***~ on heroin*** (***television***) heroin- (fernseh)süchtig, b) → ***hook*** 10.
hook·er ['hʊkə] *s*. **1.** ⚓ a) Huker *m*, Fischerboot *n*, b) *contp*. ‚alter Kahn'; **2.** *sl*. ‚Nutte' *f*.
hook·ey → ***hooky***.
'**hook|-nosed** *adj*. mit e-r Hakennase; '**~·up** *s*. **1.** *Radio*, *TV*: a) Zs.-, Konfe'renzschaltung *f*, b) Zuschaltung *f*; **2.** ⚡ a) Schaltbild *n*, -schema *n*, b) Blockschaltung *f*; **3.** ⚙ Zs.-bau *m*; **4.** F a) Zs.-schluss *m*, Bündnis *n*, b) Absprache *f*; '**~·worm** *s*. *zo*. Hakenwurm *m*.
hook·y ['hʊkɪ] *s*.: ***play ~*** *Am*. F (*bsd*. die Schule) schwänzen.
hoo·li·gan ['huːlɪgən] *s*. 'Hooligan *m*, Rowdy *m*; '**hoo·li·gan·ism** [-nɪzəm] *s*. Rowdytum *n*.
hoop[1] [huːp] **I** *s*. **1.** *allg*. Reif(en) *m* (*a*. *als Schmuck, bei Kinderspielen, im Zirkus etc*.): ***~*** (***skirt***) Reifrock *m*; ***go***

through the ~(s) ‚durch die Mangel gedreht werden‘; **2.** ⚙ a) (Fass)Reif(en) *m*, b) (Stahl)Band *n*, Ring *m*: ***~ iron*** Bandeisen *n*, c) Öse *f*, d) Bügel *m*; **3.** (Finger)Ring *m*; **4.** *Basketball*: Korbring *m*; **5.** *Krocket*: Tor *n*; **II** *v/t*. **6.** *Fass* binden; **7.** um'geben, -'fassen; **8.** *Basketball*: *Punkte* erzielen.

hoop² [huːp] → ***whoop***.

hoop·er¹ ['huːpə] *s*. Böttcher *m*, Küfer *m*, Fassbinder *m*.

hoop·er² ['huːpə], **~ swan** *s. orn*. Singschwan *m*.

hoo·poe ['huːpuː] *s. orn*. Wiedehopf *m*.

hoo·ray [hʊ'reɪ] → ***hurrah***.

hoos(e)·gow ['huːsgaʊ] *s. Am. sl*. ‚Kittchen‘ *n*, ‚Knast‘ *m*.

hoot [huːt] **I** *v/i*. **1.** (höhnisch) johlen: ***~ at s.o.*** j-n verhöhnen; **2.** schreien (*Eule*); **3.** *Brit*. a) hupen (*Auto*), b) pfeifen (*Zug etc.*), c) heulen (*Sirene etc.*); **II** *v/t*. **4.** *et*. johlen; **5.** *a*. ***~ down*** niederschreien, auspfeifen; **6.** ***~ out***, ***~ off*** durch Gejohle vertreiben; **III** *s*. **7.** (*johlender*) Schrei (*a. der Eule*), *pl*. Johlen *n*: ***it's not worth a ~*** F es ist keinen Pfifferling wert; ***I don't care two ~s*** F das ist mir völlig ‚piepe‘; **8.** Hupen *n* (*Auto*); Heulen *n* (*Sirene*); **'hoot·er** [-tə] *s*. **1.** Johler(in); **2.** a) *mot*. Hupe *f*, b) Si'rene *f*, Pfeife *f*.

Hoo·ver ['huːvə] (*Fabrikmarke*) **I** *s*. Staubsauger *m*; **II** *v/t*. *mst* ℒ (ab)saugen; **III** *v/i*. (staub)saugen.

hooves [huːvz] *pl. von* ***hoof***.

hop¹ [hɒp] **I** *v/i*. **1.** hüpfen, hopsen: ***~ on*** → 5; ***~ off*** F ‚abschwirren‘; ***~ to it*** *Am*. F sich (*an die Arbeit*) ‚ranmachen‘; **2.** F ‚schwofen‘, tanzen; **3.** F a) ‚flitzen‘, sausen, b) rasch *wohin* fahren *od*. fliegen; **II** *v/t*. **4.** hüpfen *od*. springen über (*acc*.): ***~ it*** ‚abschwirren‘; **5.** F a) (auf-) springen auf (*acc*.), b) einsteigen in (*acc*.): ***~ a train***; **6.** ✈ über'fliegen, -'queren; **7.** *Am. Ball* hüpfen lassen; **8.** *Am*. F bedienen in (*dat*.); **III** *s*. **9.** Sprung *m*, Hops(er) *m*: ***~, step, and jump*** *sport* Dreisprung *m*; ***be on the ~*** F ‚auf Trab‘ sein; ***keep s.o. on the ~*** F j-n ‚in Trab halten‘; ***catch s.o. on the ~*** F j-n erwischen *od*. überraschen; **10.** F ‚Schwof‘ *m*, Tanz *m*; **11.** *bsd*. ✈ F ‚Sprung‘ *m*, Abstecher *m*: ***only a short ~*** nur ein Katzensprung.

hop² [hɒp] **I** *s*. **1.** ⚘ a) Hopfen *m*, b) *pl*. Hopfen(blüten *pl*.) *m*: ***pick ~s*** → 4; **2.** *sl*. Rauschgift *n*, *engS*. Opium *n*; **II** *v/t*. **3.** *Bier* hopfen; **4.** ***~ up*** *sl*. a) (*durch e-e Droge*) ‚high‘ machen, b) aufputschen (*a. fig*.), c) *Am. Auto etc*. ‚frisieren‘; **III** *v/i*. **5.** Hopfen zupfen; **~ bind**, **~ bine** *s*. Hopfenranke *f*; **~ dri·er** *s*. Hopfendarre *f*.

hope [həʊp] **I** *s*. **1.** Hoffnung *f* (***of*** auf *acc*.): ***live in ~(s)*** (immer noch) hoffen, die Hoffnung nicht aufgeben; ***in the ~ of*** *ger*. in der Hoffnung zu *inf*.; ***past ~*** hoffnungs-, aussichtslos; ***he is past all ~*** für ihn gibt es keine Hoffnung mehr; **2.** Hoffnung *f*: a) Zuversicht *f*, b) ***no ~ of success*** keine Aussicht auf Erfolg; ***not a ~*** F keine Chance; **3.** Hoffnung *f* (*Person od. Sache*): ***she is our only ~***; → ***white hope***; **4.** → ***forlorn hope***; **II** *v/i*. **5.** hoffen (***for*** auf *acc*.): ***~ against ~*** die Hoffnung nicht aufgeben, verzweifelt hoffen; ***~ for the best*** das Beste hoffen; ***I ~ so*** hoffentlich, ich hoffe (es); ***the ~d-for result*** das erhoffte Ergebnis; **III** *v/t*. **6.** *et*. hoffen; **~ chest** *s*. *Am*. F Aussteuertruhe *f*.

hope·ful ['həʊpfʊl] **I** *adj*. □ **1.** hoffnungs-, erwartungsvoll: ***be ~ of*** *et*. hoffen; ***be ~ about*** optimistisch sein hinsichtlich (*gen*.); **2.** (*a. iro*.) viel versprechend; **II** *s*. **3.** *a. iro*. a) hoffnungsvoller *od*. viel versprechender (junger) Mensch, b) ‚Opti'mist‘ *m*; **'hope·ful·ly** [-fʊlɪ] *adv*. **1.** → ***hopeful*** 1; **2.** hoffentlich; **'hope·ful·ness** [-nɪs] *s*. Opti'mismus *m*.

hope·less ['həʊplɪs] *adj*. □ hoffnungslos: a) verzweifelt, b) aussichtslos, c) unheilbar, d) mise'rabel, e) F unverbesserlich: ***a ~ drunkard***; **'hope·less·ly** [-lɪ] *adv*. **1.** → ***hopeless***; **2.** F heillos, to'tal; **'hope·less·ness** [-nɪs] *s*. Hoffnungslosigkeit *f*.

hop-o'-my-thumb [ˌhɒpəmɪ'θʌm] *s*. Knirps *m*, Zwerg *m*.

hop·per ['hɒpə] *s*. **1.** Hüpfende(r *m*) *f*; **2.** F Tänzer(in); **3.** *zo*. hüpfendes In'sekt, *bsd*. Käsemade *f*; **4.** ⚙ a) Fülltrichter *m*, b) (Schüttgut-, Vorrats)Behälter *m*, c) *a*. ***~(-bottom) car*** 🚃 Fallboden-, Selbstentladewagen *m*, d) Spülkasten *m*, e) *Computer*: Karteneingabefach *n*.

hop·ping mad ['hɒpɪŋ] *adj*.: ***be ~*** F e-e ‚Stinkwut‘ (im Bauch) haben.

'hop|·scotch *s*. Himmel-und-Hölle-Spiel *n*; **~ vine** → ***hop bind***.

Ho·rae ['hɔːriː] *s. pl. myth*. Horen *pl*.

Ho·ra·tian [hə'reɪʃjən] *adj*. ho'razisch: ***~ ode***.

horde [hɔːd] **I** *s*. Horde *f*, (wilder) Haufen; **II** *v/i*. e-e Horde bilden; in Horden zs.-leben.

ho·ri·zon [hə'raɪzn] *s*. (*a. fig. geistiger*) Hori'zont, Gesichtskreis *m*: ***apparent*** (*od*. ***sensible***, ***visible***) ***~*** scheinbarer Horizont; ***celestial*** (*od*. ***rational***, ***true***) ***~*** wahrer Horizont; ***on the ~*** am Horizont (auftauchend *od*. sichtbar).

hor·i·zon·tal [ˌhɒrɪ'zɒntl] **I** *adj*. □ horizon'tal, waag(e)recht, ⚙ *a*. liegend (*Motor*, *Ventil etc*.), *a*. Seiten... (*bsd. Steuerung*); ***~ line*** → **II** *s*. ⩕ Horizon'tale *f*, Waag(e)rechte *f*; **~ bar** *s*. *Turnen*: Reck *n*; **~ com·bi·na·tion** *s*. ✝ Horizon'talverflechtung *f*, -konˌzern *m*; **~ plane** *s*. ⩕ Horizon'talebene *f*; **~ pro·jec·tion** *s*. ⩕ Horizon'talprojektiˌon *f*: ***~ plane*** Grundrissebene *f*; **~ rud·der** *s*. ⚓ Horizon'tal(steuer)ruder *n*, Tiefenruder *n*; **~ sec·tion** *s*. ⚙ Horizon'talschnitt *m*.

hor·mo·nal [hɔː'məʊnl] *adj. biol*. hormo'nal, Hormon...; **hor·mone** ['hɔːməʊn] *s*. Hor'mon *n*; **~ bal·ance** *s*. Hormonspiegel *m*.

horn [hɔːn] **I** *s*. **1.** *zo*. a) Horn *n*, b) *pl*. Geweih *n*; → ***dilemma***; **2.** *zo*. a) Horn *n* (*Nashorn*), b) Fühler *m* (*Insekt*), c) Fühlhorn *n* (*Schnecke*): ***draw*** (*od*. ***pull***) ***in one's ~s*** *fig*. die Hörner einziehen, ‚zurückstecken‘; **3.** *pl*. *fig*. Hörner *pl*. (*des betrogenen Ehemanns*): ***put ~s on s.o.*** j-m Hörner aufsetzen; **4.** (Pulver-, Trink)Horn *n*: ***~ of plenty*** Füllhorn; **5.** ♪ a) Horn *n*, b) F 'Blasinstruˌment *n*: ***blow one's own ~*** *fig*. ins eigene Horn stoßen; **6.** a) *mot*. Hupe *f*, b) ⚙ Si'gnalhorn *n*; **7.** a) (Schall)Trichter *m*, b) ϟ Hornstrahler *m*; **8.** 'Horn(subˌstanz *f*) *n*: ***~ handle*** Horngriff *m*; **9.** Horn *n* (*hornförmige Sache*), *bsd*. a) Bergspitze *f*, b) Spitze *f* (*der Mondsichel*), c) Schuhlöffel *m*: ***the*** ℒ (das) Kap Horn; **10.** Sattelknopf *m*; **11.** V ‚Ständer‘ *m*: ***~ pill*** Aphrodisiakum *n*; **II** *v/t*. **12.** a) mit den Hörnern stoßen, b) auf die Hörner nehmen; **III** *v/i*. **13.** ***~ in*** *sl*. sich einmischen *od*. -drängen (***on*** in *acc*.);

'~·beam *s*. ⚘ Hain-, Weißbuche *f*; **'~·blende** [-blend] *s. min*. Hornblende *f*.

horned [hɔːnd; *poet*. 'hɔːnɪd] *adj*. gehörnt, Horn...: ***~ cattle*** Hornvieh *n*; **~ owl** *s*. Ohreule *f*.

hor·net ['hɔːnɪt] *s. zo*. Hor'nisse *f*: ***bring a ~'s nest about one's ears***, ***stir up a ~'s nest*** *fig*. in ein Wespennest stechen.

'horn|·fly *s. zo*. Hornfliege *f*; **'~·less** [-lɪs] *adj*. hornlos, ohne Hörner; **'~·pipe** *s*. ♪ Hornpipe *f* (*Blasinstrument od. alter Tanz*); **ˌ~-'rimmed** *adj*. mit Hornfassung: ***~ spectacles*** Hornbrille *f*; **'~ˌswog·gle** [-ˌswɒgl] *v/t*. *sl*. *j-n* ‚reinlegen‘.

horn·y ['hɔːnɪ] *adj*. **1.** hornig, schwielig: ***~-handed*** mit schwieligen Händen; **2.** aus Horn, Horn...; **3.** V geil, ‚scharf‘.

hor·o·loge ['hɒrəlɒdʒ] *s*. Zeitmesser *m*, (Sonnen- *etc*.)Uhr *f*.

hor·o·scope ['hɒrəskəʊp] *s*. Horo'skop *n*: ***cast a ~*** ein Horoskop stellen; **'hor·o·scop·er** [-pə] *s*. Horo'skopsteller(in).

hor·ren·dous [hɒ'rendəs] □ → ***horrific***.

hor·ri·ble ['hɒrəbl] *adj*. □, **hor·rid** ['hɒrɪd] *adj*. □ schrecklich, fürchterlich, entsetzlich, grässlich, scheußlich, ab'scheulich; **'hor·ri·ble·ness** [-nɪs] *s*., **hor·rid·ness** ['hɒrɪdnɪs] *s*. Schrecklichkeit *etc*.

hor·rif·ic [hɒ'rɪfɪk] *adj*. (□ ***~ally***) **1.** schrecklich, entsetzlich; **2.** hor'rend; **hor·ri·fy** ['hɒrɪfaɪ] *v/t*. entsetzen.

hor·ror ['hɒrə] **I** *s*. **1.** Grau(s)en *n*, Entsetzen *n*: ***seized with ~*** von Grauen gepackt; ***have the ~s*** F a) ‚weiße Mäuse‘ sehen, b) ‚am Boden zerstört‘ sein; **2.** (***of***) 'Widerwille *m* (gegen), Abscheu *m* (vor *dat*.): ***have a ~ of*** e-n Horror haben vor (*dat*.); **3.** a) Schrecken *m*, Gräuel *m*, b) Gräueltat *f*: ***the ~s of war*** die Schrecken des Krieges; ***scene of ~*** Schreckensszene *f*; **4.** Entsetzlichkeit *f*, (*das*) Schauerliche; **5.** F Gräuel *m* (*Person od. Sache*), Scheusal *n*, Ekel *n* (*Person*); **II** *adj*. **6.** Grusel..., Horror...: ***~ film***; **'~ˌstrick·en**, **'~-struck** *adj*. von Schrecken *od*. Grauen gepackt.

hors d'oeu·vre [ɔː'dɜːvrə] *pl*. **hors d'oeu·vres** [ɔː'dɜːvrəz] *s*. Hors'd'œuvre *n*, Vorspeise *f*.

horse [hɔːs] **I** *s*. **1.** *zo*. Pferd *n*, Ross *n*, Gaul *m*: ***to ~!*** ⚔ aufgesessen!; ***a dark ~*** *fig*. ein unbeschriebenes Blatt; ***that's a ~ of another colo(u)r*** *fig*. das ist etwas ganz anderes; ***straight from the ~'s mouth*** a) aus erster Hand, b) aus berufenem Mund; ***back the wrong ~*** aufs falsche Pferd setzen; ***wild ~s will not drag me there!*** keine zehn Pferde kriegen mich dorthin!; ***flog a dead ~*** a) offene Türen einrennen, b) sich unnötig mühen; ***give the ~ its head*** die Zügel schießen lassen; ***hold your ~s!*** F immer mit der Ruhe!; ***get on*** (*od*. ***mount***) ***one's high ~*** sich aufs hohe Ross setzen; ***ride*** (*od*. ***be on***) ***one's high ~*** auf dem *od*. s-m hohen Ross sitzen; ***spur a willing ~*** j-n unnötig antreiben; ***work like a ~*** wie ein Pferd arbeiten *od*. schuften; ***you can lead a ~ to the water but you can't make it drink*** man kann niemanden zu s-m Glück zwingen; **2.** a) Hengst *m*, b) Wallach *m*; **3.** *coll*. ⚔ Kavalle'rie *f*, Reite'rei *f*: ***1000 ~*** 1000 Reiter; ***~ and foot*** Kavallerie u. Infanterie, die ganze

H

Armee; **4.** ⚙ (Säge- *etc.*)Bock *m*, Ständer *m*, Gestell *n*; **5.** *Turnen*: Pferd *n*; **6.** *Schach*: F Pferd *n*, Springer *m*; **7.** *sl.* Hero'in *n*; **II** *v/t.* **8.** mit Pferden versehen: a) *Truppen* beritten machen, b) *Wagen* bespannen; **9.** auf ein Pferd setzen *od.* laden; **III** *v/i.* **10.** aufsitzen, aufs Pferd steigen; **11.** rossen (*Stute*); **12.** **~ around** F Blödsinn treiben; **ˌ~-and-'bug·gy** *adj. Am.* ‚vorsintflutlich'; **~ ar·til·ler·y** *s.* ⚔ berittene Artille'rie; **'~·back** *s.*: **on ~** zu Pferd(e); **go on ~** reiten; **~ bean** *s.* Saubohne *f*; **~ chest·nut** *s.* ⚘ 'Rosskaˌstanie *f*; **~ cop·er** *s. Brit.* Pferdehändler *m*.

horsed [hɔːst] *adj.* **1.** beritten (*Person*); **2.** (mit Pferden) bespannt.

horse| deal·er *s.* Pferdehändler *m*; **~ doc·tor** *s.* **1.** Tierarzt *m*; **2.** F ‚Viehdoktor' *m* (*schlechter Arzt*); **'~-drawn** *adj.* von Pferden gezogen, Pferde...; **'~·flesh** *s.* **1.** Pferdefleisch *n*; **2.** *coll.* Pferde *pl.*; **'~·fly** *s. zo.* (Pferde)Bremse *f*; **♀ Guards** *s. pl. Brit.* 'Gardekavalleˌriebriˌgade *f*; **'~·hair** *s.* Ross-, Pferdehaar *n*; **~ lat·i·tudes** *s. pl. geogr.* Rossbreiten *pl.*; **~ laugh** *s.* wieherndes Gelächter; **~ mack·er·el** *s.* **1.** Thunfisch *m*; **2.** 'Rossmaˌkrele *f*; **'~·man** [-mən] *s.* [*irr.*] **1.** (geübter) Reiter; **2.** Pferdezüchter *m*; **'~·man·ship** [-mənʃɪp] *s.* Reitkunst *f*; **~ op·er·a** *s.* F Western *m* (*Film*); **'~·play** *s.* ‚Blödsinn' *m*, Unfug *m*; **'~·pond** *s.* Pferdeschwemme *f*; **'~ˌpow·er** *s. pl.* (*abbr.* **h.p.**) *phys.* Pferdestärke *f* (= *1,01 PS*); **~ race** *s.* Pferderennen *n*; **~ rac·ing** *s.* Pferderennen *n od. pl.*; **'~ˌrad·ish** *s.* ⚘ Meerrettich *m*; **~ sense** *s.* F gesunder Menschenverstand; **'~·shit** *s.* V ‚Scheiß (-dreck)' *m*; **~·shoe** ['hɔːʃʃuː] **I** *s.* **1.** Hufeisen *n*; **2.** *pl. sg. konstr. Am.* Hufeisenwerfen *n*; **II** *adj.* **3.** Hufeisen..., hufeisenförmig: **~ bend** (Straßen- *etc.*) Schleife *f*; **~ magnet** Hufeisenmagnet *m*; **~ table** in Hufeisenform aufgestellte Tische; **~ show** *s.* Reit- u. Springturnier *n*; **'~·tail** *s.* **1.** Pferdeschwanz *m* (*a. fig. Mädchenfrisur*), Rossschweif *m* (*a. hist. als türkisches Rangabzeichen od. Feldzeichen*); **2.** ⚘ Schachtelhalm *m*; **~ trad·ing** *s.* **1.** Pferdehandel *m*; **2.** *pol.* F ‚Kuhhandel' *m*; **'~·whip I** *s.* Reitpeitsche *f*; **II** *v/t.* (aus)peitschen; **'~ˌwom·an** *s.* [*irr.*] (geübte) Reiterin.

hors·y ['hɔːsɪ] *adj.* ☐ **1.** pferdenärrisch; **2.** Pferde...: **~ face**; **~ smell**; **~ talk** Gespräch *n* über Pferde.

hor·ta·tive ['hɔːtətɪv], **'hor·ta·to·ry** [-tərɪ] *adj.* **1.** mahnend; **2.** anspornend.

hor·ti·cul·tur·al [ˌhɔːtɪ'kʌltʃərəl] *adj.* Gartenbau...: **~ show** Gartenschau *f*; **hor·ti·cul·ture** ['hɔːtɪkʌltʃə] *s.* Gartenbau *m*; **ˌhor·ti'cul·tur·ist** [-ərɪst] *s.* 'Gartenbauexˌperte *m*.

ho·san·na [həʊ'zænə] **I** *int.* hosi'anna!; **II** *s.* Hosi'anna *n*.

hose [həʊz] **I** *s.* **1.** *coll., pl. konstr.* Strümpfe *pl.*; **2.** *hist.* (Knie)Hose *f*; **3.** *pl. a.* **hoses** Schlauch *m*: **garden ~** Gartenschlauch; **4.** ⚙ Tülle *f*; **II** *v/t.* **5.** (mit e-m Schlauch) spritzen: **~ down** abspritzen.

Ho·se·a [həʊ'zɪə] *npr. u. s. bibl.* (das Buch) Ho'sea *m od.* O'see *m*.

hose| pipe *s.* Schlauch(leitung *f*) *m*; **'~-proof** *adj.* ⚙ schwallwassergeschützt.

ho·sier ['həʊzɪə] *s.* Strumpfwarenhändler (-in); **'ho·sier·y** [-rɪ] *s. coll.* Strumpfwaren *pl.*

hos·pice ['hɒspɪs] *s.* **1.** *hist.* Hos'piz *n*, Herberge *f*; **2.** Sterbeklinik *f*.

hos·pi·ta·ble ['hɒspɪtəbl] *adj.* ☐ **1.** gastfreundlich, (*a. Haus etc.*) gastlich; **2.** *fig.* freundlich: **~ climate**; **3.** (**to**) empfänglich (für), aufgeschlossen (*dat.*).

hos·pi·tal ['hɒspɪtl] *s.* **1.** Krankenhaus *n*, Klinik *f*, *östr., schweiz.* Spi'tal *n*: **~ fever** klassisches Fleckfieber; **~ nurse** Kranken(haus)schwester *f*; **~ social worker** Krankenhausfürsorgerin *f*; **~ tent** Sanitätszelt *n*; **2.** ⚔ Laza'rett *n*: **~ ship** (**train**) Lazarettschiff *n* (-zug *m*); **3.** Tierklinik *f*; **4.** *hist.* Spi'tal *n*: a) Armenhaus *n*, b) Altersheim *n*, c) Erziehungsheim *n*; **5.** *hist.* Herberge *f*, Hos'piz *n*; **6.** *humor.* Repara'turwerkstatt *f*: **dolls' ~** Puppenklinik *f*.

hos·pi·tal·i·ty [ˌhɒspɪ'tælətɪ] *s.* Gastfreundschaft *f*, Gastlichkeit *f*.

hos·pi·tal·i·za·tion [ˌhɒspɪtəlaɪ'zeɪʃn] *s.* **1.** Aufnahme *f od.* Einweisung *f* in ein Krankenhaus; **2.** Krankenhausaufenthalt *m*, -behandlung *f*; **hos·pi·tal·ize** ['hɒspɪtəlaɪz] *v/t.* **1.** ins Krankenhaus einliefern *od.* einweisen; **2.** im Krankenhaus behandeln.

Hos·pi·tal·(l)er ['hɒspɪtlə] *s.* **1.** *hist.* Hospita'liter *m*, Johan'niter *m*; **2.** Barm'herziger Bruder.

host¹ [həʊst] *s.* **1.** (Un)Menge *f*, Masse *f*: **a ~ of questions** e-e Unmenge Fragen; **2.** *poet.* (Kriegs)Heer *n*: **the ~ of heaven** a) die Gestirne, b) die himmlischen Heerscharen; **the Lord of ♀s** *bibl.* der Herr der Heerscharen.

host² [həʊst] **I** *s.* **1.** Gastgeber *m*, Hausherr *m*: **~ country** Gastland *n*, *sport etc.* Gastgeberland *n*; **2.** (Gast)Wirt *m*: **reckon without one's ~** *fig.* die Rechnung ohne den Wirt machen; **3.** *TV etc.*: a) Talk-, Showmaster *m*, b) Mode'rator *m*: **your ~ was ...** durch die Sendung führte (Sie) ...; **4.** *biol.* Wirt *m*, Wirtstier *n od.* -pflanze *f*; **II** *v/t.* **5.** a) *TV etc.*: Sendung moderieren, b) *Veranstaltung* ausrichten.

host³, *oft* ♀ [həʊst] *s. eccl.* Hostie *f*.

hos·tage ['hɒstɪdʒ] *s.* **1.** Geisel *f*: **take** (**hold**) **s.o. ~** j-n als Geisel nehmen (behalten); **taking of ~s** Geiselnahme *f*; **2.** *fig.* ('Unter)Pfand *n*.

hos·tel ['hɒstl] *s.* **1.** *mst* **youth ~** Jugendherberge *f*; **2.** (Studenten-, Arbeiter- *etc.*)Wohnheim *n*; **3.** → **'hos·tel·ry** [-rɪ] *s. obs.* Wirtshaus *n*.

host·ess ['həʊstɪs] *s.* **1.** Gastgeberin *f*; **2.** (Gast)Wirtin *f*; **3.** ✈ Ho'stess *f*, Ste'wardess *f*; **4.** Ho'stess *f* (*Betreuerin, Führerin*); **5.** Animier-, Tischdame *f*.

hos·tile ['hɒstaɪl] *adj.* ☐ **1.** feindlich, Feind(es)...; **2.** (**to**) *fig.* a) feindselig (gegen), feindlich gesinnt (*dat.*), b) stark abgeneigt (*dat.*); **hos·til·i·ty** [hɒ'stɪlətɪ] *s.* **1.** Feindschaft *f*, Feindseligkeit *f* (**to** gegen); **2.** Feindseligkeit *f* (*Handlung*); **3.** *pl.* ⚔ Feindseligkeiten *pl.*, Krieg(shandlungen *pl.*) *m*.

hos·tler ['ɒslə] → **ostler**.

hot [hɒt] **I** *adj.* ☐ **1.** heiß (*a. fig.*): **~ climate**; **~ tears**; **I am ~** mir ist heiß, ich bin erhitzt; **get ~** sich erhitzen (*a. fig. u.* ⚙); **~ under the collar** F wütend; **I went ~ and cold** es überlief mich heiß u. kalt; **~ scent** *hunt.* warme *od.* frische Fährte (*a. fig.*); **2.** warm, heiß: **~ meal**; **~ and ~** ganz heiß, direkt vom Feuer; **3.** a) scharf (*Gewürz*), b) scharf (gewürzt): **a ~ dish**; **4.** *fig.* heiß, hitzig, heftig: **a ~ fight**; **~ words** heftige Worte; **grow ~** sich erhitzen (**over** über *acc.*); **5.** leidenschaftlich, feurig: **a ~ temper** ein hitziges Temperament; **be ~ for** (*od.* **on**) F ‚scharf' sein auf (*acc.*); **6.** wütend, erbost: **all ~ and bothered** ganz ‚aus dem Häuschen'; **7.** ‚heiß': a) *zo.* brünstig, b) F geil, ‚scharf' (*Person, Film etc.*); **8.** ‚heiß' (*im Suchspiel*): **you are getting ~ter!** a) (es wird) schon heißer!, b) *fig.* du kommst der Sache schon näher!; **9.** ganz neu *od.* frisch, ‚noch warm': **~ from the press** frisch aus der Presse (*Nachrichten*), soeben erschienen (*Buch*); **10.** F a) ‚toll' (*großartig*): **he** (**it**) **is not so ~!** er (es) ist nicht so toll!; **~ stuff** a) ‚dolles Ding', b) toller Kerl; **be ~ at** (*od.* **on**) ‚ganz groß' sein in (*e-m Fach*); **11.** ‚heiß' (*viel versprechend*): **a ~ tip**; **~ favo(u)rite** *bsd. sport* heißer *od.* hoher Favorit; **12.** ‚heiß' (*Jazz etc.*): **~ music**; **13.** gefährlich: **make it ~ for s.o.** j-m die Hölle heiß machen, j-m ‚einheizen'; **the place was getting too ~ for him** ihm wurde der Boden zu heiß (unter den Füßen); **be in ~ water** in ‚Schwulitäten' sein; **get into ~ water** a) *j-n* in ‚Schwulitäten' bringen, b) in ‚Schwulitäten' geraten, ‚Ärger kriegen'; **14.** F a) ‚heiß' (*gestohlen, geschmuggelt etc.*): **~ goods** ‚heiße Ware', b) (von der Polizei) gesucht; **15.** a) ⚡ Strom führend: → **hot line**, **hot wire**, b) *phys.* F ‚heiß' (*radioaktiv*); **16.** ⚙, ⚡ Heiß..., Warm..., Glüh...; **II** *adv.* **17.** heiß: **the sun shines ~**; **get it ~** (**and strong**) F ‚eins aufs Dach kriegen', sein ‚Fett' bekommen; **give it s.o. ~** (**and strong**) F j-m die Hölle heiß machen, j-m ‚einheizen'; → **blow¹** 4; **III** *v/t.* **18.** *mst* **~ up** heiß machen; **19.** **~ up** F a) *Auto, Motor* ‚frisieren', ‚aufmotzen', b) ‚anheizen', c) Schwung bringen in (*acc.*), *et.* ‚aufmöbeln'; **IV** *v/i.* **20.** *mst* **~ up** heiß werden; **21.** **~ up** F a) sich verschärfen, b) schwungvoller werden.

hot| air *s.* **1.** ⚙ Heißluft *f*; **2.** *sl.* ‚heiße Luft', (leeres) Geschwätz; **ˌ~-'air** *adj.* ⚙ Heißluft...: **~ artist** F ‚Windmacher' *m*; **'~·bed** *s.* **1.** ⚘ Mist-, Frühbeet *n*; **2.** *fig.* Brutstätte *f*; **ˌ~-'blood·ed** *adj.* heißblütig; **~ cath·ode** *s.* ⚡ 'Glühkaˌt(h)ode *f*.

hotch·pot ['hɒtʃpɒt] *s.* ⚖ Vereinigung *f* des Nachlasses zwecks gleicher Verteilung.

hotch·potch ['hɒtʃpɒtʃ] *s.* **1.** Eintopf (-gericht *n*) *m*, *bsd.* Gemüse(suppe *f*) *n* mit Hammelfleisch; **2.** *fig.* Mischmasch *m*.

hot dog *s.* Hot Dog *n*, *a. m*.

ho·tel [həʊ'tel] *s.* Ho'tel *n*: **~ register** Fremdenbuch *n*; **ho·tel·ier** [həʊ'telɪeɪ], **ho·tel keep·er** *s.* Hoteli'er *m*, Ho'telbesitzer(in) *od.* -diˌrektor *m*, -direkˌtorin *f*.

hot| flush·es *s. pl.* ⚕ fliegende Hitze; **'~·foot** F **I** *adv.* schleunigst; **II** *v/i. a.* **~ it** rennen, flitzen; **'~-ˌgal·va·nize** *v/t.* ⚙ feuerverzinken; **'~-ˌgos·pel·(l)er** *s.* F Erweckungsprediger *m*; **'~·head** *s.* Hitzkopf *m*; **ˌ~-'head·ed** *adj.* hitzköpfig; **'~·house** *s.* Treib-, Gewächshaus *n*; **'~·key** *s. Computer*: 'Hotkey *m*, Abkürzungstaste *f*; **'~·line** *s.* **1.** *bsd. pol.* ‚heißer Draht'; **2.** *Computer etc.*: 'Hotline *f*; **~ mon·ey** *s.* ✝ Hot Money *n*, ‚heißes Geld'.

hot·ness ['hɒtnɪs] *s.* Hitze *f*.

'hot|·plate *s.* **1.** Koch-, Heizplatte *f*; **2.** Warmhalteplatte *f*; **~ pot** *s.* Eintopf *m*; **'~·press** ⚙ **I** *s.* **1.** Heißpresse *f*; **2.**

Dekatierpresse *f*; **II** *v/t.* **3.** heiß pressen; **4.** *Tuch* dekatieren; **5.** *Papier* satinieren; **~ rod** *s. Am. sl.* ‚frisierter' Wagen; **~ rod·der** ['rɒdə] *s. Am. sl.* **1.** Fahrer *m* e-s ***hot rod***; **2.** a) ‚Raser' *m*, b) Verkehrsrowdy *m*; **~ seat** *s. sl.* **1.** ✈ Schleudersitz *m* (*a. fig.*); **2.** *Am.* e'lektrischer Stuhl; '**~·shot I** *s. Am. sl.* **1.** ‚großes Tier'; **2.** *bsd. sport* ‚Ka'none' *f*, ‚As' *n*; **3.** ✈, *mot.* ‚Ra'kete' *f*; **II** *adj.* **4.** ‚groß', ‚toll'; **~ spot** *s.* **1.** *pol.* Krisenherd *m*; **2.** F ‚heißes Ding' (*Nachtklub etc.*); **~ spring** *s.* heiße Quelle, Ther'malquelle *f*; '**~·spur** *s.* Heißsporn *m*; **~ tube** *s.* ⚙ Heiz-, Glührohr *n*; **~ war** *s.* heißer Krieg; ,**~-'wa·ter** *adj.* Heißwasser...: **~ *heating***; **~ *bottle*** Wärmflasche *f*; **~ wire** *s.* **1.** ⚡ a) Strom führender Draht, b) Hitzdraht *m*; **2.** *bsd. pol.* ‚heißer Draht'; ,**~-'wire** *v/t* F *ein Fahrzeug mit e-m Stück Draht kurzschließen.*

hound¹ [haʊnd] **I** *s.* **1.** Jagdhund *m*: ***ride to*** (*od.* ***follow the***) **~*s*** an e-r Parforcejagd (*bsd. Fuchsjagd*) teilnehmen; **2.** *sl.* ‚Hund' *m*, Schurke *m*; **3.** *Am. sl.* Fa'natiker(in): ***movie* ~** Kinonarr *m*; **4.** Verfolger *m* (*Schnitzeljagd*); **II** *v/t.* **5.** *mst fig.* jagen, hetzen, drängen, verfolgen: **~ *down*** zur Strecke bringen; **6.** *a.* **~ *on*** (auf)hetzen, antreiben.

hound² [haʊnd] *s.* **1.** ⚓ Mastbacke *f*; **2.** *pl.* ⚙ Seiten-, Diago'nalstreben *pl.* (*an Fahrzeugen*).

hour ['aʊə] *s.* **1.** Stunde *f*: ***by the* ~** stundenweise; ***for* ~*s*** (***and* ~*s***) stundenlang; ***on the* ~** (jeweils) zur vollen Stunde; ***an* ~*'s work*** e-e Stunde Arbeit; ***10 minutes past the* ~** 10 Minuten nach voll; **2.** (Tages)Zeit *f*: ***at 14.20* ~*s*** um 14 Uhr 20; ***at all* ~*s*** zu jeder Zeit; ***at an early* ~** früh, zu früher Stunde; ***at the eleventh* ~** *fig.* in letzter Minute, fünf Minuten vor zwölf; ***keep early* ~*s*** früh schlafen gehen (u. früh aufstehen); ***sleep till all* ~*s*** ‚bis in die Puppen' schlafen; ***the small* ~*s*** die frühen Morgenstunden; **3.** Zeitpunkt *m*, Stunde *f*: **~ *of death*** Todesstunde; ***his* ~ *has come*** a) s-e Stunde ist gekommen, b) *a.* ***his*** (***last***) **~ *has struck*** s-e letzte Stunde *od.* sein letztes Stündlein ist gekommen *od.* hat geschlagen; ***question of the* ~** aktuelle Frage; **4.** *pl.* (Arbeits-) Zeit *f*, (Arbeits-, Geschäfts-, Dienst-) Stunden *pl.*: ***after* ~*s*** a) nach Geschäftsschluss, b) nach der Arbeit, c) *fig.* zu spät; **5.** *pl. eccl.* a) Stundenbuch *n*, b) *R.C.* Stundengebete *pl.*; **6.** 𝔖*s pl. myth.* Horen *pl.*; **~ cir·cle** *s. ast.* Stundenkreis *m*; '**~·glass** *s.* Stundenglas *n*, *bsd.* Sanduhr *f*; **~ hand** *s.* Stundenzeiger *m*.

hou·ri ['hʊərɪ] *s.* **1.** Huri *f* (*mohammedanische Paradiesjungfrau*); **2.** *fig.* üppige Schönheit (*Frau*).

hour·ly ['aʊəlɪ] *adv. u. adj.* **1.** stündlich: **~ *wage*** Stundenlohn *m*; **2.** ständig, dauernd: ***in* ~ *fear***.

house [haʊs] **I** *pl.* **hous·es** ['haʊzɪz] *s.* **1.** Haus *n* (*Gebäude u. Hausbewohner*): ***like a* ~ *on fire*** ganz ‚toll', ‚prima'; → ***safe*** 3; **2.** Wohnhaus *n*, Wohnung *f*, Heim *n*; Haushalt *m*: **~ *and home*** Haus u. Hof; ***keep* ~** a) das Haus hüten, b) (***for s.o.*** j-m) den Haushalt führen; ***put*** (*od.* ***set***) ***one's* ~ *in order*** s-e Angelegenheiten ordnen, sein Haus bestellen; → ***open*** 10; **3.** Fa'milie *f*, Geschlecht *n*, (*bsd. Fürsten*)Haus *n*: ***the* 𝔖 *of Hanover***; **4.** *univ. Brit.* Haus *n*: a) Wohngebäude *n* (*e-s College*, *a. ped. e-s Internats*), b) College *n*; **5.** *thea.* a) (Schauspiel)Haus *n*: ***full* ~** volles Haus, b) Zuhörer *pl.*; → ***bring down*** 8, c) Vorstellung *f*: ***the second* ~** die zweite Vorstellung (*des Tages*); **6.** *mst* 𝔖 *parl.* Haus *n*, Kammer *f*, Parla'ment *n*: ***the* 𝔖** a) → ***House of Commons*** (***Lords***, ***Representatives***), b) *coll.* das Haus (*die Abgeordneten*); ***enter the* 𝔖** Parlamentsmitglied werden; ***there is a* 𝔖** es ist Parlamentssitzung; ***no* 𝔖** das Haus ist nicht beschlussfähig; **7.** ✝ Haus *n*, Firma *f*: ***the* 𝔖** die Londoner Börse; ***on the* ~** auf Kosten des Hauses (*a. weitS. des Wirts od. Gastgebers*); **8.** *ast.* a) Haus *n*, b) Tierkreiszeichen *n*; **II** *v/t.* [haʊz] **9.** 'unterbringen (*a.* ⚙); **10.** aufnehmen, beherbergen; **11.** Platz haben für; **III** *v/i.* [haʊz] **12.** hausen, wohnen.

house| a·gent *s. Brit.* Häusermakler *m*; **~ ar·rest** *s.* 'Hausar,rest *m*; '**~·boat** *s.* Hausboot *n*; '**~,bod·y** → ***homebody***; '**~·bound** *adj.* ans Haus gefesselt; '**~·break** *v/t. Am.* **1.** *Hund etc.* stubenrein machen; **2.** F *fig.* a) *j-m* Manieren beibringen, b) *j-n* ‚kirre' machen; '**~,break·er** *s.* **1.** ⚖ Einbrecher *m*; **2.** 'Abbruchunter,nehmer *m*; '**~,break·ing** *s.* **1.** ⚖ Einbruch(sdiebstahl) *m*; **2.** Abbruch(arbeiten *pl.*) *m*; '**~,bro·ken** *adj.* stubenrein (*Hund etc.*); '**~·clean** *v/i.* **1.** Hausputz machen; **2.** (*a. v/t.*) *Am.* F gründlich aufräumen (in *dat.*); '**~,clean·ing** *s.* **1.** Hausputz *m*; **2.** *Am.* F 'Säuberungsakti,on *f*; '**~·coat** *s.* Hauskleid *n*, Morgenrock *m*; '**~·craft** *s. Brit.* Hauswirtschaftslehre *f*; **~ de·tec·tive** *s.* 'Hausdetek,tiv *m* (*Hotel etc.*); **~ dog** *s.* Haushund *m*; **~ dust mite** Hausstaubmilbe *f*: **~ *allergy*** 'Hausstaubmilbenaller,gie *f*; '**~·fly** *s. zo.* Stubenfliege *f*.

house·hold ['haʊshəʊld] **I** *s.* **1.** Haushalt *m*; **2.** ***the* 𝔖** *Brit.* die königliche Hofhaltung: **𝔖 *Brigade***, **𝔖 *Troops*** Gardetruppen *pl.*; **II** *adj.* **3.** Haushalts..., häuslich: **~ *appliance*** Haushaltsgerät *n*; **~ *commodities*** *pl.* Haushaltswaren *pl*; **~ *gods*** a) *antiq.* Hausgötter *pl.*, b) *fig.* heilig gehaltene Dinge *pl.*; **~ *goods*** *pl.* Haushaltswaren *pl*; **~ *remedy*** ⚕ Hausmittel *n*; **~ *soap*** Haushaltsseife *f*; **~ *spending*** Ausgaben der privaten Haushalte; **4.** all'täglich: ***a* ~ *word*** (*od.* ***name***) ein (fester *od.* geläufiger) Begriff; '**house,hold·er** *s.* **1.** Haushaltsvorstand *m*; **2.** Haus- *od.* Wohnungsinhaber *m*.

'**house|-,hunt·ing** *s.* F Wohnungssuche *f*; '**~,hus·band** *s.* Hausmann *m*; '**~·keep** *v/i.* den Haushalt führen (***for s.o.*** j-m); '**~,keep·er** *s.* **1.** Haushälterin *f*, Wirtschafterin *f*; **2.** Hausmeister(in); '**~,keep·ing** *s.* Haushaltung *f*, -wirtschaft *f*: **~ (*money*)** Wirtschaftsgeld *n*; '**~·maid** *s.* Hausgehilfin *f*: **~*'s knee*** ⚕ Knieschleimbeutelentzündung *f*; '**~,mas·ter** *s. ped. Brit.* Heimleiter *m* (*Lehrer, der für ein Wohngebäude e-s Internats zuständig ist*); '**~·mate** *s.* Hausgenosse *m*, -genossin *f*; '**~,mis·tress** *s. ped. Brit.* Heimleiterin *f* (*in e-m Internat*); **𝔖 of Com·mons** *s. parl. Brit.* 'Unterhaus *n*; **𝔖 of Lords** *s. parl. Brit.* Oberhaus *n*; **𝔖 of Rep·re·sent·a·tives** *s. parl. Am.* Repräsen'tantenhaus *n* (*Unterhaus des US-Kongresses*); **~ or·gan** *s.* ✝ Hauszeitung *f*; **~ paint·er** *s.* Maler *m*, Anstreicher *m*; **~ par·ty** *s.* mehrtägige Party (*bsd. in e-m Landhaus*); '**~·phone** *s. Am.* 'Haustele,fon *n*; **~ phy·si·cian** *s.* **1.** Hausarzt *m* (*im Hotel etc.*); **2.** *im Krankenhaus wohnender Arzt*; **~ plant** *s.* ⚘ Zimmerpflanze *f*; '**~-proud** *adj.* über'trieben ordentlich, pe'nibel; '**~·room** [-rʊm] *s.*: ***give s.o.* ~** j-n (in sein Haus) aufnehmen; ***he wouldn't give it* ~** *fig.* er nähme es nicht einmal geschenkt; **~ search** *s.* ⚖ Haussuchung *f*; ,**~-to-'house** *adj.* von Haus zu Haus: **~ *collection*** Haussammlung *f*; **~ *selling*** Verkauf *m* an der Haustür; '**~·top** *s.* Dach *n*: ***proclaim*** (*od.* ***shout***) ***from the* ~*s*** öffentlich verkünden, *et.* ‚an die große Glocke hängen'; '**~-trained** *adj.* stubenrein (*Hund etc.*); '**~,warm·ing** (**par·ty**) *s.* Einzugsparty *f* (*im neuen Haus*).

'**house·wife** *s.* [*irr.*] **1.** Hausfrau *f*; **2.** ['hʌzɪf] *Brit.* 'Nähe,tui *n*, Nähzeug *n*; '**house,wife·ly** [-,waɪflɪ] *adj.* hausfraulich; '**house·wif·er·y** [-wɪfərɪ] → ***housekeeping***; '**house·work** *s.* Haus(halts)arbeit *f*.

hous·ing¹ ['haʊzɪŋ] *s.* **1.** 'Unterbringung *f*; **2.** 'Unterkunft *f*, Obdach *n*; **3.** Wohnung *f*, *coll.* Häuser *pl.*: **~ *development***, **~ *estate*** Wohnsiedlung *f*; **~ *development scheme*** Wohnungsbauprojekt *n*; **~ *shortage*** Wohnungsnot *f*; **~ *situation*** Lage *f* auf dem Wohnungsmarkt; **~ *unit*** Wohneinheit *f*; **4.** Wohnungsbau *m od.* -beschaffung *f*; **5.** ⚙ a) Gehäuse *n*, b) Gerüst *n*, c) Nut *f*.

hous·ing² ['haʊzɪŋ] *s.* Satteldecke *f*.

hove [həʊv] *pret. u. p.p. von* ***heave***.

hov·el ['hɒvl] *s.* **1.** Schuppen *m*; **2.** *contp.* ‚Bruchbude' *f*, ‚Loch' *n*.

hov·el·(l)er ['hɒvlə] *s.* ⚓ **1.** Bergungsboot *n*; **2.** Berger *m*.

hov·er ['hɒvə] *v/i.* **1.** schweben (*a. fig.*); **2.** sich her'umtreiben *od.* aufhalten (**about** in der Nähe *gen.*); **3.** zögern, schwanken; '**~·craft** *s. sg. u. pl.* Hovercraft *n*, Luftkissenfahrzeug *n*; '**~·train** *s.* Hovertrain *m*, Schwebezug *m*.

how [haʊ] **I** *adv.* **1.** (*fragend*) wie: **~ *are you?*** wie geht es Ihnen?; **~ *do you do?*** (*bei der Vorstellung*) guten Tag!; **~ *about ...?*** wie stehts mit ...?; **~ *about a cup of tea?*** wie wäre es mit e-r Tasse Tee?; **~ *about it?*** (na,) wie wärs?; **~ *is it that ...?*** wie kommt es, dass ...?; **~ *now?*** was soll das bedeuten?; **~ *much?*** wie viel?; **~ *many?*** wie viele?, wie viel?; **~ *much is it?*** was kostet es?; **~ *do you know?*** woher wissen Sie das?; **~ *ever do you do it?*** wie machen Sie das nur?; **2.** (*ausrufend*) wie: **~ *absurd!***; ***and* ~*!*** F und wie!; ***here's* ~*!*** F auf Ihr Wohl!; **3.** (*relativ*) wie: ***I know* ~ *far it is*** ich weiß, wie weit es ist; ***he knows* ~ *to ride*** er kann reiten; ***I know* ~ *to do it*** ich weiß, wie man es macht; **II** *s.* **4.** Wie *n*: ***the* ~ *and the why*** das Wie u. Warum.

how·be·it [,haʊ'biːɪt] *obs.* **I** *adv.* nichtsdesto'weniger; **II** *cj.* ob'gleich, ob'schon.

how·dah ['haʊdə] *s.* (*mst gedeckter*) Sitz auf dem Rücken e-s Ele'fanten.

how-do-you-do [,haʊdjʊ'duː], ,**how-d'ye-'do** [-djə'duː] *s.* F: ***a nice* ~** e-e schöne ‚Bescherung'.

how·ev·er [haʊ'evə] **I** *adv.* **1.** wie auch (immer), wenn auch noch so: **~ *good***; **~ *it*** (***may***) ***be*** wie dem auch sei; **~ *you do***

H

it wie du es auch machst; **2.** F wie ... bloß *od.* denn nur: ~ ***did you do it?***; **II** *cj.* **3.** je'doch, dennoch, doch, aber, in'des.

how·itz·er ['haʊɪtsə] *s.* Hau'bitze *f.*

howl [haʊl] **I** *v/i.* **1.** heulen (*Wölfe, Wind etc.*); **2.** brüllen, schreien (***with*** vor *dat.*); **3.** F ‚heulen', weinen; **4.** pfeifen (*Wind, Radio etc.*); **II** *v/t.* **5.** brüllen, schreien: ~ ***down*** *j-n* niederschreien; **III** *s.* **6.** Heulen *n*, Geheul *n*; **7.** a) Schrei *m*: ~***s of laughter*** brüllendes Gelächter, b) Gebrüll *n*, Geschrei *n*: ***be a*** ~ F ‚zum Brüllen' sein; '**howl·er** [-lə] *s.* **1.** Heuler(in); **2.** *zo.* Brüllaffe *m*; **3.** F grober Schnitzer, ‚Heuler' *m*; '**howl·ing** [-lɪŋ] *adj.* **1.** heulend, brüllend; **2.** F ‚toll', Mords...

how·so·ev·er [ˌhaʊsəʊ'evə] → ***however*** 1.

ˌ**how-to-'do-it book** *s.* Bastelbuch *n.*

hoy[1] [hɔɪ] *s.* ⚓ Leichter *m.*

hoy[2] [hɔɪ] **I** *int.* **1.** he!, hoi!; **2.** ⚓ a'hoi!; **II** *s.* **3.** He(ruf *m*) *n.*

hoy·den ['hɔɪdn] *s.* Range *f*, Wildfang *m* (*Mädchen*); '**hoy·den·ish** [-nɪʃ] *adj.* wild, ausgelassen.

hub [hʌb] *s.* **1.** (Rad)Nabe *f*: ~***cap*** *mot.* Radkappe *f*; **2.** *fig.* Mittel-, Angelpunkt *m*, Zentrum *n*: ~ ***of the universe*** Mittelpunkt der Welt (*bsd. fig.*); **3.** ***the*** ♀ *Am.* (*Spitzname für*) Boston *n.*

hub·bub ['hʌbʌb] *s.* **1.** Stimmengewirr *n*; **2.** Lärm *m*, Tu'mult *m.*

hub·by ['hʌbɪ] *s.* F ‚Männe' *m*, (Ehe-)Mann *m.*

hu·bris ['hjuːbrɪs] (*Greek*) *s.* Hybris *f*, freche 'Selbstüberˌhebung.

huck·le ['hʌkl] *s.* **1.** *anat.* Hüfte *f*; **2.** Buckel *m*; '~·**ber·ry** *s.* ♀ Heidelbeere *f*; '~·**bone** *s. anat.* **1.** Hüftknochen *m*; **2.** Fußknöchel *m.*

huck·ster ['hʌkstə] **I** *s.* **1.** → ***hawker***[2]; **2.** *contp.* Krämer(seele *f*) *m*, Feilscher *m*; **3.** *Am. sl.* ‚Re'klamefritze' *m* (*Werbefachmann*); **II** *v/i.* **4.** hökern; hausieren; **5.** feilschen (***over*** um).

hud·dle ['hʌdl] **I** *v/t.* **1.** a) *mst* ~ ***together*** (*od.* ***up***) zs.-werfen, auf e-n Haufen werfen, b) *wohin* stopfen; **2.** ~ ***o.s.*** (***up***) → 6; ~***d up*** zs.-gekauert; **3.** *mst* ~ ***together*** (*od.* ***up***) *Brit. Bericht etc.* a) ‚hinhauen', b) zs.-stoppeln; **4.** ~ ***on*** sich *ein Kleid etc.* 'überwerfen, schlüpfen in (*acc.*); **5.** *fig.* vertuschen; **II** *v/i.* **6.** (~ ***up*** sich zs.-)kauern; **7.** *a.* ~ ***together*** (*od.* ***up***) sich zs.-drängen; **8.** ~ (***up***) ***against*** (*od.* ***to***) sich kuscheln *od.* schmiegen an (*acc.*); **III** *s.* **9.** a) (wirrer) Haufen, b) Wirrwarr *m*; **10.** ***go into a*** ~ F a) die Köpfe zs.-stecken, ‚Kriegsrat halten', b) ***with o.s.*** ‚mal nachdenken', mit sich zu Rate gehen.

hue[1] [hjuː] *s.*: ~ ***and cry*** *a. fig.* (Zeter-)Geschrei *n*, Gezeter *n*; ***raise a*** ~ ***and cry*** ein Zetergeschrei erheben, lautstark protestieren (***against*** gegen).

hue[2] [hjuː] *s.* Farbe *f*, (Farb)Ton *m*; Färbung *f* (*a. fig.*); **hued** [hjuːd] *adj. in Zssgn* ...farbig, ...farben.

huff [hʌf] **I** *v/t.* **1.** a) ärgern, verstimmen, b) kränken, c) ‚piesacken': ~ ***s.o. into s.th.*** j-n zu et. zwingen; ***easily*** ~***ed*** leicht ‚eingeschnappt', sehr übelnehmerisch; **2.** *Damespiel*: *Stein* wegnehmen; **II** *v/i.* **3.** a) sich ärgern, b) ‚einschnappen'; **4.** *a.* ~ ***and puff*** a) schnaufen, pusten, b) (vor Wut) schnauben; **III** *s.* **5.** Ärger *m*, Verstimmung *f*: ***be in a*** ~ verstimmt *od.* ‚eingeschnappt' sein; **huff·i·ness** ['hʌfɪnɪs] *s.* **1.** übelnehmerisches Wesen; **2.** Verärgerung *f*, Verstimmung *f*; **huff·ish** ['hʌfɪʃ], **huff·y** ['hʌfɪ] *adj.* ☐ **1.** übelnehmerisch; **2.** verärgert, ‚eingeschnappt'.

hug [hʌg] **I** *v/t.* **1.** um'armen, an sich drücken: ~ ***o.s.*** sich beglückwünschen (***on, over*** zu); **2.** *fig.* (zäh) festhalten an (*e-r Meinung etc.*); **3.** sich dicht halten an (*acc.*): ~ ***the coast*** (***the side of the road***) sich dicht an die Küste (an den Straßenrand) halten; ***the car*** ~***s the road well*** *mot.* der Wagen hat e-e gute Straßenlage; **II** *v/i.* **4.** ein'ander *od.* sich um'armen; **III** *s.* **5.** Um'armung *f*: ***give s.o. a*** ~ j-n umarmen.

huge [hjuːdʒ] *adj.* ☐ riesig, ungeheuer, e'norm, gewaltig, mächtig (*alle a. fig.*); '**huge·ly** [-lɪ] *adv.* gewaltig, ungeheuer, ungemein; '**huge·ness** [-nɪs] *s.* ungeheure Größe.

hug·ger·mug·ger ['hʌgəˌmʌgə] **I** *s.* **1.** ‚Kuddelmuddel' *m, n*; **2.** Heimlichtue'rei *f*; **II** *adj. u. adv.* **3.** unordentlich; **4.** heimlich, verstohlen; **III** *v/t.* **5.** vertuschen, verbergen.

Hu·gue·not ['hjuːgənɒt] *s.* Huge'notte *m*, Huge'nottin *f.*

huh [hʌ] *int.* **1.** wie?, was?; **2.** ha(ha)!

hu·la ['huːlə], ˌ**hu·la-'hu·la** *s.* Hula *f, m* (*Tanz der Eingeborenen auf Hawaii*).

hulk [hʌlk] *s.* **1.** ⚓ Hulk *f, m*; **2.** Ko'loss *m* (*Sache od. Person*): ***a*** ~ ***of a man*** *a.* ein Riesenkerl, ein ungeschlachter Kerl; '**hulk·ing** [-kɪŋ], '**hulk·y** *adj.* **1.** ungeschlacht; **2.** sperrig, klotzig.

hull[1] [hʌl] **I** *s.* ♀ Schale *f*, Hülle *f* (*beide a. weitS.*), Hülse *f*; **II** *v/t.* schälen, enthülsen: ~***ed barley*** Graupen *pl.*

hull[2] [hʌl] **I** *s.* ⚓, ✈ Rumpf *m*: ~ ***down*** weit entfernt (*Schiff*); **II** *v/t.* ⚓ den Rumpf treffen *od.* durch'schießen.

hul·la·ba·loo [ˌhʌləbə'luː] *s.* Lärm *m*, Tu'mult *m*, Trubel *m.*

hul·lo [hə'ləʊ] → ***hello.***

hum [hʌm] **I** *v/i.* **1.** summen (*Bienen, Draht, Person etc.*); **2.** ⚡ brummen; **3.** ~ ***and ha***(***w***) a) ‚herumdrucksen', b) (hin u. her) schwanken; **4.** *a.* ~ ***with activity*** F voller Leben *od.* Aktivi'tät sein: ***make things*** ~ die Sache in Schwung bringen; **5.** ‚muffeln', stinken; **II** *v/t.* **6.** summen; **III** *s.* **7.** Summen *n*; **8.** ⚡ Brummen *n*; **9.** [*a.* mm] Hm *n*: ~***s and ha***(***w***)***s*** verlegenes Geräusper.

hu·man ['hjuːmən] **I** *adj.* ☐ → ***humanly***; **1.** menschlich (*a. weitS. Person, Charakter etc.*), Menschen..., Human... (*-medizin etc.*): ~ ***chain*** Menschenkette *f*; ~ ***nature*** menschliche Natur; ~ ***engineering*** a) angewandte Betriebspsychologie, Arbeitsplatzgestaltung *f*, b) menschengerechte Gestaltung (*von Maschinen etc.*) zwecks optimaler Leistung; ~ ***interest*** *das* menschlich Ansprechende; ~-***interest story*** ergreifende *od.* ein menschliches Schicksal schildernde Geschichte; ~ ***relations*** zwischenmenschliche Beziehungen, (✝ innerbetriebliche) Kontaktpflege; ~ ***resources*** *pl.* ✝ *etc.* 'Arbeitskräftepotenziˌal *n*; ***department of*** ~ ***resources*** *in Firma*: Perso'nalabteilung *f*; ***the*** ~ ***race*** das Menschengeschlecht; ~ ***rights*** Menschenrechte; ~ ***rights abuse*** Menschenrechtsverletzung *f*; ~ ***rights activist*** Menschenrechtler *m*; ~ ***touch*** menschliche Note; ***that's only*** ~ das ist doch menschlich; ***I am only*** ~ *iro.* ich bin auch nur ein Mensch; → ***err*** 1; **2.** → ***humane*** 1; **II** *s.* **3.** Mensch *m*; **hu·mane** [hjuː'meɪn] *adj.* ☐ **1.** hu'man, menschlich: ♀ ***Society*** Gesellschaft *f* zur Verhinderung von Grausamkeiten an Tieren; **2.** → ***humanistic*** 1; **hu·mane·ness** [hjuː'meɪnnɪs] *s.* Humani'tät *f*, Menschlichkeit *f.*

hu·man·ism ['hjuːmənɪzəm] *s.* **1.** *oft* ♀ Huma'nismus *m*; **2.** a) → ***humaneness***, b) → ***humanitarianism***; '**hu·man·ist** [-ɪst] **I** *s.* **1.** Huma'nist(in); **2.** → ***humanitarian*** II; **II** *adj.* → **hu·man·is·tic** [ˌhjuːmə'nɪstɪk] *adj.* (☐ ~***ally***) **1.** huma'nistisch: ~ ***education***; **2.** a) → ***humane*** 1, b) → **hu·man·i·tar·i·an** [hjuːˌmænɪ'teərɪən] **I** *adj.* humani'tär, menschenfreundlich, Humanitäts...; **II** *s.* Menschenfreund *m*; **hu·man·i·tar·i·an·ism** [hjuːˌmænɪ'teərɪənɪzəm] *s.* Menschenfreundlichkeit *f*, humani'täre Gesinnung; **hu·man·i·ty** [hjuː'mænətɪ] *s.* **1.** die Menschheit; **2.** Menschsein *n*, menschliche Na'tur; **3.** Humani'tät *f*, Menschlichkeit *f*; **4.** *pl.* a) klassische Litera'tur, b) 'Altphilolo̦gie *f*, c) Geisteswissenschaften *pl.*

hu·man·i·za·tion [ˌhjuːmənaɪ'zeɪʃn] *s.* **1.** Humanisierung *f*; **2.** Vermenschlichung *f*, Personifizierung *f*; **hu·man·ize** ['hjuːmənaɪz] *v/t.* **1.** humanisieren, hu'maner gestalten; **2.** vermenschlichen, personifizieren.

ˌ**hu·man'kind** *s.* die Menschheit, das Menschengeschlecht; '**hu·man·ly** [-lɪ] *adv.* **1.** menschlich; **2.** nach menschlichen Begriffen: ~ ***possible*** menschenmöglich; ~ ***speaking*** menschlich gesehen; **3.** hu'man, menschlich.

hum·ble ['hʌmbl] **I** *adj.* ☐ bescheiden: a) demütig: ***in my*** ~ ***opinion*** nach m-r unmaßgeblichen Meinung; ***my*** ~ ***self*** meine Wenigkeit; ***Your*** ~ ***servant*** *obs.* Ihr ergebener Diener; ***eat*** ~ ***pie*** *fig.* klein beigeben, zu Kreuze kriechen, b) anspruchslos, einfach, c) niedrig, dürftig, ärmlich: ***of*** ~ ***birth*** von niedriger Geburt; **II** *v/t.* demütigen, erniedrigen; '**hum·ble·ness** [-nɪs] *s.* Demut *f*, Bescheidenheit *f.*

hum·bug ['hʌmbʌg] **I** *s.* **1.** ‚Humbug' *m*: a) Schwindel *m*, Betrug *m*, b) Unsinn *m*, ‚Mumpitz' *m*; **2.** Schwindler *m*, *bsd.* Hochstapler *m*, *a.* Scharlatan *m*; **3.** *a.* ***mint*** ~ *Brit.* 'Pfefferminzbonˌbon *m, n*; **II** *v/t.* **4.** betrügen, ‚reinlegen'.

hum·ding·er [hʌm'dɪŋə] *s. sl.* **1.** ‚toller Bursche'; **2.** ‚tolles Ding'.

hum·drum ['hʌmdrʌm] **I** *adj.* **1.** eintönig, langweilig, fad; **II** *s.* **2.** Eintönigkeit *f*, Langweiligkeit *f*; **3.** langweilige Sache *od.* Per'son.

hu·mec·tant [hjuː'mektənt] *s.* ⚗ Feuchthaltemittel *n.*

hu·mer·al ['hjuːmərəl] *adj. anat.* **1.** Oberarmknochen...; **2.** Schulter...; **hu·mer·us** ['hjuːmərəs] *pl.* **-i** [-aɪ] *s.* Oberarm(knochen) *m.*

hu·mid ['hjuːmɪd] *adj.* feucht; **hu·mid·i·fi·er** [hjuː'mɪdɪfaɪə] *s.* Befeuchter *m*; **hu·mid·i·fy** [hjuː'mɪdɪfaɪ] *v/t.* befeuchten; **hu·mid·i·ty** [hjuː'mɪdətɪ] *s.* Feuchtigkeit(sgehalt *m*) *f.*

hu·mi·dor ['hjuːmɪdɔː] *s.* Feuchthaltebehälter *m.*

hu·mil·i·ate [hjuː'mɪlɪeɪt] *v/t.* erniedrigen, demütigen; **hu'mil·i·at·ing** [-tɪŋ] *adj.* demütigend, erniedrigend; **hu·mil·i·a·tion** [hjuːˌmɪlɪ'eɪʃn] *s.* Erniedrigung *f*, Demütigung *f*; **hu'mil·i·ty** [-ətɪ] → ***humbleness.***

hum·ming ['hʌmɪŋ] *adj.* **1.** summend; **2.** ⚡ brummend; **3.** F a) lebhaft, schwung-

voll, b) geschäftig; '**~·bird** *s. orn.* Kolibri *m*; '**~·top** *s.* Brummkreisel *m*.
hum·mock ['hʌmək] *s.* **1.** Hügel *m*; **2.** Eishügel *m*.
hu·mor *etc. Am.* → ***humour*** *etc.*
hu·mor·esque [ˌhjuːmə'resk] *s.* ♪ Humo'reske *f*; **hu·mor·ist** ['hjuːmərɪst] *s.* **1.** Humo'rist(in); **2.** Spaßvogel *m*; ˌ**hu·mor'is·tic** [-'rɪstɪk] *adj.* (☐ ***~ally***) humo'ristisch; **hu·mor·ous** ['hjuːmərəs] *adj.* ☐ hu'morvoll, hu'morig, lustig; **hu·mor·ous·ness** ['hjuːmərəsnɪs] *s.* hu'morvolle Art, (*das*) Hu'morvolle, Komik *f*.
hu·mour ['hjuːmə] **I** *s.* **1.** Gemütsart *f*, Tempera'ment *n*; **2.** Stimmung *f*, Laune *f*: ***in the ~ for*** aufgelegt zu; ***in a good*** (***bad***) ***~*** (bei) guter (schlechter) Laune; ***out of ~*** schlecht gelaunt; **3.** Hu'mor *m*, Spaß *m*; Komik *f*, *das* Komische (*e-r Situation etc.*); **4.** *a.* ***sense of ~*** (Sinn *m* für) Humor *m*; **5.** Spaß *m*; **6.** *physiol.* a) Körperflüssigkeit *f*, b) *obs.* Körpersaft *m*; **II** *v/t.* **7.** a) *j-m* s-n Willen tun *od.* lassen, b) *j-n od. et.* hinnehmen, mit Geduld ertragen; '**hu·mo(u)r·less** [-lɪs] *adj.* hu'morlos.
hump [hʌmp] **I** *s.* **1.** Buckel *m*, *bsd. des Kamels*: Höcker *m*; **2.** kleiner Hügel: ***be over the ~*** *fig.* über den Berg sein; **3.** *Brit.* F a) Trübsinn *m*, b) Stinklaune *f*: ***give s.o. the ~*** → 6; **II** *v/t.* **4.** *oft* ***~ up*** (zu e-m Buckel) krümmen: ***~ one's back*** e-n Buckel machen; **5.** a) sich *et.* aufladen, b) schleppen, tragen: ***~ o.s.*** (*od.* ***it***) *Am. sl.* sich ˌranhalten' (*anstrengen*); **6.** *Brit.* F a) *j-n* trübsinnig machen, b) *j-m* ˌauf den Wecker fallen'; **7.** V ˌbumsen' (*a. v/i.*); '**~·back** *s.* **1.** Buckel *m*; **2.** Buckelige(r *m*) *f*; **3.** *zo.* Buckelwal *m*; '**~·backed** *adj.* bucklig.
humped [hʌmpt] *adj.* **1.** bucklig, höckerig; **2.** holp(e)rig.
humph [mm; hʌmf] *int.* hm!, *contp.* pff!
hump·ty-dump·ty [ˌhʌmptɪ'dʌmptɪ] *s.* ˌDickerchen' *n*.
hump·y ['hʌmpɪ] → ***humped***.
hu·mus ['hjuːməs] *s.* Humus *m*.
Hun [hʌn] *s.* **1.** Hunne *m*, Hunnin *f*; **2.** *fig.* Wan'dale *m*, Bar'bar *m*; **3.** F *contp.* Deutsche(r) *m*.
hunch [hʌntʃ] **I** *s.* **1.** → ***hump*** 1; **2.** Klumpen *m*; **3.** ***a ~*** F das *od.* so ein Gefühl, e-n *od.* den Verdacht (***that*** dass): ***play a ~*** e-r Intuition folgen; **II** *v/t.* **4.** *a.* ***~ up*** → ***hump*** 4: ***~ one's shoulders*** die Schultern hochziehen; **5.** *a.* ***~ up*** (sich) kauern; '**~·back** → ***humpback*** 1 *u.* 2; '**~·backed** → ***humpbacked***.
hun·dred ['hʌndrəd] **I** *adj.* **1.** hundert: ***a*** (*od.* ***one***) ***~*** (ein)hundert; ***several ~ men*** mehrere Hundert Mann; ***a ~ and one*** hundert(erlei), zahllose; **II** *s.* **2.** Hundert *n* (*a. Zahl*): ***by the ~*** hundertweise; ***several ~*** mehrere Hundert; ***~s of times*** hundertmal; ***~s of thousands*** Hunderttausende; ***~s and ~s*** Hunderte u. Aberhunderte; **3.** ₳ Hunderter *m*; **4.** *hist. Brit.* Bezirk *m*, Hundertschaft *f*; **5.** ***~s and thousands*** Liebesperlen *pl.* (*auf Gebäck etc.*); '**~·fold I** *adj. u. adv.* hundertfach, -fältig; **II** *s. das* Hundertfache; '**~-perˌcent** *adj.* 'hundertproˌzentig; ˌ**~-per'cent·er** *s. pol. Am.* 'Hurrapatriˌot *m*.
hun·dredth ['hʌndrədθ] **I** *adj.* **1.** hundertst; **II** *s.* **2.** Hundertste(r *m*) *f*; **3.** Hundertstel *n*.
'**hun·dred·weight** *s.* a) *in England 112 lbs.*, b) *in USA 100 lbs.*, c) *a.* ***metric ~*** Zentner *m*.
hung [hʌŋ] *pret. u. p.p. von* ***hang***.
Hun·gar·i·an [hʌŋ'geərɪən] **I** *adj.* **1.** ungarisch; **II** *s.* **2.** Ungar(in); **3.** *ling.* Ungarisch *n*.
hun·ger ['hʌŋgə] **I** *s.* **1.** Hunger *m*: ***~ is the best sauce*** Hunger ist der beste Koch; **2.** *fig.* Hunger *m*, Verlangen *n*, Durst *m* (***for***, ***after*** nach); **II** *v/i.* **3.** hungern, Hunger haben; **4.** *fig.* hungern (***for***, ***after*** nach); **III** *v/t.* **5.** aushungern; durch Hunger zwingen (***into*** zu); ***~ march*** *s.* Hungermarsch *m*; ***~ strike*** *s.* Hungerstreik *m*.
hun·gry ['hʌŋgrɪ] *adj.* ☐ **1.** hungrig: ***be*** (*od.* ***feel***) ***~*** hungrig sein, Hunger haben: ***go ~*** hungern; ***~ as a hunter*** (*od.* ***bear***) hungrig wie ein Wolf; **2.** *fig.* hungrig (***for*** nach): ***~ for knowledge*** wissensdurstig; **3.** ✓ karg, mager (*Boden*).
hunk [hʌŋk] *s.* F großes Stück, (dicker) Brocken.
hunk·y-do·ry [ˌhʌŋkɪ'dɔːrɪ] *adj. Am. sl.* **1.** ˌklasse', prima; **2.** bestens, ˌin Butter'.
hunt [hʌnt] **I** *s.* **1.** Jagd *f*, Jagen *n*: ***the ~ is up*** die Jagd hat begonnen; **2.** 'Jagd(-reˌvier *n*) *f*; **3.** Jagd(gesellschaft) *f*; **4.** *fig.* Jagd *f*: a) Verfolgung *f*, b) Suche *f* (***for*** nach); **II** *v/t.* **5.** (*a. fig. j-n*) jagen, Jagd machen auf (*acc.*), hetzen: ***~ed look*** *fig.* gehetzter Blick; ***~ down*** erlegen, *a. fig.* zur Strecke bringen; ***~ out*** a) hinausjagen, b) *a.* ***~ up*** aufstöbern, -spüren, -treiben, *weitS.* forschen nach; **6.** *Revier* durch'jagen, -'stöbern, -'suchen (*a. fig.*) (***for*** nach); **7.** jagen mit (*Hunden, Pferden etc.*); **8.** *Radar*, *TV*: abtasten; **III** *v/i.* **9.** jagen: ***~ for*** Jagd machen auf (*acc.*) (*a. fig.*); **10.** ***~ after*** (*od.* ***for***) a) suchen nach, b) jagen *od.* streben nach; **11.** ⚙ flattern; '**hunt·er** [-tə] *s.* **1.** Jäger *m* (*a. zo. u. fig.*): ***~-killer satellite*** ⚔ Killersatellit *m*; **2.** Jagdhund *m od.* -pferd *n*; **3.** Sprungdeckeluhr *f*.
hunt·ing ['hʌntɪŋ] **I** *s.* **1.** Jagd *f*, Jagen *n*; **2.** → ***hunt*** 4; **3.** *Radar*, *TV*: Abtastvorrichtung *f*; **II** *adj.* **4.** Jagd...; ***~ box*** → ***hunting lodge***; ***~ cat*** → ***cheetah***; ***~ crop*** *s.* Jagdpeitsche *f*; ***~ ground*** *s.* 'Jagdreˌvier *n*, -gebiet *n* (*a. fig.*): ***the happy ~s*** die ewigen Jagdgründe; ***~ horn*** *s.* Hift-, Jagdhorn *n*; ***~ leop·ard*** → ***cheetah***; ***~ li·cence***, *Am.* ***~ li·cense*** *s.* Jagdschein *m*; ***~ lodge*** *s.* Jagdhütte *f*; ***~ sea·son*** *s.* Jagdzeit *f*.
hunt·ress ['hʌntrɪs] *s.* Jägerin *f*.
hunts·man ['hʌntsmən] *s.* [*irr.*] **1.** Jäger *m*, Weidmann *m*; **2.** Rüdemeister *m*; '**hunts·man·ship** [-ʃɪp] *s.* Jäge'rei *f*, Weidwerk *n*.
hur·dle ['hɜːdl] **I** *s.* **1.** *sport u. fig.* a) Hürde *f*, b) *Hindernislauf*, *Pferdesport*: Hindernis *n*: ***take*** (*od.* ***pass***) ***the ~*** *a. fig.* die Hürde nehmen; **2.** Hürde *f*, (Weiden-, Draht)Geflecht *n*; **3.** ⚙ Fa'schine *f*, Gitter *n*; **II** *v/t.* **4.** mit Hürden um'geben, um'zäunen; **5.** *ein Hindernis* über'springen; **6.** *fig. e-e Schwierigkeit* über'winden; **III** *v/i.* **7.** *sport*: e-n Hürden- *od.* Hindernislauf *od.* (*Pferdesport*) ein Hindernisrennen bestreiten; '**hur·dler** [-lə] *s. sport* a) Hürdenläufer (-in), b) Hindernisläufer *m*; **hur·dle race** *s. sport* a) Hürdenlauf *m*, b) Hindernislauf *m*, c) *Pferdesport*: Hindernisrennen *n*.
hur·dy-gur·dy ['hɜːdɪˌgɜːdɪ] *s.* ♪ a) Drehleier *f*, b) Leierkasten *m*.
hurl [hɜːl] **I** *v/t.* **1.** schleudern (*a. fig.*): ***~ abuse at s.o.*** j-m Beleidigungen ins Gesicht schleudern; ***~ o.s.*** sich stürzen (***on*** auf *acc.*); **II** *v/i.* **2.** *sport* Hurling spielen; **III** *s.* **3.** Schleudern *n*; '**hurl·er** [-lə] *s. sport* Hurlingspieler *m*; '**hurl·ey** [-lɪ] *s. sport* **1.** → ***hurling***; **2.** Hurlingstock *m*; '**hurl·ing** [-lɪŋ] *s. sport* Hurling (-spiel) *n* (*Art Hockey*).
hurl·y-burl·y ['hɜːlɪˌbɜːlɪ] **I** *s.* Tu'mult *m*, Aufruhr *m*; Wirrwarr *m*; **II** *adj.* turbu'lent.
hur·rah [hʊ'rɑː] **I** *int.* hur'ra!: ***~ for ...!*** hoch *od.* es lebe ...!; **II** *s.* Hur'ra(ruf *m*) *n*.
hur·ray [hʊ'reɪ] → ***hurrah***.
hur·ri·cane ['hʌrɪkən] *s.* a) Hurrikan *m*, Wirbelsturm *m*, b) Or'kan *m*, *fig. a.* Sturm *m*; ***~ deck*** *s.* ⚓ Sturmdeck *n*; ***~ lamp*** *s.* 'Sturmlaˌterne *f*.
hur·ried ['hʌrɪd] *adj.* ☐ eilig, hastig, schnell, über'eilt; '**hur·ri·er** [-ɪə] *s. Brit.* ⚒ Fördermann *m*.
hur·ry ['hʌrɪ] **I** *s.* **1.** Hast *f*, Eile *f*: ***in a ~*** eilig, hastig; ***be in a ~*** es eilig haben (***to do s.th.*** et. zu tun); ***there is no ~*** es eilt nicht, es hat keine Eile; ***in my ~ I forgot ...*** vor lauter Eile vergaß ich ...; ***you will not beat that in a ~*** F das machst du nicht so bald *od.* leicht nach; ***the ~ of daily life*** die Hetze des Alltags; ***in the ~ of business*** im Drang der Geschäfte; **II** *v/t.* **2.** schnell *od.* eilig befördern *od.* bringen: ***~ through*** *fig. Gesetzesvorlage etc.* durchpeitschen; **3.** *oft* ***~ up*** (*od.* ***on***) a) *j-n* antreiben, b) *et.* beschleunigen; **4.** *et.* über'eilen; **III** *v/i.* **5.** eilen, hasten: ***~ over s.th.*** et. hastig *od.* flüchtig erledigen; **6.** *oft* ***~ up*** sich beeilen: ***~ up!*** beeil dich!, (mach) schnell!; ˌ**~-'scur·ry** [-'skʌrɪ] → ***helter-skelter***; '**~-up** *adj. Am.* **1.** eilig, Eil...: ***~ job***; **2.** hastig: ***~ breakfast***.
hurst [hɜːst] *s.* **1.** (*obs. außer in Ortsnamen*) Forst *m*; **2.** *obs.* bewaldeter Hügel; **3.** *obs.* Sandbank *f*.
hurt [hɜːt] **I** *v/t.* [*irr.*] **1.** verletzen, verwunden (*beide a. fig.*): ***~ s.o.'s feelings***; ***feel ~*** gekränkt *od.* verletzt sein; → ***fly²*** 1; **2.** schmerzen, wehtun (*dat.*) (*beide a. fig.*); drücken (*Schuh*); **3.** *j-m* schaden *od.* Schaden zufügen: ***it won't ~ you to*** *inf.* F du stirbst nicht gleich, wenn du; **4.** *et.* beschädigen; **II** *v/i.* [*irr.*] **5.** schmerzen, wehtun (*a. fig.*); **6.** schaden: ***that won't ~*** das schadet nichts; **7.** F Schmerzen haben, *a. fig.* leiden (***from*** an *dat.*); **III** *s.* **8.** Schmerz *m* (*a. fig.*); **9.** Verletzung *f*; **10.** Kränkung *f*; **11.** Schaden *m*, Nachteil *m*; '**hurt·ful** [-fʊl] *adj.* ☐ **1.** verletzend; **2.** schmerzlich; **3.** schädlich, nachteilig (***to*** für).
hur·tle ['hɜːtl] **I** *v/i.* **1.** *obs.* (***against***) zs.-prallen (mit), prallen, krachen (gegen); **2.** sausen, rasen; **3.** rasseln, poltern; **II** *v/t.* **4.** → ***hurl*** 1.
'**hur·tle·ber·ry** *s.* ⚘ Heidelbeere *f*.
hus·band ['hʌzbənd] **I** *s.* (Ehe)Mann *m*, Gatte *m*, Gemahl *m*; **II** *v/t.* haushälterisch *od.* sparsam 'umgehen mit, Haus halten mit; '**hus·band·man** [-ndmən] *s.* [*irr.*] *obs.* Bauer *m*; '**hus·band·ry** [-rɪ] *s.* **1.** Landwirtschaft *f*; **2.** Haushalten *n*.
hush [hʌʃ] **I** *int.* **1.** still!, pst!; **II** *v/t.* **2.** zum Schweigen *od.* zur Ruhe bringen; **3.** *fig.* besänftigen, beruhigen; **4.** *mst* ***~ up*** vertuschen; **III** *v/i.* **5.** still werden; **IV** *s.* **6.** Stille *f*, Ruhe *f*; '**hush·a·by**

[-ʃəbaɪ] *int.* eiapo'peia!; **hushed** [-ʃt] *adj.* lautlos, still.
ˌ**hush|-'hush** *adj.* geheim (gehalten), Geheim..., heimlich; ~ **mon·ey** *s.* Schweigegeld *n.*
husk [hʌsk] **I** *s.* **1.** ♀ Hülse *f*, Schale *f*, Schote *f*, *Am. mst* Maishülse *f*; **2.** *fig.* (leere) Hülle, Schale *f*; **II** *v/t.* **3.** enthülsen, schälen; '**husk·er** [-kə] *s.* **1.** Enthülser(in); **2.** 'Schälmaˌschine *f*; '**husk·i·ly** [-kɪlɪ] *adv.* mit rauer *od.* heiserer Stimme; '**husk·i·ness** [-kɪnɪs] *s.* Heiserkeit *f*, Rauheit *f*; '**husk·ing** [-kɪŋ] *s.* **1.** Enthülsen *n*, Schälen *n*; **2.** *a.* ~ ***bee*** *Am.* geselliges Maisschälen.
husk·y¹ ['hʌskɪ] **I** *adj.* □ **1.** hülsig; **2.** ausgedörrt; **3.** rau, heiser; **4.** F stämmig, kräftig; **II** *s.* **5.** F stämmiger Kerl.
hus·ky² ['hʌskɪ] *s. zo.* Husky *m*, Eskimohund *m.*
hus·sar [hʊ'zɑː] *s.* ⚔ Hu'sar *m.*
Huss·ite ['hʌsaɪt] *s. hist.* Hus'sit *m.*
hus·sy ['hʌsɪ] *s.* **1.** Range *f*, ‚Fratz' *m*; **2.** ‚leichtes Mädchen', ‚Flittchen' *n.*
hus·tings ['hʌstɪŋz] *s. pl. mst sg. konstr. pol.* a) Wahlkampf *m*, b) Wahl(en *pl.*) *f.*
hus·tle ['hʌsl] **I** *v/t.* **1.** a) stoßen, drängen, b) (an)rempeln; **2.** a) hetzen, (an-) treiben, b) drängen (***into doing s.th.*** dazu, et. zu tun); **3.** rasch *wohin* schaffen *od.* ‚verfrachten'; **4.** sich beeilen mit; **5.** ~ ***up*** *Am.* F ‚herzaubern'; **6.** *Am.* F a) *et.* ergattern, b) sich *et.* ergaunern; **II** *v/i.* **7.** sich drängen, hasten, hetzen, sich beeilen; **8.** *Am.* F a) mit Hochdruck arbeiten, b) ‚rangehen', Dampf da'hinter machen; **9.** *Am. sl.* a) ‚klauen', b) Betrüge'reien begehen, c) betteln, d) auf Kundschaft ausgehen (*a. Prostituierte*), e) ‚schwer hinterm Geld her sein'; **III** *s.* **10.** *mst* ~ ***and bustle*** a) Gedränge *n*, b) Gehetze *n*, c) ‚Betrieb' *m*; **11.** *Am.* F Gaune'rei *f*; '**hus·tler** [-lə] *s.* **1.** F rühriger Mensch, ‚Wühler' *m*; **2.** *bsd. Am.* F a) ‚Nutte' *f*, Prostitu'ierte *f*, b) (kleiner) Gauner.
hut [hʌt] **I** *s.* **1.** Hütte *f*; **2.** ⚔ Ba'racke *f*; **II** *v/t. u. v/i.* **3.** in Ba'racken *od.* Hütten 'unterbringen (wohnen): ~***ted camp*** Barackenlager *n.*
hutch [hʌtʃ] *s.* **1.** Kiste *f*, Kasten *m*; **2.** Trog *m*; **3.** (kleiner) Stall, Käfig *m*, Verschlag *m*; **4.** ⚒ Hund *m*; **5.** F Hütte *f.*
hut·ment ['hʌtmənt] *s.* ⚔ **1.** 'Unterbringung *f* in Ba'racken; **2.** Ba'rackenlager *n.*
huz·za [hʊ'zɑː] *obs.* → ***hurrah.***
hy·a·cinth ['haɪəsmθ] *s.* **1.** ♀ Hya'zinthe *f*; **2.** *min.* Hya'zinth *m.*
hy·ae·na → ***hyena.***
hy·brid ['haɪbrɪd] **I** *s.* **1.** *biol.* Hy'bride *f*, *m*, Mischling *m*, Bastard *m*, Kreuzung *f*; **2.** *ling.* Mischwort *n*; **II** *adj.* **3.** hybrid: a) *biol.* Misch..., Bastard..., Zwitter..., b) *fig.* ungleichartig, gemischt; '**hy·brid·ism** [-dɪzəm], **hy·brid·i·ty** [haɪ'brɪdətɪ] *s. biol.* Mischbildung *f*, Kreuzung *f*; **hy·brid·i·za·tion** [ˌhaɪbrɪdaɪ'zeɪʃn] *s.* Kreuzung *f*; '**hy·brid·ize** [-daɪz] *v/t.* (*v/i.* sich) kreuzen.
Hy·dra ['haɪdrə] *s.* **1.** Hydra *f*: a) *myth. vielköpfige Schlange*, b) *ast.* Wasserschlange *f*; **2.** ♀ *fig.* Hydra *f* (*kaum auszurottendes Übel*); **3.** ♀ *zo.* 'Süßwasserpoˌlyp *m.*
hy·dran·ge·a [haɪ'dreɪndʒə] *s.* ♀ Hor'tensie *f.*
hy·drant ['haɪdrənt] *s.* Hy'drant *m.*
hy·drate ['haɪdreɪt] ⚗ **I** *s.* Hy'drat *n*; **II** *v/t.* hydratisieren; '**hy·drat·ed** [-tɪd] *adj.* ⚗, *min.* hy'drathaltig; **hy·dra·tion** [haɪ'dreɪʃn] *s.* ⚗ Hydra(ta)ti'on *f.*
hy·drau·lic [haɪ'drɔːlɪk] **I** *adj.* (□ ~***ally***) ⚙, *phys.* hy'draulisch: a) (Druck-) Wasser...: ~ ***clutch*** (***jack, press***) hydraulische Kupplung (Winde, Presse); ~ ***power*** (***pressure***) Wasserkraft *f* (-druck *m*), b) unter Wasser erhärtend: ~ ***cement*** hydraulischer Mörtel, Wassermörtel *m*; **II** *s. pl. sg. konstr. phys.* Hy'draulik *f* (*Wissenschaft*); ~ **brake** *s. mot.* hy'draulische Bremse, Flüssigkeitsbremse *f*; ~ **dock** *s.* ⚓ Schwimmdock *n*; ~ **en·gi·neer** *s.* 'Wasserbauingeniˌeur *m*; ~ **en·gi·neer·ing** *s.* Wasserbau *m.*
hy·dric ['haɪdrɪk] *adj.* ⚗ Wasserstoff...: ~ ***oxide*** Wasser *n*; '**hy·dride** [-raɪd] *s.* ⚗ Hy'drid *n.*
hy·dro ['haɪdrəʊ] *pl.* **-dros** *s.* F **1.** ✈ → ***hydroplane*** 1; **2.** ⚕ *Brit.* F Ho'tel *n* mit hydro'pathischen Einrichtungen.
hydro- [haɪdrəʊ] *in Zssgn* a) Wasser..., b) ...wasserstoff *m.*
'**hy·dro|-bomb** *s.* ⚔ 'Lufttorˌpedo *m*; ˌ~'**car·bon** *s.* ⚗ Kohlenwasserstoff *m*; ˌ~'**cel·lu·lose** *s.* ⚗ 'Hydrozelluˌlose *f*; ˌ~**·ce'phal·ic** [-əʊse'fælɪk], ˌ~'**ceph·a·lous** [-əʊ'sefələs] *adj.* ⚕ mit e-m Wasserkopf; ˌ~'**ceph·a·lus** [-əʊ'sefələs] *s.* ⚕ Wasserkopf *m*; ˌ~'**chlo·ric** *adj.* ⚗ salzsauer: ~ ***acid*** Salzsäure *f*, Chlorwasserstoff *m*; ˌ~'**chlo·ride** *s.* ⚗ 'Chlorhydˌrat *n*; ˌ~**·cy'an·ic ac·id** *s.* ⚗ Blausäure *f*, Zy'anwasserstoffsäure *f*; ˌ~**·dy·'nam·ic** *adj. phys.* hydrody'namisch; ˌ~**·dy'nam·ics** *s. pl. mst sg. konstr. phys.* Hydrody'namik *f*; ˌ~**·e'lec·tric** *adj.* ⚙ hydroe'lektrisch: ~ ***power station*** (*od.* ***plant***) Wasserkraftwerk *n*; ˌ~**·ex'tract** *v/t.* ⚙ zentrifugieren, entwässern; ˌ~**·flu'or·ic ac·id** *s.* ⚗ Flusssäure *f*; '~**·foil** *s.* ⚓ Tragflügel(boot *n*) *m.*
hy·dro·gen ['haɪdrədʒən] *s.* ⚗ Wasserstoff *m*: ~ ***bomb***; ~ ***cylinder*** Wasserstoffflasche *f*; ~ ***peroxide*** Wasserstoffsuperoxid *n*; ~ ***sulphide*** Schwefelwasserstoff; '**hy·dro·gen·ate** [-ədʒɪneɪt] *v/t.* ⚗ **1.** hydrieren; **2.** *Öl* härten; **hy·dro·gen·a·tion** [ˌhaɪdrədʒɪ'neɪʃn] *s.* ⚗ **1.** Hydrierung *f*; **2.** (Öl)Härtung *f*; '**hy·dro·gen·ize** [-ədʒɪnaɪz] → ***hydrogenate***; **hy·drog·e·nous** [haɪ'drɒdʒɪnəs] *adj.* ⚗ wasserstoffhaltig, Wasserstoff...
hy·dro·graph·ic [ˌhaɪdrəʊ'græfɪk] *adj.* (□ ~***ally***) hydro'graphisch: ~ ***map*** ⚓ Seekarte *f*; ~ ***office*** (*od.* ***department***) ⚓ Seewarte *f*; **hy·drog·ra·phy** [haɪ'drɒgrəfɪ] *s.* **1.** Hydrogra'phie *f*, Gewässerkunde *f*; **2.** Gewässer *pl.* (*e-r Landkarte*).
hy·dro·log·ic, **hy·dro·log·i·cal** [ˌhaɪdrəʊ'lɒdʒɪk(l)] *adj.* □ hydro'logisch; **hy·drol·o·gy** [haɪ'drɒlədʒɪ] *s.* Hydrolo'gie *f.*
hy·drol·y·sis [haɪ'drɒlɪsɪs] *pl.* **-ses** [-siːz] *s.* ⚗ Hydro'lyse *f*; **hy·dro·lyt·ic** [ˌhaɪdrəʊ'lɪtɪk] *adj.* hydro'lytisch; **hydro·lyze** ['haɪdrəlaɪz] *v/t.* hydrolysieren.
hy·drom·e·ter [haɪ'drɒmɪtə] *s. phys.* Hydro'meter *n.*
hy·dro·path ['haɪdrəʊpæθ] → ***hydropathist***; **hy·dro·path·ic** [ˌhaɪdrəʊ'pæθɪk] ⚕ *adj.* hydro'pathisch, Wasserkur...; **hy·drop·a·thist** [haɪ'drɒpəθɪst] *s.* ⚕ Hydro'path *m*, Kneippарzt *m*; **hy·drop·a·thy** [haɪ'drɒpəθɪ] *s.* ⚕ Hydrothera'pie *f.*
hy·dro|·pho·bi·a [ˌhaɪdrəʊ'fəʊbjə] *s.* ⚕ Hydropho'bie *f*: a) *a. psych.* Wasserscheu *f*, b) Tollwut *f*; ~**·phyte** ['haɪdrəʊfaɪt] *s.* ♀ Wasserpflanze *f*; ~**·plane** ['haɪdrəʊpleɪn] **I** *s.* **1.** ✈ Wasserflugzeug *n*; **2.** ✈ Gleitfläche *f* (*e-s Wasserflugzeugs*); **3.** ⚓ Tragflügelboot *n*; **4.** ⚓ Tiefenruder *n* (*e-s U-Boots*); **II** *v/i.* **5.** *Am.* → ***aquaplane*** 3; ˌ~'**pon·ics** [-'pɒnɪks] *s. pl. sg. konstr.* 'Hydro-, 'Wasserkulˌtur *f*; ˌ~**·qui'none** [-kwɪ'nəʊn] *s. phot.* Hydrochi'non *n*; ~**·scope** ['haɪdrəskəʊp] *s.* ⚙ Unter'wassersichtgerät *n*; ~**·sphere** ['haɪdrəsfɪə] *s.* Hydro'sphäre *f* (*die Wasserhülle der Erde*); ˌ~'**stat·ic** [-'stætɪk] *adj.* hydro'statisch; ˌ~'**stat·ics** [-'stætɪks] *s. pl. sg. konstr.* Hydro'statik *f*; ˌ~'**ther·a·py** [-'θerəpɪ] *s.* ⚕ Hydrothera'pie *f.*
hy·drous ['haɪdrəs] *adj.* ⚗ wasserhaltig.
hy·drox·ide [haɪ'drɒksaɪd] *s.* ⚗ Hydro'xid *n*; ~ ***of sodium*** Ätznatron *n.*
hy·e·na [haɪ'iːnə] *s. zo.* Hy'äne *f*: ***laugh like a*** ~ F sich schieflachen.
hy·giene ['haɪdʒiːn] *s.* **1.** Hygi'ene *f*, Gesundheitspflege *f*: ***personal*** ~ Körperpflege; ***dental*** (***food, sex***) ~ Zahn-(Nahrungs-, Sexual)hygiene; **2.** → ***hygienic*** II; **hy·gi·en·ic** [haɪ'dʒiːnɪk] **I** *adj.* (□ ~***ally***) hygi'enisch; sani'tär; **II** *s. pl. sg. konstr.* Hygi'ene *f*, Gesundheitslehre *f*; '**hy·gi·en·ist** [-nɪst] *s.* Hygi'eniker(in).
hy·gro·graph ['haɪgrəgrɑːf] *s. meteor.* Hygro'graph *m*, selbstregistrierender Luftfeuchtigkeitsmesser; **hy·grom·e·ter** [haɪ'grɒmɪtə] *s. meteor.* Hygro'meter *n*, Luftfeuchtigkeitsmesser *m*; **hy·gro·met·ric** [ˌhaɪgrəʊ'metrɪk] *adj.* hygro'metrisch; **hy·grom·e·try** [haɪ'grɒmɪtrɪ] *s.* Hygrome'trie *f*, Luftfeuchtigkeitsmessung *f*; '**hy·gro·scope** [-əskəʊp] *s. meteor.* Hygro'skop *n*, Feuchtigkeitsanzeiger *m*; **hy·gro·scop·ic** [ˌhaɪgrəʊ'skɒpɪk] *adj.* hygro'skopisch, Feuchtigkeit anziehend *od. a.* anziehend.
hy·ing ['haɪɪŋ] *pres.p. von* **hie.**
hy·men ['haɪmen] *s.* **1.** *anat.* Hymen *n*, Jungfernhäutchen *n*; **2.** *poet.* Ehe *f*, Hochzeit *f*; **3.** ♀ *myth.* Hymen *m*, Gott *m* der Ehe.
hy·me·nop·ter·a [ˌhaɪmə'nɒptərə] *s. pl. zo.* Hautflügler *pl.*
hymn [hɪm] **I** *s.* Hymne *f* (*a. fig. Loblied, -gesang*), Kirchenlied *n*, Cho'ral *m*; **II** *v/t.* (lob)preisen; **III** *v/i.* Hymnen singen; **hym·nal** ['hɪmnəl] **I** *adj.* hymnisch, Hymnen...; **II** *s.* → **hymn book** *s.* Gesangbuch *n*; **hym·nic** ['hɪmnɪk] *adj.* hymnenartig; '**hym·no·dy** [-nəʊdɪ] *s.* **1.** Hymnensingen *n*; **2.** Hymnendichtung *f*; **3.** *coll.* Hymnen *pl.*
hy·oid (**bone**) ['haɪɔɪd] *s. anat.* Zungenbein *n.*
hype¹ [haɪp] *sl.* **I** *s.* **1.** Pub'licity-, Werbe-, Reklamerummel *m*; **2.** ‚Spritze' *f*, ‚Schuss' *m* (*Rauschgift*); **3.** ‚Fixer(in)'; **II** *v/i.* **4.** *mst* ~ ***up*** ‚sich e-n Schuss setzen'; **III** *v/t.* **5.** hochjubeln; **6.** ***be*** ~***d up*** ‚high' sein (*a. fig.*).
hype² [haɪp] *sl.* **I** *s.* Trick *m*, ‚Beschiss' *m*; **II** *v/t. j-n* austricksen, ‚bescheißen'.
ˌ**hy·per·a'cid·i·ty** [ˌhaɪpərə-] *s.* ⚕ Über'säuerung *f* (*des Magens*).
hy·per·bo·la [haɪ'pɜːbələ] *s.* Ѧ Hy'perbel *f* (*Kegelschnitt*); **hy'per·bo·le** [-lɪ] *s. rhet.* Hy'perbel *f*, Über'treibung *f*; **hy·per·bol·ic**, **hy·per·bol·i·cal** [ˌhaɪpə'bɒlɪk(l)] *adj.* □ Ѧ, *rhet.* hyper'bolisch.
hy·per·bo·re·an [ˌhaɪpəbɔː'riːən] **I** *s. myth.* Hyperbo'reer *m*; **II** *adj.* hyperbo'reisch; ˌ**hy·per·cor'rect** [ˌhaɪpə-] *adj.* 'hyperkorˌrekt (*a. ling.*); ˌ**hy·per'crit·i-**

cal *adj.* □ hyperkritisch, allzu kritisch; '**hy·per·link** *s. bsd. Internet*: 'Hyperlink *m* (*anklickbare Textstelle für weitere Informationen*); '**hy·per,mar·ket** *s.* Groß-, Verbrauchermarkt *m*; **hy·per·me·tro·pi·a** [ˌhaɪpəmɪ'trəʊpɪə], **hy·per·o·pi·a** [ˌhaɪpə'rəʊpɪə] *s.* ⚕ 'Übersichtigkeit *f*; ˌ**hy·per'sen·si·tive** *adj.* 'überempfindlich; ˌ**hy·per'son·ic** *adj. phys.* hyper'sonisch (*etwas über fünffache Schallgeschwindigkeit*); ˌ**hy·per'ten·sion** *s.* ⚕ Hyperto'nie *f*, erhöhter Blutdruck; '**hyper·text** *s. bsd. Internet*: 'Hypertext *m* (*über Hyperlinks verbundene Texte*).

hy·per·troph·ic [ˌhaɪpə'trɒfɪk], **hy·per·tro·phied** [haɪ'pɜːtrəʊfɪd] *adj.* ⚕, *biol. u. fig.* hyper'troph; **hy·per·tro·phy** [haɪ'pɜːtrəʊfɪ] ⚕, *biol. u. fig.* **I** *s.* Hypertro'phie *f*; **II** *v/t.* (*v/i.* sich) 'übermäßig vergrößern.

hy·phen ['haɪfn] **I** *s.* **1.** Bindestrich *m*; **2.** Trennungszeichen *n*; **II** *v/t.* **3.** → '**hy·phen·ate** [-fəneɪt] *v/t.* mit Bindestrich schreiben: **~d American** ‚Bindestrichamerikaner' *m*; **hy·phen·a·tion** [ˌhaɪfə'neɪʃn] *s.* a) Schreibung *f* mit Bindestrich, b) (Silben)Trennung *f*.

hyp·noid ['hɪpnɔɪd] *adj.* hypno'id, hyp'nose- *od.* schlafähnlich.

hyp·no·sis [hɪp'nəʊsɪs] *pl.* **-ses** [-siːz] *s.* ⚕ Hyp'nose *f*; ˌ**hyp·no'ther·a·py** [ˌhɪpnəʊ-] *s. psych.* Hypnothera'pie *f*; **hyp'not·ic** [-'nɒtɪk] **I** *adj.* (□ **~ally**) **1.** hyp'notisch; **2.** einschläfernd; **3.** hypnotisierbar; **II** *s.* **4.** Hyp'notikum *n*, Schlafmittel *n*; **5.** a) Hypnotisierte(r *m*) *f*, b) *j-d, der hypnotisierbar ist*; **hyp·no·tism** ['hɪpnətɪzəm] *s.* ⚕ **1.** Hypno'tismus *m*; **2.** a) Hyp'nose *f*, b) Hypnotisierung *f*; **hyp·no·tist** ['hɪpnətɪst] *s.* Hypnoti'seur *m*; **hyp·no·ti·za·tion** [ˌhɪpnətaɪ'zeɪʃn] *s.* Hypnotisierung *f*;

hyp·no·tize ['hɪpnətaɪz] *v/t.* ⚕ hypnotisieren (*a. fig.*).

hy·po¹ ['haɪpəʊ] *s.* ⚗, *phot.* Fixiersalz *n*, 'Natriumthiosulˌfat *n*.

hy·po² ['haɪpəʊ] *pl.* **-pos** *s.* F → a) **hypodermic injection**, b) **hypodermic syringe**.

hy·po·chon·dri·a [ˌhaɪpəʊ'kɒndrɪə] *s.* ⚕ Hypochon'drie *f*; ˌ**hy·po'chon·dri·ac** [-ɪæk] ⚕ **I** *adj.* (□ **~ally**) hypo'chondrisch; **II** *s.* Hypo'chonder *m*.

hy·poc·ri·sy [hɪ'pɒkrəsɪ] *s.* Heuche'lei *f*, Scheinheiligkeit *f*; **hyp·o·crite** ['hɪpəkrɪt] *s.* Hypo'krit *m*, Heuchler(in), Scheinheilige(r *m*) *f*; **hyp·o·crit·i·cal** [ˌhɪpəʊ'krɪtɪkl] *adj.* □ heuchlerisch, scheinheilig.

hy·po·der·mic [ˌhaɪpəʊ'dɜːmɪk] ⚕ **I** *adj.* (□ **~ally**) **1.** subku'tan, hypoder'mal, unter der *od.* die Haut; **II** *s.* **2.** → **hypodermic injection**; **3.** → **hypodermic syringe**; **4.** subku'tan angewandtes Mittel; **~ in·jec·tion** *s.* ⚕ subku'tane Injekti'on; **~ nee·dle** *s.* ⚕ Nadel *f* für e-e subku'tane Spritze; **~ syr·inge** *s.* ⚕ Spritze *f* zur subku'tanen Injekti'on.

hy·po|·phos·phate [ˌhaɪpəʊ'fɒsfeɪt] *s.* ⚗ 'Hypophosˌphat *n*; **~·phos·phor·ic ac·id** [ˌhaɪpəʊfɒs'fɒrɪk] *s.* ⚗ Hypo-, 'Unterphosphorsäure *f*.

hy·poph·y·sis [haɪ'pɒfɪsɪs] *pl.* **-ses** [-siːz] *s. anat.* Hirnanhangdrüse *f*, Hypo'physe *f*.

hy·pos·ta·sis [haɪ'pɒstəsɪs] *pl.* **-ses** [-siːz] *s.* **1.** *phls.* Hypo'stase *f*: a) Grundlage *f*, Sub'stanz *f*, b) Vergegenständlichung *f* (*e-s Begriffs*); **2.** ⚕, *biol.* Hypo'stase *f*.

hy·po|·sul·fite, *bsd. Brit.* **~·sul·phite** [ˌhaɪpəʊ'sʌlfaɪt] *s.* ⚗ **1.** Hyposul'fit *n*, 'unterschwefligsaures Salz; **2.** → **hypo¹**; **~·sul·fu·rous**, *bsd. Brit.* **~·sul·phu·rous** [ˌhaɪpəʊ'sʌlfərəs] *adj.* ⚗ 'unterschweflig.

hy·po·tac·tic [ˌhaɪpəʊ'tæktɪk] *adj. ling.* hypo'taktisch, 'unterordnend.

hy·po·ten·sion [ˌhaɪpəʊ'tenʃn] *s.* ⚕ zu niedriger Blutdruck, Hypoto'nie *f*.

hy·pot·e·nuse [haɪ'pɒtənjuːz] *s.* ⩘ Hypote'nuse *f*.

hy·poth·ec ['haɪpəθɪk] *s.* ⚖ *Scot.* Hypo'thek *f*; **hy·poth·e·car·y** [haɪ'pɒθɪkərɪ] *adj.* ⚖ hypothe'karisch: **~ debts** Hypothekenschulden; **~ value** Beleihungswert *m*; **hy·poth·e·cate** [haɪ'pɒθɪkeɪt] *v/t.* **1.** ⚖ *Grundstück etc.* hypothe'karisch belasten; **2.** *Schiff* verbodmen; **3.** ✝ *Effekten* lombardieren; **hy·poth·e·ca·tion** [haɪˌpɒθɪ'keɪʃn] *s.* **1.** ⚖ hypothe'karische Belastung (*Grundstück etc.*); **2.** Verbodmung *f* (*Schiff*); **3.** ✝ Lombardierung *f* (*Effekten*).

hy·poth·e·sis [haɪ'pɒθɪsɪs] *pl.* **-ses** [-siːz] *s.* Hypo'these *f*: a) Annahme *f*, Vor'aussetzung *f*: **working ~** Arbeitshypothese, b) (bloße) Vermutung; **hy'poth·e·size** [-saɪz] **I** *v/i.* e-e Hypo'these aufstellen; **II** *v/t.* vor'aussetzen, annehmen, vermuten; **hy·po·thet·ic, hy·po·thet·i·cal** [ˌhaɪpəʊ'θetɪk(l)] *adj.* □ hypo'thetisch.

hyp·som·e·try [hɪp'sɒmɪtrɪ] *s. geogr.* Höhenmessung *f*.

hys·sop ['hɪsəp] *s.* **1.** ⚘ Ysop *m*; **2.** *R.C.* Weihwedel *m*.

hys·ter·ec·to·my [ˌhɪstə'rektəmɪ] *s.* ⚕ ‚Hysterekto'mie *f*, F ‚To'taloperatiˌon' (*der Gebärmutter*).

hys·te·ri·a [hɪ'stɪərɪə] *s.* ⚕ *u. fig.* Hyste'rie *f*; **hys·ter·ic** [hɪ'sterɪk] ⚕ **I** *s.* **1.** Hy'steriker(in); **2.** *pl. mst sg. konstr.* Hyste'rie *f*, hy'sterischer Anfall: **go (off) into ~s** a) e-n hysterischen Anfall bekommen, hysterisch werden, b) F e-n Lachkrampf bekommen; **II** *adj.* (□ **~ally**) **3.** → **hys·ter·i·cal** [hɪ'sterɪkl] *adj.* □ ⚕ *u. fig.* hysterisch.

H

I¹, **i** [aɪ] *s.* I *n*, i *n* (*Buchstabe*).
I² [aɪ] **I** *pron.* ich; **II** *pl.* **I's** *s. das* Ich.
i·am·bic [aɪ'æmbɪk] **I** *adj.* jambisch; **II** *s.* a) Jambus *m* (*Versfuß*), b) jambischer Vers; **i'am·bus** [-bəs] *pl.* **-bi** [-baɪ], **-bus·es** *s.* Jambus *m.*
'I-beam *s.* ⚙ Doppel-T-Träger *m*; I-Formstahl *m*: **~ *section*** I-Profil *n.*
I·be·ri·an [aɪ'bɪərɪən] **I** *s.* **1.** I'berer(in); **2.** *ling.* I'berisch *n*; **II** *adj.* **3.** i'berisch; **4.** die i'berische Halbinsel betreffend; **I·be·ro-** [-rəʊ] *in Zssgn* Ibero...; **~-*America*** Lateinamerika *n.*
i·bex ['aɪbeks] *s. zo.* Steinbock *m.*
i·bi·dem [ɪ'baɪdem], *a.* **ib·id** ['ɪbɪd] (*Lat.*) *adv.* ebenda (*bsd. für Textstelle etc.*).
i·bis ['aɪbɪs] *s. zo.* Ibis *m.*
ice [aɪs] **I** *s.* **1.** Eis *n*: ***broken ~*** Eisstücke *pl.*; ***dry ~*** Trockeneis (*feste Kohlensäure*); ***break the ~*** *fig.* das Eis brechen; ***skate on*** (*od.* ***over***) ***thin ~*** *fig.* a) ein gefährliches Spiel treiben, b) ein heikles Thema berühren; ***cut no ~*** F keinen Eindruck machen, ‚nicht ziehen'; ***that cuts no ~ with me*** F das zieht bei mir nicht; ***keep*** (*od.* ***put***) ***on ~*** F *et. od. j-n* ‚auf Eis legen'; **2.** a) *Am.* Gefrorenes *n* aus Fruchtsaft u. Zuckerwasser, b) *Brit.* (Speise)Eis *n*, c) → ***icing*** 2; **3.** *sl.* Dia'manten *pl.*, ‚Klunkern' *pl.*; **II** *v/t.* **4.** mit Eis bedecken; **5.** in Eis verwandeln, vereisen; **6.** mit *od.* in Eis kühlen; **7.** über'zuckern, glasieren; **8.** *sl. j-n* ‚umlegen'; **III** *v/i.* **9.** gefrieren: ***~ up*** (*od.* ***over***) zufrieren, vereisen.
ice| age *s. geol.* Eiszeit *f*; **~ ax(e)** *s. mount.* Eispickel *m*; **~ bag** *s. Am.* Eisbeutel *m*; **'~·berg** [-bɜːg] *s.* Eisberg *m* (*a. fig. sl. Person*): ***the tip of the ~*** die Spitze des Eisbergs (*a. fig.*); **'~·blink** *s.* Eisblink *m*; **'~·boat** *s.* **1.** Eissegler *m*, Segelschlitten *m*; **2.** Eisbrecher *m*; **'~·bound** *adj.* eingefroren (*Schiff*); zugefroren (*Hafen*); vereist (*Straße*); **'~·box** *s.* **1.** *bsd. Am.* Eis-, Kühlschrank *m*; **2.** *Brit.* Eisfach *n*; **3.** Eisbox *f*; **4.** F ‚Eiskeller' *m* (*Raum*); **'~ˌbreak·er** *s.* ⚓ Eisbrecher *m* (*a. an Brücken*); **'~·cap** *s.* (*bsd. arktische*) Eisdecke; **~ cream** *s.* (Speise)Eis *n*, Eiscreme *f*: ***vanilla ~*** Vanilleeis; **'~-cream** *adj.* Eis...: ***~ bar*** *od.* ***parlo(u)r*** Eisdiele *f*; ***~ cone*** Eistüte *f*; ***~ soda*** Eis *n* in Sodawasser (*mit Sirup etc.*); **~ cube** *s.* Eiswürfel *m.*
iced [aɪst] *adj.* **1.** mit Eis bedeckt, vereist; **2.** eisgekühlt: ***~ tea*** Eistee *f*; **3.** gefroren; **4.** glasiert, mit 'Zuckerglaˌsur *od.* -guss.
'ice|·fall *s.* gefrorener Wasserfall; **~ fern** *s.* Eisblume(n *pl.*) *f*; **~ floe** *s.* Eisscholle *f*; **~ foot** *s.* [*irr.*] (arktischer) Eisgürtel; **~ fox** *s. zo.* Po'larfuchs *m*; **'~-free** *adj.* eis-, vereisungsfrei; **~ hock·ey** *s.* Eishockey *n*; **~ house** *s.* Kühlhaus *n.*
Ice·land·er ['aɪsləndə] *s.* Isländer(in); **Ice·lan·dic** [aɪs'lændɪk] **I** *adj.* isländisch; **II** *s. ling.* Isländisch *n.*
ice| lol·ly *s. Brit.* Eis *n* am Stiel; **~ machine** *s.* 'Eis-, 'Kältemaˌschine *f*; **'~·man** [-mæn] *s.* [*irr.*] *Am.* Eismann *m*, Eisverkäufer *m*; **~ pack** *s.* **1.** Packeis *n*; **2.** ✱ 'Eisˌumschlag *m*, -beutel *m*; **3.** Kühlbeutel *m* (*in Kühltaschen etc.*); **~ pick** *s.* Eishacke *f*; **~ plant** *s.* ⚘ Eiskraut *n*; **~ rink** *s.* (Kunst)Eisbahn *f*; **~ run** *s.* Eis-, Rodelbahn *f*; **~ show** *s.* 'Eisreˌvue *f*; **'~-skate I** *s.* Schlittschuh *m*; **II** *v/i.* Schlittschuh laufen; **~ tea** Eistee *f*; **~ wa·ter** *s.* **1.** Eiswasser *n*; **2.** Schmelzwasser *n*; **~ yacht** → ***iceboat*** 1.
ich·thy·o·log·i·cal [ˌɪkθɪə'lɒdʒɪkl] *adj.* ichthyo'logisch; **ich·thy·ol·o·gy** [ˌɪkθɪ'ɒlədʒɪ] *s.* Ichthyolo'gie *f*, Fischkunde *f*; **ich·thy·oph·a·gous** [ˌɪkθɪ'ɒfəgəs] *adj.* Fisch (fr)essend; **ˌich·thy·o'sau·rus** [-'sɔːrəs] *pl.* **-ri** [-raɪ] *s. zo.* Ichthyo'saurier *m.*
i·ci·cle ['aɪsɪkl] *s.* Eiszapfen *m.*
i·ci·ly ['aɪsɪlɪ] *adv.* eisig (*a. fig.*); **'i·ci·ness** [-nɪs] *s.* **1.** Eiseskälte *f* (*a. fig.*), eisige Kälte; **2.** Vereisung *f* (*Straße etc.*).
ic·ing ['aɪsɪŋ] *s.* **1.** Eisschicht *f*; Vereisung *f*; **2.** Zuckerguss *m*: ***~ sugar*** *Brit.* Puder-, Staubzucker *m*; **3.** *Eishockey*: unerlaubter Weitschuss.
i-com·merce ['aɪˌkɒmɜːs] *s.* 'I-ˌCommerce *m*, Handel *m* über das Internet.
i·con ['aɪkɒn] *s.* **1.** I'kone *f*, Heiligenbild *n*; **2.** *Computer*: 'Icon *n*. **i·con·o·clasm** [aɪ'kɒnəʊklæzəm] *s.* Bilderstürme'rei *f* (*a. fig.*); **i·con·o·clast** [aɪ'kɒnəʊklæst] *s.* Bilderstürmer *m* (*a. fig.*); **i·con·o·clas·tic** [aɪˌkɒnəʊ'klæstɪk] *adj.* bilderstürmend; *fig.* bilderstürmerisch; **i·co·nog·ra·phy** [ˌaɪkɒ'nɒgrəfɪ] *s.* Ikonogra'phie *f*; **i·co·nol·a·try** [ˌaɪkɒ'nɒlətrɪ] *s.* Bilderverehrung *f*; **i·co·nol·o·gy** [ˌaɪkɒ'nɒlədʒɪ] *s.* Ikonolo'gie *f*; **i·con·o·scope** [aɪ'kɒnəskəʊp] *s. TV* Ikono'skop *n*, Bildwandlerröhre *f.*
ic·tus ['ɪktəs] *s.* 'Versakˌzent *m.*
i·cy ['aɪsɪ] *adj.* □ **1.** eisig (*a. fig.*): ***~ cold*** eiskalt; **2.** vereist, eisig, gefroren.
ID [ˌaɪ'diː] F *abbr. für* ***identity***, ***identification*** 'Ausweis *m*: ***~ card*** (Perso'nal-) Ausweis.
id [ɪd] *s.* **1.** *psych.* Es *n*; **2.** *biol.* Id *n* (*Erbeinheit*).
I'd [aɪd] F *für* a) ***I would***, ***I should***, b) ***I had***.
i·de·a [aɪ'dɪə] *s.* **1.** I'dee *f* (*a. phls.*, ♪): a) Vorstellung *f*, Begriff *m*, Ahnung *f*, b) Gedanke *m*: ***form an ~ of*** sich e-n Begriff machen von, sich *et.* vorstellen; ***I have an ~ that*** ich habe so das Gefühl, dass; (***I've***) ***no ~!*** (ich habe) keine Ahnung!; ***he hasn't the faintest ~*** er hat nicht die leiseste Ahnung; ***the very ~!***, ***what an ~!*** *contp.* was für e-e Idee!, (na,) so was!, unmöglich!; ***the very ~ makes me sick!*** bei dem bloßen Gedanken (daran) wird mir schlecht!; ***you have no ~ how ...*** du kannst dir nicht vorstellen, wie ...; ***could you give me an ~ of where*** (*etc.*) ***...?*** können Sie mir ungefähr sagen, wo (*etc.*) ...?; ***that's not my ~ of fun*** unter Spass stell ich mir was andres vor; ***it is my ~ that*** ich bin der Ansicht, dass; ***the ~ entered my mind*** mir kam der Gedanke; **2.** I'dee *f*: a) Einfall *m*, Gedanke *m*, b) Absicht *f*, Zweck *m*: ***not a bad ~*** keine schlechte Idee; ***the ~ is*** der Zweck der Sache ist ...; ***that's the ~!*** genau (darum dreht sichs)!; ***what's the big ~?*** F was soll denn das?; ***whose bright ~ was that?*** wer hat sich denn das ausgedacht?; ***put ~s into s.o.'s head*** j-m e-n Floh ins Ohr setzen; ***have ~s*** F ‚Rosinen' im Kopf haben; ***don't get ~s about ...*** mach dir keine Hoffnungen auf (*acc.*); ***~s man*** Ideenentwickler *m*; **i'de·aed**, **i'de·a'd** [-əd] *adj.* i'deenreich, voller I'deen.
i·de·al [aɪ'dɪəl] **I** *adj.* □ → ***ideally***; **1.** ide'al (*a. phls.*), voll'endet, voll'kommen, vorbildlich, Muster...; **2.** ide'ell:

a) Ideen..., b) auf Ide'alen beruhend, c) (nur) eingebildet; **3.** ⚗ ide'al, uneigentlich: ~ ***number***; **II** *s.* **4.** Ide'al *n*, Wunsch-, Vorbild *n*; **5.** *das* Ide'elle (*Ggs. das Wirkliche*); **i'de·al·ism** [-lɪzəm] *s.* Idea'lismus *m*; **i'de·al·ist** [-lɪst] *s.* Idea'list(in); **i·de·al·is·tic** [aɪˌdɪə'lɪstɪk] *adj.* (□ ***~ally***) idea'listisch; **i·de·al·i·za·tion** [aɪˌdɪəlaɪ'zeɪʃn] *s.* Idealisierung *f*; **i'de·al·ize** [-laɪz] *v/t. u. v/i.* idealisieren; **i'de·al·ly** [-lɪ] *adv.* **1.** ide'al(erweise), am besten; **2.** ide'ell, geistig; **3.** im Geiste.

i·dée fixe [ˌiːdeɪ'fiːks] (*Fr.*) *s.* fixe I'dee.

i·dem ['aɪdem] **I** *s.* der'selbe (Verfasser), das'selbe (Buch *etc.*); **II** *adv.* beim selben Verfasser.

i·den·tic [aɪ'dentɪk] *adj.* → ***identical***; ~ ***note*** *pol.* gleich lautende Note; **i'den·ti·cal** [-kl] *adj.* □ (***with***) a) i'dentisch (mit), (genau) gleich (*dat.*): ~ ***twins*** eineiige Zwillinge, b) (der-, die-, das-) 'selbe (wie), c) gleichbedeutend (mit), gleich lautend (wie).

i·den·ti·fi·a·ble [aɪ'dentɪfaɪəbl] *adj.* identifizier-, feststell-, erkennbar; **i·den·ti·fi·ca·tion** [aɪˌdentɪfɪ'keɪʃn] *s.* **1.** Identifizierung *f*: a) Gleichsetzung *f* (***with*** mit), b) Feststellung *f* der Identi'tät, Erkennung *f*: ~ ***mark*** Kennzeichen *n*; ~ ***papers***, ~ ***card*** → ***identity card***; ~ ***disk***, *Am.* ~ ***tag*** ⚔ Erkennungsmarke *f*; ~ ***parade*** ⚖ Gegenüberstellung *f* (zur Identifizierung e-s Verdächtigen); **2.** Legitimati'on *f*, Ausweis *m*; **3.** *Funk, Radar*: Kennung *f*; **i·den·ti·fy** [aɪ'dentɪfaɪ] **I** *v/t.* **1.** identifizieren, gleichsetzen, als i'dentisch betrachten (***with*** mit): ~ ***o.s. with*** → 5; **2.** identifizieren, erkennen, die Identi'tät feststellen von (*od. gen.*); **3.** *biol.* die Art feststellen von (*od. gen.*); **4.** ausweisen, legitimieren; **II** *v/i.* **5.** ~ ***with*** *od.* ***to*** sich identifizieren mit.

i·den·ti·kit [aɪ'dentɪkɪt] *TM s. Brit.* ⚖ *a.* ~ ***picture*** Phan'tombild *n*.

i·den·ti·ty [aɪ'dentətɪ] *s.* Identi'tät *f*: a) Gleichheit *f*, b) Per'sönlichkeit *f*: ***loss of*** ~ Identitätsverlust *m*; ***mistaken*** ~ Personenverwechslung *f*; ***establish s.o.'s*** ~ → ***identify*** 2; ***prove one's*** ~ sich ausweisen; ***reveal one's*** ~ sich zu erkennen geben; ~ ***card*** *s.* (Perso'nal-) Ausweis *m*, Kenn-, Ausweiskarte *f*; ~ ***cri·sis*** *s. psych.* Identi'tätskrise *f*.

id·e·o·gram ['ɪdɪəʊgræm], **'id·e·o·graph** [-grɑːf] *s.* Ideo'gramm *n*, Begriffszeichen *n*.

id·e·o·log·ic, **id·e·o·log·i·cal** [ˌaɪdɪə'lɒdʒɪk(l)] *adj.* ideo'logisch; **id·e·ol·o·gist** [ˌaɪdɪ'ɒlədʒɪst] *s.* **1.** Ideo'loge *m*; **2.** Theo'retiker *m*; **id·e·o·lo·gize** [ˌaɪdɪ'ɒlədʒaɪz] *v/t.* ideologisieren; **id·e·ol·o·gy** [ˌaɪdɪ'ɒlədʒɪ] *s.* **1.** Ideolo'gie *f*, Denkweise *f*; **2.** Begriffslehre *f*; **3.** reine Theo'rie.

ides [aɪdz] *s. pl. antiq.* Iden *pl.*

id·i·o·cy ['ɪdɪəsɪ] *s.* Idio'tie *f*: a) (⚕ hochgradiger) Schwachsinn, b) F Dummheit *f*, Blödsinn *m*.

id·i·om ['ɪdɪəm] *s. ling.* **1.** Idi'om *n*, Sondersprache *f*, Mundart *f*; **2.** Ausdrucksweise *f*, Sprache *f*; **3.** Sprachgebrauch *m*, -eigentümlichkeit *f*; **4.** idio'matische Wendung, Redewendung *f*; **id·i·o·mat·ic** [ˌɪdɪə'mætɪk] *adj.* (□ ***~ally***) *ling.* **1.** idio'matisch, spracheigentümlich; **2.** sprachrichtig, -üblich.

id·i·o·plasm ['ɪdɪəplæzəm] *s. biol.* Idio'plasma *n*, Erbmasse *f*.

id·i·o·syn·cra·sy [ˌɪdɪə'sɪŋkrəsɪ] *s.* Idiosynkra'sie *f*: a) per'sönliche Eigenart *od.* Veranlagung *od.* Neigung, b) ⚕ krankhafte Abneigung.

id·i·ot ['ɪdɪət] *s.* Idi'ot *m*: a) ⚕ Schwachsinnige(r *m*) *f*, b) F Dummkopf *m*: ~ ***card*** *TV* ‚Neger' *m*; **id·i·ot·ic** [ˌɪdɪ'ɒtɪk] *adj.* (□ ***~ally***) idi'otisch: a) F dumm, blödsinnig, b) ⚕ geistesschwach, schwachsinnig.

i·dle ['aɪdl] **I** *adj.* (□ ***idly***) **1.** untätig, müßig: ***the*** ~ ***rich*** die reichen Müßiggänger; **2.** unbeschäftigt, arbeitslos; **3.** ⚙ a) außer Betrieb, stillstehend, b) im Leerlauf, Leerlauf...: ~ ***current*** a) Leerlaufstrom *m*, b) Blindstrom *m*; ~ ***motion*** Leergang *m*; ~ ***pulley*** → ***idler*** 2 b; ~ ***wheel*** → ***idler*** 2 a; ***lie*** ~ stillliegen; ***run*** ~ → 9; **4.** † 'unprodukˌtiv, brachliegend (*a.* ✓), tot (*Kapital*); ~ ***capacity*** ungenützte Kapazität; ~ ***time*** Stillstandszeit *f*; **5.** ruhig, still, ungenutzt: ~ ***hours*** Mußestunden; **6.** faul, träge: ~ ***fellow*** Faulenzer *m*; **7.** a) nutz-, zweck-, sinnlos, vergeblich, b) leer (*Worte etc.*), c) müßig (*Mutmaßungen etc.*): ~ ***talk*** leeres *od.* müßiges Gerede; ***it would be*** ~ ***to*** *inf.* es wäre müßig *od.* sinnlos zu *inf.*; **II** *v/i.* **8.** faulenzen: ~ ***about*** herumtrödeln; **9.** ⚙ leer laufen, im Leerlauf sein; **III** *v/t.* **10.** *mst* ~ ***away*** vertrödeln, verbummeln, müßig zubringen; **'i·dled** [-ld] *adj.* → ***idle*** 2; **'i·dle·ness** [-nɪs] *s.* **1.** Untätigkeit *f*, Muße *f*; **2.** Faulheit *f*, Müßiggang *m*; **3.** a) Leere *f*, Hohlheit *f*, b) Müßigkeit *f*, Nutz-, Zwecklosigkeit *f*, Vergeblichkeit *f*; **'i·dler** [-lə] *s.* **1.** Faulenzer(in), Müßiggänger(in); **2.** a) Zwischenrad *n*, b) Leerlaufrolle *f*; **'i·dling** [-lɪŋ] *s.* **1.** Nichtstun *n*, Müßiggang *m*; **2.** ⚙ Leerlauf *m*; **'i·dly** [-lɪ] *adv.* → ***idle***.

i·dol ['aɪdl] *s.* I'dol *n*, Abgott *m* (*beide a. fig.*); Götze *m*, Götzenbild *n*: ***make an*** ~ ***of*** → ***idolize***.

i·dol·a·ter [aɪ'dɒlətə] *s.* **1.** Götzendiener *m*; **2.** *fig.* Anbeter *m*, Verehrer *m*; **i'dol·a·tress** [-trɪs] *s.* Götzendienerin *f*; **i'dol·a·trous** [-trəs] *adj.* □ **1.** *fig.* abgöttisch; **2.** Götzen...; **i'dol·a·try** [-trɪ] *s.* **1.** Abgötte'rei *f*, Götzendienst *m*; **2.** *fig.* Vergötterung *f*; **i·dol·i·za·tion** [ˌaɪdəlaɪ'zeɪʃn] *s.* **1.** Abgötte'rei *f*; **2.** *fig.* Vergötterung *f*; **i·dol·ize** ['aɪdəlaɪz] *v/t. fig.* abgöttisch verehren, vergöttern, anbeten.

i·dyl(l) ['ɪdɪl] *s.* **1.** I'dylle *f*, Hirtengedicht *n*; **2.** *fig.* I'dyll *n*; **i·dyl·lic** [aɪ'dɪlɪk] *adj.* (□ ***~ally***) i'dyllisch.

if [ɪf] **I** *cj.* **1.** wenn, falls: ~ ***I were you*** wenn ich Sie wäre, (ich) an Ihrer Stelle; ~ ***and when*** *bsd.* ⚖ falls, im Falle (, dass); ~ ***any*** wenn überhaupt einer (*od.* eine *od.* eines *od.* etwas), falls etwa *od.* je; ~ ***anything*** a) wenn überhaupt etwas, b) wenn überhaupt (, *dann ist das Buch dicker etc.*); ~ ***not*** wenn *od.* falls nicht; ~ ***so*** wenn ja, *bsd. in Formularen*: *a.* zutreffendenfalls; ~ ***only to prove*** und wäre es auch nur, um zu beweisen; ~ ***I know Jim*** so wie ich Jim kenne; → ***as if***; **2.** wenn auch: ***he is nice*** ~ ***a bit silly***; **3.** ob: ***try*** ~ ***you can do it!***; ***I don't know*** ~ ***he will agree***; **4.** *ausrufend*: ~ ***I had only known!*** hätte ich (das) nur gewusst!; **II** *s.* **5.** Wenn *n*: ***without*** ~***s or buts*** ohne Wenn u. Aber.

ig·loo, *a.* **i·glu** ['ɪgluː] *s.* Iglu *m*.

ig·ne·ous ['ɪgnɪəs] *adj.* glühend: ~ ***rock*** Erstarrungsgestein *n*, magmatisches Gestein.

ig·nis fat·u·us [ˌɪgnɪs'fætjʊəs] (*Lat.*) *s.* **1.** Irrlicht *n*; **2.** *fig.* Trugbild *n*.

ig·nite [ɪg'naɪt] **I** *v/t.* **1.** an-, entzünden; **2.** ϟ, *mot.* zünden; **II** *v/i.* **3.** sich entzünden, Feuer fangen; **4.** ϟ, *mot.* zünden; **ig'nit·er** [-tə] *s.* Zündvorrichtung *f*, Zünder *m*.

ig·ni·tion [ɪg'nɪʃn] *s.* **1.** An-, Entzünden *n*; **2.** ϟ, *mot.* Zündung *f*; **3.** ⚗ Erhitzung *f*; ~ ***charge*** *s.* ⚙ Zündladung *f*; ~ ***coil*** *s.* ϟ Zündspule *f*; ~ ***de·lay*** *s.* ⚙ Zündverzögerung *f*; ~ ***key*** *s. mot.* Zündschlüssel *m*; ~ ***lock*** *s.* ⚙ Zündschloss *n*; ~ ***point*** *s.* Zünd-, Flammpunkt *m*; ~ ***spark*** *s.* ϟ Zündfunke *m*; ~ ***tim·ing*** *s.* Zündeinstellung *f*; ~ ***tube*** *s.* ⚗ Glührohr *n*.

ig·no·ble [ɪg'nəʊbl] *adj.* □ **1.** gemein, unedel, niedrig; **2.** schmachvoll, schändlich; **3.** von niedriger Geburt.

ig·no·min·i·ous [ˌɪgnəʊ'mɪnɪəs] *adj.* □ schändlich, schimpflich; **ig·no·min·y** ['ɪgnəmɪnɪ] *s.* **1.** Schmach *f*, Schande *f*; **2.** Schändlichkeit *f*.

ig·no·ra·mus [ˌɪgnə'reɪməs] *pl.* **-mus·es** *s.* Igno'rant(in), Nichtswisser(in).

ig·no·rance ['ɪgnərəns] *s.* Unwissenheit *f*: a) Unkenntnis *f* (***of*** *gen.*), b) *contp.* Igno'ranz *f*, Beschränktheit *f*: ~ ***of the law is no excuse*** Unkenntnis schützt vor Strafe nicht; **'ig·no·rant** [-nt] *adj.* □ **1.** unkundig, nicht kennend *od.* wissend: ***be*** ~ ***of*** *et.* nicht wissen *od.* kennen, nichts wissen von; **2.** unwissend, ungebildet; **'ig·no·rant·ly** [-ntlɪ] *adv.* unwissentlich; **ig·nore** [ɪg'nɔː] *v/t.* **1.** ignorieren, nicht beachten *od.* berücksichtigen, keine No'tiz nehmen von; **2.** ⚖ *Am. Klage* verwerfen, abweisen.

i·gua·na [ɪ'gwɑːnə] *s. zo.* Legu'an *m*.

i·kon ['aɪkɒn] → ***icon***.

il·e·um ['ɪlɪəm] *s. anat.* Ileum *n*, Krummdarm *m*; **'il·e·us** [-əs] *s.* ⚕ Darmverschluss *m*.

i·lex ['aɪleks] *s.* ⚘ **1.** Stechpalme *f*; **2.** Stecheiche *f*.

il·i·ac ['ɪlɪæk] *adj.* Darmbein...

Il·i·ad ['ɪlɪəd] *s.* Ilias *f*, Ili'ade *f*: ***an*** ~ ***of woes*** *fig.* e-e endlose Leidensgeschichte.

il·i·um ['ɪlɪəm] *pl.* **'il·i·a** [-ə] *s. anat.* a) Darmbein *n*, b) Hüfte *f*.

ilk [ɪlk] *s.* **1.** ***of that*** ~ *Scot.* gleichnamigen Ortes: ***Kinloch of that*** ~ = ***Kinloch of Kinloch***; **2.** Art *f*, Sorte *f*: ***people of that*** ~ solche Leute.

ill [ɪl] **I** *adj.* **1.** (*nur pred.*) krank: ***be taken*** ~, ***fall*** *od.* ***take*** ~ erkranken (***with***, ***of*** an *dat.*); ***be*** ~ ***with a cold*** e-e Erkältung haben; ~ ***with fear*** krank vor Angst; **2.** (*moralisch*) schlecht, böse, übel; → ***fame*** 1; **3.** böse, feindlich: ~ ***blood*** böses Blut; ***with an*** ~ ***grace*** widerwillig, ungern; ~ ***humo(u)r*** *od.* ***temper*** üble Laune; ~ ***treatment*** schlechte Behandlung, Misshandlung *f*; ~ ***will*** Feindschaft *f*, Groll *m*; ***I bear him no*** ~ ***will*** ich trage ihm nichts nach; → ***feeling*** 2; **4.** nachteilig; ungünstig, schlecht, übel: ~ ***effect*** üble Folge *od.* Wirkung; ***it's an*** ~ ***wind*** (***that blows nobody good***) et. Gutes ist an allem; → ***health*** 2, ***luck*** 1, ***omen*** I, ***weed*** 1; **5.** schlecht, unbefriedigend, fehlerhaft: ~ ***breeding*** a) schlechte Erziehung, b) Ungezogenheit *f*; ~ ***management*** Misswirtschaft *f*; ~ ***success*** Misserfolg *m*, Fehlschlag *m*; **II** *adv.* **6.** schlecht, übel: ~ ***at ease*** unruhig, unbehaglich, verlegen; **7.** böse, feindlich; ***take s.th.*** ~ et. übel nehmen; ***speak*** (***think***) ~ ***of s.o.***

I

schlecht von j-m sprechen (denken); **8.** ungünstig: ***it went ~ with him*** es erging ihm schlecht; ***it ~ becomes you*** es steht dir schlecht an; **9.** ungenügend, schlecht: ***~-equipped***; **10.** schwerlich, kaum: ***I can ~ afford it*** ich kann es mir kaum leisten; **III** *s.* **11.** Übel *n*, 'Missgeschick *n*, Ungemach *n*; **12.** *a. fig.* Leiden *n*, Krankheit *f*; **13.** *das* Böse, Übel *n*.

I'll [aɪl] F *für* ***I shall, I will***.

ˌill|-ad'vised *adj.* □ **1.** schlecht beraten; **2.** unbesonnen, unklug; **ˌ~-af'fect·ed** → ***ill-disposed***; **ˌ~-as'sort·ed** *adj.* schlecht zs.-passend, zs.-gewürfelt; **ˌ~-'bred** *adj.* schlecht erzogen, ungezogen; **ˌ~-con'sid·ered** *adj.* unüberlegt, unbedacht, unklug; **ˌ~-dis'posed** *adj.* übel gesinnt (***towards*** *dat.*).

il·le·gal [ɪ'liːgl] *adj.* □ 'illeˌgal, ungesetzlich, gesetzwidrig, 'widerrechtlich, unerlaubt, verboten; **il·le·gal·i·ty** [ˌɪliː'gælətɪ] *s.* Gesetzwidrigkeit *f*: a) Ungesetzlichkeit *f*, Illegali'tät *f*, b) gesetzwidrige Handlung.

il·leg·i·bil·i·ty [ɪˌledʒɪ'bɪlətɪ] *s.* Unleserlichkeit *f*; **il·leg·i·ble** [ɪ'ledʒəbl] *adj.* □ unleserlich.

il·le·git·i·ma·cy [ˌɪlɪ'dʒɪtɪməsɪ] *s.* **1.** Unrechtmäßigkeit *f*; **2.** Unehelichkeit *f*, uneheliche Geburt(en *pl.*); **ˌil·le'git·i·mate** [-mət] *adj.* □ **1.** unrechtmäßig, rechtswidrig; **2.** außer-, unehelich; **3.** 'inkorˌrekt, falsch; **4.** unzulässig, illegi'tim; **5.** unlogisch.

ˌill|-'fat·ed *adj.* unselig: a) unglücklich, Unglücks..., b) verhängnisvoll, unglückselig; **ˌ~-'fa·vo(u)red** *adj.* □ unschön; **ˌ~-'found·ed** *adj.* unbegründet, fragwürdig; **ˌ~-'got·ten** *adj.* unrechtmäßig (erworben); **ˌ~-'hu·mo(u)red** *adj.* übel gelaunt.

il·lib·er·al [ɪ'lɪbərəl] *adj.* □ **1.** knauserig; **2.** engherzig, -stirnig; **3.** *pol.* 'illibeˌral; **il'lib·er·al·ism** [-rəlɪzəm] *s. pol.* 'illibeˌraler Standpunkt; **il·lib·er·al·i·ty** [ɪˌlɪbə'rælətɪ] *s.* **1.** Knause'rei *f*; **2.** Engherzigkeit *f*.

il·lic·it [ɪ'lɪsɪt] *adj.* □ → ***illegal***: ***~ trade*** Schleich-, Schwarzhandel *m*; ***~ work*** Schwarzarbeit *f*.

il·lim·it·a·ble [ɪ'lɪmɪtəbl] *adj.* □ grenzenlos, unbegrenzt, unendlich weit.

il·lit·er·a·cy [ɪ'lɪtərəsɪ] *s.* **1.** Unbildung *f*; **2.** Analpha'betentum *n*; **il'lit·er·ate** [-rət] **I** *adj.* **1.** ungebildet, unwissend; **2.** analpha'betisch, des Lesens u. Schreibens unkundig: ***he is ~*** er ist Analphabet; **3.** primi'tiv, unkultiviert: ***~ style***; **4.** fehlerhaft, voller Fehler; **II** *s.* **5.** Ungebildete(r *m*) *f*; **6.** Analpha'bet(in).

ˌill|-'judged *adj.* unbedacht, unklug; **ˌ~-'man·nered** *adj.* ungehobelt, ungezogen, mit schlechten 'Umgangsformen; **ˌ~-'matched** *adj.* schlecht zs.-passend; **ˌ~-'na·tured** *adj.* □ **1.** unfreundlich, boshaft; **2.** verärgert.

ill·ness ['ɪlnɪs] *s.* Krankheit *f*.

il·log·i·cal [ɪ'lɒdʒɪkl] *adj.* □ unlogisch; **il·log·i·cal·i·ty** [ˌɪlɒdʒɪ'kælətɪ] *s.* Unlogik *f*.

ˌill|-'o·mened → ***ill-fated***; **ˌ~-'starred** *adj.* unglücklich, unselig, vom Unglück verfolgt, unter e-m ungünstigen Stern (stehend); **ˌ~-'tem·pered** *adj.* schlecht gelaunt, übellaunig, mürrisch; **ˌ~-'timed** *adj.* ungelegen, unpassend, 'inopporˌtun; zeitlich schlecht gewählt; **ˌ~-'treat** *v/t.* miss'handeln; schlecht behandeln.

il·lu·mi·nant [ɪ'ljuːmɪnənt] **I** *adj.* (er-)leuchtend, aufhellend; **II** *s.* Beleuchtungskörper *m*.

il·lu·mi·nate [ɪ'ljuːmɪneɪt] **I** *v/t.* **1.** be-, erleuchten, erhellen; **2.** illuminieren, festlich beleuchten; **3.** *fig.* a) erläutern, erhellen, erklären, aufhellen, b) *j-n* erleuchten; **4.** *Bücher etc.* ausmalen, illuminieren; **5.** *fig.* Glanz verleihen (*dat.*); **II** *v/i.* **6.** sich erhellen; **il'lu·mi·nat·ed** [-tɪd] *adj.* beleuchtet, leuchtend, Leucht..., Licht...: ***~ advertising*** Leuchtreklame *f*; **il'lu·mi·nat·ing** [-tɪŋ] *adj.* **1.** leuchtend, Leucht..., Beleuchtungs...: ***~ gas*** Leuchtgas *n*; ***~ power*** Leuchtkraft *f*; **2.** *fig.* aufschlussreich, erhellend; **il·lu·mi·na·tion** [ɪˌljuːmɪ'neɪʃn] *s.* **1.** Be-, Erleuchtung *f*; **2.** *oft pl.* Illuminati'on *f*, Festbeleuchtung *f*; **3.** *fig.* a) Erläuterung *f*, Erhellung *f*, b) Erleuchtung *f*; **4.** *a. fig.* Licht *n* u. Glanz *m*; **5.** Illuminati'on *f*, Kolorierung *f*, Verzierung *f* (*von Büchern etc.*); **il'lu·mi·na·tive** [-nətɪv] → ***illuminating***.

il·lu·mine [ɪ'ljuːmɪn] *v/t.* → ***illuminate*** 1–3.

ˌill-'use [-'juːz] → ***ill-treat***.

il·lu·sion [ɪ'luːʒn] *s.* Illusi'on *f*: a) (Sinnes)Täuschung *f*; → ***optical***, b) Wahn *m*, Einbildung *f*, falsche Vorstellung, trügerische Hoffnung, c) Trugbild *n*, d) Blendwerk *n*: ***be under an ~*** e-r Täuschung unterliegen, sich Illusionen machen; ***be under the ~ that*** sich einbilden, dass; **il'lu·sion·ism** [-ʒənɪzəm] *s.* *bsd. phls.* Illusio'nismus *m*; **il'lu·sion·ist** [-ʒənɪst] *s.* Illusio'nist *m* (*a. phls.*): a) Schwärmer(in), Träumer(in), b) Zauberkünstler *m*.

il·lu·sive [ɪ'luːsɪv] *adj.* □ illu'sorisch, trügerisch; **il'lu·sive·ness** [-nɪs] *s.* **1.** *das* Illu'sorische, Schein *m*; **2.** Täuschung *f*; **il'lu·so·ry** [-sərɪ] *adj.* □ → ***illusive***.

il·lus·trate ['ɪləstreɪt] *v/t.* **1.** erläutern, erklären, veranschaulichen; **2.** illustrieren, bebildern; **il·lus·tra·tion** [ˌɪlə'streɪʃn] *s.* Illustrati'on *f*: a) Erläuterung *f*, Erklärung *f*, Veranschaulichung *f*: ***in ~ of*** zur Veranschaulichung (*gen.*), b) Beispiel *n*, c) Bebildern *n*, Illustrieren *n*, d) Abbildung *f*, Bild *n*; **'il·lus·tra·tive** [-rətɪv] *adj.* □ erläuternd, veranschaulichend, Anschauungs..., Beispiel...: ***be ~ of*** → ***illustrate*** 1; **'il·lus·tra·tor** [-tə] *s. allg.* Illu'strator *m*.

il·lus·tri·ous [ɪ'lʌstrɪəs] *adj.* □ il'luster, berühmt, erhaben, erlaucht, glänzend.

I'm [aɪm] F *für* ***I am***.

im·age ['ɪmɪdʒ] *s.* **1.** Bild(nis) *n*; **2.** a) Standbild *n*, Bildsäule *f*, b) Heiligenbild *n*, c) Götzenbild *n*: ***~ worship*** Bilderanbetung *f*, *fig.* Götzendienst *m*; → ***graven***; **3.** ⩘, *opt.*, *phys.* Bild *n*: ***~ converter tube*** *TV* Bildwandlerröhre *f*; **4.** Ab-, Ebenbild *n*: ***the (very) ~ of his father*** ganz der Vater; **5.** bildlicher Ausdruck, Vergleich *m*, Me'tapher *f*: ***speak in ~s*** in Bildern reden; **6.** a) Vorstellung *f*, I'dee *f*, (geistiges) Bild, b) Image *n* (*Persönlichkeitsbild*): ***the ~ of a politician***; ***~ building*** Imagepflege *f*; **7.** Verkörperung *f*; **'im·age·ry** [-dʒərɪ] *s.* **1.** Bilder *pl.*, Bildwerk(e *pl.*) *n*; **2.** Bilder(sprache *f*) *pl.*, Meta'phorik *f*; **3.** geistige Bilder *pl.*, Vorstellungen *pl.*

im·ag·i·na·ble [ɪ'mædʒɪnəbl] *adj.* □ vorstellbar, erdenklich, denkbar: ***the finest weather ~*** das denkbar schönste Wetter; **im'ag·i·nar·y** [-dʒɪnərɪ] *adj.* □ **1.** imagi'när (*a.* ⩘), nur in der Vorstellung vor'handen, eingebildet, (nur) gedacht, Schein..., Fantasie...; **2.** (frei) erfunden, imagi'när; **3.** ✝ fingiert.

im·ag·i·na·tion [ɪˌmædʒɪ'neɪʃn] *s.* **1.** Fanta'sie *f*, Vorstellungs-, Einbildungskraft *f*, Einfallsreichtum *m*: ***a man of ~*** ein fantasievoller *od.* ideenreicher Mann; ***he has no ~*** er ist fantasielos; ***use your ~!*** lass dir was einfallen!; **2.** Einfälle *pl.*, I'deenreichtum *m*; **3.** Vorstellung *f*, Einbildung *f*: ***in (my etc.) ~*** in der Vorstellung, im Geiste; ***pure ~*** reine Einbildung; **im·ag·i·na·tive** [ɪ'mædʒɪnətɪv] *adj.* □ **1.** fanta'siereich, erfinderisch, einfallsreich: ***~ faculty*** → ***imagination*** 1; **2.** fan'tastisch, fanta'sievoll: ***~ story***; **3.** *contp.* ‚erdichtet'; **im·ag·i·na·tive·ness** [ɪ'mædʒɪnətɪvnɪs] → ***imagination*** 1; **im·ag·ine** [ɪ'mædʒɪn] **I** *v/t.* **1.** sich *j-n od. et.* vorstellen *od.* denken: ***I ~ him as a tall man***; ***you can't ~ my joy***; ***you can't ~ how ...*** du kannst dir nicht vorstellen *od.* du machst dir kein Bild, wie ...; **2.** sich *et.* (*Unwirkliches*) einbilden: ***you are imagining things!*** du bildest dir das (alles) nur ein!; **3.** F glauben, denken, sich einbilden: ***don't ~ that I am satisfied***; ***~ to be*** halten für; **II** *v/i.* **4.** sich vorstellen *od.* denken: ***just ~!*** F stell dir vor!, denk (dir) nur!

i·ma·go [ɪ'meɪgəʊ] *pl.* **-goes** *od.* **i·mag·i·nes** [ɪ'meɪdʒɪniːz] *s.* **1.** *zo.* voll entwickeltes Insekt; **2.** *psych.* I'mago *n*.

im·bal·ance [ˌɪm'bæləns] *s.* **1.** Unausgewogenheit *f*, Unausgeglichenheit *f*; **2.** *bsd.* ✱ gestörtes Gleichgewicht (*im Körperhaushalt etc.*); **3.** *bsd. pol.* Ungleichgewicht *n*.

im·be·cile ['ɪmbɪsiːl] **I** *adj.* □ **1.** ✱ geistesschwach; **2.** *contp.* dumm, idi'otisch; **II** *s.* **3.** ✱ Schwachsinnige(r *m*) *f*; **4.** *contp.* Idi'ot *m*, ‚Blödmann' *m*; **im·be·cil·i·ty** [ˌɪmbɪ'sɪlətɪ] *s.* **1.** ✱ Schwachsinn *m*; **2.** *contp.* Idio'tie *f*, Blödheit *f*.

im·bibe [ɪm'baɪb] **I** *v/t.* **1.** *humor.* trinken; **2.** *fig. Ideen etc.* in sich aufnehmen, aufsaugen; **II** *v/i.* **3.** *humor.* trinken, bechern.

im·bro·glio [ɪm'brəʊlɪəʊ] *pl.* **-glios** *s.* **1.** Verwicklung *f*, Verwirrung *f*, Kompli'kati'on *f*, verzwickte Lage; **2.** a) ernstes 'Missverständnis, b) heftige Ausein'andersetzung.

im·brue [ɪm'bruː] *v/t.* *mst fig.* (***with, in***) baden (in *dat.*), tränken, *a.* beflecken (mit).

im·bue [ɪm'bjuː] *v/t.* *fig.* erfüllen (***with*** mit): ***~d with*** erfüllt *od.* durchdrungen von.

im·i·ta·ble ['ɪmɪtəbl] *adj.* nachahmbar; **im·i·tate** ['ɪmɪteɪt] *v/t.* **1.** *j-n, j-s Stimme, Benehmen etc. od. et.* nachahmen, -machen, imitieren; **2.** *et.* imitieren, nachmachen, kopieren, *a.* fälschen; **3.** ähneln (*dat.*); **'im·i·tat·ed** [-teɪtɪd] *adj.* imitiert, unecht, künstlich; **im·i·ta·tion** [ˌɪmɪ'teɪʃn] **I** *s.* **1.** Nachahmung *f*, Imitati'on *f*: ***do an ~ of*** → ***imitate*** 1; **2.** Nachbildung *f*, -ahmung *f*, *das* Nachgeahmte, Imitati'on *f*, Ko'pie *f*; **3.** Fälschung *f*; **II** *adj.* **4.** unecht, künstlich, Kunst..., Imitations...: ***~ leather*** Kunstleder *n*; **'im·i·ta·tive** [-tətɪv] *adj.* □ **1.** nachahmend, -bildend; auf Nachahmung *fremder Vorbilder* beruhend: ***be ~ of*** → ***imitate*** 1; **2.** nachgemacht, -geahmt (***of*** *dat.*); **3.** *ling.* lautmalend: ***an ~ word***; **'im·i·ta·tor** [-teɪtə] *s.* Nachahmer *m*, Imi'tator *m*.

im·mac·u·late [ɪˈmækjʊlɪt] *adj.* □ **1.** *fig.* unbefleckt, makellos, rein: ≈ **Conception** *R.C.* Unbefleckte Empfängnis; **2.** untadelig, tadellos, einwandfrei; **3.** fleckenlos, sauber.

im·ma·nence [ˈɪmənəns], ˈ**im·ma·nen·cy** [-sɪ] *s. phls., eccl.* Immaˈnenz *f*, Innewohnen *n*; ˈ**im·ma·nent** [-nt] *adj.* immaˈnent, innewohnend.

im·ma·te·ri·al [ˌɪməˈtɪərɪəl] *adj.* **1.** unkörperlich, unstofflich; **2.** unwesentlich, (*a.* ⚖) unerheblich, belanglos; ˌ**im·maˈte·ri·al·ism** [-lɪzəm] *s.* Immateriaˈlismus *m*.

im·ma·ture [ˌɪməˈtjʊə] *adj.* □ unreif, unentwickelt (*a. fig.*); ˌ**im·maˈtu·ri·ty** [-ˈtjʊərətɪ] *s.* Unreife *f*.

im·meas·ur·a·ble [ɪˈmeʒərəbl] *adj.* □ unermesslich, grenzenlos, riesig.

im·me·di·a·cy [ɪˈmiːdjəsɪ] *s.* **1.** Unmittelbarkeit *f*, Diˈrektheit *f*; **2.** Unverzüglichkeit *f*; **im·me·di·ate** [ɪˈmiːdjət] *adj.* □ **1.** *Raum*: unmittelbar, nächst(gelegen): ~ **contact** unmittelbare Berührung; ~ **vicinity** nächste Umgebung; **2.** *Zeit*: unverzüglich, soˈfortig, ˈumgehend: ~ **answer**; ~ **steps** Sofortmaßnahmen; ~ **objective** Nahziel *n*; ~ **future** nächste Zukunft; **3.** augenblicklich, derzeitig: ~ **plans**; **4.** diˈrekt, unmittelbar; **5.** nächst (*Verwandtschaft*): **my ~ family** m-e nächsten Angehörigen; **imˈme·di·ate·ly** [-jətlɪ] **I** *adv.* **1.** unmittelbar, diˈrekt; **2.** soˈfort, ˈumgehend, unverzüglich, gleich, unmittelbar; **II** *cj.* **3.** *bsd. Brit.* soˈbald (als).

im·me·mo·ri·al [ˌɪmɪˈmɔːrɪəl] *adj.* □ un(vor)denklich, uralt: **from time ~** seit un(vor)denklichen Zeiten.

im·mense [ɪˈmens] *adj.* □ **1.** unermesslich, ungeheuer, riesig, imˈmens; **2.** F gewaltig, eˈnorm, ‚riesig': **enjoy o.s. ~ly**; **imˈmen·si·ty** [-sətɪ] *s.* Unermesslichkeit *f*.

im·merse [ɪˈmɜːs] *v/t.* **1.** (ein)tauchen (*a.* ⚙), versenken; **2.** *fig.* (**o.s.** sich) vertiefen *od.* versenken (**in** in *acc.*); **3.** *fig.* verwickeln, verstricken (**in** in *acc.*); **imˈmersed** [-st] *adj. fig.* (**in**) versunken, vertieft (in *acc.*); **im·mer·sion** [ɪˈmɜːʃn] *s.* **1.** Ein-, ˈUntertauchen *n*: ~ **heater** a) Tauchsieder *m*, b) Boiler *m*; **2.** *fig.* Versunkenheit *f*, Vertieftsein *n*; **3.** *eccl.* Immersiˈonstaufe *f*; **4.** *ast.* Immersiˈon *f*.

im·mi·grant [ˈɪmɪgrənt] **I** *s.* Einwanderer *m*, Einwanderin *f*, Immiˈgrant(in); **II** *adj.* a) einwandernd, b) ausländisch, Fremd...: ~ **workers**; ˈ**im·mi·grate** [-greɪt] **I** *v/i.* einwandern, immiˈgrieren (**into**, **to** in *acc.*, nach); **II** *v/t.* ansiedeln (**into** in *dat.*); **im·mi·gra·tion** [ˌɪmɪˈgreɪʃn] *s.* Einwanderung *f*, Immigratiˈon *f*: ~ **officer** Beamte(r) *m* der Einwanderungsbehörde.

im·mi·nence [ˈɪmɪnəns] *s.* **1.** nahes Bevorstehen; **2.** drohende Gefahr, Drohen *n*; ˈ**im·mi·nent** [-nt] *adj.* □ nahe bevorstehend, *a.* drohend.

im·mis·ci·ble [ɪˈmɪsəbl] *adj.* □ unvermischbar.

im·mo·bile [ɪˈməʊbaɪl] *adj.* unbeweglich: a) bewegungslos, b) starr, fest; **im·mo·bil·i·ty** [ˌɪməʊˈbɪlətɪ] *s.* Unbeweglichkeit *f*; **im·mo·bi·li·za·tion** [ɪˌməʊbɪlaɪˈzeɪʃn] *s.* **1.** Unbeweglichmachen *n*; ⚕ Ruhigstellung *f*, Immobilisierung *f*; **2.** † a) Einziehung *f* (*von Münzen*), b) Festlegung *f* (*von Kapital*); **imˈmo·bi·lize** [-bɪlaɪz] *v/t.* **1.** unbeweglich machen; ⚕ ruhig stellen; ⚔ außer Gefecht setzen: **~d** bewegungsunfähig (*a. Auto etc.*); **2.** † a) *Münzen* aus dem Verkehr ziehen, b) *Kapital* festlegen; **imˈmo·bi·liz·er** [-bɪlaɪzə] *s. mot.* Wegfahrsperre *f*.

im·mod·er·ate [ɪˈmɒdərət] *adj.* □ unmäßig, maßlos, überˈtrieben, -ˈzogen.

im·mod·est [ɪˈmɒdɪst] *adj.* □ **1.** unbescheiden, anmaßend; **2.** schamlos, unanständig; **imˈmod·es·ty** [-tɪ] *s.* **1.** Unbescheidenheit *f*, Frechheit *f*; **2.** Unanständigkeit *f*.

im·mo·late [ˈɪməʊleɪt] *v/t.* **1.** opfern, zum Opfer bringen (*a. fig.*); **2.** schlachten (*a. fig.*); **im·mo·la·tion** [ˌɪməʊˈleɪʃn] *s. a. fig.* Opferung *f*, Opfer *n*.

im·mor·al [ɪˈmɒrəl] *adj.* □ **1.** ˈunmoˌralisch, unsittlich; **2.** ⚖ sittenwidrig, unsittlich; **im·mo·ral·i·ty** [ˌɪməˈrælətɪ] *s.* ˈUnmoˌral *f*, Sittenlosigkeit *f*, Unsittlichkeit *f* (*a. Handlung*).

im·mor·tal [ɪˈmɔːtl] **I** *adj.* □ **1.** unsterblich (*a. fig.*); **2.** ewig, unvergänglich; **II** *s.* **3.** Unsterbliche(r *m*) *f* (*a. fig.*); **im·mor·tal·i·ty** [ˌɪmɔːˈtælətɪ] *s.* **1.** Unsterblichkeit *f* (*a. fig.*); **2.** Unvergänglichkeit *f*; **imˈmor·tal·ize** [-təlaɪz] *v/t.* unsterblich machen, verewigen.

im·mor·telle [ˌɪmɔːˈtel] *s.* ⚘ Immorˈtelle *f*, Strohblume *f*.

im·mov·a·bil·i·ty [ɪˌmuːvəˈbɪlətɪ] *s.* **1.** Unbeweglichkeit *f*; **2.** *fig.* Unerschütterlichkeit *f*; **im·mov·a·ble** [ɪˈmuːvəbl] **I** *adj.* □ **1.** unbeweglich: a) ortsfest: ~ **property** → 4, b) unbewegt, bewegungslos; **2.** *zeitlich* unveränderlich: ~ **feast** unbeweglicher Feiertag; **3.** *fig.* fest, unerschütterlich, unnachgiebig; **II** *s.* **4.** *pl.* ⚖ unbewegliches Eigentum, Immoˈbilien *pl.*, Liegenschaften *pl.*

im·mune [ɪˈmjuːn] **I** *adj.* **1.** ⚕ *u. fig.* (**from**, **against**, **to**) imˈmun (gegen), unempfänglich (für); **2.** (**from**, **against**, **to**) geschützt, gefeit (gegen), frei (von); **II** *s.* **3.** imˈmune Perˈson; **im·mune de·fi·cien·cy syn·drome** *s.* ⚕ Imˈmunschwächeˌkrankheit *f*; **im·mune sys·tem** *s.* ⚕ Iˈmmunsysˌtem *n*; **imˈmu·ni·ty** [-nətɪ] *s.* **1.** *allg.* Immuniˈtät *f*: a) ⚕ *u. fig.* Unempfänglichkeit *f*, b) ⚖ Freiheit *f*, Befreiung *f* (**from** von *Strafe*, *Steuer*); **2.** ⚖ Priviˈleg *n*, Sonderrecht *n*; **3.** Freisein *n* (**from** von); **im·mu·ni·za·tion** [ˌɪmjuːnaɪˈzeɪʃn] *s.* ⚕ Immunisierung *f*; **im·mu·nize** [ˈɪmjuːnaɪz] *v/t.* immunisieren; imˈmun machen (**against** gegen), schützen (vor *dat.*); **im·mu·no·gen** [ɪˈmjuːnəʊdʒen] *s.* ⚕ Antiˈgen *n*; **im·mu·nol·o·gy** [ˌɪmjuːˈnɒlədʒɪ] *s.* ⚕ Immuniˈtätsforschung *f*, -lehre *f*.

im·mure [ɪˈmjʊə] *v/t.* **1.** einsperren, -schließen, -kerkern: ~ **o.s.** sich abschließen; **2.** einmauern.

im·mu·ta·bil·i·ty [ɪˌmjuːtəˈbɪlətɪ] *s. a. biol.* Unveränderlichkeit *f*; **im·mu·ta·ble** [ɪˈmjuːtəbl] *adj.* □ unveränderlich, unwandelbar.

imp [ɪmp] *s.* **1.** Teufelchen *n*, Kobold *m*; **2.** *humor.* Schlingel *m*, Racker *m*.

im·pact I *s.* [ˈɪmpækt] **1.** An-, Zs.-prall *m*, Auftreffen *n*; **2.** *bsd.* ⚔ Auf-, Einschlag *m*: ~ **fuse** Aufschlagzünder *m*; **3.** ⚙, *phys.* a) Stoß *m*, Schlag *m*, b) Wucht *f*: ~ **extrusion** Schlagstrangpressen *n*; ~ **strength** ⚙ (Kerb)Schlagfestigkeit *f*; **4.** *fig.* a) (heftige) (Ein)Wirkung, Auswirkungen *pl.*, (starker) Einfluss (**on** auf *acc.*), b) (starker) Eindruck (**on** auf *acc.*), c) Wucht *f*, Gewalt *f*, d) (**on**) Belastung *f* (*gen.*), Druck *m* (auf *acc.*): **make an ~** (**on**) ‚einschlagen' *od.* e-n starken Eindruck hinterlassen (bei), sich mächtig auswirken (auf *acc.*); **II** *v/t.* [ɪmˈpækt] **5.** zs.-pressen; *a.* ⚕ einkeilen, -klemmen.

im·pair [ɪmˈpeə] *v/t.* **1.** verschlechtern; **2.** beeinträchtigen: a) nachteilig beeinflussen, schwächen, b) (ver)mindern, schmälern; **imˈpair·ment** [-mənt] *s.* Verschlechterung *f*; Beeinträchtigung *f*, Verminderung *f*, Schädigung *f*, Schmälerung *f*.

im·pale [ɪmˈpeɪl] *v/t.* **1.** *hist.* pfählen; **2.** aufspießen, durchˈbohren; **3.** *her. zwei Wappen* durch e-n senkrechten Pfahl verbinden.

im·pal·pa·ble [ɪmˈpælpəbl] *adj.* □ **1.** unfühlbar; **2.** äußerst fein; **3.** kaum (er)fassbar, nicht greifbar.

im·pan·el [ɪmˈpænl] → ***empanel***.

im·par·i·syl·lab·ic [ˈɪmˌpærɪsɪˈlæbɪk] *adj. u. s. ling.* ungleichsilbig(es Wort).

im·par·i·ty [ɪmˈpærətɪ] *s.* Ungleichheit *f*.

im·part [ɪmˈpɑːt] *v/t.* **1.** (**to** *dat.*) geben: a) gewähren, zukommen lassen, b) *e-e Eigenschaft etc.* verleihen; **2.** mitteilen: a) kundtun (**to** *dat.*): ~ **news**, b) vermitteln (**to** *dat.*): ~ **knowledge**, c) *a. phys.* übertragen (**to** auf *acc.*): **~ a motion**.

im·par·tial [ɪmˈpɑːʃl] *adj.* □ ˈunparˌteiisch, unvoreingenommen, unbefangen; **im·par·ti·al·i·ty** [ˈɪmˌpɑːʃɪˈælətɪ] *s.* ˈUnparˌteilichkeit *f*, Unvoreingenommenheit *f*.

im·pass·a·ble [ɪmˈpɑːsəbl] *adj.* □ unpassierbar.

im·passe [æmˈpɑːs] (*Fr.*) *s.* Sackgasse *f*, *fig. a.* ausweglose Situatiˈon: **reach an ~** *fig.* in e-e Sackgasse geraten, e-n toten Punkt erreichen; **break the ~** aus der Sackgasse herauskommen.

im·pas·si·ble [ɪmˈpæsɪbl] *adj.* □ (**to**) gefühllos (gegen), unempfindlich (für).

im·pas·sioned [ɪmˈpæʃnd] *adj.* leidenschaftlich.

im·pas·sive [ɪmˈpæsɪv] *adj.* □ **1.** teilnahms-, leidenschaftslos, ungerührt; **2.** gelassen; **3.** unbewegt: **~ face**.

im·paste [ɪmˈpeɪst] *v/t.* **1.** zu e-m Teig kneten; **2.** *paint. Farben* dick auftragen, paˈstos malen; **im·pas·to** [ɪmˈpæstəʊ] *s. paint.* Imˈpasto *n*.

im·pa·tience [ɪmˈpeɪʃns] *s.* **1.** Ungeduld *f*; **2.** (**of**) Unduldsamkeit *f*, Abneigung *f* (gegen[ˈüber]), Unwille *m* (über *acc.*); **imˈpa·tient** [-nt] *adj.* □ **1.** ungeduldig; **2.** (**of**) unduldsam (gegen), ungehalten (über *acc.*), unzufrieden (mit): **be ~ of** nicht (v)ertragen können (*acc.*), nichts übrig haben für; **3.** begierig (**for** nach, **to do** zu tun): **be ~ for** *et.* nicht erwarten können; **be ~ to do it** darauf brennen, es zu tun.

im·peach [ɪmˈpiːtʃ] *v/t.* **1.** *j-n* anklagen, beschuldigen (**of**, **with** *gen.*); **2.** ⚖ *Beamten etc.* (wegen e-s Amtsvergehens) anklagen; **3.** anzweifeln, anfechten, infrage stellen: **~ a witness** die Glaubwürdigkeit e-s Zeugen anzweifeln; **4.** angreifen, herˈabsetzen, tadeln, bemängeln; **imˈpeach·a·ble** [-tʃəbl] *adj.* anklag-, anfecht-, bestreitbar; **imˈpeach·ment** [-mənt] *s.* **1.** Anklage *f*, Beschuldigung *f*; **2.** (öffentliche) Anklage *e-s Ministers etc. wegen Amtsmissbrauchs, Hochverrats etc.*; **3.** Anfechtung *f*, Bestreitung *f* der Glaubwürdigkeit *od.* Gültigkeit; **4.** Inˈfragestellung *f*; **5.** Vorwurf *m*, Tadel *m*.

im·pec·ca·bil·i·ty [ɪmˌpekəˈbɪlətɪ] *s.* **1.** Sündlosigkeit *f*; **2.** Fehler-, Tadellosigkeit *f*; **im·pec·ca·ble** [ɪmˈpekəbl] *adj.* □ **1.** sünd(en)los, rein; **2.** tadellos, untadelig, einwandfrei.

im·pe·cu·ni·os·i·ty [ˈɪmpɪˌkjuːnɪˈɒsətɪ] *s.* Mittellosigkeit *f*, Armut *f*; **im·pe·cu·ni·ous** [ˌɪmpɪˈkjuːnjəs] *adj.* mittellos, arm.

im·ped·ance [ɪmˈpiːdəns] *s.* ⚡ Impeˈdanz *f*, ˈSchein,widerstand *m*.

im·pede [ɪmˈpiːd] *v/t.* **1.** *j-n* (be)hindern; **2.** *et.* erschweren, verhindern; **im·ped·i·ment** [ɪmˈpedɪmənt] *s.* **1.** Be-, Verhinderung *f*; **2.** Hindernis *n* (**to** für), ⚕ Behinderung *f*: **~ in one's speech** Sprachfehler *m*; **3.** ⚖ (*bsd.* Ehe)Hindernis *n*, Hinderungsgrund *m*; **im·ped·i·men·ta** [ɪmˌpedɪˈmentə] *s. pl.* **1.** ⚔ Gepäck *n*, Tross *m*; **2.** *fig.* Last *f*, (hinderliches) Gepäck, *j-s* ‚Siebensachen' *pl*.

im·pel [ɪmˈpel] *v/t.* **1.** (an)treiben, vorwärts treiben, drängen; **2.** zwingen, nötigen: ***I felt ~led*** ich sah mich gezwungen *od.* veranlasst, ich fühlte mich genötigt; **imˈpel·lent** [-lənt] **I** *adj.* (an)treibend, Trieb...; **II** *s.* Triebkraft *f*, Antrieb *m*; **imˈpel·ler** [-lə] *s.* ⚙ a) Flügel-, Laufrad *n*, b) Kreisel *m* (*e-r Pumpe*), c) ✈ Laderlaufrad *n*.

im·pend [ɪmˈpend] *v/i.* **1.** hängen, schweben (**over** über *dat.*); **2.** *fig.* a) unmittelbar bevorstehen, b) (**over**) drohend schweben (über *dat.*), drohen (*dat.*); **imˈpend·ing** [-dɪŋ] *adj.* nahe bevorstehend, drohend.

im·pen·e·tra·bil·i·ty [ɪmˌpenɪtrəˈbɪlətɪ] *s.* **1.** ˈUndurchˌdringlichkeit *f*; **2.** *fig.* Unerforschlichkeit *f*, Unergründlichkeit *f*; **im·pen·e·tra·ble** [ɪmˈpenɪtrəbl] *adj.* □ **1.** ˈundurchˌdringlich (**by** für); **2.** *fig.* unergründlich, unerforschlich; **3.** *fig.* (**to**, **by**) unempfänglich (für), unzugänglich (*dat.*).

im·pen·i·tence [ɪmˈpenɪtəns], **imˈpen·i·ten·cy** [-sɪ] *s.* Unbußfertigkeit *f*, Verstocktheit *f*; **imˈpen·i·tent** [-nt] *adj.* □ unbußfertig, verstockt, reuelos.

im·per·a·ti·val [ɪmˌperəˈtaɪvl] → ***imperative*** 3; **im·per·a·tive** [ɪmˈperətɪv] **I** *adj.* □ **1.** befehlend, gebieterisch, herrisch; **2.** ˈunumˌgänglich, zwingend, dringend (nötig), unbedingt erforderlich; **3.** *ling.* imperaˈtivisch, Imperativ..., Befehls...: **~ mood** → 5; **II** *s.* **4.** Befehl *m*, Gebot *n*; **5.** *ling.* Imperativ *m*, Befehlsform *f*.

im·per·cep·ti·bil·i·ty [ˈɪmpəˌseptəˈbɪlətɪ] *s.* Unwahrnehmbarkeit *f*; Unmerklichkeit *f*; **im·per·cep·ti·ble** [ˌɪmpəˈseptəbl] *adj.* □ **1.** nicht wahrnehmbar, unbemerkbar, unsichtbar, unhörbar; **2.** unmerklich; **3.** verschwindend klein.

im·per·fect [ɪmˈpɜːfɪkt] **I** *adj.* □ **1.** ˈunvollˌständig, ˈunvollˌendet; **2.** ˈunvollˌkommen (*a.* ⚘, ♪): **~ rhyme** unreiner Reim; **3.** mangel-, fehlerhaft; **4.** *ling.* **~ tense** → 5; **II** *s.* **5.** *ling.* Imperfekt *n*, ˈunvollˌendete Vergangenheit; **im·per·fec·tion** [ˌɪmpəˈfekʃn] *s.* **1.** ˈUnvollˌkommenheit *f*, Mangelhaftigkeit *f*; **2.** Mangel *m*, Fehler *m*.

im·per·fo·rate [ɪmˈpɜːfərət] *adj.* **1.** *bsd. anat.* ohne Öffnung; **2.** nicht perforiert, ungezähnt (*Briefmarke*).

im·pe·ri·al [ɪmˈpɪərɪəl] **I** *adj.* □ **1.** kaiserlich, Kaiser...; **2.** Reichs...; **3.** das brit. Weltreich betreffend, Empire...: ***≈ Conference*** Empire-Konferenz *f*; **4.** *Brit.* gesetzlich (*Maße u. Gewichte*): **~ gallon** (= *4,55 Liter*); **5.** großartig, herrlich; **II** *s.* **6.** Kaiserliche(r) *m* (*Soldat, Anhänger*); **7.** Knebelbart *m*; **8.** Imperiˈal(paˌpier) *n* (*Format*: *brit. 22×30 in., amer. 23×31 in.*); **imˈpe·ri·al·ism** [-lɪzəm] *s. pol.* Imperiaˈlismus *m*; **imˈpe·ri·al·ist** [-lɪst] **I** *s.* **1.** *pol.* Imperiaˈlist *m*; **2.** Kaiserliche(r) *m*; **II** *adj.* **3.** imperiaˈlistisch; **4.** kaiserlich, kaisertreu; **im·pe·ri·al·is·tic** [ɪmˌpɪərɪəˈlɪstɪk] *adj.* (□ **~ally**) → ***imperialist*** 3, 4.

im·per·il [ɪmˈperɪl] *v/t.* gefährden.

im·pe·ri·ous [ɪmˈpɪərɪəs] *adj.* □ **1.** herrisch, anmaßend, gebieterisch; **2.** dringend, zwingend; **imˈpe·ri·ous·ness** [-nɪs] *s.* **1.** Herrschsucht *f*, Anmaßung *f*, herrisches Wesen; **2.** Dringlichkeit *f*.

im·per·ish·a·ble [ɪmˈperɪʃəbl] *adj.* □ unvergänglich, ewig.

im·per·ma·nence [ɪmˈpɜːmənəns], **imˈper·ma·nen·cy** [-sɪ] *s.* Unbeständigkeit *f*, Vergänglichkeit *f*; **imˈper·ma·nent** [-nt] *adj.* unbeständig, vorˈübergehend, nicht von Dauer.

im·per·me·a·bil·i·ty [ɪmˌpɜːmjəˈbɪlətɪ] *s.* ˈUnˌdurchlässigkeit *f*; **im·per·me·a·ble** [ɪmˈpɜːmjəbl] *adj.* □ ˈunˌdurchlässig (**to** für): **~** (**to water**) wasserdicht.

im·per·mis·si·ble [ˌɪmpəˈmɪsəbl] *adj.* unzulässig, unerlaubt.

im·per·son·al [ɪmˈpɜːsnl] *adj. a. ling.* ˈunperˌsönlich: **~ account** ✝ Sachkonto *n*; **im·per·son·al·i·ty** [ɪmˌpɜːsəˈnælətɪ] *s.* ˈUnperˌsönlichkeit *f*.

im·per·son·ate [ɪmˈpɜːsəneɪt] *v/t.* **1.** personifizieren, verkörpern; **2.** imitieren, nachahmen; **3.** sich ausgeben als *od.* für; **im·per·son·a·tion** [ɪmˌpɜːsəˈneɪʃn] *s.* **1.** Personifikatiˈon *f*, Verkörperung *f*; **2.** Nachahmung *f*, Imitatiˈon *f*; **3.** (betrügerisches *od.* scherzhaftes) Auftreten (**of** als); **imˈper·son·a·tor** [-tə] *s.* **1.** *thea.* a) Imiˈtator *m*, b) Darsteller(in); **2.** Betrüger(in), Hochstapler(in).

im·per·ti·nence [ɪmˈpɜːtɪnəns] *s.* Unverschämtheit *f*, Frechheit *f*; **imˈper·ti·nent** [-nt] *adj.* □ **1.** unverschämt, frech; **2.** ⚖ nicht zur Sache gehörig, unerheblich; **3.** nebensächlich; **4.** unangebracht.

im·per·turb·a·bil·i·ty [ˈɪmpəˌtɜːbəˈbɪlətɪ] *s.* Unerschütterlichkeit *f*, Gelassenheit *f*, Gleichmut *m*; **im·per·turb·a·ble** [ˌɪmpəˈtɜːbəbl] *adj.* □ unerschütterlich, gelassen.

im·per·vi·ous [ɪmˈpɜːvjəs] *adj.* □ **1.** ˈundurchˌdringlich (**to** für), ˈunˌdurchlässig: **~ to rain** regendicht; **2.** *fig.* (**to**) unzugänglich (für *od. dat.*), unempfindlich (gegen); taub (gegen); **imˈper·vi·ous·ness** [-nɪs] *s.* **1.** ˈUndurchˌdringlichkeit *f*, -lässigkeit *f*; **2.** *fig.* Unzugänglichkeit *f*, Unempfindlichkeit *f*.

im·pe·tig·i·nous [ˌɪmpɪˈtɪdʒɪnəs] *adj.* ⚕ pustelartig; ˌ**im·peˈti·go** [-ˈtaɪgəʊ] *s.* ⚕ Impeˈtigo *m*.

im·pet·u·os·i·ty [ɪmˌpetjʊˈɒsətɪ] *s.* **1.** Heftigkeit *f*, Ungestüm *n*; **2.** impulˈsive Handlung; **im·pet·u·ous** [ɪmˈpetjʊəs] *adj.* □ heftig, ungestüm; hitzig, überˈeilt, impulˈsiv; **im·pet·u·ous·ness** [ɪmˈpetjʊəsnɪs] → ***impetuosity***.

im·pe·tus [ˈɪmpɪtəs] *s.* **1.** *phys.* Stoß-, Triebkraft *f*, Schwung *m*; **2.** *fig.* Antrieb *m*, Anstoß *m*, Schwung *m*: ***give a fresh ~ to*** Auftrieb *od.* neuen Schwung verleihen (*dat.*).

im·pi·e·ty [ɪmˈpaɪətɪ] *s.* **1.** Gottlosigkeit *f*; **2.** Pieˈtätlosigkeit *f*.

im·pinge [ɪmˈpɪndʒ] *v/i.* **1.** (**on**, **upon**) stoßen (an *acc.*, gegen), zs.-stoßen (mit), auftreffen (auf *acc.*); **2.** fallen, einwirken (**on** auf *acc.*): **~ on the eye**; **~ on the ear** ans Ohr dringen; **3.** (**on**) sich auswirken (auf *acc.*), beeinflussen (*acc.*); **4.** (**on**) (ˈwiderrechtlich) eingreifen (in *acc.*), verstoßen (gegen *Rechte etc.*).

im·pi·ous [ˈɪmpɪəs] *adj.* □ **1.** gottlos, ruchlos; **2.** pieˈtätlos; **3.** reˈspektlos.

imp·ish [ˈɪmpɪʃ] *adj.* □ schelmisch, spitzbübisch, verschmitzt.

im·plac·a·bil·i·ty [ɪmˌplækəˈbɪlətɪ] *s.* Unversöhnlichkeit *f*, Unerbittlichkeit *f*; **im·plac·a·ble** [ɪmˈplækəbl] *adj.* □ unversöhnlich, unerbittlich.

im·plant [ɪmˈplɑːnt] *v/t. fig.* einimpfen, *a.* ⚕ einpflanzen (*in dat.*); **im·plan·ta·tion** [ˌɪmplɑːnˈteɪʃn] *s.* **1.** *fig.* Einimpfung *f*; **2.** *mst fig. od.* ⚕ Einpflanzung *f*.

im·plau·si·ble [ɪmˈplɔːzəbl] *adj.* nicht plauˈsibel, unwahrscheinlich, unglaubwürdig, -haft, wenig überˈzeugend.

im·ple·ment I *s.* [ˈɪmplɪmənt] **1.** Werkzeug *n* (*a. fig.*), Gerät *n*; **2.** ⚖ *Scot.* Erfüllung *f* (*e-s Vertrages*); **II** *v/t.* [-ment] **3.** aus-, ˈdurchführen; **4.** in Kraft setzen; **5.** ergänzen; **6.** ⚖ *Scot. Vertrag* erfüllen; **im·ple·men·tal** [ˌɪmplɪˈmentl], **im·ple·men·ta·ry** [ˌɪmplɪˈmentərɪ] *adj.* Ausführungs...: **~ orders** Ausführungsbestimmungen; **im·ple·men·ta·tion** [ˌɪmplɪmenˈteɪʃn] *s.* Erfüllung *f*, Aus-, ˈDurchführung *f*.

im·pli·cate [ˈɪmplɪkeɪt] *v/t.* **1.** *fig.* verwickeln, hinˈeinziehen (**in** in *acc.*), in Zs.-hang *od.* Verbindung bringen (**with** mit): **~d in** verwickelt in (*acc.*), betroffen von; **2.** *fig.* a) → ***imply*** 1, b) zur Folge haben; **im·pli·ca·tion** [ˌɪmplɪˈkeɪʃn] *s.* **1.** Verwicklung *f*, Verflechtung *f*, (enge) Verbindung, Zs.-hang *m*; **2.** (eigentliche) Bedeutung; Andeutung *f*; **3.** Konseˈquenz *f*, Folge *f*, Folgerung *f*, Auswirkung *f*: **by ~** a) als (natürliche) Folgerung *od.* Folge, b) implizite, durch sinngemäße Auslegung, ohne weiteres.

im·plic·it [ɪmˈplɪsɪt] *adj.* □ **1.** (mit *od.* stillschweigend) inbegriffen, stillschweigend, unausgesprochen; **2.** absoˈlut, vorbehalt-, bedingungslos: **~ faith** (**obedience**) blinder Glaube (Gehorsam); **imˈplic·it·ly** [-lɪ] *adv.* **1.** imˈplizite, stillschweigend, ohne weiteres; **2.** unbedingt; **imˈplic·it·ness** [-nɪs] *s.* **1.** Mitˈinbegriffensein *n*; Selbstverständlichkeit *f*; **2.** Unbedingtheit *f*.

im·plied [ɪmˈplaɪd] *adj.* (stillschweigend *od.* mit) inbegriffen, einbezogen, sinngemäß (darin) enthalten, impliziert: **~ condition**.

im·plode [ɪmˈpləʊd] *v/i. phys.* implodieren.

im·plore [ɪmˈplɔː] *v/t.* **1.** *j-n* anflehen, beschwören; **2.** *et.* erflehen, erbitten; **imˈplor·ing** [-ɔːrɪŋ] *adj.* □ flehentlich, inständig.

im·plo·sion [ɪmˈpləʊʒn] *s. phys.* Imploˈsion *f*.

im·ply [ɪmˈplaɪ] *v/t.* **1.** einbeziehen, in sich schließen, (*stillschweigend*) beˈinhalten; **2.** mit sich bringen, darˈauf hinauslaufen: ***that implies*** daraus ergibt sich, das bedeutet; **3.** besagen, bedeuten, schließen lassen auf (*acc.*); **4.** andeuten, ˈdurchblicken lassen, implizieren.

im·po·lite [ˌɪmpəˈlaɪt] *adj.* □ unhöflich, grob.

im·pol·i·tic [ɪmˈpɒlətɪk] *adj.* □ ˈundiploˌmatisch, unklug.

I

im·pon·der·a·ble [ɪmˈpɒndərəbl] **I** *adj.* unwägbar (*a. phys.*), unberechenbar; **II** *s. pl.* Imponderaˈbilien *pl.*, Unwägbarkeiten *pl.*

im·port I *v/t.* [ɪmˈpɔːt] **1.** † importieren, einführen: **~ing country** Einfuhrland *n*; **2.** *Computer: Daten* importieren; **3.** *fig.* einführen, hinˈeinbringen; **4.** bedeuten, besagen; **II** *s.* [ˈɪmpɔːt] **5.** † Einfuhr *f*, Imˈport *m*; *pl.* ˈEinfuhrwaren *pl.*, -arˌtikel *pl.*; **~ bounty** Einfuhrprämie *f*; **~ duty** Einfuhrzoll *m*; **~ licence** (*Am.* **license**), **~ permit** Einfuhrgenehmigung *f*; **~ quota** Einfuhrkontingent *n*; **~ tariff** Einfuhrzoll *m*; **6.** Bedeutung *f*, Sinn *m*; **7.** Wichtigkeit *f*, Bedeutung *f*, Tragweite *f*; **imˈport·a·ble** [-təbl] *adj.* † einführbar, importierbar.

im·por·tance [ɪmˈpɔːtns] *s.* **1.** Wichtigkeit *f*, Bedeutung *f*: **attach ~ to** Bedeutung beimessen (*dat.*); **conscious** (*od.* **full**) **of one's own ~** → **important** 3; **it is of no ~** es ist unwichtig, es hat keine Bedeutung; **2.** Einfluss *m*, Ansehen *n*, Gewicht *n*: **a person of ~** e-e gewichtige Persönlichkeit; **imˈpor·tant** [-nt] *adj.* □ **1.** wichtig, wesentlich, bedeutend (**to** für); **2.** herˈvorragend, bedeutend, angesehen, einflussreich; **3.** wichtigtuerisch, eingebildet, von s-r eigenen Wichtigkeit erfüllt.

im·por·ta·tion [ˌɪmpɔːˈteɪʃn] *s.* † **1.** Imˈport *m*, Einfuhr *f*; **2.** Einfuhrware(n *pl.*) *f*; **im·port·er** [ɪmˈpɔːtə] *s.* † Imporˈteur *m*.

im·por·tu·nate [ɪmˈpɔːtjʊnət] *adj.* □ lästig, zu-, aufdringlich; **im·por·tune** [ˌɪmpɔːˈtjuːn] *v/t.* dauernd (mit Bitten) belästigen, behelligen; **im·por·tu·ni·ty** [ˌɪmpɔːˈtjuːnətɪ] *s.* Aufdringlichkeit *f*, Hartnäckigkeit *f*.

im·pose [ɪmˈpəʊz] **I** *v/t.* **1.** *Pflicht, Steuer etc.* auferlegen, aufbürden (**on**, **upon** *dat.*): **~ a tax on s.th.** et. besteuern, et. mit e-r Steuer belegen; **~ a penalty on s.o.** e-e Strafe verhängen gegen j-n, j-n mit e-r Strafe belegen; **~ law and order** Recht u. Ordnung schaffen; **2. ~ s.th. on s.o.** a) j-m et. aufdrängen, b) j-m et. ‚andrehen'; **~ o.s. on s.o.** → 7; **3.** *typ. Kolumnen* ausschießen; **4.** *eccl. die Hände* (segnend) auflegen; **II** *v/i.* **5.** (**upon**) beeindrucken (*acc.*), imponieren (*dat.*); **6.** ausnutzen, missˈbrauchen (**on** *acc.*): **~ on s.o.'s kindness**; **7. ~ on s.o.** sich j-m aufdrängen, j-m zur Last fallen; **8.** betrügen, hinterˈgehen (**on s.o.** j-n); **imˈpos·ing** [-zɪŋ] *adj.* □ eindrucksvoll, imponierend, impoˈsant; **im·po·si·tion** [ˌɪmpəˈzɪʃn] *s.* **1.** Auferlegung *f*, Aufbürdung *f* (*von Steuern, Pflichten etc.*), Verhängung *f* (*e-r Strafe*): **~ of taxes** Besteuerung *f*; **2.** Last *f*, Belastung *f*, Auflage *f*, Pflicht *f*; **3.** Abgabe *f*, Steuer *f*; **4.** *ped. Brit.* Strafarbeit *f*; **5.** (schamlose) Ausnutzung (**on** *gen.*), Zumutung *f*; **6.** Überˈvorteilung *f*, Schwindel *m*; **7.** *eccl.* (*Hand*)Auflegen *n*; **8.** *typ.* a) Ausschießen *n*, b) Forˈmatmachen *n*.

im·pos·si·bil·i·ty [ɪmˌpɒsəˈbɪlətɪ] *s.* Unmöglichkeit *f*; **im·pos·si·ble** [ɪmˈpɒsəbl] *adj.* □ **1.** *allg.* unmöglich: a) unausführbar, b) ausgeschlossen, c) unglaublich: **it is ~ for me to do that** ich kann das unmöglich tun; **2.** F ‚unmöglich': **you are ~!**; **im·pos·si·bly** [ɪmˈpɒsəblɪ] *adv.* **1.** unmöglich; **2.** unglaublich: **~ young**.

im·post [ˈɪmpəʊst] **I** *s.* **1.** † Auflage *f*, Abgabe *f*, Steuer *f*, *bsd.* Einfuhrzoll *m*; **2.** *sl. Pferderennen*: Handicap-Ausgleichsgewicht *n*; **II** *v/t.* **3.** *Am. Importwaren* zwecks Zollfestsetzung klassifizieren.

im·pos·tor [ɪmˈpɒstə] *s.* Betrüger(in), Schwindler(in), Hochstapler(in); **imˈpos·ture** [-tʃə] *s.* Betrug *m*, Schwindel *m*, Hochstapeˈlei *f*.

im·po·tence [ˈɪmpətəns], **ˈim·po·ten·cy** [-sɪ] *s.* **1.** a) Unvermögen *n*, Unfähigkeit *f*, b) Hilf-, Machtlosigkeit *f*, Ohnmacht *f*; **2.** Schwäche *f*, Kraftlosigkeit *f*; **3.** ⚕ Impotenz *f*; **ˈim·po·tent** [-nt] *adj.* □ **1.** a) unfähig, b) macht-, hilflos, ohnmächtig; **2.** schwach, kraftlos; **3.** ⚕ impotent.

im·pound [ɪmˈpaʊnd] *v/t.* **1.** *bsd. Vieh* einpferchen, einsperren; **2.** *Wasser* sammeln, stauen; **3.** ⚖ a) beschlagnahmen, b) sicherstellen, in (gerichtliche *od.* behördliche) Verwahrung nehmen.

im·pov·er·ish [ɪmˈpɒvərɪʃ] *v/t.* **1.** arm *od.* ärmer machen: **be ~ed** verarmen, verarmt sein; **2.** *Land etc.* auspowern, *Boden etc.* auslaugen; **3.** *fig.* a) ärmer machen, *kulturell etc.* verarmen lassen, b) *e-r Sache* den Reiz nehmen; **imˈpov·er·ish·ment** [-mənt] *s. a. fig.* Verarmung *f*; Auslaugung *f*.

im·prac·ti·ca·bil·i·ty [ɪmˌpræktɪkəˈbɪlətɪ] *s.* **1.** ˈUndurchˌführbarkeit *f*, Unmöglichkeit *f*; **2.** Unbrauchbarkeit *f*; **3.** Unpassierbarkeit *f* (*e-r Straße etc.*); **im·prac·ti·ca·ble** [ɪmˈpræktɪkəbl] *adj.* □ **1.** ˈundurchˌführbar, unmöglich; **2.** unbrauchbar; **3.** unpassierbar, unbefahrbar (*Straße*); **4.** unlenksam, störrisch (*Person*).

im·prac·ti·cal [ɪmˈpræktɪkl] *adj.* **1.** unpraktisch; **2.** (rein) theoˈretisch, sinnlos; **3.** → **impracticable**.

im·pre·cate [ˈɪmprɪkeɪt] *v/t. Schlimmes* herˈabwünschen (**on**, **upon** auf *acc.*): **~ curses on s.o.** j-n verfluchen; **im·pre·ca·tion** [ˌɪmprɪˈkeɪʃn] *s.* Verwünschung *f*, Fluch *m*; **ˈim·pre·ca·to·ry** [-tərɪ] *adj.* Verwünschungs...

im·preg·na·bil·i·ty [ɪmˌpregnəˈbɪlətɪ] *s.* ˈUnüberˌwindlichkeit *f etc.* (→ **impregnable**); **im·preg·na·ble** [ɪmˈpregnəbl] *adj.* □ **1.** ˈunüberˌwindlich, unbezwinglich, uneinnehmbar (*Festung*); **2.** unerschütterlich (**to** gegenüber); **im·preg·nate I** *v/t.* [ˈɪmpregneɪt] **1.** *biol.* a) schwängern (*a. fig.*), b) befruchten (*a. fig.*); **2.** sättigen, durchˈdringen; ⚙ tränken, imprägnieren; **3.** *fig. et. od. j-n* durchˈdringen, erfüllen; **4.** *paint.* grundieren; **II** *adj.* [ɪmˈpregnɪt] **5.** *biol.* a) geschwängert, schwanger, b) befruchtet; **6.** *fig.* (**with**) voll (von), durchˈdrungen (von); **im·preg·na·tion** [ˌɪmpregˈneɪʃn] *s.* **1.** *biol.* a) Schwängerung *f*, b) Befruchtung *f*; **2.** Imprägnierung *f*, (Durch)ˈTränkung *f*, Sättigung *f*; **3.** *fig.* Befruchtung *f*, Durchˈdringung *f*, Erfüllung *f*.

im·pre·sa·ri·o [ˌɪmprɪˈsɑːrɪəʊ] *pl.* **-os** *s.* **1.** Impreˈsario *m*; **2.** (Theˈater- *etc.*)DiˌRektor *m*.

im·pre·scrip·ti·ble [ˌɪmprɪˈskrɪptəbl] *adj.* ⚖ a) unverjährbar, b) *a. fig.* unveräußerlich: **~ rights**.

im·press¹ I *v/t.* [ɪmˈpres] **1.** beeindrucken, Eindruck machen auf (*acc.*), imponieren (*dat.*): **be favo(u)rably ~ed by** e-n guten Eindruck erhalten *od.* haben von; **I am not ~ed** das imponiert mir gar nicht; **he is not easily ~ed** er lässt sich nicht so leicht beeindrucken; **2.** *j-n* erfüllen, durchˈdringen (**with** mit); **3.** einprägen, -schärfen, klarmachen (**on**, **upon** *dat.*); **4.** (auf)drücken (**on** auf *acc.*), eindrücken; **5.** aufprägen, -drucken; **6.** *fig.* verleihen, erteilen (**upon** *dat.*); **II** *v/i.* **7.** Eindruck machen, imponieren; **III** *s.* [ˈɪmpres] **8.** Prägung *f*; **9.** Abdruck *m*, Stempel *m*; **10.** *fig.* Gepräge *n*.

im·press² [ɪmˈpres] *v/t.* **1.** requirieren, beschlagnahmen; **2.** *bsd.* ⚓ (zum Dienst) pressen.

im·press·i·ble [ɪmˈpresəbl] → **impressionable**.

im·pres·sion [ɪmˈpreʃn] *s.* **1.** Eindruck *m*: **make a** (**good**) **~** (**on s.o.**) (auf j-n) (e-n guten) Eindruck machen; **give s.o. a wrong ~** bei j-m e-n falschen Eindruck erwecken; **leave s.o. with an ~** bei j-m e-n Eindruck hinterlassen; **first ~s are often wrong** der erste Eindruck täuscht oft; **2.** Eindruck *m*, Vermutung *f*, Ahnung *f*: **I have an ~** (*od.* **I am under the ~**) **that** ich habe den Eindruck, dass; **3.** Abdruck *m* (*a.* ⚕), Prägung *f*; **4.** Ab-, Aufdruck *m*; **5.** *typ.* a) Abzug *m*, b) (*bsd.* unveränderte) Auflage (*Buch*): **new ~** Neudruck *m*, -auflage *f*; **6.** *fig.* Nachahmung *f*: **do** (*od.* **give**) **an ~ of s.o.** j-n imitieren; **imˈpres·sion·a·ble** [-ʃnəbl] **1.** für Eindrücke empfänglich; **2.** leicht zu beeindrucken(d), beeinflussbar, empfänglich; **imˈpres·sion·ism** [-ʃnɪzəm] *s.* Impressioˈnismus *m*; **imˈpres·sion·ist** [-ʃnɪst] **I** *s.* Impressioˈnist(in); **II** *adj.* → **im·pres·sion·is·tic** [ɪmˌpreʃəˈnɪstɪk] *adj.* (□ **~ally**) impressioˈnistisch.

im·pres·sive [ɪmˈpresɪv] *adj.* □ eindrucksvoll, impoˈsant; **imˈpres·sive·ness** [-nɪs] *s. das* Eindrucksvolle *etc.*

im·pri·ma·tur [ˌɪmprɪˈmeɪtə] *s.* **1.** Impriˈmatur *n*, Druckerlaubnis *f*; **2.** *fig.* Zustimmung *f*, Billigung *f*.

im·print I *s.* [ˈɪmprɪnt] **1.** Ab-, Aufdruck *m*; **2.** Aufdruck *m*, Stempel *m*; **3.** *typ.* Imˈpressum *n*, Erscheinungs-, Druckvermerk *m*; **4.** *fig.* Stempel *m*, Gepräge *n*; *psych.* Prägung *f*; **II** *v/t.* [ɪmˈprɪnt] ([**up**]**on**) **5.** *typ.* aufdrucken (auf *acc.*); **6.** prägen (auf *acc.*); **7.** *fig.* einprägen (*dat.*); **8.** *Kuss* (auf)drücken (auf *acc.*).

im·pris·on [ɪmˈprɪzn] *v/t.* **1.** ins Gefängnis werfen, einsperren, inhaftieren; **2.** *fig.* a) einsperren, -schließen, gefangenhalten, b) beschränken; **imˈpris·on·ment** [-mənt] *s.* **1.** Einkerkerung *f*, Haft *f*, Gefangenschaft *f* (*a. fig.*); **2.** (**sentence of**) **~** ⚖ Freiheitsstrafe *f*; → **false** I.

im·prob·a·bil·i·ty [ɪmˌprɒbəˈbɪlətɪ] *s.* Unwahrscheinlichkeit *f*; **im·prob·a·ble** [ɪmˈprɒbəbl] *adj.* □ **1.** unwahrscheinlich; **2.** unglaubwürdig.

im·pro·bi·ty [ɪmˈprəʊbətɪ] *s.* Unredlichkeit *f*, Unehrlichkeit *f*.

im·promp·tu [ɪmˈprɒmptjuː] **I** *s.* Imprompˈtu *n* (*a.* ♪), Improvisatiˈon *f*; **II** *adj. u. adv.* improvisiert, aus dem Stegreif, Stegreif...

im·prop·er [ɪmˈprɒpə] *adj.* □ **1.** ungeeignet, unpassend, untauglich (**to** für); **2.** unschicklich, ungehörig (*Benehmen*); **3.** a) unrichtig, falsch, b) unsachgemäß, c) unvorschriftsmäßig, d) ˈmissbräuchlich: **~ use** Missbrauch *m*; **4.** 𝔄 unecht: **~ fraction**; **~ integral** uneigentliches Integral; **im·pro·pri·e·ty** [ˌɪmprəˈpraɪətɪ] *s.* **1.** Ungeeignetheit *f*, Untauglichkeit *f*; **2.** Unschicklichkeit *f*,

Ungehörigkeit *f*; **3.** Unrichtigkeit *f*, *a. ling.* falscher Gebrauch.

im·prov·a·ble [ɪm'pruːvəbl] *adj.* **1.** verbesserungsfähig; **2.** ✓ anbaufähig, kultivierbar; **im·prove** [ɪm'pruːv] **I** *v/t.* **1.** *allg.*, *a.* ⚙ verbessern; **2.** verfeinern; **3.** verschönern; **4.** *Wert etc.* erhöhen, steigern; **5.** vor'anbringen, ausbauen; **6.** *Kenntnisse* erweitern: *~ one's mind* sich weiterbilden; **7.** *Gehalt* aufbessern; **8.** *Am. Land* a) erschließen, im Wert steigern, b) kultivieren, meliorieren; **9.** ausnützen; → *occasion* 3; **II** *v/i.* **10.** sich (ver)bessern, besser werden, Fortschritte machen, sich erholen (*gesundheitlich od.* ⚚ *Preise*): *~ in strength* kräftiger werden; *~ on acquaintance* bei näherer Bekanntschaft gewinnen; *the patient is improving* dem Patienten geht es besser; **11.** *~ on od. upon* a) verbessern, b) über'treffen: *not to be ~d upon* nicht zu übertreffen(d); **im'prove·ment** [-mənt] *s.* **1.** (Ver-)Besserung *f*, Ver'vollkommnung *f*, Verschönerung *f*: *~ in health* Besserung der Gesundheit; *~ of one's mind* (Weiter)Bildung *f*; *~ of one's knowledge* Erweiterung *f* des Wissens; **2.** Verfeinerung *f*, Veredelung *f*: *~ industry* Veredelungsindustrie *f*; **3.** Erhöhung *f*, Steigerung *f*, ⚚ *a.* Erholung *f*, Steigen *n*; **4.** Meliorati'on *f*: a) ✓ Bodenverbesserung *f*, b) Erschließung *f*, c) *Am.* Wertverbesserung *f* (*Grundstück etc.*); **5.** Verbesserung *f* (*a. Patent*), Fortschritt(e *pl.*) *m*, Neuerung *f*, Gewinn *m*: *an ~ on od. upon* e-e Verbesserung gegenüber; **im'prov·er** [-və] *s.* **1.** Verbesserer *m*; **2.** ⚙ Verbesserungsmittel *n*; **3.** ⚚ Volon'tär *m*.

im·prov·i·dence [ɪm'prɒvɪdəns] *s.* **1.** Unbedachtsamkeit *f*; **2.** Unvorsichtigkeit *f*, Leichtsinn *m*; **im'prov·i·dent** [-nt] *adj.* □ **1.** unbedacht; **2.** unvorsichtig, leichtsinnig (**of** mit).

im·prov·ing [ɪm'pruːvɪŋ] *adj.* □ **1.** (sich) bessernd; **2.** förderlich.

im·pro·vi·sa·tion [ˌɪmprəvaɪ'zeɪʃn] *s.* Improvisati'on *f* (*a.* ♪): a) unvorbereitete Veranstaltung, 'Stegreifrede *f*, -kompositiˌon *f etc.*, b) Behelfsmaßnahme *f*, c) behelfsmäßige Vorrichtung; **im·prov·i·sa·tor** [ɪm'prɒvɪzeɪtə] *s.* Improvi'sator *m*; **im·pro·vise** ['ɪmprəvaɪz] *v/t. u. v/i. allg.* improvisieren: a) aus dem Stegreif *od.* unvorbereitet tun, b) rasch *od.* behelfsmäßig herstellen, aus dem Boden stampfen; **im·pro·vised** ['ɪmprəvaɪzd] *adj.* improvisiert: a) unvorbereitet, Stegreif..., b) behelfsmäßig; **im·pro·vis·er** ['ɪmprəvaɪzə] *s.* Improvi'sator *m*.

im·pru·dence [ɪm'pruːdəns] *s.* Unklugheit *f*, Unvorsichtigkeit *f*; **im'pru·dent** [-nt] *adj.* □ unklug.

im·pu·dence ['ɪmpjʊdəns] *s.* Unverschämtheit *f*, Frechheit *f*; **'im·pu·dent** [-nt] *adj.* □ unverschämt.

im·pugn [ɪm'pjuːn] *v/t.* bestreiten, anfechten, angreifen; **im'pugn·a·ble** [-nəbl] *adj.* bestreit-, anfechtbar; **im'pugn·ment** [-mənt] *s.* Anfechtung *f*, Einwand *m*.

im·pulse ['ɪmpʌls] *s.* **1.** Antrieb *m*, Stoß *m*, Triebkraft *f*; **2.** *fig.* Im'puls *m*: a) Anstoß *m*, Anreiz *m*, b) Anregung *f*, c) plötzliche Regung *od.* Eingebung: *act on ~* spontan *od.* impulsiv handeln; *on the ~ of the moment* e-r plötzlichen Regung folgend; *~ buying* ⚚ Impulskauf *m*; *~ goods* ⚚ Waren, die impulsiv gekauft werden; **3.** ⚓, ✗, ϟ, *phys.* Im'puls *m*: *~ relay* ϟ Stromstoßrelais *n*.

im·pul·sion [ɪm'pʌlʃn] *s.* **1.** Stoß *m*, Antrieb *m*; Triebkraft *f*; **2.** *fig.* Im'puls *m*, Antrieb *m*; **im'pul·sive** [-lsɪv] *adj.* □ **1.** (an)treibend, Trieb...; **2.** *fig.* impul'siv, leidenschaftlich; **im'pul·sive·ness** [-lsɪvnɪs] *s.* impul'sive Art, Leidenschaftlichkeit *f*.

im·pu·ni·ty [ɪm'pjuːnətɪ] *s.* Straflosigkeit *f*: *with ~* straflos, ungestraft.

im·pure [ɪm'pjʊə] *adj.* □ **1.** unrein: a) schmutzig, unsauber, b) verfälscht, mit Beimischungen, c) *fig.* gemischt, nicht einheitlich (*Stil*), d) *fig.* fehlerhaft; **2.** *fig.* unrein (*a. eccl.*), schmutzig, unanständig; **im·pu·ri·ty** [ɪm'pjʊərətɪ] *s.* **1.** Unreinheit *f*, Unsauberkeit *f*; **2.** Unanständigkeit *f*; **3.** ⚙ Verunreinigung *f*, Schmutz(teilchen *n*) *m*, Fremdkörper *m*.

im·put·a·ble [ɪm'pjuːtəbl] *adj.* zuzuschreiben(d), beizumessen(d) (**to** *dat.*); **im·pu·ta·tion** [ˌɪmpjuː'teɪʃn] *s.* **1.** Zuschreibung *f*, Unter'stellung *f*; **2.** Be-, Anschuldigung *f*, Bezichtigung *f*; **3.** Makel *m*, (Schand)Fleck *m*; **im'put·a·tive** [-ətɪv] *adj.* □ **1.** zuschreibend; **2.** beschuldigend; **3.** unter'stellt; **im·pute** [ɪm'pjuːt] *v/t.* (**to**) zuschreiben, zur Last legen, anlasten (*dat.*).

in [ɪn] **I** *prp.* **1.** *räumlich*: a) *auf die Frage wo?* in (*dat.*), an (*dat.*), auf (*dat.*): *~ London* in London; *~ here* hier drin (-nen); *~ the* (*od. one's*) *head* im Kopf; *~ the dark* im Dunkeln; *~ the sky* am Himmel; *~ the street* auf der Straße; *~ the country* (*field*) auf dem Land (Feld), b) *auf die Frage wohin?* in (*acc.*): *put it ~ your pocket!* steck(e) es in deine Tasche!; **2.** *zeitlich*: in (*dat.*), an (*dat.*), unter (*dat.*), bei, während, zu: *~ May* im Mai; *~ the evening* am Abend; *~ the beginning* am *od.* im Anfang; *~ a week('s time)* in *od.* binnen einer Woche; *~ 1960* (im Jahre) 1960; *~ his sleep* während er schlief, im Schlaf; *~ life* zu Lebzeiten; *not ~ years* seit Jahren nicht (mehr); *~ between meals* zwischen den Mahlzeiten; **3.** *Zustand, Beschaffenheit, Art u. Weise*: in (*dat.*), auf (*acc.*), mit: *~ a rage* in Wut; *~ trouble* in Not; *~ tears* in Tränen (aufgelöst), unter Tränen; *~ good health* bei guter Gesundheit; *~ (the) rain* im *od.* bei Regen; *~ German* auf Deutsch; *~ a loud voice* mit lauter Stimme; *~ order* der Reihe nach; *~ a whisper* flüsternd; *~ a word* mit 'einem Wort; *~ this way* in dieser *od.* auf diese Weise; **4.** *im Besitz, in der Macht*: in (*dat.*), bei, an (*dat.*): *it is not ~ him* es liegt ihm nicht; *he has (not) got it ~ him* er hat (nicht) das Zeug dazu; **5.** *Zahl, Maß*: in (*dat.*), aus, von, zu: *~ twos* zu zweien; *~ dozens* zu Dutzenden, dutzendweise; *one ~ ten* eine(r) *od.* ein(e)s von *od.* unter zehn, jede(r) *od.* jedes Zehnte; **6.** *Beteiligung*: in (*dat.*), an (*dat.*), bei: *~ the army* beim Militär; *~ society* in der Gesellschaft; *shares ~ a company* Aktien e-r Gesellschaft; *~ the university* an der Universität; *be ~ it* beteiligt sein; *he isn't ~ it* er gehört nicht dazu; *there is something (nothing) ~ it* a) es ist et. (nichts) d(a)ran, b) es lohnt sich (nicht); *he is ~ there too* er ist auch mit dabei, er ‚mischt auch mit'; **7.** *Richtung*: in (*acc.*), auf (*acc.*): *trust ~ s.o.* auf j-n vertrauen; **8.** *Zweck*: in (*dat.*), zu, als: *~ my defence* zu m-r Verteidigung; *~ reply to* in Beantwortung (*gen.*), als Antwort auf (*acc.*); **9.** *Grund*: in (*dat.*), aus, wegen, zu: *~ despair* in *od.* aus Verzweiflung; *~ his hono(u)r* ihm zu Ehren; **10.** *Tätigkeit*: in (*dat.*), bei, auf (*dat.*): *~ reading* beim Lesen; *~ saying this* indem ich dies sage; *~ search of* auf der Suche nach; **11.** *Material, Kleidung*: in (*dat.*), mit, aus, durch: *~ bronze* aus Bronze; *written ~ pencil* mit Bleistift geschrieben; **12.** *Hinsicht, Beziehung*: in (*dat.*), an (*dat.*), in Bezug auf (*acc.*): *~ size* an Größe; *a foot ~ length* einen Fuß lang; *~ that* weil, insofern als; **13.** *Bücher etc.*: in (*dat.*), bei: *~ Shakespeare* bei Shakespeare; **14.** nach, gemäß: *~ my opinion* m-r Meinung nach; **II** *adv.* **15.** innen, drinnen: *~ among* mitten unter; *~ between* dazwischen, zwischendurch; *be ~ for s.th.* et. zu erwarten *od.* gewärtigen haben; *he is ~ for a shock* er wird nicht schlecht erschrecken; *I am ~ for an examination* mir steht e-e Prüfung bevor; *now you're ~ for it* jetzt bist du ‚dran', jetzt kannst du dich auf et. gefasst machen; *have it ~ for s.o.* es auf j-n abgesehen haben, j-n auf dem ‚Kieker' haben; *be well ~ with s.o.* mit j-m gut stehen; *breed ~ and ~* Inzucht treiben; *~-and-~ breeding* Inzucht *f*; *~ and out* a) bald drinnen, bald draußen, b) hin u. her; **16.** hin'ein, her'ein, nach innen: *walk ~* hineingehen; *come ~!* herein!; *the way ~* der Eingang; *~ with you!* hinein mir dir!; **17.** da'zu, als Zugabe: *throw ~* zusätzlich geben; **III** *adj.* **18.** zu Hause, *östr.*, *schweiz.* zu'hause; im Zimmer: *Mr. B. is not ~* Herr B. ist nicht zu Hause; **19.** da, angekommen: *the post is ~*; *the harvest is ~* die Ernte ist eingebracht; **20.** a) drin, b) F ‚in', in Mode, c) *sport* am Spiel, ‚dran', d) *pol.* an der Macht, im Amt, am Ruder: *~ party pol.* Regierungspartei *f*; *an ~ restaurant* ein Restaurant, das gerade ‚in' ist; *the ~ thing is to wear a wig* es ist ‚in' *od.* gerade Mode, e-e Perücke zu tragen; *~ side Kricket*: Schlägerpartei *f*; *be ~ on it* F eingeweiht sein; **IV** *s.* **21.** *pl.* Re'gierungsparˌtei *f*; **22.** *know the ~s and outs of s.th.* genau Bescheid wissen bei e-r Sache.

in-[1] [ɪn] *in Zssgn* in..., innen, hinein..., Hin..., ein...

in-[2] [ɪn] *in Zssgn* un..., Un..., nicht.

in·a·bil·i·ty [ɪnə'bɪlətɪ] *s.* Unfähigkeit *f*: *~ to pay* ⚚ Zahlungsunfähigkeit, Insolvenz *f*.

in·ac·ces·si·bil·i·ty ['ɪnækˌsesə'bɪlətɪ] *s.* Unzugänglichkeit *f etc.*; **in·ac·ces·si·ble** [ˌɪnæk'sesəbl] *adj.* □ unzugänglich: a) unerreichbar, b) un'nahbar (**to** für *od. dat.*) (*Person*).

in·ac·cu·ra·cy [ɪn'ækjʊrəsɪ] *s.* **1.** Ungenauigkeit *f*; **2.** Fehler *m*, Irrtum *m*; **in'ac·cu·rate** [-rət] *adj.* □ **1.** ungenau; **2.** irrig, falsch.

in·ac·tion [ɪn'ækʃn] *s.* **1.** Untätigkeit *f*, Passivi'tät *f*; **2.** Trägheit *f*; **3.** Ruhe *f*; **in'ac·tive** [-ktɪv] *adj.* □ **1.** untätig; **2.** träge (*a. phys.*), müßig; **3.** ⚚ flau, lustlos: *~ market*; *~ account* umsatzloses Konto; *~ capital* brachliegendes Kapital; **4.** ⚗ unwirksam, neu'tral; **5.** ⚔ nicht ak'tiv, außer Dienst; **in·ac·tiv·i·ty** [ˌɪnæk'tɪvətɪ] *s.* **1.** Untätigkeit *f*; **2.** Trägheit *f* (*a. phys.*); **3.** ⚚ Unbelebtheit *f*, Lustlosigkeit *f*; **4.** ⚗ Unwirksamkeit *f*.

in·a·dapt·a·bil·i·ty [ˈɪnəˌdæptəˈbɪlətɪ] *s.* **1.** Mangel *m* an Anpassungsfähigkeit; **2.** Unanwendbarkeit *f* (**to** auf *acc.*, für); **in·a·dapt·a·ble** [ˌɪnəˈdæptəbl] *adj.* **1.** nicht anpassungsfähig; **2.** (**to**) unanwendbar (auf *acc.*), untauglich (für).

in·ad·e·qua·cy [ɪnˈædɪkwəsɪ] *s.* Unzulänglichkeit *f etc.*; **inˈad·e·quate** [-kwət] *adj.* □ unzulänglich, mangelhaft; unangemessen.

in·ad·mis·si·bil·i·ty [ˈɪnədˌmɪsəˈbɪlətɪ] *s.* Unzulässigkeit *f*; **in·ad·mis·si·ble** [ˌɪnədˈmɪsəbl] *adj.* □ unzulässig, nicht statthaft.

in·ad·vert·ence [ˌɪnədˈvɜːtəns], **ˌin·adˈvert·en·cy** [-sɪ] *s.* **1.** Unachtsamkeit *f*; **2.** Unabsichtlichkeit *f*; Versehen *n*; **ˌin·adˈvert·ent** [-nt] *adj.* □ **1.** unachtsam; nachlässig; **2.** unabsichtlich, versehentlich.

in·ad·vis·a·bil·i·ty [ˈɪnədˌvaɪzəˈbɪlətɪ] *s.* Unratsamkeit *f*; **in·ad·vis·a·ble** [ˌɪnədˈvaɪzəbl] *adj.* nicht ratsam.

in·al·ien·a·ble [ɪnˈeɪljənəbl] *adj.* □ unveräußerlich: **~ *rights***.

in·al·ter·a·ble [ɪnˈɔːltərəbl] *adj.* □ unveränderlich, unabänderlich.

in·am·o·ra·ta [ɪnˌæməˈrɑːtə] *s.* Geliebte *f*; **inˌam·oˈra·to** [-təʊ] *pl.* **-tos** *s.* Geliebte(r) *m*.

ˌin|-and-ˈin → ***in*** 15; **ˌ~-and-ˈout** *adj.* wechselhaft, schwankend.

in·ane [ɪˈneɪn] *adj.* □ hohl, geistlos, albern.

in·an·i·mate [ɪnˈænɪmət] *adj.* □ **1.** leblos, unbelebt; **2.** unbeseelt; **3.** *fig.* langweilig, fad(e); **4.** ⚚ flau, matt; **in·an·i·ma·tion** [ɪnˌænɪˈmeɪʃn] *s.* Leblosigkeit *f*, Unbelebtheit *f*.

in·a·ni·tion [ˌɪnəˈnɪʃn] *s.* **1.** ⚕ Entkräftung *f*; **2.** (moˈralische) Schwäche, Leere *f*.

in·an·i·ty [ɪˈnænətɪ] *s.* Geistlosigkeit *f*, Albernheit *f*: a) geistige Leere, Hohl-, Seichtheit *f*, b) dumme Bemerkung, *pl.* dummes Geschwätz.

in·ap·pli·ca·bil·i·ty [ˈɪnˌæplɪkəˈbɪlətɪ] *s.* Unanwendbarkeit *f*; **in·ap·pli·ca·ble** [ɪnˈæplɪkəbl] *adj.* □ (**to**) unanwendbar, nicht anwendbar *od.* zutreffend (auf *acc.*); ungeeignet (für).

in·ap·po·site [ɪnˈæpəzɪt] *adj.* □ unangebracht, unpassend.

in·ap·pre·ci·a·ble [ˌɪnəˈpriːʃəbl] *adj.* □ unmerklich, unbedeutend.

in·ap·pro·pri·ate [ˌɪnəˈprəʊprɪət] *adj.* □ **1.** unpassend: a) ungeeignet (**to**, **for** für), b) unangebracht, ungehörig; **2.** unangemessen (**to** *dat.*); **ˌin·apˈpro·pri·ate·ness** [-nɪs] *s.* **1.** Ungeeignetheit *f*; **2.** Ungehörigkeit *f*; **3.** Unangemessenheit *f*.

in·apt [ɪnˈæpt] *adj.* □ **1.** unpassend, ungeeignet; **2.** ungeschickt, untauglich; **3.** unfähig; **inˈapt·i·tude** [-tɪtjuːd], **inˈapt·ness** [-nɪs] *s.* **1.** Ungeeignetheit *f*; **2.** Ungeschicklichkeit *f*, Untauglichkeit *f*; **3.** Unfähigkeit *f*.

in·ar·tic·u·late [ˌɪnɑːˈtɪkjʊlət] *adj.* □ **1.** unartikuliert, undeutlich, unklar, schwer zu verstehen(d), unverständlich; **2.** undeutlich sprechend; **3.** unfähig, sich (deutlich) auszudrücken, wenig wortgewandt: ***he is ~*** a) er kann sich nicht ausdrücken, b) er ‚kriegt den Mund nicht auf'; **~ *with rage*** sprachlos vor Wut; **4.** *zo.* ungegliedert.

in·ar·tis·tic [ˌɪnɑːˈtɪstɪk] *adj.* (□ **~*ally***) unkünstlerisch.

in·as·much [ˌɪnəzˈmʌtʃ] *cj.*: **~ *as*** **1.** da (ja), weil; **2.** *obs.* inˈsofern als.

in·at·ten·tion [ˌɪnəˈtenʃn] *s.* **1.** Unaufmerksamkeit *f*, Unachtsamkeit *f* (**to** gegenüber); **2.** Gleichgültigkeit *f* (**to** gegen); **ˌin·atˈten·tive** [-ntɪv] *adj.* □ **1.** unaufmerksam (**to** gegenüber); **2.** gleichgültig (**to** gegen), nachlässig.

in·au·di·bil·i·ty [ɪnˌɔːdəˈbɪlətɪ] *s.* Unhörbarkeit *f*; **in·au·di·ble** [ɪnˈɔːdəbl] *adj.* □ unhörbar.

in·au·gu·ral [ɪˈnɔːgjʊrəl] **I** *adj.* Einführungs..., Einweihungs..., Antritts..., Eröffnungs...: **~ *speech*** → **II** *s.* Eröffnungs- *od.* Antrittsrede *f*; **in·au·gu·rate** [ɪˈnɔːgjʊreɪt] *v/t.* **1.** (feierlich) einführen *od.* einsetzen; **2.** einweihen, eröffnen; **3.** beginnen, einleiten: **~ *a new era***; **in·au·gu·ra·tion** [ɪˌnɔːgjʊˈreɪʃn] *s.* **1.** (feierliche) Amtseinsetzung, -einführung *f*: **ℒ *Day Am.*** Tag *m* des Amtsantritts des Präsidenten; **2.** Einweihung *f*, Eröffnung *f*; **3.** Beginn *m*.

in·aus·pi·cious [ˌɪnɔːˈspɪʃəs] *adj.* □ **1.** ungünstig, unheilvoll, -drohend; **2.** unglücklich; **ˌin·ausˈpi·cious·ness** [-nɪs] *s.* üble Vorbedeutung, Ungünstigkeit *f*.

ˌin-beˈtween **I** *s.* **1.** Mittel-, Zwischending; **2.** a) Mittelsmann *m*, b) ⚚ Zwischenhändler *m*; **II** *adj.* **3.** Zwischen...

in·board [ˈɪnbɔːd] ⚓ **I** *adj.* Innenbord...: **~ *engine*** → III; **II** *adv.* (b)innenbords; **III** *s.* Innenbordmotor *m*.

in·born [ˌɪnˈbɔːn] *adj.* angeboren.

in·bred [ˌɪnˈbred] *adj.* **1.** angeboren, ererbt; **2.** durch Inzucht erzeugt, Inzucht...

in·breed [ˌɪnˈbriːd] *v/t.* [*irr.* → ***breed***] durch Inzucht züchten; **ˈinˌbreed·ing** [-dɪŋ] *s.* Inzucht *f*.

in·cal·cu·la·bil·i·ty [ɪnˌkælkjʊləˈbɪlətɪ] *s.* Unberechenbarkeit *f*; **in·cal·cu·la·ble** [ɪnˈkælkjʊləbl] *adj.* □ **1.** unberechenbar (*a. fig. Person etc.*); **2.** unermesslich.

in·can·des·cence [ˌɪnkænˈdesns] *s.* **1.** Weißglühen *n*, -glut *f*; **2.** Erglühen *n* (*a. fig.*); **ˌin·canˈdes·cent** [-nt] *adj.* **1.** weiß glühend; **2.** ⚙ Glüh...: **~ *bulb*** ϟ Glühbirne *f*; **~ *burner*** *phys.* Glühlichtbrenner *m*; **~ *filament*** ϟ Glühfaden *m*; **~ *lamp*** ϟ Glühlampe *f*; **~ *light*** *phys.* Glühlicht *n*; **3.** *fig.* leuchtend, strahlend.

in·can·ta·tion [ˌɪnkænˈteɪʃn] *s.* **1.** Beschwörung *f*; **2.** Zauber(spruch) *m*, Zauberformel *f*.

in·ca·pa·bil·i·ty [ɪnˌkeɪpəˈbɪlətɪ] *s.* Unfähigkeit *f*, Unvermögen *n*; **in·ca·pa·ble** [ɪnˈkeɪpəbl] *adj.* □ **1.** unfähig: a) untüchtig, b) unbegabt; **2.** nicht fähig (**of** *gen.*, **of doing** zu tun), nicht imˈstande (**of doing** zu tun): **~ *of a crime*** e-s Verbrechens nicht fähig; **~ *of working*** arbeitsunfähig; **3.** (*physisch*) hilflos: ***drunk and ~*** volltrunken; **4.** ungeeignet (**of** für): **~ *of improvement*** nicht verbesserungsfähig; **~ *of solution*** unlösbar.

in·ca·pac·i·tate [ˌɪnkəˈpæsɪteɪt] *v/t.* **1.** unfähig *od.* untauglich machen (**for *s.th.*** für et., **from doing** zu tun); *Gegner* außer Gefecht setzen; hindern (**from doing** an *dat.*, zu tun); **2.** ⚖ für (geschäfts)unfähig erklären; **ˌin·caˈpac·i·tat·ed** [-tɪd] *adj.* **1.** erwerbs-, arbeitsunfähig; **2.** (körperlich *od.* geistig) behindert; **3.** (***legally***) **~** ⚖ geschäftsunfähig; **ˌin·caˈpac·i·ty** [-tɪ] *s.* **1.** Unfähigkeit *f*, Untauglichkeit *f* (**for** für, zu; **for doing** zu tun): **~ (*for work*)** Arbeits-, Erwerbs-, Berufsunfähigkeit; **2.** *a.* ***legal ~*** ⚖ Geschäftsunfähigkeit *f*: **~ *to sue Am.*** mangelnde Prozessfähigkeit.

in·cap·su·late [ɪnˈkæpsjʊleɪt] → ***encapsulate***.

in·car·cer·ate [ɪnˈkɑːsəreɪt] *v/t.* **1.** einkerkern, einsperren (*a. fig.*); **2.** ⚕ *Bruch* einklemmen; **in·car·cer·a·tion** [ɪnˌkɑːsəˈreɪʃn] *s.* **1.** Einkerkerung *f*, Einsperrung *f* (*a. fig.*); **2.** ⚕ Einklemmung *f*.

in·car·nate **I** *v/t.* [ˈɪnkɑːneɪt] **1.** verkörpern; **2.** feste Form *od.* Gestalt geben (*dat.*); **II** *adj.* [ɪnˈkɑːneɪt] **3.** *eccl.* Fleisch geworden, in Menschengestalt; **4.** *fig.* leibˈhaftig: ***a devil ~*** ein Teufel in Menschengestalt; ***innocence ~*** die personifizierte Unschuld, die Unschuld in Person; **in·car·na·tion** [ˌɪnkɑːˈneɪʃn] *s.* Inkarnatiˈon *f*: a) ℒ *eccl.* Menschwerdung *f*, b) Inbegriff *m*, Verkörperung *f*.

in·case → ***encase***.

in·cau·tious [ɪnˈkɔːʃəs] *adj.* □ unvorsichtig, unbedacht.

in·cen·di·a·rism [ɪnˈsendjərɪzəm] *s.* **1.** Brandstiftung *f*; **2.** *fig.* Aufwiegelung *f*, Aufhetzung *f*; **in·cen·di·ar·y** [ɪnˈsendjərɪ] **I** *adj.* **1.** Feuer..., Brand...: **~ *bomb*** → 5 a; **~ *bullet*** → 5 b; **2.** ⚖ Brandstiftungs...: **~ *action*** Brandstiftung *f*; **3.** *fig.* aufwiegelnd, -hetzend: **~ *speech*** Hetzrede *f*; **II** *s.* **4.** Brandstifter(in); **5.** ⚔ a) Brandbombe *f*, b) Brandgeschoss, *östr.* -geschoß *n*; **6.** *fig.* Unruhestifter *m*, Hetzer *m*.

in·cense[1] [ɪnˈsens] *v/t.* erzürnen: **~*d*** zornig, aufgebracht.

in·cense[2] [ˈɪnsens] **I** *s.* **1.** Weihrauch *m*: **~ *burner*** *eccl.* Räucherfass *n*, -vase *f*; **2.** Duft *m*; **3.** *fig.* ‚Weihrauch' *m*, Lobhudeˈlei *f*; **II** *v/t.* **4.** (mit Weihrauch) beräuchern; **5.** durchˈduften; **6.** *fig.* *j-n* beweihräuchern.

in·cen·so·ry [ˈɪnsensərɪ] *s.* *eccl.* Weihrauchfass *n*.

in·cen·tive [ɪnˈsentɪv] **I** *adj.* anspornend, antreibend, anreizend: **~ *bonus* (*pay*)** ⚚ Leistungsprämie *f* (-lohn *m*); **II** *s.* Ansporn *m*, (⚚ Leistungs)Anreiz *m*: ***buying ~*** Kaufanreiz.

in·cep·tion [ɪnˈsepʃn] *s.* Beginn *m*, Anfang *m*; **inˈcep·tive** [-ptɪv] *adj.* beginnend, anfangend, anfänglich, Anfangs...: **~ *verb*** *ling.* inchoatives Verb.

in·cer·ti·tude [ɪnˈsɜːtɪtjuːd] *s.* Ungewissheit *f*, Unsicherheit *f*.

in·ces·sant [ɪnˈsesnt] *adj.* □ unaufhörlich, unablässig, ständig.

in·cest [ˈɪnsest] *s.* Blutschande *f*, Inˈzest *m*; **in·ces·tu·ous** [ɪnˈsestjʊəs] *adj.* □ blutschänderisch, inzestuˈös.

inch [ɪntʃ] **I** *s.* Zoll *m* (*= 2,54 cm*), *fig. a.* Zentiˈmeter *m od.* Milliˈmeter *m*: ***every ~ a soldier*** jeder Zoll ein Soldat; **~ *by ~, by ~es*** Zentimeter um Zentimeter, zentimeterweise, langsam; ***not to yield an ~*** nicht einen Zoll weichen *od.* nachgeben; ***he came within an ~ of winning*** er hätte um ein Haar gewonnen; ***I came within an ~ of being killed*** ich wurde um ein Haar getötet, ich bin dem Tod um Haaresbreite entgangen; ***thrashed within an ~ of his life*** fast zu Tode geprügelt; ***give him an ~ and he'll take a yard*** (*od.* ***ell***) gibt man ihm den kleinen Finger, so nimmt er die ganze Hand; **II** *adj.* ...zöllig: ***a two-~ rope***; **III** *v/t.* langsam *od.* zentiˈmeterweise schieben *od.* manövrieren; **IV** *v/i.* sich ganz langsam *od.* zentimeterweise (vorwärts- *etc.*)schieben; **inched** [ɪntʃt] *adj. in Zssgn* ...zöllig.

in·cho·ate [ˈɪnkəʊeɪt] *adj.* **1.** angefangen, anfangend, Anfangs...; **2.** ˈunvollˌständig, rudimenˈtär; ˈ**in·cho·a·tive** [-tɪv] **I** *adj.* **1.** → ***inchoate*** 1; **2.** *ling.* inchoaˈtiv; **II** *s.* **3.** *ling.* inchoaˈtives Verb.

in·ci·dence [ˈɪnsɪdəns] *s.* **1.** Ein-, Auftreten *n*, Vorkommen *n*; **2.** Häufigkeit *f*, Verbreitung *f*: ***~ of divorces*** Scheidungsquote *f*, -rate *f*; **3.** a) Auftreffen *n* (***upon*** auf *acc.*) (*a. phys.*), b) *phys.* Einfall(en *n*) *m* (*von Strahlen*); → ***angle¹*** 1; **4.** ✝ Anfall *m* (*e-r Steuer*): ***~ of taxation*** Verteilung *f* der Steuerlast, Steuerbelastung *f*; ˈ**in·ci·dent** [-nt] **I** *adj.* **1.** (***to***) a) vorkommend (bei *od.* in *dat.*), b) → ***incidental*** 4; **2.** *bsd. phys.* ein-, auffallend, auftreffend (*Strahlen etc.*); **II** *s.* **3.** Vorfall *m*, Ereignis *n*, Vorkommnis *n*, *a. pol.* Zwischenfall *m*: ***full of ~*** ereignisreich; **4.** ˈNebenˌumstand *m*, -sache *f*; **5.** Epiˈsode *f*, Zwischenhandlung *f* (*im Drama etc.*); **6.** ⚖ a) (Neben)Folge *f* (***of*** aus), b) ˈNebensache *f*, -ˌumstand *m*.

in·ci·den·tal [ˌɪnsɪˈdentl] **I** *adj.* □ **1.** beiläufig, nebensächlich, Neben...: ***~ earnings*** Nebenverdienst *m*; ***~ expenses*** → 7; ***~ music*** Begleit-, Bühnen-, Filmmusik *f*, musikalischer Hintergrund; **2.** gelegentlich; **3.** zufällig; **4.** (***to***) gehörig (zu), verbunden *od.* zs.-hängend (mit): ***be ~ to*** gehören zu, verbunden sein mit; ***the expenses ~ thereto*** die dabei entstehenden *od.* damit verbundenen Unkosten; **5.** folgend (***upon*** auf *acc.*), nachher auftretend: ***~ images*** *psych.* Nachbilder; **II** *s.* **6.** ˈNebenˌumstand *m*, -sächlichkeit *f*; **7.** *pl.* ✝ Nebenausgaben *pl.*, -spesen *pl.*; ˌ**in·ci·ˈden·tal·ly** [-tlɪ] *adv.* **1.** beiläufig, nebenˈbei; **2.** zufällig; **3.** gelegentlich; **4.** nebenˈbei bemerkt, übrigens.

in·cin·er·ate [ɪnˈsɪnəreɪt] *v/t.* verbrennen, *bsd. Leiche* einäschern; **in·cin·er·a·tion** [ɪnˌsɪnəˈreɪʃn] *s.* Verbrennung *f*, Einäscherung *f*; **inˈcin·er·a·tor** [-tə] *s.* Verbrennungsofen *m*, -anlage *f*.

in·cip·i·ence [ɪnˈsɪpɪəns], **inˈcip·i·en·cy** [-sɪ] *s.* Anfang *m*; Anfangsstadium *n*; **inˈcip·i·ent** [-nt] *adj.* □ beginnend, einleitend, Anfangs...; **inˈcip·i·ent·ly** [-ntlɪ] *adv.* anfänglich, anfangs.

in·cise [ɪnˈsaɪz] *v/t.* **1.** einschneiden in (*acc.*), aufschneiden (*a.* ✱): ***~d wound*** Schnittwunde *f*; **2.** einritzen, -schnitzen, -kerben, -gravieren; **in·ci·sion** [ɪnˈsɪʒn] *s.* (Ein)Schnitt *m* (*a.* ✱), Kerbe *f*; **inˈci·sive** [-aɪsɪv] *adj.* □ *fig.* **1.** scharf: a) ˈdurchdringend: ***~ intellect***, b) beißend: ***~ irony***, c) präˈgnant: ***~ style***; **2.** *anat.* Schneide(zahn)...; **inˈci·sive·ness** [-aɪsɪvnɪs] *s. fig.* Schärfe *f*, Präˈgnanz *f*; **inˈci·sor** [-zə] *s. anat.* Schneidezahn *m*.

in·ci·ta·tion [ˌɪnsaɪˈteɪʃn] *s.* **1.** Anregung *f*, Ansporn *m*, Antrieb *m*; **2.** → ***incitement*** 2; **in·cite** [ɪnˈsaɪt] *v/t.* **1.** anregen (*a.* ✱), anspornen, anstacheln; **2.** aufhetzen, -wiegeln, ⚖ *a.* anstiften (***to*** zu); **in·cite·ment** [ɪnˈsaɪtmənt] *s.* **1.** → ***incitation*** 1; **2.** Aufhetzung *f*, -wiegelung *f*, ⚖ *a.* Anstiftung *f* (***to commit a crime*** zu e-m Verbrechen).

in·ci·vil·i·ty [ˌɪnsɪˈvɪlətɪ] *s.* Unhöflichkeit *f*, Grobheit *f*.

in·ci·vism [ˈɪnsɪvɪzəm] *s.* Mangel *m* an staatsbürgerlicher Gesinnung.

ˈ**in-ˌclear·ing** *s.* ✝ *Brit.* Gesamtbetrag *m* der auf e-e Bank laufenden Schecks, Abrechnungsbetrag *m*.

in·clem·en·cy [ɪnˈklemənsɪ] *s.* Rauheit *f*, Unfreundlichkeit *f*: ***~ of the weather*** *a.* Unbilden *pl.* der Witterung; **inˈclem·ent** [-nt] *adj.* □ **1.** rau, unfreundlich, streng (*Klima etc.*); **2.** hart, grausam.

in·clin·a·ble [ɪnˈklaɪnəbl] *adj.* **1.** (hin-) neigend, tendierend (***to*** zu); **2.** ⚙ schräg stellbar.

in·cli·na·tion [ˌɪnklɪˈneɪʃn] *s.* **1.** *fig.* Neigung *f*, Vorliebe *f*, Hang *m* (***to***, ***for*** zu): ***~ to buy*** ✝ Kauflust *f*; ***~ to stoutness*** Neigung *od.* Anlage *f* zur Korpulenz; **2.** *fig.* Zuneigung *f* (***for*** zu); **3.** ⩘, *phys.* a) Neigung *f*, Schrägstellung *f*, Senkung *f*, b) Abhang *m*, c) Neigungswinkel *m*, Gefälle *n*; **4.** *ast.*, *phys.* Inklinatiˈon *f*; **in·cline** [ɪnˈklaɪn] **I** *v/i.* **1.** sich neigen (***to***, ***towards*** nach), (schräg) abfallen; **2.** sich neigen (*Tag*); **3.** *fig.* neigen (***to***, ***toward*** zu): ***~ to an opinion***; ***~ to do s.th.*** dazu neigen, et. zu tun; **4.** Anlage haben, neigen (***to*** zu): ***~ to corpulence***; ***~ to red*** ins Rötliche spielen; **5.** *fig.* (***to***) sich hingezogen fühlen (zu), gewogen sein (*dat.*); **II** *v/t.* **6.** *Kopf etc.* neigen: ***~ one's ear to s.o.*** *fig.* j-m sein Ohr leihen; **7.** *fig. j-n* bewegen, (dazu) veranlassen (***to*** zu; ***to do*** zu tun): ***this ~s me to doubt*** dies lässt mich zweifeln; ***this ~s me to go*** im Hinblick darauf möchte ich lieber gehen; **III** *s.* **8.** Neigung *f*, Schräge *f*, Abhang *m*, Gefälle *n*; **in·clined** [ɪnˈklaɪnd] *adj.* **1.** geneigt, aufgelegt (***to*** zu): ***be ~*** dazu neigen, (dazu) aufgelegt sein (***to do*** zu tun); **2.** (dazu) neigend *od.* veranlagt (***to*** zu); **3.** geneigt, gewogen, wohlgesinnt (***to*** *dat.*); **4.** geneigt, schräg, schief, abschüssig: ***~ plane*** *phys.* schiefe Ebene; **in·cli·nom·e·ter** [ˌɪnklɪˈnɒmɪtə] *s.* **1.** Inklinatiˈonskompass *m*, -nadel *f*; **2.** ✈ Neigungsmesser *m*.

in·close [ɪnˈkləʊz] → ***enclose***.

in·clude [ɪnˈkluːd] *v/t.* **1.** (in sich *od.* mit) einschließen, umˈfassen, enthalten, beˈinhalten: ***all ~d*** alles inbegriffen *od.* inklusive; ***tax ~d*** einschließlich *od.* inklusive Steuer; **2.** einschließen, betreffen, gelten für: ***that ~s you, too!***; ***~ me out!*** *humor.* ohne mich!; **3.** einbeziehen, -schließen (***in*** in *acc.*), rechnen (***among*** unter *acc.*, zu); **4.** aufnehmen (***in*** in *e-e Gruppe, Liste etc.*), erfassen; **5.** *j-n* (*in s-m Testament*) bedenken; **inˈcluding** [-dɪŋ] *prp.* einschließlich (*gen.*), *bsd.* ✝ inkluˈsive (*Verpackung etc.*), *Gebühren etc.* (mit) inbegriffen, mit: ***not ~*** ausschließlich (*gen.*), *bsd.* ✝ exklusive; ***up to and ~*** bis einschließlich; **inˈclu·sion** [-uːʒn] *s.* **1.** Einbeziehung *f*, Einschluss *m* (*a. biol.*, *min. etc.*) (***in*** in *acc.*): ***with the ~ of*** → ***including***; **2.** Aufnahme *f* (***in*** in *acc.*); **inˈclu·sive** [-uːsɪv] *adj.* □ **1.** einschließlich, inkluˈsive (***of*** *gen.*): ***be ~ of*** einschließen; (***to***) ***Friday ~*** (bis) einschließlich Freitag; **2.** alles einschließend *od.* enthaltend, ✝ Inklusiv..., Pauschal...: ***~ price***.

in·cog·ni·to [ɪnˈkɒgnɪtəʊ] **I** *adv.* **1.** inˈkognito, unter fremdem Namen: ***travel ~***; **2.** anoˈnym: ***do good ~***; **II** *pl.* **-tos** *s.* **3.** Inˈkognito *n*; **4.** j-d, der inˈkognito auftritt.

in·co·her·ence [ˌɪnkəʊˈhɪərəns] *s.* Zs.-hang(s)losigkeit *f*, Wirr-, Verwirrtheit *f*; ˌ**in·coˈher·ent** [-nt] *adj.* □ zs.-hanglos, wirr (*a. Person*).

in·com·bus·ti·ble [ˌɪnkəmˈbʌstəbl] *adj.* □ unverbrennbar.

in·come [ˈɪŋkʌm] *s.* ✝ Einkommen *n*, Einkünfte *pl.* (***from*** aus): ***~ bond*** Schuldverschreibung *f* mit gewinnabhängiger Verzinsung *f*; ***~ bracket*** *od.* ***group*** Einkommensstufe *f*; ***~ return*** *Am.* Rendite *f*; ***~ statement*** *Am.* Gewinn- u. Verlustrechnung *f*; ***~ tax*** Einkommensteuer *f*; ***~ tax return*** Einkommensteuererklärung *f*; ***live within*** (***beyond***) ***one's ~*** s-n Verhältnissen entsprechend (über s-e Verhältnisse) leben.

in·com·er [ˈɪnˌkʌmə] *s.* **1.** (Neu)Ankömmling *m*; **2.** ✝ (Rechts)Nachfolger(in).

in·com·ing [ˈɪnˌkʌmɪŋ] **I** *adj.* **1.** herˈeinkommend: ***the ~ tide*** die Flut; **2.** ankommend (*Telefongespräch, Zug etc.*); **3.** nachfolgend, neu (*Regierung, Präsident, Mieter etc.*); **4.** ✝ eingehend (*Post etc.*): ***~ goods*** *od.* ***stocks*** Wareneingang *m*, -eingänge *pl.*; ***~ orders*** Auftragseingang *m*; **II** *s.* **5.** Ankommen *n*, Ankunft *f*, Eingang *m*; **6.** *pl.* ✝ Eingänge *pl.*, Einkünfte *pl.*

in·com·men·su·ra·ble [ˌɪnkəˈmenʃərəbl] **I** *adj.* □ **1.** ⩘ a) inkommensuˈrabel, b) ˈirratioˌnal; **2.** nicht vergleichbar; **3.** völlig unverhältnismäßig, in keinem Verhältnis stehend (***with*** zu); **II** *s.* **4.** ⩘ inkommensuˈrable Größe; **in·com·men·su·rate** [ˌɪnkəˈmenʃərət] *adj.* □ **1.** (***to***) unangemessen (*dat.*), unvereinbar (mit); **2.** → ***incommensurable*** I.

in·com·mode [ˌɪnkəˈməʊd] *v/t. j-m* lästig fallen, *j-n* belästigen, stören; ˌ**in·comˈmo·di·ous** [-djəs] *adj.* □ unbequem: a) lästig (***to*** *dat. od.* für), b) beengt.

in·com·mu·ni·ca·ble [ˌɪnkəˈmjuːnɪkəbl] *adj.* □ nicht mitteilbar, nicht auszudrücken(d); **in·com·mu·ni·ca·do** [ˌɪnkəmjuːnɪˈkɑːdəʊ] *adj.* vom Verkehr mit der Außenwelt abgeschnitten, ⚖ *a.* in Einzel- *od.* Isolierhaft; ˌ**in·comˈmu·ni·ca·tive** [-ətɪv] *adj.* □ nicht mitteilsam, zuˈrückhaltend, reserviert.

in·com·pa·ra·ble [ɪnˈkɒmpərəbl] *adj.* □ **1.** nicht zu vergleichen(d) (***with***, ***to*** mit); **2.** unvergleichlich, einzigartig; **inˈcom·pa·ra·bly** [-blɪ] *adv.* unvergleichlich.

in·com·pat·i·bil·i·ty [ˈɪnkəmˌpætəˈbɪlətɪ] *s.* Unverträglichkeit *f* (*a.* ✱): a) Unvereinbarkeit *f*, ˈWidersprüchlichkeit *f*, b) (*charakterliche*) Gegensätzlichkeit; **in·com·pat·i·ble** [ˌɪnkəmˈpætəbl] *adj.* □ **1.** unverˈeinbar, ˈwidersprüchlich, einander widerˈsprechend; **2.** unverträglich: a) nicht zs.-passend (*a. Personen*), b) ⚙, ✱, *Computer*: inkompaˈtibel (*Geräte, Medikamente etc.*).

in·com·pe·tence [ɪnˈkɒmpɪtəns], **inˈcom·pe·ten·cy** [-sɪ] *s.* **1.** Unfähigkeit *f*, Untüchtigkeit *f*; **2.** *bsd.* ⚖ a) Unzuständigkeit *f*, b) Unbefugtheit *f*, c) Unzulässigkeit *f* (*e-r Aussage etc.*), d) *Am.* Unzurechnungsfähigkeit *f*; **3.** Unzulänglichkeit *f*; **inˈcom·pe·tent** [-nt] *adj.* □ **1.** unfähig, untauglich, ungeeignet; **2.** ⚖ a) unbefugt, b) unzuständig, ˈinkompeˌtent, c) *Am.* unzurechnungsfähig, geschäftsunfähig, d) unzulässig (*a. Beweis, Zeuge*); **3.** unzulänglich, mangelhaft.

in·com·plete [ˌɪnkəmˈpliːt] *adj.* □ **1.** ˈunvollˌständig, ˈunvollˌendet; **2.** ˈunvollˌkommen, lücken-, mangelhaft.

in·com·pre·hen·si·bil·i·ty [ɪnˌkɒmprɪhensəˈbɪlətɪ] *s.* Unbegreiflichkeit *f*; **in-**

com·pre·hen·si·ble [ɪnˌkɒmprɪ'hensəbl] *adj.* □ unbegreiflich.

in·con·ceiv·a·ble [ˌɪnkən'siːvəbl] *adj.* □ **1.** unbegreiflich, unfassbar; **2.** undenkbar, unvorstellbar.

in·con·clu·sive [ˌɪnkən'kluːsɪv] *adj.* □ **1.** nicht über'zeugend *od.* schlüssig, ohne Beweiskraft; **2.** ergebnislos; ˌ**in·con'clu·sive·ness** [-nɪs] *s.* **1.** Mangel *m* an Beweiskraft; **2.** Ergebnislosigkeit *f.*

in·con·dite [ɪn'kɒndaɪt] *adj.* schlecht gemacht, mangelhaft; roh, grob.

in·con·gru·i·ty [ˌɪnkɒŋ'gruːətɪ] *s.* **1.** Nichtüber'einstimmung *f*: a) 'Missverhältnis *n*, b) Unver'einbarkeit *f*; **2.** 'Widersinnigkeit *f*; **3.** Unangemessenheit *f*; **4.** A̷ 'Inkongruˌenz *f*; **in·con·gru·ous** [ɪn'kɒŋgrʊəs] *adj.* □ **1.** nicht zuein'ander passend, nicht über'einstimmend, unver'einbar (***to, with*** mit); **2.** 'widersinnig, ungereimt; **3.** unangemessen, ungehörig; **4.** A̷ 'inkongruˌent, nicht deckungsgleich.

in·con·se·quence [ɪn'kɒnsɪkwəns] *s.* **1.** 'Inkonseˌquenz *f*, Unlogik *f*, Folgewidrigkeit *f*; **2.** Belanglosigkeit *f*; **in'con·se·quent** [-nt] *adj.* □ **1.** 'inkonseˌquent, folgewidrig, unlogisch; **2.** nicht zur Sache gehörig, 'irreleˌvant; **3.** belanglos, unwichtig; **in·con·se·quen·tial** [ˌɪnkɒnsɪ'kwenʃl] → ***inconsequent.***

in·con·sid·er·a·ble [ˌɪnkən'sɪdərəbl] *adj.* □ unbedeutend, unerheblich, belanglos, gering(fügig).

in·con·sid·er·ate [ˌɪnkən'sɪdərət] *adj.* □ **1.** rücksichtslos, taktlos (***towards*** gegen); **2.** 'unüberˌlegt; ˌ**in·con'sid·er·ate·ness** [-nɪs] *s.* **1.** Rücksichtslosigkeit *f*; **2.** Unbesonnenheit *f.*

in·con·sist·en·cy [ˌɪnkən'sɪstənsɪ] *s.* **1.** (innerer) 'Widerspruch, Unver'einbarkeit *f*; **2.** 'Inkonseˌquenz *f*, Folgewidrigkeit *f*; **3.** Unbeständigkeit *f*, Wankelmut *m*; ˌ**in·con'sist·ent** [-nt] *adj.* □ **1.** unver'einbar, (ein'ander) wider'sprechend, gegensätzlich; **2.** 'inkonseˌquent, folgewidrig, ungereimt; **3.** unbeständig, *Person*: *a.* 'inkonseˌquent.

in·con·sol·a·ble [ˌɪnkən'səʊləbl] *adj.* □ untröstlich.

in·con·spic·u·ous [ˌɪnkən'spɪkjʊəs] *adj.* □ unauffällig: ***make o.s. ~*** sich möglichst unauffällig verhalten.

in·con·stan·cy [ɪn'kɒnstənsɪ] *s.* **1.** Unbeständigkeit *f*, Veränderlichkeit *f*; **2.** Wankelmut *m*, Treulosigkeit *f*; **3.** Ungleichförmigkeit *f*; **in'con·stant** [-nt] *adj.* □ **1.** unbeständig, unstet; **2.** wankelmütig; **3.** ungleichförmig.

in·con·test·a·ble [ˌɪnkən'testəbl] *adj.* □ **1.** unbestreitbar, unanfechtbar; **2.** 'unumˌstößlich, 'unwiderˌleglich.

in·con·ti·nence [ɪn'kɒntɪnəns] *s.* **1.** (*bsd.* sexu'elle) Unmäßigkeit, Zügellosigkeit *f*, Unkeuschheit *f*; **2.** Nicht'haltenkönnen *n*, ⚕ *a.* 'Inkontiˌnenz *f*: ***~ of speech*** Geschwätzigkeit *f*; ***~ of urine*** ⚕ Harnfluss *m*; **in'con·ti·nent** [-nt] *adj.* □ **1.** ausschweifend, zügellos, unkeusch; **2.** unauf'hörlich; **3.** nicht im'stande, *et.* zu'rückzuhalten *od.* bei sich zu behalten (*a.* ⚕).

in·con·tro·vert·i·ble [ˌɪnkɒntrə'vɜːtəbl] *adj.* □ unbestreitbar, unstrittig, unbestritten.

in·con·ven·ience [ˌɪnkən'viːnjəns] **I** *s.* Unbequemlichkeit *f*, Lästigkeit *f*, Unannehmlichkeit *f*, Schwierigkeit *f*: ***put s.o. to great ~*** j-m große Ungelegenheiten bereiten; **II** *v/t.* belästigen, stören, *j-m* lästig sein, *j-m* Unannehmlichkeiten bereiten; ˌ**in·con'ven·ient** [-nt] *adj.* □ **1.** unbequem, lästig, störend, beschwerlich; **2.** *Zeit, Lage etc.*: ungünstig, ‚ungeschickt'.

in·con·vert·i·bil·i·ty ['ɪnkənˌvɜːtə'bɪlətɪ] *s.* **1.** Unverwandelbarkeit *f*; **2.** † a) Nichtkonver'tierbarkeit *f*, Nicht'umwandelbarkeit *f* (*Guthaben*), b) Nicht'einlösbarkeit *f* (*Papiergeld*), c) Nicht'umsetzbarkeit *f* (*Waren*); **in·con·vert·i·ble** [ˌɪnkən'vɜːtəbl] *adj.* □ **1.** unverwandelbar; **2.** † a) nicht 'umwandelbar, nicht konvertierbar, b) nicht einlösbar, c) nicht 'umsetzbar.

in·cor·po·rate [ɪn'kɔːpəreɪt] **I** *v/t.* **1.** vereinigen, verbinden, zs.-schließen; **2.** (***in, into***) einverleiben (*dat.*), *Staatsgebiet a.* eingliedern; einbauen, integrieren (in *acc.*); **3.** *Stadt* eingemeinden; **4.** (***in, into***) *als Mitglied* aufnehmen (in *acc.*); **5.** ⚖ als Körperschaft *od. Am.* als Aktiengesellschaft (amtlich) eintragen; 'Rechtsperˌsönlichkeit verleihen (*dat.*); gründen, inkorporieren lassen; **6.** aufnehmen, enthalten, einschließen; **7.** ⚙, ⚗ (ver)mischen; **II** *v/i.* **8.** sich verbinden *od.* vereinigen; **9.** ⚖ e-e Körperschaft *etc.* bilden; **10.** ⚙, ⚗ sich vermischen; **III** *adj.* [-pərət] **11.** → **in'cor·po·rat·ed** [-tɪd] *adj.* **1.** †, ⚖ a) (als Körperschaft) (amtlich) eingetragen, inkorporiert, b) *Am.* als Aktiengesellschaft eingetragen: ***~ bank*** *Am.* Aktienbank *f*; ***~ company*** *Brit.* rechtsfähige (Handels)Gesellschaft, *Am.* Aktiengesellschaft *f*; **2.** (***in, into***) a) eng verbunden, zs.-geschlossen (mit), b) einverleibt (*dat.*); **3.** eingemeindet; **in·cor·po·ra·tion** [ɪnˌkɔːpə'reɪʃn] *s.* **1.** Vereinigung *f*, Verbindung *f*; **2.** Einverleibung *f*, Eingliederung *f*, Aufnahme *f* (***into*** in *acc.*); **3.** Eingemeindung *f*; **4.** ⚖ a) Bildung *f od.* Gründung *f* e-r Körperschaft *od.* (*Am.*) e-r Aktiengesellschaft: ***articles of ~*** *Am.* Satzung *f* (*e-r AG*); ***certificate of ~*** Korporationsurkunde *f*, *Am.* Gründungsurkunde *f* (*e-r AG*), b) amtliche Eintragung; **in'cor·po·ra·tor** [-tə] *s. Am.* Gründungsmitglied *n.*

in·cor·po·re·al [ˌɪnkɔː'pɔːrɪəl] *adj.* □ **1.** unkörperlich, immateri'ell, geistig; **2.** ⚖ nicht greifbar: ***~ hereditaments*** vererbliche Rechte; ***~ rights*** Immaterialgüterrechte (*z. B. Patente*).

in·cor·rect [ˌɪnkə'rekt] *adj.* □ **1.** unrichtig, ungenau, irrig, falsch; **2.** 'inkorˌrekt, ungehörig (*Betragen*); ˌ**in·cor'rect·ness** [-nɪs] *s.* **1.** Unrichtigkeit *f*; **2.** Unschicklichkeit *f.*

in·cor·ri·gi·bil·i·ty [ɪnˌkɒrɪdʒə'bɪlətɪ] *s.* Unverbesserlichkeit *f*; **in·cor·ri·gi·ble** [ɪn'kɒrɪdʒəbl] *adj.* □ unverbesserlich.

in·cor·rupt·i·bil·i·ty ['ɪnkəˌrʌptə'bɪlətɪ] *s.* **1.** Unbestechlichkeit *f*; **2.** Unverderblichkeit *f*; **in·cor·rupt·i·ble** [ˌɪnkə'rʌptəbl] *adj.* □ **1.** unbestechlich, redlich; **2.** unverderblich, unvergänglich; **in·cor·rup·tion** ['ɪnkəˌrʌpʃn] *s.* **1.** Unbestechlichkeit *f*; **2.** Unverdorbenheit *f*; **3.** *bibl.* Unvergänglichkeit *f.*

in·crease [ɪn'kriːs] **I** *v/i.* **1.** zunehmen, sich vermehren, größer werden, (an-) wachsen: ***~ in size*** an Größe zunehmen; ***~d demand*** Mehrbedarf *m*; **2.** steigen (*Preise*); sich steigern *od.* vergrößern *od.* verstärken *od.* erhöhen; **II** *v/t.* **3.** vergrößern, verstärken, vermehren, erhöhen, steigern: ***~ tenfold*** verzehnfachen; **III** *s.* ['ɪnkriːs] **4.** Vergrößerung *f*, Vermehrung *f*, Verstärkung *f*, Erhöhung *f*, Zunahme *f*, (An)Wachsen *n*, Zuwachs *m*, Wachstum *n*, Steigen *n*, Steigerung *f*, Erhöhung *f*: ***be on the ~*** zunehmen, wachsen; ***~ in wages*** † Lohnerhöhung *f*, -steigerung *f*; ***~ of trade*** Zunahme *od.* Aufschwung *m* des Handels; **5.** Ertrag *m*, Gewinn *m*; **in'creas·ing·ly** [-sɪŋlɪ] *adv.* immer mehr: ***~ clear*** immer klarer.

in·cred·i·bil·i·ty [ɪnˌkredɪ'bɪlətɪ] *s.* **1.** Unglaubhaftigkeit *f*; **2.** Un'glaublichkeit *f*; **in·cred·i·ble** [ɪn'kredəbl] *adj.* □ **1.** unglaublich, unvor'stellbar (*a. fig. unerhört, äußerst*); **2.** unglaubhaft.

in·cre·du·li·ty [ˌɪnkrɪ'djuːlətɪ] *s.* Ungläubigkeit *f*; **in·cred·u·lous** [ɪn'kredjʊləs] *adj.* □ ungläubig.

in·cre·ment ['ɪnkrɪmənt] *s.* **1.** Zuwachs *m*, Zunahme *f*; **2.** † (Gewinn-, Wert-) Zuwachs *m*, Mehrertrag *m*, -einnahme *f*; **3.** A̷ Zuwachs *m*, Inkre'ment *n*, *bsd.* positives Differenti'al.

in·crim·i·nate [ɪn'krɪmɪneɪt] *v/t.* beschuldigen, belasten: ***~ o.s.*** sich (selbst) belasten; **in'crim·i·nat·ing** [-tɪŋ] *adj.* belastend; **in·crim·i·na·tion** [ɪnˌkrɪmɪ'neɪʃn] *s.* Beschuldigung *f*, Belastung *f*; **in'crim·i·na·to·ry** [-nətərɪ] → ***incriminating.***

in·crust [ɪn'krʌst] → ***encrust.***

in·crus·ta·tion [ˌɪnkrʌs'teɪʃn] *s.* **1.** Verkrustung *f* (*a. fig.*); **2.** ⚙ a) Inkrustati'on *f*, Kruste *f*, b) Kesselstein(bildung *f*) *m*; **3.** Verkleidung *f*, Belag *m* (*Wand*); **4.** Einlegearbeit *f.*

in·cu·bate ['ɪnkjʊbeɪt] **I** *v/t.* **1.** *Ei* ausbrüten (*a. künstlich*); **2.** *Bakterien* im Brutschrank züchten; **3.** *fig.* ausbrüten, aushecken; **II** *v/i.* **4.** brüten; **in·cu·ba·tion** [ˌɪnkjʊ'beɪʃn] *s.* **1.** Ausbrütung *f*, Brüten *n*; **2.** ⚕ Inkubati'on *f*: ***~ period*** Inkubationszeit *f*; **'in·cu·ba·tor** [-tə] *s.* a) ⚕ Brutkasten *m*, Inku'bator *m* (*für Babys*), b) Brutschrank *m* (*für Bakterien*), c) 'Brutappaˌrat *m* (*für Küken, Eier*).

in·cu·bus ['ɪŋkjʊbəs] *s.* **1.** ⚕ Alb(drücken *n*) *m*; **2.** *fig.* a) Albdruck *m*, b) Schreckgespenst *n.*

in·cul·cate ['ɪnkʌlkeɪt] *v/t.* einprägen, einschärfen, einimpfen (***on, in s.o.*** j-m); **in·cul·ca·tion** [ˌɪnkʌl'keɪʃn] *s.* Einschärfung *f.*

in·cul·pate ['ɪnkʌlpeɪt] *v/t.* **1.** an-, beschuldigen, anklagen; **2.** belasten; **in·cul·pa·tion** [ˌɪnkʌl'peɪʃn] *s.* **1.** An-, Beschuldigung *f*; **2.** Vorwurf *m.*

in·cult [ɪn'kʌlt] *adj.* 'unkultiˌviert, roh, grob.

in·cum·ben·cy [ɪn'kʌmbənsɪ] *s.* **1.** a) Innehaben *n* e-s Amtes, b) Amtszeit *f*, c) Amt(sbereich *m*) *n*; **2.** *eccl. Brit.* (Besitz *m* e-r) Pfründe *f*; **3.** *fig.* Obliegenheit *f*; **in'cum·bent** [-nt] **I** *adj.* □ **1.** obliegend: ***it is ~ upon him*** es ist s-e Pflicht; **2.** amtierend: ***the ~ mayor***; **II** *s.* **3.** Amtsinhaber(in); **4.** *eccl. Brit.* Pfründeninhaber *m.*

in·cu·nab·u·la [ˌɪnkjuː'næbjʊlə] *s. pl.* Inku'nabeln *pl.*, Wiegendrucke *pl.*

in·cur [ɪn'kɜː] *v/t.* sich *et.* zuziehen; auf sich laden *od.* ziehen, geraten in (*acc.*): ***~ displeasure*** Missfallen erregen; ***~ debts*** Schulden machen; ***~ losses*** Verluste erleiden; ***~ liabilities*** Verpflichtungen eingehen.

in·cur·a·bil·i·ty [ɪnˌkjʊərə'bɪlətɪ] *s.* Unheilbarkeit *f*; **in·cur·a·ble** [ɪn'kjʊərəbl]

I *adj.* □ unheilbar; **II** *s.* unheilbar Kranke(r *m*) *f*.

in·cu·ri·ous [ɪn'kjʊərɪəs] *adj.* □ **1.** nicht neugierig, gleichgültig, uninteressiert; **2.** 'uninteres,sant.

in·cur·sion [ɪn'kɜːʃn] *s.* **1.** (feindlicher) Einfall, Raubzug *m*; **2.** Eindringen *n* (*a. fig.*); **3.** *fig.* Einbruch *m*, -griff *m*.

in·curve [ˌɪn'kɜːv] *v/t.* (nach innen) krümmen, (ein)biegen.

in·debt·ed [ɪn'detɪd] *adj.* **1.** verschuldet; **2.** zu Dank verpflichtet: ***I am ~ to you for*** ich habe Ihnen zu danken für; **in'debt·ed·ness** [-nɪs] *s.* **1.** Verschuldung *f*, Schulden *pl.*; **2.** Dankesschuld *f*, Verpflichtung *f*.

in·de·cen·cy [ɪn'diːsnsɪ] *s.* **1.** Unanständigkeit *f*, Anstößigkeit *f*; **2.** Zote *f*; **in'de·cent** [-nt] *adj.* □ **1.** unanständig, anstößig; *a.* ⚖ unsittlich, unzüchtig; **2.** ungebührlich: ***~ haste*** unziemliche Hast.

in·de·ci·pher·a·ble [ˌɪndɪ'saɪfərəbl] *adj.* nicht zu entziffern(d).

in·de·ci·sion [ˌɪndɪ'sɪʒn] *s.* Unentschlossenheit *f*, Unschlüssigkeit *f*; **ˌin·de'ci·sive** [-'saɪsɪv] *adj.* □ **1.** nicht entscheidend: ***an ~ battle***; **2.** unentschlossen, unschlüssig, schwankend; **3.** unbestimmt.

in·de·clin·a·ble [ˌɪndɪ'klaɪnəbl] *adj. ling.* undeklinierbar.

in·dec·o·rous [ɪn'dekərəs] *adj.* □ unschicklich, unanständig, ungehörig; **in·de·co·rum** [ˌɪndɪ'kɔːrəm] *s.* Unschicklichkeit *f*.

in·deed [ɪn'diːd] *adv.* **1.** in der Tat, tatsächlich, wirklich: ***it is very lovely ~*** es ist wirklich (sehr) hübsch; ***if ~*** wenn überhaupt; ***if ~ he were right*** falls er wirklich Recht haben sollte; ***we think, ~ we know this is wrong*** wir glauben, ja wir wissen (sogar), dass dies falsch ist; ***~ I am quite sure*** ich bin (mir) sogar ganz sicher; ***yes, ~!*** ja tatsächlich! (→ 3); ***did you ~?*** tatsächlich?, ach wirklich?; ***you, ~!*** *iro.* ausgerechnet du!, Du? dass ich nicht lache!; ***what ~!*** *iro.* na, was wohl?; ***thank you very much ~!*** vielen herzlichen Dank!; ***this is ~ an exception*** das ist allerdings *od.* freilich e-e Ausnahme; **2.** zwar, wohl: ***it is ~ a good plan, but ...***; **3.** (*in Antworten*) *a.* ***yes ~*** a) allerdings(!), aber sicher(!), und ob(!), b) aber gern!, ja doch!, c) ach wirklich?, was Sie nicht sagen; ***~ you may not!*** aber ja nicht!, kommt nicht infrage!

in·de·fat·i·ga·ble [ˌɪndɪ'fætɪgəbl] *adj.* □ unermüdlich.

in·de·fea·si·ble [ˌɪndɪ'fiːzəbl] *adj.* □ ⚖ unverletzlich, unantastbar.

in·de·fen·si·ble [ˌɪndɪ'fensəbl] *adj.* □ unhaltbar: a) ⚔ nicht zu verteidigen(d), b) *fig.* nicht zu rechtfertigen(d), unentschuldbar.

in·de·fin·a·ble [ˌɪndɪ'faɪnəbl] *adj.* □ undefinierbar: a) unbestimmbar, b) unbestimmt.

in·def·i·nite [ɪn'defɪnət] *adj.* □ **1.** unbestimmt (*a. ling.*); **2.** unbegrenzt, unbeschränkt; **3.** unklar, undeutlich, ungenau; **in'def·i·nite·ly** [-lɪ] *adv.* **1.** auf unbestimmte Zeit; **2.** unbegrenzt; **in'def·i·nite·ness** [-nɪs] *s.* **1.** Unbestimmtheit *f*; **2.** Unbegrenztheit *f*.

in·del·i·ble [ɪn'deləbl] *adj.* □ unauslöschlich (*a. fig.*); untilgbar: ***~ ink*** Zeichen-, Kopiertinte *f*; ***~ pencil*** Tintenstift *m*.

in·del·i·ca·cy [ɪn'delɪkəsɪ] *s.* **1.** Unanständigkeit *f*, Unfeinheit *f*; **2.** Taktlosigkeit *f*; **in'del·i·cate** [-kət] *adj.* □ **1.** unanständig, unfein, derb; **2.** taktlos.

in·dem·ni·fi·ca·tion [ɪnˌdemnɪfɪ'keɪʃn] *s.* **1.** † a) → ***indemnity*** 1 a, b) Entschädigung *f*, Schadloshaltung *f*, Ersatzleistung *f*, c) → ***indemnity*** 1 c; **2.** ⚖ Sicherstellung *f* (*gegen Strafe*); **in·dem·ni·fy** [ɪn'demnɪfaɪ] *v/t.* **1.** entschädigen, schadlos halten (***for*** für); **2.** sicherstellen, sichern (***from, against*** gegen); **3.** ⚖ *parl.* a) *j-m* Entlastung erteilen, b) *j-m* Straflosigkeit zusichern; **in·dem·ni·ty** [ɪn'demnətɪ] *s.* **1.** † a) Sicherstellung *f* (*gegen Verlust od. Schaden*), Garan'tie(versprechen *n*) *f*, b) → ***indemnification*** 1 b, c) Entschädigung(sbetrag *m*) *f*, Abfindung *f*: ***~ against liability*** Haftungsausschluss *m*; ***~ bond, letter of ~*** Ausfallbürgschaft *f*; ***~ insurance*** Schadensversicherung *f*; → ***double indemnity***; **2.** ⚖, *parl.* Indemni'tät *f*.

in·dent[1] [ɪn'dent] **I** *v/t.* **1.** (ein-, aus-) kerben, auszacken: ***~ed coastline*** zerklüftete Küste; **2.** ⚙ (ver)zahnen; **3.** *typ. Zeile* einrücken; **4.** ⚖ *Vertrag* mit Doppel ausfertigen; **5.** † *Waren* bestellen; **II** *v/i.* **6.** (***upon s.o. for s.th.***) (et. bei j-m) bestellen, (et. von j-m) anfordern; **III** *s.* ['ɪndent] **7.** Kerbe *f*, Einschnitt *m*, Auszackung *f*; **8.** *typ.* Einzug *m*; **9.** ⚖ Vertragsurkunde *f*; **10.** † (Auslands)Auftrag *m*; **11.** ⚔ *Brit.* Anforderung *f* (*von Vorräten*).

in·dent[2] **I** *v/t.* [ɪn'dent] eindrücken, einprägen; **II** *s.* ['ɪndent] Delle *f*, Vertiefung *f*.

in·den·ta·tion [ˌɪnden'teɪʃn] *s.* **1.** Einschnitt *m*, Einkerbung *f*; Auszackung *f*, Zickzacklinie *f*; **2.** ⚙ Zahnung *f*; **3.** Einbuchtung *f*; Bucht *f*; **4.** *typ.* a) Einzug *m*, b) Absatz *m*; **5.** Vertiefung *f*, Delle *f*; **in·dent·ed** [ɪn'dentɪd] *adj.* **1.** (aus)gezackt; **2.** † vertraglich verpflichtet; **in·den·tion** [ɪn'denʃn] → ***indentation*** 1, 2, 4; **in·den·ture** [ɪn'dentʃə] **I** *s.* **1.** Vertrag *m od.* Urkunde *f* (im Dupli'kat); **2.** †, ⚖ Lehrvertrag *m*, -brief *m*: ***take up one's ~s*** ausgelernt haben; **3.** amtliche Liste; **4.** → ***indentation*** 1, 2; **II** *v/t.* **5.** †, ⚖ durch (*bsd.* Lehr)Vertrag binden, vertraglich verpflichten.

in·de·pend·ence [ˌɪndɪ'pendəns] *s.* **1.** Unabhängigkeit *f* (***on, of*** von): ℒ ***Day*** *Am.* Unabhängigkeitstag *m* (*4. Juli*); **2.** Selbstständigkeit *f*; **3.** hinreichendes Aus- *od.* Einkommen; **ˌin·de'pend·en·cy** [-sɪ] *s.* **1.** → ***independence***; **2.** unabhängiger Staat; **3.** ℒ → ***Congregationalism***; **ˌin·de'pend·ent** [-nt] **I** *adj.* □ **1.** unabhängig (***of*** von) (*a.* Ⱥ, *ling.*), selbstständig (*a. Person*): ***~ clause*** *ling.* Hauptsatz *m*; **2.** a) selbstständig, -sicher, -bewusst, b) eigenmächtig, -ständig; **3.** *pol.* unabhängig (*Staat*), *Abgeordneter*: *a.* par'teilos, *parl.* frakti'onslos; **4.** vonein'ander unabhängig: ***the various decisions were ~; we arrived ~ly at the same results*** wir kamen unabhängig voneinander zu denselben Ergebnissen; **5.** finanzi'ell unabhängig: ***~ gentleman, man of ~ means*** Mann *m* mit Privateinkommen, Privatier *m*; **6.** eigen, Einzel...: ***~ axle*** ⚙ Schwingachse *f*; ***~ fire*** ⚔ Einzel-, Schützenfeuer *n*; ***~ suspension*** *mot.* Einzelaufhängung *f*; **II** *s.* **7.** ℒ *pol.* Unabhängige(r *m*) *f*, Par'teilose(r *m*) *f*, *parl.* frakti'onsloser Abgeordneter; **8.** ℒ → ***Congregationalist***.

ˌin-'depth *adj.* tief schürfend, eingehend: ***~ interview*** Tiefeninterview *n*, Intensivbefragung *f*.

in·de·scrib·a·ble [ˌɪndɪ'skraɪbəbl] *adj.* □ **1.** unbeschreiblich; **2.** unbestimmt, undefinierbar.

in·de·struct·i·bil·i·ty ['ɪndɪˌstrʌktə'bɪlətɪ] *s.* Unzerstörbarkeit *f*; **in·de·struct·i·ble** [ˌɪndɪ'strʌktəbl] *adj.* □ unzerstörbar, (*a.* †) unverwüstlich.

in·de·ter·mi·na·ble [ˌɪndɪ'tɜːmɪnəbl] *adj.* □ unbestimmbar, nicht bestimmbar; **ˌin·de'ter·mi·nate** [-nət] *adj.* □ **1.** unbestimmt (*a.* Ⱥ), unentschieden, ungewiss, nicht festgelegt; unklar, vage; **2.** → ***indeterminable***: ***of ~ sex***; ***~ sentence*** ⚖ (Freiheits)Strafe *f* von unbestimmter Dauer; **in·de·ter·mi·na·tion** ['ɪndɪˌtɜːmɪ'neɪʃn] *s.* **1.** Unbestimmtheit *f*; **2.** Ungewissheit *f*; **3.** Unentschlossenheit *f*; **ˌin·de'ter·min·ism** [-mɪnɪzəm] *s. phls.* Indetermi'nismus *m*, Lehre *f* von der Willensfreiheit *f*.

in·dex ['ɪndeks] **I** *pl.* **'in·dex·es, in·di·ces** ['ɪndɪsiːz] *s.* **1.** Inhalts-, Stichwortverzeichnis *n*, Ta'belle *f*, ('Sach)Reˌgister *n*, Index *m*; **2.** *a.* ***~ file*** Kar'tei *f*: ***~ card*** Karteikarte *f*; **3.** ⚙ a) (An)Zeiger *m*, b) (Einstell)Marke *f*, Strich *m*, c) Zunge *f* (*Waage*); **4.** *typ.* Hand(zeichen *n*) *f*; **5.** *fig.* a) (An)Zeichen *n* (***of*** für, von *od. gen.*), b) (***to***) Fingerzeig *m* (für), Hinweis *m* (auf *acc.*); **6.** *Statistik*: Indexziffer *f*, Vergleichs-, Messzahl *f*, † Index *m*: ***cost of living ~*** Lebenskosten-, Lebenshaltungsindex; ***share price ~*** Aktienindex; **7.** Ⱥ a) Index *m*, Kennziffer *f*, b) Expo'nent *m*: ***~ of refraction*** *phys.* Brechungsindex *od.* -exponent; **8.** *bsd. eccl.* Index *m* (*verbotener Bücher*); **9.** → ***index finger***; **II** *v/t.* **10.** mit e-m Inhaltsverzeichnis versehen; **11.** in ein Verzeichnis aufnehmen; **12.** *eccl.* auf den Index setzen; **13.** ⚙ a) *Revolverkopf etc.* schalten: ***~ing disc*** Schaltscheibe *f*, b) *in Maßeinheiten* einteilen; ***~ fin·ger*** *s.* Zeigefinger *m*; **'~-linked** *adj.* indexgebunden: ***~ pension***; ***~ wage*** Indexlohn *m*; ***~ num·ber*** → ***index*** 6.

In·di·a| ink ['ɪndjə] → ***Indian ink***; **'~·man** [-mən] *s.* [*irr.*] (Ost)'Indienfahrer *m* (*Schiff*).

In·di·an ['ɪndjən] **I** *adj.* **1.** (ost)'indisch; **2.** *bsd. Am.* indi'anisch; **3.** *Am.* Mais...; **II** *s.* **4.** a) Inder(in), b) Ost'inder(in); **5.** *bsd. Am.* Indi'aner(in); ***~ club*** *s. sport* (Schwing)Keule *f*; ***~ corn*** *s.* Mais *m*; ***~ file*** *s.*: ***in ~*** im Gänsemarsch; ***~ giv·er*** *s. Am.* F *j-d, der s-e Geschenke zurückverlangt*; ***~ ink*** *s.* chi'nesische Tusche; ***~ meal*** *s.* Maismehl *n*; ***~ pa·per*** → ***India paper***; ***~ summer*** *s.* Alt'weiber-, Spät-, Nachsommer *m*.

In·di·a| pa·per *s.* 'Dünndruckpaˌpier *n*; ***~ rub·ber*** *s.* **1.** Kautschuk *m*, Gummi *n*, *m*: ***~ ball*** Gummiball *m*; ***~ tree***; **2.** Radiergummi *m*.

In·dic ['ɪndɪk] *adj. ling.* indisch (*den indischen Zweig der indoiranischen Sprachen betreffend*).

in·di·cate ['ɪndɪkeɪt] *v/t.* **1.** anzeigen, angeben, bezeichnen, kennzeichnen; **2.** a) *Person*: andeuten, (an)zeigen, zu verstehen geben, b) *Sache*: hindeuten *od.* hinweisen auf (*acc.*), erkennen lassen (*acc.*), *a.* ⚙ anzeigen; **3.** ⚕ indizieren, erfordern: ***be ~d*** indiziert sein, *fig.* angezeigt *od.* angebracht sein; **in·di·ca-**

tion [ˌɪndɪˈkeɪʃn] *s.* **1.** Anzeige *f*, Angabe *f*, Bezeichnung *f*; **2.** (***of***) a) (An-)Zeichen *n* (für), b) Hinweis *m* (auf *acc.*), c) (kurze) Andeutung: ***give ~ of*** *et.* anzeigen; ***there is every ~*** alles deutet darauf hin (***that*** dass); **3.** ⚕ a) Indikatiˈon *f*, b) Symˈptom *n* (*a. fig.*); **4.** ⚙ a) Anzeige *f*, b) Grad *m*, Stand *m*; **in·dic·a·tive** [ɪnˈdɪkətɪv] **I** *adj.* ☐ **1.** anzeigend, andeutend, hinweisend: ***be ~ of*** → ***indicate*** 2; **2.** *ling.* ˈindikaˌtivisch: ***~ mood*** → 3; **II** *s.* **3.** *ling.* Indikativ *m*, Wirklichkeitsform *f*; **ˈin·di·ca·tor** [-tə] *s.* **1.** Anzeiger *m*; **2.** ⚙ a) Zeiger *m*, b) Anzeiger *m*, Anzeige- *od.* Ablesegerät *n*, Zähler *m*, (Leistungs)Messer *m*, c) Schauzeichen *n*, d) *mot.* Richtungsanzeiger *m*, e) *a.* ***~ telegraph*** ˈZeigerteleˌgraf *m*; **3.** ⚗ Indiˈkator *m*; **4.** *fig.* → ***index*** 5 *u.* 6; **in·dic·a·to·ry** [ɪnˈdɪkətərɪ] → ***indicative*** 1.

in·di·ces [ˈɪndɪsiːz] *pl. von* ***index***.

in·di·ci·um [ɪnˈdɪʃɪəm] *pl.* **-ci·a** [-ʃɪə] *s.* ✉ *Am.* aufgedruckter Freimachungsvermerk.

in·dict [ɪnˈdaɪt] *v/t.* ⚖ anklagen (***for*** wegen); **inˈdict·a·ble** [-təbl] *adj.* ⚖ strafrechtlich verfolgbar: ***~ offence*** schwurgerichtlich abzuurteilende Straftat, Verbrechen *n*; **inˈdict·ment** [-mənt] **1.** (forˈmelle) Anklage (*vor e-m Geschworenengericht*); **2.** a) Anklagebeschluss *m* (*der* ***grand jury***), b) (*Am. a.* ***bill of ~***) Anklageschrift *f*.

in·dif·fer·ence [ɪnˈdɪfrəns] *s.* **1.** (***to***) Gleichgültigkeit *f* (gegen), Interˈesselosigkeit *f* (gegenˈüber); **2.** Unwichtigkeit *f*: ***it is a matter of complete ~ to me*** das ist mir völlig gleichgültig; **3.** Mittelmäßigkeit *f*; **4.** Unwichtigkeit *f*; **inˈdif·fer·ent** [-nt] *adj.* ☐ **1.** (***to***) gleichgültig (gegen), interˈesselos (gegenˈüber); **2.** ˈunparˌteiisch; **3.** mittelmäßig, leidlich: ***~ quality***; **4.** mäßig, nicht besonders gut: ***a very ~ cook***; **5.** unwichtig; **6.** ⚕, ⚗, *phys.* neuˈtral, indiffeˈrent; **inˈdif·fer·ent·ism** [-ntɪzəm] *s.* (Neigung *f* zur) Gleichgültigkeit *f*.

in·di·gence [ˈɪndɪdʒəns] *s.* Armut *f*, Mittellosigkeit *f*.

in·di·gene [ˈɪndɪdʒiːn] *s.* **1.** Eingeborene(r *m*) *f*; **2.** a) einheimisches Tier, b) einheimische Pflanze; **in·dig·e·nize** [ɪnˈdɪdʒɪnaɪz] *v/t.* *Am.* **1.** *a. fig.* heimisch machen, einbürgern; **2.** (nur) mit einheimischem Persoˈnal besetzen; **in·dig·e·nous** [ɪnˈdɪdʒɪnəs] *adj.* ☐ **1.** *a.* ⚘, *zo.* einheimisch (***to*** in *dat.*); **2.** *fig.* angeboren (***to*** *dat.*).

in·di·gent [ˈɪndɪdʒənt] *adj.* ☐ arm, bedürftig, mittellos.

in·di·gest·ed [ˌɪndɪˈdʒestɪd] *adj. mst fig.* unverdaut; wirr; ˈundurchˌdacht; **in·di·gest·i·bil·i·ty** [ˈɪndɪˌdʒestəˈbɪlətɪ] *s.* Unverdaulichkeit *f*; **ˌin·diˈgest·i·ble** [-təbl] *adj.* ☐ unverdaulich (*a. fig.*); **ˌin·diˈges·tion** [-tʃn] *s.* ⚕ Magenverstimmung *f*, verdorbener Magen.

in·dig·nant [ɪnˈdɪgnənt] *adj.* ☐ (***at***, ***with***) entrüstet, ungehalten, empört (über *acc.*), peinlich berührt (von): ***become ~*** sich entrüsten; **in·dig·na·tion** [ˌɪndɪgˈneɪʃn] *s.* Entrüstung *f*, Unwille *m*, Empörung *f* (***at*** über *acc.*): ***~ meeting*** Protestkundgebung *f*; ***fill s.o. with ~*** j-n ˌaufbringen', empören.

in·dig·ni·ty [ɪnˈdɪgnətɪ] *s.* Schmach *f*, Demütigung *f*, Kränkung *f*.

in·di·go [ˈɪndɪgəʊ] *pl.* **-gos** *s.* Indigo *m*: ***~-blue*** indigoblau; **in·di·got·ic** [ˌɪndɪˈgɒtɪk] *adj.* Indigo...

in·di·rect [ˌɪndɪˈrekt] *adj.* ☐ **1.** ˈindiˌrekt: ***~ lighting***; ***~ tax***; ***~ cost*** ♱ Gemeinkosten *pl.*; **2.** nicht diˈrekt *od.* gerade: ***~ route*** Umweg *m*; ***~ means*** Umwege, Umschweife; **3.** *fig.* krumm, unredlich; **4.** *ling.* ˈindiˌrekt, abhängig: ***~ object*** indirektes Objekt, Dativobjekt *n*; ***~ question*** indirekte Frage; ***~ speech*** indirekte Rede; **in·di·rec·tion** [ˌɪndɪˈrekʃn] *s.* **1.** ˈUmweg *m* (*a. fig. b.s. unlautere Methode*): ***by ~*** a) indirekt, auf Umwegen, b) *fig.* hinten herum, unehrlich; **2.** Unehrlichkeit *f*; **3.** Anspielung *f*; **ˌin·diˈrect·ness** [-nɪs] *s.* **1.** ˈindiˌrekte Art u. Weise; **2.** → ***indirection***.

in·dis·cern·i·ble [ˌɪndɪˈsɜːnəbl] *adj.* nicht wahrnehmbar, unmerklich.

in·dis·ci·pline [ɪnˈdɪsɪplɪn] *s.* Disziˈplin-, Zuchtlosigkeit *f*.

in·dis·cov·er·a·ble [ˌɪndɪˈskʌvərəbl] *adj.* ☐ nicht zu entdecken(d).

in·dis·creet [ˌɪndɪˈskriːt] *adj.* ☐ **1.** ˈindisˌkret; **2.** taktlos; **3.** ˈunüberˌlegt.

in·dis·crete [ˌɪndɪˈskriːt] *adj.* homoˈgen, komˈpakt, zs.-hängend.

in·dis·cre·tion [ˌɪndɪˈskreʃn] *s.* **1.** Indiskretiˈon *f*; **2.** Taktlosigkeit *f*; **3.** ˈUnüberˌlegtheit *f*.

in·dis·crim·i·nate [ˌɪndɪˈskrɪmɪnət] *adj.* ☐ **1.** wahllos, blind, ˈunterschiedslos; **2.** kriˈtiklos, unkritisch; **3.** willkürlich; **in·dis·crim·i·na·tion** [ˈɪndɪˌskrɪmɪˈneɪʃn] *s.* **1.** Wahl-, Kriˈtiklosigkeit *f*, Mangel *m* an Urteilskraft; **2.** ˈUnterschiedslosigkeit *f*.

in·dis·pen·sa·bil·i·ty [ˈɪndɪˌspensəˈbɪlətɪ] *s.* Unerlässlichkeit *f*, Unentbehrlichkeit *f*; **in·dis·pen·sa·ble** [ˌɪndɪˈspensəbl] *adj.* ☐ **1.** unerlässlich, unentbehrlich (***for***, ***to*** für); **2.** ✕ unabkömmlich; **3.** unbedingt einzuhalten(d) *od.* zu erfüllen(d) (*Pflicht etc.*).

in·dis·pose [ˌɪndɪˈspəʊz] *v/t.* **1.** untauglich machen (***for*** zu); **2.** unpässlich machen, indisponieren; **3.** abgeneigt machen (***to do*** zu tun), einnehmen (***towards*** gegen); **ˌin·disˈposed** [-zd] *adj.* **1.** indisponiert, unpässlich; **2.** (***towards***, ***from***) a) nicht aufgelegt (zu), abgeneigt (*dat.*), b) eingenommen (gegen), abgeneigt (*dat.*); **in·dis·po·si·tion** [ˌɪndɪspəˈzɪʃn] *s.* **1.** Unpässlichkeit *f*; **2.** Abneigung *f*, ˈWiderwille *m* (***to***, ***towards*** gegen).

in·dis·pu·ta·bil·i·ty [ˈɪndɪˌspjuːtəˈbɪlətɪ] *s.* Unbestreitbarkeit *f*, Unstrittigkeit *f*; **in·dis·pu·ta·ble** [ˌɪndɪˈspjuːtəbl] *adj.* ☐ **1.** unbestreitbar, unstrittig, nicht zu bestreiten(d); **2.** unbestritten.

in·dis·sol·u·bil·i·ty [ˈɪndɪˌsɒljʊˈbɪlətɪ] *s.* Unauflösbarkeit *f*; **in·dis·sol·u·ble** [ˌɪndɪˈsɒljʊbl] *adj.* ☐ **1.** unauflösbar, -lich; **2.** unzertrennlich; **3.** ⚗ unlöslich.

in·dis·tinct [ˌɪndɪˈstɪŋ*k*t] *adj.* ☐ **1.** undeutlich; **2.** unklar, verworren, verschwommen; **ˌin·disˈtinc·tive** [-tɪv] *adj.* ☐ ausdruckslos, nichts sagend; **ˌin·disˈtinct·ness** [-nɪs] *s.* Undeutlichkeit *f etc.*

in·dis·tin·guish·a·ble [ˌɪndɪˈstɪŋgwɪʃəbl] *adj.* ☐ **1.** nicht zu unterˈscheiden(d) (***from*** von); **2.** nicht wahrnehmbar *od.* erkennbar; **3.** unmerklich.

in·dite [ɪnˈdaɪt] *v/t.* ver-, abfassen.

in·di·vid·u·al [ˌɪndɪˈvɪdjʊəl] **I** *adj.* ☐ → ***individually***; **1.** einzeln, Einzel...: ***each ~ word***; ***~ case*** Einzelfall *m*; ***~ consumer*** Einzelverbraucher *m*; ***~ drive*** ⚙ Einzelantrieb *m*; **2.** für ˈeine Perˈson bestimmt, eigen, perˈsönlich, einzel: ***~ credit*** Personalkredit *m*; ***~ property*** Privatvermögen *n*; ***~ psychology*** Individualpsychologie *f*; ***~ traffic*** Individualverkehr *m*; ***give ~ attention to*** individuell behandeln, s-e persönliche Aufmerksamkeit schenken (*dat.*); **3.** individuˈell, perˈsönlich, eigen(tümlich), charakteˈristisch: ***an ~ style***; **4.** verschieden: ***five ~ cups***; **II** *s.* **5.** ˈEinzelperˌson *f*, Indiˈviduum *n*, Einzelne(r) *m*; **6.** *mst contp.* Perˈson *f*, Indiˈviduum *n*; **7.** ⚖ naˈtürliche Perˈson *f*; **ˌin·diˈvid·u·al·ism** [-lɪzəm] *s.* **1.** Individuaˈlismus *m*; **2.** Egoˈismus *m*; **ˌin·diˈvid·u·al·ist** [-lɪst] **I** *s.* Individuaˈlist(in); **II** *adj.* → **in·di·vid·u·al·is·tic** [ˈɪndɪˌvɪdjʊəˈlɪstɪk] *adj.* (☐ ***~ally***) individuaˈlistisch; **in·di·vid·u·al·i·ty** [ˈɪndɪˌvɪdjʊˈælətɪ] *s.* **1.** Individualiˈtät *f*, (perˈsönliche) Eigenart; **2.** *phls.* individuˈelle Exiˈstenz; **3.** → ***individual*** 5; **in·di·vid·u·al·i·za·tion** [ˈɪndɪˌvɪdjʊəlaɪˈzeɪʃn] *s.* **1.** Individualisierung *f*; **2.** Einzelbetrachtung *f*; **ˌin·diˈvid·u·al·ize** [-laɪz] *v/t.* **1.** individualisieren, individuˈell gestalten *od.* behandeln, e-e individuˈelle *od.* eigene Note verleihen (*dat.*); **2.** einzeln betrachten; **ˌin·diˈvid·u·al·ly** [-əlɪ] *adv.* **1.** einzeln, (jeder, jede, jedes) für sich; **2.** einzeln betrachtet, für sich genommen; **3.** perˈsönlich; **ˌin·diˈvid·u·ate** [-jʊeɪt] *v/t.* **1.** → ***individualize*** 1; **2.** charakterisieren; **3.** unterˈscheiden (***from*** von).

in·di·vis·i·bil·i·ty [ˈɪndɪˌvɪzɪˈbɪlətɪ] *s.* Unteilbarkeit *f*; **in·di·vis·i·ble** [ˌɪndɪˈvɪzəbl] **I** *adj.* ☐ unteilbar; **II** *s.* & unteilbare Größe.

In·do-Chi·nese [ˌɪndəʊtʃaɪˈniːz] *adj.* indochiˈnesisch, ˈhinterindisch.

in·doc·ile [ɪnˈdəʊsaɪl] *adj.* **1.** ungelehrig; **2.** störrisch, unlenksam; **in·do·cil·i·ty** [ˌɪndəʊˈsɪlətɪ] *s.* **1.** Ungelehrigkeit *f*; **2.** Unlenksamkeit *f*.

in·doc·tri·nate [ɪnˈdɒktrɪneɪt] *v/t.* **1.** unterˈweisen, schulen (***in*** in *dat.*); *pol.* indoktrinieren; **2.** *j-m et.* einprägen, -bleuen, -impfen; **3.** durchˈdringen (***with*** mit); **in·doc·tri·na·tion** [ɪnˌdɒktrɪˈneɪʃn] *s.* Unterˈweisung *f*, Belehrung *f*, Schulung *f*; *pol.* Indoktrinatiˈon *f*, poˈlitische Schulung, ideoˈlogischer Drill; **inˈdoc·tri·na·tor** [-tə] *s.* Lehrer *m*, Instrukˈteur *m*.

ˈIn·do|-ˌEu·roˈpe·an [ˌɪndəʊ-] *ling.* **I** *adj.* **1.** ˈindogerˈmanisch; **II** *s.* **2.** *ling.* ˈIndogerˈmanisch *n*; **3.** ˈIndogerˈmane *m*, -gerˈmanin *f*; **ˌ~-Ger·man·ic** → ***Indo-European*** 1 *u.* 2; **ˌ~-I·ra·ni·an** *ling.* **I** *adj.* ˈindoiˈranisch, arisch; **II** *s.* ˈIndoiˈranisch *n*, Arisch *n*.

in·do·lence [ˈɪndələns] *s.* Indoˈlenz *f*: a) Trägheit *f*, b) Lässigkeit *f*, c) ⚕ Schmerzlosigkeit *f*; **ˈin·do·lent** [-nt] *adj.* ☐ indoˈlent: a) träge, b) lässig, c) ⚕ schmerzlos.

in·dom·i·ta·ble [ɪnˈdɒmɪtəbl] *adj.* ☐ **1.** unbezähmbar, nicht ˈunterzukriegen(d); **2.** unbeugsam.

In·do·ne·sian [ˌɪndəʊˈniːzjən] **I** *adj.* indoˈnesisch; **II** *s.* Indoˈnesier(in).

in·door [ˈɪndɔː] *adj.* im *od.* zu Hause, *östr.*, *schweiz.* zuˈhause, Haus..., Zimmer..., Innen..., *sport* Hallen...: ***~ aerial*** ⚡ Zimmer-, Innenantenne *f*; ***~ dress*** Hauskleid(ung *f*) *n*; ***~ games*** a) Spiele fürs Haus, b) *sport* Hallenspiele; ***~ swimming pool*** Hallenbad *n*; ***~ tournament*** *sport* Hallenturnier *n*; **indoors** [ˌɪnˈdɔːz] *adv.* **1.** im *od.* zu Hau-

I

se, *östr., schweiz.* zuhause, drin(nen); **2.** ins Haus.

in·dorse [ɪn'dɔːs] *etc.* → ***endorse*** *etc.*

in·du·bi·ta·ble [ɪn'djuːbɪtəbl] *adj.* □ unzweifelhaft, zweifellos.

in·duce [ɪn'djuːs] *v/t.* **1.** *j-n* veranlassen, bewegen, (dazu) bringen, über'reden (***to do*** zu tun); **2.** her'beiführen, verursachen, bewirken, her'vorrufen, führen zu: ~ ***a birth*** ⚕ e-e Geburt einleiten; ~***d sleep*** künstlicher Schlaf; **3.** ϟ *Kernphysik, a. Logik*: induzieren: ~ ***current*** Induktionsstrom *m*; **in'duce·ment** [-mənt] *s.* **1.** a) Veranlassung *f*, Über'redung *f*, b) Verleitung (***to*** zu); **2.** Anlass *m*, Beweggrund *m*; **3.** *a.* ☤ Anreiz *m* (***to*** zu); **4.** Her'beiführung *f*.

in·duct [ɪn'dʌkt] *v/t.* **1.** *in ein Amt etc.* einführen, -setzen; **2.** *j-n* einweihen (***to*** in *acc.*); **3.** ✕ *Am. zum Militär* einberufen; **in'duct·ance** [-təns] *s.* ϟ **1.** Induk'tanz *f*, induk'tiver ('Schein),Widerstand; **2.** 'Selbstindukti,on *f*: ~ ***coil*** Drosselspule *f*; **in·duc·tee** [ˌɪndʌk'tiː] *s.* ✕ *Am.* Einberufene(r) *m*, Re'krut *m*; **in'duc·tion** [-kʃn] *s.* **1.** Einführung, -setzung *f* (*in ein Amt*); **2.** ⚙ Zuführung *f*, Einlass *m*: ~ ***pipe*** Einlassrohr *n*; **3.** Her'beiführung *f*, Auslösung *f*; **4.** Einleitung *f*, Beginn *m*; **5.** ✕ *Am.* Einberufung *f*: ~ ***order*** Einberufungsbefehl *m*; **6.** Anführung *f* (*Beweise etc.*); **7.** ϟ Indukti'on *f*, sekun'däre Erregung: ~ ***coil*** (***current***) Induktionsspule *f* (-strom *m*); ~ ***motor*** Induktions-, Drehstrommotor *m*; **8.** Å, *phys., phls.* Indukti'on *f*: ~ ***accelerator*** Elektronenbeschleuniger *m*; **in'duc·tive** [-tɪv] *adj.* □ **1.** ϟ, *phys., phls.* induk'tiv, Induktions...; **2.** ⚕ e-e Reakti'on her'vorrufend; **in'duc·tor** [-tə] *s.* ϟ, *biol.* In'duktor *m*.

in·dulge [ɪn'dʌldʒ] **I** *v/t.* **1.** *e-r Neigung etc.* nachgeben, frönen, sich hingeben, freien Lauf lassen; **2.** nachsichtig sein gegen: ~ ***s.o. in s.th.*** j-m et. nachsehen; **3.** *j-m* nachgeben (***in*** in *dat.*): ~ ***o.s. in*** → 7; **4.** *j-m* gefällig sein; **5.** *j-n* verwöhnen; **II** *v/i.* **6.** sich hingeben, frönen (***in*** *dat.*); **7.** ~ ***in*** sich *et.* gönnen *od.* genehmigen *od.* leisten, *a.* sich gütlich tun an (*dat.*), *et.* essen *od.* trinken; **8.** F a) sich ‚einen genehmigen', b) sich e-e Zigarette *etc.* gönnen *od.* ‚genehmigen'; **in'dul·gence** [-dʒəns] *s.* **1.** Nachsicht *f*, Milde *f* (***to***, ***of*** gegenüber); **2.** Nachgiebigkeit *f*; **3.** Gefälligkeit *f*; **4.** Verwöhnung *f*; **5.** Befriedigung *f* (*e-r Begierde etc.*); **6.** (***in***) Frönen *n* (*dat.*), Schwelgen *n* (in *dat.*), Genießen *n* (*gen.*): (***excessive***) ~ ***in drink*** übermäßiger Alkoholgenuss; **7.** Wohlleben *n*, Genusssucht *f*; **8.** Schwäche *f*, Leidenschaft *f* (***of*** für); **9.** *R.C.* Ablass *m*: ***sale of*** ~***s*** Ablasshandel *m*; **in'dul·genced** [-dʒənst] *adj.*: ~ ***prayer*** *R.C.* Ablassgebet *n*; **in'dul·gent** [-dʒənt] *adj.* □ (***to***) nachsichtig, mild (gegen); schonend, sanft (mit).

in·du·rate ['ɪndjʊəreɪt] **I** *v/t.* **1.** (ver)härten, hart machen; **2.** *fig.* a) abstumpfen, b) abhärten (***against***, ***to*** gegen); **II** *v/i.* **3.** sich verhärten: a) hart werden, b) *fig.* gefühllos werden, abstumpfen; **4.** abgehärtet werden; **in·du·ra·tion** [ˌɪndjʊə'reɪʃn] *s.* **1.** (Ver)Härtung *f*; **2.** *fig.* Abstumpfung *f*; **3.** Verstocktheit *f*.

in·dus·tri·al [ɪn'dʌstrɪəl] **I** *adj.* □ **1.** industri'ell, gewerblich, Industrie..., Fabrik..., Gewerbe..., Wirtschafts..., Betriebs..., Werks...: ~ ***accident*** Betriebsunfall *m*; ~ ***decline*** industrieller Niedergang; ~ ***effluent*** Industrieabwässer *pl.*; ~ ***emissions*** Industrieabgase *pl.*; ~ ***waste*** Industrieabfälle *pl.*; **II** *s.* **2.** Industri'elle(r) *m*; **3.** *pl.* Indu'strieaktien *pl.*, -pa,piere *pl.*; ~ **ac·tion** *s.* Arbeitskampf(maßnahmen *pl.*) *m*; ~ **a·re·a** *s.* Indu'striegebiet *n*, -gelände *n*; ~ **de·sign** *s.* Indu'striede,sign *n*; ~ **de·sign·er** *s.* Indu'striede,signer *m*; ~ **dis·pute** *s.* Arbeitsstreitigkeit *f*; ~ **en·gi·neer·ing** *s.* In'dustrial Engi'neering *n* (*Rationalisierung von Arbeitsprozessen*); ~ **es·pi·o·nage** *s.* 'Werk-, Indust'riespio,nage *f*; ~ **es·tate** *s. Brit.* Indu'striegebiet *n*; ~ **goods** *s. pl.* Indust'riepro,dukte *pl.*, Investiti'onsgüter *pl.*; ~ **in·ju·ry** *s.* a) Berufsschaden *m*, b) Arbeitsunfall *m*.

in·dus·tri·al·ism [ɪn'dʌstrɪəlɪzəm] *s.* Industria'lismus *m*; **in'dus·tri·al·ist** [-ɪst] → ***industrial*** 2; **in'dus·tri·al·i·za·tion** [ɪnˌdʌstrɪəlaɪ'zeɪʃn] *s.* Industrialisierung *f*; **in'dus·tri·al·ize** [-aɪz] *v/t.* industrialisieren.

in·dus·tri·al| man·age·ment *s.* Betriebsführung *f*; ~ **med·i·cine** *s.* Be'triebsmedi,zin *f*; ~ **na·tion** *s.* Industriestaat *m*; ~ **park** *s. Am.* Indu'striegebiet *n* (*e-r Stadt*); ~ **part·ner·ship** *s.* ☤ *Am.* Gewinnbeteiligung *f* der Arbeitnehmer; ~ **prop·er·ty** *s.* gewerbliches Eigentum; ~ **psy·chol·o·gy** *s.* Be'triebspsycholo,gie *f*; ~ **re·la·tions** *s. pl.* Beziehungen *pl.* zwischen Arbeitgeber u. Arbeitnehmern *od.* Gewerkschaften; ~ **re·la·tions court** *s. Am.* Arbeitsgericht *n*; ♀ **Rev·o·lu·tion** *s.* *die* industri'elle Revoluti'on; ~ **school** *s. Brit.* Gewerbeschule *f*; ~ **stocks** *s. pl.* Indu'striepa,piere *pl.*; ~ **town** *s.* Industriestadt *f*; ~ **tri·bu·nal** *s.* Arbeitsgericht *n*.

in·dus·tri·ous [ɪn'dʌstrɪəs] *adj.* □ fleißig, arbeitsam, emsig.

in·dus·try ['ɪndəstrɪ] *s.* **1.** a) Indu'strie *f* (*e-s Landes etc.*), b) Indu'strie (zweig *m*) *f*, Gewerbe(zweig *m*) *n*, Branche *f*: ***the steel*** ~ die Stahlindustrie; ***tourist*** ~ Tou'ristik *f*, Fremdenverkehrswesen *n*; **2.** Unter'nehmer (-schaft *f*) *pl.*, Arbeitgeber *pl.*; **3.** Fleiß *m*, Arbeitseifer *m*.

in·dwell [ˌɪn'dwel] [*irr.* → ***dwell***] **I** *v/t.* **1.** bewohnen; **II** *v/i.* (***in***) **2.** wohnen (in *dat.*); **3.** *fig.* innewohnen (*dat.*); **in·dwell·er** ['ɪnˌdwelə] *s. poet.* Bewohner(in).

in·e·bri·ate I *v/t.* [ɪ'niːbrɪeɪt] **1.** betrunken machen; **2.** *fig.* berauschen, trunken machen: ~***d by success*** vom Erfolg berauscht; **II** *s.* [-ɪət] **3.** Betrunkene(r) *m*; **4.** Alko'holiker(in); **III** *adj.* [-ɪət] **5.** betrunken; **6.** *fig.* berauscht; **in·e·bri·a·tion** [ɪˌniːbrɪ'eɪʃn], **in·e·bri·e·ty** [ˌɪniː'braɪətɪ] *s.* Trunkenheit *f* (*a. fig.*), betrunkener Zustand.

in·ed·i·bil·i·ty [ɪnˌedɪ'bɪlətɪ] *s.* Ungenießbarkeit *f*; **in·ed·i·ble** [ɪn'edɪbl] *adj.* ungenießbar, nicht essbar.

in·ed·it·ed [ɪn'edɪtɪd] *adj.* **1.** unveröffentlicht; **2.** ohne Veränderungen he'rausgegeben, nicht redigiert.

in·ef·fa·ble [ɪn'efəbl] *adj.* □ **1.** unaussprechlich, unbeschreiblich; **2.** (unsagbar) erhaben.

in·ef·face·a·ble [ˌɪnɪ'feɪsəbl] *adj.* □ unauslöschlich.

in·ef·fec·tive [ˌɪnɪ'fektɪv] *adj.* □ **1.** unwirksam (*a.* ⚖), wirkungslos; **2.** frucht-, erfolglos; **3.** unfähig, untauglich; **4.** (*bsd. künstlerisch*) nicht wirkungsvoll; ˌ**in·ef'fec·tive·ness** [-nɪs] *s.* **1.** Wirkungslosigkeit *f*; **2.** Erfolglosigkeit *f*.

in·ef·fec·tu·al [ˌɪnɪ'fektjʊəl] *adj.* □ **1.** → ***ineffective*** 1 *u.* 2; **2.** kraftlos; ˌ**in·ef'fec·tu·al·ness** [-nɪs] *s.* **1.** → ***ineffectiveness***; **2.** Nutzlosigkeit *f*; **3.** Schwäche *f*.

in·ef·fi·ca·cious [ˌɪnefɪ'keɪʃəs] → ***ineffective*** 1, 2; **in·ef·fi·ca·cy** [ɪn'efɪkəsɪ] → ***ineffectiveness***.

in·ef·fi·cien·cy [ˌɪnɪ'fɪʃnsɪ] *s.* **1.** Wirkungslosigkeit *f*, 'Ineffizi,enz *f*: ~ ***of a remedy***; **2.** Unfähigkeit *f*, Inkompe'tenz *f*, Leistungsschwäche *f* (*e-r Person*); **3.** 'unratio,nelles Arbeiten *etc.*, Unwirtschaftlichkeit *f*, 'Unproduktivi,tät *f*, 'Ineffizi,enz *f*: ~ ***of a method***; ˌ**in·ef'fi·cient** [-nt] *adj.* □ **1.** unwirksam, wirkungslos, 'ineffizi,ent; **2.** unfähig, untauglich, untüchtig, 'inkompe,tent; **3.** 'ineffizi,ent: a) leistungsschwach, b) 'unratio,nell, 'unproduk,tiv.

in·e·las·tic [ˌɪnɪ'læstɪk] *adj.* **1.** 'une,lastisch (*a. fig.*); **2.** *fig.* starr, nicht fle'xibel; **in·e·las·tic·i·ty** [ˌɪnɪlæs'tɪsətɪ] *s.* **1.** Mangel *m* an Elastizi'tät; **2.** *fig.* Starrheit *f*, Mangel *m* an Flexibili'tät.

in·el·e·gance [ɪn'elɪgəns] *s.* **1.** 'Unele,ganz *f*, Mangel *m* an Ele'ganz (*a. fig.*); **2.** *fig.* a) Derbheit *f*, Geschmacklosigkeit *f*, b) Unbeholfenheit *f*; **in'el·e·gant** [-nt] *adj.* □ **1.** 'unele,gant, ohne Ele'ganz (*a. fig.*); **2.** *fig.* a) derb, geschmacklos, b) unbeholfen, plump.

in·el·i·gi·bil·i·ty [ɪnˌelɪdʒə'bɪlətɪ] *s.* **1.** Untauglichkeit *f*, mangelnde Eignung; **2.** Unwählbarkeit *f*, Unfähigkeit *f* (in ein Amt gewählt zu werden *etc.*); **3.** mangelnde Berechtigung; **in·el·i·gi·ble** [ɪn'elɪdʒəbl] **I** *adj.* □ **1.** ungeeignet, nicht infrage kommend (***for*** für): ~ ***for military service*** (wehr)untauglich; **2.** unwählbar; **3.** ⚖ unfähig, nicht qualifiziert: ~ ***to hold an office***; **4.** (***for***) nicht berechtigt (zu), keinen Anspruch habend (auf *acc.*): ~ ***for a grant***; ~ ***to vote*** nicht wahlberechtigt; **5.** a) unerwünscht, b) unpassend; **II** *s.* **6.** ungeeignete *od.* nicht infrage kommende Per'son.

in·e·luc·ta·ble [ˌɪnɪ'lʌktəbl] *adj.* unvermeidlich, unentrinnbar.

in·ept [ɪ'nept] *adj.* □ **1.** unpassend; **2.** ungeschickt; **3.** albern, dumm; **in'ept·i·tude** [-tɪtjuːd], **in'ept·ness** [-nɪs] *s.* **1.** Ungeeignetheit *f*; **2.** Ungeschicktheit *f*; **3.** Albernheit *f*, Dummheit *f*.

in·e·qual·i·ty [ˌɪnɪ'kwɒlətɪ] *s.* **1.** Ungleichheit *f* (*a.* Å, *sociol.*), Verschiedenheit *f*; **2.** Ungleichmäßigkeit *f*, Unregelmäßigkeit *f*; **3.** Unebenheit *f* (*a. fig.*); **4.** *ast.* Abweichung *f*.

in·eq·ui·ta·ble [ɪn'ekwɪtəbl] *adj.* □ ungerecht, unbillig; **in'eq·ui·ty** [-kwətɪ] *s.* Ungerechtigkeit *f*, Unbilligkeit *f*.

in·e·rad·i·ca·ble [ˌɪnɪ'rædɪkəbl] *adj.* □ *fig.* unausrottbar; tief sitzend, tief eingewurzelt.

in·e·ras·a·ble [ˌɪnɪ'reɪzəbl] *adj.* □ unauslöschbar, unauslöschlich.

in·ert [ɪ'nɜːt] *adj.* □ **1.** *phys.* träge: ~ ***mass***; **2.** ⚗ 'inak,tiv: ~ ***gas*** Inert-, Edelgas *n*; **3.** unwirksam; **4.** *fig.* träge, untätig, schwerfällig, schlaff; **in·er·tia** [ɪ'nɜːʃjə] *s.* **1.** *phys.* (Massen)Trägheit *f*, Beharrungsvermögen *n*: ~ ***starter*** *mot.* Schwungkraftanlasser *m*; **2.** *fig.* Träg-, Faulheit *f*; **3.** ⚗ Iner'tie *f*, Reakti'onsträgheit *f*; **in·er·tial** [ɪ'nɜːʃjəl] *adj.*

phys. Trägheits...; **in'ert·ness** [-nɪs] *s.* Trägheit *f.*

in·es·cap·a·ble [ˌɪnɪ'skeɪpəbl] *adj.* □ unvermeidlich: a) unentrinnbar, unabwendbar, b) unweigerlich.

in·es·sen·tial [ˌɪnɪ'senʃl] **I** *adj.* unwesentlich, nebensächlich; **II** *s. et.* Unwesentliches, Nebensache *f.*

in·es·ti·ma·ble [ɪn'estɪməbl] *adj.* □ unschätzbar, unbezahlbar.

in·ev·i·ta·bil·i·ty [ɪnˌevɪtə'bɪlətɪ] *s.* Unvermeidlichkeit *f*; **in·ev·i·ta·ble** [ɪn'evɪtəbl] **I** *adj.* □ unvermeidlich: a) unentrinnbar: ~ ***fate***, b) zwangsläufig, unweigerlich, c) *iro.* obli'gat; **II** *s.* ***the*** ~ das Unvermeidliche; **in·ev·i·ta·ble·ness** [ɪn'evɪtəblnɪs] → ***inevitability***.

in·ex·act [ˌɪnɪg'zækt] *adj.* □ ungenau; **ˌin·ex'act·i·tude** [-tɪtju:d] *s.*, **ˌin·ex'act·ness** [-nɪs] *s.* Ungenauigkeit *f.*

in·ex·cus·a·ble [ˌɪnɪk'skju:zəbl] *adj.* □ **1.** unverzeihlich; **2.** unverantwortlich; **ˌin·ex'cus·a·bly** [-blɪ] *adv.* unverzeihlich(erweise).

in·ex·haust·i·bil·i·ty ['ɪnɪgˌzɔ:stə'bɪlətɪ] *s.* **1.** Unerschöpflichkeit *f*; **2.** Unermüdlichkeit *f*; **in·ex·haust·i·ble** [ˌɪnɪg'zɔ:stəbl] *adj.* □ **1.** unerschöpflich; **2.** unermüdlich.

in·ex·o·ra·bil·i·ty [ɪnˌeksərə'bɪlətɪ] *s.* Unerbittlichkeit *f*; **in·ex·o·ra·ble** [ɪn'eksərəbl] *adj.* □ unerbittlich.

in·ex·pe·di·en·cy [ˌɪnɪk'spi:djənsɪ] *s.* **1.** Unzweckmäßigkeit *f*; **2.** Unklugheit *f*; **ˌin·ex'pe·di·ent** [-nt] *adj.* □ **1.** ungeeignet, unzweckmäßig, nicht ratsam; **2.** unklug.

in·ex·pen·sive [ˌɪnɪk'spensɪv] *adj.* nicht teuer, preiswert, billig.

in·ex·pe·ri·ence [ˌɪnɪk'spɪərɪəns] *s.* Unerfahrenheit *f*; **ˌin·ex'pe·ri·enced** [-st] *adj.* unerfahren: ~ ***hand*** Nichtfachmann *m.*

in·ex·pert [ɪn'ekspɜ:t] *adj.* □ **1.** ungeübt, unerfahren (***in*** in *dat.*); **2.** ungeschickt; **3.** unsachgemäß.

in·ex·pi·a·ble [ɪn'ekspɪəbl] *adj.* □ **1.** unsühnbar; **2.** unversöhnlich.

in·ex·pli·ca·ble [ˌɪnɪk'splɪkəbl] *adj.* □ unerklärlich, unverständlich; **ˌin·ex'pli·ca·bly** [-blɪ] *adv.* unerklärlich(erweise).

in·ex·plic·it [ˌɪnɪk'splɪsɪt] *adj.* □ nicht deutlich ausgedrückt, nur angedeutet; unklar.

in·ex·plo·sive [ˌɪnɪk'spləʊsɪv] *adj.* nicht explo'siv, explosi'onssicher.

in·ex·press·i·ble [ˌɪnɪk'spresəbl] *adj.* □ unaussprechlich, unsäglich.

in·ex·pres·sive [ˌɪnɪk'spresɪv] *adj.* □ **1.** ausdruckslos, nichts sagend; **2.** inhaltlos.

in ex·ten·so [ˌɪnɪk'stensəʊ] (*Lat.*) *adv.* vollständig, ungekürzt; ausführlich.

in·ex·tin·guish·a·ble [ˌɪnɪk'stɪŋgwɪʃəbl] *adj.* □ **1.** un(aus)löschbar; **2.** *fig.* unauslöschlich.

in·ex·tri·ca·ble [ɪn'ekstrɪkəbl] *adj.* □ **1.** unentwirrbar, un(auf)lösbar; **2.** gänzlich verworren.

in·fal·li·bil·i·ty [ɪnˌfælə'bɪlətɪ] *s.* Unfehlbarkeit *f* (*a. eccl.*); **in·fal·li·ble** [ɪn'fæləbl] *adj.* □ unfehlbar.

in·fa·mous ['ɪnfəməs] *adj.* □ **1.** verrufen, berüchtigt (***for*** wegen); **2.** schändlich, niederträchtig, gemein, in'fam; **3.** F mise'rabel, ‚saumäßig'; **4.** ehrlos: a) ⚖ der bürgerlichen Ehrenrechte verlustig, b) entehrend, ehrenrührig: ~ ***conduct***; **'in·fa·mous·ness** [-nɪs] → ***infamy*** 2; **'in·fa·my** [-mɪ] *s.* **1.** Ehrlosigkeit *f*, Schande *f*; **2.** Verrufenheit *f*; Schändlichkeit *f*, Niedertracht *f*; **3.** ⚖ Verlust *m* der bürgerlichen Ehrenrechte.

in·fan·cy ['ɪnfənsɪ] *s.* **1.** frühe Kindheit, Säuglingsalter *n*; **2.** ⚖ Minderjährigkeit *f*; **3.** *fig.* Anfangsstadium *n*: ***in its*** ~ in den Anfängen *od.* ‚Kinderschuhen' (steckend); **'in·fant** [-nt] **I** *s.* **1.** Säugling *m*, Baby *n*, kleines Kind; **2.** ⚖ Minderjährige(r *m*) *f*; **II** *adj.* **3.** Säuglings..., Kleinkinder...: ~ ***mortality*** Säuglingssterblichkeit *f*; ~ ***prodigy*** Wunderkind *n*; ~ ***school*** *Brit. etwa* Vorschule *f*; ~ ***welfare*** Säuglingsfürsorge *f*; ~ ***Jesus*** das Jesuskind; ***his*** ~ ***son*** sein kleiner Sohn; **4.** ⚖ minderjährig; **5.** *fig.* jung, in den Anfängen (befindlich).

in·fan·ta [ɪn'fæntə] *s.* In'fantin *f*; **in'fan·te** [-tɪ] *s.* In'fant *m.*

in·fan·ti·cide [ɪn'fæntɪsaɪd] *s.* **1.** Kindestötung *f*; **2.** Kindesmörder(in).

in·fan·tile ['ɪnfəntaɪl] *adj.* **1.** kindlich, Kinder..., Kindes...; **2.** jugendlich; **3.** infan'til, kindisch; ~ **(spi·nal) pa·ral·y·sis** *s.* ⚕ (spi'nale) Kinderlähmung.

in·fan·try ['ɪnfəntrɪ] *s.* ⚔ Infante'rie *f*, Fußtruppen *pl.*; **'~·man** [-mən] *s.* [*irr.*] ⚔ Infante'rist *m.*

in·farct [ɪn'fɑ:kt] *s.* ⚕ In'farkt *m*: ***cardiac*** ~ Herzinfarkt; **in'farc·tion** [-kʃn] *s.* In'farkt(bildung *f*) *m.*

in·fat·u·ate [ɪn'fætjʊeɪt] *v/t.* betören, verblenden (***with*** durch); **in'fat·u·at·ed** [-tɪd] *adj.* □ **1.** betört, verblendet (***with*** durch); **2.** vernarrt (***with*** in *acc.*); **in·fat·u·a·tion** [ɪnˌfætjʊ'eɪʃn] *s.* Verblendung *f*; Verliebt-, Vernarrtheit *f.*

in·fect [ɪn'fekt] *v/t.* **1.** ⚕ infizieren, anstecken (***with*** mit, ***by*** durch): ***become*** ~***ed*** sich anstecken; **2.** *Sitten* verderben; *Luft* verpesten; **3.** *fig. j-n* anstecken, beeinflussen; **4.** einflößen (***s.o. with s.th.*** j-m et.); **in'fec·tion** [-kʃn] *s.* **1.** ⚕ Infekti'on *f*, Ansteckung *f*: ***catch an*** ~ angesteckt werden, sich anstecken; **2.** ⚕ Ansteckungskeim *m*, Gift *n*; **3.** *fig.* Ansteckung *f*: a) Vergiftung *f*, b) (*a.* schlechter) Einfluss, Einwirkung *f*; **in'fec·tious** [-kʃəs] *adj.* □ ⚕ ansteckend (*a. fig. Lachen, Optimismus etc.*), infekti'ös, über'tragbar; **in'fec·tious·ness** [-kʃəsnɪs] *s. das* Ansteckende: a) ⚕ Über'tragbarkeit *f*, b) *fig.* Einfluss *m.*

in·fe·lic·i·tous [ˌɪnfɪ'lɪsɪtəs] *adj.* **1.** unglücklich; **2.** unglücklich (gewählt), ungeschickt (*Worte, Stil*); **ˌin·fe'lic·i·ty** [-tɪ] *s.* **1.** Unglücklichkeit *f*; **2.** Unglück *n*, Elend *n*; **3.** unglücklicher *od.* ungeschickter Ausdruck *etc.*

in·fer [ɪn'fɜ:] *v/t.* **1.** schließen, folgern, ableiten (***from*** aus); **2.** schließen lassen auf (*acc.*), an-, bedeuten; **in'fer·a·ble** [-ɜ:rəbl] *adj.* zu schließen(d), zu folgern(d), ableitbar (***from*** aus); **in·fer·ence** ['ɪnfərəns] *s.* (Schluss)Folgerung *f*, (Rück)Schluss *m*: ***make*** ~***s*** Schlüsse ziehen; **in·fer·en·tial** [ˌɪnfə'renʃl] *adj.* □ **1.** zu folgern(d); **2.** folgernd; **3.** gefolgert; **in·fer·en·tial·ly** [ˌɪnfə'renʃəlɪ] *adv.* durch Schlussfolgerung.

in·fe·ri·or [ɪn'fɪərɪə] **I** *adj.* **1.** (***to***) 'untergeordnet (*dat.*); niedriger, geringer, geringwertiger (als): ***be*** ~ ***to s.o.*** j-m nachstehen; ***he is*** ~ ***to none*** er nimmt es mit jedem auf; **2.** geringer, schwächer (***to*** als); **3.** 'untergeordnet, unter, nieder, zweitrangig: ***the*** ~ ***classes*** die unteren Klassen; ~ ***court*** ⚖ niederer Gerichtshof; **4.** minderwertig, gering, (mittel)mäßig: ~ ***quality***; **5.** unter, tiefer gelegen, Unter...; **6.** *typ.* tief stehend (*z. B.* H_2); **7.** ~ ***planet*** *ast.* unterer Planet (*zwischen Erde u. Sonne*); **II** *s.* **8.** 'Untergeordnete(r *m*) *f*, Unter'gebene(r *m*) *f*; **9.** Geringere(r *m*) *f*, Schwächere(r *m*) *f.*

in·fe·ri·or·i·ty [ɪnˌfɪərɪ'ɒrətɪ] *s.* **1.** Minderwertigkeit *f*: ~ ***complex*** (***feeling***) *psych.* Minderwertigkeitskomplex *m* (-gefühl *n*); **2.** (*a.* zahlen- *od.* mengenmäßige) Unter'legenheit; **3.** geringerer Stand *od.* Wert.

in·fer·nal [ɪn'fɜ:nl] *adj.* □ **1.** höllisch, Höllen...: ~ ***machine*** Höllenmaschine *f*; ~ ***regions*** Unterwelt *f*; **2.** *fig.* teuflisch; **3.** F grässlich, höllisch; **in'fer·no** [-nəʊ] *pl.* **-nos** *s.* In'ferno *n*, Hölle *f.*

in·fer·tile [ɪn'fɜ:taɪl] *adj.* unfruchtbar; **in·fer·til·i·ty** [ˌɪnfə'tɪlətɪ] *s.* Unfruchtbarkeit *f.*

in·fest [ɪn'fest] *v/t.* **1.** heimsuchen, *Ort* unsicher machen; **2.** plagen, verseuchen: ~***ed with*** geplagt von, verseucht durch; **3.** *fig.* über'laufen, -'schwemmen, -'fallen, sich festsetzen in (*dat.*): ***be*** ~***ed with*** wimmeln von; **in·fes·ta·tion** [ˌɪnfe'steɪʃn] *s.* **1.** Heimsuchung *f*, (Land)Plage *f*; Belästigung *f*; **2.** *fig.* Über'schwemmung *f.*

in·feu·da·tion [ˌɪnfju:'deɪʃn] *s.* ⚖, *hist.* **1.** Belehnung *f*; **2.** ~ ***of tithes*** Zehntverleihung *f* an Laien.

in·fi·del ['ɪnfɪdəl] *eccl.* **I** *s.* Ungläubige(r *m*) *f*; **II** *adj.* ungläubig; **in·fi·del·i·ty** [ˌɪnfɪ'delətɪ] *s.* **1.** Ungläubigkeit *f*; **2.** (*bsd.* eheliche) Untreue.

in·field ['ɪnfi:ld] *s.* **1.** ✓ a) dem Hof nahes Feld, b) Ackerland *n*; **2.** *Kricket*: a) inneres Spielfeld, b) die dort stehenden Fänger; **3.** *Baseball*: (Spieler *pl.* im) Innenfeld *n.*

in·fight·ing ['ɪnˌfaɪtɪŋ] *s.* **1.** *Boxen*: Nahkampf *m*, Infight *m*; **2.** *fig.* Gerangel *n*, Hickhack *n.*

in·fil·trate ['ɪnfɪltreɪt] **I** *v/t.* **1.** (*a.* ⚔) einsickern in (*acc.*), 'durchsickern durch; **2.** durch'setzen, -'tränken; **3.** eindringen lassen, einschmuggeln (***into*** in *acc.*); **4.** *pol.* a) unter'wandern (*acc.*), b) *Agenten etc.* einschleusen (***into*** in *acc.*); **II** *v/i.* **5.** *a. fig.* einsickern, eindringen; **6.** *pol.* (***into***) sich einschleusen (in *acc.*), unter'wandern (*acc.*); **in·fil·tra·tion** [ˌɪnfɪl'treɪʃn] *s.* **1.** Einsickern *n* (*a.* ⚔); Eindringen *n*; **2.** Durch'tränkung *f*; **3.** *pol.* Unter'wanderung *f*: ~ ***of agents*** Einschleusen *n* von Agenten; **'in·fil·tra·tor** [-tə] *s. pol.* Unter'wanderer *m.*

in·fi·nite ['ɪnfɪnət] **I** *adj.* □ **1.** un'endlich, endlos, unbegrenzt: ~ ***loop*** *Computer*: Endlosschleife *f*; **2.** ungeheuer, 'allumˌfassend; **3.** *mit s. pl.* unzählige *pl.*; **4.** ~ ***verb*** *ling.* Verbum *n* infinitum; **II** *s.* **5.** *das* Un'endliche, un'endlicher Raum; **6.** ***the*** ~ Gott *m*; **'in·fi·nite·ly** [-lɪ] *adv.* **1.** un'endlich; ungeheuer; **2.** ~ ***variable*** ⚙ stufenlos (regelbar).

in·fin·i·tes·i·mal [ˌɪnfɪnɪ'tesɪml] **I** *adj.* □ winzig, un'endlich klein; **II** *s.* un'endlich kleine Menge; ~ **cal·cu·lus** *s.* 𝒜 Infinitesi'malrechnung *f.*

in·fin·i·ti·val [ɪnˌfɪnɪ'taɪvl] *adj. ling.* infinitivisch, Infinitiv...; **in·fin·i·tive** [ɪn'fɪnətɪv] *ling.* **I** *s.* Infinitiv *m*, Nennform *f*; **II** *adj.* infinitivisch: ~ ***mood*** Infinitiv *m.*

in·fin·i·tude [ɪn'fɪnɪtju:d] → ***infinity*** 1 *u.* 2; **in'fin·i·ty** [-ətɪ] *s.* **1.** Un'endlichkeit *f*, Unbegrenztheit *f*, Unermesslichkeit *f*; **2.** un'endliche Größe *od.* Zahl; **3.** ⩚ un'endliche Menge *od.* Größe, das Un'endliche: ***to ~*** ad infinitum.

in·firm [ɪn'fɜːm] *adj.* □ **1.** schwach, gebrechlich; **2.** *a.* ***~ of purpose*** wankelmütig, unentschlossen, willensschwach; **in'fir·ma·ry** [-mərɪ] *s.* **1.** Krankenhaus *n*; **2.** Krankenzimmer *n* (*in Internaten etc.*); ⚔ ('Kranken)Reˌvier *n*; **in'fir·mi·ty** [-mətɪ] *s.* **1.** Gebrechlichkeit *f*, (Alters)Schwäche *f*; Krankheit *f*; **2.** *a.* ***~ of purpose*** Cha'rakterschwäche *f*, Unentschlossenheit *f*.

in·fix I *v/t.* [ɪn'fɪks] **1.** eintreiben, befestigen; **2.** *fig.* einprägen (***in*** *dat.*); **3.** *ling.* einfügen; **II** *s.* ['ɪnfɪks] **4.** *ling.* In'fix *n*, Einfügung *f*.

in·flame [ɪn'fleɪm] **I** *v/t.* **1.** *mst* ⚕ entzünden; **2.** *fig.* erregen, entflammen, reizen: ***~d with rage*** wutentbrannt; **II** *v/i.* **3.** sich entzünden (*a.* ⚕), Feuer fangen; **4.** *fig.* entbrennen (***with*** vor *dat.*, von); sich erhitzen, in Wut geraten; **in'flamed** [-md] *adj.* entzündet; **in·flam·ma·bil·i·ty** [ɪnˌflæmə'bɪlətɪ] *s.* **1.** Brennbarkeit *f*, Entzündlichkeit *f*; **2.** *fig.* Erregbarkeit *f*, Jähzorn *m*; **in·flam·ma·ble** [ɪn'flæməbl] **I** *adj.* **1.** brennbar, leicht entzündlich; **2.** feuergefährlich; **3.** *fig.* reizbar, jähzornig, hitzig; **II** *s.* **4.** *pl.* Zündstoffe *pl.*; **in·flam·ma·tion** [ˌɪnflə'meɪʃn] *s.* **1.** ⚕ Entzündung *f*; **2.** Aufflammen *n*; **3.** *fig.* Erregung *f*, Aufregung *f*; **in·flam·ma·to·ry** [ɪn'flæmətərɪ] *adj.* **1.** ⚕ Entzündungs...; **2.** *fig.* aufrührerisch, Hetz...: ***~ speech***.

in·flat·a·ble [ɪn'fleɪtəbl] *adj.* aufblasbar: ***~ boat*** Schlauchboot *n*; **in·flate** [ɪn'fleɪt] *v/t.* **1.** aufblasen, aufblähen (*beide a. fig.*), mit Luft *etc.* füllen, *Reifen etc.* aufpumpen; **2.** ✝ *Preise* hochtreiben, 'übermäßig steigern; **in'flat·ed** [-tɪd] *adj.* **1.** aufgebläht, aufgeblasen (*beide a. fig. Person*): ***~ with pride*** stolzgeschwellt; **2.** *fig.* geschwollen (*Stil*); **3.** über'höht (*Preise*); **in'fla·tion** [-eɪʃn] *s.* **1.** ✝ Inflati'on *f*: ***creeping*** (***galloping***) ***~*** schleichende (galoppierende) Inflation; ***rate of ~*** Inflationsrate *f*; **2.** *fig.* Dünkel *m*, Aufgeblasenheit *f*; **3.** *fig.* Schwülstigkeit *f*; **in'fla·tion·ar·y** [-eɪʃnərɪ] *adj.* ✝ inflatio'när, inflatio'nistisch, Inflations...: ***~ period*** Inflationszeit *f*; **in'fla·tion·ism** [-eɪʃnɪzəm] *s.* ✝ Inflatio'nismus *m*; **in'fla·tion·ist** [-eɪʃnɪst] *s.* Anhänger *m* des Inflatio'nismus.

in·flect [ɪn'flekt] *v/t.* **1.** (nach innen) biegen; **2.** *ling.* flektieren, beugen, abwandeln; **in'flec·tion** [-kʃn] *etc.* → ***inflexion*** *etc.*

in·flex·i·bil·i·ty [ɪnˌfleksə'bɪlətɪ] *s.* **1.** Unbiegsamkeit *f*; **2.** Unbeugsamkeit *f*; **in·flex·i·ble** [ɪn'fleksəbl] *adj.* □ **1.** 'uneˌlastisch, unbiegsam; **2.** *fig.* a) unbeugsam, starr, b) unerbittlich.

in·flex·ion [ɪn'flekʃn] n] *s.* **1.** Biegung *f*, Krümmung *f*; **2.** (me'lodische) Modulati'on; **3.** (Ton)Veränderung *f der Stimme, weitS.* feine Nu'ance; **4.** *ling.* Flexi'on *f*, Beugung *f*, Abwandlung *f*; **in'flex·ion·al** [-ʃənl] *adj. ling.* flektierend, Flexions...

in·flict [ɪn'flɪkt] *v/t.* **1.** *Leid etc.* zufügen; *Wunde, Niederlage* beibringen, *Schlag* versetzen, *Strafe* auferlegen, zudiktieren (***on***, ***upon*** *dat.*); **2.** aufbürden (***on***, ***upon*** *dat.*): ***~ o.s. on s.o.*** sich j-m aufdrängen; **in'flic·tion** [-kʃn] *s.* **1.** Zufügung *f*, Auferlegung *f*; Verhängung *f* (*Strafe*); **2.** Last *f*, Plage *f*; **3.** Heimsuchung *f*, Strafe *f*.

in·flo·res·cence [ˌɪnflɔː'resns] *s.* **1.** ⚘ a) Blütenstand *m*, b) *coll.* Blüten *pl.*; **2.** *a. fig.* Aufblühen *n*, Blüte *f*.

in·flow ['ɪnfləʊ] → ***influx*** 1.

in·flu·ence ['ɪnflʊəns] **I** *s.* **1.** Einfluss *m*, (Ein)Wirkung *f* (***on***, ***upon***, ***over*** auf *acc.*, ***with*** bei); ⚖ Beeinflussung *f*: ***be under s.o.'s ~*** unter j-s Einfluss stehen; ***under the ~ of drink*** unter Alkoholeinfluss; ***under the ~*** F ˌblau'; **2.** Einfluss *m*, Macht *f*: ***bring one's ~ to bear*** s-n Einfluss geltend machen; **II** *v/t.* **3.** beeinflussen, (ein)wirken *od.* Einfluss ausüben auf (*acc.*); **4.** bewegen, bestimmen; **in·flu·en·tial** [ˌɪnflʊ'enʃl] *adj.* □ **1.** einflussreich; maßgeblich; **2.** von (großem) Einfluss (***on*** auf *acc.*; ***in*** in *dat.*).

in·flu·en·za [ˌɪnflʊ'enzə] *s.* ⚕ Influ'enza *f*, Grippe *f*.

in·flux ['ɪnflʌks] *s.* **1.** Einfließen *n*, Zustrom *m*, Zufluss *m*; **2.** ✝ (*Kapital- etc.*) Zufluss *m*, (Waren)Zufuhr *f*; **3.** Mündung *f* (*Fluss*); **4.** *fig.* Zustrom *m*: ***~ of visitors*** Besucherstrom *m*.

in·fo ['ɪnfəʊ] *s.* F Informati'on *f*.

in·fold [ɪn'fəʊld] → ***enfold***.

in·form [ɪn'fɔːm] **I** *v/t.* (***of***) informieren (über *acc.*), verständigen, benachrichtigen, in Kenntnis setzen, unter'richten (von), *j-m* mitteilen (*acc.*): ***~ o.s. of s.th.*** sich über et. informieren; ***keep s.o. ~ed*** j-n auf dem Laufenden halten; ***~ s.o. that*** j-n davon in Kenntnis setzen, dass; **II** *v/i.* ***~ against s.o.*** j-n anzeigen *od.* denunzieren.

in·for·mal [ɪn'fɔːml] *adj.* □ **1.** zwanglos, ungezwungen, nicht for'mell *od.* förmlich; **2.** 'inoffiziˌell: ***~ visit*** (***talks***); **3.** *ling.* Umgangs...: ***~ speech***; **4.** ⚖ formlos: a) formfrei: ***~ contract***, b) formwidrig; **in·for·mal·i·ty** [ˌɪnfɔː'mælətɪ] *s.* **1.** Zwanglosigkeit *f*, Ungezwungenheit *f*; **2.** ⚖ a) Formlosigkeit *f*, b) Formfehler *m*.

in·form·ant [ɪn'fɔːmənt] *s.* **1.** Gewährsmann *m*, Infor'mant(in), (Informati'ons)Quelle *f*; **2.** → ***informer***.

in·for·ma·tics [ˌɪnfə'mætɪks] *s. pl. oft sg. konstr.* Infor'matik *f*.

in·for·ma·tion [ˌɪnfə'meɪʃn] *s.* **1.** Nachricht *f*, Mitteilung *f*, Meldung *f*, Informati'on *f* (*a. Computer*): ***~ bureau***, ***~ office*** Auskunftsstelle *f*, Auskunftei *f*; ***~ desk*** Auskunft(sschalter *m*) *f*; ***~ fatigue syndrome*** Ermüdungserscheinungen *pl.* durch Informationsüberfrachtung, durch Informationsflut bedingtes Ermüdungssyndrom *n*; ***~ flow*** Informationsfluss *m*; ***~ highway*** Datenautobahn *f*; ***~ retrieval*** Informationsabruf *m*; ***~ science*** Informatik *f*; ***~ scientist*** Informatiker(in); ***~ superhighway*** Datenautobahn *f*; ***~ technology*** Informationstechnologie *f*, -technik *f*; **2.** Auskunft *f*, Bescheid *m*, Kenntnis *f*: ***give ~*** Auskunft geben; ***we have no ~*** wir sind nicht unterrichtet (***as to*** über *acc.*); **3.** Erkundigungen *pl.*: ***gather ~*** sich erkundigen, Auskünfte einholen; **4.** Unter'weisung *f*: ***for your ~*** zu Ihrer Kenntnisnahme; **5.** Einzelheiten *pl.*, Angaben *pl.*; **6.** ⚖ Anklage *f*, Anzeige *f*: ***lodge ~ against s.o.*** Anklage erheben gegen j-n, j-n anzeigen; **ˌin·for'ma·tion·al** [-ʃənl] *adj.* informa'torisch, Informations...

in·form·a·tive [ɪn'fɔːmətɪv] *adj.* **1.** infor'ma'tiv, lehr-, aufschlussreich; **2.** mitteilsam; **in'form·a·to·ry** [-tərɪ] *adj.* → a) ***informational***, b) ***informative*** 1; **in'formed** [-md] *adj.* **1.** infor'miert, (gut) unter'richtet: ***~ quarters*** unterrichtete Kreise; **2.** a) sachkundig, b) sachlich begründet *od.* einwandfrei, fun'diert; **3.** gebildet; **in'form·er** [-mə] *s.* **1.** Infor'mant(in), Denunzi'ant(in): (***common***) ***~***, (***police***) ***~*** Spitzel *m*; **2.** ⚖ Anzeigeerstatter(in).

in·fo·tain·ment [ˌɪnfəʊ'teɪnmənt] *s. TV etc.* Info'tainment *n*.

in·fra ['ɪnfrə] *adv.* unten: ***vide*** (*od.* ***see***) ***~*** siehe unten (*in Büchern*).

infra- [ɪnfrə] *in Zssgn* unter(halb).

in·frac·tion [ɪn'frækʃn] → ***infringement***.

in·fra dig [ˌɪnfrə'dɪg] (*Lat. abbr.*) *adv. u. adj.* F unter m-r (*etc.*) Würde, unwürdig.

in·fran·gi·ble [ɪn'frændʒɪbl] *adj.* unzerbrechlich; *fig.* unverletzlich.

ˌin·fra|'red *adj. phys.* infrarot; **ˌ~'son·ic** *adj.* Infraschall..., unter der Schallgrenze liegend.

'in·fraˌstruc·ture *s. allg.* 'Infrastrukˌtur *f*.

in·fre·quen·cy [ɪn'friːkwənsɪ] *s.* Seltenheit *f*; **in'fre·quent** [-nt] *adj.* □ **1.** selten; **2.** spärlich, dünn gesät.

in·fringe [ɪn'frɪndʒ] **I** *v/t. Gesetz, Eid etc.* brechen, verletzen, verstoßen gegen; **II** *v/i.* (***on***, ***upon***) *Rechte etc.* verletzen, eingreifen (in *acc.*); **in'fringe·ment** [-mənt] *s.* (***on***, ***upon***) (*Rechts- etc., a. Patent*)Verletzung *f*, (*Rechts-, Vertrags*)Bruch *m*, Über'tretung *f* (*gen.*); Verstoß *m* (gegen).

in·fu·ri·ate [ɪn'fjʊərɪeɪt] *v/t.* wütend *od.* rasend machen; **in'fu·ri·at·ing** [-tɪŋ] *adj.* aufreizend, rasend machend.

in·fuse [ɪn'fjuːz] *v/t.* **1.** aufgießen, -brühen, ziehen lassen: ***~ tea*** Tee aufgießen; **2.** *fig.* einflößen (***into*** *dat.*); **3.** erfüllen (***with*** mit); **in'fus·er** [-zə] *s.*: (***tea***) ***~*** Tee-Ei *n*; **in'fu·si·ble** [-zəbl] *adj.* ⚗ unschmelzbar; **in'fu·sion** [-ʒn] *s.* **1.** Aufgießen *n*, -brühen *n*; **2.** Aufguss *m*, (*Kräuter- etc.*)Tee *m*; **3.** ⚕ Infusi'on *f*; **4.** *fig.* Einflößung *f*; **5.** *fig.* a) Beimischung *f*, b) Zufluss *m*.

in·fu·so·ri·a [ˌɪnfjuː'zɔːrɪə] *s. pl. zo.* Infu'sorien *pl.*, Wimpertierchen *pl.*; **ˌin·fu'so·ri·al** [-əl] *adj. zo.* Infusorien...: ***~ earth*** *min.* Infusorienerde *f*, Kieselgur *f*; **ˌin·fu'so·ri·an** [-ən] *zo.* **I** *s.* Wimpertierchen *n*, Infu'sorium *n*; **II** *adj.* → ***infusorial***.

in·gen·ious [ɪn'dʒiːnjəs] *adj.* □ geni'al: a) erfinderisch, findig, b) geistreich, klug, c) sinn-, kunstvoll, raffiniert: ***~ design***; **in'gen·ious·ness** [-nɪs] → ***ingenuity***.

in·gé·nue ['ænʒeɪnjuː] *s.* **1.** na'ives Mädchen, ˌUnschuld' *f*; **2.** *thea.* Na'ive *f*.

in·ge·nu·i·ty [ˌɪndʒɪ'njuːətɪ] *s.* **1.** Geniali'tät *f*, Erfindungsgabe *f*, Einfallsreichtum *m*, Findigkeit *f*, Geschicklichkeit *f*, Bril'lanz *f*; **2.** Raffi'nesse *f*, geni'ale Ausführung *etc.*

in·gen·u·ous [ɪn'dʒenjʊəs] *adj.* □ **1.** offen(herzig), treuherzig, unbefangen, aufrichtig; **2.** na'iv, einfältig, unschuldig; **in'gen·u·ous·ness** [-nɪs] *s.* **1.** Offenheit *f*, Treuherzigkeit *f*; **2.** Naivi'tät *f*.

in·gest [ɪn'dʒest] *v/t. Nahrung* aufnehmen; **in'ges·tion** [-tʃn] *s.* Nahrungsaufnahme *f*.

in·glo·ri·ous [ɪn'glɔːrɪəs] *adj.* □ **1.** unrühmlich, schimpflich; **2.** *obs.* ruhmlos.

in·go·ing ['ɪn,gəʊɪŋ] *adj.* **1.** eintretend; **2.** neu (*Beamter*, *Mieter etc.*).

in·got ['ɪŋgət] *s.* ⚙ Barren *m*, Stange *f*, Block *m*: **~ of gold** Goldbarren *m*; **~ of steel** Stahlblock *m*; **~ iron** Flussstahl *m*, -eisen *n*.

in·graft [ɪn'grɑːft] → **engraft**.

in·grain **I** *v/t.* [,ɪn'greɪn] **1.** *obs.* in der Wolle *od.* Faser (*farbecht*) färben; **2.** *fig.* tief verwurzeln; **II** *adj.* [*attr.* 'ɪngreɪn; *pred.* ,ɪn'greɪn] **3.** → **,in'grained** [-nd] *adj. fig.* **1.** tief verwurzelt: **~ prejudice**; **2.** eingefleischt: **~ habit**; **3.** unverbesserlich.

in·grate [ɪn'greɪt] *obs.* **I** *adj.* undankbar; **II** *s.* Undankbare(r *m*) *f*.

in·gra·ti·ate [ɪn'greɪʃɪeɪt] *v/t.*: **~ o.s. with s.o.** sich bei j-m einschmeicheln; **in'gra·ti·at·ing** [-tɪŋ] *adj.* ☐ schmeichlerisch.

in·grat·i·tude [ɪn'grætɪtjuːd] *s.* Undank (-barkeit *f*) *m*.

in·gre·di·ent [ɪn'griːdjənt] *s.* ⚗, *Küche u. fig.*: Bestandteil *m*, Zutat *f*; *fig. a.* (*Charakter- etc.*)Merkmal *n*.

in·gress ['ɪngres] *s.* **1.** Eintritt *m* (*a. ast.*), Eintreten *n* (**into** in *acc.*); **2.** Zutritt *m*, Zugang (**into** zu); **3.** Zustrom *m*: **~ of visitors**.

'in-group *s. sociol.* Ingroup *f*.

in·grow·ing ['ɪn,grəʊɪŋ] *adj.*, **'in·grown** *adj.* ⚕ eingewachsen: **an ~ nail**.

in·gui·nal ['ɪŋgwɪnl] *adj.* ⚕ Leisten...

in·gur·gi·tate [ɪn'gɜːdʒɪteɪt] *v/t. bsd. fig.* verschlingen, schlucken.

in·hab·it [ɪn'hæbɪt] *v/t.* bewohnen, wohnen *od.* (*a. zo.*) leben in (*dat.*); **in'hab·it·a·ble** [-təbl] *adj.* bewohnbar; **in'hab·it·ant** [-tənt] *s.* **1.** Bewohner (-in) (*e-s Hauses etc.*), **2.** Einwohner (-in) (e-s *Orts*, *e-s Landes*).

in·ha·la·tion [,ɪnhə'leɪʃn] *s.* **1.** Einatmung *f*; **2.** ⚕ Inhalati'on *f*; **in·hale** [ɪn'heɪl] **I** *v/t.* ⚕ einatmen, inhalieren; **II** *v/i.* inhalieren, *beim Rauchen*: *a.* Lungenzüge machen; **in·hal·er** [ɪn'heɪlə] *s.* **1.** ⚕ Inhalati'onsappa,rat *m*; **2.** j-d, der inhaliert.

in·har·mo·ni·ous [,ɪnhɑː'məʊnjəs] *adj.* ☐ 'unhar,monisch: a) 'misstönend, b) *fig.* uneinig.

in·here [ɪn'hɪə] *v/i.* **1.** innewohnen: a) anhaften (**in s.o.** j-m), b) eigen sein (**in s.th.** e-r Sache); **2.** enthalten sein (**in** in *dat.*); **in'her·ence** [-ərəns] *s.* Innewohnen *n*, Anhaften *n*; *phls.* Inhä'renz *f*; **in'her·ent** [-ərənt] *adj.* ☐ **1.** innewohnend, eigen, anhaftend (*alle*: **in** *dat.*): **~ defect** (*od.* **vice**) ⚖ innerer Fehler; **2.** eingewurzelt; **3.** *phls.* inhä'rent; **in'her·ent·ly** [-ərəntlɪ] *adv.* von Na'tur aus, schon an sich.

in·her·it [ɪn'herɪt] **I** *v/t.* **1.** ⚖, *biol.*, *fig.* erben; **2.** *biol.*, *fig.* ererben; **II** *v/i.* **3.** ⚖ erben, Erbe sein; **in'her·it·a·ble** [-təbl] *adj.* **1.** ⚖, *biol.*, *fig.* vererbbar, erblich (*Sache*); **2.** erbfähig, -berechtigt (*Person*); **in'her·it·ance** [-təns] *s.* **1.** ⚖, *fig.* Erbe *n*, Erbschaft *f*, Erbteil *n*: **~ tax** *Am.* Erbschaftssteuer *f*; **2.** ⚖, *biol.* Vererbung *f*: **by ~** durch Vererbung, erblich; **in'her·it·ed** [-tɪd] *adj.* ererbt, Erb... (*a. ling.*); **in'her·i·tor** [-tə] *s.* Erbe *m* (*a. fig.*); **in'her·i·tress** [-trɪs], **in'her·i·trix** [-trɪks] *s.* Erbin *f*.

in·hib·it [ɪn'hɪbɪt] *v/t.* **1.** *et.*, *psych. j-n* hemmen: **~ed** gehemmt; **2.** (**from**) *j-n* abhalten (von), hindern (an *dat.*): **~ s.o. from doing s.th.** j-n daran hindern, et. zu tun; **in·hi·bi·tion** [,ɪnhɪ'bɪʃn] *s.* **1.** Hemmung *f* (*a.* ⚕ *u. psych.*): **~ threshold** 'Hemmschwelle *f*; **2.** Unter'sagung *f*, Verbot *n*; **3.** ⚖ Unter'sagungsbefehl *m* (*e-e Sache weiterzuverfolgen*); **in'hib·i·tor** [-tə] *s.* ⚗, ⚙ Hemmstoff *m*, (*Korrosions- etc.*) Schutzmittel *n*; **in'hib·i·to·ry** [-tərɪ] **1.** hemmend, Hemmungs... (*a.* ⚕ *u. psych.*), hindernd; **2.** unter'sagend, verbietend.

in·hos·pi·ta·ble [ɪn'hɒspɪtəbl] *adj.* ☐ ungastlich: a) nicht gastfreundlich, b) unwirtlich: **~ climate**; **in·hos·pi·tal·i·ty** [ɪn,hɒspɪ'tælətɪ] *s.* Ungastlichkeit *f*: a) mangelnde Gastfreundschaft *f*, b) Unwirtlichkeit *f*.

'in-,house *adj.* innerbetrieblich, betriebsintern

in·hu·man [ɪn'hjuːmən] *adj.* ☐, **in·hu·mane** [,ɪnhjuː'meɪn] *adj.* ☐ unmenschlich, 'inhu,man; **in·hu·man·i·ty** [,ɪnhjuː'mænətɪ] *s.* Unmenschlichkeit *f*.

in·hume [ɪn'hjuːm] *v/t.* beerdigen, bestatten.

in·im·i·cal [ɪ'nɪmɪkl] *adj.* ☐ (**to**) **1.** feindlich (gegen); **2.** schädlich, nachteilig (für).

in·im·i·ta·ble [ɪ'nɪmɪtəbl] *adj.* ☐ unnachahmlich, einzigartig.

in·iq·ui·tous [ɪ'nɪkwɪtəs] *adj.* ☐ **1.** ungerecht; **2.** frevelhaft; **3.** böse, lasterhaft, schlecht; **4.** gemein, niederträchtig; **in'iq·ui·ty** [-tɪ] *s.* **1.** Ungerechtigkeit *f*; **2.** Niederträchtigkeit *f*; **3.** Schandtat *f*, Frevel *m*; **4.** Sünde *f*, Laster *n*.

in·i·tial [ɪ'nɪʃl] **I** *adj.* ☐ **1.** anfänglich, Anfangs..., Ausgangs..., erst, ursprünglich: **~ advertising** ✝ Einführungswerbung *f*; **~ capital expenditure** ✝ Anlagekosten *pl.*; **~ cost** ✝ Anfangskosten *pl.*; **~ material** ✝ Ausgangsmaterial *n*; **~ position** ⚙, ⚔ *etc.* Ausgangsstellung *f*; **~ salary** Anfangsgehalt *n*; **~ stages** Anfangsstadium *n*; **2.** *ling.* anlautend; **II** *s.* **3.** (großer) Anfangsbuchstabe, Initi'ale *f*; **4.** *pl.* Mono'gramm *n*; **5.** *ling.* Anlaut *m*; **III** *v/t.* **6.** mit Initi'alen versehen *od.* unter'zeichnen, paraphieren; **7.** mit e-m Mono'gramm versehen; **in'i·tial·ly** [-ʃəlɪ] *adv.* am *od.* zu Anfang, anfänglich, zu'erst.

in·i·ti·ate **I** *v/t.* [ɪ'nɪʃɪeɪt] **1.** beginnen, einleiten, -führen, ins Leben rufen; **2.** *j-n* einweihen, -arbeiten, -führen (**into**, **in** in *acc.*); **3.** *j-n* einführen, aufnehmen (**into** in *acc.*); **4.** *pol.* als Erster beantragen; *Gesetzesvorlage* einbringen; **II** *adj.* [-ɪət] **5.** → **initiated**; **III** *s.* [-ɪət] **6.** Eingeweihte(r *m*) *f*, Kenner(in); **7.** Eingeführte(r *m*) *f*; **8.** Neuling *m*, Anfänger (-in); **in'i·ti·at·ed** [-tɪd] *adj.* eingeführt, eingeweiht: **the ~** die Eingeweihten *pl.*; **in·i·ti·a·tion** [ɪ,nɪʃɪ'eɪʃn] *s.* **1.** Einleitung *f*, Beginn *m*; **2.** (feierliche) Einführung, -setzung *f*, Aufnahme *f* (**into** in *acc.*); **3.** Einweihung *f*, Weihe *f*.

in·i·ti·a·tive [ɪ'nɪʃɪətɪv] **I** *s.* **1.** Initia'tive *f*: a) erster Schritt *od.* Anstoß, Anregung *f*: **take the ~** die Initiative ergreifen, den ersten Schritt tun; **on s.o.'s ~** auf j-s Anregung hin; **on one's own ~** aus eigenem Antrieb, b) Unter'nehmungsgeist *m*; **2.** *pol.* (Ge'setzes)Initia,tive *f*; **II** *adj.* **3.** einleitend; **4.** beginnend.

in·i·ti·a·tor [ɪ'nɪʃɪeɪtə] *s.* **1.** Initi'ator *m*, Urheber *m*, Anreger *m*; **2.** ⚔ (Initi'al-) Zündladung *f*; **3.** ⚗ reakti'onsauslösende Sub'stanz; **in'i·ti·a·to·ry** [-ɪətərɪ] *adj.* **1.** einleitend; **2.** einweihend, Einweihungs...

in·ject [ɪn'dʒekt] *v/t.* **1.** ⚕ a) (*a.* ⚙) einspritzen, b) ausspritzen (**with** mit), c) e-e Einspritzung machen in (*acc.*); **2.** *fig.* einflößen, einimpfen (**into** *dat.*); **3.** *Bemerkung* einwerfen.

in·jec·tion [ɪn'dʒekʃn] *s.* ⚕ Injekti'on *f*: a) Einspritzung *f* (*a.* ⚙), Spritze *f*, b) *das Eingespritzte*, c) Einlauf *m*, d) Ausspritzung *f* (*e-r Wunde etc.*): **~ of money** *fig.* ‚Spritze' *f*, Geldzuschuss *m*; **~ cock** *s.* Einspritzhahn *m*; **~ die** *s.* ⚙ Spritzform *f*; **~ mo(u)ld·ing** *s.* Spritzguss(verfahren *n*) *m*; **~ noz·zle** *s.* Einspritzdüse *f*; **~ syr·inge** *s.* ⚕ Injekti'onsspritze *f*.

in·jec·tor [ɪn'dʒektə] *s.* ⚙ In'jektor *m*, Dampfstrahlpumpe *f*.

in·ju·di·cious [,ɪndʒuː'dɪʃəs] *adj.* ☐ unklug, 'unüber,legt.

In·jun ['ɪndʒən] *s. Am. humor.* Indi'aner *m*: **honest ~!** Ehrenwort!

in·junc·tion [ɪn'dʒʌŋkʃn] *s.* **1.** ⚖ gerichtliche Verfügung, *bsd.* (gerichtlicher) Unter'lassungsbefehl: **interim ~** einstweilige Verfügung; **2.** ausdrücklicher Befehl.

in·jure ['ɪndʒə] *v/t.* **1.** verletzen, beschädigen, verwunden: **~ one's leg** sich am Bein verletzen; **2.** *fig. j-n, j-s Stolz etc.* kränken, verletzen; **3.** schaden (*dat.*), schädigen, beeinträchtigen; **'in·jured** [-əd] *adj.* **1.** verletzt: **the ~** die Verletzten; **2.** geschädigt: **the ~ party** der Geschädigte; **3.** gekränkt, verletzt: **~ innocence** gekränkte Unschuld; **in·ju·ri·ous** [ɪn'dʒʊərɪəs] *adj.* ☐ **1.** schädlich, nachteilig (**to** für): **be ~** (**to**) schaden (*dat.*); **2.** beleidigend, verletzend (*Worte*); **3.** un(ge)recht; **in·ju·ry** ['ɪndʒərɪ] *s.* **1.** Verletzung *f*, Wunde *f* (**to** an *dat.*): **~ to the head** Kopfverletzung, -wunde; **~ time** *sport* Nachspielzeit *f*; **2.** (Be)Schädigung *f* (**to** *gen.*), Schaden *m* (*a.* ⚖): **~ to person** (**property**) Personen-(Sach)schaden; **3.** *fig.* Verletzung *f*, Kränkung *f* (**to** *gen.*); **4.** Unrecht *n*.

in·jus·tice [ɪn'dʒʌstɪs] *s.* Unrecht *n*, Ungerechtigkeit *f*: **do s.o. an ~** j-m ein Unrecht antun.

ink [ɪŋk] **I** *s.* **1.** Tinte *f*: **copying ~** Kopiertinte *f*; **2.** Tusche *f*: **~ drawing** Tuschzeichnung *f*; → **Indian ink**; **3.** *typ.* (Druck)Farbe *f*; → **printer** 1; **4.** *zo.* Tinte *f*, Sepia *f*; **II** *v/t.* **5.** mit Tinte schwärzen *od.* beschmieren; **6.** *typ. Druckwalzen* einfärben; **7.** **~ in** *mit Tusche* ausziehen, tuschieren; **8.** **~ out** *mit Tinte* unleserlich machen, ausstreichen; **~ bag** → **ink sac**; **~ blot** *s.* Tintenklecks *m*.

ink·er ['ɪŋkə] *s.* **1.** → **inking roller**; **2.** *typ.* Tuscher(in).

ink·ing ['ɪŋkɪŋ] *s. typ.* Einfärben *n*; **~ pad** *s.* Einschwärzballen *m*; **~ roll·er** *s.* Auftrag-, Farbwalze *f*.

ink-jet print·er ['ɪŋkdʒet] *s. Computer*: Tintenstrahldrucker *m*.

ink·ling ['ɪŋklɪŋ] *s.* **1.** Andeutung *f*, Wink *m*; **2.** dunkle Ahnung: **get an ~ of s.th.** et. merken, ‚Wind von et. bekommen'; **not the least ~** nicht die leiseste Ahnung.

ink| pad *s.* Farb-, Stempelkissen *n*; **~ pot** *s.* Tintenfass *n*; **~ rib·bon** *s.* Farbband *n*; **~ sac** *s. zo.* Tintenbeutel *m*; **'~·stand** *s.* **1.** Tintenfass *n*; **2.** Schreibzeug *n*; **'~·well** *s.* (eingelassenes) Tintenfass.

ink·y ['ɪŋkɪ] *adj.* **1.** tiefschwarz; **2.** voll Tinte, tintig.

I

in·laid [ˌɪnˈleɪd; *attr.* ˈɪnleɪd] *adj.* eingelegt, Einlege..., Mosaik...: ~ ***floor*** Parkett(fußboden *m*) *n*; ~ ***table*** Tisch *m* mit Einlegearbeit; ~ ***work*** Einlegearbeit *f*.

in·land [ˈɪnlənd] **I** *s.* **1.** In-, Binnenland *n*; **II** *adj.* **2.** binnenländisch, Binnen...: ~ ***town*** Stadt im Binnenland; **3.** inländisch, einheimisch, Inland..., Landes...; **III** *adv.* [ɪnˈlænd] **4.** im Innern des Landes; **5.** ins Innere des Landes, landeinwärts; ~ **bill** (**of ex·change**) [ˈɪnlənd] *s.* ✝ Inlandwechsel *m*; ~ **du·ty** *s.* ✝ Binnenzoll *m*.

in·land·er [ˈɪnləndə] *s.* Binnenländer(in).

ˈ**in·land| mail** *s. Brit.* Inlandspost *f*; ~ **nav·i·ga·tion** *s.* Binnenschifffahrt *f*; ~ **prod·uce** *s.* ✝ ˈLandesproˌdukte *pl.*; ~ **rev·e·nue** *s.* ✝ *Brit.* a) Steueraufkommen *n*, b) ♎ Steuerbehörde *f*; ~ **trade** *s.* ✝ Binnenhandel *m*; ~ **wa·ters**, ~ **wa·ter·ways** *s. pl.* Binnengewässer *pl.*

in-laws [ˈɪnlɔːz] *s. pl.* **1.** angeheiratete Verwandte *pl.*; **2.** Schwiegereltern *pl.*

in·lay I *v/t.* [*irr.* → **lay**] [ˌɪnˈleɪ] **1.** einlegen: ~ ***with ivory***; **2.** furnieren; **3.** täfeln, parkettieren, auslegen; **II** *s.* [ˈɪnleɪ] **4.** Einlegearbeit *f*, Inˈtarsia *f*; **5.** ⚕ (Zahn)Füllung *f*, Plombe *f*.

in·let [ˈɪnlet] *s.* **1.** Meeresarm *m*, schmale Bucht; **2.** Eingang *m* (*a.* ⚕), Einlass *m* (*a.* ⚙): ~ ***valve*** ⚙ Einlassventil *n*; **3.** Einsatz(stück *n*) *m*.

ˈ**in-line en·gine** *s.* Reihenmotor *m*.

in·lin·er [ˈɪnlaɪnə] *s. sport* **1.** Inlineskater *m*; **2.** Inline Skate *m*, Inliner *m*.

ˈ**in-line| skat·er** *s. sport* ˈInlineˌskater(in); ~ **skates** *s. pl. sport* Inline Skates *pl.*, ˈInliner *pl.*; ~ **skat·ing** *s. sport* Inline Skating *n*.

in·ly·ing [ˈɪnˌlaɪɪŋ] *adj.* innen liegend, Innen..., inner.

in·mate [ˈɪnmeɪt] *s.* **1.** Insasse *m*, Insassin *f* (*bsd. e-r Anstalt etc.*); **2.** *obs.* Hausgenosse *m*, -genossin *f*; **3.** Bewohner(in) (*a. fig.*).

in·most [ˈɪnməʊst] *adj.* **1.** (*a. fig.*) innerst; **2.** *fig.* tiefst, geheimst.

inn [ɪn] *s.* **1.** Gasthaus *n*, -hof *m*; **2.** Wirtshaus *n*; **3.** ***Inns*** *pl.* ***of Court*** ♎ *die* (Gebäude *pl.* der) vier Rechtsschulen in London.

in·nards [ˈɪnədz] *s. pl.* F *das* Innere, *bsd.* a) *die* Eingeweide *pl.* (*a. fig.*), b) *Küche*: *die* Inneˈreien *pl.*

in·nate [ˌɪˈneɪt] *adj.* □ angeboren, eigen (*in dat.*); ˌ**inˈnate·ly** [-lɪ] *adv.* von Naˈtur (aus).

in·ner [ˈɪnə] **I** *adj.* **1.** inner, inwendig, Innen...: ~ ***door*** Innentür *f*; **2.** *fig.* inner, vertraut: ***the*** ~ ***circle*** der engere Kreis (*von Freunden etc.*); **3.** geistig, seelisch, inner(lich): ~ ***life*** *das* Innen- *od.* Seelenleben; **4.** verborgen, geheim; **II** *s.* **5.** (Treffer *m* in das) Schwarze (*e-r Schießscheibe*); ~ **man** *s.* [*irr.*] innerer Mensch: a) Seele *f*, Geist *m*, b) *humor. der* Magen *m*: ***refresh the*** ~ sich stärken.

ˈ**in·ner·most** → ***inmost***.

in·ner| span *s.* ⚠ lichte Weite; ~ **surface** *s.* Innenfläche *f*, -seite *f*; ~ **tube** *s.* ⚙ (Luft)Schlauch *m e-s Reifens*.

in·ner·vate [ˈɪnɜːveɪt] *v/t.* **1.** ⚕ innervieren, mit Nerven versorgen; **2.** anregen, beleben.

in·ning [ˈɪnɪŋ] *s.* **1.** *Brit.* ~***s*** *pl. sg. konstr.*, *Am.* ~ *sg.*: ***have one's*** ~(***s***) a) *Kricket*, *Baseball*: dran *od.* am Spiel *od.* am Schlagen sein, b) *fig.* an der Reihe sein, *pol.* an der Macht *od.* am Ruder sein; **2.** *pl. Brit.* Gelegenheit *f*, Glück *n*, Chance *f*.

ˈ**innˌkeep·er** *s.* Gastwirt(in).

in·no·cence [ˈɪnəsəns] *s.* **1.** *allg.* Unschuld *f*: a) ♎ *etc.* Schuldlosigkeit *f* (***of*** an *dat.*), b) Keuschheit *f*, c) Harmlosigkeit *f*, d) Arglosigkeit *f*, Naiviˈtät *f*, Einfalt *f*; **2.** Unwissenheit *f*; ˈ**in·no·cent** [-snt] **I** *adj.* □ **1.** unschuldig: a) schuldlos (***of*** an *dat.*): ~ ***air*** Unschuldsmiene *f*, b) keusch, rein, c) harmlos, d) arglos, naˈiv, einfältig; **2.** harmlos: ***an*** ~ ***sport***; **3.** unbeabsichtigt: ***an*** ~ ***deception***; **4.** unwissend: ***he is*** ~ ***of such things*** er hat noch nichts von solchen Dingen gehört; **5.** ♎ a) → 1 a, b) gutgläubig, c) leˈgal; **6.** (***of***) frei (von), bar (*gen.*), ohne (*acc.*): ~ ***of conceit*** frei von (jedem) Dünkel; ~ ***of reason*** bar aller Vernunft; ***he is*** ~ ***of Latin*** er kann kein Wort Latein; **II** *s.* **7.** Unschuldige(r *m*) *f*: ***the slaughter of the*** ♎***s*** a) *bibl.* der bethlehemitische Kindermord, b) *parl. sl.* das Überˈbordwerfen von Vorlagen am Sessiˈonsende; **8.** ‚Unschuld' *f*, naˈiver Mensch, Einfaltspinsel *m*; **9.** Ignoˈrant(in), Nichtswisser(in).

in·noc·u·ous [ɪˈnɒkjʊəs] *adj.* □ unschädlich, harmlos.

in·no·vate [ˈɪnəʊveɪt] *v/i.* Neuerungen einführen *od.* vornehmen; **in·no·va·tion** [ˌɪnəʊˈveɪʃn] *s.* Neuerung *f*, *a.* ✝ Innovatiˈon *f*; ˈ**in·no·va·tive** [-tɪv] *adj.* innovationsfreudig: ~ ***advance*** Innovationsschub *m*; ˈ**in·no·va·tor** [-tə] *s.* Neuerer *m*.

in·nox·ious [ɪˈnɒkʃəs] *adj.* □ unschädlich.

in·nu·en·do [ˌɪnjuːˈendəʊ] *pl.* **-does** *s.* **1.** (versteckte) Andeutung *od.* (boshafte) Anspielung, Anzüglichkeit *f*; **2.** Unterˈstellung *f*.

in·nu·mer·a·ble [ɪˈnjuːmərəbl] *adj.* □ unzählig, zahllos.

in·ob·serv·ance [ˌɪnəbˈzɜːvəns] *s.* **1.** Unaufmerksamkeit *f*, Unachtsamkeit *f*; **2.** Nichteinhaltung *f*, -beachtung *f*.

in·oc·u·late [ɪˈnɒkjʊleɪt] *v/t.* **1.** ⚕ a) *Serum etc.* einimpfen (***on***, ***into s.o.*** j-m), b) *j-n* impfen (***against*** gegen); **2.** ~ ***with*** *fig. j-m et.* einimpfen, *j-n* erfüllen mit; **3.** ⚘ okulieren; **in·oc·u·la·tion** [ɪˌnɒkjʊˈleɪʃn] *s.* **1.** ⚕ a) Impfung *f*: ~ ***gun*** Impfpistole *f*; ***preventive*** ~ Schutzimpfung, b) Einimpfung *f* (*a. fig.*); **2.** ⚘ Okulierung *f*.

in·o·dor·ous [ɪnˈəʊdərəs] *adj.* □ geruchlos.

in·of·fen·sive [ˌɪnəˈfensɪv] *adj.* □ harmlos.

in·of·fi·cious [ˌɪnəˈfɪʃəs] *adj.* ♎ pflichtwidrig.

in·op·er·a·ble [ɪnˈɒpərəbl] *adj.* ⚕ inopeˈrabel, nicht operierbar.

in·op·er·a·tive [ɪnˈɒpərətɪv] *adj.* **1.** unwirksam: a) wirkungslos, b) ♎ ungültig, nicht in Kraft; **2.** a) außer Betrieb, b) nicht einsatzfähig.

in·op·por·tune [ɪnˈɒpətjuːn] *adj.* □ ˈinopporˌtun, unangebracht, zur Unzeit (geschehen *etc.*), ungelegen.

in·or·di·nate [ɪˈnɔːdɪnət] *adj.* □ **1.** ˈübermäßig, überˈtrieben, maßlos; **2.** ungeordnet; **3.** unbeherrscht.

in·or·gan·ic [ˌɪnɔːˈgænɪk] *adj.* (□ ~***ally***) ˈun-, ⚗ ˈanorˌganisch.

in·os·cu·late [ɪˈnɒskjʊleɪt] *mst* ⚕ **I** *v/t.* vereinigen (***with*** mit), einmünden lassen (***into*** in *acc.*); **II** *v/i.* sich vereinigen; eng verbunden sein.

in·pa·tient [ˈɪnˌpeɪʃnt] *s.* ˈAnstaltspatiˌent(in), statioˈnärer Patiˈent: ~ ***treatment*** stationäre Behandlung.

in·pay·ment [ˈɪnˌpeɪmənt] *s.* ✝ Einzahlung *f*.

in·phase [ˈɪnfeɪz] *adj.* ⚡ gleichphasig.

in-plant [ˈɪnplɑːnt] *adj.* ✝ innerbetrieblich, (beˈtriebs)inˌtern.

in·pour·ing [ˈɪnˌpɔːrɪŋ] **I** *adj.* (her-) ˈeinströmend; **II** *s.* (Her)ˈEinströmen *n*.

in·put [ˈɪnpʊt] *s.* Input *m*: a) ✝ eingesetzte Produktiˈonsmittel *pl.*: ~***-output analysis*** Input-Output-Analyse *f*, b) ⚙ eingespeiste Menge, c) ⚡ zugeführte Spannung *od.* Leistung, (Leistungs-) Aufnahme *f*, ˈEingangsenerˌgie *f*: ~ ***amplifier*** *Radio*: Eingangsverstärker *m*; ~ ***circuit*** ⚡ Eingangsstromkreis *m*; ~ ***impedance*** ⚡ Eingangswiderstand *m*, d) *Computer*: (Daten-, Proˈgramm)Eingabe *f*.

in·quest [ˈɪnkwest] *s.* **1.** ♎ a) gerichtliche Unterˈsuchung, b) *a.* ***coroner's*** ~ Gerichtsverhandlung *f* zur Feststellung der Todesursache (*bei ungeklärten Todesfällen*), c) Unterˈsuchungsergebnis *n*, Befund *m*; **2.** genaue Prüfung, Nachforschung *f*.

in·qui·e·tude [ɪnˈkwaɪətjuːd] *s.* Unruhe *f*, Besorgnis *f*.

in·quire [ɪnˈkwaɪə] **I** *v/t.* **1.** sich erkundigen nach, fragen nach, erfragen: ~ ***the price***; ~ ***one's way*** sich nach dem Weg erkundigen; **II** *v/i.* **2.** fragen, sich erkundigen (***of s.o.*** bei j-m; ***for*** nach; ***about*** über *acc.*, wegen): ~ ***after s.o.*** sich nach j-m *od.* nach j-s Befinden erkundigen; ~ ***within!*** Näheres im Hause (zu erfragen)!; **3.** ~ ***into*** unterˈsuchen, erforschen; **inˈquir·er** [-ərə] *s.* **1.** Fragesteller(in), Nachfragende(r *m*) *f*; **2.** Unterˈsuchende(r *m*) *f*; **inˈquir·ing** [-ərɪŋ] *adj.* □ forschend, fragend; neugierig.

in·quir·y [ɪnˈkwaɪərɪ] *s.* **1.** Erkundigung *f*, (An-, Nach)Frage *f*: ***on*** ~ auf Nachfrage *od.* Anfrage; ***make inquiries*** Erkundigungen einziehen (***of s.o.*** bei j-m; ***about*** über *acc.*, wegen); ***Inquiries*** *pl.* Auskunft(sstelle) *f*; **2.** Unterˈsuchung *f*, Prüfung *f* (***into*** *gen.*); (Nach)Forschung *f*: ***board of*** ~ Unterˈsuchungsausschuss *m*; ~ **of·fice** *s.* ˈAuskunft(sbüˌro *n*) *f*.

in·qui·si·tion [ˌɪnkwɪˈzɪʃn] *s.* **1.** (gerichtliche *od.* amtliche) Unterˈsuchung; **2.** *R.C.* a) *hist.* Inquisitiˈon *f*, Ketzergericht *n*, b) Kongregatiˈon *f* des heiligen Ofˈfiziums; **3.** *fig.* strenges Verhör; ˌ**in·quiˈsi·tion·al** [-ʃənl] *adj.* **1.** Untersuchungs...; **2.** *R.C.* Inquisitions...; **3.** → ***inquisitorial*** 3.

in·quis·i·tive [ɪnˈkwɪzətɪv] *adj.* □ **1.** wissbegierig; **2.** neugierig, naseweis; **in·ˈquis·i·tive·ness** [-nɪs] *s.* **1.** Wissbegierde *f*; **2.** Neugier(de) *f*; **inˈquis·i·tor** [-tə] *s.* *R.C.* Inquiˈsitor *m*: ***Grand*** ♎ Großinquisitor; **in·quis·i·to·ri·al** [ɪnˌkwɪzɪˈtɔːrɪəl] *adj.* □ **1.** ♎ Untersuchungs...; **2.** *R.C.* Inquisitions...; **3.** inquisiˈtorisch, streng (verhörend); **4.** aufdringlich fragend, neugierig.

in| re [ˌɪnˈreɪ] (*Lat.*) *prp.* ♎ in Sachen, betrifft; ~ **rem** [ˌɪnˈrem] (*Lat.*) *adj.* ♎ dinglich: ~ ***action***.

in·road [ˈɪnrəʊd] *s.* **1.** Angriff *m*, ˈÜberfall *m* (***on*** auf *acc.*), Einfall *m* (***in***, ***on*** in *acc.*); **2.** *fig.* (***on***, ***into***) Eingriff *m* (in *acc.*), ˈÜbergriff *m* (auf *acc.*), ˈübermäßige Inˈanspruchnahme (*gen.*); **3.** Eindringen *n*: ***make an*** ~ ***into*** *fig.* e-n Einbruch erzielen in (*dat.*).

in·rush ['ɪnrʌʃ] *s.* (Her)'Einströmen *n*, Zustrom *m*.
in·sa·lu·bri·ous [ˌɪnsə'lu:brɪəs] *adj.* ungesund; ˌ**in·sa'lu·bri·ty** [-ətɪ] *s.* Gesundheitsschädlichkeit *f*.
in·sane [ɪn'seɪn] *adj.* □ wahn-, irrsinnig: a) ⚕ geisteskrank; → ***asylum*** 1, b) *fig.* verrückt, toll.
in·san·i·tar·y [ɪn'sænɪtərɪ] *adj.* 'unhygiˌenisch, gesundheitsschädlich.
in·san·i·ty [ɪn'sænətɪ] *s.* Irr-, Wahnsinn *m*: a) ⚕ Geisteskrankheit *f*, b) *fig.* Verrücktheit *f*.
in·sa·ti·a·bil·i·ty [ɪnˌseɪʃjə'bɪlətɪ] *s.* Unersättlichkeit *f*; **in·sa·ti·a·ble** [ɪn'seɪʃjəbl], **in·sa·ti·ate** [ɪn'seɪʃɪət] *adj.* unersättlich (*a. fig.*).
in·scribe [ɪn'skraɪb] *v/t.* **1.** (ein-, auf-) schreiben; **2.** beschriften, mit e-r Inschrift versehen; **3.** *bsd.* ✝ eintragen: **~*d stock*** *Brit.* Namensaktien *pl.*; **4.** *Buch etc.* widmen (***to*** *dat.*); **5.** ⚖ einbeschreiben; **6.** *fig.* (fest) einprägen (***in*** *dat.*).
in·scrip·tion [ɪn'skrɪpʃn] *s.* **1.** Beschriftung *f*; In-, Aufschrift *f*; **2.** Eintragung *f*, Registrierung *f* (*bsd. von Aktien*); **3.** Zueignung *f*, Widmung *f* (*Buch etc.*); **4.** ⚖ Einzeichnung *f*; **5.** ✝ *Brit.* (Ausgabe *f* von) Namensaktien *pl.*; **in'scrip·tion·al** [-ʃənl], **in'scrip·tive** [-tɪv] *adj.* Inschriften...
in·scru·ta·bil·i·ty [ɪnˌskru:tə'bɪlətɪ] *s.* Unergründlichkeit *f*; **in·scru·ta·ble** [ɪn'skru:təbl] *adj.* □ unergründlich: **~ *face*** undurchdringliches Gesicht.
in·sect ['ɪnsekt] *s.* **1.** *zo.* In'sekt *n*, Kerbtier *n*; **2.** *contp.* ‚Wurm' *m*, ‚Giftzwerg' *m* (*Person*); **in·sec·ti·cide** [ɪn'sektɪsaɪd] *s.* In'sektengift *n*, Insekti'zid *n*; **in·sec·ti·vore** [ɪn'sektɪvɔ:] *s. zo.* In'sektenfresser *m*; **in·sec·tiv·o·rous** [ˌɪnsek'tɪvərəs] *adj. zo.* In'sekten fressend.
'**in·sect| pow·der** *s.* In'sektenpulver *n*; **~ re·pel·lent** [rɪ'pelənt] *s.* In'sektenschutzmittel *n*.
in·se·cure [ˌɪnsɪ'kjʊə] *adj.* □ **1.** unsicher: a) ungesichert, pre'kär, b) ungewiss, zweifelhaft; **2.** *psych.* unsicher, verunsichert: ***make s.o. feel ~*** j-n verunsichern; ˌ**in·se'cu·ri·ty** [-ʊərətɪ] *s.* **1.** Unsicherheit *f*; **2.** Ungewissheit *f*.
in·sem·i·nate [ɪn'semɪneɪt] *v/t.* **1.** (ein-, aus)säen; **2.** *biol.* (*bsd.* künstlich) befruchten; **3.** *fig.* einimpfen; **in·sem·i·na·tion** [ɪnˌsemɪ'neɪʃn] *s.* **1.** (Ein)Säen *n*; **2.** *biol.* Befruchtung *f*: ***artificial ~*** künstliche Befruchtung.
in·sen·sate [ɪn'senseɪt] *adj.* □ **1.** leb-, empfindungs-, gefühllos; **2.** unsinnig, unvernünftig; **3.** → ***insensible*** 3.
in·sen·si·bil·i·ty [ɪnˌsensə'bɪlətɪ] *s.* (***to***) **1.** (*a. fig.*) Gefühllosigkeit *f* (gegen), Unempfindlichkeit *f* (für); **2.** Bewusstlosigkeit *f*; **3.** Gleichgültigkeit *f* (gegen), Unempfänglichkeit *f* (für); Stumpfheit *f*; **in·sen·si·ble** [ɪn'sensəbl] *adj.* □ **1.** unempfindlich, gefühllos (***to*** gegen): **~ *from cold*** vor Kälte gefühllos; **2.** bewusstlos; **3.** (***of, to***) unempfänglich (für), gleichgültig (gegen); **4.** ***be ~ of*** nicht (an)erkennen (*acc.*); **5.** unmerklich; **in·sen·si·bly** [ɪn'sensəblɪ] *adv.* unmerklich.
in·sen·si·tive [ɪn'sensətɪv] *adj.* (***to***) **1.** *a. phys.*, ⚙ unempfindlich (gegen); **2.** unempfänglich (für), gefühllos (gegen); **in'sen·si·tive·ness** [-nɪs] *s.* Unempfindlichkeit *f*; Unempfänglichkeit *f*.
in·sen·ti·ent [ɪn'senʃnt] → ***insensible*** 1.
in·sep·a·ra·bil·i·ty [ɪnˌsepərə'bɪlətɪ] *s.* **1.** Untrennbarkeit *f*; **2.** Unzertrennlichkeit *f*; **in·sep·a·ra·ble** [ɪn'sepərəbl] **I** *adj.* □ **1.** untrennbar (*a. ling.*); **2.** unzertrennlich; **II** *s.* **3.** *pl. die* Unzertrennlichen *pl.*
in·sert I *v/t.* [ɪn'sɜ:t] **1.** einfügen, -setzen, -schieben, *Diskette*, *CD(-ROM)* einlegen, *Worte a.* einschalten, *Instrument etc.* einführen, *Schlüssel etc.* (hi'nein)stecken (***in, into*** in *acc.*); **2.** ⚡ ein-, zwischenschalten; **3.** *Münze* einwerfen; **4.** *Anzeige* (*in e-e Zeitung*) setzen, *ein Inserat* aufgeben; **II** *s.* ['ɪnsɜ:t] **5.** → ***insertion*** 2–4; **in'ser·tion** [-ɜ:ʃn] *s.* **1.** a) Einfügen *n* (*etc.* → ***insert***), b) Einfügung *f*, Ein-, Zusatz *m*, Einschaltung *f* (*a.* ⚡); Einwurf *m* (*Münze*); **2.** (Zeitungs)Beilage *f*; **3.** (Spitzen- *etc.*) Einsatz *m*; **4.** Inse'rat *n*, Anzeige *f*; **in·sert key** [ɪn'sɜ:t] *s. Computer*: Einfügetaste *f*; **in·sert mode** [ɪn'sɜ:t] *s. Computer*: 'Einfügeˌmodus *m*.
'**in-ˌser·vice** *adj.* während der Dienstzeit: **~ *training*** betriebliche Berufsförderung.
in·set I *s.* ['ɪnset] **1.** → ***insertion*** 1 b, 2, 3; **2.** Eckeinsatz *m*, Nebenbild *n*, -karte *f*; **II** *v/t.* [*irr.* → ***set***] [ˌɪn'set] *pret. u. p.p. Brit. a.* **in·set·ted** [ˌɪn'setɪd] **3.** einfügen, -setzen.
in·shore [ˌɪn'ʃɔ:] **I** *adj.* **1.** an *od.* nahe der Küste: **~ *fishing*** Küstenfischerei *f*; **II** *adv.* **2.** a) küstenwärts, b) nahe der Küste; **3.** **~ *of*** näher der Küste als: **~ *of a ship*** zwischen Schiff und Küste.
in·side [ˌɪn'saɪd] **I** *s.* **1.** Innenseite *f*, -fläche *f*, innere Seite: ***on the ~*** innen; ***s.o. on the ~*** *fig.* → ***insider*** 1; **2.** *das* Innere: ***from the ~*** von innen; **~ *out*** das Innere nach außen, umgestülpt, *Kleidung*: verkehrt herum, links; ***turn ~ out*** (völlig) umkrempeln, durcheinander bringen, ‚auf den Kopf stellen'; ***know ~ out*** in- u. auswendig kennen; **3.** F ‚Eingeweide' *pl.*: ***pain in one's ~*** Bauch- *od.* Leibschmerzen; **II** *adj.* **4.** inner, inwendig, Innen...: **~ *diameter*** lichter Durchmesser, lichte Weite; **~ *information*** interne Informationen *pl.*, Informationen *pl.* aus erster Quelle; **~ *job*** F Tat *f* e-s Eingeweihten *od.* Insiders; **~ *lane sport*** Innenbahn *f*; **~ *story*** Inside-Story *f* (*Bericht aus interner Sicht*); **III** *adv.* **5.** im Innern, innen, drin(nen); **6.** nach innen, hin'ein, her'ein: ***go ~***; ***put s.o. ~*** F j-n ‚einlochen'; **7.** **~ *of*** a) innerhalb (*gen.*), binnen: **~ *of a week***, b) *Am.* → 8; **IV** *prp.* **8.** innerhalb (*gen.*), im Innern (*gen.*), in (*dat.*): ***be ~ the house***; **9.** in (*acc.*) ... (hin'ein *od.* herein): ***go ~ the house***; **in·sid·er** [ˌɪn'saɪdə] *s.* **1.** Eingeweihte(r *m*) *f*, Insider *m*; **~ *trading*** (*od.* ***dealing***) *Börse*: Insidergeschäfte *pl.*; **2.** Zugehörige(r *m*) *f*, Mitglied *n*.
in·sid·i·ous [ɪn'sɪdɪəs] *adj.* □ **1.** heimtückisch, 'hinterhältig, tückisch; **2.** ⚕ tückisch, schleichend; **in'sid·i·ous·ness** [-nɪs] *s.* 'Hinterlist *f*, Tücke *f*.
in·sight ['ɪnsaɪt] *s.* (***into***) **1.** Einblick *m* (in *acc.*); **2.** Verständnis *n* (für), Kenntnis (*gen.*).
in·sig·ni·a [ɪn'sɪgnɪə] *s. pl.* In'signien *pl.*, Ab-, Ehrenzeichen *pl.*
in·sig·nif·i·cance [ˌɪnsɪg'nɪfɪkəns] *s.*, ˌ**in·sig'nif·i·can·cy** [-sɪ] *s.* Bedeutungslosigkeit *f*, Unwichtigkeit *f*, Belanglosigkeit *f*, Geringfügigkeit *f*; ˌ**in·sig'nif·i·cant** [-nt] *adj.* □ **1.** bedeutungs-, belanglos, unwichtig; geringfügig, unbedeutend; nichts sagend; **2.** verächtlich.
in·sin·cere [ˌɪnsɪn'sɪə] *adj.* □ unaufrichtig, falsch; ˌ**in·sin'cer·i·ty** [-'serətɪ] *s.* Unaufrichtigkeit *f*.
in·sin·u·ate [ɪn'sɪnjʊeɪt] *v/t.* **1.** andeuten, anspielen auf (*acc.*): ***what are you insinuating?*** was wollen Sie damit sagen?; **2.** *j-m et.* zu verstehen geben, *et.* vorsichtig beibringen; **3.** **~ *o.s. into s.o.'s favo(u)r*** sich bei j-m einschmeicheln; **in'sin·u·at·ing** [-tɪŋ] *adj.* □ **1.** anzüglich; **2.** schmeichlerisch; **in·sin·u·a·tion** [ɪnˌsɪnjʊ'eɪʃn] *s.* **1.** Anspielung *f*, (versteckte) Andeutung; **2.** Schmeiche'leien *pl.*
in·sip·id [ɪn'sɪpɪd] *adj.* □ **1.** fade, geschmacklos, schal; **2.** *fig.* fade, abgeschmackt, geistlos; **in·si·pid·i·ty** [ˌɪnsɪ'pɪdətɪ] *s.* Geschmacklosigkeit *f*, Fadheit *f*, *fig. a.* Abgeschmacktheit *f*.
in·sist [ɪn'sɪst] *v/i.* **1.** (***on***) bestehen (auf *dat.*), dringen (auf *acc.*), verlangen (*acc.*), insis'tieren (auf *dat.*): ***I ~ on doing it*** ich bestehe darauf, es zu tun; ***if you ~!*** wenn Sie darauf bestehen!; **2.** (***on***) beharren (auf *dat.*, bei), bleiben (bei); **3.** beteuern (***on*** *acc.*); **4.** (***on***) her'vorheben, nachdrücklich betonen (*acc.*); **5.** es sich nicht nehmen lassen (***on doing*** zu tun); **6.** **~ *on doing*** immer wieder *umfallen etc.* (*Sache*); **in'sist·ence** [-təns], **in'sist·en·cy** [-tənsɪ] *s.* **1.** Bestehen *n*, Beharren *n* (***on, upon*** auf *dat.*); **2.** (***on***) Beteuerung *f* (*gen.*), Beharren (auf *dat.*); **3.** (***on, upon***) Betonung *f* (*gen.*); Nachdruck *m* (auf *dat.*); **4.** Beharrlichkeit *f*, Hartnäckigkeit *f*; **in'sist·ent** [-tənt] *adj.* □ **1.** beharrlich, dauernd, hartnäckig, drängend; **2.** ***be ~ on*** → ***insist*** 1–3; **3.** eindringlich, nachdrücklich, dringend; **4.** aufdringlich, grell (*Farbe, Ton*).
in·so·bri·e·ty [ˌɪnsəʊ'braɪətɪ] *s.* Unmäßigkeit *f* (*engS.* im Trinken).
ˌ**in·so'far** → ***far*** 4.
in·so·la·tion [ˌɪnsəʊ'leɪʃn] *s.* Sonnenbestrahlung *f*; Sonnenbad *n*.
in·sole ['ɪnsəʊl] *s.* **1.** Brandsohle *f*; **2.** Einlegesohle *f*.
in·so·lence ['ɪnsələns] *s.* **1.** Über'heblichkeit *f*; **2.** Unverschämtheit *f*, Frechheit *f*; '**in·so·lent** [-nt] *adj.* □ **1.** anmaßend; **2.** unverschämt.
in·sol·u·bil·i·ty [ɪnˌsɒljʊ'bɪlətɪ] *s.* **1.** Un(auf)löslichkeit *f*; **2.** *fig.* Unlösbarkeit *f*; **in·sol·u·ble** [ɪn'sɒljʊbl] **I** *adj.* □ **1.** un(auf)löslich; **2.** unlösbar, unerklärlich; **II** *s.* **3.** ⚗ unlösliche Sub'stanz.
in·sol·ven·cy [ɪn'sɒlvənsɪ] *s.* ✝ **1.** Zahlungsunfähigkeit *f*, Insol'venz *f*; **2.** Kon'kurs *m*; **in'sol·vent** [-nt] **I** *adj.* ✝ **1.** zahlungsunfähig, insol'vent; **2.** *bsd. fig.* (*moralisch etc.*) bank'rott; **3.** Konkurs...: **~ *estate*** konkursreifer Nachlass; **II** *s.* **4.** zahlungsunfähiger Schuldner.
in·som·ni·a [ɪn'sɒmnɪə] *s.* ⚕ Schlaflosigkeit *f*; **in'som·ni·ac** [-ɪæk] *s.* ⚕ an Schlaflosigkeit Leidende(r *m*) *f*.
in·so·much [ˌɪnsəʊ'mʌtʃ] *adv.* **1.** so (sehr), dermaßen (***that*** dass); **2.** → ***inasmuch***.
in·sou·ci·ance [ɪn'su:sjəns] *s.* Sorglosigkeit *f* (*etc.* →) **in'sou·ci·ant** [-nt] *adj.* sorglos, unbekümmert, gleichgültig, lässig.
in·spect [ɪn'spekt] *v/t.* **1.** unter'suchen, prüfen, nachsehen; **2.** besichtigen, sich

(genau) ansehen, inspizieren; **3.** beaufsichtigen; **in'spec·tion** [-kʃn] *s.* **1.** Besichtigung *f*, An-, 'Durchsicht *f*; Einsicht(nahme) *f* (*von Akten etc.*): ***for your ~*** zur Ansicht; ***free ~*** Besichtigung ohne Kaufzwang; ***be (laid) open to ~*** zur Einsicht ausliegen; **2.** Unter'suchung *f*, Prüfung *f*, Kon'trolle *f*: ***~ hole*** ⚙ Schauloch *n*; ***~ lamp*** ⚙ Ableuchtlampe *f*; **3.** Besichtigung *f*, Inspekti'on *f*; **4.** Aufsicht *f*; **5.** ✕ Ap'pell *m*; **in'spec·tor** [-tə] *s.* **1.** In'spektor *m*; Kontrol'leur *m* (*Bus etc.*), Aufseher *m*, Aufsichtsbeamte(r) *m*: ***customs ~*** Zollinspektor *m*; ***~ of schools*** Schulinspektor *m*; ***~ of weights and measures*** Eichmeister *m*; **2.** (Poli'zei)In‚spektor *m*, (-)Kommis‚sar *m*; **3.** ✕ In‑spek'teur *m*; **in'spec·to·ral** [-tərəl] *adj.* Inspektor(en)...; Aufsichts...; **in'spec·tor·ate** [-tərət] *s.* Inspekto'rat *n*: a) Aufsichtsbezirk *m*, b) Aufsichtsbehörde *f*, c) Aufseheramt *n*; **in·spec·to·ri·al** [‚inspek'tɔːrɪəl] → ***inspectoral***; **in'spec·tor·ship** [-təʃɪp] **1.** In'spektoramt *n*; **2.** Aufsicht *f*.

in·spi·ra·tion [‚ɪnspə'reɪʃn] *s.* **1.** *eccl.* göttliche Eingebung, Erleuchtung *f*; **2.** Inspirati'on *f*, Eingebung *f*, (plötzlicher) Einfall; **3.** *et.* Inspirierendes; **4.** Anregung *f*: ***at the ~ of*** auf *j-s* Veranlassung; **5.** Begeisterung *f*; **in·spi·ra·tor** ['ɪnspəreɪtə] *s.* ⚕ Inha'lator *m*; **in·spir·a·to·ry** [ɪn'spaɪərətərɪ] *adj.* (Ein-)Atmungs...

in·spire [ɪn'spaɪə] *v/t.* **1.** begeistern, anfeuern; **2.** anregen, veranlassen; **3.** (***in s.o.***) *Gefühl etc.* einflößen, eingeben (j-m); erwecken, erregen (in j-m); **4.** *fig.* a) erleuchten, b) beseelen, erfüllen (***with*** mit), c) inspirieren; **5.** einatmen; **in'spired** [-əd] *adj.* **1.** *bsd. eccl.* erleuchtet; eingegeben; **2.** schöpferisch, einfallsreich; **3.** begeistert; **4.** a) glänzend, her'vorragend, b) schwungvoll; **5.** von ‚oben' (*von der Regierung etc.*) veranlasst; **in'spir·er** [-ərə] *s.* Anreger (-in); **in'spir·ing** [-ərɪŋ] *adj.* □ anregend, begeisternd, inspirierend.

in·spir·it [ɪn'spɪrɪt] *v/t.* beleben, beseelen, anfeuern, ermutigen.

in·sta·bil·i·ty [‚ɪnstə'bɪlətɪ] *s. mst fig.* **1.** Instabili'tät *f*, Unsicherheit *f*; **2.** Labili'tät *f*, Unbeständigkeit *f*.

in·stall [ɪn'stɔːl] *v/t.* **1.** ⚙ a) installieren, montieren, aufstellen, einbauen, b) einrichten, (an)legen, anbringen; **2.** *j-n* bestallen; *in ein Amt* einsetzen, -führen; **3.** ***~ o.s.*** F sich niederlassen; **in·stal·la·tion** [‚ɪnstə'leɪʃn] *s.* **1.** ⚙ a) Installierung *f*, Einrichtung *f*, Einbau *m*, b) (*fertige*) Anlage *od.* Einrichtung; **2.** (Amts)Einsetzung *f*, Bestallung *f*.

in·stal(l)·ment[1] [ɪn'stɔːlmənt] → ***installation***.

in·stal(l)·ment[2] [ɪn'stɔːlmənt] *s.* **1.** ⚚ Rate *f*, Teil-, Ab-, Abschlags-, Ratenzahlung *f*: ***by ~s*** in Raten; ***first ~*** Anzahlung *f*; ***~ credit*** Teilzahlungskredit *m*; ***~ plan*** Teilzahlungssystem *n*; ***buy on the ~ plan*** auf Raten kaufen, ‚abstottern'; **2.** (Teil)Lieferung *f* (*Buch etc.*); **3.** Fortsetzung *f* (*Roman etc.*), *Radio, TV*: *a.* (Sende)Folge *f*.

in·stance ['ɪnstəns] **I** *s.* **1.** (*einzelner*) Fall, Beispiel *n*: ***in this ~*** in diesem (*besonderen*) Fall; ***for ~*** zum Beispiel: ***as an ~ of s.th.*** als Beispiel für et.; **2.** Bitte *f*, Ersuchen *n*: ***at his ~*** auf sein Drängen *od.* Betreiben *od.* s-e Veranlassung; **3.** ⚖ In'stanz *f*: ***court of the first ~*** Gericht *n* erster Instanz; ***in the last ~*** in letzter Instanz, *fig.* letztlich; ***in the first ~*** *fig.* in erster Linie, zuerst; **II** *v/t.* **4.** als Beispiel anführen; **5.** mit Beispielen belegen; **'in·stan·cy** [-sɪ] *s.* Dringlichkeit *f*.

in·stant ['ɪnstənt] **I** *s.* **1.** Mo'ment *m*: a) (kurzer) Augenblick *m*, b) (genauer) Zeitpunkt; ***in an ~***, ***on the ~*** sofort, augenblicklich, im Nu; ***at this ~*** in diesem Augenblick; ***this ~*** sofort, augenblicklich; **II** *adj.* □ → ***instantly***; **2.** so'fortig, augenblicklich: ***~ camera*** *phot.* Instant-, Sofortbildkamera *f*; ***~ coffee*** Pulverkaffee *m*; ***~ glue*** Sekundenkleber *m*; ***~ meal*** Fertig-, Schnellgericht *n*; **3.** *abbr.* ***inst.***: ***the 10th ~*** der 10. dieses Monats; **4.** dringend.

in·stan·ta·ne·ous [‚ɪnstən'teɪnjəs] *adj.* □ **1.** so'fortig, unverzüglich, augenblicklich: ***death was ~*** der Tod trat auf der Stelle ein; **2.** gleichzeitig (*Ereignisse*); **3.** *phys.*, ⚙ momen'tan, Augenblicks...: ***~ photo*** Momentaufnahme *f*; ***~ shutter*** *phot.* Momentverschluss *m*; ‚**in·stan'ta·ne·ous·ly** [-lɪ] *adv.* so'fort, unverzüglich; auf der Stelle; ‚**in·stan'ta·ne·ous·ness** [-nɪs] *s.* Augenblicklichkeit *f*; Blitzesschnelle *f*.

in·stan·ter [ɪn'stæntə] *adv.* so'fort.

in·stant·ly ['ɪnstəntlɪ] *adv.* so'fort, unverzüglich, augenblicklich.

in·state [ɪn'steɪt] *v/t.* *in ein Amt* einsetzen.

in·stead [ɪn'sted] *adv.* **1.** ***~ of*** (an)statt (*gen.*), an Stelle von: ***~ of me*** statt meiner, an meiner statt *od.* Stelle; ***~ of going*** (an)statt zu gehen; ***~ of at work*** statt bei der Arbeit; **2.** stattdessen: ***she sent the boy ~***.

in·step ['ɪnstep] *s.* Rist *m*, Spann *m* (*Fuß*): ***~ raiser*** Plattfußeinlage *f*; ***high in the ~*** F hochnäsig.

in·sti·gate ['ɪnstɪgeɪt] *v/t.* **1.** an-, aufreizen, aufhetzen, anstiften (***to*** zu, ***to do*** zu tun); **2.** *et.* (*Böses*) anstiften, anfachen; **in·sti·ga·tion** [‚ɪnstɪ'geɪʃn] *s.* **1.** Anstiftung *f*, Aufhetzung *f*, -reizung *f*; **2.** Anregung *f*: ***at the ~ of*** auf Betreiben *od.* Veranlassung von (*od. gen.*); **'in·sti·ga·tor** [-tə] *s.* Anstifter(in), (Auf)Hetzer(in).

in·stil(l) [ɪn'stɪl] *v/t.* **1.** einträufeln, -tröpfeln; **2.** *fig.* (***into***) a) *j-m* einflößen, -impfen, beibringen, b) *et.* durch'dringen (mit), einfließen lassen (in *acc.*); **in·stil·la·tion** [‚ɪnstɪ'leɪʃn], **in'stil(l)·ment** [-mənt] *s.* **1.** Einträufelung *f*; **2.** *fig.* Einflößung *f*, Einimpfung *f*.

in·stinct **I** *s.* ['ɪnstɪŋkt] **1.** In'stinkt *m*, (Na'tur)Trieb *m*: ***by ~***, ***on ~***, ***from ~*** instinktiv; **2.** a) instink'tives Gefühl, (sicherer) In'stinkt, b) Begabung *f* (***for*** für); **II** *adj.* [ɪn'stɪŋkt] **3.** belebt, durch'drungen, erfüllt (***with*** von); **in·stinc·tive** [ɪn'stɪŋktɪv] *adj.* □ instink'tiv: a) in'stinkt-, triebmäßig, Instinkt..., b) unwillkürlich, c) angeboren.

in·sti·tute ['ɪnstɪtjuːt] **I** *s.* **1.** Insti'tut *n*, Anstalt *f*; **2.** (gelehrte *etc.*) Gesellschaft; **3.** Insti'tut *n* (*Gebäude*); **4.** *pl. bsd.* ⚚ Grundgesetze *pl.*, -lehren *pl.*; **II** *v/t.* **5.** ein-, errichten, gründen; einführen; **6.** einleiten, in Gang setzen: ***~ an inquiry*** e-e Untersuchung einleiten; ***~ legal proceedings*** Klage erheben, das Verfahren einleiten (***against*** gegen); **7.** *bsd. eccl. j-n* einsetzen, einführen.

in·sti·tu·tion [‚ɪnstɪ'tjuːʃn] *s.* **1.** Insti'tut *n*, Anstalt *f*, Einrichtung *f*, Stiftung *f*, Gesellschaft *f*; **2.** Insti'tut *n* (*Gebäude*); **3.** Instituti'on *f*, Einrichtung *f*, (über'kommene) Sitte, Brauch *m*; **4.** Ordnung *f*, Recht *n*, Satzung *f*; **5.** F a) alte Gewohnheit, b) vertraute Sache, feste Einrichtung, c) allbekannte Per'son; **6.** Ein-, Errichtung *f*, Gründung *f*; **7.** *eccl.* Einsetzung *f*; ‚**in·sti'tu·tion·al** [-ʃənl] *adj.* **1.** Institutions..., Instituts..., Anstalts...; **2.** ⚚ *Am.* ***~ advertising*** Repräsentationswerbung *f*; ‚**in·sti'tu·tion·al·ize** [-ʃənlaɪz] *v/t.* **1.** *et.* institutionalisieren; **2.** *j-n* in e-e Anstalt einweisen.

in·struct [ɪn'strʌkt] *v/t.* **1.** (be)lehren, unter'weisen, -'richten, schulen, ausbilden (***in*** in *dat.*); **2.** informieren, unter'richten; **3.** instruieren (*a.* ⚖), anweisen, beauftragen; **in'struc·tion** [-kʃn] *s.* **1.** Belehrung *f*, Schulung *f*, Ausbildung *f*, 'Unterricht *m*: ***private ~*** Privatunterricht; ***course of ~*** Lehrgang *m*, Kursus *m*; **2.** *pl.* Auftrag *m*, Vorschrift (-en *pl.*) *f*, (An)Weisung(en *pl.*) *f*, Verhaltungsmaßregeln *pl.*, Richtlinien *pl.*, (*a.* Betriebs)Anleitung *f*: ***according to ~s*** auftrags-, weisungsgemäß, vorschriftsmäßig; ***~s for use*** Gebrauchsanweisung; **3.** *Am.* ⚖ *mst pl.* Rechtsbelehrung *f*; **4.** ✕ *mst pl.* Dienstanweisung *f*, Instrukti'on *f*; **in'struc·tion·al** [-kʃənl] *adj.* Unterrichts..., Erziehungs..., Ausbildungs..., Lehr...: ***~ film*** Lehrfilm *m*; ***~ staff*** Lehrkörper *m*; **in'struc·tive** [-tɪv] *adj.* □ belehrend; lehr-, aufschlussreich; **in'struc·tive·ness** [-tɪvnɪs] *s.* *das* Belehrende; **in'struc·tor** [-tə] *s.* **1.** Lehrer *m*; **2.** Ausbilder *m* (*a.* ✕); **3.** *univ. Am.* Do'zent *m*; **in'struc·tress** [-trɪs] *s.* Lehrerin *f*.

in·stru·ment ['ɪnstrumənt] **I** *s.* **1.** Instru'ment *n* (*a.* ♪): a) (feines) Werkzeug *n*, b) Appa'rat *m*, (*bsd.* Mess)Gerät *n*; **2.** *pl.* ⚕ Besteck *n*; **3.** ⚚, ⚖ a) Doku'ment *n*, Urkunde *f*; 'Wertpa‚pier *n*: ***~ of payment*** Zahlungsmittel *n*; ***~ payable to bearer*** ⚚ Inhaberpapier; ***~ to order*** Orderpapier, b) *pl.* Instrumen'tarium *n*: ***the ~s of credit policy***; **4.** *fig.* Werkzeug *n*: a) (Hilfs)Mittel *n*, b) Handlanger(in); **II** *v/t.* **5.** ♪ instrumentieren; **III** *adj.* **6.** ⚙ Instrumenten...: ***~ board***, ***~ panel*** a) Schalt-, Armaturenbrett *n*, b) ✈ Instrumentenbrett *n*; ***~ maker*** Apparatebauer *m*, Feinmechaniker *m*; **7.** ✈ Blind..., Instrumenten...: ***~ flying***; ***~ landing***; **in·stru·men·tal** [‚ɪnstru'mentl] *adj.* □ → ***instrumentally***; **1.** behilflich, dienlich, förderlich: ***be ~ in ger.*** behilflich sein *od.* wesentlich dazu beitragen, dass; e-e gewichtige Rolle spielen bei; **2.** ♪ Instrumental...; **3.** mit Instrumenten ausgeführt: ***~ operation***; ***~ error*** ⚙ Instrumentenfehler *m*; **4.** ***~ case*** *ling.* Instrumental(is) *m*; **in·stru·men·tal·ist** [‚ɪnstru'mentəlɪst] *s.* ♪ Instrumenta'list(in); **in·stru·men·tal·i·ty** [‚ɪnstrumen'tælətɪ] *s.* **1.** Mitwirkung *f*, Mithilfe *f*: ***through his ~***; **2.** (Hilfs)Mittel *n*; Einrichtung *f*; **in·stru·men·tal·ly** [‚ɪnstru'mentəlɪ] *adv.* durch Instrumente; **in·stru·men·ta·tion** [‚ɪnstrumen'teɪʃn] *s.* ♪ Instrumentati'on *f*.

in·sub·or·di·nate [‚ɪnsə'bɔːdnət] *adj.* unbotmäßig, wider'setzlich, aufsässig; **in·sub·or·di·na·tion** ['ɪnsə‚bɔːdɪ'neɪʃn] *s.* Unbotmäßigkeit *f etc.*; Gehorsamsverweigerung *f*, Auflehnung *f*.

in·sub·stan·tial [ˌɪnsəbˈstænʃl] *adj.* **1.** subˈstanzlos, unkörperlich; **2.** unwirklich; **3.** wenig nahrhaft.

in·suf·fer·a·ble [ɪnˈsʌfərəbl] *adj.* □ unerträglich, unausstehlich.

in·suf·fi·cien·cy [ˌɪnsəˈfɪʃnsɪ] *s.* **1.** Unzulänglichkeit *f*, Mangel(haftigkeit *f*) *m*; Untauglichkeit *f*; **2.** ⚕ Insuffiziˈenz *f*; **ˌin·sufˈfi·cient** [-nt] *adj.* □ **1.** unzulänglich, unzureichend, ungenügend; **2.** untauglich, mangelhaft, unfähig.

in·suf·flate [ˈɪnsʌfleɪt] *v/t.* **1.** *a.* ⚕, ⚙ (hin)ˈeinblasen; **2.** *R.C.* anhauchen; **ˈin·suf·fla·tor** [-tə] *s.* ⚙, ⚕ ˈEinblaseappaˌrat *m*.

in·su·lant [ˈɪnsjʊlənt] *s.* ⚙ Isoˈlierstoff *m*, -materiˌal *n*.

in·su·lar [ˈɪnsjʊlə] *adj.* □ **1.** inselartig, insuˈlar, Insel...; **2.** *fig.* isoliert, abgeschlossen; **3.** *fig.* engstirnig, beschränkt; **in·su·lar·i·ty** [ˌɪnsjʊˈlærətɪ] *s.* **1.** insuˈlare Lage; **2.** *fig.* Abgeschlossenheit *f*; **3.** *fig.* Engstirnigkeit *f*, Beschränktheit *f*.

in·su·late [ˈɪnsjʊleɪt] *v/t.* ⚡, ⚙ isolieren (*a. fig. absondern*); **ˈin·su·lat·ing** [-tɪŋ] *adj.* isolierend, Isolier...: **~ compound** ⚡ Isoliermasse *f*; **~ joint** ⚡ Isolierkupplung *f*; **~ switch** Trennschalter *m*; **~ tape** ⚡ Isolierband *n*; **in·su·la·tion** [ˌɪnsjʊˈleɪʃn] *s.* Isolierung *f*; **ˈin·su·la·tor** [-tə] *s.* **1.** ⚡ Isoˈlator *m*; **2.** Isolierer *m* (*Arbeiter*).

in·su·lin [ˈɪnsjʊlɪn] *s.* ⚕ Insuˈlin *n*.

in·sult I *v/t.* [ɪnˈsʌlt] beleidigen, beschimpfen; **II** *s.* [ˈɪnsʌlt] (**to**) Beleidigung *f* (für) (*durch Wort od. Tat*), Beschimpfung *f* (*gen.*): **offer an ~ to** → I; **inˈsult·ing** [-tɪŋ] *adj.* □ **1.** beleidigend, beschimpfend: **~ language** Schimpfworte *pl.*; **2.** unverschämt, frech.

in·su·per·a·ble [ɪnˈsjuːpərəbl] *adj.* □ ˈunüberˌwindlich.

in·sup·port·a·ble [ˌɪnsəˈpɔːtəbl] *adj.* □ unerträglich, unausˈstehlich.

in·sur·a·bil·i·ty [ɪnˌʃʊərəˈbɪlətɪ] *s.* ✝ Versicherungsfähigkeit *f*; **in·sur·a·ble** [ɪnˈʃʊərəbl] *adj.* □ ✝ **1.** versicherungsfähig, versicherbar: **~ value** Versicherungswert *m*; **2.** versicherungspflichtig.

in·sur·ance [ɪnˈʃʊərəns] **I** *s.* **1.** ✝ Versicherung *f*: **buy ~** sich versichern (lassen); **carry ~** versichert sein; **effect** (*od.* **take out**) **an ~** e-e Versicherung abschließen; **2.** ✝ a) Verˈsicherungspoˌlice *f*, b) Versicherungsprämie *f*; **II** *adj.* Versicherungs...: **~ agent** (**broker**, **company**, **premium**, **value**); **~ benefit** Versicherungsleistung *f*; **~ certificate** Versicherungsschein *m*; **~ claim** Versicherungsanspruch *m*; **~ coverage** Versicherungsschutz *m*; **~ fraud** Versicherungsbetrug *m*; **~ office** Versicherungsanstalt *f*; **~ policy** Versicherungspolice *f*, -schein *m*; **take out an ~ policy** e-e Versicherung abschließen, sich versichern (lassen); **inˈsur·ant** [-nt] → **insured** II.

in·sure [ɪnˈʃʊə] *v/t.* **1.** ✝ versichern (**against** gegen; **for** mit *e-r Summe*): **~ oneself** (**one's life**, **one's house**); **2.** → **ensure**; **inˈsured** [-ʊəd] ✝ **I** *adj.*: **the ~ party** → II; **II** *s.* **the ~** der *od.* die Versicherte, Versicherungsnehmer(in); **inˈsur·er** [-ʊərə] *s.* ✝ Versicherer *m*, Versicherungsträger(in): **the ~s** die Versicherungsgesellschaft *f*.

in·sur·gent [ɪnˈsɜːdʒənt] **I** *adj.* aufrührerisch, aufständisch; reˈbellisch (*a. fig.*); **II** *s.* Aufrührer *m*, Aufständische(r) *m*; Reˈbell *m* (*a. pol. gegen die Partei*).

in·sur·mount·a·ble [ˌɪnsəˈmaʊntəbl] *adj.* □ ˈunüberˌsteigbar; *fig.* ˈunüberˌwindlich.

in·sur·rec·tion [ˌɪnsəˈrekʃn] *s.* Aufruhr *m*, Aufstand *m*, Erhebung *f*, Empörung *f*; **ˌin·surˈrec·tion·al** [-ʃənl], **ˌin·surˈrec·tion·ar·y** [-ʃnərɪ] → **insurgent** I; **ˌin·surˈrec·tion·ist** [-ʃnɪst] → **insurgent** II.

in·sus·cep·ti·bil·i·ty [ˈɪnsəˌseptəˈbɪlətɪ] *s.* Unempfänglichkeit *f*, Unzugänglichkeit *f* (**to** für); **in·sus·cep·ti·ble** [ˌɪnsəˈseptəbl] *adj.* **1.** (**of**) nicht fähig (zu), ungeeignet (für, zu); **2.** (**of**, **to**) unempfänglich (für), unzugänglich (*dat.*).

in·tact [ɪnˈtækt] *adj.* **1.** inˈtakt, heil, unversehrt; **2.** unberührt, unangetastet.

in·tagl·io [ɪnˈtɑːlɪəʊ] *pl.* **-ios** *s.* **1.** Inˈtaglio *n* (*Gemme mit eingeschnittenem Bild*); **2.** eingraviertes Bild; **3.** Inˈtaglioverfahren *n*, -arbeit *f*; **4.** *typ. Am.* Tiefdruck *m*.

in·take [ˈɪnteɪk] *s.* **1.** ⚙ a) Einlass(öffnung *f*) *m*: **~ valve** Einlassventil *n*; **~ stroke** *mot.* Saughub *m*, b) aufgenommene Enerˈgie; **2.** Einnehmen *n*, Ein-, Ansaugen *n*; **3.** (Neu)Aufnahme *f*, Zustrom *m*, aufgenommene Menge: **~ of food** Nahrungsaufnahme.

in·tan·gi·bil·i·ty [ɪnˌtændʒəˈbɪlətɪ] *s.* Nichtgreifbarkeit *f*, Unkörperlichkeit *f*; **in·tan·gi·ble** [ɪnˈtændʒəbl] **I** *adj.* □ **1.** nicht greifbar, immateriˈell (*a.* ✝), unkörperlich; **2.** *fig.* vage, unklar, unbestimmt; **3.** *fig.* unfassbar; **II** *s.* **4.** *pl.* ✝ immateriˈelle Werte.

in·tar·si·a [ɪnˈtɑːsɪə] *s. Am.* Inˈtarsia *f*, Einlegearbeit *f*.

in·te·ger [ˈɪntɪdʒə] *s.* **1.** ⨍ ganze Zahl; **2.** → **integral** 5; **ˈin·te·gral** [-ɪgrəl] **I** *adj.* □ **1.** (*zur Vollständigkeit*) unerlässlich, integrierend, wesentlich, ⚙ (fest) eingebaut, e-e Einheit bildend (**with** mit), integriert: **an ~ part**; **2.** ganz, vollständig: **an ~ whole** → 5; **3.** → **intact** 2; **4.** ⨍ a) ganz(zahlig), b) Integral...: **~ calculus** Integralrechnung *f*; **II** *s.* **5.** *ein* vollständiges *od.* einheitliches Ganzes; **6.** ⨍ Inteˈgral *n*; **ˈin·te·grand** [-ɪgrænd] *s.* ⨍ Inteˈgrand *m*; **ˈin·te·grant** [-ɪgrənt] → **integral** 1.

in·te·grate [ˈɪntɪgreɪt] *v/t.* **1.** integrieren (*a.* ⨍, ⚙), zu e-m Ganzen zs.-fassen, zs.-schließen, vereinigen, vereinheitlichen; **2.** vervollständigen; **3.** eingliedern, integrieren (**within** in *acc.*); **4.** ⚡ zählen (*Messgerät*); **5.** *Am. Schule etc.* für Farbige zugänglich machen; **ˈin·te·grat·ed** [-tɪd] *adj.* **1.** einheitlich, geschlossen, zs.-gefasst, integriert; ✝ Verbund...: **~ economy**; **2.** zs.-hängend; **3.** ⚙ eingebaut, integriert (*Schaltung, Datenverarbeitung etc.*): **~ circuit** ⚡ integrierter Schaltkreis; **4.** *Am.* ohne Rassentrennung: **~ school**; **in·te·gra·tion** [ˌɪntɪˈgreɪʃn] *s.* **1.** Zs.-schluss *m*, Vereinigung *f*, Integratiˈon *f*, Vereinheitlichung *f*; **2.** Vervollständigung *f*; **3.** Eingliederung *f*; **4.** ⨍ Integratiˈon *f*; **5.** *Am.* Aufhebung *f* der Rassenschranken; **in·te·gra·tion·ist** [ˌɪntɪˈgreɪʃnɪst] *s. Am.* Verfechter(in) rassischer Gleichberechtigung.

in·teg·ri·ty [ɪnˈtegrətɪ] *s.* **1.** Rechtschaffenheit *f*, (chaˈrakterliche) Sauberkeit, (moˈralische) Integriˈtät; **2.** Vollständigkeit *f*, Unversehrtheit *f*; **3.** Reinheit *f*; **4.** ⨍ Integriˈtät *f*, Ganzzahligkeit *f*.

in·teg·u·ment [ɪnˈtegjʊmənt] *s. anat. biol.* Hülle *f*, Decke *f*, Haut *f*, Integuˈment *n*.

in·tel·lect [ˈɪntəlekt] *s.* **1.** Verstand *m*, Intelˈlekt *m*, Denkvermögen *n*; **2.** kluger Kopf; *coll.* große Geister *pl.*, Intelliˈgenz *f*; **in·tel·lec·tu·al** [ˌɪntəˈlektjʊəl] **I** *adj.* □ → **intellectually**; **1.** intellektuˈell: a) verstandesmäßig, Verstandes..., geistig, Geistes..., b) verstandesbetont, (geistig) anspruchsvoll: **~ power** Geisteskraft *f*; **~ property** geistiges Eigentum; **2.** intelliˈgent; **II** *s.* **3.** Intellektuˈelle(r *m*) *f*, Verstandesmensch *m*; **in·tel·lec·tu·al·ist** [ˌɪntəˈlektjʊəlɪst] → **intellectual** 3; **in·tel·lec·tu·al·i·ty** [ˈɪntəˌlektjʊˈælətɪ] *s.* Intellektualiˈtät *f*, Verstandesmäßigkeit *f*; Geisteskraft *f*; **in·tel·lec·tu·al·ly** [ˌɪntəˈlektjʊəlɪ] *adv.* verstandesmäßig, mit dem Verstand.

in·tel·li·gence [ˌɪnˈtelɪdʒəns] *s.* **1.** Intelliˈgenz *f*: a) Klugheit *f*, Verstand *m*, b) scharfer Verstand, rasche Auffassungsgabe, c) → **intellect** 2: **~ quotient** (**test**) Intelligenzquotient *m* (-test *m*); **2.** Einsicht *f*, Verständnis *n*; **3.** Nachricht *f*, Mitteilung *f*, Informatiˈon *f*, Auskunft *f*; ⚔ ˈNachrichtenmateriˌal *n*; **4.** *a.* **~ office**, **~ service**, ♎ **Department** ⚔ (geheimer) Nachrichtendienst: **~ officer** Abwehr-, Nachrichtenoffizier *m*; **5.** **~ with the enemy** (*verräterische*) Beziehungen *pl.* zum Feind; **inˈtel·li·genc·er** [-sə] *s.* **1.** Berichterstatter (-in); **2.** Aˈgent(in), Spiˈon(in); **inˈtel·li·gent** [-nt] *adj.* □ **1.** intelliˈgent, klug, gescheit; **2.** vernünftig: a) verständig, einsichtsvoll, b) vernunftbegabt; **in·tel·li·gent·si·a**, **in·tel·li·gent·zi·a** [ɪnˌtelɪˈdʒentsɪə] *s. pl. konstr. coll. die* Intelliˈgenz, *die* Intellektuˈellen *pl.*; **in·tel·li·gi·bil·i·ty** [ɪnˌtelɪdʒəˈbɪlətɪ] *s.* Verständlichkeit *f*; **inˈtel·li·gi·ble** [-dʒəbl] □ verständlich, klar (**to** für *od. dat.*).

in·tem·per·ance [ɪnˈtempərəns] *s.* Unmäßigkeit *f*, Zügellosigkeit *f*, *bsd.* Trunksucht *f*; **inˈtem·per·ate** [-rət] *adj.* □ **1.** unmäßig, maßlos; **2.** ausschweifend, zügellos; unbeherrscht; **3.** trunksüchtig.

in·tend [ɪnˈtend] *v/t.* **1.** beabsichtigen, vorhaben, planen, im Sinne haben (**s.th.** et.; **to do** *od.* **doing** zu tun); **2.** bestimmen (**for** für, zu): **our son is ~ed for the navy** unser Sohn soll (einmal) zur Marine gehen; **what is it ~ed for?** was ist der Sinn (*od.* Zweck) der Sache?, was soll das?; **3.** sagen wollen, meinen: **what do you ~ by this?**; **4.** bedeuten, sein sollen: **it was ~ed for a compliment** es sollte ein Kompliment sein; **5.** wollen, wünschen; **inˈtend·ant** [-dənt] *s.* Verwalter *m*; **inˈtend·ed** [-dɪd] **I** *adj.* □ **1.** beabsichtigt, gewünscht; **2.** absichtlich; **3.** F zukünftig: **my ~ wife**; **II** *s.* **4.** F Verlobte(r *m*) *f*: **her ~** ihr Zukünftiger; **inˈtend·ing** [-dɪŋ] *adj.* angehend, zukünftig; ...lustig, ... willig: **~ buyer** ✝ (Kauf)Interessent (-in), Kaufwillige(r).

in·tense [ɪnˈtens] *adj.* □ **1.** intenˈsiv: a) stark, heftig: **~ heat** (**longing** *etc.*), b) hell, grell: **~ light**, c) tief, satt: **~ colo(u)rs**, d) angespannt: **~ study**, e) (an-) gespannt, konzentriert: **~ look**, f) sehnlich, dringend, g) eindringlich: **~ style**; **2.** leidenschaftlich, stark gefühlsbetont; **inˈtense·ly** [-lɪ] *adv.* **1.** äußerst, höchst; **2.** → **intense**; **inˈtense·ness** [-nɪs] *s.* Intensiˈtät *f*: a) Stärke *f*, Heftigkeit *f*, b) Anspannung *f*, Angestrengtheit *f*, c) Feuereifer *m*, d) Leidenschaftlichkeit *f*, e) Eindringlichkeit *f*; **in·ten·si·fi·ca·tion** [ɪnˌtensɪfɪˈkeɪʃn] *s.* Ver-

I

stärkung *f* (*a. phot.*); **in'ten·si·fi·er** [-sɪfaɪə] *s. a.* ⚙, *phot.* Verstärker *m*; **in'ten·si·fy** [-sɪfaɪ] **I** *v/t.* verstärken (*a. phot.*), steigern; **II** *v/i.* sich verstärken.

in·ten·sion [ɪn'tenʃn] *s.* **1.** Verstärkung *f*; **2.** → **intenseness** a *u.* b; **3.** (Begriffs)Inhalt *m*.

in·ten·si·ty [ɪn'tensətɪ] *s.* Intensi'tät *f*: a) (hoher) Grad, Stärke *f*, Heftigkeit *f*, b) ⚡, ⚙, *phys.* (*Laut-, Licht-, Strom- etc.*)Stärke *f*, Grad *m*, c) → **intenseness**; **in'ten·sive** [-sɪv] **I** *adj.* □ **1.** inten'siv: a) stark, heftig, b) gründlich, erschöpfend: **~ study**; **~ course** *ped.* Intensivkurs *m*; **2.** verstärkend (*a. ling.*); **3.** ⚕ a) stark wirkend, b) **~ care unit** Intensivstation *f*; **4.** ⚜ inten'siv: a) ertragssteigernd, b) (*arbeits-, lohn-, kosten- etc.*)inten'siv; **II** *s.* **5.** *bsd. ling.* verstärkendes Ele'ment.

in·tent [ɪn'tent] **I** *s.* **1.** Absicht *f*, Vorsatz *m*, Zweck *m*: **criminal ~** ⚖ Vorsatz, (verbrecherische) Absicht; **with ~ to defraud** in betrügerischer Absicht; **to all ~s and purposes** a) in jeder Hinsicht, durchaus, b) im Grunde, eigentlich, c) praktisch, sozusagen; **declaration of ~** Absichtserklärung *f*; **II** *adj.* □ **2.** erpicht, versessen (**on** auf *acc.*); **3.** (**on**) bedacht (auf *acc.*), eifrig beschäftigt (mit); **4.** aufmerksam, gespannt, eifrig.

in·ten·tion [ɪn'tenʃn] *s.* **1.** Absicht *f*, Vorhaben *n*, Vorsatz *m*, Plan *m* (**to do** *od.* **of doing** zu tun): **with the best** (**of**) **~s** in bester Absicht; **2.** *pl.* F (Heirats)Absichten *pl.*; **3.** Zweck *m* (*a. eccl.*), Ziel *n*; **4.** Sinn *m*, Bedeutung *f*; **in'ten·tion·al** [-ʃənl] *adj.* □ **1.** absichtlich, vorsätzlich; **2.** beabsichtigt; **in'ten·tioned** [-nd] *adj. in Zssgn* ...gesinnt: **well-~** gut gesinnt, wohlmeinend.

in·tent·ness [ɪn'tentnɪs] *s.* gespannte Aufmerksamkeit, Eifer *m*: **~ of purpose** Zielstrebigkeit *f*.

in·ter [ɪn'tɜː] *v/t.* beerdigen.

inter- [ɪntə] *in Zssgn* zwischen, Zwischen...; unter; gegen-, wechselseitig, ein'ander, Wechsel...

'in·ter·act¹ [-ərækt] *s. thea.* Zwischenakt *m*, -spiel *n*.

ˌin·ter'act² [-ər'ækt] *v/i.* aufein'ander wirken, sich gegenseitig beeinflussen; **ˌin·ter'ac·tion** [-ər'ækʃn] *s.* Wechselwirkung *f*, Interakti'on *f*; **ˌin·ter'ac·tive** [-tɪv] *adj.* interak'tiv: **~ application** interaktive Anwendung; **~ program** interaktives Programm; **~ software** interaktive Software.

ˌin·ter'breed *biol.* **I** *v/t.* [*irr.* → **breed**] durch Kreuzung züchten, kreuzen; **II** *v/i.* [*irr.* → **breed**] a) sich kreuzen, b) Inzucht betreiben.

in·ter·ca·lar·y [ɪn'tɜːkələrɪ] *adj.* eingeschaltet, eingeschoben; Schalt...: **~ day** Schalttag *m*; **in'ter·ca·late** [ɪn'tɜːkəleɪt] *v/t.* einschieben, einschalten; **in·ter·ca·la·tion** [ɪnˌtɜːkə'leɪʃn] *s.* **1.** Einschiebung *f*, Einschaltung *f*; **2.** Einlage *f*.

in·ter·cede [ˌɪntə'siːd] *v/i.* sich verwenden, sich ins Mittel legen, Fürsprache einlegen, intervenieren (**with** bei, **for** für); bitten (**with** bei *j-m*, **for** um *et.*); **ˌin·ter'ced·er** [-də] *s.* Fürsprecher(in).

in·ter·cept **I** *v/t.* [ˌɪntə'sept] **1.** *Brief, Meldung, Flugzeug, Boten etc.* abfangen; **2.** *Meldung* auffangen, mit-, abhören; **3.** unter'brechen, abschneiden; **4.** den Weg abschneiden (*dat.*); **5.** *Sicht* versperren; **6.** ⚔ a) abschneiden, b) einschließen; **II** *s.* ['ɪntəsept] **7.** ⚔ Abschnitt *m*; **8.** aufgefangene Meldung; **ˌin·ter'cep·tion** [-pʃn] *s.* **1.** Ab-, Auffangen *n* (*Meldung etc.*); **2.** Ab-, Mithören *n* (*Meldung*): **~ service** Abhör-, Horchdienst *m*; **3.** Abfangen *n* (*Flugzeug, Boten*): **~ flight** Sperrflug *m*; **~ plane** → **interceptor** 2; **4.** Unter'brechung *f*, Abschneiden *n*; **5.** Aufhalten *n*, Hinderung *f*; **ˌin·ter'cep·tor** [-tə] *s.* **1.** Auffänger *m*; **2.** *a.* **~ plane** ✈ ⚔ Abfangjäger *m*.

in·ter·ces·sion [ˌɪntə'seʃn] *s.* Fürbitte *f* (*a. eccl.*), Fürsprache *f*: **make ~ to s.o. for** bei j-m Fürsprache einlegen für, sich bei j-m verwenden für; (**service of**) **~** Bittgottesdienst *m*; **ˌin·ter'ces·sor** [-esə] *s.* Fürsprecher(in), Vermittler(in) (**with** bei); **ˌin·ter'ces·so·ry** [-esərɪ] *adj.* fürsprechend.

in·ter·change [ˌɪntə'tʃeɪndʒ] **I** *v/t.* **1.** unterein'ander austauschen, auswechseln; **2.** vertauschen, auswechseln (*a.* ⚙); einander abwechseln lassen; **II** *v/i.* **3.** abwechseln (**with** mit), aufein'ander folgen; **III** *s.* **4.** Austausch *m*; Aus-, Abwechslung *f*; Wechsel *m*, Aufein'anderfolge *f*; **5.** ⚜ Tauschhandel *m*; **6.** *Am.* (Straßen)Kreuzung *f*; (Autobahn-) Kreuz *n*; **in·ter·change·a·bil·i·ty** ['ɪntəˌtʃeɪndʒə'bɪlətɪ] *s.* Auswechselbarkeit *f*; **ˌin·ter'change·a·ble** [-dʒəbl] *adj.* □ **1.** austauschbar, auswechselbar (*a.* ⚙, ⚜); **2.** (mitein'ander) abwechselnd.

in·ter·cit·y *adj.* Inter'city...: **~ train** Inter'cityzug *m*.

ˌin·ter·col'le·gi·ate *adj.* zwischen verschiedenen Colleges (bestehend).

in·ter·com ['ɪntəkɒm] *s.* **1.** ✈, ⚓ Bordsprechanlage) *f*; **2.** (Gegen-, Haus)Sprechanlage *f*; **3.** a) (Werk- *etc.*)Rufanlage *f*, b) Lautsprecheranlage *f*.

ˌin·ter·com'mu·ni·cate *v/i.* **1.** miteinander verkehren *od.* in Verbindung stehen; **2.** → **communicate** 4; **'in·ter·comˌmu·ni'ca·tion** *s.* gegenseitige Verbindung, gegenseitiger Verkehr: **~ system** → **intercom**.

ˌin·ter'com·pa·ny *adj.* zwischenbetrieblich.

ˌin·ter·con'nect **I** *v/t.* mitein'ander verbinden, ⚡ *a.* zs.-schalten; **II** *v/i.* miteinander verbunden werden *od.* sein, *fig. a.* in Zs.-hang (miteinander) stehen; **ˌin·ter·con'nec·tion** **1.** (gegenseitige) Verbindung, *fig. a.* Zs.-hang *m*; **2.** ⚡ a) Zs.-Schaltung *f*, b) verkettete Schaltung.

'in·terˌcon·ti'nen·tal *adj.* interkontinen'tal, Interkontinental...

'in·ter·course *s.* **1.** 'Umgang *m*, Verkehr *m* (**with** mit); **2.** ⚜ Geschäftsverkehr *m*; **3.** *a.* **sexual ~** (Geschlechts-) Verkehr *m*.

ˌin·ter'cross **I** *v/t.* **1.** ein'ander kreuzen lassen; **2.** ⚘, *zo.* kreuzen; **II** *v/i.* **3.** sich kreuzen (*a.* ⚘, *zo.*).

'in·ter·cut *s. Film etc.*: Einblendung *f*.

'in·ter·deˌnom·i'na·tion·al *adj.* interkonfessio'nell.

ˌin·ter·de'pend *v/i.* vonein'ander abhängen; **ˌin·ter·de'pend·ence**, **ˌin·ter·de'pend·en·cy** *s.* gegenseitige Abhängigkeit; **ˌin·ter·de'pend·ent** *adj.* □ vonein'ander abhängig, eng zs.-hängend *od.* verflochten, inein'ander greifend.

in·ter·dict **I** *s.* ['ɪntədɪkt] **1.** Verbot *n*; **2.** *eccl.* Inter'dikt *n*; **II** *v/t.* [ˌɪntə'dɪkt] **3.** (amtlich) unter'sagen, verbieten (**to s.o.** j-m): **~ s.o. from s.th.** j-n von et. ausschließen, j-m et. entziehen *od.* verbieten; **4.** *eccl.* mit dem Inter'dikt belegen; **ˌin·ter'dic·tion** → **interdict** 1, 2.

in·ter·est ['ɪntrɪst] **I** *s.* **1.** (*in*) Inter'esse *n* (an *dat.*, für), (An)Teilnahme *f* (an *dat.*): **take an ~ in s.th.** sich für et. interessieren; **2.** Reiz *m*, Inter'esse *n*: **be of ~** (**to**) interessant *od.* reizvoll sein (für), interessieren (*acc.*); **3.** Wichtigkeit *f*, Bedeutung *f*: **be of little ~** von geringer Bedeutung sein; **of great ~** von großem Interesse; **4.** *bsd.* ⚜ Beteiligung *f*, Anteil *m* (**in** an *dat.*): **have an ~ in s.th.** an *od.* bei et. (*bsd.* finanziell) beteiligt sein; **5.** ⚜ Interes'senten *pl.*, Kreise *pl.*: **the banking ~** die Bankkreise *pl.*; **the landed ~** die Grundbesitzer *pl.*; **6.** Inter'esse *n*, Vorteil *m*, Nutzen *m*, Gewinn *m*: **be in** (*od.* **to**) **the ~(s) of** im Interesse von ... liegen; **in your ~** zu Ihrem Vorteil; **look after one's ~s** s-e Interessen wahren; **study s.o.'s ~(s)** j-s Vorteil im Auge haben; **7.** Einfluss *m*, Macht *f*: **have ~ with** Einfluss haben bei; **8.** (An)Recht *n*, Anspruch *m* (**in** auf *acc.*); **9.** Gesichtspunkt *m*, Seite *f* (*in e-r Geschichte etc.*): → **human** I; **10.** (*nie pl.*) ⚜ Zins(en *pl.*) *m*: **and** (*od.* **plus**) **~** zuzüglich Zinsen; **ex ~** ohne Zinsen; **free of ~** zinslos; **bear** (*od.* **yield**) **~** Zinsen tragen, sich verzinsen; **~ rate** ⚜ Zinsfuß *m*, -satz *m*; **~ rate policy** 'Zinspoliˌtik *f*; **~ account** a) Zinsrechnung *f*, b) Zinsenkonto *n*; **~ certificate** Zinsenvergütungsschein *m*; **~ pro and contra** Soll- u. Habenzinsen *pl.*; **~ coupon** (*od.* **ticket, warrant**) Zinskupon *m*, -schein *m*; **11.** *fig.* Zinsen *pl.*: **return a blow with ~** e-n Schlag mit Zins u. Zinseszinsen zurückgeben; **II** *v/t.* **12.** interessieren (**in** für), *j-s* Inter'esse *od.* Teilnahme erwecken (**in s.th.** an e-r Sache; **for s.o.** für j-n): **~ o.s. in** sich interessieren für, Anteil nehmen an (*dat.*); **13.** interessieren, anziehen, reizen, fesseln; **14.** angehen, betreffen: **everyone is ~ed in this** dies geht jeden an; **15.** *bsd.* ⚜ beteiligen (**in** an *dat.*); **16.** gewinnen (**in** für).

in·ter·est·ed ['ɪntrɪstɪd] *adj.* □ **1.** interessiert, Anteil nehmend (**in** an *dat.*); aufmerksam: **be ~ in** sich interessieren für; **I was ~ to know** es interessierte mich zu wissen; **2.** *bsd.* ⚜ beteiligt (**in** an *dat.*, bei): **the parties ~** die Beteiligten; **3.** voreingenommen, par'teiisch; **4.** eigennützig: **~ motives**; **'in·ter·est·ed·ly** [-lɪ] *adv.* mit Inter'esse, aufmerksam; **'in·ter·est·ing** [-tɪŋ] *adj.* □ interes'sant, fesselnd, anziehend: **in an ~ condition** *obs.* in anderen Umständen (*schwanger*); **'in·ter·est·ing·ly** [-tɪŋlɪ] *adv.* interes'santerweise.

'in·ter·face *s.* **1.** *allg. u. phys.* Zwischen-, Grenzfläche *f*; **2.** *Computer*: a) Interface *n*, Schnittstelle *f*, b) *a.* **user ~** Benutzeroberfläche *f*.

in·ter·fere [ˌɪntə'fɪə] *v/i.* **1.** sich einmischen, da'zwischentreten, -kommen; dreinreden; sich Freiheiten her'ausnehmen; **2.** eingreifen, -schreiten: **it is time to ~**; **3.** *a.* ⚙ stören, hindern; **4.** zs.-stoßen (*a. fig.*), aufein'ander prallen; **5.** *phys.* aufein'ander treffen, sich kreuzen *od.* über'lagern; ⚡ stören; **6. ~ with** a) *j-n* stören, unter'brechen, (be-) hindern, belästigen, b) *et.* stören, beeinträchtigen, sich einmischen in (*acc.*), störend einwirken auf (*acc.*); **7. ~ in** eingreifen in (*acc.*), sich befassen mit *od.* kümmern um; **ˌin·terˈfer·ence** [-ɪərəns] *s.* **1.** Einmischung *f* (**in** in *acc.*), Eingreifen *n* (**with** in *acc.*); **2.** Störung *f*, Hinderung *f*, Beeinträchtigung *f* (**with** *gen.*); **3.** Zs.-stoß(en *n*) *m* (*a. fig.*); **4.** *Am. sport* Abschirmen *n*: **run ~** a) den balltragenden Stürmer abschirmen, b) (**for s.o.**) *fig.* (j-m) Schützenhilfe leisten; **5.** ⚡, *phys.* a) Interfeˈrenz *f*, Überˈlagerung *f*, b) Störung *f*: **reception ~** Empfangsstörung *f*; **~ suppression** Entstörung *f*; **in·ter·fe·ren·tial** [ˌɪntəfəˈrenʃl] *adj. phys.* Interferenz...; **ˌin·terˈfer·ing** [-ɪərɪŋ] *adj.* □ **1.** störend, lästig: **be always ~** F sich ständig einmischen; **2.** kollidierend, entgegenstehend: **~ claim**.

ˌin·terˈgla·cial *adj. geol.* zwischeneiszeitlich, interglaziˈal.

in·ter·im [ˈɪntərɪm] **I** *s.* **1.** Zwischenzeit *f*: **in the ~** in der Zwischenzeit, einstweilen, vorläufig; **2.** Interim *n*, einstweilige Regelung; **3.** ♀ *hist.* Interim *n*; **II** *adj.* **4.** einstweilig, vorläufig, Übergangs..., Interims..., Zwischen...: **~ report** Zwischenbericht *m*; → **injunction** 1; **~ aid** *s.* Überˈbrückungshilfe *f*; **~ bal·ance (sheet)** *s.* ✝ ˈZwischenbiˌlanz *f*, -abschluss *m*; **~ cer·tif·i·cate** *s.* ✝ Interimsschein *m*; **~ cred·it** *s.* ✝ ˈZwischenkreˌdit *m*; **~ div·i·dend** *s.* ✝ ˈInterimsdiviˌdende *f*.

in·te·ri·or [ɪnˈtɪərɪə] **I** *adj.* **1.** inner, innen gelegen; Innen... (*a.* ⚒): **~ decoration**, **~ design** a) Innenausstattung *f*, b) Innenarchitektur *f*; **~ decorator**, **~ designer** a) Innenausstatter(in), b) Innenarchitekt(in); **2.** binnenländisch, Binnen...; **3.** inländisch, Inlands...; **4.** innerlich, geistig: **~ monologue** *Literatur*: innerer Monolog; **II** *s.* **5.** *das* Innere (*a.* ⚒), Innenraum *m*; **6.** *das* Innere, Binnenland *n*; **7.** *phot.* Innenaufnahme *f*; **8.** *das* Innere, wahres Wesen; **9.** *pol.* innere Angelegenheiten *pl.*: **Department of the ♀** *Am.* Innenministerium *n*.

in·ter·ject [ˌɪntəˈdʒekt] *v/t.* **1.** *Bemerkung* daˈzwischen-, einwerfen; daˈzwischenrufen; **2.** einschieben, einschalten; **ˌin·terˈjec·tion** [-kʃn] *s.* **1.** Aus-, Zwischenruf *m*; **2.** *ling.* Interjektiˈon *f*; **ˌin·terˈjec·tion·al** [-kʃənl] *adj.* □, **ˌin·terˈjec·to·ry** [-tərɪ] *adj.* daˈzwischengeworfen, eingeschoben, Zwischen...

ˌin·terˈlace **I** *v/t.* **1.** ineinˈander flechten, verflechten, verschlingen; **2.** durchˈflechten, verweben (*a. fig.*); **3.** (ver)mischen; **4.** *Computer*: verschachteln; **II** *v/i.* **5.** sich verflechten *od.* kreuzen: **interlacing arches** ⚠ verschränkte Bogen; **III** *s.* **6.** *TV* Zwischenzeile *f*.

ˈin·terˌlan·guage *s.* Verkehrssprache *f*.

ˌin·terˈlard *v/t. fig.* spicken, durchˈsetzen (**with** mit).

ˈin·ter·leaf *s.* [*irr.*] leeres Zwischenblatt; **ˌin·terˈleave** *v/t.* **1.** *Bücher* durchˈschießen; **2.** *Computer*: verschachteln.

ˌin·terˈline *v/t.* **1.** zwischen die Zeilen schreiben *od.* setzen, einfügen; **2.** *typ. Zeilen* durchˈschießen; **3.** *Kleidungsstück* mit e-m Zwischenfutter versehen; **ˌin·terˈlin·e·ar** *adj.* **1.** daˈzwischengeschrieben, zwischenzeilig, Interlinear...; **2. ~ space** *typ.* Durchschuss *m*; **ˈin·terˌlin·eˈa·tion** *s. das* Daˈzwischengeschriebene.

ˌin·terˈlink **I** *v/t.* verketten (*a.* ⚡); **II** *s.* [ˈɪntəlɪŋk] Binde-, Zwischenglied *n*.

ˌin·terˈlock **I** *v/i.* **1.** ineinˈander greifen (*a. fig.*): **~ing directorate** ✝ Schachtelaufsichtsrat *m*; **2.** 🚂 verblockt sein: **~ing signals** Blocksignale; **II** *v/t.* **3.** zs.-schließen, ineinˈander schachteln; **4.** ineinˈander haken, verzahnen; **5.** ⚙, 🚂 verblocken: **~ing plant** Stellwerk *n*.

in·ter·lo·cu·tion [ˌɪntələʊˈkjuːʃn] *s.* Gespräch *n*, Unterˈredung *f*; **in·ter·loc·u·tor** [ˌɪntəˈlɒkjʊtə] *s.* Gesprächspartner (-in); **in·ter·loc·u·to·ry** [ˌɪntəˈlɒkjʊtərɪ] *adj.* **1.** in Gesprächsform; Gesprächs...; **2.** ⚖ vorläufig, Zwischen...: **~ injunction** einstweilige Verfügung.

in·ter·lop·er [ˈɪntələʊpə] *s.* **1.** Eindringling *m*; **2.** ✝ Schleichhändler *m*.

in·ter·lude [ˈɪntəluːd] *s.* **1.** Zwischenspiel *n* (*a.* ♪ *u. fig.*); **2.** Pause *f*; **3.** Zwischenzeit *f*; **4.** Epiˈsode *f*.

ˌin·terˈmar·riage *s.* **1.** Mischehe *f* (*zwischen verschiedenen Konfessionen, Rassen etc.*); **2.** Heirat *f* untereinˈander *od.* zwischen nahen Blutsverwandten; **ˌin·terˈmar·ry** *v/i.* **1.** untereinˈander heiraten (*Stämme etc.*), Mischehen eingehen; **2.** innerhalb der Faˈmilie heiraten.

ˌin·terˈmed·dle *v/i.* sich einmischen (**with**, **in** in *acc.*).

in·ter·me·di·ar·y [ˌɪntəˈmiːdjərɪ] **I** *adj.* **1.** → **intermediate** 1; **2.** vermittelnd; **II** *s.* **3.** Vermittler(in); **4.** ✝ Zwischenhändler *m*; **ˌin·terˈme·di·ate** [-jət] **I** *adj.* □ **1.** daˈzwischenliegend, Zwischen..., Mittel...: **~ between** liegend zwischen; **~ colo(u)r** (**credit**, **product**, **stage**, **trade**) Zwischenfarbe *f* (-kredit *m*, -produkt *n*, -stadium *n*, -handel *m*); **~ examination** → 4; **II** *s.* **2.** Zwischenglied *n*, -form *f*, -stück *n*; **3.** ⚗ ˈZwischenproˌdukt *n*; **4.** Zwischenprüfung *f*; **5.** Vermittler(in), Mittelsmann *m*.

in·ter·ment [ɪnˈtɜːmənt] *s.* Beerdigung *f*, Beisetzung *f*.

in·ter·mez·zo [ˌɪntəˈmetsəʊ] *pl.* **-mez·zi** [-tsiː] *od.* **-mez·zos** *s.* Interˈmezzo *n*, Zwischenspiel *n*.

in·ter·mi·na·ble [ɪnˈtɜːmɪnəbl] *adj.* □ **1.** grenzenlos, endlos; **2.** langwierig.

ˌin·terˈmin·gle → **intermix**.

ˌin·terˈmis·sion *s.* Unterˈbrechung *f*, Aussetzen *n*; Pause *f*: **without ~** pausenlos, unaufhörlich, ständig.

in·ter·mit [ˌɪntəˈmɪt] **I** *v/t.* unterˈbrechen, aussetzen mit; **II** *v/i.* aussetzen, nachlassen; **ˌin·terˈmit·tence** [-təns] *s.* Aussetzen *n*, Unterˈbrechung *f*; **ˌin·terˈmit·tent** [-tənt] *adj.* □ mit Unterˈbrechungen, stoßweise; (zeitweilig) aussetzend, periˈodisch, intermittierend: **be ~** aussetzen; **~ fever** ⚕ Wechselfieber *n*; **~ light** ⚓ Blinkfeuer *n*.

ˌin·terˈmix **I** *v/t.* vermischen; **II** *v/i.* sich vermischen; **ˌin·terˈmix·ture** *s.* **1.** Mischung *f*; **2.** Beimischung *f*, Zusatz *m*.

in·tern¹ **I** *v/t.* [ɪnˈtɜːn] internieren; **II** *s.* [ˈɪntɜːn] *Am.* Internierte(r *m*) *f*.

in·tern² [ˈɪntɜːn] *Am.* **I** *s.* ⚕ Assiˈstenzarzt *m*, *a. ped.* Praktiˈkant(in); **II** *v/i.* als Assiˈstenzarzt (*in Klinik*) tätig sein.

in·ter·nal [ɪnˈtɜːnl] **I** *adj.* □ **1.** inner, inwendig: **~ organs** *anat.* innere Organe; **~ diameter** Innendurchmesser *m*; **2.** ⚕ innerlich *od.* inˈtern anzuwenden(d), einzunehmen(d): **~ remedy**; **3.** inner(lich), geistig; **4.** einheimisch, in-, binnenländisch, Inlands..., Innen..., Binnen...: **~ loan** ✝ Inlandsanleihe *f*; **~ market** Binnenmarkt *m*; **~ trade** Binnenhandel *m*; **5.** *pol.* inner, Innen...: **~ affairs** innere Angelegenheiten; **6.** *ped.* inˈtern, im College *etc.* wohnend; **7.** ✝ *etc.* (beˈtriebs)inˌtern, innerbetrieblich; **8.** *Computer*: inˈtern (*Befehl etc.*); **II** *s.* **9.** *pl. anat.* innere Orˈgane *pl.*; **10.** innere Naˈtur; **~-comˈbus·tion en·gine** *s.* ⚙ Verbrennungs-, Exploˈsionsmotor *m*.

in·ter·na·lize [ɪnˈtɜːnəlaɪz] *v/t. psych. et.* verinnerlichen, in sich aufnehmen.

in·ter·nal| med·i·cine *s.* ⚕ innere Meˈdiˈzin; **~ rev·e·nue** *s. Am.* Steueraufkommen *n*: **♀ Office** Finanzamt *n*; **~ rhyme** *s.* Binnenreim *m*; **~ spe·cial·ist** *s.* ⚕ Interˈnist *m*, Facharzt *m* für innere Krankheiten; **~ thread** *s.* ⚙ Innengewinde *n*.

ˌin·terˈna·tion·al **I** *adj.* □ **1.** internatioˈnal, zwischenstaatlich: **~ candle** *phys.* Internationale Kerze (*Lichtstärke*); **2.** Welt..., Völker...; **II** *s.* **3.** *sport* a) Internatioˈnale(r *m*) *f*, Natioˈnalspieler (-in), b) F internatioˈnaler Vergleichskampf; Länderspiel *n*; **4.** ♀ *pol.* Internatioˈnale *f*; **5.** *pl.* ✝ internatioˈnal gehandelte ˈWertpaˌpiere *pl.*; **In·ter·na·tio·nale** [ˌɪntənæʃəˈnɑːl] *s.* Internatioˈnale *f* (*Kampflied*); **ˌin·terˈna·tion·al·ism** *s.* **1.** Internationaˈlismus *m*; **2.** internatioˈnale Zs.-arbeit; **ˌin·terˈna·tion·al·ist** *s.* **1.** Internationaˈlist *m*, Anhänger *m* des Internationaˈlismus; **2.** ⚖ Völkerrechtler *m*; **3.** → **international** 3 a; **ˈin·terˌna·tionˈal·i·ty** *s.* internatioˈnaler Chaˈrakter; **ˌin·terˈna·tion·al·ize** *v/t.* **1.** internationalisieren; **2.** internatioˈnaler Konˈtrolle unterˈwerfen.

in·ter·na·tion·al| law *s.* Völkerrecht *n*; **♀ Mon·e·tar·y Fund** *s.* Internatioˈnaler Währungsfonds; **~ mon·ey or·der** *s.* Auslandspostanweisung *f*; **~ re·ply coupon** *s.* internatioˈnaler Antwortschein.

in·terne [ˈɪntɜːn] → **intern²**.

in·ter·ne·cine [ˌɪntəˈniːsaɪn] *adj.* **1.** gegenseitige Tötung bewirkend: **~ duel**; **~ war** gegenseitiger Vernichtungskrieg; **2.** mörderisch, vernichtend.

in·tern·ee [ˌɪntɜːˈniː] *s.* Internierte(r *m*) *f*.

In·ter·net [ˈɪntənet] *s*: **the ~** das Internet; **~ access** Internetanschluss *m*, -zugriff *m*; **~ commerce** ˈInternethandel *m*, Handel *m* über das Internet; **~ connection** Internetanschluss, -verbindung *f*; **~ service provider** Internetprovider *m*, -anbieter *m*; **~ site** Internetseite *f*; → **surf** III.

in·tern·ment [ɪnˈtɜːnmənt] *s.* Internierung *f*: **~ camp** Internierungslager *n*; **in·tern·ship** [ˈɪntɜːnʃɪp] *s. Am.* **1.** ⚕ Assiˈstenzarzttätigkeit *f*; **2.** ˈPraktikum *n*, Praktiˈkantenzeit *f*.

ˈin·terˌo·ceˈan·ic [-ərˌəʊ-] *adj.* interozeˈanisch, zwischen (zwei) Weltmeeren liegend, (zwei) Weltmeere verbindend.

in·ter·pel·late [ɪnˈtɜːpeleɪt] *v/t. pol.* e-e Anfrage richten an (*acc.*); **in·ter·pel·la·tion** [ɪnˌtɜːpeˈleɪʃn] *s. pol.* Interpellatiˈon *f*.

ˌin·terˈpen·e·trate **I** *v/t.* völlig durchˈdringen; **II** *v/i.* sich gegenseitig durchˈdringen.

in·ter·phone [ˈɪntəfəʊn] → **intercom**.

ˌin·terˈplan·e·tar·y *adj.* interplaneˈtarisch.

ˈin·terˌplay *s.* Wechselwirkung *f*, -spiel *n*.

In·ter·pol [ˈɪntəpɒl] *s.* Interpol *f* (*Internationale kriminalpolizeiliche Organisation*).

in·ter·po·late [ɪnˈtɜːpəʊleɪt] *v/t.* **1.** interpolieren; *et.* einschalten, -fügen; **2.**

(durch Einschiebungen) ändern, *bsd.* verfälschen; **3.** 𝔄 interpolieren; **in·ter·po·la·tion** [ɪnˌtɜːpəʊˈleɪʃn] *s.* Interpolatiˈon *f* (*a.* 𝔄), Einschaltung *f*, Einschiebung *f* (*in e-n Text*).

ˌ**in·terˈpose I** *v/t.* **1.** daˈzwischenstellen, -legen, -bringen; ⚙ zwischenschalten; **2.** *et.* in den Weg legen; **3.** *Bemerkung* einwerfen, einflechten; *Einwand etc.* vorbringen, *Veto* einlegen; **II** *v/i.* **4.** daˈzwischenkommen, -treten; **5.** vermitteln, intervenieren; **6.** (sich) unterˈbrechen (*im Reden*); **in·ter·po·si·tion** [ɪnˌtɜːpəˈzɪʃn] *s.* **1.** Eingreifen *n*; **2.** Vermittlung *f*, Einfügung *f*, Einschaltung *f* (*a.* ⚙).

in·ter·pret [ɪnˈtɜːprɪt] **I** *v/t.* **1.** interpretieren, auslegen, deuten; ansehen (***as*** als); *bsd.* ⚔ auswerten; **2.** dolmetschen; **3.** ♪, *thea. etc.* interpretieren, ˈwiedergeben, darstellen; **II** *v/i.* **4.** dolmetschen, als Dolmetscher fungieren; **in·ter·pre·ta·tion** [ɪnˌtɜːprɪˈteɪʃn] *s.* **1.** Erklärung *f*, Auslegung *f*, Deutung *f*; Auswertung *f*; **2.** (mündliche) ˈWiedergabe, Überˈsetzung *f*; **3.** ♪, *thea. etc.* Darstellung *f*, ˈWiedergabe *f*; Auffassung *f*, Interpretatiˈon *f e-r Rolle etc.*; **inˈter·pret·er** [-tə] *s.* **1.** Erklärer(in), Ausleger(in), Interˈpret(in); **2.** Dolmetscher(in); **3.** *Computer*: Interpreˈtierproˌgramm *n*; **inˈter·pret·er·ship** [-təʃɪp] *s.* Dolmetscherstellung *f*.

ˌ**in·terˈra·cial** *adj.* **1.** verschiedenen Rassen gemeinsam, interˈrassisch; **2.** zwischenrassisch: **~ *tension*(*s*)** Rassenspannungen.

In·ter·rail tick·et [ˈɪntəreɪl] *s.* 🚂 Interrailkarte *f*.

in·ter·reg·num [ˌɪntəˈregnəm] *pl.* **-na** [-nə], **-nums** *s.* **1.** Interˈregnum *n*: a) herrscherlose Zeit, b) Zwischenregierung *f*; **2.** Pause *f*, Unterˈbrechung *f*.

ˌ**in·ter·reˈlate I** *v/t.* zueinˈander in Beziehung bringen; **II** *v/i.* zueinˈander in Beziehung stehen, zs.-hängen; ˌ**in·ter·reˈlat·ed** *adj.* in Wechselbeziehung stehend, (untereinˈander) zs.-hängend; ˌ**in·ter·reˈla·tion** *s.* Wechselbeziehung *f*.

in·ter·ro·gate [ɪnˈterəʊgeɪt] *v/t.* **1.** (be-)fragen; **2.** ausfragen, vernehmen, verhören; **in·ter·ro·ga·tion** [ɪnˌterəʊˈgeɪʃn] *s.* **1.** Frage *f* (*a. ling.*), Befragung *f*: **~ *mark*, *point of ~*** *ling.* Fragezeichen *n*; **2.** Vernehmung *f*, Verhör *n*: **~ *officer*** Vernehmungsoffizier *m*, -beamter *m*; **in·ter·rog·a·tive** [ˌɪntəˈrɒgətɪv] **I** *adj.* □ fragend, Frage...: **~ *pronoun*** → II; **II** *s. ling.* Fragefürwort *n*; **inˈter·ro·ga·tor** [-tə] *s.* **1.** Fragesteller (-in); **2.** Vernehmungsbeamte(r) *m*; **3.** *pol.* Interpelˈlant *m*; **in·ter·rog·a·to·ry** [ˌɪntəˈrɒgətərɪ] **I** *adj.* **1.** fragend, Frage...; **II** *s.* **2.** Frage(stellung) *f*; **3.** ⚖ Beweisfrage *f* (*vor der Verhandlung*).

in·ter·rupt [ˌɪntəˈrʌpt] *v/t.* **1.** *allg.*, *a.* ⚡ unterˈbrechen, *a. j-m* ins Wort fallen; **2.** aufhalten, stören, hindern; ˌ**in·terˈrupt·ed** [-tɪd] *adj.* □ unterˈbrochen (*a.* ⚡, ⚙, ⚘); ˌ**in·terˈrupt·ed·ly** [-tɪdlɪ] *adv.* mit Unterˈbrechungen; ˌ**in·terˈrupt·er** [-tə] *s.* **1.** Unterˈbrecher *m* (*a.* ⚡, ⚙); **2.** Zwischenrufer(in); Störer(in); ˌ**in·terˈrup·tion** [-pʃn] *s.* **1.** Unterˈbrechung *f* (*a.* ⚡), Stockung *f*: ***without ~*** ununterbrochen; **2.** (⚙ Betriebs)Störung *f*.

in·ter·sect [ˌɪntəˈsekt] **I** *v/t.* (durch-)ˈschneiden; **II** *v/i.* sich schneiden *od.* kreuzen (*a.* 𝔄); ˌ**in·terˈsec·tion** [-kʃn] *s.* **1.** Durchˈschneiden *n*; **2.** Schnitt-, Kreuzungspunkt *m*; **3.** 𝔄 a) Schnitt *m*, b) *a.* ***point of ~*** Schnittpunkt *m*, c) *a.* ***line of ~*** Schnittlinie *f*; **4.** *Am.* (Straßen- *etc.*)Kreuzung *f*; **5.** ⛪ Vierung *f*.

ˈ**in·ter·sex** *s. biol.* Interˈsex *n* (*geschlechtliche Zwischenform*); ˌ**in·terˈsex·u·al** *adj.* zwischengeschlechtlich.

ˌ**in·terˈspace I** *s.* Zwischenraum *m*, -zeit *f*; **II** *v/t.* Raum lassen zwischen (*dat.*); trennen.

in·ter·sperse [ˌɪntəˈspɜːs] *v/t.* **1.** einstreuen, hier und da einfügen (***among*** zwischen *acc.*); **2.** durchˈsetzen (***with*** mit).

ˈ**in·ter·state** *adj. Am.* zwischenstaatlich, zwischen den US-Bundesstaaten (bestehend *etc.*).

ˌ**in·terˈstel·lar** *adj.* interstelˈlar.

in·ter·stice [ɪnˈtɜːstɪs] *s.* **1.** Zwischenraum *m*; **2.** Lücke *f*, Spalte *f*; **in·ter·sti·tial** [ˌɪntəˈstɪʃl] *adj.* in Zwischenräumen (gelegen), zwischenräumlich, Zwischen...

ˌ**in·terˈtrib·al** *adj.* zwischen verschiedenen Stämmen (vorkommend).

ˌ**in·terˈtwine** *v/t. u. v/i.* (sich) verflechten *od.* verschlingen.

ˌ**in·terˈur·ban** [-ərˈɜː-] *adj.* Überland...: **~ *bus***.

in·ter·val [ˈɪntəvl] *s.* **1.** Zwischenraum *m*, -zeit *f*, Abstand *m*: ***at ~s*** dann und wann, periodisch; → ***lucid*** 1; **2.** Pause *f* (*a. thea. etc.*): **~ *signal*** *Radio*: Pausenzeichen *n*; **3.** ♪ Interˈvall *n*, Tonabstand *m*; **~ *train·ing*** *s. sport* Interˈvalltraining *n*.

in·ter·vene [ˌɪntəˈviːn] *v/i.* **1.** (*zeitlich*) daˈzwischenliegen, liegen zwischen (*dat.*); **2.** sich (inˈzwischen) ereignen, (plötzlich) eintreten; **3.** (*unerwartet*) daˈzwischenkommen: ***if nothing ~s***; **4.** sich einmischen (***in*** in *acc.*), einschreiten; **5.** (*helfend*) eingreifen, vermitteln; sich verwenden (***with s.o.*** bei j-m); **6.** *bsd.* ✝, ⚖ intervenieren; ˌ**in·terˈven·tion** [-ˈvenʃn] *s.* **1.** Daˈzwischenliegen *n*, -kommen *n*; **2.** Vermittlung *f*; **3.** Eingreifen *n*, -schreiten *n*, -mischung *f*; **4.** ✝, *pol.* (⚖ ˈNeben)Interventiˌon *f*; **5.** Einspruch *m*; ˌ**in·terˈven·tion·ist** [-ˈvenʃnɪst] *s. pol.* Befürworter *m* e-r Interventiˈon, Interventioˈnist *m*.

in·ter·view [ˈɪntəvjuː] **I** *s.* **1.** Interˈview *n*; **2.** Unterˈredung *f*, (✝ *a.* Vorstellungs)Gespräch *n*: ***hours for ~s*** Sprechzeiten, -stunden *pl.*; **II** *v/t.* **3.** interˈviewen, ein Interˈview *od.* e-e Unterˈredung haben mit, ein Gespräch führen mit; **in·ter·view·ee** [ˌɪntəvjuːˈiː] *s.* Interˈviewte(r *m*) *f*, *a.* Kandiˈdat(in) (*für e-e Stelle*); ˈ**in·ter·view·er** [-juːə] *s.* Interˈviewer(in); Leiter(in) e-s Vorstellungsgesprächs.

ˈ**in·ter·war** *adj.*: ***the ~ period*** die Zeit zwischen den (Welt)Kriegen.

ˌ**in·terˈweave** *v/t.* [*irr.* → ***weave***] **1.** verweben, verflechten (*a. fig.*); **2.** vermengen; **3.** durchˈweben, -ˈflechten, -ˈwirken.

ˌ**in·terˈzon·al** *adj.* Interzonen...

in·tes·ta·cy [ɪnˈtestəsɪ] *s.* ⚖ Fehlen *n* e-s Testaˈments; **inˈtes·tate** [-teɪt] **I** *adj.* **1.** ohne Hinterˈlassung e-s Testaˈments: ***die ~***; **2.** nicht testamenˈtarisch geregelt: **~ *estate***; **~ *succession*** gesetzliche Erbfolge; **II** *s.* **3.** Erb-lasser(in), der (*od.* die) kein Testaˈment hinterˈlassen hat.

in·tes·ti·nal [ɪnˈtestɪnl] *adj.* ⚕ Darm...: **~ *flora*** Darmflora *f*; **in·tes·tine** [ɪnˈtestɪn] **I** *s. anat.* Darm *m*; *pl.* Gedärme *pl.*, Eingeweide *pl.*: ***large ~*** Dickdarm; ***small ~*** Dünndarm; **II** *adj.* inner, einheimisch: **~ *war*** Bürgerkrieg *m*.

in·thral(l) [ɪnˈθrɔːl] *Am.* → ***enthral(l)***.

in·throne [ɪnˈθrəʊn] *Am.* → ***enthrone***.

in·ti·ma·cy [ˈɪntɪməsɪ] *s.* **1.** Intimiˈtät *f*: a) Vertrautheit *f*, vertrauter ˈUmgang, b) (*contp. plumpe*) Vertraulichkeit; **2.** inˈtime (*sexuelle*) Beziehungen *pl.*

in·ti·mate[1] [ˈɪntɪmət] **I** *adj.* □ **1.** vertraut, innig, inˈtim: ***on ~ terms*** auf vertrautem Fuß; **2.** eng, nah; **3.** perˈsönlich; **4.** inˈtim, in geschlechtlichen Beziehungen (stehend) (***with*** mit); **5.** gründlich: **~ *knowledge***; **6.** ⚙, ⚗ innig: **~ *contact***; **~ *mixture***; **II** *s.* **7.** Vertraute(r *m*) *f*, Intimus *m*.

in·ti·mate[2] [ˈɪntɪmeɪt] *v/t.* **1.** andeuten, zu verstehen geben; **2.** nahe legen; **3.** ankündigen, mitteilen; **in·ti·ma·tion** [ˌɪntɪˈmeɪʃn] *s.* **1.** Andeutung *f*, Wink *m*; **2.** Mitteilung *f*.

in·tim·i·date [ɪnˈtɪmɪdeɪt] *v/t.* einschüchtern, abschrecken, Bange machen; **in·tim·i·da·tion** [ɪnˌtɪmɪˈdeɪʃn] *s.* Einschüchterung *f*; ⚖ Nötigung *f*.

in·ti·tle [ɪnˈtaɪtl] *Am.* → ***entitle***.

in·to [ˈɪntʊ; ˈɪntə] *prp.* **1.** in (*acc.*), in (*acc.*) ... hinˈein: ***go ~ the house***; ***get ~ debt*** in Schulden geraten; ***flog ~ obedience*** durch Prügel zum Gehorsam bringen; ***translate ~ English*** ins Englische übersetzen; ***far ~ the night*** tief in die Nacht; ***she is ~ her thirties*** sie ist Anfang dreißig; ***Socialist ~ Conservative*** die Verwandlung e-s Sozialisten in einen Konservativen; **2.** *Zustandsänderung*: zu: ***make water ~ ice*** Wasser zu Eis machen; ***turn ~ cash*** zu Geld machen; ***grow ~ a man*** ein Mann werden; **3.** 𝔄 in: ***divide ~ 10 parts*** in 10 Teile teilen; ***4 ~ 20 goes five times*** 4 geht in 20 fünfmal; **4. *be ~ s.th.*** F a) auf (*acc.*) et. ‚stehen', b) et. ‚am Wickel' haben: ***he is ~ modern art now*** F er ‚hat es' jetzt (*beschäftigt sich*) mit moderner Kunst.

in·tol·er·a·ble [ɪnˈtɒlərəbl] *adj.* □ unerträglich; **inˈtol·er·a·ble·ness** [-nɪs] *s.* Unerträglichkeit *f*; **inˈtol·er·ance** [-lərəns] *s.* **1.** ˈIntoleˌranz *f*, Unduldsamkeit *f* (***of*** gegen); **2.** ⚕ ˈÜberempfindlichkeit *f* (***of*** gegen); **inˈtol·er·ant** [-lərənt] *adj.* □ **1.** unduldsam, ˈintoleˌrant (***of*** gegen); **2. *be ~ of*** nicht (v)ertragen können.

in·tomb [ɪnˈtuːm] *Am.* → ***entomb***.

in·to·nate [ˈɪntəʊneɪt] *v/t.* → ***intone***; **in·to·na·tion** [ˌɪntəʊˈneɪʃn] *s.* **1.** *ling.* Intonatiˈon *f*, Tonfall *m*; **2.** ♪ Intonatiˈon *f*: a) Anstimmen *n*, b) Psalmodieren *n*, c) Tonansatz *m*; **in·tone** [ɪnˈtəʊn] *v/t.* **1.** ♪ anstimmen, intonieren; **2.** ♪ psalmodieren; **3.** (mit *e-m bestimmten* Tonfall) (aus)sprechen.

in to·to [ˌɪnˈtəʊtəʊ] (*Lat.*) *adv.* **1.** im Ganzen, insgesamt; **2.** vollständig.

in·tox·i·cant [ɪnˈtɒksɪkənt] **I** *adj.* berauschend; **II** *s.* berauschendes Getränk, Rauschmittel *n*; **inˈtox·i·cate** [-keɪt] *v/t.* (*a. fig.*) berauschen, (be)trunken machen: ***~d with*** berauscht *od.* trunken von *Wein, Liebe etc.*; **in·tox·i·ca·tion** [ɪnˌtɒksɪˈkeɪʃn] *s. a. fig.* Rausch *m*, Trunkenheit *f*.

intra- [ɪntrə] *in Zssgn* innerhalb.

ˌ**in·traˈcar·di·ac** *adj.* ⚕ im Herzˈinnern, intrakardiˈal.

in·trac·ta·bil·i·ty [ɪnˌtræktəˈbɪlətɪ] *s.* Unlenksamkeit *f*, ˈWiderspenstigkeit *f*; **in·trac·ta·ble** [ɪnˈtræktəbl] *adj.* □ **1.** unlenksam, störrisch, halsstarrig; **2.** schwer zu bearbeiten(d) *od.* zu handhaben(d), ‚'widerspenstig'.

in·tra·dos [ɪn'treɪdɒs] *s.* ⚠ Laibung *f.*

in·tra·mu·ral [ˌɪntrə'mjʊərəl] *adj.* **1.** innerhalb der Mauern (*e-r Stadt, e-s Hauses etc.*) befindlich; **2.** innerhalb der Universi'tät.

ˌ**in·tra'mus·cu·lar** *adj.* ⚕ intramusku'lär.

In·tra·net ['ɪntrənet] *s. Computer:* Intranet *n* (*privates Netz*).

in·tran·si·gence [ɪn'trænsɪdʒəns] *s.* Unnachgiebigkeit *f*, Intransi'genz *f*; **in'tran·si·gent** [-nt] *adj. bsd. pol.* unnachgiebig, starr, intransi'gent.

in·tran·si·tive [ɪn'trænsɪtɪv] **I** *adj.* □ *ling.* intransitiv (*a.* ⚒); **II** *s. ling.* Intransitiv *n.*

in·trant ['ɪntrənt] *s.* Neueintretende(r *m*) *f*, (*ein Amt*) Antretende(r *m*) *f.*

ˌ**in·tra'state** *adj.* innerstaatlich, *Am.* innerhalb e-s Bundesstaates.

in·tra-u·ter·ine de·vice ['ɪntrəˌjuːtəraɪn, -rɪn] *s.* ⚕ Spi'rale *f*, ˌIntraute'rinpesˌsar *n.*

ˌ**in·tra've·nous** *adj.* ⚕ intrave'nös.

'**in tray** *s.* Ablagekorb *m* für eingehende Post.

in·trench [ɪn'trentʃ] → ***entrench.***

in·trep·id [ɪn'trepɪd] *adj.* □ unerschrocken; **in·tre·pid·i·ty** [ˌɪntrɪ'pɪdətɪ] *s.* Unerschrockenheit *f.*

in·tri·ca·cy ['ɪntrɪkəsɪ] *s.* **1.** Kompliziertheit *f*, Kniffligkeit *f*; **2.** Komplikati'on *f*, Schwierigkeit *f*; '**in·tri·cate** [-kət] *adj.* □ verwickelt, kompliziert, knifflig, schwierig.

in·trigue [ɪn'triːg] **I** *v/i.* **1.** intrigieren, Ränke schmieden; **2.** ein Verhältnis haben (***with*** mit); **II** *v/t.* **3.** fesseln, faszinieren; **4.** neugierig machen; **5.** verblüffen; **III** *s.* **6.** In'trige *f*: a) Ränkespiel *n*, *pl.* Ränke *pl.*, Machenschaften *pl.*, b) Verwicklung *f* (*im Drama etc.*); **in'tri·guer** [-gə] *s.* Intri'gant(in); **in'tri·guing** [-gɪŋ] *adj.* □ **1.** fesselnd, faszinierend; **2.** verblüffend; **3.** intrigierend, ränkevoll.

in·trin·sic [ɪn'trɪnsɪk] *adj.* (□ ***~ally***) inner, wahr, eigentlich, wirklich, wesentlich, imma'nent: **~ *value*** innerer Wert; **in'trin·si·cal·ly** [-kəlɪ] *adv.* wirklich, eigentlich; an sich: **~ *safe*** ⚡ eigensicher.

in·tro·duce [ˌɪntrə'djuːs] *v/t.* **1.** einführen: **~ *a new method***; **2.** einleiten, eröffnen, anfangen; **3.** (***into*** in *acc.*) *et.* (her'ein)bringen; *Instrument etc.* einführen, -setzen; *Seuche* einschleppen; *parl. Gesetzesvorlage* einbringen; **4.** *Thema*, *Frage* anschneiden, aufwerfen; **5.** *j-n* (hin'ein)führen, (-)geleiten (***into*** in *acc.*); **6.** (***to***) *j-n* einführen (in *acc.*), bekannt machen (mit *et.*); **7.** (***to***) *j-n* bekannt machen (mit *j-m*), vorstellen (*dat.*); ˌ**in·tro'duc·tion** [-'dʌkʃn] *s.* **1.** Einführung *f*; **2.** Einleitung *f*, Anbahnung *f*; **3.** Einleitung *f*, Vorrede *f*, -wort *n*; **4.** Leitfaden *m*, Anleitung *f*; **5.** Einführung *f* (*Instrument*); Einschleppung *f* (*Seuche*); *pol.* Einbringung *f* (*Gesetz*); **6.** Vorstellung *f*: ***letter of* ~** Empfehlungsbrief *m*; ˌ**in·tro'duc·to·ry** [-'dʌktərɪ] *adj.* einleitend, Einleitungs..., Vor...

in·tro·mis·sion [ˌɪntrəʊ'mɪʃn] *s.* **1.** Einführung *f*; **2.** Zulassung *f.*

in·tro·spect [ˌɪntrəʊ'spekt] *v/t.* sich (innerlich) prüfen; ˌ**in·tro'spec·tion** [-kʃn] *s.* Selbstbeobachtung *f*, Innenschau *f*, Introspekti'on *f*; ˌ**in·tro'spec·tive** [-tɪv] *adj.* □ introspek'tiv, selbstprüfend, nach innen gewandt.

in·tro·ver·sion [ˌɪntrəʊ'vɜːʃn] *s.* **1.** Einwärtskehren *n*; **2.** *psych.* Introversi'on *f*, Introvertiertheit *f*; **in·tro·vert I** *s.* ['ɪntrəʊvɜːt] *psych.* introvertierter Mensch; **II** *v/t.* [ˌɪntrəʊ'vɜːt] nach innen richten, einwärts kehren; *psych.* introvertieren.

in·trude [ɪn'truːd] **I** *v/t.* **1.** *fig.* (unnötigerweise) hi'neinbringen: **~ *one's own ideas into the argument***; **2. ~ *s.th. upon s.o.*** j-m et. aufdrängen; **~ *o.s. upon s.o.*** sich j-m aufdrängen; **II** *v/i.* **3.** sich eindrängen *od.* einmischen (***into*** in *acc.*), sich aufdrängen (***upon*** *dat.*); **4.** (***upon***) *j-n* stören, belästigen: ***am I intruding?*** störe ich?; **in'trud·er** [-də] *s.* **1.** Eindringling *m*; **2.** Zudringliche(r *m*) *f*, Störenfried *m*; **3.** ✈ Störflugzeug *n*; **in'tru·sion** [-uːʒn] *s.* **1.** Eindrängen *n*, Eindringen *n*; **2.** Einmischung *f*; **3.** Zu-, Aufdringlichkeit *f*; **4.** Belästigung *f* (***upon*** *gen.*); **5.** ⚖ Besitzstörung *f*; **in'tru·sive** [-uːsɪv] *adj.* □ **1.** auf-, zudringlich, lästig; **2.** *geol.* eingedrungen; **3.** *ling.* 'unetymoˌlogisch (eingedrungen); **in'tru·sive·ness** [-uːsɪvnɪs] → ***intrusion*** 3.

in·tu·it [ɪn'tjuːɪt] *v/t. u. v/i.* intui'tiv erfassen *od.* wissen; **in·tu·i·tion** [ˌɪntjuː'ɪʃn] *s.* Intuiti'on *f*: a) unmittelbare Erkenntnis, b) Eingebung *f*, Ahnung *f*; **in·tu·i·tive** [ɪn'tjuːɪtɪv] *adj.* □ intui'tiv.

in·tu·mes·cence [ˌɪntjuː'mesns] *s.* **1.** Anschwellen *n*; **2.** ⚕ Anschwellung *f*, Geschwulst *f*; ˌ**in·tu'mes·cent** [-nt] *adj.* (an)schwellend.

in·twine [ɪn'twaɪn] *Am.* → ***entwine.***

in·un·date ['ɪnʌndeɪt] *v/t.* über'schwemmen (*a. fig.*); **in·un·da·tion** [ˌɪnʌn'deɪʃn] *s.* Über'schwemmung *f*, Flut *f* (*a. fig.*).

in·ure [ɪ'njʊə] **I** *v/t. mst pass.* (***to***) abhärten (gegen), gewöhnen (an *acc.*); **II** *v/i. bsd.* ⚖ wirksam *od.* gültig *od.* angewendet werden.

in·vade [ɪn'veɪd] *v/t.* **1.** einfallen *od.* eindringen *od.* einbrechen in (*acc.*); **2.** über'fallen, angreifen; **3.** *fig.* über'laufen, -'schwemmen, sich ausbreiten über (*acc.*); **4.** eindringen in (*acc.*), 'übergreifen auf (*acc.*); **5.** *fig.* erfüllen, ergreifen, befallen: ***fear ~d all***; **6.** *fig.* verstoßen gegen, verletzen, antasten, eingreifen in (*acc.*); **in'vad·er** [-də] *s.* Eindringling *m*, Angreifer(in); *pl.* ⚔ Inva'soren *pl.*

in·va·lid[1] ['ɪnvəlɪd] **I** *adj.* **1.** a) krank, leidend, b) inva'lide, c) ⚔ dienstunfähig; **2.** Kranken...: **~ *chair*** Rollstuhl *m*; **~ *diet*** Krankenkost *f*; **II** *s.* **3.** Kranke(r *m*) *f*; **4.** Inva'lide *m*; **III** *v/t.* [ˌɪnvə'liːd] **5.** zum Inva'liden machen; **6.** *a.* **~ *out*** ⚔ dienstuntauglich erklären *od.* als dienstuntauglich entlassen: ***be ~ed out*** als Invalide (aus dem Heer) entlassen werden.

in·val·id[2] [ɪn'vælɪd] *adj.* □ **1.** (rechts)ungültig, null u. nichtig; **2.** nichtig, nicht stichhaltig (*Argumente*); **in'val·i·date** [-deɪt] *v/t.* **1.** außer Kraft setzen: a) (für) ungültig erklären, 'umstoßen, b) ungültig *od.* unwirksam machen; **2.** *Argument etc.* entkräften; **in·val·i·da·tion** [ɪnˌvælɪ'deɪʃn] *s.* **1.** Ungültigkeitserklärung *f*; **2.** Entkräftung *f.*

in·va·lid·ism ['ɪnvəlɪdɪzəm] *s.* ⚕ Invali'di'tät *f.*

in·va·lid·i·ty [ˌɪnvə'lɪdətɪ] *s.* **1.** *bsd.* ⚖ Ungültigkeit *f*, Nichtigkeit *f*; **2.** ⚕ *Am.* Invalidi'tät *f.*

in·val·u·a·ble [ɪn'væljʊəbl] *adj.* □ unschätzbar, unbezahlbar, von unschätzbarem Wert.

in·var·i·a·bil·i·ty [ɪnˌveərɪə'bɪlətɪ] *s.* Unveränderlichkeit *f*; **in·var·i·a·ble** [ɪn'veərɪəbl] **I** *adj.* □ unveränderlich, gleich bleibend; kon'stant (*a.* ⚒); **II** *s.* ⚒ Kon'stante *f*; **in·var·i·a·bly** [ɪn'veərɪəblɪ] *adv.* stets, ausnahmslos.

in·va·sion [ɪn'veɪʒn] *s.* **1.** (***of***) Invasi'on *f* (*gen.*): a) ⚔ *u. fig.* Einfall *m* (in *acc.*), 'Überfall *m* (auf *acc.*), b) Eindringen *n*, Einbruch *m* (in *acc.*); **2.** Andrang *m* (***of*** zu); **3.** *fig.* (***of***) Eingriff *m* (in *acc.*), Verletzung *f* (*gen.*); **4.** ⚕ Anfall *m*; **in'va·sive** [-eɪsɪv] *adj.* **1.** ⚔ Invasions..., angreifend; **2.** (gewaltsam) eingreifend (***of*** in *acc.*); **3.** zudringlich.

in·vec·tive [ɪn'vektɪv] *s.* Schmähung(en *pl.*) *f*, Beschimpfung *f*; *pl.* Schimpfworte *pl.*

in·veigh [ɪn'veɪ] *v/i.* (***against***) schimpfen (über, auf *acc.*), herziehen (über *acc.*).

in·vei·gle [ɪn'veɪgl] *v/t.* (***into***) **1.** verleiten, verführen (zu): **~ *s.o. into doing s.th.*** j-n dazu verleiten, *et.* zu tun; **2.** locken (in *acc.*); **in'vei·gle·ment** [-mənt] *s.* Verleitung *f etc.*

in·vent [ɪn'vent] *v/t.* **1.** erfinden, ersinnen; **2.** *fig.* erfinden, erdichten; **in'ven·tion** [-nʃn] *s.* **1.** Erfindung *f* (*a. fig.*); **2.** (Gegenstand *m etc.* der) Erfindung *f*; **3.** Erfindungsgabe *f*; **4.** *contp.* Märchen *n*; **in'ven·tive** [-tɪv] *adj.* □ **1.** erfinderisch (***of*** in *dat.*); Erfindungs...; **2.** schöpferisch, einfallsreich, origi'nell; **in'ven·tive·ness** [-tɪvnɪs] → ***invention*** 3; **in'ven·tor** [-tə] *s.* Erfinder(in).

in·ven·to·ry ['ɪnvəntrɪ] *a.* ✝ **I** *s.* **1.** a) Inven'tar *n*, Bestandsverzeichnis, (-)Liste *f*, b) *Am.* Bestandsaufnahme *f*, Inven'tur *f*; **2.** Inven'tar *n*, Lagerbestand *m*, Vorräte *pl.*: ***take* ~** Inventur machen; **II** *v/t.* **3.** inventarisieren: a) e-e Bestandsaufnahme machen von, b) im Inven'tar verzeichnen.

in·verse [ɪn'vɜːs] **I** *adj.* □ 'umgekehrt, entgegengesetzt; ⚒ in'vers, rezi'prok: ***~ly proportional*** umgekehrt proportional; **II** *s.* 'Umkehrung *f*, Gegenteil *n*; **in'ver·sion** [ɪn'vɜːʃn] *s.* **1.** 'Umkehrung *f* (*a.* ♪); **2.** ⚗, ⚒, *ling.*, *meteor.* Inversi'on *f*, *psych. a.* Homosexuali'tät *f.*

in·vert I *v/t.* [ɪn'vɜːt] **1.** 'umkehren (*a.* ♪), 'umdrehen, 'umwenden (*a.* ⚡); **2.** *ling.* 'umstellen; **3.** ⚗ invertieren; **II** *s.* ['ɪnvɜːt] **4.** ⚠ 'umgekehrter Bogen; **5.** ⚙ Sohle *f* (*Schleuse etc.*); **6.** *psych.* Invertierte(r *m*) *f*: a) Homosexu'elle(r *m*), b) Lesbierin *f*, c) Transsexu'elle(r *m*) *f.*

in·ver·te·brate [ɪn'vɜːtɪbrət] **I** *adj.* **1.** *zo.* wirbellos; **2.** *fig.* rückgratlos; **II** *s.* **3.** *zo.* wirbelloses Tier: ***the ~s*** die Wirbellosen.

in·vert·ed [ɪn'vɜːtɪd] *adj.* **1.** 'umgekehrt; 'umgestellt; **2.** *psych.* invertiert, homosexu'ell; **3.** ⚙ hängend: **~ *cylinders***; **~ *engine*** Hängemotor *m*; **~ com·mas** *s. pl.* Anführungszeichen *pl.*, ‚Gänsefüßchen' *pl.*; **~ flight** *s.* ✈ Rückenflug *m*; **~ im·age** *s. phys.* Kehrbild *n.*

in·vest [ɪn'vest] **I** *v/t.* **1.** ✝ investieren, anlegen (***in*** in *dat.*); **2.** (***with***, ***in*** mit) bekleiden (*a. fig.*); bedecken, um'hüllen; **3.** (***with***) kleiden (in *acc.*), ausstatten (mit *Befugnissen etc.*); um'geben

I

(mit); **4.** (in Amt u. Würden) einsetzen; **5.** ⚔ einschließen, belagern; **II** *v/i.* **6.** investieren (***in*** in *dat.*); **7.** ~ ***in*** F ‚sein Geld investieren' in (*dat.*).

in·ves·ti·gate [ɪnˈvestɪgeɪt] **I** *v/t.* unterˈsuchen, erforschen; ermitteln; **II** *v/i.* (***into***) nachforschen (nach), Ermittlungen anstellen (über *acc.*); **in·ves·ti·ga·tion** [ɪnˌvestɪˈgeɪʃn] *s.* **1.** Unterˈsuchung *f*, Nachforschung *f*; *pl.* Ermittlung(en *pl.*) *f*, Reˈcherchen *pl.*; **2.** *wissenschaftliche* (Er)Forschung; **inˈves·ti·ga·tive** [-tɪv] *adj.* recherchierend, Untersuchungs...: ~ ***journalism*** Enthüllungsjournalismus *m*; ~ ***reporter*** recherchierender Reporter; **inˈves·ti·ga·tor** [-tə] *s.* **1.** Unterˈsuchende(r) *m*, (Er-, Nach-) Forscher(in); **2.** Ermittler *m*, Unterˈsuchungsbeamte(r) *m*: ***private*** ~ (Priˈvat)Detekˌtiv(in); **3.** Prüfer(in).

in·ves·ti·ture [ɪnˈvestɪtʃə] *s.* **1.** Investiˈtur *f*, (feierliche) Amtseinsetzung *f*; **2.** Belehnung *f*; **3.** *fig.* Ausstattung *f*.

in·vest·ment [ɪnˈvestmənt] *s.* **1.** † a) Investierung *f*, b) Investitiˈon(en *pl.*) *f*, (Kapiˈtal-, Geld)Anlage *f*, Anlagewerte *pl.*: ***that's a good*** ~ das ist e-e gute Geldanlage, *fig.* das lohnt sich *od.* macht sich bezahlt; **2.** † Einlage *f*, Beteiligung *f* (*e-s Gesellschafters*); **3.** Ausstattung *f* (***with*** mit); **4.** *biol.* (Außen-, Schutz)Haut *f*; **5.** ⚔ *obs.* Belagerung *f*; **6.** → ***investiture*** 1; ~ **ad·vis·er** *s.* Anlageberater *m*; ~ **bank** *s.* Investitiˈons-, Inˈvestmentbank *f*; ~ **bank·ing** *s.* Efˈfektenbankgeschäft *n*; ~ **bonds** *s. pl.* festverzinsliche ˈAnlagepaˌpiere *pl.*; ~ **cap·i·tal** *s.* ˈAnlagekapiˌtal *n*; ~ **com·pan·y** *s.* Kapiˈtalanlage-, Inˈvestmentgesellschaft *f*; ~ **cred·it** *s.* Investitiˈonskreˌdit *m*; ~ **fund** *s.* **1.** Anlagefonds *m*; **2.** *pl.* Investitiˈonsmittel *pl.*; ~ **goods** *s. pl.* Investitiˈonsgüter *pl.*; ~ **grant** *s.* Investitionsbeihilfe *f*; ~ **shares** *s. pl.*, ~ **stocks** *s. pl.* ˈAnlagepaˌpiere *pl.*, -werte *pl.*; ~ **trust** → ***investment company***: ~ ***certificate*** Anteilschein *m*, Investmentzertifikat *n*.

in·ves·tor [ɪnˈvestə] *s.* † Inˈvestor *m*, Geld-, Kapiˈtalanleger *m*.

in·vet·er·a·cy [ɪnˈvetərəsɪ] *s.* Unausrottbarkeit *f*, *a.* ⚕ Hartnäckigkeit *f*; **inˈvet·er·ate** [-rɪt] *adj.* □ **1.** eingewurzelt; **2.** ⚕ hartnäckig; **3.** eingefleischt, unverbesserlich.

in·vid·i·ous [ɪnˈvɪdɪəs] *adj.* □ **1.** verhasst, ärgerlich; **2.** gehässig, boshaft, gemein; **inˈvid·i·ous·ness** [-nɪs] *s.* **1.** *das* Ärgerliche; **2.** Gehässigkeit *f*, Bosheit *f*, Gemeinheit *f*.

in·vig·i·late [ɪnˈvɪdʒɪleɪt] *ped. Brit.* **I** *v/i.* Aufsicht führen; **II** *v/t.* Aufsicht führen bei; **inˌvig·iˈla·tion** *s. ped. Brit.* Aufsicht *f*; **inˈvig·i·la·tor** [-tə] *s. ped. Brit.* ˈAufsicht(sperˌson) *f*, Aufsichtführende(r *m*) *f*.

in·vig·or·ate [ɪnˈvɪgəreɪt] *v/t.* stärken, kräftigen, beleben, *bsd. fig.* erfrischen: ***invigorating*** stärkend *etc.*; **in·vig·or·a·tion** [ɪnˌvɪgəˈreɪʃn] *s.* Kräftigung *f*, Belebung *f*.

in·vin·ci·bil·i·ty [ɪnˌvɪnsɪˈbɪlətɪ] *s.* Unbesiegbarkeit *f etc.*; **in·vin·ci·ble** [ɪnˈvɪnsəbl] *adj.* □ unbesiegbar, ˈunüberˌwindlich.

in·vi·o·la·bil·i·ty [ɪnˌvaɪələˈbɪlətɪ] *s.* Unverletzlichkeit *f*, Unantastbarkeit *f*; **in·vi·o·la·ble** [ɪnˈvaɪələbl] *adj.* □ unverletzlich, unantastbar, heilig; **in·vi·o·late** [ɪnˈvaɪələt] *adj.* □ **1.** unverletzt, unversehrt, nicht gebrochen (*Gesetz etc.*); **2.** unangetastet.

in·vis·i·bil·i·ty [ɪnˌvɪzəˈbɪlətɪ] *s.* Unsichtbarkeit *f*; **in·vis·i·ble** [ɪnˈvɪzəbl] *adj.* □ unsichtbar (***to*** für): ~ ***ink***; ~ ***exports***; ~ ***mending*** Kunststopfen *n*; ***he was*** ~ *fig.* er ließ sich nicht sehen.

in·vi·ta·tion [ˌɪnvɪˈteɪʃn] *s.* **1.** Einladung *f* (***to s.o.*** an j-n): ~ ***to tea*** Einladung zum Tee; **2.** Aufforderung *f*, Ersuchen *n*; **3.** ~ ***to bid*** † Ausschreibung *f*; **in·vite** [ɪnˈvaɪt] *v/t.* **1.** einladen: ~ ***s.o. in*** j-n hereinbitten: ~***d lecture*** Gastvorlesung *f*; **2.** *j-n* auffordern, bitten (***to do*** zu tun); **3.** *et.* erbitten, ersuchen um, auffordern zu *et.*; † ausschreiben; **4.** *Kritik*, *Gefahr etc.* herausfordern, sich aussetzen (*dat.*); **5.** a) einladen zu, ermutigen zu, b) (ver)locken (***to do*** zu tun); **in·vit·ing** [ɪnˈvaɪtɪŋ] *adj.* □ einladend, (ver)lockend.

in·vo·ca·tion [ˌɪnvəʊˈkeɪʃn] *s.* **1.** Anrufung *f*; **2.** *eccl.* Bittgebet *n*.

in·voice [ˈɪnvɔɪs] † **I** *s.* Fakˈtura *f*, (Waren-, Begleit)Rechnung *f*: ***as per*** ~ laut Rechnung; ~ ***amount*** Rechnungsbetrag *m*; ~ ***clerk*** Fakturist(in); **II** *v/t.* fakturieren, in Rechnung stellen; **ˈin·voic·ing** *s.* † Faktuˈrierung *f*, Inˈrechnungstellung *f*: ~ ***currency*** Fakturierungswährung *f*.

in·voke [ɪnˈvəʊk] *v/t.* **1.** anrufen, anflehen, flehen zu; **2.** flehen um, erflehen; **3.** *fig.* zu Hilfe rufen, sich berufen auf (*acc.*), anführen, zitieren; **4.** *Geist* beschwören.

in·vol·un·tar·i·ness [ɪnˈvɒləntərɪnɪs] *s.* **1.** Unfreiwilligkeit *f*; **2.** ˈUnwillˌkürlichkeit *f*; **in·vol·un·tar·y** [ɪnˈvɒləntərɪ] *adj.* □ **1.** unfreiwillig; **2.** ˈunwillˌkürlich; **3.** unabsichtlich.

in·vo·lute [ˈɪnvəluːt] **I** *adj.* **1.** ⚘ eingerollt; **2.** *zo.* mit engen Windungen; **3.** *fig.* verwickelt; **II** *s.* **4.** ✡ Evolˈvente *f*; **in·vo·lu·tion** [ˌɪnvəˈluːʃn] *s.* **1.** ⚘ Einrollung *f*; **2.** Involuˈtion *f*: a) *biol.* Rückbildung *f*, b) ✡ Potenzierung *f*; **3.** Verwicklung *f*, Verwirrung *f*.

in·volve [ɪnˈvɒlv] (→ *a.* ***involved***) *v/t.* **1.** umˈfassen, einschließen, involvieren; **2.** nach sich ziehen, zur Folge haben, mit sich bringen, verbunden sein mit, bedeuten: ~ ***great expense***; ***this would*** ~ (***our***) ***living abroad*** das würde bedeuten, dass wir im Ausland leben müssten; **3.** nötig machen, erfordern: ~ ***hard work***; **4.** betreffen: a) angehen: ***the plan*** ~***s all employees***, b) beteiligen (***in***, ***with*** an *dat.*): ***the number of persons*** ~***d***, c) sich handeln *od.* drehen um, gehen um, zum Gegenstand haben: ***the case*** ~***d some grave offences***, d) in Mitleidenschaft ziehen: ***diseases that*** ~ ***the nervous system***; ***it wouldn't*** ~ ***you*** du hättest nichts damit zu tun; **5.** verwickeln, -stricken, hinˈeinziehen (***in*** in *acc.*): ~***d in a lawsuit*** in e-n Rechtsstreit verwickelt; ~***d in an accident*** in e-n Unfall verwickelt, an e-m Unfall beteiligt; ***I am not getting*** ~***d in this!*** ich lasse mich da nicht hineinziehen!; **6.** *j-n* (*seelisch*, *persönlich*) engagieren (***in*** in *dat.*): ~ ***o.s. with s.o.*** sich mit j-m einlassen; ***be*** ~***d with s.o.*** a) mit j-m zu tun haben, b) zu j-m e-e (enge) Beziehung haben, *erotisch*: *a.* mit j-m ein Verhältnis haben, es mit j-m ‚haben'; ***she was*** ~***d with several men***; **7.** *j-n* in Schwierigkeiten bringen (***with*** mit); **8.** *et.* komplizieren, verwirren; **inˈvolved** [-vd] *adj.* (→ *a.* ***involve***) **1.** a) kompliziert, b) verworren: ***an*** ~ ***sentence***; **2.** betroffen, beteiligt: ***the persons*** ~; **3.** ***be*** ~ a) → ***involve*** 4 c, b) mitspielen (***in*** bei *e-r Sache*), c) auf dem Spiel stehen, gehen um: ***the national prestige was*** ~; **4.** (***in***) verwickelt, verstrickt (in *acc.*), beteiligt (an *dat.*); **5.** einbegriffen; **6.** (***in***, ***with***) a) stark beschäftigt (mit), versunken (in *acc.*), b) (stark) interessiert (an *dat.*); **7.** (*seelisch*, *innerlich*) engagiert: ***emotionally*** ~; ***be deeply*** ~ ***with a girl*** e-e enge Beziehung zu e-m Mädchen haben, stark empfinden für ein Mädchen; **inˈvolve·ment** [-mənt] *s.* **1.** Verwicklung *f*, -strickung *f* (***in*** in *acc.*); **2.** Beteiligung *f* (***in*** an *dat.*); **3.** Betroffensein *n*; **4.** (*seelisches od. persönliches*) Engagement; **5.** (***with***) a) (*innere*) Beziehung (zu), b) (*sexuelles*) Verhältnis (mit), c) Umgang (mit); **6.** Kompliziertheit *f*; **7.** komplizierte Sache, Schwierigkeit *f*.

in·vul·ner·a·bil·i·ty [ɪnˌvʌlnərəˈbɪlətɪ] *s.* **1.** Unverwundbarkeit *f*; **2.** *fig.* Unanfechtbarkeit *f*; **in·vul·ner·a·ble** [ɪnˈvʌlnərəbl] *adj.* □ **1.** unverwundbar, ungefährdet, gefeit (***to*** gegen); **2.** *fig.* unanfechtbar.

in·ward [ˈɪnwəd] **I** *adj.* □ **1.** inner(lich), Innen...; nach innen gehend: ~ ***parts*** *anat.* innere Organe; ***the*** ~ ***nature*** der Kern, das eigentliche Wesen; **2.** *fig.* seelisch, geistig, inner(lich); **3.** ~ ***duty*** † Eingangszoll *m*; ~ ***journey*** ⚓ Heimfahrt *f*, -reise *f*; ~ ***mail*** eingehende Post; **II** *s.* **4.** *das* Innere (*a. fig.*); **5.** *pl.* [ˈɪnədz] F a) innere Orˈgane *pl.*, Eingeweide *pl.*, b) *Küche*: Inneˈreien *pl.*; **III** *adv.* **6.** nach innen; **7.** im Innern (*a. fig.*); **ˈin·ward·ly** [-lɪ] *adv.* **1.** innerlich, im Innern (*a. fig.*); nach innen; **2.** im Stillen, insgeheim, für sich, leise; **ˈinward·ness** [-nɪs] *s.* **1.** Innerlichkeit *f*; **2.** innere Naˈtur, wahre Bedeutung; **ˈin·wards** [-dz] → ***inward*** 6, 7.

in·weave [ˌɪnˈwiːv] *v/t.* [*irr.* → ***weave***] **1.** einweben (***into*** in *acc.*); **2.** *fig.* ein-, verflechten.

in·wrought [ˌɪnˈrɔːt] *adj.* **1.** eingewoben, eingearbeitet; **2.** verziert; **3.** *fig.* (eng) verflochten.

i·o·date [ˈaɪəʊdeɪt] *s.* ⚗ Joˈdat *n*; **i·od·ic** [aɪˈɒdɪk] *adj.* ⚗ jodhaltig, Jod...; **ˈi·o·dide** [-daɪd] *s.* ⚗ Joˈdid *n*; **ˈi·o·dine** [-diːn] *s.* Jod *n*: ***tincture of*** ~ Jodtinktur *f*; **ˈi·o·dism** [-dɪzəm] *s.* Jodvergiftung *f*; **ˈi·o·dize** [-daɪz] *v/t.* jodieren, mit Jod behandeln.

i·on [ˈaɪən] *s. phys.* Iˈon *n*.

I·o·ni·an [aɪˈəʊnjən] **I** *adj.* iˈonisch; **II** *s.* Iˈonier(in).

I·on·ic¹ [aɪˈɒnɪk] *adj.* iˈonisch: ~ ***order*** ionische Säulenordnung.

i·on·ic² [aɪˈɒnɪk] *adj. phys.* iˈonisch: ~ ***centrifuge*** Ionenschleuder *f*; ~ ***migration*** Ionenwanderung *f*.

i·o·ni·um [aɪˈəʊnɪəm] *s.* ⚗ Iˈonium *n*.

i·on·i·za·tion [ˌaɪənaɪˈzeɪʃn] *s. phys.* Ionisierung *f*; **i·on·ize** [ˈaɪənaɪz] *phys.* **I** *v/t.* ionisieren; **II** *v/i.* in Iˈonen zerfallen; **i·on·o·sphere** [aɪˈɒnəˌsfɪə] *s. phys.* Ionoˈsphäre *f*.

i·o·ta [aɪˈəʊtə] *s.* Jota *n* (*griech. Buchstabe*): ***not an*** ~ *fig.* kein Jota *od.* bisschen.

IOU [ˌaɪəʊˈjuː] *s.* Schuldschein *m* (= ***I owe you***).

ip·so fac·to [ˌɪpsəʊˈfæktəʊ] (*Lat.*) gerade (*od.* alˈlein) durch diese Tatsache, eo ipso.

I·ra·ni·an [ɪ'reɪnjən] **I** *adj.* **1.** i'ranisch, persisch; **II** *s.* **2.** I'raner(in), Perser (-in); **3.** *ling.* I'ranisch *n*, Persisch *n*.

I·ra·qi [ɪ'rɑːkɪ] **I** *s.* **1.** I'raker(in); **2.** *ling.* I'rakisch *n*; **II** *adj.* **3.** i'rakisch.

i·ras·ci·bil·i·ty [ɪˌræsə'bɪlətɪ] *s.* Jähzorn *m*, Reizbarkeit *f*; **i·ras·ci·ble** [ɪ'ræsəbl] *adj.* □ jähzornig, reizbar.

i·rate [aɪ'reɪt] *adj.* zornig, wütend.

ire ['aɪə] *s. poet.* Zorn *m*, Wut *f*; **'ire·ful** [-fʊl] *adj.* □ *poet.* zornig.

ir·i·des·cence [ˌɪrɪ'desns] *s.* Schillern *n*; **ˌir·i'des·cent** [-nt] *adj.* schillernd, irisierend.

i·rid·i·um [aɪ'rɪdɪəm] *s.* ⚗ I'ridium *n*.

i·ris ['aɪərɪs] *s.* **1.** *anat.* Regenbogenhaut *f*, Iris *f*; **2.** ⚘ Schwertlilie *f*.

I·rish ['aɪərɪʃ] **I** *adj.* **1.** irisch: ***the ~ Free State*** *obs.* der Irische Freistaat; → ***bull***³; **II** *s.* **2.** *ling.* Irisch *n*; **3.** ***the ~*** *pl.* die Iren *pl.*, die Irländer *pl.*; **'I·rish·ism** [-ʃɪzəm] *s.* irische (Sprach)Eigentümlichkeit.

'I·rish|·man [-mən] *s.* [*irr.*] Ire *m*, Irländer *m*; **~ stew** *s. Küche*: Irish Stew *n*; **~ ter·ri·er** *s.* Irischer Terrier; **'~ˌwom·an** *s.* [*irr.*] Irin *f*, Irländerin *f*.

irk [ɜːk] *v/t.* ärgern, verdrießen; **'irk·some** [-səm] *adj.* □ **1.** ärgerlich, verdrießlich; **2.** lästig.

i·ron ['aɪən] **I** *s.* **1.** Eisen *n*: ***have*** (***too***) ***many ~s in the fire*** (zu) viele Eisen im Feuer haben; ***rule with a rod of ~*** *od.* ***with an ~ hand*** mit eiserner Faust regieren; ***strike while the ~ is hot*** das Eisen schmieden, solange es heiß ist; ***a man of ~*** ein harter Mann; ***he is made of ~*** er hat e-e eiserne Gesundheit; **2.** Brandeisen *n*, -stempel *m*; **3.** (Bügel-, Plätt)Eisen *n*; **4.** Steigbügel *m*; **5.** *Golf*: Eisen *n* (*Schläger*); **6.** ⚕ 'Eisen (-präpaˌrat) *n*: ***take ~*** Eisen einnehmen; **7.** *pl.* Hand-, Fußschellen *pl.*, Eisen *pl.*: ***put in ~s*** → 14; **8.** *pl.* ⚕ Beinschiene *f* (*Stützapparat*): ***put s.o.'s leg in ~s*** j-m das Bein schienen; **II** *adj.* **9.** eisern, Eisen...: ***~ bar*** Eisenstange *f*; **10.** *fig.* eisern: a) hart, kräftig: ***~ constitution*** eiserne Gesundheit; ***~ frame*** kräftiger Körper(bau), b) ehern, hart, grausam: ***~ fist*** *od.* ***hand*** eiserne Faust (→ 1); ***there was an ~ fist in a velvet glove*** bei all s-r Freundlichkeit war mit ihm doch nicht zu spaßen, c) unbeugsam, unerschütterlich: ***~ discipline*** eiserne Zucht; ***~ will*** eiserner Wille; **III** *v/t.* **11.** bügeln, plätten; **12.** ***~ out*** a) glätten, einebnen, glatt walzen, b) *fig.* ‚ausbügeln', in Ordnung bringen; **13.** ⚙ mit Eisen beschlagen; **14.** fesseln, in Eisen legen.

I·ron| Age *s.* Eisenzeit *f*; **~ Chan·cel·lor** *s.*: ***the ~*** der Eiserne Kanzler (*Bismarck*); **'∾·clad I** *adj.* **1.** gepanzert (*Schiff*), eisenverkleidet, -bewehrt, mit Eisenmantel; **2.** *fig.* eisern, starr, streng; **3.** *fig.* unangreifbar, abso'lut stichhaltig: ***~ argument***; **II** *s.* **4.** *hist.* Panzerschiff *n*; **∾ con·crete** *s.* ⚙ 'Eisenbeˌton *m*; **~ Cross** *s.* ⚔ Eisernes Kreuz (*Auszeichnung*); **~ Cur·tain** *s. pol.* ‚Eiserner Vorhang': ***~ countries*** *die* Länder *pl.* hinter dem Eisernen Vorhang; **~ Duke** *s.*: ***the ~*** der Eiserne Herzog (*Wellington*); **∾ found·ry** *s.* Eisengieße'rei *f*; **∾ horse** *s.* Ⅎ *obs.* ‚Dampfross' *n* (*Lokomotive*).

i·ron·ic, i·ron·i·cal [aɪ'rɒnɪk(l)] *adj.* **1.** i'ronisch, spöttelnd, spöttisch; **2.** *Situation etc.*: seltsam, ‚komisch', paradox; **i'ron·i·cal·ly** [-ɪkəlɪ] *adv.* **1.** i'ronisch(erweise); **2.** komischerweise;

i·ro·nize ['aɪərənaɪz] **I** *v/t. et.* ironisieren; **II** *v/i.* i'ronisch sein, spötteln.

i·ron·ing board ['aɪənɪŋ] *s.* Bügel-, Plättbrett *n*.

i·ron| lung *s.* ⚕ eiserne Lunge; **'~ˌmas·ter** *s. Brit.* 'Eisenfabriˌkant *m*, *obs.* Eisenhüttenbesitzer *m*; **'~ˌmon·ger** *s. bsd. Brit.* Eisenwaren-, Me'tallwarenhändler(in); **'~ˌmon·ger·y** *s. bsd. Brit.* **1.** Eisen-, Me'tallwaren *pl.*; **2.** Eisenwaren-, Me'tallwarenhandlung *f*; **~ ore** *s. metall.* Eisenerz *n*; **~ ox·ide** *s.* ⚗ 'Eisenoˌxid *n*; **~ ra·tion** *s.* ⚔ eiserne Rati'on; **'~·sides** *s.* **1.** *sg.* Mann *m* von großer Tapferkeit; **2.** ∾ *pl. hist.* Cromwells Reite'rei *f od.* Heer *n*; **3.** → ***ironclad*** 4; **'~·ware** *s.* Eisen-, Me'tallwaren *pl.*; **'~·work** *s.* ⚙ 'Eisenbeschlag *m*, -konstruktiˌon *f*; **'~·works** *s. pl. sg. konstr.* Eisenhütte *f*.

i·ron·y¹ ['aɪənɪ] *adj.* **1.** eisern; **2.** eisenhaltig (*Erde*); **3.** eisenartig.

i·ro·ny² ['aɪərənɪ] *s.* **1.** Iro'nie *f*: ***~ of fate*** *fig.* Ironie des Schicksals; ***tragic ~*** tragische Ironie; ***the ~ of it!*** *fig.* welche Ironie (des Schicksals)!; **2.** i'ronische Bemerkung, Spötte'lei *f*.

Ir·o·quois ['ɪrəkwɔɪ] *pl.* **-quois** [-kwɔɪz] *s.* Iro'kese *m*, Iro'kesin *f*.

ir·ra·di·ance [ɪ'reɪdjəns] *s.* **1.** (An-, Aus-, Be)Strahlen *n*; **2.** Strahlenglanz *m*; **ir'ra·di·ant** [-nt] *adj. a. fig.* strahlend (***with*** vor *dat.*); **ir'ra·di·ate** [-dɪeɪt] *v/t.* **1.** bestrahlen (*a.* ⚕), erleuchten; **2.** ausstrahlen; **3.** *fig. Gesicht etc.* aufheitern, verklären; **4.** *fig. etc.* erhellen, Licht werfen auf (*acc.*); **ir·ra·di·a·tion** [ɪˌreɪdɪ'eɪʃn] *s.* **1.** (Aus)Strahlen *n*, Leuchten *n*; **2.** *phys.* a) 'Strahlungsintensiˌtät *f*, b) spe'zifische 'Strahlungsenerˌgie; **3.** Irradiati'on *f*: a) *phot.* Belichtung *f*, b) ⚕ Bestrahlung *f*, Durch'leuchtung *f*; **4.** *fig.* Erhellung *f*.

ir·ra·tion·al [ɪ'ræʃənl] **I** *adj.* □ **1.** unvernünftig: a) vernunftlos: ***~ animal***, b) 'irratioˌnal (*a.* 𝔸, *phls.*), vernunftwidrig, unsinnig; **II** *s.* **2.** 𝔸 'Irratioˌnalzahl *f*; **3.** *the* ~ → **ir·ra·tion·al·i·ty** [ɪˌræʃə'nælətɪ] *s.* Irrationali'tät *f* (*a.* 𝔸, *phls.*), *das* 'Irratioˌnale, Unvernunft *f*, Unsinnigkeit *f*.

ir·re·but·ta·ble [ˌɪrɪ'bʌtəbl] *adj.* 'unwiderˌlegbar.

ir·re·claim·a·ble [ˌɪrɪ'kleɪməbl] *adj.* □ **1.** unverbesserlich; **2.** ✎ unbebaubar; **3.** 'unwiderˌbringlich.

ir·rec·og·niz·a·ble [ɪ'rekəgnaɪzəbl] *adj.* □ nicht wieder zu erkennen(d), unkenntlich.

ir·rec·on·cil·a·bil·i·ty [ɪˌrekənsaɪlə'bɪlətɪ] *s.* **1.** Unvereinbarkeit *f* (***to***, ***with*** mit); **2.** Unversöhnlichkeit *f*; **ir·rec·on·cil·a·ble** [ɪ'rekənsaɪləbl] **I** *adj.* □ **1.** unvereinbar (***to***, ***with*** mit); **2.** unversöhnlich; **II** *s.* **3.** *pol.* unversöhnlicher Gegner.

ir·re·cov·er·a·ble [ˌɪrɪ'kʌvərəbl] *adj.* □ **1.** unrettbar (verloren), 'unwiederˌbringlich, unersetzlich: ***~ debt*** nicht beitreibbare (Schuld)Forderung; **2.** unheilbar, nicht wieder 'gutzumachen(d).

ir·re·deem·a·ble [ˌɪrɪ'diːməbl] *adj.* □ **1.** nicht rückkaufbar; **2.** ⚚ nicht (in Gold) einlösbar (*Papiergeld*); **3.** ⚚ a) untilgbar; ***~ loan***, b) nicht ablösbar, unkündbar (*Schuldverschreibung etc.*); **4.** unrettbar (verloren), unverbesserlich, hoffnungslos.

ir·re·den·tism [ˌɪrɪ'dentɪzəm] *s. pol.* Irreden'tismus *m*; **ˌir·re'den·tist** [-ɪst] *pol.* **I** *s.* Irreden'tist *m*; **II** *adj.* irreden'tistisch.

ir·re·duc·i·ble [ˌɪrɪ'djuːsəbl] *adj.* □ **1.** nicht zu vereinfachen(d); **2.** nicht reduzierbar, nicht zu vermindern(d): ***the ~ minimum*** das äußerste Mindestmaß.

ir·re·fran·gi·ble [ˌɪrɪ'frændʒəbl] *adj.* **1.** unverletzlich, nicht zu über'treten(d); **2.** *opt.* unbrechbar.

ir·re·fu·ta·ble [ˌɪrɪ'fjuːtəbl] *adj.* □ 'unwiderˌlegbar, nicht zu wider'legen(d).

ir·re·gard·less [ˌɪrɪ'gɑːdlɪs] *adj. Am.* Ⅎ ***~ of*** ohne sich zu kümmern um.

ir·reg·u·lar [ɪ'regjʊlə] **I** *adj.* □ **1.** unregelmäßig (*a.* ⚘, *ling*, *a. Zähne etc.*), ungleichmäßig, uneinheitlich; **2.** ungeordnet, unordentlich; **3.** ungehörig, ungebührlich; **4.** regel-, vorschriftswidrig; **5.** ungesetzlich, ungültig; **6.** uneben; 'unsysteˌmatisch; **7.** ⚔ 'irreguˌlär; **II** *s.* **8.** *pl.* Parti'sanen *pl.*, Freischärler *pl.*; **ir·reg·u·lar·i·ty** [ɪˌregjʊ'lærətɪ] *s.* **1.** Unregelmäßigkeit *f* (*a. ling.*), Ungleichmäßigkeit *f*; **2.** Regelwidrigkeit *f*; ⚖ Formfehler *m*, Verfahrensmangel *m*; **3.** Ungehörigkeit *f*; **4.** Unebenheit *f*; **5.** Unordnung *f*; **6.** Vergehen *n*, Verstoß *m*; **7.** *pl.* ⚚ *Am.* Ausschussware(n *pl.*) *f*.

ir·rel·e·vance [ɪ'reləvəns], **ir'rel·e·van·cy** [-sɪ] *s.* 'Irreleˌvanz *f*, Unerheblichkeit *f*, Belanglosigkeit *f*, Unwesentlichkeit *f*; **ir'rel·e·vant** [-nt] *adj.* □ 'irreleˌvant, belanglos, unerheblich (***to*** für) (*alle a.* ⚖), nicht zur Sache gehörig.

ir·re·li·gion [ˌɪrɪ'lɪdʒən] *s.* Religi'onslosigkeit *f*, Unglaube *m*; Gottlosigkeit *f*; **ˌir·re'li·gious** [-dʒəs] *adj.* □ **1.** 'irreligiˌös, ungläubig, gottlos; **2.** religi'onsfeindlich.

ir·re·me·di·a·ble [ˌɪrɪ'miːdjəbl] *adj.* □ **1.** unheilbar; **2.** unabänderlich; **3.** → ***irreparable***.

ir·re·mis·si·ble [ˌɪrɪ'mɪsəbl] *adj.* □ **1.** unverzeihlich; **2.** unerlässlich.

ir·re·mov·a·ble [ˌɪrɪ'muːvəbl] *adj.* □ **1.** nicht zu entfernen(d); unbeweglich (*a. fig.*); **2.** unabsetzbar.

ir·rep·a·ra·ble [ɪ'repərəbl] *adj.* □ **1.** 'irrepaˌrabel, nicht wieder 'gutzumachen(d); **2.** unersetzlich; **3.** unheilbar (*a.* ⚕).

ir·re·place·a·ble [ˌɪrɪ'pleɪsəbl] *adj.* unersetzlich, unersetzbar; ***~ resources*** nicht erneuerbare Ressourcen.

ir·re·press·i·ble [ˌɪrɪ'presəbl] *adj.* □ **1.** unbezähmbar, unbändig; **2.** *Person*: a) nicht 'unterzukriegen(d), unverwüstlich, b) tempera'mentvoll.

ir·re·proach·a·ble [ˌɪrɪ'prəʊtʃəbl] *adj.* □ untadelig, einwandfrei, tadellos.

ir·re·sist·i·bil·i·ty ['ɪrɪˌzɪstə'bɪlətɪ] *s.* 'Unwiderˌstehlichkeit *f*; **ir·re·sist·i·ble** [ˌɪrɪ'zɪstəbl] *adj.* □ **1.** 'unwiderˌstehlich (*a. fig. Charme etc.*); **2.** unaufhaltsam.

ir·res·o·lute [ɪ'rezəluːt] *adj.* □ unentschlossen, schwankend; **ir'res·o·lute·ness** [-nɪs], **ir·res·o·lu·tion** ['ɪˌrezə'luːʃn] *s.* Unentschlossenheit *f*.

ir·re·spec·tive [ˌɪrɪ'spektɪv] *adj.* □: ***~ of*** ohne Rücksicht auf (*acc.*), ungeachtet (*gen.*), abgesehen von.

ir·re·spon·si·bil·i·ty ['ɪrɪˌspɒnsə'bɪlətɪ] *s.* **1.** Unverantwortlichkeit *f*; **2.** Verantwortungslosigkeit *f*; **ir·re·spon·si·ble** [ˌɪrɪ'spɒnsəbl] *adj.* □ **1.** unverantwortlich (*Handlung*); **2.** verantwortungslos (*Person*); **3.** ⚖ unzurechnungsfähig.

ir·re·spon·sive [ˌɪrɪˈspɒnsɪv] *adj.* **1.** teilnahms-, verständnislos, gleichgültig (***to*** gegenüber); **2.** unempfänglich (***to*** für); ***be ~ to*** *a.* nicht reagieren auf (*acc.*).

ir·re·triev·a·ble [ˌɪrɪˈtriːvəbl] *adj.* □ **1.** ˈunwiederˌbringlich, unrettbar (verloren): ***~ breakdown of marriage*** ⚖ unheilbare Zerrüttung der Ehe; **2.** unersetzlich; **3.** nicht wieder ˈgutzumachen(d); ˌ**ir·reˈtriev·a·bly** [-əblɪ] *adv.*: ***~ broken down*** ⚖ unheilbar zerrüttet (*Ehe*).

ir·rev·er·ence [ɪˈrevərəns] *s.* **1.** Unehrerbietigkeit *f*, Reˈspekt-, Pieˈtätlosigkeit *f*; **2.** ˈMissachtung *f*; **irˈrev·er·ent** [-nt] *adj.* □ reˈspektlos, ehrfurchtslos, pieˈtätlos.

ir·re·vers·i·bil·i·ty [ˈɪrɪˌvɜːsəˈbɪlətɪ] *s.* **1.** Nichtˈumkehrbarkeit *f*; **2.** ˈUnwiderˌruflichkeit *f*; **ir·re·vers·i·ble** [ˌɪrɪˈvɜːsəbl] *adj.* □ **1.** nicht ˈumkehrbar; **2.** ⚙ nur in ˈeiner Richtung (laufend); **3.** ⚗, ∡, *phys.* irreverˈsibel; **4.** ˈunwiderˌruflich.

ir·rev·o·ca·bil·i·ty [ɪˌrevəkəˈbɪlətɪ] *s.* ˈUnwiderˌruflichkeit *f*; **ir·rev·o·ca·ble** [ɪˈrevəkəbl] *adj.* □ ˈunwiderˌruflich (*a.* ⚚), endgültig.

ir·ri·ga·ble [ˈɪrɪgəbl] *adj.* ✓ bewässerungsfähig; **ir·ri·gate** [ˈɪrɪgeɪt] *v/t.* **1.** ✓ bewässern, berieseln; **2.** ✱ spülen; **ir·ri·ga·tion** [ˌɪrɪˈgeɪʃn] *s.* **1.** ✓ Bewässerung *f*, Berieselung *f*; **2.** ✱ Spülung *f*.

ir·ri·ta·bil·i·ty [ˌɪrɪtəˈbɪlətɪ] *s.* Reizbarkeit *f* (*a.* ✱); **ir·ri·ta·ble** [ˈɪrɪtəbl] *adj.* □ **1.** reizbar; **2.** gereizt, ✱ *a.* empfindlich.

ir·ri·tant [ˈɪrɪtənt] **I** *adj.* Reiz erzeugend, Reiz...; **II** *s.* a) Reizmittel *n* (*a. fig.*), b) ⚔ Reiz(kampf)stoff *m*.

ir·ri·tate[1] [ˈɪrɪteɪt] *v/t.* reizen (*a.* ✱), (ver)ärgern, irritieren: ***~d at*** (*od.* ***by*** *od.* ***with***) ärgerlich über (*acc.*).

ir·ri·tate[2] [ˈɪrɪteɪt] *v/t. Scot.* ⚖ für nichtig erklären.

ir·ri·tat·ing [ˈɪrɪteɪtɪŋ] *adj.* □ irritierend, aufreizend; ärgerlich, lästig; **ir·ri·ta·tion** [ˌɪrɪˈteɪʃn] *s.* **1.** Reizung *f*, Ärger *m*; **2.** ✱ Reizung *f*, Reizzustand *m*.

ir·rupt [ɪˈrʌpt] *v/i.* eindringen, herˈeinbrechen; **irˈrup·tion** [-pʃn] *s.* Einbruch *m*: a) Eindringen *n*, (plötzliches) Hereinbrechen, b) (feindlicher) Einfall, ˈÜberfall *m*; **irˈrup·tive** [-tɪv] *adj.* hereinbrechend.

is [ɪz] *3. sg. pres. von* **be**.

I·sa·iah [aɪˈzaɪə], *a.* **Iˈsa·ias** [-əs] *npr. u. s. bibl.* (das Buch) Jeˈsaja *m od.* Iˈsaias *m*.

is·chi·ad·ic [ˌɪskɪˈædɪk], *mst* ˌ**is·chiˈat·ic** [-ˈætɪk] *adj.* **1.** *anat.* Hüft-, Sitzbein...; **2.** ✱ ischiˈatisch.

i·sin·glass [ˈaɪzɪŋglɑːs] *s.* Hausenblase *f*, Fischleim *m*.

Is·lam [ˈɪzlɑːm] *s.* Isˈlam *m*; **Is·lam·ic** [ɪzˈlæmɪk] *adj.* isˈlamisch; **Is·lam·ize** [ˈɪzləmaɪz] *v/t.* islamisieren.

is·land [ˈaɪlənd] *s.* **1.** Insel *f* (*a. fig. u.* ✱); **2.** Verkehrsinsel *f*; **ˈis·land·er** [-də] *s.* Inselbewohner(in), Insuˈlaner (-in).

isle [aɪl] *s. poet. u. in npr.* (kleine) Insel, *poet.* Eiland *n*.

ism [ˈɪzəm] *s.* Ismus *m* (*bloße Theorie*).

is·n't [ˈɪznt] F *für* ***is not***.

i·so·bar [ˈaɪsəʊbɑː] *s.* **1.** *meteor.* Isoˈbare *f*; **2.** *phys.* Isoˈbar *n*.

i·so·chro·mat·ic [ˌaɪsəʊkrəʊˈmætɪk] *adj. phys.* isochroˈmatisch, gleichfarbig.

i·so·late [ˈaɪsəleɪt] *v/t.* **1.** isolieren, absondern, abschließen (***from*** von); **2.** ⚗, ✱, ϟ, *phys.* isolieren; **3.** *fig.* genau bestimmen; **ˈi·so·lat·ed** [-tɪd] *adj.* **1.** isoliert (*a.* ⚙), (ab)gesondert, alˈlein stehend, vereinzelt: ***~ case*** Einzelfall *m*; **2.** einsam, abgeschieden; **i·so·la·tion** [ˌaɪsəˈleɪʃn] *s.* ✱, ⚙, *pol., fig.* Isolierung *f*, Isolatiˈon *f*: ***~ ward*** Isolierstation *f*; ***in ~*** *fig.* einzeln, für sich (*betrachtet*); **i·so·la·tion·ism** [ˌaɪsəˈleɪʃnɪzəm] *s. pol.* Isolatioˈnismus *m*; **i·so·la·tion·ist** [ˌaɪsəˈleɪʃnɪst] *s. pol.* Isolatioˈnist *m*.

i·so·mer [ˈaɪsəʊmɜː] *s.* ⚗ Isoˈmer *n*; **i·so·mer·ic** [ˌaɪsəʊˈmerɪk] *adj.* ⚗ isoˈmer.

i·so·met·ric [ˌaɪsəʊˈmetrɪk] ∡ **I** *adj.* isoˈmetrisch; **II** *s. pl. sg. konstr.* Isomeˈtrie *f* (*a. Muskeltraining*).

i·sos·ce·les [aɪˈsɒsɪliːz] *adj.* ∡ gleichschenk(e)lig (*Dreieck*).

i·so·therm [ˈaɪsəʊθɜːm] *s.* Isoˈtherme *f*; **i·so·ther·mal** [ˌaɪsəʊˈθɜːml] *adj.* isoˈthermisch, gleich warm: ***~ line*** → ***isotherm***.

i·so·tope [ˈaɪsəʊtəʊp] *s.* ⚗, *phys.* Isoˈtop *n*.

Is·ra·el [ˈɪzreɪəl] *s. bibl.* (das Volk) Israel *n*; **Is·rae·li** [ɪzˈreɪlɪ] **I** *adj.* israˈelisch; **II** *s.* Israˈeli *m*; **Is·ra·el·ite** [ˈɪzˌrɪəlaɪt] **I** *s.* Israeˈlit(in); **II** *adj.* israeˈlitisch, jüdisch.

is·su·a·ble [ˈɪʃuːəbl] *adj.* **1.** auszugeben(d); **2.** ⚚ emittierbar; **3.** ⚖ zu veröffentlichen(d); **ˈis·su·ance** [-əns] *s.* (Her)ˈAusgabe *f*, Ver-, Erteilung *f*.

is·sue [ˈɪʃuː] **I** *s.* **1.** Ausgabe *f*, Aus-, Erteilung *f*, Erlass *m* (*Befehl*); **2.** Aus-, Herˈausgabe *f*; **3.** ⚚ a) (Efˈfekten-) Emissiˌon *f*, (Aktien)Ausgabe *f*, Auflegen *n* (*Anleihe*); Ausstellung *f* (*Dokument*): ***date of ~*** Ausstellungsdatum *n*, Ausgabetag *m*; ***bank of ~*** Emissionsbank *f*, b) ˈWertpaˌpiere *pl.* der'selben Emissiˈon; **4.** *bsd.* ⚔ Lieferung *f*, Ausgabe *f*, Zu-, Verteilung *f*; **5.** Ausgabe *f*: a) Veröffentlichung *f*, Auflage *f* (*Buch*), b) Nummer *f* (*Zeitung*); **6.** Streitfall *m*, (Streit)Frage *f*, Proˈblem *n*: ***at ~*** a) strittig, zur Debatte stehend, b) uneinig; ***point at ~*** strittige Frage; ***evade the ~*** ausweichen; ***join*** *od.* ***take ~ with s.o.*** sich mit j-m auf e-n Streit *od.* e-e Auseinandersetzung einlassen; **7.** (Kern)Punkt *m*, Fall *m*, Sachverhalt *m*: ***~ of fact*** (***law***) ⚖ Tatsachen-(Rechts)frage *f*; ***side ~*** Nebenpunkt *m*; ***the whole ~*** F das Ganze; ***raise an ~*** e-n Fall *od.* Sachverhalt anschneiden; **8.** Ergebnis *n*, Ausgang *m*, (Ab)Schluss *m*: ***in the ~*** schließlich; ***bring to an ~*** entscheiden; ***force an ~*** e-e Entscheidung erzwingen; **9.** Abkömmlinge *pl.*, leibliche Nachkommenschaft: ***die without ~*** ohne direkte Nachkommen sterben; **10.** *bsd.* ✱ Ab-, Ausfluss *m*; **11.** Öffnung *f*, Mündung *f*; *fig.* Ausweg *m*; **II** *v/t.* **12.** *Befehle etc.* ausgeben, erteilen; **13.** ⚚ *Banknoten* ausgeben, in ˈUmlauf setzen; *Anleihe* auflegen; *Dokumente* ausstellen: ***~d capital*** effektiv ausgegebenes (Aktien)Kapital; **14.** *Bücher* herˈausgeben, publizieren; **15.** ⚔ a) ausgeben, liefern, ver-, zuteilen, b) ausrüsten, beliefern (***with*** mit); **III** *v/i.* **16.** herˈauskommen, -strömen; herˈvorbrechen; **17.** (***from***) herrühren (von), entspringen (*dat.*); **18.** herˈauskommen, herˈausgegeben werden (*Schriften etc.*); **19.** ergehen, erteilt werden (*Befehl etc.*); **20.** enden (***in*** in *dat.*).

is·sue·less [ˈɪʃuːlɪs] *adj.* ohne Nachkommen.

is·su·er [ˈɪʃuːə] *s.* ⚚ **1.** Aussteller(in); **2.** Ausgeber(in).

isth·mus [ˈɪsməs] *s.* **1.** *geogr.* Isthmus *m*, Landenge *f*; **2.** ✱ Verengung *f*.

it[1] [ɪt] **I** *pron.* **1.** es (*nom. od. acc.*): ***do you believe it?*** glaubst du es?; **2.** *auf deutsches s. bezogen* (*nom., dat., acc.*) *m* er, ihm, ihn; *f* sie, ihr, sie; *n* es, ihm, es; *refl.* (*dat., acc.*) sich; **3.** *unpersönliches od. grammatisches Subjekt*: ***it rains*** es regnet; ***what time is it?*** wie viel Uhr ist es?; ***it is I*** (F ***me***) ich bin es; ***it was my parents*** es waren m-e Eltern; **4.** *unbestimmtes Objekt* (*oft unübersetzt*): ***foot it*** zu Fuß gehen; ***I take it that*** ich nehme an, dass; **5.** *verstärkend*: ***it is for this reason that*** gerade aus diesem Grunde ...; **6.** *nach prp.*: ***at it*** daran; ***with it*** damit *etc.*; ***please see to it that*** bitte sorge dafür, dass; **II** *s.* **7.** F ‚das Nonplusˈultra', ‚ganz große Klasse': ***he thinks he's it***; **8.** F a) das gewisse Etwas, *bsd.* ˈSex-Apˌpeal *m*, b) Sex *m*, Geschlechtsverkehr *m*; **9.** F ***that's it!*** a) das ist es (ja)!, b) das wärs (gewesen)!; F ***this is it!*** gleich gehts los!

it[2] [ɪt], *a.* ℒ *abbr. für* ***Italian***: ***gin and it*** Gin mit (italienischem) Wermut.

I·tal·ian [ɪˈtæljən] **I** *adj.* **1.** italiˈenisch: ***~ handwriting*** lateinische Schreibschrift; **II** *s.* **2.** Italiˈener(in); **3.** *ling.* Italiˈenisch *n*; **Iˈtal·ian·ate** [-neɪt] *adj.* italianisiert, nach italiˈenischer Art; **Iˈtal·ian·ism** [-nɪzəm] *s.* italiˈenische (Sprach-*etc.*)Eigenheit.

i·tal·ic [ɪˈtælɪk] **I** *adj.* **1.** *typ.* kurˈsiv; **2.** ℒ *ling.* iˈtalisch; **II** *s. pl.* **3.** *typ.* Kurˈsivschrift *f*; **iˈtal·i·cize** [-ɪsaɪz] *typ. v/t.* **1.** in Kurˈsiv drucken; **2.** durch Kurˈsivschrift herˈvorheben.

itch [ɪtʃ] **I** *s.* **1.** Jucken *n*; **2.** ✱ Krätze *f*; **3.** *fig.* brennendes Verlangen, Sucht *f* (***for*** nach): ***I have an ~ to do s.th.*** es ‚juckt' mich, et. zu tun; **II** *v/i.* **4.** jucken; **5.** *fig.* (***for***) brennen (auf *acc.*): ***I am ~ing to do s.th.*** es ‚juckt' mich, et. zu tun; ***my fingers ~ to do it*** es juckt mir (*od.* mich) in den Fingern, es zu tun; **itch·ing** [ˈɪtʃɪŋ] **I** *s.* **1.** → ***itch*** 1, 3; **II** *adj.* **2.** juckend; **3.** F a) ‚scharf', begierig, *a.* geil, b) nerˈvös; **itch·y** [ˈɪtʃɪ] *adj.* **1.** juckend; **2.** ✱ krätzig; **3.** → ***itching*** 3.

i·tem [ˈaɪtəm] **I** *s.* **1.** Punkt *m* (*der Tagesordnung etc.*); Gegenstand *m*, Stück *n*; Einzelheit *f*, Deˈtail *n*; ⚚ (Buchungs-, Rechnungs)Posten *m*; (ˈWaren)Arˌtikel *m*; **2.** (ˈPresse)Noˌtiz *f*, (kurzer) Arˈtikel; **3.** ***be an ~*** F *von Personen*: ein Paar sein, zusammen sein; **II** *adv. obs.* **4.** desˈgleichen, ferner; **ˈi·tem·ize** [-maɪz] *v/t.* (einzeln) aufführen, spezifizieren.

it·er·ate [ˈɪtəreɪt] *v/t.* wiederˈholen; **it·er·a·tion** [ˌɪtəˈreɪʃn] *s.* Wiederˈholung *f*; **ˈit·er·a·tive** [-rətɪv] *adj.* (sich) wiederˈholend; *ling.* iteraˈtiv.

i·tin·er·a·cy [ɪˈtɪnərəsɪ], **iˈtin·er·an·cy** [-ənsɪ] *s.* Umˈherreisen *n*, -ziehen *n*; **iˈtin·er·ant** [-ənt] *adj.* □ (beruflich) reisend *od.* umˈherziehend, Reise..., Wander...: ***~ trade*** Wandergewerbe *n*; **iˈtin·er·ar·y** [aɪˈtɪnərərɪ] **I** *s.* **1.** Reiseroute *f*, -plan *m*; **2.** Reisebericht *m*; **3.** Reiseführer *m* (*Buch*); **4.** Straßenkarte *f*; **II** *adj.* **5.** Reise...; **i·tin·er·ate** [ɪˈtɪnəreɪt] *v/i.* (umˈher)reisen.

its [ɪts] *pron.* sein, ihr, dessen, deren: ***the house and ~ roof*** das Haus u. sein (*od.* dessen) Dach.

I

it's [ɪts] F *für* a) ***it is***, b) ***it has***.

it·self [ɪt'self] *pron.* **1.** *refl.* sich: ***the dog hides ~***; **2.** sich (selbst): ***the kitten wants it for ~***; **3.** *verstärkend*: selbst: ***like innocence ~*** wie die Unschuld selbst; ***by ~*** (für sich) allein, von selbst; ***in ~*** an sich (betrachtet); **4.** al'lein (schon), schon: ***the garden ~ measures two acres***.

I've [aɪv] F *für* ***I have***.

i·vied ['aɪvɪd] *adj.* 'efeuum,rankt, mit Efeu bewachsen.

i·vo·ry ['aɪvərɪ] **I** *s.* **1.** Elfenbein *n*; **2.** Stoßzahn *m* (*des Elefanten*); **3.** 'Elfenbeinschnitze,rei *f*; **4.** *pl. sl.* a) *obs.* ‚Beißer' *pl.*, Gebiss *n*, b) (*Spiel*)Würfel *pl.*, c) Billardkugeln *pl.*, d) (Kla'vier)Tasten *pl.*: ***tickle the ivories*** (auf dem Klavier) klimpern; **II** *adj.* **5.** elfenbeinern, Elfenbein...; **6.** elfenbeinfarben; **~ nut** *s.* ⚘ Steinnuss *f*; **~ tow·er** *s. fig.* Elfenbeinturm *m*: ***live in an ~*** im Elfenbeinturm sitzen.

i·vy ['aɪvɪ] *s.* ⚘ Efeu *m*; **~ League** *s. die acht Eliteuniversitäten im Osten der USA*.

iz·zard ['ɪzəd] *s.*: ***from A to ~*** von A bis Z.

J, j [dʒeɪ] *s.* J *n*, j *n*, Jot *n* (*Buchstabe*).

jab [dʒæb] **I** *v/t.* **1.** (hin'ein)stechen, (-)stoßen; **II** *s.* **2.** Stich *m*, Stoß *m*; **3.** *Boxen*: Jab *m*, (kurze) Gerade; **4.** ✱ F Spritze *f*.

jab·ber ['dʒæbə] **I** *v/t. u. v/i.* **1.** schnattern, quasseln, schwatzen; **2.** nuscheln, undeutlich sprechen; **II** *s.* **3.** Geplapper *n*, Geschnatter *n*.

jack [dʒæk] **I** *s.* **1.** Mann *m*, Bursche *m*: ***every man*** ~ F jeder Einzelne, alle (ohne Ausnahme); **2.** *Kartenspiel*: Bube *m*; **3.** ⚙ Hebevorrichtung *f*, Winde *f*: ***car*** ~ Wagenheber *m*; **4.** *Brit. Bowlsspiel*: Zielkugel *f*; **5.** *zo.* a) Männchen *n einiger Tiere*, b) → ***jackass*** 1; **6.** ⚓ Gösch *f*, Bugflagge *f*; **7.** ϟ a) Klinke *f*, b) Steckdose *f*; **8.** *Am. sl.* ‚Zaster' *m* (*Geld*); **II** *v/t.* **9.** *mst* ~ ***up*** hochheben, -winden; *Auto* aufbocken; *fig.* F *Preise* hochtreiben; **10.** ~ ***in*** F *et.* ‚aufstecken', ‚hinschmeißen'; **III** *v/i.* **11.** ~ ***off*** *Am.* V ‚wichsen'.

jack·al ['dʒækɔːl] *s.* **1.** *zo.* Scha'kal *m*; **2.** *contp.* Handlanger *m*.

jack·a·napes ['dʒækəneɪps] *s.* **1.** Geck *m*, Laffe *m*; **2.** Frechdachs *m*, (kleiner) Schlingel.

jack·ass ['dʒækæs] *s.* **1.** (männlicher) Esel; **2.** *fig. contp.* ‚Esel' *m*.

'**jack|·boot** *s.* Schaftstiefel *m*; '~**·daw** *s. orn.* Dohle *f*.

jack·et ['dʒækɪt] **I** *s.* **1.** Jacke *f*, Jac'kett *n*; → ***dust*** 8; **2.** ⚙ Mantel *m*, Um'mantelung *f*, Hülle *f*, Um'wicklung *f*; **3.** ✕ (Geschoss-, *östr.* Geschoß-, *a.* Rohr)Mantel *m*; **4.** Buchhülle *f*, 'Schutzˌumschlag *m*; *Am. a.* (Schallplatten)Hülle *f*; **5.** Haut *f*, Schale *f*: ***potatoes*** (***boiled***) ***in their*** ~***s***, *a.* ~ ***potatoes*** Pellkartoffeln; **II** *v/t.* **6.** ⚙ um'manteln, verkleiden, verschalen; ~ **crown** *s.* ✱ Jacketkrone *f*.

Jack| Frost *s.* Väterchen *n* Frost; '&**-ˌham·mer** *s.* Presslufthammer *m*; '&**-in-ˌof·fice** wichtigtuerischer Beamter; '&**-in-the-box** *pl.* '&**-in-the-ˌbox·es** *s.* Schachtelmännchen *n* (*Kinderspielzeug*): ***like a*** ~ *fig.* wie ein Hampelmann; ~ **Ketch** [ketʃ] *s. Brit. obs.* der Henker; '&**·knife I** *s.* [*irr.*] **1.** Klappmesser *n*; **2.** *a.* ~ ***dive*** *sport* Hechtbeuge *f* (*Kopfsprung*); **II** *v/t.* **3.** *a. v/i.* wie ein Taschenmesser zs.-klappen; **III** *v/i.* **4.** *sport* hechten; **5.** *mot.* sich quer stellen (*Anhänger e-s Lastzugs*); ˌ&**-of-'all-trades** *s.* Aller'weltskerl *m*, Hans-'dampf *m* in allen Gassen; Fak'totum *n*; ˌ&**-o'-'lan·tern** *pl.* ˌ&**-o'-'lan·terns** [ˌdʒækəʊ-] **1.** Irrlicht *n* (*a. fig.*); **2.** 'Kürbislaˌterne *f*; & **plane** *s.* ⚙ Schrupphobel *m*; '&**·plug** *s.* Ba'nanen-, Klinkenstecker *m*; '&**·pot** *s. Poker, Glücksspiel*: Jackpot *m*, *weitS. u. fig.* Haupttreffer *m*, *das* große Los, *fig. a.* ‚Schlager' *m*, Bombenerfolg *m*: ***hit the*** ~ F *fig.* a) den Jackpot gewinnen, b) den Haupttreffer machen, c) großen Erfolg haben, den Vogel abschießen, d) ‚schwer absahnen'; ~ **Ro·bin·son** *s.*: ***before you could say*** ~ F im Nu, im Handumdrehen; '&**·straw** *s.* a) Mi'kadostäbchen *n*, b) *pl.* Mi'kadospiel *n*; & **tar** *s.* ⚓ F Ma'trose *m*; & **tow·el** *s.* Rollhandtuch *n*.

Jac·o·be·an [ˌdʒækəʊ'biːən] *adj.* aus der Zeit Jakobs I.: ~ ***furniture***.

Jac·o·bin ['dʒækəʊbɪn] *s.* **1.** *hist.* Jako'biner *m*, *fig. pol. a.* radi'kaler 'Umstürzler, Revolutio'när *m*; **2.** *orn.* Jako'binertaube *f*; '**Jac·o·bite** [-baɪt] *s. hist.* Jako'bit *m*.

Ja·cob's lad·der ['dʒeɪkəbz] *s.* **1.** *bibl.*, *a.* ♀ Jakobs-, Himmelsleiter *f*; **2.** ⚓ Lotsentreppe *f*.

ja·cuz·zi [dʒə'kuːziː] *TM s.* Whirlpool *m* (*Unterwassermassagebecken*).

jade¹ [dʒeɪd] *s.* **1.** *min.* Jade *m*; **2.** Jadegrün *n*.

jade² [dʒeɪd] *s.* **1.** Schindmähre *f*, Klepper *m*; **2.** Weibsstück *n*; '**jad·ed** [-dɪd] *adj.* **1.** erschöpft, abgespannt; **2.** über'sättigt, abgestumpft; **3.** schal (geworden): ~ ***pleasures***.

jag [dʒæg] **I** *s.* **1.** Zacke *f*, Kerbe *f*; Zahn *m*; Auszackung *f*; Schlitz *m*, Riss *m*; **2.** *sl.* a) Schwips *m*, Rausch *m*: ***have a*** ~ ***on*** ‚e-n in der Krone haben', b) Sauftour *f*, Saufe'rei *f*, c) *bsd. fig.* Orgie *f*: ***go on a*** ~ ‚einen draufmachen'; ***crying*** ~ ‚heulendes Elend'; **II** *v/t.* **3.** auszacken, einkerben; **4.** zackig schneiden *od.* reißen; '**jag·ged** [-gɪd] *adj.* ☐ **1.** zackig; schartig; **2.** schroff, zerklüftet; **3.** rau, grob (*a. fig.*); **4.** *Am. sl.* ‚blau', besoffen.

jag·ger·y ['dʒægərɪ] *s. coll.* brauner Zucker (*aus Palmensaft*).

jag·uar ['dʒægjʊə] *s. zo.* Jaguar *m*.

Jah [dʒɑː], **Jah·ve(h)** ['jɑːveɪ] *s.* Je'hova *m*.

jail [dʒeɪl] **I** *s.* **1.** Gefängnis *n*, Strafanstalt *f*; **2.** Gefängnis(haft *f*) *n*; **II** *v/t.* **3.** ins Gefängnis werfen, einsperren, inhaftieren; '~**·bird** *s.* F ‚Zuchthäusler' *m*, *engS.* ‚Knastbruder' *m*; '~**·break** *s.* Ausbruch *m* (aus dem Gefängnis); '~**ˌbreak·er** *s.* Ausbrecher *m*.

jail·er ['dʒeɪlə] *s.* (Gefängnis)Aufseher *m*, (-)Wärter *m*, *obs. u. fig.* Kerkermeister *m*.

jake [dʒeɪk] *Am.* F **I** *s.* **1.** Bauernlackel *m*, *weitS.* ‚Knülch' *m*; **2.** ‚Pinke' *f* (*Geld*); **II** *adj.* **3.** ‚bestens', in Ordnung: ***everything's*** ~.

ja·lop·(p)y [dʒə'lɒpɪ] *s.* F ‚alte Kiste' (*Auto, Flugzeug*).

jal·ou·sie ['ʒæluːziː] *s.* Jalou'sie *f*.

jam¹ [dʒæm] **I** *v/t.* **1.** *a.* ~ ***in*** a) *et.* (hi-nein)zwängen, -stopfen, -quetschen, *Menschen a.* (-)pferchen, b) einklemmen, -keilen; **2.** (zs.-, zer)quetschen; *Finger etc.* einklemmen, sich *et.* quetschen; **3.** *et.* pressen, (heftig) drücken, *Knie etc.* rammen (***into*** in *acc.*): ~ (***one's foot***) ***on the brakes*** heftig auf die Bremse treten; **4.** verstopfen, -sperren, blockieren: ***a road*** ~***med with cars***; ~***med with people*** von Menschen verstopft, gedrängt voll; **5.** ⚙ verklemmen, blockieren; **6.** *Funk*: (*durch Störsender*) stören; **II** *v/i.* **7.** eingeklemmt sein, festsitzen; **8.** *a.* ~ ***in*** sich (hin'ein)quetschen, (-)zwängen, (-)drängen; **9.** ⚙ (sich ver)klemmen; ✕ Ladehemmung haben; **10.** *Jazz*: (frei) improvisieren; **III** *s.* **11.** Gedränge *n*, Gewühl *n*; **12.** Verstopfung *f*, Stauung *f*; (Verkehrs)Stockung *f*, (-)Stau *m*: ***traffic*** ~; **13.** ⚙ Blockierung *f*, Klemmen *n*; ✕ Ladehemmung *f*; **14.** F ‚Klemme' *f*: ***be in a*** ~ in der Klemme *od.* Patsche sitzen; ***get s.o. out of a*** ~ j-m aus der Klemme *od.* Patsche helfen.

jam² [dʒæm] *s.* **1.** Marme'lade *f*: ~ ***jar*** Marmeladeglas *n*; **2.** *Brit.* F ‚schicke Sache': ***money for*** ~ leicht verdientes Geld; ~ ***tomorrow*** *iro.* schöne Versprechungen *od.* Aussichten; ***that's ~ for him*** das ist ein Kinderspiel für ihn.

Ja·mai·can [dʒəˈmeɪkən] **I** *adj.* jamaiˈkanisch; **II** *s.* Jamaiˈkaner(in); **Ja·mai·ca rum** [dʒəˈmeɪkə] *s.* Jaˈmaikarum *m.*

jamb [dʒæm] *s.* (Tür-, Fenster)Pfosten *m.*

jam·bo·ree [ˌdʒæmbəˈriː] *s.* **1.** Pfadfindertreffen *n*; **2.** F ‚rauschendes Fest', ‚tolle Party'.

jam·mer [ˈdʒæmə] *s. Radio*: Störsender *m*; **ˈjam·ming** [-mɪŋ] *s.* **1.** ⚙ Klemmung *f*; Hemmung *f*; **2.** *Radio*: Störung *f*: **~ *station*** Störsender *m*; **ˈjam·my** [-mɪ] *adj. Brit. sl.* **1.** prima, ‚Klasse'; **2.** glücklich, Glücks...: **~ *fellow*** Glückspilz *m.*

ˌjam|-ˈpacked *adj.* F voll gestopft, *Bus etc.* ‚knallvoll'; **~ roll** *s.* Bisˈkuitrolle *f*; **~ ses·sion** *s.* Jam-Session *f* (*Jazzimprovisation*).

Jane [dʒeɪn] **I** *npr.* Johanna *f*; **II** *s. a.* ♀ *sl.* ‚Weib' *n.*

jan·gle [ˈdʒæŋgl] **I** *v/i.* **1.** a) klirren, klimpern, b) bimmeln (*Glocken*); **2.** schimpfen; **II** *v/t.* **3.** a) klirren *od.* klimpern mit, b) bimmeln lassen; **4.** ***~ s.o.'s nerves*** j-m auf die Nerven gehen; **III** *s.* **5.** a) Klirren *n*, Klimpern *n*, b) Bimmeln *n*; **6.** Gekreisch *n*, laute Streiteˈrei.

jan·i·tor [ˈdʒænɪtə] *s.* **1.** Pförtner *m*; **2.** *bsd. Am.* Hausmeister *m.*

Jan·u·ar·y [ˈdʒænjʊərɪ] *s.* Januar *m*: ***in ~*** im Januar.

Ja·nus [ˈdʒeɪnəs] *s. myth.* Janus *m*; **ˈ~-faced** *adj.* janusköpfig.

Jap [dʒæp] F *contp.* **I** *s.* ‚Japs' *m* (*Japaner*); **II** *adj.* jaˈpanisch.

ja·pan [dʒəˈpæn] **I** *s.* **1.** Japanlack *m*; **2.** lackierte Arbeit (*in japanischer Art*); **II** *v/t.* **3.** mit Japanlack überˈziehen, lackieren.

Jap·a·nese [ˌdʒæpəˈniːz] **I** *adj.* **1.** jaˈpanisch; **II** *s.* **2.** Jaˈpaner(in); **3. *the ~*** *pl.* die Japaner; **4.** *ling.* Jaˈpanisch *n*, das Jaˈpanische.

jar¹ [dʒɑː] *s.* **1.** a) (*irdenes od. gläsernes*) Gefäß, Topf *m* (*ohne Henkel*), b) (Einmach)Glas *n*; **2.** *Brit.* F ‚Bierchen' *n.*

jar² [dʒɑː] **I** *v/i.* **1.** kreischen, quietschen, kratzen (*Metall etc.*), durch Mark u. Bein gehen; **2.** ♪ dissonieren; **3.** (***on, upon***) *das Ohr, ein Gefühl* beleidigen, verletzen, wehtun (*dat.*): ***~ on the ear***; ***~ on the nerves*** auf die Nerven gehen; **4.** sich ‚beißen', nicht harmonieren (*Farben etc.*); **5.** *fig.* sich nicht vertragen (*Ideen etc.*), im ˈWiderspruch stehen (***with*** zu), sich widerˈsprechen: ***~ring opinions*** widerstreitende Meinungen; **6.** schwirren, vibrieren; **II** *v/t.* **7.** kreischen *od.* quietschen lassen, ein unangenehmes Geräusch erzeugen mit; **8.** a) erschüttern, e-n Stoß versetzen (*dat.*), b) ˈdurchrütteln, c) sich *das Knie etc.* anstoßen *od.* stauchen; **9.** *fig.* a) erschüttern, e-n Schock versetzen (*dat.*), b) → 3; **III** *s.* **10.** Kreischen *n*, Quietschen *n*, unangenehmes Geräusch; **11.** Ruck *m*, Stoß *m*, Erschütterung *f* (*a. fig.*); *fig.* Schock *m*, Schlag *m*; **12.** ♪ *u. fig.* ˈMisston *m*; **13.** *fig.* ˈWiderstreit *m.*

jar·di·nière [ˌʒɑːdɪˈnjeə] (*Fr.*) *s.* **1.** Jardiniˈere *f*: a) Blumenständer *m*, b) Blumenschale *f*; **2.** *Küche*: a) Garˈnierung *f*, b) (Fleisch)Gericht *n* à la jardinière.

jar·gon [ˈdʒɑːgən] *s. allg.* Jarˈgon *m*: a) Kauderwelsch *n*, b) Fach-, Berufssprache *f*, c) Mischsprache *f*, d) ungepflegte Ausdrucksweise.

jar·ring [ˈdʒɑːrɪŋ] *adj.* ☐ **1.** ˈmisstönend, kreischend, schrill, unangenehm, ‚nervtötend': ***a ~ note*** ein Misston *od.* -klang (*a. fig.*); **2.** nicht harmonierend, *Farben*: *a.* sich beißend; → *a.* ***jar²*** 5.

jas·min(e) [ˈdʒæsmɪn] *s.* ⚘ Jasˈmin *m.*

jas·per [ˈdʒæspə] *s. min.* Jaspis *m.*

jaun·dice [ˈdʒɔːndɪs] *s.* **1.** ⚕ Gelbsucht *f*; **2.** *fig.* a) Neid *m*, Eifersucht *f*, b) Feindseligkeit *f*; **ˈjaun·diced** [-st] *adj.* **1.** ⚕ gelbsüchtig; **2.** *fig.* voreingenommen, neidisch, eifersüchtig, scheel.

jaunt [dʒɔːnt] **I** *s.* Ausflug *m*, Spritztour *f*: ***go for*** (*od.* ***on***) ***a ~*** → **II** *v/i.* e-e Spritztour *od.* e-n Ausflug machen; **ˈjaun·ti·ness** [-tɪnɪs] *s.* Flottheit *f*, ‚Feschheit' *f*: a) Munterkeit *f*, ‚Spritzigkeit' *f*, Schwung *m*, b) flotte Eleˈganz; **ˈjaunt·ing car** [-tɪŋ] *s. leichter, zweirädriger Wagen*; **ˈjaun·ty** [-tɪ] *adj.* ☐ fesch, flott: a) munter, ‚spritzig', b) keck, eleˈgant: ***with one's hat at a ~ angle*** den Hut keck über dem Ohr.

Ja·va [ˈdʒɑːvə] *s. Am.* F Kaffee *m*; **Ja·va·nese** [ˌdʒɑːvəˈniːz] **I** *adj.* **1.** jaˈvanisch; **II** *s.* **2.** Jaˈvaner(in): ***the ~*** die Javaner; **3.** *ling.* Jaˈvanisch *n*, das Jaˈvanische.

jave·lin [ˈdʒævlɪn] *s.* **1.** *a. sport* Speer *m*; **2. *the ~*** → **~ throw(·ing)** *s. sport* Speerwerfen *n*; **~ throw·er** *s.* Speerwerfer(in).

jaw [dʒɔː] **I** *s.* **1.** *anat., zo.* Kiefer *m*, Kinnbacken *m*, -lade *f*: ***lower ~*** Unterkiefer; ***upper ~*** Oberkiefer; **2.** *mst pl.* Mund *m*, Maul *n*: ***hold your ~!, none of your ~!*** F halts Maul!; **3.** *mst pl.* Schlund *m*, Rachen *m* (*a. fig.*): ***~s of death*** *der* Rachen des Todes; **4.** ⚙ (Klemm)Backe *f*, Backen *m*; Klaue *f*: ***~ clutch*** Klauenkupplung *f*; **5.** *sl.* a) (freches) Geschwätz, Frechheit *f*, b) Schwatz *m*, ‚Tratsch' *m*, c) Moˈralpredigt *f*; **II** *v/i.* **6.** *sl.* a) ‚quatschen', ‚tratschen', b) schimpfen; **III** *v/t.* **7. *~ out*** *sl. j-n* ‚anschnauzen'; **ˈ~·bone** *s.* **1.** *anat., zo.* Kiefer(knochen) *m*, Kinnlade *f*; **2.** *Am. sl.* (***on ~*** auf) Kreˈdit *m*; **ˈ~ˌbreak·er** *s.* F Zungenbrecher *m* (*Wort*); **ˈ~ˌbreak·ing** *adj.* F zungenbrecherisch; **~ chuck** *s.* ⚙ Backenfutter *n.*

jay [dʒeɪ] *s.* **1.** *orn.* Eichelhäher *m*; **2.** *fig.* ‚Trottel' *m*; **ˈ~·walk** *v/i.* verkehrswidrig über die Straße gehen; **ˈ~ˌwalk·er** *s.* unachtsamer Fußgänger.

jazz [dʒæz] **I** *s.* **1.** ˈJazz(muˌsik *f*) *m*: ***~ band*** Jazzkapelle *f*; **2.** *sl.* a) ‚Gequatsche' *n*, ‚blödes Zeug', b) ‚Quatsch' *m*, ‚Krampf' *m*: ***and all that ~*** und all der Mist; **II** *v/t.* **3.** *mst* ***~ up*** F a) verjazzen, b) *fig. et.* ‚aufmöbeln'; **III** *v/i.* **4.** jazzen; **5.** *Am. sl.* ‚vögeln'; **ˈjazz·er** [-zə] *s.* F Jazzmusiker *m*; **ˈjazz·y** [-zɪ] *adj.* F **1.** Jazz...; **2.** *fig.* a) ‚knallig', b) ‚toll', todschick.

jeal·ous [ˈdʒeləs] *adj.* ☐ **1.** eifersüchtig (***of*** auf *acc.*): ***a ~ wife***; **2.** (***of***) neidisch (auf *acc.*), ˈmissgünstig (gegen): ***she is ~ of his fortune*** sie beneidet ihn um *od.* missgönnt ihm s-n Reichtum; **3.** ˈmisstrauisch (***of*** gegen); **4.** (***of***) besorgt (um), bedacht (auf *acc.*); **5.** *bibl.* eifernd (*Gott*); **ˈjeal·ous·y** [-sɪ] *s.* **1.** Eifersucht *f* (***of*** auf *acc.*); *pl.* Eifersüchteˈleien; **2.** (***of***) Neid *m* (auf *acc.*), ˈMissgunst *f* (gegen); **3.** Achtsamkeit *f* (***of*** auf *acc.*).

jean *s.* **1.** [dʒeɪn] *Art* Baumwollköper *m*; **2.** *pl.* [dʒiːnz] Jeans *pl.*: ***a pair of ~s*** (e-e *od.* ein Paar) Jeans.

jeep [dʒiːp] (*Fabrikmarke*) *s.* Jeep *m*: a) ⚔ *Art* Kübelwagen *m*, b) kleines geländegängiges Mehrzweckfahrzeug.

jeer [dʒɪə] **I** *v/i.* spotten, höhnen (***at*** über *acc.*); **II** *s.* Hohn *m*, Sticheˈlei *f*; **ˈjeer·ing** [-ərɪŋ] **I** *s.* Verhöhnung *f*; **II** *adj.* ☐ höhnisch.

Je·ho·vah [dʒɪˈhəʊvə] *s. bibl.* Jeˈhovah *m*; **~'s Wit·ness·es** *s. pl.* Zeugen *pl.* Jehovas.

je·june [dʒɪˈdʒuːn] *adj.* ☐ **1.** mager, ohne Nährwert: ***~ food***; **2.** trocken: a) dürr (*Boden*), b) *fig.* fade, nüchtern; **3.** *fig.* simpel, naˈiv.

jell [dʒel] *Am.* F **I** *s.* **1.** → ***jelly*** 1–3; **II** *v/i.* **2.** → ***jelly*** II; **3.** *fig.* sich (herˈaus-)kristallisieren, Gestalt annehmen; **4.** ‚zum Klappen kommen' (*Geschäft etc.*).

jel·lied [ˈdʒelɪd] *adj.* **1.** gallertartig, eingedickt; **2.** in Geˈlee *od.* Asˈpik: ***~ eel.***

jel·lo [ˈdʒeləʊ] *s. Am.* → ***jelly*** 2.

jel·ly [ˈdʒelɪ] **I** *s.* **1.** Gallert *n*, Galˈlerte *f*, *Küche*: *a.* Geˈlee *n*, Sülze *f*, Asˈpik *n*; **2.** a) Geˈlee *n* (*Marmelade*), b) Götterspeise *f*, ‚Wackelpeter' *m*, c) (rote *etc.*) Grütze (*Süßspeise*); **3.** gallertartige *od.* ‚schwabbelige' Masse, Brei *m*: ***beat s.o. into a ~*** F j-n ‚zu Brei schlagen'; **4.** *Brit. sl.* Dynaˈmit *n*; **II** *v/t.* **5.** zum Gelieren *od.* Erstarren bringen, eindicken; **6.** *Küche*: in Sülze *od.* Asˈpik *od.* Geˈlee (ein)legen; **III** *v/i.* **7.** gelieren, Geˈlee bilden; **8.** erstarren; **~ ba·by** *s.* Gummibärchen *n*; **ˈ~·bean** *s.* ˈWeingummi(bonˌbon) *n*; **ˈ~·fish** *s.* **1.** Qualle *f*; **2.** *fig.* ‚Waschlappen' *m*; **~ shoe** *s.* Badeschuh *m.*

jem·my [ˈdʒemɪ] **I** *s.* Brecheisen *n*; **II** *v/t.* mit dem Brecheisen öffnen, aufstemmen.

jen·ny [ˈdʒenɪ] *s.* **1.** → ***spinning jenny***; **2.** ⚙ Laufkran *m*; **3.** *zo.* Weibchen *n*; **~ ass** *s.* Eselin *f*; **~ wren** *s. orn.* (weiblicher) Zaunkönig.

jeop·ard·ize [ˈdʒepədaɪz] *v/t.* gefährden, aufs Spiel setzen; **ˈjeop·ard·y** [-dɪ] *s.* Gefahr *f*, Gefährdung *f*, Risiko *n*: ***put in ~*** → ***jeopardize***; ***no one shall be put twice in ~ for the same offence*** ⚖ niemand darf wegen derselben Straftat zweimal vor Gericht gestellt werden.

jer·e·mi·ad [ˌdʒerɪˈmaɪəd] *s.* Jeremiˈade *f*, Klagelied *n*; **Jer·e·mi·ah** [ˌdʒerɪˈmaɪə] *npr. u. s.* **1.** *bibl.* (das Buch) Jereˈmia(s) *m*; **2.** *fig.* ˈUnglücksproˌphet *m*, Schwarzseher *m*; **ˌJer·eˈmi·as** [-əs] → ***Jeremiah*** 1.

jerk¹ [dʒɜːk] **I** *s.* **1.** a) Ruck *m*, plötzlicher Stoß *od.* Schlag *od.* Zug, b) Satz *m*, Sprung *m*, Auffahren *n*: ***by ~s*** ruck-, sprung-, stoßweise; ***with a ~*** plötzlich, mit e-m Ruck; ***give s.th. a ~*** → 5; ***put a ~ in it*** *sl.* tüchtig rangehen; **2.** ⚕ Zuckung *f*, Zucken *n*, (*bsd.* ˈKnie-)Reˌflex *m*; **3.** *pl. Brit. mst* ***physical ~s*** *sl.* Freiübungen; Gymˈnastik *f*; **4.** *Am. sl.* a) ‚Blödmann' *m*, ‚Knülch' *m*, b) → ***soda jerker***; **II** *v/t.* **5.** schnellen; ruckweise *od.* ruckartig *od.* plötzlich ziehen *od.* reißen *od.* stoßen *etc.*: ***~ o.s. free*** sich losreißen; **III** *v/i.* **6.** (zs.-)zucken; **7.** (hoch- *etc.*)schnellen; **8.** sich ruckweise bewegen: ***~ to a stop*** ruckartig anhalten; **9. *~ off*** *Am. sl.* ‚wichsen'.

jerk² [dʒɜːk] *v/t. Fleisch* in Streifen schneiden u. dörren.

jer·kin [ˈdʒɜːkɪn] *s.* **1.** ärmellose Jacke; **2.** *hist.* (Leder)Wams *n.*

J

'jerk,wa·ter *Am.* F **I** *s.* **1.** *a.* ~ ***town*** kleines ‚Kaff'; **2.** *a.* ~ ***train*** Bummelzug *m*; **II** *adj.* **3.** unbedeutend, armselig.
jerk·y ['dʒɜːkɪ] *adj.* □ **1.** ruckartig, stoß-, ruckweise; krampfhaft; **2.** *Am.* F ‚blöd'.
jer·o·bo·am [ˌdʒerəˈbəʊəm] *s. Brit.* Riesenweinflasche *f.*
jer·ry ['dʒerɪ] *s. Brit.* F **1.** Nachttopf *m*; **2.** ℒ a) Deutsche(r) *m*, deutscher Sol'dat, b) die Deutschen *pl.*; **'~-ˌbuild·er** *s.* F Bauschwindler *m*; **'~-built** *adj.* F unsolide gebaut: ~ ***house*** ‚Bruchbude' *f*; ~ **can** *s. Brit.* F Ben'zinkaˌnister *m.*
jer·sey ['dʒɜːzɪ] *s.* **1.** a) wollene Strickjacke, b) 'Unterjacke *f*; **2.** Jersey *m* (*Stoffart*); **3.** ℒ *zo.* Jerseyrind *n.*
jes·sa·mine ['dʒesəmɪn] → ***jasmin(e)***.
jest [dʒest] **I** *s.* **1.** Scherz *m*, Spaß *m*, Witz *m*: ***in*** ~ im Spaß; ***make a*** ~ ***of*** witzeln über (*acc.*); **2.** Zielscheibe *f* des Witzes *od.* Spotts: ***standing*** ~ Zielscheibe ständigen Gelächters; **II** *v/i.* **3.** scherzen, spaßen, ulken; **'jest·er** [-tə] *s.* **1.** Spaßmacher *m*, -vogel *m*; **2.** *hist.* (Hof)Narr *m*; **'jest·ing** [-tɪŋ] *adj.* □ scherzend, spaßhaft: ***no*** ~ ***matter*** nicht zum Spaßen; **'jest·ing·ly** [-tɪŋlɪ] *adv.* im *od.* zum Spaß.
Jes·u·it ['dʒezjʊɪt] *s. eccl.* Jesu'it *m*; **Jes·u·it·i·cal** [ˌdʒezjʊ'ɪtɪkl] *adj.* □ *eccl.* jesu'itisch, Jesuiten...; **'Jes·u·it·ry** [-rɪ] *s.* a) Jesui'tismus *m*, b) *contp.* Spitzfindigkeit *f.*
jet¹ [dʒet] **I** *s. min.* Ga'gat *m*, Pechkohle *f*, Jett *m*, *n*; **II** *adj.* *a.* ~**-black** tief-, pech-, kohlschwarz.
jet² [dʒet] **I** *s.* **1.** (*Feuer-, Wasser- etc.*) Strahl *m*, Strom *m*: ~ ***of flame*** Stichflamme *f*; **2.** ⚙ Strahlrohr *n*, Düse *f*; **3.** → a) ***jet engine***, b) ***jet plane***; **II** *v/t.* **4.** ausspritzen, -strahlen, her'vorstoßen; **III** *v/i.* **5.** her'vorschießen, ausströmen; **6.** mit Düsenflugzeug reisen, ‚jetten'; ~ **age** *s.* Düsenzeitalter *n*; ~ **bomb·er** *s.* ✈ Düsenbomber *m*; ~ **en·gine** *s.* ⚙ Düsen-, Strahltriebwerk *n*; ~ **fight·er** *s.* ✈ Düsenjäger *m*; ~ **lag** *s.* (physische) Prob'leme *pl.* durch die Zeitumstellung (*nach langen Flugreisen*); ~ **lin·er** *s.* ✈ Düsenverkehrsflugzeug *n*; ~ **plane** *s.* ✈ Düsenflugzeug *n*, F ‚Düse' *f*, Jet *m*; **ˌ~-pro'pelled**, *abbr.* **ˌ~-'prop** *adj.* ✈ mit Düsenantrieb; ~ **pro·pul·sion** *s.* ⚙, ✈ Düsen-, Rückstoß-, Strahlantrieb *m.*
jet·sam ['dʒetsəm] *s.* ⚓ **1.** Seewurfgut *n*, über Bord geworfene Ladung; **2.** Strandgut *n*; → ***flotsam***.
jet| set *s.* Jet-set *m*; **'~-ˌset·ter** *s.* Angehörige(r *m*) *f* des Jet-Set.
jet·ti·son ['dʒetɪsn] **I** *s.* **1.** ⚓ Über'bordwerfen *n von Ladung*, Seewurf *m*; **2.** ✈ Notwurf *m*; **II** *v/t.* **3.** ⚓ über Bord werfen; **4.** ✈ im Notwurf abwerfen; **5.** *fig.* *Pläne etc.* über Bord werfen; *alte Kleider etc.* wegwerfen, *Personen* fallen lassen; **6.** *Raketenstufe* absprengen; **'jet·ti·son·a·ble** [-nəbl] *adj.* ✈ abwerfbar, Abwurf...(*-behälter etc.*): ~ ***seat*** Schleudersitz *m.*
jet·ton ['dʒetn] *s.* Je'ton *m.*
jet tur·bine *s.* 'Strahlturˌbine *f.*
jet·ty ['dʒetɪ] *s.* ⚓ **1.** Landungsbrücke *f*, -steg *m*; **2.** Hafendamm *m*, Mole *f*; **3.** Strömungsbrecher *m* (*Brücke*).
Jew [dʒuː] *s.* Jude *m*, Jüdin *f*; **'~-ˌbait·er** *s.* Judenhetzer *m*; **'~-ˌbait·ing** *s.* Judenverfolgung *f*, -hetze *f.*
jew·el ['dʒuːəl] **I** *s.* **1.** Ju'wel *n*, Edelstein *m*, *weitS.* Schmuckstück *n*: ~ ***box***, ~ ***case*** Schmuckkästchen *n*; **2.** *fig.* Ju'wel *n*, Perle *f*; **3.** Stein *m* (*e-r Uhr*); **II** *v/t.* **4.** mit Ju'welen schmücken *od.* versehen, mit Edelsteinen besetzen; **5.** *Uhr* mit Steinen versehen; **'jew·el·(l)er** [-lə] *s.* Juwe'lier *m*; **'jew·el·ler·y**, *bsd. Am.* **'jew·el·ry** [-lrɪ] *s.* **1.** Ju'welen *pl.*; **2.** Schmuck(sachen *pl.*) *m.*
Jew·ess ['dʒuːɪs] *s.* Jüdin *f*; **'Jew·ish** [-ɪʃ] *adj.* □ jüdisch, Juden...; **Jew·ry** ['dʒʊərɪ] *s.* **1.** *die* Juden *pl.*, (***world*** ~ das Welt)Judentum; **2.** *hist.* Judenviertel *n*, G(h)etto *n.*
Jew's| ear *s.* ⚘ Judasohr *n*; ~ **harp** *s.* ♪ Maultrommel *f.*
jib¹ [dʒɪb] *s.* **1.** ⚓ Klüver *m*: ~ ***boom*** Klüverbaum *m*; ***the cut of his*** ~ F s-e äußere Erscheinung *od.* sein Auftreten; **2.** ⚙ Ausleger *m* (*e-s Krans*).
jib² [dʒɪb] *v/i.* **1.** scheuen, bocken (***at*** vor *dat.*) (*Pferd*); **2.** *Brit. fig.* (***at***) a) scheuen, zu'rückweichen (vor *dat.*), b) sich sträuben (gegen), c) störrisch *od.* bockig sein.
jibe¹ [dʒaɪb] *Am.* → ***gybe***.
jibe² [dʒaɪb] → ***gibe***.
jibe³ [dʒaɪb] *v/i. Am.* F über'einstimmen, sich entsprechen.
jif·fy [dʒɪfɪ], *a.* **jiff** [dʒɪf] *s.* F Augenblick *m*: ***in a*** ~ im Nu; ***wait a*** ~***!*** (einen) Moment!
jig¹ [dʒɪg] **I** *s.* **1.** ⚙ Spann-, Bohrvorrichtung *f*; **2.** ⚒ a) Kohlenwippe *f*, b) 'Setzmaˌschine *f*; **II** *v/t.* **3.** ⚙ mit e-r Einstellvorrichtung *od.* Schab'lone herstellen; **4.** ⚒ *Erze* setzen, scheiden.
jig² [dʒɪg] **I** *s.* **1.** ♪ Gigue *f* (*a. Tanz*); **2.** *Am. sl.* ‚Schwof' *m*, Tanzparty *f*: ***the*** ~ ***is up*** *fig.* das Spiel ist aus; **3.** *fig.* Freudentanz *m*; **II** *v/t.* **4.** schütteln; **III** *v/i.* **5.** e-e Gigue tanzen; **6.** hopsen, tanzen.
jig·ger ['dʒɪgə] **I** *s.* **1.** Giguetänzer *m*; **2.** ⚓ a) Be'san(mast) *m*, b) Handtalje *f*; **3.** *Golf*: Jigger *m* (*Schläger, mst Nr. 4*); **4.** a) Schnapsglas *n*, b) ‚Schnäps-chen' *n*; **5.** *Am.* F Dings(bums) *n*, Appa'rat *m*; **6.** *a.* ~ ***flea*** Sandfloh *m*; **II** *v/t.* *a.* ~ ***up*** F **7.** sich einmischen (in *acc.*), herumpfuschen (an *dat.*), durchein'ander bringen; **8.** ‚fri'sieren', manipu'lieren; **jig·gered** ['dʒɪgəd] *adj.* **1.** beschädigt, ka'putt; **2.** F ‚fertig', ‚ka'putt' (*Person*): ***well, I'm*** ~ (***if***) hol mich der Teufel(, wenn).
jig·ger·y-pok·er·y [ˌdʒɪgərɪ'pəʊkərɪ] *s. Brit.* F fauler Zauber, ‚Schmu' *m.*
jig·gle ['dʒɪgl] **I** *v/t.* (leicht) rütteln; **II** *v/i.* wippen, hüpfen, wackeln.
'jig·saw *s.* ⚙ **1.** Laubsäge *f*; **2.** 'Schweifsäge(maˌschine) *f*; **3.** → ~ **puz·zle** *s.* Puzzle(spiel) *n.*
Jill [dʒɪl] → ***Gill***[4].
jilt [dʒɪlt] *v/t.* a) *e-m Liebhaber* den Laufpass geben, b) *ein Mädchen* sitzen lassen.
Jim Crow [ˌdʒɪm'krəʊ] *s. Am.* F **1.** *contp.* ‚Nigger' *m*; **2.** 'Rassendiskrimiˌnierung *f*: ~ ***car*** 🚃 Wagen *m* für Farbige.
jim-jams ['dʒɪmdʒæmz] *s. pl. sl.* **1.** De'lirium *n* tremens; **2.** a) Nervenflattern *n*, b) Gänsehaut *f.*
jim·my ['dʒɪmɪ] → ***jemmy***.
jin·gle ['dʒɪŋgl] **I** *v/i.* **1.** klimpern, klirren, klingeln; **II** *v/t.* **2.** klingeln lassen, klimpern (mit), bimmeln (mit); **III** *s.* **3.** Geklingel *n*, Klimpern *n*; **4.** (eingängiges) Liedchen *od.* Vers-chen, *a.* Werbesong *m od.* -spruch *m.*
jin·go ['dʒɪŋgəʊ] **I** *pl.* **-goes** *s.* **1.** *pol.* Chauvi'nist(in); **2.** → ***jingoism***; **II** *int.* **3.** ***by*** ~***!*** beim Zeus!; **'jin·go·ism** [-əʊɪzəm] *s. pol.* Chauvi'nismus *m*, Hur'rapatrioˌtismus *m*; **jin·go·is·tic** [ˌdʒɪŋgəʊ'ɪstɪk] *adj.* chauvi'nistisch.
jink [dʒɪŋk] **I** *s.* **1.** 'Ausweichmaˌnöver *n*; **2.** ***high*** ~***s*** ‚Highlife' *n*, ‚tolle Party'; **II** **3.** *v/i. u. v/t.* geschickt ausweichen.
jin·rik·i·sha, *a.* **jin·rick·sha** [dʒɪn'rɪkʃə] *s.* Rikscha *f.*
jinn [dʒɪn] *pl. von* **jin·nee** [dʒɪ'niː] *s.* Dschin *m* (*islamischer Geist*).
jinx [dʒɪŋks] *sl.* **I** *s.* **1.** Unheilbringer *m*; *weitS.* Unglück *n*, Pech *n* (***for*** für): ***there is a*** ~ ***on it!*** das ist wie verhext!; ***put a*** ~ ***on*** → 3 b; **2.** Unheil *n*; **II** *v/t.* **3.** a) Unglück bringen (*dat.*), b) *et.* ‚verhexen'.
jit·ter ['dʒɪtə] F **I** *v/i.* ner'vös sein, ‚Bammel' haben, ‚bibbern'; **II** *s.*: ***the*** ~***s*** *pl.* a) ‚Bammel' *m* (*Angst*), b) ‚Zustände' *pl.*, ‚Tatterich' *m* (*Nervosität*); **'jit·ter·bug** [-bʌg] *s.* **1.** Jitterbug *m* (*Tanz*); **2.** *fig.* Nervenbündel *n*; **'jit·ter·y** [-ərɪ] *adj.* F nervös, ‚bibbernd'.
jiu·jit·su [dʒjuː'dʒɪtsuː] → ***jujitsu***.
jive [dʒaɪv] **I** *s.* **1.** ♪ Jive *m*, (*Art*) 'Swingmuˌsik *f od.* -tanz *m*; **2.** *Am. sl.* Gequassel *n*; **II** *v/i.* **3.** Jive *od.* Swing tanzen *od.* spielen.
job [dʒɒb] **I** *s.* **1.** *ein Stück* Arbeit *f*: ***a*** ~ ***of work*** e-e Arbeit; ***a good*** ~ ***of work*** e-e saubere Arbeit; ***be paid by the*** ~ pro Auftrag bezahlt werden; ***odd*** ~***s*** Gelegenheitsarbeiten; ***make a good*** ~ ***of it*** gute Arbeit leisten, s-e Sache gut machen; ***it was quite a*** ~ es war (gar) nicht so einfach, es war e-e Mordsarbeit; ***I had a*** ~ ***to do it*** das war ganz schön schwer (für mich); ***on the*** ~ a) an der Arbeit, ‚dran', b) in Aktion, c) ‚auf Draht'; **2.** Stück-, Ak'kordarbeit *f*: ***by the*** ~ im Akkord; **3.** Stellung *f*, Tätigkeit *f*, Arbeit *f*, Job *m*: ***a*** ~ ***as a typist***; ***out of a*** ~ stellungslos; ***know one's*** ~ s-e Sache verstehen; ***on the*** ~ ***training*** Ausbildung *f* am Arbeitsplatz; ***create new*** ~***s*** neue Arbeitsplätze schaffen; ~***s for the boys*** *pol.* F Vetternwirtschaft *f*; ***this is not everybody's*** ~ dies liegt nicht jedem; **4.** Aufgabe *f*, Pflicht *f*, Sache *f*: ***it is your*** ~ ***to do it*** es ist deine Sache; **5.** F Sache *f*, Angelegenheit *f*, Lage *f*: ***a good*** ~ (***too***)***!*** ein (wahres) Glück!; ***make the best of a bad*** ~ a) retten, was zu retten ist, b) gute Miene zum bösen Spiel machen; ***I gave it up as a bad*** ~ ich steckte es (*als aussichtslos*) auf; ***I gave him up as a bad*** ~ ich ließ ihn fallen (*weil er nichts taugte etc.*); ***just the*** ~***!*** genau das Richtige!; **6.** *sl.* a) Pro'fitgeschäft *n*, Schiebung *f*, ‚krumme Tour', b) ‚Ding' *n* (*Verbrechen*): ***pull a*** ~ ein Ding drehen; ***do his*** ~ ***for him*** ihn ‚fertig machen'; **7.** *bsd. Am.* F a) ‚Dings' *n*, ‚Appa'rat' *m* (*a. Auto etc.*), b) ‚Nummer' *f*, ‚Type' *f* (*Person*): ***he's a tough*** ~ er ist ein unangenehmer Kerl; **II** *v/i.* **8.** Gelegenheitsarbeiten machen, ‚jobben'; **9.** im Ak'kord arbeiten; **10.** Zwischenhandel treiben; **11.** Maklergeschäfte treiben, mit Aktien handeln; **12.** ‚schieben', in die eigene Tasche arbeiten; **III** *v/t.* **13.** *a.* ~ ***out*** ♆ a) *Arbeit* im Ak'kord vergeben, b) *Auftrag* (weiter)vergeben; **14.** spekulieren mit; **15.** als Zwischenhändler verkaufen; **16.** veruntreuen; *Amt* miss'brauchen: ~ ***s.o. into a post*** j-m e-n Posten zuschanzen.
Job [dʒəʊb] *npr. bibl.* Hiob *m*, Job *m*: (***the Book of***) ~ (das Buch) Hiob *od.*

Job; ***patience of ~*** *e-e* Engelsgeduld; ***that would try the patience of ~*** das würde selbst e-n Engel zur Verzweiflung treiben; ***~'s comforter*** schlechter Tröster (*der alles noch verschlimmert*); ***~'s news***, ***~'s post*** Hiobsbotschaft *f*.

job a·nal·y·sis *s.* 'Arbeitsplatzana,lyse *f*.

job·ber ['dʒɒbə] *s.* **1.** Gelegenheitsarbeiter *m*; **2.** Ak'kordarbeiter *m*: **3.** ⚚ Zwischen-, *Am.* Großhändler *m*; **4.** *Brit. Börse*: Jobber *m* (*der auf eigene Rechnung Geschäfte tätigt*); **5.** *Am.* 'Börsenspeku,lant *m*; **6.** Geschäftemacher *m*, ‚Schieber' *m*, *a.* kor'rupter Beamter; '**job·ber·y** [-ərɪ] *s.* **1.** *b.s.* ‚Schiebung' *f*, Korrupti'on *f*; **2.** 'Amts,missbrauch *m*; '**job·bing** [-bɪŋ] *s.* **1.** Gelegenheitsarbeit *f*; **2.** Ak'kordarbeit *f*; **3.** *Börse*: *Brit.* Ef'fektenhandel *m*, *a.* Spekulati'on(sgeschäfte *pl.*) *f*; **4.** Zwischen-, *Am.* Großhandel *m*; **5.** ‚Schiebung' *f*.

job| cen·tre *s. Brit.* Arbeitsamt *n*; '**~-cre,at·ing** *adj.* arbeitsplatz(be)schaffend: **~ *measures*** *pl.* Arbeitsbeschaffungsprogramm *f*.; **~ cre·a·tion** *s.* Schaffung *f* von Arbeitsplätzen: **~ *scheme*** (*od.* ***program[me]***) Arbeitsbeschaffungsprogramm *n*; **~ cuts** *s. pl.* Stellenabbau *m*; **~ de·scrip·tion** *s.* Arbeits(platz)-, Tätigkeitsbeschreibung *f*; **~ e·val·u·a·tion** *s.* Arbeits(platz)bewertung *f*; **~ hop·ping** *s.* häufiger Stellenwechsel (*zur Verbesserung des Einkommens*); **~ hunt·er** *s.* Stellungssuchende(r *m*) *f*; **~ kill·er** *s.* Jobkiller *m* (*arbeitsplatzvernichtende Maschine etc.*); '**~·less** [-lɪs] **I** *adj.* arbeitslos; **II** *s.*: ***the ~*** *pl.* die Arbeitslosen *pl.*; **~ *rate*** Arbeitslosenquote *f*; **~ line**, **~ lot** *s.* ⚚ **1.** Gelegenheitskauf *m*; **2.** Ramsch-, Par'tieware(n *pl.*) *f*; **~ mar·ket** *s.* Arbeitsmarkt *m*; **~ op·por·tu·ni·ties** *s. pl.* Stellenmarkt *m*, Stellenangebote *pl.*, Arbeitsmöglichkeiten *pl.*; **~ place·ment** *s.* Stellenvermittlung *f*; **~ print·ing** *s.* Akzi'denzdruck *m*; **~ pro·file** *s.* 'Anforderungspro,fil *n*; **~ ro·ta·tion** *s.* turnusmäßiger Arbeitsplatztausch; **~ sat·is·fac·tion** *s.* Zufriedenheit *f* am Arbeitsplatz; **~ se·cu·ri·ty** *s.* Sicherheit *f* des Arbeitsplatzes; **~ seek·er** *s.* Arbeitssuchende(r *m*) *f*; '**~-,seek·er's al·low·ance** 'Arbeitslosenunter,stützung *f* (*Geld*); **~ shar·ing** *s.* Jobsharing *n*, Arbeitsplatzteilung *f*; **~ work** *s.* **1.** Ak'kordarbeit *f*; **2.** → ***job printing***.

jock·ey ['dʒɒkɪ] **I** *s.* Jockey *m*, Jockei *m*; **II** *v/t.* a) manipulieren, b) betrügen (***out of*** um): **~ *into s.th.*** in et. hineinmanövrieren, zu et. verleiten; **~ *s.o. into a position*** j-m durch Protektion e-e Stellung verschaffen, ‚j-n lancieren'; **III** *v/i.* **~ *for*** ‚rangeln' um (*a. fig.*): **~ *for position*** *sport u. fig.* sich e-e gute (Ausgangs)Position zu schaffen suchen.

'**jock·strap** ['dʒɒk-] *s. bsd. sport* Suspen'sorium *n*.

jo·cose [dʒəʊ'kəʊs] *adj.* ☐ **1.** scherzhaft, komisch, drollig; **2.** heiter, ausgelassen.

joc·u·lar ['dʒɒkjʊlə] *adj.* ☐ **1.** scherzhaft, witzig; **2.** lustig, heiter; **joc·u·lar·i·ty** [,dʒɒkjʊ'lærətɪ] *s.* **1.** Scherzhaftigkeit *f*; **2.** Heiterkeit *f*.

joc·und ['dʒɒkənd] *adj.* ☐ lustig, fröhlich, heiter; **jo·cun·di·ty** [dʒəʊ'kʌndətɪ] *s.* Lustigkeit *f*.

jodh·purs ['dʒɒdpəz] *s. pl.* Reithose(n *pl.*) *f*.

jog [dʒɒg] **I** *v/t.* **1.** (an)stoßen, rütteln, ‚stupsen'; **2.** *fig.* aufrütteln: **~ *s.o.'s memory*** j-s Gedächtnis nachhelfen; **II** *v/i.* **3.** *a.* **~ *on***, **~ *along*** (da'hin)trotten, (-)zuckeln; **4.** sich auf den Weg machen, ‚loszuckeln'; **5.** *fig. a.* **~ *on*** a) weiterwursteln, b) s-n Lauf nehmen; **6.** *sport* ‚joggen', im Trimmtrab laufen; **III** *s.* **7.** (leichter) Stoß; **8.** Rütteln *n*; **9.** → ***jogtrot*** 1; '**jog·ging** [-gɪŋ] *s.* ‚Jogging' *n*, Trimmtrab *m*: **~ *suit*** Jogginganzug *m*.

jog·gle ['dʒɒgl] **I** *v/t.* **1.** leicht schütteln *od.* rütteln; **2.** ⚙ verschränken, verzahnen; **II** *v/i.* **3.** sich schütteln, wackeln; **III** *s.* **4.** Stoß *m*, Rütteln *n*; **5.** ⚙ Verzahnung *f*, Nut *f* u. Feder *f*.

'**jog·trot I** *s.* **1.** gemächlicher Trab, Trott *m*; **2.** *fig.* Trott *m*: a) Schlendrian *m*, b) Eintönigkeit *f*; **II** *v/i.* **3.** → ***jog*** 3.

john [dʒɒn] *s. Am. sl.* Klo *n*.

John [dʒɒn] *npr. u. s. bibl.* Jo'hannes (-evan,gelium *n*) *m*: **~ *the Baptist*** Johannes der Täufer; (***the Epistles of***) **~** die Johannesbriefe; **~ Bull** *s.* John Bull: a) *England*, b) *der* (*typische*) *Engländer*; **~ Doe** [dəʊ] *s.*: **~ *and Richard Roe*** ⚖ A. und B. (*fiktive Parteien*); **~ Do·ry** ['dɔːrɪ] *s. ichth.* Heringskönig *m*; **~ Han·cock** ['hænkɒk] *s. Am.* F *j-s* ‚Friedrich Wilhelm' *m* (*Unterschrift*).

john·ny ['dʒɒnɪ] *s. Brit.* F Bursche *m*, Typ *m*, ‚Knülch' *m*; ,**≈-come-'late·ly** *s. Am.* F **1.** Neuankömmling *m*, Neuling *m*; **2.** *fig.* ‚Spätzünder' *m*; ,**≈-on-the-'spot** *s. Am.* F a) j-d, der ‚auf Draht' ist, b) Retter *m* in der Not.

John·so·ni·an [dʒɒn'səʊnjən] *adj.* **1.** johnsonsch (*Samuel Johnson od. s-n Stil betreffend*); **2.** pom'pös, hochtrabend.

join [dʒɔɪn] **I** *v/t.* **1.** *et.* verbinden, -einigen, zs.-fügen (***to, on to*** mit): **~ *hands*** a) die Hände falten, b) sich die Hand reichen (*a. fig.*), c) *fig.* sich zs.-tun; **2.** *Personen* vereinigen, zs.-bringen (***with, to*** mit): **~ *in marriage*** verheiraten; **~ *in friendship*** freundschaftlich verbinden; **3.** *fig.* verbinden, -ein(ig)en: **~ *prayers*** gemeinsam beten; → ***battle*** 2, ***force*** 1, ***issue*** 6; **4.** sich anschließen (*dat. od.* an *acc.*), stoßen *od.* sich gesellen zu, sich einfinden bei: **~ *s.o. in*** (***doing***) ***s.th.*** et. zusammen mit j-m tun; **~ *s.o. in a walk*** (gemeinsam) mit j-m e-n Spaziergang machen, sich j-m auf e-m Spaziergang anschließen; **~ *one's regiment*** zu s-m Regiment stoßen; **~ *one's ship*** an Bord s-s Schiffes gehen; ***may I ~ you?*** a) darf ich mich Ihnen anschließen *od.* Ihnen Gesellschaft leisten, b) darf ich mitmachen?; ***I'll ~ you soon!*** ich komme bald (nach)!; ***will you ~ me in a drink?*** trinken Sie ein Glas mit mir?; → ***majority*** 1; **5.** *e-m Klub, e-r Partei etc.* beitreten, eintreten in (*acc.*): **~ *the army*** ins Heer eintreten, Soldat werden; **~ *a firm as a partner*** in e-e Firma als Teilhaber eintreten; **6.** a) teilnehmen *od.* sich beteiligen an (*dat.*), mitmachen bei, b) sich einlassen auf (*acc.*), *den Kampf* aufnehmen: **~ *an action*** *jur.* e-m Prozess beitreten; **~ *a treaty*** e-m (Staats)Vertrag beitreten; **7.** sich vereinigen mit, zs.-kommen mit, (ein-) münden in (*acc.*) (*Fluss, Straße*); **8.** *math. Punkte* verbinden; **9.** (an)grenzen an (*acc.*); **II** *v/i.* **10.** sich vereinigen *od.* verbinden, zs.-kommen, sich treffen (***with*** mit); **11.** a) **~ *in*** (*s.th.*) → 6 a, b) **~ *with s.o. in s.th.*** sich j-m bei et. anschließen, et. gemeinsam tun mit j-m: **~ *in everybody!*** alle mitmachen!; **12.** anein'ander grenzen, sich berühren; **13.** **~ *up*** Sol'dat werden, zum Mili'tär gehen; **III** *s.* **14.** Verbindungsstelle *f*, -linie *f*, Naht *f*, Fuge *f*.

join·der ['dʒɔɪndə] *s.* **1.** Verbindung *f*; **2.** ⚖ a) *a.* **~ *of actions*** (objek'tive) Klagehäufung, b) *a.* **~ *of parties*** Streitgenossenschaft *f*, c) **~ *of issue*** Einlassung *f* (auf die Klage).

join·er ['dʒɔɪnə] *s.* Tischler *m*, Schreiner *m*: **~*'s bench*** Hobelbank *f*; '**join·er·y** [-ərɪ] *s.* **1.** Tischlerhandwerk *n*, Schreine'rei *f*; **2.** Tischlerarbeit *f*.

joint [dʒɔɪnt] **I** *s.* **1.** Verbindung(sstelle) *f*, *bsd.* a) *Tischlerei etc.*: Fuge *f*, Stoß *m*, b) (Löt)Naht *f*, Nahtstelle *f*, c) Falz *m* (*der Buchdecke*), d) *anat.*, *biol.*, ⚘, ⚙ Gelenk *n*: ***out of ~*** ausgerenkt, *bsd. fig.* aus den Fugen; → ***nose*** *Bes. Redew.*; **2.** Verbindungsstück *n*, Bindeglied *n*; **3.** Hauptstück *n* (*e-s Schlachttiers*), Braten(stück *n*) *m*; **4.** *sl.* ‚Bude' *f*, ‚Laden' *m*: a) Lo'kal *n*, ‚Schuppen' *m*, *contp.* ‚'Bumslo,kal' *n*, Spe'lunke *f*, b) Gebäude; **5.** *sl.* Joint *m* (*Marihuanazigarette*); **II** *adj.* (☐ → ***jointly***) **6.** gemeinsam, gemeinschaftlich (*a.* ⚖): **~ *invention***; **~ *liability***; **~ *effort***; **~ *efforts*** vereinte Kräfte *od.* Anstrengungen; **~ *and several*** ⚖ gesamtschuldnerisch, solidarisch, zur gesamten Hand (→ ***jointly***); **~ *and several creditor*** (***debtor***) Gesamtgläubiger *m* (-schuldner *m*); ***take ~ action*** gemeinsam vorgehen, zs.-wirken; **7.** *bsd.* ⚖ Mit..., Neben...: **~ *heir*** Miterbe *m*; **~ *offender*** Mittäter *m*; **~ *plaintiff*** Mitkläger *m*; **8.** vereint, zs.-hängend; **III** *v/t.* **9.** verbinden, zs.-fügen; **10.** ⚙ a) fugen, stoßen, verbinden, -zapfen, b) *Fugen* verstreichen; **~ ac·count** *s.* ⚚ Gemeinschaftskonto *n*: ***on*** (*od.* ***for***) **~** auf *od.* für gemeinsame Rechnung; **~ ad·ven·ture** → ***joint venture***; **~ cap·i·tal** *s.* ⚚ Ge'sellschaftskapi,tal *n*; **~ com·mit·tee** *s. pol.* gemischter Ausschuss; **~ cred·it** *s.* ⚚ Konsorti'alkre,dit *m*; **~ cred·i·tor** *s.* ⚖ Gesamthandgläubiger *m*; **~ debt** *s.* ⚖ gemeinsame Verbindlichkeit(en *pl.*) *f*, Gesamthandschuld *f*; **~ debt·or** *s.* ⚖ Mitschuldner *m*, Gesamthandschuldner *m*.

joint·ed ['dʒɔɪntɪd] *adj.* **1.** verbunden; **2.** gegliedert, mit Gelenken (versehen): **~ *doll*** Gliederpuppe *f*.

joint·ly ['dʒɔɪntlɪ] *adv.* gemeinschaftlich: **~ *and severally*** a) gemeinsam u. jeder für sich, b) solidarisch, zur gesamten Hand, gesamtschuldnerisch.

joint| own·er *s.* ⚚ Miteigentümer(in), Mitinhaber(in); **~ own·er·ship** *s.* Miteigentum *n*; **~ res·o·lu·tion** *s. pol.* gemeinsame Resoluti'on; **~ stock** *s.* ⚚ Ge'sellschafts-, 'Aktienkapi,tal *n*; ,**~-'stock bank** *s.* Genossenschafts-, Aktienbank *f*; ,**~-'stock com·pa·ny** *s.* ⚚ **1.** *Brit.* Aktiengesellschaft *f*; **2.** *Am.* offene Handelsgesellschaft auf Aktien; ,**~-'stock cor·po·ra·tion** *s. Am.* Aktiengesellschaft *f*; **~ ten·an·cy** *s.* ⚚ Mitbesitz *m*, -pacht *f*; **~ un·der·tak·ing**, **~ ven·ture** *s.* ⚚ **1.** Ge'meinschaftsunter,nehmen *n*; **2.** Gelegenheitsgesellschaft *f*.

joist [dʒɔɪst] △ **I** *s.* (Quer)Balken *m*; (Quer-, Pro'fil)Träger *m*; **II** *v/t.* mit Pro'filträgern belegen.

joke [dʒəʊk] **I** *s.* **1.** Witz *m*: ***practical ~*** Schabernack *m*, Streich *m*; ***play a practical ~ on s.o.*** j-m einen Streich

J

spielen; ***crack ~s*** Witze reißen; **2.** Scherz *m*, Spaß *m*: ***in ~*** zum Scherz; ***he cannot take*** (*od.* ***see***) ***a ~*** er versteht keinen Spaß; ***I don't see the ~!*** was soll daran so witzig sein?; ***it's no ~!*** a) (das ist) kein Witz!, b) das ist keine Kleinigkeit *od.* kein Spaß!; ***the ~ was on me*** der Spaß ging auf m-e Kosten; **II** *v/i.* **3.** Witze *od.* Spaß machen, scherzen, flachsen: ***I'm not joking!*** ich meine das ernst; ***you must be joking!*** soll das ein Witz sein?; **'jok·er** [-kə] *s.* **1.** Spaßvogel *m*, Witzbold *m*; **2.** *sl.* Kerl *m*, ‚Heini' *m*; **3.** *in Quiz etc.*: Joker *m* (*a. Spielkarte*) (*a. fig.*); **4.** *Am. sl. mst pol.* ‚'Hintertürklausel' *f*; **'jok·ing** [-kɪŋ] *s.* Scherzen *n*: ***~ apart!*** Scherz beiseite!

jol·li·fi·ca·tion [ˌdʒɒlɪfɪ'keɪʃn] *s.* F (feucht)fröhliches Fest, Festivi'tät *f*;

jol·li·ness ['dʒɒlɪnɪs], *mst* **jol·li·ty** ['dʒɒlətɪ] *s.* **1.** Fröhlichkeit *f*; **2.** Fest *n*.

jol·ly ['dʒɒlɪ] **I** *adj.* □ **1.** lustig, fi'del, vergnügt; **2.** F angeheitert, beschwipst; **3.** *Brit.* F a) nett, hübsch: ***a ~ room***, b) *iro.* ‚schön', ‚furchtbar': ***he must be a ~ fool*** er muss (ja) ganz schön blöd sein; **II** *adv.* **4.** *Brit.* F ziemlich, ‚mächtig', ‚furchtbar': ***~ late***; ***~ nice*** ‚unheimlich' nett; ***~ good*** *a. iro.* (ist ja) Klasse!; ***a ~ good fellow*** ein ‚prima' Kerl; ***I ~ well told him*** ich hab es ihm (doch) ganz deutlich gesagt; ***you'll ~ well*** (***have to***) ***do it!*** du musst (es tun), ob du willst oder nicht; ***you ~ well know*** du weißt das ganz genau; **III** *v/t.* F **5.** *mst* ***~ along*** *od.* ***up*** *j-n* bei Laune halten *od.* aufmuntern; ***~ s.o. into doing s.th.*** j-n zu e-r Sache ‚bequatschen'; **6.** *j-n* ‚veräppeln'.

jol·ly boat ['dʒɒlɪ] *s.* ⚓ Jolle *f*.

Jol·ly Rog·er ['rɒdʒə] *s.* Totenkopf-, Pi'ratenflagge *f*.

jolt [dʒəʊlt] **I** *v/t.* **1.** ('durch)rütteln, stoßen; **2.** *Am. Boxen*: (*Gegner*) erschüttern (*a. fig.*); **3.** *fig. j-m* e-n Schock versetzen; **4.** *j-n* aufrütteln; **II** *v/i.* **5.** rütteln, holpern (*Fahrzeug*); **III** *s.* **6.** Ruck *m*, Stoß *m*, Rütteln *n*; **7.** Schock *m*; **8.** (harter) Schlag; **9.** F a) Wirkung *f* (*e-r Droge etc.*), b) ‚Schuss' *m* (*Kognak, Droge*).

Jo·nah ['dʒəʊnə] *npr. u. s.* **1.** *bibl.* (das Buch) Jonas *m*; **2.** *fig.* Unheilbringer *m*; **'Jo·nas** [-əs] → ***Jonah*** 1.

josh [dʒɒʃ] *sl.* **I** *v/t.* ‚aufziehen', veräppeln; **II** *s.* Hänse'lei *f*.

Josh·u·a ['dʒɒʃwə] *npr. u. s. bibl.* (das Buch) Josua *m od.* Josue *m*.

joss| house [dʒɒs] *s.* chi'nesischer Tempel; ***~ stick*** *s.* Räucherstäbchen *n*.

jos·tle ['dʒɒsl] **I** *v/i.* drängeln: ***~ against*** → **II** *v/t.* anrempeln, schubsen; **III** *s.* a) Gedränge *n*, Dränge'lei *f*, b) Rempe'lei *f*.

Jos·u·e ['dʒɒzjuːɪ] → ***Joshua***.

jot [dʒɒt] **I** *s.*: ***not a ~*** nicht ein bisschen; ***there's not a ~ of truth in it*** da ist überhaupt nichts Wahres dran; **II** *v/t.* *mst* ***~ down*** schnell hinschreiben *od.* notieren *od.* hinwerfen; **'jot·ter** [-tə] *s.* No'tizbuch *n*; **'jot·ting** [-tɪŋ] *s.* (kurze) No'tiz.

joule [dʒuːl] *s. phys.* Joule *n*.

jounce [dʒaʊns] → ***jolt*** 1, 6, 7.

jour·nal ['dʒɜːnl] *s.* **1.** Jour'nal *n*, Zeitschrift *f*, Zeitung *f*; **2.** Tagebuch *n*; **3.** ✝ Jour'nal *n*, Memori'al *n*; **4.** *Fax*: Sendebericht *m*; **5.** ***2s*** *pl. parl. Brit.* Proto'kollbuch *n*; **6.** ⚓ Logbuch *n*; **7.** ⚙ (Achs-, Lager)Zapfen *m*: ***~ bearing*** *od.* ***box*** Achs-, Zapfenlager *n*; **jour·nal·ese** [ˌdʒɜːnə'liːz] *s. contp.* Zeitungsstil *m*; **'jour·nal·ism** [-nəlɪzəm] *s.* Journa'lismus *m*; **'jour·nal·ist** [-nəlɪst] *s.* Journa'list(in); **jour·nal·is·tic** [ˌdʒɜːnə'lɪstɪk] *adj.* journa'listisch.

jour·ney ['dʒɜːnɪ] **I** *s.* **1.** Reise *f*: ***go on a ~*** verreisen; ***bus ~*** Busfahrt *f*; ***~'s end*** Ende *n* der Reise, *fig.* ‚Endstation' *f*, *a.* Tod *m*; **2.** Reise *f*, Strecke *f*, Route *f*, Weg *m*, Fahrt *f*, Gang *m*: ***it's a day's ~ from here*** es ist e-e Tagereise von hier, man braucht e-n Tag, um von hier dorthin zu kommen; **II** *v/i.* **3.** reisen; wandern; **'~·man** [-mən] *s.* [*irr.*] (Handwerks)Geselle *m*: ***~ baker*** Bäckergeselle.

joust [dʒaʊst] *hist.* **I** *s.* Turnier *n*; **II** *v/i.* im Turnier kämpfen; *fig.* e-n Strauß ausfechten.

Jove [dʒəʊv] *npr.* Jupiter *m*: ***by ~!*** a) Donnerwetter!, b) beim Zeus!

jo·vi·al ['dʒəʊvjəl] *adj.* □ **1.** jovi'al (*a. contp.*), freundlich, aufgeräumt, gemütlich: ***a ~ fellow***; **2.** freundlich, nett: ***a ~ welcome***; **3.** heiter, vergnügt, lustig; **jo·vi·al·i·ty** [ˌdʒəʊvɪ'ælətɪ] *s.* Joviali'tät *f*, Freundlichkeit *f*, Fröhlichkeit *f*.

jowl [dʒaʊl] *s.* **1.** ('Unter)Kiefer *m*; **2.** (*mst* feiste *od.* Hänge)Backe *f*; → ***cheek*** 1; **3.** *zo.* Wamme *f*.

joy [dʒɔɪ] *s.* **1.** Freude *f* (***at*** über *acc.*, ***in***, ***of*** an *dat.*): ***to my*** (***great***) ***~*** zu m-r (großen) Freude; ***leap for ~*** vor Freude hüpfen; ***tears of ~*** Freudentränen; ***it gives me great ~*** es macht mir große Freude; ***my children are a great ~ to me*** m-e Kinder machen mir viel Freude; ***wish s.o. ~*** (***of***) j-m Glück wünschen (zu); ***I wish you ~!*** *iro.* (na, dann) viel Spaß!; **2.** *Brit.* F Erfolg *m*: ***I didn't have any ~!*** ich hatte keinen Erfolg!, es hat nicht geklappt!; **'joy·ful** [-fʊl] *adj.* □ **1.** freudig, erfreut, froh: ***be ~*** sich freuen; **2.** erfreulich, froh; **'joyful·ness** [-fʊlnɪs] *s.* Freude *f*, Fröhlichkeit *f*; **'joy·less** [-lɪs] *adj.* □ freudlos; **joy·ous** ['dʒɔɪəs] *adj.* □ → ***joyful***.

joy| ride *s.* F Vergnügungsfahrt *f*, (wilde) Spritztour (*bsd.* in e-m gestohlenen Auto); **'~·stick** *s.* **1.** ✈ F Steuerknüppel *m*; **2.** *Computer*: Joystick *m*.

ju·bi·lant ['dʒuːbɪlənt] *adj.* □ jubelnd, froh'lockend, (glück)strahlend (*a. Gesicht*): ***be ~*** → ***jubilate*** 1; **ju·bi·late** **I** *v/i.* ['dʒuːbɪleɪt] **1.** jubeln, jubilieren, überglücklich sein, triumphieren; **II** ***2*** [ˌdʒuːbɪ'lɑːtɪ] (*Lat.*) *s. eccl.* **2.** (Sonntag *m*) Jubi'late *m* (*3. Sonntag nach Ostern*); **3.** Jubi'latepsalm *m*; **ju·bi·la·tion** [ˌdʒuːbɪ'leɪʃn] *s.* Jubel *m*.

ju·bi·lee ['dʒuːbɪliː] *s.* **1.** (*bsd.* fünfzigjähriges) Jubi'läum: ***silver ~*** fünfundzwanzigjähriges Jubiläum; **2.** *R.C.* Jubel-, Ablassjahr *n*.

Ju·da·ic [dʒuː'deɪɪk] *adj.* ju'daisch, jüdisch; **Ju·da·ism** ['dʒuːdeɪɪzəm] *s.* **1.** Juda'ismus *m*; **2.** *das* Judentum; **Ju·da·ize** ['dʒuːdeɪaɪz] *v/t.* judaisieren, jüdisch machen.

Ju·das ['dʒuːdəs] **I** *npr. bibl.* Judas *m* (*a. fig. Verräter*): ***~ kiss*** Judaskuss *m*; **II** ***2*** *s.* Guckloch *n*, ‚Spi'on' *m*.

Jude [dʒuːd] *npr. u. s. bibl.* Judas *m*: (***the Epistle of***) ***~*** der Judasbrief.

jud·der ['dʒʌdə] *v/i.* **1.** rütteln, wackeln; **2.** vibrieren.

judge [dʒʌdʒ] **I** *s.* **1.** ⚖ Richter *m*; **2.** *mst* Preis-, *sport a.* Kampfrichter *m*; **3.** Kenner *m*: ***a*** (***good***) ***~ of wine*** ein Weinkenner; ***I am no ~ of it*** ich kann es nicht beurteilen; ***I am no ~ of music, but*** ich verstehe (zwar) nicht viel von Musik, aber; ***I'll be the ~ of that*** das müssen Sie mich schon selbst beurteilen lassen; **4.** *bibl.* a) Richter *m*, b) ***2s*** *pl. sg. konstr.* (*das* Buch der) Richter *pl.*; **II** *v/t.* **5.** ⚖ ein Urteil fällen *od.* Recht sprechen über (*acc.*), *e-n Fall* verhandeln; **6.** entscheiden (***s.th.*** et.; ***that*** dass); **7.** beurteilen, bewerten, einschätzen (***by*** nach); **8.** a) Preis-, *sport* Kampfrichter sein bei, b) *Leistungen etc.* (als Preisrichter *etc.*) bewerten; **9.** betrachten als, halten für; **III** *v/i.* **10.** ⚖ urteilen, Recht sprechen; **11.** *fig.* richten; **12.** urteilen (***by***, ***from*** nach; ***of*** über *acc.*): ***~ for yourself!*** urteilen Sie selbst!; ***judging by his words*** s-n Worten nach zu urteilen; ***how can I ~?*** wie soll 'ich das beurteilen?; **13.** schließen (***from***, ***by*** aus); **14.** Preis-, *sport* Kampfrichter sein; **15.** a) denken, vermuten, b) ***~ of*** sich *et.* vorstellen; ***~ ad·vo·cate*** *s.* ⚔ Kriegsgerichtsrat *m*; **'~-made law** *s.* auf richterlicher Entscheidung beruhendes Recht, geschöpftes Recht.

judg(e)·ment ['dʒʌdʒmənt] *s.* **1.** ⚖ (Gerichts)Urteil *n*, gerichtliche Entscheidung: ***~ by default*** Versäumnisurteil; ***give*** (*od.* ***deliver***, ***render***, ***pronounce***) ***~*** ein Urteil erlassen *od.* verkünden (***on*** über *acc.*); ***pass ~*** ein Urteil fällen (***on*** über *acc.*); ***sit in ~ on a case*** Richter sein in e-m Fall; ***sit in ~ on s.o.*** über j-n zu Gericht sitzen; → ***error*** 1; **2.** Beurteilung *f*, Bewertung *f* (*a. sport etc.*), Urteil *n*; **3.** Urteilsvermögen *n*: ***man of ~*** urteilsfähiger Mann; ***use your best ~!*** handeln Sie nach Ihrem besten Ermessen; **4.** Urteil *n*, Ansicht *f*, Meinung *f*: ***form a ~*** sich ein Urteil bilden; ***against my better ~*** wider besseres Wissen; ***give one's ~ on s.th.*** sein Urteil über et. abgeben; ***in my ~*** meines Erachtens; **5.** Schätzung *f*: ***~ of distance***; **6.** göttliches (Straf)Gericht, Strafe *f* (Gottes): ***the Last 2***, ***the Day of 2***, ***2 Day*** das Jüngste Gericht; ***~ cred·i·tor*** *s.* ⚖ Voll'streckungsgläubiger(in); ***~ debt*** *s.* ⚖ voll'streckbare Forderung, durch Urteil festgestellte Schuld; ***~ debt·or*** *s.* ⚖ Vollstreckungsschuldner(in); **'~-proof** *adj. Am.* ⚖ unpfändbar.

judge·ship ['dʒʌdʒʃɪp] *s.* Richteramt *n*.

ju·di·ca·ture ['dʒuːdɪkətʃə] *s.* ⚖ **1.** Rechtsprechung *f*, Rechtspflege *f*; **2.** Gerichtswesen *n*, Ju'stiz(verwaltung) *f*; → ***supreme*** 1; **3.** *coll.* Richter(stand *m*, -schaft *f*) *pl.*; **ju·di·cial** [dʒuː'dɪʃl] *adj.* □ **1.** ⚖ gerichtlich, Justiz..., Gerichts...: ***~ error*** Justizirrtum *m*; ***~ murder*** Justizmord *m*; ***~ proceedings*** Gerichtsverfahren *n*; ***~ office*** Richteramt *n*, richterliches Amt; ***~ power*** richterliche Gewalt; ***~ separation*** gerichtliche Trennung der Ehe; ***~ system*** Gerichtswesen *n*; **2.** ⚖ Richter..., richterlich; **3.** klar urteilend, kritisch; **ju·di·ci·ar·y** [dʒuː'dɪʃɪərɪ] ⚖ **I** *s.* **1.** → ***judicature*** 2, 3; **2.** *Am.* richterliche Gewalt; **II** *adj.* **3.** richterlich, Recht sprechend, gerichtlich: ***2 Committee*** *Am. parl.* Rechtsausschuss *m*.

ju·di·cious [dʒuː'dɪʃəs] *adj.* □ **1.** vernünftig, klug; **2.** wohl überlegt, verständnisvoll; **ju'di·cious·ness** [-nɪs] *s.* Klugheit *f*, Einsicht *f*.

ju·do ['dʒuːdəʊ] *s. sport* Judo *n*; **'ju·do·ka** [-əʊkɑː] *s.* Ju'doka *m*.

Ju·dy ['dʒuːdɪ] → ***Punch***[4].

jug[1] [dʒʌg] **I** *s.* **1.** Krug *m*, Kanne *f*, Kännchen *n*; **2.** *sl.* ‚Kittchen' *n*, ‚Knast' *m*; **II** *v/t.* **3.** schmoren *od.* dämpfen:

~ged hare Hasenpfeffer *m*; **4.** *sl.* ‚einlochen'.

jug² [dʒʌg] **I** *v/i.* schlagen (*Nachtigall*); **II** *s.* Nachtigallenschlag *m*.

'jug·ful [-fʊl] *pl.* **-fuls** *s. ein* Krug *m* (voll).

jug·ger·naut ['dʒʌgənɔːt] *s.* **1.** Moloch *m*: ***the ~ of war***; **2.** *Brit.* schwerer ‚Brummi', Schwerlastwagen *m*, Lastzug *m*.

jug·gins ['dʒʌgɪnz] *s. sl.* Trottel *m*.

jug·gle ['dʒʌgl] **I** *v/i.* **1.** jonglieren; **2.** ***~ with*** *fig.* (mit) *et.* jonglieren, *et.* manipulieren: ***~ with facts***; ***~ with one's accounts*** s-e Konten ‚frisieren'; ***~ with words*** mit Worten spielen *od.* ‚jonglieren', Worte verdrehen; **II** *v/t.* **3.** jonglieren mit; **4.** → 2; **'jug·gler** [-lə] *s.* **1.** Jon'gleur *m*; **2.** Schwindler *m*; **'jug·gler·y** [-lərɪ] *s.* **1.** Jonglieren *n*; **2.** Taschenspiele'rei *f*; **3.** Schwindel *m*, Hokus'pokus *m*.

Ju·go·slav ['juːgəʊslɑːv] **I** *s.* Jugo'slawe *m*, Jugo'slawin *f*; **II** *adj.* jugo'slawisch.

jug·u·lar ['dʒʌgjʊlə] *anat.* **I** *adj.* Kehl..., Gurgel...; **II** *s. a.* ***~ vein*** Hals-, Drosselader *f*; **'ju·gu·late** [-leɪt] *v/t. fig.* abwürgen.

juice [dʒuːs] *s.* **1.** Saft *m* (*a. fig.*): ***orange ~***; ***~ extractor*** Entsafter *m*; ***body ~s*** Körpersäfte; ***stew in one's own ~*** F im eigenen Saft schmoren; **2.** *sl.* a) ϟ ‚Saft' *m*, Strom *m*, b) *mot.* Sprit *m*, c) *Am.* ‚Zeug' *n*, Whisky *m*; **3.** *fig.* Kern *m*, Sub'stanz *f*, Es'senz *f*; **'juic·i·ness** [-sɪnɪs] *s.* Saftigkeit *f*; **'juic·y** [-sɪ] *adj.* **1.** saftig (*a. fig.*); **2.** F a) ‚saftig', ‚gepfeffert': ***~ scandal***, b) pi'kant, schlüpfrig: ***~ story***, c) interessant, ‚mit Pfiff'; **3.** *Am.* F lukra'tiv: ***~ contract***; **4.** *sl.* ‚scharf', ‚dufte': ***~ girl***.

ju·jit·su [dʒuː'dʒɪtsuː] *s. sport* Jiu-Jitsu *n*.

ju·jube ['dʒuːdʒuːb] *s.* **1.** ⚘ Ju'jube *f*, Brustbeere *f*; **2.** *pharm.* 'Brustbon,bon *m, n*.

ju·jut·su [dʒuː'dʒʊtsuː] → ***jujitsu***.

'juke|·box ['dʒuːk-] *s.* Jukebox *f* (*Musikautomat*); **'~-joint** *s. Am. sl.* ‚'Bumslo,kal' *n*, ‚Jukeboxbude' *f*.

ju·lep ['dʒuːlep] *s.* **1.** süßliches (Arz'nei-)Getränk; **2.** *Am.* Julep *m* (*alkoholisches Eisgetränk*).

Jul·ian ['dʒuːljən] *adj.* juli'anisch: ***the ~ calendar*** der julianische Kalender.

Ju·ly [dʒuː'laɪ] *s.* Juli *m*: ***in ~*** im Juli.

jum·ble ['dʒʌmbl] **I** *v/t.* **1.** *a.* ***~ together***, ***~ up*** zs.-werfen, in Unordnung bringen, (wahllos) vermischen, durchein'ander würfeln; **II** *v/i.* **2.** *a.* ***~ together***, ***~ up*** durchein'ander geraten, durchein'ander gerüttelt werden; **III** *s.* **3.** Durchein'ander *n*, Wirrwarr *m*; **4.** Ramsch *m*: ***~ sale*** *Brit.* Wohltätigkeitsbasar *m*; ***~ shop*** Ramschladen *m*.

jum·bo ['dʒʌmbəʊ] *s.* **1.** Ko'loss *m*: ***~-sized*** riesig; **2.** → **jum·bo jet** *s.* ✈ Jumbo(-Jet) *m*.

jump [dʒʌmp] **I** *s.* **1.** Sprung *m* (*a. fig.*), Satz *m*: ***make*** (*od.* ***take***) ***a ~*** e-n Sprung machen; ***by ~s*** *fig.* sprungweise; (***always***) ***on the ~*** F (immer) auf den Beinen *od.* in Eile; ***keep s.o. on the ~*** j-n in Trab halten; ***get the ~ on s.o.*** F j-m zuvorkommen, j-m den Rang ablaufen; ***have the ~ on s.o.*** F j-m gegenüber im Vorteil sein; ***be*** (***stay***) ***one ~ ahead*** *fig.* (immer) e-n Schritt voraus sein (***of*** *dat.*); ***give a ~*** → 15; ***give s.o. a ~*** F j-n erschrecken; **2.** (Fallschirm)Absprung *m*: ***~ area*** Absprunggebiet *n*; **3.** *sport* (Hoch- *od.* Weit)Sprung *m*: ***high*** (***long*** *od. Am.* ***broad***) ***~***; **4.** *bsd. Reitsport*: Hindernis *n*: ***take the ~***; **5.** sprunghaftes Anwachsen, Em'porschnellen *n* (***in prices*** der Preise *etc.*): ***~ in production*** rapider Produktionsanstieg; **6.** (plötzlicher) Ruck; **7.** *fig.* Sprung *m*: a) abrupter 'Übergang, b) Über'springen *n*, -'gehen *n*, Auslassen *n* (*von Buchseiten etc.*); **8.** a) *Film*: Sprung *m* (*Überblenden etc.*), b) *Computer*: (Pro'gramm)Sprung *m*; **9.** *Damespiel*: Schlagen *n*; **10.** a) Rückstoß *m* (*e-r Feuerwaffe*), b) ⚔ Abgangsfehler *m*; **11.** V ‚Nummer' *f* (*Koitus*); **II** *v/i.* **12.** springen: ***~ at*** (*od.* ***to***) *fig.* sich stürzen auf (*acc.*), sofort zugreifen bei *e-m Angebot, Vorschlag etc.*, (sofort) aufgreifen, einhaken bei *e-r Frage etc.*; ***~ at the chance*** die Gelegenheit beim Schopf ergreifen, mit beiden Händen zugreifen; → ***conclusion*** 3; ***~ down s.o.'s throat*** F j-n ‚anschnauzen'; ***~ off*** a) abspringen (von *s-m Fahrrad etc.*), b) *Am.* F loslegen; ***~ on s.o.*** F a) über j-n herfallen, b) j-m ‚aufs Dach' steigen; ***~ out of one's skin*** aus der Haut fahren; ***~ to it*** F ‚(d)rangehen', zupacken; ***~ to it!*** ran!, mach schon!; ***~ up*** aufspringen (***onto*** auf *acc.*); **13.** (*mit dem Fallschirm*) (ab-)springen; **14.** hopsen, hüpfen: ***~ up and down***; ***~ for joy*** e-n Freudensprung *od.* Freudensprünge machen; ***his heart ~ed for joy*** das Herz hüpfte ihm im Leibe; **15.** zs.-zucken, -fahren, aufschrecken, hochfahren (***at*** bei): ***the noise made him ~*** der Lärm schreckte ihn auf *od.* ließ ihn zs.-zucken; **16.** *fig.* ab'rupt 'übergehen, -wechseln (***to*** zu): ***~ from one topic to another***; **17.** a) rütteln (*Wagen etc.*), b) gerüttelt werden, schaukeln, wackeln; **18.** *fig.* sprunghaft ansteigen, em'porschnellen (*Preise etc.*); **19.** ⚙ springen (*Filmstreifen, Schreibmaschine etc.*); **20.** *Damespiel*: schlagen; **21.** *Bridge*: (unvermittelt) hoch reizen; **22.** pochen, pulsieren; **23.** F voller Leben sein: ***the place is ~ing*** dort ist ‚schwer was los'; ***the party was ~ing*** die Party war ‚schwer in Fahrt'; **III** *v/t.* **24.** (hin'weg)springen über (*acc.*): ***~ the fence***; ***~ the rails*** entgleisen (*Zug*); **25.** *fig.* über'springen, auslassen: ***~ a few lines***; ***~ the lights*** F bei Rot über die Kreuzung fahren; ***~ the queue*** *Brit.* sich vordrängeln, aus der Reihe tanzen (*a. fig.*); → ***gun*** 4; **26.** springen lassen: ***he ~ed his horse over the ditch*** er setzte mit dem Pferd über den Graben; **27.** *Damespiel*: schlagen; **28.** *Bridge*: (zu) hoch reizen; **29.** *sl.* ‚abhauen' von: ***~ ship*** (***town***); → ***bail¹*** 1; **30.** a) aufspringen auf (*acc.*), b) abspringen von (*e-m fahrenden Zug*); **31.** schaukeln: ***~ a baby on one's knee***; **32.** F *j-n* überfallen, über *j-n* herfallen; **33.** em'porschnellen lassen, hoch treiben: ***~ prices***; **34.** *Am.* F *j-n* (plötzlich) *im Rang* befördern; **35.** V *Frau* ‚bumsen'; **36.** → ***jump-start***.

jump ball *s. Basketball*: Sprungball *m*.

jumped-up [ˌdʒʌmpt'ʌp] *adj.* F **1.** (parve'nühaft) hochnäsig, ‚hochgestochen'; **2.** improvisiert.

jump·er¹ ['dʒʌmpə] *s.* **1.** Springer(in): ***high ~*** *sport* Hochspringer(in); **2.** Springpferd *n*; **3.** ⚙ Steinbohrer *m*; Bohrmeißel *m*; **4.** ϟ Kurzschlussbrücke *f*.

jump·er² ['dʒʌmpə] *s.* **1.** (*Am.* ärmelloser) Pullover *m*; **2.** *bsd. Am.* Trägerkleid *n*, -rock *m*; **3.** (Kinder)Spielhose *f*.

jump·i·ness ['dʒʌmpɪnɪs] *s.* Nervosi'tät *f*.

jump·ing ['dʒʌmpɪŋ] *s.* **1.** Springen *n*: ***~ pole*** Sprungstab *m*, -stange *f*; ***~ test*** *Reitsport*: (Jagd)Springen *n*; **2.** *Skisport*: Sprunglauf *m*, Springen *n*; ***~ bean*** *s.* ⚘ Springende Bohne; ***~ jack*** *s.* Hampelmann *m*; **ˌ~-'off place** *s.* **1.** *fig.* Sprungbrett *n*, Ausgangspunkt *m*; **2.** *Am.* F Ende *n* der Welt.

jump| jet *s.* ✈ (Düsen)Senkrechtstarter *m*; ***~ leads*** *s. pl. mot.* Starthilfekabel *n*; **'~-off** *s. Reitsport*: Stechen *n*; ***~ seat*** *s.* Not-, Klappsitz *m*; **'~-start** *v/t. Auto* mittels Starthilfekabel anlassen; **'jump-ˌstart·er** *s. fig.* Starthilfe *f*; ***~ suit*** *s.* Overall *m*; ***~ turn*** *s. Skisport*: 'Umsprung *m*.

jump·y ['dʒʌmpɪ] *adj.* ner'vös.

junc·tion ['dʒʌŋkʃn] *s.* **1.** Verbindung(spunkt *m*) *f*, Vereinigung *f*, Zs.-treffen *n*; Treffpunkt *m*; Anschluss *m* (*a.* ⚙); (Straßen)Kreuzung *f*, (-)Einmündung *f*; **2.** 🚂 a) Knotenpunkt *m*, b) 'Anschlussstatiˌon *f*; **3.** Berührung *f*; ***~ box*** *s.* ϟ Abzweig-, Anschlussdose *f*; ***~ line*** *s.* 🚂 Verbindungs-, Nebenbahn *f*.

junc·ture ['dʒʌŋktʃə] *s.* (kritischer) Augenblick *od.* Zeitpunkt: ***at this ~*** in diesem Augenblick, an dieser Stelle.

June [dʒuːn] Juni *m*: ***in ~*** im Juni.

jun·gle ['dʒʌŋgl] *s.* **1.** Dschungel *m*, *a. n* (*a. fig.*): ***~ fever*** Dschungelfieber *n*; ***law of the ~*** Faustrecht *n*; **2.** (undurchdringliches) Dickicht (*a. fig.*); *fig.* Gewirr *n*: ***~ gym*** Klettergerüst *n* (*für Kinder*); **'jun·gled** [-ld] *adj.* mit Dschungel(n) bedeckt, verdschungelt.

jun·ior ['dʒuːnjə] **I** *adj.* **1.** junior (*mst nach Familiennamen u. abgekürzt zu Jr., jr., Jun., jun.*): ***George Smith jr.***; ***Smith ~*** Smith II (*von Schülern*); **2.** jünger (*im Amt*), 'untergeordnet, zweiter: ***~ clerk*** a) untere(r) Büroangestellte(r), b) zweiter Buchhalter, c) *jur. Brit.* Anwaltspraktikant *m*, d) kleiner Angestellter; ***~ counsel*** (*od.* ***barrister***) *jur. Brit.* → ***barrister*** (*als Vorstufe zum* ***King's Counsel***); ***~ partner*** jüngerer Teilhaber, *fig. der* kleinere Partner; ***~ staff*** untere Angestellte *pl.*; **3.** später, jünger, nachfolgend: ***~ forms*** *ped. Brit. die* Unterklassen, *die* Unterstufe; ***~ school*** *Brit.* Grundschule *f*; **4.** *jur.* rangjünger, (im Rang) nachstehend: ***~ mortgage***; **5.** *sport* Junioren..., Jugend...: ***~ championship***; **6.** *Am.* Kinder..., Jugend...: ***~ books***; **7.** jugendlich, jung: ***~ citizens*** Jungbürger *pl.*; ***~ skin***; **8.** *Am.* F kleiner(er, e, es): ***a ~ hurricane***; **II** *s.* **9.** Jüngere(r *m*) *f*: ***he is my ~ by 2 years***, ***he is 2 years my ~*** er ist (um) 2 Jahre jünger als ich; ***my ~s*** Leute, die jünger sind als ich; **10.** *univ. Am.* Stu'dent *m* a) *im vorletzten Jahr vor s-r Graduierung*, b) *im 3. Jahr an e-m* ***senior college***, c) *im 1. Jahr an e-m* ***junior college***; **11.** *a.* 𝒥 (*ohne art*) a) Junior *m* (*Sohn mit dem Vornamen des Vaters*), b) *allg.* der Sohn, der Junge, c) *Am.* F Kleine(r) *m*; **12.** Jugendliche(r *m*) *f*, Her'anwachsende(r *m*) *f*: ***~ miss*** *Am.* ‚junge Dame' (*Mädchen*); **13.** 'Untergeordnete(r *m*) *f* (im Amt), jüngere(r) Angestellte(r): ***he is my ~ in this office*** a) er untersteht mir in diesem Amt, b) er ist in dieses Amt nach mir eingetreten; **14.** *Bridge*: Junior *m* (*Spieler, der rechts*

J

vom Alleinspieler sitzt); **~ col·lege** *s. Am.* Juni'orencollege *n* (*umfasst die untersten Hochschuljahrgänge, etwa 16- bis 18-jährige Studenten*); **~ high (school)** *s. Am.* (*Art*) Aufbauschule *f* (*für die* ***high school***) (*dritt- u. viertletzte Klasse der Grundschule u. erste Klasse der* ***high school***).

jun·ior·i·ty [ˌdʒuːnɪ'ɒrətɪ] *s.* **1.** geringeres Alter *od.* Dienstalter; **2.** 'untergeordnete Stellung, niedrigerer Rang.

ju·ni·per ['dʒuːnɪpə] *s.* Wa'cholder *m.*

junk¹ [dʒʌŋk] **I** *s.* **1.** Trödel *m*, alter Kram, Plunder *m*: ***~ food*** *bsd. Am.* Nahrung *f* mit geringem Nährwert; ***~ market*** Trödel-, Flohmarkt *m*; ***~ dealer*** Trödler *m*, Altwarenhändler *m*; ***~ mail*** Papierkorb - Post *f*; ***~ shop*** Trödelladen *m*; ***~ yard*** Schrottplatz *m*; **2.** *contp.* Schund *m*, ‚Mist' *m*, ‚Schrott' *m*; **3.** *sl.* ‚Stoff' *m* (*Rauschgift*); **II** *v/t.* **4.** *Am.* F a) wegwerfen, b) verschrotten, c) *fig.* zum alten Eisen *od.* über Bord werfen.

junk² [dʒʌŋk] *s.* Dschunke *f.*

jun·ket ['dʒʌŋkɪt] **I** *s.* **1.** a) Sahnequark *m*, b) Quarkspeise *f* mit Sahne; **2.** Festivi'tät *f*, Fete *f*; **3.** *Am.* F so genannte Dienstreise, Vergnügungsreise *f* auf öffentliche Kosten; **II** *v/i.* **4.** feiern, es sich wohl sein lassen.

junk·ie ['dʒʌŋkɪ] *s. sl.* ‚Fixer' *m*, Rauschgiftsüchtige(r *m*) *f.*

Ju·no·esque [ˌdʒuːnəʊ'esk] *adj.* ju'nonisch.

jun·ta ['dʒʌntə] (*Span.*) *s.* **1.** *pol.* (*bsd.* Mili'tär)Junta *f*; **2.** → **'jun·to** [-təʊ] *pl.* **-tos** *s.* Clique *f.*

Ju·pi·ter ['dʒuːpɪtə] *s. myth. u. ast.* Jupiter *m.*

Ju·ras·sic [ˌdʒʊə'ræsɪk] *geol.* **I** *adj.* Jura..., ju'rassisch: ***~ period***; **II** *s.* 'Juraformatiˌon *f.*

ju·rat ['dʒʊəræt] *s. Brit.* **1.** *hist.* Stadtrat *m* (*Person*) in den ***Cinque Ports***; **2.** Richter *m auf den Kanalinseln*; **3.** ⚖ Bekräftigungsformel *f* unter eidesstattlichen Erklärungen.

ju·rid·i·cal [ˌdʒʊə'rɪdɪkl] *adj.* □ **1.** gerichtlich, Gerichts...; **2.** ju'ristisch, Rechts...: ***~ person*** *Am.* juristische Person.

ju·ris·dic·tion [ˌdʒʊərɪs'dɪkʃn] *s.* **1.** Rechtsprechung *f*; **2.** a) Gerichtsbarkeit *f*, b) (*örtliche u. sachliche*) Zuständigkeit (***of, over*** für): ***come under the ~ of*** unter die Zuständigkeit fallen (*gen.*); ***have ~ over*** zuständig sein für; **3.** a) Gerichtsbezirk *m*, b) Zuständigkeitsbereich *m*; **ju·ris'dic·tion·al** [-ʃənl] *adj.* Gerichtsbarkeits..., Zuständigkeits...; **ju·ris·pru·dence** [ˌdʒʊərɪs'pruːdəns] *s.* Rechtswissenschaft *f*, Jurispru'denz *f*; **ju·rist** ['dʒʊərɪst] *s.* **1.** Ju'rist(in); **2.** *Brit.* Stu'dent *m* der Rechte; **3.** *Am.* Rechtsanwalt *m*; **ju·ris·tic, ju·ris·ti·cal** [ˌdʒʊə'rɪstɪk(l)] *adj.* □ ju'ristisch, Rechts...

ju·ror ['dʒʊərə] *s.* **1.** ⚖ Geschworene(r *m*) *f*; **2.** Preisrichter(in).

ju·ry¹ ['dʒʊərɪ] *s.* **1.** ⚖ *die* Geschworenen *pl.*, Ju'ry *f*: ***trial by ~***, ***~ trial*** Schwurgerichtsverfahren *n*; ***sit on the ~*** Geschworene(r) sein; **2.** Ju'ry *f*, Preisrichterausschuss *m*, *sport a.* Kampfgericht *n*; **3.** Sachverständigenausschuss *m.*

ju·ry² ['dʒʊərɪ] *adj.* ⚓, ✈ Ersatz..., Hilfs..., Not...

ju·ry| box *s.* ⚖ Geschworenenbank *f*; **'~·man** [-mən] *s.* [*irr.*] ⚖ Geschworene(r) *m*; **~ pan·el** *s.* ⚖ Geschworenenliste *f.*

jus [dʒʌs] *pl.* **ju·ra** ['dʒʊərə] (*Lat.*) *s.* Recht *n.*

jus·sive ['dʒʌsɪv] *adj. ling.* Befehls..., impera'tivisch.

just [dʒʌst] **I** *adj.* □ → II *u.* ***justly***; **1.** gerecht (***to*** gegen): ***be ~ to s.o.*** j-n gerecht behandeln; **2.** gerecht, richtig, angemessen, gehörig: ***it was only ~*** es war nur recht u. billig; ***~ reward*** gerechter *od.* (wohl)verdienter Lohn; **3.** rechtmäßig, wohl begründet: ***a ~ claim***; **4.** berechtigt, gerechtfertigt, (wohl) begründet: ***~ indignation***; **5.** a) genau, kor'rekt, b) wahr, richtig; **6.** *bibl.* gerecht, rechtschaffen: ***the ~*** die Gerechten *pl.*; **7.** ♪ rein; **II** *adv.* **8.** *zeitlich*: a) gerade, (so)'eben: ***they have ~ left***; ***~ before I came*** kurz *od.* knapp bevor ich kam; ***~ after breakfast*** kurz *od.* gleich nach dem Frühstück; ***~ now*** eben erst, soeben (→ b), b) genau, gerade (*zu diesem Zeitpunkt*): ***~ as*** gerade als, genau in dem Augenblick, als (→ 9); ***I was ~ going to say*** ich wollte gerade sagen; ***~ now*** a) gerade jetzt, b) jetzt gleich (→ a); ***~ then*** a) gerade damals, b) gerade in diesem Augenblick; ***~ five o'clock*** genau fünf Uhr; **9.** *örtlich u. fig.*: genau: ***~ there***; ***~ round the corner*** gleich um die Ecke; ***~ as*** ebenso wie; ***~ as good*** genauso gut; ***~ about*** a) (so *od.* in) etwa, b) so ziemlich, c) so gerade, eben (noch); ***~ about here*** ungefähr hier, hier herum; ***~ so!*** ganz recht!; ***that's ~ it!*** das ist es ja gerade *od.* eben!; ***that's ~ like you!*** das sieht dir (ganz) ähnlich!; ***that's ~ what I thought!*** (genau) das hab ich mir (doch) gedacht!; ***~ what do you mean (by that)?*** was (genau) wollen Sie damit sagen?; ***~ how many are they?*** wie viele sind es genau?; ***it's ~ as well*** (es ist) vielleicht besser *od.* ganz gut so; ***we might ~ as well go!*** da können wir genauso gut auch gehen!; **10.** gerade (noch), ganz knapp, mit knapper Not: ***we ~ managed***; ***the bullet ~ missed him*** die Kugel ging ganz knapp an ihm vorbei; ***~ possible*** immerhin möglich, nicht unmöglich; ***~ too late*** gerade zu spät; **11.** nur, lediglich, bloß: ***~ in case*** nur für den Fall; ***~ the two of us*** nur wir beide; ***~ for the fun of it*** nur zum Spaß; ***~ a moment!*** (nur) e-n Augenblick!, *a. iro.* Moment (mal)!; ***~ give her a book*** schenk ihr doch einfach ein Buch; **12.** *vor imp.* a) doch, mal, b) nur: ***~ tell me*** sag (mir) mal, sag mir nur *od.* bloß; ***~ sit down, please!*** setzen Sie sich doch bitte; ***~ think!*** denk mal!; ***~ try!*** versuchs doch (mal)!; **13.** F einfach, wirklich: ***~ wonderful.***

jus·tice ['dʒʌstɪs] *s.* **1.** Gerechtigkeit *f* (***to*** gegen); **2.** Rechtmäßigkeit *f*, Berechtigung *f*, Recht *n*: ***with ~*** mit *od.* zu Recht; **3.** Gerechtigkeit *f*, gerechter Lohn: ***do ~ to*** a) *j-m od. e-r Sache* Gerechtigkeit widerfahren lassen, gerecht werden (*dat.*), b) *et.* (recht) zu würdigen wissen, *a. e-r Speise, dem Wein* tüchtig zusprechen; ***the picture did ~ to her beauty*** das Bild wurde ihrer Schönheit gerecht; ***do o.s. ~*** a) sein wahres Können zeigen, b) sich selbst gerecht werden; ***~ was done*** der Gerechtigkeit wurde Genüge getan; ***in ~ to him*** um ihm gerecht zu werden, fairerweise; **4.** ⚖ Gerechtigkeit *f*, Recht *n*, Ju'stiz *f*: ***administer ~*** Recht sprechen; ***flee from ~*** sich der verdienten Strafe (durch die Flucht) entziehen; ***bring to ~*** vor Gericht bringen; ***in ~*** von Rechts wegen; **5.** Richter *m*: ***Mr. 𝔍 X.*** (*Anrede in England*); ***~ of the peace*** Friedensrichter (*Laienrichter*); **'jus·tice·ship** [-ʃɪp] *s.* Richteramt *n.*

jus·ti·ci·a·ble [dʒʌ'stɪʃɪəbl] *adj.* ⚖ justizi'abel, gerichtlicher Entscheidung unter'worfen; **jus'ti·ci·ar·y** [-ɪərɪ] ⚖ **I** *s.* Richter *m*; **II** *adj.* Justiz..., gerichtlich.

jus·ti·fi·a·ble ['dʒʌstɪfaɪəbl] *adj.* □ zu rechtfertigen(d), berechtigt, vertretbar, entschuldbar; **'jus·ti·fi·a·bly** [-lɪ] *adv.* berechtigterweise.

jus·ti·fi·ca·tion [ˌdʒʌstɪfɪ'keɪʃn] *s.* **1.** Rechtfertigung *f*: ***in ~ of*** zur Rechtfertigung von (*od. gen.*); **2.** Berechtigung *f*: ***with ~*** berechtigterweise, mit Recht; **3.** *typ.* Justierung *f*, Ausschluss *m*; **jus·ti·fi·ca·to·ry** ['dʒʌstɪfɪkeɪtərɪ] *adj.* rechtfertigend, Rechtfertigungs...; **jus·ti·fy** ['dʒʌstɪfaɪ] *v/t.* **1.** rechtfertigen (***before*** *od.* ***to s.o.*** vor j-m, j-m gegenüber); ***be justified in doing s.th.*** et. mit gutem Recht tun; ein Recht haben, et. zu tun; berechtigt sein, et. zu tun; **2.** a) gutheißen, b) entschuldigen, c) *j-m* Recht geben; **3.** *eccl.* rechtfertigen, von Sündenschuld freisprechen; **4.** ⚙ richtig stellen, richten, justieren; **5.** *typ.* justieren, ausschließen, *Computer*: ausrichten.

just·ly ['dʒʌstlɪ] *adv.* **1.** richtig; **2.** mit *od.* zu Recht, gerechterweise; **3.** verdientermaßen; **'just·ness** [-tnɪs] *s.* **1.** Gerechtigkeit *f*; **2.** Rechtmäßigkeit *f*; **3.** Richtigkeit *f*; **4.** Genauigkeit *f.*

jut [dʒʌt] **I** *v/i. a.* ***~ out*** vorspringen, her'ausragen: ***~ into s.th.*** in et. hineinragen; **II** *s.* Vorsprung *m.*

jute¹ [dʒuːt] ⚘ Jute *f.*

Jute² [dʒuːt] *s.* Jüte *m*; **Jut·land** ['dʒʌtlənd] *npr.* Jütland *n*: ***the Battle of ~*** *hist.* die Skagerrakschlacht.

ju·ve·nes·cence [ˌdʒuːvə'nesns] *s.* **1.** Verjüngung *f*: ***well of ~*** Jungbrunnen *m*; **2.** Jugend *f.*

ju·ve·nile ['dʒuːvənaɪl] **I** *adj.* **1.** jugendlich, jung, Jugend...: ***~ book*** Jugendbuch *n*; ***~ court*** Jugendgericht *n*; ***~ delinquency*** Jugendkriminalität *f*; ***~ delinquent*** *od.* ***offender*** jugendlicher Täter; ***~ stage*** Entwicklungsstadium *n*; **II** *s.* **2.** Jugendliche(r *m*) *f*; **3.** *thea.* jugendlicher Liebhaber; **4.** Jugendbuch *n*; **ju·ve·ni·li·a** [ˌdʒuːvə'nɪlɪə] *pl.* **1.** Jugendwerke *pl.* (*e-s Autors etc.*); **2.** Werke *pl.* für die Jugend; **ju·ve·nil·i·ty** [ˌdʒuːvə'nɪlətɪ] *s.* **1.** Jugendlichkeit *f*; **2.** jugendlicher Leichtsinn; **3.** *pl.* Kinde'reien *pl.*; **4.** *coll.* (*die*) Jugend.

jux·ta·pose [ˌdʒʌkstə'pəʊz] *v/t.* nebenein'ander stellen: ***~d to*** angrenzend an (*acc.*); **jux·ta·po·si·tion** [ˌdʒʌkstəpə'zɪʃn] *s.* Nebenein'anderstellung *f*, -liegen *n.*

K, k [keɪ] *s.* K *n*, k *n* (*Buchstabe*).

kab·(b)a·la [kə'bɑːlə] → ***ca(b)bala***.

ka·di ['kɑːdɪ] → ***cadi***.

ka·ke·mo·no [ˌkækɪ'məʊnəʊ] *pl.* **-nos** *s.* Kake'mono *n* (*japanisches Rollbild*).

kale [keɪl] *s.* **1.** ♀ Kohl *m*, *bsd.* Grün-, Blattkohl *m*: (***curly***) ~ Krauskohl *m*; **2.** Kohlsuppe *f*; **3.** *Am. sl.* ‚Zaster' *m*.

ka·lei·do·scope [kə'laɪdəskəʊp] *s.* Kaleido'skop *n* (*a. fig.*); **ka·lei·do·scop·ic**, **ka·lei·do·scop·i·cal** [kəˌlaɪdə'skɒpɪk(l)] *adj.* □ kaleido'skopisch.

'kale·yard *s. Scot.* Gemüsegarten *m*; ~ **school** *s. schottische Heimatdichtung.*

Kan·a·ka ['kænəkə, kə'nækə] *s.* Ka'nake *m* (*Südseeinsulaner, a. contp.*).

kan·ga·roo [ˌkæŋgə'ruː] *pl.* **-roos** *s. zo.* Känguru *n*; ~ **court** *s. Am. sl.* **1.** 'illeˌgales Gericht (*z. B. unter Sträflingen*); **2.** kor'ruptes Gericht.

Kant·i·an ['kæntɪən] *phls.* **I** *adj.* kantisch; **II** *s.* Kanti'aner(in).

ka·o·lin(e) ['keɪəlɪn] *s. min.* Kao'lin *n*.

kar·a·o·ke [ˌkærɪ'əʊkɪ] *s* Kara'oke *n*.

ka·ra·te [kə'rɑːtɪ] *s.* Ka'rate *n*; ~ **chop** *s.* Ka'rateschlag *m*.

kar·ma ['kɑːmə] *s.* **1.** *Buddhismus etc.*: Karma *n*; **2.** *allg.* Schicksal *n*.

Kar·ri·mat ['kærɪmæt] *TM Markenbezeichnung für Isomatten.*

kat·a·bat·ic wind [ˌkætæ'bætɪk] *s.* Fallwind *m*, kata'batischer Wind.

kay·ak ['kaɪæk] *s.* Kajak *m*, *n*: ***two-seater*** ~ *sport* Kajakzweier *m*.

kay·o [ˌkeɪ'əʊ] F *für* ***knock out*** *od.* ***knockout***.

ke·bab [kə'bæb] *s.* Ke'bab *n* (*orientalisches Fleischspießgericht*).

keck [kek] *v/i.* würgen, (sich) erbrechen (müssen).

kedge [kedʒ] ⚓ **I** *v/t.* warpen, verholen; **II** *s. a.* ~ ***anchor*** Wurf-, Warpanker *m*.

kedg·er·ee [ˌkedʒə'riː] *s. Brit. Ind.* Kedge'ree *n* (*Reisgericht mit Fisch, Eiern, Zwiebeln etc.*).

keel [kiːl] **I** *s.* **1.** ⚓ Kiel *m*: ***on an even*** ~ im Gleichgewicht, *fig. a.* gleichmäßig, ruhig: ***be on an even*** ~ ***again*** *fig.* wieder im Lot sein; **2.** *poet.* Schiff *n*; **3.** Kiel *m*: a) ✈ Längsträger *m*, b) ♀ Längsrippe *f*; **II** *v/t.* **4.** ~ ***over*** a) ('um-)kippen, kentern lassen, b) kiel'oben legen; **III** *v/i.* **5.** ~ ***over*** 'umschlagen, -kippen (*a. fig.*), kentern; kiel'oben liegen; **6.** F ‚umkippen' (*Person etc.*); **'keel·age** [-lɪdʒ] *s.* ⚓ Kielgeld *n*, Hafengebühren *pl.*; **'keel·haul** *v/t.* **1.** *j-n* kielholen; **2.** *fig. j-n* ‚zs.-stauchen'; **keel·son** ['kelsn] → ***kelson***.

keen[1] [kiːn] *adj.* □ → ***keenly***; **1.** scharf (geschliffen): ~ ***edge*** scharfe Schneide; **2.** scharf (*Wind*), schneidend (*Kälte*); **3.** beißend (*Spott*); **4.** scharf, 'durchdringend: ~ ***glance*** (***smell***); **5.** grell (*Licht*), schrill (*Ton*); **6.** heftig, stark (*Schmerzen*); **7.** scharf (*Augen*), fein (*Sinne*): ***be*** ~***-eyed*** (~***-eared***) scharfe Augen (ein feines Gehör) haben; **8.** fein, ausgeprägt (*Gefühl*; ***of*** für): ***a*** ~ ***sense of literature***; **9.** heftig, stark, groß (*Freude etc.*): ~ ***desire*** heftiges Verlangen, heißer Wunsch; ~ ***interest*** starkes *od.* lebhaftes Interesse; ~ ***competition*** scharfe Konkurrenz; **10.** *a.* ~***-witted*** scharfsinnig; ***a*** ~ ***mind*** ein scharfer Verstand; **11.** eifrig, begeistert, leidenschaftlich: ***a*** ~ ***swimmer***; ~ ***on*** begeistert von, sehr interessiert an (*dat.*); ***he is*** ~ ***on dancing*** er ist ein begeisterter Tänzer; ***he is very*** ~ F er ist ‚schwer auf Draht'; ***you shouldn't be too*** ~***!*** du solltest dich etwas zurückhalten!; (→ *a.* 13); **12.** (stark) interessiert (*Bewerber etc.*); **13.** F erpicht, versessen, ‚scharf' (***on***, ***about*** auf *acc.*): ***he is*** ~ ***on doing*** (*od.* ***to do***) ***it*** er ist sehr darauf erpicht *od.* scharf darauf, es zu tun, es liegt ihm (sehr) viel daran, es zu tun; ***I am not*** ~ ***on it*** ich habe wenig Lust dazu, ich mache mir nichts daraus, es liegt mir nichts daran, ich lege keinen (gesteigerten) Wert darauf; ***I am not*** ~ ***on sweets*** ich mag keine Süßigkeiten; ***I am not*** ~ ***on that idea*** ich bin nicht gerade begeistert von dieser Idee; ***as*** ~ ***as mustard*** (***on***) F ganz versessen (auf *acc.*), Feuer u. Flamme (für); **14.** *Brit.* F niedrig, gut: ~ ***prices***; **15.** *Am.* F ‚prima', ‚prächtig'.

keen[2] [kiːn] *Ir.* **I** *s.* Totenklage *f*; **II** *v/i.* wehklagen; **III** *v/t.* beklagen.

ˌkeen-'edged *adj.* **1.** → ***keen***[1] 1; **2.** *fig.* messerscharf.

keen·ly ['kiːnlɪ] *adv.* **1.** scharf (*etc.* → ***keen***[1]); **2.** ungemein, äußerst, sehr;

'keen·ness [-nnɪs] *s.* **1.** Schärfe *f* (*a. fig.*); **2.** Heftigkeit *f*; **3.** Eifer *m*, starkes Inter'esse, Begeisterung *f*; **4.** Scharfsinn *m*; **5.** Feinheit *f*; **6.** *fig.* Bitterkeit *f*.

keep [kiːp] **I** *s.* **1.** a) Burgverlies *n*, b) Bergfried *m*; **2.** a) ('Lebens)Unterhalt *m*, b) 'Unterkunft *f* u. Verpflegung *f*: ***earn one's*** ~ s-n Lebensunterhalt verdienen; **3.** 'Unterhaltskosten *pl.*: ***the*** ~ ***of a horse***; **4.** Obhut *f*, Verwahrung *f*; **5.** ***for*** ~***s*** F auf *od.* für immer, endgültig; **II** *v/t.* [*irr.*] **6.** (be)halten, haben: ~ ***the ticket in your hand*** behalte die Karte in der Hand!; ***he kept his hands in his pockets*** er hatte die Hände in den Taschen; **7.** *j-n od. et.* lassen, (*in e-m gewissen Zustand*) (er)halten: ~ ***apart*** getrennt *od.* auseinander halten; ~ ***a door closed*** e-e Tür geschlossen halten; ~ ***s.th. dry*** et. trocken halten *od.* vor Nässe schützen; ~ ***s.o. from doing s.th.*** j-n davon abhalten, et. zu tun; ~ ***s.th. to o.s.*** et. für sich behalten; ~ ***s.o. informed*** j-n auf dem Laufenden halten; ~ ***s.o. waiting*** j-n warten lassen; ~ ***s.th. going*** et. in Gang halten; ~ ***s.o. going*** a) j-n finanziell unterstützen, b) j-n am Leben erhalten; ~ ***s.th. a secret*** et. geheim halten (***from s.o.*** vor j-m); **8.** *fig.* (er)halten, (be)wahren: ~ ***one's balance*** das *od.* sein Gleichgewicht (be)halten *od.* wahren; ~ ***one's distance*** Abstand halten *od.* bewahren; **9.** (*im Besitz*) behalten: ***you may*** ~ ***the book***; ~ ***the change!*** behalten Sie den Rest (*des Geldes*)!; ~ ***your seat!*** bleiben Sie (doch) sitzen!; **10.** *fig.* halten, sich halten *od.* behaupten in *od.* auf (*dat.*): ~ ***the stage*** sich auf der Bühne behaupten; **11.** *j-n* auf-, 'hinhalten: ***don't let me*** ~ ***you!*** lass dich nicht aufhalten!; **12.** (fest)halten, bewachen: ~ ***s.o.*** (***a***) ***prisoner*** (*od.* ***in prison***) j-n gefangen halten; ~ ***s.o. for lunch*** j-n zum Mittagessen dabehalten; ***she*** ~***s him here*** sie hält ihn hier fest, er bleibt ihretwegen hier; ~ (***the***) ***goal*** *sport* das Tor hüten, im Tor stehen; **13.** aufheben, (auf)bewahren: ***I*** ~ ***all my old letters***; ~ ***a secret*** ein Geheimnis bewahren; ~ ***for a later date*** für später *od.* für e-n späteren Zeitpunkt aufheben; **14.** (aufrechter)halten, unter'halten: ~ ***an***

eye on s.o. j-n im Auge behalten; ***~ good relations with s.o.*** zu j-m gute Beziehungen unterhalten; **15.** pflegen, (er)halten: ***~ in*** (***good***) ***repair*** in gutem Zustand erhalten; ***a well-kept garden*** ein gut gepflegter Garten; **16.** *e-e Ware* führen, auf Lager haben: ***we don't ~ this article***; **17.** *Schriftstücke* führen, halten: ***~ a diary***; ***~*** (***the***) ***books*** Buch führen; ***~ a record of s.th.*** über (*acc.*) et. Buch führen *od.* Aufzeichnungen machen; **18.** *ein Geschäft etc.* führen, verwalten, vorstehen (*dat.*): ***~ a shop*** ein (Laden)Geschäft führen *od.* betreiben; **19.** *ein Amt etc.* innehaben: ***~ a post***; **20.** *Am. e-e Versammlung etc.* (ab)halten: ***~ an assembly***; **21.** *ein Versprechen etc.* (ein)halten, einlösen: ***~ a promise***; ***~ an appointment*** e-e Verabredung einhalten; **22.** *das Bett, Haus, Zimmer* hüten, bleiben in (*dat.*): ***~ one's bed*** (***house***, ***room***); **23.** *Vorschriften etc.* be(ob)achten, (ein)halten, befolgen: ***~ the rules***; **24.** *ein Fest* begehen, feiern: ***~ Christmas***; **25.** ernähren, er-, unter'halten, sorgen für: ***have a family to ~***; **26.** (*bei sich*) haben, halten, beherbergen: ***~ boarders***; **27.** sich halten *od.* zulegen: ***~ a maid*** ein Hausmädchen haben *od.* (sich) halten; ***a kept woman*** e-e Mätresse; ***~ a car*** sich e-n Wagen halten, ein Auto haben; **28.** (be)schützen: ***God ~ you!***; **III** *v/i.* [*irr.*] **29.** bleiben: ***~ in bed***; ***~ at home***; ***~ in sight*** in Sicht(weite) bleiben; ***~ out of danger*** sich außer Gefahr halten; ***~*** (***to the***) ***left*** sich links halten, links fahren *od.* gehen; ***~ straight on*** (immer) geradeaus gehen; → ***clear*** 6; **30.** sich halten, (*in e-m gewissen Zustand*) bleiben: ***~ cool*** kühl bleiben (*a. fig.*); ***~ quiet!*** sei still!; ***~ to o.s.*** für sich bleiben, sich zurückhalten; ***~ friends*** (weiterhin) Freunde bleiben: ***~ in good health*** gesund bleiben; ***the milk*** (***weather***) ***will ~*** die Milch (das Wetter) wird sich halten; ***the weather ~s fine*** das Wetter bleibt schön; ***that*** (***matter***) ***will ~*** F diese Sache hat Zeit *od.* eilt nicht; ***how are you ~ing?*** wie geht es dir?; **31.** *mit ger.* weiter...: ***~ going*** a) weitergehen, b) weitermachen; ***~*** (***on***) ***laughing*** weiterlachen, nicht aufhören zu lachen, dauernd *od.* unaufhörlich lachen; ***~ smiling!*** immer nur lächeln!, Kopf hoch!

Zssgn mit prp. u. adv.:

keep| a·head *v/i.* an der Spitze *od.* vorn(e) bleiben: ***~ of j-m*** vorausbleiben; ***~ at*** *v/i.* **1.** weitermachen mit: ***~ it!*** bleib dran!, weiter so!; **2.** ***~ s.o.*** j-n nicht in Ruhe lassen, j-m ständig zusetzen, j-n dauernd ‚bearbeiten'; ***~ a·way*** **I** *v/i.* wegbleiben, sich fern halten (***from*** von); im Hintergrund bleiben; **II** *v/t.* fern halten (***from*** von); ***~ back*** **I** *v/t.* **1.** *allg.* zurückhalten: a) fern halten, b) *fig. Geld etc.* einbehalten, c) *et.* verschweigen (***from s.o.*** j-m); **2.** *j-n, et.* aufhalten; *et.* verzögern; *Schüler* dabehalten; **II** *v/i.* **3.** im Hintergrund bleiben; ***~ down*** **I** *v/t.* **1.** unten halten, *Kopf a.* ducken; **2.** *fig. Preise etc.* niedrig halten, be-, einschränken; **3.** *fig.* nicht auf- *od.* hochkommen lassen, unter'drücken; **4.** *Essen etc.* bei sich behalten; **5.** *Schüler* (eine Klasse) wiederholen lassen; **II** *v/i.* **6.** unten bleiben; **7.** sich geduckt halten; ***~ from*** **I** *v/t.* **1.** ab-, zu'rück-, fern halten von, hindern an (*dat.*), bewahren vor (*dat.*): ***he kept me from work*** er hielt mich von m-r Arbeit ab; ***he kept me from danger*** er bewahrte mich vor Gefahr; ***I kept him from knowing too much*** ich verhinderte, dass er zu viel erfuhr; **2.** vorenthalten, verschweigen: ***you are keeping s.th. from me*** du verschweigst mir et.; **II** *v/i.* **3.** sich fern halten von, sich enthalten (*gen.*), *et.* unterlassen *od.* nicht tun: ***I couldn't ~ laughing*** ich musste einfach lachen; ***~ in*** **I** *v/t.* **1.** nicht außer Haus lassen, *bsd. Schüler* nachsitzen lassen; **2.** *Gefühle etc.* im Zaume halten; **3.** *Feuer* nicht ausgehen lassen; **4.** *Bauch* einziehen; **II** *v/i.* **5.** (dr)innen bleiben; **6.** anbleiben (*Feuer*); **7.** ***~ with*** gut Freund bleiben mit, sich gut stellen mit; ***~ off*** **I** *v/t.* fern halten (von); *die Hände* weglassen (von); **II** *v/i.* sich fern halten (von), *a. Getränk etc.* meiden: ***if the rain keeps off*** wenn es nicht regnet; ***~ the grass!*** Betreten des Rasens verboten; ***~ on*** **I** *v/t.* **1.** *Kleider* anbehalten; *Hut* aufbehalten; **2.** *Angestellte etc.* behalten, weiterbeschäftigen; **II** *v/i.* **3.** *mit ger.* weiter...: ***~ doing s.th.*** a) *et.* weiter tun, b) *et.* immer wieder tun, c) *et.* dauernd tun; → ***keep*** 31; **4.** ***~ at s.o.*** an j-m her'umnörgeln, auf j-n ‚einhacken'; **5.** weitergehen *od.* -fahren: ***keep straight on!*** immer geradeaus!; ***~ out*** **I** *v/t.* **1.** nicht her'einlassen, abhalten: ***~ s.o.*** (***the light*** *etc.*); **2.** schützen *od.* bewahren vor (*dat.*), *j-n a.* her'aushalten aus (*e-r Sache*); **II** *v/i.* **3.** draußen bleiben, nicht her'einkommen, *Zimmer etc.* nicht betreten: ***~!*** a) bleib draußen!, b) „Zutritt verboten"; **4.** ***~ of*** sich her'aushalten aus, *et.* meiden: ***~ of debt*** keine Schulden machen; ***~ of sight*** sich nicht sehen lassen; ***~ of mischief!*** mach keine Dummheiten!; ***you ~ of this!*** halten Sie sich da raus!; ***~ to*** **I** *v/t.* **1.** ***keep s.o. to his promise*** j-n auf sein Versprechen festnageln; ***keep s.th. to a minimum*** et. auf ein Minimum beschränken; **2.** ***keep o.s. to o.s.*** für sich bleiben, Gesellschaft meiden; **II** *v/i.* **3.** festhalten an (*dat.*), bleiben bei: ***~ one's word***; ***~ the rules*** an den Regeln festhalten, die Vorschriften einhalten; ***~ the subject*** (*od.* ***point***) bleiben Sie beim Thema!; **4.** bleiben in (*dat.*) *od.* auf (*acc.*) *etc.*: ***~ one's bed*** (*od.* ***room***) im Bett (in s-m Zimmer) bleiben; ***~ the left!*** halten Sie sich links!; ***~ o.s.*** → 2; ***~ to·geth·er*** **I** *v/t.* zu'sammenhalten; **II** *v/i.* a) zu'sammenbleiben, b) zu'sammenhalten (*Freunde etc.*); ***~ un·der*** *v/t.* **1.** *j-n* unter'drücken, unten halten: ***you won't keep him under*** den kriegst du nicht klein; **2.** *j-n* unter Nar'kose halten; **3.** *Gefühle* unter'drücken, zügeln; **4.** *Feuer* unter Kon'trolle halten; ***~ up*** **I** *v/t.* **1.** aufrecht (*a.* über Wasser) halten, hochhalten; **2.** *fig. Freundschaft, Moral etc.* aufrechterhalten, *Preise etc. a.* hoch halten, *et.* beibehalten, *Sitte etc.* weiterpflegen, *Tempo etc.* halten: ***~ a correspondence*** in Briefwechsel bleiben; ***~ it up!*** (nur) weiter so!; **3.** *Haus etc.* unter'halten, in'stand halten; **4.** *j-n* am Schlafen (-gehen) hindern; **II** *v/i.* **5.** andauern, -halten, nicht nachlassen; **6.** *lange etc.* aufbleiben: ***we ~ late***; **7.** ***~ with*** a) mit *j-m od. et.* Schritt halten, *fig. a.* mithalten (können), b) *j-m, e-r Sache* folgen können, c) sich auf dem Laufenden halten über (*acc.*), d) in Kon'takt bleiben mit *j-m*: ***~ with the times*** mit der Zeit gehen; ***~ with the Joneses*** den Nachbarn nicht nachstehen wollen.

keep·er ['kiːpə] *s.* **1.** Wächter(in), Aufseher(in) *m*, (Gefangenen-, Irren-, Tier-, Park-, Leuchtturm)Wärter(in) *m*, (Tier)Pfleger(in), Betreuer(in): ***am I my brother's ~?*** *bibl.* soll ich m-s Bruders Hüter sein?; **2.** Verwahrer *m*, Verwalter *m*: ***Lord ♀ of the Great Seal*** Großsiegelbewahrer *m*; **3.** *mst in Zssgn*: a) Inhaber(in), Besitzer (-in): → ***innkeeper*** *etc.*, b) Halter(in), Züchter(in): → ***beekeeper***, c) j-d, der et. besorgt, betreut *od.* verteidigt: (***goal***) ***~*** *sport* Torwart *m*; **4.** ⚙ a) Schutzring *m*, b) Verschluss *m*, Schieber *m*, c) ⚡ Mag'netanker *m*; **5.** ***be a good ~*** sich gut halten (*Obst, Fisch etc.*); **6.** *sport abbr. für* ***wicket~***.

ˌkeep-'fresh bag *s.* Frischhaltebeutel *m.*

keep·ing ['kiːpɪŋ] **I** *s.* **1.** Verwahrung *f*, Aufsicht *f*, Pflege *f*, (Ob)Hut *f*: ***in safe ~*** in guter Obhut, sicher verwahrt; ***have in one's ~*** in Verwahrung *od.* unter s-r Obhut haben; ***put s.th. in s.o.'s ~*** j-m et. zur Aufbewahrung geben; **2.** 'Unterhalt *m*; **3.** ***be in*** (***out of***) ***~ with*** mit et. (nicht) in Einklang stehen *od.* (nicht) übereinstimmen, *e-r Sache* (nicht) entsprechen; ***in ~ with the times*** zeitgemäß; **4.** Gewahrsam *m*, Haft *f*; **II** *adj.* **5.** haltbar: ***~ apples*** Winteräpfel.

keep·sake ['kiːpseɪk] *s.* Andenken *n* (*Geschenk etc.*): ***as*** (*od.* ***for***) ***a ~*** zum Andenken.

kef·ir ['kefɪə] *s.* Kefir *m* (*Getränk aus gegorener Milch*).

keg [keg] *s.* **1.** kleines Fass, Fässchen *n*; **2.** *Brit.* (Alu'minium)Behälter *m* für Bier: ***~*** (***beer***) Bier *n* vom Fass; **3.** *Am. Gewichtseinheit für Nägel = 45,3 kg.*

kelp [kelp] *s.* ⚘ **1.** *ein* Seetang *m*; **2.** Kelp *n*, Seetangasche *f.*

kel·pie ['kelpɪ] *s. Scot.* Nix *m*, Wassergeist *m* in Pferdegestalt.

kel·son ['kelsn] *s.* ⚓ Kielschwein *n.*

kel·vin ['kelvɪn] *s. phys.* Kelvin *n*: ***~ temperature*** Kelvintemperatur *f*, thermody'namische Temperatur.

Kelt·ic ['keltɪk] → ***Celtic***.

ken [ken] **I** *s.* **1.** Gesichtskreis *m*, *fig. a.* Hori'zont *m*: ***that is beyond*** (*od.* ***outside***) ***my ~*** das entzieht sich m-r Kenntnis; **2.** (Wissens)Gebiet *n*; **II** *v/t.* **3.** *bsd. Scot.* kennen, verstehen, wissen.

ken·nel ['kenl] **I** *s.* **1.** Hundehütte *f*; **2.** *pl. mst sg. konstr.* a) Hundezwinger *m*, b) Hunde-, Tierheim *n*; **3.** *a. fig.* Meute *f*, Pack *n* (*Hunde*); **4.** *fig.* ‚Loch' *n*, armselige Behausung; **II** *v/t.* **5.** in e-r Hundehütte *od.* in e-m (Hunde)Zwinger halten.

Ken·tuck·y Der·by [ken'tʌkɪ] *s. sport das wichtigste amer. Pferderennen (für Dreijährige).*

Ken·yan ['kenjən] **I** *adj.* keni'anisch; **II** *s.* Keni'aner(in).

kep·i ['keɪpiː] *s.* ⚔ Käppi *n.*

kept [kept] **I** *pret. u. p.p. von* ***keep***; **II** *adj.*: ***~ woman*** Mä'tresse *f*; ***she is a ~ woman*** *a.* sie lässt sich aushalten.

kerb [kɜːb] *s.* **1.** Bord-, Randstein *m*, Bord-, Straßenkante *f*: ***~ drill*** Verkehrserziehung *f* für Fußgänger; **2.** ***on the ~*** ✝ im Freiverkehr; ***~ mar·ket*** ✝ Freiverkehrsmarkt *m*, Nachbörse *f*: ***~ price*** Freiverkehrskurs *m*; **'~·stone** → ***kerb*** 1: ***~ broker*** Freiverkehrsmakler *m.*

K

ker·chief ['kɜːtʃɪf] *s.* Hals-, Kopftuch *n.*

ker·fuf·fle [kə'fʌfl] *s. Brit.* F **1.** Lärm *m*, Krach *m*; **2.** *a.* ***fuss and ~*** ‚The'ater' *n*, ‚Gedöns' *n.*

ker·mess ['kɜːmɪs], '**ker·mis** [-mɪs] *s.* **1.** Kirmes *f*, Kirchweih *f*; **2.** *Am.* 'Wohltätigkeitsba,sar *m.*

ker·nel ['kɜːnl] *s.* **1.** (Nuss- *etc.*)Kern *m*; **2.** (Hafer-, Mais- *etc.*)Korn *n*; **3.** *fig.* Kern *m*, *das* Innerste, Wesen *n*; **4.** ⚙ (*Guss- etc.*)Kern *m.*

ker·o·sene, ker·o·sine ['kerəsiːn] *s.* ⚗ Kero'sin *n.*

kes·trel ['kestrəl] *s.* Turmfalke *m.*

ketch [ketʃ] *s.* ⚓ Ketsch *f* (*zweimastiger Segler*).

ketch·up ['ketʃəp] *s.* Ket(s)chup *m*, *n.*

ket·tle ['ketl] *s.* (*Koch*)Kessel *m*: ***put the ~ on*** (Tee- *etc.*)Wasser aufstellen; ***a pretty*** (*od.* ***nice***) ***~ of fish*** F e-e schöne Bescherung; '**~·drum** *s.* ♪ (Kessel)Pauke *f*; '**~,drum·mer** *s.* ♪ (Kessel)Pauker *m.*

key [kiː] **I** *s.* **1.** Schlüssel *m*: ***false ~*** Nachschlüssel *m*, Dietrich *m*; ***power of the ~s*** *R.C.* Schlüsselgewalt *f*; ***turn the ~*** abschließen; **2.** *fig.* Schlüssel *m*, Lösung *f* (***to*** zu): ***the ~ to a problem*** (***riddle*** *etc.*); ***the ~ to success*** der Schlüssel zum Erfolg; **3.** *fig.* Schlüssel *m*: a) *Buch mit Lösungen*, b) Zeichenerklärung *f* (*auf e-r Landkarte etc.*), c) Übersetzung(sschlüssel *m*) *f*, d) Kode (-schlüssel) *m*; **4.** Kennwort *n*, Chiffre *f* (*in Inseraten etc.*); **5.** ♪ a) Taste *f*, b) Klappe *f* (*an Blasinstrumenten*), c) Tonart *f*: ***major*** (***minor***) ***~*** Dur *n* (Moll *n*); ***in the ~ of C minor*** in c-Moll; ***sing off ~*** falsch singen; ***in ~ with*** *fig.* in Einklang mit, d) → ***key signature***; **6.** *fig.* Ton(art *f*) *m*: ***in a high*** (***low***) ***~*** laut (leise); ***all in the same ~*** alles im selben Ton(fall), monoton; ***in a low ~*** a) *paint. phot.* matt (getönt), in matten Farben (gehalten), b) *fig.* ‚lahm', ‚müde'; **7.** ⚙ a) Keil *m*, Splint *m*, Bolzen *m*, b) Schraubenschlüssel *m*, c) Taste *f* (*der Schreibmaschine etc.*); **8.** ⚡ a) Taste *f*, Druckknopf *m*, b) Taster *m*, 'Tastkon,takt *m*; **9.** *tel.* Taster *m*, Geber *m*; **10.** *typ.* Setz-, Schließkeil *m*; **11.** △ Keil *m*, Schlussstein *m*; **12.** ⚔ Schlüsselstellung *f*, Macht *f* (***to*** über *acc.*); **II** *adj.* **13.** *fig.* Schlüssel...: ***~ position*** Schlüsselstellung *f*, -position *f*; ***~ official*** Beamter in e-r Schlüsselstellung; **III** *v/t.* **14.** *a.* ***~ in, ~ on*** ver-, festkeilen; **15.** a) *tel.* tasten, geben, b) *Computer etc.*: tasten: ***~ in*** eintasten, -geben; **16.** ♪ stimmen: ***~ the strings***; **17.** (***to, for***) anpassen (an *acc.*), abstimmen (auf *acc.*); **18.** *fig.*: ***~ up*** a) *j-n* in nervöse Spannung versetzen, b) *allg. et.* steigern: ***~ed up*** (an)gespannt, überreizt, ‚überdreht'; **19.** mit e-m Kennwort versehen; '**~·board I** *s.* **1.** a) ♪ Klavia'tur *f*, Tasta'tur *f* (*Klavier*), 'Keyboard *n*, b) Manu'al *n* (*Orgel*): ***~ instruments, ~s*** *pl.* Tasteninstrumente, c) *Computer*: Tasta'tur *f*; **2.** Tasten *pl.*, Tasta'tur *f* (*Schreibmaschine etc.*); **II** *v/t.* **3.** *Computer etc.*: eintasten, -geben; '**~,board·er** *s.* a) Texterfasser(in), Datentypist(in), b) Setzer(in) *m*; '**~,board·ing** *s. Computer*: Eingabe *f*; **~ bu·gle** *s.* ♪ Klappenhorn *n*; **~ card** *s.* Schlüsselkarte *f* (*zum Türöffnen*); **~ cur·ren·cy** *s.* ⚚, *pol.* Leitwährung *m*; **~ date** *s.* Stichtag *m*; **~ fos·sil** *s. geol.* 'Leitfos,sil *n*; '**~·hole** *s.* **1.** Schlüsselloch *n*: ***~ report*** *fig.* Bericht *m* mit intimen Einzelheiten; ***~ surgery*** *med.* F Schlüssellochchirurgie *f*, endoskopische Chirurgie; **2.** *Am.* F *Basketball*: Freiwurfraum *m*; **~ in·dus·try** *s.* 'Schlüsselindu,strie *f*; **~ in·ter·est rate** *s.* ⚚, *pol.* Leitzins *m*; **~ man**, *a.* '**~·man** [-mæn] *s.* [*irr.*] 'Schlüsselfi,gur *f*, Mann *m* in e-r 'Schlüsselposi,ti,on; **~ map** *s.* 'Übersichtskarte *f*; **~ mon·ey** *s.* **1.** Provisi'on *f*; **2.** ('Miet-)Kauti,on *f*; '**~·move** *s. Schach*: Schlüsselzug *m*; '**~·note I** *s.* **1.** ♪ Grundton *m*; **2.** *fig.* Grundton *m*, -gedanke *m*, Leitgedanke *m*, Hauptthema *n*; **3.** *pol. Am.* Par'teilinie *f*, -pro,gramm *n*: ***~ address*** programmatische Rede; ***~ speaker*** → ***keynoter***; **II** *v/t.* **4.** *pol. Am.* a) e-e program'matische Rede halten auf (*e-m Parteitag etc.*), b) program'matisch verkünden, c) als Grundgedanken enthalten; **5.** kennzeichnen; '**~,not·er** *s. pol. Am.* Hauptsprecher *m*, po'litischer Pro'grammredner *m*; **~ punch** *s.* ⚙ (Karten-, Tasta'tur)Locher *m*; '**~-punch op·er·a·tor** *s.* Locher(in); **~ ring** *s.* Schlüsselring *m*; **~ sig·na·ture** *s.* ♪ Vorzeichen *n od. pl.*; '**~·stone** *s.* **1.** △ Schlussstein *m*; **2.** *fig.* Grundpfeiler *m*, Funda'ment *n*; '**~·stroke** *s.* Anschlag *m*; '**~·way** *s.* ⚙ Keilnut *f*; **~ wit·ness** *s.* ⚖ Hauptzeuge *m*; '**~·word** *s.* Schlüssel-, Stichwort *n.*

kha·ki ['kɑːkɪ] **I** *s.* **1.** Khaki *n*; **2.** a) Khakistoff *m*, b) 'Khakiuni,form *f*; **II** *adj.* **3.** khaki, staubfarben.

khan[1] [kɑːn] → ***caravansary.***

khan[2] [kɑːn] *s.* Khan *m* (*orientalischer Fürstentitel*); '**khan·ate** [-neɪt] *s.* Kha'nat *n* (*Land e-s Khans*).

khe·dive [kɪ'diːv] *s.* Khe'dive *m.*

kib·butz [kɪ'buːts] *pl.* **kib'butz·im** [-tsɪm] *s.* Kib'buz *m.*

khi [kaɪ] *s.* Chi *n* (*griech. Buchstabe*).

kibe [kaɪb] *s.* ⚕ offene Frostbeule.

kib·itz ['kɪbɪts] *v/i.* ‚kiebitzen'; '**kib·itz·er** [-tsə] *s.* F **1.** Kiebitz *m* (*Zuschauer, bsd. beim Kartenspiel*); **2.** *fig.* Besserwisser *m.*

ki·bosh ['kaɪbɒʃ] *s.*: ***put the ~ on*** *sl. et.* ‚ka'puttmachen' *od.* ‚vermasseln'.

kick [kɪk] **I** *s.* **1.** (Fuß)Tritt *m* (*a. fig.*), Stoß *m*: ***give s.o. od. s.th. a ~*** → 9; ***get the ~*** ‚(raus)fliegen' (*entlassen werden*); ***what he needs is a ~ in the pants*** er braucht mal e-n kräftigen Tritt in den Hintern; **2.** Rückstoß *m* (*Schusswaffe*); **3.** *Fußball*: Schuss *m*; **4.** *Schwimmen*: Beinschlag *m*; **5.** F (Stoß)Kraft *f*, Ener'gie *f*, E'lan *m*: ***give a ~ to et.*** in Schwung bringen, *e-r Sache* ‚Pfiff' verleihen; ***he has no ~ left*** er hat keinen Schwung mehr; ***a novel with a ~*** ein Roman mit ‚Pfiff'; **6.** F (Nerven)Kitzel *m*: ***get a ~ out of s.th.*** an et. mächtig Spaß haben; ***just for ~s*** nur zum Spaß; **7.** (*berauschende*) Wirkung: ***this cocktail has got a ~*** der Cocktail ‚hat es aber in sich'; **8.** *Am.* F a) Groll *m*, b) (Grund *m* zur) Beschwerde *f*; **II** *v/t.* **9.** (mit dem Fuß) stoßen *od.* treten, e-n Fußtritt versetzen (*dat.*): ***~ s.o.'s behind*** j-m in den Hintern treten; ***~ s.o. downstairs*** j-n die Treppe hinunterwerfen; ***~ upstairs*** *fig. j-n* durch Beförderung kaltstellen; ***I felt like ~ing myself*** ich hätte mich ohrfeigen können; **10.** *sport* a) *Ball* treten, kicken, b) *Tor, Freistoß etc.* schießen: ***~ a goal***; **11.** *sl.* ‚runterkommen' von (*e-m Rauschgift, e-r Gewohnheit*); **III** *v/i.* **12.** (mit dem Fuß) stoßen *od.* treten: ***~ at*** treten nach; **13.** um sich treten; **14.** strampeln (*bsd. Baby*); **15.** das Bein hochwerfen (*Tänzer*); **16.** ausschlagen (*Pferd*); **17.** zu'rückstoßen, -prallen (*Schusswaffe*); **18.** *mot.* ‚stottern'; **19.** F a) ‚meutern', sich mit Händen u. Füßen wehren, (***against, at*** gegen), b) ‚meckern', nörgeln (***about*** über *acc.*); **20.** → ***kick off*** 3; **~ a·bout** *od.* **~ a·round I** *v/t.* **1.** *Ball* he'rumkicken; **2.** F *j-n* he'rumstoßen, schikanieren; **3.** F a) *Idee etc.* ‚beschwatzen', diskutieren, b) ‚spielen' *od.* sich befassen mit; **II** *v/i.* **4.** F he'rumreisen; **5.** F ‚rumliegen' (*Sache*); **~ in I** *v/t.* **1.** *Tür etc.* eintreten; **2.** *sl.* beisteuern; **II** *v/i.* **3.** *sl.* beisteuern; **~ off I** *v/i.* **1.** *Fußball*: anstoßen, den Anstoß ausführen; **2.** F loslegen (***with*** mit); **3.** *Am. sl.* ‚abkratzen' (*sterben*); **II** *v/t.* **4.** wegschleudern; **5.** F *et.* starten, in Gang setzen; **~ out** *v/t.* **1.** *Fußball*: ins Aus schießen; **2.** *sl.* ‚rausschmeißen'; **~ up** *v/t.* hochschleudern; *Staub* aufwirbeln; → ***heel***[1] *Redew.*, ***row***[3] I.

'**kick·back** *s.* **1.** F heftige Reakti'on; **2.** *Am. sl.* a) *allg.* Provisi'on *f*, Anteil *m*, b) (geheime) Rückvergütung *f*, c) Schmiergeld *n.*

'**kick·down** *s. mot.* Kickdown *m* (*Durchtreten des Gaspedals*).

kick·er ['kɪkə] *s.* **1.** (Aus)Schläger *m* (*Pferd*); **2.** *Brit.* a) Kicker *m*, Fußballspieler *m*, b) *Rugby*: Kicker *m* (*Spezialist für Frei- und Strafstöße*); **3.** ‚Meckerer' *m*, Queru'lant(in).

'**kick|·off** *s.* **1.** *Fußball*: Anstoß *m*; **2.** F Start *m*, Anfang *m*; '**~-start** *v/t. mot.* anlassen; '**~-,start·er** *s. mot.* Kickstarter *m*, Tretanlasser *m*; **~ turn** *s. Skisport*: Spitzkehre *f.*

kid[1] [kɪd] **I** *s.* **1.** *zo.* Zicklein *n*, Kitz(e *f*) *n*; **2.** *a.* ***~ leather*** Ziegen-, Gla'ceeleder *n*; → ***kid glove***; **3.** F a) ‚Kleine(r' *m*) *f*, Kind *n*, Junge *m*, Mädchen *n*: ***my ~ brother*** mein kleiner Bruder; ***that's ~ stuff!*** das ist was für (kleine) Kinder!, b) Kid *n* (*Jugendlicher*); **II** *v/i.* **4.** zickeln.

kid[2] [kɪd] F **I** *v/t. j-n* a) ‚verkohlen', b) ‚aufziehen', ‚auf den Arm nehmen': ***don't ~ me*** erzähl mir doch keine Märchen; ***don't ~ yourself*** mach dir doch nichts vor; **II** *v/i.* a) albern, Jux machen, b) schwindeln: ***he was only ~ding*** er hat (ja) nur Spaß gemacht; ***no ~ding!*** im Ernst!, ehrlich!; ***you are ~ding!*** das sagst du doch nur so!

kid·dy ['kɪdɪ] → ***kid***[1] 3.

kid| glove *s.* Gla'ceehandschuh *m* (*a. fig.*): ***handle with ~s*** *fig.* mit Samt- *od.* Glaceehandschuhen anfassen; '**~-glove** *adj. fig.* **1.** anspruchsvoll, wählerisch; **2.** sanft, diplo'matisch.

kid·nap ['kɪdnæp] *v/t.* kidnappen, entführen; '**kid·nap·(p)er** [-pə] *s.* Kidnapper(in), Entführer(in); '**kid·nap·(p)ing** [-pɪŋ] *s.* Kidnapping *n*, Entführung *f*, Menschenraub *m.*

kid·ney ['kɪdnɪ] *s.* **1.** *anat.* Niere *f* (*a. als Speise*); **2.** *fig.* Art *f*, Schlag *m*, Sorte *f*: ***a man of the same ~*** ein Mann vom gleichen Schlag; **~ bean** *s.* ⚘ Weiße Bohne; **~ ma·chine** *s.* ⚕ künstliche Niere; '**~-shaped** *adj.* nierenförmig; **~ stone** *s.* ⚕ Nierenstein *m.*

kill [kɪl] **I** *v/t.* **1.** (***o.s.*** sich) töten, 'umbringen: ***~ off*** abschlachten, ausrotten, vertilgen, beseitigen, ‚abmurksen'; ***~ two birds with one stone*** *fig.* zwei Fliegen mit e-r Klappe schlagen; ***be ~ed*** getötet werden, ums Leben kom-

K

men, umkommen, sterben; ***be ~ed in action*** ⚔ (im Krieg *od.* im Kampf) fallen; **2.** *Tiere* schlachten; **3.** *hunt.* erlegen, schießen; **4.** ⚔ abschießen, zerstören, vernichten, *Schiff* versenken; **5.** töten, *j-s* Tod verursachen: ***his reckless driving will ~ him one day*** sein leichtsinniges Fahren wird ihn noch das Leben kosten; ***the job*** (*etc.*) ***is ~ing me*** die Arbeit (*etc.*) bringt mich (noch) um; ***the sight nearly ~ed me*** der Anblick war zum Totlachen; **6.** a) zu'grunde richten, ruinieren, ka'puttmachen, b) *Knospen etc.* vernichten, zerstören; **7.** *fig.* wider'rufen, ungültig machen, streichen; **8.** *fig.* *Gefühle* (ab)töten, ersticken; **9.** *Schmerzen* stillen; **10.** unwirksam machen, *Wirkung etc.* aufheben, *Farben* übertönen, ‚erschlagen'; **11.** *Geräusche* schlucken; **12.** *fig. ein Gesetz etc.* zu Fall bringen, *e-n Plan* durch'kreuzen; **13.** durch Kri'tik vernichten; **14.** *sport den Ball* töten; **15.** *Zeit* totschlagen: ***~ time***; **16.** a) *e-e Maschine etc.* abstellen, abschalten, *den Motor a.* ‚abwürgen', b) *Lichter* ausschalten; **17.** F a) *e-e Flasche etc.* austrinken, b) *e-e Zigarette* ausdrücken; **II** *v/i.* **18.** töten: a) den Tod verursachen *od.* her'beiführen, b) morden; **19.** F unwider'stehlich *od.* hinreißend sein, e-n tollen Eindruck machen: ***dressed to ~*** todschick gekleidet, *contp.* aufgedonnert; **III** *s.* **20.** *bsd. hunt.* a) Tötung *f* (*des Wildes*), Abschuss *m*, b) erlegtes Wild, Strecke *f*: ***be in at the ~*** *fig.* am Schluss dabei sein; **21.** a) ⚔ Zerstörung *f*, b) ✈ Abschuss *m*, c) ⚓ Versenkung *f*.

kill·er ['kɪlə] *s.* **1.** Mörder *m*, Killer *m*; **2.** *a. fig.* Schlächter *m*; **3.** tödliche Krankheit *etc.*; et., das e-n umbringt; **4.** *bsd. in Zssgn* Vertilgungsmittel *n*; **5.** *Am.* F a) schicke *od.* ‚tolle' Frau, b) ‚toller' Bursche, c) ‚tolle' Sache, d) mörderischer Schlag; **~ bee** *s.* 'Killerbiene *f*; **~ in·stinct** *s.* 'Killerins,tinkt *m*; **~ whale** *s. zo.* Schwertwal *m*.

kill·ing ['kɪlɪŋ] **I** *s.* **1.** a) Tötung *f*, Morden *n*, b) Mord(fall) *m*: ***three more ~s in London***; **2.** Schlachten *n*; **3.** *hunt.* Erlegen *n*; **4.** ***make a ~*** e-n Riesengewinn machen; **II** *adj.* □ **5.** tödlich, vernichtend, mörderisch (*a. fig.*): ***a ~ glance*** ein vernichtender Blick; ***a ~ pace*** ein mörderisches Tempo; **6.** *a.* ***~ly funny*** F urkomisch, zum Brüllen.

'**kill|·joy** *s.* Spielverderber(in), Störenfried *m*, Miesmacher(in); '**~-time** *adj.* zum Zeitvertreib getan *etc.*

kiln [kɪln] *s.* Brenn-, Trocken-, Röst-, Darrofen *m*, Darre *f*; '**~-dry** *v/t.* (*im Ofen*) dörren, darren, brennen, rösten.

ki·lo ['ki:ləʊ] *s.* Kilo *n*.

kil·o|·byte ['kɪləʊbaɪt] *s. Computer*: 'Kilobyte *n*; '**~·gram(me)** ['kɪləʊgræm] *s.* Kilo'gramm *n*, Kilo *n*; **~·gram·me·ter** *Am.*, **~·gram·me·tre** *Brit.* [ˌkɪləʊgræm'mi:tə] *s.* 'Meterkilo,gramm *n*; **~·hertz** ['kɪləʊhɜ:ts] *s.* ⚡, *phys.* Kilo'hertz *n*; **~·li·ter** *Am.*, **~·li·tre** *Brit.* ['kɪləʊ,li:tə] *s.* Kilo'liter *m*, *n*; **~·me·ter** *Am.*, **~·me·tre** *Brit.* ['kɪləʊ,mi:tə] *s.* Kilo'meter *m*; **~·met·ric**, **~·met·ri·cal** [ˌkɪləʊ'metrɪk(l)] *adj.* kilo'metrisch; **~·ton** ['kɪləʊtʌn] *s.* **1.** 1000 Tonnen *pl.*; **2.** *phys. Sprengkraft, die 1000 Tonnen TNT entspricht*; **~·volt** ['kɪləʊvəʊlt] *s.* ⚡ Kilo'volt *n*; **~·watt** ['kɪləʊwɒt] *s.* ⚡ Kilo'watt *n*: **~ *hour*** Kilowattstunde *f*.

kilt [kɪlt] **I** *s.* **1.** Kilt *m*, Schottenrock *m*; **II** *v/t.* **2.** aufschürzen; **3.** fälteln, plissieren; '**kilt·ed** [-tɪd] *adj.* mit e-m Kilt (bekleidet).

ki·mo·no [kɪ'məʊnəʊ] *pl.* **-nos** *s.* Kimono *m*.

kin [kɪn] **I** *s.* **1.** Fa'milie *f*, Sippe *f*; **2.** *coll. pl. konstr.* (Bluts)Verwandtschaft *f*, Verwandte *pl.*; → ***kith***, ***next*** 1; **II** *adj.* **3.** (***to***) verwandt (mit), ähnlich (*dat.*).

kind¹ [kaɪnd] *s.* **1.** Art *f*: a) Typ *m*, Gattung *f*, b) Sorte *f*, c) Beschaffenheit *f*: ***all ~s of*** alle möglichen ..., alle Arten von; ***all of a ~*** (***with***) von der gleichen Art (wie); ***the only one of its ~*** das Einzige s-r Art; ***two of a ~*** zwei von derselben Sorte; ***what ~ of ...?*** was für ein ...?; ***nothing of the ~*** a) keineswegs, b) nichts dergleichen; ***you'll do nothing of the ~*** *a.* das wirst du schön bleiben lassen; ***these ~ (of people)*** F diese Art Menschen; ***he is not that ~ of person*** F er ist nicht so (einer); ***your ~*** Leute wie Sie; ***I know your ~*** Ihre Sorte *od.* Ihren Typ kenne ich; ***s.th. of the ~*** etwas Derartiges, so etwas; ***that ~ of (a) book*** so ein Buch; ***I haven't got that ~ of money*** F so viel Geld hab ich nicht; ***he felt a ~ of compunction*** er empfand so etwas wie Reue; ***I ~ of expected it*** F ich hatte es halb *od.* irgendwie erwartet; ***I ~ of promised it*** F ich habe es so halb u. halb versprochen; ***he is ~ of funny*** F er ist etwas *od.* ein bisschen komisch; ***I was ~ of disappointed*** F ich war schon ein bisschen enttäuscht; ***I had ~ of thought that ...*** F ich hatte eigentlich *od.* fast gedacht, dass; ***that's not my ~ of film*** F solche Filme sind nicht mein Fall; **2.** Natu'ralien *pl.*, Waren *pl.*: ***pay in ~***; ***I shall pay him in ~!*** *fig.* dem werd ich es in gleicher Münze zurückzahlen; **3.** *eccl.* Gestalt *f* (*von Brot u. Wein beim Abendmahl*).

kind² [kaɪnd] *adj.* □ → ***kindly*** II; **1.** gütig, freundlich, liebenswürdig, nett, lieb, gut (***to s.o.*** zu j-m): ***be so ~ as to*** (*inf.*) seien Sie bitte so gut *od.* freundlich, zu (*inf.*); ***would you be ~ enough to*** wären Sie (vielleicht) so nett *od.* gut, zu *inf.*; ***that was very ~ of you*** das war wirklich nett *od.* lieb von dir; **2.** gutartig, fromm (*Pferd*).

kin·der·gar·ten ['kɪndə,gɑ:tn] *s.* a) Kindergarten *m*, b) Vorschule *f*.

kind·heart·ed [ˌkaɪnd'hɑ:tɪd] *adj.* gütig, gutherzig; ˌ**kind'heart·ed·ness** [-nɪs] *s.* (Herzens)Güte *f*.

kin·dle ['kɪndl] **I** *v/t.* **1.** an-, entzünden; **2.** *fig.* entflammen, -zünden, -fachen, *Interesse etc.* wecken; **3.** erleuchten; **II** *v/i.* **4.** *a. fig.* Feuer fangen, aufflammen; **5.** *fig.* (***at***) a) sich erregen (über *acc.*), b) sich begeistern (für).

kind·li·ness ['kaɪndlɪnɪs] → ***kindness***.

kin·dling ['kɪndlɪŋ] *s.* Anmach-, Anzündholz *n*.

kind·ly ['kaɪndlɪ] **I** *adj.* **1.** → ***kind²***; **II** *adv.* **2.** gütig, freundlich; **3.** F freundlicherweise, liebenswürdig(erweise), gütig(st), freundlich(st): ***~ tell me*** sagen Sie mir bitte; ***take ~ to*** sich befreunden mit, sich hingezogen fühlen zu, lieb gewinnen; ***he didn't take ~ to that*** das hat ihm gar nicht gefallen, das passte ihm gar nicht; ***will you ~ shut up!*** *iro.* willst du gefälligst den Mund halten!; '**kind·ness** [-dnɪs] *s.* **1.** Güte *f*, Freundlichkeit *f*, Liebenswürdigkeit *f*: ***out of the ~ of one's heart*** aus reiner (Herzens)Güte; ***please, have the ~ to*** bitte, seien Sie so freundlich, zu *inf.*; **2.** Gefälligkeit *f*: ***do s.o. a ~*** j-m e-n Gefallen tun.

kin·dred ['kɪndrɪd] **I** *s.* **1.** (Bluts)Verwandtschaft *f*; **2.** *coll. pl. konstr.* Verwandte *pl.*, Verwandtschaft *f*, Fa'milie *f*; **II** *adj.* **3.** (bluts)verwandt; **4.** *fig.* verwandt, ähnlich, gleichartig: ***~ languages***; ***~ spirit*** Gleichgesinnte(r *m*) *f*; ***he and I are ~ spirits*** er u. ich sind geistesverwandt *od.* verwandte Seelen.

kin·e·mat·ic, **kin·e·mat·i·cal** [ˌkɪnɪ'mætɪk(l)] *adj. phys.* kine'matisch; ˌ**kin·e'mat·ics** [-ks] *s. pl. sg. konstr. phys.* Kine'matik *f*, Bewegungslehre *f*.

ki·net·ic [kaɪ'netɪk] *adj. phys.* ki'netisch: ***~ energy***; **ki'net·ics** [-ks] *s. pl. sg. konstr. phys.* Ki'netik *f*, Bewegungslehre *f*.

king [kɪŋ] **I** *s.* **1.** König *m*: ***~ of beasts*** König der Tiere (*Löwe*); → ***King's Counsel*** *etc.*; **2.** a) ***♀ of ♀s*** *eccl. der* König der Könige (*Gott, Christus*), b) (***Book of***) ***♀s*** *bibl.* (*das* Buch der) Könige *pl.*; **3.** a) *Kartenspiel, Schach*: König *m*, b) *Damespiel*: Dame *f*; **4.** *fig.* König *m*, Ma'gnat *m*: ***oil ~***; **II** *v/i.* **5.** ***~ it*** König sein, den König spielen, herrschen (***over*** über *acc.*).

king·dom ['kɪŋdəm] *s.* **1.** Königreich *n*; **2.** *a.* ***♀ of heaven*** Himmelreich *n*, *das* Reich Gottes; ***send s.o. to ~ come*** F j-n ins Jenseits befördern; ***till ~ come*** F bis in alle Ewigkeit; **3.** *fig.* (Na'tur-)Reich *n*: ***animal*** (***vegetable***, ***mineral***) ***~*** Tier- (Pflanzen-, Mineral)reich *n*.

'**king|,fish·er** *s. orn.* Eisvogel *m*; **♀ James Bi·ble** *od.* **Ver·sion** *s. autorisierte englische Bibelübersetzung*.

king·let ['kɪŋlɪt] *s.* unbedeutender König, Duo'dezfürst *m*.

'**king·ly** [-lɪ] *adj. u. adv.* königlich, majestätisch.

'**king|,mak·er** *s. bsd. fig.* Königsmacher *m*; '**~·pin** *s.* **1.** ⚙ Achsschenkelbolzen *m*; **2.** *Kegelspiel*: König *m*; **3.** F a) *der* ‚Hauptmacher', der wichtigste Mann, b) *die* Hauptsache, *der* Dreh- u. Angelpunkt; **~ prawn** *s.* 'Hummerkrabbe *f*; **♀'s Bench** (**Di·vi·sion**) *s.* ⚖ *Brit. Abteilung des* ***High Court of Justice***, *zuständig für* a) *Zivilsachen* (*Obligations- und Deliktsrecht, Handels-, Steuer- u. Seesachen*), b) *Strafsachen* (*als oberste Instanz für* ***summary offences***); **♀'s Coun·sel** *s.* ⚖ *Brit.* Anwalt *m* der Krone; **♀'s Eng·lish** → ***English*** 3; **~'s ev·i·dence** → ***evidence*** 1.

king·ship ['kɪŋʃɪp] *s.* Königtum *n*.

'**king-size(d)** *adj.* 'über,durchschnittlich groß, Riesen..., *fig.* F *a.* Mords...: ***~ cigarettes*** King-Size-Zigaretten.

King's Speech *s. Brit.* Thronrede *f*.

kink [kɪŋk] **I** *s.* **1.** *bsd.* ⚓ Kink *f*, Knick *m*, Schleife *f* (*Draht, Tau*); **2.** (Muskel-)Zerrung *f od.* (-)Krampf *m*; **3.** *fig.* a) Schrulle *f*, Tick *m*, b) ‚Macke' *f*, De'fekt *m*; **4.** *Brit.* F Abartigkeit *f*; **II** *v/i.* **5.** e-e Kink *etc.* haben (→ 1); **III** *v/t.* **6.** knicken, knoten, verknäueln; '**kink·y** [-kɪ] *adj.* **1.** voller Kinken, verdreht (*Tau etc.*); **2.** wirr, kraus (*Haar*); **3.** F a) spleenig, ‚irre', ausgefallen, ‚verrückt', b) *Brit.* per'vers, abartig.

kins·folk ['kɪnzfəʊk] *s. pl.* Verwandtschaft *f*, (Bluts)Verwandte *pl.*

kin·ship ['kɪnʃɪp] *s.* **1.** (Bluts)Verwandtschaft *f*; **2.** *fig.* Verwandtschaft *f*.

kins|·man ['kɪnzmən] *s.* [*irr.*] (Bluts-)Verwandte(r) *m*, Angehörige(r) *m*; **~·wom·an** ['kɪnz,wʊmən] *s.* [*irr.*] (Bluts)Verwandte *f*, Angehörige *f*.

ki·osk ['ki:ɒsk] *s.* **1.** Kiosk *m*, Verkaufsstand *m*; **2.** *Brit.* Tele'fonzelle *f*.
kip [kɪp] *sl.* **I** *s.* **1.** Schläfchen *n*; **2.** ‚Falle' *f*, ‚Klappe' *f* (*Bett*); **II** *v/i.* **3.** a) ‚pennen' (*schlafen*), b) *mst* **~ *down*** sich ‚hinhauen'.
kip·per ['kɪpə] **I** *s.* **1.** Räucherhering *m*, Bückling *m*; **2.** Lachs *m* (*während der Laichzeit*); **II** *v/t.* **3.** *Heringe* einsalzen u. räuchern: ***~ed herring*** → 1.
Kir·ghiz ['kɜ:gɪz] *s.* Kir'gise *m*.
kirk [kɜ:k] *s. Scot.* Kirche *f*.
Kirsch [kɪəʃ] *s.* Kirsch(wasser *n*) *m*.
kiss [kɪs] **I** *s.* **1.** Kuss *m*: **~ *of death*** *fig.* Todesstoß *m*; **~ *of life*** Mund-zu-Mund-Beatmung *f*; ***blow*** (*od.* ***throw***) ***a ~ to s.o.*** j-m e-e Kusshand zuwerfen; **2.** leichte Berührung (*zweier Billardbälle etc.*); **3.** *Am.* Bai'ser *n* (*Zuckergebäck*); **4.** Zuckerplätzchen *n*; **II** *v/t.* **5.** küssen: **~ *away*** *Tränen* fortküssen; **~ *s.o. good night*** j-m e-n Gutenachtkuss geben: **~ *s.o. goodbye*** j-m e-n Abschiedskuss geben; ***you can ~ your money goodbye!*** F dein Geld hast du gesehen!; **~ *one's hand to s.o.*** j-m e-e Kusshand zuwerfen; **~ *s.o.'s hand*** j-m die Hand küssen; → ***book*** 1, ***rod*** 2; **6.** *fig.* leicht berühren; **III** *v/i.* **7.** sich küssen: **~ *and make up*** sich mit e-m Kuss versöhnen; **8.** *fig.* sich leicht berühren; '**kiss·a·ble** *adj.* küssenswert; **kiss curl** *s. Brit.* Schmachtlocke *f*; '**kiss·er** [-sə] *s. sl.* ‚Fresse' *f* (*Mund od. Gesicht*).
kiss·ing gate ['kɪsɪŋ] *s.* Schwinggatter *n* (*das immer nur eine Person durchlässt*).
'**kiss|-off** *s. Am. sl.* **1.** Ende *n* (*a. Tod*); **2.** ‚Rausschmiss' *m*; '**~-proof** *adj.* kussecht, -fest.
kit [kɪt] **I** *s.* **1.** (*Angel-, Reit- etc.*)Ausrüstung *f*: ***gym ~*** Sportsachen *pl.*, -zeug *n*; **2.** ⚔ a) Mon'tur *f*, b) Gepäck *n*; **3.** a) Arbeitsgerät *n*, Werkzeug(e *pl.*) *n*, b) Werkzeugkasten *m*, -tasche *f*, Flickzeug *n*, c) Baukasten *m*, d) Bastelsatz *m*, e) *allg.* Behälter *m*: ***first-aid ~*** Verbandskasten *m*; **4.** *Zeitungswesen*: Pressemappe *f*; **5.** F a) Kram *m*, Zeug *n*, ‚Sachen' *pl.*, b) Sippe *f*, ‚Blase' *f*: ***the whole ~*** (***and caboodle***) der ganze Kram *od.* der ganze ‚Verein'; **II** *v/t.* **6.** **~ *out*** *od.* ***up*** ausstatten (***with*** mit); '**~·bag** *s.* **1.** Reisetasche *f*; **2.** ⚔ Kleider-, Seesack *m*.
kitch·en ['kɪtʃɪn] **I** *s.* Küche *f*; **II** *adj.* Küchen..., Haushalts...; **kitch·en·et(te)** [ˌkɪtʃɪ'net] *s.* Kleinküche *f*, Kochnische *f*.
kitch·en| foil *s.* Haushalts- *od.* Alufolie *f*; **~ gar·den** *s.* Gemüsegarten *m*; '**~·maid** *s.* Küchenmädchen *n*; **~ mid·den** *s.* vorgeschichtlicher (Küchen-) Abfallhaufen; **~ po·lice** *s.* ⚔ *Am.* Küchendienst *m*; **~ range** *s.* Küchen-, Kochherd *m*; **~ scales** *s. pl.* Küchenwaage *f*; **~ sink** *s.* Ausguss *m*, Spülstein *m*, ‚Spüle' *f*: ***everything but the ~*** *humor.* alles, der ganze Krempel; **~ *drama*** *thea.* realistisches Sozialdrama; **~ *environment*** Kleineleutemilieu *n*; '**~·ware** *s.* Küchengeschirr *n od.* -geräte *pl.*
kite [kaɪt] *s.* **1.** (Pa'pier-, Stoff)Drachen *m*: ***fly a ~*** a) e-n Drachen steigen lassen, b) *fig.* e-n Versuchsballon loslassen, c) → 3; **2.** *orn.* Gabelweihe *f*; **3.** ✝ F Gefälligkeits-, Kellerwechsel *m*: ***fly a ~*** Wechselreiterei betreiben; → 1; **4.** ✈ *sl.* ‚Kiste' *f*, ‚Mühle' *f* (*Flugzeug*); **~ bal·loon** *s.* ⚔ 'Fessel-, 'Drachenbalˌlon *m*; '**~-ˌfly·ing** *s.* **1.** Steigenlassen *n* e-s Drachens; **2.** *fig.* Loslassen *n* e-s Ver'suchsbalˌlons, Sondieren *n*; **3.** ✝ F Wechselreite'rei *f*; '**⁓-mark** *TM s. Brit. offizielles rautenförmiges Gütezeichen der British Standards Institution, das die Übereinstimmung mit der betreffenden Norm attestiert.*
kith [kɪθ] *s.*: **~ *and kin*** (Bekannte u.) Verwandte *pl.*; ***with ~ and kin*** mit Kind u. Kegel.
kitsch [kɪtʃ] *s.* Kitsch *m*.
kit·ten ['kɪtn] **I** *s.* Kätzchen *n*, junge Katze: ***have ~s*** F ‚Zustände' kriegen; **II** *v/i.* Junge werfen (*Katze*); '**kit·ten·ish** [-nɪʃ] *adj.* **1.** wie ein Kätzchen (geartet); **2.** (kindlich) verspielt *od.* ausgelassen.
kit·ty[1] ['kɪtɪ] *s.* Mieze *f*, Kätzchen *n*.
kit·ty[2] ['kɪtɪ] *s.* **1.** *Kartenspiel*: (Spiel-) Kasse *f*; **2.** (gemeinsame) Kasse.
ki·wi ['ki:wi:] *s.* **1.** *orn.* Kiwi *m*; **2.** ⚘ Kiwi *f*.
klax·on ['klæksn] *s.* (Auto)Hupe *f*.
Kleen·ex ['kli:neks] *TM s. Warenname für Papiertaschentücher etc.*, F Pa'piertaschentuch *n*.
klep·to·ma·ni·a [ˌkleptəʊ'meɪnjə] *s. psych.* Kleptoma'nie *f*; ˌ**klep·to'ma·ni·ac** [-nɪæk] **I** Klepto'mane *m*, Klepto'manin *f*; **II** *adj.* klepto'manisch.
klieg light [kli:g] *s. Film*: Jupiterlampe *f*.
klutz [klʌts] *s. Am. sl.* ‚Trottel' *m*.
knack [næk] *s.* **1.** Trick *m*, Kniff *m*, ‚Dreh' *m*; **2.** Geschick(lichkeit *f*) *n*, Kunst *f*, Ta'lent *n*: ***the ~ of writing*** die Kunst des Schreibens; ***have the ~ of s.th.*** den Dreh von et. heraushaben, wissen, wie man et. macht; ***I've lost the ~*** ich krieg es nicht mehr hin.
knack·er ['nækə] *s.* **1.** *Brit.* Abdecker *m*, Schinder *m*; **2.** 'Abbruchunterˌnehmer *m*; '**knack·ered** *adj. Brit. sl.* (ganz) ‚ka'putt', ‚to'tal geschafft'.
knag [næg] *s.* Knorren *m*, Ast *m* (*im Holz*).
knap·sack ['næpsæk] *s.* **1.** ⚔ Tor'nister *m*; **2.** Rucksack *m*, Ranzen *m*.
knave [neɪv] *s.* **1.** *obs.* Schurke *m*, Schuft *m*, Spitzbube *m*; **2.** *Kartenspiel*: Bube *m*, Unter *m*; '**knav·er·y** [-vərɪ] *s. obs.* **1.** Schurke'rei *f*; **2.** Gaune'rei *f*; '**knav·ish** [-vɪʃ] *adj.* ☐ *obs.* schurkisch.
knead [ni:d] *v/t.* **1.** kneten; **2.** ('durch-) kneten, massieren; **3.** *fig.* formen (***into*** zu); **knead·ing trough** [-dɪŋ] *s.* Backtrog *m*.
knee [ni:] **I** *s.* **1.** Knie *n*: ***on one's*** (***bended***) ***~s*** auf Knien, kniefällig; ***bend*** (*od.* ***bow***) ***the ~ to*** niederknien vor (*dat.*); ***bring s.o. to his ~s*** j-n auf *od.* in die Knie zwingen; ***give a ~ to s.o.*** j-n unterstützen; ***go on one's ~s to*** a) niederknien vor (*dat.*), b) *fig. j-n* kniefällig bitten; **2.** ⚙ a) Knie(stück) *n*, Winkel *m*, b) Knie(rohr) *n*, (Rohr-) Krümmer *m*; **II** *v/t.* **3.** mit dem Knie stoßen; **4.** F *Hose an den Knien* ausbeulen; **~ bend**(**·ing**) *s.* Kniebeuge *f*; **~ breech·es** *s. pl.* Kniehose(n *pl.*) *f*; '**~·cap** *s.* **1.** *anat.* Kniescheibe *f*; **2.** Knieleder *n*, -schützer *m*; ˌ**~-'deep** *adj.* knietief, bis an die Knie (reichend); ˌ**~-'high** **1.** → ***knee-deep***; **2.** kniehoch; '**~-hole desk** *s.* Schreibtisch *m* mit Öffnung für die Knie; **~ jerk** *s.* ⚕ 'Knie(sehnen)reˌflex *m*; **~ joint** *s. anat.*, ⚙ Kniegelenk *n*.
kneel [ni:l] *v/i.* [*irr.*] *a.* **~ *down*** (nieder)knien (***to*** vor *dat.*).
'**knee|-length** *adj.* knielang: **~ *skirt*** kniefreier Rock; **~ pad** *s.* Knieschützer *m*; '**~·pan** → ***kneecap*** 1; **~ pipe** *s.* ⚙ Knierohr *n*; **~ shot** *s. Film*: 'Halbtoˌtale *f*.
knell [nel] **I** *s.* **1.** Totenglocke *f*, Grabgeläute *n* (*a. fig.*): ***sound the ~*** → 3; **2.** *fig.* Vorbote *m*, Ankündigung *f*; **II** *v/i.* **3.** läuten; **III** *v/t.* **4.** (*bsd. durch Läuten*) a) bekannt geben, b) zs.-rufen.
knelt [nelt] *pret. u. p.p. von* ***kneel***.
knew [nju:] *pret von* ***know***.
Knick·er·bock·er ['nɪkəbɒkə] *s.* **1.** (*Spitzname für den*) New Yorker; **2.** **⁓s** *pl.* Knickerbocker *pl.* (*Hose*).
knick·ers ['nɪkəz] *s. pl. Brit.* (Damen-) Schlüpfer *m*: ***get one's ~ in a twist*** *humor.* sich ‚ins Hemd machen'; ***~!*** Quatsch!, ‚Mist'!
knick-knack ['nɪknæk] *s.* **1.** a) Nippsache *f*, b) billiger Schmuck; **2.** Spiele'rei *f*, Schnickschnack *m*.
knife [naɪf] **I** *pl.* **knives** [naɪvz] *s.* **1.** Messer *n* (*a.* ⚙, ⚕): ***play a good ~ and fork*** ein starker Esser sein; ***before you can say "~"*** ehe man sichs versieht; ***have*** (***got***) ***one's ~ into s.o.*** j-n ‚gefressen' haben, es auf j-n abgesehen haben; ***war to the ~*** Krieg bis aufs Messer; ***be*** (***go***) ***under the ~*** F unterm Messer (*des Chirurgen*) sein (unters Messer kommen); ***turn the ~*** (***in the wound***) *fig.* Salz in die Wunde streuen; ***watch s.o. like a ~*** F j-n scharf beobachten; **II** *v/t.* **2.** mit e-m Messer bearbeiten; **3.** a) einstechen auf (*acc.*), mit e-m Messer stechen, b) erstechen, erdolchen; **4.** *Am. sl. bsd. pol. j-m* in den Rücken fallen, *j-n* ‚abschießen'; **~ edge** *s.* **1.** (Messer)Schneide *f*: ***on a ~*** *fig.* sehr aufgeregt (***about*** wegen); ***be balanced on a ~*** *fig.* auf des Messers Schneide stehen; **2.** ⚙ Waageschneide *f*; '**~-edged** *adj.* messerscharf; **~ grind·er** *s.* **1.** Scheren-, Messerschleifer *m*; **2.** Schleifrad *n*, -stein *m*; **~ rest** *s.* Messerbänkchen *n*.
knif·ing ['naɪfɪŋ] *s.* Messersteche'rei *f*.
knight [naɪt] **I** *s.* **1.** *hist.* Ritter *m*, Edelmann *m*; **2.** *Brit.* Ritter *m* (*niederster, nicht erblicher Adelstitel*; *Anrede*: ***Sir*** *u. Vorname*); **3.** Ritter *m* e-s Ordens: ***⁓ of the Bath*** Ritter des Bathordens; ***⁓ of the Garter*** Ritter des Hosenbandordens; **~ *of the pen*** *humor.* Ritter der Feder (*Schriftsteller*); → ***Hospital(l)er*** 1; **4.** *fig.* Ritter *m*, Kava'lier *m*; **5.** *Schach*: Springer *m*, Pferd *n*; **II** *v/t.* **6.** a) zum Ritter schlagen, b) adeln, in den Ritterstand erheben; '**knight·age** [-tɪdʒ] *s.* **1.** *coll.* Ritterschaft *f*; **2.** Ritterstand *m*; **3.** Ritterliste *f*.
knight| bach·e·lor *pl.* **~s bach·e·lor** *s.* Ritter *m* (*Mitglied des niedersten englischen Ritterordens*); **~ er·rant** *pl.* **~s er·rant** *s.* **1.** fahrender Ritter; **2.** *fig.* ‚Don Qui'xote' *m*; ˌ**~-'er·rant·ry** *s.* **1.** fahrendes Rittertum; **2.** *fig.* a) Abenteuerlust *f*, unstetes Leben, b) Donquichotte'rie *f*.
knight·hood ['naɪthʊd] *s.* **1.** Rittertum *n*, -würde *f*, -stand *m*: ***receive a ~*** in den Ritterstand erhoben werden; **2.** *coll.* Ritterschaft *f*.
knight·ly ['naɪtlɪ] *adj. u. adv.* ritterlich.
Knight Tem·plar → ***Templar*** 1 *u.* 2.
knit [nɪt] **I** *v/t.* [*irr.*] **1.** a) stricken, b) ⚙ wirken: **~ *two, purl two*** zwei rechts, zwei links (stricken); **2.** *a.* **~ *together*** zs.-fügen, verbinden, verknüpfen, vereinigen (*alle a. fig.*); → ***close-knit***, ***well-knit***; **3.** **~ *up*** a) fest verbinden, b)

ab-, beschließen; **4.** *Stirn* runzeln, *Augenbrauen* zs.-ziehen; **II** *v/i.* [*irr.*] **5.** a) stricken, b) ⚙ wirken; **6.** *a.* **~ up** sich (eng) verbinden *od.* zs.-fügen (*a. fig.*), zs.-wachsen (*Knochen etc.*); **III** *s.* **7.** Strickart *f*; **'knit·ted** [-tɪd] *adj.* gestrickt, Strick..., Wirk...; **'knit·ter** [-tə] *s.* **1.** Stricker(in); **2.** ⚙ 'Strick-, 'Wirkma,schine *f.*

knit·ting ['nɪtɪŋ] *s.* **1.** a) Stricken *n*, b) ⚙ Wirken *n*; **2.** Strickzeug *n*, -arbeit *f*; **~ ma·chine** *s.* 'Strickma,schine *f*; **~ nee·dle** *s.* Stricknadel *f.*

'knit·wear *s.* Strick-, Wirkwaren *pl.*

knives [naɪvz] *pl. von* **knife**.

knob [nɒb] *s.* **1.** (runder) Griff, Knopf *m*, Knauf *m*: ***with ~s on*** *sl.* (na) und ob!, und wie!; ***and the same to you with*** (***brass***) ***~s on!*** *sl.* das kann man erst recht von dir behaupten!; **2.** Knorren *m*, Ast *m* (*im Holz*); **3.** Buckel *m*, Beule *f*, Höcker *m*; **4.** Stück(chen) *n* (*Zucker etc.*); **5.** ⚠ Knauf *m*; **6.** *Am. sl.* ‚Birne' *f* (*Kopf*); **7.** *Brit.* V ‚Schwanz' *m* (*Penis*); **'knob·bly** [-blɪ] *adj.* ‚knubbelig': **~ *knees*** ‚Knubbelknie' *pl.*; **'knob·by** [-bɪ] *adj.* **1.** knorrig; **2.** knoten-, knopf-, knaufartig.

knock [nɒk] **I** *s.* **1.** Schlag *m*, Stoß *m*: ***he has had*** (*od.* ***taken***) ***a few ~s*** *fig.* F er hat ein paar Nackenschläge eingesteckt; ***take the ~*** *sl.* ‚schwer bluten müssen'; ***the table has had a few ~s*** F der Tisch hat ein paar Schrammen abgekriegt; **2.** Klopfen *n*, Pochen *n*: ***there is a ~*** (***at the door***) es klopft; ***I'll give you a ~ at six*** *Brit.* F ich klopfe um sechs (an Ihre Tür) (*zum Wecken*); **II** *v/t.* **3.** schlagen, stoßen: **~ *s.o. cold*** → ***knock out*** 2; **~ *the bottom out of s.th.***, **~ *s.th. on the head*** *fig.* F et. zunichte machen, *Pläne* über den Haufen werfen; **~ *s.o. sideways*** (*od.* ***for a loop***) F j-n ‚glatt umhauen'; **~ *one's head against*** a) mit dem Kopf stoßen gegen, b) die Stirn bieten (*dat.*); **~ *s.th. into s.o.*** j-m et. einhämmern *od.* einbläuen; **~ *spots off s.o.*** (***s.th.***) F j-m (e-r Sache) haushoch überlegen sein; **4.** klopfen, schlagen; **5.** F her'untermachen, herziehen über (*acc.*), kritisieren: ***don't ~ him*** (***so hard***)***!*** mach ihn nicht (allzu) schlecht!; **6.** F *j-n* ‚'umhauen', 'umwerfen, sprachlos machen; **III** *v/i.* **7.** schlagen, klopfen, pochen (***at the door*** an die Tür): **~ *before entering!*** bitte anklopfen!; **8.** stoßen, schlagen, prallen (***against, into*** gegen *od.* auf *acc.*); **9.** ⚙ a) rattern, rütteln (*Maschine*), b) klopfen (*Motor, Brennstoff*); *Zssgn mit adv.*:

knock| a·bout, *bsd. Am.* **~ a·round I** *v/t.* **1.** her'umstoßen (*a. fig. schikanieren*); **2.** verprügeln; **3.** übel zurichten; **II** *v/i.* **4.** F sich her'umtreiben (***with*** mit); **5.** her'umziehen; **6.** ‚rumliegen' (*Sache*); **~ back** *v/t. Brit.* F **1.** *Whisky etc.* ‚hinter die Binde gießen', ‚kippen'; **2.** *j-n et.* kosten: ***that has ~ed me back a few pounds***; **3.** *fig. j-n* ‚'umhauen', 'umwerfen; **~ down** *v/t.* **1.** niederschlagen, zu Boden schlagen (*a. fig.*); **2.** → ***knock over*** 2; **3.** *Haus* abreißen; **4.** ⚙ zerlegen, ausein'ander nehmen; **5.** ✝ a) *bei Auktionen*: (***to s.o.*** j-m) *et.* zuschlagen, b) F mit *dem Preis* ‚runtergehen', c) F *j-n* her'unterhandeln (***to*** auf *acc.*); **~ off I** *v/t.* **1.** her'unter-, abschlagen, weghauen; **2.** F aufhören mit: **~ *work*** → 7; ***knock it off!*** *sl.* hör doch auf damit!; **3.** F a) *et.* rasch erledigen, b) *et.* ‚'hinhauen', aus dem Ärmel schütteln; **4.** ✝ *vom Preis* abziehen: ***he knocked £10 off the bill*** er hat £10 (von der Rechnung) nachgelassen; **5.** F a) *Brit.* ‚klauen', stehlen, b) *Bank etc.* ausrauben, c) *j-n* ‚umlegen' (*töten*); **6.** V *Mädchen* ‚bumsen'; **II** *v/i.* **7.** F Feierabend machen; **~ out** *v/t.* **1.** (her)'ausschlagen, -klopfen; **2.** *sport* a) *Boxen*: k.o. schlagen, niederschlagen, b) *Gegner* ausschalten; **3.** F *j-n* ‚umhauen': a) verblüffen, b) erschöpfen, c) ‚ins Land der Träume schicken' (*Droge etc.*); **4.** ⚔ abschießen; **5.** F *Melodie* ‚runterspielen, -hacken'; **~ o·ver** *v/t.* **1.** 'umwerfen (*a. fig.*), 'umstoßen; **2.** über'fahren; **~ to·geth·er** *v/t.* **1.** schnell zs.-bauen *od.* -basteln, *Essen etc.* rasch zu'rechtmachen; **2.** anein'ander stoßen: ***knock people's heads together*** *fig.* die Leute zur Vernunft bringen; **~ up I** *v/t.* **1.** (*durch Klopfen*) wecken; **2.** F *Essen etc.* rasch ‚auf die Beine stellen' *od.* zu'rechtmachen; **3.** F *Haus etc.* rasch ‚'hinstellen'; **4.** *Brit.* F *Geld* ‚machen' (*verdienen*); **5.** *j-n* ‚fertig machen' *od.* ‚schaffen' (*erschöpfen*); **6.** V *Am. e-r Frau* ein Kind machen, *e-e Frau* ‚anbumsen'; **II** *v/i.* **7.** *Tennis etc.*: sich warm spielen *od.* einspielen.

'knock|·a,bout *adj.* **1.** *thea.* F Radau..., Klamauk...; **2.** Alltags..., strapa'zierfähig: **~ *clothes***; **~ *car*** Gebrauchswagen *m*; **'~·down I** *adj.* **1.** niederschmetternd (*a. fig.*): **~ *blow*** a) Schlag *m*, der j-n umwirft, b) *Boxen*: Niederschlag *m*, c) *fig.* Nackenschlag *m*, schwerer Schlag; **2.** ⚙ zerlegbar, zs.-legbar; **3.** ✝ äußerst, niedrigst: **~ *price*** Schleuderpreis *m*; **II** *s.* **4.** ✝ F Preissenkung *f*; **5.** F zerlegbares Möbelstück *od.* Gerät; **6.** ***give s.o. a ~ to s.o.*** *Am.* F j-n j-m vorstellen.

knock·er ['nɒkə] *s.* **1.** (Tür)Klopfer *m*; **2.** *sl.* Nörgler *m*, Krittler *m*; **3.** *pl.* V ‚Titten' *pl.*; **'knock·ing** ['nɒkɪŋ] *s.* **1.** Klopfen *n* (*a. mot.*); **2.** F Kri'tik *f* (***of*** an *dat.*): ***he has taken a bad ~*** er wurde schwer in die Pfanne gehauen.

,knock|-'kneed *adj.* x-beinig; **~ knees** *s. pl.* X-Beine *pl.*; **'~·out I** *s.* **1.** *Boxen*: Knock-out *m*, K. 'o. *m*, Niederschlag *m*; **2.** *fig.* vernichtende Niederlage, tödlicher Schlag, *das* ‚Aus' (***for*** für *j-n*); **3.** F großartige *od.* ‚tolle' Sache *od.* Per'son: ***she's a real ~*** sie sieht toll aus; **II** *adj.* **4.** *Boxen*: K.-o.-...: **~ *blow*** K.-o.-Schlag *m*; **~ *system*** K.-o.-System *n*; **~ *match*** Ausscheidungsspiel *n*; **5.** *fig.* vernichtend; **6.** *Am. sl.* Betäubungs...: **~ *pill***; **'~·proof** *adj. mot.* klopffest; **~ rat·ing** *s. mot.* Ok'tanzahl *f*; **'~-up** *s. sport* Einspielen *n.*

knoll [nəʊl] *s.* Hügel *m*, Kuppe *f.*

knot [nɒt] **I** *s.* **1.** Knoten *m*: ***tie s.o.*** (***up***) ***into ~s*** *fig.* F j-n ‚fertig machen'; ***his stomach was in a ~*** sein Magen krampfte sich zusammen; **2.** Schleife *f*, Schlinge *f*, ⚔ *a.* Achselstück *n*; **3.** Knorren *m*, Ast *m* (*im Holz*); **4.** ♀ Knoten *m*, Knospe *f*, Auge *n*; **5.** ⚓ Knoten *m*: a) Stich *m* (*im Tau*), b) Seemeile *f* (*1,853 km/h*); **6.** *fig.* Knoten *m*, Schwierigkeit *f*, Pro'blem *n*: ***cut the ~*** den Knoten 'durchhauen; **7.** *fig.* Band *n der Ehe etc.*: ***tie the ~*** den Bund fürs Leben schließen; **8.** Knäuel *m*, *n*, Haufen *m* (*Menschen etc.*); **9.** ⚕ (*Gicht- etc.*)Knoten *m*; **II** *v/t.* **10.** (ver)knoten, (ver)knüpfen; **11.** *fig.* verwickeln, verwirren; **III** *v/i.* **12.** (e-n) Knoten bilden; **13.** *fig.* sich verwickeln; **'~·hole** *s.* Astloch *n.*

knot·ted ['nɒtɪd] *adj.* **1.** ver-, geknotet; **2.** → **'knot·ty** [-tɪ] *adj.* **1.** knorrig (*Holz*); **2.** knotig, *fig.* verzwickt, schwierig, kompliziert.

knout [naʊt] *s.* Knute *f.*

know [nəʊ] **I** *v/t.* [*irr.*] **1.** *allg.* wissen: ***come to ~*** erfahren, hören; ***he ~s what to do*** er weiß, was zu tun ist; **~ *what's what***, **~ *all about it*** genau Bescheid wissen; (***and***) ***don't I ~ it!*** und ob ich das weiß!, ***he wouldn't ~*** (***that***) er kann das nicht *od.* kaum wissen; ***I wouldn't ~!*** das kann ich leider nicht sagen!; *iro.* weiß ich doch nicht!; ***for all I ~*** a) soviel ich weiß, b) was weiß ich?; ***I would have you ~ that*** ich möchte betonen *od.* Ihnen klarmachen, dass; ***I have never ~n him to lie*** m-s Wissens hat er nie gelogen; ***what do you ~!*** F na, so was!; **2.** (es) können *od.* verstehen (***how to do*** zu tun): ***do you ~ how to do it?*** wissen Sie, wie man das macht?, können Sie das?; ***he ~s how to treat children*** er versteht mit Kindern umzugehen; ***do you ~ how to drive a car?*** können Sie Auto fahren?; ***he ~s*** (***some***) ***German*** er kann (etwas) Deutsch; **3.** kennen, vertraut sein mit: ***I have ~n him for years*** ich kenne ihn (schon) seit Jahren; ***he ~s a thing or two*** F ‚er ist nicht von gestern', er weiß (ganz gut) Bescheid; ***get to ~*** a) *j-n, et.* kennen lernen, b) *et.* erfahren, herausfinden; ***after I first knew him*** nachdem ich s-e Bekanntschaft gemacht hatte; **4.** erfahren, erleben: ***he has ~n better days*** er hat bessere Tage gesehen; ***I have ~n it to happen*** ich habe das schon erlebt; → **known** II, **mind** 4; **5.** ('wieder)erkennen, unter'scheiden: ***I should ~ him anywhere*** ich würde ihn überall erkennen; **~ *one from the other*** e-n vom anderen unterscheiden (können), die beiden auseinander halten können; ***before you ~ where you are*** im Handumdrehen; ***I don't ~ whether I shall ~ him again*** ich weiß nicht, ob ich ihn wieder erkennen werde; **6.** *Bibl.* (*geschlechtlich*) erkennen; **II** *v/i.* [*irr.*] **7.** wissen (***of*** von, um), im Bilde sein *od.* Bescheid wissen (***about*** über *acc.*), sich auskennen (***about*** in *dat.*), et. verstehen (***about*** von); ***I ~ of s.o. who*** ich weiß *od.* kenne j-n, der; ***let me ~*** (***about it***) lass es mich wissen, sag mir Bescheid (darüber); ***I ~ better!*** so dumm bin ich nicht!; ***I ~ better than to say that*** ich werde mich hüten, das zu sagen; ***you ought to ~ better*** (***than that***) das sollten Sie besser wissen, so dumm werden Sie doch nicht sein; ***he ought to ~ better than to go swimming after a big meal*** er sollte so viel Verstand haben zu wissen, dass man nach e-m reichlichen Mahl nicht baden geht; ***they don't ~ any better*** sie kennens nicht anders; ***not that I ~ of*** F nicht dass ich wüsste; ***do*** (*od.* ***don't***) ***you ~?*** F nicht wahr?; ***you ~*** (*oft unübersetzt*) a) weißt du, wissen Sie, b) nämlich, c) schon, na ja; **III** *s.* **8.** ***be in the ~*** Bescheid wissen, im Bilde *od.* eingeweiht sein.

know·a·ble ['nəʊəbl] *adj.* was man wissen kann.

'know|-(it-)all *s.* Besserwisser *m*, ‚Klugscheißer' *m*; **'~-how** *s.* Know-'how *n*: a) Sachkenntnis *f*, Fachwissen *n*, (praktische, *bsd.* technische) Kenntnis(se *pl.*)

od. Erfahrung, Fertigkeiten *pl.*, b) ⚙ Herstellungsverfahren *pl.*

know·ing ['nəʊɪŋ] **I** *adj.* □ **1.** intelli'gent, geschickt; **2.** verständnisvoll, wissend: ***~ smile; with a ~ hand*** mit kundiger Hand; **3.** schlau, raffiniert: ***a ~ one*** ein Schlauberger; **II** *s.* **4.** Wissen *n*: ***there is no ~*** man kann nie wissen; **'know·ing·ly** [-lɪ] *adv.* **1.** schlau, klug; **2.** verständnisvoll, wissend; **3.** wissentlich, bewusst, absichtlich.

knowl·edge ['nɒlɪdʒ] *s. nur sg.* **1.** Kenntnis *f*, Wissen *n*: ***have ~ of*** Kenntnis haben von, wissen (*acc.*); ***have no ~ of*** nichts wissen von *od.* über (*acc.*); ***without my ~*** ohne mein Wissen; ***the ~ of the victory*** die Kunde *od.* Nachricht vom Siege; ***it has come to my ~*** es ist mir zu Ohren gekommen, ich habe erfahren; ***to (the best of) my ~*** m-s Wissens, soviel ich weiß; ***to the best of my ~ and belief*** nach bestem Wissen u. Gewissen; ***not to my ~*** nicht dass ich wüsste; ***~ of life*** Lebenserfahrung *f*; → ***carnal***; **2.** Wissen *n*, Kenntnisse *pl.*: ***a good ~ of German*** gute Deutschkenntnisse; ***my ~ of Dickens*** was ich von Dickens kenne; **'knowl·edge·a·ble** [-dʒəbl] *adj.* kenntnisreich, (gut) unter'richtet: ***he is very ~ about wines*** er weiß gut Bescheid über Weine, er ist ein Weinkenner.

known [nəʊn] **I** *p.p. von know*; **II** *adj.* bekannt: ***~ quantity*** 𝔄 bekannte Größe; ***make ~*** bekannt machen; ***make o.s. ~ to s.o.*** F sich j-m vorstellen; ***~ to all*** allbekannt; ***the ~ facts*** die anerkannten Tatsachen.

knuck·le ['nʌkl] **I** *s.* **1.** Fingergelenk *n*, -knöchel *m*: ***a rap over the ~s*** *fig.* ein Verweis, e-e Rüge; **2.** (Kalbs- *od.* Schweins)Haxe (*od.* Hachse) *f*: ***near the ~*** *fig.* F reichlich ‚gewagt' (*Witz etc.*); **II** *v/i.* **3.** ***~ down, ~ under*** sich beugen, sich unter'werfen (***to*** *dat.*), klein beigeben; **4.** ***~ down to s.th.*** sich an et. ‚ranmachen', sich hinter et. ‚klemmen': ***~ down to work*** sich an die Arbeit machen; **'~·bone** *s. anat., zo.* Knöchelbein *n*; **'~ˌdust·er** *s.* Schlagring *m*; **~ joint** *s.* **1.** *anat.* Knöchel-, Fingergelenk *n*; **2.** ⚙ Kar'dan-, Kreuzgelenk *n*.

knurl [nɜːl] **I** *s.* **1.** Knoten *m*, Ast *m*, Buckel *m*; **2.** ⚙ Rändelrad *n*; **II** *v/t.* **3.** rändeln, kordeln: ***~ed screw*** Rändelschraube *f*.

KO [ˌkeɪ'əʊ] → ***knockout*** 1 *u.* ***knock out***.

ko·a·la [kəʊ'ɑːlə] *s. zo.* Ko'ala(bär) *m*.

kohl·ra·bi [ˌkəʊl'rɑːbɪ] *s.* ⚘ Kohl'rabi *m*.

kol·khoz, kol·khos [kɒl'hɔːz] *s.* Kolchos *m, n*, Kol'chose *f*.

kook [kʊk] *s. Am.* F ‚komischer Typ', ‚Spinner' *m*; **kook·y** ['kʊkɪ] *adj. Am.* F ‚irr', verrückt.

ko·pe(c)k ['kəʊpek] → ***copeck***.

Ko·ran [kɒ'rɑːn] *s.* Ko'ran *m*.

Ko·re·an [kə'rɪən] **I** *s.* Kore'aner(in); **II** *adj.* kore'anisch.

ko·sher ['kəʊʃə] *adj.* koscher: ***~ food; ~ restaurant; not quite ~*** *fig.* F nicht ganz koscher.

Kos·o·var ['kɒsəvɑː] **I** *adj.* koso'varisch, 'Kosovo...; **II** *s.* Koso'var(in).

ko·tow [ˌkəʊ'taʊ], **kow·tow** [ˌkaʊ'taʊ] **I** *s.* Ko'tau *m*, unter'würfige Ehrenbezeigung; **II** *v/i. a. fig.* e-n Ko'tau machen: ***~ to s.o.*** e-n Kotau machen (*fig. a.* kriechen) vor j-m.

kraal [krɑːl; *in Südafrika mst* krɔːl] *s. S.Afr.* Kral *m*.

kraft [krɑːft], *a.* **~ pa·per** *s. Am.* braunes 'Packpaˌpier.

kraut [kraʊt] *sl. contp.* **I** *s.* Deutsche(r *m*) *f*; **II** *adj.* deutsch.

Krem·lin ['kremlɪn] *npr.* Kreml *m*; **Krem·lin·ol·o·gist** [ˌkremlɪ'nɒlədʒɪst] *s.* Sowjeto'loge *m*, Kremlforscher(in).

ku·dos ['kjuːdɒs] *s.* F Ruhm *m*, Ehre *f*.

Ku Klux Klan [ˌkjuːklʌks'klæn] *s. Am. pol.* 'Ku-Klux-'Klan *m* (*rassistischer amer. Geheimbund*).

ku·lak ['kuːlæk] (*Russ.*) *s.* Ku'lak *m*, Großbauer *m*.

kum·quat ['kʌmkwɒt] *s.* ⚘ Kumquat *f*.

kung fu [ˌkʌŋ'fuː; ˌkʊŋ-] *s.* Kung'fu *n* (*chines. Kampfsport*).

Kurd [kɜːd] *s.* Kurde *m*, Kurdin *f*; **'Kurd·ish** [-ɪʃ] *adj.* kurdisch.

kur·saal ['kʊəzɑːl] *s.* (*Ger.*) Kursaal *m*, -haus *n*.

Ku·wait·i [kʊ'weɪtɪ] *s.* **I** *adj.* ku'waitisch; **II** *s.* Ku'waiter(in).

Kyr·i·e ['kɪəriːeɪ], **~ e·le·i·son** [ə'leɪsɒn] *s. eccl.* Kyrie (e'leison) *n*.

L, l [el] *s.* L *n*, l *n* (*Buchstabe*).

laa·ger ['lɑːgə] *s. S.Afr.* Lager *n*, *bsd.* Wagenburg *f*.

lab [læb] *s.* F La'bor *n*.

la·bel ['leɪbl] **I** *s.* **1.** Eti'kett *n* (*a. fig.*), (Klebe-, Anhänge)Zettel *m od.* (-)Schild(chen) *n*, Anhänger *m*, Aufkleber *m*; **2.** *fig.* a) Bezeichnung *f*, b) (Kenn)Zeichen *n*, Signa'tur *f*; **3.** Aufschrift *f*, Beschriftung *f*; **4.** Label *n*, 'Schallplatteneti,kett *n od.* F -firma *f*; **5.** *Computer*: Label *n* (*Markierung in e-m Programm*); **6.** ⚒ Kranzleiste *f*; **II** *v/t.* **7.** etikettieren, mit e-m Zettel *od.* Schild(chen) versehen; **8.** beschriften, mit e-r Aufschrift versehen: ***~(l)ed "poison"*** mit der Aufschrift „Gift"; **9.** *a.* ***~ as*** *fig.* als ... bezeichnen, zu ... stempeln, abstempeln als; **'la·bel·(l)er** [-lə] *s.* Etiket'tierma,schine *f*.

la·bi·a ['leɪbɪə] *pl. von* ***labium***.

la·bi·al ['leɪbjəl] **I** *adj. anat., ling.* Lippen..., labi'al; **II** *s.* Lippenlaut *m*, Labi'al *m*.

la·bile ['leɪbaɪl] *adj. allg.* la'bil.

la·bi·o·den·tal [,leɪbɪəʊ'dentl] *ling.* **I** *adj.* labioden'tal; **II** *s.* Labioden'tal *m*, Lippenzahnlaut *m*.

la·bi·um ['leɪbɪəm] *pl.* **-bi·a** [-bɪə] *s. anat.* Labium *n*, (*bsd.* Scham)Lippe *f*.

la·bor *etc. Am.* → ***labour*** *etc.*

la·bor·a·to·ry [*Brit.* lə'bɒrətərɪ; *Am.* 'læbrə,tɔːrɪ] *s.* **1.** Labora'torium *n*: ***~ assistant*** Laborant(in); ***~ technician*** Chemotechniker(in); ***~ stage*** Versuchsstadium *n*; **2.** *fig.* Werkstätte *f*.

la·bo·ri·ous [lə'bɔːrɪəs] *adj.* □ mühsam: a) anstrengend, schwierig, b) 'umständlich, schwerfällig (*Stil etc.*).

la·bor un·ion *s. Am.* Gewerkschaft *f*.

la·bour ['leɪbə] *Brit.* **I** *s.* **1.** a) (*bsd.* schwere) Arbeit, b) Anstrengung *f*, Mühe *f*: ***~ of Hercules*** Herkulesarbeit *f*; ***~ of love*** Liebesdienst *m*, gern *od.* unentgeltlich getane Arbeit; → ***hard labo(u)r***; **2.** a) Arbeiterschaft *f*, Arbeiter(klasse *f*) *pl.*, b) Arbeiter *pl.*, Arbeitskräfte *pl.*: ***cheap ~***; ***shortage of ~*** Arbeitskräftemangel *m*; → ***skilled*** 2; **3.** 2 (*ohne Artikel*) → ***Labour Party***; **4.** ⚕ Wehen *pl.*: ***be in ~*** in den Wehen liegen; **II** *v/i.* **5.** arbeiten (***at*** an *dat.*); **6.** sich anstrengen (***to*** *inf.* zu *inf.*), sich abmühen (***at, with*** mit; ***for*** um *acc.*); **7.** *a.* ***~ along*** sich mühsam fortbewegen *od.* da'hinschleppen, sich (da'hin)quälen; **8.** stampfen, schlingern (*Schiff*); **9.** (***under***) zu leiden haben (unter *dat.*), zu kämpfen haben (mit *Schwierigkeiten etc.*), kranken (an *dat.*); → ***delusion*** 2; **10.** ⚕ in den Wehen liegen; **III** *v/t.* **11.** ausführlich eingehen auf (*acc.*), eingehend behandeln, *iro.* ‚breittreten', herumreiten auf (*dat.*): ***I need not ~ the point***; ***~ camp*** *s.* Arbeitslager *n*; 2 ***Day*** *s.* Tag *m* der Arbeit; ***~ costs*** *s.* Arbeitskosten *pl.*; ***~ dis·pute*** *s.* ✝ Arbeitskampf *m*.

la·bo(u)red ['leɪbəd] *adj.* **1.** → ***laborious***; **2.** → ***labo(u)ring*** 2; **'la·bo(u)r·er** [-ərə] *s.* (*bsd. ungelernter*) Arbeiter.

La·bour Ex·change *s. Brit. obs.* Arbeitsamt *n*.

la·bo(u)r force *s.* Arbeitskräfte *pl.*, Belegschaft *f* (*e-s Betriebs*).

la·bo(u)r·ing ['leɪbərɪŋ] *adj.* **1.** arbeitend, werktätig: ***the ~ classes***; **2.** mühsam, schwer (*Atem*).

'la·bo(u)r-in,ten·sive *adj.* ✝ 'arbeitsinten,siv.

la·bour·ite ['leɪbəraɪt] *s. Brit.* Anhänger (-in) *od.* Mitglied *n* der ***Labour Party***.

la·bo(u)r| lead·er *s.* Arbeiterführer *m*; ***~ mar·ket*** *s.* Arbeitsmarkt *m*; ***~ pains*** *s. pl.* ⚕ Wehen *pl.*

La·bour Par·ty *s. Brit. pol. die* Labour Party.

la·bo(u)r| re·la·tions *s. pl.* Beziehungen *pl.* zwischen Arbeitgeber(n) u. Arbeitnehmern; **'~-,sav·ing** *adj.* arbeitssparend; ***~ short·age*** *s.* Arbeitskräftemangel *m*; ***~ turn·o·ver*** *s.* Personalfluktuation *f*.

Lab·ra·dor (dog) ['læbrədɔː] *s. zo.* Neu'fundländer *m* (*Hund*).

la·bur·num [lə'bɜːnəm] *s.* ⚘ Goldregen *m*.

lab·y·rinth ['læbərɪnθ] *s.* **1.** Laby'rinth *n*, Irrgarten *m* (*beide a. fig.*); **2.** *fig.* Wirrwarr *m*, Durchein'ander *n*; **3.** *anat.* Laby'rinth *n*, inneres Ohr; **lab·y·rin·thine** [,læbə'rɪnθaɪn] *adj.* laby'rinthisch (*a. fig.*).

lac[1] [læk] *s.* Gummilack *m*, Lackharz *n*.

lac[2] [læk] *s. Brit. Ind.* Lak *n* (*100 000, mst Rupien*).

lace [leɪs] **I** *s.* **1.** Spitze *f* (*Stoff*); **2.** Litze *f*, Borte *f*, Tresse *f*, Schnur *f*: ***gold ~***; **3.** Schnürband *n*, -senkel *m*; → ***laced*** 1; **4.** Schnur *f*, Band *n*; **II** *v/t.* **5.** *a.* ***~ up*** (zu-, zs.-)schnüren; **6.** *j-n*, *j-s Taille* schnüren; **7.** ***~ s.o.*** F → 14; **8.** *Finger etc.* ineinander schlingen; **9.** mit Spitzen *od.* Litzen besetzen; Schnürsenkel einziehen in; **10.** mit Streifenmuster verzieren; **11.** *fig.* durch'setzen (***with*** mit): ***a story ~d with jokes***; **12.** e-n Schuss Alkohol zugeben (*dat.*); **III** *v/i.* **13.** *a.* ***~ up*** sich schnüren (lassen); **14.** ***~ into*** F a) auf *j-n* einprügeln, b) *j-n* anbrüllen; **laced** [-st] *adj.* **1.** geschnürt, Schnür...: ***~ boot*** Schnürstiefel *m*; **2.** mit e-m Schuss Alkohol, ‚mit Schuss': ***~ coffee***.

lace| pa·per *s.* Pa'pierspitzen *pl.*; ***~ pil·low*** *s.* Klöppelkissen *n*.

lac·er·ate ['læsəreɪt] *v/t.* **1.** a) aufreißen, -schlitzen, zerfetzen, -kratzen, b) zerfleischen, zerreißen; **2.** *fig. j-n*, *j-s Gefühle* zutiefst verletzen; **lac·er·a·tion** [,læsə'reɪʃn] *s.* **1.** Zerreißung *f*, Zerfleischung *f* (*a. fig.*); **2.** ⚕ Schnitt-, Riss-, Fleischwunde *f*, Riss *m*.

'lace|-up (shoe) *s.* Schnürschuh *m*; **'~·work** *s.* **1.** Spitzenarbeit *f*, -muster *n*; **2.** *weitS.* Fili'gran(muster) *n*.

lach·ry·mal ['lækrɪml] **I** *adj.* **1.** Tränen...: ***~ gland***; **II** *s.* **2.** *pl. anat.* 'Tränenappa,rat *m*; **3.** *hist.* Tränenkrug *m*; **'lach·ry·mose** [-məʊs] *adj.* □ **1.** weinerlich; **2.** *fig.* rührselig: ***~ story***.

lac·ing ['leɪsɪŋ] *s.* **1.** Litzen *pl.*, Tressen *pl.*; **2.** → ***lace*** 3; **3.** ‚Schuss' *m* (Alkohol); **4.** Tracht *f* Prügel.

lack [læk] **I** *s.* (***of***) Mangel *m* (an *dat.*), Fehlen *n* (von): ***for ~ of time*** aus Zeitmangel; ***there was no ~ of*** es fehlte nicht *od.* da war kein Mangel an (*dat.*); **II** *v/t.* Mangel haben an (*dat.*), *et.* nicht haben *od.* besitzen: ***he ~s time*** ihm fehlt es an (der nötigen) Zeit, er hat keine Zeit; **III** *v/i.*: ***be ~ing*** fehlen, nicht vorhanden sein; ***wine was not ~ing*** an Wein fehlte es nicht; ***he ~ed for nothing*** es fehlte ihm an nichts; ***be ~ing in*** → II.

lack·a·dai·si·cal [,lækə'deɪzɪkl] *adj.* □ **1.** lustlos, gelangweilt, gleichgültig; **2.** schlaff, lasch.

lack·ey ['lækɪ] *s. bsd. fig. contp.* La'kai *m.*

'lack|,lus·ter *Am.*, **'~,lus·tre** *Brit. adj.* glanzlos, matt, *fig. a.* farblos.

la·con·ic [lə'kɒnɪk] *adj.* (☐ **~ally**) **1.** la'konisch, kurz u. treffend; **2.** wortkarg; **lac·o·nism** ['lækənɪzəm] *s.* Lako'nismus *m*: a) La'konik *f*, la'konische Kürze, b) la'konischer Ausspruch.

lac·quer ['lækə] **I** *s.* **1.** (Farb)Lack *m*, (Lack)Firnis *m*; **2.** a) (Nagel)Lack *m*, b) Haarspray *m*; **3.** *a.* **~ware** Lackarbeit *f*, -waren *pl.*; **II** *v/t.* **4.** lackieren.

la·crosse [lə'krɒs] *s.* La'crosse *n* (*Ballspiel*): **~ stick** La'crosseschläger *m*.

lac·tate ['lækteɪt] **I** *v/t. physiol.* Milch absondern; **II** *s.* ⚗ Lak'tat *n*; **lac·ta·tion** [læk'teɪʃn] *s.* Laktati'on *f*: a) Milchabsonderung *f*, b) Stillen *n*, c) Stillzeit *f*; **'lac·te·al** [-tɪəl] **I** *adj.* Milch..., milchähnlich; **II** *s. pl.* Milch-, Lymphgefäße *pl.*; **'lac·tic** [-tɪk] *adj.* Milch...: **~ acid** Milchsäure *f*; **lac·tif·er·ous** [læk'tɪfərəs] *adj.* Milch führend: **~ duct** Milchgang *m*; **lac·tom·e·ter** [læk'tɒmɪtə] *s.* Lakto'meter *n*, Milchwaage *f*; **'lac·tose** [-təʊs] *s.* Lak'tose *f*, Milchzucker *m*.

la·cu·na [lə'kju:nə] *pl.* **-nae** [-ni:] *od.* **-nas** *s.* Lücke *f*, La'kune *f*: a) *anat.* Spalt *m*, Hohlraum *m*, b) (Text- *etc.*) Lücke *f*; **la'cu·nar** [-nə] *s.* △ Kas'settendecke *f*.

la·cus·trine [lə'kʌstraɪn] *adj.* See...: **~ dwellings** Pfahlbauten.

lac·y ['leɪsɪ] *adj.* spitzenartig, Spitzen...

lad [læd] *s.* **1.** (junger) Kerl *od.* Bursche, Junge *m*: **he's just a ~!** er ist (doch) noch ein Junge!; **come on, ~s!** los, Jungs!; **he's a bit of a ~** F *Brit.* er ist ein ziemlicher Draufgänger *od.* Schwerenöter; **2.** *Brit.* Stallbursche *m*.

lad·der ['lædə] **I** *s.* **1.** Leiter *f* (*a. fig.*): **the social ~** *fig.* die gesellschaftliche Stufenleiter; **the ~ of fame** die (Stufen-) Leiter des Ruhms; **kick down the ~** die Leute loswerden wollen, die e-m beim Aufstieg geholfen haben; **2.** *Brit.* Laufmasche *f*; **3.** *Tischtennis etc.*: Ta'belle *f*; **II** *v/i.* **4.** *Brit.* Laufmaschen bekommen (*Strumpf*); **III** *v/t.* **5.** *Brit.* zerreißen: **~ one's stockings** sich e-e Laufmasche holen; **'~-proof** *adj. Brit.* (lauf)maschenfest (*Strumpf*).

lad·die ['lædɪ] *s. bsd. Scot.* F Bürschchen *n*.

lade [leɪd] *p.p. a.* **'lad·en** [-dn] *v/t.* **1.** (be)laden, befrachten; **2.** *Waren* ver-, aufladen; **'lad·en** [-dn] **I** *p.p. von* **lade**; **II** *adj.* (**with**) *a. fig.* beladen *od.* befrachtet (mit), voll (von), voller: **~ with fruit** (schwer) beladen mit Obst.

la-di-da(h) [,lɑ:dɪ'dɑ:] *adj. Brit.* F affektiert, vornehmtuerisch, ‚affig'.

la·dies'| choice *s.* Damenwahl *f* (*beim Tanz*); **~ man** *s.* [*irr.*] Frauenheld *m*, Char'meur *m*; **~ room** → **lady** 6.

lad·ing ['leɪdɪŋ] *s.* **1.** (Ver)Laden *n*; **2.** Ladung *f*; → **bill²** 3.

la·dle ['leɪdl] **I** *s.* **1.** Schöpflöffel *m*, (Schöpf-, Suppen)Kelle *f*; **2.** ⚙ Gießkelle *f*, -löffel *m*; **3.** Schaufel *f* (*am Wasserrad*); **II** *v/t.* **4.** *a.* **~ out** (aus)schöpfen, *a.* F *fig. Lob etc.* austeilen.

la·dy ['leɪdɪ] **I** *s.* **1.** Dame *f*: **she is no** (*od.* **not a**) **~** sie ist keine Dame; **an English ~** e-e Engländerin; **young ~** junge Dame, junges Mädchen; **young ~!** *iro.* (mein) liebes Fräulein!; **his young ~** F s-e (kleine) Freundin; **my** (**dear**) **~** (verehrte) gnädige Frau; **ladies and gentlemen** m-e (sehr verehrten) Damen u. Herren; **2.** Lady *f* (*Titel*): **my ~!** Mylady!, gnädige Frau; **3.** *obs. od.* F (*außer wenn auf e-e* **Lady** *angewandt*) Gattin *f*, Gemahlin *f*: **the old ~** F a) die alte Dame (*Mutter*), b) m-e *etc.* ‚Alte' (*Frau*); **4.** Herrin *f*, Gebieterin *f*: **~ of the house** Hausherrin, Dame *f* des Hauses; **our sovereign ~** *Brit.* die Königin; **5. Our ℒ** Unsere Liebe Frau, die Mutter Gottes: **Church of Our ℒ** Marien-, (Lieb)Frauenkirche *f*; **6. Ladies** *pl. sg. konstr.* 'Damentoi,lette *f*, ‚Damen' *n*; **II** *adj.* **7.** weiblich: **~ doctor** Ärztin *f*; **~ friend** Freundin *f*; **~ mayoress** Frau *f* (Ober)Bürgermeister; **~ dog** *humor.* ‚Hundedame' *f*.

'la·dy|·bird *s. zo.* Ma'rienkäfer(chen *n*) *m*; **ℒ Boun·ti·ful** *s. fig.* gute Fee; **'~·bug** *Am.* → **ladybird**; **ℒ Day** *s. eccl.* Ma'riä Verkündigung *f*; **'~,fin·ger** *s.* Löffelbiskuit *n*; **,~-in-'wait·ing** *s.* Hofdame *f*; **'~,kill·er** *s.* F Herzensbrecher *m*, Ladykiller *m*; **'~·like** *adj.* damenhaft, vornehm; **'~·love** *s. obs.* Geliebte *f*; **ℒ of the Bed·cham·ber** *s. Brit.* königliche Kammerfrau, Hofdame *f*.

la·dy·ship ['leɪdɪʃɪp] *s.* Ladyschaft *f* (*Stand u. Anrede*): **her** (**your**) **~** ihre (Eure) Ladyschaft.

la·dy's| maid *s.* Kammerzofe *f*; **~ slipper** *s.* ⚘ Frauenschuh *m*.

lag¹ [læg] **I** *v/i.* **1.** *mst* **~ behind** *a. fig.* zu'rückbleiben, nicht mitkommen, nach-, hinter'herhinken; **2.** *mst* **~ behind** a) sich verzögern, b) zögern, c) ϟ nacheilen; **II** *s.* **3.** Zu'rückbleiben *n*, Rückstand *m*, Verzögerung *f* (*a.* ⚙, *phys.*): **cultural ~** kultureller Rückstand; **4.** 'Zeitabstand *m*, -,unterschied *m*; **5.** ϟ negative Phasenverschiebung, (Phasen)Nacheilung *f*.

lag² [læg] *s. Brit. sl.* **1.** ‚Knastschieber' *m*, ‚Knacki' *m*; **2. do a ~** ‚(im Knast) sitzen'.

lag³ [læg] **I** *s.* **1.** (Fass)Daube *f*; **2.** ⚙ Verschalungsbrett *n*; **II** *v/t.* **3.** mit Dauben versehen; **4.** ⚙ *Rohre etc.* isolieren, um'wickeln.

lag·an ['lægən] *s.* ⚖, ⚓ versenktes (Wrack)Gut.

la·ger (**beer**) ['lɑ:gə] *s.* Lagerbier *n* (*ein helles Bier*); **la·ger lout** *s. Brit.* F betrunkener Randa'lierer.

lag·gard ['lægəd] **I** *adj.* ☐ **1.** langsam, bummelig, faul; **II** *s.* **2.** ‚Trödler(in)', Bummler(in); **3.** Nachzügler(in).

lag·ging ['lægɪŋ] *s.* ⚙ **1.** Verkleidung *f*, Verschalung *f*; **2.** a) Isolierung *f*, Wärmeschutz *m*, b) Iso'liermateri,al *n*.

la·goon [lə'gu:n] *s.* La'gune *f*.

la·ic, la·i·cal ['leɪɪk(l)] *adj.* weltlich, Laien...; **'la·i·cize** [-ɪsaɪz] *v/t.* säkularisieren.

laid [leɪd] *pret. u. p.p. von* **lay¹**: **~ up** → **lay up** 4; **,~-'back** *adj.* F **1.** cool, gelassen, entspannt, ruhig; **2.** stressfrei, ruhig (*Lebensweise*).

lain [leɪn] *p.p. von* **lie²**.

lair [leə] *s.* **1.** *zo.* a) Lager *n*, b) Höhle *f*, Bau *m* (*des Wildes*); **2.** *allg.* Lager(statt *f*) *n*; **3.** F *fig.* a) Versteck *n*, b) Zuflucht(sort *m*) *f*.

laird [leəd] *s. Scot.* Gutsherr *m*.

lais·sez-faire [,leɪseɪ'feə] (*Fr.*) *s.* Laisser-'faire *n* (*Gewährenlassen, Nichteinmischung*).

la·i·ty ['leɪətɪ] *s.* **1.** Laienstand *m*, Laien *pl.* (*Ggs. Geistlichkeit*); **2.** Laien *pl.*, Nichtfachleute *pl.*

lake¹ [leɪk] *s.* **1.** (*bsd.* rote) Pig'mentfarbe, Farblack *m*; **2.** Beizenfarbstoff *m*.

lake² [leɪk] *s.* (Binnen)See *m*: **the Great ℒ** der Große Teich (*der Atlantische Ozean*); **the Great ℒs** die Großen Seen (*an der Grenze zwischen USA u. Kanada*); **the ~s** → **ℒ Dis·trict** *s. das* Seengebiet (*im Nordwesten Englands*); **~ dwell·er** *s.* Pfahlbauer *m*; **~ dwell·ing** *s.* Pfahlbau *m*; **'ℒ·land** → **Lake District**; **ℒ poet** *s.* Seendichter *m* (*e-r der 3 Dichter der* **Lake school**); **ℒ school** *s.* Seeschule *f* (*die Dichter Southey, Coleridge u. Wordsworth*).

lam¹ [læm] *sl.* **I** *v/t.* verdreschen, ‚vermöbeln'; **II** *v/i.*: **~ into** a) → I, b) *fig.* auf *j-n* ‚einhauen'.

lam² [læm] *Am. sl.* **I** *s.*: **on the ~** im ‚Abhauen' (begriffen), auf der Flucht (*vor der Polizei*); **take it on the ~** → **II** *v/i.* ‚türmen', ‚Leine ziehen'.

la·ma ['lɑ:mə] *s. eccl.* Lama *m*; **'la·ma·ism** [-əɪzəm] *s. eccl.* Lama'ismus *m*; **'la·ma·ser·y** [-əsərɪ] *s.* Lamakloster *n*.

lamb [læm] **I** *s.* **1.** Lamm *n*: **in** (*od.* **with**) **~** trächtig (*Schaf*); **like a ~** *fig.* wie ein Lamm, lammfromm; **like a ~ to the slaughter** *fig.* wie ein Lamm zur Schlachtbank; **2.** Lamm(fleisch) *n*; **3. the ℒ** (**of God**) *eccl.* das Lamm (Gottes); **4.** F Schätzchen *n*; **II** *v/i.* **5.** lammen: **~ing time** Lammzeit *f*.

lam·baste [læm'beɪst] *v/t. sl.* **1.** ‚vermöbeln' (*verprügeln*); **2.** *fig.* ‚her'unterputzen', ‚zs.-stauchen'.

lam·ben·cy ['læmbənsɪ] *s.* **1.** Züngeln *n* (*e-r Flamme*); **2.** *fig.* (*geistreiches*) Funkeln, Sprühen *n*; **'lam·bent** [-nt] *adj.* ☐ **1.** züngelnd, flackernd; **2.** sanft strahlend; **3.** *fig.* sprühend, funkelnd (*Witz*).

lamb·kin ['læmkɪn] *s.* **1.** Lämmchen *n*; **2.** *fig.* ‚Schätzchen' *n*.

'lamb·skin *s.* **1.** Lammfell *n*; **2.** Schafleder *n*.

lamb's| tails *s. pl.* ⚘ **1.** *Brit.* Haselkätzchen *pl.*; **2.** *Am.* Weiden-, Palmkätzchen *pl.*; **~ wool** *s.* Lammwolle *f*.

lame [leɪm] **I** *adj.* ☐ **1.** lahm, hinkend: **~ in** (*od.* **of**) **one leg** auf 'einem Bein lahm; **2.** *fig.* ‚lahm', ‚müde': **~ efforts**; **~ story**; **~ excuse** faule Ausrede; **~ verses** holprige *od.* hinkende Verse; **II** *v/t.* **3.** lahm machen, lähmen (*a. fig.*); **~ duck** *s.* F **1.** Körperbehinderte(r *m*) *f*; **2.** ‚Versager' *m*, ‚Niete' *f*; **3.** ☤ ruinierter ('Börsen)Speku,lant; **4.** *Am. pol. nicht wieder gewählter Amtsinhaber, bsd. Kongressmitglied od. Präsident, bis zum Ende s-r Amtsperiode.*

la·mel·la [lə'melə] *pl.* **-lae** [-li:] *s. allg.* La'melle *f*, Plättchen *n*; **la'mel·lar** [-lə], **lam·el·late** ['læməleɪt] *adj.* la'mellenartig, Lamellen...

lame·ness ['leɪmnɪs] *s.* **1.** Lahmheit *f* (*a. fig., contp.*); **2.** *fig.* Schwäche *f*; **3.** Hinken *n* (*von Versen*).

la·ment [lə'ment] **I** *v/i.* **1.** jammern, (weh)klagen, lamentieren (**for** *od.* **over** um); **2.** trauern (**for** *od.* **over** um); **II** *v/t.* **3.** bejammern, beklagen, bedauern, betrauern; **III** *s.* **4.** Jammer *m*, Wehklage *f*, Klage(lied *n*) *f*; **lam·en·ta·ble** ['læməntəbl] *adj.* ☐ **1.** beklagenswert, bedauerlich; **2.** *contp.* erbärmlich, kläglich, jämmerlich (schlecht); **lam·en·ta·tion** [,læmen'teɪʃn] *s.* **1.** Jammern *n*, Lamentieren *n*, (Weh)Klage *f*, *iro. a.* La'mento *n*; **2. ℒs** (**of Jeremiah**) *pl. mst sg. konstr. bibl.* Klagelieder *pl.* Jere'miae.

lam·i·na ['læmɪnə] *pl.* **-nae** [-niː] *s.* **1.** Plättchen *n*, Blättchen *n*; **2.** (dünne) Schicht; **3.** ♀ Blattspreite *f*; '**lam·i·nal** [-nl], '**lam·i·nar** [-nə] *adj.* **1.** blätterig; **2.** (blättchenartig) geschichtet; **3.** *phys.* lami'nar: ~ ***flow*** Laminarströmung *f*; '**lam·i·nate** [-neɪt] **I** *v/t.* **1.** ⚙ a) auswalzen, strecken, b) in Blättchen aufspalten, c) schichten; **2.** mit Plättchen belegen, mit Folie über'ziehen; **II** *v/i.* **3.** sich in Plättchen *od.* Schichten spalten; **III** *s.* **4.** ⚙ (Plastik-, Verbund)Folie *f*; **IV** *adj.* **5.** → ***laminar***.

lam·i·nat·ed ['læmɪneɪtɪd] *adj.* la'mellenartig, Lamellen...; ⚙ *a.* blättrig *od.* geschichtet: ~ ***glass*** Verbundglas *n*; ~ ***material*** Schichtstoff *m*; ~ ***paper*** Hartpapier *n*; ~ ***sheet*** Schichtplatte *f*; ~ ***spring*** Blattfeder *f*; ~ ***wood*** Sperr-, Pressholz *n*; **lam·i·na·tion** [ˌlæmɪ'neɪʃn] *s.* **1.** ⚙ a) Lamellierung *f*, b) Streckung *f*, c) Schichtung *f*; **2.** 'Blätterstrukˌtur *f*.

lam·mer·gei·er, lam·mer·gey·er ['læməgaɪə] *s. orn.* Lämmergeier *m*.

lamp [læmp] *s.* **1.** Lampe *f*; (*Straßen- etc.*)La'terne *f*: ***smell of the*** ~ nach ‚saurem Schweiß riechen', mehr Fleiß als Talent verraten; **2.** ϟ Lampe *f*: a) Glühbirne *f*, b) Leuchte *f*; **3.** *fig.* Leuchte *f*, Licht *n*; '**~·black** *s.* Lampenruß *m*, -schwarz *n*; ~ **chim·ney** *s.* 'Lampenzyˌlinder *m*; '**~·light** *s.* (***by*** ~ bei) Lampenlicht *n*.

lam·poon [læm'puːn] **I** *s.* Spott- *od.* Schmähschrift *f*, Pam'phlet *n*, Sa'tire *f*; **II** *v/t.* (*schriftlich*) verspotten, -höhnen; **lam'poon·er** [-nə], **lam'poon·ist** [-nɪst] *s.* Pamphle'tist(in).

'**lamp·post** *s.* La'ternenpfahl *m*: ***between you and me and the*** ~ F (ganz) unter uns (gesagt).

lam·prey ['læmprɪ] *s. ichth.* Lam'prete *f*, Neunauge *n*.

'**lamp·shade** *s.* Lampenschirm *m*.

Lan·cas·tri·an [læŋ'kæstrɪən] *Brit.* **I** *s.* **1.** Bewohner(in) der Stadt *od.* Grafschaft Lancaster; **2.** *hist.* Angehörige(r *m*) *f od.* Anhänger(in) des Hauses Lancaster; **II** *adj.* **3.** Lancaster...

lance [lɑːns] **I** *s.* **1.** Lanze *f*, Speer *m*: ***break a*** ~ ***for*** (*od.* ***on behalf of***) ***s.o.*** e-e Lanze für j-n brechen; **2.** → ***lancer*** 1; **3.** → ***lancet*** 1; **II** *v/t.* **4.** mit e-r Lanze durch'bohren; **5.** ⚕ mit e-r Lan'zette öffnen: ~ ***a boil*** ein Geschwür (*fig.* e-e Eiterbeule) aufstechen; ~ **cor·po·ral** *s.* ⚔ *Brit.* Ober-, Hauptgefreite(r) *m*.

lanc·er ['lɑːnsə] *s.* **1.** ⚔ *hist.* U'lan *m*; **2.** *pl. sg. konstr.* Lanci'er *m* (*Tanz*).

lan·cet ['lɑːnsɪt] *s.* **1.** ⚕ Lan'zette *f*; **2.** ⚠ a) *a.* ~ ***arch*** Spitzbogen *m*, b) *a.* ~ ***window*** Spitzbogenfenster *n*.

land [lænd] **I** *s.* **1.** Land *n* (*Ggs. Meer, Wasser*): ***by*** ~ auf dem Landweg; ***by*** ~ ***and by sea*** zu Wasser u. zu Lande; ***make*** ~ ⚓ Land sichten; ***see how the*** ~ ***lies*** sehen, wie der Hase läuft, die Lage ‚peilen'; **2.** Land *n*, Boden *m*: ***live off the*** ~ a) von den Früchten des Landes leben, b) sich aus der Natur ernähren (*Soldaten etc.*); **3.** Land *n*, Grund *m* u. Boden *m*, Grundbesitz *m*, Lände'reien *pl.*; ~ ***set-aside*** *EU* Flächenstilllegung *f*; **4.** Land *n* (*Staat, Region*): ***far-off*** ~***s*** ferne Länder; **5.** *fig.* Land *n*, Reich *n*: ~ ***of the living*** Diesseits *n*; ~ ***of dreams*** Reich der Träume; **II** *v/i.* **6.** ⚓, ✈ landen; ⚓ anlegen; **7.** landen, an Land gehen, aussteigen; **8.** landen, (an-)kommen: ***he*** ~***ed in a ditch*** er landete in e-m Graben; ~ ***on one's feet*** auf die Füße fallen (*a. fig.*); ~ (***up***) ***in prison*** im Gefängnis landen; **9.** *sport* durchs Ziel gehen; **III** *v/t.* **10.** *Personen, Waren, Flugzeug* landen; *Schiffsgüter* landen, löschen, ausladen; *Fisch(fang)* an Land bringen; **11.** *bsd. Fahrgäste* absetzen; **12.** *j-n in Schwierigkeiten etc.* bringen, verwickeln: ~ ***s.o. in difficulties***; ~ ***s.o. with s.th.*** j-m et. aufhalsen *od.* einbrocken; ~ ***o.s.*** (*od.* ***be*** ~***ed***) ***in*** (hinein)geraten in (*acc.*); **13.** F a) *e-n Schlag od. Treffer* landen: ***I*** ~***ed him one*** ich hab ihm eine geknallt *od.* ‚verpasst'; **14.** F *j-n od. et.* ‚erwischen', (sich) ‚schnappen', ‚kriegen': ~ ***a prize*** sich e-n Preis ‚holen'; ~ ***a good contract*** e-n guten Vertrag ‚an Land ziehen'.

land a·gent *s.* **1.** Grundstücksmakler *m*; **2.** *Brit.* Gutsverwalter *m*.

lan·dau ['lændɔː] *s.* Landauer *m* (*Kutsche*).

land| bank *s.* 'Bodenkreˌdit-, Hypo'thekenbank *f*; ~ **car·riage** *s.* 'Landtransˌport *m*, -fracht *f*; ~ **crab** *s. zo.* Landkrabbe *f*.

land·ed ['lændɪd] *adj.* Land..., Grund...: ~ ***estate***, ~ ***property*** Grundbesitz *m*, -eigentum *n*; ~ ***gentry*** Landadel *m*; ~ ***proprietor*** Grundbesitzer (-in); ***the*** ~ ***interest*** *coll.* die Grundbesitzer.

'**land|·fall** *s.* ⚓ Landkennung *f*, Sichten *n* von Land; ~ **forc·es** *s. pl.* ⚔ Landstreitkräfte *pl.*; '**~·grave** [-ndg-] *s. hist.* (deutscher) Landgraf; '**~ˌhold·er** *s.* Grundbesitzer *m od.* -pächter *m*.

land·ing ['lændɪŋ] *s.* **1.** ⚓ Landen *n*, Landung *f*: a) Anlegen *n* (*e-s Schiffs*), b) Ausschiffung *f* (*von Personen*), c) Ausladen *n*, Löschen *n* (*der Fracht*); **2.** ⚓ Lande-, Anlegeplatz *m*; **3.** ✈ Landung *f*; **4.** ⚠ Treppenabsatz *m*; ~ **beam** *s.* ✈ Landeleitstrahl *m*; ~ **card** *s.* Einreisekarte *f*; ~ **craft** *s.* ⚓, ⚔ Landungsboot *n*; ~ **field** *s.* ✈ Landeplatz *m*, -bahn *f*; ~ **flap** *s.* ✈ Landeklappe *f*; ~ **gear** *s.* ✈ Fahrgestell *n*, -werk *n*; ~ **net** *s.* Hamen *m*, Kescher *m*; ~ **par·ty** *s.* ⚔ 'Landungstrupp *m*, -komˌmando *n*; ~ **place** → ***landing*** 2; ~ **stage** *s.* ⚓ Landungsbrücke *f*, -steg *m*; ~ **strip**, ~ **track** → ***air strip***.

'**landˌla·dy** ['lænˌl-] *s.* (Haus-, Gast-, Pensi'ons)Wirtin *f*.

land·less ['lændlɪs] *adj.* ohne Grundbesitz.

'**land|·locked** *adj.* 'landumˌschlossen, ohne Zugang zum Meer: ~ ***country*** Binnenstaat *m*; '**~ˌlop·er** [-ˌləʊpə] *s.* Landstreicher *m*; '**~·lord** ['lænl-] *s.* **1.** Grundbesitzer *m*; **2.** Hauseigentümer *m*; **3.** Hauswirt *m*, ⚖ *a.* Hauswirtin *f*; **4.** (Gast)Wirt *m*; '**~ˌlub·ber** *s.* ⚓ ‚Landratte' *f*; '**~·mark** [-ndm-] *s.* **1.** Grenzstein *m*; **2.** ⚓ Seezeichen *n*; **3.** ⚔ Gelände-, Orientierungspunkt *m*; **4.** Wahrzeichen *n* (*e-r Stadt etc.*); **5.** *fig.* Meilen-, Markstein *m*, Wendepunkt *m*: ***a*** ~ ***in history***; '**~·mine** [-ndm-] *s.* ⚔ Landmine *f*; ~ **of·fice** *s. Am.* Grundbuchamt *n*; '**~-ˌof·fice busi·ness** *s. Am.* F ‚Bombengeschäft' *n*; '**~ˌown·er** *s.* Land-, Grundbesitzer(in); ~ **re·form** *s.* 'Bodenreˌform *f*; ~ **reg·is·ter** *s.* Grundbuch *n*.

land·scape ['lænskeɪp] **I** *s.* **1.** Landschaft *f* (*a. paint.*); **2.** Landschaftsmale'rei *f*; **II** *v/i.* **3.** landschaftlich *od.* gärtnerisch gestalten, anlegen; ~ **ar·chi·tect** *s.* **1.** 'Landschaftsarchiˌtekt(in); **2.** → ~ **gar·den·er** *s.* Landschaftsgärtner (-in), 'Gartenarchiˌtekt(in); ~ **gar·den·ing** *s.* Landschaftsgärtne'rei *f*; ~ **paint·er** → **land·scap·ist** ['lænˌskeɪpɪst] *s.* Landschaftsmaler(in).

'**land|·slide** [-nds-] *s.* **1.** Erdrutsch *m*; **2.** *a.* ~ ***victory*** *pol. fig.* ‚Erdrutsch' *m*, über'wältigender (Wahl)Sieg; '**~·slip** [-nds-] *Brit.* → ***landslide*** 1; ~ **sur·vey·or** *s.* Geo'meter *m*, Land(ver)messer *m*; ~ **swell** [-nds-] *s.* ⚓ einlaufende Dünung; ~ **tax** *s. obs.* Grundsteuer *f*; ~ **tor·toise** *s. zo.* Landschildkröte *f*; '**~ˌwait·er** *s. Brit.* 'Zollinˌspektor *m*.

land·ward ['lændwəd] **I** *adj.* land('ein)wärts (gelegen); **II** *adv. a.* '**land·wards** [-dz] land(ein)wärts.

lane [leɪn] *s.* **1.** (Feld)Weg *m*, (Hecken-)Pfad *m*; **2.** Gasse *f*: a) Gässchen *n*, Sträßchen *n*, b) 'Durchgang *m*: ***form a*** ~ Spalier stehen, e-e Gasse bilden; **3.** Schneise *f*; **4.** ⚓ Fahrrinne *f*, (Fahrt-)Route *f*; **5.** ✈ (Flug)Schneise *f*; **6.** *mot.* (Fahr)Spur *f*: ***get in*** ~***!*** bitte einordnen!; **7.** *sport* (*einzelne*) Bahn (*e-s Läufers, Schwimmers etc.*).

lang syne [ˌlæŋ'saɪn] *Scot.* **I** *adv.* vor langer Zeit; **II** *s.* längst vergangene Zeit; → ***auld lang syne***.

lan·guage ['læŋgwɪdʒ] *s.* **1.** Sprache *f*: ***foreign*** ~***s*** Fremdsprachen; ~ ***of flowers*** *fig.* Blumensprache; ***talk the same*** ~ *a. fig.* dieselbe Sprache sprechen; **2.** Sprache *f*, Ausdrucks-, Redeweise *f*, Worte *pl.*: ***bad*** ~ ordinäre Ausdrücke, Schimpfworte; ***strong*** ~ a) Kraftausdrücke, b) harte Worte *od.* Sprache; **3.** Sprache *f*, Stil *m*; **4.** (Fach)Sprache *f*: ***medical*** ~; **5.** *sl.* ordi'näre Sprache: ~, ***Sir!*** ich verbitte mir solche (gemeinen) Ausdrücke!; ~ **bar·ri·er** *s.* Sprachschranke *f*; ~ **la·bor·a·to·ry** *s. ped.* 'Sprachlaˌbor *n*.

lan·guid ['læŋgwɪd] *adj.* □ **1.** schwach, matt, schlaff; **2.** schleppend, träge; **3.** gelangweilt, lustlos, lau; **4.** lässig, träge; **5.** ✝ flau, lustlos (*Markt*).

lan·guish ['læŋgwɪʃ] *v/i.* **1.** ermatten, erschlaffen, erlahmen (*a. fig. Interesse, Konversation*); **2.** (ver)schmachten, da'hinsiechen, -welken: ~ ***in prison*** im Gefängnis schmachten; **3.** da'niederliegen (*Handel, Industrie etc.*); **4.** schmachtend blicken; **5.** schmachten (***for*** nach); **6.** Sehnsucht haben, sich härmen (***for*** nach); '**lan·guish·ing** [-ʃɪŋ] *adj.* □ **1.** ermattend, erlahmend (*a. fig.*); **2.** (ver)schmachtend, (da'hin-)siechend, leidend; **3.** sehnsuchtsvoll, schmachtend (*Blick*); **4.** lustlos, träge (*a.* ✝), langsam; **5.** langsam (*Tod*), schleichend (*Krankheit*).

lan·guor ['læŋgə] *s.* **1.** Mattigkeit *f*, Schlaffheit *f*; **2.** Trägheit *f*, Schläfrigkeit *f*; **3.** Stumpfheit *f*, Gleichgültigkeit *f*, Lauheit *f*; **4.** Stille *f*, Schwüle *f*; '**lan·guor·ous** [-ərəs] *adj.* □ **1.** matt; **2.** schlaff, träge; **3.** stumpf, gleichgültig; **4.** schläfrig, wohlig; **5.** schmelzend (*Musik etc.*); **6.** (*a. sinnlich*) schwül.

lank [læŋk] *adj.* □ **1.** lang u. dünn, schlank, mager; **2.** glatt, strähnig (*Haar*); '**lank·i·ness** [-kɪnɪs] *s.* Schlaksigkeit *f*; '**lank·y** [-kɪ] *adj.* hoch aufgeschossen, schlaksig.

lan·o·lin(e) ['lænəʊlɪn (-liːn)] *s.* ⚗ Lano'lin *n*, Wollfett *n*.

lan·tern ['læntən] *s.* **1.** La'terne *f*; **2.** Leuchtkammer *f* (*e-s Leuchtturms*); **3.** ⚠ La'terne *f* (*durchbrochener Dachaufsatz*); '**~-jawed** *adj.* hohlwangig;

~ **jaws** *s. pl.* eingefallene Wangen *pl.*; ~ **slide** *s. obs.* Dia(posi'tiv) *n*, Lichtbild *n*: ~ ***lecture*** Lichtbildervortrag *m*.

lan·yard ['lænjəd] *s.* **1.** ⚓ Taljereep *n*; **2.** ⚔ a) *obs.* Abzugsleine *f* (*Kanone*), b) Traggurt *m* (*Pistole*), c) (Achsel-) Schnur *f*; **3.** Schleife *f*.

lap¹ [læp] *s.* **1.** Schoß *m* (*e-s Kleides od. des Körpers*; *a. fig.*): ***sit on s.o.'s ~***; ***in the ~ of the church***; ***drop into s.o.'s ~*** j-m in den Schoß fallen; ***in Fortune's ~*** im Schoß des Glücks; ***it is in the ~ of the gods*** es liegt im Schoß der Götter; ***live in the ~ of luxury*** ein Luxusleben führen; **2.** (Kleider- *etc.*)Zipfel *m*.

lap² [læp] **I** *v/t.* **1.** falten, wickeln (***round***, ***about*** um); **2.** einwickeln, -schlagen, -hüllen; **3.** *a. fig.* um'hüllen, (ein)betten, (-)hüllen: ***~ped in luxury*** von Luxus umgeben; **4.** überein'ander legen, über'lappt anordnen; **5.** *sport* a) *Gegner* über'runden, b) *e-e Strecke* zu'rücklegen (*in 1 Minute etc.*); **II** *v/i.* **6.** sich winden *od.* legen (***round*** um); **7.** hin'ausragen, -gehen (*a. fig.*; ***over*** über *acc.*); **8.** über'lappen; **9.** *sport* die *od.* s-e Runde drehen *od.* laufen (***at*** in e-r Zeit von); **III** *s.* **10.** ⚙ Wickelung *f*, Windung *f*, Lage *f*; **11.** Über'lappung *f*, 'Überstand *m*; **12.** 'überstehender Teil, Vorstoß *m*; **13.** *Buchbinderei*: Falz *m*; **14.** *sport* Runde *f*; **15.** E'tappe *f* (*e-r Reise*, *a. fig.*).

lap³ [læp] **I** *v/t.* **1.** *a.* ~ ***up*** auflecken; **2.** ~ ***up*** a) *Suppe etc.* gierig (hin'unter-) schlürfen, b) F *et.* ‚fressen' (*glauben*), c) F *et.* gierig (in sich) aufnehmen, *et.* liebend gern hören *etc.*: ***they ~ped it up*** es ging ihnen ‚runter wie Öl'; **3.** plätschern gegen; **II** *v/i.* **4.** lecken, schlecken, schlürfen; **5.** plätschern; **III** *s.* **6.** Lecken *n*; **7.** Plätschern *n*.

'lap·dog *s.* Schoßhund *m*.

la·pel [lə'pel] *s.* (Rock)Aufschlag *m*, Re'vers *n*, *m*.

lap·i·dar·y ['læpɪdərɪ] **I** *s.* **1.** Edelsteinschneider *m*; **II** *adj.* **2.** Stein...; **3.** Steinschleiferei...; **4.** (Stein)Inschriften...; **5.** in Stein gehauen; **6.** *fig.* wuchtig, lapi'dar.

lap·is laz·u·li [ˌlæpɪs'læzjʊlaɪ] *s. min.* Lapis'lazuli *m*.

Lap·land·er ['læplændə] → ***Lapp*** I.

Lapp [læp] **I** *s.* Lappe *m*, Lappin *f*, Lappländer(in); **II** *adj.* lappisch.

lap·pet ['læpɪt] *s.* **1.** Zipfel *m*; **2.** *anat.*, *zo.* Hautlappen *m*.

Lap·pish ['læpɪʃ] → ***Lapp*** II.

lapse [læps] **I** *s.* **1.** Lapsus *m*, Fehler *m*, Versehen *n*: ~ ***of the pen*** Schreibfehler *m*; ~ ***of justice*** Justizirrtum *m*; ~ ***of taste*** Geschmacksverirrung *f*; **2.** Fehltritt *m*, Vergehen *n*, Entgleisung *f*: ~ ***from duty*** Pflichtversäumnis *n*; ~ ***from faith*** Abfall *m* vom Glauben; **3.** Absinken *n*, Abgleiten *n*, Verfall(en *n*) *m* (***into*** in *acc.*); **4.** a) Ablauf *m*, Vergehen *n* (*e-r Zeit*), b) ⚖ (Frist)Ablauf *m*, c) Zeitspanne *f*; **5.** ⚖ a) Verfall *m*, Erlöschen *n e-s Anspruchs etc.*, b) Heimfall *m* (*von Erbteilen etc.*); **6.** Aufhören, Verschwinden *n*, Aussterben *n*; **II** *v/i.* **7.** a) verstreichen (*Zeit*), b) ablaufen (*Frist*); **8.** verfallen (***into*** in *acc.*): ~ ***into silence***; **9.** absinken, abgleiten, verfallen (***into*** in *Barbarei etc.*); **10.** e-n Fehltritt tun, (mo'ralisch) entgleisen, sündigen; **11.** abfallen (***from faith*** vom Glauben); ~ ***from duty*** s-e Pflicht versäumen; **12.** ‚einschlafen', aufhören (*Beziehung*, *Unterhaltung etc.*); **13.** ⚖ a) verfallen, erlöschen (*Recht etc.*), b) heimfallen (***to*** an *acc.*).

lap·top ['læptɒp] *s. Computer*: Laptop *m*.

lap·wing ['læpwɪŋ] *s. orn.* Kiebitz *m*.

lar·board ['lɑːbəd] ⚓ *obs.* **I** *s.* Backbord *n*; **II** *adj.* Backbord...

lar·ce·ner ['lɑːsənə], **'lar·ce·nist** [-nɪst] *s.* ⚖ Dieb *m*; **'lar·ce·ny** [-nɪ] *s.* ⚖ Diebstahl *m*.

larch [lɑːtʃ] *s.* ⚘ Lärche *f*.

lard [lɑːd] **I** *s.* **1.** Schweinefett *n*, -schmalz *n*; **II** *v/t.* **2.** *Fleisch* spicken: ***~ing needle*** (*od.* ***pin***) Spicknadel *f*; **3.** *fig.* spicken (***with*** mit); **'lard·er** [-də] *s.* Speisekammer *f*, -schrank *m*.

large [lɑːdʒ] **I** *adj.* □ → ***largely***; **1.** groß: ***a ~ room*** (***horse***, ***rock***, *etc.*); ~ ***screen*** Großbildschirm *m*; (***as***) ~ ***as life*** in (voller) Lebensgröße (*a. humor.*); ***~r than life*** a) *Person*: außergewöhnlich, 'extravaˌgant, auffallend, b) *Sache*: 'übermäßig *od.* außergewöhnlich wichtig (*od.* bedeutend); **2.** groß (*beträchtlich*): ***a ~ business*** (***family***, ***sum***, *etc.*); ***a ~ meal*** e-e reichliche Mahlzeit; ~ ***farmer*** Großbauer *m*; ~ ***producer*** Großerzeuger *m*; **3.** um'fassend, ausgedehnt, weit(gehend): ~ ***powers*** umfassende Vollmachten; **4.** *obs.* großzügig; → *a.* ***large-minded***; **II** *adv.* **5.** groß: ***write ~***; ***it was written ~ all over his face*** *fig.* es stand ihm (deutlich) im Gesicht geschrieben; **6.** großspurig: ***talk ~*** ‚große Töne spucken'; **III** *s.* **7.** ***at ~*** a) auf freiem Fuß, in Freiheit: ***set s.o. at ~*** j-n auf freien Fuß setzen, b) (sehr) ausführlich: ***discuss s.th. at ~***, c) ganz allgemein, d) in der Gesamtheit: ***the nation at ~***; ***talk at ~*** ins Blaue hineinreden; **8.** ***in*** (***the***) ~ a) im Ganzen, in großem Maßstab, b) im Ganzen; **ˌ~-'hand·ed** *adj. fig.* freigebig; **ˌ~-'heart·ed** *adj. fig.* großherzig.

large·ly ['lɑːdʒlɪ] *adv.* **1.** in hohem Maße, großen-, größtenteils; **2.** weitgehend, im Wesentlichen; **3.** reichlich; **4.** allgemein.

ˌlarge-'mind·ed *adj.* vorurteilslos, tole'rant, aufgeschlossen.

large·ness ['lɑːdʒnɪs] *s.* **1.** Größe *f*; **2.** Größe *f*, Weite *f*, 'Umfang *m*; **3.** Großzügigkeit *f*, Freigebigkeit *f*; **4.** Großmütigkeit *f*.

'large-scale *adj.* groß (angelegt), 'umfangreich, ausgedehnt, Groß...: ~ ***attack*** ⚔ Großangriff *m*; ~ ***experiment*** Großversuch *m*; ~ ***manufacture*** Serienherstellung *f*; ***a ~ map*** e-e Karte in großem Maßstab.

lar·gess(e) [lɑː'dʒes] *s.* **1.** Freigebigkeit *f*; **2.** a) Gabe *f*, reiches Geschenk, b) reiche Geschenke *pl.*

larg·ish ['lɑːdʒɪʃ] *adj.* ziemlich groß.

lar·i·at ['lærɪət] *s.* Lasso *m*, *n*.

lark¹ [lɑːk] *s. orn.* Lerche *f*: ***rise with the ~*** mit den Hühnern aufstehen.

lark² [lɑːk] F **I** *s.* **1.** Jux *m*, Ulk *m*, Spaß *m*: ***for a ~*** zum Spaß, aus Jux; ***have a ~*** s-n Spaß haben *od.* treiben; ***what a ~!*** ist ja lustig *od.* ‚zum Brüllen'!; **2.** a) ‚Ding' *n*, Sache *f*, b) Quatsch *m*; **II** *v/i.* **3.** *a.* ~ ***about*** *od.* ***around*** her'umalbern, -blödeln.

lark·spur ['lɑːkspɜː] *s.* ⚘ Rittersporn *m*.

lar·ri·kin ['lærɪkɪn] *s. bsd. Austral.* (jugendlicher) Rowdy.

lar·va ['lɑːvə] *pl.* **-vae** [-viː] *s. zo.* Larve *f*; **'lar·val** [-vl] *adj. zo.* Larven...; **'lar·vi·cide** [-vɪsaɪd] *s.* Raupenvertilgungsmittel *n*.

la·ryn·ge·al [ˌlærɪn'dʒiːəl] *adj.* Kehlkopf...; **ˌlar·yn'gi·tis** [-'dʒaɪtɪs] *s.* ⚕ Kehlkopfentzündung *f*.

la·ryn·go·scope [lə'rɪŋgəskəʊp] *s.* ⚕ Kehlkopfspiegel *m*.

lar·ynx ['lærɪŋks] *s. anat.* Kehlkopf *m*.

las·civ·i·ous [lə'sɪvɪəs] *adj.* □ las'ziv: a) geil, lüstern, b) schlüpfrig: ~ ***story***.

la·ser ['leɪzə] *s. phys.* Laser *m*; ~ **beam** *s. phys.* Laserstrahl *m*; ~ **gun** *s.* 'Laserpisˌtole *f*, -kaˌnone *f*; ~ **med·i·cine** *s.* 'Lasermediˌzin *f*; ~ **print·er** *s.* Laserdrucker *m*; ~ **weap·ons** *s. pl.* Laserwaffen *pl.*

lash¹ [læʃ] **I** *s.* **1.** a) Peitschenschnur *f*, b) Peitsche(nende *n*) *f*; **2.** Peitschen-, Rutenhieb *m*: ***the ~ of her tongue*** *fig.* ihre scharfe Zunge; **3.** Peitschen *n* (*a. fig. des Regens*, *des Sturms etc.*); **4.** *fig.* (Peitschen)Hieb *m*; **5.** (Augen)Wimper *f*; **II** *v/t.* **6.** *j-n* peitschen, schlagen, auspeitschen: ~ ***the tail*** mit dem Schwanz um sich schlagen; ~ ***the sea*** das Meer peitschen (*Sturm*); **7.** peitschen *od.* schlagen an (*acc.*) *od.* gegen (*Regen etc.*); **8.** *fig.* geißeln, abkanzeln; **9.** heftig (an)treiben: ~ ***the audience into a fury*** das Publikum aufpeitschen; ~ ***o.s. into a fury*** sich in e-e Wut hineinsteigern; **III** *v/i.* **10.** *a. fig.* peitschen, schlagen: ~ ***about*** (wild) um sich schlagen; ~ ***into s.o.*** a) auf j-n einschlagen, b) *fig.* j-n wild attackieren; **11.** *fig.* peitschen, (*Regen*) *a.* prasseln: ~ ***down*** niederprasseln; **12.** ~ ***out*** a) (wild) um sich schlagen, b) ausschlagen (*Pferd*), c) (***at***) vom Leder ziehen (gegen), ‚einhauen' (auf *j-n*); **13.** ~ ***out on*** F a) (*mit Geld*) ‚auf den Putz hauen' bei *et.*, b) sich *j-m* gegenüber spendabel zeigen.

lash² [læʃ] *v/t. a.* ~ ***down*** festbinden, -zurren (***to***, ***on*** an *dat.*).

lash·ing¹ ['læʃɪŋ] *s.* **1.** a) Auspeitschung *f*, b) Prügel *pl.*; **2.** *pl. Brit.* F Masse(n *pl.*) *f* (*Speise etc.*).

lash·ing² ['læʃɪŋ] *s.* **1.** Anbinden *n*; **2.** ⚓ Laschung *f*, Tau(werk) *n*.

lass [læs] *s. bsd. Brit.* **1.** Mädchen *n*; **2.** ‚Schatz' *m*; **las·sie** ['læsɪ] → ***lass***.

las·si·tude ['læsɪtjuːd] *s.* Mattigkeit *f*.

las·so [læ'suː] **I** *pl.* **-so(e)s** *s.* Lasso *m*, *n*; **II** *v/t.* mit e-m Lasso fangen.

last¹ [lɑːst] **I** *adj.* □ → ***lastly***; **1.** letzt: ~ ***but one*** vorletzt; ~ ***but two*** drittletzt; ***for the ~ time*** zum letzten Mal(e); ***to the ~ man*** bis auf den letzten Mann; **2.** letzt, vorig: ~ ***Monday***, ***Monday ~*** (am) letzten *od.* vorigen Montag; ~ ***night*** a) gestern Abend, b) in der vergangenen Nacht; ~ ***week*** in der letzten *od.* vorigen Woche; ***the week before ~*** (die) vorletzte Woche; ***this day ~ week*** heute vor e-r Woche; ***on May 6th ~*** am vergangenen 6. Mai; **3.** neuest, letzt: ***the ~ news***; ***the ~ thing in jazz*** das Neueste im Jazz; **4.** letzt, al'lein übrig bleibend: ***the ~ hope*** die letzte (verbleibende) Hoffnung; ***my ~ pound*** mein letztes Pfund; **5.** letzt, endgültig, entscheidend; → ***word*** 1; **6.** äußerst: ***of the ~ importance*** von höchster Bedeutung; ***this is my ~ price*** dies ist mein äußerster *od.* niedrigster Preis; **7.** letzt, am wenigsten erwartet *od.* geeignet, unwahrscheinlich: ***the ~ man I would choose*** der Letzte, den ich wählen würde; ***he is the ~ person I expected to see*** mit ihm hatte ich am wenigsten gerechnet; ***this is the ~ thing to happen*** das ist völlig unwahrscheinlich; **8.** *contp.* ‚letzt', mise'ra-

L

belst; **II** *adv.* **9.** zu'letzt, als Letzter, -e, -es, an letzter Stelle: ***~ of all*** ganz zuletzt, zuallerletzt; ***~ but not least*** nicht zuletzt, nicht zu vergessen; **10.** zu'letzt, das letzte Mal, zum letzten Mal(e): ***I ~ met him in Berlin***; **11.** zu guter Letzt; **12.** *in Zssgn*: ***~-mentioned*** letzterwähnt, -genannt; **III** *s.* **13.** ***at ~*** a) endlich, b) schließlich, zuletzt; ***at long ~*** schließlich (doch noch); **14.** *der* (*die, das*) Letzte: ***the ~ of the Mohicans*** der letzte Mohikaner; ***he was the ~ to arrive*** er traf als Letzter ein; ***he would be the ~ to do that*** er wäre der Letzte, der so etwas täte; **15.** *der* (*die, das*) Letztgenannte *od.* Letzte; **16.** F a) letzte Erwähnung, b) letzter (An)Blick, c) letztes Mal: ***breathe one's ~*** s-n letzten Atemzug tun; ***hear the ~ of*** zum letzten Mal(e) (*od.* nichts mehr) hören von *et. od. j-m*; ***we shall never hear the ~ of this*** das werden wir noch lang zu hören kriegen; ***look one's ~ on s.th.*** e-n (aller)letzten Blick auf et. werfen; ***we shall never see the ~ of that man*** den (Mann) werden wir nie mehr los; **17.** Ende *n*: ***to the ~*** a) bis zum Äußersten, b) bis zum Ende (*od.* Tod).

last² [lɑːst] **I** *v/i.* **1.** (an-, fort)dauern, währen: ***too good to ~*** zu schön, um lange zu währen *od.* um wahr zu sein; ***it won't ~*** es wird nicht lange anhalten *od.* so bleiben; **2.** bestehen: ***as long as the world ~s***; **3.** 'durch-, aushalten: ***he won't ~ much longer*** er wirds nicht mehr lange machen; **4.** (sich) halten: ***the paint will ~***; ***~ well*** haltbar sein; **5.** (aus)reichen, genügen: ***while the money ~s*** solange das Geld reicht; ***I must make my money ~*** ich muss mit m-m Geld auskommen; **II** *v/t.* **6.** *a.* ***~ out*** *j-m* reichen: ***it will ~ us a week***; **7.** *mst* ***~ out*** a) über'dauern, b) 'durchhalten, c) (es mindestens) ebenso lange aushalten wie.

last³ [lɑːst] *s.* Leisten *m*: ***put on the ~*** über den Leisten schlagen; ***stick to your ~!*** *fig.* (Schuster,) bleib bei deinem Leisten!

ˌlast-'ditch *adj.*: ***~ stand*** *ein* letzter (verzweifelter) Widerstand *od.* Versuch.

last·ing ['lɑːstɪŋ] **I** *adj.* □ dauerhaft, dauernd, anhaltend, *Material etc. a.* haltbar: ***~ impression*** nachhaltiger Eindruck; **II** *s.* Lasting *n* (*fester Kammgarnstoff*); **'last·ing·ness** [-nɪs] *s.* Dauer(haftigkeit) *f*, Haltbarkeit *f*.

last·ly ['lɑːstlɪ] *adv.* zu'letzt, schließlich, am Ende, zum Schluss.

last-min·ute [ˌlɑːst'mɪnɪt] *adj.* in letzter Mi'nute: ***~ flight*** Last-Minute-Flug *m*.

latch [lætʃ] **I** *s.* **1.** Klinke *f*, (Schnapp-)Riegel *m*: ***on the ~*** nur eingeklinkt (*Tür*); **2.** Schnappschloss *n*; **II** *v/t.* **3.** ein-, zuklinken; **III** *v/i.* **4.** sich einklinken, einschnappen; **5.** ***~ on to*** F a) sich (wie e-e Klette) an *j-n* hängen, b) *e-e Idee* (gierig) aufgreifen, c) *et.* kapieren *od.* ‚spitzkriegen'.

'latch·key *s.* **1.** Drücker *m*, Schlüssel *m* (*für ein Schnappschloss*); **2.** Haus- *od.* Wohnungsschlüssel *m*: ***~ child*** Schlüsselkind *n*.

late [leɪt] **I** *adj.* □ → ***lately***; **1.** spät: ***at a ~ hour*** zu später Stunde, spät (*beide a. fig.*); ***on Monday at the ~st*** spätestens am Montag; ***it is*** (***getting***) ***~*** es ist (schon) spät; ***at a ~r time*** später, zu e-m späteren Zeitpunkt; → ***latest*** I; **2.** vorgerückt, spät, Spät...: ***~ edition*** (***programme, summer***) Spätausgabe *f* (-programm *n*, -sommer *m*); ***ℒ Latin*** Spätlatein *n*; ***the ~ 18th century*** das späte 18. Jahrhundert; ***in the ~ eighties*** gegen Ende der Achtzigerjahre; ***a man in his ~ eighties*** ein Endachtziger; ***in ~ May*** Ende Mai; **3.** verspätet, zu spät: ***be ~*** zu spät kommen (***for s.th.*** zu et.), sich verspäten, spät dran sein, 🚂 *etc.* Verspätung haben: ***be ~ for dinner*** zu spät zum Essen kommen; ***he was ~ with the rent*** er bezahlte s-e Miete mit Verspätung *od.* zu spät; **4.** letzt, jüngst, neu: ***the ~ war*** der letzte Krieg; ***of ~ years*** in den letzten Jahren; **5.** a) letzt, früher, ehemalig, b) verstorben: ***the ~ headmaster*** der letzte *od.* der verstorbene Schuldirektor; ***the ~ government*** die letzte *od.* vorige Regierung; ***my ~ residence*** m-e frühere Wohnung; ***~ of Oxford*** früher in Oxford (wohnhaft); **II** *adv.* **6.** spät: ***of ~*** in letzter Zeit, neuerdings; ***as ~ as last year*** erst *od.* noch letztes Jahr; ***until as ~ as 1984*** noch bis 1984; ***better ~ than never*** lieber spät als gar nicht; ***~ into the night*** bis spät in die Nacht; ***sit*** (*od.* ***stay***) ***up ~*** bis spät in die Nacht *od.* lange aufbleiben; ***it's a bit ~*** F es ist schon ein bisschen spät dafür; (***even***) ***~ in life*** (auch noch) in hohem Alter; ***not ~r than*** spätestens, nicht später als; ***~r on*** später, nachher; ***see you ~r!*** bis später!, bis bald!; ***~ in the day*** F reichlich spät, ‚ein bisschen' spät; **7.** zu spät: ***come ~***; ***the train arrived 20 minutes ~*** der Zug hatte 20 Minuten Verspätung; **'~ˌcom·er** *s.* Zu'spätgekommene(r *m*) *f*, Nachzügler(in), *fig. a. e-e* Neuerscheinung, *et.* Neues: ***he is a ~ in this field*** *fig.* er ist neu in diesem (Fach)Gebiet.

late·ly ['leɪtlɪ] *adv.* **1.** vor kurzem, kürzlich; **2.** in letzter Zeit, seit einiger Zeit, neuerdings.

la·ten·cy ['leɪtənsɪ] *s.* La'tenz *f*, Verborgenheit *f*.

late·ness ['leɪtnɪs] *s.* **1.** späte Zeit, spätes Stadium: ***the ~ of the hour*** die vorgerückte Stunde; **2.** Verspätung *f*, Zu'spätkommen *n*.

la·tent ['leɪtənt] *adj.* □ la'tent (*a.* ⚘, *phys., psych.*), verborgen: ***~ abilities***; ***~ buds*** unentwickelte Knospen; ***~ heat*** *phys.* latente *od.* gebundene Wärme; ***~ period*** Latenzstadium *n od.* -zeit *f*.

lat·er ['leɪtə] *comp. von* ***late***.

lat·er·al ['lætərəl] **I** *adj.* □ **1.** seitlich, Seiten..., Neben..., Quer...: ***~ angle*** (***view, wind***) Seitenwinkel *m* (-ansicht *f*, -wind *m*); ***~ branch*** Seitenlinie *f* (*e-s Stammbaums*); ***~ thinking*** unorthodoxe Denkmethode(n *pl.*) *f*; **2.** *anat., ling.* late'ral; **II** *s.* **3.** Seitenteil *n*, -stück *n*; **4.** *ling.* Late'ral *m*; **'lat·er·al·ly** [-rəlɪ] *adv.* seitlich, seitwärts; von der Seite.

Lat·er·an ['lætərən] *s.* Late'ran *m*.

lat·est ['leɪtɪst] **I** *sup. von* ***late***; **II** *adj.* **1.** spätest; **2.** neuest: ***the ~ fashion*** (***news, etc.***); **3.** letzt: ***he was the ~ to come*** er kam als Letzter; **III** *adv.* **4.** am spätesten: ***he came ~*** er kam als Letzter; **IV** *s.* **5.** (*der, die, das*) Neueste; **6.** ***at the ~*** spätestens.

la·tex ['leɪteks] *s.* ⚘ Milchsaft *m*, Latex *m*.

lath [lɑːθ] *s.* **1.** Latte *f*, Leiste *f*: → ***thin*** 2; **2.** *coll.* Latten(werk *n*) *pl.*

lathe [leɪð] *s.* ⚙ **1.** Drehbank *f*: ***~ tool*** Drehstahl *m*; ***~ tooling*** Bearbeitung *f* auf der Drehbank; **2.** Töpferscheibe *f*.

lath·er ['lɑːðə] **I** *s.* **1.** (Seifen)Schaum *m*; **2.** Schweiß *m* (*bsd. e-s Pferdes*): ***in a ~*** schweißgebadet; ***be in a ~ about s.th.*** F sich über et. aufregen; **II** *v/t.* **3.** einseifen; **III** *v/i.* **4.** schäumen.

Lat·in ['lætɪn] **I** *s.* **1.** *ling.* La'tein(isch) *n*, das Lateinische; **2.** *antiq.* a) La'tiner *m*, b) Römer *m*; **3.** Ro'mane *m*, Ro'manin *f*, Südländer(in); **II** *adj.* **4.** *ling.* la'teinisch, Latein...; **5.** a) ro'manisch: ***the ~ peoples***, b) südländisch: ***~ temperament***; **6.** *eccl.* römisch-ka'tholisch: ***~ Church***; **7.** la'tinisch; **ˌ~-A'mer·i·can I** *adj.* la'teinameriˌkanisch; **II** *s.* La'teinameriˌkaner(in).

Lat·in·ism ['lætɪnɪzəm] *s.* Lati'nismus *m*; **'Lat·in·ist** [-nɪst] *s.* Lati'nist(in), ‚La'teiner' *m*; **Lat·in·i·za·tion** [ˌlætɪnaɪ'zeɪʃn] *s.* Latinisierung *f*; **'Lat·in·ize** [-naɪz] *v/t.* latinisieren; **La·ti·no** [lə'tiːnəʊ] *pl.* **-nos** *s. Am.* F (*US-*)*Einwohner* (*-in*) *lateinamerikanischer Abkunft.*

lat·ish ['leɪtɪʃ] *adj.* etwas spät.

lat·i·tude ['lætɪtjuːd] *s.* **1.** *ast., geogr.* Breite *f*: ***degree of ~*** Breitengrad *m*; ***in ~ 40° N.*** auf dem 40. Grad nördlicher Breite; **2.** *pl. geogr.* Breiten *pl.*, Gegenden *pl.*: ***low ~s*** niedere Breiten; ***cold ~s*** kalte Gegenden; **3.** *fig.* a) Spielraum *m*, Freiheit *f*: ***allow s.o. great ~*** j-m große Freiheit gewähren, b) großzügige Auslegung (*e-s Begriffs etc.*); **4.** *phot.* Belichtungsspielraum *m*; **lat·i·tu·di·nal** [ˌlætɪ'tjuːdɪnl] *adj. geogr.* Breiten...

lat·i·tu·di·nar·i·an [ˌlætɪtjuːdɪ'neərɪən] **I** *adj.* libe'ral, tole'rant, *eccl. a.* freisinnig; **II** *s. bsd. eccl.* Freigeist *m*; **ˌlat·i·tu·di'nar·i·an·ism** [-nɪzəm] *s. eccl.* Liberali'tät *f*, Tole'ranz *f*.

la·trine [lə'triːn] *s.* La'trine *f*.

lat·ter ['lætə] **I** *adj.* □ → ***latterly***; **1.** *von zweien*: letzter: ***the ~ name*** der letztere *od.* letztgenannte Name; **2.** neuer, jünger: ***in these ~ days*** in der jüngsten Zeit; **3.** letzt, später: ***the ~ years of one's life***; ***the ~ half of June*** die zweite Junihälfte; ***the ~ part of the book*** die zweite Hälfte des Buches; **II** *s.* **4.** ***the ~*** a) der (die, das) Letztere, b) die Letzteren *pl.*; **'~-day** *adj.* aus neuester Zeit, mo'dern; **'~-day saints** *s. pl. eccl. die* Heiligen *pl.* der letzten Tage (*Mormonen*).

lat·ter·ly ['lætəlɪ] *adv.* **1.** in letzter Zeit, neuerdings; **2.** am Ende.

lat·tice ['lætɪs] **I** *s.* **1.** Gitter(werk) *n*; **2.** Gitterfenster *n od.* -tür *f*; **3.** Gitter(muster) *n*; **II** *v/t.* **4.** vergittern; ***~ bridge*** *s.* ⚙ Gitterbrücke *f*; ***~ frame***, ***~ gird·er*** *s.* ⚙ Gitter-, Fachwerkträger *m*; ***~ window*** *s.* Gitter-, Rautenfenster *n*; **'~·work** → ***lattice*** 1.

Lat·vi·an ['lætvɪən] **I** *adj.* **1.** lettisch; **II** *s.* **2.** Lette *m*, Lettin *f*; **3.** *ling.* Lettisch *n*.

laud [lɔːd] **I** *s.* Lobgesang *m*; **II** *v/t.* loben, preisen, rühmen; **'laud·a·ble** [-dəbl] *adj.* □ löblich, lobenswert.

lau·da·num ['lɒdnəm] *s. pharm.* Lau'danum *n*, 'Opiumtinkˌtur *f*.

lau·da·tion [lɔː'deɪʃn] *s.* Lob *n*; **laud·a·to·ry** ['lɔːdətərɪ] *adj.* lobend, Belobigungs..., Lob...

laugh [lɑːf] **I** *s.* **1.** Lachen *n*, Gelächter *n*, *thea. etc. a.* ‚Lacher' *m*, *contp.* (*böse etc.*) Lache: ***with a ~*** lachend; ***have a good ~ at s.th.*** herzlich über e-e Sache lachen; ***have the ~ of s.o.*** über j-n (am Ende) triumphieren; ***have the ~ on one's side*** die Lacher auf s-r Seite haben; ***the ~ was on me*** der Scherz ging auf m-e Kosten; ***raise a ~*** Gelächter

erregen, e-n Lacherfolg erzielen; ***what a ~!*** (das) ist ja zum Brüllen!; ***he (it) is a ~*** F er (es) ist doch zum Lachen; ***just for ~s*** nur zum Spaß; **II** *v/i.* **2.** lachen (*a. fig.*): ***to make s.o. ~*** j-n zum Lachen bringen; ***don't make me ~!*** *iro.* dass ich nicht lache!; ***he ~s best who ~s last*** wer zuletzt lacht, lacht am besten; → ***wrong*** 2; **3.** *fig.* lachen, strahlen (*Himmel etc.*); **III** *v/t.* **4.** lachend äußern: ***~ a bitter ~*** bitter lachen; → ***court*** 9;
Zssgn mit adv. u. prp.:
~ at *v/i.* lachen *od.* sich lustig machen über *j-n od. e-e Sache*, *j-n* auslachen; **~ a·way I** *v/t.* **1.** → ***laugh off***; **2.** *Sorgen etc.* durch Lachen verscheuchen; **3.** *Zeit* mit Scherzen verbringen; **II** *v/i.* **4.** drauf'loslachen, lachen u. lachen; **~ down** *v/t.* *j-n* durch Gelächter zum Schweigen bringen *od.* mit Lachen über'tönen, auslachen; **~ off** *v/t. et.* lachend *od.* mit e-m Scherz abtun.

laugh·a·ble ['lɑːfəbl] *adj.* □ lachhaft, lächerlich, komisch.

laugh·ing ['lɑːfɪŋ] **I** *s.* **1.** Lachen *n*, Gelächter *n*; **II** *adj.* □ **2.** lachend; **3.** lustig: ***it is no ~ matter*** das ist nicht zum Lachen; **4.** *fig.* lachend, strahlend: ***a ~ sky***; **~ gas** *s.* ⚕ Lachgas *n*; **~ gull** *s. orn.* Lachmöwe *f*; **~ hy·e·na** *s. zo.* 'Fleckenhy,äne *f*; **~ jack·ass** *s. orn.* Rieseneisvogel *m*; **~ stock** *s.* Gegenstand *m* des Gelächters, Zielscheibe *f* des Spottes: ***make a ~ of o.s.*** sich lächerlich machen.

laugh·ter ['lɑːftə] *s.* Lachen *n*, Gelächter *n*.

launch [lɔːntʃ] **I** *v/t.* **1.** *Boot* aussetzen, ins Wasser lassen; **2.** *Schiff* a) vom Stapel lassen, b) taufen: ***be ~ed*** vom Stapel laufen *od.* getauft werden; **3.** ✈ katapultieren, abschießen; **4.** *Torpedo, Geschoss* abschießen, *Rakete a.* starten; **5.** *et.* schleudern, werfen: ***~ o.s into*** → 12; **6.** *Rede, Kritik, Protest etc., a. e-n Schlag* vom Stapel lassen, loslassen; **7.** *et.* in Gang bringen, einleiten, starten, lancieren; **8.** *et.* lancieren: a) *Produkt, Buch, Film etc.* her'ausbringen, b) *Anleihe* auflegen, *Aktien* ausgeben; **9.** *j-n* lancieren, (gut) einführen, *j-m* ‚Starthilfe' geben; **10.** ⚔ *Truppen* einsetzen, *an e-e Front etc.* schicken *od.* werfen; **II** *v/i.* **11.** *mst* **~ out, ~ forth** losfahren, starten: ***~ out on a journey*** sich auf e-e Reise begeben; **12. ~ out (into)** *fig.* a) sich (in *die Arbeit, e-e Debatte etc.*) stürzen, b) loslegen (mit *e-r Rede, e-r Tätigkeit etc.*), c) (*et.*) anpacken, (*e-e Karriere, ein Projekt etc.*) starten: ***~ out into*** → *a.* 6; **13. ~ out** a) e-n Wortschwall von sich geben, b) F viel Geld springen lassen; **III** *s.* **14.** ⚓ Bar'kasse *f*; **15.** → ***launching***; '**launch·er** [-tʃə] *s.* **1.** ⚔ a) (Ra'keten)Werfer *m*, b) Abschussvorrichtung *f* (*Fernlenkgeschosse*); **2.** ✈ Kata'pult *m*, *n*, Startschleuder *f*.

launch·ing ['lɔːntʃɪŋ] *s.* **1.** ⚓ a) Stapellauf *m*, b) Aussetzen *n* (*von Booten*); **2.** Abschuss *m*, *e-r Rakete*: *a.* Start *m*; **3.** ⚔ Kata'pultstart *m*; **4.** *fig.* a) Starten *n*, In-'Gang-Setzen *n*, b) Start *m*, c) Einsatz *m*; **5.** Lancierung *f*, Einführung *f* (*e-s Produkts etc.*), Herausgabe *f* (*e-s Buches etc.*); **~ pad, ~ plat·form** *s.* Abschussrampe *f* (*e-r Rakete*); **~ rope** *s.* ✈ Startseil *n*; **~ site** *s.* ⚔ (Ra'keten-) ,Abschuss,basis *f*; **~ ve·hi·cle** *s.* 'Startra,kete *f*.

laun·der ['lɔːndə] **I** *v/t.* *Wäsche* waschen (u. bügeln); F *fig. illegal erworbenes Geld* ‚waschen'; **II** *v/i.* sich (*leicht etc.*) waschen lassen; **laun·der·ette** [,lɔːndə'ret] *s.* 'Waschsa,lon *m*; '**laun·dress** [-drɪs] *s.* Wäscherin *f*.

laun·dry ['lɔːndrɪ] *s.* **1.** Wäsche'rei *f*; **2.** F (schmutzige *od.* frisch gereinigte) Wäsche; **~ list 1.** Wäschezettel *m*; **2.** *Am.* F lange Liste.

lau·re·ate ['lɔːrɪət] **I** *adj.* **1.** lorbeergekrönt, -geschmückt; -bekränzt; **II** *s.* **2.** *mst* ***poet ~*** Hofdichter *m*; **3.** Preisträger *m*.

lau·rel ['lɒrəl] *s.* **1.** ♀ Lorbeer(baum) *m*; **2.** *mst pl. fig.* Lorbeeren *pl.*, Ehren *pl.*, Ruhm *m*: ***look to one's ~s*** sich behaupten wollen; ***reap*** (*od.* ***win*** *od.* ***gain***) ***~s*** Lorbeeren ernten; ***rest on one's ~s*** sich auf s-n Lorbeeren ausruhen; '**lau·rel(l)ed** [-ld] *adj.* **1.** lorbeergekrönt; **2.** preisgekrönt.

lav [læv] *s. Brit.* F ‚Klo' *n*.

la·va ['lɑːvə] *s. geol.* Lava *f*.

lav·a·to·ry ['lævətərɪ] *s.* Toi'lette *f*: ***public ~*** *a.* (öffentliche) Bedürfnisanstalt.

lav·en·der ['lævəndə] **I** *s.* **1.** ♀ La'vendel *m* (*a. Farbe*); **2.** La'vendel(wasser) *n*; **II** *adj.* **3.** la'vendelfarben.

lav·ish ['lævɪʃ] **I** *adj.* □ a) großzügig, reich, fürstlich, üppig (*Geschenke etc.*), b) reich, 'überschwänglich (*Lob etc.*), c) großzügig, verschwenderisch (***of*** mit, ***in*** in *dat.*) (*Person*): ***be ~ of*** (*od.* ***with***) um sich werfen mit, nicht geizen mit, verschwenderisch umgehen mit; **II** *v/t.* verschwenden, verschwenderisch (aus-) geben: ***~ s.th. on s.o.*** j-n mit et. überhäufen; '**lav·ish·ness** [-nɪs] *s.* Großzügigkeit *f* (*etc.*); Verschwendung(ssucht) *f*.

law [lɔː] *s.* **1.** (*objektives*) Recht, (*das*) Gesetz *od.* (*die*) Gesetze *pl.*: ***by*** (*od.* ***in, under the***) **~** nach dem Gesetz, von Rechts wegen, gesetzlich; ***under German ~*** nach deutschem Recht; ***contrary to ~*** gesetz-, rechtswidrig; ***~ and order*** Recht (*od.* Ruhe) u. Ordnung, *contp.* ‚Law and order'; ***become*** (*od.* ***pass into***) **~** Gesetz *od.* rechtskräftig werden; ***lay down the ~*** (alles) bestimmen, das Sagen haben; ***take the ~ into one's own hands*** zur Selbsthilfe greifen; ***his word is the ~*** was er sagt, gilt; **2.** Recht *n*: a) 'Rechtssy,stem *n*: ***the English ~***, b) (*einzelnes*) Rechtsgebiet: ***~ of nations*** Völkerrecht; **3.** (*einzelnes*) Gesetz: ***Election*** ♀; ***he is a ~ unto himself*** er tut, was er will; ***is there a ~ against it?*** *iro.* ist das (etwa) verboten?; **4.** Rechtswissenschaft *f*, Jura *pl.*: ***read*** (*od.* ***study, take***) **~** Jura studieren; ***be in the ~*** Jurist sein; ***practise ~*** e-e Anwaltspraxis ausüben; **5.** Gericht *n*, Rechtsweg *m*: ***go to ~*** vor Gericht gehen, den Rechtsweg beschreiten, prozessieren; ***go to ~ with s.o.*** j-n verklagen, gegen j-n prozessieren; **6. *the ~*** F die Polizei: ***call in the ~***; **7.** (*künstlerisches etc.*) Gesetz: ***the ~s of poetry***; **8.** (Spiel)Regel *f*: ***the ~s of the game***; **9.** a) (Na'tur)Gesetz *n*, b) (wissenschaftliches) Gesetz: ***the ~ of gravity***, c) (Lehr)Satz *m*: ***~ of sines*** Sinussatz; **10.** *eccl.* a) (göttliches) Gesetz, *coll. die* Gebote (Gottes), b) ***the*** ♀ (***of Moses***) das Gesetz (des Moses), c) ***the*** ♀ das Alte Testament; **11.** *hunt.*, *sport* Vorgabe *f*; '**~-a,bid·ing** *adj.* gesetzestreu, ordnungsliebend: ***~ citizen***; '**~,break·er** *s.* Ge'setzesüber,treter(in); **~ court** *s.* Gericht(shof *m*) *n*.

law·ful ['lɔːfʊl] *adj.* □ **1.** gesetzlich, le'gal; **2.** rechtmäßig, legi'tim: ***~ son*** ehelicher *od.* legitimer Sohn; **3.** rechtsgültig, gesetzlich anerkannt: ***~ marriage*** gültige Ehe; '**law·ful·ness** [-nɪs] *s.* Gesetzlichkeit *f*, Legali'tät *f*; Rechtsgültigkeit *f*.

'**law,giv·er** *s.* Gesetzgeber *m*.

law·less ['lɔːlɪs] *adj.* □ **1.** gesetzlos (*Land, Person*); **2.** gesetzwidrig, unrechtmäßig; '**law·less·ness** [-nɪs] *s.* **1.** Gesetzlosigkeit *f*; **2.** Gesetzwidrigkeit *f*.

Law Lord *s.* Mitglied *n* des brit. Oberhauses mit richterlicher Funkti'on.

lawn[1] [lɔːn] *s.* Rasen *m*.

lawn[2] [lɔːn] *s.* Li'non *m*, Ba'tist *m*.

lawn| mow·er *s.* Rasenmäher *m*; **~ sprin·kler** *s.* Rasensprenger *m*; **~ tennis** *s.* Rasentennis *n*.

law| of·fice *s.* 'Anwaltskanz,lei *f*, -praxis *f*; **~ of·fi·cer** *s.* ⚖ **1.** Ju'stizbeamte(r) *m*; **2.** *Brit. für* a) ***Attorney General***, b) ***Solicitor General***; **~ re·ports** *s. pl.* Urteilsammlung *f*, Sammlung *f* von richterlichen Entscheidungen; **~ school** *s.* **1.** 'Rechtsakade,mie *f*; **2.** *univ. Am.* ju'ristische Fakul'tät; **~ student** *s.* 'Jurastu,dent(in); '**~·suit** *s.* ⚖ a) Pro'zess *m*, Verfahren *n*, b) Klage *f*: ***bring a ~*** e-n Prozess anstrengen, Klage einreichen (***against*** gegen).

law·yer ['lɔːjə] *s.* **1.** (Rechts)Anwalt *m*, (-)Anwältin *f*; **2.** Rechtsberater(in); **3.** Ju'rist(in).

lax [læks] *adj.* □ **1.** lax, locker, (nach-) lässig (***about*** hinsichtlich *gen.*, mit): ***~ morals*** lockere Sitten; **2.** lose, schlaff, locker; **3.** unklar, verschwommen; **4.** *Phonetik*: schlaff artikuliert; **5. *~ bowels*** a) offener Leib, b) 'Durchfall *m*; **lax·a·tive** ['læksətɪv] ⚕ **I** *s.* Abführmittel *n*; **II** *adj.* abführend; **lax·i·ty** ['læksətɪ], '**lax·ness** [-nɪs] *s.* **1.** Laxheit *f*, Lässigkeit *f*; **2.** Schlaffheit *f*, Lockerheit *f* (*a. fig.*); **3.** Verschwommenheit *f*.

lay[1] [leɪ] **I** *s.* **1.** *bsd. geogr.* Lage *f*: ***the ~ of the land*** *fig.* die Lage; **2.** Schicht *f*, Lage *f*; **3.** Schlag *m* (*Tauwerk*); **4.** V a) ‚Nummer' *f* (*Koitus*), b) ***she is an easy ~*** die ist gleich ‚dabei'; ***she is a good ~*** sie ‚bumst' gut; **II** *v/t.* [*irr.*] **5.** *allg.* legen: ***~ it on the table***; ***~ a cable*** ein Kabel (ver)legen; ***~ a bridge*** e-e Brücke schlagen; ***~ eggs*** Eier legen; ***~ the foundation(s) of*** *fig.* den Grund (-stock) legen zu; ***~ the foundation stone*** den Grundstein legen; → *die Verbindungen mit den entsprechenden Substantiven etc.*; **6.** *fig.* legen, setzen: ***~ stress on*** Nachdruck legen auf (*acc.*), betonen; ***~ an ambush*** e-n Hinterhalt legen; ***~ the ax(e) to a tree*** die Axt an e-n Baum legen; ***the scene is laid in Rome*** der Schauplatz *od.* Ort der Handlung ist Rom, *thea.* das Stück *etc.* spielt in Rom; **7.** anordnen, herrichten: ***~ the table*** (*od.* ***the cloth***) den Tisch decken; ***~ the fire*** das Feuer (*im Kamin*) anlegen; **8.** belegen, bedecken: ***~ the floor with a carpet***; **9.** (***before***) vorlegen (*dat.*), bringen (vor *acc.*): ***~ one's case before a commission***; **10.** geltend machen, erheben: ***~ an information against s.o.*** Klage erheben *od.* (Straf)Anzeige erstatten gegen; **11.** a) *Strafe etc.* verhängen, b) *Steuern* auferlegen; **12.** *Schuld etc.* zuschreiben, zur Last legen: ***~ a mistake to s.o.('s charge)*** j-m e-n Fehler zur Last legen; **13.** *Schaden* festsetzen (***at*** auf *acc.*);

14. a) *et.* wetten, b) setzen auf (*acc.*); **15.** *e-n Plan* schmieden; **16.** 'umlegen, niederwerfen: **~ *s.o.* low** (*od.* ***in the dust***) j-n zu Boden strecken; **17.** *Getreide etc.* zu Boden drücken; **18.** *Wind, Wogen etc.* beruhigen, besänftigen: ***the wind is laid*** der Wind hat sich gelegt; **19.** *Staub* löschen; **20.** *Geist* bannen, beschwören; → ***ghost*** 1; **21.** ⚓ *Kurs* nehmen auf (*acc.*), ansteuern; **22.** ⚔ *Geschütz* richten; **23.** V ,umlegen', ,bumsen'; **III** *v/i.* [*irr.*] **24.** (Eier) legen; **25.** wetten; **26.** zuschlagen: **~ *about one*** um sich schlagen; **~ *into s.o.*** *sl.* auf j-n einschlagen; **~ *to*** (mächtig) ,rangehen' an *e-e Sache*; **27.** (*fälschlich für* ***lie***[2] II) liegen;
Zssgn mit adv.:

lay| a·bout *v/i.* (heftig) um sich schlagen; **~ a·side**, **~ by** *v/t.* **1.** bei'seite legen; **2.** *fig.* a) aufgeben, b) ,ausklammern'; **3.** *Geld etc.* beiseite *od.* auf die ,hohe Kante' legen, zu'rücklegen; **~ down I** *v/t.* **1.** hinlegen; **2.** *Amt, Waffen etc.* niederlegen; **3.** *sein Leben* hingeben, opfern; **4.** *Geld* hinter'legen; **5.** *Grundsatz, Regeln etc.* aufstellen, festlegen, -setzen, vorschreiben, *Bedingung in e-m Vertrag* niederlegen, verankern; → ***law*** 1; **6.** a) die Grundlagen legen für, b) planen, entwerfen; **7.** ✓ besäen *od.* bepflanzen (***in***, ***to***, ***under***, ***with*** mit); **8.** *Wein etc.* (ein)lagern; **II** *v/i.* **9.** *fälschlich für* ***lie down*** 1; **~ in** *v/t.* sich eindecken mit, einlagern; *Vorrat* anlegen; **~ off I** *v/t.* **1.** *Arbeiter* (vorübergehend) entlassen; **2.** *die Arbeit* einstellen; **3.** *das Rauchen etc.* aufgeben: **~ *smoking***; **4.** in Ruhe lassen: **~ (*it*)!** hör auf (damit)!; **II** *v/i.* **5.** aufhören; **~ on I** *v/t.* **1.** *Steuer etc.* auferlegen; **2.** *Peitsche* gebrauchen; **3.** *Farbe etc.* auftragen: ***lay it on*** a) (***thick***) *fig.* ,dick auftragen', übertreiben, b) e-e ,saftige' Rechnung stellen, c) draufschlagen; **4.** a) *Gas etc.* installieren, b) *Haus* ans (*Gas- etc.*)Netz anschließen; **5.** F a) auftischen, b) bieten, sorgen für, c) veranstalten, arrangieren; **II** *v/i.* **6.** zuschlagen, angreifen; **~ o·pen** *v/t.* **1.** bloßlegen; **2.** *fig.* a) aufdecken, b) offen legen; **~ out** *v/t.* **1.** ausbreiten; **2.** *Toten* aufbahren; **3.** *Geld* ausgeben; **4.** *allg.* gestalten, *Garten etc.* anlegen, *et.* entwerfen, planen, anordnen, *typ.* aufmachen, das Lay-out *e-r Zeitschrift etc.* machen; **5.** *sl.* a) *j-n* zs.-schlagen, b) *j-n* ,'umlegen', ,kaltmachen'; **6. ~ *o.s.* out** F sich ,mächtig ranhalten'; **~ o·ver** *Am.* **I** *v/t. et.* zu'rückstellen; **II** *v/i.* Aufenthalt haben, 'Zwischenstati,on machen; **~ to** *v/i.* ⚓ beidrehen; **~ up** *v/t.* **1.** → ***lay in***; **2.** ansammeln, anhäufen; **3.** a) ⚓ *Schiff* auflegen, außer Dienst stellen, b) *mot.* stilllegen; **4. *be laid up*** (***with***) bettlägerig sein (wegen), im Bett liegen (mit *Grippe etc.*).

lay[2] [leɪ] *pret. von* ***lie***[2].

lay[3] [leɪ] *adj.* Laien...: a) *eccl.* weltlich; b) laienhaft, nicht fachmännisch: ***to the ~ mind*** für den Laien(verstand).

lay[4] [leɪ] *s. obs.* **1.** Bal'lade *f*; **2.** Lied *n*.

'lay|·a·bout *s. bsd. Brit.* F Faulenzer *m*; **~ broth·er** *s. eccl.* Laienbruder *m*; **'~-by** *s. mot. Brit.* a) Rastplatz *m*, Parkplatz *m*, b) Parkbucht *f* (*Landstraße*); **~ days** *s. pl.* ⚓ Liegetage *pl.*, -zeit *f*; **'~-down** → ***lie-down***.

lay·er I *s.* ['leɪə] **1.** Schicht *f*, Lage *f*: ***in ~s*** schicht-, lagenweise; **2.** Leger *m*, *in Zssgn* ...leger *m*; **3.** Leg(e)henne *f*: ***this hen is a good ~*** diese Henne legt gut; **4.** ✓ Ableger *m*; **5.** ⚔ 'Höhenrichtkano,nier *m*; **II** *v/t.* **6.** ✓ durch Ableger vermehren; **7.** über'lagern, schichtweise legen; **~ cake** *s.* Schichttorte *f*.

lay·ette [leɪ'et] *s.* Babyausstattung *f*.

lay fig·ure *s.* **1.** Gliederpuppe *f* (*als Modell*); **2.** *fig.* Mario'nette *f*, Null *f*.

lay·ing ['leɪɪŋ] *s.* **1.** Legen *n* (*etc.* → ***lay***[1] II u. III): **~ *on of hands*** Handauflegen *n*; **2.** Gelege *n* (*Eier*); **3.** △ Bewurf *m*, Putz *m*.

lay| judge *s.* Laienrichter(in); **'~·man** [-mən] *s.* [*irr.*] **1.** Laie *m* (*Ggs. Geistlicher*); **2.** Laie *m*, Nichtfachmann *m*; **'~-off** *s.* **1.** (vor'übergehende) Entlassung; **2.** Feierschicht *f*; **'~·out** *s.* **1.** Planung *f*, Anordnung *f*, Anlage *f*; **2.** Plan *m*, Entwurf *m*; **3.** *typ.*, *a. Elektronik*: Lay-out *n*: **~ *man*** Layouter *m*; **4.** Aufmachung *f* (*e-r Zeitschrift etc.*); **~ sis·ter** *s.* Laienschwester *f*; **'~,wom·an** *s.* [*irr.*] Laiin *f*.

laze [leɪz] **I** *v/i. a.* **~ *around*** faulenzen, bummeln, auf der faulen Haut liegen; **II** *v/t.* **~ *away*** *Zeit* verbummeln; **III** *s.*: ***have a ~*** → I; **la·zi·ness** ['leɪzɪnɪs] *s.* Faulheit *f*, Trägheit *f*.

la·zy ['leɪzɪ] *adj.* □ träg(e): a) faul, b) langsam, sich langsam bewegend; **'~·bones** *s.* F Faulpelz *m*.

'ld [d] F *für* ***would*** *od.* ***should***.

lea [liː] *s. poet.* Flur *f*, Aue *f*.

leach [liːtʃ] **I** *v/t.* **1.** 'durchsickern lassen; **2.** (aus)laugen; **II** *v/i.* **3.** 'durchsickern.

lead[1] [liːd] **I** *s.* **1.** Führung *f*, Leitung *f*: ***under s.o.'s ~***; **2.** Führung *f*, Spitze *f*: ***be in the ~***, ***have the ~*** an der Spitze stehen, führen(d sein), *sport etc.* in Führung *od.* vorn liegen; ***take the ~*** a) *a. sport* die Führung übernehmen, sich an die Spitze setzen, b) die Initiative ergreifen, c) vorangehen, neue Wege weisen; **3.** *bsd. sport* a) Führung *f*: ***have a two-goal ~*** mit zwei Toren führen, b) Vorsprung *m*: ***one minute's ~*** 'eine Minute Vorsprung (***over s.o.*** vor j-m); **4.** Vorbild *n*, Beispiel *n*: ***give s.o. a ~*** j-m mit gutem Beispiel vorangehen; ***follow s.o.'s ~*** j-s Beispiel folgen; **5.** Hinweis *m*, Fingerzeig *m*, Anhaltspunkt *m*, Spur *f*: ***the police have several ~s***; **6.** *Kartenspiel*: a) Vorhand *f*: ***your ~!*** Sie spielen aus!, b) zu'erst ausgespielte Karte; **7.** *thea.* a) Hauptrolle *f*, b) Hauptdarsteller(in); **8.** ♪ a) Eröffnung *f*, Auftakt *m*, b) *Jazz etc.*: Lead *n*, Führungsstimme *f* (*Trompete etc.*); **9.** *Zeitung*: a) → ***lead story***, b) (zs.-fassende) Einleitung; **10.** (Hunde)Leine *f*; **11.** ϟ a) Leiter *m*, b) (Zu)Leitung *f*, c) *a. phase* **~** Voreilung *f*; **12.** ⚙ Steigung *f* (*e-s Gewindes*); **13.** ⚔ Vorhalt *m*; **II** *v/t.* [*irr.*] **14.** führen: **~ *the way*** vorangehen; ***this is ~ing us nowhere*** das bringt uns nicht weiter; → ***nose*** *Redew.*; **15.** *j-n* führen, bringen (***to*** nach, zu) (*a. Straße etc.*); → ***temptation***; **16.** (an)führen, an der Spitze stehen von, *a. Orchester etc.* leiten, *Armee* führen *od.* befehligen: **~ *the field*** *sport* das Feld anführen, vorn liegen; **17.** *j-n* dazu bringen, bewegen, verleiten (***to do s.th.*** et. zu tun): ***this led me to believe*** das machte mich glauben(, *dass*); **18.** a) *ein behagliches etc. Leben* führen, b) *j-m ein elendes etc. Leben* bereiten: **~ *s.o. a dog's life*** j-m das Leben zur Hölle machen; **19.** *Karte, Farbe etc.* aus-, anspielen; **20.** *Kabel etc.* führen, legen; **III** *v/i.* [*irr.*] **21.** führen: a) vorangehen, den Weg weisen (*a. fig.*), b) die erste Stelle einnehmen, c) *sport* in Führung liegen (***by*** mit *7 Metern etc.*): **~ *by points*** nach Punkten führen; **22. ~ *to*** a) führen *od.* gehen zu *od.* nach (*Straße etc.*), b) *fig.* führen zu: ***this is ~ing nowhere*** das führt zu nichts; **23.** *Kartenspiel*: ausspielen (***with s.th.*** et.): ***who ~s?***; **24.** *Boxen*: angreifen (mit der Linken *od.* Rechten): ***he ~s with his right*** *a.* s-e Führungshand ist die Rechte, er ist Rechtsausleger; **~ *with one's chin*** *fig.* das Schicksal herausfordern;
Zssgn mit adv.:

lead| a·stray *v/t.* in die Irre führen, *fig. a.* irre-, verführen; **~ a·way I** *v/t.* **1.** a) *j-n* wegführen, b) → ***lead off*** 1; **2.** *fig. j-n* abbringen (***from*** von *e-m Thema etc.*); **3. *be led away*** sich verleiten lassen; **II** *v/i.* **4. ~ *from*** von *e-m Thema etc.* wegführen; **~ off I** *v/t.* **1.** *j-n* abführen; **2.** *fig.* einleiten, eröffnen; **II** *v/i.* **3.** den Anfang machen; **~ on I** *v/i.* vor'angehen; **II** *v/t. fig.* a) *j-n* hinters Licht führen, b) *j-n* auf den Arm nehmen, c) *j-n* an der Nase herumführen; **~ up I** *v/t.* (***to***) a) (hin'auf)führen (auf *acc.*), b) (hin'über)führen (zu); **II** *v/i.* **~ *to*** *fig.* a) (all'mählich) führen zu, 'überleiten zu, *et.* einleiten: ***what is he leading up to?*** worauf will er hinaus?

lead[2] [led] **I** *s.* **1.** ⚗ Blei *n*; **2.** ⚓ Senkblei *n*, Lot *n*: ***cast*** (*od.* ***heave***) ***the ~*** loten; **3.** Blei *n*, Kugeln *pl.* (*Geschosse*); **4.** Gra'phit *m*, Reißblei *n*; **5.** (Bleistift)Mine *f*; **6.** *typ.* 'Durchschuss *m*; **7.** Bleifassung *f* (*Fenster*); **8.** *pl. Brit.* a) bleierne Dachplatten *pl.*, b) Bleidach *n*; **II** *v/t.* **9.** verbleien; **10.** mit Blei beschweren; **11.** *typ.* durch'schießen; **~ con·tent** *s.* ⚗ Bleigehalt *m* (*im Benzin*).

lead·en ['ledn] *adj.* bleiern (*a. fig. Glieder, Schlaf etc.*; *a. bleigrau*), Blei...

lead·er ['liːdə] *s.* **1.** Führer(in), Erste(r *m*) *f*, *sport a.* Ta'bellenführer *m*; **2.** (An)Führer(in), (*pol. Partei-, Fraktions-, Oppositions-*, ⚔ *bsd. Zug-, Gruppen*)Führer *m*: ℒ ***of the House*** *parl.* Vorsitzende(r) *m* des Unterhauses; **3.** ♪ a) Kon'zertmeister *m*, erster Violi'nist, b) Führungsstimme *f* (*erster Sopran od. Bläser etc.*), c) *Am.* (Or'chester-, Chor)Leiter *m*, Diri'gent *m*; **4.** Leiter(in) (*e-s Projekts etc.*); **5.** Leitpferd *n od.* -hund *m*; **6.** ⚖ *Brit.* erster Anwalt (*mst Kronanwalt*): **~ *for the defence*** Hauptverteidiger *m*; **7.** *bsd. Brit.* 'Leitar,tikel *m* (*Zeitung*): **~ *writer*** Leitartikler *m*; **8.** *allg. fig.* ,Spitzenreiter' *m*, *pl. a.* Spitzengruppe *f*; **9.** † a) 'Lockar,tikel *m*, b) 'Spitzenar,tikel *m*, führendes Pro'dukt, c) *pl. Börse*: führende Werte *pl.*, d) *Statistik*: Index *m*; **10.** ⚘ Leit-, Haupttrieb *m*; **11.** *anat.* Sehne *f*; **12.** Startband *n* (*e-s Films etc.*); **13.** *typ.* Leit-, Ta'bellenpunkt *m*.

lead·er·ship ['liːdəʃɪp] *s.* **1.** Führung *f*, Leitung *f*; **2.** 'Führungsquali,täten *pl.*

lead-free ['ledfriː] *adj.* bleifrei: **~ *petrol*** bleifreies Benzin.

'lead-in ['liːd-] **I** *adj.* **1.** ϟ Zuleitungs..., *a. fig.* Einführungs...; **II** *s.* **2.** (An'tennen- *etc.*)Zuleitung *f*; **3.** *fig.* Einleitung *f*.

lead·ing ['liːdɪŋ] führend: a) erst, vorderst: ***the ~ car***, b) *fig.* Haupt...: **~ *part*** *thea.* Hauptrolle *f*; **~ *product*** Spitzenprodukt *n*, c) tonangebend, maßgeblich: **~ *citizen*** prominenter Bürger; **~ ar·ti·cle** → ***leader*** 7, 9 a, b; **~ case**

s. ⚖ Präze'denzfall *m*; ~ **edge** *s.* ✈ Flügelvorderkante *f*; '~-**edge** *adj.* Spitzen...: ~ ***technology*** Spitzentechnik *f*; ~ **la·dy** *s.* Hauptdarstellerin *f*; ~ **light** *s.* F *fig.* ‚Leuchte' *f* (*Person*); ~ **man** *s.* [*irr.*] Hauptdarsteller *m*; ~ **note** *s.* ♪ Leitton *m*; ~ **ques·tion** *s.* ⚖ Sugge'stivfrage *f*; ~ **reins**, *Am.* ~ **strings** *s. pl.* **1.** Leitzügel *m*; **2.** Gängelband *n* (*a. fig.*): ***in*** ~ *fig.* a) in den Kinderschuhen (steckend), b) am Gängelband.

lead| pen·cil [led] *s.* Bleistift *m*; ~ **poi·son·ing** *s.* ⚕ Bleivergiftung *f*.

lead sto·ry [li:d] *s. Zeitung*: 'Hauptar,tikel *m*, ‚Aufmacher' *m*.

leaf [li:f] **I** *pl.* **leaves** [li:vz] *s.* **1.** ⚘ (*a.* Blumen)Blatt *n*, *pl. a.* Laub *n*: ***in*** ~ belaubt, grün; ***come into*** ~ ausschlagen, grün werden; **2.** *coll.* a) Teeblätter *pl.*, b) Tabakblätter *pl.*; **3.** Blatt *n* (*im Buch*): ***take a*** ~ ***out of s.o.'s book*** *fig.* sich an j-m ein Beispiel nehmen; ***turn over a new*** ~ *fig.* ein neues Leben beginnen; **4.** ⚙ a) Flügel *m* (*Tür, Fenster etc.*), b) Klappe *od.* Ausziehplatte *f* (*Tisch*), c) ⚔ (*Visier*)Klappe *f*; **5.** ⚙ Blatt *n*, (dünne) Folie: ***gold*** ~ Blattgold *n*; **6.** ⚙ Blatt *n* (*Feder*); **II** *v/t. u. v/i.* **7.** ~ ***through*** 'durchblättern.

leaf·age ['li:fɪdʒ] *s.* Laub(werk) *n*.

leaf| bud *s.* Blattknospe *f*; ~ **green** *s.* ⚘ Blattgrün *n* (*a. Farbe*).

leaf·less ['li:flɪs] *adj.* blätterlos, entblättert, kahl.

leaf·let ['li:flɪt] *s.* **1.** ⚘ Blättchen *n*; **2.** a) Flugblatt *n*, b) Hand-, Re'klamezettel *m*, c) Merkblatt *n*, d) Pro'spekt *m*, e) Bro'schüre *f*.

leaf spring *s.* ⚙ Blattfeder *f*.

leaf·y ['li:fɪ] *adj.* **1.** belaubt, grün; **2.** Laub...; **3.** blattartig, Blatt...

league¹ [li:g] *s.* **1.** Liga *f*, Bund *m*: ***ℒ of Nations*** *hist.* Völkerbund; **2.** Bündnis *n*, Bund *m*: ***be in*** ~ ***with*** im Bunde sein mit, unter 'einer Decke stecken mit; ***be in*** ~ ***against s.o.*** sich gegen j-n verbündet haben; **3.** *sport* Liga *f*: ***he is not in the same*** ~ (***with me***) *fig.* da (an mich) kommt er nicht ran.

league² [li:g] *s. obs.* Wegstunde *f*, Meile *f* (*etwa 4 km*).

leak [li:k] **I** *s.* **1.** a) ⚓ Leck *n*, b) undichte Stelle, Loch *n*: ***spring a*** ~ ein Leck *etc.* bekommen; ***take a*** ~ *sl.* ‚pinkeln' (gehen), c) → ***leakage*** 1; **2.** *fig.* a) ‚undichte Stelle' (*in e-m Amt etc.*), b) 'Durchsickern *n* (*von Informationen*), c) gezielte Indiskreti'on: ***a*** ~ ***to the press*** *a.* e-e der Presse zugespielte Information *etc.*; **3.** ⚡ a) Streuung(sverluste *pl.*) *f*, b) Fehlerstelle *f*; **II** *v/i.* **4.** lecken (*a.* ⚡ streuen), leck *od.* undicht sein, *Eimer etc. a.* (aus)laufen, tropfen; **5.** *a.* ~ ***out*** a) ausströmen, entweichen (*Gas*), b) auslaufen, sickern, tropfen (*Flüssigkeit*), c) 'durchsickern (*a. fig. Nachricht etc.*); **III** *v/t. a.* ~ ***out*** **6.** 'durchlassen: ***the container*** ~***ed*** (***out***) ***oil*** aus dem Behälter lief Öl aus; **7.** *fig. Nachricht etc.* 'durchsickern lassen: ~ ***s.th.*** (***out***) ***to*** *j-m* et. zuspielen.

leak·age ['li:kɪdʒ] *s.* **1.** a) Lecken *n*, Auslaufen *n*, -strömen *n*, -treten *n*, b) → ***leak*** 1 *a u.* 2; **2.** *a. fig.* Schwund *m*, Verlust *m*; **3.** ✝ Lec'kage *f*; ~ **cur·rent** *s.* ⚡ Leck-, Ableitstrom *m*.

leak·y ['li:kɪ] *adj.* leck, undicht.

lean¹ [li:n] *adj.* **1.** a) mager (*a. fig. Ernte, Fleisch, Jahre, Lohn etc.*), schmal, hager, b) schlank (*a. Management, Produktion*); **2.** ⚙ Mager... (*-kohle etc.*), Spar... (*-beton, -gemisch etc.*): ~-***burn engine*** Magermotor *m*; ~ ***production*** schlanke Produktion *f*.

lean² [li:n] **I** *v/i.* [*irr.*] **1.** sich neigen (***to*** nach), *Person a.* sich beugen (***over*** über *acc.*), (sich) lehnen (***against*** gegen, an *acc.*), sich stützen (***on*** auf *acc.*): ~ ***back*** sich zurücklehnen; ~ ***over*** sich (vor)neigen *od.* (vor)beugen; ~ ***over backward***(***s***) F sich ‚fast umbringen' (*et. zu tun*); ~ ***to***(***ward***) ***s.th.*** *fig.* zu et. (hin)neigen *od.* tendieren; **2.** ~ ***on*** *fig.* a) sich auf *j-n* verlassen, b) F *j-n* unter Druck setzen; **II** *v/t.* [*irr.*] **3.** neigen, beugen; **4.** lehnen (***against*** gegen, an *acc.*), (auf)stützen (***on, upon*** auf *acc.*); **III** *s.* **5.** Hang *m*, Neigung *f* (***to*** nach); '**lean·ing** [-nɪŋ] **I** *adj.* sich neigend, geneigt, schief: ~ ***tower*** schiefer Turm; **II** *s.* Neigung *f*, Ten'denz *f* (*a. fig.* ***towards*** zu).

lean·ness ['li:nnɪs] *s.* Magerkeit *f* (*a. fig. der Ernte, Jahre etc.*).

leant [lent] *bsd. Brit. pret. u. p.p. von* ***lean²***.

'**lean-to** [-tu:] **I** *pl.* **-tos** *s.* Anbau *m od.* Schuppen (*mit Pultdach*); **II** *adj.* angebaut, Anbau..., sich anlehnend.

leap [li:p] **I** *v/i.* [*irr.*] **1.** springen: ***look before you*** ~ erst wägen, dann wagen; ***ready to*** ~ ***and strike*** sprungbereit; ~ ***for joy*** vor Freude hüpfen (*a. Herz*); **2.** *fig.* a) springen, b) sich stürzen, c) *a.* ~ ***up*** (auf)lodern (*Flammen*), d) *a.* ~ ***up*** hochschnellen (*Preise etc.*): ~ ***into view*** plötzlich sichtbar werden *od.* auftauchen; ~ ***at*** sich (förmlich) auf *e-e Gelegenheit etc.* stürzen; ~ ***into fame*** mit 'einem Schlag berühmt werden; ~ ***to a conclusion*** voreilig e-n Schluss ziehen; ~ ***to the eye***, ~ ***out*** ins Auge springen; **II** *v/t.* [*irr.*] **3.** über'springen (*a. fig.*), springen über (*acc.*); **4.** *Pferd etc.* springen lassen (***over*** über *acc.*); **III** *s.* **5.** Sprung *m* (*a. fig.*): ***a*** ~ ***in the dark*** *fig.* ein Sprung ins Ungewisse; ***a great*** ~ ***forward*** *fig.* ein großer Sprung *od.* Schritt nach vorn; ***by*** ~***s*** (***and bounds***) *fig.* sprunghaft; ~ **day** *s.* Schalttag *m*; '~-**frog I** *s.* Bockspringen *n*; **II** *v/i.* Bock springen; **III** *v/t.* Bock springen über (*acc.*), e-n Bocksprung machen über (*acc.*).

leapt [lept] *pret. u. p.p. von* ***leap***.

leap year *s.* Schaltjahr *n*.

learn [lɜ:n] **I** *v/t.* [*irr.*] **1.** (er)lernen; **2.** (***from***) a) erfahren, hören (von), b) ersehen, entnehmen (aus *e-m Brief etc.*); **3.** *sl.* ‚lernen' (*lehren*); **II** *v/i.* [*irr.*] **4.** lernen: ***he will never*** ~***!*** er lernt es nie!; **5.** erfahren, hören (***of, about*** von); '**learn·ed** [-nɪd] *adj.* □ gelehrt, *Buch etc.*: *a.* wissenschaftlich, *Beruf etc.*: *a.* aka'demisch; '**learn·er** [-nə] *s.* **1.** Anfänger(in); **2.** Schüler(in), Lernende(r *m*) *f*: ***slow*** ~ Lernschwache(r *m*) *f*; **3.** *mot. a.* ~ ***driver*** Fahrschüler(in); '**learn·ing** [-nɪŋ] *s.* **1.** Gelehrsamkeit *f*, Gelehrtheit *f*, Wissen *n*: ***man of*** ~ Gelehrte(r) *m*; **2.** (Er)Lernen *n*; **learnt** [-nt] *pret. u. p.p. von* ***learn***.

lease [li:s] **I** *s.* **1.** Pacht-, Mietvertrag *m*; **2.** a) Verpachtung *f* (***to*** an *acc.*), b) Pacht *f*, Miete *f*, c) → ***leasing***: ***a new*** ~ ***of life*** *fig.* ein neues Leben, noch e-e (Lebens)Frist (*nach Krankheit etc.*); ***put out to*** (*od.* ***to let out on***) ~ → 5; ***take s.th. on*** ~, ***take a*** ~ ***of s.th.*** → 6; ***by*** (*od.* ***on***) ~ auf Pacht; **3.** Pachtbesitz *m*, -grundstück *n*; **4.** Pacht- *od.* Mietzeit *f od.* -verhältnis *n*; **II** *v/t.* **5.** ~ ***out*** verpachten *od.* vermieten (***to*** an *acc.*); **6.** pachten *od.* mieten, *Investitionsgüter a.* leasen.

'**lease|·hold** [-ʃəʊ-] **I** *s.* **1.** Pacht- *od.* Mietbesitz *m*, Pacht- *od.* Mietgrundstück *n*, Pachtland *n*; **II** *adj.* **2.** gepachtet, Pacht...; '~,**hold·er** *s.* Pächter(in), Mieter(in).

leas·er ['li:sə] *s.* Pächter(in), Mieter(in), *von Investitionsgütern etc.*: *a.* Leasingnehmer(in).

leash [li:ʃ] **I** *s.* **1.** (Koppel-, Hunde)Leine *f*: ***hold in*** ~ a) → 4, b) *fig.* im Zaum halten; ***strain at the*** ~ a) an der Leine zerren, b) *fig.* vor Ungeduld platzen; **2.** *hunt.* Koppel *f* (*drei Hunde, Füchse etc.*); **II** *v/t.* **3.** (zs.-)koppeln; **4.** an der Leine halten.

leas·ing ['li:sɪŋ] *s.* **1.** Pachten *n*, Mieten *n*; **2.** Verpachten *n od.* Vermieten *n*, *von Investitionsgütern etc.*: *a.* Leasing *n*.

least [li:st] **I** *adj.* (*sup. von* ***little***) geringst: a) kleinst, wenigst, mindest, b) unbedeutendst; **II** *s. das* Mindeste, *das* wenigste: ***at*** (***the***) ~ mindestens, wenigstens, zum Mindesten; ***at the very*** ~ allermindestens; ***not in the*** ~ nicht im Geringsten *od.* Mindesten; ***say the*** ~ (***of it***) gelinde gesagt; ~ ***said soonest mended*** je weniger Worte (darüber) desto besser; ***that's the*** ~ ***of my worries*** das ist m-e geringste Sorge; **III** *adv.* am wenigsten: ~ ***of all*** am allerwenigsten; ***not*** ~ nicht zuletzt; ***the*** ~ ***complicated solution*** die unkomplizierteste Lösung; ***with the*** ~ ***possible effort*** mit möglichst geringer Anstrengung.

leath·er ['leðə] **I** *s.* **1.** Leder *n* (*a. fig. humor. Haut*; *sport sl. Ball*): ~ ***belt*** Ledergürtel *m*; ~ ***goods*** Lederwaren *pl.*; ~ ***jacket*** Lederjacke *f*; **2.** Lederball *m*, -lappen *m*, -riemen *m etc.*; **3.** *pl.* a) Lederhose(n *pl.*) *f*, b) 'Lederga,maschen *pl.*; **II** *v/t.* **4.** mit Leder über'ziehen; **5.** F ‚versohlen'; '~-**neck** *s.* ⚔ *Am.* F ‚Ledernacken' *m*, Ma'rineinfante,rist *m* (*des U.S. Marine Corps*).

leath·er·y ['leðərɪ] *adj.* ledern, zäh.

leave¹ [li:v] **I** *v/t.* [*irr.*] **1.** *allg.* verlassen: a) von *j-m od. e-m Ort* weggehen, b) abreisen *od.* abfahren *od.* abfliegen von (***for*** nach), c) von *der Schule* abgehen, d) *j-n od. et.* im Stich lassen, *et.* aufgeben; **2.** lassen: ~ ***open*** offen lassen; ***it*** ~***s me cold*** F es lässt mich kalt; ~ ***it at that*** F es dabei belassen *od.* (bewenden) lassen; ~ ***things as they are*** die Dinge so lassen, wie sie sind; → ***leave alone***; **3.** (übrig) lassen: ***6 from 8*** ~***s 2*** 8 minus 6 ist 2; ***be left*** übrig sein, (übrig) bleiben; ***there's nothing left for us but to go*** uns bleibt nichts übrig, als zu gehen; ***to be left till called for*** postlagernd; **4.** *Narbe etc.* zu'rücklassen, *Eindruck, Nachricht, Spur etc.* hinter'lassen: ~ ***s.o. wondering whether*** j-n im Zweifel darüber lassen, ob; ~ ***s.o. to himself*** j-n sich selbst überlassen; **5.** *s-n Schirm etc.* stehen *od.* liegen lassen, vergessen; **6.** über'lassen, an'heim stellen (***to*** *dat.*): ***I*** ~ ***it to you*** (***to decide***); ~ ***it to me!*** überlass das mir!, lass mich das *od.* nur machen; ~ ***nothing to accident*** nichts dem Zufall überlassen; **7.** (*nach dem Tode*) hinter'lassen, zu'rücklassen: ***he*** ~***s a wife and five children***; **8.** vermachen, vererben (***to s.o.*** j-m); **9.** (*auf der Fahrt*) *links od. rechts* liegen lassen: ~ ***the mill on the left***; **10.** aufhören mit, (unter)'lassen, *Arbeit etc.* einstellen; **II** *v/i.* [*irr.*] **11.** (fort-, weg-)

gehen, (ab)reisen *od.* (ab)fahren *od.* (ab)fliegen (***for*** nach); **12.** gehen, die Stellung aufgeben;
Zssgn mit adv.:
leave| a·bout *v/t.* her'umliegen lassen; **~ a·lone** *v/t.* **1.** al'lein lassen; **2.** *j-n od. et.* in Ruhe lassen; *et.* auf sich beruhen lassen: ***leave well alone*** die Finger davon lassen; **~ a·side** *v/t.* bei'seite lassen; **~ be·hind** *v/t.* **1.** da-, zu'rücklassen; **2.** → ***leave¹*** 4, 5; **3.** *Gegner etc.* hinter sich lassen; **~ off I** *v/t.* **1.** weglassen; **2.** *Kleid etc.* a) nicht anziehen, b) ablegen, nicht mehr tragen; **3.** aufhören mit, *die Arbeit* einstellen; **4.** *Gewohnheit etc.* aufgeben; **II** *v/i.* **5.** aufhören; **~ on** *v/t. Kleid etc.* anbehalten, *a. Licht etc.* anlassen; **~ out** *v/t.* **1.** aus-, weglassen; **2.** draußen lassen; **3.** *j-n* ausschließen (***of*** von): ***leave her out of this!*** lass sie aus dem Spiel!; **~ o·ver** *v/t.* (*als Rest*) übrig lassen: ***be left over*** übrig (geblieben) sein.
leave² [liːv] *s.* **1.** Erlaubnis *f*, Genehmigung *f*: ***ask ~ of s.o.*** j-n um Erlaubnis bitten; ***take ~ to say*** sich zu sagen erlauben; ***by your ~!*** mit Verlaub!; ***without so much as a by your ~*** *iro.* mir nichts, dir nichts; **2.** *a.* ***~ of absence*** Urlaub *m*: (***go on***) ***~*** auf Urlaub (gehen); ***a man on ~*** ein Urlauber; **3.** Abschied *m*: ***take*** (***one's***) ***~*** sich verabschieden, Abschied nehmen (***of s.o.*** von j-m); ***have taken ~ of one's senses*** nicht (mehr) ganz bei Trost sein.
leav·en ['levn] **I** *s.* **1.** a) Sauerteig *m* (*a. fig.*), b) Hefe *f*, c) → ***leavening***; **II** *v/t.* **2.** *Teig* a) säuern, b) (auf)gehen lassen; **3.** *fig.* durch'setzen, -'dringen; **'leav·en·ing** [-nɪŋ] *s.* Treibmittel *n*, Gär-, Gärungsstoff *m*.
leaves [liːvz] *pl. von* ***leaf***.
'leave-ˌtak·ing *s.* Abschied(nehmen *n*) *m*.
leav·ing| cer·tif·i·cate ['liːvɪŋ] *s.* Abgangszeugnis *n*; **~ do** *s.* F *bsd. Brit.* Abschiedsfeier *f*, -fete *f*, Ausstand *m*.
leav·ings ['liːvɪŋz] *s. pl.* **1.** 'Überbleibsel *pl.*, Reste *pl.*; **2.** Abfall *m*.
Leb·a·nese [ˌlebə'niːz] **I** *adj.* liba'nesisch; **II** *s.* a) Liba'nese *m*, Liba'nesin *f*, b) *pl.* Liba'nesen *pl.*
lech·er ['letʃə] *s.* Wüstling *m*, *humor.* ‚Lustmolch' *m*; **lech·er·ous** ['letʃərəs] *adj.* □ lüstern, geil; **'lech·er·y** [-ərɪ] *s.* Lüsternheit *f*, Geilheit *f*.
lec·tern ['lektɜːn] *s. eccl.* (Lese- *od.* Chor)Pult *n*.
lec·ture ['lektʃə] **I** *s.* **1.** Vortrag *m*; *univ.* Vorlesung *f*, Kol'leg *n* (***on*** über *acc.*, ***to*** vor *dat.*): **~ *hall*** (*od.* ***room*** *od.* ***theatre***) Vortrags-, *univ.* Hörsaal *m*; **~ *tour*** Vortragsreise *f*; **2.** Strafpredigt *f*: ***give*** (*od.* ***read***) ***s.o. a ~*** → 5; **II** *v/i.* **3.** e-n Vortrag *od.* Vorträge halten (***to s.o. on s.th.*** vor j-m über e-e Sache); **4.** *univ.* e-e Vorlesung *od.* Vorlesungen halten, lesen (***on*** über *acc.*); **III** *v/t.* **5.** *j-m* e-e Strafpredigt *od.* Standpauke halten; **'lec·tur·er** [-tʃərə] *s.* **1.** Vortragende(r *m*) *f*; **2.** *univ.* Do'zent(in), Hochschullehrer(in); **3.** *Church of England*: Hilfsprediger *m*; **'lec·ture·ship** [-ʃɪp] *s. univ.* Dozen'tur *f*, Lehrauftrag *m*.
led [led] *pret. u. p.p. von* ***lead¹***.
ledge [ledʒ] *s.* **1.** Leiste *f*, Kante *f*; **2.** a) (Fenster)Sims *m od. n*, b) (Fenster-) Brett *n*; **3.** (Fels)Gesims *n*, (-)Vorsprung *m*; **4.** Felsbank *f*, Riff *n*.
ledg·er ['ledʒə] *s.* **1.** ✝ Hauptbuch *n*; **2.** ⚠ Querbalken *m*, Sturz *m* (*e-s Gerüsts*); **3.** große Steinplatte; **~ line** *s.* **1.** Angelleine *f* mit festliegendem Köder; **2.** ♪ Hilfslinie *f*.
lee [liː] *s.* **1.** (wind)geschützte Stelle; **2.** Windschattenseite *f*; **3.** ⚓ Lee(seite) *f*.
leech [liːtʃ] *s.* **1.** *zo.* Blutegel *m*: ***stick like a ~ to s.o.*** *fig.* wie e-e Klette an j-m hängen; **2.** *fig.* Blutsauger *m*, Schma'rotzer *m*.
leek [liːk] *s.* ⚘ (Breit)Lauch *m*, Porree *m*.
leer [lɪə] **I** *s.* (lüsterner *od.* gehässiger *od.* boshafter) (Seiten)Blick, anzügliches Grinsen; **II** *v/i.* (lüstern *etc.*) schielen (***at*** nach); anzüglich grinsen; **leer·y** ['lɪərɪ] *adj. sl.* **1.** schlau; **2.** argwöhnisch (***of*** gegenüber).
lees [liːz] *s. pl.* Bodensatz *m*: a) Hefe *f* (*a. fig.*): ***drink*** (*od.* ***drain***) ***to the ~*** *bsd. fig.* bis zur Neige leeren, b) Weinstein *m*.
lee| shore *s.* ⚓ Leeküste *f*; **~ side** *s.* ⚓ Leeseite *f*.
lee·ward ['liːwəd; ⚓ 'luːəd] **I** *adj.* Lee...; **II** *s.* Lee(seite) *f*: ***to ~*** → **III** *adv.* leewärts.
'lee·way *s.* **1.** ⚓, *a.* ✈ Abtrift *f*: ***make ~*** abtreiben; **2.** *fig.* Rückstand *m*: ***make up ~*** (den Rückstand) aufholen, (das Versäumte) nachholen; **3.** *fig.* Spielraum *m*.
left¹ [left] *pret. u. p.p. von* ***leave¹***.
left² [left] **I** *adj.* **1.** link (*a. pol.*); **II** *adv.* **2.** links: ***move ~*** nach links rücken; ***turn ~*** links abbiegen; ***~ turn!*** ⚔ links um!; **III** *s.* **3.** Linke *f* (*a. pol.*), linke Seite: ***on*** (*od.* ***to***) ***the ~*** (***of***) links (von), linker Hand (von); ***on our ~*** zu unserer Linken, links von uns; ***to the ~*** nach links; ***keep to the ~*** sich links halten, links fahren; ***the ~ of the party*** *pol.* der linke Flügel der Partei; **4.** *Boxen*: a) Linke *f* (*Faust*), b) Linke(r *m*) *f* (*Schlag*); **'~-hand** *adj.* **1.** link; **2.** → ***left-handed*** 1–4; **ˌ~-'hand·ed** *adj.* □ **1.** linkshändig: ***a ~ person*** → ***left-hander*** 1; **2.** linkshändig, link (*Schlag etc.*); **3.** link, linksseitig; **4.** ⚙ linksgängig, -läufig, Links...: **~ *drive*** Linkssteuerung *f*; **~ *screw*** linksgängige Schraube; **5.** zweifelhaft, fragwürdig: **~ *compliments***; **6.** linkisch, ungeschickt; **7.** *hist.* morga'natisch, zur linken Hand (*Ehe*); **ˌ~-'hand·er** *s.* **1.** Linkshänder(in); **2.** *Boxen*: Linke *f*.
left·ist ['leftɪst] *pol.* **I** *s.* Linke(r *m*) *f*, 'Linkspoˌlitiker(in), -stehende(r *m*) *f*; **II** *adj.* linksgerichtet, links stehend, Links...
ˌleft|-'lug·gage lock·er *s. Brit.* (Gepäck)Schließfach *n*; **ˌ~-'lug·gage** (**of·fice**) *s. Brit.* Gepäckaufbewahrung(sstelle) *f*; **'~ˌo·ver I** *adj.* übrig (geblieben); **II** *s.* 'Überbleibsel *n*, (*bsd.* Speise)Rest *m*.
'left|-wing *adj. pol.* dem linken Flügel angehörend, Links..., *Person*: *a.* linksgerichtet, links stehend: **~ *extremism*** 'Linksextreˌmismus *m*; **~ *extremist*** 'Linksextreˌmist(in); **ˌ~-'wing·er** *s.* **1.** → ***leftist*** I; **2.** *sport* Linksaußen *m*.
leg [leg] **I** *s.* **1.** a) Bein *n*, b) 'Unterschenkel *m*; → *Bes. Redew.*; **2.** (*Hammel- etc.*)Keule *f*: **~ *of mutton***; **3.** a) Bein *n* (*Hose, Strumpf*), b) Schaft *m* (*Stiefel*); **4.** a) Bein *n* (*Tisch etc.*), b) Stütze *f*, c) Schenkel *m* (*Zirkel etc.*, *a.* ⩓ *Dreieck*); **5.** E'tappe *f*, Abschnitt *m*, Teilstrecke *f*; **6.** *sport* a) E'tappe *f*, Teilstrecke *f*, b) Runde *f*, c) 'Durchgang *m*, Lauf *m*; **II** *v/i.* **7.** *mst* ***~ it*** F a) tippeln, marschieren, b) rennen;
Besondere Redewendungen:
on one's ~s a) stehend (*bsd. um e-e Rede zu halten*), b) auf den Beinen (*Ggs. bettlägerig*); ***be on one's last ~s*** es nicht mehr lange machen, ‚am Eingehen' sein, auf dem letzten Loch pfeifen; ***find one's ~s*** s-e Beine gebrauchen lernen, *fig.* sich finden; ***give s.o. a ~ up*** j-m (hin)aufhelfen, *fig.* j-m unter die Arme greifen; ***have not a ~ to stand on*** *fig.* keinerlei Beweise *od.* keine Chance haben; ***pull s.o.'s ~*** F j-n ‚auf den Arm nehmen' *od.* aufziehen; ***shake a ~*** a) F das Tanzbein schwingen, b) *sl.* ‚Tempo machen'; ***stand on one's own ~s*** auf eigenen Füßen stehen; ***stretch one's ~s*** sich die Beine vertreten.
leg·a·cy ['legəsɪ] *s.* ⚖ Le'gat *n*, Vermächtnis *n* (*a. fig.*), *fig. a.* Erbe *n*, *contp.* Hinter'lassenschaft *f*.
le·gal ['liːgl] *adj.* □ **1.** gesetzlich, rechtlich: **~ *holiday*** gesetzlicher Feiertag; **~ *reserves*** ✝ gesetzliche Rücklagen; **2.** le'gal: a) (rechtlich *od.* gesetzlich) zulässig, gesetzmäßig, b) rechtsgültig: **~ *claim***; ***not ~*** gesetzlich verboten *od.* nicht zulässig; ***make ~*** legalisieren; **3.** Rechts..., ju'ristisch: **~ *adviser*** Rechtsberater(in); **~ *aid*** Prozesskostenhilfe *f*; **~ *capacity*** Geschäftsfähigkeit *f*; **~ *entity*** juristische Person; **~ *force*** Rechtskraft *f*; **~ *position*** Rechtslage *f*; **~ *remedy*** Rechtsmittel *n*; **4.** gerichtlich: ***a ~ decision***; ***take ~ action*** (*od.* ***steps***) ***against s.o.*** gegen j-n gerichtlich vorgehen; **le·gal·ese** [ˌliːgə'liːz] *s.* Ju'ristensprache *f*, -jarˌgon *m*; **le·gal·i·ty** [liː'gælətɪ] *s.* Legali'tät *f*, Gesetzlichkeit *f*, Rechtmäßigkeit *f*, Zulässigkeit *f*.
le·gal·i·za·tion [ˌliːgəlaɪ'zeɪʃn] *s.* Legalisierung *f*; **le·gal·ize** ['liːgəlaɪz] *v/t.* legalisieren, rechtskräftig machen, *a.* amtlich beglaubigen, beurkunden.
leg·ate¹ ['legɪt] *s.* (päpstlicher) Le'gat.
le·gate² [lɪ'geɪt] *v/t.* (testamen'tarisch) vermachen.
leg·a·tee [ˌlegə'tiː] *s.* ⚖ Lega'tar(in), Vermächtnisnehmer(in).
le·ga·tion [lɪ'geɪʃn] *s. pol.* Gesandtschaft *f*, Vertretung *f*.
leg·a·tor [ˌlegə'tɔː; *Am.* lɪ'geɪtə] *s.* ⚖ Vermächtnisgeber(in), Erb-lasser(in).
leg·end ['ledʒənd] *s.* **1.** Sage *f*, (*a.* 'Heiligen)Leˌgende *f*; **2.** Le'gende *f*: a) erläuternder Text, Beschriftung *f*, 'Bildˌunterschrift *f*, b) Zeichenerklärung *f* (*auf Karten etc.*), c) Inschrift *f*; **3.** *fig.* legen'däre Gestalt *od.* Sache, Mythus *m*; **'leg·end·ar·y** [-dərɪ] *adj.* legen'där: a) sagenhaft, Sagen..., b) berühmt.
leg·er·de·main [ˌledʒədə'meɪn] *s.* Taschenspiele'rei *f*, *a. fig.* (Taschenspieler)Trick *m*.
-legged [legd] *adj. bsd. in Zssgn* mit (...) Beinen, ...beinig; **leg·gings** ['legɪŋz] *s. pl.* **1.** Leggings *pl.*; **2.** 'Überhose *f*; **leg·gy** ['legɪ] *adj.* langbeinig.
leg·i·bil·i·ty [ˌledʒɪ'bɪlətɪ] *s.* Leserlichkeit *f*; **leg·i·ble** ['ledʒəbl] *adj.* □ (gut) leserlich.
le·gion ['liːdʒən] *s.* **1.** *antiq.* ⚔ Legi'on *f* (*a. fig. Unzahl*): ***their name is ~*** *fig.* ihre Zahl ist Legion; **2.** Legi'on *f*, (*bsd.* Frontkämpfer)Verband *m*: ***the American*** (***British***) ***L***; ***L of Hono(u)r*** *französische* Ehrenlegion; ***the*** (***Foreign***) ***L*** die (französische) Fremdenlegion; **'le·gion·ar·y** [-dʒənərɪ] **I** *adj.* Legions...; **II** *s.* Legio'när *m*; **le·gion·naire** [ˌliːdʒə'neə] *s.* ('Fremden- *etc.*)Legioˌnär *m*.

leg·is·late ['ledʒɪsleɪt] **I** *v/i.* Gesetze erlassen; **II** *v/t.* durch Gesetze bewirken *od.* schaffen: **~ away** durch Gesetze abschaffen; **leg·is·la·tion** [ˌledʒɪs'leɪʃn] *s.* Gesetzgebung *f* (*a. weitS.* [erlassene] Gesetze *pl.*); '**leg·is·la·tive** [-lətɪv] **I** *adj.* □ **1.** gesetzgebend, legisla'tiv; **2.** Legislatur..., Gesetzgebungs...; **II** *s.* **3.** → *legislature*; '**leg·is·la·tor** [-leɪtə] *s.* Gesetzgeber *m*; '**leg·is·la·ture** [-leɪtʃə] *s.* Legisla'tive *f*, gesetzgebende Körperschaft.

le·git [lɪ'dʒɪt] *sl. für* **legitimate** I, **legitimate drama**.

le·git·i·ma·cy [lɪ'dʒɪtɪməsɪ] *s.* **1.** Legitimi'tät *f*: a) Rechtmäßigkeit *f*, b) Ehelichkeit *f*: **~ of birth**, c) Berechtigung *f*, Gültigkeit *f*; **2.** (Folge)Richtigkeit *f*.

le·git·i·mate [lɪ'dʒɪtɪmət] **I** *adj.* □ **1.** legi'tim: a) gesetzmäßig, gesetzlich, b) rechtmäßig, berechtigt (*Forderung etc.*), c) ehelich: **~ birth**; **~ son**; **2.** (folge)richtig, begründet, einwandfrei; **II** *v/t.* [-meɪt] **3.** legitimieren: a) für gesetzmäßig erklären, b) ehelich machen; **4.** als (rechts)gültig anerkennen; **5.** rechtfertigen; **~ dra·ma** *s.* **1.** lite'rarisch wertvolles Drama; **2.** echtes Drama (*Ggs. Film etc.*).

le·git·i·ma·tion [lɪˌdʒɪtɪ'meɪʃn] *s.* Legitimati'on *f*: a) Legitimierung *f*, *a.* Ehelichkeitserklärung *f*, b) 'Ausweis(paˌpiere *pl.*) *m*; **le·git·i·ma·tize** [lɪ'dʒɪtɪmətaɪz], **le·git·i·mize** [lɪ'dʒɪtɪmaɪz] → **legitimate** 3, 4, 5.

leg·less ['leglɪs] *adj.* ohne Beine, beinlos.

'**leg|·man** *s.* [*irr.*] *bsd. Am.* **1.** Re'porter *m* (im Außendienst); **2.** ‚Laufbursche' *m*; '**~-pull** *s.* F Veräppelung *f*, Scherz *m*; '**~-room** [-rʊm] *s. mot.* Beinfreiheit *f*; '**~-show** *s.* F ‚Beinchenschau' *f*, Re'vue *f*.

leg·ume ['legju:m] *s.* **1.** ♀ a) Hülsenfrucht *f*, b) Hülse *f* (*Frucht*); **2.** *mst pl.* a) Hülsenfrüchte *pl.* (*als Gemüse*), b) Gemüse *n*; **le·gu·mi·nous** [le'gju:mɪnəs] *adj.* Hülsen...; Hülsen tragend.

'**leg·work** *s.* F Laufe'rei *f*.

lei·sure ['leʒə] **I** *s.* **1.** Muße *f*, Freizeit *f*: **at ~** → **leisurely**; **be at ~** Zeit *od.* Muße haben; **at your ~** wenn es Ihnen (gerade) passt; **2.** → **leisureliness**; **II** *adj.* Muße..., frei: **~ hours**; **~ activities** Freizeitbeschäftigungen *pl.*, -gestaltung *f*; **~ industry** Freizeitindustrie *f*; **~ park** Freizeitpark *m*; **~ time** Freizeit *f*; '**~-wear** Freizeit(be)kleidung *f*; '**lei·sured** [-əd] *adj.* frei, unbeschäftigt, müßig: **the ~ classes** die begüterten Klassen; '**lei·sure·li·ness** [-lɪnɪs] *s.* Gemächlichkeit *f*, Gemütlichkeit *f*; '**lei·sure·ly** [-lɪ] *adj. u. adv.* gemächlich, gemütlich.

leit·mo·tiv, *a.* **leit·mo·tif** ['laɪtməʊˌti:f] *s. bsd.* ♪ 'Leitmoˌtiv *n*.

lem·ming ['lemɪŋ] *s. zo.* Lemming *m*.

lem·on ['lemən] **I** *s.* **1.** Zi'trone *f*; **2.** Zi'tronenbaum *m*; **3.** Zi'tronengelb *n*; **4.** *sl.* ‚Niete' *f*: a) ‚Flasche' *f* (*Person*), b) ‚Gurke' *f* (*Sache*): **hand s.o. a ~** ‚j-n schwer drankriegen'; **II** *adj.* **5.** zi'tronengelb; **lem·on·ade** [ˌlemə'neɪd] *s.* Zi'tronenlimoˌnade *f*.

lem·on| dab *s. ichth.* Rotzunge *f*; **~ sole** *s. ichth.* Seezunge *f*; **~ squash** *s. Brit.* Zi'tronenlimoˌnade *f*; **~ squeez·er** *s.* Zi'tronenpresse *f*.

le·mur ['li:mə] *s. zo.* Le'mur(e) *m*, Maki *m*.

lem·u·res ['lemjʊri:z] *s. pl. myth.* Le'muren *pl.* (*Gespenster*).

lend [lend] *v/t.* [*irr.*] **1.** (aus-, ver)leihen: **~ s.o. money** (*od.* **money to s.o.**) j-m Geld leihen, an j-n Geld verleihen; **2.** *fig. Würde etc.* verleihen (**to** *dat.*); **3.** *Hilfe etc.* leisten, gewähren: **~ itself to** sich eignen zu *od.* für (*Sache*); → **ear**[1] 3, **hand** 1; **4.** *s-n Namen* hergeben (**to** zu): **~ o.s. to** sich hergeben zu; **lend·er** ['lendə] *s.* Aus-, Verleiher(in), Geld-, Kre'ditgeber(in); **lend·ing li·brar·y** ['lendɪŋ] *s.* 'Leihbücheˌrei *f*; **lend·ing rate** *s.* Kre'ditzins *m*.

ˌ**Lend-'Lease Act** *s. hist.* Leih-Pacht-Gesetz *n* (*1941*).

length [leŋθ] *s.* **1.** *allg.* Länge *f*: a) *als Maß*, *a.* Stück *n* (*Stoff etc.*): **two feet in ~** 2 Fuß lang, b) (*a.* lange) Strecke, c) 'Umfang *m* (*Buch, Liste etc.*), d) (*a.* lange) Dauer (*a. Phonetik*); **2.** *sport* Länge *f* (Vorsprung): **win by a ~** mit e-r Länge (Vorsprung) siegen;
Besondere Redewendungen:
at ~ a) lang, ausführlich, b) endlich, schließlich; **at full ~** a) in allen Einzelheiten, ganz ausführlich, b) der Länge nach (*hinfallen*); **at great** (**some**) **~** sehr (ziemlich) ausführlich; **for any ~ of time** für längere Zeit; (**over all**) **the ~ and breadth of France** in ganz Frankreich (herum); **go** (**to**) **great ~s** a) sehr weit gehen, b) sich sehr bemühen; **he went** (**to**) **the ~ of asserting** er ging so weit zu behaupten; **go** (**to**) **all ~s** aufs Ganze gehen, vor nichts zurückschrecken; **go any ~** alles (Erdenkliche) tun.

length·en ['leŋθən] **I** *v/t.* **1.** verlängern, länger machen; **2.** ausdehnen; **3.** *Wein etc.* strecken; **II** *v/i.* **4.** sich verlängern, länger werden; **5. ~ out** sich in die Länge ziehen; '**length·en·ing** [-θənɪŋ] *s.* Verlängerung *f*.

length·i·ness ['leŋθɪnɪs] *s.* Langatmigkeit *f*, Weitschweifigkeit *f*.

'**length·ways** [-weɪz], *Am.* '**length·wise** *adv.* der Länge nach, längs.

length·y ['leŋθɪ] *adj.* □ **1.** (sehr) lang; **2.** *fig.* ermüdend *od.* 'übermäßig lang, langatmig.

le·ni·en·cy ['li:njənsɪ], *a.* **le·ni·ence** ['li:njəns] *s.* Milde *f*, Nachsicht *f*; '**le·ni·ent** [-nt] *adj.* □ mild(e), nachsichtig (**to**[**wards**] gegen'über).

lens [lenz] *s.* **1.** *anat.* Linse *f* (*a. phys.*, ⊙); **2.** *opt.* a) Linse *f*, b) Lupe *f*, (Vergrößerungs)Glas *n*; **3.** *phot.* Objek'tiv *n*, ‚Linse' *f*: **~ aperture** Blende *f*; **~ screen** Gegenlichtblende *f*.

lent[1] [lent] *pret. u. p.p. von* **lend**.

Lent[2] [lent] *s.* Fasten(zeit *f*) *pl.*

len·tic·u·lar [len'tɪkjʊlə] *adj.* □ **1.** linsenförmig, *bsd. anat.* Linsen...; **2.** *phys.* bikon'vex.

len·til ['lentɪl] *s.* ♀ Linse *f*.

Lent| lil·y *s.* ♀ Nar'zisse *f*; **~ term** *s. Brit.* 'Frühjahrstriˌmester *n*.

Le·o ['li:əʊ] *s. ast.* Löwe *m*.

le·o·nine ['li:əʊnaɪn] *adj.* Löwen...

leop·ard ['lepəd] *s. zo.* Leo'pard *m*: **black ~** Schwarzer Panther; **the ~ can't change its spots** *fig.* die Katze lässt das Mausen nicht; **~ cat** *s. zo.* Ben'galkatze *f*.

le·o·tard ['li:əʊtɑ:d] *s.* Tri'kot(anzug *m*) *n*, *sport* Gym'nastikanzug *m*.

lep·er ['lepə] *s.* **1.** Leprakranke(r *m*) *f*; **2.** *fig.* Aussätzige(r *m*) *f*.

lep·i·dop·ter·ous [ˌlepɪ'dɒptərəs] *adj.* Schmetterlings...

lep·re·chaun ['leprəkɔ:n] *s. Ir.* Kobold *m*.

lep·ro·sy ['leprəsɪ] *s.* ⚕ Lepra *f*; '**lep·rous** [-əs] *adj.* a) leprakrank, b) leprös, Lepra...

les·bi·an ['lezbɪən] **I** *adj.* lesbisch; **II** *s.* Lesbierin *f*; '**les·bi·an·ism** [-nɪzəm] *s.* lesbische Liebe, Lesbia'nismus *m*.

lese-maj·es·ty [ˌli:z'mædʒɪstɪ] *s.* **1.** *a. fig.* Maje'stätsbeleidigung *f*; **2.** Hochverrat *m*.

le·sion ['li:ʒn] *s.* **1.** Verletzung *f*, Wunde *f*; **2.** krankhafte Veränderung (*e-s Organs*).

less [les] **I** *adv.* (*comp. von* **little**) weniger (**than** als): **a ~ known** (*od.* **~-known**) **author** ein weniger bekannter Autor; **~ and ~** immer weniger *od.* seltener; **still** (*od.* **much**) **~** noch viel weniger, geschweige denn; **the ~ so as** (dies) umso weniger, als; **II** *adj.* (*comp. von* **little**) geringer, kleiner, weniger: **in ~ time** in kürzerer Zeit; **of ~ importance** (**value**) von geringerer Bedeutung (von geringerem Wert); **no ~ a person than Churchill**; *a.* **Churchill, no ~** kein Geringerer als Churchill; **III** *s.* weniger, e-e kleinere Menge *od.* Zahl, ein geringeres (Aus)Maß: **for ~** billiger; **do with ~** mit weniger auskommen; **little ~ than robbery** so gut wie *od.* schon fast Raub; **nothing ~ than** zumindest; **nothing ~ than a disaster** e-e echte Katastrophe; **~ of that!** hör auf damit!; **IV** *prp.* weniger, minus, ✝ abzüglich.

les·see [le'si:] *s.* Pächter(in) *od.* Mieter(-in), *von Investitionsgütern etc.*: *a.* Leasingnehmer(in).

less·en ['lesn] **I** *v/i.* sich vermindern *od.* verringern, abnehmen, geringer werden, nachlassen; **II** *v/t.* vermindern, -ringern, -kleinern; *fig.* her'absetzen, schmälern; '**less·en·ing** [-nɪŋ] *s.* Nachlassen *n*, Abnahme *f*, Verringerung *f*, -minderung *f*.

less·er ['lesə] *adj.* (*nur attr.*) kleiner, geringer; unbedeutender.

les·son ['lesn] *s.* **1.** Lekti'on *f* (*a. fig. Denkzettel, Strafe*), Übungsstück *n*, (*a.* Haus)Aufgabe *f*; **2.** (Lehr-, 'Unterrichts)Stunde *f*; *pl.* 'Unterricht *m*, Stunden *pl.*: **give ~s** Unterricht erteilen; **take ~s from s.o.** Stunden *od.* Unterricht bei j-m nehmen; **3.** *fig.* Lehre *f*: **this was a ~ to me** das war mir e-e Lehre; **let this be a ~ to you** lass dir das zur Lehre *od.* Warnung dienen; **he has learnt his ~** er hat s-e Lektion gelernt; **4.** *eccl.* Lesung *f*.

les·sor [le'sɔ:] *s.* Verpächter(in) *od.* Vermieter(in), *von Investitionsgütern etc.*: *a.* Leasinggeber(in).

lest [lest] *cj.* **1.** (*mst mit folgendem* **should** *konstr.*) dass *od.* da'mit nicht; aus Furcht, dass; **2.** (*nach Ausdrücken des Befürchtens*) dass: **fear ~**.

let[1] [let] **I** *s.* **1.** *Brit.* F a) Vermietung *f*, b) Mietwohnung *f*, Mietshaus *n*: **get a ~ for** e-n Mieter finden für; **II** *v/t.* [*irr.*] **2.** lassen, *j-m* erlauben: **~ him talk!** lass ihn reden!; **~ me help you** lassen Sie mich Ihnen helfen; **~ s.o. know** j-n wissen lassen *od.* Bescheid sagen; **~ into** a) (her)einlassen in (*acc.*), b) *j-n* einweihen in *ein Geheimnis*, c) *Stück Stoff etc.* einsetzen in (*acc.*); **~ s.o. off a penalty** j-m e-e Strafe erlassen; **~ s.o. off a promise** j-n von e-m Versprechen entbinden; **3.** vermieten (**to** an *acc.*, **for** auf *ein Jahr etc.*): **"to ~"** „zu vermieten"; **4.** *Arbeit etc.* vergeben (**to** an *j-n*); **III** *v/aux.* [*irr.*] **5.** lassen, mögen,

L

sollen (*zur Umschreibung des Imperativs der 1. u. 2. Person*): ~ ***us go! Yes, ~'s!*** gehen wir! Ja, gehen wir! (*od.* Ja, einverstanden!); ~ ***him go there at once!*** er soll sofort hingehen!; ***~'s not*** (F ***don't let's***) ***quarrel!*** wir wollen doch nicht streiten!; (***just***) ~ ***them try*** das sollen sie nur versuchen; ~ ***me see!*** Moment mal!; ~ ***A be equal to B*** nehmen wir an, A ist gleich B; ~ ***it be known that*** man soll *od.* alle sollen wissen, dass; **IV** *v/i.* [*irr.*] **6.** sich vermieten (lassen) (***at***, ***for*** für);
Besondere Redewendungen:
~ ***alone*** a) geschweige denn, ganz zu schweigen von, b) → ***let alone***; ~ ***loose*** loslassen; ~ ***be*** a) *et.* sein lassen, die Finger lassen von, b) *et. od. j-n* in Ruhe lassen; ~ ***fall*** a) (*a. fig. Bemerkung*) fallen lassen, b) Ⱥ *Senkrechte* fällen (***on***, ***upon*** auf *acc.*); ~ ***fly*** a) *et.* abschießen, *fig. et.* vom Stapel lassen, b) (*v/i.*) schießen (***at*** auf *acc.*), c) *fig.* vom Leder ziehen, grob werden; ~ ***go*** a) loslassen, fahren lassen, b) es sausen lassen, c) drauf'losrasen *od.* -schießen *etc.*, d) loslegen; ~ ***o.s. go*** a) sich gehen lassen, b) aus sich herausgehen; ~ ***go of s.th.*** et. loslassen; ~ ***it go at that*** lass es dabei bewenden;
Zssgn mit adv.:
let| a·lone *v/t.* **1.** al'lein lassen, verlassen; **2.** *j-n od. et.* in Ruhe lassen; *et.* sein lassen; die Finger von *et.* lassen (*a. fig.*): ***let well alone*** lieber die Finger davonlassen; ~ **down** *v/t.* **1.** hin'unter- *od.* her'unterlassen: ***let s.o. down gently*** mit j-m glimpflich verfahren; **2.** a) *j-n* im Stich lassen (***on*** bei), b) *j-n* enttäuschen, c) *j-n* blamieren; **3.** die Luft aus *e-m Reifen* lassen; ~ **in** *v/t.* **1.** (her)'einlassen; **2.** *Stück etc.* einlassen, -setzen; **3.** einweihen (***on*** in *acc.*); **4.** ***let s.o. in for*** j-m *et.* aufhalsen *od.* einbrocken; ***let o.s. in for*** sich *et.* einbrocken *od.* einhandeln, sich auf *et.* einlassen; ~ **off** *v/t.* **1.** *Sprengladung etc.* loslassen, *Gewehr etc.* abfeuern; *Gas etc.* ablassen; → ***steam*** 1; **2.** *Witz etc.* vom Stapel lassen; **3.** *j-n* laufen *od.* gehen lassen, *mit e-r Geldstrafe etc.* da'vonkommen lassen; ~ **on** F **I** *v/i.* **1.** ‚plaudern' (*Geheimnis verraten*); **2.** vorgeben, so tun als ob; **II** *v/t.* **3.** ‚ausplaudern', verraten; **4.** sich *et.* anmerken lassen; ~ **out** *v/t.* **1.** hin'aus- *od.* herauslassen; **2.** *Kleid* auslassen; **3.** *Geheimnis* ausplaudern; **4.** → ***let***[1] 3, 4; ~ **up** *v/i.* F **1.** a) nachlassen, b) aufhören; **2.** ~ ***on*** ablassen von, *j-n* in Ruhe lassen.

let² [let] *s.* **1.** *Tennis*: Netzaufschlag *m*, Netz(ball *m*) *n*; **2.** ***without ~ or hindrance*** völlig unbehindert.

'let·down *s.* **1.** Nachlassen *n*; **2.** F Enttäuschung *f*; **3.** ✈ Her'untergehen *n*.

le·thal ['li:θl] *adj.* **1.** tödlich, todbringend; **2.** Todes...

le·thar·gic, le·thar·gi·cal [lɪ'θɑ:dʒɪk(l)] *adj.* □ le'thargisch: a) ✱ schlafsüchtig, b) teilnahmslos, stumpf, träg(e); **leth·ar·gy** ['leθədʒɪ] *s.* Lethar'gie *f*: a) Teilnahmslosigkeit *f*, Stumpfheit *f*, b) ✱ Schlafsucht *f*.

Le·the ['li:θi:] *s.* **1.** Lethe *f* (*Fluss des Vergessens im Hades*); **2.** *poet.* Vergessen(heit *f*) *n*.

Lett [let] → ***Latvian***.

let·ter ['letə] **I** *s.* **1.** Buchstabe *m* (*a. fig. buchstäblicher Sinn*): ***to the ~*** *fig.* buchstabengetreu, (ganz) exakt; ***the ~ of the law*** der Buchstabe des Gesetzes; ***in ~ and in spirit*** dem Buchstaben u. dem Sinne nach; **2.** Brief *m*, Schreiben *n* (***to*** an *acc.*): ***by ~*** brieflich, schriftlich; ~ ***of application*** Bewerbungsschreiben; ~ ***of attorney*** ⚖ Vollmacht *f*; ~ ***of credit*** ⚕ Akkreditiv *n*; ~ ***of intent*** schriftliche Absichtserklärung; **3.** *pl.* Urkunde *f*: ***~s of administration*** ⚕ Nachlassverwalterzeugnis *n*; ***~s testamentary*** Testamentsvollstreckerzeugnis *n*; ***~s*** (*od.* ~) ***of credence***, ***~s credential*** *pol.* Beglaubigungsschreiben *n*; ***~s patent*** ⚕ (*sg. od. pl. konstr.*) Patent(urkunde *f*) *n*; **4.** *typ.* a) Letter *f*, Type *f*, b) *coll.* Lettern *pl.*, Typen *pl.*, c) Schrift(art) *f*; **5.** *pl.* a) (schöne) Litera'tur, b) Bildung *f*, c) Wissenschaft *f*: ***man of ~s*** a) Literat *m*, b) Gelehrter *m*; **II** *v/t.* **6.** beschriften; mit Buchstaben bezeichnen; *Buch* betiteln.

let·ter| bomb *s.* Briefbombe *f*; **'~·box** *s. bsd. Brit.* Briefkasten *m*; ~ **card** *s.* Briefkarte *f*.

let·tered ['letəd] *adj.* **1.** a) (lite'rarisch) gebildet, b) gelehrt; **2.** beschriftet, bedruckt.

let·ter| file *s.* Briefordner *m*; ~ **found·er** *s. typ.* Schriftgießer *m*.

'let·ter·head *s.* **1.** (gedruckter) Briefkopf; **2.** 'Kopfpa,pier *n*.

let·ter·ing ['letərɪŋ] *s.* Aufdruck *m*, Beschriftung *f*.

,let·ter-'per·fect *adj.* **1.** *thea.* rollensicher; **2.** *allg.* buchstabengetreu.

'let·ter|·press *s. typ.* **1.** (Druck)Text *m*; **2.** Hoch-, Buchdruck *m*; ~ **scales** *s. pl.* Briefwaage *f*; **'~·weight** *s.* Briefbeschwerer *m*.

Let·tish ['letɪʃ] → ***Latvian***.

let·tuce ['letɪs] *s.* ⚘ (*bsd.* 'Kopf)Sa,lat *m*.

'let-up *s.* F Nachlassen *n*, Aufhören *n*, Unter'brechung *f*: ***without ~*** unaufhörlich.

leu·co·cyte ['lju:kəʊsaɪt] *s. physiol.* Leuko'zyte *f*, weißes Blutkörperchen.

leu·co·ma [lju:'kəʊmə] *s.* ✱ Leu'kom *n* (*Hornhauttrübung*).

leu·k(a)e·mi·a [lju:'ki:mɪə] *s.* ✱ Leukä'mie *f*.

Le·van·tine ['levəntaɪn] **I** *s.* Levan'tiner (-in); **II** *adj.* levan'tinisch.

lev·ee¹ ['levɪ] *s.* (Ufer-, Schutz)Damm *m*, (Fluss)Deich *m*.

lev·ee² ['levɪ] *s.* **1.** *hist.* Le'ver *n*, Morgenempfang *m* (*e-s Fürsten*); **2.** *Brit.* Nachmittagsempfang *m*; **3.** *allg.* Empfang *m*.

lev·el ['levl] **I** *s.* **1.** Ebene *f* (*a. geogr.*), ebene Fläche; **2.** Horizon'tale *f*, Waagrechte *f*; **3.** Höhe *f* (*a. geogr.*), (*Meeres-, Wasser-, physiol. Alkohol-, Blutzucker- etc.*)Spiegel *m*, (*Geräusch-, Wasser*)Pegel *m*: ***on a ~*** (***with***) auf gleicher Höhe (mit); ***he's on the ~*** F a) er ist ‚in Ordnung', b) er meint es ehrlich; **4.** *fig.* (*a. geistiges*) Ni'veau, Stand *m*, Grad *m*, Stufe *f*: ***high ~ of education***; ***the ~ of prices*** das Preisniveau; ***low production ~*** niedriger Produktionsstand; ***come down to the ~ of others*** sich auf das Niveau anderer begeben; ***sink to the ~ of cut-throat practices*** auf das Niveau von Halsabschneidern absinken; ***find one's ~*** *fig.* den Platz einnehmen, der e-m zukommt; **5.** (*politische etc.*) Ebene: ***a conference at*** (*od.* ***on***) ***the highest ~*** e-e Konferenz auf höchster Ebene; **6.** ⚙ a) Li'belle *f*, b) Wasserwaage *f*; **7.** ⚙, *surv.* Nivel'lierinstru,ment *n*; **8.** ⚒ a) Sohle *f*, b) Sohlenstrecke *f*; **II** *adj.* **9.** eben: ***a ~ road***; **10.** horizon'tal, waag(e)recht; **11.** gleich (*a. fig.*): ~ ***crossing*** schienengleicher Übergang; ***a ~ teaspoon***(***ful***) ein gestrichener Teelöffel (voll); ~ (***with***) a) auf gleicher Höhe (mit), b) gleich hoch (wie); ***draw ~ with*** *j-n* einholen, *fig. a.* mit *j-m* gleichziehen; ~ ***with the ground*** a) zu ebener Erde, b) in Bodenhöhe; ***make ~ with the ground*** dem Erdboden gleichmachen; **12.** ausgeglichen: ~ ***race*** *a.* Kopf-an-Kopf-Rennen *n*; ~ ***stress*** *ling.* schwebende Betonung; ~ ***temperature*** gleich bleibende Temperatur; **13.** a) vernünftig, b) ausgeglichen (*Person*), c) kühl, ruhig (*a. Stimme*), d) ausgewogen (*Urteil*); **14.** F ‚anständig', ehrlich, fair: ***a ~ playing field*** 'Chancengleichheit *f*, gleiche Bedingungen *pl.* für alle; **III** *v/t.* **15.** (ein)ebnen, planieren: ~ (***with the ground***) dem Erdboden gleichmachen; **16.** *j-n* zu Boden schlagen; **17.** *fig.* a) gleichmachen, nivellieren, ‚einebnen', b) *Unterschiede* aufheben, c) ausgleichen; **18.** in horizon'tale Lage bringen; **19.** (***at***, ***against***) a) *Waffe*, *Blick*, *a. Kritik etc.* richten (auf *acc.*), b) *Anklage* erheben (gegen); **IV** *v/i.* **20.** zielen (***at*** auf *acc.*); **21.** ~ ***with s.o.*** F j-m gegenüber ehrlich sein; ~ **down** *v/t.* **1.** *Löhne*, *Preise etc.* nach unten angleichen; **2.** auf ein tieferes Ni'veau her'abdrücken; ~ **off** *od.* **out I** *v/t.* (*v/i.* das Flugzeug) abfangen *od.* aufrichten; **II** *v/i. fig.* sich einpendeln (***at*** bei); ~ **up** *v/t.* **1.** (nach oben) angleichen; **2.** auf ein höheres Ni'veau heben.

,lev·el-'head·ed *adj.* vernünftig, nüchtern, klar.

lev·el·(l)er ['levlə] *s. sociol.* ‚Gleichmacher' *m* (*Faktor*).

le·ver ['li:və] **I** *s.* **1.** ⚙, *phys.* a) Hebel *m*, b) Brechstange *f*; **2.** ⚙ Anker *m* (*der Uhr*): ~ ***escapement*** Ankerhemmung *f*; ~ ***watch*** Ankeruhr *f*; **3.** *fig.* Druckmittel *n*; **II** *v/t.* **4.** hebeln, mit e-m Hebel bewegen, (hoch- *etc.*)stemmen: ~ ***up***; **'le·ver·age** [-vərɪdʒ] *s.* **1.** ⚙ Hebelkraft *f*, -wirkung *f*; **2.** *fig.* a) Einfluss *m*, b) Druckmittel *n*: ***put ~ on s.o.*** j-n unter Druck setzen.

lev·er·et ['levərɪt] *s.* Junghase *m*, Häschen *n*.

le·vi·a·than [lɪ'vaɪəθn] *s. bibl.* Levi'athan *m*, (See)Ungeheuer *n*; *fig.* Ungetüm *n*, Gi'gant *m*.

lev·i·tate ['levɪteɪt] *v/i. u. v/t.* (frei) schweben (lassen); **lev·i·ta·tion** [,levɪ'teɪʃn] *s.* Levitati'on *f*, (freies) Schweben.

lev·i·ty ['levətɪ] *s.* Leichtfertigkeit *f*, Frivoli'tät *f*.

lev·y ['levɪ] **I** *s.* **1.** ⚕ a) Erhebung *f* (*von Steuern etc.*), b) Abgabe *f*: ***capital ~*** Kapitalabgabe, c) Beitrag *m*, 'Umlage *f*; **2.** ⚖ Voll'streckungsvoll,zug *m*; **3.** ⚔ a) Aushebung *f*, b) *a. pl.* ausgehobene Truppen *pl.*, Aufgebot *n*; **II** *v/t.* **4.** *Steuern etc.* erheben, *a. Geldstrafe* auferlegen (***on*** *dat.*); **5.** a) beschlagnahmen, b) *Beschlagnahme* 'durchführen; **6.** ⚔ a) *Truppen* ausheben, b) *Krieg* anfangen *od.* führen ([***up***]***on*** gegen).

lewd [lu:d] *adj.* □ **1.** lüstern, geil; **2.** unanständig, schmutzig; **'lewd·ness** [-nɪs] *s.* **1.** Lüsternheit *f*; **2.** Unanständigkeit *f*.

lex·i·cal ['leksɪkl] *adj.* □ lexi'kalisch; **lex·i·cog·ra·pher** [,leksɪ'kɒgrəfə] *s.* Lexiko'graph(in), Wörterbuchverfasser

(-in); **lex·i·co·graph·ic, lex·i·co·graph·i·cal** [ˌleksɪkəʊ'græfɪk(l)] *adj.* □ lexiko'graphisch; **lex·i·cog·ra·phy** [ˌleksɪ'kɒgrəfɪ] *s.* Lexikogra'phie *f*; **lex·i·col·o·gy** [ˌleksɪ'kɒlədʒɪ] *s.* Lexikolo'gie *f*; **'lex·i·con** [-kən] *s.* Lexikon *n.*

li·a·bil·i·ty [ˌlaɪə'bɪlətɪ] *s.* **1.** ✝, ⚖ a) Verpflichtung *f*, Verbindlichkeit *f*, Schuld *f*, *Bilanz*: Passivposten *m*, *pl.* Pas'siva *pl.*, b) Haftung *f*, Haftpflicht *f*, Haftbarkeit *f*: **~ insurance** Haftpflichtversicherung *f*; → **limited** I, c) (*Beitrags-*, *Schadenersatz- etc.*)Pflicht *f*: **~ for damages**; **2.** Verantwortlichkeit *f*: **criminal ~** strafrechtliche Verantwortung; **3.** Ausgesetztsein *n*, Unter'worfensein *n* (**to s.th.** e-r Sache): **~ to penalty** Strafbarkeit *f*; **4.** (**to**) Hang *m* (zu), Anfälligkeit *f* (für).

li·a·ble ['laɪəbl] *adj.* **1.** ✝, ⚖ verantwortlich, haftbar, -pflichtig (**for** für): **be ~ for** haften für; **hold s.o. ~** j-n haftbar machen; **2.** verpflichtet (**for** zu); (*steuer- etc.*)pflichtig: **~ to** (*od.* **for**) **military service** wehrpflichtig; **3.** (**to**) neigend (zu), ausgesetzt (*dat.*), unter'worfen (*dat.*): **be ~ to** a) *e-r Sache* ausgesetzt sein *od.* unterliegen, b) (*mit inf.*) leicht *et. tun* (können), in Gefahr sein *vergessen etc.* zu *werden*, c) (*mit inf.*) *et.* wahrscheinlich *tun*: **be ~ to a fine** e-r Geldstrafe unterliegen; **~ to prosecution** strafbar.

li·aise [lɪ'eɪz] *v/i.* (**with**) als Verbindungsmann fungieren (zu), die Verbindung aufrechterhalten (mit).

li·ai·son [liː'eɪzɔ̃ːŋ, ⚔ -zən] (*Fr.*) *s.* **1.** Zs.-arbeit *f*, Verbindung *f*: **~ officer** a) ⚔ Verbindungsoffizier *m*, b) Verbindungsmann *m*; **2.** Liai'son *f*: a) (Liebes-)Verhältnis *n*, b) *ling.* Bindung *f.*

li·a·na [lɪ'ɑːnə] *s.* ⚘ Li'ane *f.*

li·ar ['laɪə] *s.* Lügner(in).

Li·as ['laɪəs] *s. geol.* Lias *m*, *f*, schwarzer Jura.

li·ba·tion [laɪ'beɪʃn] *s.* **1.** Trankopfer *n*; **2.** *humor.* Zeche'rei *f.*

li·bel ['laɪbl] **I** *s.* **1.** ⚖ a) Verleumdung *f*, üble Nachrede, Beleidigung *f* (*durch e-e Veröffentlichung*) (**of, on** *gen.*), b) Klageschrift *f*; **2.** *allg.* (**on**) Verleumdung *f* (*gen.*), Beleidigung *f* (*gen.*), Hohn *m* (auf *acc.*); **II** *v/t.* **3.** ⚖ (schriftlich *etc.*) verleumden; **4.** *allg.* verunglimpfen; **'li·bel·(l)ant** [-lənt] *s.* ⚖ Kläger(in); **li·bel·(l)ee** [ˌlaɪbə'liː] *s.* ⚖ Beklagte(r *m*) *f*; **'li·bel·(l)ous** [-bləs] *adj.* □ verleumderisch.

lib·er·al ['lɪbərəl] **I** *adj.* □ **1.** libe'ral, frei(sinnig), vorurteilsfrei, aufgeschlossen; **2.** großzügig: a) freigebig (**of** mit), b) reichlich (bemessen): **a ~ gift** ein großzügiges Geschenk; **a ~ quantity** e-e reichliche Menge, c) frei, weitherzig: **~ interpretation**, d) allgemein (bildend): **~ education** allgemein bildende Erziehung *od.* (gute) Allgemeinbildung; **~ profession** freier Beruf; **3.** *mst* 2 *pol.* libe'ral: **2 Party**; **II** *s.* **4.** *oft* 2 *pol.* Libe'rale(r *m*) *f*; **~ arts** *s. pl.* Geisteswissenschaften *pl.* (*Philosophie*, *Literatur*, *Sprachen*, *Soziologie etc.*).

lib·er·al·ism ['lɪbərəlɪzəm] *s.* **1.** → **liberality** b; **2.** 2 *pol.* Libera'lismus *m*; **lib·er·al·i·ty** [ˌlɪbə'rælətɪ] *s.* Großzügigkeit *f*: a) Freigebigkeit *f*, b) libe'rale Einstellung, Liberali'tät *f*; **lib·er·al·i·za·tion** [ˌlɪbərəlaɪ'zeɪʃn] *s.* ✝, *pol.* Liberalisierung *f*; **'lib·er·al·ize** [-laɪz] *v/t.* ✝, *pol.* liberalisieren.

lib·er·ate ['lɪbəreɪt] *v/t.* **1.** befreien (**from** von) (*a. fig.*); **2.** ⚗ freisetzen; **lib·er·a·tion** [ˌlɪbə'reɪʃn] *s.* **1.** Befreiung *f*; **2.** ⚗ Freisetzen *n od.* -werden *n*; **'lib·er·a·tor** [-tə] *s.* Befreier *m.*

Li·be·ri·an [laɪ'bɪərɪən] **I** *s.* Li'berier(in); **II** *adj.* li'berisch.

lib·er·tin·age ['lɪbətɪnɪdʒ] → **libertinism**; **'lib·er·tine** [-ətiːn] *s.* Wüstling *m*; **'lib·er·tin·ism** [-tɪnɪzəm] *s.* Sittenlosigkeit *f*, Liberti'nismus *m.*

lib·er·ty ['lɪbətɪ] *s.* **1.** Freiheit *f*: a) per'sönliche *etc.* Freiheit: **religious ~** Religionsfreiheit, b) freie Wahl, Erlaubnis *f*: **large ~ of action** weitgehende Handlungsfreiheit, c) *mst pl.* Privi'leg *n*, (Vor)Recht *n*, d) *b.s.* Ungehörigkeit *f*, Frechheit *f*; **2.** *hist. Brit.* Freibezirk *m* (*e-r Stadt*);

Besondere Redewendungen:

at ~ a) in Freiheit, frei, b) berechtigt, c) unbenützt; **be at ~ to do s.th.** et. tun dürfen; **you are at ~ to go** es steht Ihnen frei zu gehen, Sie können gehen; **set at ~** in Freiheit setzen, freilassen; **take the ~ to do** (*od.* **of doing**) **s.th.** sich die Freiheit nehmen, et. zu tun; **take liberties with** a) sich Freiheiten gegen *j-n* herausnehmen, b) willkürlich mit *et.* umgehen.

li·bid·i·nous [lɪ'bɪdɪnəs] *adj.* □ lüstern, triebhaft, *psych.* libidi'nös, wollüstig; **li·bi·do** [lɪ'biːdəʊ] *s. psych.* Li'bido *f.*

Li·bra ['laɪbrə] *s. ast.* Waage *f*; **'Li·bran** [-rən] *s.* Waage(mensch *m*) *f.*

li·brar·i·an [laɪ'breərɪən] *s.* Bibliothe'kar (-in); **li'brar·i·an·ship** [-ʃɪp] *s.* **1.** Biblio'thekarsstelle *f*; **2.** Biblio'thekswissenschaft *f.*

li·brar·y ['laɪbrərɪ] *s.* **1.** Biblio'thek *f*: a) *öffentliche* Büche'rei, b) *private* Büchersammlung, c) Studierzimmer *n*, d) Buchreihe *f*; **2.** Schallplattensammlung *f*; **~ sci·ence** → **librarianship** 2.

li·bret·to [lɪ'bretəʊ] *s.* ♪ Li'bretto *n*, Text(buch *n*) *m.*

Lib·y·an ['lɪbɪən] **I** *adj.* libysch; **II** *s.* Libyer(in).

lice [laɪs] *pl. von* **louse**.

li·cence ['laɪsəns] **I** *s.* **1.** Erlaubnis *f*, Genehmigung *f*; **2.** (*a.* ✝ *Export-*, *Herstellungs-*, *Patent-*, *Verkaufs*)Li'zenz *f*, Konzessi'on *f*, behördliche Genehmigung, *z. B.* Schankerlaubnis *f*; amtlicher Zulassungsschein, Zulassung *f*, (*Führer-*, *Jagd-*, *Waffen- etc.*)Schein *m*: **~ dodger** TV Schwarzseher *m*, *Radio*: Schwarzhörer *m*; **~ fee** Lizenz- *od.* Konzessionsgebühr *f*; **~ holder** Führerscheininhaber *m*; **~ number** *mot.* Kraftfahrzeug- *od.* Kfz-Nummer *f*; **~ plate** *mot.* amtliches *od.* polizeiliches Kennzeichen, Nummernschild *n*; **~ to practise medicine** (ärztliche) Approbation; **3.** Heiratserlaubnis *f*; **4.** (*künstlerische*, *dichterische*) Freiheit; **5.** Zügellosigkeit *f*; **II** *v/t.* **6.** → **license** I; **'li·cense** [-ns] **I** *v/t.* **1.** *j-m* e-e (behördliche) Genehmigung *od.* e-e Li'zenz *od.* e-e Konzessi'on erteilen; **2.** *et.* lizenzieren, konzessionieren, (amtlich) genehmigen *od.* zulassen; **3.** *Buch* zur Veröffentlichung *od. Theaterstück* zur Aufführung freigeben; **4.** *j-n* ermächtigen; **II** *s.* **5.** *Am.* → **licence** I; **'li·censed** [-st] *adj.* **1.** konzessioniert, lizenziert, amtlich zugelassen: **~ house** (*od.* **premises**) Lokal *n* mit Schankkonzession; **2.** Lizenz...: **~ construction** Lizenzbau *m*; **3.** privilegiert; **li·cen·see** [ˌlaɪsən'siː] *s.* **1.** Li'zenznehmer(in); **2.** Konzessi'onsinhaber(in); **'li·cens·er** [-sə] *s.* Li'zenzgeber *m*, Konzessi'onserteiler *m*; **li·cen·ti·ate** [laɪ'senʃɪət] *s. univ.* **1.** Lizenzi'at *m*; **2.** (*Grad*) Lizenzi'at *n.*

li·cen·tious [laɪ'senʃəs] *adj.* □ unzüchtig, ausschweifend, lasterhaft.

li·chen ['laɪkən] *s.* ⚘, ⚕ Flechte *f.*

lich gate [lɪtʃ] *s. überdachtes* Friedhofstor.

lick [lɪk] **I** *v/t.* **1.** (be-, ab)lecken, lecken an (*dat.*): **~ off** ablecken; **~ up** auflecken; **~ one's lips** sich die Lippen lecken; **~ s.o.'s boots** *fig.* vor j-m kriechen; **~ into shape** *fig.* in die richtige Form bringen, zurechtbiegen, -stutzen; → **dust** 1; **2.** F a) *j-n* ‚verdreschen', b) schlagen, besiegen, c) über'treffen, ‚schlagen': **this ~s everything!**, d) *et.* ‚schaffen', fertig werden mit *e-m Problem*: **we have got it ~ed!**; **II** *v/i.* **3.** lecken (**at** an *dat.*), *fig. a.* a) plätschern (*Welle*), b) züngeln (*Flamme*); **III** *s.* **4.** Lecken *n*: **give s.th. a ~** an et. lecken; **a ~ and a promise** e-e flüchtige Arbeit *etc.*, *bsd.* e-e ‚Katzenwäsche'; **5.** (*ein*) bisschen: **a ~ of paint**; **he didn't do a ~ of work** *Am.* F er hat keinen Strich getan; **6.** F a) Schlag *m*, b) ‚Tempo' *n*: (**at**) **full ~** mit größter Geschwindigkeit; **7.** Salzlecke *f.*

ˌlick·e·ty-'split [ˌlɪkətɪ-] *adv. Am.* F wie der Blitz.

lick·ing ['lɪkɪŋ] *s.* **1.** Lecken *n*; **2.** F (Tracht *f*) Prügel *pl.*, Abreibung *f* (*a. fig. Niederlage*).

'lickˌspit·tle *s.* Speichellecker *m.*

lic·o·rice ['lɪkərɪs] → **liquorice**.

lid [lɪd] *s.* **1.** Deckel *m* (*a.* F *Hut*): **put the ~ on s.th.** *Brit.* F a) e-r Sache die Krone aufsetzen, b) et. endgültig ‚erledigen'; **clamp** (*od.* **put**) **the ~ on s.th.** *Am.* a) et. verbieten, b) scharf vorgehen gegen et., c) et. (*Nachricht etc.*) sperren; **2.** (Augen)Lid *n.*

li·do ['liːdəʊ] *s. Brit.* Frei- *od.* Strandbad *n.*

lie¹ [laɪ] **I** *s.* Lüge *f*, Schwindel *m*: **tell a ~** (*od.* **lies**) lügen; → **white lie**; **give s.o. the ~** j-n der Lüge bezichtigen; **give the ~ to** *et. od. j-n* Lügen strafen; **he lived a ~** sein Leben war e-e einzige Lüge; **II** *v/i.* lügen: **~ to s.o.** a) j-n belügen, j-n anlügen, b) j-m vorlügen (**that** dass).

lie² [laɪ] **I** *s.* **1.** Lage *f* (*a. fig.*): **the ~ of the land** *Brit. fig.* die Lage (der Dinge); **II** *v/i.* [*irr.*] **2.** *allg.* liegen: a) *im Bett*, *im Hinterhalt*, *in Trümmern etc.* liegen, b) *ausgebreitet*, *tot etc.* daliegen, c) begraben sein, ruhen, d) gelegen sein, sich befinden, e) lasten (**on** auf *der Seele*, im *Magen etc.*), f) begründet liegen, bestehen (**in** in *dat.*): **~ dying** im Sterben liegen; **~ behind** *fig.* a) hinter *j-m* liegen (*Erlebnis etc.*), b) dahinter stecken (*Motiv etc.*); **~ in s.o.'s way** j-m zur Hand *od.* möglich sein, *a.* in j-s Fach schlagen; **his talents do not ~ that way** dazu hat er kein Talent; **~ on s.o.** ⚖ j-m obliegen; **~ under a suspicion** unter e-m Verdacht stehen; **~ under a sentence of death** zum Tode verurteilt sein; **~ with s.o.** *obs. od. bibl.* j-m beischlafen, mit j-m schlafen; **as far as ~s with me** soweit es in m-n Kräften steht; **it ~s with you to do it** es liegt an dir, es zu tun; **3.** sich (hin)legen: **~ on your back!** leg dich auf den Rücken!; **4.** führen, verlaufen (*Straße etc.*); **5.** ⚖ zulässig sein (*Klage etc.*): **appeal ~s to the Supreme Court**

L

Rechtsmittel können beim Obersten Gericht eingelegt werden;
Zssgn mit adv.:
lie| back *v/i.* sich zu'rücklegen; *fig.* die Hände in den Schoß legen; **~ down** *v/i.* **1.** sich hinlegen; **2.** **~ under, take lying down** *Beleidigung etc.* widerspruchslos hinnehmen, sich *et.* gefallen lassen: **we won't take that lying down!** das lassen wir uns nicht (so einfach) bieten!; **~ in** *v/i.* **1.** im Bett bleiben; **2.** im Wochenbett liegen; **~ off** *v/i.* **1.** ⚓ vom Land *etc.* abhalten; **2.** *fig.* pausieren; **~ low** *v/i.* sich versteckt halten; **~ o·ver** *v/i.* liegen bleiben, aufgeschoben werden; **~ to** *v/i.* ⚓ beiliegen; **~ up** *v/i.* **1.** ruhen (*a. fig.*); **2.** das Bett *od.* das Zimmer hüten (müssen); **3.** außer Betrieb sein.
lied [liːd] *pl.* **lie·der** ['liːdə] (*Ger.*) *s.* ♪ (*deutsches* Kunst)Lied.
lie de·tec·tor *s.* 'Lügende,tektor *m.*
'lie-down *s.* F Schläfchen *n.*
lief [liːf] *adv. obs.* gern: **~er than** lieber als; **I had** (*od.* **would**) **as ~** ... ich würde eher *sterben etc.*, ich *ginge etc.* ebenso gern.
liege [liːdʒ] **I** *s.* **1.** *a.* **~ lord** Leh(e)nsherr *m*; **2.** *a.* **~man** Leh(e)nsmann *m*; **II** *adj.* **3.** Leh(e)ns...
lien [lɪən] *s.* ⚖ (**on**) Pfandrecht *n* (**an** *dat.*), Zu'rückbehaltungsrecht *n* (auf *acc.*).
lieu [ljuː] *s.*: **in ~ of** anstelle von (*od. gen.*), anstatt (*gen.*); **in ~** (**of that**) stattdessen.
lieu·ten·an·cy [*Brit.* lef'tenənsɪ; ⚓ le't-; *Am.* luː't-] *s.* ⚔, ⚓ Leutnantsrang *m.*
lieu·ten·ant [*Brit.* lef'tenənt; ⚓ le't-; *Am.* luː't-] *s.* **1.** ⚔, ⚓ a) *allg.* Leutnant *m*, b) *Brit.* (*Am.* **first ~**) Oberleutnant *m*, c) ⚓ (*Am. a.* **~ senior grade**) Kapi'tänleutnant *m*: **~ junior grade** *Am.* Oberleutnant zur See; **2.** Statthalter *m*; **3.** *fig.* rechte Hand, ‚Adju'tant'; **~ colo·nel** *s.* ⚔ Oberst'leutnant *m*; **~ com·mand·er** *s.* ⚓ Kor'vettenkapi,tän *m*; **~ gen·er·al** *s.* ⚔ Gene'ralleutnant *m*; **~ gov·er·nor** *s.* 'Vizegouver,neur *m* (*im brit. Commonwealth od. e-s amer. Bundesstaates*).
life [laɪf] *pl.* **lives** [laɪvz] *s.* **1.** (*organisches*) Leben; → **large** 1; **2.** Leben *n*: a) Lebenserscheinungen *pl.*, b) Lebewesen *pl.*: **there is no ~ on the moon**; **plant ~** Pflanzen(welt *f*) *pl.*; **3.** (Menschen)Leben *n*: **they lost their lives** sie kamen ums Leben; **three lives were lost** drei Menschenleben sind zu beklagen; **~ and limb** Leib u. Leben; **4.** Leben *n* (*e-s Einzelwesens*): **it is a matter of ~ and death** es geht um Leben oder Tod; **early in ~** in jungen Jahren, (schon) früh; **5.** Leben *n*, Lebenszeit *f*, *a.* ⚙ Lebensdauer *f*: **all his ~** sein ganzes Leben (lang); **6.** Leben(skraft *f*) *n*: **there is still ~ in the old dog yet!** *humor.* so alt u. klapprig bin ich (*od.* ist er) noch gar nicht!; **7.** a) Bestehen *n*, b) ⚖, ✝ Gültigkeitsdauer *f*, Laufzeit *f*: **the ~ of a contract** (**an insurance, patent**, *etc.*), c) *parl.* Legisla'turperi,ode *f*; **8.** Lebensweise *f*, -führung *f*, -wandel *m*; Leben *n*: **lead an honest ~** ein ehrbares Leben führen; **lead the ~ of Riley** F leben wie Gott in Frankreich; **9.** Leben *n*, Welt *f* (*menschliches Tun u. Treiben*): **~ in Canada** das Leben in Kanada; **see ~** das Leben kennen lernen *od.* genießen, die Welt sehen; **10.** Leben *n*, Lebhaftigkeit *f*, Lebendigkeit *f*: **put ~ into s.th.** e-e Sache beleben, Leben in et. bringen; **he was the ~ and soul of** er war die Seele *des Unternehmens etc.*, er brachte Leben in *die Party etc.*; **11.** Leben(sbeschreibung *f*) *n*, Biogra'phie *f*: **the ♀ of Churchill**; **12.** *Versicherungswesen*: Lebensversicherung(en *pl.*) *f*;
Besondere Redewendungen:
for ~ a) fürs (ganze) Leben, b) *bsd.* ⚖ *u. pol.* lebenslänglich, auf Lebenszeit, c) *a.* **for one's ~**, **for dear ~** ums (liebe) Leben *rennen etc.*; **not for the ~ of me** F nicht um alles in der Welt; **not on your ~!** nie(mals)!; **never in my ~** meiner Lebtag (noch) nicht; **to the ~** lebensecht, naturgetreu; **bring to ~** *fig.* lebendig werden lassen; **bring s.o. back to ~** j-n wieder beleben *od.* ins Leben zurückrufen; **come to ~** *fig.* lebendig werden, *Person*: *a.* munter werden; **seek s.o.'s ~** j-m nach dem Leben trachten; **save s.o.'s ~** j-m das Leben retten, *fig. humor.* j-n ‚retten'; **sell one's ~ dearly** *fig.* sein Leben teuer verkaufen; **such is ~** so ist das Leben; **take s.o.'s** (**one's own**) **~** j-m (sich [selbst]) das Leben nehmen; **this is the ~!** F Mann, ist das ein Leben!
,life|-and-'death [-fən'd-] *adj. Kampf etc.* auf Leben u. Tod; **~ an·nu·i·ty** *s.* Leibrente *f*; **~ as·sur·ance** *s. Brit.* Lebensversicherung *f*; **'~·belt** *s.* **1.** *Brit.* Rettungsring *m*; **2.** *Am.* Rettungsgürtel *m*; **'~·blood** *s.* Herzblut *n* (*a. fig.*); **'~·boat** *s.* ⚓ Rettungsboot *n*; **~ buoy** *s.* Rettungsring *m* (*od. Ähnliches*); **~ cy·cle** *s.* **1.** Lebenszyklus *m*; **2.** Lebensphase *f*; **~ ex·pect·an·cy** *s.* Lebenserwartung *f*; **~ force** *s.* Lebenskraft *f*, Leben spendende Kraft; **'~-,giv·ing** *adj.* Leben spendend, belebend; **'~·guard** *s.* **1.** ⚔ Leibgarde *f*; **2.** Rettungsschwimmer *m*, Bademeister *m*; **♀ Guards** *s. pl.* ⚔ Leibgarde *f* (zu Pferde), 'Gardekavalle,rie *f*; **~ in·sur·ance** *s.* Lebensversicherung *f*; **~ in·ter·est** *s.* ⚖ lebenslänglicher Nießbrauch; **~ jack·et** *s.* Schwimmweste *f*.
life·less ['laɪflɪs] *adj.* □ leblos: a) tot, b) unbelebt, c) *fig.* matt, schwunglos, ‚lahm', ✝ lustlos (*Börse*).
'life|·like *adj.* lebenswahr, -echt, na'turgetreu; **'~·line** *s.* **1.** ⚓ Rettungsleine *f*; **2.** Sig'nalleine *f* (*für Taucher*); **3.** *fig.* a) Lebensader *f* (*Versorgungsweg*), b) lebenswichtige Sache, ‚Rettungsanker' *m*; **4.** Lebenslinie *f* (*in der Hand*); **'~·long** *adj.* lebenslänglich; **~ mem·ber** *s.* Mitglied *n* auf Lebenszeit; **~ of·fice** *s. Brit.* Lebensversicherungsgesellschaft *f*; **~ pre·serv·er** *s.* **1.** *Am.* ⚓ Schwimmweste *f*, Rettungsgürtel *m*; **2.** Totschläger *m* (*Waffe*).
lif·er ['laɪfə] *s. sl.* **1.** Lebenslängliche(r *m*) *f* (*Strafgefangene*[*r*]); **2.** → **life sentence**; **3.** *Am.* Be'rufssol,dat *m.*
life| raft *s.* Rettungsfloß *n*; **'~,sav·er** *s.* **1.** Lebensretter(in); **2.** → **lifeguard** 2; **3.** *fig.* a) ‚rettender Engel', b) *die* ‚Rettung' (*Sache*); **~ sen·tence** *s.* ⚖ lebenslängliche Freiheitsstrafe; **'~-size**(**d**) *adj.* lebensgroß, in Lebensgröße; **'~·span** *s.* Leben(sspanne *f*, -szeit *f*) *n*; **'~·style** *s.* Lebensstil *m*; **'~-sup,port sy·stem** *n* ✈, ⚙ 'Lebenserhaltungssys,tem *n*; **~ ta·ble** *s.* 'Sterblichkeitsta,belle *f*; **'~·time I** *s.* Lebenszeit *f*, Leben *n*, *a.* ⚙ Lebensdauer *f*: **the chance of a ~** e-e einmalige Chance; **II** *adj.* lebenslänglich, Lebens...; **~ vest** *s.* Rettungs-, Schwimmweste *f*; **'~·work** *s.* Lebenswerk *n.*
lift [lɪft] **I** *s.* **1.** (Auf-, Hoch)Heben *n*; **2.** stolze *etc.* Kopfhaltung; **3.** ⚙ a) Hub(-höhe *f*) *m*, b) Hubkraft *f*; **4.** ✈ a) Auftrieb *m*, b) Luftbrücke *f*; **5.** *fig.* a) Hilfe *f*, b) (innerer) Auftrieb *m*: **give s.o. a ~** a) j-m helfen, b) j-m Auftrieb geben, j-n aufmuntern, c) j-n (im Auto) mitnehmen; **6.** a) *Brit.* Lift *m*, Aufzug *m*, Fahrstuhl *m*, b) (Ski-, Sessel)Lift *m*; **II** *v/t.* **7.** *a.* **~ up** (auf-, em'por-, hoch-) heben; *Augen, Stimme etc.* erheben: **~ s.th. down** et. herunterheben; **not to ~ a finger** keinen Finger rühren; **8.** *fig.* a) (*geistig od. sittlich*) heben, b) *aus der Armut etc.* em'porheben, c) *a.* **~ up** (*innerlich*) erheben, aufmuntern; **9.** *Preise* erhöhen; **10.** *Kartoffeln* ausgraben, ernten; **11.** ‚mitgehen lassen', ‚klauen', stehlen (*a. fig. plagiieren*); **12.** *Gesicht etc.* liften, straffen: **have one's face ~ed** sich das Gesicht liften lassen; **13.** *Blockade, Verbot, Zensur etc.* aufheben; **III** *v/i.* **14.** sich heben (*a. Nebel*); sich (hoch)heben lassen: **~ off** ✈ abheben, starten; **'lift·er** [-tə] *s.* **1.** (*sport* Gewicht)Heber *m*; **2.** ⚙ a) Hebegerät *n*, b) Nocken *m*, c) Stößel *m*; **3.** ‚Langfinger' *m* (*Dieb*).
lift·ing ['lɪftɪŋ] *adj.* Hebe..., Hub...; **~ jack** *s.* ⚙ Hebewinde *f*, *mot.* Wagenheber *m.*
'lift-off *s.* **1.** Start *m* (*Rakete*); **2.** Abheben *n* (*Flugzeug*).
lig·a·ment ['lɪgəmənt] *s. anat.* Liga'ment *n*, Band *n.*
lig·a·ture ['lɪgə,tʃʊə] **I** *s.* **1.** Binde *f*, Band *n*; **2.** *typ. u.* ♪ Liga'tur *f*; **3.** ⚕ Abbindungsschnur *f*, Bindung *f*; **II** *v/t.* **4.** ver-, ⚕ abbinden.
light[1] [laɪt] **I** *s.* **1.** *allg.* Licht *n* (*Helligkeit, Schein, Beleuchtung, Lichtquelle, Lampe, Tageslicht, fig. Aspekt, Erleuchtung*): **by the ~ of a candle** beim Schein e-r Kerze, bei Kerzenlicht; **bring** (**come**) **to ~** *fig.* ans Licht *od.* an den Tag bringen (kommen); **cast** (*od.* **shed, throw**) **a ~ on s.th.** *fig.* Licht auf et. werfen; **place** (*od.* **put**) **in a fa·vo**(**u**)**rable ~** *fig.* in ein günstiges Licht stellen *od.* rücken; **see the ~** *eccl.* erleuchtet werden; **see the ~** (**of day**) *fig.* bekannt *od.* veröffentlicht werden; **I see the ~!** mir geht ein Licht auf!; (**seen**) **in the ~ of these facts** im Lichte *od.* angesichts dieser Tatsachen; **show s.th. in a different ~** et. in e-m anderen Licht erscheinen lassen; **hide one's ~ under a bushel** *fig.* sein Licht unter den Scheffel stellen; **let there be ~!** *Bibl.* es werde Licht; **he went out like a ~** F er war sofort ‚weg' (*eingeschlafen*); **2.** Licht *n*: a) Lampe *f*, *a. pl.* Beleuchtung *f* (*beide a. mot. etc.*): **~s out** ⚔ Zapfenstreich *m*; **~s out!** Lichter aus!, b) (Verkehrs)Ampel *f*; → **green light, red** 1; **3.** ⚓ a) Leuchtfeuer *n*, b) Leuchtturm *m*; **4.** Feuer *n* (*zum Anzünden*), *a.* Streichholz *n*: **put a ~ to s.th.** et. anzünden; **strike a ~** ein Streichholz anzünden; **will you give me a ~?** darf ich Sie um Feuer bitten?; **5.** *fig.* Leuchte *f* (*Person*): **a shining ~** e-e Leuchte, ein großes Licht; **6.** Lichtöffnung *f*, *bsd.* Fenster *n*, Oberlicht *n*; **7.** *paint.* a) Licht *n*, heller Teil (*e-s Gemäldes*); **8.** *fig.* Verstand *m*, geistige Fähigkeiten *pl.*: **according to his ~s** so gut er es eben versteht; **9.** *pl. sl.* Augen *pl.*; **II** *adj.* **10.** hell: **~-red** hellrot; **III** *v/t.* [*irr.*] **11.** *a.* **~ up** anzünden; **12.** *oft* **~ up** beleuchten, erhellen (*a. das Ge-*

sicht); **~ *up*** *Augen etc.* aufleuchten lassen; **13.** *j-m* leuchten; **IV** *v/i.* [*irr.*] **14.** *a.* **~ *up*** sich entzünden, angehen (*Feuer, Licht*); **15.** *mst* **~ *up*** *fig.* sich erhellen, strahlen (*Gesicht*), aufleuchten (*Augen etc.*); **16.** **~ *up*** a) die Pfeife *etc.* anzünden, sich e-e Zigarette anstecken, b) Licht machen.

light² [laɪt] **I** *adj.* ☐ → ***lightly***; **1.** *allg.* leicht (*z. B. Last; Kleidung; Mahlzeit, Wein, Zigarre;* ⚔ *Infanterie,* ⚓ *Kreuzer etc.; Hand, Schritt, Schlaf; Regen, Wind; Arbeit, Fehler, Strafe; Charakter; Musik, Roman*): **~ *of foot*** leichtfüßig; ***a ~ girl*** ein ‚leichtes' Mädchen; **~ *current*** ⚡ Schwachstrom *m*; **~ *metal*** Leichtmetall *n*; **~ *literature*** (*od.* ***reading***) Unterhaltungsliteratur *f*; **~ *railway*** Kleinbahn *f*; **~ *in the head*** benommen; **~ *on one's feet*** leichtfüßig; ***with a ~ heart*** leichten Herzens; ***no ~ matter*** keine Kleinigkeit; ***make ~ of*** a) *et.* auf die leichte Schulter nehmen, b) bagatellisieren; **2.** zu leicht: **~ *weights*** Untergewichte; **3.** locker (*Brot, Erde, Schnee*); **4.** sorglos, unbeschwert, heiter; **5.** a) leicht beladen, b) unbeladen; **II** *adv.* **6.** leicht: ***travel ~*** mit leichtem Gepäck reisen.

light³ [laɪt] *v/i.* [*irr.*] **1.** fallen (***on*** auf *acc.*); **2.** sich niederlassen (***on*** auf *dat.*) (*Vogel etc.*); **3.** **~ (*up*)*on*** *fig.* (zufällig) stoßen auf (*acc.*); **4.** **~ *out*** *sl.* ‚verduften'; **5.** **~ *into*** F herfallen über *j-n*.

light| bar·ri·er *s.* ⚡ Lichtschranke *f*; **'~-e‚mit·ting di·ode** *s.* ⚙ 'Leuchtdi‚ode *f*.

light·en¹ ['laɪtn] **I** *v/i.* **1.** hell werden, sich erhellen; **2.** blitzen; **II** *v/t.* **3.** erhellen.

light·en² ['laɪtn] **I** *v/t.* **1.** leichter machen, erleichtern (*beide a. fig.*); **2.** *Schiff* (ab)leichtern; **3.** aufheitern; **II** *v/i.* **4.** leichter werden (*a. fig. Herz etc.*).

light·er¹ ['laɪtə] *s.* Anzünder *m* (*a. Gerät*); (Taschen)Feuerzeug *n*.

light·er² ['laɪtə] *s.* ⚓ Leichter(schiff *n*) *m*, Prahm *m*; **'light·er·age** [-ərɪdʒ] *s.* Leichtergeld *n*.

‚light·er-than-'air *adj.*: **~ *craft*** Luftfahrzeug *n* leichter als Luft.

'light|-‚fin·gered *adj.* **1.** geschickt; **2.** langfingerig, diebisch; **'~-‚foot·ed** *adj.* leicht-, schnellfüßig; **‚~-'head·ed** *adj.* **1.** leichtsinnig, -fertig; **2.** 'übermütig, ausgelassen; **3.** a) wirr, leicht verrückt, b) schwind(e)lig; **‚~-'heart·ed** *adj.* ☐ fröhlich, heiter, unbeschwert; **~ heav·y·weight** *s. sport* Halbschwergewicht (-ler *m*) *n*; **'~·house** *s.* Leuchtturm *m*.

light·ing ['laɪtɪŋ] *s.* **1.** Beleuchtung *f*; **~ *effects*** Lichteffekte; **~ *point*** ⚡ Brennstelle *f*; **2.** Anzünden *n*; **‚~-'up time** *s.* Zeit *f* des Einschaltens der Straßenbeleuchtung *od.* (*mot.*) der Scheinwerfer.

light·ly ['laɪtlɪ] *adv.* **1.** *allg.* leicht: **~ *come ~ go*** wie gewonnen, so zerronnen; **2.** gelassen, leicht; **3.** leichtfertig; **4.** leichthin; **5.** geringschätzig.

light·ness ['laɪtnɪs] *s.* **1.** Leichtheit *f*, Leichtigkeit *f* (*a. fig.*); **2.** Leichtverdaulichkeit *f*; **3.** Milde *f*; **4.** Behendigkeit *f*; **5.** Heiterkeit *f*; **6.** Leichtfertigkeit *f*, Leichtsinn *m*, Oberflächlichkeit *f*.

light·ning ['laɪtnɪŋ] **I** *s.* Blitz *m*: ***struck by ~*** vom Blitz getroffen; ***like (greased) ~*** *fig.* wie der *od.* ein geölter Blitz; **II** *adj.* blitzschnell, Schnell...: **~ *artist*** Schnellzeichner *m*; ***with ~ speed*** mit Blitzesschnelle; **~ ar·rest·er** *s.* ⚡ Blitzschutzsicherung *f*; **~ bug** *s. Am.* Leuchtkäfer *m*; **~ con·duc·tor**, **~ rod** *s.* Blitzableiter *m*; **~ strike** *s.* Blitzstreik *m*.

light| oil *s.* ⚙ Leichtöl *n*; **~ pen** *s. Computer*: Lichtgriffel *m*.

lights [laɪts] *s. pl.* (Tier)Lunge *f*.

'light|·ship *s.* ⚓ Feuer-, Leuchtschiff *n*; **~ source** *s.* ⚡, *phys.* Lichtquelle *f*; **'~·weight I** *adj.* leicht; **II** *s. sport* Leichtgewicht(ler *m*) *n*; F *fig.* a) ‚kein großes Licht', b) unbedeutender Mensch; **~ year** *s. ast.* Lichtjahr *n*.

lig·ne·ous ['lɪgnɪəs] *adj.* holzig, holzartig, Holz...; **'lig·ni·fy** [-nɪfaɪ] **I** *v/t.* in Holz verwandeln; **II** *v/i.* verholzen; **'lig·nin** [-nɪn] *s.* ⚗ Li'gnin *n*, Holzstoff *m*; **'lig·nite** [-naɪt] *s.* Braunkohle *f*, *bsd.* Li'gnit *m*.

lik·a·ble ['laɪkəbl] *adj.* liebenswert, sym'pathisch, nett.

like¹ [laɪk] **I** *adj. u. prp.* **1.** gleich (*dat.*), wie (*a. adv.*): ***a man ~ you*** ein Mann wie du; ***~ a man*** wie ein Mann; ***what is he ~?*** a) wie sieht er aus?, b) wie ist er?; ***he is ~ that*** er ist nun mal so; ***he is just ~ his brother*** er ist genau (so) wie sein Bruder; ***that's just ~ him!*** das sieht ihm ähnlich!; ***that's just ~ a woman!*** typisch Frau!; ***what does it look ~?*** wie sieht es aus?; ***it looks ~ rain*** es sieht nach Regen aus; ***feel ~ (doing) s.th.*** zu et. aufgelegt sein, Lust haben, et. zu tun, et. gern tun wollen; ***a fool ~ that*** ein derartiger *od.* so ein Dummkopf; ***a thing ~ that*** so etwas; ***I saw one ~ it*** ich sah ein ähnliches (*Auto etc.*); ***there is nothing ~*** es geht nichts über (*acc.*); ***it is nothing ~ as bad as that*** es ist bei weitem nicht so schlimm; ***something ~ 100 tons*** so etwa 100 Tonnen; ***this is something ~!*** F das lässt sich hören!; ***that's more ~ it!*** das lässt sich (schon) eher hören!; ***~ master, ~ man*** wie der Herr, sos Gescherr; **2.** gleich: ***a ~ amount*** ein gleicher Betrag; ***in ~ manner*** a) auf gleiche Weise, b) gleichermaßen; **3.** ähnlich: ***the portrait is not ~*** das Porträt ist nicht ähnlich; ***as ~ as two eggs*** ähnlich wie ein Ei dem anderen; **4.** ähnlich, gleich-, derartig: ***... and other ~ problems*** ... und andere derartige Probleme; **5.** F *od. obs.* (*a. adv.*) wahr'scheinlich: ***he is ~ to pass his exam*** er wird sein Examen wahrscheinlich bestehen; ***~ enough, as ~ as not*** höchstwahrscheinlich; **6.** *sl.* ‚oder so': ***let's go to the cinema ~***; **II** *cj.* **7.** *sl.* (*fälschlich für* ***as***) wie: ***~ I said***; ***~ who?*** wie wer, zum Beispiel?; **8.** *dial.* als ob; **III** *s.* **9.** *der* (*die, das*) Gleiche: ***his ~*** seinesgleichen; ***the ~*** der-, desgleichen; ***and the ~*** und dergleichen; ***the ~(s) of*** so etwas wie, solche wie; ***the ~(s) of that*** so etwas, etwas Derartiges; ***the ~s of you*** F Leute wie Sie.

like² [laɪk] **I** *v/t.* (gern) mögen: a) gern haben, (gut) leiden können, lieben, b) gern essen, trinken *etc.*: ***~ doing*** (*od.* ***to do***) gern tun; ***much ~d*** sehr beliebt; ***I ~ it*** es gefällt mir; ***I ~ him*** ich hab ihn gern, ich mag ihn (gern), ich kann ihn gut leiden; ***I ~ fast cars*** mir gefallen *od.* ich habe Spaß an schnellen Autos; ***how do you ~ it?*** wie gefällt es dir?, wie findest du es?; ***we ~ it here*** es gefällt uns hier; ***I ~ that!*** *iro.* so was hab ich gern!; ***what do you ~ better?*** was hast du lieber?, was gefällt dir besser?; ***I should ~ to know*** ich möchte gerne wissen; ***I should ~ you to be here*** ich hätte gern, dass du hier wär(e)st; ***~ it or not*** ob du willst oder nicht; ***~ it or lump it!*** F wenn du nicht willst, dann lass es eben bleiben!; ***I ~ steak, but it doesn't ~ me*** *humor.* ich esse Beefsteak gern, aber es bekommt mir nicht; **II** *v/i.* wollen: ***(just) as you ~*** (ganz) wie du willst; ***if you ~*** wenn du willst; **III** *s.* Neigung *f*, Vorliebe *f*: ***~s and dislikes*** Neigungen u. Abneigungen.

-like [laɪk] *in Zssgn* wie, ...artig, ...ähnlich, ...mäßig.

like·a·ble → ***likable***.

like·li·hood ['laɪklɪhʊd] *s.* Wahr'scheinlichkeit *f*: ***in all ~*** aller Wahrscheinlichkeit nach; ***there is a strong ~ of his succeeding*** es ist sehr wahrscheinlich, dass es ihm gelingt; **like·ly** ['laɪklɪ] **I** *adj.* **1.** wahr'scheinlich, vor'aussichtlich: ***not ~*** schwerlich, kaum; ***it is not ~ (that) he will come, he is not ~ to come*** es ist nicht wahrscheinlich, dass er kommen wird; ***which is his most ~ route?*** welchen Weg wird er voraussichtlich *od.* am ehesten einschlagen?; ***this is not ~ to happen*** das wird wahrscheinlich nicht *od.* wohl kaum geschehen; ***not ~!*** *iro.* wohl kaum!; **2.** glaubhaft: ***a ~ story!*** *iro.* wers glaubt, wird selig!; **3.** a) möglich, b) geeignet, infrage kommend, c) aussichtsreich, d) viel versprechend: ***a ~ candidate***; ***a ~ explanation*** e-e mögliche Erklärung; ***a ~ place*** ein möglicher Ort (*wo sich et. befindet etc.*); **II** *adv.* **4.** wahr'scheinlich: ***as ~ as not, very ~*** höchstwahrscheinlich.

‚like-'mind·ed *adj.* gleich gesinnt: ***be ~ with s.o.*** mit j-m übereinstimmen.

lik·en ['laɪkən] *v/t.* vergleichen (***to*** mit).

like·ness ['laɪknɪs] *s.* **1.** Ähnlichkeit *f* (***to*** mit); **2.** Gleichheit *f*; **3.** Gestalt *f*, Form *f*; **4.** Bild *n*, Por'trät *n*: ***have one's ~ taken*** sich malen *od.* fotografieren lassen; **5.** Abbild *n* (***of*** *gen.*).

'like·wise *adv. u. cj.* eben-, gleichfalls, des'gleichen, ebenso.

lik·ing ['laɪkɪŋ] *s.* **1.** Zuneigung *f*: ***have (take) a ~ for*** (*od.* ***to***) ***s.o.*** zu j-m eine Zuneigung haben (fassen), an j-m Gefallen haben (finden); **2.** (***for***) Gefallen *n* (an *dat.*), Neigung *f* (zu), Geschmack *m* (an *dat.*): ***be greatly to s.o.'s ~*** j-m sehr zusagen; ***this is not to my ~*** das ist nicht nach meinem Geschmack; ***it's too big for my ~*** es ist mir (einfach) zu groß.

li·lac ['laɪlək] **I** *s.* **1.** ✿ Spanischer Flieder; **2.** Lila *n* (*Farbe*); **II** *adj.* **3.** lila (-farben).

Lil·li·pu·tian [‚lɪlɪ'pjuːʃjən] **I** *adj.* **1.** a) winzig, zwergenhaft, b) Liliput..., Klein(st)...; **II** *s.* **2.** Lilipu'taner(in); **3.** Zwerg *m*.

lilt [lɪlt] **I** *s.* **1.** fröhliches Lied; **2.** rhythmischer Schwung; **3.** a) singender Tonfall, b) fröhlicher Klang: ***a ~ in her voice***; **II** *v/t. u. v/i.* **4.** trällern.

lil·y ['lɪlɪ] *s.* ✿ Lilie *f*: **~ *of the valley*** Maiglöckchen *n*; ***paint the ~*** *fig.* schönfärben; **‚~-'liv·ered** *adj.* feig(e).

limb [lɪm] *s.* **1.** *anat.* Glied *n*, *pl.* Glieder *pl.*, Gliedmaßen *pl.*; **2.** Ast *m*: ***out on a ~*** F in e-r gefährlichen Lage; **3.** *fig.* a) Glied *n*, Teil *m*, b) Arm *m*, c) *ling.* (Satz)Glied *n*, d) ⚖ Absatz *m*; **4.** F ‚Satansbraten' *m*.

lim·ber¹ ['lɪmbə] **I** *adj.* geschmeidig (*a. fig.*), gelenkig; **II** *v/t. u. v/i.* **~ *up*** (sich) geschmeidig machen, (sich) lockern,

L

v/i. a. Lockerungsübungen machen, sich warm machen *od.* spielen.

lim·ber² [lɪmbə] **I** *s.* ⚔ Protze *f*; **II** *v/t. u. v/i. mst* **~ up** ⚔ aufprotzen.

lim·bo ['lɪmbəʊ] *s.* **1.** *eccl.* Vorhölle *f*; **2.** Gefängnis *n*; **3.** *fig.* a) ‚Rumpelkammer' *f*, b) Vergessenheit *f*, c) Schwebe (-zustand *m*) *f*: ***be in a ~*** ‚in der Luft hängen' (*Person od. Sache*).

lime¹ [laɪm] **I** *s.* **1.** ⚒ Kalk *m*; **2.** ✓ Kalkdünger *m*; **3.** Vogelleim *m*; **II** *v/t.* **4.** kalken, mit Kalk düngen.

lime² [laɪm] *s.* ⚘ Linde *f*.

lime³ [laɪm] *s.* ⚘ Li'mone *f*, Limo'nelle *f*.

'lime|·kiln *s.* Kalkofen *m*; **'~·light** *s.* **1.** ⚙ Kalklicht *n*; **2.** *fig.* (***be in the ~*** im) Rampenlicht *n od.* (im) Licht *n* der Öffentlichkeit *od.* (im) Mittelpunkt *m* des (öffentlichen) Inter'esses (stehen).

li·men ['laɪmen] *s. psych.* (Bewusstseins- *od.* Reiz)Schwelle *f*.

lime pit *s.* **1.** Kalkbruch *m*; **2.** Kalkgrube *f*; **3.** *Gerberei*: Äscher *m*.

Lim·er·ick ['lɪmərɪk] *s.* Limerick *m* (*5-zeiliger Nonsensvers*).

'lime|·stone *s. min.* Kalkstein *m*; **~ tree** *s.* ⚘ Linde(nbaum *m*) *f*.

lim·ey ['laɪmɪ] *s. Am. sl.* ‚Tommy' *m* (*Brite*).

lim·it ['lɪmɪt] **I** *s.* **1.** *bsd. fig.* a) Grenze *f*, Schranke *f*, b) Begrenzung *f*, Beschränkung *f* (**on** *gen.*): ***within ~s*** in Grenzen, bis zu e-m gewissen Grade; ***without ~*** ohne Grenzen, grenzen-, schrankenlos; ***there is a ~ to everything*** alles hat seine Grenzen; ***there is no ~ to his ambition*** sein Ehrgeiz kennt keine Grenzen; ***off ~s** Am.* Zutritt verboten (**to** für); ***that's my ~!*** a) mehr schaffe ich nicht!, b) höher kann ich nicht gehen!; ***that's the ~!*** F das ist (doch) die Höhe!; ***he is the ~!*** F er ist unglaublich *od.* unmöglich!; ***go to the ~*** F bis zum Äußersten gehen, *sport* über die Runden kommen; → ***speed limit***; **2.** ⩚, ⚙ Grenze *f*, Grenzwert *m*; **3.** zeitliche Begrenzung, Frist *f*: ***extreme ~*** ⚚ äußerster Termin; **4.** ⚚ a) Höchstbetrag *m*, b) Limit *n*, Preisgrenze *f*: ***lowest ~*** äußerster *od.* letzter Preis; **II** *v/t.* **5.** begrenzen, beschränken, einschränken (**to** auf *acc.*); *Preise* limitieren: ***~ o.s. to*** sich beschränken auf (*acc.*); **lim·i·ta·tion** [ˌlɪmɪ'teɪʃn] *s.* **1.** *fig.* Grenze *f*: ***know one's ~s*** s-e Grenzen kennen; **2.** Begrenzung *f*, Ein-, Beschränkung *f*; **3.** (***statutory period of***) ***~*** ⚖ Verjährung(sfrist) *f*: ***be barred by the statute of ~*** verjähren *od.* verjährt sein; **'lim·it·ed** [-tɪd] **I** *adj.* beschränkt, begrenzt (**to** auf *acc.*): ***~*** (***express***) ***train*** → II; ***~ in time*** zeitlich begrenzt; ***~*** (***liability***) ***company*** ⚚ *Brit.* Aktiengesellschaft *f*; ***~ monarchy*** konstitutionelle Monarchie; ***~ parking zone*** 'Kurzparkˌzone *f*; ***~ partner*** ⚚ Kommanditist(in); ***~ partnership*** ⚚ Kommanditgesellschaft; **II** *s.* Schnellzug *m od.* Bus *m* mit Platzkarten; **'lim·it·less** [-lɪs] *adj.* grenzenlos.

lim·net·ic [lɪm'netɪk] *adj.* Süßwasser...

lim·ou·sine ['lɪmuːziːn] *s. mot.* **1.** *Brit.* Wagen *m* mit Glastrennscheibe; **2.** *Am.* Kleinbus *m*.

limp¹ [lɪmp] *adj.* □ **1.** schlaff, schlapp (*a. fig. kraftlos, schwach*): ***go ~*** erschlaffen, *Person*: *a.* ‚abschlaffen'; **2.** biegsam, weich: ***~ book cover***.

limp² [lɪmp] **I** *v/i.* **1.** hinken (*a. fig. Vers etc.*), humpeln; **2.** sich schleppen (*a. Schiff etc.*); **II** *s.* **3.** Hinken *n*: ***walk with a ~*** → 1.

lim·pet ['lɪmpɪt] *zo.* Napfschnecke *f*: ***like a ~*** *fig.* wie e-e Klette; ***~ mine*** *s.* ⚔ Haftmine *f*.

lim·pid ['lɪmpɪd] *adj.* □ 'durchsichtig, klar (*a. fig. Stil etc.*), hell, rein; **lim·pid·i·ty** [lɪm'pɪdətɪ], **'lim·pid·ness** [-nɪs] *s.* 'Durchsichtigkeit *f*, Klarheit *f*.

limp·ness ['lɪmpnɪs] *s.* Schlaff-, Schlappheit *f*.

lim·y ['laɪmɪ] *adj.* **1.** Kalk..., kalkig: a) kalkhaltig, b) kalkartig; **2.** gekalkt.

lin·age ['laɪnɪdʒ] *s.* **1.** → ***alignment***; **2.** a) Zeilenzahl *f*, b) 'Zeilenhonoˌrar *n*.

linch·pin ['lɪntʃpɪn] *s.* ⚙ Lünse *f*, Vorstecker *m*, Achsnagel *m*.

lin·den ['lɪndən] *s.* ⚘ Linde *f*.

line¹ [laɪn] **I** *s.* **1.** Linie *f*, Strich *m*; **2.** a) (*Hand- etc.*)Linie *f*: ***~ of fate*** Schicksalslinie, b) Falte *f*, Runzel *f*, c) Zug *m* (*im Gesicht*); **3.** Zeile *f*: ***drop s.o. a ~*** j-m ein paar Zeilen schreiben; ***read between the ~s*** zwischen den Zeilen lesen; **4.** *TV* (Bild)Zeile *f*; **5.** a) Vers *m*, b) *pl. Brit. ped.* Strafarbeit *f*, c) *thea. etc.* Rolle *f*, Text *m*; **6.** *pl.* F Trauschein *m*; **7.** F a) Informati'on *f*, Hinweis *m*: ***get a ~ on*** e-e Information erhalten über (*acc.*); **8.** *Am.* F a) ‚Platte' *f* (*Geschwätz*), b) ‚Tour' *f*, ‚Masche' *f* (*Trick*); **9.** Linie *f*, Richtung *f*: ***~ of attack*** Angriffsrichtung, *fig.* Taktik *f*; ***~ of fire*** ⚔ Schusslinie *f*; ***~ of sight*** a) Blickrichtung *f*, b) *a.* ***~ of vision*** Gesichtslinie, -achse *f*; ***he said s.th. along these ~s*** er sagte etwas in dieser Richtung; → ***resistance*** 1; **10.** *pl. fig.* Grundsätze *pl.*, Richtlinie(n *pl.*) *f*, Grundzüge *pl.*: ***along these ~s*** a) nach diesen Grundsätzen, b) folgendermaßen; ***along general ~s*** ganz allgemein, in großen Zügen; **11.** Art *f* (u. Weise), Me'thode *f*: ***~ of approach*** Art, et. anzupacken, Methode *f*; ***~ of argument*** (Art der) Argumentation *f*; ***~ of reasoning*** Denkmethode *f*, -weise *f*; ***take a strong ~*** energisch auftreten *od.* werden (***with s.o.*** j-m gegenüber); ***take the ~ that*** den Standpunkt vertreten, dass; ***don't take that ~ with me!*** komm mir ja nicht so! → ***hard line*** 1; **12.** Grenze *f*, Grenzlinie *f*: ***draw the ~*** (***at***) *fig.* die Grenze ziehen (bei); ***I draw the ~ at that!*** da hört es bei mir auf; ***lay*** (*od.* ***put***) ***on the ~*** *fig. sein Leben, s-n Ruf etc.* aufs Spiel setzen; ***be on the ~*** auf dem Spiel stehen; ***your job is on the ~*** es geht um deinen Job; ***I'll lay it on the ~ for you!*** F das kann ich Ihnen genau sagen!; **13.** *pl.* a) Linien(führung *f*) *pl.*, Kon'turen *pl.*, Form *f*, b) Riss *m*, Entwurf *m*; **14.** a) Reihe *f*, Kette *f*, b) *bsd. Am.* (Menschen-, *a.* Auto)Schlange *f*: ***stand in ~*** (***for***) anstehen *od.* Schlange stehen (nach); ***drive in ~*** *mot.* Kolonne fahren; ***be in ~ for*** *fig.* Aussichten haben auf (*acc.*) *od.* Anwärter sein für; **15.** Übereinstimmung *f*: ***be in*** (***out of***) ***~*** (nicht) übereinstimmen *od.* im Einklang sein (***with*** mit); ***bring*** (*od.* ***get***) ***into ~*** a) in Einklang bringen (***with*** mit), b) *j-n* ‚auf Vordermann' bringen, c) *pol.* gleichschalten; ***fall into ~*** sich einordnen, *fig.* sich anschließen (***with*** *j-m*); ***toe the ~*** ‚spuren', sich der (*Partei- etc.*)Disziplin beugen; ***in ~ of duty*** *bsd.* ⚔ in Ausübung des Dienstes; **16.** a) (Abstammungs)Linie *f*, b) Fa'milie *f*, Geschlecht *n*: ***the male ~*** die männliche Linie; ***in the direct ~*** in direkter Linie; **17.** *pl.* Los *n*, Geschick *n*: ***hard ~s*** F Pech *n*; **18.** Fach *n*, Gebiet *n*, Sparte *f*: ***~*** (***of business***) Branche *f*, Geschäftszweig *m*; ***that's not in my ~*** das schlägt nicht in mein Fach, das liegt mir nicht; ***that's more in my ~*** das liegt mir schon eher; **19.** (*Verkehrs-, Eisenbahn- etc.*)Linie *f*, Strecke *f*, Route *f*, *engS.* Gleis *n*: ***ship of the ~*** Linienschiff *n*; ***~s of communications*** ⚔ rückwärtige Verbindungen; ***he was at the end of the ~*** *fig.* er war am Ende; ***that's the end of the ~!*** *fig.* Endstation!; **20.** (*Eisenbahn-, Luftverkehrs-, Autobus*)Gesellschaft *f*; **21.** a) ⚡, ⚙ Leitung *f*, *bsd.* Tele'fon- *od.* Tele'grafenleitung *f*: ***the ~ is engaged*** (*Am.* ***busy***) die Leitung ist besetzt; ***hold the ~!*** bleiben Sie am Apparat!; ***three ~s*** 3 Anschlüsse; → ***hot line***; **22.** ⚙ (Fertigungs)Straße *f*; **23.** ⚚ a) Sorte *f*, Warengattung *f*, b) Posten *m*, Par'tie *f*, c) Ar'tikel(ˌserie *f*) *m od. pl.*; **24.** ⚔ a) Linie *f*: ***behind the enemy's ~s*** hinter den feindlichen Linien; ***~ of battle*** vorderste Linie, Kampflinie, b) Front *f*: ***go up the ~*** an die Front gehen; ***all along the ~***, (***all***) ***down the ~*** *fig.* auf der ganzen Linie, voll (u. ganz); ***go down the ~ for*** *Am.* F sich voll einsetzen für, c) Linie *f* (*Formation beim Antreten*), d) Fronttruppe *f*: ***the ~s*** die Linienregimenter; **25.** *geogr.* Längen- *od.* Breitenkreis *m*: ***the*** ℒ der Äquator; **26.** ⚓ Linie *f*: ***~ abreast*** Dwarslinie; ***~ ahead*** Kiellinie; **27.** (Wäsche)Leine *f*, (starke) Schnur, Seil *n*, Tau *n*; **28.** *teleph.* a) Draht *m*, b) Kabel *n*; **29.** Angelschnur *f*; **II** *v/i.* **30.** → ***line up*** 1, 2; **III** *v/t.* **31.** linieren; **32.** zeichnen, skizzieren; **33.** *Gesicht* (durch)'furchen; **34.** *Straße etc.* säumen: ***soldiers ~d the street*** Soldaten bildeten an der Straße Spalier; ***~ in*** *v/t.* einzeichnen; ***~ off*** *v/t.* abgrenzen; ***~ through*** *v/t.* 'durchstreichen; ***~ up*** **I** *v/i.* **1.** sich in e-r Linie *od.* Reihe aufstellen; **2.** Schlange stehen; **3.** *fig.* sich zs.-schließen; **II** *v/t.* **4.** in Linie *od.* in e-r Reihe aufstellen; **5.** aufstellen; **6.** *fig.* F *et.* ‚auf die Beine stellen', organisieren, arrangieren.

line² [laɪn] *v/t.* **1.** *Kleid etc.* füttern; **2.** ⚙ ausfüttern, -gießen, -kleiden, -schlagen, (innen) über'ziehen: ***~ one's*** (***own***) ***pockets*** in die eigene Tasche arbeiten, sich bereichern.

lin·e·age ['lɪnɪɪdʒ] *s.* **1.** (geradlinige) Abstammung; **2.** Stammbaum *m*; **3.** Geschlecht *n*, Fa'milie *f*.

lin·e·al ['lɪnɪəl] *adj.* □ geradlinig, in di'rekter Linie, di'rekt (*Abstammung, Nachkomme*).

lin·e·a·ment ['lɪnɪəmənt] *s.* (Gesichts-, *fig.* Cha'rakter)Zug *m*.

lin·e·ar ['lɪnɪə] *adj.* □ **1.** Linien..., geradlinig, *bsd.* ⩚, ⚙, *phys.* line'ar (*Gleichung, Elektrode, Perspektive etc.*), Linear...; **2.** Längen...(*-ausdehnung, -maß etc.*); **3.** Linien..., Strich..., strichförmig.

line| block *s.* → ***line etching***; ***~ break*** *s. Computer*: Zeilenumbruch *m*; ***~ draw·ing*** *s.* Strichzeichnung *f*; ***~ etch·ing*** *s. Kunst*: Strichätzung *f*; ***~ feed*** *s. Computer*: Zeilenvorschub *m*; **'~·man** [-mən] *s.* [*irr.*] *Am.* **1.** 🚂 Streckenarbeiter *m*; **2.** → ***linesman*** 1.

lin·en ['lɪnɪn] **I** *s.* **1.** Leinen *n*, Leinwand *f*, Linnen *n*; **2.** (Bett-, 'Unter- *etc.*)Wäsche *f*: ***wash one's dirty ~ in public*** *fig.* s-e schmutzige Wäsche vor allen Leuten waschen; **II** *adj.* **3.** leinen, Leinen...: ***~ closet*** (*od.* ***cupboard***) Wäscheschrank *m*.

lin·er¹ ['laɪnə] *s.* **1.** ⚙ Futter *n*, Buchse *f*; **2.** Einsatz(stück *n*) *m*.

lin·er² ['laɪnə] *s.* **1.** ⚓ Linienschiff *n*; **2.** → ***air liner***.

lines·man ['laɪnzmən] *s.* [*irr.*] **1.** ⚡ (Fernmelde)Techniker *m*, *engS.* Störungssucher *m*; **2.** 🚂 Streckenwärter *m*; **3.** *sport* Linienrichter *m*.

'line-up *s.* **1.** *sport* (Mannschafts)Aufstellung *f*, Aufgebot *n*; **2.** Gruppierung *f*; **3.** *Am.* ‚Schlange' *f*.

lin·ger ['lɪŋgə] *v/i.* **1.** (*a. fig.*) (noch) verweilen, (zu'rück)bleiben (*beide a. Gefühl, Geschmack, Erinnerung etc.*), sich aufhalten; *fig. a.* nachklingen (*Töne, Gefühl etc.*): **~ *on*** *fig.* (noch) fortleben *od.* -bestehen (*Brauch etc.*); **~ *on a subject*** bei e-m Thema verweilen; **2.** a) zögern, b) trödeln; **3.** da'hinsiechen (*Kranker*); **4.** sich hinziehen *od.* -schleppen.

lin·ge·rie ['læːnʒəriː] (*Fr.*) *s.* ('Damen-) ˌUnterwäsche *f*.

lin·ger·ing ['lɪŋgərɪŋ] *adj.* □ **1.** a) verweilend, b) langsam, zögernd; **2.** (zu'rück)bleibend, nachklingend (*Ton, Gefühl etc.*); **3.** schleppend; **4.** schleichend (*Krankheit*); **5.** lang: a) sehnsüchtig, b) innig, c) prüfend: ***a ~ look***.

lin·go ['lɪŋgəʊ] *pl.* **-goes** [-gəʊz] *s.* Kauderwelsch *n*, *engS. a.* ('Fach)JarˌgonJar *m*.

lin·gua fran·ca [ˌlɪŋgwə'fræŋkə] *s.* Verkehrssprache *f*.

lin·gual ['lɪŋgwəl] **I** *adj.* Zungen...; **II** *s.* Zungenlaut *m*.

lin·guist ['lɪŋgwɪst] *s.* **1.** Sprachforscher (-in), Lingu'ist(in); **2.** Fremdsprachler (-in), Sprachkundige(r *m*) *f*: ***he is a good ~*** er ist sehr sprachbegabt; **lin·guis·tic** [lɪŋ'gwɪstɪk] *adj.* (□ ***~ally***) **1.** sprachwissenschaftlich, lingu'istisch; **2.** Sprach(en)...; **lin·guis·tics** [lɪŋ'gwɪstɪks] *s. pl.* (*mst sg. konstr.*) Sprachwissenschaft *f*, Lingu'istik *f*.

lin·i·ment ['lɪnɪmənt] *s.* ⚕ Einreibemittel *n*.

lin·ing ['laɪnɪŋ] *s.* **1.** Futter(stoff *m*) *n*, (Aus)Fütterung *f* (*von Kleidern etc.*); **2.** ⚙ Futter *n*, Ver-, Auskleidung *f*, Ausmauerung *f*; (*Brems- etc.*)Belag *m*; → ***silver lining***.

link [lɪŋk] **I** *s.* **1.** (Ketten)Glied *n*; **2.** *fig.* a) Glied *n* (*in e-r Kette von Ereignissen etc.*), b) Bindeglied *n*; → ***missing*** 1, c) *Computer*: Link *m*; **3.** *freundschaftliche etc.* Bande *pl.*; **4.** Verbindung *f*, -knüpfung *f*, Zs.-hang *m* (***between*** zwischen); **5.** Man'schettenknopf *m*; **6.** ⚙ Glied *n* (*a.* ⚡), Verbindungsstück *n*, Gelenk *n*; **7.** *tel.* a) Streckenabschnitt *m*, b) Über'tragungsweg *m*; **8.** *TV* a) Verbindungsstrecke *f*, b) → ***linkup*** 3; **9.** *surv.* Messkettenglied *n*; **10.** → ***links***; **II** *v/t.* **11.** *a.* **~ *up*** *od.* ***together*** (***with***) a) verbinden, -knüpfen (mit): **~ *arms*** (***with***) sich einhaken (bei *j-m*), b) mitein'ander in Verbindung *od.* Zs.-hang bringen, c) anein'ander koppeln: ***be ~ed*** (***with***) zs.-hängen *od.* in Zs.-hang stehen (mit); ***~ed*** ⚗ gekoppelt (*a. biol. Gene*); **III** *v/i.* **12.** (***with***) a) sich verbinden (lassen) (mit), b) verknüpft sein (mit).

link·age ['lɪŋkɪdʒ] *s.* **1.** Verkettung *f*, *Computer*: *a.* Pro'grammverbindung *f*; **2.** ⚙ Gestänge *n*, Gelenkviereck *n*; **3.** ⚗, *biol.* Koppelung *f*, (*a. phys. Atom- etc.*)Bindung *f*.

links [lɪŋks] *s. pl.* **1.** *bsd. Scot.* Dünen *pl.*; **2.** (*a. sg. konstr.*) Golfplatz *m*.

'link·up *s.* **1.** → ***link*** 4; **2.** (Anein'ander-) Koppeln *n*; **3.** *Radio, TV*: Zs.-schaltung *f*.

linn [lɪn] *s. bsd. Scot.* **1.** Teich *m*; **2.** Wasserfall *m*.

lin·net ['lɪnɪt] *s. orn.* Hänfling *m*.

li·no ['laɪnəʊ] *abbr. für* ***linoleum***; **li·no·cut** ['laɪnəʊkʌt] *s.* Lin'olschnitt *m*.

li·no·le·um [lɪ'nəʊljəm] *s.* Lin'oleum *n*.

lin·o·type ['laɪnəʊtaɪp] *s. typ.* **1.** *a.* ℒ Linotype *f* (*Markenname für e-e Zeilensetz- u. -gießmaschine*); **2.** ('Setzmaˌschinen)Zeile *f*.

lin·seed ['lɪnsiːd] *s.* ⚘ Leinsamen *m*; **~ *cake*** *s.* Leinkuchen *m*; **~ *oil*** *s.* Leinöl *n*.

lint [lɪnt] **I** *s.* **1.** ⚕ Schar'pie *f*, Zupflinnen *n*; **2.** *Am.* Fussel *f*; **II** *v/i.* **3.** *Am.* Fusseln bilden, fusseln.

lin·tel ['lɪntl] *s.* △ (Tür-, Fenster)Sturz *m*.

li·on ['laɪən] *s.* **1.** *zo.* Löwe *m* (*a. fig. Held*; *a. ast.* ℒ): ***the ~'s share*** *fig.* der Löwenanteil; ***go into the ~'s den*** *fig.* sich in die Höhle des Löwen wagen; **2.** ‚Größe' *f*, Berühmtheit *f* (*Person*); **3.** *pl.* Sehenswürdigkeiten *pl.* (*e-s Ortes*); **'li·on·ess** [-nes] *s.* Löwin *f*; **'li·onˌheart·ed** *adj.* furchtlos, mutig; **li·on·ize** ['laɪənaɪz] *v/t.* *j-n* feiern, zum Helden des Tages machen.

lip [lɪp] *s.* **1.** Lippe *f*: ***hang on s.o.'s ~s*** an j-s Lippen hängen; ***keep a stiff upper ~*** Haltung bewahren; ***lick*** (*od.* ***smack***) ***one's ~s*** sich die Lippen lecken; → ***bite*** 7; **2.** F Unverschämtheit *f*: ***none of your ~!*** keine Frechheiten!; **3.** Rand *m* (*Wunde, Schale, Krater etc.*); **4.** Tülle *f*, Schnauze *f* (*Krug etc.*).

lip·o·suc·tion ['lɪpəʊˌsʌkʃn] *s.* ⚕ Fettabsaugung *f*.

'lip|-read *v/t. u. v/i.* [*irr.* → ***read***] von den Lippen ablesen; **'~-ˌread·ing** *s.* Lippenlesen *n*; **~ *salve*** [sæ(l)v] *s.* Lippenbalsam *m*, -pflegestift *m*; **~ *ser·vice*** *s.* Lippendienst *m*: ***pay ~ to*** ein Lippenbekenntnis ablegen zu *e-r Idee etc.*; **'~·stick** *s.* Lippenstift *m*.

li·quate ['laɪkweɪt] *v/t. metall.* (aus)seigern.

liq·ue·fa·cient [ˌlɪkwɪ'feɪʃnt] **I** *s.* Verflüssigungsmittel *n*; **II** *adj.* verflüssigend; ˌ**liq·ue'fac·tion** [-'fækʃn] *s.* Verflüssigung *f*; **liq·ue·fi·a·ble** ['lɪkwɪfaɪəbl] *adj.* schmelzbar; **liq·ue·fy** ['lɪkwɪfaɪ] *v/t. u. v/i.* (sich) verflüssigen; schmelzen; **li·ques·cent** [lɪ'kwesnt] *adj.* sich (leicht) verflüssigend, schmelzend.

li·queur [lɪ'kjʊə] *s.* Li'kör *m*.

liq·uid ['lɪkwɪd] **I** *adj.* □ **1.** flüssig; Flüssigkeits...: **~ *measure*** Flüssigkeitsmaß *n*; **~ *crystal*** Flüssigkristall *m*; **~ *crystal display*** Flüssigkristallanzeige *f*; **2.** a) klar, hell u. glänzend, b) feucht (schimmernd): **~ *eyes***; **~ *sky***; **3.** perlend, wohltönend; **4.** *ling.* li'quid, fließend: **~ *sound*** → 7; **5.** ✝ li'quid, flüssig: **~ *assets***; **II** *s.* **6.** Flüssigkeit *f*; **7.** *Phonetik*: Liquida *f*, Fließlaut *m*.

liq·ui·date ['lɪkwɪdeɪt] *v/t.* **1.** a) *Schulden etc.* tilgen, b) *Schuldbetrag* feststellen; **2.** *Konten* abrechnen, saldieren; **3.** ✝ *Unternehmen* liquidieren; **4.** ✝ *Wertpapier* flüssig machen, realisieren; **5.** *j-n* liquidieren (*umbringen*); **liq·ui·da·tion** [ˌlɪkwɪ'deɪʃn] *s.* **1.** ✝ a) Liquidati'on *f*, Abwicklung *f* (*Unternehmen*): ***go into ~*** in Liquidation treten, b) Tilgung *f* (*von Schulden*), c) Abrechnung *f*, d) Realisierung *f*; **2.** *fig.* Liquidierung *f*, Beseitigung *f*; **'liq·ui·da·tor** [-tə] *s.* ✝ Liqui'dator *m*, Abwickler *m*.

li·quid·i·ty [lɪ'kwɪdətɪ] *s.* **1.** flüssiger Zustand; **2.** ✝ Liquidi'tät *f*, (Geld)Flüssigkeit *f*.

liq·uor ['lɪkə] **I** *s.* **1.** alko'holisches Getränk, *coll.* Spiritu'osen *pl.*, Alkohol *m* (*bsd. Branntwein u. Whisky*): ***in ~***, ***the worse for ~*** betrunken; **2.** Flüssigkeit *f*; *pharm.* Arz'neilösung *f*; **3.** ⚙ a) Lauge *f*, b) Flotte *f* (*Färbebad*); **II** *v/i.* **4.** *mst* **~ *up*** *sl.* ‚einen heben'; **III** *v/t.* **5.** ***get ~ed up*** sich ‚voll laufen' lassen; **~ *cab·i·net*** *s.* Hausbar *f*.

liq·uo·rice ['lɪkərɪs] *s.* La'kritze *f*.

lisp [lɪsp] **I** *v/i.* **1.** (*a. v/t. et.*) lispeln, mit der Zunge anstoßen; **2.** stammeln; **II** *s.* **3.** Lispeln *n*, Anstoßen *n* (mit der Zunge).

lis·some, *a.* **lis·som** ['lɪsəm] *adj.* **1.** geschmeidig; **2.** wendig, a'gil.

list¹ [lɪst] **I** *s.* Liste *f*, Verzeichnis *n*: ***on the ~*** auf der Liste; **~ *price*** ✝ Listenpreis *m*; **II** *v/t.* a) verzeichnen, aufführen, erfassen, katalogisieren; in e-e Liste eintragen, b) aufzählen: ***~ed*** ✝ amtlich notiert, börsenfähig (*Wertpapier*); ***~ed option*** börsengehandelte Option *f*.

list² [lɪst] *s.* **1.** Saum *m*, Rand *m*; **2.** *Weberei*: Salband *n*, Webekante *f*; **3.** (Sal)Leiste *f*; **4.** *pl. hist.* a) Schranken *pl.* (*e-s Turnierplatzes*), b) Kampfplatz *m* (*a. fig.*): ***enter the ~s*** *fig.* in die Schranken treten, zum Kampf antreten.

list³ [lɪst] ⚓ **I** *s.* Schlagseite *f*; **II** *v/i.* Schlagseite haben.

lis·ten ['lɪsn] *v/i.* **1.** horchen, hören, lauschen (***to*** auf *acc.*): **~ *to*** a) *j-m* zuhören, *j-n* anhören, b) auf *j-n od. j-s Rat* hören, *j-m* Gehör schenken, c) *e-m Rat etc.* folgen: ***~!*** hör mal (zu)!; **~ *for*** auf *et. od. j-n* horchen (*warten*); → ***reason*** 1; **2.** **~ *in*** a) Radio hören, b) (*am Telefon etc.*) mithören *od.* mit anhören (***on s.th.*** et.): **~ *in to*** *et.* im Radio hören; **'lis·ten·er** [-nə] *s.* **1.** Horcher(in), Lauscher(in); **2.** Zuhörer(in); **3.** *Radio*: Hörer(in).

lis·ten·ing post ['lɪsnɪŋ] *s.* ⚔ **1.** Horchposten *m* (*a. fig.*); **2.** Abhörstelle *f*.

list·ing ['lɪstɪŋ] *s.* **1.** Auflistung *f*: a) Liste *f*, b) Eintrag *m* in e-r Liste; **2.** *a.* ***~s*** Verzeichnis *n*.

list·less ['lɪstlɪs] *adj.* □ lustlos, teilnahmslos, matt, a'pathisch.

lists [lɪsts] → ***list²*** 4.

lit [lɪt] **I** *pret. u. p.p.* von ***light¹*** *u.* ***light³***; **II** *adj. mst* **~ *up*** *sl.* ‚blau' (*betrunken*).

lit·a·ny ['lɪtənɪ] *s. eccl. u. fig.* Lita'nei *f*.

li·tchi [ˌlaɪ'tʃiː; 'lɪtʃɪ] *s. Obst*: 'Litschi *f*.

li·ter ['liːtə] *Am.* → ***litre***.

lit·er·a·cy ['lɪtərəsɪ] *s.* **1.** Fähigkeit *f* zu lesen u. zu schreiben; **2.** (lite'rarische) Bildung, Belesenheit *f*; **'lit·er·al** [-rəl] **I** *adj.* □ **1.** wörtlich, wortgetreu: **~ *translation***; **2.** wörtlich, buchstäblich, eigentlich: **~ *sense***; **3.** nüchtern, wahrheitsgetreu: **~ *account***; ***the ~ truth*** die reine Wahrheit; **4.** *fig.* buchstäblich: **~ *annihilation***; ***a ~ disaster*** e-e wahre *od.* echte Katastrophe; **5.** pe'dantisch, pro'saisch (*Person*); **6.** Buchstaben..., Schreib...: **~ *error*** → 7; **II** *s.* **7.** Schreib- *od.* Druckfehler *m*; **'lit·er·al·ism** [-əlɪzəm], **'lit·er·al·ness** [-rəlnɪs] *s.* **1.** Festhalten *n* am Buchstaben, *bsd.* strenge *od.* allzu wörtliche Über'setzung *od.* Auslegung, Buchstabenglaube *m*; **2.** *Kunst*: Rea'lismus *m*.

lit·er·ar·y ['lɪtərərɪ] *adj.* □ **1.** lite'rarisch, Literatur...: **~ *historian*** Literaturhistoriker(in); **~ *history*** Literaturgeschichte *f*; ***~ language*** Schriftsprache *f*; **2.** schriftstellerisch: ***a ~ man*** ein Literat; ***~ property*** geistiges Eigentum; **3.** lite'rarisch gebildet; **4.** gewählt: ***a ~ expression***; **lit·er·ate** ['lɪtərət] **I** *adj.* **1.** des Lesens u. Schreibens kundig; **2.** (lite'rarisch) gebildet; **3.** lite'rarisch; **II** *s.* **4.** j-d, der Lesen u. Schreiben kann; **5.** Gebildete(r *m*) *f*; **lit·e·ra·ti** [ˌlɪtə'rɑːtiː] *s. pl.* **1.** Lite'raten *pl.*; **2.** *die* Gelehrten *pl.*; **lit·e·ra·tim** [ˌlɪtə'rɑːtɪm] (*Lat.*) *adv.* buchstäblich, (wort)wörtlich; **lit·er·a·ture** ['lɪtərətʃə] *s.* **1.** Litera'tur *f*, Schrifttum *n*; **2.** Schriftstelle'rei *f*; **3.** Druckschriften *pl.*, *bsd.* Pro'spekte *pl.*, 'Unterlagen *pl.*

lithe [laɪð] *adj.* □ geschmeidig; **'lithe·ness** [-nɪs] *s.* Geschmeidigkeit *f*.

lith·o·chro·mat·ic [ˌlɪθəʊkrəʊ'mætɪk] *adj.* Farben-, Buntdruck...

lith·o·graph ['lɪθəʊgrɑːf] **I** *s.* Lithogra'phie *f*, Steindruck *m* (*Erzeugnis*); **II** *v/t. u. v/i.* lithographieren; **li·thog·ra·pher** [lɪ'θɒgrəfə] *s.* Litho'graph *m*; **lith·o·graph·ic** [ˌlɪθəʊ'græfɪk] *adj.* (□ ***~ally***) litho'graphisch, Steindruck...; **li·thog·ra·phy** [lɪ'θɒgrəfɪ] *s.* Lithogra'phie *f*, Steindruck *m*.

Lith·u·a·ni·an [ˌlɪθjuː'eɪnjən] **I** *s.* **1.** Litauer(in); **2.** *ling.* Litauisch *n*; **II** *adj.* **3.** litauisch.

lit·i·gant ['lɪtɪgənt] ⚖ **I** *s.* Pro'zessführende(r *m*) *f*, (streitende) Par'tei; **II** *adj.* streitend, pro'zessführend; **lit·i·gate** ['lɪtɪgeɪt] *v/i.* (*u. v/t.*) prozessieren (um), streiten (um); **lit·i·ga·tion** [ˌlɪtɪ'geɪʃn] *s.* Rechtsstreit *m*, Pro'zess *m*; **li·ti·gious** [lɪ'tɪdʒəs] *adj.* □ **1.** ⚖ a) Prozess..., b) strittig, streitig; **2.** pro'zess-, streitsüchtig.

lit·mus ['lɪtməs] *s.* ⚗ Lackmus *n*; **~ pa·per** *s.* 'Lackmuspa,pier *n*.

li·tre ['liːtə] *s. Brit.* Liter *m, n*.

lit·ter ['lɪtə] **I** *s.* **1.** Sänfte *f*; **2.** Trage *f*; **3.** Streu *f*; **4.** her'umliegende Sachen *pl.*, *bsd.* (her'umliegendes) Pa'pier u. Abfälle *pl.*; **5.** Wust *m*, Unordnung *f*; **6.** *zo.* Wurf *m Ferkel etc.*; **II** *v/t.* **7.** *mst* ***~ down*** a) Streu legen für *Tiere*, b) *Stall, Boden* einstreuen, c) *Pflanzen* abdecken; **8.** a) verunreinigen, b) unordentlich verstreuen, her'umliegen lassen, c) *Zimmer* in Unordnung bringen, d) *oft* ***~ up*** (unordentlich) her'umliegen in (*dat.*) *od.* auf (*dat.*): ***be ~ed with*** übersät sein mit (*a. fig.*); **9.** *zo. Junge* werfen; **III** *v/i.* **10.** (Junge) werfen.

lit·tle ['lɪtl] **I** *adj.* **1.** klein: ***a ~ house*** ein kleines Haus, ein Häuschen; ***a ~ one*** ein Kleines (*Kind*); ***our ~ ones*** unsere Kleinen; ***the ~ people*** die Elfen; ***~ things*** Kleinigkeiten *pl.*; **2.** kurz (*Strecke od. Zeit*); **3.** wenig: ***~ hope***; ***a ~ honey*** ein wenig *od.* ein bisschen *od.* etwas Honig; **4.** klein, gering(fügig), unbedeutend: ***of ~ interest*** von geringem Interesse; **5.** klein(lich), beschränkt, engstirnig: ***~ minds*** Kleingeister *pl.*; **6.** gemein, erbärmlich; **7.** *iro.* klein: ***her poor ~ efforts***; ***his ~ ways*** s-e kleinen Eigenarten *od.* Schliche; **II** *adv.* **8.** wenig, kaum, nicht sehr: ***he ~ knows*** er ahnt ja nicht (***that*** dass); ***we see ~ of her*** wir sehen sie nur sehr selten; ***make ~ of*** *et.* bagatellisieren; ***think ~ of*** wenig halten von; **III** *s.* **9.** Kleinigkeit *f*, *das* wenige, *ein* bisschen: ***a ~*** ein wenig, ein bisschen; ***not a ~*** nicht wenig; ***after a ~*** nach e-m Weilchen; ***for a ~*** für ein Weilchen; ***a ~ rash*** ein bisschen voreilig; ***~ by ~*** nach und nach; ***~ or nothing*** so gut wie nichts; ***what ~ I have seen*** das wenige, das ich gesehen habe; ***every ~ helps*** auch der kleinste Beitrag hilft; **'lit·tle·ness** [-nɪs] *s.* **1.** Kleinheit *f*; **2.** Geringfügigkeit *f*, Bedeutungslosigkeit *f*; **3.** Kleinlichkeit *f*; **4.** Beschränktheit *f*.

lit·to·ral ['lɪtərəl] **I** *adj.* a) Küsten..., b) Ufer...; **II** *s.* Küstenland *n*, -strich *m*.

li·tur·gic, **li·tur·gi·cal** [lɪ'tɜːdʒɪk(l)] *adj.* □ li'turgisch; **lit·ur·gy** ['lɪtədʒɪ] *s. eccl.* Litur'gie *f*.

liv·a·ble ['lɪvəbl] *adj.* **1.** *a.* ***~-in*** wohnlich; **2.** *mst* ***~-with*** 'umgänglich (*Person*); **3.** erträglich.

live¹ [lɪv] **I** *v/i.* **1.** *allg.* leben: ***~ to a great age*** ein hohes Alter erreichen; ***~ to be eighty*** achtzig Jahre alt werden; ***~ to see*** *et.* erreichen; ***~ off*** leben von, sich ernähren von; *b.s.* auf *j-s* Kosten leben; ***~ on*** a) weiter-, fortleben, b) *a.* ***~ by*** leben *od.* sich ernähren von; ***~ through s.th.*** et. mit- *od.* durchmachen, et. miterleben; ***~ with*** a) *a. iro.* mit *der Atombombe etc.* leben, b) *bsd. sport* F mit *e-m Gegner etc.* mithalten; ***we ~ and learn!*** man lernt nie aus!; ***~ and let ~*** leben u. leben lassen; ***he will ~ to regret it!*** das wird er noch bereuen!; **2.** (über)'leben, am Leben bleiben: ***the patient will ~!***; **3.** leben, wohnen: ***~ in a town***; **4.** leben, ein *ehrliches etc.* Leben führen: ***~ well*** gut leben; ***~ to o.s.*** (ganz) für sich leben; **5.** leben, das Leben genießen: ***she wanted to ~*** sie wollte (et. er)leben; (***then***) ***you haven't ~d!*** *humor.* du weißt ja gar nicht, was du versäumt hast!; **II** *v/t.* **6.** *ein anständiges etc. Leben* führen *od.* leben: ***~ one's own life*** sein eigenes Leben leben; **7.** (vor)leben, im Leben verwirklichen: ***he ~d a lie*** sein Leben war e-e einzige Lüge;

Zssgn mit adv.:

live| down *v/t. et.* (durch tadellosen Lebenswandel) vergessen machen, sich reinwaschen *od.* rehabilitieren von: ***I will never live it down*** das wird man mir nie vergessen; **~ in** *v/i.* im Haus *od.* Heim *etc.* wohnen, nicht außerhalb wohnen; **~ out** *v/i.* außerhalb wohnen; **~ to·geth·er** *v/i.* zu'sammen leben *od.* wohnen; **~ up I** *v/i.*: ***~ to*** *den Anforderungen, Erwartungen etc.* entsprechen, *a. s-m Ruf* gerecht werden; *sein Versprechen* halten; **II** *v/t.*: ***live it up*** ,auf den Putz hauen', ,toll leben'.

live² [laɪv] **I** *adj.* (*nur attr.*) **1.** le'bendig: a) lebend: ***~ animals***, b) *fig.* lebhaft (*a. Debatte etc.*); rührig, tätig, e'nergisch (*Person*); **2.** aktu'ell: ***a ~ question***; **3.** glühend (*Kohle etc.*) (*a. fig.*); ⚔ scharf (*Munition*); ungebraucht (*Streichholz*); ⚡ Strom führend, geladen: ***~ wire*** *fig.* ,Energiebündel' *n*; ***~ load*** ⚙ Nutzlast *f*; ***~ steam*** ⚙ Frischdampf *m*; **4.** *Radio, TV:* di'rekt, live, Direkt..., Original..., Live-...: ***~ broadcast*** Live-Sendung *f*, Direktübertragung *f*; **5.** ⚙ a) Trieb..., b) angetrieben; **II** *adv.* **6.** *Radio, TV:* di'rekt, live: ***the game will be broadcast ~***.

-lived [lɪvd] *in Zssgn* ...lebig.

live·li·hood ['laɪvlɪhʊd] *s.* 'Lebens,unterhalt *m*, Auskommen *n*: ***earn*** (*od.* ***make***) ***a*** (*od.* ***one's***) ***~*** sein Brot *od.* s-n Lebensunterhalt verdienen.

live·li·ness ['laɪvlɪnɪs] *s.* **1.** Lebhaftigkeit *f*; **2.** Le'bendigkeit *f*.

live·long ['lɪvlɒŋ] *adj. poet.*: ***all the ~ day*** den lieben langen Tag.

live·ly ['laɪvlɪ] *adj.* □ **1.** *allg.* lebhaft, le'bendig (*Person, Geist, Gespräch, Rhythmus, Gefühl, Erinnerung, Farbe, Beschreibung etc.*): ***~ hope*** starke Hoffnung; **2.** kräftig, vi'tal; **3.** lebhaft, aufregend (*Zeit*): ***make it*** (*od.* ***things***) ***~ for*** *j-m* (tüchtig) einheizen; ***we had a ~ time*** es war ,schwer was los'; **4.** flott (*Tempo*).

liv·en ['laɪvn] *mst* ***~ up*** **I** *v/t.* beleben, Leben *od.* Schwung bringen in (*acc.*); **II** *v/i.* sich beleben, in Schwung kommen.

liv·er¹ ['lɪvə] *s. anat.* Leber *f*.

liv·er² ['lɪvə] *s.*: ***be a fast ~*** ein flottes Leben führen; ***be a good ~*** ,gut leben'.

liv·er·ied ['lɪvərɪd] *adj.* livriert.

liv·er·ish ['lɪvərɪʃ] *adj.* F **1.** ***be ~*** es an der Leber haben; **2.** reizbar, mürrisch.

Liv·er·pud·li·an [ˌlɪvə'pʌdlɪən] **I** *adj.* aus *od.* von Liverpool; **II** *s.* Liverpooler(in).

'liv·er·wort *s.* ⚘ Leberblümchen *n*.

liv·er·y ['lɪvərɪ] *s.* **1.** Li'vree *f*; **2.** (*bsd.* Amts- *od.* Gilden)Tracht *f*; *fig.* (*a. zo. Winter- etc.*)Kleid *n*; **3.** → ***livery company***; **4.** Pflege *f* u. 'Unterbringung *f* (*von Pferden*) gegen Bezahlung: ***at ~*** in Futter *stehen etc.*; **5.** *Am.* → ***livery stable***; **6.** a) 'Übergabe *f*, Über'tragung *f*, b) *Brit.* 'Übergabe *f* von vom Vormundschaftsgericht freigegebenem Eigentum; **~ com·pa·ny** *s.* (Handels-)Zunft *f* der ***City of London***; **'~·man** [-mən] *s.* [*irr.*] Zunftmitglied *n*; **~ serv·ant** *s.* livrierter Diener; **~ sta·ble** *s.* Mietstall *m*.

lives [laɪvz] *pl. von* **life**.

'live·stock ['laɪv-] *s.* Vieh(bestand *m*) *n*, lebendes Inven'tar.

liv·id ['lɪvɪd] *adj.* □ **1.** bläulich; bleifarben, graublau; **2.** fahl, aschgrau, blass (***with*** vor *dat.*); **3.** *Brit.* F ,fuchsteufelswild'; **li·vid·i·ty** [lɪ'vɪdətɪ], **'liv·id·ness** [-nɪs] *s.* Fahlheit *f*, Blässe *f*.

liv·ing ['lɪvɪŋ] **I** *adj.* □ **1.** lebend (*a. Sprachen*), le'bendig (*a. fig. Glaube, Gott etc.*): ***no man ~*** kein Sterblicher; ***not a ~ soul*** keine Menschenseele; ***while ~*** zu Lebzeiten; ***the greatest of ~ statesmen*** der größte lebende Staatsmann; ***~ death*** trostloses Dasein; ***within ~ memory*** seit Menschengedenken; **2.** glühend (*Kohle*); **3.** gewachsen (*Fels*); **4.** Lebens...: ***~ conditions***; **II** *s.* **5.** ***the ~*** die Lebenden; **6.** (das) Leben; **7.** Leben *n*, Lebensweise *f*, -führung *f*: ***good ~*** üppiges Leben; **8.** 'Lebens,unterhalt *m*: ***make a ~*** s-n Lebensunterhalt verdienen (***as*** als, ***out of*** durch); **9.** Leben *n*, Wohnen *n*; **10.** *eccl. Brit.* Pfründe *f*; **~ room** [rʊm] *s.* Wohnzimmer *n*; **~ space** *s.* **1.** Wohnraum *m*, -fläche *f*; **2.** *pol.* Lebensraum *m*; **~ wage** *s.* ausreichender Lohn.

lix·iv·i·ate [lɪk'sɪvɪeɪt] *v/t.* auslaugen.

liz·ard ['lɪzəd] *s.* **1.** *zo.* a) Eidechse *f*, b) Echse *f*; **2.** Eidechsenleder *n*.

'll [l; əl] F *für* ***will*** 1, 2, 4 *od.* ***shall***.

lla·ma ['lɑːmə] *s. zo.* Lama(wolle *f*) *n*.

lo [ləʊ] *int. obs.* siehe!, seht!: ***~ and behold!*** *oft humor.* sieh(e) da!

loach [ləʊtʃ] *s. ichth.* Schmerle *f*.

load [ləʊd] **I** *s.* **1.** Last *f* (*a. phys.*); **2.** *fig.* Last *f*, Bürde *f*: ***take a ~ off s.o.'s mind*** j-m e-e Last von der Seele nehmen; ***that takes a ~ off my mind!*** da fällt mir ein Stein vom Herzen!; **3.** Ladung *f* (*a. e-r Schusswaffe*; *a. Am. sl. Menge Alkohol*), Fracht *f*, Fuhre *f*: ***a bus~ of tourists*** ein Bus voll(er) Tou-

L

risten; ***have a ~ on*** *Am. sl.* ‚schwer geladen' haben; ***get a ~ of this!*** F hör mal gut zu!; ***~s of*** F e-e Unmasse *od.* massenhaft *od.* jede Menge *Geld, Fehler etc.*; **4.** *fig.* Belastung *f*: (***work***) ~ (Arbeits)Pensum *n*; **5.** ⚙, ↯ a) Last *f*, (Arbeits)Belastung *f*, b) Leistung *f*: ~ ***capacity*** a) Ladefähigkeit *f*, b) Tragfähigkeit *f*, c) ↯ Belastbarkeit *f*; **II** *v/t.* **6.** beladen; **7.** *Güter, Schusswaffe etc.* laden, aufladen, *Datei, Software* laden: ~ ***the camera*** *phot.* e-n Film einlegen; **8.** *fig.* *j-n* über'häufen (***with*** mit *Arbeit, Geschenken, Vorwürfen etc.*): ***he's ~ed*** *sl.* a) er hat Geld wie Heu, b) er hat ‚schwer geladen' *od.* ist ‚blau'; **9.** *den Magen* über'laden; **10.** beschweren: ~ ***dice*** Würfel präparieren: ~ ***the dice*** *fig.* die Karten zinken; ***the dice are ~ed against him*** *fig.* er hat kaum e-e Chance; ***~ed question*** Fangfrage *f*; **11.** *Wein* verfälschen; **III** *v/i.* **12.** *a.* ~ ***up*** (auf-, ein)laden.

load·er ['ləʊdə] *s.* **1.** (Ver)Lader *m*; **2.** Verladevorrichtung *f*; **3.** *hunt.* Lader *m*; **4.** ✕ Ladeschütze *m*.

load·ing ['ləʊdɪŋ] *s.* **1.** (Be-, Auf)Laden *n*; **2.** a) Laden *n* (*e-r Schusswaffe*), b) Einlegen *n* e-s Films (*in die Kamera*); **3.** Ladung *f*, Fracht *f*; **4.** ⚙, ↯, ✈ Belastung *f*; **5.** *Versicherung*: Verwaltungskostenanteil *m* (*der Prämie*); ~ **bridge** *s.* Verlade-, ✈ Fluggastbrücke *f*; ~ **coil** *s.* ↯ Belastungsspule *f*.

load| line *s.* ⚓ Lade(wasser)linie *f*; '**~·star** → ***lodestar***; '**~·stone** → ***lodestone***.

loaf[1] [ləʊf] *pl.* **loaves** [ləʊvz] *s.* **1.** Laib *m* (*Brot*), *weitS.* Brot *n*: ***half a ~ is better than no bread*** (etwas ist) besser als gar nichts; **2.** Zuckerhut *m*: ~ ***sugar*** Hutzucker *m*; **3.** *a.* ***meat*** ~ Hackbraten *m*; **4.** *Brit. sl.* ‚Birne' *f*: ***use your ~*** denk mal ein bisschen (nach)!

loaf[2] [ləʊf] **I** *v/i. a.* ~ ***about*** (*od.* ***around***) her'umlungern, bummeln; faulenzen; **II** *v/t.* ~ ***away*** *Zeit* verbummeln; '**loaf·er** [-fə] *s.* **1.** Faulenzer *m*, Nichtstuer *m*; Her'umtreiber(in); **2.** *Am.* Mokas'sin *m* (*Schuh*).

loam [ləʊm] *s.* Lehm(boden) *m*; '**loam·y** [-mɪ] *adj.* lehmig, Lehm...

loan [ləʊn] **I** *s.* **1.** (Ver)Leihen *n*, Ausleihung *f*: ***as a ~, on ~*** leihweise; ***it's on ~, it's a ~*** es ist geliehen; ***ask for the ~ of s.th.*** et. leihweise erbitten; ***put out to ~*** verleihen; **2.** Anleihe *f* (*a. fig.*): ***take up a ~ on*** e-e Anleihe aufnehmen auf *e-e Sache*; ***government ~*** Staatsanleihe; **3.** Darlehen *n*, Kre'dit *m*: ~ ***on securities*** Lombarddarlehen; ***bankrate for ~s*** Lombardsatz *m*; **4.** Leihgabe *f* (*für e-e Ausstellung*); **II** *v/t. u. v/i.* **5.** (ver-, aus)leihen (***to*** *dat.*); ~ **bank** *s.* Darlehensbank *f*; ~ **of·fice** *s.* Darlehenskasse *f*; ~ **shark** *s.* F ‚Kre'dithai' *m*; ~ **trans·la·tion** *s. ling.* 'Lehnübersetzung *f*; '**~·word** *s. ling.* Lehnwort *n*.

loath [ləʊθ] *adj.* (*nur pred.*) abgeneigt, nicht willens: ***be ~ to do s.th.*** et. nur sehr ungern tun; ***nothing ~*** durchaus nicht abgeneigt.

loathe [ləʊð] *v/t. et. od. j-n* verabscheuen, hassen, nicht ausstehen können; '**loath·ing** [-ðɪŋ] *s.* Abscheu *m*, Ekel *m*; '**loath·ing·ly** [-ðɪŋlɪ] *adv.* mit Abscheu *od.* Ekel; '**loath·some** [-səm] *adj.* □ widerlich, ab'scheulich, verhasst; ekelhaft, eklig.

loaves [ləʊvz] *pl. von* ***loaf***[1].

lob [lɒb] **I** *s.* **1.** *Tennis*: Lob *m*; **II** *v/t.* **2.** *den Ball* lobben; **3.** (*engS. et.* von unten her) werfen.

lob·by ['lɒbɪ] **I** *s.* **1.** a) Vor-, Eingangshalle *f*, Vesti'bül *n*, *bsd. thea.*, *Hotel*: Foy'er *n*, b) Wandelgang *m*, -halle *f*, Korridor *m*, *parl. a.* Lobby *f*; **2.** *pol.* Lobby *f*, (Vertreter *pl.* e-r) Inter'essengruppe *f*; **II** *v/t. u. v/i.* **3.** (auf Abgeordnete) Einfluss nehmen: ~ ***for*** (mit Hilfe e-r Lobby) für die Annahme *e-s Antrags etc.* arbeiten; ~ (***through***) *Gesetzesantrag* mit Hilfe e-r Lobby durchbringen; '**lob·by·ist** [-ɪɪst] *s. pol.* Lobby'ist(in).

lobe [ləʊb] *s.* ♀, *anat.* Lappen *m*: ~ ***of the ear*** Ohrläppchen *n*; **lobed** [-bd] *adj.* gelappt, lappig.

lob·ster ['lɒbstə] *s. zo.* **1.** Hummer *m*: ***as red as a ~*** *fig.* krebsrot; **2.** (***spiny***) ~ Languste *f*.

lob·ule ['lɒbjuːl] *s.* ♀, *anat.* Läppchen *n*.

lo·cal ['ləʊkl] **I** *adj.* □ **1.** lo'kal, örtlich, Lokal..., Orts...: ~ ***authorities*** *pl.*, ~ ***government*** Gemeinde-, Stadt-, Kommunalverwaltung *f*; ~ ***call*** *teleph.* Ortsgespräch *n*; ~ ***news*** Lokalnachrichten *pl.*; ~ ***politics*** Lokalpolitik *f*; ~ ***time*** Ortszeit *f*; ~ ***traffic*** Lokal-, Orts-, Nahverkehr *m*; ~ ***train*** → 5; **2.** Orts..., ortsansässig: a) hiesig, b) dortig: ***the ~ doctor***; **3.** lo'kal, örtlich, Lokal...: ~ ***an(a)esthesia*** → 10; ~ ***colo(u)r*** *fig.* Lokalkolorit *n*; ***a ~ custom*** ein ortsüblicher Brauch; ~ ***expression*** ortsgebundener Ausdruck; ~ ***radio*** Lo'kalradio *n*; ~ ***TV*** Lo'kalfernsehen *n*; **4.** *Brit.* (*als Postvermerk*) Ortsdienst!; **II** *s.* **5.** Vororts-, Nahverkehrszug *m*; **6.** *Am. Zeitung*: Lo'kalnachricht *f*; **7.** *Am.* Ortsgruppe *f* (*e-r Gewerkschaft etc.*); **8.** *pl.* Ortsansässige *pl.*; **9.** *Brit.* F Ortsgasthaus *n*, *a.* Stammkneipe *f*; **10.** ⚕ Lo'kalanästhe,sie *f*, örtliche Betäubung.

lo·cale [ləʊ'kɑːl] *s.* Schauplatz *m*, Ort *m* (*e-s Ereignisses etc.*).

lo·cal·ism ['ləʊkəlɪzəm] *s.* Provinzia'lismus *m*: a) *ling.* örtliche (Sprach)Eigentümlichkeit, b) provinzi'elle Borniertheit, c) Lo'kalpatrio,tismus *m*.

lo·cal·i·ty [ləʊ'kælətɪ] *s.* **1.** a) Ort *m*: ***sense of ~*** Ortssinn *m*, b) Gegend *f*; **2.** (örtliche) Lage.

lo·cal·i·za·tion [,ləʊkəlaɪ'zeɪʃn] *s.* Lokalisierung *f*, örtliche Bestimmung *od.* Festlegung *od.* Begrenzung; **lo·cal·ize** ['ləʊkəlaɪz] *v/t.* **1.** lokalisieren: a) örtlich festlegen *od.* fixieren, b) (örtlich) begrenzen (***to*** auf *acc.*); **2.** Lo'kalkolo,rit geben (*dat.*).

lo·cate [ləʊ'keɪt] **I** *v/t.* **1.** ausfindig machen, die örtliche Lage *od.* den Aufenthalt ermitteln von (*od. gen.*); **2.** a) ⚓ *etc.* orten, b) ✕ *Ziel etc.* ausmachen; **3.** *Büro etc.* errichten, einrichten; **4.** a) (*an e-m bestimmten Ort*) an- *od.* 'unterbringen, b) *an e-n Ort* verlegen: ***be ~d*** gelegen sein, *wo* liegen *od.* sich befinden; **II** *v/i.* **5.** *Am.* F sich niederlassen; **lo'ca·tion** [-eɪʃn] *s.* **1.** Lage *f*: a) Platz *m*, Stelle *f*, b) Standort *m*, Ort *m*, Örtlichkeit *f*; **2.** Ausfindigmachen *n*, Lokalisierung *f*, ⚓ *etc.* Ortung *f*; **3.** *Am.* a) Grundstück *n*, b) angewiesenes Land; **4.** *Film*: Gelände *n* für Außenaufnahmen, Drehort *m*: ***on ~*** auf Außenaufnahme; ~ ***shots*** Außenaufnahmen *pl.*; **5.** Niederlassung *f*, Siedlung *f*: **6.** *Computer*: 'Speicherstelle *f*, -a,dresse *f*.

loc·a·tive ['lɒkətɪv] *ling.* **I** *adj.* Lokativ...: ~ ***case*** → **II** *s.* Lokativ *m*, Ortsfall *m*.

loch [lɒk; lɒx] *s. Scot.* **1.** See *m*; **2.** Bucht *f*.

lo·ci ['ləʊsaɪ] *pl. u. gen. von* ***locus***.

lock[1] [lɒk] **I** *s.* **1.** (*Tür- etc.*)Schloss *n*: ***under ~ and key*** a) hinter Schloss u. Riegel (*Person*), b) unter Verschluss (*Sache*); **2.** Verschluss *m*, Schließe *f*; **3.** Sperrvorrichtung *f*; **4.** (*Gewehr- etc.*) Schloss *n*: ***~, stock, and barrel*** a) ganz u. gar, voll und ganz, mit Stumpf u. Stiel, b) mit allem Drum u. Dran, c) mit Sack u. Pack; **5.** a) Schleuse(nkammer) *f*, b) Luft-, Druckschleuse *f*; **6.** Knäuel *m, n*, Stau *m* (*von Fahrzeugen*); **7.** *mot. bsd. Brit.* Einschlag *m* (*der Vorderräder*); **8.** *Ringen*: Fessel(griff *m*) *f*; **II** *v/t.* **9.** (ab-, zu-, ver)schließen, zusperren, verriegeln; **10.** *a.* ~ ***up*** a) *j-n* einschließen, (ein)sperren, (***in, into*** in *acc.*), b) → ***lock up*** 2; **11.** (*in die Arme*) schließen, *a. Ringen*: um'fassen, -'klammern: ***~ed*** a) eng umschlungen, b) festgekeilt, *fig.* festsitzend, c) ineinander verkrallt: ***~ed in conflict***; **12.** inein'ander schlingen, *die Arme* verschränken; → ***horn***; **13.** ⚙ sperren, sichern, arretieren, festklemmen; **14.** *mot. Räder* blockieren; **15.** *Schiff* ('durch)schleusen; **16.** *Kanal* mit Schleusen versehen; **17.** ✝ *Geld* festlegen, fest anlegen; **III** *v/i.* **18.** (ab-) schließen; **19.** sich schließen lassen; **20.** ⚙ inein'ander greifen, einrasten; **21.** *mot.* a) sich einschlagen lassen, b) blockieren (*Räder*); **22.** geschleust werden (*Schiff*);

Zssgn mit adv.:

lock| a·way *v/t.* weg-, einschließen; ~ **down** *v/t. Schiff* hin'abschleusen; ~ **in** *v/t.* einschließen, -sperren; ~ **on** *v/i.* (***to***) **1.** *Radar*: (*Ziel*) erfassen u. verfolgen; **2.** *Raumfahrt*: (an)koppeln (an *acc.*); **3.** *fig.* a) einhaken (bei), b) sich ‚verbeißen' (in *acc.*); ~ **out** *v/t.* (*a. Arbeiter*) aussperren; ~ **up** *v/t.* **1.** → ***lock***[1] 9, 10; **2.** ver-, ein-, wegschließen; **3.** *Kapital* festlegen, fest anlegen; **4.** *Schiff* hin'aufschleusen.

lock[2] [lɒk] *s.* **1.** Locke *f*; *pl. poet.* Haar *n*; **2.** (Woll)Flocke *f*; **3.** Strähne *f*, Büschel *n*.

lock·age ['lɒkɪdʒ] *s.* **1.** Schleusen(anlage *f*) *pl.*; **2.** Schleusengeld *n*; **3.** ('Durch)Schleusen *n*.

lock·er ['lɒkə] *s.* **1.** (verschließbarer) Kasten *od.* Schrank, Spind *m, n*: ~ ***room*** Umkleideraum *m*, *sport* (Umkleide)Kabine *f*; → ***shot***[2] 4; **2.** Schließfach *n*.

lock·et ['lɒkɪt] *s.* Medail'lon *n*.

lock| gate *s.* Schleusentor *n*; '**~·jaw** *s.* ⚕ Kaumuskelkrampf *m*; '**~·nut** *s.* ⚙ Gegenmutter *f*; '**~·out** *s.* Aussperrung *f* (*von Arbeitern*); '**~·smith** *s.* Schlosser *m*; ~ **stitch** *s.* Kettenstich *m*; '**~-up** *s.* **1.** a) Gefängnis *n*, b) (Haft)Zelle(n *pl.*) *f*; **2.** *Brit.* (kleiner) Laden; **3.** *mot.* 'Einzelga,rage *f*; **4.** Schließen *n*, (Tor)Schluss *m*; **5.** feste Anlage (*von Kapital*).

lo·co[1] ['ləʊkəʊ] *adj. Am. sl.* ‚bekloppt', verrückt.

lo·co[2] ['ləʊkəʊ] *s.* Lok *f* (*Lokomotive*).

lo·co·mo·tion [,ləʊkə'məʊʃn] *s.* **1.** Fortbewegung *f*; **2.** Fortbewegungsfähigkeit *f*; '**lo·co,mo·tive** [-əʊtɪv] **I** *adj.* sich fortbewegend, fortbewegungsfähig, Fortbewegungs...: ~ ***engine*** → **II** *s.* Lokomo'tive *f*.

lo·cum ['ləʊkəm] F *für* ~ **te·nens** [,ləʊkəm'tiːnenz] *pl.* ~ **te·nen·tes** [-tɪ'nentiːz] *s.* Vertreter(in) (*z. B. e-s Arztes*).

L

lo·cus ['ləʊkəs] *pl. u. gen.* **lo·ci** ['ləʊsaɪ] *s.* (⩘ geo'metrischer) Ort.

lo·cust ['ləʊkəst] *s.* **1.** *zo.* Heuschrecke *f*; **2.** *a.* ~ ***tree*** ⚘ a) Ro'binie *f*, b) Jo'hannisbrotbaum *m*; **3.** ⚘ Jo'hannisbrot *n*, Ka'rube *f*.

lo·cu·tion [ləʊ'kjuːʃn] *s.* **1.** Ausdrucksweise *f*, Redestil *m*; **2.** Redewendung *f*, Ausdruck *m*.

lode [ləʊd] *s.* ⚒ (Erz)Gang *m*, Ader *f*; '**~·star** *s.* Leitstern *m* (*a. fig.*), *bsd.* Po'larstern *m*; '**~·stone** *s.* **1.** Ma'gneteisen(stein *m*) *n*; **2.** *fig.* Ma'gnet *m*.

lodge [lɒdʒ] **I** *s.* **1.** *allg.* Häus·chen *n*: a) (Jagd-, Ski- *etc.*)Hütte *f*, b) Pförtnerhaus *n*, c) Parkwächter-, Forsthaus *n*; **2.** Pförtner-, Porti'erloge *f*; **3.** *Am.* Zen'tralgebäude *n* (*in e-m Park etc.*); **4.** (*bsd.* Freimaurer)Loge *f*; **5.** (*Indianer-*)Wigwam *m*; **II** *v/i.* **6.** (***with***) a) logieren, (*bsd.* in 'Untermiete) wohnen (bei), b) über'nachten (bei); **7.** stecken (bleiben) (*Kugel etc.*); **III** *v/t.* **8.** *j-n* a) 'unterbringen, aufnehmen, b) in 'Untermiete nehmen; **9.** *Geld* deponieren, hinter'legen; **10.** ✝ *Kredit* eröffnen; **11.** *Antrag, Beschwerde etc.* einreichen, *Anzeige* erstatten, *Berufung, Protest* einlegen (***with*** bei); **12.** *Kugel, Messer etc.* (hin'ein)jagen, *Schlag* landen; '**lodge·ment** [-mənt] → ***lodgment***; '**lodg·er** [-dʒə] *s.* ('Unter)Mieter(in).

lodg·ing ['lɒdʒɪŋ] *s.* **1.** 'Unterkunft *f*, ('Nacht)Quar,tier *n*; **2.** *pl.* a) (*bsd.* möbliertes) Zimmer, b) (möblierte) Zimmer *pl.*, c) Mietwohnung *f*; ~ **house** *s.* Fremdenheim *n*, Pensi'on *f*.

lodg·ment ['lɒdʒmənt] *s.* **1.** ⚖ Einreichung *f* (*Klage, Antrag etc.*); Erhebung *f* (*Beschwerde, Protest etc.*); Einlegung *f* (*Berufung*); **2.** Hinter'legung *f*, Deponierung *f*.

lo·ess ['ləʊɪs] *s. geol.* Löß *m*, Löss *m*.

loft [lɒft] **I** *s.* **1.** (Dach-, *a.* ✓ Heu)Boden *m*, Speicher *m*: ***in the*** ~ auf dem Dachboden; **2.** ⛪ Em'pore *f* (*für Kirchenchor, Orgel*); **3.** Taubenschlag *m*; **II** *v/t. u. v/i. Golf:* (den Ball) hoch schlagen; '**loft·er** [-tə] *s. Golf:* Schläger *m* für Hochbälle.

loft·i·ness ['lɒftɪnɪs] *s.* **1.** Höhe *f*; **2.** Erhabenheit *f* (*a. fig.*); **3.** Hochmut *m*; **loft·y** ['lɒftɪ] *adj.* ☐ **1.** hoch(ragend); **2.** *fig.* a) erhaben, b) hochfliegend, c) *contp.* hochtrabend; **3.** stolz, hochmütig.

log¹ [lɒg] **I** *s.* **1.** a) (Holz)Klotz *m*, (-)Block *m*, b) (*Feuer*)Scheit *n*, c) (*gefällter*) (Baum)Stamm: ***in the*** ~ unbehauen; ***roll a*** ~ ***for s.o.*** *Am.* j-m e-n Dienst erweisen, *bsd.* j-m et. zuschanzen; ***sleep like a*** ~ schlafen wie ein Klotz *od.* Bär; **2.** ⚓ Log *n*; **3.** ⚓ *etc.* → ***logbook***: ***keep a*** ~ (***of***) Buch führen (über *acc.*); **4.** *Computer:* Proto'koll *n*; **II** *v/t.* **5.** ⚓ loggen: a) *Entfernung* zu'rücklegen, b) *Geschwindigkeit etc.* in das Logbuch eintragen; **II** *v/i.* **6.** ~ ***in*** (*od.* ***on***) *Computer:* (sich) einloggen; **7.** ~ ***out*** (*od.* ***off***) *Computer:* (sich) ausloggen.

log² [lɒg] → ***logarithm***.

lo·gan·ber·ry ['ləʊgənbərɪ] *s.* ⚘ Loganbeere *f* (*Kreuzung zwischen Bärenbrombeere u. Himbeere*).

log·a·rithm ['lɒgərɪðəm] *s.* ⩘ Loga'rithmus *m*; **log·a·rith·mic**, **log·a·rith·mi·cal** [,lɒgə'rɪðmɪk(l)] *adj.* ☐ loga'rithmisch.

'**log|·book** *s.* **1.** ⚓ Log-, ✈ Bord-, *mot.* Fahrtenbuch *n*; **2.** *mot. Brit.* Kraftfahrzeugbrief *m*; **3.** Reisetagebuch *n*; ~ **cab·in** *s.* Blockhaus *n*.

log·ger ['lɒgə] **I** *s.* **1.** Holzfäller *m*; **2.** *Computer:* Regis'triergerät *n*; **3.** *Maschine zum Be- u. Entladen* von Holzstämmen; **4.** *Traktor, der in der Holzwirtschaft verwendet wird*; **II** *adj. Scot.* **5.** schwer; **6.** dick; **7.** dickköpfig; **8.** dumm.

log·ger·head ['lɒgəhed] *s.*: ***be at*** **~s** (***with s.o.***) sich (mit j-m) in den Haaren liegen.

log·gia ['ləʊdʒə] *s.* ⛪ Loggia *f*.

logh [lɒx] *s. Ir.* See *m*.

log·ic ['lɒdʒɪk] *s. phls. u. fig.* Logik *f*; '**log·i·cal** [-kl] *adj.* ☐ **1.** logisch (*a. fig. folgerichtig od. natürlich*); **2.** *Computer:* logisch, Logik...; **lo·gi·cian** [ləʊ'dʒɪʃn] *s.* Logiker *m*; **lo·gis·tic** [ləʊ'dʒɪstɪk] **I** *adj.* **1.** *phls. u.* ✕ lo'gistisch; **II** *s.* **2.** *phls.* Lo'gistik *f*; **3.** *pl. mst sg. konstr. bsd.* ✕ Lo'gistik *f*.

log·o ['lɒgəʊ] → *s.* ✝ F 'Logo *n*.

log·o·gram ['lɒgəʊgræm] *s.* Logo'gramm *n*, Wortzeichen *n*.

log·o·type ['lɒgəʊtaɪp] *s.* ✝ Firmen- *od.* Markenzeichen *n*.

'**log|·roll** *pol. Am.* **I** *v/t. Gesetz* durch gegenseitige ‚Schützenhilfe' 'durchbringen; **II** *v/i.* sich gegenseitig in die Hände arbeiten; '**~,roll·ing** *s. pol.* ‚Kuhhandel' *m*, gegenseitige Unter'stützung (*zur Durchsetzung von Gruppeninteressen etc.*).

loin [lɔɪn] *s.* **1.** (*mst pl.*) *anat.* Lende *f*: ***gird up one's*** **~s** *fig.* sich rüsten *od* wappnen; **2.** *pl. bibl. u. poet.* a) Lenden *pl.* (*Fortpflanzungsorgane*), b) Schoß *m* (*der Frau*); **3.** *Küche:* Lende(nstück *n*) *f*; '**~·cloth** *s.* Lendentuch *n*.

loi·ter ['lɔɪtə] **I** *v/i.* **1.** bummeln, trödeln; **2.** her'umlungern, -stehen, sich her'umtreiben; **II** *v/t.* **3.** ~ ***away*** *Zeit* vertrödeln; '**loi·ter·er** [-ərə] *s.* **1.** Bummler (-in), Faulenzer(in); **2.** Her'umtreiber(in).

loll [lɒl] **I** *v/i.* **1.** sich rekeln *od.* (her'um-)lümmeln; **2.** sich lässig lehnen (***against*** gegen); **3.** ~ ***out*** her'aushängen, baumeln (*Zunge*); **II** *v/t.* **4.** *a.* ~ ***out*** *die Zunge* her'aushängen lassen.

lol·li·pop ['lɒlɪpɒp] *s.* **1.** Lutscher *m* (*Stielbonbon*); **2.** *Brit.* Eis *n* am Stiel.

lol·lop ['lɒləp] *v/i.* F a) ‚latschen', b) hoppeln.

lol·ly ['lɒlɪ] *s.* **1.** F für ***lollipop***; **2.** *Brit. sl.* ‚Kies' *m* (*Geld*).

Lon·don·er ['lʌndənə] *s.* Londoner(in).

lone [ləʊn] *adj.* einsam: ***play a*** ~ ***hand*** *fig.* e-n Alleingang machen; → ***wolf*** 1; '**lone·li·ness** [-lɪnɪs] *s.* Einsamkeit *f*; '**lone·ly** [-lɪ] *adj. allg.* einsam: ***be*** ~ ***for*** *Am.* F Sehnsucht haben nach *j-m*; **lon·er** ['ləʊnə] *s.* F Einzelgänger(in); '**lone·some** [-səm] *adj.* ☐ → ***lonely***.

long¹ [lɒŋ] **I** *adj.* **1.** *allg.* lang (*a. fig. langwierig, a. ling.*): ***two miles*** (***weeks***) ~; ~ ***journey*** (***list, syllable***); ~ ***years of misery***; ~ ***measure*** Längenmaß *n*; ~ ***wave*** ⚡ Langwelle *f*; **~*er*** *comp.* länger; ***a*** ~ ***chance***, ~ ***odds*** *fig.* geringe Aussichten; ***a*** ~ ***dozen*** 13 Stück; ~ ***drink*** Longdrink *m*; ***a*** ~ ***guess*** e-e vage Schätzung; ~ ***time no see*** F lange nicht gesehen!; **2.** lang, hoch (gewachsen): ***a*** ~ ***fellow***; **3.** groß, zahlreich: ***a*** ~ ***family***; ***a*** ~ ***figure*** eine vielstellige Zahl; ***a*** ~ ***price*** ein hoher Preis; **4.** weit reichend: ***a*** ~ ***memory***; ***take a*** ~ ***view*** weit vorausblicken; **5.** ✝ langfristig, mit langer Laufzeit, auf lange Sicht; **6.** a) ✝ eingedeckt (***of*** mit), b) ~ ***on*** F reichlich versehen mit, *fig. a.* voller *Ideen etc.*; **II** *adv.* **7.** lang, lange: ~ ***dead*** schon lange tot; ***as*** (*od.* ***so***) ~ ***as*** a) so lange (wie), b) sofern; vorausgesetzt, dass; ~ ***after*** lange (da)nach; ~ ***ago*** vor langer Zeit; ***not*** ~ ***ago*** vor kurzem; ***as*** ~ ***ago as 1900*** schon 1900; ***all day*** ~ den ganzen Tag (lang); ***be*** ~ a) lange dauern (*Sache*), b) lange brauchen ([***in***] ***doing s.th.*** et. zu tun); ***don't be*** (***too***) **~!** mach nicht so lang!, beeil dich!; ***I shan't be*** **~!** (ich) bin gleich wieder da!; ***not*** ~ ***before*** kurz bevor; ***it was not*** ~ ***before*** es dauerte nicht lange, bis *er kam etc.*; ***so*** **~!** tschüss!, bis später (dann)!; ***no*** (*od.* ***not any***) **~*er*** nicht (mehr) länger, nicht mehr; ***for how much*** **~*er?*** wie lange noch?; **~*est*** *sup.* am längsten; **III** *s.* **8.** (e-e) lange Zeit: ***at the*** **~*est*** längstens, höchstens; ***before*** ~ bald, binnen kurzem; ***for*** ~ lange (Zeit); ***it is*** ~ ***since*** es ist lange her, dass; **9.** ***take*** ~ lange brauchen; ***the*** ~ ***and the short of it*** a) die ganze Geschichte, b) mit 'einem Wort, kurz'um; **10.** Länge *f*: a) *Phonetik:* langer Laut, b) *Metrik:* lange Silbe; **11.** *pl.* a) lange Hose, b) 'Übergrößen *pl.*

long² [lɒŋ] *v/i.* sich sehnen (***for*** nach): ~ ***for*** *a. j-n od. et.* herbeisehnen; ***I*** **~*ed to see him*** ich sehnte mich danach, ihn zu sehen; ***the*** (***much***) **~*ed-for rest*** die (heiß) ersehnte Ruhe.

'**long|·boat** *s.* ⚓ Großboot *n*, großes Beiboot (*e-s Segelschiffs*); '**~·bow** [-bəʊ] *s. hist.* Langbogen *m*: ***draw the*** ~ F übertreiben, dick auftragen; '**~·case clock** *s.* Standuhr *f*; ,**~-'dat·ed** *adj.* langfristig; ,**~-'dis·tance** **I** *adj.* **1.** *teleph. etc.* Fern...(*-gespräch, -empfang, -leitung etc.*; *a. -fahrt, -lastzug, -verkehr etc.*); **2.** ✓, *sport* Langstrecken... (*-bomber, -flug, -lauf etc.*); **II** *adv.* **3.** ***call*** ~ ein Ferngespräch führen; **III** *s.* **4.** *teleph. Am.* a) Fernamt *n*, b) Ferngespräch *n*; ,**~-drawn-'out** *adj. fig.* langatmig, in die Länge gezogen.

longe [lʌndʒ] → ***lunge²***.

lon·ge·ron ['lɒndʒərən] *s.* ✈ Rumpf(längs)holm *m*.

lon·gev·i·ty [lɒn'dʒevətɪ] *s.* Langlebigkeit *f*, langes Leben.

,**long|-'haired** *adj.* **1.** langhaarig (*a. contp.*), *zo.* Langhaar...; **2.** (betont) intellektu'ell; '**~·hand** *s.* Langschrift *f*, (gewöhnliche) Schreibschrift; ,**~'head·ed** *adj.* **1.** langköpfig; **2.** gescheit, klug; '**~·horn** *s.* **1.** langhörniges Tier; **2.** langhörniges Rind, *Am.* Longhorn *n*.

long·ing ['lɒŋɪŋ] **I** *adj.* ☐ sehnsüchtig, verlangend; **II** *s.* Sehnsucht *f*, Verlangen *n* (***for*** nach).

long·ish ['lɒŋɪʃ] *adj.* ziemlich lang.

lon·gi·tude ['lɒndʒɪtjuːd] *s. geogr.* Länge *f*; **lon·gi·tu·di·nal** [,lɒndʒɪ'tjuːdɪnl] *adj.* ☐ **1.** *geogr.* Längen...; **2.** Längs...; **lon·gi·tu·di·nal·ly** [,lɒndʒɪ'tjuːdɪnəlɪ] *adv.* längs, der Länge nach.

long| johns *s. pl.* F lange 'Unterhose; ~ **jump** *s. sport* Weitsprung *m*; '**~-legged** *adj.* langbeinig; '**~-life** *adj.* **1.** mit langer Lebensdauer (*Batterie*); **2.** haltbar gemacht (*Milch etc.*): ~ ***milk*** H-Milch *f*; ,**~-'lived** *adj.* langlebig; '**~-,play·ing rec·ord** *s.* Langspielplatte *f*; ~ **prim·er** *s. typ.* Korpus *f* (*Schriftgrad*); ,**~-'range** *adj.* **1.** ✕ weit tragend, Fernkampf..., Fern...; ✈ Langstrecken...: ~

bomber; **2.** auf lange Sicht (geplant), langfristig; '**~·shore·man** [-mən] *s.* [*irr.*] Hafenarbeiter *m*; **~ shot** *s.* **1.** *Film*: To'tale *f*; **2.** *sport etc.* (krasser) Außenseiter; **3.** a) ris'kante Wette, b) (ziemlich) aussichtslose Sache, c) wilde Vermutung: ***not by a ~*** nicht entfernt, längst nicht (*so gut etc.*); ˌ**~-'sight·ed** *adj.* **1.** ⚕ weitsichtig; **2.** *fig.* weit blickend, 'umsichtig; '**~-ˌstand·ing** *adj.* seit langer Zeit bestehend, langjährig, alt; ˌ**~-'suf·fer·ing I** *s.* Langmut *f*; **II** *adj.* langmütig; '**~-term** *adj.* langfristig, Langzeit...: ***~ unemployed*** Langzeitarbeitslose *pl.*; '**~-time** *adj.* → ***long-standing***.

lon·gueur [lɒŋ'gɜː] (*Fr.*) *s.* Länge *f* (*in e-m Roman etc.*).

ˌ**long-'wind·ed** [-'wɪndɪd] *adj. fig.* langatmig.

loo [luː] *Brit.* F **I** *s.* Klo *n*; **II** *v/i.* aufs Klo gehen.

loo·fa(h) ['luːfə] → ***luffa***.

look [lʊk] **I** *s.* **1.** Blick *m* (***at*** auf *acc.*, nach): ***have a ~ at s.th.*** (sich) et. ansehen; ***take a good ~ (at it)!*** sieh es dir genau an!; ***have a ~ round*** sich (mal) umsehen; **2.** Miene *f*, Ausdruck *m*; **3.** *oft pl.* Aussehen *n*: (***good***) ***~s*** gutes Aussehen; ***I do not like the ~ of it*** die Sache gefällt mir (gar) nicht; **II** *v/i.* **4.** schauen, blicken, (hin)sehen (***at, on*** auf *acc.*, nach): ***don't ~!*** nicht hersehen!; ***don't ~ like that!*** schau nicht so (drein)!; ***~ here!*** schau mal (her)!, hör mal (zu)!; → ***leap*** 1; **5.** (nach)schauen, nachsehen: ***~ who is here!*** schau, wer da kommt!, *humor.* ei, wer kommt denn da!; ***~ and see!*** überzeugen Sie sich (selbst)!; **6.** *krank etc.* aussehen (*a. fig.*): ***things ~ bad for him*** es sieht schlimm für ihn aus; ***it ~s as if*** es sieht (so) aus, als ob; ***~ like*** aussehen wie; ***it ~s like snow*** es sieht nach Schnee aus; ***he ~s like winning*** es sieht so aus, als ob er gewinnen sollte; ***it ~s all right to me*** es scheint (mir) in Ordnung zu sein; ***it ~s well on you*** es steht dir gut; **7.** aufpassen; → *Zssgn mit prp.* ***look to***; **8.** *nach e-r Richtung* liegen, gehen (***toward, to*** nach) (*Zimmer etc.*); **III** *v/t.* **9.** *j-m in die Augen etc.* sehen *od.* schauen *od.* blicken: ***~ s.o. in the eyes***; **10.** aussehen wie: ***he ~s an idiot***; ***he doesn't ~ his age*** man sieht ihm sein Alter nicht an; ***he ~s it!*** so sieht er auch aus!; **11.** durch Blicke ausdrücken: ***~ compassion*** mitleidig dreinschauen; → ***dagger*** 1;

Zssgn mit prp.:

look| a·bout *v/i.*: ***~ one*** sich 'umsehen, um sich blicken; **~ af·ter** *v/i.* **1.** *j-m* nachblicken; **2.** sehen nach, aufpassen auf (*acc.*), sich kümmern um, sorgen für: ***~ o.s.*** a) für sich selbst sorgen, b) auf sich aufpassen; **~ at** *v/i.* (*a.* sich *j-n, et.*) ansehen, -schauen, betrachten, blicken auf (*acc.*), *fig. a. et.* prüfen: ***to ~ him*** wenn man ihn (so) ansieht; ***he wouldn't ~ it*** er wollte nichts davon wissen; ***he (it) isn't much to ~*** er (es) sieht nicht ‚berühmt' aus; **~ for** *v/i.* **1.** suchen (nach), sich 'umsehen nach; **2.** erwarten; **~ in·to** *v/i.* **1.** blicken in (*acc.*); **2.** *fig. et.* unter'suchen, prüfen; **~ on** *v/i.* betrachten, ansehen (***as*** als); **~ through** *v/i.* **1.** blicken durch; **2.** 'durchsehen, -lesen; **3.** *fig. j-n od. et.* durch'schauen; **~ to** *v/i.* **1.** achten *od.* Acht geben auf (*acc.*): ***~ it that*** achte darauf, dass; sieh zu, dass; **2.** zählen auf (*acc.*), von *j-m* erwarten, *dass er* ...: ***I ~ you to help me*** (*od.* ***for help***) ich erwarte Hilfe von dir; **3.** sich wenden *od.* halten an (*acc.*); **~ up·on** → ***look on***;

Zssgn mit adv.:

look| a·bout *v/i.* sich 'umsehen (***for*** nach); **~ a·head** *v/i.* **1.** nach vorn blicken *od.* schauen; **2.** *fig.* a) vor'ausschauen, b) Weitblick haben; **~ a·round** → ***look about***; **~ back** *v/i.* **1.** sich 'umsehen; *a. fig.* zu'rückblicken (***upon*** auf *acc.*, ***to*** nach, zu); **2.** *fig.* schwankend werden; **~ down** *v/i.* **1.** her'ab-, her'untersehen (*a. fig.* [***up***]***on s.o.*** auf j-n); **2.** *bsd.* † sich verschlechtern; **~ for·ward** *v/i.*: ***~ to*** sich freuen auf (*acc.*): ***I am looking forward to seeing him*** ich freue mich darauf, ihn zu sehen; **~ in** *v/i. als Besucher* her'ein- *od.* hin'einschauen (***on*** bei); **~ on** *v/i.* zusehen, -schauen (***at*** bei); **~ out I** *v/i.* **1.** her'aus- *od.* hin'aussehen, -schauen (***of the window*** zum *od.* aus dem Fenster); **2.** Ausschau halten (***for*** nach); **3.** (***for***) gefasst sein (auf *acc.*), auf der Hut sein (vor *dat.*), aufpassen (auf *acc.*): ***~!*** pass auf!, Vorsicht!; **4.** Ausblick gewähren, (hin'aus)gehen (***on*** auf *acc.*) (*Fenster etc.*); **II** *v/t.* **5.** (her'aus)suchen; **~ o·ver** *v/t.* **1.** 'durchsehen, (über)'prüfen; **2.** sich *et. od. j-n* ansehen, *j-n* mustern; **~ round** *v/i.* sich 'umsehen; **~ through** *v/t.* → ***look over*** 1; **~ up I** *v/i.* **1.** hin'aufblicken (***at*** auf *acc.*); aufblicken (*fig.* ***to s.o.*** zu j-m); **2.** F *a.* † sich bessern; steigen (*Preise*): ***things are looking up*** es geht bergauf; **II** *v/t.* **3.** *Wort* nachschlagen; **4.** *j-n* be- *od.* aufsuchen; **5.** ***look s.o. up and down*** j-n von oben bis unten mustern.

'**look-aˌlike** *s.* F Doppelgänger(in).

look·er ['lʊkə] *s.* F: ***be a (good) ~*** gut *od.* ‚toll' aussehen; ***she is not much of a ~*** sie sieht nicht besonders gut aus; ˌ**~-'on** [-ər'ɒn] *pl.* ˌ**look·ers-'on** *s.* Zuschauer(in) (***at*** bei).

'**look-in** *s.* **1.** F kurzer Besuch; **2.** *sl.* Chance *f*.

'**look·ing-glass** ['lʊkɪŋ-] *s.* Spiegel *m*.

'**look·out** *s.* **1.** Ausschau *f*: ***be on the ~ for*** nach *et.* Ausschau halten; ***keep a good ~ (for)*** auf der Hut sein (vor *dat.*); **2.** *a.* ⚓ Ausguck *m*; **3.** Wache *f*, Beobachtungsposten *m*; **4.** *fig.* Aussicht(en *pl.*) *f*; **5.** ***that's his ~*** F das ist s-e Sache *od.* sein Problem.

'**look-see** *s.*: ***have a ~*** *sl.* a) (kurz) mal nachgucken, b) sich mal umsehen.

loom[1] [luːm] *s.* Webstuhl *m*.

loom[2] [luːm] *v/i. oft* **~ up 1.** (drohend) aufragen: ***~ large*** *fig.* a) sich auftürmen, b) von großer Bedeutung sein *od.* scheinen; **2.** undeutlich *od.* bedrohlich auftauchen; **3.** *fig.* a) sich abzeichnen, b) bedrohlich näher rücken, c) sich zs.-brauen.

loon[1] [luːn] *s. orn.* Seetaucher *m*.

loon[2] [luːn] *s.* F ‚Blödmann' *m*.

loon·y ['luːnɪ] *sl.* **I** *adj.* ‚bekloppt', verrückt; **II** *s.* Verrückte(r *m*) *f*; **~ bin** *s. sl.* ‚Klapsmühle' *f*.

loop [luːp] **I** *s.* **1.** Schlinge *f*, Schleife *f*; **2.** ⚡, 🚗, *Computer, Eislauf, Fingerabdruck, Fluss etc.*: Schleife *f*; **3.** a) Schlaufe *f*, b) Öse *f*; **4.** ✈ *etc.* Looping *m, n*; **5.** ⚕ Spi'rale *f* (*Verhütungsmittel*); **6.** → ***loop aerial***; **II** *v/t.* **7.** in e-e Schleife *od.* in Schleifen legen, schlingen; **8.** ***~ the ~*** ✈ e-n Looping drehen; **9.** ⚡ zur Schleife schalten; **III** *v/i.* **10.** e-e Schleife machen, sich schlingen *od.* winden; **~ aer·i·al** *s.*, **~ an·ten·na** *s.* ⚡ 'Rahmenanˌtenne *f*, Peilrahmen *m*; '**~·hole** *s.* **1.** (Guck)Loch *n*; **2.** ✗ a) Sehschlitz *m*, b) Schießscharte *f*; **3.** *fig.* Schlupfloch *n*, 'Hintertürchen *n*: ***a ~ in the law*** eine Lücke im Gesetz; ˌ**~-the-'loop** *s. Am.* Achterbahn *f*.

loose [luːs] **I** *adj.* ☐ **1.** los(e): ***come*** (*od.* ***get, work***) ***~*** a) abgehen (*Knöpfe*), b) sich ablösen (*Farbe etc.*), c) sich lockern, d) loskommen; ***let ~*** a) loslassen, b) *s-m Ärger etc.* Luft machen; **2.** frei, befreit (***of, from*** von): ***break ~*** a) sich losreißen, b) sich lösen (***from*** von), *fig. a.* sich frei machen (***from*** von); **3.** lose (hängend) (*Haar etc.*): ***~ ends*** *fig.* (noch zu erledigende) Kleinigkeiten; ***be at a ~ end*** a) nicht wissen, was man mit sich anfangen soll, b) ohne geregelte Tätigkeit sein; **4.** a) locker (*Boden, Glieder, Gürtel, Husten, Schraube, Zahn etc.*), b) offen, lose, unverpackt (*Ware*): ***buy s.th. ~*** et. offen kaufen; ***~ bowels*** offener Leib, *a.* Durchfall *m*; ***~ change*** Kleingeld *n*; ***~ connection*** ⚡ Wackelkontakt *m*; *fig.* lose Beziehung; ***~ dress*** weites *od.* lose sitzendes Kleid; ***~ leaves*** lose Blätter; **5.** *fig.* einzeln, verstreut, zs.-hanglos; **6.** ungenau: ***~ translation*** freie Übersetzung; **7.** *fig.* locker, lose (*unmoralisch*): ***~ girl (life, morals)***; ***~ tongue*** loses Mundwerk; **II** *adv.* **8.** lose, locker; **III** *v/t.* **9.** → ***loosen*** 1; **10.** befreien, lösen (***from*** von); **11.** lockern: ***~ one's hold of*** *et.* loslassen; **12.** *mst* ***~ off*** *Waffe, Schuss* abfeuern; **IV** *v/i.* **13.** *mst* ***~ off*** schießen, feuern (***at*** auf *acc.*): ***~ off at s.o.*** *fig.* loswettern gegen j-n; **V** *s.* **14.** ***be on the ~*** a) frei herumlaufen, b) die Gegend ‚unsicher machen', c) ‚einen draufmachen'; ˌ**~-'joint·ed** *adj.* **1.** (außerordentlich) gelenkig; **2.** schlaksig; '**~-leaf** *adj.* Loseblatt...: ***~ binder*** (*od.* ***book***) Loseblatt-, Ringbuch *n*, Schnellhefter *m*.

loos·en ['luːsn] **I** *v/t.* **1.** *Knoten etc., a.* ⚕ *Husten, fig. Zunge* lösen; ⚕ *Leib* öffnen; **2.** *Griff, Gürtel, Schraube etc., a. Disziplin etc.* lockern; ✔ *Boden* auflockern; **II** *v/i.* **3.** sich lockern (*a. fig.*), sich lösen; **~ up I** *v/t. Muskeln etc.* lockern; *fig. j-n* auflockern; **II** *v/i. bsd. sport* sich (auf)lockern, *fig. a.* auftauen (*Person*).

loose·ness ['luːsnɪs] *s.* **1.** Lockerheit *f*; **2.** Schlaffheit *f*; **3.** Ungenauigkeit *f*, Unklarheit *f*; **4.** Freiheit *f der Übersetzung*; **5.** ⚕ 'Durchfall *m*; **6.** lose Art, Liederlichkeit *f*.

loot [luːt] **I** *s.* **1.** (Kriegs-, Diebes)Beute *f*; **2.** *fig.* Beute *f*; **3.** F ‚Kies' *m* (*Geld*); **II** *v/t.* **4.** erbeuten; **5.** plündern; **III** *v/i.* **6.** plündern; '**loot·er** [-tə] *s.* Plünderer *m*; '**loot·ing** [-tɪŋ] *s.* Plünderung *f*.

lop[1] [lɒp] *v/t.* **1.** *Baum etc.* beschneiden, stutzen; **2.** *oft* **~ off** *Äste, a. Kopf etc.* abhauen, -hacken.

lop[2] [lɒp] *v/i. u. v/t.* schlaff (her'unter-) hängen (lassen).

lope [ləʊp] **I** *v/i.* (da'her)springen *od.* (-)trotten; **II** *s.*: ***at a ~*** im Galopp, in großen Sprüngen.

'**lop|-eared** *adj.* mit Hängeohren; ˌ**~-'ears** *s. pl.* Hängeohren *pl.*; ˌ**~-'sid·ed** *adj.* **1.** schief (*a. fig.*), nach einer Seite hängend; **2.** einseitig (*a. fig.*).

lo·qua·cious [ləʊ'kweɪʃəs] *adj.* ☐ redselig, geschwätzig; **lo'qua·cious·ness** [-nɪs], **lo'quac·i·ty** [-'kwæsətɪ] *s.* Redseligkeit *f*.

lord [lɔːd] **I** *s.* **1.** Herr *m*, Gebieter *m* (***of***

über *acc.*): ***her ~ and master*** *bsd. humor.* ihr Herr u. Gebieter; ***the ~s of creation*** *a. humor.* die Herren der Schöpfung; **2.** *fig.* Ma'gnat *m*; **3.** Lehensherr *m*; → ***manor***; **4. *the ℒ*** a) *a.* ***ℒ God*** (Gott) der Herr, b) *a.* ***our ℒ*** (Christus) der Herr; ***the ℒ's day*** der Tag des Herrn; ***the ℒ's Prayer*** das Vaterunser; ***the ℒ's Supper*** das (heilige) Abendmahl; ***the ℒ's table*** der Tisch des Herrn (*a. Abendmahl*), der Altar; ***in the year of our ℒ*** im Jahre des Herrn; (***good***) ***ℒ!*** (du) lieber Gott *od.* Himmel!; **5.** ℒ Lord *m* (*Adliger od. Würdenträger, z. B. Bischof, hoher Richter*): ***the ℒs*** *Brit. parl.* das Oberhaus; ***live like a ~*** leben wie ein Fürst; **6. *my ℒ*** [mɪ'lɔːd; ⚖ *Brit. oft* mɪ'lʌd] My'lord, Euer Lordschaft, ⚖ Euer Ehren (*Anrede*); **II** *v/i.* **7.** *oft* ***~ it*** den Herren spielen: ***~ it over*** a) sich *j-m* gegenüber als Herr aufspielen, b) herrschen über (*acc.*).

Lord| Cham·ber·lain (of the Household) *s.* Haushofmeister *m*; **~ Chan·cel·lor** *s.* Lordkanzler *m* (*Präsident des Oberhauses, Präsident der* **Chancery Division** *des* **Supreme Court of Judicature** *sowie des* **Court of Appeal**, *Kabinettsmitglied, Bewahrer des Großsiegels*); **~ Chief Jus·tice of Eng·land** *s.* ⚖ Lord'oberrichter *m* (*Vorsitzender der* **King's Bench Division** *des* **High Court of Justice**); **ℒ-in-wait·ing** *s.* königlicher Kammerherr (*wenn e-e Königin regiert*); **~ Jus·tice** *pl.* **Lords Jus·tic·es** *s. Brit.* Lordrichter *m* (*Richter des* **Court of Appeal**); **ℒ lieu·ten·ant** *pl.* **lords lieu·ten·ant** *s.* **1.** *hist. Vertreter der Krone in den englischen Grafschaften; jetzt oberster Exekutivbeamter*; **2. *Lord Lieutenant*** a) *hist.* Vizekönig *m* von Irland (*bis 1922*), b) *Vertreter der Krone in e-r Grafschaft.*

lord·li·ness ['lɔːdlɪnɪs] *s.* **1.** Großzügigkeit *f*; **2.** Würde *f*; **3.** Pracht *f*, Glanz *m*; **4.** Arro'ganz *f*.

lord·ling ['lɔːdlɪŋ] *s. contp.* Herrchen *n*, kleiner Lord.

lord·ly ['lɔːdlɪ] *adj. u. adv.* **1.** großzügig; **2.** vornehm, edel, Herren...; **3.** herrisch; **4.** stolz; **5.** arro'gant; **6.** prächtig.

Lord| May·or *pl.* **Lord May·ors** *s. Brit.* Oberbürgermeister *m*: ***~'s Day*** *Tag des Amtsantritts des Oberbürgermeisters von London (9. November)*; ***~'s Show*** *Festzug des Oberbürgermeisters von London am 9. November*; **~ Priv·y Seal** *s.* Lord'siegelbewahrer *m*; **~ Prov·ost** *pl.* **Lord Prov·osts** *s.* Oberbürgermeister *m* (*der vier größten schottischen Städte*).

lord·ship ['lɔːdʃɪp] *s.* **1.** Lordschaft *f*: ***your*** (***his***) ***~*** Euer (Seine) Lordschaft; **2.** *hist.* Herrschaftsgebiet *n* e-s Lords; **3.** *fig.* Herrschaft *f*.

lord| spir·it·u·al *pl.* **lords spir·it·u·al** *s. geistliches Mitglied des brit. Oberhauses*; **~ tem·po·ral** *pl.* **lords tem·po·ral** *s. weltliches Mitglied des brit. Oberhauses.*

lore [lɔː] *s.* **1.** (*Tier- etc.*)Kunde *f*, (über'liefertes) Wissen; **2.** Sagen- u. Märchengut *n*, Über'lieferungen *pl.*

lorn [lɔːn] *adj. obs. od. poet.* verlassen, einsam.

lor·ry ['lɒrɪ] *s.* **1.** *Brit.* Last(kraft)wagen *m*, Lastauto *n*: ***it fell off the back of a ~*** F es ist mir (uns, ihr *etc.*) ‚zugeflogen'; **2.** 🚂, ⚒ Lore *f*, Lori *f*.

lose [luːz] **I** *v/t.* [*irr.*] **1.** *allg. Sache, j-n, Gesundheit, das Leben, Verstand, a. Weg, Zeit etc.* verlieren: ***~ o.s.*** a) sich verlieren (*a. fig.*), b) sich verirren; ***~ interest*** a) das Interesse verlieren, b) uninteressant werden (*Sache*); ***she lost the baby*** sie verlor das Baby (*durch Fehlgeburt*); → ***lost***; *s. a. Verbindungen mit verschiedenen Substantiven*; **2.** *Vermögen, Stellung* verlieren, einbüßen, kommen um; **3.** *Vorrecht etc.* verlieren, verlustig gehen (*gen.*); **4.** a) *Schlacht, Spiel etc.* verlieren, b) *Preis etc.* nicht erringen *od.* bekommen, c) *Gesetzesantrag* nicht 'durchbringen; **5.** *Zug etc., a. Gelegenheit* versäumen, verpassen; **6.** a) *Worte etc.* ‚nicht mitbekommen', b) ***he lost his listeners*** F s-e Zuhörer kamen nicht mit; **7.** aus den Augen verlieren; → ***sight*** 3; **8.** vergessen, verlernen: ***I have lost my French***; **9.** nachgehen, zu'rückbleiben (*Uhr*); **10.** *Krankheit etc.* loswerden, *Verfolger a.* abschütteln; **11.** *j-n s-e Stellung etc.* kosten, bringen um: ***this will ~ you your position***; **12. *~ it*** *mot. sl.* die Kontrolle über den Wagen verlieren; **II** *v/i.* [*irr.*] **13.** verlieren, Verluste erleiden (***on*** bei, ***by*** durch); **14.** *fig.* verlieren: ***the poem ~s in translation*** das Gedicht verliert (sehr) in der Übersetzung; **15.** (***to***) verlieren (gegen), unter'liegen (*dat.*); **16. *~ out*** F a) verlieren, b) ‚in den Mond gucken' (***on*** bei): ***~ on a. et.*** nicht kriegen; **'los·er** [-zə] *s.* **1.** Verlierer(in): ***a good*** (***bad***) ***~***; ***be a ~ by*** Schaden *od.* e-n Verlust erleiden durch; ***come off a ~*** den Kürzeren ziehen; **2.** F ‚Verlierer' *m*, Versager *m*; **'los·ing** [-zɪŋ] *adj.* **1.** verlierend; **2.** Verlust bringend, Verlust...: ***~ bargain*** ✝ Verlustgeschäft *n*; **3.** verloren, aussichtslos (*Schlacht, Spiel*).

loss [lɒs] *s.* **1.** Verlust *m*: a) Einbuße *f*, Ausfall *m* (***in*** an *dat.*, von *od. gen.*): ***~ of blood*** (***time***) Blut- (Zeit)verlust; ***~ of pay*** Lohnausfall; ***a dead ~*** totaler Verlust, *fig.* ‚Pleite' *f*, totaler Reinfall (*Sache*), ‚totaler Ausfall', ‚Niete' *f* (*Person*), b) Nachteil *m*, Schaden *m*: ***it's your ~!*** das ist dein Problem!, c) *verlorene Sache od. Person*: ***he is a great ~ to his firm***, d) Verschwinden *n*, Verlieren *n*, e) *verlorene Schlacht, Wette etc., a.* Niederlage *f*, f) Abnahme *f*, Schwund *m*: ***~ in weight*** Gewichtsverlust, -abnahme; **2.** *mst pl.* ⚔ Verluste *pl.*, Ausfälle *pl.*; **3.** *Versicherungswesen*: Schadensfall *m*; **4. *at a ~*** a) ✝ mit Verlust (*arbeiten, verkaufen etc.*), b) in Verlegenheit (***for*** um): ***be at a ~*** *a.* nicht mehr ein u. aus wissen; ***be at a ~ for words*** (*od.* ***what to say***) keine Worte finden (können), nicht wissen, was man (dazu) sagen soll; ***he is never at a ~ for an excuse*** er ist nie um e-e Ausrede verlegen; **~ lead·er** *s.* ✝ 'Lockar,tikel *m*; **'~-,mak·er** *s.* ✝ *Brit.* **1.** mit Verlust arbeitender Betrieb; **2.** Verlustgeschäft *n*.

lost [lɒst] **I** *pret. u. p.p. von* ***lose***; **II** *adj.* **1.** verloren: ***~ articles*** (***battle, friend, time*** *etc.*); ***a ~ chance*** e-e verpasste Gelegenheit; ***~ property office*** Fundbüro *n*; **2.** verloren (gegangen), vernichtet, (da)'hin: ***be ~*** a) verloren gehen (***to*** an *acc.*), b) zugrunde gehen, untergehen, c) umkommen, den Tod finden, d) verschwinden, e) verschwunden *od.* verschollen sein, f) vergessen sein, g) versunken *od.* vertieft sein (***in*** in *acc.*); ***~ in thought***; ***I am ~ without my car!*** ohne mein Auto bin ich verloren *od.* ‚aufgeschmissen'!; **3.** verirrt: ***be ~*** sich verirrt *od.* verlaufen haben, sich nicht mehr zurechtfinden (*a. fig.*); ***get ~*** sich verirren; ***get ~!*** F verschwinde!; ***I'm ~!*** F da komm ich nicht mehr mit!; **4.** *fig.* verschwendet, vergeudet (***on s.o.*** an j-n): ***that's ~ on him*** *a.* a) das lässt ihn kalt, b) dafür hat er keinen Sinn, c) das versteht er nicht.

lot [lɒt] **I** *s.* **1.** Los *n*: ***cast*** (*od.* ***draw***) ***~s*** losen, Lose ziehen (***for*** um); ***throw in one's ~ with s.o.*** das Los mit j-m teilen, sich (auf Gedeih u. Verderb) mit j-m zs.-tun; ***by ~*** durch (das) Los; **2.** Anteil *m*; **3.** Los *n*, Schicksal *n*: ***it falls to my ~*** es ist mein Los, es fällt mir zu (*et. zu tun*); **4.** *bsd. Am.* a) Stück *n* Land, Grundstück *n*, *bsd.* Par'zelle *f*, b) Bauplatz *m*, c) (Park- *etc.*)Platz *m*; **5.** *Am.* Filmgelände *n*, *bsd.* Studio *n*; **6.** ✝ a) Ar'tikel *m*, b) Par'tie *f*, Posten *m* (*von Waren*): ***in ~s*** partienweise; **7.** Gruppe *f*, Gesellschaft *f*, ‚Verein' *m*: ***the whole ~*** a) die ganze Gesellschaft, der ganze ‚Laden', b) → 8; **8. *the ~*** alles, das Ganze: ***take the ~!***; ***that's the ~*** das ist alles; **9.** (Un)Menge *f*: ***a ~ of, ~s of*** viel, e-e Menge, ein Haufen *Geld etc.*; ***~s and ~s of people*** e-e Unmasse Menschen; ***~s!*** *in Antworten*: jede Menge!; **10.** F Kerl *m*: ***a bad ~*** ein übler Bursche; **II** *adv.* **11. *a ~***, F ***~s*** a) (sehr) viel: ***a ~ better***; ***I read a ~***, b) (sehr) oft: ***I see her a ~***.

loth [ləʊθ] → ***loath***.

Lo·thar·i·o [ləʊ'θɑːrɪəʊ] *s.* Schwerenöter *m*.

lo·tion ['ləʊʃn] *s.* (*Augen-, Haut-, Rasier- etc.*)Wasser *n*, Loti'on *f*.

lot·ter·y ['lɒtərɪ] *s.* **1.** Lotte'rie *f*: ***~ ticket*** a) Lotterielos *n*, b) *Lotto etc.*: Tippschein *m*; **2.** *fig.* Glückssache *f*, Lotte'riespiel *n*.

lo·tus ['ləʊtəs] *s.* **1.** *Sage*: Lotos *m* (*Frucht*); **2.** ❀ a) Lotos(blume *f*) *m*, b) Honigklee *m*; **'~-,eat·er** *s.* **1.** (*in der Odyssee*) Lotosesser *m*; **2.** Träumer *m*, Müßiggänger *m*, tatenloser Genussmensch.

loud [laʊd] *adj.* □ **1.** (*a. adv.*) laut (*a. fig.*): ***~ admiration***; **2.** schreiend, auffallend, grell: ***~ colo(u)rs***; **,~'hail·er** *s. Brit.* Mega'phon *n*; **'~·mouth** *s.* F **1.** Großmaul *n*; **2.** ‚dummer Quatscher'; **'~·mouthed** *adj.* großmäulig.

loud·ness ['laʊdnɪs] *s.* **1.** Lautheit *f*, *a. phys.* Lautstärke *f*; **2.** Lärm *m*; **3.** *das Auffallende*, Grellheit *f*.

,loud'speak·er *s.* ⚡ Lautsprecher *m*.

lounge [laʊndʒ] **I** *s.* **1.** a) Halle *f*, Diele *f*, Gesellschaftsraum *m* (*Hotel*), b) *thea.* Foy'er *n*, c) Abflug-, Wartehalle (*Flughafen*), d) *a.* ***~ bar*** ✈, ⚓, 🚂 Sa'lon *m*; **2.** Wohndiele *f*, -zimmer *n*; **3.** Sofa *n*, Liege *f*; **II** *v/i.* **4.** sich rekeln; **5.** faulenzen; **6. *~ about*** (*od.* ***around***) he'rumliegen *od.* -sitzen *od.* -stehen *od.* -schlendern; **7.** schlendern; **III** *v/t.* **8. *~ away*** *Zeit* verbummeln; **~ bar** Sa'lon *m* (*e-s Restaurants*); **~ chair** *s.* Klubsessel *m*; **~ liz·ard** *s.* F Sa'lonlöwe *m*; **~ suit** *s. Brit.* Straßenanzug *m*.

lour, lour·ing → ***lower¹, lowering.***

louse [laʊs] **I** *pl.* **lice** [laɪs] *s.* **1.** *zo.* Laus *f*; **2.** *sl.* ‚Fiesling' *m*, Scheißkerl *m*; **II** *v/t.* [laʊz] **3.** (ent)lausen; **4. *~ up*** *sl.* versauen, -masseln; **'lous·y** [-zɪ] *adj.* **1.** verlaust; **2.** *sl.* a) ‚fies', (hunds)gemein, b) mise'rabel, ‚beschissen': ***the film was ~***; ***I feel ~***, c) ‚lausig': ***for ~ two***

dollars; **3.** *~ with sl.* wimmelnd von; *~ with people*; *~ with money* stinkreich.

lout [laʊt] *s.* Flegel *m*, Rüpel *m*; '**lout·ish** [-tɪʃ] *adj.* □ flegel-, rüpelhaft.

lou·ver, *Brit. a.* **lou·vre** ['luːvə] *s.* **1.** ⚠ *hist.* Dachtürmchen *n*; **2.** Jalou'sie *f* (*a.* ⚙ *Luft-, Kühlschlitze*).

lov·a·ble ['lʌvəbl] *adj.* □ liebenswert, reizend, ‚süß'.

lov·age ['lʌvɪdʒ] *s.* ⚘ Liebstöckel *n, m.*

love [lʌv] **I** *s.* **1.** (*sinnliche od. geistige*) Liebe (*of, for, to*[*wards*] zu): *~ of music* Liebe zur Musik, Freude *f* an der Musik; *~ of adventure* Abenteuerlust *f*; *the ~ of God* a) die Liebe Gottes, b) die Liebe zu Gott; *for the ~ of God* um Gottes willen; *be in ~* (*with s.o.*) verliebt sein (in j-n); *fall in ~* (*with s.o.*) sich verlieben (in j-n); *make ~* sich (*sexuell*) lieben; *make ~ to s.o.* a) j-n (*körperlich*) lieben, b) *obs.* j-n um'werben, j-m gegenüber zärtlich werden; *send one's ~ to s.o.* j-n grüßen lassen; *give her my ~!* grüße sie herzlich von mir!; *~ als Briefschluss*: herzliche Grüße; *for ~* a) umsonst, gratis, b) *a. for the ~ of it* (nur) zum Spaß; *play for ~* um nichts spielen; *not for ~ or money* nicht für Geld u. gute Worte; *there is no ~ lost between them* sie haben nichts füreinander übrig; **2.** ♀ die Liebe, (Gott *m*) Amor *m*; **3.** *pl. Kunst*: Amo'retten *pl.*; **4.** Liebling *m*, Schatz *m*; **5.** F a) mein Lieber, b) m-e Liebe; **6.** Liebe *f*, Liebschaft *f*; **7.** F lieber *od.* goldiger Kerl: *he* (*she*) *is a ~*; **8.** F reizende *od.* goldige *od.* ‚süße' Sache *od.* Per'son: *a ~ of a child* (*hat*); **9.** *bsd. Tennis*: null: *~ all* null beide; *~ fifteen* fünfzehn null; **II** *v/t.* **10.** *j-n* lieben; **11.** *et.* lieben, sehr mögen: *~ to do* (*od. doing*) *s.th.* etwas (schrecklich) gern tun; *we ~d having you with us* wir haben uns sehr über deinen Besuch gefreut; *~* **af·fair** *s.* 'Liebesaf,färe *f*; '*~*·**bird** *s.* **1.** *orn.* Unzertrennliche(r) *m*; **2.** *pl.* F ‚Turteltauben' *pl.*; *~* **child** *s.* [*irr.*] Kind *n* der Liebe; *~* **game** *s. Tennis*: Zu-'Null-Spiel *n*; ,*~*-'**hate re·la·tion·ship** *s.* Hassliebe *f*.

love·less ['lʌvlɪs] *adj.* □ **1.** ohne Liebe; **2.** lieblos.

love| let·ter *s.* Liebesbrief *m*; *~* **life** *s.* Liebesleben *n*.

love·li·ness ['lʌvlɪnɪs] *s.* Lieblichkeit *f*, Schönheit *f*.

'**love|·lock** *s.* Schmachtlocke *f*; '*~*·**lorn** [-lɔːn] *adj.* liebeskrank, vor Liebeskummer *od.* Liebe vergehend.

love·ly ['lʌvlɪ] *adj.* □ **1.** a) lieblich, schön, hübsch, b) *allg.*, *a.* F *u. iro.* schön, wunderbar, reizend, entzückend, c) lieb, nett (*of you* von dir); **2.** F ‚süß', niedlich.

'**love|-,mak·ing** *s.* (*körperliche*) Liebe; Liebesspiele *pl.*, -kunst *f*; *~* **match** *s.* Liebesheirat *f*; *~* **nest** *s.* ‚Liebesnest' *n*; *~* **po·tion** *s.* Liebestrank *m*.

lov·er ['lʌvə] *s.* **1.** a) Liebhaber *m*, Geliebte(r) *m*, b) Geliebte *f*; **2.** *pl.* Liebende *pl.*, Liebespaar *n*: *~s' lane humor.* ‚Seufzergässchen' *n*; *they were ~s* sie liebten sich *od.* hatten ein Verhältnis miteinander; **3.** Liebhaber(in), (*Musik- etc.*)Freund(in); '*~*·**boy** *s.* F Casa'nova *m*.

love| seat *s.* Plaudersofa *n*; *~* **set** *s. Tennis*: Zu-'null-Satz *m*; '*~*·**sick** *adj.* liebeskrank: *be ~ a.* Liebeskummer haben; *~* **song** *s.* Liebeslied *n*; *~* **sto·ry** *s.* Liebesgeschichte *f*; *~* **tri·an·gle** *s.* Dreiecksverhältnis *n*.

lov·ing ['lʌvɪŋ] *adj.* □ liebend, liebevoll, Liebes...: *~ words*; *your ~ father* (*als Briefschluss*) dein dich liebender Vater; *~* **cup** *s.* Po'kal *m*; *~* **kind·ness** *s.* **1.** (göttliche) Gnade *od.* Barm'herzigkeit; **2.** Herzensgüte *f*.

low[1] [ləʊ] **I** *adj. u. adv.* **1.** nieder, niedrig (*a. Preis, Temperatur, Zahl etc.*): *of ~ birth* von niedriger Abkunft; *~ pressure* Tiefdruck *m*; *~ speed* niedrige *od.* geringe Geschwindigkeit; *~ water* ⚓ tiefster Gezeitenstand; *at the ~est* wenigstens, mindestens; *be at its ~est* auf dem Tiefpunkt angelangt sein; → *lower*[3], *opinion* 2; **2.** tief (*a. fig.*): *~ bow*; *~ flying* Tiefflug *m*; *the sun is ~* die Sonne steht tief; → *low-necked*; **3.** knapp (*Vorrat etc.*): *run ~* knapp werden, zur Neige gehen; *I am ~ in funds* ich bin nicht gut bei Kasse; **4.** schwach: *~ light*; *~ pulse*; **5.** einfach, fru'gal (*Kost*); **6.** be-, gedrückt: *~ spirits* gedrückte Stimmung; *feel ~* a) in gedrückter Stimmung *od.* niedergeschlagen sein, b) sich elend fühlen; **7.** minderwertig, schlecht: *~ quality*; **8.** a) niedrig (*denkend od. gesinnt*): *~ thinking* niedrige Denkungsart, b) ordi'när, vul'gär: *a ~ expression*; *a ~ fellow*, c) gemein, niederträchtig: *a ~ trick*; **9.** nieder, primi'tiv: *~ forms of life* niedere Lebensformen; *~ race* primitive Rasse; **10.** a) tief (*Ton etc.*), b) leise (*Ton, Stimme etc.*): *in a ~ voice* leise; **11.** *Phonetik*: offen (*Vokal*); **12.** ⚙, *mot.* erst, niedrigst (*Gang*): *in ~ gear*; **II** *adv.* **13.** niedrig (*zielen etc.*); **14.** tief: *bow* (*hit, etc.*) *~*; *sunk thus ~ fig.* so tief gesunken; *bring s.o. ~ fig.* j-n zu Fall bringen *od.* ruinieren *od.* demütigen; *lay s.o. ~* a) j-n niederstrecken, b) *fig.* j-n zur Strecke bringen; *be laid ~* (*with*) daniederliegen (mit *e-r Krankheit*); **15.** a) leise, b) tief: *sing ~*; **16.** kärglich: *live ~*; **17.** billig: *buy* (*sell*) *~*; **18.** niedrig, mit geringem Einsatz: *play ~*; **III** *s.* **19.** *meteor.* Tief(druckgebiet) *n*; **20.** *fig.* Tiefstand *m*: *reach a new ~* e-n neuen Tiefstand erreichen; **21.** *mot.* erster Gang.

low[2] [ləʊ] **I** *v/i. u. v/t.* brüllen, muhen (*Rind*); **II** *s.* Brüllen *n*, Muhen *n*.

,**low|-'born** *adj.* von niedriger Geburt; '*~*·**boy** *s. Am.* niedrige Kom'mode; '*~*·**brow** F **I** *s.* Ungebildete(r *m*) *f*, ‚Unbedarfte(r' *m*) *f*; **II** *adj.* geistig anspruchslos, *Person*: *a.* ungebildet, ‚unbedarft'; ,*~*-'**cal·o·rie** *adj.* kalo'rienarm; ♀ **Church** *s. eccl.* Low Church *f* (*protestantisch-pietistische Sektion der anglikanischen Kirche*); *~* **com·e·dy** *s.* Schwank *m*, ‚Klamotte' *f*; '*~*-**cost** *adj.* billig, preisgünstig; ♀ **Coun·tries** *s. pl. die Niederlande, Belgien u. Luxemburg*; '*~*-**down** F **I** *adj.* fies, gemein; **II** *s.* (volle) Informati'onen *pl.*, *die* Wahrheit, genaue Tatsachen *pl.*, 'Hintergründe *pl.* (*on* über *acc.*); ,*~*-**e'mis·sion** *adj. mot.* abgas-, schadstoffarm.

low·er[1] ['laʊə] *v/i.* **1.** finster *od.* drohend blicken: *~ at j-n* finster anblicken; **2.** *fig.* bedrohlich aussehen (*Himmel, Wolken etc.*); **3.** *fig.* drohen (*Ereignisse*).

low·er[2] ['ləʊə] **I** *v/t.* **1.** niedriger machen; **2.** *Augen, Gewehrlauf etc., a. Stimme, Preis, Kosten, Niveau, Temperatur, Ton etc.* senken; *fig. Moral* senken, *a. Widerstand etc.* schwächen; **3.** her'unter- *od.* hin'unterlassen, niederlassen; *Fahne, Segel* niederholen, *Rettungsboote* aussetzen; **4.** *fig.* erniedrigen: *~ o.s.* sich herablassen (*et. zu tun*); **II** *v/i.* **5.** sinken, fallen, sich senken.

low·er[3] ['ləʊə] **I** *adj.* (*comp. von low*[1] I) **1.** tiefer, niedriger; **2.** unter, Unter...: ♀ *Chamber* (*od. House*) *parl.* Unter-, Abgeordnetenhaus *n*; *the ~ class sociol.* die untere Klasse *od.* Schicht; *~ deck* Unterdeck *n*; *~ jaw* Unterkiefer *m*; *~ region* Unterwelt *f* (*Hölle*); *~ school* Unter- u. Mittelstufe *f*; **3.** *geogr.* Unter..., Nieder...: ♀ *Austria* Niederösterreich *n*; **II** *adv.* **4.** tiefer: *~ down the river* (*list*) weiter unten am Fluss (auf der Liste).

'**low·er| case** *s. coll. typ.* Kleinbuchstaben *pl.*; '*~*-**case** *typ.* **I** *adj.* in Kleinbuchstaben (gedruckt *od.* geschrieben), kleingeschrieben, Klein...; **II** *v/t.* in Kleinbuchstaben drucken *od.* schreiben.

low·er·ing ['laʊərɪŋ] *adj.* □ finster, düster, drohend.

low·er·most ['ləʊəməʊst] → *lowest*.

low·est ['ləʊɪst] **I** *adj.* tiefst, niedrigst, unterst (*etc.*, → *low*[1] I): *~ bid* ✝ Mindestgebot *n*; **II** *adv.* am tiefsten (*etc.*).

'**low|-,fly·ing** *adj.* tief fliegend: *~ plane* Tiefflieger *m*; *~* **fre·quen·cy** *s.* ⚡ 'Niederfre,quenz *f*; *~* **fu·el con·sump·tion en·gine** *s.* Sparmotor *m*; ♀ **German** *s. ling.* Niederdeutsch *n*, Plattdeutsch *n*; ,*~*-'**key**(**ed**) *adj.* gedämpft (*Farbe, Ton, Stimmung etc.*), *fig. a.* a) (sehr) zurückhaltend, b) bedrückt, c) unaufdringlich; '*~*·**land** [-lənd] **I** *s. oft pl.* Flach-, Tiefland *n*: *the ♀s* das schottische Tiefland; **II** *adj.* Tiefland(s)...; '*~*·**land·er** [-ləndə] *s.* **1.** Tieflandbewohner(in); **2.** ♀ (schottischer) Tiefländer; ♀ **Lat·in** *s. ling.* nichtklassisches La'tein; ,*~*-'**lev·el** *adj.* niedrig (*a. fig.*): *~ officials*; *~ talks pol.* Gespräche *pl.* auf unterer Ebene; *~ attack* ✈ Tief(flieger)angriff *m*.

low·li·ness ['ləʊlɪnɪs] *s.* **1.** Niedrigkeit *f*; **2.** Bescheidenheit *f*.

low·ly ['ləʊlɪ] *adj. u. adv.* **1.** niedrig, gering, bescheiden; **2.** tief (stehend), primi'tiv, niedrig; **3.** demütig, bescheiden.

Low| Mass *s. R.C.* Stille Messe; ,♀-'**mind·ed** *adj.* niedrig (gesinnt), gemein; ,♀-'**necked** *adj.* tief ausgeschnitten (*Kleid*).

low·ness ['ləʊnɪs] *s.* **1.** Niedrigkeit *f* (*a. fig., contp.*); **2.** Tiefe *f* (*e-r Verbeugung, e-s Tons etc.*); **3.** *~ of spirits* Niedergeschlagenheit *f*; **4.** a) Gemeinheit *f*, b) ordi'näre Art.

,**low|-'noise** *adj.* rauscharm (*Tonband*); ,*~*-'**pitched** *adj.* **1.** ♪ tief; **2.** mit geringer Steigung (*Dach*); *~* **pres·sure** *s.* **1.** ⚙ Nieder-, 'Unterdruck *m*; **2.** *meteor.* Tiefdruck *m*; ,*~*-'**pres·sure** *adj.* a) Niederdruck..., b) *meteor.* Tiefdruck...; ,*~*-'**priced** *adj.* ✝ billig; ,*~*-'**pro·file** *adj. attr.* **1.** *Politiker etc.*: a) wenig in den Medien prä'sent, b) ziemlich unbekannt *od.* unbeachtet; **2.** *it was a ~ campaign* e-e Kampagne, die in den Medien wenig Beachtung fand; ,*~*-'**spir·it·ed** *adj.* niedergeschlagen, gedrückt; ♀ **Sun·day** *s.* Weißer Sonntag (*erster Sonntag nach Ostern*); *~* **ten·sion** *s.* ⚡ Niederspannung *f*; ,*~*-'**ten·sion** *adj.* ⚡ Niederspannungs...; *~* **tide** *s.* ⚓ Niedrigwasser *n*; ,*~*-'**val·ue** *adj.* geringwertig; ,*~*-'**volt·age** *adj.* ⚡ **1.** Niederspannungs...; **2.** Schwachstrom...; *~* **wa·ter** *s.* ⚓ Ebbe *f*, Niedrigwasser *n*: *be in ~ fig.* auf dem Trockenen sit-

L

zen; ˌ~-'**wa·ter mark** *s.* **1.** ⚓ Niedrigwassermarke *f*; **2.** *fig.* Tiefpunkt *m*, -stand *m*.

loy·al ['lɔɪəl] *adj.* □ **1.** (*to*) loy'al (gegenüber), treu (ergeben) (*dat.*); **2.** (ge)treu (*to dat.*); **3.** aufrecht, redlich; **loy·al·ist** ['lɔɪəlɪst] **I** *s.* Loya'list(in): a) *allg.* Treugesinnte(r *m*) *f*, b) *hist.* Königstreue(r *m*) *f*; **II** *adj.* loya'listisch; '**loy·al·ty** [-tɪ] *s.* Loyali'tät *f*, Treue *f* (*to* zu, gegen).

loz·enge ['lɒzɪndʒ] *s.* **1.** *her.*, ⚘ Raute *f*, Rhombus *m*; **2.** *pharm.* (*bsd.* 'Husten-) Paˌstille *f*.

L-plate ['elpleɪt] *s. Brit. Schild mit rotem „L" an Privatautos, das auf e-n Fahrschüler (= learner) hinweist.*

lub·ber ['lʌbə] *s.* **1.** a) Flegel *m*, b) Trottel *m*; **2.** ⚓ Landratte *f*.

lu·bri·cant ['luːbrɪkənt] *s.* Gleit-, ⚙ Schmiermittel *n*; **lu·bri·cate** ['luːbrɪkeɪt] *v/t.* ⚙ *u. fig.* schmieren, ölen; **lu·bri·ca·tion** [ˌluːbrɪ'keɪʃn] *s.* ⚙ *u. fig.* Schmieren *n*, Schmierung *f*, Ölen *n*: ~ ***chart*** Schmierplan *m*; ~ ***point*** Schmierstelle *f*, -nippel *m*; '**lu·bri·ca·tor** [-keɪtə] *s.* ⚙ Öler *m*, Schmiervorrichtung *f*; **lu·bric·i·ty** [luː'brɪsətɪ] *s.* **1.** Gleitfähigkeit *f*, Schlüpfrigkeit *f* (*a. fig.*); **2.** ⚙ Schmierfähigkeit *f*.

luce [luːs] *s. ichth.* (ausgewachsener) Hecht.

lu·cent ['luːsnt] *adj.* **1.** glänzend, strahlend; **2.** 'durchsichtig, klar.

lu·cern(e) [luː'sɜːn] *s.* ⚘ Lu'zerne *f*.

lu·cid ['luːsɪd] *adj.* □ **1.** *fig.* klar: ~ ***interval*** *psych.* lichter Augenblick; **2.** → ***lucent***; **lu·cid·i·ty** [luː'sɪdətɪ], '**lu·cid·ness** [-nɪs] *s. fig.* Klarheit *f*.

Lu·ci·fer ['luːsɪfə] *s. bibl.* Luzifer *m* (*a. ast. Venus als Morgenstern*).

luck [lʌk] *s.* **1.** Schicksal *n*, Geschick *n*, Zufall *m*: ***as ~ would have it*** wie es der Zufall wollte, (un)glücklicherweise; ***bad*** (*od.* ***hard***, ***ill***) ~ a) Unglück *n*, Pech *n*, b) *als Einschaltung*: Pech gehabt!; ***good*** ~ Glück *n*; ***good ~!*** viel Glück!; Hals- u. Beinbruch!; ***worse*** ~ unglücklicherweise, leider; ***be down on one's*** ~ e-e Pechsträhne haben; ***just my ~!*** so geht es mir immer; **2.** Glück *n*: ***for*** ~ als Glücksbringer; ***be in*** (***out of***) ~ (kein) Glück haben; ***try one's*** ~ sein Glück versuchen; ***with*** ~ mit ein bisschen Glück; ***here's ~!*** F Prost!; **luck·i·ly** ['lʌkɪlɪ] *adv.* zum Glück, glücklicherweise; **luck·i·ness** ['lʌkɪnɪs] *s.* Glück *n*; '**luck·less** [-lɪs] *adj.* □ glücklos.

luck·y ['lʌkɪ] *adj.* □ → ***luckily***; **1.** Glücks..., glücklich: ***a ~ day*** ein Glückstag; ~ ***hit*** Glückstreffer *m*; ***be*** ~ Glück haben; ***you ~ thing!*** F du Glückliche(r *m*) *f*!; ***you are ~ to be alive!*** du kannst von Glück sagen, dass du noch lebst!; ***it was ~ that*** ein Glück, dass ..., zum Glück ...; **2.** Glück bringend, Glücks...: ~ ***bag***, ~ ***dip*** Glücksbeutel *m*, -topf *m*; ~ ***star*** Glücksstern *m*.

lu·cra·tive ['luːkrətɪv] *adj.* □ einträglich, lukra'tiv.

lu·cre ['luːkə] *s.* Gewinn(sucht *f*) *m*, Geld(gier *f*) *n*: ***filthy*** ~ schnöder Mammon, gemeine Profitgier.

Lud·dite ['lʌdaɪt] *s.* Lud'dit *m*, Ma'schinenstürmer *m*.

lu·di·crous ['luːdɪkrəs] *adj.* □ **1.** lächerlich, ab'surd; **2.** spaßig, drollig.

lu·do ['luːdəʊ] *s.* Mensch, ärgere dich nicht *n* (*Würfelspiel*).

lu·es ['luːiːz] *s.* ⚕ Lues *f*, Syphilis *f*.

luff [lʌf] ⚓ **I** *s.* **1.** Luven *n*; **2.** Luv(seite) *f*, Windseite *f*; **II** *v/t. u. v/i.* **3.** *a.* ~ ***up*** anluven.

luf·fa ['lʌfə] *s.* ⚘ *u.* ✝ Luffa *f*.

lug[1] [lʌg] *v/t.* zerren, schleppen: ~ ***in*** *fig.* an den Haaren herbeiziehen, *Thema* (mit Gewalt) hineinbringen.

lug[2] [lʌg] *s.* **1.** (Leder)Schlaufe *f*; **2.** ⚙ a) Henkel *m*, Öhr *n*, b) Knagge *f*, Zinke *f*, c) Ansatz *m*; **3.** *Scot. od. Brit.* F Ohr *n*; **4.** *sl.* Trottel *m*.

luge [luːʒ] **I** *s.* Renn-, Rodelschlitten *m*; **II** *v/i.* rodeln.

lug·gage ['lʌgɪdʒ] *s. Brit.* Gepäck *n*; ~ **boot** *s. mot.* Kofferraum *m*; ~ **car·ri·er** *s.* Gepäckträger *m* (*am Fahrrad*); ~ **in·sur·ance** *s.* (Reise)Gepäckversicherung *f*; ~ **lock·er** *s.* (Gepäck)Schließfach *n*; ~ **rack** *s.* **1.** Gepäcknetz *n*; **2.** *mot.* Gepäckträger *m*; ~ **trol·ley** *s.* 🚂 Kofferkuli *m*; ~ **van** *s. Brit.* 🚂 Gepäck-, Packwagen *m*.

lug·ger ['lʌgə] *s.* ⚓ Logger *m* (*Schiff*).

lu·gu·bri·ous [luː'guːbrɪəs] *adj.* □ schwermütig, kummervoll.

Luke [luːk] *npr. u. s. bibl.* 'Lukas(evanˌgelium *n*) *m*.

luke·warm ['luːkwɔːm] *adj.* □ lau (-warm); *fig.* lau; '**luke·warm·ness** [-nɪs] *s.* Lauheit *f* (*a. fig.*).

lull [lʌl] **I** *v/t.* **1.** *mst* ~ ***to sleep*** einlullen (*a. fig.*); **2.** *fig.* beruhigen, *a. j-s Befürchtungen etc.* beschwichtigen: ~ ***into*** (***a false sense of***) ***security*** in Sicherheit wiegen; **II** *s.* **3.** Pause *f*; **4.** (Wind-) Stille *f*, Flaute *f* (*a.* ✝), *fig. a.* Stille *f* (*vor dem Sturm*): ***a ~ in conversation*** e-e Gesprächspause.

lull·a·by ['lʌləbaɪ] *s.* Wiegenlied *n*.

lu·lu ['luːluː] *s. Am. sl.* ‚dolles Ding', schicke Sache.

lum·ba·go [lʌm'beɪgəʊ] *s.* ⚕ Hexenschuss *m*, Lum'bago *f*.

lum·bar ['lʌmbə] *adj. anat.* Lenden..., lum'bal.

lum·ber[1] ['lʌmbə] **I** *s.* **1.** *bsd. Am.* Bau-, Nutzholz *n*; **2.** Gerümpel *n*, Plunder *m*; **II** *v/t.* **3.** *bsd. Am. Holz* aufbereiten; **4.** *a.* ~ ***up*** voll stopfen, voll pfropfen.

lum·ber[2] ['lʌmbə] *v/i.* **1.** trampeln, trappen; **2.** (da'hin)rumpeln (*Fahrzeug*).

lum·ber·ing ['lʌmbərɪŋ] *adj.* □ schwerfällig.

'**lum·ber|·jack** *s. bsd. Am.* Holzfäller *m*; '~**jack·et** *s.* Lumberjack *m*; ~ **mill** *s.* Sägewerk *n*; ~ **room** *s.* Rumpelkammer *f*; ~ **trade** *s.* (Bau)Holzhandel *m*; ~ **yard** *s.* Holzplatz *m*.

lu·men ['luːmən] *s. phys.* Lumen *n*.

lu·mi·nar·y ['luːmɪnərɪ] *s.* Leuchtkörper *m*, *bsd. ast.* Himmelskörper *m*; *fig.* Leuchte *f* (*Person*); **lu·mi·nes·cence** [ˌluːmɪ'nesns] *s.* Lumines'zenz *f*; **lu·mi·nes·cent** [ˌluːmɪ'nesnt] *adj.* lumineszierend, leuchtend; **lu·mi·nos·i·ty** [ˌluːmɪ'nɒsətɪ] *s.* **1.** Leuchten *n*, Glanz *m*; **2.** *ast.*, *phys.* Lichtstärke *f*, Helligkeit *f*; '**lu·mi·nous** [-nəs] *adj.* □ **1.** leuchtend, Leucht...(*-farbe*, *-kraft*, *-uhr*, *-zifferblatt etc.*), *bsd. phys.* Licht...(*-energie etc.*); **2.** *fig.* a) klar, b) lichtvoll, bril'lant.

lum·mox ['lʌməks] *s. Am.* F Trottel *m*.

lump [lʌmp] **I** *s.* **1.** Klumpen *m*: ***have a ~ in one's throat*** *fig.* e-n Kloß im Hals haben; **2.** a) Schwellung *f*, Beule *f*, b) Geschwulst *f*; **3.** Stück *n Zucker etc.*; **4.** *metall.* Luppe *f*; **5.** *fig.* Masse *f*: ***all of*** (*od.* ***in***) ***a*** ~ alles auf einmal; ***in the*** ~ a) pauschal, in Bausch u. Bogen, b) im Großen; **6.** F ‚Klotz' *m* (*langweiliger od. stämmiger Kerl*); **7.** ***the*** ~ *Brit.* die Selbstständigen *pl.* im Baugewerbe; **II** *adj.* **8.** Stück...: ~ ***coal***; ~ ***sugar*** Würfelzucker *m*; **9.** Pauschal...(*-fracht*, *-summe etc.*); **III** *v/t.* **10.** *oft* ~ ***together*** a) zs.-tun, -legen, b) *fig. a.* in 'einen Topf werfen, über 'einen Kamm scheren, c) *fig.* zs.-fassen; **11.** ***if you don't like it you can ~ it*** a) wenn es dir nicht passt, kannst dus ja bleiben lassen, b) du wirst dich eben damit abfinden müssen; **IV** *v/i.* **12.** Klumpen bilden; '**lump·ish** [-pɪʃ] *adj.* □ **1.** schwerfällig, klobig, plump; **2.** dumm; '**lump·y** [-pɪ] *adj.* □ **1.** klumpig; **2.** → ***lumpish*** 1; **3.** ⚓ unruhig (*See*).

lu·na·cy ['luːnəsɪ] *s.* ⚕ Wahn-, Irrsinn *m* (*a. fig.* F).

lu·nar ['luːnə] *adj.* Mond..., Lunar...: ~ ***landing*** Mondlandung *f*; ~ ***landing vehicle*** Mondlandefahrzeug *n*; ~ ***module*** Mondfähre *f*; ~ ***rock*** Mondgestein *n*; ~ ***rover*** Mondfahrzeug *n*; ~ ***year*** Mondjahr *n*.

lu·na·tic ['luːnətɪk] **I** *adj.* wahn-, irrsinnig, geisteskrank: ~ ***fringe*** F *pol.* extremistische Randgruppe; **II** *s.* Wahnsinnige(r *m*) *f*, Irre(r *m*) *f*: ~ ***asylum*** Irrenanstalt *f*.

lunch [lʌntʃ] **I** *s.* Mittagessen *n*, Lunch *m*: ~ ***break*** Mittagspause *f*; ~ ***counter*** Imbissbar *f*; ~ ***hour***, ~ ***time*** Mittagszeit *f*, -pause *f*; ***there is no such thing as a free*** ~ für nichts gibts nichts; **II** *v/i.* das Mittagessen einnehmen; **III** *v/t. j-n* zum Mittagessen einladen, beköstigen.

lunch·eon ['lʌntʃən] → ***lunch***: ~ ***meat*** Frühstücksfleisch *n*; ~ ***voucher*** Essen(s)marke *f*; **lunch·eon·ette** [ˌlʌntʃə'net] *s. Am.* Imbissstube *f*.

lu·nette [luː'net] *s.* **1.** Lü'nette *f*: a) ⛫ Halbkreis-, Bogenfeld *n*, b) ⚔ Brillschanze *f*, c) Scheuklappe *f* (*Pferd*); **2.** flaches Uhrglas.

lung [lʌŋ] *s. anat.* Lunge(nflügel *m*) *f*: ***the ~s*** die Lunge (*als Organ*); ~ ***power*** Stimmkraft *f*.

lunge[1] [lʌndʒ] **I** *s.* **1.** *fenc.* Ausfall *m*, Stoß *m*; **2.** Satz *m od.* Sprung *m* vorwärts; **II** *v/i.* **3.** *fenc.* ausfallen (***at*** gegen); **4.** sich stürzen (***at*** auf *acc.*); **III** *v/t.* **5.** *Waffe etc.* stoßen.

lunge[2] [lʌndʒ] **I** *s.* Longe *f*, Laufleine *f* (*für Pferde*); **II** *v/t.* longieren.

lu·pin(e)[1] ['luːpɪn] *s.* ⚘ Lu'pine *f*.

lu·pine[2] ['luːpaɪn] *adj.* Wolfs..., wölfisch.

lurch[1] [lɜːtʃ] **I** *s.* **1.** Taumeln *n*, Torkeln *n*; **2.** ⚓ Schlingern *n*, Rollen *n*; **3.** Ruck *m*; **II** *v/i.* **4.** ⚓ schlingern; **5.** taumeln, torkeln.

lurch[2] [lɜːtʃ] *s.*: ***leave in the*** ~ *fig.* im Stich lassen.

lure [ljʊə] **I** *s.* **1.** Köder *m* (*a. fig.*); **2.** *fig.* Lockung *f*, Verlockungen *pl.*, Reiz *m*; **II** *v/t.* **3.** (an)locken, ködern: ~ ***away*** fortlocken; **4.** verlocken (***into*** zu).

lu·rid ['ljʊərɪd] *adj.* □ **1.** grell; **2.** fahl, gespenstisch (*Beleuchtung etc.*); **3.** *fig.* a) düster, finster, unheimlich, b) grausig, grässlich.

lurk [lɜːk] **I** *v/i.* **1.** lauern (*a. fig.*); **2.** *fig.* a) verborgen liegen, b) (heimlich) drohen; **3.** *a.* ~ ***about*** *od.* ***around*** her'umschleichen; **II** *s.* **4.** ***on the*** ~ auf der Lauer; '**lurk·ing** [-kɪŋ] *adj. fig.* versteckt, lauernd, heimlich.

lus·cious ['lʌʃəs] *adj.* □ **1.** köstlich, lecker, *a.* saftig; **2.** üppig; **3.** *Mädchen, Figur etc.*: prächtig, ‚knackig'.

lush[1] [lʌʃ] *adj.* □ ⚘ saftig, üppig (*a. fig.*).

lush² [lʌʃ] *s. Am. sl.* **1.** ‚Stoff' *m* (*Whisky etc.*); **2.** Säufer(in).

lust [lʌst] **I** *s.* **1.** a) (sinnliche) Begierde, b) (Sinnes)Lust *f*, Wollust *f*; **2.** Gier *f*, Gelüste *n*, Sucht *f* (***of***, ***for*** nach): ~ ***of power*** Machtgier *f*; ~ ***for life*** Lebensgier *f*; **II** *v/i.* **3.** gieren (***for***, ***after*** nach): ***they*** ~ ***for power*** es gelüstet sie nach Macht.

lus·ter ['lʌstə] *Am.* → ***lustre***.

lust·ful ['lʌstfʊl] *adj.* □ wollüstig, geil, lüstern.

lust·i·ly ['lʌstɪlɪ] *adv.* kräftig, mächtig, mit Macht *od.* Schwung, *a.* aus voller Kehle *singen*.

lus·tre ['lʌstə] *s.* **1.** Glanz *m* (*a. min. u. fig.*); **2.** Lüster *m*: a) Kronleuchter *m*, b) *Halbwollgewebe*, c) *Glanzüberzug auf Porzellan etc.*; '**lus·tre·less** [-lɪs] *adj.* glanzlos, stumpf; **lus·trous** ['lʌstrəs] *adj.* □ glänzend.

lust·y ['lʌstɪ] *adj.* (□ → ***lustily***) **1.** kräftig, gesund u. munter; **2.** lebhaft, voller Leben, schwungvoll; **3.** kräftig, kraftvoll.

lu·ta·nist ['luːtənɪst] *s.* Lautenspieler (-in), Laute'nist(in).

lute¹ [luːt] *s.* ♪ Laute *f*.

lute² [luːt] **I** *s.* **1.** ⚙ Kitt *m*, Dichtungsmasse *f*; **2.** Gummiring *m*; **II** *v/t.* **3.** (ver)kitten.

lu·te·nist ['luːtənɪst] → ***lutanist***.

Lu·ther·an ['luːθərən] **I** *s. eccl.* Luthe'raner(in); **II** *adj.* lutherisch; '**Lu·ther·an·ism** [-rənɪzəm] *s.* Luthertum *n*.

lu·tist ['luːtɪst] → ***lutanist***.

lux [lʌks] *pl.* **lux**, '**lux·es** *s. phys.* Lux *n* (*Einheit der Beleuchtungsstärke*).

lux·ate ['lʌkseɪt] *v/t.* ⚕ aus-, verrenken; **lux·a·tion** [lʌk'seɪʃn] *s.* Verrenkung *f*, Luxati'on *f*.

luxe [lʌks] *s.* Luxus *m*; → ***de luxe***.

lux·u·ri·ance [lʌg'zjʊərɪəns], **lux'u·ri·an·cy** [-sɪ] *s.* **1.** Üppigkeit *f*; **2.** Fülle *f* (***of*** an *dat.*), Pracht *f*; **lux'u·ri·ant** [-nt] *adj.* □ üppig (*Vegetation etc., a. fig.*); **lux·u·ri·ate** [lʌg'zjʊərɪeɪt] *v/i.* **1.** schwelgen (*a. fig.*) (***in*** in *dat.*); **2.** üppig wachsen *od.* gedeihen; **lux'u·ri·ous** [-ɪəs] *adj.* □ **1.** Luxus..., luxuri'ös, üppig; **2.** schwelgerisch, verschwenderisch (*Person*); **3.** genüsslich, wohlig; **lux·ury** ['lʌkʃərɪ] **I** *s.* **1.** Luxus *m*: a) Wohlleben *n*: ***live in*** ~ im Überfluss leben, b) (Hoch)Genuss *m*: ***permit o.s. the*** ~ ***of doing*** sich den Luxus gestatten, *et.* zu tun, c) Aufwand *m*, Pracht *f*; **2.** a) 'Luxusar,tikel *m*, b) Genussmittel *n*; **II** *adj.* **3.** 'Luxus...: ~ ***flat*** (*Am.* ***apartment***) Kom'fortwohnung *f*.

ly·chee [ˌlaɪ'tʃiː; 'lɪtʃɪ] *s. Obst*: 'Litschi *f*.

lych gate [lɪtʃ] → ***lich gate***.

lye [laɪ] *s.* ⚗ Lauge *f*.

ly·ing¹ ['laɪɪŋ] **I** *pres.p. von* ***lie¹***; **II** *adj.* lügnerisch, verlogen; **III** *s.* Lügen *n od. pl.*

ly·ing² ['laɪɪŋ] **I** *pres.p. von* ***lie²***; **II** *adj.* liegend; ˌ~-'**in** *s.* a) Entbindung *f*, b) Wochenbett *n*: ~ ***hospital*** Entbindungsanstalt *f*, -heim *n*.

lymph [lɪmf] *s.* **1.** Lymphe *f*: a) *physiol.* Gewebeflüssigkeit *f*, b) ⚕ Impfstoff *m*; **2.** *poet.* Quellwasser *n*; **lym·phat·ic** [lɪm'fætɪk] ⚕ **I** *adj.* lym'phatisch, Lymph...: ~ ***gland***; **II** *s.* Lymphgefäß *n*.

lynch [lɪntʃ] *v/t.* lynchen; ~ **law** *s.* 'Lynchjuˌstiz *f*.

lynx [lɪŋks] *s. zo.* Luchs *m*; '~**-eyed** *adj. fig.* luchsäugig.

lyre ['laɪə] *s.* ♪, *ast.* Leier *f*, Lyra *f*.

lyr·ic ['lɪrɪk] **I** *adj.* (□ ~***ally***) **1.** lyrisch (*a. fig.*); **2.** Musik...: ~ ***drama***; **II** *s.* **3.** a) lyrisches Gedicht, b) *pl.* Lyrik *f*; **4.** *pl.* (Lied)Text *m*; '**lyr·i·cal** [-kl] *adj.* □ → ***lyric*** I; '**lyr·i·cism** [-ɪsɪzəm] *s.* **1.** Lyrik *f*, lyrischer Cha'rakter *od.* Stil; **2.** Schwärme'rei *f*; '**lyr·ist** [-ɪst] *s.* Lyriker(in).

L

M, m [em] *s.* M *n*, m *n* (*Buchstabe*).

ma [mɑː] *s.* F Ma'ma *f.*

ma'am [mæm] *s.* (*Anrede*) **1.** F *für* ***madam***; **2.** [mɑːm; mæm] *Brit.* a) Maje'stät (*Königin*), b) Hoheit (*Prinzessin*).

Maas·tricht Trea·ty ['mɑːstrɪkt] *npr. pol.* Vertrag *m* von Maastricht.

mac¹ [mæk] *s. Brit.* F → ***mackintosh***.

Mac² [mæk] *s. Am.* F ‚Chef' *m.*

ma·ca·bre [mə'kɑːbrə], *Am. a.* **ma'ca·ber** [-bə] *adj.* ma'kaber: a) grausig, b) Toten...

ma·ca·co [mə'keɪkəʊ] *s. zo.* Maki *m.*

mac·ad·am [mə'kædəm] **I** *s.* **1.** Maka'dam-, Schotterdecke *f*; **2.** Schotterstraße *f*; **3.** a) Maka'dam *m*, b) Schotter *m*; **II** *adj.* **4.** beschottert, Schotter...: ***~ road***; **mac'ad·am·ize** [-maɪz] *v/t.* makadamisieren.

mac·a·ro·ni [ˌmækə'rəʊnɪ] *s. sg. u. pl.* Makka'roni *pl.*: ***~ cheese*** mit Käse überbackene Makkaroni *pl.*

mac·a·roon [ˌmækə'ruːn] *s.* Ma'krone *f.*

ma·caw [mə'kɔː] *s. orn.* Ara *m.*

mac·ca·ro·ni → ***macaroni***.

mace¹ [meɪs] *s.* Mus'katblüte *f.*

mace² [meɪs] *s.* **1.** ⚔ *hist.* Streitkolben *m*; **2.** Amtsstab *m*; **3.** *a.* ***~-bearer*** Träger *m* des Amtsstabes; **4.** (***Chemical***) ® (*TM*) chemische Keule (*Reizgas*).

mac·er·ate ['mæsəreɪt] *v/t.* **1.** (*a. v/i.*) (aufquellen u.) aufweichen; **2.** *biol. Nahrungsmittel* aufschließen; **3.** ausmergeln; **4.** ka'steien.

Mach [mɑːk] *s.* ⚔ *phys.* Mach *n*: ***at ~ two*** (mit) Mach 2 *fliegen*.

Mach·i·a·vel·li·an [ˌmækɪə'velɪən] *adj.* machiavel'listisch, skrupellos.

mach·i·nate ['mækɪneɪt] *v/i.* Ränke schmieden, intrigieren; **mach·i·na·tion** [ˌmækɪ'neɪʃn] *s.* Anschlag *m*, In'trige *f*, Machenschaft *f*, *pl. a.* Ränke; **'mach·i·na·tor** [-tə] *s.* Ränkeschmied *m*, Intri'gant(in).

ma·chine [mə'ʃiːn] **I** *s.* **1.** ⚙ Ma'schine *f* (F *a. Auto, Motorrad, Flugzeug etc.*); **2.** Appa'rat *m*, Vorrichtung *f*, (*thea.* 'Bühnen)Mecha,nismus *m*: ***the god from the ~*** Deus *m* ex Machina (*e-e plötzliche Lösung*); **3.** *fig.* ‚Ma'schine' *f*, ‚Roboter' *m* (*Mensch*); **4.** *pol.* (Par'tei)Ma,schine *f*, (Re'gierungs)Appa,rat *m*; **II** *v/t.* **5.** ⚙ maschi'nell herstellen; maschi'nell drucken; (maschi'nell) bearbeiten; *engS. Metall* zerspanen; **~ age** *s.* Ma'schinenzeitalter *n*; **~ fit·ter** *s.* ⚙ Ma'schinenschlosser *m*; **~ gun** ⚔ **I** *s.* Ma'schinengewehr *n*; **II** *v/t.* mit Ma'schinengewehrfeuer belegen; **~ lan·guage** *s. Computer*: Ma'schinensprache *f*; **~-made** *adj.* **1.** maschi'nell (hergestellt), Fabrik...: ***~ paper*** Maschinenpapier *n*; **2.** *fig.* stereo'typ; **~ pis·tol** *s.* Ma'schinenpis,tole *f*; **~-ˌread·a·ble** *adj.* ma'schinenlesbar.

ma·chin·er·y [mə'ʃiːnərɪ] *s.* **1.** Maschine'rie *f*, Ma'schinen(park *m*) *pl.*; **2.** Mecha'nismus *m*, (Trieb)Werk *n*; **3.** *fig.* Maschine'rie *f*, Räderwerk *n*, (*Regierungs*)Ma'schine *f*; **4.** dra'matische Kunstmittel *pl.*

ma·chine| shop *s.* ⚙ Ma'schinenhalle *f*, -saal *m*; **~ tool** *s.* ⚙ 'Werkzeugma,schine *f*; **~-ˌwash·a·ble** *adj.* 'waschma,schinenfest (*Stoff etc.*).

ma·chin·ist [mə'ʃiːnɪst] *s.* **1.** ⚙ a) Ma'schineningeni,eur *m*, b) Ma'schinenschlosser *m*, c) Maschi'nist *m* (*a. thea.*); **2.** Ma'schinennäherin *f.*

ma·chis·mo [mæ'tʃɪzməʊ] *s.* Ma'chismo *m*, Männlichkeitswahn *m.*

Mach num·ber [mɑːk] *s. phys.* Machzahl *f.*

ma·cho ['mætʃəʊ] **I** *s.* ‚Macho' *m*, ‚Kraft- *od.* Sexprotz' *m*; **II** *adj.* ‚macho', (betont) männlich.

mac·in·tosh → ***mackintosh***.

mack·er·el ['mækrəl] *pl.* **-el** *s. ichth.* Ma'krele *f*; **~ sky** *s. meteor.* (Himmel *m* mit) Schäfchenwolken *pl.*

Mack·i·naw ['mækɪnɔː] *s. a.* ***~ coat*** *Am.* Stutzer *m*, kurzer Plaidmantel.

mack·in·tosh ['mækɪntɒʃ] *s.* Regen-, Gummimantel *m.*

mack·le ['mækl] **I** *s.* **1.** dunkler Fleck; **2.** *typ.* Schmitz *m*, verwischter Druck; **II** *v/t. u. v/i.* **3.** *typ.* schmitzen.

ma·cle ['mækl] *s. min.* **1.** 'Zwillingskris,tall *m*; **2.** dunkler Fleck.

macro- [mækrəʊ] *in Zssgn* Makro..., (sehr) groß: ***~climate*** Großklima *n.*

mac·ro ['mækrəʊ] *s. Computer*: Makro *n.*

mac·ro·bi·ot·ic [ˌmækrəʊbaɪ'ɒtɪk] *adj.* makrobi'otisch; **ˌmac·ro·bi'ot·ics** [-ks] *s. pl. sg. konstr.* Makrobi'otik *f.*

mac·ro·cosm ['mækrəʊkɒzəm] *s.* Makro'kosmos *m.*

ma·cron ['mækrɒn] *s.* Längestrich *m* (*über Vokalen*).

mad [mæd] *adj.* □ → ***madly***; **1.** wahnsinnig, verrückt, toll (*alle a. fig.*): ***~ cow disease*** Rinderwahnsinn *m*; ***go ~*** verrückt werden; ***it's enough to drive one ~*** es ist zum Verrücktwerden; ***like ~*** wie toll *od.* wie verrückt (*arbeiten etc.*); ***a ~ plan*** ein verrücktes Vorhaben; → ***hatter***, ***drive*** 15; **2.** (***after***, ***about***, ***for***, ***on***) versessen (auf *acc.*), verrückt (nach), vernarrt (in *acc.*): ***she is ~ about music***; **3.** F außer sich, verrückt (***with*** vor *Freude, Schmerzen, Wut etc.*); **4.** *bsd. Am.* F wütend, böse (***at***, ***about*** über *acc.*, auf *acc.*); **5.** toll, wild, 'übermütig: ***they are having a ~ time*** bei denen gehts toll zu, sie amüsieren sich toll; **6.** wild (geworden): ***a ~ bull***; **7.** tollwütig (*Hund*).

Mad·a·gas·can [ˌmædə'gæskən] **I** *s.* Made'gasse *m*, Made'gassin *f*; **II** *adj.* made'gassisch.

mad·am ['mædəm] *s.* **1.** gnädige Frau *od.* gnädiges Fräulein (*Anrede*); **2.** Bor'dellwirtin *f*, Puffmutter *f.*

'mad·cap I *s.* ‚verrückter Kerl'; **II** *adj.* ‚verrückt', wild, verwegen.

mad·den ['mædn] **I** *v/t.* verrückt *od.* toll *od.* rasend machen (*a. fig. wütend machen*); **II** *v/i.* verrückt *etc.* werden; **'mad·den·ing** [-nɪŋ] *adj.* □ verrückt *etc.* machend: ***it is ~*** es ist zum Verrücktwerden.

mad·der¹ ['mædə] *comp. von* ***mad***.

mad·der² ['mædə] *s.* ⚘, ⚙ Krapp *m.*

mad·dest ['mædɪst] *sup. von* ***mad***.

mad·ding ['mædɪŋ] *adj. poet.* **1.** rasend, tobend: ***the ~ crowd***; **2.** → ***maddening***.

'mad-ˌdoc·tor *s.* Irrenarzt *m.*

made [meɪd] **I** *pret. u. p.p. von* ***make***; **II** *adj.* **1.** (künstlich) hergestellt: ***~ dish*** aus mehreren Zutaten zs.-gestelltes Gericht; ***~ gravy*** künstliche Bratensoße; ***~ road*** befestigte Straße; ***~ of wood*** aus Holz, Holz...; ***English-~*** ☤ *Artikel* englischer Fabrikation; **2.** gemacht, arriviert: ***a ~ man***; ***he had got it ~*** F er hatte es geschafft; **3.** *körperlich* gebaut: ***a well-~ man***.

ˌmade|-to-ˈmeas·ure, **ˌ~-to-ˈor·der** *adj.* ✝ nach Maß angefertigt, Maß..., *a. fig.* maßgeschneidert, nach Maß; **ˌ~-ˈup** *adj.* **1.** (frei) erfunden: ***a ~ story***; **2.** geschminkt; **3.** ✝ Fertig..., Fabrik...: ***~ clothes*** Konfektionskleidung *f*.

ˈmad·house *s.* Irren-, *fig. a.* Tollhaus *n*.

mad·ly [ˈmædlɪ] *adv.* **1.** wie verrückt, wie wild: ***they worked ~ all night***; **2.** F schrecklich, wahnsinnig: ***~ in love***; **3.** verrückt(erweise).

ˈmad·man [-mən] *s.* [*irr.*] Verrückte(r) *m*, Irre(r) *m*.

mad·ness [ˈmædnɪs] *s.* **1.** Wahnsinn *m*, Tollheit *f* (*a. fig.*); **2.** *bsd. Am.* Wut *f* (***at*** über *acc.*).

mad·re·pore [ˌmædrɪˈpɔː] *s. zo.* Madreˈpore *f*, ˈLöcherkoˌralle *f*.

mad·ri·gal [ˈmædrɪgl] *s.* ♪ Madriˈgal *n*.

ˈmadˌwom·an *s.* [*irr.*] Wahnsinnige *f*, Irre *f*.

mael·strom [ˈmeɪlstrɒm] *s.* Mahlstrom *m*, Strudel *m* (*a. fig.*): ***~ of traffic*** Verkehrsgewühl *n*.

Mae West [ˌmeɪˈwest] *s. sl.* **1.** ⚓ aufblasbare Schwimmweste; **2.** ⚔ *Am.* Panzer *m* mit Zwillingsturm.

Maf·fi·a [ˈmæfɪə] → ***Mafia***.

maf·fick [ˈmæfɪk] *v/i. Brit. obs.* ausgelassen feiern.

Ma·fia [ˈmæfɪə] *s.* Mafia *f*; **ma·fi·o·so** [ˌmæfɪˈəʊsəʊ] *pl.* **-sos** *od.* **-si** [-sɪ] *s.* Mafiˈoso *m*.

mag[1] [mæg] F *für* ***magazine*** 4.

mag[2] [mæg] ⚙ *sl. für* ***magneto***: ***~ generator*** Magnetodynamo *m*.

mag·a·zine [ˌmægəˈziːn] *s.* **1.** ⚔ a) (ˈPulver)MagaˌzIn *n*, Munitiˈonslager *n*, b) Versorgungslager *n*, c) Magaˈzin *n* (*in Mehrladewaffen*): ***~ gun, ~ rifle*** Mehrladegewehr *n*; **2.** ⚙ Magaˈzin *n* (*a. Computer*), Vorratsbehälter *m*; **3.** ✝ Magaˈzin *n*, Speicher *m*, Lagerhaus *n*; *fig.* Vorrats-, Kornkammer *f* (*fruchtbares Gebiet*); **4.** Magaˈzin *n*, (*oft* illustrierte) Zeitschrift.

mag·da·len [ˈmægdəlɪn] *s. fig.* Magdaˈlena *f*, reuige Sünderin.

ma·gen·ta [məˈdʒentə] **I** *s.* ⚗ Maˈgenta (-rot) *n*, Fuchˈsin *n*; **II** *adj.* maˈgentarot, dunkelrot.

mag·got [ˈmægət] *s.* **1.** *zo.* Made *f*, Larve *f*; **2.** *fig.* Grille *f*; **ˈmag·got·y** [-tɪ] *adj.* **1.** madig; **2.** *fig.* schrullig.

Ma·gi [ˈmeɪdʒaɪ] *s. pl.*: ***the*** (***three***) ***~*** die (drei) Weisen aus dem Morgenland, die Heiligen Drei Könige.

mag·ic [ˈmædʒɪk] **I** *s.* **1.** Maˈgie *f*, Zaubeˈrei *f*; **2.** Zauber(kraft *f*) *m* (*a. fig.*): ***it works like ~*** es ist die reinste Hexerei; **II** *adj.* (□ ***~ally***) **3.** magisch, Wunder..., Zauber...: ***~ carpet*** fliegender Teppich; ***~ eye*** ⚡ magisches Auge; ***~ formula*** Patentrezept *n*, -lösung *f*; ***~ lamp*** Wunderlampe *f*; ***~ lantern*** Laterna *f* magica; ***~ square*** magisches Quadrat; **4.** zauberhaft: ***~ beauty***; **ˈmag·i·cal** [-kl] → ***magic*** II.

ma·gi·cian [məˈdʒɪʃn] *s.* **1.** Magier *m*, Zauberer *m*; **2.** Zauberkünstler *m*.

mag·is·te·ri·al [ˌmædʒɪˈstɪərɪəl] *adj.* □ **1.** obrigkeitlich, behördlich; **2.** maßgeblich; **3.** herrisch.

mag·is·tra·cy [ˈmædʒɪstrəsɪ] *s.* **1.** ⚖, *pol. Amt e-s* ***magistrate***; **2.** Richterschaft *f*; **3.** *pol.* Verwaltung *f*; **mag·is·tral** [məˈdʒɪstrəl] *adj. pharm.* magistˈral (*nach ärztlicher Vorschrift*); **ˈmag·is·trate** [-reɪt] *s.* **1.** a) ⚖ Richter *m* (an e-m ***magistrates' court***), b) (***police***) ***~*** *Am.* Poliˈzeirichter *m*; **2.** (Verˈwaltungs)BeˌamtE(r) *m*: ***chief ~*** *Am.* a) Präsiˈdent *m*, b) Gouverˈneur *m*, c) Bürgermeister *m*; **mag·is·trates' court** *s.* ⚖ *erstinstanzliches Gericht für einfache Fälle.*

mag·lev [ˈmæglev] *s.* 🚄 Maˈgnet(schwebe)bahn *f*.

Mag·na C(h)ar·ta [ˌmægnəˈkɑːtə] *s.* **1.** *hist.* Magna Charta *f* (*der große Freibrief des englischen Adels [1215]*); **2.** Grundgesetz *n*.

mag·na·nim·i·ty [ˌmægnəˈnɪmətɪ] *s.* Edelmut *m*, Großmut *f*; **mag·nan·i·mous** [mægˈnænɪməs] *adj.* □ großmütig, hochherzig.

mag·nate [ˈmægneɪt] *s.* **1.** Maˈgnat *m*: a) ˈGroßindustriˌelle(r) *m*, b) Großgrundbesitzer *m*; **2.** Größe *f*, einflussreiche Perˈsönlichkeit.

mag·ne·sia [mægˈniːʃə] *s.* ⚗ Maˈgnesia *f*, Maˈgnesiumoˌxid *n*; **magˈne·sian** [-ʃn] *adj.* **1.** Magnesia...; **2.** Magnesium...; **magˈne·si·um** [-iːzjəm] *s.* ⚗ Maˈgnesium *n*.

mag·net [ˈmægnɪt] *s.* Maˈgnet *m* (*a. fig.*); **mag·net·ic** [mægˈnetɪk] *adj.* (□ ***~ally***) **1.** maˈgnetisch, Magnet...(*-feld, -kompass, -nadel, -pol etc.*): ***~ attraction*** magnetische Anziehung(skraft) (*a. fig.*); ***~ declination*** Missweisung *f*; ***~ resonance imaging*** ⚕ Kernspintomograˌphie *f*; ***~ strip*** (*od.* ***stripe***) Magnetstreifen *m* (*auf Kreditkarte etc.*); ***~ stripe*** Magnetstreifen *m* (*bsd. Tonspur auf Film*); ***~ tape*** Magnet(ton)band *n*; ***~ tape recorder*** Magnettongerät *n*; **2.** *fig.* faszinierend, fesselnd, maˈgnetisch; **mag·net·ics** [mægˈnetɪks] *s. pl.* (*mst sg. konstr.*) Wissenschaft *f* vom Magneˈtismus; **ˈmag·net·ism** [-tɪzəm] *s.* **1.** *phys.* Magneˈtismus *m*; **2.** *fig.* (maˈgnetische) Anziehungskraft; **mag·net·i·za·tion** [ˌmægnɪtaɪˈzeɪʃn] *s.* Magnetisierung *f*; **ˈmag·net·ize** [-taɪz] *v/t.* **1.** magnetisieren; **2.** *fig.* (wie ein Maˈgnet) anziehen, fesseln; **ˈmag·net·iz·er** [-taɪzə] *s.* ⚕ Magnetiˈseur *m*.

mag·ne·to [mægˈniːtəʊ] *pl.* **-tos** *s.* ⚡ Maˈgnetzünder *m*.

magneto- [mægniːtəʊ] *in Zssgn* Magneto...; **mag·ne·to-e·lec·tric** [mægˌniːtəʊɪˈlektrɪk] *adj.* maˈgnetoeˌlektrisch.

mag·ni·fi·ca·tion [ˌmægnɪfɪˈkeɪʃn] *s.* **1.** Vergrößern *n*; **2.** Vergrößerung *f*; **3.** *phys.* Vergrößerungsstärke *f*; **4.** ⚡ Verstärkung *f*.

mag·nif·i·cence [mægˈnɪfɪsns] *s.* Großartigkeit *f*, Herrlichkeit *f*; **magˈnif·i·cent** [-nt] *adj.* □ großartig, prächtig, herrlich (*alle a.* F *fig.*).

mag·ni·fi·er [ˈmægnɪfaɪə] *s.* **1.** Vergrößerungsglas *n*, Lupe *f*; **2.** ⚡ Verstärker *m*; **3.** Verherrlicher *m*; **mag·ni·fy** [ˈmægnɪfaɪ] *v/t. opt. u. fig.* **1.** vergrößern: ***~ing glass*** → ***magnifier*** 1; **2.** *fig.* aufbauschen; **3.** ⚡ verstärken.

mag·nil·o·quence [mægˈnɪləʊkwəns] *s.* **1.** Großspracheˈrei *f*; **2.** Schwulst *m*, Bomˈbast *m*; **magˈnil·o·quent** [-nt] *adj.* □ **1.** großsprecherisch; **2.** hochtrabend, bomˈbastisch.

mag·ni·tude [ˈmægnɪtjuːd] *s.* Größe *f*, Größenordnung *f* (*a. ast.*, ⛭), *fig. a.* Ausmaß *n*, Schwere *f*: ***a star of the first ~*** ein Stern erster Größe; ***of the first ~*** von äußerster Wichtigkeit.

mag·no·li·a [mægˈnəʊljə] *s.* ⚘ Maˈgnolie *f*.

mag·num [ˈmægnəm] *s.* Zweiˈquartflasche *f* (*etwa 2 l enthaltend*); ***~ o·pus*** [-ˈəʊpəs] *s.* Meister-, Hauptwerk *n*.

mag·pie [ˈmægpaɪ] *s.* **1.** *zo.* Elster *f*; **2.** *fig.* Schwätzer(in); **3.** *fig.* sammelwütiger Mensch; **4.** *Scheibenschießen*: zweiter Ring von außen.

ma·gus [ˈmeɪgəs] *pl.* **-gi** [-dʒaɪ] *s.* **1.** ♀ *antiq. persischer* Priester; **2.** Zauberer *m*; **3.** *a.* ♀ *sg. von* ***Magi***.

ma·ha·ra·ja(h) [ˌmɑːhəˈrɑːdʒə] *s.* Mahaˈradscha *m*; **ˌma·haˈra·nee** [-ɑːniː] *s.* Mahaˈrani *f*.

mahl·stick [ˈmɔːlstɪk] → ***maulstick***.

ma·hog·a·ny [məˈhɒgənɪ] **I** *s.* **1.** ⚘ Mahaˈgonibaum *m*; **2.** Mahaˈgoni(holz) *n*; **3.** Mahaˈgoni(farbe *f*) *n*; **4.** ***have*** (*od.* ***put***) ***one's feet under s.o.'s ~*** F j-s Gastfreundschaft genießen; **II** *adj.* **5.** Mahagoni...; **6.** mahaˈgonifarben.

ma·hout [məˈhaʊt] *s. Brit. Ind.* Eleˈfantentreiber *m*.

maid [meɪd] *s.* **1.** (junges) Mädchen, *poet. u. iro.* Maid *f*: ***~ of hono(u)r*** a) Ehren-, Hofdame *f*, b) *Am. erste* Brautjungfer; ***old ~*** alte Jungfer; **2.** (Dienst-) Mädchen *n*, Magd *f*: ***~-of-all-work*** *bsd. fig.* Mädchen für alles; **3.** *poet.* Jungfrau *f*: ***the*** ♀ (***of Orleans***).

maid·en [ˈmeɪdn] **I** *adj.* **1.** mädchenhaft, Mädchen...: ***~ name*** Mädchenname *m e-r Frau*; **2.** jungfräulich, unberührt (*a. fig.*): ***~ soil***; **3.** unverheiratet: ***~ aunt***; **4.** Jungfern..., Antritts...: ***~ flight*** ✈ Jungfernflug *m*; ***~ speech*** *parl.* Jungfernrede *f*; ***~ voyage*** ⚓ Jungfernfahrt *f*; **II** *s.* **5.** → ***maid*** 1; **6.** *Scot. hist.* Guilloˈtine *f*; **7.** *Rennsport*: a) Maiden *n* (*Pferd, das noch nie gesiegt hat*), b) Rennen *n* für Maidens; **ˈ~·hair** (**fern**) *s.* ⚘ Frauenhaar(farn *m*) *n*; **ˈ~·head** *s.* **1.** → ***maidenhood***; **2.** *anat.* Jungfernhäutchen *n*; **ˈ~·hood** [-hʊd] *s.* **1.** Jungfräulichkeit *f*, Jungfernschaft *f*; **2.** Jungˈmädchenzeit *f*.

maid·en·like [ˈmeɪdnlaɪk], **ˈmaid·en·ly** [-lɪ] *adj.* **1.** → ***maiden*** 1; **2.** jungfräulich, züchtig.

ˈmaidˌserv·ant → ***maid*** 2.

mail[1] [meɪl] **I** *s.* **1.** Post(sendung) *f*, *bsd.* Brief- *od.* Paˈketpost *f*: ***by ~*** *Am.* mit der Post; ***by return ~*** *Am.* postwendend, umgehend; ***incoming ~*** Posteingang *m*; ***outgoing ~*** Postausgang *m*; **2.** Briefbeutel *m*, Postsack *m*; **3.** Post (-dienst *m*) *f*: ***the Federal*** ♀***s*** *Am.* die Bundespost; **4.** Postversand *m*; **5.** Postauto *n*, -boot *n*, -bote *m*, -flugzeug *n*, -zug *m*; **II** *adj.* **6.** Post...: ***~ boat*** Post-, Paketboot *n*; **III** *v/t.* **7.** *bsd. Am.* (ab-) schicken, aufgeben; zuschicken (***to*** *dat.*): ***~ing list*** ✝ Adressenliste *f*, -kartei *f*.

mail[2] [meɪl] **I** *s.* **1.** Kettenpanzer *m*: ***coat of ~*** Panzerhemd *n*; **2.** (Ritter-) Rüstung *f*; **3.** *zo.* Panzer *m*; **II** *v/t.* **4.** panzern.

mail·a·ble [ˈmeɪləbl] *adj. Am.* postversandfähig.

ˈmail|·bag *s.* Postbeutel *m*; **ˈ~·box** *s.* **1.** *Am.* Briefkasten *m*; **2.** *Computer etc.*: Mailbox *f* (*elektronischer Briefkasten*); **ˈ~·car** *s. Am.* Postwagen *m*; **ˈ~ˌcar·ri·er** *s.* → ***mailman***; **ˈ~-clad** *adj.* gepanzert; **ˈ~·coach** *s. Brit.* **1.** Postwagen *m*; **2.** *hist.* Postkutsche *f*.

mailed [meɪld] *adj.* gepanzert (*a. zo.*): ***the ~ fist*** *fig.* die eiserne Faust.

mail·ing [ˈmeɪlɪŋ] *s.* Mailing *n*, (Werbe)Rundschreiben *n*; ***~ list*** *s. Internet*: Mailing-Liste *f* (*mit E-Mail-Adressen*).

ˈmail|·man [-mən] *s.* [*irr.*] *Am.* Briefträger *m*; ***~ or·der*** *s.* ✝ Bestellung *f* (*von Waren*) durch die Post; **ˈ~-ˌor·der** *adj.*

M

Postversand...: ∼ ***business*** Versandhandel *m*; ∼ ***catalog(ue)*** Versandhauskatalog *m*; ∼ ***house*** (Post)Versandgeschäft *n*; '∼·**shot** *s. Brit.* Mailing *n*, Werbebrief *m*.

maim [meɪm] *v/t.* verstümmeln (*a. fig. Text*); zum Krüppel machen; lähmen (*a. fig.*).

main [meɪn] **I** *adj.* □ → ***mainly***; **1.** Haupt..., größt, wichtigst, vorwiegend, hauptsächlich: ∼ ***clause*** *ling.* Hauptsatz *m*; ∼ ***deck*** ⚓ Hauptdeck *n*; ∼ ***girder*** △ Längsträger *m*; ∼ ***office*** Hauptbüro *n*; ∼ ***road*** Hauptverkehrsstraße *f*; ***the*** ∼ ***sea*** die offene *od.* hohe See; ∼ ***station*** a) *teleph.* Hauptanschluss *m*, b) Hauptbahnhof *m*; ***the*** ∼ ***thing*** die Hauptsache; ***by*** ∼ ***force*** mit äußerster Kraft, mit (aller) Gewalt; **2.** ⚓ groß, Groß...: ∼ ***brace*** Großbrasse *f*; **II** *s.* **3.** *mst pl.* a) Haupt(gas- *etc.*)leitung *f*: (***gas***) ∼***s***; (***water***) ∼***s***, b) ↯ Haupt-, Stromleitung *f*, c) (Strom)Netz *n*: ***operating on the*** ∼***s***, ∼***s-operated*** mit Netzanschluss *od.* -betrieb; ∼***s adapter*** Netzteil *n*; ∼***s failure*** Stromausfall *m*; ∼***s voltage*** Netzspannung *f*; **4.** a) Hauptrohr *n*, b) Hauptkabel *n*; **5.** 🚂 *Am.* Hauptlinie *f*; **6.** Hauptsache *f*, Kern *m*: ***in*** (*Am. a.* ***for***) ***the*** ∼ hauptsächlich, in der Hauptsache; **7.** *poet. die* hohe See; **8.** → ***might***[1] 2; ∼ **chance** *s.*: ***have an eye to the*** ∼ s-n eigenen Vorteil im Auge haben; '∼·**frame** *s. a.* ∼ ***computer*** Großrechner *m*, Zent'ralrechner *m*; ∼ **fuse** *s.* ↯ Hauptsicherung *f*; '∼·**land** [-lənd] *s.* Festland *n*; ∼ **line** *s.* **1.** 🚂 *etc.*, *a.* ⚔ Hauptlinie *f*: ∼ ***of resistance*** Hauptkampflinie *f*; **2.** *Am.* Hauptverkehrsstraße *f*; **3.** *sl.* a) Hauptvene *f*, b) ‚Schuss' *m* (*Heroin etc.*); '∼·**line** *v/i. sl.* ‚fixen'; '∼ˌ**lin·er** *s. sl.* ‚Fixer(in)'.

main·ly ['meɪnlɪ] *adv.* hauptsächlich, vorwiegend.

main|·mast ['meɪnmɑːst; ⚓ -məst] *s.* ⚓ Großmast *m*; ∼ **mem·o·ry** *s. Computer*: Hauptspeicher *m*; ∼·**sail** ['meɪnseɪl; ⚓ -sl] *s.* ⚓ Großsegel *n*; '∼·**spring** *s.* **1.** Hauptfeder *f* (*Uhr etc.*); **2.** *fig.* (Haupt-)Triebfeder *f*, treibende Kraft; '∼·**stay** *s.* **1.** ⚓ Großstag *n*; **2.** *fig.* Hauptstütze *f*; '∼·**stream** *s. fig.* Hauptströmung *f*; ℒ **Street** *adj. Am.* provinzi'ell-materia'listisch.

main·tain [meɪn'teɪn] *v/t.* **1.** *Zustand, gute Beziehungen etc.* (aufrecht)erhalten, *e-e Haltung etc.* beibehalten, *Ruhe u. Ordnung etc.* (be)wahren: ∼ ***a price*** ☤ e-n Preis halten; **2.** in'stand halten, pflegen, ⚙ *a.* warten; **3.** *Briefwechsel etc.* unter'halten, (weiter)führen; **4.** (*in e-m bestimmten Zustand*) lassen, bewahren: ∼ ***s.th. in*** (***an***) ***excellent condition***; **5.** *Familie etc.* unter'halten, versorgen; **6.** behaupten (***that*** dass, ***to*** zu); **7.** *Meinung, Recht etc.* verfechten; auf *e-r Forderung* bestehen: ∼ ***an action*** ⚖ e-e Klage anhängig machen; **8.** *j-n* unter'stützen, *j-m* beipflichten; ⚖ *e-e Prozesspartei* 'widerrechtlich unter'stützen; **9.** nicht aufgeben, behaupten: ∼ ***one's ground*** *bsd. fig.* sich behaupten; **main'tain·a·ble** [-nəbl] *adj.* verfechtbar, haltbar; **main'tain·er** [-nə] *s.* Unter'stützer *m*: a) Verfechter *m* (*Meinung etc.*), b) Versorger *m*; **main'tain·or** [-nə] *s.* ⚖ außenstehender Pro'zesstreiber; **main·te·nance** ['meɪntənəns] *s.* **1.** In'standhaltung *f*, Erhaltung *f*; **2.** ⚙ Wartung *f*: ∼ ***man*** Wartungsmonteur *m*; ∼***-free*** wartungsfrei; **3.** 'Unterhalt(smittel *pl.*) *m*: ∼ ***grant*** Unterhaltszuschuss *m*; ∼ ***order*** ⚖ Anordnung *f* von Unterhaltszahlungen; **4.** Aufrechterhaltung *f*, Beibehalten *n*; **5.** Behauptung *f*, Verfechtung *f*; **6.** ⚖ 'illeˌgale Unter'stützung e-r pro'zessführenden Par'tei.

'**main|·top** *s.* ⚓ Großmars *m*; ∼ **yard** *s.* ⚓ Großrah(e) *f*.

mai·son·(n)ette [ˌmeɪzə'net] *s.* **1.** Maiso'nette *f*; **2.** Einliegerwohnung *f*.

maize [meɪz] *s. Brit.* ⚘ Mais *m*.

ma·jes·tic [mə'dʒestɪk] *adj.* (□ ∼***ally***) maje'stätisch; **maj·es·ty** ['mædʒəstɪ] *s.* **1.** Maje'stät *f*: ***His*** (***Her***) ℒ Seine (Ihre) Majestät; ***Your*** ℒ Eure Majestät; **2.** *fig.* Maje'stät *f*, Erhabenheit *f*, Hoheit *f*.

ma·jol·i·ca [mə'jɒlɪkə] *s.* Ma'jolika *f*.

ma·jor ['meɪdʒə] **I** *s.* **1.** Ma'jor *m*; **2.** ⚖ Volljährige(r *m*) *f*, Mündige(r *m*) *f*; **3.** *hinter Eigennamen*: der Ältere; **4.** ♪ a) Dur *n*, b) 'Durakˌkord *m*, c) Durtonart *f*; **5.** *phls.* a) *a.* ∼ ***term*** Oberbegriff *m*, b) *a.* ∼ ***premise*** Obersatz *m*; **6.** *univ. Am.* Hauptfach *n*; **II** *adj.* **7.** größer (*a. fig.*); *fig.* bedeutend: ∼ ***attack*** Großangriff *m*; ∼ ***event*** *bsd. sport* Großveranstaltung *f*, *weitS.* ‚große Sache'; ∼ ***repair*** größere Reparatur; ∼ ***shareholder*** Großaktionär(in); → ***operation*** 9; **8.** ⚖ volljährig, mündig; **9.** ♪ a) groß (*Terz etc.*), b) Dur...: ∼ ***key*** Durtonart *f*; ***C*** ∼ C-Dur *n*; **III** *v/t.* **10.** (*v/i.* ∼ ***in***) *Am.* als Hauptfach studieren; ˌ∼-'**gen·er·al** *s.* ⚔ Gene'ralmaˌjor *m*.

ma·jor·i·ty [mə'dʒɒrətɪ] *s.* **1.** Mehrheit *f*: ∼ ***of votes*** (Stimmen)Mehrheit, Majori'tät *f*; ∼ ***decision*** Mehrheitsbeschluss *m*; ☤ ∼ ***holding*** Mehrheitsbeteiligung *f*; ∼ ***leader*** *Am.* Fraktionsführer *m* der Mehrheitspartei; ∼ ***rule*** Mehrheitsregierung *f*; ***in the*** ∼ ***of cases*** in der Mehrzahl der Fälle; ***join the*** ∼ a) sich der Mehrheit anschließen, b) zu den Vätern versammelt werden (*sterben*); ***win by a large*** ∼ mit großer Mehrheit gewinnen; **2.** ⚖ Voll-, Großjährigkeit *f*; **3.** ⚔ Ma'jorsrang *m*, -stelle *f*.

ma·jor| league *s. sport Am.* oberste Spielklasse; ∼ **mode** *s.* ♪ Dur(tonart *f*) *n*; ∼ **scale** *s.* Durtonleiter *f*.

ma·jus·cule ['mædʒəskjuːl] *s.* Ma'juskel *f*, großer Anfangsbuchstabe.

make [meɪk] **I** *s.* **1.** a) Mach-, Bauart *f*, Form *f*, b) Erzeugnis *n*, Fabri'kat *n*: ***our own*** ∼ (unser) eigenes Fabrikat; ***of best English*** ∼ beste englische Quali'tät; **2.** *Mode*: Schnitt *m*, Fas'son *f*; **3.** ☤ a) (Fa'brik)Marke *f*, b) ⚙ Typ *m*, Bau(-art *f*) *m*; **4.** (*Körper*)Bau *m*; **5.** Anfertigung *f*, Herstellung *f*; **6.** ↯ Schließen *n* (*Stromkreis*): ***be at*** ∼ geschlossen sein; **7.** ***be on the*** ∼ *sl.* a) auf Geld (*od.* e-n Vorteil) aussein, ‚schwer dahinterher' sein, b) auf ein (sexuelles) Abenteuer aus sein; **II** *v/t.* [*irr.*] **8.** *allg. z. B. Einkäufe, Einwände, Feuer, Reise, Versuch* machen; *Frieden* schließen; *e-e Rede* halten; → ***face*** 2, ***war*** 1 *etc.*; **9.** machen: a) anfertigen, herstellen, erzeugen (***from***, ***of***, ***out of*** von, aus), b) verarbeiten, bilden, formen (***to***, ***into*** in *acc.*, zu), c) *Tee etc.* (zu)bereiten, d) *Gedicht etc.* verfassen; **10.** errichten, bauen, *Garten, Weg etc.* anlegen; **11.** (er)schaffen: ***God made man*** Gott schuf den Menschen; ***you are made for this job*** du bist für diese Arbeit wie geschaffen; **12.** *fig.* machen zu: ***he made her his wife***; ***to*** ∼ ***enemies of*** sich zu Feinden machen; **13.** ergeben, bilden, entstehen lassen: ***many brooks*** ∼ ***a river***; ***oxygen and hydrogen*** ∼ ***water*** Wasserstoff u. Sauerstoff bilden Wasser; **14.** verursachen: a) *ein Geräusch, Lärm, Mühe, Schwierigkeiten* machen, b) bewirken, (mit sich) bringen: ***prosperity*** ∼***s contentment***; **15.** (er)geben, den Stoff abgeben zu, dienen als (*Sache*): ***this*** ∼***s a good article*** das gibt e-n guten Artikel; ***this book*** ∼***s good reading*** dieses Buch liest sich gut; **16.** sich erweisen als (*Person*): ***he would*** ∼ ***a good salesman*** er würde e-n guten Verkäufer abgeben; ***she made him a good wife*** sie war ihm e-e gute Frau; **17.** bilden, (aus)machen: ***this*** ∼***s the tenth time*** das ist das zehnte Mal; → ***difference*** 1, ***one*** 6, ***party*** 2; **18.** (*mit adj., p.p. etc.*) machen: ∼ ***angry*** zornig machen, erzürnen; ∼ ***known*** bekannt machen *od.* geben; → ***make good***; **19.** (*mit folgendem s.*) machen zu, ernennen zu: ***they made him a general***, ***he was made a general*** er wurde zum General ernannt; ***he made himself a martyr*** er wurde zum Märtyrer; **20.** *mit inf.* (*act. ohne* ***to***, *pass. mit* ***to***) *j-n* veranlassen, lassen, bringen, zwingen *od.* nötigen zu: ∼ ***s.o. wait*** j-n warten lassen; ***we made him talk*** wir brachten ihn zum Sprechen; ***they made him repeat it*** man ließ es ihn wiederholen; ∼ ***s.th. do***, ∼ ***do with s.th.*** mit et. auskommen, sich mit et. behelfen; **21.** *fig.* machen: ∼ ***much of*** a) viel Wesens um *et. od. j-n* machen, b) sich viel aus *et.* machen, viel von *et.* halten; → ***best*** 7, ***most*** 3, ***nothing*** *Redew.*; **22.** sich e-e Vorstellung von *et.* machen, *et.* halten für: ***what do you*** ∼ ***of it?*** was halten Sie davon?; **23.** F *j-n* halten für: ***I*** ∼ ***him a greenhorn***; **24.** schätzen auf (*acc.*): ***I*** ∼ ***the distance three miles***; **25.** feststellen: ***I*** ∼ ***it a quarter to five*** nach m-r Uhr ist es Viertel vor fünf; **26.** erfolgreich 'durchführen: → ***escape*** 9; **27.** *j-m* zum Erfolg verhelfen, *j-s* Glück machen: ***I can*** ∼ ***and break you*** ich kann aus Ihnen et. machen oder Sie auch fertig machen; **28.** sich *ein Vermögen etc.* erwerben, verdienen, *Geld, Profit* machen, *Gewinn* erzielen; → ***name*** *Redew.*; **29.** ‚schaffen': a) *Strecke* zu'rücklegen: ***can we*** ∼ ***it in 3 hours?***, b) *Geschwindigkeit* erreichen: ∼ ***60 mph.***; **30.** F *et.* erreichen, ‚schaffen', *akademischen Grad* erlangen, *sport etc. Punkte, a. Schulnote* erzielen, *Zug* erwischen: ∼ ***it*** es schaffen; ∼ ***the team*** in die Mannschaft aufgenommen werden; **31.** *sl. Frau* ‚'umlegen' (*verführen*); **32.** ankommen in (*dat.*), erreichen: ∼ ***port*** ⚓ in den Hafen einlaufen; **33.** ⚓ sichten, ausmachen: ∼ ***land***; **34.** *Brit. Mahlzeit* einnehmen; **35.** *Fest etc.* veranstalten; **36.** *Preis* festsetzen, machen; **37.** *Kartenspiel*: a) *Karten* mischen, b) *Stich* machen; **38.** ↯ *Stromkreis* schließen; **39.** *ling. Plural etc.* bilden, werden zu; **40.** sich belaufen auf (*acc.*), ergeben, machen: ***two and two*** ∼ ***four*** 2 u. 2 macht *od.* ist 4; **III** *v/i.* [*irr.*] **41.** sich anschicken, den Versuch machen (***to do*** zu tun): ***he made to go*** er wollte gehen; **42.** (***to*** nach) a) sich begeben *od.* wenden, b) führen, gehen (*Weg etc.*), sich erstrecken, c) fließen; **43.** einsetzen (*Ebbe, Flut*), (an)steigen (*Flut etc.*); **44.** ∼ ***as if*** (*od.* ***as though***) so tun als ob *od.* als wenn: ∼ ***believe*** (***that*** *od.* ***to***

do) vorgeben (dass *od.* zu tun); **45.** ~ ***like*** *Am. sl.* sich verhalten wie: ~ ***like a father***;

Zssgn mit prp.:

make| af·ter *v/i. obs. j-m* nachsetzen, *j-n* verfolgen; ~ **a·gainst** *v/i.* **1.** ungünstig sein für, schaden (*dat.*); **2.** sprechen gegen (*a. fig.*); ~ **for** *v/i.* **1.** a) zugehen auf (*acc.*), sich aufmachen nach, zustreben (*dat.*), b) ⚓ lossteuern (*a. fig.*) *od.* Kurs haben auf (*acc.*), c) sich stürzen auf (*acc.*); **2.** beitragen zu, förderlich sein *od.* dienen (*dat.*): ***it makes for his advantage*** es wirkt sich für ihn günstig aus; ***the aerial makes for better reception*** die Antenne verbessert den Empfang; ~ **to·ward(s)** *v/i.* zugehen auf (*acc.*), sich bewegen nach, sich nähern (*dat.*); ~ **with** *v/i. Am. sl.* loslegen mit: ~ ***the feet!*** nun lauf schon!

Zssgn mit adv.:

make| a·way *v/i.* sich da'vonmachen: ~ ***with*** a) sich davonmachen mit (*Geld etc.*), b) *et. od. j-n* beseitigen, aus dem Weg(e) räumen, c) *Geld etc.* durchbringen, d) sich entledigen (*gen.*); ~ **good I** *v/t.* **1.** a) (wieder) gutmachen, b) ersetzen, vergüten: ~ ***a deficit*** ein Defizit decken; **2.** begründen, rechtfertigen, nachweisen; **3.** *Versprechen, sein Wort* halten; **4.** *den Erwartungen* entsprechen; **5.** *Flucht etc.* glücklich bewerkstelligen; **6.** (*berufliche etc.*) *Stellung* ausbauen; **II** *v/i.* **7.** sich 'durchsetzen, sein Ziel erreichen; **8.** sich bewähren, den Erwartungen entsprechen; ~ **off** *v/i.* sich da'vonmachen, ausreißen (***with*** mit *Geld etc.*); ~ **out I** *v/t.* **1.** *Scheck etc.* ausstellen; *Urkunde* ausfertigen; *Liste etc.* aufstellen; **2.** ausmachen, erkennen; **3.** *Sachverhalt etc.* feststellen, herausbekommen; **4.** a) *j-n* ausfindig machen, b) aus *j-m od. et.* klug werden; **5.** entziffern; **6.** a) behaupten, b) beweisen, c) *j-n als Lügner etc.* hinstellen; **7.** *Am. mühsam* zustande bringen; **8.** *Summe* voll machen; **9.** halten für; **II** *v/i.* **10.** *bsd. Am.* F Erfolg haben: ***how did you ~?*** wie haben Sie abgeschnitten?; **11.** *bsd. Am.* (*mit j-m*) auskommen; **12.** vorgeben, (so) tun (als ob); ~ **o·ver** *v/t.* **1.** *Eigentum* über'tragen, -'eignen, vermachen; **2.** 'umbauen; *Anzug etc.* 'umarbeiten; ~ **up I** *v/t.* **1.** bilden, zs.-setzen: ***be made up of*** bestehen *od.* sich zs.-setzen aus; **2.** *Arznei, Bericht etc.* zs.-stellen; *Schriftstück* aufsetzen, *Liste etc.* aufstellen; *Paket* (ver-) packen, verschnüren; **3.** *a. thea.* zu'rechtmachen, schminken, pudern; **4.** *Geschichte etc.* sich ausdenken, *a. b.s.* erfinden: ***a made-up story***; **5.** a) *Versäumtes* nachholen; → ***leeway*** 2, b) 'wiedergewinnen: ~ ***lost ground***; **6.** ersetzen, vergüten; **7.** *Rechnung, Konten* ausgleichen; *Bilanz* ziehen; → ***account*** 5; **8.** *Streit etc.* beilegen; **9.** ver'vollständigen, *Fehlendes* ergänzen, *Betrag, Gesellschaft etc.* voll machen; **10.** ***make it up*** a) es wieder gutmachen, b) → 17; **11.** *typ.* um'brechen; **II** *v/i.* **12.** sich zu'rechtmachen, *bsd.* sich pudern *od.* schminken; **13.** (***for***) Ersatz leisten, als Ersatz dienen (für), vergüten (*acc.*); **14.** aufholen, wieder gutmachen, wettmachen (***for*** *acc.*): ~ ***for lost time*** die verlorene Zeit wieder wettzumachen suchen; **15.** *Am.* sich nähern (***to*** *dat.*); **16.** (***to***) F (*j-m*) schöntun, sich anbiedern (bei *j-m*), sich her'anmachen (an *j-n*); **17.** sich versöhnen *od.* wieder vertragen (***with*** mit).

make| and break *s.* ⚡ Unter'brecher *m*; ˌ**~-and-'break** *adj.* ⚡ zeitweilig unter'brochen: ~ ***contact*** Unterbrecherkontakt *m*; '**~-beˌlieve I** *s.* **1.** a) Verstellung *f*, b) Heuche'lei *f*; **2.** Vorwand *m*; **3.** Schein *m*, Spiegelfechte'rei *f*; **II** *adj.* **4.** vorgeblich, scheinbar, falsch: ~ ***world*** Scheinwelt *f*.

mak·er ['meɪkə] *s.* **1.** a) Macher *m*, Verfertiger *m*; Aussteller(in) *e-r Urkunde*, b) ✝ Hersteller *m*, Erzeuger *m*; **2. the** ♀ der Schöpfer (*Gott*): ***meet one's ~*** das Zeitliche segnen.

'**make|-ˌread·y** *s. typ.* Zurichtung *f*; '**~·shift I** *s.* Notbehelf *m*; **II** *adj.* behelfsmäßig, Behelfs..., Not...

'**make-up** *s.* **1.** Aufmachung *f*: a) *Film etc.*: Ausstattung *f*, Kostümierung *f*, Maske *f*: ~ ***man*** Maskenbildner *m*, b) Verpackung *f*, ✝ Ausstattung *f*: ~ ***charge*** *Schneiderei*: Macherlohn *m*; **2.** Schminke *f*, Puder *m*; **3.** Make-up *n*: a) Schminken *n*, b) Pudern *n*; **4.** *fig. humor.* Aufmachung *f*, (Ver)Kleidung *f*; **5.** Zs.-setzung *f*; *sport* (*Mannschafts*)Aufstellung *f*; **6.** Körperbau *m*; **7.** Veranlagung *f*, Na'tur *f*; **8.** *fig. humor. Am.* erfundene Geschichte; **9.** *typ.* 'Umbruch *m*.

'**make·weight** *s.* **1.** (Gewichts)Zugabe *f*, Zusatz *m*; **2.** Gegengewicht *n* (*a. fig.*); **3.** *fig* a) Lückenbüßer *m* (*Person*), b) Notbehelf *m*.

mak·ing ['meɪkɪŋ] *s.* **1.** Machen *n*: ***this is of my own ~*** das habe ich selbst gemacht; **2.** Erzeugung *f*, Herstellung *f*, Fabrikati'on *f*: ***be in the ~*** *a. fig.* im Werden *od.* im Kommen *od.* in der Entwicklung sein; **3.** a) Zs.-setzung *f*, b) Verfassung *f*, c) Bau(art *f*) *m*, Aufbau *m*, d) Aufmachung *f*; **4.** Glück *n*, Chance *f*: ***this will be the ~ of him*** damit ist er ein gemachter Mann; **5.** *pl.* ('Roh)Materiˌal *n* (*a. fig.*): ***he has the ~s of*** er hat das Zeug *od.* die Anlagen zu; **6.** *pl.* Pro'fit *m*, Verdienst *m*; **7.** *pl.* F *die* (nötigen) Zutaten *pl.*

mal- [mæl] *in Zssgn* a) schlecht, b) mangelhaft, c) übel, d) Miss..., un...

Mal·a·chi ['mæləkaɪ], *a.* **Mal·a·chi·as** [ˌmælə'kaɪəs] *npr. u. s. bibl.* (das Buch) Male'achi *m od.* Mala'chias *m*.

mal·a·chite ['mæləkaɪt] *s. min.* Mala'chit *m*, Kupferspat *m*.

mal·ad·just·ed [ˌmælə'dʒʌstɪd] *adj. psych.* nicht angepasst, mi'lieugestört; ˌ**mal·ad'just·ment** [-stmənt] *s.* **1.** mangelnde Anpassung, Mi'lieustörung *f*; **2.** ⚙ Falscheinstellung *f*; **3.** 'Missverhältnis *n*.

'**mal·adˌmin·is'tra·tion** *s.* **1.** schlechte Verwaltung; **2.** *pol.* 'Misswirtschaft *f*.

ˌ**mal·a'droit** *adj.* □ **1.** ungeschickt; **2.** taktlos.

mal·a·dy ['mælədɪ] *s.* Krankheit *f*, Gebrechen *n*, Übel *n* (*a. fig.*).

ma·la fi·de [ˌmeɪlə'faɪdɪ] (*Lat.*) *adj. u. adv.* arglistig, ⚖ *a.* bösgläubig.

ma·laise [mæ'leɪz] *s.* **1.** Unpässlichkeit *f*; **2.** *fig.* Unbehagen *n*.

mal·a·prop·ism ['mæləprɒpɪzəm] *s.* (lächerliche) Wortverwechslung, 'Missgriff *m*; **mal·ap·ro·pos** [ˌmæl'æprəpəʊ] **I** *adj.* **1.** unangebracht; **2.** unschicklich; **II** *adv.* **3.** a) zur Unzeit, b) im falschen Augenblick; **III** *s.* **4.** *et.* Unangebrachtes.

ma·lar ['meɪlə] *anat.* **I** *adj.* Backen...; **II** *s.* Backenknochen *m*.

ma·lar·i·a [mə'leərɪə] *s.* ⚕ Ma'laria *f*; **ma'lar·i·al** [-əl], **ma'lar·i·an** [-ən], **ma'lar·i·ous** [-ɪəs] *adj.* Malaria..., ma'lariaverseucht.

ma·lar·k(e)y [mə'lɑːkɪ] *s. Am. sl.* ‚Quatsch' *m*, ‚Käse' *m*.

Ma·lay [mə'leɪ] **I** *s.* **1.** Ma'laie *m*, Ma'laiin *f*; **2.** Ma'laiisch *n*; **II** *adj.* **3.** ma'laiisch; **Ma'lay·an** [-eɪən] *adj.* ma'laiisch.

'**mal·conˌtent I** *adj.* unzufrieden (*a. pol.*); **II** *s.* Unzufriedene(r *m*) *f*.

male [meɪl] **I** *adj.* **1.** männlich (*a. biol. u.* ⚙): ~ ***child*** Knabe *m*; ~ ***choir*** Männerchor *m*; ~ ***cousin*** Vetter *m*; ~ ***model*** Dressman *m*; ~ ***nurse*** Krankenpfleger *m*; ~ ***plug*** ⚙ Stecker *m*; ~ ***prostitute*** Strichjunge *m*; ~ ***rhyme*** männlicher Reim; ~ ***screw*** Schraube(nspindel) *f*; **2.** *weitS.* männlich, mannhaft; **II** *s.* **3.** a) Mann *m*, b) Knabe *m*; **4.** *zo.* Männchen *n*; **5.** ⚘ männliche Pflanze.

mal·e·dic·tion [ˌmælɪ'dɪkʃn] *s.* Fluch *m*, Verwünschung *f*; ˌ**mal·e'dic·to·ry** [-ktərɪ] *adj.* verwünschend, Verwünschungs..., Fluch...

mal·e·fac·tor ['mælɪfæktə] *s.* Misse-, Übeltäter *m*; '**mal·e·fac·tress** [-trɪs] *s.* Misse-, Übeltäterin *f*.

ma·lef·ic [mə'lefɪk] *adj.* (□ **~ally**) ruchlos, bösartig; **ma'lef·i·cent** [-ɪsnt] *adj.* **1.** bösartig; **2.** schädlich (***to*** für *od. dat.*); **3.** verbrecherisch.

ma·lev·o·lence [mə'levələns] *s.* 'Missgunst *f*, Feindseligkeit *f* (***to*** gegen), Böswilligkeit *f*; **ma'lev·o·lent** [-nt] *adj.* □ **1.** 'missgünstig, widrig (*Umstände etc.*); **2.** feindselig, böswillig, übel wollend.

mal·fea·sance [mæl'fiːzəns] *s.* ⚖ strafbare Handlung.

ˌ**mal·for'ma·tion** *s. bsd.* ⚕ 'Missbildung *f*.

ˌ**mal'func·tion I** *s.* **1.** ⚕ Funkti'onsstörung *f*; **2.** ⚙ schlechtes Funktionieren, Versagen *n*, De'fekt *m*; **II** *v/i.* **3.** schlecht funktionieren, de'fekt sein, versagen.

mal·ice ['mælɪs] *s.* **1.** Böswilligkeit *f*, Bosheit *f*; Arglist *f*, Tücke *f*; **2.** Groll *m*: ***bear s.o. ~*** j-m grollen, e-n Groll gegen j-n hegen; **3.** ⚖ (böse) Absicht, Vorsatz *m*: ***with ~ aforethought*** (*od.* ***prepense***) vorsätzlich; **4.** (schelmische) Bosheit: ***with ~*** boshaft, maliziös;

ma·li·cious [mə'lɪʃəs] *adj.* □ **1.** böswillig, boshaft; **2.** arglistig, (heim)tückisch; **3.** gehässig; **4.** hämisch; **5.** ⚖ böswillig, vorsätzlich; **6.** malizi'ös, boshaft; **ma·li·cious·ness** [mə'lɪʃəsnɪs] → ***malice*** 1, 2.

ma·lign [mə'laɪn] **I** *adj.* □ **1.** verderblich, schädlich; **2.** unheilvoll; **3.** böswillig; **4.** ⚕ bösartig; **II** *v/t.* **5.** verleumden, beschimpfen.

ma·lig·nan·cy [mə'lɪgnənsɪ] *s.* Böswilligkeit *f*; Bösartigkeit *f* (*a.* ⚕); Bosheit *f*; Arglist *f*; Schadenfreude *f*; **ma'lig·nant** [-nt] **I** *adj.* □ **1.** böswillig; bösartig (*a.* ⚕); **2.** arglistig, (heim)tückisch; **3.** schadenfroh; **4.** gehässig; **II** *s.* **5.** *hist. Brit.* Roya'list *m*; **6.** Übelgesinnte(r *m*) *f*; **ma'lig·ni·ty** [-nətɪ] → ***malignancy***.

ma·lin·ger [mə'lɪŋgə] *v/i.* sich krank stellen, simulieren, ‚sich drücken'; **ma'lin·ger·er** [-ərə] *s.* Simu'lant *m*, Drückeberger *m*.

mall[1] [mɔːl] *s.* **1.** Prome'nade(nweg *m*) *f*; **2.** Mittelstreifen *m e-r Autobahn*; **3.** *Am.* Einkaufszentrum, Fußgängerzone *f*.

mall[2] [mɔːl] *s. orn.* Sturmmöwe *f*.

mal·lard ['mæləd] *pl.* **-lards**, *coll.* **-lard** *s. orn.* Stockente *f*.

mal·le·a·ble ['mælɪəbl] *adj.* **1.** ⚙ a) (kalt-)

M

hämmerbar, b) dehn-, streckbar, c) verformbar; **2.** *fig.* gefügig, geschmeidig; **~ cast i·ron** *s.* ⚙ **1.** Tempereisen *n*; **2.** Temperguss *m*; **~ i·ron** *s.* ⚙ **1.** a) Schmiedeeisen *n*, b) schmiedbarer Guss; **2.** → ***malleable cast iron***.

mal·le·o·lar [mə'liːələ] *adj. anat.* Knöchel...

mal·let ['mælɪt] *s.* **1.** Holzhammer *m*, Schlägel *m*; **2.** ⚙, ⚒ Fäustel *m*: **~ toe** ⚕ Hammerzehe *f*; **3.** *sport* Schlagholz *n*, Schläger *m*.

mal·low ['mæləʊ] *s.* ⚘ Malve *f*.

malm [mɑːm] *s. geol.* Malm *m*.

ˌmal·nu'tri·tion *s.* 'Unterernährung *f*, schlechte Ernährung.

mal·o·dor·ous [mæl'əʊdərəs] *adj.* übel riechend.

ˌmal'prac·tice *s.* **1.** Übeltat *f*; **2.** ⚖ a) Vernachlässigung *f* der beruflichen Sorgfalt, b) Kunstfehler *m*, Fahrlässigkeit *f des Arztes*, c) Untreue *f im Amt etc.*

malt [mɔːlt] **I** *s.* **1.** Malz *n*: **~ kiln** Malzdarre *f*; **~ liquor** gegorener Malztrank, *bsd.* Bier *n*; **II** *v/t.* **2.** mälzen, malzen: **~ed milk** Malzmilch *f*; **3.** unter Zusatz von Malz herstellen; **III** *v/i.* **4.** zu Malz werden.

Mal·tese [ˌmɔːl'tiːz] **I** *s. sg. u. pl.* **1.** a) Mal'teser(in), b) Malteser *pl.*; **2.** *ling.* Mal'tesisch *n*; **II** *adj.* **3.** mal'tesisch, Malteser...; **~ cross** *s.* **1.** Mal'teserkreuz *n*; **2.** ⚘ Brennende Liebe.

'malt·house *s.* Mälze'rei *f*.

malt·ose ['mɔːltəʊs] *s.* ⚗ Malzzucker *m*.

ˌmal'treat *v/t.* **1.** schlecht behandeln, malträtieren; **2.** miss'handeln; **ˌmal'treat·ment** *s.* **1.** schlechte Behandlung; **2.** Miss'handlung *f*.

mal·ver·sa·tion [ˌmælvɜː'seɪʃn] *s.* ⚖ **1.** Amtsvergehen *n*; **2.** Veruntreuung *f*, 'Unterschleif *m*.

ma·mil·la [mæ'mɪlə] *pl.* **-lae** [-liː] *s.* **1.** *anat.* Brustwarze *f*; **2.** *zo.* Zitze *f*; **mam·il·lar·y** ['mæmɪlərɪ] *adj.* **1.** *anat.* Brustwarzen...; **2.** brustwarzenförmig.

mam·ma¹ [mə'mɑː] *s.* Mutti *f*.

mam·ma² ['mæmə] *pl.* **-mae** [-miː] *s.* **1.** *anat.* (weibliche) Brust, Brustdrüse *f*; **2.** *zo.* Zitze *f*, Euter *n*.

mam·mal ['mæml] *s. zo.* Säugetier *n*; **mam·ma·li·an** [mæ'meɪljən] *zo.* **I** *s.* Säugetier *n*; **II** *adj.* Säugetier...

mam·ma·ry ['mæmərɪ] *adj.* **1.** *anat.* Brust(warzen)..., Milch...: **~ gland** Milchdrüse *f*; **2.** *zo.* Euter...

mam·mil·la *etc. Am.* → ***mamilla*** *etc.*

mam·mo·gram ['mæməʊgræm] *s.* ⚕ Mammo'gramm *n*; **mam·mo·gra·phy** [mæ'mɒgrəfɪ] *s.* Mammogra'phie *f*.

mam·mon ['mæmən] *s.* Mammon *m*; **'mam·mon·ism** [-nɪzəm] *s.* Mammonsdienst *m*, Geldgier *f*.

mam·moth ['mæməθ] **I** *s. zo.* Mammut *n*; **II** *adj.* Mammut...(*-baum, -unternehmen etc.*), riesig, Riesen...

mam·my ['mæmɪ] *s.* **1.** F Mami *f*; **2.** *Am. obs.* (schwarzes) Kindermädchen.

man [mæn] **I** *pl.* **men** [men] *s.* **1.** Mensch *m*; **2.** *oft* ♀ *coll.* (*mst ohne* **the**) der Mensch, die Menschen *pl.*, die Menschheit: ***rights of ~*** Menschenrechte; → ***measure*** 5; **3.** Mann *m*: **~ about town** Lebemann; **the ~ in the street** der Mann auf der Straße, der Durchschnittsmensch; **~ of God** Diener *m* Gottes; **~ of letters** a) Literat *m*, Schriftsteller *m*, b) Gelehrter *m*; **~ of all work** a) Faktotum *n*, b) Allerweltskerl *m*; **~ of straw** Strohmann; **~ of the world** Weltmann; **~ of few** (**many**) **words** Schweiger *m* (Schwätzer *m*); **Oxford ~** Oxforder (Akademiker) *m*; **I have known him ~ and boy** ich kenne ihn von Jugend auf; **be one's own ~** a) sein eigener Herr sein, b) im Vollbesitz s-r Kräfte sein; **the ~ Smith** (besagter) Smith; **my good ~!** *herablassend*: mein lieber Herr!; → ***honour*** 1; **4.** *weitS.* a) Mann *m*, Per'son *f*, b) jemand, c) man: **a ~** jemand; **any ~** irgendjemand, jedermann; **no ~** niemand; **few men** wenige (Leute); **every ~ jack** F jeder Einzelne; **~ by ~** Mann für Mann, einer nach dem andern; **as one ~** wie 'ein Mann, geschlossen; **to a ~** bis auf den letzten Mann; **give a ~ a chance** einem e-e Chance geben; **what can a ~ do in such a case?** was kann man da schon machen?; **5.** F Mensch *m*, Menschenskind *n*: **~ alive!** Menschenskind!; **hurry up, ~!** Mensch, beeil dich!; **6.** (Ehe)Mann *m*: **~ and wife** Mann u. Frau; **7.** a) Diener *m*, b) Angestellte(r) *m*, c) Arbeiter *m*: **men working** Baustelle (*Hinweis auf Verkehrsschildern*), d) *hist.* Lehnsmann *m*; **8.** ⚔, ⚓ Mann *m*: a) Sol'dat *m*, b) ⚓ Ma'trose *m*, c) *pl.* Mannschaft *f*: **~ on leave** Urlauber *m*; **20 men** zwanzig Mann; **9.** *der* Richtige: **be the ~ for s.th.** der Richtige für et. (*e-e Aufgabe*) sein; **I am your ~!** ich bin Ihr Mann!; **10.** *Brettspiel*: Stein *m*, ('Schach)Fiˌgur *f*; **II** *v/t.* **11.** ⚔, ⚓ bemannen; *a. e-n Arbeitsplatz* besetzen; **12.** *fig. j-n* stärken: **~ o.s.** sich ermannen; **III** *adj.* **13.** männlich: **~ cook** Koch *m*.

man·a·cle ['mænəkl] **I** *s. mst pl.* (Hand-)Fessel *f*, -schelle *f* (*a. fig.*); **II** *v/t. j-m* Handfesseln *od.* -schellen anlegen, *j-n* fesseln (*a. fig.*).

man·age ['mænɪdʒ] **I** *v/t.* **1.** *Geschäft etc.* führen, verwalten; *Betrieb etc.* leiten; *Gut etc.* bewirtschaften; **2.** *Künstler etc.* managen; **3.** zu'stande bringen, bewerkstelligen, es fertig bringen (**to do** zu tun) (*a. iro.*): **he ~d to** (*inf.*) es gelang ihm zu (*inf.*); **4.** ‚deichseln', ‚managen': **~ matters** ‚die Sache managen'; **5.** F *Arbeit, Essen* bewältigen, ‚schaffen'; **6.** 'umgehen (können) mit: a) *Werkzeug etc.* handhaben, bedienen, b) *j-n* zu behandeln *od.* zu ‚nehmen' wissen, c) *j-n* bändigen, mit *j-m etc.* fertig werden: **I can ~ him** ich werde (schon) mit ihm fertig; **7.** lenken (*a. fig.*); **II** *v/i.* **8.** das Geschäft *od.* den Betrieb *etc.* führen; die Aufsicht haben; **9.** auskommen, sich behelfen (**with** mit); **10.** F a) ‚es schaffen', 'durchkommen, zurande kommen, b) ermöglichen: *can you come?* **I'm afraid, I can't ~** (**it**) es geht leider nicht *od.* es ist mir leider nicht möglich; **'man·age·a·ble** [-dʒəbl] *adj.* ☐ **1.** lenksam, fügsam; **2.** handlich, leicht zu handhaben(d); **'man·age·a·ble·ness** [-dʒəblnɪs] *s.* **1.** Lenk-, Fügsamkeit *f*; **2.** Handlichkeit *f*; **'man·age·ment** [-mənt] *s.* **1.** (Haus-*etc.*)Verwaltung *f*; **2.** ✝ Management *n*, Unter'nehmensführung *f*: **~ consultancy** ✝ Unter'nehmensberatung *f*; **~ consultant** Unternehmensberater *m*; → ***industrial management***; **3.** ✝ Geschäftsleitung *f*, Direkti'on *f*: **under new ~** unter neuer Leitung; **labo(u)r and ~** Arbeitnehmer *pl.* u. Arbeitgeber *pl.*; **4.** ✓ Bewirtschaftung *f* (*Gut etc.*); **5.** Geschicklichkeit *f*, (kluge) Taktik; **6.** Kunstgriff *m*, Trick *m*; **7.** Handhabung *f*, Behandlung *f*; **'man·ag·er** [-dʒə] *s.* **1.** (Haus- *etc.*)Verwalter *m*; **2.** ✝ a) Manager *m*, b) Führungskraft *f*, c) Geschäftsführer *m*, Leiter *m*, Di'rektor *m*: **board of ~s** Direktorium *n*; **3.** *thea.* a) Inten'dant *m*, b) Regis'seur *m*, c) Manager *m* (*a. sport*), Impre'sario *m*; **4. be a good ~** gut *od.* sparsam wirtschaften können; **man·ag·er·ess** [ˌmænɪdʒə'res] *s.* **1.** (Haus- *etc.*)Verwalterin *f*; **2.** ✝ a) Managerin *f*, b) Geschäftsführerin *f*, Leiterin *f*, Direk'torin *f*; **3.** Haushälterin *f*; **man·a·ge·ri·al** [ˌmænə'dʒɪərɪəl] *adj.* geschäftsführend, Direktions..., leitend: **~ functions**; **in ~ capacity** in leitender Stellung; **~ qualities** Führungsqualitäten; **~ staff** leitende Angestellte *pl.*

man·ag·ing ['mænɪdʒɪŋ] *adj.* geschäftsführend, leitend, Betriebs...; **~ board** *s.* ✝ Direk'torium *n*; **~ clerk** *s.* ✝ **1.** Geschäftsführer *m*; **2.** Bü'rovorsteher *m*; **~ com·mit·tee** *s.* ✝ Vorstand *m*; **~ di·rec·tor** *s.* ✝ Gene'raldiˌrektor *m*, Hauptgeschäftsführer *m*.

Man·chu [ˌmæn'tʃuː] **I** *s.* **1.** Mandschu *m* (*Eingeborener der Mandschurei*); **2.** *ling.* Mandschu *n*; **II** *adj.* **3.** man'dschurisch; **Man·chu·ri·an** [mæn'tʃʊərɪən] → ***Manchu*** 1, 3.

man·da·mus [mæn'deɪməs] *s.* ⚖ *hist.* (*heute*: **order of ~**) Befehl *m e-s höheren Gerichts an ein untergeordnetes.*

man·da·rin¹ ['mændərɪn] *s.* **1.** *hist.* Manda'rin *m* (*chinesischer Titel*); **2.** F ‚hohes Tier' (*hoher Beamter*); **3.** ♀ *ling.* Manda'rin *n*.

man·da·rin² ['mændərɪn] *s.* ⚘ Manda'rine *f*.

man·da·tar·y ['mændətərɪ] *s.* ⚖ Manda'tar *m*: a) (Pro'zess)Beˌvollmächtigte(r) *m*, Sachwalter *m*, b) Manda'tarstaat *m*.

man·date ['mændeɪt] **I** *s.* **1.** ⚖ a) Man'dat *n* (*a. parl.*), (Pro'zess)ˌVollmacht *f*, b) Geschäftsbesorgungsauftrag *m*, c) Befehl *m e-s übergeordneten Gerichts*; **2.** *pol.* a) Man'dat *n* (*Schutzherrschaftsauftrag*), b) Man'dat(sgebiet) *n*; **3.** *R.C.* päpstlicher Entscheid; **II** *v/t.* **4.** *pol.* e-m Man'dat unter'stellen: **~d territory** Mandatsgebiet *n*; **man·da·tor** [mæn'deɪtə] *s.* ⚖ Man'dant *m*, Vollmachtgeber *m*; **'man·da·to·ry** [-dətərɪ] **I** *adj.* **1.** ⚖ vorschreibend, Muss...: **~ regulation** Mussvorschrift *f*; **to make s.th. ~ upon s.o.** j-m et. vorschreiben; **2.** obliga'torisch, verbindlich, zwangsweise; **II** *s.* **3.** → ***mandatary***.

man·di·ble ['mændɪbl] *s. anat.* **1.** Kinnbacken *m*, -lade *f*; **2.** 'Unterkieferknochen *m*.

man·do·lin(e) ['mændəlɪn] *s.* ♪ Mando'line *f*.

man·drake ['mændreɪk] *s.* ⚘ Al'raun(e *f*) *m*; Al'raunwurzel *f*.

man·drel, *a.* **man·dril** ['mændrəl] *s.* ⚙ (Spann)Dorn *m*; (Drehbank)Spindel *f*; *für Holz*: Docke(nspindel) *f*.

mane [meɪn] *s.* Mähne *f* (*a. weitS.*).

'manˌeat·er *s.* **1.** Menschenfresser *m*; **2.** Menschen fressendes Tier; **3.** F ‚Männer mordendes Wesen' (*Frau*).

maned [meɪnd] *adj.* mit Mähne; Mähnen...: **~ wolf**.

ma·nège, *a.* **ma·nege** [mæ'neɪʒ] *s.* **1.** Ma'nege *f*: a) Reitschule *f*, b) Reitbahn *f*, c) Reitkunst *f*; **2.** Gang *m*, Schule *f*; **3.** Zureiten *n*.

ma·nes ['mɑːneɪz] *s. pl.* Manen *pl.*

ma·neu·ver [mə'nuːvə] *etc. Am.* → ***ma-nœuvre etc.***

man·ful ['mænfʊl] *adj.* □ mannhaft, beherzt; **'man·ful·ness** [-nɪs] *s.* Mannhaftigkeit *f*; Beherztheit *f*.

man·ga·nate ['mæŋgəneɪt] *s.* ⚗ man'gansaures Salz; **man·ga·nese** ['mæŋgəniːz] *s.* ⚗ Man'gan *n*; **man·gan·ic** [mæŋ'gænɪk] *adj.* man'ganhaltig, Mangan...

mange [meɪndʒ] *s. vet.* Räude *f*.

man·gel-wur·zel ['mæŋgl,wɜːzl] *s.* ♀ Mangold *m*.

man·ger ['meɪndʒə] *s.* Krippe *f* (*a. ast.* ♌); Futtertrog *m*; → ***dog*** *Redew.*

man·gle¹ ['mæŋgl] *v/t.* **1.** zerfleischen, -fetzen, -stückeln; **2.** *fig. Text* verstümmeln.

man·gle² ['mæŋgl] **I** *s.* (Wäsche)Mangel *f*; **II** *v/t.* mangeln.

man·gler ['mæŋglə] *s.* Fleischwolf *m*.

man·go ['mæŋgəʊ] *pl.* **-goes** [-z] *s.* Mango *f* (*Frucht*); Mangobaum *m*.

man·grove ['mæŋgrəʊv] *s.* ♀ Man'grove(nbaum *m*) *f*.

man·gy ['meɪndʒɪ] *adj.* □ **1.** *vet.* krätzig, räudig; **2.** *fig.* a) eklig, b) schäbig.

'man,han·dle *v/t.* **1.** F miss'handeln; **2.** mit Menschenkraft bewegen *od.* befördern *od.* meistern.

'man·hole *s.* ⚙ Mann-, Einsteigloch *n*; (Straßen)Schacht *m*.

man·hood ['mænhʊd] *s.* **1.** Menschentum *n*; **2.** Mannesalter *n*; **3.** Männlichkeit *f*; **4.** Mannhaftigkeit *f*; **5.** *coll.* die Männer *pl.*

'man|-,hour *s.* Arbeitsstunde *f*; **'~·hunt** *s.* Großfahndung *f*.

ma·ni·a ['meɪnjə] *s.* **1.** ⚕ Ma'nie *f*, Wahn(sinn) *m*, Besessensein *n*: ***religious ~*** religiöses Irresein; **2.** *fig.* (***for***) Sucht *f* (nach), Leidenschaft *f* (für), Ma'nie *f*, ‚Fimmel' *m*: ***collector's ~*** Sammlerwut *f*; ***sport ~*** ‚Sportfimmel'; **ma·ni·ac** ['meɪnɪæk] **I** *s.* Wahnsinnige(r *m*) *f*, Verrückte(r *m*) *f*; **II** *adj.* wahnsinnig, verrückt, irr(e); **ma·ni·a·cal** [mə'naɪəkl] *adj.* □ → ***maniac*** II.

ma·nic ['mænɪk] *psych.* **I** *adj.* manisch: ***~-depressive*** manisch-depressiv(e Person); **II** *s.* manische Per'son.

man·i·cure ['mænɪ,kjʊə] **I** *s.* Mani'küre *f*: a) Hand-, Nagelpflege *f*, b) Hand-, Nagelpflegerin *f*; **II** *v/t. u. v/i.* mani'küren; **'man·i,cur·ist** [-ərɪst] *s.* Mani'küre *f* (*Person*).

man·i·fest ['mænɪfest] **I** *adj.* □ **1.** offenbar-, -kundig, augenscheinlich, mani'fest (*a.* ⚕); **II** *v/t.* **2.** offen'baren, bekunden, kundtun, manifestieren; **3.** be-, erweisen; **III** *v/i.* **4.** *pol.* Kundgebungen veranstalten; **5.** erscheinen (*Geister*); **IV** *s.* **6.** ⚓ Ladungsverzeichnis *n*; **7.** ✈ ('Schiffs)Mani,fest *n*, *bsd. Am.* ✈ Passa'gierliste *f*; **man·i·fes·ta·tion** [,mænɪfe'steɪʃn] *s.* **1.** Offen'barung *f*, Äußerung *f*, Manifestati'on *f*; **2.** (deutliches) Anzeichen, Sym'ptom *n*: ***~ of life*** Lebensäußerung *f*; **3.** *pol.* Demonstrati'on *f*; **4.** Erscheinen *n e-s Geistes*; **man·i·fes·to** [,mænɪ'festəʊ] *s.* Mani'fest *n*: a) öffentliche Erklärung, b) *pol.* Grundsatzerklärung *f*, (Par'tei-, 'Wahl)Pro,gramm *n*.

man·i·fold ['mænɪfəʊld] **I** *adj.* □ **1.** mannigfaltig, vielfach, -fältig; **2.** ⚙ Mehr(fach)..., Mehrzweck...; **II** *s.* **3.** ⚙ a) Sammelleitung *f*, b) Rohrverzweigung *f*: ***intake ~*** *mot.* Einlasskrümmer *m*; **4.** Ko'pie *f*, Abzug *m*; **III** *v/t.* **5.** *Text* vervielfältigen, hektographieren; ***~ paper*** *s.* 'Manifold-Pa,pier *n* (*festes Durchschlagpapier*); ***~ plug*** *s.* ⚡ Vielfachstecker *m*; ***~ writ·er*** *s.* Ver'vielfältigungsappa,rat *m*.

man·i·kin ['mænɪkɪn] *s.* **1.** Männchen *n*, Knirps *m*; **2.** Glieder-, Schaufensterpuppe *f*, ('Anpro,bier)Mo,dell *n*; **3.** ⚕ ana'tomisches Mo'dell, Phan'tom *n*; **4.** → ***mannequin*** 1.

Ma·nil·(l)a [mə'nɪlə] *s. abbr. für* a) ***~ cheroot***, b) ***~ hemp***, c) ***~ paper***; ***~ che·root*** *s.* Ma'nilazi,garre *f*; ***~ hemp*** *s.* Ma'nilahanf *m*; ***~ pa·per*** *s.* Ma'nilapa,pier *n*.

ma·nip·u·late [mə'nɪpjʊleɪt] **I** *v/t.* **1.** manipulieren, (künstlich) beeinflussen: ***~ prices***; **2.** (geschickt) handhaben; ⚙ bedienen; **3.** *j-n od. et.* manipulieren *od.* geschickt behandeln; **4.** *et.* ‚deichseln', ‚schaukeln'; **5.** *Konten etc.* ‚frisieren'; **II** *v/i.* **6.** manipulieren; **ma·nip·u·la·tion** [mə,nɪpjʊ'leɪʃn] *s.* **1.** Manipulati'on *f*: ***~ of currency***; **2.** (Kunst)Griff *m*, Verfahren *n*; **3.** *b.s.* Machenschaft *f*, Manipulati'on *f*; **ma'nip·u·la·tive** [-lətɪv] → ***manipulatory***; **ma'nip·u·la·tor** [-tə] *s.* **1.** (geschickter) Handhaber; **2.** Drahtzieher *m*, Manipulierer *m*; **ma'nip·u·la·to·ry** [-lətərɪ] *adj.* **1.** durch Manipulati'on her'beigeführt; **2.** manipulierend; **3.** Handhabungs...

man·kind [mæn'kaɪnd] *s.* **1.** die Menschheit; **2.** *coll.* die Menschen *pl.*, der Mensch; **3.** ['mænkaɪnd] *coll.* die Männer *pl.*

'man·like *adj.* **1.** menschenähnlich; **2.** wie ein Mann, männlich; **3.** → ***mannish***.

man·li·ness ['mænlɪnɪs] *s.* **1.** Männlichkeit *f*; **2.** Mannhaftigkeit *f*; **man·ly** ['mænlɪ] *adj.* **1.** männlich; **2.** mannhaft; **3.** Mannes...: ***~ sports*** Männersport *m*.

'man-made *adj.* Kunst..., künstlich: ***~ satellite***; ***~ fibre*** (*Am.* ***fiber***) ⚙ Kunstfaser *f*.

man·na ['mænə] *s. bibl.* Manna *n*, *f* (*a.* ♀ *u. fig.*).

man·ne·quin ['mænɪkɪn] *s.* **1.** Mannequin *n*: ***~ parade*** Mode(n)schau *f*; **2.** → ***manikin*** 2.

man·ner ['mænə] *s.* **1.** Art *f* (und Weise *f*) (*et. zu tun*): ***after*** (*od.* ***in***) ***this ~*** auf diese Art *od.* Weise, so; ***in such a ~*** (***that***) so *od.* derart (, dass); ***in what ~?*** wie?; ***adverb of ~*** *ling.* Umstandswort der Art u. Weise, Modaladverb *n*; ***in a ~*** auf e-e Art, gewissermaßen; ***in a ~ of speaking*** sozusagen; ***all ~ of things*** alles Mögliche; ***no ~ of doubt*** gar kein Zweifel; ***by no ~ of means*** in keiner Weise; **2.** Art *f*, Betragen *n*, Auftreten *n*, Verhalten *n* (***to*** zu): ***I don't like his ~*** ich mag s-e Art nicht; ***to the ~ born*** hineingeboren (*in bestimmte Verhältnisse*), von Kind auf damit vertraut; ***as to the ~ born*** wie selbstverständlich, als ob er *etc.* es immer so getan hätte; **3.** *pl.* Benehmen *n*, 'Umgangsformen *pl.*, Ma'nieren *pl.*: ***bad*** (***good***) ***~s***; ***we shall teach them ~s*** ‚wir werden sie Mores lehren'; ***it is bad ~s*** es gehört sich nicht; **4.** *pl.* Sitten *pl.* (u. Gebräuche *pl.*); **5.** *paint. etc.* Stil(art *f*) *m*, Ma'nier *f*; **'man·nered** [-əd] *adj.* **1.** *mst in Zssgn* gesittet, geartet: ***ill-~*** von schlechtem Benehmen, ungezogen; **2.** gekünstelt, manie'riert; **'man·ner·ism** [-ərɪzəm] *s.* **1.** *Kunst etc.*: Manie'rismus *m*, Künste'lei *f*; **2.** Manie'riertheit *f*, Gehabe *n*; **3.** eigenartige Wendung (*in der Rede etc.*); **'man·ner·li·ness** [-əlɪnɪs] *s.* gutes Benehmen, Ma'nierlichkeit *f*; **'man·ner·ly** [-əlɪ] *adj.* ma'nierlich, gesittet.

man·ni·kin → ***manikin***.

man·nish ['mænɪʃ] *adj.* masku'lin, unweiblich.

ma·nœu·vra·ble [mə'nuːvrəbl] *adj.* **1.** ⚔ manövrierfähig; **2.** ⚙ lenk-, steuerbar; *weitS.* (*a. fig.*) wendig, beweglich; **ma·nœu·vre** [mə'nuːvə] **I** *s.* **1.** ⚔, ⚓ Ma'növer *n*: a) taktische Bewegung, b) Truppen-, ⚓ Flottenübung *f*, ✈ 'Luftma,növer *n*; **2.** *fig.* Ma'növer *n*, Schachzug *m*, List *f*; **II** *v/t. u. v/i.* **3.** manövrieren (*a. fig.*): ***~ s.o. into s.th.*** j-n in et. hineinmanövrieren; **ma'nœu·vrer** [-vərə] *s. fig.* **1.** (schlauer) Taktiker; **2.** Intri'gant *m*.

man-of-war [,mænəv'wɔː], *pl.* **,men-of--'war** [,men-] *s.* ⚓ Kriegsschiff *n*.

ma·nom·e·ter [mə'nɒmɪtə] *s.* ⚙ Mano'meter *n*, Druckmesser *m*.

man·or ['mænə] *s.* **1.** Ritter-, Landgut *n*: ***lord*** (***lady***) ***of the ~*** Gutsherr(in); **2.** *a.* ***~ house*** Herrenhaus *n*; **ma·no·ri·al** [mə'nɔːrɪəl] *adj.* herrschaftlich, (Ritter-) Guts..., Herrschafts...

man·qué(e *f*) *m* ['mɑ̃ːŋkeɪ] (*Fr.*) *adj.* verhindert, ‚verkracht': ***a poet manqué***.

'man,pow·er *s.* **1.** menschliche Arbeitskraft *od.* -leistung; **2.** 'Menschenpotenzi,al *n*: *bsd.* a) Kriegsstärke *f* (*e-s Volkes*), b) (verfügbare) Arbeitskräfte *pl.*

man·sard ['mænsɑːd] *s.* **1.** *a.* ***~ roof*** Man'sardendach *n*; **2.** Man'sarde *f*.

'man,serv·ant *pl.* **'men,serv·ants** *s.* Diener *m*.

man·sion ['mænʃn] *s.* **1.** (herrschaftliches) Wohnhaus, Villa *f*; **2.** *bsd. pl. Brit.* (großes) Mietshaus; ***~ house*** *s. Brit.* **1.** Herrenhaus *n*, -sitz *m*; **2.** ***the*** ♌ *Amtssitz des* ***Lord Mayor*** *von London.*

'man,slaugh·ter *s.* ⚖ Totschlag *m*, Körperverletzung *f* mit Todesfolge: ***involuntary ~*** fahrlässige Tötung; ***voluntary ~*** Totschlag im Affekt.

man·tel ['mæntl] *abbr. für* a) ***mantelpiece***, b) ***mantelshelf***; **'~·piece** *s.* **1.** Ka'mineinfassung *f*, -mantel *m*; **2.** → **'~·shelf** *s.* [*irr.*] Ka'minsims *m*, *n*.

man·tis ['mæntɪs] *pl.* **-tis·es** *s. zo.* Gottesanbeterin *f* (*Heuschrecke*).

man·tle ['mæntl] **I** *s.* **1.** Mantel *m* (*a. zo.*), (ärmelloser) 'Umhang; **2.** *fig.* (Schutz-, Deck)Mantel *m*, Hülle *f*; **3.** ⚙ Mantel *m*; (Glüh)Strumpf *m*; **4.** *Gusstechnik*: Formmantel *m*; **II** *v/i.* **5.** sich über'ziehen (***with*** mit); sich röten (*Gesicht*); **III** *v/t.* **6.** über'ziehen; **7.** verhüllen (*a. fig. bemänteln*).

,man-to-'man *adj.* von Mann zu Mann: ***a ~ talk***.

'man·trap *s.* **1.** Fußangel *f*; **2.** *fig.* Falle *f*.

man·u·al ['mænjʊəl] **I** *adj.* □ **1.** mit der Hand, Hand..., manu'ell: ***~ alphabet*** Fingeralphabet *n*; ***~ exercises*** ⚔ Griffeüben *n*; ***~ labo(u)r*** Handarbeit *f*; ***~ training*** *ped.* Werkunterricht *m*; ***~ly operated*** ⚙ mit Handbetrieb, handgesteuert; **2.** handschriftlich: ***~ bookkeeping***; **II** *s.* **3.** a) Handbuch *n*, Leitfaden *m*, *Computer*: Benutzerhandbuch *n*: (***instruction***) ***~*** Bedienungsanleitung(en *pl.*) *f*, b) ⚔ Dienstvorschrift *f*; **4.** ♪ Manu'al *n* (*Orgel etc.*).

man·u·fac·to·ry [,mænjʊ'fæktərɪ] *s. obs.* Fa'brik *f*.

M

man·u·fac·ture [ˌmænjʊˈfæktʃə] **I** *s.* **1.** Fertigung *f*, Erzeugung *f*, Herstellung *f*, Fabrikatiˈon *f*: ***year of*** ~ Herstellungs-, Baujahr *n*; **2.** Erzeugnis *n*, Fabriˈkat *n*; **3.** Induˈstrie(zweig *m*) *f*; **II** *v/t.* **4.** verfertigen, erzeugen, herstellen, fabrizieren (*a. fig. Beweismittel etc.*): ~***d goods*** Fabrik-, Fertig-, Manufakturwaren; **5.** verarbeiten (***into*** zu); ˌ**manuˈfac·tur·er** [-tʃərə] *s.* **1.** Hersteller *m*, Erzeuger *m*; **2.** Fabriˈkant *m*; ˌ**manuˈfac·tur·ing** [-tʃərɪŋ] *adj.* **1.** Herstellungs..., Produktions...: ~ ***cost*** Herstellungskosten *pl.*; ~ ***efficiency*** Produktionsleistung *f*; ~ ***industries*** Fertigungsindustrien; ~ ***plant*** Fabrikationsbetrieb *m*; ~ ***process*** Herstellungsverfahren *n*; **2.** Industrie..., Fabrik..., Gewerbe...

man·u·mit [ˌmænjʊˈmɪt] *v/t. hist. Sklaven* freilassen, aus der Sklaveˈrei entlassen.

ma·nure [məˈnjʊə] **I** *s.* **1.** Dünger *m*; **2.** Dung *m*: ***liquid*** ~ (Dung)Jauche *f*; **II** *v/t.* **3.** düngen.

man·u·script [ˈmænjʊskrɪpt] **I** *s.* Manuˈskript *n*: a) Handschrift *f* (*alte Urkunde etc.*), b) Urschrift *f* (*e-s Autors*), c) *typ.* Satzvorlage *f*; **II** *adj.* Manuskript..., handschriftlich.

Manx [ˈmæŋks] **I** *adj.* (von) der Insel Man; **II** *s. ling.* Manx *n* (*e-e keltische Sprache*).

man·y [ˈmenɪ] **I** *adj.* **1.** viele, viel: ~ ***times*** oft; ***as*** ~ ebenso viel(e); ***as*** ~ ***again*** doppelt so viel(e); ***as*** ~ ***as forty*** (nicht weniger als) vierzig; ***one too*** ~ einer zu viel; ***be one too*** ~ ***for*** F *j-m* ‚über' sein; ***they behaved like so*** ~ ***children*** sie benahmen sich wie (die) Kinder; **2.** ~ ***a*** manch, manch ein: ~ ***a man*** manch einer; ~ ***a time*** des Öfteren; **II** *s.* **3.** viele: ***the*** ~ *pl. konstr.* die (große) Masse; ~ ***of us*** viele von uns; ***a good*** ~ ziemlich viel(e); ***a great*** ~ sehr viele; ~**-sid·ed** [ˌmenɪˈsaɪdɪd] *adj.* vielseitig (*a. fig.*); *fig.* vielschichtig (*Problem etc.*); ~**-sid·ed·ness** [ˌmenɪˈsaɪdɪdnɪs] *s.* **1.** Vielseitigkeit *f* (*a. fig.*); **2.** *fig.* Vielschichtigkeit *f*.

Mao·ism [ˈmaʊɪzəm] *s.* Maoˈismus *m*; ˈ**Mao·ist** [-ɪst] **I** *s.* Maoˈist(in); **II** *adj.* maoˈistisch.

map [mæp] **I** *s.* **1.** (Land- *etc.*, *a.* Himmels)Karte *f*: ~ ***of the city*** Stadtplan *m*; ***by*** ~ nach der Karte; ***off the*** ~ F a) abgelegen, ‚hinter dem Mond' (gelegen), b) bedeutungslos; ***on the*** ~ F a) (noch) da *od.* vorhanden, b) beachtenswert; ***put on the*** ~ *fig. Stadt etc.* bekannt machen, Geltung verschaffen (*dat.*); **2.** *sl.* ‚Viˈsage' *f*, ‚Fresse' *f* (*Gesicht*); **II** *v/t.* **3.** e-e Karte machen von, kartoˈgraphisch darstellen; **4.** *Gebiet* kartoˈgraphisch erfassen; **5.** auf e-r Karte eintragen; **6.** ~ ***out*** *fig.* (vorˈaus-) planen, ausarbeiten, *s-e Zeit* einteilen; ~ **case** *s.* Kartentasche *f*; ~ **ex·er·cise** *s.* ⚔ Planspiel *n*.

ma·ple [ˈmeɪpl] **I** *s.* **1.** ⚘ Ahorn *m*; **2.** Ahornholz *n*; **II** *adj.* **3.** aus Ahorn (-holz), Ahorn...; ~ **sug·ar** *s.* Ahornzucker *m*.

map·per [ˈmæpə] *s.* Kartoˈgraph *m*.

ma·quis [ˈmækiː] *pl.* **-quis** [-kiː] *s.* **1.** ⚘ Macchia *f*; **2.** a) Maˈquis *m*, franˈzösische ˈWiderstandsbewegung (*im 2. Weltkrieg*), b) Maquiˈsard *m*, (franˈzösischer) ˈWiderstandskämpfer.

mar [mɑː] *v/t.* **1.** (be)schädigen: ~**-re-sistant** ⊚ kratzfest; **2.** ruinieren; **3.** *fig. Pläne etc.* stören, beeinträchtigen; *Schönheit, Spaß* verderben.

mar·a·bou [ˈmærəbuː] *s. orn.* Marabu *m*.

mar·a·schi·no [ˌmærəˈskiːnəʊ] *s.* Marasˈchino(liˌkör) *m*.

mar·a·thon [ˈmærəθn] **I** *s. sport* **1.** *a.* ~ ***race*** Marathonlauf *m*; **2.** *fig.* Dauerwettkampf *m*; **II** *adj.* **3.** *sport* Marathon...: ~ ***runner***; **4.** *fig.* Marathon..., Dauer...: ~ ***session***.

ma·raud [məˈrɔːd] ⚔ **I** *v/i.* plündern; **II** *v/t.* verheeren, (aus)plündern; **maˈraud·er** [-də] *s.* Plünderer *m*.

mar·ble [ˈmɑːbl] **I** *s.* **1.** *min.* Marmor *m*: ***artificial*** ~ Gipsmarmor, Stuck *m*; **2.** Marmorstatue *f*, -bildwerk *n*; **3.** a) Murmel(kugel) *f*, b) *pl. sg. konstr.* Murmelspiel *n*: ***play*** ~***s*** (mit) Murmeln spielen; ***he's lost his*** ~***s*** *Brit. sl.* ‚er hat nicht mehr alle'; **4.** marmorierter Buchschnitt; **II** *adj.* **5.** marmorn, aus Marmor; **6.** marmoriert, gesprenkelt; **7.** *fig.* steinern, gefühllos; **III** *v/t.* **8.** marmorieren, sprenkeln: ~***d meat*** durchwachsenes Fleisch.

mar·cel [mɑːˈsel] **I** *v/t. Haar* ondulieren; **II** *s. a.* ~ ***wave*** Ondulatiˈon(swelle) *f*.

march[1] [mɑːtʃ] **I** *v/i.* **1.** ⚔ *etc.* marschieren, ziehen: ~ ***off*** abrücken; ~ ***past (s.o.)*** (an j-m) vorbeiziehen *od.* -marschieren; ~ ***up*** anrücken; **2.** *fig.* fortschreiten; Fortschritte machen; **II** *v/t.* **3.** *Strecke* marschieren, zuˈrücklegen; **4.** marschieren lassen: ~ ***off prisoners*** Gefangene abführen; **III** *s.* **5.** ⚔ Marsch *m* (*a.* ♪): ***slow*** ~ langsamer Parademarsch; ~ ***order*** *Am.* Marschbefehl *m*; **6.** Marsch(strecke *f*) *m*: ***a day's*** ~ ein Tagemarsch; **7.** ⚔ Vormarsch *m* (***on*** auf *acc.*); **8.** *fig.* (Ab-) Lauf *m*, (Fort)Gang *m*: ***the*** ~ ***of events***; **9.** *fig.* Fortschritt *m*: ***the*** ~ ***of progress*** die fortschrittliche Entwicklung; **10.** ***steal a*** ~ ***(up)on s.o.*** j-m ein Schnippchen schlagen, j-m zuvorkommen.

march[2] [mɑːtʃ] **I** *s.* **1.** *hist.* Mark *f*; **2.** a) *mst pl.* Grenzgebiet *n*, -land *n*, b) Grenze *f*; **II** *v/i.* **3.** grenzen (***upon*** an *acc.*); **4.** e-e gemeinsame Grenze haben (***with*** mit).

March[3] [mɑːtʃ] *s.* März *m*: ***in*** ~ im März; ***as mad as a*** ~ ***hare*** F total übergeschnappt.

march·ing [ˈmɑːtʃɪŋ] *adj.* ⚔ Marsch..., marschierend: ~ ***order*** a) Marschausrüstung *f*, b) Marschordnung *f*; ***in heavy*** ~ ***order*** feldmarschmäßig; ~ ***orders*** *Brit.* Marschbefehl *m*; ***he got his*** ~ ***orders*** F er bekam den ‚Laufpass'.

mar·chion·ess [ˈmɑːʃənɪs] *s.* Marˈquise *f*, Markgräfin *f*.

march·pane [ˈmɑːtʃpeɪn] *s. obs.* Marziˈpan *n*.

Mar·di Gras [ˌmɑːdɪˈgrɑː] (*Fr.*) *s.* Fastnacht(sdienstag *m*) *f*.

mare [meə] *s.* Stute *f*: ***the grey*** ~ ***is the better horse*** *fig.* die Frau ist der Herr im Hause; ~***'s nest*** *fig.* a) ‚Windei' *n*, *a.* (Zeitungs)Ente *f*, b) ‚Saustall' *m*.

mar·ga·rine [ˌmɑːdʒəˈriːn] *s.* Margaˈrine *f*.

marge [mɑːdʒ] *s. Brit.* F Margaˈrine *f*.

mar·gin [ˈmɑːdʒɪn] **I** *s.* **1.** Rand *m* (*a. fig.*); **2.** *a. pl.* (Seiten)Rand *m* (*bei Büchern etc.*): ***as per*** ~ ✝ wie nebenstehend; **3.** Grenze *f* (*a. fig.*): ~ ***of income*** Einkommensgrenze; **4.** Spielraum *m*: ***leave a*** ~ Spielraum lassen; **5.** *fig.* ˈÜberschuss *m*, (*ein*) Mehr *n* (*an Zeit, Geld etc.*): ***safety*** ~ Sicherheitsfaktor *m*; ***by a narrow*** ~ mit knapper Not; **6.** *mst* ***profit*** ~ ✝ (Gewinn-, Verdienst-) Spanne *f*, Marge *f*, Handelsspanne *f*: ***interest*** ~ Zinsgefälle *n*; **7.** ✝, *Börse*: Hinterˈlegungssumme *f*, Deckung *f* (*von Kursschwankungen*), Marge *f*: ~ ***business*** *Am.* Effektendifferenzgeschäft *n*; **8.** ✝ Rentabiliˈtätsgrenze *f*; **9.** *sport* (***by a*** ~ ***of four seconds*** mit vier Sekunden) Abstand *m od.* Vorsprung *m*; **II** *v/t.* **10.** mit Rand(bemerkungen) versehen; **11.** an den Rand schreiben; **12.** ✝ *durch Hinterlegung* decken; ˈ**mar·gin·al** [-nl] *adj.* □ **1.** am *od.* auf dem Rand, Rand...: ~ ***note*** Randbemerkung *f*; ~ ***release*** a) Randauslösung *f*, b) Randlöser *m* (*der Schreibmaschine*); **2.** am Rande, Grenz... (*a. fig.*); **3.** *fig.* Mindest...: ~ ***capacity***; **4.** ✝ a) zum Selbstkostenpreis, b) knapp über der Rentabiliˈtätsgrenze (liegend), Grenz...: ~ ***cost*** Grenz-, Mindestkosten *pl.*; ~ ***sales*** Verkäufe zum Selbstkostenpreis; **mar·gi·na·li·a** [ˌmɑːdʒɪˈneɪljə] *s. pl.* Margiˈnalien *pl.*, Randbemerkungen *pl.*; ˈ**mar·gin·al·ize** *v/t.* **1.** *fig.* an den Rand drängen, zurückdrängen; **2.** (Rand)Bemerkungen schreiben an (*acc.*); ˈ**mar·gin·al·ly** [-nəlɪ] *adv. fig.* **1.** geringfügig; **2.** (nur) am Rande.

mar·grave [ˈmɑːgreɪv] *s. hist.* Markgraf *m*; **mar·gra·vi·ate** [mɑːˈgreɪvɪət] *s.* Markgrafschaft *f*; ˈ**mar·gra·vine** [-grəviːn] *s.* Markgräfin *f*.

mar·gue·rite [ˌmɑːgəˈriːt] *s.* ⚘ **1.** Margeˈrite *f*; **2.** Gänseblümchen *n*.

mar·i·gold [ˈmærɪgəʊld] *s.* ⚘ Ringelblume *f*; Stuˈdentenblume *f*.

mar·i·jua·na, *a.* **mar·i·hua·na** [ˌmærɪˈhwɑːnə] *s.* **1.** ⚘ Marihuˈanahanf *m*; **2.** Marihuˈana *n* (*Droge*).

ma·ri·na [ˌməˈriːnə] *s.* Jachthafen *m*.

mar·i·nade [ˌmærɪˈneɪd] *s.* **1.** Mariˈnade *f*; **2.** marinierter Fisch; **mar·i·nate** [ˈmærɪneɪt] *v/t. Fisch* marinieren.

ma·rine [məˈriːn] **I** *adj.* **1.** See...: ~ ***warfare***; ~ ***court*** *Am.* ⚖ Seegericht *n*; ~ ***dumping*** Verklappung *f* (*von Giftstoffen*); ~ ***insurance*** See(transport)-versicherung *f*; **2.** Meeres...: ~ ***plants***; **3.** Schiffs...; **4.** Marine...: ♀ ***Corps*** *Am.* ⚔ Marineinfanteriekorps *n*; **II** *s.* **5.** Maˈrine *f*: ***mercantile*** ~ Handelsmarine; **6.** ⚔ Maˈrineinfanteˌrist *m*: ***tell that to the*** ~***s!*** F das kannst du deiner Großmutter erzählen!; **7.** *paint.* Seestück *n*.

mar·i·ner [ˈmærɪnə] *s. poet. od.* ⚓ Seemann *m*, Maˈtrose *m*: ***master*** ~ Kapitän *m* e-s Handelsschiffs.

Mar·i·ol·a·try [ˌmeərɪˈɒlətrɪ] *s.* Maˈrienkult *m*, -verehrung *f*.

mar·i·o·nette [ˌmærɪəˈnet] *s.* Marioˈnette *f* (*a. fig.*).

mar·i·tal [ˈmærɪtl] *adj.* □ ehelich, Ehe..., Gatten...: ~ ***partners*** Ehegatten; ~ ***relations*** eheliche Beziehungen; ~ ***status*** ⚖ Familienstand *m*; ***disruption of*** ~ ***relations*** Zerrüttung *f* der Ehe.

mar·i·time [ˈmærɪtaɪm] *adj.* **1.** See..., Schifffahrts...: ~ ***court*** Seeamt *n*; ~ ***insurance*** Seeversicherung *f*; ~ ***law*** Seerecht *n*; **2.** a) seefahrend, Seemanns..., b) Seehandel (be)treibend; **3.** an der See liegend *od.* lebend, Küsten...; **4.** *zo.* an der Küste lebend, Strand... ♀ **Com·mis·sion** *s. Am. Oberste Handelsschifffahrtsbehörde der*

USA; ~ **ter·ri·to·ry** *s.* ⚖ Seehoheitsgebiet *n*.

mar·jo·ram ['mɑːdʒərəm] *s.* ♀ Majoran *m*.

mark¹ [mɑːk] **I** *s.* **1.** Markierung *f*, Marke *f*, Mal *n*; *engS.* Fleck *m*: ***adjusting*** ~ ⚙ Einstellmarke; **2.** *fig.* Zeichen *n*: ~ ***of confidence*** Vertrauensbeweis *m*; ~ ***of respect*** Zeichen der Hochachtung; **3.** (Kenn)Zeichen *n*, (Merk)Mal *n*; *zo.* Kennung *f*: ***distinctive*** ~ Kennzeichen; **4.** (Schrift-, Satz)Zeichen *n*: ***question*** ~ Fragezeichen; **5.** (An)Zeichen *n*: ***a*** ~ ***of great carelessness***; **6.** (Eigentums)Zeichen *n*, Brandmal *n*; **7.** Strieme *f*, Schwiele *f*; **8.** Narbe *f* (*a.* ⚙); **9.** Kerbe *f*, Einschnitt *m*; **10.** Kreuz *n als Unterschrift*; **11.** Ziel(scheibe *f*; *a. fig.*) *n*: ***wide of*** (*od.* ***beside***) ***the*** ~ *fig.* a) fehl am Platz, nicht zur Sache gehörig, b) ‚fehlgeschossen'; ***you are quite off*** (*od.* ***wide of***) ***the*** ~ *fig.* Sie irren sich gewaltig; ***hit the*** ~ (ins Schwarze) treffen; ***miss the*** ~ a) fehl-, vorbeischießen, b) sein Ziel *od.* s-n Zweck verfehlen, ‚danebenhauen'; **12.** *fig.* Norm *f*: ***below the*** ~ unterdurchschnittlich, nicht auf der Höhe; ***up to the*** ~ a) der Sache gewachsen, b) den Erwartungen entsprechend, c) *gesundheitlich etc.* auf der Höhe; ***within the*** ~ innerhalb der erlaubten Grenzen, berechtigt (***in doing*** zu tun); ***overshoot the*** ~ über das Ziel hinausschießen, zu weit gehen; **13.** (aufgeprägter) Stempel, Gepräge *n*; **14.** Spur *f* (*a. fig.*): ***leave one's*** ~ ***upon*** a) s-n Stempel aufdrücken (*dat.*), b) bei *j-m* s-e Spuren hinterlassen; ***make one's*** ~ sich e-n Namen machen (***in*** in *dat.*, ***upon*** bei), Vorzügliches leisten; **15.** *fig.* Bedeutung *f*, Rang *m*: ***a man of*** ~ e-e markante Persönlichkeit; **16.** ✝ a) (Waren)Zeichen *n*, Fa'brik-, Schutzmarke *f*, (Handels)Marke *f*, b) Preisangabe *f*; **17.** ✕ *Brit.* Mo'dell *n*, Type *f* (*Panzerwagen etc.*); **18.** (Schul-) Note *f*, Zen'sur *f*: ***obtain full*** ~***s*** in allen Punkten voll bestehen; ***give s.o. full*** ~***s*** (***for***) *fig.* j-m höchstes Lob spenden (für); ***bad*** ~ Note für schlechtes Benehmen; ***bad*** ~***s*** (ein) schlechtes Zeugnis; **19.** *sport* a) *Fußball etc.*: (Strafstoß-) Marke *f*, b) *Laufsport*: Startlinie *f*, c) *Boxen*: *sl.* Magengrube *f*: ***on your*** ~***s!*** auf die Plätze!; ***get off the*** ~ starten; **20.** ***not my*** ~ *sl.* nicht mein Geschmack, nicht das Richtige für mich; **21.** *sl.* ‚Gimpel' *m*, leichtes Opfer: ***be an easy*** ~ leicht ‚reinzulegen' sein; **22.** *hist.* a) Mark *f* (*Grenzgebiet*), b) All'mende *f*; **II** *v/t.* **23.** markieren (*a.* ✕), (*a. fig. j-n, et., ein Zeitalter*) kennzeichnen; bezeichnen; *Wäsche* zeichnen; ✝ *Waren* auszeichnen, *Preis* festsetzen; *Temperatur etc.* anzeigen; *fig.* ein Zeichen sein für: ***to*** ~ ***the occasion*** aus diesem Anlass, zur Feier des Tages; ***the day was*** ~***ed by heavy fighting*** der Tag stand im Zeichen schwerer Kämpfe; → ***time*** 18; **24.** brandmarken; **25.** Spuren hinter'lassen auf (*dat.*); **26.** zeigen, zum Ausdruck bringen; **27.** be-, vermerken, Acht geben auf (*acc.*), sich merken; **28.** *ped. Arbeiten* zensieren; **29.** bestimmen (***for*** für); **30.** *sport* a) *Gegenspieler* decken, markieren, b) *Punkte etc.* notieren; **III** *v/i.* **31.** Acht geben, aufpassen: ~***!*** Achtung!; ~ ***you*** wohlgemerkt; ~ **down** *v/t.* **1.** ✝ (*im Preis*) her'absetzen; **2.** bestimmen, vormerken (***for*** für, zu); ~ **off** *v/t.* **1.** abgrenzen, -stecken; **2.** *auf e-r Liste* abhaken; **3.** *fig.* (ab)trennen; **4.** ⛏ *Strecke* ab-, auftragen; ~ **out** *v/t.* **1.** bestimmen, aussehen (***for*** für, zu); **2.** abgrenzen, (*durch Striche etc.*) bezeichnen, markieren; ~ **up** *v/t.* ✝ **1.** (*im Preis etc.*) hin'auf-, her'aufsetzen; **2.** *Diskontsatz etc.* erhöhen.

mark² [mɑːk] *s.* ✝ **1.** (deutsche) Mark: ***blocked*** ~ Sperrmark; **2.** *hist.* Mark *f* (*Münze, Goldgewicht*).

Mark³ [mɑːk] *npr. u. s. bibl.* 'Markus (-evan,gelium *n*) *m*.

'**mark·down** *s.* ✝ niedrigere Auszeichnung (*e-r Ware*), Preissenkung *f*.

marked [mɑːkt] *adj.* □ **1.** markiert, gekennzeichnet; mit e-r Aufschrift versehen; **2.** ✝ bestätigt (*Am.* gekennzeichnet) (*Scheck*); **3.** mar'kant, ausgeprägt; **4.** deutlich, merklich: ~ ***progress***; **5.** auffällig, ostenta'tiv: ~ ***indifference***; **6.** gezeichnet: ***a face*** ~ ***with smallpox*** ein pockennarbiges Gesicht; ***a*** ~ ***man*** *fig.* ein Gezeichneter; '**mark·ed·ly** [-kɪdlɪ] *adv.* deutlich, ausgesprochen.

mark·er ['mɑːkə] *s.* **1.** Anschreiber *m*; *Billard*: Mar'kör *m*; **2.** ✕ a) Anzeiger *m* (*beim Schießstand*), b) Flügelmann *m*; **3.** a) Kennzeichen *n*, b) (Weg- *etc.*) Markierung *f*; **4.** Lesezeichen *n*; **5.** *Am.* a) Straßenschild *n*, b) Gedenktafel *f*; **6.** ✈ a) Sichtzeichen *n*: ~ ***panel*** Fliegertuch *n*, b) Leuchtbombe *f*.

mar·ket ['mɑːkɪt] ✝ **I** *s.* **1.** Markt *m* (*Handel*): ***be in the*** ~ ***for*** Bedarf haben an (*a. fig.*); ***come into the*** ~ (zum Verkauf) angeboten werden, auf den Markt kommen; ***place*** (*od.* ***put***) ***on the*** ~ → 11; ***sale in the open*** ~ freihändiger Verkauf; **2.** *Börse*: Markt *m*: ***railway*** ~ Markt für Eisenbahnwerte; **3.** (*a.* Geld-) Markt *m*, Börse *f*, Handelsverkehr *m*: ***active*** (***dull***) ~ lebhafter (lustloser) Markt; ***play the*** ~ an der Börse spekulieren; **4.** a) Marktpreis *m*, b) Marktpreise *pl.*: ***the*** ~ ***is low*** (***rising***); ***at the*** ~ zum Marktpreis, *Börse*: zum ‚Bestens'-Preis; **5.** Markt(platz) *m*, Handelsplatz *m*: ***in the*** ~ auf dem Markt; (***covered***) ~ Markthalle *f*; **6.** *Am.* (Lebensmittel)Geschäft *n*: ***meat*** ~; **7.** (Wochen- *od.* Jahr)Markt *m*; **8.** Markt *m* (*Absatzgebiet*): ***hold the*** ~ a) den Markt beherrschen, b) (durch Kauf *od.* Verkauf) die Preise halten; **9.** Absatz *m*, Verkauf *m*, Markt *m*: ***find a*** ~ Absatz finden (*Ware*); ***find a*** ~ ***for*** *et.* an den Mann bringen; ***meet with a ready*** ~ schnellen Absatz finden; **10.** (***for***) Nachfrage *f* (nach), Bedarf *m* (an *dat.*); **II** *v/t.* **11.** auf den Markt bringen; vertreiben; **III** *v/i.* **12.** einkaufen; auf dem Markt handeln; Märkte besuchen; **IV** *adj.* **13.** Markt...: ~ ***day***; **14.** Börsen...; **15.** Kurs...: ~ ***profit***; '**mar·ket·a·ble** [-təbl] *adj.* marktfähig, -gängig; börsenfähig.

mar·ket| **a·nal·y·sis** *s.* [*irr.*] ✝ 'Marktana,lyse *f*; ~ **con·di·tion** *s.* ✝ Marktlage *f*, Konjunk'tur *f*; ~ **e·con·o·my** *s.* ✝ (***free*** ~, ***social*** ~ freie, soziale) Marktwirtschaft; ~ **fluc·tu·a·tion** *s.* ✝ **1.** Konjunk'turbewegung *f*; **2.** *pl.* Konjunk'turschwankungen *pl.*; ~ **gar·den** *s. Brit.* Handelsgärtne'rei *f*.

mar·ket·ing ['mɑːkɪtɪŋ] **I** *s.* **1.** ✝ Marketing *n*, Marktversorgung *f*, 'Absatzpoli,tik *f*, -förderung *f*; **2.** Marktbesuch *m*; **II** *adj.* **3.** Markt...: ~ ***association*** Marktverband *m*; ~ ***company*** Vertriebsgesellschaft *f*; ~ ***organization*** Absatzorganisation *f*; ~ ***research*** Absatzforschung *f*.

mar·ket| **in·ves·ti·ga·tion** *s.* 'Marktunter,suchung *f*; ~ **lead·ers** *s. pl.* führende Börsenwerte *pl.*; ~ **let·ter** *s. Am.* Markt-, Börsenbericht *m*; ~ **niche** *s.* Marktnische *f*, -lücke *f*; '~-,**o·ri·ent·ed** *adj.* ✝ marktorientiert; '~·**place** *s.* Marktplatz *m*; ~ **price** *s.* **1.** Marktpreis *m*; **2.** *Börse*: Kurs(wert) *m*; ~ **quo·ta·tion** *s.* Börsennotierung *f*, Marktkurs *m*: ***list of*** ~***s*** Markt-, Börsenzettel *m*; ~ **rate** → ***market price***; ~ **re·search** *s.* ✝ Marktforschung *f*; ~ **re·search·er** *s.* ✝ Marktforscher *m*; ~ **rig·ging** *s.* Kurstreibe'rei *f*, 'Börsenma,növer *n*; ~ **sat·u·ra·tion** *s.* Marktsättigung *f*; ~ **share** *s.* Marktanteil *m*; ~ **stud·y** *s.* ✝ 'Marktunter,suchung *f*; ~ **swing** *s. Am.* Konjunk'turperi,ode *f*; ~ **town** *s.* Markt(-flecken) *m*; ~ **val·ue** *s.* Kurs-, Verkehrswert *m*.

mark·ing ['mɑːkɪŋ] **I** *s.* **1.** Kennzeichnung *f*, Markierung *f*; Bezeichnung *f* (*a.* ♪); *ped.* Zensieren *n*; ✈ Hoheitsabzeichen *n*; **2.** *zo.* (Haut-, Feder)Musterung *f*, Zeichnung *f*; **II** *adj.* **3.** ⚙ markierend: ~ ***awl*** Reißahle *f*; ~ ***ink*** Zeichen-, Wäschetinte *f*.

marks·man ['mɑːksmən] *s.* [*irr.*] guter Schütze, Meisterschütze *m*, *bsd.* ✕ *u. Polizei*: Scharfschütze *m*; '**marks·man·ship** [-ʃɪp] *s.* **1.** Schießkunst *f*; **2.** Treffsicherheit *f*.

'**mark·up** *s.* ✝ **1.** a) höhere Auszeichnung (*e-r Ware*), b) Preiserhöhung *f*; **2.** Kalkulati'onsaufschlag *m*; **3.** *Am.* im Preis erhöhter Ar'tikel.

marl [mɑːl] **I** *s. geol.* Mergel *m*; **II** *v/t.* ✓ mergeln.

mar·ma·lade ['mɑːməleɪd] *s.* (*bsd.* O'rangen)Marme,lade *f*.

Mar·mite ['mɑːmaɪt] *TM npr. dunkle Paste aus Hefe- u. Gemüseextrakt.*

mar·mite ['mɑːmaɪt] *s. Kochtopf aus Ton.*

mar·mo·set ['mɑːməʊzet] *s. zo.* Krallenaffe *m*.

mar·mot ['mɑːmət] *s. zo.* **1.** Murmeltier *n*; **2.** Prä'riehund *m*.

mar·o·cain ['mærəkeɪn] *s.* Maro'cain *n* (*ein Kreppgewebe*).

ma·roon¹ [mə'ruːn] **I** *v/t.* **1.** (*auf e-r einsamen Insel etc.*) aussetzen; **2.** *fig.* a) im Stich lassen, b) von der Außenwelt abschneiden; **II** *v/i.* **3.** *Brit.* her'umlungern; **4.** *Am.* einsam zelten; **III** *s.* **5.** Busch-, Ma'ronneger *m* (*Westindien u. Guayana*); **6.** Ausgesetzte(r *m*) *f*.

ma·roon² [mə'ruːn] **I** *s.* **1.** Ka'stanienbraun *n*; **2.** Ka'nonenschlag *m* (*Feuerwerk*); **II** *adj.* **3.** ka'stanienbraun.

mar·plot ['mɑːplɒt] *s.* **1.** Quertreiber *m*; **2.** Spielverderber *m*, Störenfried *m*.

marque [mɑːk] *s.* ⚓ *hist.*: ***letter***(***s***) ***of*** ~ (***and reprisal***) Kaperbrief *m*.

mar·quee [mɑː'kiː] *s.* **1.** großes Zelt; **2.** *Am.* Mar'kise *f*, Schirmdach *n* (*über e-m Hoteleingang etc.*); **3.** Vordach *n* (*über Haustür*).

mar·quess ['mɑːkwɪs] *s.* → ***marquis***.

mar·que·try, *a.* **mar·que·te·rie** ['mɑːkɪtrɪ] *s.* In'tarsia *f*, Markete'rie *f*, Holzeinlegearbeit *f*.

mar·quis ['mɑːkwɪs] *s.* Mar'quis *m* (*englischer Adelstitel*).

mar·riage ['mærɪdʒ] *s.* **1.** Heirat *f*, Vermählung *f*, Hochzeit *f* (***to*** mit); → ***civil*** 4; **2.** Ehe(stand *m*) *f*: ~ ***of convenience*** Vernunftehe, Geldheirat *f*; ***by*** ~ angeheiratet; ***of his*** (***her***) ***first*** ~ aus erster Ehe; ***related by*** ~ verschwägert;

contract a ~ die Ehe eingehen; *give s.o. in* ~ j-n verheiraten; *take s.o. in* ~ j-n heiraten; **3.** *fig.* Vermählung *f*, innige Verbindung; **'mar·riage·a·ble** [-dʒəbl] *adj.* heiratsfähig: ~ **age** Ehemündigkeit *f*.

mar·riage| ar·ti·cles *s. pl.* ⚖ Ehevertrag *m*; ~ **bro·ker** *s.* Heiratsvermittler *m*; ~ **bu·reau** *s.* 'Heiratsinsti,tut *n*; ~ **cer·e·mo·ny** *s.* Trauung *f*; ~ **cer·tif·i·cate** *s.* Trauschein *m*; ~ **con·tract** *s.* ⚖ Ehevertrag *m*; ~ **flight** *s. Bienenzucht*: Hochzeitsflug *m*; ~ **guid·ance** *s.* Eheberatung *f*: ~ **counsel(l)or** Eheberater(in); ~ **li·cence**, *Am.* ~ **li·cense** *s.* ⚖ (kirchliche, *Am.* amtliche) Eheerlaubnis; ~ **lines** *s. pl. Brit.* F Trauschein *m*; ~ **por·tion** *s.* ⚖ Mitgift *f*; ~ **set·tle·ment** *s.* ⚖ Ehevertrag *m*.

mar·ried ['mærɪd] *adj.* **1.** verheiratet, Ehe..., ehelich: ~ **life** Eheleben *n*; ~ **man** Ehemann *m*; ~ **state** Ehestand *m*; **2.** *fig.* eng *od.* innig (mitein'ander) verbunden.

mar·ron ['mærən] *s.* ⚘ Ma'rone *f*.

mar·row¹ ['mærəʊ] *s.* **1.** *anat.* (Knochen-)Mark *n*; **2.** *fig.* Mark *n*, Kern *m*, *das* Innerste *od.* Wesentlichste; Lebenskraft *f*: **to the** ~ (**of one's bones**) bis aufs Mark, bis ins Innerste; → **pith** 2.

mar·row² ['mærəʊ] *s. Am. mst* ~ **squash**, *Brit. a.* **vegetable** ~ ⚘ Eier-, Markkürbis *m*.

'mar·row·bone *s.* **1.** Markknochen *m*; **2.** *pl. humor.* Knie *pl.*; **3.** *pl.* → **cross-bones**.

mar·row·less ['mærəʊlɪs] *adj. fig.* mark-, kraftlos.

mar·row·y ['mærəʊɪ] *adj. a. fig.* markig, kernig, kräftig.

mar·ry¹ ['mærɪ] **I** *v/t.* **1.** heiraten, sich vermählen *od.* verheiraten mit: **be married to** verheiratet sein mit; **get married to** sich verheiraten mit; **2.** *a.* ~ **off** *Sohn, Tochter* verheiraten (**to** an *acc.*, mit); **3.** *ein Paar* trauen (*Geistlicher*); **4.** *fig.* eng verbinden *od.* verknüpfen (**to** mit); **II** *v/i.* **5.** (sich ver-)heiraten: ~**ing man** F Heiratslustige(r) *m*, Ehekandidat *m*; ~ **in haste and repent at leisure** schnell gefreit, lang bereut.

mar·ry¹ ['mærɪ] *int. obs.* für'wahr!

Mars [mɑːz] *npr. u. s.* Mars *m* (*Kriegsgott od. Planet*).

marsh [mɑːʃ] *s.* **1.** Sumpf(land *n*) *m*, Marsch *f*; **2.** Mo'rast *m*.

mar·shal ['mɑːʃl] **I** *s.* **1.** ⚔ Marschall *m*; **2.** ⚖ *Brit.* Gerichtsbeamte(r) *m*; **3.** ⚖ *Am.* a) **US** ~ ('Bundes)Voll,zugsbeamte(r) *m*, b) Be'zirkspoli,zeichef *m*, c) *a.* **city** ~ Poli'zeidi,rektor *m*, d) *a.* **fire** ~ 'Branddi,rektor *m*; **4.** *hist.* 'Hofmar,schall *m*; **5.** Zere'monienmeister *m*; Festordner *m*; *mot.* Rennwart *m*; **II** *v/t.* **6.** aufstellen (*a.* ⚔); (an)ordnen, arrangieren: ~ **wag(g)ons into trains** Züge zs.-stellen; ~ **one's thoughts** *fig.* s-e Gedanken ordnen; **7.** (*bsd. feierlich*) (hin'ein)geleiten (**into** in *acc.*); **8.** ✈ einwinken; **'mar·shal·(l)ing yard** [-ʃlɪŋ] *s.* 🚂 Rangier-, Verschiebebahnhof *m*.

marsh| fe·ver *s.* ⚕ Sumpffieber *n*; ~ **gas** *s.* Sumpfgas *n*; **'~·land** *s.* Sumpf-, Marschland *n*; **,~'mal·low** *s.* **1.** ⚘ Echter Eibisch, Al'thee *f*; **2.** Marsh'mallow *n* (*Süßigkeit*); ~ **mar·i·gold** *s.* ⚘ Sumpfdotterblume *f*.

marsh·y ['mɑːʃɪ] *adj.* sumpfig, mo'rastig, Sumpf...

mar·su·pi·al [mɑː'sjuːpjəl] *zo.* **I** *adj.* **1.** Beuteltier...; **2.** Beutel...; **II** *s.* **3.** Beuteltier *n*.

mart [mɑːt] *s.* **1.** Markt *m*, Handelszentrum *n*; **2.** Aukti'onsraum *m*; **3.** *obs. od. poet.* Markt(platz) *m*, (Jahr)Markt *m*.

mar·ten ['mɑːtɪn] *s. zo.* Marder *m*.

mar·tial ['mɑːʃl] *adj.* ☐ **1.** kriegerisch, streitbar; **2.** mili'tärisch, sol'datisch: ~ **music** Militärmusik *f*; **3.** Kriegs..., Militär...: ~ **law** Kriegs-, Standrecht *n*; **state of** ~ **law** Ausnahmezustand *m*; ~ **arts** asiatische Kampfsportarten.

Mar·ti·an ['mɑːʃjən] **I** *s.* **1.** Marsmensch *m*; **II** *adj.* **2.** Mars..., kriegerisch; **3.** *ast.* Mars...

mar·tin ['mɑːtɪn] *s. orn.* Mauerschwalbe *f*.

mar·ti·net [,mɑːtɪ'net] *s.* Leuteschinder *m*, Zuchtmeister *m*.

mar·tyr ['mɑːtə] **I** *s.* **1.** Märtyrer(in), Blutzeuge *m*; **2.** *fig.* Märtyrer(in), Opfer *n*: **make a** ~ **of o.s.** sich für et. aufopfern, *iro.* den Märtyrer spielen: **die a** ~ **to** (*od.* **in the cause of**) **science** sein Leben im Dienst der Wissenschaft opfern; **3.** F Dulder *m*, armer Kerl: **be a** ~ **to gout** ständig von Gicht geplagt werden; **II** *v/t.* **4.** zum Märtyrer machen; **5.** zu Tode martern; **6.** martern, peinigen; **'mar·tyr·dom** [-dəm] *s.* **1.** Mar'tyrium *n* (*a. fig.*), Märtyrertod *m*; **2.** Marterqualen *pl.* (*a. fig.*); **'mar·tyr·ize** [-əraɪz] *v/t.* **1.** (**o.s.** sich) zum Märtyrer machen (*a. fig.*); **2.** → **martyr** 6.

mar·vel ['mɑːvl] **I** *s.* **1.** Wunder(ding) *n*: **engineering** ~**s** Wunder der Technik; **be a** ~ **at s.th.** et. fabelhaft können; **2.** Muster *n* (**of** an *dat.*): **he is a** ~ **of patience** er ist die Geduld selber; **he is a perfect** ~ F er ist fantastisch *od.* ein Phänomen; **II** *v/i.* **3.** sich (ver)wundern, staunen (**at** über *acc.*); **4.** sich verwundert fragen, sich wundern (**that** dass, **how** wie, **why** warum).

mar·vel·(l)ous ['mɑːvələs] *adj.* ☐ **1.** erstaunlich, wunderbar; **2.** un'glaublich; **3.** F fabelhaft, fan'tastisch.

Marx·i·an ['mɑːksjən] → **Marxist**; **'Marx·ism** [-sɪzəm] *s.* Mar'xismus *m*; **'Marx·ist** [-sɪst] **I** *s.* Mar'xist(in); **II** *adj.* mar'xistisch.

mar·zi·pan [,mɑːzɪ'pæn] *s.* Marzi'pan *n*.

mas·car·a [mæ'skɑːrə] *s.* Wimperntusche *f*.

mas·cot ['mæskət] *s.* Mas'kottchen *n*, Talisman *m*; Glücksbringer(in): **radiator** ~ *mot.* Kühlerfigur *f*.

mas·cu·line ['mæskjʊlɪn] **I** *adj.* **1.** männlich, masku'lin (*a. ling.*); Männer...; **2.** unweiblich, masku'lin; **II** *s.* **3.** *ling.* Masku'linum *n*; **mas·cu·lin·i·ty** [,mæskjʊ'lɪnətɪ] *s.* **1.** Männlichkeit *f*; **2.** Mannhaftigkeit *f*.

mash¹ [mæʃ] **I** *s.* **1.** *Brauerei etc.*: Maische *f*; **2.** 🌾 Mengfutter *n*; **3.** Brei *m*, Mansch *m*; **4.** *Brit.* Kar'toffelbrei *m*; **5.** *fig.* Mischmasch *m*; **II** *v/t.* **6.** (ein)maischen; **7.** zerdrücken, -quetschen: ~**ed potatoes** Kartoffelbrei *m*.

mash² [mæʃ] *obs. sl.* **I** *v/t.* **1.** *j-m* den Kopf verdrehen; **2.** flirten mit; **II** *v/i.* **3.** flirten, schäkern.

mash·er¹ ['mæʃə] *s.* **1.** Stampfer *m* (*Küchengerät*); **2.** *Brauerei*: 'Maischappa,rat *m*.

mash·er² ['mæʃə] *s. obs. sl.* Schwerenöter *m*, ‚Schäker' *m*.

mask [mɑːsk] **I** *s.* **1.** Maske *f* (*a.* ⚠), Larve *f*: **death** ~ Totenmaske; **2.** (Schutz-, Gesichts)Maske *f*: **fencing** ~ Fechtmaske; **oxygen** ~ ⚕ Sauerstoffmaske; **3.** Gasmaske *f*; **4.** Maske *f*: a) Maskierte(r *m*) *f*, b) 'Maskenko,stüm *n*, Maskierung *f*, c) *fig.* Verkappung *f*: **throw off the** ~ *fig.* die Maske fallen lassen; **under the** ~ **of** unter dem Deckmantel (*gen.*); **5.** maskenhaftes Gesicht; **6.** *Kosmetik*: (Gesichts)Maske *f*; **7.** → **masque**; **8.** ⚔ Tarnung *f*, Blende *f*; **9.** *phot.* Vorsatzscheibe *f*; **II** *v/t.* **10.** *j-n* maskieren, verkleiden, vermummen; *fig.* verschleiern, -hüllen; **11.** ⚔ tarnen; **12.** *a.* ~ **out** ⚙ korrigieren, retuschieren; *Licht* abblenden; **masked** [-kt] *adj.* **1.** maskiert (*a.* ⚘); Masken...: ~ **ball** Maskenball *m*; **2.** ⚔, ⚘ getarnt: ~ **advertising** Schleichwerbung *f*; **'mask·er** [-kə] *s.* Maske *f*, Maskenspieler *m*.

mas·och·ism ['mæsəʊkɪzəm] *s.* ⚕, *psych.* Maso'chismus *m*; **'mas·och·ist** [-ɪst] *s.* Maso'chist *m*.

ma·son ['meɪsn] **I** *s.* **1.** Steinmetz *m*; **2.** Maurer *m*; **3.** *oft* ♀ Freimaurer *m*; **II** *v/t.* **4.** mauern; **Ma·son·ic** [mə'sɒnɪk] *adj.* freimaurerisch, Freimaurer...; **'ma·son·ry** [-rɪ] *s.* **1.** Steinmetz-, Maurerarbeit *f od.* -handwerk *n*; **2.** Mauerwerk *n*; **3.** *mst.* ♀ Freimaure'rei *f*.

masque [mɑːsk] *s. thea. hist.* Maskenspiel *n*.

mas·quer·ade [,mæskə'reɪd] **I** *s.* **1.** Maske'rade *f*: a) Maskenball *m*, b) Maskierung *f*, c) *fig.* The'ater *n*, Verstellung *f*, d) *fig.* Maske *f*, Verkleidung *f*; **II** *v/i.* **2.** an e-r Maske'rade teilnehmen; **3.** sich maskieren *od.* verkleiden (*a. fig.*); **4.** *fig.* sich ausgeben (**as** als).

mass¹ [mæs] **I** *s.* **1.** *allg.* Masse *f* (*a.* ⚙ *u. phys.*): **a** ~ **of blood** ein Klumpen Blut; **a** ~ **of troops** e-e Truppenansammlung; **in the** ~ im Großen u. Ganzen; **2.** Mehrzahl *f*: **the** (**great**) ~ **of imports** der überwiegende Teil der Einfuhr; **3. the** ~ die Masse, die Allgemeinheit: **the** ~**es** die ‚breite' Masse; **II** *v/t.* **4.** (*v/i.* sich) (an)sammeln *od.* (an)häufen, (*v/i.* sich) zs.-ballen; ⚔ (*v/i.* sich) massieren *od.* konzentrieren; **III** *adj.* **5.** Massen...: ~ **acceleration** *phys.* Massenbeschleunigung *f*; ~ **communication** Massenkommunikation *f*; ~ **meeting** Massenversammlung *f*; ~ **murder** Massenmord *m*; ~ **society** Massengesellschaft *f*; ~ **unemployment** Massenarbeitslosigkeit *f*.

Mass² [mæs] *s. eccl.* (*a.* ♪) Messe *f*; → **High** (**Low**) **Mass**; ~ **was said** die Messe wurde gelesen; **to attend** (**the**) (*od.* **go to**) ~ zur Messe gehen; ~ **for the dead** Toten-, Seelenmesse.

mas·sa·cre ['mæsəkə] **I** *s.* Gemetzel *n*, Mas'saker *n*, Blutbad *n*; **II** *v/t.* niedermetzeln, massakrieren.

mas·sage ['mæsɑːʒ] **I** *s.* Mas'sage *f*: ~ **parlo(u)r** Massagesalon *m*; **II** *v/t.* massieren.

mas·seur [mæ'sɜː] (*Fr.*) *s.* Mas'seur *m*; **mas·seuse** [mæ'sɜːz] (*Fr.*) *s.* Mas'seurin *f*, Mas'seuse *f*.

mas·sif ['mæsiːf] *s. geol.* Ge'birgsmas,siv *n*, -stock *m*.

mas·sive ['mæsɪv] *adj.* ☐ **1.** mas'siv (*a. geol., a. Gold etc.*), schwer, massig; **2.** *fig.* mas'siv, gewaltig, wuchtig, ‚klotzig'; **'mas·sive·ness** [-nɪs] *s.* **1.** Mas'sive(s) *n*, Schwere(s) *n*; **2.** Gediegenheit *f* (*Gold etc.*); **3.** *fig.* Wucht *f*.

mass| me·di·a *s. pl.* Massenmedien *pl.*;

'**~-pro,duce** *v/t.* serienmäßig herstellen: **~d articles** Massen-, Serienartikel; **~ pro·duc·tion** *s.* 'Massen-, 'Serienprodukti,on *f*: **standardized ~** Fließarbeit *f*.
mass·y ['mæsɪ] → **massive**.
mast¹ [mɑːst] **I** *s.* **1.** ⚓ (Schiffs)Mast *m*: **sail before the ~** (als Matrose) zur See fahren; **2.** (Gitter-, Leitungs-, An'tennen-, Anker)Mast *m*; **II** *v/t.* **3.** ⚓ bemasten: **three-~ed** dreimastig.
mast² [mɑːst] *s.* Mast(futter *n*) *f*.
mas·tec·to·my [mæ'stektəmɪ] *s.* 'Brustamputati,on *f*.
mas·ter ['mɑːstə] **I** *s.* **1.** Meister *m* (*a. Kunst u. fig.*), Herr *m*, Gebieter *m*: **the** ♀ *eccl.* der Herr (*Christus*); **be ~ of s.th.** et. (*a. e-e Sprache*) beherrschen; **be ~ of o.s.** sich in der Gewalt haben; **be ~ of the situation** Herr der Lage sein; **be one's own ~** sein eigener Herr sein; **be ~ of one's time** über s-e Zeit (nach Belieben) verfügen können; **2.** Besitzer *m*, Eigentümer *m*, Herr *m*: **make o.s. ~ of s.th.** et. in s-n Besitz bringen; **3.** Hausherr *m*; **4.** Meister *m*, Sieger *m*; **5.** a) Lehrherr *m*, Meister *m*, b) *a.* ⚖ Dienstherr *m*, Arbeitgeber *m*, c) (Handwerks)Meister *m*: **~ tailor** Schneidermeister; **like ~ like man** wie der Herr, sos Gescherr; **6.** Vorsteher *m*, Leiter *m e-r Innung etc.*; **7.** ⚓ ('Handels)Kapi,tän *m*: **~'s certificate** Kapitänspatent *n*; **8.** *bsd. Brit.* Lehrer *m*: **~ in English** Englischlehrer; **9.** *Brit. univ.* Rektor *m* (*Titel der Leiter einiger Colleges*); **10.** *univ.* Ma'gister *m* (*Grad*): ♀ **of Arts** Magister Artium; ♀ **of Science** Magister der Naturwissenschaften; **11.** junger Herr (*a. als Anrede für Knaben bis zu 16 Jahren*); **12.** *Brit.* (*in Titeln*): Leiter *m*, Aufseher *m* (*am königlichen Hof etc.*): ♀ **of Ceremonies** a) Zeremonienmeister *m*, b) Conférencier *m*; ♀ **of the Horse** Oberstallmeister *m*; **13.** ⚖ Proto'koll führender Gerichtsbeamter: ♀ **of the Rolls** Oberarchivar *m*; **14.** → **master copy** 1; **II** *v/t.* **15.** Herr sein *od.* werden über (*acc.*) (*a. fig.*), *a. Sprache etc.* beherrschen; *Aufgabe, Schwierigkeit* meistern; **16.** *Tier* zähmen; *a. Leidenschaften etc.* bändigen; **III** *adj.* **17.** Meister..., meisterhaft, -lich; **18.** Meister..., Herren...; **19.** Haupt..., hauptsächlich: **~ file** Hauptkartei *f*; **~ switch** ⚡ Hauptschalter *m*; **20.** leitend, führend.
,**mas·ter|-at-'arms** [-ərət'ɑː-] *pl.* ,**mas·ters-at-'arms** [-əzət'ɑː-] *s.* ⚓ 'Schiffspro,fos *m* (*Polizeioffizier*); **~ build·er** *s.* Baumeister *m*; **~ car·pen·ter** *s.* Zimmermeister *m*; **~ chord** *s.* ♪ Domi'nantdreiklang *m*; **~ clock** *s.* Zen'traluhr *f* (*e-r Uhrenanlage*); **~ cop·y** *s.* **1.** Origi'nalko,pie *f* (*a. Film etc.*); **2.** 'Handexem,plar *n* (*e-s literarischen etc. Werks*); **~ file** *s.* Stammdatei *f*.
mas·ter·ful ['mɑːstəfʊl] *adj.* □ **1.** herrisch, gebieterisch; **2.** → **masterly**.
mas·ter| fuse *s.* ⚡ Hauptsicherung *f*; **~ ga(u)ge** *s.* ⚙ Urlehre *f*; '**~·key** *s.* **1.** Hauptschlüssel *m*; **2.** *fig.* Schlüssel *m*.
mas·ter·less ['mɑːstəlɪs] *adj.* herrenlos; '**mas·ter·li·ness** [-lɪnɪs] *s.* meisterhafte Ausführung, Meisterschaft *f*; '**mas·ter·ly** [-lɪ] *adj. u. adv.* meisterhaft, -lich, Meister...
'**mas·ter|·mind I** *s.* **1.** über'ragender Geist, Ge'nie *n*; **2.** (führender) Kopf; **II** *v/t.* **3.** der Kopf (*gen.*) sein, leiten; '**~·piece** *s.* Meisterstück *n*, -werk *n*; **~ plan** *s.* Gesamtplan *m*; **~ ser·geant** *s.* ⚔ *Am.* (Ober)Stabsfeldwebel *m*.
mas·ter·ship ['mɑːstəʃɪp] *s.* **1.** meisterhafte Beherrschung (**of** *gen.*), Meisterschaft *f*; **2.** Herrschaft *f*, Gewalt *f* (**over** über *acc.*); **3.** Vorsteheramt *n*; **4.** Lehramt *n*.
mas·ter| stroke *s.* Meisterstreich *m*, -stück *n*, Glanzstück *n*; **~ tooth** *s.* [*irr.*] Eck-, Fangzahn *m*; **~ touch** *s.* **1.** Meisterhaftigkeit *f*, -schaft *f*; **2.** Meisterzug *m*; **3.** ⚙ *u. fig.* letzter Schliff; '**~·work** → **masterpiece**.
mas·ter·y ['mɑːstərɪ] *s.* **1.** Herrschaft *f*, Gewalt *f* (**of, over** über *acc.*); **2.** Über'legenheit *f*, Oberhand *f*: **gain the ~ over s.o.** über j-n die Oberhand gewinnen; **3.** Beherrschung *f* (*e-r Sprache etc.*); **4.** → **master touch** 1.
'**mast·head** *s.* **1.** ⚓ Masttopp *m*, Mars *m*: **~ light** Topplicht *n*; **2.** *typ.* Im'pressum *n e-r Zeitung*.
mas·tic ['mæstɪk] *s.* **1.** Mastix(harz *n*) *m*; **2.** ♀ Mastixstrauch *m*; **3.** Mastik *m*, 'Mastixze,ment *m*.
mas·ti·cate ['mæstɪkeɪt] *v/t.* (zer-)kauen; **mas·ti·ca·tion** [,mæstɪ'keɪʃn] *s.* Kauen *n*; '**mas·ti·ca·tor** [-tə] *s.* **1.** Kauende(r *m*) *f*; **2.** Fleischwolf *m*; **3.** ⚙ 'Mahlma,schine *f*; '**mas·ti·ca·to·ry** [-kətərɪ] *adj.* Kau..., Fress...
mas·tiff ['mæstɪf] *s.* Mastiff *m*, Bulldogge *f*, Englische Dogge.
mas·ti·tis [mæ'staɪtɪs] *s.* Brust(drüsen)entzündung *f*; **mas·toid** ['mæstɔɪd] *adj. anat.* masto'id, brust(warzen)förmig; **mas·tot·o·my** [mæ'stɒtəmɪ] *s.* 'Brustoperati,on *f*.
mas·tur·bate ['mæstəbeɪt] *v/i.* masturbieren; **mas·tur·ba·tion** [,mæstə'beɪʃn] *s.* Masturbati'on *f*.
mat¹ [mæt] **I** *s.* **1.** Matte *f* (*a. Ringen, Turnen*): **~ position** *Ringen*: Bank *f*; **be on the ~** a) am Boden sein, b) *sl. fig.* ,dran' sein, in der Tinte sitzen, *a.* e-e Zigarre verpasst kriegen; **2.** 'Untersetzer *m*, -satz *m*: **beer ~** Bierdeckel *m*; **3.** Vorleger *m*, Abtreter *m*; **4.** grober Sack; **5.** verfilzte Masse (*Haar etc.*), Gewirr *n*; **6.** (*glasloser*) Wechselrahmen; **II** *v/t.* **7.** mit Matten belegen; **8.** (*v/i.* sich) verflechten; **9.** (*v/i.* sich) verfilzen (*Haar*).
mat² [mæt] **I** *adj.* matt (*a. phot.*), glanzlos, mattiert; **II** *v/t.* mattieren.
match¹ [mætʃ] **I** *s.* **1.** *der od. die od. das gleiche od.* Ebenbürtige: **his ~** a) seinesgleichen, b) sein Ebenbild *n*, c) j-d, der es mit ihm aufnehmen kann; **meet one's ~** s-n Meister finden; **be a ~ for s.o.** j-m gewachsen sein; **be more than a ~ for s.o.** j-m überlegen sein; **2.** Gegenstück *n*, Passende(s) *n*; **3.** (zs.-passendes) Paar, Gespann *n* (*a. fig.*): **they are an excellent ~** sie passen ausgezeichnet zueinander; **4.** ✝ Ar'tikel *m* gleicher Quali'tät: **exact ~** genaue Bemusterung; **5.** (Wett)Kampf *m*, Wettspiel *n*, Par'tie *f*, Treffen *n*: **boxing ~** Boxkampf; **singing ~** Wettsingen *n*; **6.** a) Heirat *f*, b) *gute etc.* Par'tie (*Person*): **make a ~ (of it)** e-e Ehe stiften *od.* zustande bringen; **II** *v/t.* **7.** *j-n* passend verheiraten (**to, with** mit); **8.** *j-n od. et.* vergleichen (**with** mit); **9.** *j-n* ausspielen (**against** gegen); **10.** passend machen, anpassen (**to, with** an *acc.*); *a. ehelich* verbinden, zs.-fügen; ⚡ angleichen: **~ing circuit** Anpassungskreis *m*; **11.** entsprechen (*dat.*), *a. farblich etc.* passen zu: **well-~ed** gut zs.-passend; **12.** et. Gleiches *od.* Passendes auswählen *od.* finden zu: **can you ~ this velvet for me?** haben Sie et. Passendes zu diesem Samtstoff?; **13.** *nur pass.*: **be ~ed** *j-m* ebenbürtig *od.* gewachsen sein, *e-r Sache* gleichkommen; **not to be ~ed** unerreichbar; **III** *v/i.* **14.** zs.-passen, über'einstimmen (**with** mit), entsprechen (**to** *dat.*): **a brown coat and gloves to ~** ein brauner Mantel u. dazu passende Handschuhe.
match² [mætʃ] *s.* **1.** Zünd-, Streichholz *n*; **2.** Zündschnur *f*; **3.** *hist.* Lunte *f*; '**~-box** *s.* Streichholzschachtel *f*.
match·less ['mætʃlɪs] *adj.* □ unvergleichlich, einzigartig.
'**match,mak·er** *s.* **1.** Ehestifter(in), *b.s.* Kuppler(in); **2.** Heiratsvermittler(in).
match| point *s. sport* (für den Sieg) entscheidender Punkt; *Tennis etc.*: Matchball *m*; '**~·wood** *s.* (Holz)Späne *pl.*, Splitter *pl.*: **make ~ of s.th.** aus et. Kleinholz machen, et. kurz u. klein schlagen.
mate¹ [meɪt] **I** *s.* **1.** a) ('Arbeits)Kame,rad *m*, Genosse *m*, Gefährte *m*, b) *als Anrede*: Kame'rad *m*, ,Kumpel' *m*, c) Gehilfe *m*, Handlanger *m*; **2.** a) (Lebens)Gefährte *m*, Gatte *m*, Gattin *f*, b) *bsd. orn.* Männchen *n od.* Weibchen *n*, c) Gegenstück *n* (*von Schuhen etc.*); **3.** *Handelsmarine*: 'Schiffsoffi,zier *m*; **4.** ⚓ Maat *m*: **cook's ~** Kochsmaat; **II** *v/t.* **5.** (*paarweise*) verbinden, *bsd.* vermählen, -heiraten; *Tiere* paaren; **6.** *fig.* ein'ander anpassen: **~ words with deeds** auf Worte entsprechende Taten folgen lassen; **III** *v/i.* **7.** sich vermählen, (*a. weitS.*) sich verbinden; *zo.* sich paaren; **8.** ⚙ eingreifen (*Zahnräder*); aufein'ander arbeiten (*Flächen*): **mating surfaces** Arbeitsflächen.
mate² [meɪt] → **checkmate**.
ma·te·ri·al [mə'tɪərɪəl] **I** *adj.* □ **1.** materi'ell, physisch, körperlich; **2.** stofflich, Material...: **~ damage** Sachschaden *m*; **~ defect** Materialfehler *m*; **~ fatigue** ⚙ Materialermüdung *f*; **~ goods** Sachgüter; **3.** materia'listisch (*Anschauung etc.*); **4.** materi'ell, leiblich: **~ well-being**; **5.** a) sachlich wichtig, gewichtig, von Belang, b) wesentlich, ausschlaggebend (**to** für); ⚖ erheblich: **~ facts**; **a ~ witness** ein unentbehrlicher Zeuge; **6.** *Logik*: sachlich (*Folgerung etc.*); **7.** A materi'ell (*Punkt etc.*); **II** *s.* **8.** Materi'al *n*, Stoff *m* (*beide a. fig.*; **for** *zu e-m Buch etc.*); ⚙ Werkstoff *m*; (Kleider-)Stoff *m*; **9.** *coll. od. pl.* Materi'al(ien *pl.*) *n*, Ausrüstung *f*: **building ~s** Baustoffe; **cleaning ~s** Putzzeug *n*; **war ~** Kriegsmaterial; **writing ~s** Schreibmaterial(ien); **10.** *oft pl. fig.* 'Unterlagen *pl.*, *urkundliches etc.* Materi'al; **ma'te·ri·al·ism** [-lɪzəm] *s.* Materia'lismus *m*; **ma'te·ri·al·ist** [-lɪst] **I** *s.* Materia'list(in); **II** *adj. a.* **ma·te·ri·al·is·tic** [mə,tɪərɪə'lɪstɪk] *adj.* (□ **~ally**) materia'listisch; **ma·te·ri·al·i·za·tion** [mə,tɪərɪəlaɪ'zeɪʃn] *s.* **1.** Verkörperung *f*; **2.** *Spiritismus*: Materialisati'on *f*; **ma'te·ri·al·ize** [-laɪz] **I** *v/t.* **1.** *e-r Sache* stoffliche Form geben, *et.* verkörperlichen; **2.** *et.* verwirklichen; **3.** *bsd. Am.* materia'listisch machen: **~ thought**; **4.** *Geister* erscheinen lassen; **II** *v/i.* **5.** (feste) Gestalt annehmen, sich verkörpern (**in** in *dat.*); **6.** sich verwirklichen, Tatsache werden, zu'stande kommen; **7.** sich materialisieren, erscheinen (*Geister*).

ma·té·ri·el [məˌtɪərɪ'el] *s.* Ausrüstung *f*, (⚔ 'Kriegs)Materiˌal *n*.
ma·ter·nal [mə'tɜːnl] *adj.* □ a) mütterlich, Mutter...: **~ *instinct*** (***love***), b) *Verwandte(r) etc.* mütterlicherseits, c) Mütter...: **~ *mortality*** Müttersterblichkeit *f*.
ma·ter·ni·ty [mə'tɜːnətɪ] **I** *s.* Mutterschaft *f*; **II** *adj.* Wöchnerinnen..., Schwangerschafts..., Umstands...(*-kleidung*): **~ *allowance*** (*od.* ***benefit***) Mutterschaftsbeihilfe *f*; **~ *dress*** Umstandskleid *n*; **~ *home***, **~ *hospital*** Entbindungsklinik *f*; **~ *leave*** Mutterschaftsurlaub *m*; **~ *ward*** Entbindungsstation *f*.
mat·ey ['meɪtɪ] **I** *adj.* kame'radschaftlich, vertraulich, famili'är; **II** *s. Brit.* F ˌKumpel' *m* (*Anrede*).
math [mæθ] *s. Am. für* **maths**.
math·e·mat·i·cal [ˌmæθə'mætɪkl] *adj.* □ **1.** mathe'matisch; **2.** *fig.* (mathe'matisch) ex'akt; **math·e·ma·ti·cian** [ˌmæθəmə'tɪʃn] *s.* Mathe'matiker(in); ˌ**math·e'mat·ics** [-ks] *s. pl. mst sg. konstr.* Mathema'tik *f*: ***higher*** (***new***) **~** höhere (neue) Mathematik.
maths [mæθs] *s. Brit.* F ˌMathe' *f* (*Mathematik*).
mat·ins ['mætɪnz] *s. pl. oft* 2 a) *R.C.* (Früh)Mette *f*, b) *Church of England*: 'Morgenliturˌgie *f*.
mat·i·nee, **mat·i·née** ['mætɪneɪ] *s. thea.* Mati'nee *f*, *bsd.* Nachmittagsvorstellung *f*.
mat·ing ['meɪtɪŋ] *s. bsd. orn.* Paarung *f*: **~ *season*** Paarungszeit *f*.
ma·tri·ar·chal [ˌmeɪtrɪ'ɑːkl] *adj.* matriar'chalisch; **ma·tri·ar·chy** ['meɪtrɪɑːkɪ] *s.* Mutterherrschaft *f*, Matriar'chat *n*; ˌ**ma·tri'cid·al** [-ɪ'saɪdl] *adj.* muttermörderisch; **ma·tri·cide** ['meɪtrɪsaɪd] *s.* **1.** Muttermord *m*; **2.** Muttermörder(in).
ma·tric·u·late [mə'trɪkjʊleɪt] **I** *v/t.* immatrikulieren (*an e-r Universität*); **II** *v/i.* sich immatrikulieren (lassen); **III** *s.* Immatrikulierte(r *m*) *f*; **ma·tric·u·la·tion** [məˌtrɪkjʊ'leɪʃn] *s.* Immatrikulati'on *f*.
mat·ri·mo·ni·al [ˌmætrɪ'məʊnjəl] *adj.* □ ehelich, Ehe...: **~ *agency*** Heiratsinstitut *n*; **~ *cases*** ⚖ Ehesachen; **~ *law*** Eherecht *n*; **mat·ri·mo·ny** ['mætrɪmənɪ] *s.* Ehe(stand *m*) *f*.
ma·trix ['meɪtrɪks] *pl.* **-tri·ces** [-trɪsiːz] *s.* **1.** Mutter-, Nährboden *m* (*beide a. fig.*), 'Grundsubˌstanz *f*; **2.** *physiol.* Matrix *f*: a) Mutterboden *m*, b) Gewebeschicht *f*, c) Gebärmutter *f*; **3.** *min.* a) Grundmasse *f*, b) Ganggestein *n*; **4.** ⚙, *typ.* Ma'trize *f* (*a. Schallplattenherstellung*); **5.** Ꝛ Matrix *f*: **~ *algebra*** Matrizenrechnung *f*.
ma·tron ['meɪtrən] *s.* **1.** würdige Dame, Ma'trone *f*; **2.** Hausmutter *f* (*e-s Internats etc.*), Wirtschafterin *f*; **3.** a) Vorsteherin *f*, b) Oberschwester *f*, Oberin *f im Krankenhaus*, c) Aufseherin *f im Gefängnis etc.*; **'ma·tron·ly** [-lɪ] *adj.* ma'tronenhaft (*a. adv.*), gesetzt: **~ *duties*** hausmütterliche Pflichten.
mat·ted[1] ['mætɪd] *adj.* mattiert.
mat·ted[2] ['mætɪd] *adj.* **1.** mit Matten bedeckt: ***a* ~ *floor***; **2.** verflochten: **~ *hair*** verfilztes Haar.
mat·ter ['mætə] **I** *s.* **1.** Ma'terie *f* (*a. phys., phls.*), Materi'al *n*, Stoff *m*; *biol.* Sub'stanz *f*: → ***foreign*** 2, ***grey matter***; **2.** Sache *f* (*a.* ⚖), Angelegenheit *f*: ***this is a serious* ~**; ***the* ~ *in hand*** die vorliegende Angelegenheit; ***a* ~ *of fact*** e-e Tatsache; ***as a* ~ *of fact*** tatsächlich, eigentlich; ***a* ~ *of course*** e-e Selbstverständlichkeit; ***as a* ~ *of course*** selbstverständlich; ***a* ~ *of form*** e-e Formsache; **~** (***in issue***) ⚖ Streitgegenstand *m*; ***a* ~ *of taste*** (e-e) Geschmackssache; ***a* ~ *of time*** e-e Frage der Zeit; ***it is a* ~ *of life and death*** es geht um Leben u. Tod; ***it's no laughing* ~** es ist nichts zum Lachen; ***for that* ~** was das (an)betrifft, schließlich; ***in the* ~ *of*** a) hinsichtlich (*gen.*), b) ⚖ in Sachen *A. gegen B.*; **3.** *pl.* (*ohne Artikel*) die 'Umstände *pl.*, die Dinge *pl.*: ***to make* ~*s worse*** was die Sache noch schlimmer macht; ***as* ~*s stand*** wie die Dinge liegen; **4.** ***the* ~** die Schwierigkeit: ***what's the* ~?** was ist los?, wo fehlts?; ***what's the* ~ *with him*** (***it***)**?** was ist los mit ihm (damit)?; ***no* ~!** es hat nichts zu sagen!; ***it's no* ~ *whether*** es spielt keine Rolle, ob; ***no* ~ *what he says*** was er auch sagt; ***no* ~ *who*** gleichgültig wer; **5.** ***a* ~ *of*** (*mit verblasster Bedeutung*) Sache *f*, etwas: ***it's a* ~ *of £5*** es kostet 5 Pfund; ***a* ~ *of three weeks*** ungefähr 3 Wochen; ***it was a* ~ *of five minutes*** es dauerte nur 5 Minuten; ***it's a* ~ *of common knowledge*** es ist allgemein bekannt; **6.** *fig.* Stoff *m* (*Dichtung*), Thema *n*, Gegenstand *m*, Inhalt *m* (*Buch*), innerer Gehalt; **7.** *mst* ***postal* ~** Postsache *f*: ***printed* ~** Drucksache *f*; **8.** *typ.* a) Manu'skript *n*, b) (Schrift)Satz *m*: ***live* ~**, ***standing* ~** Stehsatz *m*; **9.** ⚕ Eiter *m*; **II** *v/i.* **10.** von Bedeutung sein (***to*** für), dar'auf ankommen (***to s.o.*** j-m): ***it doesn't* ~** (es) macht nichts; ***it* ~*s little*** es ist ziemlich einerlei, es spielt kaum e-e Rolle; **11.** ⚕ eitern.
ˌ**mat·ter|-of-'course** [-tərəv'k-] *adj.* selbstverständlich; ˌ**~-of-'fact** [-tərəv'f-] *adj.* sachlich, nüchtern; pro'saisch.
Mat·thew ['mæθjuː] *npr. u. s. bibl.* Mat'thäus(evanˌgelium *n*) *m*.
mat·ting ['mætɪŋ] *s.* ⚙ **1.** Mattenstoff *m*; **2.** Matten(belag *m*) *pl.*
mat·tock ['mætək] *s.* (Breit)Hacke *f*, ⚒ Karst *m*.
mat·tress ['mætrɪs] *s.* Ma'tratze *f*.
mat·u·ra·tion [ˌmætjʊ'reɪʃn] *s.* **1.** ⚕ (Aus)Reifung *f*, Eiterung *f* (*Geschwür*); **2.** *biol., a. fig.* Reifen *n*.
ma·ture [mə'tjʊə] **I** *adj.* □ **1.** *allg.* reif (*a. Käse, Wein; a.* ⚕ *Geschwür*); **2.** reif (*Person*): a) voll entwickelt, b) *fig.* gereift, mündig; **3.** *fig.* reiflich erwogen, (wohl) durch'dacht: ***upon* ~ *reflection*** nach reiflicher Überlegung; **~ *plans*** ausgereifte Pläne; **4.** ✝ fällig, zahlbar (*Wechsel*); **II** *v/t.* **5.** reifen (lassen), zur Reife bringen; *fig. Pläne* reifen lassen; **III** *v/i.* **6.** reif werden, (her'an-, aus)reifen; ✝ fällig werden; **ma'tured** [-əd] *adj.* **1.** (aus)gereift; **2.** abgelagert; **3.** ✝ fällig; **ma'tu·ri·ty** [-ərətɪ] *s.* **1.** Reife *f* (*a.* ⚕ *u. fig.*): ***bring*** (***come***) ***to* ~** zur Reife bringen (kommen); **~ *of judg*(*e*)*ment*** Reife des Urteils; **2.** ✝ Fälligkeit *f*, Verfall(zeit *f*) *m*: ***at*** (*od.* ***on***) **~** bei Fälligkeit; **~ *date*** Fälligkeitstag *m*; **3.** *fig. pol.* Mündigkeit *f* (*des Bürgers*).
ma·tu·ti·nal [ˌmætjuː'taɪnl] *adj.* morgendlich, Morgen..., früh.
mat·y ['meɪtɪ] *Brit.* → ***matey***.
maud·lin ['mɔːdlɪn] **I** *s.* weinerliche Gefühlsduse'lei; **II** *adj.* weinerlich sentimen'tal, rührselig.
maul [mɔːl] **I** *s.* **1.** ⚙ Schlegel *m*, schwerer Holzhammer; **II** *v/t.* **2.** *j-n, et.* übel zurichten, *j-n* 'durchprügeln, miss'handeln: **~ *about*** roh umgehen mit; **3.** ˌher'unterreißen' (*Kritiker*).
maul·stick ['mɔːlstɪk] *s. paint.* Malerstock *m*.
maun·der ['mɔːndə] *v/i.* **1.** schwafeln, faseln; **2.** ziellos um'herschlendern *od.* handeln.
Maun·dy Thurs·day ['mɔːndɪ] *s. eccl.* Grün'donnerstag *m*.
mau·so·le·um [ˌmɔːsə'lɪəm] *s.* Mauso'leum *n*, Grabmal *n*.
mauve [məʊv] **I** *s.* Malvenfarbe *f*; **II** *adj.* malvenfarbig, mauve.
mav·er·ick ['mævərɪk] *s. Am.* **1.** herrenloses Vieh ohne Brandzeichen; **2.** mutterloses Kalb; **3.** F *pol.* Einzelgänger *m*, *allg.* Außenseiter *m*.
maw [mɔː] *s.* **1.** (Tier)Magen *m*, *bsd.* Labmagen *m* (*der Wiederkäuer*); **2.** *fig.* Rachen *m des Todes etc.*
mawk·ish ['mɔːkɪʃ] *adj.* □ **1.** süßlich, abgestanden (*Geschmack*); **2.** *fig.* rührselig, süßlich, kitschig.
'maw·seed *s.* Mohnsame(n) *m*.
'maw·worm *s. zo.* Spulwurm *m*.
max·i ['mæksɪ] **I** *s.* Maximode *f*: ***wear* ~** Maxi tragen; **II** *adj.* Maxi...: **~ *dress***.
max·il·la [mæk'sɪlə] *pl.* **-lae** [-liː] *s.* **1.** *anat.* (Ober)Kiefer *m*; **2.** *zo.* Fußkiefer *m*, Zange *f*; **max'il·lar·y** [-ərɪ] **I** *adj. anat.* (Ober)Kiefer..., maxil'lar; **II** *s.* Oberkieferknochen *m*.
max·im ['mæksɪm] *s.* Ma'xime *f*.
max·i·mal ['mæksɪml] *adj.* maxi'mal, Maximal..., Höchst...; **'max·i·mize** [-maɪz] *v/t.* ✝, ⚙ maximieren; **max·i·mum** ['mæksɪməm] **I** *pl.* **-ma** [-mə], **-mums** *s.* **1.** Maximum *n*, Höchstgrenze *f*, -maß *n*, -stand *m*, -wert *m* (*a.* Ꝛ): ***smoke a* ~ *of 20 cigarettes a day*** maximal 20 Zigaretten am Tag rauchen; **2.** ✝ Höchstpreis *m*, -angebot *n*, -betrag *m*; **II** *adj.* **3.** höchst, größt, Höchst..., Maximal...: **~ *credible accident*** größter anzunehmender Unfall, GAU *m*; **~ *load*** ⚙, ⚡ Höchstbelastung *f*; **~ *safety load*** (*od.* ***stress***) zulässige Beanspruchung; **~ *performance*** Höchst-, Spitzenleistung *f*; **~ *permissible speed*** zulässige Höchstgeschwindigkeit; **~ *wages*** Höchst-, Spitzenlohn *m*.
'max·iˌsin·gle *s.* Maxisingle *f* (*Schallplatte*).
may[1] [meɪ] *v/aux.* [*irr.*] **1.** (*Möglichkeit, Gelegenheit*) *sg.* kann, mag, *pl.* können, mögen: ***it* ~ *happen any time*** es kann jederzeit geschehen; ***it might happen*** es könnte geschehen; ***you* ~ *be right*** du magst Recht haben; ***he* ~ *not come*** vielleicht kommt er nicht; ***he might lose his way*** er könnte sich verirren; **2.** (*Erlaubnis*) *sg.* darf, kann (*a.* ⚖), *pl.* dürfen können: ***you* ~ *go***; **~ *I ask?*** darf ich fragen?; ***we might as well go*** da können wir ebenso gut auch gehen; **3.** *ungewisse Frage*: ***how old* ~ *she be?*** wie alt mag sie wohl sein?; ***I wondered what he might be doing*** ich fragte mich, was er wohl tue; **4.** *Wunschgedanke, Segenswunsch*: **~ *you be happy!*** sei glücklich!; **~ *it please your Majesty*** Eure Majestät mögen geruhen; **5.** *familiäre od. vorwurfsvolle Aufforderung*: ***you might help me*** du könntest mir (eigentlich) helfen; ***you might at least write me*** du könntest mir wenigstens schreiben; **6.** **~** *od.* ***might*** *als Konjunktivumschreibung*: ***I shall write to him so that he* ~ *know our plans***; ***whatever it* ~ *cost***; ***diffi-***

M

cult as it ~ be so schwierig es auch sein mag; ***we feared they might attack*** wir fürchteten, sie könnten *od.* würden angreifen.

May² [meɪ] *s.* **1.** Mai *m*, *poet.* (*fig. a.* ♀) Lenz *m*: ***in ~*** im Mai; **2.** ♀ ⚘ Weißdornblüte *f*.

may·be ['meɪbi:] *adv.* viel'leicht.

May| bug *s. zo.* Maikäfer *m*; **~ Day** *s.* der 1. Mai; '**♀·day** *s. internationales Funknotsignal*; '**~ˌflow·er** *s.* **1.** ⚘ a) Maiblume *f*, b) *Am.* Primelstrauch *m*; **2.** ♀ *hist. Name des Auswandererschiffs der* ***Pilgrim Fathers***; '**~·fly** *s. zo.* Eintagsfliege *f*.

may·hap ['meɪhæp] *adv. obs. od. dial.* viel'leicht.

may·hem ['meɪhem] *s.* **1.** *bsd. Am.* ⚖ schwere Körperverletzung; **2.** *fig.* a) ‚Gemetzel' *n*, b) Chaos *n*, Verwüstung *f*.

may·o ['meɪəʊ] *s. Am.* F Majo'näse *f*.

may·on·naise [ˌmeɪə'neɪz] *s.* Majo'näse (-gericht *n*) *f*: ***~ of lobster*** Hummermajonäse.

may·or [meə] *s.* Bürgermeister *m*; '**may·or·al** [-ərəl] *adj.* bürgermeisterlich; '**may·or·ess** [-ərɪs] *s.* **1.** Gattin *f* des Bürgermeisters; **2.** *Am.* Bürgermeisterin *f*.

'**May|·pole**, ♀ *s.* Maibaum *m*; **~ queen** *s.* Mai(en)königin *f*; '**~·thorn** *s.* ⚘ Weißdorn *m*.

maz·a·rine [ˌmæzə'ri:n] *adj.* maza'rin-, dunkelblau.

maze [meɪz] *s.* **1.** Irrgarten *m*, Laby'rinth *n*, *fig. a.* Gewirr *n*; **2.** *fig.* Verwirrung *f*: ***in a ~*** → **mazed** [-zd] *adj.* verdutzt, verblüfft.

Mc·Coy [mə'kɔɪ] *s. Am. sl.*: ***the real ~*** der wahre Jakob, der (die, das) Echte, das einzig Wahre.

'**M-day** *s.* Mo'bilmachungstag *m*.

me [mi:; mɪ] **I** *pron.* **1.** (*dat.*) mir: ***he gave ~ money***; ***he gave it*** (***to***) ***~***; **2.** (*acc.*) mich: ***he took ~ away*** er führte mich weg; **3.** F ich: ***it's ~*** ich bins; **II** ♀ *s.* **4.** *psych.* Ich *n*.

mead¹ [mi:d] *s.* Met *m*.

mead² [mi:d] *poet. für* ***meadow***.

mead·ow ['medəʊ] *s.* Wiese *f*; **~ grass** *s.* ⚘ Rispengras *n*; **~ saf·fron** *s.* ⚘ (*bsd.* Herbst)Zeitlose *f*; '**~·sweet** *s.* ⚘ **1.** Mädesüß *n*; **2.** *Am.* Spierstrauch *m*.

mead·ow·y ['medəʊɪ] *adj.* wiesenartig, -reich, Wiesen...

mea·ger *Am.*, **mea·gre** *Brit.* ['mi:gə] *adj.* ☐ **1.** mager, dürr; **2.** *fig.* dürftig, kärglich; '**mea·ger·ness** *Am.*, '**mea·gre·ness** *Brit.* [-nɪs] *s.* **1.** Magerkeit *f*; **2.** Dürftigkeit *f*.

meal¹ [mi:l] *s.* **1.** Schrotmehl *n*; **2.** Mehl *n*, Pulver *n* (*aus Nüssen, Mineralen etc.*).

meal² [mi:l] *s.* Mahl(zeit *f*) *n*, Essen *n*: ***have a ~*** e-e Mahlzeit einnehmen; ***make a ~ of s.th.*** et. verzehren; ***~s on wheels*** Essen *n* auf Rädern.

meal·ies ['mi:lɪz] (*S.Afr.*) *s. pl.* Mais *m*.

meal| tick·et *s. Am.* **1.** Essensbon(s *pl.*) *m*; **2.** *sl.* a) *b.s.* ‚Ernährer' *m*, b) Einnahmequelle *f*, ‚Goldesel' *m*, c) Kapi'tal *n*: ***his voice is his ~***; '**~·time** *s.* Essenszeit *f*.

meal·y ['mi:lɪ] *adj.* **1.** mehlig: ***~ potatoes***; **2.** mehlhaltig; **3.** (wie) mit Mehl bestäubt; **4.** blass (*Gesicht*); '**~-mouthed** *adj.* **1.** heuchlerisch, glattzüngig; **2.** leisetreterisch: ***be ~ about it*** um den (heißen) Brei herumreden.

mean¹ [mi:n] **I** *v/t.* [*irr.*] **1.** *et.* beabsichtigen, vorhaben, im Sinn haben: ***I ~ it*** es ist mir Ernst damit; ***~ to do s.th.*** et. zu tun gedenken, et. tun wollen; ***he ~s no harm*** er meint es nicht böse; ***I didn't ~ to disturb you*** ich wollte dich nicht stören; ***without ~ing it*** ohne es zu wollen; → ***business*** 4; **2.** bestimmen (***for*** zu): ***he was meant to be a barrister*** er war zum Anwalt bestimmt; ***the cake is meant to be eaten*** der Kuchen ist zum Essen da; ***that remark was meant for you*** das war auf dich abgezielt; **3.** meinen, sagen wollen: ***by 'liberal' I ~*** unter ‚liberal' verstehe ich; ***I ~ his father*** ich meine s-n Vater; ***I ~ to say*** ich will sagen; **4.** bedeuten: ***that ~s a lot of work***; ***he ~s all the world to me*** er bedeutet mir alles; ***that ~s war*** das bedeutet Krieg; ***what does 'fair' ~?*** was bedeutet *od.* heißt (das Wort) ‚fair'?; **II** *v/i.* [*irr.*] **5.** ***~ well*** (***ill***) ***by*** (*od.* ***to***) ***s.o.*** j-m wohlgesinnt (übel gesinnt) sein.

mean² [mi:n] *adj.* ☐ **1.** gering, niedrig: ***~ birth*** niedrige Herkunft; **2.** ärmlich, schäbig: ***~ streets***; **3.** unbedeutend, gering: ***no ~ artist*** ein recht bedeutender Künstler; ***no ~ foe*** ein nicht zu unterschätzender Gegner; **4.** schäbig, gemein; ***feel ~*** sich schäbig vorkommen; **5.** geizig, schäbig, ‚filzig'; **6.** *Am.* F a) bösartig, ‚ekelhaft', b) ‚bös', scheußlich (*Sache*), c) ‚toll', ‚wüst': ***a ~ fighter***, d) *Am.* unpässlich: ***feel ~*** sich elend fühlen.

mean³ [mi:n] **I** *adj.* **1.** mittel, mittler, Mittel...; 'durchschnittlich, Durchschnitts...: ***~ life*** a) mittlere Lebensdauer, b) *phys.* Halbwertzeit *f*; ***~ sea level*** *das* Normalnull; ***~ value*** Mittelwert *m*; **II** *s.* **2.** Mitte *f*, *das* Mittlere, Mittel *n*, 'Durchschnitt(szahl *f*) *m*; ⩓ Mittel(wert *m*) *n*: ***hit the happy ~*** die goldene Mitte treffen; ***arithmetical ~*** arithmetisches Mittel; → ***golden mean***; **3.** *pl. sg. od. pl. konstr.* (Hilfs)Mittel *n od. pl.*, Werkzeug *n*, Weg *m*: ***by all ~s*** auf alle Fälle, unbedingt; ***by any ~s*** etwa, vielleicht, möglicherweise; ***by no ~s*** durchaus nicht, keineswegs, auf keinen Fall; ***by some ~s or other*** auf die eine oder andere Weise, irgendwie; ***by ~s of*** mittels, durch; ***by this*** (*od.* ***these***) ***~s*** hierdurch; ***~ of production*** Produktionsmittel; ***~s of transport***(***ation***) Beförderungsmittel; ***find the ~s*** Mittel und Wege finden; → ***end*** 9, ***way¹*** 1; **4.** *pl.* (Geld)Mittel *pl.*, Vermögen *n*, Einkommen *n*: ***live within*** (***beyond***) ***one's ~s*** s-n Verhältnissen entsprechend (über s-e Verhältnisse) leben; ***a man of ~s*** ein bemittelter Mann; ***~s test*** *Brit.* (behördliche) Einkommens- *od.* Bedürftigkeitsermittlung.

me·an·der [mɪ'ændə] **I** *s. bsd. pl.* Windung *f*, verschlungener Pfad, Schlängelweg *m*; ⚠ Mä'ander(linien *pl.*) *m*, Schlangenlinie *f*; **II** *v/i.* sich winden, (sich) schlängeln.

mean·ing ['mi:nɪŋ] **I** *s.* **1.** Absicht *f*, Zweck *m*, Ziel *n*; **2.** Sinn *m*, Bedeutung *f*: ***full of ~*** bedeutungsvoll, bedeutsam; ***what's the ~ of this?*** was soll das bedeuten?; ***words with the same ~*** Wörter mit gleicher Bedeutung; ***full of ~*** → 3; ***if you take my ~*** wenn Sie verstehen, was ich meine; **II** *adj.* ☐ **3.** bedeutungsvoll, bedeutsam (*Blick etc.*); **4.** *in Zssgn* in ... Absicht: ***well-~*** wohlmeinend, -wollend; '**mean·ing·ful** [-fʊl] *adj.* bedeutungsvoll; '**mean·ing·less** [-lɪs] *adj.* **1.** sinn-, bedeutungslos; **2.** ausdruckslos (*Gesicht*).

mean·ness ['mi:nnɪs] *s.* **1.** Niedrigkeit *f*, niedriger Stand; **2.** Wertlosigkeit *f*, Ärmlichkeit *f*; **3.** Schäbigkeit *f*: a) Gemeinheit *f*, Niederträchtigkeit *f*, b) Geiz *m*; **4.** *Am.* F Bösartigkeit *f*.

meant [ment] *pret. u. p.p. von* ***mean¹***.

ˌ**mean|'time** **I** *adv.* in'zwischen, mittler'weile, unter'dessen; **II** *s.* Zwischenzeit *f*: ***in the ~*** → I; **~ time** *s. ast.* mittlere (Sonnen)Zeit; ˌ**~'while** → ***meantime*** I.

mea·sles ['mi:zlz] *s. pl. sg. konstr.* **1.** ⚕ Masern *pl.*: ***false ~***, ***German ~*** Röteln *pl.*; **2.** *vet.* Finnen *pl.* (*der Schweine*); '**mea·sly** [-lɪ] *adj.* **1.** ⚕ masernkrank; **2.** *vet.* finnig; **3.** *sl.* elend, schäbig, lumpig.

meas·ur·a·ble ['meʒərəbl] *adj.* ☐ messbar: ***within ~ distance of*** *fig.* nahe (*dat.*); '**meas·ur·a·ble·ness** [-nɪs] *s.* Messbarkeit *f*.

meas·ure ['meʒə] **I** *s.* **1.** Maß(einheit *f*) *n*: ***long ~*** Längenmaß; ***~ of capacity*** Hohlmaß; **2.** *fig.* richtiges Maß, Ausmaß *n*: ***beyond*** (*od.* ***out of***) ***all ~*** über alle Maßen, grenzenlos; ***in a great ~*** in großem Maße, großenteils, überaus; ***in some ~***, ***in a*** (***certain***) ***~*** gewissermaßen, bis zu e-m gewissen Grade; ***for good ~*** obendrein; **3.** Messen *n*, Maß *n*: ***take the ~ of s.th.*** et. abmessen; ***take s.o.'s ~*** a) j-m (*zu e-m Anzug*) Maß nehmen, b) *fig.* j-n taxieren *od.* einschätzen; → ***made-to-measure***; **4.** Maß *n*, Messgerät *n*; ***weigh with two ~s*** *fig.* mit zweierlei Maß messen; → ***tape-measure***; **5.** Maßstab *m* (***of*** für): ***be a ~ of s.th.*** e-r Sache als Maßstab dienen; ***man is the ~ of all things*** der Mensch ist das Maß aller Dinge; **6.** Anteil *m*, Porti'on *f*, gewisse Menge; **7.** a) ⩓ Maß(einheit *f*) *n*, Teiler *m*, Faktor *m*, b) ⚗, *phys.* Maßeinheit *f*: ***~ of variation*** Schwankungsmaß; ***common ~*** gemeinsamer Teiler; **8.** (abgemessener) Teil, Grenze *f*: ***set a ~ to s.th.*** et. begrenzen; **9.** *Metrik*: a) Silbenmaß *n*, b) Versglied *n*, c) Versmaß *n*; **10.** ♪ Metrum *n*, Takt *m*, Rhythmus *m*: ***tread a ~*** tanzen; **11.** *poet.* Weise *f*, Melo'die *f*; **12.** *pl. geol.* Lager *n*, Flöz *n*; **13.** *typ.* Zeilen-, Satz-, Ko'lumnenbreite *f*; **14.** *fig.* Maßnahme *f*, -regel *f*, Schritt *m*: ***take ~s*** Maßnahmen ergreifen; ***take legal ~s*** den Rechtsweg beschreiten; **15.** ⚖ gesetzliche Maßnahme, Verfügung *f*: ***coercive ~*** Zwangsmaßnahme; **II** *v/t.* **16.** (ver)messen, ab-, aus-, zumessen: ***~ one's length*** *fig.* längelang hinfallen; ***~ swords*** a) die Klingen messen, b) (***with***) die Klingen kreuzen (mit) (*a. fig.*); ***~ s.o. for a suit of clothes*** j-m Maß nehmen zu e-m Anzug; **17.** ***~ out*** ausmessen, die Ausmaße bestimmen; **18.** *fig.* ermessen; **19.** (ab)messen, abschätzen (***by*** an *dat.*): ***~d by*** gemessen an; **20.** beurteilen (***by*** nach); **21.** vergleichen, messen (***with*** mit): ***~ one's strength with s.o.*** s-e Kräfte mit j-m messen; **III** *v/i.* **22.** Messungen vornehmen; **23.** messen, groß sein: ***it ~s 7 inches*** es misst 7 Zoll, es ist 7 Zoll lang; **24.** ***~ up*** (***to***) die Ansprüche (*gen.*) erfüllen, her'anreichen (an *acc.*); '**meas·ured** [-əd] *adj.* **1.** (ab)gemessen: ***~ in the clear*** (*od.* ***day***) ⚙ im Lichten gemessen; ***~ value*** Messwert *m*; **2.** richtig proportioniert; **3.** (ab)gemessen, gleich-, regelmäßig: ***~ tread*** ge-

M

messener Schritt; **4.** wohl überlegt, abgewogen, gemessen: ***to speak in ~ terms*** sich maßvoll ausdrücken; **5.** im Versmaß, metrisch; **'meas·ure·less** [-lɪs] *adj.* unermesslich, unbeschränkt; **'meas·ure·ment** [-mənt] *s.* **1.** (Ver-)Messung *f*, (Ab)Messen *n*; **2.** Maß *n*; *pl.* Abmessungen *pl.*, Größe *f*, Ausmaße *pl.*; **3.** ⚓ Tonnengehalt *m.*

meas·ur·ing ['meʒərɪŋ] *s.* **1.** Messen *n*, (Ver)Messung *f*; **2.** *in Zssgn*: Mess...; **~ bridge** *s.* ⚡ Messbrücke *f*; **~ di·al** *s.* Rundmaßskala *f*; **~ glass** *s.* Messglas *n*; **~ in·stru·ment** *s.* Messgerät *n*; **~ range** *s.* Messbereich *m*; **~ tape** *s.* Maß-, Messband *n*, Bandmaß *n.*

meat [mi:t] *s.* **1.** Fleisch *n* (*als Nahrung*; *Am. a. von Früchten etc.*): **~s** a) Fleischwaren, b) Fleichgerichte; ***fresh ~*** Frischfleisch; ***butcher's ~*** Schlachtfleisch; ***~ and drink*** Speise *f* u. Trank *m*; ***this is ~ and drink to me*** es ist mir e-e Wonne; ***one man's ~ is another man's poison*** des einen Freud ist des andern Leid; **2.** Fleischspeise *f*: ***cold ~*** kalte Platte; ***~ tea*** kaltes Abendbrot mit Tee; **3.** *fig.* Sub'stanz *f*, Gehalt *m*, Inhalt *m*: ***full of ~*** gehaltvoll; **~ ax(e)** *s.* Schlachtbeil *n*; **'~·ball** *s.* **1.** Bu'lette *f*, *südd.* Fleischpflanzerl *n*, *östr.* Fleischla(i)berl *n*; **2.** *Am. sl.* ‚Heini' *m*; **~ broth** *s.* Fleischbrühe *f*; **'~,chop·per** *s.* **1.** Hackmesser *n*; **2.** → **~ grind·er** *s.* Fleischwolf *m*; **~ ex·tract** *s.* 'Fleischex,trakt *m*; **~ fly** *s. zo.* Schmeißfliege *f*; **~ inspec·tion** *s.* Fleischbeschau *f.*

meat·less ['mi:tlɪs] *adj.* fleischlos.

meat| loaf *s.* Hackbraten *m*; **'~·man** [-mæn] *s.* [*irr.*] *Am.* Fleischer *m*; **~ meal** *s.* Fleischmehl *n*; **~ pie** *s.* 'Fleischpa,stete *f*; **~ pud·ding** *s.* Fleischpudding *m*; **~ safe** *s.* Fliegenschrank *m.*

meat·y ['mi:tɪ] *adj.* **1.** fleischig; **2.** fleischartig; **3.** *fig.* gehaltvoll, handfest, so'lid.

Mec·can·o [mɪ'kɑ:nəʊ] (*TM*) *s.* Sta'bilbaukasten *m* (*Spielzeug*).

me·chan·ic [mɪ'kænɪk] **I** *adj.* **1.** → ***mechanical***; **II** *s.* **2.** a) Me'chaniker *m*, Maschi'nist *m*, Mon'teur *m*, (Auto-)Schlosser *m*, b) Handwerker *m*; **3.** *pl. sg. konstr. phys.* a) Me'chanik *f*, Bewegungslehre *f*: ***~s of fluids*** Strömungslehre *f*, b) *a.* ***practical ~s*** Ma'schinenlehre *f*; **4.** *pl. sg. konstr.* ⚙ Konstrukti'on *f* von Ma'schinen *etc.*: ***precision ~s*** Feinmechanik *f*; **5.** *pl. sg. konstr.* Mecha'nismus *m* (*a. fig.*); **6.** *pl. sg. konstr. fig.* Technik *f*: ***the ~s of playwriting***; **me'chan·i·cal** [-kl] *adj.* □ **1.** ⚙ me'chanisch (*a. phys.*); maschi'nell, Maschinen...; auto'matisch: ***~ drawing*** maschinelles Zeichnen; ***~ force*** *phys.* mechanische Kraft; ***~ engineer*** Maschinenbauingenieur *m*; ***~ engineering*** Maschinenbau(kunde *f*) *m*; ***~ woodpulp*** Holzschliff *m*; **2.** *fig.* me'chanisch, auto'matisch; **me'chan·i·cal·ness** [-klnɪs] *s. das* Me'chanische; **mech·a·ni·cian** [,mekə'nɪʃn] → ***mechanic*** 2.

mech·a·nism ['mekənɪzəm] *s.* **1.** Mecha'nismus *m*: ***~ of government*** *fig.* Regierungs-, Verwaltungsapparat *m*; **2.** *biol, physiol., phls., psych.* Mecha'nismus *m*; **3.** *paint. etc.* Technik *f*; **mech·a·nis·tic** [,mekə'nɪstɪk] *adj.* (□ **~ally**) **1.** *phls.* mecha'nistisch; **2.** me'chanisch bestimmt; **3.** me'chanisch; **mech·a·ni·za·tion** [,mekənaɪ'zeɪʃn] *s.* Mechanisierung *f*; **'mech·a·nize** [-naɪz] *v/t.* mechanisieren, ⚔ *a.* motorisieren: ***~d division*** ⚔ Panzergrenadierdivision *f.*

me·co·ni·um [mɪ'kəʊnjəm] *s. physiol.* Kindspech *n.*

med·al ['medl] *s.* Me'daille *f*: a) Denk-, Schaumünze *f*; → ***reverse*** 4, b) Orden *m*, Ehrenzeichen *n*, Auszeichnung *f*: ***ℒ of Honor*** *Am.* ⚔ Tapferkeitsmedaille; ***~ ribbon*** Ordensband *n.*

med·aled, med·al·ist *Am.* → ***medalled, medallist***.

med·alled ['medld] *adj.* ordengeschmückt.

me·dal·lion [mɪ'dæljən] *s.* **1.** große Denk- *od.* Schaumünze, Me'daille *f*; **2.** Medail'lon *n*; **med·al·list** ['medlɪst] *s.* **1.** Me'daillenschneider *m*; **2.** *bsd. sport* (*Gold- etc.*)Medaillengewinner(in).

med·dle ['medl] *v/i.* **1.** sich (ein-)mischen (***with, in*** in *acc.*); **2.** sich (unaufgefordert) befassen, sich abgeben, sich einlassen (***with*** mit); **3.** her'umhantieren, -spielen (***with*** mit); **'med·dler** [-lə] *s.* j-d, der sich (ständig) in fremde Angelegenheiten mischt, aufdringlicher Mensch; **'med·dle·some** [-səm] *adj.* aufdringlich.

me·di·a¹ ['medɪə] *pl.* **-di·ae** [-dɪi:] *s. ling.* Media *f*, stimmhafter Verschlusslaut.

me·di·a² ['mi:djə] **1.** *pl. von* ***medium***; **2.** Medien *pl.*: ***~ coverage*** die Medienberichterstattung; ***~ research*** Medienforschung *f*; ***mixed ~*** a) Multimedia *pl.*, b) *Kunst*: Mischtechnik *f.*

me·di·ae·val *etc.* → ***medieval*** *etc.*

me·di·al ['mi:djəl] **I** *adj.* □ **1.** mittler, Mittel...: ***~ line*** Mittellinie *f*; **2.** *ling.* medi'al, inlautend: ***~ sound*** Inlaut *m*; **3.** Durchschnitts...; **II** *s.* **4.** → ***media¹***.

me·di·an ['mi:djən] **I** *adj.* die Mitte bildend, mittler, Mittel...: ***~ salaries*** ✝ mittlere Gehälter; ***~ strip*** *Am. mot.* Mittelstreifen *m*; **II** *s.* Mittellinie *f*, -wert *m*; **~ line** *s.* ⩓ a) Mittellinie *f* (*a. anat.*), b) Hal,bierungslinie *f*; **~ point** *s.* ⩓ Mittelpunkt *m*, Schnittpunkt *m* der 'Winkelhal,bierenden.

me·di·ant ['mi:djənt] *s.* ♪ Medi'ante *f.*

me·di·ate ['mi:dɪeɪt] **I** *v/i.* **1.** vermitteln (*a. v/t.*), den Vermittler spielen (***between*** zwischen *dat.*); **2.** da'zwischenliegen, ein Bindeglied bilden; **II** *adj.* [-dɪət] □ **3.** mittelbar, 'indi,rekt; **4.** → ***median*** I; **me·di·a·tion** [,mi:dɪ'eɪʃn] *s.* Vermittlung *f*, Fürsprache *f*; *eccl.* Fürbitte *f*: ***through his ~***; **'me·di·a·tor** [-tə] *s.* Vermittler *m*; Fürsprecher *m*; *eccl.* Mittler *m*; **me·di·a·to·ri·al** [,mi:dɪə'tɔ:rɪəl] *adj.* □ vermittelnd, (Ver)Mittler...; **'me·di·a·tor·ship** [-təʃɪp] *s.* (Ver)Mittleramt *n*, Vermittlung *f*; **'me·di·a·to·ry** [-dɪətərɪ] → ***mediatorial***; **me·di·a·trix** [,mi:dɪ'eɪtrɪks] *s.* Vermittlerin *f.*

med·ic ['medɪk] **I** *adj.* → ***medical*** 1; **II** *s.* F Medi'ziner *m* (*Arzt od. Student*), ⚔ Sani'täter *m.*

Med·i·caid ['medɪkeɪd] *s. Am. Gesundheitsfürsorge(programm) für Bedürftige.*

med·i·cal ['medɪkl] **I** *adj.* □ **1.** medi'zinisch, ärztlich, Kranken..., *a.* inter'nistisch: ***~ attendance*** ärztliche Behandlung; ***~ board*** Gesundheitsbehörde *f*; ***~ certificate*** ärztliches Attest; ***ℒ Corps*** ⚔ Sanitätstruppe *f*; ***ℒ Department*** ⚔ Sanitätswesen *n*; ***~ examiner*** a) Amtsarzt *m*, -ärztin *f*, b) Vertrauensarzt *m*, -ärztin *f* (*Krankenkasse*), c) *Am.* Leichenbeschauer(in); ***~ history*** Krankengeschichte *f*; ***~ jurisprudence*** Gerichtsmedizin *f*; ***~ man*** → 3 a; ***~ officer*** Amtsarzt *m*, -ärztin *f*; ***~ practitioner*** praktischer Arzt, praktische Ärztin; ***~ retirement*** vorzeitige Pensionierung aus gesundheitlichen Gründen; ***~ science*** medizinische Wissenschaft, Medizin *f*; ***~ specialist*** Facharzt *m*, -ärztin *f*; ***~ student*** Mediziner(in), Medizinstudent(in); ***ℒ Superintendent*** Chefarzt *m*, -ärztin *f*; ***~ ward*** innere Abteilung (*e-r Klinik*); ***on ~ grounds*** aus gesundheitlichen Gründen; **2.** Heil..., heilend; **II** *s.* **3.** F a) ‚Doktor' *m* (*Arzt*), b) ärztliche Unter'suchung; **me·dic·a·ment** [me'dɪkəmənt] *s.* Medika'ment *n*, Heil-, Arz'neimittel *n.*

Med·i·care ['medɪkeə] *s. Am.* Gesundheitsfürsorge *f* (*bsd. für Senioren*).

med·i·cate ['medɪkeɪt] *v/t.* **1.** medi'zinisch behandeln; **2.** mit Arz'neistoff versetzen *od.* imprägnieren: ***~d cotton*** medizinische Watte; ***~d bath (wine)*** Medizinalbad *n* (-wein *m*); **med·i·ca·tion** [,medɪ'keɪʃn] *s.* **1.** Beimischung *f* von Arz'neistoffen; **2.** Verordnung *f*, medi'zinische *od.* medikamen'töse Behandlung; **'med·i·ca·tive** [-keɪtɪv] *adj.*, **me·dic·i·nal** [me'dɪsɪnl] *adj.* □ Medizinal..., medi'zinisch, heilkräftig, -sam, Heil...: ***~ herbs*** Heilkräuter; ***~ spring*** Heilquelle *f.*

med·i·cine ['medsɪn] *s.* **1.** Medi'zin *f*, Arz'nei *f* (*a. fig.*): ***take one's ~*** a) s-e Medizin (ein)nehmen, b) *fig.* ‚die Pille schlucken'; **2.** a) Heilkunde *f*, ärztliche Wissenschaft, b) innere Medi'zin (*Ggs. Chirurgie*); **3.** Zauber *m*, Medi'zin *f* (*bei Indianern etc.*): ***he is bad ~*** *Am. sl.* er ist ein gefährlicher Bursche; **~ ball** *s. sport* Medi'zinball *m*; **~ chest** *s.* Arz'neischrank *m*, 'Hausapo,theke *f*; **~ man** [-mæn] *s.* [*irr.*] Medi'zinmann *m.*

med·i·co ['medɪkəʊ] *pl.* **-cos** *s.* → ***medic*** II.

medico- [medɪkəʊ] *in Zssgn* medi'zinisch, Mediko...: ***~legal*** gerichtsmedizinisch.

me·di·e·val [,medɪ'i:vl] *adj.* □ mittelalterlich (*a.* F *fig. altmodisch, vorsintflutlich*); **,me·di'e·val·ism** [-vəlɪzəm] *s.* **1.** Eigentümlichkeit *f od.* Geist *m* des Mittelalters; **2.** Vorliebe *f* für das Mittelalter; **3.** Mittelalterlichkeit *f*; **,me·di'e·val·ist** [-vəlɪst] *s.* Mediä'vist(in), Erforscher(in) *od.* Kenner(in) des Mittelalters.

me·di·o·cre [,mi:dɪ'əʊkə] *adj.* mittelmäßig, zweitklassig; **me·di·oc·ri·ty** [,mi:dɪ'ɒkrətɪ] *s.* **1.** Mittelmäßigkeit *f*, mäßige Begabung; **2.** unbedeutender Mensch, kleiner Geist.

med·i·tate ['medɪteɪt] **I** *v/i.* nachsinnen, -denken, grübeln, meditieren (***on, upon*** über *acc.*); **II** *v/t.* erwägen, planen, sinnen auf (*acc.*); **med·i·ta·tion** [,medɪ'teɪʃn] *s.* **1.** Meditati'on *f*, tiefes Nachdenken, Sinnen *n*; **2.** (*bsd.* fromme) Betrachtung, Andacht *f*: ***book of ~s*** Andachts-, Erbauungsbuch *n*; **'med·i·ta·tive** [-tətɪv] *adj.* □ **1.** nachdenklich; **2.** besinnlich (*a. Buch etc.*).

med·i·ter·ra·ne·an [,medɪtə'reɪnjən] **I** *adj.* **1.** von Land um'geben; binnenländisch; **2.** ℒ mittelmeerisch, mediter'ran, Mittelmeer...: ***ℒ Sea*** → 3; **II** *s.* **3.** ℒ Mittelmeer *n*, Mittelländisches Meer; **4.** ℒ Angehörige(r *m*) *f* der mediter'ranen Rasse.

me·di·um ['mi:djəm] **I** *pl.* **-di·a** [-djə], **-di·ums** *s.* **1.** *fig.* Mitte *f*, Mittel *n*,

Mittelweg *m*: ***the happy ~*** die goldene Mitte, der goldene Mittelweg; **2.** *phys.* Mittel *n*, Medium *n*; **3.** ✝, *biol.* Medium *n*, Träger *m*, Mittel *n*: ***circulating ~, currency ~*** ✝ Umlaufs-, Zahlungsmittel; ***dispersion ~*** ⚕ Dispersionsmittel; **4.** 'Lebensele,ment *n*, -bedingungen *pl.*; **5.** *fig.* Um'gebung *f*, Mili'eu *n*; **6.** (*a. künstlerisches, a. Kommunikations-*) Medium *n*, (Hilfs-, Werbe- *etc.*)Mittel *n*; Werkzeug *n*, Vermittlung *f*: ***by*** (*od.* ***through***) ***the ~ of*** durch, vermittels; → ***media²***; **7.** *paint.* Bindemittel *n*; **8.** *Spiritismus etc.*: Medium *n*; **9.** *typ.* Medi'anpa,pier *n*; **II** *adj.* **10.** mittler, Mittel..., Durchschnitts..., *a.* mittelmäßig: ***~ quality*** mittlere Qualität; ***~ price*** Durchschnittspreis *m*; ***~-price car*** *mot.* Wagen *m* der mittleren Preisklasse; ***~ brown*** *s.* Mittelbraun *n*; '**~-,dat·ed** *adj.* ✝ mittelfristig; '**~-faced** *adj. typ.* halbfett.

me·di·um·is·tic [ˌmiːdjə'mɪstɪk] *adj.* *Spiritismus*: medi'al (begabt).

me·di·um| size *s.* Mittelgröße *f*; '**~-size(d)** *adj.* mittelgroß: ***~ car*** Mittelklassewagen *m*; '**~-term** *adj.* mittelfristig; ***~ wave*** *s. Radio*: Mittelwelle *f*.

med·lar ['medlə] *s.* ⚘ **1.** Mispelstrauch *m*; **2.** Mispel *f* (*Frucht*).

med·ley ['medlɪ] **I** *s.* **1.** Gemisch *n*; *contp.* Mischmasch *m*, Durchein'ander *n*; **2.** ♪ Potpourri *n*, Medley *n*; **II** *adj.* **3.** gemischt, wirr; bunt; **4.** *sport* Lagen...: ***~ swimming***; ***~ relay*** a) *Schwimmen*: Lagenstaffel *f*, b) *Laufsport*: Schwellstaffel *f*.

me·dul·la [me'dʌlə] *s.* **1.** *anat.* (Knochen)Mark *n*: ***~ spinalis*** Rückenmark; **2.** ⚘ Mark *n*; **me'dul·lar·y** [-ərɪ] *adj.* medul'lär, Mark...

meed [miːd] *s. poet.* Lohn *m*.

meek [miːk] *adj.* □ **1.** mild, sanft(mütig); **2.** demütig, unter'würfig; **3.** fromm (*Tier*): ***as ~ as a lamb*** *fig.* lammfromm; '**meek·ness** [-nɪs] *s.* **1.** Sanftmut *f*, Milde *f*; **2.** Demut *f*, Unter'würfigkeit *f*.

meer·schaum ['mɪəʃəm] *s.* Meerschaum(pfeife *f*) *m*.

meet [miːt] **I** *v/t.* [*irr.*] **1.** begegnen (*dat.*), treffen, zs.-treffen mit, treffen auf (*acc.*), antreffen: ***~ s.o. in the street***; ***well met!*** schön, dass wir uns treffen!; **2.** abholen; ***~ s.o. at the station*** j-n von der Bahn abholen; ***be met*** abgeholt *od.* empfangen werden; ***come*** (***go***) ***to ~ s.o.*** j-m entgegenkommen (-gehen); **3.** *j-n* kennen lernen: ***when I first met him*** als ich s-e Bekanntschaft machte; ***pleased to ~ you*** F sehr erfreut, Sie kennen zu lernen; ***~ Mr. Brown!*** *bsd. Am.* darf ich Sie mit Herrn B. bekannt machen?; **4.** *fig. j-m* entgegenkommen (***half-way*** auf halbem Wege); **5.** (*feindlich*) zs.-treffen *od.* -stoßen mit, begegnen (*dat.*), stoßen auf (*acc.*); *sport* antreten gegen (*Konkurrenten*); **6.** *a. fig. j-m* gegen'übertreten; → ***fate*** 1; **7.** *fig.* entgegentreten (*dat.*): a) *e-r Sache* abhelfen, *der Not* steuern, *Schwierigkeiten* über'winden, *e-m Übel* begegnen, *der Konkurrenz* Herr werden, b) *Einwände* wider'legen, entgegnen auf (*acc.*); **8.** *parl.* sich vorstellen (*dat.*): ***~ (the) parliament***; **9.** berühren, münden in (*acc.*) (*Straßen*), stoßen *od.* treffen auf (*acc.*), schneiden (*a.* ⩓): ***~ s.o.'s eye*** a) j-m ins Auge fallen, b) j-s Blick erwidern; ***~ the eye*** auffallen; ***there is more in it than ~s the eye*** da steckt mehr dahinter; **10.** *Anforderungen etc.* entsprechen, gerecht werden (*dat.*), über'einstimmen mit: ***the supply ~s the demand*** das Angebot entspricht der Nachfrage; ***be well met*** gut zs.-passen; ***that won't ~ my case*** das löst mein Problem nicht; **11.** *j-s Wünschen* entgegenkommen *od.* entsprechen, *Forderungen* erfüllen, *Verpflichtungen* nachkommen, *Unkosten* bestreiten (***out of*** aus), *Nachfrage* befriedigen, *Rechnungen* begleichen, *j-s Auslagen* decken, *Wechsel* honorieren *od.* decken: ***~ the claims of one's creditors*** s-e Gläubiger befriedigen; **II** *v/i.* [*irr.*] **12.** zs.-kommen, -treffen, -treten; **13.** sich begegnen, sich treffen, sich finden: ***~ again*** sich wieder sehen; **14.** (*feindlich od. im Spiel*) zs.-stoßen, anein'ander geraten, sich messen; *sport* aufein'ander treffen (*Gegner*); **15.** sich kennen lernen, zs.-treffen; **16.** sich vereinigen (*Straßen etc.*), sich berühren; **17.** genau zs.-treffen *od.* -stimmen *od.* -passen, sich decken; zugehen (*Kleidungsstück*); → ***end*** 1; **18.** ***~ with*** a) zs.-treffen mit, sich vereinigen mit, b) (an)treffen, finden, (zufällig) stoßen auf (*acc.*), c) erleben, erleiden, erfahren, betroffen werden von, erhalten, *Billigung* finden, *Erfolg* haben: ***~ with an accident*** e-n Unfall erleiden, verunglücken; ***~ with a kind reception*** freundlich aufgenommen werden; **III** *s.* **19.** *Am.* a) Treffen *n* (*von Zügen etc.*), b) → ***meeting*** 3 b; **20.** *Brit. hunt.* a) Jagdtreffen *n* (*zur Fuchsjagd*), b) Jagdgesellschaft *f*.

meet·ing ['miːtɪŋ] *s.* **1.** Begegnung *f*, Zs.-treffen *n*, -kunft *f*; **2.** (***at a ~*** auf e-r) Versammlung *od.* Konfe'renz *od.* Sitzung *od.* Tagung: ***~ of creditors*** (***members***) Gläubiger- (Mitglieder-) versammlung; **3.** a) Zweikampf *m*, Du'ell *n*, b) *sport* Treffen *n*, Wettkampf *m*, Veranstaltung *f*; **4.** Zs.-treffen *n* (*zweier Linien etc.*), Zs.-fluss *m* (*zweier Flüsse*); ***~ place*** *s.* Treffpunkt *m* (*a. weitS.*), Tagungs-, Versammlungsort *m*.

meg(a)- [meg(ə)] *in Zssgn* a) (riesen-) groß, b) Milli'on.

meg·a ['megə] F **I** *adj.* ‚klasse', ‚mega', ‚geil'; **II** *adv.* ‚wahnsinnig': ***they are ~ rich*** sie sind ‚stinkreich'.

meg·a·buck ['megəbʌk] *s.* F Milli'on *f* Dollar; '**meg·a·byte** [-baɪt] *s.* Megabyte *n*; **meg·a·cy·cle** ['megəˌsaɪkl] *s.* ⚡ Megahertz *n*; '**meg·a·death** [-deθ] *s.* Tod *m* von e-r Milli'on Menschen (*bsd. in e-m Atomkrieg*); '**meg·a·fog** [-fɒg] *s.* ⚓ 'Nebelsi,gnal(anlage *f*) *n*; '**meg·a·lith** [-lɪθ] *s.* Mega'lith *m*, großer Steinblock.

megalo- [megələʊ] *in Zssgn* groß.

meg·a·lo·car·di·a [ˌmegələʊ'kɑːdɪə] *s.* ⚕ Herzerweiterung *f*; **meg·a·lo·ma·ni·a** [ˌmegələʊ'meɪnjə] *s. psych.* Größenwahn *m*; **meg·a·lop·o·lis** [ˌmegə'lɒpəlɪs] *s.* **1.** Riesenstadt *f*; **2.** Ballungsgebiet *n*.

meg·a·phone ['megəfəʊn] **I** *s.* Mega'phon *n*; **II** *v/t. u. v/i.* durch ein Mega'phon sprechen; '**meg·a·ton** [-tʌn] *s.* Megatonne *f* (*1 Million Tonnen*); '**meg·a·watt** [-wɒt] *s.* ⚡ Megawatt *n*.

meg·ger ['megə] *s.* ⚡ Megohm'meter *n*.

me·gilp [mə'gɪlp] **I** *s.* Leinöl-, Retuschierfirnis *m*; **II** *v/t.* firnissen.

meg·ohm ['megəʊm] *s.* ⚡ Meg'ohm *n*.

me·grim ['miːgrɪm] *s.* **1.** ⚕ *obs.* Mi'gräne *f*; **2.** *obs.* Grille *f*, Schrulle *f*; **3.** *pl. obs.* Schwermut *f*, Melancho'lie *f*; **4.** *pl. vet.* Koller *m* (*der Pferde*).

mel·an·cho·li·a [ˌmelən'kəʊljə] *s.* ⚕ Melancho'lie *f*, Schwermut *f*; **ˌmel·an'cho·li·ac** [-lɪæk], **ˌmel·an'chol·ic** [-'kɒlɪk] **I** *adj.* melan'cholisch, schwermütig, traurig, schmerzlich; **II** *s.* Melan'choliker(in), Schwermütige(r *m*) *f*;

mel·an·chol·y ['melənkəlɪ] **I** *s.* Melancho'lie *f*: a) ⚕ Depressi'on *f*, b) Schwermut *f*, Trübsinn *m*; **II** *adj.* melan'cholisch: a) schwermütig, trübsinnig, b) *fig.* traurig, düster, trübe.

mé·lange [meɪ'lɑ̃ːnʒ] (*Fr.*) *s.* Mischung *f*, Gemisch *n*.

mel·a·no·ma [ˌmelə'nəʊmə] *s.* ⚕ Mela'nom *n*.

me·las·sic [mɪ'læsɪk] *adj.* ⚗ Melassin...(*-säure etc.*).

Mel·ba toast ['melbə] *s.* dünne, hart geröstete Brotscheiben *pl.*

me·lee *Am.*, **mê·lée** ['meleɪ] (*Fr.*) *s.* Handgemenge *n*; *fig.* Tu'mult *m*; Gewühl *n*.

mel·io·rate ['miːljəreɪt] **I** *v/t.* **1.** (ver-)bessern; **2.** ⸙ meliorieren; **II** *v/i.* sich (ver)bessern; **mel·io·ra·tion** [ˌmiːljə'reɪʃn] *s.* (Ver)Besserung *f*; ⸙ Melioratі'on *f*.

me·lis·sa [mɪ'lɪsə] *s.* ⚘, ⚕ (Zi'tronen-) Me,lisse *f*.

mel·lif·er·ous [me'lɪfərəs] *adj.* **1.** ⚘ honigerzeugend; **2.** *zo.* Honig tragend *od.* bereitend; **mel'lif·lu·ence** [-flʊəns] *s.* **1.** Honigfluss *m*; **2.** *fig.* Süßigkeit *f*; **mel'lif·lu·ent** [-flʊənt] *adj.* □ (wie Honig) süß *od.* glatt da'hinfließend; **mel'lif·lu·ous** [-flʊəs] *adj.* □ *fig.* honigsüß.

mel·low ['meləʊ] **I** *adj.* □ **1.** reif, saftig, mürbe, weich (*Obst*); **2.** ⸙ a) leicht zu bearbeiten(d), locker, b) reich (*Boden*); **3.** ausgereift, mild (*Wein*); **4.** sanft, mild, zart, weich (*Farbe, Licht, Ton etc.*); **5.** *fig.* gereift u. gemildert, mild, freundlich, heiter (*Person*): ***of ~ age*** von gereiftem Alter; **6.** angeheitert, beschwipst; **II** *v/t.* **7.** weich *od.* mürbe machen, *Boden* auflockern; **8.** *fig.* sänftigen, mildern; **9.** (aus)reifen, reifen lassen (*a. fig.*); **III** *v/i.* **10.** weich *od.* mürbe *od.* mild *od.* reif werden (*Wein etc.*); **11.** *fig.* sich abklären *od.* mildern; '**mel·low·ness** [-nɪs] *s.* **1.** Weichheit *f* (*a. fig.*), Mürbheit *f*; **2.** ⸙ Gare *f*; **3.** Gereiftheit *f*; **4.** Milde *f*, Sanftheit *f*.

me·lo·de·on [mɪ'ləʊdjən] *s.* ♪ **1.** Me'lodium(orgel *f*) *n* (*ein amer. Harmonium*); **2.** *Art* Ak'kordeon *n*; **3.** *obs. Am.* Varie'tee(the,ater) *n*.

me·lod·ic [mɪ'lɒdɪk] *adj.* me'lodisch; **me'lod·ics** [-ks] *s. pl. sg. konstr.* ♪ Melo'dielehre *f*, Me'lodik *f*; **me·lo·di·ous** [mɪ'ləʊdjəs] *adj.* □ melo'dienreich, wohlklingend; **mel·o·dist** ['melədɪst] *s.* **1.** 'Liedersänger(in), -kompo,nist(in); **2.** Me'lodiker *m*; **mel·o·dize** ['melədaɪz] **I** *v/t.* **1.** me'lodisch machen; **2.** *Lieder* vertonen; **II** *v/i.* **3.** Melo'dien singen *od.* komponieren; **mel·o·dra·ma** ['meləʊˌdrɑːmə] *s.* Melo'dram(a) *n* (*a. fig.*); **mel·o·dra·mat·ic** [ˌmeləʊdrə'mætɪk] *adj.* (□ ***~ally***) melodra'matisch.

mel·o·dy ['melədɪ] *s.* **1.** ♪ (*a. ling. u. fig.*) Melo'die *f*, Weise *f*; **2.** Wohlklang *m*.

mel·on ['melən] *s.* **1.** ⚘ Me'lone *f*: ***water ~*** Wassermelone; **2.** ***cut a ~*** ✝ *sl.* e-e Sonderdividende ausschütten.

melt [melt] **I** *v/i.* **1.** (zer)schmelzen, flüssig werden; sich auflösen, auf-, zergehen (***into*** in *acc.*): ***~ down*** zerfließen;

M

→ ***butter*** 1; **2.** sich auflösen; **3.** aufgehen (***into*** in *acc.*), sich verflüchtigen; **4.** zs.-schrumpfen; **5.** *fig.* zerschmelzen, zerfließen (***with*** vor *dat.*): ~ ***into tears*** in Tränen zerfließen; **6.** *fig.* auftauen, weich werden, schmelzen; **7.** verschmelzen, *ineinander* 'übergehen (*Ränder, Farben etc.*): ***outlines ~ing into each other***; **8.** (ver)schwinden, zur Neige gehen (*Geld etc.*): ~ ***away*** dahinschwinden, -schmelzen; **9.** *humor.* vor Hitze vergehen, zerfließen; **II** *v/t.* **10.** schmelzen, lösen; **11.** (zer-)schmelzen *od.* (zer)fließen lassen (***into*** in *acc.*); *Butter* zerlassen; ⚙ schmelzen: ~ ***down*** einschmelzen; **12.** *fig.* rühren, erweichen: ~ ***s.o.'s heart***; **13.** *Farben etc.* verschmelzen lassen; **III** *s.* **14.** Schmelzen *n* (*Metall*); **15.** a) Schmelze *f*, geschmolzene Masse, b) → ***melting charge***.

'melt·down *s.* **1.** Kernschmelze *f* (*im Reaktor*); **2.** a) Niedergang *m*, Abbau *m*, b) Absacken *n* (*der Börsenkurse*).

melt·ing ['meltɪŋ] *adj.* □ **1.** schmelzend, Schmelz...: ~ ***heat*** schwüle Hitze; **2.** *fig.* a) weich, zart, b) schmelzend, schmachtend, rührend (*Worte etc.*); ~ **charge** *s. metall.* Schmelzgut *n*, Einsatz *m*; ~ **furnace** *s.* ⚙ Schmelzofen *m*; ~ **point** *s. phys.* Schmelzpunkt *m*; ~ **pot** *s.* Schmelztiegel *m* (*a. fig. Land etc.*): ***put into the ~*** *fig.* von Grund auf ändern; ~ **stock** *s. metall.* Charge *f*, Beschickungsgut *n* (*Hochofen*).

mem·ber ['membə] *s.* **1.** Mitglied *n*, Angehörige(r *m*) *f* (*e-s Klubs, e-r Familie, Partei etc.*): ***2 of Parliament*** *Brit.* Abgeordnete(r *m*) *f* des Unterhauses; ***2 of the European Parliament*** Europaabgeordnete(r *m*) *f*; ***2 of Congress*** *Am.* Kongressmitglied *n*; ~ ***state*** Mitgliedsstaat *m*; **2.** *anat.* a) Glied(maße *f*) *n*, b) (männliches) Glied, Penis *m*; **3.** ⚙ (Bau)Teil *n*; **4.** *ling.* Satzteil *m*, -glied *n*; **5.** A a) Glied *n* (*Reihe etc.*), b) Seite *f* (*Gleichung*); **'mem·bered** [-əd] *adj.* **1.** gegliedert; **2.** *in Zssgn* ...gliedrig: ***four-~*** viergliedrig; **'mem·ber·ship** [-ʃɪp] *s.* **1.** Mitgliedschaft *f*, Zugehörigkeit *f*: ~ ***card*** Mitgliedsausweis *m*; ~ ***fee*** Mitgliedsbeitrag *m*; **2.** Mitgliederzahl *f*; *coll. die* Mitglieder *pl.*

mem·brane ['membreɪn] *s.* **1.** *anat.* Mem'bran(e) *f*, Häutchen *n*: ***drum ~*** Trommelfell *n*; ~ ***of connective tissue*** Bindegewebshaut *f*; **2.** *phys.*, ⚙ Membran(e) *f*; **mem·bra·ne·ous** [mem'breɪnjəs], **mem·bra·nous** [mem'breɪnəs] *adj. anat.*, ⚙ häutig, Membran...: ~ ***cartilage*** Hautknorpel *m*.

me·men·to [mɪ'mentəʊ] *pl.* **-tos** [-z] *s.* Me'mento *n*, Mahnzeichen *n*; Erinnerung *f* (***of*** an *acc.*).

mem·o ['meməʊ] *s.* F Memo *n*, No'tiz *f*.

mem·oir ['memwɑː] *s.* **1.** Denkschrift *f*, Abhandlung *f*, Bericht *m*; **2.** *pl.* Memo'iren *pl.*, Lebenserinnerungen *pl.*

mem·o·ra·bil·i·a [ˌmemərə'bɪlɪə] (*Lat.*) *s. pl.* Denkwürdigkeiten *pl.*; **mem·o·ra·ble** ['memərəbl] *adj.* □ denkwürdig.

mem·o·ran·dum [ˌmemə'rændəm] *pl.* **-da** [-də], **-dums** *s.* **1.** Vermerk *m* (*a.* 'Akten)NoˌTiz *f*: ***make a ~ of*** *et.* notieren; ***urgent ~*** Dringlichkeitsvermerk; **2.** ⚖ Schriftsatz *m*; Vereinbarung *f*, Vertragsurkunde *f*: ~ ***of association*** Gründungsurkunde (*e-r Gesellschaft*); **3.** ⚚ a) Kommissi'onsnota *f*: ***send on a ~*** in Kommission senden, b) Rechnung *f*, Nota *f*; **4.** *pol.* diplo'matische Note, Denkschrift *f*, Memo'randum *n*; **5.** Merkblatt *n*; ~ **book** *s.* No'tizbuch *n*, Kladde *f*.

me·mo·ri·al [mɪ'mɔːrɪəl] **I** *adj.* **1.** Gedächtnis...: ~ ***service*** Gedenkgottesdienst *m*; **II** *s.* **2.** Denkmal *n*, Ehrenmal *n*; Gedenkfeier *f*; **3.** Andenken *n* (***for*** an *acc.*); **4.** ⚖ Auszug *m* (*aus e-r Urkunde etc.*); **5.** Denkschrift *f*, Eingabe *f*, Gesuch *n*; **6.** *pl.* → ***memoir*** 2; **2 Day** *s. Am.* Volkstrauertag *m* (*30. Mai*); **me'mo·ri·al·ize** [-laɪz] *v/t.* **1.** e-e Denk- *od.* Bittschrift einreichen bei: ~ ***Congress***; **2.** erinnern an (*acc.*), e-e Gedenkfeier abhalten für.

mem·o·rize ['meməraɪz] *v/t.* **1.** sich *et.* einprägen, auswendig lernen, memorieren; **2.** niederschreiben, festhalten, verewigen; **'mem·o·ry** [-rɪ] *s.* **1.** Gedächtnis *n*, Erinnerung(svermögen *n*) *f*: ***from ~, by ~*** aus dem Gedächtnis, auswendig; ***call to ~*** sich *et.* ins Gedächtnis zurückrufen; ***escape s.o.'s ~*** j-s Gedächtnis *od.* j-m entfallen; ***if my ~ serves me*** (***right***) wenn ich mich recht erinnere; → ***commit*** 1; **2.** Erinnerung(szeit) *f* (***of*** an *acc.*): ***within living ~*** seit Menschengedenken; ***before ~, beyond ~*** in unvordenklichen Zeiten; **3.** Andenken *n*, Erinnerung *f*: ***in ~ of*** zum Andenken an (*acc.*); → ***blessed*** 1; **4.** Reminis'zenz *f*, Erinnerung *f* (*an Vergangenes*); **5.** *Computer*: Speicher *m*: ~ ***access*** Speicherzugriff *m*; ~ ***bank*** Speicherbank *f*; ~ ***capacity*** Speicherkapazität *f*; ~ ***expansion*** Speichererweiterung *f*; ~ ***function*** Speicherfunktion *f*.

mem·sa·hib ['memˌsɑːhɪb] *s. Brit. Ind.* euro'päische Frau.

men [men] *pl. von* ***man***.

men·ace ['menəs] **I** *v/t.* **1.** bedrohen, gefährden; **2.** *et.* androhen; **II** *v/i.* **3.** drohen, Drohungen ausstoßen; **III** *s.* **4.** (Be)Drohung *f* (***to*** *gen.*), *fig. a.* drohende Gefahr (***to*** für); **5.** F ‚Scheusal' *n*, Nervensäge *f*; **'men·ac·ing** [-sɪŋ] *adj.* □ drohend.

mé·nage, me·nage [me'nɑːʒ] (*Fr.*) *s.* Haushalt(ung *f*) *m*.

me·nag·er·ie [mɪ'nædʒərɪ] *s.* Menage'rie *f*, Tierschau *f*.

mend [mend] **I** *v/t.* **1.** ausbessern, flicken, reparieren: ~ ***stockings*** Strümpfe stopfen; ~ ***a friendship*** *fig.* e-e Freundschaft ‚kitten'; **2.** *fig.* (ver)bessern: ~ ***one's efforts*** s-e Anstrengungen verdoppeln; ~ ***one's pace*** den Schritt beschleunigen; ~ ***one's ways*** sich (*sittlich*) bessern; ***least said soonest ~ed*** je weniger geredet wird, desto rascher wird alles wieder gut; **II** *v/i.* **3.** sich bessern; **4.** genesen: ***be ~ing*** auf dem Wege der Besserung sein; **III** *s.* **5.** ⚚ *u. allg.* Besserung *f*: ***be on the ~*** → 4; **6.** ausgebesserte Stelle, Stopfstelle *f*, Flicken *m*; **'mend·a·ble** [-dəbl] *adj.* (aus-)besserungsfähig.

men·da·cious [men'deɪʃəs] *adj.* □ lügnerisch, verlogen, lügenhaft; **men'dac·i·ty** [-'dæsətɪ] *s.* **1.** Lügenhaftigkeit *f*, Verlogenheit *f*; **2.** Lüge *f*, Unwahrheit *f*.

Men·de·li·an [men'diːljən] *adj. biol.* mendelsch, Mendel...; **'Men·de·lize** ['mendəlaɪz] *v/i.* mendeln.

men·di·can·cy ['mendɪkənsɪ] *s.* Bette'lei *f*, Betteln *n*; **'men·di·cant** [-nt] **I** *adj.* **1.** bettelnd, Bettel...: ~ ***friar*** → 3; **II** *s.* **2.** Bettler(in); **3.** Bettelmönch *m*.

men·dic·i·ty [men'dɪsətɪ] *s.* **1.** Bette'lei *f*; **2.** Bettelstand *m*: ***reduce to ~*** *fig.* an den Bettelstab bringen.

mend·ing ['mendɪŋ] *s.* **1.** (Aus)Bessern *n*, Flicken *n*: ***his boots need ~*** seine Stiefel müssen repariert werden; ***invisible ~*** Kunststopfen *n*; **2.** *pl.* Stopfgarn *n*.

'men·folk(s) *s. pl.* Mannsvolk *n*, -leute *pl.*

me·ni·al ['miːnjəl] **I** *adj.* □ **1.** *contp.* knechtisch, niedrig (*Arbeit*): ~ ***offices*** niedrige Dienste; **2.** knechtisch, unter'würfig; **II** *s.* **3.** Diener(in), Knecht *m*, La'kai *m* (*a. fig.*): ***~s*** Gesinde *n*.

me·nin·ge·al [mɪ'nɪndʒɪəl] *adj. anat.* Hirnhaut...; **men·in·gi·tis** [ˌmenɪn'dʒaɪtɪs] *s.* ⚕ Menin'gitis *f*, (Ge)Hirnhautentzündung *f*.

me·nis·cus [mɪ'nɪskəs] *pl.* **-nis·ci** [-'nɪsaɪ] *s.* **1.** Me'niskus *m*: a) halbmondförmiger Körper, b) *anat.* Gelenkscheibe *f*; **2.** *opt.* Me'niskenglas *n*.

men·o·pause ['menəʊpɔːz] *s. physiol.* Wechseljahre *pl.*, Klimak'terium *n*.

men·ses ['mensiːz] *s. pl. physiol.* Menses *pl.*, Regel *f* (*der Frau*).

men·stru·al ['menstrʊəl] *adj.* **1.** *ast.* Monats...: ~ ***equation*** Monatsgleichung *f*; **2.** *physiol.* Menstruations...: ~ ***flow*** Regelblutung *f*; **'men·stru·ate** [-ʊeɪt] *v/i.* menstruieren, die Regel haben; **men·stru·a·tion** [ˌmenstrʊ'eɪʃn] *s.* Menstruati'on *f*, (monatliche) Regel, Peri'ode *f*.

men·sur·a·bil·i·ty [ˌmenʃʊrə'bɪlətɪ] *s.* Messbarkeit *f*; **men·sur·a·ble** ['menʃʊrəbl] *adj.* **1.** messbar; **2.** ♪ Mensural...: ~ ***music***.

men·tal ['mentl] **I** *adj.* □ **1.** geistig, innerlich, intellektu'ell, Geistes...(*-kraft, -zustand etc.*): ~ ***arithmetic*** Kopfrechnen *n*; ~ ***reservation*** geheimer Vorbehalt, Mentalreservation *f*; → ***note*** 2; **2.** (geistig-)seelisch; **3.** ⚕ geisteskrank, -gestört, F verrückt: ~ ***disease*** Geisteskrankheit *f*; ~ ***home***, ~ ***hospital*** Nervenheilanstalt *f*; ~ ***patient***, ~ ***case*** Geisteskranke(r *m*) *f*; ***~ly handicapped*** geistig behindert; **II** *s.* **4.** F Verrückte(r *m*) *f*; ~ **age** *s. psych.* geistiges Alter; ~ **cru·el·ty** *s.* ⚖ seelische Grausamkeit; ~ **de·fi·cien·cy** *s.* ⚕ Geistesbehinderung *f*; ~ **de·range·ment** *s.* **1.** ⚖ krankhafte Störung der Geistestätigkeit; **2.** ⚕ Geistesstörung *f*, Irrsinn *m*; ~ **hy·giene** *s.* ⚕ 'PsychohygiˌEne *f*.

men·tal·i·ty [men'tælətɪ] *s.* Mentali'tät *f*, Denkungsart *f*, Gesinnung *f*; Wesen *n*, Na'tur *f*.

men·thol ['menθɒl] *s.* ⚗ Men'thol *n*; **'men·tho·lat·ed** [-θəleɪtɪd] *adj.* Men'thol enthaltend, Menthol...

men·tion ['menʃn] **I** *s.* **1.** Erwähnung *f*: ***to make*** (***no***) ***~ of s.th.*** et. (nicht) erwähnen; ***hono(u)rable ~*** ehrenvolle Erwähnung; **2.** lobende Erwähnung; **II** *v/t.* **3.** erwähnen, anführen: (***please***) ***don't ~ it!*** bitte!, gern geschehen!, (es ist) nicht der Rede wert!; ***not to ~*** ganz zu schweigen von; ***not worth ~ing*** nicht der Rede wert; **'men·tion·a·ble** [-ʃnəbl] *adj.* erwähnenswert.

men·tor ['mentɔː] *s.* Mentor *m*, treuer Ratgeber.

men·u ['menjuː] (*Fr.*) *s.* **1.** Speise(n)-karte *f*; **2.** Speisenfolge *f*; **3.** *Computer*: Me'nü *n*.

me·ow [mɪ'aʊ] **I** *v/i.* mi'auen (*Katze*); **II** *s.* Mi'auen *n*.

me·phit·ic [me'fɪtɪk] *adj.* verpestet, giftig (*Luft, Geruch etc.*).

M

mer·can·tile ['mɜːkəntaɪl] *adj.* **1.** kaufmännisch, Handel treibend, Handels...: **~ agency** a) Handelsauskunftei *f*, b) Handelsvertretung *f*; **~ law** Handelsrecht *n*; **~ marine** Handelsmarine *f*; **~ paper** ☤ Warenpapier *n*; **2.** ☤ Merkantil...: **~ system** *hist.* Merkantilismus *m*; **'mer·can·til·ism** [-tɪlɪzəm] *s.* **1.** Handels-, Krämergeist *m*; **2.** kaufmännischer Unter'nehmergeist; **3.** ☤ *hist.* Merkanti'lismus *m*.

mer·ce·nar·y ['mɜːsɪnərɪ] **I** *adj.* □ **1.** gedungen, Lohn...: **~ troops** Söldnertruppen; **2.** *fig.* feil, käuflich; **3.** *fig.* gewinnsüchtig: **~ marriage** Geldheirat *f*; **II** *s.* **4.** ⚔ Söldner *m*; *contp.* Mietling *m*.

mer·cer ['mɜːsə] *s. Brit.* Seiden- u. Tex'tilienhändler *m*; **'mer·cer·ize** [-əraɪz] *v/t. Baumwollfasern* merzerisieren; **'mer·cer·y** [-ərɪ] *s.* ☤ *Brit.* **1.** Seiden-, Schnittwaren *pl.*; **2.** Seiden-, Schnittwarenhandlung *f*.

mer·chan·dise ['mɜːtʃəndaɪz] **I** *s.* **1.** *coll.* Ware(n *pl.*) *f*, Handelsgüter *pl.*: **an article of ~** eine Ware; **II** *v/i.* **2.** Handel treiben, Waren vertreiben; **III** *v/t.* **3.** *Waren* vertreiben; **4.** Werbung machen für *e-e Ware*, den Absatz *e-r Ware* steigern; **'mer·chan·dis·ing** [-zɪŋ] ☤ **I** *s.* **1.** Merchandising *n*, Ver'kaufspoli,tik *f* u. -förderung *f* (*durch Marktforschung, wirksame Gütergestaltung, Werbung etc.*); **2.** Handel(sgeschäfte *pl.*) *m*; **II** *adj.* **3.** Handels...

mer·chant ['mɜːtʃənt] ☤ **I** *s.* **1.** (Groß-)Kaufmann *m*, Handelsherr *m*, Großhändler *m*: **the ~s** die Kaufmannschaft, Handelskreise *pl.*; **2.** *bsd. Am.* Ladenbesitzer *m*, Krämer *m*; **3.** **~ of doom** *Brit. sl.* ‚Unke' *f*, Schwarzseher(in); **4.** ⚓ *obs.* Handelsschiff *n*; **II** *adj.* **5.** Handels..., Kaufmanns...; **'mer·chant·a·ble** [-təbl] *adj.* marktgängig.

mer·chant| bank *s.* Handelsbank *f*; **~ fleet** *s.* ⚓ Handelsflotte *f*; **'~·man** [-mən] *s.* [*irr.*] ⚓ Kauffahr'tei-, Handelsschiff *n*; **~ na·vy** *s.* 'Handelsma,rine *f*; **~ prince** *s.* ☤ reicher Kaufherr, Handelsfürst *m*; **~ ship** *s.* Handelsschiff *n*.

mer·ci·ful ['mɜːsɪfʊl] *adj.* □ (**to**) barm'herzig, mitleidvoll (gegen), gütig (gegen, zu); gnädig (*dat.*); **'mer·ci·ful·ly** [-fʊlɪ] *adv.* **1.** → **merciful**; **2.** glücklicherweise; **'mer·ci·ful·ness** [-nɪs] *s.* Barm'herzigkeit *f*, Erbarmen *n*, Gnade *f* (*Gottes*); **'mer·ci·less** [-lɪs] *adj.* □ unbarmherzig, erbarmungslos, mitleidlos; **'mer·ci·less·ness** [-lɪsnɪs] *s.* Erbarmungslosigkeit *f*.

mer·cu·ri·al [mɜː'kjʊərɪəl] *adj.* □ **1.** ⚗ Quecksilber...; **2.** *fig.* lebhaft, quecksilb(e)rig; **3.** *myth.* Merkur...: ♀ **wand** Merkurstab *m*; **mer'cu·ri·al·ism** [-lɪzəm] *s.* ⚕ Quecksilbervergiftung *f*; **mer'cu·ri·al·ize** [-laɪz] *v/t.* ⚕, *phot.* mit Quecksilber behandeln; **mer'cu·ric** [-rɪk] *adj.* ⚗ Quecksilber...

mer·cu·ry ['mɜːkjʊrɪ] *s.* **1.** ♀ *myth. ast.* Mer'kur *m*; *fig.* Bote *m*; **2.** ⚗, ⚕ Quecksilber *n*: **~ column** → 3; **~ poisoning** Quecksilbervergiftung *f*; **3.** Quecksilber(säule *f*) *n*: **the ~ is rising** das Barometer steigt (*a. fig.*); **4.** ⚘ Bingelkraut *n*; **~ pres·sure ga(u)ge** *s. phys.* 'Quecksilbermano,meter *n*.

mer·cy ['mɜːsɪ] *s.* **1.** Barm'herzigkeit *f*, Mitleid *n*, Erbarmen *n*; Gnade *f*: **be at the ~ of s.o.** in j-s Gewalt sein, j-m auf Gnade u. Ungnade ausgeliefert sein; **at the ~ of the waves** den Wellen preisgegeben; **throw o.s. on s.o.'s ~** sich j-m auf Gnade u. Ungnade ergeben; **be left to the tender mercies of** *iro.* der rauen Behandlung von ... ausgesetzt sein; **Sister of** ♀ Barmherzige Schwester; **2.** Glück *n*, Segen *m*, (wahre) Wohltat: **it is a ~ that he left**; **~ kill·ing** *s.* Sterbehilfe *f*.

mere [mɪə] *adj.* □ bloß, nichts als, rein, völlig: **~(st) nonsense** purer Unsinn; **~ words** bloße Worte; **he is no ~ craftsman** er ist kein bloßer Handwerker; **the ~st accident** der reinste Zufall; **'mere·ly** [-lɪ] *adv.* bloß, rein, nur, lediglich.

mer·e·tri·cious [,merɪ'trɪʃəs] *adj.* □ **1.** *obs.* dirnenhaft; **2.** *fig.* a) falsch, verlogen, b) protzig.

merge [mɜːdʒ] **I** *v/t.* **1.** (*in*) verschmelzen (mit), aufgehen lassen (in *dat.*), einverleiben (*dat.*): **be ~d in** in *et.* aufgehen; **2.** ⚖ tilgen, aufheben; **3.** ☤ a) fusionieren, b) *Aktien* zs.-legen; **II** *v/i.* **4.** **~ in** sich verschmelzen mit, aufgehen in (*dat.*); **5.** a) *mot.* sich (in den Verkehr) einfädeln: **~ in turn** sich ‚im Reißverschlussverfahren' einfädeln, b) zs.-laufen (*Straßen*); **'mer·gence** [-dʒəns] *s.* Aufgehen *n* (**in** in *dat.*), Verschmelzung *f* (**into** mit); **'merg·er** [-dʒə] *s.* **1.** ☤ Fusi'on *f*, Fusionierung *f von Gesellschaften*; Zs.-legung *f von Aktien*; **2.** ⚖ a) Verschmelzung(svertrag *m*) *f*, Aufgehen *n* (*e-s Besitzes od. Vertrages in e-m anderen etc.*), b) Konsumpti'on *f* (*e-r Straftat durch e-e schwerere*).

me·rid·i·an [mə'rɪdɪən] **I** *adj.* **1.** mittägig, Mittags...; **2.** *ast.* Kulminations..., Meridian...: **~ circle** Meridiankreis *m*; **3.** *fig.* höchst; **II** *s.* **4.** *geogr.* Meridi'an *m*, Längenkreis *m*: **prime ~** Nullmeridian; **5.** *poet.* Mittag(szeit *f*) *m*; **6.** *ast.* Kulminati'onspunkt *m*; **7.** *fig.* Höhepunkt *m*, Gipfel *m*; *fig.* Blüte(zeit) *f*; **me'rid·i·o·nal** [-dɪənl] **I** *adj.* □ **1.** *ast.* meridio'nal, Meridian..., Mittags...; **2.** südlich, südländisch; **II** *s.* **3.** Südländer (-in), *bsd.* 'Südfran,zose *m*, -fran,zösin *f*.

me·ringue [mə'ræŋ] *s.* Me'ringe *f*, Schaumgebäck *n*, Bai'ser *n*.

me·ri·no [mə'riːnəʊ] *pl.* **-nos** [-z] *s.* **1.** *a.* **~ sheep** *zo.* Me'rinoschaf *n*; **2.** ☤ a) Me'rinowolle *f*, b) Me'rino *m* (*Kammgarnstoff*).

mer·it ['merɪt] **I** *s.* **1.** Verdienst(lichkeit *f*) *n*: **according to one's ~** nach Verdienst *belohnen etc.*; **a man of ~** e-e verdiente Persönlichkeit; **Order of** ♀ Verdienstorden *m*; **~ pay** ☤ leistungsbezogene Bezahlung; **~ rating** Leistungsbeurteilung *f*; **2.** Wert *m*, Vorzug *m*: **of architectural ~** von architektonischem Wert, erhaltungswürdig; **3. the ~s** *pl.* ⚖ *u. fig.* die Hauptpunkte, der sachliche Gehalt, die wesentlichen (⚖ *a.* materiell-rechtlichen) Gesichtspunkte: **on its (own) ~s** dem wesentlichen Inhalt nach, an (u. für) sich betrachtet; **on the ~s** ⚖ in der Sache selbst, nach materiellem Recht; **decision on the ~s** Sachentscheidung *f*; **inquire into the ~s of a case** e-r Sache auf den Grund gehen; **II** *v/t.* **4.** *Lohn, Strafe etc.* verdienen; **'mer·it·ed** [-tɪd] *adj.* □ verdient; **'mer·it·ed·ly** [-tɪdlɪ] *adv.* verdientermaßen.

me·ri·toc·ra·cy [,merɪ'tɒkrəsɪ] *s. sociol.* **1.** (herrschende) E'lite; **2.** Leistungsgesellschaft *f*.

mer·i·to·ri·ous [,merɪ'tɔːrɪəs] *adj.* □ verdienstvoll.

mer·lin ['mɜːlɪn] *s. orn.* Merlin-, Zwergfalke *m*.

mer·maid ['mɜːmeɪd] *s.* Meerweib *n*, Seejungfrau *f*, Nixe *f*; **'mer·man** [-mæn] *s.* [*irr.*] Wassergeist *m*, Triton *m*, Nix *m*.

mer·ri·ly ['merəlɪ] *adv. von* **merry**; **'mer·ri·ment** [-ɪmənt] *s.* **1.** Fröhlichkeit *f*, Lustigkeit *f*; **2.** Belustigung *f*, Lustbarkeit *f*, Spaß *m*.

mer·ry ['merɪ] *adj.* □ **1.** lustig, fröhlich: **as ~ as a lark** (*od.* **cricket**) kreuzfidel; **make ~** lustig sein, feiern, scherzen; **2.** scherzhaft, spaßhaft, lustig: **make ~ over** sich lustig machen über (*acc.*); **3.** beschwipst, angeheitert; **~ an·drew** ['ændruː] *s.* Hans'wurst *m*, Spaßmacher *m*; **'~-go-,round** [-gəʊ,r-] *s.* Karus'sell *n*; *fig.* Wirbel *m*; **'~,mak·ing** *s.* Belustigung *f*, Lustbarkeit *f*, Fest *n*; **'~·thought** → **wishbone** 1.

me·sa ['meɪsə] *s. geogr. Am.* Tafelland *n*; **~ oak** *s. Am.* Tischeiche *f*.

mes·en·ter·y ['mesəntərɪ] *s. anat., zo.* Gekröse *n*.

mesh [meʃ] **I** *s.* **1.** Masche *f*: **~ stocking** Netzstrumpf *m*; **2.** ⚙ Maschenweite *f*; **3.** *mst pl. fig.* Netz *n*, Schlingen *pl.*: **be caught in the ~es of the law** sich in den Schlingen des Gesetzes verfangen (haben); **4.** ⚙ Inein'andergreifen *n*, Eingriff *m* (*von Zahnrädern*): **be in ~** im Eingriff sein; **5.** → **mesh connection**; **II** *v/t.* **6.** in e-m Netz fangen, verwickeln; **7.** ⚙ in Eingriff bringen, einrücken; **8.** *fig.* (mitein'ander) verzahnen; **III** *v/i.* **9.** ⚙ ein-, inein'ander greifen (*Zahnräder*); **~ con·nec·tion** *s.* ϟ Vieleck-, *bsd.* Deltaschaltung *f*.

meshed [meʃt] *adj.* netzartig; ...maschig: **close-~** engmaschig.

'mesh·work *s.* Maschen *pl.*, Netzwerk *n*; Gespinst *n*.

mes·mer·ic, **mes·mer·i·cal** [mez'merɪk(l)] *adj.* **1.** mesmerisch, 'heilma,gnetisch; **2.** *fig.* hyp'notisch, ma'gnetisch, faszinierend.

mes·mer·ism ['mezmərɪzəm] *s.* Mesme'rismus *m*, tierischer Magne'tismus; **'mes·mer·ist** [-ɪst] *s.* 'Heilmagneti,seur *m*; **'mes·mer·ize** [-raɪz] *v/t.* mesmerisieren; *fig.* faszinieren, bannen.

mesne [miːn] *adj.* ⚖ Zwischen..., Mittel...: **~ lord** Afterlehnsherr *m*; **~ in·ter·est** *s.* ⚖ Zwischenzins *m*.

meso- [mesəʊ] *in Zssgn* Zwischen..., Mittel...; **,mes·o'lith·ic** [-'lɪθɪk] *adj.* meso'lithisch, mittelsteinzeitlich.

mes·on ['miːzɒn] *s. phys.* Meson *n*.

Mes·o·zo·ic [,mesəʊ'zəʊɪk] *geol.* **I** *adj.* meso'zoisch; **II** *s.* Meso'zoikum *n*.

mess [mes] **I** *s.* **1.** *obs.* Gericht *n*, Speise *f*: **~ of pottage** *bibl.* Linsengericht; **2.** Viehfutter *n*; **3.** ⚔ Ka'sino *n*, Speiseraum *m*; ⚓ Messe *f*, Back *f*: **officers' ~** Offiziersmesse; **4.** *fig.* Mischmasch *m*, Mansche'rei *f*; **5.** *fig.* a) Durchein'ander *n*, Unordnung *f*, b) Schmutz *m*, ‚Schweine'rei' *f*, c) ‚Schla'massel' *m*, ‚Patsche' *f*, Klemme *f*: **in a ~** beschmutzt, in Unordnung, *fig.* in der Klemme; **get into a ~** in die Klemme kommen; **make a ~** Schmutz machen; **make a ~ of** → 6 c; **make a ~ of it** alles vermasseln *od.* versauen, Mist bauen; **you made a nice ~ of it** da hast du was Schönes angerichtet; **he was a ~** er sah grässlich aus, *fig.* er war völlig verwahrlost; → **pretty** 2; **II** *v/t.* **6.** *a.* **~ up** a) beschmutzen, b) in Unordnung *od.* Verwirrung bringen, c) *fig.* verpfu-

M

schen, vermasseln, verhunzen; **III** *v/i.* **7.** (*an e-m gemeinsamen Tisch*) essen (***with*** mit): ***~ together*** ⚓ zu 'einer Back gehören; **8.** manschen, pan(t)schen (***in*** in *dat.*); **9.** ***~ with*** sich einmischen; **10.** ***~ about***, ***~ around*** her'ummurksen, (-)pfuschen, F *fig.* sich her'umtreiben.

mes·sage ['mesɪdʒ] *s.* **1.** Botschaft *f* (*a. bibl.*), Sendung *f*: ***can I take a ~?*** kann ich et. ausrichten?; **2.** Mitteilung *f*, Bescheid *m*, Nachricht, *Computer*: Meldung *f*: ***get the ~*** F (es) kapieren; ***radio ~*** Funkmeldung *f*, -spruch *m*; **3.** *fig.* Botschaft *f*, Anliegen *n e-s Dichters etc.*; **'~-,tak·ing ser·vice** *s. teleph.* (Fernsprech)Auftragsdienst *m*.

mes·sen·ger ['mesɪndʒə] *s.* **1.** (Post-*etc.*)Bote *m*: (***express*** *od.* ***special***) ***~*** Eilbote; ***by ~*** durch Boten; **2.** Ku'rier *m*; ⚔ *a.* Melder *m*; **3.** *fig.* (Vor)Bote *m*, Verkünder *m*; **4.** ⚓ a) Anholtau *n*, b) Ankerkette *f*; **~ air·plane** *s.* ⚔ Ku'rierflugzeug *n*; **~ boy** *s.* Laufbursche *m*, Botenjunge *m*; **~ dog** *s.* Meldehund *m*; **~ pi·geon** *s.* Brieftaube *f*.

mess hall *s.* ⚔, ⚓ Messe *f*, Ka'sino (-raum *m*) *n*, Speisesaal *m*.

Mes·si·ah [mɪ'saɪə] *s. bibl.* Mes'sias *m*, Erlöser *m*; **Mes·si·an·ic** [,mesɪ'ænɪk] *adj.* messi'anisch.

mess| jack·et *s.* ⚓ kurze Uni'formjacke; **~ kit** *s.* ⚔ Kochgeschirr *n*, Essgerät *n*; **'~·mate** *s.* ⚔, ⚓ Messgenosse *m*, 'Tischkame,rad *m*; **~ ser·geant** *s.* ⚔ 'Küchen,unteroffi,zier *m*; **'~·tin** *s.* ⚔, ⚓ *bsd. Brit.* Essgeschirr *n*.

mes·suage ['meswɪdʒ] *s.* ⚖ Wohnhaus *n* (*mst mit Ländereien*), Anwesen *n*.

'mess-up *s.* F **1.** Durchein'ander *n*; **2.** Missverständnis *n*.

mess·y ['mesɪ] *adj.* ☐ **1.** unordentlich, schlampig; **2.** unsauber, schmutzig.

mes·ti·zo [me'sti:zəʊ] *pl.* **-zos** [-z] *s.* Me'stize *m*; Mischling *m*.

met [met] *pret. u. p.p. von* ***meet***.

met·a·bol·ic [,metə'bɒlɪk] *adj.* **1.** *physiol.* meta'bolisch, Stoffwechsel...; **2.** sich (ver)wandelnd; **me·tab·o·lism** [me'tæbəlɪzəm] *s.* **1.** *biol.* Metabo'lismus *m*, Formveränderung *f*; **2.** *physiol.*, *a.* ⚕ Stoffwechsel *m*: ***general ~***, ***total ~*** Gesamtstoffwechsel; → ***basal*** 2; **3.** ⚗ Metabo'lismus *m*; **me·tab·o·lize** [me'tæbəlaɪz] *v/t.* 'umwandeln.

met·a·car·pal [,metə'kɑ:pl] *anat.* **I** *adj.* Mittelhand...; **II** *s.* Mittelhandknochen *m*; **,met·a'car·pus** [-pəs] *pl.* **-pi** [-paɪ] *s.* **1.** Mittelhand *f*; **2.** Vordermittelfuß *m*.

met·age ['mi:tɪdʒ] *s.* **1.** amtliches Messen (*des Inhalts od. Gewichts bsd. von Kohlen*); **2.** Messgeld *n*.

met·al ['metl] **I** *s.* **1.** ⚗, *min.* Me'tall *n*; **2.** ⚙ a) 'Nichteisenme,tall *n*, b) Me'talllegierung *f*, *bsd.* 'Typen-, Ge'schützmetall *n*, c) 'Gussme,tall *n*: ***brittle ~***, ***red ~*** Rotguss *m*; ***fine ~*** Weiß-, Feinmetall; ***grey ~*** graues Gusseisen; **3.** *min.* a) Regulus *m*, Korn *n*, b) (Kupfer)Stein *m*; **4.** ⚒ Schieferton *m*; **5.** ⚙ (flüssige) Glasmasse; **6.** *pl. Brit.* Eisenbahnschienen *pl.*: ***run off the ~s*** entgleisen; **7.** *her.* Me'tall *n* (*Gold- u. Silberfarbe*); **8.** *Straßenbau*: Beschotterung *f*, Schotter *m*; **9.** *fig.* Mut *m*; **II** *v/t.* **10.** mit Me'tall bedecken *od.* versehen; **11.** 🚂, *Straßenbau*: beschottern; **III** *adj.* **12.** Metall..., me'tallen; **~ age** *s.* Bronze- u. Eisenzeitalter *n*; **'~-clad** *adj.* ⚙ me'tallgekapselt; **'~-coat** *v/t.* mit Me'tall über'ziehen; **~ cut·ting** *s.* ⚙ spanabhebende Bearbeitung; **~ found·er** *s.* Me'tallgießer *m*; **~ ga(u)ge** *s.* Blechlehre *f*.

met·al·ize *Am.* → ***metallize***.

me·tal·lic [mɪ'tælɪk] *adj.* (☐ **~ally**) **1.** me'tallen, Metall...: ***~ cover*** a) ⚙ Metallüberzug *m*, b) ✝ Metalldeckung *f*; ***~ currency*** Metallwährung *f*, Hartgeld *n*; **2.** me'tallisch (glänzend *od.* klingend): ***~ voice***; ***~ beetle*** Prachtkäfer *m*; **met·al·lif·er·ous** [,metə'lɪfərəs] *adj.* Me'tall führend, metallreich; **met·al·line** ['metəlaɪn] *adj.* **1.** me'tallisch; **2.** me'tallhaltig; **met·al·lize** ['metəlaɪz] *v/t.* metallisieren.

met·al·loid ['metəlɔɪd] **I** *adj.* metallo'idisch; **II** *s.* ⚗ Metallo'id *n*.

met·al·lur·gic, **met·al·lur·gi·cal** [,metə'lɜ:dʒɪk(l)] *adj.* metall'urgisch; **met·al·lur·gist** [me'tælədʒɪst] *s.* Metal'lurg(e) *m*; **met·al·lur·gy** [me'tælədʒɪ] *s.* Metallur'gie *f*, Hüttenkunde *f*, -wesen *n*.

met·al| plat·ing *s.* ⚙ Plattierung *f*; **'~-,proc·ess·ing**, **'~,work·ing I** *s.* Me'tallbearbeitung *f*; **II** *adj.* Me'tall verarbeitend.

met·a·mor·phic [,metə'mɔ:fɪk] *adj.* **1.** *geol.* meta'morph; **2.** *biol.* gestaltverändernd; **,met·a'mor·phose** [-fəʊz] **I** *v/t.* **1.** (***to***, ***into***) 'umgestalten (zu), verwandeln (in *acc.*); **2.** verzaubern, -wandeln (***to***, ***into*** in *acc.*); **II** *v/i.* **3.** *zo.* sich verwandeln; **,met·a'mor·pho·sis** [-fəsɪs] *pl.* **-ses** [-si:z] *s.* Metamor'phose *f* (*a. biol.*, *physiol.*), Verwandlung *f*.

met·a·phor ['metəfə] *s.* Me'tapher *f*, bildlicher Ausdruck.

met·a·phor·i·cal [,metə'fɒrɪkl] *adj.* ☐ meta'phorisch, bildlich.

met·a·phrase ['metəfreɪz] **I** *s.* Meta'phrase *f*, wörtliche Über'setzung; **II** *v/t.* a) wörtlich über'tragen, b) um'schreiben.

met·a·phys·i·cal [,metə'fɪzɪkl] *adj.* ☐ **1.** *phls.* meta'physisch; **2.** 'übersinnlich; ab'strakt; **met·a·phy·si·cian** [,metəfɪ'zɪʃn] *s. phls.* Meta'physiker *m*; **,met·a'phys·ics** [-ks] *s. pl. sg. konstr. phls.* Metaphy'sik *f*.

met·a·plasm ['metəplæzəm] *s.* **1.** *ling.* Meta'plasmus *m*, Wortveränderung *f*; **2.** *biol.* Meta'plasma *n*.

me·tas·ta·sis [mɪ'tæstəsɪs] *pl.* **-ses** [-si:z] *s.* **1.** ⚕ Meta'stase *f*, Tochtergeschwulst *f*; **2.** *biol.* Stoffwechsel *m*.

met·a·tar·sal [,metə'tɑ:sl] *anat.* **I** *adj.* Mittelfuß...; **II** *s.* Mittelfußknochen *m*; **,met·a'tar·sus** [-səs] *pl.* **-si** [-saɪ] *s. anat.*, *zo.* Mittelfuß *m*.

mete [mi:t] **I** *v/t.* **1.** *poet.* (ab-, aus)messen, durch'messen; **2.** *mst* ***~ out*** (*a. Strafe*) zumessen (***to*** *dat.*); **3.** *fig.* ermessen; **II** *s. mst pl.* **4.** Grenze *f*: ***know one's ~s and bounds*** *fig.* Maß u. Ziel kennen.

me·tem·psy·cho·sis [,metempsɪ'kəʊsɪs] *pl.* **-ses** [-si:z] *s.* Seelenwanderung *f*, Metempsy'chose *f*.

me·te·or ['mi:tjə] *s. ast.* a) Mete'or *m* (*a. fig.*), b) Sternschnuppe *f*; **me·te·or·ic** [,mi:tɪ'ɒrɪk] *adj.* **1.** *ast.* mete'orisch, Meteor...: ***~ shower*** Sternschnuppenschwarm *m*; **2.** *fig.* mete'orhaft: a) glänzend: ***~ fame***, b) ko'metenhaft, rasch: ***his ~ rise to power***; **'me·te·or·ite** [-jəraɪt] *s. ast.* Meteo'rit *m*, Mete'orstein *m*; **me·te·or·o·log·ic**, **me·te·or·o·log·i·cal** [,mi:tjərə'lɒdʒɪk(l)] *adj.* ☐ *phys.* meteoro'logisch, Wetter..., Luft...: ***~ conditions*** Witterungsverhältnisse; ***~ office*** Wetteramt *n*; ***~ satellite*** Wettersatellit *m*; **me·te·or·ol·o·gist** [,mi:tjə'rɒlədʒɪst] *s. phys.* Meteoro'loge *m*, Meteoro'login *f*; **me·te·or·ol·o·gy** [,mi:tjə'rɒlədʒɪ] *s. phys.* **1.** Meteorolo'gie *f*; **2.** meteoro'logische Verhältnisse *pl.* (*e-r Gegend*).

me·ter[1] ['mi:tə] *Am.* → ***metre***.

me·ter[2] ['mi:tə] **I** *s.* ⚙ Messer *m*, Messgerät *n*, Zähler *m*: ***electricity ~*** elektrischer Strommesser *od.* Zähler; **II** *v/t.* (*mit e-m Messinstrument*) messen: ***~ out*** *et.* abgeben, dosieren; **'~·maid** *s.* F Poli'tesse *f*.

meth·a·done ['meθədəʊn] *s. pharm.* Metha'don *n*.

meth·ane ['mi:θeɪn] *s.* ⚗ Me'than *n*.

me·thinks [mɪ'θɪŋks] *v/impers. obs. od. poet.* mich dünkt, mir scheint.

meth·od ['meθəd] *s.* **1.** Me'thode *f*, *bsd.* ⚙ Verfahren *n*: ***~ of doing s.th.*** Art u. Weise *f*, et. zu tun; ***by a ~*** nach e-r Methode; **2.** 'Lehrme,thode *f*; **3.** Sys'tem *n*; **4.** *phls.* (logische) 'Denkme,thode; **5.** Ordnung *f*, Me'thode *f*, Planmäßigkeit *f*: ***work with ~*** methodisch arbeiten; ***there is ~ in his madness*** sein Wahnsinn hat Methode; ***there is ~ in this*** da ist System drin; **me·thod·ic**, **me·thod·i·cal** [mɪ'θɒdɪk(l)] *adj.* ☐ **1.** me'thodisch, syste'matisch; **2.** über'legt.

Meth·od·ism ['meθədɪzəm] *s. eccl.* Metho'dismus *m*; **'Meth·od·ist** [-ɪst] **I** *s.* **1.** *eccl.* Metho'dist(in); **2.** ♀ *fig. contp.* Frömmler *m*, Mucker *m*; **II** *adj.* **3.** *eccl.* metho'distisch.

meth·od·ize ['meθədaɪz] *v/t.* me'thodisch ordnen; **'meth·od·less** [-dlɪs] *adj.* ☐ plan-, sy'stemlos.

meth·od·ol·o·gy [,meθə'dɒlədʒɪ] *s.* **1.** Methodolo'gie *f*; **2.** Me'thodik *f*.

Me·thu·se·lah [mɪ'θju:zələ] *npr. bibl.* Me'thusalem *m*: ***as old as ~*** (so) alt wie Methusalem.

meth·yl ['meθɪl; ⚗ 'mi:θaɪl] *s.* ⚗ Me'thyl *n*: ***~ alcohol*** Methylalkohol *m*; **meth·yl·ate** ['meθɪleɪt] ⚗ **I** *v/t.* **1.** methylieren; **2.** denaturieren: ***~d spirits*** denaturierter Spiritus, Brennspiritus *m*; **II** *s.* **3.** Methy'lat *n*; **meth·yl·ene** ['meθɪli:n] *s.* ⚗ Methy'len *n*; **me·thyl·ic** [mɪ'θɪlɪk] *adj.* ⚗ Methyl...

me·tic·u·los·i·ty [mɪ,tɪkjʊ'lɒsətɪ] *s.* peinliche Genauigkeit, Akri'bie *f*; **me·tic·u·lous** [mɪ'tɪkjʊləs] *adj.* ☐ peinlich genau, a'kribisch.

mé·tier ['meɪtɪeɪ] *s.* **1.** Gewerbe *n*; **2.** *fig.* (Spezi'al)Gebiet *n*, Meti'er *n*.

me·ton·y·my [mɪ'tɒnɪmɪ] *s.* Metony'mie *f*, Begriffsvertauschung *f*.

me·tre ['mi:tə] *s. Brit.* **1.** Versmaß *n*, Metrum *n*; **2.** Meter *m*, *n*.

met·ric ['metrɪk] **I** *adj.* (☐ **~ally**) **1.** metrisch: ***~ system***; ***~ method of analysis*** ⚗ Maßanalyse *f*; **2.** → ***metrical*** 2; **II** *s. pl. sg. konstr.* **3.** Metrik *f*, Verslehre *f*; ♪ Rhythmik *f*, Taktlehre *f*; **'met·ri·cal** [-kl] *adj.* ☐ **1.** → ***metric*** 1; **2.** a) metrisch, Vers..., b) rhythmisch; **'met·ri·cate** [-keɪt] *v/t. u. v/i. Brit.* (sich) auf das metrische Sy'stem 'umstellen.

met·ro·nome ['metrənəʊm] *s.* ♪ Metro'nom *n*, Taktmesser *m*.

me·trop·o·lis [mɪ'trɒpəlɪs] *s.* **1.** Metro'pole *f*, Haupt-, Großstadt *f*: ***the ♀*** *Brit.* London; **2.** Hauptzentrum *n*; **3.** *eccl.* Sitz *m* e-s Metropo'liten *od.* Erzbischofs; **met·ro·pol·i·tan** [,metrə'pɒlɪtən] **I** *adj.* **1.** hauptstädtisch, Stadt...; **2.** *eccl.* erzbischöflich; **II** *s.* **3.** a) Metropo-

'lit *m* (*Ostkirche*), Erzbischof *m*; **4.** Bewohner(in) der Hauptstadt; Großstädter(in).

met·tle ['metl] *s.* **1.** Veranlagung *f*; **2.** Eifer *m*, Mut *m*, Feuer *n*: ***be on one's ~*** vor Eifer brennen; ***put s.o. on his ~*** j-n zur Aufbietung aller s-r Kräfte anspornen; ***try s.o.'s ~*** j-n auf die Probe stellen; ***horse of ~*** feuriges Pferd; **'met·tled** [-ld], **'met·tle·some** [-səm] *adj.* feurig, mutig.

mew¹ [mjuː] *s. orn.* Seemöwe *f*.

mew² [mjuː] *v/i.* mi'auen (*Katze*).

mew³ [mjuː] *s.* **1.** Mauserkäfig *m*; **2.** *pl. sg. konstr.* a) Stall *m*: ***the Royal ~s*** der Königliche Marstall, b) *Brit. zu Wohnungen umgebaute ehemalige Stallungen*.

mewl [mjuːl] *v/i.* **1.** quäken, wimmern (*Baby*); **2.** mi'auen.

Mex·i·can ['meksɪkən] **I** *adj.* mexi'kanisch; **II** *s.* Mexi'kaner(in); **~ wave** *s. sport* La-'Ola-Welle *f*.

mez·za·nine ['metsəniːn] *s.* ⚠ **1.** Mezza'nin *n*, Zwischengeschoss, *östr.* -geschoß *n*; **2.** *thea.* Raum *m* unter der Bühne.

mez·zo ['medzəʊ] (*Ital.*) **I** *adj.* **1.** ♪ mezzo, mittel, halb: ***~ forte*** halblaut; **II** *s.* **2.** → ***mezzo-soprano***; **3.** → ***mezzotint***; **ˌ~-so'pra·no** *s.* ♪ 'Mezzosoˌpran *m*; **'~·tint** **I** *s.* **1.** *Kupferstecherei*: Mezzo'tinto *n*, Schabkunst *f*; **2.** Schabkunstblatt *n*: ***~ engraving*** Stechkunst *f* in Mezzotintomanier; **II** *v/t.* **3.** in Mezzo'tinto gravieren.

mi·aow [miː'aʊ] → ***meow***.

mi·asm ['maɪæzəm], **mi·as·ma** [mɪ'æzmə] *pl.* **-ma·ta** [-mətə] *s.* ⚕ Mi'asma *n*, Krankheitsstoff *m*; **mi·as·mal** [mɪ'æzml], **mi·as·mat·ic**, **mi·as·mat·i·cal** [ˌmɪəz'mætɪk(l)] *adj.* ansteckend.

mi·aul [miː'aʊl; mɪ'ɔːl] *v/i.* mi'auen.

mi·ca ['maɪkə] *min.* **I** *s.* Glimmer(erde *f*) *m*; **II** *adj.* Glimmer...: ***~ capacitor*** ⚡ Glimmerkondensator *m*; **mi·ca·ceous** [maɪ'keɪʃəs] *adj.* Glimmer...

Mi·cah ['maɪkə] *npr. u. s. bibl.* (das Buch) Micha *m od.* Mi'chäas *m*.

mice [maɪs] *pl. von* ***mouse***.

Mich·ael·mas ['mɪklməs] *s.* Micha'elis *n*, Michaelstag *m* (*29. September*); **~ Day** *s.* **1.** Michaelstag *m* (*29. September*); **2.** *e-r der 4 brit. Quartalstage*; **~ term** *s. Brit. univ.* 'Herbstseˌmester *n*.

Mick [mɪk] → ***Mike¹***.

Mick·ey ['mɪkɪ] *s.* **1.** *Am. sl.* ✈ Bordradar *n*; **2.** ***take the ~ out of s.o.*** j-n ‚veräppeln'; **3.** → **~ Finn** [fɪn] *s. sl.* a) präparierter Drink, b) Betäubungsmittel *n*.

micro- [maɪkrəʊ] *in Zssgn*: a) Mikro..., (sehr) klein, b) ein milli'onstel, c) mikro'skopisch.

mi·crobe ['maɪkrəʊb] *s. biol.* Mi'krobe *f*; **mi·cro·bi·al** [maɪ'krəʊbjəl], **mi·cro·bic** [maɪ'krəʊbɪk] *adj.* mi'krobisch, Mikroben...; **mi·cro·bi·o·sis** [ˌmaɪkrəʊbaɪ'əʊsɪs] *s.* ⚕ Mi'krobeninfektiˌon *f*.

ˌmi·cro'chem·is·try *s.* Mikroche'mie *f*.

'mi·cro·chip *s. Computer*: Mikrochip *m*.

'mi·croˌcir·cuit *s.* Mikroschaltung *f*.

mi·cro·cosm ['maɪkrəʊkɒzəm] *s.* Mikro'kosmos *m* (*a. phls. u. fig.*); **mi·cro·cos·mic** [ˌmaɪkrəʊ'kɒzmɪk] *adj.* mikro'kosmisch.

'mi·croˌe·lec'tron·ics *s. pl. sg. konstr. phys.* Mikroelek'tronik *f*.

mi·cro·fiche ['maɪkrəʊfiːʃ] *s.* Mikrofiche *m*.

'mi·cro·film *phot.* **I** *s.* Mikrofilm *m*; **II** *v/t.* auf Mikrofilm aufnehmen.

'mi·cro·gram *Am.*, **'mi·cro·gramme** *Brit. s. phys.* Mikro'gramm *n* (*ein millionstel Gramm*).

'mi·cro·groove *s.* **1.** Mikrorille *f*; **2.** Schallplatte *f* mit Mikrorillen.

'mi·cro·inch *s.* ein milli'onstel Zoll.

mi·crom·e·ter [maɪ'krɒmɪtə] *s.* **1.** *phys.* Mikro'meter *n* (*ein millionstel Meter*): ***~ adjustment*** ⚙ Feinsteinstellung *f*; ***~ (caliper)*** Feinmessschraube *f*; **2.** *opt.* Oku'larmikroˌmeter *n* (*an Fernrohren etc.*).

mi·cron ['maɪkrɒn] *pl.* **-crons**, **-cra** [-krə] *s.* ⚗, *phys.* Mikron *n* (*ein tausendstel Millimeter*).

ˌmi·cro'or·gan·ism *s.* Mikroorga'nismus *m*.

mi·cro·phone ['maɪkrəfəʊn] *s.* ⚡ **1.** (***at the ~*** am) Mikro'fon *n*; **2.** *teleph.* Sprechmuschel *f*; **3.** F Radio *n*: ***through the ~*** durch den Rundfunk.

ˌmi·cro'pho·to·graph *s.* **1.** Mikrofoto (-gra'fie *f*) *n*; **2.** → **ˌmi·cro·pho'tog·ra·phy** *s.* Mikrofotogra'fie *f*.

ˌmi·cro'pro·ces·sor *s. Computer*: Mikropro'zessor *m*.

mi·cro·scope ['maɪkrəskəʊp] **I** *s.* Mikro'skop *n*: ***reflecting ~*** Spiegelmikroskop; ***~ stage*** Objektivtisch *m*; **II** *v/t.* mikro'skopisch unter'suchen; **mi·cro·scop·ic**, **mi·cro·scop·i·cal** [ˌmaɪkrə'skɒpɪk(l)] *adj.* ☐ **1.** mikro'skopisch: ***~ examination***; ***~ slide*** Objektträger *m*; **2.** (peinlich) genau; **3.** mikro'skopisch klein, verschwindend klein.

'mi·croˌsec·ond *s.* Mikrose'kunde *f* (*eine millionstel Sekunde*).

ˌmi·cro'sur·ger·y *s.* ⚕ Mikrochirur'gie *f*.

'mi·cro·volt *s. phys.* Mikrovolt *n*.

'mi·cro·wave *s.* ⚡ Mikrowelle *f*, Dezi'meterwelle *f*: ***~ engineering*** Höchstfrequenztechnik *f*; ***~ oven*** Mikrowellenherd *m*.

mic·tu·ri·tion [ˌmɪktjʊə'rɪʃn] *s.* ⚕ **1.** U'rindrang *m*; **2.** Harnen *n*.

mid¹ [mɪd] *adj. attr. od. in Zssgn* mittler, Mittel...: ***in ~ air*** mitten in der Luft, frei schwebend; ***in the ~ 16th century*** in der Mitte des 16. Jhs.; ***in ~-April*** Mitte April; ***in ~ ocean*** auf offener See.

mid² [mɪd] *prp. poet.* in'mitten von (*od. gen.*).

Mi·das ['maɪdæs] **I** *npr. antiq.* Midas *m* (*König von Phrygien*): ***he has the ~ touch*** *fig.* er macht aus allem Geld; **II** *s.* **~** *zo.* Midasfliege *f*.

'mid·day **I** *s.* Mittag *m*; **II** *adj.* mittägig, Mittags...

mid·dle ['mɪdl] **I** *adj.* **1.** mittler, Mittel... (*a. ling.*): ***~ finger*** Mittelfinger *m*; ***~ quality*** ✝ Mittelqualität *f*; **II** *s.* **2.** Mitte *f*: ***in the ~*** in der Mitte; ***in the ~ of speaking*** mitten in der Rede; ***in the ~ of July*** Mitte Juli; **3.** Mittelweg *m*; **4.** Mittelstück *n* (*a. e-s Schlachttieres*); **5.** Mitte *f* (*des Leibes*), Taille *f*; **6.** Medium *n* (*griechische Verbalform*); **7.** *Logik*: Mittelglied *n* (*e-s Schlusses*); **8.** *Fußball*: Flankenball *m*; **9.** *a.* ***~ article*** *Brit.* Feuille'ton *n*; **10.** *pl.* ✝ Mittelsorte *f*; **11.** Mittelsmann *m*; **III** *v/t.* **12.** in die Mitte platzieren; *Fußball*: zur Mitte flanken.

mid·dle| age *s.* mittleres Alter; **ˌ~-'Age** *adj.* mittelalterlich; **ˌ~-'aged** *adj.* mittleren Alters; **~ Ag·es** *s. pl. das* Mittelalter; **~ A·mer·i·ca** *s. Am.* die (konserva'tive) ameri'kanische Mittelschicht; **'~·brow** F **I** *s.* geistiger ‚Nor'malverbraucher'; **II** *adj.* von 'durchschnittlichen geistigen Inter'essen; **ˌ~-'class** *adj.* zum Mittelstand gehörig, Mittelstands...; **~ class·es** *s. pl.* Mittelstand *m*; **~ course** *s. fig.* Mittelweg *m*; **~ dis·tance** *s.* **1.** *paint., phot.* Mittelgrund *m*; **2.** *sport* Mittelstrecke *f*; **ˌ~-'dis·tance** *adj. sport* Mittelstrecken...: ***~ runner*** Mittelstreckler(in); **~ ear** *s. anat.* Mittelohr *n*; **~ East** *s. geogr.* **1.** *der* Mittlere Osten; **2.** *Brit. der* Nahe Osten; **~ Eng·lish** *s. ling.* Mittelenglisch *n*; **~ High Ger·man** *s. ling.* Mittelhochdeutsch *n*; **ˌ~-'in·come** *adj.* mit mittlerem Einkommen; **~ in·i·tial** *s. Am.* Anfangsbuchstabe *m* des zweiten Vornamens; **~ life** *s.* die mittleren Lebensjahre *pl.*; **'~·man** [-mæn] *s.* [*irr.*] **1.** Mittelsmann *m*; **2.** ✝ Zwischenhändler *m*; **~ man·age·ment** *s.* mittlere Unternehmensführung *f*; **'~·most** *adj.* ganz in der Mitte (liegend); **~ name** *s.* **1.** zweiter Vorname; **2.** *fig.* her'vorstechende Eigenschaft; **ˌ~-of-the-'road** *adj.* **1.** *bsd. pol.* gemäßigt; neu'tral; **2.** gefällig (*Musik*), den 'Durchschnittsgeschmack treffend; **~ rhyme** *s.* Binnenreim *m*; **'~-sized** *adj.* von mittlerer Größe; **~ watch** *s.* ⚓ Mittelwache *f* (*zwischen Mitternacht u. 4 Uhr morgens*); **'~-weight** *s. sport* Mittelgewicht(ler *m*) *n*; **~ West** *s. Am.* (*u. Kanada*) Mittelwesten *m*, *der* mittlere Westen.

mid·dling ['mɪdlɪŋ] **I** *adj.* ☐ → *a.* II; **1.** von mittlerer Güte *od.* Sorte, mittelmäßig, Mittel...: ***fair to ~*** ‚so lala', ‚mittelprächtig'; ***~ quality*** ✝ Mittelqualität *f*; **2.** F leidlich (*Gesundheit*); **3.** F ziemlich groß; **II** *adv.* F **4.** (*a.* ***~ly***) leidlich, ziemlich; **5.** ziemlich gut; **III** *s.* **6.** *mst pl.* ✝ Mittelsorte *f*; **7.** *pl.* Mittelmehl *n*; **8.** *pl. metall.* 'Zwischenproˌdukt *n*.

mid·dy ['mɪdɪ] *s.* **1.** F *für* ***midshipman***; **2.** → **~ blouse** *s.* Ma'trosenbluse *f*.

'mid·field *s. sport* Mittelfeld *n* (*a. Spieler*): ***~ man***, ***~ player*** Mittelfeldspieler *m*.

midge [mɪdʒ] *s.* **1.** *zo.* kleine Mücke; **2.** → ***midget*** 1.

midg·et ['mɪdʒɪt] **I** *s.* **1.** Zwerg *m*, Knirps *m*; **2.** *et.* Winziges; **II** *adj.* **3.** Zwerg..., Miniatur..., Kleinst...: ***~ car*** *mot.* Klein(st)wagen *m*; ***~ railroad*** Liliputbahn *f*.

MIDI ['mɪdɪ] *s. abbr. für* ***musical instrument digital interface*** ♪, *Computer*: Midi *n* (*digitale Schnittstelle für elektronische Musikinstrumente*).

mid·i ['mɪdɪ] **I** *s.* Midimode *f*: ***wear ~*** Midi tragen; **II** *adj.* Midi...: ***~ skirt*** → **'mid·i·skirt** *s.* Midirock *m*.

'mid·land [-lənd] **I** *s.* **1.** *mst pl.* Mittelland *n*; **2.** ***the ~s*** *pl.* Mittelengland *n*; **II** *adj.* **3.** binnenländisch; **4.** **~** *geogr.* mittelenglisch.

'mid·life cri·sis *s.* [*irr.*] *psych.* Midlife-Crisis *f*, Krise *f* in der Lebensmitte.

'mid·most [-məʊst] **I** *adj.* ganz in der Mitte (liegend); innerst; **II** *adv.* (ganz) im Innern *od.* in der Mitte.

'mid·night **I** *s.* (***at ~*** um) Mitternacht *f*; **II** *adj.* mitternächtlich, Mitternachts...: ***burn the ~ oil*** bis spät in die Nacht arbeiten *od.* aufbleiben; **~ blue** *s.* Mitternachtsblau *n* (*Farbe*); **~ sun** *s.* **1.** Mitternachtssonne *f*; **2.** ⚓ Nordersonne *f*.

ˌmid|'noon *s.* Mittag *m*; **ˌ~-'off** (**ˌ~-'on**) *s. Kricket*: **1.** links (rechts) vom Werfer po'stierter Spieler; **2.** links (rechts) vom

Werfer liegende Seite des Spielfelds; '**~·riff** *s.* **1.** *anat.* Zwerchfell *n*; **2.** *Am.* a) Mittelteil *m e-s Damenkleids*, b) zweiteilige Kleidung, c) Obertaille *f*, d) Magengrube *f*; '**~·ship** ⚓ **I** *s.* Mitte *f* des Schiffs; **II** *adj.* Mittschiffs...: **~ section** Hauptspant *n*; '**~·ship·man** [-mən] *s.* [*irr.*] ⚓ **1.** *Brit.* Leutnant *m* zur See; **2.** *Am.* 'Seeoffi,ziersanwärter *m*; '**~·ships** *adv.* ⚓ mittschiffs.

midst [mɪdst] *s.*: **in the ~ of** inmitten (*gen.*), mitten unter (*dat.*); **in their** (**our**) **~** mitten unter ihnen (uns); **from our ~** aus unserer Mitte.

'**mid·stream** *s.* Strommitte *f*: **in ~** *fig.* mittendrin.

'**mid,sum·mer I** *s.* **1.** Mitte *f* des Sommers, Hochsommer *m*; **2.** *ast.* Sommersonnenwende *f*; **II** *adj.* **3.** hochsommerlich, Hochsommer...; **2 Day** *s.* **1.** Jo'hannistag *m* (*24. Juni*); **2.** *e-r der 4 brit. Quartalstage.*

,**mid**|'**way I** *s.* **1.** Hälfte *f* des Weges, halber Weg; **2.** *Am.* Haupt-, Mittelstraße *f* (*auf Ausstellungen etc.*); **II** *adj.* **3.** mittler; **III** *adv.* **4.** auf halbem Wege; ,**~'week I** *s.* Mitte *f* der Woche; **II** *adj.* (in der) Mitte der Woche stattfindend.

mid·wife ['mɪdwaɪf] *s.* [*irr.*] Hebamme *f*, Geburtshelferin *f* (*a. fig.*); '**mid·wife·ry** [-wɪfərɪ] *s.* Geburtshilfe *f*, *fig. a.* Mithilfe *f*.

,**mid**|'**win·ter** *s.* **1.** Mitte *f* des Winters; **2.** *ast.* Wintersonnenwende *f*; ,**~'year I** *adj.* **1.** in der Mitte des Jahres vorkommend, in der Jahresmitte; **II** *s.* **2.** Jahresmitte *f*; **3.** *Am.* F a) um die Jahresmitte stattfindende Prüfung, b) *pl.* Prüfungszeit *f* (*um die Jahresmitte*).

mien [miːn] *s.* Miene *f*, Gesichtsausdruck *m*; Gebaren *n*: **noble ~** vornehme Haltung.

miff [mɪf] *s.* F Verstimmung *f*.

miffed [mɪft] *adj.* beleidigt, eingeschnappt.

might[1] [maɪt] *s.* **1.** Macht *f*, Gewalt *f*: **~ is** (**above**) **right** Gewalt geht vor Recht; **2.** Stärke *f*, Kraft *f*: **with ~ and main**, **with all one's ~** aus Leibeskräften, mit aller Gewalt.

might[2] [maɪt] *pret. von may*[1].

'**might-have-,been** *s.* **1.** et., was hätte sein können; **2.** Per'son, die es zu et. hätte bringen können.

might·i·ly ['maɪtɪlɪ] *adv.* **1.** mit Macht, heftig, kräftig; **2.** F e'norm, mächtig, sehr; '**might·i·ness** [-ɪnɪs] *s.* Macht *f*, Gewalt *f*; **might·y** ['maɪtɪ] **I** *adj.* □ → **mightily** *u.* II; **1.** mächtig, gewaltig, heftig, groß, stark; → **high and mighty**; **2.** *fig.* gewaltig, riesig, mächtig; **II** *adv.* **3.** F mächtig, riesig, ungeheuer: **~ easy** kinderleicht; **~ fine** prima.

mi·graine ['miːgreɪn] (*Fr.*) *s.* ⚕ Mi'gräne *f*; '**mi·grain·ous** [-nəs] *adj.* durch Mi'gräne verursacht, Migräne...

mi·grant ['maɪgrənt] **I** *adj.* **1.** Wander..., Zug...; → *a.* **migratory**; **II** *s.* **2.** Wandernde(r *m*) *f*; 'Umsiedler(in); **3.** *zo.* Zugvogel *m*; Wandertier *n*; **mi·grate** [maɪ'greɪt] *v/i.* (aus-, ab)wandern, (*a. orn.* fort)ziehen; **mi·gra·tion** [maɪ'greɪʃn] *s.* Wanderung *f* (*a.* ⚗, *zo.*, *geol.*); Zug *m* (*Menschen od. Wandertiere*); *orn.* (Vogel)Zug *m*: **~ of** (**the**) **peoples** Völkerwanderung; **intramolecular ~** ⚗ intramolekulare Wanderung; → **ionic**[2]; **mi·gra·tion·al** [maɪ'greɪʃənl] *adj.* Wander..., Zug...; '**mi·gra·to·ry** [-rətərɪ] *adj.* **1.** (aus)wandernd; **2.** Zug..., Wander...: **~ bird** Zugvogel *m*; **~ instinct** Wandertrieb *m*; **3.** um'herziehend, no'madisch: **~ life** Wanderleben *n*; **~ worker** Wanderarbeiter(in).

Mike[1] [maɪk] **I** *npr.* (*Kosename für*) Michael; **II** *s.* 2 *sl.* a) Ire *m*, b) Katho'lik *m*.

mike[2] [maɪk] *v/i. sl.* her'umlungern.

mike[3] [maɪk] *s.* F ,Mikro' *n* (*Mikrofon*).

mil [mɪl] *s.* **1.** Tausend *n*: **per ~** per Mille; **2.** ⚙ 1/1000 Zoll *m* (*Drahtmaß*); **3.** ⚔ (Teil)Strich *m*.

mil·age ['maɪlɪdʒ] → **mileage**.

Mil·a·nese [,mɪlə'niːz] **I** *adj.* mailändisch; **II** *s. sg. u. pl.* Mailänder(in), Mailänder *pl.*

milch [mɪltʃ] *adj.* Milch gebend, Milch...; '**milch·er** [-tʃə] → **milker** 3.

mild [maɪld] *adj.* □ mild (*a. Strafe, Wein, Wetter etc.*); gelind, sanft; leicht (*Droge, Krankheit, Zigarre etc.*), schwach: **~ attempt** schüchterner Versuch; **~ steel** ⚙ Flussstahl *m*; **to put it ~**(**ly**) a) sich gelinde ausdrücken, b) gelinde gesagt; **draw it ~** machs mal halblang!

mil·dew ['mɪldjuː] **I** *s.* **1.** ⚘ Mehltau (-pilz) *m*, Brand *m* (*am Getreide*); **2.** Schimmel *m*, Moder *m*: **spot of ~** Moder- *od.* Stockfleck *m* (*in Papier etc.*); **II** *v/t.* **3.** mit Mehltau *od.* Schimmel- *od.* Moderflecken über'ziehen: **be ~ed** verschimmelt sein (*a. fig.*); **III** *v/i.* **4.** brandig *od.* schimm(e)lig *od.* mod(e)rig werden (*a. fig.*); '**mil·dewed** [-djuːd], '**mil·dew·y** [-djuːɪ] *adj.* **1.** brandig, mod(e)rig, schimm(e)lig; **2.** ⚘ von Mehltau befallen; mehltauartig.

mild·ness ['maɪldnɪs] *s.* Milde *f*, Sanftheit *f*; Sanftmut *f*.

mile [maɪl] *s.* Meile *f* (*zu Land = 1,609 km*): **Admiralty ~** *Brit.* englische Seemeile (*= 1,8532 km*); **air ~** Luftmeile (*= 1,852 km*); **nautical ~**, **sea ~** Seemeile (*= 1,852 km*); **~ after ~ of fields**, **~s and ~s of fields** meilenweite Felder; **~s apart** meilenweit auseinander, *fig.* himmelweit entfernt; **miss s.th. by a ~** *fig.* et. (meilen)weit verfehlen.

mile·age ['maɪlɪdʒ] *s.* **1.** Meilenlänge *f*, -zahl *f*; **2.** zu'rückgelegte Meilenzahl *od.* Fahrstrecke, Meilenstand *m*: **~ indicator**, **~ recorder** *mot.* Meilenzähler *m*; **unlimited ~** *Autoverleih*: unbegrenzte Meilenzahl; **3.** *a.* **~ allowance** Meilengeld *n* (*Vergütung*); **4.** Fahrpreis *m* per Meile; **5.** *a.* **~ book** 🚂 *Am.* Fahrscheinheft *n*; **6.** F **get a lot of ~ out of it** jede Menge (dabei) rausholen; **there's no ~ in it** das bringt nichts (ein).

mile·om·e·ter [maɪ'lɒmɪtə] *s. mot.* Meilenzähler *m*.

'**mile·stone** *s.* Meilenstein *m* (*a. fig.*).

mil·foil ['mɪlfɔɪl] *s.* ⚘ Schafgarbe *f*.

mil·i·ar·i·a [,mɪlɪ'eərɪə] *s.* ⚕ Frieselfieber *n*; **mil·i·ar·y** ['mɪlɪərɪ] *adj.* ⚕ mili'ar, hirsekornartig: **~ fever** → **miliaria**; **~ gland** Hirsedrüse *f*.

mil·i·tan·cy ['mɪlɪtənsɪ] *s.* **1.** Kriegszustand *m*, Kampf *m*; **2.** Kampfgeist *m*; '**mil·i·tant** [-tənt] **I** *adj.* □ mili'tant: a) streitend, kämpfend, b) streitbar, kriegerisch; **II** *s.* Kämpfer *m*, Streiter *m*; '**mil·i·ta·rist** [-tərɪst] *s.* **1.** *pol.* Milita'rist *m*; **2.** Wehr- *od.* Mili'tärexperte *m*; **mil·i·ta·ris·tic** [,mɪlɪtə'rɪstɪk] *adj.* milita'ristisch; '**mil·i·ta·rize** [-təraɪz] *v/t.* militarisieren.

mil·i·tar·y ['mɪlɪtərɪ] **I** *adj.* □ **1.** mili'tärisch, Militär...: **of ~ age** im wehrpflichtigen Alter; **2.** Heeres..., Kriegs...; **II** *s. pl. konstr.* **3.** Mili'tär *n*, Sol'daten *pl.*, Truppen *pl.*; **~ a·cad·e·my** *s.* **1.** Mili'tärakade,mie *f*; **2.** *Am.* (*zivile*) Schule mit mili'tärischer Ausbildung; **~ college** *s. Am.* Mili'tärcollege *n*; **~ government** *s.* Mili'tärre,gierung *f*; **~ junta** *s.* Mili'tärjunta *f*; **~ law** *s.* Wehr(straf)recht *n*; **~ map** *s.* Gene'ralstabskarte *f*; **~ po·lice** *s.* Mili'tärpoli,zei *f*; **~ serv·ice** *s.* Mili'tär-, Wehrdienst *m*; **~ serv·ice book** *s.* Wehrpass *m*; **~ stores** *s. pl.* Mili'tärbedarf *m*, 'Kriegsmateri,al *n* (*Munition, Proviant etc.*); **~ tes·ta·ment** *s.* ⚖ 'Nottesta,ment *n* (*von Militärpersonen im Krieg*); **~ tri·bu·nal** *s.* Mili'tärgericht *n*.

mil·i·tate ['mɪlɪteɪt] *v/i.* (**against**) sprechen (gegen), wider'streiten (*dat.*), *e-r Sache* entgegenwirken; **~ for** eintreten *od.* kämpfen für.

mi·li·tia [mɪ'lɪʃə] *s.* ⚔ Mi'liz *f*, Bürgerwehr *f*.

milk [mɪlk] **I** *s.* **1.** Milch *f*: **~ and water** *fig.* kraftloses Zeug, seichtes Gewäsch; **~ of human kindness** *fig.* Milch der frommen Denkungsart; **~ of sulphur** ⚗ Schwefelmilch; **it is no use crying over spilt ~** geschehen ist geschehen, hin ist hin; → **coconut** 1; **2.** ⚘ (Pflanzen)Milch *f*; **II** *v/t.* **3.** melken; **4.** *fig. j-n* schröpfen, ,ausnehmen'; **5.** ⚡ *Leitung* ,anzapfen', abhören; **III** *v/i.* **6.** Milch geben; ,**~-and-'wa·ter** *adj.* saft- u. kraftlos, seicht; **~ bar** *s.* Milchbar *f*; **~ crust** *s.* ⚕ Milchschorf *m*; **~ duct** *s. anat.* Milchdrüsengang *m*.

milk·er ['mɪlkə] *s.* **1.** Melker(in); **2.** ⚙ 'Melkma,schine *f*; **3.** Milchkuh *f od.* -schaf *n od.* -ziege *f*.

milk| **float** *s. Brit.* Milchwagen *m*; '**~·man** [-mən] *s.* [*irr.*] Milchmann *m*; **~ run** *s.* ✈ *sl.* **1.** Rou'tineeinsatz *m*; **2.** ,gemütliche Sache', gefahrloser Einsatz; '**~·shake** *s.* Milchshake *m*; '**~·sop** *s. fig. contp.* Muttersöhnchen *n*; **~ sug·ar** *s.* ⚗ Milchzucker *m*, Lak'tose *f*; **~ tooth** *s.* [*irr.*] Milchzahn *m*; '**~·weed** *s.* ⚘ **1.** Schwalbenwurzgewächs *n*; **2.** Wolfsmilch *f*.

milk·y ['mɪlkɪ] *adj.* **1.** □ milchig, Milch...; milchweiß; **2.** *min.* milchig, wolkig (*bsd. Edelsteine*); **3.** *fig.* a) sanft, b) weichlich, ängstlich; **2 Way** *s. ast.* Milchstraße *f*.

mill[1] [mɪl] **I** *s.* **1.** (Mehl-, Mahl)Mühle *f*; → **grist** 1; **2.** ⚙ (*Kaffee-, Öl-, Säge- etc.*)Mühle *f*, Zerkleinerungsvorrichtung *f*: **go through the ~** *fig.* e-e harte Schule durchmachen; **put s.o. through the ~** j-n hart rannehmen; **have been through the ~** viel durchgemacht haben; **3.** *metall.* Hütten-, Hammer-, Walzwerk *n*; **4.** *a.* **spinning ~** ⚙ Spinne'rei *f*; **5.** ⚙ a) *Münzerei*: Prägwerk *n*, b) *Glasherstellung*: Schleifkasten *m*; **6.** Fa'brik *f*, Werk *n*; **7.** F Prüge'lei *f*; **II** *v/t.* **8.** *Korn etc.* mahlen; **9.** ⚙ *allg.* bearbeiten, *z. B. Holz, Metall* fräsen, *Papier, Metall* walzen, *Tuch, Leder* walken, *Münzen* rändeln, *Eier, Schokolade* quirlen, schlagen, *Seide* moulinieren; **10.** F ,'durchwalken'; **III** *v/i.* **11.** F sich prügeln; **12.** **~ about** *od.* **around** ('rund)her'umlaufen, her'umirren: **~ing crowd** Gewühl *n*, wogende Menge.

mill[2] [mɪl] *s. Am.* Tausendstel *n* (*bsd.* 1/1000 *Dollar*).

mill| **bar** *s.* ⚙ Pla'tine *f*; '**~·board** *s.* starke Pappe, Pappdeckel *m*; '**~·course** *s.* **1.** Mühlengerinne *n*; **2.** Mahlgang *m*.

M

mil·le·nar·i·an [ˌmɪlɪˈneərɪən] **I** *adj.* **1.** tausendjährig; **2.** *eccl.* das Tausendjährige Reich (Christi) betreffend; **II** *s.* **3.** *eccl.* Chiliˈast *m*; **mil·le·nar·i·an·ism** [ˌmɪlɪˈneərɪənɪzəm] *s. eccl.* Milleˌnariaˈnismus *m*; **mil·le·nar·y** [mɪˈlenərɪ] **I** *adj.* **1.** aus tausend (Jahren) bestehend, von tausend Jahren; **II** *s.* **2.** (Jahr)ˈTausend *n*; **3.** Jahrˈtausendfeier *f*; **mil·len·ni·al** [mɪˈlenɪəl] *adj.* **1.** Jahrtausend..., Milˈlennium(s)...: **~ doomsdayer** Jahrˈtausendproˌphet(in); **2.** *eccl.* das Tausendjährige Reich betreffend; **3.** e-e Jahrˈtausendfeier betreffend; **4.** tausendjährig; **mil·len·ni·um** [mɪˈlenɪəm] *pl.* **-ni·ums** *od.* **-ni·a** [-nɪə] *s.* **1.** Jahrˈtausend *n*: **~ bug** *Computer*: Jahr-2000-Problem *n*, -fehler *m*; **~ celebration** Millennium(s)feier *f*, Jahrtausendfeier *f*; **~ compliance** *Computer*: Jahrtausendfähigkeit *f*, -tauglichkeit *f*; **~-compliant** *Computer*: jahrtausendfähig, -tauglich; **~ date changeover** Datumswechsel *m* am Ende des Jahrtausends; **~-proof** jahrtausendsicher, -fähig; **2.** Jahrˈtausendfeier *f*; **3.** *eccl.* Tausendjähriges Reich (Christi); **4.** *fig.* Paraˈdies *n* auf Erden.

mil·le·pede [ˈmɪlɪpiːd] *s. zo.* Tausendfüß(l)er *m*.

mill·er [ˈmɪlə] *s.* **1.** Müller *m*; **2.** ⚙ ˈFräsmaˌschine *f*.

mil·les·i·mal [mɪˈlesɪml] **I** *adj.* □ **1.** tausendst; **2.** aus Tausendsteln bestehend; **II** *s.* **3.** Tausendstel *n*.

mil·let [ˈmɪlɪt] *s.* ⚘ (Rispen)Hirse *f*.

ˈ**mill·hand** *s.* Mühlen-, Faˈbrik-, Spinneˈreiarbeiter *m*.

milli- [mɪlɪ] *in Zssgn* Tausendstel.

ˌ**mil·liˈam·me·ter** *s.* ϟ ˈMilliamˌpereˌmeter *n*.

mil·li·ard [ˈmɪljɑːd] *s. Brit.* Milliˈarde *f*.

mil·li·bar [ˈmɪlɪbɑː] *s. meteor.* Milliˈbar *n*.

ˈ**mil·li·gram(me)** *s.* Milliˈgramm *n*; ˈ**mil·li·me·ter** *Am.*, ˈ**mil·li·me·tre** *Brit. s.* Milliˈmeter *m*, *n*.

mil·li·ner [ˈmɪlɪnə] *s.* Hut-, Putzmacherin *f*, Moˈdistin *f*; ˈ**mil·li·ner·y** [-nərɪ] *s.* **1.** Putz-, Modewaren *pl.*; **2.** Hutmacherhandwerk *n*; **3.** ˈHutsaˌlon *m*.

mill·ing [ˈmɪlɪŋ] *s.* **1.** Mahlen *n*; **2.** ⚙ a) Walken *n*, b) Rändeln *n*, c) Fräsen *n*, d) Walzen *n*; **3.** *sl.* Tracht *f* Prügel; **~ cut·ter** *s.* ⚙ Fräser *m*; **~ ma·chine** *s.* **1.** ˈFräsmaˌschine *f*; **2.** Rändelwerk *n*; **~ prod·uct** *s.* ˈMühlen- *od.* ⚙ ˈWalzproˌdukt *n*.

mil·lion [ˈmɪljən] *s.* **1.** Milliˈon *f*: **a ~ times** Millionen Mal; **two ~ men** 2 Millionen Mann; **by the ~** nach Millionen; **~s of people** *fig.* e-e Unmasse Menschen; **2. the ~** die große Masse, das Volk; **mil·lion·aire**, *bsd. Am.* **mil·lion·naire** [ˌmɪljəˈneə] *s.* Millioˈnär *m*; **mil·lion·air·ess** [ˌmɪljəˈneərɪs] *s.* Millioˈnärin *f*; ˈ**mil·lion·fold** *adj. u. adv.* milliˈonenfach; ˈ**mil·lionth** [-nθ] **I** *adj.* milliˈonst; **II** *s.* Milliˈonstel *n*.

mil·li·pede [ˈmɪlɪpiːd], *a.* ˈ**mil·li·ped** [-ped] → **millepede**.

ˈ**mil·liˌsec·ond** *s.* ˈMilliseˌkunde *f*.

ˈ**mill|·pond** *s.* Mühlteich *m*; ˈ**~·race** *s.* Mühlgerinne *n*.

Mills bomb [mɪlz], **Mills gre·nade** *s.* ⚔ ˈEierˌhandgraˌnate *f*.

ˈ**mill|·stone** *s.* Mühlstein *m* (*a. fig. Last*): **be a ~ round s.o.'s neck** *fig.* j-m ein Klotz am Bein sein; **see through a ~** *fig.* das Gras wachsen hören; ˈ**~·wheel** *s.* Mühlrad *n*.

mi·lom·e·ter → **mileometer**.

milt[1] [mɪlt] *s. anat.* Milz *f*.

milt[2] [mɪlt] *ichth.* **I** *s.* Milch *f* (*der männlichen Fische*); **II** *v/t. den Rogen* mit Milch befruchten; ˈ**milt·er** [-tə] *s. ichth.* Milchner *m*.

mime [maɪm] **I** *s.* **1.** *antiq.* Mimus *m*, Possenspiel *n*; **2.** Mime *m*; **3.** Possenreißer *m*; **II** *v/t.* **4.** mimen, nachahmen.

mim·e·o·graph [ˈmɪmɪəgrɑːf] **I** *s.* Mimeoˈgraph *m* (*Vervielfältigungsapparat*); **II** *v/t.* vervielfältigen; **mim·e·o·graph·ic** [ˌmɪmɪəˈgræfɪk] *adj.* (□ **~ally**) mimeoˈgraphisch, vervielfältigt.

mi·met·ic [mɪˈmetɪk] *adj.* (□ **~ally**) **1.** nachahmend (*a. ling. lautmalend*); *b.s.* nachäffend, Schein...; **2.** *biol.* fremde Formen nachbildend.

mim·ic [ˈmɪmɪk] **I** *adj.* **1.** mimisch, (durch Gebärden) nachahmend; **2.** Schauspiel...: **~ art** Schauspielkunst *f*; **3.** nachgeahmt, Schein...; **II** *s.* **4.** Nachahmer *m*, Imiˈtator *m*; **III** *v/t. pret. u. p.p.* ˈ**mim·icked** [-kt], *pres. p.* ˈ**mim·ick·ing** [-kɪŋ] **5.** nachahmen, -äffen; **6.** ⚘, *zo.* sich *in der Farbe etc.* angleichen (*dat.*); ˈ**mim·ic·ry** [-krɪ] *s.* **1.** Nachahmen *n*, -äffung *f*; **2.** *zo.* Mimikry *f*, Angleichung *f*.

mi·mo·sa [mɪˈməʊzə] *s.* ⚘ Miˈmose *f*.

min·a·ret [ˈmɪnəret] *s.* ⌂ Minaˈrett *n*.

min·a·to·ry [ˈmɪnətərɪ] *adj.* drohend, bedrohlich.

mince [mɪns] **I** *v/t.* **1.** zerhacken, in kleine Stücke zerschneiden; ˈdurchdrehen: **~ meat** Hackfleisch machen; **2.** *fig.* mildern, bemänteln: **~ one's words** affektiert sprechen; **not to ~ matters** (*od.* **one's words**) kein Blatt vor den Mund nehmen; **3.** geziert tun: **~ one's steps** → 5 b; **II** *v/i.* **4.** Fleisch (*a.* Fett, Gemüse) klein schneiden *od.* zerkleinern, Hackfleisch machen; **5.** a) sich geziert benehmen, b) geziert gehen, trippeln; **III** *s.* **6.** *bsd. Brit.* → **mincemeat** 2; ˈ**~·meat** *s.* **1.** Paˈstetenfüllung *f* (*aus Korinthen, Äpfeln, Rosinen, Rum etc. mit od. ohne Fleisch*); **2.** Hackfleisch *n*, Gehacktes *n*: **make ~ of** *fig.* a) ‚aus *j-m* Hackfleisch machen', b) *Argument etc.* ‚(in der Luft) zerreißen'; **~ pie** *s. mit* **mincemeat** *gefüllte Pastete*.

minc·er [ˈmɪnsə] → **mincing machine**.

minc·ing [ˈmɪnsɪŋ] *adj.* □ *fig.* geziert, affektiert; **~ ma·chine** *s.* ˈFleischhackmaˌschine *f*, Fleischwolf *m*.

mind [maɪnd] **I** *s.* **1.** Sinn *m*, Gemüt *n*, Herz *n*: **have s.th. on one's ~** et. auf dem Herzen haben; **2.** Seele *f*, Verstand *m*, Geist *m*: **presence of ~** Geistesgegenwart *f*; (**the triumph of**) **~ over matter** *oft iro.* der Sieg des Geistes über die Materie; **before one's ~'s eye** vor s-m geistigen Auge; **be of sound ~**, **be in one's right ~** bei (vollem) Verstand sein; **of sound ~ and memory** ⚖ im Vollbesitz s-r geistigen Kräfte; **be out of one's ~** nicht (recht) bei Sinnen sein, verrückt sein; **lose one's ~** den Verstand verlieren; **close one's ~ to s.th.** sich gegen et. verschließen; **have an open ~** unvoreingenommen sein; **cast back one's ~** sich zurückversetzen (**to** nach, in *acc.*); **enter s.o.'s ~** j-m in den Sinn kommen; **put** (*od.* **give**) **one's ~ to s.th.** sich mit e-r Sache befassen; **put s.th. out of one's ~** sich et. aus dem Kopf schlagen; **read s.o.'s ~** j-s Gedanken lesen; **that blows your ~!** F da ist man (einfach) ‚fertig'!; **3.** Geist *m* (*a. phls.*): **the human ~**; **things of the ~** geistige Dinge; **history of the ~** Geistesgeschichte *f*; **his is a fine ~** er hat e-n feinen Verstand, er ist ein kluger Kopf; **one of the greatest ~s of his time** *fig.* e-r der größten Geister *od.* Köpfe s-r Zeit; **4.** Meinung *f*, Ansicht *f*: **in** (*od.* **to**) **my ~** m-r Ansicht nach, m-s Erachtens; **be of s.o.'s ~** j-s Meinung sein; **change one's ~** sich anders besinnen; **speak one's ~** (**freely**) s-e Meinung frei äußern; **give s.o. a piece of one's ~** j-m gründlich die Meinung sagen; **know one's own ~** wissen, was man will; **be in two ~s about s.th.** mit sich selbst über et. nicht einig sein; **there can be no two ~s about it** darüber kann es keine geteilte Meinung geben; **5.** Neigung *f*, Lust *f*; Absicht *f*: **have** (**half**) **a ~ to do s.th.** (beinahe) Lust haben, et. zu tun; **have s.th. in ~** et. im Sinne haben; **I have you in ~** ich denke (dabei) an dich; **have it in ~ to do s.th.** beabsichtigen, et. zu tun; **make up one's ~** a) sich entschließen, e-n Entschluss fassen, b) zur Überzeugung kommen (**that** dass), sich klar werden (**about** über *acc.*); **I can't make up your ~** *iro.* ich kann mir nicht deinen Kopf zerbrechen; **6.** Erinnerung *f*, Gedächtnis *n*: **bear** (*od.* **keep**) **in ~** (immer) an *et.* denken, *et.* nicht vergessen, bedenken; **call to ~** sich *et.* ins Gedächtnis zurückrufen, sich an *et.* erinnern; **put s.o. in ~ of s.th.** j-n an et. erinnern; **nothing comes to ~** nichts fällt einem dabei ein; **time out of ~** seit (*od.* vor) undenklichen Zeiten; **II** *v/t.* **7.** merken, (be)achten, Acht geben, hören auf (*acc.*): **~ one's P's and Q's** F sich ganz gehörig in Acht nehmen; **~ you write** F denk daran (*od.* vergiss nicht) zu schreiben; **8.** sich in Acht nehmen, sich hüten vor (*dat.*): **~ the step!** Achtung, Stufe!; **9.** sorgen für, sehen nach: **~ the children** sich um die Kinder kümmern, die Kinder hüten; **~ your own business!** kümmere dich um deine eigenen Dinge!; **don't ~ me!** lass dich durch mich nicht stören!; **never ~ him!** kümmere dich nicht um ihn!; **10.** et. haben gegen, es nicht gern sehen *od.* mögen, sich stoßen an (*dat.*): **do you ~ my smoking?** haben Sie et. dagegen, wenn ich rauche?; **would you ~ coming?** würden Sie so freundlich sein zu kommen?; **I don't ~ (it)** ich habe nichts dagegen, meinetwegen; **I wouldn't ~ a drink** ich hätte nichts gegen einen Drink; **III** *v/i.* **11.** Acht haben, aufpassen, bedenken: **~ (you)!** wohlgemerkt; **never ~!** lass es gut sein!, es hat nichts zu sagen!, es macht nichts! (→ *a.* 12); **12.** et. daˈgegen haben: **I don't ~** ich habe nichts dagegen, meinetwegen; **I don't ~ if I do** F ja, ganz gern *od.* ich möchte schon; **he ~s a great deal** er ist allerdings dagegen, es macht ihm sehr viel aus; **never ~!** mach dir nichts draus!

ˈ**mind|-ˌbend·ing**, ˈ**~-ˌblow·ing**, ˈ**~-ˌbog·gling** *adj. sl.* ‚irr(e)', ‚toll'.

mind·ed [ˈmaɪndɪd] *adj.* **1.** geneigt, gesonnen: **if you are so ~** wenn das deine Absicht ist; **2.** *in Zssgn* a) gesinnt: **evil-~** böse gesinnt; **small-~** kleinlich, b) *religiös, technisch etc.* veranlagt: **religious-~**, c) interesˈsiert an (*dat.*): **air-~** flugbegeistert.

ˈ**mind-exˌpand·ing** *adj.* bewusstseinserweiternd, psycheˈdelisch.

mind·ful [ˈmaɪndfʊl] *adj.* □ (**of**) auf-

M

merksam, achtsam (auf *acc.*), eingedenk (*gen.*): ***be ~ of*** achten auf; '**mind·less** ['maɪndlɪs] *adj.* □ **1.** (***of***) unbekümmert (um), ohne Rücksicht (auf *acc.*), uneingedenk (*gen.*); **2.** hirn-, gedankenlos, ‚blind'; **3.** geistlos, unbeseelt.

'**mind|-ˌread·er** *s.* Gedankenleser(in); '**~-ˌread·ing** *s.* Gedankenlesen *n.*

mine[1] [maɪn] **I** *poss. pron.* der (die, das) Mein(ig)e ***what is ~*** was mir gehört, das Meinige; ***a friend of ~*** ein Freund von mir; ***me and ~*** ich u. die Mein(ig)en *od.* meine Familie; **II** *poss. adj. poet. od. obs.* mein: ***~ eyes*** meine Augen; ***~ host*** (der) Herr Wirt.

mine[2] [maɪn] **I** *v/i.* **1.** minieren; **2.** schürfen, graben (***for*** nach); **3.** sich eingraben (*Tiere*); **II** *v/t.* **4.** *Erz, Kohlen* abbauen, gewinnen; **5.** ⚓, ⚔ a) verminen, b) minieren; **6.** *fig.* unter'graben, -mi'nieren; **III** *s.* **7.** *oft pl.* ⚒ Mine *f*, Bergwerk *n*, Zeche *f*, Grube *f*; **8.** ⚓, ⚔ (*Luft-, See*)Mine *f*: ***spring a ~*** e-e Mine springen lassen (*a. fig.*); **9.** *fig.* Fundgrube *f* (***of*** an *dat.*): ***a ~ of information***; **~ bar·ri·er** *s.* ⚔ Minensperre *f*; **~ de·tec·tor** *s.* ⚔ Minensuchgerät *n*; '**~·field** *s.* ⚔ Minenfeld *n*; **~ fore·man** *s.* [*irr.*] ⚒ Obersteiger *m*; **~ gas** *s.* **1.** Me'than *n*; **2.** ⚒ Grubengas *n*, schlagende Wetter *pl.*; '**~ˌlay·er** [-ˌleɪə] *s.* ⚓, ⚔ Minenleger *m.*

min·er ['maɪnə] *s.* **1.** ⚒ Bergarbeiter *m*, -mann *m*, Grubenarbeiter *m*, Kumpel *m*: ***~s' association*** Knappschaft *f*; ***~'s lamp*** Grubenlampe *f*; ***~'s lung*** ⚕ (Kohlen)Staublunge *f*; **2.** ⚓, ⚔ Minenleger *m.*

min·er·al ['mɪnərəl] **I** *s.* **1.** Mine'ral *n*; **2.** *bsd. pl.* Mine'ralwasser *n*; **II** *adj.* **3.** mine'ralisch, Mineral...; **4.** ⚗ 'anorˌganisch; **~ car·bon** *s.* Gra'phit *m*; **~ coal** *s.* Steinkohle *f*; **~ de·pos·it** *s.* Erzlagerstätte *f.*

min·er·al·ize ['mɪnərəlaɪz] *v/t. geol.* **1.** vererzen; **2.** mineralisieren, versteinern; **3.** mit 'anorˌganischem Stoff durch'setzen; **min·er·al·og·i·cal** [ˌmɪnərə'lɒdʒɪkl] *adj.* □ *min.* minera'logisch; **min·er·al·o·gy** [ˌmɪnə'rælədʒɪ] *s.* Mineralo'gie *f.*

min·er·al| oil *s.* Erdöl *n*, Pe'troleum *n*, Mine'ralöl *n*; **~ spring** *s.* Mine'ralquelle *f*, Heilbrunnen *m*; **~ wa·ter** *s.* Mine'ralwasser *n.*

'**mineˌsweep·er** *s.* ⚓, ⚔ Minenräum-, Minensuchboot *n.*

min·e·ver ['mɪnɪvə] → ***miniver.***

min·gle ['mɪŋgl] **I** *v/i.* **1.** verschmelzen, sich vermischen, sich verbinden (***with*** mit): ***with ~d feelings*** *fig.* mit gemischten Gefühlen; **2.** *fig.* sich (ein)mischen (***in*** in *acc.*), sich mischen (***among, with*** unter *acc.*); **II** *v/t.* **3.** vermischen, -mengen.

min·i ['mɪnɪ] **I** *s.* **1.** Minimode *f*: ***wear ~*** Mini tragen; **2.** Minikleid *n*, -rock *m etc.*; **II** *adj.* **3.** Mini...

min·i·a·ture ['mɪnətʃə] **I** *s.* **1.** Minia'tur (-gemälde *n*) *f*; **2.** *fig.* Minia'turausgabe *f*: ***in ~*** im Kleinen, en miniature, Miniatur...; **3.** ⚔ kleine Ordensschnalle; **II** *adj.* **4.** Miniatur..., Klein..., im kleinen; **~ cam·er·a** *s. phot.* Kleinbildkamera *f*; **~ cur·rent** *s.* ⚡ Mini'mal-, 'Unterstrom *m*; **~ grand** *s.* ♪ Stutzflügel *m*; **~ ri·fle shoot·ing** *s.* 'Kleinkaˌliberschießen *n.*

min·i·a·tur·ist ['mɪnəˌtjʊərɪst] *s.* Minia'turmaler(in); **min·i·a·tur·ize** ['mɪnətʃəraɪz] *v/t. bsd. elektronische Elemente* miniaturisieren.

'**min·i|·bar** *s.* Minibar *f*; '**~·bus** *s. mot.* Mini-, Kleinbus *m*; '**~·cab** *s. mot.* Minicar *m* (*Kleintaxi*); '**~·car** *s. mot.* Kleinwagen *m*; '**~·dress** *s.* Minikleid *n.*

min·i·kin ['mɪnɪkɪn] **I** *adj.* **1.** affektiert, geziert; **2.** winzig, zierlich; **II** *s.* **3.** kleine Stecknadel; **4.** *fig.* Knirps *m.*

min·im ['mɪnɪm] *s.* **1.** ♪ halbe Note; **2.** *et.* Winziges; Zwerg *m*; **3.** *pharm.* 1/60 Drachme *f* (*Apothekermaß*); **4.** Grundstrich *m* (*Kalligraphie*); '**min·i·mal** [-ml] *adj.* kleinst, mini'mal, Mindest...; '**min·i·mize** [-maɪz] *v/t.* **1.** auf das Mindestmaß zu'rückführen, möglichst gering halten; **2.** als geringfügig darstellen, bagatellisieren; '**min·i·mum** [-məm] **I** *pl.* **-ma** [-mə] *s.* Minimum *n* (*a.* 𝔄), Mindestmaß *n*, -betrag *m*, -stand *m*: ***with a ~ of effort*** mit e-m Minimum an *od.* von Anstrengung; **II** *adj.* mini'mal, mindest, Mindest..., kleinst: ***~ output*** Leistungsminimum *n*; ***~ price*** Mindestpreis *m*; ***~ reserve holdings*** *pl.* ♱ Mindestreserveguthaben *n od. pl*; ***~ wage*** Mindestlohn *m.*

min·ing ['maɪnɪŋ] **I** *s.* Bergbau *m*, Bergwerk(s)betrieb *m*; **II** *adj.* Bergwerks..., Berg(bau)..., Gruben..., Montan...: ***~ academy*** Bergakademie *f*; ***~ law*** Bergrecht *n*; **~ dis·as·ter** *s.* Grubenunglück *n*; **~ en·gi·neer** *s.* 'Berg(bau)ingeniˌeur *m*; **~ in·dus·try** *s.* 'Bergbau-, Mon'tanindusˌtrie *f*; **~ share** *s.* Kux *m.*

min·ion ['mɪnjən] *s.* **1.** Günstling *m*; **2.** *contp.* Speichellecker *m*: ***~ of the law*** *oft humor.* Gesetzeshüter *m*; **3.** *typ.* Kolo'nel *f* (*Schriftgrad*).

min·i·quake ['mɪnɪkweɪk] *s. geol.* kleines Erdbeben, Erdstoß *m.*

'**min·i·skirt** *s.* Minirock *m.*

'**min·i·state** *s. pol.* Zwergstaat *m.*

min·is·ter ['mɪnɪstə] **I** *s.* **1.** *eccl.* Geistliche(r) *m*, Pfarrer *m* (*bsd. e-r Dissenterkirche*); **2.** *pol. Brit.* Mi'nister(in), *a.* Premi'ermiˌnister(in): ***ℒ of the Crown*** (Kabinetts)Minister(in); ***ℒ of Labour*** Arbeitsminister(in); **3.** *pol.* Gesandte(r *m*) *f*: ***~ plenipotentiary*** bevollmächtigter Gesandter; **4.** *fig.* Diener *m*, Werkzeug *n*; **II** *v/t.* **5.** darreichen; *eccl. die Sakramente* spenden; **III** *v/i.* **6.** (***to***) behilflich *od.* dienlich sein (*dat.*) (*a. fig. fördern*): ***~ to the wants of others*** für die Bedürfnisse anderer sorgen; **7.** *eccl.* Gottesdienst halten; **min·is·te·ri·al** [ˌmɪnɪ'stɪərɪəl] *adj.* □ **1.** amtlich, Verwaltungs..., 'untergeordnet: ***~ officer*** Verwaltungs-, Exekutivbeamte(r) *m*; **2.** *eccl.* geistlich; **3.** *pol.* a) Ministerial..., Minister..., b) Regierungs...: ***~ bill*** Regierungsvorlage *f*; **4.** Hilfs..., dienlich (***to*** *dat.*); '**min·is·trant** [-trənt] **I** *adj.* **1.** (***to***) dienend (zu), dienstbar (*dat.*); **II** *s.* **2.** Diener(in); **3.** *eccl.* Minist'rant *m*; **min·is·tra·tion** [ˌmɪnɪ'streɪʃn] *s.* Dienst *m* (***to*** an *dat.*); *bsd. kirchliches* Amt; '**min·is·try** [-trɪ] *s.* **1.** *eccl.* geistliches Amt; **2.** *pol. Brit.* a) Mini'sterium *n* (*a. Amtsdauer u. Gebäude*), b) Mi'nisterposten *m*, -amt *n*, c) Kabi'nett *n*, Regierung *f*; **3.** *pol. Brit.* Amt *n* e-s Gesandten; **4.** *eccl. coll.* Geistlichkeit *f.*

min·i·um ['mɪnɪəm] *s.* **1.** → ***vermilion*** 1; **2.** ⚗ Mennige *f.*

min·i·ver ['mɪnɪvə] *s.* Grauwerk *n*, Feh *n* (*Pelz*).

mink [mɪŋk] *s.* **1.** *zo.* Nerz *m*; **2.** Nerz (-fell *n*) *m.*

min·now ['mɪnəʊ] *s.* **1.** *ichth.* Elritze *f*; **2.** *fig. contp.* (*eine*) ‚Null', (*ein*) Niemand *m.*

mi·nor ['maɪnə] **I** *adj.* **1.** a) kleiner, geringer, b) klein, unbedeutend, geringfügig; 'untergeordnet (*a. phls.*): ***~ casualty*** ⚔ Leichtverwundete(r) *m*; ***~ offence*** (*Am.* ***-se***) ⚖ (leichtes) Vergehen; ***the ℒ Prophets*** *bibl.* die kleinen Propheten; ***of ~ importance*** von zweitrangiger Bedeutung, c) Neben..., Hilfs..., Unter...: ***a ~ group*** eine Untergruppe; ***~ premise*** → 7; ***~ subject*** *Am. univ.* Nebenfach *n*; **2.** minderjährig; **3.** *Brit.* jünger (*in Schulen*): ***Smith ~*** Smith der Jüngere; **4.** ♪ a) klein (*Terz etc.*), b) Moll...: ***C ~*** c-Moll *n*; ***~ key*** Molltonart *f*; ***in ~ key*** *fig.* (etwas) gedämpft; ***~ mode*** Mollgeschlecht *n*; **II** *s.* **5.** Minderjährige(r *m*) *f*; **6.** ♪ a) Moll *n*, b) 'Mollakˌkord *m*, c) Molltonart *f*; **7.** *phls.* 'Untersatz *m*; **8.** *Am. univ.* Nebenfach *n*; **III** *v/i.* **9.** ***~ in*** *Am. univ.* als Nebenfach studieren; **mi·nor·i·ty** [maɪ'nɒrətɪ] *s.* **1.** Minderjährigkeit *f*, Unmündigkeit *f*; **2.** Minori'tät *f*, Minderheit *f*, -zahl *f*: ***~ government*** (***party***) Minderheitsregierung (-partei) *f*; ***be in the ~*** in der Minderheit *od.* -zahl sein.

min·ster ['mɪnstə] *s. eccl.* **1.** Münster *n*; **2.** Klosterkirche *f.*

min·strel ['mɪnstrəl] *s.* **1.** *hist.* Spielmann *m*; Minnesänger *m*; **2.** *poet.* Sänger *m*, Dichter *m*; '**min·strel·sy** [-sɪ] *s.* **1.** Musi'kantentum *n*; **2.** a) Minnesang *m*, -dichtung *f*, b) *poet.* Dichtkunst *f*, Dichtung *f*; **3.** *coll.* Spielleute *pl.*

mint[1] [mɪnt] *s.* **1.** ⚘ Minze *f*: ***~ sauce*** (saure) Minzsoße; **2.** 'Pfefferminz(liˌkör) *m.*

mint[2] [mɪnt] **I** *s.* **1.** Münze *f*: a) Münzstätte *f*, -anstalt *f*, b) Münzamt *n*: ***a ~ of money*** F ein Haufen Geld; **2.** *fig.* (reiche) Fundgrube, Quelle *f*; **II** *adj.* **3.** (wie) neu, tadellos erhalten, (*Buch etc.*): ***in ~ condition***; **4.** postfrisch (*Briefmarke*); **III** *v/t.* **5.** *Geld* münzen, schlagen, prägen; **6.** *fig. Wort etc.* prägen; '**mint·age** [-tɪdʒ] *s.* **1.** Münzen *n*, Prägung *f* (*a. fig.*); **2.** *das* Geprägte, Geld *n*; **3.** Prägegebühr *f.*

min·u·end ['mɪnjʊend] *s.* 𝔄 Minu'end *m.*

min·u·et [ˌmɪnjʊ'et] *s.* ♪ Menu'ett *n.*

mi·nus ['maɪnəs] **I** *prp.* **1.** 𝔄 minus, weniger; **2.** F ohne: ***~ his hat***; **II** *adv.* **3.** minus, unter null (*Temperatur*); **III** *adj.* **4.** Minus..., negativ: ***~ amount*** Fehlbetrag *m*; ***~ quantity*** → 6; ***~ sign*** → 5; **IV** *s.* **5.** Minuszeichen *n*; **6.** Minus *n*, negative Größe; **7.** Mangel *m* (***of*** an *dat.*).

mi·nus·cule ['mɪnəskju:l] **I** *s.* Mi'nuskel *f*; **II** *adj.* winzig, sehr klein.

min·ute[1] ['mɪnɪt] **I** *s.* **1.** Mi'nute *f* (*a. ast.*, 𝔄, ⚠): ***for a ~*** e-e Minute (lang); ***~ hand*** Minutenzeiger *m* (*Uhr*); ***to the ~*** auf die Minute genau; (***up***) ***to the ~*** hypermodern; **2.** Augenblick *m*: ***in a ~*** sofort; ***just a ~!*** Moment mal!; ***the ~ that*** sobald; **3.** ♱ a) Kon'zept *n*, kurzer Entwurf, b) No'tiz *f*, Memo'randum *n*: ***~ book*** Protokollbuch *n*; **4.** *pl.* ⚖, *pol.* ('Sitzungs)Protoˌkoll *n*, Niederschrift *f*: (***the***) ***~s of the proceedings*** Verhandlungsprotokoll *n*; ***keep the ~s*** das Protokoll führen; ***loose ~*** Aktennotiz *f*; **II** *v/t.* **5.** a) entwerfen, aufsetzen, b) notieren, protokollieren.

mi·nute[2] [maɪ'nju:t] *adj.* □ **1.** sehr klein, winzig: ***in the ~st details*** in den kleinsten Einzelheiten; **2.** *fig.* unbedeutend, geringfügig; **3.** peinlich genau, minuti'ös.

min·ute·ly[1] ['mɪnɪtlɪ] **I** *adj.* jede Mi'nute geschehend, Minuten...; **II** *adv.* jede Mi'nute, von Minute zu Minute.

mi·nute·ly[2] [maɪ'njuːtlɪ] *adv. von* ***minute***[2]; **mi·nute·ness** [maɪ'njuːtnɪs] *s.* **1.** Kleinheit *f*, Winzigkeit *f*; **2.** minuti'öse Genauigkeit.

mi·nu·ti·a [maɪ'njuːʃɪə] *pl.* **-ti·ae** [-ʃiːː] (*Lat.*) *s.* Einzelheit *f*, De'tail *n*.

minx [mɪŋks] *s.* Range *f*, ‚kleines Biest'.

mir·a·belle [ˌmɪrə'bel] *s. Obst:* Mira'belle *f*.

mir·a·cle ['mɪrəkl] *s.* Wunder *n* (*a. fig.* ***of*** an *dat.*); Wundertat *f*, -kraft *f*: ***to a ~*** fantastisch (gut); ***work ~s*** Wunder tun *od.* vollbringen; ***~ drug*** Wunderdroge *f*; ***~ play*** *hist. eccl.* Mirakelspiel *n*; **mi·rac·u·lous** [mɪ'rækjʊləs] **I** *adj.* □ 'überna͵türlich, wunderbar (*a. fig.*); Wunder...: ***~ cure*** Wunderkur *f*; **II** *s. das* Wunderbare; **mi·rac·u·lous·ly** [mɪ'rækjʊləslɪ] *adv.* (wie) durch ein Wunder, wunderbar(erweise).

mi·rage ['mɪrɑːʒ] *s.* **1.** *phys.* Luftspiegelung *f*, Fata Mor'gana *f*; **2.** *fig.* Trugbild *n*.

mire ['maɪə] **I** *s.* **1.** Schlamm *m*, Sumpf *m*, Kot *m* (*alle a. fig.*): ***drag s.o. through the ~*** *fig.* j-n in den Schmutz ziehen; ***be deep in the ~*** ‚tief in der Klemme sitzen'; **II** *v/t.* **2.** in den Schlamm fahren *od.* setzen: ***be ~d*** im Sumpf *etc.* stecken (bleiben); **3.** beschmutzen, besudeln; **III** *v/i.* **4.** im Sumpf versinken.

mir·ror ['mɪrə] **I** *s.* **1.** Spiegel *m* (*a. zo.*): ***hold up the ~ to s.o.*** *fig.* j-m den Spiegel vorhalten; **2.** *fig.* Spiegel(bild *n*) *m*; **II** *v/t.* **3.** 'widerspiegeln: ***be ~ed*** sich (wider)spiegeln (***in*** in *dat.*); **4.** mit Spiegel(n) versehen: ***~ed room*** Spiegelzimmer *n*; ***~ fin·ish*** *s.* ⚙ Hochglanz *m*; **'~-in͵vert·ed** *adj.* seitenverkehrt; ***~ sym·me·try*** *s.* ⚗, *phys.* 'Spiegelsymme͵trie *f*; ***~ writ·ing*** *s.* Spiegelschrift *f*.

mirth [mɜːθ] *s.* Fröhlichkeit *f*, Heiterkeit *f*, Freude *f*; **'mirth·ful** [-fʊl] *adj.* □ fröhlich, heiter, lustig; **'mirth·ful·ness** [-fʊlnɪs] *s.* → ***mirth***; **'mirth·less** [-lɪs] *adj.* freudlos, trüb(e).

mir·y ['maɪərɪ] *adj.* **1.** sumpfig, schlammig, kotig; **2.** *fig.* schmutzig, gemein.

mis- [mɪs] *in Zssgn* falsch, Falsch..., miss..., Miss...; schlecht; Fehl...

͵mis·ad'ven·ture *s.* Unfall *m*, Unglück *n*; 'Missgeschick *n*; **͵mis·a'lign·ment** *s.* ⚙ Flucht(ungs)fehler *m*; *Radio, TV:* schlechte Ausrichtung; **͵mis·al'li·ance** *s.* Mesalli'ance *f*, 'Missheirat *f*.

mis·an·thrope ['mɪzənθrəʊp] *s.* Menschenfeind *m*, Misan'throp *m*; **mis·an·throp·ic**, **mis·an·throp·i·cal** [͵mɪzən'θrɒpɪk(l)] *adj.* □ menschenfeindlich, misan'thropisch; **mis·an·thro·pist** [mɪ'zænθrəpɪst] → ***misanthrope***; **mis·an·thro·py** [mɪ'zænθrəpɪ] *s.* Menschenhass *m*, Misanthro'pie *f*.

'mis͵ap·pli'ca·tion *s.* falsche Verwendung; *b.s.* 'Missbrauch *m*; **͵mis·ap'ply** *v/t.* **1.** falsch anbringen *od.* anwenden; **2.** → ***misappropriate*** 1.

'mis͵ap·pre'hend *v/t.* 'missverstehen; **'mis͵ap·pre'hen·sion** *s.* 'Missverständnis *n*, falsche Auffassung: ***be od. labo(u)r under a ~*** sich in e-m Irrtum befinden.

͵mis·ap'pro·pri·ate *v/t.* **1.** sich *et.* 'widerrechtlich aneignen, unter'schlagen; **2.** falsch anwenden: ***~d capital*** ✝ fehlgeleitetes Kapital; **'mis·ap͵pro·pri'a·tion** *s.* ⚖ 'widerrechtliche Aneignung *od.* Verwendung, Unter'schlagung *f*, Veruntreuung *f*.

͵mis·be'come *v/t.* [*irr.* → ***become***] *j-m* schlecht stehen, sich nicht schicken *od.* ziemen für; **͵mis·be'com·ing** *adj.* → ***unbecoming***.

'mis·be͵got·ten *adj.* **1.** unehelich (gezeugt); **2.** → ***misgotten***; **3.** mise'rabel, verkorkst.

͵mis·be'have *v/i. od. v/refl.* **1.** sich schlecht benehmen *od.* aufführen, sich da'nebenbenehmen; ungezogen sein (*Kind*); **2.** ***~ with*** sich einlassen *od.* in'tim werden mit; **͵mis·be'hav·io(u)r** *s.* **1.** schlechtes Betragen, Ungezogenheit *f*; **2.** ***~ before the enemy*** ⚔ *Am.* Feigheit *f* vor dem Feind.

͵mis·be'lief *s.* Irrglaube *m*; irrige Ansicht; **͵mis·be'lieve** *v/i.* irrgläubig sein.

͵mis'cal·cu·late **I** *v/t.* falsch berechnen *od.* (ab)schätzen; **II** *v/i.* sich verrechnen, sich verkalkulieren; **'mis͵cal·cu'la·tion** *s.* Rechen-, Kalkulati'onsfehler *m*.

͵mis'call *v/t.* falsch *od.* zu Unrecht (be-)nennen.

͵mis'car·riage *s.* **1.** Fehlschlag(en *n*) *m*, Miss'lingen *n*: ***~ of justice*** ⚖ Fehlspruch *m*, -urteil *n*, Justizirrtum *m*; **2.** ✝ Versandfehler *m*; **3.** Fehlleitung *f* (*Brief*); **4.** ⚕ Fehlgeburt *f*; **͵mis'car·ry** *v/i.* **1.** miss'lingen, -'glücken, fehlschlagen, scheitern; **2.** verloren gehen (*Brief*); **3.** ⚕ e-e Fehlgeburt haben.

͵mis'cast *v/t.* [*irr.* → ***cast***] *thea. etc. Rolle* fehlbesetzen: ***be ~*** a) e-e Fehlbesetzung sein (*Schauspieler*), b) *fig.* s-n Beruf verfehlt haben.

mis·ce·ge·na·tion [͵mɪsɪdʒɪ'neɪʃn] *s.* Rassenmischung *f*.

mis·cel·la·ne·ous [͵mɪsɪ'leɪnjəs] *adj.* □ **1.** ge-, vermischt, di'vers; **2.** mannigfaltig, verschiedenartig; **͵mis·cel'la·ne·ous·ness** [-nɪs] *s.* **1.** Gemischtheit *f*; **2.** Vielseitigkeit *f*; Mannigfaltigkeit *f*; **mis·cel·la·ny** [mɪ'selənɪ] *s.* **1.** Gemisch *n*, Sammlung *f*, Sammelband *m*; **2.** *pl.* vermischte Schriften *pl.*, Mis'zellen *pl.*

͵mis'chance *s.* 'Missgeschick *n*: ***by ~*** durch e-n unglücklichen Zufall, unglücklicherweise.

mis·chief ['mɪstʃɪf] *s.* **1.** Unheil *n*, Unglück *n*, Schaden *m*: ***do ~*** Unheil anrichten; ***mean ~*** Böses im Schilde führen; ***make ~*** Zwietracht säen, böses Blut machen; ***run into ~*** in Gefahr kommen; **2.** Ursache *f* des Unheils, Übelstand *m*, Unrecht *n*, Störenfried *m*; **3.** Unfug *m*, Possen *m*: ***get into ~*** et. ‚anstellen'; ***keep out of ~*** keine Dummheiten machen, brav sein; ***that will keep you out of ~!*** damit du auf keine dummen Gedanken kommst!; **4.** Racker *m* (*Kind*); **5.** 'Übermut *m*, Ausgelassenheit *f*: ***be full of ~*** immer Unfug im Kopf haben; **6.** *euphem. der* Teufel: ***what (why) the ~...?*** was (warum) zum Teufel ...?; **'~-͵mak·er** *s.* → ***troublemaker***.

mis·chie·vous ['mɪstʃɪvəs] *adj.* □ **1.** nachteilig, schädlich, verderblich; **2.** boshaft, mutwillig, schadenfroh, schelmisch; **'mis·chie·vous·ness** [-nɪs] *s.* **1.** Schädlichkeit *f*; **2.** Bosheit *f*; **3.** Schalkhaftigkeit *f*, Ausgelassenheit *f*.

mis·ci·ble ['mɪsəbl] *adj.* mischbar.

͵mis·con'ceive *v/t.* falsch auffassen *od.* verstehen, sich e-n falschen Begriff machen von; **͵mis·con'cep·tion** *s.* 'Missverständnis *n*, falsche Auffassung.

mis·con·duct **I** *v/t.* [͵mɪskən'dʌkt] **1.** schlecht führen *od.* verwalten; **2.** ***~ o.s.*** sich schlecht betragen *od.* benehmen, e-n Fehltritt begehen; **II** *s.* [͵mɪs'kɒndʌkt] **3.** Ungebühr *f*, schlechtes Betragen *od.* Benehmen; **4.** Verfehlung *f*, *bsd.* Ehebruch *m*, Fehltritt *m*; ⚔ schlechte Führung: ***~ in office*** ⚖ Amtsvergehen *n*.

͵mis·con'struc·tion *s.* 'Missdeutung *f*, falsche Auslegung; **͵mis·con'strue** *v/t.* falsch auslegen, miss'deuten, 'missverstehen.

mis·cre·ant ['mɪskrɪənt] **I** *adj.* gemein, ab'scheulich; **II** *s.* Schurke *m*.

͵mis'date **I** *v/t.* falsch datieren; **II** *s.* falsches Datum.

͵mis'deal *v/t. u. v/i.* [*irr.* → ***deal***] ***~ (the cards)*** sich vergeben.

͵mis'deed *s.* Missetat *f*.

mis·de·mean [͵mɪsdɪ'miːn] *v/i. u. v/refl.* sich schlecht betragen, sich vergehen; **͵mis·de'mean·o(u)r** [-nə] *s.* ⚖ Vergehen *n*, minderes De'likt.

͵mis·di'rect *v/t.* **1.** *j-n od. et.* fehl-, irreleiten: ***~ed charity*** falsch angebrachte Wohltätigkeit; **2.** ⚖ *die Geschworenen* falsch belehren; **3.** *Brief* falsch adressieren.

mise en scène [͵miːzɑ̃ːn'seɪn] (*Fr.*) *s. thea. u. fig.* Inszenierung *f*.

͵mis·em'ploy *v/t.* **1.** schlecht anwenden; **2.** miss'brauchen.

mi·ser ['maɪzə] *s.* Geizhals *m*.

mis·er·a·ble ['mɪzərəbl] *adj.* □ **1.** elend, jämmerlich, erbärmlich, armselig, kläglich (*alle a. contp.*); **2.** traurig, unglücklich: ***make s.o. ~***; **3.** *contp. allg.* mise'rabel.

mi·ser·li·ness ['maɪzəlɪnɪs] *s.* Geiz *m*; **mi·ser·ly** ['maɪzəlɪ] *adj.* geizig.

mis·er·y ['mɪzərɪ] *s.* Elend *n*, Not *f*; Trübsal *f*, Jammer *m*; ***put s.o. out of his ~*** *mst iro.* j-n von s-m Leiden erlösen.

mis·fea·sance [mɪs'fiːzəns] *s.* ⚖ **1.** pflichtwidrige Handlung; **2.** 'Missbrauch *m* (*der Amtsgewalt*).

͵mis'fire **I** *v/i.* **1.** versagen (*Waffe*); **2.** *mot.* fehlzünden, aussetzen; **3.** *fig.* ‚da'nebengehen'; **II** *s.* **4.** Versager *m*; **5.** *mot.* Fehlzündung *f*.

'mis·fit *s.* **1.** schlecht sitzendes Kleidungsstück; **2.** nicht passendes Stück; **3.** F *fig.* Außenseiter(in), Eigenbrötler(in).

mis'for·tune *s.* 'Missgeschick *n*.

mis'give *v/t.* [*irr.* → ***give***] *Böses* ahnen lassen: ***my heart ~s me*** mir schwant (***that*** dass, ***about s.th.*** et.); **mis'giv·ing** *s.* Befürchtung *f*, böse Ahnung, Zweifel *m*.

mis'got·ten *adj.* unrechtmäßig erworben.

͵mis'gov·ern *v/t.* schlecht regieren; **͵mis'gov·ern·ment** *s.* 'Missregierung *f*, schlechte Regierung.

͵mis'guide *v/t.* fehlleiten, verleiten, irreführen; **͵mis'guid·ed** *adj.* fehl-, irregeleitet; irrig, unangebracht.

͵mis'han·dle *v/t.* miss'handeln; *weitS.* falsch behandeln, schlecht handhaben; verpatzen.

mis·hap ['mɪshæp] *s.* Unglück *n*, Unfall *m*; *mot.* (*a. humor. fig.*) Panne *f*.

͵mis'hear *v/t. u. v/i.* [*irr.* → ***hear***] falsch hören, sich verhören (bei).

mish·mash ['mɪʃmæʃ] *s.* Mischmasch *m*.

ˌmis·inˈform I *v/t. j-m* falsch berichten, *j-n* falsch unterˈrichten; **II** *v/i.* falsch aussagen (***against*** gegen); **ˌmis·in·forˈma·tion** *s.* falscher Bericht, falsche Auskunft.

ˌmis·inˈter·pret *v/t.* missˈdeuten, falsch auffassen *od.* auslegen; **ˈmis·inˌter·preˈta·tion** *s.* ˈMissdeutung *f*, falsche Auslegung.

ˌmisˈjoin·der *s.* ⚖ unzulässige Klagehäufung; unzulässige Zuziehung (*e-s Streitgenossen*).

ˌmisˈjudge *v/i. u. v/t.* **1.** falsch (be)urteilen, verkennen; **2.** falsch schätzen: ***I ~d the distance***; **ˌmisˈjudge·ment** *s.* irriges Urteil; falsche Beurteilung.

ˌmisˈlay *v/t.* [*irr.* → ***lay***] *et.* verlegen.

ˌmisˈlead *v/t.* [*irr.* → ***lead***] irreführen; *fig. a.* verführen, verleiten (***into doing*** zu tun): ***be misled*** sich verleiten lassen; **ˌmisˈlead·ing** *adj.* irreführend.

ˌmisˈman·age I *v/t.* schlecht verwalten, unrichtig handhaben; **II** *v/i.* schlecht wirtschaften; **ˌmisˈman·age·ment** *s.* ˈMissˌmanagement *n*, ˈMisswirtschaft *f*.

ˌmisˈmatched *adj.* nicht zs.-passend, ungleich (*Paar*).

ˌmisˈname *v/t.* falsch benennen.

mis·no·mer [ˌmɪsˈnəʊmə] *s.* **1.** ⚖ Namensirrtum *m* (*in e-r Urkunde*); **2.** falsche Benennung *od.* Bezeichnung.

mi·sog·a·mist [mɪˈsɒɡəmɪst] *s.* Ehefeind *m*.

mi·sog·y·nist [mɪˈsɒdʒɪnɪst] *s.* Frauenfeind *m*; **miˈsog·y·ny** [-nɪ] *s.* Frauenhass *m*, Mysogyˈnie *f*.

ˌmisˈplace *v/t.* **1.** *et.* verlegen; **2.** an e-e falsche Stelle legen *od.* setzen; **3.** *fig.* falsch *od.* übel anbringen: ***~d*** unangebracht, deplatziert.

mis·print I *v/t.* [ˌmɪsˈprɪnt] verdrucken, fehldrucken; **II** *s.* [ˈmɪsprɪnt] Druckfehler *m*.

ˌmis·proˈnounce *v/t.* falsch aussprechen; **ˈmis·proˌnun·ciˈa·tion** *s.* falsche Aussprache.

ˌmis·quoˈta·tion *s.* falsches Ziˈtat; **ˌmisˈquote** *v/t. u. v/i.* falsch anführen *od.* zitieren.

ˌmisˈread *v/t.* [*irr.* → ***read***] **1.** falsch lesen; **2.** missˈdeuten.

ˈmisˌrep·reˈsent *v/t.* **1.** falsch *od.* ungenau darstellen; **2.** entstellen, verdrehen; **ˈmisˌrep·re·senˈta·tion** *s.* falsche Darstellung *od.* Angabe (*a.* ⚖), Verdrehung *f*.

ˌmisˈrule I *v/t.* **1.** schlecht regieren; **II** *s.* **2.** schlechte Reˈgierung, ˈMissregierung *f*; **3.** Unordnung *f*.

miss¹ [mɪs] *s.* **1.** *2 in der Anrede*: Fräulein *n*: ***2 Smith***; ***2 America*** Miss Amerika (*die Schönheitskönigin von Amerika*); **2.** *humor.* (junges) ‚Ding', Dämchen *n*; **3.** F (*ohne folgenden Namen*) Fräulein *n*.

miss² [mɪs] **I** *v/t.* **1.** *Chance, Zug etc.* verpassen, versäumen; *Beruf, Person, Schlag, Weg, Ziel* verfehlen: ***~ the point*** (***of an argument***) das Wesentliche (e-s Arguments) nicht begreifen; ***he didn't ~ much*** a) er versäumte nicht viel, b) ihm entging fast nichts; ***~ed approach*** ✈ Fehlanflug *m*; → ***boat*** 1, ***bus*** 1, ***fire*** 6 *etc.*; **2.** *a.* ***~ out*** auslassen, überˈgehen, -ˈspringen; **3.** nicht haben, nicht bekommen; **4.** nicht hören können, überˈhören; **5.** vermissen; **6.** (ver-)missen, entbehren: ***we ~ her very much*** sie fehlt uns sehr; **7.** vermeiden: ***he just ~ed being hurt*** er ist gerade (noch) e-r Verletzung entgangen; ***I just ~ed running him over*** ich hätte ihn beinahe überfahren; **II** *v/i.* **8.** fehlen, nicht treffen: a) daˈnebenschießen, -werfen, -schlagen *etc.*, b) daˈnebengehen (*Schuss etc.*); **9.** missˈglücken, -ˈlingen, fehlschlagen, ‚daˈnebengehen'; **10.** ***~ out on*** a) überˈsehen, auslassen, b) sich entgehen lassen, c) *et.* nicht kriegen; **III** *s.* **11.** Fehlschuss *m*, -wurf *m*, -stoß *m*: ***every shot a ~*** jeder Schuss (ging) daneben; **12.** Verpassen *n*, Versäumen *n*, Verfehlen *n*, Entrinnen *n*: ***a ~ is as good as a mile*** a) knapp daneben ist auch daneben, b) mit knapper Not entrinnen ist immerhin entrinnen; ***give s.th. a ~*** a) et. vermeiden, et. nicht nehmen, et. nicht tun *etc.*, die Finger lassen von et., b) → 10 a; **13.** Verlust *m*.

mis·sal [ˈmɪsl] *s. eccl.* Messbuch *n*.

mis·shap·en [ˌmɪsˈʃeɪpən] *adj.* ˈmissgestaltet, ungestalt, unförmig.

mis·sile [ˈmɪsaɪl; *Am.* -səl] **I** *s.* **1.** (Wurf-)Geschoss, *östr.* Geschoß *n*, Projekˈtil *n*; **2.** *a.* ***ballistic ~***, ***guided ~*** ⚔ Flugkörper *m*, Fernlenkwaffe *f*, Raˈkete(ngeschoss *n*) *f*; **II** *adj.* **3.** Wurf...; Raketen...: ***~ site*** Raketenstellung *f*.

miss·ing [ˈmɪsɪŋ] *adj.* **1.** fehlend, weg, nicht da, verschwunden: ***~ link*** *biol.* fehlendes Glied, Zwischenstufe *f* (*zwischen Mensch u. Affe*); **2.** vermisst (⚔ *a.* ***~ in action***), verschollen: ***be ~*** vermisst sein *od.* werden; ***the ~*** die Vermissten, die Verschollenen.

mis·sion [ˈmɪʃn] *s.* **1.** *pol.* Gesandtschaft *f*, Geˈsandtschaftspersoˌnal *n*; **2.** *pol.*, ⚔ Missiˈon *f im Ausland*; **3.** (⚔ Kampf)Auftrag *m*; ✈ Einsatz *m*, Feindflug *m*: ***on*** (***a***) ***special ~*** mit besonderem Auftrag; ***~ accomplished!*** Auftrag ausgeführt!; **4.** *eccl.* a) Missiˈon *f*, Sendung *f*, b) Missioˈnarstätigkeit *f*: ***foreign*** (***home***) ***~*** äußere (innere) Mission, c) Missiˈon(sgesellschaft) *f*, d) Missiˈonsstatiˌon *f*; **5.** Missiˈon *f*, Sendung *f*, (innere) Berufung, Lebenszweck *m*: ***~ in life*** Lebensaufgabe *f*; **mis·sion·ar·y** [ˈmɪʃnərɪ] **I** *adj.* missioˈnarisch, Missions...: ***~ work***; **II** *s.* Missioˈnar(in); **mis·sion con·trol** *s. Raumfahrt*: Konˈtrollˌzentrum *n*.

mis·sis [ˈmɪsɪz] *s.* **1.** *sl.* gnä' Frau (*Hausfrau*); **2.** F ‚Alte' *f*, ‚bessere Hälfte' (*Ehefrau*).

mis·sive [ˈmɪsɪv] *s.* Sendschreiben *n*.

ˌmisˈspell *v/t.* [*a. irr.* → ***spell***] falsch buchstabieren *od.* schreiben; **ˌmisˈspell·ing** *s.* **1.** falsches Buchstabieren; **2.** Rechtschreibfehler *m*.

ˌmisˈspend *v/t.* [*irr.* → ***spend***] falsch verwenden, *a. s-e Jugend etc.* vergeuden.

ˌmisˈstate *v/t.* falsch angeben, unrichtig darstellen; **ˌmisˈstate·ment** *s.* falsche Angabe *od.* Darstellung.

mis·sus [ˈmɪsəs] → ***missis***.

miss·y [ˈmɪsɪ] *s.* F kleines Fräulein.

mist [mɪst] **I** *s.* **1.** (feiner) Nebel, feuchter Dunst, *Am. a.* Sprühregen *m*; **2.** *fig.* Nebel *m*, Schleier *m*: ***be in a ~*** ganz irre *od.* verdutzt sein; **3.** F Beschlag *m*, Hauch *m* (*auf e-m Glas*); **II** *v/i.* **4.** *a.* ***~ over*** nebeln, neblig sein (*a. fig.*); sich trüben (*Augen*); (sich) beschlagen (*Glas*); **III** *v/t.* **5.** umˈnebeln.

mis·tak·a·ble [mɪˈsteɪkəbl] *adj.* verkennbar, (leicht) zu verwechseln(d), ˈmisszuverstehen(d); **mis·take** [mɪˈsteɪk] **I** *v/t.* [*irr.* → ***take***] **1.** (***for***) verwechseln (mit), (fälschlich) halten (für), verfehlen, nicht erkennen, verkennen, sich irren in (*dat.*): ***~ s.o.'s character*** sich in j-s Charakter irren; **2.** falsch verstehen, ˈmissverstehen; **II** *v/i.* [*irr.* → ***take***] **3.** sich irren, sich versehen; **III** *s.* **4.** ˈMissverständnis *n*; **5.** Irrtum *m* (*a.* ⚖), Fehler *m*, Versehen *n*, ˈMissgriff *m*: ***by ~*** irrtümlich, aus Versehen; ***make a ~*** e-n Fehler machen, sich irren; ***and no ~*** F bestimmt, worauf du dich verlassen kannst; **6.** (Schreib-, Sprach-, Rechen-) Fehler *m*; **misˈtak·en** [-kn] *adj.* ☐ **1.** im Irrtum: ***be ~*** sich irren; ***unless I am very much ~*** wenn ich mich nicht sehr irre; ***we were quite ~ in him*** wir haben uns in ihm ziemlich getäuscht; **2.** irrtümlich, falsch, verfehlt (*Politik etc.*): (***case of***) ***~ identity*** Personenverwechslung *f*; ***~ kindness*** unangebrachte Freundlichkeit.

mis·ter [ˈmɪstə] *s.* **1.** *2* Herr *m* (*abbr.* ***Mr*** *od.* ***Mr.***): ***Mr President*** Herr Präsident; **2.** F *als bloße Anrede*: (mein) Herr!, ‚Meister'!, ‚Chef'!

ˌmisˈtime *v/t.* zur unpassenden Zeit sagen *od.* tun; e-n falschen Zeitpunkt wählen für, *bsd. sport* schlecht timen.

ˌmisˈtimed *adj.* unpassend, unangebracht, zur Unzeit, *bsd. sport* schlecht getimed.

mist·i·ness [ˈmɪstɪnɪs] *s.* **1.** Nebligkeit *f*, Dunstigkeit *f*; **2.** Unklarheit *f*, Verschwommenheit *f* (*a. fig.*).

mis·tle·toe [ˈmɪsltəʊ] *s.* ⚘ **1.** Mistel *f*; **2.** Mistelzweig *m*.

ˌmis·transˈlate *v/t. u. v/i.* falsch überˈsetzen.

mis·tress [ˈmɪstrɪs] *s.* **1.** Herrin *f* (*a. fig.*), Gebieterin *f*, Besitzerin *f*: ***she is ~ of herself*** sie weiß sich zu beherrschen; **2.** Frau *f* des Hauses, Hausfrau *f*; **3.** *bsd. Brit.* Lehrerin *f*: ***chemistry ~*** Chemielehrerin; **4.** Kennerin *f*, Meisterin *f in e-r Kunst etc.*; **5.** Mäˈtresse *f*, Geliebte *f*; **6.** → ***Mrs.***

ˌmisˈtri·al *s.* ⚖ fehlerhaft geführter (*Am. a.* ergebnisloser) Proˈzess.

ˌmisˈtrust I *s.* **1.** ˈMisstrauen *n*, Argwohn *m* (***of*** gegen); **II** *v/t.* **2.** *j-m* missˈtrauen, nicht trauen; **3.** zweifeln an (*dat.*); **misˈtrust·ful** *adj.* ☐ ˈmisstrauisch, argwöhnisch (***of*** gegen).

mist·y [ˈmɪstɪ] *adj.* ☐ **1.** (leicht) neb(e)lig, dunstig; **2.** *fig.* nebelhaft, verschwommen, unklar.

ˌmis·un·derˈstand *v/t. u. v/i.* [*irr.* → ***understand***] ˈmissverstehen; **ˌmis·un·derˈstand·ing** *s.* **1.** ˈMissverständnis *n*; **2.** ˈMisshelligkeit *f*, Diffeˈrenz *f*; **ˌmis·un·derˈstood** *adj.* **1.** ˈmissverstanden; **2.** verkannt, nicht richtig gewürdigt.

ˌmisˈus·age → ***misuse*** 1.

mis·use I *s.* [ˌmɪsˈjuːs] **1.** ˈMissbrauch *m*, falscher Gebrauch, falsche Anwendung; **2.** Missˈhandlung *f*; **II** *v/t.* [ˌmɪsˈjuːz] **3.** missˈbrauchen, falsch *od.* zu unrechten Zwecken gebrauchen; falsch anwenden; **4.** missˈhandeln.

mite¹ [maɪt] *s. zo.* Milbe *f*.

mite² [maɪt] *s.* **1.** Heller *m*; *weitS.* kleine Geldsumme: ***contribute one's ~ to*** sein Scherflein beitragen zu; ***not a ~*** kein bisschen; **2.** F kleines Ding, Dingelchen *n*: ***a ~ of a child*** ein Würmchen.

mi·ter [ˈmaɪtə] *Am.* → ***mitre***.

mit·i·gate [ˈmɪtɪɡeɪt] *v/t. Schmerz etc.* lindern; *Strafe etc.* mildern; *Zorn* besänftigen, mäßigen: ***mitigating circumstances*** ⚖ (straf)mildernde Umstände; **mit·i·ga·tion** [ˌmɪtɪˈɡeɪʃn] *s.* **1.**

M

Linderung *f*, Milderung *f*; **2.** Milderung *f*, Abschwächung *f*: ***plead in ~*** ⚖ a) für Strafmilderung plädieren, b) strafmildernde Umstände geltend machen; **3.** Besänftigung *f*, Mäßigung *f*.

mi·to·sis [maɪˈtəʊsɪs] *pl.* **-ses** [-siːz] *s. biol.* Miˈtose *f*, ˈindiˌrekte *od.* chromosoˈmale (Zell)Kernteilung.

mi·tre [ˈmaɪtə] **I** *s.* **1.** a) Mitra *f*, Bischofsmütze *f*, b) *fig.* Bischofsamt *n*, -würde *f*; **2.** ⚙ a) → ***mitre joint, mitre square***, b) Gehrungsfläche *f*; **II** *v/t.* **3.** mit der Mitra schmücken, zum Bischof machen; **4.** ⚙ a) auf Gehrung verbinden, b) gehren, auf Gehrung zurichten; **III** *v/i.* **5.** ⚙ sich in ˈeinem Winkel treffen; ~ **box** *s.* ⚙ Gehrlade *f*; ~ **gear** *s.* Kegelrad *n*, Winkelgetriebe *n*; ~ **joint** *s.* Gehrfuge *f*; ~ **square** *s.* Gehrdreieck *n*; ~ **valve** *s.* ˈKegelvenˌtil *n*; ~ **wheel** *s.* Kegelrad *n*.

mitt [mɪt] *s.* **1.** Halbhandschuh *m*; **2.** *Baseball*: Fanghandschuh *m*; **3.** → ***mitten*** 1 *u.* 3; **4.** *Am. sl.* ‚Flosse' *f* (*Hand*).

mit·ten [ˈmɪtn] *s.* **1.** Fausthandschuh *m*, Fäustling *m*: ***get the ~*** F a) e-n Korb bekommen, abgewiesen werden, b) ‚(hinaus)fliegen', entlassen werden; **2.** → ***mitt*** 1; **3.** *sl.* Boxhandschuh *m*.

mit·ti·mus [ˈmɪtɪməs] (*Lat.*) *s.* **1.** ⚖ a) *richterlicher Befehl an die Gefängnisbehörde zur Aufnahme e-s Häftlings*, b) *Befehl zur Übersendung der Akten an ein anderes Gericht*; **2.** F ‚blauer Brief', Entlassung *f*.

mix [mɪks] **I** *v/t.* **1.** (ver)mischen, vermengen (***with*** mit); *Cocktail etc.* mixen, mischen; *Teig* anrühren, mischen: ~ ***into*** mischen in (*acc.*); ~ ***up*** zs.-, durcheinander mischen, *fig.* völlig durcheinander bringen, verwechseln (***with*** mit); ***be ~ed up*** *fig.* a) verwickelt sein *od.* werden (***in, with*** in *acc.*), b) (*geistig*) ganz durcheinander sein; **2.** *biol.* kreuzen; **3.** *Stoffe* melieren; **4.** *fig.* verbinden: ~ ***business with pleasure*** das Angenehme mit dem Nützlichen verbinden; **II** *v/i.* **5.** sich (ver)mischen; **6.** sich mischen lassen; **7.** *gut etc.* auskommen (***with*** mit); **8.** verkehren (***with*** mit, ***in*** in *dat.*): ~ ***in the best society***; **III** *s.* **9.** (*Am. a.* koch- *od.* back-, gebrauchsfertige) Mischung: ***cake ~*** Backmischung; **10.** F Durcheinander *n*, Mischmasch *m*; **11.** *sl.* Keileˈrei *f*.

mixed [mɪkst] *adj.* **1.** gemischt (*a. fig. Gefühl, Gesellschaft, Metapher*); **2.** vermischt, Misch...; **3.** F verwirrt, konˈfus; ~ **bag** *s.* F bunte Mischung; ~ **blood** *s.* **1.** gemischtes Blut; **2.** Mischling *m*; ~ **car·go** *s.* ✝ Stückgutladung *f*; ~ **con·struc·tion** *s.* Gemischtbauweise *f*; ~ **dou·bles** *s. pl. sg. konstr. sport* gemischtes Doppel: ***play a ~***; ~ **e·con·o·my** *s.* ✝ gemischte Wirtschaftsform; ˌ**~-eˈcon·o·my** *adj.* ✝ gemischtwirtschaftlich; ~ **fi·nanc·ing** *s.* Mischfinanzierung *f*; ~ **for·est** *s.* Mischwald *m*; ~ **frac·tion** *s.* ⅌ gemischter Bruch; ~ **mar·riage** *s.* Mischehe *f*; ~ **me·di·a** *s. pl.* **1.** Multiˈmedia *pl.*; **2.** *Kunst*: Mischtechnik *f*; ~ **pick·les** *s. pl.* Mixed Pickles *pl.* (*Essiggemüse*).

mix·er [ˈmɪksə] *s.* **1.** Mischer *m*; **2.** Mixer *m* (*von Cocktails etc.*) (*a. Küchengerät*); **3.** ⚙ Mischer *m*, ˈMischmaˌschine *f*; **4.** ϟ *Fernsehen etc.*: Mischpult *n*; **5.** ***be a good*** (***bad***) ~ F kontaktfreudig (kontaktarm) sein; **mix·ture** [ˈmɪkstʃə] *s.* **1.** Mischung *f* (*a. von Tee, Tabak etc.*), Gemisch *n* (*a.* ⚗); **2.** *mot.* Gas-Luft-Gemisch *n*; **3.** *pharm.* Mixˈtur *f*; **4.** *biol.* Kreuzung *f*; **5.** Beimengung *f*; ˈ**mix-up** *s.* F **1.** Durcheinˈander *n*; **2.** Verwechslung *f*; **3.** Handgemenge *n*.

miz·(z)en [ˈmɪzn] *s.* ⚓ **1.** Beˈsan(segel *n*) *m*; **2.** → ˈ**~-mast** [-mɑːst; ⚓ -məst] *s.* Beˈsan-, Kreuzmast *m*; ˈ**~-sail** → ***miz(z)en*** 1; ~ **topˈgal·lant** *s.* Kreuzbramsegel *n*.

miz·zle [ˈmɪzl] *dial.* **I** *v/i.* nieseln; **II** *s.* Nieseln *n*, Sprühregen *m*.

mne·mon·ic [niːˈmɒnɪk] **I** *adj.* **1.** mnemoˈtechnisch; **2.** mneˈmonisch, Gedächtnis...; **II** *s.* **3.** Gedächtnishilfe *f*; **4.** → ***mnemonics*** 1; **mneˈmon·ics** [-ks] *s. pl.* **1.** *a. sg. konstr.* Mnemoˈtechnik *f*, Gedächtniskunst *f*; **2.** mneˈmonische Zeichen *pl.*; **mne·mo·tech·nics** [ˌniːməʊˈteknɪks] *s. pl. a. sg. konstr.* → ***mnemonics*** 1.

mo [məʊ] *s.* F Moˈment *m*: ***wait half a ~!*** (eine) Sekunde!

moan [məʊn] **I** *s.* **1.** Stöhnen *n*, Ächzen *n* (*a. fig. des Windes etc.*); **II** *v/i.* **2.** stöhnen, ächzen; **3.** (weh)klagen, jammern; ˈ**moan·ful** [-fʊl] *adj.* □ (weh-)klagend.

moat [məʊt] ⚔ *hist.* **I** *s.* (Wall-, Burg-, Stadt)Graben *m*; **II** *v/t.* mit e-m Graben umˈgeben.

mob [mɒb] **I** *s.* **1.** Mob *m*, zs.-gerotteter Pöbel(haufen): ~ ***law*** Lynchjustiz *f*; ~ ***psychology*** Massenpsychologie *f*; **2.** Pöbel *m*, Gesindel *n*; **3.** *sl.* a) (Verbrecher)Bande *f*, b) *allg.* Bande *f*, Sippschaft *f*; **II** *v/t.* **4.** lärmend herfallen über (*acc.*); anpöbeln; angreifen, attackieren; *Geschäfte etc.* stürmen.

mo·bile [ˈməʊbaɪl] **I** *adj.* **1.** beweglich, wendig (*a. Geist etc.*); schnell (beweglich); **2.** unstet, veränderlich; lebhaft (*Gesichtszüge*); **3.** leichtflüssig; **4.** ⚙, ⚔ fahrbar, beweglich, moˈbil, ⚔ *a.* motorisiert: ~ ***crane*** Autokran *m*; ~ ***home*** *mot.* Wohnwagen *m*; ~ ***phone*** Mobiltelefon *n*, Handy *n*; ~ ***warfare*** Bewegungskrieg *m*; ~ ***workshop*** Werkstattwagen *m*; **5.** ✝ flüssig: ~ ***funds***; **II** ♀ *s* **6.** *Kunst*: Mobile *n*; **7.** *teleph.* F Handy *n*; **mo·bil·i·ty** [məʊˈbɪlətɪ] *s.* **1.** Beweglichkeit *f*, Wendigkeit *f*; **2.** Mobiliˈtät *f*, Freizügigkeit *f* (*der Arbeitnehmer etc.*).

mo·bi·li·za·tion [ˌməʊbɪlaɪˈzeɪʃn] *s.* Mobilisierung *f*: a) ⚔ Moˈbilmachung *f*, b) *bsd. fig.* Aktivierung *f*, Aufgebot *n* (*der Kräfte etc.*), c) ✝ Flüssigmachung *f*; **mo·bi·lize** [ˈməʊbɪlaɪz] *v/t.* mobilisieren: a) ⚔ moˈbil machen, *a.* dienstverpflichten, b) *fig. Kräfte etc.* aufbieten, einsetzen, c) ✝ *Kapital* flüssig machen.

mob·oc·ra·cy [mɒˈbɒkrəsɪ] *s.* **1.** Pöbelherrschaft *f*; **2.** (herrschender) Pöbel.

mobs·man [ˈmɒbzmən] *s.* [*irr.*] **1.** Gangster *m*; **2.** *Brit. sl.* (eleˈganter) Taschendieb.

mob·ster [ˈmɒbstə] *Am. sl. für* ***mobsman*** 1.

moc·ca·sin [ˈmɒkəsɪn] *s.* **1.** Mokasˈsin *m* (*a. Damenschuh*); **2.** *zo.* Mokasˈsinschlange *f*.

mo·cha¹ [ˈmɒkə] **I** *s.* **1.** *a.* ~ ***coffee*** ˈMokka(kafˌfee) *m*; **2.** Mochaleder *n*; **II** *adj.* **3.** Mokka...

mo·cha² [ˈməʊkə], ♀ **stone** *s. min.* Mochastein *m*.

mock [mɒk] **I** *v/t.* **1.** verspotten, -höhnen, lächerlich machen; **2.** (*zum Spott*) nachäffen; **3.** *poet.* nachahmen; **4.** täuschen, narren; **5.** spotten (*gen.*), trotzen (*dat.*), nicht achten (*acc.*); **II** *v/i.* **6.** sich lustig machen, spotten (***at*** über *acc.*); **III** *s.* **7.** → ***mockery*** 1–3; **8.** Nachahmung *f*, Fälschung *f*; **IV** *adj.* **9.** nachgemacht, Schein..., Pseudo...: ~ ***attack*** ⚔ Scheinangriff *m*; ~ ***battle*** ⚔ Scheingefecht *n*; ~ ***king*** Schattenkönig *m*; **mock·er** [ˈmɒkə] *s.* **1.** Spötter(in); **2.** Nachäffer(in); **mock·er·y** [ˈmɒkərɪ] *s.* **1.** Spott *m*, Hohn *m*, Spötteˈrei *f*; **2.** Gegenstand *m* des Spottes, Gespött *n*: ***make a ~ of*** zum Gespött (der Leute) machen; **3.** Nachäffung *f*; **4.** *fig.* Possenspiel *n*, Farce *f*.

ˌ**mock-heˈro·ic** *adj.* (□ ***~ally***) ˈkomisch-heˈroisch (*Gedicht etc.*).

mock·ing [ˈmɒkɪŋ] **I** *s.* Spott *m*, Gespött *n*; **II** *adj.* □ spöttisch; ˈ**~·bird** *s. orn.* Spottdrossel *f*.

mock| moon *s. ast.* Nebenmond *m*; ~ **tri·al** *s.* ⚖ ˈScheinproˌzess *m*; ~ **tur·tle** *s. Küche*: Kalbskopf *m* en torˈtue; ~ **tur·tle soup** *s.* falsche Schildkrötensuppe; ˈ**~-up** *s.* Moˈdell *n* (in naˈtürlicher Größe), Atˈtrappe *f*.

mod·al [ˈməʊdl] *adj.* □ **1.** moˈdal (*a. phls., ling.*, ♪): ~ ***proposition*** *Logik*: Modalsatz *m*; ~ ***verb*** modales Hilfsverb; **2.** *Statistik*: typisch; **mo·dal·i·ty** [məʊˈdælətɪ] *s.* Modaliˈtät *f* (*a.* ✝, *pol.*, *phls.*), Art *f* u. Weise *f*, Ausführungsart *f*.

mod cons [ˌmɒdˈkɒnz] *pl.* F *abbr. für* ***modern conveniences*** moderner Komˈfort.

mode¹ [məʊd] *s.* **1.** (Art *f* u.) Weise *f*, Meˈthode *f*: ~ ***of action*** ⚙ Wirkungsweise; ~ ***of life*** Lebensweise; ~ ***of operation*** Verfahrensweise; ~ ***of payment*** ✝ Zahlungsweise; **2.** (Erscheinungs-) Form *f*, Art *f*: ***heat is a ~ of motion*** Wärme ist e-e Form der Bewegung; **3.** *Logik*: a) Modaliˈtät *f*, b) Modus *m* (*e-r Schlussfigur*); **4.** ♪ Modus *m*, Tonart *f*, -geschlecht *n*; **5.** *ling.* Modus *m*, Aussageweise *f*; **6.** *Statistik*: Modus *m*, häufigster Wert. **7.** *Computer*: Modus *m*, Funktiˈonsweise *f*.

mode² [məʊd] *s.* Mode *f*, Brauch *m*.

mod·el [ˈmɒdl] **I** *s.* **1.** Muster *n*, Vorbild *n* (***for*** für): ***after*** (*od.* ***on***) ***the ~ of*** nach dem Muster von (*od. gen.*); ***he is a ~ of self-control*** er ist ein Muster an Selbstbeherrschung; **2.** (*fig.* ˈDenk)MoˌdeIl *n*, Nachbildung *f*: ***working ~*** Arbeitsmodell; **3.** Muster *n*, Vorlage *f*; **4.** *paint. etc.* Moˈdell *n*: ***act as a ~ to a painter*** e-m Maler Modell stehen *od.* sitzen; **5.** *Mode*: a) Mannequin *n*, Vorführdame *f*: ***male ~*** Dressman *m*, b) Moˈdellkleid *n*; **6.** ⚙ a) Bau(weise *f*) *m*, b) (Bau)Muster *n*, Moˈdell *n*, Typ(e *f*) *m*; **II** *adj.* **7.** vorbildlich, musterhaft, Muster...: ~ ***farm*** landwirtschaftlicher Musterbetrieb; ~ ***husband*** Mustergatte *m*; ~ ***plant*** ✝ Musterbetrieb *m*; ~ ***school*** Musterschule *f*; **8.** Modell...: ~ ***airplane***; ~ ***builder*** ⚙ Modellbauer *m*; ~ ***dress*** → 5 b; **III** *v/t.* **9.** nach Moˈdell formen *od.* herstellen; **10.** modellieren, nachbilden; abformen; **11.** *fig.* formen, gestalten (***after, on, upon*** nach [dem Vorbild *gen.*]): ~ ***o.s. on*** sich *j-n* zum Vorbild nehmen; **IV** *v/i.* **12.** *Kunst*: modellieren; **13.** Moˈdell stehen *od.* sitzen; **14.** Kleider vorführen, als Mannequin *od.* Dressman arbeiten; ˈ**mod·el·(l)er** [-lə] *s.* **1.** Modellierer *m*; **2.** Moˈdell-, Musterbauer *m*; ˈ**mod·el·(l)ing** [-lɪŋ] **I** *s.* **1.** Modellieren *n*; **2.** Formgebung *f*, Formung *f*; **3.** Moˈdell-

M

stehen *od.* -sitzen *n*; **II** *adj.* **4.** Modellier...: ~ ***clay***.

mo·dem [ˈməʊdem] *s. Computer, teleph.* Modem *m, n* (*Datenübertragungsgerät*).

mod·er·ate [ˈmɒdərət] **I** *adj.* □ **1.** gemäßigt (*a. Sprache etc.*; *a. pol.*), mäßig; **2.** mäßig *im Trinken etc.*; fruˈgal (*Lebensweise*); **3.** mild (*Winter, Strafe etc.*); **4.** vernünftig, maßvoll (*Forderung etc.*); angemessen, niedrig (*Preis*); **5.** mittelmäßig; **II** *s.* **6.** (*pol. mst* ♀) Gemäßigte(r *m*) *f*; **III** *v/t.* [-dəreɪt] **7.** mäßigen, mildern; beruhigen; **8.** einschränken; **9.** ⚙, *phys.* dämpfen, abbremsen; **IV** *v/i.* [-dəreɪt] **10.** sich mäßigen; **11.** nachlassen (*Wind etc.*); ˈ**mod·er·ate·ness** [-nɪs] *s.* Mäßigkeit *f etc.*; **mod·er·a·tion** [ˌmɒdəˈreɪʃn] *s.* **1.** Mäßigung *f*, Maß(halten) *n*: ***in*** ~ mit Maß; **2.** Mäßigkeit *f*; **3.** *pl. univ.* erste öffentliche Prüfung *in Oxford*; **4.** Milderung *f*; ˈ**mod·er·a·tor** [-dəreɪtə] *s.* **1.** Mäßiger *m*, Beruhiger *m*; Vermittler *m*; **2.** Vorsitzende(r) *m*; Diskussiˈonsleiter *m*; *univ.* Examiˈnator *m* (*Oxford*); **3.** a) Modeˈrator *m* (*Vorsitzender e-s Kollegiums reformierter Kirchen*), b) *TV*: Modeˈrator *m*, Moderaˈtorin *f*, Proˈgrammleiter(in); **4.** ⚙, *phys.* Modeˈrator *m*.

mod·ern [ˈmɒdən] **I** *adj.* **1.** moˈdern, neuzeitlich: ~ ***times*** die Neuzeit; ***the*** ~ ***school*** (*od.* ***side***) *ped. Brit.* die Realabteilung; **2.** moˈdern, (neu)modisch; **3.** *mst* ♀ *ling.* a) moˈdern, Neu..., b) neuer: ♀ ***Greek*** Neugriechisch *n*; ~ ***languages*** neuere Sprachen; ♀ ***Languages*** (*als Fach*) Neuphilologie *f*; **II** *s.* **4.** moˈderner Mensch, Fortschrittliche(r *m*) *f*; **5.** Mensch *m* der Neuzeit; **6.** *typ.* neuzeitliche Anˈtiqua; ˈ**mod·ern·ism** [-dənɪzəm] *s.* **1.** Moderˈnismus *m*: a) moˈderne Einstellung, b) moˈdernes Wort, moˈderne Redewendung(en *pl.*); **2.** *eccl.* Moderˈnismus *m*; **mo·der·ni·ty** [mɒˈdɜːnətɪ] *s.* **1.** Moderniˈtät *f*, (*das*) Moˈderne; **2.** *et.* Moˈdernes; **mod·ern·i·za·tion** [ˌmɒdənaɪˈzeɪʃn] *s.* Modernisierung *f*; ˈ**mod·ern·ize** [-dənaɪz] *v/t. u. v/i.* (sich) modernisieren.

mod·est [ˈmɒdɪst] *adj.* □ **1.** bescheiden, anspruchslos (*Person od. Sache*): ~ ***income*** bescheidenes Einkommen; **2.** anständig, sittsam; **3.** maßvoll, vernünftig; ˈ**mod·es·ty** [-tɪ] *s.* **1.** Bescheidenheit *f* (*Person, Einkommen etc.*): ***in all*** ~ bei aller Bescheidenheit; **2.** Anspruchslosigkeit *f*, Einfachheit *f*; **3.** Schamgefühl *n*; Sittsamkeit *f*.

mod·i·cum [ˈmɒdɪkəm] *s.* kleine Menge, *ein* bisschen: ***a*** ~ ***of truth*** ein Körnchen Wahrheit.

mod·i·fi·a·ble [ˈmɒdɪfaɪəbl] *adj.* modifizierbar, (ab)änderungsfähig; **mod·i·fi·ca·tion** [ˌmɒdɪfɪˈkeɪʃn] *s.* **1.** Modifikatiˈon *f*: a) Abänderung *f*: ***make a*** ~ ***to*** → ***modify*** 1 a, b) Abart *f*, modifizierte Form, c) Einschränkung *f*, nähere Bestimmung, d) *biol.* nichterbliche Abänderung, e) *ling.* nähere Bestimmung, f) *ling.* lautliche Veränderung, ˈUmlautung *f*; **2.** Mäßigung *f*; **mod·i·fy** [ˈmɒdɪfaɪ] *v/t.* **1.** modifizieren: a) abändern, teilweise ˈumwandeln, b) einschränken, näher bestimmen; **2.** mildern, mäßigen; abschwächen; **3.** *ling. Vokal* ˈumlauten.

mod·ish [ˈməʊdɪʃ] *adj.* □ **1.** modisch, moˈdern; **2.** Mode...

mods [mɒdz] *s. pl. Brit.* Halbstarke *pl.* von betont dandyhaftem Äußeren (*in den 60er Jahren*) (*Ggs.* ***rockers***).

mod·u·lar [ˈmɒdjʊlə] *adj.* ⩘, ⚙ Modul...: ~ ***design*** Modulbauweise *f*.

mod·u·late [ˈmɒdjʊleɪt] **I** *v/t.* **1.** abstimmen, regulieren; **2.** anpassen (***to*** an *acc.*); **3.** dämpfen; **4.** *Stimme, Ton etc., a. Funk* modulieren: ~***d reception*** ϟ Tonempfang *m*; **II** *v/i.* **5.** ♪ modulieren (***from*** von, ***to*** nach), die Tonart wechseln; **6.** allˈmählich ˈübergehen (***into*** in *acc.*); **mod·u·la·tion** [ˌmɒdjʊˈleɪʃn] *s.* **1.** Abstimmung *f*, Regulierung *f*; **2.** Anpassung *f*; **3.** Dämpfung *f*; **4.** ♪, *Funk, a. Stimme*: Modulatiˈon *f*; **5.** Intonatiˈon *f*, Tonfall *m*; ˈ**mod·u·la·tor** [-tə] *s.* **1.** Regler *m*; ϟ Moduˈlator *m*: ~ ***of tonality*** *Film*: Tonblende *f*; **2.** ♪ die Tonverwandtschaft (*nach der Tonic-Solfa-Methode*) darstellende Skala; ˈ**mod·ule** [-djuːl] *s.* **1.** Modul *m*, Model *m*, Maßeinheit *f*, Einheits-, Verhältniszahl *f*; **2.** ⚙ Moˈdul *n* (*austauschbare Funktionseinheit*), ϟ *a.* Baustein *m*; **3.** ⚙ Baueinheit *f*: ~ ***construction*** Baukastensystem *n*; **4.** *Raumfahrt*: (*Kommando- etc.*)Kapsel *f*; ˈ**mod·u·lus** [-ləs] *pl.* **-li** [-laɪ] *s.* ⩘, *phys.* Modul *m*: ~ ***of elasticity*** Elastizitätsmodul.

Mo·gul [ˈməʊgl] *s.* **1.** Mogul *m*: ***the*** (***Great*** *od.* ***Grand***) ~ der Großmogul; **2.** ♀ *Am. humor.* ‚großes Tier', ‚Bonze' *m*, Maˈgnat *m*.

mo·gul [ˈməʊgl] *s. Skisport*: Buckel *m* (*aus hartem Schnee*).

mo·hair [ˈməʊheə] *s.* **1.** Moˈhär *m* (*Angorahaar*); **2.** Moˈhairstoff *m*, -kleidungsstück *n*.

Mo·ham·med·an [məʊˈhæmɪdən] **I** *adj.* mohammeˈdanisch; **II** *s.* Mohammeˈdaner(in).

moi·e·ty [ˈmɔɪətɪ] *s.* **1.** Hälfte *f*; **2.** Teil *m*.

moire [mwɑː] *s.* **1.** Moiˈré *m, n*, Wasserglanz *m auf Stoffen*; **2.** moirierter Stoff; **moi·ré** [ˈmwɑːreɪ] **I** *adj.* moiriert, gewässert, geflammt, mit Wellenmuster; **II** *s.* → ***moire*** 1.

moist [mɔɪst] *adj.* □ feucht, nass; ˈ**moisten** [-sn] **I** *v/t.* an-, befeuchten, benetzen; **II** *v/i.* feucht werden; nässen; ˈ**moist·ness** [-nɪs] *s.* Feuchte *f*; ˈ**mois·ture** [-tʃə] *s.* Feuchtigkeit *f*: ~**-proof** feuchtigkeitsfest; ˈ**mois·tur·ize** [-tʃəraɪz] *v/t.* **1.** *Haut* mit e-r Feuchtigkeitscreme behandeln; **2.** *Luft* befeuchten; ˈ**mois·tur·iz·er** [-tʃəraɪzə] *s.* **1.** Feuchtigkeitscreme *f*; **2.** Luftbefeuchter *m*.

moke [məʊk] *s. Brit. sl.* Esel *m* (*a. fig.*).

mo·lar[1] [ˈməʊlə] *anat.* **I** *s.* Backenzahn *m*, Moˈlar *m*; **II** *adj.* Mahl..., Backen...: ~ ***tooth*** → I.

mo·lar[2] [ˈməʊlə] *adj.* **1.** *phys.* Massen...: ~ ***motion*** Massenbewegung *f*; **2.** ⚗ moˈlar, Mol...: ~ ***weight*** Mol-, Molargewicht *n*.

mo·lar[3] [ˈməʊlə] *adj.* ⚕ Molen...

mo·las·ses [məʊˈlæsɪz] *s. sg. u. pl.* **1.** Meˈlasse *f*; **2.** (Zucker)Sirup *m*.

mold [məʊld] *etc. Am.* → ***mould*** *etc.*

mole[1] [məʊl] *s. zo.* Maulwurf *m* (*a.* F *fig. eingeschleuster Agent*).

mole[2] [məʊl] *s.* (kleines) Muttermal, *bsd.* Leberfleck *m*.

mole[3] [məʊl] *s.* Mole *f*, Hafendamm *m*.

mole[4] [məʊl] *s.* ⚗ Mol *n*, ˈGrammmoleˌkül *n*.

mole[5] [məʊl] *s.* ⚕ Mole *f*, Mondkalb *n*.

mole crick·et *s. zo.* Maulwurfsgrille *f*.

mo·lec·u·lar [məʊˈlekjʊlə] *adj.* ⚗, *phys.* molekuˈlar, Molekular...: ~ ***biology***; ~ ***weight***; **mo·lec·u·lar·i·ty** [məʊˌlekjʊˈlærətɪ] *s.* ⚗, *phys.* Molekuˈlarzustand *m*; **mol·e·cule** [ˈmɒlɪkjuːl] *s.* **1.** ⚗, *phys.* Moleˈkül *n*; **2.** *fig.* winziges Teilchen.

ˈ**mole**|**·hill** *s.* Maulwurfshügel *m*, -haufen *m*; → ***mountain*** I; ˈ~**·skin** *s.* **1.** Maulwurfsfell *n*; **2.** ✝ Moleskin *m, n*, Englischleder *n* (*Baumwollgewebe*); **3.** *pl.* Hose *f* aus Moleskin.

mo·lest [məʊˈlest] *v/t.* belästigen; **mo·les·ta·tion** [ˌməʊleˈsteɪʃn] *s.* Belästigung *f*.

Moll, *a.* ♀ [mɒl] *s. sl.* **1.** ‚Nutte' *f* (*Prostituierte*); **2.** Gangsterbraut *f*.

mol·li·fi·ca·tion [ˌmɒlɪfɪˈkeɪʃn] *s.* **1.** Besänftigung *f*; **2.** Erweichung *f*; **mol·li·fy** [ˈmɒlɪfaɪ] *v/t.* **1.** besänftigen, beruhigen, beschwichtigen; **2.** weich machen, erweichen.

mol·lusc [ˈmɒləsk] → ***mollusk***.

mol·lus·can [mɒˈlʌskən] **I** *adj.* Weichtier...; **II** *s.* → **mol·lusk** [ˈmɒləsk] *s. zo.* Molˈluske *f*, Weichtier *n*.

mol·ly·cod·dle [ˈmɒlɪˌkɒdl] **I** *s.* Weichling *m*, Muttersöhnchen *n*; **II** *v/t.* verhätscheln.

molt [məʊlt] *Am.* → ***moult***.

mol·ten [ˈməʊltən] *adj.* **1.** geschmolzen, (schmelz)flüssig: ~ ***metal*** flüssiges Metall; **2.** gegossen, Guss...

mo·lyb·date [mɒˈlɪbdeɪt] *s.* ⚗ Molybˈdat *n*, molybˈdänsaures Salz; **mo'lyb·de·nite** [-dɪnaɪt] *s. min.* Molybdäˈnit *m*.

mom [mɒm] *s.* F *bsd. Am.* **1.** Mami *f*; **2.** ‚Oma' *f* (*alte Frau*); ˌ~**-and-ˈpop store** *s. Am.* F Tante-Emma-Laden *m*.

mo·ment [ˈməʊmənt] *s.* **1.** Moˈment *m*, Augenblick *m*: ***one*** (*od.* ***just a***) ~! (nur) e-n Augenblick!; ***in a*** ~ in e-m Augenblick, sofort; **2.** Zeitpunkt *m*, Augenblick *m*: ~ ***of truth*** Stunde *f* der Wahrheit; ***the very*** ~ ***I saw him*** in dem Augenblick, in dem ich ihn sah; ***at the*** ~ im Augenblick, gerade (jetzt *od.* damals); ***at the last*** ~ im letzten Augenblick; ***never a dull*** ~ a) da *od.* hier ist was los, da *od.* hier ist es nie langweilig, b) man kommt (einfach) nicht zur Ruhe; ***not for the*** ~ im Augenblick nicht; ***to the*** ~ auf die Sekunde genau, pünktlich; **3.** Bedeutung *f*, Tragweite *f*, Belang *m* (***to*** für); **4.** *phys.* Moˈment *n*: ~ ***of inertia*** Trägheitsmoment; **mo·men·tal** [məʊˈmentl] *adj. phys.* Momenten...; ˈ**mo·men·tar·y** [-tərɪ] *adj.* □ **1.** momenˈtan, augenblicklich; **2.** vorˈübergehend, flüchtig; **3.** jeden Augenblick geschehend *od.* möglich; ˈ**moment·ly** [-lɪ] *adv.* **1.** augenblicklich, in e-m Augenblick; **2.** von Seˈkunde zu Seˈkunde: ***increasing*** ~; **3.** e-n Augenblick lang; **mo·men·tous** [məʊˈmentəs] *adj.* □ bedeutsam, folgenschwer, von großer Tragweite; **mo·men·tous·ness** [məʊˈmentəsnɪs] *s.* Bedeutsam-, Wichtigkeit *f*, Tragweite *f*.

mo·men·tum [məʊˈmentəm] *pl.* **-ta** [-tə] *s.* **1.** *phys.* Imˈpuls *m*, Moˈment *n e-r Kraft*: ~ ***theorem*** Momentensatz *m*; **2.** ⚙ Triebkraft *f*; **3.** *allg.* Wucht *f*, Schwung *m*, Fahrt *f*: ***gather*** (*od.* ***gain***) ~ in Fahrt kommen, Stoßkraft gewinnen; ***lose*** ~ (an) Schwung verlieren.

mon·ad [ˈmɒnæd] *s.* **1.** *phls.* Moˈnade *f*; **2.** *biol.* Einzeller *m*; **3.** ⚗ einwertiges Eleˈment *od.* Aˈtom; **mo·nad·ic** [mɒˈnædɪk] *adj.* **1.** moˈnadisch, Monaden...; **2.** ⩘ eingliedrig, -stellig.

mon·arch ['mɒnək] *s.* Mon'arch(in), Herrscher(in); **mo·nar·chal** [mɒ'nɑːkl] *adj.* □ mon'archisch; **mo·nar·chic** *adj.*, **mo·nar·chi·cal** [mɒ'nɑːkɪk(l)] *adj.* □ **1.** mon'archisch; **2.** monar'chistisch; **3.** königlich (*a. fig.*); **'mon·arch·ism** [-kɪzəm] *s.* Monar'chismus *m*; **'mon·arch·ist** [-kɪst] **I** *s.* Monar'chist(in); **II** *adj.* monar'chistisch; **'mon·arch·y** [-kɪ] *s.* Monar'chie *f*.

mon·as·ter·y ['mɒnəstərɪ] *s.* (Mönchs-)Kloster *n*; **mo·nas·tic** [mə'næstɪk] *adj.* (□ **~ally**) **1.** klösterlich, Kloster...; **2.** mönchisch (*a. fig.*), Mönchs...: **~ vows** Mönchsgelübde *n*; **mo·nas·ti·cism** [mə'næstɪsɪzəm] *s.* **1.** Mönch(s)tum *n*; **2.** mönchisches Leben, As'kese *f*.

mon·a·tom·ic [ˌmɒnə'tɒmɪk] *adj.* ⚗ 'einaˌtomig.

Mon·day ['mʌndɪ] *s.* Montag *m*: **on ~** am Montag; **on ~s** montags.

mon·e·tar·y ['mʌnɪtərɪ] *adj.* ✝ **1.** Geld..., geldlich, finanzi'ell: **~ expansion** Ausweitung der Geldmenge; **~ policy** Geldmengenpolitik *f*; **~ restraint** restriktive Geldpolitik; **~ targeting** Geldmengenpolitik *f*; **2.** Währungs...(*-einheit, -reform etc.*): **~ area** Währungsgebiet *n*; **~ policy** Währungs-, Geldpolitik *f*; **~ stability** Geldwertstabilität; **~ union** Währungsunion *f*; **3.** Münz...: **~ standard** Münzfuß *m*; **'mon·e·tize** [-taɪz] *v/t.* **1.** zu Münzen prägen; **2.** zum gesetzlichen Zahlungsmittel machen; **3.** den Münzfuß (*gen.*) festsetzen.

mon·ey ['mʌnɪ] *s.* ✝ **1.** Geld *n*; Geldbetrag *m*, -summe *f*: **~ on** (*od.* **at**) **call** Tagesgeld; **be out of ~** kein Geld haben; **short of ~** knapp an Geld, ‚schlecht bei Kasse'; **~ due** ausstehendes Geld; **~ on account** Guthaben *n*; **~ on hand** verfügbares Geld; **get one's ~'s worth** et. (*Vollwertiges*) für sein Geld bekommen; **2.** Geld *n*, Vermögen *n*: **make ~** Geld machen, gut verdienen (**by** bei); **marry ~** sich reich verheiraten; **have ~ to burn** Geld wie Heu haben; **3.** Geldsorte *f*; **4.** Zahlungsmittel *n*; **5. monies** *pl.* ⚖ Gelder *pl.*, (Geld-)Beträge *pl.*; **'~·bag** *s.* **1.** Geldbeutel *m*; ⚔ Brustbeutel *m*; **2.** *pl.* F a) Geldsäcke *pl.*, Reichtum *m*, b) *sg. konstr.* ‚Geldsack' *m* (*reiche Person*); **~ bill** *s. parl.* Fi'nanzvorlage *f*; **~ box** *s.* Sparbüchse *f*; **~ bro·ker** *s.* Fi'nanzmakler *m*; **'~ˌchang·er** *s.* **1.** Geldwechsler *m*; **2.** 'Wechselautoˌmat *m*.

mon·eyed ['mʌnɪd] *adj.* **1.** reich, vermögend; **2.** Geld...: **~ corporation** ✝ *Am.* Geldinstitut *n*; **~ interest** Finanzwelt *f*.

'mon·eyˌgrub·ber [-ˌgrʌbə] *s.* Geldraffer *m*; **'~ˌgrub·bing** [-ˌgrʌbɪŋ] *adj.* Geld raffend, geldgierig; **~ laun·der·ing** *s.* Geldwäsche *f*; **~ laun·dry** *s.* Geldwaschanstalt *f*; **'~ˌlend·er** *s.* ✝ Geldverleiher *m*; **~ let·ter** *s.* Geld-, Wertbrief *m*; **'~ˌmak·er** *s.* **1.** guter Geschäftsmann; **2.** Bombengeschäft *n*, ‚Renner' *m*, ‚Goldgrube' *f*; **'~-ˌmak·ing** **I** *adj.* Gewinn bringend, einträglich; **II** *s.* Geldverdienen *n*; **~ mar·ket** *s.* ✝ Geldmarkt *m*; **~ mat·ters** *s. pl.* Geldangelegenheiten *pl.*; **~ or·der** *s.* **1.** Postanweisung *f*; **2.** Zahlungsanweisung *f*; **'~ˌspin·ner** *s.* → **moneymaker** 2; **~ sup·ply** *s.* Geldmenge *f*.

mon·ger ['mʌŋgə] *s.* (*mst in Zssgn*) **1.** Händler *m*, Krämer *m*: **fish~** Fischhändler; **2.** *fig. contp.* Verbreiter(in) von *Gerüchten etc.*; → **scaremonger**, **warmonger** *etc.*

Mon·gol ['mɒŋgɒl] **I** *s.* **1.** Mon'gole *m*, Mon'golin *f*; **2.** *ling.* Mon'golisch *n*; **II** *adj.* **3.** → **Mongolian** I; **Mon·go·li·an** [mɒŋ'gəʊljən] **I** *adj.* **1.** mon'golisch; **2.** mongo'lid, gelb (*Rasse*); **3.** → **Mongoloid** I; **II** *s.* **4.** → **Mongol** 1; **5.** → **Mongoloid** II; **'Mon·gol·oid** [-lɔɪd] *bsd.* ⚕ **I** *adj.* mongolo'id; **II** *s.* Mongolo'ide(r *m*) *f*.

mon·goose ['mɒŋguːs] *s. zo.* Mungo *m*.

mon·grel ['mʌŋgrəl] **I** *s.* **1.** *biol.* Bastard *m*; **2.** Köter *m*, Prome'nadenmischung *f*; **3.** Mischling *m* (*Mensch*); **4.** Zwischending *n*; **II** *adj.* **5.** Bastard..., Misch...: **~ race** Mischrasse *f*.

'mongst [mʌŋst] *abbr. für* **among(st)**.

mon·ick·er ['mɒnɪkə] → **moniker**.

mon·ies ['mʌnɪz] *s. pl.* → **money** 5.

mon·i·ker ['mɒnɪkə] *s. sl.* (Spitz)Name *m*.

mon·ism ['mɒnɪzəm] *s. phls.* Mo'nismus *m*.

mo·ni·tion [məʊ'nɪʃn] *s.* **1.** (Er)Mahnung *f*; **2.** Warnung *f*.

mon·i·tor ['mɒnɪtə] **I** *s.* **1.** (Er)Mahner *m*; **2.** Warner *m*; **3.** *ped.* Klassenordner *m*; **4.** ⚓ *Art* Panzerschiff *n*; **5.** ϟ, *tel.* a) Abhörer(in), b) Abhorchgerät *n*; **6.** ϟ *etc.* Monitor *m*, Kon'trollgerät *n*, -schirm *m*; **II** *v/t.* **7.** *tel.* ab-, mithören, über'wachen (*a. fig.*); **8.** ϟ *Akustik etc.* durch Abhören kontrollieren; **9.** auf Radioaktivi'tät über'prüfen; **'mon·i·tor·ing** [-tərɪŋ] **I** *s.* Über'wachen *n*, Über'wachung *f*; **II** *adj.* ϟ, *tel.* Mithör..., Prüf..., Überwachungs...: **~ desk** Misch-, Reglerpult *n*; **'mon·i·to·ry** [-tərɪ] *adj.* **1.** (er)mahnend, Mahn...; **2.** warnend, Warnungs...

monk [mʌŋk] *s.* **1.** *eccl.* Mönch *m*; **2.** *zo.* Mönchsaffe *m*; **3.** *typ.* Schmierstelle *f*.

mon·key ['mʌŋkɪ] **I** *s.* **1.** *zo.* a) Affe *m* (*a. fig. humor.*), b) *engS.* kleinerer (langschwänziger) Affe (*Ggs.* **ape**); **2.** ⚙ a) Ramme *f*, b) Fallhammer *m*; **3.** *Brit. sl.* Wut *f*: **get** (*od.* **put**) **s.o.'s ~ up** j-n auf die Palme bringen; **get one's ~ up** ‚hochgehen', in Wut geraten; **4.** *sl.* 500 Dollar *od.* brit. Pfund; **II** *v/i.* **5.** Possen treiben; **6.** F (**with**) spielen (mit), her'umpfuschen (an *dat.*): **~** (**about**) (herum)albern; **III** *v/t.* **7.** nachäffen; **~ bread** *s.* ✿ Affenbrotbaumfrucht *f*; **~ busi·ness** *s. sl.* **1.** ‚krumme Tour', ‚fauler Zauber'; **2.** ‚Blödsinn' *m*, Unfug *m*; **~ en·gine** *s.* ⚙ (Pfahl)Ramme *f*; **~ jack·et** *s.* ⚔ Affenjäckchen *n*; **'~·shine** *s. Am. sl.* (dummer *od.* 'übermütiger) Streich, ‚Blödsinn' *m*; **~ wrench** *s.* ⚙ ‚Engländer' *m*, Univer'sal(schrauben)schlüssel *m*: **throw a ~ into s.th.** *Am.* F et. behindern *od.* beeinträchtigen.

monk·fish ['mʌŋkfɪʃ] *s.* Seeteufel *m*.

monk·ish ['mʌŋkɪʃ] *adj.* **1.** Mönchs...; **2.** *mst contp.* mönchisch, Pfaffen...

mon·o ['mɒnəʊ] F **I** *s. Radio etc*: Mono *n*; **II** *adj.* mono (abspielbar), Mono...

mono- [mɒnəʊ] *in Zssgn* ein..., einfach...; **mon·o·ac·id** [ˌmɒnəʊ'æsɪd] ⚗ **I** *adj.* einsäurig; **II** *s.* einbasige Säure; **mon·o·car·pous** [ˌmɒnəʊ'kɑːpəs] *adj.* ✿ **1.** einfrüchtig (*Blüte*); **2.** nur einmal fruchtend.

mon·o·chro·mat·ic [ˌmɒnəʊkrəʊ'mætɪk] *adj.* (□ **~ally**) monochro'matisch, einfarbig; **mon·o·chrome** ['mɒnəkrəʊm] **I** *s.* **1.** einfarbiges Gemälde; **2.** Schwarz'weißaufnahme *f*; **II** *adj.* **3.** mono'chrom.

mon·o·cle ['mɒnəkl] *s.* Mon'okel *n*.

mo·no·coque ['mɒnəkɒk] (*Fr.*) *s.* ✈ **1.** Schalenrumpf *m*; **2.** Flugzeug *n* mit Schalenrumpf: **~ construction** ⚙ Schalenbau(weise *f*) *m*.

mo·noc·u·lar [mɒ'nɒkjʊlə] *adj.* monoku'lar, für 'ein Auge.

mon·o·cul·ture ['mɒnəʊˌkʌltʃə] *s.* ✓ 'Monokulˌtur *f*; **mo·nog·a·mous** [mɒ'nɒgəməs] *adj.* mono'gam(isch); **mo·nog·a·my** [mɒ'nɒgəmɪ] *s.* Monoga'mie *f*, Einehe *f*; **mon·o·gram** ['mɒnəgræm] *s.* Mono'gramm *n*; **mon·o·graph** ['mɒnəgrɑːf] *s.* Monogra'phie *f*; **mon·o·hy·dric** [ˌmɒnəʊ'haɪdrɪk] *adj.* ⚗ einwertig: **~ alcohol**; **mon·o·lith** ['mɒnəʊlɪθ] *s.* Mono'lith *m*; **mon·o·lith·ic** [ˌmɒnəʊ'lɪθɪk] *adj.* mono'lithisch; *fig.* gi'gantisch; **mo·nol·o·gize** [mɒ'nɒlədʒaɪz] *v/i.* monologisieren, ein Selbstgespräch führen; **mon·o·logue** ['mɒnəlɒg] *s.* Mono'log *m*, Selbstgespräch *n*; **mon·o·ma·ni·a** [ˌmɒnəʊ'meɪnjə] *s.* Monoma'nie *f*, fixe I'dee.

mo·no·mi·al [mɒ'nəʊmjəl] *s.* 𝔄 eingliedrige Zahlengröße.

mon·o·phase ['mɒnəʊfeɪz] *adj.* ϟ einphasig; **mon·o·pho·bi·a** [ˌmɒnəʊ'fəʊbjə] *s.* Monopho'bie *f*; **mon·o·phtong** ['mɒnəfθɒŋ] Mono'phthong *m*, einfacher Selbstlaut; **mon·o·plane** ['mɒnəʊpleɪn] *s.* ✈ Eindecker *m*.

mo·nop·o·list [mə'nɒpəlɪst] *s.* ✝ Monopo'list *m*; Mono'polbesitzer(in); **mo·'nop·o·lize** [-laɪz] *v/t.* monopolisieren: a) ✝ ein Mono'pol erringen *od.* haben für, b) *fig.* an sich reißen: **~ the conversation** die Unterhaltung ganz allein bestreiten, c) *fig.* j-n *od.* et. mit Beschlag belegen; **mo'nop·o·ly** [-lɪ] *s.* ✝ **1.** Mono'pol(stellung *f*) *n*; **2.** (**of**) Mono'pol *n* (auf *acc.*); Al'leinverkaufs-, Al'leinbetriebs-, Al'leinherstellungsrecht *n* (für): **market ~** Marktbeherrschung *f*; **3.** *fig.* Mono'pol *n*, al'leiniger Besitz, al'leinige Beherrschung: **~ of learning** Bildungsmonopol.

mon·o·rail ['mɒnəʊreɪl] *s.* 🚂 Einschienenbahn *f*.

mon·o·syl·lab·ic [ˌmɒnəʊsɪ'læbɪk] *adj.* (□ **~ally**) *ling. u. fig.* einsilbig; **mon·o·syl·la·ble** ['mɒnəˌsɪləbl] *s.* einsilbiges Wort: **speak in ~s** einsilbige Antworten geben.

mon·o·the·ism ['mɒnəʊθiːˌɪzəm] *s. eccl.* Monothe'ismus *m*; **'mon·o·theˌist** [-ˌɪst] **I** *s.* Monothe'ist *m*; **II** *adj.* → **mon·o·the·is·tic, mon·o·the·is·ti·cal** [ˌmɒnəʊθiː'ɪstɪk(l)] *adj.* monothe'istisch.

mon·o·tone ['mɒnətəʊn] *s.* **1.** mono'tones Geräusch, gleichbleibender Ton; eintönige Wieder'holung; **2.** → **monotony**; **mo·not·o·nous** [mə'nɒtnəs] *adj.* □ mono'ton, eintönig (*a. fig.*); **mo·not·o·ny** [mə'nɒtnɪ] *s.* Monoto'nie *f*, Eintönigkeit *f*, *fig. a.* Einförmigkeit *f*, (ewiges) Einerlei.

mon·o·type ['mɒnəʊtaɪp] (*Fabrikmarke*) *s. typ.* **1.** ® Monotype *f*; **2.** mit der Monotype hergestellte Letter.

mon·o·va·lent ['mɒnəʊˌveɪlənt] *adj.* ⚗ einwertig; **mon·ox·ide** [mɒ'nɒksaɪd] *s.* ⚗ 'Monoˌxid *n*.

mon·soon [mɒn'suːn] *s.* Mon'sun *m*.

mon·ster ['mɒnstə] **I** *s.* **1.** *a. fig.* Monster *n*, Ungeheuer *n*, Scheusal *n*; **2.** Monstrum *n*: a) 'Missgeburt *f*, -bildung *f*, b) *fig.* Ungeheuer *n*, Ko'loss *m*; **II** *adj.* **3.** ungeheuer(lich), Riesen..., Monster...: **~ *film*** Monsterfilm *m*; **~ *meeting*** Massenversammlung *f*.

mon·strance ['mɒnstrəns] *s. eccl.* Monst'ranz *f*.

mon·stros·i·ty [mɒn'strɒsətɪ] *s.* **1.** Ungeheuerlichkeit *f*; **2.** → ***monster*** 2.

mon·strous ['mɒnstrəs] *adj.* □ **1.** monströs: a) ungeheuer, riesig, b) unge'heuerlich, grässlich, scheußlich, c) 'missgestaltet, unförmig, ungestalt; **2.** un-, 'widerna,türlich; **3.** ab'surd, lächerlich; '**mon·strous·ness** [-nɪs] *s.* **1.** Unge'heuerlichkeit *f*; **2.** Riesenhaftigkeit *f*; **3.** 'Widerna,türlichkeit *f*.

mon·tage [mɒn'tɑːʒ] *s.* **1.** ('Bild-, 'Foto-) Mon,tage *f*; **2.** *Film, Radio etc.*: Mon'tage *f*.

month [mʌnθ] *s.* **1.** Monat *m*: ***this day ~*** heute in *od.* vor e-m Monat; ***by the ~*** (all)monatlich; ***a ~ of Sundays*** e-e ewig lange Zeit; **2.** F vier Wochen *od.* 30 Tage; **month·ly** ['mʌnθlɪ] **I** *s.* **1.** Monatsschrift *f*; **2.** *pl.* → ***menses***; **II** *adj.* **3.** einen Monat dauernd; **4.** monatlich, Monats...: **~ *salary*** Monatsgehalt *n*; **III** *adv.* **5.** monatlich, einmal im Monat, jeden Monat.

mon·ti·cule ['mɒntɪkjuːl] *s.* **1.** (kleiner) Hügel; **2.** Höckerchen *n*.

mon·u·ment ['mɒnjʊmənt] *s.* Monu'ment *n*, (*a.* Grab-, Na'tur- *etc.*)Denkmal *n* (**to** für, **of** *gen.*): ***a ~ of literature*** *fig.* ein Literaturdenkmal; **mon·u·men·tal** [,mɒnjʊ'mentl] *adj.* □ **1.** monumen'tal, gewaltig, impo'sant; **2.** F kolos'sal, ungeheuer: **~ *stupidity***; **3.** Denkmal(s)..., Gedenk...; Grabmal(s)...

moo [muː] **I** *v/i.* muhen; **II** *s.* Muhen *n*.

mooch [muːtʃ] *sl.* **I** *v/i.* **1.** *a.* **~ *about*** her'umlungern, -strolchen: **~ *along*** dahinlatschen; **II** *v/t.* **2.** ‚klauen', stehlen; **3.** schnorren, erbetteln.

mood[1] [muːd] *s.* **1.** *ling.* Modus *m*, Aussageweise *f*; **2.** ♪ Tonart *f*.

mood[2] [muːd] *s.* **1.** Stimmung *f* (*a. paint.*, ♪ *etc.*), Laune *f*: ***be in the ~ to work*** zur Arbeit aufgelegt sein; ***be in no ~ for a walk*** nicht zu e-m Spaziergang aufgelegt sein, keine Lust haben spazieren zu gehen; ***change of ~*** Stimmungsumschwung *m*; **~ *music*** stimmungsvolle Musik; **2.** *paint., phot.* Stimmungsbild *n*; **mood·i·ness** ['muːdɪnɪs] *s.* **1.** Launenhaftigkeit *f*; **2.** Übellaunigkeit *f*; **3.** Trübsinn(igkeit *f*) *m*; **mood·y** ['muːdɪ] *adj.* **1.** □ launisch, launenhaft; **2.** übellaunig, verstimmt; **3.** trübsinnig.

moon [muːn] **I** *s.* **1.** Mond *m*: ***full ~*** Vollmond; ***new ~*** Neumond; ***once in a blue ~*** F alle Jubeljahre einmal, höchst selten; ***be over the ~*** F ganz selig sein; ***cry for the ~*** nach etwas Unmöglichem verlangen; ***promise s.o. the ~*** j-m das Blaue vom Himmel (herunter) versprechen; ***reach for the ~*** nach den Sternen greifen; ***shoot the ~*** F bei Nacht u. Nebel ausziehen (*Mieter*); **2.** *ast.* Tra'bant *m*, Satel'lit *m*: ***man-made*** (*od.* ***baby***) **~** (Erd)Satellit, ‚Sputnik' *m*; **3.** *poet.* Mond *m*, Monat *m*; **II** *v/i.* **4.** *mst* **~ *about*** um'herlungern, -geistern; **III** *v/t.* **5.** **~ *away*** *Zeit* vertrödeln, verträumen; '**~·beam** *s.* Mondstrahl *m*; '**~·calf** *s.* [*irr.*] **1.** ‚Mondkalb' *n*, Trottel *m*; **2.** Träumer *m*; '**~·faced** *adj.* vollmondgesichtig; '**~·light** **I** *s.* Mondlicht *n*, -schein *m*: **2 *Sonata*** ♪ Mondscheinsonate *f*; **II** *adj.* mondhell, Mondlicht...: **~ *flit*(*ting*)** *sl.* heimliches Ausziehen bei Nacht (*wegen Mietschulden*); '**~,light·er** *s.* Schwarzarbeiter *m*; '**~·lit** *adj.* mondhell; '**~,rak·er** *s.* ⚓ Mondsegel *n*; '**~·rise** *s.* Mondaufgang *m*; '**~·set** *s.* 'Mond,untergang *m*; '**~·shine** *s.* **1.** Mondschein *m*; **2.** *fig.* a) Schwindel *m*, fauler Zauber, b) Unsinn *m*, Geschwafel *n*; **3.** *sl.* geschmuggelter *od.* schwarzgebrannter Alkohol; '**~,shin·er** *s. Am. sl.* Alkoholschmuggler *m*; Schwarzbrenner *m*; '**~·stone** *s. min.* Mondstein *m*; '**~·struck** *adj.* **1.** mondsüchtig; **2.** verrückt.

moon·y ['muːnɪ] *adj.* **1.** (halb)mondförmig; **2.** Mond...; **3.** mondhell, Mondlicht...; **4.** F a) verträumt, dösig, b) beschwipst, c) verrückt.

moor[1] [mʊə] *s.* **1.** Ödland *n*, *bsd.* Heideland *n*; **2.** Hochmoor *n*; Bergheide *f*.

moor[2] [mʊə] **I** *v/t.* **1.** ⚓ vertäuen, festmachen; *fig.* verankern, sichern; **II** *v/i.* ⚓ **2.** festmachen, ein Schiff vertäuen; **3.** sich festmachen; **4.** festgemacht *od.* vertäut liegen.

Moor[3] [mʊə] *s.* Maure *m*; Mohr *m*.

moor·age ['mʊərɪdʒ] → ***mooring***.

'**moor|·fowl**, **~ game** *s.* (Schottisches) Moorhuhn; '**~·hen** *s.* **1.** weibliches Moorhuhn; **2.** Gemeines Teichhuhn.

moor·ing ['mʊərɪŋ] *s.* ⚓ **1.** Festmachen *n*; **2.** *mst pl.* Vertäuung *f* (*Schiff*); **3.** *pl.* Liegeplatz *m*; **4.** Anlegegebühr *f*; **~ buoy** *s.* ⚓ Festmacheboje *f*; **~ rope** *s.* Halteleine *f*.

Moor·ish ['mʊərɪʃ] *adj.* maurisch.

'**moor·land** [-lənd] *s.* Heidemoor *n*.

moose [muːs] *pl.* **moose** *s. zo.* Elch *m*.

moot [muːt] **I** *s.* **1.** *hist.* (beratende) Volksversammlung; **2.** ⚖, *univ.* Diskussi'on *f* fik'tiver (Rechts)Fälle; **II** *v/t.* **3.** *Frage* aufwerfen, anschneiden; **4.** erörtern, diskutieren; **III** *adj.* **5.** a) strittig: **~ *point***, b) (rein) aka'demisch: **~ *question***.

mop[1] [mɒp] **I** *s.* **1.** Mopp *m* (*Fransenbesen*); Schrubber *m*; Wischlappen *m*; **2.** (Haar)Wust *m*; **3.** ⚓ Dweil *m*; **4.** ⚙ Schwabbelscheibe *f*; **II** *v/t.* **5.** auf-, abwischen: **~ *one's face*** sich das Gesicht (ab)wischen; → ***floor*** 1; **6.** **~ *up*** a) (mit dem Mopp) aufwischen, b) ⚔ *sl.* (*vom Feinde*) säubern, *Wald* durch'kämmen, c) *sl. Profit etc.* ‚schlucken', d) *sl.* aufräumen mit.

mop[2] [mɒp] **I** *v/i.* *mst* **~ *and mow*** Gesichter schneiden; **II** *s.* Gri'masse *f*: **~*s and mows*** Grimassen.

mope [məʊp] **I** *v/i.* **1.** den Kopf hängen lassen, Trübsal blasen; **II** *v/t.* **2.** (*nur pass.*) ***be ~d*** niedergeschlagen sein; ‚sich mopsen' (*langweilen*); **III** *s.* **3.** Trübsalbläser(in); **4.** *pl.* Trübsinn *m*.

mo·ped ['məʊped] *s. mot. Brit.* Moped *n*.

'**mop·head** *s.* F a) Wuschelkopf *m*, b) Struwwelpeter *m*.

mop·ing ['məʊpɪŋ] *adj.* □; '**mop·ish** [-ɪʃ] *adj.* □ trübselig, a'pathisch, kopfhängerisch; '**mop·ish·ness** [-ɪʃnɪs] *s.* Lustlosigkeit *f*, Griesgrämigkeit *f*, Trübsinn *m*.

mop·pet ['mɒpɪt] *s.* F Püppchen *n* (*a. fig. Kind, Mädchen*).

'**mop·ping-up** ['mɒpɪŋ-] *s.* ⚔ *sl.* **1.** Aufräumungsarbeit *f*; **2.** Säuberung *f* (*vom Feinde*): **~ *operation*** Säuberungsaktion *f*.

mo·raine [mɒ'reɪn] *s. geol.* Mo'räne *f*.

mor·al ['mɒrəl] **I** *adj.* □ **1.** *allg.* mo'ralisch: a) sittlich: **~ *force***; **~ *sense*** sittliches Empfinden, b) geistig: **~ *obligation*** moralische Verpflichtung; **~ *support*** moralische Unterstützung; **~ *victory*** moralischer Sieg, c) vernunftgemäß: **~ *certainty*** moralische Gewissheit, d) Moral..., Sitten...: **~ *law*** Sittengesetz *n*; **~ *theology*** Moraltheologie *f*, e) sittenstreng, tugendhaft: ***a ~ life***; **2.** (sittlich) gut: ***a ~ act***; **3.** cha'rakterlich: **~*ly firm*** innerlich gefestigt; **II** *s.* **4.** Mo'ral *f*, Nutzanwendung *f* (*e-r Geschichte etc.*): ***draw the ~ from*** die Lehre ziehen aus; **5.** mo'ralischer Grundsatz: ***point the ~*** den sittlichen Standpunkt betonen; **6.** *pl.* Mo'ral *f*, sittliches Verhalten, Sitten *pl.*: ***code of ~s*** Sittenkodex *m*; **7.** *pl. sg. konstr.* Sittenlehre *f*, Ethik *f*.

mo·rale [mɒ'rɑːl] *s.* Mo'ral *f*, Haltung *f*, Stimmung *f*, (Arbeits-, Kampf)Geist *m*: ***the ~ of the army*** die Kampfmoral *od.* Stimmung der Armee; ***raise*** (***lower***) ***the ~*** die Moral heben (senken).

mor·al| fac·ul·ty *s.* Sittlichkeitsgefühl *n*; **~ haz·ard** *s. Versicherungswesen*: sub'jek'tives Risiko, Risiko *n* falscher Angaben des Versicherten; **~ in·san·i·ty** *s. psych.* mo'ralischer De'fekt.

mor·al·ist ['mɒrəlɪst] *s.* **1.** Mora'list *m*, Sittenlehrer *m*; **2.** Ethiker *m*.

mo·ral·i·ty [mə'rælətɪ] *s.* **1.** Mo'ral *f*, Sittlichkeit *f*, Tugend(haftigkeit) *f*; **2.** Morali'tät *f*, sittliche Gesinnung; **3.** Ethik *f*, Sittenlehre *f*; **4.** *pl.* mo'ralische Grundsätze *pl.*, Ethik *f* (*e-r Person*); **5.** *contp.* Mo'ralpredigt *f*; **6.** → **play** *s. hist. thea.* Morali'tät *f*.

mor·al·ize ['mɒrəlaɪz] **I** *v/i.* **1.** moralisieren (**on** über *acc.*); **II** *v/t.* **2.** mo'ralisch auslegen; **3.** versittlichen, die Mo'ral (*gen.*) heben; '**mor·al·iz·er** [-zə] *s.* Mo'ralprediger(in), -a,postel *m*.

mor·al| phi·los·o·phy, **~ sci·ence** *s.* Mo'ralphiloso,phie *f*, Ethik *f*.

mo·rass [mə'ræs] *s.* **1.** Mo'rast *m*, Sumpf (-land *n*) *m*; **2.** *fig.* a) Wirrnis *f*, b) Klemme *f*, schwierige Lage.

mor·a·to·ri·um [,mɒrə'tɔːrɪəm] *pl.* **-ri·ums** *s.* ✝ Mora'torium *n*, Zahlungsaufschub *m*, Stillhalteabkommen *n*, Stundung *f*; **mor·a·to·ry** ['mɒrətərɪ] *adj.* Moratoriums..., Stundungs...

Mo·ra·vi·an [mə'reɪvjən] **I** *s.* **1.** Mähre *m*, Mährin *f*; **2.** *ling.* Mährisch *n*; **II** *adj.* **3.** mährisch: **~ *Brethren*** *eccl.* die Herrnhuter Brüdergemein(d)e.

mor·bid ['mɔːbɪd] *adj.* □ mor'bid, krankhaft, patho'logisch: **~ *anatomy*** ⚕ pathologische Anatomie; **mor·bid·i·ty** [mɔː'bɪdətɪ] *s.* **1.** Krankhaftigkeit *f*; **2.** Erkrankungsziffer *f*.

mor·dan·cy ['mɔːdənsɪ] *s.* Bissigkeit *f*, beißende Schärfe; '**mor·dant** [-dənt] **I** *adj.* □ **1.** beißend: a) brennend (*Schmerz*), b) *fig.* scharf, sar'kastisch (*Worte etc.*); **2.** ⚙ a) beizend, ätzend, b) *Farben* fixierend; **II** *s.* **3.** ⚙ a) Ätzwasser *n*, b) (*bsd. Färberei*) Beize *f*.

more [mɔː] **I** *adj.* **1.** mehr: (***no***) **~ *than*** (nicht) mehr als; ***they are ~ than we*** sie sind zahlreicher als wir; **2.** mehr, noch (mehr), weiter: ***some ~ tea*** noch etwas Tee; ***one ~ day*** noch ein(en) Tag; ***so much the ~ courage*** umso mehr Mut; ***he is no ~*** er ist nicht mehr (*ist tot*); **3.** größer (*obs. außer in*): ***the ~ fool*** der größere Tor; ***the ~ part*** der größere Teil; **II** *adv.* **4.** mehr: **~ *dead than alive*** mehr *od.* eher tot als lebendig; **~ *and ~*** immer mehr; **~ *and ~ difficult*** immer schwieriger; **~ *or less*** mehr oder weniger, ungefähr; ***the ~*** umso mehr; ***the ~ so because*** umso mehr, da; ***all the ~ so*** nur umso mehr; ***no*** (*od.* ***not any***) ***~ than*** ebenso wenig wie; ***neither*** (*od.* ***no***) ***~ nor less than stupid*** nicht mehr u. nicht weniger als dumm; **5.** (*zur Bildung des comp.*): ***~ important*** wichtiger; ***~ often*** öfter; **6.** noch: ***once ~*** noch einmal; ***two hours ~*** noch zwei Stunden; **7.** noch mehr, ja so'gar: ***it is wrong and, ~, it is foolish***; **III** *s.* **8.** Mehr *n* (***of*** an *dat.*); **9.** mehr: ***~ than one person has seen it*** mehr als einer hat es gesehen; ***we shall see ~ of him*** wir werden ihn noch öfter sehen; ***and what is ~*** und was noch wichtiger ist; ***no ~*** nicht(s) mehr.

mo·rel [mɒ'rel] *s.* ⚘ **1.** Morchel *f*; **2.** Nachtschatten *m*; **3.** → **mo·rel·lo** [mə'reləʊ] *pl.* **-los** *s.* ⚘ Mo'relle *f*, Schwarze Sauerweichsel.

more·o·ver [mɔː'rəʊvə] *adv.* außerdem, über'dies, ferner, weiter.

mo·res ['mɔːriːz] *s. pl.* Sitten *pl.*

mor·ga·nat·ic [ˌmɔːgə'nætɪk] *adj.* (□ ***~ally***) morga'natisch.

morgue [mɔːg] *s.* **1.** Leichenschauhaus *n*; **2.** F Ar'chiv *n* (*e-s Zeitungsverlages etc.*).

mor·i·bund ['mɒrɪbʌnd] *adj.* **1.** sterbend, dem Tode geweiht; **2.** *fig.* zum Aussterben *od.* Scheitern verurteilt.

Mor·mon ['mɔːmən] *eccl.* **I** *s.* Mor'mone *m*, Mor'monin *f*; **II** *adj.* mor'monisch: ***~ Church*** mormonische Kirche, Kirche Jesu Christi der Heiligen der letzten Tage; ***~ State*** *Beiname für* Utah *n* (*USA*).

morn [mɔːn] *s. poet.* Morgen *m*.

morn·ing ['mɔːnɪŋ] **I** *s.* **1.** a) Morgen *m*, b) Vormittag *m*: ***in the ~*** morgens, am Morgen, vormittags; ***early in the ~*** frühmorgens, früh am Morgen; ***on the ~ of May 5*** am Morgen des 5. Mai; ***one*** (***fine***) ***~*** eines (schönen) Morgens; ***this ~*** heute früh; ***the ~ after*** am Morgen darauf, am darauf folgenden Morgen; ***good ~!*** guten Morgen!; ***~!*** F ('n) Morgen!; **2.** *fig.* Morgen *m*, Beginn *m*; **3.** *poet.* a) Morgendämmerung *f*, b) ℒ Au'rora *f*; **II** *adj.* **4.** a) Morgen..., Vormittags..., b) Früh...; ˌ**~-'af·ter pill** *s. die* Pille da'nach; **~ call** *s.* Weckdienst *m* (*im Hotel etc.*); **~ coat** *s.* Cut(away) *m*; **~ dress** *s.* **1.** Hauskleid *n*; **2.** Besuchs-, Konfe'renzanzug *m*, ‚Stresemann' *m* (*schwarzer Rock mit gestreifter Hose*); **~ gift** *s.* ⚖ *hist.* Morgengabe *f*; **~ glo·ry** *s.* ⚘ Winde *f*; **~ gown** *s.* Morgenrock *m*; Hauskleid *n* (*der Frau*); **~ per·form·ance** *s. thea.* Frühvorstellung *f*, Mati'nee *f*; **~ prayer** *s. eccl.* **1.** Morgengebet *n*; **2.** Frühgottesdienst *m*; **~ sick·ness** *s.* ⚕ morgendliches Erbrechen (*bei Schwangeren*); **~ star** *s.* **1.** *ast.*, *a.* ⚔ *hist.* Morgenstern *m*; **2.** ⚘ Men'tzelie *f*.

Mo·roc·can [mə'rɒkən] **I** *adj.* marok'kanisch; **II** *s.* Marok'kaner(in).

mo·roc·co [mə'rɒkəʊ] *pl.* **-cos** [-z] *s. a.* ***~ leather*** Saffian(leder *n*) *m*.

mo·ron ['mɔːrɒn] *s.* **1.** Schwachsinnige(r *m*) *f*; **2.** F Trottel *m*, Idi'ot *m*; **mo·ron·ic** [mə'rɒnɪk] *adj.* schwachsinnig.

mo·rose [mə'rəʊs] *adj.* □ mürrisch, grämlich, verdrießlich; **mo'rose·ness** [-nɪs] *s.* Verdrießlichkeit *f*.

mor·pheme ['mɔːfiːm] *s. ling.* Mor'phem *n*.

mor·phi·a ['mɔːfjə], **'mor·phine** [-fiːn] *s.* ⚗ Morphium *n*; **'mor·phin·ism** [-fɪnɪzəm] *s.* **1.** Morphi'nismus *m*, Morphiumsucht *f*; **2.** Morphiumvergiftung *f*; **'mor·phin·ist** [-fɪnɪst] *s.* Morphi'nist(in).

morpho- [mɔːfəʊ] *in Zssgn* Form..., Gestalt..., Morpho...

mor·pho·log·ic, **mor·pho·log·i·cal** [ˌmɔːfə'lɒdʒɪk(l)] *adj.* □ morpho'logisch, Form...: ***~ element*** Formelement *n*; **mor·phol·o·gy** [mɔː'fɒlədʒɪ] *s.* Morpholo'gie *f*.

mor·ris ['mɒrɪs] *s. a.* ***~ dance*** Mo'riskentanz *m*; **~ tube** *s.* Einstecklauf *m* (*für Gewehre*).

mor·row ['mɒrəʊ] *s. mst poet.* morgiger *od.* folgender Tag: ***the ~ of*** a) der Tag nach, b) *fig.* die Zeit unmittelbar nach.

Morse[1] [mɔːs] **I** *adj.* Morse...: ***~ code*** Morsealphabet *n*; **II** *v/t. u. v/i.* ℒ morsen.

morse[2] [mɔːs] → ***walrus***.

mor·sel ['mɔːsl] **I** *s.* **1.** Bissen *m*, Happen *m*; **2.** Stückchen *n*, *das* bisschen; **3.** Leckerbissen *m*; **II** *v/t.* **4.** in kleine Stückchen teilen, in kleinen Porti'onen austeilen.

mort[1] [mɔːt] *s. hunt.* ('Hirsch)ˌTotsiˌgnal *n*.

mort[2] [mɔːt] *s. ichth.* dreijähriger Lachs.

mor·tal ['mɔːtl] **I** *adj.* □ **1.** sterblich; **2.** tödlich: a) verderblich, todbringend (***to*** für): ***~ wound***, b) erbittert: ***~ battle***; ***~ hatred*** tödlicher Hass; **3.** Tod(es)...: ***~ agony*** Todeskampf *m*; ***~ enemies*** Todfeinde; ***~ fear*** Todesangst *f*; ***~ hour*** Todesstunde *f*; ***~ sin*** Todsünde *f*; **4.** menschlich, irdisch, Menschen...: ***~ life*** irdisches Leben, Vergänglichkeit *f*; ***by no ~ means*** F auf keine menschenmögliche Art; ***of no ~ use*** F absolut zwecklos; ***every ~ thing*** F alles Menschenmögliche; **5.** F Mords..., ‚mordsmäßig': ***I'm in a ~ hurry*** ich habs furchtbar eilig; **6.** ewig, sterbenslangweilig: ***three ~ hours*** drei endlose Stunden; **II** *s.* **7.** Sterbliche(r *m*) *f*; **mor·tal·i·ty** [mɔː'tælətɪ] *s.* **1.** Sterblichkeit *f*; **2.** die (sterbliche) Menschheit; **3.** *a.* ***~ rate*** a) Sterblichkeit(sziffer) *f*, b) ⚙ Verschleiß(quote *f*) *m*.

mor·tar[1] ['mɔːtə] **I** *s.* **1.** ⚗ Mörser *m*; **2.** *metall.* Pochladen *m*; **3.** ⚔ a) Mörser *m* (*Geschütz*), b) Gra'natwerfer *m*: ***~ shell*** Werfergranate *f*; **4.** (Feuerwerks)Böller *m*; **II** *v/t.* **5.** ⚔ mit Mörsern beschießen, mit Gra'natwerferfeuer belegen.

mor·tar[2] ['mɔːtə] *s.* △ Mörtel *m*.

'mor·tar·board *s.* **1.** △ Mörtelbrett *n*; **2.** *univ.* qua'dratisches Ba'rett.

mort·gage ['mɔːgɪdʒ] ⚖ **I** *s.* **1.** Verpfändung *f*, Pfandgut *n*: ***give in ~*** verpfänden; **2.** Pfandbrief *m*; **3.** Hypo'thek *f*: ***by ~*** hypothekarisch; ***lend on ~*** auf Hypothek (ver)leihen; ***raise a ~*** e-e Hypothek aufnehmen (***on*** auf *acc.*); **4.** Hypo'thekenbrief *m*; **II** *v/t.* **5.** (*a. fig.*) verpfänden (***to*** an *acc.*); **6.** hypothe'karisch belasten, e-e Hypo'thek aufnehmen auf (*acc.*); **~ bond** *s.* Hypo'thekenpfandbrief *m*; **~ deed** *s.* **1.** Pfandbrief *m*; **2.** Hypo'thekenbrief *m*.

mort·ga·gee [ˌmɔːgə'dʒiː] *s.* ⚖ Hypothe'kar *m*, Pfand- *od.* Hypo'thekengläubiger *m*; ˌ**mort·ga'gor** [-'dʒɔː] *s.* Pfand- *od.* Hypo'thekenschuldner *m*.

mor·ti·cian [mɔː'tɪʃən] *s. Am.* Leichenbestatter *m*.

mor·ti·fi·ca·tion [ˌmɔːtɪfɪ'keɪʃn] *s.* **1.** Demütigung *f*, Kränkung *f*; **2.** Ärger *m*, Verdruss *m*; **3.** Ka'steiung *f*; Abtötung *f* (*Leidenschaften*); **4.** ⚕ (kalter) Brand, Ne'krose *f*; **mor·ti·fy** ['mɔːtɪfaɪ] **I** *v/t.* **1.** demütigen, kränken; **2.** *Gefühle* verletzen; **3.** *Körper*, *Fleisch* ka'steien; *Leidenschaften* abtöten; **4.** ⚕ brandig machen, absterben lassen; **II** *v/i.* **5.** ⚕ brandig werden, absterben.

mor·tise ['mɔːtɪs] ⚙ **I** *s.* a) Zapfenloch *n*, b) Stemmloch *n*, c) (Keil)Nut *f*, d) Falz *m*, Fuge *f*; **II** *v/t.* a) verzapfen, b) einstemmen, c) einzapfen (***into*** in *acc.*); **~ chis·el** *s.* Lochbeitel *m*; **~ ga(u)ge** *s.* Zapfenstreichmaß *n*; **~ joint** *s.* Verzapfung *f*; **~ lock** *s.* (Ein-)Steckschloss *n*.

mort·main ['mɔːtmeɪn] *s.* ⚖ unveräußerlicher Besitz, Besitz *m* der Toten Hand: ***in ~*** unveräußerlich.

mor·tu·ar·y ['mɔːtjʊərɪ] **I** *s.* Leichenhalle *f*; **II** *adj.* Leichen..., Begräbnis...

mo·sa·ic[1] [məʊ'zeɪɪk] **I** *s.* **1.** Mosa'ik *n* (*a. fig.*); **2.** ('Luftbild)Mosaˌik *n*, Reihenbild *n*; **II** *adj.* **3.** Mosaik...; mosa'ikartig.

Mo·sa·ic[2] *adj.*, **Mo·sa·i·cal** [məʊ'zeɪɪk(l)] *adj.* mo'saisch.

Mo·selle [məʊ'zel] *s.* Mosel(wein) *m*.

mo·sey ['məʊzɪ] *v/i. Am. sl.* **1.** *a.* ***~ along*** da'hinlatschen; **2.** ‚abhauen'.

Mos·lem ['mɒzlem] → ***Muslim***.

mosque [mɒsk] *s.* Mo'schee *f*.

mos·qui·to [mə'skiːtəʊ] *s.* **1.** *pl.* **-toes** *zo.* Stechmücke *f*, *bsd.* Mos'kito *m*; **2.** *pl.* **-toes** *od.* **-tos** ✈ Mos'kito *m* (*brit. Bomber*); **~ boat**, **~ craft** *s.* Schnellboot *n*; **~ net** *s.* Mos'kitonetz *n*; ℒ **State** *s. Am.* (*Beiname für*) New Jersey *n* (*USA*).

moss [mɒs] *s.* **1.** ⚘ Moos *n*; **2.** (Torf-)Moor *n*; **'~-grown** *adj.* **1.** moosbewachsen, bemoost; **2.** *fig.* altmodisch, über'holt.

moss·i·ness ['mɒsɪnɪs] *s.* **1.** 'Moosˌüberzug *m*; **2.** Moosartigkeit *f*, Weichheit *f*; **moss·y** ['mɒsɪ] *adj.* **1.** moosig, bemoost; **2.** moosartig; **3.** Moos...: ***~ green*** Moosgrün *n*.

most [məʊst] **I** *adj.* □ → ***mostly***; **1.** meist, größt; höchst, äußerst: ***the ~ fear*** die meiste *od.* größte Angst; ***for the ~ part*** größten-, meistenteils; **2.** (*vor e-m Substantiv im pl.*) die meisten: ***~ people*** die meisten Leute; **II** *s.* **3.** *das* meiste, *das* Höchste, *das* Äußerste: ***at*** (***the***) ***~*** höchstens, bestenfalls; ***make the ~ of*** *et.* nach Kräften ausnützen, (noch) das Beste aus *et.* herausholen; **4.** das meiste, der größte Teil: ***he spent ~ of his time there*** er verbrachte die meiste Zeit dort; **5.** die meisten: ***better than ~*** besser als die meisten; ***~ of my friends*** die meisten m-r Freunde; **III** *adv.* **6.** am meisten: ***~ of all*** am allermeisten; **7.** *zur Bildung des Superlativs*: ***the ~ important point*** der wichtigste Punkt; **8.** *vor adj.* höchst, äußerst, 'überaus: ***it's ~ kind of you***.

-most [məʊst] *in Zssgn Bezeichnung des sup.*: ***in~***, ***top~*** *etc.*

'most-ˌfa·vo(u)red-'na·tion clause *s. pol.* Meistbegünstigungsklausel *f*.

most·ly ['məʊstlɪ] *adv.* **1.** größtenteils, im Wesentlichen, in der Hauptsache; **2.** hauptsächlich.

MOT [ˌeməʊ'tiː] *s. Brit.* **1.** *abbr. für* ***Ministry of Transport*** Ver'kehrsminisˌterium *n*; **2.** *mot. als Test etwa*: TÜV *m*; ***go for one's ~*** zum TÜV müssen; ***pass*** (***fail***) ***one's ~*** (nicht) durch den TÜV kommen.

mote [məʊt] *s.* (Sonnen)Stäubchen *n*: ***the ~ in another's eye*** *bibl.* der Splitter im Auge des anderen.

mo·tel [məʊ'tel] *s.* Mo'tel *n*.

mo·tet [məʊ'tet] *s.* ♪ Mo'tette *f*.

moth [mɒθ] *s.* **1.** *pl.* **moths** *zo.* Nachtfalter *m*; **2.** *pl.* **moths** *od. coll.* **moth** (Kleider)Motte *f*; '**~·ball I** *s.* Mottenkugel *f*: ***put in ~s*** → **II** *v/t. Kleidung, a. Maschinen etc.* einmotten; *fig. Plan etc.* ‚auf Eis legen'; '**~-ˌeat·en** *adj.* **1.** von Motten zerfressen; **2.** *fig.* veraltet, anti'quiert.

moth·er¹ ['mʌðə] **I** *s.* **1.** Mutter *f* (*a. fig.*); **II** *adj.* **2.** Mutter...: ***ℒ's Day*** Muttertag *m*; **III** *v/t.* **3.** (*mst fig.*) gebären, her'vorbringen; **4.** bemuttern; **5.** ***~ a novel on s.o.*** j-m e-n Roman zuschreiben.

moth·er² ['mʌðə] **I** *s.* Essigmutter *f*; **II** *v/i.* Essigmutter ansetzen.

Moth·er Car·ey's chick·en ['keərɪz] *s. orn.* Sturmschwalbe *f*.

moth·er| cell *s. biol.* Mutterzelle *f*; **~ church** *s.* **1.** Mutterkirche *f*; **2.** Hauptkirche *f*; **~ coun·try** *s.* **1.** Mutterland *n*; **2.** Vater-, Heimatland *n*; **~ earth** *s.* Mutter *f* Erde; **~ fix·a·tion** *s. psych.* Mutterfixierung *f*, -bindung *f*; '**~ˌfuck·er** *s. fig.* V ‚Scheißkerl' *m*.

moth·er·hood ['mʌðəhʊd] *s.* **1.** Mutterschaft *f*; **2.** *coll. die* Mütter *pl.*

'**moth·er-in-law** [-ðərɪn-] *pl.* '**moth·ers-in-law** [-ðəzɪn-] *s.* Schwiegermutter *f*.

'**moth·er·land** → ***mother country***.

moth·er·less ['mʌðəlɪs] *adj.* mutterlos.

'**moth·er·li·ness** ['mʌðəlɪnɪs] *s.* Mütterlichkeit *f*.

moth·er| liq·uor *s.* ⚗ Mutterlauge *f*; **~ lode** *s.* ⚒ Hauptader *f*.

moth·er·ly ['mʌðəlɪ] *adj. u. adv.* mütterlich.

moth·er| of pearl *s.* Perlmutter *f*, Perlmutt *n*; ˌ**~-of-'pearl** [-ðərəvˈp-] *adj.* perlmuttern, Perlmutt...

moth·er| ship *s.* ⚓ *Brit.* Mutterschiff *n*; **~ su·pe·ri·or** *s. eccl.* Oberin *f*, Äb'tissin *f*; **~ tie** *s. psych.* Mutterbindung *f*; **~ tongue** *s.* Muttersprache *f*; **~ wit** *s.* Mutterwitz *m*.

moth·er·y ['mʌðərɪ] *adj.* hefig, trübe.

moth·y ['mɒθɪ] *adj.* **1.** voller Motten; **2.** mottenzerfressen.

mo·tif [məʊ'tiːf] *s.* **1.** ♪ ('Leit)Moˌtiv *n*; **2.** *paint. etc., Literatur*: Mo'tiv *n*, Vorwurf *m*; **3.** *fig.* Leitgedanke *m*.

mo·tile ['məʊtaɪl] *adj. biol.* frei beweglich; **mo·til·i·ty** [məʊ'tɪlətɪ] *s.* selbstständiges Bewegungsvermögen.

mo·tion ['məʊʃn] **I** *s.* **1.** Bewegung *f* (*a. phys.*, ♞, ♪): ***go through the ~s of doing s.th.*** *fig.* et. mechanisch *od.* pro forma tun; **2.** Gang *m* (*a.* ⚙): ***set in ~*** in Gang bringen, in Bewegung setzen; → ***idle*** 3; **3.** (Körper-, Hand)Bewegung *f*, Wink *m*: ***~ of the head*** Zeichen *n* mit dem Kopf; **4.** Antrieb *m*: ***of one's own ~*** aus eigenem Antrieb, *a.* freiwillig; **5.** *pl.* Schritte *pl.*, Handlungen *pl.*: ***watch s.o.'s ~s***; **6.** ⚖, *parl. etc.* Antrag *m*: ***carry a ~*** e-n Antrag durchbringen; ***~ of no confidence*** Misstrauensantrag *m*; **7.** *physiol.* Stuhlgang *m*; **II** *v/i.* **8.** winken (***with*** mit, ***to*** *dat.*); **III** *v/t.* **9.** *j-m* (zu)winken, *j-n* durch e-n Wink auffordern (***to do*** zu tun), *j-n wohin* winken; '**mo·tion·less** [-lɪs] *adj.* bewegungslos, regungslos, unbeweglich.

mo·tion| pic·ture *s.* Film *m*; '**~-ˌpic·ture** *adj.* Film...: ***~ camera***; ***~ projector*** Filmprojektor *m*; **~ stud·y** *s.* Bewegungs-, Rationalisierungsstudie *f*; **~ ther·a·py** *s.* ⚕ Be'wegungstheraˌpie *f*.

mo·ti·vate ['məʊtɪveɪt] *v/t.* **1.** motivieren: a) *et.* begründen, b *j-n* anregen, anspornen; **2.** *et.* anregen, her'vorrufen; **mo·ti·va·tion** [ˌməʊtɪ'veɪʃn] *s.* **1.** Motivierung *f*: a) Begründung *f*, b) Motivati'on *f*, Ansporn *m*, Antrieb *m*: ***~ research*** Motivforschung *f*; **2.** Anregung *f*.

mo·tive ['məʊtɪv] **I** *s.* **1.** Mo'tiv *n*, Beweggrund *m*, Antrieb *m* (***for*** zu); **2.** → ***motif*** 1 *u.* 2; **II** *adj.* **3.** bewegend, treibend (*a. fig.*): ***~ power*** Triebkraft *f*; **III** *v/t.* **4.** *mst pass.* der Beweggrund sein von, veranlassen: ***an act ~d by hatred*** e-e vom Hass diktierte Tat.

mo·tiv·i·ty [məʊ'tɪvətɪ] *s.* Bewegungsfähigkeit *f*, -kraft *f*.

mot·ley ['mɒtlɪ] **I** *adj.* **1.** bunt (*a. fig. Menge etc.*), scheckig; **II** *s.* **2.** *hist.* Narrenkleid *n*; **3.** Kunterbunt *n*.

mo·tor ['məʊtə] **I** *s.* **1.** ⚙ (*bsd.* E'lektro-, Verbrennungs)Motor *m*; **2.** *fig.* treibende Kraft; **3.** *bsd. Brit.* a) Kraftwagen *m*, Auto *n*, b) Motorfahrzeug *n*; **4.** *anat.* a) Muskel *m*, b) mo'torischer Nerv; **II** *adj.* **5.** bewegend, (an)treibend; **6.** Motor...; **7.** Auto...; **8.** *anat.* mo'torisch; **III** *v/i.* **9.** *mot.* fahren; **IV** *v/t.* **10.** in e-m Kraftfahrzeug befördern; **~ ac·ci·dent** *s.* Autounfall *m*; **~ am·bu·lance** *s.* Krankenwagen *m*, Ambu'lanz *f*; '**~-asˌsist·ed** *adj.*: ***~ bicycle*** a) Fahrrad *n* mit Hilfsmotor, b) Mofa *n*; **~ bi·cy·cle** → ***motorcycle***; '**~·bike** F *für* ***motorcycle***; '**~·boat** *s.* Motorboot *n*; '**~·bus** *s.* Autobus *m*; '**~·cade** [-keɪd] *s.* 'Autokoˌlonne *f*; '**~·car** *s.* **1.** Kraftwagen *m*, Auto(mo'bil) *n*: ***~ industry*** Automobilindustrie *f*; **2.** 🚋 Triebwagen *m*; **~ car·a·van** *s. Brit.* 'Wohnmoˌbil *n*; **~ coach** → ***coach*** 3; **~ court** → ***motel***; '**~ˌcy·cle I** *s.* Motorrad *n*; **II** *v/i.* a) Motorrad fahren, b) mit dem Motorrad fahren; '**~ˌcy·clist** *s.* Motorradfahrer(in); '**~-ˌdriv·en** *adj.* mit Motorantrieb, Motor...; '**~·drome** [-drəʊm] *s.* Moto'drom *n*.

mo·tored ['məʊtəd] *adj.* ⚙ **1.** motorisiert, mit e-m Motor *od.* mit Mo'toren (versehen); **2.** ...motorig.

mo·tor| en·gine *s.* 'Kraftmaˌschine *f*; **~ fit·ter** *s.* Autoschlosser *m*; **~ home** 'Wohnmoˌbil *n*. **~ in·dus·try** *s.* 'Autoindusˌtrie *f*.

mo·tor·ing ['məʊtərɪŋ] *s.* Autofahren *n*; Motorsport *m*: ***school of ~*** Fahrschule *f*; '**mo·tor·ist** [-ɪst] *s.* Kraft-, Autofahrer(in).

mo·tor·i·za·tion [ˌməʊtəraɪ'zeɪʃn] *s.* Motorisierung *f*; **mo·tor·ize** ['məʊtəraɪz] *v/t.* ⚙ *u.* ⚔ motorisieren: ***~d unit*** ⚔ (voll) motorisierte Einheit.

mo·tor launch *s.* 'Motorbarˌkasse *f*.

mo·tor·less ['məʊtəlɪs] *adj.* motorlos: ***~ flight*** Segelflug *m*.

mo·tor| lor·ry *s. Brit.* Lastkraftwagen *m*; '**~·man** [-mən] *s.* [*irr.*] Wagenführer *m*; **~ me·chan·ic** *s.* 'Automeˌchaniker *m*; **~ nerve** *s. anat.* mo'torischer Nerv, Bewegungsnerv *m*; **~ oil** *s.* Motoröl *n*; **~ pool** *s.* Fahrbereitschaft *f*; **~ road** *s.* Autostraße *f*; **~ scoot·er** *s.* Motorroller *m*; **~ ship** *s.* Motorschiff *n*; **~ show** *s.* Automo'bilausstellung *f*; **~ start·er** *s.* (Motor)Anlasser *m*; **~ tor·pe·do boat** *s.* ⚓, ⚔ Schnellboot *n*; **~ trac·tor** *s.* Traktor *m*, Schlepper *m*, 'Zugmaˌschine *f*; **~ truck** *s.* **1.** *bsd. Am.* Lastkraftwagen *m*; **2.** ⚡ E'lektrokarren *m*; **~ van** *s. Brit.* Lieferwagen *m*; **~ ve·hi·cle** *s.* Kraftfahrzeug *n*; '**~·way** *s. Brit.* Autobahn *f*; '**~·way junc·tion** *s. Brit.* Autobahndreieck *n*.

mot·tle ['mɒtl] *v/t.* sprenkeln, marmorieren; '**mot·tled** [-ld] *adj.* gesprenkelt, gefleckt, bunt.

mot·to ['mɒtəʊ] *pl.* **-toes, -tos** *s.* Motto *n*, Wahl-, Sinnspruch *m*.

mou·jik ['muːʒɪk] → ***muzhik***.

mould¹ [məʊld] **I** *s.* **1.** ⚙ (Gieß-, Guss-) Form *f*: ***cast in the same ~*** *fig.* aus demselben Holz geschnitzt; **2.** (Körper-) Bau *m*, Gestalt *f*, (*äußere*) Form; **3.** Art *f*, Na'tur *f*, Cha'rakter *m*; **4.** ⚙ a) Hohlform *f*, b) Pressform *f*, c) Ko'kille *f*, Hartgussform *f*, d) Ma'trize *f*, e) ('Form)Moˌdell *n*, f) Gesenk *n*; **5.** ⚙ a) 'Gussmateriˌal *n*, b) Guss(stück *n*) *m*; **6.** *Schiffbau*: Mall *n*; **7.** ⚠ a) Sims *m*, *n*, b) Leiste *f*, c) Hohlkehle *f*; **8.** *Küche*: Form *f* (*für Speisen*): ***jelly ~*** Puddingform; **9.** *geol.* Abdruck *m* (*Versteinerung*); **II** *v/t.* **10.** ⚙ gießen; (ab)formen, modellieren; pressen; *Holz* profilieren; ⚓ abmallen; **11.** formen (*a. fig. Charakter*), bilden, gestalten (***on*** nach dem Muster von); **III** *v/i.* **12.** Gestalt annehmen, sich formen.

mould² [məʊld] **I** *s.* **1.** Schimmel *m*, Moder *m*; **2.** ⚘ Schimmelpilz *m*; **II** *v/i.* **3.** schimm(e)lig werden, (ver)schimmeln.

mould³ [məʊld] *s.* **1.** lockere Erde, Gartenerde *f*; **2.** Humus(boden) *m*.

mould·a·ble ['məʊldəbl] *adj.* (ver-) formbar, bildsam: ***~ material*** ⚙ Pressmasse *f*.

mould·er¹ ['məʊldə] *s.* **1.** ⚙ Former *m*, Gießer *m*; **2.** *fig.* Gestalter(in).

mould·er² ['məʊldə] *v/i. a.* ***~ away*** vermodern, (*zu Staub*) zerfallen.

mould·i·ness ['məʊldɪnɪs] *s.* Moder *m*, Schimm(e)ligkeit *f*; (*a. fig.*) Schalheit *f*; *fig. sl.* Fadheit *f*.

mould·ing ['məʊldɪŋ] *s.* **1.** Formen *n*, Formgebung *f*; **2.** Formgieße'rei *f*, -arbeit *f*; Modellieren *n*; **3.** Formstück *n*; Pressteil *n*; **4.** → ***mould¹*** 7; **~ board** *s.* **1.** Formbrett *n*; **2.** *Küche*: Kuchen-, Nudelbrett *n*; **~ clay** *s.* ⚙ Formerde *f*, -ton *m*; **~ ma·chine** *s.* **1.** *Holzbearbeitung*: 'Kehl(hobel)maˌschine *f*; **2.** *metall.* 'Formmaˌschine *f*; **3.** 'Spritzmaˌschine *f* (*für Spritzguss etc.*); **~ press** *s.* Formpresse *f*; **~ sand** *s.* Formsand *m*.

mould·y ['məʊldɪ] *adj.* **1.** schimm(e)lig; **2.** Schimmel..., schimmelartig: ***~ fungi*** Schimmelpilze; **3.** muffig, schal (*a. fig.*), *sl.* fad.

moult [məʊlt] *zo.* **I** *v/i.* (sich) mausern (*a. fig.*); sich häuten; **II** *v/t. Federn, Haut* abwerfen, verlieren; **III** *s.* Mauser(ung) *f*; Häutung *f*.

mound¹ [maʊnd] *s.* **1.** Erdwall *m*, -hügel *m*; **2.** Damm *m*; **3.** *Baseball*: Abwurfstelle *f*.

mound² [maʊnd] *s. hist.* Reichsapfel *m*.

mount¹ [maʊnt] **I** *v/t.* **1.** *Berg, Pferd, Barrikaden etc., fig. den Thron* besteigen; *Treppen* hin'aufgehen, ersteigen; *Fluss* hin'auffahren; **2.** beritten machen: ***~ troops***; ***~ed police*** berittene Polizei; **3.** errichten; *a. Maschine* aufstellen, montieren (*a. phot., TV*); anbringen, einbauen, befestigen; *Papier, Bild* aufkleben, -ziehen; *Edelstein* fassen; *Messer etc.* mit e-m Griff versehen, stielen; ⚕ *Versuchsobjekt* präparieren; *Präparat im Mikroskop* fixieren; **4.** zs.-bauen, -stellen, arrangieren; *thea. Stück* inszenieren, *fig. a.* aufziehen; **5.** ⚔ a) *Geschütz* in Stellung bringen, b) *Posten* aufstellen; → ***guard*** 9; **6.** ⚓ bewaffnet sein mit, *Geschütz* führen; **II** *v/i.* **7.** (auf-, em'por-, hoch)steigen; **8.** *fig.* (an)wachsen, steigen, sich auftürmen (*bsd. Schulden, Schwierigkeiten etc.*): ***~ing suspense*** (***debts***) wachsende Spannung (Schulden); **9.** *oft* ***~ up*** sich belaufen (***to*** auf *acc.*); **III** *s.* **10.** Gestell *n*; ⚙ Ständer *m*, Halterung *f*, 'Untersatz *m*; Fassung *f*; (Wechsel)Rahmen *m*, Passepar'tout *n*; 'Aufziehkar,ton *m*; ⚔ (Ge'schütz)La,fette *f*; Ob'jektträger *m* (*Mikroskop*); **11.** Pferd *n*, Reittier *n*.

mount² [maʊnt] *s.* **1.** *poet.* a) Berg *m*, b) Hügel *m*; **2.** ꝿ (*in Eigennamen*) Berg *m*: ***ꝿ Sinai***; ***ꝿ of Venus*** *Handlesekunst f*: Venusberg *m*.

moun·tain ['maʊntɪn] **I** *s.* Berg *m* (*a. fig. von Arbeit etc.*); *pl.* Gebirge *n*: ***make a ~ out of a molehill*** aus e-r Mücke e-n Elefanten machen; **II** *adj.* Berg..., Gebirgs...: ***~ artillery*** Gebirgsartillerie *f*; **~ ash** *s. e-e* Eberesche *f*; **~ bike** *s.* Mountainbike *n*, Geländefahrrad *n*; **~ chain** *s.* Berg-, Gebirgskette *f*; **~ crys·tal** *s.* 'Bergkri,stall *m*; **~ cock** *s.* Auerhahn *m*.

moun·tained ['maʊntɪnd] *adj.* bergig, gebirgig.

moun·tain·eer [,maʊntɪ'nɪə] **I** *s.* **1.** Bergbewohner(in); **2.** Bergsteiger(in); **II** *v/i.* **3.** bergsteigen; **,moun·tain'eer·ing** [-'nɪərɪŋ] **I** *s.* Bergsteigen *n*; **II** *adj.* bergsteigerisch; **moun·tain·ous** ['maʊntɪnəs] *adj.* **1.** bergig, gebirgig; **2.** Berg..., Gebirgs...; **3.** *fig.* riesig, gewaltig.

moun·tain| rail·way *s.* Bergbahn *f*; **~ range** *s.* Gebirgszug *m*, -kette *f*; **~ sick·ness** *s.* ⚕ Berg-, Höhenkrankheit *f*; **'~·side** *s.* Berg(ab)hang *m*; **~ slide** *s.* Bergrutsch *m*; **ꝿ State** *s. Am.* (*Beiname für*) a) Mon'tana *n*, b) West Vir'ginia *n* (*USA*); **~ troops** *s. pl.* Gebirgstruppen *pl.*; **~ wood** *s.* 'Holzas,best *m*.

moun·te·bank ['maʊntɪbæŋk] *s.* **1.** Quacksalber *m*; Marktschreier *m*; **2.** Scharlatan *m*.

mount·ing ['maʊntɪŋ] *s.* **1.** ⚙ a) Einbau *m*, Aufstellung *f*, Mon'tage *f* (*a. phot., TV etc.*), b) Gestell *n*, Rahmen *m*, c) Befestigung *f*, Aufhängung *f*, d) (Auf-) Lagerung *f*, e) Arma'tur *f*, f) (Ein)Fassung *f* (*Edelstein*), g) Ausstattung *f*, h) *pl.* Fenster-, Türbeschläge *pl.*, i) *pl.* Gewirre *n* (*an Türschlössern*), j) (*Weberei*) Geschirr *n*, Zeug *n*; **2.** ⚡ (Ver-) Schaltung *f*, Installati'on *f*; **~ brack·et** *s.* Befestigungsschelle *f*.

mourn [mɔːn] **I** *v/i.* **1.** trauern, klagen (***at***, ***over*** über *acc.*; ***for***, ***over*** um); **2.** Trauer(kleidung) tragen, trauern; **II** *v/t.* **3.** *j-n* betrauern, *a. et.* beklagen, trauern um *j-n*; **'mourn·er** [-nə] *s.* Trauernde(r *m*) *f*, Leidtragende(r *m*) *f*; **'mourn·ful** [-fʊl] *adj.* □ trauervoll, traurig, düster, Trauer...

mourn·ing ['mɔːnɪŋ] **I** *s.* **1.** Trauer(n *n*) *f*; ***national ~*** Staatstrauer; **2.** Trauer (-kleidung) *f*: ***in ~*** in Trauer; ***go into*** (***out of***) ***~*** Trauer anlegen (die Trauer ablegen); **II** *adj.* □ **3.** trauernd; **4.** Trauer...: ***~ band*** Trauerband *n*, -flor *m*; **~ bor·der**, **~ edge** *s.* Trauerrand *m*; **~ pa·per** *s.* Pa'pier *n* mit Trauerrand.

mouse [maʊs] **I** *pl.* **mice** [maɪs] *s.* **1.** *zo.* Maus *f*: ***~trap*** Mausefalle *f* (*a. fig.*); **2.** *pl. a.* **mous·es** *Computer*: Maus *f*; **3.** ⚙ Zugleine *f* mit Gewicht; **4.** F Feigling *m*; **5.** *sl.* ‚blaues Auge', ‚Veilchen' *n*; **II** *v/i.* [maʊz] **6.** mausen, Mäuse fangen; **~ but·ton** *s. Computer*: Maustaste *f*; **'~·click** *s. Computer*: Mausklick *m*; **'~-,col·o(u)red** *adj.* mausfarbig, -grau; **'~·mat** *s.*, **'~·pad** *s. Computer*: 'Mousepad *n*; **~ po·ta·to** *s. sl.* 'Mouse-Po,tato *f* (*j-d, der unentwegt am Computer sitzt*).

mousse [muːs] *s.* **1.** Mousse *f*, Schaumspeise *f*; **2.** *a.* ***styling ~*** Schaumfestiger *m*.

mous·tache [mə'stɑːʃ] *s.* Schnurrbart *m* (*a. zo.*).

mous·y ['maʊsɪ] *adj.* **1.** von Mäusen heimgesucht; **2.** mausartig; mausgrau; **3.** *fig.* grau, trüb; **4.** *fig.* leise; furchtsam; farblos; unscheinbar.

mouth [maʊθ] **I** *pl.* **mouths** [maʊðz] *s.* **1.** Mund *m*: ***give ~*** Laut geben, anschlagen (*Hund*); ***by word*** (*od.* ***way***) ***of ~*** mündlich; ***keep one's ~ shut*** F den Mund halten; ***shut s.o.'s ~*** j-m den Mund stopfen; ***stop s.o.'s ~*** j-m (durch Bestechung) den Mund stopfen; ***down in the ~*** F niedergeschlagen, bedrückt; → ***wrong*** 2; **2.** Maul *n*, Schnauze *f*, Rachen *m* (*Tier*); **3.** Mündung *f* (*Fluss, Kanone etc.*); Öffnung *f* (*Flasche, Sack*); Ein-, Ausgang *m* (*Höhle, Röhre etc.*); Ein-, Ausfahrt *f* (*Hafen etc.*); ♪ → ***mouthpiece*** 1; **4.** ⚙ a) Mundloch *n*, b) Schnauze *f*, c) Öffnung *f*, d) Gichtöffnung *f* (*Hochofen*), e) Abstichloch *n* (*Hoch-, Schmelzofen*); **II** *v/t.* [maʊð] **5.** (*bsd.* affek'tiert *od.* gespreizt) (aus-) sprechen; **6.** *Worte* (*unhörbar*) mit den Lippen formen; **7.** in den Mund *od.* ins Maul nehmen; **'mouth·ful** [-fʊl] *pl.* **-fuls** *s.* **1.** *ein* Mund voll, Brocken *m* (*a. fig. ellenlanges Wort*); **2.** kleine Menge; **3.** *sl.* großes Wort.

mouth| or·gan *s.* ♪ **1.** 'Mundhar,monika *f*; **2.** Panflöte *f*; **'~·piece** *s.* **1.** ♪ Mundstück *n*, Ansatz *m*; **2.** ⚙ a) Schalltrichter *m*, Sprechmuschel *f*, b) Mundstück *n* (*a. e-r Tabakspfeife od. Gasmaske*), Tülle *f*; **3.** *fig.* Sprachrohr *n* (*a. Person*); ⚖ *sl.* (Straf)Verteidiger *m*; **4.** Gebiss *n* (*Pferdezaum*); **5.** *Boxen*: Zahnschutz *m*; **,~-to-'~ res·pi·ra·tion** *s.* ⚕ Mund-zu-Mund-Beatmung *f*; **'~·wash** *s.* Mundwasser *n*; **'~-,wa·ter·ing** *adj.* lecker.

mov·a·bil·i·ty [,muːvə'bɪlətɪ] *s.* Beweglichkeit *f*, Bewegbarkeit *f*.

mov·a·ble ['muːvəbl] **I** *adj.* □ **1.** beweglich (*a.* ⚙; *a.* ⚖ *Eigentum, Feiertag*), bewegbar: ***~ goods*** → 5; **2.** a) verschiebbar, verstellbar, b) fahrbar; **3.** ⚒ ortsveränderlich; **II** *s.* **4.** *pl.* Möbel *pl.*; **5.** *pl.* ⚖ Mo'bilien *pl.*, bewegliche Habe; **~ kid·ney** *s.* ⚕ Wanderniere *f*.

move [muːv] **I** *v/t.* **1.** fortbewegen, -rücken, von der Stelle bewegen, verschieben (*a. Textstelle, Datei auf dem Computer*); ⚔ *Einheit* verlegen: ***~ up*** a) *Truppen* heranbringen, b) *ped. Brit. Schüler* versetzen; F ***~ it*** Tempo!; **2.** entfernen, fortbringen, -schaffen; **3.** bewegen (*a. fig.*), in Bewegung setzen *od.* halten, (an)treiben: ***~ on*** vorwärts treiben; **4.** *fig.* bewegen, rühren, ergreifen: ***be ~d to tears*** zu Tränen gerührt sein; **5.** *j-n* veranlassen, bewegen, hinreißen (***to*** zu): ***~ to anger*** erzürnen; **6.** *Schach etc.*: e-n Zug machen mit, ziehen; **7.** *et.* beantragen, Antrag stellen auf (*acc.*), vorschlagen: ***~ an amendment*** *parl.* e-n Abänderungsantrag stellen; **8.** *Antrag* stellen, einbringen; **II** *v/i.* **9.** sich bewegen, sich rühren, sich regen; ⚙ laufen, in Gang sein (*Maschine etc.*); **10.** sich fortbewegen, gehen, fahren: ***~ on*** weitergehen: ***~ with the times*** *fig.* mit der Zeit gehen; **11.** sich entfernen, abziehen, abmarschieren; *wegen Wohnungswechsels* ('um)ziehen (***to*** nach): ***~ in*** einziehen; ***if ~d*** falls verzogen; **12.** fortschreiten, weitergehen (*Vorgang*); **13.** verkehren, sich bewegen: ***~ in good society***; **14.** a) vorgehen, Schritte unter'nehmen (***in s.th.*** in e-r Sache, ***against*** gegen), b) *a.* ***~ in*** handeln, zupacken, losschlagen: ***he ~d quickly***; **15.** ***~ for*** beantragen, (e-n) Antrag stellen auf (*acc.*); ***~ that*** beantragen, dass; **16.** *Schach etc.*: e-n Zug machen, ziehen; **17.** ⚕ sich entleeren (*Darm*); **18.** ***~ up*** ✝ anziehen, steigen (*Preise*); **III** *s.* **19.** (Fort)Bewegung *f*, Aufbruch *m*; 'Übergang *m*: ***on the ~*** in Bewegung, auf den Beinen; ***get a ~ on!*** *sl.* Tempo!, mach(t) schon!; ***make a ~*** a) aufbrechen, sich (von der Stelle) rühren, b) → 14 b; **20.** 'Umzug *m*; **21.** *Schach etc.*: Zug *m*; *fig.* Schritt *m*, Maßnahme *f*: ***a clever ~*** ein kluger Schachzug (*od.* Schritt); ***make the first ~*** den ersten Schritt tun; **'move·ment** [-mənt] *s.* **1.** Bewegung *f* (*a. fig., pol., eccl., paint. etc.*); ⚔, ⚓ (Truppen- *od.* Flotten)Bewegung *f*: ***~ by air*** Lufttransport *m*; **2.** *mst pl.* Handeln *n*, Schritte *pl.*, Maßnahmen *pl.*; **3.** (rasche) Entwicklung, Fortschreiten *n* (*von Ereignissen, e-r Handlung*); **4.** Bestrebung *f*, Ten'denz *f*, (mo'derne) Richtung; **5.** ♪ a) Satz *m*: ***a ~ of a sonata***, b) Tempo *n*; **6.** ⚙ a) Bewegung *f*, b) Lauf *m* (*Maschine*), c) Gang-, Gehwerk *n* (*der Uhr*), 'Antriebsmecha,nismus *m*; **7.** *a.* ***~ of the bowels*** ⚕ Stuhlgang *m*; **8.** ✝ (Kurs-, Preis)Bewegung *f*, 'Umsatz *m* (*Börse, Markt*): ***downward ~*** Senkung *f*, Fallen *n*; ***retrograde ~*** rückläufige Bewegung; ***upward ~*** Steigen *n*, Aufwärtsbewegung *f* (*der Preise*); **'mov·er** [-və] *s.* **1.** *fig.* treibende Kraft, Triebkraft *f*, Antrieb *m* (*a. Person*); **2.** ⚙ Triebwerk *n*, Motor *m*; → ***prime mover***; **3.** Antragsteller(in); **4.** *Am.* a) Spedi'teur *m*, b) (Möbel)Packer *m*.

mov·ie ['muːvɪ] *Am.* F **I** *s.* **1.** Film(streifen) *m*; **2.** *pl.* a) Filmwesen *n*, b) Kino *n*, c) Kinovorstellung *f*: ***go to the ~s*** ins Kino gehen; **II** *adj.* **3.** Film..., Kino..., Lichtspiel...: ***~ camera*** Filmkamera *f*; ***~ projector*** Filmprojektor *m*; ***~ star*** Filmstar *m*; **'~,go·er** *s. Am.* F Kinobesucher(in).

mov·ing ['muːvɪŋ] *adj.* □ **1.** beweglich, sich bewegend; **2.** bewegend, treibend: ***~ power*** treibende Kraft; **3.** a) rührend, bewegend, b) eindringlich, packend; **~ coil** *s.* ⚡ Drehspule *f*; **~ magnet** *s.* 'Drehma,gnet *m*; **~ pic·ture** F → ***motion picture***; **~ stair·case** *s.* Rolltreppe *f*; **~ van** *s.* Möbelwagen *m*.

mow¹ [məʊ] **I** *v/t.* [*a. irr.*] (ab)mähen, schneiden: ***~ down*** niedermähen (*a. fig.*); **II** *v/i.* [*a. irr.*] mähen.

mow² [maʊ] *s.* **1.** Getreidegarbe *f*, Heuhaufen *m*; **2.** Heu-, Getreideboden *m*.

mow·er ['məʊə] *s.* **1.** Mäher(in), Schnitter(in); **2.** a) Rasenmäher *m*, b) → **mow·ing ma·chine** ['məʊɪŋ-] *s.* 'Mähma,schine *f*.

mown [məʊn] *p.p. von* ***mow¹***.

Mr, Mr. → ***mister*** 1.

Mrs, Mrs. ['mɪsɪz] *s.* Frau *f* (*Anrede für verheiratete Frauen*): ***Mrs Smith***.

M

Ms, Ms. [mɪz] *Anrede für Frauen ohne Berücksichtigung des Familienstandes.*
mu [mjuː] *s.* My *n* (*griechischer Buchstabe*).
much [mʌtʃ] **I** *s.* **1.** Menge *f*, große Sache, Besondere(s) *n*: ***nothing ~*** nichts Besonderes; ***it did not come to ~*** es kam nicht viel dabei heraus; ***think ~ of s.o.*** viel von j-m halten; ***he is not ~ of a dancer*** er ist kein großer Tänzer; → ***make*** 21; **II** *adj.* **2.** viel: ***too ~*** zu viel; **III** *adv.* **3.** sehr: ***~ to my regret*** sehr zu m-m Bedauern; **4.** (*in Zssgn*) viel...: ***~-admired***; **5.** (*vor comp.*) viel, weit: ***~ stronger***; **6.** (*vor sup.*) bei weitem, weitaus: ***~ the oldest***; **7.** fast: ***he did it in ~ the same way*** er tat es auf ungefähr die gleiche Weise; ***it is ~ the same thing*** es ist ziemlich dasselbe;
Besondere Redewendungen:
~ as I would like so gern ich (auch) möchte; ***as ~ as*** so viel wie; ***he did not as ~ as write*** er schrieb nicht einmal; ***as ~ again*** noch einmal so viel; ***he said as ~*** das war (ungefähr) der Sinn s-r Worte; ***this is as ~ as to say*** das heißt mit anderen Worten; ***as ~ as to say*** als wenn er (*etc.*) sagen wollte; ***I thought as ~*** das habe ich mir gedacht; ***so ~*** a) so sehr, b) so viel, c) lauter, nichts als; ***so ~ the better*** umso besser; ***so ~ for our plans*** so viel (wäre also) zu unseren Plänen (zu sagen); ***not so ~ as*** nicht einmal; ***without so ~ as to move*** ohne sich auch nur zu bewegen; ***so ~ so*** (und zwar) so sehr; ***~ less*** a) viel weniger, b) geschweige denn; ***~ like a child*** ganz wie ein Kind.
much·ly ['mʌtʃlɪ] *adv. obs. od. humor.* sehr, viel, besonders; **'much·ness** [-tʃnɪs] *s.* große Menge: ***much of a ~*** F ziemlich *od.* praktisch dasselbe.
mu·ci·lage ['mjuːsɪlɪdʒ] *s.* **1.** ⚘ (Pflanzen)Schleim *m*; **2.** *bsd. Am.* Klebstoff *m*, Gummilösung *f*; **mu·ci·lag·i·nous** [ˌmjuːsɪ'lædʒɪnəs] *adj.* **1.** schleimig; **2.** klebrig.
muck [mʌk] **I** *s.* **1.** Mist *m*, Dung *m*; **2.** Kot *m*, Dreck *m*, Unrat *m*, Schmutz *m* (*a. fig.*); **3.** *Brit.* F Blödsinn *m*, ,Mist' *m*: ***make a ~ of*** → 6; **II** *v/t.* **4.** düngen; *a.* ***~ out*** ausmisten; **5.** *oft* ***~ up*** F beschmutzen; **6.** *sl.* verpfuschen, verhunzen, ,vermasseln'; **III** *v/i.* **7.** *mst* ***~ about*** *sl.* a) her'umlungern, b) her'umpfuschen (***with*** an *dat.*), c) her'umalbern; **8.** ***~ in*** F mit anpacken; **'muck·er** [-kə] *s.* **1.** *sl.* a) ,Blödmann' *m*, b) ,Kumpel' *m*; **2.** ⚒ Lader *m*: ***~'s car*** Minenhund *m*; **3.** *sl.* a) schwerer Sturz, b) *fig.* ,Reinfall' *m*: ***come a ~*** auf die ,Schnauze' fallen, *fig. a.* ,reinfallen'.
'muck|·hill *s.* Mist-, Dreckhaufen *m*; **'~·rake** *v/i. fig.* im Schmutz her'umwühlen; *Am. sl.* Skan'dale aufdecken; **'~ˌrak·er** *s. Am.* Skan'dalmacher *m*.
muck·y ['mʌkɪ] *adj.* schmutzig, dreckig (*a. fig.*).
mu·cous ['mjuːkəs] *adj.* schleimig, Schleim...: ***~ membrane*** Schleimhaut *f*; **'mu·cus** [-kəs] *s. biol.* Schleim *m*.
mud [mʌd] *s.* **1.** Schlamm *m*, Matsch *m*: ***~ and snow tyres*** (*Am.* ***tires***) *mot.* Matsch-u.-Schnee-Reifen; **2.** Mo'rast *m*, Kot *m*, Schmutz *m* (*alle a. fig.*): ***drag in the ~*** *fig.* in den Schmutz ziehen; ***stick in the ~*** im Schlamm stecken bleiben, *fig.* aus dem Dreck nicht mehr herauskommen; ***sling*** (*od.* ***throw***) ***~ at s.o.*** *fig.* j-n mit Schmutz bewerfen; ***his name is ~ with me*** er ist für mich erledigt; ***~ in your eye!*** F prost!; → ***clear*** 1; **'~·bath** *s.* ⚕ Moor-, Schlammbad *n*.
mud·di·ness ['mʌdɪnɪs] *s.* **1.** Schlammigkeit *f*, Trübheit *f* (*a. des Lichts*); **2.** Schmutzigkeit *f*.
mud·dle ['mʌdl] **I** *s.* **1.** Durchein'ander *n*, Unordnung *f*, Wirrwarr *m*: ***make a ~ of s.th.*** et. durcheinander bringen *od.* ,vermasseln'; ***get into a ~*** in Schwierigkeiten geraten; **2.** Verworrenheit *f*, Unklarheit *f*: ***be in a ~*** in Verwirrung *od.* verwirrt sein; **II** *v/t.* **3.** *Gedanken etc.* verwirren: ***~ up*** verwechseln, durcheinander werfen; **4.** in Unordnung bringen, durchein'ander bringen; **5.** ,benebeln' (*bsd. durch Alkohol*): ***~ one's brains*** sich benebeln; **6.** verpfuschen, verderben; **III** *v/i.* **7.** pfuschen, stümpern, ,wursteln': ***~ about*** herumwursteln (***with*** an *dat.*); ***~ on*** weiterwursteln; ***~ through*** sich durchwursteln; **'mud·dle·dom** [-dəm] *s. humor.* Durchein'ander *n*; **'mud·dleˌhead·ed** *adj.* wirr(köpfig), kon'fus; **'mud·dler** [-lə] *s.* **1.** j-d, der sich 'durchwurstelt; Wirrkopf *m*; Pfuscher *m*; **2.** *Am.* ('Um-)Rührlöffel *m*.
mud·dy ['mʌdɪ] **I** *adj.* ☐ **1.** schlammig, trüb(e) (*a. Licht*); Schlamm...: ***~ soil***; **2.** schmutzig; **3.** *fig.* unklar, verworren, kon'fus; **4.** verschwommen (*Farbe*); **II** *v/t.* **5.** trüben; **6.** beschmutzen.
'mud|·guard *s.* **1.** a) *mot.* Kotflügel *m*, b) Schutzblech *n* (*Fahrrad*); **2.** ⚙ Schmutzfänger *m*; **'~·hole** *s.* **1.** Schlammloch *n*; **2.** ⚙ Schlammablass *m*; **'~·lark** *s.* Gassenjunge *m*, Dreckspatz *m*; ***~ pack*** *s.* ⚕ Fangopackung *f*; **'~ˌsling·er** [-ˌslɪŋə] *s.* F Verleumder(in); **'~ˌsling·ing** [-ˌslɪŋɪŋ] F **I** *s.* Beschmutzung *f*, Verleumdung *f*; **II** *adj.* verleumderisch.
mues·li ['mjuːzlɪ] *s.* Müsli *n*.
muff [mʌf] **I** *s.* **1.** Muff *m*; **2.** F *sport. u. fig.* ,Patzer' *m*; **3.** F ,Flasche' *f*, Stümper *m*; **4.** ⚙ a) Stutzen *m*, b) Muffe *f*; **II** *v/t.* **5.** F *sport u. fig.* ,verpatzen'; **III** *v/i.* **6.** F ,patzen'.
muf·fin ['mʌfɪn] *s.* Muffin *n*: a) *Brit.* Hefeteigsemmel *f*, b) *Am. kleine süße Semmel.*
muf·fle ['mʌfl] **I** *v/t.* **1.** *oft* ***~ up*** einhüllen, einwickeln; *Ruder* um'wickeln; **2.** *Ton etc.* dämpfen (*a. fig.*); **II** *s.* **3.** *metall.* Muffel *f*: ***~ furnace*** Muffelofen *m*; **4.** ⚙ Flaschenzug *m*; **'muf·fler** [-lə] *s.* **1.** (dicker) Schal *m*, Halstuch *n*; **2.** ⚙ Schalldämpfer *m*; *mot.* Auspufftopf *m*; ♪ Dämpfer *m*.
muf·ti ['mʌftɪ] *s.* **1.** Mufti *m*; **2.** ⚔ Zi'vilkleidung *f*: ***in ~*** in Zivil.
mug [mʌg] **I** *s.* **1.** Krug *m*; **2.** Becher *m*; **3.** *sl.* a) Vi'sage *f*, Gesicht *n*: ***~ shot*** Kopfbild *n* (*bsd. für das Verbrecheralbum*), *Film etc.*: Großaufnahme *f*, b) ,Fresse' *f*, Mund *m*, c) Gri'masse *f*; **4.** *Brit. sl.* a) Trottel *m*, b) Büffler *m*, Streber *m*; **5.** *Am. sl.* a) Boxer *m*, b) Ga'nove *m*; **II** *v/t.* **6.** *sl. bsd. Verbrecher* fotografieren; **7.** *sl.* über'fallen, niederschlagen u. ausrauben; **8.** *a.* ***~ up*** *Brit. sl.* ,büffeln', ,ochsen'; **III** *v/i.* **9.** *sl.* Gri'massen schneiden; **10.** *Am. sl.* ,schmusen'; **'mug·ger** [-gə] *s. sl.* Straßenräuber *m*.
mug·gi·ness ['mʌgɪnɪs] *s.* **1.** Schwüle *f*; **2.** Muffigkeit *f*; **'mug·ging** [-gɪŋ] *s. sl.* 'Raubˌüberfall *m* (auf der Straße); **mug·gy** ['mʌgɪ] *adj.* **1.** schwül (*Wetter*); **2.** dumpfig, muffig.
'mug·wort *s.* ⚘ Beifuß *m*.
mug·wump ['mʌgwʌmp] *s. Am.* **1.** F ,hohes Tier'; **2.** *pol. sl.* a) Unabhängige(r *m*) *f*, Einzelgänger(in), b) ,Re'bell(in)', Abtrünnige(r *m*) *f*.
mu·lat·to [mjuː'lætəʊ] **I** *pl.* **-toes** *s.* Mu'latte *m*, Mu'lattin *f*; **II** *adj.* Mulatten...
mul·ber·ry ['mʌlbərɪ] *s.* **1.** Maulbeerbaum *m*; **2.** Maulbeere *f*.
mulch [mʌltʃ] ✓ **I** *s.* Mulch *m*; **II** *v/t.* mulchen.
mulct [mʌlkt] **I** *s.* **1.** Geldstrafe *f*; **II** *v/t.* **2.** mit e-r Geldstrafe belegen; **3.** a) *j-n* betrügen (***of*** um), b) *Geld etc.* ,abknöpfen' (***from s.o.*** j-m).
mule [mjuːl] *s.* **1.** *zo.* a) Maultier *n*, b) Maulesel *m*; **2.** *biol.* Bastard *m*, Hy'bride *f*; **3.** *fig.* sturer Kerl, Dickkopf *m*; **4.** ⚙ a) (Motor)Schlepper *m*, Traktor *m*, b) 'Förderlokomoˌtive *f*, c) 'Mule-(spinn)maˌschine *f* (*Spinnerei*); **5.** Pan'toffel *m*; **mule jen·ny** → ***mule*** 4 c; **mule skin·ner**, *Am.* F **mu·le·teer** [ˌmjuːlɪ'tɪə] *s.* Maultiertreiber *m*; **mule track** *s.* Saumpfad *m*.
mul·ish ['mjuːlɪʃ] *adj.* ☐ störrisch, stur.
mull[1] [mʌl] **I** *v/t.* F verpatzen, verpfuschen; **II** *v/i.* ***~ over*** F *Am.* nachdenken, -grübeln über (*acc.*).
mull[2] [mʌl] *v/t. Getränk* heiß machen u. (süß) würzen: ***~ed wine*** Glühwein *m*.
mull[3] [mʌl] *s.* (⚕ Verband)Mull *m*.
mull[4] [mʌl] *s. Scot.* Vorgebirge *n*.
mul·la(h) ['mʌlə] *s. eccl.* Mulla *m*.
mul·le(i)n ['mʌlɪn] *s.* ⚘ Königskerze *f*, Wollkraut *n*.
mull·er ['mʌlə] *s.* ⚙ Reibstein *m*.
mul·let ['mʌlɪt] *s. ichth.* **1.** *a.* ***grey ~*** Meeräsche *f*; **2.** *a.* ***red ~*** Seebarbe *f*.
mul·li·gan ['mʌlɪgən] *s. Am.* F Eintopfgericht *n*.
mul·li·ga·taw·ny [ˌmʌlɪgə'tɔːnɪ] *s.* Currysuppe *f*.
mul·li·grubs ['mʌlɪgrʌbz] *s. pl.* F **1.** Bauchweh *n*; **2.** miese Laune.
mul·lion ['mʌlɪən] *s.* △ Mittelpfosten *m* (*Fenster etc.*).
mul·tan·gu·lar [mʌl'tæŋgjʊlə] *adj.* vielwink(e)lig, -eckig.
mul·te·i·ty [mʌl'tiːətɪ] *s.* Vielheit *f*.
multi- [mʌltɪ] *in Zssgn*: viel..., mehr..., ...reich, Mehrfach..., Multi...
mul·ti ['mʌltɪ] *s.* ✝ F ,Multi' *m*.
'mul·tiˌax·le drive *s. mot.* Mehrachsenantrieb *m*; **'mul·tiˌcast·ing** *s. Internet, Server-Technologie*: 'Multiˌcasting *n* (*Fähigkeit e-s Servers, einen einzigen Datenstrom gleichzeitig vielen Zugreifenden zur Verfügung zu stellen*); **'mul·tiˌcol·o(u)r**, **'mul·tiˌcol·o(u)red** *adj.* mehrfarbig, Mehrfarben...; **ˌmul·ti'cul·tur·al** *adj.* ☐ 'multikultuˌrell; **ˌmul·ti'en·gine(d)** *adj.* 'mehrmoˌtorig.
mul·ti·far·i·ous [ˌmʌltɪ'feərɪəs] *adj.* ☐ mannigfaltig.
'mul·ti·form *adj.* vielförmig, -gestaltig; **ˌmul·ti'func·tio·nal** *adj.* ☐ ˌmultifunktio'nal: ***~ keyboard*** *Computer*: 'Multifunktionstastaˌtur *f*; **'mul·ti·graph** *typ.* **I** *s.* Ver'vielfältigungsmaˌschine *f*; **II** *v/t. u. v/i.* vervielfältigen; **'mul·ti·grid tube** *s.* ϟ Mehrgitterröhre *f*; **ˌmul·ti'lat·er·al** *adj.* **1.** vielseitig (*a. fig.*); **2.** *pol.* mehrseitig, multilate'ral; **ˌmul·ti'lin·gual** *adj.* mehrsprachig; **ˌmul·ti'me·di·a I** *s. pl.* Medienverbund *m*, Multi'media *pl.*; **II** *adj.* ˌmultimedi'al, Multimedia...: ***~ group*** Medienkonzern *m*; ***~ presentation*** Multimediapräsentation *f*; **ˌmul·ti·mil·lion'aire** *s.* 'Multimillioˌnär *m*; **ˌmul·ti'na·tion·al I** *adj. bsd.* ✝ multinatio'nal; **II** *s.* multinatio'naler Kon-

'zern, ‚Multi' *m*; **mul·tip·a·rous** [mʌl'tɪpərəs] *adj.* mehrgebärend; **ˌmul·ti'par·tite** *adj.* **1.** vielteilig; **2.** → ***multilateral*** 2.

mul·ti·ple ['mʌltɪpl] **I** *adj.* ☐ **1.** viel-, mehrfach; **2.** mannigfaltig; **3.** *biol.*, ⚕, ⩚ mul'tipel; **4.** ⚙, ⚡ a) Mehr(fach)..., Vielfach...: ~ ***switch***, b) Parallel...; **5.** *ling.* zs.-gesetzt (*Satz*); **II** *s.* **6.** Vielfache(s) *n* (*a.* ⩚); **7.** *a.* ~ ***connection*** ⚡ Paral'lelschaltung *f*: ***in*** ~ parallel (geschaltet); ~ **birth** *s.* ⚕ Mehrlingsgeburt *f*; **ˌ~-'choice ques·tion** *s.* Auswahlfrage *f*; **ˌ~-'disk clutch** *s. mot.* La'mellenkupplung *f*; ~ **fac·tors** *s. pl. biol.* poly'mere Gene *pl.*; **ˌ~-'par·ty** *adj. pol.* Mehrparteien...: ~ ***system***; ~ **plug** *s.* ⚡ Mehrfachstecker *m*; ~ **pro·duc·tion** *s.* ✝ Serienherstellung *f*; ~ **re·tail·er** *s.* Einzelhandelskette *f*, Ladenkette *f*; ~ **root** *s.* ⩚ mehrwertige Wurzel; ~ **scle·ro·sis** *s.* ⚕ mul'tiple Skle'rose; ~ **shop** *s.*, ~ **store** *s.* ✝ Ketten-, Fili'algeschäft *n*; ~ **thread** *s.* ⚙ mehrgängiges Gewinde.

mul·ti·plex ['mʌltɪpleks] **I** *adj.* **1.** mehr-, vielfach; **2.** ⚡, *tel.* Mehrfach...(*-betrieb*, *-telegrafie etc.*); **II** *v/t.* **3.** ⚡, *tel.* a) in Mehrfachschaltung betreiben, b) gleichzeitig senden; **'mul·ti·pli·a·ble** [-plaɪəbl] *adj.* multiplizierbar; **mul·ti·pli·cand** [ˌmʌltɪplɪ'kænd] *s.* ⩚ Multipli'kand *m*; **'mul·ti·pli·cate** [-plɪkeɪt] *adj.* mehr-, vielfach; **mul·ti·pli·ca·tion** [ˌmʌltɪplɪ'keɪʃn] *s.* **1.** Vermehrung *f* (*a.* ⚘); **2.** ⩚ a) Multiplikati'on *f*: ~ ***sign*** Mal-, Multiplikationszeichen *n*; ~ ***table das*** Einmaleins, b) Vervielfachung *f*; **3.** ⚙ (Ge'triebe)Überˌsetzung *f*; **mul·ti·plic·i·ty** [ˌmʌltɪ'plɪsətɪ] *s.* **1.** Vielfalt *f*; **2.** Menge *f*, Vielzahl *f*, -heit *f*; **3.** ⩚ a) Mehr-, Vielwertigkeit *f*, b) Mehrfachheit *f*; **'mul·ti·pli·er** [-plaɪə] *s.* **1.** Vermehrer *m*; **2.** ⩚ a) Multipli'kator *m*, b) Multipli'ziermaˌschine *f*; **3.** *phys.* a) Verstärker *m*, b) Vergrößerungslinse *f*, Lupe *f*; **4.** ⚡ 'Vor- *od.* 'Nebenˌwiderstand *m*; **5.** ⚙ Über'setzung *f*; **'mul·ti·ply** [-plaɪ] **I** *v/t.* **1.** vermehren (*a. biol.*), vervielfältigen: ~***ing glass*** *opt.* Vergrößerungsglas *n*, -linse *f*; **2.** ⩚ multiplizieren (***by*** mit); **3.** ⚡ vielfachschalten; **II** *v/i.* **4.** multiplizieren; **5.** sich vermehren *od.* vervielfachen.

ˌmul·ti|'po·lar *adj.* ⚡ viel-, mehrpolig; **ˌ~-'pur·pose** *adj.* Mehrzweck...: ~ ***aircraft***; **ˌ~'ra·cial** *adj.* gemischtrassig, Vielvölker...: ~ ***state***; **'~ˌseat·er** *s.* ✈ Mehrsitzer *m*; **'~-speed** *adj.* ⚙ Mehrgang...; **'~-stage** *adj.* ⚙, ⚡ mehrstufig, Mehrstufen...: ~ ***rocket***; **ˌ~-'sto·r(e)y** *adj.* vielstöckig: ~ ***building*** Hochhaus *n*; ~ ***parking garage***, ~ ***car park*** Park(hoch)haus *n*; **'~ˌtask·ing** *s. Computer*: 'Multiˌtasking *n* (*gleichzeitiger Betrieb mehrerer Programmabläufe*).

mul·ti·tude ['mʌltɪtju:d] *s.* **1.** große Zahl, Menge *f*; **2.** Vielheit *f*; **3.** Menschenmenge *f*: ***the*** ~ der große Haufen, die Masse; **mul·ti·tu·di·nous** [ˌmʌltɪ'tju:dɪnəs] *adj.* ☐ **1.** (sehr) zahlreich; **2.** mannigfaltig, vielfältig.

ˌmul·ti|'va·lent *adj.* ⚗ mehr-, vielwertig; **'~·way** *adj.* ⚡ mehrwegig: ~ ***plug*** Vielfachstecker *m*.

mum¹ [mʌm] F **I** *int.* pst!, still!; ~***'s the word!*** (aber) Mund halten!; **II** *adj.* still, stumm.

mum² [mʌm] *v/i.* **1.** sich vermummen; **2.** Mummenschanz treiben.

mum³ [mʌm] *s.* F Mami *f*.

mum·ble ['mʌmbl] **I** *v/t. u. v/i.* **1.** murmeln; **2.** mummeln, knabbern; **II** *s.* **3.** Gemurmel *n*.

Mum·bo Jum·bo [ˌmʌmbəʊ'dʒʌmbəʊ] *s.* **1.** Popanz *m*; **2.** ♀ a) Hokus'pokus *m*, fauler Zauber, b) Kauderwelsch *n*.

mum·mer ['mʌmə] *s.* **1.** Vermummte(r *m*) *f*, Maske *f* (*Person*); **2.** *contp.* Komödi'ant *m*; **'mum·mer·y** [-ərɪ] *s.* **1.** *contp.* Mummenschanz *m*, Maske'rade *f*; **2.** Hokus'pokus *m*.

mum·mi·fi·ca·tion [ˌmʌmɪfɪ'keɪʃn] *s.* **1.** Mumifizierung *f*; **2.** ⚕ trockener Brand; **mum·mi·fy** ['mʌmɪfaɪ] **I** *v/t.* mumifizieren; **II** *v/i. a. fig.* vertrocknen, -dorren.

mum·my¹ ['mʌmɪ] *s.* **1.** Mumie *f* (*a. fig.*); **2.** Brei *m*, breiige Masse.

mum·my² ['mʌmɪ] *s.* F Mutti *f*.

mump [mʌmp] *v/i.* **1.** schmollen, schlecht gelaunt sein; **2.** F schnorren, betteln; **'mump·ish** [-pɪʃ] *adj.* ☐ mürrisch.

mumps [mʌmps] *s. pl.* **1.** *sg. konstr.* ⚕ Mumps *m*; **2.** miese Laune.

munch [mʌntʃ] *v/t. u. v/i.* schmatzend kauen, ‚mampfen'.

Mun·chau·sen·ism [mʌn'tʃɔ:znɪzəm] *s.* Münchhausi'ade *f*, fan'tastische Geschichte.

mun·dane ['mʌndeɪn] *adj.* ☐ **1.** weltlich, Welt...; **2.** irdisch, weltlich: ~ ***poetry*** weltliche Dichtung; **3.** pro'saisch, nüchtern.

mu·nic·i·pal [mju:'nɪsɪpl] *adj.* ☐ **1.** städtisch, Stadt...; kommu'nal, Gemeinde...: ~ ***elections*** Kommunalwahlen; **2.** Selbstverwaltungs...: ~ ***town*** → ***municipality*** 1; **3.** Land(es)...: ~ ***law*** Landesrecht *n*; ~ **bank** *s.* ✝ Kommu'nalbank *f*; ~ **bonds** *s. pl.* ✝ Kommu'nalobligatiˌonen *pl.*, Stadtanleihen *pl.*; ~ **cor·po·ra·tion** *s.* **1.** Gemeindebehörde *f*; **2.** Körperschaft *f* des öffentlichen Rechts.

mu·nic·i·pal·i·ty [mju:ˌnɪsɪ'pælətɪ] *s.* **1.** Stadt *f* mit Selbstverwaltung; Stadtbezirk *m*; **2.** Stadtbehörde *f*, -verwaltung *f*; **mu·nic·i·pal·ize** [mju:'nɪsɪpəlaɪz] *v/t.* **1.** *Stadt* mit Obrigkeitsgewalt ausstatten; **2.** *Betrieb etc.* kommunalisieren.

mu·nic·i·pal| loan *s.* Kommu'nalanleihe *f*; ~ **rates**, ~ **tax·es** *s. pl.* Gemeindesteuern *pl.*, -abgaben *pl.*

mu·nif·i·cence [mju:'nɪfɪsns] *s.* Freigebigkeit *f*, Großzügigkeit *f*; **mu'nif·i·cent** [-nt] *adj.* ☐ freigebig, großzügig.

mu·ni·ment ['mju:nɪmənt] *s.* **1.** *pl.* ⚖ Rechtsurkunde *f*; **2.** Urkundensammlung *f*, Ar'chiv *n*.

mu·ni·tion [mju:'nɪʃn] **I** *s. mst pl.* 'Kriegsmateriˌal *n*, -vorräte *pl.*, *bsd.* Muniti'on *f*: ~ ***plant*** Rüstungsfabrik *f*; ~ ***worker*** Munitionsarbeiter(in); **II** *v/t.* mit Materi'al *od.* Muniti'on versehen, ausrüsten.

mu·ral ['mjʊərəl] **I** *adj.* Mauer..., Wand...; **II** *s. a.* ~ ***painting*** Wandgemälde *n*.

mur·der ['mɜ:də] **I** *s.* **1.** (***of***) Mord *m* (an *dat.*), Ermordung *f* (*gen.*): ~ ***will out*** *fig.* die Sonne bringt es an den Tag; ***the*** ~ ***is out*** *fig.* das Geheimnis ist gelüftet; ***cry blue*** ~ F zetermordio schreien; ***get away with*** ~ F sich alles erlauben können; ***it was*** ~***!*** F es war fürchterlich!; **II** *v/t.* **2.** (er)morden; **3.** *fig.* (*a. Sprache*) verschandeln, verhunzen; **4.** *sport* F ‚ausein'ander nehmen'; **'mur·der·er** [-ərə] *s.* Mörder *m*; **'mur·der·ess** [-ərɪs] *s.* Mörderin *f*; **'mur·der·ous** [-dərəs] *adj.* ☐ **1.** mörderisch (*a. fig. Hitze, Tempo etc.*); **2.** Mord...: ~ ***intent***; **3.** tödlich, todbringend; **4.** blutdürstig; **mur·der squad** *s. Brit.* 'Mordkommissiˌon *f*.

mure [mjʊə] *v/t.* **1.** einmauern; **2.** *mst* ~ ***up*** einsperren.

mu·ri·ate ['mjʊərɪət] *s.* ⚗ **1.** Muri'at *n*, Hydrochlo'rid *n*; **2.** 'Kaliumchloˌrid *n*; **mu·ri·at·ic** [ˌmjʊərɪ'ætɪk] *adj.* salzsauer: ~ ***acid*** Salzsäure *f*.

murk·y ['mɜ:kɪ] *adj.* ☐ dunkel, düster, trüb (*alle a. fig.*).

mur·mur ['mɜ:mə] **I** *s.* **1.** Murmeln *n*, (leises) Rauschen (*Wasser, Wind etc.*); **2.** Gemurmel *n*; **3.** Murren *n*: ***without a*** ~ ohne zu murren; **4.** ⚕ Geräusch *n*; **II** *v/i.* **5.** murmeln (*a. Wasser etc.*); **6.** murren (***at***, ***against*** gegen); **III** *v/t.* **7.** murmeln; **'mur·mur·ous** [-mərəs] *adj.* ☐ **1.** murmelnd; **2.** murrend.

Mur·phy's Law ['mɜ:fɪz] *s.* Murphy's Gesetz *n* (*nach dem tatsächlich einmal schief geht, was schief gehen kann*).

mur·rain ['mʌrɪn] *s.* Viehseuche *f*.

mu·sac ['mju:zæk] *s.* F *etwa*: leichte (*od.* sehr seichte) Musik, Hintergrundmusik *f*.

mus·ca·dine ['mʌskədɪn], **'mus·cat** [-kət], **mus·ca·tel** [ˌmʌskə'tel] *s.* Muska'teller(wein) *m*, -traube *f*.

mus·cle ['mʌsl] **I** *s.* **1.** *anat.* Muskel *m*, Muskelfleisch *n*: ***not to move a*** ~ *fig.* sich nicht rühren, nicht mit der Wimper zucken; **2.** *fig. a.* ~ ***power*** Muskelkraft *f*; **3.** *Am. sl.* Muskelprotz *m*, ‚Schläger' *m*; **4.** *fig.* F Macht *f*, Einfluss *m*, ‚Muskeln' *pl.*; **II** *v/i.* **5.** ~ ***in*** *bsd. Am.* F sich rücksichtslos eindrängen; **'~-bound** *adj.*: ***be*** ~ eine überentwickelte Muskulatur haben; ~ **man** [mæn] *s.* [*irr.*] **1.** 'Muskelpaˌket *n*, -mann *m*; **2.** ‚Schläger' *m*.

Mus·co·vite ['mʌskəʊvaɪt] **I** *s.* **1.** a) Mosko'witer(in), b) Russe *m*, Russin *f*; **2.** ♀ *min.* Musko'wit *m*, Kaliglimmer *m*; **II** *adj.* **3.** a) mosko'witisch, b) russisch.

mus·cu·lar ['mʌskjʊlə] *adj.* ☐ **1.** Muskel...: ~ ***atrophy*** Muskelschwund *m*; **2.** musku'lös; **mus·cu·lar·i·ty** [ˌmʌskjʊ'lærətɪ] *s.* Muskelkraft *f*, musku'löser Körperbau; **'mus·cu·la·ture** [-lətʃə] *s. anat.* Muskula'tur *f*.

Muse¹ [mju:z] *s. myth.* Muse *f* (*fig. a.* ♀).

muse² [mju:z] *v/i.* **1.** (nach)sinnen, (-)denken, (-)grübeln (***on***, ***upon*** über *acc.*); **2.** in Gedanken versunken sein, träumen; **'mus·er** [-zə] *s.* Träumer(in), Sinnende(r *m*) *f*.

mu·se·um [mju:'zɪəm] *s.* Mu'seum *n*: ~ ***piece*** Museumsstück *n* (*a. fig.*).

mush¹ [mʌʃ] *s.* **1.** Brei *m*, Mus *n*; **2.** *Am.* (Mais)Brei *m*; **3.** F a) Gefühlsduse'lei *f*, b) sentimen'tales Zeug; **4.** *Radio*: Knistergeräusch *n*: ~ ***area*** Störgebiet *n*.

mush² [mʌʃ] *v/i. Am.* **1.** durch den Schnee stapfen; **2.** mit Hundeschlitten fahren.

mush·room ['mʌʃrʊm] **I** *s.* **1.** ⚘ a) Ständerpilz *m*, b) *allg.* essbarer Pilz, *bsd.* Champignon *m*: ***grow like*** ~***s*** → 6 a; **2.** *fig.* Em'porkömmling *m*; **II** *adj.* **3.** Pilz...; pilzförmig: ~ ***bulb*** ⚡ Pilzbirne *f*; ~ ***cloud*** Atompilz *m*; **4.** plötzlich entstanden; Eintags...: ~ ***fame***; **III** *v/i.* **5.** Pilze sammeln; **6.** *fig.* a) wie Pilze aus dem Boden schießen, b) sich ausbreiten (*Flammen*); **IV** *v/t.* **7.** F *Zigarette* ausdrücken.

mush·y ['mʌʃɪ] *adj.* ☐ **1.** breiig, weich;

2. *fig.* a) weichlich, b) F gefühlsduselig.

mu·sic ['mju:zɪk] *s.* **1.** Mu'sik *f*, Tonkunst *f*; *konkr.* Kompositi'on(en *pl. coll.*) *f*: ***face the ~*** F ‚die Suppe auslöffeln'; ***set to ~*** vertonen; **2.** Noten(blatt *n*) *pl.*: ***play from ~*** vom Blatt spielen; **3.** *coll.* Musi'kalien *pl.*: ***~ shop*** → ***music house***; **4.** *fig.* Mu'sik *f*, Wohllaut *m*, Gesang *m*; **5.** (Mu'sik)Kaˌpelle *f*.

mu·si·cal ['mju:zɪkl] **I** *adj.* □ **1.** Musik...: ***~ history***; ***~ instrument***; **2.** me'lodisch; **3.** musi'kalisch (*Person, Komödie etc.*); **II** *s.* **4.** Musical *n*; **5.** F *für* ***musical film***; **~ art** *s.* (Kunst *f* der) Mu'sik *f*, Tonkunst *f*; **~ box** *s. Brit.* Spieldose *f*; **~ chairs** *s. pl.* ‚Reise *f* nach Je'rusalem' (*Gesellschaftsspiel*); **~ clock** *s.* Spieluhr *f*; **~ film** *s.* Mu'sikfilm *m*; **~ glass·es** *s. pl.* ♪ 'Glasharˌmonika *f*.

mu·si·cal·i·ty [ˌmju:zɪ'kælətɪ], **mu·si·cal·ness** ['mju:zɪklnɪs] *s.* **1.** Musikali'tät *f*; **2.** Wohlklang *m*.

'mu·sic|-apˌpre·ci'a·tion rec·ord *s.* Schallplatte *f* mit mu'sikkundlichem Kommen'tar; **~ book** *s.* Notenheft *n*, -buch *n*; **~ box** *s.* **1.** Spieldose *f*; **2.** → ***jukebox***; **~ hall** *s. Brit.* Varie'tee(theˌater) *n*; **~ house** *s.* Musi'kalienhandlung *f*.

mu·si·cian [mju:'zɪʃn] *s.* **1.** (*bsd.* Berufs)Musiker(in): ***be a good ~*** a) gut spielen *od.* singen, b) sehr musikalisch sein; **2.** Musi'kant *m*.

mu·si·col·o·gy [ˌmju:zɪ'kɒlədʒɪ] *s.* Mu'sikwissenschaft *f*.

mu·sic| pa·per *s.* 'Notenpaˌpier *n*; **~ rack**, **~ stand** *s.* Notenständer *m*; **~ stool** *s.* Kla'vierstuhl *m*.

mus·ing ['mju:zɪŋ] **I** *s.* **1.** Sinnen *n*, Grübeln *n*, Nachdenken *n*; **2.** *pl.* Träume'reien *pl.*; **II** *adj.* □ **3.** nachdenklich, sinnend, in Gedanken (versunken).

musk [mʌsk] *s.* **1.** *zo.* Moschus *m* (*a. Duftstoff*), Bisam *m*; **2.** → ***musk deer***; **3.** Moschuspflanze *f*; **~ bag** *s. zo.* Moschusbeutel *m*; **~ deer** *s. zo.* Moschustier *n*.

mus·ket ['mʌskɪt] *s.* ⚔ *hist.* Mus'kete *f*, Flinte *f*; **mus·ket·eer** [ˌmʌskɪ'tɪə] *s. hist.* Muske'tier *m*; **'mus·ket·ry** [-trɪ] *s.* **1.** *hist. coll.* a) Mus'keten *pl.*, b) Muske'tiere *pl.*; **2.** *hist.* Mus'ketenschießen *n*; **3.** ⚔ 'Schießˌunterricht *m*: ***~ manual*** Schießvorschrift *f*.

musk| ox *s.* [*irr.*] *zo.* Moschusochse *m*; **~ rat** *s. zo.* Bisamratte *f*; **~ rose** *s.* ⚘ Moschusrose *f*.

musk·y ['mʌskɪ] *adj.* □ **1.** nach Moschus riechend; **2.** Moschus...

Mus·lim ['mʊslɪm] **I** *s.* Mus'lim *m*; **II** *adj.* mus'limisch.

mus·lin ['mʌzlɪn] *s.* Musse'lin *m*.

mus·quash ['mʌskwɒʃ] → ***muskrat***.

muss [mʌs] *bsd. Am.* F **I** *s.* Durchein'ander *n*, Unordnung *f*; **II** *v/t. oft* ***~ up*** durchein'ander bringen, in Unordnung bringen, *Haar* verwuscheln.

mus·sel ['mʌsl] *s.* Muschel *f*.

Mus·sul·man ['mʌslmən] **I** *pl.* **-mans**, *a.* **-men** [-mən] *s.* Muselman(n) *m*; **II** *adj.* muselmanisch.

muss·y ['mʌsɪ] *adj. Am.* F unordentlich; verknittert; schmutzig.

must[1] [mʌst] **I** *v/aux.* **1.** *pres.* muss, musst, müssen, müsst: ***I ~ go now*** ich muss jetzt gehen; ***he ~ be over eighty*** er muss über achtzig (Jahre alt) sein; **2.** *neg.* darf, darfst, dürfen, dürft: ***you ~ not smoke here*** du darfst hier nicht rauchen; **3.** *pret.* a) musste, musstest, mussten, musstet: ***it was too late now, he ~ go on***; ***just as I was busiest, he ~ come*** gerade als ich am meisten zu tun hatte, musste er kommen, b) *neg.* durfte, durftest, durften, durftet; **II** *adj.* **4.** unerlässlich, abso'lut notwendig: ***a ~ book*** ein Buch, das man (unbedingt) gelesen haben muss; **III** *s.* **5.** Muss *n*: ***it is a ~*** es ist unerlässlich *od.* unbedingt erforderlich (→ *a.* 4).

must[2] [mʌst] *s.* Most *m*.

must[3] [mʌst] *s.* **1.** Moder *m*, Schimmel *m*; **2.** Modrigkeit *f*.

mus·tache [mə'stɑ:ʃ; *Am.* 'mʌstæʃ] *Am.* → ***moustache***.

mus·tang ['mʌstæŋ] *s.* **1.** *zo.* Mustang *m* (*halbwildes Präriepferd*); **2.** ✈ Mustang *m* (*amer. Jagdflugzeug im 2. Weltkrieg*).

mus·tard ['mʌstəd] *s.* **1.** Senf *m*, Mostrich *m*; → ***keen***[1] 13; **2.** ⚘ Senf *m*; **3.** *Am. sl.* a) ‚Mordskerl' *m*, b) ‚tolle' Sache, c) ‚Pfeffer' *m*, Schwung *m*; **~ gas** *s.* ⚔ Senfgas *n*, Gelbkreuz *n*; **~ plas·ter** *s.* ⚕ Senfpflaster *n*; **~ poul·tice** *s.* ⚕ Senfpackung *f*; **~ seed** *s.* **1.** ⚘ Senfsame *m*: ***grain of ~*** *bibl.* Senfkorn *n*; **2.** *hunt.* Vogelschrot *m, n*.

mus·ter ['mʌstə] **I** *v/t.* **1.** ⚔ a) (zum Ap'pell) antreten lassen, mustern, b) aufbieten: ***~ in*** (***out***) *Am.* einziehen (entlassen, ausmustern); **2.** zs.-bringen, auftreiben; **3.** *a.* ***~ up*** *fig.* aufbieten, *s-e Kraft* zs.-nehmen, *Mut* fassen; **II** *v/i.* **4.** sich versammeln, ⚔ *a.* antreten; **III** *s.* **5.** ⚔ Ap'pell *m*, Pa'rade *f*; Musterung *f*: ***pass ~*** *fig.* durchgehen, Billigung finden (***with*** bei); **6.** ⚔ → ***muster roll*** 2; **7.** Versammlung *f*; **8.** Aufgebot *n*; **~ book** *s.* ⚔ Stammrollenbuch *n*; **~ roll** *s.* **1.** ⚓ Musterrolle *f*; **2.** ⚔ Stammrolle *f*.

mus·ti·ness ['mʌstɪnɪs] *s.* **1.** Muffigkeit *f*, Modrigkeit *f*; **2.** *fig.* Verstaubtheit *f*; **mus·ty** ['mʌstɪ] *adj.* □ **1.** muffig; **2.** mod(e)rig; **3.** schal (*a. fig.*); **4.** *fig.* verstaubt.

mu·ta·bil·i·ty [ˌmju:tə'bɪlətɪ] *s.* **1.** Veränderlichkeit *f*; **2.** *fig.* Unbeständigkeit *f*; **3.** *biol.* Mutati'onsfähigkeit *f*; **mu·ta·ble** ['mju:təbl] *adj.* □ **1.** veränderlich; **2.** *fig.* unbeständig; **3.** *biol.* mutati'onsfähig; **mu·tant** ['mju:tənt] *biol.* **I** *adj.* **1.** mutierend; **2.** mutati'onsbedingt; **II** *s.* **3.** Vari'ante *f*, Mu'tant *m*; **mu·tate** [mju:'teɪt] **I** *v/t.* **1.** verändern; **2.** *ling.* 'umlauten: ***~d vowel*** Umlaut *m*; **II** *v/i.* **3.** sich ändern; **4.** *ling.* 'umlauten; **5.** *biol.* mutieren; **mu·ta·tion** [mju:'teɪʃn] *s.* **1.** (Ver)Änderung *f*; **2.** 'Umwandlung *f*: ***~ of energy*** *phys.* Energieumformung *f*; **3.** *biol.* a) Mutati'on *f* (*a.* ♪), b) Mutati'onsproˌdukt *n*; **4.** *ling.* 'Umlaut *m*.

mute [mju:t] **I** *adj.* □ **1.** stumm (*a. ling.*), *weitS. a.* still, schweigend: ***~ sound*** *ling.* Verschlusslaut *m*; **II** *s.* **2.** Stumme(r *m*) *f*; **3.** *thea.* Sta'tist(in); **4.** ♪ Dämpfer *m*; **5.** *ling.* a) stummer Buchstabe, b) Verschlusslaut *m*; **III** *v/t.* **6.** ♪ *Instrument* dämpfen.

mu·ti·late ['mju:tɪleɪt] *v/t.* verstümmeln (*a. fig.*); **mu·ti·la·tion** [ˌmju:tɪ'leɪʃn] *s.* Verstümmelung *f*.

mu·ti·neer [ˌmju:tɪ'nɪə] **I** *s.* Meuterer *m*; **II** *v/i.* meutern; **mu·ti·nous** ['mju:tɪnəs] *adj.* □ **1.** meuterisch; **2.** aufrührerisch, re'bellisch (*a. fig.*); **mu·ti·ny** ['mju:tɪnɪ] **I** *s.* **1.** Meute'rei *f*; **2.** Auflehnung *f*, Rebelli'on *f*; **II** *v/i.* **3.** meutern.

mut·ism ['mju:tɪzəm] *s.* (Taub)Stummheit *f*.

mutt [mʌt] *s. Am. sl.* **1.** Trottel *m*, Schafskopf *m*; **2.** Köter *m*, Hund *m*.

mut·ter ['mʌtə] **I** *v/i.* **1.** (*a. v/t. et.*) murmeln: ***~ to o.s.*** vor sich hinmurmeln; **2.** murren (***at*** über *acc.*; ***against*** gegen); **II** *s.* **3.** Gemurmel *n*; **4.** Murren *n*.

mut·ton ['mʌtn] *s.* Hammelfleisch *n*: ***leg of ~*** Hammelkeule *f*; → ***dead*** 1; **~ chop** *s.* **1.** 'Hammelkoteˌlett *n*; **2.** *pl.* Kote'letten *pl.* (*Backenbart*); **'~·head** *s.* F ‚Schafskopf' *m*.

mu·tu·al ['mju:tʃʊəl] *adj.* □ **1.** gegen-, wechselseitig: ***~ aid*** gegenseitige Hilfe; ***~ building association*** Baugenossenschaft *f*; ***by ~ consent*** in gegenseitigem Einvernehmen; ***~ contributory negligence*** ⚖ beiderseitiges Verschulden; ***~ improvement society*** Fortbildungsverein *m*; ***~ insurance*** ✝ Versicherung *f* auf Gegenseitigkeit; ***~ investment trust***, ***~ fund*** *Am.* Investmentfonds *m*; ***~ will*** ⚖ gegenseitiges Testament; ***it's ~*** *iro.* es beruht auf Gegenseitigkeit; **2.** gemeinsam: ***our ~ friends***; **mu·tu·al·i·ty** [ˌmju:tjʊ'ælətɪ] *s.* Gegenseitigkeit *f*.

Mu·zak ['mju:zæk] *TM npr.* funktio'nelle Musik (*psychologisch gezielte Klangberieselung*).

mu·zhik, **mu·zjik** ['mu:ʒɪk] *s.* Muschik *m*, russischer Bauer.

muz·zle ['mʌzl] **I** *s.* **1.** Maul *n*, Schnauze *f* (*Tier*); **2.** Maulkorb *m*; **3.** Mündung *f e-r Feuerwaffe*; **4.** ⚙ Mündung *f*; Tülle *f*; **II** *v/t.* **5.** e-n Maulkorb anlegen (*dat.*); *fig. a. Presse etc.* knebeln, mundtot machen, den Mund stopfen (*dat.*); **~ brake** *s.* ⚔ Mündungsbremse *f*; **~ burst** *s.* ⚔ Mündungskrepierer *m*; **'~-ˌload·er** *s.* ⚔ *hist.* Vorderlader *m*; **~ ve·loc·i·ty** *s. Ballistik*: Mündungs-, Anfangsgeschwindigkeit *f*.

muz·zy ['mʌzɪ] *adj.* □ F **1.** zerstreut, verwirrt; **2.** dus(e)lig; **3.** stumpfsinnig.

my [maɪ] *poss. pron.* mein(e): ***I must wash ~ face*** ich muss mir das Gesicht waschen; (***oh***) ***~!*** F (du) meine Güte!

my·al·gi·a [maɪ'ældʒɪə] *s.* ⚕ 'Muskelrheuma(ˌtismus *m*) *n*.

my·col·o·gy [maɪ'kɒlədʒɪ] *s.* ⚘ **1.** Pilzkunde *f*, Mykolo'gie *f*; **2.** Pilzflora *f*, Pilze *pl.* (*e-s Gebiets*).

my·cose ['maɪkəʊs] *s.* ⚗ My'kose *f*.

my·co·sis [maɪ'kəʊsɪs] *s.* ⚕ Pilzkrankheit *f*, My'kose *f*.

my·e·li·tis [ˌmaɪə'laɪtɪs] *s.* Mye'litis *f*: a) Rückenmarksentzündung *f*, b) Knochenmarksentzündung *f*; **my·e·lon** ['maɪəlɒn] *s.* Rückenmark *n*.

my·o·car·di·o·gram [ˌmaɪəʊ'kɑ:dɪəʊgræm] *s.* ⚕ Eˌlektrokardio'gramm *n*; **ˌmy·o'car·di·o·graph** [-grɑ:f] *s.* ⚕ Eˌlektrokardio'graph *m*, EK'G-Appaˌrat *m*; **my·o·car·di·tis** [ˌmaɪəʊkɑ:'daɪtɪs] *s.* Herzmuskelentzündung *f*.

my·ol·o·gy [maɪ'ɒlədʒɪ] *s.* Myolo'gie *f*, Muskelkunde *f*, -lehre *f*.

my·o·ma [maɪ'əʊmə] *s.* ⚕ My'om *n*.

my·ope ['maɪəʊp] *s.* ⚕ Kurzsichtige(r *m*) *f*; **my·o·pi·a** [maɪ'əʊpjə] *s.* ⚕ Kurzsichtigkeit *f* (*a. fig.*); **my·op·ic** [maɪ'ɒpɪc] *adj.* kurzsichtig; **my·o·py** ['maɪəpɪ] → ***myopia***.

myr·i·ad ['mɪrɪəd] **I** *s.* Myri'ade *f*; *fig. a.* Unzahl *f*; **II** *adj.* unzählig.

myr·mi·don ['mɜ:mɪdən] *s.* Scherge *m*, Häscher *m*; Helfershelfer *m*: ***~ of law*** Hüter *m* des Gesetzes.

myrrh [mɜ:] *s.* ⚘ Myrr(h)e *f*.

myr·tle ['mɜːtl] *s.* ⚘ **1.** Myrte *f*; **2.** *Am.* Immergrün *n.*

my·self [maɪ'self] *pron.* **1.** (*verstärkend*) (ich *od.* mir *od.* mich) selbst: ***I did it ~*** ich selbst habe es getan; ***I ~ wouldn't do it*** ich (persönlich) würde es sein lassen; ***it is for ~*** es ist für mich (selbst); **2.** *refl.* mir (*dat.*), mich (*acc.*): ***I cut ~*** ich habe mich geschnitten.

mys·te·ri·ous [mɪ'stɪərɪəs] *adj.* □ mysteri'ös: a) geheimnisvoll, b) rätsel-, schleierhaft, unerklärlich; **mys'te·ri·ous·ness** [-nɪs] *s.* Rätselhaftigkeit *f*, Unerklärlichkeit *f*, *das* Geheimnisvolle *od.* Mysteri'öse.

mys·ter·y ['mɪstərɪ] *s.* **1.** Geheimnis *n*, Rätsel *n* (***to*** für *od. dat.*): ***make a ~ of*** *et.* geheim halten; ***wrapped in ~*** in geheimnisvolles Dunkel gehüllt; ***it's a complete ~ to me*** es ist mir völlig schleierhaft; **2.** Rätselhaftigkeit *f*, Unerklärlichkeit *f*; **3.** *eccl.* My'sterium *n*; **4.** *pl.* Geheimlehre *f*, -kunst *f*; My'sterien *pl.*; **5.** → ***mystery play*** 1; **6.** *Am.* → **~ nov·el** *s.* Krimi'nalro,man *m*; **~ play** *s.* **1.** *hist.* My'sterienspiel *n*; **2.** *thea.* Krimi'nalstück *n*; **~ ship** *s.* ⚓ U-Boot-Falle *f*; **~ tour** *s.* Fahrt *f* ins Blaue.

mys·tic ['mɪstɪk] **I** *adj.* (□ ***~ally***) **1.** mystisch; **2.** *fig.* rätselhaft, mysteri'ös, geheimnisvoll; **3.** geheim, Zauber...; **II** *s.* **4.** Mystiker(in); Schwärmer(in); **'mys·ti·cal** [-kl] *adj.* □ **1.** sym'bolisch; **2.** → ***mystic*** 1, 2; **'mys·ti·cism** [-ɪsɪzəm] *s.* *phls.*, *eccl.* a) Mysti'zismus *m*, Glaubensschwärme'rei *f*, b) Mystik *f.*

mys·ti·fi·ca·tion [ˌmɪstɪfɪ'keɪʃn] *s.* **1.** Täuschung *f*, Irreführung *f*; **2.** Foppe'rei *f*; **3.** Verwirrung *f*, Verblüffung *f*;

mys·ti·fy ['mɪstɪfaɪ] *v/t.* **1.** täuschen, hinters Licht führen, foppen; **2.** verwirren, verblüffen; **3.** in Dunkel hüllen.

myth [mɪθ] *s.* **1.** (Götter-, Helden)Sage *f*, Mythos *m* (*a. pol.*), Mythus *m*, Mythe *f*; **2.** Märchen *n*, erfundene Geschichte; **3.** *fig.* Mythus *m* (*legendär gewordene Person od. Sache*).

myth·ic, **myth·i·cal** ['mɪθɪk(l)] *adj.* □ **1.** mythisch, sagenhaft; Sagen...; **2.** *fig.* erdichtet, fik'tiv.

myth·o·log·ic, **myth·o·log·i·cal** [ˌmɪθə'lɒdʒɪk(l)] *adj.* □ mytho'logisch; **my·thol·o·gist** [mɪ'θɒlədʒɪst] *s.* Mytho'loge *m*; **my·thol·o·gize** [mɪ'θɒlədʒaɪz] *v/t.* mythologisieren; **my·thol·o·gy** [mɪ'θɒlədʒɪ] *s.* **1.** Mytholo'gie *f*, Götter- u. Heldensagen *pl.*; **2.** Sagenforschung *f*, -kunde *f.*

N, n [en] *s.* **1.** N *n*, n *n* (*Buchstabe*); **2.** ⚗ N *n* (*Stickstoff*); **3.** ✗ N *n*, n *n* (*unbestimmte Konstante*).

nab [næb] *v/t.* F **1.** schnappen, erwischen; **2.** sich *et.* schnappen.

na·bob ['neɪbɒb] *s.* Nabob *m* (*a. fig. Krösus*).

na·celle [næ'sel] *s.* ✈ **1.** (Flugzeug-)Rumpf *m*; **2.** (Motor-, Luftschiff)Gondel *f*; **3.** Bal'lonkorb *m*.

na·cre ['neɪkə] *s.* Perlmutt(er *f*) *n*; **'na·cre·ous** [-krɪəs], **'na·crous** [-krəs] *adj.* **1.** perlmutterartig; **2.** Perlmutt(er)...

na·dir ['neɪˌdɪə] *s.* **1.** *ast., geogr.* Na'dir *m*, Fußpunkt *m*; **2.** *fig.* Tief-, Nullpunkt *m*.

naff [næf] *Brit. sl.* **I** *adj.* **1.** geschmacklos (*Film etc.*); **2.** hirnrissig, blöd (*Idee etc.*); **3.** nutzlos, ‚out'; **II** *v/i.* **4.** **~ off!** verpiss dich!, zieh Leine!; **'naff·ing** *adj. Brit. sl.* ‚blöd', ‚nervend'.

nag¹ [næg] *s.* **1.** kleines Reitpferd, Pony *n*; **2.** F *contp.* Gaul *m*.

nag² [næg] **I** *v/t.* **1.** her'umnörgeln an (*dat.*); *j-m* zusetzen; **II** *v/i.* **2.** nörgeln, keifen: **~ at** → 1; **3.** *fig.* nagen, bohren; **III** *s.* **4.** → **'nag·ger** [-gə] *s.* Nörgler (-in); **'nag·ging** [-gɪŋ] **I** *s.* Nörge'lei *f*, Gekeife *n*; **II** *adj.* nörgelnd, keifend, *fig.* nagend.

nai·ad ['naɪæd] *s.* **1.** *myth.* Na'jade *f*, Wassernymphe *f*; **2.** *fig.* (Bade)Nixe *f*.

nail [neɪl] **I** *s.* **1.** (Finger-, Zehen)Nagel *m*; **2.** ⚙ Nagel *m*; Stift *m*; **3.** *zo.* a) Nagel *m*, b) Klaue *f*, Kralle *f*;

Besondere Redewendungen:

a ~ in s.o.'s coffin ein Nagel zu j-s Sarg; ***on the ~*** auf der Stelle, sofort, bar *bezahlen*; ***to the ~*** bis ins Letzte, vollendet; ***hit the (right) ~ on the head*** *fig.* den Nagel auf den Kopf treffen; ***hard as ~s*** eisern: a) fit, in guter Kondition, b) unbarmherzig; ***right as ~s*** ganz richtig;

II *v/t.* **4.** (an)nageln (***on*** auf *acc.*, ***to*** an *acc.*): ***~ed to the spot*** wie an- *od.* festgenagelt; ***~ to the barndoor*** *fig. Lüge etc.* festnageln; → ***colour*** 10; **5.** benageln, mit Nägeln beschlagen; **6.** *a.* ***~ up*** vernageln; **7.** *fig. Augen etc.* heften, *Aufmerksamkeit* richten (***to*** auf *acc.*); **8.** → ***nail down*** 2; **9.** F a) schnappen, erwischen, b) sich *et.* schnappen, c) ‚klauen', d) *et.* ‚spitzkriegen' (*entdecken*); **~ down** *v/t.* **1.** zunageln; **2.** *fig. j-n* festnageln (***to*** auf *acc.*); **3.** *fig. et.* endgültig beweisen; **~ up** *v/t.* **1.** zs.-nageln; **2.** zu-, vernageln; **3.** *fig.* zs.-basteln: ***a nailed-up drama***.

nail| bed *s. anat.* Nagelbett *n*; **'~-ˌbit·ing I** *s.* Nägelkauen *n*; **II** *adj.* atemberaubend, atemlos (*Spannung*), aufregend, spannungsgeladen; **~ brush** *s.* Nagelbürste *f*; **~ en·am·el** *s.* Nagellack *m*; **~ file** *s.* Nagelfeile *f*; **~ head** *s.* ⚙ Nagelkopf *m*; **~ pol·ish** *s.* Nagellack *m*; **'~-ˌpull·er** *s.* ⚙ Nagelzieher *m*; **~ scis·sors** *s. pl.* Nagelschere *f*; **~ var·nish** *s. Brit.* Nagellack *m*: ***~ remover*** Nagellackentferner *m*.

na·ïve [nɑː'iːv], *a.* **na·ive** [neɪv] *adj.* □ *allg.* na'iv (*a. Kunst*); **na·ïve·té** [nɑː'iːvteɪ], *a.* **na·ive·ty** ['neɪvtɪ] *s.* Naivi'tät *f*.

na·ked ['neɪkɪd] *adj.* □ **1.** nackt, bloß, unbedeckt: ♀ ***Lady*** ⚘ Herbstzeitlose *f*; **2.** bloß, unbewaffnet (*Auge*); **3.** bloß, blank (*Schwert*; ⚙ *Draht*); **4.** nackt, kahl (*Feld, Raum, Wand etc.*); **5.** entblößt (***of*** von): ***~ of all provisions*** bar aller Vorräte; **6.** a) schutz-, wehrlos, b) preisgegeben (***to*** *dat.*); **7.** nackt, unverhüllt: ***~ facts***; ***~ truth***; **8.** ⚖ bloß, unbestätigt: ***~ confession***; ***~ possession*** tatsächlicher Besitz (*ohne Rechtsanspruch*); **'na·ked·ness** [-nɪs] *s.* **1.** Nacktheit *f*, Blöße *f*; **2.** Kahlheit *f*; **3.** Schutz-, Wehrlosigkeit *f*; **4.** Mangel *m* (***of*** an *dat.*); **5.** *fig.* Unverhülltheit *f*.

nam·a·ble ['neɪməbl] *adj.* **1.** benennbar; **2.** nennenswert.

nam·by-pam·by [ˌnæmbɪ'pæmbɪ] **I** *adj.* **1.** seicht, abgeschmackt; **2.** affektiert, ‚etepe'tete'; **3.** sentimen'tal; **II** *s.* **4.** sentimentales Zeug; **5.** sentimentaler Mensch; **6.** Mutterkindchen *n*.

name [neɪm] **I** *v/t.* **1.** nennen; erwähnen, anführen; **2.** (be)nennen (***after, from*** nach), e-n Namen geben (*dat.*): ***~d*** genannt, namens; **3.** beim (richtigen) Namen nennen; **4.** a) ernennen (zu), b) nomi'nieren, vorschlagen (***for*** für); **5.** *Datum etc.* bestimmen; **6.** *parl. Brit.* mit Namen zur Ordnung rufen: ***~!*** a) zur Ordnung rufen!, b) *allg.* Namen nennen!; **II** *s.* **7.** Name *m*: ***what is your ~?*** wie heißen Sie?; ***in ~ only*** nur dem Namen nach; **8.** Name *m*, Bezeichnung *f*, Benennung *f*; **9.** Schimpfname *m*: ***call s.o. ~s*** j-n beschimpfen; **10.** Name *m*, Ruf *m*: ***a bad ~***; → *Bes. Redew.*; **11.** (berühmter) Name, (guter) Ruf: ***a man of ~*** ein Mann von Ruf; **12.** Name *m*, Berühmtheit *f* (*Person*): ***the great ~s of our century***; **13.** Geschlecht *n*, Fa'milie *f*;

Besondere Redewendungen:

by ~ a) mit Namen, namentlich, b) namens, c) dem Namen nach; ***a man by (od. of) the ~ of A.*** ein Mann namens A.; ***in the ~ of*** a) um (*gen.*) willen, b) im Namen *des Gesetzes etc.*, c) auf *j-s* Namen *bestellen etc.*; ***I haven't a penny to my ~*** ich besitze keinen Pfennig; ***give one's ~*** s-n Namen nennen; ***give it a ~!*** F heraus damit!, sagen Sie, was Sie (haben) wollen!; ***give s.o. (s.th.) a bad ~*** j-n (et.) in Verruf bringen; ***give a dog a bad ~ and hang him*** j-n wegen s-s schlechten Rufs *od.* auf Grund von Gerüchten verurteilen; ***have a ~ for being*** dafür bekannt sein, *et.* zu sein; ***make one's ~, make (od. win) a ~ for o.s.*** sich e-n Namen machen (***as*** als, ***by*** durch); ***put one's ~ down for*** a) kandidieren für, b) sich anmelden für, c) sich vormerken lassen für; ***send in one's ~*** sich (an)melden (lassen); ***what's in a ~?*** was bedeutet schon ein Name?; ***that's the ~ of the game!*** darum dreht es sich!

'name|-ˌcall·ing *s.* Beschimpfung(en *pl.*) *f*; **~ child** *s.*: ***my ~*** das nach mir benannte Kind.

named [neɪmd] *adj.* **1.** genannt, namens; **2.** genannt, erwähnt: ***~ above*** oben genannt.

name| day *s.* **1.** Namenstag *m*; **2.** † Abrechnungstag *m*; **'~-ˌdrop·per** *s.* j-d, der ständig mit promi'nenten Bekannten angibt; **'~-ˌdrop·ping** *s.* Wichtigtue'rei *f* durch Erwähnung von Promi'nenten, die man angeblich kennt.

name·less ['neɪmlɪs] *adj.* □ **1.** namenlos, unbekannt, ob'skur; **2.** ungenannt, unerwähnt; ano'nym; **3.** unehelich (*Kind*); **4.** *fig.* namenlos, unbeschreiblich (*Furcht etc.*); **5.** unaussprechlich, ab'scheulich; '**name·ly** [-lɪ] *adv.* nämlich.

name| part *s. thea.* Titelrolle *f*; **~ plate** *s.* **1.** Tür-, Firmen-, Namens-, Straßenschild *n*; **2.** ⚙ Typenschild *n*; '**~·sake** *s.* Namensvetter *m*, -schwester *f*.

nam·ing ['neɪmɪŋ] *s.* Namengebung *f*.

nan·cy ['nænsɪ] *s. sl.* **1.** Muttersöhnchen *n*; **2.** ‚Homo' *m*.

nan·ny ['nænɪ] *s.* **1.** Kindermädchen *n*: ***~ state*** *bsd. Brit.* Versorgerstaat *m*; **2.** Oma *f*; **3.** → **~ goat** *s.* Ziege *f*.

nap¹ [næp] **I** *v/i.* **1.** ein Schläfchen *od.* ein Nickerchen machen; **2.** *fig.* ‚schlafen': ***catch s.o. ~ping*** j-n überrumpeln; **II** *s.* **3.** Schläfchen *n*, ‚Nickerchen' *n*: ***take a ~*** → 1.

nap² [næp] **I** *s.* **1.** Haar(seite *f*) *n e-s Gewebes*; **2.** a) *Spinnerei*: Noppe *f*, b) *Weberei*: (Gewebe)Flor *m*; **II** *v/t. u. v/i.* **3.** noppen, rauen.

nap³ [næp] *s.* **1.** Na'poleon *n* (*Kartenspiel*): ***a ~ hand*** *fig.* gute Chancen; ***go ~*** a) die höchste Zahl von Stichen ansagen, b) *fig.* alles auf eine Karte setzen; **2.** Setzen *n* auf eine einzige Gewinnchance.

na·palm ['neɪpɑːm] *s.* ✕ Napalm *n*.

nape [neɪp] *s. mst* ***~ of the neck*** Genick *n*, Nacken *m*.

naph·tha ['næfθə] *s.* ⚗ **1.** Naphtha *n*, 'Leuchtpe,troleum *n*; **2.** ('Schwer)Ben,zin *n*: ***cleaner's ~*** Waschbenzin; ***painter's ~*** Testbenzin; '**naph·tha·lene** [-liːn] *s.* Naphtha'lin *n*; **naph·tha·len·ic** [,næfθə'lenɪk] *adj.* naphtha'linsauer: ***~ acid*** Naphthalinsäure *f*; **naph·thal·ic** [næf'θælɪk] *adj.* naph'thalsauer: ***~ acid*** Naphthalsäure *f*; '**naph·tha·line** [-liːn] → ***naphthalene***.

nap·kin ['næpkɪn] *s.* **1.** *a.* ***table ~*** Servi'ette *f*; **2.** Wischtuch *n*; **3.** *bsd. Brit.* Windel *f*; **4.** *a.* ***sanitary ~*** *Am.* Monatsbinde *f*.

napped [næpt] *adj.* genoppt, geraut (*Tuch*); **nap·ping** ['næpɪŋ] *s.* **1.** Ausnoppen *n* (*der Wolle*); **2.** Rauen *n*: ***~ comb*** Aufstreichkamm *m*.

nap·py ['næpɪ] *s. bsd. Brit.* F Windel *f*.

nar·cis·sism [nɑː'sɪsɪzəm] *s. psych.* Nar'zissmus *m*; **nar'cis·sist** [-ɪst] *s.* Nar'zisst (-in).

nar·cis·sus [nɑː'sɪsəs] *pl.* **-sus·es** [-sɪz] *s.* ⚘ Nar'zisse *f*.

'**nar·co** [nɑːkəʊ] *s. sl.* → ***narcotics agent***.

nar·co·sis [nɑː'kəʊsɪs] *s.* Nar'kose *f*.

nar·cot·ic [nɑː'kɒtɪk] **I** *adj.* (□ ***~ally***) **1.** nar'kotisch (*a. fig. einschläfernd*); **2.** Rauschgift...; **II** *s.* **3.** Nar'kotikum *n*, Betäubungsmittel *n* (*a. fig.*); **4.** Rauschgift *n*: ***~s agent*** Drogenfahnder *m*; ***~s squad*** Rauschgiftdezernat *n*; **nar·co·tism** ['nɑːkətɪzəm] *s.* **1.** Narko'tismus *m* (*Sucht*); **2.** nar'kotischer Zustand *od.* Rausch; **nar·co·tize** ['nɑːkətaɪz] *v/t.* narkotisieren.

nard [nɑːd] *s.* **1.** ⚘ Narde *f*; **2.** *pharm.* Nardensalbe *f*.

nark [nɑːk] *sl.* **I** *s.* **1.** Poli'zeispitzel *m*; **II** *v/t.* **2.** bespitzeln; **3.** ärgern; **nark·y** ['nɑːkɪ] *adj.* gereizt, grantig.

nar·rate [nə'reɪt] *v/t. u. v/i.* erzählen; **nar'ra·tion** [-eɪʃn] *s.* Erzählung *f*; **nar·ra·tive** ['nærətɪv] **I** *s.* **1.** Erzählung *f*, Geschichte *f*; **2.** Bericht *m*, Schilderung *f*; **II** *adj.* □ **3.** erzählend: ***~ poem***; **4.** Erzählungs...: ***~ skill*** Erzählergabe *f*; **nar'ra·tor** [-tə] *s.* Erzähler(in).

nar·row ['nærəʊ] **I** *adj.* □ **1.** eng, schmal: ***the ~ seas*** der Ärmelkanal u. die Irische See; **2.** eng (*a. fig.*), (*räumlich*) beschränkt, knapp: ***within ~ bounds*** in engen Grenzen; ***in the ~est sense*** im engsten Sinne; **3.** *fig.* eingeschränkt, beschränkt; **4.** → ***narrow-minded***; **5.** knapp, beschränkt (*Mittel, Verhältnisse*); **6.** knapp (*Entkommen, Mehrheit etc.*); **7.** gründlich, eingehend; genau: ***~ investigations***; **II** *v/i.* **8.** enger *od.* schmäler werden, sich verengen (***into*** zu); **9.** knapper werden; **III** *v/t.* **10.** enger *od.* schmäler machen, verenge(r)n; **11.** einengen, beengen; **12.** *a.* ***~ down*** (***to*** auf *acc.*) be-, einschränken, begrenzen, eingrenzen; **13.** *Maschen* abnehmen; **14.** engstirnig machen; **IV** *s.* **15.** Enge *f*, enge *od.* schmale Stelle; *pl.* a) (Meer)Enge *f*, b) *bsd. Am.* Engpass *m*.

nar·row| ga(u)ge *s.* 🚂 Schmalspur *f*; '**~-ga(u)ge** [-rəʊg-], *a.* ,**~-'ga(u)ged** [-rəʊ'g-] *adj.* Schmalspur...; ,**~-'mind·ed** [-rəʊ'maɪndɪd] *adj.* engherzig, -stirnig, borniert, kleinlich; ,**~-'mind·ed·ness** [-rəʊ'maɪndɪdnɪs] *s.* Engstirnigkeit *f*, Borniertheit *f*.

nar·row·ness ['nærəʊnɪs] *s.* **1.** Enge *f*, Schmalheit *f*; **2.** Knappheit *f*; **3.** → ***narrow-mindedness***; **4.** Gründlichkeit *f*.

na·sal ['neɪzl] **I** *adj.* □ → ***nasally***; **1.** Nasen...: ***~ bone***; ***~ cavity***; ***~ organ*** *humor.* Riechorgan *n*; ***~ septum*** Nasenscheidewand *f*; **2.** *ling.* na'sal, Nasal...: ***~ twang*** Näseln *n*; **II** *s.* **3.** *ling.* Na'sal(laut) *m*; **na·sal·i·ty** [neɪ'zælətɪ] *s.* Nasali'tät *f*; **na·sal·i·za·tion** [,neɪzəlaɪ'zeɪʃn] *s.* Nasalierung *f*, nasale Aussprache; '**na·sal·ize** [-zəlaɪz] **I** *v/t.* nasalieren; **II** *v/i.* näseln, durch die Nase sprechen; '**na·sal·ly** [-zəlɪ] *adv.* **1.** na'sal, durch die Nase; **2.** näselnd.

nas·cent ['næsnt] *adj.* **1.** werdend, entstehend: ***~ state*** Entwicklungszustand *m*; **2.** ⚗ frei werdend.

nas·ti·ness ['nɑːstɪnɪs] *s.* **1.** Schmutzigkeit *f*; **2.** Ekligkeit *f*; **3.** Unflätigkeit *f*; **4.** Gefährlichkeit *f*; **5.** a) Bosheit *f*, b) Gemeinheit *f*, c) Übelgelauntheit *f*.

nas·tur·tium [nə'stɜːʃəm] *s.* ⚘ Kapu'ziner- *od.* Brunnenkresse *f*.

nas·ty ['nɑːstɪ] **I** *adj.* □ **1.** schmutzig; **2.** ekelhaft, eklig, widerlich (*alle a. fig.*): ***~ taste***; ***~ fellow***; **3.** *fig.* schmutzig, zotig; **4.** *fig.* böse, schlimm, gefährlich: ***~ accident***; **5.** *fig.* a) bös, gehässig, garstig (***to*** zu, gegen), b) fies, niederträchtig, c) übel gelaunt, ‚eklig'; **II** *s.* **6.** *mst pl. Video*: ‚'Schmutz- u. 'Horror-Kas,sette' *f*.

na·tal ['neɪtl] *adj.* Geburts...: ***~ day***; **na·tal·i·ty** [nə'tælətɪ] *s. bsd. Am.* Geburtenziffer *f*.

na·ta·tion [nə'teɪʃn] *s.* Schwimmen *n*; **na·ta·to·ri·al** [,neɪtə'tɔːrɪəl] *adj.* Schwimm...: ***~ bird***; **na·ta·to·ry** ['neɪtətərɪ] *adj.* Schwimm...

natch [nætʃ] *adv. sl. abbr. für* ***naturally*** selbstverständlich.

na·tion ['neɪʃn] *s.* **1.** Nati'on *f*: a) Volk *n*, b) Staat *m*; **2.** (Indi'aner)Stamm *m*.

na·tion·al ['næʃənl] **I** *adj.* □ **1.** natio'nal, National..., Landes..., Volks...: ***~ language*** Landessprache *f*; **2.** staatlich, öffentlich, Staats...: ***~ debt*** Staatsschuld *f*, öffentliche Schuld; **3.** (ein)heimisch; **4.** landesweit (*Streik etc.*), 'überregio,nal (*Zeitung etc.*); **II** *s.* **5.** Staatsangehörige(r *m*) *f*; **~ an·them** *s.* Natio'nalhymne *f*; **~ as·sem·bly** *s. pol.* Natio'nalversammlung *f*; **~ bank** *s.* ✝ Landes-, Natio'nalbank *f*; **~ cham·pi·on** *s.* Landesmeister(in); **~ con·ven·tion** *s. pol. Am.* Par'teikonvent *m* (*zur Nominierung des Präsidentschaftskandidaten etc.*); **~ cur·ren·cy** *s.* ✝ Landeswährung *f*; **~ dish** *s.* Natio'nalgericht *n*; **~ e·con·o·my** *s.* ✝ Volkswirtschaft *f*; **2 Gi·ro** *s.* ✉ *Brit.* Postscheck-, Postgirodienst *m*; **2 Guard** *s. Am.* Natio'nalgarde *f* (*Art Miliz*); **2 Health Ser·vice** *s. Brit.* staatlicher Gesundheitsdienst; **~ in·come** *s.* ✝ Sozi'alpro,dukt *n*; **2 In·sur·ance** *s. Brit.* Sozi'alversicherung *f*.

na·tion·al·ism ['næʃnəlɪzəm] *s.* **1.** Natio'nalgefühl *n*, Nationa'lismus *m*; **2.** ✝ *Am.* Ver'staatlichungspoli,tik *f*; '**na·tion·al·ist** [-ɪst] **I** *s. pol.* Nationa'list (-in); **II** *adj.* nationa'listisch; **na·tion·al·i·ty** [næʃə'nælətɪ] *s.* **1.** Nationali'tät *f*, Staatsangehörigkeit *f*; **2.** Nati'on *f*; **na·tion·al·i·za·tion** [,næʃnəlaɪ'zeɪʃn] *s.* **1.** *bsd. Am.* Einbürgerung *f*, Naturalisierung *f*; **2.** ✝ Verstaatlichung *f*; **3.** Verwandlung *f* in e-e (*einheitliche, unabhängige etc.*) Nation; '**na·tion·al·ize** [-laɪz] *v/t.* **1.** einbürgern, naturalisieren; **2.** ✝ verstaatlichen; **3.** zu e-r Nati'on machen; **4.** *Problem etc.* zur Sache der Nati'on machen.

na·tion·al| park *s.* Natio'nalpark *m* (*Naturschutzgebiet*); **~ prod·uct** *s.* ✝ Sozi'alpro,dukt *n*; **~ serv·ice** *s.* ✕ Wehrdienst *m*; **2 So·cial·ism** *s. pol. hist.* Natio'nalsozia,lismus *m*.

'**na·tion|·hood** [-hʊd] *s.* (natio'nale) Souveräni'tät; '**~-state** *s.* Natio'nalstaat *m*; ,**~-'wide** *adj.* allgemein, das ganze Land um'fassend.

na·tive ['neɪtɪv] **I** *adj.* □ **1.** angeboren (***to s.o.*** j-m), na'türlich (*Recht etc.*); **2.** gebürtig, eingeboren, Eingeborenen...: ***~ quarter***; ***~ American*** gebürtige(r) Amerikaner(in); ***2 American*** Indianer (-in); ***go ~*** unter den *od.* wie die Eingeborenen leben, sich den Einheimischen anpassen; **3.** (ein)heimisch, inländisch, Landes...: ***~ plant*** ⚘ einheimische Pflanze; ***~ product***; **4.** heimatlich, Heimat...: ***~ country*** Heimat *f*, Vaterland *n*; ***~ language*** Muttersprache *f*; ***~ speaker*** *ling.* Muttersprachler(in); ***~ town*** Heimat-, Vaterstadt *f*; **5.** ursprünglich, urwüchsig, na'turhaft: ***~ beauty***; **6.** ursprünglich, eigentlich: ***the ~ sense of a word***; **7.** gediegen (*Metall etc.*); **8.** *min.* a) roh, Jungfern..., b) na'türlich vorkommend; **II** *s.* **9.** Eingeborene(r *m*) *f*; **10.** Einheimische(r *m*) *f*, Landeskind *n*: ***a ~ of Berlin*** ein gebürtiger Berliner; **11.** ⚘ einheimisches Gewächs; **12.** *zo.* einheimisches Tier; **13.** Na'tive *f*, (künstlich) gezüchtete Auster; '**~-born** *adj.* gebürtig: ***a ~ American***.

na·tiv·i·ty [nə'tɪvətɪ] *s.* **1.** Geburt *f* (*a. fig.*): ***the 2*** *eccl.* a) die Geburt Christi (*a. paint. etc.*), b) Weihnachten *n*, c) Ma'riä Geburt (*8. September*); ***2 play*** Krippenspiel *n*; **2.** *ast.* Nativi'tät *f*, (Ge'burts)Horo,skop *n*.

na·tron ['neɪtrən] *s. min.* kohlensaures Natron.

nat·ter ['nætə] *Brit.* F **I** *v/i.* plauschen, plaudern; **II** *s.* Plausch *m*, Schwatz *m*.

nat·ty ['nætɪ] *adj.* □ F schick, piekfein (angezogen), ele'gant (*a. fig.*).

nat·u·ral ['nætʃrəl] **I** *adj.* □ → ***naturally***; **1.** na'türlich, Natur...: ***~ disaster*** Naturkatastrophe *f*; ***~ law*** Naturgesetz *n*; ***die a ~ death*** e-s natürlichen Todes sterben; → ***person*** 1; **2.** na'turgemäß, -bedingt; **3.** angeboren, na'türlich, ei-

N

gen (**to** *dat.*): **~ talent**; **4.** → **natural-born**; **5.** re'al, wirklich, physisch; **6.** selbstverständlich, na'türlich: ***it comes quite ~ to him*** es ist ihm ganz selbstverständlich; **7.** na'türlich, ungekünstelt (*Benehmen etc.*); **8.** na'turgetreu, na'türlich (wirkend) (*Nachahmung, Bild etc.*); **9.** unbearbeitet, Natur..., Roh...: ***~ steel*** Rohstahl *m*; **10.** na'turhaft, urwüchsig; **11.** na'türlich, unehelich (*Kind, Vater etc.*); **12.** 𝔄 na'türlich: ***~ number*** natürliche Zahl; **13.** ♪ a) ohne Vorzeichen: ***~ key*** C-Dur-Tonart *f*, b) mit e-m Auflösungszeichen (versehen) (*Note*), c) Vokal...: ***~ music***; **II** *s.* **14.** *obs.* Idi'ot(in); **15.** ♪ a) Auflösungszeichen *n*, b) mit e-m Auflösungszeichen versehene Note, c) Stammton *m*, d) weiße Taste (*Klaviatur*); **16.** F a) Na'turta,lent *n* (*Person*), b) (sicherer) Erfolg (*a. Person*); *e-e* ,klare Sache' (**for s.o.** für j-n); **'~-born** *adj.* von Geburt, geboren: ***~ genius***; **~ fre·quen·cy** *s. phys.* 'Eigenfre,quenz *f*; **~ gas** *s. geol.* Erdgas *n*; **~ his·to·ry** *s.* Na'turgeschichte *f*.

nat·u·ral·ism ['nætʃrəlɪzəm] *s. phls., paint. etc.* Natura'lismus *m*; **'nat·u·ral·ist** [-ɪst] **I** *s.* **1.** *phls., paint. etc.* Natura'list *m*; **2.** Na'turwissenschaftler(in), -forscher(in), *bsd.* Zoo'loge *m*, Zoo'login *f od.* Bo'taniker(in); **3.** *Brit.* a) Tierhändler *m*, b) ('Tier)Präpa,rator *m*; **II** *adj.* **4.** natura'listisch; **nat·u·ral·is·tic** [,nætʃrə'lɪstɪc] *adj.* (□ **~ally**) **1.** *phls., paint. etc.* natura'listisch; **2.** na'turkundlich, -geschichtlich.

nat·u·ral·i·za·tion [,nætʃrəlaɪ'zeɪʃn] *s.* Naturalisierung *f*, Einbürgerung *f*; **nat·u·ral·ize** ['nætʃrəlaɪz] *v/t.* **1.** naturalisieren, einbürgern; **2.** einbürgern (*a. ling. u. fig.*), ♀, *zo.* heimisch machen; **3.** akklimatisieren (*a. fig.*).

nat·u·ral·ly ['nætʃrəlɪ] *adv.* **1.** von Na'tur (aus); **2.** instink'tiv, spon'tan; **3.** auf na'türlichem Wege, na'türlich; **4.** *a. int.* na'türlich, selbstverständlich; **'nat·u·ral·ness** [-rəlnɪs] *s. allg.* Na'türlichkeit *f*.

nat·u·ral| phi·los·o·phy *s.* **1.** Na'turphilosо,phie *f*, -kunde *f*; **2.** Phy'sik *f*; **~ re·li·gion** *s.* Na'turreligi,on *f*; **~ rights** *s. pl.* ⚖, *pol.* Na'turrechte *pl. des Menschen*; **~ scale** *s.* **1.** ♪ Stammtonleiter *f*; **2.** 𝔄 Achse *f* der na'türlichen Zahlen; **~ sci·ence** *s.* Na'turwissenschaft *f*; **~ se·lec·tion** *s. biol.* na'türliche Auslese; **~ sign** *s.* ♪ Auflösungszeichen *n*; **~ state** *s.* Na'turzustand *m*.

na·ture ['neɪtʃə] *s.* **1.** Na'tur *f*, Schöpfung *f*; **2.** (*a.* ~; *ohne art.*) Na'tur(kräfte *pl.*) *f*: ***law of ~*** Naturgesetz *n*; ***from ~*** nach der Natur *malen etc.*; ***back to ~*** zurück zur Natur; ***in the state of ~*** in natürlichem Zustand, nackt; → ***debt, true*** 4; **3.** Na'tur *f*, Veranlagung *f*, Cha'rakter *m*, (Eigen-, Gemüts)Art *f*, Natu'rell *n*: ***animal ~*** das Tierische *im Menschen*; ***by ~*** von Natur (aus); ***human ~*** die menschliche Natur; ***of good ~*** gutherzig, -mütig; ***it is in her ~*** es liegt in ihrem Wesen; → ***second*** 1; **4.** Art *f*, Sorte *f*: ***of*** (*od.* ***in***) ***the ~ of a trial*** nach Art (*od.* in Form) e-s Verhörs; ***~ of the business*** Gegenstand *m* der Firma; **5.** (na'türliche) Beschaffenheit; **6.** Na'tur *f*, na'türliche Landschaft: ***~ conservation*** Naturschutz *m*; ***~ Conservancy*** *Brit.* Naturschutzbehörde *f*; ***~ reserve*** Naturschutzgebiet *n*; ***~ trail*** Naturlehrpfad *m*; **7.** ***ease*** (*od.* ***relieve***) ***~*** sich erleichtern (*urinieren etc.*).

-natured [neɪtʃəd] *in Zssgn* geartet, ...artig, ...mütig: ***good-~*** gutartig.

na·tur·ism ['neɪtʃərɪzəm] *s.* 'Freikörperkul,tur *f*; **'na·tur·ist** [-ɪst] *s.* FK'K-Anhänger(in).

na·tur·o·path ['neɪtʃərəʊpæθ] *s.* ⚕ **1.** Heilpraktiker(in); **2.** Na'turheilkundige(r *m*) *f*.

naught [nɔːt] **I** *s.* Null *f*: ***bring*** (***come***) ***to ~*** zunichte machen (werden); ***set at ~*** *Mahnung etc.* in den Wind schlagen; **II** *adj. obs.* keineswegs.

naugh·ti·ness ['nɔːtɪnɪs] *s.* Ungezogenheit *f*, Unartigkeit *f*; **naugh·ty** ['nɔːtɪ] *adj.* □ **1.** ungezogen, unartig; **2.** ungehörig (*Handlung*); **3.** unanständig, schlimm (*Wort etc.*): ***~, ~!*** F aber, aber!

nau·se·a ['nɔːsjə] *s.* **1.** Übelkeit *f*, Brechreiz *m*; **2.** Seekrankheit *f*; **3.** *fig.* Ekel *m*; **'nau·se·ate** [-sɪeɪt] **I** *v/i.* **1.** (e-n) Brechreiz empfinden, sich ekeln (***at*** vor *dat.*); **II** *v/t.* **2.** sich ekeln vor (*dat.*); **3.** anekeln, *j-m* Übelkeit erregen: ***be ~d*** (***at***) → 1; **'nau·se·at·ing** [-sɪeɪtɪŋ], **'nau·seous** [-sjəs] *adj.* □ Ekel erregend, widerlich.

nau·tic ['nɔːtɪk] → ***nautical***.

nau·ti·cal ['nɔːtɪkl] *adj.* □ ⚓ nautisch, Schiffs..., See(fahrts)...; **~ al·ma·nac** *s.* nautisches Jahrbuch; **~ chart** *s.* Seekarte *f*; **~ mile** *s.* ⚓ Seemeile *f* (*1,852 km*).

na·val ['neɪvl] *adj.* ⚓ **1.** Flotten..., (Kriegs)Marine...; **2.** See..., Schiffs...; **~ a·cad·e·my** *s.* ⚓ **1.** Ma'rineakade,mie *f*; **2.** Navigati'onsschule *f*; **~ air·plane** *s.* Ma'rineflugzeug *n*; **~ ar·chi·tect** *s.* 'Schiffbauingeni,eur *m*; **~ base** *s.* Flottenstützpunkt *m*, -basis *f*; **~ bat·tle** *s.* Seeschlacht *f*; **~ ca·det** *s.* 'Seeka,dett *m*; **~ forc·es** *s. pl.* Seestreitkräfte *pl.*; **~ of·fi·cer** *s.* **1.** Ma'rineoffi,zier *m*; **2.** *Am.* (höherer) Hafenzollbeamter; **~ pow·er** *s. pol.* Seemacht *f*.

nave[1] [neɪv] *s.* ⛪ Mittel-, Hauptschiff *n*: ***~ of a cathedral***.

nave[2] [neɪv] *s.* ⚙ (Rad)Nabe *f*.

na·vel ['neɪvl] *s.* **1.** *anat.* Nabel *m*, *fig. a.* Mitte(lpunkt *m*) *f*; **2.** → **~ or·ange** *s.* 'Navelo,range *f*; **~ string** *s. anat.* Nabelschnur *f*.

nav·i·cert ['nævɪsɜːt] *s.* ✝, ⚓ Navi'cert *n* (*Geleitschein*).

na·vic·u·lar [nə'vɪkjʊlə] *adj.* nachen-, kahnförmig: **~ (*bone*)** *anat.* Kahnbein *n*.

nav·i·ga·bil·i·ty [,nævɪgə'bɪlətɪ] *s.* **1.** ⚓ a) Schiffbarkeit *f* (*e-s Gewässers*), b) Fahrtüchtigkeit *f*; **2.** ✈ Lenkbarkeit *f*; **nav·i·ga·ble** ['nævɪgəbl] *adj.* **1.** ⚓ a) schiffbar, (be)fahrbar, b) fahrtüchtig; **2.** ✈ lenkbar (*Luftschiff*); **nav·i·gate** ['nævɪgeɪt] **I** *v/i.* **1.** schiffen, (zu Schiff) fahren; **2.** *bsd.* ⚓, ✈ steuern, orten (***to*** nach); **II** *v/t.* **3.** *Gewässer* a) befahren, b) durch'fahren; **4.** ✈ durch'fliegen; **5.** steuern, lenken; **nav·i·ga·tion** [,nævɪ'geɪʃn] *s.* **1.** ⚓ Nautik *f*, Navigati'on *f*, Schiffsführung *f*, Schifffahrtskunde *f*; **2.** ✈ Navigati'onskunde *f*; **3.** ⚓ Schifffahrt *f*, Seefahrt *f*; **4.** ✈, ⚓ a) Navigati'on *f*, b) Ortung *f*; **nav·i·ga·tion·al** [,nævɪ'geɪʃnl] *adj.* Navigations...

nav·i·ga·tion| chan·nel *s.* Fahrwasser *n*; **~ chart** *s.* Navigati'onskarte *f*; **~ guide** *s.* Bake *f*; **~ light** *s.* Positi'onslicht *n*; **~ of·fi·cer** *s.* ⚓, ✈ Navigati'onsoffi,zier *m*.

nav·i·ga·tor ['nævɪgeɪtə] *s.* **1.** ⚓ a) Seefahrer *m*, b) Nautiker *m*, c) Steuermann *m*, d) *Am.* Navigati'onsoffi,zier *m*; **2.** ✈ a) (Aero)'Nautiker *m*, b) Beobachter *m*.

nav·vy ['nævɪ] *s.* **1.** *Brit.* Ka'nal-, Erd-, Streckenarbeiter *m*; **2.** ⚙ Exka'vator *m*, Löffelbagger *m*.

na·vy ['neɪvɪ] *s.* ⚓ **1.** *mst* ~ 'Kriegsma,rine *f*; **2.** (Kriegs)Flotte *f*; **~ blue** *s.* Ma'rineblau *n*; **,~-'blue** *adj.* ma'rineblau; **~ Board** *s. Brit.* Admirali'tät *f*; **~ league** *s.* Flottenverein *m*; **~ List** *s.* Ma'rine,rangliste *f*; **~ yard** *s.* Ma'rinewerft *f*.

nay [neɪ] **I** *adv.* **1.** *obs.* nein; **2.** *obs.* ja so'gar; **II** *s.* **3.** *parl. etc.* Nein(stimme *f*) *n*: ***the ~s have it!*** der Antrag ist abgelehnt!

Naz·a·rene [,næzə'riːn] *s.* Naza'rener *m* (*a. Christus*).

naze [neɪz] *s.* Landspitze *f*.

Na·zi ['nɑːtsɪ] *pol. contp.* **I** *s.* Nazi *m*; **II** *adj.* Nazi...; **'Na·zism** [-ɪzəm] *s.* Na'zismus *m*.

neap [niːp] **I** *adj.* niedrig, abnehmend (*Flut*); **II** *s. a.* **~ *tide*** Nippflut *f*; **III** *v/i.* zu'rückgehen (*Flut*).

near [nɪə] **I** *adv.* **1.** nahe, (ganz) in der Nähe; **2.** nahe (bevorstehend) (*Ereignis etc.*): ***~ upon five o'clock*** ziemlich genau um 5 Uhr; **3.** F annähernd, nahezu, fast: ***not ~ so bad*** bei weitem nicht so schlecht;

Besondere Redewendungen:

~ at hand a) nahe, in der Nähe, dicht dabei, b) *fig.* nahe bevorstehend, vor der Tür; ***~ by*** → ***nearby*** I; ***come*** (*od.* ***go***) ***~ to*** a) sich ungefähr belaufen auf (*acc.*), b) *e-r Sache* sehr nahe kommen, fast *et.* sein; ***come ~ to doing s.th.*** et. beinahe tun; ***draw ~*** heranrücken (*a. Zeitpunkt*); ***live ~*** sparsam *od.* kärglich leben; ***sail ~ to the wind*** ⚓ hart am Wind segeln;

II *adj.* □ → **I** *u.* ***nearly***; **4.** nahe (gelegen), in der Nähe: ***the ~est place*** der nächste Ort; ***~ miss*** a) ⚔ Nahkrepierer *m*, b) ✈ Beinahezusammenstoß *m*, c) *fig.* fast ein Erfolg; **5.** kurz, nahe (*Weg*): ***the ~est way*** der kürzeste Weg; **6.** nahe (*Zeit, Ereignis*): ***the ~ future***; **7.** nahe (verwandt): ***the ~est relations*** die nächsten Verwandten; **8.** eng (befreundet), in'tim: ***a ~ friend***; **9.** a'kut, brennend (*Frage, Problem etc.*); **10.** knapp (*Entkommen, Rennen etc.*): ***that was a ~ thing*** F ,das hätte ins Auge gehen können'; **11.** genau, (wort)getreu (*Übersetzung etc.*); **12.** sparsam, geizig; **13.** link (*vom Fahrer aus*; *Pferd, Fahrbahnseite etc.*): ***~ horse*** Handpferd *n*; **14.** Imitations...: ***~ leather***; ***~ beer*** Dünnbier *n*; ***~ silk*** Halbseide *f*; **III** *prp.* **15.** nahe, in der Nähe von (*od. gen.*), nahe an (*dat.*) *od.* bei, unweit (*gen.*): ***~ s.o.*** j-m nahe; ***~ doing s.th.*** nahe daran, et. zu tun; **16.** (*zeitlich*) nahe, nicht weit von; **IV** *v/t. u. v/i.* **17.** sich nähern, näher kommen (*dat.*): ***be ~ing completion*** der Vollendung entgegengehen.

near·by I [,nɪə'baɪ] *adv. bsd. Am.* in der Nähe, nahe; **II** ['nɪəbaɪ] *adj.* nahe (gelegen).

Near East *s. geogr., pol.* **1.** *Brit. obs. die* Balkanstaaten *pl.*; **2.** *der* Nahe Osten.

near·ly ['nɪəlɪ] *adv.* **1.** beinahe, fast; **2.** annähernd: ***not ~*** bei weitem nicht, nicht annähernd; **3.** genau, gründlich; **near·ness** ['nɪənɪs] *s.* **1.** Nähe *f*; **2.**

N

Innigkeit *f*, Vertrautheit *f*; **3.** große Ähnlichkeit; **4.** Knauserigkeit *f*.

near| point *s. opt.* Nahpunkt *m*; '**~·side** *s. mot.* Beifahrerseite *f*; ,**~-'sight·ed** *adj.* kurzsichtig; ,**~-'sight·ed·ness** *s.* Kurzsichtigkeit *f*.

neat¹ [niːt] *adj.* □ **1.** sauber: a) ordentlich, reinlich, b) hübsch, nett (*a. fig.*), a'drett, geschmackvoll, c) klar, 'übersichtlich, d) geschickt; **2.** treffend (*Antwort etc.*); **3.** a) rein: **~ *silk***, b) pur: **~ *whisky***; **4.** *sl.* prima.

neat² [niːt] **I** *s. pl.* **1.** *coll.* Rind-, Hornvieh *n*, Rinder *pl.*; **2.** Ochse *m*, Rind *n*; **II** *adj.* **3.** Rind(er)...

'neath, neath [niːθ] *prp. poet. od. dial.* unter (*dat.*), 'unterhalb (*gen.*).

neat·ness ['niːtnɪs] *s.* **1.** Ordentlichkeit *f*, Sauberkeit *f*; **2.** Gefälligkeit *f*, Nettigkeit *f*; Zierlichkeit *f*; **3.** schlichte Ele'ganz, Klarheit *f* (*Stil etc.*); **4.** Geschicklichkeit *f*; **5.** Unvermischtheit *f* (*Getränke etc.*).

'neat's|-foot oil *s.* Klauenfett *n*; '**~-,leath·er** *s.* Rindsleder *n*.

neb·u·la ['nebjʊlə] *pl.* **-lae** [-liː] *s.* **1.** *ast.* Nebel(fleck) *m*; **2.** ⚕ a) Trübheit *f* (*des Urins*), b) Hornhauttrübung *f*; '**neb·u·lar** [-lə] *adj. ast.* **1.** Nebel(fleck)..., Nebular...; **2.** nebelartig; **neb·u·los·i·ty** [,nebjʊ'lɒsətɪ] *s.* **1.** Neb(e)ligkeit *f*; **2.** Trübheit *f*; **3.** *fig.* Verschwommenheit *f*; **4.** → ***nebula*** 1; '**neb·u·lous** [-ləs] *adj.* □ **1.** neb(e)lig, wolkig (*a. Flüssigkeit*); *ast.* Nebel...; **2.** *fig.* verschwommen, nebelhaft.

nec·es·sar·i·ly ['nesəsərəlɪ] *adv.* **1.** notwendigerweise; **2.** unbedingt: ***you need not ~ do it***; **nec·es·sar·y** ['nesəsərɪ] **I** *adj.* □ **1.** notwendig, nötig, erforderlich (***to*** für): ***it is ~ for me to do it*** es ist nötig, dass ich es tue; ***a ~ evil*** ein notwendiges Übel; ***if ~*** nötigenfalls; **2.** unvermeidlich, zwangsläufig, notwendig: ***a ~ consequence***; **3.** notgedrungen; **II** *s.* **4.** Erfordernis *n*, Bedürfnis *n*: ***necessaries of life*** Notbedarf *m*, Lebensbedürfnisse; ***strict necessaries*** unentbehrliche Unterhaltsmittel; **5.** ✝ Be'darfsar,tikel *m*.

ne·ces·si·tar·i·an [nɪ,sesɪ'teərɪən] *phls.* **I** *s.* Determi'nist *m*; **II** *adj.* determi'nistisch.

ne·ces·si·tate [nɪ'sesɪteɪt] *v/t.* **1.** notwendig *od.* nötig machen, erfordern, verlangen; **2.** *j-n* zwingen, nötigen; **ne·ces·si·ta·tion** [nɪ,sesɪ'teɪʃn] *s.* Nötigung *f*, Zwang *m*; **ne'ces·si·tous** [-təs] *adj.* □ **1.** bedürftig, Not leidend; **2.** dürftig, ärmlich (*Umstände*); **3.** notgedrungen (*Handlung*); **ne'ces·si·ty** [-tɪ] *s.* **1.** Notwendigkeit *f*: a) Erforderlichkeit *f*, b) 'Unum,gänglichkeit *f*, Unvermeidlichkeit *f*, c) Zwang *m*: ***as a ~, of ~*** notwendigerweise; ***be under the ~ of doing*** gezwungen sein zu tun; **2.** (dringendes) Bedürfnis: (***the bare***) ***necessities of life*** (die dringendsten) Lebensbedürfnisse; **3.** Not *f*, Zwangslage *f*, *a.* ⚖ Notstand *m*: ***~ is the mother of invention*** Not macht erfinderisch; ***~ knows no law*** Not kennt kein Gebot; ***in case of ~*** im Notfall; → ***virtue*** 3; **4.** Not(lage) *f*, Bedürftigkeit *f*.

neck [nek] **I** *s.* **1.** Hals *m* (*a. Flasche, Gewehr, Saiteninstrument*); **2.** Nacken *m*, Genick *n*: ***break one's ~*** sich das Genick brechen; ***crane one's ~*** sich den Hals ausrenken (***at*** nach); ***get it in the ~*** *sl.* ,eins aufs Dach bekommen'; ***risk one's ~*** Kopf u. Kragen riskieren; ***stick one's ~ out*** F viel riskieren, den Kopf hinhalten; ***be up to one's ~ in s.th.*** bis über die Ohren in et. stecken; ***win by a ~*** *sport* um e-e Kopflänge gewinnen (*Pferd*); ***~ and ~*** Kopf an Kopf (*a. fig.*); ***~ and crop*** mit Stumpf u. Stiel; ***~ or nothing*** a) (*adv.*) auf Biegen oder Brechen, b) (*attr.*) tollkühn, verzweifelt; ***it is ~ or nothing*** es geht um alles oder nichts; **3.** Hals-, Kammstück *n* (*Schlachtvieh*); **4.** Ausschnitt *m* (*Kleid*); **5.** *anat.* Hals *m e-s Organs*; **6.** ⩓ Halsglied *n* (*Säule*); **7.** ⚙ a) Hals *m* (*Welle*), b) Schenkel *m* (*Achse*), c) (abgesetzter) Zapfen, d) Ansatz *m* (*Schraube*), e) Einfüllstutzen *m*; **8.** a) Landenge *f*, b) Engpass *m*: ***~ of the woods*** ,Ecke' *f e-s Landes*; **II** *v/t.* **9.** *e-m Huhn etc.* den Kopf abschlagen *od.* den Hals 'umdrehen; **10.** ⚙ *a.* ***~ out*** aushalsen; **11.** *sl.* ,knutschen' *od.* ,schmusen' mit; **III** *v/i.* **12.** *sl.* ,knutschen'; '**~·cloth** *s.* Halstuch *n*.

neck·er·chief ['nekətʃɪf] *s.* Halstuch *n*.

neck·ing ['nekɪŋ] *s.* **1.** ⩓ Säulenhals *m*; **2.** ⚙ a) Aushalsen *n e-s Hohlkörpers*, b) Querschnittverminderung *f*; **3.** *sl.* ,Geknutsche' *n*.

neck·lace ['neklɪs], '**neck·let** [-lɪt] *s.* Halskette *f*.

neck| le·ver *s. Ringen*: Nackenhebel *m*; '**~·line** *s.* Ausschnitt *m* (*am Kleid*); **~ scis·sors** *s. pl. sg. konstr. Ringen*: Halsschere *f*; '**~·tie** *s.* Kra'watte *f*, Schlips *m*; '**~·wear** *s.* ✝ *coll.* Kra'watten *pl.*, Kragen *pl.*, Halstücher *pl.*

ne·crol·o·gy [ne'krɒlədʒɪ] *s.* **1.** Toten-, Sterbeliste *f*; **2.** Nachruf *m*; **nec·ro·man·cer** ['nekrəʊmænsə] *s.* **1.** Geister-, Totenbeschwörer *m*; **2.** *allg.* Schwarzkünstler *m*; **nec·ro·man·cy** ['nekrəʊmænsɪ] *s.* **1.** Geisterbeschwörung *f*, Nekroman'tie *f*; **2.** *allg.* schwarze Kunst; **ne·croph·i·lism** [ne'krɒfɪlɪzəm] *s. psych.* Nekrophi'lie *f*; **ne·cro·sis** [ne'krəʊsɪs] *s.* ⚕ Ne'krose *f*, Brand *m* (*a.* ♀): ***~ of the bone*** Knochenfraß *m*; **ne·crot·ic** [ne'krɒtɪk] *adj.* ♀, ⚕ brandig.

nec·tar ['nektə] *s. myth.* Nektar *m* (*a.* ♀ *u. fig.*), Göttertrank *m*; '**nec·ta·rine** [-riːn] *s. Obst*: Nekta'rine *f*; '**nec·ta·ry** [-ərɪ] *s.* ♀, *zo.* Nek'tarium *n*, Honigdrüse *f*.

née, *bsd. Am.* **nee** [neɪ] *adj.* geborene (*vor dem Mädchennamen e-r Frau*).

need [niːd] **I** *s.* **1.** (***of, for***) (dringendes) Bedürfnis (nach), Bedarf *m* (an *dat.*): ***one's own ~s*** Eigenbedarf; ***be*** (*od.* ***stand***) ***in ~ of s.th.*** et. dringend brauchen, et. sehr nötig haben; ***fill a ~*** e-m Bedürfnis entgegenkommen, e-m Mangel abhelfen; ***in ~ of repair*** reparaturbedürftig; ***have no ~ to do*** kein Bedürfnis *od.* keinen Grund haben zu tun; **2.** Mangel *m* (***of, for*** an *dat.*): ***feel the ~ of*** (*od.* ***for***) ***s.th.*** et. vermissen, Mangel an et. verspüren; **3.** dringende Notwendigkeit: ***there is no ~ for you to come*** du brauchst nicht zu kommen; **4.** Not(lage) *f*: ***in case of ~, if ~ be, if ~ arise*** nötigenfalls, im Notfall; **5.** Armut *f*, Not *f*; **6.** *pl.* Erfordernisse *pl.*, Bedürfnisse *pl.*; **II** *v/t.* **7.** benötigen, nötig haben, brauchen; **8.** erfordern: ***it ~s all your strength***; ***it ~ed doing*** es musste (einmal) getan werden; **III** *v/aux.* **9.** müssen, brauchen: ***it ~s to be done*** es muss getan werden; ***it ~s but to become known*** es braucht nur bekannt zu werden; **10.** (*vor e-r Verneinung u. in Fragen, ohne* ***to***; *3. sg. pres.* ***need***) brauchen, müssen: ***she ~ not do it***; ***you ~ not have come*** du hättest nicht zu kommen brauchen; '**need·ful** [-fʊl] **I** *adj.* □ nötig; **II** *s. das* Nötige: ***the ~*** F das nötige Kleingeld; '**need·i·ness** [-dɪnɪs] *s.* Bedürftigkeit *f*, Armut *f*.

nee·dle ['niːdl] **I** *s.* **1.** (*Näh-, a. Grammophon-, Magnet- etc.*)Nadel *f* (*a.* ⚕, ♀): ***knitting-~*** Stricknadel; ***as sharp as a ~*** *fig.* äußerst intelligent, ,auf Draht'; ***~'s eye*** Nadelöhr *n*; ***get*** (*od.* ***take***) ***the ~*** F ,hochgehen', e-e Wut kriegen; ***give s.o. the ~*** → 7; **2.** ⚙ a) Ven'tilnadel *f*, b) *mot.* Schwimmernadel *f* (*Vergaser*), c) Zeiger *m*, d) Zunge *f* (*Waage*), e) Radiernadel *f*; **3.** Nadel *f* (*Berg-, Felsspitze*); **4.** Obe'lisk *m*; **5.** *min.* Kri'stallnadel *f*; **II** *v/t.* **6.** (*mit e-r Nadel*) nähen, durch'stechen; ⚕ punktieren: ***~ one's way through*** *fig.* sich hindurchschlängeln; **7.** F *durch Sticheleien* aufbringen, reizen; **8.** anstacheln; **9.** F *Getränk durch Alkoholzusatz* schärfen; **~ bath** *s.* Strahldusche *f*; '**~·book** *s.* Nadelbuch *n*; **~ gun** *s.* ⚔ Zündnadelgewehr *n*; '**~·like** *adj.* nadelartig; **~ point** *s.* **1.** Petit'pointsticke,rei *f*; **2.** → '**~-point lace** *s.* Nadelspitze *f* (*Ggs. Klöppelspitze*).

need·less ['niːdlɪs] *adj.* unnötig, 'überflüssig: ***~ to say*** selbstredend, selbstverständlich; **~*ly*** *adv.* unnötig(erweise); '**need·less·ness** [-nɪs] *s.* Unnötigkeit *f*, 'Überflüssigkeit *f*.

nee·dle| valve *s.* ⚙ 'Nadelven,til *n*; '**~,wom·an** *s.* [*irr.*] Näherin *f*; '**~·work** **I** *s.* Handarbeit *f*, Nähe'rei *f*; **II** *adj.* Handarbeits...: ***~ shop***.

needs [niːdz] *adv.* unbedingt, notwendigerweise: ***if you must ~ do it*** wenn du es durchaus tun willst.

need·y ['niːdɪ] *adj.* □ arm, bedürftig, notleidend.

ne'er [neə] *poet. für* ***never***; '**~-do-well** **I** *s.* Taugenichts *m*, Tunichtgut *m*; **II** *adj.* nichtsnutzig.

ne·far·i·ous [nɪ'feərɪəs] *adj.* □ ruchlos, schändlich; **ne'far·i·ous·ness** [-nɪs] *s.* Ruchlosigkeit *f*, Bosheit *f*.

ne·gate [nɪ'geɪt] *v/t.* **1.** verneinen, negieren, leugnen; **2.** annullieren, unwirksam machen, aufheben, verwerfen; **ne'ga·tion** [-eɪʃn] *s.* **1.** Verneinung *f*, Verneinen *n*, Negieren *n*; **2.** Verwerfung *f*, Annullierung *f*, Aufhebung *f*; **3.** *phls.* a) (*Logik*) Negati'on *f*, b) Nichts *n*.

neg·a·tive ['negətɪv] **I** *adj.* □ **1.** negativ, verneinend; **2.** abschlägig, ablehnend (*Antwort etc.*); **3.** erfolglos, ergebnislos; **4.** negativ (*ohne positive Werte*); **5.** ⚗, ⚡, ⅍, ⚕ *phot.*, *phys.* negativ: ***~ conductor*** ⚡ Minusleitung *f*; ***~ electrode*** Kat(h)ode *f*; ***~ lens*** *opt.* Zerstreuungslinse *f*; ***~ sign*** ⅍ Minuszeichen *n*, negatives Vorzeichen; ***~!*** Fehlanzeige!; **II** *s.* **6.** Verneinung *f*: ***answer in the ~*** verneinen; **7.** abschlägige Antwort; **8.** *ling.* Negati'on *f*; **9.** a) Einspruch *m*, Veto *n*, b) ablehnende Stimme; **10.** negative Eigenschaft, Negativum *n*; **11.** ⚡ negativer Pol; **12.** ⅍ a) Minuszeichen *n*, b) negative Zahl; **13.** *phot.* Negativ *n*; **III** *v/t.* **14.** negieren, verneinen; **15.** verwerfen, ablehnen; **16.** wider'legen; **17.** unwirksam machen, neutralisieren, aufheben; '**neg·a·tiv·ism** [-vɪzəm] *s.* Negati'vismus *m* (*a. phls., psych.*); **ne·ga·tor** [nɪ'geɪtə] *s.* Verneiner *m*;

'neg·a·to·ry [-tərɪ] *adj.* verneinend, negativ.

neg·lect [nɪ'glekt] **I** *v/t.* **1.** vernachlässigen; **2.** miss'achten; **3.** versäumen, unter'lassen (***to do*** *od.* ***doing*** zu tun); **4.** über'sehen, -'gehen; außer Acht lassen; **II** *s.* **5.** Vernachlässigung *f*, Hint'ansetzung *f*; **6.** 'Missachtung *f*; **7.** Unter'lassung *f*, Versäumnis *n*, ⚖ *a.* Fahrlässigkeit *f*: ***~ of duty*** Pflichtversäumnis; **8.** Verwahrlosung *f*: ***in a state of ~*** verwahrlost; **9.** Über'gehen *n*, Auslassung *f*; **10.** Nachlässigkeit *f*; **neg'lect·ful** [-fʊl] *adj.* □ → ***negligent*** 1.

neg·li·gée ['negli:ʒeɪ] *s.* Negli'gee *n*: a) *ungezwungene Hauskleidung*, b) *dünner Morgenmantel.*

neg·li·gence ['neglɪdʒəns] *s.* **1.** Nachlässigkeit *f*, Unachtsamkeit *f*; **2.** ⚖ Fahrlässigkeit *f*: ***contributory ~*** mitwirkendes Verschulden; **'neg·li·gent** [-nt] *adj.* □ **1.** nachlässig, gleichgültig, unachtsam (***of*** gegen): ***be ~ of s.th.*** et. vernachlässigen, et. außer Acht lassen; **2.** ⚖ fahrlässig; **3.** lässig, sa'lopp.

neg·li·gi·ble ['neglɪdʒəbl] *adj.* □ **1.** nebensächlich, unwesentlich; **2.** geringfügig, unbedeutend; → ***quantity*** 2.

ne·go·ti·a·bil·i·ty [nɪˌgəʊʃjə'bɪlətɪ] *s.* ✝ **1.** Verkäuflichkeit *f*; **2.** Begebbarkeit *f*; **3.** Bank-, Börsenfähigkeit *f*; **4.** Über'tragbarkeit *f*; **5.** Verwertbarkeit *f*; **ne·go·ti·a·ble** [nɪ'gəʊʃjəbl] *adj.* □ **1.** ✝ a) verkäuflich, veräußerlich, b) verkehrsfähig, c) bank-, börsenfähig, d) (durch Indossa'ment) über'tragbar, begebbar, e) verwertbar: ***~ instrument*** begebbares (Wert)Papier; ***not ~*** nur zur Verrechnung; **2.** über'windbar (*Hindernis*); befahrbar (*Straße*); **3.** auf dem Verhandlungsweg erreichbar: ***salary ~*** Gehalt nach Vereinbarung.

ne·go·ti·ate [nɪ'gəʊʃɪeɪt] **I** *v/i.* **1.** ver-, unter'handeln, in Unter'handlung stehen (***with*** mit, ***for***, ***about*** um, wegen): ***negotiating table*** Verhandlungstisch *m*; **II** *v/t.* **2.** *Vertrag etc.* zu'stande bringen, (ab)schließen; **3.** verhandeln über (*acc.*); **4.** ✝ *Wechsel* begeben: ***~ back*** zurückbegeben; **5.** *Hindernis etc.* über'winden, *a. Kurve* nehmen; **ne·go·ti·a·tion** [nɪˌgəʊʃɪ'eɪʃn] *s.* **1.** Ver-, Unter'handlung *f*: ***enter into ~s*** in Verhandlungen eintreten: ***by way of ~*** auf dem Verhandlungswege; **2.** Aushandeln *n* (*Vertrag*); **3.** ✝ Begebung *f*, Über'tragung *f* (*Wechsel etc.*): ***further ~*** Weiterbegebung; **4.** Über'windung *f*, Nehmen *n von Hindernissen*; **ne'go·ti·a·tor** [-tə] *s.* **1.** 'Unterhändler *m*; **2.** Vermittler *m*.

ne·gress ['ni:grɪs] *s. obs.* Negerin *f*.

ne·gro ['ni:grəʊ] **I** *pl.* **-groes** *s.* Neger (-in); **II** *adj.* Neger...: ***~ question*** Negerfrage *f*, -problem *n*; ***~ spiritual*** → ***spiritual*** 8; **'ne·groid** [-rɔɪd] *adj.* negro'id, negerartig.

Ne·gus¹ ['ni:gəs] *s. hist.* Negus *m* (*äthiopischer Königstitel*).

ne·gus² ['ni:gəs] *s.* Glühwein *m*.

neigh [neɪ] **I** *v/t. u. v/i.* wiehern; **II** *s.* Gewieher *n*, Wiehern *n*.

neigh·bo(u)r ['neɪbə] **I** *s.* **1.** Nachbar (-in); **2.** Nächste(r) *m*, Mitmensch *m*; **II** *adj.* **3.** → ***neighbo(u)ring***; **III** *v/t.* **4.** (an)grenzen an (*acc.*); **IV** *v/i.* **5.** benachbart sein, in der Nachbarschaft wohnen; **6.** grenzen (***upon*** an *acc.*); **'neigh·bo(u)r·hood** [-hʊd] *s.* **1.** Nachbarschaft *f* (*a. fig.*), Um'gebung *f*, Nähe *f*: ***in the ~ of*** a) in der Umgebung von, b) *fig.* F ungefähr, etwa, um ... herum; **2.** *coll.* Nachbarn *pl.*, Nachbarschaft *f*; **3.** (Wohn)Gegend *f*: ***a fashionable ~***; **'neigh·bo(u)r·ing** [-bərɪŋ] *adj.* benachbart, angrenzend, Nachbar...: ***~ state*** *a.* Anliegerstaat *m*; **'neigh·bo(u)r·li·ness** [-lɪnɪs] *s.* (gut)'nachbarliches Verhalten; Freundlichkeit *f*; **'neigh·bo(u)r·ly** [-lɪ] *adj.* **1.** (gut-) 'nachbarlich; **2.** freundlich, gesellig.

nei·ther ['naɪðə] **I** *adj. u. pron.* **1.** kein (von beiden): ***~ of you*** keiner von euch (beiden); **II** *cj.* **2.** weder: ***~ you nor he knows*** weder du weißt es noch er; **3.** noch (auch), auch nicht, ebenso wenig: ***he does not know, ~ do I*** er weiß es nicht, noch *od.* ebenso wenig weiß ich es.

nem·a·tode ['nemətəʊd] *zo. s.* Nema'tode *f*, Fadenwurm *m*.

nem con [ˌnem'kɒn] *adv.* einstimmig.

nem·e·sis, *a.* ♀ ['nemɪsɪs] *s. myth. u. fig.* Nemesis *f*, (die Göttin der) Vergeltung *f*.

ne·mo ['ni:məʊ] *pl.* **-mos** *s. Radio, TV*: 'Außenreporˌtage *f*.

neo- [ni:əʊ] *in Zssgn* neu, jung, neo..., Neo...

ne·o·lith ['ni:əʊlɪθ] *s.* jungsteinzeitliches Gerät; **ne·o·lith·ic** [ˌni:əʊ'lɪθɪk] *adj.* jungsteinzeitlich, neo'lithisch: ♀ ***period*** Jungsteinzeit *f*.

ne·ol·o·gism [ni:'ɒlədʒɪzəm] *s.* **1.** *ling.* Neolo'gismus *m*, Wortneubildung *f*; **2.** *eccl.* neue Dok'trin; **ne'ol·o·gy** [-dʒɪ] *s.* **1.** → ***neologism*** 1 *u.* 2; **2.** *ling.* Neolo'gie *f*, Bildung *f* neuer Wörter.

ne·on ['ni:ən] *s.* ⚗ Neon *n*: ***~ lamp*** Neonlampe *f*, Leucht(stoff)röhre *f*; ***~ signs*** Leuchtreklame *f*.

ne·o-Na·zi [ˌni:əʊ'nɑ:tsɪ] **I** *s.* Neonazi *m*; **II** *adj.* 'neonaˌzistisch.

ne·o·phyte ['ni:əʊfaɪt] *s.* **1.** *eccl.* Neubekehrte(r *m*) *f*, Konver'tit(in); **2.** *R.C.* a) No'vize *m*, *f*, b) Jungpriester *m*; **3.** *fig.* Neuling *m*, Anfänger(in).

ne·o·plasm ['ni:əʊplæzəm] *s.* ⚕ Neo'plasma *n*, Gewächs *n*.

ne·o·ter·ic [ˌni:əʊ'terɪk] *adj.* (□ ***~ally***) neuzeitlich, mo'dern.

Ne·o·zo·ic [ˌni:əʊ'zəʊɪk] *geol.* **I** *s.* Neo'zoikum *n*, Neuzeit *f*; **II** *adj.* neo'zoisch.

Nep·a·lese [ˌnepɔ:'li:z] **I** *s.* Nepa'lese *m*, Nepalesin *f*, Bewohner(in) von Nepal; Nepa'lesen *pl.*; **II** *adj.* nepa'lesisch.

neph·ew ['nefju:] *s.* Neffe *m*.

ne·phol·o·gy [nɪ'fɒlədʒɪ] *s.* Wolkenkunde *f*.

ne·phrit·ic [ne'frɪtɪk] *adj.* ⚕ Nieren...; **ne·phri·tis** [ne'fraɪtɪs] *s.* ⚕ Ne'phritis *f*, Nierenentzündung *f*; **neph·ro·lith** ['nefrəʊlɪθ] *s.* ⚕ Nierenstein *m*; **ne·phrol·o·gist** [ne'frɒlədʒɪst] *s.* ⚕ Nierenfacharzt *m*, Uro'loge *m*.

nep·o·tism ['nepətɪzəm] *s.* Nepo'tismus *m*, Vetternwirtschaft *f*.

Nep·tune ['neptju:n] *s. myth. u. ast.* Neptun *m*.

nerd [nɜ:d] *s.* **1.** Trottel *m*, Depp *m*; **2.** (*Computer- etc.*)Freak *m*.

Ne·re·id ['nɪərɪɪd] *s. myth.* Nere'ide *f*, Wassernymphe *f*.

ner·va·tion [nɜ:'veɪʃn], **nerv·a·ture** ['nɜ:vəˌtʃʊə] *s.* **1.** Anordnung *f* der Nerven; **2.** ♀ Aderung *f*.

nerve [nɜ:v] **I** *s.* **1.** Nerv(enfaser *f*) *m*: ***get on s.o.'s ~s*** j-m auf die Nerven gehen; ***be all ~s***, ***be a bag of ~s*** F ein Nervenbündel sein; ***a fit of ~s*** e-e Nervenkrise; ***strain every ~*** s-e ganze Kraft aufbieten; **2.** *fig.* a) Lebensnerv *m*, b) Stärke *f*, Ener'gie *f*, c) (innere) Ruhe, d) Mut *m*, e) *sl.* Frechheit *f*: ***lose one's ~*** die Nerven verlieren; ***have the ~ to do s.th.*** es wagen, et. zu tun; ***he has got a ~!*** *sl.* der hat vielleicht Nerven!; **3.** ♀ Nerv *m*, Ader *f* (*Blatt*); **4.** ⚠ (Gewölbe)Rippe *f*; **II** *v/t.* **5.** *fig.* (*körperlich od. seelisch*) stärken, ermutigen: ***~ o.s.*** sich aufraffen; ***~ cen·ter*** *Am.*, ***~ cen·tre*** *Brit. s.* Nervenzentrum *n* (*a. fig.*); ***~ cord*** *s.* Nervenstrang *m*.

nerved [nɜ:vd] *adj.* **1.** nervig (*mst in Zssgn*): ***strong-~*** nervenstark; **2.** ♀, *zo.* geädert, gerippt.

nerve| gas *s.* Nervengas *n*; **'~·less** ['nɜ:vlɪs] *adj.* □ **1.** *fig.* kraft-, ener'gielos; **2.** ohne Nerven; **3.** ♀ ohne Adern, nervenlos; ***~ poi·son*** *s.* Nervengift *n*; **'~-ˌrack·ing** *adj.* nervenaufreibend.

nerv·ine ['nɜ:vi:n] *adj. u. s.* ⚕ nervenstärkend(es Mittel).

nerv·ous ['nɜ:vəs] *adj.* **1.** Nerven...(*-system, -zusammenbruch etc.*): ***~ breakdown*** Nervenzs.-bruch *m*; ***~ excitement*** nervöse Erregtheit; ***~ wreck*** ‚Nervenbündel' *n*; **2.** nervenreich; **3.** ner'vös: a) nervenschwach, erregbar, b) ängstlich, scheu, c) aufgeregt; **4.** aufregend; **5.** *obs.* kräftig, nervig; **'ner·vous·ness** [-nɪs] *s.* Nervosi'tät *f*.

nerv·y ['nɜ:vɪ] *adj.* F **1.** frech; **2.** ner'vös; **3.** nervenaufreibend.

nes·ci·ence ['nesɪəns] *s.* (vollständige) Unwissenheit; **'nes·ci·ent** [-nt] *adj.* unwissend (***of*** in *dat.*).

ness [nes] *s.* Vorgebirge *n*.

nest [nest] **I** *s.* **1.** *orn.*, *zo.*, *a. geol.* Nest *n*; **2.** *fig.* Nest *n*, Zufluchtsort *m*, behagliches Heim; **3.** *fig.* Schlupfwinkel *m*, Brutstätte *f*: ***~ of vice*** Lasterhöhle *f*; **4.** Brut *f* (*junger Tiere*): ***take a ~*** ein Nest ausnehmen; **5.** ⚔ (Widerstands-, M'G-)Nest *n*; **6.** Serie *f*, Satz *m* (*ineinander passender Dinge*, *z. B. Schüsseln*); **7.** ⚙ Satz *m*, Gruppe *f*: ***~ of boiler tubes*** Heizrohrbündel *n*; **II** *v/i.* **8.** a) ein Nest bauen, b) nisten; **9.** sich einnisten, sich 'niederlassen; **10.** Vogelnester ausnehmen; **III** *v/t.* **11.** *Töpfe etc.* inein'ander stellen *od.* setzen; ***~ egg*** *s.* **1.** Nestei *n*; **2.** *fig.* Spar-, Notgroschen *m*.

nes·tle ['nesl] **I** *v/i.* **1.** *a.* ***~ down*** sich behaglich 'niederlassen; **2.** sich anschmiegen *od.* kuscheln (***to***, ***against*** an *acc.*); **3.** sich einnisten; **II** *v/t.* **4.** schmiegen, kuscheln (***on***, ***to***, ***against*** an *acc.*); **nest·ling** ['nestlɪŋ] *s.* **1.** *orn.* Nestling *m*; **2.** *fig.* Nesthäkchen *n*.

net¹ [net] **I** *s.* **1.** (*a. weitS. Straßen- etc.*, ✈ Koordi'naten)Netz *n*: ***the*** ♀ (*od.* ***~***) das 'Internet; → *a.* ***network*** 4; **2.** *fig.* Falle *f*, Netz *n*, Garn *n*; **3.** netzartiges Gewebe, Netz *n*; ✝ Tüll *m*, Musse'lin *m*: ***~ curtain*** Store *m*; **4.** *Tennis*: Netzball *m*; **II** *v/t.* **5.** mit e-m Netz fangen; **6.** *fig.* (ein)fangen; **7.** mit e-m Netz um'geben *od.* bedecken; **8.** *Gewässer* mit Netzen abfischen; **9.** in Fi'let arbeiten, knüpfen; **10.** *Tennis*: *Ball* ins Netz schlagen; **III** *v/i.* **11.** Netz- *od.* Fi'letarbeit machen.

net² [net] **I** *adj.* ✝ **1.** netto, Netto..., Rein..., Roh...: ***~ income*** Nettoeinkommen *n*; **II** *v/t.* **2.** netto einbringen, e-n Reingewinn von ... abwerfen; **3.** netto verdienen, e-n Reingewinn haben von; ***~ a·mount*** *s.* Nettobetrag *m*, Reinertrag *m*; ***~ as·sets*** *s. pl.* Reinvermögen *n*; ***~ bor·row·ings*** *s. pl.* 'NettokreˌditaufnahmeI *f*; ***~ cash*** *s.* ✝ netto Kasse: ***~ in advance*** Nettokasse im

N

Voraus; ~ **ef·fi·cien·cy** *s.* ⚙ Nutzleistung *f.*
neth·er ['neðə] *adj.* **1.** unter, Unter...: ~ ***regions***, ~ ***world*** Unterwelt *f*; **2.** nieder, Nieder...
Neth·er·land·er ['neðələndə] *s.* Niederländer(in); '**Neth·er·land·ish** [-dɪʃ] *adj.* niederländisch.
'**neth·er·most** *adj.* unterst, tiefst.
net·i·quette ['netɪket] *s. Computer, Internet*: Neti'quette *f*, Neti'kette *f.*
net| load *s.* ✝, ⚙ Nutzlast *f*; ~ **price** *s.* ✝ Nettopreis *m*; ~ **pro·ceeds** *s. pl.* ✝ Nettoeinnahme(n *pl.*) *f*, Reinerlös *m*; ~ **prof·it** *s.* ✝ Reingewinn *m.*
net surf·er *s.*, **Net surf·er** *s.* Internetsurfer(in).
net·ted ['netɪd] *adj.* **1.** netzförmig, maschig; **2.** von Netzen um'geben *od.* bedeckt; '**net·ting** [-tɪŋ] *s.* **1.** Netzstricken *n*, Fi'letarbeit *f*; **2.** Netz(werk) *n*, Geflecht *n* (*a. Draht*); ⚔ Tarnnetze *pl.*
net·tle ['netl] **I** *s.* **1.** ⚘ Nessel *f*: ***grasp the*** ~ *fig.* den Stier bei den Hörnern packen; **II** *v/t.* **2.** mit *od.* an Nesseln brennen; **3.** *fig.* ärgern, reizen: ***be ~d at*** aufgebracht sein über (*acc.*); ~ **cloth** *s.* Nesseltuch *n*; ~ **rash** *s.* ⚕ Nesselausschlag *m.*
net| weight *s.* ✝ Netto-, Rein-, Eigen-, Trockengewicht *n*; '**~·work I** *s.* **1.** Netz-, Maschenwerk *n*, Geflecht *n*, Netz *n*, *Computer*: Netz(werk) *n*: ~ ***access*** Netzzugang *m*; ~ ***driver*** Netzwerktreiber *m*; ~ ***server*** Netzwerkserver *m*; **2.** Netz-, Fi'letarbeit *f*; **3.** *fig.* Netz *n*: ~ ***of roads*** Straßennetz; ~ ***of intrigues*** Netz von Intrigen; **4.** ⚡ a) Leitungs-, Verteilungsnetz *n*, b) *Rundfunk*: Sendernetz *n*, -gruppe *f*; **II** *v/t. Computer*: vernetzen; ~ **yield** *s.* ✝ effek'tive Ren'dite *od.* Verzinsung, Nettoertrag *m.*
neu·ral ['njʊərəl] *adj. physiol.* Nerven...: ~ ***axis*** Nervenachse *f.*
neu·ral·gia [ˌnjʊə'rældʒə] *s.* ⚕ Neural'gie *f*, Nervenschmerz *m*; ˌ**neu'ral·gic** [-dʒɪk] *adj.* (☐ ***~ally***) neur'algisch.
neu·ras·the·ni·a [ˌnjʊərəs'θiːnɪə] *s.* ⚕ Neurasthe'nie *f*, Nervenschwäche *f*; ˌ**neu·ras'then·ic** [-'θenɪk] ⚕ **I** *adj.* (☐ ***~ally***) neura'sthenisch; **II** *s.* Neura'stheniker(in).
neu·ri·tis [ˌnjʊə'raɪtɪs] *s.* Nervenentzündung *f.*
neu·rol·o·gist [ˌnjʊə'rɒlədʒɪst] *s.* Neuro'loge *m*, Nervenarzt *m*; ˌ**neu'rol·o·gy** [-dʒɪ] *s.* Neurolo'gie *f.*
neu·ro·path ['njʊərəʊpæθ] *s.* ⚕ Nervenleidende(r *m*) *f*; **neu·ro·path·ic** [ˌnjʊərəʊ'pæθɪk] *adj.* (☐ ***~ally***) neuro'pathisch: a) ner'vös (*Leiden etc.*), b) nervenkrank; **neu·rop·a·thist** [ˌnjʊə'rɒpəθɪst] → ***neurologist***; **neu'rop·a·thy** [ˌnjʊə'rɒpəθɪ] *s.* Nervenleiden *n.*
neu·rop·ter·an [ˌnjʊə'rɒptərən] *zo.* **I** *adj.* Netzflügler...; **II** *s.* Netzflügler *m.*
neu·ro·sis [ˌnjʊə'rəʊsɪs] *pl.* **-ses** [-siːz] *s.* ⚕ Neu'rose *f*; ˌ**neu'rot·ic** [-'rɒtɪk] **I** *adj.* (☐ ***~ally***) **1.** neu'rotisch; **2.** Nerven...(*-mittel, -leiden etc.*); **II** *s.* **3.** Neu'rotiker(in); **4.** Nervenmittel *n*; ˌ**neu'rot·o·my** [-'rɒtəmɪ] *s.* **1.** 'Nervenanatoˌmie *f*; **2.** Nervenschnitt *m.*
neu·ter ['njuːtə] **I** *adj.* **1.** *ling.* a) sächlich, b) intransitiv (*Verb*); **2.** *biol.* geschlechtslos; **II** *s.* **3.** *ling.* a) Neutrum *n*, sächliches Hauptwort, b) intransitives Verb; **4.** ⚘ Blüte *f* ohne Staubgefäße u. Stempel; **5.** *zo.* geschlechtsloses *od.* kastriertes Tier; **III** *v/t.* **6.** kastrieren.
neu·tral ['njuːtrəl] **I** *adj.* ☐ **1.** neu'tral (*a. pol.*), par'teilos, 'unparˌteiisch, unbeteiligt; **2.** neu'tral, unbestimmt, farblos; **3.** neu'tral (*a.* ⚗, ⚡), gleichgültig, 'indiffeˌrent; **4.** ⚘, *zo.* geschlechtslos; **5.** ⚙, *mot.* a) Ruhe..., Null... (*Lage*), b) Leerlauf... (*Gang*); **II** *s.* **6.** a) Neu'trale(r *m*) *f*, Par'teilose(r *m*) *f*, b) neu'traler Staat, c) Angehörige(r *m*) *f* e-s neu'tralen Staates; **7.** *mot.*, ⚙ Ruhelage *f*, Leerlaufstellung *f*: ***put the car in*** ~ den Gang herausnehmen; ~ **ax·is** *s.* [*irr.*] ⚛, *phys.*, ⚙ neutrale Achse, Nulllinie *f*; ~ **con·duc·tor** *s.* ⚡ Nullleiter *m*; ~ **gear** *s.* ⚙ Leerlauf(gang) *m.*
neu·tral·ism ['njuːtrəlɪzəm] *s.* Neutra'lismus *m*; '**neu·tral·ist** [-ɪst] **I** *s.* Neutra'list *m*; **II** *adj.* neutra'listisch.
neu·tral·i·ty [njuː'trælətɪ] *s.* Neutrali'tät *f* (*a.* ⚗, *pol.*).
neu·tral·i·za·tion [ˌnjuːtrəlaɪ'zeɪʃn] *s.* **1.** Neutralisierung *f*, Ausgleichung *f*, (gegenseitige) Aufhebung; **2.** ⚗ Neutralisati'on *f*; **3.** *pol.* Neutrali'tätserklärung *f e-s Staates etc.*; **4.** ⚡ Entkopplung *f*; **5.** ⚔ Niederhaltung *f*, Lahmlegung *f*, *a. sport*: Ausschaltung *f*; **neu·tral·ize** ['njuːtrəlaɪz] *v/t.* **1.** neutralisieren (*a.* ⚗), ausgleichen, aufheben: ~ ***each other*** sich gegenseitig aufheben; **2.** *pol.* für neu'tral erklären; **3.** ⚡ neutralisieren, entkoppeln; **4.** ⚔ niederhalten, -kämpfen, *a. sport*: *Gegner* ausschalten; *Kampfstoff* entgiften.
neu·tral| line *s.* **1.** ⚛, *phys.* Neu'trale *f*, neu'trale Linie; **2.** *phys.* Nulllinie *f*; **3.** → ***neutral axis***; ~ **po·si·tion** *s.* **1.** ⚙ Nullstellung *f*, -lage *f*; Ruhestellung *f*; **2.** ⚡ neu'trale Stellung (*Anker etc.*).
neu·tro·dyne ['njuːtrədaɪn] *s.* ⚡ Neutro'dyn *n.*
neu·tron ['njuːtrɒn] *phys.* **I** *s.* Neu'tron *n*; **II** *adj.* Neutronen...(*-bombe, -zahl etc.*).
né·vé ['neveɪ] (*Fr.*) *s.* Firn(feld *n*) *m.*
nev·er ['nevə] *adv.* **1.** nie, niemals, nimmer(mehr); **2.** durch'aus nicht, (ganz und) gar nicht, nicht im Geringsten; **3.** (doch) wohl nicht;
Besondere Redewendungen:
~ ***ever*** noch nie; ~ ***fear*** nur keine Bange!; ~ ***mind*** das macht nichts!; ***well I ~!*** F nein, so was!, das ist ja unerhört!; ~ ***so*** auch noch so; ***he ~ so much as answered*** er hat noch nicht einmal geantwortet; ~ ***say die!*** nur nicht verzweifeln!
'**nev·er|-do-ˌwell** *s.* Taugenichts *m*, Tunichtgut *m*; ˌ**~-'end·ing** [-ər'e-] *adj.* endlos, nicht enden wollend; ˌ**~-'fail·ing** *adj.* **1.** unfehlbar, untrüglich; **2.** nie versiegend; ˌ**~'more** *adv.* nimmermehr, nie wieder; ˌ**~-'nev·er** *s.* F **1.** ***buy on the*** ~ ‚abstottern', auf Pump kaufen; **2.** *a.* ~ ***land*** a) ‚Arsch *m* der Welt', b) *fig.* Wolken'kuckucksheim *n.*
ˌ**nev·er·the'less** *adv.* nichtsdesto'weniger, dennoch, trotzdem.
ne·vus ['niːvəs] *s.* ⚕ Muttermal *n*, Leberfleck *m*: ***vascular*** ~ Feuermal.
new [njuː] **I** *adj.* ☐ → ***newly***; **1.** *allg.* neu: ***nothing*** ~ nichts Neues; → ***broom***[2]; **2.** *a. ling.* neu, mo'dern; *bsd. contp.* neumodisch; **3.** neu (*Obst etc.*), frisch (*Brot, Milch etc.*); **4.** neu (*Ggs. alt*), gut erhalten: ***as good as*** ~ so gut wie neu; **5.** neu(entdeckt *od.* -erschienen *od.* -erstanden *od.* -geschaffen): ~ ***facts***; ~ ***star***; ~ ***moon*** Neumond *m*; ~ ***publications*** Neuerscheinungen *pl.*; ***the ~ woman*** die Frau von heute; ***the ~ World*** die Neue Welt (*Amerika*); ***that is not ~ to me*** das ist mir nichts Neues; **6.** unerforscht: ~ ***ground*** Neuland *n* (*a. fig.*); **7.** neu (gewählt, ernannt): ***the ~ president***; **8.** (***to***) a) *j-m* unbekannt, b) nicht vertraut (mit *e-r Sache*), unerfahren (in *dat.*), c) *j-m* ungewohnt; **9.** neu, ander, besser: ***feel a ~ man*** sich wie neugeboren fühlen; **10.** erneut: ***a ~ start***; **11.** (*bsd. bei Ortsnamen*) Neu...; **II** *adv.* **12.** neu(erlich), so'eben, frisch (*bsd. in Zssgn*): ***~-built*** neu erbaut.
new·bie ['njuːbɪ] *s.* F *bsd. Computer*: Neuling *m*, Anfänger(in).
'**new|-born** *adj.* neugeboren (*a. fig.*); ~ **build·ing** *s.* Neubau *m*; '**~-come** *adj.* neu angekommen; '**~ˌcom·er** *s.* **1.** Neuankömmling *m*, Fremde(r *m*) *f*; **2.** Neuling *m* (***to*** in *e-m Fach*); ~ **Deal** *s. hist.* New Deal *m* (*Wirtschafts- u. Sozialpolitik des Präsidenten F. D. Roosevelt*).
new·el ['njuːəl] *s.* ⚙ **1.** Spindel *f* (*Wendeltreppe, Gussform etc.*); **2.** Endpfosten *m* (*Geländer*).
'**new|ˌfan·gled** [-ˌfæŋgld] *adj. contp.* neu(modisch); '**~-fledged** *adj.* **1.** flügge geworden; **2.** *fig.* neu gebacken; ˌ**~-'found** *adj.* **1.** neu gefunden; neu erfunden; **2.** neu entdeckt.
New·found·land (**dog**) [njuː'faʊndlənd], **New'found·land·er** [-də] *s.* Neu'fundländer *m* (*Hund*).
new·ish ['njuːɪʃ] *adj.* ziemlich neu;
new·ly ['njuːlɪ] *adv.* **1.** neulich, kürzlich, jüngst: ~ ***married*** neu *od.* jung vermählt; **2.** von neuem; **new·ness** ['njuːnɪs] *s.* Neuheit *f*, *das* Neue; *fig.* Unerfahrenheit *f.*
ˌ**new-'rich I** *adj.* neureich; **II** *s.* Neureiche(r *m*) *f*, Parve'nü *m.*
news [njuːz] *s. pl. sg. konstr.* **1.** *das* Neue, Neuigkeit(en *pl.*) *f*, Neues *n*, Nachricht(en *pl.*) *f*: ***a piece of*** ~ e-e Nachricht *od.* Neuigkeit; ***at this*** ~ bei dieser Nachricht; ***commercial*** ~ ✝ Handelsteil *m* (*Zeitung*); ***break the*** (***bad***) ~ ***to s.o.*** j-m die (schlechte) Nachricht (schonend) beibringen; ***have ~ from s.o.*** von j-m Nachricht haben; ***it is ~ to me*** das ist mir (ganz) neu; ***what('s the) ~?*** was gibt es Neues?; ~ ***certainly travels fast!*** es spricht sich alles herum!; ***he is bad ~s Am. sl.*** mit ihm werden wir Ärger kriegen; **2.** neueste (Zeitungs-, Radio)Nachrichten *pl.*: ***be in the*** ~ (in der Öffentlichkeit) von sich reden machen; ~ **a·gen·cy** *s.* 'Nachrichtenagenˌtur *f*, -büˌro *n*; '**~ˌa·gent** *s.* Zeitungshändler(in); ~ **black·out** *s.* Nachrichtensperre *f*; '**~·boy** *s.* Zeitungsjunge *m*; ~ **butch·er** *s.* 🚂 *Am.* Verkäufer *m* von Zeitungen, Süßigkeiten *etc.*; '**~·cast** *s. Radio, TV*: Nachrichtensendung *f*; '**~ˌcast·er** *s.* Nachrichtensprecher(in); ~ **cin·e·ma** *s.* Aktuali'tätenkino *n*; ~ **con·fer·ence** *s.* 'Pressekonfeˌrenz *f*; '**~ˌdeal·er** *Am.* → ***newsagent***; ~ **flash** *s.* (eingeblendete) Kurzmeldung; '**~·group** *s. Internet*: Newsgroup *f* (*e-e Art öffentliches schwarzes Brett zum Nachrichtenaustausch*); '**~-hawk** *s.*, '**~·hound** *s. Am.* F 'Zeitungsreˌporter(in); ~ **i·tem** *s.* 'Pressenoˌtiz *f*; '**~ˌlet·ter** *s.* (Nachrichten)Rundschreiben *n*, Zirku'lar *n*; ~ **mag·a·zine** *s.* 'Nachrichtenmagaˌzin *n*; '**~·man** [-mæn] *s.* [*irr.*] **1.** Zeitungshändler *m*, -austräger *m*; **2.** Journa'list *m*; '**~ˌmon·ger** *s.* Neuigkeitskrämer(in).

N

'news,pa·per *s.* Zeitung *f*; **~ ad·ver·tise·ment** *s.* 'Zeitungsan,nonce *f*, -anzeige *f*; **~ clip·ping** *Am.*, **~ cut·ting** *s.* Zeitungsausschnitt *m*; **'~·man** [-mæn] *s.* [*irr.*] **1.** Zeitungsverkäufer *m*; **2.** Journa'list *m*; **3.** Zeitungsverleger *m*.
'news|·print *s.* 'Zeitungspa,pier *n*; **'~,read·er** *s. Brit.* für ***newscaster***; **'~·reel** *s.* Wochenschau *f*; **~ re·lease** *s.* Pressemitteilung *f*; **'~·room** [-rʊm] *s.* **1.** 'Nachrichtenraum *m*, -zen,trale *f*; **2.** *Brit.* Zeitschriftenlesesaal *m*; **3.** *Am.* 'Zeitungsladen *m*, -ki,osk *m*; **~ serv·ice** *s.* Nachrichtendienst *m*; **'~·sheet** *s.* Informati'onsblatt *n*; **'~·stall** *s. Brit.*, **'~·stand** *s.* Zeitungskiosk *m*, -stand *m*.
New Style *s.* neue Zeitrechnung (*nach dem gregorianischen Kalender*), neuer Stil.
news| ven·dor *s.* Zeitungsverkäufer(in); **'~,wor·thy** *adj.* von Inter'esse (für den Zeitungsleser), berichtenswert, schlagzeilenträchtig.
news·y ['nju:zɪ] *adj.* F voller Neuigkeiten.
newt [nju:t] *s. zo.* Wassermolch *m*.
new·ton ['nju:tn] *s. phys.* Newton *n* (*Maßeinheit*).
New·to·ni·an [nju:'təʊnjən] *adj.* newton(i)sch: **~ *force*** newtonsche Kraft.
new| year *s.* Neujahr *n*, *das* neue Jahr; **♀ Year** *s.* Neujahrstag *m*; **♀ Year's Day** *s.* Neujahrstag *m*; **♀ Year's Eve** *s.* Sil'vesterabend *m*; **♀ Zea·land·er** ['zi:ləndə] *s.* Neuseeländer(in).
next [nekst] **I** *adj.* **1.** nächst, nächstfolgend, -stehend: ***the ~ house*** (***train***) das nächste Haus (der nächste Zug); (***the***) **~ *day*** am nächsten *od.* folgenden Tag; **~ *door*** (im Haus) nebenan; **~ *door to*** *fig.* beinahe, fast *unmöglich etc.*, so gut wie; **~ *to*** a) (gleich) neben, b) (gleich) nach (*Rang, Reihenfolge*), c) fast *unmöglich etc.*; **~ *to nothing*** fast gar nichts; **~ *to last*** zweitletzt; ***the ~ but one*** der (die, das) Übernächste; **~ *in size*** a) nächstgrößer, b) nächstkleiner; **~ *friend*** ⚖ Prozesspfleger *m*; ***the ~ of kin*** der (*pl.* die) nächste(n) Angehörige(n) *od.* Verwandte(n); ***be ~ best*** a) der (die, das) Zweitbeste sein, b) (***to***) *fig.* gleich kommen (nach), fast so gut sein (wie); ***week after ~*** übernächste Woche; ***what ~?*** was (denn) noch?; **II** *adv.* **2.** (*Ort, Zeit etc.*) zu'nächst, gleich dar'auf, als Nächste(r) *od.* Nächstes: ***come ~*** (als Nächstes) folgen; **3.** nächstens, demnächst, das nächste Mal; **4.** (*bei Aufzählung*) dann, dar'auf; **III** *prp.* **5.** (gleich) neben (*dat.*) *od.* bei (*dat.*) *od.* an (*dat.*); **6.** zu'nächst nach, (*an Rang*) gleich nach; **IV** *s.* **7.** *der* (*die, das*) Nächste; **'next-door** *adj.* neben'an, im Nachbar- *od.* Nebenhaus, benachbart.
nex·us ['neksəs] *s.* Verknüpfung *f*, Zs.-hang *m*.
nib [nɪb] *s.* **1.** Schnabel *m* (*Vogel*); **2.** (Gold-, Stahl)Spitze *f* (*Schreibfeder*); **3.** *pl.* Kaffee- *od.* Ka'kaobohnenstückchen *pl.*
nib·ble ['nɪbl] **I** *v/t.* **1.** nagen, knabbern an (*dat.*): **~ *off*** abbeißen, -fressen; **2.** vorsichtig anbeißen (*Fische am Köder*); **II** *v/i.* **3.** nagen, knabbern (***at*** an *dat.*): **~ *at one's food*** im Essen herumstochern; **4.** *Kekse etc.* ‚knabbern', naschen; **5.** (fast) anbeißen (*Fisch*) (*a. fig. Käufer*); **6.** *fig.* kritteln, tadeln; **III** *s.* **7.** Nagen *n*, Knabbern *n*; **8.** (kleiner) Bissen, Happen *m*.

nib·lick ['nɪblɪk] *s. Golf: obs.* Niblick *m* (*Schläger*).
nibs [nɪbz] *s. pl. sg. konstr.* F ‚großes Tier': ***his ~*** ‚seine Hoheit'.
nice [naɪs] *adj.* □ **1.** fein (*Beobachtung, Sinn, Urteil, Unterschied etc.*); **2.** lecker, fein (*Speise etc.*); **3.** nett, freundlich (***to*** zu *j-m*); **4.** nett, hübsch, schön (*alle a. iro.*): **~ *girl***; **~ *weather***; ***a ~ mess*** *iro.* e-e schöne Bescherung; **~ *and fat*** schön fett; **~ *and warm*** hübsch warm; **5.** niedlich, nett; **6.** heikel, wählerisch (***about*** in *dat.*); **7.** (peinlich) genau, gewissenhaft; **8.** (*mst mit* ***not***) anständig; **9.** *fig.* heikel, schwierig; **'nice·ly** [-lɪ] *adv.* **1.** nett, fein: ***I was done ~*** *sl. iro.* ich wurde schön übers Ohr gehauen; **2.** gut, fein, befriedigend: ***that will do ~*** das passt ausgezeichnet; ***she is doing ~*** F es geht ihr gut (*od.* besser), sie macht gute Fortschritte; **3.** sorgfältig, genau; **'nice·ness** [-nɪs] *s.* **1.** Feinheit *f*; **2.** Nettheit *f*; Niedlichkeit *f*; **3.** F Nettigkeit *f*; **4.** Schärfe *f des Urteils*; **5.** Genauigkeit *f*, Pünktlichkeit *f*; **'ni·ce·ty** [-sətɪ] **1.** Feinheit *f*, Schärfe *f des Urteils etc.*; **2.** peinliche Genauigkeit, Pünktlichkeit *f*: ***to a ~*** aufs Genaueste, bis aufs Haar; **3.** Spitzfindigkeit *f*; **4.** *pl.* kleine 'Unterschiede *pl.*, Feinheiten *pl.*: ***not to stand upon niceties*** es nicht so genau nehmen; **5.** wählerisches Wesen; **6. *the niceties of life*** die Annehmlichkeiten des Lebens.
niche [nɪtʃ] **I** *s.* **1.** ⚠, *a.* ⚕ Nische *f*; **2.** *fig.* Platz *m*, wo man hingehört: ***he finally found his ~ in life*** er hat endlich s-n Platz im Leben gefunden; **3.** *fig.* (ruhiges) Plätzchen; **II** *v/t.* **4.** mit e-r Nische versehen; **5.** in e-e Nische stellen.
ni·chrome ['naɪkrəʊm] *s.* ⚙ Nickelchrom *n*.
Nick[1] [nɪk] *npr.* **1.** Niki *m* (*Koseform zu* ***Nicholas***); **2. *Old ~*** *sl.* der Teufel.
nick[2] [nɪk] **I** *s.* **1.** Kerbe *f*, Einkerbung *f*, Einschnitt *m*; **2.** Kerbholz *n*; **3.** *typ.* Signa'tur(rinne) *f*; **4. *in the*** (***very***) **~** (***of time***) a) im richtigen Augenblick, wie gerufen, b) im letzten Moment; ***in good ~*** ‚gut in Schuss'; **5.** *Würfelspiel etc.*: (hoher) Wurf, Treffer *m*; **II** *v/t.* **6.** (ein)kerben, einschneiden: **~ *out*** auszacken, -furchen; **~ *o.s.*** sich *beim Rasieren* schneiden; **7.** *et.* glücklich treffen: **~ *the time*** gerade den richtigen Zeitpunkt treffen; **8.** erraten; **9.** *Zug etc.* erwischen, (noch) kriegen; **10.** *Brit. sl.* a) betrügen, reinlegen, b) ‚klauen', c) *j-n* ‚schnappen' *od.* ‚einlochen'.
nick·el ['nɪkl] **I** *s.* **1.** ⚒, *min.* Nickel *n*; **2.** *Am.* F Nickel *m*, Fünf'centstück *n*; **II** *adj.* **3.** Nickel...; **III** *v/t.* **4.** vernickeln; **~ bloom** *s. min.* Nickelblüte *f*; **'~-clad sheet** *s.* ⚙ nickelplattiertes Blech.
nick·el·o·de·on [,nɪkə'ləʊdɪən] *s. Am.* **1.** *hist.* billiges ('Film-, Varie'tee)The,ater; **2.** Mu'sikauto,mat *m*.
'nick·el|-plate *v/t.* ⚙ vernickeln; **'~-,plat·ing** *s.* Vernickelung *f*; **~ sil·ver** *s.* Neusilber *n*; **~ steel** *s.* Nickelstahl *m*.
nick·nack ['nɪknæk] → ***knickknack***.
nick·name ['nɪkneɪm] **I** *s.* Spitzname *m*; ⚔ Deckname *m*; **II** *v/t.* mit e-m Spitznamen bezeichnen, *j-m* e-n *od.* den Spitznamen geben.
nic·o·tine ['nɪkəti:n] *s.* ⚒ Niko'tin *n*; **~ *patch*** Niko'tinpflaster *n*; **'nic·o·tin·ism** [-nɪzəm] *s.* Niko'tinvergiftung *f*.
nide [naɪd] *s.* (Fa'sanen)Nest *n*.
nid·i·fy ['nɪdɪfaɪ] *v/i.* nisten.

nid-nod ['nɪdnɒd] *v/i.* (mehrmals *od.* ständig) nicken.
ni·dus ['naɪdəs] *pl. a.* **-di** [-daɪ] *s.* **1.** *zo.* Nest *n*, Brutstätte *f*; **2.** *fig.* Lagerstätte *f*, Sitz *m*; **3.** ⚕ Herd *m e-r Krankheit*.
niece [ni:s] *s.* Nichte *f*.
nif·ty ['nɪftɪ] *adj. sl.* **1.** ‚sauber': a) hübsch, fesch, b) prima, c) raffiniert; **2.** *Brit.* stinkend.
nig·gard ['nɪgəd] **I** *s.* Knicker(in), Geizhals *m*, Filz *m*; **II** *adj.* □ geizig, knickerig, knickrig, kärglich; **'nig·gard·li·ness** [-lɪnɪs] *s.* Knause'rei *f*, Geiz *m*; **'nig·gard·ly** [-lɪ] **I** *adv.* → ***niggard*** II; **II** *adj.* schäbig, kümmerlich: ***a ~ gift***.
nig·ger ['nɪgə] *s.* F *neg.*! Nigger *m*, Neger(in), Schwarze(r *m*) *f*: ***work like a ~*** wie ein Pferd arbeiten, schuften; **~ *in the woodpile*** *sl. der* Haken an der Sache.
nig·gle ['nɪgl] **I** *v/i.* **1.** her'umnörgeln (***at*** an *dat.*); **2.** **~ *at*** *fig.* nagen an (*dat.*), plagen, quälen: ***the matter niggled at his brain*** die Sache ging ihm nicht aus dem Kopf; **3.** stören, ärgerlich sein (*Dinge, Fakten*); **II** *v/t.* **4.** her'umnörgeln an (*dat.*); **'nig·gler** *s.* **1.** a) Tüftler(in), b) Pe'dant(in); **2.** Nörgler(in); **'nig·gling I** *adj.* □ **1.** a) tüftelig, b) pe'dantisch; **2.** nörglerisch; **3.** *fig.* nagend, quälend; **II** *s.* **4.** Nörgeln *n*, ‚Meckern' *n*.
nigh [naɪ] *obs. od. poet.* **I** *adv.* **1.** nahe (***to*** an *dat.*): **~ (*un*)*to death*** dem Tode nahe; **~ *but*** beinahe; ***draw ~ to*** sich nähern (*dat.*); **2.** *mst* ***well ~*** beinahe, nahezu; **II** *prp.* **3.** nahe bei, neben.
night [naɪt] *s.* **1.** Nacht *f*: ***at ~***, ***by ~***, ***in the ~***, F ***o'nights*** bei Nacht, nachts, des Nachts; **~*'s lodging*** Nachtquartier *n*; ***all ~*** (***long***) die ganze Nacht (hindurch); ***over ~*** über Nacht; ***bid*** (*od.* ***wish***) ***s.o. good ~*** j-m gute (*od.* Gute) Nacht wünschen; ***make a ~ of it*** die ganze Nacht durchmachen, -feiern, sich die Nacht um die Ohren schlagen; ***stay the ~ at*** übernachten in *e-m Ort od.* bei *j-m*; **2.** Abend *m*: ***last ~*** gestern Abend; ***the ~ before last*** vorgestern Abend; ***first ~*** *thea.* Erstaufführung *f*, Premiere *f*; ***a ~ of Wagner*** Wagnerabend; ***on the ~ of May 4th*** am Abend des 4. Mai; **~ *out*** freier Abend; ***have a ~ out*** e-n Abend ausspannen, ausgehen; **3.** *fig.* Nacht *f*, Dunkelheit *f*; **~ at·tack** *s.* ⚔ Nachtangriff *m*; **~ bird** *s.* **1.** Nachtvogel *m*; **2.** *fig.* Nachtschwärmer *m*; **'~-blind** *adj.* ⚕ nachtblind; **'~·cap** *s.* **1.** Nachtmütze *f*, -haube *f*; **2.** *fig.* Schlummertrunk *m*; **'~·club** *s.* Nachtklub *m*, 'Nachtlo,kal *n*; **'~·dress** *s.* Nachthemd *n* (*für Frauen u. Kinder*); **~ ex·po·sure** *s. phot.* Nachtaufnahme *f*; **'~·fall** *s.* Einbruch *m* der Nacht; **~ fight·er** *s.* ✈, ⚔ Nachtjäger *m*; **~ glass** *s.* Nachtfernrohr *n*, -glas *n*; **'~·gown** → ***nightdress***.
night·in·gale ['naɪtɪŋgeɪl] *s. orn.* Nachtigall *f*.
'night|·jar *s. orn.* Ziegenmelker *m*; **~ leave** *s.* ⚔ Urlaub *m* bis zum Wecken; **'~·life** *s.* Nachtleben *n*; **'~-long I** *adj.* e-e *od.* die ganze Nacht dauernd; **II** *adv.* die ganze Nacht (hin'durch).
night·ly ['naɪtlɪ] **I** *adj.* **1.** nächtlich, Nacht...; **2.** jede Nacht *od.* jeden Abend stattfindend; **II** *adv.* **3.** a) (all-) nächtlich, jede Nacht, b) jeden Abend, (all)abendlich.
night·mare ['naɪtmeə] *s.* **1.** Nachtmahr *m* (*böser Geist*); **2.** ⚕ Alb(drücken *n*) *m*, böser Traum; **3.** *fig.* Schreckge-

spenst *n*, Albtraum *m*, Spuk *m*; '**night·mar·ish** [-əriʃ] *adj.* beklemmend, schauerlich.

night| nurse *s.* Nachtschwester *f*; ~ **owl** *s.* **1.** *orn.* Nachteule *f* (*a.* F *fig. Nachtmensch*); **2.** F Nachtschwärmer *m*; ~ **por·ter** *s.* 'Nachtporti,er *m*; ~ **rate** *s.* 'Nachtta,rif *m*.

nights [naɪts] *adv.* F bei Nacht, nachts.

night| school *s.* Abend-, Fortbildungsschule *f*; '~**·shade** *s.* ⚘ Nachtschatten *m*: ***deadly*** ~ Tollkirsche *f*; ~ **shift** *s.* Nachtschicht *f*: ***be on*** ~ Nachtschicht haben; '~**·shirt** *s.* Nachthemd *n* (*für Männer u. Knaben*); '~**·spot** *s.* F *für* ***nightclub***; '~**·stand** *s. Am.* Nachttisch *m*; ~ **stick** *s. Am.* Schlagstock *m der Polizei*; '~**·stool** *s.* Nachtstuhl *m*; '~**·time** *s.* Nachtzeit *f*; ~ **vi·sion** *s.* **1.** nächtliche Erscheinung; **2.** Nachtsehvermögen *n*; ~ **watch** *s.* Nachtwache *f*; ,~'**watch·man** [-mən] *s.* [*irr.*] Nachtwächter *m*; '~**·wear** *s.* Nachtzeug *n*.

night·y ['naɪtɪ] *s.* F (Damen-, Kinder-) Nachthemd *n*.

ni·hil·ism ['naɪɪlɪzəm] *s. phls., pol.* Nihi'lismus *m*; '**ni·hil·ist** [-ɪst] **I** *s.* Nihi'list (-in); **II** *adj.* → **ni·hil·is·tic** [,naɪɪ'lɪstɪk] *adj.* nihi'listisch.

nil [nɪl] *s.* Nichts *n*, Null *f* (*bsd. in Spielresultaten*): ***two goals to*** ~ zwei zu null (2:0); ~ ***report*** Fehlanzeige *f*; ***his influence is*** ~ *fig.* sein Einfluss ist gleich null.

nim·ble ['nɪmbl] *adj.* □ flink, hurtig, gewandt, be'händ: ~ ***mind*** *fig.* beweglicher Geist, rasche Auffassungsgabe; ,~**-'fin·gered** *adj.* **1.** geschickt; **2.** langfingerig, diebisch; ,~**-'foot·ed** *adj.* leicht-, schnellfüßig.

nim·ble·ness ['nɪmblnɪs] *s.* Flinkheit *f*, Gewandtheit *f*, *fig. a.* geistige Beweglichkeit.

nim·bus ['nɪmbəs] *pl.* **-bi** [-baɪ] *od.* **-bus·es** *s.* **1.** *a.* ~ ***cloud*** graue Regenwolke; **2.** Nimbus *m*: a) Heiligenschein *m*, b) *fig.* Ruhm *m*.

NIMBY, nimby ['nɪmbɪ] *abbr. für* ***not in my back yard*** **I** *s. j-d, der nach dem Sankt-Florians-Prinzip handelt*; **II** *adj.* F ablehnend: ***a*** ~ ***attitude*** e-e ‚Ohne-mich'-Haltung.

nim·i·ny-pim·i·ny [,nɪmɪnɪ'pɪmɪnɪ] *adj.* affektiert, ‚etepe'tete'.

Nim·rod ['nɪmrɒd] *npr. Bibl. u. fig.* Nimrod *m* (*großer Jäger*).

nin·com·poop ['nɪnkəmpu:p] *s.* Einfaltspinsel *m*, Trottel *m*.

nine [naɪn] **I** *adj.* **1.** neun: ~ ***days' wonder*** Tagesgespräch *n*, sensationelles Ereignis; ~ ***times out of ten*** in neun von zehn Fällen; **II** *s.* **2.** Neun *f*, Neuner *m* (*Spielkarte etc.*): ***the*** ~ ***of hearts*** Herzneun; ***to the*** ~***s*** in höchstem Maße; ***dressed up to the*** ~***s*** piekfein gekleidet, aufgedonnert; **3.** ***the*** ♀ die neun Musen; **4.** *sport* Baseballmannschaft *f*; '**nine·fold I** *adj. u. adv.* neunfach; **II** *s.* *das* Neunfache; '**nine·pins** *s. pl.* **1.** Kegel *pl.*: ~ ***alley*** Kegelbahn *f*; **2.** *a. sg. konstr.* Kegelspiel *n*: ***play*** ~ Kegel spielen, kegeln.

nine·teen [,naɪn'ti:n] **I** *adj.* neunzehn; → ***dozen*** 2; **II** *s.* Neunzehn *f*; ,**nine·'teenth** [-θ] **I** *adj.* neunzehnt; **II** *s.* Neunzehntel *n*; **nine·ti·eth** ['naɪntɪɪθ] **I** *adj.* neunzigst; **II** *s.* Neunzigstel *n*; **nine·ty** ['naɪntɪ] **I** *s.* Neunzig *f*: ***he is in his nineties*** er ist in den Neunzigern; ***in the nineties*** in den Neunzigerjahren (*e-s Jahrhunderts*); **II** *adj.* neunzig.

nin·ny ['nɪnɪ] F *s.* Trottel *m*.

ninth [naɪnθ] **I** *adj.* **1.** neunt: ***in the*** ~ ***place*** neuntens, an neunter Stelle; **II** *s.* **2.** *der* (*die, das*) Neunte; **3.** *a.* ~ ***part*** Neuntel *n*; **4.** ♪ None *f*; '**ninth·ly** [-lɪ] *adv.* neuntens.

nip¹ [nɪp] **I** *v/t.* **1.** kneifen, zwicken, klemmen: ~ ***off*** abzwicken, -kneifen, -beißen; **2.** (*durch Frost etc.*) beschädigen, vernichten, ka'puttmachen: ~ ***in the bud*** *fig.* im Keim ersticken; **3.** *sl.* → ***nick²*** 10 b *u.* c; **II** *v/i.* **4.** schneiden (*Kälte, Wind*); ⚙ klemmen (*Maschine*); **5.** F ‚flitzen': ~ ***in*** hineinschlüpfen; ~ ***on ahead*** nach vorne flitzen; **III** *s.* **6.** Kneifen *n*, Kniff *m*, Biss *m*; **7.** Schneiden *n* (*Kälte etc.*); scharfer Frost; **8.** ⚘ Frostbrand *m*; **9.** Knick *m* (*Draht etc.*); **10.** ~ ***and tuck***, *attr.* ~***-and-tuck*** *Am.* auf Biegen oder Brechen, scharf (*Kampf*), hart (*Rennen*).

nip² [nɪp] **I** *v/i. u. v/t.* nippen (an *dat.*); **II** *s.* Schlückchen *n*.

Nip [nɪp] *s. sl.* ‚Japs' *m*.

nip·per ['nɪpə] *s.* **1.** *zo.* a) Vorder-, Schneidezahn *m* (*bsd. des Pferdes*), b) Schere *f* (*Krebs etc.*); **2.** *mst pl.* ⚙ a) *a.* ***a pair of*** ~***s*** (Kneif)Zange *f*, b) Pin'zette *f*; **3.** *pl.* Kneifer *m*; **4.** *Brit.* F Bengel *m*, ‚Stift' *m*; **5.** *pl.* F Handschellen *pl.*

nip·ping ['nɪpɪŋ] *adj.* □ **1.** kneifend; **2.** beißend, schneidend (*Kälte, Wind*); **3.** *fig.* bissig, scharf (*Worte*).

nip·ple ['nɪpl] *s.* **1.** *anat.* Brustwarze *f*; **2.** (Saug)Hütchen *n*, Sauger *m* (*e-r Saugflasche*); **3.** ⚙ (Speichen-, Schmier)Nippel *m*; (Rohr)Stutzen *m*.

nip·py ['nɪpɪ] **I** *adj.* **1.** → ***nipping*** 2, 3; **2.** F schnell, ‚fix'; spritzig (*Auto*); **II** *s.* **3.** *Brit.* F Kellnerin *f*.

ni·sei ['ni:,seɪ] *pl.* **-sei, -seis** *s.* Ja'paner (-in) geboren in den USA.

ni·si ['naɪsaɪ] (*Lat.*) *cj.* ⚖ wenn nicht: ***decree*** ~ vorläufiges Scheidungsurteil.

Nis·sen hut ['nɪsn] *s.* ✕ Nissenhütte *f*, 'Wellblechba,racke *f*.

nit [nɪt] *s.* **1.** *Brit* F Schwachkopf *m*, Trottel *m*; **2.** *zo.* Nisse *f*, Niss *f*.

ni·ter *Am.* → ***nitre***.

'**nit,pick·ing I** *adj.* F kleinlich, ‚pingelig'; **II** *s.* ‚Pingeligkeit' *f*.

ni·trate ['naɪtreɪt] **I** *s.* ⚗ Ni'trat *n*, sal'petersaures Salz: ~ ***of silver*** salpetersaures Silber, Höllenstein *m*; ~ ***of soda*** (*od.* ***sodium***) salpetersaures Natrium; **II** *v/t.* nitrieren; **III** *v/i.* sich in Sal'peter verwandeln.

ni·tre ['naɪtə] *s.* ⚗ Sal'peter *m*: ~ ***cake*** Natriumkuchen *m*.

ni·tric ['naɪtrɪk] *adj.* ⚗ sal'petersauer, Salpeter..., Stickstoff...; ~ **ac·id** *s.* Sal'petersäure *f*; ~ **ox·ide** *s.* 'Stickstoffo,xid *n*.

ni·tride ['naɪtraɪd] **I** *s.* Ni'trid *n*; **II** *v/t.* nitrieren; **ni·trif·er·ous** [naɪ'trɪfərəs] *adj.* **1.** stickstoffhaltig; **2.** sal'peterhaltig; '**ni·tri·fy** [-trɪfaɪ] **I** *v/t.* nitrieren; **II** *v/i.* sich in Sal'peter verwandeln; '**ni·trite** [-aɪt] *s.* Ni'trit *n*, sal'pet(e)rigsaures Salz.

ni·tro·ben·zene [,naɪtrəʊ'benzi:n], **ni·tro·ben·zol(e)** [,naɪtrəʊ'benzɒl] *s.* ⚗ Nitroben'zol *n*.

ni·tro·cel·lu·lose [,naɪtrəʊ'seljʊləʊs] *s.* ⚗ Nitrozellu'lose *f*: ~ ***lacquer*** Nitro(zellulose)lack *m*.

ni·tro·gen ['naɪtrədʒən] *s.* ⚗ Stickstoff *m*: ~ ***carbide*** Stickkohlenstoff *m*; ~ ***chloride*** Chlorstickstoff; ~ ***oxide*** Stickoxid *n*; ~ ***oxide reduction*** Entstickung *f*; **ni·trog·e·nize** [naɪ'trɒdʒɪnaɪz] *v/t.* mit Stickstoff verbinden *od.* anreichern *od.* sättigen: ~***d foods*** stickstoffhaltige Nahrungsmittel; **ni·trog·e·nous** [naɪ'trɒdʒɪnəs] *adj.* stickstoffhaltig.

ni·tro·glyc·er·in(e) [,naɪtrəʊ'glɪsəri:n] *s.* ⚗ Nitroglyze'rin *n*.

ni·tro·hy·dro·chlo·ric ['naɪtrəʊ,haɪdrəʊ'klɒrɪk] *adj.* Salpetersalz...

ni·trous ['naɪtrəs] *adj.* ⚗ Salpeter..., sal'peterhaltig, sal'petrig: ~ **ac·id** *s.* sal'petrige Säure; ~ **ox·ide** *s.* 'Stickstoffoxi,dul *n*, Lachgas *n*.

nit·ty-grit·ty [,nɪtɪ'grɪtɪ] *s.*: ***get down to the*** ~ F zur Sache kommen.

nit·wit ['nɪtwɪt] *s.* Schwachkopf *m*.

nix¹ [nɪks] *adv. Am. sl.* ‚nix', nichts, *int. a.* nein.

nix² [nɪks] *pl.* **-es** *s.* Nix *m*, Wassergeist *m*; '**nix·ie** [-ksɪ] *s.* (Wasser)Nixe *f*.

no [nəʊ] **I** *adv.* **1.** nein: ***answer*** ~ Nein sagen; **2.** (*nach* **or** *am Ende e-s Satzes*) nicht (*jetzt mst* **not**): ***whether ... or*** ~ ob ... oder nicht; **3.** (*beim comp.*) um nichts, nicht: ~ ***better a writer*** kein besserer Schriftsteller; ~ ***longer*** (***ago***) ***than yesterday*** erst gestern; ~***!*** nicht möglich!, nein!; → ***more*** 2, 4, ***soon*** 1; **II** *adj.* **4.** kein(e): ~ ***hope*** keine Hoffnung; ~ ***one*** keiner; ~ ***man*** niemand; ~ ***parking*** Parkverbot; ~ ***thoroughfare*** Durchfahrt gesperrt; ***in*** ~ ***time*** im Nu; ~***-claims bonus*** Vergütung *f* für Schadenfreiheit; ***no-fly zone*** Flugverbotszone *f*; **5.** kein, alles andere als ein(e): ***he is*** ~ ***artist***; ~ ***such thing*** nichts dergleichen; **6.** (*vor ger.*): ***there is*** ~ ***denying*** es lässt sich *od.* man kann nicht leugnen; **III** *pl.* **noes** *s.* **7.** Nein *n*, verneinende Antwort, Absage *f*, Weigerung *f*; **8.** *parl.* Gegenstimme *f*: ***the ayes and*** ~***es*** die Stimmen für u. wider; ***the*** ~***es have it*** die Mehrheit ist dagegen, der Antrag ist abgelehnt.

'**no-ac,count** *adj. Am. dial.* unbedeutend (*mst Person*).

nob¹ [nɒb] *s. sl.* ‚Birne' *f* (*Kopf*).

nob² [nɒb] *s. sl.* ‚feiner Pinkel' (*vornehmer Mann*), ‚großes Tier'.

nob·ble ['nɒbl] *v/t. sl.* **1.** betrügen, ‚reinlegen'; **2.** *j-n* auf s-e Seite ziehen, ‚herumkriegen'; **3.** bestechen; **4.** ‚klauen'.

nob·by ['nɒbɪ] *adj. sl.* schick.

No·bel Prize [nəʊ'bel] *s.* No'belpreis *m*: ~ ***winner*** Nobelpreisträger(in); ***Nobel Peace Prize*** Friedensnobelpreis.

no·bil·i·ar·y [nəʊ'bɪlɪərɪ] *adj.* adlig, Adels...

no·bil·i·ty [nəʊ'bɪlətɪ] *s.* **1.** *fig.* Adel *m*, Würde *f*, Vornehmheit *f*: ~ ***of mind*** vornehme Denkungsart; ~ ***of soul*** Seelenadel; **2.** Adel(sstand) *m*, *die* Adligen *pl.*; (*bsd. in England*) *der* hohe Adel: ***the*** ~ ***and gentry*** der hohe u. niedere Adel.

no·ble ['nəʊbl] **I** *adj.* □ **1.** adlig, von Adel; edel, erlaucht; **2.** *fig.* edel, nobel, erhaben, groß(mütig), vor'trefflich: ***the*** ~ ***art*** (***of self-defence***, *Am.* ***self-defense***) die edle Kunst der Selbstverteidigung (*Boxen*); **3.** prächtig, stattlich: ***a*** ~ ***edifice***; **4.** prächtig geschmückt (***with*** mit); **5.** *phys.* Edel...(*-gas, -metall*); **II** *s.* **6.** Edelmann *m*, (hoher) Adliger; **7.** *hist.* Nobel *m* (*Goldmünze*); '~**·man** [-mən] *s.* [*irr.*] **1.** Edelmann *m*, (hoher) Adliger; **2.** *pl. Schach*: Offi'ziere *pl.*; ,~**-'mind·ed** *adj.* edel denkend; ,~**-'mind·ed·ness** *s.* vornehme Denkungsart, Edelmut *m*.

no·ble·ness ['nəʊblnɪs] *s.* **1.** Adel *m*,

N

hohe Abstammung; **2.** *fig.* a) Adel *m*, Würde *f*, b) Edelsinn *m*, -mut *m*.

'no·ble,wom·an *s.* [*irr.*] Adlige *f*.

no·bod·y ['nəʊbədɪ] **I** *adj. pron.* niemand, keiner: **~ *else*** sonst niemand, niemand anders; **II** *s. fig.* unbedeutende Per'son, ‚Niemand' *m*, ‚Null' *f*: ***be (a) ~*** *a.* nichts sein, nichts zu sagen haben.

nock [nɒk] **I** *s. Bogenschießen*: Kerbe *f*; **II** *v/t.* a) *Pfeil* auf die Kerbe legen, b) *Bogen* einkerben.

no-claim(s) bo·nus [ˌnəʊkleɪm(z)'bəʊnəs] *s. Versicherung*: 'Schadenfreiheitsraˌbatt *m*.

noc·tam·bu·la·tion [nɒkˌtæmbjʊ'leɪʃn], *a.* **noc·tam·bu·lism** [nɒk'tæmbjʊlɪzəm] *s.* ⚕ Somnambu'lismus *m*, Nachtwandeln *n*; **noc·tam·bu·list** [nɒk'tæmbjʊlɪst] *s.* Schlafwandler(in), Somnam'bule(r *m*) *f*.

noc·turn ['nɒktɜːn] *s. R.C.* Nachtmette *f*; **noc·tur·nal** [nɒk'tɜːnl] *adj.* □ nächtlich, Nacht...; **noc·turne** ['nɒktɜːn] *s.* **1.** *paint.* Nachtstück *n*; **2.** ♪ Not'turno *n*.

noc·u·ous ['nɒkjʊəs] *adj.* □ **1.** schädlich; **2.** giftig (*Schlangen*).

nod [nɒd] **I** *v/i.* **1.** nicken: **~ *to s.o.*** j-m zunicken, j-n grüßen; ***~ding acquaintance*** oberflächliche(r) Bekannte(r), Grußbekanntschaft *f*; ***we are on ~ding terms*** wir grüßen uns; **2.** sich neigen (*Blumen etc.*) (*a. fig.* ***to*** vor *dat.*); wippen (*Hutfeder*); **3.** nicken, (*sitzend*) schlafen: **~ *off*** einnicken; **4.** *fig.* unaufmerksam sein, ‚schlafen': ***Homer sometimes ~s*** auch dem Aufmerksamsten entgeht manchmal etwas; **II** *v/t.* **5.** **~ *one's head*** (mit dem Kopf) nicken; **6.** (*durch Nicken*) andeuten: **~ *one's assent*** beifällig (zu)nicken; **~ *s.o. out*** j-n hinauswinken; **III** *s.* **7.** (Kopf)Nicken *n*, Wink *m*: ***give s.o. a ~*** j-m zunicken; ***go to the land of ~*** einschlafen; ***on the ~*** *Am. sl.* auf Pump.

nod·al ['nəʊdl] *adj.* Knoten...: **~ *point*** a) ♪, *phys.* Schwingungsknoten *m*, b) ⩓, *phys.* Knotenpunkt *m*.

nod·dle ['nɒdl] *s. sl.* Schädel *m*, ‚Birne' *f*, *fig.* ‚Grips' *m*.

node [nəʊd] *s.* **1.** *allg.* Knoten *m* (*a. ast.*, ⚘, ⩓; *a. fig. im Drama etc.*): **~ *of a curve*** ⩓ Knotenpunkt *m* e-r Kurve; **2.** ⚕ Knoten *m*, Knötchen *n*: ***gouty ~*** Gichtknoten; **3.** *phys.* Schwingungsknoten *m*.

no·dose ['nəʊdəʊs] *adj.* knotig (*a.* ⚕), voller Knoten; **no·dos·i·ty** [nəʊ'dɒsətɪ] *s.* **1.** knotige Beschaffenheit; **2.** → ***node*** 2.

nod·u·lar ['nɒdjʊlə] *adj.* knoten-, knötchenförmig: ***~-ulcerous*** ⚕ tubero-ulzerös.

nod·ule ['nɒdjuːl] *s.* **1.** ⚘, ⚕ Knötchen *n*: ***lymphatic ~*** Lymphknötchen *n*; **2.** *geol., min.* Nest *n*, Niere *f*.

no·dus ['nəʊdəs] *pl.* **-di** [-daɪ] *s.* Knoten *m*, Schwierigkeit *f*.

nog [nɒg] *s.* **1.** Holznagel *m*, -klotz *m*; **2.** ⚠ a) Holm *m* (*querliegender Balken*), b) *Maurerei*: Riegel *m*.

nog·gin ['nɒgɪn] *s.* **1.** kleiner (Holz-) Krug; **2.** F ‚Birne' *f* (*Kopf*).

nog·ging ['nɒgɪŋ] *s.* ⚠ Riegelmauer *f*, (ausgemauertes) Fachwerk.

'no-good *Am.* F **I** *s.* Lump *m*, Nichtsnutz *m*; **II** *adj.* nichtsnutzig, elend, mise'rabel.

'no·how *adv.* F **1.** auf keinen Fall, durch'aus nicht; **2.** nichts sagend, ungut: ***feel ~*** nicht auf der Höhe sein; ***look ~*** nach nichts aussehen.

noil [nɔɪl] *s. sg. u. pl.* ✝, ⚙ Kämmling *m*, Kurzwolle *f*.

ˌno-'i·ron *adj.* bügelfrei (*Hemd etc.*).

noise [nɔɪz] **I** *s.* **1.** Geräusch *n*; Lärm *m*, Getöse *n*, Geschrei *n*: **~ *of battle*** Gefechtslärm; **~ *abatement*, ~ *control*** Lärmbekämpfung *f*; **~ *nuisance*** Lärmbelästigung *f*; ***hold your ~!*** F halt den Mund!; **2.** Rauschen *n* (*a.* ⚡ *Störung*), Summen *n*: **~ *factor*** ⚡ Rauschfaktor *m*; **3.** *fig.* Streit *m*, Krach *m*: ***make a ~*** Krach machen (***about*** wegen); → 4; **4.** *fig.* Aufsehen *n*, Geschrei *n*: ***make a great ~ in the world*** großes Aufsehen erregen; ***make a ~*** viel Tamtam machen (***about*** um); **5.** ***a big ~*** *sl.* ein hohes (*od.* großes) Tier (*wichtige Persönlichkeit*); **II** *v/i.* **6.** **~ *it*** lärmen; **III** *v/t.* **7.** **~ *abroad*** verbreiten, aussprengen; **~ bar·ri·er** *s.* 'Lärmschutzwall *m*.

noise·less ['nɔɪzlɪs] *adj.* □ laut-, geräuschlos (*a.* ⚙), still; **'noise·less·ness** [-nɪs] *s.* Geräuschlosigkeit *f*.

noise| lev·el *s.* Lärm-, ⚡ Störpegel *m*; **~ sup·pres·sion** *s.* ⚡ **1.** Störschutz *m*; **2.** Entstörung *f*; **~ pol·lu·tion** *s.* Lärmbelästigung *f*; **~ volt·age** *s.* ⚡ **1.** Geräuschspannung *f*; **2.** Störspannung *f*.

nois·i·ness ['nɔɪzɪnɪs] *s.* Lärm *m*, Getöse *n*; lärmendes Wesen.

noi·some ['nɔɪsəm] *adj.* □ **1.** schädlich, ungesund; **2.** widerlich.

nois·y ['nɔɪzɪ] *adj.* □ **1.** geräuschvoll, laut; lärmend: **~ *running*** ⚙ geräuschvoller Gang; **~ *fellow*** Krakeeler *m*, Schreier *m*; **2.** *fig.* grell, schreiend (*Farbe etc.*); laut, aufdringlich (*Stil*).

nol·le ['nɒlɪ], **nol·le·pros** [ˌnɒlɪ'prɒs] (*Lat.*) ⚖ *Am.* **I** *v/i.* a) die Zu'rücknahme e-r Klage einleiten, b) *im Strafprozess*: das Verfahren einstellen; **II** *s.* → ***nolle prosequi***.

nol·le pros·e·qui [ˌnɒlɪ'prɒsɪkwaɪ] (*Lat.*) *s.* ⚖ a) Zu'rücknahme *f* der (*Zivil*)Klage, b) Einstellung *f* des (*Straf-*) Verfahrens.

ˌno-'load *s.* ⚡ Leerlauf *m*: **~ *speed*** Leerlaufdrehzahl *f*.

nol-pros [nɒl'prɒs] → ***nolle*** I.

no·mad ['nəʊməd] **I** *adj.* no'madisch, Nomaden...; **II** *s.* No'made *m*, No'madin *f*; **no·mad·ic** [nəʊ'mædɪk] *adj.* (□ ***~ally***) **1.** → ***nomad*** I; **2.** *fig.* unstet; **'no·mad·ism** [-dɪzəm] *s.* No'madentum *n*, Wanderleben *n*.

'no-man's land *s.* ⚔ Niemandsland *n* (*a. fig.*).

nom·bril ['nɒmbrɪl] *s.* Nabel *m* (*des Wappenschilds*).

nom de plume [ˌnɔ̃mdə'pluːm] (*Fr.*) *s.* Pseudo'nym *n*, Schriftstellername *m*.

no·men·cla·ture [nəʊ'menklətʃə] *s.* **1.** Nomenkla'tur *f*: a) (*wissenschaftliche*) Namengebung, b) Namensverzeichnis *n*; **2.** (*fachliche*) Terminolo'gie; **3.** *coll. die* Namen *pl.*, Bezeichnungen *pl.* (*a.* ⩓).

nom·i·nal ['nɒmɪnl] *adj.* □ **1.** Namen...; **2.** nomi'nell, Nominal...: **~ *consideration*** ⚖ formale Gegenleistung; **~ *fine*** nominelle (*sehr geringe*) Geldstrafe; **~ *rank*** Titularrang *m*; **3.** *ling.* nomi'nal; **4.** ⚙, ⚡ Nominal..., Nenn..., Soll...; **~ ac·count** *s.* ✝ Sachkonto *n*; **~ a·mount** *s.* ✝ Nennbetrag *m*; **~ bal·ance** *s.* ✝ Sollbestand *m*; **~ ca·pac·i·ty** *s.* ⚡, ⚙ Nennleistung *f*; **~ cap·i·tal** *s.* ✝ 'Grund-, 'Stammkapiˌtal *n*; **~ fre·quen·cy** *s.* ⚡ 'Sollfreˌquenz *f*; **~ in·ter·est** *s.* ✝ Nomi'nalzinsfuß *m*.

nom·i·nal·ism ['nɒmɪnəlɪzəm] *s. phls.* Nomina'lismus *m*.

nom·i·nal| out·put *s.* ⚙ Nennleistung *f*; **~ par** *s.* ✝ Nenn-, Nomi'nalwert *m*; **~ par·i·ty** *s.* ✝ 'Nennwertpariˌtät *f*; **~ speed** *s.* ⚡ Nenndrehzahl *f*; **~ stock** *s.* ✝ 'Gründungs-, 'Stammkapiˌtal *n*; **~ val·ue** *s.* ✝, ⚙ Nennwert *m*.

nom·i·nate *v/t.* ['nɒmɪneɪt] **1.** (***to***) berufen, ernennen (zu *e-r Stelle*), einsetzen (in *ein Amt*); **2.** nominieren, als ('Wahl)Kandiˌdaten aufstellen; **nom·i·na·tion** [ˌnɒmɪ'neɪʃn] *s.* **1.** (***to***) Berufung *f*, Ernennung *f* (zu), Einsetzung *f* (in): ***in ~*** vorgeschlagen (***for*** für); **2.** Vorschlagsrecht *n*; **3.** Nominierung *f*, Vorwahl *f* (*e-s Kandidaten*): **~ *day*** Wahlvorschlagstermin *m*; **nom·i·na·tive** ['nɒmɪnətɪv] **I** *adj. ling.* nominativ (-isch): **~ *case*** → ***II***; **II** *s. ling.* Nominativ *m*, erster Fall; **'nom·i·na·tor** [-tə] *s.* Ernenn(end)er *m*; **nom·i·nee** [ˌnɒmɪ'niː] *s.* **1.** Vorgeschlagene(r *m*) *f*, Kandi'dat(in); **2.** ✝ Begünstigte(r *m*) *f*, Empfänger(in) *e-r Rente etc.*

non- [nɒn] *in Zssgn*: nicht..., Nicht..., un..., miss...

ˌnon(-)ac'cept·ance *s.* Annahmeverweigerung *f*, Nichtannahme *f e-s Wechsels etc.*

ˌnon(-)a'chiev·er *s.* Versager *m*.

non·age ['nəʊnɪdʒ] *s.* Unmündigkeit *f*, Minderjährigkeit *f*.

non·a·ge·nar·i·an [ˌnəʊnədʒɪ'neərɪən] **I** *adj.* neunzigjährig; **II** *s.* Neunzigjährige(r *m*) *f*.

ˌnon-ag'gres·sion *s.* Nichtangriff *m*: **~ *treaty*** *pol.* Nichtangriffspakt *m*.

non·a·gon ['nɒnəgən] *s.* ⩓ Nona'gon *n*, Neuneck *n*.

ˌnon(-)al·co'hol·ic *adj.* alkoholfrei.

ˌnon-a'ligned *adj. pol.* bündnis-, blockfrei.

ˌnon(-)ap'pear·ance *s.* Nichterscheinen *n vor Gericht etc.*

ˌnon(-)as'sess·a·ble *adj.* nicht steuerpflichtig, steuerfrei.

ˌnon(-)at'tend·ance *s.* Nichterscheinen *n*.

ˌnon(-)bel'lig·er·ent I *adj.* nicht Krieg führend; **II** *s.* nicht am Krieg teilnehmende Per'son *od.* Nati'on.

ˌnon(-)'busi·ness *adj.* gemeinnützig.

nonce [nɒns] *s.* (*nur in*): ***for the ~*** a) für das 'eine Mal, nur für diesen Fall, b) einstweilen; **~ word** *s. ling.* Ad-'hoc-Bildung *f*.

non·cha·lance ['nɒnʃələns] (*Fr.*) *s.* Noncha'lance *f*: a) (Nach)Lässigkeit *f*, Gleichgültigkeit *f*, b) Unbekümmertheit *f*; **'non·cha·lant** [-nt] *adj.* □ lässig: a) gleichgültig, b) unbekümmert.

ˌnon(-)'chlo·rine bleached *adj.* chlorfrei (*Papier*).

ˌnon(-)col'le·gi·ate *adj.* **1.** *Brit. univ.* keinem College angehörend; **2.** nichtaka'demisch; **3.** nicht aus Colleges bestehend (*Universität*).

non·com [ˌnɒn'kɒm] F *für* ***non-commissioned (officer)***.

ˌnon(-)'com·bat·ant ⚔ **I** *s.* 'Nichtkämpfer *m*, -kombaˌtant *m*; **II** *adj.* am Kampf nicht beteiligt.

ˌnon(-)com'mis·sioned *adj.* **1.** unbestallt, nicht bevollmächtigt; **2.** 'Unteroffiˌziersˌrang besitzend; **~ *of·fi·cer*** *s.* ⚔ 'Unteroffiˌzier *m*.

ˌnon-com'mit·tal I *adj.* **1.** unverbindlich, nichts sagend, neu'tral; **2.** zu'rückhaltend, sich nicht festlegen wollend (*Person*); **II** *s.* Unverbindlichkeit *f*.

N

ˌ**non(-)comˈmit·ted** → *non-aligned*.
ˌ**non(-)comˈpli·ance** *s.* **1.** Zuˈwiderhandeln *n* (*with* gegen), Weigerung *f*; **2.** Nichterfüllung *f*, Nichteinhaltung *f* (*with* von *od. gen.*).
non com·pos (men·tis) [ˌnɒnˈkɒmpəs(ˈmentɪs)] (*Lat.*) *adj.* ⚖ unzurechnungsfähig.
ˌ**non-conˈduc·tor** *s.* ⚡ Nichtleiter *m*.
ˌ**non·conˈform·ist I** *s.* Nonkonforˈmist (-in): a) (soziˈaler *od.* poˈlitischer) Einzelgänger, b) *Brit. eccl.* Dissiˈdent(in), Freikirchler(in); **II** *adj.* ˈnonkonforˌmistisch; ˌ**non·conˈform·i·ty** *s.* **1.** mangelnde Überˈeinstimmung (*with* mit) *od.* Anpassung (*to* an *acc.*); **2.** Nonkonforˈmismus *m*; **3.** *eccl.* Dissiˈdententum *n*.
ˌ**non-conˈtent** *s. Brit. parl.* Neinstimme *f* (*im Oberhaus*).
ˌ**non(-)conˈten·tious** *adj.* □ nicht strittig: ~ *litigation* ⚖ freiwillige Gerichtsbarkeit.
ˌ**non-conˈtrib·u·to·ry** *adj.* beitragsfrei (*Organisation*).
ˈ**non(-)co(-)ˌop·erˈa·tion** *s.* Verweigerung *f* der Mit- *od.* Zuˈsammenarbeit; *pol.* passiver ˈWiderstand.
ˌ**non(-)corˈrod·ing** *adj.* ⚙ **1.** korrosiˈonsfrei; **2.** rostbeständig (*Eisen*).
ˌ**non(-)ˈcreas·ing** *adj.* ✝ knitterfrei.
ˌ**non(-)ˈcut·ting** *adj.* ⚙ spanlos: ~ *shaping* spanlose Formung.
ˌ**non(-)ˈdaz·zling** *adj.* ⚙ blendfrei.
ˌ**non(-)deˈliv·er·y** *s.* **1.** ✝, ⚖ Nichtauslieferung *f*, Nichterfüllung *f*; **2.** ✉ Nichtbestellung *f*.
ˈ**non(-)deˌnom·iˈna·tion·al** *adj.* nicht konfesˈsionsgebunden: ~ *school* Simultan-, Gemeinschaftsschule *f*.
non·de·script [ˈnɒndɪskrɪpt] **I** *adj.* schwer zu beschreiben(d), unbestimmbar, nicht klassifizierbar (*mst contp.*); **II** *s.* Perˈson *od.* Sache, die schwer zu klassifizieren ist *od.* über die nichts Näheres bekannt ist, *etwas* ˈUndefiˌnierbares.
ˌ**non-diˈrec·tion·al** *adj. Funk, Radio*: ungerichtet: ~ *aerial* (*bsd. Am. antenna*) Rundstrahlantenne *f*.
ˈ**non(-)disˌcrim·iˈna·tion prin·ci·ple** *s.* Diskriminierungsverbot *n*.
ˌ**non(-)ˈdu·ra·bles** *s. pl.* kurzlebige Konˈsumgüter *pl.*
none [nʌn] **I** *pron. u. s. mst pl. konstr.* kein, niemand: ~ *of them is here* keiner von ihnen ist hier; *I have* ~ ich habe keine(n); ~ *but fools* nur Narren; *it's* ~ *of your business* das geht dich nichts an; ~ *of that* nichts dergleichen; ~ *of your tricks!* lass deine Späße!; *he will have* ~ *of me* er will von mir nichts wissen; → *other* 8; **II** *adv.* in keiner Weise, nicht im Geringsten, keineswegs: ~ *too high* keineswegs zu hoch; ~ *the less* nichtsdestoweniger; ~ *too soon* kein bisschen zu früh, im letzten Augenblick; → *wise* 3.
ˌ**non-efˈfec·tive** ⚔ **I** *adj.* dienstuntauglich; **II** *s.* Dienstuntaugliche(r) *m*.
ˌ**non(-)ˈe·go** *s. phls.* Nicht-Ich *n*.
non·en·ti·ty [nɒˈnentətɪ] *s.* **1.** Nicht(da)sein *n*; **2.** Unding *n*, Nichts *n*; *fig. contp.* Null *f* (*Person*).
nones [nəʊnz] *s. pl.* **1.** *antiq.* Nonen *pl.*; **2.** *R.C.* ˈMittagsofˌfizium *n*.
ˌ**non(-)esˈsen·tial** *Brit.* **I** *adj.* unwesentlich; **II** *s.* unwesentliche Sache, Nebensächlichkeit *f*: ~*s a.* nicht lebenswichtige Dinge.
ˈ**none·such I** *adj.* **1.** unvergleichlich; **II** *s.* **2.** Perˈson *od.* Sache, die nicht ihresgleichen hat, Muster *n*; **3.** ⚘ a) Brennende Liebe, b) Nonpaˈreilleapfel *m*.
ˌ**none·theˈless** *adv.* nichtsdestoweniger, dennoch.
ˌ**non(-)eˈvent** *s.* F ‚Reinfall' *m*.
ˌ**non(-)exˈist·ence** *s.* Nicht(da)sein *n*; *weitS.* Fehlen *n*; ˌ**non(-)exˈist·ent** *adj.* nicht existierend.
ˌ**non(-)ˈfad·ing** *adj.* ⚙, ✝ lichtecht.
non(-)fat [ˌnɒnˈfæt] *adj.* fettarm, Mager...
non(-)fea·sance [ˌnɒnˈfiːzəns] *s.* ⚖ pflichtwidrige Unterˈlassung.
ˌ**non(-)ˈfer·rous** *adj.* **1.** nicht eisenhaltig; **2.** Nichteisen...: ~ *metal*.
ˌ**non(-)ˈfic·tion** *s.* Sachbücher *pl.*
ˌ**non(-)ˈflam·ma·ble** *adj.* flammbeständig, nicht entflammbar.
ˌ**non(-)ˈfreez·ing** *adj.* ⚙ kältebeständig: ~ *mixture* Frostschutzmittel *n*.
ˌ**non(-)ful·fil(l)·ment** *s.* Nichterfüllung *f*.
ˌ**non(-)ˈglar·ing** *adj.* blendfrei.
ˌ**non(-)ˈhaz·ard·ous** *adj.* ungefährlich.
ˌ**non(-)ˈhu·man** *adj.* nicht zur menschlichen Rasse gehörig.
ˌ**non(-)inˈduc·tive** *adj.* ⚡ induktiˈonsfrei.
ˌ**non(-)inˈflam·ma·ble** *adj.* nicht feuergefährlich.
ˌ**non-ˈin·ter·est-ˌbear·ing** *adj.* ✝ zinslos.
ˈ**non(-)ˌin·terˈven·tion** *s. pol.* Nichteinmischung *f*.
ˌ**non-ˈi·ron** *adj.* bügelfrei.
ˌ**non(-)ˈju·ry** *adj.*: ~ *trial* ⚖ summarisches Verfahren.
ˌ**non-ˈlad·der·ing** *adj.* maschenfest.
ˌ**non(-)ˈlead·ed** [-ˈledɪd] *adj.* ⚗ bleifrei (*Benzin*).
ˌ**non(-)ˈmet·al** *s.* ⚗ ˈNichtmeˌtall *n*; ˌ**non(-)meˈtal·lic** *adj.* ˈnichtmeˌtallisch: ~ *element* Metalloid *n*.
ˌ**non(-)neˈgo·ti·a·ble** *adj.* ✝ ˈunüberˌtragbar, nicht begebbar: ~ *bill* (*cheque*, *Am. check*) Rektawechsel *m* (-scheck *m*).
no-no [ˈnəʊnəʊ] *s.* F: *be a* ~ verboten *od.* tabu sein, nicht infrage kommen.
no-ˈnon·sense *adj.* sachlich, kühl.
ˌ**non(-)ˈnu·cle·ar** *adj.* **1.** a) *pol.* ohne Aˈtomwaffen, b) ⚔ konventioˈnell; **2.** ⚙ ohne Aˈtomkraft.
ˌ**non(-)obˈjec·tion·a·ble** *adj.* einwandfrei.
ˌ**non(-)obˈserv·ance** *s.* Nichtbe(ob)achtung *f*; Nichterfüllung *f*.
non·pa·reil [ˈnɒnpərəl] (*Fr.*) **I** *adj.* **1.** unvergleichlich; **II** *s.* **2.** *der* (*die*, *das*) Unvergleichliche; **3.** *typ.* Nonpaˈreille (-schrift) *f*; **4.** Liebesperlen(plätzchen *n*) *pl.*
ˌ**non(-)ˈpar·ti·san** *adj.* **1.** (parˈtei)unabhängig; ˈüberparˌteilich; **2.** objekˈtiv, ˈunparˌteiisch.
ˌ**non(-)ˈpar·ty** → *non(-)partisan*.
ˌ**non(-)ˈpay·ment** *s.* Nicht(be)zahlung *f*, Nichterfüllung *f*.
ˌ**non(-)perˈform·ance** *s.* ⚖ Nichterfüllung *f*.
ˌ**non(-)ˈper·ish·a·ble** *adj.* haltbar: ~ *foods*.
ˌ**non(-)ˈper·son** *s.* ‚ˈUnperˌson' *f*.
ˌ**nonˈplus I** *v/t.* verblüffen, verwirren: *be* ~(*s*)*ed a.* verdutzt sein; **II** *s.* Verlegenheit *f*, Klemme *f*: *at a* ~ ratlos, verdutzt.
ˌ**non(-)polˈlut·ing** *adj.* ˈumweltfreundlich, ungiftig.
ˌ**non(-)proˈduc·tive** *adj.* ✝ ˈunprodukˌtiv (*a. Person*); unergiebig.
ˌ**non(-)ˈprof·it (mak·ing)** *adj.* gemeinnützig: *a* ~ *institution*.
ˈ**nonˌpro·lif·erˈa·tion** *s. pol.* Nichtweitergabe *f* von Aˈtomwaffen: ~ *treaty* Atomsperrvertrag *m*.
non-pros [ˌnɒnˈprɒs] *v/t.* ⚖ *e-n Kläger* (*wegen Nichterscheinens*) abweisen;
non pro·se·qui·tur [ˌnɒnprəʊˈsekwɪtə] (*Lat.*) *s.* Abweisung *f* e-s Klägers *wegen Nichterscheinens*.
ˌ**non(-)ˈquo·ta** *adj.* ✝ nicht kontingentiert: ~ *imports*.
ˌ**non(-)reˈcov·er·a·ble** *adj.*: ~ *energy* nicht erneuerbare Energie.
ˌ**non-reˈcur·ring** *adj.* einmalig (*Zahlung etc.*).
ˈ**non(-)ˌrep·re·senˈta·tion·al** *adj. Kunst*: gegenstandslos, abˈstrakt.
ˌ**non(-)ˈres·i·dent I** *adj.* **1.** außerhalb des Amtsbezirks wohnend; abwesend (*Amtsperson*); **2.** nicht ansässig: ~ *traffic* Durchgangsverkehr *m*; **3.** auswärtig (*Klubmitglied*); **II** *s.* **4.** Abwesende(r *m*) *f*; **5.** Nichtansässige(r *m*) *f*; nicht im Hause Wohnende(r *m*) *f*; **6.** ✝ Deˈvisenausländer *m*.
ˌ**non(-)reˈturn·a·ble** *adj.* ✝ Einweg...: ~ *bottle*.
ˌ**non(-)ˈrig·id** *adj. Brit.* ✈ unstarr (*Luftschiff*; *a. phys. Molekül*).
ˌ**non(-)ˈsched·uled** *adj.* **1.** außerplanmäßig; **2.** ✈ Charter...
non·sense [ˈnɒnsəns] **I** *s.* Unsinn *m*, dummes Zeug: *talk* ~; *stand no* ~ sich nichts gefallen lassen; *make* ~ *of* a) ad absurdum führen, b) illusorisch machen; *there's no* ~ *about him* er ist ein ganz kühler Bursche; **II** *int.* Unsinn!, Blödsinn!; **III** *adj.* a) Nonsens...: ~ *verses*, ~ *word*, b) → **non·sen·si·cal** [nɒnˈsensɪkl] *adj.* □ unsinnig, abˈsurd.
non se·qui·tur [ˌnɒnˈsekwɪtə] (*Lat.*) *s.* Trugschluss *m*, irrige Folgerung.
ˌ**non(-)ˈskid** *adj. mot.* rutschsicher, Gleitschutz...
ˌ**non(-)ˈslip** *adj.* rutschfest.
ˌ**non(-)ˈsmok·er** *s.* **1.** Nichtraucher(in) (*Person*); **2.** ˈNichtraucher(abˌteil *n*) *m* (*Zug*, *Restaurant*); ˌ**non(-)ˈsmoking** *adj.* Nichtraucher...: ~ *area* Nichtraucherbereich *m*, -zone *f*.
ˌ**non-ˈstart·er** *s. fig.* F **1.** ‚Blindgänger' *m* (*Person*); **2.** ‚Pleite' *f*, ‚Reinfall' *m* (*Plan etc.*).
ˌ**non(-)ˈstick** *adj.* mit Antiˈhaftbeschichtung, beschichtet.
ˌ**non(-)ˈstop** *adj.* ohne Halt, pausenlos, Nonstop..., ˈdurchgehend (*Zug*), ohne Zwischenlandung (*Flug*), *adv. a.* nonˈstop: ~ *flight* Nonstopflug *m*; ~ *operation* ⚙ 24-Stunden-Betrieb *m*; ~ *run mot.* Ohnehaltfahrt *f*.
ˈ**non·such** → *nonesuch*.
ˌ**non(-)ˈsuit** ⚖ **I** *s.* **1.** (*gezwungene*) Zuˈrücknahme e-r Klage; **2.** Abweisung *f* e-r Klage; **II** *v/t.* **3.** *den Kläger* mit der Klage abweisen.
ˌ**non(-)supˈport** *s.* ⚖ Nichterfüllung *f* einer ˈUnterhaltsverpflichtung.
ˌ**non-ˈsyn·chro·nous** *adj.* ⚙ *Brit.* asynˈchron.
ˌ**non(-)ˈtox·ic** *adj.* ungiftig.
ˌ**non-ˈU** *adj. Brit.* F unfein.
ˌ**non(-)ˈu·ni·form** *adj.* ungleichmäßig (*a. phys.*, ⅌), uneinheitlich.
ˌ**non(-)ˈun·ion** *Brit. adj.* ✝ keiner Gewerkschaft angehörig, nicht organisiert: ~ *shop Am.* gewerkschaftsfreier Betrieb; ˌ**non(-)ˈun·ion·ist** *s.* **1.** nicht organisierter Arbeiter; **2.** Gewerkschaftsgegner *m*.

N

ˌ**non(-)ˈus·er** *s.* ⚖ Nichtausübung *f* e-s Rechts.
ˌ**non(-)ˈva·lent** *adj.* ⚗, *phys.* nullwertig.
ˌ**non(-)ˈval·ue bill** *s.* ✝ Gefälligkeitswechsel *m.*
ˌ**non(-)ˈvi·o·lent** *adj.* gewaltlos.
ˌ**non(-)ˈwar·ran·ty** *s.* ⚖ Haftungsausschluss *m.*
noo·dle¹ [ˈnuːdl] *s.* **1.** F Trottel *m*; **2.** *sl.* ‚Birne' *f*, Schädel *m.*
noo·dle² [ˈnuːdl] *s.* Nudel *f*: **~ soup** Nudelsuppe *f.*
nook [nʊk] *s.* (Schlupf)Winkel *m*, Ecke *f*, (stilles) Plätzchen.
nook·ie, **nook·y** [ˈnʊkɪ] *s.* F ‚Nümmerchen' *n* (*Sex*).
noon [nuːn] **I** *s. a.* ˈ**~·day**, ˈ**~·tide**, ˈ**~·time** Mittag(szeit *f*) *m*: ***at ~*** zu Mittag; ***at high ~*** am hellen Mittag; **II** *adj.* mittägig, Mittags...
noose [nuːs] **I** *s.* Schlinge *f* (*a. fig.*): ***running ~*** Lauf-, Gleitschlinge; ***slip one's head out of the hangman's ~*** *fig.* mit knapper Not dem Galgen entgehen; ***put one's head into the ~*** *fig.* den Kopf in die Schlinge stecken; **II** *v/t.* a) *et.* schlingen (***over*** über *acc.*, ***round*** um), b) (mit e-r Schlinge) fangen.
ˌ**no-ˈpar** *adj.* ✝ nennwertlos (*Aktie*).
nope [nəʊp] *adv.* F ‚ne(e)', nein.
nor [nɔː] *cj.* **1.** (*mst nach neg.*) noch: ***neither ... ~*** weder ... noch; **2.** (*nach e-m verneinten Satzglied od. zu Beginn e-s angehängten verneinten Satzes*) und nicht, auch nicht(s): ***~ do*** (*od.* ***am***) ***I*** ich auch nicht.
Nor·dic [ˈnɔːdɪk] **I** *adj.* nordisch: ***~ combined*** *Skisport*: nordische Kombination; **II** *s.* nordischer Mensch.
norm [nɔːm] *s.* **1.** Norm *f* (*a.* ⚗, ✝); **2.** *biol.* Typus *m*; **3.** *bsd. ped.* ˈDurchschnittsleistung *f*; ˈ**nor·mal** [-ml] **I** *adj.* ☐ → ***normally***; **1.** norˈmal, Normal...; gewöhnlich, üblich: ***~ school*** pädagogische Hochschule; ***~ speed*** ⚙ Betriebsdrehzahl *f*; ***~ view*** *Computer*: Normalansicht *f*; **2.** ⚗ norˈmal: a) richtig, b) lot-, senkrecht: ***~ line*** → 5; **II** *s.* **3.** → ***normalcy***; **4.** Norˈmaltyp *m*; **5.** ⚗ Norˈmale *f*, Senkrechte *f*, (Einfalls)Lot *n*; ˈ**nor·mal·cy** [-mlsɪ] *s.* Normaliˈtät *f*, Norˈmalzustand *m*, *das* Norˈmale: ***return to ~*** sich wieder normalisieren; **nor·mal·i·ty** [nɔːˈmælətɪ] *s.* Normaliˈtät *f* (*a.* ⚗).
nor·mal·i·za·tion [ˌnɔːməlaɪˈzeɪʃn] *s.* **1.** Normalisierung *f*; **2.** Normung *f*, Vereinheitlichung *f*; **nor·mal·ize** [ˈnɔːməlaɪz] *v/t.* **1.** normalisieren; **2.** normen, vereinheitlichen; **3.** *metall.* norˈmalglühen; **nor·mal·ly** [ˈnɔːməlɪ] *adv.* norˈmalerweise, (für) gewöhnlich.
Nor·man [ˈnɔːmən] **I** *s.* **1.** *hist.* Norˈmanne *m*, Norˈmannin *f*; **2.** Bewohner(in) der Normanˈdie; **3.** *ling.* Norˈmannisch *n*; **II** *adj.* **4.** norˈmannisch.
nor·ma·tive [ˈnɔːmətɪv] *adj.* normaˈtiv.
Norse [nɔːs] **I** *adj.* **1.** skandiˈnavisch; **2.** altnordisch; **3.** (*bsd.* alt)norwegisch; **II** *s.* **4.** *ling.* a) Altnordisch *n*, b) (*bsd.* Alt)Norwegisch *n*; **5.** *coll.* a) *die* Skandinavier *pl.*, b) *die* Norweger *pl.*; ˈ**~·man** [-mən] *s.* [*irr.*] *hist.* Nordländer *m*, Norweger *m.*
north [nɔːθ] **I** *s.* **1.** *mst* ***the*** ⁓ Nord(en *m*) (*Himmelsrichtung, Gegend etc.*): ***to the ~ of*** nördlich von; ***~ by east*** ⚓ Nord zu Ost; **2.** ***the*** ⁓ a) *Brit.* Nordengland *n*, b) *Am.* die Nordstaaten *pl.*, c) die Arktis; **II** *adj.* **3.** nördlich, Nord...; **III** *adv.* **4.** nördlich, nach *od.* im Norden (***of*** von); ⁓ **At·lan·tic Trea·ty** *s.* ˈNordatˌlantikˌpakt *m*; ⁓ **Brit·ain** *s.* Schottland *n*; ⁓ **Coun·try** *s.* Nordengland *n*; **~-east** [ˌnɔːθˈiːst; ⚓ nɔːrˈiːst] **I** *s.* Nordˈost(en *m*): ***~ by east*** ⚓ Nordost zu Ost; **II** *adj.* nordˈöstlich, Nordost...; **III** *adv.* nordˈöstlich, nach Nordˈosten; **~-east·er** [ˌnɔːθˈiːstə; ⚓ nɔːrˈiːstə] *s.* Nordˈostwind *m*; **~-east·er·ly** [ˌnɔːθˈiːstəlɪ; ⚓ nɔːrˈiːstəlɪ] *adj. u. adv.* nordˈöstlich, Nordost...; ˌ**~-ˈeast·ern** *adj.* nordˈöstlich; ˌ**~-ˈeast·ward I** *adj. u. adv.* nordˈöstlich; **II** *s.* nordˈöstliche Richtung.
north·er·ly [ˈnɔːðəlɪ] *adj. u. adv.* nördlich; ˈ**north·ern** [-ðn] *adj.* **1.** nördlich, Nord...: ***~ Europe*** Nordeuropa *n*; ***~ lights*** Nordlicht *n*; **2.** nordisch; ˈ**north·ern·er** [-ðənə] *s.* Bewohner(in) des nördlichen Landesteils, *bsd.* der amer. Nordstaaten; ˈ**north·ern·most** *adj.* nördlichst; **north·ing** [ˈnɔːθɪŋ] *s.* **1.** *ast.* nördliche Deklinatiˈon (*Planet*); **2.** Weg *m od.* Diˈstanz *f* nach Norden, nördliche Richtung.
ˈ**North|·man** [-mən] *s.* [*irr.*] Nordländer *m*; ⁓ **point** *s. phys.* Nordpunkt *m*; **~ Pole** *s.* Nordpol *m*; **~ Sea** *s.* Nordsee *f*; ⁓**-south di·vide** *s.* Nord-Süd-Gefälle *n*; **~ Star** *s. ast.* Poˈlarstern *m.*
north·ward [ˈnɔːθwəd] *adj. u. adv.* nördlich (***of***, ***from*** von), nordwärts, nach Norden; ˈ**north·wards** [-dz] *adv.* → ***northward***.
north-west [ˌnɔːθˈwest; ⚓ nɔːˈwest] **I** *s.* Nordˈwest(en *m*); **II** *adj.* nordˈwestlich, Nordwest...: ⁓ ***Passage*** *geogr.* Nordwestpassage *f*; **III** *adv.* nordˈwestlich, nach *od.* von Nordˈwesten; **north-west·er** [ˌnɔːθˈwestə; ⚓ nɔːˈwestə] *s.* **1.** Nordˈwestwind *m*; **2.** *Am.* Ölzeug *n*; **north-west·er·ly** [ˌnɔːθˈwestəlɪ; ⚓ nɔːˈwestəlɪ] *adj. u. adv.* nordˈwestlich; ˌ**north-ˈwest·ern** *adj.* nordˈwestlich.
Nor·we·gian [nɔːˈwiːdʒən] **I** *adj.* **1.** norwegisch; **II** *s.* **2.** Norweger(in); **3.** *ling.* Norwegisch *n.*
nose [nəʊz] **I** *s.* **1.** *anat.* Nase *f* (*a. fig.* ***for*** für); **2.** *Brit.* Aˈroma *n*, starker Geruch (*Tee, Heu etc.*); **3.** ⚙ *etc.* a) Nase *f*, Vorsprung *m*, (⚔ Geschoss)Spitze *f*, Schnabel *m*, b) Schneidkopf *m* (*Drehstahl etc.*), Mündung *f*; **4.** a) ✈ (Rumpf)Nase *f*, (*a.* ⚓ Schiffs)Bug *m*, b) *mot.* ‚Schnauze' *f* (*Vorderteil*);
Besondere Redewendungen:
bite (*od.* ***snap***) ***s.o.'s ~ off*** j-n scharf anfahren; ***cut off one's ~ to spite one's face*** sich ins eigene Fleisch schneiden; ***follow one's ~*** a) immer der Nase nach gehen, b) s-m Instinkt folgen; ***have a good ~ for s.th.*** F e-e gute Nase *od.* e-n ‚Riecher' für et. haben; ***hold one's ~*** sich die Nase zuhalten; ***lead s.o. by the ~*** j-n völlig beherrschen; ***keep one's ~ clean*** F sich nichts zuschulden kommen lassen; ***look down one's ~*** ein verdrießliches Gesicht machen; ***look down one's ~ at*** *j-n od. et.* verachten; ***pay through the ~*** ‚bluten' *od.* übermäßig bezahlen müssen; ***poke*** (*od.* ***put***, ***thrust***) ***one's ~ into*** s-e Nase in *et.* stecken; ***put s.o.'s ~ out of joint*** a) j-n ausstechen, j-m die Freundin *etc.* ausspannen, b) j-m das Nachsehen geben; ***not to see beyond one's ~*** a) die Hand nicht vor den Augen sehen können, b) *fig.* e-n engen (*geistigen*) Horizont haben; ***turn up one's ~*** (***at***) die Nase rümpfen (über *acc.*); ***as plain as the ~ in your face*** sonnenklar; ***under s.o.'s*** (***very***) ***~*** direkt vor j-s Nase; **II** *v/t.* **5.** riechen, spüren, wittern; **6.** beschnüffeln; mit der Nase berühren *od.* stoßen; **7.** *fig.* a) sich *im Verkehr etc.* vorsichtig vortasten, b) *Auto etc.* vorsichtig (*aus der Garage etc.*) fahren; **8.** näseln(d aussprechen); **III** *v/i.* **9.** *a.* ***~ around*** (heˈrum)schnüffeln (***after***, ***for*** nach) (*a. fig.*);
Zssgn mit adv.:
nose| down ✈ **I** *v/t. Flugzeug* (an-)drücken; **II** *v/i.* im Steilflug niedergehen; **~ out** *v/t.* **1.** ausschnüffeln, -spionieren, herˈausbekommen; **2.** um e-e Handbreit schlagen; **~ o·ver** *v/i.* ✈ (sich) überˈschlagen, e-n ‚Kopfstand' machen; **~ up** ✈ **I** *v/t. Flugzeug* hochziehen; **II** *v/i.* steil hochgehen.
nose| ape *s. zo.* Nasenaffe *m*; ˈ**~·bag** *s.* Futterbeutel *m*; ˈ**~·bleed** *s.* ⚕ Nasenbluten *n*; **~ cone** *s.* Raˈketenspitze *f.*
nosed [nəʊzd] *adj. mst in Zssgn* mit e-r *dicken etc.* Nase, ...nasig.
ˈ**nose|·dive I** *s.* **1.** ✈ Sturzflug *m*; **2.** ✝ F (Kurs-, Preis)Sturz *m*; **II** *v/i.* **3.** e-n Sturzflug machen; **4.** ✝ ‚purzeln' (*Kurs, Preis*); ˈ**~·gay** *s.* Sträußchen *n*; ˈ**~-ˌheav·y** *adj.* ✈ vorderlastig; ˈ**~-ˌo·ver** *s.* ✈ ‚Kopfstand' *m beim Landen*; ˈ**~·piece** *s.* ⚙ a) Mundstück *n* (*Blasebalg, Schlauch etc.*), b) Reˈvolver *m* (*Objektivende e-s Mikroskops*), c) Steg *m* (*e-r Brille*); Nasensteg *m* (*Schutzbrille*); ˈ**~·rag** *s. sl.* ‚Rotzfahne' *f* (*Taschentuch*); **~ tur·ret** *s.* ✈ vordere Kanzel; ˈ**~ˌwarm·er** *s. sl.* ‚Nasenwärmer' *m*, kurze Pfeife; **~ wheel** *s.* ✈ Bugrad *n.*
nos·ey → ***nosy***.
ˈ**no-show** *s.* ✈ *Am. sl.* **1.** *zur Abflugszeit nicht erschienener Flugpassagier*; **2.** ‚Phanˈtom' *n* (*fiktiver Arbeitnehmer etc.*).
ˌ**no-ˈsmok·ing** *adj.* Nichtraucher...
nos·o·log·i·cal [ˌnɒsəʊˈlɒdʒɪkl] *adj.* ☐ ⚕ noso-, pathoˈlogisch; **no·sol·o·gist** [nəʊˈsɒlədʒɪst] *s.* Pathoˈloge *m.*
nos·tal·gi·a [nɒˈstældʒɪə] *s.* ⚕ Nostalˈgie *f* (*a.* ⚕): a) Heimweh *n*, b) Sehnsucht *f nach etwas Vergangenem*; **nos·tal·gic** [nɒˈstældʒɪk] *adj.* (☐ ***~ally***) **1.** Heimweh...; **2.** noˈstalgisch, wehmütig.
nos·tril [ˈnɒstrɪl] *s.* Nasenloch *n*, *bsd. zo.* Nüster *f*: ***it stinks in one's ~s*** es ekelt einen an.
nos·trum [ˈnɒstrəm] *s.* **1.** ⚕ Geheimmittel *n*, ˈQuacksalbermediˌzin *f*; **2.** *fig.* (*soziales, politisches*) Heilmittel *n*, Paˈtentreˌzept *n.*
nos·y [ˈnəʊzɪ] *adj.* **1.** F neugierig: ***~ parker*** *Brit.* neugierige Person; **2.** *Brit.* a) aroˈmatisch, duftend (*bsd. Tee*), b) muffig.
not [nɒt] *adv.* **1.** nicht; ***~ that*** nicht, dass, nicht als ob; ***is it ~?***, F ***isn't it?*** nicht wahr?; → ***at*** 7; **2.** ***~ a*** kein(e): ***~ a few*** nicht wenige.
no·ta·bil·i·ty [ˌnəʊtəˈbɪlətɪ] *s.* **1.** wichtige Perˈsönlichkeit, ˈStandesperˌson *f*; **2.** herˈvorragende Eigenschaft, Bedeutung *f*; **no·ta·ble** [ˈnəʊtəbl] **I** *adj.* ☐ **1.** beachtens-, bemerkenswert, denkwürdig, wichtig; **2.** beträchtlich: ***a ~ difference***; **3.** angesehen, herˈvorragend; **4.** ⚗ merklich; **II** *s.* **5.** → ***notability*** 1.
no·tar·i·al [nəʊˈteərɪəl] *adj.* ☐ ⚖ **1.** Notariats..., notariˈell; **2.** notariˈell beglaubigt; **no·ta·rize** [ˈnəʊtəraɪz] *v/t.* notariˈell beˈurkunden *od.* beglaubigen; **no·ta·ry** [ˈnəʊtərɪ] *s. mst* ***~ public*** (öffentlicher) Noˈtar.

no·ta·tion [nəʊˈteɪʃn] *s.* **1.** Aufzeichnung *f*, Notierung *f*; **2.** *bsd.* ⚗, ⚕ Schreibweise *f*, Bezeichnung *f*: ***chemical ~*** chemisches Formelzeichen; **3.** ♪ (Aufzeichnen *n* in) Notenschrift *f*.

notch [nɒtʃ] **I** *s.* **1.** *a.* ⚙ Kerbe *f*, Einschnitt *m*, Aussparung *f*, Falz *m*, Nute *f*, Raste *f*: ***be a ~ above*** F e-e Klasse besser sein als; **2.** (Viˈsier)Kimme *f* (*Schusswaffe*): ***~ and bead sights*** Kimme und Korn; **3.** *Am.* Engpass *m*; **II** *v/t.* **4.** *bsd.* ⚙ (ein)kerben, (ein)schneiden, einfeilen; **5.** ⚙ a) ausklinken, b) nuten, falzen; **notched** [-tʃt] *adj.* **1.** ⚙ (ein-)gekerbt, mit Nuten versehen; **2.** ♆ grob gezähnt (*Blatt*).

note [nəʊt] **I** *s.* **1.** (Kenn)Zeichen *n*, Merkmal *n*; *fig.* Ansehen *n*, Ruf *m*, Bedeutung *f*: ***man of ~*** bedeutender Mann; ***nothing of ~*** nichts von Bedeutung; **2.** *mst pl.* Noˈtiz *f*, Aufzeichnung *f*: ***compare ~s*** Meinungen *od.* Erfahrungen austauschen, sich beraten; ***make a ~ of s.th.*** sich et. vormerken *od.* notieren; ***make a mental ~ of s.th.*** sich et. merken; ***take ~s of s.th.*** sich über et. Notizen machen; ***take ~ of s.th.*** *fig.* et. zur Kenntnis nehmen, et. berücksichtigen; **3.** *pol.* (diploˈmatische) Note: ***exchange of ~s*** Notenwechsel *m*; **4.** Briefchen *n*, Zettelchen *n*; **5.** *typ.* a) Anmerkung *f*, b) (Satz-)Zeichen *n*; **6.** ☤ a) Nota *f*, Rechnung *f*: ***as per ~*** laut Nota, b) (Schuld)Schein *m*: ***~ of hand*** → ***promissory***; ***bought and sold ~*** Schlussschein; ***~s payable*** (***receivable***) *Am.* Wechselverbindlichkeiten (-forderungen), c) Banknote *f*, d) Vermerk *m*, Notiz *f*: ***urgent ~*** Dringlichkeitsvermerk *m*, e) Mitteilung *f*: ***advice ~*** Versandanzeige *f*; ***~ of exchange*** Kursblatt *n*; **7.** ♪ a) Note *f*, b) Ton *m*, c) Taste *f*; **8.** *weitS.* a) Klang *m*, Meloˈdie *f*, Gesang *m* (*Vogel*), b) *fig.* Ton(art *f*) *m*: ***change one's ~*** e-n anderen Ton anschlagen; ***strike the right ~*** den richtigen Ton treffen; ***strike a false ~*** a) sich im Ton vergreifen, b) sich danebenbenehmen; ***on this*** (***encouraging*** *etc.*) ***~*** mit diesen (ermutigenden *etc.*) Worten; **9.** *fig.* Brandmal *n*, Schandfleck *m*; **II** *v/t.* **10.** Kenntnis nehmen von, bemerken, be(ob)achten; **11.** besonders erwähnen; **12.** *a.* ***~ down*** niederschreiben, notieren, vermerken; **13.** ☤ *Wechsel* protestieren; *Preise* angeben.

note| bank *s.* ☤ Notenbank *f*; ˈ**~·book** *s.* **1.** Noˈtizbuch *n*; ☤, ⚖ Kladde *f*; **2.** *Computer*: Notebook *n* (*tragbarer Kleincomputer*); **~ bro·ker** *s.* ☤ *Am.* Wechselhändler *m*, Disˈkontmakler *m*.

not·ed [ˈnəʊtɪd] *adj.* □ **1.** bekannt, berühmt (***for*** wegen); **2.** ☤ notiert: ***~ before official hours*** vorbörslich (*Kurs*); ˈ**not·ed·ly** [-lɪ] *adv.* ausgesprochen, deutlich, besonders.

note·pad [ˈnəʊtpæd] *s.* **1.** Noˈtizblock *m*; **2.** *Computer*: Notepad *n* (*tragbarer Kleinstcomputer*).

note| pa·per *s.* ˈBriefpaˌpier *n*; **~ press** *s.* ☤ ˈBanknotenpresse *f*, -druckeˌrei *f*; ˈ**~ˌwor·thy** *adj.* bemerkens-, beachtenswert.

noth·ing [ˈnʌθɪŋ] **I** *pron.* **1.** nichts (***of*** von): ***~ much*** nichts Bedeutendes; **II** *s.* **2.** Nichts *n*: ***to ~*** zu *od.* in nichts; ***for ~*** vergebens, umsonst; **3.** *fig.* Nichts *n*, Unwichtigkeit *f*, Kleinigkeit *f*; *pl.* Nichtigkeiten *pl.*; Null *f* (*a. Person*): ***whisper sweet ~s*** Süßholz raspeln; **III** *adv.* **4.** durchˈaus nicht, keineswegs: ***~ like complete*** alles andere als vollständig; **IV** *int.* **5.** F keine Spur!, Unsinn!; *Besondere Redewendungen*: ***good for ~*** zu nichts zu gebrauchen; ***~ doing*** F a) (das) kommt gar nicht in Frage, b) nichts zu machen; ***~ but*** nichts als, nur; ***~ else*** nichts anderes, sonst nichts; ***~ if not courageous*** überaus mutig; ***not for ~*** nicht umsonst, nicht ohne Grund; ***that is ~ to what we have seen*** das ist nichts gegen das, was wir gesehen haben; ***that's ~ to me*** das bedeutet mir nichts; ***that is ~ to you*** das geht dich nichts an; ***there is ~ like*** es geht nichts über; ***there is ~ to it*** a) da ist nichts dabei, b) an der Sache ist nichts dran; ***come to ~*** *fig.* zunichte werden, sich zerschlagen; ***feel like ~ on earth*** sich hundeelend fühlen; ***make ~ of s.th.*** nicht viel Wesens von et. machen, sich nichts aus et. machen; ***I can make ~ of it*** ich kann daraus nicht klug werden; → ***say*** 2, ***think*** 3 e.

noth·ing·ness [ˈnʌθɪŋnɪs] *s.* **1.** Nichts *n*; **2.** Nichtigkeit *f*; **3.** Leere *f*.

no·tice [ˈnəʊtɪs] **I** *s.* **1.** Wahrnehmung *f*: ***to avoid ~*** (*Redew.*) um Aufsehen zu vermeiden; ***come under s.o.'s ~*** j-m bekannt werden; ***escape ~*** unbemerkt bleiben; ***take ~ of*** Notiz nehmen von *et. od. j-m*, beachten; ***~!*** zur Beachtung!; **2.** Noˈtiz *f*, (*a. Presse*)Nachricht *f*, Anzeige *f* (*a.* ☤), (An)Meldung *f*, Ankündigung *f*, Mitteilung *f*; ⚖ Vorladung *f*; (Buch)Besprechung *f*; Kenntnis *f*: ***~ of acceptance*** ☤ Annahmeerklärung *f*; ***~ of arrival*** ☤ Eingangsbestätigung *f*; ***~ of assessment*** Steuerbescheid *m*; ***~ of departure*** (polizeiliche) Abmeldung *f*; ***previous ~*** Voranzeige *f*; ***bring s.th. to s.o.'s ~*** j-m et. zur Kenntnis bringen; ***give ~ that*** bekannt geben, dass; ***give s.o. ~ of s.th.*** j-n von et. benachrichtigen; ***give ~ of appeal*** ⚖ Berufung einlegen; ***give ~ of motion*** *parl.* e-n Initiativantrag stellen; ***give ~ of a patent*** ein Patent anmelden; ***have ~ of*** Kenntnis haben von; **3.** Warnung *f*, Kündigung(sfrist) *f*: ***give s.o. ~*** (***for Easter***) j-m (zu Ostern) kündigen; ***I am under ~ to leave*** mir ist gekündigt worden; ***at a day's ~*** binnen eines Tages; ***at a moment's ~*** sogleich, jederzeit; ***at short ~*** kurzfristig, auf (kurzen) Abruf, sofort; ***subject to a month's ~*** mit monatlicher Kündigung; ***without ~*** fristlos; ***until further ~*** bis auf weiteres; → ***quit*** 9; **II** *v/t.* **4.** bemerken, beobachten, wahrnehmen; **5.** beachten, achten auf (*acc.*); **6.** Noˈtiz nehmen von; **7.** *Buch* besprechen; **8.** anzeigen, melden, bekannt machen, ⚖ benachrichtigen; **no·tice·a·ble** [ˈnəʊtɪsəbl] *adj.* □ **1.** wahrnehmbar, merklich, spürbar; **2.** bemerkenswert, beachtlich; **3.** auffällig, ins Auge fallend.

no·tice| board *s.* **1.** Anschlagtafel *f*, schwarzes Brett; **2.** Warnschild *n*; **~ pe·ri·od** *s.* Kündigungsfrist *f*.

no·ti·fi·a·ble [ˈnəʊtɪfaɪəbl] *adj.* meldepflichtig; **no·ti·fi·ca·tion** [ˌnəʊtɪfɪˈkeɪʃn] *s.* Anzeige *f*, Meldung *f*, Mitteilung *f*, Bekanntmachung *f*, Benachrichtigung *f*; **no·ti·fy** [ˈnəʊtɪfaɪ] *v/t.* **1.** bekannt geben, anzeigen, avisieren, melden, (amtlich) mitteilen (***s.th. to s.o.*** j-m et.); **2.** *j-n* benachrichtigen, in Kenntnis setzen (***of*** von, ***that*** dass).

no·tion [ˈnəʊʃn] *s.* **1.** Begriff *m* (*a. phls.*, ⚕), Gedanke *m*, Iˈdee *f*, Vorstellung *f* (***of*** von): ***not to have the vaguest ~ of s.th.*** nicht die leiseste Ahnung von et. haben; ***I have a ~ that*** ich denke mir, dass; **2.** Meinung *f*, Ansicht *f*: ***fall into the ~ that*** auf den Gedanken kommen, dass; **3.** Neigung *f*, Lust *f*, Absicht *f* (***of doing*** zu tun); **4.** *pl. Am.* a) Kurzwaren *pl.*, b) Kinkerlitzchen *pl.*; ˈ**no·tion·al** [-ʃənl] *adj.* □ **1.** begrifflich, Begriffs...; **2.** *phls.* rein gedanklich, spekulaˈtiv; **3.** theoˈretisch; **4.** fikˈtiv, angenommen, imagiˈnär; ˈ**no·tion·ate** [-nət] *adj.* □ *Am.* **1.** willensstark; stur; **2.** (leicht) verrückt.

no·to·ri·e·ty [ˌnəʊtəˈraɪətɪ] *s.* **1.** *bsd. contp.* allgemeine Bekanntheit, (traurige) Berühmtheit, schlechter Ruf; **2.** Berüchtigtsein *n*, *das* Noˈtorische; **3.** allbekannte Perˈsönlichkeit *od.* Sache; **no·to·ri·ous** [nəʊˈtɔːrɪəs] *adj.* □ noˈtorisch: a) offenkundig, b) all-, stadt-, weltbekannt, c) berüchtigt (***for*** wegen).

not·with·stand·ing [ˌnɒtwɪθˈstændɪŋ] **I** *prp.* ungeachtet, trotz (*gen.*): ***~ the objections*** ungeachtet der Einwände; ***his great reputation ~*** trotz s-s hohen Ansehens; **II** *a.* ***~ that*** *cj.* obˈgleich; **III** *adv.* nichtsdestoˈweniger, dennoch.

nou·gat [ˈnuːgɑː] *s.* *Art* türkischer Honig.

nought [nɔːt] *s. u. pron.* **1.** nichts: ***bring to ~*** ruinieren, zunichte machen; ***come to ~*** zunichte werden, misslingen, fehlschlagen; **2.** Null *f* (*a. fig.*): ***set at ~*** *et.* in den Wind schlagen, verlachen, ignorieren.

noun [naʊn] *ling.* **I** *s.* Hauptwort *n*, Substantiv *n*: ***proper ~*** Eigenname *m*; **II** *adj.* substantivisch.

nour·ish [ˈnʌrɪʃ] *v/t.* **1.** (er)nähren, erhalten (***on*** von); **2.** *fig. Gefühl* nähren, hegen; ˈ**nour·ish·ing** [-ʃɪŋ] *adj.* nahrhaft, Nähr...; ˈ**nour·ish·ment** [-mənt] *s.* **1.** Ernährung *f*; **2.** Nahrung *f* (*a. fig.*), Nahrungsmittel *n*: ***take ~*** Nahrung zu sich nehmen.

nous [naʊs] *s.* **1.** *phls.* Vernunft *f*, Verstand *m*; **2.** F Mutterwitz *m*, ‚Grütze' *f*, ‚Grips' *m*.

no·va [ˈnəʊvə] *pl.* **-vae** [-viː], *a.* **-vas** *s. ast.* Nova *f*, neuer Stern.

no·va·tion [nəʊˈveɪʃn] *s.* ⚖ Novatiˈon *f* (*Forderungsablösung od. -übertragung*).

nov·el [ˈnɒvl] **I** *adj.* neu(artig); ungewöhnlich, überˈraschend; **II** *s.* Roˈman *m*: ***short ~*** Kurzroman; ***~ writer*** → ***novelist***; **no·vel·la** [nəʊˈvelə] *s.* Noˈvelle *f*; **nov·el·ette** [ˌnɒvəˈlet] *s.* **1.** kurzer Roˈman; **2.** *contp.* seichter Unterˈhaltungsroˌman; **nov·el·ist** [ˈnɒvəlɪst] *s.* Roˈmanschriftsteller(in); **nov·el·is·tic** [ˌnɒvəˈlɪstɪk] *adj.* roˈmanhaft, Roman...; ˈ**nov·el·ty** [-tɪ] *s.* **1.** Neuheit *f*: a) *das* Neue, b) *et.* Neues: ***the ~ had soon worn off*** der Reiz des Neuen war bald verflogen; **2.** Ungewöhnlichkeit *f*, *et.* Ungewöhnliches; **3.** *pl.* ☤ (billige) Neuheiten *pl.*: ***~ item*** Neuheit *f*, Schlager *m*, (billiger) Modeartikel; **4.** Neuerung *f*.

No·vem·ber [nəʊˈvembə] *s.* Noˈvember *m*: ***in ~*** im November.

nov·ice [ˈnɒvɪs] *s.* **1.** Anfänger(in), Neuling *m* (***at*** auf *e-m Gebiet*); **2.** *R.C.* Noˈvize *m, f*, Noˈvizin *f*; **3.** *bibl.* Neubekehrte(r *m*) *f*.

now [naʊ] **I** *adv.* **1.** nun, gegenwärtig, jetzt: ***from ~*** von jetzt an; ***up to ~*** bis jetzt; **2.** soˈfort, bald; **3.** eben, soˈeben: ***just ~*** gerade eben, vor ein paar Minuten; **4.** nun, dann, dar'auf, damals; **5.** (*nicht zeitlich*) nun (aber); **II** *cj.* **6.** *a.* **~ that** nun aber, nun da, da nun, jetzt wo; **III** *s.* **7.** *poet.* Gegenwart *f*, Jetzt *n*; *Besondere Redewendungen*: **before ~** schon einmal, schon früher; **by ~** mittlerweile, jetzt; **~ if** wenn nun aber; **how ~?** nun?, was gibts?, was soll das heißen?; **what is it ~?** was ist jetzt schon wieder los?; **now ... now ...** bald ... bald ...; **~ and again**, (**every**) **~ and then** von Zeit zu Zeit, hie(r) und da, dann und wann, gelegentlich; **~ then** (nun) also; **come ~!** nur ruhig!, sachte, sachte!; **what ~?** was nun?; **~ or never** jetzt oder nie.

now·a·days ['naʊədeɪz] **I** *adv.* heutzutage, jetzt; **II** *s. das* Heute *od.* Jetzt.

'**no·way(s)** [-weɪ(z)] F → **nowise**.

'**no·where I** *adv.* **1.** nirgends, nirgendwo: **be ~** a) *Sport*: unter ‚ferner liefen' enden, b) nichts erreicht haben; **get ~** nicht weiterkommen, nichts erreichen; **~ near** auch nicht annähernd; **2.** nirgendwohin; **II** *s.* **3.** Nirgendwo *n*: **from ~** aus dem Nichts; **in the middle of ~** 🚂 auf freier Strecke *halten*.

'**no·wise** *adv.* in keiner Weise.

nox·ious ['nɒkʃəs] *adj.* ☐ schädlich (**to** für): **~ substance** Schadstoff *m*; **~ emission** Schadstoffausstoß *m*.

noz·zle ['nɒzl] *s.* **1.** Schnauze *f*, Rüssel *m*; **2.** *sl.* ‚Rüssel' *m* (*Nase*); **3.** ⚙ a) Schnauze *f*, Tülle *f*, Schnabel *m*, Mundstück *n*, Ausguss *m*, Röhre *f*, (*an Gefäßen etc.*), b) Stutzen *m*, Mündung *f* (*an Röhren etc.*), c) (*Kraftstoff- etc.*)Düse *f*, d) 'Zapfpis,tole *f*.

nth [enθ] *adj.* ⩓ n-te(r), n-tes: **to the ~ degree** a) ⩓ bis zum n-ten Grade, b) *fig.* im höchsten Maße; **for the ~ time** zum hundertsten Mal.

nu [njuː] *s.* Ny *n* (*griech. Buchstabe*).

nu·ance [njuː'ɑ̃ːns] (*Fr.*) *s.* Nu'ance *f*: a) Schattierung *f*, b) Feinheit *f*, feiner 'Unterschied.

nub [nʌb] *s.* **1.** Knopf *m*, Auswuchs *m*, Knötchen *n*; **2.** (kleiner) Klumpen, Nuss *f* (*Kohle etc.*); **3. the ~** F der springende Punkt (**of** bei); '**nub·bly** [-blɪ] *adj.* knotig.

nu·bile ['njuːbaɪl] *adj.* **1.** heiratsfähig, ehemündig (*Frau*); **2.** attrak'tiv; **nu·bil·i·ty** [njuː'bɪlətɪ] *s.* Heiratsfähigkeit *f etc.*

nu·cle·ar ['njuːklɪə] **I** *adj.* **1.** kernförmig; *a. biol. etc.* Kern...; **2.** *phys.* nukle'ar, Nuklear..., (Atom)Kern..., ato'mar, Atom...: **~ test**; **~ weapon** Kernwaffe *f*; **3.** *a.* **~-powered** mit A'tomantrieb, Atom...: **~ submarine**; **II** *s.* **4.** Kernwaffe *f*, A'tomra,kete *f*; **5.** *pol.* A'tommacht *f*; **~ bomb** *s.* A'tombombe *f*; **~ charge** *s. phys.* Kernladung *f*; **~ chem·is·try** *s.* 'Kernche,mie *f*; **~ dis·in·te·gra·tion** *s. phys.* Kernzerfall *m*; **~ en·er·gy** *s. phys.* **1.** 'Kernener,gie *f*; **2.** *allg.* A'tomener,gie *f*; **~ fam·i·ly** *s.* 'Kernfa,milie *f*; **~ fis·sion** *s. phys.* Kernspaltung *f*; **,~-'free** *adj.* a'tomwaffenfrei; **~ fu·el** *s.* Kernbrennstoff *m*: **~ rod** Brennstab *m*; **~ fu·sion** *s. phys.* 'Kernfus,ion *f*; **~ par·ti·cle** *s. phys.* Kernteilchen *n*; **~ phys·ics** *s. pl. sg. konstr.* 'Kernphy,sik *f*; **~ pow·er** *s.* **1.** *phys.* Kernkraft *f*: **~ plant** Kernkraftwerk *n*; **2.** *pol.* A'tommacht *f*; **~ re·ac·tor** *s. phys.* 'Kernre,aktor *m*; **~ re·search** *s.* (A'tom)Kernforschung *f*; **~ ship** *s.* Re'aktorschiff *n*; **~ smug·gling** *s.* A'tomschmuggel *m*; **~ the·o·ry** *s. phys.* 'Kerntheo,rie *f*; **~ war(·fare)** *s.* A'tomkrieg(führung *f*) *m*; **~ war·head** *s.* ⚔ A'tomsprengkopf *m*; **~ waste** *s.* A'tommüll *m*.

nu·cle·i ['njuːklɪaɪ] *pl. von* **nucleus**.

nu·cle·o·lus [njuː'kliːələs] *pl.* **-li** [-laɪ] *s.* ⚘, *biol.* Kernkörperchen *n*.

nu·cle·on ['njuːklɪɒn] *s. phys.* Nukleon *n*, (A'tom)Kernbaustein *m*.

nu·cle·us ['njuːklɪəs] *pl.* **-e·i** [-ɪaɪ] *s.* **1.** *allg.* (*a.* A'tom-, Ko'meten-, Zell)Kern *m* (*a.* ⩓); **2.** *fig.* Kern *m*: a) Mittelpunkt *m*, b) Grundstock *m*; **3.** *opt.* Kernschatten *m*.

nude [njuːd] **I** *adj.* **1.** nackt (*a. fig. Tatsache etc.*), bloß; **2.** nackt, kahl: **~ hill**; **3.** ⚖ unverbindlich, nichtig: **~ contract**; **II** *s.* **4.** *paint. etc.* Akt *m*: **study from the ~** Aktstudie *f*; **5.** Nacktheit *f*: **in the ~** nackt.

nudge [nʌdʒ] **I** *v/t. j-n* anstoßen, ‚(an-)stupsen'; **II** *s.* Stups *m*.

nu·die ['njuːdɪ] *s. sl.* Nacktfilm *m*.

nud·ism ['njuːdɪzəm] *s.* 'Nackt-, 'Freikörperkul,tur *f*, Nu'dismus *m*; '**nud·ist** [-ɪst] *s.* Nu'dist(in), FK'K-Anhänger (-in): **~ beach** Nacktbadestrand *m*; **~ camp**, **~ colony** FKK-Platz *m*; '**nu·di·ty** [-ətɪ] *s.* **1.** Nacktheit *f*, Blöße *f*; **2.** *fig.* Armut *f*; **3.** Kahlheit *f*; **4.** *paint. etc.* 'Akt(fi,gur *f*) *m*.

nu·ga·to·ry ['njuːgətərɪ] *adj.* **1.** wertlos, albern; **2.** unwirksam (*a.* ⚖), eitel, leer.

nug·get ['nʌgɪt] *s.* **1.** Nugget *n* (*Goldklumpen*); **2.** *fig.* Brocken *m*.

nui·sance ['njuːsns] *s.* **1.** Ärgernis *n*, Plage *f*, *et.* Lästiges *od.* Unangenehmes; Unfug *m*, 'Missstand *m*: **dust ~** Staubplage; **what a ~!** wie ärgerlich!; **2.** ⚖ Poli'zeiwidrigkeit *f*: **public ~** Störung *f od.* Gefährdung *f* der öffentlichen Sicherheit u. Ordnung, *a. fig. iro.* öffentliches Ärgernis; **private ~** Besitzstörung *f*; **commit no ~!** das Verunreinigen (dieses Ortes) ist verboten!; **3.** (*von Personen*) ‚Landplage' *f*, Quälgeist *m*, Nervensäge *f*: **be a ~ to s.o.** j-m lästig fallen; **make a ~ of o.s.** anderen auf die Nerven gehen; **~ call** *s. teleph.* Schockanruf *m*, *pl. a.* Tele'fonterror *m*; **~ call·er** *s. teleph.* Schockanrufer(in); **~ raid** *s.* ⚔, ✈ Störangriff *m*; **~ tax** *s. sl. ärgerliche kleine* (*Verbraucher*)*Steuer*: **~ val·ue** *s.* Wert *m od.* Wirkung *f* als störender Faktor.

nuke [nuːk] *Am. sl.* **I** *s.* **1.** Kernwaffe *f*; **2.** 'Kernre,aktor *m*; **II** *v/t.* **3.** mit Kernwaffen angreifen.

null [nʌl] **I** *adj.* **1.** ⚖ *u. fig.* nichtig, ungültig: **declare ~ and void** für null u. nichtig erklären; **2.** wertlos, leer, nichts sagend, unbedeutend; **II** *s.* **3.** ⩓, ⚡ Null *f*: **~ set** Nullmenge *f*.

nul·li·fi·ca·tion [,nʌlɪfɪ'keɪʃn] *s.* **1.** Aufhebung *f*, Nichtigerklärung *f*; **2.** Zu'nichtemachen *n*; **nul·li·fy** ['nʌlɪfaɪ] *v/t.* **1.** ungültig machen, für null u. nichtig erklären, aufheben; **2.** zu'nichte machen; **nul·li·ty** ['nʌlətɪ] *s.* **1.** Unwirksamkeit *f*; ⚖ Ungültigkeit *f*, Nichtigkeit *f*: **decree of ~** Nichtigkeitsurteil *n od.* Annullierung *f e-r Ehe*; **~ suit** Nichtigkeitsklage *f*; **be a ~** (null u.) nichtig sein; **2.** Nichts *n*; *fig.* Null *f* (*Person*).

numb [nʌm] **I** *adj.* ☐ starr, erstarrt (**with** vor *Kälte etc.*); taub (*empfindungslos*); *fig.* a) (wie) betäubt, starr (**with fear** vor Angst), b) abgestumpft; **II** *v/t.* starr *od.* taub machen, erstarren lassen; *fig.* a) betäuben, b) abstumpfen.

num·ber ['nʌmbə] **I** *s.* **1.** Zahl(enwert *m*) *f*, Ziffer *f*; **2.** (Haus-, Tele'fon- *etc.*) Nummer *f*: **by ~s** nummernweise; **~ engaged** *teleph.* besetzt; **have s.o.'s ~** F j-n durchschaut haben; **his ~ is up** F s-e Stunde hat geschlagen, jetzt ist er dran; → **number one**; **3.** (An)Zahl *f*: **a ~ of** e-e Anzahl von (*od. gen.*), mehrere; **a great ~ of** sehr viele *Leute etc.*; **five in ~** fünf an (der) Zahl; **in large ~s** in großen Mengen; **in round ~** rund; **one of their ~** einer aus ihrer Mitte; **~s of times** zu wiederholten Malen; **times without ~** unzählige Male; **five times the ~ of people** fünfmal so viele Leute; **4.** ☤ a) (An)Zahl *f*, Nummer *f*, b) Ar'tikel *m*, Ware *f*; **5.** Heft *n*, Nummer *f*, Ausgabe *f* (*Zeitschrift etc.*), Lieferung *f e-s Werkes*: **appear in ~s** in Lieferungen erscheinen; **6.** *thea. etc.* (Pro'gramm)Nummer *f*; **7.** ♪ a) Nummer *f* (*Satz*), b) *sl.* Tanznummer *f*, Schlager *m*; **8.** *poet. pl.* Verse *pl.*; **9.** *ling.* Numerus *m*: **plural** (**singular**) **~** Mehrzahl (Einzahl) *f*; **10.** ⚙ Feinheitsnummer *f* (*Garn*); **11.** *sl.* ‚Type' *f*, ‚Nummer' *f* (*Person*); **12.** **2s** *bibl.* Numeri *pl.*, Viertes Buch Mose; **II** *v/t.* **13.** zs.-zählen, aufrechnen: **~ off** abzählen; **his days are ~ed** s-e Tage sind gezählt; **14.** zählen, rechnen (*a. fig.* **among**, **in**, **with** zu *od.* unter *acc.*); **15.** nummerieren: **~ consecutively** durchnummerieren; **16.** zählen, sich belaufen auf (*acc.*); **17.** *Jahre* zählen, alt sein; **III** *v/i.* **18.** (auf)zählen; **19.** zählen (**among** zu *j-s Freunden etc.*); **num·ber block** *s. Computer*: Nummernblock *m*; '**num·ber-,crunch·ing** *Computer*: **I** *s.* sehr schnelle Zahlenverarbeitung, sehr hohe Rechenleistung; **II** *adj.* 'recheninten,siv; **num·bered ac·count** *s.* Nummernkonto *n*; '**num·ber·ing** [-bərɪŋ] *s.* Nummerierung *f*; '**num·ber·less** [-lɪs] *adj.* unzählig, zahllos.

num·ber| one I *adj.* **1.** a) erstklassig, b) (aller)höchst: **~ priority**; **II** *s.* **2.** Nummer *f* eins; der (die, das) Erste; erste Klasse; **3.** F das liebe Ich: **look after ~** auf seinen Vorteil bedacht sein, nur an sich selbst denken; **4. do ~** F sein ‚kleines Geschäft' machen; '**~·plate** *s. mot.* Nummernschild *n*; **~ pol·y·gon** *s.* ⩓ 'Zahlenvieleck *n*, -poly,gon *n*; **~ two** *s.*: **do ~** F sein ‚großes Geschäft' machen.

numb·ness ['nʌmnɪs] *s.* Erstarrung *f*, Starr-, Taubheit *f*; *fig.* Betäubung *f*.

nu·mer·a·ble ['njuːmərəbl] *adj.* zählbar; '**nu·mer·al** [-rəl] **I** *adj.* **1.** Zahl..., Zahlen..., nu'merisch: **~ language** Ziffernsprache *f*; **II** *s.* **2.** Ziffer *f*, Zahlzeichen *n*; **3.** *ling.* Zahlwort *n*; '**nu·mer·ar·y** [-ərɪ] *adj.* Zahl(en)...; '**nu·mer·ate** [-rət] *adj.* rechenkundig: **be ~** rechnen können; **nu·mer·a·tion** [,njuːmə'reɪʃn] *s.* **1.** Zählen *n*; Rechenkunst *f*; **2.** Nummerierung *f*; **3.** (Auf)Zählung *f*; '**nu·mer·a·tive** [-ətɪv] *adj.* zählend, Zahl (-en)...: **~ system** Zahlensystem *n*; '**nu·mer·a·tor** [-məreɪtə] *s.* ⩓ Zähler *m e-s Bruchs*; **nu·mer·i·cal** [njuː'merɪkl] *adj.* ☐ nu'merisch: a) ⩓ Zahl(en)...: **~ value**; **~ equation** Zahlengleichung *f*, b) zahlenmäßig: **~ superiority**.

nu·mer·ous ['njuːmərəs] *adj.* ☐ zahlreich: **a ~ assembly**; '**nu·mer·ous·ness** [-nɪs] *s.* große Zahl, Menge *f*, Stärke *f*.

nu·mis·mat·ic [,njuːmɪz'mætɪk] *adj.* (☐ **~ally**) numis'matisch, Münz(en)...; **,nu·mis'mat·ics** [-ks] *s. pl. sg. konstr.*

Numis'matik *f*, Münzkunde *f*; **nu·mis·ma·tist** [njuː'mɪzmətɪst] *s.* Numis'matiker(in): a) Münzkenner(in), b) Münzsammler(in).

num·skull ['nʌmskʌl] *s.* Dummkopf *m*, Trottel *m*.

nun [nʌn] *s. eccl.* Nonne *f*.

nun·ci·a·ture ['nʌnʃɪətʃə] *s. eccl.* Nuntia'tur *f*; **nun·ci·o** ['nʌnʃɪəʊ] *pl.* **-os** *s.* Nuntius *m*.

nun·cu·pa·tive ['nʌnkjʊpeɪtɪv] *adj.* ⚖ mündlich: ~ ***will*** mündliches Testament, *bsd.* ⚔ Not-, ⚓ Seetestament.

nun·ner·y ['nʌnərɪ] *s.* Nonnenkloster *n*.

nup·tial ['nʌptʃəl] **I** *adj.* hochzeitlich, Hochzeit(s)..., Ehe..., Braut...: ~ ***bed*** Brautbett *n*; ~ ***flight*** Hochzeitsflug *m der Bienen*; **II** *s. mst pl.* Hochzeit *f*.

nurse [nɜːs] **I** *s.* **1.** *mst* ***wet*** ~ (Säug-) Amme *f*; **2.** *a.* ***dry*** ~ Kinderfrau *f*, -mädchen *n*; **3.** Krankenschwester *f*, *a.* ***~-attendant*** (Kranken)Pfleger(in): ***head*** ~ Oberschwester; ***sick children's*** ~ Kinderkrankenschwester; → ***male*** 1; **4.** a) Stillen *n*, Stillzeit *f*, b) Pflege *f*: ***at*** ~ in Pflege; ***put out to*** ~ *Kinder* in Pflege geben; **5.** *zo.* a) Amme *f*, b) Arbeiterin *f* (*Biene*); **6.** *fig.* Nährmutter *f*; **II** *v/t.* **7.** *Kind* säugen, nähren, stillen, *dem Kind* die Brust geben; **8.** *Kind* auf-, großziehen; **9.** a) *Kranke* pflegen, b) *Krankheit* auskurieren, c) *Glied, Stimme* schonen, d) *Knie etc.* (schützend) um'fassen: ~ ***one's leg*** ein Bein über das andere schlagen, e) sparsam *od.* schonend 'umgehen mit: ~ ***a glass of wine*** bedächtig ein Glas Wein trinken; **10.** *fig.* a) nähren, fördern, b) *Gefühl etc.* nähren, hegen; **11.** streicheln, hätscheln; *weitS. a. pol.* sich eifrig kümmern um, sich ‚warm halten': ~ ***one's constituency***; **III** *v/i.* **12.** a) säugen, stillen, b) die Brust nehmen (*Säugling*); **13.** als (Kranken)Pfleger(in) arbeiten.

nurse·ling → ***nursling***.

'nurse·maid *s.* Kindermädchen *n*.

nurs·er·y ['nɜːsrɪ] *s.* **1.** Kinderzimmer *n*: ***day*** ~ Spielzimmer *n*; ***night*** ~ Kinderschlafzimmer; **2.** Kindertagesstätte *f*; **3.** Pflanz-, Baumschule *f*; Schonung *f*; *fig.* Pflanzstätte *f*, Schule *f*; **4.** Fischpflege *f*, Streckteich *m*; **5.** *a.* ~ ***stakes*** (Pferde-) Rennen *n* für Zweijährige; ~ **gov·er·ness** *s.* Kinderfräulein *n*; **'~·man** [-mən] *s.* [*irr.*] Pflanzenzüchter *m*; ~ **rhyme** *s.* Kinderlied *n*, -reim *m*; ~ **school** *s.* Kindergarten *m*; ~ **slope** *s. Skisport*: ‚Idi'otenhügel' *m*, Anfängerhügel *m*; ~ **tale** *s.* Ammenmärchen *n*.

nurs·ing ['nɜːsɪŋ] **I** *s.* **1.** Säugen *n*, Stillen *n*; **2.** *a.* ***sick~***, ~ ***care*** (Kranken-) Pflege *f*; **II** *adj.* **3.** Nähr..., Pflege..., Kranken...; ~ **ben·e·fit** *s.* Stillgeld *n*; ~ **bot·tle** *s.* Säuglingsflasche *f*; ~ **home** *s.* **1.** *bsd. Brit.* a) Pri'vatklinik *f*, b) pri'vate Entbindungsklinik; **2.** Pflegeheim *n*; ~ **moth·er** *s.* stillende Mutter; ~ **staff** *s.* 'Pflegeperso,nal *n*.

nurs·ling ['nɜːslɪŋ] *s.* **1.** Säugling *m*; **2.** Pflegling *m*; **3.** *fig.* a) Liebling *m*, Hätschelkind *n*, b) Schützling *m*.

nur·ture ['nɜːtʃə] **I** *v/t.* **1.** (er)nähren; **2.** auf-, erziehen; **3.** *fig. Gefühle etc.* hegen; **II** *s.* **4.** Nahrung *f*; *fig.* Pflege *f*, Erziehung *f*.

nut [nʌt] **I** *s.* **1.** ⚘ Nuss *f*; **2.** ⚙ a) Nuss *f*, b) (Schrauben)Mutter *f*: ***~s and bolts*** *fig.* praktische Grundlagen, wesentliche Details; **3.** ♪ a) Frosch *m* (*am Bogen*), b) Saitensattel *m*; **4.** *pl.* ⚒ Nusskohle *f*; **5.** *fig.* schwierige Sache: ***a hard*** ~ ***to crack*** e-e harte Nuss; **6.** *sl.* a) ‚Birne' *f* (*Kopf*): ***be*** (***go***) ***off one's*** ~ verrückt sein (werden), b) *contp.* ‚Knülch' *m*, Kerl *m*, c) komischer Kauz, ‚Spinner' *m*, d) Idi'ot *m*, e) Geck *m*; **7.** *sl.* ***be ~s*** verrückt sein (***on*** nach); ***he is ~s about her*** er ist in sie total verschossen; ***drive s.o. ~s*** j-n verrückt machen; ***go ~s*** überschnappen; ***do one's*** ~ ‚ausrasten', ‚'durchdrehen'; ***that's ~s to him*** das ist genau sein Fall; ***~s!*** a) du spinnst wohl!, b) *a.* ~ ***to you!*** ‚du kannst mich mal!'; **8.** *pl.* V ‚Eier' *pl.* (*Hoden*); **9.** ***not for ~s*** *sl.* überhaupt nicht; ***he can't play for ~s*** *sl.* er spielt miserabel; **10.** *sl.* a) ‚Spinner' *m*, b) ... fan *m*, ... freak *m*; **II** *v/i.* **11.** Nüsse pflücken; **III** *v/t.* **12.** F *j-n* mit dem Kopf treffen, anstoßen.

nut| bolt ⚙ **1.** Mutterbolzen *m*; **2.** Bolzen *m od.* Schraube *f* mit Mutter; ~ **but·ter** *s.* Nussbutter *f*; **'~·case** *s. sl.* ‚Spinner' *m*; **'~,crack·er** *s.* **1.** *a. pl.* Nussknacker *m*; **2.** *orn.* Tannenhäher *m*; **'~·gall** *s.* Gallapfel *m*: ~ ***ink*** Gallustinte *f*; **'~·hatch** *s. orn.* Kleiber *m*, Spechtmeise *f*; **'~·house** *s. sl.* ‚Klapsmühle' *f*.

nut·meg ['nʌtmeg] *s.* Mus'kat(nuss *f*) *m*: ~ ***butter*** Muskatbutter *f*.

Nu·tra·Sweet *TM*, **nu·tra·sweet** ['njuːtrəswiːt] *s. ein Süßstoff*.

nu·tri·a ['njuːtrɪə] *s.* **1.** *zo.* Biberratte *f*, Nutria *f*; **2.** ⚒ Nutriafell *n*.

nu·tri·ent ['njuːtrɪənt] **I** *adj.* **1.** nährend, nahrhaft; **2.** Ernährungs...: ~ ***medium*** *biol.* Nährsubstanz *f*; ~ ***solution*** Nährlösung *f*; **II** *s.* **3.** Nährstoff *m*; **4.** *biol.* Baustoff *m*; **'nu·tri·ment** [-ɪmənt] *s.* Nahrung *f*, Nährstoff *m* (*a. fig.*); *biol.* Baustoff *m*.

nu·tri·tion [njuː'trɪʃn] *s.* **1.** Ernährung *f*; **2.** Nahrung *f*: ~ ***cycle*** Nahrungskreislauf *m*; **nu'tri·tion·al** [-ʃənl] Ernährungs..., Nähr...: ~ ***value*** Nährwert *m*; **nu'tri·tion·ist** [-ʃnɪst] *s.* Ernährungswissenschaftler(in), Diä'tetiker(in), Ernährungsberater(in); **nu'tri·tious** [-ʃəs] *adj.* □ nährend, nahrhaft; **nu'tri·tious·ness** [-ʃəsnɪs] *s.* Nahrhaftigkeit *f*.

nu·tri·tive ['njuːtrətɪv] *adj.* □ **1.** nährend, nahrhaft: ~ ***value*** Nährwert *m*; **2.** Ernährungs...: ~ ***tract*** Ernährungsbahn *f*.

nuts [nʌts] → ***nut*** 7.

nut| screw *s.* ⚙ **1.** Schraube *f* mit Mutter; **2.** Innengewinde *n*; **'~·shell** *s.* ⚘ Nussschale *f*: (***to put it***) ***in a*** ~ (*Redewendung*) mit 'einem Wort, kurz gesagt; **~·ter** ['nʌtə] *s. Brit.* F Spinner(in), Verrückte(r *m*) *f*; ~ **tree** *s.* ⚘ **1.** Haselnussstrauch *m*; **2.** Nussbaum *m*.

nut·ty ['nʌtɪ] *adj.* **1.** voller Nüsse; **2.** nussartig, Nuss...; **3.** pi'kant; **4.** *sl.* verrückt (***on*** nach).

nuz·zle ['nʌzl] **I** *v/t.* **1.** mit der Schnauze aufwühlen; **2.** mit der Schnauze *od.* Nase reiben an (*dat.*); *fig. Kind* liebkosen, hätscheln; **3.** *e-m Schwein etc.* e-n Ring durch die Nase ziehen; **II** *v/i.* **4.** (mit der Schnauze) wühlen, schnüffeln (***in*** in *dat.*, ***for*** nach); **5.** sich (an)schmiegen (***to*** an *acc.*).

ny·lon ['naɪlɒn] *s.* Nylon *n*: ***~s*** F Nylonstrümpfe, Nylons.

nymph [nɪmf] *s.* **1.** *myth.* Nymphe *f* (*a. poet. u. iro. Mädchen*); **2.** *zo.* a) Puppe *f*, b) Nymphe *f*; **'nymph·et** [nɪm'fet] *s.* ‚Nymphchen' *n*; **nym·pho** ['nɪmfəʊ] *pl.* **-phos** *s.* F *für* ***nymphomaniac*** II.

nym·pho·ma·ni·a [,nɪmfəʊ'meɪnjə] *s.* ⚕ Nymphoma'nie *f*, Mannstollheit *f*; **,nym·pho'ma·ni·ac** [-nɪæk] **I** *adj.* nympho'man, mannstoll; **II** *s.* Nympho'manin *f*.

N

O

O, o¹ [əʊ] *s.* **1.** O *n*, o *n* (*Buchstabe*); **2.** *bsd. teleph.* Null *f*.

O, o² [əʊ] *int.* o(h)!, ah!, ach!

oaf [əʊf] *s.* **1.** Dummkopf *m*, ‚Esel' *m*; **2.** Lümmel *m*, Flegel *m*; **oaf·ish** ['əʊfɪʃ] *adj.* **1.** dumm, ‚blöd'; **2.** lümmel-, flegelhaft.

oak [əʊk] **I** *s.* **1.** ⚘ *a.* ~ ***tree*** Eiche *f*, Eichbaum *m*; **2.** *poet.* Eichenlaub *n*; **3.** Eichenholz *n*; **4.** *Brit. univ. sl.* Eichentür *f*: ***sport one's*** ~ die Tür verschlossen halten, nicht zu sprechen sein; **5.** ***the*** **2*s*** *sport Stutenrennen in Epsom*; **II** *adj.* **6.** eichen, Eichen...; ~ **ap·ple** *s.* ⚘ Gallapfel *m*.

oak·en ['əʊkən] *adj.* **1.** *bsd. poet.* Eichen...; **2.** eichen, von Eichenholz; **oak·let** ['əʊklɪt], **oak·ling** ['əʊklɪŋ] *s.* ⚘ junge *od.* kleine Eiche.

oa·kum ['əʊkəm] *s.* Werg *n*: ***pick*** ~ a) Werg zupfen, b) F ‚Tüten kleben', ‚Knast schieben'.

'oak·wood *s.* **1.** Eichenholz *n*; **2.** Eichenwald(ung *f*) *m*.

oar [ɔː] **I** *s.* **1.** Ruder *n* (*a. zo.*), *bsd. sport* Riemen *m*: ***four-***~ Vierer *m* (*Boot*); ***pull a good*** ~ gut rudern; ***put*** (*od.* ***shove***) ***one's*** ~ ***in*** F sich einmischen, *im Gespräch* ‚s-n Senf dazugeben'; ***rest on one's*** ~***s*** *fig.* sich auf s-n Lorbeeren ausruhen; → ***ship*** 8; **2.** *sport* Ruderer *m*, Ruderin *f*: ***a good*** ~; **3.** *fig.* Flügel *m*, Arm *m*; **4.** *Brauerei*: Krücke *f*; **II** *v/t. u. v/i.* **5.** rudern; **oared** [ɔːd] *adj.* **1.** mit Rudern (versehen), Ruder...; **2.** *in Zssgn* ...rud(e)rig; **oar·lock** ['ɔːlɒk] *s. Am.* Riemendolle *f*; **oars·man** ['ɔːzmən] *s.* [*irr.*] Ruderer *m*; **oars·wom·an** ['ɔːzˌwʊmən] *s.* [*irr.*] Ruderin *f*.

o·a·sis [əʊ'eɪsɪs] *pl.* **-ses** [-siːz] *s.* O'ase *f* (*a. fig.*).

oast [əʊst] *s. Brauerei*: Darre *f*.

oat [əʊt] *s. mst pl.* Hafer *m*: ***be off one's*** ~***s*** F keinen Appetit haben; ***he feels his*** ~***s*** F a) ihn sticht der Hafer, b) er ist ‚groß in Form'; ***sow one's wild*** ~***s*** sich austoben, sich die Hörner abstoßen; **oat·en** ['əʊtn] *adj.* **1.** Hafer...; **2.** Hafermehl...

oath [əʊθ; *pl.* əʊðz] *s.* **1.** Eid *m*, Schwur *m*: ~ ***of allegiance*** Fahnen-, Treueid; ~ ***of disclosure*** ⚖ Offenbarungseid; ~ ***of office*** Amts-, Diensteid; ***false*** ~ Falsch-, Meineid *m*; ***bind by*** ~ eidlich verpflichten; (***up***)***on*** ~ unter Eid, eidlich; ***upon my*** ~***!*** das kann ich beschwören!; ***administer*** (*od.* ***tender***) ***an*** ~ ***to s.o.***, ***put s.o. to*** (*od.* ***on***) ***his*** ~ j-m e-n Eid abnehmen, j-n schwören lassen; ***swear*** (*od.* ***take***) ***an*** ~ e-n Eid leisten, schwören (***on***, ***to*** auf *acc.*); ***in lieu of an*** ~ an Eides statt; ***under*** ~ unter Eid, eidlich verpflichtet; ***be on one's*** ~ unter Eid stehen; **2.** Fluch *m*, Verwünschung *f*.

'oat·meal *s.* **1.** Hafermehl *n*, -grütze *f*; **2.** Haferschleim *m*.

ob·bli·ga·to [ˌɒblɪ'gɑːtəʊ] ♪ **I** *adj.* obli'gat, hauptstimmig; **II** *pl.* **-tos** *s.* selbstständige Begleitstimme.

ob·du·ra·cy ['ɒbdjʊrəsɪ] *s. fig.* Verstocktheit *f*, Halsstarrigkeit *f*; **'ob·du·rate** [-rət] *adj.* □ **1.** verstockt, halsstarrig; **2.** hartherzig.

o·be·di·ence [ə'biːdjəns] *s.* **1.** Gehorsam *m* (***to*** gegen); **2.** *fig.* Abhängigkeit *f* (***to*** von): ***in*** ~ ***to*** gemäß (*dat.*), im Verfolg (*gen.*); ***in*** ~ ***to s.o.*** auf j-s Verlangen; **o'be·di·ent** [-nt] *adj.* □ **1.** gehorsam (***to*** *dat.*); **2.** ergeben, unter'würfig (***to*** *dat.*): ***Your*** ~ ***servant*** Hochachtungsvoll (*Amtsstil*); **3.** *fig.* abhängig (***to*** von).

o·bei·sance [əʊ'beɪsəns] *s.* **1.** Verbeugung *f*; **2.** Ehrerbietung *f*, Huldigung *f*: ***do*** (*od.* ***make*** *od.* ***pay***) ~ ***to s.o.*** j-m huldigen; **o'bei·sant** [-nt] *adj.* huldigend, unter'würfig.

ob·e·lisk ['ɒbəlɪsk] *s.* **1.** Obe'lisk *m*; **2.** *typ.* a) → ***obelus***, b) Kreuz(zeichen) *n* (*für Randbemerkungen*).

ob·e·lus ['ɒbɪləs] *pl.* **-li** [-laɪ] *s. typ.* **1.** Obe'lisk *m* (*Zeichen für fragwürdige Stellen*); **2.** Verweisungszeichen *n auf Randbemerkungen*.

o·bese [əʊ'biːs] *adj.* fettleibig, korpu'lent, *a. fig.* fett, dick; **o'bese·ness** [-nɪs], **o'bes·i·ty** [-sətɪ] *s.* Fettleibigkeit *f*, Korpu'lenz *f*.

o·bey [ə'beɪ] **I** *v/t.* **1.** *j-m* gehorchen, folgen (*a. fig.*); **2.** *e-m Befehl etc.* Folge leisten, befolgen (*acc.*); **II** *v/i.* **3.** gehorchen, folgen (***to*** *dat.*).

ob·fus·cate ['ɒbfʌskeɪt] *v/t.* **1.** verfinstern, trüben (*a. fig.*); **2.** *fig. Urteil etc.* trüben, verwirren; *die Sinne* benebeln; **ob·fus·ca·tion** [ˌɒbfʌs'keɪʃn] Verfinsterung *f etc.*

o·bit·u·ar·y [ə'bɪtjʊərɪ] **I** *s.* **1.** Todesanzeige *f*; **2.** Nachruf *m*; **3.** *eccl.* Totenliste *f*; **II** *adj.* **4.** Toten..., Todes...: ~ ***notice*** Todesanzeige *f*.

ob·ject¹ [əb'dʒekt] **I** *v/t.* **1.** *fig.* einwenden, vorbringen (***to*** gegen); **2.** vorhalten, vorwerfen (***to***, ***against*** *dat.*); **II** *v/i.* **3.** Einwendungen machen, Einsprüche erheben, protestieren, reklamieren (***to***, ***against*** gegen); **4.** et. einwenden, et. dagegen haben: ~ ***to s.th.*** et. beanstanden; ***do you*** ~ ***to my smoking?*** haben Sie et. dagegen, wenn ich rauche?; ***if you don't*** ~ wenn Sie nichts dagegen haben.

ob·ject² ['ɒbdʒɪkt] *s.* **1.** Ob'jekt *n* (*a. Kunst*), Gegenstand *m* (*a. fig. des Mitleids etc.*): ~ ***of invention*** ⚖ Erfindungsgegenstand; ***money is no*** ~ Geld spielt keine Rolle; ***salary no*** ~ Gehalt Nebensache; **2.** Absicht *f*, Ziel *n*, Zweck *m*: ***make it one's*** ~ ***to do s.th.*** es sich zum Ziel setzen, et. zu tun; **3.** F komische *od.* scheußliche Per'son *od.* Sache: ***what an*** ~ ***you are!*** wie sehen Sie denn aus!; **4.** *ling.* a) Ob'jekt *n*: ***direct*** ~ Akkusativobjekt; ~ ***clause*** Objektsatz *m*, b) von e-r Präpositi'on abhängiges Wort; ~ **draw·ing** *s.* Zeichnen *n* nach Vorlagen *od.* Mo'dellen; **'~-ˌfind·er** *s. phot.* (Objek'tiv)Sucher *m*; ~ **glass** *s. opt.* Objek'tiv(linse *f*) *n*.

ob·jec·ti·fy [ɒb'dʒektɪfaɪ] *v/t.* objektivieren.

ob·jec·tion [əb'dʒekʃn] *s.* **1.** a) Einwendung *f* (*a.* ⚖), Einspruch *m*, -wand *m*, -wurf *m*, Bedenken *n* (***to*** gegen), b) *weitS.* Abneigung *f*, 'Widerwille *m* (***against*** gegen): ***I have no*** ~ ***to him*** ich habe nichts gegen ihn *od.* an ihm nichts auszusetzen; ***make*** (*od.* ***raise***) ***an*** ~ ***to s.th.*** gegen et. e-n Einwand erheben; ***take*** ~ ***to s.th.*** gegen et. protestieren; **2.** Beanstandung *f*, Reklamati'on *f*; **ob'jec·tion·a·ble** [-ʃnəbl] *adj.* □ **1.** nicht einwandfrei, zu beanstanden(d), unerwünscht, anrüchig; **2.** unangenehm (***to*** *dat. od.* für); **3.** anstößig.

ob·jec·tive [əb'dʒektɪv] **I** *adj.* □ **1.** objek'tiv (*a. phls.*), sachlich, vorurteilslos; **2.** *ling.* Objekts...: **~ case** → 5; **~ genitive** objektiver Genitiv; **3.** Ziel...: **~ point** → 6; **II** *s.* **4.** *opt.* Objek'tiv(linse *f*) *n*; **5.** *ling.* Ob'jektsfall *m*; **6.** (*bsd.* ⚔ Kampf-, Angriffs)Ziel *n*; **ob'jec·tive·ness** [-nɪs], **ob·jec·tiv·i·ty** [ˌɒbdʒek'tɪvətɪ] *s.* Objektivi'tät *f*.

ob·ject lens *s. opt.* Objek'tiv(linse *f*) *n*.

ob·ject·less ['ɒbdʒɪktlɪs] *adj.* gegenstands-, zweck-, ziellos.

ob·ject les·son *s.* **1.** *ped. u. fig.* 'Anschauungsˌunterricht *m*; **2.** *fig.* Schulbeispiel *n*; **3.** *fig.* Denkzettel *m*.

ob·jec·tor [əb'dʒektə] *s.* Gegner(in) (**to** *gen.*); → **conscientious**.

ob·ject| plate, ~ slide *s.* Ob'jektträger *m* (*Mikroskop etc.*); **~ teach·ing** *s.* 'Anschauungsˌunterricht *m*.

ob·jet d'art [ˌɒbʒeɪ'dɑː] (*Fr.*) *s.* (*bsd.* kleiner) Kunstgegenstand.

ob·jur·gate ['ɒbdʒɜːgeɪt] *v/t.* tadeln, schelten.

ob·late[1] ['ɒbleɪt] *adj.* ⩘, *phys.* (an den Polen) abgeplattet.

ob·late[2] ['ɒbleɪt] *R.C.* Ob'lat(in) (*Laienbruder od. -schwester*).

ob·la·tion [əʊ'bleɪʃn] *s. bsd. eccl.* Opfer (-gabe *f*) *n*.

ob·li·gate *v/t.* ['ɒblɪgeɪt] *a.* ⚖ verpflichten; **ob·li·ga·tion** [ˌɒblɪ'geɪʃn] *s.* **1.** Verpflichten *n*; **2.** Verpflichtung *f*, Verbindlichkeit *f*: **of ~** obligatorisch; **be under an ~ to s.o.** j-m (zu Dank) verpflichtet sein; **3.** ✝ a) Schuldverschreibung *f*, Obligati'on *f*, b) (Schuld-) Verpflichtung *f*, Verbindlichkeit *f*: **financial ~** Zahlungsverpflichtung; **~ to buy** Kaufzwang *m*; **no ~, without ~** unverbindlich, freibleibend; **ob·lig·a·to·ry** [ə'blɪgətərɪ] *adj.* □ verpflichtend, bindend, (rechts)verbindlich, obliga'torisch (**on, upon** für), Zwangs...

o·blige [ə'blaɪdʒ] **I** *v/t.* **1.** nötigen, zwingen: **I was ~d to go** ich musste gehen; **2.** *fig. j-n* (zu Dank) verpflichten: **much ~d!** sehr verbunden!, danke bestens!; **I am ~d to you for it** ich habe es Ihnen zu verdanken; **will you ~ me by** (*ger.*)? wären Sie so freundlich, zu (*inf.*)?, *iro.* würden Sie gefälligst *et. tun?*; **3.** *j-m* gefällig sein, e-n Gefallen tun, dienen: **to ~ you** Ihnen zu Gefallen; **~ the company with** die Gesellschaft mit *e-m Lied etc.* erfreuen; **4.** ⚖ *j-n* (*durch Eid etc.*) binden (**to** an *acc.*): **~ o.s.** sich verpflichten (**to do** *et.* zu tun); **II** *v/i.* **5. ~ with** F *Lied etc.* vortragen, zum Besten geben; **6.** erwünscht sein: **an early reply will ~** um baldige Antwort wird gebeten; **ob·li·gee** [ˌɒblɪ'dʒiː] *s.* ⚖ Obligati'onsgläubiger (-in), Forderungsberechtigte(r *m*) *f*; **o'blig·ing** [-dʒɪŋ] *adj.* □ verbindlich, gefällig, zu'vor-, entgegenkommend; **o'blig·ing·ness** [-dʒɪŋnɪs] *s.* Gefälligkeit *f*, Zu'vorkommenheit *f*; **ob·li·gor** [ˌɒblɪ'gɔː] *s.* ⚖ (Obligati'ons)Schuldner(in).

ob·lique [ə'bliːk] *adj.* □ **1.** *bsd.* ⩘ schief, schräg: **~(-angled)** schiefwink(e)lig; **at an ~ angle with** im spitzen Winkel zu; **2.** 'indiˌrekt, versteckt, verblümt: **~ accusation**; **~ glance** Seitenblick *m*; **3.** unaufrichtig, unredlich; **4.** *ling.* abhängig, 'indiˌrekt: **~ case** Beugefall *m*; **~ speech** indirekte Rede; **ob'lique·ness** [-nɪs], **ob·liq·ui·ty** [ə'blɪkwətɪ] *s.* **1.** Schiefe *f* (*a. ast.*), schiefe Lage *od.* Richtung, Schrägheit *f*; **2.** *fig.* Schiefheit *f*: **moral ~** Unredlichkeit *f*; **~ of judg(e)ment** Schiefe *f* des Urteils.

ob·lit·er·ate [ə'blɪtəreɪt] *v/t.* **1.** auslöschen, tilgen (*beide a. fig.*), *Schrift a.* ausstreichen, wegradieren; *Briefmarken* entwerten; **2.** ⚕ veröden; **ob·lit·er·a·tion** [əˌblɪtə'reɪʃn] *s.* **1.** Verwischung *f*, Auslöschung *f*; **2.** *fig.* Vernichtung *f*, Vertilgung *f*.

ob·liv·i·on [ə'blɪvɪən] *s.* **1.** Vergessenheit *f*: **fall** (*od.* **sink**) **into ~** in Vergessenheit geraten; **2.** Vergessen *n*, Vergesslichkeit *f*; **3.** ⚖, *pol.* Straferlass *m*: (**Act of**) **~** Amne'stie *f*; **ob'liv·i·ous** [-ɪəs] *adj.* □ vergesslich: **be ~ of s.th.** et. vergessen (haben); **be ~ to s.th.** F *fig.* blind sein gegen et., et. nicht beachten.

ob·long ['ɒblɒŋ] **I** *adj.* **1.** länglich: **~ hole** ⚙ Langloch *n*; **2.** ⩘ rechteckig; **II** *s.* **3.** ⩘ Rechteck *n*.

ob·lo·quy ['ɒbləkwɪ] *s.* **1.** Verleumdung *f*, Schmähung *f*: **fall into ~** in Verruf kommen; **2.** Schmach *f*.

ob·nox·ious [əb'nɒkʃəs] *adj.* □ **1.** anstößig, anrüchig, verhasst, ab'scheulich; **2.** (**to**) unbeliebt (bei), unangenehm (*dat.*); **ob'nox·ious·ness** [-nɪs] *s.* **1.** Anstößigkeit *f*, Anrüchigkeit *f*; **2.** Verhasstheit *f*.

o·boe ['əʊbəʊ] *s.* ♪ O'boe *f*; **'o·bo·ist** [-əʊɪst] *s.* Obo'ist(in).

ob·scene [əb'siːn] *adj.* □ **1.** unzüchtig (*a.* ⚖), unanständig, zotig, ob'szön: **~ libel** ⚖ Veröffentlichung *f* unzüchtiger Schriften; **~ talker** Zotenreißer *m*; **2.** 'widerlich; **ob·scen·i·ty** [əb'senətɪ] *s.* **1.** Unanständigkeit *f*, Schmutz *m*, Zote *f*, *pl. a.* Obszöni'täten *pl.*; **2.** 'Widerlichkeit *f*.

ob·scur·ant ['ɒbskjʊərənt] *s.* Obsku'rant *m*, Dunkelmann, Bildungsfeind *m*; **ob·scur·ant·ism** [ˌɒbskjʊə'ræntɪzəm] *s.* Obskuran'tismus *m*, Bildungshass *m*; **ob·scur·ant·ist** [ˌɒbskjʊə'ræntɪst] **I** *s.* → **obscurant**; **II** *adj.* obskuran'tistisch.

ob·scu·ra·tion [ˌɒbskjʊ'reɪʃn] *s.* Verdunkelung *f* (*a. fig.*).

ob·scure [əb'skjʊə] **I** *adj.* □ **1.** dunkel, düster; **2.** *fig.* dunkel, unklar; **3.** *fig.* ob'skur, unbekannt, unbedeutend; **4.** *fig.* verborgen: **live an ~ life**; **II** *v/t.* **5.** verdunkeln, verfinstern (*a. fig.*); **6.** *fig.* verkleinern, in den Schatten stellen; **7.** *fig.* unverständlich *od.* undeutlich machen; **8.** verbergen; **ob'scu·ri·ty** [-ərətɪ] *s.* **1.** Dunkelheit *f* (*a. fig.*); **2.** *fig.* Unklarheit *f*, Undeutlichkeit *f*, Unverständlichkeit *f*; **3.** *fig.* Unbekanntheit *f*, Verborgenheit *f*, Niedrigkeit *f* *der Herkunft*: **be lost in ~** vergessen sein.

ob·se·quies ['ɒbsɪkwɪz] *s. pl.* Trauerfeierlichkeit(en *pl.*) *f*.

ob·se·qui·ous [əb'siːkwɪəs] *adj.* □ unter'würfig (**to** gegen), ser'vil, kriecherisch; **ob'se·qui·ous·ness** [-nɪs] *s.* Unter'würfigkeit *f*.

ob·serv·a·ble [əb'zɜːvəbl] *adj.* □ **1.** wahrnehmbar; **2.** bemerkenswert; **3.** zu be(ob)achten(d); **ob'serv·ance** [-vns] *s.* **1.** Befolgung *f*, Be(ob)achtung *f*, Ein-, Innehaltung *f von Gesetzen etc.*; **2.** *eccl.* Heilighaltung *f*, Feiern *n*; **3.** Brauch *m*, Sitte *f*; **4.** Regel *f*, Vorschrift *f*; **5.** *R.C.* Ordensregel *f*, Obser'vanz *f*; **ob'serv·ant** [-vnt] *adj.* □ **1.** beobachtend, befolgend (**of** *acc.*): **be very ~ of forms** sehr auf Formen halten; **2.** aufmerksam, acht-, wachsam (**of** auf *acc.*).

ob·ser·va·tion [ˌɒbzə'veɪʃn] **I** *s.* **1.** Beobachtung *f* (*a.* ⚕, ⚓ *etc.*), Über'wachung *f*, Wahrnehmung *f*: **keep s.o. under ~** j-n beobachten (lassen); **2.** ⚔ (Nah)Aufklärung *f*; **3.** Beobachtungsvermögen *n*; **4.** Bemerkung *f*; **5.** Befolgung *f*; **II** *adj.* **6.** Beobachtungs..., Aussichts...; **~ bal·loon** *s.* 'Fesselbalˌlon *m*; **~ car** *s.* 🚂 Aussichtswagen *m*; **~ coach** *s.* Omnibus *m* mit Aussichtsplattform; **~ post** *s.* ⚔ Beobachtungsstand *m*, -posten *m*; **~ tow·er** *s.* Beobachtungswarte *f*; Aussichtsturm *m*; **~ ward** *s.* ⚕ Be'obachtungsstatiˌon *f*; **~ win·dow** *s.* ⚙ *etc.* Beobachtungsfenster *n*.

ob·serv·a·to·ry [əb'zɜːvətrɪ] *s.* Observa'torium *n*: a) Wetterwarte *f*, b) Sternwarte *f*.

ob·serve [əb'zɜːv] **I** *v/t.* **1.** beobachten: a) über'wachen, b) (be)merken, wahrnehmen, c) *Gesetz etc.* befolgen, (ein-) halten, beachten, *Fest etc.* feiern, begehen: **~ silence** Stillschweigen bewahren; **2.** bemerken, äußern, sagen; **II** *v/i.* **3.** Beobachtungen machen; **4.** Bemerkungen machen, sich äußern (**on, upon** über *acc.*); **ob'serv·er** [-və] *s.* **1.** Beobachter(in) (*a. pol.*), Zuschauer(in); **2.** Befolger(in); **3.** ⚔, ✈ a) Beobachter *m*, b) *Flugmeldedienst*: Luftspäher *m*; **ob'serv·ing** [-vɪŋ] *adj.* □ aufmerksam, achtsam.

ob·sess [əb'ses] *v/t.* quälen, heimsuchen, verfolgen (*von Ideen etc.*): **~ed by** (*od.* **with**) besessen von; **ob·ses·sion** [əb'seʃn] *s.* Besessenheit *f*, fixe I'dee; *psych.* Zwangsvorstellung *f*; **ob'ses·sive** [-sɪv] *adj. psych.* zwanghaft, Zwangs...: **~ neurosis**.

ob·so·les·cence [ˌɒbsəʊ'lesns] *s.* Veralten *n*: **planned ~** ✝, ⚙ künstliche Veralterung; **ob·so'les·cent** [-nt] *adj.* veraltend.

ob·so·lete ['ɒbsəliːt] *adj.* □ **1.** veraltet, über'holt, altmodisch; **2.** abgenutzt, verbraucht; **3.** *biol.* zu'rückgeblieben, rudimen'tär.

ob·sta·cle ['ɒbstəkl] *s.* Hindernis *n* (**to** für) (*a. fig.*): **put ~s in s.o.'s way** *fig.* j-m Hindernisse in den Weg legen; **~ race** *sport* Hindernisrennen *n*.

ob·stet·ric, ob·stet·ri·cal [ɒb'stetrɪk(l)] *adj.* Geburts(hilfe)..., Entbindungs...; **ob·ste·tri·cian** [ˌɒbste'trɪʃn] *s.* ⚕ Geburtshelfer(in); **ob'stet·rics** [-ks] *s. pl. mst sg. konstr.* Geburtshilfe *f*.

ob·sti·na·cy ['ɒbstɪnəsɪ] *s.* Hartnäckigkeit *f* (*a. fig.*, ⚕ *etc.*), Eigensinn *m*; **'ob·sti·nate** [-tənət] *adj.* □ hartnäckig (*a. fig.*), halsstarrig, eigensinnig.

ob·strep·er·ous [əb'strepərəs] *adj.* □ **1.** ungebärdig, tobend, 'widerspenstig; **2.** lärmend.

ob·struct [əb'strʌkt] **I** *v/t.* **1.** versperren, -stopfen, blockieren: **~ s.o.'s view** j-m die Sicht nehmen; **2.** *a. fig.* behindern, hemmen, lahm legen; **3.** *fig., a. pol.* blockieren, vereiteln; **4.** *sport*: sperren, (*a. Amtsperson*) behindern (**in** bei); **II** *v/i.* **5.** *pol.* Obstrukti'on treiben; **ob'struc·tion** [-kʃn] *s.* **1.** Versperrung *f*, Verstopfung *f*; **2.** Behinderung *f*, Hemmung *f*; **3.** Hindernis *n* (**to** für); **4.** *pol.* Obstrukti'on *f*; **ob'struc·tion·ism** [-kʃənɪzəm] *s. bsd. pol.* Obstrukti'onspoliˌtik *f*; **ob'struc·tion·ist** [-kʃənɪst] **I** *s.* Obstrukti'onspoˌlitiker(in); **II** *adj.* Obstruktions...; **ob'struc·tive** [-tɪv] **I** *adj.* □ **1.** versperrend (*etc.* → **obstruct** I); **2.** (**of, to**) hinderlich, hemmend

(für): ***be ~ to s.th.*** et. behindern; **3.** Obstruktions...; **II** *s.* **4.** Hindernis *n.*
ob·tain [əb'teɪn] **I** *v/t.* **1.** erlangen, erhalten, bekommen, erwerben, sich verschaffen, *Sieg* erringen: ***~ by flattery*** sich erschmeicheln; ***~ legal force*** Rechtskraft erlangen; ***details can be ~ed from*** Näheres ist zu erfahren bei; **2.** *Willen, Wünsche etc.* 'durchsetzen; **3.** erreichen; **4.** ✝ *Preis* erzielen; **II** *v/i.* **5.** (vor)herrschen, bestehen; Geltung haben, sich behaupten; **ob'tain·a·ble** [-nəbl] *adj.* erreichbar, erlangbar; erhältlich, zu erhalten(d) (***at*** bei); **ob'tain·ment** [-mənt] *s.* Erlangung *f.*
ob·trude [əb'tru:d] **I** *v/t.* aufdrängen, -nötigen, -zwingen (***upon, on*** *dat.*): ***~ o.s. upon*** → **II** *v/i.* sich aufdrängen (***upon, on*** *dat.*); **ob'tru·sion** [-u:ʒn] *s.* **1.** Aufdrängen *n*, Aufnötigung *f*; **2.** Aufdringlichkeit *f*; **ob'tru·sive** [-u:sɪv] *adj.* □ aufdringlich (*a. Sache*).
ob·tu·rate ['ɒbtjʊəreɪt] *v/t.* **1.** *a.* ⚕ verstopfen, verschließen; **2.** ⚙ (ab)dichten, lidern; **ob·tu·ra·tion** [ˌɒbtjʊə'reɪʃn] *s.* **1.** Verstopfung *f*, Verschließung *f*; **2.** ⚙ (Ab)Dichtung *f.*
ob·tuse [əb'tju:s] *adj.* □ **1.** stumpf (*a.* ⩓): ***~(-angled)*** stumpfwink(e)lig; **2.** *fig.* begriffsstutzig, beschränkt; dumpf (*Ton, Schmerz etc.*); **ob'tuse·ness** [-nɪs] *s.* **1.** Stumpfheit *f* (*a. fig.*); **2.** Begriffsstutzigkeit *f.*
ob·verse ['ɒbvɜ:s] **I** *s.* **1.** Vorderseite *f*; Bildseite *f e-r Münze*; **2.** Gegenstück *n*, *die* andere Seite, Kehrseite *f*; **II** *adj.* □ **3.** Vorder..., dem Beobachter zugekehrt; **4.** entsprechend, 'umgekehrt; **ob·verse·ly** [ɒb'vɜ:slɪ] *adv.* 'umgekehrt.
ob·vi·ate ['ɒbvɪeɪt] *v/t.* **1.** *e-r Sache* begegnen, zu'vorkommen, vorbeugen, *et.* verhindern, verhüten; **2.** aus dem Weg räumen, beseitigen; **3.** erübrigen; **ob·vi·a·tion** [ˌɒbvɪ'eɪʃn] *s.* **1.** Vorbeugen *n*, Verhütung *f*; **2.** Beseitigung *f.*
ob·vi·ous ['ɒbvɪəs] *adj.* □ offensichtlich, augenfällig, klar, deutlich; nahe liegend, einleuchtend: ***it is ~ that*** es liegt auf der Hand, dass; ***it was the ~ thing to do*** es war das Nächstliegende; ***he was the ~ choice*** kein anderer kam dafür in Frage; **'ob·vi·ous·ness** [-nɪs] *s.* Offensichtlichkeit *f.*
oc·ca·sion [ə'keɪʒn] **I** *s.* **1.** (günstige) Gelegenheit; **2.** (***of***) Gelegenheit *f* (zu), Möglichkeit *f* (*gen.*); **3.** (besondere) Gelegenheit, Anlass *m*; (F festliches) Ereignis: ***on this ~*** bei dieser Gelegenheit; ***on the ~ of*** anlässlich (*gen.*); ***on ~*** a) bei Gelegenheit, b) gelegentlich, c) wenn nötig; ***for the ~*** für diese besondere Gelegenheit, eigens zu diesem Zweck; ***a great ~*** ein großes Ereignis; ***improve the ~*** die Gelegenheit (*bsd.* zu e-r Moralpredigt) benützen; ***rise to the ~*** sich der Lage gewachsen zeigen; **4.** Anlass *m*, Anstoß *m*: ***give ~ to*** → 6; **5.** (***for***) Grund *m* (zu), Ursache *f* (*gen.*), Veranlassung *f* (zu); **II** *v/t.* **6.** verursachen (***s.o. s.th., s.th. to s.o.*** j-m et.), hervorrufen, bewirken, zeitigen; **7.** *j-n* veranlassen (***to do*** zu tun); **oc'ca·sion·al** [-ʒənl] *adj.* □ **1.** gelegentlich, Gelegenheits...(*-arbeit, -dichter, -gedicht etc.*); vereinzelt; **2.** zufällig; **oc'ca·sion·al·ly** [-ʒnəlɪ] *adv.* gelegentlich, hin u. wieder.
Oc·ci·dent ['ɒksɪdənt] *s.* **1.** 'Okzident *m*, Westen *m*, Abendland *n*; **2.** ♎ Westen *m*; **Oc·ci·den·tal** [ˌɒksɪ'dentl] **I** *adj.* □ **1.** abendländisch, westlich; **2.** ♎ westlich; **II** *s.* **3.** Abendländer(in).
oc·cip·i·tal [ɒk'sɪpɪtl] *anat.* **I** *adj.* Hinterhaupt(s)...; **II** *s.* 'Hinterhauptsbein *n*; **oc·ci·put** ['ɒksɪpʌt] *pl.* **oc·cip·i·ta** [ɒk'sɪpɪtə] *s. anat.* 'Hinterkopf *m.*
oc·clude [ɒ'klu:d] *v/t.* **1.** *a.* ⚕ verstopfen, verschließen; **2.** a) einschließen, b) ausschließen, c) abschließen (***from*** von); **3.** ⚗ okkludieren, adsorbieren; **oc'clu·sion** [-u:ʒn] *s.* **1.** *a.* ⚕ a) Verstopfung *f*, Verschließung *f*, b) Verschluss *m*; **2.** Okklusi'on *f*: a) ⚗ Adsorpti'on *f*, b) ⚕ Biss(stellung *f*) *m*; ***abnormal ~*** Bissanomalie *f.*
oc·cult [ɒ'kʌlt] **I** *adj.* □ ok'kult: a) geheimnisvoll, verborgen (*a.* ⚕), b) magisch, 'übersinnlich, c) geheim, Geheim...: ***~ sciences*** Geheimwissenschaften; **II** *v/t.* verdecken; *ast.* verfinstern; **III** *s.*: ***the ~*** das Okkulte; **oc·cult·ism** ['ɒkəltɪzəm] *s.* Okkul'tismus *m*; **oc·cult·ist** ['ɒkəltɪst] **I** *s.* Okkul'tist (-in); **II** *adj.* okkul'tistisch.
oc·cu·pan·cy ['ɒkjʊpənsɪ] *s.* **1.** Besitzergreifung *f* (*a.* ⚖); Einzug *m* (***of*** in *e-e Wohnung*); **2.** Innehaben *n*, Besitz *m*: ***during his ~ of the post*** solange er die Stelle innehatte; **3.** In'anspruchnahme *f* (*von Raum etc.*); **'oc·cu·pant** [-nt] *s.* **1.** *bsd.* ⚖ Besitzergreifer(in); **2.** Besitzer (-in), Inhaber(in); **3.** Bewohner(in), Insasse *m*, Insassin *f* (*Haus etc.*); **oc·cu·pa·tion** [ˌɒkjʊ'peɪʃn] *s.* **1.** Besitz *m*, Innehaben *n*; **2.** Besitznahme *f*, -ergreifung *f*; **3.** ⚔, *pol.* Besetzung *f*, Besatzung *f*, Okkupati'on *f*: ***~ troops*** Besatzungstruppen; → ***zone*** 1; **4.** Beschäftigung *f*: ***without ~*** beschäftigungslos; **5.** Beruf *m*, Gewerbe *n*: ***by ~*** von Beruf; ***employed in an ~*** berufstätig; ***in*** (*od.* ***as a***) ***regular ~*** hauptberuflich; **oc·cu·pa·tion·al** [ˌɒkju:'peɪʃənl] *adj.* **1.** beruflich, Berufs...(*-gruppe, -krankheit etc.*), Arbeits...(*-psychologie, -unfall etc.*): ***~ hazard*** Berufsrisiko *n*; **2.** Beschäftigungs...: ***~ therapy.***
oc·cu·pi·er ['ɒkjʊpaɪə] → ***occupant.***
oc·cu·py ['ɒkjʊpaɪ] *v/t.* **1.** in Besitz nehmen, Besitz ergreifen von; *Wohnung* beziehen; ⚔ besetzen; **2.** besitzen, innehaben; *fig. Amt etc.* bekleiden, innehaben: ***~ the chair*** den Vorsitz führen; **3.** bewohnen; **4.** *Raum* einnehmen, (*a. Zeit*) in Anspruch nehmen; **5.** *j-n, j-s Geist* beschäftigen: ***~ o.s.*** sich beschäftigen *od.* befassen (***with*** mit); ***be occupied with*** (*od.* ***in***) ***doing*** damit beschäftigt sein, *et.* zu tun.
oc·cur [ə'kɜ:] *v/i.* **1.** sich ereignen, vorfallen, -kommen, passieren, eintreten; **2.** vorkommen (***in Poe*** bei Poe); **3.** zustoßen, vorkommen, begegnen (***to s.o.*** j-m); **4.** einfallen (***to*** *dat.*): ***it ~red to me that*** es fiel mir ein *od.* es kam mir der Gedanke, dass; **oc·cur·rence** [ə'kʌrəns] *s.* **1.** Vorkommen *n*, Auftreten *n*; **2.** Ereignis *n*, Vorfall *m*, Vorkommnis *n.*
o·cean ['əʊʃn] *s.* **1.** Ozean *m*, Meer *n*: ***~ lane*** Schifffahrtsroute *f*; ***~ liner*** Ozeandampfer *m*; **2.** *fig.* Meer *n*: ***~s of*** F e-e Unmenge von; ***~ bill of lad·ing*** *s.* ✝ Konnosse'ment *n*, Seefrachtbrief *m*; **'~-ˌgo·ing** *adj.* ⚓ Hochsee..., hochseetüchtig.
o·ce·an·ic [ˌəʊʃɪ'ænɪk] *adj.* oze'anisch, Ozean..., Meer(es)...
o·ce·a·no·graph·ic, o·ce·a·no·graph·i·cal [ˌəʊʃɪənəʊ'græfɪk(l)] *adj.* ozeano'graphisch; **o·ce·a·nog·ra·phy** [ˌəʊʃjə'nɒgrəfɪ] *s.* Meereskunde *f*; **o·ce·a·nol·o·gy** [ˌəʊʃjə'nɒlədʒɪ] *s.* Ozeanolo'gie *f*, Meereskunde *f.*
oc·el·lat·ed ['ɒsəleɪtɪd] *adj. zo.* **1.** augenfleckig; **2.** augenähnlich; **o·cel·lus** [əʊ'seləs] *pl.* **-li** [-laɪ] *s. zo.* **1.** Punktauge *n*; **2.** Augenfleck *m.*
o·cher *Am.* → ***ochre.***
och·loc·ra·cy [ɒk'lɒkrəsɪ] *s.* Ochlokra'tie *f*, Pöbelherrschaft *f.*
o·chre ['əʊkə] **I** *s.* **1.** *min.* Ocker *m*: ***blue*** (*od.* ***iron***) ***~*** Eisenocker *m*; ***brown*** (*od.* ***spruce***) ***~*** brauner Eisenocker; **2.** Ockerfarbe *f*, -gelb *n*; **II** *adj.* **3.** ockergelb; **o·chre·ous** ['əʊkrɪəs] *adj.* **1.** Ocker...; **2.** ockerhaltig *od.* -artig *od.* -farbig.
o'clock [ə'klɒk] Uhr (*bei Zeitangaben*): ***four ~*** vier Uhr.
oc·ta·gon ['ɒktəgən] *s.* ⩓ Achteck *n*; **oc·tag·o·nal** [ɒk'tægənl] *adj.* □ **1.** achteckig, -seitig; **2.** Achtkant...
oc·ta·he·dral [ˌɒktə'hedrəl] *adj.* ⩓, *min.* okta'edrisch, achtflächig; **ˌoc·ta'he·dron** [-drən] *pl.* **-drons** *od.* **-dra** [-drə] *s.* Okta'eder *n.*
oc·tal ['ɒktl] *adj.* ↯ Oktal...
oc·tane ['ɒkteɪn] *s.* ⚗ Ok'tan *n*: ***~ number, ~ rating*** Oktanzahl *f.*
oc·tant ['ɒktənt] *s.* ⩓, ⚓ Ok'tant *m.*
oc·tave ['ɒktɪv; *eccl.* 'ɒkteɪv] *s.* ♪, *eccl., phys.* Ok'tave *f.*
oc·ta·vo [ɒk'teɪvəʊ] *pl.* **-vos** *s.* **1.** Ok'tav(forˌmat) *n*; **2.** Ok'tavband *m.*
oc·til·lion [ɒk'tɪljən] *s.* ⩓ *Brit.* Oktilli'on *f*, *Am.* Quadrilli'arde *f.*
Oc·to·ber [ɒk'təʊbə] *s.* Ok'tober *m*: ***in ~*** im Oktober.
oc·to·dec·i·mo [ˌɒktəʊ'desɪməʊ] *pl.* **-mos** *s.* **1.** Okto'dezforˌmat *n*; **2.** Okto'dezband *m.*
oc·to·ge·nar·i·an [ˌɒktəʊdʒɪ'neərɪən] **I** *adj.* achtzigjährig; **II** *s.* Achtzigjährige(r *m*) *f*, Achtziger(in).
oc·to·pod ['ɒktəpɒd] *s. zo.* Okto'pode *m*, Krake *m.*
oc·to·pus ['ɒktəpəs] *pl.* **-pus·es** *od.* **'oc·to·pi** [-paɪ] *s.* **1.** *zo.* Krake *m*: a) 'Seepoˌlyp *m*, b) Okto'pode *m*; **2.** *fig.* Po'lyp *m.*
oc·to·syl·lab·ic [ˌɒktəʊsɪ'læbɪk] **I** *adj.* achtsilbig; **II** *s.* Achtsilb(l)er *m* (*Vers*); **oc·to·syl·la·ble** ['ɒktəʊˌsɪləbl] *s.* **1.** achtsilbiges Wort; **2.** → ***octosyllabic*** II.
oc·u·lar ['ɒkjʊlə] **I** *adj.* □ **1.** Augen...(*-bewegung, -zeuge etc.*); **2.** sichtbar (*Beweis*), augenfällig; **II** *s.* **3.** *opt.* Oku'lar *n*; **'oc·u·lar·ly** [-lɪ] *adv.* **1.** augenscheinlich; **2.** durch Augenschein, mit eigenen Augen; **'oc·u·list** [-lɪst] *s.* Augenarzt *m.*
OD [ˌəʊ'di:] *sl. abbr. für* ***overdose*** **I** *s.* 'Überdosis *f*; **II** *v/i.* e-e 'Überdosis nehmen: ***~ on ...*** e-e Überdosis ... nehmen.
odd [ɒd] **I** *adj.* □ → ***oddly***; **1.** sonderbar, seltsam, merkwürdig, kuri'os: ***an ~ fellow*** (*od.* F ***fish***) ein sonderbarer Kauz; **2.** (*nach Zahlen etc.*) und etliche, und einige *od.* etwas dar'über: ***50 ~*** über 50, einige 50; ***fifty ~ thousand*** zwischen 50 000 u. 60 000; ***it cost five pounds ~*** es kostete etwas über 5 Pfund; **3.** (*noch*) übrig, 'überzählig, restlich; **4.** ungerade: ***~ and even*** gerade u. ungerade; ***an ~ number*** eine ungerade Zahl; ***~ man out*** Überzählige(r) *m*; ***the ~ man*** der Mann mit der entscheidenden Stimme (*bei Stimmengleichheit*) (→ 6); **5.** a) einzeln (*Schuh etc.*): ***~ pair*** Einzelpaar *n*, b) vereinzelt: ***some ~ volumes*** einige Einzelbände,

c) ausgefallen, wenig gefragt (*Kleidergröße*); **6.** gelegentlich, Gelegenheits...: **~ jobs** Gelegenheitsarbeiten; **at ~ moments**, **at ~ times** dann und wann, zwischendurch; **~ man** Gelegenheitsarbeiter *m*; **II** *s.* **7.** → **odds**; **'odd·ball** *s. Am.* F → **oddity** 2.

odd·i·ty ['ɒdɪtɪ] *s.* **1.** Seltsamkeit *f*, Wunderlichkeit *f*, Eigenartigkeit *f*; **2.** komischer Kauz, Unikum *n*; **3.** seltsame *od.* kuri'ose Sache; **odd·ly** ['ɒdlɪ] *adv.* **1.** → **odd** 1; **2.** *a.* **~ enough** seltsamerweise; **odd·ments** ['ɒdmənts] *s. pl.* Reste *pl.*, 'Überbleibsel *pl.*; Krimskrams *m*; ✝ Einzelstücke *pl.*; **odd·ness** ['ɒdnɪs] *s.* Seltsamkeit *f*, Sonderbarkeit *f*.

'odd,num·bered *adj.* ungeradzahlig.

odds [ɒdz] *s. pl. oft sg. konstr.* **1.** Verschiedenheit *f*, 'Unterschied *m*: **what's the ~?** F was macht es (schon) aus?; **it makes no ~** es macht nichts (aus); **2.** Vorgabe *f* (*im Spiel*): **give s.o. ~** j-m et. vorgeben; **take ~** sich vorgeben lassen; **take the ~** e-e ungleiche Wette eingehen; **3.** (Gewinn)Chancen *pl.*: **the ~ are 10 to 1** die Chancen stehen 10 zu 1; **the ~ are in our favo(u)r** (*od.* **on us**) *a. fig.* wir haben die besseren Chancen; **the ~ are against us** unsere Chancen stehen schlecht, wir sind im Nachteil; **against long ~** mit wenig Aussicht auf Erfolg; **by long ~** bei weitem; **the ~ are that he will come** es ist sehr wahrscheinlich, dass er kommt; **4.** Uneinigkeit *f*: **at ~ with** im Streit mit, uneins mit; **set at ~** uneinig machen, gegeneinander aufhetzen; **5. ~ and ends** a) allerlei Kleinigkeiten, Krimskrams *m*, dies u. das, b) Reste, Abfälle; **,~-'on I** *adj.* aussichtsreich (*z. B. Rennpferd*): **~ certainty** sichere Sache; **it's ~ that** es ist so gut wie sicher, dass; **II** *s.* gute Chance.

ode [əʊd] *s.* Ode *f*.

o·di·ous ['əʊdjəs] *adj.* □ **1.** verhasst, hassenswert, ab'scheulich; **2.** widerlich, ekelhaft; **'o·di·ous·ness** [-nɪs] *s.* **1.** Verhasstheit *f*, Ab'scheulichkeit *f*; **2.** Widerlichkeit *f*; **'o·di·um** [-jəm] *s.* **1.** Verhasstheit *f*; **2.** Odium *n*, Vorwurf *m*, Makel *m*; **3.** Hass *m*, Gehässigkeit *f*.

o·dom·e·ter [əʊ'dɒmɪtə] *s.* **1.** Weg(strecken)messer *m*; **2.** Kilo'meterzähler *m*.

o·don·tic [ɒ'dɒntɪk] *adj.* Zahn...: **~ nerve**; **o·don·tol·o·gy** [,ɒdɒn'tɒlədʒɪ] *s.* Zahn(heil)kunde *f*, Odontolo'gie *f*.

o·dor(·less) *Am.* → **odour(less)**.

o·dor·ant ['əʊdərənt] *adj.*, **o·dor·if·er·ous** [,əʊdə'rɪfərəs] *adj.* □ **1.** wohlriechend, duftend; **2.** *allg.* riechend.

o·dour ['əʊdə] *s.* **1.** Geruch *m*; **2.** Duft *m*, Wohlgeruch *m*; **3.** *fig.* Geruch *m*, Ruf *m*: **the ~ of sanctity** der Geruch der Heiligkeit; **be in bad ~ with s.o.** bei j-m in schlechtem Ruf stehen; **'o·dour·less** [-lɪs] *adj.* geruchlos.

Od·ys·sey ['ɒdɪsɪ] *s. lit.* (*fig. oft* ☾) Odys'see *f*.

oe·col·o·gy [iː'kɒlədʒɪ] → **ecology**.

oec·u·men·i·cal [,iːkjʊ'menɪkəl] *etc.* → **ecumenical** *etc.*

oe·de·ma [iː'diːmə] *pl.* **-ma·ta** [-mətə] *s.* ⚕ Ö'dem *n*.

oe·di·pal ['iːdɪpl] *adj. psych.* ödi'pal, Ödipus...

Oed·i·pus com·plex ['iːdɪpəs] *s. psych.* 'Ödipuskom,plex *m*.

oen·o·lo·gy [iː'nɒlədʒɪ] Wein(bau)kunde *f*, Önolo'gie *f*.

o'er ['əʊə] *poet. od. dial. für* **over**.

oe·so·phag·e·al [iː,sɒfə'dʒiːəl] *adj. anat.* Speiseröhren..., Schlund...: **~ orifice** Magenmund *m*; **oe·soph·a·gus** [iː'sɒfəgəs] *pl.* **-gi** [-gaɪ] *od.* **-gus·es** *s. anat.* Speiseröhre *f*.

of [ɒv, əv] *prp.* **1.** *allg.* von; **2.** *zur Bezeichnung des Genitivs*: **the tail ~ the dog** der Schwanz des Hundes; **the tail ~ a dog** der Hundeschwanz; **3.** *Ort*: bei: **the battle ~ Hastings**; **4.** *Entfernung, Trennung, Befreiung*: a) von: **south ~** (**within ten miles ~**) **London**; **cure** (**rid**) **~ s.th.**; **free ~**, b) *gen.*: **robbed ~ his purse** s-r Börse beraubt, c) um: **cheat s.o. ~ s.th.**; **5.** *Herkunft*: von, aus: **~ good family**; **Mr. X ~ London**; **6.** *Teil*: von *od. gen.*: **the best ~ my friends**; **a friend ~ mine** ein Freund von mir, e-r m-r Freunde; **that red nose ~ his** diese rote Nase, die er hat; **7.** *Eigenschaft*: von, mit: **a man ~ courage**; **a man ~ no importance** ein unbedeutender Mensch; **8.** *Stoff*: aus, von: **a dress ~ silk** ein Kleid aus *od.* von Seide, ein Seidenkleid; (**made**) **~ steel** aus Stahl (hergestellt), stählern, Stahl...; **9.** *Urheberschaft, Art u. Weise*: von: **the works ~ Byron**; **it was clever ~ him**; **~ o.s.** von selbst, von sich aus; **10.** *Ursache, Grund*: a) von, an (*dat.*): **die ~ cancer** an Krebs sterben, b) aus: **~ charity**, c) vor (*dat.*): **afraid ~**, d) auf (*acc.*): **proud ~**, e) über (*acc.*): **ashamed ~**, f) nach: **smell ~**; **11.** *Beziehung*: hinsichtlich (*gen.*): **quick ~ eye** flinkäugig; **nimble ~ foot** leichtfüßig; **12.** *Thema*: a) von, über (*acc.*): **speak ~ s.th.**, b) an (*acc.*): **think ~ s.th.**; **13.** *Apposition, im Deutschen nicht ausgedrückt*: a) **the city ~ London**; **the University ~ Oxford**; **the month ~ April**; **the name ~ Smith**, b) *Maß*: **two feet ~ snow**; **a glass ~ wine**; **a piece ~ meat**; **14.** *Genitivus objectivus*: a) zu: **the love ~ God**, b) vor (*dat.*): **the fear ~ God** die Furcht vor Gott, die Gottesfurcht, c) bei: **an audience ~ the king;** **15.** *Zeit*: a) an (*dat.*), in (*dat.*), *mst gen.*: **~ an evening** e-s Abends; **~ late years** in den letzten Jahren, b) von: **your letter ~ March 3rd** Ihr Schreiben vom 3. März, c) *Am.* F vor (*bei Zeitangaben*): **ten minutes ~ three**.

off [ɒf] **I** *adv.* **1.** *mst in Zssgn mit vb.* fort, weg, da'von: **be ~** a) weg *od.* fort sein, b) (weg)gehen, sich davonmachen, (ab)fahren, c) wegmüssen; **be ~!**, **~ you go!**, **~ with you!** fort mit dir!, pack dich!, weg!; **where are you ~ to?** wo gehst du hin?; **2.** ab(*-brechen, -kühlen, -rutschen, -schneiden etc.*), her'unter(...), los(...): **the apple is ~** der Apfel ist ab; **dash ~** losrennen; **have one's shoes** *etc.* **~** s-e *od.* die Schuhe *etc.* ausgezogen haben; **~ with your hat!** herunter mit dem Hut!; **3.** entfernt, weg: **3 miles ~**; **4.** *Zeitpunkt*: von jetzt an, hin: **Christmas is a week ~** bis Weihnachten ist es eine Woche; **~ and on** a) ab u. zu, hin u. wieder, b) ab u. an, mit (kurzen) Unterbrechungen; **5.** abgezogen, ab(züglich); **6.** a) aus(geschaltet), abgeschaltet, -gestellt (*Maschine, Radio etc.*), (ab)gesperrt (*Gas etc.*), zu (*Hahn etc.*), b) *fig.* aus, vor'bei, abgebrochen; gelöst (*Verlobung*): **the bet is ~** die Wette gilt nicht mehr; **the whole thing is ~** die ganze Sache ist abgeblasen *od.* ins Wasser gefallen; **7.** aus(gegangen), verkauft, nicht mehr vorrätig; **8.** frei (*von Arbeit*): **take a day ~** sich e-n Tag freinehmen; **9.** ganz, zu Ende: **drink ~** (ganz) austrinken; **kill ~** ausrotten; **sell ~** ausverkaufen; **10.** ✝ flau: **the market is ~**; **11.** nicht frisch, (leicht) verdorben (*Nahrungsmittel*); **12.** *sport* außer Form; **13.** ⚓ vom Land *etc.* ab; **14. well** (**badly**) **~** gut (schlecht) d(a)ran *od.* gestellt *od.* situiert; **how are you ~ for ...?** wie bist du dran mit ...?; **II** *prp.* **15.** von ... (weg, ab, her'unter): **climb ~ the horse** vom Pferd (herunter)steigen; **eat ~ a plate** von e-m Teller essen; **take 3 percent ~ the price** 3 Prozent vom Preis abziehen; **be ~ a drug** *sl.* von e-r Droge ‚herunter sein'; **16.** abseits von *od. gen.*, von ... ab: **~ the street**; **a street ~ Piccadilly** e-e Seitenstraße von Piccadilly; **~ one's balance** aus dem Gleichgewicht; **~ form** außer Form; **17.** frei von: **~ duty** dienstfrei; **18.** ⚓ auf der Höhe von *Trafalgar etc.*, vor *der Küste*; **III** *adj.* **19.** (weiter) entfernt; **20.** Seiten..., Neben...: **~ street**; **21.** recht (*von Tieren, Fuhrwerken etc.*): **the ~ horse** das rechte Pferd, das Handpferd; **22.** *Kricket*: abseitig (*rechts vom Schlagmann*); **23.** ab(-), los(gegangen); **24.** (arbeits-, dienst)frei: **an ~ day**; → **25.** (*verhältnismäßig*) schlecht: **an ~ day** ein schlechter Tag (*an dem alles misslingt etc.*); **an ~ year for fruit** ein schlechtes Obstjahr; **26.** ✝ a) flau, still, tot (*Saison*), b) von schlechter Quali'tät: **~ shade** Fehlfarbe *f*; **27.** ‚ab', unwohl, nicht auf dem Damm: **I am feeling rather ~ today**; **28. on the ~ chance** auf gut Glück: **I went there on the ~ chance of seeing him** ich ging in der vagen Hoffnung hin, ihn zu sehen; **IV** *int.* **29.** weg!, fort!, raus!: **hands ~!** Hände weg!; **30.** her'unter!, ab!

of·fal ['ɒfl] *s.* **1.** Abfall *m*; **2.** *sg. od. pl. konstr.* Fleischabfall *m*, Inne'reien *pl.*; **3.** billige *od.* minderwertige Fische *pl.*; **4.** *fig.* Schund *m*, Ausschuss *m*.

,off|'beat *adj.* F ausgefallen, extrava'gant (*Geschmack, Kleidung etc.*); **'~·cast I** *adj.* verworfen, abgetan; **II** *s.* abgetane Per'son *od.* Sache; **,~-'cen·ter** *Am.*, **,~-'cen·tre** *Brit. adj.* verrutscht; ⚙ außermittig, ex'zentrisch (*a. fig.*); **,~-'col·o(u)r** *adj.* **1.** a) farblich abweichend, b) nicht lupenrein: **~ jewel**; **2.** *fig.* nicht (ganz) in Ordnung; unpässlich; **3.** zweideutig, schlüpfrig: **~ jokes**; **,~-'du·ty** *adj.* dienstfrei.

of·fence [ə'fens] *s.* **1.** *allg.* Vergehen *n*, Verstoß *m* (**against** gegen); **2.** ⚖ a) *a.* **criminal ~** Straftat *f*, strafbare Handlung, De'likt *n*, b) *a.* **lesser** *od.* **minor ~** Über'tretung *f*; **3.** Anstoß *m*, Ärgernis *n*, Beleidigung *f*, Kränkung *f*: **give ~** Anstoß *od.* Ärgernis erregen (**to** bei); **take ~** (**at**) Anstoß nehmen (an *dat.*), beleidigt *od.* gekränkt sein (durch, über *acc.*), (*et.*) übel nehmen; **no ~** (**meant**)**!** nichts für ungut!; **4.** Angriff *m*: **arms of ~** Angriffswaffen *pl.*; **of'fence·less** [-lɪs] *adj.* harmlos.

of·fend [ə'fend] **I** *v/t.* **1.** *j-n, j-s Gefühle etc.* verletzen, beleidigen, kränken: **it ~s the eye** es beleidigt das Auge; **be ~ed at** (*od.* **by**) **s.th.** sich durch et. beleidigt fühlen; **be ~ed with** (*od.* **by**) **s.o.** sich durch j-n beleidigt fühlen; **II** *v/i.* **2.** Anstoß erregen; **3.** (**against**) verstoßen (gegen), sündigen, sich vergehen (an *dat.*); **of'fend·ed·ly** [-dɪdlɪ] *adv.* beleidigt; **of'fend·er** [-də] *s.*

O

Übel-, Missetäter(in); ⚖ Straffällige(r *m*) *f*: ***first** ~* ⚖ nicht Vorbestrafte(r *m*) *f*, Ersttäter(in); ***second** ~* Rückfällige(r *m*) *f*; **of'fend·ing** [-dɪŋ] *adj.* **1.** verletzend, beleidigend; **2.** anstößig.

of·fense(·less) *Am.* → ***offence(less)***.

of·fen·sive [əˈfensɪv] **I** *adj.* ☐ **1.** beleidigend, anstößig, anstoß- *od.* Ärgernis erregend; **2.** 'widerwärtig, ekelhaft, übel: ***~ smell***; **3.** angreifend, offen'siv: ***~ war*** Angriffs-, Offensivkrieg *m*; ***~ weapon*** Angriffswaffe *f*; **II** *s.* **4.** Offen'sive *f*, Angriff *m*: ***take the ~*** die Offensive ergreifen, zum Angriff übergehen; **of'fen·sive·ness** [-nɪs] *s.* **1.** *das* Beleidigende, Anstößigkeit *f*; **2.** 'Widerlichkeit *f*.

of·fer [ˈɒfə] **I** *v/t.* **1.** *Geschenk*, *Ware etc.*, *a. Schlacht* anbieten; ✝ *a.* offerieren; *Preis*, *Summe* bieten: ***~ s.o. a cigarette***; ***~ one's hand (to)*** *j-m* die Hand bieten *od.* reichen; ***~ for sale*** zum Verkauf anbieten; **2.** *Ansicht*, *Entschuldigung etc.* vorbringen, äußern; **3.** *Anblick*, *Schwierigkeit etc.* bieten: ***no opportunity ~ed itself*** es bot sich keine Gelegenheit; **4.** sich bereit erklären zu, sich (an)erbieten zu; **5.** Anstalten machen zu, sich anschicken zu; **6.** *fig. Beleidigung* zufügen; *Widerstand* leisten; *Gewalt* antun (***to*** *dat.*); **7.** *a.* ***~ up*** opfern, *Opfer*, *Gebet*, *Geschenk* darbringen (***to*** *dat.*); **II** *v/i.* **8.** sich bieten, auftauchen: ***no opportunity ~ed*** es bot sich keine Gelegenheit; **III** *s.* **9.** *allg.* Angebot *n*, Anerbieten *n*; **10.** ✝ (An-) Gebot *n*, Of'ferte *f*, Antrag *m*: ***on ~*** zu verkaufen, verkäuflich; **11.** Vorbringen *n* (*e-s Vorschlags*, *e-r Meinung etc.*); **of·fer·ing** [ˈɒfərɪŋ] *s.* **1.** *eccl.* Opfer *n*; **2.** *eccl.* Spende *f*; **3.** Angebot *n* (*Am. a.* ✝ *Börse*).

of·fer·to·ry [ˈɒfətərɪ] *s. eccl.* **1.** *mst* ♀ Offer'torium *n*; **2.** Kol'lekte *f*, Geldsammlung *f*; **3.** Opfer(geld) *n*.

ˌoff|-ˈface *adj.* stirnfrei (*Damenhut*); **ˈ~-ˌfla·vo(u)r** *s.* (unerwünschter) Beigeschmack; **ˌ~ˈgrade** *adj.* ✝ von geringerer Quali'tät: ***~ iron*** Ausfalleisen *n*.

off|·hand [ˌɒfˈhænd] **I** *adv.* **1.** aus dem Stegreif *od.* Kopf, (so) ohne weiteres *sagen können etc.*; **II** *adj.* **2.** unvorbereitet, improvisiert, Stegreif...: ***an ~ speech***; **3.** lässig (*Art etc.*), 'hingeworfen (*Bemerkung*); **4.** kurz (angebunden); **ˌ~ˈhand·ed** [-dɪd] → ***offhand*** II; **ˌ~ˈhand·ed·ness** [-dɪdnɪs] *s.* Lässigkeit *f*.

of·fice [ˈɒfɪs] *s.* **1.** Bü'ro *n*, Kanz'lei *f*, Kon'tor *n*; Geschäftsstelle *f* (*a.* ⚖ *des Gerichts*), Amt *n*; Geschäfts-, Amtszimmer *n od.* -gebäude *n*; **2.** Behörde *f*, Amt *n*, (Dienst)Stelle *f*; *mst* ♀ *bsd. Brit.* Mini'sterium *n*, (Ministeri'al)Amt *n*: ***Foreign ♀***; **3.** Zweigstelle *f*, Fili'ale *f*; **4.** (*bsd.* öffentliches, staatliches) Amt, Posten *m*, Stellung *f*: ***take ~***, ***enter upon an ~*** ein Amt antreten; ***be in ~*** im Amt *od.* an der Macht sein; ***hold an ~*** ein Amt bekleiden *od.* innehaben; ***resign one's ~*** zurücktreten, sein Amt niederlegen; **5.** Funkti'on *f*, Aufgabe *f*, Pflicht *f*: ***it is my ~ to advise him***; **6.** Dienst(leistung *f*) *m*, Gefälligkeit *f*: ***good ~s*** *pol.* gute Dienste; ***do s.o. a good ~*** j-m e-n guten Dienst erweisen; ***through the good ~s of*** durch die freundliche Vermittlung von; **7.** *eccl.* Gottesdienst *m*: ***♀ for the Dead*** Totenamt *n*; ***perform the last ~s to*** *e-n Toten* aussegnen; ***divine ~*** das Brevier; **8.** *pl. bsd. Brit.* Wirtschaftsteil *m*, -raum *m od.* -räume *pl. od.* -gebäude *n od. pl.*; **9.** *sl.* Wink *m*, Tipp *m*.

of·fice| ac·tion *s.* (Prüfungs)Bescheid *m des Patentamts*; **ˈ~-ˌbear·er** *s.* Amtsinhaber(in); **~ block** *s.* Bü'rogebäude *n*; **~ boy** *s.* Laufbursche *m*, Bü'rogehilfe *m*; **~ clerk** *s.* Konto'rist(in), Bü'roangestellte(r *m*) *f*; **~ girl** *s.* Bü'rogehilfin *f*; **ˈ~ˌhold·er** *s.* Amtsinhaber(in), (Staats)Beamte(r) *m*, (Staats)Beamtin *f*; **~ hours** *s. pl.* Dienststunden *pl.*, Geschäftszeit *f*; **ˈ~-ˌhunt·er** *s.* Postenjäger(in).

of·fi·cer [ˈɒfɪsə] **I** *s.* **1.** ⚔, ⚓ Offi'zier *m*: ***~ of the day*** Offizier vom Tagesdienst; ***commanding ~*** Kommandeur *m*, Einheitsführer *m*; ***~ cadet*** Fähnrich *m*; ***~ candidate*** Offiziersanwärter *m*; ***♀s' Training Corps*** *Brit.* Offiziersausbildungskorps *n*; **2.** a) Poli'zist *m*, Poli'zeibeamte(r) *m*, b) Herr Wachtmeister (*Anrede*); **3.** Beamte(r) *m* (*a.* ✝ *etc.*), Beamtin *f*, Amtsträger(in): ***medical ~*** Amtsarzt *m*; ***public ~*** Beamte(r) im öffentlichen Dienst; **4.** Vorstandsmitglied *n*; **II** *v/t.* **5.** ⚔ a) mit Offizieren versehen, b) *e-e Einheit* als Offizier befehligen (*mst pass.*): ***be ~ed by*** befehligt werden von; **6.** *fig.* leiten, führen.

of·fice| seek·er *s. bsd. Am.* **1.** Stellungssuchende(r *m*) *f*; **2.** *b.s.* Postenjäger(in); **~ staff** *s.* Bü'roperso,nal *n*; **~ sup·plies** *s. pl.* Bü'romateri,al *n*, -bedarf *m*.

of·fi·cial [əˈfɪʃl] **I** *adj.* ☐ **1.** offizi'ell, amtlich, dienstlich, behördlich: ***~ act*** Amtshandlung *f*; ***~ business*** ✉ Dienstsache *f*; ***~ call*** *teleph.* Dienstgespräch *n*; ***~ duties*** Amtspflichten; ***~ language*** Amtssprache *f*; ***~ oath*** Amtseid *m*; ***~ residence*** Amtssitz *m*; ***~ secret*** Amts-, Dienstgeheimnis *n*; ***through ~ channels*** auf dem Dienstweg; *od.* Instanzenweg; ***~ trip*** Dienstreise *f*; **2.** offiziell, amtlich (bestätigt *od.* autorisiert): ***an ~ report***; **3.** offizi'ell, formell: ***an ~ dinner***; **4.** ⚕ offizi'nell; **II** *s.* **5.** Beamte(r) *m*, Beamtin *f*, Funktio'när(in); **of'fi·cial·dom** [-dəm] *s.* → ***officialism*** 2 *u.* 3; **of·fi·cial·ese** [əˌfɪʃəˈliːz] *s.* Behördensprache *f*, Amtsstil *m*; **of'fi·cial·ism** [-ʃəlɪzəm] *s.* **1.** 'Amtsmeˌthoden *pl.*; **2.** Bürokra'tie *f*, Amtsschimmel *m*; **3.** *coll. das* Beamtentum, *die* Beamten *pl.*

of·fi·ci·ate [əˈfɪʃɪeɪt] *v/i.* **1.** amtieren, fungieren (***as*** als); **2.** den Gottesdienst leiten: ***~ at the wedding*** die Trauung vornehmen.

of·fic·i·nal [əˈfɪsɪnl] **I** *adj.* ⚕ a) offizi'nell, als Arz'nei anerkannt, b) Arznei...: ***~ plants*** Heilkräuter *pl.*; **II** *s.* offizinelle Arz'nei.

of·fi·cious [əˈfɪʃəs] *adj.* ☐ **1.** aufdringlich, über'trieben diensteifrig, 'übereifrig; **2.** offizi'ös, halbamtlich; **of'fi·cious·ness** [-nɪs] *s.* Zudringlichkeit *f*, (aufdringlicher) Diensteifer.

of·fing [ˈɒfɪŋ] *s.* ⚓ offene See, Seeraum *m*: ***in the ~*** a) auf offener See, b) *fig.* in (Aus)Sicht: ***be in the ~*** *a.* sich abzeichnen.

off·ish [ˈɒfɪʃ] *adj.* F reserviert, unnahbar, kühl, steif.

ˈoff|-key *adj. u. adv.* ♪ falsch; **ˈ~-ˌli·cence** *s. Brit.* 'Schankkonzessi,on *f* über die Straße; **ˈoff(-)line I** *adj. Computer*: Offline...: ***~ mode*** Offlinebetrieb *m*; **II** *adv. Computer*: offline; **ˌ~ˈload** *v/t. fig.* abladen (***on s.o.*** auf j-n); **ˌ~ˈpeak I** *adj.* abfallend, unter der Spitze liegend: ***~ charges*** *pl.* verbilligter Tarif; ***~ hours*** verkehrsschwache Stunden; ***~ tariff*** Nacht(strom)tarif *m*; **II** *s.* ⚡ Belastungstal *n*; **ˈ~-piste** [-piːst] *adj.* abseits der Piste (*Skifahren*); **~ po·si·tion** *s.* ⚙ Ausschalt-, Nullstellung *f*; **ˈ~·print I** *s.* Sonder(ab)druck *m* (***from*** aus); **II** *v/t.* als Sonder(ab)druck herstellen; **ˈ~-ˌput·ting** *adj.* F störend, unangenehm; **ˈ~-road** *adj. mot.* **1.** geländegängig, Gelände... **2.** im freien Gelände; **ˌ~-ˈroad·er** *s. mot.* **1.** Geländefahrzeug *n*; **2.** Fahrer *m* e-s Geländefahrzeugs; **ˈ~-sales** *s. pl. Brit.* Verkauf *m od.* Verkäufe *pl.* von alkoholischen Getränken ‚über die Straße'; **ˈ~ˌscour·ings** *s. pl.* **1.** Kehricht *m*, Schmutz *m*; **2.** Abschaum *m* (*bsd. fig.*): ***the ~s of humanity***; **ˈ~·scum** *s. fig.* Abschaum *m*, Auswurf *m*; **~ sea·son** *s.* 'Nebensai,son *f*, stille Sai'son.

off·set [ˈɒfset] **I** *s.* **1.** Ausgleich *m*, Kompensati'on *f*; ✝ Verrechnung *f*: ***~ account*** Verrechnungskonto *n*; **2.** ⚘ a) Ableger *m*, b) kurzer Ausläufer; **3.** Neben-, Seitenlinie *f* (*e-s Stammbaums etc.*); **4.** Abzweigung *f*, Ausläufer *m* (*bsd. e-s Gebirges*); **5.** *typ.* a) Offsetdruck *m*, b) Abziehen *n*, Abliegen *n* (*bsd. noch feuchten Druckes*), c) Abzug *m*, Pa'trize *f* (*Lithographie*); **6.** ⚙ a) Kröpfung *f*; Biegung *f e-s Rohrs*, b) ⚒ kurze Sohle, c) ⚡ (Ab)Zweigleitung *f*; **7.** *surv.* Ordi'nate *f*; **8.** ⚠ Absatz *m e-r Mauer etc.*; **II** *v/t.* [*irr.* → ***set***] **9.** ausgleichen, aufwiegen, wettmachen: ***the gains ~ the losses***; **10.** ✝ *Am.* aufrechnen, ausgleichen; **11.** ⚙ kröpfen; **12.** ⚠ *Mauer etc.* absetzen; **13.** *typ.* im Offsetverfahren drucken; **~ bulb** *s.* ⚘ Brutzwiebel *f*; **~ sheet** *s. typ.* 'Durchschussbogen *m*.

ˈoff|·shoot *s.* **1.** ⚘ Sprössling *m*, Ausläufer *m*, Ableger *m*; **2.** Abzweigung *f*; **3.** *fig.* Seitenlinie *f* (*e-s Stammbaums etc.*); **ˈ~·shore I** *adv.* **1.** von der Küste ab *od.* her; **2.** in einiger Entfernung von der Küste; **II** *adj.* **3.** küstennah: ***~ drilling*** Offshorebohrung *f*; **4.** ablandig (*Wind*, *Strömung*); **5.** Auslands...: ***~ order*** *Am.* Offshoreauftrag *m*; **ˌ~ˈside** *adj. u. adv. sport* abseits; **ˈ~·side I** *s.* **1.** *sport* Abseits(stellung *f*) *n*; **2.** *mot.* Fahrerseite *f*; **II** *adj. u. adv.* abseits: ***be ~*** im Abseits stehen; ***~ trap*** Abseitsfalle *f*; **ˈ~·size** *s.* ⚙ Maßabweichung *f*; **ˈ~·spring** *s.* **1.** Nachkommen(schaft *f*) *pl.*; **2.** (*pl.* ***offspring***) Nachkomme *m*, Abkömmling *m*; **3.** *fig.* Frucht *f*, Ergebnis *n*; **ˌ~ˈstage** *adj.* hinter der Bühne, hinter den Ku'lissen (*a. fig.*); **ˈ~·take** *s.* **1.** ✝ Abzug *m*; Einkauf *m*; **2.** ⚙ Abzug(srohr *n*) *m*; **ˌ~-the-ˈcuff** *adj. fig.* aus dem Handgelenk *od.* Stegreif; **ˌ~-the-ˈpeg** *adj.* von der Stange, Konfektions...; **ˌ~-the-ˈrec·ord** *adj.* nicht für die Öffentlichkeit bestimmt, 'inoffizi,ell; **ˌ~-the-ˈshelf** *adj.* ✝, ⚙ Standard...: ***~ accessories***; **ˌ~-ˈwhite** *adj.* gebrochen weiß.

oft [ɒft] *adv. obs.*, *poet. u. in Zssgn* oft: ***~-told*** oft erzählt.

of·ten [ˈɒfn] *adv.* oft(mals), häufig: ***as ~ as not***, ***ever so ~*** sehr oft; ***more ~ than not*** meistens.

o·gee [ˈəʊdʒiː] *s.* **1.** S-Kurve *f*, S-förmige Linie; **2.** ⚠ a) Kar'nies *n*, Rinnleiste *f*, b) *a.* ***~ arch*** Eselsrücken *m* (*Bogenform*).

o·give [ˈəʊdʒaɪv] *s.* **1.** ⚠ a) Gratrippe *f e-s Gewölbes*, b) Spitzbogen *m*; **2.** ⚔

Geschossspitze *f*; **3.** *Statistik*: Häufigkeitsverteilungskurve *f*.

o·gle ['əʊgl] **I** *v/t.* liebäugeln mit; **II** *v/i.* (**with**) liebäugeln (mit, *a. fig.*), ‚Augen machen' (*dat.*); **III** *s.* verliebter *od.* liebäugelnder Blick; **'o·gler** [-lə] *s.* Liebäugelnde(r *m*) *f*.

o·gre ['əʊgə] *s.* **1.** (Menschen fressendes) Ungeheuer, *bsd.* Riese *m* (*im Märchen*); **2.** *fig.* Scheusal *n*, Ungeheuer *n* (*Mensch*); **o·gress** ['əʊgrɪs] *s.* Menschenfresserin *f*, Riesin *f* (*im Märchen*).

oh [əʊ] *int.* oh!; ach!

ohm [əʊm], **ohm·ad** ['əʊmæd] *s.* ⚡ Ohm *n*: **2's Law** ohmsches Gesetz; **ohm·age** ['əʊmɪdʒ] *s.* Ohmzahl *f*; **ohm·ic** ['əʊmɪk] *adj.* ohmsch: **~ resistance**; **ohm·me·ter** ['əʊmˌmiːtə] *s.* ⚡ Ohmmeter *n*.

oi [ɔɪ] *int.* F he!, he du!

oi(c)k *s. Brit. sl.* Prolo *m*.

oil [ɔɪl] **I** *s.* **1.** Öl *n*: **pour ~ on the flames** *fig.* Öl ins Feuer gießen; **pour ~ on troubled waters** *fig.* die Gemüter beruhigen; **smell of ~** *fig.* mehr Fleiß als Geist *od.* Talent verraten; **2.** (Erd-)Öl *n*, Pe'troleum *n*: **strike ~** a) Erdöl finden, auf Öl stoßen, fündig werden (*a. fig.*), b) *fig.* Glück *od.* Erfolg haben; **3.** *mst pl.* Ölfarbe *f*: **paint in ~s** in Öl malen; **4.** *mst pl.* F Ölgemälde *n*; **5.** *pl.* Ölzeug *n*, -haut *f*; **II** *v/t.* **6.** ⚙ (ein-)ölen, einfetten, schmieren; → **palm¹** 1; **'~-ˌbear·ing** *adj. geol.* ölhaltig, Öl führend; **'~·berg** [-bɜːg] *s.* ⚓ Riesentanker *m*; **~ box** *s.* ⚙ Schmierbüchse *f*; **~ brake** *s. mot.* Öldruckbremse *f*; **~ burn·er** *s.* ⚙ Ölbrenner *m*; **'~·cake** *s.* Ölkuchen *m*; **'~·can** *s.* 'Ölkaˌnister *m*, -kännchen *n*; **~ change** *s. mot.* Ölwechsel *m*; **'~·cloth** *s.* **1.** Wachstuch *n*; **2.** → **oilskin**; **~ col·o(u)r** *s. mst pl.* Ölfarbe *f*; **~ cri·sis** *s.* [*irr.*] ⚚ Ölkrise *f*; **'~·cup** *s.* ⚙ Öler *m*, Schmierbüchse *f*.

oiled [ɔɪld] *adj.* **1.** (ein)geölt; **2.** *bsd.* **well ~** *sl.* ‚blau', besoffen.

oil·er ['ɔɪlə] *s.* **1.** ⚓, ⚙ Öler *m*, Schmierer *m* (*Person u. Gerät*); **2.** ⚙ Öl-, Schmierkanne *f*; **3.** *Am.* F → **oilskin** 2; **4.** *Am.* Ölquelle *f*; **5.** ⚓ Öltanker *m*.

'oil|·field *s.* Ölfeld *n*; **'~-ˌfired** *adj.* mit Ölfeuerung, ölbeheizt: **~ central heating** Ölzentralheizung *f*; **~ fu·el** *s.* **1.** Heizöl *n*; **2.** Öltreibstoff *m*; **~ gas** *s.* Ölgas *n*; **~ ga(u)ge** *s.* ⚙ Ölstandsanzeiger *m*; **~ glut** *s.* Ölschwemme *f*.

oil·i·ness ['ɔɪlɪnɪs] *s.* **1.** ölige Beschaffenheit, Fettigkeit *f*, Schmierfähigkeit *f*; **2.** *fig.* Glattheit *f*, aalglattes Wesen; **3.** *fig.* Öligkeit *f*, salbungsvolles Wesen.

oil| lev·el *s. mot.* Ölstand *m*; **~ paint** *s.* Ölfarbe *f*; **~ paint·ing** *s.* **1.** 'ÖlmaleˌreI *f*; **2.** Ölgemälde *n*; **3.** ⚙ Ölanstrich *m*; **~ pan** *s. mot.* Ölwanne *f*; **'~-proˌduc·ing coun·try** *s.* Ölförderland *n*; **~ rig** *s.* Bohrinsel *f*; **~ seal** *s.* ⚙ **1.** Öldichtung *f*; **2.** *a.* **~ ring** Simmerring *m*; **'~·skin** *s.* **1.** Ölleinwand *f*; **2.** *pl.* Ölzeug *n*, -kleidung *f*; **~ slick** *s.* **1.** ⚙ Ölschlick *m*; **2.** Ölteppich *m* (*auf dem Meer etc.*); **~ stove** *s.* Ölofen *m*; **~ sump** *s.* ⚙ Ölwanne *f*; **~ switch** *s.* ⚙ Ölschalter *m*; **~ var·nish** *s.* Öllack *m*; **~ well** *s.* Ölquelle *f*.

oil·y ['ɔɪlɪ] *adj.* ☐ **1.** ölig, ölhaltig, Öl...; **2.** fettig, schmierig; **3.** *fig.* glatt(züngig), aalglatt, schmeichlerisch; **4.** *fig.* ölig, salbungsvoll.

oint·ment ['ɔɪntmənt] *s.* ⚕ Salbe *f*; → **fly²** 1.

O.K., **OK**, **o·kay** [ˌəʊ'keɪ] F **I** *adj. u. int.* richtig, gut, in Ordnung, genehmigt; **II** *v/t.* genehmigen, gutheißen, *e-r Sache* zustimmen; **III** *s.* Zustimmung *f*, Genehmigung *f*.

old [əʊld] **I** *adj.* **1.** alt, betagt: **grow ~** alt werden, altern; **2.** *zehn Jahre etc.* alt: **ten years ~**; **3.** alt('hergebracht): **~ tradition**; **as ~ as the hills** uralt; **4.** alt, vergangen, früher: **the ~ masters** *paint. etc.* die alten Meister; → **old boy**; **5.** alt(bekannt, -bewährt): **an ~ friend**; **6.** alt, abgenutzt; (ab)getragen (*Kleider*): **that is ~ hat** das ist ein alter Hut; **7.** alt(modisch), verkalkt; **8.** alt, erfahren, gewitz(ig)t: **~ offender** alter Sünder; → **hand** 6; **9.** F (*guter*) alter, lieber: **~ chap** *od.* **man** ‚altes Haus'; **nice ~ boy** netter alter ‚Knabe'; **the ~ man** der ‚Alte' (*Chef*); **my ~ man** mein ‚Alter' (*Vater*); **my ~ woman** meine ‚Alte' (*Ehefrau*); **10.** *sl.* toll: **have a fine ~ time** sich toll amüsieren; **any ~ thing** irgend(et)was, egal was; **any ~ time** egal wann; **II** *s.* **11.** **the ~** die Alten *pl*; **12.** **of ~**, **in times of ~** ehedem, vor alters; **from of ~** seit alters; **times of ~** alte Zeiten; **a friend of ~** ein alter Freund.

old| age *s.* (hohes) Alter, Greisenalter *n*: **~ annuity**, **~ pension** (Alters)Rente *f*, Ruhegeld *n*; **~ insurance** Altersversicherung *f*; **~ pensioner** (Alters)Rentner(in), Ruhegeldempfänger(in); **~ boy** *s. Brit.* ehemaliger Schüler, Ehemalige(r) *m*; **~·clothes·man** [ˌəʊld'kləʊðzmæn] *s.* [*irr.*] Trödler *m*.

old·en ['əʊldən] *adj. Brit. obs. od. poet.* alt: **in ~ times**.

Old| Eng·lish *s. ling.* Altenglisch *n*; **ˌ2-es'tab·lished** *adj.* alteingesessen (*Firma etc.*), alt (*Brauch etc.*); **ˌ2-'fash·ioned** *adj.* **1.** altmodisch: **an ~ butler** ein Butler der alten Schule; **2.** altklug (*Kind*); **ˌ2-'fo·g(e)y·ish** *adj.* altmodisch, verknöchert, verkalkt; **2 girl** *s.* **1.** *Brit.* ehemalige Schülerin; **2.** F ‚altes Mädchen'; **~ Glo·ry** *s.* Sternenbanner *n* (*Flagge der USA*); **~ Guard** *s. pol.* ‚alte Garde': a) *Am. der ultrakonservative Flügel der Republikaner*, b) *allg. jede streng konservative Gruppe*.

old·ie ['əʊldɪ] *s.* F **1.** Oldie *m* (*alter Schlager*); **2.** alter Witz.

old·ish ['əʊldɪʃ] *adj.* ältlich.

ˌold|-'line *adj.* **1.** konserva'tiv; **2.** traditio'nell; **3.** e-r alten Linie entstammend; **ˌ~-'maid·ish** *adj.* alt'jüngferlich.

old·ster ['əʊldstə] *s.* F ‚alter Knabe'.

old| style *s.* **1.** alte Zeitrechnung (*nach dem julianischen Kalender*); **2.** *typ.* Mediä'val(schrift) *f*; **'~-time** *adj.* aus alter Zeit, alt; **ˌ~-'tim·er** *s.* F **1.** Oldtimer *m*: a) altmodische Sache, *z. B.* altes Auto, b) ‚alter Hase', ‚Vete'ran' *m*; **2.** → **oldster**; **~ wives' tale** *s.* Ammenmärchen *n*; **ˌ~-'wom·an·ish** *adj.* alt'weiberhaft; **ˌ~-'world** *adj.* **1.** altertümlich, anheimelnd; **2.** alt, an'tik: **~ furniture**; **3.** altmodisch.

o·le·ag·i·nous [ˌəʊlɪ'ædʒɪnəs] *adj.* ölig (*a. fig.*), ölhaltig, Öl...

o·le·ate ['əʊlɪeɪt] *s.* ⚗ ölsaures Salz: **~ of potash** ölsaures Kali.

o·le·fi·ant ['əʊlɪfaɪənt] *adj.* ⚗ Öl bildend: **~ gas**.

o·le·if·er·ous [ˌəʊlɪ'ɪfərəs] *adj.* ⚘ ölhaltig.

o·le·in ['əʊlɪɪn] *s.* ⚗ **1.** Ole'in *n*; **2.** (handelsübliche) Ölsäure.

o·le·o·graph ['əʊlɪəʊgrɑːf] *s.* Öldruck *m* (*Bild*); **o·le·og·ra·phy** [ˌəʊlɪ'ɒgrəfɪ] *s.* Öldruck(verfahren *n*) *m*.

o·le·o·mar·ga·rine ['əʊlɪəʊˌmɑːdʒə'riːn] *s.* Marga'rine *f*.

O lev·el *s. Brit. ped.* (*etwa*) mittlere Reife.

ol·fac·tion [ɒl'fækʃn] *s.* Geruchssinn *m*; **ol·fac·to·ry** [ɒl'fæktərɪ] *adj.* Geruchs...: **~ nerves**.

ol·i·garch ['ɒlɪgɑːk] *s.* Olig'arch *m*; **'ol·i·garch·y** [-kɪ] *s.* Oligar'chie *f*.

o·li·o ['əʊlɪəʊ] *pl.* **-os** *s.* **1.** Ra'gout *n* (*a. fig.*); **2.** ♪ Potpourri *n*.

ol·ive ['ɒlɪv] **I** *s.* **1.** *a.* **~-tree** O'live *f*, Ölbaum *m*: **Mount of 2s** *bibl.* Ölberg *m*; **2.** O'live *f* (*Frucht*); **3.** Ölzweig *m*; **4.** *a.* **~-green** O'livgrün *n*; **II** *adj.* **5.** o'livenartig, Oliven...; **6.** o'livgrau, -grün; **~ branch** *s.* Ölzweig *m* (*a. fig.*): **hold out the ~** s-n Friedenswillen zeigen; **~ drab** *s.* **1.** O'livgrün *n*; **2.** *Am.* o'livgrünes Uni'formtuch; **ˌ~-'drab** *adj.* o'livgrün; **~ oil** *s.* O'livenöl *n*.

ol·la po·dri·da [ˌɒləpɒ'driːdə] → **olio** 1.

ol·o·gy ['ɒlədʒɪ] *s. humor.* Wissenschaft(szweig *m*) *f*.

O·lym·pi·ad [əʊ'lɪmpɪæd] *s. allg.* Olympi'ade *f*; **O'lym·pi·an** [-ɪən] *adj.* o'lympisch; **O'lym·pic** [-ɪk] **I** *adj.* o'lympisch: **~ Games** → **II** *s. pl.* O'lympische Spiele *pl*.

om·buds·man ['ɒmbʊdzmən] *s.* [*irr.*] **1.** *pol.* Ombudsmann *m* (*Beauftragter für Beschwerden von Staatsbürgern*); **2.** Beschwerdestelle *f*, Schiedsrichter *m*.

om·e·let(te) ['ɒmlɪt] *s.* Ome'lett *n*: **you cannot make an ~ without breaking eggs** *fig.* wo gehobelt wird, (da) fallen Späne.

o·men ['əʊmen] **I** *s.* Omen *n*, (*bsd.* schlechtes) Vorzeichen (**for** für): **a good** (**bad**, **ill**) **~**; **II** *v/i. u. v/t.* deuten (auf *acc.*), ahnen (lassen), prophe'zeien, (ver)künden.

o·men·tum [əʊ'mentəm] *pl.* **-ta** [-tə] *s. anat.* (Darm)Netz *n*.

om·i·nous ['ɒmɪnəs] *adj.* ☐ unheil-, verhängnisvoll, omi'nös, drohend.

o·mis·si·ble [əʊ'mɪsɪbl] *adj.* auslassbar; **o·mis·sion** [ə'mɪʃn] *s.* **1.** Aus-, Weglassung *f* (**from** aus); **2.** Unter'lassung *f*, Versäumnis *n*, Über'gehung *f*: **sin of ~** Unterlassungssünde *f*; **o·mit** [ə'mɪt] *v/t.* **1.** aus-, weglassen (**from** aus *od.* von); über'gehen; **2.** unter'lassen, (es) versäumen (**doing**, **to do** *et.* zu tun).

om·ni·bus ['ɒmnɪbəs] **I** *s.* **1.** Omnibus *m*, (Auto)Bus *m*; **2.** Sammelband *m*, Antholo'gie *f*; **II** *adj.* **3.** Sammel... (*-konto*, *-klausel etc.*); **~ bar** *s.* ⚡ Sammelschiene *f*; **~ bill** *s. parl.* (Vorlage *f* zu e-m) Mantelgesetz *n*.

om·ni·di·rec·tion·al [ˌɒmnɪdɪ'rekʃənl] *s.* ⚡ Rundstrahl...(*-antenne*), Allrichtungs...(*-mikrofon*).

om·ni·far·i·ous [ˌɒmnɪ'feərɪəs] *adj.* von aller(lei) Art, vielseitig.

om·nip·o·tence [ˌɒm'nɪpətəns] *s.* All'macht *f*; **om'nip·o·tent** [-nt] *adj.* ☐ all'mächtig.

om·ni·pres·ence [ˌɒmnɪ'prezns] *s.* All'gegenwart *f*; **ˌom·ni'pres·ent** [-nt] *adj.* all'gegenwärtig, über'all.

om·nis·cience [ɒm'nɪsɪəns] *s.* All'wissenheit *f*; **om'nis·cient** [-nt] *adj.* ☐ all'wissend.

om·ni·um ['ɒmnɪəm] *s.* ⚚ *Brit.* Omnium *n*, Gesamtwert *m e-r fundierten öffentlichen Anleihe*; **ˌ~-'gath·er·um** [-'gæðərəm] *s.* **1.** Sammel'surium *n*; **2.** bunte Gesellschaft.

O

om·niv·o·rous [ɒmˈnɪvərəs] *adj.* alles fressend.

o·mo·plate [ˈəʊməʊpleɪt] *s. anat.* Schulterblatt *n.*

om·phal·ic [ɒmˈfælɪk] *adj. anat.* Nabel...; **om·pha·lo·cele** [ˈɒmfələʊsiːl] *s.* ✱ Nabelbruch *m.*

om·pha·los [ˈɒmfəlɒs] *pl.* **-li** [-laɪ] *s.* **1.** *anat.* Nabel *m* (*a. fig. Mittelpunkt*); **2.** *antiq.* Schildbuckel *m.*

on [ɒn; ən] **I** *prp.* **1.** *mst* auf (*dat. od. acc.*): *siehe die mit* **on** *verbundenen Wörter*; **2.** *Lage*: a) (*getragen von*): auf (*dat.*), an (*dat.*), in (*dat.*): **~ *board*** an Bord; **~ *earth*** auf Erden; ***the scar ~ the face*** die Narbe im Gesicht; **~ *foot*** zu Fuß; **~ *all fours*** auf allen vieren; **~ *the radio*** im Radio; ***have you a match ~ you?*** haben Sie ein Streichholz bei sich?, b) (*festgemacht od. unmittelbar*) an (*dat.*): **~ *the chain***; **~ *the Thames***; **~ *the wall***; **3.** *Richtung, Ziel*: auf (*acc.*) ... (hin) (*od.* los), nach ... (hin), an (*acc.*), zu: ***a blow ~ the chin*** ein Schlag ans Kinn; ***throw s.o. od. s.th. ~ the floor*** j-n *od.* et. zu Boden werfen; **4.** *fig.* a) *Grund*: auf ... (hin): **~ *his authority***; **~ *suspicion***; ***levy a duty ~ silk*** einen Zoll auf Seide erheben; **~ *his own theory*** nach s-r eigenen Theorie; **~ *these conditions*** unter diesen Bedingungen, b) *Aufeinanderfolge*: auf (*acc.*), über (*acc.*), nach: ***loss ~ loss*** Verlust auf *od.* über Verlust, ein Verlust nach dem andern, c) *gehörig* zu, *beschäftigt* bei, an (*dat.*): **~ *a committee*** zu e-m Ausschuss gehörend; ***be ~ the Stock Exchange*** an der Börse (beschäftigt) sein, d) *Zustand*: in, auf (*dat.*), zu: **~ *duty*** im Dienst; **~ *fire*** in Brand; **~ *leave*** auf Urlaub; **~ *sale*** verkäuflich, e) *gerichtet* auf (*acc.*): ***an attack ~***; **~ *business*** geschäftlich; ***a joke ~ me*** ein Spaß auf m-e Kosten; ***shut (open) the door ~ s.o.*** j-m die Tür verschließen (öffnen); ***have s.th. ~ s.o.*** *sl.* et. Belastendes über j-n wissen; ***have nothing ~ s.o.*** *sl.* j-m nichts anhaben können, *a.* j-m nichts voraushaben; ***this is ~ me*** F das geht auf m-e Rechnung; ***be ~ a pill*** e-e Pille (ständig) nehmen, f) *Thema*: über (*acc.*): ***agreement (lecture, opinion) ~***; ***talk ~ a subject***; **5.** *Zeitpunkt*: an (*dat.*): **~ *Sunday***; **~ *the 1st of April***; **~ *or before April 1st*** bis zum 1. April; **~ *his arrival*** bei *od.* (gleich) nach seiner Ankunft; **~ *being asked*** als ich *etc.* (danach) gefragt wurde; **~ *entering*** beim Eintritt; **II** *adv.* **6.** (*a. Zssgn mit vb.*) da'rauf (*legen, schrauben etc.*); **7.** *bsd. Kleidung*: a) an(*-haben, -ziehen*): ***have (put) a coat ~***, b) auf: ***keep one's hat ~***; **8.** (*a. in Zssgn mit vb.*) weiter(*-gehen, -sprechen etc.*): ***and so ~*** und so weiter; **~ *and ~*** immer weiter; **~ *and off*** a) ab u. zu, b) ab u. an, mit Unterbrechungen; ***from that day ~*** von dem Tage an; **~ *with the show!*** weiter im Programm!; **~ *to ...*** auf (*acc.*) ... (hinauf *od.* hinaus); **III** *adj. pred.* **9. *be ~*** a) im Gange sein (*Spiel etc.*), vor sich gehen: ***what's ~?*** was ist los?; ***have you anything ~ tomorrow?*** haben Sie morgen et. vor?; ***that's not ~!*** das ist nicht ‚drin'!, b) an sein (*Licht, Radio, Wasser etc.*), an-, eingeschaltet sein, laufen; auf sein (*Hahn*): ***~-off*** ⚙ An – Aus, c) *thea.* gegeben werden, laufen (*Film*), *Radio, TV*: gesendet werden, d) d(a)ran (*an der Reihe*) sein, e) (mit) dabei sein, mitmachen; **10. *be ~ to*** *sl. et.* ‚spitzgekriegt' haben, über *j-n od. et.* im Bilde sein; ***he is always ~ at me*** er ‚bearbeitet' mich ständig (***about*** wegen); **11.** *sl.* beschwipst: ***be a bit ~*** e-n Schwips haben.

o·nan·ism [ˈəʊnənɪzəm] *s.* ✱ **1.** Coitus *m* inter'ruptus; **2.** Ona'nie *f.*

'on·board *adj.* ✈ bordeigen, Bord...: **~ *computer***.

once [wʌns] **I** *adv.* **1.** einmal: **~ *again*** (*od.* ***more***) noch einmal; **~ *and again*** (*od.* **~ *or twice***) einige Male, ab u. zu; **~ *in a while*** (*od.* ***way***) zuweilen, hin u. wieder; **~ (*and*) *for all*** ein für alle Mal; ***if ~ he should suspect*** wenn er erst einmal misstrauisch würde; ***not ~*** kein einziges Mal; **2.** einmal, einst: **~ (*upon a time*) *there was*** es war einmal (*Märchenanfang*); **II** *s.* **3. *every ~ in a while*** von Zeit zu Zeit; ***for ~, this ~*** dieses 'eine Mal, (für) diesmal (*ausnahmsweise*); **4. *at ~*** a) auf einmal, zugleich, gleichzeitig: ***don't all speak at ~***; ***at ~ a soldier and a poet*** Soldat u. Dichter zugleich, b) sogleich, sofort: ***all at ~*** plötzlich, mit 'einem Male; **III** *cj.* **5.** *a.* **~ *that*** so'bald *od.* wenn ... (einmal), wenn erst; **'~,o·ver** *s.* F ***give s.o. od. s.th. the ~*** a) *j-n* kurz mustern *od.* abschätzen, (sich) *j-n od. et.* (rasch) mal ansehen, b) *j-n* ‚in die Mache' nehmen.

'on,com·ing *adj.* **1.** (her'an)nahend, entgegenkommend: **~ *traffic*** Gegenverkehr *m*; **2.** *fig.* kommend: ***the ~ generation***.

one [wʌn] **I** *adj.* **1.** ein (eine, ein): **~ *hundred*** (ein)hundert; **~ *man in ten*** jeder Zehnte; **~ *or two*** ein paar, einige; **2.** (*betont*) ein (eine, ein), ein einziger ... (eine einzige ..., ein einziges ...): ***all were of ~ mind*** sie waren alle 'eines Sinnes; ***for ~ thing*** (zunächst) einmal; ***his ~ thought*** sein einziger Gedanke; ***the ~ way to do it*** die einzige Möglichkeit (es zu tun); **3.** ein gewisser (e-e gewisse, ein gewisses), ein (eine, ein): **~ *day*** e-s Tages (*in Zukunft od. Vergangenheit*); **~ *of these days*** irgendwann (ein)mal; **~ *John Smith*** ein gewisser J. S.; **II** *s.* **4.** Eins *f*, eins: ***Roman ~*** römische Eins; **~ *and a half*** ein(und)einhalb, anderthalb; ***at ~ o'clock*** um ein Uhr; **5.** *der* (*die*) einzelne..., *das* einzelne (Stück): **~ *by ~***, **~ *after another*** e-r nach dem andern, einzeln; ***I for ~*** ich zum Beispiel; **6.** Einheit *f*: ***be at ~ with s.o.*** mit j-m 'einer Meinung *od.* einig sein; **~ *and all*** alle miteinander; ***all in ~*** alles in 'einem; ***it is all ~ (to me)*** es ist (mir) ganz einerlei; ***be made ~*** ein (*Ehe*)Paar werden; ***make ~*** mit von der Partie sein; **7.** *bsd.* Ein'dollar- *od.* Ein'pfundnote *f*; **III** *pron.* **8.** ein, einer, jemand: ***like ~ dead*** wie ein Toter; **~ *of the poets*** einer der Dichter; **~ *another*** einander; **~ *who*** einer, der; ***the ~ who*** der(jenige), der; **~ *of these days*** dieser Tage; **~ *in the eye*** F *fig.* ein Denkzettel; **9.** (*Stützwort, mst unübersetzt*): ***a sly ~*** ein (ganz) Schlauer; ***the little ~s*** die Kleinen; ***a red pencil and a blue ~*** ein roter Bleistift u. ein blauer; ***that ~*** der (die, das) da *od.* dort; ***the ~s you mention*** die (von Ihnen) Erwähnten; → ***each*** *etc.*; **10.** man: **~ *knows***; **11. *~'s*** sein: ***break ~'s leg*** sich das Bein brechen; ***take ~'s walk*** s-n Spaziergang machen; **'~-act play** *s. thea.* Einakter *m*; **,~-'armed** *adj.* einarmig: **~ *bandit*** F Spielautomat *m*; **'~-crop sys·tem** *s.* ✓ 'Monokul,tur *f*; **,~-'dig·it** *adj.* ⩘ einstellig (*Zahl*); **,~-'eyed** *adj.* einäugig; **,~-'hand·ed** *adj.* **1.** einhändig; **2.** mit nur 'einer Hand zu bedienen(d); **,~-'horse** *adj.* **1.** einspännig; **2. ~ *town*** F (elendes) ‚Kaff' *n od.* ‚Nest' *n*; **,~-'legged** [-ˈlegd] *adj.* **1.** einbeinig; **2.** *fig.* einseitig; **'~-line busi·ness** *s.* ✝ Fachgeschäft *n*; **,~-'man** *adj.* Einmann...: **~ *business*** ✝ Einzelunternehmen *n*; **~ *bus*** Einmannbus *m*; **~ *show*** a) One-Man-Show *f* (*a. fig.*), b) Ausstellung *f* der Werke 'eines Künstlers.

one·ness [ˈwʌnnɪs] *s.* **1.** Einheit *f*; **2.** Gleichheit *f*, Identi'tät *f*; **3.** Einigkeit *f*, (völliger) Einklang.

'one|-night stand *s.* **1.** *thea.* einmaliges Gastspiel; **2.** Sex *m* für 'eine Nacht; **,~-'off** F *bsd. Brit.* **I** *adj.* einmalig: **~ *production*** Einzelfertigung *f*; **II** *s.*: ***a ~*** et. Einmaliges, e-e Ausnahme (-erscheinung); ***she's a ~*** *a.* sie ist einzigartig; **,~-'par·ent** *adj*: **~ *family*** Einelternfamilie *f*; **,~-'per·son** *adj.* Einpersonen...: **~ *household*** Singlehaushalt *m*; **,~-'piece** *adj.* **1.** einteilig: **~ *bathing-suit***; **2.** ⚙ aus 'einem Stück, Voll...; **,~-'price shop** *s.* Einheitspreisladen *m.*

on·er [ˈwʌnə] *s.* **1.** *sl.* ‚Ka'none' *f* (*Könner*) (***at*** in *dat.*); **2.** *sl.* ‚Mordsding' *n* (*bsd. wuchtiger Schlag*).

on·er·ous [ˈɒnərəs] *adj.* □ lästig, drückend, beschwerlich (***to*** für); **'on·er·ous·ness** [-nɪs] *s.* Beschwerlichkeit *f*, Last *f.*

one'self *pron.* **1.** *refl.* sich (selber): ***by ~*** aus eigener Kraft, von selbst; **2.** selbst, selber; **3.** *mst* ***one's self*** man (selbst *od.* selber).

,one|-'shot F *Am.* **I** *adj.* **1.** einmalig (*nur einmal möglich*); **2.** auf Anhieb gefunden (*Lösung etc.*); **II** *s.* **3.** *et.* Einmaliges *n*: a) einmalige Angelegenheit, b) einmalige Veröffentlichung (*od.* Ausgabe), c) einmaliger Auftritt (*e-s Schauspielers etc.*); **4.** *Film*: Nahaufnahme *f* e-s Darstellers; **,~-'sid·ed** [-ˈsaɪdɪd] *adj.* □ einseitig (*a. fig.*); **'~·time I** *adj.* einst-, ehemalig; **II** *adv.* einst-, ehemals; **'~-track** *adj.* **1.** 🚂 eingleisig; **2.** *fig.* einseitig: ***you have a ~ mind*** du hast immer nur dasselbe im Kopf; **,~-'two** *s.* **1.** *Fußball*: Doppelpass *m*; **2.** *Boxen*: Rechts-'links-Kombinati,on *f*; **~-up·man·ship** [wʌnˈʌpmənʃɪp] *s.* die Kunst, dem andern immer (um eine Nasenlänge) vor'aus zu sein; **,~-'way** *adj.* **1.** Einweg...(*-flasche etc.*), Einbahn...(*-straße, -verkehr*): **~ *ticket*** *Am.* einfache Fahrkarte; **2.** *fig.* einseitig.

on·ion [ˈʌnjən] *s.* **1.** ⚘ Zwiebel *f*; **2.** *sl.* ‚Rübe' *f* (*Kopf*): ***off one's ~*** *sl.* (total) verrückt; **3. *know one's ~s*** F sein Geschäft verstehen; **'~·skin** *s.* **1.** Zwiebelschale *f*; **2.** 'Durchschlag- *od.* 'Luftpostpa,pier *n.*

'on(-)line I *adj. Computer*: Online...: **~ *mode*** Onlinebetrieb *m*; **II** *adv.* online: ***go ~*** a) *Computer*: online *od.* auf Onlinebetrieb gehen, b) in Betrieb gehen, den Betrieb aufnehmen (*Fabrik etc.*); ***order ~*** online bestellen; **~ ser·vice pro·vid·er** *s. Internet*: Onlinedienst *m.*

'on,look·er *s.* Zuschauer(in) (***at*** bei); **'on,look·ing** *adj.* zuschauend.

on·ly [ˈəʊnlɪ] **I** *adj.* **1.** einzig, al'leinig: ***the ~ son*** der einzige Sohn; ***my one and ~ hope*** meine einzige Hoffnung; ***the ~ begotten Son of God*** Gottes eingeborener Sohn; **2.** einzigartig: *the ~ and only Mr. X* a. iro. der unvergleichliche, einzigartige Mr. X; **II** *adv.* **3.** nur, bloß: *not ~ ..., but (also)* nicht nur ..., sondern auch; *if ~* wenn nur; **4.** erst: *~ yesterday* erst gestern, gestern noch; *~ just* eben erst, gerade, kaum; *she's ~ young* sie ist noch jung; **III** *cj.* **5.** je'doch, nur (dass), aber; **6.** *~ that* nur, dass; außer, wenn.

ˌon-'off switch *s.* ϟ Ein-Aus-Schalter *m.*

on·o·mat·o·poe·ia [ˌɒnəʊmætəʊ'piːə] *s.* Lautmale'rei *f*; **ˌon·o·mat·o'poe·ic** [-'piːɪk], **on·o·mat·o·po·et·ic** [ˌɒnəʊmætəʊpəʊ'etɪk] *adj.* (□ *~ally*) lautnachahmend, onomatopo'etisch.

'on|-poˌsi·tion *s.* ⚙ Einschaltstellung *f*, -zustand *m*; **'~·rush** *s.* Ansturm *m* (*a. fig.*); **'~·set** *s.* **1.** Angriff *m*, At'tacke *f*; **2.** Anfang *m*, Beginn *m*, Einsetzen *n*: *at the first ~* gleich beim ersten Anlauf; **3.** ⚕ Ausbruch *m* (*e-r Krankheit*), Anfall *m*; **~'shore** *adj. u. adv.* **1.** landwärts; **2.** a) in Küstennähe, b) an Land; **3.** ☤ Inlands...: *~ purchases*; **'on-(-)site** *adj.* Vor-Ort-...; **~-slaught** ['ɒnslɔːt] *s.* (heftiger) Angriff *od.* Ansturm (*a. fig.*); **ˌ~-the-'job** *adj.* praktisch: *~ training*.

on·to ['ɒntʊ; -tə] *prp.* **1.** auf (*acc.*); **2.** *be ~ s.th. sl.* hinter et. gekommen sein; *he's ~ you sl.* er hat dich durchschaut.

on·to·gen·e·sis [ˌɒntəʊ'dʒenɪsɪs] *s. biol.* Ontoge'nese *f*.

on·tol·o·gy [ɒn'tɒlədʒɪ] *s. phls.* Ontolo'gie *f*.

o·nus ['əʊnəs] (*Lat.*) *s. nur sg.* **1.** *fig.* Last *f*, Verpflichtung *f*, Onus *n*; **2.** *a. ~ of proof*, *~ probandi* ⚖ Beweislast *f*: *the ~ rests with him* die Beweislast trifft ihn.

on·ward ['ɒnwəd] **I** *adv.* vorwärts, weiter: *from the tenth century ~* vom 10. Jahrhundert an; **II** *adj.* vorwärts schreitend, fortschreitend; **'on·wards** [-dz] → *onward* I.

on·yx ['ɒnɪks] *s.* **1.** *min.* Onyx *m*; **2.** ⚕ Nagelgeschwür *n* der Hornhaut, Onyx *m.*

o·o·blast ['əʊəblɑːst] *s. biol.* Eikeim *m*; **o·o·cyst** ['əʊəsɪst] *s.* Oo'zyste *f*.

oo·dles ['uːdlz] *s. pl.* F Unmengen *pl.*, ‚Haufen' *m*: *he has ~ of money* er hat Geld wie Heu.

oof [uːf] *s. Brit. sl.* ‚Kies' *m* (*Geld*).

oomph [ʊmf] *s. sl.* 'Sex-Ap'peal *m.*

o·o·sperm ['əʊəspɜːm] *s. biol.* befruchtetes Ei *od.* befruchtete Eizelle, Zy'gote *f*.

ooze [uːz] **I** *v/i.* **1.** ('durch-, aus-, ein)sickern (*through*, *out of*, *into*); ein-, hin'durchdringen (*a. Licht etc.*): *~ away* a) versickern, b) *fig.* (dahin)schwinden; *~ out* a) entweichen (*Luft*, *Gas*), b) *fig.* durchsickern (*Geheimnis*); *~ with sweat* von Schweiß triefen; **II** *v/t.* **2.** ausströmen, -schwitzen; **3.** *fig.* ausstrahlen, *iro.* triefen von; **III** *s.* **4.** ⚙ Lohbrühe *f*: *~ leather* lohgares Leder; **5.** Schlick *m*, Schlamm(grund) *m*; **oo·zy** ['uːzɪ] *adj.* **1.** schlammig, schlick(er)ig; **2.** schleimig; **3.** feucht.

o·pac·i·ty [əʊ'pæsətɪ] *s.* **1.** 'Undurchˌsichtigkeit *f* (*a. fig.*); **2.** Dunkelheit *f* (*a. fig.*); **3.** *fig.* Borniertheit *f*; **4.** *phys.* ('Licht)ˌUndurchˌlässigkeit *f*; **5.** Deckfähigkeit *f* (*Farbe*).

o·pal ['əʊpl] *s. min.* O'pal *m*: *~ blue* Opalblau *n*; *~ glass* Opal-, Milchglas *n*; *~ lamp* Opallampe *f*; **o·pal·esce** [ˌəʊpə'les] *v/i.* opalisieren, bunt schillern; **o·pal·es·cence** [ˌəʊpə'lesns] *s.* Opalisieren *n*, Schillern *n*; **o·pal·es·cent** [ˌəʊpə'lesnt] *adj.* opalisierend, schillernd.

o·paque [əʊ'peɪk] *adj.* □ **1.** 'unˌdurchsichtig, o'pak: *~ colo(u)r* Deckfarbe *f*; **2.** 'unˌdurchlässig (*to* für *Strahlen*): *~ meal* ⚕ Kontrastmahlzeit *f*; **3.** glanzlos, trüb; **4.** *fig.* a) unklar, dunkel, b) borniert, dumm; **o'paque·ness** [-nɪs] *s.* ('Licht)'Unˌdurchlässigkeit *f*; Deckkraft *f* (*Farben*).

op art [ɒp] *s. Kunst*: Op-Art *f*.

o·pen ['əʊpən] **I** *adj.* □ **1.** *allg.* offen (*z. B. Buch*, *Flasche*, ⛫ *Kette*, ϟ *Stromkreis*, ⚔ *Stadt*, *Tür*, ⚕ *Wunde*); offen stehend, auf: *~ prison* offenes Gefängnis; *~ warfare* ⚔ Bewegungskrieg *m*; *keep one's eyes ~ fig.* die Augen offen halten; → *arm*[1] 1, *bowels* 1, *order* 5; **2.** zugänglich, frei, offen (*Gelände*, *Straße*, *Meer etc.*): *~ field* freies Feld; *~ spaces* öffentliche Plätze (*Parkanlagen etc.*); **3.** frei, bloß, offen (*Wagen etc.*; ϟ *Motor*); → *lay open*; **4.** offen, eisfrei (*Wetter*, ⚓ *Hafen*, *Gewässer*); ⚓ klar (*Sicht*): *~ winter* frostfreier Winter; **5.** ge-, eröffnet (*Laden*, *Theater etc.*), offen (*a. fig. to dat.*), öffentlich (*Sitzung*, *Versteigerung etc.*); (jedem) zugänglich: *a career ~ to talent*; *~ competition* freier Wettbewerb; *~ market* ☤ offener *od.* freier Markt; *~ position* freie *od.* offene (*Arbeits*)Stelle; *~ policy* a) ☤ Offenmarktpolitik *f*, b) *Versicherung*: Pauschalpolice *f*; *~ scholarship Brit.* offenes Stipendium; *~ for subscription* ☤ zur Zeichnung aufgelegt; *in ~ court* in öffentlicher Verhandlung, vor Gericht; **6.** (*to*) *fig. der Kritik*, *dem Zweifel etc.* ausgesetzt, unter'worfen: *~ to question* anfechtbar; *~ to temptation* anfällig gegen die Versuchung; *leave o.s. wide ~* (*to s.o.*) sich (j-m gegenüber) e-e (große) Blöße geben; **7.** zugänglich, aufgeschlossen (*to* für *od. dat.*): *an ~ mind*; *be ~ to conviction* (*an offer*) mit sich reden (handeln) lassen; *that is ~ to argument* darüber lässt sich streiten; **8.** offen(kundig), unverhüllt: *~ contempt*; *an ~ secret* ein offenes Geheimnis; **9.** offen, freimütig: *an ~ character*; *~ letter* offener Brief; *I will be ~ with you* ich will ganz offen mit dir reden; **10.** freigebig: *with an ~ hand*; *keep an ~ house* ein offenes Haus führen, gastfrei sein; **11.** *fig.* unentschieden, offen (*Frage*, *Forderung*, *Kampf*, *Urteil etc.*); **12.** *fig.* frei (*ohne Verbote*): *~ pattern* ⚖ ungeschütztes Muster; *~ season* Jagd-, Fischzeit *f*; **13.** ☤ laufend (*Konto*, *Kredit*, *Rechnung*): *~ cheque* Barscheck *m*; **14.** ⚙ durch'brochen (*Gewebe*, *Handarbeit*); **15.** *ling.* offen (*Silbe*, *Vokal*): *~ consonant* Reibelaut *m*; **16.** ♪ a) weit (*Lage*, *Satz*), b) leer (*Saite etc.*): *~ note* Grundton *m*; **17.** *typ.* licht (*Satz*): *~ type* Konturschrift *f*; **II** *s.* **18.** *the ~* a) offenes Land, b) offene See: *in the ~* im Freien, unter freiem Himmel; ⚒ über Tag; *bring into the ~ fig.* an die Öffentlichkeit bringen; *come into the ~ fig.* sich erklären, offen reden, Farbe bekennen, (*with s.th.* mit et.) an die Öffentlichkeit treten; **19.** *the ∾ bsd. Golf*: offenes Turnier *für Amateure u. Berufsspieler*; **III** *v/t.* **20.** *allg.* öffnen, aufmachen; *Buch a.* aufschlagen; ϟ *Stromkreis* ausschalten, unter'brechen: *~ the bowels* ⚕ den Leib öffnen; *~ s.o.'s eyes fig.* j-m die Augen öffnen; → *throttle* 2; **21.** *Aussicht*, ☤ *Akkreditiv*, *Debatte*, ⚔ *das Feuer*, ☤ *Konto*, *Geschäft*, ⚖ *die Verhandlung etc.* eröffnen; *Verhandlungen* anknüpfen, in *Verhandlungen* eintreten; ☤ *neue Märkte* erschließen: *~ s.th. to traffic e-e Straße etc.* dem Verkehr übergeben; **22.** *fig. Gefühle*, *Gedanken* enthüllen, *s-e Absichten* entdecken: *~ o.s. to s.o.* sich j-m mitteilen; → *heart Redew.*; **IV** *v/i.* **23.** sich öffnen *od.* auftun, aufgehen; *fig.* sich *dem Auge*, *Geist etc.* erschließen, zeigen, auftun; **24.** führen, gehen (*Tür*, *Fenster*) (*on to* auf *acc.*, *into* nach *dat.*); **25.** *fig.* a) anfangen, beginnen (*Schule*, *Börse etc.*), öffnen, aufmachen (*Laden etc.*), b) (e-n Brief, s-e Rede) beginnen (*with* mit *e-m Kompliment etc.*); **26.** *allg.* öffnen; (ein Buch) aufschlagen; *~ out* **I** *v/t.* **1.** *et.* ausbreiten; **II** *v/i.* **2.** sich ausbreiten, -dehnen, sich erweitern; **3.** *mot.* Vollgas geben; *~ up* **I** *v/t.* **1.** *Land*, ☤ *Markt etc.* erschließen; **II** *v/i.* **2.** ⚔ das Feuer eröffnen; **3.** *fig.* a) ‚loslegen' (*mit Worten*, *Schlägen etc.*), b) ‚auftauen', mitteilsam werden: *~ to s.o.* sich j-m gegenüber öffnen; **4.** sich auftun *od.* zeigen.

ˌo·pen|-'ac·cess li·brar·y *s.* 'Freihandbiblioˌthek *f*; **ˌ~-'air** *adj.* Freilicht..., Freiluft..., unter freiem Himmel: *~ swimming pool* Freibad *n*; **ˌ~-and--'shut** *adj.* ganz einfach, sonnenklar; **ˌ~-'armed** *adj.* warm, herzlich (*Empfang*); **'~-cast min·ing** *s.* Tagebau *m*; **ˌ~-'door** *adj.* frei zugänglich: *~ policy* (Handels)Politik *f* der offenen Tür; **ˌ~--'end·ed** *adj.* **1.** zeitlich unbegrenzt: *~ discussion* Open-'End-Diskussion *f*; **2.** ausbaufähig: *~ program(me)*.

o·pen·er ['əʊpnə] *s.* **1.** (*fig.* Er)Öffner (-in); **2.** (*Büchsen- etc.*)Öffner *m*; *sport etc.* Eröffnung(sspiel *n*, *thea.* -nummer *f*) *f*.

ˌo·pen|-'eyed *adj.* **1.** mit großen Augen, staunend; **2.** wachsam; **ˌ~-'hand·ed** *adj.* □ freigebig; **ˌ~-'heart** *adj.*: *~ surgery* ⚕ Offenherzchirurgie *f*; **ˌ~-'heart·ed** *adj.* □ offen(herzig), aufrichtig; **ˌ~--'hearth** *adj.* ⚙ Siemens-Martin(*-Ofen*, *-Stahl*).

o·pen·ing ['əʊpnɪŋ] **I** *s.* **1.** *das* Öffnen; Eröffnung *f* (*a. fig. Akkreditiv*, *Konto*, *Testament*, *Unternehmen*); *fig.* Inbetriebnahme *f* (*e-r Anlage etc.*); *fig.* Erschließung *f* (*Land*, ☤ *Markt*); **2.** Öffnung *f*, Loch *n*, Lücke *f*, Bresche *f*, Spalt *m*, 'Durchlass *m*; **3.** *Am.* (Wald-)Lichtung *f*; **4.** ⚙ (Spann)Weite *f*; **5.** *fig.* Eröffnung *f* (*a. Schach*, *Kampf etc.*), Beginn *m*, einleitender Teil (*a.* ⚖); *~ (of the) stock market* Börsenbeginn *m*; **6.** Gelegenheit *f*, (☤ Absatz)Möglichkeit *f*; **7.** ☤ offene *od.* freie Stelle; **II** *adj.* **8.** Öffnungs...; **9.** Eröffnungs...: *~ speech*; *~ price* ☤ Eröffnungskurs *m*; *~ night thea.* Eröffnungsvorstellung *f*.

ˌo·pen|-'mar·ket *adj.* Freimarkt...: *~ paper* marktgängiges Wertpapier; *~ policy* Offenmarktpolitik *f*; **ˌ~-'mind·ed** *adj.* □ aufgeschlossen, vorurteilslos; **ˌ~-'mouthed** *adj.* mit offenem Mund, *fig. a.* gaffend; **'~-plan of·fice** *s.* 'Großraumbüˌro *n*; **~ ses·a·me** *s.* Sesam-'öffne-dich *n*; **~ shop** *s. Am.* Betrieb, der auch Nichtgewerkschaftsmitglieder beschäftigt; **∾ U·ni·ver·si·ty**

O

s. 'Fernsehuniversi,tät *f*, 'Telekol,leg *n*; '**~·work** *s.* 'Durchbrucharbeit *f* (*Handarbeit*); **~ work·ing** *s.* ⚒ Tagebau *m*.

op·er·a¹ ['ɒpərə] *s.* Oper *f* (*a. Gebäude*): ***comic ~*** komische Oper; ***grand ~*** große Oper.

op·er·a² ['ɒpərə] *pl. von* ***opus***.

op·er·a·ble ['ɒpərəbl] *adj.* **1.** 'durchführbar; **2.** ⚙ betriebsfähig; **3.** ⚕ ope'rabel.

op·er·a| cloak *s.* Abendmantel *m*; **~ glass(·es** *pl.*) *s.* Opern-, The'aterglas *n*; **~ hat** *s.* 'Klappzy,linder *m*, Chapeau 'claque *m*; **~ house** *s.* Opernhaus *n*, Oper *f*; **~ pump** *s. Am.* glatter Pumps.

op·er·ate ['ɒpəreɪt] **I** *v/i.* **1.** arbeiten, in Betrieb sein, funktionieren, laufen (*Maschine etc.*): ***be operating*** in Betrieb sein; **~ *on batteries*** von Batterien betrieben werden; **~ *at a deficit*** ✝ mit Verlust arbeiten; **2.** wirksam werden *od.* sein, (ein)wirken (***on***, ***upon*** auf *acc.*, ***as*** als), hinwirken (***for*** auf *acc.*); **3.** ⚕ (***on***, ***upon***) *j-n* operieren: ***be ~d on*** operiert werden; **4.** ✝ F spekulieren, operieren: **~ *for a fall*** auf e-e Baisse spekulieren; **5.** ⚔ operieren; **II** *v/t.* **6.** bewirken, verursachen, (mit sich) bringen; **7.** ⚙ *Maschine* laufen lassen, bedienen, *Gerät* handhaben, *Schalter*, *Bremse etc.* betätigen, *Auto* fahren: ***safe to ~*** betriebssicher; **8.** *Unternehmen*, *Geschäft* betreiben, führen, *Vorhaben* ausführen.

op·er·at·ic [,ɒpə'rætɪk] *adj.* (☐ **~*ally***) opernhaft (*a. fig. contp.*), Opern...: **~ *performance*** Opernaufführung *f*; **~ *singer*** Opernsänger(in).

op·er·at·ing ['ɒpəreɪtɪŋ] *adj.* **1.** *bsd.* ⚙ in Betrieb befindlich, Betriebs..., Arbeits...: **~ *conditions*** Betriebsbedingungen; **~ *instructions*** Bedienungsvorschrift *f*, Betriebsanweisung *f*; **~ *lever*** Betätigungshebel *m*; **~ *system*** *Computer*: Betriebssystem *n*; **2.** ✝ Betriebs..., betrieblich: **~ *assets*** Vermögenswerte; **~ *costs*** (*od.* ***expenses***) Betriebs-, Geschäfts(un)kosten; **~ *profit*** Betriebsgewinn *m*; **~ *statement*** Betriebsbilanz *f*; **3.** ⚕ operierend, Operations...: **~ *room*** *od.* **~ *theatre*** (*Am.* ***theater***) Operationssaal *m*; **~ *surgeon*** → ***operator*** 4; **~ *table*** Operationstisch *m*.

op·er·a·tion [,ɒpə'reɪʃn] *s.* **1.** Wirken *n*, Wirkung *f* (***on*** auf *acc.*); **2.** *bsd.* ⚖ Wirksamkeit *f*, Geltung *f*: ***by ~ of law*** kraft Gesetzes; ***come into ~*** in Kraft treten; **3.** ⚙ Betrieb *m*, Tätigkeit *f*, Lauf *m* (*Maschine etc.*): ***in ~*** in Betrieb; ***put*** (*od.* ***set***) ***in*** (***out of***) **~** in (außer) Betrieb setzen; **4.** *bsd.* ⚙ Wirkungs-, Arbeitsweise *f*; Arbeits(vor)gang *m*, (*Arbeits-*, *Denk- etc. a. chemischer*) Pro'zess *m*; **5.** ⚙ Inbetriebsetzung *f*, Bedienung *f* (*Maschine*, *Gerät*), Betätigung *f* (*Bremse*, *Schalter*); **6.** Arbeit *f*: ***building ~s*** Bauarbeiten; **7.** ✝ a) Betrieb *m*: ***continuous ~*** durchgehender Betrieb; ***in ~*** in Betrieb, b) Unter'nehmen *n*, -'nehmung *f*, c) Geschäft *n*: ***trading ~*** Tauschgeschäft; **8.** *Börse*: Transakti'on *f*; **9.** ⚕ Operati'on *f*, (chirurgischer) Eingriff: **~ *for appendicitis*** Blinddarmoperation; **~ *to*** (*od.* ***on***) ***the neck*** Halsoperation; ***major ~*** a) größere Operation, b) *fig.* F große Sache, ‚schwere Geburt'; **10.** ⚔ Operati'on *f*, Einsatz *m*, Unter'nehmung *f*; ,**op·er'a·tion·al** [-ʃənl] *adj.* **1.** ⚙ a) Betriebs..., Arbeits..., b) betriebsbereit, -fähig; **2.** ✝ betrieblich, Betriebs...; **3.** ⚔ Einsatz..., Operations..., einsatzfähig: **~ *objective*** Operationsziel *n*; **4.** ⚓ klar, fahrbereit; **op·er·a·tive** ['ɒpərətɪv] **I** *adj.* ☐ **1.** wirkend, treibend: ***an ~ motive***; **2.** wirksam: ***an ~ dose***; ***become ~*** ⚖ (rechts)wirksam werden, in Kraft treten; ***the ~ word*** das Wort, auf das es ankommt, ⚖ *a.* das rechtsbegründende Wort; **3.** praktisch; **4.** ✝, ⚙ Arbeits..., Betriebs..., betriebsfähig; **5.** ⚕ opera'tiv, chir'urgisch: **~ *dentistry*** Zahn- u. Kieferchirurgie *f*; **6.** arbeitend, tätig, beschäftigt; **II** *s.* **7.** (Fach)Arbeiter *m*, Me'chaniker *m*; → ***operator*** 2; **8.** *Am.* Pri'vatdetek,tiv(in); **op·er·a·tor** ['ɒpəreɪtə] *s.* **1.** *der* (*die*, *das*) Wirkende; **2.** a) ⚙ Bedienungsperson *f*, Arbeiter(in), (*Kran- etc.*)Führer *m*: ***engine ~*** Maschinist *m*; **~*'s license*** *Am.* Führerschein *m*, b) Telegra'fist(in), c) Telefo'nist(in), d) (Film)Vorführer *m*, *a.* Kameramann *m*; **3.** ✝ a) Unter'nehmer *m*, b) *Börse*: (berufsmäßiger) Speku'lant, *b.s.* Schieber *m*; **4.** ⚕ operierender Arzt, Opera'teur *m*; **5.** *Computer*: Ope'rator *m*.

o·per·cu·lum [əʊ'pɜːkjʊləm] *pl.* **-la** [-lə] *s.* **1.** ⚘ Deckel *m*; **2.** *zo.* a) Deckel *m* (*Schnecken*), b) Kiemendeckel *m* (*Fische*).

op·er·et·ta [,ɒpə'retə] *s.* Ope'rette *f*.

oph·thal·mi·a [ɒf'θælmɪə] *s.* ⚕ Bindehautentzündung *f*; **oph'thal·mic** [-ɪk] *adj.* Augen...; augenkrank: **~ *hospital*** Augenklinik *f*; **oph·thal·mol·o·gist** [,ɒfθæl'mɒlədʒɪst] *s.* Augenarzt *m*, Augenärztin *f*; **oph·thal·mol·o·gy** [,ɒfθæl'mɒlədʒɪ] *s.* Augenheilkunde *f*, Ophthalmolo'gie *f*; **oph·thal·mo·scope** [ɒf'θælməskəʊp] *s.* ⚕ Augenspiegel *m*, Ophthalmo'skop *n*.

o·pi·ate ['əʊpɪət] **I** *s.* **1.** ⚕ Opi'at *n*, 'Opiumpräpa,rat *n*; **2.** Schlaf- *od.* Beruhigungs- *od.* Betäubungsmittel *n* (*a. fig.*): **~ *for the people*** Opium *n* fürs Volk; **II** *adj.* **3.** einschläfernd; betäubend (*a. fig.*).

o·pine [əʊ'paɪn] **I** *v/i.* da'fürhalten; **II** *v/t. et.* meinen.

o·pin·ion [ə'pɪnjən] *s.* **1.** Meinung *f*, Ansicht *f*, Stellungnahme *f*: ***in my ~*** m-s Erachtens, nach m-r Meinung *od.* Ansicht; ***be of*** (***the***) **~ *that*** der Meinung sein, dass; ***that is a matter of ~*** das ist Ansichtssache *f*; ***public ~*** die öffentliche Meinung; **2.** Achtung *f*, (gute) Meinung: ***have a high*** (***low*** *od.* ***poor***) **~ *of*** e-e (keine) hohe Meinung haben von, (nicht) viel halten von; ***she has no ~ of Frenchmen*** sie hält nicht viel von (den) Franzosen; **3.** (schriftliches) Gutachten (***on*** über *acc.*): ***counsel's ~*** Rechtsgutachten; **4.** *mst pl.* Über'zeugung *f*: ***have the courage of one's ~s*** zu s-r Überzeugung stehen; **5.** ⚖ (Urteils)Begründung *f*; **o'pin·ion·at·ed** [-neɪtɪd] *adj.* **1.** starr-, eigensinnig; dog'matisch; **2.** schulmeisterlich, über'heblich.

o'pin·ion|-,form·ing *adj.* meinungsbildend; **~ form·er**, **~ lead·er**, **~-,mak·er** *s.* Meinungsbildner *m*; **~ poll** *s.* 'Meinungs,umfrage *f*; **~ poll·ster** *s.* Meinungsforscher(in); **~ re·search** *s.* Meinungsforschung *f*.

o·pi·um ['əʊpjəm] *s.* Opium *n*: **~ *eater*** Opiumesser *m*; **~ *poppy*** ⚘ Schlafmohn *m*; '**o·pi·um·ism** [-mɪzəm] *s.* ⚕ **1.** Opiumsucht *f*; **2.** Opiumvergiftung *f*.

o·pos·sum [ə'pɒsəm] *s. zo.* O'possum *n*, Beutelratte *f*.

op·po·nent [ə'pəʊnənt] **I** *adj.* entgegenstehend, -gesetzt, gegnerisch (***to*** *dat.*); **II** *s.* Gegner(in) (*a.* ⚖, *sport*), Gegenspieler(in), 'Widersacher(in), Oppo'nent(in).

op·por·tune [,ɒpə'tjuːn] *adj.* ☐ **1.** günstig, passend, gut angebracht, oppor'tun; **2.** rechtzeitig; '**op·por·tune·ness** [-nɪs] *s.* Opportuni'tät *f*, Rechtzeitigkeit *f*; günstiger Zeitpunkt.

op·por·tun·ism [,ɒpə'tjuːnɪzm] *s.* Opportu'nismus *m*; **op·por'tun·ist** [-ɪst] *s.* Opportu'nist(in).

op·por·tu·ni·ty [,ɒpə'tjuːnətɪ] *s.* (*günstige*) Gelegenheit, Möglichkeit *f* (***of doing***, ***to do*** zu tun; ***for s.th.*** zu et.): ***miss the ~*** die Gelegenheit verpassen; ***seize*** (*od.* ***take***) ***an ~*** e-e Gelegenheit ergreifen; ***at the first ~*** bei der ersten Gelegenheit; **~ *for advancement*** Aufstiegsmöglichkeit; **~ *makes the thief*** Gelegenheit macht Diebe.

op·pose [ə'pəʊz] *v/t.* **1.** (*vergleichend*) gegen'überstellen; **2.** entgegensetzen, -stellen (***to*** *dat.*); **3.** entgegentreten (*dat.*), sich wider'setzen (*dat.*); angehen gegen, bekämpfen; **4.** ⚖ *Am.* gegen *e-e Patentanmeldung* Einspruch erheben; **op'posed** [-zd] *adj.* **1.** gegensätzlich, entgegengesetzt (*a.* ⩘); **2.** (***to***) abgeneigt (*dat.*), feind (*dat.*), feindlich (gegen): ***be ~ to*** *j-m od. e-r Sache* feindlich *od.* ablehnend gegenüberstehen, gegen *j-n od. et.* sein; **3.** ⚙ Gegen...: **~ *piston engine*** Gegenkolben-, Boxermotor *m*; **op'pos·ing** [-zɪŋ] *adj.* **1.** gegen'überliegend; **2.** opponierend, gegnerisch; **3.** *fig.* entgegengesetzt, unvereinbar.

op·po·site ['ɒpəzɪt] **I** *adj.* ☐ **1.** gegen'überliegend, -stehend (***to*** *dat.*): **~ *angle*** ⩘ Gegen-, Scheitelwinkel *m*; **2.** entgegengesetzt (gerichtet), 'umgekehrt: **~ *directions***; **~ *signs*** ⩘ entgegengesetzte Vorzeichen; ***of ~ sign*** ⩘ ungleichnamig; **~ *pistons*** ⚙ gegenläufige Kolben; **3.** gegensätzlich, entgegengesetzt, gegenteilig, (grund)verschieden, ander: ***words of ~ meaning***; **4.** gegnerisch, Gegen...: **~ *side*** *sport* Gegenpartei *f*, gegnerische Mannschaft; **~ *number*** *sport*, *pol. etc.* Gegenspieler(in), ‚Gegenüber' *n*, *weitS.* ‚Kollege' *m*, ‚Kollegin' *f* (von der anderen Seite); **5.** ⚘ gegenständig (*Blätter*); **II** *s.* **6.** Gegenteil *n* (*a.* ⩘), -satz *m*: ***just the ~*** das genaue Gegenteil; **III** *adv.* **7.** gegen'über; **IV** *prp.* **8.** gegen'über (*dat.*): ***the ~ house***; ***play ~ X.*** *sport*, *Film etc.* (der, die) Gegenspieler(in) von X sein.

op·po·si·tion [,ɒpə'zɪʃn] *s.* **1.** Gegen'überstellung *f*; *das* Gegen'überstehen *od.* -liegen; ⚙ Gegenläufigkeit *f*; **2.** 'Widerstand *m* (***to*** gegen): ***offer ~*** (***to***) Widerstand leisten (gegen); ***meet with*** (*od.* ***face***) ***stiff ~*** auf heftigen Widerstand stoßen; **3.** Gegensatz *m*, 'Widerspruch *m*: ***act in ~ to*** zuwiderhandeln (*dat.*); **4.** *pol.* (*a. ast. u. fig.*) Oppositi'on *f*; **5.** ✝ Konkur'renz *f*; **6.** ⚖ a) 'Widerspruch *m*, b) *Am.* Einspruch *m* (***to*** gegen *e-e Patentanmeldung*); **7.** *Logik*: Gegensatz *m*; ,**op·po'si·tion·al** [-ʃənl] *adj.* **1.** *pol.* oppositio'nell, Oppositions..., regierungsfeindlich; **2.** gegensätzlich, Widerstands...

op·press [ə'pres] *v/t.* **1.** *seelisch* bedrücken; **2.** unter'drücken, tyrannisieren, schikanieren; **op'pres·sion** [-eʃn] *s.* **1.**

Unter'drückung *f*, Tyrannisierung *f*; ⚖ a) Schi'kane(n *pl.*) *f*, b) 'Missbrauch *m* der Amtsgewalt; **2.** Druck *m*, Bedrängnis *f*, Not *f*; **3.** Bedrücktheit *f*; **4.** ⚕ Beklemmung *f*; **op'pres·sive** [-sɪv] *adj.* □ **1.** *seelisch* (be)drückend; **2.** ty'rannisch, grausam, hart; ⚖ schika'nös; **3.** drückend (schwül); **op'pres·sive·ness** [-sɪvnɪs] *s.* **1.** Druck *m*; **2.** Schwere *f*, Schwüle *f*; **op'pres·sor** [-sə] *s.* Unter'drücker *m*, Ty'rann *m*.

op·pro·bri·ous [ə'prəʊbrɪəs] *adj.* □ **1.** schmähend, Schmäh...; **2.** schändlich, in'fam; **op'pro·bri·um** [-ɪəm] *s.* Schmach *f*, Schande *f*.

op·pugn [ɒ'pjuːn] *v/t.* anfechten.

opt [ɒpt] *v/i.* wählen (***between*** zwischen *dat.*), sich entscheiden (***for*** für, ***against*** gegen), *bsd. pol.* optieren (***for*** für); **~ *in*** a) sich dafür entscheiden, b) mitmachen, c) beitreten; **~ *out*** a) sich dagegen entscheiden, b) ‚aussteigen' (***of*** aus *der Gesellschaft, e-r Unternehmung etc.*), austreten (***of*** aus), c) *Versicherung etc.* kündigen (***of*** *acc.*); **op·ta·tive** ['ɒptətɪv] **I** *adj.* Wunsch..., *ling.* optativ(isch): **~ *mood*** → **II** *s. ling.* Optativ *m*, Wunschform *f*.

op·tic ['ɒptɪk] **I** *adj.* **1.** Augen..., Seh..., Gesichts...: **~ *angle*** Seh-, Gesichtswinkel *m*; **~ *axis*** a) optische Achse, b) Sehachse *f*; **~ *nerve*** Sehnerv *m*; **2.** → ***optical***; **II** *s.* **3.** *mst pl. humor.* Auge *n*; **4.** *pl. sg. konstr. phys.* Optik *f*, Lichtlehre *f*; **'op·ti·cal** [-kl] *adj.* □ optisch: **~ *illusion*** optische Täuschung; **~ *microscope*** Lichtmikroskop *n*; **~ *viewfinder*** *TV* optischer Sucher; **op·ti·cian** [ɒp'tɪʃn] *s.* Optiker(in).

op·ti·mal ['ɒptɪml] → ***optimum*** II.

op·ti·mism ['ɒptɪmɪzəm] *s.* Opti'mismus *m*; **'op·ti·mist** [-ɪst] *s.* Opti'mist(in); **op·ti·mis·tic** [ˌɒptɪ'mɪstɪk] *adj.* (□ **~*ally***) opti'mistisch.

op·ti·mize ['ɒptɪmaɪz] *v/t.* ✝, ⚙ optimieren.

op·ti·mum ['ɒptɪməm] **I** *pl.* **-ma** [-mə] *s.* **1.** Optimum *n*, günstigster Fall, Bestfall *m*; **2.** ✝, ⚙ Bestwert *m*; **II** *adj.* **3.** opti'mal, günstigst, best.

op·tion ['ɒpʃn] *s.* **1.** Wahlfreiheit *f*, freie Wahl *od.* Entscheidung: **~ *of a fine*** Recht *n*, e-e Geldstrafe (*an Stelle der Haft*) zu wählen; **2.** Wahl *f*: ***at one's* ~** nach Wahl; ***make one's* ~** s-e Wahl treffen; **3.** Alterna'tive *f*: ***I had no* ~ *but to*** ich hatte keine andere Wahl als; **4.** ✝ Opti'on *f* (*a. Versicherung*), Vorkaufsrecht *n*, *Börse*: Bezugsrecht *n*: ***buyer's* ~** Kaufoption, Vorprämie *f*; **~ *for the call*** (***the put***) Vor- (Rück-)prämiengeschäft *n*; **~ *rate*** Prämiensatz *m*; **~ *of repurchase*** Rückkaufsrecht *n*; **5.** **~*s*** *pl. Computer*: Opti'onen *pl*; **op·tion·al** ['ɒpʃənl] *adj.* □ **1.** freigestellt, wahlfrei, freiwillig, fakulta'tiv: **~ *bonds*** *Am.* kündbare Obligationen; **~ *extra*(*s*)** Sonderausstattung *f*; **~ *subject*** *ped.* Wahlfach *n*; **2.** ✝ Options...: **~ *bargain*** Prämiengeschäft *n*.

'opt-out *s.* 'Opt-out *n*, Nichtbeteiligung *f*, Ausnahmeregelung *f*: **~ *clause*** Rücktrittsklausel *f*.

op·u·lence ['ɒpjʊləns] *s.* Reichtum *m*, ('Über)Fülle *f*, 'Überfluss *m*: ***live in* ~** im Überfluss leben; **'op·u·lent** [-nt] *adj.* □ **1.** (sehr) reich (*a. fig.*); **2.** üppig, opu'lent: **~ *meal***.

o·pus ['əʊpəs] *pl.* **op·er·a** ['ɒpərə] (*Lat.*) *s.* (*einzelnes*) Werk, Opus *n*; → ***magnum opus***; **o·pus·cule** [ɒ'pʌskjuːl] *s.* ♪, *lit.* kleines Werk.

or[1] [ɔː] *cj.* **1.** oder: **~ *else*** sonst, andernfalls; ***one* ~ *two*** ein bis zwei, einige; **2.** (*nach neg.*) noch, und kein, und auch nicht.

or[2] [ɔː] *s. her.* Gold *n*, Gelb *n*.

or·a·cle ['ɒrəkl] **I** *s.* **1.** O'rakel(spruch *m*) *n*; *fig. a.* Weissagung *f*: ***work the* ~** F e-e Sache ‚drehen'; **2.** *fig.* o'rakelhafter Ausspruch; **3.** *fig.* Pro'phet(in), unfehlbare Autori'tät; **II** *v/t. u. v/i.* **4.** o'rakeln; **o·rac·u·lar** [ɒ'rækjʊlə] *adj.* □ **1.** o'rakelhaft (*a. fig.*), Orakel...; **2.** *fig.* weise.

o·ra·cy ['ɔːrəsɪ] *s. ped.* Sprachgewandtheit *f*.

o·ral ['ɔːrəl] **I** *adj.* □ **1.** mündlich: **~ *contract***; **~ *examination***; **2.** ⚕ o'ral (*a. ling.*), Mund...: ***for* ~ *use*** zum innerlichen Gebrauch; **~ *intercourse*** Oralverkehr *m*; **~ *stage*** *psych.* orale Phase; **II** *s.* **3.** F mündliche Prüfung.

or·ange ['ɒrɪndʒ] **I** *s.* ❀ O'range *f*, Apfel'sine *f*: ***bitter* ~** Pomeranze *f*; ***squeeze the* ~ *dry*** F j-n ausquetschen wie e-e Zitrone; **II** *adj.* Orangen...; o'range (-farben); **~ lead** [led] *s.* ⚙ O'rangemennige *f*, Bleisafran *m*; **~ peel** *s.* **1.** O'rangenschale *f*; **2.** *a.* **~ *effect*** ⚙ O'rangenschalenstrukˌtur *f* (*Lackierung*).

or·ange·ry ['ɒrɪndʒərɪ] *s.* Orange'rie *f*.

o·rang-ou·tang [ɔːˌræŋuː'tæŋ], **oˌrang-u'tan** [-uː'tæn] *s. zo.* 'Orang-'Utan *m*.

o·rate [ɔː'reɪt] *v/i.* **1.** e-e Rede halten; **2.** *humor. u. contp.* (lange) Reden halten *od.* ‚schwingen', reden; **o'ra·tion** [-'eɪʃn] *s.* **1.** *förmliche od. feierliche* Rede; **2.** *ling.* (*direkte etc.*) Rede *f*; **or·a·tor** ['ɒrətə] *s.* **1.** Redner(in); **2.** ⚖ *Am.* Kläger(in) (*in **equity**-Prozessen*); **or·a·tor·i·cal** [ˌɒrə'tɒrɪkl] *adj.* □ rednerisch, Redner..., ora'torisch, rhe'torisch, Rede...; **or·a·to·ri·o** [ˌɒrə'tɔːrɪəʊ] *pl.* **-ri·os** *s.* ♪ Ora'torium *n*; **or·a·tor·ize** ['ɒrətəraɪz] → ***orate*** 2; **or·a·to·ry** ['ɒrətərɪ] *s.* **1.** Redekunst *f*, Beredsamkeit *f*, Rhe'torik *f*; **2.** *eccl.* Ka'pelle *f*, Andachtsraum *m*.

orb [ɔːb] **I** *s.* **1.** Kugel *f*, Ball *m*; **2.** *poet.* Gestirn *n*, Himmelskörper *m*; **3.** *poet.* a) Augapfel *m*, b) Auge *n*; **4.** *hist.* Reichsapfel *m*; **or·bic·u·lar** [ɔː'bɪkjʊlə] *adj.* □ **1.** kugelförmig; **2.** rund, kreisförmig; **3.** ringförmig; **or·bit** ['ɔːbɪt] **I** *s.* **1.** (*ast. etc.* Kreis-, *phys.* Elek'tronen-) Bahn *f*: ***get into* ~** in e-e Umlaufbahn gelangen (*Erdsatellit*); ***put into* ~** → 5; **2.** *fig.* Bereich *m*, Wirkungskreis *m*; *pol.* Einflusssphäre *f*; **3.** *anat.* a) Augenhöhle *f*, b) Auge *n*; **II** *v/t.* **4.** *die Erde etc.* um'kreisen; **5.** in e-e 'Umlaufbahn bringen; **III** *v/i.* **6.** die Erde *etc.* umkreisen; **7.** ✈ (über dem Flugplatz) kreisen; **'or·bit·al** [-bɪtl] **I** *adj.* **1.** *anat.* Augenhöhlen...: **~ *cavity*** Augenhöhle *f*; **2.** *ast., phys.* Bahn...: **~ *electron***; **II** *s.* **3.** *Brit.* Ringstraße *f*.

or·chard ['ɔːtʃəd] *s.* Obstgarten *m*; 'Obstplanˌtage *f*: ***in* ~** mit Obstbäumen bepflanzt; **'or·chard·ing** [-dɪŋ] *s.* **1.** Obstbau *m*; **2.** *coll. Am.* 'Obstkulˌturen *pl*.

or·ches·tic [ɔː'kestɪk] **I** *adj.* Tanz...; **II** *s. pl.* Or'chestik *f*.

or·ches·tra ['ɔːkɪstrə] *s.* **1.** ♪ Or'chester *n*; **2.** *thea.* a) Or'chester(raum *m*, -graben *m*) *n*, b) Par'terre *n*, c) *a.* **~ *stalls*** Par'kett *n*; **or·ches·tral** [ɔː'kestrəl] *adj.* ♪ **1.** Orchester...; **2.** orche'stral; **'or·ches·trate** [-reɪt] *v/t.* **1.** *a. v/i.* ♪ orchestrieren, instrumentieren; **2.** *fig. Am.* ordnen, aufbauen; **or·ches·tra·tion** [ˌɔːke'streɪʃn] *s.* Instrumentati'on *f*.

or·chid ['ɔːkɪd] *s.* ❀ Orchi'dee *f*.

or·chis ['ɔːkɪs] *pl.* **'or·chis·es** *s.* ❀ **1.** Orchi'dee *f*; **2.** Knabenkraut *n*.

or·dain [ɔː'deɪn] *v/t.* **1.** *eccl.* ordinieren, (*zum Priester*) weihen; **2.** bestimmen, fügen (*Gott, Schicksal*); **3.** anordnen, verfügen.

or·deal [ɔː'diːl] *s.* **1.** *hist.* Gottesurteil *n*: **~ *by fire*** Feuerprobe *f*; **2.** *fig.* Zerreiß-, Feuerprobe *f*, schwere Prüfung; **3.** *fig.* Qual *f*, Nervenprobe *f*, Tor'tur *f*, Mar'tyrium *n*.

or·der ['ɔːdə] **I** *s.* **1.** Ordnung *f*, geordneter Zustand: ***love of* ~** Ordnungsliebe *f*; ***in* ~** in Ordnung (*a. fig.*); ***out of* ~** in Unordnung; → 8; **2.** (öffentliche) Ordnung: ***law and* ~** Ruhe *f* u. Ordnung; **3.** Ordnung *f* (*a.* ❀ *Kategorie*), Sy'stem *n*: ***social* ~** soziale Ordnung; **4.** (An)Ordnung *f*, Reihenfolge *f*; *ling.* (Satz)Stellung *f*, Wortfolge *f*: ***in alphabetical* ~** in alphabetischer Ordnung; **~ *of priority*** Dringlichkeitsfolge *f*; **~ *of merit*** (*od.* ***precedence***) Rangordnung; **5.** Ordnung *f*, Aufstellung *f*; △ Stil *m*: ***in close*** (***open***) **~** ⚔ in geschlossener (geöffneter) Ordnung; **~ *of battle*** a) ⚔ Schlachtordnung, Gefechtsaufstellung, b) ⚓ Gefechtsformation *f*; ***Doric* ~** △ dorische Säulenordnung; **6.** ⚔ vorschriftsmäßige Uni'form u. Ausrüstung; → ***marching***; **7.** (Geschäfts-) Ordnung *f*: ***standing* ~*s*** *parl.* feststehende Geschäftsordnung; ***a call to* ~** ein Ordnungsruf *m*; ***call to* ~** zur Ordnung rufen; ***rise to*** (***a point of***) **~** zur Geschäftsordnung sprechen; ***ℒ!, ℒ!*** zur Ordnung!; ***in*** (***out of***) **~** (un)zulässig; **~ *of the day*** Tagesordnung; → 9; ***be the* ~ *of the day*** *fig.* an der Tagesordnung sein; ***pass to the* ~ *of the day*** zur Tagesordnung übergehen; → ***rule*** 15; **8.** Zustand *m*: ***in bad* ~** nicht in Ordnung, in schlechtem Zustand; ***out of* ~** nicht in Ordnung, defekt; ***in running* ~** betriebsfähig; **9.** Befehl *m*, Instrukti'on *f*, Anordnung *f*: ***ℒ in Council*** *pol.* Kabinettsbefehl; **~ *of the day*** ⚔ Tagesbefehl; **~ *for remittance*** Überweisungsauftrag *m*; ***doctor's* ~*s*** ärztliche Anordnung; ***by* ~** a) befehls-, auftragsgemäß, b) im Auftrag (*vor der Unterschrift*); ***by*** (*od.* ***on the***) **~ *of*** auf Befehl von, im Auftrag von; ***be under* ~*s to do s.th.*** Befehl haben, et. zu tun; ***till further* ~*s*** bis auf weiteres; ***in short* ~** *Am.* F sofort; **10.** ⚖ (Gerichts)Beschluss *m*, Befehl *m*, Verfügung *f*; **11.** ✝ Bestellung *f* (*a. Ware*), Auftrag *m* (***for*** für): ***a large*** (*od.* ***tall***) **~** F e-e (arge) Zumutung, (zu) viel verlangt; **~*s on hand*** Auftragsbestand *m*; ***give*** (*od.* ***place***) ***an* ~** e-n Auftrag erteilen, e-e Bestellung aufgeben; ***make to* ~** a) auf Bestellung anfertigen, b) nach Maß anfertigen; ***shoes made to* ~** Maßschuhe; ***last* ~*s, please*** Polizeistunde!; **12.** ✝ Order *f* (*Zahlungsauftrag*): ***pay to s.o.'s* ~** an j-s Order zahlen; ***pay to the* ~ *of*** für mich an ... (*Wechselindossament*); ***payable to* ~** zahlbar an Order; ***own* ~** eigene Order; **13.** → ***post-office order***, ***postal*** I; **14.** & Ordnung *f*, Grad *m*: ***equation of the first* ~** Gleichung *f* ersten Grades; **15.** Größenordnung *f*: ***of*** (*od.* ***in***) ***the* ~ *of*** in der Größenordnung von; **16.** Art *f*, Rang *m*: ***of a high* ~** von hohem Rang; ***of***

O

quite another ~ von ganz anderer Art; ***on the ~ of*** nach Art von; **17.** (Gesellschafts)Schicht *f*, Klasse *f*, Stand *m*: ***the higher ~s*** die höheren Klassen; ***the military ~*** der Soldatenstand; **18.** Orden *m* (*Gemeinschaft*): ***the Franciscan ~*** *eccl.* der Franziskanerorden; ***the Teutonic ~*** *hist.* der Deutsche (*Ritter-*) Orden; **19.** Orden(szeichen *n*) *m*; → ***Garter*** 2; **20.** *pl. mst* ***holy ~s*** *eccl.* (heilige) Weihen, Priesterweihe *f*: ***take (holy) ~s*** die (heiligen) Weihen empfangen; ***major ~s*** höhere Weihen; **21.** Einlassschein *m*, *thea.* Freikarte *f*; **22.** ***in ~ to*** *inf.* um zu *inf.*; ***in ~ that*** damit; **II** *v/t.* **23.** *j-m od. e-e Sache* befehlen, *et.* anordnen: ***he ~ed him to come*** er befahl ihm zu kommen; **24.** *j-n* schicken, beordern (***to*** nach); **25.** ⚕ *j-m et.* verordnen; **26.** bestellen (*a.* ✝; *a. im Restaurant*); **27.** regeln, leiten, führen; **28.** ***~ arms!*** ⚔ Gewehr ab!; **29.** ordnen, einrichten: ***~ one's affairs*** s-e Angelegenheiten in Ordnung bringen; **~ a·bout** *v/t.* her'umkommandieren; **~ a·way** *v/t.* **1.** weg-, fortschicken; **2.** abführen lassen; **~ back** *v/t.* zu'rückbeordern; **~ in** *v/t.* her'einkommen lassen; **~ off** *v/t. sport* vom Platz stellen; **~ out** *v/t.* **1.** hin'ausbeordern; **2.** hin'ausweisen.

or·der| bill *s.* ✝ 'Orderpa,pier *n*; **~ bill of lad·ing** *s.* ✝, ⚓ 'Orderkonnosse,ment *n*; **~ book** *s.* **1.** ✝ Auftragsbuch *n*; **2.** *Brit. parl.* Liste *f* der angemeldeten Anträge; **~ check** *Am.*, **~ cheque** *Brit. s.* ✝ Orderscheck *m*; **~ form** *s.* ✝ Bestellschein *m*; **~ in·stru·ment** *s.* ✝ 'Orderpa,pier *n*.

or·der·less ['ɔːdəlɪs] *adj.* unordentlich, regellos; **'or·der·li·ness** [-lɪnɪs] *s.* **1.** Ordnung *f*, Regelmäßigkeit *f*; **2.** Ordentlichkeit *f*.

or·der·ly ['ɔːdəlɪ] **I** *adj.* **1.** ordentlich, (wohl) geordnet; **2.** plan-, regelmäßig, me'thodisch; **3.** *fig.* ruhig, friedlich: ***an ~ citizen***; **4.** ⚔ a) im *od.* vom Dienst, Dienst tuend, b) Ordonnanz...: ***on ~ duty*** auf Ordonnanz; **II** *adv.* **5.** ordnungsgemäß, planmäßig; **III** *s.* **6.** ⚔ a) Ordon'nanz *f*, b) Sani'täter *m*, Krankenträger *m*, c) (Offi'ziers)Bursche *m*; **7.** *allg.* (Kranken)Pfleger *m*; **~ of·fi·cer** *s.* ⚔ **1.** Ordon'nanzoffi,zier *m*; **2.** Offi'zier *m* vom Dienst; **~ room** *s.* ⚔ Schreibstube *f*.

or·der| num·ber *s.* ✝ Bestellnummer *f*; **~ pad** *s.* ✝ Bestell(schein)block *m*; **~ pa·per** *s.* **1.** 'Sitzungspro,gramm *n*, (*schriftliche*) Tagesordnung; **2.** ✝ *Am.* 'Orderpa,pier *n*; **~ proc·ess·ing** *s.* Auftragsabwicklung *f*; **~ slip** *s.* ✝ Bestellzettel *m*.

or·di·nal ['ɔːdɪnl] **I** *adj.* **1.** ₳ Ordnungs..., Ordinal...: ***~ number***; **2.** ⚘, *zo.* Ordnungs...; **II** *s.* **3.** ₳ Ordnungszahl *f*; **4.** *eccl.* a) Ordi'nale *n* (*Regelbuch für die Ordinierung anglikanischer Geistlicher*), b) *oft* ♎ Ordi'narium *n* (*Ritualbuch od. Gottesdienstordnung*).

or·di·nance ['ɔːdɪnəns] *s.* **1.** *amtliche* Verordnung; **2.** *eccl.* (*festgesetzter*) Brauch, Ritus *m*.

or·di·nand [,ɔːdɪ'nænd] *s. eccl.* Ordi'nandus *m*.

or·di·nar·i·ly ['ɔːdnrɪlɪ] *adv.* **1.** nor'malerweise, gewöhnlich; **2.** wie gewöhnlich *od.* üblich.

or·di·nar·y ['ɔːdnrɪ] **I** *adj.* □ → ***ordinarily***; **1.** gewöhnlich, nor'mal, üblich; **2.** gewöhnlich, mittelmäßig, Durchschnitts...: ***~ face*** Alltagsgesicht *n*; **3.** ständig; ordentlich (*Gericht, Mitglied*); **II** *s.* **4.** *das* Übliche, *das* Nor'male: ***nothing out of the ~*** nichts Ungewöhnliches; ***above the ~*** außergewöhnlich; **5.** ***in ~*** ordentlich, von Amts wegen; ***judge in ~*** ordentlicher Richter; ***physician in ~ (to a king)*** Leibarzt *m* (e-s Königs); **6.** *eccl.* Ordi'narium *n*, Gottesdienst-, Messordnung *f*; **7.** *a.* ♎ *eccl.* Ordi'narius *m* (*Bischof*); **8.** ⚖ a) ordentlicher Richter, b) *Am.* Nachlassrichter *m*; **9.** *Brit. obs.* a) Hausmannskost *f*, b) Tagesgericht *n*; **10.** *Brit. obs.* Gaststätte *f*; **~ life in·sur·ance** *s.* Lebensversicherung *f* auf den Todesfall; **~ sea·man** *s.* [*irr.*] 'Leichtma,trose *m*; **~ share** *s.* ✝ Stammaktie *f*.

or·di·nate ['ɔːdnət] *s.* ₳ Ordi'nate *f*.

or·di·na·tion [,ɔːdɪ'neɪʃn] *s.* **1.** *eccl.* Priesterweihe *f*, Ordinati'on *f*; **2.** Ratschluss *m* (*Gottes etc.*).

ord·nance ['ɔːdnəns] *s.* ⚔ **1.** Artille'rie *f*, Geschütze *pl.*: ***a piece of ~*** ein (schweres) Geschütz; ***~ technician*** Feuerwerker *m*; **2.** 'Feldzeugmateri,al *n*; **3.** Feldzeugwesen *n*: ***Royal Army ♎ Corps*** Feldzeugkorps *n* des brit. Heeres; ♎ **De·part·ment** *s.* ⚔ Zeug-, Waffenamt *n*; **~ de·pot** *s.* ⚔ 'Feldzeug-, *bsd.* Artille'riede,pot *n*; **~ map** *s.* ⚔ **1.** *Am.* Gene'ralstabskarte *f*; **2.** *Brit.* Messtischblatt *n*; **~ of·fi·cer** *s.* **1.** ⚓ *Am.* Artille'rieoffi,zier *m*; **2.** Offi'zier *m* der Feldzeugtruppe; **3.** 'Waffenoffi,zier *m*; **~ park** *s.* ⚔ a) Geschützpark *m*, b) Feldzeugpark *m*; **~ ser·geant** *s.* ⚔ 'Waffen-, Ge'räte,unteroffi,zier *m*; ♎ **Sur·vey** *s.* amtliche Landesvermessung: ***♎ map*** *Brit.* a) Messtischblatt *n*, b) (*1:100 000*) Generalstabskarte *f*.

or·dure ['ɔː,djʊə] *s.* Kot *m*, Schmutz *m*, Unflat *m* (*a. fig.*).

ore [ɔː] *s.* **1.** Erz *n*; **2.** *poet.* (kostbares) Me'tall; **'~-,bear·ing** *adj. geol.* Erz führend, erzhaltig; **~ bed** *s.* Erzlager *n*.

or·gan ['ɔːgən] *s.* **1.** Or'gan *n*: a) *anat.* Körperwerkzeug *n*: ***~ donor*** Organspender *m*; ***~ transplant*** Organverpflanzung *f*; ***~ of sight*** Sehorgan, b) *fig.* Werkzeug *n*, Hilfsmittel *n*, c) Sprachrohr *n* (*Zeitschrift*): ***party ~*** Parteiorgan, d) *laute etc.* Stimme; **2.** ♪ a) Orgel *f*: ***~ stop*** Orgelregister *n*, b) Kla'vier *n* (*e-r Orgel*), c) *a.* ***American ~*** *Art* Har'monium *n*, d) → ***barrel organ***; ***~-grinder*** Leier(kasten)mann *m*.

or·gan·die, **or·gan·dy** ['ɔːgəndɪ] *s.* Or'gandy *m* (*Baumwollgewebe*).

or·gan·ic [ɔː'gænɪk] *adj.* (□ ***~ally***) *allg.* **1.** or'ganisch; **2.** bio'logisch-or'ganisch, F Bio...: ***~ vegetables***; **~ chem·is·try** *s.* or'ganische Che'mie; **~ dis·ease** *s.* ⚕ or'ganische Krankheit; **~ e·lec·tric·i·ty** *s. zo.* tierische Elektrizi'tät; **~ farm·er** *s.* Ökobauer *m*; **~ food** *s.* Biokost *f*; **~ law** *s. pol.* Grundgesetz *n*; **~ waste** *s.* Biomüll *m*.

or·gan·ism ['ɔːgənɪzəm] *s. biol. u. fig.* Orga'nismus *m*.

or·gan·ist ['ɔːgənɪst] *s.* ♪ Orga'nist(in).

or·gan·i·za·tion [,ɔːgənaɪ'zeɪʃn] *s.* **1.** Organisati'on *f*: a) Organisierung *f*, Bildung *f*, Gründung *f*, b) (syste'matischer) Aufbau, Gliederung *f*, (Aus)Gestaltung *f*, c) Zs.-schluss *m*, Verband *m*, Gesellschaft *f*: ***administrative ~*** Verwaltungsapparat *m*; **2.** Orga'nismus *m*, Sy'stem *n*; **,or·gan·i'za·tion·al** [-ʃənl] *adj.* organisa'torisch; **or·gan·ize** ['ɔːgənaɪz] **I** *v/t.* **1.** organisieren: a) aufbauen, einrichten: ***~d crime*** (die) organisierte Kriminalität, das organisierte Verbrechen, b) gründen, ins Leben rufen, c) veranstalten, *sport a.* ausrichten: ***~d tour*** Gesellschaftsreise *f*, d) gestalten; **2.** in ein Sy'stem bringen; **3.** (gewerkschaftlich) organisieren: ***~d labo(u)r***; **II** *v/i.* **4.** sich organisieren; **or·gan·iz·er** ['ɔːgənaɪzə] *s.* **1.** Organi'sator *m*; Veranstalter *m*, *sport a.* Ausrichter *m*; **2.** ⚖ Gründer *m*; **3.** *a.* ***personal ~*** *Computer*: Organizer *m*: a) elek'tronisches Notizbuch, b) *Programm für Termin- u. Adressverwaltung*.

or·gan loft *s.* △ Orgelchor *m*.

or·gan·zine ['ɔːgənziːn] *s.* Organ'sin (-seide *f*) *m*, *n*.

or·gasm ['ɔːgæzəm] *s. physiol.* **1.** Or'gasmus *m*, (sexu'eller) Höhepunkt; **2.** heftige Erregung; **or·gi·as·tic** [,ɔːdʒɪ'æstɪk] *adj.* orgi'astisch; **or·gy** ['ɔːdʒɪ] *s.* Orgie *f*.

o·ri·el ['ɔːrɪəl] *s.* △ Erker *m*.

o·ri·ent ['ɔːrɪənt] **I** *s.* **1.** Osten *m*; **2.** ***the ♎*** der (Ferne) Osten, der Orient; **II** *adj.* **3.** aufgehend (*Sonne*); **4.** östlich; **5.** glänzend; **III** *v/t.* [-ɪent] **6.** orientieren, die Lage *od.* die Richtung bestimmen von, orten; *Landkarte* einnorden; *Instrument* einstellen; *Kirche* osten; **7.** *fig. geistig* (aus)richten, orientieren (***by*** an *dat.*): ***profit-~ed*** gewinnorientiert; **8.** ***~ o.s.*** sich orientieren (***by*** an *dat.*), sich zu'rechtfinden, sich informieren; **o·ri·en·tal** [,ɔːrɪ'entl] **I** *adj.* **1.** östlich; **2.** *mst* ♎ orien'talisch, *bsd. Am. a.* 'ostasi,atisch, östlich; **II** *s.* **3.** Orien'tale *m*, Orien'talin *f*, *bsd. Am. a.* 'Ostasi,at(in); **o·ri·en·tal·ist** [,ɔːrɪ'entəlɪst] *s.* Orienta'list(in); **o·ri·en·tate** ['ɔːrɪenteɪt] → ***orient*** 6, 7, 8; **o·ri·en·ta·tion** [,ɔːrɪen'teɪʃn] *s.* **1.** △ Ostung *f* (*Kirche*); **2.** Anlage *f*, Richtung *f*; **3.** Orientierung *f* (*a.* ⚓ *u. fig.*), Ortung *f*, Ausrichtung *f* (*a. fig.*); **4.** *a. fig.* Orientierung *f*, (Sich)Zu'rechtfinden *n*: ***~ course*** Einführungskurs *m*; **5.** Orientierungssinn *m*; **or·i·en·teer·ing** [,ɔːrɪen'tɪːrɪŋ] *s.* Orientierungslauf *m*.

or·i·fice ['ɒrɪfɪs] *s.* Öffnung *f* (*a. anat.*, ⚙), Mündung *f*.

or·i·flamme ['ɒrɪflæm] *s.* Banner *n*, Fahne *f*; *fig.* Fa'nal *n*.

or·i·gin ['ɒrɪdʒɪn] *s.* **1.** Ursprung *f*: a) Quelle *f*, b) *fig.* Herkunft *f*, Abstammung *f*: ***certificate of ~*** ✝ Ursprungszeugnis *n*; ***country of ~*** ✝ Ursprungsland *n*, c) Anfang *m*, Entstehung *f*: ***the ~ of species*** der Ursprung der Arten; **2.** ₳ Koordi'natenursprung *m*, -nullpunkt *m*.

o·rig·i·nal [ə'rɪdʒənl] **I** *adj.* □ → ***originally***; **1.** origi'nal, Original..., Ur..., ursprünglich, echt: ***the ~ text*** der Ur- *od.* Originaltext; **2.** erst, ursprünglich, Ur...: ***~ bill*** ✝ *Am.* Primawechsel *m*; ***~ capital*** ✝ Gründungskapital *n*; ***~ copy*** Erstausfertigung *f*; ***~ cost*** ✝ Selbstkosten *pl.*; ***~ inhabitants*** Ureinwohner; ***~ jurisdiction*** ⚖ erstinstanzliche Zuständigkeit; ***~ share*** ✝ Stammaktie *f*; → ***sin*** 1; **3.** origi'nell, neu(artig): ***an ~ idea***; **4.** schöpferisch, ursprünglich: ***~ genius*** Originalgenie *n*, Schöpfergeist *m*; ***~ thinker*** selbstständiger Geist; **5.** urwüchsig, Ur...: ***~ nature*** Urnatur *f*; **II** *s.* **6.** Origi'nal *n*: a) Urbild *n*, -stück *n*, b) Urfassung *f*, -text *m*: ***in the ~*** im Original, im Urtext, ⚖ urschriftlich; **7.** Origi'nal *n* (*Mensch*); **8.** ⚘, *zo.* Stammform *f*; **o·rig·i·nal·i·ty** [ə'rɪdʒə'nælətɪ] *s.* **1.** Originali'tät *f*: a) Ursprünglichkeit *f*, Echtheit *f*, b) Eigenart *f*, origi'neller

Cha'rakter, c) Neuheit *f*; **2.** *das* Schöpferische; **o'rig·i·nal·ly** [-dʒənəlɪ] *adv.* **1.** ursprünglich, zu'erst; **2.** hauptsächlich, eigentlich; **3.** von Anfang an, schon immer; **4.** origi'nell.

o·rig·i·nate [ə'rɪdʒəneɪt] **I** *v/i.* **1.** (***from***) entstehen (aus), s-n Ursprung haben (in *dat.*), herrühren (von *od.* aus); **2.** (***with, from***) ausgehen (von *j-m*); **II** *v/t.* **3.** her'vorbringen, verursachen, erzeugen, schaffen; **4.** den Anfang machen mit, den Grund legen zu; **o·rig·i·na·tion** [əˌrɪdʒə'neɪʃn] *s.* **1.** Her'vorbringung *f*, Schaffung *f*, Veranlassung *f*; **2.** → ***origin*** 1 b *u.* c; **o'rig·i·na·tive** [-tɪv] *adj.* schöpferisch; **o'rig·i·na·tor** [-tə] *s.* Urheber(in), Begründer(in), Schöpfer(in).

o·ri·ole ['ɔːrɪəʊl] *s. orn.* Pi'rol *m.*

or·mo·lu ['ɔːməʊluː] *s.* a) Malergold *n*, b) Goldbronze *f.*

or·na·ment I *s.* ['ɔːnəmənt] Orna'ment *n*, Verzierung *f* (*a.* ♪), Schmuck *m*; *fig.* Zier(-de) *f* (***to*** für *od. gen.*): ***rich in ~*** reich verziert; **II** *v/t.* [-ment] verzieren, schmücken; **or·na·men·tal** [ˌɔːnə'mentl] *adj.* □ ornamen'tal, schmückend, dekora'tiv, Zier...: ***~ castings*** ⚙ Kunstguss *m*; ***~ plants*** Zierpflanzen; ***~ type*** Zierschrift *f*; **or·na·men·ta·tion** [ˌɔːnəmen'teɪʃn] *s.* Ornamentierung *f*, Verzierung *f.*

or·nate [ɔː'neɪt] *adj.* □ **1.** reich verziert; **2.** über'laden (*Stil etc.*); blumig (*Sprache*).

or·ni·tho·log·i·cal [ˌɔːnɪθə'lɒdʒɪkl] *adj.* □ ornitho'logisch; **or·ni·thol·o·gist** [ˌɔːnɪ'θɒlədʒɪst] *s.* Ornitho'loge *m*; **or·ni·thol·o·gy** [ˌɔːnɪ'θɒlədʒɪ] *s.* Ornitholo'gie *f*, Vogelkunde *f*; **or·ni·thop·ter** [ˌɔːnɪ'θɒptə] *s.* ✈ Schwingenflügler *m*; **ˌor·ni·tho'rhyn·chus** [-ə'rɪŋkəs] *s. zo.* Schnabeltier *n.*

o·rol·o·gy [ɒ'rɒlədʒɪ] *s.* Gebirgskunde *f.*

o·ro·pha·ryn·ge·al ['ɔːrəʊˌfærɪn'dʒiːəl] *adj.* ⚕ Mund-Rachen-...

o·ro·tund ['ɔːrəʊtʌnd] *adj.* **1.** volltönend; **2.** bom'bastisch (*Stil*).

or·phan ['ɔːfn] **I** *s.* **1.** (Voll)Waise *f*, Waisenkind *n*: ***~s' home*** → ***orphanage*** 1; **II** *adj.* **2.** Waisen...: ***an ~ child***; **III** *v/t.* **3.** zur Waise machen: ***be ~ed*** (zur) Waise werden, verwaisen; **or·phan·age** ['ɔːfənɪdʒ] *s.* **1.** Waisenheim *n*, -haus *n*; **2.** Verwaistheit *f*; **or·phan·ize** ['ɔːfnaɪz] *v/t.* → ***orphan*** 3.

or·rer·y ['ɒrərɪ] *s.* Plane'tarium *n.*

or·tho·chro·mat·ic [ˌɔːθəʊkrəʊ'mætɪk] *adj. phot.* orthochro'matisch, farb(wert)richtig.

or·tho·don·ti·a [ˌɔːθəʊ'dɒnʃɪə] *s.* ⚕ 'Kieferorthopäˌdie *f.*

or·tho·dox ['ɔːθədɒks] *adj.* □ **1.** *eccl.* ortho'dox: a) streng-, recht-, altgläubig, b) ℨ 'griechisch-ortho'dox: ***ℨ Church***; **2.** *fig.* ortho'dox: a) streng: ***an ~ opinion***, b) anerkannt, üblich, konventio'nell; **'or·tho·dox·y** [-ksɪ] *s. eccl.* Orthodo'xie *f* (*a. fig. orthodoxes Denken*).

or·thog·o·nal [ɔː'θɒgənl] *adj.* Ⱥ ortho'gonal, rechtwink(e)lig.

or·tho·graph·ic, or·tho·graph·i·cal [ˌɔːθəʊ'græfɪk(l)] *adj.* □ **1.** ortho'graphisch; **2.** Ⱥ senkrecht, rechtwink(e)lig; **or·thog·ra·phy** [ɔː'θɒgrəfɪ] *s.* Orthogra'phie *f*, Rechtschreibung *f.*

or·tho·p(a)e·dic [ˌɔːθəʊ'piːdɪk] *adj.* ⚕ ortho'pädisch; **ˌor·tho'p(a)e·dics** [-ks] *s. pl. oft sg. konstr.* Orthopä'die *f*; **ˌor·tho'p(a)e·dist** [-ɪst] *s.* Ortho'päde *m*; **or·tho·p(a)e·dy** ['ɔːθəʊpiːdɪ] → ***orthop(a)edics.***

or·thop·ter [ɔː'θɒptə] *s.* **1.** ✈ → ***ornithopter***; **2.** → **or'thop·ter·on** [-ərɒn] *s. zo.* Geradflügler *m.*

or·tho·scope ['ɔːθəʊskəʊp] *s.* ⚕ Ortho'skop *n.*

Os·car ['ɒskə] *s.* Oskar *m* (*Filmpreis*).

os·cil·late ['ɒsɪleɪt] **I** *v/i.* **1.** oszillieren, schwingen, pendeln, vibrieren: ***oscillating axle*** *mot.* Schwingachse *f*; ***oscillating circuit*** ⚡ Schwingkreis *m*; **2.** *fig.* (hin- u. her) schwanken; **II** *v/t.* **3.** in Schwingungen versetzen; **os·cil·la·tion** [ˌɒsɪ'leɪʃn] *s.* **1.** Oszillati'on *f*, Schwingung *f*, Pendelbewegung *f*, Schwankung *f*; **2.** *fig.* Schwanken *n*; **3.** ⚡ a) Ladungswechsel *m*, b) Stoßspannung *f*, c) Peri'ode *f*; **'os·cil·la·tor** [-tə] *s.* ⚡ Oszil'lator *m*; **'os·cil·la·to·ry** [-lətərɪ] *adj.* oszilla'torisch, schwingend, schwingungsfähig: ***~ circuit*** ⚡ Schwingkreis *m*; **os·cil·lo·graph** [ə'sɪləʊgrɑːf] *s.* Oszillo'graph *m*; **os·cil·lo·scope** [ə'sɪləʊskəʊp] *s. phys.*, ⚡ Oszillo'skop *n.*

os·cu·late ['ɒskjʊleɪt] *v/t. u. v/i.* **1.** *humor.* (sich) küssen; **2.** Ⱥ oskulieren.

o·sier ['əʊʒə] *s.* ⚘ Korbweide *f*: ***~ basket*** Weidenkorb *m*; ***~ furniture*** Korbmöbel *pl.*

os·mic ['ɒzmɪk] *adj.* ⚗ Osmium...

os·mo·sis [ɒz'məʊsɪs] *s. phys.* Os'mose *f*; **os·mot·ic** [ɒz'mɒtɪk] *adj.* (□ ***~ally***) os'motisch.

os·prey ['ɒsprɪ] *s.* **1.** *orn.* Fischadler *m*; **2.** ☤ Reiherfederbusch *m.*

os·se·in ['ɒsɪɪn] *s. biol.*, ⚗ Knochenleim *m.*

os·se·ous ['ɒsɪəs] *adj.* knöchern, Knochen...; **os·si·cle** ['ɒsɪkl] *s. anat.* Knöchelchen *n*; **os·si·fi·ca·tion** [ˌɒsɪfɪ'keɪʃn] Verknöcherung *f*; **os·si·fied** ['ɒsɪfaɪd] *adj.* verknöchert (*a. fig.*); **os·si·fy** ['ɒsɪfaɪ] **I** *v/t.* **1.** verknöchern (lassen); **2.** *fig.* verknöchern; (*in Konventionen*) erstarren lassen; **II** *v/i.* **3.** verknöchern; **4.** *fig.* verknöchern, (in Konventi'onen) erstarren; **os·su·ar·y** ['ɒsjʊərɪ] *s.* Beinhaus *n.*

os·te·i·tis [ˌɒstɪ'aɪtɪs] *s.* ⚕ Knochenentzündung *f.*

os·ten·si·ble [ɒ'stensəbl] *adj.* □ **1.** scheinbar; **2.** an-, vorgeblich: ***~ partner*** ☤ Strohmann *m.*

os·ten·ta·tion [ˌɒsten'teɪʃn] *s.* **1.** (protzige) Schaustellung; **2.** Protze'rei *f*, Prahle'rei *f*; **3.** Gepränge *n*; **ˌos·ten'ta·tious** [-ʃəs] *adj.* □ **1.** großtuerisch, prahlerisch, prunkend; **2.** (*absichtlich*) auffällig, ostenta'tiv, betont; **ˌos·ten'ta·tious·ness** [-ʃəsnɪs] → ***ostentation.***

os·te·o·ar·thri·tis [ˌɒstɪəʊɑː'θraɪtɪs] *s.* ⚕ Arth'rose *f*; **os·te·o·blast** ['ɒstɪəʊblɑːst] *s. biol.* Knochenbildner *m*; **os·te·oc·la·sis** [ˌɒstɪ'ɒkləsɪs] *s.* ⚕ (opera'tive) 'Knochenfrakˌtur; **os·te·ol·o·gy** [ˌɒstɪ'ɒlədʒɪ] *s.* Knochenlehre *f*; **os·te·o·ma** [ˌɒstɪ'əʊmə] *s.* ⚕ Oste'om *n*, gutartige Knochengeschwulst; **os·te·o·ma·la·ci·a** [ˌɒstɪəʊmə'leɪʃɪə] *s.* ⚕ Knochenerweichung *f*; **'os·te·o·path** [-ɪəʊpæθ] *s.* ⚕ Osteo'path *m.*

ost·ler ['ɒslə] *s.* Stallknecht *m.*

os·tra·cism ['ɒstrəsɪzəm] *s.* **1.** *antiq.* Scherbengericht *n*; **2.** *fig.* a) Verbannung *f*, b) Ächtung *f*; **'os·tra·cize** [-saɪz] *v/t.* **1.** verbannen (*a. fig.*); **2.** *fig.* ächten, (aus der Gesellschaft) ausstoßen, verfemen.

os·trich ['ɒstrɪtʃ] *s. orn.* Strauß *m*; ***~ pol·i·cy*** *s.* Vogel-'Strauß-Poliˌtik *f.*

oth·er ['ʌðə] **I** *adj.* **1.** ander; **2.** (*vor s. im pl.*) andere, übrige: ***the ~ guests***; **3.** ander, weiter, sonstig: ***one ~ person*** e-e weitere Person, (noch) j-d anders; **4.** anders (***than*** als): ***no person ~ than yourself*** niemand außer dir; **5.** (***from, than***) anders (als), verschieden (von); **6.** zweit (*nur in*): ***every ~*** jeder (jede, jedes) zweite ...; ***every ~ day*** jeden zweiten Tag; **7.** (*nur in*): ***the ~ day*** neulich, kürzlich; ***the ~ night*** neulich abends; **II** *pron.* **8.** ander: ***the ~*** der (die, das) andere; ***each ~*** einander; ***the two ~s*** die beiden anderen; ***of all ~s*** vor allen anderen; ***no*** (*od.* ***none***) ***~ than*** kein anderer als; ***some day*** (*od.* ***time***) ***or ~*** eines Tages, irgendeinmal; ***some way or ~*** irgendwie, auf irgendeine Weise; → ***someone*** I; **III** *adv.* **9.** anders (***than*** als); **'~·wise** [-waɪz] *adv.* **1.** (*a. cj.*) sonst, andernfalls; **2.** sonst, im Übrigen: ***stupid but ~ harmless***; **3.** anderweitig: ***~ occupied***; ***unless you are ~ engaged*** wenn du nichts anderes vorhast; **4.** anders (***than*** als): ***we think ~*** wir denken anders; ***berries edible and ~*** essbare u. nicht essbare Beeren; **ˌ~'world** *adj.* jenseitig; **ˌ~'world·ly** *adj.* **1.** jenseitig, Jenseits...; **2.** auf das Jenseits gerichtet; **3.** weltfremd.

o·ti·ose ['əʊʃɪəʊs] *adj.* □ müßig: a) untätig, b) zwecklos.

o·to·lar·yn·gol·o·gist ['əʊtəʊˌlærɪŋ'gɒlədʒɪst] *s.* ⚕ Hals-Nasen-Ohren-Arzt *m*; **o·tol·o·gy** [əʊ'tɒlədʒɪ] *s.* Ohrenheilkunde *f*; **o·to·rhi·no·lar·yn·gol·o·gist** ['əʊtəʊˌraɪnəʊˌlærɪŋ'gɒlədʒɪst] → ***otolaryngologist***; **o·to·scope** ['əʊtəskəʊp] *s.* ⚕ Ohr(en)spiegel *m.*

ot·ter ['ɒtə] *s.* **1.** *zo.* Otter *m*; **2.** Otterfell *n*, -pelz *m*; **'~·hound** *s. hunt.* Otterhund *m.*

Ot·to·man ['ɒtəʊmən] **I** *adj.* **1.** os'manisch, türkisch; **II** *s. pl.* **-mans 2.** Os'mane *m*, Türke *m*; **3.** ℨ Otto'mane *f* (*Sofa*).

ouch [aʊtʃ] *int.* autsch!, au!

ought[1] [ɔːt] **I** *v/aux. ich, er, sie, es* sollte, *du* solltest, *ihr* solltet, *wir, sie, Sie* sollten: ***he ~ to do it*** er sollte es (eigentlich) tun; ***he ~*** (***not***) ***to have seen it*** er hätte es (nicht) sehen sollen; ***you ~ to have known better*** du hättest es besser wissen sollen *od.* müssen; **II** *s.* (mo'ralische) Pflicht.

ought[2] [ɔːt] *s.* Null *f.*

ought[3] [ɔːt] → ***aught.***

ounce[1] [aʊns] *s.* **1.** Unze *f* (*28,35 g*): ***by the ~*** nach (dem) Gewicht; **2.** *fig. ein* bisschen, Körnchen *n* (*Wahrheit etc.*): ***an ~ of practice is worth a pound of theory*** Probieren geht über Studieren.

ounce[2] [aʊns] *s.* **1.** *zo.* Irbis *m* (*Schneeleopard*); **2.** *poet.* Luchs *m.*

our ['aʊə] *poss. adj.* unser: ***ℨ Father*** *das* Vaterunser; **ours** ['aʊəz] *poss. pron.* **1.** *der* (*die, das*) Uns(e)re: ***I like ~ better*** mir gefällt das Unsere besser; ***a friend of ~*** ein Freund von uns; ***this world of ~*** diese unsere Welt; ***~ is a small group*** unsere Gruppe ist klein; **2.** unser, *der* (*die, das*) Uns(e)re: ***it is ~*** es gehört uns, es ist unser; **ˌour'self** *pron.*: ***We ℨ*** Wir höchstselbst; **ˌour'selves** *pron.* **1.** *refl.* uns (selbst): ***we blame ~*** wir geben uns (selbst) die Schuld; **2.** (wir) selbst: ***let us do it ~***; **3.** uns (selbst): ***good for the others, not for ~*** gut für die andern, nicht für uns (selbst).

oust [aʊst] *v/t.* **1.** vertreiben, entfernen, verdrängen, hin'auswerfen (***from*** aus):

~ s.o. from office; ~ from the market ✝ vom Markt verdrängen; **2.** ⚖ enteignen, um den Besitz bringen; **3.** berauben (*of gen.*); **'oust·er** [-tə] *s.* ⚖ a) Enteignung *f*, b) Besitzvorenthaltung *f*.

out [aʊt] **I** *adv.* **1.** (*a. in Zssgn mit vb.*) hin'aus (*-gehen, -werfen etc.*), her'aus (*-kommen, -schauen etc.*), aus (*-brechen, -pumpen, -sterben etc.*): **voyage ~** Ausreise *f*; **way ~** Ausgang *m*; **on the way ~** beim Hinausgehen; **~ with him!** hinaus mit ihm!; **~ with it!** hinaus *od.* heraus damit!; **have a tooth ~** sich e-n Zahn ziehen lassen; **insure ~ and home** ✝ hin u. zurück versichern; **have it ~ with s.o.** *fig.* die Sache mit j-m ausfechten; **that's ~!** das kommt nicht in Frage!; **2.** außen, draußen, fort: **some way ~** ein Stück draußen; **he is ~** er ist draußen; **3.** nicht zu Hause, ausgegangen: **be ~ on business** geschäftlich verreist sein; **a day ~** ein freier Tag; **an evening ~** ein Ausgehabend *m*; **be ~ on account of illness** wegen Krankheit der Arbeit fernbleiben; **4.** ausständig (*Arbeiter*): **be ~** streiken; **5.** a) ins Freie, b) draußen, im Freien, c) ⚓ draußen, auf See, d) ⚔ im Felde; **6.** a) ausgeliehen (*Buch*), b) verliehen (*Geld*), c) verpachtet, vermietet, d) (*aus dem Gefängnis etc.*) entlassen; **7.** her'aus *sein*: a) (**just**) **~** (soeben) erschienen (*Buch*), b) in Blüte (*Blumen*), entfaltet (*Blüte*), c) ausgeschlüpft (*Küken*), d) verrenkt (*Glied*), e) *fig.* enthüllt (*Geheimnis*): **the girl is not yet ~** das Mädchen ist noch nicht in die Gesellschaft eingeführt (worden); → **blood** 3, **murder** 1; **8.** *sport* aus, draußen: a) nicht (mehr) im Spiel, b) im Aus; **9.** *Boxen*: ausgezählt, kampfunfähig; **10.** *pol.* draußen, raus, nicht (mehr) im Amt, nicht (mehr) am Ruder; **11.** ‚out', aus der Mode; **12.** aus, vor'bei (*zu Ende*): **before the week is ~** vor Ende der Woche; **13.** aus, erloschen (*Feuer, Licht*); **14.** aus(gegangen), verbraucht: **the potatoes are ~**; **15.** aus der Übung: **my hand is ~**; **16.** zu Ende, bis zum Ende, ganz: **hear s.o. ~** j-n bis zum Ende *od.* ganz anhören; **17.** ausgetreten, über die Ufer getreten (*Fluss*); **18.** löch(e)rig, 'durchgescheuert; → **elbow** 1; **19.** ärmer um *1 Dollar etc.*; **20.** unrichtig, im Irrtum (befangen): **his calculations are ~** s-e Berechnungen stimmen nicht; **be (far) ~** sich (gewaltig) irren, (ganz) auf dem Holzweg sein; **21.** entzweit, verkracht: **be ~ with s.o.**; **22.** laut *lachen etc.*; **23.** **~ for** auf *e-e Sache* aus, auf der Jagd *od.* Suche nach: **~ for prey** auf Raub aus; **24.** **~ to do s.th.** darauf aus, et. zu tun; **25.** (*bsd. nach sup.*) *das Beste etc.* weit u. breit; **26.** **~ and about** (wieder) auf den Beinen; **~ and away** bei weitem; **~ and ~** durch u. durch; **~ of** → 31; **II** *adj.* **27.** Außen...: **~ edge**; **~ party** Oppositionspartei *f*; **28.** *sport* auswärtig, Auswärts... (*-spiel*); **29.** *Kricket*: nicht schlagend: **~ side** → 34; **30.** 'übernor,mal, Über...; → **outsize**; **III** *prp.* **31.** **~ of** a) aus (... her'aus), zu ... hin'aus, b) *fig.* aus *Furcht, Mitleid etc.*, c) aus, von: **two ~ of three** zwei von drei *Personen etc.*, d) außerhalb, außer *Reichweite, Sicht etc.*, e) außer *Atem, Übung etc.*, ohne: **be ~ of s.th.** et. nicht (mehr) haben, ohne et. sein; → **money** 1, **work** 1, f) aus *der Mode, Richtung etc.*, nicht gemäß: **~ of drawing** verzeichnet; → **focus** 1, **hand** *Redew.*, **question** 4, g) außerhalb (*gen. od.* von): **6 miles ~ of Oxford**; **~ of doors** im Freien, ins Freie; **be ~ of it** nicht dabei sein (dürfen); **feel ~ of it** sich ausgeschlossen *od.* nicht zugehörig fühlen, h) um *et. betrügen*: **cheat s.o. ~ of s.th.**, i) aus, von: **get s.th. ~ of s.o.** et. von j-m bekommen; **he got more** (**pleasure**) **~ of it** er hatte mehr davon, j) *hergestellt* aus: **made ~ of paper**; **IV** *s.* **32.** *typ.* Auslassung *f*, ‚Leiche' *f*; **33.** *Tennis etc.*: Ausball *m*; **34.** **the ~s** *Kricket etc.*: die 'Feldpar,tei; **35.** **the ~s** *parl.* die Oppositi'on; **36.** *Am.* F Ausweg *m*, Schlupfloch *n*; **37.** → **outage** 2; **V** *v/t.* **38.** hin'auswerfen, verjagen, F rausschmeißen; **39.** *sport*: a) *den Gegner* ausschalten, b) *Boxen*: k. 'o. schlagen, c) *Tennis*: *Ball* ins Aus schlagen; **40.** F ‚outen', als schwul bloßstellen: **~ o.s.** a) sich zu erkennen geben (**as** als), b) sich ‚outen', öffentlich zugeben, dass man homosexuell ist; **VI** *v/i.* her'auskommen, bekannt werden (*Wahrheit etc.*); **VII** *int.* **41.** hin'aus!, raus!

,out'act *v/t. thea. etc. j-n* ‚an die Wand spielen'.

out·age ['aʊtɪdʒ] *s.* **1.** fehlende Menge; **2.** ⚙ (*Strom- etc.*)Ausfall *m*.

,out|-and-'out *adj.* abso'lut, völlig: **an ~ villain** ein Erzschurke; **,~-and-'out·er** *s. sl.* **1.** 'Hundertpro,zentige(r *m*) *f*, ‚Waschechte(r' *m*) *f*; **2.** *et.* 'Hundertpro,zentiges *od.* ganz Typisches *s-r Art*; **'~·back** *s.* (*bsd. der* au'stralische) Busch, *das* Hinterland; **,~'bal·ance** *v/t.* über'wiegen; **,~'bid** *v/t.* [*irr.* → **bid**] über'bieten (*a. fig.*); **'~·board** ⚓ **I** *adj.* Außenbord...: **~ motor**; **II** *adv.* außenbords; **'~·bound** *adj.* **1.** ⚓ nach auswärts bestimmt *od.* fahrend, auslaufend, ausgehend; **2.** ✈ im Abflug; **3.** ✝ nach dem Ausland bestimmt; **,~'box** *v/t. j-n* ausboxen, *im Boxen* schlagen; **,~'brave** *v/t.* **1.** trotzen (*dat.*); **2.** an Kühnheit *od.* Glanz über'treffen; **'~·break** *s. allg.* Ausbruch *m*; **'~,build·ing** *s.* Außen-, Nebengebäude *n*; **'~·burst** *s.* Ausbruch *m* (*a. fig.*); **'~·cast I** *adj.* **1.** ausgestoßen, verstoßen; **II** *s.* **2.** Ausgestoßene(r *m*) *f*; **3.** Abfall *m*, Ausschuss *m*; **,~'class** *v/t. j-m* weit über'legen sein, *j-n* weit über'treffen, *sport a. j-n* deklassieren; **'~,clear·ing** *s.* ✝ Gesamtbetrag *m* der Wechsel- u. Scheckforderungen e-r Bank an das **Clearing-House**; **'~·come** *s.* Ergebnis *n*, Resul'tat *n*, Folge *f*; **'~·crop I** *s.* **1.** *geol.* a) Zu'tageliegen *n*, Anstehen *n*, b) Anstehendes *n*, Ausbiss *m*; **2.** *fig.* Zu'tagetreten *n*; **II** *v/i.* **,out'crop 3.** *geol.* zu'tage liegen *od.* treten (*a. fig.*); **'~·cry** *s.* Aufschrei *m*, Schrei *m* der Entrüstung; **,~'dat·ed** *adj.* über'holt, veraltet; **,~'dis·tance** *v/t.* (weit) über'holen *od.* hinter sich lassen (*a. fig.*); **,~'do** *v/t.* [*irr.* → **do**[1]] über'treffen (**o.s.** sich selbst); **'~·door** *adj.* Außen..., draußen, außerhalb des Hauses, im Freien: **~ aerial** Außen-, Hochantenne *f*; **~ dress** Ausgehanzug *m*; **~ exercise** Bewegung *f* im Freien; **~ performance** *thea.* Freilichtaufführung *f*; **~ season** *bsd. sport* Freiluftsaison *f*; **~ shot** *phot.* Außen-, Freilichtaufnahme *f*; **,~'doors I** *adv.* **1.** draußen, im Freien; **2.** hin'aus, ins Freie; **II** *adj.* **3.** → **outdoor**; **III** *s.* **4.** das Freie; die freie Na'tur.

out·er ['aʊtə] *adj.* Außen...: **~ garments**, **~ wear** Oberbekleidung *f*; **~ cover** ✈ Außenhaut *f*; **~ diameter** äußerer Durchmesser; **~ harbo(u)r** ⚓ Außenhafen *m*; **the ~ man** der äußere Mensch; **~ skin** Oberhaut *f*, Epidermis *f*; **~ space** Weltraum *m*; **~ surface** Außenfläche *f*, -seite *f*; **~ world** Außenwelt *f*; **'~·most** *adj.* äußerst.

,out|'face *v/t.* **1.** Trotz bieten (*dat.*), mutig *od.* gefasst begegnen (*dat.*): **~ a situation** e-r Lage Herr werden; **2.** *j-n* mit Blicken aus der Fassung bringen; **'~·fall** *s.* Mündung *f*; **'~·field** *s.* **1.** *Baseball u. Kricket*: a) Außenfeld *n*, b) Außenfeldspieler *pl.*; **2.** *fig.* fernes Gebiet; **3.** weitab liegende Felder *pl.* (*e-r Farm*); **'~,field·er** *s.* Außenfeldspieler(in); **,~'fight** *v/t.* [*irr.* → **fight**] niederkämpfen, schlagen; **'~,fight·er** *s.* Di'stanzboxer *m*; **'~·fit I** *s.* **1.** Ausrüstung *f*, -stattung *f*: **travel(l)ing ~**; **~ of tools** Werkzeug *n*; **cooking ~** Kochutensilien *pl.*; **puncture ~** Reifenflickzeug *n*; **the whole ~** F der ganze Kram; **2.** F a) ⚔ Einheit *f*, ‚Haufen' *m*, b) Gruppe *f*, c) F ‚Verein' *m*, ‚Laden' *m*, Gesellschaft *f*; **II** *v/t.* **3.** ausrüsten, -statten; **'~,fit·ter** *s.* ✝ **1.** 'Ausrüstungsliefer,ant *m*; **2.** Herrenausstatter *m*; **3.** (Fach)Händler *m*: **electrical ~** Elektrohändler; **,~'flank** *v/t.* **1.** ⚔ die Flanke um'fassen von: **~ing attack** Umfassungsangriff *m*; **2.** *fig.* über'listen; **'~·flow** *s.* Ausfluss *m* (*a.* ⚕): **~ of gold** ✝ Goldabfluss *m*; **,~'gen·er·al** → **outmanoeuvre**; **,~'go I** *v/t.* [*irr.* → **go**] *fig.* über'treffen; über'listen; **II** *s.* **'outgo** *pl.* **'~·goes** ✝ Ausgaben *pl.*; **,~'going I** *adj.* weggehend; 🚂, ⚓, *teleph. etc.* abgehend (*a. Verkehr,* ⚡, *Strom*); ausziehend (*Mieter*); zu'rückgehend (*Flut*); abtretend (*Regierung*): **~ mail** Postausgang *m*; **II** *s.* Ausgehen *n*; *pl.* ✝ Ausgaben *pl.*; **'~·group** *s.* Fremdgruppe *f*; **,~'grow** *v/t.* [*irr.* → **grow**] **1.** schneller wachsen als, hin'auswachsen über (*acc.*); **2.** *j-m* über den Kopf wachsen; **3.** her'auswachsen aus *Kleidern*; **4.** *fig. Gewohnheit etc.* (mit der Zeit) ablegen, her'auswachsen aus; **'~·growth** *s.* **1.** na'türliche Folge, Ergebnis *n*; **2.** Nebenerscheinung *f*; **3.** ⚕ Auswuchs *m*; **'~·guard** *s.* ⚔ Vorposten *m*, Feldwache *f*; **,~-'Her·od** [-'herəd] *v/t.*: **~ Herod** der schlimmste Tyrann sein; **'~·house** *s.* **1.** Nebengebäude *n*, Schuppen *m*; **2.** *Am.* 'Außena,bort *m*.

out·ing ['aʊtɪŋ] *s.* Ausflug *m*: **go for an ~** e-n Ausflug machen; **works ~**, **company ~** Betriebsausflug.

,out|'jump *v/t.* höher *od.* weiter springen als; **~'land·ish** [-'lændɪʃ] *adj.* **1.** fremdartig, seltsam, e'xotisch; **2.** a) unkultiviert, b) rückständig; **3.** abgelegen; **4.** ausländisch; **,~'last** *v/t.* über'dauern, -'leben.

out·law ['aʊtlɔː] **I** *s.* **1.** *hist.* Geächtete(r *m*) *f*, Vogelfreie(r *m*) *f*; **2.** Ban'dit *m*, Verbrecher *m*; **3.** *Am.* bösartiges Pferd; **II** *v/t.* **4.** *hist.* ächten, für vogelfrei erklären; **5.** ⚖ *Am.* für verjährt erklären: **~ed claim** verjährter Anspruch; **6.** für ungesetzlich erklären, verbieten; *Krieg etc.* ächten; **'out·law·ry** [-rɪ] *s.* **1.** *hist.* a) Acht *f* (u. Bann *m*), b) Ächtung *f*; **2.** Verfemung *f*, Verbot *n*, Ächtung *f*; **3.** Ge'setzesmiss,achtung *f*; **4.** Verbrechertum *n*.

'out|·lay *s.* (Geld)Auslage(n *pl.*) *f*: **initial ~** Anschaffungskosten *pl.*; **'~·let** *s.* **1.** Auslass *m*, Abzug *m*, Abzugsöffnung

O

f, 'Durchlass *m*; *mot.* Abluftstutzen *m*; **2.** ⚡ Steckdose *f*; *weitS.* (***electric*** **~**) Stromverbraucher *m*; **3.** *fig.* Ven'til *n*, Betätigungsfeld *n*: ***find an ~ for one's emotions*** s-n Gefühlen Luft machen können; **4.** † a) Absatzmarkt *m*, -möglichkeit *f*, b) Großabnehmer *m*, c) Verkaufsstelle *f*; **'~·line I** *s.* **1.** a) 'Umriss(linie *f*) *m*, b) *mst pl.* 'Umrisse *pl.*, Kon'turen *pl.*, Silhou'ette *f*; **2.** *Zeichnen*: a) Kon'turzeichnung *f*, b) 'Umriss-, Kon'turlinie *f*; **3.** Entwurf *m*, Skizze *f*; **4.** (***of***) *fig.* 'Umriss *m* (von), 'Überblick *m* (über *acc.*); **5.** Abriss *m*, Auszug *m*: ***an ~ of history***; **II** *v/t.* **6.** entwerfen, skizzieren; *fig. a.* um'reißen, e-n 'Überblick geben über (*acc.*), in groben Zügen darstellen; **7.** die 'Umrisse zeigen von: ***~d against*** scharf abgehoben von; **,~'live** *v/t. j-n od. et.* über'leben; *et.* über'dauern; **'~·look** *s.* **1.** Aussicht *f*, (Aus-)Blick *m*; *fig.* Aussichten *pl.*; **2.** *fig.* Auffassung *f*, Einstellung *f*; Ansichten *pl.*, (Welt)Anschauung *f*; *pol.* Zielsetzung *f*; **3.** Ausguck *m*, Warte *f*; **4.** Wacht *f*, Wache *f*; **'~,ly·ing** *adj.* **1.** außerhalb *od.* abseits gelegen, entlegen, Außen...: ***~ district*** Außenbezirk *m*; **2.** *fig.* am Rande liegend, nebensächlich; **,~·ma'neu·ver** *Am.*, **,~·ma'noeu·vre** *Brit. v/t.* ausmanövrieren (*a. fig. überlisten*); **,~'match** *v/t.* über'treffen, (aus dem Felde) schlagen; **,~'mod·ed** *adj.* 'unmo,dern, veraltet, über'holt; **'~·most** [-məʊst] *adj.* äußerst (*a. fig.*); **,~'num·ber** *v/t.* an Zahl über'treffen, zahlenmäßig über'legen sein (*dat.*): ***be ~ed*** in der Minderheit sein.

,out-of|-'bal·ance [,aʊtəv-] *adj.* ⚙ unausgeglichen: ***~ force*** Unwuchtkraft *f*; **,~-'date** *adj.* veraltet, 'unmo,dern; **,~-'door(s)** → ***outdoor(s)***; **,~-'pock·et ex·pens·es** *s. pl.* Barauslagen *pl.*; **,~-the-'way** [,aʊtəvðə-] *adj.* **1.** abgelegen, versteckt; **2.** ausgefallen, ungewöhnlich; **3.** ungehörig; **,~-'town** *adj.* auswärtig: ***~ bank*** † auswärtige Bank; ***~ bill*** Distanzwechsel *m*; **,~-'turn** *adj.* unangebracht, taktlos, vorlaut; **,~-'work pay** *s.* Er'werbslosenunter,stützung *f*.

,out|'pace *v/t. j-n* hinter sich lassen; **'~,pa·tient** *s.* ⚕ ambu'lanter Pati'ent: ***~ treatment*** ambulante Behandlung; **,~'play** *v/t.* besser spielen als, schlagen; **,~'point** *v/t. sport* nach Punkten schlagen; **'~·port** *s.* ⚓ **1.** Vorhafen *m*; **2.** abgelegener Hafen; **'~·pour**, **'~,pour·ing** *s.* Erguss *m* (*a. fig.*); **'~·put** *s.* Output *m*: a) †, ⚙ (Arbeits)Leistung *f*, b) † Ausstoß *m*, Produkti'on *f*, Ertrag *m*, c) ⚒ Förderung *f*, Fördermenge *f*, d) ⚡ Ausgang(sleistung *f*) *m*, e) *Computer*: (Daten)Ausgabe *f*: ***~ capacity*** ⚙ Leistungsfähigkeit *f*, *e-r Maschine*: *a.* Stückleistung *f*; ***~ voltage*** ⚡ Ausgangsspannung *f*.

out·rage ['aʊtreɪdʒ] **I** *s.* **1.** Frevel(tat *f*) *m*, Gräuel(tat *f*) *m*, Ausschreitung *f*, Verbrechen *n*, *a. fig.* Ungeheuerlichkeit *f*; **2.** (***on***, ***upon***) Frevel(tat *f*) *m* (an *dat.*), Atten'tat *n* (auf *acc.*) (*bsd. fig.*): ***an ~ upon decency*** e-e grobe Verletzung des Anstandes; ***an ~ upon justice*** e-e Vergewaltigung der Gerechtigkeit; **3.** Schande *f*, Schmach *f*; **II** *v/t.* **4.** sich vergehen an (*dat.*), *j-m* Gewalt antun (*a. fig.*); **5.** *Gefühle etc.* mit Füßen treten, gröblich beleidigen *od.* verletzen; **6.** *j-n* em'pören, schockieren; **out·ra·geous** [aʊt'reɪdʒəs] *adj.* □ **1.** frevelhaft, abscheulich, verbrecherisch; **2.** schändlich, em'pörend, ungeheuerlich: ***~ behavio(u)r***; **3.** heftig, unerhört: ***~ heat***.

,out|'range *v/t.* **1.** ✕ e-e größere Reichweite haben als; **2.** hin'ausreichen über (*acc.*); **3.** *fig.* über'treffen; **,~'rank** *v/t.* **1.** im Rang höher stehen als; **2.** *fig.* wichtiger sein als; **,~'reach** → ***outrange*** 2, 3; **,~'ride** *v/t.* [*irr.* → ***ride***] **1.** besser *od.* schneller reiten *od.* fahren als; **2.** ⚓ *e-n Sturm* ausreiten; **'~,rid·er** *s.* Vorreiter *m*; **'~,rig·ger** *s.* **1.** ⚓, ⚙ *u. Rudern*: Ausleger *m*; **2.** Auslegerboot *n*; **'~·right I** *adj.* **1.** völlig, gänzlich, to'tal: ***an ~ loss***; ***an ~ lie*** e-e glatte Lüge; **2.** vorbehaltlos, offen: ***an ~ refusal*** e-e glatte Weigerung; **3.** gerade (her)'aus, di'rekt; **II** *adv.* ***out'right*** **4.** → 1; **5.** ohne Vorbehalt, ganz: ***refuse ~*** rundweg ablehnen; ***sell ~*** fest verkaufen; **6.** auf der Stelle, so'fort: ***kill ~***; ***buy ~*** *Am.* gegen sofortige Lieferung kaufen; ***laugh ~*** laut lachen; **,~'ri·val** *v/t.* über'treffen, über'bieten (***in*** an *od.* in *dat.*), ausstechen; **,~'run I** *v/t.* [*irr.* → ***run***] **1.** schneller laufen als, (im Laufen) besiegen; **2.** *fig.* über'schreiten; **II** *s.* **'outrun 3.** *Skisport*: Auslauf *m*; **'~,run·ner** *s.* **1.** (Vor)Läufer *m* (*Bedienter*); **2.** Leithund *m*; **,~'sell** *v/t.* [*irr.* → ***sell***] **1.** mehr verkaufen als; **2.** sich besser verkaufen als; mehr einbringen als; **'~·set** *s.* **1.** Anfang *m*, Beginn *m*: ***at the ~*** am Anfang; ***from the ~*** gleich von Anfang an; **2.** Aufbruch *m zu e-r Reise*; **,~'shine** *v/t.* [*irr.* → ***shine***] über'strahlen, *fig. a.* in den Schatten stellen.

,out'side I *s.* **1.** *das* Äußere (*a. fig.*), Außenseite *f*: ***on the ~ of*** außerhalb, jenseits (*gen.*); **2.** *fig. das* Äußerste: ***at the ~*** äußerstenfalls, höchstens; **3.** *sport* Außenstürmer *m*: ***~ right*** Rechtsaußen *m*; **II** *adj.* **4.** äußer, Außen... (*-antenne*, *-durchmesser etc.*), von außen: ***~ broker*** † freier Makler; ***~ capital*** Fremdkapital *n*; ***an ~ opinion*** die Meinung e-s Außenstehenden; **5.** außerhalb, (dr)außen; **6.** *fig.* äußerst (*Schätzung*, *Preis*); **7.** ***~ chance*** winzige Chance, *sport* Außenseiterchance *f*; **III** *adv.* **8.** draußen, außerhalb: ***~ of*** a) außerhalb, b) *Am.* F außer, ausgenommen; **9.** her'aus, hin'aus; **10.** außen, an der Außenseite; **IV** *prp.* **11.** außerhalb, jenseits (*gen.*) (*a. fig.*); **,out'sid·er** *s.* **1.** *allg.* Außenseiter(in); **2.** † freier Makler.

,out|'sit *v/t.* [*irr.* → ***sit***] länger sitzen (bleiben) als; **'~·size I** *s.* 'Übergröße *f* (*a. Kleidungsstück*); **II** *adj. a.* **'~·sized** 'übergroß, -dimensio,nal; **'~·skirts** *s. pl.* nahe Um'gebung, Stadtrand *m*, *a. fig.* Rand(gebiet *n*) *m*, Periphe'rie *f*; **,~'smart** → ***outwit***; **'~·source** [-sɔːs] *v/t. Arbeit* ‚outsourcen', an e-n externen Dienstleister vergeben; **'~·sourc·ing** *s.* † ‚Outsourcing' *n*; **,~'speed** *v/t.* [*irr.* → ***speed***] schneller sein als.

,out|'spo·ken *adj.* □ offen, freimütig; unverblümt: ***she was very ~ about it*** sie äußerte sich sehr offen darüber; **,~'spo·ken·ness** [-'spəʊkənnɪs] *s.* Offenheit *f*, Freimütigkeit *f*; Unverblümtheit *f*.

,out'stand·ing *adj.* **1.** her'vorragend (*bsd. fig. Leistung*, *Spieler etc.*); *fig.* her'vorstechend (*Eigenschaft etc.*), promi'nent (*Persönlichkeit*); **2.** *bsd.* † unerledigt, aus-, offen stehend (*Forderung etc.*), unbezahlt (*Zinsen*): ***~ capital stock*** ausgegebenes Aktienkapital; ***~ debts*** → **'out,stand·ings** *s. pl.* † Außenstände *pl.*, Forderungen *pl.*

,out|'stare *v/t.* mit e-m Blick aus der Fassung bringen; **'~,sta·tion** *s.* **1.** 'Außenstati,on *f*; **2.** *Funk*: 'Gegenstati,on *f*; **,~'stay** *v/t.* länger bleiben als; → ***welcome*** 1; **,~'stretch** *v/t.* ausstrecken; **,~'strip** *v/t.* über'holen, hinter sich lassen, *fig. a.* über'flügeln, (aus dem Feld) schlagen; **,~'swim** *v/t.* [*irr.* → ***swim***] schneller schwimmen als, schlagen; **,~'talk** *v/t.* in Grund u. Boden reden; ‚über'fahren'; **~ tray** *s.* Ablagekorb *m* für ausgehende Post; **'~·turn** *s.* **1.** Ertrag *m*; **2.** † Ausfall *m*: ***~ sample*** Ausfallmuster *n*; **,~'vote** *v/t.* über'stimmen.

out·ward ['aʊtwəd] **I** *adj.* □ → ***outwardly***; **1.** äußer, sichtbar; Außen...; **2.** äußerlich (*a.* ⚕ *u. fig. contp.*); **3.** nach (dr)außen gerichtet *od.* führend, Aus(wärts)..., Hin...: ***~ cargo***, ***~ freight*** ⚓ ausgehende Ladung, Hinfracht *f*; ***~ journey*** Aus-, Hinreise *f*; ***~ trade*** Ausfuhrhandel *m*; **II** *adv.* **4.** (nach) auswärts, nach außen: ***clear ~*** *Schiff* ausklarieren; → ***bound***[2]; **'out·ward·ly** [-lɪ] *adv.* äußerlich; außen, nach außen (hin); **'out·ward·ness** [-nɪs] *s.* Äußerlichkeit *f*; äußere Form; **'out·wards** [-dz] → ***outward*** II.

,out|'wear *v/t.* [*irr.* → ***wear***] **1.** abnutzen; **2.** *fig.* erschöpfen; **3.** *fig.* über'dauern, haltbarer sein als; **,~'weigh** *v/t.* **1.** mehr wiegen als; **2.** *fig.* über'wiegen, gewichtiger sein als, *e-e Sache* aufwiegen; **,~'wit** *v/t.* über'listen, ‚austricksen'; **'~·work** *s.* **1.** ✕ Außenwerk *n*; *fig.* Bollwerk *n*; **2.** † Heimarbeit *f*; **'~,work·er** *s.* **1.** Außenarbeiter(in); **2.** Heimarbeiter(in); **'~·worn** *adj.*, *pred.* **,out'worn 1.** abgetragen, abgenutzt; **2.** veraltet, über'holt; **3.** erschöpft.

ou·zel ['uːzl] *s. orn.* Amsel *f*.

o·va ['əʊvə] *pl. von* ***ovum***.

o·val ['əʊvl] **I** *adj.* o'val; **II** *s.* O'val *n*.

o·var·i·an [,əʊ'veərɪən] *adj.* **1.** *anat.* Eierstock(s)...; **2.** ⚘ Fruchtknoten...; **o·va·ri·tis** [,əʊvə'raɪtɪs] *s.* Eierstockentzündung *f*; **o·va·ry** ['əʊvərɪ] *s.* **1.** *anat.* Eierstock *m*; **2.** ⚘ Fruchtknoten *m*.

o·va·tion [əʊ'veɪʃn] *s.* Ovati'on *f*, begeisterte Huldigung.

ov·en ['ʌvn] *s.* **1.** Backofen *m*, -rohr *n*; **2.** ⚙ Ofen *m*; **'~·dry** *adj.* ofentrocken; **'~,read·y** *adj.* bratfertig; **'~·ware** *s.* feuerfestes Geschirr.

o·ver ['əʊvə] **I** *prp.* **1.** *Lage*: über (*dat.*): ***the lamp ~ his head***; ***be ~ the signature of Mr. N.*** von Herrn N. unterzeichnet sein; **2.** *Richtung*, *Bewegung*: über (*acc.*), über (*acc.*) ... hin *od.* (hin-)'weg: ***jump ~ the fence***; ***the bridge ~ the Danube*** die Brücke über die Donau; ***~ the radio*** im Radio; ***all ~ the town*** durch die ganze *od.* in der ganzen Stadt; ***from all ~ Germany*** aus ganz Deutschland; ***be all ~ s.o.*** *sl.* ganz hingerissen sein von j-m; **3.** über (*dat.*), auf der anderen Seite von (*od. gen.*): ***~ the sea*** in Übersee, jenseits des Meeres; ***~ the street*** über die Straße, auf der anderen Seite; ***~ the way*** gegenüber; **4.** a) über *der Arbeit einschlafen etc.*, bei *e-m Glas Wein etc.*, b) über (*acc.*), wegen: ***laugh ~*** über *et.* lachen; **5.** *Herrschaft*, *Rang*: über (*dat. od. acc.*): ***be ~ s.o.*** über j-m stehen; **6.** über (*acc.*), mehr als: ***~ a mile***: ***~ and above*** zusätzlich zu, außer; → 21; **7.** über (*acc.*), während (*gen.*): ***~ the weekend***; ***~ night*** die Nacht über; **8.**

durch: ***he went ~ his notes*** er ging seine Notizen durch; **II** *adv.* **9.** hinüber, dar'über: ***he jumped ~***; **10.** hinüber (***to*** zu), auf die andere Seite; **11.** her'über: ***come ~*** herüberkommen (*a. weitS. zu Besuch*); **12.** drüben: ***~ there*** da drüben; ***~ against*** gegenüber (*dat.*; *a. fig. im Gegensatz zu*); **13.** (*genau*) dar'über: ***the bird is directly ~***; **14.** über (*acc.*) ...; dar'über ... (*decken, legen etc.*); über'...: ***to paint ~*** *et.* übermalen; **15.** (*mst in Verbindung mit vb.*) a) über'... (*-geben etc.*): ***hand s.th. ~***, b) 'über... (*-kochen etc.*): ***boil ~***; **16.** (*oft in Verbindung mit vb.*) a) 'um... (*-fallen, -werfen etc.*), b) (her)'um... (*-drehen etc.*): ***see ~!*** siehe umstehend; **17.** 'durch(weg), vom Anfang bis zum Ende: ***the world ~*** a) in der ganzen Welt, b) durch die ganze Welt; ***read s.th. ~*** *et.* (ganz) durchlesen; **18.** (gründlich) über'... (*-denken, -legen*): ***think s.th. ~***; ***talk s.th. ~*** et. durchsprechen; **19.** nochmals, wieder: ***do s.th. ~***; (***all***) ***~ again*** nochmals, (ganz) von vorn; ***~ and ~*** (***again***) immer wieder; ***ten times ~*** zehnmal hintereinander; **20.** 'übermäßig, allzu *sparsam etc.*, 'über...(*-vorsichtig etc.*); **21.** dar'über, mehr: ***10 years and ~*** 10 Jahre und darüber; ***~ and above*** außerdem, überdies; → 6; **22.** übrig, über: ***left ~*** übrig (gelassen *od.* geblieben); ***have s.th. ~*** et. übrig haben; **23.** zu Ende, vor'über, vor'bei: ***the lesson is ~***; ***~ with*** F erledigt, vorüber; ***it's all ~*** es ist aus und vorbei; ***get s.th. ~*** (***and done***) ***with*** F et. hinter sich bringen; *Funk*: ***~!*** over!, Ende!; ***~ and out!*** over and out!, Ende (*der Gesamtdurchsage*)!

ˌo·ver|·a'bun·dant [-vərə-] *adj.* □ 'überreich(lich), 'übermäßig; **ˌ~'act** [-vər'æ-] **I** *v/t. e-e Rolle* über'treiben, über'spielen; **II** *v/i.* (s-e Rolle) über'treiben; **'~·all** [-ərɔːl] **I** *adj.* **1.** gesamt, Gesamt...: ***~ length***; ***~ efficiency*** ⚙ Totalnutzeffekt *m*; **II** *s.* **2.** *a. pl.* Arbeits-, Mon'teur-, Kombinati'onsanzug *m*; (*Arzt- etc.*)Kittel *m*; **3.** *Brit.* Kittelschürze *f*; **4.** *pl. obs.* 'Überzieh-, Arbeitshose *f*; **ˌ~·a'chiev·er** *s.* 'Überflieger *m*; **ˌ~·am'bi·tious** [-əræ-] *adj.* □ allzu ehrgeizig; **ˌ~'anx·ious** [-ər'æ-] *adj.* □ **1.** 'überängstlich; **2.** allzu begierig; **'~·arm stroke** [-əraːm] *s. Schwimmen*: Hand-über-'Hand-Stoß *m*; **ˌ~'awe** [-ər'ɔː] *v/t.* **1.** einschüchtern; **2.** tief beeindrucken; **ˌ~'bal·ance I** *v/t.* **1.** über'wiegen (*a. fig.*); **2.** 'umstoßen, -kippen; **II** *v/i.* **3.** 'umkippen, das 'Übergewicht bekommen; **III** *s.* **'*overbalance*** **4.** 'Übergewicht *n*; **5.** † 'Überschuss *m*: ***~ of exports***; **ˌ~'bear** *v/t.* [*irr.* → ***bear***[1]] **1.** niederdrücken; **2.** über'winden; **3.** tyrannisieren; **4.** *fig.* schwerer wiegen als; **ˌ~'bear·ance** *s.* Anmaßung *f*, Arro'ganz *f*; **ˌ~'bear·ing** *adj.* □ **1.** anmaßend, arro'gant, hochfahrend; **2.** von über'ragender Bedeutung; **ˌ~'bid** *v/t.* [*irr.* → ***bid***] **1.** † über'bieten; **2.** *Bridge*: über'reizen; **'~·blouse** *s.* Kasackbluse *f*; **ˌ~'blown** *adj.* **1.** am Verblühen (*a. fig.*); **2.** ♪ über'blasen (*Ton*); **3.** *metall.* 'übergar (*Stahl*); **4.** *fig.* schwülstig; **'~·board** *adv.* ⚓ über Bord: ***throw ~*** über Bord werfen (*a. fig.*); ***go ~*** (***about*** *od.* ***for***) F hingerissen sein (von); **ˌ~'brim** *v/i. u. v/t.* 'überfließen (lassen); **ˌ~'build** *v/t.* [*irr.* → ***build***] **1.** über'bauen; **2.** zu dicht bebauen; **3.** ***~ o.s.*** sich ‚verbauen'; **ˌ~'bur·den** *v/t.* über'bürden, -'laden, -'lasten; **ˌ~'bus·y** *adj.* **1.** zu sehr beschäftigt; **2.** 'übergeschäftig; **ˌ~'buy** [*irr.* → ***buy***] † **I** *v/t.* zu viel kaufen von; **II** *v/i.* zu teuer *od.* über Bedarf (ein)kaufen; **ˌ~·ca'pac·i·ty** *s.* 'Überkapaziˌtät *f*; **ˌ~'cap·i·tal·ize** *v/t.* † **1.** e-n zu hohen Nennwert für das 'Stammkapiˌtal *e-s Unternehmens* angeben: ***~ a firm***; **2.** 'überkapitalisieren; **ˌ~'cast I** *v/t.* [*irr.* → ***cast***] **1.** *mit Wolken* über'ziehen, bedecken, verdunkeln, trüben (*a. fig.*); **2.** *Naht* um'stechen; **II** *v/i.* [*irr.* → ***cast***] **3.** sich bewölken, sich beziehen (*Himmel*); **III** *adj.* **'*overcast*** **4.** bewölkt, bedeckt (*Himmel*); **5.** trüb(e), düster (*a. fig.*); **6.** über'wendlich (genäht); **ˌ~'charge I** *v/t.* **1.** a) *j-m* zu viel berechnen, b) *e-n Betrag* zu viel verlangen, c) zu viel anrechnen *od.* verlangen für *et.*; **2.** ⚙, ϟ über'laden (*a. fig.*); **II** *s.* **3.** † a) Mehrbetrag *m*, Aufschlag *m*: ***~ for arrears*** Säumniszuschlag *m*, b) Über'forderung *f*, Über'teuerung *f*; **4.** Über'ladung *f*, 'Überbelastung *f*; **ˌ~'cloud** → ***overcast*** 1, 3; **'~·coat** *s.* Mantel *m*; **ˌ~'come** [*irr.* → ***come***] **I** *v/t.* über'winden, -'wältigen, -'mannen, bezwingen; *e-r Sache* Herr werden: ***he was ~ with*** (*od.* ***by***) ***emotion*** er wurde von s-n Gefühlen übermannt; **II** *v/i.* siegen, triumphieren: ***we shall ~!***; **ˌ~'com·pen·sate** *v/t. psych.* 'überkompensieren; **ˌ~'con·fi·dence** *s.* **1.** über'steigertes Selbstvertrauen *od.* -bewusstsein; **2.** zu großes Vertrauen; **3.** zu großer Opti'mismus; **ˌ~'con·fi·dent** *adj.* □ **1.** allzu sehr vertrauend (***of*** auf *acc.*); **2.** über'trieben selbstbewusst; **3.** (all)zu opti'mistisch; **ˌ~'crop** *v/t.* ✓ Raubbau treiben mit; **ˌ~'crowd** *v/t.* über'füllen: ***~ed profession*** überlaufener Beruf; **ˌ~·de'vel·op** *v/t. bsd. phot.* 'überentwickeln; **ˌ~'do** *v/t.* [*irr.* → ***do***[1]] **1.** über'treiben, zu weit treiben; **2.** *fig.* zu weit gehen mit *od.* in (*dat.*), *et.* zu arg treiben: ***~ it*** (*od.* ***things***) a) zu weit gehen, b) des Guten zu viel tun; **3.** 'überbeanspruchen; **4.** zu stark *od.* zu lange kochen *od.* braten; **ˌ~'done** *adj.* 'übergar; **~·dose I** *s.* ['əʊvədəʊs] 'Überdosis *f*; **II** *v/t.* [ˌəʊvə'dəʊs] a) *j-m* e-e zu starke Dosis geben, b) *et.* 'überdosieren; **III** *v/i.* [ˌəʊvə'dəʊs]: ***~ on ...*** e-e 'Überdosis ... (*acc.*) nehmen; **'~·draft** *s.* † a) ('Konto)Überˌziehung *f*, b) Über'ziehung *f*, über'zogener Betrag; **ˌ~'draw** *v/t.* [*irr.* → ***draw***] **1.** *Konto* über'ziehen; **2.** *Bogen* über'spannen; **3.** *fig.* über'treiben; **ˌ~'dress** *v/t. u. v/i.* (sich) über'trieben anziehen; **ˌ~'drive I** *v/t.* [*irr.* → ***drive***] **1.** abschinden, -hetzen; **2.** *et.* zu weit treiben; **II** *s.* **'*overdrive*** **3.** *mot.* Overdrive *m*, Schnell-, Schongang *m*; **ˌ~'due** *adj.* 'überfällig (*a.* 🚂, †): ***the train is ~*** der Zug hat Verspätung; ***she is ~*** sie müsste längst hier sein; **ˌ~'eat** [-ər'iːt] *v/i.* [*irr.* → ***eat***] (*a.* ***~ o.s.***) sich über'essen; **ˌ~'em·pha·size** [-ər'e-] *v/t.* 'überbetonen; **ˌ~·em'ploy·ment** *s.* 'Überbeschäftigung *f*; **ˌ~'es·ti·mate** [-ər'estɪmeɪt] **I** *v/t.* über'schätzen, 'überbewerten; **II** *s.* [-mət] Über'schätzung *f*; **ˌ~·ex'cite** [-vərɪ-] *v/t.* **1.** über'reizen; **2.** ϟ 'übererregen; **ˌ~·ex'ert** [-vərɪ-] *v/t.* über'anstrengen; **ˌ~·ex'pose** [-vərɪ-] *v/t. phot.* 'überbelichten; **ˌ~·ex'po·sure** [-vərɪ-] *s. phot.* 'Überbelichtung *f*; **ˌ~·fa'tigue I** *v/t.* über'müden, über'anstrengen; **II** *s.* Über'müdung *f*; **ˌ~'feed** *v/t.* [*irr.* → ***feed***] über'füttern, 'überernähren; **ˌ~·fer·ti·li'za·tion** *s.* Über'düngung *f*; **ˌ~'fish·ing** *s.* Über'fischen *n*; **ˌ~'flow I** *v/i.* **1.** 'überlaufen, 'überfließen, 'überströmen, sich ergießen (***into*** in *acc.*); **2.** *fig.* 'überquellen (***with*** von); **II** *v/t.* **3.** über'fluten, über'schwemmen; **4.** nicht mehr Platz finden in (*e-m Saal etc.*); **III** *s.* **'*overflow*** **5.** Über'schwemmung *f*, 'Überfließen *n*; **6.** ⚙ a) *a.* ϟ 'Überlauf *m*, b) *a.* ***~ pipe*** 'Überlaufrohr *n*, c) *a.* ***~ basin*** 'Überlaufbasˌsin *n*: ***~ valve*** Überströmventil *n*; **7.** 'Überschuss *m*: ***~ meeting*** Parallelversammlung *f*; **ˌ~'flow·ing I** *adj.* **1.** 'überfließend, -quellend, -strömend (*a. fig. Güte, Herz etc.*); **2.** 'überreich (*Ernte etc.*); **II** *s.* **3.** 'Überfließen *n*: ***full to ~*** voll (bis) zum Überlaufen, *weitS.* zum Platzen voll; **ˌ~'fly** *v/t.* [*irr.* → ***fly***[1]] über'fliegen; **ˌ~'fond** *adj.*: ***be ~ of doing s.th.*** et. leidenschaftlich gern tun; **'~·freight** *s.* † 'Überfracht *f*; **'~·ground** *adj.* über der Erde (befindlich); **ˌ~'grow** *v/t.* [*irr.* → ***grow***] **1.** über'wachsen, -'wuchern; **2.** hin'auswachsen über (*acc.*), zu groß werden für; **ˌ~'grown** *adj.* **1.** über'wachsen; **2.** 'übermäßig gewachsen, 'übergroß; **'~·growth** *s.* **1.** Über'wucherung *f*; **2.** 'übermäßiges Wachstum; **'~·hand** *adj. u. adv.* **1.** *Schlag etc.* von oben; **2.** *sport* 'überhand: ***~ stroke*** a) *Tennis*: Überhandschlag *m*, b) *Schwimmen*: Hand-über-Hand-Stoß *m*; ***~ service*** Hochaufschlag *m*; **3.** *Näherei*: über'wendlich; **ˌ~'hang I** *v/t.* [*irr.* → ***hang***] **1.** her'vorstehen *od.* -ragen, 'überhängen über (*acc.*); **2.** *fig.* (drohend) schweben über (*dat.*), drohen (*dat.*); **II** *v/i.* [*irr.* → ***hang***] **3.** 'überhängen, -kragen (*a.* ⚠), her'vorstehen, -ragen; **III** *s.* **'*overhang*** **4.** 'Überhang *m* (*a.* ⚠, ⚓, ✈); ⚙ Ausladung *f*; **ˌ~'hap·py** *adj.* 'überglücklich; **ˌ~'hast·y** *adj.* über'eilt; **ˌ~'haul I** *v/t.* **1.** ⚙ *Maschine etc.* (gene'ral)überˌholen, (*a. fig.*) gründlich über'prüfen (*a. fig.*) u. in'stand setzen; **2.** ⚓ *Tau, Taljen etc.* 'überholen; **3.** a) einholen, b) über'holen; **II** *s.* **'*overhaul*** **4.** ⚙ Über'holung *f*, gründliche Über'prüfung (*a. fig.*); **'~·head I** *adj.* **1.** oberirdisch, Frei..., Hoch...(*-antenne, -behälter etc.*): ***~ line*** Frei-, Oberleitung *f*; ***~ railway*** Hochbahn *f*; **2.** *mot.* a) oben gesteuert (*Motor, Ventil*), b) oben liegend (*Nockenwelle*); **3.** allgemein, Gesamt...: ***~ costs***, ***~ expenses*** → 6; **4.** *sport*: a) ***~ stroke*** → 7, b) ***~ kick*** (Fall-)Rückzieher *m*; **5.** Overhead...: ***~ projector*** Overhead- *od.* Tageslichtprojektor *m*; ***~ transparency*** *Demo-, Lehrmaterial*: Folie *f*; **II** *s.* **6.** *a. pl.* allgemeine Unkosten *pl.*, Gemeinkosten *pl.*, laufende Geschäftskosten *pl.*; **7.** *Tennis*: Über'kopfball *m*; **III** *adv.* ***ˌover'head*** **8.** (dr)oben: ***works ~!*** Vorsicht, Dacharbeiten!; **ˌ~'hear** *v/t.* [*irr.* → ***hear***] belauschen, (zufällig) (mit an)hören; **ˌ~'heat I** *v/t. Motor etc., a. fig.* über'hitzen, *Raum* über'heizen: ***~ itself*** → II; **II** *v/i.* ⚙ heißlaufen; **'~·house** *adj.* Dach...(*-antenne etc.*); **ˌ~'hung** *adj.* ⚙ fliegend (angeordnet), freitragend; 'überhängend; **ˌ~·in'dulge** [-vərɪ-] **I** *v/t.* **1.** zu nachsichtig behandeln; **2.** *e-r Leidenschaft etc.* 'übermäßig frönen; **II** *v/i.* **3.** ***~ in*** sich allzu sehr ergehen in (*dat.*); **ˌ~·in'dul·gence** [-vərɪ-] *s.* **1.** zu große Nachsicht; **2.** 'übermäßiger Genuss; **ˌ~·in'dul·gent** [-vərɪ-] *adj.* allzu nachsichtig; **ˌ~·in'sure** [-vərɪ-] *v/t. u. v/i.* (sich)

O

'überversichern; ,~'**is·sue** [-ər'ɪ-] **I** *s.* 'Überemissi,on *f*; **II** *v/t.* zu viel *Banknoten etc.* ausgeben; ,~'**joyed** [-'dʒɔɪd] *adj.* außer sich vor Freude, 'überglücklich; '~·**kill** *s.* **1.** ⚔ Overkill *m*; **2.** *fig.* 'Übermaß *n*, Zu'viel *n* (**of** an *dat.*); ,~'**lad·en** *adj.* über'laden (*a. fig.*); ,~'**land I** *adv.* über Land, auf dem Landweg; **II** *adj.* '**overland** Überland...: ~ **route** Landweg *m*; ~ **transport** Überland-, Fernverkehr *m*; ,~'**lap I** *v/t.* **1.** 'übergreifen auf (*acc.*) *od.* in (*acc.*), sich über'schneiden mit, teilweise zs.-fallen mit; ⚙ über'lappen; **2.** hin'ausgehen über (*acc.*); **II** *v/i.* **3.** sich *od.* ein'ander über'schneiden, sich teilweise decken, auf- *od.* inein'ander 'übergreifen; ⚙ über'lappen, 'übergreifen; **III** *s.* '**overlap 4.** 'Übergreifen *n*, Über'schneiden *n*; ⚙ Über'lappung *f*; ,~'**lay I** *v/t.* [*irr.* → **lay**[1]] **1.** belegen; ⚙ über'lagern; **2.** über'ziehen (**with** mit *Gold etc.*); **3.** *typ.* zurichten; **II** *s.* '**overlay 4.** Bedeckung *f*: ~ **mattress** Auflegematratze *f*; **5.** Auflage *f*, 'Überzug *m*; **6.** *typ.* Zurichtung *f*; **7.** Planpause *f*; ,~'**leaf** *adv.* 'umstehend, 'umseitig; ,~'**lie** *v/t.* [*irr.* → **lie**[2]] **1.** liegen auf *od.* über (*dat.*); **2.** *geol.* über'lagern; ,~'**load I** *v/t.* über'laden, 'überbelasten, *a.* ϟ über'lasten; **II** *s.* '**overload** 'Überbelastung *f*, -beanspruchung *f*, *a.* ϟ Über'lastung *f*; ,~'**long** *adj. u. adv.* 'überlang, (all)zu lang; ,~'**look** *v/t.* **1.** *Fehler etc.* (geflissentlich) über'sehen, nicht beachten, *fig. a.* ignorieren, (nachsichtig) hin'wegsehen über (*acc.*); **2.** über'blicken; *weitS. a.* Aussicht gewähren auf (*acc.*); **3.** über'wachen; (prüfend) 'durchsehen; '~·**lord** *s.* Oberherr *m*; '~·**lord·ship** *s.* Oberherrschaft *f*.

o·ver·ly ['əʊvəlɪ] *adv.* allzu (sehr).

,**o·ver|'ly·ing** *adj.* da'rüber liegend; '~·**man** [-mæn] *s.* [*irr.*] Aufseher *m*, Vorarbeiter *m*; ⚒ Steiger *m*; ,~'**manned** *adj.* 'überbelegt, zu stark bemannt; ,~'**much I** *adj.* allzu viel; **II** *adv.* allzu (sehr, viel), 'übermäßig; ,~'**nice** *adj.* 'überfein; ,~'**night I** *adv.* über Nacht; **II** *adj.* Nacht...; Übernachtungs...: ~ **lodgings**; ~ **bag** Reisetasche *f*; ~ **case** Handkoffer *m*; ~ **guests** Übernachtungsgäste; ~ **stay** Übernachtung *f*; ~ **stop** Aufenthalt *m* für e-e Nacht; '~·**pass** *s.* ('Straßen-, 'Eisenbahn)Über,führung *f*; ,~'**pay** *v/t.* [*irr.* → **pay**] **1.** zu teuer bezahlen; **2.** 'überreichlich belohnen; **3.** 'überbezahlen; ,~'**peo·pled** *adj.* über'völkert; ,~·**per'suade** *v/t.* *j-n* (gegen s-n Willen) über'reden; ,~'**play** *v/t.* **1.** über'treiben; **2.** ~ **one's hand** *fig.* sich über'nehmen, es über'treiben; '~·**plus** *s.* 'Überschuss *m*; '~,**pop·u'la·tion** *s.* 'Über(be)völkerung *f*; ,~'**pow·er** *v/t.* über'wältigen (*a. fig.*); ,~'**print I** *v/t.* **1.** *typ.* a) über'drucken, b) e-e zu große Auflage drucken von; **2.** *phot.* 'überkopieren; **II** *s.* '**overprint 3.** *typ.* 'Überdruck *m*; **4.** a) Aufdruck *m* (*auf Briefmarken*), b) Briefmarke *f* mit Aufdruck; ,~·**pro'duce** *v/t.* † 'überproduzieren; ,~·**pro'duc·tion** *s.* 'Überprodukti,on *f*; ,~'**proof** *adj.* 'überpro,zentig (*alkoholisches Getränk*); ,~'**rate** *v/t.* **1.** über'schätzen, 'überbewerten (*a. sport*); **2.** † zu hoch veranschlagen; ,~'**reach** *v/t.* **1.** zu weit gehen für: ~ **one's purpose** *fig.* über sein Ziel hinausschießen; ~ **o.s.** es zu weit treiben, sich übernehmen; **2.** *j-n* über'vorteilen, -'listen; ,~·**re'act** *v/i.* 'überreagieren; ,~'**ride** *v/t.* [*irr.* → **ride**] **1.** über'reiten; **2.** *fig.* sich (rücksichtslos) hin'wegsetzen über (*acc.*); **3.** *fig.* 'umstoßen, aufheben, nichtig machen; **4.** den Vorrang haben vor (*dat.*); ,~'**rid·ing** *adj.* über'wiegend, hauptsächlich; vorrangig; ,~'**ripe** *adj.* 'überreif; ,~'**rule** *v/t.* **1.** *Vorschlag etc.* verwerfen, zu'rückweisen; ⚖ *Urteil* 'umstoßen; **2.** *fig.* die Oberhand gewinnen über (*acc.*); ,~'**ruling** *adj.* beherrschend, 'übermächtig; ,~'**run** *v/t.* [*irr.* → **run**] **1.** *fig. Land etc.* über'fluten, -'schwemmen (*a. fig.*), einfallen in (*acc.*), über'rollen (*a. fig.*): **be ~ with** wimmeln von, überlaufen sein von; **2.** *fig.* rasch um sich greifen in (*dat.*); **3.** *typ.* um'brechen; ,~'**run·ning** *adj.* ⚙ Freilauf..., Überlauf...: ~ **clutch**; ,~'**sea I** *adv. a.* ,~'**seas** nach *od.* in 'Übersee; **II** *adj.* 'überseeisch, Übersee...; ,~'**see** *v/t.* [*irr.* → **see**[1]] beaufsichtigen, über'wachen; '~,**se·er** [-,sɪə] *s.* **1.** Aufseher(in), In'spektor *m*, Inspek'torin *f*; **2.** Vorarbeiter(in); ⚒ Steiger *m*; ,~'**sen·si·tive** *adj.* □ 'überempfindlich; ,~'**set** *v/t.* [*irr.* → **set**] → **upset**[1] I; ,~'**sew** *v/t.* [*irr.* → **sew**] über'wendlich nähen; ,~'**sexed** *adj.* sexbesessen; ,~'**shad·ow** *v/t.* **1.** *fig.* in den Schatten stellen; **2.** *bsd. fig.* über'schatten, e-n Schatten werfen auf (*acc.*), verdüstern; '~·**shoe** *s.* 'Überschuh *m*; ,~'**shoot** *v/t.* [*irr.* → **shoot**] **1.** über *ein Ziel* hin'ausschießen (*a. fig.*): ~ **o.s.** (*od.* **the mark**) zu weit gehen, übers Ziel hinausschießen; '~·**shot** *adj.* oberschlächtig (*Wasserrad, Mühle*); '~·**sight** *s.* **1.** Versehen *n*: **by an ~** aus Versehen; **2.** Aufsicht *f*; ,~'**sim·pli·fy** *v/t.* (zu) grob vereinfachen; '~·**size** *s.* 'Übergröße *f*; '~·**size**(**d**) *adj.* 'übergroß; ~·**slaugh** ['əʊvəslɔː] *v/t.* **1.** ⚔ abkommandieren; **2.** *Am. bei der Beförderung* über'gehen; ,~'**sleep I** *v/t.* [*irr.* → **sleep**] *e-n Zeitpunkt* verschlafen: ~ **o.s.** → II; **II** *v/i.* [*irr.* → **sleep**] (sich) verschlafen; '~·**sleeve** *s.* Ärmelschoner *m*; ,~'**speed** *v/t.* [*irr.* → **speed**] *den Motor* über'drehen; ,~'**spend** [*irr.* → **spend**] **I** *v/i.* **1.** zu viel ausgeben; **II** *v/t.* **2.** *Ausgabensumme* über'schreiten; **3.** ~ **o.s.** über s-e Verhältnisse leben; '~·**spill** *s.* (*bsd.* Be'völkerungs),Überschuss *m*; ,~'**spread** *v/t.* [*irr.* → **spread**] **1.** über'ziehen, sich ausbreiten über (*acc.*); **2.** (**with**) über'ziehen *od.* bedecken (mit); ,~'**staffed** *adj.* (perso'nell) 'überbesetzt; ,~'**state** *v/t.* über'treiben: ~ **one's case** in s-n Behauptungen zu weit gehen; ,~'**state·ment** *s.* Über'treibung *f*; ,~'**stay** *v/t.* *e-e Zeit* über'schreiten: ~ **one's time** über s-e Zeit hinaus bleiben; → **welcome** 1; ,~'**steer** *v/i.* *mot.* über'steuern; ,~'**step** *v/t.* über'schreiten (*a. fig.*); ,~'**stock I** *v/t.* **1.** 'überreichlich eindecken, † *a.* 'überbeliefern, *den Markt* über'schwemmen: ~ **o.s.** → 3; **2.** † in zu großen Mengen auf Lager halten; **II** *v/i.* **3.** sich zu hoch eindecken; ,~'**strain I** *v/t.* über'anstrengen, 'überstrapazieren (*a. fig.*): ~ **one's conscience** übertriebene Skrupel haben; **II** *s.* '**overstrain** Über'anstrengung *f*; ,~'**strung** *adj.* **1.** über'reizt (*Nerven od. Person*); **2.** '**overstrung** ♪ kreuzsaitig (*Klavier*); ,~·**sub'scribe** *v/t.* † *Anleihe* über'zeichnen; ,~·**sub'scrip·tion** *s.* † Über'zeichnung *f*; ,~·**sup'ply** *s.* (**of** an *dat.*) **1.** 'Überangebot *n*; **2.** zu großer Vorrat.

o·vert ['əʊvɜːt] *adj.* □ offen(kundig): ~ **act** ⚖ Ausführungshandlung *f*; ~ **hostility** offene Feindschaft; ~ **market** † offener Markt.

,**o·ver|'take** *v/t.* [*irr.* → **take**] **1.** einholen (*a. fig.*); **2.** über'holen (*a. v/i.*); **3.** *fig.* über'raschen, -'fallen; **4.** *Versäumtes* nachholen; ,~'**task** *v/t.* **1.** über'bürden; **2.** über *j-s* Kräfte gehen; ,~'**tax** *v/t.* **1.** 'überbesteuern; **2.** zu hoch einschätzen; **3.** 'überbeanspruchen, zu hohe Anforderungen stellen an (*acc.*); *Geduld* strapazieren: ~ **one's strength** sich (kräftemäßig) übernehmen; ,~-**-the-'count·er** *adj.* **1.** † freihändig (*Effektenverkauf*): ~ **market** Freiverkehrsmarkt *m*; **2.** *pharm.* re'zeptfrei; ,~'**throw I** *v/t.* [*irr.* → **throw**] **1.** ('um-)stürzen (*a. fig. Regierung etc.*); **2.** niederwerfen, besiegen; **3.** niederreißen, vernichten; **II** *s.* '**overthrow 4.** Sturz *m*, Niederlage *f* (*e-r Regierung etc.*); **5.** Vernichtung *f*, 'Untergang *m*; '~·**time I** *s.* † a) 'Überstunden *pl.*, b) *a.* ~ **pay** Mehrarbeitszuschlag *m*, 'Überstundenlohn *m*; **II** *adv.*: **work ~** Überstunden machen; ,~'**tire** *v/t.* über'müden; '~·**tone** *s.* **1.** ♪ Oberton *m*; **2.** *fig.* a) 'Unterton *m*, b) *pl.* Neben-, Zwischentöne *pl.*: **it had ~s of** es schwang darin et. mit von; ,~'**top**, ,~'**tow·er** *v/t.* über'ragen (*a. fig.*); ,~'**train** *v/t. u. v/i.* 'übertrainieren; '~·**trump** *v/t. u. v/i.* über'trumpfen.

o·ver·ture ['əʊvə,tjʊə] *s.* **1.** ♪ Ouver'türe *f*; **2.** *fig.* Einleitung *f*, Vorspiel *n*; **3.** (for'meller Heirats-, Friedens)Antrag *m*, Angebot *n*; **4.** *pl.* Annäherungsversuche *pl.*

,**o·ver|'turn I** *v/t.* ('um)stürzen (*a. fig.*); 'umstoßen, -kippen; **II** *v/i.* 'umkippen, -schlagen, -stürzen, kentern; **III** *s.* '**overturn** ('Um)Sturz *m*; ,~'**type** *v/t.* *Computer: Text* über'schreiben; ,~'**value** *v/t.* zu hoch einschätzen, 'überbewerten; '~·**view** *s. fig.* 'Überblick *m*; ,~'**ween·ing** *adj.* **1.** anmaßend, über'heblich; **2.** über'trieben; '~·**weight I** *s.* 'Übergewicht *n* (*a. fig.*); **II** *adj.* ,**over'weight** 'übergewichtig, mit 'Übergewicht.

o·ver·whelm [,əʊvə'welm] *v/t.* **1.** über'wältigen, -'mannen (*bsd. fig.*); **2.** *fig. mit Fragen, Geschenken etc.* über'schütten, -'häufen: ~**ed with work** überlastet; **3.** erdrücken; **o·ver'whelm·ing** [-mɪŋ] *adj.* über'wältigend.

o·ver|·wind [,əʊvə'waɪnd] *v/t.* [*irr.* → **wind**[2]] *Uhr etc.* über'drehen; ,~'**work I** *v/t.* **1.** über'anstrengen, mit Arbeit über'lasten, 'überstrapazieren (*a. fig.*): ~ **o.s.** → 2; **II** *v/i.* **2.** sich über'arbeiten; **III** *s.* **3.** 'Arbeitsüber,lastung *f*; **4.** Über'arbeitung *f*; ,~'**wrought** *adj.* **1.** über'arbeitet, erschöpft; **2.** über'reizt; ,~'**zeal·ous** *adj.* 'übereifrig.

o·vi·duct ['əʊvɪdʌkt] *s. anat.* Eileiter *m*; '**o·vi·form** [-ɪfɔːm] *adj.* eiförmig, o'val; **o·vip·a·rous** [əʊ'vɪpərəs] *adj.* ovi'par, Eier legend.

o·vo·gen·e·sis [,əʊvəʊ'dʒenɪsɪs] *s. biol.* Eibildung *f*; **o·void** ['əʊvɔɪd] *adj. u. s.* eiförmig(er Körper).

o·vu·lar ['ɒvjʊlə] *adj. biol.* Ei..., Ovular...; **o·vu·la·tion** [,ɒvjʊ'leɪʃn] *s.* Ovulati'on *f*, Eisprung *m*; **o·vule** ['əʊvjuːl] *s.* **1.** *biol.* Ovulum *n*, kleines Ei; **2.** ⚘ Samenanlage *f*; **o·vum** ['əʊvəm] *pl.* **o·va** ['əʊvə] *s. biol.* Ovum *n*, Ei(zelle *f*) *n*.

owe [əʊ] **I** *v/t.* **1.** *Geld, Achtung, e-e Erklärung etc.* schulden, schuldig sein:

O

~ ***s.o. a grudge*** gegen j-n e-n Groll hegen; ***you ~ that to yourself*** das bist du dir schuldig; **2.** bei *j-m* Schulden haben (***for*** für); **3.** *et.* verdanken, zu verdanken haben, Dank schulden für: ***I ~ him much*** ich habe ihm viel zu verdanken; **II** *v/i.* **4.** Schulden haben; **5.** die Bezahlung schuldig sein (***for*** für);
ow·ing ['əʊɪŋ] *adj.* **1.** geschuldet: ***be*** zu zahlen sein, noch offen stehen; ***have ~*** ausstehen haben; **2.** ~ ***to*** infolge (*gen.*), wegen (*gen.*), dank (*dat.*): ***be ~ to*** zurückzuführen sein auf (*acc.*), zuzuschreiben sein (*dat.*).
owl [aʊl] *s.* **1.** *orn.* Eule *f*; **2.** *fig.* ‚alte Eule' (*Person*): ***wise old ~*** ‚kluges Kind'; **owl·ish** ['aʊlɪʃ] *adj.* □ eulenhaft.
own [əʊn] **I** *v/t.* **1.** besitzen; **2.** *Erben, Kind, Schuld etc.* anerkennen; **3.** zugeben, (ein)gestehen, einräumen: ***~ o.s. defeated*** sich geschlagen geben; **II** *v/i.* **4.** sich bekennen (***to*** zu): ***~ to*** → 3; **5.** ***~ up*** es zugeben *od.* gestehen; **III** *adj.* **6.** eigen: ***my ~ self*** ich selbst; ***~ brother to s.o.*** j-s leiblicher Bruder; ***~ resources*** *pl.* ✝ Eigenmittel *pl.*; **7.** eigen (-artig), besonder: ***it has a value all of its ~*** es hat e-n ganz eigenen Wert; **8.** selbst: ***I cook my ~ breakfast*** ich mache mir das Frühstück selbst; **9.** (innig) geliebt, einzig: ***my ~ child!***; **IV** *s.* **10.** ***my ~*** a) mein Eigentum *n*, b) meine Angehörigen *pl.*: ***may I have it for my ~?*** darf ich es haben?; ***come into one's ~*** a) s-n rechtmäßigen Besitz erlangen, b) zur Geltung kommen; ***she has a car of her ~*** sie hat ein eigenes Auto; ***he has a way of his ~*** er hat e-e eigene Art; ***on one's ~*** F a) selbstständig, unabhängig, ohne fremde Hilfe, b) von sich aus, aus eigenem Antrieb, c) auf eigene Verantwortung; ***be left on one's ~*** F sich selbst überlassen sein; ***get one's ~ back*** F sich revanchieren, sich rächen (***on*** an *dat.*); → ***hold*** 20.
-owned [əʊnd] *adj. in Zssgn* gehörig, gehörend (*dat.*), in *j-s* Besitz: ***state-~*** staatseigen, Staats...
own·er ['əʊnə] *s.* Eigentümer(in), Inhaber(in); ***at ~'s risk*** ✝ auf eigene Gefahr; ***~-driver*** j-d, der sein eigenes Auto fährt; ***~-occupation*** Eigennutzung *f* (*e-s Hauses etc.*); **'own·er·less** [-lɪs] *adj.* herrenlos; **'own·er·ship** [-ʃɪp] *s.* **1.** Eigentum(srecht) *n*, Besitzerschaft *f*; **2.** Besitz *m*.
ox [ɒks] *pl.* **ox·en** ['ɒksn] *s.* **1.** Ochse *m*; **2.** (Haus)Rind *n*.
ox·a·late ['ɒksəleɪt] *s.* ⚗ Oxa'lat *n*; **ox·al·ic** [ɒks'ælɪk] *adj.* ⚗ o'xalsauer: ***~ acid*** Oxalsäure *f*.
Ox·bridge ['ɒksbrɪdʒ] *s. Brit.* F (die Universi'täten) Oxford *u.* Cambridge *pl.*
Ox·ford| man *s.* [*irr.*] → ***Oxonian*** II; **~ move·ment** *s. eccl.* Oxfordbewegung *f*.
ox·i·dant ['ɒksɪdənt] *s.* ⚗ Oxidati'onsmittel *n*; **'ox·i·date** [-deɪt] → ***oxidize***; **ox·i·da·tion** [ˌɒksɪ'deɪʃn] *s.* ⚗ Oxidati'on *f*, Oxidierung *f*; **ox·ide** ['ɒksaɪd] *s.* ⚗ O'xid *n*; **'ox·i·dize** [-daɪz] *v/t. u. v/i.* ⚗ oxidieren; **'ox·i·diz·er** [-daɪzə] *s.* ⚗ Oxidati'onsmittel *n*.
'ox·lip *s.* ⚘ Hohe Schlüsselblume.
Ox·o·ni·an [ɒk'səʊnjən] **I** *adj.* Oxforder, Oxford...; **II** *s.* Mitglied *n od.* Graduierte(r *m*) *f* der Universi'tät Oxford; *weitS.* Oxforder(in).
'ox·tail *s.* Ochsenschwanz *m*: ***~ soup***.
ox·y·a·cet·y·lene [ˌɒksɪə'setɪliːn] *adj.* ⚗, ⚙ Sauerstoff-Azetylen...: ***~ torch*** *od.* ***burner*** Schweißbrenner *m*; ***~ welding*** Autogenschweißen *n*.
ox·y·gen ['ɒksɪdʒən] *s.* ⚗ Sauerstoff *m*: ***~ apparatus*** Atemgerät *n*; ***~ tent*** ⚕ Sauerstoffzelt *n*; **ox·yg·e·nant** [ɒk'sɪdʒənənt] *s.* Oxidati'onsmittel *n*; **ox·y·gen·ate** [ɒk'sɪdʒəneɪt], **ox·y·gen·ize** ['ɒksɪdʒənaɪz] *v/t.* **1.** oxidieren, mit Sauerstoff verbinden *od.* behandeln; **2.** mit Sauerstoff anreichern.
ox·y·hy·dro·gen [ˌɒksɪ'haɪdrədʒən] ⚗, ⚙ **I** *adj.* Hydrooxygen..., Knallgas...; **II** *s.* Knallgas *n*.
oy [ɔɪ] *int.* he!, he du!
o·yer ['ɔɪə] *s.* ⚖ **1.** *hist.* gerichtliche Unter'suchung; **2.** → ~ **and ter·mi·ner** ['tɜːmɪnə] *s.* ⚖ **1.** *hist.* gerichtliche Unter'suchung u. Entscheidung; **2.** *mst* ***commission*** (*od.* ***writ***) ***of ~*** *Brit. königliche Ermächtigung an die Richter der Assisengerichte, Gericht zu halten.*
o·yez [əʊ'jes] *int.* hört (zu)!
oys·ter ['ɔɪstə] *s.* **1.** *zo.* Auster *f*: ***~s on the shell*** frische Austern; ***he thinks the world is his ~*** *fig.* er meint, er kann alles haben; **2.** F ‚zugeknöpfter Mensch'; **~ bank**, **~ bed** *s.* Austernbank *f*; **~ catch·er** *s. orn.* Austernfischer *m*; **~ farm** *s.* Austernpark *m*.
o·zone ['əʊzəʊn] *s.* **1.** ⚗ O'zon *m, n*: **2.** F O'zon *m, n*, reine frische Luft; **~ a·lert** *s.* O'zonaˌlarm *m*; **ˌ~-de'plet·ing** *adj.* o'zonschädlich; **~ de·ple·tion** *s.* O'zonabbbau *m*; **ˌ~-'free** *adj.* o'zonfrei; **ˌ~-'friend·ly** *adj.* FCK'W-frei (*Spray etc.*); **~ hole** *s.* O'zonloch *n*; **~ lay·er** *s.* O'zonschicht *f*; **~ lev·els** *pl.* O'zonwerte *pl.*; **o·zon·ic** [əʊ'zɒnɪk] *adj.* **1.** o'zonisch, Ozon...; **2.** o'zonhaltig; **o·zo·nif·er·ous** [ˌəʊzəʊ'nɪfərəs] *adj.* **1.** o'zonhaltig; **2.** O'zon erzeugend; **o·zo·nize** ['əʊzəʊnaɪz] **I** *v/t.* ozonisieren; **II** *v/i.* sich in O'zon verwandeln; **o·zo·niz·er** ['əʊzəʊnaɪzə] *s.* Ozoni'sator *m*.

P, p [piː] *s.* P *n*, p *n* (*Buchstabe*): ***mind one's P's and Q's*** sich sehr in Acht nehmen.

pa [pɑː] *s.* F Pa'pa *m*, ‚Paps' *m*.

pab·u·lum ['pæbjʊləm] *s.* Nahrung *f* (*a. fig.*).

pace¹ [peɪs] **I** *s.* **1.** Schritt *m* (*a. als Maß*); **2.** Gang(art *f*) *m*: ***put a horse through its ~s*** ein Pferd alle Gangarten machen lassen; ***put s.o. through his ~s*** *fig.* j-n auf Herz u. Nieren prüfen; **3.** Passgang *m* (*Pferd*); **4.** a) ⚔ Marschschritt *m*, b) (Marsch)Geschwindigkeit *f*, Tempo *n* (*a. sport*; *a. fig. e-r Handlung etc.*), Fahrt *f*, Schwung *m*: ***go the ~*** a) ein scharfes Tempo anschlagen, b) *fig.* flott leben; ***keep ~ with*** Schritt halten mit (*a. fig.*); ***set the ~*** *sport* das Tempo angeben (*a. fig.*) *od.* machen; ***at a great ~*** in schnellem Tempo; **II** *v/t.* **5.** *a.* ***~ out*** (*od.* ***off***) abschreiten; **6.** *Zimmer etc.* durch'schreiten, -'messen; **7.** *fig.* das Tempo (*gen.*) bestimmen; **8.** *sport* Schrittmacher sein für; **9.** *Pferd* im Passgang gehen lassen; **III** *v/i.* **10.** (*auf u. ab etc.*) schreiten; **11.** im Passgang gehen (*Pferd*).

pa·ce² ['peɪsɪ] (*Lat.*) *prp.* ohne *j-m* zu nahe treten zu wollen.

'pace|,mak·er *s. sport* (*a.* ⚕ Herz-) Schrittmacher *m*: ***~ race*** *Radsport*: Steherrennen *n*; **'~,mak·ing** *s. sport* Schrittmacherdienste *pl.*

pac·er ['peɪsə] *s.* **1.** → ***pacemaker***; **2.** Passgänger *m* (*Pferd*).

pach·y·derm ['pækɪdɜːm] *s. zo.* Dickhäuter *m* (*a. humor. fig.*); **pach·y·der·ma·tous** [,pækɪ'dɜːmətəs] *adj.* **1.** *zo.* dickhäutig; *fig. a.* dickfellig; **2.** ♀ dickwandig.

pa·cif·ic [pə'sɪfɪk] *adj.* (□ ***~ally***) **1.** friedfertig, versöhnlich, Friedens...: ***~ policy***; **2.** ruhig, friedlich; **3.** ♀ *geogr.* pa'zifisch, Pa'zifisch: ***the* ♀ *(Ocean)*** der Pazifische *od.* Stille Ozean, der Pa'zifik; **pac·i·fi·ca·tion** [,pæsɪfɪ'keɪʃn] *s.* **1.** Befriedung *f*; **2.** Beschwichtigung *f*.

pac·i·fi·er ['pæsɪfaɪə] *s.* **1.** Friedensstifter(in); **2.** *Am.* a) Schnuller *m*, b) Beißring *m für Kleinkinder*; **'pac·i·fism** [-fɪzəm] *s.* Pazi'fismus *m*; **'pac·i·fist** [-fɪst] **I** *s.* Pazi'fist *m*; **II** *adj.* pazi'fistisch; **'pac·i·fy** [-faɪ] *v/t.* **1.** *Land* befrieden; **2.** besänftigen, beschwichtigen.

pack [pæk] **I** *s.* **1.** Pack(en) *m*, Ballen *m*, Bündel *n*; **2.** *bsd. Am.* Packung *f*, Schachtel *f Zigaretten etc.*, Päckchen *n*: ***a ~ of films*** ein Filmpack *m*; **3.** ⚕, *Kosmetik*: Packung *f*: ***face ~***; **4.** (Karten)Spiel *n*; **5.** ⚔ a) Tor'nister *m*, b) Rückentrage *f* (*Kabelrolle etc.*); **6.** Verpackungsweise *f*; **7.** (Schub *m*) Kon'serven *pl.*; **8.** Menge *f*: ***a ~ of lies*** ein Haufen Lügen; ***a ~ of nonsense*** lauter Unsinn; **9.** Packeis *n*; **10.** Pack *n*, Bande *f* (*Diebe etc.*); **11.** Meute *f*, Koppel *f* (*Hunde*); Rudel *n* (*Wölfe*, ⚔ *U-Boote*); **12.** *Rugby*: Sturm(reihe *f*) *m*; **II** *v/t.* **13.** *oft* ***~ up*** einpacken (*a.* ⚕), zs.-, verpacken: ***~ it in!*** F *fig.* hör doch auf (damit)!; **14.** zs.-pressen, -pferchen; → ***sardine;*** **15.** voll stopfen: ***a ~ed house*** *thea. etc.* ein zum Bersten volles Haus; **16.** eindosen, konservieren; **17.** ⚙ (ab)dichten; **18.** bepacken, -laden; **19.** *Geschworenenbank etc.* mit s-n Leuten besetzen; **20.** *Am.* F (bei sich) tragen: ***~ a hard punch*** *Boxen*: e-n harten Schlag haben; **21.** *a.* ***~ off*** (fort)schicken, (-)jagen; **III** *v/i.* **22.** packen (*oft* ***~ up***): ***~ up*** *fig.* ‚einpacken' (*es aufgeben*); **23.** sich *gut etc.* (ver)packen lassen; **24.** fest werden, sich fest zs.-ballen; **25.** *mst* ***~ off*** *fig.* sich packen *od.* da'vonmachen: ***send s.o. ~ing*** j-n fortjagen; **26.** ***~ up*** *sl.* ‚absterben', ‚verrecken' (*Motor*) (***on s.o.*** j-m).

pack·age ['pækɪdʒ] **I** *s.* **1.** Pack *m*, Ballen *m*; Frachtstück *n*; *bsd. Am.* Pa'ket *n*; **2.** Packung *f* (*Spaghetti etc.*): ***~ insert*** Beipackzettel *m*, Packungsbeilage *f*; **3.** Verpackung *f*; **4.** ⚙ betriebsfertige Maschine *od.* Baueinheit; **5.** ✝, *pol.*, *fig.* Pa'ket *n* (*a. Computer*), *pol. a.* Junktim *n*: ***~ deal*** a) Kopplungsgeschäft *n*, b) Pau'schalarrange,ment *n*, -angebot *n*; ***~ holiday*** Pauschalurlaub *m*, ***~ tour*** Pauschalreise *f*, c) *pol.* Junktim *n*, d) (als Ganzes *od.* en bloc verkauftes) ('Fernseh- *etc.*)Pro,gramm *n*; **II** *v/t.* **6.** verpacken; **7.** *Lebensmittel etc.* abpacken; **8.** ✝ en bloc anbieten *od.* verkaufen; **'pack·ag·ing** [-dʒɪŋ] **I** *s.* (Einzel-) Verpackung *f*; **II** *adj.* Verpackungs...: ***~ machine***; ***~ waste*** Verpackungsmüll *m*.

pack| an·i·mal *s.* Pack-, Lasttier *n*; **'~cloth** *s.* Packleinwand *f*; ***~ drill*** *s.* ⚔ Strafexerzieren *n* in voller Marschausrüstung.

pack·er ['pækə] *s.* **1.** (Ver)Packer(in); **2.** ✝ Verpacker *m*, Großhändler *m*; *Am.* Kon'serven,hersteller *m*; **3.** Ver'packungsma,schine *f*.

pack·et ['pækɪt] **I** *s.* **1.** kleines Pa'ket, Päckchen *n*, Schachtel *f* (*Zigaretten etc.*); ***sell s.o. a ~*** F j-n ‚anschmieren'; **2.** ⚓ *a.* ***~ boat*** Postschiff *n*, Pa'ketboot *n*; **3.** *sl.* Haufen *m* Geld, *e-e* ‚(hübsche) Stange Geld'; **4.** *sl.* ‚Ding' *n* (*Schlag, Ärger etc.*); **II** *v/t.* **5.** verpacken, paketieren.

'pack|·horse *s.* **1.** Packpferd *n*; **2.** *fig.* Lastesel *m*; ***~ ice*** *s.* Packeis *n*.

pack·ing ['pækɪŋ] *s.* **1.** (Ver)Packen *n*: ***do one's ~*** packen; **2.** Konservierung *f*; **3.** Verpackung *f* (*a.* ✝); **4.** ⚙ a) (Ab-) Dichtung *f*, b) Dichtung *f*, c) 'Dichtungsmateri,al *n*, d) Füllung *f*, e) *Computer*: Verdichtung *f*; **5.** Zs.-ballen *n*; ***~ box*** *s.* **1.** Packkiste *f*; **2.** ⚙ Stopfbüchse *f*; ***~ case*** *s.* Packkiste *f*; ***~ de·part·ment*** *s.* ✝ Packe'rei *f*; ***~ house*** *s.* **1.** *Am.* Abpackbetrieb *m*; **2.** Warenlager *n*; ***~ pa·per*** *s.* 'Packpa,pier *n*; ***~ ring*** *s.* ⚙ Dichtring *m*, Man'schette *f*; ***~ sleeve*** *s.* ⚙ Dichtungsmuffe *f*.

pack| rat *s. zo.* Packratte *f*; **'~·sack** *s. Am.* Rucksack *m*, Tor'nister *m*; **'~,sad·dle** *s.* Pack-, Saumsattel *m*; **'~·thread** *s.* Packzwirn *m*, Bindfaden *m*; ***~ train*** *s.* 'Tragtierko,lonne *f*.

pact [pækt] s. Pakt *m*, Vertrag *m*.

pad¹ [pæd] **I** *s.* **1.** Polster *n*, (Stoß)Kissen *n*, Wulst *m*, Bausch *m*: ***oil ~*** ⚙ Schmierkissen *n*; **2.** *sport* Knie- *od.* Beinschützer *m*; **3.** 'Unterlage *f*; ⚙ Kon'sole *f für Hilfsgeräte*; → ***mousepad***; **4.** ('Löschpa,pier-, Brief-, Schreib-) Block *m*; **5.** Stempelkissen *n*; **6.** *zo.* (Fuß)Ballen *m*; **7.** *hunt.* Pfote *f*; **8.** *sl.* ‚Bude' *f* (*Zimmer od. Wohnung*); **9.** ✈ a) Startrampe *f*, b) (Ra'keten)Abschussrampe *f*; **10.** *Am. sl.* a) Schutzgelder *pl.*, b) Schmiergelder *pl.*; **II** *v/t.* **11.** (aus)polstern, wattieren: ***~ded cell*** Gummizelle *f* (*für Irre*): **12.** *fig. Rede, Schrift* ‚garnieren', ‚aufblähen'.

pad² [pæd] *v/t. u. v/i. a.* ***~ along*** *sl.* (da'hin)trotten, (-)latschen.

pad·ding ['pædɪŋ] *s.* **1.** (Aus)Polstern *n*; **2.** Polsterung *f*, Wattierung *f*, Einlage *f*; **3.** (Polster)Füllung *f*; **4.** *fig.* leeres Füllwerk, (Zeilen)Füllsel *n*; **5.** *a.* **~ capacitor** ϟ 'Paddingkonden,sator *m*.

pad·dle ['pædl] **I** *s.* **1.** Paddel *n*: **2.** ⚓ a) Schaufel(rad *n*) *f*, b) Raddampfer *m*; **3.** *obs.* Waschbleuel *m*; **4.** ⚙ Kratze *f*, Rührstange *f*; **5.** ⚙ a) Schaufel *f* (*Wasserrad*), b) Schütz *n*, Falltor *n* (*Schleuse*); **II** *v/i.* **6.** rudern, *bsd.* paddeln; → **canoe** I; **7.** *im Wasser* plan(t)schen; **8.** watscheln; **III** *v/t.* **9.** paddeln; **10.** *Am.* F verhauen; **~ steam·er** *s.* ⚓ Raddampfer *m*; **~ wheel** *s.* Schaufelrad *n*.

pad·dling pool ['pædlɪŋ] *s.* Plan(t)schbecken *n*.

pad·dock¹ ['pædək] *s.* **1.** (Pferde)Koppel *f*; **2.** *sport* a) Sattelplatz *m*, b) *mot.* Fahrerlager *n*.

pad·dock² ['pædək] *s. zo.* **1.** *obs. od. dial.* Frosch *m*; **2.** *obs.* Kröte *f*.

Pad·dy¹ ['pædɪ] *s.* F ,Paddy' *m* (*Ire*).

pad·dy² ['pædɪ] *s.* ✝ roher Reis.

pad·dy³ ['pædɪ] *s.* F Wutanfall *m*; **~ wag·on** *s. Am.* F ,grüne Minna' (*Polizeigefangenenwagen*).

pad·lock ['pædlɒk] **I** *s.* Vorhänge-, Vorlegeschloss *n*; **II** *v/t.* mit e-m Vorhängeschloss verschließen.

pa·dre ['pɑːdrɪ] *s.* Pater *m* (*Priester*); ⚔ Ka'plan *m*.

pae·an ['piːən] *s.* **1.** *antiq.* Pä'an *m*; **2.** *allg.* Freuden-, Lobgesang *m*.

paed·er·ast *etc.* → **pederast** *etc.*

pae·di·at·ric *etc.* → **pediatric** *etc.*

pa·gan ['peɪgən] **I** *s.* Heide *m*, Heidin *f*; **II** *adj.* heidnisch; **'pa·gan·ism** [-nɪzəm] *s.* Heidentum *n*.

page¹ [peɪdʒ] **I** *s.* **1.** Seite *f* (*Buch etc.*); *typ.* Schriftseite *f*, Ko'lumne *f*: **~ break** *Computer*: Seitenwechsel *m* (*in Textverarbeitung*); **~ printer** *tel.* Blattdrucker *m*; **2.** *fig.* Chronik *f*, Buch *n*; **3.** *fig.* Blatt *n aus der Geschichte etc.*; **II** *v/t.* **4.** paginieren.

page² [peɪdʒ] **I** *s.* **1.** *hist.* Page *m*; Edelknabe *m*; **2.** (Ho'tel)Page *m*; **II** *v/t.* **3.** *j-n* (durch e-n Pagen *od.* per Lautsprecher) ausrufen lassen; **4.** mit *j-m* über Funkrufempfänger Kon'takt aufnehmen, *j-n* ,anpiepsen'.

pag·eant ['pædʒənt] *s.* **1.** a) (*bsd.* hi'storischer) Fest- *od.* 'Umzug, b) (historisches) Festspiel; **2.** (Schau)Gepränge *n*, Pomp *m*; **3.** *fig.* leerer Prunk; **'pag·eant·ry** [-rɪ] *s.* → **pageant** 2, 3.

page·boy ['peɪdʒbɔɪ] *s.* **1.** → **page²** 2; **2.** *Frisur*: Pagenkopf *m*.

pag·er ['peɪdʒə(r)] Funkrufempfänger *m*, ,Piepser' *m*.

pag·i·nal ['pædʒɪnl] *adj.* Seiten...; **'pag·i·nate** [-neɪt] *v/t.* paginieren; **pag·i·na·tion** [,pædʒɪ'neɪʃn], *a.* **pag·ing** ['peɪdʒɪŋ] *s.* Paginierung *f*, 'Seitennume,rierung *f*.

pa·go·da [pə'gəʊdə] *s.* Pa'gode *f*; **~ tree** *s.* ⚘ So'phora *f*: **shake the ~** *obs. fig.* in Indien schnell ein Vermögen machen.

pah [pɑː] *int. contp.* a) pfui!, b) pah!

paid [peɪd] **I** *pret. u. p.p. von* **pay**; **II** *adj.* bezahlt: **~ in** → **paid-in**; **~ up** → **paid-up**; **put ~ to s.th.** e-r Sache ein Ende setzen; **,~-'in** *adj.* **1.** ✝ (voll) eingezahlt: **~ capital** Einlagekapital *n*; **2.** → **paid-up** 2; **,~-'up** *adj.* **1.** → **paid-in** 1; **2. fully ~ member** Mitglied *n* ohne Beitragsrückstände, vollwertiges Mitglied.

pail [peɪl] *s.* Eimer *m*, Kübel *m*; **'pail·ful** [-fʊl] *s.* ein Eimer (voll): **by ~s** eimerweise.

pail·lasse ['pælɪæs] *s.* Strohsack *m* (*Matratze*).

pain [peɪn] **I** *s.* **1.** Schmerz(en *pl.*) *m*, Pein *f*; *pl.* ⚕ (Geburts)Wehen *pl.*: **be in ~** Schmerzen haben, leiden; **you are a ~ in the neck** F du gehst mir auf die Nerven; **2.** Schmerz(en *pl.*) *m*, Leid *n*, Kummer *m*: **give** (*od.* **cause**) **s.o. ~** j-m Kummer machen; **3.** *pl.* Mühe *f*, Bemühungen *pl.*: **be at ~s, take ~s** sich Mühe geben, sich anstrengen; **all spare no ~s** keine Mühe scheuen; **he got for his ~s** der (ganze) Dank (für s-e Mühe); **4.** Strafe *f*: (**up**)**on** (*od.* **under**) **~ of** bei Strafe von; **on** (*od.* **under**) **~ of death** bei Todesstrafe; **II** *v/t.* **5.** *j-m* wehtun, *j-n* schmerzen; *fig. a. j-n* schmerzlich berühren, peinigen; **pained** [-nd] *adj.* gequält, schmerzlich; **'pain·ful** [-fʊl] *adj.* ☐ **1.** schmerzhaft; **2.** a) schmerzlich, quälend, b) peinlich: **produce a ~ impression** peinlich wirken; **3.** mühsam; **'pain·ful·ness** [-fʊlnɪs] *s.* Schmerzhaftigkeit *f etc.*; **'pain,kill·er** *s.* F 'Schmerzmittel *n*, -ta,blette *f*, schmerzstillendes Mittel; **'pain·less** [-lɪs] *adj.* ☐ schmerzlos (*a. fig.*).

pains·tak·ing ['peɪnz,teɪkɪŋ] **I** *adj.* ☐ sorgfältig, gewissenhaft; eifrig; **II** *s.* Sorgfalt *f*, Mühe *f*.

paint [peɪnt] **I** *v/t.* **1.** *Bild* malen; *fig.* ausmalen, schildern: **~ s.o.'s portrait** j-n malen; **2.** an-, bemalen, (an)streichen; *Auto* lackieren: **~ out** übermalen; **~ the town red** *sl.* ,auf die Pauke hauen', ,(schwer) einen draufmachen'; → **lily**; **3.** *Mittel* auftragen, *Hals*, *Wunde* (aus)pinseln; **4.** schminken: **~ one's face** sich schminken, sich ,anmalen'; **II** *v/i.* **5.** malen; **6.** streichen; **7.** sich schminken; **III** *s.* **8.** (Anstrich-, Öl)Farbe *f*; (Auto)Lack *m*; Tünche *f*; **9.** *a.* **coat of ~** Anstrich *m*: **as fresh as ~** F frisch u. munter; **10.** Schminke *f*; **11.** ⚕ Tink'tur *f*; **'~·box** *s.* **1.** Tusch-, Malkasten *m*; **2.** Schminkdose *f*; **'~·brush** *s.* Pinsel *m*.

paint·ed ['peɪntɪd] *p.p. u. adj.* **1.** ge-, bemalt, gestrichen; lackiert; **2.** *bsd.* ⚘, *zo.* bunt, scheckig; **3.** *fig.* gefärbt; **♀ La·dy** *s.* **1.** *zo.* Distelfalter *m*; **2.** ⚘ Rote Wucherblume; **~ wom·an** *s.* [*irr.*] Hure *f*, ,Flittchen' *n*.

paint·er¹ ['peɪntə] *s.* ⚓ Fangleine *f*: **cut the ~** *fig.* alle Brücken hinter sich abbrechen.

paint·er² ['peɪntə] *s.* **1.** (Kunst)Maler (-in); **2.** Maler *m*, Anstreicher *m*: **~'s colic** ⚕ Bleikolik *f*; **~'s shop** a) Malerwerkstatt *f*, b) (Auto)Lackiererei *f*; **'paint·ing** [-tɪŋ] *s.* **1.** Malen *n*, Male'rei *f*: **~ in oil** Ölmalerei; **2.** Gemälde *n*, Bild *n*; **3.** ⚙ a) Farbanstrich *m*, b) Spritzlackieren *n*.

paint| re·fresh·er *s.* 'Neuglanzpoli,tur *f*; **~ re·mov·er** *s.* (Farben)Abbeizmittel *n*.

paint·ress ['peɪntrɪs] *s.* Malerin *f*.

'paint|-,spray·ing pis·tol *s.* ⚙ ('Anstreich),Spritzpi,stole *f*; **'~·work** *s. mot.* Lackierung *f*, Lack *m*.

pair [peə] **I** *s.* **1.** Paar *n*: **a ~ of boots, legs** *etc.*; **2.** (*Zweiteiliges, mst unübersetzt*): **a ~ of scales** (**scissors, spectacles**) eine Waage (Schere, Brille); **a ~ of trousers** ein Paar Hosen, eine Hose; **3.** Paar *n*, Pärchen *n* (*Mann u. Frau; zo. Männchen u. Weibchen*): **~ skating** *sport* Paarlauf(en *n*) *m*; **in ~s** paarweise; **4.** Partner *m*; Gegenstück *n* (*von e-m Paar*); *der* (*die, das*) andere *od.* Zweite: **where is the ~ to this shoe?**; **5.** *pol.* a) *zwei Mitglieder verschiedener Parteien, die sich abgesprochen haben, sich der Stimme zu enthalten etc.*, b) *dieses Abkommen*, c) *e-r dieser Partner*; **6.** (Zweier)Gespann *n*: **carriage and ~** Zweispänner *m*; **7.** *sport* Zweier *m* (*Ruderboot*): **~ with cox** Zweier mit Steuermann; **8.** *a.* **kinematic ~** ⚙ Ele'mentenpaar *n*; **9.** *Brit.* **~ of stairs** (*od.* **steps**) Treppe *f*: **two ~ front** (**back**) (Raum *m od.* Mieter *m*) im zweiten Stock nach vorn (hinten); **II** *v/t.* **10.** *a.* **~ off** a) paarweise anordnen, b) F *fig.* verheiraten; **11.** *Tiere* paaren (**with** mit); **III** *v/i.* **12.** sich paaren (*Tiere*) (*a. fig.*); **13.** zs.-passen; **14.** **~ off** a) paarweise weggehen, b) F *fig.* sich verheiraten (**with** mit), c) *pol.* (**with** mit *e-m Mitglied e-r anderen Partei*) ein Abkommen treffen (→ 5a); **pair·ing** ['peərɪŋ] *s. biol.* Paarung *f* (*a. sport*): **~ season, ~ time** Paarungszeit *f*.

pair-oar ['peərɔː] **I** *s.* Zweier *m* (*Boot*); **II** *adj.* zweiruderig.

pa·ja·mas [pə'dʒɑːməs] *bsd. Am.* → **pyjamas**.

Pak·i ['pækɪ] *s. Brit. sl.* Paki'stani *m*.

Pak·i·stan·i [,pɑːkɪ'stɑːnɪ] **I** *adj.* pakis'tanisch; **II** *s.* Paki'staner(in), Paki'stani *m*.

pal [pæl] **I** *s.* F ,Kumpel' *m*, ,Spezi' *m*, Freund *m*; **II** *v/i. mst* **~ up** F sich anfreunden (**with s.o.** mit j-m).

pal·ace ['pælɪs] *s.* Schloss *n*, Pa'last *m*, Pa'lais *n*: **~ of justice** Justizpalast; **~ car** *s.* 🚂 Sa'lonwagen *m*; **~ guard** *s.* **1.** Pa'lastwache *f*; **2.** *fig. contp.* Clique *f um e-n Regierungschef*, Kama'rilla *f*; **~ rev·o·lu·tion** *s. pol. fig.* Pa'lastrevoluti,on *f*.

pal·a·din ['pælədɪn] *s. hist.* Pala'din *m* (*a. fig.*).

pa·lae·og·ra·pher *etc.* → **paleographer** *etc.*

pal·at·a·ble ['pælətəbl] *adj.* ☐ wohlschmeckend, schmackhaft (*a. fig.*); **'pal·a·tal** [-tl] **I** *adj.* **1.** Gaumen...; **II** *s.* **2.** Gaumenknochen *m*; **3.** *ling.* Pala'tal (-laut) *m*; **'pal·a·tal·ize** [-təlaɪz] *v/t. ling. Laut* palatalisieren; **pal·ate** ['pælət] *s.* **1.** *anat.* Gaumen *m*: **bony** (*od.* **hard**) **~** harter Gaumen, Vordergaumen; **cleft ~** Wolfsrachen *m*; **soft ~** weicher Gaumen, Gaumensegel *n*; **2.** *fig.* (**for**) Gaumen *m*, Sinn *m* (für), Geschmack *m* (an *dat.*).

pa·la·tial [pə'leɪʃl] *adj.* pa'lastartig, Palast..., Schloss..., Luxus...

pa·lat·i·nate [pə'lætɪnət] **I** *s.* **1.** *hist.* Pfalzgrafschaft *f*; **2. the ♀** die (Rhein-) Pfalz; **II** *adj.* **3.** ♀ Pfälzer, pfälzisch.

pal·a·tine¹ ['pælətaɪn] **I** *adj.* **1.** *hist.* Pfalz..., pfalzgräflich: **Count ♀** Pfalzgraf; **County ♀** Pfalzgrafschaft *f*; **2.** ♀ pfälzisch, Pfälzer(...); **II** *s.* **3.** Pfalzgraf *m*; **4.** ♀ (Rhein)Pfälzer(in).

pal·a·tine² ['pælətaɪn] *anat.* **I** *adj.* Gaumen...: **~ tonsil** Gaumen-, Halsmandel *f*; **II** *s.* Gaumenbein *n*.

pa·lav·er [pə'lɑːvə] **I** *s.* **1.** Unter'handlung *f*, -'redung *f*, Konfe'renz *f*; **2.** F ,Pa'laver' *n*, Geschwätz *n*; **3.** F ,Wirbel' *m*; **II** *v/i.* **4.** unter'handeln; **5.** pa'lavern, ,quasseln'; **III** *v/t.* **6.** F *j-n* beschwatzen; *j-m* schmeicheln.

pale¹ [peɪl] **I** *s.* **1.** Pfahl *m* (*a. her.*); **2.** *bsd. fig.* um'grenzter Raum, Bereich *m*, (enge) Grenzen *pl.*: **beyond the ~** *fig.*

P

jenseits der Grenzen des Erlaubten; ***within the ~ of the Church*** im Schoße der Kirche; **II** *v/t.* **3.** *a.* **~ in** einpfählen, -zäunen; *fig.* um'schließen; **4.** *hist.* pfählen.

pale² [peɪl] **I** *adj.* ☐ **1.** blass, bleich, fahl: ***turn ~*** → 3; ***~ with fright*** schreckensbleich; ***as ~ as ashes*** (***clay***, ***death***) aschfahl (kreidebleich, totenblass); **2.** hell, blass, matt (*Farben*): ***~ ale*** helles Bier; ***~ green*** Blass-, Zartgrün *n*; ***~ pink*** (Blass)Rosa *n*; **II** *v/i.* **3.** blass werden, erbleichen, erblassen; **4.** *fig.* verblassen (***before*** *od.* ***beside*** vor *dat.*); **III** *v/t.* **5.** bleich machen, erbleichen lassen.

'pale·face *s.* Bleichgesicht *n* (*Ggs. Indianer*).

pale·ness ['peɪlnɪs] *s.* Blässe *f*, Farblosigkeit *f* (*a. fig.*).

pa·le·og·ra·pher [ˌpælɪ'ɒgrəfə] *s.* Paläo'graph *m*; **ˌpa·le'og·ra·phy** [-fɪ] *s.* **1.** alte Schriftarten *pl.*, alte Schriftdenkmäler *pl.*; **2.** Paläogra'phie *f*, Handschriftenkunde *f*.

pa·le·o·lith·ic [ˌpælɪəʊ'lɪθɪk] **I** *adj.* paläo'lithisch, altsteinzeitlich; **II** *s.* Altsteinzeit *f*.

pa·le·on·tol·o·gist [ˌpælɪɒn'tɒlədʒɪst] *s.* Paläonto'loge *m*; **ˌpa·le·on'tol·o·gy** [-dʒɪ] *s.* Paläontolo'gie *f*.

pa·le·o·zo·ic [ˌpælɪəʊ'zəʊɪk] *geol.* **I** *adj.* paläo'zoisch: ***~ era*** → II; **II** *s.* Paläo'zoikum *n*.

Pal·es·tin·i·an [ˌpæle'stɪnɪən] **I** *adj.* palästi'nensisch; **II** *s.* Palästi'nenser(in).

pal·e·tot ['pæltəʊ] *s.* **1.** Paletot *m*, 'Überzieher *m* (*für Herren*); **2.** loser (Damen)Mantel.

pal·ette ['pælət] *s. paint.* Pa'lette *f*, *fig. a.* Farbenskala *f*; **~ knife** *s.* [*irr.*] Streichmesser *n*, Spachtel *m*, *f*.

pal·frey ['pɔːlfrɪ] *s.* Zelter *m*.

pal·ing ['peɪlɪŋ] *s.* Um'pfählung *f*, Pfahl-, Lattenzaun *m*, Sta'ket *n*.

pal·in·gen·e·sis [ˌpælɪn'dʒenɪsɪs] *s. bsd. eccl.* 'Wiedergeburt *f*, *a. biol.* Palinge'nese *f*.

pal·i·sade [ˌpælɪseɪd] **I** *s.* **1.** Pali'sade *f*; Pfahlzaun *m*, Sta'ket *n*; **2.** Schanzpfahl *m*; **II** *v/t.* **3.** mit Pfählen *od.* mit e-r Pali'sade um'geben.

pall¹ [pɔːl] *s.* **1.** Bahr-, Leichentuch *n*; **2.** *fig.* Mantel *m*, Hülle *f*, Decke *f*; **3.** a) (Rauch)Wolke *f*, b) Dunstglocke *f*; **4.** *eccl.* → ***pallium*** 2; **5.** *her.* Gabel(kreuz *n*) *f*.

pall² [pɔːl] **I** *v/i.* **1.** (***on***, ***upon***) jeden Reiz verlieren (für), *j-n* kalt lassen *od.* langweilen; **2.** schal *od.* fade werden, s-n Reiz verlieren; **II** *v/t.* **3.** *a. fig.* über'sättigen.

pal·la·di·um [pə'leɪdjəm] [-djə] *s.* Pal'ladium *n*: a) *pl.* **-di·a** *fig.* Hort *m*, Schutz *m*, b) ⚗ *ein Element.*

'pallˌbear·er *s.* Sargträger *m*.

pal·let¹ ['pælɪt] *s.* (Stroh)Lager *n*, Strohsack *m*, Pritsche *f*.

pal·let² ['pælɪt] *s.* **1.** ⚙ Dreh-, Töpferscheibe *f*; **2.** *paint.* Pa'lette *f*; **3.** Trockenbrett *n* (*für Keramik*, *Ziegel etc.*); **4.** ⚙ Pa'lette: ***~ truck*** Gabelstapler *m*; **'pal·let·ize** [-lətaɪz] *v/t.* ⚙ palettieren.

pal·liasse ['pælɪæs] → ***paillasse***.

pal·li·ate ['pælɪeɪt] *v/t.* **1.** ⚕ lindern; **2.** *fig.* bemänteln, beschönigen; **pal·li·a·tion** [ˌpælɪ'eɪʃn] *s.* **1.** Linderung *f*; **2.** Bemäntelung *f*, Beschönigung *f*; **'pal·li·a·tive** [-ɪətɪv] **I** *adj.* **1.** ⚕ lindernd, pallia'tiv; **2.** *fig.* bemäntelnd, beschönigend; **II** *s.* **3.** ⚕ Linderungsmittel *n*; **4.** *fig.* Bemäntelung *f*.

pal·lid ['pælɪd] *adj.* ☐ *a. fig.* blass, farblos; **'pal·lid·ness** [-nɪs] *s.* Blässe *f*.

pal·li·um ['pælɪəm] *pl.* **-li·a** [-lɪə], **-li·ums** *s.* **1.** *antiq.* Pallium *n*, Philo'sophenmantel *m*; **2.** *eccl.* a) Pallium *n* (*Schulterband des Erzbischofs*), b) Al'tartuch *n*; **3.** *anat.* (Ge)Hirnmantel *m*; **4.** *zo.* Mantel *m*.

pal·lor ['pælə] *s.* Blässe *f*.

pal·ly ['pælɪ] *adj.* F **1.** (eng) befreundet; **2.** kumpelhaft.

palm¹ [pɑːm] **I** *s.* **1.** Handfläche *f*, -teller *m*, hohle Hand: ***grease*** (*od.* ***oil***) ***s.o.'s ~*** j-n ‚schmieren', bestechen; **2.** Hand(-breite) *f* (*als Maß*); **3.** Schaufel *f* (*Anker*, *Hirschgeweih*); **II** *v/t.* **4.** betasten, streicheln; **5.** a) palmieren (*wegzaubern*), b) *Am. sl.* ‚klauen', stehlen; **6.** ***~ s.th. off on s.o.***, ***~ s.o. off with s.th.*** j-m et. ‚aufhängen' *od.* ‚andrehen'; ***~ o.s. off*** (***as***) sich ausgeben (als).

palm² [pɑːm] *s.* **1.** ⚘ Palme *f*; **2.** *fig.* Siegespalme *f*, Krone *f*, Sieg *m*: ***bear*** (*od.* ***win***) ***the ~*** den Sieg davontragen; → ***yield*** 4.

pal·mate ['pælmɪt] *adj.* **1.** ⚘ handförmig (gefingert *od.* geteilt); **2.** *zo.* schwimmfüßig.

palm grease *s.* F Schmiergeld *n*.

pal·mi·ped ['pælmɪped], **'pal·mi·pede** [-ɪpiːd] *zo.* **I** *adj.* schwimmfüßig; **II** *s.* Schwimmfüßer *m*.

palm·ist ['pɑːmɪst] *s.* Handleser(in); **'palm·is·try** [-trɪ] *s.* Handlesekunst *f*, Chiroman'tie *f*.

palm| oil *s.* **1.** Palmöl *n*; **2.** → ***palm grease***; ✝ **Sun·day** *s.* Palm'sonntag *m*; **'~·top** *s. Computer*: Palmtop *m* (*tragbarer Kleinstcomputer*); **~ tree** *s.* Palme *f*.

palm·y ['pɑːmɪ] *adj.* **1.** palmenreich; **2.** *fig.* glorreich, Glanz..., Blüte...

pa·loo·ka [pə'luːkə] *s. Am. sl.* **1.** *bsd. sport* ‚Niete' *f*, ‚Flasche' *f*; **2.** ‚Ochse' *m*; **3.** Lümmel *m*.

palp [pælp] *s. zo.* Taster *m*, Fühler *m*; **pal·pa·bil·i·ty** [ˌpælpə'bɪlətɪ] *s.* **1.** Fühl-, Greif-, Tastbarkeit *f*; **2.** *fig.* Handgreiflichkeit *f*, Augenfälligkeit *f*; **'pal·pa·ble** [-pəbl] *adj.* ☐ **1.** fühl-, greif-, tastbar; **2.** *fig.* handgreiflich, augenfällig; **'pal·pa·ble·ness** [-pəblnɪs] → ***palpability***; **'pal·pate** [-peɪt] *v/t.* befühlen, abtasten (*a.* ⚕); **pal·pa·tion** [pæl'peɪʃn] *s.* Abtasten *n* (*a.* ⚕).

pal·pe·bra ['pælpɪbrə] *s. anat.* Augenlid *n*: ***lower ~*** Unterlid *n*.

pal·pi·tant ['pælpɪtənt] *adj.* klopfend, pochend; **pal·pi·tate** ['pælpɪteɪt] *v/i.* **1.** klopfen, pochen (*Herz*); **2.** (er)zittern; **pal·pi·ta·tion** [ˌpælpɪ'teɪʃn] *s.* Klopfen *n*, (heftiges) Schlagen: ***~ (of the heart)*** ⚕ Herzklopfen *n*.

pal·sied ['pɔːlzɪd] *adj.* **1.** gelähmt; **2.** zittrig, wacklig; **pal·sy** ['pɔːlzɪ] **I** *s.* **1.** ⚕ Lähmung *f*: ***shaking ~*** Schüttellähmung; ***wasting ~*** progressive Muskelatrophie; → ***writer*** 1; **2.** *fig.* Ohnmacht *f*, Lähmung *f*; **II** *v/t.* **3.** lähmen.

pal·ter ['pɔːltə] *v/i.* **1.** (***with***) gemein handeln (an *dat.*), sein Spiel treiben (mit); **2.** feilschen.

pal·tri·ness ['pɔːltrɪnɪs] *s.* Armseligkeit *f*, Schäbigkeit *f*; **pal·try** ['pɔːltrɪ] *adj.* ☐ **1.** armselig, karg: ***a ~ sum***; **2.** dürftig, fadenscheinig: ***a ~ excuse***; **3.** schäbig, schofel, gemein: ***a ~ fellow***; ***a ~ lie***; ***a ~ ten dollars*** lumpige zehn Dollar.

pam·pas ['pæmpəs] *s. pl.* Pampas *pl.* (*südamer. Grasebene[n]*).

pam·per ['pæmpə] *v/t.* verwöhnen, -hätscheln; *fig.* *Stolz etc.* nähren, ‚hätscheln'; *e-m Gelüst* frönen.

pam·phlet ['pæmflɪt] *s.* **1.** Bro'schüre *f*, Druckschrift *f*, Heft *n*; **2.** Flugblatt *n*, -schrift *f*; **pam·phlet·eer** [ˌpæmflə'tɪə] *s.* Verfasser(in) von Flugschriften.

pan¹ [pæn] **I** *s.* **1.** Pfanne *f*: ***frying ~*** Bratpfanne; **2.** ⚙ Pfanne *f*, Tiegel *m*, Becken *n*, Mulde *f*, Trog *m*; **3.** Schale *f* (*e-r Waage*); **4.** ⚔ *hist.* (Zünd)Pfanne *f*; → ***flash*** 2; **5.** *sl.* Vi'sage *f*, Gesicht *n*; **6.** F ‚Verriss' *m*, vernichtende Kri'tik; **II** *v/t.* **7.** *oft* ***~ out***, ***~ off*** *Gold(sand)* auswaschen; **8.** F ‚verreißen', scharf kritisieren; **III** *v/i.* **9.** ***~ out*** *Am. sl.* sich bezahlt machen, ‚klappen': ***~ out well*** a) *an Gold* ergiebig sein, b) *fig.* ‚hinhauen', ‚einschlagen'.

pan² [pæn] **I** *v/t. Filmkamera* schwenken, fahren; **II** *v/i.* a) panoramieren, die Filmkamera fahren *od.* schwenken, b) (her'um)schwenken (*Kamera*); **III** *s. Film*: Schwenk *m*.

pan- [pæn] *in Zssgn* all..., gesamt...; All..., Gesamt..., Pan...

pan·a·ce·a [ˌpænə'sɪə] *s.* All'heil-, Wundermittel *n*; *fig. a.* Pa'tentreˌzept *n*.

pa·nache [pə'næʃ] *s.* **1.** Helm-, Federbusch *m*; **2.** *fig.* Großtue'rei *f*.

Pan-A·mer·i·can [ˌpænə'merɪkən] *adj.* panameri'kanisch.

'pan·cake I *s.* **1.** Pfann-, Eierkuchen *m*: ***~ roll*** Frühlingsrolle *f*; **2.** Leder *n* geringerer Quali'tät (*aus Resten hergestellt*); **3.** *a.* ***~ landing*** ✈ Bumslandung *f*; **II** *v/i.* **4.** ✈ *bei Landung* 'durchsacken; **III** *v/t.* **5.** ✈ *Maschine* 'durchsacken lassen; **IV** *adj.* **6.** Pfannkuchen...: ***~ Day*** F Fastnachtsdienstag *m*; **7.** flach: ***~ coil*** ⚡ Flachspule.

pan·chro·mat·ic [ˌpænkrəʊ'mætɪk] *adj.* ♪, *phot.* panchro'matisch.

pan·cre·as ['pæŋkrɪəs] *s. anat.* Bauchspeicheldrüse *f*, Pankreas *n*; **pan·cre·at·ic** [ˌpæŋkrɪ'ætɪk] *adj.* Bauchspeicheldrüsen...: ***~ juice*** Bauchspeichel *m*.

pan·da ['pændə] *s. zo.* Panda *m*, Katzenbär *m*; **~ car** *s. Brit.* (Funk-, Polizei)Streifenwagen *m*; **~ cross·ing** *s. Brit.* 'Fußgängerˌüberweg *m* mit Druckampel.

pan·dem·ic [pæn'demɪk] *adj.* ⚕ pan'demisch, ganz allge'mein verbreitet.

pan·de·mo·ni·um [ˌpændɪ'məʊnjəm] *s. fig.* **1.** In'ferno *n*, Hölle *f*; **2.** Höllenlärm *m*.

pan·der ['pændə] **I** *s.* **1.** a) Kuppler(in), b) Zuhälter *m*; **2.** *fig.* j-d, der aus den Schwächen u. Lastern anderer Kapi'tal schlägt; j-d, der e-m Laster Vorschub leistet; **II** *v/t.* **3.** verkuppeln; **III** *v/i.* **4.** kuppeln; **5.** ***~ to*** a) appellieren an (*acc.*), sich wenden an (*acc.*), b) *e-m Laster etc.* Vorschub leisten: ***~ to s.o.'s ambition*** j-s Ehrgeiz anstacheln.

Pan·do·ra's box [pæn'dɔːrəz] *s. myth. u. fig.* die Büchse der Pan'dora.

pane [peɪn] *s.* **1.** (Fenster)Scheibe *f*; **2.** ⚙ Feld *n*, Fach *n*, Platte *f*, Tafel *f*, Füllung *f* (*Tür*), △ Kas'sette *f* (*Decke*): ***~ of glass*** *e-e* Tafel Glas; **3.** ebene Seitenfläche; Finne *f* (*Hammer*); Fa'cette *f* (*Edelstein*).

pan·e·gyr·ic [ˌpænɪ'dʒɪrɪk] **I** *s.* Lobrede *f*, -preisung *f*, -schrift *f*, Lobeshymne *f* (***on*** über *acc.*); **II** *adj.* → **pan·e'gyr·i·cal** [-kl] *adj.* ☐ lobpreisend, Lob(es)-...; **ˌpan·e'gyr·ist** [-ɪst] *s.* Lobredner *m*; **pan·e·gy·rize** ['pænɪdʒɪraɪz] **I** *v/t.* (lob)preisen, ‚in den Himmel heben'; **II** *v/i.* sich in Lobeshymnen ergehen.

pan·el ['pænl] **I** *s.* **1.** △ (vertieftes) Feld, Fach *n*, Füllung *f* (*Tür*), Täfelung *f* (*Wand*); **2.** Tafel *f* (*Holz*), Platte *f* (*Blech etc.*); **3.** *paint.* Holztafel *f*, Gemälde *n* auf Holz; **4.** *phot.* (Bild *n* im) 'Hochfor,mat *n*; **5.** Einsatz(streifen) *m am Kleid*; **6.** ✈ a) ✕ 'Flieger-, Si'gnaltuch *n*, b) Stoffbahn *f* (*Fallschirm*), c) Streifen *m* der Bespannung (*am Flugzeugflügel*), Verkleidung(sblech *n*) *f* (*Flügelbauteil*); **7.** ⚡, ⚙ a) → ***instrument*** 6, b) Schalttafel(feld *n*) *f*, c) *Radio etc.*: Feld *n*, Einschub *m*, d) → ***panel board*** 2; **8.** (Bau)Abteilung *f*, Abschnitt *m*; **9.** ⚒ (Abbau)Feld *n*; **10.** ⚖ a) Liste *f* der Geschworenen, b) Geschworene *pl.*; **11.** ('Unter)Ausschuss *m*, Kommissi'on *f*, Gremium *n*, Kammer *f*; **12.** a) → ***panel discussion***, b) Diskussi'onsteilnehmer *pl.*; **13.** *Meinungsforschung*: Befragtengruppe *f*; **II** *v/t.* **14.** täfeln, paneelieren, in Felder einteilen; **15.** *Kleid* mit Einsatzstreifen verzieren.

pan·el| board *s.* **1.** ⚙ Füllbrett *n*, (Wand-, Par'kett)Tafel *f*; **2.** ⚡ Schaltbrett *n*, -tafel *f*; **~ dis·cus·sion** *s.* Podiumsgespräch *n*, öffentliche Diskussi'on; **~ game** *s.* *TV etc.* Ratespiel *n*, 'Quiz(pro,gramm) *n*; **~ heat·ing** *s.* Flächenheizung *f*.

pan·el·ist ['pænlɪst] *s.* **1.** Diskussi'onsteilnehmer(in); **2.** *TV etc.* Teilnehmer (-in) an e-m 'Quizpro,gramm.

pan·el·(l)ing ['pænlɪŋ] *s.* Täfelung *f*, Verkleidung *f*.

pan·el| sys·tem *s.* 'Listensy,stem *n* (*für die Auswahl von Abgeordneten etc.*); **~ saw** *s.* Laubsäge *f*; **~ truck** *s. Am.* (kleiner) Lieferwagen; **'~·work** *s.* Tafel-, Fachwerk *n*.

pang [pæŋ] *s.* **1.** plötzlicher Schmerz, Stechen *n*, Stich *m*: ***death ~s*** Todesqualen; ***~s of hunger*** nagender Hunger; ***~s of love*** Liebesschmerz *m*; **2.** *fig.* aufschießende Angst, plötzlicher Schmerz, Qual *f*, Weh *n*, Pein *f*: ***~s of remorse*** heftige Gewissensbisse.

,Pan-'Ger·man I *adj.* 'panger,manisch, all-, großdeutsch; **II** *s.* 'Pangerma,nist *m*, Alldeutsche(r) *m*.

pan·han·dle ['pæn,hændl] **I** *s.* **1.** Pfannenstiel *m*; **2.** *Am.* schmaler Fortsatz (*bes. e-s Staatsgebiets*); **II** *v/t. u. v/i.* **3.** *Am. sl.* *j-n* (an)betteln, *et.* ‚schnorren', erbetteln (*a. fig.*); **'pan,han·dler** [-lə] *s. Am. sl.* Bettler *m*, ‚Schnorrer' *m*.

pan·ic¹ ['pænɪk] *s.* ⚘ (Kolben)Hirse *f*.

pan·ic² ['pænɪk] **I** *adj.* **1.** panisch: ***~ fear***; ***~ haste*** blinde Hast; ***~ braking*** *mot.* scharfes Bremsen; ***~ buying*** Angstkäufe; ***push the ~ button*** *fig.* F panisch reagieren; ***be at ~ stations*** F fast ‚'durchdrehen'; **II** *s.* **2.** Panik *f*, panischer Schrecken; **3.** ⚕ Börsenpanik *f*, Kurssturz *m*: ***~-proof*** krisenfest; **4.** *Am. sl.* etwas zum Totlachen; **III** *v/t. pret. u. p.p.* **'pan·icked** [-kt] **5.** in Panik versetzen; **6.** in Panik geraten, *Am. sl.* *Publikum* hinreißen; **IV** *v/i.* **7.** von panischem Schrecken erfasst werden: ***don't ~!*** nur die Ruhe!; **8.** sich zu e-r Kurzschlusshandlung hinreißen lassen, ‚'durchdrehen'; **'pan·ick·y** [-kɪ] *adj.* F **1.** 'überängstlich, -ner,vös; **2.** in Panik.

pan·i·cle ['pænɪkl] *s.* ⚘ Rispe *f*.

'pan·ic|,mon·ger *s.* Bange-, Panikmacher(in); **~ re·ac·tion** *s.* Kurzschlusshandlung *f*; **'~-,strick·en**, **'~-struck** *adj.* von panischem Schrecken gepackt.

pan·jan·drum [pən'dʒændrəm] *s. humor.* Wichtigtuer *m*.

pan·nier ['pænɪə] *s.* **1.** (Trag)Korb *m*: ***a pair of ~s*** e-e Doppelpacktasche (*Fahr-, Motorrad*); **2.** a) Reifrock *m*, b) Reifrockgestell *n*.

pan·ni·kin ['pænɪkɪn] *s.* **1.** Pfännchen *n*; **2.** kleines Trinkgefäß.

pan·ning ['pænɪŋ] *s. Film*: Panoramierung *f*, (Kamera)Schwenkung *f*: ***~ shot*** Schwenk *m*.

pan·o·plied ['pænəplɪd] *adj.* **1.** vollständig gerüstet (*a. fig.*); **2.** prächtig geschmückt; **pan·o·ply** ['pænəplɪ] *s.* **1.** vollständige Rüstung; **2.** *fig.* prächtige Um'rahmung *od.* Aufmachung, Schmuck *m*.

pan·o·ra·ma [,pænə'rɑːmə] *s.* **1.** Pano'rama *n* (*a. paint.*), Rundblick *m*; **2.** a) *Film*: Schwenk *m*, b) *phot.* Rundbildaufnahme *f*: ***~ lens*** Weitwinkelobjektiv *n*; **3.** *fig.* vollständiger 'Überblick (***of*** über *acc.*); **,pan·o'ram·ic** [-'ræmɪk] *adj.* (□ ***~ally***) pano'ramisch, Rundblick...: ***~ camera*** Panoramenkamera *f*; ***~ sketch*** Ansichtsskizze *f*; ***~ windshield*** *mot. Am.* Rundsichtverglasung *f*.

pan shot *s.* (Kamera)Schwenk *m*.

pan·sy ['pænzɪ] *s.* **1.** ⚘ Stiefmütterchen *n*; **2.** *a.* ***~ boy*** F a) ‚Bubi' *m*, b) ‚Homo' *m*, ‚Schwule(r)' *m*.

pant [pænt] **I** *v/i.* **1.** keuchen, japsen, schnaufen: ***~ for breath*** nach Luft schnappen; **2.** *fig.* lechzen, dürsten, gieren (***for*** *od.* ***after*** nach); **II** *v/t.* **3.** ***~ out*** *Worte* (her'vor)keuchen.

pan·ta·loon [,pæntə'luːn] *s.* **1.** *thea.* Hans'wurst *m*; **2.** *pl. hist.* Panta'lons *pl.* (*Herrenhose*).

pan·tech·ni·con [pæn'teknɪkən] *s. Brit.* **1.** Möbellager *n*; **2.** *a.* ***~ van*** Möbelwagen *m*.

pan·the·ism ['pænθiːɪzəm] *s. phls.* Panthe'ismus *m*; **'pan·the·ist** [-ɪst] *s.* Panthe'ist(in); **pan·the·is·tic** [,pænθiː'ɪstɪk] *adj.* panthe'istisch.

pan·the·on ['pænθɪən] *s.* Pantheon *n*, Ehrentempel *m*, Ruhmeshalle *f*.

pan·ther ['pænθə] *s. zo.* Pant(h)er *m*.

pan·ties ['pæntɪz] *s. pl.* F **1.** Kinderhöschen *n od. pl.*; **2.** (Damen)Slip *m*.

pan·ti·hose ['pæntɪhəʊz] *s.* Strumpfhose *f*.

pan·tile ['pæntaɪl] *s.* Dachziegel *m*, -pfanne *f*, Hohlziegel *m*.

pan·to·graph ['pæntəʊgrɑːf] *s.* **1.** ⚡ Scherenstromabnehmer *m*; **2.** ⚙ Storchschnabel *m*.

pan·to·mime ['pæntəmaɪm] **I** *s.* **1.** *thea.* Panto'mime *f*; **2.** *Brit.* (Laien)Spiel *n*, englisches Weihnachtsspiel; **3.** Mienen-, Gebärdenspiel *n*; **II** *v/t.* **4.** panto'mimisch darstellen, mimen; **pan·to·mim·ic** [,pæntə'mɪmɪk] *adj.* (□ ***~ally***) panto'mimisch.

pan·try ['pæntrɪ] *s.* Vorratskammer *f*, Speiseschrank *m*: ***butler's ~*** Anrichteraum *m*.

pants [pænts] *s. pl.* **1.** lange (Herren-) Hose; → ***wear¹*** 1; **2.** *Brit.* Herrenunterhose *f*.

'pant| skirt [pænt] *s.* Hosenrock *m*; **pant(s) suit** *s. Am.* Hosenanzug *m*.

pant·y ['pæntɪ] → ***panties***; **~ gir·dle** *s.* Miederhös-chen *n*; **~ hose** *s.* Strumpfhose *f*; **~ lin·er** *s.* Slipeinlage *f*; **'~·waist** *Am. s.* **1.** Hemdhös-chen *n*; **2.** *sl.* Schwächling *m*.

pap [pæp] *s.* **1.** (Kinder)Brei *m*, Papp *m*; **2.** *fig. Am.* F Protekti'on *f*.

pa·pa [pə'pɑː] *s.* Pa'pa *m*.

pa·pa·cy ['peɪpəsɪ] *s.* **1.** päpstliches Amt; **2.** ℒ Papsttum *n*; **3.** Pontifi'kat *n*; **'pa·pal** [-pl] *adj.* □ **1.** päpstlich; **2.** 'römisch-ka'tholisch; **'pa·pal·ism** [-əlɪzəm] *s.* Papsttum *n*; **'pa·pal·ist** [-əlɪst] *s.* Pa'pist(in).

pa·pa·ya [pə'paɪə] *s.* **1.** Pa'paya *f* (*Frucht*); **2.** Pa'paya *f*, Me'lonenbaum *m*.

pa·per ['peɪpə] **I** *s.* **1.** ⚙ a) Pa'pier *n*, b) Pappe *f*, c) Ta'pete *f*; **2.** Blatt *n* Papier; **3.** Papier *n als Schreibmaterial*: ***~ does not blush*** Papier ist geduldig; ***on ~*** *fig.* auf dem Papier, theoretisch; → ***commit*** 1; **4.** Doku'ment *n*, Schriftstück *n*; **5.** ⚕ a) ('Wert)Pa,pier *n*, b) Wechsel *m*, c) Papiergeld *n*: ***best ~*** erstklassiger Wechsel; ***convertible ~*** (*in Gold*) einlösbares Papiergeld; ***~ currency*** Papierwährung *f*; **6.** *pl.* a) 'Ausweis- *od.* Be'glaubigungspa,piere *pl.*, Doku'mente *pl.*: ***send in one's ~s*** den Abschied nehmen, b) Akten *pl.*, Schriftstücke *pl.*: ***~s on appeal*** ⚖ Berufungsakten; ***move for ~s*** *bsd. parl.* die Vorlage der Unterlagen *e-s Falles* beantragen; **7.** Prüfungsarbeit *f*; **8.** Aufsatz *m*, Abhandlung *f*, Vortrag *m*, -lesung *f*, Refe'rat *n*: ***read a ~*** e-n Vortrag halten, referieren (***on*** über *acc.*); **9.** Zeitung *f*, Blatt *n*; **10.** Brief *m*, Heft *n mit Nadeln etc.*; **11.** *thea. sl.* a) Freikarte *f*, b) Besucher *m* mit Freikarte; **II** *adj.* **12.** pa'pieren, Papier..., Papp...; **13.** *fig.* (hauch)dünn, schwach; **14.** nur auf dem Pa'pier vorhanden: ***~ team***; **III** *v/t.* **15.** in Papier einwickeln; mit Papier ausschlagen: ***~ over*** überkleben, *fig.* (notdürftig) übertünchen; **16.** tapezieren; **17.** mit 'Sandpa,pier polieren; **18.** *thea. sl. Haus* mit Freikarten füllen; **'~·back** *s.* Paperback *n*, Taschenbuch *n*; **~ bag** *s.* Tüte *f*; **'~·board** *s.* Pappdeckel *m*, Pappe *f*; **~ chase** *s.* Schnitzeljagd *f*; **~ clip** *s.* Bü'ro-, Heftklammer *f*; **~ cup** *s.* Pappbecher *m*; **~ cutter** *s.* **1.** Pa'pier,schneidema,schine *f*; **2.** → ***paper knife***; **~ ex·er·cise** *s.* ✕ Planspiel *n*; **~ fas·ten·er** *s.* Heftklammer *f*; **~ feed** *s.* Pa'piereinzug *m*; **'~,hang·er** *s.* Tapezierer *m*; **~ jam** *s.* Pa'pierstau *m*; **~ knife** *s.* [*irr.*] Pa'piermesser *n*, Brieföffner *m*; **~ mill** *s.* Pa'pierfab,rik *f*, -mühle *f*; **~ mon·ey** *s.* Pa'piergeld *n*; **~ plate** *s.* Pappteller *m*; **~ prof·it** *s.* ⚕ rechnerischer Gewinn; **~ source** [sɔːs] *s. Drucker etc.*: Pa'pierzufuhr *f*; **~ stain·er** *s.* Ta'petenmaler *m*, -macher *m*; **~ tape** *s. Computer*: Lochstreifen *m*; **'~·thin** *adj.* hauchdünn (*a. fig.*); **~ ti·ger** *s. fig.* Pa'piertiger *m*; **~ tis·sue** *s.* Pa'piertuch *n*; **~ war(·fare)** *s.* **1.** Pressekrieg *m*, -fehde *f*, Federkrieg *m*; **2.** Pa'pierkrieg *m*; **'~·weight** *s.* **1.** Briefbeschwerer *m*; **2.** *sport* Pa'piergewicht(ler *m*) *n*; **'~·work** *s.* Schreib-, Bü'roarbeit *f*.

pa·per·y ['peɪpərɪ] *adj.* pa'pierähnlich; (pa'pier)dünn.

pa·pier-mâ·ché [,pæpjeɪ'mæʃeɪ] *s.* Pa'pierma,ché, -ma,schee *n*, 'Pappma,ché, -ma,schee *n*.

pa·pil·i·o·na·ceous [pə,pɪlɪəʊ'neɪʃəs] *adj.* ⚘ schmetterlingsblütig.

pa·pil·la [pə'pɪlə] *pl.* **-pil·lae** [-liː] *s. anat.* Pa'pille *f* (*a.* ⚘), Warze *f*; **pap'il·lar·y** [-ərɪ] *adj.* **1.** warzenartig, papil'lär; **2.** mit Pa'pillen versehen.

pa·pist ['peɪpɪst] *s. contp.* Pa'pist *m*; **pa·pis·tic** *adj.*; **pa·pis·ti·cal** [pə'pɪstɪk(l)]

adj. □ **1.** päpstlich; **2.** *contp.* pa'pistisch; '**pa·pist·ry** [-rɪ] *s.* Pa'pismus *m*, Papiste'rei *f.*
pa·poose [pə'puːs] *s.* **1.** Indi'anerbaby *n*; **2.** *Am. humor.* ‚Balg' *m.*
pap·pus ['pæpəs] *pl.* **-pi** [-aɪ] *s.* **1.** ⚘ a) Haarkrone *f*, b) Federkelch *m*; **2.** Flaum *m.*
pap·py ['pæpɪ] *adj.* breiig, pappig.
Pap| test, **~ smear** [pæp] *s.* ⚕ Abstrich *m.*
pa·py·rus [pə'paɪərəs] *pl.* **-ri** [-raɪ] *s.* **1.** ⚘ Pa'pyrus(staude *f*) *m*; **2.** *antiq.* Pa'pyrus(rolle *f*, -text) *m.*
par [pɑː] **I** *s.* **1.** ✝ Nennwert *m*, Pari *n*: ***issue ~*** Emissionskurs *m*; ***nominal*** (*od.* ***face***) **~** Nennbetrag *m* (*Aktie*), Nominalwert *m*; ***~ of exchange*** Wechselpari(tät *f*) *n*, Parikurs *m*; ***at ~*** zum Nennwert, al pari; ***above*** (***below***) **~** über (unter) Pari; **2.** *fig.* ***above ~*** in bester Form; ***up to*** (***below***) **~** F (nicht) auf der Höhe; ***be on a ~*** (***with***) ebenbürtig *od.* gewachsen sein (*dat.*), entsprechen (*dat.*); ***put on a ~ with*** gleichstellen (*dat.*); ***on a ~*** *Brit.* im Durchschnitt; **3.** *Golf*: Par *n*, festgesetzte Schlagzahl; **II** *adj.* **4.** ✝ pari: ***~ clearance*** *Am.* Clearing *n* zum Pariwert; ***~ value*** Pari-, Nennwert *m.*
para- [pærə] *in Zssgn* **1.** neben, über ... hin'aus; **2.** ähnlich; **3.** falsch; **4.** ⚗ neben, ähnlich; Verwandtschaft bezeichnend; **5.** ⚕ a) fehlerhaft, ab'norm, b) ergänzend, c) um'gebend; **6.** Schutz...; **7.** Fallschirm...
pa·ra ['pærə] *s.* F **1.** ⚔ Fallschirmjäger *m*; **2.** *typ.* Absatz *m.*
par·a·ble ['pærəbl] *s.* Pa'rabel *f*, Gleichnis *n* (*a. bibl.*).
pa·rab·o·la [pə'ræbələ] *s.* ⩓ Pa'rabel *f*: ***~ compasses*** Parabelzirkel *m.*
par·a·bol·ic [ˌpærə'bɒlɪk] *adj.* **1.** → ***parabolical***; **2.** ⩓ para'bolisch, Parabel...: ***~ mirror*** Parabolspiegel *m*; ˌ**par·a'bol·i·cal** [-kl] *adj.* □ para'bolisch, gleichnishaft; **pa·rab·o·loid** [pə'ræbəlɔɪd] *s.* ⩓ Parabolo'id *n.*
'**par·a·brake** *v/t.* ✈ durch Bremsfallschirm abbremsen.
par·a·chute ['pærəʃuːt] **I** *s.* **1.** ✈ Fallschirm *m*: ***~ jumper*** Fallschirmspringer *m*; **2.** ⚘ Schirmflieger *m*; **3.** ⚙ Sicherheits-, Fangvorrichtung *f*; **II** *v/t.* **4.** (mit dem Fallschirm) absetzen, -werfen; **III** *v/i.* **5.** mit dem Fallschirm abspringen; **6.** (wie) mit e-m Fallschirm schweben; **~ flare** *s.* ⚔ Leuchtfallschirm *m*; **~ troops** *s. pl.* ⚔ Fallschirmtruppen *pl.*
par·a·chut·ist ['pærəʃuːtɪst] *s.* ✈ **1.** Fallschirmspringer(in); **2.** ⚔ Fallschirmjäger *m.*
pa·rade [pə'reɪd] **I** *s.* **1.** Pa'rade *f*, Vorführung *f*, Zur'schaustellen *n*; ***make a ~ of*** → 7; **2.** ⚔ a) Pa'rade *f* (*Truppenschau u. Vorbeimarsch*): ***be on ~*** e-e Parade abhalten, b) Ap'pell *m*: ***~ rest!*** Rührt Euch!, c) *a.* ***~ ground*** Pa'rade-, Exerzierplatz *m*; **3.** ('Um)Zug *m*, (Auf-, Vor'bei)Marsch *m*; **4.** *bsd. Brit.* Prome'nade *f*; **5.** *fenc.* Pa'rade *f*; **II** *v/t.* **6.** zur Schau stellen, vorführen; **7.** zur Schau tragen, protzen mit; **8.** ⚔ auf-, vor'beimarschieren lassen; **9.** *Straße* entlangstolzieren; **III** *v/i.* **10.** ⚔ paradieren, (vor'bei)marschieren; **11.** e-n Umzug veranstalten, durch die Straßen ziehen; **12.** sich zur Schau stellen, stolzieren.
par·a·digm ['pærədaɪm] *s. ling.* Para'digma *n*, (Muster)Beispiel *n*; **par·a·dig·mat·ic** [ˌpærədɪg'mætɪk] *adj.* (□ ***~ally***) paradig'matisch.
par·a·dise ['pærədaɪs] *s.* (*bibl.* 2) Para'dies *n* (*a. fig.*): ***bird of ~*** Paradiesvogel *m*; → ***fool's paradise***; **par·a·dis·i·ac** [ˌpærə'dɪsɪæk], **par·a·di·si·a·cal** [ˌpærədɪ'saɪəkl] *adj.* para'diesisch.
par·a·dox ['pærədɒks] *s.* Pa'radoxon *n*, Para'dox *n*; **par·a·dox·i·cal** [ˌpærə'dɒksɪkl] *adj.* □ para'dox.
'**par·a·drop** *v/t.* ✈ mit dem Fallschirm abwerfen *od.* absetzen.
par·af·fin ['pærəfɪn], **par·af·fine** ['pærəfiːn] **I** *s.* Paraf'fin *n*: ***liquid ~***, *Brit.* **~** (***oil***) Paraffinöl *n*; ***solid ~*** Erdwachs *n*; ***~ wax*** Paraffin (*für Kerzen*); **II** *v/t.* ⚙ paraffinieren.
par·a·glid·er ['pærəˌglaɪdə] *s. sport* **1.** Gleitschirm *m*; **2.** 'Paraˌglider(in), Gleitschirmflieger(in); '**par·aˌglid·ing** *s.* 'Paraˌgliding *n*, Gleitschirmfliegen *n.*
par·a·gon ['pærəgən] *s.* **1.** Muster *n*, Vorbild *n*: ***~ of virtue*** Muster *od. iro.* Ausbund *m* an Tugend; **2.** *typ.* Text *f* (*Schriftgrad*).
par·a·graph ['pærəgrɑːf] *s.* **1.** *typ.* a) Absatz *m*, Abschnitt *m*, Para'graph *m*: ***~ mark*** *Computer*: Absatzzeichen *n*, b) Para'graphzeichen *n*; **2.** kurzer ('Zeitungs)Arˌtikel; '**par·a·graph·er** [-fə] *s.* **1.** Verfasser *m* kleiner Zeitungsartikel; **2.** 'Leitarˌtikler *m* (*e-r Zeitung*).
Par·a·guay·an [ˌpærə'gwaɪən] **I** *adj.* para'guayisch; **II** *s.* Para'guayer(in).
par·a·keet ['pærəkiːt] *s. orn.* Sittich *m*: ***Australian grass ~*** Wellensittich.
par·al·de·hyde [pə'rældɪhaɪd] *s.* ⚗ Paralde'hyd *n.*
par·al·lac·tic [ˌpærə'læktɪk] *adj. ast., phys.* paral'laktisch: ***~ motion*** parallaktische Verschiebung; **par·al·lax** ['pærəlæks] *s.* Paral'laxe *f.*
par·al·lel ['pærəlel] **I** *adj.* **1.** (***with***, ***to***) paral'lel (zu, mit), gleichlaufend (mit): ***~ bars*** *Turnen*: Barren *m*; ***~ connection*** ⚡ Parallelschaltung *f*; ***run ~ to*** parallel verlaufen zu; **2.** *fig.* paral'lel, gleich(gerichtet, -laufend), entsprechend: ***~ case*** Parallelfall *m*; ***~ passage*** Parallele *f in e-m Text*; **II** *s.* **3.** ⩓ *u. fig.* Paral'lele *f* (***to*** zu): ***in ~ with*** parallel zu; ***draw a ~ between*** *fig.* e-e Parallele ziehen zwischen (*dat.*), (miteinander) vergleichen; **4.** ⩓ Paralleli'tät *f* (*a. fig. Gleichheit*); **5.** *geogr.* Breitenkreis *m*; **6.** ⚡ Paral'lelschaltung *f*: ***connect*** (*od.* ***join***) ***in ~*** parallel schalten; **7.** Gegenstück *n*, Entsprechung *f*: ***have no ~*** nicht seinesgleichen haben; ***without ~*** ohnegleichen; **III** *v/t.* **8.** (***with***, ***to***) anpassen, -gleichen (*dat.*); **9.** gleichkommen (*dat.*); **10.** et. Gleiches *od.* Entsprechendes finden zu; **11.** *bsd. Am.* F parallel laufen zu; '**par·al·lel·ism** [-lɪzəm] *s.* ⩓ Paralle'lismus *m* (*a. ling., phls., fig.*), Paralleli'tät *f*;
par·al·lel·o·gram [ˌpærə'leləʊgræm] *s.* ⩓ Parallelo'gramm *n*: ***~ of forces*** *phys.* Kräfteparallelogramm *n.*
pa·ral·o·gism [pə'rælədʒɪzəm] *s. phls.* Paralo'gismus *m*, Trugschluss *m.*
Par·a·lym·pics [ˌpærə'lɪmpɪks] *s. pl. sport* Para'lympics *pl.*, Be'hindertenolympiˌade *f.*
par·a·ly·sa·tion [ˌpærəlaɪ'zeɪʃn] *s.* **1.** ⚕ Lähmung *f* (*a. fig.*); **2.** *fig.* Lahmlegung *f*; **par·a·lyse** ['pærəlaɪz] *v/t.* **1.** ⚕ paralysieren, lähmen (*a. fig.*); **2.** *fig.* lahm legen, lähmen, zum Erliegen bringen;
pa·ral·y·sis [pə'rælɪsɪs] *pl.* **-ses** [-siːz] *s.* **1.** ⚕ Para'lyse *f*, Lähmung *f*; **2.** *fig.* a) Lähmung *f*, Lahmlegung *f*, b) Da'niederliegen *n*, c) Ohnmacht *f*; **par·a·lyt·ic** [ˌpærə'lɪtɪk] **I** *adj.* (□ ***~ally***) ⚕ para'lytisch: a) Lähmungs..., b) gelähmt (*a. fig.*), c) F volltrunken; **II** *s.* ⚕ Para'lytiker(in).
par·a·lyze *bsd. Am.* → ***paralyse***.
par·a·med·ic [ˌpærə'medɪk] *s. Am.* **1.** ärztlicher Assi'stent, *a.* Sani'täter *m*; **2.** Arzt, der sich in abgelegenen Gegenden mit dem Fallschirm absetzen lässt.
pa·ram·e·ter [pə'ræmɪtə] *s.* ⩓ **1.** Pa'rameter *m*; **2.** Nebenveränderliche *f.*
ˌ**par·a'mil·i·tar·y** *adj.* 'paramiliˌtärisch.
par·a·mount ['pærəmaʊnt] **I** *adj.* □ **1.** höher stehend (***to*** als), oberst, höchst; **2.** *fig.* an der Spitze stehend, größt, über'ragend, ausschlaggebend: ***of ~ importance*** von (aller)größter Bedeutung; '**par·a·mount·cy** *s.* **1.** allergrößte Wichtigkeit *od.* Bedeutung; **2.** wichtigste Positi'on, Vorrangstellung *f*, oberste 'Führungspositiˌon.
par·a·mour ['pærəˌmʊə] *s.* Geliebte(r *m*) *f*, Buhle *m*, *f.*
par·a·noi·a [ˌpærə'nɔɪə] *s.* ⚕ Para'noia *f*; ˌ**par·a'noi·ac** [-ɪæk] **I** *adj.* para'noisch; **II** *s.* Para'noiker(in); **par·a·noid** ['pærənɔɪd] *adj.* parano'id.
par·a·pet ['pærəpɪt] *s.* **1.** ⚔ Wall *m*, Brustwehr *f*; **2.** ⩓ (Brücken)Geländer *n*, (Bal'kon-, Fenster)Brüstung *f.*
par·aph ['pæræf] *s.* Pa'raphe *f*, ('Unterschrifts)Schnörkel *m.*
par·a·pher·na·li·a [ˌpærəfə'neɪljə] *s. pl.* **1.** Zubehör *n*, *m*, Uten'silien *pl.*, ‚Drum u. 'Dran' *n*; **2.** ⚖ Parapher'nalgut *n der Ehefrau.*
par·a·phrase ['pærəfreɪz] **I** *s.* Para'phrase *f* (*a.* ♪), Um'schreibung *f*; freie 'Wiedergabe, Interpretati'on *f*; **II** *v/t. u. v/i.* paraphrasieren (*a.* ♪), interpretieren, *e-n Text* frei 'wiedergeben; um'schreiben.
par·a·ple·gi·a [ˌpærə'pliːdʒə] *s.* Paraple'gie *f*, doppelseitige Lähmung; ˌ**para'ple·gic** [-dʒɪk] *adj.* para'plegisch.
ˌ**par·a·psy'chol·o·gy** [ˌpærəsaɪ'kɒlədʒɪ] *s.* 'Parapsycholoˌgie *f.*
par·a·scend·ing [ˌpærə'sendɪŋ] *s.* Fallschirmsport *m*, -springen *n.*
par·a·sit·al [ˌpærə'saɪtl] *adj.* para'sitisch (*a. fig.*); **par·a·site** ['pærəsaɪt] **I** *s.* **1.** *biol. u. fig.* Schma'rotzer *m*, Para'sit *m*; **2.** *ling.* para'sitischer Laut; **II** *adj.* **3.** → ***parasitic*** 4; ˌ**par·a'sit·ic**, ˌ**par·a'sit·ic·al** [-'sɪtɪk(l)] *adj.* □ **1.** *biol.* para'sitisch (*a. ling.*), schma'rotzend; **2.** ⚕ para'sitisch, parasi'tär; **3.** *fig.* schma'rotzerhaft, para'sitisch; **4.** ⚙, ⚡ (*nur* ***parasitic***) störend, parasi'tär: ***~ current*** Fremdstrom *m*; **par·a·sit·ism** ['pærəsaɪtɪzəm] *s.* Parasi'tismus *m* (*a.* ⚕), Schma'rotzertum *n.*
par·a·sol ['pærəsɒl] *s.* (Damen)Sonnenschirm *m*, *obs.* Para'sol *m*, *n.*
par·a·suit ['pærəsuːt] *s.* ✈ 'Fallschirmkombinatiˌon *f.*
par·a·thy·roid (**gland**) [ˌpærə'θaɪrɔɪd] *s. anat.* Nebenschilddrüse *f.*
'**par·aˌtroop·er** *s.* ⚔ Fallschirmjäger *m*; '**par·a·troops** *s. pl.* ⚔ Fallschirmtruppen *pl.*
par·a·ty·phoid (**fe·ver**) [ˌpærə'taɪfɔɪd] *s.* ⚕ Paratyphus *m.*
par·a·vane ['pærəveɪn] *s.* ⚓ Minenabweiser *m*, Ottergerät *n.*
par·boil ['pɑːbɔɪl] *v/t.* **1.** halb gar kochen, ankochen; **2.** *fig.* über'hitzen.
par·cel ['pɑːsl] **I** *s.* **1.** Pa'ket *n*, Päckchen *n*; Bündel *n*; *pl.* Stückgüter *pl.*: ***~ of***

P

shares Aktienpaket; ***do up in ~s*** einpacken; **2.** ✝ Posten *m*, Par'tie *f*, Los *n* (*Ware*): ***in ~s*** in kleinen Posten, stück-, packweise; **3.** *contp.* Haufe(n) *m*; **4.** *a.* ***~ of land*** Par'zelle *f*; **II** *v/t.* **5.** *mst* ***~ out*** auf-, aus-, abteilen, *Land* parzellieren; **6.** *a.* ***~ up*** einpacken, (ver)packen; **~ bomb** *s.* Pa'ketbombe *f*; **~ of·fice** *s.* Gepäckabfertigung(sstelle) *f*; **~ post** *s.* Pa'ketpost *f*; **~s count·er** *s.* Pa'ketschalter *m*, -annahme *f*, -ausgabe *f*.

par·ce·nar·y ['pɑːsɪnərɪ] *s.* ⚖ Mitbesitz *m* (*durch Erbschaft*); '**par·ce·ner** [-nə] *s.* Miterbe *m*.

parch [pɑːtʃ] **I** *v/t.* **1.** rösten, dörren; **2.** ausdörren, -trocknen, (ver)sengen: ***be ~ed*** (***with thirst***), ‚am Verdursten' sein; **II** *v/i.* **3.** ausdörren, -trocknen, rösten, schmoren; '**parch·ing** [-tʃɪŋ] *adj.* **1.** brennend (*Durst*); **2.** sengend (*Hitze*); '**parch·ment** [-mənt] *s.* **1.** Perga'ment *n*; **2.** *a.* ***vegetable ~*** Perga'mentpa,pier *n*; **3.** Per'gament(urkunde *f*) *n*, Urkunde *f*.

pard [pɑːd], '**pard·ner** [-dnə] *s. bsd. Am.* F Partner *m*, ‚Kumpel' *m*.

par·don ['pɑːdn] **I** *v/t.* **1.** *j-m od. e-e Sache* verzeihen, *j-n od. et.* entschuldigen: ***~ me!*** Verzeihung!, entschuldigen Sie!, verzeihen Sie!; ***~ me for interrupting you!*** entschuldigen Sie, wenn ich Sie unterbreche!; **2.** *Schuld* vergeben; **3.** *j-m* das Leben schenken, *j-m* die Strafe erlassen, *j-n* begnadigen; **II** *s.* **4.** Verzeihung *f*: ***a thousand ~s*** ich bitte Sie tausendmal um Entschuldigung; ***beg*** (*od.* ***ask***) ***s.o.'s ~*** j-n um Verzeihung bitten; (***I***) ***beg your ~*** a) entschuldigen Sie bitte!, Verzeihung!, b) F *a.* ***~?*** wie sagten Sie (doch eben)?, wie bitte?, c) *empört*: erlauben Sie mal!; **5.** Vergebung *f*; *R.C.* Ablass *m*; ⚖ Begnadigung *f*, Straferlass *m*: ***general ~*** (allgemeine) Amnestie; **6.** Par'don *m*, Gnade *f*; '**par·don·a·ble** [-nəbl] *adj.* □ verzeihlich (*Fehler*), lässlich (*Sünde*); '**par·don·er** [-nə] *s. eccl. hist.* Ablasskrämer *m*.

pare [peə] *v/t. Äpfel etc.* schälen; *Fingernägel etc.* (be)schneiden: ***~ down*** *fig.* beschneiden, einschränken; ***~ off*** (ab-)schälen (*a.* ⚙); → ***claw*** 1 b.

par·e·gor·ic [,pærə'gɒrɪk] *adj. u. s.* ⚕ schmerzstillend(es Mittel).

par·en·ceph·a·lon [,pæren'sefəlɒn] *s. anat.* Kleinhirn *n*.

pa·ren·chy·ma [pə'reŋkɪmə] *s.* **1.** Paren'chym *n* (*biol.*, ⚘ *Grund-*, *anat. Organgewebe*); **2.** ⚕ Tumorgewebe *n*.

par·ent ['peərənt] **I** *s.* **1.** *pl.* Eltern *pl.*: ***~-teacher association*** *ped.* (*amer.*, *a. brit.*) Eltern-Lehrer-Ausschuss *m*; ***~-teacher meeting*** Elternabend *m*; **2.** *a.* ⚖ Elternteil *m*; **3.** Vorfahr *m*; **4.** *biol.* Elter *m*; **5.** *fig.* Ursache *f*: ***the ~ of vice*** aller Laster Anfang; **6.** ✝ F ‚Mutter' *f* (*Muttergesellschaft*); **II** *adj.* **7.** *biol.* Stamm..., Mutter...: ***~ cell*** Mutterzelle *f*; **8.** ursprünglich, Ur...: ***~ form*** Urform *f*; **9.** *fig.* Mutter..., Stamm...: ***~ company*** ✝ Stammhaus *n*, Muttergesellschaft *f*; ***~ material*** Urstoff *m*, *geol.* Ausgangsgestein *n*; ***~ organization*** Dachorganisation *f*; ***~ patent*** ✝ Stammpatent *n*; ***~ rock*** *geol.* Urgestein *n*; ***~ ship*** ⚓ Mutterschiff *n*; ***~ unit*** ⚔ Stammtruppenteil *m*; '**par·ent·age** [-tɪdʒ] *s.* **1.** Abkunft *f*, Abstammung *f*, Fa'milie *f*; **2.** Elternschaft *f*; **3.** *fig.* Urheberschaft *f*; **pa·ren·tal** [pə'rentl] *adj.* □ elterlich, Eltern...: ***~ authority*** ⚖ elterliche Gewalt.

pa·ren·the·sis [pə'renθɪsɪs] *pl.* **-the·ses** [-siːz] *s.* **1.** *ling.* Paren'these *f*, Einschaltung *f*: ***by way of ~*** *fig.* beiläufig; **2.** *mst pl. typ.* (runde) Klammer(n *pl.*): ***put in parentheses*** einklammern; **pa'ren·the·size** [-saɪz] *v/t.* **1.** einschalten, einflechten; **2.** *typ.* einklammern; **par·en·thet·ic**, **par·en·thet·i·cal** [,pærən'θetɪk(l)] *adj.* □ **1.** paren'thetisch, eingeschaltet; *fig.* beiläufig; **2.** eingeklammert.

par·ent·less ['peərəntlɪs] *adj.* elternlos.

pa·re·sis ['pærɪsɪs] *s.* ⚕ **1.** Pa'rese *f*, unvollständige Lähmung; **2.** *a.* ***general ~*** progres'sive Para'lyse.

par·get ['pɑːdʒɪt] **I** *s.* **1.** Gips(stein) *m*; **2.** Verputz *m*; **3.** Stuck *m*; **II** *v/t.* **4.** verputzen; **5.** mit Stuck verzieren.

par·he·li·on [pɑː'hiːljən] *pl.* **-li·a** [-ljə] *s.* Nebensonne *f*, Par'helion *n*.

pa·ri·ah ['pærɪə] *s.* Paria *m* (*a. fig.*).

pa·ri·e·tal [pə'raɪɪtl] **I** *adj.* **1.** *anat.* parie'tal: a) (*a.* ⚘, *biol.*) wandständig, Wand..., b) seitlich, c) Scheitel (-bein)...; **2.** *ped. Am.* in'tern, Haus...; **II** *s.* **3.** *a.* ***~ bone*** Scheitelbein *n*.

par·ing ['peərɪŋ] *s.* **1.** Schälen *n*; (Be-)Schneiden *n*, Stutzen *n* (*a. fig.*); **2.** *pl.* Schalen *pl.*: ***potato ~s***; **3.** *pl.* ⚙ Späne *pl.*, Schabsel *pl.*, Schnitzel *pl.*; **~ knife** *s.* [*irr.*] **1.** Schälmesser *n* (*für Obst etc.*); **2.** Beschneidmesser.

pa·ri pas·su [,pɑːrɪ'pæsuː] (*Lat.*) *adv.* gleichrangig, -berechtigt.

Par·is ['pærɪs] *adj.* Pa'riser; **~ blue** *s.* Ber'liner Blau *n*; **~ green** *s.* Pa'riser *od.* Schweinfurter Grün *n*.

par·ish ['pærɪʃ] **I** *s.* **1.** *eccl.* a) Kirchspiel *n*, Pfarrbezirk *m*, b) Gemeinde *f* (*a. coll.*); **2.** *a.* ***civil*** (*od.* ***poor-law***) ***~*** *pol. Brit.* (po'litische) Gemeinde: ***go*** (*od.* ***be***) ***on the ~*** der Gemeinde zur Last fallen; **II** *adj.* **3.** Kirchen..., Pfarr...: ***~ church*** Pfarrkirche *f*; ***~ clerk*** Küster *m*; ***~ register*** Kirchenbuch *n*; **4.** *pol.* Gemeinde...: ***~ council*** Gemeinderat *m*; ***~-pump politics*** Kirchturmpolitik *f*; **pa·rish·ion·er** [pə'rɪʃənə] *s.* Gemeindeglied *n*.

Pa·ri·sian [pə'rɪzjən] **I** *s.* Pa'riser(in); **II** *adj.* Pa'riser.

par·i·syl·lab·ic [,pærɪsɪ'læbɪk] *ling.* **I** *adj.* parisyl'labisch, gleichsilbig; **II** *s.* Pari'syllabum *n*.

par·i·ty ['pærətɪ] *s.* **1.** Gleichheit *f*, *a.* gleichberechtigte Stellung; **2.** ✝ a) Pari'tät *f*, b) 'Umrechnungskurs *m*: ***at the ~ of*** zum Umrechnungskurs von; ***~ clause*** Paritätsklausel *f*; ***~ price*** Parikurs *m*. **3.** *Computer*: Pari'tät *f*.

park [pɑːk] **I** *s.* **1.** Park *m*, (Park)Anlagen *pl.*; **2.** Na'turschutzgebiet *n*, Park *m*: ***national ~***; **3.** *bsd.* ⚔ (Geschütz-, Fahrzeug- *etc.*)Park *m*; **4.** *Am.* Parkplatz *m*; **5.** a) *Am.* (Sport)Platz *m*, b) ***the ~*** *Brit.* F der Fußballplatz; **II** *v/t.* **6.** *mot. etc.* parken, ab-, aufstellen; F *et.* abstellen, *wo* lassen: ***~ o.s.*** sich ‚hinhocken'; **III** *v/i.* **7.** parken.

par·ka ['pɑːkə] *s.* Parka *m*, *f*.

,park-and-'ride sys·tem *s.* 'Park-and--'ride-Sy,stem *n*.

park·ing ['pɑːkɪŋ] *s. mot.* **1.** Parken *n*: ***no ~!*** Parken verboten!; **2.** Parkplatz *m*, -plätze *pl.*, -fläche *f*; **~ brake** *s.* Feststellbremse *f*; **~ disc** *s.* Parkscheibe *f*; **~ fee** *s.* Parkgebühr *f*; **~ ga·rage** *s.* Parkhaus *n*; **~ light** *s.* Park-, Standlicht *n*; **~ lot** *s. Am.* Parkplatz *m*, -fläche *f*; **~ me·ter** *s.* Park(zeit)uhr *f*; **~ of·fend·er** *s.* Falschparker *m*, Parksünder *m*; **~ place** *s.* **1.** Parkplatz *m*, -fläche *f*; **2.** Parklücke *f*; **~ space** *s.* **1.** → ***parking place***; **2.** Abstellfläche *f*; -lücke *f*; **~ tick·et** *s.* Strafzettel *m* (für unerlaubtes Parken).

par·lance ['pɑːləns] *s.* Ausdrucksweise *f*, Sprache *f*: ***in common ~*** auf gut Deutsch; ***in legal ~*** in der Rechtssprache; ***in modern ~*** im modernen Sprachgebrauch.

par·lay ['pɑːlɪ] *Am.* **I** *v/t.* **1.** *Wett-*, *Spielgewinn* wieder einsetzen; **2.** *fig.* aus *j-m od. et.* Kapi'tal schlagen; **3.** erweitern, ausbauen (***into*** zu); **II** *v/i.* **4.** e-n Spielgewinn wieder einsetzen; **III** *s.* **5.** erneuter Einsatz e-s Gewinns; **6.** Ausweitung *f*; **7.** Ausweitung *f*, Ausbau *m*.

par·ley ['pɑːlɪ] **I** *s.* **1.** Unter'redung *f*, Verhandlung *f*; **2.** ⚔ (Waffenstillstands)Verhandlung(en *pl.*) *f*, Unter'handlung(en *pl.*) *f*; **II** *v/i.* **3.** sich besprechen (***with*** mit); **4.** ⚔ unter'handeln; **III** *v/t.* **5.** *humor.* parlieren: ***~ French***.

par·lia·ment ['pɑːləmənt] *s.* Parla'ment *n*: ***enter*** (*od.* ***get into*** *od.* ***go into***) ♀ ins Parlament gewählt werden; ***Member of*** ♀ *Brit.* Mitglied des Unterhauses, Abgeordnete(r *m*) *f*; **par·lia·men·tar·i·an** [,pɑːləmen'teərɪən] *pol.* **I** *s.* (erfahrener) Parlamen'tarier; **II** *adj.* → ***parliamentary***; **par·lia·men·ta·rism** [,pɑːlə'mentərɪzəm] *s.* parlamen'tarisches Sy'stem, Parlamenta'rismus *m*; **par·lia·men·ta·ry** [,pɑːlə'mentərɪ] *adj.* **1.** parlamen'tarisch, Parlaments...: ♀ ***Commissioner*** *Brit.* → ***ombudsman*** 1; ***~ group*** (*od.* ***party***) Fraktion *f*; ***~ party leader*** *Brit.* Fraktionsvorsitzende(r) *m*; **2.** *fig.* höflich (*Sprache*).

par·lo(u)r ['pɑːlə] **I** *s.* **1.** Wohnzimmer *n*; **2.** *obs.* Besuchszimmer *n*, Sa'lon *m*; **3.** Empfangs-, Sprechzimmer *n*; **4.** Klub-, Gesellschaftszimmer *n* (*Hotel*); **5.** *bsd. Am.* Geschäftsraum *m*, Sa'lon *m*; → ***beauty parlo(u)r***; **II** *adj.* **6.** Wohnzimmer...: ***~ furniture***; **7.** *fig.* Salon...: ***~ radical***, *Am.* ***~ red*** *pol.* Salonbolschewist(in); **~ car** *s.* 🚃 *Am.* Sa'lonwagen *m*; **~ game** *s.* Gesellschaftsspiel *n*; '**~·maid** *s.* Stubenmädchen *n*.

par·lous ['pɑːləs] *obs.* **I** *adj.* **1.** pre'kär; **2.** schlau; **II** *adv.* **3.** ‚furchtbar'.

pa·ro·chi·al [pə'rəʊkjəl] *adj.* □ **1.** parochi'al, Pfarr..., Gemeinde...: ***~ church council*** Kirchenvorstand *m*; ***~ school*** *Am.* Konfessionsschule *f*; **2.** *fig.* beschränkt, eng(stirnig): ***~ politics*** Kirchturmpolitik *f*; **pa'ro·chi·al·ism** [-lɪzəm] *s.* **1.** Parochi'alsy,stem *n*; **2.** *fig.* Beschränktheit *f*, Spießigkeit *f*.

par·o·dist ['pærədɪst] *s.* Paro'dist(in); **par·o·dy** ['pærədɪ] **I** *s. a. fig.* Paro'die *f* (***of*** auf *acc.*); **II** *v/t.* parodieren.

pa·rol [pə'rəʊl] *adj.* ⚖ a) (bloß) mündlich, b) unbeglaubigt, ungesiegelt: ***~ contract*** formloser (*mündlicher od. schriftlicher*) Vertrag; ***~ evidence*** Zeugenbeweis *m*.

pa·role [pə'rəʊl] **I** *s.* **1.** ⚖ a) bedingte Haftentlassung *od.* Strafaussetzung, b) Hafturlaub *m*: ***put s.o. on ~*** → 4; ***~ officer*** *Am.* Bewährungshelfer *m*; **2.** *a.* ***~ of hono(u)r*** *bsd.* ⚔ Ehrenwort *n*: ***on ~*** auf Ehrenwort; **3.** ⚔ Pa'role *f*, Kennwort *n*; **II** *v/t.* **4.** ⚖ a) *j-n* bedingt (aus der Haft) entlassen, j-s Strafe bedingt aussetzen, b) *j-m* Hafturlaub gewähren; **pa·rol·ee** [pərəʊ'liː] *s.* ⚖ bedingt Haftentlassene(r *m*) *f*.

par·o·nym ['pærənɪm] *s. ling.* **1.** Pa-

P

ro'nym *n*, Wortableitung *f*; **2.** 'Lehnüber,setzung *f*; **pa·ron·y·mous** [pə'rɒnɪməs] *adj.* □ a) (stamm)verwandt, b) 'lehnüber,setzt (*Wort*).

par·o·quet ['pærəket] → ***parakeet***.

pa·rot·id [pə'rɒtɪd] *s. a.* **~ *gland*** *anat.* Ohrspeicheldrüse *f*; **par·o·ti·tis** [,pærəʊ'taɪtɪs] *s.* Mumps *m*.

par·ox·ysm ['pærəksɪzəm] *s.* ⚕ Paro'xysmus *m*, Krampf *m*, Anfall *m* (*a. fig.*): ***~s of laughter*** Lachkrampf *m*; ***~s of rage*** Wutanfall *m*; **par·ox·ys·mal** [,pærək'sɪzməl] *adj.* krampfartig.

par·quet ['pɑːkeɪ] **I** *s.* **1.** Par'kett(fußboden *m*) *n*; **2.** *thea. bsd. Am.* Par'kett *n*; **II** *v/t.* **3.** parkettieren; **'par·quet·ry** [-kɪtrɪ] *s.* Par'kett(arbeit *f*) *n*.

par·ri·cid·al [,pærɪ'saɪdl] *adj.* vater-, muttermörderisch; **par·ri·cide** ['pærɪsaɪd] *s.* **1.** Vater-, Muttermörder(in); **2.** Vater-, Mutter-, Verwandtenmord *m*.

par·rot ['pærət] **I** *s. orn.* Papa'gei *m*, *fig. a.* Nachschwätzer(in); **II** *v/t.* nachplappern; **~ *dis·ease*, ~ *fe·ver*** *s.* ⚕ Papa'geienkrankheit *f*.

par·ry ['pærɪ] **I** *v/t. Stöße, Schläge, Fragen etc.* parieren, abwehren (*beide a. v/i.*); **II** *s. fenc. etc.* Pa'rade *f*, Abwehr *f*.

parse [pɑːz] *v/t. ling. Satz* gram'matisch zergliedern, *Satzteil* bestimmen, *Wort* gram'matisch definieren.

par·sec ['pɑːsek] *s. ast.* Parsek *n*, Sternweite *f* (*3,26 Lichtjahre*).

pars·er ['pɑːsə] *s. Computer*: Parser *m*.

par·si·mo·ni·ous [,pɑːsɪ'məʊnjəs] *adj.* □ **1.** sparsam, geizig, knauserig (***of*** mit); **2.** armselig, kärglich; **,par·si'mo·ni·ous·ness** [-nɪs], **par·si·mo·ny** ['pɑːsɪmənɪ] *s.* Sparsamkeit *f*, Geiz *m*, Knauserigkeit *f*.

pars·ing ['pɑːsɪŋ] *s. Computer*: Parsing *n*, 'Syntaxana,lyse *f*.

pars·ley ['pɑːslɪ] *s.* ⚘ Peter'silie *f*.

pars·nip ['pɑːsnɪp] *s.* ⚘ Pastinak *m*.

par·son ['pɑːsn] *s.* Pastor *m*, Pfarrer *m*; F *contp.* Pfaffe *m*: ***~'s nose*** Bürzel *m* (*e-r Gans etc.*); **'par·son·age** [-nɪdʒ] *s.* Pfar'rei *f*, Pfarrhaus *n*.

part [pɑːt] **I** *s.* **1.** Teil *m*, *n*, Stück *n*: ***~ by volume*** (***weight***) *phys.* Raum(Gewichts)teil; ***~ of speech*** *ling.* Redeteil, Wortklasse *f*; ***in ~*** teilweise; ***payment in ~*** Abschlagszahlung *f*; ***be ~ and parcel of*** e-n wesentlichen Bestandteil bilden von (*od. gen.*); ***for the best ~ of the year*** fast das ganze Jahr (über); **2.** A Bruchteil *m*: ***three ~s*** drei Viertel; **3.** ⚙ (Bau-, Einzel)Teil *n*: ***~s list*** Ersatzteil-, Stückliste *f*; **4.** ☤ Lieferung *f e-s Buches*; **5.** (Körper)Teil *m*, Glied *n*: ***soft ~*** Weichteil *n*; ***the*** (***privy***) ***~s*** die Geschlechtsteile; **6.** Anteil *m* (***of***, ***in*** an *dat.*): ***have a ~ in*** teilhaben an (*dat.*); ***have neither ~ nor lot in*** nicht das Geringste mit *et.* zu tun haben; ***take ~*** (***in***) teilnehmen (an *dat.*), mitmachen (bei); ***he wanted no ~ of it*** er wollte davon nichts wissen *od.* damit zu tun haben; **7.** *fig.* Teil *m*, Seite *f*: ***the most ~*** die Mehrheit, das meiste *von et.*; ***for my ~*** ich für mein(en) Teil; ***for the most ~*** meistens, größtenteils; ***on the ~ of*** vonseiten, seitens (*gen.*); ***take in good*** (***bad***) ***~*** *et.* gut (übel) aufnehmen; **8.** Seite *f*, Par'tei *f*: ***he took my ~*** er ergriff m-e Partei; **9.** Pflicht *f*: ***do one's ~*** das Seinige *od.* s-e Schuldigkeit tun; **10.** *thea.* Rolle *f* (*a. fig.*): ***act*** (*od. a. fig.* ***play***) ***a ~*** e-e Rolle spielen; **11.** ♪ Sing- *od.* Instrumen'talstimme *f*, Par'tie *f*: ***for*** (*od.* ***in*** *od.* ***of***) ***several ~s*** mehrstimmig; **12.** *pl.* (geistige) Fähigkeiten *pl.*, Ta'lent *n*: ***a man of ~s*** ein fähiger Kopf; **13.** *oft pl.* Gegend *f*, Teil *m e-s Landes, der Erde*: ***in these ~s*** hierzulande; ***in foreign ~s*** im Ausland; **14.** *Am.* (Haar)Scheitel *m*; **II** *v/t.* **15.** teilen, ab-, ein-, zerteilen; trennen (***from*** von); **16.** *Streitende* trennen, *Metalle* scheiden, *Haar* scheiteln; **III** *v/i.* **17.** ausein'ander gehen, sich lösen, zerreißen, brechen (*a.* ⚓), aufgehen (*Vorhang*); **18.** ausein'ander gehen, sich trennen (*Menschen, Wege etc.*): ***~ friends*** als Freunde auseinander gehen; ***~ with*** sich von *j-m od. et.* trennen; ***~ with one's money*** mit dem Geld herausrücken; **IV.** *adj.* **19.** Teil...: ***~ damage*** Teilschaden *m*; ***~ delivery*** Teillieferung *f*; **V** *adv.* **20.** teilweise, zum Teil: ***made ~ of iron, ~ of wood*** teils aus Eisen, teils aus Holz.

part- [pɑːt] *in Zssgn* teilweise, zum Teil: ***~-done*** zum Teil erledigt; ***accept s.th. in ~-exchange*** et. in Zahlung nehmen; ***~-finished*** halb fertig; ***~-opened*** ein Stück geöffnet.

par·take [pɑː'teɪk] **I** *v/i.* [*irr.* → ***take***] **1.** teilnehmen, -haben (***in***, ***of*** an *dat.*); **2.** (***of***) *et.* an sich haben (von), *et.* teilen (mit): ***his manner ~s of insolence*** es ist et. Unverschämtes in s-m Benehmen; **3.** (***of***) mitessen, genießen, *j-s Mahlzeit* teilen; *Mahlzeit* einnehmen; **II** *v/t.* [*irr.* → ***take***] **4.** *obs.* teilen, teilhaben (an *dat.*).

par·terre [pɑː'teə] *s.* **1.** französischer Garten; **2.** *thea. bsd. Am.* Par'terre *n*.

par·the·no·gen·e·sis [,pɑːθɪnəʊ'dʒenɪsɪs] *s.* Parthenoge'nese *f*: a) ⚘ Jungfernfrüchtigkeit *f*, b) *zo.* Jungfernzeugung *f*, c) *eccl.* Jungfrauengeburt *f*.

Par·thi·an ['pɑːθjən] *adj.* parthisch: ***~ shot*** → ***parting shot***.

par·tial ['pɑːʃl] *adj.* □ → ***partially***; **1.** teilweise, parti'ell, Teil...: ***~ eclipse*** *ast.* partielle Finsternis; ***~ payment*** Teilzahlung *f*; ***~ view*** Teilansicht *f*; **2.** par'teiisch, eingenommen (***to*** für), einseitig: ***be ~ to s.th.*** e-e besondere Vorliebe haben für et.; **par·ti·al·i·ty** [,pɑːʃɪ'ælətɪ] *s.* **1.** Par'teilichkeit *f*, Voreingenommenheit *f*; **2.** Vorliebe *f* (***to***, ***for*** für); **'par·tial·ly** [-ʃəlɪ] *adv.* teilweise, zum Teil: ***~ sighted*** sehbehindert.

par·tic·i·pant [pɑː'tɪsɪpənt] **I** *s.* Teilnehmer(in) (***in*** an *dat.*); **II** *adj.* teilnehmend, Teilnehmer..., (mit)beteiligt;

par·tic·i·pate [pɑː'tɪsɪpeɪt] *v/i.* **1.** teilhaben, -nehmen, sich beteiligen (***in*** an *dat.*), mitmachen (bei); beteiligt sein (an *dat.*); ☤ am Gewinn beteiligt sein; **2.** ***~ of*** *et.* an sich haben von; **par'tic·i·pat·ing** [-peɪtɪŋ] *adj.* **1.** ☤ gewinnberechtigt, mit Gewinnbeteiligung (*Versicherungspolice etc.*): ***~ share*** dividendenberechtigte Aktie; ***~ rights*** Gewinnbeteiligungsrechte; **2.** teilnehmend, Teilnehmer...: ***~ country*** *EU etc.*: Teilnehmerland *n*; **par·tic·i·pa·tion** [pɑː,tɪsɪ'peɪʃn] *s.* **1.** Teilnahme *f*, Beteiligung *f*, Mitwirkung *f*; **2.** ☤ Teilhaberschaft *f*, (Gewinn)Beteiligung *f*; **par'tic·i·pator** [-peɪtə] *s.* Teilnehmer(in) (***in*** an *dat.*).

par·ti·cip·i·al [,pɑːtɪ'sɪpɪəl] *adj.* □ *ling.* partizipi'al; **par·ti·ci·ple** ['pɑːtɪsɪpl] *s. ling.* Parti'zip *n*, Mittelwort *n*.

par·ti·cle ['pɑːtɪkl] *s.* **1.** Teilchen *n*, Stückchen *n*; **2.** *phys.* Par'tikel *n* (*a. f*), (Stoff-, Masse-, Elemen'tar)Teilchen *n*; **3.** *fig.* Fünkchen *n*, Spur *f*: ***not a ~ of truth in it*** nicht ein wahres Wort daran; **4.** *ling.* Par'tikel *f*.

par·ti·col·o(u)red ['pɑːtɪ,kʌləd] *adj.* bunt, vielfarbig.

par·tic·u·lar [pə'tɪkjʊlə] **I** *adj.* □ → ***particularly***; **1.** besonder, einzeln, spezi'ell, Sonder...: ***~ average*** ☤ kleine (besondere) Havarie; ***for no ~ reason*** aus keinem besonderen Grund; ***this ~ case*** dieser spezielle Fall; **2.** individu'ell, ausgeprägt; **3.** ausführlich; 'umständlich; **4.** peinlich genau, eigen: ***be ~ about*** es genau nehmen mit, Wert legen auf (*acc.*); **5.** wählerisch (***in***, ***about***, ***as to*** in *dat.*): ***none too ~ about*** *iro.* nicht gerade wählerisch (*in s-n Methoden etc.*); **6.** eigentümlich, sonderbar; **II** *s.* **7.** Einzelheit *f*, besonderer 'Umstand; *pl.* nähere Umstände *od.* Angaben *pl.*, *das* Nähere: ***in ~*** insbesondere; ***enter into ~s*** sich auf Einzelheiten einlassen; ***further ~s from*** Näheres (erfährt man) bei; **8.** Perso'nalien *pl.*, Angaben *pl. zur Person*; **9.** F Speziali'tät *f*, *et.* Typisches; **par'tic·u·lar·ism** [-ərɪzəm] *s. pol.* Partikula'rismus *m*: a) Sonderbestrebungen *pl.*, b) ,Kleinstaate'rei *f*; **par·tic·u·lar·i·ty** [pə,tɪkjʊ'lærətɪ] *s.* **1.** Besonderheit *f*, Eigentümlichkeit *f*; **2.** besonderer 'Umstand, Einzelheit *f*; **3.** Ausführlichkeit *f*; **4.** (peinliche) Genauigkeit; **5.** Eigenheit *f*; **par·tic·u·lar·i·za·tion** [pə,tɪkjʊləraɪ'zeɪʃn] *s.* Detaillierung *f*, Spezifizierung *f*; **par'tic·u·lar·ize** [-əraɪz] **I** *v/t.* spezifizieren, einzeln (*a.* 'umständlich) anführen, ausführlich angeben; **II** *v/i.* ins Einzelne gehen; **par'tic·u·lar·ly** [-lɪ] *adv.* **1.** besonders, im Besonderen, insbesondere: ***not ~*** nicht sonderlich; (***more***) ***~ as*** umso mehr als, zumal; **2.** ungewöhnlich; **3.** ausdrücklich.

part·ing ['pɑːtɪŋ] **I** *adj.* **1.** Scheide..., Abschieds...: ***~ kiss***; ***~ breath*** letzter Atemzug; **2.** trennend, abteilend: ***~ wall*** Trennwand *f*; **II** *s.* **3.** Abschied *m*, Scheiden *n*, Trennung *f* (***with*** von); *fig.* Tod *m*; **4.** Trennlinie *f*, (Haar)Scheitel *m*: ***~ of the ways*** Weggabelung, *fig.* Scheideweg; **5.** ⚗, *phys.* Scheidung *f*: ***~ silver*** Scheidesilber; **6.** ⚙ *Gießerei*: a) *a.* ***~ sand*** Streusand *m*, trockener Formsand, b) *a.* ***~ line*** Teilfuge *f* (*Gussform*); **7.** ⚓ Bruch *m*, Reißen *n*; ***~ shot*** *s. fig.* letzte boshafte Bemerkung (*beim Abschied*).

par·ti·san¹ ['pɑːtɪzn] *s.* ⚔ *hist.* Parti'sane *f* (*Stoßwaffe*).

par·ti·san² [,pɑːtɪ'zæn] **I** *s.* **1.** Par'teigänger(in), -genosse *m*, -genossin *f*; **2.** ⚔ Parti'san *m*, Freischärler *m*; **II** *adj.* **3.** Partei...; **4.** par'teiisch: ***~ spirit*** leidenschaftliche Parteilichkeit; **5.** ⚔ Partisanen..., **,par·ti'san·ship** [-ʃɪp] *s.* **1.** *pl.* Par'teigängertum *n*; **2.** *fig.* Par'tei-, Vetternwirtschaft *f*.

par·tite ['pɑːtaɪt] *adj.* **1.** geteilt (*a.* ⚘); **2.** *in Zssgn* ...teilig.

par·ti·tion [pɑː'tɪʃn] **I** *s.* **1.** (Auf-, Ver-)Teilung *f*; **2.** ⚖ ('Erb)Ausein,andersetzung *f*; **3.** Trennung *f*, Absonderung *f*; **4.** Scheide-, Querwand *f*, Fach *n* (*Schrank etc.*); (Bretter)Verschlag *m*: ***~ wall*** Zwischenwand *f*; **II** *v/t.* **5.** (auf-, ver)teilen; **6.** *Erbschaft* ausein'ander setzen; **7.** *mst* ***~ off*** abteilen, -fachen;

par·ti·tive ['pɑːtɪtɪv] **I** *adj.* teilend, Teil...; *ling.* parti'tiv: ***~ genitive***; **II** *s. ling.* Parti'tivum *n*.

part·ly ['pɑːtlɪ] *adv.* zum Teil, teilweise, teils: ***~ ..., ~ ...*** teils ..., teils ...

part·ner ['pɑːtnə] **I** *s.* **1.** *allg.* (*a. sport*,

P

a. Tanz)Partner(in); **2.** † Gesellschafter *m*, (Geschäfts)Teilhaber(in), Kompagnon *m*: ***general ~*** (unbeschränkt) haftender Gesellschafter, Komplementär *m*; ***special ~*** *Am.* Kommanditist (-in); → ***dormant*** 3; ***limited*** I; ***silent*** 2; ***sleeping partner***; **3.** 'Lebenskame,rad (-in), Gatte *m*, Gattin *f*; **II** *v/t.* **4.** zs.-bringen, -tun; **5.** sich zs.-tun, sich assoziieren (***with*** mit *j-m*): ***be ~ed with*** *j-n* zum Partner haben; **'part·ner·ship** [-ʃɪp] *s.* **1.** Teilhaberschaft *f*, Partnerschaft *f*, Mitbeteiligung *f* (***in*** an *dat.*); **2.** † a) Handelsgesellschaft *f*, b) Perso'nalgesellschaft *f*: ***general*** *od.* ***ordinary ~*** offene Handelsgesellschaft; → ***limited*** I; ***special ~*** *Am.* Kommanditgesellschaft *f*; ***deed of ~*** Gesellschaftsvertrag *m*; ***enter into a ~ with*** → ***partner*** 5.

part| own·er *s.* **1.** Miteigentümer(in); **2.** ⚓ Mitreeder *m*; **~ pay·ment** *s.* Teil-, Abschlagszahlung *f*.

par·tridge ['pɑːtrɪdʒ] *pl.* **par·tridge** *u.* **par·tridg·es** *s. orn.* Rebhuhn *n*.

part| sing·ing *s.* ♪ mehrstimmiger Gesang; **'~-time I** *adj.* Teilzeit...: ***~ job*** Teilzeitarbeit(sstelle) *f*; ***~ employee*** Teilzeitbeschäftigte(r *m*) *f*; ***~ farmer*** Nebenerwerbslandwirt *m*; **II** *adv.* Teilzeit ..., halbtags: ***work ~*** Teilzeit arbeiten; **'~,tim·er** *s.* Teilzeitbeschäftigte(r *m*) *f*, Halbtagskraft *f*.

par·tu·ri·ent [pɑː'tjʊərɪənt] *adj.* **1.** gebärend, kreißend; **2.** *fig.* (*mit e-r Idee*) schwanger; **par·tu·ri·tion** [,pɑːtjʊə'rɪʃn] *s.* Gebären *n*.

par·ty ['pɑːtɪ] *s.* **1.** *pol.* Par'tei *f*: ***~ boss*** Parteibonze *m*; ***~ spirit*** Parteigeist *m*; → ***whip*** 4a; **2.** Par'tie *f*, Gesellschaft *f*: ***hunting ~***; ***make one of the ~*** sich anschließen, mitmachen; **3.** Trupp *m*: a) ⚔ Kom'mando *n*, b) (Arbeits)Gruppe *f*, c) (Rettungs- *etc.*)Mannschaft *f*; **4.** Einladung *f*, Party *f*, Gesellschaft *f*: ***give a ~***; ***~ pooper*** *sl.* Partykiller *m*; **5.** ⚖ (Pro'zess- *etc.*)Par,tei *f*: ***contracting ~***, ***~ to a contract*** Vertragspartei, Kontrahent *m*; ***a third ~*** ein Dritter; **6.** Teilhaber(in), -nehmer(-in), Beteiligte(r *m*) *f*: ***be a ~ to*** beteiligt sein an, *et.* mitmachen; ***the parties concerned*** die Beteiligten; **7.** F ,Typ' *m*, Per'son *f*; **~ card** *s.* Par'teibuch *n*; **~ in·fight·ing** *s.* par'tei,interne Que'relen; **~ line** *s.* **1.** *teleph.* Gemeinschaftsanschluss *m*; **2.** *pol.* Par'teilinie *f*, -direk,tive *f*: ***follow the ~*** *parl.* linientreu sein; ***voting was on ~s*** bei der Abstimmung herrschte Fraktionszwang; **~ lin·er** *s. Am.* Linientreue(r *m*) *f*; **~ poop·er** *s.* F Spaßverderber *m*; **~ tick·et** *s.* **1.** Gruppenfahrkarte *f*; **2.** *pol. Am.* (Kandi'daten)Liste *f e-r Partei*.

par·ve·nu ['pɑːvənjuː] (*Fr.*) *s.* Em'porkömmling *m*, Parve'nü *m*.

Pas·cal ['pæskl] Pas'cal *n*: a) *phys. Einheit des Drucks*, b) *e-e Computersprache*.

pa·sha ['pɑːʃə] *s.* Pascha *m*.

pasque·flow·er ['pæsk,flaʊə] *s.* ⚘ Küchenschelle *f*.

pass¹ [pɑːs] *s.* **1.** (Eng)Pass *m*, Zugang *m*, 'Durchgang *m*, -fahrt *f*, Weg *m*: ***hold the ~*** die Stellung halten (*a. fig.*); ***sell the ~*** *fig.* alles verraten; **2.** Joch *n*, Sattel *m* (*Berg*); **3.** schiffbarer Ka'nal; **4.** Fischgang *m* (*Schleuse etc.*).

pass² [pɑːs] **I** *s.* **1.** (Reise)Pass *m*; (Perso'nal)Ausweis *m*; Passierschein *m*; 🚂, *thea. a.* ***free ~*** Frei-, Dauerkarte *f*; **2.** ⚔ a) Urlaubsschein *m*, b) Kurzurlaub *m*: ***be on ~*** auf (Kurz)Urlaub sein; **3.** a) Bestehen *n*, 'Durchkommen *n im Examen etc.*, b) bestandenes Ex'amen, c) Note *f*, Zeugnis *n*, d) *univ. Brit.* einfacher Grad; **4.** †, ⚙ Abnahme *f*, Genehmigung *f*; **5.** Bestreichung *f*, Strich *m beim Hypnotisieren etc.*; **6.** *Maltechnik*: Strich *m*; **7.** (Hand)Bewegung *f*, (Zauber)Trick *m*; **8.** *Fußball etc.*: Pass *m*, (Ball)Abgabe *f*, Vorlage *f*: ***~ back*** Rückgabe *f*; ***low ~*** Flachpass; **9.** *fenc.* Ausfall *m*, Stoß *m*; **10.** *sl.* Annäherungsversuch *m*, *oft* ***hard ~*** Zudringlichkeit *f*: ***make a ~ at*** *e-r Frau gegenüber* zudringlich werden; **11.** *fig.* a) Zustand *m*, b) kritische Lage: ***a pretty ~*** F e-e ,schöne Geschichte'; ***be at a desperate ~*** hoffnungslos sein; ***things have come to such a ~*** die Dinge haben sich derart zugespitzt; **12.** ⚙ Arbeitsgang *m* (*Werkzeugmaschine*); **13.** ⚙ (Schweiß)Lage *f*; **14.** *Walzwesen*: a) Gang *m*, b) Zug *m*; **15.** ϟ Pass *m* (*frequenzabhängiger Vierpol*); **II** *v/t.* **16.** *et.* passieren, vor'bei-, vor'übergehen, -fahren, -fließen, -kommen, -reiten, -ziehen an (*dat.*); **17.** über'holen (*a. mot.*), vor'beilaufen, -fahren an (*dat.*); **18.** durch-, über'schreiten, passieren, durch'gehen, -'reisen *etc.*: ***~ s.o.'s lips*** über j-s Lippen kommen; **19.** über'steigen, -'treffen, hin'ausgehen über (*acc.*) (*a. fig.*): ***it ~es my comprehension*** es geht über m-n Verstand; **20.** *fig.* über'gehen, -'springen, keine No'tiz nehmen von; † *e-e Dividende* ausfallen lassen; **21.** *durch et.* hin'durchleiten, -führen (*a.* ⚙), gleiten lassen: ***~ (through a sieve)*** durch ein Sieb passieren, durchseihen; ; ***~ one's hand over*** mit der Hand über *et.* fahren; **22.** *Gegenstand* reichen, (*a.* ⚖ *Falschgeld*) weitergeben; *Geld* in 'Umlauf setzen; (über-) 'senden, (*a. Funkspruch*) befördern; *sport Ball* abspielen, abgeben (***to*** an *acc.* passen), (zu): ***~ the chair*** (***to***) den Vorsitz abgeben (an *j-n*); ***~ the hat*** (***round*** *Brit.*) e-e Sammlung veranstalten (***for*** für *j-n*); ***~ the time of day*** guten (*od.* Guten) Tag *etc.* sagen, grüßen; ***~ to s.o.'s account*** j-m *e-n Betrag* in Rechnung stellen; ***~ to s.o.'s credit*** j-m gutschreiben; → ***word*** 5; **23.** *Türschloss* öffnen; **24.** vor'bei-, 'durchlassen, passieren lassen; **25.** *fig.* anerkennen, gelten lassen, genehmigen; **26.** ⚕ a) *Eiter, Nierenstein etc.* ausscheiden, b) *Eingeweide* entleeren, *Wasser* lassen; **27.** *Zeit* verbringen, -leben, -treiben; **28.** *parl. etc.* a) *Vorschlag* 'durchbringen, -setzen, b) *Gesetz* verabschieden, ergehen lassen, c) *Resolution* annehmen; **29.** rechtskräftig machen; **30.** ⚖ *Eigentum, Rechtstitel* über'tragen, *letztwillig* zukommen lassen; **31.** a) *Examen* bestehen, b) *Prüfling* bestehen lassen, 'durchkommen lassen; **32.** *Urteil* äußern, *s-e Meinung* aussprechen (***upon*** über *acc.*), *Bemerkung* fallen lassen, *Kompliment* machen: ***~ criticism on*** Kritik üben an (*dat.*); → ***sentence*** 2 a; **III** *v/i.* **33.** sich fortbewegen, von e-m Ort zum andern gehen *od.* fahren *od.* ziehen *etc.*; **34.** vor'bei-, vor'übergehen *etc.* (***by*** an *dat.*); **35.** 'durchgehen, passieren (*a. Linie*): ***it just ~ed through my mind*** *fig.* es ging mir eben durch den Kopf; **36.** ⚕ abgehen, abgeführt werden; **37.** 'durchkommen: a) ein Hindernis *etc.* bewältigen, b) (e-e Prüfung) bestehen; **38.** her'umgereicht werden, von Hand zu Hand gehen, herumgehen; im 'Umlauf sein: ***harsh words ~ed between them*** es fielen harte Worte bei ihrer Auseinandersetzung; **39.** a) *sport* passen, (den Ball) zuspielen *od.* abgeben, b) (*Kartenspiel u. fig.*) passen: ***I ~ on that!*** da muss ich passen!; **40.** *fenc.* ausfallen; **41.** 'übergehen (***from ...*** [***in***]***to*** von ... zu), werden (***into*** zu); **42.** *in andere Hände* 'übergehen, über'tragen werden (*Eigentum*); fallen (***to*** an *Erben etc.*); *unter j-s Aufsicht* kommen, geraten; **43.** an-, hin-, 'durchgehen, leidlich sein, unbeanstandet bleiben, geduldet werden: ***let that ~*** reden wir nicht mehr davon; **44.** *parl. etc.* 'durchgehen, bewilligt *od.* zum Gesetz erhoben werden, Rechtskraft erlangen; **45.** gangbar sein, Geltung finden (*Ideen, Grundsätze*); **46.** angesehen werden, gelten (***for*** als); **47.** urteilen, entscheiden (***upon*** über *acc.*); ⚖ *a.* gefällt werden (*Urteil*); **48.** vergehen (*a. Schmerz etc.*), verstreichen (*Zeit*); endigen; sterben: ***fashions ~*** Moden kommen u. gehen; **49.** sich zutragen *od.* abspielen, passieren: ***what ~ed between you and him?***; ***bring to ~*** bewirken; ***it came to ~ that*** *bibl.* es begab sich, dass;

Zssgn mit prp.:

pass| be·yond *v/i.* hin'ausgehen über (*acc.*) (*a. fig.*); **~ by** *v/i.* **1.** vor'bei-, vor'übergehen an (*dat.*); **2.** *et. od. j-n* über'gehen (***in silence*** stillschweigend); **3.** unter *dem Namen* ... bekannt sein; **~ for** → ***pass*** 46; **~ in·to I** *v/t.* **1.** *et.* einführen in (*acc.*); **II** *v/i.* **2.** (hinein)gehen *etc.* in (*acc.*); **3.** führen *od.* leiten in (*acc.*); **4.** 'übergehen in (*acc.*): ***~ law*** (zum) Gesetz werden; **~ through I** *v/t.* **1.** durch ... führen *od.* leiten *od.* stecken; 'durchschleusen; **II** *v/i.* **2.** durch'fahren, -'queren, -'schreiten *etc.*; durch ... gehen *etc.*; durch'fließen; **3.** durch ... führen (*Draht, Tunnel etc.*); **4.** durch'bohren; **5.** 'durchmachen, erleben;

Zssgn mit adv.:

pass| a·way I *v/t.* **1.** *Zeit* ver-, zubringen (***doing s.th.*** mit et.); **II** *v/i.* **2.** vergehen (*Zeit etc.*); **3.** verscheiden, sterben; **~ by** *v/i.* **1.** vor'bei-, vor'übergehen (*a. Zeit*); **2.** → ***pass over*** 4; **~ down** *v/t. Bräuche etc.* über'liefern, weitergeben (***to*** an *dat.*); **~ in** *v/t.* **1.** einlassen; **2.** einreichen, -händigen: ***~ one's check*** *Am. sl.* ,den Löffel abgeben' (*sterben*); **~ off I** *v/t.* **1.** *j-n od. et.* ausgeben (***for, as*** für, als); **II** *v/i.* **2.** vergehen (*Schmerz etc.*); **3.** *gut etc.* vorübergehen, von'statten gehen; **4.** 'durchgehen (***as*** als); **~ on I** *v/t.* **1.** weitergeben, -reichen (***to*** *dat. od.* an *acc.*); befördern; **2.** † abwälzen (***to*** auf *acc.*); **II** *v/i.* **3.** weitergehen; **4.** 'übergehen (***to*** zu); **5.** → ***pass away*** 3; **~ out I** *v/i.* **1.** hin'ausgehen, -fließen, -strömen; **2.** *sl.* ,umkippen', ohnmächtig werden; **II** *v/t.* **3.** ver-, austeilen; **~ o·ver I** *v/i.* **1.** hinübergehen; **2.** 'überleiten, -führen; **II** *v/t.* **3.** über'reichen, -'tragen; **4.** über'gehen (***in silence*** stillschweigend), ignorieren; **5.** → ***pass up*** 1; **~ through** *v/i.* **1.** hin'durchführen; **2.** hin'durchgehen, -reisen *etc.*: ***be passing through*** auf der Durchreise sein; **~ up** *v/t. sl.* **1.** a) sich *e-e Chance* entgehen lassen, b) *et.* ,sausen' lassen; verzichten auf (*acc.*); **2.** *j-n* über'gehen.

pass·a·ble ['pɑːsəbl] *adj.* □ **1.** passier-

P

bar; gang-, befahrbar; **2.** ✝ gangbar, gültig (*Geld etc.*); **3.** *fig.* leidlich, pas'sabel.

pas·sage ['pæsɪdʒ] *s.* **1.** Her'ein-, He'raus-, Vor'über-, 'Durchgehen *n*, 'Durchgang *m*, -reise *f*, -fahrt *f*, 'Durchfließen *n*: ***no ~!*** kein Durchgang!, keine Durchfahrt!; → ***bird*** 1; **2.** ✝ ('Waren-) Tran,sit *m*, 'Durchgang *m*; **3.** Pas'sage *f*, ('Durch-, Verbindungs)Gang *m*; *bsd. Brit.* Korridor *m*; **4.** Ka'nal *m*, Furt *f*; **5.** ⚙ 'Durchlass *m*, -tritt *m*; **6.** (See-, Flug)Reise *f*, ('Über)Fahrt *f*: ***book one's ~*** s-e Schiffskarte lösen (***to*** nach); ***work one's ~*** s-e Überfahrt durch Arbeit abverdienen; **7.** Vergehen *n*, Ablauf *m*: ***the ~ of time***; **8.** *parl.* 'Durchkommen *n*, Annahme *f*, In-'Kraft-Treten *n e-s Gesetzes*; **9.** Wortwechsel *m*; **10.** *pl.* Beziehungen *pl.*, *geistiger* Austausch; **11.** (Text)Stelle *f*, Passus *m*; **12.** ♪ Pas'sage *f* (*a. Reiten*); **13.** *fig.* 'Übergang *m*, -tritt *m* (***from ... to, into*** von ... in *acc.*, zu); **14.** a) (Darm)Entleerung *f*, Stuhlgang *m*, b) *anat.* (*Gehör- etc.*)Gang *m*, (*Harn- etc.*) Weg(e *pl.*) *m*: ***auditory*** (***urinary***) **~**; **~ at arms** *s.* **1.** Waffengang *m*; **2.** Wortgefecht *n*, ‚Schlagabtausch' *m*; **~ boat** *s.* Fährboot *n*; **'~·way** *s.* 'Durchgang *m*, Korridor *m*, Pas'sage *f*.

'pass|·book *s.* **1.** *bsd. Brit.* a) Bank-, Kontobuch *n*, b) Sparbuch *n*; **2.** Buch *n* über kreditierte Waren; **~ check** *s. Am.* Pas'sierschein *m*; **~ de·gree** → ***pass²*** 3c.

pas·sé, pas·sée ['pɑːseɪ] (*Fr.*) *adj.* pas'sé: a) vergangen, b) veraltet, c) verblüht: ***a passée belle*** e-e verblühte Schönheit.

pas·sel ['pæsl] *s. bsd. Am.* Gruppe *f*, Schar *f*; Reihe *f*.

passe·men·terie ['pɑːsmɑ̃ntrɪ] (*Fr.*) *s.* Posamentierwaren *pl.*

pas·sen·ger ['pæsɪndʒə] *s.* **1.** Passa'gier *m*, Fahr-, Fluggast *m*, Reisende(r *m*) *f*, Insasse *m*: **~ *cabin*** ✈ Fluggastraum *m*; **2.** F a) Schma'rotzer *m*, b) Drückeberger *m*; **~ car** *s.* **1.** Per'sonen(kraft)wagen *m*, *abbr.* Pkw; **2.** 🚆 *Am.* Per'sonenwagen *m*, **~ lift** *s. Brit.* Per'sonenaufzug *m*; **~ pi·geon** *s. orn.* Wandertaube *f*; **~ plane** *s.* ✈ Passa'gierflugzeug *n*; **~ serv·ice** *s.* Per'sonenbeförderung *f*; **~ traf·fic** *s.* Per'sonenverkehr *m*; **~ train** *s.* 🚆 Per'sonenzug *m*.

passe-par·tout ['pæspɑːtuː] (*Fr.*) *s.* **1.** Hauptschlüssel *m*; **2.** Passepar'tout *n* (*Bildumrahmung*).

,pass·er-'by *pl.* **,pass·ers-'by** *s.* Pas'sant(in).

pass ex·am·i·na·tion *s. univ. Brit.* unterstes 'Abschlusse,xamen.

pas·sim ['pæsɪm] (*Lat.*) *adv.* passim, hier u. da, an verschiedenen Orten.

pass·ing ['pɑːsɪŋ] **I** *adj.* **1.** vor'über-, 'durchgehend: **~ *axle*** ⚙ durchgehende Achse; **2.** vergehend, vor'übergehend, flüchtig; **3.** beiläufig; **II** *s.* **4.** Vor'bei-, 'Durch-, Hin'übergehen *n*: ***in ~*** im Vorbeigehen, *fig.* beiläufig, nebenbei; ***no ~!*** *mot.* Überholverbot!; **5.** 'Übergang *m*: **~ *of title*** Eigentumsübertragung *f*; **6.** Da'hinschwinden *n*; **7.** Hinscheiden *n*, Ableben *n*; **8.** *pol.* 'Durchgehen *n e-s Gesetzes*; **~ beam** *s. mot.* Abblendlicht *n*; **~ lane** *s. mot.* Über'holspur *f*; **~ note** *s.* ♪ 'Durchgangston *m*; **~ shot** *s. Tennis*: Pas'sierschlag *m*; **~ zone** *s. Staffellauf*: Wechselzone *f*.

pas·sion ['pæʃn] *s.* **1.** Leidenschaft *f*, heftige Gemütserregung, (Gefühls-) Ausbruch *m*; **2.** Zorn *m*: ***fly into a ~*** e-n Wutanfall bekommen; → ***heat*** 6; **3.** Leidenschaft *f*: a) heiße Liebe, heftige Neigung, b) heißer Wunsch, c) Passi'on *f*, Vorliebe *f* (***for*** für), d) Liebhabe'rei *f*; Passi'on *f*: ***it has become a ~ with him*** es ist bei ihm zur Leidenschaft geworden, er tut es leidenschaftlich gern(e); **4.** ≈ *eccl.* Leiden *n* (Christi), Passion *f* (*a.* ♪, *paint. u. fig.*); **pas·sion·ate** ['pæʃənət] *adj.* □ **1.** leidenschaftlich (*a. fig.*); **2.** hitzig, jähzornig; **pas·sion·less** ['pæʃnlɪs] *adj.* □ leidenschaftslos.

pas·sion| play *s. eccl.* Passi'onsspiel *n*; **≈ Sun·day** *s. eccl.* Passi'onssonntag *m*; **~ week** *s.* **1.** Karwoche *f*; **2.** Woche zwischen Passi'onssonntag u. Palm'sonntag.

pas·si·vate ['pæsɪveɪt] *v/t.* ⚙, ⚗ passivieren.

pas·sive ['pæsɪv] **I** *adj.* □ **1.** passiv (*a. ling.*, ⚡, ✗, *sport*), leidend, teilnahmslos, 'widerstandslos: **~ *air defence*** Luftschutz *m*; **~ *smoker*** Passivraucher *m*; **~ *smoking*** Passivrauchen *n*; **~ *verb*** *ling.* passivisch konstruiertes Verb; **~ *voice*** → 3; **~ *vocabulary*** passiver Wortschatz; **2.** ✝ untätig, nicht zinstragend, passiv: **~ *debt*** unverzinsliche Schuld; **~ *trade*** Passivhandel *m*; **II** *s.* **3.** *ling.* Passiv *n*, Leideform *f*; **'pas·sive·ness** [-nɪs], **pas·siv·i·ty** [pæ'sɪvətɪ] *s.* Passivi'tät *f*, Teilnahmslosigkeit *f*.

'pass·key *s.* **1.** Hauptschlüssel *m*; **2.** Drücker *m*; **3.** Nachschlüssel *m*.

pas·som·e·ter [pæ'sɒmɪtə] *s.* ⚙ Schrittmesser *m*.

Pass·o·ver ['pɑːs,əʊvə] *s. eccl.* **1.** Passah(fest) *n*; **2.** ≈ Osterlamm *n*.

pass·port ['pɑːspɔːt] *s.* **1.** (Reise)Pass *m*: **~ *control*** (*od.* ***inspection***) Passkontrolle *f*; **2.** ✝ Passierschein *m*; **3.** *fig.* Zugang *m*, Weg *m*, Schlüssel *m* (***to*** zu).

'pass·word *s.* Pa'role *f*, Losung *f*, Kennwort *n*; *Computer*: Passwort *n*.

past [pɑːst] **I** *adj.* **1.** vergangen, verflossen: ***for some time ~*** seit einiger Zeit; **2.** *ling.* Vergangenheits...: **~ *participle*** Mittelwort *n* der Vergangenheit, Partizip *n* Perfekt; **~ *tense*** Vergangenheit *f*, Präteritum *n*; **3.** vorig, früher, ehemalig, letzt: **~ *president***; **~ *master*** *fig.* Altmeister *m*, großer Könner; **II** *s.* **4.** Vergangenheit *f* (*a. ling.*), *weitS. a.* Vorleben *n*: ***a woman with a ~*** eine Frau mit Vergangenheit; **III** *adv.* **5.** vor'bei, vor'über: ***to run ~***; **IV** *prp.* **6.** (*Zeit*) nach, über (*acc.*): ***half ~ seven*** halb acht; ***she is ~ forty*** sie ist über vierzig; **7.** an ... (*dat.*) vor'bei: ***he ran ~ the house***; **8.** über ... (*acc.*) hin'aus: **~ *comprehension*** unfassbar, unfasslich; **~ *cure*** unheilbar; **~ *hope*** hoffnungslos; ***he is ~ it*** F er ist ‚darüber hinaus'; ***she is ~ caring*** das kümmert sie alles nicht mehr; ***I would not put it ~ him*** *sl.* ich traue es ihm glatt zu.

pas·ta ['pæstə] *s.* Teigwaren *pl.*, Nudeln *pl.* (*als sg. konstr.*).

,past-'due *adj.* ✝ 'überfällig (*Wechsel etc.*); Verzugs...(*-zinsen*).

paste [peɪst] **I** *s.* **1.** Teig *m*, (*Fisch-, Zahn- etc.*)Paste *f*, Brei *m*; ⚙ Tonmasse *f*; Glasmasse *f*; **2.** Kleister *m*, Klebstoff *m*, Papp *m*; **3.** a) Paste *f* (*Diamantenherstellung*), b) künstlicher Edelstein, Simili *n*, *m*; **II** *v/t.* **4.** kleben, kleistern, pappen, bekleben (***with*** mit); **5.** **~ *up*** a) auf-, ankleben (***on, in*** auf, in *acc.*), b) verkleistern (*Loch*); **6.** *sl.* ('durch)hauen: **~ *s.o. one*** j-m ‚eine kleben'; **7.** *Computer*: einfügen (***into*** in *acc.*); **'~·board I** *s.* **1.** Pappe *f*, Pappendeckel *m*, Kar'ton *m*; **2.** *sl.* (Eintritts-, Spiel-, Vi'siten)Karte *f*; **II** *adj.* **3.** aus Pappe, Papp...: **~ *box*** Karton *m*; **4.** *fig.* unecht, wertlos, kitschig, nachgemacht.

pas·tel I *s.* [pæ'stel] **1.** ✿ Färberwaid *m*; **2.** ⚙ Waidblau *n*; **3.** Pa'stellstift *m*, -farbe *f*; **4.** Pa'stellzeichnung *f*, -bild *n*; **II** *adj.* ['pæstl] **5.** zart, duftig, Pastell... (*Farbe*); **pas·tel·ist** ['pæstəlɪst], **pas·tel·list** [pæ'stelɪst] *s.* Pa'stellmaler(in).

pas·tern ['pæstɜːn] *s. zo.* Fessel *f* (*vom Pferd*).

'paste-up *s. typ.* 'Klebe,umbruch *m*.

pas·teur·i·za·tion [,pæstəraɪ'zeɪʃn] *s.* Pasteurisierung *f*; **pas·teur·ize** ['pæstəraɪz] *v/t.* pasteurisieren.

pas·tiche [pæ'stiːʃ] **1.** Pas'tiche *m*, Pas'ticcio *n*: a) *paint. im Stil e-s anderen Malers angefertigtes Bild*, b) ♪ *aus Stücken verschiedener Komponisten zs.-gesetzte Oper*; **2.** *fig.* Mischmasch *m*.

pas·tille ['pæstəl] *s.* **1.** Räucherkerzchen *n*; **2.** *pharm* Pa'stille *f*.

pas·time ['pɑːstaɪm] *s.* (***as a ~*** zum) Zeitvertreib *m*.

past·i·ness ['peɪstɪnɪs] *s.* **1.** breiiger Zustand; breiiges Aussehen; **2.** *fig.* käsiges Aussehen.

past·ing ['peɪstɪŋ] *s.* **1.** Kleistern *n*, Kleben *n*; **2.** ⚙ Klebstoff *m*; **3.** *sl.* ‚Dresche' *f*, (Tracht *f*) Prügel *pl.*

pas·tor ['pɑːstə] *s.* Pfarrer *m*, Pastor *m*, Seelsorger *m*; **'pas·to·ral** [-tərəl] **I** *adj.* □ **1.** Schäfer..., Hirten..., i'dyllisch, ländlich; **2.** *eccl.* pasto'ral, seelsorgerlich: **~ *staff*** Krummstab *m*; **II** *s.* **3.** Hirtengedicht *n*, I'dylle *f*; **4.** *paint.* ländliche Szene; **5.** ♪ a) Schäferspiel *n*, b) Pasto'rale *n*; **6.** *eccl.* a) Hirtenbrief *m*, b) *pl. a.* ***≈ Epistles*** Pasto'ralbriefe *pl.* (*von Paulus*); **'pas·tor·ate** [-ərət] *s.* **1.** Pasto'rat *n*, Pfarramt *n*; **2.** *coll. die* Geistlichen *pl.*; **3.** *Am.* Pfarrhaus *n*.

past per·fect *ling. s.* Vorvergangenheit *f*, Plusquamperfekt *n*.

pas·try ['peɪstrɪ] *s.* **1.** a) *coll.* Kon'ditorwaren *pl.*, Feingebäck *n*, b) Kuchen *m*, Torte *f*; **2.** (Kuchen-, Torten)Teig *m*; **~ cook** *s.* Kon'ditor *m*.

pas·tur·age ['pɑːstjʊrɪdʒ] *s.* **1.** Weiden *n* (*Vieh*); **2.** Weidegras *n*; **3.** Weide (-land *n*) *f*; **4.** Bienenzucht *f* u. -fütterung *f*.

pas·ture ['pɑːstʃə] **I** *s.* **1.** Weidegras *n*, Viehfutter *n*; **2.** Weide(land *n*) *f*: ***seek greener ~s*** *fig.* sich nach besseren Möglichkeiten umsehen; ***retire to ~*** (in den Ruhestand) abtreten; **II** *v/i.* **3.** grasen, weiden; **III** *v/t.* **4.** *Vieh* auf die Weide treiben, weiden; **5.** *Wiese* abweiden.

past·y¹ ['peɪstɪ] *adj.* **1.** teigig, kleisterig; **2.** *fig.* ‚käsig', blass.

past·y² ['pæstɪ] *s.* ('Fleisch)Pa,stete *f*.

pat [pæt] **I** *s.* **1.** *Brit.* (*leichter*) Schlag, Klaps *m*: **~ *on the back*** *fig.* Schulterklopfen *n*, Lob *n*, Glückwunsch *m*; **2.** (Butter)Klümpchen *n*; **3.** Klopfen *n*, Getrappel *n*, Tapsen *n*; **II** *adj.* **4.** a) pa'rat, bereit, b) passend, treffend: **~ *answer*** schlagfertige Antwort; **~ *solution*** Patentlösung; ***a ~ style*** ein gekonnter Stil; ***know s.th. off*** (*od.* ***have it down***) **~** F et. (wie) am Schnürchen können; **5.** fest: ***stand ~*** festbleiben, sich nicht beirren lassen; **6.** (*a. adv.*) im

P

rechten Augenblick, rechtzeitig, wie gerufen; **III** *v/t.* **7.** *Brit.* klopfen, tätscheln: ***~ s.o. on the back*** j-m (anerkennend) auf die Schulter klopfen, *fig. a.* j-n beglückwünschen.

pat² [pæt] *s.* Ire *m* (*Spitzname*).

'pat-a-cake backe, backe Kuchen (*Kinderspiel*).

patch [pætʃ] **I** *s.* **1.** Fleck *m*, Flicken *m*, Lappen *m*; ⚔ *etc.* Tuchabzeichen *n*: ***not a ~ on*** F gar nicht zu vergleichen mit; **2.** a) ⚕ Pflaster *n*, b) Augenbinde *f*; **3.** Schönheitspflästerchen *n*; **4.** Stück *n* Land, Fleck *m*; Stück *n* Rasen; Stelle *f* (*a. im Buch*): ***in ~es*** stellenweise; ***strike a bad ~*** e-e Pechsträhne *od.* e-n schwarzen Tag haben; **5.** (Farb)Fleck *m* (*bei Tieren etc.*); **6.** *pl.* Bruchstücke *pl.*, *et.* Zs.-gestoppeltes; **II** *v/t.* **7.** flicken, ausbessern; mit Flicken versehen; **8.** ***~ up*** *bsd. fig.* a) zs.-stoppeln: ***~ up a textbook***, b) ‚zs.-flicken', c) *Ehe etc.* ‚kitten', d) *Streit* beilegen, e) über'tünchen, beschönigen; **'~·board** *s. Computer*: Schaltbrett *n*; **~ kit** *s.* Flickzeug *n*.

patch·ou·li ['pætʃʊlɪ] *s.* Patschuli *n* (*Pflanze u. Parfüm*).

patch| pock·et *s.* aufgesetzte Tasche; **~ test** *s.* ⚕ Tuberku'linprobe *f*; **'~·word** *s. ling.* Flickwort *n*; **'~·work** *s. a. fig.* Flickwerk *n*.

patch·y ['pætʃɪ] *adj.* ☐ **1.** voller Flicken; **2.** *fig.* zs.-gestoppelt; **3.** fleckig; **4.** *fig.* ungleichmäßig.

pate [peɪt] *s.* F Schädel *m*, ‚Birne' *f*.

pâté ['pæteɪ] (*Fr.*) *s.* Pa'stete *f*.

pat·en ['pætən] *s. eccl.* Pa'tene *f*, Hostienteller *m*.

pa·ten·cy ['peɪtənsɪ] *s.* **1.** Offenkundigkeit *f*; **2.** ⚕ 'Durchgängigkeit *f* (*e-s Kanals etc.*).

pat·ent ['peɪtənt; *bsd.* ⚖ *u. Am.* 'pæ-] **I** *adj.* ☐ **1.** offen(kundig): ***to be ~*** auf der Hand liegen; **2.** ***letters ~*** → 6 *u.* 7; **3.** patentiert, gesetzlich geschützt: ***~ article*** Markenartikel *m*; ***~ fuel*** Presskohlen *pl.*; ***~ leather*** Lack-, Glanzleder *n*; ***~-leather shoe*** Lackschuh *m*; ***~ medicine*** Marken-, Patentmedizin *f*; **4.** ⚖ Patent...: ***~ agent*** (*Am.* ***attorney***) Patentanwalt *m*; ***~ law*** *objektives* Patentrecht; ***♀ Office*** Patentamt *n*; ***~ right*** *subjektives* Patentrecht; ***~ roll*** *Brit.* Patentregister *n*; ***~ specification*** Patentschrift *f*, -beschreibung *f*; **5.** *Brit.* F ‚pa'tent': ***~ methods***; **II** *s.* **6.** Pa'tent *n*, Privi'leg(ium) *n*, Freibrief *m*, Bestallung *f*; **7.** ⚖ Pa'tent(urkunde *f*) *n*: ***~ of addition*** Zusatzpatent; ***~ applied for***, ***~ pending*** Patent angemeldet; ***take out a ~ for*** → 10; **8.** *Brit.* F ‚Re'zept' *n*; **III** *v/t.* **9.** patentieren, gesetzlich schützen; **10.** patentieren lassen; **'pat·ent·a·ble** [-təbl] *adj.* pa'tentfähig; **pat·ent·ee** [ˌpeɪtən'tiː] *s.* Pa'tentinhaber(in).

pa·ter ['peɪtə] *s. ped. sl.* ‚Alter Herr' (*Vater*).

pa·ter·nal [pə'tɜːnl] *adj.* ☐ väterlich, Vater...: ***~ grandfather*** Großvater *m* väterlicherseits; **pa'ter·ni·ty** [-nətɪ] *s.* Vaterschaft *f* (*a. fig.*): ***~ suit*** ⚖ Vaterschaftsklage *f*; ***declare ~*** die Vaterschaft feststellen.

pa·ter·nos·ter [ˌpætə'nɒstə] **I** *s.* **1.** *R.C.* a) Vater'unser *n*, b) Rosenkranz *m*; **2.** ⚙ Pater'noster *m* (*Aufzug*); **II** *adj.* **3.** ⚙ Paternoster...

path [pɑːθ] *pl.* **paths** [pɑːðz] *s.* **1.** Pfad *m*, Weg *m* (*a. fig.*): ***cross s.o.'s ~*** j-m über den Weg laufen; **2.** ⚙, *phys.*, *sport* Bahn *f*: ***~ of electrons*** Elektronenbahn; **3.** *Computer*: Pfad *m*.

pa·thet·ic [pə'θetɪk] *adj.* (☐ ***~ally***) **1.** *obs.* pa'thetisch, allzu gefühlvoll: ***~ fallacy*** Vermenschlichung *f* der Natur (*in der Literatur*); **2.** Mitleid erregend; **3.** *Brit.* F kläglich, jämmerlich, ‚zum Weinen'.

'path,find·er *s.* **1.** ✈, ⚔ Pfadfinder *m*; **2.** Forschungsreisende(r) *m*; **3.** *fig.* Bahnbrecher *m*.

path·less ['pɑːθlɪs] *adj.* weglos.

'path·name *s. Computer*: Pfadname *m*.

path·o·gen·ic [ˌpæθə'dʒenɪk] *adj.* ⚕ patho'gen, krankheitserregend.

path·o·log·i·cal [ˌpæθə'lɒdʒɪkl] *adj.* ☐ ⚕ patho'logisch: a) krankhaft, b) *die Krankheitslehre betreffend*; **pa·thol·o·gist** [pə'θɒlədʒɪst] *s.* ⚕ Patho'loge *m*; **pa·thol·o·gy** [pə'θɒlədʒɪ] *s.* ⚕ **1.** Patholo'gie *f*, Krankheitslehre *f*; **2.** patho'logischer Befund.

pa·thos ['peɪθɒs] *s.* **1.** *obs.* Pathos *n*; **2.** a) Mitleid *n*, b) *das* Mitleid Erregende.

'path·way *s.* Pfad *m*, Weg *m*, Bahn *f*.

pa·tience ['peɪʃns] *s.* **1.** Geduld *f*; Ausdauer *f*: ***lose one's ~*** die Geduld verlieren; ***be out of ~ with s.o.*** aufgebracht sein gegen j-n; ***have no ~ with s.o.*** j-n nicht leiden können, nichts übrig haben für j-n; ***try s.o.'s ~*** j-s Geduld auf die Probe stellen; → ***Job²***; ***possess*** 2 b; **2.** *bsd. Brit.* Pati'ence *f* (*Kartenspiel*); **'pa·tient** [-nt] **I** *adj.* ☐ **1.** geduldig; nachsichtig; beharrlich: ***be ~ of*** ertragen; ***~ of two interpretations*** *fig.* zwei Deutungen zulassend; **II** *s.* **2.** Pati'ent(in), Kranke(r *m*) *f*; **3.** ⚖ *Brit.* Geistesgestörte(r *m*) *f* (*in e-r Heil- und Pflegeanstalt*).

pat·i·o ['pætɪəʊ] *s.* **1.** Innenhof *m*, Patio *m*; **2.** Ter'rasse *f*, Ve'randa *f*.

pa·tri·arch ['peɪtrɪɑːk] *s.* Patri'arch *m*; **pa·tri·ar·chal** [ˌpeɪtrɪ'ɑːkl] *adj.* patriar'chalisch (*a. fig. ehrwürdig*); **'pa·tri·arch·ate** [-kɪt] *s.* Patriar'chat *n*.

pa·tri·cian [pə'trɪʃn] **I** *adj.* pa'trizisch; *fig.* aristo'kratisch; **II** *s.* Pa'trizier(in).

pat·ri·cide ['pætrɪsaɪd] → ***parricide***.

pat·ri·mo·ni·al [ˌpætrɪ'məʊnjəl] *adj.* ererbt, Erb...; **pat·ri·mo·ny** ['pætrɪmənɪ] *s.* **1.** väterliches Erbteil (*a. fig.*); **2.** Vermögen *n*; **3.** Kirchengut *n*.

pa·tri·ot ['pætrɪət] *s.* Patri'ot(in); **pa·tri·ot·eer** [ˌpætrɪə'tɪə] *s.* Hur'rapatri,ot *m*; **pa·tri·ot·ic** [ˌpætrɪ'ɒtɪk] *adj.* (☐ ***~ally***) patri'otisch; **'pa·tri·ot·ism** [-tɪzəm] *s.* Patrio'tismus *m*, Vaterlandsliebe *f*.

pa·trol [pə'trəʊl] **I** *v/i.* **1.** ⚔ patroullieren, ✈ Pa'trouille fliegen; auf Streife sein (*Polizisten*), s-e Runde machen (*Wachmann*); **II** *v/t.* **2.** ⚔ abpatrouillieren, ✈ *Strecke* abfliegen; auf Streife sein in (*dat.*); **III** *s.* **3.** (***on ~*** auf) Patrouille *f*; Streife *f*; Runde *f*; **4.** ⚔ Pat'rouille *f*, Späh-, Stoßtrupp *m*; (Poli'zei)Streife *f*: ***~ activity*** ⚔ Spähtrupptätigkeit *f*; ***~ car*** a) ⚔ (Panzer-) Spähwagen *m*, b) (Funk-, Poli'zei-) Streifenwagen *m*; ***~ wagon*** *Am.* Polizeigefangenenwagen *m*; **~·man** [-mæn] *s.* [*irr.*] Streifenbeamte(r) *m*.

pa·tron ['peɪtrən] *s.* **1.** Pa'tron *m*, Schutz-, Schirmherr *m*; **2.** Gönner *m*, Förderer *m*; **3.** *R.C.* a) 'Kirchenpa,tron *m*, b) → ***patron saint***; **4.** a) ☤ (Stamm-) Kunde *m*, b) Stammgast *m*, *a. thea. etc.* regelmäßiger Besucher; **5.** *Brit. mot.* Pannenhelfer *m*; **pa·tron·age** ['pætrənɪdʒ] *s.* **1.** Schirmherrschaft *f*; **2.** Gönnerschaft *f*, Förderung *f*; **3.** ⚖ Patro'natsrecht *n*; **4.** Kundschaft *f*; **5.** gönnerhaftes Benehmen; **6.** *Am.* Recht *n* der Ämterbesetzung; **pa·tron·ess** ['peɪtrənɪs] *s.* Pa'tronin *f etc.* (→ ***patron***).

pa·tron·ize ['pætrənaɪz] *v/t.* **1.** beschirmen, beschützen; **2.** fördern, unter'stützen; **3.** (Stamm)Kunde *od.* Stammgast sein bei, *Theater etc.* regelmäßig besuchen; **4.** gönnerhaft behandeln; **'pa·tron·iz·er** [-zə] *s.* → ***patron*** 2, 4; **'pa·tron·iz·ing** [-zɪŋ] *adj.* ☐ gönnerhaft, her'ablassend: ***~ air*** Gönnermiene *f*.

pa·tron saint *s. R.C.* Schutzheilige(r) *m*.

pat·sy ['pætsɪ] *s. sl.* **1.** Sündenbock *m*; **2.** Gimpel *m*; **3.** 'Witzfi,gur *f*.

pat·ten ['pætn] *s.* **1.** Holzschuh *m*; **2.** Stelzschuh *m*; **3.** △ Säulenfuß *m*.

pat·ter¹ ['pætə] **I** *v/i. u. v/t.* **1.** schwatzen, (da'her)plappern; ‚he'runterleiern'; **II** *s.* **2.** Geplapper *n*; **3.** ('Fach-) Jar,gon *m*; **4.** Gaunersprache *f*.

pat·ter² ['pætə] **I** *v/i.* **1.** prasseln (*Regen etc.*); **2.** trappeln (*Füße*); **II** *s.* **3.** Prasseln *n* (*Regen*); **4.** (Fuß)Getrappel *n*; **5.** Klappern *n*.

pat·tern ['pætən] **I** *s.* **1.** (*a.* Schnitt-, Stick)Muster *n*, Vorlage *f*, Mo'dell *n*: ***on the ~ of*** nach dem Muster von *od. gen.*; **2.** ☤ Muster *n*: a) (Waren)Probe *f*, b) Des'sin *n*, Mo'tiv *n* (*Stoff*): ***by ~ post*** als Muster ohne Wert; **3.** *fig.* Muster *n*, Vorbild *n*; **4.** *fig.* Plan *m*, Anlage *f*: ***~ of one's life***; **5.** ⚙ a) Scha'blone *f*, b) 'Gussmo,dell *n*, c) Lehre *f*; **6.** *Weberei*: Pa'trone *f*; **7.** (***behavio[u]r***) ***~*** *psych.* (Verhaltens)Muster *n*; **II** *adj.* **8.** musterhaft, Muster...: ***a ~ wife***; **III** *v/t.* **9.** (nach)bilden, gestalten (***after***, ***on*** nach): ***~ one's conduct on s.o.*** sich (in s-m Benehmen) ein Beispiel an j-m nehmen; **10.** mit Muster(n) verzieren, mustern; **~ bomb·ing** *s.* ⚔ Flächenwurf *m*; **~ book** *s.* ☤ Musterbuch *n*; **~ mak·er** *s.* ⚙ Mo'dellmacher *m*; **~ paint·ing** *s.* ⚔ Tarnanstrich *m*.

pat·ty ['pætɪ] *s.* Pa'stetchen *n*.

pau·ci·ty ['pɔːsətɪ] *s.* geringe Zahl *od.* Menge, Knappheit *f*.

Paul·ine ['pɔːlaɪn] *adj. eccl.* pau'linisch.

paunch [pɔːntʃ] *s.* **1.** (Dick)Bauch *m*, Wanst *m*; **2.** *zo.* Pansen *m*; **'paunch·y** [-tʃɪ] *adj.* dickbäuchig.

pau·per ['pɔːpə] **I** *s.* **1.** Arme(r *m*) *f*; **2.** *Am.* a) Unter'stützungsempfänger(in), b) ⚖ unter Armenrecht Klagende(r *m*) *f*; **II** *adj.* **3.** Armen...; **'pau·per·ism** [-ərɪzəm] *s.* Verarmung *f*, Massenarmut *f*; **pau·per·i·za·tion** [ˌpɔːpəraɪ'zeɪʃn] *s.* Verarmung *f*, Verelendung *f*; **'pau·per·ize** [-əraɪz] *v/t.* bettelarm machen.

pause [pɔːz] **I** *s.* **1.** Pause *f*, Unter'brechung *f*: ***make a ~*** innehalten, pausieren; ***it gives one ~ to think*** es gibt e-m zu denken; **2.** *typ.* Gedankenstrich *m*; **3.** ♪ Fer'mate *f*; **II** *v/i.* **4.** pausieren, innehalten; stehen bleiben; zögern; **5.** verweilen (***on***, ***upon*** bei): ***~ upon a note*** (*od.* ***tone***) ♪ e-n Ton aushalten.

pave [peɪv] *v/t. Straße* pflastern, *Fußboden* legen: ***~ the way for*** *fig.* den Weg ebnen für; → ***paving***; **'pave·ment** [-mənt] *s.* **1.** (Straßen)Pflaster *n*; **2.** *Brit.* Bürgersteig *m*, Trot'toir *n*: ***~ artist*** Pflastermaler *m*; ***~ café*** Straßencafé *n*; **3.** *Am.* Fahrbahn *f*; **4.** Fußboden(belag) *m*; **'pav·er** [-və] *s.* **1.** Pflasterer *m*; **2.** Fliesen-, Plattenleger *m*; **3.** Pflasterstein *m*, Fußbodenplatte *f*; **4.** *Am.* 'Straßenbe,tonmischer *m*.

pa·vil·ion [pə'vɪljən] *s.* **1.** (großes) Zelt; **2.** Pavillon *m*, Gartenhäuschen *n*; **3.** ✝ (Messe)Pavillon *m*.

pav·ing ['peɪvɪŋ] *s.* Pflastern *n*; (Be)Pflasterung *f*, Straßendecke *f*; Fußbodenbelag *m*; **~ stone** *s.* Pflasterstein *m*; **~ tile** *s.* Fliese *f*.

pav·io(u)r ['peɪvjə] *s.* Pflasterer *m*.

paw [pɔː] **I** *s.* **1.** Pfote *f*, Tatze *f*; **2.** F ‚Pfote' *f* (*Hand*); **3.** F *humor.* ‚Klaue' *f* (*Handschrift*); **II** *v/t.* **4.** *mit dem Vorderfuß od. der Pfote* scharren; **5.** F ‚betatschen': a) derb *od.* ungeschickt anfassen, b) *j-n* ‚begrapschen': **~ *the air*** (in der Luft) herumfuchteln; **III** *v/i.* **6.** stampfen, scharren; **7.** ‚(he'rum)fummeln'.

pawl [pɔːl] *s.* **1.** ⚙ Sperrhaken *m*, -klinke *f*, Klaue *f*; **2.** ⚓ Pall *n*.

pawn¹ [pɔːn] *s.* **1.** *Schach*: Bauer *m*; **2.** *fig.* 'Schachfi,gur *f*; ***sacrifice a ~*** ein Bauernopfer bringen.

pawn² [pɔːn] **I** *s.* **1.** Pfand(sache *f*) *n*; ⚖ *u. fig. a.* Faustpfand *n*: ***in*** (*od.* ***at***) **~** verpfändet, versetzt; **II** *v/t.* **2.** verpfänden (*a. fig.*), versetzen; **3.** ✝ lombardieren; '**~,bro·ker** *s.* Pfandleiher *m*.

pawn·ee [,pɔː'niː] *s.* ⚖ Pfandinhaber *m*, -nehmer *m*; **pawn·er**, **pawn·or** ['pɔːnə] *s.* Pfandschuldner *m*.

'**pawn|·shop** *s.* Pfandhaus *n*, Pfandleihe *f*; **~ tick·et** *s.* Pfandschein *m*.

pay [peɪ] **I** *s.* **1.** Bezahlung *f*; (Arbeits-) Lohn *m*, Löhnung *f*; Gehalt *n*; Sold *m* (*a. fig.*); ⚔ (Wehr)Sold *m*: ***in the ~ of s.o.*** bei j-m beschäftigt, in j-s Sold; **2.** *fig.* Belohnung *f*, Lohn *m*; **II** *v/t.* [*irr.*] **3.** zahlen, entrichten; *Rechnung* bezahlen *od.* begleichen, *Wechsel* einlösen, *Hypothek* ablösen; *j-n* bezahlen, *Gläubiger* befriedigen: **~ *into*** einzahlen auf *ein Konto*; **~ *one's way*** ohne Verlust arbeiten, s-n Verbindlichkeiten nachkommen, auskommen mit dem, was man hat; **4.** *fig.* (be)lohnen, vergelten (***for*** *et.*): **~ *home*** heimzahlen; **5.** *fig. Achtung* zollen; *Aufmerksamkeit* schenken; *Besuch* abstatten; *Ehre* erweisen; *Kompliment* machen; → ***court*** 10; ***homage*** 2; **6.** *fig.* sich lohnen für *j-n*; **III** *v/i.* [*irr.*] **7.** zahlen, Zahlung leisten: **~ *for*** (für) *et.* bezahlen (*a. fig. et. büßen*), die Kosten tragen für; ***he had to ~ dearly for it*** *fig.* er musste es bitter büßen, es kam ihn teuer zu stehen; **8.** *fig.* sich lohnen, sich rentieren, sich bezahlt machen;

Zssgn mit adv.:

pay| back *v/t.* **1.** zu'rückzahlen, -erstatten; **2.** *fig.* a) *Besuch etc.* erwidern, b) *j-m* heimzahlen (***for s.th.*** *et.*); → ***coin*** 1; **~ down** *v/t.* **1.** bar bezahlen; **2.** e-e Anzahlung machen von; **~ in** *v/t. u. v/i.* (*auf ein Konto*) einzahlen; → ***paid-in***; **~ off I** *v/t.* **1.** *j-n* auszahlen, entlohnen; ⚓ abmustern; **2.** *et.* abbezahlen, tilgen; **3.** *Am. für* ***pay back*** 2b; **II** *v/i.* **4.** F → ***pay*** 8; **~ out** *v/t.* **1.** auszahlen; **2.** F *fig.* → ***pay back*** 2b; **3.** (*pret. u. p.p.* **payed**) *Kabel, Kette etc.* ausstecken, -legen, abrollen; **~ up** *v/t. j-n od. et.* voll *od.* so'fort bezahlen; *Schuld* tilgen; ✝ *Anteile, Versicherung etc.* voll einzahlen; → ***paid-up***.

pay·a·ble ['peɪəbl] *adj.* **1.** zahlbar, fällig: **~ *to bearer*** auf den Überbringer lautend; ***make a cheque*** (*Am.* ***check***) **~ *to s.o.*** e-n Scheck auf j-n ausstellen; **2.** ✝ ren'tabel.

,pay|-as-you-'earn *s. Brit.* Lohnsteuerabzug *m*; **,~-as-you-'see tel·e·vi·sion** *s.* Münzfernsehen *n*; **~ bed** *s.* ⚕ Pri'vatbett *n*; **~ check** *s. Am.* Lohn-, Gehaltsscheck *m*; **~ claim** *s.* Lohn-, Gehaltsforderung *f*; **~ clerk** *s.* **1.** ✝ Lohnauszahler *m*; **2.** ⚔ Rechnungsführer *m*; '**~·day** *s.* Zahl-, Löhnungstag *m*; **~ desk** *s.* ✝ Kasse *f* (*im Kaufhaus*); **~ dirt** *s.* **1.** *geol.* Gold führendes Erdreich; **2.** *fig. Am.* Geld *n*, Gewinn *m*: ***strike ~*** Erfolg haben.

pay·ee [peɪ'iː] *s.* **1.** Zahlungsempfänger (-in); **2.** Wechselnehmer(in).

pay en·ve·lope *s.* Lohntüte *f*.

pay·er ['peɪə] *s.* **1.** (Be)Zahler *m*; **2.** (*Wechsel*)Bezogene(r) *m*, Tras'sat *m*.

pay freeze *s.* Lohnstopp *m*.

pay·ing ['peɪɪŋ] *adj.* **1.** lohnend, einträglich, ren'tabel: ***not ~*** unrentabel; **~ *concern*** lohnendes Geschäft; **2.** Kassen..., Zahl(ungs)...: **~ *guest*** zahlender Gast; **,~-'in slip** *s.* Einzahlungsschein *m*.

'**pay|·load** *s.* **1.** ⚙, ⚓, ✈ Nutzlast *f*: **~ *capacity*** Ladefähigkeit *f*; **2.** ⚔ Sprengladung *f*; **3.** ✝ *Am.* Lohnanteil *m*; '**~,mas·ter** *s.* ⚔ Zahlmeister *m*.

pay·ment ['peɪmənt] *s.* **1.** (Ein-, Aus-, Be)Zahlung *f*, Entrichtung *f*, Abtragung *f von Schulden*, Einlösung *f e-s Wechsels*: **~ *in kind*** Sachleistung *f*; ***in ~ of*** zum Ausgleich (*gen.*); ***on ~*** (***of***) nach Eingang (*gen.*), gegen Zahlung (von *od. gen.*); ***accept in ~*** in Zahlung nehmen; **2.** gezahlte Summe, Bezahlung *f*; **3.** Lohn *m*, Löhnung *f*, Besoldung *f*; **4.** *fig.* Lohn *m* (*a. Strafe*).

'**pay|·off** *s. sl.* **1.** Aus- *od.* Abzahlung *f*; **2.** *fig.* Abrechnung *f* (*Rache*); **3.** Resul'tat *n*; Entscheidung *f*; **4.** *Am.* Clou *m* (*Höhepunkt*); **~ of·fice** *s.* **1.** 'Lohnbü,ro *n*; **2.** Zahlstelle *f*.

pay·o·la [peɪ'əʊlə] *s. Am. sl.* Bestechungs-, Schmiergeld(er *pl.*) *n*.

pay| pack·et *s.* Lohntüte *f*; **~ pause** *s.* Lohnpause *f*; '**~·roll** *s.* Lohnliste *f*: ***have*** (*od.* ***keep***) ***s.o. on one's ~*** j-n (bei sich) beschäftigen; ***he is no longer on our ~*** er arbeitet nicht mehr für *od.* bei uns; **~ round** *s.* Ta'rifrunde *f*; **~ scale** *s.* 'Lohn- u. Ge'haltssta,rif *m*; **~ slip** *s.* Lohn-, Gehaltsstreifen *m*; **~ tel·e·phone** *s.* Münzfernsprecher *m*; **~ TV** *s.* 'Pay-T,V *n*.

pea [piː] **I** *s.* ⚘ Erbse *f*: ***as like as two ~s*** sich gleichend wie ein Ei dem andern; → ***sweet pea***; **II** *adj.* erbsengroß, -förmig.

peace [piːs] **I** *s.* **1.** Friede(n) *m*: ***at ~*** a) in Frieden, im Friedenszustand, b) in Frieden ruhend (*tot*); **2.** *a.* ***the King's*** (*od.* ***Queen's***) **~**, ***public ~*** Landfrieden *m*, öffentliche Ruhe und Ordnung, öffentliche Sicherheit: ***breach of the ~*** ⚖ (öffentliche) Ruhestörung; ***disturb the ~*** die öffentliche Ruhe stören; ***keep the ~*** die öffentliche Sicherheit wahren; **3.** *fig.* Ruhe *f*, Friede(n) *m*: **~ *of mind*** Seelenruhe; ***hold one's ~*** sich ruhig verhalten; ***leave in ~*** in Ruhe *od.* Frieden lassen; **4.** Versöhnung *f*, Eintracht *f*: ***make one's ~ with s.o.*** sich mit j-m versöhnen; **II** *int.* **5.** sst!, still!, ruhig!; **III** *adj.* **6.** Friedens...: **~ *conference***; **~ *feelers***; **~ *movement***; **~ *offensive***; **~ *corps*** Friedenstruppe *f*; '**peace·a·ble** [-səbl] *adj.* □ friedlich: a) friedfertig, -liebend, b) ruhig, ungestört; '**peace·ful** [-fʊl] *adj.* □ friedlich; '**~-,keep·ing** *adj.*: **~ *force*** *pol.* ⚔ Friedenstruppe *f*; '**peace·less** [-lɪs] *adj.* friedlos.

peace·nik ['piːsnɪk] *s. Am. sl.* Kriegsgegner(in).

peace| of·fer·ing *s.* **1.** *eccl.* Sühneopfer *n*; **2.** Versöhnungsgeschenk *n*, versöhnliche Geste, Friedenszeichen *n*; **~ of·fi·cer** *s.* Sicherheitsbeamte(r) *m*, Schutzmann *m*; **~ pro·cess** *s.* 'Friedenspro,zess *m*; **~ re·search** *s.* Friedensforschung *f*; **~ set·tle·ment** *s.* Friedensregelung *f*; **~ stud·ies** *s. pl.* Friedensforschung *f*; '**~·time I** *s.* Friedenszeit *f*; **II** *adj.* in Friedenszeiten, Friedens...; **~ trea·ty** *s. pol.* Friedensvertrag *m*.

peach¹ [piːtʃ] *s.* **1.** ⚘ Pfirsich(baum) *m*; **2.** *sl.* ‚klasse' Per'son *od.* Sache: ***a ~ of a car*** ein ‚todschicker' Wagen; ***a ~ of a girl*** ein bildhübsches Mädchen.

peach² [piːtʃ] *v/i.*: **~ *against*** (*od.* ***on***) *Komplicen* ‚verpfeifen', *Schulkameraden* verpetzen.

peach·y ['piːtʃɪ] *adj.* **1.** pfirsichartig; **2.** *sl.* ‚prima', ‚schick', ‚klasse'.

pea·cock ['piːkɒk] *s.* **1.** *orn.* Pfau(hahn) *m*; **2.** *fig.* (eitler) Fatzke *m*; **~ blue** *s.* Pfauenblau *n* (*Farbe*).

'**pea|·fowl** *s. orn.* Pfau *m*; '**~·hen** *s. orn.* Pfauhenne *f*; **~ jack·et** *s.* ⚓ Ko'lani *m* (*Uniformjacke*).

peak¹ [piːk] **I** *s.* **1.** Spitze *f*; **2.** Bergspitze *f*; Horn *n*, spitzer Berg; **3.** (Mützen-) Schirm *m*; **4.** ⚓ Piek *f*; **5.** ⩕, *phys.* Höchst-, Scheitelwert *m*; **6.** *fig.* (Leistungs- *etc.*)Spitze *f*, Höchststand *m*; Gipfel *m des Glücks etc.*: **~ *of traffic*** Verkehrsspitze; ***reach the ~*** den Höchststand erreichen; **II** *adj.* **7.** Spitzen..., Höchst..., Haupt...: **~ *factor*** *phys.*, ⚡ Scheitelfaktor *m*; **~ *load*** Spitzenbelastung *f* (*a.* ⚡); **~ *season*** Hochsaison *f*, -konjunktur; **~ *time*** a) Hochkonjunktur *f*, b) Stoßzeit *f*, c) = **~** (***traffic***) ***hours*** Hauptverkehrszeit *f*, d) *Stromverbrauch*: Hauptbelastungszeit *f*, Spitzenzeit *f*, e) → **~ *viewing time*** *TV* Hauptsendezeit *f*.

peak² [piːk] *v/i.* **1.** kränkeln, abmagern; **2.** spitz aussehen.

peaked [piːkt] *adj.* **1.** spitz(ig): **~ *cap*** Schirmmütze; **2.** F ‚spitz', kränklich.

peak·y ['piːkɪ] *adj.* **1.** gipfelig; **2.** spitz (-ig); **3.** → ***peaked*** 2.

peal [piːl] **I** *s.* **1.** (Glocken)Läuten *n*; **2.** Glockenspiel *n*; **3.** (*Donner*)Schlag *m*, Dröhnen *n*: **~ *of laughter*** schallendes Gelächter; **II** *v/i.* **4.** läuten; erschallen, dröhnen, schmettern; **III** *v/t.* **5.** erschallen lassen.

'**pea·nut I** *s.* **1.** ⚘ Erdnuss *f*; **2.** *Am. sl.* a) *pl.* ‚Peanuts' *pl.*, ‚kleine Fische' *pl.* (*geringer Betrag*), b) ‚kleines Würstchen' (*Person*); **II** *adj.* **3.** *Am. sl.* klein, unbedeutend, lächerlich: ***a ~ politician***; **~ but·ter** *s.* Erdnussbutter *f*.

pear [peə] *s.* ⚘ **1.** Birne *f* (*a. weitS. Objekt*); **2.** *a.* **~ *tree*** Birnbaum *m*.

pearl [pɜːl] **I** *s.* **1.** Perle *f* (*a. fig. u. pharm.*): ***cast ~s before swine*** Perlen vor die Säue werfen; **2.** Perl'mutt *n*; **3.** *typ.* Perl(schrift) *f*; **II** *adj.* **4.** Perlen...; Perlmutt(er)...; **III** *v/i.* **5.** Perlen bilden, perlen, tropfen; **~ bar·ley** *s.* Perlgraupen *pl.*; **~ div·er** *s.* Perlentaucher *m*; **~ oys·ter** *s. zo.* Perlmuschel *f*.

pearl·y ['pɜːlɪ] *adj.* **1.** Perlen..., perlenartig, perlmutterartig; **2.** perlenreich.

'**pear|-quince** *s.* ⚘ Echte Quitte, Birnenquitte *f*; '**~-shaped** *adj.* birnenförmig.

peas·ant ['peznt] **I** *s.* **1.** (Klein)Bauer *m*; **2.** *fig.* F ‚Bauer' *m*; **II** *adj.* **3.** (klein-)

P

bäuerlich, Bauern...: ~ ***woman*** Bäuerin *f*; '**peas·ant·ry** [-rɪ] *s. die* (Klein-) Bauern *pl.*, Landvolk *n.*
pease [pi:z] *s. pl. Br. dial.* Erbsen *pl.*: ~ ***pudding*** Erbs(en)brei *m.*
'**pea|,shoot·er** *s.* **1.** Blas-, Pusterohr *n*; **2.** *Am.* Kata'pult *m, n*; **3.** *Am. sl.* ‚Ka'none' *f* (*Pistole*); ~ **soup** *s.* **1.** Erbsensuppe *f*; **2.** *a.* **,~-'soup·er** [-'su:pə] *s.* **1.** F ‚Waschküche' *f* (*dichter Nebel*); **2.** 'Frankoka,nadier *m*; **,~'soup·y** [-'su:pɪ] *adj.* F dicht u. gelb (*Nebel*).
peat [pi:t] *s.* **1.** Torf *m*: ***cut*** (*od.* ***dig***) ~ Torf stechen: ~ ***bath*** ⚕ Moorbad *n*; ~ ***coal*** Torfkohle *f*: ~ ***moss*** Torfmoos *n*; **2.** Torfstück *n*, -sode *f*.
peb·ble ['pebl] **I** *s.* **1.** Kiesel(stein) *m*: ***you are not the only ~ on the beach*** F man (*od.* ich) kann auch ohne dich auskommen; **2.** A'chat *m*; **3.** 'Bergkri,stall *m*; **4.** *opt.* Linse *f* aus 'Bergkri,stall; **II** *v/t.* **5.** *Weg* mit Kies bestreuen; **6.** ⚙ *Leder* krispeln; '**peb·bly** [-lɪ] *adj.* kieselig.
pec·ca·dil·lo [,pekə'dɪləʊ] *pl.* **-loes** *s.* ‚kleine Sünde', Kava'liersde,likt *n.*
peck[1] [pek] *s.* **1.** Viertelscheffel *m* (*Brit. 9,1, Am. 8,8 Liter*); **2.** *fig.* Menge *f*, Haufen *m*: ***a ~ of trouble***.
peck[2] [pek] **I** *v/t.* **1.** *mit dem Schnabel etc.* (auf)picken, (-)hacken; **2.** *j-m* ein Küsschen geben; **II** *v/i.* **3.** (***at***) picken, hacken (nach), einhacken (auf *acc.*): ***~ing order*** *zo. u. fig.* Hackordnung *f*; ~ ***at s.o.*** *fig.* auf j-m ‚herumhacken'; ~ ***at one's food*** *lustlos* im Essen herumstochern; **III** *s.* **4.** Schlag *m*, (Schnabel-) Hieb *m*; **5.** Loch *n*; **6.** leichter *od.* flüchtiger Kuss; **7.** *Brit. sl.* ‚Futter' *n* (*Essen*); '**peck·er** [-kə] *s.* **1.** Picke *f*, Haue *f*; **2.** ⚙ Abfühlnadel *f*; **3.** *sl.* ‚Zinken' *m* (*Nase*): ***keep your ~ up!*** halt die Ohren steif!; **4.** *Am. sl.* ‚Schwanz' *m* (*Penis*); **peck·ish** ['pekɪʃ] *adj.* F **1.** hungrig; **2.** *Am.* reizbar.
pecs [peks] *s. pl.* F Muckis *pl.* (*Muskeln*).
pec·to·ral ['pektərəl] **I** *adj.* **1.** *anat.*, ⚕ Brust...; **II** *s.* **2.** *hist.* Brustplatte *f*; **3.** *anat.* Brustmuskel *m*; **4.** *pharm.* Brustmittel *n*; **5.** *zo. a.* ~ ***fin*** Brustflosse *f*; **6.** *R.C.* Brustkreuz *n.*
pec·u·late ['pekjʊleɪt] *v/t.* (*v/i.* öffentliche Gelder) unter'schlagen, veruntreuen; **pec·u·la·tion** [,pekjʊ'leɪʃn] *s.* Unter'schlagung *f*, Veruntreuung *f*, 'Unterschleif *m*; '**pec·u·la·tor** [-tə] *s.* Veruntreuer *m.*
pe·cul·iar [pɪ'kju:ljə] **I** *adj.* □ **1.** eigen(-tümlich) (***to*** *dat.*); **2.** eigen, seltsam, absonderlich; **3.** besonder; **II** *s.* **4.** ausschließliches Eigentum; **pe·cu·li·ar·i·ty** [pɪ,kju:lɪ'ærətɪ] *s.* **1.** Eigenheit *f*, Eigentümlichkeit *f*, Besonderheit *f*; **2.** Eigenartigkeit *f*, Seltsamkeit *f*.
pe·cu·ni·ar·y [pɪ'kju:njərɪ] *adj.* □ Geld..., pekuni'är, finanzi'ell: ~ ***advantage*** Vermögensvorteil *m.*
ped·a·gog·ic, ped·a·gog·i·cal [,pedə'gɒdʒɪk(l)] *adj.* □ päda'gogisch, erzieherisch, Erziehungs...; **,ped·a'gog·ics** [-ks] *s. pl. sg. konstr.* Päda'gogik *f*; **ped·a·gogue** ['pedəgɒg] *s.* **1.** Päda'goge *m*, Erzieher *m*; **2.** *contp. fig.* Pe'dant *m*, Schulmeister *m*; **ped·a·go·gy** ['pedəgɒdʒɪ] *s.* Päda'gogik *f*.
ped·al ['pedl] **I** *s.* **1.** Pe'dal *n* (*a.* ♪), Fußhebel *m*, Tretkurbel *f*; → ***soft pedal***; **2.** *a.* ~ ***note*** ♪ Pe'dal- *od.* Orgelton *m*; **II** *v/i.* **3.** ⚙, ♪ Pe'dal treten; **4.** Rad fahren, ‚strampeln'; **III** *v/t.* **5.** treten, fahren; **IV.** *adj.* **6.** Pedal..., Fuß...: ~ ***bin*** Treteimer *m*; ~ ***car*** Tretauto *n*; ~ ***brake*** *mot.* Fußbremse *f*; ~ ***control*** ✈ Pedalsteuerung *f*; ~ ***switch*** ⚙ Fußschalter *m.*
ped·a·lo ['pedələʊ] *pl.* **-lo(e)s** *s.* Tretboot *n.*
ped·ant ['pedənt] *s.* Pe'dant(in), Kleinigkeitskrämer(in); **pe·dan·tic** [pɪ'dæntɪk] *adj.* (□ ***~ally***) pe'dantisch, kleinlich; '**ped·ant·ry** [-trɪ] *s.* Pedante'rie *f*.
ped·dle ['pedl] **I** *v/i.* **1.** hausieren gehen; **2.** sich mit Kleinigkeiten abgeben, tändeln; **II** *v/t.* **3.** hausieren gehen mit (*a. fig.*), handeln mit: ~ ***drugs***; ~ ***new ideas***; '**ped·dler** [-lə] *Am.* → ***pedlar***; '**ped·dling** [-lɪŋ] *adj. fig.* kleinlich; geringfügig, unbedeutend, wertlos.
ped·er·ast ['pedəræst] *s.* Päde'rast *m*; '**ped·er·as·ty** [-tɪ] *s.* Pädera'stie *f*, Knabenliebe *f*.
ped·es·tal ['pedɪstl] *s.* **1.** ⚠ Sockel *m*, Posta'ment *n*, Säulenfuß *m*: ***set s.o. on a ~*** *fig.* j-n aufs Podest erheben; **2.** *fig.* Basis *f*, Grundlage *f*; **3.** ⚙ 'Untergestell *n*, Sockel *m*, (Lager)Bock *m.*
pe·des·tri·an [pɪ'destrɪən] **I** *adj.* **1.** zu Fuß, Fuß...; Spazier...; Fußgänger...: ~ ***precinct*** (*od.* ***area***) Fußgängerzone *f*; **2.** *fig.* pro'saisch, nüchtern; langweilig; **II** *s.* **3.** Fußgänger(in); **pe'des·tri·an·ize** [-naɪz] *v/t.* in e-e Fußgängerzone verwandeln.
pe·di·at·ric [,pi:dɪ'ætrɪk] *adj.* ⚕ pädi'atrisch, Kinder(heilkunde)...; ~ ***nurse*** Kinderkrankenschwester *f*; **pe·di·a·tri·cian** [,pi:dɪə'trɪʃn] *s.* Kinderarzt *m*, -ärztin *f*; **,pe·di'at·rics** [-ks] *s. pl. sg. konstr.* Kinderheilkunde *f*, Pädia'trie *f*; **,pe·di'at·rist** [-ɪst] → ***pediatrician***; **ped·i·at·ry** ['pi:dɪætrɪ] → ***pediatrics***.
ped·i·cel ['pedɪsəl] *s.* **1.** ⚘ Blütenstängel *m*; **2.** *anat.*, *zo.* Stiel(chen *n*) *m*; '**ped·i·cle** [-kl] *s.* **1.** ⚘ Blütenstängel *m*; **2.** ⚕ Stiel *m* (*Tumor*).
ped·i·cure ['pedɪkjʊə] **I** *s.* Pedi'küre *f*: a) Fußpflege *f*, b) Fußpfleger(in); **II** *v/t.* *j-s* Füße behandeln *od.* pflegen; '**ped·i·cur·ist** [-ərɪst] → ***pedicure*** I b.
ped·i·gree ['pedɪgri:] **I** *s.* **1.** Stammbaum *m* (*a. zo. u. fig.*), Ahnentafel *f*; **2.** Entwicklungstafel *f*; **3.** Ab-, Herkunft *f*; **4.** lange Ahnenreihe; **II** *adj. a.* '**ped·i·greed** [-i:d] **5.** mit Stammbaum, reinrassig, Zucht...
ped·i·ment ['pedɪmənt] *s.* ⚠ **1.** Giebel (-feld *n*) *m*; **2.** Ziergiebel *m.*
ped·lar ['pedlə] *s.* Hausierer *m.*
pe·dom·e·ter [pɪ'dɒmɪtə] *s. phys.* Schrittmesser *m*, -zähler *m.*
pe·dun·cle [pɪ'dʌŋkl] *s.* **1.** ⚘ Blütenstandstiel *m*, Blütenzweig *m*; **2.** *zo.* Stiel *m*, Schaft *m*; **3.** *anat.* Zirbel-, Hirnstiel *m.*
pee [pi:] *v/i.* F ‚Pi'pi machen', ‚pinkeln'.
peek[1] [pi:k] **I** *v/i.* **1.** gucken, spähen (***into*** in *acc.*); **2.** ~ ***out*** her'ausgucken (*a. fig.*); **II** *s.* **3.** flüchtiger *od.* heimlicher Blick.
peek[2] [pi:k] *s.* Piepsen *n* (*Vogel*).
peek·a·boo [,pi:kə'bu:] *s.* ‚Guck-Guck-Spiel' *n* (*kleiner Kinder*).
peel[1] [pi:l] **I** *v/t.* **1.** *Frucht, Kartoffeln, Bäume* schälen: ~ ***off*** abschälen, -lösen; ***~ed barley*** Graupen *pl.*; ***keep your eyes ~ed*** *sl.* halt die Augen offen; **2.** *sl. Kleider* abstreifen; **II** *v/i.* **3.** *a.* ~ ***off*** sich abschälen, sich abblättern, abbröckeln, abschilfern; **4.** *sl.* ‚sich entblättern', ‚strippen'; **5.** ~ ***off*** ✈ *aus e-m Verband* ausscheren; **III** *s.* **6.** (*Zitronen- etc.*)Schale *f*; Rinde *f*; Haut *f*.
peel[2] [pi:l] *s.* **1.** Backschaufel *f*, Brotschieber *m*; **2.** *typ.* Aufhängekreuz *n.*
peel·er[1] ['pi:lə] *s.* **1.** (*Kartoffel- etc.*) Schäler *m*; **2.** *sl.* Stripperin *f*.
peel·er[2] ['pi:lə] *s. sl. obs.* ‚Bulle' *m* (*Polizist*).
peel·ing ['pi:lɪŋ] *s.* (*lose*) Schale, Rinde *f*, Haut *f*.
peen [pi:n] *s.* ⚙ Finne *f*, Hammerbahn *f*.
peep[1] [pi:p] **I** *v/i.* **1.** piep(s)en (*Vogel etc.*): ***he never dared ~ again*** er hat es nicht mehr gewagt, den Mund aufzumachen; **II** *s.* **2.** Piep(s)en *n*; **3.** *sl.* ‚Pieps' *m* (*Wort*).
peep[2] [pi:p] **I** *v/i.* **1.** gucken, neugierig *od.* verstohlen blicken (***into*** in *acc.*): ~ ***at*** e-n Blick werfen auf (*acc.*); **2.** *oft* ~ ***out*** her'vorgucken, -schauen, -lugen (*a. fig. sich zeigen, zum Vorschein kommen*); **II** *s.* **3.** neugieriger *od.* verstohlener Blick: ***have*** (*od.* ***take***) ***a ~*** → 1; **4.** Blick *m* (***of*** in *acc.*), ('Durch)Sicht *f*; **5.** ***at ~ of day*** bei Tagesanbruch; '**peep·er** [-pə] *s.* **1.** Spitzel *m*; **2.** *sl.* ‚Gucker' *m* (*Auge*); **3.** *sl.* Spiegel *m*; Fenster *n*; Brille *f*.
'**peep·hole** *s.* Guckloch *n.*
Peep·ing Tom ['pi:pɪŋ] *s.* ‚Spanner' *m* (*Voyeur*).
'**peep|·scope** *s.* ‚Spi'on' *m* (*an der Tür*); ~ **show** *s.* **1.** Guckkasten *m*; **2.** Peep-Show *f*.
peer[1] [pɪə] *v/i.* **1.** spähen, gucken (***into*** in *acc.*): ~ ***at*** sich *et.* genau an- *od.* begucken; **2.** *poet.* sich zeigen; **3.** → ***peep***[2] 2.
peer[2] [pɪə] *s.* **1.** Gleiche(r *m*) *f*, Ebenbürtige(r *m*) *f*: ***without a ~*** ohnegleichen, unvergleichlich; ***he associates with his ~s*** er gesellt sich zu seinesgleichen; ~ ***group*** *sociol.* Peer-Group *f*; ~ ***pressure*** *sociol.* Peer-Pressure *m*, (Erwartungs)Druck *m* von Gleichaltrigen *od.* sozial Gleichgestellten; **2.** Angehörige(r) *m* des (brit.) Hochadels: ~ ***of the realm*** *Brit.* Peer *m* (*Mitglied des Oberhauses*); **peer·age** ['pɪərɪdʒ] *s.* **1.** Peerage *f*: a) Peerswürde *f*, b) Hochadel *m*, (*die*) Peers *pl.*; **2.** 'Adelska,lender *m*; **peer·ess** ['pɪərɪs] *s.* **1.** Gemahlin *f* e-s Peers; **2.** hohe Adlige: ~ ***in her own right*** Peeress *f* im eigenen Recht; **peer·less** ['pɪəlɪs] *adj.* □ unvergleichlich, einzig(artig).
peeve [pi:v] F *v/t.* (ver)ärgern; **peeved** [-vd] *adj.* F ‚eingeschnappt', verärgert; '**pee·vish** [-vɪʃ] *adj.* □ grämlich, übellaunig, verdrießlich.
peg [peg] **I** *s.* **1.** (Holz-, *surv.* Absteck-) Pflock *m*; (Holz)Nagel *m*; (Schuh)Stift *m*; ⚙ Dübel *m*; Sprosse *f* (*a. fig.*): ***take s.o. down a ~*** (***or two***) j-m ‚einen Dämpfer aufsetzen'; ***come down a ~*** gelindere Saiten aufziehen, ‚zurückstecken'; ***a round ~ in a square hole, a square ~ in a round hole*** ein Mensch am falschen Platze; **2.** (Kleider)Haken *m*: ***off the ~*** von der Stange (*Anzug*); **3.** (Wäsche)Klammer *f*; **4.** (Zelt)Hering *m*; **5.** ♪ Wirbel *m* (*Saiteninstrument*); **6.** *fig.* ‚Aufhänger' *m*: ***a good ~ on which to hang a story***; **7.** *Brit.* ‚Gläs-chen' *n*, *bsd.* Whisky *m* mit Soda; **II** *v/t.* **8.** anpflöcken, -nageln; **9.** ⚙ (ver)dübeln; **10.** *a.* ~ ***out*** *surv. Grenze, Land* abstecken: ~ ***out one's claim*** *fig.* s-e Ansprüche geltend machen; **11.** ✝ *Löhne, Preise* stützen, halten: ***~ged price*** Stützkurs; **12.** F schmeißen (***at*** nach); **III** *v/i.* **13.** ~ ***away*** (*od.* ***along***) F drauf'losarbeiten; **14.** ~ ***out*** F a) ‚zs.-

-klappen', b) ‚abkratzen' (*sterben*); '**~·top** *s.* Kreisel *m.*

peign·oir ['peınwɑː] (*Fr.*) *s.* Morgenrock *m.*

pe·jo·ra·tive ['piːdʒərətıv] **I** *adj.* □ abschätzig, her'absetzend, pejora'tiv; **II** *s. ling.* abschätziges Wort, Pejora'tivum *n.*

peke [piːk] F *für* ***Pekingese*** 2.

Pe·king·ese [ˌpiːkıŋ'iːz] *s. sg. u. pl.* **1.** Bewohner(in) von Peking; **2.** ♀ Peki'nese *m* (*Hund*).

pel·age ['pelıdʒ] *s. zo.* Körperbedeckung *f* wilder Tiere (*Fell etc.*).

pel·ar·gon·ic [ˌpelɑː'gɒnık] *adj.* ⚗ Pelargon...: **~ acid**; ˌ**pel·ar'go·ni·um** [-'gəʊnjəm] *s.* ⚘ Pelar'gonie *f.*

pelf [pelf] *s. contp.* Mammon *m.*

pel·i·can ['pelıkən] *s. orn.* Pelikan *m*; **~ cross·ing** *s. mit Ampeln gesicherter* 'Fußgängerˌüberweg *m.*

pe·lisse [pe'liːs] *s.* (*langer*) Damen- *od.* Kindermantel.

pel·let ['pelıt] *s.* **1.** Kügelchen *n*, Pille *f*; **2.** Schrotkorn *n* (*Munition*).

pel·li·cle ['pelıkl] *s.* Häutchen *n*; Memb'ran *f*; **pel·lic·u·lar** [pe'lıkjʊlə] *adj.* häutchenförmig, Häutchen...

pell-mell [ˌpel'mel] **I** *adv.* **1.** durcheinander, ‚wie Kraut u. Rüben'; **2.** 'unterschiedslos; **3.** Hals über Kopf; **II** *adj.* **4.** verworren, kunterbunt; **5.** hastig, über'eilt; **III** *s.* **6.** Durchein'ander *n.*

pel·lu·cid [pe'ljuːsıd] *adj.* □ 'durchsichtig, klar (*a. fig.*).

pelt¹ [pelt] *s.* Fell *n*, (Tier)Pelz *m*; ✝ *rohe* Haut.

pelt² [pelt] **I** *v/t.* **1.** *j-n mit Steinen etc.* bewerfen, (*fig. mit Fragen*) bombardieren; **2.** verhauen, prügeln; **II** *v/i.* **3.** *mit Steinen etc.* werfen (***at*** nach); **4.** niederprasseln: ***~ing rain*** Platzregen *m*; **III** *s.* **5.** Schlag *m*, Wurf *m*; **6.** Prasseln *n* (*Regen*); **7.** Eile *f*: (***at***) ***full ~*** in voller Geschwindigkeit.

pelt·ry ['peltrı] *s.* **1.** Rauch-, Pelzwaren *pl.*; **2.** Fell *n*, Haut *f.*

pel·vic ['pelvık] *adj. anat.* Becken...: ***~ cavity*** Beckenhöhle *f*; **pel·vis** ['pelvıs] *pl.* **-ves** [-viːz] *s. anat.* Becken *n.*

pem·(m)i·can ['pemıkən] *s.* Pemmikan *n* (*Dörrfleisch*).

pen¹ [pen] **I** *s.* **1.** Pferch *m*, Hürde *f* (*Schafe*), Verschlag *m* (*Geflügel*), Hühnerstall *m*; **2.** kleiner Behälter *od.* Raum; **3.** ⚓ (U-Boot-)Bunker *m*; **4.** *Am. sl.* ‚Kittchen' *n*, ‚Knast' *m*; **II** *v/t.* **5.** *a.* ***~ in***, ***~ up*** einpferchen, -schließen, -sperren.

pen² [pen] **I** *s.* **1.** (Schreib)Feder *f*, *a.* Federhalter *m*; Füller *m*; Kugelschreiber *m*: ***set ~ to paper*** die Feder ansetzen; ***~ and ink*** Schreibzeug *n*; **2.** *fig.* Feder *f*, Stil *m*: ***he has a sharp ~*** er führt e-e spitze Feder; **II** *v/t.* **3.** (nieder)schreiben; ab-, verfassen.

pe·nal ['piːnl] *adj.* □ **1.** strafrechtlich, Straf...: ***~ code*** Strafgesetzbuch *n*; ***~ colony*** Sträflingskolonie *f*; ***~ duty*** Strafzoll *m*; ***~ institution*** Strafanstalt *f*; ***~ law*** Strafrecht *n*; ***~ reform*** Strafrechtsreform *f*; ***~ sum*** Vertrags-, Konventionalstrafe *f*; → ***servitude*** 2; **2.** sträflich, strafbar: ***~ act***; '**pe·nal·ize** [-nəlaız] *v/t.* **1.** mit e-r Strafe belegen, bestrafen; **2.** benachteiligen, ‚bestrafen'; **pen·al·ty** ['penltı] *s.* **1.** gesetzliche Strafe: ***on*** (*od.* ***under***) ***~ of*** bei Strafe von; → ***extreme*** 2; ***pay*** (*od.* ***bear***) ***the ~ of*** *et.* büßen; **2.** (Geld)Buße *f*, Vertragsstrafe *f*, **3.** *fig.* Nachteil *m*, Fluch *m des Ruhms etc.*; **4.** *sport* a) Strafe *f*, Strafpunkt *m*, b) *Fußball*: Elf'meter *m*, c) *Hockey*: Sieben'meter *m*, *Eishockey*: Penalty *m*: ***~ area*** *Fußball*: Strafraum *m*; ***~ box*** a) *Eishockey*: Strafbank, b) *Fußball*: Strafraum *m*; ***~ kick*** *Fußball*: Strafstoß *m*; ***~ shot*** *Eishockey*: Penalty *m*; ***~ shootout*** *Fußball*: Elfmeterschießen *n*; ***~ spot*** a) *Fußball*: Elfmeterpunkt *m*, b) *Hockey*: Siebenmeterpunkt *m.*

pen·ance ['penəns] *s.* Buße *f*: ***do ~*** Buße tun.

ˌ**pen-and-'ink** *adj.* Feder..., Schreiber...: ***~*** (***drawing***) Federzeichnung *f.*

pence [pens] *pl. von* ***penny.***

pen·chant ['pɑ̃ːŋʃɑ̃ːŋ] (*Fr.*) *s.* (***for***) Neigung *f*, Hang *m* (für, zu), Vorliebe *f* (für).

pen·cil ['pensl] **I** *s.* **1.** Blei-, Zeichen-, Farbstift *m*: ***red ~*** Rotstift; ***in ~*** mit Bleistift; **2.** *paint. obs.* Pinsel *m*; *fig.* Stil *m e-s Malers*; **3.** *rhet.* Griffel *m*, Stift *m*; **4.** ⚙, ⚕, *Kosmetik*: Stift *m*; **5.** ⩘, *phys.* (Strahlen)Büschel *m*, *n*: ***~ of light*** *phot.* Lichtbündel *n*; **II** **6.** *v/t.* zeichnen; **7.** mit e-m Bleistift aufschreiben, anzeichnen *od.* anstreichen; **8.** mit e-m Stift behandeln, *z.B. die Augenbrauen* nachziehen; '**pen·cil(l)ed** [-ld] *adj.* **1.** fein gezeichnet *od.* gestrichelt; **2.** mit e-m Bleistift gezeichnet *od.* angestrichen; **3.** ⩘, *phys.* gebündelt (*Strahlen etc.*).

pen·cil| push·er *s. humor.* ‚Bürohengst' *m*; **~ sharp·en·er** *s.* Bleistiftspitzer *m.*

'**pen·craft** *s.* **1.** → ***penmanship***; **2.** Schriftstelle'rei *f.*

pend·ant ['pendənt] **I** *s.* **1.** Anhänger *m*, (*Schmuckstück*), Ohrgehänge *n*; **2.** a) Behang *m*, b) Hängeleuchter *m*; **3.** Bügel *m* (*Uhr*); **4.** △ Hängezierrat *m*; **5.** *fig.* Anhang *m*, Anhängsel *n*; **6.** *fig.* Pen'dant *n*, Seiten-, Gegenstück *n* (***to*** zu); **7.** ⚓ → ***pennant*** 1; **II** *adj.* → ***pendent*** I; '**pend·en·cy** [-dənsı] *s. fig. bsd.* ⚖ Schweben *n*, Anhängigkeit *f* (*e-s Prozesses*); '**pend·ent** [-nt] **I** *adj.* **1.** (her'ab)hängend; 'überhängend; Hänge...; **2.** *fig.* → ***pending*** 3; **3.** *ling.* unvollständig; **II** *s.* **4.** → ***pendant*** I; '**pending** [-dıŋ] **I** *adj.* **1.** hängend; **2.** bevorstehend; **3.** *bsd.* ⚖ schwebend, (noch) unentschieden; anhängig (*Klage*); → ***patent*** 7; **II** *prp.* **4.** a) während, b) bis zu.

pen·du·late ['pendjʊleıt] *v/i.* **1.** pendeln; **2.** *fig.* fluktuieren, schwanken; '**pen·du·lous** [-ləs] *adj.* hängend, pendelnd; Hänge...(*bauch etc.*), Pendel...(*-bewegung etc.*); '**pen·du·lum** [-ləm] **I** *s.* **1.** *phys.* Pendel *n*; **2.** ⚙ a) Pendel *n*, Perpen'dikel *m*, *n* (*Uhr*), b) Schwunggewicht *n*; **3.** *fig.* Pendelbewegung *f*, wechselnde Stimmung *od.* Haltung; → ***swing*** 20; **II** *adj.* **4.** Pendel... (*-säge, -uhr, -waage etc.*): ***~ wheel*** Unruh *f der Uhr.*

pen·e·tra·bil·i·ty [ˌpenıtrə'bılətı] *s.* Durch'dringbarkeit *f*, Durch'dringlichkeit *f*; **pen·e·tra·ble** ['penıtrəbl] *adj.* □ durch'dringlich, erfassbar, erreichbar; **pen·e·tra·li·a** [ˌpenı'treıljə] (*Lat.*) *s. pl.* **1.** *das* Innerste, *das* Aller'heiligste; **2.** *fig.* Geheimnisse *pl.*; in'time Dinge *pl.*

pen·e·trate ['penıtreıt] **I** *v/t.* **1.** durch'dringen, eindringen in (*acc.*), durch'bohren, *a.* ⚔ durch'stoßen; **2.** *fig. seelisch* durch'dringen, erfüllen; **3.** *fig. geistig* eindringen in (*acc.*), ergründen, durch'schauen; **II** *v/i.* **4.** eindringen, 'durchdringen (***into***, ***to*** in *acc.*, zu); ✈, ⚔ einfliegen; **5.** 'durch-, vordringen (***to*** zu); **6.** *fig.* ergründen: ***~ into a secret***; '**pen·e·trat·ing** [-tıŋ] *adj.* □ **1.** 'durchdringend, durch'bohrend (*a. Blick*): ***~ power*** ⚔ Durchschlagskraft *f*; **2.** *fig.* durch'dringend, scharf(sinnig); **pen·e·tra·tion** [ˌpenı'treıʃn] *s.* **1.** Ein-, 'Durchdringen, Durch'bohren *n*; **2.** Eindringungsvermögen *n*, 'Durchschlagskraft *f* (*e-s Geschosses*); Tiefenwirkung *f*; **3.** ⚔ 'Durch-, Einbruch *m*; ✈ Einflug *m*; **4.** *phys.* Schärfe *f*, Auflösungsvermögen *n* (*Auge, Objektiv etc.*); **5.** *fig.* Ergründung *f*; **6.** *fig.* Einflussnahme *f*, Durch'dringung *f*: ***peaceful ~*** friedliche Durchdringung *e-s Landes*; **7.** *fig.* Scharfsinn *m*, durch'dringender Verstand; '**pen·e·tra·tive** [-trətıv] *adj.* □ → ***penetrating.***

pen friend *s.* Brieffreund(in).

pen·guin ['peŋgwın] *s.* **1.** Pinguin *m*; **2.** ✈ Übungsflugzeug *n*; **~ suit** *s.* Raumanzug *m.*

'**penˌhold·er** *s.* Federhalter *m.*

pen·i·cil·lin [ˌpenı'sılın] *s.* ⚕ Penizil'lin *n.*

pen·in·su·la [pı'nınsjʊlə] *s.* Halbinsel *f*; **pen'in·su·lar** [-lə] *adj.* **1.** Halbinsel...; **2.** halbinselförmig.

pe·nis ['piːnıs] *s. anat.* Penis *m.*

pen·i·tence ['penıtəns] *s.* Bußfertigkeit *f*, Buße *f*, Reue *f*; '**pen·i·tent** [-nt] **I** *adj.* □ **1.** bußfertig, reuig, zerknirscht; **II** *s.* **2.** Bußfertige(r *m*) *f*, Büßer(in); **3.** Beichtkind *n*; **pen·i·ten·tial** [ˌpenı'tenʃl] *eccl.* **I** *adj.* □ bußfertig, Buß...; **II** *s. a.* ***~ book*** *R.C.* Buß-, Pöni'tenzbuch *n*; **pen·i·ten·tia·ry** [ˌpenı'tenʃərı] **I** *s.* **1.** *eccl.* Bußpriester *m*; **2.** *Am.* 'Straf(vollˌzugs)anstalt *f*; **3.** *hist.* Besserungsanstalt *f*; **II** *adj.* **4.** *eccl.* Buß...

'**pen|·knife** *s.* [*irr.*] Feder-, Taschenmesser *n*; '**~·man** [-mən] *s.* [*irr.*] **1.** Kalli'graph *m*; **2.** Schriftsteller *m*; '**~·man·ship** [-mənʃıp] *s.* **1.** Schreibkunst *f*; **2.** Stil *m*; schriftstellerisches Können; **~ name** *s.* Schriftstellername *m*, Pseudo'nym *n.*

pen·nant ['penənt] *s.* **1.** ⚓, ⚔ Wimpel *m*, Stander *m*, kleine Flagge; **2.** (Lanzen)Fähnchen *n*; **3.** *sport Am.* Siegeswimpel *m*; *fig.* Meisterschaft *f*; **4.** ♪ *Am.* Fähnchen *n.*

pen·ni·less ['penılıs] *adj.* □ ohne (e-n Pfennig) Geld, mittellos.

pen·non ['penən] *s.* **1.** *bsd.* ⚔ Fähnlein *n*, Wimpel *m*, Lanzenfähnchen *n*; **2.** Fittich *m*, Schwinge *f.*

Penn·syl·va·nia Dutch [ˌpensıl'veınjə] *s.* **1.** *coll.* in Pennsyl'vania lebende 'Deutschameriˌkaner *pl.*; **2.** *ling.* Pennsyl'vanisch-Deutsch *n.*

pen·ny ['penı] *pl.* **-nies** *od. coll.* **pence** [pens] *s.* **1.** a) *Brit.* Penny *m* (= £ 0.01 = 1 p), b) *Am.* Centstück *n*: ***in for a ~, in for a pound*** wer A sagt, muss auch B sagen; ***the ~ dropped!*** *humor.* ‚der Groschen ist gefallen'!; ***spend a ~*** F ‚mal verschwinden' (*auf die Toilette*); **2.** *fig.* Pfennig *m*, Heller *m*, Kleinigkeit *f*: ***not worth a ~*** keinen Heller wert; ***he hasn't a ~ to bless himself with*** er hat keinen roten Heller; ***a ~ for your thoughts!*** (an) was denkst du denn (eben)?; **3.** *fig.* Geld *n*: ***turn an honest ~*** sich et. (durch ehrliche Arbeit) (dazu)verdienen; ***a pretty ~*** ein hübsches Sümmchen.

ˌ**pen·ny|-a-'lin·er** *s. bsd. Brit.* Schrei-

P

berling *m*, Zeilenschinder *m*; **~ arcade** *s.* 'Spielsa,lon *m*; **~ dread·ful** *s.* 'Groschenro,man *m*; Groschenblatt *n*; **,~-in-the-'slot ma·chine** *s.* (Ver'kaufs)Auto,mat *m*; **'~-,pinch·er** *s.* F Pfennigfuchser *m*; **'~-weight** *s. Brit.* Pennygewicht *n* (*1½ Gramm*); **,~-'wise** *adj.* am falschen Ende sparsam: ***~ and pound-foolish*** im Kleinen sparsam, im Großen verschwenderisch; **'~-worth** ['penəθ] *s.* **1.** was man für e-n Penny kaufen kann: ***a ~ of tobacco*** für e-n Penny Tabak; **2.** (*bsd.* guter) Kauf: ***a good ~***.

pe·no·log·ic, pe·no·log·i·cal [,pi:nə'lɒdʒɪk(l)] *adj.* □ ⚖ krimi'nalkundlich, Strafvollzugs...; **pe·nol·o·gy** [pi:'nɒlədʒɪ] *s.* Krimi'nalstrafkunde *f*, *bsd.* 'Strafvoll,zugslehre *f*.

pen pal *Am. für **pen friend***.

pen·sion¹ ['pɑ̃:ŋsɪɔ̃:ŋ] (*Fr.*) *s.* Pensi'on *f*: a) Fremdenheim *n*, b) 'Unterkunft u. Verpflegung *f*: ***full ~***.

pen·sion² ['penʃn] **I** *s.* Pensi'on *f*, Ruhegeld *n*, Rente *f*: **~ fund** Pensionskasse *f*; ***~ plan, ~ scheme*** (Alters)Versorgungsplan *m*; ***entitled to a ~*** pensionsberechtigt; ***be on a ~*** in Rente *od.* Pension sein; **II** *v/t. oft **~ off*** *j-n* pensionieren; **'pen·sion·a·ble** [-ʃnəbl] *adj.* pensi'onsberechtigt, -fähig: ***of ~ age*** im Renten- *od.* Pensionsalter; **'pen·sion·er** [-ʃənə] *s.* **1.** Pensio'när *m*, Ruhegeldempfänger(in), Rentner(in); **2.** *Brit.* Stu'dent *m* (*in Cambridge*), der für Kost u. Wohnung im College zahlt.

pen·sive ['pensɪv] *adj.* □ **1.** nachdenklich, sinnend, gedankenvoll; **2.** ernst, tiefsinnig; **'pen·sive·ness** [-nɪs] *s.* Nachdenklichkeit *f*; Tiefsinn *m*, Ernst *m*.

'pen·stock *s.* **1.** Wehr *n*, Stauanlage *f*; **2.** *Am.* Druckrohr *n*.

pen·ta·cle ['pentəkl] → ***pentagram***.

pen·ta·gon ['pentəgən] *s.* ⩓ Fünfeck *n*: ***the ♀*** *Am.* das Pentagon (*das amer. Verteidigungsministerium*); **pen·tag·o·nal** [pen'tægənl] *adj.* fünfeckig; **'pen·ta·gram** [-græm] *s.* Penta'gramm *n*, Drudenfuß *m*; **pen·ta·he·dral** [,pentə'hi:drəl] *adj.* ⩓ fünfflächig; **pen·ta·he·dron** [,pentə'hi:drɒn] *pl.* **-drons** *od.* **-dra** [-drə] *s.* ⩓ ,Penta'eder *n*; **pen·tam·e·ter** [pen'tæmɪtə] *s.* Pen'tameter *m*.

Pen·ta·teuch ['pentətju:k] *s. bibl.* Penta'teuch *m*, die fünf Bücher Mose.

pen·tath·lete [pen'tæθli:t] *s. sport* Fünfkämpfer(in); **pen'tath·lon** [-lɒn] *s. sport* Fünfkampf *m*.

pen·ta·va·lent [,pentə'veɪlənt] *adj.* ⚗ fünfwertig.

Pen·te·cost ['pentɪkɒst] *s.* Pfingsten *n od. pl.*, Pfingstfest *n*; **Pen·te·cos·tal** [,pentɪ'kɒstl] *adj.* pfingstlich; Pfingst...

pent·house ['penthaʊs] *s.* ⚠ **1.** Penthouse *n*, 'Dachter,rassenwohnung *f*; **2.** Wetter-, Vor-, Schirmdach *n*; **3.** Anbau *m*, Nebengebäude *n*, angebauter Schuppen.

pen·tode ['pentəʊd] *s.* ⚡ Pen'tode *f*, Fünfpolröhre *f*.

,pent-'up *adj.* **1.** eingepfercht; **2.** *fig.* angestaut (*Gefühle*): ***~ demand*** ✝ *Am.* Nachholbedarf *m*.

pe·nult [pe'nʌlt] *s. ling.* vorletzte Silbe; **pe'nul·ti·mate** [-tɪmət] **I** *adj.* vorletzt; **II** *s.* → ***penult***.

pe·num·bra [pɪ'nʌmbrə] *pl.* **-bras** *s.* Halbschatten *m*.

pe·nu·ri·ous [pɪ'njʊərɪəs] *adj.* □ **1.** geizig, knauserig; **2.** karg; **pen·u·ry** ['penjʊrɪ] *s.* Knappheit *f*, Armut *f*, Not *f*, Mangel *m*.

pe·on ['pi:ən] *s.* **1.** Sol'dat *m*, Poli'zist *m*, Bote *m* (*in Indien u. Ceylon*); **2.** Tagelöhner *m* (*in Südamerika*); **3.** (*durch Geldschulden*) zu Dienst verpflichteter Arbeiter (*Mexiko*); **4.** *Am.* zu Arbeit her'angezogener Sträfling; **'pe·on·age** [-nɪdʒ] **'pe·on·ism** [-nɪzəm] *s.* Dienstbarkeit *f*, Leibeigenschaft *f*.

pe·o·ny ['pi:ənɪ] *s.* ⚘ Pfingstrose *f*.

peo·ple ['pi:pl] **I** *s.* **1.** *pl. konstr.* die Leute *pl.*, die Menschen *pl.*: ***English ~*** (die) Engländer; ***London ~*** die Londoner (Bevölkerung); ***country ~*** Landleute, -bevölkerung *f*; ***literary ~*** (die) Literaten; ***a great many ~*** sehr viele Leute; ***some ~*** manche; ***he of all ~*** ausgerechnet er; **2. *the ~*** a) *a. sg. konstr.* das *gemeine* Volk, b) die Bürger *pl.*, die Wähler *pl.*; **3.** *pl.* **~s** Volk *n*, Nati'on *f*: ***the ~s of Europe***; ***the chosen ~*** das auserwählte Volk; **4.** *pl. konstr.* F *j-s* Angehörige *pl.*, Fa'milie *f*: ***my ~*** m-e Leute; **5.** F man: ***~ say*** man sagt; **II** *v/t.* **6.** bevölkern (***with*** mit).

peo·ple's re·pub·lic *s. pol.* 'Volksrepub,lik *f*: ***the ♀ of China***.

pep [pep] *sl.* **I** *s.* E'lan *m*, Schwung *m*, ,Schmiss' *m*: ***~ pill*** Aufputschtablette *f*; ***~ talk*** Anfeuerung *f*, ermunternde Worte; **II** *v/t.* ***~ up*** a) *j-n* ,aufmöbeln', in Schwung bringen, b) *j-n* anfeuern, c) *Geschichte* ,pfeffern', d) *et.* in Schwung bringen.

pep·per ['pepə] **I** *s.* **1.** Pfeffer *m* (*a. fig. et. Scharfes*); **2.** ⚘ Pfefferstrauch *m*, *bsd.* a) Spanischer Pfeffer, b) Roter Pfeffer, c) Paprika *m*; **3.** pfefferähnliches Gewürz: ***~ cake*** Ingwerkuchen *m*; **II** *v/t.* **4.** pfeffern; **5.** *fig. Stil etc.* würzen; **6.** *fig.* sprenkeln, bestreuen; **7.** *fig.* ,bepfeffern', bombardieren (*a. mit Fragen etc.*); **8.** *fig.* 'durchprügeln; **,~-and-'salt I** *adj.* pfeffer-und-salz-farbig (*Stoff*); **II** *s.* a) Pfeffer u. Salz *n* (*Stoff*), b) Anzug *m* in Pfeffer u. Salz; **'~-box** *s. bsd. Brit.*, **~ cas·tor** *s.* Pfefferbüchse *f*, -streuer *m*; **'~-corn** *s.* Pfefferkorn *n*; **'~-mint** *s.* **1.** ⚘ Pfefferminze *f*; **2.** Pfefferminzöl *n*; **3.** *a.* ***~ drop, ~ lozenge*** Pfefferminzplätzchen *n*.

pep·per·y ['pepərɪ] *adj.* **1.** pfefferig, scharf; **2.** *fig.* hitzig, jähzornig; **3.** gepfeffert, scharf (*Stil*).

pep·py ['pepɪ] *adj. sl.* schwungvoll, ,schmissig', forsch.

pep·sin ['pepsɪn] *s.* ⚗ Pep'sin *n*; **pep·tic** ['peptɪk] *anat. adj.* **1.** Verdauungs...: ***~ gland*** Magendrüse *f*; ***~ ulcer*** Magengeschwür *n*; **2.** verdauungsfördernd, peptisch; **pep·tone** ['peptəʊn] *s. physiol.* Pep'ton *n*.

per [pɜ:; pə] *prp.* **1.** per, durch: ***~ bearer*** durch Überbringer; ***~ post*** durch die Post; ***~ rail*** per Bahn; **2.** pro, je, für: ***~ annum*** [pər'ænəm] pro Jahr, jährlich; ***~ capita*** ['kæpɪtə] pro Kopf, pro Person; ***~ capita income*** Pro-Kopf-Einkommen *n*; ***~ capita quota*** Kopfbetrag *m*; ***~ cent*** pro *od.* vom Hundert; ***~ second*** in der *od.* pro Sekunde; **3.** laut, gemäß (✝ *a.* ***as ~***).

per·ad·ven·ture [pərəd'ventʃə] *adv. obs.* viel'leicht, ungefähr.

per·am·bu·late [pə'ræmbjʊleɪt] **I** *v/t.* **1.** durch'wandern, -'reisen, -'ziehen; **2.** bereisen, besichtigen; **3.** die Grenzen *e-s Gebiets* abschreiten; **II** *v/i.* **4.** um'herwandern; **per·am·bu·la·tion** [pə,ræmbjʊ'leɪʃn] *s.* **1.** Durch'wanderung *f*; **2.** Bereisen *n*, Besichtigung(sreise) *f*; **3.** Grenzbegehung *f*; **per·am·bu·la·tor** [pə'ræmbjʊleɪtə] *s. bsd. Brit.* Kinderwagen *m*.

per·ceiv·a·ble [pə'si:vəbl] *adj.* □ **1.** wahrnehmbar, spürbar, merklich; **2.** verständlich; **per·ceive** [pə'si:v] *v/t. u. v/i.* **1.** wahrnehmen, empfinden, (be-)merken, spüren; **2.** verstehen, erkennen, begreifen.

per·cent, *Brit.* **per cent** [pə'sent] **I** *adj.* **1.** ...prozentig; **II** *s.* **2.** Pro'zent *n* (%); **3.** *pl.* 'Wertpa,piere *pl.* mit feststehendem Zinssatz: ***three per cents*** dreiprozentige Wertpapiere; **per'cent·age** [-tɪdʒ] *s.* **1.** Pro'zent-, Hundertsatz *m*; Prozentgehalt *m*: ***~ by weight*** Gewichtsprozent *n*; **2.** ✝ Pro'zente *pl.*; **3.** *weitS.* Teil *m*, Anteil *m* (***of*** an *dat.*); **4.** ✝ Gewinnanteil *m*, Provisi'on *f*, Tanti'eme *f*; **per'cen·tal** [-tl], **per'cen·tile** [-taɪl] *adj.* prozentu'al, Prozent...

per·cep·ti·bil·i·ty [pə,septə'bɪlətɪ] *s.* Wahrnehmbarkeit *f*; **per·cep·ti·ble** [pə'septəbl] *adj.* □ wahrnehmbar, merklich; **per·cep·tion** [pə'sepʃn] *s.* **1.** (sinnliche *od.* geistige) Wahrnehmung, Empfindung *f*; **2.** Wahrnehmungsvermögen *n*; **3.** Auffassung(skraft) *f*; **4.** Begriff *m*, Vorstellung *f*; **5.** Erkenntnis *f*; **per·cep·tion·al** [pə'sepʃənl] *adj.* Wahrnehmungs..., Empfindungs...; **per·cep·tive** [pə'septɪv] *adj.* □ **1.** wahrnehmend, Wahrnehmungs...; **2.** auffassungsfähig, scharfsichtig; **per·cep·tiv·i·ty** [,pɜ:sep'tɪvətɪ] *s.* → ***perception*** 2.

perch¹ [pɜ:tʃ] *pl.* **'perch·es** [-ɪz] *od.* **perch** *s. ichth.* Flussbarsch *m*.

perch² [pɜ:tʃ] **I** *s.* **1.** (Auf)Sitzstange *f für Vögel*, Hühnerstange *f*; **2.** F *fig.* hoher (sicherer) Sitz, ,Thron' *m*: ***knock s.o. off his ~*** *fig.* j-n von s-m Sockel herunterstoßen; ***come off your ~!*** F tu nicht so überlegen!; **3.** *surv.* Messstange *f*; **4.** Rute *f* (*Längenmaß = 5,029 m*); **5.** ⚓ Pricke *f*; **6.** Lang-, Lenkbaum *m e-s Wagens*; **II** *v/i.* **7.** sich setzen *od.* niederlassen (***on*** auf *acc.*), sitzen (*Vögel*); *fig.* hoch sitzen *od.* ,thronen'; **III** *v/t.* **8.** (*auf et. Hohes*) setzen: ***~ o.s.*** sich setzen; ***be ~ed*** sitzen, ,thronen'.

per·chance [pə'tʃɑ:ns] *adv. poet.* viel'leicht, zufällig.

perch·er ['pɜ:tʃə] *s. orn.* Sitzvogel *m*.

per·chlo·rate [pə'klɔ:reɪt] *s.* ⚗ Perchlo'rat *n*; **per'chlo·ric** [-ɪk] *adj.* 'überchlorig: ***~ acid*** Über- *od.* Perchlorsäure *f*; **per'chlo·ride** [-raɪd] *s.* Perchlo'rid *n*.

per·cip·i·ence [pə'sɪpɪəns] *s.* **1.** Wahrnehmen *n*; **2.** Wahrnehmung(svermögen *n*) *f*; **per'cip·i·ent** [-nt] → ***perceptive*** 1.

per·co·late ['pɜ:kəleɪt] **I** *v/t.* **1.** *Kaffee etc.* filtern, 'durchseihen, 'durchsickern lassen; **II** *v/i.* **2.** 'durchsickern (*a. fig.*): ***percolating tank*** Sickertank *m*; **3.** gefiltert werden; **per·co·la·tion** [,pɜ:kə'leɪʃn] *s.* 'Durchseihung *f*, Filtrati'on *f*; **'per·co·la·tor** [-tə] *s.* Fil'triertrichter *m*, Perko'lator *m*, 'Kaffeema,schine *f*.

per·cuss [pə'kʌs] *v/t. u. v/i.* ⚕ perkutieren, abklopfen; **per'cus·sion** [-ʌʃən] **I** *s.* **1.** Schlag *m*, Stoß *m*, Erschütterung *f*, Aufschlag *m*; **2.** ⚕ a) Perkussi'on *f*, Abklopfen *n*, b) 'Klopfmas,sage *f*; **3.** ♪ *coll.* 'Schlaginstru,mente *pl.*, -zeug *n*; **II** *adj.* **4.** Schlag..., Stoß..., Zünd...: ***~ cap*** Zündhütchen *n*; ***~ drill*** ⚙ Schlagbohrer *m*; ***~ fuse*** ⚔ Aufschlagzünder

P

m; **~ instrument** ♪ Schlaginstrument *n*; **~ welding** ⚙ Schlag-, Stoßschweißen *n*; **III** *v/t.* **5.** ⚕ a) perkutieren, abklopfen, b) durch Beklopfen massieren; **per'cus·sion·ist** [-ʌʃnɪst] *s.* ♪ Schlagzeuger *m*; **per'cus·sive** [-sɪv] → ***percussion*** 4.

per·cu·ta·ne·ous [ˌpɜːkjuːˈteɪnjəs] *adj.* □ ⚕ perku'tan, durch die Haut.

per di·em [ˌpɜːˈdaɪem] **I** *adj. u. adv.* täglich, pro Tag: **~ rate** Tagessatz *m*; **II** *s.* Tagegeld *n*.

per·di·tion [pəˈdɪʃn] *s.* **1.** Verderben *n*; **2.** a) ewige Verdammnis, b) Hölle *f*.

per·e·gri·nate [ˈperɪgrɪneɪt] **I** *v/i.* wandern, um'herreisen; **II** *v/t.* durch'wandern, bereisen; **per·e·gri·na·tion** [ˌperɪgrɪˈneɪʃn] *s.* **1.** Wanderschaft *f*; **2.** Wanderung *f*; **3.** *fig.* Weitschweifigkeit *f*.

per·emp·to·ri·ness [pəˈrempt*ə*rɪnɪs] *s.* **1.** Entschiedenheit *f*, Bestimmtheit *f*; herrisches Wesen; **2.** Endgültigkeit *f*; **per·emp·to·ry** [pəˈrempt*ə*rɪ] *adj.* □ **1.** entschieden, bestimmt; gebieterisch, herrisch; **2.** entscheidend, endgültig; zwingend, defini'tiv: **a ~ command**.

per·en·ni·al [pəˈrenjəl] **I** *adj.* □ **1.** das ganze Jahr *od.* Jahre hin'durch dauernd, beständig; **2.** immer während, anhaltend; **3.** ⚘ perennierend, winterhart; **II** *s.* **4.** ⚘ perennierende Pflanze.

per·fect [ˈpɜːfɪkt] **I** *adj.* □ → ***perfectly***; **1.** per'fekt, voll'endet: a) fehler-, makellos, ide'al, b) fertig, abgeschlossen: **make ~** vervollkommnen; **~ pitch** ♪ absolutes Gehör; **~ participle** *ling.* Mittelwort *n* der Vergangenheit, Partizip *n* Perfekt; **~ tense** Perfekt *n*; **2.** gründlich (ausgebildet), per'fekt (**in** in *dat.*); **3.** gänzlich, 'vollständig: **a ~ circle**; **~ strangers** wildfremde Leute; **4.** F rein, ‚kom'plett': **~ nonsense**; **a ~ fool** ein ausgemachter Narr; **II** *s.* **5.** *ling.* Perfekt *n*: **past ~** Plusquamperfekt; **III** *v/t.* [pəˈfekt] **6.** voll'enden; ver'vollkommnen (**o.s.** sich); **per·fect·i·ble** [pəˈfektəbl] *adj.* ver'vollkommnungsfähig; **per·fec·tion** [pəˈfekʃn] *s.* **1.** Ver'vollkommnung *f*; **2.** *fig.* Voll'kommenheit *f*, Voll'endung *f*, Perfekti'on *f*: **bring to ~** vervollkommnen; **to ~** vollkommen, meisterlich; **3.** Vor'trefflichkeit *f*; **4.** Fehler-, Makellosigkeit *f*; **5.** *fig.* Gipfel *m*; **6.** *pl.* Fertigkeiten *pl.*; **per·fec·tion·ist** [pəˈfekʃnɪst] **I** *s.* Perfektio'nist *m*; **II** *adj.* perfektio'nistisch; **'per·fect·ly** [-ktlɪ] *adv.* **1.** voll'kommen, fehlerlos; gänzlich, völlig; **2.** F ganz, abso'lut, einfach *wunderbar etc.*

per·fid·i·ous [pəˈfɪdɪəs] *adj.* □ verräterisch, falsch, heimtückisch, per'fid; **per'fid·i·ous·ness** [-nɪs], **per·fi·dy** [ˈpɜːfɪdɪ] *s.* Falschheit *f*, Perfi'die *f*, Tücke *f*, Verrat *m*.

per·fo·rate **I** *v/t.* [ˈpɜːfəreɪt] durch'bohren, -'löchern, lochen, perforieren: **~d disk** ⚙ (Kreis)Lochscheibe *f*; **~d tape** Lochstreifen *m*; **II** *adj.* [-rɪt] durch'löchert, gelocht; **per·fo·ra·tion** [ˌpɜːfəˈreɪʃn] *s.* **1.** Durch'bohrung *f*, -'lochung *f*, -'löcherung *f*, Perforati'on *f*: **~ of the stomach** ⚕ Magendurchbruch *m*; **2.** Lochung *f*, gelochte Linie; **3.** Loch *n*, Öffnung *f*; **'per·fo·ra·tor** [-tə] *s.* Locher *m*.

per·force [pəˈfɔːs] *adv.* notgedrungen, gezwungenermaßen.

per·form [pəˈfɔːm] **I** *v/t.* **1.** *Arbeit, Dienst etc.* verrichten, leisten, machen, tun, ausführen; ⚕ *e-e Operation* 'durchführen (**on** bei); **2.** voll'bringen, -'ziehen, 'durchführen; *e-r Verpflichtung* nachkommen, *e-e Pflicht, a. e-n Vertrag* erfüllen; **3.** *Theaterstück, Konzert etc.* aufführen, geben, spielen; *e-e Rolle* spielen, darstellen; **II** *v/i.* **4.** et. ausführen *od.* leisten; ⚙ funktionieren, arbeiten: **~ well** e-e gute Leistung bringen; **5.** *thea. etc.* e-e Vorstellung geben, auftreten, spielen: **~ on the piano** Klavier spielen, auf dem Klavier et. vortragen; **per'form·ance** [-məns] *s.* **1.** Aus-, 'Durchführung *f*: **in the ~ of his duty** in Ausübung s-r Pflicht; **2.** Leistung *f* (*a.* ⚖, ⚙), Erfüllung *f* (*Pflicht, Versprechen, Vertrag*), Voll'ziehung *f*: **~ in kind** Sachleistung; **~ data** ⚙ Leistungswerte *pl.*; **~ principle** *sociol.* Leistungsprinzip *n*; **~ test** *ped.* Leistungsprüfung *f*; **~ of a machine** (Arbeits)Leistung *od.* Arbeitsweise *f* e-r Maschine; **3.** ♪, *thea.* Aufführung *f*, Vorstellung *f*, Vortrag *m*; **4.** *thea.* Darstellung(skunst) *f*, Spiel *n*; **5.** *ling.* Perfor'manz *f*; **per'form·er** [-mə] *s.* **1.** Ausführende(r *m*) *f*; **2.** Leistungsträger(in): **top ~**; **3.** Schauspieler(in); Darsteller(in); Musiker(in); Künstler(in); **per'form·ing** [-mɪŋ] *adj.* **1.** *thea.* Aufführungs...: **~ rights**; **2.** darstellend: **~ arts**; **3.** dressiert (*Tier*).

per·fume **I** *v/t.* [pəˈfjuːm] **1.** mit Duft erfüllen, parfümieren (*a. fig.*); **II** *s.* [ˈpɜːfjuːm] **2.** Duft *m*, Wohlgeruch *m*; **3.** Par'füm *n*, Duftstoff *m*; **per'fum·er** [-mə] *s.* Parfüme'riehändler *m*, Parfü'meur *m*; **per'fum·er·y** [-mərɪ] *s.* Parfüme'rien *pl.*; Parfüme'rie(geschäft *n*) *f*.

per·func·to·ry [pəˈfʌŋ*k*t*ə*rɪ] *adj.* □ **1.** oberflächlich, obenhin, flüchtig; **2.** me'chanisch, inter'esselos.

per·go·la [ˈpɜːgələ] *s.* Laube *f*, offener Laubengang, Pergola *f*.

per·haps [pəˈhæps; præps] *adv.* viel'leicht.

per·i·car·di·tis [ˌperɪkɑːˈdaɪtɪs] *s.* ⚕ Herzbeutelentzündung *f*, Perikar'ditis *f*; **per·i·car·di·um** [ˌperɪˈkɑːdjəm] *pl.* **-di·a** [-djə] *s. anat.* **1.** Herzbeutel *m*; **2.** Herzfell *n*.

per·i·carp [ˈperɪkɑːp] *s.* ⚘ Fruchthülle *f*, Peri'karp *n*.

per·i·gee [ˈperɪdʒiː] *s. ast.* Erdnähe *f*.

per·i·he·li·on [ˌperɪˈhiːljən] *s. ast.* Sonnennähe *f e-s Planeten*.

per·il [ˈperəl] **I** *s.* Gefahr *f*, Risiko *n* (*a.* ⚓): **in ~ of one's life** in Lebensgefahr; **at (one's) ~** auf eigene Gefahr; **at the ~ of** auf die Gefahr hin, dass; **II** *v/t.* gefährden; **'per·il·ous** [-rələs] *adj.* □ gefährlich.

per·im·e·ter [pəˈrɪmɪtə] *s.* **1.** Periphe'rie *f*: a) ⩓ 'Umkreis *m*, b) *allg.* Rand *m*: **~ position** ⚔ Randstellung *f*; **2.** ⚕, *opt.* Peri'meter *n* (*Instrument*).

per·i·ne·um [ˌperɪˈniːəm] *pl.* **-ne·a** [-ə] *s. anat.* Damm *m*, Peri'neum *n*.

pe·ri·od [ˈpɪərɪəd] **I** *s.* **1.** Peri'ode *f* (*a.* ⩓, ϟ, ♪), Zeit(dauer *f*, -raum *m*, -spanne *f*) *f*, Frist *f*: **~ of appeal** ⚖ Berufungsfrist; **~ of exposure** *phot.* Belichtungszeit; **~ of office** Amtsdauer *f*; **for a ~** für einige Zeit; **for a ~ of** auf die Dauer von; **2.** *ast.* 'Umlaufszeit *f*; **3.** (vergangenes *od.* gegenwärtiges) Zeitalter: **glacial ~** Eiszeit *f*; **dresses of the ~** zeitgenössische Kleider; **a girl of the ~** ein modernes Mädchen; **4.** *ped.* ('Unterrichts)Stunde *f*; **5.** *Sport*: Spielabschnitt *m*, *z.B. Eishockey*: Drittel *n*; **6.** *a.* **monthly ~** (*od.* **~s** *pl.*) ⚕ Peri'ode *f der Frau*; **7.** (Sprech)Pause *f*, Absatz *m*; **8.** *ling.* a) Punkt *m*: **put a ~ to** *fig. e-r Sache* ein Ende setzen, b) Satzgefüge *n*, c) *allg.* wohlgefügter Satz; **II** *adj.* **9.** a) zeitgeschichtlich, Zeit...: **~ play** Zeitstück *n*; b) Stil...: **~ furniture**; **~ house** Haus *n* im Zeitstil; **~ dress** historisches Kostüm.

pe·ri·od·ic[1] [ˌpɪərɪˈɒdɪk] *adj.* (□ **~ally**) **1.** peri'odisch, Kreis..., regelmäßig 'wiederkehrend; **2.** *ling.* rhe'torisch, wohlgefügt (*Satz*).

per·i·od·ic[2] [ˌpɜːraɪˈɒdɪk] *adj.* ⚗ per'jod-, 'überjodsauer: **~ acid** Überjodsäure *f*.

pe·ri·od·i·cal [ˌpɪərɪˈɒdɪkl] **I** *adj.* □ **1.** → ***periodic***[1]; **2.** regelmäßig erscheinend; **3.** Zeitschriften...; **II** *s.* **4.** Zeitschrift *f*; **pe·ri·o·dic·i·ty** [ˌpɪərɪəˈdɪsətɪ] *s.* **1.** Periodizi'tät *f* (*a.* ⚕); **2.** ⚗ Stellung *f* e-s Ele'ments in der A'tomgewichtstafel; **3.** ϟ Fre'quenz *f*.

per·i·os·te·um [ˌperɪˈɒstɪəm] *pl.* **-te·a** [-ə] *s. anat.* Knochenhaut *f*; **per·i·os·ti·tis** [ˌperɪəˈstaɪtɪs] *s.* ⚕ Knochenhautentzündung *f*.

per·i·pa·tet·ic [ˌperɪpəˈtetɪk] *adj.* (□ **~ally**) **1.** um'herwandelnd; **2.** ♀ *phls.* peripa'tetisch; **3.** *fig.* weitschweifig.

pe·riph·er·al [pəˈrɪfərəl] *adj.* □ **1.** peri'pherisch, Rand...: **~ (equipment)** *Computer*: Peripheriegerät *n*; **~s** Peripheriegeräte *pl.*; **2.** *anat.* peri'pher; **pe·riph·er·y** [pəˈrɪfərɪ] *s.* Periphe'rie *f*; *fig. a.* Rand *m*, Grenze *f*.

pe·riph·ra·sis [pəˈrɪfrəsɪs] *pl.* **-ses** [-siːz] *s.* Um'schreibung *f*, Peri'phrase *f*; **per·i·phras·tic** [ˌperɪˈfræstɪk] *adj.* (□ **~ally**) um'schreibend, peri'phrastisch.

per·i·scope [ˈperɪskəʊp] *s.* ⚔ **1.** Sehrohr *n* (*U-Boot, Panzer*); **2.** Beobachtungsspiegel *m*.

per·ish [ˈperɪʃ] **I** *v/i.* **1.** 'umkommen, 'untergehen, zu'grunde gehen, sterben, (tödlich) verunglücken (**by**, **of**, **with** durch, von, an *dat.*): **to ~ by drowning** ertrinken; **~ the thought!** Gott behüte!; **2.** hinschwinden, absterben, eingehen; **II** *v/t.* **3.** vernichten (*mst pass.*): **be ~ed with** F (fast) umkommen vor *Kälte etc.*; **'per·ish·a·ble** [-ʃəbl] **I** *adj.* □ vergänglich; leicht verderblich (*Lebensmittel etc.*); **II** *s. pl.* leicht verderbliche Waren *pl.*; **'per·ish·er** [-ʃə] *s. Brit.* **little ~** kleiner Räuber (*Kind*); **'per·ish·ing** [-ʃɪŋ] **I** *adj.* □ vernichtend, tödlich (*a. fig.*); **II** *adv.* F scheußlich, verflixt: **~ cold**.

per·i·style [ˈperɪstaɪl] *s.* ⩓ Säulengang *m*, Peri'styl *n*.

per·i·to·n(a)e·um [ˌperɪtəʊˈniːəm] *pl.* **-ne·a** [-ə] *s. anat.* Bauchfell *n*; **ˌper·i·to'ni·tis** [-təˈnaɪtɪs] *s.* ⚕ Bauchfellentzündung *f*.

per·i·wig [ˈperɪwɪg] *s.* Pe'rücke *f*.

per·i·win·kle [ˈperɪˌwɪŋkl] *s.* **1.** ⚘ Immergrün *n.*; **2.** *zo.* (*essbare*) Uferschnecke.

per·jure [ˈpɜːdʒə] *v/t.*: **~ o.s.** e-n Meineid leisten, meineidig werden; **~d** meineidig; **'per·jur·er** [-dʒərə] *s.* Meineidige(r *m*) *f*; **'per·ju·ry** [-dʒərɪ] *s.* Meineid *m*.

perk[1] [pɜːk] *s. mst pl. bsd. Brit* F *für* ***perquisite*** 1.

perk[2] [pɜːk] **I** *v/i. mst* **~ up** **1.** (lebhaft) den Kopf recken, munter werden; **2.** *fig.* die Nase hoch tragen, selbstbewusst *od.* forsch auftreten; **3.** *fig.* sich erholen, munter werden; **II** *v/t. mst* **~ up** **4.** *den Kopf* recken; *die Ohren* spitzen; **5.**

P

~ up j-n ‚aufmöbeln'; **6.** *~ o.s.* (*up*) sich schönmachen; **'perk·i·ness** [-kɪnɪs] *s.* Keckheit *f*, Selbstbewusstsein *n*; **'perk·y** [-kɪ] *adj.* □ **1.** flott, forsch; **2.** keck, dreist, frech.

perm [pɜːm] *s.* F Dauerwelle *f*.

per·ma·frost ['pɜːməfrɒst] *s.* Dauerfrostboden *m*.

per·ma·nence ['pɜːmənəns] *s.* **1.** Perma'nenz *f* (*a. phys.*), Ständigkeit *f*, (Fort)Dauer *f*; **2.** Beständigkeit *f*, Dauerhaftigkeit *f*; **'per·ma·nen·cy** [-sɪ] **1.** → *permanence*; **2.** *et.* Dauerhaftes *od.* Bleibendes; feste Anstellung, Dauerstellung *f*; **'per·ma·nent** [-nt] *adj.* □ (fort)dauernd, bleibend, perma'nent; ständig (*Ausschuss, Bauten, Personal, Wohnsitz etc.*); dauerhaft, Dauer... (*-magnet, -stellung, -ton, -wirkung etc.*), mas'siv (*Bau*): *~ assets* ☤ Anlagevermögen *n*; *~ call teleph.* Dauerbelegung *f*; *~ disposal* Endlagerung *f*; *2 Secretary Brit.* ständiger (*fachlicher*) Staatssekretär; *~ situation* ☤ Dauer-, Lebensstellung *f*; *~ wave* Dauerwelle *f*; *~ way* 🚂 Bahnkörper *m*; Oberbau *m*.

per·man·ga·nate [pɜː'mæŋɡəneɪt] *s.* ⚗ Permanga'nat *n*: *~ of potash* Kaliumpermanganat; **per·man·gan·ic** [ˌpɜːmæŋ'ɡænɪk] *adj.* Übermangan...: *~ acid*.

per·me·a·bil·i·ty [ˌpɜːmjə'bɪlətɪ] *s.* Durch'dringbarkeit *f*, *bsd. phys.* Permeabili'tät *f*: *~ to gas(es) phys.* Gasdurchlässigkeit *f*.

per·me·a·ble ['pɜːmjəbl] *adj.* □ 'durchlässig (*to* für); **per·me·ance** ['pɜːmɪəns] *s.* **1.** Durch'dringung *f*; **2.** *phys.* ma'gnetischer Leitwert; **per·me·ate** ['pɜːmɪeɪt] **I** *v/t.* durch'dringen; **II** *v/i.* dringen (*into* in *acc.*), sich verbreiten (*among* unter *dat.*), 'durchsickern; **per·me·a·tion** [ˌpɜːmɪ'eɪʃn] *s.* Eindringen *n*, Durch'dringung *f*.

per·mis·si·ble [pə'mɪsəbl] *adj.* □ zulässig; **per'mis·sion** [-'mɪʃn] *s.* Erlaubnis *f*, Genehmigung *f*, Zulassung *f*: *by special ~* mit besonderer Erlaubnis; *ask s.o. for ~*, *ask s.o.'s ~* j-n um Erlaubnis bitten; **per'mis·sive** [-sɪv] *adj.* □ **1.** gestattend, zulassend; ⚖ fakulta'tiv; **2.** tole'rant, libe'ral; (sexu'ell) freizügig: *~ society* tabufreie Gesellschaft; **per'mis·sive·ness** [-sɪvnɪs] *s.* **1.** Zulässigkeit *f*; **2.** Tole'ranz *f*; **3.** (sexu'elle) Freizügigkeit *f*.

per·mit [pə'mɪt] **I** *v/t.* **1.** *et.* erlauben, gestatten, zulassen, dulden: *am I ~ted to* darf ich?; *~ o.s. s.th.* sich et. erlauben; **II** *v/i.* **2.** erlauben: *weather* (*time*) *~ting* wenn es das Wetter (die Zeit) erlaubt; **3.** *~ of fig.* zulassen: *the rule ~s of no exception*; **III** *s.* ['pɜːmɪt] **4.** Genehmigung(sschein *m*) *f*, Li'zenz *f*, Zulassung *f* (*to* für); ☤ Aus-, Einfuhrerlaubnis *f*; **5.** Aus-, Einreiseerlaubnis *f*; **6.** Passierschein *m*; **per·mit·tiv·i·ty** [ˌpɜːmɪ'tɪvətɪ] *s. phys.* Permittivi'tät *f*, Dielektrizi'tätskonˌstante *f*.

per·mu·ta·tion [ˌpɜːmjuː'teɪʃn] *s.* **1.** Vertauschung *f*, Versetzung *f*: *~ lock* Vexierschloss *n*; **2.** ∢ Permutati'on *f*.

per·ni·cious [pə'nɪʃəs] *adj.* □ **1.** verderblich, schädlich; **2.** ⚕ bösartig, perni'ziös; **per'ni·cious·ness** [-nɪs] *s.* Schädlichkeit *f*; Bösartigkeit *f*.

per·nick·et·y [pə'nɪkətɪ] *adj.* **1.** F ‚pingelig', kleinlich, wählerisch, pe'dantisch (*about* mit); **2.** heikel (*a. Sache*).

per·o·rate ['perəreɪt] *v/i.* **1.** große Reden schwingen; **2.** e-e Rede abschließen; **per·o·ra·tion** [ˌperə'reɪʃn] *s.* (zs.-fassender) Redeschluss.

per·ox·ide [pə'rɒksaɪd] ⚗ 'Superoˌxid *n*; *engS.* 'Wasserstoffˌsuperoˌxid *n*: *~ blonde* F ‚Wasserstoffblondine' *f*; **per'ox·i·dize** [-sɪdaɪz] *v/t. u. v/i.* peroxidieren.

per·pen·dic·u·lar [ˌpɜːpən'dɪkjʊlə] **I** *adj.* □ **1.** senk-, lotrecht (*to* zu): *~ style* △ englische Spätgotik; **2.** rechtwinklig (*to* auf *dat.*); **3.** ⚒ seiger; **4.** steil; **5.** aufrecht (*a. fig.*); **II** *s.* **6.** (Einfalls)Lot *n*, Senkrechte *f*; Perpen'dikel *n*, *m*: *out of* (*the*) *~* schief, nicht senkrecht; *raise* (*let fall*) *a ~* ein Lot errichten (fällen); **7.** ⚙ (Senk)Lot *n*, Senkwaage *f*.

per·pe·trate ['pɜːpɪtreɪt] *v/t. Verbrechen etc.* begehen, verüben; F *fig. Buch etc.* ‚verbrechen'; **per·pe·tra·tion** [ˌpɜːpɪ'treɪʃn] *s.* Begehung *f*, Verübung *f*; **'per·pe·tra·tor** [-tə] *s.* Ver'ursacher *m*, Täter *m*.

per·pet·u·al [pə'petʃʊəl] *adj.* □ **1.** fortwährend, immer während, unaufhörlich, beständig, ewig, andauernd: *~ check* Dauerschach *n*; *~ motion machine* Perpetuum mobile *n*; *~ snow* ewiger Schnee, Firn *m*; **2.** lebenslänglich, unabsetzbar: *~ officer*; **3.** ☤ unablösbar, unkündbar: *~ lease*; *~ bonds* Rentenanleihen; **4.** ⚘ perennierend; **per'pet·u·ate** *v/t.* [-tʃʊeɪt] verewigen, fortbestehen lassen, (immer während) fortsetzen; **per·pet·u·a·tion** [pəˌpetʃʊ'eɪʃn] *s.* Fortdauer *f*, endlose Fortsetzung, Verewigung *f*, Fortbestehenlassen *n*; **per·pe·tu·i·ty** [ˌpɜːpɪ'tjuːətɪ] *s.* **1.** Fortdauer *f*, unaufhörliches Bestehen, Unaufhörlichkeit *f*, Ewigkeit *f*: *in* (*od. to od. for*) *~* auf ewig; **2.** ⚖ Unveräußerlichkeit(sverfügung) *f*; **3.** lebenslängliche (Jahres)Rente.

per·plex [pə'pleks] *v/t.* verwirren, verblüffen, bestürzt machen; **per'plexed** [-kst] *adj.* □ **1.** verwirrt, verblüfft, verdutzt, bestürzt (*Person*); **2.** verworren, verwickelt (*Sache*); **per'plex·i·ty** [-ksətɪ] *s.* **1.** Verwirrung *f*, Bestürzung *f*, Verlegenheit *f*; **2.** Verworrenheit *f*.

per·qui·site ['pɜːkwɪzɪt] *s.* **1.** *mst pl. bsd. Brit.* a) Nebeneinkünfte *pl.*, -verdienst *m*, b) Vergünstigung *f*; **2.** Vergütung *f*, Gehalt *n*; **3.** per'sönliches Vorrecht.

per·se·cute ['pɜːsɪkjuːt] *v/t.* **1.** *bsd. pol., eccl.* verfolgen; **2.** a) plagen, belästigen, b) drangsalieren, schikanieren; **per·se·cu·tion** [ˌpɜːsɪ'kjuːʃn] *s.* **1.** Verfolgung *f*: *~ mania*, *~ complex* Verfolgungswahn *m*; **2.** Drangsalierung *f*, Schi'kane(n *pl.*) *f*; **'per·se·cu·tor** [-tə] *s.* **1.** Verfolger *m*; **2.** Peiniger(in).

per·se·ver·ance [ˌpɜːsɪ'vɪərəns] *s.* Beharrlichkeit *f*, Ausdauer *f*; **per·sev·er·ate** [pə'sevəreɪt] *v/i. psych.* ständig *od.* immer 'wiederkehren (*Melodie, Motiv, Gedanken etc.*); **per·se·vere** [ˌpɜːsɪ'vɪə] *v/i.* (*in*) beharren, ausdauern, aushalten (bei), fortfahren (mit), festhalten (an *dat.*); **ˌper·se'ver·ing** [-'vɪərɪŋ] *adj.* □ beharrlich, standhaft.

Per·sian ['pɜːʃn] **I** *adj.* **1.** persisch; **II** *s.* **2.** Perser(in); **3.** *ling.* Persisch *n*; *~* **blinds** *s. pl.* Jalou'sien *pl.*; *~* **car·pet** *s.* Perserteppich *m*; *~* **cat** *s.* An'gorakatze *f*.

per·si·flage [ˌpɜːsɪ'flɑːʒ] *s.* Persi'flage *f*, (*feine*) Verspottung *f*.

per·sim·mon [pɜː'sɪmən] *s.* ⚘ Persi'mone *f*, Kaki-, Dattelpflaume *f*.

per·sist [pə'sɪst] *v/i.* **1.** (*in*) aus-, verharren (bei), hartnäckig bestehen (auf *dat.*), beharren (auf *dat.*, bei), unbeirrt fortfahren (mit); **2.** weiterarbeiten (*with* an *dat.*); **3.** fortdauern, anhalten; fortbestehen, weiter bestehen; **per'sist·ence** [-təns], **per'sist·en·cy** [-tənsɪ] *s.* **1.** Beharren *n* (*in* bei); Beharrlichkeit *f*; Fortdauer *f*; **2.** beharrliches *od.* hartnäckiges Fortfahren (*in* in *dat.*); **3.** Hartnäckigkeit *f*, Ausdauer *f*; **4.** *phys.* Beharrung(szustand *m*) *f*, Nachwirkung *f*; Wirkungsdauer *f*; *TV etc.* Nachleuchten *n*; *opt.* (Augen)Trägheit *f*; **per'sist·ent** [-tənt] *adj.* □ **1.** beharrlich, ausdauernd, hartnäckig; **2.** ständig, nachhaltig; anhaltend (*a.* ☤ *Nachfrage*; *a. Regen*); ⚔ sesshaft (*Kampfstoff*), schwerflüchtig (*Gas*).

per·snick·et·y [pə'snɪkətɪ] *adj. Am.* → *pernickety*.

per·son ['pɜːsn] *s.* **1.** Per'son *f* (*a. contp.*), (Einzel)Wesen *n*, Indi'viduum *n*; *weitS.* Per'sönlichkeit *f*: *any ~* irgendjemand: *in ~* in eigener Person, persönlich; *no ~* niemand; *natural ~* ⚖ natürliche Person; *~-to-~ call teleph.* Voranmeldung(sgespräch *n*) *f*; **2.** *das* Äußere, Körper *m*: *carry s.th. on one's ~* et. bei sich tragen; **3.** *thea.* Rolle *f*.

per·so·na [pɜː'səʊnə] *pl.* **-nae** [-niː] *s.* (*Lat.*) **1.** a) *thea.* Cha'rakter *m*, Rolle *f*, b) Gestalt *f* (*in der Literatur*); **2.** *~* (*non*) *grata* Persona (non) grata *f*, (nicht) genehme Person.

per·son·a·ble ['pɜːsnəbl] *adj.* **1.** von angenehmem Äußeren; **2.** sym'pathisch; **'per·son·age** [-nɪdʒ] *s.* **1.** (hohe) Per'sönlichkeit; **2.** → *persona* 1; **'per·son·al** [-nl] **I** *adj.* □ **1.** per'sönlich (*a. ling.*); Personal...(*-konto, -kredit, -steuer etc.*); Privat...(*-einkommen, -leben etc.*); eigen (*a. Meinung*): *~ call teleph.* Voranmeldung(sgespräch *n*) *f*; *~ column* → 5; *~ damage* Personenschaden *m*; *~ data* Personalien *pl.*; *~ digital assistant Computer*: PDA *m* (*Palmtop-Computer*); *~ file* Personalakte *f*; *~ injury* Körperverletzung *f*; *~ property* (*od. estate*) → *personalty*; *~ union pol.* Personalunion *f*; **2.** per'sönlich, pri'vat, vertraulich (*Brief etc.*); mündlich (*Auskunft etc.*): *~ matter* Privatsache *f*; *~ stereo* a) 'Walkman *TM m*, b) tragbarer CD-Player; **3.** äußer, körperlich: *~ charms*; *~ hygiene* Körperpflege *f*; **4.** persönlich, anzüglich (*Bemerkung etc.*): *become ~* anzüglich werden; **II** *s.* **5.** Per'sönliches *n* (*Zeitung*); **per·son·al·i·ty** [ˌpɜːsə'nælətɪ] *s.* **1.** Per'sönlichkeit *f* (*a. jur.*), Per'son *f*: *~ clash psych.* Persönlichkeitskonflikt *m*; *~ cult pol.* Personenkult *m*; *~ test psych.* Persönlichkeitstest *m*; **2.** Individuali'tät *f*; **3.** *pl.* Anzüglichkeiten *pl.*, anzügliche Bemerkungen *pl.*; **per·son·al·ize** ['pɜːsnəlaɪz] → *personify*; **'per·son·al·ty** [-nltɪ] ⚖ bewegliches Vermögen; **'per·son·ate** [-seneɪt] *v/t.* **1.** → *personify*; **2.** vor-, darstellen; **3.** nachahmen; **4.** sich (fälschlich) ausgeben als; **per·son·a·tion** [ˌpɜːsə'neɪʃn] *s.* **1.** Vor-, Darstellung *f*; **2.** Personifikati'on *f*, Verkörperung *f*; **3.** Nachahmung *f*; **4.** ⚖ fälschliches Sich'ausgeben.

per·son·i·fi·ca·tion [pɜːˌsɒnɪfɪ'keɪʃn] *s.* Verkörperung *f*; **per·son·i·fy** [pɜː'sɒnɪfaɪ] *v/t.* personifizieren, verkörpern, versinnbildlichen.

per·son·nel [ˌpɜːsə'nel] *s.* Perso'nal *n*, Belegschaft *f*; ⚔, ⚓ Mannschaft(en *pl.*) *f*, Besatzung *f*: ~ ***manager*** ✝ Personalchef *m*.

per·spec·tiv·al [ˌpɜːspekˈtaɪvl] *adj.* perspekˈtivisch; **per·spec·tive** [pəˈspektɪv] **I** *s.* **1.** ⩓, *paint. etc.* Perspekˈtive *f*: ***in*** (***true***) ~ in richtiger Perspektive; **2.** *a.* ~ ***drawing*** perspektivische Zeichnung; **3.** Perspekˈtive *f*: a) Aussicht *f*, -blick *m* (*beide a. fig.*), b) *fig.* klarer Blick: ***he has no*** ~ er sieht die Dinge nicht im richtigen Verhältnis (zueinander); **II** *adj.* □ **4.** → ***perspectival***.

per·spex [ˈpɜːspeks] (*TM*) *s. Brit.* Sicherheits-, Plexiglas *n*.

per·spi·ca·cious [ˌpɜːspɪˈkeɪʃəs] *adj.* □ scharfsinnig, ˈdurchdringend; ˌ**per·spiˈcac·i·ty** [-ˈkæsətɪ] *s.* Scharfblick *m*, -sinn *m*; ˌ**per·spiˈcu·i·ty** [-ˈkjuːətɪ] *s.* Klarheit *f*, Verständlichkeit *f*; **per·spic·u·ous** [pəˈspɪkjʊəs] *adj.* □ deutlich, klar, (leicht) verständlich.

per·spi·ra·tion [ˌpɜːspəˈreɪʃn] *s.* **1.** Ausdünsten *n*, Schwitzen *n*; **2.** Schweiß *m*; **per·spir·a·to·ry** [pəˈspaɪərətərɪ] *adj.* Schweiß...: ~ ***gland*** Schweißdrüse *f*; **per·spire** [pəˈspaɪə] **I** *v/i.* schwitzen, transpirieren; **II** *v/t.* ausschwitzen, -dünsten.

per·suade [pəˈsweɪd] *v/t.* **1.** überˈreden, bereden (***to*** *inf.*, ***into*** *ger.* zu *inf.*); **2.** überˈzeugen (***of*** von, ***that*** dass): ~ ***o.s.*** a) sich überzeugen, b) sich einbilden *od.* einreden; ***be*** ~***d that*** überzeugt sein, dass; **perˈsuad·er** [-də] *s.* **1.** Überˈredungskünstler(in), ‚Verführer' *m*; **2.** *sl.* Überˈredungsmittel *n* (*a. Pistole etc.*).

per·sua·sion [pəˈsweɪʒn] *s.* **1.** Überˈredung *f*; **2.** *a.* ***powers of*** ~ Überˈredungsgabe *f*, -künste *pl.*; **3.** Überˈzeugung *f*, fester Glaube; **4.** *eccl.* Glaube(nsrichtung *f*) *m*; **5.** F *humor.* a) Art *f*, Sorte *f*, b) Geschlecht *n*: ***female*** ~; **perˈsua·sive** [-eɪsɪv] *adj.* □ **1.** überˈredend; **2.** überˈzeugend; **perˈsua·siveness** [-eɪsɪvnɪs] *s.* **1.** → ***persuasion*** 2; **2.** überˈzeugende Art.

pert [pɜːt] *adj.* □ keck (*a. fig. Hut etc.*), schnippisch, vorlaut.

per·tain [pɜːˈteɪn] *v/i.* (***to***) a) gehören (*dat. od.* zu), b) betreffen (*acc.*), sich beziehen (auf *acc.*): ~***ing to*** betreffend.

per·ti·na·cious [ˌpɜːtɪˈneɪʃəs] *adj.* □ **1.** hartnäckig, zäh; **2.** beharrlich, standhaft; ˌ**per·tiˈnac·i·ty** [-ˈnæsətɪ] *s.* Hartnäckigkeit *f*; Zähigkeit *f*, Beharrlichkeit *f*.

per·ti·nence [ˈpɜːtɪnəns], ˈ**per·ti·nen·cy** [-sɪ] *s.* **1.** Angemessenheit *f*, Gemäßheit *f*; **2.** Sachdienlichkeit *f*, Releˈvanz *f*; ˈ**per·ti·nent** [-nt] *adj.* □ **1.** angemessen, passend, gemäß; **2.** zur Sache gehörig, einschlägig, sachdienlich, gehörig (***to*** zu): ***be*** ~ ***to*** Bezug haben auf (*acc.*).

pert·ness [ˈpɜːtnɪs] *s.* Keckheit *f*, schnippisches Wesen, vorlaute Art.

per·turb [pəˈtɜːb] *v/t.* beunruhigen, stören, verwirren, ängstigen; **per·tur·ba·tion** [ˌpɜːtəˈbeɪʃn] *s.* **1.** Unruhe *f*, Bestürzung *f*; **2.** Beunruhigung *f*, Störung *f*; **3.** *ast.* Perturbatiˈon *f*.

pe·ruke [pəˈruːk] *s. hist.* Peˈrücke *f*.

pe·rus·al [pəˈruːzl] *s.* sorgfältiges ˈDurchlesen, ˈDurchsicht *f*, Prüfung *f*: ***for*** ~ zur Einsicht; **pe·ruse** [pəˈruːz] *v/t.* (ˈdurch)lesen; *weitS.* ˈdurchgehen, prüfen.

Pe·ru·vi·an [pəˈruːvjən] **I** *adj.* peruˈanisch: ~ ***bark*** ⚘ Chinarinde *f*; **II** *s.* Peruˈaner(in).

per·vade [pəˈveɪd] *v/t.* durchˈdringen, -ˈziehen, erfüllen (*a. fig.*); **perˈva·sion** [-eɪʒn] *s.* Durchˈdringung *f* (*a. fig.*); **perˈva·sive** [-eɪsɪv] *adj.* □ ˈdurchdringend; *fig.* ˈüberall vorˈhanden, beherrschend.

per·verse [pəˈvɜːs] *adj.* □ **1.** verkehrt, Fehl...; **2.** verderbt, böse; **3.** verdreht, wunderlich; **4.** verstockt; **5.** launisch; **6.** *psych.* perˈvers (*a. fig.*), ˈwidernatürlich; **perˈver·sion** [-ɜːʒn] *s.* **1.** Verdrehung *f*, ˈUmkehrung *f*; Entstellung *f*: ~ ***of justice*** Rechtsbeugung *f*; ~ ***of history*** Geschichtsklitterung *f*; **2.** *bsd. eccl.* Verirrung *f*, Abkehr *f vom Guten etc.*; **3.** *psych.* Perversiˈon *f*; **4.** ⩓ ˈUmkehrung *f* (*e-r Figur*); **perˈver·si·ty** [-sətɪ] *s.* **1.** Verdrehtheit *f*; **2.** Halsstarrigkeit *f*; **3.** Verderbtheit *f*; **4.** ˈWidernaˌtürlichkeit *f*, Perversiˈtät *f* (*a. fig.*); **perˈver·sive** [-sɪv] *adj.* verderblich (***of*** für).

per·vert **I** *v/t.* [pəˈvɜːt] **1.** verdrehen, verkehren, entstellen, fälschen, pervertieren (*a. psych.*); missˈbrauchen; **2.** *j-n* verderben, verführen; **II** *s.* [ˈpɜːvɜːt] **3.** Abtrünnige(r *m*) *f*; **4.** *a.* ***sexual*** ~ *psych.* perˈverser Mensch; **perˈvert·er** [-tə] *s.* Verdreher(in); Verführer(in).

per·vi·ous [ˈpɜːvjəs] *adj.* □ **1.** ˈdurchlässig (*a. phys.*), durchˈdringbar, gangbar (***to*** für); **2.** *fig.* zugänglich (***to*** für), offen (***to*** *dat.*); **3.** ⚙ undicht.

pes·ky [ˈpeskɪ] *adj. u. adv. Am.* F ‚verflixt'.

pes·sa·ry [ˈpesərɪ] *s.* ⚕ Pesˈsar *n*.

pes·si·mism [ˈpesɪmɪzəm] *s.* Pessiˈmismus *m*, Schwarzseheˈrei *f*; ˈ**pes·si·mist** [-ɪst] **I** *s.* Pessiˈmist(in), Schwarzseher (-in); **II** *adj. a.* **pes·si·mis·tic** [ˌpesɪˈmɪstɪk] *adj.* (□ ~***ally***) pessiˈmistisch.

pest [pest] *s.* **1.** Pest *f*, Plage *f* (*a. fig.*); **2.** *fig.* Pestbeule *f*; **3.** *fig.* a) ‚Ekel' *n*, ‚Nervensäge' *f*, b) Plage *f*, lästige Sache; **4.** *bsd.* ***insect*** ~ *biol.* Schädling *m*: ~ ***control*** Schädlingsbekämpfung *f*.

pes·ter [ˈpestə] *v/t.* plagen, quälen, belästigen, *j-m* auf die Nerven gehen.

pes·ti·cide [ˈpestɪsaɪd] *s.* Schädlingsbekämpfungsmittel *n*, Pestiˈzid *n*.

pes·ti·lence [ˈpestɪləns] *s.* Seuche *f*, Pest *f*, Pestiˈlenz *f* (*a. fig.*); ˈ**pes·ti·lent** [-nt] *adj.* → **pes·ti·len·tial** [ˌpestɪˈlenʃl] *adj.* □ **1.** verpestend, ansteckend; **2.** *fig.* verderblich, schädlich; **3.** *oft humor.* ekelhaft.

pes·tle [ˈpesl] **I** *s.* **1.** Mörserkeule *f*, Stößel *m*; **2.** ⚗ Piˈstill *n*; **II** *v/t.* **3.** zerstoßen.

pet[1] [pet] **I** *s.* **1.** (zahmes) Haustier; Stubentier *n*; **2.** gehätscheltes Tier *od.* Kind, Liebling *m*, ‚Schatz' *m*, ‚Schätzchen' *n*; **II** *adj.* **3.** Lieblings...: ~ ***dog*** Schoßhund *m*; ~ ***hate*** bevorzugtes Hassobjekt; ~ ***mistake*** Lieblingsfehler *m*; ~ ***name*** Kosename *m*; ~ ***shop*** Tierhandlung *f*; → ***aversion*** 3; **III** *v/t.* **4.** (ver)hätscheln, liebkosen; **5.** F ‚abfummeln', Petting machen mit; **IV** *v/i.* **6.** F ‚fummeln', knutschen, Petting machen.

pet[2] [pet] *s.* schlechte Laune: ***in a*** ~ verärgert, schlecht gelaunt.

pet·al [ˈpetl] *s.* ⚘ Blumenblatt *n*.

pe·tard [peˈtɑːd] *s.* **1.** ⚔ *hist.* Peˈtarde *f*, Sprengbüchse *f*; → ***hoist***[1]; **2.** Schwärmer *m* (*Feuerwerk*).

pe·ter[1] [ˈpiːtə] *v/i.*: ~ ***out*** a) (allmählich) zu Ende gehen, abebben (*Erregung, Sturm etc.*), b) sich verlieren, c) sich totlaufen, versanden.

pe·ter[2] [ˈpiːtə] *s. sl.* ‚Zipfel' *m* (*Penis*).

pe·ter[3] [ˈpiːtə] *s. sl.* **1.** Geldschrank *m*; **2.** (Laden)Kasse *f*.

Pe·ter [ˈpiːtə] *npr. u. s. bibl.* Petrus *m*: (***the Epistles of***) ~ die Petrusbriefe.

pet·it [ˈpetɪ] → ***petty***.

pe·ti·tion [pɪˈtɪʃn] **I** *s.* Bitte *f*, *bsd.* Bittschrift *f*, Gesuch *n*; Eingabe *f* (*a. Patentrecht*); ⚖ (schriftlicher) Antrag: ~ ***for divorce*** Scheidungsklage *f*; ~ ***in bankruptcy*** Konkursantrag *m*; ***file one's*** ~ ***in bankruptcy*** Konkurs anmelden; ~ ***for clemency*** Gnadengesuch; **II** *v/i.* (*u. v/t. j-n*) bitten, anersuchen (***for*** um), schriftlich einkommen (***s.o.*** bei j-m), e-e Bittschrift einreichen (***s.o.*** an j-n): ~ ***for divorce*** die Scheidungsklage einreichen; **peˈti·tioner** [-ʃnə] *s.* Antragsteller(in): a) Bitt-, Gesuchsteller(in), Peˈtent *m*, b) ⚖ (Scheidungs)Kläger(in).

pet·rel [ˈpetrəl] *s.* **1.** *orn.* Sturmvogel *m*; → ***stormy petrel***; **2.** Unruhestifter *m*.

pet·ri·fac·tion [ˌpetrɪˈfækʃn] *s.* Versteinerung *f* (*Vorgang u. Ergebnis*; *a. fig.*); **pet·ri·fy** [ˈpetrɪfaɪ] **I** *v/t.* **1.** versteinern (*a. fig.*); **2.** *fig. durch Schrecken etc.* versteinern, erstarren lassen: ***petrified with horror*** starr vor Schrecken; **II** *v/i.* **3.** sich versteinern (*a. fig.*).

pe·tro·chem·is·try [ˌpetrəʊˈkemɪstrɪ] *s.* Petrocheˈmie *f*; **pe·trog·ra·phy** [pɪˈtrɒɡrəfɪ] *s.* Gesteinsbeschreibung *f*, -kunde *f*.

pet·rol [ˈpetrəl] *s. mot. Brit.* Benˈzin *n*, Kraftstoff *m*: ~ ***bomb*** Molotowcocktail *m*; ~ ***coupon*** Benzingutschein *m*; ~ ***engine*** Benzin-, Vergasermotor *m*; ~ ***ga***(***u***)***ge*** Kraftstoffanzeige *f*; ~ ***station*** Tankstelle *f*; **pet·ro·la·tum** [ˌpetrəˈleɪtəm] *s.* **1.** ⚗ Petroˈlatum *n*, Vaseˈlin *n*; **2.** ⚕ Parafˈfinöl *n*; **pe·tro·le·um** [pɪˈtrəʊljəm] *s.* Peˈtroleum *n*, Erd-, Mineˈralöl *n*: ~ ***jelly*** → ***petrolatum***; **pe·trol·o·gy** [pɪˈtrɒlədʒɪ] *s.* Gesteinskunde *f*.

pet·ti·coat [ˈpetɪkəʊt] **I** *s.* **1.** ˈUnterrock *m*; Petticoat *m*; **2.** *fig.* Frauenzimmer *n*, Weibsbild *n*, ‚Unterrock' *m*; **3.** Kinderröckchen *n*; **4.** ⚙ Glocke *f*; **5.** ⚡ a) *a.* ~ ***insulator*** ˈGlockenisoˌlator *m*, b) Isolierglocke *f*; **6.** *mot.* (Venˈtil)Schutzhaube *f*; **II** *adj.* **7.** Weiber...: ~ ***government*** Weiberregiment *n*.

pet·ti·fog·ger [ˈpetɪfɒɡə] *s.* ˈWinkeladvoˌkat *m*; Haarspalter *m*, Rabuˈlist *m*; ˈ**pet·ti·fog·ging** [-ɡɪŋ] **I** *adj.* **1.** rechtsverdrehend; **2.** schikaˈnös, rabuˈlistisch; **3.** gemein, lumpig; **II** *s.* **4.** Rabuˈlistik *f*, Haarspalteˈrei *f*, Rechtskniffe *pl.*

pet·ti·ness [ˈpetɪnɪs] *s.* **1.** Geringfügigkeit *f*; **2.** Kleinlichkeit *f*.

pet·ting [ˈpetɪŋ] *s.* F ‚Fummeˈlei' *f*, Petting *n*.

pet·tish [ˈpetɪʃ] *adj.* □ reizbar, mürrisch; ˈ**pet·tish·ness** [-nɪs] *s.* Gereiztheit *f*.

pet·ti·toes [ˈpetɪtəʊz] *s. pl. Küche*: Schweinsfüße *pl.*

pet·ty [ˈpetɪ] *adj.* □ **1.** unbedeutend, geringfügig, klein, Klein...: ~ ***cash*** ✝ a) geringfügige Beträge, b) kleine Kasse, Portokasse; ~ ***offence*** ⚖ Bagatelldelikt *n*; ~ ***wares*** Kurzwaren; **2.** kleinlich; ~ **bour·gois** [ˈbʊəʒwɑː] **I** *s.* (*Fr.*) Kleinbürger(in); **II** *adj.* kleinbürgerlich; ~ **bour·geoi·sie** [ˌbʊəʒwɑːˈziː] *s.* (*Fr.*) Kleinbürgertum *n*; ~ **ju·ry** *s.* ⚖ kleine Jury; ~ **lar·ce·ny** *s.* ⚖ leichter Diebstahl; ~ **of·fi·cer** *s.* ⚔, ⚓ Maat *m* (*Unteroffizier*); ~ **ses·sions** *s. pl.* → ***magistrate***.

pet·u·lance [ˈpetjʊləns] *s.* Gereiztheit *f*; ˈ**pet·u·lant** [-nt] *adj.* □ gereizt.

P

pe·tu·ni·a [pɪ'tjuːnjə] *s.* ⚘ Pe'tunie *f.*

pew [pjuː] *s.* **1.** Kirchenstuhl *m*, -sitz *m*, Bank(reihe) *f*; **2.** *Brit.* F Platz *m*: ***take a ~*** sich ‚platzen'.

pe·wit ['piːwɪt] *s. orn.* **1.** Kiebitz *m*; **2.** *a.* ***~ gull*** Lachmöwe *f.*

pew·ter ['pjuːtə] **I** *s.* **1.** brit. Schüsselzinn *n*, Hartzinn *n*; **2.** *coll.* Zinngerät *n*; **3.** Zinnkrug *m*, -gefäß *n*; **4.** *Brit. sl. bsd. Sport*: Po'kal *m*; **II** *adj.* **5.** (Hart-)Zinn..., zinnern; '**pew·ter·er** [-ərə] *s.* Zinngießer *m.*

pH [ˌpiː'eɪtʃ] *s.* ⚗ p'H-Wert *m.*

pha·e·ton ['feɪtn] *s.* Phaeton *m* (*Kutsche*; *mot. obs. Tourenwagen*).

phag·o·cyte ['fægəʊsaɪt] *s. biol.* Phago'zyt *m*, Fresszelle *f.*

phal·ange ['fælændʒ] *s.* **1.** *anat.* Finger-, Zehenknochen *m*; **2.** ⚘ Staubfädenbündel *n*; **3.** *zo.* Tarsenglied *n.*

pha·lanx ['fælæŋks] *pl.* **-lanx·es** *od.* **-lan·ges** [fæ'lændʒiːz] *s.* **1.** ⚔ *hist.* Phalanx *f*, *fig. a.* geschlossene Front; **2.** → ***phalange*** 1 *u.* 2.

phal·lic ['fælɪk] *adj.* phallisch, Phallus...: ***~ symbol***; **phal·lus** ['fæləs] *pl.* **-li** [-laɪ] *s.* Phallus *m.*

phan·tasm ['fæntæzəm] → ***phantom*** 1 a *u.* b; **phan·tas·ma·go·ri·a** [ˌfæntæzmə'gɒrɪə] *s.* Phantasmago'rie *f*, Gaukelbild *n*, Blendwerk *n*; **phan·tas·ma·gor·ic** [ˌfæntæzmə'gɒrɪk] *adj.* (□ ***~ally***) phantasma'gorisch, gespensterhaft, trügerisch; **phan·tas·mal** [fæn'tæzml] *adj.* □ **1.** halluzina'torisch, eingebildet; **2.** geisterhaft; **3.** illu'sorisch, unwirklich, trügerisch.

phan·tom ['fæntəm] **I** *s.* **1.** Phan'tom *n*: a) Erscheinung *f*, Gespenst *n*, *a. fig.* Geist *m*, b) Wahngebilde *n*, Hirngespinst *n*; Trugbild *n*, c) *fig.* Alptraum *m*, Schreckgespenst *n*; **2.** *fig.* Schatten *m*, Schein *m*; **3.** ⚕ Phan'tom *n* (*Körpermodell*); **II** *adj.* **4.** Phantom..., Gespenster..., Geister...; **5.** scheinbar, Schein...; ***~ circuit*** *s.* ⚡ Phan'tomkreis *m*, Duplexleitung *f*; ***~ (limb) pain*** *s.* ⚕ Phan'tomschmerz *m*; ***~ ship*** *s.* Geisterschiff *n*; ***~ view*** *s.* ⚙ (Konstrukti'ons)ˌDurchsicht *f.*

phar·i·sa·ic, **phar·i·sa·i·cal** [ˌfærɪ'seɪɪk(l)] *adj.* □ phari'säisch, selbstgerecht, scheinheilig; **phar·i·sa·ism** ['færɪseɪɪzəm] *s.* Phari'säertum *n*, Scheinheiligkeit *f*; **Phar·i·see** ['færɪsiː] *s.* **1.** *eccl.* Phari'säer *m*; **2.** ♀ *fig.* Phari'säer(in), Selbstgerechte(r *m*) *f*, Heuchler(in).

phar·ma·ceu·ti·cal [ˌfɑːmə'sjuːtɪkl] *adj.* □ pharma'zeutisch; Apotheker...: ***~ industry*** Pharmaindustrie *f*; ˌ**phar·ma·'ceu·ti·cals** *s. pl.* Arz'neimittel *pl.*; ˌ**phar·ma'ceu·tics** [-ks] *s. pl. sg. konstr.* Pharma'zeutik *f*, Arz'neimittelkunde *f*; **phar·ma·cist** ['fɑːməsɪst] *s.* **1.** Pharma'zeut *m*, Apo'theker *m*; **2.** pharma'zeutischer Chemiker; **phar·ma·col·o·gy** *s.* [ˌfɑːmə'kɒlədʒɪ] ˌPharmakolo'gie *f*, Arz'neimittellehre *f*; **phar·ma·co·poe·ia** [ˌfɑːməkə'piːə] *s.* **1.** ˌPharmako'pöe *f*, amtliches Arz'neibuch; **2.** Arz'neimittelvorrat *m*; **phar·ma·cy** ['fɑːməsɪ] *s.* **1.** → ***pharmaceutics***; **2.** Apo'theke *f.*

pha·ryn·gal [fə'rɪŋgl]; **pha·ryn·ge·al** [ˌfærɪn'dʒiːl] **I** *adj. anat.* Rachen... (*-mandeln etc.*; *a. ling. -laut*); **II** *s. anat.* Schlundknochen *m*; **phar·yn·gi·tis** [ˌfærɪn'dʒaɪtɪs] *s.* 'Rachenkaˌtarr(h) *m*; **phaˌryn·go'na·sal** [-gəʊ'neɪzl] *adj.* Rachen u. Nase betreffend; **phar·ynx** ['færɪŋks] *s.* Schlund *m*, Rachen(höhle *f*) *m.*

phase [feɪz] **I** *s.* **1.** ⚗, ⚡, A̸, *ast.*, *biol.*, *phys.* Phase *f*: ***the ~s of the moon*** *ast.* die Mondphasen; ***~ advancer*** (*od.* ***converter***) ⚡ Phasenverschieber *m*; ***in ~*** (***out of ~***) ⚡ phasengleich (phasenverschoben); **2.** (Entwicklungs)Stufe *f*, Stadium *n*, Phase *f* (*a. psych.*); **3.** ⚔ (Front)Abschnitt *m*; **II** *v/t.* **4.** ⚡ in Phase bringen; **5.** aufein'ander abstimmen, ⚙ synchronisieren; **6.** stufenweise durchführen, staffeln: ***~ down*** einstellen; ***~ in*** stufenweise einführen; ***~ out*** *et.* stufenweise einstellen *od.* abwickeln *od.* auflösen, *Produkt etc.* auslaufen lassen; **III** *v/i.* **7.** ***~ out*** sich stufenweise zurückziehen (**of** aus).

pH-bal·anced [piː'eɪtʃˌbælənst] *adj.* ⚗ p'H-neutˌral.

pheas·ant ['feznt] *s. orn.* Fa'san *m*; '**pheas·ant·ry** [-rɪ] *s.* Fasane'rie *f.*

phe·nic ['fiːnɪk] *adj.* ⚗ kar'bolsauer, Karbol...: ***~ acid*** → **phe·nol** ['fiːnɒl] *s.* ⚗ Phe'nol *n*, Kar'bolsäure *f*; **phe·nol·ic** [fɪ'nɒlɪk] **I** *adj.* Phenol...: ***~ resin*** → **II** *s.* Phe'nolharz *n.*

phe·nom·e·nal [fɪ'nɒmɪnl] *adj.* □ phänome'nal: a) *phls.* Erscheinungs... (*-welt etc.*), b) unglaublich, ‚toll'; **phe·'nom·e·nal·ism** [-nəlɪzəm] *s. phls.* Phänomena'lismus *m*; **phe·nom·e·non** [fɪ'nɒmɪnən] *pl.* **-na** [-nə] *s.* **1.** Phäno'men *n*, Erscheinung *f* (*a. phys. u. phls.*); **2.** *pl.* ***-nons*** *fig.* wahres Wunder; *a.* ***infant ~*** Wunderkind *n.*

phe·no·type ['fiːnəʊtaɪp] *s. biol.* 'Phänoˌtypus *m*, Erscheinungsbild *n.*

phen·yl ['fiːnɪl] *s.* Phe'nyl *n*; **phe·nyl·ic** [fɪ'nɪlɪk] *adj.* Phenyl..., phe'nolisch: ***~ acid*** → ***phenol.***

phew [fjuː] *int.* puh!

pH fac·tor [ˌpiː'eɪtʃ] *s.* ⚗ p'H-Wert *m.*

phi·al ['faɪəl] *s.* Phi'ole *f*, (*bsd.* Arz'nei-)Fläschchen *n*, Am'pulle *f.*

Phi Be·ta Kap·pa [ˌfaɪˌbiːtə'kæpə] *s. Am.* a) *studentische Vereinigung hervorragender Akademiker*, b) *ein Mitglied dieser Vereinigung.*

phi·lan·der [fɪ'lændə] *v/i.* ‚poussieren', schäkern; **phi'lan·der·er** [-ərə] *s.* Schäker *m*, Schürzenjäger *m.*

phil·an·throp·ic, **phil·an·throp·i·cal** [ˌfɪlən'θrɒpɪk(l)] *adj.* □ philan'thropisch, menschenfreundlich; **phi·lan·thro·pist** [fɪ'lænθrəpɪst] **I** *s.* Philanth'rop *m*, Menschenfreund *m*; **II** *adj.* → ***philanthropic***; **phi·lan·thro·py** [fɪ'lænθrəpɪ] *s.* Philanthro'pie *f*, Menschenliebe *f.*

phil·a·tel·ic [ˌfɪlə'telɪk] *adj.* philate'listisch; **phi·lat·e·list** [fɪ'lætəlɪst] **I** *s.* Philate'list *m*; **II** *adj.* philate'listisch; **phi·lat·e·ly** [fɪ'lætəlɪ] *s.* Philate'lie *f.*

phil·har·mon·ic [ˌfɪlɑː'mɒnɪk] *adj.* philhar'monisch (*Konzert, Orchester*): ***~ society*** Philharmonie *f.*

Phi·lip·pi·ans [fɪ'lɪpɪənz] *s. pl. sg. konstr. bibl.* (Brief *m* des Paulus an die) Phi'lipper *pl.*

phi·lip·pic [fɪ'lɪpɪk] *s.* Phi'lippika *f*, Strafpredigt *f.*

Phil·ip·pine ['fɪlɪpiːn] *adj.* **1.** philip'pinisch, Philippinen...; **2.** Filipino...

Phi·lis·tine ['fɪlɪstaɪn] **I** *s. fig.* Phi'lister *m*, Spießbürger *m*, Spießer *m*; **II** *adj.* phi'listerhaft, spießbürgerlich; '**phi·lis·tin·ism** [-tɪnɪzəm] *s.* Phi'listertum *n*, Philiste'rei *f*, Spießbürgertum *n*, Ba'nausentum *n.*

Phil·lips *TM* **screw·driv·er** ['fɪlɪps] *s.* Kreuzschlitzschraubendreher *m*, F -zieher *m.*

phil·o·log·i·cal [ˌfɪlə'lɒdʒɪkl] *adj.* □ philo'logisch, sprachwissenschaftlich; **phi·lol·o·gist** [fɪ'lɒlədʒɪst] *s.* Philo'loge *m*, Philo'login *f*, Sprachwissenschaftler (-in); **phi·lol·o·gy** [fɪ'lɒlədʒɪ] *s.* Philolo'gie *f*, (Litera'tur- u.) Sprachwissenschaft *f.*

phi·los·o·pher [fɪ'lɒsəfə] *s.* Philo'soph *m* (*a. fig. Lebenskünstler*): ***natural ~*** Naturforscher *m*; ***~s' stone*** Stein *m* der Weisen; **phil·o·soph·ic**, **phil·o·soph·i·cal** [ˌfɪlə'sɒfɪk(l)] *adj.* □ philo'sophisch (*a. fig. weise, gleichmütig*); **phi·'los·o·phize** [-faɪz] *v/i.* philosophieren; **phi'los·o·phy** [-fɪ] *s.* **1.** Philoso'phie *f*: ***natural ~*** Naturwissenschaft *f*; ***~ of history*** Geschichtsphilosophie; **2.** a) *a.* ***~ of life*** ('Lebens)Philosoˌphie *f*, Weltanschauung *f*, b) *fig.* (philo'sophische) Gelassenheit, c) ‚Philoso'phie' *f*, 'Denkbild *n*, -moˌdell *n.*

phil·ter *Am.*, **phil·tre** *Brit.* ['fɪltə] *s.* **1.** Liebestrank *m*; **2.** Zaubertrank *m.*

phiz [fɪz] *s. sl.* Vi'sage *f*, Gesicht *n.*

phle·bi·tis [flɪ'baɪtɪs] *s.* ⚕ Venenentzündung *f*, Phle'bitis *f.*

phlegm [flem] *s.* **1.** *physiol.* Phlegma *n*, Schleim *m*; **2.** *fig.* Phlegma *n*: a) stumpfer Gleichmut, b) (geistige) Trägheit; **phleg·mat·ic** [fleg'mætɪk] **I** *adj.* (□ ***~ally***) *physiol. u. fig.* phleg'matisch; **II** *s.* Phleg'matiker(in).

pH lev·el [ˌpiː'eɪtʃ] *s.* ⚗ p'H-Wert *m.*

pho·bi·a ['fəʊbɪə] *s. psych.* (**about**) Pho'bie *f*, krankhafte Furcht (vor *dat.*) *od.* Abneigung (gegen).

Phoe·ni·cian [fɪ'nɪʃɪən] **I** *s.* **1.** Phö'nizier (-in); **2.** *ling.* Phö'nikisch *n*; **II** *adj.* **3.** phö'nizisch.

phoe·nix ['fiːnɪks] *s. myth.* Phönix *m* (*legendärer Vogel*), *fig. a.* Wunder *n.*

phon [fɒn] *s. phys.* Phon *n.*

phone[1] [fəʊn] *s. ling.* (Einzel)Laut *m.*

phone[2] [fəʊn] *s.*, *v/t. u. v/i.* F → ***telephone***

phone| book *s.* Tele'fonbuch *n*; ***~ booth*** *s.* Tele'fonzelle *f*; '***~·card*** *s.* Tele'fonkarte *f*; '***~-in*** *s. Radio, TV*: *Sendung mit Hörer- bzw. Zuschauerbeteiligung per Telefon.*

pho·neme ['fəʊniːm] *s. ling.* **1.** Pho'nem *n*; **2.** → ***phone***[1].

pho·net·ic [fəʊ'netɪk] *adj.* (□ ***~ally***) pho'netisch, lautlich: ***~ spelling***, ***~ transcription*** Lautschrift *f*; **pho·ne·ti·cian** [ˌfəʊnɪ'tɪʃn] *s.* Pho'netiker *m*; **pho'net·ics** [-ks] *s. pl. mst sg. konstr.* Pho'netik *f*, Laut(bildungs)lehre *f.*

pho·ney ['fəʊnɪ] → ***phony.***

phon·ic ['fəʊnɪk] *adj.* **1.** lautlich, a'kustisch; **2.** pho'netisch; **3.** ⚙ phonisch.

pho·no·gram ['fəʊnəgræm] *s.* Lautzeichen *n*; '**pho·no·graph** [-grɑːf] *s.* ⚙ **1.** Phono'graph *m*, 'Sprechmaˌschine *f*; **2.** *Am.* Plattenspieler *m*, Grammo'phon *n*; **pho·no·graph·ic** [ˌfəʊnə'græfɪk] *adj.* (□ ***~ally***) phono'graphisch.

pho·nol·o·gy [fəʊ'nɒlədʒɪ] *s. ling.* Phonolo'gie *f*, Lautlehre *f.*

pho·nom·e·ter [fəʊ'nɒmɪtə] *s. phys.* Phono'meter *n*, Schall(stärke)messer *m.*

pho·ny ['fəʊnɪ] F **I** *adj.* **1.** falsch, gefälscht, unecht; Falsch..., Schwindel..., Schein...: ***~ war*** *hist.* ‚Sitzkrieg' *m*; **II** *s.* **2.** Schwindler(in), ‚Schauspieler(in)', Scharlatan *m*: ***he is ~*** *a.* der ist nicht ‚echt'; **3.** Fälschung *f*, Schwindel *m.*

phos·gene ['fɒzdʒiːn] *s.* ⚗ Phos'gen *n*, Chlor'kohleno,xid *n*; **phos·phate** ['fɒsfeɪt] *s.* ⚗ **1.** Phos'phat *n*: **~ of lime** phosphorsaurer Kalk; **2.** ↗ Phos'phat (-düngemittel) *n*; ,**phos·phate-'free** *adj.* phos'phatfrei (*Waschmittel etc.*); **phos·phat·ic** [fɒs'fætɪk] *adj.* ⚗ phos'phathaltig; **phos·phide** ['fɒsfaɪd] *s.* ⚗ Phos'phid *n*; **phos·phite** ['fɒsfaɪt] *s.* **1.** ⚗ Phos'phit *n*; **2.** *min.* 'Phosphorme,tall *n*; **phos·phor** ['fɒsfə] **I** *s.* **1.** *poet.* Phosphor *m*; **2.** ⚙ Leuchtmasse *f*; **II** *adj.* **3.** Phosphor...; **phos·pho·rate** ['fɒsfəreɪt] *v/t.* ⚗ **1.** phosphorisieren; **2.** phosphoreszierend machen; **phos·pho·resce** [,fɒsfə'res] *v/i.* phosphoreszieren, (nach)leuchten; **phos·pho·res·cence** [,fɒsfə'resns] *s.* **1.** ⚗, *phys.* Chemolumines'zenz *f*; **2.** *phys.* Phosphores'zenz *f*, Nachleuchten *n*; **phos·pho·res·cent** [,fɒsfə'resnt] *adj.* phosphoreszierend; **phos·phor·ic** [fɒs'fɒrɪk] *adj.* phosphorsauer, -haltig, Phosphor...; **phos·pho·rous** ['fɒsfərəs] *adj.* ⚗ phos'phorig(sauer); **phos·pho·rus** ['fɒsfərəs] *pl.* **-ri** [-raɪ] *s.* **1.** ⚗ Phosphor *m*; **2.** *phys.* 'Leuchtphos,phore *f*, -masse *f*.

phot [fɒt] *s. phys.* Phot *n*.

pho·to ['fəʊtəʊ] F → **photograph**.

photo- [fəʊtəʊ] *in Zssgn* Photo..., Foto...: a) Licht..., b) foto'grafisch; '**~·cell** *s.* ⚡ Fotozelle *f*; ,**~'chem·i·cal** *adj.* ☐ photo'chemisch; ,**~·com'pose** *v/t.* im Fotosatz herstellen; '**~,cop·i·er** *s.* Fotoko'piergerät *n*; '**~,cop·y** → **photostat** 1 *u.* 3; ,**~·e'lec·tric** [-təʊ-] *adj.*; ,**~·e'lec·tri·cal** [-təʊ-] *adj.* ☐ *phys.* photoe'lektrisch: **~ barrier** Lichtschranke *f*; **~ cell** Fotozelle *f*; ,**~-en'grav·ing** [-təʊ-] *s.* Lichtdruck(verfahren *n*) *m*; **~ fin·ish** *s. sport* a) Fotofinish *n*, b) äußerst knappe Entscheidung; '**♀·fit** *TM*, **~·fit** (**pic·ture**) *s. Brit. Polizei*: Phan'tombild *n*; '**~·flash** (**lamp**) *s.* Blitzlicht(birne *f*) *n*.

pho·to·gen·ic [,fəʊtəʊ'dʒenɪk] *adj.* **1.** foto'gen, bildwirksam; **2.** *biol.* lichterzeugend, Leucht...; **~·gram·me·try** [,fəʊtə'græmɪtrɪ] *s.* Photogrammme'trie *f*, Messbildverfahren *n*.

pho·to·graph ['fəʊtəgrɑːf] **I** *s.* Fotogra'fie *f*, (Licht)Bild *n*, Aufnahme *f*: **take a ~** e-e Aufnahme machen (**of** von); **II** *v/t.* fotografieren, aufnehmen, ,knipsen'; **III** *v/i.* fotografieren; fotografiert werden: **he does not ~ well** er wird nicht gut auf den Bildern, er lässt sich schlecht fotografieren; **pho·tog·ra·pher** [fə'tɒgrəfə] *s.* Foto'graf(in); **pho·to·graph·ic** [,fəʊtə'græfɪk] *adj.* (☐ **~ally**) **1.** foto'grafisch; **2.** *fig.* foto'grafisch genau; **pho·tog·ra·phy** [fə'tɒgrəfɪ] *s.* Fotogra'fie *f*, Lichtbildkunst *f*.

pho·to·gra·vure [,fəʊtəgrə'vjʊə] *s.* 'Photogra,vüre *f*, Kupferlichtdruck *m*; ,**pho·to'jour·nal·ism** *s.* 'Bildjourna,lismus *m*; ,**pho·to'lith·o·graph** *typ.* **I** *s.* ,Photolithogra'phie *f* (*Erzeugnis*); **II** *v/t.* photolithographieren; ,**pho·to·li'thog·ra·phy** *s.* ,Photolithogra'phie *f* (*Verfahren*).

pho·tom·e·ter [fəʊ'tɒmɪtə] *s. phys.* Photo'meter *n*, Lichtstärkemesser *m*; **pho·'tom·e·try** [-trɪ] *s.* Lichtstärkemessung *f*.

,**pho·to'mi·cro·graph** *s. phot.* 'Mikrofotogra,fie *f* (*Bild*).

,**pho·to|·mon'tage** *s.* 'Fotomon,tage *f*; ,**~'mu·ral** *s.* Riesenvergrößerung *f* (*Wandschmuck*), *a.* 'Fotota,pete *f*; ,**~'off·set** *s. typ.* foto'grafischer Offsetdruck *m*.

pho·ton ['fəʊtɒn] *s.* **1.** *phys.* Photon *n*, Lichtquant *n*; **2.** *opt.* Troland *n*.

'**pho·to·play** *s.* Filmdrama *n*.

pho·to·stat ['fəʊtəʊstæt] *phot.* **I** *s.* **1.** Fotoko'pie *f*, Ablichtung *f*; **2.** ♀ Foto-ko'piergerät *n* (*Handelsname*); **II** *v/t.* **3.** fotokopieren, ablichten; **pho·to·stat·ic** [,fəʊtəʊ'stætɪk] *adj.* Kopier..., Ablichtungs...: **~ copy** → **photostat** 1.

,**pho·to·te'leg·ra·phy** *s.* 'Bildtelegra,fie *f*; '**pho·to·type** *s. typ.* **I** *s.* Lichtdruck(bild *n*, -platte *f*) *m*; **II** *v/t.* im Lichtdruckverfahren vervielfältigen; ,**pho·to'type·set** → **photocompose**.

phrase [freɪz] **I** *s.* **1.** (Rede)Wendung *f*, Redensart *f*, Ausdruck *m*: **~ of civility** Höflichkeitsfloskel *f*; **~ book** a) Sammlung *f* von Redewendungen, b) Sprachführer *m*; **2.** Phrase *f*, Schlagwort *n*: **~ monger** Phrasendrescher *m*; **as the ~ goes** wie man so schön sagt; **3.** *ling.* a) Wortverbindung *f*, b) kurzer Satz, c) Sprechtakt *m*; **4.** ♪ Satz *m*; Phrase *f*; **II** *v/t.* **5.** ausdrücken, formulieren; **6.** ♪ phrasieren; **phra·se·ol·o·gy** [,freɪzɪ'ɒlədʒɪ] *s.* Phraseolo'gie *f* (*a. Buch*), Ausdrucksweise *f*.

phren·ic ['frenɪk] *anat.* **I** *adj.* Zwerchfell...; **II** *s.* Zwerchfell *n*.

phre·nol·o·gist [frɪ'nɒlədʒɪst] *s.* Phreno'loge *m*; **phre'nol·o·gy** [-dʒɪ] *s.* Phrenolo'gie *f*, Schädellehre *f*.

phthi·sis ['θaɪsɪs] *s.* Tuberku'lose *f*, Schwindsucht *f*.

phut [fʌt] **I** *int.* fft!; **II** *adj. sl.*: **go ~** a) futschgehen, b) ,platzen'.

pH val·ue [,piː'eɪtʃ] *s.* ⚗ p'H-Wert *m*.

phy·col·o·gy [faɪ'kɒlədʒɪ] *s.* Algenkunde *f*.

phyl·lox·e·ra [,fɪlɒk'sɪərə] *pl.* **-rae** [-riː] *s. zo.* Reblaus *f*.

phy·lum ['faɪləm] *pl.* **-la** [-lə] *s.* **1.** *bot. zo.* 'Unterab,teilung *f*, Ordnung; **2.** *biol.* Stamm *m*; **3.** *ling.* Sprachstamm *m*.

phys·ic ['fɪzɪk] **I** *s.* **1.** Arz'nei(mittel *n*) *f*, *bsd.* Abführmittel *n*; **2.** *obs.* Heilkunde *f*; **3.** *pl. sg. konstr.* Phy'sik *f*; **II** *v/t. pret. u. p.p.* '**phys·icked** [-kt] **4.** *obs. j-n* (ärztlich) behandeln; '**phys·i·cal** [-kl] **I** *adj.* ☐ **1.** physisch, körperlich (*a. Liebe etc.*): **~ condition** Gesundheitszustand *m*; **~ culture** Körperkultur *f*; **~ education**, **~ training** *ped.* Leibeserziehung *f*; **~ examination** → 3; **~ force** physische Gewalt; **~ impossibility** absolute Unmöglichkeit; **~ inventory** ✝ Bestandsaufnahme *f*; **~ stock** ✝ Lagerbestand *m*; **2.** physi'kalisch; na'turwissenschaftlich: **~ geography** physikalische Geographie; **~ science** a) Physik *f*, b) Naturwissenschaft(en *pl.*) *f*; **II** *s.* **3.** ärztliche Unter'suchung, ⚔ Musterung *f*; **phy·si·cian** [fɪ'zɪʃn] *s.* Arzt *m*; '**phys·i·cist** [-ɪsɪst] *s.* Physiker *m*.

,**phys·i·co-'chem·i·cal** [,fɪzɪkəʊ-] *adj.* ☐ physiko'chemisch.

phys·i·og·no·my [,fɪzɪ'ɒnəmɪ] *s.* **1.** Physiogno'mie *f* (*a. fig.*), Gesichtsausdruck *m*, -züge *pl.*; **2.** Physio'gnomik *f*; ,**phys·i'og·ra·phy** [-'ɒgrəfɪ] *s.* **1.** Physio(geo)gra'phie *f*; **2.** Na'turbeschreibung *f*; **phys·i·o·log·i·cal** [,fɪzɪə'lɒdʒɪkl] *adj.* ☐ physio'logisch; ,**phys·i'ol·o·gist** [-'ɒlədʒɪst] *s.* Physio'loge *m*; ,**phys·i·'ol·o·gy** [-'ɒlədʒɪ] *s.* Physiolo'gie *f*; **phys·i·o·ther·a·pist** [,fɪzɪəʊ'θerəpɪst] *s.* ⚕ Physiothera'peut(in), *weitS.* Heilgymnastiker(in); **phys·i·o·ther·a·py** [,fɪzɪəʊ'θerəpɪ] *s.* Physiothera'pie *f*, 'Heilgym,nastik *f*.

phy·sique [fɪ'ziːk] *s.* Körperbau *m*, -beschaffenheit *f*, Konstituti'on *f*.

phy·to·gen·e·sis [,faɪtəʊ'dʒenɪsɪs] *s.* ♀ Lehre *f* von der Entstehung der Pflanzen; **phy·tol·o·gy** [faɪ'tɒlədʒɪ] *s.* Pflanzenkunde *f*; **phy·to·to·my** [faɪ'tɒtəmɪ] *s.* ♀ 'Pflanzenanato,mie *f*.

pi·an·ist ['pɪənɪst] *s.* ♪ Pia'nist(in), Kla'vierspieler(in).

pi·an·o[1] [pɪ'ænəʊ] *pl.* **-os** *s.* ♪ Kla'vier *n*, Pi,ano('forte) *n*: **at** (**on**) **the ~** am (auf dem) Klavier.

pi·a·no[2] ['pjɑːnəʊ] ♪ **I** *pl.* **-nos** *s.* Pi'ano *n* (*leises Spiel*): **~ pedal** Pianopedal *n*; **II** *adv.* pi'ano, leise.

pi·an·o·for·te [,pjænəʊ'fɔːtɪ] → **piano**[1].

pi·an·o play·er 1. → **pianist**; **2.** Pia'nola *n*.

pi·az·za [pɪ'ætsə] *pl.* **-zas** (*Ital.*) *s.* **1.** öffentlicher Platz; **2.** *Am.* (große) Ve'randa.

pi·broch ['piːbrɒk; -ɒx] *s.* 'Kriegsmu,sik *f* der Bergschotten; 'Dudelsackvariati,onen *pl.*

pi·ca ['paɪkə] *s. typ.* Cicero *f*, Pica *f*.

pic·a·resque [,pɪkə'resk] *adj.* pika'resk: **~ novel** Schelmenroman *m*.

pic·a·roon [,pɪkə'ruːn] *s.* **1.** Gauner *m*, Abenteurer *m*; **2.** Pi'rat *m*.

pic·a·yune [,pɪkɪ'juːn] *Am.* **I** *s.* **1.** *mst fig.* Pfennig *m*, Groschen *m*; **2.** *fig.* Lap'palie *f*; Tinnef *m*, *n*; **3.** *fig.* ,Null' *f* (*unbedeutender Mensch*); **II** *adj.*, *a.* ,**pic·a'yun·ish** [-nɪʃ] **4.** unbedeutend, schäbig; klein(lich).

pic·ca·lil·li ['pɪkəlɪlɪ] *s. pl.* Picca'lilli *pl.* (*eingemachtes, scharf gewürztes Mischgemüse*).

pic·ca·nin·ny ['pɪkənɪnɪ] **I** *s.* *humor.* (*bsd.* Neger)Kind *n*, Gör *n*; **II** *adj.* kindlich; winzig.

pic·co·lo ['pɪkələʊ] *pl.* **-los** *s.* ♪ Pikkoloflöte *f*; **~ pi·an·o** *s.* ♪ 'Kleinkla,vier *n*.

pick [pɪk] **I** *s.* **1.** ⚙ a) Spitz-, Kreuzhacke *f*, Picke *f*, Pickel *m*, b) ⚒ (Keil)Haue *f*; **2.** Schlag *m*; **3.** Auswahl *f*, -lese *f*: **the ~ of the bunch** der (die, das) Beste von allen; **take your ~!** suchen Sie sich etwas aus!; Sie haben die Wahl!; **4.** *typ.* unreiner Buchstabe; **5.** ↗ Ernte *f*; **II** *v/t.* **6.** aufhacken, -picken: → **brain** 2, **hole** 1; **7.** *Körner* aufpicken; auflesen; sammeln; *Blumen, Obst* pflücken; *Beeren* abzupfen; F lustlos essen, herumstochern in (*dat.*); **8.** *fig.* (sorgfältig) auswählen, -suchen: **~ one's way** (*od.* **steps**) sich s-n Weg suchen *od.* bahnen, *fig.* sich durchlavieren; **~ one's words** s-e Worte (sorgfältig) wählen; **~ a quarrel** (**with s.o.**) (mit j-m) Streit suchen *od.* anbändeln; **9.** *Gemüse etc.* (ver)lesen, säubern; *Hühner* rupfen; *Metall* scheiden; *Wolle* zupfen; in *der Nase* bohren; in *den Zähnen* stochern; *e-n Knochen* (ab)nagen; → **bone** 1; **10.** *Schloss* mit e-m Dietrich öffnen, ,knacken'; *j-m die Tasche* ausräumen (*Dieb*); **11.** ♪ *Am. Banjo etc.* spielen; **12.** ausfasern, zerpflücken: **~ to pieces** *fig. Theorie etc.* zerpflücken, herunterreißen; **III** *v/i.* **13.** hacken, picke(l)n; **14.** (lustlos) im Essen her'umstochern; **15.** sorgfältig wählen: **~ and choose** *a.* wählerisch sein; **16.** ,sti'bitzen', stehlen; *Zssgn mit prp. u. adv.*:

pick| at *v/i.* **1.** *im Essen* her'umstochern; **2.** F her'ummäkeln *od.* -nörgeln an (*dat.*); auf *j-m* her'umhacken; **~ off** *v/t.* **1.** (ab)pflücken, -rupfen; **2.** wegnehmen; **3.** (einzeln) abschießen, ,wegputzen'; **~ on** *v/i.* **1.** aussuchen, sich

P

entscheiden für; **2.** → ***pick at*** 2; **~ out** *v/t.* **1.** (sich) *et. od. j-n* auswählen; **2.** ausmachen, erkennen; *fig.* her'ausfinden, -bekommen; **3.** ♪ sich *e-e Melodie auf dem Klavier etc.* zs.-suchen; **4.** *mit e-r anderen Farbe* absetzen; **~ o·ver** *v/t.* **1.** (gründlich) 'durchsehen, -gehen; **2.** (das Beste) auslesen; **~ up I** *v/t.* **1.** *Boden* aufhacken; **2.** aufheben, -nehmen, -lesen; in die Hand nehmen: ***pick o.s. up*** sich ‚hochrappeln' (*a. fig.*); → ***gauntlet***[1] 2; **3.** *j-n im Fahrzeug* mitnehmen, abholen; **4.** F a) *j-n* ‚auflesen, -gabeln, -reißen', b) ‚hochnehmen' (*verhaften*), c) ‚klauen' (*stehlen*); **5.** *Strickmaschen* aufnehmen; **6.** a) *Rundfunksender* ‚(rein)kriegen', b) *Sendung* empfangen, aufnehmen, abhören, c) *Funkspruch etc.* auffangen; **7.** in Sicht bekommen; **8.** *fig. et.* ‚mitkriegen', *Wort, Sprache etc.* ‚aufschnappen'; **9.** erstehen, gewinnen: **~ *a livelihood*** sich mit Gelegenheitsarbeiten *etc.* durchschlagen; **~ *courage*** Mut fassen; **~ *speed*** auf Touren (*od.* in Fahrt) kommen; **II** *v/i.* **10.** sich (wieder) erholen (*a.* ✝); **11.** sich anfreunden (***with*** mit); **12.** auf Touren kommen, Geschwindigkeit aufnehmen; *fig.* stärker werden.

pick-a-back ['pɪkəbæk] *adj. u. adv.* huckepack *tragen etc.*: **~ *plane*** ✈ Huckepackflugzeug *n.*

pick·a·nin·ny → ***piccaninny***.

'pick·ax(e) *s.* (Spitz)Hacke *f*, (Beil)Pike *f*, Pickel *m.*

picked [pɪkt] *adj. fig.* ausgewählt, -gesucht, (aus)erlesen: **~ *troops*** ⚔ Kerntruppen *pl.*

pick·er·el ['pɪkərəl] *s. ichth.* (*Brit.* junger) Hecht.

pick·et ['pɪkɪt] **I** *s.* **1.** (Holz-, Absteck-) Pfahl *m*; Pflock *m*; **2.** ⚔ Vorposten *m*; **3.** Streikposten *m*; **II** *v/t.* **4.** einpfählen; **5.** an e-n Pfahl binden, anpflocken; **6.** Streikposten aufstellen vor (*dat.*), mit Streikposten besetzen; (als Streikposten) anhalten *od.* belästigen; **7.** ⚔ als Vorposten ausstellen; **III** *v/i.* **8.** Streikposten stehen.

pick·ings ['pɪkɪŋz] *s. pl.* **1.** Nachlese *f*, 'Überbleibsel *pl.*, Reste *pl.*; **2.** *a.* **~ *and stealings*** a) unehrliche Nebeneinkünfte *pl.*, b) Diebesbeute *f*, Fang *m*; **3.** Pro'fit *m.*

pick·le ['pɪkl] **I** *s.* **1.** Pökel *m*, Salzlake *f*, Essigsoße *f* (*zum Einlegen*); **2.** Essig-, Gewürzgurke *f*; **3.** *pl.* Eingepökelte(s) *n*, Pickles *pl.*; → ***mixed pickles***; **4.** ⚙ Beize *f*; **5.** F *a.* ***nice*** (*od.* ***sad*** *od.* ***sorry***) **~** missliche Lage, ‚böse Sache': ***be in a*** **~** (schön) in der Patsche sitzen; **6.** F Balg *m, n*, Gör *n*; **II** *v/t.* **7.** einpökeln, -salzen, -legen; **8.** ⚙ *Metall* (ab)beizen; *Bleche* dekapieren: ***pickling agent*** Abbeizmittel *n*; **9.** ✓ *Saatgut* beizen; **'pick·led** [-ld] *adj.* **1.** gepökelt, eingesalzen; Essig..., Salz...: **~ *herring*** Salzhering *m*; **2.** *sl.* ‚blau' (*betrunken*).

'pick|·lock *s.* **1.** Einbrecher *m*; **2.** Dietrich *m*; **'~-me-up** *s.* F Schnäps-chen *n*, *a. fig.* Stärkung *f*; **'~-off** *adj.* ⚙ *Am.* 'abmon‚tierbar, Wechsel...; **'~‚pock·et** *s.* Taschendieb *m*; **'~-up** *s.* **1.** Ansteigen *n*; ✝ Erholung *f*: **~ (*in prices*)** Anziehen *n* der Preise, Hausse *f*; **2.** *mot.* Start-, Beschleunigungsvermögen *n*; **3.** *a.* **~ *truck*** (kleiner) Lieferwagen; **4.** *Am.* → ***pick-me-up***; **5.** ⚙ Tonabnehmer *m*, Pick-up *m* (*am Plattenspieler*); Empfänger *m* (*Mikrophon*); Geber *m* (*Messgerät*); **6.** *TV*: a) Abtasten *n*, b) Abtastgerät *n*, c) *a. Radio*: 'Aufnahme- u. Über'tragungsappara‚tur *f*; **7.** ⚡ a) Schalldose *f*, b) Ansprechen *n* (*Relais*); **8.** F a) Zufallsbekanntschaft *f*, b) ‚Flittchen' *n*, c) ‚Anhalter' *m*; **9.** *mst* **~ *dinner*** *sl.* improvisierte Mahlzeit, Essen *n* aus (Fleisch)Resten; **10.** *sl.* a) Verhaftung *f*, b) Verhaftete(r *m*) *f*; **11.** *sl.* Fund *m.*

pick·y ['pɪkɪ] *adj.* F wählerisch.

pic·nic ['pɪknɪk] **I** *s.* **1.** a) Picknick *n*, b) Ausflug *m*; **2.** F a) (reines) Vergnügen, b) Kinderspiel *n*: ***no*** **~** keine leichte Sache, kein Honiglecken; **II** *v/i.* **3.** ein Picknick *etc.* machen; picknicken.

pic·to·gram ['pɪktəʊgræm] Pikto'gramm *n.*

pic·to·ri·al [pɪk'tɔːrɪəl] **I** *adj.* □ **1.** malerisch, Maler...: **~ *art*** Malerei *f*; **2.** Bild(er)..., illustriert: **~ *advertising*** Bildwerbung *f*; **3.** *fig.* bildmäßig (*a. phot.*), -haft; **II** *s.* **4.** Illustrierte *f* (*Zeitung*).

pic·ture ['pɪktʃə] **I** *s.* **1.** *allg., a. TV* Bild *n*: (***clinical***) **~** ⚕ Krankheitsbild, Befund *m*; **2.** Abbildung *f*, Illustrati'on *f*, Bild *n*; **3.** Gemälde *n*, Bild *n*: ***sit for one's*** **~** sich malen lassen; **4.** (geistiges) Bild, Vorstellung *f*: ***form a*** **~ *of s.th.*** sich von et. ein Bild machen; ***get the*** **~** F *et.* verstehen *od.* kapieren; **5.** *fig.* F Bild *n*, Verkörperung *f*: ***he looks the very*** **~ *of health*** er sieht aus wie das blühende Leben; ***be the*** **~ *of misery*** ein Bild des Jammers sein; **6.** Ebenbild *n*: ***the child is the*** **~ *of his father***; **7.** *fig.* anschauliche Darstellung *od.* Schilderung (*in Worten*), Bild *n*; **8.** F bildschöne Sache *od.* Per'son: ***she is a perfect*** **~** sie ist bildschön; ***the hat is a*** **~** der Hut ist ein Gedicht; **9.** *fig.* F Blickfeld *n*: ***be in the*** **~** a) sichtbar sein, e-e Rolle spielen, b) im Bilde (*informiert*) sein; ***come into the*** **~** in Erscheinung treten; ***put s.o. in the*** **~** j-n ins Bild setzen; ***quite out of the*** **~** gar nicht von Interesse, ohne Belang; **10.** *phot.* Aufnahme *f*, Bild *n*; **11.** a) Film *m*, Streifen *m*, b) *pl.* F Kino *n*, Film *m* (*Filmvorführung od. Filmwelt*): ***go to the*** **~*s*** *Brit.* ins Kino gehen; **II** *v/t.* **12.** abbilden, darstellen, malen; **13.** *fig.* anschaulich schildern, beschreiben, ausmalen; **14.** *a.* **~ *to o.s.*** *fig.* sich ein Bild machen von, sich *et.* ausmalen *od.* vorstellen; **15.** *s-e Empfindung etc.* spiegeln, zeigen; **III** *adj.* **16.** Bild..., Bilder...; **17.** Film...: **~ *play*** Filmdrama *n*; **~ book** *s.* Bilderbuch *n*; **~ card** *s. Kartenspiel*: Fi'gurenkarte *f*, Bild *n*; **~ ed·i·tor** *s.* 'Bildredak‚teur *m*; **'~‚go·er** *s. Brit.* Kinobesucher(in); **~ post·card** *s.* Ansichtskarte *f*; **~ puz·zle** *s.* **1.** Vexierbild *n*; **2.** Bilderrätsel *n.*

pic·tur·esque [‚pɪktʃə'resk] *adj.* □ malerisch (*a. fig.*).

pic·ture| te·leg·ra·phy *s.* 'Bildtelegra‚fie *f*; **~ the·a·ter** *Am.*, **~ the·a·tre** *Brit. s.* 'Filmthe‚ater *n*, Lichtspielhaus *n*, Kino *n*; **~ trans·mis·sion** *s.* 'Bildüber‚tragung *f*, Bildfunk *m*; **~ tube** *s. TV* Bildröhre *f*; **~ writ·ing** *s.* Bilderschrift *f.*

pic·tur·ize ['pɪktʃəraɪz] *v/t.* **1.** *Am.* verfilmen; **2.** bebildern.

pid·dle ['pɪdl] *v/i.* **1.** (*v/t.* ver)trödeln; **2.** F ‚Pi'pi machen', ‚pinkeln'; **'pid·dling** [-lɪŋ] *adj.* ‚lumpig'.

pidg·in ['pɪdʒɪn] *s.* **1.** *sl.* Angelegenheit *f*: ***that is your*** **~** das ist deine Sache; **2.** **~ *English*** Pidginenglisch *n* (*Verkehrssprache zwischen Europäern u. Ostasiaten*); *weitS.* Kauderwelsch *n.*

pie[1] [paɪ] *s.* **1.** *orn.* Elster *f*; **2.** *zo.* Scheck(e) *m* (*Pferd*).

pie[2] [paɪ] *s.* **1.** ('Fleisch-, 'Obst- *etc.*)Pas‚tete *f*, Pie *f*: **~ *in the sky*** F a) ein ‚schöner Traum', b) leere Versprechung(en); ***a share in the*** **~** ✝ F ein ‚Stück vom Kuchen'; **~-*flinging*** ‚Tortenschlacht' *f*; ***it's*** (***as easy as***) **~** *sl.* es ist kinderleicht; → ***finger*** 1; ***humble*** I; **2.** (Obst)Torte *f*; **3.** *pol. Am. sl.* Protekti'on *f*, Bestechung *f*: **~ *counter*** ‚Futterkrippe' *f*; **4.** F *e-e* feine Sache, *ein* ‚gefundenes Fressen'.

pie[3] [paɪ] **I** *s.* **1.** *typ.* Zwiebelfisch(e *pl.*) *m*; **2.** *fig.* Durchein'ander *n*; **II** *v/t.* **3.** *typ. Satz* zs.-werfen; **4.** *fig.* durcheinander bringen.

pie·bald ['paɪbɔːld] **I** *adj.* scheckig, bunt; **II** *s.* scheckiges Tier; Schecke *m, f* (*Pferd*).

piece [piːs] **I** *s.* **1.** Stück *n*: ***a*** **~ *of land*** ein Stück Land; ***a*** **~ *of furniture*** ein Möbel(stück) *n*; ***a*** **~ *of luggage*** ein Gepäckstück; ***a*** **~ *of wallpaper*** e-e Rolle Tapete; ***a*** **~** je, das Stück (*im Preis*); ***by the*** **~** a) stückweise *verkaufen*, b) im Akkord *od.* Stücklohn *arbeiten od. bezahlen*; ***in*** **~*s*** entzwei, ‚kaputt'; ***of a*** **~** gleichmäßig; ***all of a*** **~** aus 'einem Guss; ***be all of a*** **~ *with*** ganz passen zu; ***break*** (*od.* ***fall***) ***to*** **~*s*** entzweigehen, zerbrechen; ***go to*** **~*s*** a) in Stücke gehen (*a. fig.*), b) *fig.* zs.-brechen (*Person*); ***take to*** **~*s*** auseinander nehmen, zerlegen; ***it's a*** **~ *of a cake*** F *fig.* es ist kinderleicht (*od.* ein Kinderspiel); → ***pick*** 12, ***pull*** 16; **2.** *fig.* Beispiel *n*, Fall *m*, *mst* ein(e): ***a*** **~ *of advice*** ein Rat(schlag) *m*; ***a*** **~ *of folly*** e-e Dummheit; ***a*** **~ *of news*** e-e Neuigkeit; → ***mind*** 4; **3.** Teil *m* (*e-s Service etc.*): ***two-~ set*** zweiteiliger Satz; **4.** (Geld-) Stück *n*, Münze *f*; **5.** ⚔ Geschütz *n*; Gewehr *n*; **6.** a) *a.* **~ *of work*** Arbeit *f*, Stück *n*: ***a nasty*** **~ *of work*** *fig.* F ein ‚fieser' Kerl, b) *paint.* Stück *n*, Gemälde *n*, c) *thea.* (Bühnen)Stück *n*, d) ♪ (Mu'sik)Stück *n*, e) (kleines) *literarisches* Werk; **7.** ('Spiel)Fi‚gur *f*, Stein *m*; *Schach*: Offi'zier *m*, Figur *f*: ***minor*** **~*s*** leichtere Figuren (*Läufer u. Springer*); **8.** F a) Stück *n* Wegs, kurze Entfernung, b) Weilchen *n*; **9.** V *a.* **~ *of ass*** a) ‚heiße Biene', b) ‚Nummer' *f* (*Koitus*); **II** *v/t.* **10.** *a.* **~ *up*** flicken, ausbessern, zs.-stücken; **11.** verlängern, anstücken, -setzen (***on to*** an *acc.*); **12.** *oft* **~ *together*** zs.-setzen, -stücke(l)n (*a. fig.*); **13.** ver'vollständigen, ergänzen; **~ goods** *pl.* ✝ Meter-, Schnittware *f*; **'~·meal** *adv. u. adj.* stückchenweise, all'mählich; **~ rate** *s.* Ak'kordsatz *m*; **~ wag·es** *s. pl.* Ak'kord-, Stücklohn *m*; **'~·work** *s.* Ak'kordarbeit *f*; **'~‚work·er** *s.* Ak'kordarbeiter(in).

pièce de ré·sis·tance [pɪ‚esdərezɪ'stɑ̃ːŋs] (*Fr.*) *s.* **1.** Hauptgericht *n*; **2.** *fig.* Glanzstück *n*, Krönung *f.*

pie| chart *s. Statistik*: 'Kreisdia‚gramm *n*; **'~·crust** *s.* Pa'stetenkruste *f*, ungefüllte Pa'stete.

pied[1] [paɪd] *adj.* gescheckt, buntscheckig: ***Ƨ Piper*** (***of Hamelin***) *der* Rattenfänger von Hameln.

pied[2] [paɪd] *pret. u. p.p. von* ***pie***[3] II.

'pie|-eyed *adj. Am. sl.* ‚blau', ‚besoffen'; **'~·plant** *s. Am.* Rha'barber *m.*

pier [pɪə] *s.* **1.** Pier *m, f* (*feste Landungs-*

brücke); **2.** Kai *m*; **3.** Mole *f*, Hafendamm *m*; (Brücken- *od.* Tor- *od.* Stütz-) Pfeiler *m*; **pier·age** ['pɪərɪdʒ] *s.* Kaigeld *n*.

pierce [pɪəs] **I** *v/t.* **1.** durch'bohren, -'dringen, -'stechen, -'stoßen; ⚙ lochen; ⚔ durch'brechen, -'stoßen, eindringen in (*acc.*); **2.** *fig.* durch'dringen (*Kälte, Schrei, Schmerz etc.*): ***~ s.o.'s heart*** j-m ins Herz schneiden; **3.** *fig.* durch'schauen, ergründen, eindringen in *Geheimnisse etc.*; **II** *v/i.* **4.** (ein)dringen (***into*** in *acc.*) (*a. fig.*); dringen (***through*** durch); **'pierc·ing** [-sɪŋ] *adj.* ☐ 'durchdringend, scharf, schneidend, stechend (*a. Kälte, Blick, Schmerz*); gellend (*Schrei*).

pier| glass *s.* Pfeilerspiegel *m*; **'~·head** *s.* Molenkopf *m*.

pi·er·rot ['pɪərəʊ] *s.* Pier'rot *m*, Hans'wurst *m*.

pi·e·tism ['paɪətɪzəm] *s.* **1.** Pie'tismus *m*; **2.** → ***piety*** 1; **3.** *contp.* Frömme'lei *f*; **'pi·e·tist** [-ɪst] *s.* **1.** Pie'tist(in); **2.** *contp.* Frömmler(in).

pi·e·ty ['paɪətɪ] *s.* **1.** Frömmigkeit *f*; **2.** Pie'tät *f*, Ehrfurcht *f* (***to*** vor *dat.*).

pi·e·zo·e·lec·tric [paɪˌiːzəʊɪ'lektrɪk] *adj. phys.* pi'ezoeˌlektrisch.

pif·fle ['pɪfl] F **I** *v/i.* Quatsch reden *od.* machen; **II** *s.* Quatsch *m*.

pig [pɪg] **I** *pl.* **pigs** *od. coll.* **pig** *s.* **1.** Ferkel *n*: ***sow in ~*** trächtiges Mutterschwein; ***sucking ~*** Spanferkel; ***buy a ~ in a poke*** *fig.* die Katze im Sack kaufen; ***~s might fly*** *iron.* ‚man hat schon Pferde kotzen sehen'; ***in a*** (*od.* ***the***) ***~'s eye!*** *Am. sl.* Quatsch!, ‚von wegen'!; **2.** *fig. contp.* a) ‚Fresssack' *m*, b) ‚Ekel' *n*, c) sturer Kerl, d) gieriger Kerl; **3.** *sl.* ‚Bulle' *m* (*Polizist*); **4.** ⚙ a) Massel *f*, (Roheisen)Barren *m*, b) Roheisen *n*, c) Block *m*, Mulde *f* (*bsd. Blei*); **II** *v/i.* **5.** ferkeln, frischen; **6.** *mst* ***~ it*** F ‚aufeinander hocken', eng zs.-hausen.

pi·geon ['pɪdʒɪn] *s.* **1.** *pl.* **-geons** *od. coll.* **-geon** Taube *f*: ***that's not my ~*** F a) das ist nicht mein Fall, b) das ist nicht mein ‚Bier'; **2.** *sl.* ‚Gimpel' *m*; **3.** → ***clay pigeon***; **~ breast** *s.* ⚕ Hühnerbrust *f*; **'~·hole I** *s.* **1.** (Ablege-, Schub-) Fach *n*; **2.** Taubenloch *n*; **II** *v/t.* **3.** in ein Schubfach legen, einordnen, *Akten* ablegen; **4.** *fig.* zu'rückstellen, zu den Akten legen, auf die lange Bank schieben, die Erledigung *e-r Sache* verschleppen; **5.** *fig. Tatsachen, Wissen* (ein)ordnen, klassifizieren; **6.** mit Fächern versehen; **~ house**, **~ loft** *s.* Taubenschlag *m*; **'~-ˌliv·ered** *adj.* feige.

pi·geon·ry ['pɪdʒɪnrɪ] *s.* Taubenschlag *m*.

pig·ger·y ['pɪgərɪ] *s.* **1.** Schweinezucht *f*; **2.** Schweinestall *m*; **3.** *fig. contp.* Saustall *m*; **pig·gish** ['pɪgɪʃ] *adj.* **1.** schweinisch, unflätig; **2.** gierig; **3.** dickköpfig; **pig·gy** ['pɪgɪ] **I** *s.* F **1.** Schweinchen *n*: ***~ bank*** Sparschwein(chen); **2.** *Am.* Zehe *f*; **II** *adj.* **3.** → ***piggish***; **'pig·gy·back** → ***pick-a-back***.

ˌpig|'head·ed *adj.* ☐ dickköpfig, stur; **~ i·ron** *s.* Massel-, Roheisen *n*; **~ Lat·in** *s. e-e Kindergeheimsprache*.

pig·let ['pɪglɪt] *s.* Ferkel *n*.

pig·ment ['pɪgmənt] **I** *s.* **1.** *a. biol.* Pig'ment *n*; **2.** Farbe *f*, Farbstoff *m*, -körper *m*; **II** *v/t. u. v/i.* **3.** (sich) pigmentieren, (sich) färben; **'pig·men·tar·y** [-tərɪ], *a.* **pig·men·tal** [pɪg'mentl] *adj.* Pigment...; **pig·men·ta·tion** [ˌpɪgmən'teɪʃn] *s.* **1.** *biol.* Pigmentati'on *f*, Färbung *f*; **2.** ⚕ Pigmentierung *f*.

pig·my ['pɪgmɪ] → ***pygmy***.

'pig|·nut *s.* ⚘ 'Erdkaˌstanie *f*, -nuss *f*; **'~·skin** *s.* **1.** Schweinehaut *f*; **2.** Schweinsleder *n*; **'~ˌstick·ing** *s.* **1.** Wildschweinjagd *f*, Sauhatz *f*; **2.** Schweineschlachten *n*; **'~·sty** [-staɪ] *s.* Schweinestall *m* (*a. fig.*); **'~·tail** *s.* **1.** Zopf *m*; **2.** Rolle *f* (Kau)Tabak.

pi-jaw ['paɪdʒɔː] *s. Brit. sl.* Mo'ralpredigt *f*, Standpauke *f*.

pike[1] [paɪk] *pl.* **pikes** *od. bsd. coll.* **pike** *s.* **1.** *ichth.* Hecht *m*; **2.** *Sport:* Hechtsprung *m*.

pike[2] [paɪk] *s.* **1.** ⚔ *hist.* Pike *f*, (Lang-) Spieß *m*; **2.** (Speer- *etc.*)Spitze *f*, Stachel *m*; **3.** a) Schlagbaum *m* (*Mautstraße*), b) Maut *f*, Straßenbenutzungsgebühr *f*, c) Mautstraße *f*, gebührenpflichtige Straße; **4.** *Brit. dial.* Bergspitze *f*.

'pike·man [-mən] *s.* [*irr.*] **1.** ⚒ Hauer *m*; **2.** Mauteinnehmer *m*; **3.** ⚔ *hist.* Pike'nier *m*.

pik·er ['paɪkə] *s. Am. sl.* **1.** Geizhals *m*; **2.** vorsichtiger Spieler.

'pike·staff *s.*: ***as plain as a ~*** sonnenklar.

pi·las·ter [pɪ'læstə] *s.* △ Pi'laster *m*, (*viereckiger*) Stützpfeiler.

pil·chard ['pɪltʃəd] *s.* Sar'dine *f*.

pile[1] [paɪl] **I** *s.* **1.** Haufen *m*, Stoß *m*, Stapel *m* (*Akten, Holz etc.*): ***a ~ of arms*** e-e Gewehrpyramide; **2.** Scheiterhaufen *m*; **3.** großes Gebäude, Ge'bäudekomˌplex *m*; **4.** F ‚Haufen' *m*, ‚Masse' *f* (*bsd. Geld*): ***make a*** (*od.* ***one's***) ***~*** e-e Menge Geld machen, ein Vermögen verdienen; ***make a ~ of money*** e-e Stange Geld verdienen; **5.** ↯ a) (gal'vanische *etc.*) Säule: ***thermoelectrical ~*** Thermosäule, b) Batte'rie *f*; **6.** *a.* ***atomic ~*** (A'tom)Meiler *m*, Re'aktor *m*; **7.** *metall.* 'Schweiß(eisen)paˌket *n*; **8.** *Am. sl.* ‚Schlitten' *m* (*Auto*); **9.** → ***piles***; **II** *v/t.* **10.** *a.* ***~ up*** (*od.* ***on***) (an-, auf)häufen, (auf)stapeln, aufschichten: ***~ arms*** ⚔ Gewehre zs.-setzen; **11.** aufspeichern (*a. fig.*); **12.** über'häufen, -'laden (*a. fig.*): ***~ a table with food***; ***~ up*** (*od.* ***on***) ***the agony*** F Schrecken auf Schrecken häufen; ***~ it on*** F dick auftragen; **13.** ***~ up*** F a) ⚓ *Schiff* auflaufen lassen, b) ✈ mit *dem Flugzeug* ‚Bruch machen', c) *mot. sein Auto* ka'puttfahren; **III** *v/i.* **14.** *mst* ***~ up*** sich (auf- *od.* an)häufen, sich ansammeln *od.* stapeln (*a. fig.*); **15.** F sich (scharenweise) drängen (***into*** in *acc.*); **16.** ***~ up*** a) ⚓ auffahren, b) ✈ ‚Bruch machen', c) *mot.* aufein'ander prallen.

pile[2] [paɪl] **I** *s.* **1.** ⚙ (Stütz)Pfahl *m*, Pfeiler *m*; Bock *m*, Joch *n e-r Brücke*; **2.** *her.* Spitzpfahl *m*; **II** *v/t.* **3.** auspfählen, unter'pfählen, durch Pfähle verstärken; **4.** (hin'ein)treiben *od.* (ein)rammen (***into*** in *acc.*).

pile[3] [paɪl] **I** *s.* **1.** Flaum *m*; **2.** (Woll-) Haar *n*, Pelz *m* (*des Fells*); **3.** *Weberei:* a) Samt *m*, Ve'lours *n*, b) Flor *m*, Pol *m* (*e-s Gewebes*); **II** *adj.* **4.** ...fach gewebt (*Teppich etc.*): ***a three-~ carpet***.

pile| bridge (Pfahl)Jochbrücke *f*; **~ driv·er** *s.* ⚙ **1.** (Pfahl)Ramme *f*; **2.** Rammklotz *m*; **~ dwell·ing** *s.* Pfahlbau *m*; **~ fab·ric** *s.* Samtstoff *m*; *pl.* Polgewebe *pl.*

piles [paɪlz] *s. pl.* ⚕ Hämorr(ho)'iden *pl.*

'pile-up *s. mot.* 'Massenkarambo,lage *f*.

pil·fer ['pɪlfə] *v/t. u. v/i.* stehlen, sti'bitzen; **'pil·fer·age** [-ərɪdʒ] *s.* Diebe'rei *f*; **'pil·fer·er** [-ərə] *s.* Dieb(in).

pil·grim ['pɪlgrɪm] *s.* **1.** Pilger(in), Wallfahrer(in); **2.** *fig.* Pilger *m*, Wanderer *m*; **3.** ~ (*pl. a.* ***~ Fathers***) *hist.* Pilgervater *m*; **'pil·grim·age** [-mɪdʒ] **I** *s.* **1.** Pilger-, Wallfahrt *f* (*a. fig.*); **2.** *fig.* lange Reise; **II** *v/i.* **3.** pilgern, wallfahren.

pill [pɪl] **I** *s.* **1.** Pille *f* (*a. fig.*), Ta'blette *f*: ***swallow the ~*** die bittere Pille schlucken, in den sauren Apfel beißen; ***~ popper*** F Pillenschlucker *m*; → ***gild***[2] 2; **2.** *sl.* ‚Brechmittel' *n*, ‚Ekel' *n* (*Person*); **3.** *sport sl.* Ball *m*; *Brit. a.* Billard *n*; **4.** ⚔ *sl. od. humor.* ‚blaue Bohne' (*Gewehrkugel*), ‚Ei' *n*, ‚Koffer' *m* (*Granate, Bombe*); **5.** *sl.* ‚Stäbchen' *n* (*Zigarette*); **6.** ***the ~*** die (Anti'baby-) Pille: ***be on the ~*** die Pille nehmen; **II** *v/t.* **7.** *sl. bei e-r Wahl* durchfallen lassen.

pil·lage ['pɪlɪdʒ] **I** *v/t.* **1.** (aus)plündern; **2.** rauben, erbeuten; **II** *v/i.* **3.** plündern; **III** *s.* **4.** Plünderung *f*, Plündern *n*; **5.** Beute *f*.

pil·lar ['pɪlə] **I** *s.* **1.** Pfeiler *m*, Ständer *m* (*a. Reitsport*): ***~ of coal*** ⚒ Kohlenpfeiler; ***run from ~ to post*** *fig.* von Pontius zu Pilatus laufen; **2.** △ (*a. weitS.* Luft-, Rauch- *etc.*)Säule *f*; **3.** *fig.* Säule *f*, (Haupt)Stütze *f*: ***the ~s of society*** (***wisdom***) die Säulen der Gesellschaft (der Weisheit); ***he was a ~ of strength*** er stand da wie ein Fels in der Brandung; **4.** ⚙ Stütze *f*, Sup'port *m*, Sockel *m*; **II** *v/t.* **5.** mit Pfeilern *od.* Säulen stützen *od.* schmücken; **'~·box** *s. Brit.* Briefkasten *m* (in Säulenform).

pil·lared ['pɪləd] *adj.* **1.** mit Säulen *od.* Pfeilern (versehen); **2.** säulenförmig.

'pill·box *s.* **1.** Pillenschachtel *f*; **2.** ⚔ *sl.* Bunker *m*, 'Unterstand *m*.

pil·lion ['pɪljən] *s.* **1.** leichter (Damen-) Sattel; **2.** Sattelkissen *n*; **3.** *a.* ***~ seat*** *mot.* Soziussitz *m*: ***ride ~*** auf dem Soziussitz (mit)fahren; **~ rid·er** *s.* Soziusfahrer(in).

pil·lo·ry ['pɪlərɪ] **I** *s.* (***in the ~*** am) Pranger *m* (*a. fig.*); **II** *v/t.* an den Pranger stellen; *fig.* anprangern.

pil·low ['pɪləʊ] **I** *s.* **1.** (Kopf)Kissen *n*, Polster *n*: ***take counsel of one's ~*** *fig.* die Sache beschlafen; **2.** ⚙ (Zapfen)Lager *n*, Pfanne *f*; **II** *v/t.* **3.** (auf ein Kissen) betten, stützen (***on*** auf *acc.*): ***~ up*** hoch betten; **'~·case** *s.* (Kopf)Kissenbezug *m*; **~ fight** *s.* Kissenschlacht *f*; **~ lace** *s.* Klöppel-, Kissenspitzen *pl.*; **~ slip** → ***pillowcase***.

pi·lose ['paɪləʊs] *adj.* ⚘, *zo.* behaart.

pi·lot ['paɪlət] **I** *s.* **1.** ⚓ Lotse *m*: ***drop the ~*** *fig.* den Lotsen von Bord schicken; **2.** ✈ Flugzeug-, Bal'lonführer *m*, Pi'lot *m*: ***~'s licence*** Flug-, Pilotenschein *m*; ***second ~*** Kopilot *m*; **3.** *fig.* a) Führer *m*, Wegweiser *m*, b) Berater *m*; **4.** ⚙ a) Be'tätigungseleˌment *n*, b) Führungszapfen *m*; **5.** → a) ***pilot program(me)***, b) ***pilot film***; **II** *v/t.* **6.** ⚓ lotsen (*a. mot. u. fig.*), steuern: ***~ through*** durchlotsen (*a. fig.*); **7.** ✈ steuern, fliegen; **8.** *bsd. fig.* führen, lenken, leiten; **III** *adj.* **9.** Versuchs..., Pilot...; **10.** Hilfs-...: ***~ parachute***; **11.** Steuer..., Kontroll..., Leit...: ***~ relay*** Steuer-, Kontrollrelais *n*; **'pi·lot·age** [-tɪdʒ] *s.* **1.** ⚓ Lotsen(kunst *f*) *n*: ***certificate of ~*** Lotsenpatent *n*; **2.** Lotsengeld *n*; **3.** ✈ a) Flugkunst *f*, b) 'Bodennavigatiˌon *f*; **4.** *fig.* Leitung *f*, Führung *f*.

pi·lot| bal·loon *s.* ✈ Pi'lotbal,lon *m*; **~ boat** *s.* Lotsenboot *n*; **~ burn·er** *s.* ⚙ Zündbrenner *m*; **~ cloth** *s.* dunkelblauer Fries; **~ en·gine** *s.* 🚂 'Leerfahrtlokomo,tive *f*; **~ film** *s.* Pi'lotfilm *m*; **~ in·jec·tion** *s. mot.* Voreinspritzung *f*; **~ in·struc·tor** *s.* ✈ Fluglehrer(in); **~ jet** *s.* ⚙ Leerlaufdüse *f*; **~ lamp** *s.* ⚙ Kon'trolllampe *f*.

pi·lot·less ['paɪlətlɪs] *adj.* führerlos, unbemannt: **~ *airplane***.

pi·lot| light *s.* **1.** → ***pilot burner***; **2.** → ***pilot lamp***; **~ of·fi·cer** *s.* ⚔ Fliegerleutnant *m*; **~ plant** *s.* **1.** Versuchsanlage *f*; **2.** Musterbetrieb *m*; **~ pro·gram(me** *Brit.*) *s. Radio, TV*: Pi'lotsendung *f*; **~ pro·ject** *s.*, **~ scheme** *s.* Pi'lot-, Ver'suchspro,jekt *n*; **~ stud·y** *s.* Pi'lotstudie *f*; **~ train·ee** *s.* Flugschüler (-in); **~ valve** *s.* ⚙ 'Steuerven,til *n*.

pi·lous ['paɪləs] → ***pilose***.

pil·ule ['pɪljuːl] *s.* kleine Pille.

pi·men·to [pɪ'mentəʊ] *pl.* **-tos** *s.* ⚘ *bsd. Brit.* **1.** kleine rote Paprikaschote, Spanischer Pfeffer; **2.** Pi'ment *m, n*, Nelkenpfeffer *m*; **3.** Pi'mentbaum *m*; **4.** leuchtendes Rot; **pi·mi·en·to** [ˌpɪmɪ'entəʊ] *pl.* **-tos** → ***pimento*** 1–3.

pimp [pɪmp] **I** *s.* a) Kuppler *m*, b) Zuhälter *m*; **II** *v/i.* Kuppler *od.* Zuhälter sein.

pim·per·nel ['pɪmpənel] *s.* ⚘ Pimper'nell *m*.

pim·ple ['pɪmpl] **I** *s.* Pustel *f*, (Haut)Pickel *m*; **II** *v/i.* pickelig werden; '**pimpled** [-ld], '**pim·ply** [-lɪ] *adj.* pickelig.

pin [pɪn] **I** *s.* **1.** (Steck)Nadel *f*: ***~s and needles*** ‚Kribbeln' *n* (*in eingeschlafenen Gliedern*); ***I've got ~s and needles in my left leg*** mir ist das linke Bein ‚eingeschlafen'; ***sit on ~s and needles*** *fig.* wie auf Kohlen sitzen; ***I don't care a ~*** das ist mir völlig schnuppe; **2.** (Schmuck-, Haar-, Hut)Nadel *f*: ***scarf ~*** Vorstecknadel; **3.** (Ansteck)Nadel *f*, Abzeichen *n*; **4.** ⚙ Pflock *m*, Dübel *m*, Bolzen *m*, Zapfen *m*, Stift *m*: ***split ~*** Splint *m*; ***~ with thread*** Gewindezapfen; ***~ bearing*** Nadel-, Stiftlager *n*; **5.** ⚙ Dorn *m*; **6.** *a.* ***drawing ~*** *Brit.* Reißnagel *m*, -zwecke *f*; **7.** *a.* ***clothes-~*** Wäscheklammer *f*; **8.** *a.* ***rolling ~*** Nudel-, Wellholz *n*; **9.** F ‚Stelzen' *pl.* (*Beine*): ***that knocked him off his ~s*** das hat ihn ‚umgehauen'; **10.** ♪ Wirbel *m* (*Streichinstrument*); **11.** a) *Kegelsport*: Kegel *m*, b) *Bowling*: Pin *m*; **II** *v/t.* **12.** (an)heften, -stecken, befestigen (***to, on*** an *acc.*): ***~ up*** auf-, hochstecken; ***~ one's faith on*** sein Vertrauen auf *j-n* setzen; ***~ one's hopes on*** s-e (ganze) Hoffnung setzen auf (*acc.*); ***~ a murder on s.o.*** F j-m e-n Mord ‚anhängen'; **13.** pressen, drücken, heften (***against, to*** gegen, an *acc.*), festhalten; **14.** *a.* ***~ down*** a) zu Boden pressen, b) *fig. j-n* festnageln (***to*** auf *ein Versprechen, e-e Aussage etc.*), c) ⚔ *Feindkräfte* fesseln (*a. Schach*), d) *et.* genau bestimmen *od.* definieren; **15.** ⚙ verbolzen, -dübeln, -stiften.

pin·a·fore ['pɪnəfɔː] *s.* (Kinder)Lätzchen *n*, (-)Schürze *f*.

'**pin|·ball ma·chine** *s.* Flipper *m* (*Spielautomat*); **~ bit** *s.* ⚙ Bohrspitze *f*; **~ bolt** *s.* Federbolzen *m*.

pince-nez ['pæ̃ːnsneɪ] (*Fr.*) *s.* Kneifer *m*, Klemmer *m*.

pin·cer ['pɪnsə] *adj.* Zangen...: ***~ movement*** ⚔ Zangenbewegung *f*; '**pin·cers** [-əz] *s. pl.* **1.** (Kneif-, Beiß)Zange *f*: ***a pair of ~*** eine Kneifzange; **2.** ⚕, *typ.* Pin'zette *f*; **3.** *zo.* Krebsschere *f*.

pinch [pɪntʃ] **I** *v/t.* **1.** zwicken, kneifen, (ein)klemmen, quetschen: ***~ off*** abkneifen; **2.** beengen, einengen, -zwängen; *fig.* (be)drücken, beengen, beschränken: ***be ~ed for time*** wenig Zeit haben; ***be ~ed*** in Bedrängnis sein, Not leiden, knapp sein (***for, in, of*** an *dat.*); ***be ~ed for money*** knapp bei Kasse sein; ***~ed circumstances*** beschränkte Verhältnisse; **3.** *fig.* quälen: ***be ~ed with hunger*** ausgehungert sein; ***a ~ed face*** ein spitzes *od.* abgehärmtes Gesicht; **4.** *sl. et.* ‚klauen' (*stehlen*); **5.** *sl. j-n* ‚schnappen' (*verhaften*); **II** *v/i.* **6.** drücken, kneifen, zwicken: ***~ing want*** drückende Not; → ***shoe*** 1; **7.** *fig. a.* ***~ and scrape*** knausern, darben, sich nichts gönnen; **III** *s.* **8.** Kneifen *n*, Zwicken *n*; **9.** *fig.* Druck *m*, Qual *f*, Not(lage) *f*: ***at a ~*** im Notfall; ***if it comes to a ~*** wenn es zum Äußersten kommt; **10.** Prise *f* (*Tabak etc.*); **11.** Quäntchen *n*, (kleines) bisschen: ***a ~ of butter***; ***with a ~ of salt*** *fig.* mit Vorbehalt; **12.** *sl.* Festnahme *f*, Verhaftung *f*.

pinch·beck ['pɪntʃbek] **I** *s.* **1.** Tombak *m*, Talmi *n* (*a. fig.*); **II** *adj.* **2.** Talmi... (*a. fig.*); **3.** unecht.

'**pinch|·hit** *v/i.* [*irr.* → ***hit***] *Am. Baseball u. fig.* einspringen (***for*** für); '**~,hit·ter** *s. Am.* Ersatz(mann) *m*.

'**pinch,pen·ny I** *adj.* knick(e)rig; **II** *s.* knick(e)riger Mensch, Knicker *m*.

'**pin,cush·ion** *s.* Nadelkissen *n*.

pine[1] [paɪn] *s.* **1.** ⚘ Kiefer *f*, Föhre *f*, Pinie *f*; **2.** Kiefernholz *n*; **3.** F Ananas *f*.

pine[2] [paɪn] *v/i.* **1.** sich sehnen, schmachten (***after, for*** nach); **2.** *mst* ***~ away*** verschmachten, vor Gram vergehen; **3.** sich grämen *od.* abhärmen (***at*** über *acc.*).

pin·e·al gland ['paɪnɪəl] *s. anat.* Zirbeldrüse *f*.

'**pine|,ap·ple** *s.* **1.** ⚘ Ananas *f*; **2.** ⚔ *sl.* a) 'Handgra,nate *f*, b) (kleine) Bombe; **~ cone** *s.* ⚘ Kiefernzapfen *m*; **~ marten** *s. zo.* Baummarder *m*; **~ nee·dle** *s.* ⚘ Fichtennadel *f*; **~ oil** *s.* Kiefernöl *n*.

pine| tar *s.* Kienteer *m*; **~ tree** → ***pine***[1] 1.

ping [pɪŋ] **I** *v/i.* **1.** pfeifen (*Kugel*), schwirren (*Mücke etc.*); *mot.* klingeln; **II** *s.* **2.** Peng *n*; **3.** Pfeifen *n*, Schwirren *n*; *mot.* Klingeln *n*; '**~-pong** [-pɒŋ] *s.* Tischtennis *n*.

'**pin|·head** *s.* **1.** (Steck)Nadelkopf *m*; **2.** *fig.* Kleinigkeit *f*; **3.** F Dummkopf *m*; '**~·hole** *s.* **1.** Nadelloch *n*; **2.** kleines Loch (*a. opt.*): ***~ camera*** Lochkamera *f*.

pin·ion[1] ['pɪnjən] *s.* ⚙ **1.** Ritzel *n*, Antriebs(kegel)rad *n*: ***gear ~*** Getriebezahnrad *n*; ***~ drive*** Ritzelantrieb *m*; **2.** Kammwalze *f*.

pin·ion[2] ['pɪnjən] **I** *s.* **1.** *orn.* Flügelspitze *f*; **2.** *orn.* (Schwung)Feder *f*; **3.** *poet.* Schwinge *f*, Fittich *m*; **II** *v/t.* **4.** die Flügel stutzen (*dat.*) (*a. fig.*); **5.** fesseln (***to*** an *acc.*).

pink[1] [pɪŋk] **I** *s.* **1.** ⚘ Nelke *f*: ***plumed*** (*od.* ***feathered***) ***~*** Federnelke; **2.** Blassrot *n*, Rosa *n*; **3.** *bsd. Brit.* (scharlach-) roter Jagdrock; **4.** *pol. Am. sl.* ‚Rotangehauchte(r)' *m*, Sa'lonbolsche,wist *m*; **5.** *fig.* Gipfel *m*, Krone *f*, höchster Grad: ***in the ~ of health*** bei bester Gesundheit; ***the ~ of perfection*** die höchste Vollendung; ***be in the ~*** (***of condition***) in ‚Hochform' sein; **II** *adj.* **6.** rosa(farben), blassrot: ***~ slip*** ‚blauer Brief', Kündigungsschreiben *n*; **7.** *pol. sl.* ‚rötlich', kommu'nistisch angehaucht.

pink[2] [pɪŋk] *v/t.* **1.** *a.* ***~ out*** auszacken: ***~ing shears*** *pl.* Zickzackschere *f*; **2.** durch'bohren, -'stechen.

pink[3] [pɪŋk] *s.* ⚓ Pinke *f* (*Boot*).

pink[4] [pɪŋk] *v/i.* klopfen (*Motor*).

pink·ish ['pɪŋkɪʃ] *adj.* rötlich (*a. pol. sl.*), blassrosa.

pin mon·ey *s.* (*a.* selbst verdientes) Taschengeld (*der Frau*).

pin·na ['pɪnə] *pl.* **-nae** [-niː] *s.* **1.** *anat.* Ohrmuschel *f*; **2.** *zo.* a) Feder *f*, Flügel *m*, b) Flosse *f*; **3.** ⚘ Fieder(blatt *n*) *f*.

pin·nace ['pɪnɪs] *s.* ⚓ Pi'nasse *f*.

pin·na·cle ['pɪnəkl] *s.* **1.** ⌂ a) Spitzturm *m*, b) Zinne *f*; **2.** (Fels-, Berg)Spitze *f*, Gipfel *m*; **3.** *fig.* Gipfel *m*, Spitze *f*, Höhepunkt *m*.

pin·nate ['pɪnɪt] *adj.* gefiedert.

pin·ni·grade ['pɪnɪgreɪd], '**pin·ni·ped** [-ped] *zo.* **I** *adj.* flossen-, schwimmfüßig; **II** *s.* Flossen-, Schwimmfüßer *m*.

pin·nule ['pɪnjuːl] *s.* **1.** Federchen *n*; **2.** *zo.* Flössel *n*; **3.** ⚘ Fiederblättchen *n*.

pin·ny ['pɪnɪ] F → ***pinafore***.

pi·noch·le, pi·noc·le ['piːnʌkl] *s. Am.* Bi'nokel *n* (*Kartenspiel*).

'**pin|·point I** *v/t. Ziel* genau festlegen *od.* lokalisieren *od.* bombardieren; *fig. et.* genau bestimmen; **II** *adj.* genau, Punkt...: ***~ bombing*** Bombenpunktwurf *m*; ***~ strike*** ✝ Schwerpunktstreik *m*; ***~ target*** Punktziel *n*; '**~·prick** *s.* **1.** Nadelstich *m* (*a. fig.*): ***policy of ~s*** Politik *f* der Nadelstiche; **2.** *fig.* Stiche'lei *f*, spitze Bemerkung; '**~-striped** *adj.* mit Nadelstreifen (*Anzug*).

pint [paɪnt] *s.* **1.** Pint *n* (*Brit. 0,57, Am. 0,47 Liter*); **2.** F Halbe *f* (Bier); '**pint-,size(d)** *adj.* F winzig.

pin·tle ['pɪntl] *s.* **1.** ⚙ (Dreh)Bolzen *m*; **2.** *mot.* Düsennadel *f*, -zapfen *m*; **3.** ⚓ Fingerling *m*, Ruderhaken *m*.

pin·to ['pɪntəʊ] *pl.* **-tos** *s. Am.* Scheck(e) *m*, Schecke *f* (*Pferd*).

'**pin-up (girl)** *s.* Pin-'up-Girl *n*.

pi·o·neer [ˌpaɪə'nɪə] **I** *s.* **1.** ⚔ Pio'nier *m*; **2.** *fig.* Pio'nier *m*, Bahnbrecher *m*, Vorkämpfer *m*, Wegbereiter *m*; **II** *v/i.* **3.** *fig.* den Weg bahnen, bahnbrechende Arbeit leisten; **III** *v/t.* **4.** den Weg bahnen für (*a. fig.*); **IV.** *adj.* **5.** Pionier...: ***~ work***; **6.** *fig.* bahnbrechend, wegbereitend, Versuchs..., erst.

pi·ous ['paɪəs] *adj.* □ **1.** fromm (*a. iro.*), gottesfürchtig: ***~ fraud*** (***wish***) *fig.* frommer Betrug (Wunsch); ***~ effort*** F gut gemeinter Versuch; **2.** lieb (*Kind*).

pip[1] [pɪp] *s.* **1.** *vet.* Pips *m* (*Geflügelkrankheit*); **2.** *Brit.* F miese Laune: ***he gives me the ~*** er geht mir auf den ‚Wecker'.

pip[2] [pɪp] *s.* **1.** Auge *n* (*auf Spielkarten*), Punkt *m* (*auf Würfeln etc.*); **2.** (Obst-) Kern *m*; **3.** ⚔ *bsd. Brit. sl.* Stern *m* (*Rangabzeichen*); **4.** *Radar*: Blip *m* (*Bildspur*); **5.** *Brit. Radio*: Ton *m* (*Zeitzeichen*).

pip[3] [pɪp] *Brit.* F **I** *v/t.* **1.** 'durchfallen lassen (*bei e-r Wahl etc.*); **2.** *fig.* knapp besiegen, im Ziel abfangen; **3.** ‚abknallen' (*erschießen*); **II** *v/i.* **4.** *a.* ***~ out*** ‚abkratzen' (*sterben*).

pipe [paɪp] **I** *s.* **1.** ⚙ a) Rohr *n*, Röhre *f*, b) (Rohr)Leitung *f*; **2.** (Tabaks)Pfeife *f*: ***put that in your ~ and smoke it*** F lass dir das gesagt sein; **3.** ♪ Pfeife *f* (*Flöte*); Orgelpfeife *f*; ('Holz)Blasinstru,ment *n*; *mst pl.* Dudelsack *m*; **4.** a)

Pfeifen *n* (*e-s Vogels*), Piep(s)en *n*, b) Pfeifenton *m*, c) Stimme *f*; **5.** F Luftröhre *f*: ***clear one's ~*** sich räuspern; **6.** *metall.* Lunker *m*; **7.** ⚒ (Wetter)Lutte *f*; **8.** ☤ Pipe *f* (*Weinfass = Brit. 477,3, Am. 397,4 Liter*); **II** *v/t.* **9.** (durch Röhren, *weitS.* durch Kabel) leiten, *weitS. a.* schleusen, *a. e-e Radiosendung* über'tragen: ***~d music*** Musik *f* aus dem Lautsprecher, Musikberieselung *f*; **10.** Röhren *od.* e-e Rohrleitung legen in (*acc.*); **11.** pfeifen, flöten; *Lied* anstimmen, singen; **12.** quieken, piepsen; **13.** ⚓ *Mannschaft* zs.-pfeifen; **14.** *Schneiderei*: paspelieren, mit Biesen besetzen; **15.** *Torte etc.* mit feinem Guss verzieren, spritzen; **16.** ***~ one's eye*** F ‚flennen', weinen; **III** *v/i.* **17.** pfeifen (*a. Wind etc.*), flöten; piep(s)en: ***~ down*** *sl.* ‚die Luft anhalten', ‚die Klappe halten'; ***~ up*** loslegen, anfangen; **~ bowl** *s.* Pfeifenkopf *m*; **~ burst** *s.* Rohrbruch *m*; **~ clamp** *s.* ⚙ Rohrschelle *f*; **'~·clay I** *s.* **1.** *min.* Pfeifenton *m*; **2.** ⚔ *fig.* ‚Kom'miss' *m*; **II** *v/t.* **3.** mit Pfeifenton weißen; **~ clip** *s.* ⚙ Rohrschelle *f*; **~ dream** *s.* F Luftschloss *n*, Hirngespinst *n*; **~ fit·ter** *s.* ⚙ Rohrleger *m*; **'~·line** *s.* **1.** Rohrleitung *f*, *für Erdöl, Erdgas*: Pipeline *f*: ***in the ~*** *fig.* in Vorbereitung (*Pläne etc.*), im Kommen (*Entwicklung etc.*); **2.** *fig.* ‚Draht' *m*, (geheime) Verbindung *od.* (Informati'ons)Quelle; **3.** (*bsd.* Ver'sorgungs)Sy,stem *n*.

pip·er ['paɪpə] *s.* Pfeifer *m*: ***pay the ~*** *fig.* die Zeche bezahlen, *weitS.* der Dumme sein.

pipe| rack *s.* Pfeifenständer *m*; **~ tongs** *s. pl.* ⚙ Rohrzange *f*.

pi·pette [pɪ'pet] *s.* ⚗ Pi'pette *f*.

pipe wrench *s.* ⚙ Rohrzange *f*.

pip·ing ['paɪpɪŋ] **I** *s.* **1.** ⚙ a) Rohrleitung *f*, -netz *n*, Röhrenwerk *n*, b) Rohrverlegung *f*; **2.** *metall.* a) Lunker *m*, b) Lunkerbildung *f*; **3.** Pfeifen *n*, Piep(s)en *n*; Pfiff *m*; **4.** *Schneiderei*: Paspel *f*, (*an Uniformen*) Biese *f*; **5.** (feiner) Zuckerguss, Verzierung *f* (*Kuchen*); **II** *adj.* **6.** pfeifend, schrill; **7.** friedlich, i'dyllisch (*Zeit*); **III** *adv.* **8.** ***~ hot*** siedend heiß, *fig.* ‚brühwarm'.

pip·pin ['pɪpɪn] *s.* **1.** Pippinapfel *m*; **2.** *sl.* a) ‚tolle Sache', b) ‚toller Kerl'.

'pip·squeak *s.* F ‚Grashüpfer' *m*, ‚Würstchen' *n* (*Person*).

pi·quan·cy ['pi:kənsɪ] *s.* Pi'kantheit *f*, *das* Pi'kante; **'pi·quant** [-nt] *adj.* ☐ pi'kant (*a. fig.*).

pique [pi:k] **I** *v/t.* **1.** (auf)reizen, sticheln, ärgern, *j-s Stolz etc.* verletzen: ***be ~d at*** über *et.* pikiert *od.* verärgert sein; **2.** *Neugier etc.* reizen, wecken; **3.** ***~ o.s.*** (***on***) sich et. einbilden (auf *acc.*), sich brüsten (mit); **II** *s.* **4.** Groll *m*; Gereiztheit *f*, Gekränktsein *n*, Ärger *m*.

pi·qué ['pi:keɪ] *s.* Pi'kee *m* (*Gewebe*).

pi·quet [pɪ'ket] *s.* Pi'kett *n* (*Kartenspiel*).

pi·ra·cy ['paɪərəsɪ] *s.* **1.** Pirate'rie *f*, Seeräube'rei *f*; **2.** Plagi'at *n*, *bsd.* a) Raubdruck *m*, b) Raubpressung *f* (*e-r* Schallplatte *f*); **3.** Pa'tentverletzung *f*; **pi·rate** ['paɪərət] **I** *s.* **1.** a) Pi'rat *m*, Seeräuber *m*, b) Seeräuberschiff *n*; **2.** Plagi'ator *m*, *bsd.* a) Raubdrucker *m*, b) Raubpresser *m* (*von Schallplatten*); **II** *adj.* **3.** Piraten...: ***~ ship***; **4.** ⚖ Raub...: ***~ copy*** Raubkopie *f*; ***~ edition*** Raubdruck *m*; **5.** Schwarz...: ***~ listener***; ***~ (radio) station*** Piraten-, Schwarzsender *m*; **III** *v/t.* **6.** kapern, (aus)plündern (*a. weitS.*); **7.** a) plagiieren, *bsd.* unerlaubt nachdrucken, b) e-e 'Raubko,pie machen von; **pi·rat·i·cal** [paɪ'rætɪkl] *adj.* ☐ **1.** (see-)räuberisch, Piraten...; **2.** ***~ edition*** Raubdruck *m*.

pi·rogue [pɪ'rəʊg] *s.* *Boot*: Einbaum *m*, Kanu *n*.

pir·ou·ette [,pɪrʊ'et] **I** *s.* *Tanz etc.*: Pirou'ette *f*; **II** *v/i.* pirouettieren.

Pis·ces ['pɪsi:z] *s. pl. ast.* **1.** Fische *pl.*; **2.** *Person*: *ein* Fisch *m*.

pis·ci·cul·ture ['pɪsɪkʌltʃə] *s.* Fischzucht *f*; **pis·ci·cul·tur·ist** [,pɪsɪ'kʌltʃərɪst] *s.* Fischzüchter *m*.

pish [pɪʃ] *int.* **1.** pfui!; **2.** pah!

pi·si·form ['paɪsɪfɔ:m] *adj.* erbsenförmig, Erbsen...

piss [pɪs] *sl.* **I** *v/i.* ‚pissen', ‚pinkeln': ***~ on s.th.*** *fig.* ‚auf et. scheißen'; ***~ off!*** verpiss dich!; **II** *v/t.* ‚be-, anpissen': ***~ the bed*** ins Bett pinkeln; **III** *s.* ‚Pisse' *f*; **piss art·ist** *s.* *Brit.* V **1.** Säufer(in); **2.** ‚Niete' *f*; **3.** Großmaul *n*; **4.** ‚Arsch(loch' *n*) *m*; **pissed** [-st] *adj. sl.* **1.** ‚blau', besoffen; **2.** ***~ off*** ‚(stock)sauer'.

pis·tach·i·o [pɪ'stɑ:ʃɪəʊ] *pl.* **-i·os** *s.* ⚘ Pi'stazie *f*.

piste [pi:st] *s.* (Ski)Piste *f*.

pis·til ['pɪstɪl] *s.* ⚘ Pi'still *n*, Stempel *m*, Griffel *m*; **'pis·til·late** [-lət] *adj.* mit Stempel(n), weiblich (*Blüte*).

pis·tol ['pɪstl] *s.* Pi'stole *f* (*a. phys.*): ***hold a ~ to s.o.'s head*** *fig.* j-m die Pistole auf die Brust setzen; **~ point** *s.*: ***at ~*** mit vorgehaltener Pistole; **~ shot** *s.* **1.** Pi'stolenschuss *m*; **2.** *Am.* Pi'stolenschütze *m*.

pis·ton ['pɪstən] *s.* **1.** ⚙ Kolben *m*: ***~ engine*** Kolbenmotor *m*; **2.** ⚙ (Druck-)Stempel *m*; **~ dis·place·ment** *s.* Kolbenverdrängung *f*, Hubraum *m*; **~ rod** *s.* Kolben-, Pleuelstange *f*; **~ stroke** *s.* Kolbenhub *m*.

pit[1] [pɪt] **I** *s.* **1.** Grube *f* (*a. anat.*): ***refuse ~*** Müllgrube; ***~ of the stomach*** Magengrube; *sl.* ***the ~s*** das Letzte, Mist *m*; **2.** Abgrund *m* (*a. fig.*): (***bottomless***) ***~***, ***~*** (***of hell***) (Abgrund der) Hölle *f*, Höllenschlund *m*; **3.** ⚒ a) (*bsd.* Kohlen)Grube *f*, Zeche *f*, b) (*bsd.* Kohlen)Schacht *m*; **4.** ✓ (Rüben- *etc.*)Miete *f*; **5.** ⚙ a) *Gießerei*: Dammgrube *f*, b) Abstichherd *m*, Schlackengrube *f*; **6.** *thea.* a) *bsd. Brit.* Par'kett *n*, b) Or'chestergraben *m*; **7.** *mot. Sport*: Box *f*: ***~ stop*** Boxenstopp *m*; **8.** ☤ *Am.* Börse *f*, Maklerstand *m*: ***grain ~*** Getreidebörse; **9.** ⚕ (Blattern-, Pocken)Narbe *f*; **10.** ⚙ Rostgrübchen *n*; **II** *v/t.* **11.** Löcher *od.* Vertiefungen bilden in (*dat.*) *od.* graben in (*acc.*); ⚙ an-, zerfressen (*Korrosion*); ⚕ mit Narben bedecken: ***~ted with smallpox*** pockennarbig; **12.** ✓ *Rüben etc.* einmieten; **13.** (***against***) a) *feindlich* gegen'überstellen (*dat.*), b) *j-n* ausspielen (gegen), c) *s-e Kraft etc.* messen (mit), *Argument* ins Feld führen (gegen); **III** *v/i.* **14.** Löcher *od.* Vertiefungen bilden; ⚕ narbig werden; ⚙ sich festfressen (*Kolben*).

pit[2] [pɪt] *Am.* **I** *s.* (Obst)Stein *m*; **II** *v/t.* entsteinen.

pit·a *bsd. Am.* → ***pitta***.

pit-a-pat [,pɪtə'pæt] **I** *adv.* ticktack (*Herz*); klippklapp (*Schritte*); **II** *s.* Getrappel *n*, Getrippel *n*.

pitch[1] [pɪtʃ] **I** *s.* Pech *n*; **II** *v/t.* (ver)pichen, teeren (*a.* ⚓).

pitch[2] [pɪtʃ] **I** *s.* **1.** Wurf *m* (*a. sport*): ***queer s.o.'s ~*** F j-m ‚die Tour vermasseln', j-m e-n Strich durch die Rechnung machen; ***what's the ~?*** *Am. sl.* was ist los?; **2.** ☤ (Waren)Angebot *n*; **3.** ⚓ Stampfen *n*; **4.** Neigung *f*, Gefälle *n* (*Dach etc.*); **5.** ⚙ a) Teilung *f* (*Gewinde, Zahnrad*), b) Schränkung *f* (*Säge*), c) Steigung *f* (*Luftschraube* ✈); **6.** ♪ a) Tonhöhe *f*, b) (*absolute*) Stimmung *e-s Instruments*, c) Nor'malstimmung *f*, Kammerton *m*: ***above ~*** zu hoch; ***have absolute ~*** das absolute Gehör haben; ***sing true to ~*** tonrein singen; **7.** Grad *m*, Stufe *f*, Höhe *f* (*a. fig.*); *fig.* höchster Grad, Gipfel *m*: ***to the highest ~*** aufs Äußerste; **8.** ☤ a) Stand *m e-s Händlers*, b) *sl.* Anpreisung *f*, Verkaufsgespräch *n*, c) *sl.* ‚Platte' *f*, ‚Masche' *f*; **9.** *sport Brit.* Spielfeld *n*; *Kricket*: (Mittel)Feld *n*; **II** *v/t.* **10.** (*gezielt*) werfen (*a. sport*), schleudern; *Golf*: *den Ball* heben (*hoch schlagen*); **11.** *Heu etc.* aufladen, -gabeln; **12.** *Pfosten etc.* einrammen, befestigen; *Zelt, Verkaufsstand etc.* aufschlagen; *Leiter, Stadt etc.* anlegen; **13.** ♪ a) *Instrument* stimmen, b) *Grundton* angeben, c) *Lied etc. in e-r Tonart* anstimmen *od.* singen *od.* spielen: ***high-~ed voice*** hohe Stimme; ***~ one's hopes too high*** *fig.* s-e Hoffnungen zu hoch stecken; ***~ a yarn*** *fig.* ein Garn spinnen; **14.** *fig. Rede etc.* abstimmen (***on*** auf *acc.*), *et.* ausdrücken; **15.** *Straße* beschottern, *Böschung* verpacken; **16.** *Brit. Ware* ausstellen, feilhalten; **17.** ⚔ ***~ed battle*** regelrechte *od.* offene (Feld)Schlacht; **III** *v/i.* **18.** (kopf'über) hinstürzen, -schlagen; **19.** ⚔ (sich) lagern; **20.** ☤ e-n (Verkaufs-)Stand aufschlagen; **21.** ⚓ stampfen (*Schiff*); *fig.* taumeln; **22.** sich neigen (*Dach etc.*); **23.** ***~ in*** F a) sich (tüchtig) ins Zeug legen, loslegen, b) tüchtig ‚zulangen' (*essen*); **24.** ***~ into*** F a) herfallen über *j-n* (*a. fig.*), b) herfallen über *das Essen*, c) sich (mit Schwung) an *die Arbeit* machen; **25.** ***~ on***, ***~ upon*** sich entscheiden für, verfallen auf (*acc.*); **,~-and-'toss** *s.* ‚Kopf oder Schrift' (*Spiel*); **~ an·gle** *s.* ⚙ Steigungswinkel *m*; **,~-'black** *adj.* pechschwarz; **'~-blende** [-blend] *s. min.* (U'ran)Pechblende *f*; **~ cir·cle** *s.* ⚙ Teilkreis *m* (*Zahnrad*); **,~-'dark** *adj.* pechschwarz, stockdunkel (*Nacht*).

pitch·er[1] ['pɪtʃə] *s. sport* Werfer *m*.

pitch·er[2] ['pɪtʃə] *s.* (irdener) Krug (*mit Henkel*).

'pitch|·fork I *s.* **1.** ✓ Heu-, Mistgabel *f*; **2.** ♪ Stimmgabel *f*; **II** *v/t.* **3.** mit der Heugabel werfen; **4.** *fig.* rücksichtslos werfen: ***~ troops into a battle***; **5.** ‚schubsen' (***into*** in *ein Amt etc.*); **~ pine** *s.* ⚘ Pechkiefer *f*; **~ pipe** *s.* ♪ Stimmpfeife *f*.

pitch·y ['pɪtʃɪ] *adj.* **1.** pechartig; **2.** voll Pech; **3.** pechschwarz (*a. fig.*).

pit coal *s.* Schwarz-, Steinkohle *f*.

pit·e·ous ['pɪtɪəs] → ***pitiable*** 1.

'pit·fall *s.* Fallgrube *f*, Falle *f*, *fig. a.* Fallstrick *m*.

pith [pɪθ] *s.* **1.** ⚘, *anat.* Mark *n*; **2.** *a.* ***~ and marrow*** *fig.* Mark *n*, Kern *m*, 'Quintes,senz *f*; **3.** *fig.* Kraft *f*, Präg'nanz *f* (*e-r Rede etc.*); **4.** *fig.* Gewicht *n*, Bedeutung *f*.

'pit·head *s.* ⚒ **1.** Füllort *m*, Schachtöffnung *f*; **2.** Fördergerüst *n*.

pith·e·can·thro·pus [,pɪθɪkæn'θrəʊpəs] *s.* Javamensch *m*.

pith| hat, **~ hel·met** *s.* Tropenhelm *m*.

pith·i·ness ['pɪθɪnɪs] *s.* **1.** *das* Markige,

P

Markigkeit *f*; **2.** *fig.* Kernigkeit *f*, Präg'nanz *f*, Kraft *f*; **pith·less** ['pɪθlɪs] *adj.* marklos; *fig.* kraftlos, schwach; **pith·y** ['pɪθɪ] *adj.* □ **1.** mark(art)ig; **2.** *fig.* markig, kernig, präg'nant.

pit·i·a·ble ['pɪtɪəbl] *adj.* □ **1.** Mitleid erregend, bedauernswert; *a. contp.* erbärmlich, jämmerlich, elend, kläglich; **2.** *contp.* armselig, dürftig; '**pit·i·ful** [-fʊl] *adj.* □ **1.** mitleidig, mitleidsvoll; **2.** → ***pitiable***; '**pit·i·less** [-lɪs] *adj.* □ **1.** unbarmherzig; **2.** erbarmungslos, mitleidlos.

'**pit|·man** [-mən] *s.* [*irr.*] Bergmann *m*, Knappe *m*, Grubenarbeiter *m*; ~ **prop** *s.* ⚒ (Gruben)Stempel *m*; *pl.* Grubenholz *n*; ~ **saw** *s.* ⚙ Schrot-, Längensäge *f*.

pit·ta ['pɪtə] *s. a.* ~ ***bread*** Fladenbrot *n*.

pit·tance ['pɪtəns] *s.* **1.** Hungerlohn *m*, ‚paar Pfennige' *pl.*; **2.** (kleines) bisschen: ***the small ~ of learning*** das kümmerliche Wissen.

pit·ting ['pɪtɪŋ] *s. metall.* Körnung *f*, Lochfraß *m*, 'Grübchenkorrosi,on *f*.

pi·tu·i·tar·y [pɪ'tjuːɪtərɪ] *physiol.* **I** *adj.* pitui'tär, Schleim absondernd, Schleim...; **II** *s. a.* ~ ***gland*** Hirnanhang(drüse *f*) *m*, Hypo'physe *f*.

pit·y ['pɪtɪ] **I** *s.* **1.** Mitleid *n*, Erbarmen *n*: ***feel ~ for, have*** (*od.* ***take***) ~ ***on*** Mitleid haben mit; ***for ~'s sake!*** um Himmels willen!; **2.** Jammer *m*: ***it is a*** (***great***) ~ es ist (sehr) schade; ***what a ~!*** wie schade!; ***it is a thousand pities*** es ist jammerschade; ***the ~ of it is that*** es ist ein Jammer, dass; **II** *v/t.* **3.** bemitleiden, bedauern, Mitleid haben mit: ***I ~ him*** er tut mir Leid; **pit·y·ing** ['pɪtɪɪŋ] *adj.* □ mitleidig.

piv·ot ['pɪvət] **I** *s.* **1.** a) (Dreh)Punkt *m*, b) (Dreh)Zapfen *m*: ~ ***bearing*** Zapfenlager, c) Stift *m*, d) Spindel *f*; **2.** (Tür-)Angel *f*; **3.** ⚔ stehender Flügel(mann), Schwenkungspunkt *m*; **4.** *fig.* a) Dreh-, Angelpunkt *m*, b) → ***pivot man***, c) *Fußball*: 'Schaltstati,on *f* (*Spieler*); **II** *v/t.* **5.** ⚙ a) mit Zapfen *etc.* versehen, b) drehbar lagern, c) (ein)schwenken; **III** *v/i.* **6.** sich drehen (***upon***, ***on*** um) (*a. fig.*); ⚔ schwenken; '**piv·ot·al** [-tl] *adj.* **1.** Zapfen..., Angel...: ~ ***point*** Angelpunkt *m*; **2.** *fig.* zen'tral, Kardinal...: ***a ~ question***.

piv·ot| bolt *s.* Drehbolzen *m*; ~ **bridge** *s.* Drehbrücke *f*; ~ **man** [mən] *s.* [*irr.*] *fig.* 'Schlüsselfi,gur *f*; '~-,**mount·ed** *adj.* schwenkbar; ~ **tooth** *s.* [*irr.*] ⚕ Stiftzahn *m*.

pix·el ['pɪksl] *s. TV, Computer*: Pixel *n*, Bildpunkt *m*.

pix·ie → ***pixy***.

pix·i·lat·ed ['pɪksɪleɪtɪd] *adj. Am.* F **1.** ‚verdreht', leicht verrückt; **2.** ‚blau' (*betrunken*).

pix·y ['pɪksɪ] *s.* Fee *f*, Elf *m*, Kobold *m*.

pi·zazz, **piz·zazz** [pɪ'zæz] *s.* **1.** *Mode etc.*: ‚Pfiff' *m*, Ele'ganz *f*, Flair *n*; **2.** E'lan *m*, Ener'gie *f*.

piz·zle ['pɪzl] *s.* **1.** *zo.* Fiesel *m*; **2.** Ochsenziemer *m*.

pla·ca·ble ['plækəbl] *adj.* □ versöhnlich, nachgiebig.

plac·ard ['plækɑːd] **I** *s.* **1.** a) Pla'kat *n*, b) Transpa'rent *n*; **II** *v/t.* **2.** mit Pla'katen bekleben; **3.** durch Pla'kate bekannt geben, anschlagen.

pla·cate [plə'keɪt] *v/t.* beschwichtigen, besänftigen, versöhnlich stimmen.

place [pleɪs] **I** *s.* **1.** Ort *m*, Stelle *f*, Platz *m*: ***from ~ to ~*** von Ort zu Ort; ***in ~*** am Platze (*a. fig. angebracht*); ***in ~s*** stellenweise; ***in ~ of*** anstelle (*gen.*), anstatt (*gen.*); ***out of ~*** *fig.* fehl am Platz, unangebracht; ***take ~*** stattfinden; ***take s.o.'s ~*** j-s Stelle einnehmen; ***take the ~ of*** ersetzen, an die Stelle treten von; ***if I were in your ~*** an Ihrer Stelle (*würde ich ...*); ***put yourself in my ~*** versetzen Sie sich in meine Lage; **2.** Ort *m*, Stätte *f*: ~ ***of amusement*** Vergnügungsstätte; ~ ***of birth*** Geburtsort; ~ ***of business*** ✝ Geschäftssitz *m*; ~ ***of delivery*** ✝ Erfüllungsort; ~ ***of jurisdiction*** Gerichtsstand *m*; ~ ***of worship*** Gotteshaus *n*, Kultstätte *f*; ***from this ~*** ✝ ab hier; ***in*** (*od.* ***of***) ***your ~*** ✝ dort; ***go ~s*** *Am.* a) ‚groß ausgehen', b) die Sehenswürdigkeiten *e-s Ortes* ansehen, c) *fig.* es weit bringen (*im Leben*); **3.** Wohnsitz *m*; F Wohnung *f*, Haus *n*: ***at his ~*** bei ihm (zu Hause); **4.** Wohnort *m*; Ort(schaft *f*) *m*, Stadt *f*, Dorf *n*: ***in this ~*** hier; **5.** ⚓ Platz *m*, Hafen *m*: ~ ***for tran(s)shipment*** Umschlagplatz; **6.** ⚔ Festung *f*; **7.** F Gaststätte *f*, Lo'kal *n*; **8.** (Sitz)Platz *m*; **9.** *fig.* Platz *m* (*in e-r Reihenfolge*; *a. sport*), Stelle *f* (*a. in e-m Buch*): ***in the first ~*** a) an erster Stelle, erstens, b) zuerst, von vornherein, c) in erster Linie, d) überhaupt (erst); ***in third ~*** *sport* auf dem dritten Platz; **10.** A (Dezi'mal)Stelle *f*; **11.** Raum *m* (*a. fig.*, *a. für Zweifel etc.*); **12.** *thea.* Ort *m* (der Handlung); **13.** (An)Stellung *f*, (Arbeits)Stelle *f*: ***out of ~*** stellenlos; **14.** Dienst *m*, Amt *n*: ***it is not my ~*** *fig.* es ist nicht meines Amtes; **15.** (sozi'ale) Stellung, Rang *m*, Stand *m*: ***keep s.o. in his ~*** j-n in s-n Schranken *od.* Grenzen halten; ***know one's ~*** wissen, wohin man gehört; ***put s.o. in his ~*** j-n in s-e Schranken weisen; **16.** *univ.* (Studien)Platz *m*; **II** *v/t.* **17.** stellen, setzen, legen (*a. fig.*); *teleph. Gespräch* anmelden; → ***disposal*** 3; **18.** ⚔ *Posten* aufstellen, (***o.s.*** sich) postieren; **19.** *j-n* an-, einstellen; ernennen, in ein Amt einsetzen; **20.** *j-n* 'unterbringen (*a. Kind*), *j-m* Arbeit *od.* e-e Anstellung verschaffen; **21.** ✝ *Anleihe*, *Kapital* 'unterbringen; *Auftrag* erteilen *od.* vergeben; *Bestellung* aufgeben; *Vertrag* abschließen; → ***account*** 5, ***credit*** 1; **22.** ✝ *Ware* absetzen; **23.** (der Lage nach) näher bestimmen; *fig. j-n* ,'unterbringen' (*identifizieren*): ***I can't ~ him*** ich weiß nicht, wo ich ihn ‚unterbringen' *od.* ‚hintun' soll; **24.** *sport* platzieren: ***be ~d*** unter den ersten drei sein, sich platzieren; ~ ***bet*** *s. Rennsport*: Platzwette *f*.

pla·ce·bo [plə'siːbəʊ] *pl.* **-bos** *s.* **1.** ⚕ Pla'cebo *n*, 'Blindpräpa,rat *n*; **2.** *fig.* Beruhigungspille *f*.

place| card *s.* Platz-, Tischkarte *f*; ~ **hunt·er** *s.* Pöstchenjäger *m*; ~ **hunt·ing** *s.* Pöstchenjäge'rei *f*; ~ **kick** *s. sport* a) *Fußball*: Stoß *m* auf den ruhenden Ball (*Freistoß etc.*), b) *Rugby*: Platztritt *m*; '~·**man** [-mən] *s.* [*irr.*] *pol. contp.* ‚Pöstcheninhaber' *m*, ‚'Futterkrippenpo,litiker' *m*; ~ **mat** *s.* Set *n*, Platzdeckchen *n*.

place·ment ['pleɪsmənt] *s.* **1.** (Hin-, Auf)Stellen *n*, Platzieren *n*; **2.** a) Einstellung *f e-s Arbeitnehmers*, b) Vermittlung *f e-s Arbeitsplatzes*, c) 'Unterbringung *f von Arbeitskräften*, *Waisen*; **3.** Stellung *f*, Lage *f*; Anordnung *f*; **4.** ✝ a) Anlage *f*, 'Unterbringung *f von Kapital*, b) Vergabe *f von Aufträgen*; **5.** *ped. Am.* Einstufung *f*.

place name *s.* Ortsname *m*.

pla·cen·ta [plə'sentə] *pl.* **-tae** [-tiː] *s.* **1.** *anat.* Pla'zenta *f*, Mutterkuchen *m*; **2.** ♀ Samenleiste *f*.

plac·er ['plæsə] *s. min.* **1.** *bsd. Am.* (*Gold- etc.*)Seife *f*; **2.** seifengold- *od.* erzseifenhaltige Stelle; ~ **gold** *s.* Seifen-, Waschgold *n*; ~ **min·ing** *s.* Goldwaschen *n*.

pla·cet ['pleɪset] (*Lat.*) *s.* Plazet *n*, Zustimmung *f*, Ja *n*.

plac·id ['plæsɪd] *adj.* □ **1.** (seelen)ruhig, ‚gemütlich'; **2.** mild, sanft; **3.** selbstgefällig; **pla·cid·i·ty** [plæ'sɪdətɪ] *s.* Milde *f*, Gelassenheit *f*, (Seelen)Ruhe *f*.

plack·et ['plækɪt] *s. Mode*: a) Schlitz *m an Frauenkleid*, b) Tasche *f*.

pla·gi·a·rism ['pleɪdʒjərɪzəm] *s.* Plagi'at *n*; '**pla·gi·a·rist** [-ɪst] *s.* Plagi'ator *m*; '**pla·gi·a·rize** [-raɪz] **I** *v/t.* plagiieren, abschreiben; **II** *v/i.* ein Plagi'at begehen.

plague [pleɪg] **I** *s.* **1.** ⚕ Seuche *f*, Pest *f*: ***avoid like the ~*** *fig.* wie die Pest meiden; **2.** *bsd. fig.* Plage *f*, Heimsuchung *f*, Geißel *f*: ***the ten ~s*** *bibl.* die Zehn Plagen; ***a ~ on it!*** zum Henker damit!; **3.** *fig.* F a) Plage *f*, b) Quälgeist *m* (*Mensch*); **II** *v/t.* **4.** plagen, quälen; **5.** F belästigen, peinigen; **6.** *fig.* heimsuchen; ~ **spot** *s. mst fig.* Pestbeule *f*.

plaice [pleɪs] *pl. coll.* **plaice** *s. ichth.* Scholle *f*.

plaid [plæd] **I** *s.* schottisches Plaid(tuch); **II** *adj.* bunt kariert.

plain [pleɪn] **I** *adj.* □ **1.** einfach, schlicht: ~ ***clothes*** Zivil(kleidung *f*) *n*; ~***-clothes man*** Kriminalbeamte(r) *m od.* Polizist *m* in Zivil; ~ ***cooking*** bürgerliche Küche; ~ ***fare*** Hausmannskost *f*; ~ ***paper*** unliniertes Papier; ~ ***postcard*** gewöhnliche Postkarte; **2.** schlicht, schmucklos, kahl (*Zimmer etc.*); ungemustert, einfarbig (*Stoff*): ~ ***knitting*** Rechts-, Glattstrickerei *f*; ~ ***sewing*** Weißnäherei *f*; **3.** unscheinbar, reizlos, hausbacken (*Gesicht*, *Mädchen etc.*); **4.** klar, leicht verständlich: ***in ~ language*** *tel.* im Klartext (*a. fig.*), offen; **5.** klar, offenbar, -kundig (*Irrtum etc.*); **6.** klar (und deutlich), unmissverständlich, 'unum,wunden: ~ ***talk***; ***the ~ truth*** die nackte Wahrheit; **7.** offen, ehrlich: ~ ***dealing*** ehrliche Handlungsweise; **8.** pur, unverdünnt (*Getränk*); *fig.* bar, rein (*Unsinn etc.*): ~ ***folly*** heller Wahnsinn; **9.** *bsd. Am.* flach; ⚙ glatt: ~ ***country*** *Am.* Flachland *n*; ~ ***roll*** ⚙ Glattwalze *f*; ~ ***bearing*** Gleitlager *n*; ~ ***fit*** ⚙ Schlichtsitz *m*; *fig.* → ***sailing*** 1; **10.** ohne Filter (*Zigarette*); **II** *adv.* **11.** klar, deutlich; **III** *s.* **12.** Ebene *f*, Fläche *f*; Flachland *n*; *pl. bsd. Am.* Prä'rie *f*; '**plain·ness** [-nɪs] *s.* **1.** Einfachheit *f*, Schlichtheit *f*; **2.** Deutlichkeit *f*, Klarheit *f*; **3.** Offenheit *f*, Ehrlichkeit *f*; **4.** Reizlosigkeit *f* (*e-r Frau etc.*); ,**plain-'spo·ken** *adj.* offen, freimütig: ***he is a ~ man*** er nimmt (sich) kein Blatt vor den Mund.

plaint [pleɪnt] *s.* **1.** Beschwerde *f*, Klage *f*; **2.** ⚖ (An)Klage(schrift) *f*; '**plain·tiff** [-tɪf] *s.* ⚖ (Zi'vil)Kläger(in): ***party ~*** klagende Partei; '**plain·tive** [-tɪv] *adj.* □ traurig, kläglich; wehleidig (*Stimme*); Klage...: ~ ***song***.

plait [plæt] **I** *s.* **1.** Zopf *m*, Flechte *f*; (Haar-, Stroh)Geflecht *n*; **2.** Falte *f*; **II** *v/t.* **3.** *Haar*, *Matte etc.* flechten; **4.** verflechten.

plan [plæn] **I** *s.* **1.** (Spiel-, Wirtschafts-,

P

Arbeits)Plan *m*, Entwurf *m*, Pro'jekt *n*, Vorhaben *n*: **~ of action** Schlachtplan (*a. fig.*); **according to ~** planmäßig; **make ~s (for the future)** (Zukunfts-) Pläne schmieden; **2.** (Lage-, Stadt-) Plan *m*: **general ~** Übersichtsplan; **3.** ⚙ (Grund)Riss *m*: **~ view** Draufsicht *f*; **II** *v/t.* **4.** planen, entwerfen, e-n Plan entwerfen für *od.* zu: **~ ahead** (*a. v/i.*) vorausplanen; **~ning board** Planungsamt *n*; **5.** *fig.* planen, beabsichtigen.

plane¹ [pleɪn] *s.* ⚘ Pla'tane *f*.

plane² [pleɪn] **I** *adj.* **1.** flach, eben; ⚙ plan; **2.** ♈ eben: **~ figure**; **~ curve** einfach gekrümmte Kurve; **II** *s.* **3.** Ebene *f*, (ebene) Fläche: **~ of refraction** *phys.* Brechungsebene; **on the upward ~** *fig.* im Anstieg; **4.** *fig.* Ebene *f*, Stufe *f*, Ni'veau *n*, Bereich *m*: **on the same ~ as** auf dem gleichen Niveau wie; **5.** ⚙ Hobel *m*; **6.** ⚒ Förderstrecke *f*; **7.** ✈ a) Tragfläche *f*: **elevating (depressing) ~s** Höhen-(Flächen)steuer *n*, b) Flugzeug *n*; **III** *v/t.* **8.** (ein)ebnen, planieren, ⚙ *a.* schlichten, *Bleche* abrichten; **9.** (ab)hobeln; **10.** *typ.* bestoßen; **IV.** *v/i.* **11.** ✈ gleiten; fliegen; **'plan·er** [-nə] *s.* **1.** ⚙ 'Hobel(maˌschine *f*) *m*; **2.** *typ.* Klopfholz *n*.

plane sail·ing *s.* ⚓ Plansegeln *n*.

plan·et ['plænɪt] *s. ast.* Pla'net *m*.

plane ta·ble *s. surv.* Messtisch *m*: **~ map** Messtischblatt *n*.

plan·e·tar·i·um [ˌplænɪ'teərɪəm] *s.* Plane'tarium *n*; **plan·e·tar·y** ['plænɪtərɪ] *adj.* **1.** *ast.* plane'tarisch, Planeten...; **2.** *fig.* um'herirrend; **3.** ⚙ Planeten...: **~ gear** Planetengetriebe *n*; **~ wheel** Umlaufrad *n*; **plan·et·oid** ['plænɪtɔɪd] *s. ast.* Planeto'id *m*.

plane tree → ***plane¹***.

pla·nim·e·ter [plæ'nɪmɪtə] *s.* ⚙ Plani'meter *n*, Flächenmesser *m*; **pla'nim·e·try** [-trɪ] *s.* Planime'trie *f*.

plan·ish ['plænɪʃ] ⚙ *v/t.* **1.** glätten, (ab-) schlichten, planieren; **2.** *Holz* glatt hobeln; **3.** *Metall* glatt hämmern; polieren.

plank [plæŋk] **I** *s.* **1.** (*a.* Schiffs)Planke *f*, Bohle *f*, (Fußboden)Diele *f*, Brett *n*: **~ flooring** Bohlenbelag *m*; **walk the ~** a) ⚓ *hist.* ertränkt werden, b) *fig. pol. etc.* ‚abgeschossen' werden; **2.** *pol. bsd. Am.* (Pro'gramm)Punkt *m e-r Partei*; **3.** ⚒ Schwarte *f*; **II** *v/t.* **4.** mit Planken *etc.* belegen, beplanken, dielen; **5.** verschalen, ⚒ verzimmern; **6.** *Speise* auf e-m Brett servieren; **7. ~ down** (*od.* **out**) F *Geld* auf den Tisch legen, hinlegen, ‚blechen'; **~ bed** *s.* (Holz)Pritsche *f* (*im Gefängnis etc.*).

plank·ing ['plæŋkɪŋ] *s.* Beplankung *f*, (Holz)Verschalung *f*, Bohlenbelag *m*; *coll.* Planken *pl.*

plank·ton ['plæŋktən] *s. zo.* Plankton *n*.

plan·less ['plænlɪs] *adj.* planlos; **'plan·ning** [-nɪŋ] *s.* **1.** Planen *n*, Planung *f*; **2.** ✝ Bewirtschaftung *f*, Planwirtschaft *f*.

pla·no-con·cave [ˌpleɪnəʊ'kɒnkeɪv] *adj. phys.* 'plankonˌkav (*Linse*).

plant [plɑːnt] **I** *s.* **1.** a) Pflanze *f*, Gewächs *n*, b) Setz-, Steckling *m*: **in ~** im Wachstum befindlich; **2.** ⚙ (Betriebs-, Fa'brik)Anlage *f*, Werk *n*, Fa'brik *f*, (Fabrikati'ons)Betrieb *m*: **~ engineer** Betriebsingenieur *m*; **3.** ⚙ (Ma'schinen)Anlage *f*, Aggre'gat *n*; Appara'tur *f*; **4.** (Be'triebs)Materiˌal *n*, Betriebseinrichtung *f*, Inven'tar *n*: **~ equipment** Werksausrüstung *f*; **5.** *sl.* a) *et.* Eingeschmuggeltes, Schwindel *m*, (*a.* Poli'zei)Falle *f*, b) (Poli'zei)Spitzel *m*; **II** *v/t.* **6.** (ein-, an)pflanzen: **~ out** aus-, um-, verpflanzen; **7.** *Land* a) bepflanzen, b) besiedeln, kolonisieren; **8.** *Kolonisten* ansiedeln; **9.** *Garten etc.* anlegen; *et.* errichten; *Kolonie etc.* gründen; **10.** *fig.* (**o.s.** sich) *wo* aufpflanzen, (auf-) stellen, postieren; **11.** *Faust, Fuß wohin* setzen, ‚pflanzen'; **12.** *fig. Ideen etc.* (ein)pflanzen, einimpfen; **13.** *sl. Schlag* ‚landen', ‚verpassen'; *Schuss* setzen, knallen; **14.** *Spitzel* einschleusen; **15.** *sl. Belastendes etc.* (ein)schmuggeln, ‚deponieren': **~ s.th. on** *j-m et.* ‚unterschieben'; **16.** *j-n* im Stich lassen.

plan·tain¹ ['plæntɪn] *s.* ⚘ Wegerich *m*.

plan·tain² ['plæntɪn] *s.* ⚘ **1.** Pi'sang *m*; **2.** Ba'nane *f* (*Frucht*).

plan·ta·tion [plæn'teɪʃn] *s.* **1.** Pflanzung *f* (*a. fig.*), Plan'tage *f*; **2.** (Wald)Schonung *f*; **3.** *hist.* Ansiedlung *f*, Kolo'nie *f*.

plant·er ['plɑːntə] *s.* **1.** Pflanzer *m*, Plan'tagenbesitzer *m*; **2.** *hist.* Siedler *m*; **3.** 'Pflanzmaˌschine *f*.

plan·ti·grade ['plæntɪgreɪd] *zo.* **I** *adj.* auf den Fußsohlen gehend; **II** *s.* Sohlengänger *m* (*Bär etc.*).

plant louse *s.* [*irr.*] *zo.* Blattlaus *f*.

plaque [plɑːk] *s.* **1.** (Schmuck)Platte *f*; **2.** A'graffe *f*, (Ordens)Schnalle *f*, Spange *f*; **3.** Gedenktafel *f*; **4.** (Namens-) Schild *n*; **5.** ⚕ Fleck *m*: **dental ~** Zahnbelag *m*.

plash¹ [plæʃ] *v/t. u. v/i.* (Zweige) zu e-r Hecke verflechten.

plash² [plæʃ] **I** *v/i.* **1.** platschen, plätschern (*Wasser*); *im Wasser* plan(t)schen; **II** *v/t.* **2.** platschen *od.* klatschen auf (*acc.*): **~!** platsch!; **III** *s.* **3.** Platschen *n*, Plätschern *n*, Spritzen *n*; **4.** Pfütze *f*, Lache *f*; **'plash·y** [-ʃɪ] *adj.* **1.** plätschernd, klatschend, spritzend; **2.** voller Pfützen, matschig, feucht.

plasm ['plæzəm], **'plas·ma** [-zmə] *s.* **1.** *biol.* ('Milch-, 'Blut-, 'Muskel)ˌPlasma *n*; **2.** *biol.* Proto'plasma *n*; **3.** *min.*, *phys.* 'Plasma *n*; **plas·mat·ic** [plæz'mætɪk], **'plas·mic** [-zmɪk] *adj. biol.* plas'matisch, Plasma...

plas·ter ['plɑːstə] **I** *s.* **1.** *pharm.* (Heft-, Senf)Pflaster *n*; **2.** a) Gips *m* (*a.* ⚕), b) ⚙ Mörtel *m*, Verputz *m*, Bewurf *m*, Tünche *f*: **~ cast** a) Gipsabdruck *m*, b) ⚕ Gipsverband *m*; **3.** *mst* **~ of Paris** a) (gebrannter) Gips (*a.* ⚕), b) Stuck *m*, Gips(mörtel) *m*; **II** *v/t.* **4.** ⚙ (ver)gipsen, (über)'tünchen, verputzen; **5.** bepflastern (*a. fig. mit Plakaten, Steinwürfen etc.*); **6.** *fig.* über'schütten (**with** mit *Lob etc.*); **7. be ~ed** *sl.* ‚besoffen' sein; **'plas·ter·er** [-ərə] *s.* Stucka'teur *m*; **'plas·ter·ing** [-ərɪŋ] *s.* **1.** Verputz *m*, Bewurf *m*; **2.** Stuck *m*; **3.** Gipsen *n*; **4.** Stucka'tur *f*.

plas·tic ['plæstɪk] **I** *adj.* (□ **~ally**) **1.** plastisch: **~ art** bildende Kunst, Plastik *f*; **2.** formgebend, gestaltend; **3.** ⚙ (ver)formbar, knetbar, plastisch: **~ clay** bildfähiger Ton; **4.** Kunststoff...: **~ bag** Plastikbeutel *m*, -tüte *f*; (**synthetic**) **~ material** → 9; **5.** ⚕ plastisch: **~ surgery**; **~ surgeon** Facharzt *m* für plastische Chirurgie; **6.** *fig.* plastisch, anschaulich; **7.** *fig.* formbar (*Geist*); **8. ~ bomb** Plastikbombe *f*; **II** *s.* **9.** ⚙ (Kunstharz)Pressstoff *m*, Plastik-, Kunststoff *m*; **'plas·ti·cine** [-ɪsiːn] *s.* Plasti'lin *n*, Knetmasse *f*; **plas·tic·i·ty** [plæ'stɪsətɪ] *s.* Plastizi'tät *f* (*a. fig. Bildhaftigkeit*), (Ver)Formbarkeit *f*; **'plas·ti·ciz·er** [-ɪsaɪzə] *s.* ⚙ Weichmacher *m*.

plat [plæt] → ***plait***, ***plot*** 1.

plate [pleɪt] **I** *s.* **1.** *allg.* Platte *f* (*a. phot.*); (Me'tall)Schild *n*, Tafel *f*; (Namen-, Firmen-, Tür)Schild *n*; **2.** *paint.* (Kupfer- *etc.*)Stich *m*; *weitS.* Holzschnitt *m*: **etched ~** Radierung *f*; **3.** (Bild)Tafel *f* (*Buch*); **4.** (Ess-, *eccl.* Kol'lekten)Teller *m*; Platte *f* (*a. Gang e-r Mahlzeit*); *coll.* (Gold-, Silber-, Tafel-) Geschirr *n od.* (-)Besteck *n*: **German ~** Neusilber *n*; **have a lot on one's ~** F viel am Hals haben; **hand s.o. s.th. on a ~** *j-m et.* ‚auf dem Tablett servieren'; **5.** ⚙ (Glas-, Me'tall)Platte *f*; Scheibe *f*, La'melle *f* (*Kupplung etc.*); Deckel *m*; **6.** ⚙ Grobblech *n*; Blechtafel *f*; **7.** ⚡ *Radio*: A'node *f e-r Röhre*; Platte *f*, Elek'trode *f e-s Kondensators*; **8.** *typ.* (Druck-, Stereo'typ)Platte *f*; **9.** Po'kal *m*, Preis *m beim Rennen*; **10.** *Am. Baseball*: (Schlag)Mal *n*; **11.** *a.* **dental ~** a) (Gaumen)Platte *f*, b) *weitS.* (künstliches) Gebiss; **12.** *Am. sl.* a) ('hyper)eleˌgante Per'son, b) ‚tolle Frau'; **13.** *pl. sl.* ‚Plattfüße' *pl.* (*Füße*); **II** *v/t.* **14.** mit Platten belegen; ⚔, ⚓ panzern, blenden; **15.** plattieren, (mit Me'tall) über'ziehen; **16.** *typ.* a) stereotypieren, b) *Typendruck*: in Platten formen; **~ ar·mo(u)r** *s.* ⚓, ⚙ Plattenpanzer(ung *f*) *m*.

pla·teau ['plætəʊ] *pl.* **-teaux**, **teaus** [-z] (*Fr.*) *s.* Pla'teau *n* (*a. fig. psych. etc.*), Hochebene *f*.

plate cir·cuit *s.* ⚡ An'odenkreis *m*.

plat·ed ['pleɪtɪd] *adj.* ⚙ plattiert, me'tallüberˌzogen, versilbert, -goldet, dubliert; **'plate·ful** [-fʊl] *pl.* **-fuls** *s. ein* Teller *m* (voll).

plate| glass *s.* Scheiben-, Spiegelglas *n*; **'~ˌhold·er** *s. phot.* ('Platten)Kasˌsette *f*; **'~ˌlay·er** *s.* 🚆 Streckenarbeiter *m*; **'~mark** → ***hallmark***.

plat·en ['plætən] *s.* **1.** *typ.* Drucktiegel *m*, Platte *f*: **~ press** Tiegeldruckpresse *f*; **2.** ('Schreibmaˌschinen)Walze *f*; **3.** 'Druckzyˌlinder *m* (*Rotationsmaschine*).

plat·er ['pleɪtə] *s.* **1.** ⚙ Plattierer *m*; **2.** (minderwertiges) Rennpferd.

plate| shears *s. pl.* Blechschere *f*; **~ spring** *s.* ⚙ Blattfeder *f*.

plat·form ['plætfɔːm] *s.* **1.** Plattform *f* (*a. Computerhardware od. -software*), ('Redner)Triˌbüne *f*, Podium *n*; **2.** ⚙ Rampe *f*; (Lauf-, Steuer)Bühne *f*: **lifting ~** Hebebühne *f*; **3.** Treppenabsatz *m*; **4.** *geogr.* a) Hochebene *f*, b) Ter'rasse *f* (*a. engS.*); **5.** 🚆 a) Bahnsteig *m*, b) Plattform *f am Wagenende*); **6.** ⚔ Bettung *f e-s Geschützes*; **7.** *a.* **~ sole** Pla'teausohle *f*, b) *pl.*, *a.* **~ shoes** Schuhe *pl.* mit Plateausohle; **8.** *fig.* öffentliches Forum, Podiumsgespräch *n*; **9.** *pol.* Par'teiproˌgramm *n*, Plattform *f*; *bsd. Am.* program'matische Wahlerklärung; **~ car** *bsd. Am.* → ***flatcar***; **~ scale** *s.* ⚙ Brückenwaage *f*; **~ tick·et** *s.* Bahnsteigkarte *f*.

plat·ing ['pleɪtɪŋ] *s.* **1.** Panzerung *f*; **2.** ⚙ Beplattung *f*, Me'tallˌauflage *f*, Verkleidung *f* (*mit Metallplatten*); **3.** Plattieren *n*, Versilberung *f*.

pla·tin·ic [plə'tɪnɪk] *adj.* Platin...: **~ acid** ⚗ Platinchlorid *n*; **plat·i·nize** ['plætɪnaɪz] *v/t.* **1.** ⚙ platinieren, mit Platin über'ziehen; **2.** ⚗ mit Platin verbinden; **plat·i·num** ['plætɪnəm] *s.* Platin *n*: **~ blonde** F Platinblondine *f*.

plat·i·tude ['plætɪtjuːd] *s. fig.* Plattheit *f*, Gemeinplatz *m*, Platti'tüde *f*; **plat·i·tu·di·nar·i·an** ['plætɪˌtjuːdɪ'neərɪən] *s.*

P

Phrasendrescher *m*, Schwätzer *m*; **plat·i·tu·di·nize** [ˌplætɪˈtjuːdɪnaɪz] *v/i.* sich in Gemeinplätzen ergehen, quatschen; **plat·i·tu·di·nous** [ˌplætɪˈtjuːdɪnəs] *adj.* □ platt, seicht, phrasenhaft.

Pla·ton·ic [pləˈtɒnɪk] *adj.* (□ ***~ally***) pla'tonisch.

pla·toon [pləˈtuːn] *s.* **1.** ⚔ Zug *m* (*Kompanieabteilung*): ***in*** (*od.* ***by***) ***~s*** zugweise; **2.** Poli'zeiaufgebot *n*.

plat·ter [ˈplætə] *s.* **1.** (Servier)Platte *f*: ***hand s.o. s.th. on a ~*** *fig.* F j-m et. ‚auf e-m Tablett servieren'; **2.** *Am. sl.* Schallplatte *f*.

plat·y·pus [ˈplætɪpəs] *pl.* **-pus·es** *s. zo.* Schnabeltier *n*.

plat·y(r)·rhine [ˈplætɪraɪn] *zo.* **I** *adj.* breitnasig; **II** *s.* Breitnase *f* (*Affe*).

plau·dit [ˈplɔːdɪt] *s. mst pl.* lauter Beifall, Ap'plaus *m*.

plau·si·bil·i·ty [ˌplɔːzəˈbɪlətɪ] *s.* **1.** Glaubwürdigkeit *f*, Wahr'scheinlichkeit *f*; **2.** gefälliges Äußeres, einnehmendes Wesen; **3.** *Computer*: ˌPlausibili'tät *f*; **plau·si·ble** [ˈplɔːzəbl] *adj.* □ **1.** glaubhaft, einleuchtend, annehmbar, plau'sibel; **2.** einnehmend, gewinnend (*Äußeres*); **3.** glaubwürdig.

play [pleɪ] **I** *s.* **1.** (Glücks-, Wett-, Unter'haltungs)Spiel *n* (*a. sport*): ***be at ~*** a) spielen, b) *Kartenspiel*: am Ausspielen sein, c) *Schach*: am Zuge sein; ***it is your ~*** Sie sind am Spiel; ***in*** (***out of***) ***~*** *sport*: (noch) im Spiel (im Aus) (*Ball*); ***lose money at ~*** Geld verwetten; **2.** Spiel(weise *f*) *n*: ***that was pretty ~*** das war gut (gespielt); → ***fair***[1] 9, ***foul play***; **3.** Spiele'rei *f*, Kurzweil *f*, *a.* Liebesspiel(e *pl.*) *n*: ***a ~ of words*** ein Spiel mit Worten; ***a ~ (up)on words*** ein Wortspiel; ***in ~*** im Scherz; **4.** *thea.* (Schau)Spiel *n*, (The'ater)Stück *n*: ***at the ~*** im Theater; ***go to the ~*** ins Theater gehen; ***as good as a ~*** äußerst amüsant *od.* interessant; **5.** Spiel *n*, Vortrag *m*; **6.** *fig.* Spiel *n des Lichtes auf Wasser etc.*, spielerische Bewegung, (*Muskel- etc.*)Spiel *n*: ***~ of colo(u)rs*** Farbenspiel; **7.** Bewegung *f*, Gang *m*: ***bring into ~*** a) in Gang bringen, b) ins Spiel *od.* zur Anwendung bringen; ***come into ~*** ins Spiel kommen; ***make ~*** a) Wirkung haben, b) s-n Zweck erfüllen; ***make ~ with*** zur Geltung bringen, sich brüsten mit; ***make a ~ for*** *Am. sl. e-m Mädchen* den Kopf verdrehen wollen; **8.** Spielraum *m* (*a. fig.*); ⚙ *mst* Spiel *n*: ***allow*** (*od.* ***give***) ***full*** (*od.* ***free***) ***~ to*** *e-r Sache*, *s-r Fantasie etc.* freien Lauf lassen; **II** *v/i.* **9.** a) spielen (*a. sport*, *thea. u. fig.*) (***for*** um *Geld etc.*), b) mitspielen (*a. fig. mitmachen*): ***~ at*** a) *Ball*, *Karten etc.* spielen, b) *fig.* sich nur so nebenbei mit *et.* beschäftigen; ***~ at business*** ein bisschen in Geschäften machen; ***~ for time*** a) Zeit zu gewinnen suchen, b) *sport*: auf Zeit spielen; ***~ into s.o.'s hands*** j-m in die Hände spielen; ***~ (up)on*** a) ♪ auf *einem Instrument* spielen, b) mit *Worten* spielen, c) *fig. j-s Schwächen* ausnutzen; ***~ with*** spielen mit (*a. fig. e-m Gedanken*; *a. leichtfertig umgehen mit*; *a. engS. herumfingern an*); ***~ safe*** ‚auf Nummer sicher' gehen; ***~!*** *Tennis etc.*: bitte! (= *fertig*); → ***fair***[1] 15, ***false*** II, ***fast***[2] 3, ***gallery*** 2; **10.** a) *Kartenspiel*: ausspielen, b) *Schach*: am Zug sein, ziehen; **11.** a) ‚her'umspielen', sich amüsieren, b) Unsinn treiben, c) scherzen; **12.** a) sich tummeln, b) flattern, gaukeln, c) spielen (*Lächeln*, *Licht etc.*) (***on*** auf *dat.*), d) schillern (*Farbe*), e) in Tätigkeit sein (*Springbrunnen*); **13.** a) schießen, b) spritzen, c) strahlen, streichen: ***~ on*** gerichtet sein auf (*acc.*), bestreichen, bespritzen (*Schlauch*, *Wasserstrahl*), anstrahlen, absuchen (*Scheinwerfer*); **14.** ⚙ a) Spiel(raum) haben, b) sich bewegen (*Kolben etc.*); **15.** sich *gut etc.* zum Spielen eignen (*Boden etc.*); **III** *v/t.* **16.** *Karten*, *Tennis etc.*, *a.* ♪, *a. thea. Rolle od. Stück*, *a. fig.* spielen: ***~ (s.th. on) the piano*** (et. auf dem) Klavier spielen; ***~ both ends against the middle*** *fig.* vorsichtig lavieren; ***~ it safe*** a) kein Risiko eingehen, b) (*Wendung*) um (ganz) sicherzugehen; ***~ it low down*** *sl.* ein gemeines Spiel treiben (***on*** mit *j-m*); ***~ the races*** bei (Pferde)Rennen wetten; → ***deuce*** 3, ***fool***[1] 2, ***game***[1] 4, ***havoc***, ***hooky***[2], ***trick*** 2, ***truant*** 1; **17.** a) *Karte* ausspielen (*a. fig.*): ***~ one's cards well*** s-e Chancen gut (aus)nutzen, b) *Schachfigur* ziehen; **18.** spielen, Vorstellungen geben in (*dat.*): ***~ the larger cities***; **19.** *Geschütz*, *Scheinwerfer*, *Licht-*, *Wasserstrahl etc.* richten (***on*** auf *acc.*): ***~ a hose on*** *et.* bespritzen; ***~ colo(u)red lights on*** *et.* bunt anstrahlen; **20.** *Fisch* auszappeln lassen;

Zssgn mit prp.:

play| at → ***play*** 9; ***~ (up·)on*** → ***play*** 9, 12, 13, 19; ***~ up to*** → ***play*** 9; ***~ with*** → ***play*** 9;

Zssgn mit adv.:

play| a·round *v/i.* → ***play*** 11a; ***~ a·way*** **I** *v/t. Geld* verspielen; **II** *v/i.* drauf'losspielen; ***~ back*** *v/t. Platte*, *Band* abspielen; ***~ down*** *v/t. fig.* ‚he'runterspielen'; ***~ off*** *v/t.* **1.** *sport Spiel* a) beenden, b) *durch Stichkampf* entscheiden; **2.** *fig. j-n* ausspielen (***against*** gegen *e-n andern*); **3.** *Musik* her'unterspielen; ***~ out*** *v/t.* erschöpfen: ***played out*** erschöpft, ‚fertig'; ***~ up*** **I** *v/i.* **1.** ♪ lauter spielen; **2.** *sport* F ‚aufdrehen'; **3.** *Brit.* F ‚verrückt spielen' (*Auto etc.*); **4.** ***~ to*** a) *j-m* schöntun, b) *j-n* unter'stützen; **II** *v/t.* **5.** *e-e Sache* ‚hochspielen'; **6.** F *j-n* ‚auf die Palme bringen' (*reizen*).

play·a·ble [ˈpleɪəbl] *adj.* **1.** spielbar; **2.** *thea.* bühnenreif, -gerecht.

ˈ**play|·act** *v/i. contp.* ‚schauspielern'; ***~ ac·tor*** *s. mst contp.* Schauspieler *m* (*a. fig.*); ˈ***~·back*** *s.* ⚡ **1.** Play-back *n*, Abspielen *n*: ***~ head*** Tonabnehmerkopf *m*; **2.** Wiedergabegerät *n*; ˈ***~·bill*** *s.* The'aterplaˌkat *n*; ˈ***~·book*** *s. thea.* Textbuch *n*; ˈ***~·boy*** *s.* Playboy *m*; ˈ***~·day*** *s.* (schul)freier Tag.

play·er [ˈpleɪə] *s.* **1.** *sport*, *a.* ♪ Spieler (-in); **2.** *Brit. sport* Berufsspieler *m*; **3.** (Glücks)Spieler *m*; **4.** Schauspieler(in); ***~ pi·an·o*** *s.* me'chanisches Kla'vier.

ˈ**playˌfel·low** → ***playmate***.

play·ful [ˈpleɪfʊl] *adj.* □ **1.** spielerisch; **2.** verspielt; **3.** ausgelassen, neckisch; ˈ**play·ful·ness** [-nɪs] *s.* **1.** Munterkeit *f*, Ausgelassenheit *f*; **2.** Verspieltheit *f*.

ˈ**play|·girl** *s.* Playgirl *n*; ˈ***~ˌgo·er*** *s.* The'aterbesucher(in); ˈ***~·ground*** *s.* **1.** Spiel-, Tummelplatz *m* (*a. fig.*); **2.** Schulhof *m*; ˈ***~·house*** *s.* **1.** *thea.* Schauspielhaus *n*; **2.** Spielhaus *n*, -hütte *f*.

play·ing| card [ˈpleɪɪŋ] *s.* Spielkarte *f*; ***~ field*** *s. Brit.* Sport-, Spielplatz *m*.

play·let [ˈpleɪlɪt] *s.* kurzes Schauspiel.

ˈ**play|·mate** *s.* ˈSpielkameˌrad(in), Gespiele *m*, Gespielin *f*; ˈ***~·off*** *s. sport* Entscheidungsspiel *n*; ˈ***~·pen*** Laufgitter *n*; ˈ***~·suit*** *s.* Spielhöschen *n*; ˈ***~·thing*** *s.* Spielzeug *n* (*fig. a. Person*); ˈ***~·time*** *s.* **1.** Freizeit *f*; **2.** *ped.* große Pause; ˈ***~·wright*** *s.* Bühnenschriftsteller *m*, Dra'matiker *m*.

plea [pliː] *s.* **1.** Vorwand *m*, Ausrede *f*: ***on the ~ of*** (*od.* ***that***) unter dem Vorwand (*gen.*) *od.* dass; **2.** ⚖ a) Verteidigung *f*, b) Antwort *f* des Angeklagten: ***~ of guilty*** Schuldgeständnis *n*; **3.** ⚖ Einrede *f*: ***make a ~*** Einspruch erheben; ***~ of the crown*** *Brit.* Strafklage *f*; **4.** *fig.* (dringende) Bitte (***for*** um), Gesuch *n*; **5.** *fig.* Befürwortung *f*; ***~ bar·gain·ing*** *s. Brit.* ⚖ Verfahrensabsprache *f* (*inoffizielle Absprache, nach der ein Angeklagter durch Schuldbekenntnis e-e milde Strafe zugesichert bekommt*).

plead [pliːd] **I** *v/i.* **1.** ⚖ *u. fig.* plädieren (***for*** für); **2.** ⚖ (*vor Gericht*) e-n Fall erörtern, Beweisgründe vorbringen; **3.** ⚖ sich zu s-r Verteidigung äußern: ***~ guilty*** sich schuldig bekennen (***to*** *gen.*); **4.** dringend bitten (***for*** um, ***with s.o.*** j-n); **5.** sich einsetzen *od.* verwenden (***for*** für, ***with s.o.*** bei j-m); **6.** einwenden *od.* geltend machen (***that*** dass); **II** *v/t.* **7.** ⚖ *u. fig.* als Verteidigung *od.* Entschuldigung anführen, *et.* vorschützen: ***~ ignorance***; **8.** ⚖ erörtern; **9.** ⚖ a) *Sache* vertreten, verteidigen: ***~ s.o.'s cause***, b) (als Beweisgrund) vorbringen, anführen; ˈ**plead·er** [-də] *s.* ⚖ *u. fig.* Anwalt *m*, Sachwalter *m*; ˈ**plead·ing** [-dɪŋ] **I** *s.* **1.** ⚖ a) Plädo'yer *n*, b) Plädieren *n*, Führen *n* e-r Rechtssache, c) Parteivorbringen *n*, d) *pl.*, gerichtliche Verhandlungen *pl.*, e) *bsd. Brit.* vorbereitete Schriftsätze *pl.*, Vorverhandlung *f*; **2.** Fürsprache *f*; **3.** Bitten *n* (***for*** um); **II** *adj.* □ **4.** flehend, bittend, inständig.

pleas·ant [ˈpleznt] *adj.* □ **1.** angenehm (*a. Geruch*, *Traum etc.*), wohltuend, erfreulich (*Nachrichten etc.*), vergnüglich; **2.** freundlich (*a. Wetter*, *Zimmer*): ***please look ~!*** bitte recht freundlich!; ˈ**pleas·ant·ness** [-nɪs] *s.* **1.** *das* Angenehme; angenehmes Wesen; **2.** Freundlichkeit *f*; **3.** Heiterkeit *f* (*a. fig.*); ˈ**pleas·ant·ry** [-trɪ] *s.* **1.** Heiter-, Lustigkeit *f*; **2.** Scherz *m*: a) Witz *m*, b) Hänse'lei *f*.

please [pliːz] **I** *v/i.* **1.** gefallen, angenehm sein, befriedigen, Anklang finden: ***~!*** bitte (sehr)!; ***as you ~*** wie Sie wünschen; ***if you ~*** a) wenn ich bitten darf, wenn es Ihnen recht ist, b) *iro.* gefälligst, c) man stelle sich vor, denken Sie nur; ***~ come in!*** bitte, treten Sie ein!; **2.** befriedigen, zufrieden stellen: ***anxious to ~*** dienstbeflissen, sehr eifrig; **II** *v/t.* **3.** *j-m* gefallen *od.* angenehm sein *od.* zusagen, *j-n* erfreuen: ***be ~d to do*** sich freuen *et.* zu tun; ***I am only too ~d to do it*** ich tue es mit dem größten Vergnügen; ***be ~d with*** a) befriedigt sein von, b) Vergnügen haben an (*dat.*), c) Gefallen finden an (*dat.*): ***I am ~d with it*** es gefällt mir; **4.** befriedigen, zufrieden stellen: ***~ o.s.*** tun, was man will; ***~ yourself*** a) wie Sie wünschen, b) bitte, bedienen Sie sich; ***only to ~ you*** nur Ihnen zuliebe; → ***hard*** 3; **5.** (*a. iro.*) geruhen, belieben (***to do*** *et.* zu tun): ***~ God*** so Gott will; **pleased** [-zd] *adj.* zufrieden (***with*** mit), erfreut (***at*** über *acc.*); → ***Punch***[4]; ˈ**pleas·ing** [-zɪŋ] *adj.* □ angenehm, wohltuend, gefällig.

P

pleas·ur·a·ble ['pleʒərəbl] *adj.* □ angenehm, vergnüglich, ergötzlich.

pleas·ure ['pleʒə] **I** *s.* **1.** Vergnügen *n*, Freude *f*, (*a. sexueller*) Genuss, Lust *f*: ***with ~!*** mit Vergnügen!; ***give s.o. ~*** j-m Vergnügen (*od.* Freude) machen; ***have the ~ of doing*** das Vergnügen haben, *et.* zu tun; ***take ~ in*** (*od.* ***at***) Vergnügen *od.* Freude finden an (*dat.*): ***he takes*** (***a***) ***~ in contradicting*** es macht ihm Spaß zu widersprechen; ***take one's ~*** sich vergnügen; ***a man of ~*** ein Genussmensch; **2.** Gefallen *m*, Gefälligkeit *f*: ***do s.o. a ~*** j-m e-n Gefallen tun; **3.** Belieben *n*, Gutdünken *n*: ***at ~*** nach Belieben; ***at the Court's ~*** nach dem Ermessen des Gerichts; ⚖ ***during Her Majesty's ~*** *Brit.* auf unbestimmte Zeit (*Freiheitsstrafe*); **II** *v/i.* **4.** sich erfreuen *od.* vergnügen; **~ boat** *s.* Vergnügungsdampfer *m*; **~ ground** *s.* Vergnügungs-, Rasenplatz *m*; **~ prin·ci·ple** *s. psych.* 'Lustprin,zip *n*; '**~-,seek·ing** *adj.* vergnügungssüchtig; **~ tour** *s.*, **~ trip** *s.* Vergnügungsreise *f*.

pleat [pli:t] **I** *s.* (Rock- *etc.*)Falte *f*; **II** *v/t.* falten, fälteln, plissieren.

ple·be·ian [plɪ'bi:ən] **I** *adj.* ple'bejisch; **II** *s.* Ple'bejer(in); **ple'be·ian·ism** [-nɪzəm] *s.* Ple'bejertum *n*.

pleb·i·scite ['plebɪsɪt] *s.* Plebis'zit *n*, Volksabstimmung *f*, -entscheid *m*.

plec·trum ['plektrəm] *pl.* **-tra** [-ə] *s.* ♪ Plektron *n*.

pledge [pledʒ] **I** *s.* **1.** (Faust-, 'Unter-) Pfand *n*, Pfandgegenstand *m*; Verpfändung *f*; Bürgschaft *f*, Sicherheit *f*; *hist.* Bürge *m*, Geisel *f*: ***in ~ of*** a) als Pfand für, b) *fig.* als Beweis für, zum Zeichen, dass; ***hold in ~*** als Pfand halten; ***put in ~*** verpfänden; ***take out of ~*** *Pfand* auslösen; **2.** Versprechen *n*, feste Zusage, Gelübde *n*, Gelöbnis *n*: ***take the ~*** dem Alkohol abschwören; **3.** *fig.* 'Unterpfand *n*, Beweis *m* (*der Freundschaft etc.*): ***under the ~ of secrecy*** unter dem Siegel der Verschwiegenheit; **4.** *a.* ***~ of love*** *fig.* Pfand *n* der Liebe (*Kind*); **5.** Zutrinken *n*, Toast *m*; **6.** *bsd. univ. Am.* a) Versprechen *n*, e-r Verbindung *od.* e-m (Geheim)Bund beizutreten, b) Anwärter(in) auf solche Mitgliedschaft; **II** *v/t.* **7.** verpfänden (***s.th. to s.o.*** j-m et.); Pfand bestellen für, e-e Sicherheit leisten für; als Sicherheit *od.* zum Pfand geben: ***~ one's word*** *fig.* sein Wort verpfänden; ***~d article*** Pfandobjekt *n*; ***~d merchandise*** † sicherungsübereignete Ware(n); ***~d securities*** † lombardierte Effekten; **8.** *j-n* verpflichten (***to*** zu, auf *acc.*): ***~ o.s.*** geloben, sich verpflichten; **9.** *j-m* zutrinken, auf das Wohl (*gen.*) trinken; '**pledge·a·ble** [-dʒəbl] *adj.* verpfändbar; **pledg·ee** [ple'dʒi:] *s.* Pfandnehmer(in), -inhaber (-in), -gläubiger(in); **pledge·or** [ple'dʒɔ:], '**pledg·er** [-dʒə], **pledg·or** [ple'dʒɔ:] *s.* ⚖ Pfandgeber(in), -schuldner(in).

Ple·iad ['plaɪəd] *pl.* '**Ple·ia·des** [-di:z] *s. ast.*, *fig.* Siebengestirn *n*.

Pleis·to·cene ['plaɪstəʊsi:n] *s. geol.* Pleisto'zän *n*, Di'luvium *n*.

ple·na·ry ['pli:nərɪ] *adj.* **1.** □ voll(ständig), Voll..., Plenar...: ***~ session*** Plenarsitzung *f*; **2.** voll('kommen), uneingeschränkt: ***~ indulgence*** *R.C.* vollkommener Ablass; ***~ power*** Generalvollmacht *f*.

plen·i·po·ten·ti·ar·y [,plenɪpəʊ'tenʃərɪ] **I** *s.* **1.** (Gene'ral)Be,vollmächtigte(r *m*) *f*, bevollmächtigter Gesandter *od.* Mi'nister; **II** *adj.* **2.** bevollmächtigt; **3.** abso'lut, unbeschränkt.

plen·i·tude ['plenɪtju:d] *s.* **1.** → ***plenty*** 1; **2.** Vollkommenheit *f*.

plen·te·ous ['plentjəs] *adj.* □ *poet.* reich(lich); '**plen·te·ous·ness** [-nɪs] *s. poet.* Fülle *f*.

plen·ti·ful ['plentɪfʊl] *adj.* □ reich(lich), im 'Überfluss (vor'handen); '**plen·ti·ful·ness** [-nɪs] → ***plenty*** 1.

plen·ty ['plentɪ] **I** *s.* Fülle *f*, 'Überfluss *m*, Reichtum *m* (***of*** an *dat.*): ***have ~ of s.th.*** mit et. reichlich versehen sein, et. in Hülle u. Fülle haben; ***in ~*** im Überfluss; ***~ of money*** (***time***) jede Menge *od.* viel Geld (Zeit); ***~ of times*** sehr oft; → ***horn*** 4; **II** *adj. bsd. Am.* reichlich, jede Menge; **III** *adv.* F a) bei weitem, ‚lange', b) *Am.* ‚mächtig'.

ple·num ['pli:nəm] *s.* **1.** Plenum *n*, Vollversammlung *f*; **2.** *phys.* (vollkommen) ausgefüllter Raum.

ple·o·nasm ['plɪəʊnæzəm] *s.* Pleo'nasmus *m*; **ple·o·nas·tic** [,plɪəʊ'næstɪk] *adj.* (□ ***~ally***) pleo'nastisch.

pleth·o·ra ['pleθərə] *s.* **1.** ✱ Blutandrang *m*; **2.** *fig.* 'Überfülle *f*, Zu'viel *n* (***of*** an *dat.*); **ple·thor·ic** [ple'θɒrɪk] *adj.* (□ ***~ally***) **1.** ✱ ple'thorisch; **2.** *fig.* 'übervoll, über'laden.

pleu·ra ['plʊərə] *pl.* **-rae** [-ri:] *s. anat.* Brust-, Rippenfell *n*; '**pleu·ral** [-rəl] *adj.* Brust-, Rippenfell...; '**pleu·ri·sy** [-rəsɪ] *s.* ✱ Pleu'ritis *f*, Brustfell-, Rippenfellentzündung *f*.

pleu·ro·car·pous [,plʊərəʊ'kɑ:pəs] *adj.* ⚘ seitenfrüchtig; ,**pleu·ro·pneu'mo·ni·a** [-nju'məʊnjə] *s.* **1.** ✱ Lungen- u. Rippenfellentzündung *f*; **2.** *vet.* Lungen- u. Brustseuche *f*.

plex·or ['pleksə] *s.* ✱ Perkussi'onshammer *m*.

plex·us ['pleksəs] *pl.* **-es** [-ɪz] *s.* **1.** *anat.* Plexus *m*, (Nerven)Geflecht *n*; **2.** *fig.* Flechtwerk *n*, Netz(werk) *n*, Kom'plex *m*.

pli·a·bil·i·ty [,plaɪə'bɪlətɪ] *s.* Biegsamkeit *f*, Geschmeidigkeit *f* (*a. fig.*); **pli·a·ble** ['plaɪəbl] *adj.* □ **1.** biegsam, geschmeidig (*a. fig.*); **2.** *fig.* nachgiebig, fügsam, leicht zu beeinflussen(d).

pli·an·cy ['plaɪənsɪ] *s.* Biegsamkeit *f*, Geschmeidigkeit *f* (*a. fig.*); '**pli·ant** [-nt] *adj.* □ → ***pliable***.

pli·ers ['plaɪəz] *s. pl.* (*a. als sg. konstr.*) ⚙ (***a pair of ~*** e-e) (Draht-, Kneif)Zange: ***round***(***-nosed***) ***~*** Rundzange *f*.

plight[1] [plaɪt] *s.* (missliche) Lage, Not-, Zwangslage *f*.

plight[2] [plaɪt] *bsd. poet.* **I** *v/t.* **1.** *Wort, Ehre* verpfänden, *Treue* geloben: ***~ed troth*** gelobte Treue; **2.** verloben (***to*** *dat.*); **II** *s.* **3.** *obs.* Gelöbnis *n*, feierliches Versprechen; **4.** *a.* ***~ of faith*** Verlobung *f*.

plim·soll ['plɪmsəl] *s.* Turnschuh *m*.

plinth [plɪnθ] *s.* ⚠ **1.** Plinthe *f*, Säulenplatte *f*; **2.** Fußleiste *f*.

Pli·o·cene ['plaɪəʊsi:n] *s. geol.* Plio'zän *n*.

plod [plɒd] **I** *v/i.* **1.** *a.* ***~ along***, ***~ on*** mühsam *od.* schwerfällig gehen, sich da'hinschleppen, trotten, (ein'her)stapfen; **2.** ***~ away*** *fig.* sich abmühen *od.* -plagen (***at*** mit), ‚schuften'; **II** *v/t.* **3.** ***~ one's way*** → 1; '**plod·der** [-də] *s. fig.* Arbeitstier *n*; '**plod·ding** [-dɪŋ] **I** *adj.* □ **1.** stapfend; **2.** arbeitsam, angestrengt *od.* unverdrossen (*arbeitend*); **II** *s.* **3.** Placke'rei *f*, Schufte'rei *f*.

plonk[1] [plɒŋk] *s.* F billiger u. schlechter Wein, *humor.* Fusel *m*.

plonk[2] [plɒŋk] F **I** *v/t.* **1.** *a.* ***~ down*** *et.* ‚hinschmeißen'; **2.** ♪ zupfen auf (*acc.*); **3.** ***~ down*** *Am. sl.* ‚blechen', bezahlen; **II** *v/i.* **4.** ‚knallen'; **III** *adv.* **5.** knallend; **6.** ‚zack', genau: ***~ in the eye***; ***~!*** wamm!

plop [plɒp] **I** *v/i.* plumpsen; **II** *v/t.* plumpsen lassen; **III** *s.* Plumps *m*, Plumpsen *n*; **IV** *adv.* mit e-m Plumps; **V** *int.* plumps!

plo·sion ['pləʊʒn] *s. ling.* Verschluss (-sprengung *f*) *m*; **plo·sive** ['pləʊsɪv] **I** *adj.* Verschluss...; **II** *s.* Verschlusslaut *m*.

plot [plɒt] **I** *s.* **1.** Stück(chen) *n* Land, Par'zelle *f*, Grundstück *n*: ***a garden-~*** ein Stück Garten; **2.** *bsd. Am.* (Lage-, Bau)Plan *m*, (Grund)Riss *m*, Dia'gramm *n*, grafische Darstellung; **3.** ⚔ a) *Artillerie*: Zielort *m*, b) *Radar*: Standort *m*; **4.** (geheimer) Plan, Kom'plott *n*, Anschlag *m*, Verschwörung *f*, In'trige *f*: ***lay a ~*** ein Komplott schmieden; **5.** Handlung *f*, Fabel *f* (*Roman, Drama etc.*), *a.* In'trige *f* (*Komödie*); **II** *v/t.* **6.** e-n Plan von *et.* anfertigen, *et.* planen, entwerfen; aufzeichnen (*a.* ***~ down***) (***on*** in *dat.*); ⚓, ✈ *Kurs* abstecken, -setzen, ermitteln; ⚗ *Kurve* (grafisch) darstellen *od.* auswerten; *Luftbilder* auswerten: ***~ted fire*** ⚔ Planfeuer *n*; **7.** *a.* ***~ out*** *Land* parzellieren; **8.** *Verschwörung* planen, aushecken, *Meuterei etc.* anzetteln; **9.** *Romanhandlung etc.* entwickeln, ersinnen; **III** *v/i.* **10.** (***against***) Ränke *od.* ein Komplott schmieden, intrigieren, sich verschwören (gegen), e-n Anschlag verüben (auf *acc.*); '**plot·ter** [-tə] *s.* **1.** Planzeichner (-in); **2.** Anstifter(in); **3.** Ränkeschmied *m*, Intri'gant(in), Verschwörer(in).

plough [plaʊ] **I** *s.* **1.** Pflug *m*: ***put one's hand to the ~*** s-e Hand an den Pflug legen; **2.** ***the*** ♌ *ast.* der Große Bär *od.* Wagen; **3.** *Tischlerei*: Falzhobel *m*; **4.** *Buchbinderei*: Beschneidhobel *m*; **5.** *univ. Brit. sl.* ,('Durch)Rasseln' *n*, ‚'Durchfall' *m*; **II** *v/t.* **6.** *Boden* ('um-) pflügen: ***~ back*** unterpflügen, *fig. Gewinn* wieder in das Geschäft stecken; → ***sand*** 2; **7.** *fig.* a) *Wasser, Gesicht* (durch)'furchen, *Wellen* pflügen, b) sich (*e-n Weg*) bahnen: ***~ one's way***; **8.** *univ. Brit. sl.* 'durchfallen lassen: ***be*** *od.* ***get ~ed*** durchrasseln; **III** *v/i.* **9.** *fig.* sich e-n Weg bahnen: ***~ through a book*** F ein Buch durchackern; '**~·land** *s.* Ackerland *n*; '**~·man** [-mən] *s.* [*irr.*] Pflüger *m*: ***~'s lunch*** Imbiss *m* aus Brot, Käse *etc.*; **~ plane** *s.* ⚙ Nuthobel *m*; '**~·share** *s.* ⚒ Pflugschar *f*.

plov·er ['plʌvə] *s. orn.* **1.** Regenpfeifer *m*; **2.** Gelbschenkelwasserläufer *m*; **3.** Kiebitz *m*.

plow [plaʊ] *etc. Am.* → ***plough*** *etc.*

ploy [plɔɪ] *s.* F Trick *m*, ‚Masche' *f*.

pluck [plʌk] **I** *s.* **1.** Rupfen *n*, Zupfen *n*, Zerren *n*; **2.** Ruck *m*, Zug *m*; **3.** Geschlinge *n* von *Schlachttieren*; **4.** *fig.* Schneid *m*, Mut *m*; **5.** → ***plough*** 5; **II** *v/t.* **6.** *Obst, Blumen etc.* pflücken, abreißen; **7.** *Federn, Haar, Unkraut etc.* ausreißen, -zupfen, *Geflügel* rupfen; ⚙ *Wolle* plüsen; → ***crow***[1] 1; **8.** zupfen, ziehen, zerren, reißen: ***~ s.o. by the sleeve*** j-n am Ärmel zupfen; ***~ up courage*** *fig.* Mut fassen; **9.** *sl. j-n* ‚rupfen', ausplündern; **10.** → ***plough*** 8; **III**

P

v/i. **11.** (*at*) zupfen, ziehen, zerren (an *dat.*), schnappen, greifen (nach); **'pluck·i·ness** [-kınıs] *s.* Schneid *m*, Mut *m*; **'pluck·y** [-kı] *adj.* □ F mutig, schneidig.

plug [plʌg] **I** *s.* **1.** Pflock *m*, Stöpsel *m*, Dübel *m*, Zapfen *m*; (Fass)Spund *m*; Pfropf(en) *m* (*a.* ⚕); Verschlussschraube *f*, (Hahn-, Ven'til)Küken *n*: ***drain ~*** Ablassschraube; **2.** ϟ Stecker *m*, Stöpsel *m*: ***~-ended cord*** Stöpselschnur *f*; ***~ socket*** Steckdose *f*; **3.** *mot.* Zündkerze *f*; **4.** ('Feuer)Hy,drant *m*; **5.** (Klo'sett)Spülvorrichtung *f*; **6.** (Zahn)Plombe *f*; **7.** Priem *m* (*Kautabak*); **8.** → ***plug hat***; **9.** † *sl.* Ladenhüter *m*; **10.** *sl.* alter Gaul; **11.** *sl.* a) (Faust)Schlag *m*, b) Schuss *m*, c) Kugel *f*: ***take a ~ at*** → 18; **12.** *Am. Radio*: Re'klame(hinweis *m*) *f*; **13.** F falsches Geldstück; **II** *v/t.* **14.** *a.* ***~ up*** zu-, verstopfen, zustöpseln; **15.** *Zahn* plombieren; **16.** ***~ in*** ϟ *Gerät* einstecken, -stöpseln, *durch Steckkontakt* anschließen; **17.** F *im Radio etc.* (ständig) Re'klame machen für; *Lied etc.* ständig spielen (lassen); **18.** *sl.* *j-m* ,eine (*e-n Schlag, e-e Kugel*) verpassen'; **III** *v/i.* **19.** F *a.* ***~ away*** ,schuften' (***at*** an *dat.*); **~ box** *s.* 'Steckdose *f*, -kon,takt *m*; **~ fuse** *s.* Stöpselsicherung *f*; **~ hat** *s. Am. sl.* ,Angströhre' *f* (*Zylinder*); **'~-in** *adj.* ⚙ Steck..., Einschub...: ***~ board*** *Computer*: Steckkarte *f*; ***~ telephone*** umsteckbares Telefon; **'~-,ug·ly I** *s. Am. sl.* Schläger *m*, Ra'bauke *m*; **II** *adj.* F abgrundhässlich; **~ wrench** *s. mot.* Zündkerzenschlüssel *m*.

plum [plʌm] *s.* **1.** Pflaume *f*, Zwetsch(g)e *f*; **2.** Ro'sine (*im Pudding etc.*): ***~ cake*** Rosinenkuchen *m*; **3.** *fig.* a) ,Ro'sine' *f* (*das Beste*), b) *a.* ***~ job*** ,Bombenjob' *m*, c) *Am. sl.* Belohnung *f für Unterstützung bei der Wahl* (*Posten, Titel etc.*); **4.** *Am. sl.* unverhoffter Gewinn, † 'Sonderdivi,dende *f*.

plum·age ['plu:mıdʒ] *s.* Gefieder *n*.

plumb [plʌm] **I** *s.* **1.** (Blei)Lot *n*, Senkblei *n*: ***out of ~*** aus dem Lot, nicht (mehr) senkrecht; **2.** ⚓ (Echo)Lot *n*; **II** *adj.* **3.** lot-, senkrecht; **4.** F völlig, rein (*Unsinn etc.*); **III** *adv.* **5.** *fig.* genau, ,peng', platsch (*ins Wasser etc.*); **6.** *Am.* F ,to'tal' (*verrückt etc.*); **IV** *v/t.* **7.** lotrecht machen; **8.** ⚓ *Meerestiefe* (ab-, aus)loten, sondieren; **9.** *fig.* sondieren, ergründen; **10.** ⚙ (mit Blei) verlöten, verbleien; **11.** F Wasser- *od.* Gasleitungen legen in (*e-m Haus*); **V** *v/i.* **12.** klempnern; **plum·ba·go** [plʌm'beıgəʊ] *s.* **1.** *min.* a) Gra'phit *m*, b) Bleiglanz *m*; **2.** ⚘ Bleiwurz *f*.

plumb bob → ***plumb*** 1.

plumb·e·ous ['plʌmbıəs] *adj.* **1.** bleiartig; **2.** bleifarben; **3.** *Keramik*: mit Blei glasiert; **plumb·er** ['plʌmə(r)] *s.* **1.** Klempner *m*, Installa'teur *m*; **2.** Bleiarbeiter *m*; **'plum·bic** [-bık] *adj.* Blei...: ***~ chloride*** ⚗ Bleitetrachlorid *n*; **plum·bif·er·ous** [plʌm'bıfərəs] *adj.* bleihaltig; **'plumb·ing** [-mıŋ] *s.* **1.** Klempner-, Installa'teurarbeit *f*; **2.** Rohr-, Wasser-, Gasleitung *f*, sani'täre Einrichtung; **3.** Blei(gießer)arbeit *f*; **4.** △, ⚓ Ausloten *n*; **'plum·bism** [-bızəm] *s.* ⚕ Bleivergiftung *f*.

plumb line I *s.* **1.** Senkschnur *f*, -blei *n*; **II** *v/t.* **2.** △, ⚓ ausloten; **3.** *fig.* sondieren, prüfen.

plum·bo- [plʌmbəʊ] ⚗ *in Zssgn* Blei..., *z.B.* ***plumbosolvent*** Blei zersetzend.

plumb rule *s.* ⚙ Lot-, Senkwaage *f*.

plume [plu:m] **I** *s.* **1.** *orn.* (*Straußen- etc.*) Feder *f*: ***adorn o.s. with borrowed ~s*** *fig.* sich mit fremden Federn schmücken; **2.** (Hut-, Schmuck)Feder *f*; **3.** Feder-, Helmbusch *m*; **4.** *fig.* ***~ (of cloud)*** Wolkenstreifen *m*; ***~ (of smoke)*** Rauchfahne *f*; **II** *v/t.* **5.** mit Federn schmücken: ***~ o.s. (up)on*** *fig.* sich brüsten mit; ***~d*** a) gefiedert, b) mit Federn geschmückt; **6.** *Gefieder* putzen; **'plume·less** [-lıs] *adj.* ungefiedert.

plum·met ['plʌmıt] **I** *s.* **1.** (Blei)Lot *n*, Senkblei *n*; **2.** ⚙ Senkwaage *f*; **3.** *Fischen*: (Blei)Senker *m*; **4.** *fig.* Bleigewicht *n*; **II** *v/i.* **5.** absinken, (ab)stürzen (*a. fig.*).

plum·my ['plʌmı] *adj.* **1.** pflaumenartig, Pflaumen...; **2.** reich an Pflaumen *od.* Ro'sinen; **3.** F ,prima', ,schick'; **4.** so'nor: ***~ voice***.

plu·mose ['plu:məʊs] *adj.* **1.** *orn.* gefiedert; **2.** ⚘, *zo.* federartig.

plump[1] [plʌmp] **I** *adj.* drall, mollig, ,pummelig': ***~ cheeks*** Pausbacken; **II** *v/t. u. v/i. oft* ***~ out*** prall *od.* fett machen (werden).

plump[2] [plʌmp] **I** *v/i.* **1.** (hin)plumpsen, schwer fallen, sich (*in e-n Sessel etc.*) fallen lassen; **2.** *pol.* kumulieren: ***~ for*** a) *e-m Wahlkandidaten* s-e Stimme ungeteilt geben, b) *j-n* rückhaltlos unterstützen, c) sich sofort für *et.* entscheiden; **II** *v/t.* **3.** plumpsen lassen; **4.** mit *s-r Meinung etc.* her'ausplatzen, unverblümt her'aussagen; **III** *s.* **5.** F Plumps *m*; **IV** *adv.* **6.** plumpsend, mit e-m Plumps; **7.** F unverblümt, geradeheraus; **V** *adj.* □ **8.** F plump (*Lüge etc.*), deutlich, glatt (*Ablehnung etc.*); **'plump·er** [-pə] *s.* **1.** Plumps *m*; **2.** Bausch *m*; **3.** *pol.* ungeteilte Wahlstimme; **4.** *sl.* plumpe Lüge.

plum pud·ding *s.* Plumpudding *m*.

plum to·ma·to *s.* 'Eierto,mate *f*.

plum·y ['plu:mı] *adj.* **1.** gefiedert; **2.** federartig.

plun·der ['plʌndə] **I** *v/t.* **1.** *Land, Stadt etc.* plündern; **2.** rauben, stehlen; **3.** *j-n* ausplündern; **II** *v/i.* **4.** plündern, räubern; **III** *s.* **5.** Plünderung *f*; **6.** Beute *f*, Raub *m*; **7.** *Am.* F Plunder *m*; **'plun·der·er** [-ərə] *s.* Plünderer *m*, Räuber *m*.

plunge [plʌndʒ] **I** *v/t.* **1.** (ein-, 'unter-) tauchen, stürzen (***in, into*** in *acc.*); *fig.* *j-n in Schulden etc.* stürzen; *e-e Nation in e-n Krieg* stürzen *od.* treiben; *Zimmer in Dunkel* tauchen *od.* hüllen; **2.** *Waffe* stoßen; **II** *v/i.* **3.** (ein-, 'unter-) tauchen (***into*** in *acc.*); **4.** (ab)stürzen (*a. fig. Klippe etc.*, † *Preise*); **5.** *ins Zimmer etc.* stürzen, stürmen; *fig.* sich *in e-e Tätigkeit, in Schulden etc.* stürzen; **6.** ⚓ stampfen (*Schiff*); **7.** sich nach vorne werfen, ausschlagen (*Pferd*); **8.** *sl.* et. riskieren, alles auf 'eine Karte setzen; **III** *s.* **9.** (Ein-, 'Unter)Tauchen *n*; *sport* (Kopf)Sprung *m*: ***take the ~*** *fig.* den entscheidenden Schritt *od.* den Sprung wagen; **10.** Sturz *m*, Stürzen *n*; **11.** Ausschlagen *n e-s Pferdes*; **12.** Sprung-, Schwimmbecken *n*; **13.** Schwimmen *n*, Bad *n*; **'plung·er** [-dʒə] *s.* **1.** Taucher *m*; **2.** ⚙ Tauchkolben *m*; **3.** ϟ a) Tauchkern *m*, b) Tauchspule *f*; **4.** *mot.* Ven'tilkolben *m*; **5.** ⚔ Schlagbolzen *m*; **6.** *sl.* a) Hasar'deur *m*, Spieler *m*, b) wilder Speku'lant.

plunk [plʌŋk] → ***plonk***[2].

plu·per·fect [,plu:'pɜ:fıkt] *s. a.* ***~ tense*** *ling.* Plusquamperfekt *n*, Vorvergangenheit *f*.

plu·ral ['plʊərəl] **I** *adj.* □ **1.** mehrfach: ***~ marriage*** Mehrehe *f*; ***~ society*** pluralistische Gesellschaft; ***~ vote*** Mehrstimmenwahlrecht *n*; **2.** *ling.* Plural..., im Plural, plu'ralisch: ***~ number*** → 3; **II** *s.* **3.** *ling.* Plural *m*, Mehrzahl *f*; **'plu·ral·ism** [-rəlızəm] *s.* **1.** Vielheit *f*; **2.** *eccl.* Besitz *m* mehrerer Pfründen *od.* Ämter; **3.** *phls., pol.* Plura'lismus *m*; **'plu·ral·ist** [-rəlıst] *adj. phls., pol.* plura'listisch; **plu·ral·i·ty** [,plʊə'rælətı] *s.* **1.** Mehrheit *f*, 'Über-, Mehrzahl *f*; **2.** Vielheit *f*, -zahl *f*; **3.** *pol.* (*Am. bsd.* rela'tive) Stimmenmehrheit; **4.** → ***pluralism*** 2; **'plu·ral·ize** [-rəlaız] *v/t. ling.* **1.** in den Plural setzen; **2.** als *od.* im Plural gebrauchen.

plus [plʌs] **I** *prp.* **1.** plus, und; **2.** *bsd.* † zuzüglich (*gen.*); **II** *adj.* **3.** Plus..., *a.* extra, Extra...; **4.** A, ϟ positiv, Plus...: ***~ quantity*** positive Größe; **5.** F plus, mit; **III** *s.* **6.** Plus(zeichen) *n*; **7.** Plus *n*, Mehr *n*, 'Überschuss *m*; **8.** *fig.* Plus (-punkt *m*) *n*; **,~-'fours** *s. pl. weite* Knickerbocker- *od.* Golfhose.

plush [plʌʃ] **I** *s.* **1.** Plüsch *m*; **II** *adj.* **2.** Plüsch...; **3.** *sl.* (stink)vornehm, ,feu'dal'; **'plush·y** [-ʃı] *adj.* **1.** plüschartig; **2.** → ***plush*** 3.

plus·(s)age ['plʌsıdʒ] *s. Am.* 'Überschuss *m*.

Plu·to ['plu:təʊ] *s. myth. u. ast.* Pluto *m* (*Gott u. Planet*).

plu·toc·ra·cy [plu:'tɒkrəsı] *s.* **1.** Plutokra'tie *f*, Geldherrschaft *f*; **2.** 'Geldaristokra,tie *f*, *coll.* Pluto'kraten *pl.*; **plu·to·crat** ['plu:təʊkræt] *s.* Pluto'krat *m*, Kapita'list *m*; **plu·to·crat·ic** [,plu:təʊ'krætık] *adj.* pluto'kratisch.

plu·ton·ic [plu:'tɒnık] *adj. geol.* plu'tonisch; **plu'to·ni·um** [-'təʊnjəm] *s.* ⚗ Plu'tonium *n*.

plu·vi·al ['plu:vjəl] *adj.* regnerisch; Regen...; **'plu·vi·o·graph** [-əʊgrɑ:f] *s. phys.* Regenschreiber *m*; **plu·vi·om·eter** [,plu:vı'ɒmıtə] *s. phys.* Pluvio'meter *n*, Regenmesser *m*; **'plu·vi·ous** [-jəs] → ***pluvial***.

ply[1] [plaı] **I** *v/t.* **1.** *Arbeitsgerät* handhaben, hantieren mit; **2.** *Gewerbe* betreiben, ausüben; **3.** (***with***) bearbeiten (mit) (*a. fig.*); *fig.* *j-m* (mit *Fragen etc.*) zusetzen, *j-n* (mit *et.*) über'häufen: ***~ s.o. with drink*** j-n zum Trinken nötigen; **4.** *Strecke* (regelmäßig) befahren; **II** *v/i.* **5.** verkehren, fahren, pendeln (***between*** zwischen *dat.*); **6.** ⚓ aufkreuzen.

ply[2] [plaı] **I** *s.* **1.** Falte *f*, (Garn)Strähne *f*, (Stoff-, Sperrholz- *etc.*)Lage *f*, Schicht *f*: ***three-~*** dreifach (*z.B. Garn, Teppich*); **2.** *fig.* Hang *m*, Neigung *f*; **II** *v/t.* **3.** falten; *Garn* fachen; **'ply·wood** *s.* Sperrholz *n*.

pneu·mat·ic [nju:'mætık] **I** *adj.* (□ ***~ally***) **1.** ⚙, *phys.* pneu'matisch, Luft...; ⚙ Druck-, Pressluft...: ***~ brake*** Druckluftbremse *f*; ***~ tool*** Pressluftwerkzeug *n*; **2.** *zo.* lufthaltig; **II** *s.* **3.** Luftreifen *m*; **4.** Fahrzeug *n* mit Luftbereifung; **~ dis·patch** *s.* Rohrpost *f*; **~ drill** *s.* Pressluftbohrer *m*; **~ float** *s.* Floßsack *m*; **~ ham·mer** *s.* Presslufthammer *m*.

pneu·mat·ics [nju:'mætıks] *s. pl. sg. konstr. phys.* Pneu'matik *f*.

P

pneu·mat·ic| tire (*od.* **tyre**) *s.* Luftreifen *m*; *pl. a.* Luftbereifung *f*; **~ tube** *s.* pneu'matische Röhre; *weitS., a. pl.* Rohrpost *f*.

pneu·mo·ni·a [njuːˈməʊnjə] *s.* ⚕ Lungenentzündung *f*, Pneumo'nie *f*; **pneu'mon·ic** [-'mɒnɪk] *adj.* pneu'monisch, die Lunge *od.* Lungenentzündung betreffend.

poach¹ [pəʊtʃ] **I** *v/t.* **1.** *a.* **~ up** *Erde* aufwühlen, *Rasen* zertrampeln; **2.** (zu e-m Brei) anrühren; **3.** wildern, unerlaubt jagen *od.* fangen; **4.** räubern (*a. fig.*); **5.** *sl.* wegschnappen; **6.** ⚙ *Papier* bleichen; **II** *v/i.* **7.** weich *od.* matschig werden (*Boden*); **8.** unbefugt eindringen (**on** in *acc.*); → **preserve** 8b; **9.** *hunt.* wildern.

poach² [pəʊtʃ] *v/t. Eier* pochieren: **~ed egg** pochiertes *od.* verlorenes Ei.

poach·er¹ ['pəʊtʃə] *s.* Wilderer *m*, Wilddieb *m*.

poach·er² ['pəʊtʃə] *s.* Po'chierpfanne *f*.

poach·ing ['pəʊtʃɪŋ] *s.* Wildern *n*, Wilde'rei *f*.

PO Box [ˌpiː əʊ 'bɒks] *s.* Postfach *n*.

po·chette [pɒ'ʃet] (*Fr.*) *s.* Handtäschchen *n*.

pock [pɒk] *s.* ⚕ **1.** Pocke *f*, Blatter *f*; **2.** → **pockmark**.

pock·et ['pɒkɪt] **I** *s.* **1.** (*Hosen- etc.*, *a. zo. Backen- etc.*)Tasche *f*: **have s.o. in one's ~** *fig.* j-n in der Tasche *od.* Gewalt haben; **put s.o. in one's ~** *fig.* j-n in die Tasche stecken; **put one's pride in one's ~** s-n Stolz überwinden, klein beigeben; **2.** *fig.* Geldbeutel *m*, Fi'nanzen *pl.*: **be in ~** gut bei Kasse sein; **be 3 dollars in** (**out of**) **~** drei Dollar profitiert (verloren) haben; **put one's hand in one's ~** (tief) in die Tasche greifen; → **line²** 2; **3.** *Brit.* Sack *m Hopfen, Wolle* (= *76 kg*); **4.** *geol.* Einschluss *m*; **5.** *min.* (*Erz-*, *Gold*)Nest *n*; **6.** *Billard*: Tasche *f*, Loch *n*; **7.** ✈ (Luft)Loch *n*, Fallbö *f*; **8.** ⚔ Kessel *m*: **~ of resistance** Widerstandsnest *n*; **II** *adj.* **9.** Taschen..., im (*fig.* Westen)Taschenformat; **III** *v/t.* **10.** in die Tasche stecken, einstecken (*a. fig. einheimsen*); **11.** a) *fig. Kränkung* einstecken, hinnehmen, b) *Gefühle* unter'drücken, *s-n Stolz* über'winden; **12.** *Billardkugel* einlochen; **13.** *pol. Am. Gesetzesvorlage* nicht unter'schreiben, sein Veto einlegen gegen (*Präsident etc.*); **14.** ⚔ *Feind* einkesseln; **~ bat·tle·ship** *s.* ⚓ Westentaschenkreuzer *m*; **~ bil·liards** *s. pl. sing. konstr.* Poolbillard *n*; **~ book** *s.* **1.** Taschen-, No'tizbuch *n*; **2.** a) Brieftasche *f*, b) Geldbeutel *m* (*beide a. fig.*); **3.** *Am.* Handtasche *f*; **4.** Taschenbuch *n*; **~ cal·cu·la·tor** *s.* Taschenrechner *m*; **~ e·di·tion** *s.* Taschenausgabe *f*.

pock·et·ful ['pɒkɪtfʊl] *pl.* **-fuls** *s. e-e* Tasche (voll): **a ~ of money**.

'pock·et|·knife *s.* [*irr.*] Taschenmesser *n*; **~ lamp** *s.* Taschenlampe *f*; **~ light·er** *s.* Taschenfeuerzeug *n*; **~ mon·ey** *s.* Taschengeld *n*; **'~-size(d)** *adj.* im (*fig.* Westen)Taschenformat; **~ ve·to** *s. pol. Am.* Zu'rückhalten *n od.* Verzögerung *f* e-s Gesetzentwurfs (*bsd. durch den Präsidenten etc.*).

'pock|·mark *s.* Pockennarbe *f*; **'~-marked** *adj.* pockennarbig.

pod¹ [pɒd] *s. zo.* **1.** Herde *f* (*Wale, Robben*); **2.** Schwarm *m* (*Vögel*).

pod² [pɒd] **I** *s.* **1.** ⚘ Hülse *f*, Schale *f*, Schote *f*: **~ pepper** Paprika *f*; **2.** *zo.* (Schutz)Hülle *f*, *a.* Ko'kon *m* (*der Seidenraupe*), Beutel *m* (*des Moschustiers*); **3.** *sl.* ‚Wampe' *f*, Bauch *m*: **in ~** ‚dick' (*schwanger*); **II** *v/i.* **4.** Hülsen ansetzen; **5.** *Erbsen etc.* aushülsen, -schoten.

po·dag·ra [pəʊ'dægrə] *s.* ⚕ Podagra *n*, (Fuß)Gicht *f*.

podg·y ['pɒdʒɪ] *adj.* F unter'setzt, dicklich.

po·di·a·trist [pəʊ'daɪətrɪst] *s. Am.* Fußpfleger(in); **po'di·a·try** [-trɪ] *s.* Fußpflege *f*, Pedi'küre *f*.

Po·dunk ['pəʊdʌŋk] *s. Am. contp.* ‚Krähwinkel' *n*.

po·em ['pəʊɪm] *s.* Gedicht *n* (*a. fig.*), Dichtung *f*; **po·et** ['pəʊɪt] *s.* Dichter *m*, Po'et *m*: **~ laureate** a) Dichterfürst *m*, b) *Brit.* Hofdichter *m*; **po·et·as·ter** [pəʊɪ'tæstə] *s.* Dichterling *m*; **po·et·ess** ['pəʊɪtɪs] *s.* Dichterin *f*.

po·et·ic, po·et·i·cal [pəʊ'etɪk(l)] *adj.* ☐ **1.** po'etisch, dichterisch: **~ justice** *fig.* ausgleichende Gerechtigkeit; → **licence** 4; **2.** *fig.* po'etisch, ro'mantisch, stimmungsvoll; **po'et·ics** [-ks] *s. pl. sg. konstr.* Po'etik *f*; **po·et·ize** ['pəʊɪtaɪz] **I** *v/i.* **1.** dichten; **II** *v/t.* **2.** in Verse bringen; **3.** (im Gedicht) besingen; **po·et·ry** ['pəʊɪtrɪ] *s.* **1.** Poe'sie *f* (*a. Ggs. Prosa*) (*a. fig.*), Dichtkunst *f*; **2.** Dichtung *f*, *coll.* Dichtungen *pl.*, Gedichte *pl.*: **dramatic ~** dramatische Dichtung.

po-faced [ˌpəʊ'feɪst] *Brit.* F grimmig (dreinschauend).

po·grom ['pɒgrəm] *s.* Po'grom *m, n*, (*bsd.* Juden)Verfolgung *f*.

poign·an·cy ['pɔɪnənsɪ] *s.* **1.** Schärfe *f von Gerüchen etc.*; **2.** *fig.* Bitterkeit *f*, Heftigkeit *f*, Schärfe *f*; **3.** Schmerzlichkeit *f*; **'poign·ant** [-nt] *adj.* ☐ **1.** scharf, beißend (*Geruch, Geschmack*); **2.** pi'kant (*a. fig.*); **3.** *fig.* a) bitter, quälend (*Reue, Hunger etc.*), b) ergreifend: **a ~ scene**, c) beißend, scharf: **~ wit**, d) treffend, präg'nant: **~ remark**; **4.** 'durchdringend: **a ~ look**.

point [pɔɪnt] **I** *s.* **1.** (*Nadel-, Messer-, Bleistift- etc.*)Spitze *f*: (**not**) **to put too fine a ~ upon s.th.** *fig.* et. (nicht gerade) gewählt ausdrücken; **at the ~ of the pistol** → **pistol point**; **at the ~ of the sword** *fig.* unter Zwang, mit Gewalt; **2.** ⚙ a) Stecheisen *n*, b) Grabstichel *m*, Griffel *m*, c) Radiernadel *f*, d) Ahle *f*; **3.** *geogr.* a) Landspitze *f*, b) Himmelsrichtung *f*; → **cardinal** 1; **4.** *hunt.* a) (Geweih)Ende *n*, b) Stehen *n des Jagdhundes*; **5.** *ling.* a) *a.* **full ~** Punkt *m am Satzende*, b) **~ of exclamation** Ausrufezeichen *n*; → **interrogation** 1; **6.** *typ.* a) Punk'tur *f*, b) typo'graphischer Punkt (= *0,376 mm im Didot-System*); **7.** ⩚ a) Punkt *m*: **~ of intersection** Schnittpunkt, b) (Dezi'mal)Punkt *m*, Komma *n*; **8.** (Kompass)Strich *m*; **9.** Auge *n*, Punkt *m auf Karten, Würfeln*; **10.** → **point lace**; **11.** *phys.* Grad *m e-r Skala* (*a. ast.*), Stufe *f* (*a.* ⚙ *e-s Schalters*), Punkt *m*: **~ of action** Angriffspunkt (der Kraft); **~ of contact** Berührungspunkt; **~ of culmination** Kulminations-, Gipfelpunkt; **boiling ~** Siedepunkt; **freezing ~** Gefrierpunkt; **3 ~s below zero** 3 Grad unter null; **to bursting ~** zum Bersten (*voll*); **frankness to the ~ of insult** *fig.* an Beleidigung grenzende Offenheit; **up to a ~** bis zu e-m gewissen Grad; **when it came to the ~** *fig.* als es so weit war, als es darauf ankam; → **stretch** 10; **12.** Punkt *m*, Stelle *f*, Ort *m*: **~ of departure** Ausgangsort; **~ of destination** Bestimmungsort; **~ of entry** ✝ Eingangshafen *m*; **~ of lubrication** ⚙ Schmierstelle; **~ of view** *fig.* Gesichts-, Standpunkt; **13.** ⚡ a) Kon'takt(punkt) *m*, b) *Brit.* 'Steckkon,takt *m*; **14.** *Brit.* (Kon'troll)Posten *m e-s Verkehrspolizisten*; **15.** *pl.* 🚂 *Brit.* Weichen *pl.*; **16.** Punkt *m e-s Bewertungs- od. Bewirtschaftungssystems* (*a. Börse u. sport*): **bad ~** *sport* Strafpunkt; **beat** (**win**) **on ~s** nach Punkten schlagen (gewinnen); **winner on ~s** Punktsieger *m*; **level on ~s** punktgleich; **give ~s to s.o.** a) *sport* j-m vorgeben, b) *fig.* j-m überlegen sein; **17.** *Boxen*: ‚Punkt' *m* (*Kinnspitze*); **18.** *a.* **~ of time** Zeitpunkt *m*, Augenblick *m*: **at the ~ of death**; **at this ~** a) in diesem Augenblick, b) an dieser Stelle, hier (*a. in e-r Rede etc.*); **be on the ~ of doing s.th.** im Begriff sein, et. zu tun; **19.** Punkt *m e-r Tagesordnung etc.*, (Einzel-, Teil)Frage *f*: **a case in ~** ein einschlägiger Fall, ein Beispiel; **the case in ~** der vorliegende Fall; **at all ~s** in allen Punkten, in jeder Hinsicht; **~ of interest** interessante Einzelheit; **~ of law** Rechtsfrage; **~ of order** a) (Punkt der) Tagesordnung *f*, b) Verfahrensfrage *f*; **differ on many ~s** in vielen Punkten nicht übereinstimmen; **20.** Kernpunkt *m*, -frage *f*, springender Punkt, Sache *f*: **beside** (*od.* **off**) **the ~** nicht zur Sache gehörig, abwegig, unerheblich; **come to the ~** zur Sache kommen; **the ~** zur Sache gehörig, (zu)treffend, exakt; **keep** (*od.* **stick**) **to the ~** bei der Sache bleiben; **make** (*od.* **score**) **a ~** ein Argument anbringen, s-e Ansicht durchsetzen; **make a ~ of s.th.** Wert *od.* Gewicht auf et. legen, auf et. bestehen; **make the ~ that** die Feststellung machen, dass; **that's the ~ I wanted to make** darauf wollte ich hinaus; **in ~ of** hinsichtlich (*gen.*); **in ~ of fact** tatsächlich; **that is the ~!** das ist die Frage!; **the ~ is that** die Sache ist die, dass; **it's a ~ of hono(u)r to him** das ist Ehrensache für ihn; **you have a ~ there!** da haben Sie nicht Unrecht!; **I take your ~!** ich verstehe, was Sie meinen!; → **miss²** 1, **press** 8; **21.** Pointe *f e-s Witzes etc.*; **22.** Zweck *m*, Ziel *n*, Absicht *f*: **what's your ~ in coming?**; **carry** (*od.* **gain** *od.* **make**) **one's ~** sich (*od.* s-e Ansicht) durchsetzen, sein Ziel erreichen; **there is no ~ in doing** es hat keinen Zweck *od.* es ist sinnlos, zu tun; **23.** Nachdruck *m*: **give ~ to one's words** s-n Worten Nachdruck *od.* Gewicht verleihen; **24.** (her'vorstechende) Eigenschaft, (Vor)Zug *m*: **a noble ~ in her** ein edler Zug an ihr; **it has its ~s** es hat so s-e Vorzüge; **strong ~** starke Seite, Stärke; **weak ~** schwache Seite, wunder Punkt; **II** *v/t.* **25.** (an-, zu)spitzen; **26.** *fig.* pointieren; **27.** *Waffe etc.* richten (**at** auf *acc.*): **~ one's finger at** (mit dem Finger) auf *j-n* deuten *od.* zeigen; **~ (up)on** *Augen, Gedanken etc.* richten auf (*acc.*); **~ to** *Kurs, Aufmerksamkeit* lenken auf (*acc.*), *j-n* bringen auf (*acc.*); **28.** **~ out** a) zeigen, b) *fig.* hinweisen *od.* aufmerksam machen auf (*acc.*), betonen, c) *fig.* aufzeigen (*a. Fehler*), klarmachen, d) ausführen, darlegen; **29.** **~ off places** ⩚ (Dezimal-) Stellen abstreichen; **30.** **~ up** a) ⚠ verfugen, b) ⚙ *Fugen* glatt streichen, c) *Am. fig.* unter'streichen; **III** *v/i.* **31.**

P

(mit dem Finger) zeigen, deuten, weisen (**at** auf *acc.*); **32. ~ to** nach *e-r Richtung* weisen *od.* liegen (*Haus etc.*); *fig.* a) hinweisen, -deuten auf (*acc.*), b) ab-, hinzielen auf (*acc.*); **33.** *hunt.* (vor)stehen (*Jagdhund*); **34.** ⚕ reifen (*Abszess etc.*); **ˌ~-ˈblank I** *adj.* **1.** schnurgerade; **2.** ✕ Kernschuss...(*-Weite etc.*): ***at ~ range*** aus kürzester Entfernung; ***~ shot*** Fleckschuss *m*; **3.** unverblümt, offen; glatt (*Ablehnung*); **II** *adv.* **4.** geradewegs; **5.** *fig.* ˈrundheˌraus, klipp u. klar; **~ du·ty** *s. Brit.* (Verkehrs)Postendienst *m* (*Polizei*).

point·ed [ˈpɔɪntɪd] *adj.* □ **1.** spitz, zugespitzt, Spitz...(*-bogen, -geschoss etc.*); **2.** scharf, pointiert (*Stil, Bemerkung*), anzüglich; **3.** treffend; **ˈpoint·ed·ness** [-nɪs] *s.* **1.** Spitzigkeit *f*; **2.** *fig.* Schärfe *f*, Deutlichkeit *f*; **3.** Anzüglichkeit *f*, Spitze *f*; **ˈpoint·er** [-tə] *s.* **1.** ✕ ˈRichtschütze *m*, -kanoˌnier *m*; **2.** Zeiger *m*, Weiser *m* (*Uhr, Messgerät*); **3.** Zeigestock *m*; **4.** Radiernadel *f*; **5.** *hunt.* Vorsteh-, Hühnerhund *m*; **6.** F Fingerzeig *m*, Tipp *m*.

point lace *s.* genähte Spitze(n *pl.*).

point·less [ˈpɔɪntlɪs] *adj.* □ **1.** ohne Spitze, stumpf; **2.** *sport etc.* punktlos; **3.** *fig.* witzlos, ohne Pointe; **4.** *fig.* sinn-, zwecklos.

point po·lice·man [-mən] *s.* [*irr.*] → ***pointsman*** 2; **points·man** [ˈpɔɪntsmən] *s.* [*irr.*] *Brit.* **1.** 🚂 Weichensteller *m*; **2.** Verˈkehrspoliˌzist *m*; **point system** *s.* **1.** *sport, ped. etc.* ˈPunktsysˌtem *n* (*a. typ.*); **2.** Punktschrift *f für Blinde*; **ˌpoint-to-ˈpoint (race)** *s.* Geländejagdrennen *n*.

poise [pɔɪz] **I** *s.* **1.** Gleichgewicht *n*; **2.** Schwebe *f* (*a. fig. Unentschiedenheit*); **3.** (*Körper-, Kopf*)Haltung *f*; **4.** *fig.* sicheres Auftreten; Gelassenheit *f*, Haltung *f*; **II** *v/t.* **5.** im Gleichgewicht halten; *et.* balancieren: ***be ~d*** a) im Gleichgewicht sein, b) gelassen *od.* ausgeglichen sein, c) *fig.* schweben: ***~d for*** bereit zu; **6.** *Kopf, Waffe etc.* halten; **III** *v/i.* **7.** schweben.

poi·son [ˈpɔɪzn] **I** *s.* **1.** Gift *n* (*a. fig.*): ***what is your ~?*** F was wollen Sie trinken?; **II** *v/t.* **2.** (**o.s.** sich) vergiften (*a. fig.*); **3.** ⚕ infizieren; **ˈpoi·son·er** [-nə] *s.* **1.** Giftmörder(in), Giftmischer(in); **2.** *fig.* Vergifter(in), ‚Giftspritze' *f*.

poi·son| fang *s. zo.* Giftzahn *m*; **~ gas** *s.* ✕ Kampfstoff *m*, *bsd.* Giftgas *n*.

poi·son·ing [ˈpɔɪznɪŋ] *s.* **1.** Vergiftung *f*; **2.** Giftmord *m*; **ˈpoi·son·ous** [-nəs] *adj.* □ **1.** giftig (*a. fig.*) Gift...; **2.** F ekelhaft.

ˌpoi·son-ˈpen let·ter *s.* verleumderischer *od.* obˈszöner (*anonymer*) Brief.

poke¹ [pəʊk] **I** *v/t.* **1.** *j-n* stoßen, puffen, knuffen: ***~ s.o. in the ribs*** j-m e-n Rippenstoß geben; **2.** *Loch* stoßen (**in** in *acc.*); **3.** *a.* **~ up** *Feuer* schüren; **4.** *Kopf* vorstrecken, *Nase etc. wohin* stecken: ***she ~s her nose into everything*** sie steckt überall ihre Nase hinein; **5. *~ fun at s.o.*** sich über j-n lustig machen; **II** *v/i.* **6.** stoßen (**at** nach); stöbern (**into** in *dat.*): ***~ about*** (herum)tasten, -tappen (**for** nach); **7.** *fig.* a) *a.* ***~ and pry*** (herum)schnüffeln, b) sich einmischen (**into** in *acc.*); **8.** *a.* ***~ about*** F (her'um)trödeln, bummeln; **III** *s.* **9.** (Rippen)Stoß *m*, Puff *m*, Knuff *m*; **10.** *Am.* → ***slowpoke***.

poke² [pəʊk] *s. obs.* Spitztüte *f*; → ***pig*** 1.

poke bon·net *s.* Kiepe(nhut *m*) *f*.

pok·er¹ [ˈpəʊkə] *s.* Schürhaken *m*: ***be as stiff as a ~*** steif wie ein Stock sein.

pok·er² [ˈpəʊkə] *s.* Poker(spiel) *n*.

pok·er| face *s.* Pokergesicht *n* (*unbewegtes, undurchdringliches Gesicht, a. Person*); **~ work** *s.* Brandmaleˈrei *f*.

pok·y [ˈpəʊkɪ] *adj.* **1.** eng, winzig; **2.** ˈuneleˌgant: ***~ dress***; **3.** langweilig, ‚lahm' (*a. Mensch*).

po·lar [ˈpəʊlə] **I** *adj.* □ **1.** poˈlar (*a. phys.*, ♈), Polar...: ***~ air*** Polarluft *f*, polare Kaltluft; ***~ fox*** Polarfuchs *m*; ***~ lights*** Polarlicht *n*; ***ℒ Sea*** Polar-, Eismeer *n*; **2.** *fig.* poˈlar, genau entgegengesetzt (wirkend); **II** *s.* **3.** ♈ Poˈlare *f*; **~ ax·is** *s.* [*irr.*] ♈, *ast.* Poˈlarachse *f*; **~ bear** *s. zo.* Eisbär *m*; **~ cir·cle** *s. geogr.* Poˈlarkreis *m*.

po·lar·i·ty [pəʊˈlærətɪ] *s. phys.* Polariˈtät *f* (*a. fig.*): ***~ indicator*** ↯ Polsucher *m*; **po·lar·i·za·tion** [ˌpəʊlərаɪˈzeɪʃn] *s.* ↯, *phys.* Polarisatiˈon *f*; *fig.* Polarisierung *f*; **po·lar·ize** [ˈpəʊləraɪz] *v/t.* ↯, *phys.* polarisieren (*a. fig.*); **po·lar·iz·er** [ˈpəʊləraɪzə] *s. phys.* Polariˈsator *m*.

pole¹ [pəʊl] **I** *s.* **1.** Pfosten *m*, Pfahl *m*; **2.** (*Bohnen-, Telegrafen-, Zelt- etc.*) Stange *f*; (*sport* Sprung)Stab *m*; (Wagen)Deichsel *f*; ↯ (Leitungs)Mast *m*; (Ski)Stock *m*: ***~ jumper*** *sport* Stabhochspringer *m*; ***be up the ~*** *sl.* a) in der Tinte sitzen, b) verrückt sein; **3.** ⚓ a) Flaggenmast *m*, b) Schifferstange *f*: ***under bare ~s*** ⚓ vor Topp und Takel; **4.** (Mess)Rute *f* (*5,029 Meter*); **II** *v/t.* **5.** *Boot* staken; **6.** *Bohnen etc.* stängen.

pole² [pəʊl] *s.* **1.** *ast., biol., geogr., phys.* Pol *m*: ***celestial ~*** Himmelspol; ***the North*** (***South***) ***ℒ*** der Nordpol (Südpol); ***negative ~*** *phys.* negativer Pol, ↯ *a.* Kat(h)ode *f*; → ***positive*** 8; **2.** *fig.* Gegenpol *m*, entgegengesetztes Exˈtrem: ***they are ~s apart*** Welten trennen sie.

Pole³ [pəʊl] *s.* Pole *m*, Polin *f*.

pole| aer·i·al *s.* ˈStabanˌtenne *f*; **ˈ~·ax(e)** *s.* **1.** Streitaxt *f*; **2.** ⚓ a) *hist.* Enterbeil *n*, b) Kappbeil *n*; **3.** Schlächterbeil *n*; **ˈ~·cat** *s. zo.* **1.** Iltis *m*; **2.** *Am.* Skunk *m*; **~ chang·er** *s.* ↯ Polwechsler *m*; **~ charge** *s.* ✕ gestreckte Ladung; **~ jump** *etc.* → ***pole vault*** *etc.*

po·lem·ic [pɒˈlemɪk] **I** *adj.* (□ **~ally**) **1.** poˈlemisch, Streit...; **II** *s.* **2.** Poˈlemiker (-in); **3.** Poˈlemik *f*; **poˈlem·i·cist** [-ɪsɪst] *s.* Poˈlemiker(in); **poˈlem·ics** [-ks] *s. pl. sg. konstr.* Poˈlemik *f*.

pole| star *s. ast.* Poˈlarstern *m*; *fig.* Leitstern *m*; **~ vault** *s. sport* Stabhochsprung *m*; **ˈ~-vault** *v/i. sport* stabhochspringen; **~ vault·er** *s. sport* Stabhochspringer *m*.

po·lice [pəˈliːs] **I** *s.* **1.** Poliˈzei(behörde, -truppe) *f*; **2.** *coll. pl. konstr.* Poliˈzei *f*, *einzelne* Poliˈzisten *pl.*: ***five ~***; **3.** ✕ *Am.* Ordnungsdienst *m*: ***kitchen ~*** Küchendienst; **II** *v/t.* **4.** (poliˈzeilich) überˈwachen; **5.** *fig.* kontrollieren, überˈwachen; **6.** ✕ *Am. Kaserne etc.* säubern, in Ordnung halten; **III** *adj.* **7.** poliˈzeilich, Polizei...(*-gericht, -gewalt, -staat etc.*): **~ blot·ter** *s. Am.* Dienstbuch *n*; **~ car** *s.* Poliˈzeiauto *n*; **~ con·sta·ble** → ***policeman*** 1; **~ dog** *s.* **1.** Poliˈzeihund *m*; **2.** (Deutscher) Schäferhund; **~ force** *s.* Poliˈzei(truppe) *f*; **~·man** [-mən] *s.* [*irr.*] **1.** Poliˈzist *m*, Schutzmann *m*; **2.** *zo.* Solˈdat *m* (*Ameise*); **~ mes·sage** *s. Radio*: a) ˈDurchsage *f* der Poliˈzei, b) Reiseruf *m*; **~ of·fi·cer** *s.* Poliˈzeibeamte(r) *m*, Poliˈzist *m*; **~ rec·ord** *s.* ˈVorstrafenreˌgister *n*; **~ sta·tion** *s.* Poliˈzeiwache *f*, -reˌvier *n*; **~ trap** *s.* Autofalle *f*; **~ˌwoman** *s.* [*irr.*] Poliˈzistin *f*.

pol·i·clin·ic [ˌpɒlɪˈklɪnɪk] *s.* ⚕ Poliklinik *f*, Ambuˈlanz *f*.

pol·i·cy¹ [ˈpɒlɪsɪ] *s.* **1.** Verfahren(sweise *f*) *n*, Taktik *f*, Poliˈtik *f*: ***marketing ~*** ☿ Absatzpolitik *e-r Firma*; ***honesty is the best ~*** ehrlich währt am längsten; ***the best ~ would be to*** (*inf.*) das Beste *od.* Klügste wäre, zu (*inf.*); **2.** Poliˈtik *f* (*Wege u. Ziele der Staatsführung*), poˈlitische Linie: ***foreign ~*** Außenpolitik; ***~ adviser*** (politischer) Berater; **3. *public ~*** ⚖ Rechtsordnung *f*: ***against public ~*** sittenwidrig; **4.** Klugheit *f*: a) Zweckmäßigkeit *f*, b) Schlauheit *f*.

pol·i·cy² [ˈpɒlɪsɪ] *s.* **1.** (Verˈsicherungs-) Poˌlice *f*, Versicherungsschein *m*; **2.** *a.* ***~ racket*** *Am.* Zahlenlotto *n*; **ˈ~ˌhold·er** *s.* Versicherungsnehmer(in), Poˈliceninhaber(in); **ˈ~-ˌmak·ing** *adj.* die Richtlinien der Poliˈtik bestimmend.

pol·i·o [ˈpəʊlɪəʊ] *s.* ⚕ F **1.** Polio *f*; **2.** Poliofall *m*.

pol·i·o·my·e·li·tis [ˌpəʊlɪəʊmaɪəˈlaɪtɪs] *s.* ⚕ spiˈnale Kinderlähmung, Poliomyeˈlitis *f*.

Pol·ish¹ [ˈpəʊlɪʃ] **I** *adj.* polnisch; **II** *s. ling.* Polnisch *n*.

pol·ish² [ˈpɒlɪʃ] **I** *v/t.* **1.** polieren, glätten; *Schuhe etc.* wichsen; ⚙ abschleifen, -schmirgeln, glanzschleifen; **2.** *fig.* abschleifen, verfeinern: ***~ off*** F a) *Gegner* ‚erledigen', b) *Arbeit* ‚hinhauen' (*schnell erledigen*), c) *Essen* ‚wegputzen', ‚verdrücken' (*verschlingen*); ***~ up*** aufpolieren (*a. fig. Wissen auffrischen*); **II** *v/i.* **3.** glänzend werden; sich polieren lassen; **III** *s.* **4.** Poliˈtur *f*, (Hoch)Glanz *m*, Glätte *f*: ***give s.th. a ~*** et. polieren; **5.** Poliermittel *n*, Poliˈtur *f*; Schuhcreme *f*; Bohnerwachs *n*; **6.** *fig.* Schliff *m* (*feine Sitten*); **7.** *fig.* Glanz *m*; **ˈpol·ished** [-ʃt] *adj.* **1.** poliert, glatt, glänzend; **2.** *fig.* geschliffen: a) höflich, b) gebildet, fein, c) brilˈlant; **ˈpol·ish·er** [-ʃə] *s.* **1.** Polierer *m*, Schleifer *m*; **2.** ⚙ a) Polierfeile *f*, -stahl *m*, -scheibe *f*, -bürste *f*, b) Poˈliermaˌschine *f*; **3.** Poliermittel *n*, Poliˈtur *f*; **ˈpol·ish·ing** [-ʃɪŋ] **I** *s.* Polieren *n*, Glätten *n*, Schleifen *n*; **II** *adj.* Polier..., Putz...: ***~ file*** Polierfeile *f*; ***~ powder*** Polier-, Schleifpulver *n*; ***~ wax*** Bohnerwachs *n*.

po·lite [pəˈlaɪt] *adj.* □ **1.** höflich, artig (**to** gegen); **2.** verfeinert, fein: ***~ arts*** schöne Künste; ***~ letters*** schöne Literatur, Belletristik *f*; **poˈlite·ness** [-nɪs] *s.* Höflichkeit *f*.

pol·i·tic [ˈpɒlɪtɪk] *adj.* □ **1.** diploˈmatisch; **2.** *fig.* diploˈmatisch, (welt)klug, berechnend, poˈlitisch; **3.** poˈlitisch: ***body ~*** Staatskörper *m*; **po·lit·i·cal** [pəˈlɪtɪkl] *adj.* □ **1.** poˈlitisch: ***~ correctness*** Poˈlitical Correctness *f*, politische Korrektheit *f*; ***~ly correct*** politisch korrekt (*Wortwahl*); ***~ economy*** Volkswirtschaft *f*; ***~ science*** Politologie *f*; ***~ scientist*** Politologe *m*, Politikwissenschaftler *m*; ***a ~ issue*** ein Politikum; **2.** staatlich, Staats...: ***~ system*** Regierungssystem *n*; **pol·i·ti·cian** [ˌpɒlɪˈtɪʃn] *s.* **1.** Poˈlitiker *m*; **2.** a) (Parˈtei)Poˌlitiker *m* (*a. contp.*), b) *Am.* poˈlitischer Opportuˈnist; **po·lit·i·cize** [pəˈlɪtɪsaɪz] *v/i. u. v/t. allg.* politisieren; **po·lit·i·co** [pəˈlɪtɪkəʊ] *pl.* **-cos** *Am.* F *für* ***politician*** 2.

po·lit·i·co- [pəlɪtɪkəʊ] *in Zssgn* poli-

P

tisch-...: *~-economical* wirtschaftspolitisch.

pol·i·tics ['pɒlɪtɪks] *s. pl. oft sg. konstr.* **1.** Poli'tik *f*, Staatskunst *f*; **2.** (Par'tei-, 'Staats)Poli,tik: ***enter ~*** ins politische Leben (ein)treten; **3.** po'litische Über'zeugung *od.* Richtung: ***what are his ~?*** wie ist er politisch eingestellt?; **4.** *fig.* (Inter'essen)Poli,tik *f*; **5.** *Am.* (po'litische) Machenschaften *pl.*: ***play ~*** Winkelzüge machen, manipulieren; **'pol·i·ty** [-ɪtɪ] *s.* **1.** Regierungsform *f*, Verfassung *f*, politische Ordnung; **2.** Staats-, Gemeinwesen *n*, Staat *m*.

pol·ka ['pɒlkə] **I** *s.* ♪ Polka *f*; **II** *v/i.* Polka tanzen; *~* **dot** *s.* Punktmuster *n* (*auf Textilien*).

poll¹ [pəʊl] **I** *s.* **1.** *bsd. dial. od. humor.* (Hinter)Kopf *m*; **2.** ('Einzel)Per,son *f*; **3.** Abstimmung *f*, Stimmabgabe *f*, Wahl *f*: ***poor ~*** geringe Wahlbeteiligung; **4.** Wählerliste *f*; **5.** a) Stimmenzählung *f*, b) Stimmenzahl *f*; **6.** *mst pl.* 'Wahllo,kal *n*: ***go to the ~s*** zur Wahl (-urne) gehen; **7.** (Ergebnis *n* e-r) ('Meinungs),Umfrage *f*; **II** *v/t.* **8.** *Haar etc.* stutzen, (*a. Tier*) scheren; *Baum* kappen; *Pflanze* köpfen; *e-m Rind* die Hörner stutzen; **9.** in die Wahlliste eintragen; **10.** *Wahlstimmen* erhalten, auf sich vereinigen; **11.** *Bevölkerung* befragen; **III** *v/i.* **12.** s-e Stimme abgeben, wählen: *~* ***for*** stimmen für.

poll² [pɒl] *s. univ. Brit. sl.* **1.** *coll.* ***the ~*** *Studenten, die sich nur auf den* ***poll degree*** (→ 2) vorbereiten; **2.** *a.* ***~ examination*** (leichteres) Bakkalaure'atsex,amen: ***~ degree*** *nach Bestehen dieses Examens erlangter Grad.*

poll³ [pəʊl] **I** *adj.* hornlos: ***~ cattle***; **II** *s.* hornloses Rind.

pol·lack ['pɒlək] *pl.* **-lacks**, *bsd. coll.* **-lack** *s.* Pollack *m*, Steinköhler *m* (*Dorsch*).

pol·lard ['pɒləd] **I** *s.* **1.** gekappter Baum; **2.** *zo.* a) hornloses Tier, b) Hirsch, der sein Geweih abgeworfen hat; **3.** (Weizen)Kleie *f*; **II** *v/t.* **4.** *Baum etc.* kappen, stutzen.

'poll·book *s.* Wählerliste *f*.

pol·len ['pɒlən] *s.* ⚘ Pollen *m*, Blütenstaub *m*: ***~ catarrh*** Heuschnupfen *m*; ***~ sac*** Pollensack *m*; ***~ count*** Pollenwerte *pl.*; ***a high ~ count*** starker Pollenflug; ***~ tube*** Pollenschlauch *m*; **'pol·li·nate** [-neɪt] *v/t. bot.* bestäuben, befruchten.

poll·ing ['pəʊlɪŋ] **I** *s.* **1.** Wählen *n*, Wahl *f*; **2.** Wahlbeteiligung *f*: ***heavy*** (***poor***) ***~*** starke (geringe) Wahlbeteiligung; **II** *adj.* **3.** Wahl...: ***~ booth*** Wahlzelle *f*; ***~ district*** Wahlkreis *m*; ***~ place*** *Am.*, ***~ station*** *bsd. Brit.* Wahllokal *n*.

pol·lock ['pɒlək] → ***pollack***.

poll·ster ['pəʊlstə] *s.* Meinungsforscher(in).

poll tax *s.* Kopfsteuer *f*, -geld *n*.

pol·lu·tant [pə'lu:tənt] *s.* Schadstoff *m*; **pol·lute** [pə'lu:t] *v/t.* **1.** beflecken (*a. fig. Ehre etc.*), beschmutzen; **2.** *Wasser etc.* verunreinigen, *Umwelt etc.* verschmutzen; **3.** *fig.* besudeln; *eccl.* entweihen; *moralisch* verderben; **pol'lut·er** [-tə] *s.* 'Umweltverschmutzer *m*, -sünder *m*: ***~ pays principle*** Verursacherprinzip *n* (*bei Bereinigung von Umweltschäden*); **pol'lu·tion** [-u:ʃn] *s.* **1.** Befleckung *f*, Verunreinigung *f* (*a. fig.*); **2.** *fig.* Entweihung *f*, Schändung *f*; **3.** *physiol.* Polluti'on *f*; **4.** ('Umwelt-, Luft-, Wasser)Verschmutzung *f*: ***~ control*** Umweltschutz *m*; ***~ level*** Schadstoffbelastung *f*; **pol'lu·tive** [-tɪv] *adj.* 'umweltverschmutzend, -feindlich.

po·lo ['pəʊləʊ] *s. sport* Polo *n*: ***~*** (***neck***) Rollkragen(pullover) *m*; ***~ shirt*** Polohemd *n*.

po·lo·ny [pə'ləʊnɪ] *s.* grobe Zerve'latwurst.

pol·troon [pɒl'tru:n] *s.* Feigling *m*.

poly- [pɒlɪ] *in Zssgn* Viel..., Mehr..., Poly...; **pol·y·an·drous** [,pɒlɪ'ændrəs] *adj.* ⚘, *zo.*, *sociol.* poly'andrisch; **,pol·y·a'tom·ic** *adj.* ⚗ 'viel-, 'mehra,tomig; **,pol·y'bas·ic** *adj.* ⚗ mehrbasig; **,pol·y·chro'mat·ic** *adj.* (□ ***~ally***) viel-, mehrfarbig; **'pol·y·chrome I** *adj.* **1.** viel-, mehrfarbig, bunt: ***~ printing*** Bunt-, Mehrfarbendruck; **II** *s.* **2.** Vielfarbigkeit *f*; **3.** bunt bemalte Plastik; **,pol·y'clin·ic** *s.* Klinik *f* (für alle Krankheiten).

po·lyg·a·mist [pə'lɪgəmɪst] *s.* Polyga'mist(in); **po'lyg·a·mous** [-məs] *adj.* poly'gam(isch ⚘, *zo.*); **po'lyg·a·my** [-mɪ] *s.* Polyga'mie *f* (*a. zo.*), Mehrehe *f*, Vielweibe'rei *f*.

pol·y·glot ['pɒlɪglɒt] **I** *adj.* **1.** vielsprachig; **II** *s.* **2.** Poly'glotte *f* (*Buch in mehreren Sprachen*); **3.** Poly'glotte(r *m*) *f* (*Person*).

pol·y·gon ['pɒlɪgən] *s.* ⩜ a) Poly'gon *n*, Vieleck *n*, b) Polygo'nalzahl *f*: ***~ of forces*** *phys.* Kräftepolygon; **po·lyg·o·nal** [pɒ'lɪgənl] *adj.* polygo'nal, vieleckig.

po·lyg·y·ny [pə'lɪdʒɪnɪ] *s. allg.* Polygy'nie *f*.

pol·y·he·dral [,pɒlɪ'hedrl] *adj.* ⩜ poly'edrisch, vielflächig, Polyeder...; **,pol·y'he·dron** [-rən] *s.* ⩜ Poly'eder *n*.

pol·y·mer·ic [,pɒlɪ'merɪk] *adj.* ⚗ ,poly'mer; **po·lym·er·ism** [pə'lɪmərɪzəm] *s.* Polyme'rie *f*; **pol·y·mer·ize** [pə'lɪməraɪz] ⚗ **I** *v/t.* polymerisieren; **II** *v/i.* poly'mere Körper bilden.

pol·y·mor·phic [,pɒlɪ'mɔ:fɪk] *adj.* poly'morph, vielgestaltig.

Pol·y·ne·sian [,pɒlɪ'ni:zjən] **I** *adj.* **1.** poly'nesisch; **II** *s.* **2.** Poly'nesier(in); **3.** *ling.* Poly'nesisch *n*.

pol·y·no·mi·al [,pɒlɪ'nəʊmjəl] **I** *adj.* ⩜ poly'nomisch, vielglied(e)rig; **II** *s.* ⩜ Poly'nom *n*.

pol·yp(e) ['pɒlɪp] *s.* ✱, *zo.* Po'lyp *m*.

'pol·y·phase *adj.* ϟ mehrphasig: ***~ current*** Mehrphasen-, Drehstrom *m*; **,pol·y'phon·ic** [-'fɒnɪk] *adj.* **1.** vielstimmig, mehrtönig; **2.** ♪ poly'phon, kontra'punktisch; **3.** *ling.* pho'netisch mehrdeutig; **'pol·y·pod** [-pɒd] *s. zo.* Vielfüßer *m*.

pol·y·pus ['pɒlɪpəs] *pl.* **-pi** [-paɪ] *s.* **1.** *zo.* Po'lyp *m*, Tintenfisch *m*; **2.** ✱ Po'lyp *m*.

pol·y·sty·rene [,pɒlɪ'staɪri:n] *s.* ⚗ ,Polysty'rol *n*, *bsd.* ,Styro'por *TM n*.

,pol·y·syl'lab·ic *adj.* mehr-, vielsilbig; **'pol·y,syl·la·ble** *s.* vielsilbiges Wort; **,pol·y'tech·nic I** *adj.* poly'technisch; **II** *s.* poly'technische Schule, Poly'technikum *n*; **'pol·y·the·ism** *s.* Polythe'ismus *m*, Vielgötte'rei *f*; **pol·y·thene** ['pɒlɪθi:n] *s.* ⚗ Polyäthy'len *n*: ***~ bag*** Plastiktüte *f*; **,pol·y'trop·ic** *adj.* ⩜, *biol.* poly'trop(isch); **,pol·y'va·lent** *adj.* ⚗ polyva'lent, mehrwertig.

pol·y·zo·on [,pɒlɪ'zəʊɒn] *pl.* **-'zo·a** [-ə] *s.* Moostierchen *n*.

pom [pɒm] → ***pommy***.

po·made [pə'mɑ:d] **I** *s.* Po'made *f*; **II** *v/t.* pomadisieren, mit Po'made einreiben.

po·man·der [pəʊ'mændə] *s.* Duftkugel *f*.

po·ma·tum [pəʊ'meɪtəm] → ***pomade***.

pome [pəʊm] *s.* **1.** ⚘ Apfel-, Kernfrucht *f*; **2.** *hist.* Reichsapfel *m*.

pome·gran·ate ['pɒmɪ,grænɪt] *s.* **1.** *a.* ***~ tree*** Gra'natapfelbaum *m*; **2.** *a.* ***~ apple*** Gra'natapfel *m*.

Pom·er·a·nian [,pɒmə'reɪnjən] **I** *adj.* **1.** pommer(i)sch; **II** *s.* **2.** Pommer(in); **3.** *a.* ***~ dog*** Spitz *m*.

po·mi·cul·ture ['pəʊmɪ,kʌltʃə] *s.* Obstbaumzucht *f*.

pom·mel ['pʌml] **I** *s.* (Degen-, Sattel-, Turm)Knopf *m*, Knauf *m*; **II** *v/t.* mit den Fäusten bearbeiten, schlagen.

pom·my ['pɒmɪ] *s. sl. brit.* Einwanderer *m* (in Au'stralien *od.* Neu'seeland).

pomp [pɒmp] *s.* Pomp *m*, Prunk *m*.

pom·pon ['pɔ̃:mpɔ̃:ŋ] (*Fr.*) *s.* Troddel *f*, Quaste *f*.

pom·pos·i·ty [pɒm'pɒsətɪ] *s.* **1.** Prunk *m*; Pomphaftigkeit *f*, Prahle'rei *f*; wichtigtuerisches Wesen; **2.** Bom'bast *m*, Schwülstigkeit *f* (*im Ausdruck*); **pomp·ous** ['pɒmpəs] *adj.* □ **1.** pom'pös, prunkvoll; **2.** wichtigtuerisch, aufgeblasen; **3.** bom'bastisch, schwülstig (*Sprache*).

ponce [pɒns] *Brit. sl.* **I** *s.* **1.** Zuhälter *m*; **2.** ,Homo' *m*; **II** *v/i.* **3.** Zuhälter sein; **'ponc·ing** [-sɪŋ] *s. Brit. sl.* Zuhälte'rei *f*.

pon·cho ['pɒntʃəʊ] *pl.* **-chos** [-z] *s.* Poncho *m*, 'Umhang *m*.

pond [pɒnd] *s.* Teich *m*, Weiher *m*: ***horse ~*** Pferdeschwemme *f*; ***big ~*** ,Großer Teich' (*Atlantik*).

pon·der ['pɒndə] **I** *v/i.* nachdenken, -sinnen, (nach)grübeln (***on***, ***upon***, ***over*** über *acc.*): ***~ over s.th.*** et. überlegen; **II** *v/t.* über'legen, nachdenken über (*acc.*): ***~ one's words*** s-e Worte abwägen; ***~ing silence*** nachdenkliches Schweigen; **pon·der·a·bil·i·ty** [,pɒndərə'bɪlətɪ] *s. phys.* Wägbarkeit *f*; **'pon·der·a·ble** [-dərəbl] *adj.* wägbar (*a. fig.*); **pon·der·os·i·ty** [,pɒndə'rɒsətɪ] *s.* **1.** Gewicht *n*, Schwere *f*, Gewichtigkeit *f*; **2.** *fig.* Schwerfälligkeit *f*; **'pon·der·ous** [-dərəs] *adj.* □ **1.** schwer, massig, gewichtig; **2.** *fig.* schwerfällig (*Stil*); **'pon·der·ous·ness** [-dərəsnɪs] → ***ponderosity***.

pone¹ [pəʊn] *s. Am.* Maisbrot *n*.

po·ne² ['pəʊnɪ] *s. Kartenspiel*: **1.** Vorhand *f*; **2.** Spieler, der abhebt.

pong [pɒŋ] **I** *s.* **1.** dumpfes Dröhnen; **2.** *Br. sl.* Gestank *m*, ,Mief' *m*; **II** *v/i.* **3.** dröhnen; **4.** *Br. sl.* stinken; **5.** *sl. thea.* improvisieren.

pon·tiff ['pɒntɪf] *s.* **1.** Hohe'priester *m*; **2.** Papst *m*; **pon·tif·i·cal** [pɒn'tɪfɪkl] *adj.* □ **1.** *antiq.* (ober)priesterlich; **2.** *R.C.* pontifi'kal: a) bischöflich, b) *bsd.* päpstlich: ***~ Mass*** Pontifikalamt *n*; **3.** *fig.* a) feierlich, würdig, b) päpstlich, über'heblich; **pon·tif·i·cate I** *s.* [pɒn'tɪfɪkət] Pontifi'kat *n*; **II** *v/i.* [-keɪt] a) sich päpstlich gebärden, b) ***~*** (***on***) sich dogmatisch auslassen (über *acc.*); **'pon·ti·fy** [-ɪfaɪ] → ***pontificate*** II.

pon·toon¹ [pɒn'tu:n] *s.* **1.** Pon'ton *m*, Brückenkahn *m*: ***~ bridge*** Ponton-, Schiffsbrücke *f*; ***~ train*** ⚔ Brückenkolonne *f*; **2.** ⚓ Kielleichter *m*, Prahm *m*; **3.** ✈ Schwimmer *m*.

pon·toon² [pɒn'tu:n] *s. Brit.* 'Siebzehnund'vier *n* (*Kartenspiel*).

po·ny ['pəʊnɪ] **I** *s.* **1.** *zo.* Pony *n*: a) kleines Pferd, b) *Am. a.* Mustang *m*, c) *pl. sl.* Rennpferde *pl.*; **2.** *Brit. sl.* £ 25; **3.** *Am.* F ,Klatsche' *f*, Eselsbrücke *f* (*Übersetzungshilfe*); **4.** *Am.* F a) klei-

P

nes (Schnaps- *etc.*)Glas, b) Gläs-chen *n* Schnaps *etc.*; **5.** *Am.* et. ‚im 'Westentaschenfor,mat', Miniatur... (*z.B. Auto, Zeitschrift*); **II** *v/t.* **6.** ~ **up** *Am. sl.* berappen, bezahlen; ~ **en·gine** *s.* Rangierlokomo,tive *f*; ~ **tail** *s.* Pferdeschwanz *m* (*Frisur*).

pooch [puːtʃ] *s. Am. sl.* Köter *m.*

poo·dle ['puːdl] *s. zo.* Pudel *m.*

poof [puːf] *Brit. sl.* ‚Schwule(r)' *m*, ‚Homo' *m.*

pooh [puː] *int. contp.* pah!; ,~-'**pooh** *v/t.* geringschätzig behandeln, *et.* als unwichtig abtun, die Nase rümpfen über (*acc.*), *et.* verlachen.

pool¹ [puːl] *s.* **1.** Teich *m*, Tümpel *m*; **2.** Pfütze *f*, Lache *f*: ~ **of blood** Blutlache; **3.** (Schwimm)Becken *n*; **4.** *geol.* pe'troleumhaltige Ge'steinspar,tie; **5.** ⚙ Schmelzbad *n.*

pool² [puːl] **I** *s.* **1.** *Kartenspiel*: a) (Gesamt)Einsatz *m*, b) (Spiel)Kasse *f*; **2.** *mst pl.* (Fußball- *etc.*)Toto *m*, *n*: ~**s coupon** *Brit.* Tippschein *m* (*im Toto*); **3.** *Billard*: a) *Brit.* Poulespiel *n* (*mit Einsatz*), b) *Am.* Poolbillard *n*; **4.** *fenc.* Ausscheidungsrunde *f*; **5.** ✝ a) Pool *m*, Kar'tell *n*, Ring *m*, Inter'essengemeinschaft *f*, b) *a.* **working** ~ Arbeitsgemeinschaft *f*, c) (Preis- *etc.*)Abkommen *n*; **6.** ✝ gemeinsamer Fonds; **7.** ~ (**of players**) *sport* a) Kader *m*, b) Aufgebot *n*, Auswahl *f*; **II** *v/t.* **8.** ✝ *Geld, Kapital* zs.-legen: ~ **funds** zs.-schießen; *Gewinn* unterein'ander (ver)teilen; *Geschäftsrisiko* verteilen; **9.** ✝ zu e-m Ring vereinigen; **10.** *fig. Kräfte, Wissen etc.* vereinigen, zs.-tun; **III** *v/i.* **11.** ein Kar'tell bilden; '~·**room** *s. Am.* **1.** Billardzimmer *n*; **2.** 'Spielsa,lon *m*; **3.** Wettannahmestelle *f.*

poop¹ [puːp] ⚓ **I** *s.* **1.** Heck *n*; **2.** *a.* ~ **deck** Achterdeck *n*; **3.** *obs.* Achterhütte *f*; **II** *v/t.* **4.** *Schiff* von hinten treffen (*Sturzwelle*): **be** ~**ed** e-e Sturzsee von hinten bekommen.

poop² [puːp] **I** *v/i.* **1.** tuten; **2.** ‚pupen', furzen; **II** *v/t.* **3.** *sl. j-n* ‚auspumpen': ~**ed** (**out**) ‚fix u. fertig'.

poor [pʊə] **I** *adj.* □ → **poorly** II; **1.** arm, mittellos, (unter'stützungs)bedürftig: ~ **person** ⚖ Arme(r *m*) *f*; **2.** *fig.* arm(selig), ärmlich, dürftig (*Kleidung, Mahlzeit etc.*); **3.** dürr, mager (*Boden, Erz, Vieh etc.*), schlecht, unergiebig (*Ernte etc.*): ~ **coal** Magerkohle *f*; **4.** *fig.* arm (**in** an *dat.*); schlecht, mangelhaft, schwach (*Gesundheit, Leistung, Spieler, Sicht, Verständigung etc.*): ~ **consolation** schwacher Trost; **a** ~ **lookout** schlechte Aussichten; **a** ~ **night** e-e schlechte Nacht; **5.** *fig. contp.* jämmerlich, traurig: **in my** ~ **opinion** *iro.* m-r unmaßgeblichen Meinung nach; **6.** F arm, bedauernswert: ~ **me!** *humor.* ich Ärmste(r)!; **II** *s.* **7.** **the** ~ die Armen *pl.*; '~·**house** *s. hist.* Armenhaus *n*; ~ **law** *s. hist.* **1.** ⚖ Armenrecht *n*; **2.** *pl.* öffentliches Fürsorgerecht.

poor·ly ['pʊəlɪ] **I** *adj.* **1.** unpässlich, kränklich: **he looks** ~ er sieht schlecht aus; **II** *adv.* **2.** armselig, dürftig: **he is** ~ **off** es geht ihm schlecht; **3.** *fig.* schlecht, dürftig, schwach: ~ **gifted** schwach begabt; **think** ~ **of** nicht viel halten von; '**poor·ness** [-nɪs] *s.* **1.** Armut *f*, Mangel *m*; *fig.* Armseligkeit *f*, Ärmlichkeit *f*, Dürftigkeit *f*; **2.** ✓ Magerkeit *f*, Unfruchtbarkeit *f* (*des Bodens*); *min.* Unergiebigkeit *f.*

poove [puːv] *s.* → **poof**; '**poov·y** *adj.* ‚schwul'.

pop¹ [pɒp] **I** *v/i.* **1.** knallen, puffen, losgehen (*Flaschenkork, Feuerwerk etc.*); **2.** aufplatzen (*Kastanien, Mais*); **3.** F knallen, ‚ballern' (**at** auf *acc.*); **4.** *mit adv.* flitzen, huschen: ~ **in** hereinplatzen, auf e-n Sprung vorbeikommen (*Besuch*); ~ **off** F a) ‚abhauen', sich aus dem Staub machen, plötzlich verschwinden, b) einnicken, c) ‚abkratzen' (*sterben*), d) *Am. sl.* ‚das Maul aufreißen'; ~ **up** (plötzlich) auftauchen; **5.** *a.* ~ **out** aus den Höhlen treten (*Augen*); **II** *v/t.* **6.** knallen *od.* platzen lassen; *Am. Mais* rösten; **7.** F *Gewehr etc.* abfeuern; **8.** abknallen, -schießen; **9.** schnell *wohin* tun *od.* stecken: ~ **one's head in the door**; ~ **on** *Hut* aufstülpen; **10.** her'ausplatzen mit (*e-r Frage etc.*): ~ **the question** F (**to** *e-r Dame*) e-n Heiratsantrag machen; **11.** *Brit. sl.* versetzen, verpfänden; **III** *s.* **12.** Knall *m*, Puff *m*, Paff *m*; **13.** F Schuss *m*: **take a** ~ **at** schießen nach; **14.** *Am. sl.* Pi'stole *f*; **15.** *bsd. Am. kohlensäurehaltiges Getränk*: a) F Cola *f*, b) F ‚Limo' *f* (*Limonade*); **16. in** ~ *Brit. sl.* versetzt, verpfändet; **IV** *int.* **17.** puff!, paff!, husch!, zack!; **V** *adv.* **18.** a) mit e-m Knall, b) plötzlich: **go** ~ knallen, platzen.

pop² [pɒp] *s. Am.* F **1.** Pa'pa *m*, Papi *m*; **2.** ‚Opa' *m*, Alter *m.*

pop³ [pɒp] F **I** *s.* **1.** *a.* ~ **music** 'Schlager-, 'Popmu,sik *f*; **2.** *a.* ~ **song** Schlager *m*; **II** *adj.* **3.** Schlager...: ~ **group** Popgruppe *f*; ~ **singer** Schlager-, Popsänger(in).

pop⁴ [pɒp] → **popsicle**.

pop art *s. Kunst*: Pop-Art *f.*

'**pop·corn** *s.* Puffmais *m*, Popcorn *n.*

pope [pəʊp] *s. R.C.* Papst *m* (*a. fig.*): **is the** ♀ (**a**) **Catholic?** worauf du dich verlassen kannst!, da fragst du noch?; '**pope·dom** [-dəm] *s.* Papsttum *n*; '**pop·er·y** [-pərɪ] *s. contp.* Papiste'rei *f*, Pfaffentum *n.*

'**pop|·eyed** *adj.* F glotzäugig: **be** ~ Stielaugen machen (**with** vor *dat.*); '~·**gun** *s.* Kindergewehr *n*; ‚Knallbüchse' *f* (*a. fig. schlechtes Gewehr*).

pop·in·jay ['pɒpɪndʒeɪ] *s. obs.* Geck *m*, Laffe *m*, Fatzke *m.*

pop·ish ['pəʊpɪʃ] *adj.* □ *contp.* pa'pistisch.

pop·lar ['pɒplə] *s.* ♀ Pappel *f.*

pop·lin ['pɒplɪn] *s.* Pope'lin *m*, Pope'line *f* (*Stoff*).

pop·per ['pɒpə] *s.* F Druckknopf *m.*

pop·pet ['pɒpɪt] *s.* **1.** *obs. od. dial.* Püppchen *n* (*a. Kosewort*); **2.** ⚙ a) *a.* ~ **head** Docke *f e-r Drehbank*, b) *a.* ~ **valve** 'Schnüffelven,til *n.*

pop·py ['pɒpɪ] *s.* **1.** ♀ Mohn(blume *f*) *m*; **2.** a) Mohnsaft *m*, b) Mohnrot *n*; '~·**cock** *s. Am.* F Quatsch *m*; ♀ **Day** *s. Brit.* F Volkstrauertag *m* (*Sonntag vor od. nach dem 11. November*); ~ **seed** *s.* Mohn(samen) *m.*

pops [pɒps] → **pop²** 2.

pop·si·cle ['pɒpsɪkl] *s. Am.* Eis *n* am Stiel.

pop·sy ['pɒpsɪ], *a.* ,~-'**wop·sy** [-'wɒpsɪ] *s.* ‚süße Puppe', ‚Mädchen' *n*, ‚Schatz' *m.*

pop·u·lace ['pɒpjʊləs] *s.* **1.** Pöbel *m*; **2.** (gemeines) Volk, *der* große Haufen.

pop·u·lar ['pɒpjʊlə] *adj.* □ → **popularly**; **1.** Volks...: ~ **election** allgemeine Wahl; ~ **front** *pol.* Volksfront *f*; ~ **government** Volksherrschaft *f*; **2.** allgemein, weit verbreitet (*Irrtum, Unzufriedenheit etc.*); **3.** popu'lär, (allgemein) beliebt (**with** bei): **the** ~ **hero** der Held des Tages; **make o.s.** ~ **with** sich bei *j-m* beliebt machen; **4.** a) popu'lär, volkstümlich, b) gemeinverständlich, Popular...: ~ **magazine** populäre Zeitschrift; ~ **music** volkstümliche Musik; ~ **newspaper** Boulevardblatt *n*; ~ **science** Popularwissenschaft *f*; ~ **song** Schlager *m*; ~ **writer** Volksschriftsteller(in); **5.** (für jeden) erschwinglich, Volks...: ~ **edition** Volksausgabe *f*; ~ **prices** volkstümliche Preise; **pop·u·lar·i·ty** [,pɒpjʊ'lærətɪ] *s.* Populari'tät *f*, Volkstümlichkeit *f*, Beliebtheit *f* (**with** bei, **among** unter *dat.*); '**pop·u·lar·ize** [-əraɪz] *v/t.* **1.** popu'lär machen, (*beim Volk*) einführen; **2.** popularisieren, volkstümlich *od.* gemeinverständlich darstellen; '**pop·u·lar·ly** [-lɪ] *adv.* **1.** allgemein; im Volksmund; **2.** populär, volkstümlich, gemeinverständlich.

pop·u·late ['pɒpjʊleɪt] *v/t.* bevölkern, besiedeln; **pop·u·la·tion** [,pɒpjʊ'leɪʃn] *s.* **1.** Bevölkerung *f*, Einwohnerschaft *f*: ~ **density** Bevölkerungsdichte *f*; ~ **explosion** Bevölkerungsexplosion *f*; **2.** Bevölkerungszahl *f*; **3.** Gesamtzahl *f*, Bestand *m*: **swine** ~ Schweinebestand (*e-s Landes*); '**pop·u·lous** [-ləs] *adj.* □ dicht besiedelt, volkreich; '**pop·u·lous·ness** [-ləsnɪs] *s.* dichte Besied(e)lung, Bevölkerungsdichte *f.*

por·ce·lain ['pɔːsəlɪn] **I** *s.* Porzel'lan *n*; **II** *adj.* Porzellan...: ~ **clay** *min.* Porzellanerde *f*, Kaolin *n.*

porch [pɔːtʃ] *s.* **1.** (über'dachte) Vorhalle, Por'tal *n*; **2.** *Am.* Ve'randa *f*: ~ **climber** *sl.* ‚Klettermaxe' *m*, Einsteigdieb *m.*

por·cine ['pɔːsaɪn] *adj.* **1.** *zo.* zur Fa'milie der Schweine gehörig; **2.** schweineartig; **3.** *fig.* schweinisch.

por·cu·pine ['pɔːkjʊpaɪn] *s. zo.* Stachelschwein *n.*

pore¹ [pɔː] *v/i.* **1.** (**over**) brüten (über *dat.*): ~ **over one's books** über s-n Büchern hocken; **2.** (nach)grübeln (**on, upon** über *acc*).

pore² [pɔː] *s. biol. etc.* Pore *f.*

pork [pɔːk] *s.* **1.** Schweinefleisch *n*; **2.** *Am.* F *von der Regierung aus politischen Gründen gewährte (finanzielle) Begünstigung od. Stellung*; ~ **bar·rel** *s. Am.* F *politisch berechnete* Geldzuwendung *der Regierung*; ~ **butch·er** *s.* Schweineschlächter *m*; ~ **chop** *s.* 'Schweinekote,lett *n.*

pork·er ['pɔːkə] *s.* Mastschwein *n*; '**pork·ling** [-klɪŋ] *s.* Ferkel *n.*

pork pie *s.* 'Schweinefleischpa,stete *f.*

'**pork-pie hat** *s.* runder Filzhut.

pork·y¹ ['pɔːkɪ] *adj.* fett(ig), dick.

por·ky² ['pɔːkɪ] *s. Am.* F Stachelschwein *n.*

porn [pɔːn], **por·no** ['pɔːnəʊ] *sl.* **I** *s.* **1.** Porno(gra'phie *f*) *m*; **2.** Porno(film) *m*; **II** *adj.* **3.** → **pornographic**.

por·no·graph·ic [,pɔːnəʊ'græfɪk] *adj.* porno'graphisch, Porno...: ~ **film** Porno(film) *m*; **por·nog·ra·phy** [pɔː'nɒgrəfɪ] *s.* Pornogra'phie *f.*

por·ny ['pɔːnɪ] *adj. sl.* → **pornographic**.

po·ros·i·ty [pɔː'rɒsətɪ] *s.* **1.** Porosi'tät *f*, ('Luft-, 'Wasser),Durchlässigkeit *f*; **2.** Pore *f*, po'röse Stelle; **po·rous** ['pɔːrəs] *adj.* po'rös: a) löch(e)rig, porig, b) ('luft-, 'wasser),durchlässig.

por·poise ['pɔːpəs] *pl.* **-pois·es**, *coll.* **-poise** *s. zo.* **1.** Tümmler *m*; **2.** Del'phin *m.*

P

por·ridge ['pɒrɪdʒ] *s.* Porridge *n*, *m*, Hafer(flocken)brei *m*, -grütze *f*: ***pease*** ~ Erbsenbrei.

por·ri·go [pə'raɪgəʊ] *s.* ⚕ Grind *m*.

port[1] [pɔːt] *s.* **1.** ⚓, ✈ (See-, Flug)Hafen *m*: ***free*** ~ Freihafen; ***inner*** ~ Binnenhafen; ~ ***of call*** a) ⚓ Anlaufhafen, b) ✈ Anflughafen; ~ ***of delivery*** (*od.* ***discharge***) Löschhafen, -platz *m*; ~ ***of departure*** a) ⚓ Abgangshafen, b) ✈ Abflughafen; ~ ***of destination*** a) ⚓ Bestimmungshafen, b) ✈ Zielflughafen; ~ ***of entry*** Einlaufhafen; ~ ***of registry*** Heimathafen; ~ ***of tran(s)shipment*** Umschlaghafen; ***any*** ~ ***in a storm*** *fig.* in der Not frisst der Teufel Fliegen; **2.** Hafenplatz *m*, -stadt *f*; **3.** *fig.* (sicherer) Hafen, Ziel *n*: ***come safe to*** ~.

port[2] [pɔːt] ⚓ **I** *s.* Backbord(seite *f*) *n*: ***on the*** ~ ***beam*** an Backbord dwars; ***on the*** ~ ***bow*** an Backbord voraus; ***on the*** ~ ***quarter*** Backbord achtern; ***cast to*** ~ nach Backbord abfallen; **II** *v/t. Ruder* nach der Backbordseite 'umlegen; **III** *v/i.* nach Backbord drehen (*Schiff*); **IV** *adj.* a) ⚓ Backbord..., b) ✈ link.

port[3] [pɔːt] *s.* **1.** Tor *n*, Pforte *f*; ***city*** ~ Stadttor; **2.** ⚓ a) (Pfort-, Lade)Luke *f*, b) (Schieß)Scharte *f* (*a.* ⚔ *Panzer*); **3.** ⚙ (Auslass-, Einlass)Öffnung *f*, Abzug *m*; **4.** ⚡ Anschlussbuchse *f*.

port[4] [pɔːt] *s.* Portwein *m*.

port[5] [pɔːt] *v/t.* **1.** *obs.* tragen; **2.** ⚔ *Am.* ~ ***arms!*** Gewehr in Schräghalte nach links!

port·a·ble ['pɔːtəbl] **I** *adj.* **1.** tragbar: ~ ***radio*** (***set***) a) → 3a, b) ⚔ Tornisterfunkgerät; ~ ***typewriter*** → 4; **2.** transpor'tabel, beweglich: ~ ***derrick*** fahrbarer Kran; ~ ***firearm*** Handfeuerwaffe *f*; ~ ***railway*** Feldbahn *f*; ~ ***searchlight*** Handscheinwerfer *m*; **II** *s.* **3.** a) Kofferradio *n*, b) Portable *m*, *n*, tragbares Fernsehgerät, c) Phonokoffer *m*, d) Koffertonbandgerät *n*; **4.** 'Reiseschreibma,schine *f*.

por·tage ['pɔːtɪdʒ] *s.* **1.** (*bsd.* 'Trage-) Trans,port *m*; **2.** ✝ Fracht *f*, Rollgeld *n*; **3.** ⚓ a) Por'tage *f*, Trageplatz *m*, b) Tragen *n* (*von Kähnen etc.*) über e-e Portage.

por·tal[1] ['pɔːtl] *s.* **1.** ⚠ Por'tal *n*, (Haupt)Eingang *m*, Tor *n*: ~ ***crane*** ⚙ Portalkran *m*; **2.** *poet.* Pforte *f*, Tor *n*: ~ ***of heaven***; **3.** *Computer*: Portal *n*, Startseite *f* (*mit Themenauswahl*).

por·tal[2] ['pɔːtl] *anat.* **I** *adj.* Pfort (-ader)...; **II** *s.* Pfortader *f*.

,por·tal-to-'por·tal pay *s.* ✝ *Arbeitslohn, berechnet für die Zeit vom Betreten der Fabrik etc. bis zum Verlassen.*

port·cul·lis [,pɔːt'kʌlɪs] *s.* ⚔ *hist.* Fallgatter *n*.

por·tend [pɔː'tend] *v/t.* vorbedeuten, anzeigen, deuten auf (*acc.*); **por·tent** ['pɔːtent] *s.* **1.** Vorbedeutung *f*; **2.** (*bsd.* schlimmes) (Vor-, An)Zeichen, Omen *n*; **3.** Wunder *n* (*Sache od. Person*); **por'ten·tous** [-ntəs] *adj.* ☐ **1.** omi'nös, unheil-, verhängnisvoll; **2.** ungeheuer, wunderbar, *a. humor.* unheimlich.

por·ter[1] ['pɔːtə] *s.* a) Pförtner *m*, b) Por'tier *m*.

por·ter[2] ['pɔːtə] *s.* **1.** 🚂 (Gepäck)Träger *m*, Dienstmann *m*; **2.** 🚂 *Am.* (Schlafwagen)Schaffner *m*.

por·ter[3] ['pɔːtə] *s.* Porter(bier *n*) *m*.

'por·ter·house *s.* **1.** *obs.* Bier-, Speisehaus *n*; **2.** *a.* ~ ***steak*** Porterhousesteak *n*.

'port|,fire *s.* ⚔ Zeitzündschnur *f*, Lunte *f*; **,~'fo·li·o** *s.* **1.** a) Aktentasche *f*, (*a.* Künstler- *etc.*)Mappe *f*, b) Porte'feuille *n* (*für Staatsdokumente*); **2.** *fig.* (Mi'nister)Porte,feuille *n*: ***without*** ~ ohne Geschäftsbereich; **3.** ✝ ('Wechsel-) Porte,feuille *n*; **'~·hole** *s.* **1.** ⚓ a) (Pfort)Luke *f*, b) Bullauge *n*; **2.** ⚙ → ***port***[3] 3.

por·ti·co ['pɔːtɪkəʊ] *pl.* **-cos** *s.* ⚠ Säulengang *m*.

por·tion ['pɔːʃn] **I** *s.* **1.** (An)Teil *m* (**of** an *dat.*); **2.** Porti'on *f* (*Essen*); **3.** Teil *m*, Stück *n* (*Buch, Gebiet, Strecke etc.*); **4.** Menge *f*, Quantum *n*; **5.** ⚖ a) Mitgift *f*, Aussteuer *f*, b) Erbteil *n*: ***legal*** ~ Pflichtteil *n*; **6.** *fig.* Los *n*, Schicksal *n*; **II** *v/t.* **7.** aufteilen: ~ ***out*** aus-, verteilen; **8.** zuteilen; **9.** *Tochter* aussteuern.

port·li·ness ['pɔːtlɪnɪs] *s.* **1.** Stattlichkeit *f*; **2.** Wohlbeleibtheit *f*; **port·ly** ['pɔːtlɪ] *adj.* **1.** stattlich, würdevoll; **2.** wohlbeleibt.

port·man·teau [,pɔːt'mæntəʊ] *pl.* **-s** *u.* **-x** [-z] *s.* **1.** Handkoffer *m*; **2.** *obs.* Mantelsack *m*; **3.** *mst* ~ ***word*** *ling.* Schachtelwort *n*.

por·trait ['pɔːtrɪt] *s.* **1.** a) Por'trät *n*, Bild(nis) *n*, b) *phot.* Por'trät(aufnahme *f*) *n*; ***take s.o.'s*** ~ j-n porträtieren *od.* malen; → ***sit for*** 3; **2.** *fig.* Bild *n*, (lebenswahre) Schilderung *f*; **'por·trait·ist** [-tɪst] *s.* Por'trätmaler(in); **'por·trai·ture** [-tʃə] *s.* **1.** → ***portrait***; **2.** a) Por'trätmale,rei *f*, b) *phot.* Por'trätfotogra,fie *f*; **por·tray** [pɔː'treɪ] *v/t.* **1.** porträ'tieren, (ab)malen; **2.** *fig.* schildern, darstellen; **por·tray·al** [pɔː'treɪəl] *s.* **1.** Porträtieren *n*; **2.** Por'trät *n*; **3.** *fig.* Schilderung *f*.

Por·tu·guese [,pɔːtjʊ'giːz] **I** *pl.* **-guese** *s.* **1.** Portu'giese *m*, Portu'giesin *f*; **2.** *ling.* Portu'giesisch *n*; **II** *adj.* **3.** portu'giesisch.

pose[1] [pəʊz] **I** *s.* **1.** Pose *f* (*a. fig.*), Posi'tur *f*, Haltung *f*; **II** *v/t.* **2.** aufstellen, in Posi'tur setzen; **3.** *Frage* stellen, aufwerfen; **4.** *Behauptung* aufstellen, *Anspruch* erheben; **5.** (***as***) hinstellen (als), ausgeben (für); **III** *v/i.* **6.** sich in Posi'tur setzen; **7.** a) *paint etc.* Mo'dell stehen *od.* sitzen, b) sich fotografieren lassen; **8.** posieren, sich in Pose werfen; **9.** auftreten *od.* sich ausgeben (***as*** als).

pose[2] [pəʊz] *v/t.* durch Fragen verwirren, verblüffen.

pos·er ['pəʊzə] *s.* **1.** → ***poseur***; **2.** ‚harte Nuss', knifflige Frage.

po·seur [pəʊ'zɜː] (*Fr.*) *s.* Po'seur *m*, ‚Schauspieler' *m*.

posh ['pɒʃ] *adj.* F ‚piekfein', ‚todschick', ‚feu'dal'.

pos·it ['pɒzɪt] *phls.* **I** *v/t.* postulieren; **II** *n* Postu'lat *n*.

po·si·tion [pə'zɪʃn] **I** *s.* **1.** Positi'on *f*, Lage *f*, Standort *m*; ⚙ (Schalt- *etc.*) Stellung *f*: ~ ***of the sun*** *ast.* Sonnenstand *m*; ***in*** (***out of***) ~ (nicht) in der richtigen Lage; **2.** *körperliche* Lage, Stellung *f*: ***horizontal*** ~; **3.** ⚓, ✈ Positi'on *f* (*a. sport*), ⚓ *a.* Besteck *n*: ~ ***lights*** a) ⚓, ✈ Positionslichter, b) *mot.* Begrenzungslichter; **4.** ⚔ Stellung *f*: ~ ***warfare*** Stellungskrieg *m*; **5.** (Arbeits-) Platz *m*, Stellung *f*, Posten *m*, Amt *n*: ***hold a responsible*** ~ e-e verantwortliche Stellung innehaben; **6.** *fig.* (sozi'ale) Stellung, (gesellschaftlicher) Rang: ***people of*** ~ Leute von Rang; **7.** *fig.* Lage *f*, Situati'on *f*: ***an awkward*** ~; ***be in a*** ~ ***to do s.th.*** in der Lage sein, et. zu tun; **8.** *fig.* (Sach)Lage *f*, Stand *m der Dinge*: ***financial*** ~ Finanzlage, Vermögensverhältnisse *pl.*; ***legal*** ~ Rechtslage; **9.** Standpunkt *m*, Haltung *f*: ***take up a*** ~ ***on a question*** zu e-r Frage Stellung nehmen; **10.** ⅌, *phls.* (Grund-, Lehr)Satz *m*; **II** *v/t.* **11.** *bsd.* ⚙ in die richtige Lage bringen, (ein-) stellen; anbringen; *Cursor etc.* positio'nieren; **12.** lokalisieren; **13.** *Polizisten etc.* postieren; **po'si·tion·al** [-ʃənl] *adj.* Stellungs..., Lage...: ~ ***play*** *sport* Stellungsspiel *n*; **po·si·tion find·er** *s.* Ortungsgerät *n*; **po·si·tion pa·per** *s.* *pol.* 'Grundsatzpa,pier *n*.

pos·i·tive ['pɒzətɪv] **I** *adj.* ☐ **1.** bestimmt, defini'tiv, ausdrücklich (*Befehl etc.*), fest (*Versprechen etc.*), unbedingt: ~ ***law*** ⚖ positives Recht; **2.** sicher, 'unum,stößlich, eindeutig (*Beweis, Tatsache*); **3.** positiv, tatsächlich; **4.** positiv, zustimmend: ~ ***reaction***; **5.** über'zeugt, (abso'lut) sicher: ***be*** ~ ***about s.th.*** e-r Sache ganz sicher sein; **6.** rechthaberisch; **7.** F ausgesprochen, abso'lut: ***a*** ~ ***fool*** ein ausgemachter Narr; **8.** ⚡, ⅌, ⚕, *biol.*, *phys.*, *phot.*, *phls.* positiv: ~ ***electrode*** ⚡ Anode *f*; ~ ***pole*** ⚡ Pluspol *m*; **9.** ⚙ zwangsläufig, Zwangs... (*Getriebe, Steuerung etc.*); **10.** *ling.* im Positiv stehend: ~ ***degree*** Positiv *m*; **II** *s.* **11.** *et.* Positives, Positivum *n*; **12.** *phot.* Positiv *n*; **13.** *ling.* Positiv *m*; **'pos·i·tive·ness** [-nɪs] *s.* **1.** Bestimmtheit *f*; Wirklichkeit *f*; **2.** *fig.* Hartnäckigkeit *f*; **'pos·i·tiv·ism** [-vɪzəm] *s.* *phls.* Positi'vismus *m*.

pos·se ['pɒsɪ] *s.* (Poli'zei- *etc.*)Aufgebot *n*; *allg.* Haufen *m*, Schar *f*.

pos·sess [pə'zes] *v/t.* **1.** *allg.* (*a. Eigenschaften, Kenntnisse etc.*) besitzen, haben; im Besitz haben, (inne)haben: ~***ed of*** im Besitz *e-r Sache*; ~ ***o.s. of*** *et.* in Besitz nehmen, sich *e-r Sache* bemächtigen; ~***ed noun*** *ling.* Besitzsubjekt *n*; **2.** a) (*a. fig. e-e Sprache etc.*) beherrschen, Gewalt haben über (*acc.*), b) erfüllen (***with*** mit *e-r Idee*, mit *Unwillen etc.*): ***like a man*** ~***ed*** wie ein Besessener, wie toll; ~ ***one's soul in patience*** sich in Geduld fassen; **pos'ses·sion** [-eʃn] *s.* **1.** *abstrakt*: Besitz *m* (*a.* ⚖): ***actual*** ~ tatsächlicher *od.* unmittelbarer Besitz; ***adverse*** ~ Ersitzung(sbesitz *m*) *f*; ***in the*** ~ ***of*** in *j-s* Besitz; ***in*** ~ ***of s.th.*** im Besitz e-r Sache; ***have*** ~ ***of*** im Besitze von *et.* sein; ***take*** ~ ***of*** Besitz ergreifen von, in Besitz nehmen; **2.** Besitz(tum *n*) *m*, Habe *f*; **3.** *pl.* Besitzungen *pl.*, Liegenschaften *pl.*: ***foreign*** ~***s*** auswärtige Besitzungen; **4.** *fig.* Besessenheit *f*; **5.** *fig.* Beherrscht-, Erfülltsein *n* (***by*** von *e-r Idee etc.*); **6.** *mst* ***self-***~ *fig.* Fassung *f*, Beherrschung *f*; **pos'ses·sive** [-sɪv] **I** *adj.* ☐ **1.** Besitz...; **2.** besitzgierig, -betonend: ~ ***instinct*** Sinn *m* für Besitz; **3.** *fig.* besitzergreifend (*Mutter etc.*); **4.** *ling.* posses'siv, besitzanzeigend: ~ ***case*** → 5 b; **II** *s.* **5.** *ling.* a) Posses'siv(um) *n*, besitzanzeigendes Fürwort, b) Genitiv *m*, zweiter Fall; **pos'ses·sor** [-sə] *s.* Besitzer (-in), Inhaber(in); **pos'ses·so·ry** [-sərɪ] *adj.* Besitz...: ~ ***action*** ⚖ Besitzstörungsklage *f*; ~ ***right*** Besitzrecht *n*.

pos·si·bil·i·ty [,pɒsə'bɪlətɪ] *s.* **1.** Möglichkeit *f* (***of*** zu, für, ***of doing*** *et.* zu tun): ***there is no*** ~ ***of his coming*** es besteht keine Möglichkeit, dass er kommt; **2.** *pl.* (Entwicklungs)Möglich-

P

keiten *pl.*, (-)Fähigkeiten *pl.*; **pos·si·ble** ['pɒsəbl] **I** *adj.* ☐ **1.** möglich (***with*** bei, ***to*** *dat.*, ***for*** für): ***this is ~ with him*** das ist bei ihm möglich; ***highest ~*** größtmöglich; **2.** eventu'ell, etwaig, denkbar; **3.** F annehmbar, pas'sabel, leidlich; **II** *s.* **4.** ***the ~*** das (Menschen-)Mögliche, das Beste; *sport* die höchste Punktzahl; **5.** infrage kommende Per'son (*bei Wettbewerb etc.*); **pos·si·bly** ['pɒsəblɪ] *adv.* **1.** möglicherweise, viel'leicht; **2.** (irgend) möglich: ***when I ~ can*** wenn ich irgend kann; ***I cannot ~ do this*** ich kann das unmöglich tun; ***how can I ~ do it?*** wie kann ich es nur *od.* bloß machen?

pos·sum ['pɒsəm] *s.* F *abbr. für* ***opossum***: ***play ~*** sich nicht rühren, sich tot *od.* krank *od.* dumm stellen.

post[1] [pəʊst] **I** *s.* **1.** Pfahl *m*, Pfosten *m*, Ständer *m*, Stange *f*, Stab *m*: ***as deaf as a ~*** *fig.* stocktaub; **2.** Anschlagsäule *f*; **3.** *sport* (Start- *od.* Ziel)Pfosten *m*, Start- (*od.* Ziel)linie *f*: ***be beaten at the ~*** kurz vor dem Ziel geschlagen werden; **II** *v/t.* **4.** *mst* ***~ up*** *Plakate etc.* anschlagen, -kleben; **5.** *mst* ***~ over*** *Mauer mit Zetteln* bekleben; **6.** a) *et.* (durch Aushang *etc.*) bekannt geben: ***~ as missing*** ⚓, ✈ als vermisst melden, b) *fig.* (öffentlich) anprangern.

post[2] [pəʊst] **I** *s.* **1.** ⚔ Posten *m* (*Stelle od. Soldat*): ***advanced ~*** vorgeschobener Posten; ***last ~*** *Brit.* Zapfenstreich *m*; ***at one's ~*** auf (s-m) Posten; **2.** ⚔ Standort *m*, Garni'son *f*: ***~ Exchange*** (*abbr.* ***PX***) *Am.* Einkaufsstelle *f*; ***~ headquarters*** Standortkommandantur *f*; **3.** Posten *m*, Platz *m*, Stand *m*; ✝ Börsenstand *m*; **4.** Handelsniederlassung *f*, -platz *m*; **5.** ✝ (Rechnungs)Posten *m*; **6.** Posten *m*, (An)Stellung *f*, Stelle *f*, Amt *n*: ***~ of a secretary*** Sekretärsposten; **II** *v/t.* **7.** *Soldaten etc.* aufstellen, postieren; **8.** ⚔ a) ernennen, b) versetzen, (ab)kommandieren; **9.** ✝ eintragen, verbuchen; *Konto* (ins Hauptbuch) über'tragen: ***~ up*** *Bücher* nachtragen, in Ordnung bringen.

post[3] [pəʊst] **I** *s.* **1.** 📯 *bsd. Brit.* Post *f*: a) *als Einrichtung*, b) *Brit.* Postamt *n*, c) *Brit.* Post-, Briefkasten *m*, d) Postzustellung *f*, e) Postsendung(en *pl.*) *f*, -sachen *pl.*, *f*) Nachricht *f*: ***by ~*** per (*od.* mit der) Post; **2.** *hist.* a) Post(kutsche) *f*, b) Ku'rier *m*; **3.** *bsd. Brit.* 'Brief,papier *n* (*Format*); **II** *v/t.* **4.** *Brit.* zur Post geben, mit der Post (zu)senden, aufgeben, in den Briefkasten werfen; **5.** F *mst* ***~ up*** *j-n* informieren: ***keep s.o. ~ed*** j-n auf dem Laufenden halten; ***well ~ed*** gut unterrichtet.

post- [pəʊst] *in Zssgn* nach, später, hinter, post...

post·age ['pəʊstɪdʒ] *s.* Porto *n*, Postgebühr *f*, -spesen *pl.*: ***additional*** (*od.* ***extra***) ***~*** Nachporto, Portozuschlag *m*; ***~ free***, ***~ paid*** portofrei, franko; ***~ due*** *s.* Nach-, Strafporto *n*; ***~ stamp*** *s.* Briefmarke *f*, Postwertzeichen *n*.

post·al ['pəʊstəl] **I** *adj.* po'stalisch, Post...: ***~ card*** → II; ***~ cash order*** Postnachnahme *f*; ***~ code*** → ***postcode***; ***~ district*** Postzustellbezirk *m*; ***~ order*** *Brit.* Postanweisung *f*, ***~ parcel*** Postpaket *n*; ***~ service*** *bsd. Am.* Postzustelldienst *m*: ***~ tuition*** Fernunterricht *m*; ***~ vote*** *Brit.* Briefwahl *f*; ***~ voter*** Briefwähler(in); ***~ Union*** Weltpostverein *m*; **II** *s. Am.* Postkarte *f* (*mit aufgedruckter Marke*).

'post|·box *s. Brit.* **1.** Briefkasten *m*; **2.** Mailbox *f* (*elektronischer Briefkasten*); **'~·card** [-sɑːk] *s.* Postkarte *f*; **'~·code** *s. Brit.* Postleitzahl *f*.

,post|-'date *v/t.* **1.** *Brief etc.* vo'rausda,tieren; **2.** nachträglich *od.* später datieren; **'~,en·try** *s.* **1.** ✝ nachträgliche (Ver)Buchung; **2.** ✝ Nachverzollung *f*; **3.** *sport* Nachnennung *f*.

post·er ['pəʊstə] *s.* **1.** Pla'katankleber *m*; **2.** Pla'kat *n*: ***~ paint*** Plakatfarbe *f*; **3.** Poster *m*, *n*.

poste res·tante [,pəʊst'restɑ̃ːnt] (*Fr.*) **I** *adj.* postlagernd; **II** *s. bsd. Brit.* Aufbewahrungsstelle *f* für postlagernde Sendungen.

pos·te·ri·or [pɒ'stɪərɪə] **I** *adj.* ☐ a) später (***to*** als), b) hinter, Hinter...: ***be ~ to*** *zeitlich od. örtlich* kommen nach, folgen auf (*acc.*); **II** *s.* Hinterteil *n*, Hintern *m*; **pos·ter·i·ty** [pɒ'sterətɪ] *s.* **1.** Nachkommen(schaft *f*) *pl.*; **2.** Nachwelt *f*.

pos·tern ['pəʊstɜːn] *s. a.* ***~ door***, ***~ gate*** Hinter-, Neben-, Seitentür *f*.

,post-'free *adj.* portofrei.

,post'grad·u·ate [-st'g-] **I** *adj.* nach dem ersten aka'demischen Grad: ***~ studies***; **II** *s.* j-d, der nach dem ersten aka'demischen Grad weiterstudiert.

,post'haste *adv.* eiligst.

post·hu·mous ['pɒstjʊməs] *adj.* ☐ po'stum, post'hum: a) *nach des Vaters Tod geboren*, b) nachgelassen, hinter'lassen (*Schriftwerk*), c) nachträglich (*Ordensverleihung etc.*): ***~ fame*** Nachruhm *m*.

pos·til·(l)ion [pə'stɪljən] *s. hist.* Postillion *m*.

post·ing ['pəʊstɪŋ] *s.* Versetzung *f*, ⚔ 'Abkomman,dierung *f*.

post|·man ['pəʊstmən] *s.* [*irr.*] Briefträger *m*, Postbote *m*; **'~·mark** [-stm-] **I** *s.* Poststempel *m*; **II** *v/t.* (ab)stempeln; **'~,mas·ter** [-st,m-] *s.* Postamtsvorsteher *m*, Postmeister *m*: ***~ General*** Postminister *m*.

post·me·rid·i·an [,pəʊstmə'rɪdɪən] *adj.* Nachmittags..., nachmittägig; **post me·rid·i·em** [-mə'rɪdɪəm] (*Lat.*) *adv.* (*abbr.* ***p.m.***) nachmittags.

'post,mis·tress [-st,m-] *s.* Postmeisterin *f*.

post|·mod·ern [,pəʊst'mɒdn] *adj. bsd.* ⚠ 'postmo,dern; **,~'mod·ern·ism** *s. bsd.* ⚠ **1.** die 'Postmo,derne, (der) ,Postmoder'nismus; **,~'mod·ern·ist** **I** *adj.* postmoder'nistisch, 'postmo,dern; **II** *s.* 'Postmoderne(r *m*) *f*, Vertreter(in) der 'Postmo,derne; **~-mor·tem** [,pəʊst'mɔːtəm] ⚖, ⚕ **I** *adj.* Leichen..., nach dem Tode (stattfindend); **II** *s.* (*abbr. für* ***~ examination***) Leichenöffnung *f*, Auto'psie *f*; *fig.* Ma'növerkri,tik *f*, nachträgliche Ana'lyse; **,~'na·tal** *adj.* nach der Geburt (stattfindend); **,~'nup·tial** *adj.* nach der Hochzeit (stattfindend).

post of·fice *s.* **1.** Post(amt *n*) *f*: ***General ~*** Hauptpost(amt); ***~ Department*** *Am.* Postministerium *n*; **2.** *Am. ein Gesellschaftsspiel*; ***~ box*** *s.* Post(schließ)fach *n*; ***~ or·der*** *s.* Postanweisung *f*; ***~ savings bank*** *s.* Postsparkasse *f*.

,post'op·er·a·tive *adj.* ⚕ postopera'tiv, nachträglich.

,post-'paid *adj. u. adv.* freigemacht, frankiert.

post·pone [,pəʊst'pəʊn] *v/t.* **1.** verschieben, auf-, hin'ausschieben; **2.** 'unterordnen (***to*** *dat.*), hint'ansetzen; **,post'pone·ment** [-mənt] *s.* **1.** Verschiebung *f*, Aufschub *m*; **2.** ⚙, *a. ling.* Nachstellung *f*.

,post·po'si·tion *s.* **1.** Nachstellung *f* (*a. ling.*); **2.** *ling.* nachgestelltes (Verhältnis)Wort; **,post'pos·i·tive** *ling.* **I** *adj.* nachgestellt; **II** *s.* → ***postposition*** 2.

,post'pran·di·al *adj.* nach dem Essen, nach Tisch (*Rede*, *Schläfchen etc.*).

post·script ['pəʊsskrɪpt] *s.* **1.** Post'skriptum *n* (*zu e-m Brief*), Nachschrift *f*, **2.** Nachtrag *m* (*zu e-m Buch*); **3.** Nachbemerkung *f*.

pos·tu·lant ['pɒstjʊlənt] *s.* **1.** Antragsteller(in); **2.** *R.C.* Postu'lant(in); **pos·tu·late** **I** *v/t.* ['pɒstjʊleɪt] **1.** fordern, verlangen, begehren; **2.** postulieren, (als gegeben) vor'aussetzen; **II** *s.* [-lət] **3.** Postu'lat *n*, ('Grund)Vor,aussetzung *f*.

pos·ture ['pɒstʃə] **I** *s.* **1.** (Körper)Haltung *f*, Stellung *f*; (*a. thea.*, *paint.*) Posi'tur *f*, Pose *f*; **2.** Lage *f* (*a. fig. Situation*), Anordnung *f*; **3.** *fig. geistige* Haltung; **II** *v/t.* **4.** zu'rechtstellen, arrangieren; **III** *v/i.* **5.** sich in Posi'tur stellen *od.* in Pose werfen; posieren (*a. fig.* ***as*** als); **'pos·tur·er** [-ərə] *s.* **1.** Schlangenmensch *m* (*Artist*); **2.** → ***poseur***.

,post'war *adj.* Nachkriegs...: ***~ Germany*** Deutschland *n* nach dem (Zweiten Welt)Krieg, 'Nachkriegs,deutschland *n*.

po·sy ['pəʊzɪ] *s.* **1.** Sträußchen *n*; **2.** *obs.* Motto *n*, Denkspruch *m*.

pot [pɒt] **I** *s.* **1.** (*Blumen-*, *Koch-*, *Nacht-* *etc.*)Topf *m*: ***go to ~*** *sl.* a) kaputtgehen, b) ,vor die Hunde gehen' (*Person*); ***keep the ~ boiling*** a) die Sache in Gang halten, b) sich über Wasser halten; ***the ~ calls the kettle black*** ein Esel schilt den andern Langohr; ***big ~*** *sl.* ,großes Tier'; ***a ~ of money*** F ,ein Heidengeld'; ***he has ~s of money*** F er hat Geld wie Heu; **2.** Kanne *f*; **3.** ⚙ Tiegel *m*, Gefäß *n*: ***~ annealing*** Kastenglühen *n*; ***~ galvanization*** Feuerverzinken *n*; **4.** *sport sl.* Po'kal *m*; **5.** (Spiel)Einsatz *m*; **6.** → ***pot shot***; **7.** *sl.* Pot *n*, Marihu'ana *n*; **II** *v/t.* **8.** in e-n Topf tun; *Pflanze* eintopfen; **9.** *Fleisch* einlegen, einmachen: ***~ted meat*** Fleischkonserven *pl.*; **10.** *Billardball* einlochen; **11.** *hunt.* (ab)schießen; **12.** F einheimsen, erbeuten; **13.** *Baby* aufs Töpfchen setzen; **14.** *fig.* F a) *Musik* ,konservieren', b) *Stoff* mundgerecht machen; **III** *v/i.* **15.** (los)ballern, schießen (***at*** auf *acc.*).

po·ta·ble ['pəʊtəbl] **I** *adj.* trinkbar; **II** *s.* Getränk *n*.

po·tage [pɒ'tɑːʒ] (*Fr.*) *s.* (dicke) Suppe.

pot·ash ['pɒtæʃ] *s.* ⚗ **1.** Pottasche *f*, 'Kaliumkarbo,nat *n*: ***bicarbonate of ~*** doppeltkohlensaures Kali; ***~ fertilizer*** Kalidünger *m*; ***~ mine*** Kalibergwerk *n*; **2.** → ***caustic*** 1.

po·tas·si·um [pə'tæsjəm] *s.* ⚗ Kalium *n*; ***~ bro·mide*** *s.* 'Kaliumbro,mid *n*; ***~ car·bon·ate*** *s.* 'Kaliumkarbo,nat *n*, Pottasche *f*; ***~ cy·a·nide*** *s.* 'Kaliumcya,nid *n*, Zyan'kali *n*; ***~ hy·drox·ide*** *s.* 'Kaliumhydro,xid *n*, Ätzkali *n*; ***~ ni·trate*** *s.* 'Kaliumni,trat *n*.

po·ta·tion [pəʊ'teɪʃn] *s.* **1.** Trinken *n*; Zeche'rei *f*; **2.** Getränk *n*.

po·ta·to [pə'teɪtəʊ] *pl.* **-toes** *s.* **1.** Kar'toffel *f*: ***fried ~es*** Bratkartoffeln; ***small ~es*** *Am.* F ,kleine Fische'; ***hot ~*** F ,heißes Eisen'; ***drop s.th. like a hot ~*** et. wie eine heiße Kartoffel fallen lassen; ***think o.s. no small ~es*** *sl.* sehr von sich eingenommen sein; ***one ~, two ~es, three ~es*** *etc. beim Sekundenzählen*: einundzwanzig, zweiundzwanzig, dreiundzwanzig *etc.*; **2.** *Am. sl.* a) ‚Rübe' *f (Kopf)*, b) Dollar *m*; **~ bee·tle** *s. zo.* Kar'toffelkäfer *m*; **~ blight** → ***potato disease***; **~ bug** → ***potato beetle***; **~ chips** *s. pl.* a) *Brit.* Pommes frites *pl.*, b) *Am.* → **~ crisps** *s. pl.* Kar'toffelchips *pl.*; **~ dis·ease** *s.* Kar'toffelkrankheit *f*; **~ soup** *s.* Kar'toffelsuppe *f*; **~ trap** *s. sl.* ‚Klappe' *f*, ‚Maul' *n*.

pot| bar·ley *s.* Graupen *pl.*; **'~,bel·lied** *adj.* dickbäuchig; **'~,bel·ly** *s.* Schmerbauch *m*; **'~,boil·er** *s.* F *Kunst etc.*: reine Brotarbeit; **'~·boy** *s. Brit.* Schankkellner *m*.

po·teen [pɒ'ti:n] *s.* heimlich gebrannter Whisky (*in Irland*).

po·ten·cy ['pəʊtənsɪ] *s.* **1.** Stärke *f*, Macht *f*; *fig. a.* Einfluss *m*; **2.** Wirksamkeit *f*, Kraft *f*; **3.** *physiol.* Po'tenz *f*; **'po·tent** [-nt] *adj.* □ **1.** mächtig, stark; **2.** einflussreich; **3.** po'tent, fi'nanzstark: ***a ~ bidder***; **4.** zwingend, über'zeugend (*Argumente etc.*); **5.** stark (*Drogen, Getränk*); **6.** *physiol.* po'tent; **'po·ten·tate** [-teɪt] *s.* Poten'tat *m*, Machthaber *m*, Herrscher *m*; **po·ten·tial** [pəʊ'tenʃl] **I** *adj.* □ **1.** potenzi'ell: a) möglich, eventu'ell, b) in der Anlage vorhanden, la'tent: ***~ market*** (***murderer***) potenzieller Markt (Mörder); **2.** *ling.* Möglichkeits...: ***~ mood*** → 4; **3.** *phys.* potenzi'ell, gebunden: ***~ energy*** potenzielle Energie, Energie der Lage; **II** *s.* **4.** *ling.* Potenti'alis *m*, Möglichkeitsform *f*; **5.** *phys.* Potenzi'al *n* (*a.* ϟ), ϟ Spannung *f*: ***~ equation*** ⩘ Potenzialgleichung *f*; **6.** (*Kriegs-, Menschen- etc.*)Potenzi'al *n*, Re'serven *pl.*; **7.** Leistungsfähigkeit *f*, Kraftvorrat *m*; **po·ten·ti·al·i·ty** [pəʊ,tenʃɪ'ælətɪ] *s.* **1.** Potenziali'tät *f*, (Entwicklungs)Möglichkeit *f*; **2.** Wirkungsvermögen *n*, innere Kraft; **po·ten·ti·om·e·ter** [pəʊ,tenʃɪ'ɒmɪtə] *s.* ϟ Potentio'meter *n* (*veränderbarer Widerstand*).

'pot·head *s. sl.* ‚Hascher' *m*.

po·theen [pɒ'θi:n] → ***poteen***.

poth·er ['pɒðə] **I** *s.* **1.** Aufruhr *m*, Lärm *m*, Aufregung *f*, ‚The'ater' *n*: ***be in a ~ about s.th.*** e-n großen Wirbel wegen et. machen; **2.** Rauch-, Staubwolke *f*, Dunst *m*; **II** *v/t.* **3.** verwirren, aufregen; **III** *v/i.* **4.** sich aufregen.

'pot|·herb *s.* Küchenkraut *n*; **'~·hole** *s.* **1.** *mot.* Schlagloch *n*; **2.** *geol.* Gletschertopf *m*, Strudelkessel *m*; **'~,hol·er** *s.* Höhlenforscher *m*; **'~·hook** *s.* **1.** Kesselhaken *m*; **2.** Schnörkel *m* (*Kinderschrift*); *pl.* Gekritzel *n*; **'~·house** *s.* Wirtschaft *f*, Kneipe *f*; **'~,hunt·er** *s. sl.* **1.** Aasjäger *m*; **2.** *sport* F Preisjäger *m*.

po·tion ['pəʊʃn] *s.* (Arz'nei-, Gift-, Zauber)Trank *m*.

pot luck *s.*: ***take ~*** a) (***with s.o.***) (bei j-m) mit dem vorlieb nehmen, was es gerade (zu essen) gibt, b) es aufs Geratewohl probieren.

pot·pour·ri [,pəʊ'pʊrɪ] *s.* Potpourri *n*: a) Dufttopf *m*, b) musi'kalisches Aller'lei, c) *fig.* Kunterbunt *n*, Aller'lei *n*.

pot| roast *s.* Schmorfleisch *n*; **'~·sherd** [-ʃɜ:d] *s.* (Topf)Scherbe *f*; **~ shot** *s.* **1.** unweidmännischer Schuss; **2.** Nahschuss *m*, 'hinterhältiger Schuss; **3.** (wahllos abgegebener) Schuss; **4.** *fig.* Seitenhieb *m*.

pot·tage ['pɒtɪdʒ] *s.* dicke Gemüsesuppe (mit Fleisch).

pot·ter¹ ['pɒtə] **I** *v/i.* **1.** *oft* ***~ about*** her'umwerkeln, -hantieren; **2.** (her'um-) trödeln: ***~ at*** herumspielen, -pfuschen an *od.* in (*dat.*); **II** *v/t.* **3.** ***~ away*** *Zeit* vertrödeln.

pot·ter² ['pɒtə] *s.* Töpfer(in): ***~'s clay*** Töpferton *m*; ***~'s lathe*** Töpferscheibentisch *m*; ***~'s wheel*** Töpferscheibe *f*; **'pot·ter·y** [-ərɪ] *s.* **1.** Töpfer-, Tonware(n *pl.*) *f*, Steingut *n*, Ke'ramik *f*; **2.** Töpfe'rei(werkstatt) *f*; **3.** Töpfe'rei *f* (*Kunst*), Ke'ramik *f*.

pot·ty ['pɒtɪ] *adj.* F **1.** verrückt; **2.** klein, unbedeutend.

'pot-,val·o(u)r *s.* angetrunkener Mut.

pouch [paʊtʃ] **I** *s.* **1.** Beutel (*a. zo.*, ♀), (Leder-, Trage-, *a.* Post)Tasche *f*, (kleiner) Sack; **2.** Tabaksbeutel *m*; **3.** Geldbeutel *m*; **4.** ⚔ Pa'tronentasche *f*; **5.** *anat.* (Tränen)Sack *m*; **II** *v/t.* **6.** in e-n Beutel tun; **7.** *fig.* einstecken; **8.** (*v/i.* sich) beuteln *od.* bauschen; **pouched** [-tʃt] *adj. zo.* Beutel...

pouf(fe) [pu:f] *s.* **1.** a) Haarknoten *m*, -rolle *f*, b) Einlage *f*; **2.** Puff *m* (*Sitzpolster*); **3.** Tur'nüre *f*; **4.** → ***poof***.

poul·ter·er ['pəʊltərə] *s.* Geflügelhändler *m*.

poul·tice ['pəʊltɪs] ⚕ **I** *s.* 'Brei,umschlag *m*, Packung *f*; **II** *v/t.* e-n 'Brei,umschlag auflegen auf (*acc.*), e-e Packung machen um.

poul·try ['pəʊltrɪ] *s.* (Haus)Geflügel *n*, Federvieh *n*: ***~ farm*** Geflügelfarm *f*; **'~·man** [-mən] *s. irr.* Geflügelzüchter *m od.* -händler *m*.

pounce¹ [paʊns] **I** *s.* **1.** a) Her'abstoßen *n e-s Raubvogels*, b) Sprung *m*, Satz *m*: ***on the ~*** sprungbereit; **II** *v/i.* **2.** (he'rab)stoßen, sich stürzen (***on, upon*** auf *acc.*) (*Raubvogel*); **3.** *fig.* a) (***on, upon***) sich stürzen (auf *j-n, e-n Fehler, e-e Gelegenheit etc.*), losgehen (auf *j-n*), b) ‚zuschlagen'; **4.** (plötzlich) stürzen: ***~ into the room***.

pounce² [paʊns] **I** *s.* **1.** Glättpulver *n*, *bsd.* Bimssteinpulver *n*; **2.** Pauspulver *n*; **3.** 'durchgepaustes (*bsd.* Stick)Muster; **II** *v/t.* **4.** glatt abreiben, bimsen; **5.** 'durchpausen.

pound¹ [paʊnd] *s.* **1.** Pfund *n* (*abbr.* ***lb.*** *= 453,59 g*): ***~ cake*** *Am.* (reichhaltiger) Früchtekuchen; **2.** *a.* ***~ sterling*** Pfund *n* (Sterling) (*abbr.* £): ***pay twenty shillings in the ~*** *fig. obs.* voll bezahlen.

pound² [paʊnd] **I** *s.* **1.** schwerer Stoß *od.* Schlag, Stampfen *n*; **II** *v/t.* **2.** (zer-) stoßen, (zer)stampfen; **3.** feststampfen, rammen; **4.** hämmern (auf), trommeln auf, schlagen: ***~ sense into s.o.*** *fig.* j-m Vernunft einhämmern; ***~ out*** a) glatt hämmern, b) *Melodie* herunterhämmern (*auf dem Klavier*); **5.** ⚔ beschießen; **III** *v/i.* **6.** hämmern (*a. Herz*), pochen, schlagen; **7.** *mst* ***~ along*** (ein'her)stampfen, wuchtig gehen; **8.** stampfen (*Maschine etc.*); **9.** ***~ (away) at*** ⚔ unter schweren Beschuss nehmen.

pound³ [paʊnd] **I** *s.* **1.** 'Tiera,syl *n*; **2.** Hürde *f*, Pferch *m*; **3.** Abstellplatz *m* für abgeschleppte Autos; **II** *v/t.* **4.** *oft* ***~ up*** einpferchen.

pound·age ['paʊndɪdʒ] *s.* **1.** Anteil *m od.* Gebühr *f* pro Pfund (*Sterling*); **2.** Bezahlung *f* pro Pfund (*Gewicht*); **3.** Gewicht *n* in Pfund.

pound·er ['paʊndə] *s. in Zssgn* ...pfünder.

,pound-'fool·ish *adj.* unfähig, mit großen Summen *od.* Pro'blemen 'umzugehen; → ***penny-wise***.

pour [pɔ:] **I** *s.* **1.** Strömen *n*; **2.** (Regen-) Guss *m*; **3.** *metall.* Einguss *m*: ***~ test*** Stockpunktbestimmung *f*; **II** *v/t.* **4.** gießen, schütten (***from, out of*** aus, ***into, in*** in *acc.*, ***on, upon*** auf *acc.*): ***~ forth*** (*od.* ***out***) a) ausgießen, (aus)strömen lassen, b) *fig. Herz* ausschütten, *Kummer* ausbreiten, c) *Flüche etc.* ausstoßen; ***~ out drinks*** Getränke eingießen, -schenken; ***~ off*** abgießen; ***~ it on*** *Am. sl.* a) ‚rangehen', b) *a.* ***~ on the speed*** ‚volle Pulle' fahren; **5.** ***~ itself*** sich ergießen (*Fluss*); **III** *v/i.* **6.** strömen, gießen: ***~ down*** niederströmen; ***~ forth*** (*od.* ***out***) (*a. fig.*) sich ergießen, strömen (***from*** aus); ***it ~s with rain*** es gießt in Strömen; ***it never rains but it ~s*** *fig.* ein Unglück kommt selten allein; **7.** *fig.* strömen (*Menschenmenge etc.*): ***~ in*** hereinströmen (*a. Aufträge, Briefe etc.*); **8.** *metall. in die Form* gießen; **pour·a·ble** ['pɔ:rəbl] *adj.* ⚙ vergießbar: ***~ compound*** Gussmasse *f*; **pour·ing** ['pɔ:rɪŋ] **I** *adj.* **1.** strömend (*a. Regen*); **2.** ⚙ Gieß..., Guss...: ***~ gate*** Gießtrichter *m*; **II** *s.* **3.** ⚙ (Ver)Gießen *n*, Guss *m*.

pout¹ [paʊt] **I** *v/i.* **1.** die Lippen spitzen *od.* aufwerfen; **2.** a) e-e Schnute *od.* e-n Flunsch ziehen, b) *fig.* schmollen; **3.** vorstehen (*Lippen*); **II** *v/t.* **4.** *Lippen, Mund* (schmollend) aufwerfen, (*a. zum Kuss*) spitzen; **5.** schmollen(d sagen); **III** *s.* **6.** Flunsch *m*, Schnute *f*, Schmollmund *m*; **7.** Schmollen *n*: ***have the ~s*** schmollen, im Schmollwinkel sitzen.

pout² [paʊt] *s. ein Schellfisch m*.

pout·er ['paʊtə] *s.* **1.** *a.* ***~ pigeon*** *orn.* Kropftaube *f*; **2.** → ***pout²***.

pov·er·ty ['pɒvətɪ] *s.* **1.** (***of*** an *dat.*) Armut *f*, Mangel *m* (*beide a. fig.*): ***~ of ideas*** Ideenarmut; **2.** *fig.* Armseligkeit *f*, Dürftigkeit *f*; **3.** Armut *f*, geringe Ergiebigkeit (*des Bodens etc.*); **'~-,strick·en** *adj.* **1.** in Armut lebend, verarmt; **2.** *fig.* armselig.

pow·der ['paʊdə] **I** *s.* **1.** (*Back-, Schieß- etc.*)Pulver *n*: ***not worth ~ and shot*** keinen Schuss Pulver wert; ***keep your ~ dry!*** sei auf der Hut!; ***take a ~*** *Am. sl.* ‚türmen'; **2.** Puder *m*: ***face ~***; **II** *v/t.* **3.** pulvern, pulverisieren: ***~ed milk*** Trockenmilch *f*; ***~ed sugar*** Staubzucker *m*; **4.** (be)pudern: ***~ one's nose*** a) sich die Nase pudern, b) F ‚mal kurz verschwinden'; **5.** bestäuben, bestreuen (***with*** mit); **III** *v/i.* **6.** zu Pulver werden; **~ box** *s.* Puderdose *f*; **~ keg** *s. fig.* Pulverfass *n*; **~ met·al·lur·gy** *s.* 'Sintermetallur,gie *f*, Me'tallke,ramik *f*; **~ mill** *s.* 'Pulvermühle *f*, -fa,brik *f*; **~ puff** *s.* Puderquaste *f*; **~ room** *s.* 'Damentoi,lette *f*.

pow·der·y ['paʊdərɪ] *adj.* **1.** pulverig, Pulver...: ***~ snow*** Pulverschnee *m*; **2.** bestäubt.

pow·er ['paʊə] **I** *s.* **1.** Kraft *f*, Stärke *f*, Macht *f*, Vermögen *n*: ***do all in one's ~*** alles tun, was in s-r Macht steht; ***it was out of*** (*od.* ***not in***) ***his ~*** es stand nicht in s-r Macht (***to do*** zu tun); ***more ~ to you(r elbow)!*** nur zu!, viel Erfolg!; **2.** Kraft *f*, Ener'gie *f*; *weitS.* Wucht *f*, Gewalt *f*; **3.** *mst pl. hypnotische etc.* Kräfte *pl.*, (geistige) Fähigkeiten *pl.*, Ta'lent *n*: ***reasoning ~*** Denkvermögen *n*; **4.** Macht *f*, Gewalt *f*, Herrschaft *f*, Einfluss *m* (***over*** über *acc.*): ***be in ~*** *pol.* an der Macht *od.* am Ruder sein; ***be in s.o.'s ~*** in j-s Gewalt sein; ***come into ~*** *pol.* an die Macht kommen; ***~ politics***

P

Machtpolitik *f*; **5.** *pol.* Gewalt *f als Staatsfunktion*: ***legislative ~***; ***separation of ~s*** Gewaltenteilung *f*; **6.** *pol.* (Macht)Befugnis *f*, (Amts)Gewalt *f*; **7.** ⚖ (Handlungs-, Vertretungs)Vollmacht *f*, Befugnis *f*, Recht *n*: ***~ of testation*** Testierfähigkeit *f*; → ***attorney***; **8.** *pol.* Macht *f*, Staat *m*; **9.** Macht(faktor *m*) *f*, einflussreiche Stelle *od.* Per'son: ***the ~s that be*** die maßgeblichen (Regierungs)Stellen; ***~ behind the throne*** graue Eminenz; **10.** *mst pl.* höhere Macht: ***heavenly ~s***; **11.** F Masse *f*: ***a ~ of people***; **12.** ⩘ Po'tenz *f*: ***raise to the third ~*** in die dritte Potenz erheben; **13.** ϟ, *phys.* Kraft *f*, Ener'gie *f*, Leistung *f*; *a.* ***~ current*** ϟ (Stark)Strom *m*; *Funk, Radio, TV*: Sendestärke *f*; *opt.* Stärke *f e-r Linse*: ***~ cable*** Starkstromkabel *n*; ***~ economy*** Energiewirtschaft *f*; **14.** ⚙ me'chanische Kraft, Antriebskraft *f*: ***~-propelled*** kraftbetrieben, Kraft...; ***~ on*** (mit) Vollgas; ***~ off*** a) mit abgestelltem Motor, b) im Leerlauf; **II** *v/t.* **15.** mit (*elektrischer etc.*) Kraft versehen *od.* betreiben, antreiben: ***rocket-~ed*** raketengetrieben; **~ am·pli·fi·er** *s. Radio*: Kraft-, Endverstärker *m*; **'~-as,sis·ted** *adj. mot.* Servo... (*-lenkung etc.*); **~ brake** *s. mot.* Servobremse *f*; **~ con·sump·tion** *s.* ϟ Strom-, Ener'gieverbrauch *m*; **~ cut** *s.* ϟ **1.** Stromsperre *f*; **2.** → ***power failure***; **~ dress·ing** *s* Karri'erelook *m*, 'durchgestyltes Outfit; **~ drive** *s.* ⚙ Kraftantrieb *m*; **'~-,driv·en** *adj.* ⚙ kraftbetrieben, Kraft...; **~ en·gi·neer·ing** *s.* ϟ Starkstromtechnik *f*; **~ fac·tor** *s.* ϟ, *phys.* Leistungsfaktor *m*; **,~-'fail pro·tection** *s.* Netzausfallschutz *m*; **~ fail·ure** *s.* ϟ Strom-, Netzausfall *m*.

pow·er·ful ['paʊəfʊl] *adj.* □ **1.** mächtig (*a. Körper, Schlag, Mensch*), stark (*a. opt. u. Motor*), gewaltig, kräftig; **2.** *fig.* kräftig, wirksam (*a. Argument*); wuchtig (*Stil*); packend (*Roman etc.*); **3.** F ‚massig', gewaltig.

pow·er| glid·er *s.* ✈ Motorsegler *m*; **'~·house** *s.* **1.** → ***power station***; **2.** ⚙ Ma'schinenhaus *n*; **3.** *Am. sl.* a) *sport* ‚Bombenmannschaft' *f*, b) *sport* ‚Ka'none' *f* (*Spitzenspieler*), c) Riesenkerl *m*, d) ‚Wucht' *f*, ‚tolle' Person *od.* Sache; **~ lathe** *s.* ⚙ Hochleistungsdrehbank *f*.

pow·er·less ['paʊəlɪs] *adj.* □ kraft-, machtlos, ohnmächtig.

pow·er| line *s.* ϟ **1.** Starkstromleitung *f*; **2.** 'Überlandleitung *f*; **,~-'op·er·at·ed** *adj.* ⚙ kraftbetätigt, -betrieben; **~ out·put** *s.* ϟ, ⚙ Ausgangs-, Nennleistung *f*; **~ pack** *s.* ϟ Netzteil *n* (*Radio etc.*); **~ plant** *s.* **1.** → ***power station***; **2.** Ma'schinensatz *m*, Aggre'gat *n*, Triebwerk(anlage *f*) *n*; **~ play** *s. sport* Powerplay *n*; **~ point** *s.* ϟ Steckdose *f*; **~ pol·i·tics** *s. pl. sg. konstr.* 'Machtpoli,tik *f*; **~ saw** *s.* ⚙ Motorsäge *f*; **~ shar·ing** *s.* Teilhabe *f* an der Macht; **~ shov·el** *s.* ⚙ Löffelbagger *m*; **~ sta·tion** *s.* ϟ Elektrizi'täts-, Kraftwerk *n*: ***long-distance ~*** Überlandzentrale *f*; **~ steer·ing** *s. mot.* Servolenkung *f*; **~ stroke** *s.* ⚙, ϟ, *mot.* Arbeitshub *m*, -takt *m*; **~ strug·gle** *s.* Machtkampf *m*; **~ sup·ply** *s.* ϟ **1.** Ener'gieversorgung *f*, Netz(anschluss *m*) *n*; **2.** → ***power pack***; **~ trans·mis·sion** *s.* ⚙ 'Leistungs-, Ener'gieüber,tragung *f*; **~ un·it** *s.* **1.** → ***power station***; **2.** → ***power plant*** 2.

pow·wow ['paʊwaʊ] **I** *s.* **1.** a) indi'anisches Fest, b) Ratsversammlung *f*, c) indi'anischer Medi'zinmann; **2.** *Am.* F a) (lärmende, *a.* po'litische) Versammlung, b) Konfe'renz *f*, Besprechung *f*; **II** *v/i.* **3.** *bsd. Am.* F e-e Versammlung *etc.* abhalten; debattieren.

pox [pɒks] *s.* ⚕ **1.** Pocken *pl.*, Blattern *pl.*; Pusteln *pl.*; **2.** V Syphilis *f*.

prac·ti·ca·bil·i·ty [,præktɪkə'bɪlətɪ] *s.* 'Durchführbarkeit *f etc.*; **prac·ti·ca·ble** ['præktɪkəbl] *adj.* □ **1.** 'durch-, ausführbar, möglich; **2.** anwendbar, brauchbar; **3.** gang-, (be)fahrbar (*Straße, Furt etc.*).

prac·ti·cal ['præktɪkl] *adj.* □ → ***practically***; **1.** (*Ggs. theoretisch*) praktisch (*Kenntnisse, Landwirtschaft etc.*); angewandt: ***~ chemistry***; ***~ fact*** Erfahrungstatsache *f*; **2.** praktisch (*Anwendung, Versuch etc.*); **3.** praktisch, geschickt (*Person*); **4.** praktisch, in der Praxis tätig, ausübend: ***~ politician***; ***~ man*** Mann der Praxis, Praktiker; **5.** praktisch (*Denken*); **6.** praktisch, faktisch, tatsächlich; **7.** sachlich; **8.** praktisch anwendbar, 'durchführbar; **9.** handgreiflich, grob: ***~ joke***; **prac·ti·cal·i·ty** [,præktɪ'kælətɪ] *s. das* Praktische, praktisches Wesen, Sachlichkeit *f*; praktische Anwendbarkeit; **'prac·ti·cal·ly** *adv.* **1.** [-kəlɪ] → ***practical***; **2.** [-klɪ] praktisch, so gut wie *nichts etc.*

prac·tice ['præktɪs] **I** *s.* **1.** Praxis *f* (*Ggs. Theorie*): ***in ~*** in der Praxis; ***put into ~*** in die Praxis umsetzen, ausführen, verwirklichen; **2.** Übung *f* (*a.* ♪, ⚔), *mot. sport* Training *n*: ***in*** (***out of***) ***~*** in (aus) der Übung; ***~ makes perfect*** Übung macht den Meister; **3.** Praxis *f* (*Arzt, Anwalt*): ***be in ~*** praktizieren, s-e Praxis ausüben (*Arzt*); **4.** Brauch *m*, Gewohnheit *f*, übliches Verfahren, Usus *m*; **5.** Handlungsweise *f*, Praktik *f*; *oft pl. contp.* (unsaubere) Praktiken *pl.*, Machenschaften *pl.*, Schliche *pl.*; **6.** Verfahren *n*; ⚙ *a.* Technik *f*: ***welding ~*** Schweißtechnik; **7.** ⚖ Verfahren(sregeln *pl.*) *n*, for'melles Recht; **8.** Übungs..., Probe...: ***~ alarm***, ***~ alert*** Probealarm *m*; ***~ ammunition*** ⚔ Übungsmunition *f*; ***~ cartridge*** ⚔ Exerzierpatrone *f*; ***~ flight*** ✈ Übungsflug *m*; ***~ run*** *mot.* Trainingsfahrt *f*; **II** *v/t. u. v/i.* **9.** *Am.* → ***practise***.

prac·tise ['præktɪs] **I** *v/t.* **1.** *Beruf* ausüben; *Geschäft etc.* betreiben; tätig sein als *od.* in (*dat.*), *als Arzt, Anwalt* praktizieren: ***~ medicine*** (***law***); **2.** ♪ *etc.* (ein)üben, sich üben in (*dat.*); *et. auf e-m Instrument* üben; *j-n* schulen: ***~ Bach*** Bach üben; **3.** *fig. Höflichkeit etc.* üben: ***~ politeness***; **4.** verüben: ***~ a fraud on*** *j-n* arglistig täuschen; **II** *v/i.* **5.** praktizieren (*als Arzt, Jurist, a. Katholik*); **6.** (sich) üben (***on the piano*** auf dem Klavier, ***at shooting*** im Schießen); **7.** ***~ on*** (*od.* ***upon***) a) *j-n* ‚bearbeiten', b) *j-s Schwäche etc.* ausnutzen, miss'brauchen; **'prac·tised** [-st] *adj.* geübt (*Person, a. Auge, Hand*).

prac·ti·tion·er [præk'tɪʃnə] *s.* **1.** Praktiker *m*; **2.** ***general*** (*od.* ***medical***) ***~*** praktischer Arzt; **3.** ***legal*** (*od.* ***general***) ***~*** (Rechts)Anwalt *m*.

prag·mat·ic [præg'mætɪk] *adj.* (□ ***~ally***) **1.** *phls.* prag'matisch; **2.** → **prag'mat·i·cal** [-kl] *adj.* □ **1.** *phls.* prag'matisch, *fig. a.* praktisch (denkend), sachlich; **2.** belehrend; **3.** geschäftig; **4.** 'übereifrig, aufdringlich; **5.** rechthaberisch; **prag·ma·tism** ['prægmətɪzəm] *s.* **1.** *phls.* Pragma'tismus *m*, *fig. a.* Sachlichkeit *f*, praktisches Denken; **2.** 'Übereifer *m*; **3.** rechthaberisches Wesen; **prag·ma·tize** ['prægmətaɪz] *v/t.* **1.** als re'al darstellen; **2.** vernunftmäßig erklären, rationalisieren.

prai·rie ['preərɪ] *s.* **1.** Grasebene *f*, Steppe *f*; **2.** Prä'rie *f* (*in Nordamerika*); **3.** *Am.* (grasbewachsene) Lichtung; **~ dog** *s. zo.* Prä'riehund *m*; **~ schoon·er** *s. Am.* Planwagen *m der frühen Siedler*.

praise [preɪz] **I** *v/t.* **1.** loben, rühmen, preisen; → ***sky*** 2; **2.** (*bsd. Gott*) (lob-) preisen, loben; **II** *s.* **3.** Lob *n*: ***sing s.o.'s ~*** j-s Lob singen; ***in ~ of s.o.***, ***in s.o.'s ~*** zu j-s Lob; **'~,wor·thi·ness** *s.* Löblichkeit *f*, lobenswerte Eigenschaft; **'~,wor·thy** *adj.* □ lobenswert, löblich.

pram[1] [præm] *s.* ⚓ Prahm *m*.

pram[2] [præm] *s.* F → ***perambulator***.

prance [prɑːns] *v/i.* **1.** a) sich bäumen, b) tänzeln (*Pferd*); **2.** (ein'her)stolzieren, paradieren; sich brüsten; **3.** F herumtollen.

pran·di·al ['prændɪəl] *adj.* Essens..., Tisch...

prang [præŋ] *Brit.* F **I** *s.* **1.** ✈ Bruchlandung *f*; **2.** *mot.* schwerer Unfall; **3.** Luftangriff *m*; **4.** *fig.* ‚tolles Ding'; **II** *v/i.* **5.** ‚knallen', ‚krachen'.

prank[1] [præŋk] *s.* **1.** Streich *m*, Ulk *m*, Jux *m*; **2.** *weitS.* Kapri'ole *f*, Faxe.

prank[2] [præŋk] **I** *v/t. mst* ***~ out*** (*od.* ***up***) (her'aus)putzen, schmücken; **II** *v/i.* prunken, prangen.

prat [præt] *s.* **1.** *Brit.* F Trottel *m*; **2.** *sl.* ‚Hintern' *m*.

prate [preɪt] **I** *v/i.* schwatzen, schwafeln (***of*** von); **II** *v/t.* (da'her)schwafeln; **III** *s.* Geschwätz *n*, Geschwafel *n*; **'prat·er** [-tə] *s.* Schwätzer(in).

prat·fall ['prætfɔːl] *s.* F a) Sturz *m* auf den ‚Hintern', b) *fig.* ‚Bauchlandung' *f*, Bla'mage *f*: ***have*** (*od.* ***take***) ***a ~*** sich ‚auf den Hintern setzen', e-e Bauchlandung machen, sich blamieren; ***until the next ~*** bis er (*od.* sie) wieder mal ‚auf den Hintern fällt'.

'prat·ing [-tɪŋ] *adj.* □ schwatzhaft, geschwätzig; **prat·tle** ['prætl] → ***prate***.

prawn [prɔːn] *s. zo.* Gar'nele *f*.

pray [preɪ] **I** *v/i.* **1.** beten (***to*** zu, ***for*** um, für); **2.** bitten, ersuchen (***for*** um); ⚖ beantragen (***that*** dass); **II** *v/t.* **3.** *j-n* inständig bitten, ersuchen, anflehen (***for*** um): ***~, consider!*** bitte, bedenken Sie doch!; **4.** *et.* erbitten, erflehen.

prayer [preə] *s.* **1.** Ge'bet *n*: ***put up a ~*** ein Gebet emporsenden; ***say one's ~s*** beten, s-e Gebete verrichten; ***he hasn't got a ~*** *Am. sl.* er hat nicht die geringste Chance; **2.** *oft pl.* Andacht *f*: ***evening ~*** Abendandacht; **3.** inständige Bitte, Flehen *n*; **4.** Gesuch *n*; ⚖ *a.* Antrag *m*, Klagebegehren *n*; **5.** ['preɪə] Beter(in); **~ book** *s.* Ge'betbuch *n*; **~ meet·ing** *s.* Ge'betsversammlung *f*; **~ wheel** *s.* Ge'betsmühle *f*.

pre- [priː; prɪ] *in Zssgn* a) (*zeitlich*) vor (-her); vor...; früher als, b) (*räumlich*) vor, da'vor.

preach [priːtʃ] **I** *v/i.* **1.** (***to***) predigen (zu *od.* vor *dat.*), e-e Predigt halten (*dat. od.* vor *dat.*); **2.** *fig.* ‚predigen': ***~ at s.o.*** j-m e-e (Moral)Predigt halten; **II** *v/t.* **3.** *et.* predigen: ***~ the gospel*** das Evangelium verkünden; ***~ a sermon*** e-e Predigt halten; **4.** ermahnen zu: ***~ charity*** Nächstenliebe predigen;

P

'**preach·er** [-tʃə] *s.* Prediger(in); '**preach·i·fy** [-tʃɪfaɪ] *v/i.* sal'badern, Mo'ral predigen; '**preach·ing** [-tʃɪŋ] *s.* **1.** Predigen *n*; **2.** *bibl.* Lehre *f*; '**preach·y** [-tʃɪ] *adj.* □ F sal'badernd, moralisierend.

pre·am·ble [priː'æmbl] *s.* **1.** Prä'ambel *f* (*a.* ⚖), Einleitung *f*; Oberbegriff *m e-r Patentschrift*; Kopf *m e-s Funkspruchs etc.*; **2.** *fig.* Vorspiel *n*, Auftakt *m*.

pre·ar·range [ˌpriːə'reɪndʒ] *v/t.* **1.** vorher abmachen *od.* anordnen *od.* bestimmen; **2.** vorbereiten.

preb·end ['prebənd] *s. eccl.* Prä'bende *f*, Pfründe *f*; '**preb·en·dar·y** [-bəndərɪ] *s.* Pfründner *m*.

pre·cal·cu·late [ˌpriː'kælkjʊleɪt] *v/t.* vor'ausberechnen.

pre·car·i·ous [prɪ'keərɪəs] *adj.* □ **1.** pre'kär, unsicher (*a. Lebensunterhalt*), bedenklich (*a. Gesundheitszustand*); **2.** gefährlich; **3.** anfechtbar; **4.** ⚖ 'widerruflich; **pre'car·i·ous·ness** [-nɪs] *s.* **1.** Unsicherheit *f*; **2.** Gefährlichkeit *f*; **3.** Zweifelhaftigkeit *f*.

pre·cau·tion [prɪ'kɔːʃn] *s.* **1.** Vorkehrung *f*, Vorsichtsmaßregel *f*: ***take ~s*** Vorsichtsmaßregeln *od.* Vorsorge treffen; ***as a ~*** vorsichtshalber, vorsorglich; **2.** Vorsicht *f*; **pre'cau·tion·ar·y** [-ʃnərɪ] *adj.* **1.** vorbeugend, Vorsichts...: ***~ measures*** Vorkehrungen; **2.** Warn...: ***~ signal*** Warnsignal *n*.

pre·cede [ˌpriː'siːd] **I** *v/t.* **1.** vor'aus-, vor'angehen (*dat.*) (*a. fig. Buchkapitel, Zeitraum etc.*); **2.** den Vorrang *od.* Vortritt *od.* Vorzug haben vor (*dat.*), vorgehen (*dat.*); **3.** *fig.* (***by, with s.th.***) (durch et.) einleiten, (*e-r Sache* et.) vor'ausschicken; **II** *v/i.* **4.** vor'an-, vo'rausgehen; **5.** den Vorrang *od.* Vortritt haben; **pre·ced·ence** ['presɪdəns] *s.* **1.** Vor'hergehen *n*, Priori'tät *f*: ***have the ~ of*** *e-r Sache zeitlich* vorangehen; **2.** Vorrang *m*, Vorzug *m*, Vortritt *m*, Vorrecht *n*: ***take ~ of*** (*od.* ***over***) → ***precede*** 2; (***order of***) ***~*** Rangordnung *f*; **prec·e·dent** ['presɪdənt] **I** *s.* ⚖ Präze'denzfall *m*, Präju'diz *n*: ***without ~*** ohne Beispiel, noch nie dagewesen; ***set a ~*** e-n Präzedenzfall schaffen; **II** [prɪ'siːdənt] *adj.* □ vor'hergehend; **pre'ced·ing** [-dɪŋ] **I** *adj.* vor'hergehend: ***~ indorser*** ☤ Vor(der)mann *m* (*Wechsel*); **II** *prp.* vor (*dat.*).

pre·cen·sor [ˌpriː'sensə] *v/t.* e-r 'Vorzenˌsur unter'werfen.

pre·cen·tor [ˌpriː'sentə] *s.* ♪, *eccl.* Kantor *m*, Vorsänger *m*.

pre·cept ['priːsept] *s.* **1.** (*a.* göttliches) Gebot; **2.** Regel *f*, Richtschnur *f*; **3.** Lehre *f*, Unter'weisung *f*; **4.** ⚖ Gerichtsbefehl *m*; **pre·cep·tor** [prɪ'septə] *s.* Lehrer *m*.

pre·cinct ['priːsɪŋkt] *s.* **1.** Bezirk *m*: ***cathedral ~s*** Domfreiheit *f*; **2.** *bsd. Am.* Poli'zei-, Wahlbezirk *m*; **3.** *pl.* Bereich *m*, *pl. fig. a.* Grenzen *pl.*

pre·ci·os·i·ty [ˌpreʃɪ'ɒsətɪ] *s.* Geziertheit *f*, Affektiertheit *f*.

pre·cious ['preʃəs] **I** *adj.* □ **1.** kostbar, wertvoll (*a. fig.*): ***~ memories***; **2.** edel (*Steine etc.*): ***~ metals*** Edelmetalle; **3.** F ‚schön': a) *iro.* ‚nett': ***a ~ mess***, b) beträchtlich: ***a ~ lot better than*** bei weitem besser als; **4.** *fig.* prezi'ös, affektiert, geziert: ***~ style***; **II** *adv.* **5.** F reichlich, äußerst: ***~ little***; **III** *s.* **6.** Schatz *m*, Liebling *m*: ***my ~!***; '**precious·ness** [-nɪs] *s.* **1.** Köstlichkeit *f*, Kostbarkeit *f*; **2.** → ***preciosity***.

prec·i·pice ['presɪpɪs] *s.* Abgrund *m*, *fig. a.* Klippe *f*.

pre·cip·i·ta·ble [prɪ'sɪpɪtəbl] *adj.* ⚗ abscheidbar, fällbar, niederschlagbar; **pre'cip·i·tance** [-təns], **pre·cip·i·tan·cy** [-tənsɪ] *s.* **1.** Eile *f*; **2.** Hast *f*, Über'stürzung *f*; **pre'cip·i·tant** [-tənt] **I** *adj.* □ **1.** (steil) abstürzend, jäh; **2.** *fig.* hastig, eilig; **3.** *fig.* über'eilt; **II** *s.* **4.** ⚗ Fällungsmittel *n*; **pre'cip·i·tate** [-teɪt] **I** *v/t.* **1.** hin'abstürzen (*a. fig.*); **2.** *fig. Ereignisse* her'aufbeschwören, (plötzlich) her'beiführen, beschleunigen; **3.** *j-n* (hin'ein)stürzen (***into*** in *acc.*): ***~ a country into war***; **4.** ⚗ (aus)fällen; **5.** *meteor.* niederschlagen, verflüssigen; **II** *v/i.* **6.** ⚗ *u. meteor.* sich niederschlagen; **III** *adj.* [-tət] **7.** jäh(lings) hin'abstürzend, steil abfallend; **8.** *fig.* über'stürzt, -'eilt, 'voreilig; eilig, hastig; **9.** plötzlich; **IV** *s.* [-teɪt] **10.** ⚗ Niederschlag *m*, 'Fällproˌdukt *n*; **pre'cip·i·tate·ness** [-tətnɪs] *s.* Über'eilung *f*, 'Voreiligkeit *f*; **pre·cip·i·ta·tion** [prɪˌsɪpɪ'teɪʃn] *s.* **1.** jäher Sturz, (Her'ab)Stürzen *n*; **2.** *fig.* Über'stürzung *f*; Hast *f*; **3.** ⚗ Fällung *f*; **4.** *meteor.* Niederschlag *m*; **5.** *Spiritismus*: Materialisati'on *f*; **pre'cip·i·tous** [-təs] *adj.* □ **1.** jäh, steil (abfallend), abschüssig; **2.** *fig.* über'stürzt.

pré·cis ['preɪsiː] (*Fr.*) **I** *pl.* **-cis** [-siːz] *s.* (kurze) 'Übersicht, Zs.-fassung *f*; **II** *v/t.* kurz zs.-fassen.

pre·cise [prɪ'saɪs] *adj.* □ **1.** prä'zis(e), klar, genau; **2.** ex'akt, (peinlich) genau, kor'rekt; *contp.* pe'dantisch; **3.** genau, richtig (*Betrag, Moment etc.*); **pre'cise·ly** [-lɪ] *adv.* **1.** → ***precise***; **2.** gerade, genau, ausgerechnet; **3.** ***~!*** genau!; **pre'cise·ness** [-nɪs] *s.* **1.** (über'triebene) Genauigkeit; **2.** (ängstliche) Gewissenhaftigkeit, Pedante'rie *f*; **pre·ci·sion** [prɪ'sɪʒn] **I** *s.* Genauigkeit *f*, Ex'aktheit *f*; *a.* ⚙, ⚔ Präzisi'on *f*; **II** *adj.* ⚙, ⚔ Präzisions..., Fein...: ***~ adjustment*** a) ⚙ Feineinstellung, b) ⚔ genaues Einschießen; ***~ bombing*** gezielter Bombenwurf; ***~ instrument*** Präzisionsinstrument *n*; ***~ mechanics*** Feinmechanik *f*; ***~-made*** Präzisions...

pre·clude [prɪ'kluːd] *v/t.* **1.** ausschließen (***from*** von); **2.** *e-r Sache* vorbeugen *od.* zu'vorkommen; *Einwände* vor'wegnehmen; **3.** *j-n* hindern (***from*** an *dat.*, ***from doing*** zu tun); **pre'clu·sion** [-uːʒn] *s.* **1.** Ausschließung *f*, Ausschluss *m* (***from*** von); **2.** Verhinderung *f*; **pre'clu·sive** [-uːsɪv] *adj.* □ **1.** ausschließend (***of*** von); **2.** (ver)hindernd.

pre·co·cious [prɪ'kəʊʃəs] *adj.* □ **1.** frühreif, frühzeitig (entwickelt); **2.** *fig.* frühreif, altklug; **pre'co·cious·ness** [-nɪs], **pre'coc·i·ty** [-'kɒsətɪ] *s.* **1.** Frühreife *f*, -zeitigkeit *f*; **2.** *fig.* Frühreife *f*, Altklugheit *f*.

pre·cog·ni·tion [ˌpriːkɒg'nɪʃn] *s.* Präkogniti'on *f*, Vorauswissen *n*.

pre·con·ceive [ˌpriːkən'siːv] *v/t.* (sich) vorher ausdenken, sich vorher vorstellen: ***~d opinion*** → ***pre·con·cep·tion*** [ˌpriːkən'sepʃn] *s.* vorgefasste Meinung, *a.* Vorurteil *n*.

pre·con·cert [ˌpriːkən'sɜːt] *v/t.* vorher vereinbaren: ***~ed*** verabredet, *b.s.* abgekartet.

pre·con·di·tion [ˌpriːkən'dɪʃn] **I** *s.* **1.** Vorbedingung *f*, Vor'aussetzung *f*: ***~s for accession*** Beitrittsvorraussetzungen *pl.* (*zur EU etc.*); **II** *v/t.* **2.** ⚙ vorbehandeln; **3.** *fig. j-n* einstimmen.

pre·co·nize ['priːkənaɪz] *v/t.* **1.** öffentlich verkündigen; **2.** *R. C. Bischof* präkonisieren.

pre·cook [ˌpriː'kʊk] *v/t.* vorkochen.

pre·cool [ˌpriː'kuːl] *v/t.* vorkühlen.

pre·cur·sor [ˌpriː'kɜːsə] *s.* **1.** Vorläufer (-in), Vorbote *m*, -botin *f*; **2.** (Amts-) Vorgänger(in); ˌ**pre'cur·so·ry** [-ərɪ] *adj.* **1.** vor'ausgehend; **2.** einleitend, vorbereitend.

pre·da·ceous *Am.*, **pre·da·cious** *Brit.* [prɪ'deɪʃəs] *adj.* räuberisch: ***~ animal*** Raubtier *n*; ***~ instinct*** Raub(tier)instinkt *m*.

pre·date [ˌpriː'deɪt] *v/t.* **1.** zu'rück-, vordatieren; **2.** *zeitlich* vor'angehen.

pred·a·to·ry ['predətərɪ] *adj.* □ räuberisch, Raub...(*-krieg, -vogel etc.*).

pre·de·cease [ˌpriːdɪ'siːs] *v/t.* früher sterben als *j-d*, vor *j-m* sterben: ***~d parent*** ⚖ vorverstorbener Elternteil.

pred·e·ces·sor ['priːdɪsesə] *s.* **1.** Vorgänger(in) (*a. fig. Buch etc.*): ***~ in interest*** ⚖ Rechtsvorgänger; ***~ in office*** Amtsvorgänger; **2.** Vorfahr *m*.

pre·des·ti·nate [ˌpriː'destɪneɪt] **I** *v/t. eccl. u. weitS.* prädestinieren, aus(er)wählen, (vor'her)bestimmen, ausersehen (***to*** für, zu); **II** *adj.* [-neɪt] prädestiniert, auserwählt; **pre·des·ti·na·tion** [priːˌdestɪ'neɪʃn] *s.* **1.** Vor'herbestimmung *f*; **2.** *eccl.* Prädestinati'on *f*, Gnadenwahl *f*; ˌ**pre'des·tine** [-tɪn] → ***predestinate*** I.

pre·de·ter·mi·na·tion ['priːdɪˌtɜːmɪ'neɪʃn] *s.* Vor'herbestimmung *f*; **pre·deter·mine** [ˌpriːdɪ'tɜːmɪn] *v/t.* **1.** *eccl.*, *a.* ⚙ vor'herbestimmen; **2.** *Kosten etc.* vorher festsetzen *od.* bestimmen: ***~ s.o. to s.th.*** j-n für et. vorbestimmen.

pred·i·ca·ble ['predɪkəbl] **I** *adj.* aussagbar, *j-m* zuzuschreiben(d); **II** *s. pl. phls.* Prädika'bilien *pl.*, Allgemeinbegriffe *pl.*; **pre·dic·a·ment** [prɪ'dɪkəmənt] *s.* **1.** *phls.* Katego'rie *f*; **2.** (missliche) Lage; **pred·i·cate** ['predɪkeɪt] **I** *v/t.* **1.** behaupten, aussagen; **2.** *phls.* prädizieren, aussagen; **3.** gründen, basieren (***on*** auf *dat.*): ***be ~d on*** basieren auf (*dat.*); **II** *s.* [-kət] **4.** *phls.* Aussage *f*; **5.** *ling.* Prädi'kat *n*, Satzaussage *f*: ***~ adjective*** prädikatives Adjektiv; ***~ noun*** Prädikatsnomen *n*; **pred·i·ca·tion** [ˌpredɪ'keɪʃn] *s.* Aussage *f* (*a. ling. im Prädikat*), Behauptung *f*; **pred·i·ca·tive** [prɪ'dɪkətɪv] *adj.* □ **1.** aussagend, Aussage...; **2.** *ling.* prädika'tiv; **pred·i·ca·to·ry** [prɪ'dɪkətərɪ] *adj.* **1.** predigend, Prediger...; **2.** gepredigt.

pre·dict [prɪ'dɪkt] *v/t.* vor'her-, vor'aussagen, prophe'zeien; **pre'dict·a·ble** [-təbl] *adj.* vor'aussagbar, berechenbar (*a. Person, Politik etc.*): ***he's so ~*** bei ihm weiß man immer genau, was er tun wird; **pre'dict·a·bly** [-təblɪ] *adv.* a) wie vorherzusehen war, b) man kann jetzt schon sagen, dass; **pre'dic·tion** [-kʃn] *s.* Vor'her-, Vor'aussage *f*, Weissagung *f*, Prophe'zeiung *f*; **pre'dic·tor** [-tə] *s.* **1.** Pro'phet(in); **2.** ✈ Kom'mandogerät *n*.

pre·di·lec·tion [ˌpriːdɪ'lekʃn] *s.* Vorliebe *f*, Voreingenommenheit *f*.

pre·dis·pose [ˌpriːdɪ'spəʊz] *v/t.* **1.** (***for***) *j-n* (im Vor'aus) geneigt *od.* empfänglich machen *od.* einnehmen (für); **2.** (***to***) *bsd.* ⚕ prädisponieren, empfänglich *od.* anfällig machen (für); **pre·dispo·si·tion** ['priːˌdɪspə'zɪʃn] *s.* (***to***) Neigung *f* (zu); Empfänglichkeit *f* (für); Anfälligkeit *f* (für) (*alle a.* ⚕).

P

pre·dom·i·nance [prɪ'dɒmɪnəns] *s.* **1.** Vorherrschaft *f*; Vormacht(stellung) *f*; **2.** *fig.* Vorherrschen *n*, Über'wiegen *n*, 'Übergewicht *n* (***in*** in *dat.*, ***over*** über *acc.*); **3.** Über'legenheit *f*; **pre'dom·i·nant** [-nt] *adj.* □ **1.** vorherrschend, über'wiegend, vorwiegend; **2.** über'legen; **pre'dom·i·nate** [-neɪt] *v/i.* **1.** vorherrschen, über'wiegen, vorwiegen; **2.** *zahlenmäßig, geistig, körperlich etc.* über'legen sein; **3.** die Oberhand *od.* das 'Übergewicht haben (***over*** über *acc.*); **4.** herrschen, die Herrschaft haben (***over*** über *acc.*).

pre-em·i·nence [ˌpriː'emɪnəns] *s.* **1.** Her'vorragen *n*, Über'legenheit *f* (***above, over*** über *acc.*); **2.** Vorrang *m*, -zug *m* (***over*** vor *dat.*); **3.** her'vorragende Stellung; **ˌpre-'em·i·nent** [-nt] *adj.* □ her'vorragend, über'ragend: ***be ~*** hervorstechen, sich hervortun.

pre-empt [ˌpriː'empt] *v/t.* **1.** (*v/i.* Land) durch Vorkaufsrecht erwerben; **2.** (im Vor'aus) mit Beschlag belegen; **ˌpre-'emp·tion** [-pʃn] *s.* Vorkauf(srecht *n*) *m*: ***~ price*** Vorkaufspreis *m*; **ˌpre-'emp·tive** [-tɪv] *adj.* **1.** Vorkaufs...: ***~ right***; **2.** ⚔ Präventiv...: ***~ strike*** Präventivschlag *m*; **ˌpre'emp·tor** [-tə] *s.* Vorkaufsberechtigte(r *m*) *f*.

preen [priːn] *v/t.* *Gefieder etc.* putzen; *sein Haar* (her)richten: ***~ o.s.*** sich putzen (*a. Person*); ***~ o.s. on*** sich et. einbilden auf (*acc.*).

pre-en·gage [ˌpriːɪn'geɪdʒ] *v/t.* **1.** im Vor'aus *vertraglich* verpflichten; **2.** im Vor'aus in Anspruch nehmen; **3.** ✝ vorbestellen; **ˌpre-en'gage·ment** [-mənt] *s.* vorher eingegangene Verpflichtung, frühere Verbindlichkeit.

pre-ex·am·i·na·tion ['priːɪgˌzæmɪ'neɪʃn] *s.* vor'herige Vernehmung, 'Vorunterˌsuchung *f*, -prüfung *f*.

pre-ex·ist [ˌpriːɪg'zɪst] *v/i.* vorher vor'handen sein *od.* existieren; **ˌpre·ex'ist·ence** [-təns] *s.* *bsd. eccl.* früheres Dasein, Präexi'stenz *f*.

pre·fab ['priːfæb] **I** *adj.* → ***prefabricated***; **II** *s.* Fertighaus *n*.

pre·fab·ri·cate [ˌpriː'fæbrɪkeɪt] *v/t.* vorfabrizieren, *genormte* Fertigteile für *Häuser etc.* herstellen; **ˌpre'fab·ri·cat·ed** [-tɪd] *adj.* vorgefertigt, zs.-setzbar, Fertig...: ***~ house*** Fertighaus *n*; ***~ piece*** Bauteil *n*.

pref·ace ['prefɪs] **I** *s.* Vorwort *n*, -rede *f*; Einleitung *f* (*a. fig.*); **II** *v/t.* *Rede etc.* einleiten (*a. fig.*), ein Vorwort schreiben zu *e-m Buch*.

pref·a·to·ry ['prefətərɪ] *adj.* □ einleitend, Einleitungs...

pre·fect ['priːfekt] *s.* **1.** *pol.* Prä'fekt *m*; **2.** *Brit.* Vertrauensschüler *m*.

pre·fer [prɪ'fɜː] *v/t.* **1.** (es) vorziehen (***to*** *dat.*, ***rather than*** statt); bevorzugen: ***I ~ to go today*** ich gehe lieber heute; ***~red*** ✝ bevorzugt, Vorzugs...(*-aktie etc.*); **2.** befördern (***to*** [***the rank of***] zum); **3.** ⚖ *Gläubiger etc.* begünstigen, bevorzugt befriedigen; **4.** ⚖ *Gesuch, Klage* einreichen (***to*** bei, ***against*** gegen); *Ansprüche* erheben; **pref·er·a·ble** ['prefərəbl] *adj.* □ (***to***) vorzuziehen(d) (*dat.*); vorzüglicher (als); **pref·er·a·bly** ['prefərəblɪ] *adv.* vorzugsweise, lieber, am besten; **pref·er·ence** ['prefərəns] *s.* **1.** Bevorzugung *f*, Vorzug *m* (***above, before, over, to*** vor *dat.*); **2.** Vorliebe *f* (***for*** für): ***by ~*** mit (besonderer) Vorliebe; **3.** ✝, ⚖ a) Vor(zugs)recht *n*, Priori'tät *f*: ***~ bond*** Prioritätsobligation *f*; ***~ dividend*** *Brit.* Vorzugsdividende *f*; ***~ share*** (*od.* ***stock***) → e), b) Vorzug *m*, Bevorrechtigung *f*: ***~ as to dividends*** Dividendenbevorrechtigung *f*, c) bevorzugte Befriedigung (*a. Konkurs*): ***fraudulent ~*** Gläubigerbegünstigung *f*, d) *Zoll*: 'Meistbegünstigung(staˌrif *m*) *f*, e) *Brit.* 'Vorzugsˌaktie *f*; **pref·er·en·tial** [ˌprefə'renʃl] *adj.* □ bevorzugt; *a.* ✝, ⚖ bevorrechtigt (*Forderung, Gläubiger etc.*), Vorzugs...(*-aktie, -dividende, -recht, -zoll*): ***~ treatment*** Vorzugsbehandlung *f*; **pref·er·en·tial·ly** [ˌprefə'renʃəlɪ] *adv.* vorzugsweise; **pre'fer·ment** [-mənt] *s.* **1.** Beförderung *f* (***to*** zu); **2.** höheres Amt, Ehrenamt *n* (*bsd. eccl.*); **3.** ⚖ Einreichung *f* (*Klage*).

pre·fig·u·ra·tion ['priːˌfɪgjʊ'reɪʃn] *s.* **1.** vorbildhafte Darstellung, Vor-, Urbild *n*; **2.** vor'herige Darstellung.

pre·fix I *v/t.* [ˌpriː'fɪks] **1.** (*a. ling. Wort, Silbe*) vorsetzen, vor'ausgehen lassen (***to*** *dat.*); **II** *s.* ['priːfɪks] **2.** *ling.* Prä'fix *n*, Vorsilbe *f*; **3.** *bsd. Am. teleph.* Vorwahl *f*; **4.** Namenszu- *od.* -vorsatz *m*.

ˌpre-'for·mat *v/t.* *Computer*: vorformatieren.

preg·gers ['pregəz] *adj.* F schwanger.

preg·nan·cy ['pregnənsɪ] *s.* **1.** Schwangerschaft *f*; *zo.* Trächtigkeit *f*; **2.** *fig.* Fruchtbarkeit *f*, Schöpferkraft *f*, Gedankenfülle *f*; **3.** *fig.* Prä'gnanz *f*, Bedeutungsgehalt *m*, -schwere *f*; **'preg·nant** [-nt] *adj.* □ **1.** a) schwanger (*Frau*), b) trächtig (*Tier*); **2.** *fig.* fruchtbar, reich (***in*** an *dat.*); **3.** einfalls-, geistreich; **4.** *fig.* bedeutungsvoll, gewichtig; voll (***with*** von).

pre·heat [ˌpriː'hiːt] *v/t.* vorwärmen (*a.* ⚙).

pre·hen·sile [prɪ'hensaɪl] *adj.* *zo.* Greif...: ***~ organ***.

pre·his·tor·ic, pre·his·tor·i·cal [ˌpriːhɪ'stɒrɪk(l)] *adj.* □ prähi'storisch, vorgeschichtlich; **pre·his·to·ry** [ˌpriː'hɪstərɪ] *s.* Vor-, Urgeschichte *f*.

pre-ig·ni·tion [ˌpriːɪg'nɪʃn] *s.* *mot.* Frühzündung *f*.

pre·judge [ˌpriː'dʒʌdʒ] *v/t.* im Vor'aus *od.* vorschnell be- *od.* verurteilen.

prej·u·dice ['predʒʊdɪs] **I** *s.* **1.** Vorurteil *n*, Voreingenommenheit *f*, *a.* ⚖ Befangenheit *f*; **2.** (*a.* ⚖) Nachteil *m*, Schaden *m*: ***to the ~ of*** zum Nachteil (*gen.*); ***without ~*** ohne Verbindlichkeit; ***without ~ to*** ohne Schaden für, unbeschadet (*gen.*); **II** *v/t.* **3.** mit e-m Vorurteil erfüllen, einnehmen (***in favo***[***u***]***r of*** für, ***against*** gegen): ***~d*** a) (vor)eingenommen, b) ⚖ befangen, c) vorgefasst (*Meinung*); **4.** *a.* ⚖ beeinträchtigen, benachteiligen, schaden (*dat.*), *e-r Sache* abträglich sein; **prej·u·di·cial** [ˌpredʒʊ'dɪʃl] *adj.* □ nachteilig, schädlich (***to*** für): ***be ~ to*** → ***prejudice*** 4.

prel·a·cy ['preləsɪ] *s.* *eccl.* **1.** Präla'tur *f* (*Würde od. Amtsbereich*); **2.** *coll.* Prä'laten(stand *m*, -tum *n*) *pl.*; **prel·ate** ['prelɪt] *s.* Prä'lat *m*.

pre·lect [prɪ'lekt] *v/i.* lesen, e-e Vorlesung *od.* Vorlesungen halten (***on, upon*** über *acc.*, ***to*** vor *dat.*); **pre'lec·tion** [-kʃn] *s.* Vorlesung *f*, Vortrag *m*; **pre'lec·tor** [-tə] *s.* Vorleser *m*, (Universi'täts)Lektor *m*.

pre·lim ['priːlɪm] **1.** F → ***preliminary examination***; **2.** *pl. typ.* Tite'lei *f*.

pre·lim·i·nar·y [prɪ'lɪmɪnərɪ] **I** *adj.* □ **1.** einleitend, vorbereitend, Vor...: ***~ discussion*** Vorbesprechung *f*; ***~ inquiry*** ⚖ Voruntersuchung *f*; ***~ measures*** vorbereitende Maßnahmen; ***~ round*** *sport* Vorrunde *f*; ***~ work*** Vorarbeit *f*; **2.** vorläufig: ***~ dressing*** ⚕ Notverband *m*; **II** *s.* **3.** *mst pl.* Einleitung *f*, Vorbereitung(en *pl.*) *f*, vorbereitende Maßnahmen *pl.*; *pl.* Prälimi'narien *pl.* (*a.* ⚖ *e-s Vertrags*); **4.** ⚖ Vorverhandlungen *pl.*; **5.** → ***~ ex·am·i·na·tion*** *s.* *univ.* **1.** Aufnahmeprüfung *f*; **2.** a) Vorprüfung *f*, b) ⚕ Physikum *n*.

prel·ude ['preljuːd] **I** *s.* **1.** ♪ Vorspiel *n*, Einleitung *f* (*beide a. fig.*), Prä'ludium *n*; *fig.* Auftakt *m*; **II** *v/t.* **2.** ♪ a) einleiten, b) als Prä'ludium spielen; **3.** *bsd. fig.* einleiten, das Vorspiel *od.* der Auftakt sein zu; **III** *v/i.* **4.** ♪ a) ein Prä'ludium spielen, b) als Vorspiel dienen (***to*** für, zu); **5.** *fig.* das Vorspiel *od.* die Einleitung bilden (***to*** zu).

pre·mar·i·tal [ˌpriː'mærɪtl] *adj.* vorehelich.

pre·ma·ture [ˌpremə'tjʊə] *adj.* □ **1.** früh-, vorzeitig, verfrüht: ***~ birth*** Frühgeburt *f*; ***~ ignition*** *mot.* Frühzündung *f*; **2.** *fig.* voreilig, -schnell, über'eilt; **3.** frühreif; **ˌpre·ma'ture·ness** [-nɪs], **ˌpre·ma'tu·ri·ty** [-ərətɪ] *s.* **1.** Frühreife *f*; **2.** Früh-, Vorzeitigkeit *f*; **3.** Über'eiltheit *f*.

pre·med·i·cal [ˌpriː'medɪkl] *adj.* *univ. Am.* 'vormediˌzinisch, in die Medi'zin einführend: ***~ course*** Einführungskurs *m* in die Medizin; ***~ student*** Medizinstudent(in), der (die) e-n Einführungskurs besucht.

pre·me·di·e·val ['priːˌmedɪ'iːvl] *adj.* frühmittelalterlich.

pre·med·i·tate [ˌpriː'medɪteɪt] *v/t. u. v/i.* vorher über'legen: ***~d murder*** vorsätzlicher Mord; **ˌpre'med·i·tat·ed·ly** [-tɪdlɪ] *adv.* mit Vorbedacht, vorsätzlich; **pre·med·i·ta·tion** [priːˌmedɪ'teɪʃn] *s.* Vorbedacht *m*; Vorsatz *m*.

pre·men·stru·al [ˌpriː'menstrʊəl] *adj.* prämenstru'ell, vor der Menstruati'on: ***~ syndrome*** ⚕ prämenstruelles Syndrom, prämenstruelle Phase.

pre·mi·er ['premjə] **I** *adj.* erst; oberst, Haupt...; **II** *s.* Premi'er(miˌnister) *m*, Mi'nisterpräsiˌdent(in).

pre·mière [prə'mjeə] (*Fr.*) *thea.* **I** *s.* **1.** Premi'ere *f*, Ur-, Erstaufführung *f*; **2.** a) Darstellerin *f*, b) Primaballe'rina *f*; **II** *v/t.* **3.** ur-, erstaufführen.

pre·mi·er·ship ['premjəʃɪp] *s.* Amt *n* *od.* Würde *f* des Premi'erminˌnisters.

pre·mil·len·ni·al [ˌpriːmɪ'lenjəl] *adj.* ... vor dem neuen Jahr'tausend, ... vor der Jahr'tausendwende: ***~ angst*** Millenniumsangst *f*; ***~ tension*** Stress *m* vor der Jahrtausendwende, Millenniumsangst *f*.

prem·ise[1] ['premɪs] *s.* **1.** *phls.* Prä'misse *f*, Vor'aussetzung *f*, Vordersatz *m e-s Schlusses*; **2.** ⚖ a) *pl. das* Obenerwähnte: ***in the ~s*** im Vorstehenden; ***in these ~s*** in Hinsicht auf das eben Erwähnte, b) oben erwähntes Grundstück; **3.** *pl.* a) Grundstück *n*, b) Haus *n* nebst Zubehör (*Nebengebäude, Grund u. Boden*), c) Lo'kal *n*, Räumlichkeiten *pl.*: ***business ~s*** Geschäftsräume *pl.*, Werksgelände *n*; ***licensed ~*** Schanklokal *n*; ***on the ~s*** an Ort u. Stelle, auf dem Grundstück, im Hause *od.* Lokal.

pre·mise[2] [prɪ'maɪz] *v/t.* **1.** vor'ausschicken; **2.** *phls.* postulieren.

pre·mi·um ['priːmjəm] *s.* **1.** (Leistungs-*etc.*)Prämie *f*, Bonus *m*; Belohnung *f*, Preis *m*; Zugabe *f*: ***~ offers*** ✝ Verkauf *m* mit Zugaben; ***~ system*** Prämien-

P

lohnsystem *n*; **2.** (Versicherungs)Prämie *f*: ***free of ~*** prämienfrei; **3.** ✝ Aufgeld *n*, Agio *n*: ***at a ~*** a) ✝ über Pari, b) *fig.* hoch im Kurs (stehend), sehr gesucht; ***sell at a ~*** a) (*v/i.*) über Pari stehen, b) (*v/t.*) mit Gewinn verkaufen; **4.** *a.* ***~ petrol*** *Brit.*, ***~ gas*** *Am.* 'Super(ben,zin) *n*; **5.** Lehrgeld *n e-s Lehrlings*, 'Ausbildungshono,rar *n*.

pre·mo·ni·tion [ˌpriːməˈnɪʃn] *s.* **1.** Warnung *f*; **2.** (Vor)Ahnung *f*, (Vor)Gefühl *n*; **pre·mon·i·to·ry** [prɪˈmɒnɪtərɪ] *adj.* warnend: ***~ symptom*** ⚕ Frühsymptom *n*.

pre·na·tal [ˌpriːˈneɪtl] *adj.* ⚕ vor der Geburt, vorgeburtlich, präna'tal: ***~ care*** Schwangerenvorsorge *f*.

pre·oc·cu·pan·cy [ˌpriːˈɒkjʊpənsɪ] *s.* **1.** (Recht *n* der) frühere(n) Besitznahme; **2.** (***in***) Beschäftigtsein *n* (mit), Vertieftsein *n* (in *acc.*); **pre·oc·cu·pa·tion** [priːˌɒkjʊˈpeɪʃn] *s.* **1.** vor'herige Besitznahme; **2.** (***with***) Beschäftigtsein *n* (mit), Vertieftsein *n* (in *acc.*), In'anspruchnahme *f* (durch); **3.** Hauptbeschäftigung *f*; **4.** Vorurteil *n*, Voreingenommenheit *f*; ˌ**pre'oc·cu·pied** [-paɪd] *adj.* vertieft (***with*** in *acc.*), gedankenverloren; **preoc·cu·py** [ˌpriːˈɒkjʊpaɪ] *v/t.* **1.** vorher *od.* vor anderen in Besitz nehmen; **2.** *j-n* (völlig) in Anspruch nehmen, *j-s Gedanken* ausschließlich beschäftigen, erfüllen.

pre·or·dain [ˌpriːɔːˈdeɪn] *v/t.* vorher anordnen, vor'herbestimmen.

prep [prep] *s.* F **1.** a) *a.* ***~ school*** → ***preparatory school***, b) *Am.* Schüler (-in) e-r ***preparatory school***; **2.** *Brit.* → ***preparation*** 5.

pre·pack [ˌpriːˈpæk], **pre·pack·age** [ˌpriːˈpækɪdʒ] *v/t.* ✝ abpacken.

pre·paid [ˌpriːˈpeɪd] *adj.* vor'ausbezahlt; ✉ frankiert, (porto)frei.

prep·a·ra·tion [ˌprepəˈreɪʃn] *s.* **1.** Vorbereitung *f*: ***in ~ for*** als Vorbereitung auf (*acc.*); ***make ~s*** Vorbereitungen *od.* Anstalten treffen (***for*** für); **2.** (Zu-)Bereitung *f* (*von Tee, Speisen etc.*), Herstellung *f*; ⚒, ⚙ Aufbereitung *f* (*von Erz, Kraftstoff etc.*); Vorbehandlung *f*, Imprägnieren *n* (*von Holz etc.*); **3.** ⚗, ⚕ Präpa'rat *n*, *pharm. a.* Arz'nei (-mittel *n*) *f*; **4.** Abfassung *f e-r Urkunde etc.*; Ausfüllen *n e-s Formulars*; **5.** *ped. Brit.* (Anfertigung *f* der) Hausaufgaben *pl.*, Vorbereitung(sstunde) *f*; **6.** ♪ a) (Disso'nanz)Vorbereitung *f*, b) Einleitung *f*; **pre·par·a·tive** [prɪˈpærətɪv] **I** *adj.* ☐ → ***preparatory*** I; **II** *s.* Vorbereitung *f*, vorbereitende Maßnahme (***for*** auf *acc.*, ***to*** zu).

pre·par·a·to·ry [prɪˈpærətərɪ] **I** *adj.* ☐ **1.** vorbereitend, als Vorbereitung dienend (***to*** für); **2.** Vor(bereitungs)...; **3.** ***~ to*** *adv.* im Hinblick auf (*acc.*), vor (*dat.*): ***~ to doing s.th.*** bevor *od.* ehe man etwas tut; **II** *s.* **4.** *Brit.* → ***~ school*** *s.* **1.** *Brit.* (*mit Ausnahme Schottlands*) *Vorbereitungsschule auf e-e public school*; **2.** *Am. Vorbereitungsschule auf e-e Hochschule.*

pre·pare [prɪˈpeə] **I** *v/t.* **1.** (*a. Rede, Schularbeiten, Schüler etc.*) vorbereiten; zu'rechtmachen, fertig machen, (her)richten; *Speise etc.* (zu)bereiten; **2.** (aus)rüsten, bereitstellen; **3.** *j-n seelisch* vorbereiten (***to do*** zu tun, ***for*** auf *acc.*): a) geneigt *od.* bereit machen, b) gefasst machen: ***~ o.s. to do s.th.*** sich anschicken, et. zu tun; **4.** anfertigen, ausarbeiten, *Plan* entwerfen, *Schriftstück* abfassen; **5.** ⚗, ⚙ a) herstellen, anfertigen, b) präparieren, zurichten; **6.** *Kohle* aufbereiten; **II** *v/i.* **7.** (***for***) sich (*a. seelisch*) vorbereiten (auf *acc.*), sich anschicken *od.* rüsten, Vorbereitungen *od.* Anstalten treffen (für): ***~ for war*** (sich) zum Krieg rüsten; ***~ to ...!*** ⚔ fertig zum ...!; **pre'pared** [-eəd] *adj.* **1.** vor-, zubereitet, bereit; **2.** *fig.* bereit, gewillt; **3.** gefasst (***for*** auf *acc.*); **pre'par·ed·ness** [-eədnɪs] *s.* **1.** Bereitschaft *f*, -sein *n*; **2.** Gefasstsein *n* (***for*** auf *acc.*).

pre·pay [ˌpriːˈpeɪ] *v/t.* [*irr.* → ***pay***] vo'rausbezahlen, *Brief etc.* frankieren; ˌ**pre'pay·ment** [-mənt] *s.* Vor'aus(be)zahlung *f*; ✉ Frankierung *f*.

pre·pense [prɪˈpens] *adj.* ☐ ⚖ vorsätzlich, vorbedacht: ***with*** (*od.* ***of***) ***malice*** ~ in böswilliger Absicht.

pre·pon·der·ance [prɪˈpɒndərəns] *s.* **1.** 'Übergewicht *n* (*a. fig.* ***over*** über *acc.*); **2.** *fig.* Über'wiegen *n* (*an Zahl etc.*), über'wiegende Zahl (***over*** über *acc.*); **pre'pon·der·ant** [-nt] *adj.* ☐ über'wiegend, entscheidend; **pre·pon·der·ate** [prɪˈpɒndəreɪt] *v/i. fig.* über'wiegen, vorherrschen: ***~ over*** (an Zahl) übersteigen, überlegen sein (*dat.*).

prep·o·si·tion [ˌprepəˈzɪʃn] *s. ling.* Präpositi'on *f*, Verhältniswort *n*; ˌ**prep·o'si·tion·al** [-ʃənl] *adj.* ☐ präpositio'nal.

pre·pos·sess [ˌpriːpəˈzes] *v/t.* **1.** *mst pass. j-n, j-s Geist* einnehmen (***in favo[u]r of*** für): ***~ed*** voreingenommen; ***~ing*** einnehmend, anziehend; **2.** erfüllen (***with*** mit *Ideen etc.*); ˌ**pre·pos'ses·sion** [-eʃn] *s.* Voreingenommenheit *f* (***in favo[u]r of*** für), Vorurteil *n* (***against*** gegen); vorgefasste (günstige) Meinung (***for*** von).

pre·pos·ter·ous [prɪˈpɒstərəs] *adj.* ☐ **1.** ab'surd, un-, 'widersinnig; **2.** lächerlich, gro'tesk.

pre·po·tence [prɪˈpəʊtəns], **pre'po·ten·cy** [-sɪ] *s.* **1.** Vorherrschaft *f*, Über'legenheit *f*; **2.** *biol.* stärkere Vererbungskraft; **pre'po·tent** [-nt] *adj.* **1.** vorherrschend, (an Kraft) über'legen; **2.** *biol.* sich stärker fortpflanzend *od.* vererbend.

pre·pie, **prep·py** [ˈprepɪ] *adj. bsd. Am. mst b. s.* ad'rett, geschniegelt

pre·print I *s.* [ˈpriːprɪnt] **1.** Vorabdruck *m* (*e-s Buches etc.*); **2.** Teilausgabe *f*; **II** *v/t.* [ˌpriːˈprint] **3.** vorabdrucken.

prep school [prep] → ***preparatory school***.

pre·puce [ˈpriːpjuːs] *s. anat.* Vorhaut *f*.

Pre-Raph·a·el·ite [ˌpriːˈræfəlaɪt] *paint.* **I** *adj.* präraffae'litisch; **II** *s.* Präraffae'lit(in).

pre·re·cord·ed [ˌpriːrɪˈkɔːdɪd] *adj.* bespielt (*Musikkassette etc.*).

pre·req·ui·site [ˌpriːˈrekwɪzɪt] **I** *adj.* vor'auszusetzen(d), erforderlich (***for***, ***to*** für); **II** *s.* Vorbedingung *f*, ('Grund-) Vor,aussetzung (***for***, ***to*** für).

pre·rog·a·tive [prɪˈrɒgətɪv] **I** *s.* Privi'leg *n*, Vorrecht *n*: ***royal ~*** Hoheitsrecht *n*; **II** *adj.* bevorrechtigt: ***~ right*** Vorrecht *n*.

pre·sage [ˈpresɪdʒ] **I** *v/t.* **1.** *mst Böses* ahnen; **2.** (vorher) anzeigen *od.* ankündigen; **3.** weissagen, prophe'zeien; **II** *s.* **4.** Omen *n*, Warnungs-, Anzeichen *n*; **5.** (Vor)Ahnung *f*, Vorgefühl *n*; **6.** Vorbedeutung *f*: ***of evil ~***.

pres·by·op·ic [ˌprezbɪˈɒpɪk] *adj.* alters(weit)sichtig.

pres·by·ter [ˈprezbɪtə] *s. eccl.* **1.** (Kirchen)Älteste(r) *m*; **2.** (Hilfs)Geistliche(r) *m* (*in Episkopalkirchen*); **Pres·by·te·ri·an** [ˌprezbɪˈtɪərɪən] **I** *adj.* presbyteri'anisch; **II** *s.* Presbyteri'aner(in); **'pres·by·ter·y** [-tərɪ] *s.* **1.** Presby'terium *n* (*a.* ⚠ *Chor*); **2.** Pfarrhaus *n*.

pre·school *ped.* **I** *adj.* [ˌpriːˈskuːl] vorschulisch, Vorschul...: ***~ child*** noch nicht schulpflichtiges Kind; **II** *s.* [ˈpriːskuːl] Vorschule *f*.

pre·sci·ence [ˈpresɪəns] *s.* Vor'herwissen *n*, Vor'aussicht *f*; **'pre·sci·ent** [-nt] *adj.* ☐ vor'herwissend, -sehend (***of*** *acc.*).

pre·scribe [prɪˈskraɪb] **I** *v/t.* **1.** vorschreiben (***to s.o.*** j-m), *et.* anordnen: (***as***) ***~d*** (wie) vorgeschrieben, vorschriftsmäßig; **2.** ⚕ verordnen, -schreiben (***for*** *od.* ***to s.o.*** j-m, ***for s.th.*** gegen et.); **II** *v/i.* **3.** ⚕ et. verschreiben, ein Re'zept ausstellen (***for s.o.*** j-m); **4.** ⚖ a) verjähren, b) Verjährung *od.* Ersitzung geltend machen (***for***, ***to*** für, auf *acc.*).

pre·scrip·tion [prɪˈskrɪpʃn] **I** *s.* **1.** Vorschrift *f*, Verordnung *f*; **2.** ⚕ a) Re'zept *n*, b) verordnete Medi'zin; **3.** ⚖ a) (***positive***) ***~*** Ersitzung *f*, b) (***negative***) ***~*** Verjährung *f*; **II** *adj.* **4.** ärztlich verordnet: ***~ glasses***; ***~ pad*** Rezeptblock *m*; **pre'scrip·tive** [-tɪv] *adj.* ☐ **1.** verordnend, vorschreibend; **2.** ⚖ a) ersessen: ***~ right***, b) Verjährungs...: ***~ period***; ***~ debt*** verjährte Schuld.

pre·se·lec·tion [ˌpriːsɪˈlekʃn] *s.* **1.** ⚙ Vorwahl *f*; **2.** *Radio*: 'Vorselekti,on *f*; ˌ**pre·se'lec·tive** [-ktɪv] *adj.* ⚙, *mot.* Vorwähler...: ***~ gears***; ˌ**pre·se'lec·tor** [-ktə] *s.* ⚙ Vorwähler *m*.

pres·ence [ˈprezns] *s.* **1.** Gegenwart *f*, Anwesenheit *f*, ⚔ *pol.* Prä'senz *f*: ***in the ~ of*** in Gegenwart *od.* in Anwesenheit von *od. gen.*, vor *Zeugen*; ***saving your ~*** sosehr ich es bedaure, dies in Ihrer Gegenwart sagen zu müssen; → ***mind*** 2; **2.** (unmittelbare) Nähe, Vor'handensein *n*: ***be admitted into the ~*** (zur Audienz) vorgelassen werden; ***in the ~ of danger*** angesichts der Gefahr; **3.** hohe Per'sönlichkeit(en *pl.*); **4.** Äußere(s) *n*, Aussehen *n*, (stattliche) Erscheinung; *weitS.* Auftreten *n*, Haltung *f*; **5.** Anwesenheit *f e-s unsichtbaren Geistes*; ***~ cham·ber*** *s.* Audi'enzsaal *m*.

pres·ent¹ [ˈpreznt] **I** *adj.* ☐ → ***presently***; **1.** (*räumlich*) gegenwärtig, anwesend; vor'handen (*a.* ⚗ *etc.*): ***~ company***, ***those ~*** die Anwesenden; ***be ~ at*** teilnehmen an (*dat.*), beiwohnen (*dat.*), zugegen sein bei; ***~!*** (*bei Namensaufruf*) hier!; ***it is ~ to my mind*** *fig.* es ist mir gegenwärtig; **2.** (*zeitlich*) gegenwärtig, jetzig, augenblicklich, momen'tan: ***the ~ day*** (*od.* ***time***) die Gegenwart; ***~ value*** Gegenwartswert *m*; **3.** heutig (*bsd. Tag*), laufend (*bsd. Jahr, Monat*); **4.** vorliegend (*Fall, Urkunde etc.*): ***the ~ writer*** der Schreiber *od.* Verfasser (dieser Zeilen); **5.** *ling.* ***~ participle*** Mittelwort *n* der Gegenwart, Partizip *n* Präsens; ***~ perfect*** Perfekt *n*, zweite Vergangenheit; ***~ tense*** → 7; **II** *s.* **6.** Gegenwart *f*: ***at ~*** gegenwärtig, im Augenblick, jetzt, momentan; ***for the ~*** für den Augenblick, vorläufig, einstweilen; ***up to the ~*** bislang, bis dato; **7.** *ling.* Präsens *n*, Gegenwart *f*; **8.** *pl.* ⚖ (vorliegendes) Schriftstück *od.* Doku'ment: ***by these ~s*** hiermit, hierdurch; ***know all men by these ~s*** hiermit jedermann kund und zu wissen(, *dass*).

pre·sent² [prɪˈzent] **I** *v/t.* **1.** (dar)bieten, (über)'reichen; *Nachricht etc.* über'bringen: ***~ one's compliments to*** sich

P

j-m empfehlen; **~ *s.o. with*** j-n mit *et.* beschenken; **~ *s.th. to*** *j-m* et. schenken; **2.** *Gesuch etc.* einreichen, vorlegen, unter'breiten; ✝ *Scheck, Wechsel* (zur Zahlung) vorlegen, präsentieren; ⚖ *Klage* erheben: **~ *a case*** e-n Fall vor Gericht vertreten; **3.** *j-n für ein Amt* vorschlagen; **4.** *Bitte, Klage* vorbringen; *Gedanken, Wunsch etc.* äußern, unterbreiten; **5.** *j-n* vorstellen (***to*** *dat.*), einführen (***at*** bei *Hofe*): **~ *o.s.*** a) sich vorstellen, b) sich einfinden, erscheinen, sich melden (***for*** zu), c) *fig.* sich bieten (*Möglichkeit etc.*); **6.** *Schwierigkeiten* bieten, *Problem* darstellen; **7.** *thea. etc.* darbieten, *Film* vorführen, zeigen, *Sendung* bringen *od.* moderieren, *Rolle* spielen *od.* verkörpern; *fig.* vergegenwärtigen, darstellen, schildern; **8.** ⚔ a) *Gewehr* präsentieren, b) *Waffe* anlegen, richten (***at*** auf *acc.*).

pres·ent³ ['preznt] *s.* Geschenk *n*: ***make s.o. a ~ of s.th.*** j-m et. zum Geschenk machen.

pre·sent·a·ble [prɪ'zentəbl] *adj.* □ **1.** darstellbar; **2.** präsen'tabel (*Geschenk*); **3.** präsen'tabel (*Erscheinung*), anständig angezogen.

pres·en·ta·tion [ˌprezən'teɪʃn] *s.* **1.** Schenkung *f*, (feierliche) Über'reichung *od.* 'Übergabe: **~ *copy*** Widmungsexemplar *n*; **2.** Gabe *f*, Geschenk *n*; **3.** Vorstellung *f*, Einführung *f e-r Person*; **4.** Vorstellung *f*, Erscheinen *n*; **5.** *fig.* Darstellung *f*, Schilderung *f*, Behandlung *f e-s Falles, Problems etc.*; **6.** *thea., Film*: Darbietung *f*, Vorführung *f*; *Radio, TV*: Moderati'on *f*; ⚕ Demonstrati'on *f* (*im Kolleg*); **7.** Einreichung *f e-s Gesuchs etc.*; ✝ Vorlage *f e-s Wechsels*: (***up***)***on ~*** gegen Vorlage; ***payable on ~*** zahlbar bei Sicht; **8.** Vorschlag(srecht *n*) *m*; Ernennung *f* (*Brit. a. eccl.*); **9.** ⚕ (Kinds)Lage *f im Uterus*; **10.** *psych.* a) Wahrnehmung *f*, b) Vorstellung *f*.

ˌpres·ent-'day [ˌpreznt-] *adj.* heutig, gegenwärtig, mo'dern.

pre·sent·er [prɪ'zentə] *s. Brit.* ('Fernseh)Mode'rator *m*.

pre·sen·tient [prɪ'senʃɪənt] *adj.* im Vo'raus fühlend, ahnend (***of*** *acc.*); **pre·sen·ti·ment** [prɪ'zentɪmənt] *s.* (Vor-)Gefühl *n*, (*mst* böse Vor)Ahnung.

pres·ent·ly ['prezntlɪ] *adv.* **1.** (so-)'gleich, bald (dar'auf), als'bald; **2.** jetzt, gegenwärtig; **3.** so'fort.

pre·sent·ment [prɪ'zentmənt] *s.* **1.** Darstellung *f*, 'Wiedergabe *f*, Bild *n*; **2.** *thea. etc.* Darbietung *f*, Aufführung *f*; **3.** ✝ (*Wechsel- etc.*)Vorlage *f*; **4.** ⚖ Anklage(schrift) *f*; Unter'suchung *f* von Amts wegen.

pre·serv·a·ble [prɪ'zɜːvəbl] *adj.* erhaltbar, zu erhalten(d), konservierbar; **pres·er·va·tion** [ˌprezə'veɪʃn] *s.* **1.** Bewahrung *f*, (Er)Rettung *f*, Schutz *m* (***from*** vor *dat.*): **~ *of natural beauty*** Naturschutz; **2.** Erhaltung *f*, Konservierung *f*: ***in good ~*** gut erhalten: **~ *of evidence*** ⚖ Beweissicherung *f*; **3.** Einmachen *n*, -kochen *n*, Konservierung *f* (*von Früchten etc.*); **pre'serv·a·tive** [-vətɪv] **I** *adj.* **1.** bewahrend, Schutz...: **~ *coat*** ⚙ Schutzanstrich *m*; **2.** erhaltend, konservierend; **II** *s.* **3.** Konservierungsmittel *n* (*a.* ⚙); **pre·serve** [prɪ'zɜːv] **I** *v/t.* **1.** bewahren, behüten, (er)retten, (be)schützen (***from*** vor *dat.*); **2.** erhalten, vor dem Verderb schützen: ***well-~d*** gut erhalten; **3.** aufbewahren, -heben; ⚖ *Beweise* sichern; **4.** konservieren (*a.* ⚙), *Obst etc.* einkochen, -machen, -legen: ***~d meat*** Büchsenfleisch *n*, *coll.* Fleischkonserven *pl.*; **5.** *hunt. bsd. Brit. Wild, Fische* hegen; **6.** *fig. Haltung, Ruhe, Andenken etc.* (be)wahren: **~ *silence***; **II** *s.* **7.** *mst pl.* Eingemachte(s) *n*, Kon'serve(n *pl.*) *f*; **8.** *oft pl.* a) *hunt. bsd. Brit.* ('Wild)Reserˌvat *n*, (Jagd-, Fisch)Gehege *n*, b) *fig.* Gehege *n*: ***poach on s.o.'s ~s*** j-m ins Gehege kommen (*a. fig.*); **pre'serv·er** [-və] *s.* **1.** Bewahrer(in), Erhalter(in), (Er)Retter(in); **2.** Konservierungsmittel *n*; **3.** 'Einkochappaˌrat *m*; **4.** *hunt. Brit.* Heger *m*, Wildhüter *m*.

pre·set [ˌpriː'set] *v/t.* [*irr.* → **set**] ⚙ voreinstellen.

pre·shrink [ˌpriː'ʃrɪŋk] *v/t.* [*irr.* → ***shrink***] ⚙ *Stoffe* krumpfen; vorwaschen.

pre·side [prɪ'zaɪd] *v/i.* **1.** den Vorsitz haben *od.* führen (***at*** bei, ***over*** über *acc.*), präsidieren: **~ *over*** (*od.* ***at***) ***a meeting*** e-e Versammlung leiten; ***presiding judge*** ⚖ Vorsitzende(r *m*) *f*; **2.** ♪ *u. fig.* führen.

pres·i·den·cy ['prezɪdənsɪ] *s.* **1.** Prä'sidium *n*, Vorsitz *m*, (Ober)Aufsicht *f*; **2.** *pol.* a) Präsi'dentschaft *f*, b) Amtszeit *f e-s Präsidenten*; **3.** *eccl.* (***First*** ♀ oberste) Mor'monenbehörde *f*; **'pres·i·dent** [-nt] *s.* **1.** Präsi'dent *m* (*a. pol. u.* ⚖), Vorsitzende(r *m*) *f*, Vorstand *m e-r* Körperschaft; *Am.* ✝ (Gene'ral)Diˌrektor *m*: ♀ ***of the Board of Trade*** *Brit.* Handelsminister *m*; **2.** *univ. bsd. Am.* Rektor *m*; **pres·i·dent e·lect** *s. der* gewählte Präsi'dent (*vor Amtsantritt*); **pres·i·den·tial** [ˌprezɪ'denʃl] *adj.* □ Präsidenten..., Präsidentschafts...: **~ *message*** *Am.* Botschaft *f* des Präsidenten an den Kongress; **~ *primary*** *Am.* Vorwahl *f* zur Nominierung des Präsidentschaftskandidaten *e-r Partei*; **~ *system*** Präsidialsystem *n*; **~ *term*** Amtsperiode *f* des Präsidenten; **~ *year*** *Am.* F Jahr *n* der Präsidentenwahl.

press [pres] **I** *v/t.* **1.** *allg., a. j-m die Hand* drücken, pressen (*a.* ⚙); **2.** drücken auf (*acc.*): **~ *the button*** auf den Knopf drücken (*a. fig.*); **3.** *Saft, Frucht etc.* (aus)pressen, keltern; **4.** (*vorwärts*) drängen *od.* treiben, (*weiter- etc.*)drängen, (-)treiben: **~ *on***; **5.** *j-n* (be)drängen: a) in die Enge treiben, zwingen (***to do*** zu tun), b) *j-m* zusetzen, *j-n* bestürmen: **~ *s.o. for*** j-n dringend um *et.* bitten, von j-m *Geld* erpressen; ***be ~ed for money*** (***time***) in Geldverlegenheit sein (unter Zeitdruck stehen, es eilig haben); ***hard ~ed*** in Bedrängnis; **6.** ([***up***]***on*** *j-m*) *et.* aufdrängen, -nötigen; **7.** *Kleidungsstück* plätten; **8.** Nachdruck legen auf (*acc.*): **~ *a charge*** Anklage erheben; **~ *one's point*** auf s-r Forderung *od.* Meinung nachdrücklich bestehen; **~ *the point that*** nachdrücklich betonen, dass; **~ *home*** a) *Forderung etc.* 'durchsetzen, b) *Angriff* energisch 'durchführen, c) *Vorteil* ausnutzen (wollen); **9.** ⚔, ⚓ *in den Dienst* pressen; **II** *v/i.* **10.** drücken, (e-n) Druck ausüben (*a. fig.*); **11.** drängen, pressieren: ***time ~es*** die Zeit drängt; **12.** **~ *for*** dringen *od.* drängen auf (*acc.*), fordern; **13.** (sich) *wohin* drängen: **~ *forward*** (sich) vordrängen, vorwärts drängen; **~ *on*** vorwärts drängen, weitereilen; **~ *in upon s.o.*** auf j-n eindringen (*a. fig.*); **III** *s.* **14.** (*Frucht-, Wein- etc.*)Presse *f*; **15.** *typ.* a) (Drucker)Presse *f*, b) Drucke'rei(anstalt *f*, -raum *m*, -wesen *n*) *f*, c) Druck(en *n*) *m*: ***correct the ~*** Korrektur lesen; ***go to*** (***the***) **~** in Druck gehen; ***send to*** (***the***) **~** in Druck geben; ***in the ~*** im Druck; ***ready for the ~*** druckfertig; **16.** ***the ~*** die Presse (*Zeitungswesen, a. coll. die Zeitungen od. die Presseleute*): **~ *campaign*** Pressefeldzug *m*; **~ *conference*** Pressekonferenz *f*; **~ *photographer*** Pressefotograf *m*; ***have a good*** (***bad***) **~** e-e gute (schlechte) Presse haben; **17.** Spanner *m für Skier od. Tennisschläger*; **18.** (*Bücher- etc., bsd. Wäsche*)Schrank *m*; **19.** *fig.* a) Druck *m*, Hast *f*, b) Dringlichkeit *f*, Drang *m der Geschäfte*: ***the ~ of business***; **20.** ⚔, ⚓ *hist.* Zwangsaushebung *f*; **~ *a·gen·cy*** *s.* 'Presseagenˌtur *f*; **~ *a·gent*** *s. thea. etc.* 'Presseaˌgent *m*; **~ *bar·on*** *s.* Pressezar *m*; **~ *box*** *s.* 'Pressetriˌbüne *f*; **~ *but·ton*** *s.* ⚡ (Druck)Knopf *m*; **~ *clip·ping*** *Am.* → ***press cutting***; **~ *cop·y*** *s.* **1.** 'Durchschlag *m*; **2.** Rezensi'onsexemˌplar *n*; **~ *cor·rec·tor*** *s. typ.* Kor'rektor *m*; ♀ ***Coun·cil*** *s. Brit.* Presserat *m*; **~ *cut·ting*** *s. Brit.* Zeitungsausschnitt *m*.

pressed [prest] *adj.* gepresst, Press... (*-glas, -käse, -öl, -ziegel etc.*); **'press·er** [-sə] *s.* **1.** ⚙ Presser(in); **2.** *typ.* Drucker *m*; **3.** Bügler(in); **4.** ⚙ Pressvorrichtung *f*; **5.** *typ. etc.* Druckwalze *f*.

press| gal·ler·y *s. parl. bsd. Brit.* 'Pressetriˌbüne *f*; **'~-gang I** *s.* ⚓ *hist.* 'PresspaˌtrouiIle *f*; **II** *v/t.* **~ *s.o. into doing s.th.*** F j-n zu et. zwingen.

press·ing ['presɪŋ] **I** *adj.* □ **1.** pressend, drückend; **2.** *fig.* a) (be)drückend, b) dringend, dringlich; **II** *s.* **3.** (Aus)Pressen *n*; **4.** ⚙ a) Stanzen *n*, b) *Papierfabrikation*: Satinieren *n*; **5.** ⚙ Pressling *m*; **6.** *Schallplattenfabrikation*: a) Pressplatte *f*, b) Pressung *f*, c) Auflage *f*.

press| law *s. mst pl.* Pressegesetz(e *pl.*) *n*; **~ *lord*** *s.* Pressezar *m*; **'~·man** [-mən] *s.* [*irr.*] **1.** (Buch)Drucker *m*; **2.** Zeitungsmann *m*, Pressevertreter *m*; **'~·mark** *s.* Signa'tur *f*, Biblio'theksnummer *f e-s Buches*; **~ *proof*** *s. typ.* letzte Korrek'tur, Ma'schinenrevisiˌon *f*; **~ *re·lease*** *s.* Presseverlautbarung *f*; **~ *room*** *s.* Drucke'rei(raum *m*) *f*, Ma'schinensaal *m*; **'~·stud** *s.* Druckknopf *m*; **ˌ~-to-'talk but·ton** *s.* Sprechtaste *f*; **'~-up** *s. sport* Liegestütz *m*.

pres·sure ['preʃə] **I** *s.* **1.** Druck *m* (*a.* ⚙, *phys.*): **~ *hose*** (***pump, valve***) ⚙ Druckschlauch *m* (-pumpe *f*, -ventil *n*); ***work at high ~*** mit Hochdruck arbeiten (*a. fig.*); **2.** *meteor.* (Luft)Druck *m*: ***high*** (***low***) **~** Hoch-(Tief)druck; **3.** *fig.* Druck *m* (*Last od. Zwang*): ***act under ~*** unter Druck handeln; ***bring ~ to bear upon*** auf *j-n* Druck ausüben; ***the ~ of business*** der Drang *od.* Druck der Geschäfte; **~ *of taxation*** Steuerdruck *m*, -last *f*; **4.** *fig.* Drangsal *f*, Not *f*: ***monetary ~*** Geldknappheit *f*; **~ *of conscience*** Gewissensnot *f*; **II** *v/t.* **5.** → ***pressurize*** 1; **6.** *fig. j-n* (dazu) treiben *od.* zwingen (***into doing*** *et.* zu tun); **~ *cab·in*** *s.* ✈ 'Druckausgleichskaˌbine *f*; **~ *cook·er*** *s.* Schnellkochtopf *m*; **~ *drop*** *s.* **1.** ⚙ Druckgefälle *n*; **2.** ⚡ Spannungsabfall *m*; **~ *e·qual·i·za·tion*** *s.* Druckausgleich *m*; **~ *ga(u)ge*** *s.* ⚙ Druckmesser *m*, Mano'meter *n*; **~ *group*** *s. pol.* Inter'essengruppe *f*; **~ *lu·bri·ca·tion*** *s.* ⚙ 'Druck(ˌumlauf)-

ˌschmierung *f*; **'~-ˌsen·si·tive** *adj.* ⚕ druckempfindlich; **~ suit** *s.* ✈ ('Über-)Druckanzug *m*; **~ tank** *s.* ⚙ Druckbehälter *m*.

pres·sur·ize ['preʃəraɪz] *v/t.* **1.** ⚒, ⚙ unter Druck setzen (*a. fig.*), unter 'Überdruck halten, *bsd.* ✈ druckfest machen: **~d cabin** → **pressure cabin**; **2.** ⚒ belüften.

'press·work *s. typ.* Druckarbeit *f*.

pres·ti·dig·i·ta·tion ['prestɪˌdɪdʒɪ'teɪʃn] *s.* **1.** Fingerfertigkeit *f*; **2.** Taschenspielerkunst *f*; **pres·ti·dig·i·ta·tor** [ˌprestɪ'dɪdʒɪteɪtə] *s.* Taschenspieler *m* (*a. fig.*).

pres·tige [pre'stiːʒ] (*Fr.*) *s.* Pre'stige *n*, Geltung *f*, Ansehen *n*.

pres·tig·ious [pre'stɪdʒəs] *adj.* berühmt, renom'miert.

pres·to ['prestəʊ] (*Ital.*) **I** *adv.* ♪ presto, (sehr) schnell (*a. fig.*): ***hey ~, pass!*** Hokuspokus (Fidibus)! (*Zauberformel*); **II** *adj.* blitzschnell.

pre·stressed [ˌpriː'strest] *adj.* ⚙ vorgespannt: ***~ concrete*** Spannbeton *m*.

pre·sum·a·ble [prɪ'zjuːməbl] *adj.* □ vermutlich, mutmaßlich, wahr'scheinlich; **pre·sume** [prɪ'zjuːm] **I** *v/t.* **1.** *als wahr* annehmen, vermuten; vor'aussetzen; schließen (***from*** aus): ***~d dead*** verschollen; **2.** sich *et.* erlauben; **II** *v/i.* **3.** vermuten, mutmaßen: ***I ~*** (wie) ich vermute, vermutlich; **4.** sich her'ausnehmen, sich erdreisten, (es) wagen (***to*** *inf.* zu *inf.*); anmaßend sein; **5. ~** (***up***)***on*** ausnutzen *od.* miss'brauchen (*acc.*); **pre'sum·ed·ly** [-mɪdlɪ] *adv.* vermutlich; **pre'sum·ing** [-mɪŋ] *adj.* □ → ***presumptuous*** 1.

pre·sump·tion [prɪ'zʌmpʃn] *s.* **1.** Vermutung *f*, Annahme *f*, Mutmaßung *f*; **2.** ⚖ Vermutung *f*, Präsumti'on *f*: ***~ of death*** Todesvermutung, Verschollenheit *f*; ***~ of innocence*** Unschuldsvermutung *f*; ***~ of law*** Rechtsvermutung *f* (*der Wahrheit bis zum Beweis des Gegenteils*); **3.** Wahrscheinlichkeit *f*: ***there is a strong ~ of his death*** es ist (mit Sicherheit) anzunehmen, dass er tot ist; **4.** Vermessenheit *f*, Anmaßung *f*, Dünkel *m*; **pre'sump·tive** [-ptɪv] *adj.* □ vermutlich, mutmaßlich, präsum'tiv: ***~ evidence*** ⚖ Indizienbeweis *m*; ***~ title*** ⚖ präsumtives Eigentum; **pre'sump·tu·ous** [-ptjʊəs] *adj.* □ **1.** anmaßend, vermessen, dreist; **2.** über'heblich, dünkelhaft.

pre·sup·pose [ˌpriːsə'pəʊz] *v/t.* vor'aussetzen: a) im Vor'aus annehmen, b) zur Vor'aussetzung haben; **pre·sup·po·si·tion** [ˌpriːsʌpə'zɪʃn] *s.* Vor'aussetzung *f*.

pre-tax [ˌpriː'tæks] *adj.* ⚚ vor Abzug der Steuern, *a.* Brutto...

pre-teen [ˌpriː'tiːn] *adj. u. s.* (Kind *n*) im Alter zwischen 10 u. 12.

pre·tence [prɪ'tens] *s.* **1.** Anspruch *m*: ***make no ~ to*** keinen Anspruch erheben auf (*acc.*); **2.** Vorwand *m*, Scheingrund *m*, Vortäuschung *f*: ***false ~s*** ⚖ Arglist *f*; ***under false ~s*** arglistig, unter Vorspiegelung falscher Tatsachen; **3.** *fig.* Schein *m*, Verstellung *f*: ***make ~ of doing s.th.*** sich den Anschein geben, als tue man etwas.

pre·tend [prɪ'tend] **I** *v/t.* **1.** vorgeben, -täuschen, -schützen, -heucheln; so tun als ob: ***~ to be sick*** sich krank stellen, krank spielen; **2.** → ***presume*** 2–4; **II** *v/i.* **3.** sich verstellen, heucheln: ***he is only ~ing*** er tut nur so; **4.** Anspruch erheben (***to*** auf *den Thron etc.*); **pre'tend·ed** [-dɪd] *adj.* □ vorgetäuscht, an-, vorgeblich; **pre'tend·er** [-də] *s.* **1.** Beanspruchende(r *m*) *f*; **2.** ('Thron-)Präten,dent *m*, Thronbewerber *m*.

pre·tense *Am.* → ***pretence***.

pre·ten·sion [prɪ'tenʃn] *s.* **1.** Anspruch *m* (***to*** auf *acc.*): ***of great ~s*** anspruchsvoll; **2.** Anmaßung *f*, Dünkel *m*; **pre'ten·tious** [-ʃəs] *adj.* □ **1.** anmaßend; **2.** prätenti'ös, anspruchsvoll; **3.** protzig; **pre'ten·tious·ness** [-ʃəsnɪs] *s.* Anmaßung *f*.

preter- [priːtə] *in Zssgn* (hin'ausgehend) über (*acc.*), mehr als.

pret·er·it(e) ['pretərɪt] *ling.* **I** *adj.* Vergangenheits...; **II** *s.* Prä'teritum *n*, (erste) Vergangenheit; **ˌ~-'pres·ent** [-'preznt] *s.* Prä'terito,präsens *n*.

pre·ter·nat·u·ral [ˌpriːtə'nætʃrəl] *adj.* □ **1.** ab'norm, außergewöhnlich; **2.** 'übernaˌtürlich.

pre·text ['priːtekst] *s.* Vorwand *m*, Ausrede *f*: ***under*** (*od.* ***on***) ***the ~ of*** unter dem Vorwand (*gen.*).

pre·tri·al [ˌpriː'traɪəl] ⚖ **I** *s.* Vorverhandlung *f*; **II** *adj.* vor der (Haupt)Verhandlung, Untersuchungs...

pret·ti·fy ['prɪtɪfaɪ] *v/t.* F verschönern, hübsch machen; **'pret·ti·ly** [-ɪlɪ] *adv.* → ***pretty*** 1; **'pret·ti·ness** [-ɪnɪs] *s.* **1.** Hübschheit *f*, Niedlichkeit *f*, Anmut *f*; **2.** Geziertheit *f*; **pret·ty** ['prɪtɪ] **I** *adj.* □ **1.** hübsch, nett, niedlich; **2.** (*a. iro.*) schön, fein, tüchtig: ***a ~ mess!*** e-e schöne Geschichte!; **3.** F ‚(ganz) schön', ‚hübsch', beträchtlich: ***it costs a ~ penny*** es kostet e-e schöne Stange Geld; **II** *adv.* **4.** a) ziemlich, ganz, b) einigermaßen, leidlich: ***~ cold*** ganz schön kalt; ***~ good*** recht gut, nicht schlecht; ***~ much the same thing*** so ziemlich dasselbe; ***~ near*** nahe daran, ziemlich nahe; **5.** ***sitting ~*** *sl.* wie der Hase im Kohl, ‚warm' (sitzend); **III** *v/t.* **6. ~ *up*** *et.* hübsch machen, ‚aufpolieren'.

pret·zel ['pretsəl] *s.* (Salz)Brezel *f*.

pre·vail [prɪ'veɪl] *v/i.* **1.** (***over***, ***against***) die Oberhand *od.* das 'Übergewicht gewinnen *od.* haben (über *acc.*), (*a.* ⚖ ob)'siegen; *fig. a.* sich 'durchsetzen *od.* behaupten (gegen); **2.** *fig.* ausschlaggebend, maßgebend sein; **3.** *fig.* (vor)herrschen, (weit) verbreitet sein; **4. ~** (***up***)***on s.o. to do*** j-n dazu bewegen *od.* bringen, *et.* zu tun; **pre'vail·ing** [-lɪŋ] *adj.* □ **1.** über'legen: ***~ party*** ⚖ obsiegende Partei; **2.** (vor)herrschend, maßgebend: ***the ~ opinion*** die herrschende Meinung; ***under the ~ circumstances*** unter den obwaltenden Umständen; ***~ tone*** ⚚ Grundstimmung *f*; **prev·a·lence** ['prevələns] *s.* **1.** (Vor)Herrschen *n*; Über'handnehmen *n*; **2.** (allgemeine) Gültigkeit; **prev·a·lent** ['prevələnt] *adj.* □ (vor)herrschend, über'wiegend; häufig, weit verbreitet.

pre·var·i·cate [prɪ'værɪkeɪt] *v/i.* Ausflüchte machen; die Wahrheit verdrehen; **pre·var·i·ca·tion** [prɪˌværɪ'keɪʃn] *s.* **1.** Ausflucht *f*, Tatsachenverdrehung *f*, Winkelzug *m*; **2.** ⚖ Anwaltstreubruch *m*; **pre'var·i·ca·tor** [-tə] *s.* Ausflüchtemacher(in), Wortverdreher(in).

pre·vent [prɪ'vent] *v/t.* **1.** verhindern, -hüten; *e-r Sache* vorbeugen *od.* zu'vorkommen; **2.** (***from***) *j-n* hindern (an *dat.*), abhalten (von): ***~ s.o. from coming*** j-n am Kommen hindern, j-n vom Kommen abhalten; **pre'vent·a·ble** [-təbl] *adj.* verhütbar, abwendbar; **pre'ven·tion** [-nʃn] *s.* **1.** Verhinderung *f*, Verhütung *f*: ***~ of accidents*** Unfallverhütung; **2.** *bsd.* ⚕ Vorbeugung *f*; **pre'ven·tive** [-tɪv] **I** *adj.* □ **1.** *a.* ⚕ vorbeugend, prophy'laktisch, Vorbeugungs...: ***~ medicine*** Vorbeugungsmedizin *f*; **2.** *bsd.* ⚖ präven'tiv: ***~ arrest*** Schutzhaft *f*; ***~ detention*** a) Sicherungsverwahrung *f*, b) *Am.* Vorbeugehaft *f*; ***~ war*** *pol.* Präventivkrieg *m*; **II** *s.* **3.** *a.* ⚕ Vorbeugungs-, Schutzmittel *n*; **4.** Schutz-, Vorsichtsmaßnahme *f*.

pre·view ['priːvjuː] *s.* **1.** Vorbesichtigung *f*; *Film*: a) Probeaufführung *f*, b) (Pro'gramm)Vorschau *f*; *Radio*, *TV*: Probe *f*; **2.** Vorbesprechung *f e-s Buches*; **3.** (Vor)'Ausblick *m*; **4.** F → ***print preview***.

pre·vi·ous ['priːvjəs] **I** *adj.* □ → ***previously***; **1.** vor'her-, vor'ausgehend, früher, vor'herig, Vor...: ***~ conviction*** ⚖ Vorstrafe *f*; ***~ holder*** ⚚ Vor(der)mann *m*; ***~ question*** *parl.* Vorfrage, ob ohne weitere Debatte abgestimmt werden soll; ***move the ~ question*** Übergang zur Tagesordnung beantragen; ***without ~ notice*** ohne vorherige Ankündigung; **2.** *mst **too ~*** F verfrüht, voreilig; **II** *adv.* **3. ~ *to*** bevor, vor (*dat.*); ***~ to that*** zuvor; **'pre·vi·ous·ly** [-lɪ] *adv.* vorher, früher.

pre·vo·ca·tion·al [ˌpriːvəʊ'keɪʃənl] *adj.* vorberuflich.

pre·vue ['priːvjuː] *s. Am.* (Film)Vorschau *f*.

pre·war [ˌpriː'wɔː] *adj.* Vorkriegs...

prey [preɪ] **I** *s.* **1.** *zo. u. fig.* Raub *m*, Beute *f*, Opfer *n*: → ***beast*** 1, ***bird*** 1; ***become*** (*od.* ***fall***) ***a ~ to*** *j-m od. e-r Sache* zum Opfer fallen; **II** *v/i.* **2.** auf Raub *od.* Beute ausgehen; **3. ~** (***up***)***on*** a) *zo.* Jagd machen auf (*acc.*), erbeuten, fressen, b) *fig.* berauben, aussaugen, c) *fig.* nagen *od.* zehren an (*dat.*): ***it ~ed upon his mind*** es ließ ihm keine Ruhe, der Gedanke quälte ihn.

price [praɪs] **I** *s.* **1.** ⚚ a) (Kauf)Preis *m*, Kosten *pl.*, b) *Börse*: Kurs(wert) *m*: ***~ of issue*** Emissionspreis; ***bid ~*** gebotener Preis, *Börse*: Geldkurs; ***share*** (*od.* ***stock***) ***~*** Aktienkurs; ***secure a good ~*** e-n guten Preis erzielen; ***every man has his ~*** *fig.* keiner ist unbestechlich; (***not***) ***at any ~*** um jeden (keinen) Preis; **2.** (Kopf)Preis *m*: ***set a ~ on s.o.'s head*** e-n Preis auf j-s Kopf aussetzen; **3.** *fig.* Lohn *m*, Preis *m*; **4.** (Wett-)Chance(n *pl.*) *f*: ***what ~ ...?*** *sl.* wie steht es mit ...?, welche Chancen hat ...?; **II** *v/t.* **5.** ⚚ a) den Preis festsetzen für, b) *Waren* auszeichnen: ***~d*** mit Preisangaben (***Katalog***); ***high-~d*** hoch im Preis, teuer; **6.** bewerten: ***~ s.th. high*** (***low***) e-r Sache großen (geringen) Wert beimessen; **7.** F nach dem Preis *e-r Ware* fragen; **~ a·gree·ment** *s.* Preisabsprache *f*; **~ ceil·ing** *s.* oberste Preisgrenze; **'~-ˌcon·scious** *adj.* preisbewusst; **~ con·trol** *s.* 'Preiskonˌtrolle *f*, -überˌwachung *f*; **~ cut** *s.* Preissenkung *f*; **~ cut·ting** *s.* Preisdrücke'rei *f*, 'Preissenkung *f*, -unterˌbietung *f*; **~ dif·fer·en·tial** *s.* 'Preisˌunterschied *m*, -gefälle *n*; **~ floor** *s.* unterste Preisgrenze; **~ freeze** *s.* Preisstopp *m*.

price·less ['praɪslɪs] *adj.* unschätzbar, unbezahlbar (*a.* F *köstlich*).

price| lev·el *s.* 'Preisniˌveau *n*; **~ lim·it** *s.* (Preis)Limit *n*, Preisgrenze *f*; **~ list** *s.* **1.** Preisliste *f*; **2.** *Börse*: Kurszettel *m*; **'~-mainˌtained** *adj.* ⚚ preisgebunden

P

(*Ware*); ~ **main·te·nance** *s.* ✝ Preisbindung *f*; ~ **peg·ging** *s.* Preisstützung *f*; ~ **range** *s.* Preisklasse *f*; ~ **tag**, ~ **tick·et** *s.* Preisschild *n*, -zettel *m*.

pric·ey ['praɪsɪ] *adj.* F (ganz schön) teuer.

prick [prɪk] **I** *s.* **1.** (*Insekten-, Nadel- etc.*)Stich *m*; **2.** stechender Schmerz, Stich *m*: ***~s of conscience*** *fig.* Gewissensbisse; **3.** spitzer Gegenstand; Stachel *m* (*a. fig.*): ***kick against the ~s*** wider den Stachel löcken; **4.** V a) ‚Schwanz' *m*, b) ‚blöder Hund'; **II** *v/t.* **5.** (ein-, 'durch)stechen, ‚piken': ***~ one's finger*** sich in den Finger stechen; ***his conscience ~ed him*** *fig.* er bekam Gewissensbisse; **6.** *a.* ***~ out*** (aus)stechen, lochen; *Muster etc.* punktieren; **7.** ⚘ pikieren: ***~ in*** (***out***) ein-(aus)pflanzen; **8.** prickeln auf *od.* in (*dat.*); **9.** ***~ up one's ears*** die Ohren spitzen (*a. fig.*); **III** *v/i.* **10.** stechen (*a. Schmerzen*); **11.** prickeln; **12.** ***~ up*** sich aufrichten (*Ohren etc.*); '**prick·er** [-kə] *s.* **1.** ⚙ Pfriem *m*, Ahle *f*; **2.** *metall.* Schießnadel *f*; '**prick·et** [-kɪt] *s.* *zo.* Spießbock *m*.

prick·le ['prɪkl] **I** *s.* **1.** Stachel *m*, Dorn *m*; **2.** Prickeln *n*, Kribbeln *n* (*der Haut*); **II** *v/i.* **3.** stechen; **4.** prickeln, kribbeln; '**prick·ly** [-lɪ] *adj.* **1.** stachelig, dornig; **2.** stechend, pickelnd: ***~ heat*** ⚕ Frieselausschlag *m*, Hitzebläschen *pl.*; **3.** *fig.* reizbar.

pric·y ['praɪsɪ] → ***pricey***.

pride [praɪd] **I** *s.* **1.** Stolz *m* (*a. Gegenstand des Stolzes*): ***civic ~*** Bürgerstolz; ***~ of place*** Ehrenplatz *m*, *fig.* Vorrang *m*, *b.s.* Standesdünkel *m*; ***take ~ of place*** die erste Stelle einnehmen; ***take*** (***a***) ***~ in*** stolz sein auf (*acc.*); ***he is the ~ of his family*** er ist der Stolz s-r Familie; **2.** *b.s.* Stolz *m*, Hochmut *m*: ***~ goes before a fall*** Hochmut kommt vor dem Fall; **3.** *rhet.* Pracht *f*; **4.** Höhe *f*, Blüte *f*: ***~ of the season*** beste Jahreszeit; ***in the ~ of his years*** in s-n besten Jahren; **5.** *zo.* (Löwen)Rudel *n*; **6.** ***in his ~*** *her.* Rad schlagend (*Pfau*); **II** *v/t.* **7.** ***~ o.s.*** (***on***, ***upon***) stolz sein (auf *acc.*), sich et. einbilden (auf *acc.*), sich brüsten (mit).

priest [priːst] *s.* Priester *m*, Geistliche(r) *m*; '**priest·craft** *s.* *contp.* Pfaffenlist *f*; '**priest·ess** [-tɪs] *s.* Priesterin *f*; '**priest·hood** [-hʊd] *s.* **1.** Priesteramt *n*, -würde *f*; **2.** Priesterschaft *f*, Priester *pl.*; '**priest·ly** [-lɪ] *adj.* priesterlich, Priester...

prig [prɪg] *s.* (selbstgefälliger) Pe'dant; eingebildeter Mensch; Tugendbold *m*; '**prig·gish** [-gɪʃ] *adj.* □ **1.** selbstgefällig, eingebildet; **2.** pe'dantisch; **3.** tugendhaft.

prim [prɪm] **I** *adj.* □ **1.** steif, for'mell, *a.* affektiert, gekünstelt; **2.** spröde, ‚etepe'tete'; **3.** → ***priggish***; **II** *v/t.* **4.** *Mund, Gesicht* affektiert verziehen.

pri·ma·cy ['praɪməsɪ] *s.* **1.** Pri'mat *m*, *n*, Vorrang *m*, Vortritt *m*; **2.** *eccl.* Pri'mat *m*, *n* (*Würde, Sprengel e-s Primas*); **3.** *R.C.* Pri'mat *m*, *n* (*Gerichtsbarkeit des Papstes*).

pri·ma don·na [ˌpriːmə'dɒnə] *s.* ♪ Prima'donna *f* (*a. fig.*).

pri·ma fa·ci·e [ˌpraɪmə'feɪʃiː] (*Lat.*) *adj. u. adv.* dem (ersten) Anschein nach: ***~ case*** ⚖ Fall, bei dem der Tatbestand einfach liegt; ***~ evidence*** ⚖ a) glaubhafter Beweis, b) Beweis *m* des ersten Anscheins.

pri·mal ['praɪml] *adj.* □ **1.** erst, frühest, ursprünglich; **2.** wichtigst, Haupt...; '**pri·ma·ri·ly** [-mərəlɪ] *adv.* in erster Linie; **pri·ma·ry** ['praɪmərɪ] **I** *adj.* □ **1.** erst, ursprünglich, Anfangs..., Ur...: ***~ instinct*** Urinstinkt *m*; ***~ matter*** Urstoff *m*; ***~ rocks*** Urgestein *n*, -gebirge *n*; ***~ scream*** *psych.* Urschrei *m*; **2.** pri'mär, hauptsächlich, wichtigst, Haupt...: ***~ accent*** *ling.* Hauptakzent *m*; ***~ concern*** Hauptsorge *f*; ***~ industry*** Grundstoffindustrie *f*; ***~ liability*** ⚖ unmittelbare Haftung; ***~ road*** Straße *f* erster Ordnung; ***~ share*** ✝ Stammaktie *f*; ***of ~ importance*** von höchster Wichtigkeit; **3.** grundlegend, elemen'tar, Grund...: ***~ education*** Volksschul-, *Am.* Grundschul(aus)bildung *f*; ***~ school*** Volks-, *Am.* Grundschule *f*; **4.** ⚡ Primär...(*-batterie, -spule, -strom etc.*); **5.** ⚕ Primär...: ***~ tumo(u)r*** Primärtumor *m*; **II** *s.* **6.** *a.* ***~ colo(u)r*** Pri'mär-, Grundfarbe *f*; **7.** *a.* ***~ feather*** *orn.* Haupt-, Schwungfeder *f*; **8.** *pol. Am.* a) *a.* ***~ election*** Vorwahl *f* (*zur Aufstellung von Wahlkandidaten*), b) *a.* ***~ meeting*** (*innerparteiliche*) Versammlung zur Nominierung der Wahlkandidaten; **9.** *a.* ***~ planet*** *ast.* 'Hauptplaˌnet *m*.

pri·mate ['praɪmət] *s.* *eccl. Brit.* Primas *m*: ***ℒ of England*** (*Titel des Erzbischofs von York*); ***ℒ of All England*** (*Titel des Erzbischofs von Canterbury*); **pri·ma·tes** [praɪ'meɪtiːz] *s. pl. zo.* Pri'maten *pl.*

prime [praɪm] **I** *adj.* □ **1.** erst, wichtigst, wesentlichst, Haupt...(*-grund etc.*): ***of ~ importance*** von größter Wichtigkeit; **2.** erstklassig (*Kapitalanlage, Qualität etc.*), prima: ***~ bill*** ✝ vorzüglicher Wechsel; ***~ rate*** Vorzugszins *m* für erste Adressen; ***~ time*** *TV* Haupteinschaltzeit *f*; **3.** pri'mär, grundlegend; **4.** erst, Erst..., Ur...; **5.** 𝔄 a) unteilbar, b) teilerfremd (***to*** zu): ***~ factor*** (***number***) Primfaktor *m* (Primzahl *f*); **II** *s.* **6.** Anfang *m*: ***~ of the day*** (***year***) Tagesanbruch *m* (Frühling *m*); **7.** *fig.* Blüte(zeit) *f*: ***in his ~*** in der Blüte s-r Jahre, im besten (Mannes)Alter; **8.** *das* Beste, höchste Voll'kommenheit; ✝ Primasorte *f*, auserlesene Quali'tät; **9.** *eccl.* Prim *f*, erste Gebetsstunde; Frühgottesdienst *m*; **10.** 𝔄 a) Primzahl *f*, b) Strich *m* (*erste Ableitung e-r Funktion*): ***x ~*** (***x'***) x Strich (x'); **11.** Strichindex *m*; **12.** ♪ *u. fenc.* Prim *f*; **III** *v/t.* **13.** ⚔ *Bomben, Munition* scharfmachen: ***~d*** zündfertig; **14.** a) ⚙ *Pumpe* anlassen, b) *sl.* ‚voll laufen lassen': ***~d*** ‚besoffen'; **15.** *mot.* a) *Kraftstoff* vorpumpen, b) Anlasskraftstoff einspritzen in (*acc.*); **16.** ⚙, *paint.* grundieren; **17.** mit Strichindex versehen; **18.** *fig.* instruieren, vorbereiten; ***~ cost*** *s.* ✝ **1.** Selbstkosten(preis *m*) *pl.*, Gestehungskosten *pl.*; **2.** Einkaufspreis *m*, Anschaffungskosten *pl.*; ***~ min·is·ter*** *s.* Premi'ermiˌnister *m*, Mi'nisterpräsiˌdent *m*; ***~ mov·er*** *s.* **1.** *phys.* Antriebskraft *f*; *fig.* Triebfeder *f*, treibende Kraft; **2.** ⚙ 'Antriebsmaˌschine *f*; 'Zugmaˌschine *f* (*Sattelschlepper*); ⚔ *Am.* Geschützschlepper *m*; Triebwagen *m* (*Straßenbahn*).

prim·er[1] ['praɪmə] *s.* **1.** ⚔ Zündvorrichtung *f*, -hütchen *n*, -pille *f*; Sprengkapsel *f*; **2.** ⚔ Zündbolzen *m* (*am Gewehr*); **3.** ⚒ Zünddraht *m*; **4.** ⚙ Einspritzvorrichtung *f* (*bsd. mot.*): ***~ pump*** Anlasseinspritzpumpe *f*; ***~ valve*** Anlassventil *n*; **5.** ⚙ Grundier-, Spachtelmasse *f*: ***~ coat*** Voranstrich *m*; **6.** Grundierer *m*.

prim·er[2] ['praɪmə] *s.* **1.** a) Fibel *f*, b) Elemen'tarbuch *n*, c) *fig.* Leitfaden *m*; **2.** ['prɪmə] *typ.* a) ***great ~*** Tertia (-schrift) *f*, b) ***long ~*** Korpus(schrift) *f*, (-), Garmond(schrift) *f*.

pri·me·val [praɪ'miːvl] *adj.* □ urzeitlich, Ur...(*-wald etc.*).

prim·ing ['praɪmɪŋ] *s.* **1.** ⚔ Zündmasse *f*, Zündung *f*: ***~ charge*** Zünd-, Initialladung *f*; **2.** ⚙ Grundierung *f*: ***~ colo(u)r*** Grundierfarbe *f*; **3.** *a.* ***~ material*** Spachtelmasse *f*; **4.** *mot.* Einspritzen *n* von Anlasskraftstoff: ***~ fuel injector*** Anlasseinspritzanlage *f*; **5.** ⚙ Angießen *n e-r Pumpe*; **6.** *a.* ***~ of the tide*** verfrühtes Eintreten der Flut; **7.** *fig.* Instrukti'on *f*, Vorbereitung *f*.

prim·i·tive ['prɪmɪtɪv] **I** *adj.* □ **1.** erst, ursprünglich, urzeitlich, Ur...: ***ℒ Church*** Urkirche *f*; ***~ races*** Ur-, Naturvölker; ***~ rocks*** *geol.* Urgestein *n*; **2.** *allg.* (*a. contp.*) primi'tiv (*Kultur, Mensch, a. fig. Denkweise, Konstruktion etc.*); **3.** *ling.* Stamm...: ***~ verb***; **4.** ***~ colo(u)r*** Grundfarbe *f*; **II** *s.* **5.** *der* (*die, das*) Primi'tive: ***the ~s*** die Primitiven (*Naturvölker*); **6.** *Kunst*: a) primi'tiver Künstler, b) Frühmeister *m*, c) Früher Meister (*der Frührenaissance, a. Bild*); **7.** *ling.* Stammwort *n*; '**prim·i·tive·ness** [-nɪs] *s.* **1.** Ursprünglichkeit *f*; **2.** Primitivi'tät *f*; '**prim·i·tiv·ism** [-vɪzəm] *s.* **1.** Primitivi'tät *f*; **2.** *Kunst*: Primiti'vismus *m*.

prim·ness ['prɪmnɪs] *s.* **1.** Steifheit *f*, Förmlichkeit *f*; **2.** Sprödigkeit *f*, Zimperlichkeit *f*.

pri·mo·gen·i·tor [ˌpraɪməʊ'dʒenɪtə] *s.* (Ur)Ahn *m*, Stammvater *m*; ˌ**pri·mo'gen·i·ture** [-ɪtʃə] *s.* Erstgeburt(srecht *n* ⚖) *f*.

pri·mor·di·al [praɪ'mɔːdjəl] □ primor-di'al (*a. biol.*), Ur...

prim·rose ['prɪmrəʊz] *s.* **1.** ⚘ Primel *f*, Gelbe Schlüsselblume: ***~ path*** *fig.* Rosenpfad *m*; **2.** ***evening ~*** ⚘ Nachtkerze *f*; **3.** *a.* ***~ yellow*** Blassgelb *n*.

prim·u·la ['prɪmjʊlə] *s.* ⚘ Primel *f*.

prince [prɪns] *s.* **1.** Fürst *m* (*Landesherr u. Adelstitel*): ***ℒ of the Church*** Kirchenfürst; ***ℒ of Darkness*** Fürst der Finsternis (*Satan*); ***ℒ of Peace*** Friedensfürst (*Christus*); ***~ of poets*** Dichterfürst; ***merchant ~*** Kaufherr *m*; ***~ consort*** Prinzgemahl *m*; **2.** Prinz *m*: ***~ of the blood*** Prinz von (königlichem) Geblüt; ***ℒ Albert*** *Am.* Gehrock *m*; **prince·dom** ['prɪnsdəm] *s.* **1.** Fürstenwürde *f*; **2.** Fürstentum *n*; '**prince·ling** [-lɪŋ] *s.* **1.** Prinzchen *n*; **2.** kleiner Herrscher, Duo'dezfürst *m*; '**prince·ly** [-lɪ] *adj.* fürstlich (*a. fig.*); prinzlich, königlich; **prin·cess** [prɪn'ses] **I** *s.* **1.** Prin'zessin *f*: ***~ royal*** *älteste Tochter e-s Herrschers*; **2.** Fürstin *f*; **II** *adj.* **3.** *Damenmode*: Prinzess...(*-kleid etc.*).

prin·ci·pal ['prɪnsəpl] **I** *adj.* □ → ***principally***; **1.** erst, hauptsächlich, Haupt...: ***~ actor*** Haupt(rollen)darsteller *m*; ***~ office***, ***~ place of business*** Hauptgeschäftsstelle *f*, -niederlassung *f*; **2.** ♪, *ling.* Haupt..., Stamm...: ***~ chord*** Stammakkord *m*; ***~ clause*** Hauptsatz *m*; ***~ parts*** Stammformen *des Verbs*; **3.** ✝ Kapital...: ***~ amount*** Kapitalbetrag *m*; **II** *s.* **4.** 'Haupt(perˌson *f*) *n*; Vorsteher (-in), *bsd. Am.* ('Schul)Diˌrektor *m*, Rektor *m*; **5.** ✝ Chef(in), Prinzi'pal (-in); **6.** ✝, ⚖ Auftrag-, Vollmachtgeber (-in), Geschäftsherr *m*; **7.** ⚖ *a.* ***~ in the***

P

first degree Haupttäter(in), -schuldige(r *m*) *f*: **~ *in the second degree*** Mittäter(in); **8.** *a.* **~ *debtor*** Hauptschuldner(in); **9.** Duel'lant *m* (*Ggs. Sekundant*); **10.** ♱ ('Grund)Kapi,tal *n*, Hauptsumme *f*; (*Nachlass- etc.*)Masse *f*: **~ *and interest*** Kapital u. Zins(en); **11.** *a.* **~ *beam*** ⚠ Hauptbalken *m*; **prin·ci·pal·i·ty** [,prɪnsɪ'pæləti] *s.* Fürstentum *n*; **'prin·ci·pal·ly** [-plɪ] *adv.* hauptsächlich, in der Hauptsache.

prin·ci·ple ['prɪnsəpl] *s.* **1.** Prin'zip *n*, Grundsatz *m*, -regel *f*: ***a man of ~s*** ein Mann mit Grundsätzen; **~ *of law*** Rechtsgrundsatz *m*; ***in ~*** im Prinzip, an sich; ***on ~*** aus Prinzip, grundsätzlich; ***on the ~ that*** nach dem Grundsatz, dass; **2.** *phys. etc.* Prinzip *n*, (Na'tur-) Gesetz *n*, Satz *m*: **~ *of causality*** Kausalitätsprinzip; **~ *of averages*** Mittelwertsatz: **~ *of relativity*** Relativitätstheorie *f*; **3.** Grund(lage *f*) *m*; **4.** ⚗ Grundbestandteil *m*; **'prin·ci·pled** [-ld] *adj.* mit *hohen etc.* Grundsätzen.

prink [prɪŋk] **I** *v/i. a.* **~ *up*** sich (auf)putzen, sich schniegeln; **II** *v/t.* (auf)putzen: **~ *o.s.* (*up*)**.

print [prɪnt] **I** *v/t.* **1.** *typ.* drucken (lassen), in Druck geben: **~ *in italics*** kursiv drucken; **2.** (ab)drucken: ***~ed form*** Vordruck *m*; ***~ed matter*** ✉ Drucksache(n *pl.*) *f*: ***~ed circuit*** ϟ gedruckte Schaltung; **3.** bedrucken: ***~ed goods*** bedruckte Stoffe; **4.** in Druckschrift schreiben: ***~ed characters*** Druckbuchstaben; **5.** *Stempel etc.* (auf)drücken (***on*** *dat.*), *Eindruck*, *Spur* hinter'lassen (***on*** auf *acc.*), *Muster etc.* ab-, aufdrucken, drücken (***in*** in *acc.*); **6.** *fig.* einprägen (***on s.o.'s mind*** j-m); **7. ~ *out*** a) *Computer*: ausdrucken, b) *a.* **~ *off*** *phot.* abziehen, kopieren; **II** *v/i.* **8.** *typ.* drucken; **9.** gedruckt werden, sich im Druck befinden: ***the book is ~ing***; **10.** sich drucken (*phot.* abziehen) lassen; **III** *s.* **11.** (*Finger- etc.*)Abdruck *m*, Eindruck *m*, Spur *f*, Mal *n*; **12.** *typ.* Druck *m*: ***colo(u)red ~*** Farbdruck; ***in ~*** a) im Druck (erschienen), b) vorrätig; ***out of ~*** vergriffen; ***in cold ~*** *fig.* schwarz auf weiß; **13.** Druckschrift *f*, *bsd. Am.* Zeitung *f*, Blatt *n*: ***rush into ~*** sich in die Öffentlichkeit flüchten; ***appear in ~*** im Druck erscheinen; **14.** Druckschrift *f*, -buchstaben *pl.*; **15.** 'Zeitungspa,pier *n*; **16.** (*Stahl- etc.*) Stich *m*; Holzschnitt *m*; Lithogra'phie *f*; **17.** bedruckter Kat'tun, Druckstoff *m*: **~ *dress*** Kattunkleid *n*; **18.** *phot.* Abzug *m*, Ko'pie *f*; **19.** ⚙ Stempel *m*, Form *f*: **~ *cutter*** Formenschneider *m*; **20.** *metall.* Gesenk *n*; *Eisengießerei*: Kernauge *n*; **21.** *fig.* Stempel *m*; **'print·a·ble** [-təbl] *adj.* **1.** druckfähig; **2.** druckfertig, -reif (*Manuskript*); **'print·er** [-tə] *s.* **1.** (*Buch- etc.*)Drucker *m*: ***~'s devil*** Setzerjunge *m*; ***~'s error*** Druckfehler *m*; ***~'s flower*** Vignette *f*; ***~'s ink*** Druckerschwärze *f*; **2.** Drucke'reibesitzer *m*; **3.** *Computer*: Drucker *m* (*Gerät*); **'print·er·y** [-tərɪ] *s. bsd. Am.* Drucke'rei *f*.

print·ing ['prɪntɪŋ] *s.* **1.** Drucken *n*; (Buch)Druck *m*, Buchdruckerkunst *f*; **2.** Tuchdruck *m*; **3.** *phot.* Abziehen *n*, Kopieren *n*; **~ block** *s.* Kli'schee *n*; **~ frame** *s. phot.* Ko'pierrahmen *m*; **~ ink** *s.* Druckerschwärze *f*, -farbe *f*; **~ machine** *s. typ.* Schnellpresse *f*, ('Buch-) ,Druckma,schine *f*; **~ of·fice** *s.* (Buch-) Drucke'rei *f*: ***lithographic ~*** lithographische Anstalt; **~ me·di·a** *s. pl.* Druckmedien *pl.*; **'~-out** *adj. phot.* Kopier...; **~ pa·per** *s.* **1.** 'Druckpa,pier *n*; **2.** 'Lichtpauspa,pier *n*; **3.** Ko'pierpa,pier *n*; **~ press** *s.* Druckerpresse *f*: **~ *type*** Letter *f*, Type *f*; **~ space** *s.* Satzspiegel *m*; **~ tel·e·graph** *s.* 'Drucktele,graf *m*; **~ types** *s. pl.* Lettern *pl.*; **~ works** *s. pl. oft sg. konstr.* Drucke'rei *f*.

'print|,mak·er *s.* Grafiker(in); **'~-out** *s. Computer*: Ausdruck *m*, Print-out *m*; **~ pre·view** *s. Computer*: Seitenansicht *f* (*in Textverarbeitung*).

pri·or ['praɪə] **I** *adj.* **1.** (***to***) früher, älter (als): **~ *art*** *Patentrecht*: Stand *m* der Technik, Vorwegnahme *f*; **~ *patent*** älteres Patent; **~ *use*** Vorbenutzung *f*; ***subject to ~ sale*** ♱ Zwischenverkauf vorbehalten; **2.** vordringlich, Vorzugs...: **~ *right*** (*od.* ***claim***) Vorzugsrecht *n*; **~ *condition*** erste Voraussetzung; **II** *adv.* **3. ~ *to*** vor (*dat.*) (*zeitlich*); **III** *s. eccl.* **4.** Prior *m*; **'pri·or·ess** [-ərɪs] *s.* Pri'orin *f*; **pri·or·i·ty** [praɪ'ɒrətɪ] *s.* **1.** Priori'tät *f* (*a.* ⚖), Vorrang *m* (*a. e-s Anspruchs etc.*), Vorzug *m* (***over***, ***to*** vor *dat.*): ***take ~ of*** den Vorrang haben *od.* genießen vor (*dat.*); ***set priorities*** Prioritäten setzen, Schwerpunkte bilden; **~ *share*** ♱ Vorzugsaktie *f*; **2.** Dringlichkeit(sstufe) *f*: **~ *call*** *teleph.* Vorrangsgespräch *n*; **~ *list*** Dringlichkeitsliste *f*; ***of first*** (*od.* ***top***) **~** von größter Dringlichkeit; ***give ~ to*** *et.* vordringlich behandeln; **3.** Vorfahrt(s-recht *n*) *f*; **'pri·o·ry** [-ərɪ] *s. eccl.* Prio'rei *f*.

prise [praɪz] *bsd. Brit.* → ***prize***[3].

prism ['prɪzəm] *s.* Prisma *n* (*a. fig.*): **~ *binoculars*** Prismen(fern)glas *n*; **pris·mat·ic** [prɪz'mætɪk] *adj.* (☐ ***~ally***) pris'matisch, Prismen...: **~ *colo(u)rs*** Regenbogenfarben.

pris·on ['prɪzn] *s.* Gefängnis *n* (*a. fig.*), Strafanstalt *f*; **'~-,break·ing** *s.* Ausbruch *m* aus dem Gefängnis; **~ camp** *s.* **1.** (Kriegs)Gefangenenlager *n*; **2.** ‚offenes' Gefängnis; **~ ed·i·tor** *s.* (*presserechtlich verantwortlicher*) ‚'Sitzredak,teur' *m*.

pris·on·er ['prɪznə] *s.* Gefangene(r *m*) *f* (*a. fig.*), Häftling *m*: **~ (*at the bar*)** Angeklagte(r *m*) *f*; **~ (*on remand*)** Untersuchungsgefangene(r); **~ *of state*** Staatsgefangene(r), politischer Häftling; **~ (*of war*)** Kriegsgefangene(r); ***hold*** (***take***) ***s.o. ~*** j-n gefangen halten (nehmen); ***he is a ~ to*** *fig.* er ist gefesselt an (*acc.*); ***~'s bar(s)***, ***~'s base*** *s.* Barlauf(spiel *n*) *m*.

pris·on| of·fi·cer *s.* Strafvollzugsbeamte(r) *m*; **~ psy·cho·sis** *s.* [*irr.*] 'Haftpsy,chose *f*.

pris·sy ['prɪsɪ] *adj. Am.* F zimperlich, etepe'tete.

pris·tine ['prɪsti:n] *adj.* **1.** ursprünglich, -tümlich, unverdorben; **2.** vormalig, alt.

pri·va·cy ['prɪvəsɪ] *s.* **1.** Zu'rückgezogenheit *f*, Alleinsein *n*, Ruhe *f*: ***disturb s.o.'s ~*** j-n stören; **2.** Pri'vatleben *n*, *a.* ⚖ Pri'vat-, In'timsphäre *f*: ***right of ~*** Persönlichkeitsrecht *n*; **3.** Heimlichkeit *f*, Geheimhaltung *f*: **~ *of letters*** ⚖ Briefgeheimnis *n*; ***talk to s.o. in ~*** mit j-m unter vier Augen sprechen; ***in strict ~*** streng vertraulich.

pri·vate ['praɪvɪt] **I** *adj.* ☐ **1.** pri'vat, Privat...(*-konto*, *-leben*, *-person*, *-recht etc.*), per'sönlich: **~ *affair*** Privatangelegenheit *f*; **~ *member's bill*** *parl.* Antrag *m* e-s Abgeordneten; **~ *eye*** *Am. sl.* Privatdetektiv *m*; **~ *firm*** ♱ Einzelfirma *f*; **~ *gentleman*** Privatier *m*; **~ *health insurance*** private Krankenversicherung; **~ *means*** Privatvermögen *n*; → ***nuisance*** 2; **~ *property*** Privateigentum *n*; -besitz *m*; **2.** pri'vat, Privat... (*-pension*, *-schule etc.*), nichtöffentlich: **~ (*limited*) *company*** ♱ *Brit.* Gesellschaft *f* mit beschränkter Haftung; **~ *corporation*** a) ⚖ privatrechtliche Körperschaft, b) ♱ *Am.* Gesellschaft *f* mit beschränkter Haftung; ***sell by ~ contract*** unter der Hand verkaufen; **~ *hotel*** Fremdenheim *n*; **~ *industry*** Privatwirtschaft *f*; **~ *road*** Privatweg *m*; **~ *theatre*** Liebhabertheater *n*; **~ *view*** Besichtigung *f* durch geladene Gäste; **3.** al'lein, zu'rückgezogen, einsam; **4.** geheim (*Gedanken*, *Verhandlungen etc.*), heimlich; vertraulich (*Mitteilung etc.*): **~ *parts*** → 10; **~ *prayer*** stilles Gebet; **~ *reasons*** Hintergründe; ***keep s.th. ~*** et. geheim halten *od.* vertraulich behandeln; ***this is for your ~ ear*** dies sage ich Ihnen ganz im Vertrauen; **5.** außeramtlich (*Angelegenheit*); **6.** nicht beamtet; **7.** ⚖ außergerichtlich: **~ *arrangement*** gütlicher Vergleich; **8. ~ *soldier*** → 9; **II** *s.* **9.** ⚔ (gewöhnlicher) Sol'dat; *pl.* Mannschaften *pl.*: **~ *1st Class*** *Am.* Obergefreite(r) *m*; **10.** *pl.* Geschlechtsteile *pl.*; **11. *in ~*** a) pri'vat(im), b) insge'heim, unter vier Augen.

pri·va·teer [,praɪvə'tɪə] **I** *s.* **1.** ⚓ Freibeuter *m*, Kaperschiff *n*; **2.** Kapi'tän *m* e-s Kaperschiffes, Kaperer *m*; **3.** *pl.* Mannschaft *f* e-s Kaperschiffes; **II** *v/i.* **4.** Kape'rei treiben.

pri·va·tion [praɪ'veɪʃn] *s.* **1.** *a. fig.* Wegnahme *f*, Entziehung *f*, Entzug *m*; **2.** Not *f*, Entbehrung *f*.

priv·a·tive ['prɪvətɪv] **I** *adj.* ☐ **1.** entziehend, beraubend; **2.** *a. ling. od. phls.* verneinend, negativ; **II** *s.* **3.** *ling.* a) Ver'neinungspar,tikel *f*, b) priva'tiver Ausdruck.

priv·et ['prɪvɪt] *s.* ⚘ Li'guster *m*.

priv·i·lege ['prɪvɪlɪdʒ] **I** *s.* **1.** Privi'leg *n*, Sonder-, Vorrecht *n*, Vergünstigung *f*, *Am. pol.* Grundrecht *n*; ***breach of a ~*** a) Übertretung *f* der Machtbefugnis, b) *parl.* Vergehen *n* gegen die Vorrechte des Parlaments; ***Committee of ~s*** Ausschuss *m* zur Untersuchung von Rechtsübergriffen; **~ *of Parliament*** *pol.* Immunität *f* e-s Abgeordneten; **~ *of self-defence*** (Recht *n* der) Notwehr *f*; ***with kitchen ~s*** mit Küchenbenutzung; **2.** *fig.* (besonderer) Vorzug: ***have the ~ of being admitted*** den Vorzug haben, zugelassen zu sein; ***it is a ~ to do*** es ist e-e besondere Ehre, *et.* zu tun; **3.** *pl.* ♱ Prämien- *od.* Stellgeschäft *n*; **II** *v/t.* **4.** privilegieren, bevorrecht(ig)en: ***the ~d classes*** die privilegierten Stände; ***~d debt*** bevorrechtigte Forderung; ***~d communication*** ⚖ a) vertrauliche Mitteilung (*für die Schweigepflicht besteht*), b) Berufsgeheimnis *n*.

priv·i·ty ['prɪvətɪ] *s.* **1.** ⚖ (Inter'essen-) Gemeinschaft *f*; **2.** ⚖ Rechtsbeziehung *f*; **3.** ⚖ Rechtsnachfolge *f*; **4.** Mitwisserschaft *f*.

priv·y ['prɪvɪ] **I** *adj.* ☐ **1.** eingeweiht (***to*** in *acc.*); **2.** ⚖ (mit)beteiligt (***to*** an *dat.*); **3.** *mst poet.* heimlich, geheim: **~ *parts*** Scham-, Geschlechtsteile; **~ *stairs*** Hintertreppe *f*; **II** *s.* **4.** 'Mitinteres,sent(in) (***to*** an *dat.*); **5.** A'bort *m*,

P

Abtritt *m*; ♀ **Coun·cil** *s. Brit.* (Geheimer) Staats- *od.* Kronrat: ***Judicial Committee of the ~*** ⚖ Justizausschuss *m* des Staatsrats (*höchste Berufungsinstanz für die Dominions*); ♀ **Coun·cil·lor** *s. Brit.* Geheimer (Staats)Rat (*Person*); ♀ **Purse** *s.* königliche Pri'vatscha,tulle; ♀ **Seal** *s. Brit.* Geheimsiegel *n*: ***Lord ~*** königlicher Geheimsiegelbewahrer.

prize[1] [praɪz] **I** *s.* **1.** (Sieger)Preis *m* (*a. fig.*), Prämie *f*: ***the ~s of a profession*** die höchsten Stellungen in e-m Beruf; **2.** (*a.* Lotte'rie)Gewinn *m*: ***the first ~*** das große Los; **3.** Lohn *m*, Belohnung *f*; **II** *adj.* **4.** preisgekrönt, prämiiert; **5.** Preis...: ***~ medal***; **6.** a) erstklassig (*a. iro.*), b) F *contp.* Riesen...: ***~ idiot***; **III** *v/t.* **7.** (hoch) schätzen, würdigen.

prize[2] [praɪz] **I** *s.* ⚓ Prise *f*, Beute *f* (*a. fig.*): ***make ~ of*** → **II** *v/t.* (als Prise) aufbringen, kapern.

prize[3] [praɪz] *bsd. Brit.* **I** *v/t.* **1.** (auf-) stemmen: ***~ open*** (mit e-m Hebel) aufbrechen; ***~ up*** hochwuchten *od.* -stemmen; **II** *s.* **2.** Hebelwirkung *f*, -kraft *f*; **3.** Hebel *m*.

prize| com·pe·ti·tion *s.* Preisausschreiben *n*; **~ court** *s.* ⚓ Prisengericht *n*; **~ fight** *s.* Preisboxkampf *m*; **~ fight·er** *s.* Preis-, Berufsboxer *m*; **~ list** *s.* Gewinnliste *f*; **'~·man** [-mən] *s.* [*irr.*] Preisträger *m*; **~ mon·ey** *s.* **1.** ⚓ Prisengeld(er *pl.*) *n*; **2.** Geldpreis *m*; **~ ques·tion** *s.* Preisfrage *f*; **~ ring** *s.* (Box)Ring *m*, *das* Berufsboxen; **~ win·ner** *s.* Preisträger(in); **'~-,win·ning** *adj.* preisgekrönt, präm(i)iert.

pro[1] [prəʊ] *pl.* **pros I** *s.* Jastimme *f*, Stimme *f* da'für: ***the ~s and cons*** das Für und Wider; **II** *adv.* da'für.

pro[2] [prəʊ] (*Lat.*) *prp.* für; pro, per; → ***pro forma***, ***pro rata***.

pro[3] [prəʊ] *s.* F **1.** *sport* Profi *m* (*a. fig.*); **2.** ,Nutte' *f*.

pro- [prəʊ] *in Zssgn*: **1.** pro..., ...freundlich, *z. B.* ***~-German***; **2.** stellvertretend, Vize..., Pro...; **3.** vor (*räumlich u. zeitlich*).

prob·a·bil·i·ty [,prɒbə'bɪlətɪ] *s.* Wahrscheinlichkeit *f* (*a.* ⚗): ***in all ~*** aller Wahrscheinlichkeit nach, höchstwahrscheinlich; ***theory of ~***, ***~ calculus*** ⚗ Wahrscheinlichkeitsrechnung *f*; ***the ~ is that*** es besteht die Wahrscheinlichkeit, dass; **prob·a·ble** ['prɒbəbl] *adj.* □ **1.** wahrscheinlich, vermutlich, mutmaßlich: ***~ cause*** ⚖ hinreichender Verdacht; **2.** wahrscheinlich, glaubhaft, einleuchtend.

pro·bate ['prəʊbeɪt] ⚖ **I** *s.* **1.** gerichtliche (*bsd.* Testa'ments)Bestätigung; **2.** Testa'mentser,öffnung *f*; **3.** Abschrift *f* e-s gerichtlich bestätigten Testaments; **II** *v/t.* **4.** *bsd. Am. Testament* a) bestätigen, b) eröffnen u. als rechtswirksam bestätigen lassen; **~ court** *s.* Nachlassgericht *n*, (*in U.S.A. a. zuständig in Sachen der freiwilligen Gerichtsbarkeit, bsd. als*) Vormundschaftsgericht *n*; **~ du·ty** *s.* ⚖ Erbschaftssteuer *f*.

pro·ba·tion [prə'beɪʃn] *s.* **1.** (Eignungs-) Prüfung *f*, Probe(zeit) *f*: ***on ~*** auf Probe(zeit); **2.** ⚖ a) Bewährungsfrist *f*, b) bedingte Freilassung *f*: ***place s.o. on ~*** j-m Bewährungsfrist zubilligen, j-n unter Zubilligung von Bewährungsfrist freilassen: ***~ officer*** Bewährungshelfer (-in); **3.** *eccl.* Novizi'at *n*; **pro'ba·tion·ar·y** [-ʃnərɪ], **pro'ba·tion·al** [-ʃənl] *adj.* Probe...: ***~ period*** ⚖ Bewährungsfrist *f*; **pro'ba·tion·er** [-ʃnə] *s.* **1.** 'Probekandi,dat(in), Angestellte(r *m*) *f* auf Probe, *z. B.* Lernschwester *f*; **2.** *fig.* Neuling *m*; **3.** *eccl.* No'vize *m*, *f*; **4.** ⚖ a) j-d, dessen Strafe zur Bewährung ausgesetzt ist, b) auf Bewährung bedingt Strafentlassene(r).

pro·ba·tive ['prəʊbətɪv] als Beweis dienend (***of*** für): ***~ facts*** ⚖ beweiserhebliche Tatsachen; ***~ force*** Beweiskraft *f*.

probe [prəʊb] **I** *v/t.* **1.** ✱ sondieren (*a. fig.*); **2.** *fig.* eindringen in (*acc.*), erforschen, (gründlich) unter'suchen; **II** *v/i.* **3.** *fig.* (forschend) eindringen (***into*** in *acc.*); **III** *s.* **4.** ✱, *a. Raumforschung etc.*: Sonde *f*; **5.** *fig.* Sondierung *f*; *bsd. Am.* Unter'suchung *f*.

prob·i·ty ['prəʊbətɪ] *s.* Rechtschaffenheit *f*, Redlichkeit *f*.

prob·lem ['prɒbləm] **I** *s.* **1.** Pro'blem *n* (*a. phls., Schach etc.*), proble'matische Sache, Schwierigkeit *f*: ***set a ~*** ein Problem stellen; **2.** ⚗ Aufgabe *f*, Pro'blem *n*; **3.** *fig.* Rätsel *n* (***to*** für *j-n*); **II** *adj.* **4.** proble'matisch: ***~ play*** Problemstück *n*; ***~ child*** schwer erziehbares Kind, Sorgenkind *n*; ***~ drinker*** Alkoholiker(in); **prob·lem·at·ic**, **prob·lem·at·i·cal** [,prɒblə'mætɪk(l)] *adj.* □ proble'matisch, zweifelhaft.

pro·bos·cis [prəʊ'bɒsɪs] *pl.* **-cis·es** [-sɪsi:z] *s. zo.* Rüssel *m* (*a. humor.*).

pro·ce·dur·al [prə'si:dʒərəl] *adj.* ⚖ verfahrensrechtlich; Verfahrens...: ***~ law***; **pro·ce·dure** [prə'si:dʒə] *s.* **1.** *allg.* Verfahren *n* (*a.* ⚙), Vorgehen *n*; **2.** ⚖ (*bsd. prozessrechtliches*) Verfahren: ***rules of ~*** Prozessvorschriften, Verfahrensbestimmungen; **3.** Handlungsweise *f*, Verhalten *n*.

pro·ceed [prə'si:d] *v/i.* **1.** weitergehen, -fahren *etc.*; sich begeben (***to*** nach); **2.** *fig.* weitergehen (*Handlung etc.*), fortschreiten; **3.** vor sich gehen, von'statten gehen; **4.** *fig.* fortfahren (***with***, ***in*** mit, in *s-r Rede etc.*), s-e Arbeit *etc.* fortsetzen: ***~ on one's journey*** s-e Reise fortsetzen, weiterreisen; **5.** *fig.* vorgehen, verfahren: ***~ with*** *et.* durchführen *od.* in Angriff nehmen; ***~ on the assumption that*** davon ausgehen, dass; **6.** schreiten *od.* 'übergehen (***to*** zu), sich anschicken (***to do*** zu tun): ***~ to business*** an die Arbeit gehen, anfangen; **7.** (***from***) ausgehen *od.* herrühren *od.* kommen (von) (*Geräusch, Hoffnung, Krankheit etc.*), (*e-r Hoffnung etc.*) entspringen; **8.** ⚖ (gerichtlich) vorgehen, e-n Pro'zess anstrengen (***against*** gegen); **9.** *univ. Brit.* promovieren (***to*** [***the degree of***] zum); **pro'ceed·ing** [-dɪŋ] *s.* **1.** Vorgehen *n*, Verfahren *n*; **2.** *pl.* ⚖ Verfahren *n*, (Gerichts)Verhandlung(en *pl.*) *f*: ***take*** (*od.* ***institute***) ***~s against*** ein Verfahren einleiten *od.* gerichtlich vorgehen gegen; **3.** *pl.* (Sitzungs-, Tätigkeits)Bericht(e *pl.*) *m*, (⚖ Pro'zess)Akten *pl.*; **pro·ceeds** ['prəʊsi:dz] *s. pl.* **1.** Erlös *m* (***from a sale*** aus e-m Verkauf), Ertrag *m*, Gewinn *m*; **2.** Einnahmen *pl.*

pro·cess ['prəʊses] **I** *s.* **1.** Verfahren *n*, Pro'zess *m* (*a.* ⚙, ⚗): ***~ engineering*** Verfahrenstechnik *f*; ***~ chart*** Arbeitsablaufdiagramm *n*; ***~ control*** *Computer*: Prozesssteuerung *f*; ***~ of manufacture*** Herstellungsvorgang *m*, Werdegang *m*; ***in ~ of construction*** im Bau (befindlich); **2.** Vorgang *m*, Verlauf *m*, Pro'zess *m* (*a. phys.*): ***~ of combustion*** Verbrennungsvorgang; ***mental ~*** Denkprozess; **3.** Arbeitsgang *m*; **4.** Fortgang *m*, -schreiten *n*, (Ver)Lauf *m*: ***in ~ of time*** im Laufe der Zeit; ***be in ~*** im Gange sein; **5.** *typ.* 'photome,chanisches Reprodukti'onsverfahren: ***~ printing*** Mehrfarbendruck *m*; **6.** *anat.* Fortsatz *m*; **7.** ⚘ Auswuchs *m*; **8.** ⚖ a) Zustellung(en *pl.*) *f*, *bsd.* Vorladung *f*, b) (ordentliches) Verfahren: ***due ~ of law*** rechtliches Gehör; **II** *v/t.* **9.** ⚙ *etc.* bearbeiten, (chemisch *etc.*) behandeln, e-m Verfahren unter'werfen; *Material, a. Daten* verarbeiten; *Lebensmittel* haltbar machen, *Milch etc.* sterilisieren: ***~ into*** verarbeiten zu; **10.** ⚖ *j-n* gerichtlich belangen; **11.** *Am. fig. j-n* 'durchschleusen, abfertigen, *j-s Fall etc.* bearbeiten; **III** *v/i.* [prəʊ'ses] **12.** F in e-r Prozessi'on (mit)gehen; **'pro·cess·ing** [-sɪŋ] *s.* **1.** ⚙ Vered(e)lung *f*: ***~ industry*** weiterverarbeitende Industrie, Veredelungsindustrie *f*; **2.** ⚙, *a. Computer*: Verarbeitung *f*; *von Abfall*: Aufbereitung *f*; **3.** *bsd. Am. fig.* Bearbeitung *f*.

pro·ces·sion [prə'seʃn] *s.* **1.** Prozessi'on *f*, (feierlicher) (Auf-, 'Um)Zug: ***go in ~*** e-e Prozession abhalten *od.* machen; **2.** Reihe(nfolge) *f*; **3.** *a.* ***~ of the Holy Spirit*** *eccl.* Ausströmen *n* des Heiligen Geistes; **pro'ces·sion·al** [-ʃənl] **I** *adj.* Prozessions...; **II** *s. eccl.* a) Prozessi'onsbuch *n*, b) Prozessi'onshymne *f*.

pro·ces·sor ['prəʊsesə] *s.* **1.** ⚙ Verarbeiter *m*; Hersteller(in); **2.** *Am.* (Sach-) Bearbeiter(in); **3.** *Computer*: Pro'zessor *m*.

pro·claim [prə'kleɪm] *v/t.* **1.** proklamieren, (öffentlich) verkünd(ig)en, kundgeben: ***~ war*** den Krieg erklären; ***~ s.o. a traitor*** j-n zum Verräter erklären; ***~ s.o. king*** j-n zum König ausrufen; **2.** den Ausnahmezustand verhängen über *ein Gebiet etc.*; **3.** in die Acht erklären; **4.** *Versammlung etc.* verbieten.

proc·la·ma·tion [,prɒklə'meɪʃn] *s.* **1.** Proklamati'on *f* (***to*** an *acc.*), (öffentliche *od.* feierliche) Verkündigung *od.* Bekanntmachung, Aufruf *m*: ***~ of martial law*** Verhängung *f* des Standrechts; **2.** Erklärung *f*, Ausrufung *f zum König etc.*; **3.** Verhängung *f* des Ausnahmezustandes.

pro·cliv·i·ty [prə'klɪvətɪ] *s.* Neigung *f*, Hang *m* (***to***, ***toward*** zu).

pro·cras·ti·nate [prəʊ'kræstɪneɪt] **I** *v/i.* zaudern, zögern; **II** *v/t.* hi'nausziehen, verschleppen.

pro·cre·ant ['prəʊkrɪənt] *adj.* (er)zeugend; **pro·cre·ate** ['prəʊkrɪeɪt] *v/t.* (er-) zeugen, her'vorbringen (*a. fig.*); **pro·cre·a·tion** [,prəʊkrɪ'eɪʃn] *s.* (Er)Zeugung *f*, Her'vorbringen *n*; **'pro·cre·a·tive** [-ɪeɪtɪv] *adj.* **1.** zeugungsfähig, Zeugungs...: ***~ capacity*** Zeugungsfähigkeit *f*; **2.** fruchtbar; **'pro·cre·a·tor** [-ɪeɪtə] *s.* Erzeuger *m*.

Pro·crus·te·an [prəʊ'krʌstɪən] *adj.* Prokrustes... (*a. fig.*): ***~ bed***.

proc·tor ['prɒktə] **I** *s.* **1.** *univ. Brit.* a) Diszipli'narbe,amte(r) *m*, b) Aufsicht Führende(r) *m*, (*bsd. bei Prüfungen*): ***~'s man***, ***~'s*** (***bull***)***dog*** *sl.* Pedell *m*; **2.** ⚖ a) Anwalt *m* (*an Spezialgerichten*), b) *a.* ***King's*** (*od.* ***Queen's***) ***~*** Proku'rator *m* der Krone; **II** *v/t.* **3.** beaufsichtigen.

pro·cur·a·ble [prə'kjʊərəbl] *adj.* zu beschaffen(d), erhältlich; **proc·u·ra·tion** [,prɒkjʊə'reɪʃn] *s.* **1.** → ***procurement*** 1 *u.* 3; **2.** (Stell)Vertretung *f*; **3.** ✝ Pro-

'kura *f*, Vollmacht *f*: **by ~** per Prokura; **joint ~** Gesamthandlungsvollmacht; **single** (*od.* **sole**) **~** Einzelprokura; **4.** → **procuring** 2; **proc·u·ra·tor** ['prɒkjʊəreɪtə] *s.* **1.** ⚖ Anwalt *m*: **~ General** *Brit.* Königlicher Anwalt des Schatzamtes; **2.** ⚖ Bevollmächtigte(r) *m*, Sachwalter *m*; **3. ~ fiscal** ⚖ *Scot.* Staatsanwalt *m*.

pro·cure [prə'kjʊə] **I** *v/t.* **1.** (sich) be-, verschaffen, besorgen (**s.th. for s.o., s.o. s.th.** j-m et.); *a. Beweise etc.* liefern, beibringen; **2.** erwerben, erlangen; **3.** verkuppeln; **4.** *fig.* bewirken, her'beiführen; **5.** veranlassen: **~ s.o. to commit a crime** j-n zu e-m Verbrechen anstiften; **II** *v/i.* **6.** kuppeln; Zuhälte'rei treiben; **pro'cure·ment** [-mənt] *s.* **1.** Besorgung *f*, Beschaffung *f*; **2.** Erwerbung *f*; **3.** Vermittlung *f*; **4.** Veranlassung *f*; **pro'cur·er** [-ərə] *s.* **1.** Beschaffer(in), Vermittler(in); **2.** a) Kuppler *m*, b) Zuhälter *m*; **pro'cur·ess** [-ərɪs] *s.* Kupplerin *f*; **pro'cur·ing** [-ərɪŋ] *s.* **1.** Beschaffen *n etc.*; **2.** a) Kuppe'lei *f*, b) Zuhälte'rei *f*.

prod [prɒd] **I** *v/t.* **1.** stechen, stoßen; **2.** *fig.* anstacheln, -spornen (**into** zu *et.*); **II** *s.* **3.** Stich *m*, Stechen *n*, Stoß *m* (*a. fig.*); **4.** *fig.* Ansporn *m*; **5.** Stachelstock *m*; **6.** Ahle *f*.

prod·i·gal ['prɒdɪgl] **I** *adj.* □ **1.** verschwenderisch (**of** mit): **be ~ of** → **prodigalize**; **the ~ son** *bibl.* der verlorene Sohn; **II** *s.* **2.** Verschwender(in); **3.** reuiger Sünder; **prod·i·gal·i·ty** [ˌprɒdɪ'gælətɪ] *s.* **1.** Verschwendung *f*; **2.** Üppigkeit *f*, Fülle *f* (**of** an *dat.*); **'prod·i·gal·ize** [-gəlaɪz] *v/t.* verschwenden, verschwenderisch 'umgehen mit.

pro·di·gious [prə'dɪdʒəs] *adj.* □ **1.** erstaunlich, wunderbar, großartig; **2.** gewaltig, ungeheuer; **prod·i·gy** ['prɒdɪdʒɪ] *s.* **1.** Wunder *n* (**of** *gen. od.* an *dat.*): **a ~ of learning** ein Wunder der *od.* an Gelehrsamkeit; **2.** *mst* **infant ~** Wunderkind *n*.

pro·duce[1] [prə'dju:s] *v/t.* **1.** *allg.* erzeugen, machen, schaffen; ☤ *Waren etc.* produzieren, herstellen, erzeugen; *Kohle etc.* gewinnen, fördern; *Buch* a) verfassen, b) her'ausbringen; *thea. Stück* a) inszenieren, b) aufführen; *Film* produzieren; *Brit. thea., Radio*: Re'gie führen bei: **~ o.s.** *fig.* sich produzieren; **2.** ⚘ *Früchte etc.* her'vorbringen; **3.** ☤ *Gewinn, Zinsen* (ein)bringen, abwerfen; **4.** *fig.* erzeugen, bewirken, her'vorrufen, zeitigen; *Wirkung* erzielen; **5.** her'vorziehen, -holen (**from** aus *der Tasche etc.*); *Ausweis etc.* (vor)zeigen, vorlegen; *Beweise, Zeugen etc.* beibringen; *Gründe* anführen; **6.** ⚠ *Linie* verlängern.

prod·uce[2] ['prɒdju:s] *s.* (*nur sg.*) **1.** (*bsd.* 'Boden)Proˌdukt(e *pl.*) *n*, (Na'tur)Erzeugnis(se *pl.*) *n*: **~ market** Produkten-, Warenmarkt *m*; **2.** Ertrag *m*, Gewinn *m*.

pro·duc·er [prə'dju:sə] *s.* **1.** *a.* ☤ Erzeuger(in), 'Hersteller(in): **~ country** ☤ Erzeugerland *n*; **2.** ☤ Produ'zent *m*, Fabri'kant *m*: **~ goods** Produktionsgüter; **3.** a) *Film*: Produ'zent *m*, Produkti'onsleiter *m*, b) *Brit. thea., Radio*: Regis'seur *m*, Spielleiter *m*; **4.** ⚙ Gene'rator *m*: **~ gas** Generatorgas *n*; **pro'duc·i·ble** [-səbl] *adj.* **1.** erzeug-, herstellbar, produzierbar; **2.** vorzuzeigen(d), beizubringen(d); **pro'duc·ing** [-sɪŋ] *adj.* Produktions..., Herstellungs...

prod·uct ['prɒdəkt] *s.* **1.** *a.* ☤, ⚙ Pro'dukt *n* (*a.* ⚠, ⚗), Erzeugnis *n*: **intermediate ~** Zwischenprodukt *n*; **~ liability** Produkthaftung *f*; **~ line** Erzeugnis(gruppe *f*) *n*; **~ manager** Pro'dukt,manager *m*; **~ patent** Stoffpatent *n*; **~ range** Produktpalette *f*; **2.** *fig.* (*a.* 'Geistes)Proˌdukt *n*, Ergebnis *n*, Werk *n*; **3.** *fig.* Pro'dukt *n* (*Person*).

pro·duc·tion [prə'dʌkʃn] *s.* **1.** (*z.B. Kälte-, Strom*)Erzeugung *f*, (*z.B. Rauch*)Bildung *f*; **2.** ☤ Produkti'on *f*, Herstellung *f*, Erzeugung *f*, Fertigung *f*; ⚗, ⚒, *min.* Gewinnung *f*; ⚒ Förderleistung *f*: **~ of gold** Goldgewinnung; **be in ~** serienmäßig hergestellt werden; **be in good ~** genügend hergestellt werden; **go into ~** a) in Produktion gehen, b) die Produktion aufnehmen (*Fabrik*); **3.** (*Arbeits*)Erzeugnis *n*, (*a.* Na'tur)Proˌdukt *n*, Fabri'kat *n*; **4.** *fig.* (*mst* lite'rarisches) Pro'dukt, Ergebnis *n*, Werk *n*, Schöpfung *f*, Frucht *f*; **5.** Her'vorbringen *n*, Entstehung *f*; **6.** Vorlegung *f*, -zeigung *f e-s Dokuments etc.*, Beibringung *f e-s Zeugen*, Erbringen *n e-s Beweises*; Vorführen *n*, Aufweisen *n*; **7.** Her'vorholen *n*, -ziehen *n*; **8.** *thea.* Vor-, Aufführung *f*, Inszenierung *f*; **9.** a) *Brit. thea., Radio, TV*: Re'gie *f*, Spielleitung *f*, b) *Film*: Produkti'on *f*; **pro'duc·tion·al** [-ʃənl] *adj.* Produktions...

pro·duc·tion| ca·pac·i·ty *s.* Produkti'onskapaziˌtät *f*, Leistungsfähigkeit *f*; **~ car** *s. mot.* Serienwagen *m*; **~ costs** *s. pl.* Gestehungskosten *pl.*; **~ di·rec·tor** *s. Radio*: Sendeleiter *m*; **~ en·gi·neer** *s.* Be'triebsingeniˌeur *m*; **~ goods** *s. pl.* Produkti'onsgüter *pl.*; **~ line** *s.* ⚙ Fließband *n*, Fertigungsstraße *f*; **~ lo·ca·tion** *s.* Produktionsstandort *m*; **~ man·ag·er** *s.* ☤ Herstellungsleiter *m*.

pro·duc·tive [prə'dʌktɪv] *adj.* □ **1.** (**of** *acc.*) her'vorbringend, erzeugend, schaffend: **be ~ of** führen zu, erzeugen; **2.** produk'tiv, ergiebig, ertragreich, fruchtbar, ren'tabel; **3.** produzierend, leistungsfähig; ⚒ abbauwürdig; **4.** *fig.* produk'tiv, fruchtbar, schöpferisch; **pro'duc·tive·ness** [-nɪs], **pro·duc·tiv·i·ty** [ˌprɒdʌk'tɪvətɪ] *s.* Produktivi'tät *f*: a) ☤ Rentabili'tät *f*, Ergiebigkeit *f*, b) ☤ Leistungs-, Ertragsfähigkeit *f*, c) *fig.* Fruchtbarkeit *f*.

pro·em ['prəʊem] *s.* Einleitung *f* (*a. fig.*), Vorrede *f*.

prof [prɒf] *s.* F Prof *m* (*Professor*).

prof·a·na·tion [ˌprɒfə'neɪʃn] *s.* Entweihung *f*, Profanierung *f*; **pro·fane** [prə'feɪn] **I** *adj.* □ **1.** weltlich, pro'fan, ungeweiht, Profan...(*-bau, -geschichte*); **2.** lästerlich, gottlos: **~ language**; **3.** uneingeweiht (**to** in *acc.*); **II** *v/t.* **4.** entweihen, profanieren; **pro·fan·i·ty** [prə'fænətɪ] *s.* **1.** Gott-, Ruchlosigkeit *f*; **2.** Weltlichkeit *f*; **3.** Fluchen *n*; *pl.* Flüche *pl.*

pro·fess [prə'fes] *v/t.* **1.** (*a.* öffentlich) erklären, *Reue etc.* bekunden, sich bezeichnen (**to be** als), sich bekennen zu (*e-m Glauben etc.*) *od.* als (*Christ etc.*): **~ o.s. a communist**; **~ Christianity**; **2.** beteuern, versichern, *b.s.* heucheln, zur Schau tragen; **3.** eintreten für, *Grundsätze etc.* vertreten; **4.** (*als Beruf*) ausüben, betreiben; **5.** *Brit.* Pro'fessor sein in (*dat.*), lehren; **pro'fessed** [-st] *adj.* □ **1.** erklärt (*Feind etc.*), ausgesprochen; **2.** an-, vorgeblich; **3.** Berufs..., berufsmäßig; **4.** (in einen Orden) aufgenommen: **~ monk** Profess *m*; **pro'fess·ed·ly** [-sɪdlɪ] *adv.* **1.** angeblich; **2.** erklärtermaßen; **3.** offenkundig; **pro'fes·sion** [-eʃn] *s.* **1.** (*bsd.* aka'demischer *od.* freier) Beruf, Stand *m*: **learned ~** gelehrter Beruf; **the ~s** die akademischen Berufe; **the military ~** der Soldatenberuf; **by ~** von Beruf; **2. the ~** *coll.* der Beruf *od.* Stand: **the medical ~** die Ärzteschaft; **3.** (*bsd.* Glaubens)Bekenntnis *n*; **4.** Bekundung *f*, (*a.* falsche) Versicherung *od.* Behauptung, Beteuerung *f*: **~ of friendship** Freundschaftsbeteuerung *f*; **5.** *eccl.* Pro'fess *f*, Gelübde(ablegung *f*) *n*; **pro'fes·sion·al** [-eʃənl] **I** *adj.* □ **1.** Berufs..., beruflich, Amts..., Standes...: **~ discretion** Schweigepflicht *f des Arztes etc.*; **~ ethics** Berufsethos *n*; **2.** Fach..., Berufs..., fachlich: **~ association** Berufsgenossenschaft *f*; **~ school** Fach-, Berufsschule *f*; **~ studies** Fachstudium *n*; **~ terminology** Fachsprache *f*; **~ man** Mann vom Fach (→ 4); **3.** professio'nell, Berufs... (*a. sport*): **~ player**; **4.** freiberuflich, aka'demisch; **~ man** Akademiker, Geistesarbeiter; **the ~ classes** die höheren Berufsstände; **5.** gelernt, fachlich ausgebildet: **~ gardener**; **6.** *fig. iro.* unentwegt, ‚Berufs...': **~ patriot**; **II** *s.* **7.** *sport* Berufssportler(in) *od.* -spieler (-in); **8.** Berufskünstler *m etc.*, Künstler *m* vom Fach; **9.** Fachmann *m*; **10.** Geistesarbeiter *m*; **pro'fes·sion·al·ism** [-eʃnəlɪzəm] *s.* Berufssportlertum *n*, -spielertum *n*, Profitum *n*.

pro·fes·sor [prə'fesə] *s.* **1.** Pro'fessor *m*, Profes'sorin *f*; → **associate** 8; **2.** *Am.* Hochschullehrer *m*; **3.** *a. humor.* Lehrmeister *m*; **4.** *bsd. Am. od. Scot.* (*a.* Glaubens)Bekenner *m*; **pro·fes·so·ri·al** [ˌprɒfɪ'sɔ:rɪəl] *adj.* □ professo'ral; Professoren...: **~ chair** Lehrstuhl *m*, Professur *f*; **pro·fes·so·ri·ate** [ˌprɒfɪ'sɔ:rɪət] *s.* **1.** Profes'soren(schaft *f*) *pl.*; **2.** → **pro'fes·sor·ship** [-ʃɪp] *s.* Profes'sur *f*, Lehrstuhl *m*.

prof·fer ['prɒfə] **I** *s.* Angebot *n*; **II** *v/t.* (an)bieten.

pro·fi·cien·cy [prə'fɪʃnsɪ] *s.* Können *n*, Tüchtigkeit *f*, (gute) Leistungen *pl.*; Fertigkeit *f*; **pro'fi·cient** [-nt] **I** *adj.* □ tüchtig, geübt, bewandert, erfahren (**in**, **at** in *dat.*); **II** *s.* Fachmann *m*, Meister *m*.

pro·file ['prəʊfaɪl] **I** *s.* **1.** Pro'fil *n*: a) Seitenansicht *f*, b) Kon'tur *f*: **keep a low ~** *fig.* sich ‚bedeckt' *od.* im Hintergrund halten; **2.** (*a.* △, ⚙) Pro'fil *n*, Längsschnitt *m*; **3.** Querschnitt *m* (*a. fig.*); **4.** 'Kurzbiograˌphie *f*; **II** *v/t.* **5.** im Pro'fil darstellen, profilieren; ⚙ im Quer- *od.* Längsschnitt zeichnen; **6.** ⚙ profilieren, fassonieren; kopierfräsen: **~ cutter** Fassonfräser *m*.

prof·it ['prɒfɪt] **I** *s.* **1.** (☤ *oft pl.*) Gewinn *m*, Pro'fit *m*: **~ and loss account** Gewinn- u. Verlustkonto *n*, Erfolgsrechnung *f*; **~ margin** Gewinnspanne *f*; **~ maximization** Gewinnmaximierung *f*; **~-sharing** Gewinnbeteiligung *f*; **~-taking** *Börse*: Gewinnmitnahme *f*; **sell at a ~** mit Gewinn verkaufen; **leave a ~** e-n Gewinn abwerfen; **2.** *oft pl.* a) Ertrag *m*, Erlös *m*, b) Reinertrag *m*; **3.** ⚖ Nutzung *f*, Früchte *pl.* (*aus Land*); **4.** Nutzen *m*, Vorteil *m*: **turn s.th. to ~** aus et. Nutzen ziehen; **to his ~** zu s-m Vorteil; **II** *v/i.* **5.** (**by**, **from**) (e-n) Nutzen *od.* Gewinn ziehen (aus), profitieren (von): **~ by** *a.* sich *et.* zunutze ma-

P

chen, *e-e Gelegenheit* ausnützen; **III** *v/t.* **6.** nützen, nutzen (*dat.*), von Nutzen sein für; **'prof·it·a·ble** [-təbl] *adj.* □ **1.** Gewinn bringend, einträglich, lohnend, ren'tabel: ***be ~ a.*** sich rentieren; **2.** vorteilhaft, nützlich (***to*** für); **'prof·it·a·ble·ness** [-təblnɪs] *s.* **1.** Einträglichkeit *f*, Rentabili'tät *f*; **2.** Nützlichkeit *f*; **prof·it·eer** [ˌprɒfɪ'tɪə] **I** *s.* Pro'fitmacher *m*, (Kriegs- *etc.*)Gewinnler *m*, ‚Schieber' *m*, Wucherer *m*; **II** *v/i.* Schieber- *od.* Wuchergeschäfte machen, ‚schieben'; **prof·it·eer·ing** [ˌprɒfɪ'tɪərɪŋ] *s.* Schieber-, Wuchergeschäfte *pl.*, Preistreibe'rei *f*; **'prof·it·less** [-lɪs] *adj.* □ **1.** 'unrenˌtabel, ohne Gewinn; **2.** nutzlos.

prof·li·ga·cy ['prɒflɪgəsɪ] *s.* **1.** Lasterhaftigkeit *f*, Verworfenheit *f*; **2.** Verschwendung(ssucht) *f*; **'prof·li·gate** [-gət] **I** *adj.* □ **1.** verworfen, liederlich; **2.** verschwenderisch; **II** *s.* **3.** lasterhafter Mensch, Liederjan *m*; **4.** Verschwender(in).

pro for·ma [ˌprəʊ'fɔːmə] (*Lat.*) *adv. u. adj.* **1.** pro forma, zum Schein; **2.** ✝ Pro-forma-...(*-Rechnung*), Schein...(*-geschäft*): ***~ bill*** Pro-forma-Wechsel *m*, Gefälligkeitswechsel *m*.

pro·found [prə'faʊnd] *adj.* □ **1.** tief (*mst fig. Friede, Seufzer, Schlaf etc.*); **2.** tief schürfend, inhaltsschwer, gründlich, pro'fund; **3.** *fig.* unergründlich, dunkel; **4.** *fig.* tief, groß (*Hochachtung etc.*), stark (*Interesse etc.*), vollkommen (*Gleichgültigkeit*); **pro'found·ness** [-nɪs], **pro'fun·di·ty** [-'fʌndətɪ] *s.* **1.** Tiefe *f*, Abgrund *m* (*a. fig.*); **2.** Tiefgründigkeit *f*, -sinnigkeit *f*; **3.** Gründlichkeit *f*; **4.** *pl.* tiefgründige Pro'bleme *od.* Theo'rien; **5.** *oft pl.* Weisheit *f*, pro'funder Ausspruch; **6.** Stärke *f*, hoher Grad (*der Erregung etc.*).

pro·fuse [prə'fjuːs] *adj.* □ **1.** (*a.* 'über-)reich (***of***, ***in*** an *dat.*), 'überfließend, üppig; **2.** (*oft* allzu) freigebig, verschwenderisch (***of***, ***in*** mit): ***be ~ in one's thanks*** überschwänglich danken; ***~ly illustrated*** reich(haltig) illustriert; **pro'fuse·ness** [-nɪs], **pro'fu·sion** [-uːʒn] *s.* **1.** ('Über)Fülle *f*, 'Überfluss *m* (***of*** an *dat.*): ***in ~*** in Hülle u. Fülle; **2.** Verschwendung *f*, Luxus *m*, allzu große Freigebigkeit.

pro·gen·i·tive [prəʊ'dʒenɪtɪv] *adj.* **1.** Zeugungs...: ***~ act***; **2.** zeugungsfähig; **pro'gen·i·tor** [-tə] *s.* **1.** Vorfahr *m*, Ahn *m*; **2.** *fig.* Vorläufer *m*; **pro'gen·i·tress** [-trɪs] *s.* Ahne *f*; **pro'gen·i·ture** [-tʃə] *s.* **1.** Zeugung *f*; **2.** Nachkommenschaft *f*; **prog·e·ny** ['prɒdʒənɪ] *s.* **1.** Nachkommen(schaft *f a.* ⚘) *pl.*; *zo. die* Jungen *pl.*, Brut *f*; **2.** *fig.* Frucht *f*, Pro'dukt *n*.

pro·gna·thy ['prɒgnəθɪ] *s.* ⚕ **1.** Progna'thie *f*; **2.** Proge'nie *f*.

prog·no·sis [prɒg'nəʊsɪs] *pl.* **-ses** [-siːz] *s.* ⚕ *etc.* Pro'gnose *f*, Vor'hersage *f*; **prog'nos·tic** [-'nɒstɪk] **I** *adj.* **1.** prog'nostisch (*bsd.* ⚕), vor'aussagend (***of*** *acc.*); **2.** warnend, vorbedeutend; **II** *s.* **3.** Vor'hersage *f*; **4.** (An-, Vor)Zeichen *n*; **prog·nos·ti·cate** [prɒg'nɒstɪkeɪt] *v/t.* **1.** (*a. v/i.*) vor'her-, vor'aussagen, prognostizieren; **2.** anzeigen; **prog·nos·ti·ca·tion** [prəgˌnɒstɪ'keɪʃn] *s.* **1.** Vor'her-, Vor'aussage *f*, Pro'gnose *f* (*a.* ⚕); **2.** Prophe'zeiung *f*; **3.** Vorzeichen *n*.

pro·gram(me) ['prəʊgræm] **I** *s.* **1.** ('Studien-, Par'tei- *etc.*)Proˌgramm *n*, Plan *m* (*a. fig.* F): ***manufacturing ~*** Herstellungsprogramm; **2.** Pro'gramm *n*: a) *thea.* Spielplan *m*, b) Pro'grammheft *n*, c) Darbietung *f*, d) *Radio, TV*: Sendefolge *f*, Sendung *f*: ***~ director*** Programmdirektor *m*; ***~ music*** Programmmusik *f*; ***~ picture*** Beifilm *m*; ***~ rating*** *TV* Einschaltquote *f*; **3.** *Computer*: Pro'gramm *n*: ***~-controlled*** programmgesteuert; ***~ step*** Programmschritt *m*; **II** *v/t.* **4.** ein Pro'gramm aufstellen für; **5.** auf das Pro'gramm setzen, planen, ansetzen; **6.** *Computer* programmieren; **'pro·grammed** [-md] *adj.* programmiert: ***~ instruction***; ***~ learning***; **'pro·gram·mer** [-mə] *s. Computer*: Program'mierer(in); **'pro·gram·ming** [-mɪŋ] *s.* **1.** *Rundfunk, TV*: Pro'grammgestaltung *f*; **2.** *Computer*: Programmierung *f*: ***~ language*** Programmiersprache *f*.

pro·gress I ['prəʊgres] *s.* (*nur sg. außer* 6) **1.** *fig.* Fortschritt(e *pl.*) *m*: ***make ~*** Fortschritte machen; ***~ engineer*** Entwicklungsingenieur *m*; ***~ report*** Zwischenbericht *m*; **2.** (Weiter)Entwicklung *f*: ***in ~*** im Werden (begriffen); **3.** Fortschreiten *n*, Vorrücken *n*; ✕ Vordringen *n*; **4.** Fortgang *m*, (Ver)Lauf *m*: ***be in ~*** im Gange sein; **5.** Über'handnehmen *n*, 'Um-sich-Greifen *n*: ***the disease made rapid ~*** die Krankheit griff schnell um sich; **6.** *obs.* Reise *f*, Fahrt *f*; *Brit. mst hist.* Rundreise *f e-s Herrschers etc.*; **II** [prəʊ'gres] *v/i.* **7.** fortschreiten, weitergehen, s-n Fortgang nehmen; **8.** sich (fort-, weiter)entwickeln: ***~ towards completion*** s-r Vollendung entgegengehen; **9.** *fig.* Fortschritte machen, vo'rankommen, vorwärts kommen.

pro·gres·sion [prəʊ'greʃn] *s.* **1.** Vorwärts-, Fortbewegung *f*; **2.** Weiterentwicklung *f*, Verlauf *m*; **3.** (Aufein'ander)Folge *f*; **4.** Progressi'on *f*: a) ⩘ Reihe *f*, b) Staffelung *f e-r Steuer etc.*; **5.** ♪ a) Se'quenz *f*, b) Fortschreitung *f* (*Stimmbewegung*); **pro'gres·sion·ist** [-ʃnɪst], **pro'gress·ist** [-esɪst] *s. pol.* Fortschrittler *m*; **pro'gres·sive** [-sɪv] **I** *adj.* □ **1.** fortschrittlich (*Person u. Sache*): ***~ party*** *pol.* Fortschrittspartei *f*; **2.** fortschreitend, -laufend, progres'siv: ***a ~ step*** *fig.* ein Schritt nach vorn; ***~ assembly*** ⚙ Fließbandmontage *f*; **3.** gestaffelt, progres'siv (*Besteuerung etc.*); **4.** (fort)laufend: ***~ numbers***; **5.** *a.* ⚕ zunehmend, progres'siv: ***~ paralysis***; **6.** *ling.* progres'siv: ***~ form*** Verlaufsform *f*; **II** *s.* **7.** *pol.* Progres'sive(r *m*) *f*, Fortschrittler *m*; **pro'gres·sive·ly** [-esɪvlɪ] *adv.* schritt-, stufenweise, nach u. nach, all'mählich.

pro·hib·it [prə'hɪbɪt] *v/t.* **1.** verbieten, unter'sagen (***s.th.*** et., ***s.o. from doing*** j-m *et.* zu tun); **2.** verhindern (***s.th. being done*** dass et. geschieht); **3.** hindern (***s.o. from doing*** j-n daran, *et.* zu tun); **pro·hi·bi·tion** [ˌprəʊɪ'bɪʃn] *s.* **1.** Verbot *n*; **2.** (*hist. Am. mst* ♀) Prohibiti'on(szeit) *f*, Alkoholverbot *n*; **pro·hi·bi·tion·ist** [ˌprəʊɪ'bɪʃnɪst] *s. hist. Am.* Prohibitio'nist *m*, Verfechter *m* des Alkoholverbots; **pro'hib·i·tive** [-tɪv] *adj.* □ **1.** verbietend, unter'sagend; **2.** ✝ Prohibitiv..., Schutz..., Sperr...: ***~ duty*** Prohibitivzoll *m*; ***~ tax*** Prohibitivsteuer *f*; **3.** unerschwinglich (*Preis*), untragbar (*Kosten*); **pro'hib·i·to·ry** [-tərɪ] → ***prohibitive***.

pro·ject I *v/t.* [prə'dʒekt] **1.** planen, entwerfen, projektieren; **2.** werfen, schleudern; **3.** *Bild, Licht, Schatten etc.* werfen, projizieren; **4.** *fig.* projizieren (*a.* ⩘): ***~ o.s.*** (*od.* ***one's thoughts***) ***into*** sich versetzen in (*acc.*); ***~ one's feelings into*** s-e Gefühle übertragen auf (*acc.*); **II** *v/i.* **5.** vorspringen, -stehen, -ragen (***over*** über *acc.*); **III** *s.* ['prɒdʒekt] **6.** Pro'jekt *n* (*a. Am. ped.*), Plan *m*, (*a.* Bau)Vorhaben *n*, Entwurf *m*: ***~ engineer*** Projektingenieur *m*; ***~ manager*** Projektmanager *m*.

pro·jec·tile [prəʊ'dʒektaɪl] **I** *s.* **1.** ✕ Geschoss, *östr.* Geschoß *n*, Projek'til *n*; **2.** (Wurf)Geschoss *n*; *östr.* (-)Geschoß *n*; **II** *adj.* **3.** (an)treibend, Stoß..., Trieb...: ***~ force***; **4.** Wurf...

pro·jec·tion [prə'dʒekʃn] *s.* **1.** Vorsprung *m*, vorspringender Teil *od.* Gegenstand *etc.*; ⚠ Auskragung *f*, -ladung *f*, 'Überhang *m*; **2.** Fortsatz *m*; **3.** Werfen *n*, Schleudern *n*, (Vorwärts)Treiben *n*; **4.** Wurf *m*, Stoß *m*; **5.** ⩘, *ast.* Projekti'on *f*: ***upright ~*** Aufriss *m*; **6.** *phot.* Projekti'on *f*: a) Projizieren *n* (*Lichtbilder*), b) Lichtbild *n*; **7.** Vorführen *n* (*Film*): ***~ booth*** Vorführkabine *f*; ***~ screen*** Projektions-, Leinwand *f*, Bildschirm *m*; **8.** *psych.* Projekti'on *f*; **9.** *fig.* 'Widerspiegelung *f*; **10.** a) Planen *n*, Entwerfen *n*, b) Plan *m*, Entwurf *m*; **11.** *Statistik etc.*: Hochrechnung *f*; **pro'jec·tion·ist** [-kʃnɪst] *s.* Filmvorführer *m*; **pro'jec·tor** [-ktə] *s.* **1.** Projekti'onsappaˌrat *m*, Vorführgerät *n*, Bildwerfer *m*, Pro'jektor *m*; **2.** ⚙ Scheinwerfer *m*; **3.** ✕ (Ra'keten-, Flammen- *etc.*)Werfer *m*; **4.** a) Planer *m*, b) *contp.* Pläneschmied *m*, Pro'jektemacher *m*.

pro·lapse ['prəʊlæps] ⚕ **I** *s.* Vorfall *m*, Pro'laps(us) *m*; **II** *v/i.* [prə'læps] prolabieren, vorfallen; **pro·lap·sus** [prəʊ'læpsəs] → ***prolapse*** I.

prole [prəʊl] *s.* F Pro'let(in).

pro·le·tar·i·an [ˌprəʊlɪ'teərɪən] **I** *adj.* prole'tarisch, Proletarier...; **II** *s.* Prole'tarier(in); **ˌpro·le'tar·i·at(e)** [-ɪət] *s.* Proletari'at *n*.

pro·li·cide ['prəʊlɪsaɪd] *s.* ⚖ Tötung *f* der Leibesfrucht, Abtreibung *f*.

pro·lif·er·ate [prəʊ'lɪfəreɪt] *v/i. biol.* **1.** wuchern; **2.** sich fortpflanzen (*durch Zellteilung etc.*); **3.** sich stark vermehren; **pro·lif·e'ra·tion** [prəʊˌlɪfə'reɪʃn] *s.* **1.** Wuchern *n*; **2.** Fortpflanzung *f*; **3.** starke Vermehrung *od.* Ausbreitung; **pro'lif·ic** [-fɪk] *adj.* (□ ***~ally***) **1.** *bsd. biol.* (*oft* 'überaus) fruchtbar; **2.** *fig.* reich (***of***, ***in*** an *dat.*); **3.** *fig.* fruchtbar, produk'tiv (*Schriftsteller etc.*).

pro·lix ['prəʊlɪks] *adj.* □ weitschweifig; **pro·lix·i·ty** [ˌprəʊ'lɪksətɪ] *s.* Weitschweifigkeit *f*.

pro·log *Am.* → ***prologue***.

pro·logue ['prəʊlɒg] *s.* **1.** *bsd. thea.* Pro'log *m*, Einleitung *f* (***to*** zu); **2.** *fig.* Vorspiel *n*, Auftakt *m*; **'pro·logu·ize** [-gaɪz] *v/i.* e-n Pro'log verfassen *od.* sprechen.

pro·long [prə'lɒŋ] *v/t.* **1.** verlängern, (aus)dehnen; **2.** ✝ *Wechsel* prolongieren; **pro'longed** [-ŋd] *adj.* anhaltend (*Beifall, Regen etc.*): ***for a ~ period*** längere Zeit; **pro·lon·ga·tion** [ˌprəʊlɒŋ'geɪʃn] *s.* **1.** Verlängerung *f*; **2.** Prolongierung *f e-s Wechsels etc.*, Fristverlängerung *f*, Aufschub *m*: ***~ business*** ✝ Prolongationsgeschäft *n*.

prom [prɒm] *s.* **1.** *Am.* F High-School-, College-Ball *m*; **2.** *bsd. Brit.* F a) 'Strandpromeˌnade *f*, b) → ***promenade concert***.

prom·e·nade [ˌprɒmə'nɑːd] **I** *s.* **1.** Pro-

P

me'nade *f*: a) Spaziergang *m*, -fahrt *f*, -ritt *m*, b) Spazierweg *m*, Wandelhalle *f*; **2.** [*a.* -'neɪd] feierlicher Einzug der (Ball)Gäste, Polo'naise *f*; **3.** → ***prom*** 1; **4.** → ***promenade concert***; **II** *v/i.* **5.** promenieren, spazieren (gehen *etc.*); **III** *v/t.* **6.** promenieren *od.* (her'um)spazieren in (*dat.*) *od.* auf (*dat.*); **7.** spazieren führen, (um'her)führen; **~ con·cert** *s. Konzert in ungezwungener Atmosphäre*; **~ deck** *s.* ⚓ Prome'nadendeck *n*.

prom·i·nence ['prɒmɪnəns] *s.* **1.** (Her-)'Vorragen *n*, -springen *n*; **2.** Vorsprung *m*, vorstehender Teil; *ast.* Protube'ranz *f*; **3.** *fig.* a) Berühmtheit *f*, b) Bedeutung *f*: ***bring into*** **~** a) berühmt machen, b) klar herausstellen, hervorheben; ***come into*** **~** in den Vordergrund rücken, hervortreten; → ***blaze*** 7; **'prom·i·nent** [-nt] *adj.* □ **1.** vorstehend, -springend (*a. Nase etc.*); **2.** mar'kant, auffallend, her'vorstechend (*Eigenschaft*); **3.** promi'nent: a) führend (*Persönlichkeit*), her'vorragend, b) berühmt.

prom·is·cu·i·ty [ˌprɒmɪ'skjuːətɪ] *s.* **1.** Vermischt-, Verworrenheit *f*, Durchein'ander *n*; **2.** Wahllosigkeit *f*; **3.** Promiskui'tät *f*, wahllose *od.* ungebundene Geschlechtsbeziehungen *pl.*; **pro·mis·cu·ous** [prə'mɪskjʊəs] *adj.* □ **1.** (kunter)bunt, verworren; **2.** wahl-, 'unterschiedslos; **3.** gemeinsam (*beider Geschlechter*): **~ *bathing***.

prom·ise ['prɒmɪs] **I** *s.* **1.** Versprechen *n*, -heißung *f*, Zusage *f* (***to*** *j-m* gegen'über): **~ *to pay*** † Zahlungsversprechen; ***break*** (***keep***) ***one's*** **~** sein Versprechen brechen (halten); ***make a*** **~** ein Versprechen geben; ***breach of*** **~** Bruch *m* des Eheversprechens; ***Land of*** **℘** → ***Promised Land***; **2.** *fig.* Hoffnung *f od.* Aussicht *f* (***of*** auf *acc.*, zu *inf.*): ***of great*** **~** viel versprechend (*Aussicht*, *junger Mann etc.*); ***show some*** **~** gewisse Ansätze zeigen; **II** *v/t.* **3.** versprechen, zusagen, in Aussicht stellen (***s.o. s.th.***, ***s.th. to s.o.*** j-m et.): ***I*** **~ *you*** a) das kann ich Ihnen versichern, b) ich warne Sie!; **4.** *fig.* versprechen, erwarten *od.* hoffen lassen, ankündigen; **5.** ***be*** **~*d*** (in die Ehe) versprochen sein; **6.** **~ *o.s. s.th.*** sich et. versprechen *od.* erhoffen; **III** *v/i.* **7.** versprechen, zusagen; **8.** *fig.* Hoffnungen erwecken: ***he*** **~*s well*** er lässt sich gut an; ***the weather*** **~*s fine*** das Wetter verspricht gut zu werden; **Prom·ised Land** ['prɒmɪst] *s. bibl. u. fig. das* Gelobte Land, Land *n* der Verheißung; **prom·is·ee** [ˌprɒmɪ'siː] *s.* ⚖ Versprechensempfänger(in), Berechtigte(r *m*) *f*; **'prom·is·ing** [-sɪŋ] *adj.* □ *fig.* viel versprechend, hoffnungs-, verheißungsvoll, aussichtsreich; **'prom·i·sor** [-sɔː] *s.* ⚖ Versprechensgeber(in); **'prom·is·so·ry** [-sərɪ] *adj.* versprechend: **~ *note*** † Schuldschein *m*, Eigen-, Solawechsel *m*.

pro·mo ['prəʊməʊ] F **I** *adj.* Reklame...; **II** *pl.* **-mos** *s. Radio*, *TV*: (Werbe)Spot *m*; *Zeitung*: Anzeige *f*.

prom·on·to·ry ['prɒməntrɪ] *s.* Vorgebirge *n*.

pro·mote [prə'məʊt] *v/t.* **1.** fördern, unter'stützen; *b.s.* Vorschub leisten (*dat.*); **2.** *j-n* befördern: ***be*** **~*d*** a) befördert werden, b) *sport* aufsteigen; **3.** *parl. Antrag* a) unter'stützen, b) einbringen; **4.** † *Gesellschaft* gründen; **5.** † a) *Verkauf* (*durch Werbung*) steigern, b) werben für; **6.** *Boxkampf etc.* veranstalten; **7.** *ped. Am. Schüler* versetzen; **8.** *Schach*: *Bauern* verwandeln; **9.** *Am. sl.* ,organisieren'; **pro'mot·er** [-tə] *s.* **1.** Förderer *m*; Befürworter *m*; *b.s.* Anstifter *m*; **2.** † Gründer *m*: **~*'s shares*** Gründeraktien; **3.** *sport* Veranstalter *m*; **pro'mo·tion** [-əʊʃn] *s.* **1.** Beförderung *f* (*a.* ⚔): **~ *list*** Beförderungsliste *f*; ***get one's*** **~** befördert werden; **~ *prospects*** *pl.* Aufstiegschancen *pl.*; **2.** Förderung *f*, Befürwortung *f*: ***export*** **~** † Exportförderung; **3.** † Gründung *f*; **4.** † Verkaufsförderung *f*, Werbung *f*; **5.** *ped. Am.* Versetzung *f*; **6.** *sport* Aufstieg *m*: ***gain*** **~** aufsteigen; **7.** *Schach*: Umwandlung *f*; **pro'mo·tion·al** [-əʊʃənl] *adj.* **1.** Beförderungs...; **2.** fördernd; **3.** † Reklame..., Werbe...; **pro'mo·tive** [-tɪv] *adj.* fördernd, begünstigend (***of*** *acc.*).

prompt [prɒmpt] **I** *adj.* □ **1.** unverzüglich, prompt, so'fortig, 'umgehend: ***a*** **~ *reply*** e-e prompte *od.* schlagfertige Antwort; **2.** schnell, rasch; **3.** bereit (-willig); **4.** † a) pünktlich, b) bar, c) sofort liefer- u. zahlbar: ***for*** **~ *cash*** gegen sofortige Kasse; **II** *adv.* **5.** pünktlich; **III** *v/t.* **6.** *j-n* antreiben, bewegen, (*a. et.*) veranlassen (***to*** zu); **7.** *Gedanken, Gefühl etc.* eingeben, wecken; **8.** *j-m* das Stichwort geben, ein-, vorsagen; *thea. j-m* soufflieren: **~ *book*** Soufflierbuch *n*; **~ *box*** Souffleurkasten; **~ *facility*** *Computer*: Bedienerführung *f*; **IV** *s.* **9.** *Computer*: Prompt *m*, Eingabeaufforderung *f*; **10.** † Ziel *n*, Zahlungsfrist *f*; **'prompt·er** [-tə] *s.* **1.** *thea.* Souf'fleur *m*, Souf'fleuse *f*; **2.** Vorsager(in); **3.** Anreger(in), Urheber(in); *b.s.* Anstifter(in); **'prompt·ing** [-tɪŋ] *s.* (*oft pl.*) *fig.* Eingebung *f*, Stimme *f des Herzens*; **'promp·ti·tude** [-tɪtjuːd], **'prompt·ness** [-nɪs] *s.* **1.** Schnelligkeit *f*; **2.** Bereitwilligkeit *f*; **3.** *bsd.* † Promptheit *f*, Pünktlichkeit *f*.

prompt note *s.* † Verkaufsnota *f* mit Angabe der Zahlungsfrist.

pro·mul·gate ['prɒmlgeɪt] *v/t.* **1.** *Gesetz etc.* (öffentlich) bekannt machen *od.* verkündigen; **2.** *Lehre etc.* verbreiten; **pro·mul·ga·tion** [ˌprɒml'geɪʃn] *s.* **1.** (öffentliche) Bekanntmachung, Verkündung *f*, -öffentlichung *f*; **2.** Verbreitung *f*.

prone [prəʊn] *adj.* □ **1.** auf dem Bauch *od.* mit dem Gesicht nach unten liegend, hingestreckt: **~ *position*** a) Bauchlage *f*, b) ⚔ *etc.* Anschlag liegend; **2.** (vorn'über)gebeugt; **3.** abschüssig; **4.** *fig.* (***to***) neigend (zu), veranlagt (zu), anfällig (für); **'prone·ness** [-nɪs] *s.* (***to***) Neigung *f*, Hang *m* (zu), Anfälligkeit *f* (für).

prong [prɒŋ] **I** *s.* **1.** Zinke *f e-r* (*Heu-etc.*)*Gabel*; Zacke *f*, Spitze *f*, Dorn *m*; **2.** (Geweih)Sprosse *f*, (-)Ende *n*; **3.** Horn *n*; **4.** (Heu-, Mist- *etc.*)Gabel *f*; **II** *v/t.* **5.** mit e-r Gabel stechen *od.* heben; **6.** aufspießen; **pronged** [-ŋd] *adj.* gezinkt, zackig: ***two-*~** zweizinkig.

pro·nom·i·nal [prə'nɒmɪnl] *adj.* □ *ling.* pronomi'nal.

pro·noun ['prəʊnaʊn] *s. ling.* Pro'nomen *n*, Fürwort *n*.

pro·nounce [prə'naʊns] **I** *v/t.* **1.** aussprechen (*a. ling.*); **2.** erklären für, bezeichnen als; **3.** *Urteil* aussprechen *od.* verkünden, *Segen* erteilen: **~ *sentence of death*** das Todesurteil fällen, auf Todesstrafe erkennen; **4.** behaupten (***that*** dass); **II** *v/i.* **5.** Stellung nehmen, s-e Meinung äußern (***on*** zu): **~ *in favo(u)r of*** (***against***) ***s.th.*** sich für (gegen) et. aussprechen; **pro'nounced** [-st] *adj.* □ **1.** ausgesprochen, ausgeprägt, deutlich (*Tendenz etc.*), sichtlich (*Besserung etc.*); **2.** bestimmt, entschieden (*Ansicht etc.*); **pro'nounc·ed·ly** [-sɪdlɪ] *adv.* ausgesprochen *gut, schlecht etc.*; **pro'nounce·ment** [-mənt] *s.* **1.** Äußerung *f*, **2.** Erklärung *f*, (⚖ *Urteils*)Verkünd(ig)ung *f*; **3.** Entscheidung *f*.

pron·to ['prɒntəʊ] *adv. Am.* F fix, schnell, ,aber dalli'.

pro·nun·ci·a·tion [prəˌnʌnsɪ'eɪʃn] *s.* Aussprache *f*.

proof [pruːf] **I** *adj.* **1.** fest (***against***, ***to*** gegen), 'undurchˌlässig, (*wasser- etc.*) dicht, (*hitze*)beständig, (*kugel*)sicher; **2.** gefeit (***against*** gegen) (*a. fig.*); *fig. a.* unzugänglich: **~ *against bribes*** unbestechlich; **3.** ⚗ *obs.* probehaltig, -nor'malstark (*alkoholische Flüssigkeit*); **II** *s.* **4.** Beweis *m*, Nachweis *m*: ***in*** **~ *of*** zum *od.* als Beweis (*gen.*); ***give*** **~ *of*** *et.* beweisen; **5.** (*a.* ⚖) Beweis(mittel *n*, -stück *n*) *m*; Beleg(e *pl.*) *m*; **6.** Probe *f* (*a.* ⚗), (*a.* Materi'al)Prüfung *f*: ***put to*** (***the***) **~** auf die Probe stellen; ***the*** **~ *of the pudding is in the eating*** Probieren geht über Studieren; **7.** *typ.* a) Korrek'turfahne *f*, -bogen *m*, b) Probeabzug *m* (*a. phot.*): ***clean*** **~** Revisionsbogen *m*; **8.** Nor'malstärke *f alkoholischer Getränke*; **III** *v/t.* **9.** ⚙ (*wasser- etc.*)dicht *od.* (*hitze- etc.*)beständig *od.* (*kugel-etc.*)fest machen, imprägnieren; **'~ˌread·er** *s. typ.* Kor'rektor *m*; **'~ˌread·ing** *s. typ.* Korrek'turlesen *n*; **~ *sheet*** → ***proof*** 7 a; **~ *spir·it*** *s.* Nor'malweingeist *m*.

prop[1] [prɒp] **I** *s.* **1.** Stütze *f* (*a.* ⚓), (Stütz)Pfahl *m*; **2.** *fig.* Stütze *f*, Halt *m*; **3.** ⚒, ⚙ Stempel *m*, Stützbalken *m*, Strebe *f*; **4.** ⚙ Drehpunkt *m e-s Hebels*; **5.** *pl. sl.* ,Stelzen' *pl.* (*Beine*); **II** *v/t.* **6.** stützen (*a. fig.*); **7.** *a.* **~ *up*** a) (ab)stützen, ⚙ *a.* absteifen, verstreben, *mot.* aufbocken, b) *sich*, *et.* lehnen (***against*** gegen).

prop[2] [prɒp] *s. thea.* Requi'sit *n* (*a. fig.*).

prop[3] [prɒp] *s.* ✈ Pro'peller *m*.

prop·a·gan·da [ˌprɒpə'gændə] *s.* Propa'ganda *f*; † Werbung *f*, Re'klame *f*: ***make*** **~ *for***; **~ *week*** Werbewoche *f*; **ˌprop·a'gan·dist** [-dɪst] **I** *s.* Propagan'dist(in); **II** *adj.* propagan'distisch; **prop·a·gan·dis·tic** [ˌprɒpəgæn'dɪstɪk] *adj.* propagan'distisch; **ˌprop·a'gan·dize** [-daɪz] **I** *v/t.* **1.** Propa'ganda machen für, propagieren; **2.** *j-n* durch Propa'ganda beeinflussen; **II** *v/i.* **3.** Propa'ganda machen.

prop·a·gate ['prɒpəgeɪt] **I** *v/t.* **1.** *biol.*, *a. phys. Ton, Bewegung, Licht* fortpflanzen; **2.** *Nachricht etc.* aus-, verbreiten, propagieren; **II** *v/i.* **3.** sich fortpflanzen; **prop·a·ga·tion** [ˌprɒpə'geɪʃn] *s.* **1.** Fortpflanzung *f* (*a. phys.*), Vermehrung *f*; **2.** Aus-, Verbreitung *f*; **prop·a·ga·tor** ['prɒpəgeɪtə] *s.* **1.** Fortpflanzer *m*; **2.** Verbreiter *m*, Propagan'dist *m*.

pro·pane ['prəʊpeɪn] *s.* ⚗ Pro'pan *n*.

pro·pel [prə'pel] *v/t.* antreiben, (vorwärts) treiben (*a. fig. od.* ⚙); **pro'pel·lant** [-lənt] *s.* ⚙ Treibstoff *m*, -mittel *n*: **~ (*charge*)** Treibladung *f e-r Rakete etc.*; **pro'pel·lent** [-lənt] **I** *adj.* **1.** antreibend, (vorwärts) treibend: **~ *gas*** Treibgas; **~ *power*** Antriebs-, Triebkraft *f*; **II** *s.* **2.**

P

fig. treibende Kraft; **3.** → ***propellant***; **pro'pel·ler** [-lə] *s.* Pro'peller *m*: a) ✈ Luftschraube *f*, b) ⚓ Schiffsschraube *f*: ~ ***blade*** ✈ Luftschraubenblatt *n*; **pro'pel·ling** [-lɪŋ] *adj.* Antriebs..., Trieb..., Treib...: ~ ***charge*** Treibladung *f*, -satz *m e-r Rakete etc.*; ~ ***nozzle*** ✈ Schubdüse *f*; ~ ***pencil*** Drehbleistift *m*.

pro·pen·si·ty [prə'pensətɪ] *s. fig.* Hang *m*, Neigung *f* (***to***, ***for*** zu).

prop·er ['prɒpə] *adj.* □ **1.** richtig, passend, geeignet, angemessen, ordnungsgemäß, zweckmäßig: ***in*** ~ ***form*** in gebührender *od.* angemessener Form; ***in the*** ~ ***place*** am rechten Platz; ***do as you think*** (***it***) ~ tun Sie, was Sie für richtig halten; ~ ***fraction*** Ⱥ echter Bruch; **2.** anständig, schicklich, kor'rekt, einwandfrei (*Benehmen etc.*): ***it is*** ~ es (ge)ziemt *od.* schickt sich; **3.** zulässig; **4.** eigen(tümlich) (***to*** *dat.*), besonder; **5.** genau: ***in the*** ~ ***meaning of the word*** streng genommen; **6.** (*mst nachgestellt*) eigentlich: ***philosophy*** ~ die eigentliche Philosophie; ***in the Middle East*** ~ im Mittleren Osten selbst; **7.** maßgebend, zuständig (*Dienststelle etc.*); **8.** F ,richtig', ,ordentlich', ,anständig': ***a*** ~ ***licking*** e-e gehörige Tracht Prügel; **9.** *ling.* Eigen...: ~ ***name*** (*od.* ***noun***) Eigenname *m*; '**proper·ly** [-lɪ] *adv.* **1.** richtig (*etc.* → ***proper*** 1, 2), passend, wie es sich gehört: ***behave*** ~ sich (anständig) benehmen; **2.** genau: ~ ***speaking*** eigentlich, streng genommen; **3.** F gründlich, ,anständig', ,tüchtig'.

prop·er·tied ['prɒpətɪd] *adj.* besitzend, begütert: ***the*** ~ ***classes***.

prop·er·ty ['prɒpətɪ] *s.* **1.** Eigentum *n*, Besitz(tum *n*) *m*, Gut *n*, Vermögen *n*: ***common*** ~ Gemeingut; ***damage to*** ~ Sachschaden *m*; ***law of*** ~ ⚖ Sachenrecht *n*; ***left*** ~ Hinterlassenschaft *f*; ***lost*** ~ Fundsache *f*; ***man of*** ~ begüterter Mann; ***personal*** ~ → ***personalty***; **2.** *a.* ***landed*** ~ (Grund-, Land)Besitz *m*, Grundstück *n*, Liegenschaft *f*, Lände'reien *pl.*; **3.** ⚖ Eigentum(srecht) *n*: ***industrial*** ~ gewerbliches Schutzrecht; ***intellectual*** ~ geistiges Eigentum; ***literary*** ~ literarisches Eigentum, Urheberrecht; **4.** *mst pl. thea.* Requi'sit(en *pl.*) *n*; **5.** Eigenart *f*, -heit *f*; Merkmal *n*; **6.** *phys. etc.* Eigenschaft *f*, ⚙ *a.* Fähigkeit *f*: ~ ***of material*** Werkstoffeigenschaft; ***insulating*** ~ Isolationsvermögen *n*; ~ **as·sets** *s. pl.* ✝ Vermögenswerte *pl.*; ~ **in·sur·ance** *s.* Sachversicherung *f*; ~ **man** [mæn] *s.* [*irr.*] *thea.* Requisi'teur *m*; ~ **mar·ket** *s.* Immo'bilienmarkt *m*; ~ **tax** *s.* **1.** Vermögenssteuer *f*; **2.** Grundsteuer *f*.

proph·e·cy ['prɒfɪsɪ] *s.* Prophe'zeiung *f*, Weissagung *f*; '**proph·e·sy** [-saɪ] *v/t.* prophe'zeien, weis-, vor'aussagen (***s.th. for s.o.*** j-m et.).

proph·et ['prɒfɪt] *s.* Pro'phet *m* (*a. fig.*): ***the Major*** (***Minor***) ***2s*** *bibl.* die großen (kleinen) Propheten; '**proph·et·ess** [-tɪs] *s.* Pro'phetin *f*; **pro·phet·ic**, **pro·phet·i·cal** [prə'fetɪk(l)] *adj.* □ pro'phetisch.

pro·phy·lac·tic [ˌprɒfɪ'læktɪk] **I** *adj. bsd.* ⚕ prophy'laktisch, vorbeugend, Vorbeugungs..., Schutz...; **II** *s.* ⚕ Prophy'laktikum *n*, vorbeugendes Mittel; *fig.* vorbeugende Maßnahme; ˌ**pro·phy'lax·is** [-ksɪs] *s.* ⚕ Prophy'laxe *f*, Präven'tivbeˌhandlung *f*, Vorbeugung *f*.

pro·pin·qui·ty [prə'pɪŋkwətɪ] *s.* **1.** Nähe *f*; **2.** nahe Verwandtschaft.

pro·pi·ti·ate [prə'pɪʃɪeɪt] *v/t.* versöhnen, besänftigen, günstig stimmen; **pro·pi·ti·a·tion** [prəˌpɪʃɪ'eɪʃn] *s.* **1.** Versöhnung *f*, Besänftigung *f*; **2.** *obs.* (Sühn-)Opfer *n*, Sühne *f*; **pro'pi·ti·a·to·ry** [-ɪətərɪ] *adj.* □ versöhnend, sühnend, Sühn...

pro·pi·tious [prə'pɪʃəs] *adj.* □ **1.** günstig, vorteilhaft (***to*** für); **2.** gnädig, geneigt.

'**prop·jet** *s.* ✈ **1.** *a.* ~ ***engine*** Pro'pellerturˌbine(ntriebwerk *n*) *f*; **2.** *a.* ~ ***plane*** Flugzeug *n* mit Pro'pellerturˌbine(n).

pro·po·nent [prə'pəʊnənt] *s.* **1.** Vorschlagende(r *m*) *f*; *fig.* Befürworter(in); **2.** ⚖ präsum'tiver Testa'mentserbe.

pro·por·tion [prə'pɔːʃn] **I** *s.* **1.** (richtiges) Verhältnis; Gleich-, Ebenmaß *n*; *pl.* (Aus)Maße *pl.*, Größenverhältnisse *pl.*, Dimensi'onen *pl.*, Proporti'onen *pl.*: ***in*** ~ ***as*** in dem Maße wie, je nachdem wie; ***in*** ~ ***to*** im Verhältnis zu; ***be out of*** (***all***) ~ ***to*** in keinem Verhältnis stehen zu; ***sense of*** ~ *fig.* Augenmaß *n*; **2.** *fig.* a) Ausmaß *n*, Größe *f*, Umfang *m*, b) Symmet'rie *f*, Harmo'nie *f*; **3.** Ⱥ, ⌂ Proporti'on *f*; **4.** Ⱥ a) Dreisatz(rechnung *f*) *m*, *obs.* Regelde'tri *f*, b) *a.* ***geometric*** ~ Verhältnisgleichheit *f*; **5.** Anteil *m*, Teil *m*: ***in*** ~ anteilig; **II** *v/t.* **6.** (***to***) in das richtige Verhältnis bringen (mit, zu), anpassen (*dat.*); **7.** verhältnismäßig verteilen; **8.** proportionieren, bemessen; **9.** sym'metrisch gestalten: ***well-~d*** ebenmäßig, wohlgestaltet; **pro'por·tion·al** [-ʃənl] **I** *adj.* □ **1.** proportio'nal, verhältnismäßig; anteilmäßig: ~ ***numbers*** Ⱥ Proportionalzahlen *pl.*; ~ ***representation*** *pol.* Verhältniswahl(system *n*) *f*; **2.** → ***proportionate***; **II** *s.* **3.** Ⱥ Proportio'nale *f*; **pro'por·tion·ate** [-ʃnət] *adj.* □ (***to***) im richtigen Verhältnis (stehend) (zu), angemessen (*dat.*), entsprechend (*dat.*): ~ ***share*** ✝ Verhältnisanteil *m*, anteilmäßige Befriedigung.

pro·pos·al [prə'pəʊzl] *s.* **1.** Vorschlag *m*, (*a.* ✝, *a. Friedens*)Angebot *n*, (*a.* Heirats)Antrag *m*; **2.** Plan *m*; **pro·pose** [prə'pəʊz] **I** *v/t.* **1.** vorschlagen (***s.th. to s.o.*** j-m et., ***s.o. for*** j-n zu *od.* als); **2.** *Antrag* stellen; *Resolution* einbringen; *Misstrauensvotum* stellen *od.* beantragen; **3.** *Rätsel* aufgeben; *Frage* stellen; **4.** beabsichtigen, sich vornehmen; **5.** e-n Toast ausbringen auf (*acc.*), auf *et.* trinken; **II** *v/i.* **6.** beabsichtigen, vorhaben; planen: ***man ~s*** (***but***) ***God disposes*** der Mensch denkt, Gott lenkt; **7.** e-n Heiratsantrag machen (***to*** *dat.*), anhalten (***for*** um *j-n*, *j-s Hand*); **pro'pos·er** [-zə] *s. pol.* Antragsteller *m*; **prop·o·si·tion** [ˌprɒpə'zɪʃn] **I** *s.* **1.** Vorschlag *m*, Antrag *m*; **2.** (vorgeschlagener) Plan, Pro'jekt *n*; **3.** ✝ Angebot *n*; **4.** Behauptung *f*; **5.** F a) Sache *f*, b) Geschäft *n*: ***an easy*** ~ ,kleine Fische', Kleinigkeit *f*; **6.** *phls.* Satz *m*; **7.** Ⱥ (Lehr)Satz *m*; **II** *v/t.* **8.** *j-m* e-n Vorschlag machen; **9.** *e-m Mädchen* e-n unsittlichen Antrag machen.

pro·pound [prə'paʊnd] *v/t.* **1.** *Frage etc.* vorlegen, -tragen (***to*** *dat.*); **2.** vorschlagen; **3.** ~ ***a will*** ⚖ auf Anerkennung e-s Testaments klagen.

pro·pri·e·tar·y [prə'praɪətərɪ] **I** *adj.* **1.** Eigentums...(*-recht etc.*), Vermögens...; **2.** Eigentümer..., Besitzer...: ~ ***company*** ✝ a) *Am.* Holding-, Dachgesellschaft *f*, b) *Brit.* Familiengesellschaft *f*; ***the*** ~ ***classes*** die besitzenden Schichten; **3.** gesetzlich geschützt (*Arznei*, *Ware*): ~ ***article*** Markenartikel *m*; ~ ***name*** Markenbezeichnung *f*; **II** *s.* **4.** Eigentümer *m od. pl.*; **5.** ⚕ a) medi'zinischer 'Markenarˌtikel, b) nicht re'zeptpflichtiges Medika'ment; **pro·pri·e·tor** [prə'praɪətə] *s.* Eigentümer *m*, Besitzer *m*, (Geschäfts)Inhaber *m*, Anteilseigner *m*, Gesellschafter *m*: ***~s' capital*** Eigenkapital *n e-r Gesellschaft*; ***sole*** ~ a) Alleininhaber(in), b) ✝ *Am.* Einzelkaufmann *m*; **pro'pri·e·tor·ship** [-təʃɪp] *s.* **1.** Eigentum(srecht) *n* (***in*** an *dat.*); **2.** Verlagsrecht *n*; **3.** *Bilanz*: 'Eigenkapiˌtal *n*; **4.** ***sole*** ~ a) alleiniges Eigentumsrecht, b) ✝ *Am.* Einzelunternehmen *n*; **pro'pri·e·tress** [-trɪs] *s.* Eigentümerin *f etc.*; **pro'pri·e·ty** [-tɪ] *s.* **1.** Schicklichkeit *f*, Anstand *m*; **2.** *pl.* Anstandsformen *pl.*; **3.** Angemessenheit *f*, Richtigkeit *f*.

props [prɒps] *s. pl. thea. sl.* **1.** Requi'siten *pl.*; **2.** *sg. konstr.* Requisi'teur *m*.

pro·pul·sion [prə'pʌlʃn] *s.* **1.** ⚙ Antrieb *m* (*a. fig.*), Antriebskraft *f*: ~ ***nozzle*** Rückstoßdüse *f*; **2.** Fortbewegung *f*; **pro'pul·sive** [-lsɪv] *adj.* antreibend, (vorwärts) treibend (*a. fig.*): ~ ***force*** Triebkraft *f*; ~ ***jet*** Treibstrahl *m*.

pro ra·ta [ˌprəʊ'rɑːtə] (*Lat.*) *adj. u. adv.* verhältnis-, anteilmäßig, pro 'rata; **pro·rate** ['prəʊreɪt] *Am v/t.* anteilmäßig ver-, aufteilen.

pro·ro·ga·tion [ˌprəʊrə'geɪʃn] *s. pol.* Vertagung *f*; **pro·rogue** [prə'rəʊg] *v/t. u. v/i.* (sich) vertagen.

pro·sa·ic [prəʊ'zeɪɪk] *adj.* (□ ***~ally***) *fig.* pro'saisch: a) all'täglich, b) nüchtern, trocken, c) langweilig.

pro·sce·ni·um [prəʊ'siːnjəm] *pl.* **-ni·a** [-njə] *s. thea.* Pro'szenium *n*.

pro·scribe [prəʊ'skraɪb] *v/t.* **1.** ächten, für vogelfrei erklären; **2.** *mst fig.* verbannen; **3.** *fig.* a) verurteilen, b) verbieten; **pro'scrip·tion** [-'skrɪpʃn] *s.* **1.** Ächtung *f*, Acht *f*, Proskripti'on *f* (*mst hist.*); **2.** Verbannung *f*; **3.** *fig.* Verurteilung *f*, Verbot *n*; **pro'scrip·tive** [-'skrɪptɪv] *adj.* □ **1.** Ächtungs..., ächtend; **2.** verbietend, Verbots...

prose [prəʊz] **I** *s.* **1.** Prosa *f*; **2.** *fig.* Prosa *f*, Nüchternheit *f*, All'täglichkeit *f*; **3.** *ped.* Über'setzung *f in die Fremdsprache*; **II** *adj.* **4.** Prosa...: ~ ***writer*** Prosaschriftsteller(in); **5.** *fig.* pro'saisch; **III** *v/t. u. v/i.* **6.** in Prosa schreiben; **7.** langweilig erzählen.

pros·e·cute ['prɒsɪkjuːt] **I** *v/t.* **1.** *Plan etc.* verfolgen, weiterführen: ~ ***an action*** ⚖ e-n Prozess führen; **2.** *Gewerbe, Studien etc.* betreiben; **3.** *Untersuchung* 'durchführen; **4.** ⚖ a) strafrechtlich verfolgen, b) gerichtlich verfolgen, belangen, anklagen (***for*** wegen), c) *Forderung* einklagen; **II** *v/i.* **5.** gerichtlich vorgehen; **6.** ⚖ als Kläger auftreten, die Anklage vertreten: ***prosecuting counsel*** (*Am.* ***attorney***) → ***prosecutor***; **pros·e·cu·tion** [ˌprɒsɪ'kjuːʃn] *s.* **1.** Verfolgung *f*, Fortsetzung *f*, 'Durchführung *f e-s Plans etc.*; **2.** Betreiben *n e-s Gewerbes etc.*; **3.** ⚖ a) strafrechtliche Verfolgung, Strafverfolgung *f*, b) Einklagen *n e-r Forderung etc.*: ***liable to*** ~ strafbar; ***Director of Public 2s*** Leiter *m* der Anklagebehörde; **4.** ***the*** ~ ⚖ die Staatsanwaltschaft, die Anklage(behörde); → ***witness*** 1; '**pros·e·cu·tor** [-tə] *s.* ⚖ (An)Kläger *m*, Anklagevertreter *m*: ***public*** ~ Staatsanwalt *m*.

pros·e·lyte ['prɒsɪlaɪt] *s. eccl.* Prose'lyt

(-in), Konver'tit(in), *a. fig.* Neubekehrte(r *m*) *f*; **'pros·e·lyt·ism** [-lıtızəm] *s.* Prosely'tismus *m*: a) Bekehrungseifer *m*, b) Prose'lytentum *n*; **'pros·e·lyt·ize** [-lıtaız] **I** *v/t.* (**to**) bekehren (zu), *fig. a.* gewinnen (für); **II** *v/i.* Anhänger gewinnen.

pros·i·ness ['prəuzınıs] *s.* **1.** Eintönigkeit *f*, Langweiligkeit *f*; **2.** Weitschweifigkeit *f*.

pros·o·dy ['prɒsədı] *s.* Proso'die *f* (*Silbenmessungslehre*).

pros·pect I *s.* ['prɒspekt] **1.** (Aus)Sicht *f*, (-)Blick *m* (**of** auf *acc.*); **2.** *fig.* Aussicht *f*: ***hold out a ~ of*** *et.* in Aussicht stellen; ***have s.th. in ~*** auf et. Aussicht haben, et. in Aussicht haben; **3.** *fig.* Vor('aus)schau *f* (**of** auf *acc.*); **4.** ✝ *etc.* Interes'sent *m*, Reflek'tant *m*; ✝ möglicher Kunde; **5.** ⚒ a) (*Erz- etc.*) Anzeichen *n*, b) Schürfprobe *f*, c) Schürfstelle *f*; **II** *v/t.* [prə'spekt] **6.** *Gebiet* durch'forschen, unter'suchen (**for** nach *Gold etc.*); **III** *v/i.* [prə'spekt] **7.** (**for**) ⚒ suchen (nach, *a. fig.*), schürfen (nach); (nach *Öl*) bohren; **pro·spec·tive** [prə'spektıv] *adj.* □ **1.** (zu)künftig, vor'aussichtlich, in Aussicht stehend, potenzi'ell: ***~ buyer*** Kaufinteressent *m*, potenzieller Käufer; **2.** *fig.* vor'ausschauend; **pros·pec·tor** [prə'spektə] *s.* Pro'spektor *m*, Schürfer *m*, Goldsucher *m*; **pro·spec·tus** [prə'spektəs] *s.* Pros'pekt *m*: a) Werbeschrift *f*, b) ✝ Subskripti'onsanzeige *f*, c) *Brit.* 'Schulpros,pekt *m*.

pros·per ['prɒspə] **I** *v/i.* Erfolg haben (**in** bei); gedeihen, florieren, blühen (*Unternehmen etc.*); **II** *v/t.* begünstigen, *j-m* hold *od.* gewogen sein; segnen, *j-m* gnädig sein (*Gott*); **pros·per·i·ty** [prɒ'sperətı] *s.* **1.** Wohlstand *m* (*a.* ✝), Gedeihen *n*, Glück *n*; **2.** ✝ Prosperi'tät *f*, Blüte(zeit) *f*, (*a.* ***peak ~*** 'Hoch)Konjunk,tur *f*; **'pros·per·ous** [-pərəs] *adj.* □ **1.** gedeihend, blühend, erfolgreich, glücklich; **2.** wohlhabend, Wohlstands...; **3.** günstig (*Wind etc.*).

pros·tate (**gland**) ['prɒsteıt] *s. anat.* Prostata *f*, Vorsteherdrüse *f*.

pros·the·sis ['prɒsθısıs] *pl.* **-ses** [-si:z] *s.* **1.** ⚕ Pro'these *f*, künstliches Glied; **2.** ⚕ Anfertigung *f* e-r Pro'these; **3.** *ling.* Pros'these *f* (*Vorsetzen e-s Buchstabens od. e-r Silbe vor ein Wort*).

pros·ti·tute ['prɒstıtju:t] **I** *s.* **1.** a) Prostituierte *f*, b) *a.* ***male ~*** Strichjunge *m*; **II** *v/t.* **2.** prostituieren: ***~ o.s.*** sich prostituieren *od.* verkaufen (*a. fig.*); **3.** *fig.* (für ehrlose Zwecke) her-, preisgeben, entwürdigen, *Talente etc.* wegwerfen; **pros·ti·tu·tion** [,prɒstı'tju:ʃn] *s.* **1.** Prostituti'on *f*; **2.** *fig.* Her'ab-, Entwürdigung *f*.

pros·trate I *v/t.* [prɒ'streıt] **1.** zu Boden werfen *od.* strecken, niederwerfen; **2.** ***~ o.s.*** *fig.* sich in den Staub werfen, sich demütigen (**before** vor *dat.*); **3.** entkräften, erschöpfen; *fig.* niederschmettern; **II** *adj.* ['prɒstreıt] **4.** hingestreckt; **5.** *fig.* erschöpft (**with** vor *dat.*), da'niederliegend, kraftlos; *weitS.* gebrochen (***with grief*** vom Gram); **6.** *fig.* a) demütig, b) fußfällig, im Staube liegend; **pros'tra·tion** [-eıʃn] *s.* **1.** Fußfall *m* (*a. fig.*); **2.** *fig.* Niederwerfung *f*; Demütigung *f*; **3.** Erschöpfung, Entkräftung *f*; **4.** *fig.* Niedergeschlagenheit *f*.

pros·y ['prəuzı] *adj.* □ **1.** langweilig, weitschweifig; **2.** nüchtern, pro'saisch.

pro·tag·o·nist [prəu'tægənıst] *s.* **1.** *thea.* 'Hauptfi,gur *f*, Held(in), Träger(in) der Handlung; **2.** *fig.* Vorkämpfer(in).

pro·te·an [prəu'ti:ən] *adj.* **1.** *fig.* pro'teisch, vielgestaltig; **2.** *zo.* a'möbenartig: ***~ animalcule*** Amöbe *f*.

pro·tect [prə'tekt] *v/t.* **1.** (be)schützen (***from*** vor *dat.*, ***against*** gegen): ***~ interests*** Interessen wahren; **2.** ✝ (durch Zölle) schützen; **3.** ✝ a) *Sichtwechsel* honorieren, einlösen, b) *Wechsel mit Laufzeit* schützen; **4.** ⚙ (ab)sichern, abschirmen; *weitS.* schonen: ***~ed against corrosion*** korrosionsgeschützt; ***~ed motor*** ⚡ geschützter Motor; **5.** ⚔ (taktisch) sichern, abschirmen; **6.** *Schach*: *Figur* decken; **pro'tec·tion** [-kʃn] *s.* **1.** Schutz *m*, Beschützung *f* (***from*** vor *dat.*); Sicherheit *f*: ***~ factor*** (Licht)Schutzfaktor *m*; ***~ money*** Schutzgeld *n*; ***~ racket*** (organisierte) Schutzgelderpressung; ***~ of interests*** Interessenwahrung *f*; (***legal***) ***~ of registered designs*** ⚖ Gebrauchsmusterschutz; ***~ of industrial property*** gewerblicher Rechtsschutz; **2.** ✝ Wirtschaftsschutz *m*, 'Schutzzoll (-poli,tik *f*, -sy,stem *n*) *m*; **3.** ✝ Honorierung *f e-s Wechsels*: ***find due ~*** honoriert werden; **4.** Protekti'on *f*, Gönnerschaft *f*, Förderung *f*: ***~*** (***money***) *Am.* ‚Schutzgebühr' *f*; **5.** ⚙ Schutz *m*, Abschirmung *f*; **pro'tec·tion·ism** [-kʃənızəm] *s.* ✝ 'Schutzzollpoli,tik *f*; **pro'tec·tion·ist** [-kʃənıst] **I** *s.* **1.** Protektio'nist *m*, Verfechter *m* der 'Schutzzollpoli,tik; **2.** Na'turschützer *m*; **II** *adj.* **3.** protektio'nistisch, Schutzzoll...; **pro'tec·tive** [-tıv] *adj.* □ **1.** (be)schützend, Schutz gewährend, Schutz...: ***~ conveyance*** ⚖ Sicherungsübereignung *f*; ***~ custody*** ⚖ Schutzhaft *f*; ***~ duty*** ✝ Schutzzoll *m*; ***~ goggles*** Schutzbrille *f*; **2.** ✝ Schutzzoll...; **3.** beschützerisch; **pro'tec·tor** [-tə] *s.* **1.** Beschützer *m*, Schutz-, Schirmherr *m*, Gönner *m*; **2.** ⚙ *etc.* Schutz(vorrichtung *f*, -mittel *n*) *m*, Schützer *m*, Schoner *m*; **3.** *hist.* Pro'tektor *m*, Reichsverweser *m*; **pro'tec·tor·ate** [-tərət] *s.* Protekto'rat *n*: a) Schutzherrschaft *f*, b) Schutzgebiet *n*; **pro'tec·tress** [-trıs] *s.* Beschützerin *f*, Schutz-, Schirmherrin *f*.

pro·té·gé ['prəuteʒeı] (*Fr.*) *s.* Schützling *m*, Prote'gé *m*.

pro·te·in ['prəuti:n] *s. biol.* Prote'in *n*, Eiweiß(körper *m od. pl.*) *n*.

pro·test I *s.* ['prəutest] **1.** Pro'test *m*, Ein-, 'Widerspruch *m*: ***in ~, as a ~*** aus (*od.* als) Protest; ***enter*** (*od.* ***lodge***) ***a ~*** Protest erheben *od.* Verwahrung einlegen (**with** bei); ***accept under ~*** unter Vorbehalt *od.* Protest annehmen; **2.** ✝, ⚖ ('Wechsel)Pro,test *m*; **3.** ⚓, ⚖ 'Seepro,test *m*, Verklarung *f*; **II** *v/i.* [prə'test] **4.** protestieren, Verwahrung einlegen, sich verwahren (**against** gegen); **III** *v/t.* [prə'test] **5.** protestieren gegen, reklamieren; **6.** beteuern (***s.th.*** et., ***that*** dass): ***~ one's loyalty***; **7.** ✝ *Wechsel* protestieren: ***have a bill ~ed*** e-n Wechsel zu Protest gehen lassen.

Prot·es·tant ['prɒtıstənt] **I** *s.* Prote'stant (-in); **II** *adj.* prote'stantisch; **'Prot·es·tant·ism** [-tızəm] *s.* Protestan'tismus *m*.

prot·es·ta·tion [,prəute'steıʃn] *s.* **1.** Beteuerung *f*; **2.** Pro'test *m*.

pro·to·col ['prəutəkɒl] **I** *s.* **1.** (Ver'handlungs)Proto,koll *n*; **2.** *pol.* Proto'koll *n*: a) *diplomatische Etikette*, b) *kleineres Vertragswerk*; **3.** *pol.* Einleitungs- u. Schlussformeln *pl. e-r Urkunde etc.*; **II** *v/t. u. v/i.* **4.** protokollieren.

pro·ton ['prəutɒn] *s. phys.* Proton *n*.

pro·to·plasm ['prəutəuplæzəm] *s. biol.* **1.** Proto'plasma *n* (*Zellsubstanz*); **2.** Urschleim *m*; **'pro·to·plast** [-plæst] *s. biol.* Proto'plast *m*.

pro·to·type ['prəutəutaıp] *s.* Proto'typ *m* (*a. biol.*): a) Urbild *n*, -typ *m*, -form *f*, b) (Ur)Muster *n*; ⚙ ('Richt)Mo,dell *n*, Ausgangsbautyp *m*.

pro·to·zo·on [,prəutəu'zəuən] *pl.* **-'zo·a** [-'zəuə] *s. zo.* Proto'zoon *n*, Urtierchen *n*, Einzeller *m*.

pro·tract [prə'trækt] *v/t.* **1.** in die Länge ziehen, hin'ausziehen, verschleppen: ***~ed illness*** langwierige Krankheit; ***~ed defence*** ⚔ hinhaltende Verteidigung; **2.** ⩘ mit e-m Winkelmesser *od.* maßstabsgetreu zeichnen *od.* auftragen; **pro'trac·tion** [-kʃn] *s.* **1.** Hin'ausschieben *n*, -ziehen *n*, Verschleppen *n* (*a.* ⚕); **2.** ⩘ maßstabsgetreue Zeichnung; **pro'trac·tor** [-tə] *s.* **1.** ⩘ Transpor'teur *m*, Gradbogen *m*, Winkelmesser *m*; **2.** *anat.* Streckmuskel *m*.

pro·trude [prə'tru:d] **I** *v/i.* her'aus-, (her)'vorstehen, -ragen, -treten; **II** *v/t.* her'ausstrecken, (her)'vortreten lassen; **pro'tru·sion** [-u:ʒn] *s.* **1.** Her'vorstehen *n*, -treten *n*, Vorspringen *n*; **2.** Vorwölbung *f*, (her)'vorstehender Teil; **pro'tru·sive** [-u:sıv] *adj.* □ vorstehend, her'vortretend.

pro·tu·ber·ance [prə'tju:bərəns] *s.* **1.** Auswuchs *m*, Beule *f*, Höcker *m*; **2.** *ast.* Protube'ranz *f*; **3.** (Her)'Vortreten *n*, -stehen *n*; **pro'tu·ber·ant** [-nt] *adj.* □ (her)'vorstehend, -tretend, -quellend (*a. Augen*).

proud [praud] **I** *adj.* □ **1.** stolz (**of** auf *acc.*, **to** *inf.* zu *inf.*): ***a ~ day*** *fig.* ein stolzer Tag *für uns etc.*; **2.** hochmütig, eingebildet; **3.** *fig.* stolz, prächtig; **4.** ***~ flesh*** ⚕ wildes Fleisch; **II** *adv.* **5.** F stolz: ***do s.o. ~*** a) j-m große Ehre erweisen, b) j-n königlich bewirten; ***do o.s. ~*** a) stolz auf sich sein können, b) es sich gut gehen lassen.

prov·a·ble ['pru:vəbl] *adj.* □ be-, nachweisbar, erweislich; **prove** [pru:v] **I** *v/t.* **1.** er-, nach-, beweisen, **2.** ⚖ *Testament* bestätigen (lassen); **3.** bekunden, unter Beweis stellen, zeigen; **4.** (*a.* ⚙) prüfen, erproben: ***a ~d remedy*** ein erprobtes *od.* bewährtes Mittel; ***~ o.s.*** a) sich bewähren, b) sich erweisen als; → ***proving*** 1; **5.** ⩘ die Probe machen auf (*acc.*); **II** *v/i.* **6.** sich her'ausstellen *od.* erweisen (als): ***he will ~*** (***to be***) ***the heir*** es wird sich herausstellen, dass er der Erbe ist; ***~ true*** (***false***) a) sich als richtig (falsch) herausstellen, b) sich (nicht) bestätigen (*Voraussage etc.*); **7.** ausfallen, sich ergeben; **'prov·en** [-vən] *adj.* be-, erwiesen, nachgewiesen; *fig.* bewährt.

prov·e·nance ['prɒvənəns] *s.* Herkunft *f*, Ursprung *m*, Proveni'enz *f*.

prov·en·der ['prɒvındə] *s.* **1.** ⸙ (Trocken)Futter *n*; **2.** F *humor.* ‚Futter' *n* (*Lebensmittel*).

prov·erb ['prɒvɜ:b] **1.** *s.* Sprichwort *n*: ***he is a ~ for shrewdness*** s-e Schläue ist sprichwörtlich (*b.s.* berüchtigt); **2.** (***The Book of***) ***&s*** *pl. bibl.* die Sprüche *pl.* (Salo'monis); **pro·ver·bi·al** [prə'vɜ:bjəl] *adj.* □ sprichwörtlich (*a. fig.*).

pro·vide [prə'vaıd] **I** *v/t.* **1.** versehen, -sorgen, ausstatten, beliefern (**with** mit); **2.** ver-, beschaffen, besorgen, liefern; zur Verfügung (*od.* bereit)stellen; *Gelegenheit* schaffen; **3.** ⚖ vorsehen, -schreiben, bestimmen (*a. Gesetze, Vertrag etc.*); **II** *v/i.* **4.** Vorsorge *od.* Vorkehrungen treffen, vorsorgen, sich sichern (***against*** vor *dat.*, gegen): ~ ***against*** a) sich schützen vor (*dat.*), b) *et.* unmöglich machen, verhindern; ~ ***for*** a) sorgen für (*j-s Lebensunterhalt*), b) *Maßnahmen* vorsehen, *e-r Sache* Rechnung tragen, *Bedürfnisse* befriedigen, *Gelder etc.* bereitstellen; **5.** ⚖ den Vorbehalt machen (***that*** dass): ***unless otherwise ~d*** sofern nichts Gegenteiliges bestimmt ist; ***providing*** (***that***) → **pro'vid·ed** [-dɪd] *cj. a.* ~ ***that*** **1.** vor'ausgesetzt (dass), unter der Bedingung, dass; **2.** wenn, so'fern.

prov·i·dence ['prɒvɪdəns] *s.* **1.** (göttliche) Vorsehung; **2.** ***the*** ℒ die Vorsehung, Gott *m*; **3.** Vorsorge *f*, (weise) Vor'aussicht; '**prov·i·dent** [-nt] *adj.* □ **1.** vor'ausblickend, vor-, fürsorglich: ~ ***bank*** Sparkasse *f*; ~ ***fund*** Unterstützungskasse *f*; ~ ***society*** Versicherungsverein *m* auf Gegenseitigkeit; **2.** haushälterisch, sparsam; **prov·i·den·tial** [ˌprɒvɪ'denʃl] *adj.* □ **1.** schicksalhaft; **2.** glücklich, gnädig (*Geschick etc.*).

pro·vid·er [prə'vaɪdə] *s.* **1.** Versorger (-in), Ernährer *m*: ***good*** ~ F treu sorgende(r) Mutter (Vater); **2.** Liefe'rant *m*; **3.** *Internet etc.*: Pro'vider *m*.

prov·ince ['prɒvɪns] *s.* **1.** Pro'vinz *f* (*a. Ggs. Stadt*), Bezirk *m*; **2.** *fig.* a) (Wissens)Gebiet *n*, Fach *n*, b) (Aufgaben-) Bereich *m*, Amt *n*: ***it is not within my*** ~ a) es schlägt nicht in mein Fach, b) es ist nicht m-s Amtes (***to*** *inf.* zu *inf.*).

pro·vin·cial [prə'vɪnʃl] **I** *adj.* □ **1.** Provinz..., provinzi'ell (*a. fig. engstirnig, spießbürgerlich*): ~ ***town***; **2.** provinzi'ell, ländlich, kleinstädtisch; **3.** *fig. contp.* pro'vinzlerisch (*ungebildet, plump*); **II** *s.* **4.** Pro'vinzbewohner(in); *contp.* Pro'vinzler(in); **pro'vin·cial·ism** [-ʃəlɪzəm] *s.* Provinzia'lismus *m* (*a. mundartlicher Ausdruck, a. contp. Kleingeisterei, Lokalpatriotismus, Plumpheit*); *contp.* Pro'vinzlertum *n*.

prov·ing ['pruːvɪŋ] *s.* **1.** Prüfen *n*, Erprobung *f*: ~ ***flight*** Probe-, Erprobungsflug *m*; ~ ***ground*** Versuchsgelände *n*; **2.** ~ ***of a will*** ⚖ Eröffnung *f* u. Bestätigung *f* e-s Testaments.

pro·vi·sion [prə'vɪʒn] **I** *s.* **1.** a) Vorkehrung *f*, -sorge *f*, Maßnahme *f*, b) Vor-, Einrichtung *f*: ***make*** ~ sorgen *od.* Vorkehrungen treffen (***for*** für), sich schützen (***against*** vor *dat. od.* gegen); **2.** ⚖ Bestimmung *f*, Vorschrift *f*: ***come within the ~s of the law*** unter die gesetzlichen Bestimmungen fallen; **3.** ⚖ Bedingung *f*, Vorbehalt *m*; **4.** Beschaffung *f*, Besorgung *f*, Bereitstellung *f*; **5.** *pl.* (Lebensmittel)Vorräte *pl.*, Vorrat *m* (***of*** an *dat.*), Nahrungsmittel *pl.*, Provi'ant *m*: ***~s dealer*** (*od.* ***merchant***) Lebensmittel-, Feinkosthändler *m*; ***~s industry*** Nahrungsmittelindustrie *f*; **6.** *oft pl.* Rückstellungen *pl.*, -lagen *pl.*, Re'serven *pl.*: ~ ***for taxes*** Steuerrückstellungen *pl.*; **II** *v/t.* **7.** mit Lebensmitteln versehen, verproviantieren; **pro'vi·sion·al** [-ʒənl] *adj.* □ provi'sorisch, einstweilig, behelfsmäßig: ~ ***agreement*** Vorvertrag *m*; ~ ***arrangement*** Provisorium *n*; ~ ***receipt*** Interimsquittung *f*; ~ ***regulations*** Übergangsbestimmungen; ~ ***result*** *sport* vorläufiges *od.* inoffizielles Endergebnis.

pro·vi·so [prə'vaɪzəʊ] *pl.* **-so**(**e**)**s** *s.* ⚖ Vorbehalt *m*, (Bedingungs)Klausel *f*, Bedingung *f*: ~ ***clause*** Vorbehaltsklausel *f*; **pro'vi·so·ry** [-zərɪ] *adj.* □ **1.** bedingend, bedingt, vorbehaltlich; **2.** provi'sorisch, vorläufig.

pro·vo ['prəʊvəʊ] *pl.* **-vos** *s. Mitglied der provisorischen irisch-republikanischen Armee.*

prov·o·ca·tion [ˌprɒvə'keɪʃn] *s.* **1.** He'rausforderung *f*, Provokati'on *f* (*a.* ⚖); **2.** Aufreizung *f*, Erregung *f*; **3.** Verärgerung *f*, Ärger *m*: ***at the slightest*** ~ beim geringsten Anlass; **pro·voc·a·tive** [prə'vɒkətɪv] **I** *adj.* (*a.* zum 'Widerspruch) her'ausfordernd, aufreizend (***of*** zu), provozierend; **II** *s.* Reiz(mittel *n*) *m*, Antrieb *m* (***of*** zu).

pro·voke [prə'vəʊk] *v/t.* provozieren: a) erzürnen, aufbringen, b) *et.* her'vorrufen, *Gefühl a.* erregen, c) *j-n* (auf)reizen, her'ausfordern: ~ ***s.o. to do s.th.*** j-n dazu bewegen, et. zu tun; **pro'vok·ing** [-kɪŋ] *adj.* □ **1.** → ***provocative*** I; **2.** unerträglich, unausstehlich.

prov·ost ['prɒvəst] *s.* **1.** Vorsteher *m* (*a. univ. Brit. e-s College*); **2.** *Scot.* Bürgermeister *m*; **3.** *eccl.* Propst *m*; **4.** [prə'vəʊ] ⚔ Pro'fos *m*, Offi'zier *m* der Mili'tärpoliˌzei; ~ **mar·shal** [prə'vəʊ] *s.* ⚔ Komman'deur *m* der Mili'tärpoliˌzei.

prow [praʊ] *s.* ⚓, ✈ Bug *m*.

prow·ess ['praʊɪs] *s.* **1.** Tapferkeit *f*, Kühnheit *f*; **2.** über'ragendes Können, Tüchtigkeit *f*.

prowl [praʊl] **I** *v/i.* um'herschleichen, -streichen; **II** *v/t.* durch'streifen; **III** *s.* Um'herstreifen *n*, Streife *f*: ***be on the*** ~ → I; ~ ***car*** *Am.* (Polizei)Streifenwagen *m*; '**prowl·er** [-lə] *s.* Her'umtreiber *m*.

prox·i·mal ['prɒksɪml] *adj.* □ *anat.* proxi'mal, körpernah; '**prox·i·mate** [-mət] *adj.* □ **1.** nächst, folgend, (sich) unmittelbar (anschließend): ~ ***cause*** unmittelbare Ursache; **2.** nahe liegend; **3.** annähernd; **prox·im·i·ty** [prɒk'sɪmətɪ] *s.* Nähe *f*: ~ ***fuse*** ⚔ Annäherungszünder *m*; '**prox·i·mo** [-məʊ] *adv.* (des) nächsten Monats.

prox·y ['prɒksɪ] *s.* **1.** (Stell)Vertretung *f*, (Handlungs)Vollmacht *f*: ***by*** ~ in Vertretung (→ 2); ***marriage by*** ~ Ferntrauung *f*; **2.** (Stell)Vertreter(in), Bevollmächtigte(r *m*) *f*: ***by*** ~ durch e-n Bevollmächtigten; ***stand*** ~ ***for s.o.*** als Stellvertreter fungieren für j-n; **3.** Vollmacht(surkunde) *f*.

prude [pruːd] *s.* prüder Mensch: ***be a*** ~ prüde sein.

pru·dence ['pruːdəns] *s.* **1.** Klugheit *f*, Vernunft *f*; **2.** 'Um-, Vorsicht *f*, Über'legtheit *f*: ***ordinary*** ~ ⚖ die im Verkehr erforderliche Sorgfalt; '**pru·dent** [-nt] *adj.* □ **1.** klug, vernünftig; **2.** 'um-, vorsichtig, besonnen; **pru·den·tial** [prʊ'denʃl] *adj.* □ a) → ***prudent***, b) sachverständig: ***for*** ~ ***reasons*** aus Gründen praktischer Überlegung.

prud·er·y ['pruːdərɪ] *s.* Prüde'rie *f*; '**prud·ish** [-dɪʃ] *adj.* □ prüde.

prune[1] [pruːn] *s.* **1.** (*a.* Back)Pflaume *f*; **2.** *sl.* ‚Blödmann' *m*.

prune[2] [pruːn] *v/t.* **1.** *Bäume etc.* (aus-) putzen, beschneiden; **2.** *a.* ~ ***off***, ~ ***away*** wegschneiden; **3.** *fig.* zu('recht-) stutzen, befreien (***of*** von), säubern, *Text etc.* zs.-streichen, straffen, kürzen, *Überflüssiges* entfernen.

pru·nel·la[1] [prʊ'nelə] *s.* ✝ Pru'nell *m*, Lasting *m* (*Gewebe*).

pru·nel·la[2] [prʊ'nelə] *s.* ⚕ *obs.* Halsbräune *f*.

pru·nelle [prʊ'nel] *s.* Prü'nelle *f* (*getrocknete entkernte Pflaume*).

pru·nel·lo [prʊ'neləʊ] → ***prunelle***.

prun·ing| knife ['pruːnɪŋ] *s.* [*irr.*] Gartenmesser *n*; ~ **shears** *s. pl.* Baumschere *f*.

pru·ri·ence ['prʊərɪəns], '**pru·ri·en·cy** [-sɪ] *s.* **1.** Geilheit *f*, Lüsternheit *f*; (Sinnen)Kitzel *m*; **2.** Gier *f* (***for*** nach); '**pru·ri·ent** [-nt] *adj.* □ geil, lüstern, las'ziv.

Prus·sian ['prʌʃn] **I** *adj.* preußisch; **II** *s.* Preuße *m*, Preußin *f*; ~ **blue** *s.* Preußischblau *n*.

prus·si·ate ['prʌʃɪət] *s.* ⚗ Prussi'at *n*; ~ **of pot·ash** *s.* ⚗ 'Kaliumferrozyaˌnid *n*.

prus·sic ac·id ['prʌsɪk] *s.* ⚗ Blausäure *f*, Zy'anwasserstoff(säure *f*) *m*.

pry[1] [praɪ] *v/i.* neugierig gucken *od.* sein, (***about*** her'um)spähen, (-)schnüffeln: ~ ***into*** a) *et.* zu erforschen suchen, b) *contp.* s-e Nase stecken in (*acc.*).

pry[2] [praɪ] **I** *v/t.* **1.** *a.* ~ ***open*** *mit e-m Hebel etc.* aufbrechen, -stemmen: ~ ***up*** hochstemmen, -heben; **2.** *fig.* her'ausholen; **II** *s.* **3.** Hebel *m*; Brecheisen *n*; **4.** Hebelwirkung *f*.

pry·ing ['praɪɪŋ] *adj.* □ neugierig, naseweis.

psalm [sɑːm] *s.* Psalm *m*: ***the*** (***Book of***) ***ℒs*** *bibl.* die Psalmen; '**psalm·ist** [-mɪst] *s.* Psal'mist *m*; **psal·mo·dy** ['sælmədɪ] *s.* **1.** Psalmo'die *f*, Psalmengesang *m*; **2.** Psalmen *pl*.

Psal·ter ['sɔːltə] *s.* Psalter *m*, (Buch *n* der) Psalmen *pl.*; **psal·te·ri·um** [sɔːl'tɪərɪəm] *pl.* **-ri·a** [-rɪə] *s. zo.* Blättermagen *m*.

pse·phol·o·gy [pse'fɒlədʒɪ] *s.* (wissenschaftliche) Ana'lyse von Wahlergebnissen u. -trends.

pseu·do- ['sjuːdəʊ] *in Zssgn* Pseudo..., pseudo..., falsch, unecht; ˌ**pseu·do-'carp** [-'kɑːp] *s.* ♀ Scheinfrucht *f*; '**pseu·do·nym** [-dənɪm] *s.* Pseudo'nym *n*, Deckname *m*; ˌ**pseu·do'nym·i·ty** [-də'nɪmətɪ] *s.* **1.** Pseudonymi'tät *f*; **2.** Führen *n* e-s Pseudo'nyms; **pseu'don·y·mous** [-'dɒnɪməs] *adj.* □ pseudo'nym.

pshaw [pʃɔː] *int.* pah!

psit·ta·co·sis [ˌpsɪtə'kəʊsɪs] *s.* ⚕ Papa'geienkrankheit *f*.

pso·ri·a·sis [psɒ'raɪəsɪs] *s.* ⚕ Schuppenflechte *f*, Pso'riasis *f*.

Psy·che ['saɪkɪ] *s.* **1.** *myth.* Psyche *f*; **2.** ℒ Psyche *f*, Seele *f*, Geist *m*.

psy·che·del·ic [ˌsaɪkɪ'delɪk] *adj.* psyche'delisch, bewusstseinserweiternd.

psy·chi·at·ric, psy·chi·at·ri·cal [ˌsaɪkɪ'ætrɪk(l)] *adj.* psychi'atrisch; **psy·chi·a·trist** [saɪ'kaɪətrɪst] *s.* ⚕ Psychi'ater *m*; **psy'chi·a·try** [saɪ'kaɪətrɪ] *s.* ⚕ Psychiat'rie *f*.

psy·chic ['saɪkɪk] **I** *adj.* (□ ***~ally***) **1.** psychisch, seelisch(-geistig), Seelen...; **2.** 'übersinnlich: ~ ***forces*** übersinnliche Kräfte *pl.*; ~ ***healer*** Geistheiler(in); **3.** medi'al (veranlagt), F ‚hellseherisch'; **4.** parapsycho'logisch: ~ ***research*** Para-Forschung *f*; **II** *s.* **5.** medi'al veranlagte Per'son, Medium *n*; **6.** *das* Psychische; **7.** *pl. sg. konstr.* a) Seelenkunde *f*, -forschung *f*, b) Parapsycholo'gie *f*; '**psy·chi·cal** [-kl] *adj.* □ → ***psychic*** I.

psy·cho·a·nal·y·sis [ˌsaɪkəʊə'næləsɪs] *s.* ˌPsychoana'lyse *f*; **psy·cho·an·a·lyst** [ˌsaɪkəʊ'ænəlɪst] *s.* ˌPsychoana'lytiker (-in).

P

psy·cho·graph ['saɪkəʊgrɑːf] *s.* Psycho'gramm *n.*

psy·cho·log·ic [ˌsaɪkə'lɒdʒɪk] → ***psychological***; **ˌpsy·choˈlog·i·cal** [-kl] *adj.* □ psycho'logisch: ~ ***moment*** richtiger Augenblick; ~ ***warfare*** a) psychologische Kriegführung, b) *fig.* Nervenkrieg *m*; **psy·chol·o·gist** [saɪ'kɒlədʒɪst] *s.* Psycho'loge *m*, Psycho'login *f*; **psy·chol·o·gy** [saɪ'kɒlədʒɪ] *s.* Psycholo'gie *f* (*Wissenschaft od. Seelenleben*): ***good*** ~ *fig.* das psychologisch Richtige.

psy·cho·path ['saɪkəʊpæθ] *s.* Psycho'path(in); **psy·cho·path·ic** [ˌsaɪkəʊ'pæθɪk] **I** *adj.* psycho'pathisch; **II** *s.* Psycho'path(in); **psy·chop·a·thy** [saɪ'kɒpəθɪ] *s.* Psychopa'thie *f*, Gemütskrankheit *f*.

psy·cho·sis [saɪ'kəʊsɪs] *pl.* **-ses** [-siːz] *s.* Psy'chose *f* (*a. fig.*).

psy·cho·ther·a·py [ˌsaɪkəʊ'θerəpɪ] *s.* ⚕ ˌPsychothera'pie *f*.

psy·chot·ic [saɪ'kɒtɪk] **I** *adj.* □ psy'chotisch; **II** *s.* Psy'chotiker(in).

ptar·mi·gan ['tɑːmɪgən] *s. zo.* Schneehuhn *n*.

pto·maine ['təʊmeɪn] *s.* ⚗ Ptoma'in *n*, Leichengift *n*.

pub [pʌb] *s. bsd. Brit.* F Pub *n od. m*, Kneipe *f*; ~ **crawl** *s. bsd. Brit.* F Kneipenbummel *m*.

pu·ber·ty ['pjuːbətɪ] *s.* **1.** Puber'tät *f*, Geschlechtsreife *f*; **2.** *a.* ***age of*** ~ Puber'tät(salter *n*) *f*: ~ ***vocal change*** Stimmbruch *m*.

pu·bes¹ ['pjuːbiːz] *s. anat.* a) Schamgegend *f*, b) Schamhaare *pl.*

pu·bes² ['pjuːbiːz] *pl. von* ***pubis***.

pu·bes·cence [pjuː'besns] *s.* **1.** Geschlechtsreife *f*; **2.** ⚘, *zo.* Flaumhaar *n*; **puˈbes·cent** [-nt] *adj.* **1.** geschlechtsreif (werdend); **2.** Pubertäts...; **3.** ⚘, *zo.* fein behaart.

pu·bic ['pjuːbɪk] *adj. anat.* Scham...

pu·bis ['pjuːbɪs] *pl.* **-bes** [-biːz] *s. anat.* Schambein *n*.

pub·lic ['pʌblɪk] **I** *adj.* □ **1.** öffentlich stattfindend (*z.B. Verhandlung, Versammlung, Versteigerung*): ~ ***notice*** öffentliche Bekanntmachung, Aufgebot *n*; ***in the*** ~ ***eye*** im Lichte der Öffentlichkeit; **2.** öffentlich, allgemein bekannt: ~ ***figure*** Persönlichkeit *f* des öffentlichen Lebens, prominente Gestalt; ***go*** ~ a) sich an die Öffentlichkeit wenden, b) ☤ sich in e-e AG umwandeln; ***make*** ~ (allgemein) bekannt machen; **3.** a) öffentlich (*z.B. Anstalt, Bad, Dienst, Feiertag, Kredit, Sicherheit, Straße, Verkehrsmittel*), b) Staats..., staatlich (*z.B. Anleihe, Behörde, Papiere, Schuld, Stellung*), c) Volks... (*-bücherei, -gesundheit etc.*), d) Gemeinde..., Stadt...: ~ ***accountant*** *Am.* Wirtschaftsprüfer *m*; ~***-address system*** öffentliche Lautsprecheranlage; ***ℒ Assistance*** *Am.* Sozialhilfe *f*; ~ ***borrowing*** staatliche Kreditaufnahme; ~ ***charge*** Sozialhilfeempfänger(in); ~ (***limited***) ***company*** ☤ *Brit.* Aktiengesellschaft *f*; ~ ***convenience*** öffentliche Bedürfnisanstalt; ~ ***corporation*** ⚖ öffentlich-rechtliche Körperschaft; ~ ***economy*** Volkswirtschaft(slehre) *f*; ~ ***enemy*** Staatsfeind *m*; ~ ***expenditure*** öffentliche Ausgaben *pl.*; ~ ***health policy*** Gesundheitspolitik *f*; ~ ***house*** *bsd. Brit.* → ***pub***; ~ ***information*** Unterrichtung *f* der Öffentlichkeit; ~ ***law*** öffentliches Recht; ~ ***opinion*** öffentliche Meinung; ~ ***opinion poll*** öffentliche Umfrage, Meinungsbefragung *f*; ~ ***relations*** a) Public Relations *pl.*, Öffentlichkeitsarbeit *f*, b) *attr.* Presse..., Werbe..., Public-Relations-...; ~ ***revenue*** Staatseinkünfte *pl.*; ~ ***school*** a) *Brit.* Public School *f*, höhere Privatschule mit Internat, b) *Am.* staatliche Schule; ~ ***sector spending*** öffentliche Ausgaben *pl.*; ~ ***service*** a) Staatsdienst *m*, b) öffentliche Versorgung (*Gas, Wasser, Elektrizität etc.*); ~ ***servant*** a) (Staats)Beamte(r) *m*, b) Angestellte(r) *m* im öffentlichen Dienst; ~ ***works*** öffentliche (Bau)Arbeiten; → ***nuisance*** 2, ***policy***¹ 3, ***prosecutor***, ***utility*** 3; **4.** natio'nal: ~ ***disaster***; **II** *s.* **5.** Öffentlichkeit *f*: ***in*** ~ in der Öffentlichkeit, öffentlich; **6.** *sg. u. pl. konstr.* Öffentlichkeit *f*, *die* Leute *pl.*; *das* Publikum; Kreise *pl.*, Welt *f*: ***appear before the*** ~ an die Öffentlichkeit treten; ***exclude the*** ~ ⚖ die Öffentlichkeit ausschließen; **7.** *Brit.* F → ***pub***; **ˈpub·li·can** [-kən] *s.* **1.** *Brit.* (Gast)Wirt *m*; **2.** *hist., bibl.* Zöllner *m*;

pub·li·ca·tion [ˌpʌblɪ'keɪʃn] *s.* **1.** Bekanntmachung *f*, -gabe *f*; **2.** Her'ausgabe *f*, Veröffentlichung *f* (*von Druckwerken*); **3.** Publikati'on *f*, Veröffentlichung *f*, Verlagswerk *n*; (Druck)Schrift *f*: ***monthly*** ~ Monatsschrift; ***new*** ~ Neuerscheinung *f*; **ˈpub·li·cist** [-ɪsɪst] *s.* **1.** Publi'zist *m*, Tagesschriftsteller *m*; **2.** Völkerrechtler *m*; **pub·lic·i·ty** [pʌb'lɪsətɪ] *s.* **1.** Publizi'tät *f*, Öffentlichkeit *f* (*a.* ⚖ *des Verfahrens*): ***give s.th.*** ~ et. allgemein bekannt machen; ***seek*** ~ bekannt werden wollen; **2.** Re'klame *f*, Werbung *f*, Pu'blicity *f*: ~ ***agent***, ~ ***man*** Werbefachmann *m*; ~ ***campaign*** Werbefeldzug *m*; ~ ***manager*** Werbeleiter *m*; **ˈpub·li·cize** [-ɪsaɪz] *v/t.* **1.** publizieren, (öffentlich) bekannt machen; **2.** Re'klame machen für, propagieren.

ˌpub·lic|-ˈpri·vate *adj.* ☤ gemischtwirtschaftlich; **ˌ~-ˈspir·it·ed** *adj.* gemeinsinnig, sozi'al gesinnt.

pub·lish ['pʌblɪʃ] *v/t.* **1.** (offizi'ell) bekannt machen *od.* geben; *Aufgebot etc.* verkünd(ig)en; **2.** publizieren, veröffentlichen; **3.** *Buch etc.* verlegen, he'rausbringen: ***just*** ~***ed*** (so)eben erschienen; ~***ed by Methuen*** im Verlag Methuen erschienen; ~***ed by the author*** im Selbstverlag; **4.** ⚖ *Beleidigendes* äußern, verbreiten; **ˈpub·lish·er** [-ʃə] *s.* **1.** Verleger *m*, Her'ausgeber *m*; *bsd. Am.* Zeitungsverleger *m*; **2.** *pl.* Verlag *m*, Verlagsanstalt *f*; **ˈpub·lish·ing** [-ʃɪŋ] **I** *s.* Her'ausgabe *f*, Verlag *m*; **II** *adj.* Verlags...: ~ ***business*** Verlagsgeschäft *n*, -buchhandel *m*; ~ ***house*** → ***publisher*** 2.

puce [pjuːs] *adj.* braunrot.

puck [pʌk] *s.* **1.** Kobold *m*; **2.** *Eishockey*: Puck *m*, Scheibe *f*.

puck·a ['pʌkə] *adj. Brit.* F **1.** echt, wirklich; **2.** erstklassig, tadellos.

puck·er ['pʌkə] **I** *v/t. oft* ~ ***up*** **1.** runzeln, fälteln, Runzeln *od.* Falten bilden in (*dat.*); **2.** *Mund, Lippen etc.* zs.-ziehen, spitzen; *a. Stirn, Stoff* kräuseln; **II** *v/i.* **3.** sich kräuseln, sich zs.-ziehen, sich falten, Runzeln bilden; **III** *s.* **4.** Runzel *f*, Falte *f*; **5.** Bausch *m*; **6.** F Aufregung *f* (***about*** über *acc.*, wegen).

pud·ding ['pʊdɪŋ] *s.* **1.** a) Pudding *m*, b) Nach-, Süßspeise *f*; → ***proof*** 6; **2.** *Art* 'Fleischpaˌstete *f*; **3.** *e-e Wurstsorte*: ***black*** ~ Blutwurst *f*; ***white*** ~ Presssack *m*; **ˈ~-faced** *adj.* mit e-m Vollmondgesicht.

pud·dle ['pʌdl] **I** *s.* **1.** Pfütze *f*, Lache *f*; **2.** ⚙ Lehmschlag *m*; **II** *v/t.* **3.** mit Pfützen bedecken; in Matsch verwandeln; **4.** *Wasser* trüben (*a. fig.*); **5.** *Lehm* zu Lehmschlag verarbeiten; **6.** mit Lehmschlag abdichten *od.* auskleiden; **7.** *metall.* puddeln: ~(***d***) ***steel*** Puddelstahl *m*; **III** *v/i.* **8.** her'umplan(t)schen *od.* -waten; **9.** *fig.* her'umpfuschen; **ˈpud·dler** [-lə] *s.* ⚙ Puddler *m* (*Arbeiter od. Gerät*).

pu·den·cy ['pjuːdənsɪ] *s.* Verschämtheit *f*.

pu·den·dum [pjuː'dendəm] *mst im pl.* **-da** [-də] *s.* (weibliche) Scham, Vulva *f*.

pu·dent ['pjuːdənt] *adj.* verschämt.

pudg·y ['pʌdʒɪ] *adj.* dicklich.

pu·er·ile ['pjʊəraɪl] *adj.* □ pue'ril, knabenhaft, kindlich, *contp.* kindisch; **pu·er·il·i·ty** [pjʊə'rɪlətɪ] *s.* **1.** Puerili'tät *f*, kindliches *od.* kindisches Wesen; **2.** Kinde'rei *f*.

pu·er·per·al [pjuː'ɜːpərəl] *adj.* Kindbett...: ~ ***fever***.

puff [pʌf] **I** *s.* **1.** Hauch *m*; (leichter) Windstoß; **2.** Zug *m beim Rauchen*; Paffen *n der Pfeife etc.*; **3.** (Rauch-, Dampf)Wölkchen *n*; **4.** leichter Knall; **5.** *Bäckerei*: Windbeutel *m*; **6.** Puderquaste *f*; **7.** Puffe *f*, Bausch *m an Kleidern*; **8.** a) marktschreierische Anpreisung, aufdringliche Re'klame, b) lobhudelnde Kri'tik: ~ ***is part of the trade*** Klappern gehört zum Handwerk; **II** *v/t.* **9.** blasen, pusten (***away*** weg, ***out*** aus); **10.** auspuffen, -paffen, -stoßen; **11.** *Zigarre etc.* paffen; **12.** *oft* ~ ***out***, ~ ***up*** aufblasen, (-)blähen; *fig.* aufgeblasen machen: ~***ed up with pride*** stolzgeschwellt; ~***ed eyes*** geschwollene Augen; ~***ed sleeve*** Puffärmel *m*; **13.** außer Atem bringen: ~***ed*** außer Atem; **14.** marktschreierisch anpreisen: ~ ***up*** *Preise* hochtreiben; **III** *v/i.* **15.** paffen (***at*** an *e-r Zigarre etc.*); Rauch- *od.* Dampfwölkchen ausstoßen; **16.** pusten, schnaufen, keuchen; **17.** *Lokomotive etc.* (da'hin)dampfen, keuchen; **18.** ~ ***out*** (*od.* ***up***) sich (auf)blähen; ~ **ad·der** *s. zo.* Puffotter *f*; **ˈ~·ball** *s.* ⚘ Bofist *m*.

puff·er ['pʌfə] *s.* **1.** Paffer *m*; **2.** Marktschreier *m*; **3.** Preistreiber *m*, Scheinbieter *m bei Auktionen*; **ˈpuff·er·y** [-ərɪ] *s.* Marktschreie'rei *f*.

puf·fin ['pʌfɪn] *s. orn.* Lund *m*, Papa'geientaucher *m*.

puff·i·ness ['pʌfɪnɪs] *s.* **1.** Aufgeblähtheit *f*, Aufgeblasenheit *f* (*a. fig.*); **2.** (Auf)Gedunsenheit *f*; **3.** Schwulst *m*; **puff·ing** ['pʌfɪŋ] *s.* **1.** Aufbauschung *f*, Aufblähung *f*; **2.** → ***puff*** 8 a; **3.** Scheinbieten *n bei Auktionen*, Preistreibe'rei *f*; **puff paste** *s.* Blätterteig *m*; **puff·y** ['pʌfɪ] *adj.* □ **1.** böig (*Wind*); **2.** kurzatmig, keuchend; **3.** aufgebläht, (an)geschwollen; **4.** bauschig (*Ärmel*); **5.** aufgedunsen, dick; **6.** *fig.* schwülstig.

pug¹ [pʌg] *s. a.* ~ ***dog*** Mops *m*.

pug² [pʌg] *v/t.* **1.** *Lehm etc.* mischen u. kneten; schlagen; **2.** mit Lehmschlag *etc.* ausfüllen *od.* abdichten.

pug³ [pʌg] *s. sl.* Boxer *m*.

pu·gil·ism ['pjuːdʒɪlɪzəm] *s.* (Berufs-) Boxen *n*; **ˈpu·gil·ist** [-ɪst] *s.* (Berufs-) Boxer *m*.

pug·na·cious [pʌg'neɪʃəs] *adj.* □ **1.** kampflustig, kämpferisch; **2.** streitsüchtig; **pugˈnac·i·ty** [-'næsətɪ] *s.* **1.** Kampflust *f*; **2.** Streitsucht *f*.

pug| nose *s.* Stupsnase *f*; **ˈ~-nosed** *adj.* stupsnasig.

P

puis·ne ['pju:nɪ] **I** *adj.* ⚖ rangjünger, 'untergeordnet: **~ judge** → II; **II** *s.* 'Unterrichter *m*, Beisitzer *m*.

puke [pju:k] F **I** *v/t. u. v/i.* (sich) erbrechen, ‚kotzen'; **II** *s.* ‚Kotze' *f*.

puk·ka ['pʌkə] → **pucka**.

pul·chri·tude ['pʌlkrɪtju:d] *s. bsd. Am.* (weibliche) Schönheit; **pul·chri·tu·di·nous** [ˌpʌlkrɪ'tju:dɪnəs] *adj. Am.* schön.

pule [pju:l] *v/i.* **1.** wimmern, winseln; **2.** piepsen.

pull [pʊl] **I** *s.* **1.** Ziehen *n*, Zerren *n*; **2.** Zug *m*, Ruck *m*: **give a strong ~ (at)** kräftig ziehen (an *dat.*); **3.** *mot. etc.* Zug(kraft *f*) *m*, Ziehkraft *f*; **4.** Anziehungskraft *f* (*a. fig.*); **5.** *fig.* Zug-, Werbekraft *f*; **6.** Zug *m*, Schluck *m* (**at** aus); **7.** Zug(griff) *m*, -leine *f*: **bell ~** Glockenzug; **8.** a) Bootsfahrt *f*, 'Ruderpartie *f*, b) Ruderschlag *m*; **9.** (**long ~** große) Anstrengung, ‚Schlauch' *m*, *fig.* Durststrecke *f*; **10.** ermüdende Steigung; **11.** Vorteil *m* (**over**, **of** vor *dat.*, gegen'über); **12.** *sl.* (**with**) (heimlicher) Einfluss (auf *acc.*), Beziehungen *pl.* (zu); **13.** *typ.* Fahne *f*, (erster) Abzug; **II** *v/t.* **14.** ziehen, schleppen; **15.** zerren (an *dat.*), zupfen (an *dat.*): **~ about** umherzerren; **~ a muscle** sich e-e Muskelzerrung zuziehen; → **face** 2, **leg** *Bes. Redew.*, **string** 3, **trigger** 2; **16.** reißen: **~ apart** auseinander reißen; **~ to pieces** a) zerreißen, in Stücke reißen, b) *fig.* (in e-r Kritik *etc.*) ‚verreißen'; **~ o.s. together** *fig.* sich zs.-reißen; **17.** *Pflanze* ausreißen; *Korken*, *Zahn* ziehen; *Blumen*, *Obst* pflücken; *Flachs* raufen; *Gans etc.* rupfen; *Leder* enthaaren; **18. ~ one's punches** *Boxen*: verhalten schlagen, *fig.* sich zurückhalten; **not to ~ one's punches** *fig.* vom Leder ziehen, kein Blatt vor den Mund nehmen; **19.** *Pferd* zügeln; *Rennpferd* pullen; **20.** *Boot* rudern: **~ a good oar** gut rudern; → **weight** 1; **21.** *Am. Messer etc.* ziehen: **~ a pistol on** *j-n* mit der Pistole bedrohen; **22.** *typ. Fahne* abziehen; **23.** *sl. et.* ‚drehen', ‚schaukeln' (*ausführen*): **~ the job** das Ding drehen; **~ a fast one on s.o.** j-n ‚reinlegen'; **24.** *sl.* ‚schnappen' (*verhaften*); **25.** *sl.* e-e Razzia machen auf (*acc.*), *Spielhölle etc.* ausheben; **III** *v/i.* **26.** ziehen (**at** an *dat.*); **27.** zerren, reißen (**at** an *dat.*); **28.** *a.* **~ against the bit** am Zügel reißen (*Pferd*); **29.** a) e-n Zug machen, trinken (**at** aus *e-r Flasche*), b) ziehen (**at** an *e-r Pfeife etc.*); **30.** *gut etc.* ziehen (*Pfeife etc.*); **31.** sich vorwärts arbeiten, bewegen *od.* schieben: **~ into the station** 🚂 (in den Bahnhof) einfahren; **32.** rudern, pullen: **~ together** *fig.* zs.-arbeiten; **33.** (her'an)fahren (**to the kerb** an den Bordstein); **34.** *sl.* ‚ziehen', Zugkraft haben (*Reklame*).

Zssgn mit adv.:

pull| a·way I *v/t.* **1.** wegziehen, -reißen; **II** *v/i.* **2.** anfahren (*Bus etc.*); **3.** sich losreißen; **4.** *a. sport* sich absetzen (**from** von); **~ down** *v/t.* **1.** her'unterziehen, -reißen; *Gebäude* abreißen; **2.** *fig.* he'runterreißen, her'absetzen; **3.** *j-n* schwächen; *j-n* entmutigen; **~ in I** *v/t.* **1.** (her)'einziehen; **2.** *Pferd* zügeln, parieren; **II** *v/i.* **3.** anhalten, stehen bleiben; **4.** hin'einrudern; 🚂 einfahren; **~ off I** *v/t.* **1.** wegziehen, -reißen; **2.** *Schuhe etc.* ausziehen; *Hut* abnehmen (**to** vor *dat.*); **3.** *Preis*, *Sieg* da'vontragen, erringen; **4.** F *et.* ‚schaukeln', ‚schaffen'; **II** *v/i.* **5.** sich in Bewegung setzen, abfahren; abstoßen (*Boot*); **~ on** *v/t. Kleid etc.* anziehen; **~ out I** *v/t.* **1.** her'ausziehen; ⚔ *Truppen* abziehen; **2.** ✈ *Flugzeug* hochziehen, *aus dem Sturzflug* abfangen; **3.** *fig.* in die Länge ziehen; **II** *v/i.* **4.** hin'ausrudern; abfahren (*Zug etc.*); ausscheren (*Fahrzeug*); ⚔ abziehen; *fig.* ‚aussteigen' (**of** aus); **~ round I** *v/t. Kranken* wieder ‚hinkriegen', 'durchbringen; **II** *v/i.* wieder auf die Beine kommen, 'durchkommen, sich erholen; **~ through I** *v/t.* **1.** (hin-) 'durchziehen; **2.** *fig.* a) *j-m* 'durchhelfen, b) → **pull round** I; **3.** *et.* erfolgreich 'durchführen; **II** *v/i.* **4.** → **pull round** II; **5.** sich 'durchschlagen; **~ up I** *v/t.* **1.** hochziehen (*a.* ✈); ⚓ *Flagge* hissen; **2.** *Pferd*, *Wagen* anhalten; **3.** *j-n* zu'rückhalten, *j-m* Einhalt gebieten; *j-n* zur Rede stellen; **II** *v/i.* **4.** (an)halten, vorfahren; **5.** *fig.* bremsen; **6.** *sport* sich nach vorn schieben: **~ to** (*od.* **with**) *j-n* einholen.

'pull|·back *s.* **1.** Hemmnis *n*; **2.** ⚔ Rückzug *m*; **~ date** *s.* ✝ Haltbarkeitsdatum *n*.

pul·let ['pʊlɪt] *s.* Hühnchen *n*.

pul·ley ['pʊlɪ] ⚙ *s.* **1.** a) Rolle *f* (*bsd. Flaschenzug*): **rope ~** Seilrolle *f*; **block and ~, set of ~s** Flaschenzug *m*, b) Flasche *f* (*Verbindung mehrerer Rollen*), c) Flaschenzug *m*; **2.** ⚓ Talje *f*; **3.** *a.* **belt ~** Riemenscheibe *f*; **~ block** *s.* ⚙ (Roll)Kloben *m*; **~ chain** *s.* Flaschenzugkette *f*; **~ drive** *s.* Riemenscheibenantrieb *m*.

Pull·man (car) ['pʊlmən] *pl.* **-mans** *s.* 🚂 Pullmanwagen *m*.

'pull|-off I *s.* **1.** ✈ Lösen *n* des Fallschirms (*beim Absprung*); **2.** *leichter etc.* Abzug (*Schusswaffe*); **II** *adj.* **3.** ⚙ Abzieh...(*-feder*); **'~-out I** *s.* **1.** Faltblatt *n*; **2.** (Zeitschriften)Beilage *f*; **3.** ⚔ (Truppen)Abzug *m*; **II** *adj.* **4.** ausziehbar: **~ map** Faltkarte *f*; **~ seat** Schiebesitz *m*; **'~,o·ver** *s.* Pull'over *m*; **~ switch** *s.* ⚡ Zugschalter *m*.

pul·lu·late ['pʌljʊleɪt] *v/i.* **1.** (her'vor-) sprossen, knospen; **2.** Knospen treiben; **3.** keimen (*Samen*); **4.** *biol.* sich (*durch Knospung*) vermehren; **5.** *fig.* wuchern, grassieren; **6.** *fig.* wimmeln.

'pull-up *s.* **1.** *Brit. mot.* Raststätte *f*; **2.** Klimmzug *m*.

pul·mo·nar·y ['pʌlmənərɪ] *adj. anat.* Lungen...; **'pul·mo·nate** [-neɪt] *zo. adj.* Lungen..., mit Lungen (ausgestattet): **~ (mollusc)** Lungenschnecke *f*; **pul·mon·ic** [pʌl'mɒnɪk] **I** *adj.* Lungen...; **II** *s.* Lungenheilmittel *n*.

pulp [pʌlp] **I** *s.* **1.** Fruchtfleisch *n*, -mark *n*; **2.** ⚘ Stängelmark *n*; **3.** *anat.* (Zahn-) Pulpa *f*; **4.** Brei *m*, breiige Masse: **beat to a ~** *fig. j-n* zu Brei schlagen; **5.** ⚙ a) Pa'pierbrei *m*, Pulpe *f*, *bsd.* Ganzzeug *n*, b) Zellstoff *m*: **~ board** Zellstoffpappe *f*; **~ engine** → **pulper** 1; **~ factory** Holzschleiferei *f*; **6.** Maische *f*, Schnitzel *pl.* (*Zucker*); **7.** *Am.* a) Schund *m*, b) *a.* **~ magazine** *Am.* Schundblatt *n*; **II** *v/t.* **8.** in Brei verwandeln; **9.** *Papier* einstampfen; **10.** *Früchte* entfleischen; **III** *v/i.* **11.** breiig werden *od.* sein; **'pulp·er** [-pə] *s.* **1.** ⚙ (Ganzzeug)Holländer *m* (*Papier*); **2.** ✓ (Rüben)Breimühle *f*; **'pulp·i·fy** [-pɪfaɪ] *v/t.* in Brei verwandeln; **'pulp·i·ness** [-pɪnɪs] *s.* **1.** Weichheit *f*; **2.** Fleischigkeit *f*; **3.** Matschigkeit *f*.

pul·pit ['pʊlpɪt] *s.* **1.** Kanzel *f*: **in the ~** auf der Kanzel; **~ orator** Kanzelredner *m*; **2. the ~** *coll.* die Geistlichkeit; **3.** *fig.* Kanzel *f*; **4.** ⚙ Bedienungsstand *m*.

pulp·y ['pʌlpɪ] *adj.* ☐ **1.** weich u. saftig; **2.** fleischig; **3.** schwammig; **4.** breiig, matschig.

pul·sate [pʌl'seɪt] *v/i.* **1.** pulsieren (*a.* ⚡), (rhythmisch) pochen *od.* schlagen; **2.** vibrieren; **3.** *fig.* pulsieren (**with** von *Leben*, *Erregung*); **pul·sa·tile** ['pʌlsətaɪl] *adj.* ♪ Schlag...: **~ instrument**; **pul'sat·ing** [-tɪŋ] *adj.* **1.** ⚡ pulsierend (*a. fig.*), stoßweise; **2.** *fig.* beschwingt (*Rhythmus*, *Weise*); **pul'sa·tion** [-eɪʃn] *s.* **1.** Pulsieren *n* (*a. fig.*), Pochen *n*, Schlagen *n*; **2.** Pulsschlag *m* (*a. fig.*); **3.** Vibrieren *n*.

pulse[1] [pʌls] **I** *s.* **1.** Puls(schlag) *m* (*a. fig.*): **quick ~** schneller Puls; **~ rate** ⚕ Pulszahl *f*; **feel s.o.'s ~** a) j-m den Puls fühlen, b) *fig.* j-m auf den Zahn fühlen, bei j-m vorfühlen; **2.** ⚡, *phys.* Im'puls *m*, (Strom)Stoß *m*; **II** *v/i.* **3.** → **pulsate**.

pulse[2] [pʌls] *s.* Hülsenfrüchte *pl.*

pul·ver·i·za·tion [ˌpʌlvəraɪ'zeɪʃn] *s.* **1.** Pulverisierung *f*, (Feinst)Mahlung *f*; **2.** Zerstäubung *f von Flüssigkeiten*; **3.** *fig.* Zermalmung *f*; **pul·ver·ize** ['pʌlvəraɪz] **I** *v/t.* **1.** pulverisieren, *zu Staub* zermahlen, -stoßen, -reiben: **~d coal** fein gemahlene Kohlen *pl.*, Kohlenstaub *m*; **2.** *Flüssigkeit* zerstäuben; **3.** *fig.* zermalmen; **II** *v/i.* **4.** (in Staub) zerfallen; **pul·ver·iz·er** ['pʌlvəraɪzə] *s.* **1.** ⚙ Zerkleinerer *m*, Pulverisiermühle *f*, Mahlanlage *f*; **2.** Zerstäuber *m*; **pul·ver·u·lent** [pʌl'verjʊlənt] *adj.* **1.** (fein)pulverig; **2.** (leicht) zerbröckelnd; **3.** staubig.

pu·ma ['pju:mə] *s. zo.* Puma *m*.

pum·ice ['pʌmɪs] **I** *s. a.* **~ stone** Bimsstein *m*; **II** *v/t.* mit Bimsstein abreiben, (ab)bimsen.

pum·mel ['pʌml] → **pommel** II.

pump[1] [pʌmp] **I** *s.* **1.** Pumpe *f*: (**dispensing**) **~** *mot.* Zapfsäule *f*; **~ priming** a) Anlassen *n* der Pumpe, b) ✝ Ankurbelung *f* der Wirtschaft; **2.** Pumpen(stoß *m*) *n*; **II** *v/t.* **3.** pumpen: **~ dry** auspumpen, leer pumpen; **~ out** auspumpen (*a. fig. erschöpfen*); **~ up** a) hochpumpen, b) *Reifen* aufpumpen (*a. fig.*); **~ bullets into** *fig. j-m* Kugeln in den Leib jagen; **~ money into** ✝ Geld in *et.* hineinpumpen; **4.** *fig. j-n* aushorchen, -fragen, -horchen; **III** *v/i.* **5.** pumpen (*a. fig. Herz etc.*).

pump[2] [pʌmp] *s.* **1.** Pumps *m* (*Halbschuh*); **2.** *Brit.* Turnschuh *m*.

'pump-ˌhan·dle I *s.* Pumpenschwengel *m*; **II** *v/t.* F *j-s Hand* 'überschwänglich schütteln.

pump·kin ['pʌmpkɪn] *s.* ⚘ (*bsd.* Garten-) Kürbis *m*.

pump room *s.* Trinkhalle *f in Kurbädern*.

pun [pʌn] **I** *s.* Wortspiel *n* (**on** über *acc.*, mit); **II** *v/i.* Wortspiele *od.* ein Wortspiel machen, witzeln.

punch[1] [pʌntʃ] **I** *s.* **1.** (Faust)Schlag *m*: **beat s.o. to the ~** *Am. fig.* j-m zuvorkommen; → **pull** 18; **2.** Schlagkraft *f* (*a. fig.*); → **pack** 20; **3.** F Wucht *f*, Schmiss *m*, Schwung *m*; **II** *v/t.* **4.** (*mit der Faust*) schlagen, boxen, knuffen; **5.** (ein)hämmern auf (*acc.*): **~ the typewriter**.

punch[2] [pʌntʃ] ⚙ **I** *s.* **1.** Stanzwerkzeug *n*, Lochstanze *f*, -eisen *n*, Stempel *m*, 'Durchschlag *m*, Dorn *m*; **2.** Pa'trize *f*; **3.** Prägestempel *m*; **4.** Lochzange *f* (*a.* 🚂 *etc.*); **5.** (Pa'pier)Locher *m*; **II** *v/t.* **6.**

P

(aus-, loch)stanzen, durch'schlagen, lochen; **7.** *Zahlen etc.* punzen, stempeln; **8.** *Fahrkarten etc.* lochen, knipsen: ***~ed card*** Lochkarte *f*; ***~ed tape*** Lochstreifen *m*.

punch³ [pʌntʃ] *s.* Punsch *m*.

punch⁴ [pʌntʃ] *s. Brit.* **1.** kurzbeiniges schweres Zugpferd; **2.** F ‚Stöpsel' *m* (*kleine dicke Person*).

Punch [pʌntʃ] *s.* Kasperle *n*, Hans'wurst *m*: ***~ and Judy show*** Kasperletheater *n*; ***he was as pleased as ~*** er hat sich königlich gefreut.

'punch|·ball *s. Boxen*: Punchingball *m*, (Mais)Birne *f*; **~ card** *s.* Lochkarte *f*; **,~-'drunk** *adj.* **1.** (von vielen Boxhieben) blöde (geworden); **2.** groggy.

pun·cheon¹ ['pʌntʃən] *s.* **1.** (Holz-, Stütz)Pfosten *m*; **2.** ⚙ → ***punch²*** 1.

pun·cheon² ['pʌntʃən] *s. hist.* Puncheon *n* (*Fass von 315–540 l*).

punch·er ['pʌntʃə] *s.* **1.** ⚙ Locheisen *n*, Locher *m*; **2.** F Schläger *m* (*a. Boxer*); **3.** *Am.* F Cowboy *m*.

punch·ing| bag ['pʌntʃɪŋ] *s. Boxen*: Sandsack *m*; **~ ball** *s. Boxen*: Punchingball *m*; **~ die** *s.* ⚙ 'Stanzma,trize *f*.

punch| line *s. Am.* Po'inte *f*, 'Knallef,fekt *m*; **~ press** *s.* ⚙ Lochpresse *f*; **'~-up** *s.* F Schläge'rei *f*.

punc·til·i·o [pʌŋk'tɪlɪəʊ] *pl.* **-i·os** *s.* **1.** Punkt *m* der Eti'kette; Feinheit *f des Benehmens etc.*; **2.** heikler *od.* kitzliger Punkt: ***~ of hono(u)r*** Ehrenpunkt *m*; **3.** → ***punctiliousness***; **punc'til·i·ous** [-ɪəs] *adj.* □ **1.** peinlich (genau), pe'dantisch, spitzfindig; **2.** (über'trieben) förmlich; **punc'til·i·ous·ness** [-ɪəsnɪs] *s.* pe'dantische Genauigkeit, Förmlichkeit *f*.

punc·tu·al ['pʌŋktjʊəl] *adj.* □ pünktlich; **punc·tu·al·i·ty** [,pʌŋktjʊ'ælətɪ] *s.* Pünktlichkeit *f*.

punc·tu·ate ['pʌŋktjʊeɪt] *v/t.* **1.** interpunktieren, Satzzeichen setzen in (*acc.*); **2.** *fig.* a) unter'brechen (***with*** durch, mit), b) unter'streichen; **punc·tu·a·tion** [,pʌŋktjʊ'eɪʃn] *s.* **1.** Interpunkti'on *f*, Zeichensetzung *f*: ***close*** (***open***) **~** (weniger) strikte Zeichensetzung; ***~ mark*** Satzzeichen *n*; **2.** *fig.* a) Unter'brechung *f*, b) Unter'streichung *f*.

punc·ture ['pʌŋktʃə] **I** *v/t.* **1.** durch'stechen, -'bohren; **2.** ⚕ punktieren; **II** *v/i.* **3.** ein Loch bekommen, platzen (*Reifen*); **4.** ϟ 'durchschlagen; **III** *s.* **5.** (Ein-)Stich *m*, Loch *n*; **6.** Reifenpanne *f*: ***~ outfit*** Flickzeug *n*; **7.** ⚕ Punk'tur *f*; **8.** ϟ 'Durchschlag *m*; **'~·proof** *adj. mot.* pannen-, ϟ 'durchschlagsicher.

pun·dit ['pʌndɪt] *s.* **1.** Pandit *m* (*brahmanischer Gelehrter*); **2.** *humor.* a) ‚gelehrtes Haus', b) ‚Weise(r)' *m* (*Experte*).

pun·gen·cy ['pʌndʒənsɪ] *s.* Schärfe *f* (*a. fig.*); **'pun·gent** [-nt] *adj.* □ **1.** scharf (*im Geschmack*); **2.** stechend (*Geruch etc.*), *a. fig.* beißend, scharf; **3.** *fig.* prickelnd, pi'kant.

pu·ni·ness ['pju:nɪnɪs] *s.* **1.** Schwächlichkeit *f*; **2.** Kleinheit *f*.

pun·ish ['pʌnɪʃ] *v/t.* **1.** *j-n* (be)strafen (***for*** für, wegen); **2.** *Vergehen* bestrafen, ahnden; **3.** F *fig. Boxer etc.* übel zurichten, arg mitnehmen (*a. weitS. strapazieren*): ***~ing*** ‚mörderisch', zermürbend; **4.** F ‚reinhauen' (*ins Essen*); **'pun·ish·a·ble** [-ʃəbl] *adj.* □ strafbar; **'pun·ish·ment** [-mənt] *s.* **1.** Bestrafung *f* (***by*** durch); **2.** Strafe *f* (*a.* ⚖): ***for*** (*od.* ***as***) ***a ~*** als *od.* zur Strafe; **3.** F a) grobe Behandlung, b) *Boxen*: ‚Prügel' *pl.*: ***take ~*** ‚schwer einstecken' müssen; c) Stra'paze *f*, ‚Schlauch' *m*, d) ⚙, ✝ harte Beanspruchung.

pu·ni·tive ['pju:nətɪv] *adj.* Straf...

punk [pʌŋk] **I** *s.* **1.** Zunder(holz *n*) *m*; **2.** *sl. contp.* a) ‚Flasche' *f*, b) ‚Blödmann' *m*, c) ‚Mist' *m*; **3.** ‚Punk' *m* (*Bewegung u. Anhänger*), Punker(in); **II** *adj. sl.* **4.** mise'rabel; **5.** Punk... (*a.* ♪).

pun·ster ['pʌnstə] *s.* Wortspielmacher (-in), Witzbold *m*.

punt¹ [pʌnt] **I** *s.* Punt *n*, Stakkahn *m*; **II** *v/t. Boot* staken; **III** *v/i.* punten, im Punt fahren.

punt² [pʌnt] **I** *s. Rugby etc.*: Falltritt *m*; **II** *v/t. u. v/i.* (den Ball) aus der Hand (ab)schlagen.

punt³ [pʌnt] *v/i.* **1.** *Glücksspiel*: gegen die Bank setzen; **2.** (*auf ein Pferd*) setzen, *allg.* wetten.

punt⁴ [pʌnt] *s. Währung*: Punt *n*, irisches Pfund.

punt·er¹ ['pʌntə] *s. bsd. Brit.* **1.** Wetter (-in); **2.** (Glücks)Spieler(in); **3.** F *a. b. s.* Kunde *m*, Kundin *f*: ***the average ~*** ‚Otto Normalverbraucher'; ***the ~s*** *pl.* die Leutchen *pl.*, das Publikum; **4.** F Freier *m* (*e-r Prostituierten*).

punt·er² ['pʌntə] *s.* Stechkahnfahrer(in).

pu·ny ['pju:nɪ] *adj.* □ schwächlich; winzig, *a. fig.* kümmerlich.

pup [pʌp] **I** *s.* junger Hund: ***in ~*** trächtig (*Hündin*); ***conceited ~*** → ***puppy*** 2; ***sell s.o. a ~*** F j-m et. andrehen, j-n ‚reinlegen'; **II** *v/t. u. v/i.* (Junge) werfen.

pu·pa ['pju:pə] *pl.* **-pae** [-pi:] *s. zo.* Puppe *f*; **'pu·pate** [-peɪt] *v/i. zo.* sich verpuppen; **pu·pa·tion** [pju:'peɪʃən] *s. zo.* Verpuppung *f*.

pu·pil¹ ['pju:pl] *s.* **1.** Schüler(in): ***~ teacher*** Junglehrer(in); **2.** ✝ Prakti'kant(in); **3.** ⚖ Mündel *m, n*.

pu·pil² ['pju:pl] *s. anat.* Pu'pille *f*.

pu·pil·(l)age ['pju:pɪlɪdʒ] *s.* **1.** Schüler-, Lehrjahre *pl.*; **2.** Minderjährigkeit *f*, Unmündigkeit *f*; **'pu·pil·(l)ar** [-lə] → **'pu·pil·(l)ar·y** [-lərɪ] *adj.* **1.** ⚖ Mündel...; **2.** *anat.* Pupillen...

pup·pet ['pʌpɪt] *s. a. fig.* Mario'nette *f*, Puppe *f*: ***~ government*** Marionettenregierung *f*; ***~ show*** (*od.* ***play***) Puppenspiel *n*, Mario'nettenthe,ater *n*.

pup·py ['pʌpɪ] *s.* **1.** *zo.* junger Hund, Welpe *m*, *a. weitS.* Junge(s) *n*: ***~ love*** → ***calf love***; **2.** *fig.* (junger) Schnösel, Fatzke *m*; **'pup·py·hood** [-hʊd] *s.* Jugend-, Flegeljahre *pl.*

pup tent *s.* kleines Schutzzelt.

pur [pɜ:] → ***purr***.

pur·blind ['pɜ:blaɪnd] *adj.* **1.** *fig.* kurzsichtig, dumm; **2.** a) halb blind, b) *obs.* (ganz) blind.

pur·chas·a·ble ['pɜ:tʃəsəbl] *adj.* käuflich (*a. fig.*); **pur·chase** ['pɜ:tʃəs] **I** *v/t.* **1.** kaufen, erstehen, (käuflich) erwerben; **2.** *fig.* erkaufen, erringen (***with*** mit, durch); **3.** *fig.* kaufen (*bestechen*); **4.** ⚙, ⚓ a) hochwinden; b) (mit Hebelkraft) heben *od.* bewegen; **II** *s.* **5.** (An-, Ein)Kauf *m*: ***by ~*** durch Kauf, käuflich; ***make ~s*** Einkäufe machen; **6.** 'Kauf (-ob,jekt *n*) *m*, Anschaffung *f*: ***~s*** *Bilanz*: Wareneingänge; **7.** ⚖ Erwerbung *f*; **8.** (Jahres)Ertrag *m*: ***at ten years' ~*** zum Zehnfachen des Jahresertrages; ***his life is not worth a day's ~*** er lebt keinen Tag mehr, er macht es nicht mehr lange; **9.** ⚙ Hebevorrichtung *f*, *bsd.* a) Flaschenzug *m*, b) ⚓ Talje *f*; **10.** Hebelkraft *f*, -wirkung *f*; **11.** (guter) Angriffs- *od.* Ansatzpunkt; **12.** *fig.* a) Machtstellung *f*, Einfluss *m*, b) Machtmittel *n*, Handhabe *f*.

pur·chase| ac·count *s.* ✝ Wareneingangskonto *n*; **~ dis·count** *s.* 'Einkaufsra,batt *m*; **~ mon·ey** *s.* Kaufsumme *f*; **~ pat·tern** *s.* Käuferverhalten *n*; **~ price** *s.* Kaufpreis *m*.

pur·chas·er ['pɜ:tʃəsə] *s.* **1.** Käufer(in); Abnehmer(in); **2.** ⚖ Erwerber *m*: ***first ~*** Ersterwerber.

pur·chase tax *s. Brit.* Kaufsteuer *f*.

pur·chas·ing| a·gent ['pɜ:tʃəsɪŋ] *s.* ✝ Einkäufer *m*; **~ as·so·ci·a·tion** *s.* Einkaufsgenossenschaft *f*; **~ de·part·ment** *s.* Einkauf(sabteilung *f*) *m*; **~ man·ag·er** *s.* Einkaufsleiter *m*; **~ pow·er** *s.* Kaufkraft *f*.

pure [pjʊə] *adj.* □ **1.** rein: a) sauber, makellos (*a. fig. Freundschaft, Sprache, Ton etc.*), b) unschuldig, unberührt: ***a ~ girl***, c) unvermischt: ***~ gold*** pures *od.* reines Gold, d) theo'retisch: ***~ mathematics*** reine Mathematik, e) völlig, bloß, pur: ***~ nonsense***; ***~ly*** *adv. fig.* rein, bloß, ausschließlich; **2.** *biol.* reinrassig; **'~·bred I** *adj.* reinrassig, rasserein; **II** *s.* reinrassiges Tier.

pu·rée ['pjʊəreɪ] (*Fr.*) *s.* **1.** Pü'ree *n*; **2.** (Pü'ree)Suppe *f*.

pur·ga·tion [pɜ:'geɪʃn] *s.* **1.** *mst eccl. u. fig.* Reinigung *f*; **2.** ⚕ Darmentleerung *f*; **pur·ga·tive** ['pɜ:gətɪv] **I** *adj.* □ **1.** reinigend; **2.** ⚕ abführend, Abführ...; **II** *s.* **3.** ⚕ Abführmittel *n*; **pur·ga·to·ry** ['pɜ:gətərɪ] *s. R.C.* Fegefeuer *n* (*a. fig.*).

purge [pɜ:dʒ] **I** *v/t.* **1.** *mst fig. j-n* reinigen (***of, from*** von *Schuld, Verdacht*); **2.** *Flüssigkeit* klären, läutern; **3.** ⚕ a) *Darm* abführen, entschlacken, b) *j-m* Abführmittel geben; **4.** *Verbrechen* sühnen; **5.** *pol.* a) *Partei etc.* säubern, b) (aus der Par'tei) ausschließen, c) liquidieren (*töten*); **II** *v/i.* **6.** sich läutern; **7.** ⚕ a) abführen (*Medikament*), b) Stuhlgang haben; **III** *s.* **8.** Reinigung *f*; **9.** ⚕ a) Entleerung *f*, -schlackung *f*, b) Abführmittel *n*; **10.** *pol.* 'Säuberung(s-akti,on) *f*.

pu·ri·fi·ca·tion [,pjʊərɪfɪ'keɪʃn] *s.* **1.** Reinigung *f* (*a. eccl.*); **2.** ⚙ Reinigung *f* (*a. metall.*), Klärung *f*, Abläuterung *f*; Regenerierung *f von Altöl*; **pu·ri·fi·er** ['pjʊərɪfaɪə] *s.* ⚙ Reiniger *m*, 'Reinigungsappa,rat *m*; **pu·ri·fy** ['pjʊərɪfaɪ] **I** *v/t.* **1.** reinigen (***of, from*** von) (*a. fig. läutern*); **2.** ⚙ reinigen, läutern, klären; aufbereiten, *Öl* regenerieren; **II** *v/i.* **3.** sich läutern.

pur·ism ['pjʊərɪzəm] *s. a. ling. u. Kunst*: Pu'rismus *m*; **'pur·ist** [-ɪst] *s.* Pu'rist *m*, *bsd.* Sprachreiniger *m*.

Pu·ri·tan ['pjʊərɪtən] **I** *s.* **1.** *hist.* (*fig. mst* 𝔰) Puri'taner(in); **II** *adj.* **2.** puri'tanisch; **3.** *fig.* (*mst* 𝔰) → ***puritanical***; **pu·ri·tan·i·cal** [,pjʊərɪ'tænɪkəl] *adj.* □ puritanisch, über'trieben sittenstreng; **'Pu·ri·tan·ism** [-tənɪzəm] *s.* Purita'nismus *m*.

pu·ri·ty ['pjʊərətɪ] *s.* Reinheit *f*: ***𝔰 Campaign*** *fig.* Sauberkeitskampagne *f*.

purl¹ [pɜ:l] **I** *v/i.* murmeln, rieseln (*Bach*); **II** *s.* Murmeln *n*.

purl² [pɜ:l] **I** *v/t.* **1.** (um)'säumen, einfassen; **2.** (*a. v/i.*) links stricken; **II** *s.* **3.** Gold-, Silberdrahtlitze *f*; **4.** Zäckchen (-borte *f*) *n*; **5.** Häkelkante *f*; **6.** Linksstricken *n*.

purl·er ['pɜ:lə] *s.* F **1.** schwerer Sturz:

come (*od.* ***take***) ***a ~*** schwer stürzen; **2.** schwerer Schlag.

pur·lieus ['pɜːljuːz] *s. pl.* Um'gebung *f*, Randbezirk(e *pl.*) *m*.

pur·loin [pɜː'lɔɪn] *v/t.* entwenden, stehlen (*a. fig.*); **pur'loin·er** [-nə] *s.* Dieb *m*; *fig.* Plagi'ator *m*.

pur·ple ['pɜːpl] **I** *adj.* **1.** vio'lett, lila: ***2 Heart*** a) ⚔ *Am.* Verwundetenabzeichen *n*, b) *Brit.* F Amphetamintablette *f*; **2.** *fig.* bril'lant (*Stil*): ***~ passage*** Glanzstelle *f*; **3.** *Am.* lästerlich; **II** *s.* **4.** Vio'lett *n*, Lila *n*; Purpur *m* (*a. fig. Herrscher-, Kardinalswürde*): ***raise to the ~*** zum Kardinal ernennen; **III** *v/i.* **5.** sich vio'lett *od.* lila färben.

pur·port ['pɜːpət] **I** *v/t.* **1.** behaupten, vorgeben: ***~ to be*** (***do***) angeblich sein (tun), sein (tun) wollen; **2.** besagen, beinhalten, zum Inhalt haben, ausdrücken (wollen); **II** *s.* **3.** Tenor *m*, Inhalt *m*, Sinn *m*.

pur·pose ['pɜːpəs] **I** *s.* **1.** Zweck *m*, Ziel *n*; Absicht *f*, Vorsatz *m*: ***for what ~?*** zu welchem Zweck?, wozu?; ***for all practical ~s*** praktisch; ***for the ~ of*** a) um zu, zwecks, b) im Sinne *e-s Gesetzes*; ***of set ~*** ⚖ vorsätzlich; ***on ~*** absichtlich; ***to the ~*** a) zur Sache (gehörig), b) zweckdienlich; ***to no ~*** vergeblich, umsonst; ***answer*** (*od.* ***serve***) ***the ~*** dem Zweck entsprechen; ***be to little ~*** wenig Zweck haben; ***turn to good ~*** gut anwenden *od.* nützen; ***novel with a ~***, ***~ novel*** Tendenzroman *m*; **2.** *a.* ***strength of ~*** Entschlusskraft *f*; **3.** Zielbewusstheit *f*; **4.** Wirkung *f*; **II** *v/t.* **5.** vorhaben, beabsichtigen, bezwecken; **'~-built** *adj.* spezi'algefertigt, Spezial..., Zweck...

pur·pose·ful ['pɜːpəsfʊl] *adj.* ☐ **1.** zielbewusst, entschlossen; **2.** zweckmäßig, -voll; **3.** absichtlich; **'pur·pose·less** [-lɪs] *adj.* ☐ **1.** zwecklos; **2.** ziel-, planlos; **'pur·pose·ly** [-lɪ] *adv.* absichtlich, vorsätzlich; **'pur·pose-trained** *adj.* mit Spezi'alausbildung; **'pur·pos·ive** [-sɪv] *adj.* **1.** zweckmäßig, -voll, -dienlich; **2.** absichtlich, bewusst, *a.* gezielt; **3.** zielstrebig.

purr [pɜː] **I** *v/i.* **1.** schnurren (*Katze etc.*); **2.** *fig.* surren, summen (*Motor etc.*); **3.** *fig.* vor Behagen schnurren; **II** *v/t.* **4.** *et.* summen, säuseln (*sagen*); **III** *s.* **5.** Schnurren *n*; Surren *n*.

purse [pɜːs] **I** *s.* **1.** a) Geldbeutel *m*, Börse *f*, b) (Damen)Handtasche *f*: ***a light*** (***long***) ***~*** *fig.* ein magerer (voller) Geldbeutel; ***public ~*** Staatssäckel *m*; **2.** Fonds *m*: ***common ~*** gemeinsame Kasse; **3.** Geldsammlung *f*, -geschenk *n*: ***make up a ~ for*** Geld sammeln für; **4.** *sport*: a) Siegprämie *f*, b) *Boxen*: Börse *f*; **II** *v/t.* **5.** *oft* ***~ up*** in Falten legen; *Stirn* runzeln; *Lippen* schürzen, *Mund* spitzen; **'~-proud** *adj.* geldstolz, protzig.

purs·er ['pɜːsə] *s.* **1.** ⚓ Zahl-, Provi'antmeister *m*; **2.** ✈ Purser(in).

purse strings *s. pl.*: ***hold the ~*** den Geldbeutel verwalten; ***tighten the ~*** den Daumen auf dem Beutel halten.

purs·lane ['pɜːslɪn] *s.* ⚘ Portulak(gewächs *n*) *m*.

pur·su·ance [pə'sjuːəns] *s.* Verfolgung *f*, Ausführung *f*: ***in ~ of*** a) im Verfolg (*gen.*), b) → ***pursuant***; **pur'su·ant** [-nt] *adj.* ☐: ***~ to*** gemäß *od.* laut *e-r Vorschrift etc.*

pur·sue [pə'sjuː] **I** *v/t.* **1.** (*a.* ⚔) verfolgen, *j-m* nachsetzen, *j-n* jagen; **2.** *fig. Zweck, Ziel, Plan* verfolgen; **3.** nach *Glück etc.* streben; *dem Vergnügen* nachgehen; **4.** *Kurs, Weg* einschlagen, folgen (*dat.*); **5.** *Beruf, Studien etc.* betreiben, nachgehen (*dat.*); **6.** *et.* weiterführen, fortsetzen, fortfahren in (*dat.*); **7.** *Thema etc.* weiterführen, (weiter-) diskutieren; **II** *v/i.* **8.** ***~ after*** → 1; **9.** *im Sprechen etc.* fortfahren; **pur'su·er** [-juːə] *s.* **1.** Verfolger(in); **2.** ⚖ *Scot.* (An)Kläger(in).

pur·suit [pə'sjuːt] *s.* **1.** Verfolgung *f*, Jagd *f* (***of*** auf *acc.*): ***~ action*** ⚔ Verfolgungskampf *m*; ***in hot ~*** in wilder Verfolgung *od.* Jagd; **2.** *fig.* Streben *n*, Trachten *n*, Jagd *f* (***of*** nach); **3.** Verfolgung *f*, Verfolg *m e-s Plans etc.*: ***in ~ of*** im Verfolg *e-r Sache*; **4.** Beschäftigung *f*, Betätigung *f*, Ausübung *f e-s Gewerbes*, Betreiben *n von Studien etc.*; **5.** *pl.* Arbeiten *pl.*, Geschäfte *pl.*; Studien *pl.*; ***~ in·ter·cep·tor*** *s.* ✈ Zerstörer *m*; ***~ plane*** *s.* ✈ Jagdflugzeug *n*.

pur·sy[1] ['pɜːsɪ] *adj.* **1.** kurzatmig; **2.** korpu'lent; **3.** protzig.

pur·sy[2] ['pɜːsɪ] *adj.* zs.-gekniffen.

pu·ru·lence ['pjʊərʊləns] *s.* ⚕ **1.** Eitrigkeit *f*; **2.** Eiter *m*; **'pu·ru·lent** [-nt] *adj.* ☐ ⚕ eiternd, eit(e)rig; Eiter...: ***~ matter*** Eiter *m*.

pur·vey [pə'veɪ] **I** *v/t.* (***to***) *mst Lebensmittel* liefern (an *acc.*), (*j-n*) versorgen mit; **II** *v/i.* (***for***) liefern (an *acc.*), sorgen (für): ***~ for*** *j-n* beliefern; **pur'vey·ance** [-eɪəns] *s.* **1.** Lieferung *f*, Beschaffung *f*; **2.** (Mund)Vorrat *m*, Lebensmittel *pl.*; **pur'vey·or** [-eɪə] *s.* **1.** Liefe'rant *m*: ***2 to Her Majesty*** Hoflieferant; **2.** Lebensmittelhändler *m*.

pur·view ['pɜːvjuː] *s.* **1.** ⚖ verfügender Teil (*e-s Gesetzes*); **2.** *bsd.* ⚖ (Anwendungs)Bereich *m e-s Gesetzes*, b) Zuständigkeit(sbereich *m*) *f*; **3.** Wirkungskreis *m*, Sphäre *f*, Gebiet *n*; **4.** Gesichtskreis *m*, Blickfeld *n* (*a. fig.*).

pus [pʌs] *s.* ⚕ Eiter *m*.

push [pʊʃ] **I** *s.* **1.** Stoß *m*, Schub *m*: ***give s.o. a ~*** a) j-m e-n Stoß versetzen, b) *mot.* j-n anschieben; ***give s.o. the ~*** *sl.* j-n ‚rausschmeißen' (*entlassen*); ***get the ~*** *sl.* ‚rausfliegen' (*entlassen werden*); **2.** ▲, ⚙, *geol.* (horizon'taler) Druck, Schub *m*; **3.** Anstoß *m*, -trieb *m*; **4.** Anstrengung *f*, Bemühung *f*; **5.** *bsd.* ⚔ Vorstoß *m* (***for*** auf *acc.*); Offen'sive *f*; **6.** *fig.* Druck *m*, Drang *m der Verhältnisse*; **7.** kritischer Augenblick: ***at a ~*** im Notfall; ***bring to the last ~*** aufs Äußerste treiben; ***when it came to the ~*** als es darauf ankam; **8.** F Schwung *m*, Ener'gie *f*, Tatkraft *f*, Draufgängertum *n*; **9.** Protekti'on *f*: ***get a job by ~***; **10.** F Menge *f*, Haufen *m Menschen*; **11.** *sl.* a) (exklu'sive) Clique, b) ‚Verein' *m*, ‚Bande' *f*; **II** *v/t.* **12.** stoßen, *Karren etc.* schieben: ***~ open*** aufstoßen; **13.** stecken, schieben (***into*** in *acc.*); **14.** drängen: ***~ one's way ahead*** (***through***) sich vor- (durch)drängen; **15.** *fig.* (an)treiben, drängen (***to*** zu, ***to do*** zu tun): ***~ s.o. for*** j-n bedrängen *od.* j-m zusetzen wegen; ***~ s.o. for payment*** bei j-m auf Zahlung drängen; ***~ s.th. on s.o.*** j-m et. aufdrängen; ***be ~ed for time*** in Zeitnot *od.* im Gedränge sein; ***be ~ed for money*** in Geldverlegenheit sein; **16.** *a.* ***~ ahead*** (*od.* ***forward*** *od.* ***on***) *Angelegenheit* (e'nergisch) betreiben *od.* verfolgen, vor'antreiben; **17.** *a.* ***~ through*** 'durchführen, -setzen; *Anspruch* 'durchdrücken; *Vorteil* ausnutzen: ***~ s.th. too far*** et. zu weit treiben; **18.** Re'klame machen für, die Trommel rühren für; **19.** F verkaufen, mit *Rauschgift etc.* handeln; **20.** F sich *e-m Alter* nähern: ***be ~ing 70***; **III** *v/i.* **21.** stoßen, schieben; **22.** (sich) drängen; **23.** sich vorwärts drängen, sich vor'ankämpfen; **24.** sich tüchtig ins Zeug legen; **25.** *Billard*: schieben; ***~ a·round*** *v/t.* her'umschubsen (*a. fig.*); ***~ off*** **I** *v/t.* **1.** *Boot* abstoßen; **2.** † *Waren* abstoßen, losschlagen; **II** *v/i.* **3.** ⚓ abstoßen (***from*** von); **4.** F ‚abhauen'; **5.** ***~!*** F ‚schieß los'!; ***~ up*** *v/t.* hoch-, hin'aufschieben, -stoßen; † *Preise* hochtreiben; ***~ un·der*** *v/t.* F *j-n* ‚unterbuttern'.

'push|·ball *s.* Pushball(spiel *n*) *m*; **'~-bike** *s. Brit.* F Fahrrad *n*; **'~-,but·ton I** *s.* ⚙ Druckknopf *m*, -taste *f*; **II** *adj.* druckknopfgesteuert, Druckknopf...: ***~ switch***; ***~ telephone*** Tastentelefon *n*; ***~ warfare*** automatische Kriegführung; **'~-cart** *s.* **1.** (Hand)Karren *m*; **2.** *Am.* Einkaufswagen *m*; **'~-chair** *s.* (Kinder-) Sportwagen *m*.

push·er ['pʊʃə] *s.* **1.** ⚙ Schieber *m* (*a. Kinderlöffel*); **2.** 🚂 'Hilfslokomo,tive *f*; **3.** *a.* ***~ airplane*** Flugzeug *n* mit Druckschraube; **4.** F Streber *m*; Draufgänger *m*; **5.** *sl.* ‚Pusher' *m*, ‚Dealer' *m* (*Rauschgifthändler*).

push·ful ['pʊʃfʊl] *adj.* ☐ e'nergisch, unter'nehmend, draufgängerisch.

push·ing ['pʊʃɪŋ] *adj.* ☐ **1.** → ***pushful***; **2.** streberisch; **3.** zudringlich.

'push|-off *s.* F Anfang *m*, Start *m*; **'~,o·ver** *s.* F **1.** leicht zu besiegender Gegner; **2.** Gimpel *m*: ***he is a ~ for that*** darauf fällt er prompt herein; **3.** leichte Sache, Kinderspiel *n*; **,~-'pull** *adj.* ⚡ Gegentakt...; ***~ start*** *s. mot.* Anschieben *n*; **,~-to-'talk but·ton** *s.* ⚡ Sprechtaste *f*; **'~-up** *s.* Liegestütz *m*; **'~-up bra** [brɑː] *s.* 'Push-up-B,H *m*.

push·y ['pʊʃɪ] *adj.* F aufdringlich, penet'rant; aggres'siv.

pu·sil·la·nim·i·ty [,pjuːsɪlə'nɪmətɪ] *s.* Kleinmütigkeit *f*, Verzagtheit *f*; **pu·sil·lan·i·mous** [,pjuːsɪ'lænɪməs] *adj.* ☐ kleinmütig, verzagt.

puss[1] [pʊs] *s.* **1.** Mieze *f*, Kätzchen *n* (*a.* F *fig. Mädchen*): ***2 in Boots*** der Gestiefelte Kater; ***~ in the corner*** Kämmerchen vermieten (*Kinderspiel*); **2.** *hunt.* Hase *m*.

puss[2] [pʊs] *s. sl.* ‚Fresse' *f*, Vi'sage *f*.

puss·l(e)y ['pʊslɪ] *s.* ⚘ *Am.* Kohlportulak *m*.

puss·y ['pʊsɪ] *s.* **1.** Mieze(kätzchen *n*) *f*, Kätzchen *n*; **2.** → ***tipcat***; **3.** *et.* Weiches u. Wolliges, *bsd.* ⚘ (Weiden)Kätzchen *n*; **4.** *vulg.* ‚Muschi' *f* (*Vulva*): ***have some ~*** ‚bumsen'; **'~-cat 1.** → ***pussy*** 1; **2.** → ***pussy willow***; **'~-foot I** *v/i.* **1.** (wie e-e Katze) schleichen; **2.** *fig.* F a) leisetreten, b) sich nicht festlegen (***on*** auf *acc.*), her'umreden (um); **II** *pl.* **-foots** [-fʊts] *s.* **3.** Schleicher *m*; **4.** *fig.* F Leisetreter *m*; ***~ wil·low*** *s.* ⚘ Verschiedenfarbige Weide.

pus·tule ['pʌstjuːl] *s.* **1.** ⚕ Pustel *f*, Eiterbläschen *n*; **2.** ⚘, *zo.* Warze *f*.

put [pʊt] **I** *s.* **1.** *bsd. sport* Stoß *m*, Wurf *m*; **2.** †, *Börse*: Rückprämie *f*: ***~ and call*** Stellagegeschäft *n*; ***~ of more*** Nochgeschäft *n* ‚auf Geben'; **II** *adj.* **3.** F an Ort u. Stelle, unbeweglich: ***stay ~*** a) sich nicht (vom Fleck) rühren, b) festbleiben (*a. fig.*); **III** *v/t.* [*irr.*] **4.** legen, stellen, setzen, *wohin* tun; befestigen (***to***

an *dat.*): ***I shall ~ the matter before him*** ich werde ihm die Sache vorlegen; ***I ~ him above his brother*** ich stelle ihn über seinen Bruder; ***~ s.th. in hand*** *fig.* et. in die Hand nehmen, anfangen; **5.** stecken (***in one's pocket*** in die Tasche, ***in prison*** ins Gefängnis); **6.** *j-n in e-e unangenehme Lage,* † *et. auf den Markt, in Ordnung, thea. ein Stück auf die Bühne etc.* bringen: ***~ s.o. across a river*** j-n über e-n Fluss übersetzen; ***~ it across s.o.*** F j-n ‚reinlegen'; ***~ one's brain to it*** sich darauf konzentrieren, die Sache in Angriff nehmen; ***~ s.o. in mind of*** j-n erinnern an (*acc.*); ***~ s.th. on paper*** et. zu Papier bringen; ***~ s.o. right*** j-n berichtigen; **7.** *ein Ende, in Kraft, in Umlauf, j-n auf Diät, in Besitz, in ein gutes od. schlechtes Licht, ins Unrecht, über ein Land, sich et. in den Kopf, j-n an e-e Arbeit* setzen: ***~ one's signature to*** s-e Unterschrift darauf *od.* darunter setzen; ***~ yourself in my place*** versetze dich in m-e Lage; **8.** ***~ o.s.*** sich in *j-s Hände etc.* begeben: ***~ o.s. under s.o.'s care*** sich in j-s Obhut begeben; ***~ yourself in*(*to*) *my hands*** vertraue dich mir ganz an; **9.** ***~ out of*** aus ... hin'ausstellen *etc.*; werfen *od.* verdrängen aus; außer *Betrieb od. Gefecht etc.* setzen; → ***action*** 2, 9, ***running*** 1; **10.** unter'werfen, -'ziehen (***to*** *e-r Probe etc.*; ***through*** *e-m Verhör etc.*): ***~ s.o. through it*** j-n auf Herz u. Nieren prüfen; → ***confusion*** 3, ***death*** 1, ***expense*** 2, ***shame*** 2, ***sword***, ***test*** 1; **11.** *Land* bepflanzen (***into***, ***under*** mit): ***land was ~ under potatoes***; **12.** (***to***) setzen (an *acc.*), (an)treiben *od.* zwingen (zu): ***~ s.o. to work*** j-n an die Arbeit setzen, j-n arbeiten lassen; ***~ to school*** zur Schule schicken, einschulen; ***~ to trade*** *j-n* ein Handwerk lernen lassen; ***~ s.o. to a joiner*** j-n bei e-m Schreiner in die Lehre geben; ***~ s.o. to it*** j-m zusetzen, j-n bedrängen; ***be hard ~ to it*** arg bedrängt werden; → ***flight***[1], ***pace***[1] 2; **13.** veranlassen, verlocken (***on***, ***to*** zu); **14.** *in Furcht, Wut etc.* versetzen; → ***countenance*** 2, ***ease*** 2, ***guard*** 11, ***mettle*** 2, ***temper*** 4; **15.** über'setzen (***into French*** *etc.* ins Französische *etc.*); **16.** *(un)klar etc.* ausdrücken, sagen *klug etc.* formulieren, *in Worte* fassen: ***the case was cleverly ~***; ***to ~ it mildly*** gelinde gesagt; ***how shall I ~ it?*** wie soll ich mich (*od.* es) ausdrücken; **17.** schätzen (***at*** auf *acc.*); **18.** (***to***) verwenden (für), anwenden (zu): ***~ s.th. to a good use*** et. gut verwenden; **19.** *Frage, Antrag etc.* vorlegen, stellen; *den Fall* setzen: ***I ~ it to you*** a) ich appelliere an Sie, b) ich stelle es Ihnen anheim; ***I ~ it to you that*** geben Sie zu, dass; **20.** *Geld* setzen, wetten (***on*** auf *acc.*); **21.** (***into***) *Geld* stecken (in *acc.*), anlegen (in *dat.*), investieren (in *dat.*); **22.** *Schuld* zuschieben, geben (***on*** *dat.*): ***they ~ the blame on him***; **23.** *Uhr* stellen; **24.** *bsd. sport* werfen, schleudern; *Kugel, Stein* stoßen; **25.** *Waffe* stoßen, *Kugel* schießen (***in*[*to*]** in *acc.*); **IV.** *v/i.* [*irr.*] **26.** sich begeben (***to land*** an Land), fahren: ***~ to sea*** in See stechen; **27.** *Am.* münden, sich ergießen (*Fluss*) (***into*** *in e-n See etc.*); **28.** ***~ upon*** *mst pass.* a) *j-m* zusetzen, b) *j-n* ausnutzen, c) *j-n* ‚reinlegen';

Zssgn mit prp.:

→ *Beispiele unter* **put** 4 → 28;

Zssgn mit adv.:

put| a·bout I *v/t.* **1.** ⚓ wenden; **2.** *Gerücht* verbreiten; **3.** a) beunruhigen, b) quälen, c) ärgern; **II** *v/i.* **4.** ⚓ wenden; **~ a·cross** *v/t.* **1.** ⚓ 'übersetzen; **2.** *sl. et.* ‚schaukeln', erfolgreich 'durchführen, *Idee etc.* ‚verkaufen': ***put it across*** ‚es schaffen', Erfolg haben; **~ a·side** *v/t.* **1.** → ***put away*** 1 *u.* 3; **2.** *fig.* bei'seite schieben; **~ a·way I** *v/t.* **1.** weglegen, -stecken, -tun, beiseite legen; **2.** auf-, wegräumen; **3.** *Geld* zu'rücklegen, ‚auf die hohe Kante legen'; **4.** *Laster etc.* ablegen; **5.** F *Speisen* ‚verdrücken', *Getränke* ‚runterstellen'; **6.** F *j-n* ‚einsperren'; **7.** F *j-n* ‚beseitigen' (*umbringen*); **8.** *sl. et.* versetzen; **II** *v/i.* **9.** ⚓ auslaufen (***for*** nach); **~ back I** *v/t.* **1.** zu'rückschieben, -stellen, -tun; **2.** *Uhr* zu'rückstellen, *Zeiger* zu'rückdrehen; **3.** *fig.* aufhalten, hemmen; → ***clock***[1] 1; **4.** *Schüler* zu'rückversetzen; **II** *v/i.* **5.** ⚓ 'umkehren; **~ by** *v/t.* **1.** → ***put away*** 1 *u.* 3; **2.** *e-r Frage etc.* ausweichen; **3.** *fig.* bei'seite schieben, *j-n* über'gehen; **~ down** *v/t.* **1.** hin-, niederlegen, -stellen, -setzen; → ***foot*** 1; **2.** *j-n auf der Fahrt* absetzen, aussteigen lassen; **3.** *Weinkeller* anlegen; **4.** *Aufstand* niederwerfen, *a. Missstand* unter'drücken; **5.** *j-n* demütigen, ducken; kurz abweisen; he'runtersetzen; **6.** zum Schweigen bringen; **7.** a) *Preise* her'untersetzen, b) *Ausgaben* einschränken; **8.** (auf-, nieder)schreiben; **9.** (***to***) † a) *j-m* anschreiben, b) auf *j-s Rechnung* setzen: ***put s.th. down to s.o.'s account***; **10.** *j-n* eintragen *od.* vormerken (***for*** für *e-e Spende etc.*): ***put o.s. down*** sich eintragen; **11.** zuschreiben (***to*** *dat.*); **12.** schätzen (***at***, ***for*** auf *acc.*); **13.** ansehen (***as***, ***for*** als); **~ forth** *v/t.* **1.** her'vor-, hin'auslegen, -stellen, -schieben; **2.** *Hand etc.* ausstrecken; **3.** *Kraft etc.* aufbieten; **4.** ⚘ *Knospen etc.* treiben; **5.** veröffentlichen, *bsd. Buch* her'ausbringen; **6.** behaupten; **~ for·ward** *v/t.* **1.** vorschieben; *Uhr* vorstellen, *Zeiger* vorrücken; **2.** in den Vordergrund schieben: ***put o.s. forward*** a) sich hervortun, b) sich vordrängen; **3.** *fig.* vo'ranbringen, weiterhelfen (*dat.*); **4.** *Meinung etc.* vorbringen, *et.* vorlegen, unter'breiten; *Theorie* aufstellen; **~ in I** *v/t.* **1.** her'ein-, hin'einlegen *etc.*; **2.** einschieben, -schalten: ***~ a word*** a) e-e Bemerkung einwerfen *od.* anbringen, b) ein Wort mitsprechen, c) ein Wort einlegen (***for*** für); ***~ an extra hour's work*** e-e Stunde mehr arbeiten; **3.** *Schlag etc.* anbringen; **4.** *Gesuch etc.* einreichen, *Dokument* vorlegen; *Anspruch* stellen *od.* erheben (***to***, ***for*** auf *acc.*); **5.** *j-n* anstellen, *in ein Amt* einsetzen; **6.** *Annonce* einrücken; **7.** F *Zeit* verbringen; **II** *v/i.* **8.** ⚓ einlaufen; **9.** einkehren (***at*** *in e-m Gasthaus etc.*); **10.** sich bewerben (***for*** um): ***~ for s.th.*** et. fordern *od.* verlangen; **~ in·side** *v/t.* F *j-n* ‚einlochen'; **~ off I** *v/t.* **1.** weg-, bei'seite legen, -stellen; **2.** *Kleider, bsd. fig. Zweifel etc.* ablegen; **3.** auf-, verschieben; **4.** *j-n* vertrösten, abspeisen (***with*** mit *Worten etc.*); **5.** *j-m* absagen; **6.** sich drücken vor (*dat.*); **7.** *j-n* abbringen, *j-m* abraten (***from*** von); **8.** hindern (***from*** an *dat.*); **9.** ***put s.th. off*** (***up***)***on s.o.*** j-m et. ‚andrehen'; **10.** F a) *j-n* aus der Fassung *od.* aus dem Kon'zept bringen, b) j-m die Lust nehmen, *j-n* abstoßen; **II** *v/i.* **11.** ⚓ auslaufen; **~ on** *v/t.* **1.** *Kleider* anziehen; *Hut, Brille* aufsetzen; *Rouge* auflegen; **2.** *Fett* ansetzen; → ***weight*** 1; **3.** *Charakter, Gestalt* annehmen; **4.** vortäuschen, -spiegeln, (er)heucheln: → ***air***[1] 7, ***dog*** *Bes. Redew.*; ***put it on*** F a) angeben, b) übertreiben, c) ‚schwer draufschlagen' (*auf den Preis*), d) heucheln; ***put it on thick*** F dick auftragen; ***his modesty is all ~*** s-e Bescheidenheit ist nur Mache; **5.** *Summe* aufschlagen (***on*** auf *den Preis*); **6.** *Uhr* vorstellen, *Zeiger* vorrücken; **7.** an-, einschalten, *Gas etc.* aufdrehen, *Dampf* anlassen, *Tempo* beschleunigen; **8.** *Kraft, a. Arbeitskräfte, Sonderzug etc.* einsetzen; **9.** *Schraube, Bremse* anziehen; **10.** *thea. etc. Stück, Sendung* bringen; **11.** ***put s.o. on to*** j-m e-n Tipp geben für, j-n auf *e-e Idee* bringen; **12.** *sport Tor etc.* erzielen; **~ out I** *v/t.* **1.** hin'auslegen, -stellen *etc.*; **2.** *Hand, Fühler* ausstrecken; *Zunge* her'ausstrecken; *Ankündigung etc.* aushängen; **3.** *sport* zum Ausscheiden zwingen, ‚aus dem Rennen werfen'; **4.** *Glied* aus-, verrenken; **5.** *Feuer, Licht* (aus-)löschen; **6.** a) verwirren, außer Fassung bringen, b) verstimmen, ärgern: ***be ~ about s.th.***, c) *j-m* Ungelegenheiten bereiten, *j-n* stören; **7.** *Kraft etc.* aufbieten; **8.** *Geld* ausleihen (***at interest*** auf Zinsen), investieren; **9.** *Boot* aussetzen; **10.** *Augen* ausstechen; **11.** *Arbeit, a. Kind, Tier* außer Haus geben; † in Auftrag geben; → ***grass*** 3, ***nurse*** 4; **12.** *Knospen etc.* treiben; **II** *v/i.* **13.** ⚓ auslaufen: ***~ (to sea)*** in See stechen; **~ o·ver I** *v/t.* **1.** *sl.* → ***put across*** 2; **2.** *e-m Film etc.* Erfolg sichern, popu'lär machen (*acc.*): ***put o.s. over*** sich durchsetzen, ‚ankommen'; **3.** ***put it over on*** *j-n* ‚reinlegen'; **II** *v/i.* **4.** ⚓ hin'überfahren; **~ through** *v/t.* **1.** 'durch-, ausführen; **2.** *teleph. j-n* verbinden (***to*** mit); **~ to** *v/t. Pferd* anspannen, *Lokomotive* vorspannen; **~ to·geth·er** *v/t.* **1.** zs.-setzen (*a. Schriftwerk*) zs.-stellen; **2.** zs.-zählen: → ***two*** 2; **3.** zs.-stecken; → ***head*** *Bes. Redew.*; **~ up I** *v/t.* **1.** hin'auflegen, -stellen; **2.** hochschieben, -ziehen; → ***back***[1] 7, ***shutter*** 1; **3.** *Hände* a) heben, b) *zum Kampf* hochnehmen; **4.** *Bild etc.* aufhängen; *Plakat* anschlagen; **5.** *Haar* aufstecken; **6.** *Schirm* aufspannen; **7.** *Zelt etc.* aufstellen, *Gebäude* errichten; **8.** F *et.* aushecken; *et.* ‚drehen', fingieren; **9.** *Gebet* em'porsenden; **10.** *Gast* (bei sich) aufnehmen, 'unterbringen; **11.** weglegen; **12.** aufbewahren; **13.** ein-, ver-, wegpacken; zs.-legen; **14.** *Schwert* einstecken; **15.** konservieren, einkochen, -machen; **16.** *Spiel etc.* zeigen; *e-n Kampf* liefern; *Widerstand* leisten; **17.** (als Kandi'daten) aufstellen; **18.** *Auktion:* an-, ausbieten: ***~ for sale*** meistbietend verkaufen; **19.** *Preis etc.* hi'naufsetzen, erhöhen; **20.** *Wild* aufjagen; **21.** *Eheaufgebot* verkünden; **22.** bezahlen; **23.** (ein)setzen (*Wette etc.*), *Geld* bereitstellen, *od.* hinter'legen; **24.** ***~ to*** a) *j-n* anstiften zu, b) *j-n* informieren über (*acc.*), *a. j-m* e-n Tipp geben für; **II** *v/i.* **25.** absteigen, einkehren (***at*** in *dat.*); **26.** (***for***) sich aufstellen lassen, kandidieren (für), sich bewerben (um); **27.** ***~ with*** sich abfinden mit, sich gefallen lassen, hinnehmen.

put and call op·tion *s.* † Stel'lagegeschäft *n.*

pu·ta·tive ['pjuːtətɪv] *adj.* □ **1.** ver-

P

meintlich; **2.** mutmaßlich; **3.** ⚖ puta'tiv.

'**put|·down** *s.*: ***that was a ~*** damit wollte er *etc.* mich *etc.* fertig machen; '**~·off** *s.* **1.** Ausflucht *f*; **2.** Verschiebung *f*; '**~-·on I** *adj.* **1.** vorgetäuscht; **II** *s. Am. sl.* **2.** Bluff *m*; **3.** Getue *n*, ‚Mache' *f*, ‚Schau' *f*.

put-put ['pʌtpʌt] *s.* Tuckern *n* (*e-s Motors etc.*).

pu·tre·fa·cient [ˌpju:trɪ'feɪʃənt] → ***putrefactive***; ˌ**pu·tre'fac·tion** [-'fækʃn] *s.* **1.** Fäulnis *f*, Verwesung *f*; **2.** Faulen *n*; ˌ**pu·tre'fac·tive** [-'fæktɪv] **I** *adj.* **1.** faulig, Fäulnis...; **2.** Fäulnis erregend; **II** *s.* **3.** Fäulniserreger *m*; **pu·tre·fy** ['pju:trɪfaɪ] **I** *v/i.* (ver)faulen, verwesen; **II** *v/t.* verfaulen lassen.

pu·tres·cence [pju:'tresns] *s.* (Ver-) Faulen *n*, Fäulnis *f*; **pu'tres·cent** [-nt] *adj.* **1.** (ver)faulend, verwesend; **2.** faulig, Fäulnis...

pu·trid ['pju:trɪd] *adj.* ☐ **1.** verfault, verwest; faulig (*Geruch*), stinkend; **2.** *fig.* verderbt, kor'rupt; **3.** *fig.* verderblich; **4.** *fig.* ekelhaft; **5.** *sl.* mise'rabel.

putsch [pʊtʃ] (*Ger.*) *s. pol.* Putsch *m*, Staatsstreich *m*.

putt [pʌt] *Golf*: **I** *v/t. u. v/i.* putten; **II** *s.* Putt *m*.

put·tee ['pʌtɪ] *s.* 'Wickelgaˌmasche *f*.

putt·er ['pʌtə] *s. Golf*: Putter *m* (*Schläger od. Spieler*).

putt·ing green ['pʌtɪŋ] *s. Golf*: Putting-Green *n* (*Platzteil*).

put·ty ['pʌtɪ] **I** *s.* **1.** ⚙ Kitt *m*, Spachtel *m*: (***glaziers'***) ~ Glaserkitt; (***plasterers'***) ~ Kalkkitt; (***jewellers'***) ~ Zinnasche *f*; **2.** *fig.* Wachs *n*: ***he is ~ in her hand***; **II** *v/t.* **3.** *a.* ***~ up*** (ver)kitten; ~ **knife** *s.* [*irr.*] Spachtelmesser *n*.

'**put-up** *adj.* F abgekartet: ***a ~ job*** e-e ‚Schiebung'.

puz·zle ['pʌzl] **I** *s.* **1.** Rätsel *n*; **2.** Puzzle-, Geduldspiel *n*; **3.** schwierige Sache, Prob'lem *n*; **4.** Verwirrung *f*, Verlegenheit *f*; **II** *v/t.* **5.** verwirren, vor ein Rätsel stellen, verdutzen; **6.** *et.* komplizieren, durchein'ander bringen; **7.** *j-m* Kopfzerbrechen machen, zu schaffen machen: ***~ one's brains*** (*od.* ***head***) sich den Kopf zerbrechen (***over*** über *acc.*); **8.** ***~ out*** austüfteln, -knobeln, her'ausbekommen; **III** *v/i.* **9.** verwirrt sein (***over***, ***about*** über *acc.*); **10.** sich den Kopf zerbrechen (***over*** über *acc.*); '**~-ˌhead·ed** *adj.* wirrköpfig, kon'fus; **~ lock** *s.* Vexier-, Buchstabenschloss *n*.

puz·zle·ment ['pʌzlmənt] *s.* Verwirrung *f*; '**puz·zler** [-lə] → ***puzzle*** 3; '**puzzling** [-lɪŋ] *adj.* ☐ **1.** rätselhaft; **2.** verwirrend.

py·e·li·tis [paɪə'laɪtɪs] *s.* ⚕ Nierenbeckenentzündung *f*.

pyg·m(a)e·an [pɪg'mi:ən] → ***pygmy*** II.

pyg·my ['pɪgmɪ] **I** *s.* **1.** ♀ Pyg'mäe *m*, Pyg'mäin *f* (*Zwergmensch*); **2.** *fig.* Zwerg *m*; **II** *adj.* **3.** Pygmäen...; **4.** winzig, Zwerg...; **5.** unbedeutend.

py·ja·mas [pə'dʒɑ:məz] *s. pl.* Schlafanzug *m*, Py'jama *m*.

py·lon ['paɪlən] *s.* **1.** ⚡ (freitragender) Mast (*für Hochspannungsleitungen etc.*); **2.** ✈ Orientierungsturm *m*, *bsd.* Wendeturm *m*.

py·lo·rus [paɪ'lɔ:rəs] *pl.* **-ri** [-raɪ] *s. anat.* Py'lorus *m*, Pförtner *m*.

pyr·a·mid ['pɪrəmɪd] *s.* Pyra'mide *f* (*a.* ⚗ *u. fig.*): ***~ of ages*** Alterspyramide *f*; **py·ram·i·dal** [pɪ'ræmɪdl] *adj.* ☐ **1.** Pyramiden...; **2.** pyrami'dal (*a. fig. gewaltig*), pyra'midenartig, -förmig.

pyre ['paɪə] *s.* Scheiterhaufen *m*.

py·ret·ic [paɪ'retɪk] *adj.* ⚕ fieberhaft, Fieber...; **py'rex·i·a** [-eksɪə] *s.* ⚕ Fieberzustand *m*.

py·rite ['paɪraɪt] *s. min.* Py'rit *m*, Schwefel-, Eisenkies *m*; **py·ri·tes** [paɪ'raɪti:z] *s. min.* Py'rit *m*: ***copper ~*** Kupferkies *m*; ***iron ~*** → ***pyrite***.

pyro- [paɪərəʊ] *in Zssgn* Feuer..., Brand..., Wärme..., Glut...; '**py·ro·gen** [-rədʒən] *s.* ⚕ Fieber erregender Stoff; **py·rog·e·nous** [paɪ'rɒdʒɪnəs] *adj.* **1.** a) wärmeerzeugend, b) durch Wärme erzeugt; **2.** ⚕ a) Fieber erregend, b) durch Fieber verursacht; **3.** *geol.* pyro'gen; **py·rog·ra·phy** [paɪ'rɒgrəfɪ] *s.* Brandmale'rei *f*; **py·ro·ma·ni·a** [ˌpaɪrəʊ'meɪnɪə] *s.* Pyroma'nie *f*, Brandstiftungstrieb *m*; **py·ro·ma·ni·ac** [ˌpaɪrəʊ'meɪnɪæk] *s.* Pyro'mane *m*, Pyro'manin *f*.

py·ro·tech·nic, **py·ro·tech·ni·cal** [ˌpaɪrəʊ'teknɪk(l)] *adj.* ☐ **1.** pyro'technisch; **2.** Feuerwerks..., feuerwerkartig; **3.** *fig.* bril'lant; ˌ**py·ro'tech·nics** [-ks] *s. pl.* **1.** Pyro'technik *f*, Feuerwerke'rei *f*; **2.** *fig.* Feuerwerk *n von Witz etc.*; ˌ**py·ro'tech·nist** [-ɪst] *s.* Pyro'techniker *m*.

Pyr·rhic vic·to·ry ['pɪrɪk] *s.* Pyrrhussieg *m*.

Py·thag·o·re·an [paɪˌθægə'rɪən] **I** *adj.* pythago'reisch; **II** *s. phls.* Pythago'reer *m*.

py·thon ['paɪθn] *s. zo.* **1.** Python(schlange *f*) *m*; **2.** *allg.* Riesenschlange *f*.

pyx [pɪks] **I** *s.* **1.** *R.C.* Pyxis *f*, Monst'ranz *f*; **2.** *Brit.* Büchse *f* mit Probemünzen; **II** *v/t.* **3.** *Münze* a) in der ***Pyx*** hinter'legen, b) auf Gewicht u. Feinheit prüfen.

pzazz [psæz] → ***piz(z)azz***.

P

Q, q [kjuː] *s.* Q *n*, q *n* (*Buchstabe*).
'Q-boat *s.* ⚓ U-Boot-Falle *f.*
quack¹ [kwæk] **I** *v/i.* **1.** quaken; **2.** *fig.* schnattern, schwatzen; **II** *s.* **3.** Quaken *n*; *fig.* Geplapper *n.*
quack² [kwæk] **I** *s.* **1.** *a.* ~ **doctor** Quacksalber *m*, Kurpfuscher *m*; **2.** Scharlatan *m*; Marktschreier *m*; **II** *adj.* **3.** quacksalberisch, Quacksalber...; **4.** marktschreierisch; **5.** Schwindel...; **III** *v/i. u. v/t.* **6.** quacksalbern, her'umpfuschen (an *dat.*); **7.** marktschreierisch auftreten (*v/t.* anpreisen); **'quack·er·y** [-kərɪ] *s.* **1.** Quacksalbe'rei *f*, Kurpfusche'rei *f*; **2.** Scharlatane'rie *f*; **3.** marktschreierisches Auftreten.
quad¹ [kwɒd] F → ***quadrangle***, ***quadrat***, ***quadruped***, ***quadruplet***.
quad² [kwɒd] **I** *s.* ⚡ Viererkabel *n*; **II** *v/t.* zum Vierer verseilen.
quad·ra·ble ['kwɒdrəbl] *adj.* Ⱥ quadrierbar.
quad·ra·ge·nar·i·an [ˌkwɒdrədʒɪ'neərɪən] **I** *adj.* a) vierzigjährig, b) in den Vierzigern; **II** *s.* Vierziger(in), Vierzigjährige(r *m*) *f.*
quad·ran·gle ['kwɒdræŋgl] *s.* **1.** Ⱥ *u. weitS.* Viereck *n*; **2.** a) (*bsd.* Schul)Hof *m*, b) viereckiger Ge'bäudekomˌplex; **quad·ran·gu·lar** [kwɒ'dræŋgjʊlə] *adj.* □ Ⱥ viereckig.
quad·rant ['kwɒdrənt] *s.* **1.** Ⱥ Quad'rant *m*, Viertelkreis *m*, ('Kreis)Segˌment *n*; **2.** ⚓, *ast.* Qua'drant *m.*
quad·ra·phon·ic [ˌkwɒdrə'fɒnɪk] *adj.* ♪, *phys.* quadro'phonisch; **ˌquad·ra'phon·ics** [-ks] *s. pl. sg. konstr.* Quadropho'nie *f.*
quad·rat ['kwɒdrət] *s. typ.* Qua'drat *n*, (großer) Ausschluss: ***em*** ~ Geviert *n*; ***en*** ~ Halbgeviert *n.*
quad·rate ['kwɒdrət] **I** *adj.* (annähernd) qua'dratisch, *bsd. anat.* Quadrat...; **II** *v/t.* [kwɒ'dreɪt] in Über'einstimmung bringen (***with***, ***to*** mit); **III** *v/i.* [kwɒ'dreɪt] über'einstimmen; **quad·rat·ic** [kwɒ'drætɪk] **I** *adj.* qua'dratisch (*Form*, Ⱥ *Gleichung*): ~ ***curve*** Kurve *f* zweiter Ordnung; **II** *s.* Ⱥ qua'dratische Gleichung; **quad·ra·ture** ['kwɒdrətʃə] *s.* **1.** Ⱥ, *ast.* Quadra'tur *f* (***of the circle*** des Kreises); **2.** ⚡ (Phasen)Verschiebung *f* um 90 Grad.

quad·ren·ni·al [kwɒ'drenɪəl] **I** *adj.* □ **1.** vierjährig, vier Jahre dauernd; **2.** vierjährlich, alle vier Jahre stattfindend; **II** *s.* **3.** Zeitraum *m* von vier Jahren; **4.** vierter Jahrestag.
quad·ri·lat·er·al [ˌkwɒdrɪ'lætərəl] **I** *adj.* vierseitig; **II** *s.* Vierseit *n*, -eck *n.*
qua·drille [kwə'drɪl] *s.* Qua'drille *f* (*Tanz*).
quad·ril·lion [kwɒ'drɪljən] *s.* Ⱥ **1.** *Brit.* Quadrilli'on *f*; **2.** *Am.* Billi'arde *f.*
quad·ri·par·tite [ˌkwɒdrɪ'pɑːtaɪt] *adj.* **1.** vierteilig (*a.* ⚘); **2.** Vierer..., zwischen vier Partnern abgeschlossen *etc.*: ~ ***pact*** Viererpakt *m.*
quad·ro ['kwɒdrəʊ] *adj. u. adv.* ♪, *Radio*: quadro.
quad·ro- [kwɒdrəʊ] *in Zssgn* quadro...
ˌquad·ro'phon·ic [-'fɒnɪk] *etc.* → ***quadraphonic etc.***
quad·ru·ped ['kwɒdrʊped] **I** *s.* Vierfüßer *m*; **II** *adj. a.* **quad·ru·pe·dal** [ˌkwɒdrə'piːdl] vierfüßig; **'quad·ru·ple** [-pl] **I** *adj.* **1.** *a.* ~ ***to*** (*od.* ***of***) vierfach, -fältig; viermal so groß wie; **2.** Vierer...: ~ ***machinegun*** ⚔ Vierlings-MG *n*; ~ ***measure*** ♪ Viervierteltakt *m*; ~ ***thread*** ⚙ viergängiges Gewinde; **II** *adv.* **3.** vierfach; **III** *s.* **4.** *das* Vierfache; **IV** *v/t.* **5.** vervierfachen; **6.** viermal so groß *od.* so viel sein wie; **V** *v/i.* **7.** sich vervierfachen; **'quad·ru·plet** [-plɪt] *s.* **1.** Vierling *m* (*Kind*); **2.** Vierergruppe *f*; **'quad·ru·plex** [-pleks] **I** *adj.* **1.** vierfach; **2.** ⚡ Quadruplex..., Vierfach...: ~ ***system*** Vierfachbetrieb *m*, Doppelgegensprechen *n*; **II** *s.* **3.** 'Quadruplextele,graf *m*; **quad·ru·pli·cate** **I** *v/t.* [kwɒ'druːplɪkeɪt] **1.** vervierfachen; **2.** *Dokument* vierfach ausfertigen; **II** *adj.* [kwɒ'druːplɪkət] **3.** vierfach; **III** *s.* [-kət] **4.** vierfache Ausfertigung.
quaff [kwɑːf] **I** *v/i.* zechen; **II** *v/t.* schlürfen, in langen Zügen (aus)trinken: ~ ***off*** *Getränk* hinunterstürzen.
quag [kwæg] → ***quagmire***; **'quag·gy** [-gɪ] *adj.* **1.** sumpfig; **2.** schwammig; **'quag·mire** [-maɪə] *s.* Mo'rast *m*, Moor(boden *m*) *n*, Sumpf(land *n*) *m*: ***be caught in a*** ~ *fig.* in der Patsche sitzen.
quail¹ [kweɪl] *pl.* **quails**, *coll.* **quail** *s. orn.* Wachtel *f.*

quail² [kweɪl] *v/i.* **1.** verzagen; **2.** (vor Angst) zittern (***before*** vor *dat.*; ***at*** bei).
quaint [kweɪnt] *adj.* □ **1.** wunderlich, drollig, kuri'os; **2.** malerisch, anheimelnd (*altmodisch*); **3.** seltsam, merkwürdig; **'quaint·ness** [-nɪs] *s.* **1.** Wunderlichkeit *f*; Seltsamkeit *f*; **2.** anheimelndes (*bsd.* altmodisches) Aussehen.
quake [kweɪk] **I** *v/i.* zittern, beben (***with***, ***for*** vor *dat.*); **II** *s.* Zittern *n*, (*a.* Erd)Beben *n*, Erschütterung *f.*
Quak·er ['kweɪkə] *s.* **1.** *eccl.* Quäker *m*: ~***(s') meeting*** *fig.* schweigsame Versammlung; **2.** *a.* ~ ***gun*** ⚔ *Am.* Ge'schützatˌtrappe *f*; **3.** ⁓, *a.* ⁓ ***bird*** *orn.* schwarzer Albatros; **'Quak·er·ess** [-ərɪs] *s.* Quäkerin *f*; **'Quak·er·ism** [-ərɪzəm] *s.* Quäkertum *n.*
quak·ing grass ['kweɪkɪŋ-] *s.* ⚘ Zittergras *n.*
qual·i·fi·ca·tion [ˌkwɒlɪfɪ'keɪʃn] *s.* **1.** Qualifikati'on *f*, Befähigung *f*, Eignung *f* (***for*** für, zu): ~ ***test*** Eignungsprüfung *f*; ***have the necessary*** ~***s*** den Anforderungen entsprechen; **2.** Vorbedingung *f*, (notwendige) Vor'aussetzung (***of***, ***for*** für); **3.** Eignungszeugnis *n*; **4.** Einschränkung *f*, Modifikati'on *f*: ***without any*** ~ ohne jede Einschränkung; **5.** *ling.* nähere Bestimmung; **6.** ☿ 'Mindestˌaktienkapiˌtal *n* (*e-s Aufsichtsratsmitglieds*); **qual·i·fied** ['kwɒlɪfaɪd] *adj.* **1.** qualifiziert, geeignet, befähigt (***for*** für); **2.** berechtigt: ~ ***for a post*** anstellungsberechtigt; ~ ***voter*** Wahlberechtigte(r *m*) *f*; **3.** eingeschränkt, bedingt, modifiziert: ~ ***acceptance*** ☿ bedingte Annahme (*e-s Wechsels*); ~ ***sale*** ☿ Konditionskauf *m*; ***in a*** ~ ***sense*** mit Einschränkungen; **qual·i·fy** ['kwɒlɪfaɪ] **I** *v/t.* **1.** qualifizieren, befähigen, geeignet machen (***for*** für; ***for being***, ***to be*** zu sein); **2.** berechtigen (***for*** zu); **3.** bezeichnen, charakterisieren (***as*** als); **4.** einschränken, modifizieren; **5.** abschwächen, mildern; **6.** *Getränke* verdünnen; **7.** *ling.* modifizieren, näher bestimmen; **II** *v/i.* **8.** sich qualifizieren *od.* eignen, die Eignung besitzen *od.* nachweisen, infrage kommen (***for*** für; ***as*** als): ~***ing examination*** Eignungsprüfung *f*; ~***ing period*** Anwartschafts-, Probezeit *f*; **9.** *sport* sich qualifizieren

(*for* für): **~ing round** Ausscheidungsrunde *f*; **10.** die nötigen Fähigkeiten erwerben; **11.** die (ju'ristischen) Vorbedingungen erfüllen, *bsd. Am.* den Eid ablegen; **qual·i·ta·tive** ['kwɒlɪtətɪv] *adj.* □ qualita'tiv (*a.* ⚗ *Analyse, a.* 𝒜 *Verteilung*); **qual·i·ty** ['kwɒlətɪ] *s.* **1.** Eigenschaft *f* (*Person u. Sache*): (**good**) **~** gute Eigenschaft; **in the ~ of** (in der Eigenschaft) als; **2.** Art *f*, Na'tur *f*, Beschaffenheit *f*; **3.** Fähigkeit *f*, Ta'lent *n*; **4.** *bsd.* ✝, ⚙ Quali'tät *f*: **in ~** qualitativ; **5.** ✝ (Güte)Sorte *f*, Klasse *f*; **6.** gute Quali'tät, Güte *f*: **~ goods** Qualitätswaren; **~ of life** Lebensqualität; **7.** a) ♪ 'Tonquali,tät *f*, -farbe *f*, b) *ling.* Klangfarbe *f*; **8.** *phls.* Quali'tät *f*; **9.** vornehmer Stand: **person of ~** Standesperson *f*; **the people of ~** die vornehme Welt.

qualm [kwɑːm] *s.* **1.** Übelkeitsgefühl *n*, Schwäche(anfall *m*) *f*; **2.** Bedenken *pl.*, Zweifel *pl.*; Skrupel *m*; **'qualm·ish** [-mɪʃ] *adj.* □ **1.** (sich) übel (fühlend), unwohl; **2.** Übelkeits...: **~ feelings**.

quan·da·ry ['kwɒndərɪ] *s.* Verlegenheit *f*, verzwickte Lage: **be in a ~** sich in e-m Dilemma befinden; nicht wissen, was man tun soll.

quan·go [kwæŋgəʊ] *pl.* **-gos** *s.* halbstaatliche Organisati'on.

quan·ta ['kwɒntə] *pl. von* **quantum**.

quan·ti·fi·a·ble ['kwɒntɪfaɪəbl] *s.* quantita'tiv bestimmbar, messbar; **quan·ti·fy** [-faɪ] *vt.* quantita'tiv bestimmen, messen.

quan·ti·ta·tive ['kwɒntɪtətɪv] *adj.* □ quantita'tiv (*a. ling.*), Mengen...: **~ analysis** ⚗ quantitative Analyse; **~ ratio** Mengenverhältnis *n*; **quan·ti·ty** ['kwɒntətɪ] *s.* **1.** Quanti'tät *f*, (bestimmte *od.* große) Menge, Quantum *n*: **~ of heat** *phys.* Wärmemenge; **a ~ of cigars** e-e Anzahl Zigarren; **in (large) quantities** in großen Mengen; **~ discount** ✝ Mengenrabatt *m*; **~ production** Massenerzeugung *f*, Serienfertigung *f*; **~ purchase** Großeinkauf *m*; **~ surveyor** *Brit.* Bausachverständige(r) *m*; **2.** 𝒜 Größe *f*: **negligible ~** a) unwesentliche Größe, b) *fig.* völlig unbedeutende Person *etc.*; **numerical ~** Zahlengröße; **(un)known ~** (un)bekannte Größe (*a. fig.*); **3.** *ling.* Quanti'tät *f*, Lautdauer *f*; (Silben)Zeitmaß *n*.

quan·ti·za·tion [ˌkwɒntɪ'zeɪʃn] *s. phys.* Quantelung *f*; **quan·tize** ['kwɒntaɪz] *v/t.* **1.** *phys.* quanteln; **2.** *Computer*: quantisieren.

quan·tum ['kwɒntəm] *pl.* **-ta** [-tə] *s.* **1.** Quantum *n*, Menge *f*; **2.** (An)Teil *m*; **3.** *phys.* Quant *n*: **~ of radiation** Lichtquant; **~ jump** *s.*, **~ leap** *s.* **1.** *phys.* Quantensprung *m* (*a. fig.*); **2.** *fig.* gewaltiger Fortschritt, Riesenschritt *m*; **~ me·chan·ics** *s. pl. sg. konstr.* 'Quantenme,chanik *f*; **~ or·bit**, **~ path** *s.* Quantenbahn *f*.

quar·an·tine ['kwɒrəntiːn] **I** *s.* ⚕ **1.** Quaran'täne *f*: **absolute ~** Isolierung *f*; **~ flag** ⚓ Quarantäneflagge *f*; **put in ~** → 2; **II** *v/t.* **2.** unter Quaran'täne stellen; **3.** *fig. pol.*, ✝ *Land* völlig isolieren.

quar·rel ['kwɒrəl] **I** *s.* **1.** Streit *m*, Zank *m*, Hader *m* (**with** mit; **between** zwischen *dat.*): **have no ~ with** (*od.* **against**) keinen Grund zum Streit haben mit, nichts auszusetzen haben an (*dat.*); → **pick** 8; **II** *v/i.* **2.** (sich) streiten, (sich) zanken (**with** mit; **for** wegen; **about** über *acc.*); **3.** sich entzweien; **4.** hadern (**with one's lot** mit s-m Schicksal); **5.** et. auszusetzen haben (**with** an *dat.*); → **bread** 2; **'quar·rel·(l)er** [-rələ] *s.* Zänker(in), ‚Streithammel' *m*; **'quar·rel·some** [-səm] *adj.* □ streitsüchtig; **'quar·rel·some·ness** [-səmnɪs] *s.* Streitsucht *f*.

quar·ri·er ['kwɒrɪə] *s.* Steinbrecher *m*.

quar·ry[1] ['kwɒrɪ] *s.* **1.** *hunt.* (verfolgtes) Wild, Jagdbeute *f*; **2.** *fig.* Wild *n*, Opfer *n*, Beute *f*.

quar·ry[2] ['kwɒrɪ] **I** *s.* **1.** Steinbruch *m*; **2.** Quaderstein *m*; **3.** unglasierte Kachel; **4.** *fig.* Fundgrube *f*, Quelle *f*; **II** *v/t.* **5.** *Steine* brechen, abbauen; **6.** *fig.* zs.-tragen, (mühsam) erarbeiten, ausgraben; stöbern (**for** nach); **'~·man** [-mən] *s.* [*irr.*] → **quarrier**; **'~·stone** *s.* Bruchstein *m*.

quart[1] [kwɔːt] *s.* **1.** Quart *n* (*Maß* = *Brit. 1,14 l, Am. 0,95 l*); **2.** *a.* **~-pot** Quartkrug *m*.

quart[2] [kɑːt] *s.* **1.** *fenc.* Quart *f*; **2.** *Kartenspiel*: Quart *f* (*Sequenz von 4 Karten gleicher Farbe*); **3.** ♪ Quart(e) *f*.

quar·tan ['kwɔːtn] ⚕ **I** *adj.* viertägig: **~ fever** → **II** *s.* Quar'tan-, Vier'tagefieber *n*.

quar·ter ['kwɔːtə] **I** *s.* **1.** Viertel *n*, vierter Teil: **~ of a century** Vierteljahrhundert *n*; **for a ~ the price** zum viertel Preis; **not a ~ as good** nicht annähernd so gut; **2.** *a.* **~ of an hour** Viertel(stunde *f*) *n*: **a ~ to six** (ein) Viertel vor sechs, drei Viertel sechs; **3.** *a.* **~ of a year** Vierteljahr *n*, Quar'tal *n*; **4.** Viertel(pfund *n*, -zentner *m*) *n*; **5.** *bsd.* Hinter)Viertel *n e-s Schlachttieres*; Kruppe *f e-s Pferdes*; **6.** *sport* a) (Spiel)Viertel *n*, b) Viertelmeile(nlauf *m*, *a.* **~-mile race**) *f*, c) → **quarterback** I; **7.** *Am.* Vierteldollar *m*, 25 Cent; **8.** Quarter *n*: a) *Handelsgewicht* (*Brit. 12,7 kg, Am. 11,34 kg*), b) *Hohlmaß* (*2,908 hl*); **9.** Himmelsrichtung *f*; **10.** Gegend *f*, Teil *m e-s Landes etc.*: **at close ~s** nahe aufeinander; **come to close ~s** handgemein werden; **from all ~s** von überall (her); **in this ~** hierzulande, in dieser Gegend; **11.** (Stadt)Viertel *n*: **poor ~** Armenviertel; **residential ~** Wohnbezirk *m*; **12.** *mst pl.* Quar'tier *n*, 'Unterkunft *f*, Wohnung *f*: **have free ~s** freie Wohnung haben; **13.** *mst pl.* ⚔ Quar'tier *n*, ('Truppen),Unterkunft *f*: **be confined to ~s** Stubenarrest haben; **14.** Stelle *f*, Seite *f*, Quelle *f*: **higher ~s** höhere Stellen; **in the proper ~** bei der zuständigen Stelle; **from official ~s** von amtlicher Seite; **from a good ~** aus guter Quelle; → **informed** 1; **15.** *bsd.* ⚔ Par'don *m*, Schonung *f*: **find no ~** keine Schonung finden; **give no ~** keinen Pardon geben; **give fair ~** *fig.* Nachsicht üben; **16.** ⚓ Achterschiff *n*; **17.** ⚓ Posten *m*; **18.** *her.* Quar'tier *n*, (Wappen)Feld *n*; **19.** ⚙, ⚠ Stollenholz *n*; **II** *v/t.* **20.** *et.* vierteln; *weitS.* aufteilen, zerstückeln; **21.** *j-n* vierteilen; **22.** *Wappenschild* vieren; **23.** *j-n* beherbergen; ⚔ einquartieren, *Truppen* 'unterbringen ([**up**]**on** bei): **~ed in barracks** kaserniert; **be ~ed at** (*od.* **in**) in Garnison liegen in (*dat.*); **be ~ed (up)on** bei *j-m* in Quartier liegen; **~ o.s. upon s.o.** *fig.* sich bei j-m einquartieren; **24.** *Gegend* durch'stöbern (*Jagdhunde*).

'quar·ter|·back **I** *s. American Football*: ‚'Angriffsdiri,gent' *m*; **II** *v/t. den Angriff* dirigieren (*a. fig.*); **~ bind·ing** *s. Buchbinderei*: Halbfranz(band *m*) *n*; **~ cir·cle** *s.* **1.** 𝒜 Viertelkreis *m*; **2.** ⚙ Abrundung *f*; **~ day** *s.* Quar'talstag *m für fällige Zahlungen* (*in England: 25. 3., 24. 6., 29. 9., 25. 12.; in USA: 1. 1., 1. 4., 1. 7., 1. 10.*); **'~·deck** *s.* ⚓ **1.** Achterdeck *n*; **2.** *coll.* Offi'ziere *pl.*; **ˌ~'fi·nal** *s. sport* **1.** *mst pl.* 'Viertelfi,nale *n*; **2.** 'Viertelfi,nalspiel *n*; **ˌ~'fi·nal·ist** *s. sport* Teilnehmer(in) am 'Viertelfi,nale.

quar·ter·ly ['kwɔːtəlɪ] **I** *adj.* **1.** Viertel...; **2.** vierteljährlich, Quartals...; **II** *adv.* **3.** in *od.* nach Vierteln; **4.** vierteljährlich, quar'talsweise; **III** *s.* **5.** Vierteljahresschrift *f*.

'quar·terˌmas·ter *s.* **1.** ⚔ Quar'tiermeister *m*; **2.** ⚓ a) Steuerer *m* (*Handelsmarine*), b) Steuermannsmaat *m* (*Kriegsmarine*); **ˌ~-'Gen·er·al** *s.* ⚔ Gene'ralquar,tiermeister *m*.

quar·tern ['kwɔːtən] *s. bsd. Brit.* **1.** Viertel *n* (*bsd. e-s Maßes od. Gewichtes*): a) Viertelpint *n*, b) Viertel *n* e-s engl. Pfunds; **2.** *a.* **~ loaf** Vier'pfundbrot *n*.

quar·ter| ses·sions *s. pl.* ⚖ **1.** *Brit. obs.* Krimi'nalgericht *n* (*mit vierteljährlichen Sitzungen, a. Berufungsinstanz für Zivilsachen; bis 1971*); **2.** *Am.* (*in einigen Staaten*) *ein ähnliches* Gericht für Strafsachen; **~ tone** *s.* ♪ **1.** 'Vierteltoninter,vall *n*; **2.** Viertelton *m*.

quar·tet(te) [kwɔː'tet] *s.* **1.** ♪ Quar'tett *n* (*a. humor. 4 Personen*); **2.** Vierergruppe *f*.

quar·tile ['kwɔːtaɪl] *s.* **1.** *ast.* Quadra'tur *f*, Geviertschein *m*; **2.** *Statistik*: Quar'til *n*, Viertelswert *m*.

quar·to ['kwɔːtəʊ] *pl.* **-tos** *typ.* **I** *s.* 'Quartfor,mat *n*; **II** *adj.* im 'Quartfor,mat.

quartz [kwɔːts] *s. min.* Quarz *m*: **crystallized ~** Bergkristall *m*; **~ clock** Quarzuhr *f*; **~ lamp** a) ⚙ Quarz(glas)lampe *f*, b) ⚕ Quarzlampe *f* (*Höhensonne*).

qua·sar ['kweɪzɑː] *s. ast.* Qua'sar *m*.

quash[1] [kwɒʃ] *v/t.* ⚖ **1.** *Verfügung etc.* aufheben, annullieren, verwerfen; **2.** *Klage* abweisen; **3.** *Verfahren* niederschlagen.

quash[2] [kwɒʃ] *v/t.* **1.** zermalmen, -stören; **2.** *fig.* unter'drücken.

qua·si ['kweɪzaɪ] *adv.* gleichsam, gewissermaßen, sozu'sagen; Quasi..., Schein..., ...ähnlich: **~ contract** vertragsähnliches Verhältnis; **~-judicial** quasigerichtlich; **~-official** halbamtlich.

qua·ter·na·ry [kwə'tɜːnərɪ] **I** *adj.* **1.** aus vier bestehend; **2.** ♀ *geol.* Quartär...; **3.** ⚗ vierbindig, quater'när; **II** *s.* **4.** Gruppe *f* von 4 Dingen; **5.** Vier *f* (*Zahl*); **6.** *geol.* Quar'tär(peri,ode *f*) *n*.

quat·rain ['kwɒtreɪn] *s.* Vierzeiler *m*.

quat·re·foil ['kætrəfɔɪl] *s.* **1.** ⚠ Vierpass *m*; **2.** ⚘ vierblättriges (Klee)Blatt.

qua·ver ['kweɪvə] **I** *v/i.* **1.** zittern; **2.** ♪ tremolieren (*weitS. a. beim Sprechen*); **II** *v/t. mst* **~ out** **3.** mit über'triebenem Vi'brato singen; **4.** mit zitternder Stimme sagen, stammeln; **III** *s.* **5.** ♪ Trillern *n*, Tremolo *n*; **6.** ♪ *Brit.* Achtelnote *f*; **'qua·ver·y** [-vərɪ] *adj.* zitternd.

quay [kiː] *s.* ⚓ (**on the ~** am) Kai *m*; **quay·age** ['kiːɪdʒ] *s.* **1.** Kaigeld *n*, -gebühr *f*; **2.** Kaianlagen *pl.*

quea·si·ness ['kwiːzɪnɪs] *s.* **1.** Übelkeit *f*; **2.** ('Über)Empfindlichkeit *f*; **quea·sy** ['kwiːzɪ] *adj.* □ **1.** ('über)empfindlich (*Magen etc.*); **2.** heikel, mäkelig (*beim*

Essen etc.); **3.** Ekel erregend; **4.** unwohl: ***I feel ~*** mir ist übel; **5.** bedenklich.

queen [kwiːn] **I** *s.* **1.** Königin *f* (*a. fig.*): ***ℒ of*** (***the***) ***May*** Maikönigin; ***the ~ of the watering places*** *fig.* die Königin *od.* Perle der Badeorte; ***~'s metal*** Weißmetall *n*; ***~'s ware*** gelbes Steingut; ***ℒ Anne is dead!*** *humor.* so'n Bart!; **2.** *zo.* Königin *f*: a) *a.* ***~ bee*** Bienenkönigin, b) *a.* ***~ ant*** Ameisenkönigin; **3.** *Kartenspiel, Schach*: Dame *f*: ***~'s pawn*** Damenbauer *m*; **4.** *sl.* a) ‚Schwule(r)' *m*, ‚Tunte' *f*, b) *Am.* ‚Prachtweib' *n*; **II** *v/i.* **5.** *mst* ***~ it*** die große Dame spielen: ***~ it over*** *j-n* von oben herab behandeln; **6.** *Schach*: in e-e Dame verwandelt werden (*Bauer*); **III** *v/t.* **7.** zur Königin machen; **8.** *Bienenstock* beweiseln; **9.** *Schach*: *Bauern* (in e-e Dame) verwandeln; ***~ dow·a·ger*** *s.* Königinwitwe *f*; '**~·like** → ***queenly***.

queen·ly ['kwiːnlɪ] *adj. u. adv.* wie e-e Königin, maje'stätisch.

queen moth·er *s.* Königinmutter *f*.

Queen's| Bench → ***King's Bench***; ***~ Coun·sel*** → ***King's Counsel***; ***~ English*** → ***English*** 3; ***~ Speech*** → ***King's Speech***.

queer [kwɪə] **I** *adj.* □ **1.** seltsam, sonderbar, wunderlich, kuri'os, ‚komisch': ***~*** (***in the head***) F leicht verrückt; ***~ fellow*** komischer Kauz; **2.** F fragwürdig, ‚faul' (*Sache*): ***be in ℒ Street*** a) ‚auf dem Trockenen sitzen', b) ‚in der Tinte sitzen'; **3.** unwohl, schwummerig: ***feel ~*** sich ‚komisch' fühlen; **4.** *sl.* gefälscht; **5.** *sl.* ‚schwul' (*homosexuell*); **II** *v/t.* **6.** *sl.* verpfuschen, verderben; → ***pitch***[2] 1; **7.** *sl. j-n* in ein falsches Licht setzen (***with*** bei); **III** *s.* **8.** *sl.* ‚Blüte' *f* (*Falschgeld*); **9.** *sl.* ‚Schwule(r)' *m*, ‚Homo' *m*.

quell [kwel] *v/t. rhet.* **1.** bezwingen; **2.** *Aufstand etc., a. Gefühle* unter'drücken, ersticken.

quench [kwentʃ] *v/t.* **1.** *rhet. Flammen, Durst etc.* löschen; **2.** *fig.* a) → ***quell*** 2, b) *Hoffnung* zu'nichte machen, c) *Verlangen* stillen; **3.** ⚙ *Asche, Koks etc.* (ab)löschen; **4.** *metall.* abschrecken, härten: ***~ing and tempering*** (Stahl-) Vergütung *f*; **5.** ↯ *Funken* löschen: ***~ed spark gap*** Löschfunkenstrecke *f*; **6.** *fig. j-m* den Mund stopfen; '**quench·er** [-tʃə] *s.* F Schluck *m*; '**quench·less** [-lɪs] *adj.* □ un(aus)löschbar.

que·nelle [kə'nel] *s.* Fleisch- *od.* Fischknödel *m*.

que·rist ['kwɪərɪst] *s.* Fragesteller(in).

quer·u·lous ['kwerʊləs] *adj.* □ quengelig, nörgelnd, verdrossen.

que·ry ['kwɪərɪ] **I** *s.* **1.** (*bsd.* zweifelnde *od.* unangenehme) Frage; ✝ Rückfrage *f*: ***~*** (*abbr.* ***qu.***), ***was the money ever paid?*** Frage, wurde das Geld je bezahlt?; **2.** *typ.* (anzweifelndes) Fragezeichen; **3.** *fig.* Zweifel *m*; **II** *v/t.* **4.** fragen; **5.** *j-n* (aus-, be)fragen; **6.** *et.* in Zweifel ziehen, infrage stellen, beanstanden; **7.** *typ.* mit e-m Fragezeichen versehen.

quest [kwest] **I** *s.* **1.** Suche *f*, Streben *n*, Trachten *n* (***for, of*** nach): ***knightly ~*** Ritterzug *m*; ***the ~ for the*** (***Holy***) ***Grail*** die Suche nach dem (Heiligen) Gral; ***in ~ of*** auf der Suche nach; **2.** Nachforschung(en *pl.*) *f*; **II** *v/i.* **3.** suchen (***for, after*** nach); **4.** Wild suchen (*Jagdhund*); **III** *v/t.* **5.** suchen *od.* trachten nach.

ques·tion ['kwestʃən] **I** *s.* **1.** Frage *f* (*a. ling.*): ***beg the ~*** die Antwort auf eine Frage schuldig bleiben; ***put a ~ to s.o.*** j-m e-e Frage stellen; ***the ~ does not arise*** die Frage ist belanglos; → ***pop***[1] 10; **2.** Frage *f*, Pro'blem *n*, Thema *n*, (Streit)Punkt *m*: ***the social ~*** die soziale Frage; ***~s of the day*** Tagesfragen; ***~ of fact*** ⚖ Tatfrage; ***~ of law*** ⚖ Rechtsfrage; ***the point in ~*** die fragliche *od.* vorliegende *od.* zur Debatte stehende Sache; ***come into ~*** infrage kommen, wichtig werden; ***there is no ~ of s.th.*** *od. ger.* es ist nicht die Rede von *et. od.* davon, dass; ***~!*** *parl.* zur Sache!; **3.** Frage *f*, Sache *f*, Angelegenheit *f*: ***only a ~ of time*** nur e-e Frage der Zeit; **4.** Frage *f*, Zweifel *m*: ***beyond*** (***all***) ***~*** ohne Frage, fraglos; ***call in ~*** → 8; ***there is no ~ but*** (*od.* ***that***) es steht außer Frage, dass; ***out of ~*** außer Frage; ***that is out of the ~*** das kommt nicht infrage; **5.** *pol.* Anfrage *f*: ***put to the ~*** zur Abstimmung über *e-e Sache* schreiten; **6.** ⚖ Vernehmung *f*; Unter'suchung *f*: ***put to the ~*** *hist. j-n* foltern; **II** *v/t.* **7.** *j-n* (aus-, be)fragen; ⚖ vernehmen, -hören; **8.** *et.* an-, bezweifeln, in Zweifel ziehen; '**ques·tion·a·ble** [-tʃənəbl] *adj.* □ **1.** fraglich, zweifelhaft, ungewiss; **2.** bedenklich, fragwürdig; '**ques·tion·ar·y** [-tʃənərɪ] → ***questionnaire***; '**ques·tion·er** [-tʃənə] *s.* Fragesteller(in), Frager(in); '**ques·tion·ing** [-tʃənɪŋ] **I** *adj.* □ fragend (*a. Blick, Stimme*); **II** *s.* Befragung *f*; ⚖ Vernehmung *f*.

ques·tion| mark *s.* Fragezeichen *n*; ***~ mas·ter*** *s.* Mode'rator *m* e-r Quizsendung.

ques·tion·naire [ˌkwestɪə'neə] (*Fr.*) *s.* Fragebogen *m*.

ques·tion time *s. parl.* Fragestunde *f*.

queue [kjuː] **I** *s.* **1.** (Haar)Zopf *m*; **2.** *bsd. Brit.* Schlange *f*, Reihe *f vor Geschäften etc.*: ***stand*** (*od.* ***wait***) ***in a ~*** Schlange stehen; → ***jump*** 25; **II** *v/i.* **3.** *mst* ***~ up*** *Brit.* Schlange stehen, sich anstellen; '**~·ˌjump·er** *s.* F j-d., der sich vordrängelt, *mot.* Ko'lonnenspringer *m*.

quib·ble ['kwɪbl] **I** *s.* **1.** Spitzfindigkeit *f*, Wortklaube'rei *f*, Ausflucht *f*; **2.** *obs.* Wortspiel *n*; **II** *v/i.* **3.** her'umreden, Ausflüchte machen; **4.** spitzfindig sein, Haarspalte'rei betreiben; **5.** witzeln; '**quib·bler** [-lə] *s.* **1.** Wortklauber(in), -verdreher(in); **2.** Krittler(in); '**quib·bling** [-lɪŋ] *adj.* □ spitzfindig, haarspalterisch, wortklauberisch.

quick [kwɪk] **I** *adj.* □ **1.** schnell, so'fortig: ***~ answer*** (***service***) prompte Antwort (Bedienung); ***~ returns*** ✝ schneller Umsatz; **2.** schnell, hurtig, geschwind, rasch: ***be ~!*** mach schnell!, beeile dich!; ***be ~ about s.th.*** sich mit et. beeilen; **3.** (geistig) gewandt, flink, aufgeweckt, schlagfertig, ‚fix'; beweglich, flink (*Geist*): ***~ wit*** Schlagfertigkeit *f*; **4.** scharf (*Auge, Ohr, Verstand*): ***a ~ ear*** ein feines Gehör; **5.** scharf (*Geruch, Geschmack, Schmerz*); **6.** voreilig, hitzig: ***a ~ temper***; **7.** *obs.* lebend (*a.* ⚘ *Hecke*), lebendig: ***~ with child*** (hoch)schwanger; **8.** *fig.* lebhaft (*a. Gefühle*; *a. Handel etc.*); **9.** lose, treibend (*Sand etc.*); **10.** *min.* erzhaltig, ergiebig; **11.** ✝ flüssig (*Anlagen, Aktiva*); **II** *s.* **12.** ***the ~*** die Lebenden *pl.*; **13.** (lebendes) Fleisch; *fig.* Mark *n*: ***to the ~*** a) (bis) ins Fleisch, b) *fig.* bis ins Mark *od.* Herz, c) durch u. durch; ***cut s.o. to the ~*** j-n tief verletzen; ***touched to the ~*** bis ins Mark getroffen; ***a Socialist to the ~*** ein Sozialist bis auf die Knochen; ***paint s.o. to the ~*** j-n malen wie er leibt u. lebt; **14.** *Am.* → ***quicksilver***; **III** *adv.* **15.** schnell, geschwind; **ˌ~-'ac·tion** *adj.* ⚙ Schnell...; '**~-break switch** *s.* ↯ Mo'mentschalter *m*; '**~--change** *adj.* **1.** ***~ artist*** *thea.* Verwandlungskünstler(in); **2.** ⚙ Schnellwechsel...(*-futter, -getriebe etc.*); '**~-ˌdry·ing** *adj.* schnell trocknend (*Lack*); ä'therisch (*Öl*); '**~-eared** *adj.* mit e-m feinen Gehör.

quick·en ['kwɪkən] **I** *v/t.* **1.** beschleunigen; **2.** (wieder) lebendig machen; beseelen; **3.** *Interesse etc.* an-, erregen; **4.** beleben, *j-m* neuen Auftrieb geben; **II** *v/i.* **5.** sich beschleunigen (*Puls, Schritte etc.*); **6.** (wieder) lebendig werden; **7.** gekräftigt werden; **8.** hoch'schwanger werden; **9.** sich bewegen (*Fötus*).

'**quick|-eyed** *adj.* scharfsichtig (*a. fig.*); '**~-ˌfire**, '**~-ˌfir·ing** *adj.* ✕ Schnellfeuer...; '**~-freeze** *v/t.* [*irr.* → ***freeze***] einfrieren, tiefkühlen; '**~-ˌfreez·ing** *s.* Tiefkühl-, Gefrierverfahren *n*; '**~-ˌfro·zen** *adj.* tiefgekühlt.

quick·ie ['kwɪkɪ] *s.* F **1.** *et.*, 'Hingehauenes', ‚auf die Schnelle' gemachte Sache, *z. B.* billiger, improvisierter Film; **2.** ‚kurze Sache', *z. B.* kurzer Werbefilm; **3.** ***have a ~*** F rasch einen ‚kippen'.

'**quick|·lime** *s.* ⚗ gebrannter, ungelöschter Kalk, Ätzkalk *m*; ***~ march*** *s.* ✕ Eilmarsch *m*; '**~·match** *s.* ✕, ⚒ Zündschnur *f*; ***~ mo·tion*** *s.* ⚙ Schnellgang *m*; **ˌ~-'mo·tion cam·er·a** *s. phot.* Zeitraffer(kamera *f*) *m*.

quick·ness ['kwɪknɪs] *s.* **1.** Schnelligkeit *f*; **2.** (geistige) Beweglichkeit *od.* Flinkheit; **3.** Hitzigkeit *f*: ***~ of temper***; **4.** ***~ of sight*** gutes Sehvermögen; **5.** Lebendigkeit *f*, Kraft *f*.

'**quick|·sand** *s. geol.* Treibsand *m*; '**~·set** *s.* **1.** heckenbildende Pflanze, *bsd.* Weißdorn *m*; **2.** Setzling *m*; **3.** *a.* ***~ hedge*** lebende Hecke; **ˌ~-'set·ting** *adj.* ⚙ schnell abbindend (*Zement etc.*); **ˌ~-'sight·ed** *adj.* scharfsichtig; '**~ˌsil·ver** *s.* Quecksilber *n* (*a. fig.*); '**~·step** *s.* **1.** ✕ Schnellschritt *m*; **2.** ♪ Quickstep *m* (*schneller Foxtrott*); **ˌ~-'tem·pered** *adj.* hitzig, jäh; ***~ time*** *s.* ✕ **1.** schnelles Marschtempo; **2.** exerziermäßiges Marschtempo: ***~ march!*** Im Gleichschritt, marsch!; **ˌ~-'wit·ted** *adj.* schlagfertig, aufgeweckt, ‚fix'.

quid[1] [kwɪd] *s.* **1.** Priem *m* (*Kautabak*); **2.** wiedergekäutes Futter.

quid[2] [kwɪd] *pl. mst* **quid** *s. Brit. sl.* Pfund *n* (Sterling).

quid·di·ty ['kwɪdətɪ] *s.* **1.** *phls.* Es'senz *f*, Wesen *n*; **2.** Feinheit *f*; **3.** Spitzfindigkeit *f*.

quid·nunc ['kwɪdnʌŋk] *s.* Neuigkeitskrämer *m*, Klatschtante *f*.

quid pro quo [ˌkwɪdprəʊ'kwəʊ] *pl.* **quid pro quos** (*Lat.*) *s.* Gegenleistung *f*, Vergütung *f*.

qui·es·cence [kwaɪ'esns] *s.* Ruhe *f*, Stille *f*; **qui'es·cent** [-nt] *adj.* □ **1.** ruhig, bewegungslos; *fig.* ruhig, still: ***~ state*** Ruhezustand *m*; **2.** *ling.* stumm (*Buchstabe*).

qui·et ['kwaɪət] **I** *adj.* □ **1.** ruhig, still (*a. fig. Person, See, Straße etc.*); **2.** ruhig, leise, geräuschlos (*a.* ⚙): ***~ running*** *mot.* ruhiger Gang; ***be ~!*** sei still!; ***~, please!*** ich bitte um Ruhe!; ***keep ~*** a)

Q

sich ruhig verhalten, b) den Mund halten; **3.** bewegungslos, still; **4.** ruhig, friedlich (*a. Leben, Zeiten*); behaglich, beschaulich: *~ conscience* ruhiges Gewissen; *~ enjoyment* ⚖ ruhiger Besitz, ungestörter Genuss; **5.** ruhig, unauffällig (*Farbe etc.*); **6.** versteckt, geheim, leise: ***keep s.th. ~*** et. geheim halten, et. für sich behalten; **7.** ✝ ruhig, still, ‚flau' (*Geschäft etc.*); **II** *s.* **8.** Ruhe *f*, Stille *f*; Frieden *m*: ***on the ~*** (*od.* ***on the q.t.***) F ‚klammheimlich', stillschweigend; **III** *v/t.* **9.** beruhigen, zur Ruhe bringen; **10.** besänftigen; **11.** zum Schweigen bringen; **IV** *v/i.* **12.** *mst* ***~ down*** ruhig *od.* still werden, sich beruhigen; '**qui·et·en** [-tn] → ***quiet*** III *u.* IV.

qui·et·ism ['kwaɪɪtɪzəm] *s. eccl.* Quie'tismus *m.*

qui·et·ness ['kwaɪətnɪs] *s.* **1.** → ***quietude***; **2.** Geräuschlosigkeit *f*; **qui·e·tude** ['kwaɪɪtjuːd] *s.* **1.** Stille *f*, Ruhe *f*; **2.** *fig.* Friede(n) *m*; **3.** (Gemüts)Ruhe *f*.

qui·e·tus [kwaɪ'iːtəs] *s.* **1.** Ende *n*, Tod *m*; **2.** Todesstoß *m*: ***give s.o. his ~*** j-m den Garaus machen; **3.** (restlose) Tilgung *e-r Schuld*; **4.** ⚖ a) *Brit.* Endquittung *f*, b) *Am.* Entlastung *f des Nachlassverwalters*.

quill [kwɪl] **I** *s.* **1.** *a.* ***~ feather*** *orn.* (Schwung-, Schwanz)Feder *f*; **2.** *a.* ***~ pen*** Federkiel *m*; *fig.* Feder *f*; **3.** *zo.* Stachel *m* (*Igel etc.*); **4.** ♪ a) *hist.* Panflöte *f*, b) Plektrum *n*; **5.** Zahnstocher *m*; **6.** Zimtstange *f*; **7.** ⚙ Weberspule *f*; **8.** ⚙ Hohlwelle *f*; **II** *v/t.* **9.** rund fälteln, kräuseln; **10.** *Faden* aufspulen; '**~-,driv·er** *s. contp.* Federfuchser *m.*

quilt [kwɪlt] **I** *s.* **1.** Steppdecke *f*; **2.** gesteppte (Bett)Decke; **II** *v/t.* **3.** steppen, 'durchnähen; **4.** wattieren, (aus)polstern; ***~ed jacket*** Steppjacke *f*; '**quilt·ing** [-tɪŋ] *s.* **1.** 'Durchnähen *n*, Steppen *n*: ***~ seam*** Steppnaht *f*; **2.** gesteppte Arbeit; **3.** Füllung *f*, Wattierung *f*; **4.** Pi'kee *m* (*Gewebe*).

quim [kwɪm] *s.* V ‚Möse' *f*.

quince [kwɪns] *s.* ⚘ Quitte *f*.

qui·nine [*Brit.* kwɪ'niːn; *Am.* 'kwaɪnaɪn] *s.* ⚗, *pharm.* Chi'nin *n.*

quin·qua·ge·nar·i·an [ˌkwɪŋkwədʒɪ'neərɪən] **I** *adj.* fünfzigjährig, in den Fünfzigern; **II** *s.* Fünfzigjährige(r *m*) *f*, Fünfziger(in); **quin·quen·ni·al** [kwɪŋ'kwenɪəl] *adj.* □ fünfjährig; fünfjährlich (*wiederkehrend*).

quins [kwɪnz] *s. pl.* F Fünflinge *pl.*

quin·sy ['kwɪnzɪ] *s.* ⚕ (Hals)Bräune *f*, Mandelentzündung *f*.

quint *s.* **1.** [kɪnt] *Pikett*: Quinte *f*; **2.** [kwɪnt] ♪ Quint(e) *f*.

quin·tal ['kwɪntl] *s.* Doppelzentner *m.*

quinte [kɛ̃t; kænt] (*Fr.*) *s. fenc.* Quinte *f*.

quint·es·sence [kwɪn'tesns] *s.* **1.** ⚗ 'Quintesˌsenz *f* (*a. phls. u. fig.*); **2.** *fig.* Kern *m*, Inbegriff *m*; **3.** a) Urtyp *m*, b) klassisches Beispiel, c) (höchste) Voll'kommenheit *f*.

quin·tet(te) [kwɪn'tet] *s.* **1.** ♪ Quin'tett *n* (*a. humor. 5 Personen*); **2.** Fünfergruppe *f*.

quin·tu·ple ['kwɪntjʊpl] **I** *adj.* fünffach; **II** *s. das* Fünffache; **III** *v/t. u. v/i.* (sich) verfünffachen; '**quin·tu·plets** [-plɪts] *s. pl.* Fünflinge *pl.*

quip [kwɪp] **I** *s.* **1.** witziger Einfall, geistreiche Bemerkung, Bon'mot *n*; **2.** (Seiten)Hieb *m*, Stich(e'lei *f*) *m*; **II** *v/i.* **3.** witzeln, spötteln.

quire ['kwaɪə] *s.* **1.** *typ.* Buch *n* (*24 Bogen*); **2.** *Buchbinderei*: Lage *f*.

quirk [kwɜːk] *s.* **1.** → ***quip*** 1, 2; **2.** Kniff *m*, Trick *m*; **3.** Zucken *n des Mundes etc.*; **4.** Eigenart *f*, seltsame Angewohnheit: ***by a ~ of fate*** durch e-n verrückten Zufall, wie das Schicksal so spielt; **5.** Schnörkel *m*; **6.** ⚠ Hohlkehle *f*; '**quirk·y** [-kɪ] *adj.* F **1.** ‚gerissen' (*Anwalt etc.*); **2.** eigenartig, schrullig, ‚komisch'.

quis·ling ['kwɪzlɪŋ] *s. pol.* F Quisling *m*, Kollabora'teur *m.*

quit [kwɪt] **I** *v/t.* **1.** verzichten auf (*acc.*); **2.** *a. Stellung* aufgeben; *Dienst* quittieren; sich vom *Geschäft* zu'rückziehen; **3.** F aufhören (***s.th.*** mit et.; ***doing*** zu tun); **4.** verlassen; **5.** *Schuld* bezahlen, tilgen; **6.** ***~ o.s.*** sich befreien (***of*** von); **7.** *poet.* vergelten (***love with hate*** Liebe mit Hass); **II** *v/i.* **8.** aufhören; **9.** weggehen; **10.** ausziehen (*Mieter*): ***notice to ~*** Kündigung *f*; ***give notice to ~*** (*j-m* die Wohnung) kündigen; **III** *adj. pred.* **11.** quitt, frei: ***go ~*** frei ausgehen; ***be ~ for*** davonkommen mit; **12.** frei, los (***of*** von): ***~ of charges*** ✝ nach Abzug der Kosten, spesenfrei; '**~·claim** *s.* ⚖ **1.** Verzicht(leistung *f*) *m auf Rechte*; **2.** ***~ deed*** a) Grundstückskaufvertrag *m*, b) *Am.* Zessi'onsurkunde *f* (*beide: ohne Haftung für Rechts- od. Sachmängel*).

quite [kwaɪt] *adv.* **1.** ganz, völlig: ***~ another*** ein ganz anderer; ***~ wrong*** völlig falsch; **2.** wirklich, tatsächlich, ziemlich: ***~ a disappointment*** e-e ziemliche Enttäuschung; ***~ good*** recht gut; ***~ a few*** ziemlich viele; ***~ a gentleman*** wirklich ein feiner Herr; **3.** F ganz, durch'aus: ***~ nice*** ganz *od.* sehr nett; ***~ the thing*** genau das Richtige; ***~ (so)!*** ganz recht!

quit rent *s.* ⚖ Miet-, Pachtzins *m.*

quits [kwɪts] *adj.* quitt (*mit j-m*): ***call it ~*** quitt sein; ***get ~ with s.o.*** mit j-m quitt werden; → ***double*** 10.

quit·tance ['kwɪtəns] *s.* **1.** Vergeltung *f*, Entgelt *n*; **2.** Erledigung *f e-r Schuld etc.*; **3.** ✝ Quittung *f*.

quit·ter ['kwɪtə] *s. Am. u.* F **1.** Drückeberger *m*; **2.** Feigling *m.*

quiv·er[1] ['kwɪvə] **I** *v/i.* beben, zittern (***with*** vor *dat.*); **II** *s.* Beben *n*, Zittern *n*: ***in a ~ of excitement*** *fig.* zitternd vor Aufregung.

quiv·er[2] ['kwɪvə] *s.* Köcher *m*: ***have an arrow left in one's ~*** *fig.* noch ein Eisen im Feuer haben; ***a ~ full of children*** *fig.* e-e ganze Schar Kinder.

qui vive [ˌkiː'viːv] (*Fr.*) *s.*: ***be on the ~*** auf dem Quivive *od.* auf der Hut sein.

quix·ot·ic [kwɪk'sɒtɪk] *adj.* (□ ***~ally***) donqui'chotisch (*weltfremd, überspannt*); **quix·ot·ism** ['kwɪksətɪzəm], **quix·ot·ry** ['kwɪksətrɪ] *s.* Donquichotte'rie *f*, Narre'tei *f*.

quiz [kwɪz] **I** *v/t.* **1.** *Am. j-n* prüfen, abfragen; **2.** (aus)fragen; **3.** *bsd. Brit.* aufziehen, hänseln; **4.** (spöttisch) anstarren, fixieren; **II** *pl.* '**quiz·zes** [-zɪz] *s.* **5.** *ped. Am.* Prüfung *f*, Klassenarbeit *f*; **6.** Ausfragen *n*; **7.** *Radio, TV*: Quiz *n*: ***~ game*** Ratespiel *n*, Quiz; ***~master*** Quizmaster *m*; ***~ program(me)***, ***~ show*** Quizsendung *f*; **8.** Denksportaufgabe *f*; **9.** *obs.* Foppe'rei *f*, Ulk *m.*

quiz·zi·cal ['kwɪzɪkl] *adj.* □ **1.** seltsam, komisch; **2.** spöttisch.

quod [kwɒd] *s. sl.* ‚Kittchen' *n*: ***be in ~*** *a.* ‚sitzen'.

quoin [kɔɪn] **I** *s.* **1.** ⚠ a) (vorspringende) Ecke, b) Eckstein *m*; **2.** *typ.* Schließkeil *m*; **II** *v/t.* **3.** *typ. Druckform* schließen; **4.** ⚙ verkeilen; **5.** ⚠ *Ecke* mit Keilsteinen versehen.

quoit [kɔɪt] *s.* **1.** Wurfring *m*; **2.** *pl. sg. konstr.* Wurfringspiel *n.*

quon·dam ['kwɒndæm] *adj.* ehemalig, früher.

Quon·set hut ['kwɒnsɪt] *s. Am.* (*Warenzeichen*) *e-e* Nissenhütte.

quo·rum ['kwɔːrəm] *s.* **1.** beschlussfähige Anzahl *od.* Mitgliederzahl: ***be*** (*od.* ***constitute***) ***a ~*** beschlussfähig sein; **2.** ⚖ handlungsfähige Besetzung *e-s Gerichts*.

quo·ta ['kwəʊtə] *s.* **1.** *bsd.* ✝ Quote *f*, Anteil *m*; **2.** ✝ (*Einfuhr- etc.*)Kontin'gent *n*: ***~ goods*** kontingentierte Waren; ***~ system*** Quotensystem *n*, -regelung *f*, Zuteilungssystem *n*; **3.** ⚖ Kon'kursdiviˌdende(nquote) *f*; **4.** *Am.* Einwanderungsquote *f*.

quot·a·ble ['kwəʊtəbl] *adj.* zi'tierbar.

quo·ta·tion [kwəʊ'teɪʃn] *s.* **1.** Zi'tat *n*; Anführung *f*, Her'anziehung *f* (*a.* ⚖): ***familiar ~s*** geflügelte Worte; **2.** Beleg (-stelle *f*) *m*; **3.** ✝ a) Preisangabe *f*, -ansatz *m*, b) (Börsen-, Kurs)Notierung *f*, Kurs *m*: ***final ~*** Schlussnotierung; **4.** *typ.* Steg *m*; ***~ marks*** *s. pl.* Anführungszeichen *pl.*, ‚Gänsefüßchen' *pl.*

quote [kwəʊt] **I** *v/t.* **1.** zitieren (***from*** aus), (*a. als Beweis*) anführen, *weitS. a.* Bezug nehmen auf (*acc.*), sich auf *ein Dokument etc.* berufen, *e-e Quelle, e-n Fall* her'anziehen; **2.** ✝ *Preis* aufgeben, ansetzen, berechnen; **3.** *Börse*: notieren: ***be ~d at*** (*od.* ***with***) notieren *od.* im Kurs stehen mit; **4.** *Am.* in Anführungszeichen setzen; **II** *v/i.* **5.** zitieren (***from*** aus): ***~: ...*** ich zitiere: ..., Zitat: ...; **III** *s.* F **6.** Zi'tat *n*; **7.** *pl.* → ***quotation marks***.

quoth [kwəʊθ] *obs. ich, er, sie, es* sprach, sagte.

quo·tid·i·an [kwɒ'tɪdɪən] **I** *adj.* **1.** täglich: ***~ fever*** → 3; **2.** all'täglich, gewöhnlich; **II** *s.* **3.** ⚕ Quotidi'anfieber *n.*

quo·tient ['kwəʊʃnt] *s.* ⅍ Quoti'ent *m.*

R, r [ɑː] *s.* R *n*, r *n* (*Buchstabe*): ***the three Rs*** (*reading*, [*w*]*riting*, [*a*]*rithmetic*) (das) Lesen, Schreiben, Rechnen.

rab·bet [ˈræbɪt] ⚙ **I** *s.* **1.** a) Fuge *f*, Falz *m*, Nut *f*, b) Falzverbindung *f*; **2.** Stoßstahl *m*; **II** *v/t.* **3.** einfügen, (zs.-)fugen, falzen; ~ **joint** *s.* Fuge *f*, Falzverbindung *f*; ~ **plane** *s.* Falzhobel *m*.

rab·bi [ˈræbaɪ] *s.* **1.** Rabˈbiner *m*; **2.** Rabbi *m* (*Schriftgelehrter*); **rab·bin·ate** [ˈræbɪnət] *s.* **1.** Rabbiˈnat *n*; **2.** *coll.* Rabˈbiner *pl.*; **rab·bin·i·cal** [ræˈbɪnɪkl] *adj.* ☐ rabˈbinisch.

rab·bit [ˈræbɪt] *s.* **1.** *zo.* Kaˈninchen *n*; **2.** *zo. Am. allg.* Hase *m*; **3.** → ***Welsh rabbit***; **4.** *sport* F a) Anfänger(in), b) ‚Flasche' *f*, c) *Laufsport*: Tempomacher *m*; ~ **fe·ver** *s.* Hasenpest *f*; ~ **hutch** *s.* Kaˈninchenstall *m*; ~ **punch** *s. Boxen*: Genickschlag *m*.

rab·ble¹ [ˈræbl] *s.* **1.** Mob *m*, Pöbelhaufen *m*; **2.** ***the*** ~ der Pöbel: ***~-rousing*** aufwieglerisch, demagogisch.

rab·ble² [ˈræbl] ⚙ **I** *s.* Rührstange *f*, Kratze *f*; **II** *v/t.* ˈumrühren.

Rab·e·lai·si·an [ˌræbəˈleɪzɪən] *adj.* **1.** des Rabeˈlais; **2.** im Stil von Rabeˈlais (*grob-satirisch*, *geistvoll-frech*).

rab·id [ˈræbɪd] *adj.* ☐ **1.** wütend (*a. Hass etc.*), rasend (*a. fig. Hunger etc.*); **2.** rabiˈat, faˈnatisch: ***a ~ anti-Semite***; **3.** toll(wütig): ***a ~ dog***; ˈ**rab·id·ness** [-nɪs] *s.* **1.** Rasen *n*, Wut *f*; **2.** (wilder) Fanaˈtismus.

ra·bies [ˈreɪbiːz] *s. vet.* Tollwut *f*.

rac·coon [rəˈkuːn] *s.* Waschbär *m*.

race¹ [reɪs] *s.* **1.** Rasse *f*: ***the white ~***; **2.** Rasse *f*: a) Rassenzugehörigkeit *f*, b) rassische Eigenart: ***differences of ~*** Rassenunterschiede; **3.** a) Geschlecht *n*, Faˈmilie *f*, b) Volk *n*; **4.** *biol.* Rasse *f*, Gattung *f*, ˈUnterart *f*; **5.** (*Menschen- etc.*)Geschlecht *n*: ***the human ~***; **6.** *fig.* Kaste *f*, Schlag *m*: ***the ~ of politicians***; **7.** Rasse *f des Weins etc.*

race² [reɪs] **I** *s.* **1.** *sport* (Wett)Rennen *n*, (Wett)Lauf *m*: ***motor ~*** Autorennen; **2.** *pl. sport* Pferderennen *n*; → ***play*** 16; **3.** *fig.* (***for***) Wettlauf *m*, Kampf *m* (um), Jagd *f* (nach): ***~ against time*** Wettlauf mit der Zeit; **4.** *ast.* Lauf *m* (*a. fig. des Lebens etc.*): ***his ~ is run*** er hat die längste Zeit gelebt; **5.** a) starke Strömung, b) Stromschnelle *f*, c) Flussbett *n*, d) Kaˈnal *m*, Gerinne *n*, e) Kaˈnalgewässer *n*; **6.** ⚙ a) Laufring *m* (*Kugellager*), (Gleit)Bahn *f*, b) *Weberei*: Schützenbahn *f*; **7.** → ***slipstream***; **II** *v/i.* **8.** an e-m Rennen teilnehmen, *bsd.* um die Wette laufen *od.* fahren (***with*** mit); laufen *etc.* (***for*** um); **9.** (daˈhin)rasen, (-)schießen, rennen; **10.** ⚙ ˈdurchdrehen (*Rad*); **III** *v/t.* **11.** um die Wette laufen *od.* fahren *etc.* mit; **12.** *Pferde* rennen *od.* laufen lassen; **13.** *Fahrzeug* rasen lassen, rasen mit; **14.** *fig.* (ˈdurch)hetzen, (-)jagen; *Gesetz* ˈdurchpeitschen; **15.** ⚙ a) *Motor* ˈdurchdrehen lassen, b) *Motor* hochjagen: ***~ up Flugzeugmotor*** abbremsen; ~ **boat** *s.* Rennboot *n*; ˈ**~·course** *s.* (Pferde)Rennbahn *f*; ~ **di·rec·tor** *s. mot.* Rennleiter *m*; ˈ**~ˌgo·er** *s.* Rennplatzbesucher(in); ˈ**~·horse** *s.* Rennpferd *n*.

ra·ceme [rəˈsiːm] *s.* ♀ Traube *f* (*Blütenstand*).

race meet·ing *s.* (Pferde)Rennen *n*.

rac·er [ˈreɪsə] *s.* **1.** a) (Renn)Läufer(in), b) Rennfahrer(in); **2.** Rennpferd *n*; **3.** Rennrad *n*, -boot *n*, -wagen *m*.

Race Re·la·tions Board *s. Brit.* Ausschuss *m* zur Verhinderung von ˈRassendiskrimiˌnierung.

race| ri·ot *s.* ˈRassenkraˌwall *m*; ˈ**~·track** *s.* **1.** *mot.* Rennstrecke *f*; **2.** → ***racecourse***; ˈ**~·way** *s.* **1.** (Mühl)Gerinne *n*; **2.** ⚙ Laufring *m*.

ra·chis [ˈreɪkɪs] *pl.* **rach·i·des** [ˈreɪkɪdiːz] *s.* **1.** ♀, *zo.* Rhachis *f*, Spindel *f*; **2.** *anat.*, *zo.* Rückgrat *n*; **ra·chi·tis** [ræˈkaɪtɪs] *s.* ⚕ Raˈchitis *f*.

ra·cial [ˈreɪʃl] *adj.* ☐ rassisch, Rassen...: ***~ equality*** Rassengleichheit *f*; ***~ discrimination*** Rassendiskriminierung *f*; ***~ segregation*** Rassentrennung *f*; ˈ**ra·cial·ism** [-ʃəlɪzəm] *s.* **1.** Rasˈsismus *m*; **2.** Rassenkult *m*; **3.** ˈRassenpoliˌtik *f*; ˈ**ra·cial·ist** [-ʃəlɪst] **I** *s.* Rasˈsist(in); **II** *adj.* rasˈsistisch.

rac·i·ness [ˈreɪsɪnɪs] *s.* **1.** Rassigkeit *f*, Rasse *f*; **2.** Urwüchsigkeit *f*; **3.** *das* Piˈkante, Würze *f*; **4.** Schwung *m*, ‚Schmiss' *m*.

rac·ing [ˈreɪsɪŋ] **I** *s.* **1.** Rennen *n*; **2.** (Pferde)Rennsport *m*; **II** *adj.* **3.** Renn...(*-boot*, *-wagen etc.*): ***~ circuit*** *mot.* Rennstrecke *f*; ***~ cyclist*** Radrennfahrer *m*; ***~ driver*** Rennfahrer(in); ***~ man*** Pferdesportliebhaber *m*; ***~ world*** *die* Rennwelt.

rac·ism [ˈreɪsɪzəm] → ***racialism***; ˈ**rac·ist** → ***racialist***.

rack¹ [ræk] **I** *s.* **1.** Gestell *n*, Gerüst *n*; (*Gewehr-*, *Kleider- etc.*)Ständer *m*; (Streck-, Stütz)Rahmen *m*; ✓ Raufe *f*, Futtergestell *n*; 🚂 Gepäcknetz *n*; (Handtuch)Halter *m*; **2.** ˈFächerreˌgal *n*; **3.** *typ.* ˈSetzreˌgal *n*; **4.** ⚙ Zahnstange *f*: ***~(-and-pinion) gear*** Zahnstangengetriebe *n*; **5.** *hist.* Folterbank *f*, (Streck)Folter *f*; *fig.* (Folter)Qualen *pl.*: ***put on the ~*** *bsd. fig. j-n* auf die Folter spannen; **II** *v/t.* **6.** (aus)recken, strecken; **7.** auf *od.* in ein Gestell *od.* Reˈgal legen; **8.** *bsd. fig.* foltern, martern: ***~ one's brains*** sich den Kopf zermartern; ***~ed with pain*** schmerzgequält; ***~ing pains*** rasende Schmerzen; **9.** a) *Miete* (wucherisch) hoch schrauben, b) → ***rack-rent*** 3; **10.** ***~ up*** ✓ mit Futter versehen.

rack² [ræk] *s.*: ***go to ~ and ruin*** *a. fig.* kaputtgehen.

rack³ [ræk] *s.* Passgang *m* (*Pferd*).

rack⁴ [ræk] **I** *s.* fliegendes Gewölk; **II** *v/i.* (daˈhin)ziehen (*Wolken*).

rack⁵ [ræk] *v/t. oft* ***~ off*** *Wein etc.* abziehen, -füllen.

rack·et¹ [ˈrækɪt] *s.* **1.** *sport* Raˈkett *n*, (*Tennis- etc.*)Schläger *m*: ***~ press*** Spanner *m*; **2.** *pl. oft sg. konstr.* Raˈkettspiel *n*, Wandballspiel *n*; **3.** Schneeteller *m*.

rack·et² [ˈrækɪt] **I** *s.* **1.** Krach *m*, Lärm *m*, Raˈdau *m*, Spekˈtakel *m*; **2.** ‚Wirbel' *m*, Aufregung *f*; **3.** a) ausgelassene Gesellschaft, rauschendes Fest, b) Vergnügungstaumel *m*, c) Trubel *m des Gesellschaftslebens*: ***go on the ~*** ‚auf die Pauke hauen'; **4.** harte (Nerven-)Probe, ‚Schlauch' *m*: ***stand the ~*** F a) die Sache durchstehen, b) die Folgen zu tragen haben, c) (alles) berappen; **5.** *sl.* a) Schwindel *m*, ‚Schiebung' *f*, b) Erpresserbande *f*, Racket *n*, c) organisierte Erpressung, d) ‚Masche' *f*, (einträgliches) Geschäft, e) *Am.* Beruf *m*, Branche *f*; **II** *v/i.* **6.** Krach machen, lärmen; **7.** *mst* **~ about** ‚(he'rum)sumpfen'; **rack·et·eer** [ˌrækə'tɪə] **I** *s.* **1.** Gangster *m*, Erpresser *m*; **2.** Schieber *m*, Geschäftemacher *m*; **II** *v/i.* **3.** dunkle Geschäfte machen; **4.** organisierte Erpressung betreiben; **rack·et·eer·ing** [ˌrækə'tɪərɪŋ] *s.* **1.** Gangstertum *n*, organisierte Erpressung; **2.** Geschäftemache'rei *f*; **'rack·et·y** [-tɪ] *adj.* **1.** lärmend; **2.** turbu'lent; **3.** ausgelassen, ausschweifend.

rack| rail·way *s.* Zahnradbahn *f*; **'~-rent I** *s.* **1.** Wuchermiete *f*; **2.** *Brit.* höchstmögliche Jahresmiete; **II** *v/t.* **3.** e-e Wuchermiete für *et. od.* von *j-m* verlangen; **~ wheel** *s.* Zahnrad *n*.

ra·coon → ***raccoon***.

rac·y ['reɪsɪ] *adj.* **1.** rassig (*a. fig. Auto, Stil etc.*), feurig (*Pferd, a. Musik etc.*); **2.** urtümlich, kernig: **~ of the soil** urwüchsig, bodenständig; **3.** *fig.* a) le'bendig, geistreich, ‚spritzig', b) schwungvoll, schmissig: **~ melody**; **4.** pi'kant, würzig (*Geruch etc.*) (*a. fig.*); **5.** F *u. Am.* schlüpfrig, gewagt.

rad [ræd] *s. pol.* Radi'kale(r *m*) *f*.

ra·dar ['reɪdɑː] **I** *s.* **1.** Ra'dar *m, n*, Funkmesstechnik *f*, -ortung *f*; **2.** *a.* **~ set** Ra'dargerät *n*; **II** *adj.* **3.** Radar...: **~ display** Radarschirmbild *n*; **~ gun** Radarpistole *f*; **~ scanner** Radarsuchgerät *n*; **~ screen** Radarschirm *m*; **~ scope** Radarsichtgerät *n*; **~ trap** Radarfalle *f* (*der Polizei*).

rad·dle ['rædl] **I** *s.* **1.** *min.* Rötel *m*; **II** *v/t.* **2.** mit Rötel bemalen; **3.** rot anmalen.

ra·di·al ['reɪdjəl] **I** *adj.* □ **1.** radi'al, Radial..., Strahl(en)...; sternförmig; **2.** *anat.* Speichen...; **3.** ⚘, *zo.* radi'alsymˌmetrisch; **II** *s.* **4.** *anat.* → a) ***radial artery***, b) ***radial nerve***; **~ ar·ter·y** *s.* Speichenschlagader *f*; **~ drill** *s.* ⚙ Radi'albohrmaˌschine *f*; **~ en·gine** *s.* Sternmotor *m*; **'~-flow tur·bine** *s.* Radi'alturˌbine *f*; **~ nerve** *s.* Speichennerv *m*; **'~(-ply) tire** (*Brit.* **tyre**) *s.* ⚙ Gürtelreifen *m*; **~ route** *s.* Ausfallstraße *f*.

ra·di·ance ['reɪdjəns], **'ra·di·an·cy** [-sɪ] *s.* **1.** *a. fig.* Strahlen *n*, strahlender Glanz; **2.** → ***radiation***; **'ra·di·ant** [-nt] **I** *adj.* □ **1.** strahlend (*a. fig.* **with** vor *dat.*, von): **~ beauty**; **~ with joy** freudestrahlend; **be ~ with health** vor Gesundheit strotzen; **2.** *phys.* Strahlungs...(*-energie etc.*): **~ heating** ⚙ Flächenheizung *f*; **3.** strahlenförmig (angeordnet); **II** *s.* **4.** Strahl(ungs)punkt *m*; **'ra·di·ate** [-dɪeɪt] **I** *v/i.* **1.** ausstrahlen (**from** von) (*a. fig.*); **2.** *a. fig.* strahlen, leuchten; **II** *v/t.* **3.** *Licht, Wärme etc.* ausstrahlen; **4.** *fig. Liebe etc.* ausstrahlen, -strömen: **~ health** vor Gesundheit strotzen; **5.** *Radio, TV*: ausstrahlen, senden; **III** *adj.* [-dɪət] **6.** radi'al, strahlig, Strahl(en)...; **ra·di·a·tion** [ˌreɪdɪ'eɪʃn] *s.* **1.** *phys.* (Aus)Strahlung *f* (*a. fig.*): **~ detection team** ⚔ Strahlenspürtrupp *m*; **~ level** Strahlenbelastung *f*; **2.** *a.* **~ therapy** ⚕ Strahlenbehandlung *f*, Bestrahlung *f*; **'ra·di·a·tor** [-dɪeɪtə] *s.* **1.** ⚙ Heizkörper *m*; Strahlkörper *m*, -ofen *m*; **2.** ϟ 'Raumstrahlanˌtenne *f*; **3.** *mot.* Kühler *m*: **~ core** Kühlerblock *m*; **~ grid**, **~ grill** Kühlergrill *m*; **~ mascot** Kühlerfigur *f*.

rad·i·cal ['rædɪkl] **I** *adj.* □ → ***radically***; **1.** radi'kal (*pol. oft* ♎); *weitS. a.* drastisch, gründlich: **~ cure** Radikal-, Rosskur *f*; **undergo a ~ change** sich von Grund auf ändern; **2.** ursprünglich, eingewurzelt; fundamen'tal (*Fehler etc.*); grundlegend, Grund...: **~ difference**; **~ idea**; **3.** *bsd.* ⚘, ∡ Wurzel...: **~ sign** → 8b; **~ plane** ∡ Potenzebene *f*; **4.** *ling.* Wurzel..., Stamm...: **~ word** Stamm(wort *n*) *m*; **5.** ♪ Grund(ton)...; **6.** *a.* ⚗ Radikal...; **II** *s.* **7.** *pol.* (*a.* ♎) Radi'kale(r *m*) *f*; **8.** ∡ a) Wurzel *f*, b) Wurzelzeichen *n*; **9.** *ling.* Wurzel(buchstabe *m*) *f*; **10.** ♪ Grundton *m* (*Akkord*); **11.** ⚗ Radi'kal *n*; **'rad·i·cal·ism** [-kəlɪzəm] *s.* Radika'lismus *m*; **'rad·i·cal·ize** [-kəlaɪz] *v/t.* (*v/i.* sich) radikalisieren; **'rad·i·cal·ly** [-kəlɪ] *adv.* **1.** radi'kal, von Grund auf; **2.** ursprünglich.

ra·dic·chi·o [ræ'dɪkɪəʊ] *pl.* **-chi·os** *s.* ⚘ Ra'dicchio *m*.

rad·i·ces ['reɪdɪsiːz] *pl. von* ***radix***.

rad·i·cle ['rædɪkl] *s.* **1.** ⚘ a) Keimwurzel *f*, b) Würzelchen *n*; **2.** *anat.* (Gefäß-, Nerven)Wurzel *f*.

ra·di·i ['reɪdɪaɪ] *pl. von* ***radius***.

ra·di·o ['reɪdɪəʊ] **I** *pl.* **-di·os** *s.* **1.** Funk(-betrieb) *m*; **2.** Radio *n*, Rundfunk *m*: **on the ~** im Rundfunk; **3.** a) Radio(gerät) *n*, Rundfunkempfänger *m*, b) Funkgerät *n*; **4.** (Radio)Sender *m*; **5.** Rundfunkgesellschaft *f*; **6.** F Funkspruch *m*; **II** *v/t.* **7.** senden, funken, *e-e Funkmeldung* 'durchgeben; **8.** ⚕ a) e-e Röntgenaufnahme machen von, b) durch'leuchten; **9.** ⚕ mit Radium bestrahlen.

ˌra·di·o|'ac·tive *adj.* □ radioak'tiv: **~ waste** radioaktiver Müll, Atommüll *m*; **~ly contaminated** (radioaktiv) verstrahlt; **ˌ~·ac'tiv·i·ty** *s.* Radioaktivi'tät *f*; **~ am·a·teur** *s.* 'Funkamaˌteur *m*; **~ bea·con** *s.* Funkbake *f*; **~ beam** *s.* Funk-, Richtstrahl *m*; **~ bear·ing** *s.* **1.** Funkpeilung *f*; **2.** Peilwinkel *m*; **~ cab** *s.* Funktaxi *n*; **~ car** *s.* Funk(streifen)wagen *m*; **ˌ~'car·bon dat·ing** *s.* Radiokar'bonmeˌthode, C-'14-Meˌthode *f*; **ˌ~'chem·is·try** *s.* 'Radio-, 'Strahlencheˌmie *f*; **ˌ~-con'trol I** *s.* Funksteuerung *f*; **II** *v/t.* fernsteuern; **ˌ~'el·e·ment** *s.* radioak'tives Ele'ment; **~ en·gi·neer·ing** *s.* Funktechnik *f*; **~ fre·quen·cy** *s.* ϟ 'Hochfreˌquenz *f*.

ra·di·o·gram ['reɪdɪəʊgræm] *s.* **1.** 'Funkmeldung *f*, -teleˌgramm *n*; **2.** *Brit.* a) → ***radiograph*** I, b) Mu'siktruhe *f*.

ra·di·o·graph ['reɪdɪəʊgrɑːf] ⚕ **I** *s.* Radio'gramm *n*, *bsd.* Röntgenaufnahme *f*; **II** *v/t.* ein Radio'gramm *etc.* machen von; **ra·di·o·gra·phy** [ˌreɪdɪ'ɒgrəfɪ] *s.* Röntgenogra'phie *f*.

ra·di·o·log·i·cal [ˌreɪdɪəʊ'lɒdʒɪkl] *adj.* ⚕ radio'logisch, Röntgen...; **ra·di·ol·o·gist** [ˌreɪdɪ'ɒlədʒɪst] *s.* Röntgeno'loge *m*; **ra·di·ol·o·gy** [ˌreɪdɪ'ɒlədʒɪ] *s.* Strahlen-, Röntgenkunde *f*.

ra·di·o| mark·er *s.* ✈ (Anflug)Funkbake *f*; **~ mes·sage** *s.* Funkmeldung *f*; **~ op·er·a·tor** *s.* (✈ Bord)Funker *m*.

ra·di·o·phone ['reɪdɪəʊfəʊn] *s.* **1.** *phys.* Radio'phon *n*; **2.** → ***radiotelephone***.

ˌra·di·o|'pho·no·graph *s. Am.* Mu'siktruhe *f*; **ˌ~'pho·to·graph** *s.* Funkbild *n*; **ˌ~·pho'tog·ra·phy** *s.* Bildfunk *m*.

ra·di·os·co·py [ˌreɪdɪ'ɒskəpɪ] *s.* ⚕ Röntgenosko'pie *f*, 'Röntgenunterˌsuchung *f*.

ra·di·o| set *s.* → ***radio*** 3; **~ sonde** [sɒnd] *s. meteor.* Radiosonde *f*; **~ tax·i** *s.* Funktaxi *n*; **ˌ~'tel·e·gram** *s.* 'Funkteleˌgramm *n*; **ˌ~·te'leg·ra·phy** *s.* drahtlose Telegra'fie; **ˌ~'tel·e·phone** *s.* Funksprechgerät *n*; **ˌ~·te'leph·o·ny** *s.* drahtlose Telefo'nie; **ˌ~'ther·a·py** *s.* 'Strahlen-, 'Röntgentheraˌpie *f*.

rad·ish ['rædɪʃ] *s.* **1.** *a.* **large ~** Rettich *m*; **2.** *a.* **red ~** Ra'dieschen *n*.

ra·di·um ['reɪdjəm] *s.* ⚗ Radium *n*.

ra·di·us ['reɪdjəs] *pl.* **-di·i** [-dɪaɪ] *od.* **-di·us·es** *s.* **1.** ∡ Radius *m*, Halbmesser *m*: **~ of turn** *mot.* Wendehalbmesser; **2.** ⚙, *anat.* Speiche *f*; **3.** ⚘ Strahl (-blüte *f*) *m*; **4.** 'Umkreis *m*: **within a ~ of**; **5.** *fig.* (Wirkungs-, Einfluss)Bereich *m*: **~ (of action)** Aktionsradius *m*, *mot.* Fahrbereich *m*.

ra·dix ['reɪdɪks] *pl.* **rad·i·ces** ['reɪdɪsiːz] *s.* **1.** ∡ Basis *f*, Grundzahl *f*; **2.** ⚘, *a. ling.* Wurzel *f*.

raf·fi·a ['ræfɪə] *s.* Raffiabast *m*.

raff·ish ['ræfɪʃ] *adj.* □ **1.** liederlich; **2.** pöbelhaft, ordi'när.

raf·fle ['ræfl] **I** *s.* Tombola *f*, Verlosung *f*; **II** *v/t. oft* **~ off** *et.* (in e-r Tombola) verlosen; **III** *v/i.* losen (**for** um).

raft [rɑːft] **I** *s.* **1.** Floß *n*; **2.** zs.-gebundenes Holz; **3.** *Am.* Treibholz(ansammlung *f*) *n*; **4.** F Unmenge *f*, ‚Haufen' *m*, ‚Latte' *f*; **II** *v/t.* **5.** flößen, als *od.* mit dem Floß befördern; **6.** zu e-m Floß zs.-binden; **7.** mit e-m Floß befahren; **'raft·er** [-tə] *s.* **1.** Flößer *m*; **2.** ⚙ (Dach-)Sparren *m*; **rafts·man** ['rɑːftsmən] *s.* [*irr.*] Flößer *m*.

rag[1] [ræg] *s.* **1.** Fetzen *m*, Lumpen *m*, Lappen *m*: **in ~s** a) in Fetzen (*Stoff etc.*), b) zerlumpt (*Person*); **not a ~ of evidence** nicht den geringsten Beweis; **chew the ~** a) ‚quatschen', plaudern, b) ‚meckern'; **cook to ~s** zerkochen; **it's a red ~ to him** *fig.* es ist für ihn ein rotes Tuch; → ***ragtag***; **2.** *pl. Papierherstellung*: Hadern *pl.*, Lumpen *pl.*; **3.** *humor.* ‚Fetzen' *m* (*Kleid, Anzug*): **not a ~ to put on** keinen Fetzen zum Anziehen *haben*; → **glad** 2; **4.** *humor.* ‚Lappen' *m* (*Geldschein, Taschentuch etc.*); **5.** (*contp.* Käse-, Wurst)Blatt *n* (*Zeitung*); **6.** ♪ F → ***ragtime***.

rag[2] [ræg] *sl.* **I** *v/t.* **1.** *j-n* ‚anschnauzen'; **2.** *j-n* ‚aufziehen'; **3.** *j-m* e-n Streich spielen; **4.** *j-n* ‚piesacken', übel mitspielen (*dat.*); **II** *v/i.* **5.** Ra'dau machen; **III** *s.* **6.** Ra'dau *m*; **7.** Ulk *m*, Jux *m*.

rag·a·muf·fin ['rægəˌmʌfɪn] *s.* **1.** zerlumpter Kerl; **2.** Gassenkind *n*.

ˌrag|-and-'bone man [-gən'b-] *s.* Lumpensammler *m*; **~ bag** *s.* Lumpensack *m*; *fig.* Sammel'surium *n*: **out of the ~** aus der ‚Klamottenkiste'; **~ doll** *s.* Stoffpuppe *f*.

rage [reɪdʒ] **I** *s.* **1.** Wut(anfall *m*) *f*, Zorn *m*, Rage *f*: **be in a ~** vor Wut schäumen, toben; **fly into a ~** in Wut geraten; **2.** Wüten *n*, Toben *n*, Rasen *n* (*der Elemente, der Leidenschaft etc.*); **3.** Sucht *f*, Ma'nie *f*, Gier *f* (**for** nach): **~ for collecting things** Sammelwut *f*; **4.** Begeisterung *f*, Taumel *m*, Rausch *m*, Ek'stase *f*: **it is all the ~** es ist jetzt die große Mode, alles ist wild darauf; **II** *v/i.* **5.** (*a. fig.*) toben, rasen, wüten (**at, against** gegen).

rag fair *s.* Trödelmarkt *m*.

rag·ged ['rægɪd] *adj.* □ **1.** zerlumpt, abgerissen (*Person, Kleidung*); **2.** zottig, struppig; **3.** zerfetzt, ausgefranst (*Wunde*); **4.** zackig, gezackt (*Glas, Stein*); **5.** holp(e)rig: **~ rhymes**; **6.** verwildert: **a ~ garden**; **7.** roh, unfertig, fehler-, mangelhaft; zs.-hanglos; **8.** rau (*Stimme, Ton*).

'rag·man [-mən] *s.* [*irr.*] Lumpensammler *m*.

ra·gout ['ræguː] *s.* Ra'gout *n*.

rag| pa·per *s.* ⚙ 'Hadernpa,pier *n*; **'~,pick·er** *s.* Lumpensammler(in); **'~·tag** *s.* Pöbel *m*, Gesindel *n*: ***~ and bobtail*** Krethi u. Plethi *pl.*; **'~·time** *s.* ♪ Ragtime *m* (*Jazzstil*).

raid [reɪd] **I** *s.* **1.** Ein-, 'Überfall *m*; Raub-, Streifzug *m*; ⚔ 'Stoßtruppunter,nehmen *n*; ⚓ Kaperfahrt *f*; ✈ (Luft-) Angriff *m*; **2.** (Poli'zei)Razzia *f*; **3.** *fig.* a) (An)Sturm *m* (***on, upon*** auf *acc.*), b) *sport* Vorstoß *m*; **II** *v/t.* **4.** e-n 'Überfall machen auf (*acc.*), über'fallen, angreifen (*a.* ✈): ***~ing party*** ⚔ Stoßtrupp *m*; **5.** stürmen, plündern; **6.** e-e Razzia machen in (*dat.*); **7.** ***~ the market*** ✝ den Markt drücken.

rail¹ [reɪl] **I** *s.* **1.** ⚙ Schiene *f*, Riegel *m*, Querstange *f*; **2.** Geländer *n*; (***main***) ~ ⚓ Reling *f*; **3.** 🚂 a) Schiene *f*, b) *pl.* Gleis *n*: ***by ~*** mit der Bahn; ***run off the ~s*** entgleisen; ***off the ~s*** *fig.* aus dem Geleise, durcheinander; **4.** *pl.* ✝ Eisenbahnaktien *pl.*; **II** *v/t.* **5.** *a.* ***~ in*** mit e-m Geländer um'geben: ***~ off*** durch ein Geländer (ab)trennen.

rail² [reɪl] *s. orn.* Ralle *f*.

rail³ [reɪl] *v/i.* schimpfen, lästern, fluchen (***at, against*** über *acc.*): ***~ at*** (*od.* ***against***) über *et.* herziehen, gegen *et.* wettern.

rail| bus *s.* Schienenbus *m*; **'~·car** *s.* Triebwagen *m*; **'~·head** *s.* **1.** Kopfbahnhof *m*, ⚔ Ausladebahnhof *m*; **2.** 🚂 a) Schienenkopf *m*, b) im Bau befindliches Ende (*e-r neuen Strecke*).

rail·ing ['reɪlɪŋ] *s.* **1.** *a. pl.* Geländer *n*, Gitter *n*; **2.** ⚓ Reling *f*.

rail·ler·y ['reɪlərɪ] *s.* Necke'rei *f*, Stiche'lei *f*, (gutmütiger) Spott.

rail·road ['reɪlrəʊd] *bsd. Am.* **I** *s.* **1.** *allg.* Eisenbahn *f*; **2.** *pl.* ✝ Eisenbahnaktien *pl.*; **II** *adj.* **3.** Eisenbahn...: ***~ accident***; **III** *v/t.* **4.** mit der Eisenbahn befördern; **5.** F *Gesetzesvorlage etc.* 'durchpeitschen; **6.** F a) *j-n* ,über'fahren', zwingen (***into doing*** *et.* zu tun), b) *j-n* ,abservieren'; **'rail,road·er** [-də] *s. Am.* Eisenbahner *m*.

rail·way ['reɪlweɪ] **I** *s.* **1.** *bsd. Brit. allg.* Eisenbahn *f*; **2.** Lo'kalbahn *f*; **II** *adj.* **3.** Eisenbahn...: ***~ accident***; ***~ car·riage*** *s.* Per'sonenwagen *m*; ***~ guard*** *s.* Zugbegleiter *m*; ***~ guide*** *s.* Kursbuch *n*; **'~·man** [-weɪmən] *s.* [*irr.*] Eisenbahner *m*.

rai·ment ['reɪmənt] *s. poet.* Kleidung *f*, Gewand *n*.

rain [reɪn] **I** *s.* **1.** Regen *m*; *pl.* Regenfälle *pl.*, -güsse *pl.*: ***the ~s*** die Regenzeit (*in den Tropen*); ***~ or shine*** bei jedem Wetter; ***as right as ~*** F ganz richtig, in Ordnung; **II** *v/i.* **2.** *impers.* regnen; → ***pour*** 6; **3.** *fig.* regnen; niederprasseln (*Schläge*); strömen (*Tränen*); **III** *v/t.* **4.** *Tropfen etc.* (her)'niedersenden, regnen: ***it's ~ing cats and dogs*** es gießt in Strömen; **5.** *fig.* (nieder)regnen *od.* (-)hageln lassen; **'~·bow** [-bəʊ] *s.* Regenbogen *m*; ***~ check*** *s. Am.* Einlasskarte *f* für die Neuansetzung e-r wegen Regens abgebrochenen (Sport)Veranstaltung: ***may I take a ~ on it?*** *fig.* darf ich darauf (*auf Ihr Angebot etc.*) später einmal zurückkommen?; **'~·coat** *s.* Regenmantel *m*; **'~·drop** *s.* Regentropfen *m*; **'~·fall** *s.* **1.** Regen(schauer) *m*; **2.** *meteor.* Niederschlagsmenge *f*; ***~ forest*** *s.* Regenwald *m*.

rain·i·ness ['reɪnɪnɪs] *s.* **1.** Regenneigung *f*; **2.** Regenwetter *n*.

'rain|·proof **I** *adj.* wasserdicht; **II** *s.* Regenmantel *m*; **'~·storm** *s.* heftiger Regenguss.

rain·y ['reɪnɪ] *adj.* □ regnerisch, verregnet; Regen...(*-wetter, -wind etc.*): ***save up for a ~ day*** *fig.* e-n Notgroschen zurücklegen.

raise [reɪz] **I** *v/t.* **1.** *oft* ***~ up*** (in die Höhe) heben, auf-, em'por-, hochheben, erheben, erhöhen; *mit Kran etc.* hochwinden, -ziehen; *Augen* erheben, aufschlagen; ⚕ *Blasen* ziehen; *Kohle* fördern; *Staub* aufwirbeln; *Vorhang* hochziehen; *Teig, Brot* treiben: ***~ one's glass to*** auf *j-n* das Glas erheben, *j-m* zutrinken; ***~ a toast to s.o.*** e-n Toast auf j-n ausbringen; ***~ one's hat*** (***to s.o.***) den Hut ziehen (vor j-m, *a. fig.*); → ***power*** 12; **2.** aufrichten, -stellen, aufrecht stellen; **3.** errichten, erstellen, (er)bauen; **4.** *Familie* gründen; *Kinder* auf-, großziehen; **5.** a) *Pflanzen* ziehen, b) *Tiere* züchten; **6.** aufwecken: ***~ from the dead*** von den Toten erwecken; **7.** *Geister* zitieren, beschwören; **8.** *Gelächter, Sturm etc.* her'vorrufen, verursachen; *Erwartungen, Verdacht, Zorn* erwecken, erregen; *Gerücht* aufkommen lassen; *Schwierigkeiten* machen; **9.** *Geist, Mut* beleben, anfeuern; **10.** aufwiegeln (***against*** gegen); *Aufruhr* anstiften, -zetteln; **11.** *Geld etc.* beschaffen; *Anleihe, Hypothek, Kredit* aufnehmen; *Steuern* erheben; *Heer* aufstellen; **12.** *Stimme, Geschrei* erheben; **13.** *An-, Einspruch* erheben, *Einwand a.* vorbringen, geltend machen, *Forderung a.* stellen; *Frage* aufwerfen; *Sache* zur Sprache bringen; **14.** (ver)stärken, vergrößern, vermehren; **15.** *Lohn, Preis, Wert etc.* erhöhen, hin'aufsetzen; *Temperatur, Wette etc.* steigern; **16.** (im Rang) erhöhen: ***~ to the throne*** auf den Thron erheben; **17.** *Belagerung, Blockade etc., a. Verbot* aufheben; **18.** ⚓ sichten; **II** *s.* **19.** Erhöhung *f*; *Am.* Steigung *f* (*Straße*); **20.** *bsd. Am.* (Gehalts-, Lohn)Erhöhung *f*, Aufbesserung *f*; **raised** [-zd] *adj.* **1.** erhöht; **2.** gesteigert; **3.** ⚙ erhaben; **4.** Hefe...: ***~ cake***.

rai·sin ['reɪzn] *s.* Ro'sine *f*.

rai·son| d'é·tat [,reɪzɔ̃:ndeɪ'tɑ:] (*Fr.*) *s.* 'Staatsrä,son *f*; ***~ d'ê·tre*** [-'deɪtrə] (*Fr.*) *s.* Daseinsberechtigung *f*, -zweck *m*.

raj [rɑ:dʒ] *s. Brit. Ind.* Herrschaft *f*.

ra·ja(h) ['rɑ:dʒə] *s.* Radscha *m* (*indischer Fürst*).

rake¹ [reɪk] **I** *s.* **1.** Rechen *m* (*a. des Croupiers etc.*), Harke *f*; **2.** ⚙ a) Rührstange *f*, b) Kratze *f*, c) Schürhaken *m*; **II** *v/t.* **3.** (glatt-, zs.-)rechen, (-)harken; **4.** *mst* ***~ together*** zs.-scharren (*a. fig. zs.-raffen*); **5.** durch'stöbern (*a.* ***~ up, ~ over***): ***~ up*** *fig. alte Geschichten* aufrühren; **6.** ⚔ (mit Feuer) bestreichen, ,beharken'; **7.** über'blicken, absuchen; **III** *v/i.* **8.** rechen, harken; **9.** *fig.* he'rumstöbern, -suchen (***for*** nach).

rake² [reɪk] *s.* Lebemann *m*.

rake³ [reɪk] **I** *v/i.* **1.** Neigung haben; **2.** ⚓ a) 'überhängen (*Steven*), b) Fall haben (*Mast, Schornstein*); **II** *v/t.* **3.** (nach rückwärts) neigen; **III** *s.* **4.** Neigung(swinkel *m*) *f*.

'rake-off *s.* F (Gewinn)Anteil *m*.

rak·ish¹ ['reɪkɪʃ] *adj.* □ ausschweifend, liederlich, wüst.

rak·ish² ['reɪkɪʃ] *adj.* **1.** ⚓, *mot.* schnittig (gebaut); **2.** *fig.* flott, verwegen, keck.

ral·ly¹ ['rælɪ] **I** *v/t.* **1.** *Truppen etc.* (wieder) sammeln *od.* ordnen; **2.** vereinigen, scharen (***round, to*** um), zs.-trommeln; **3.** aufrütteln, -muntern, in Schwung bringen; **4.** *Kräfte etc.* sammeln, zs.-raffen; **II** *v/i.* **5.** sich (wieder) sammeln; **6.** *a. fig.* sich scharen (***round, to*** um); sich zs.-tun; sich anschließen (***to*** *dat. od.* an *acc.*); **7.** *a.* ***~ round*** sich erholen (*a. fig. u.* ✝), neue Kräfte sammeln; *sport etc.* sich (wieder) ,fangen'; **8.** *Tennis etc.*: a) e-n Ballwechsel ausführen, b) sich einschlagen; **III** *s.* **9.** ⚔ Sammeln *n*; **10.** Zs.-kunft *f*, Treffen *n*, Tagung *f*, Kundgebung *f*, (Massen)Versammlung *f*; **11.** Erholung *f* (*a.* ✝ *der Preise, des Marktes*); **12.** *Tennis*: Ballwechsel *m*; **13.** *mot.* Rallye *f*, Sternfahrt *f*.

ral·ly² ['rælɪ] *v/t.* hänseln.

ral·ly·ing ['rælɪɪŋ] *adj.* Sammel...: ***~ cry*** Parole *f*, Schlagwort *n*; ***~ point*** Sammelpunkt *m*, -platz *m*.

ram [ræm] **I** *s.* **1.** *zo.* (*ast.* ♈) Widder *m*; **2.** ⚔ *hist.* Sturmbock *m*; **3.** ⚙ a) Ramme *f*, b) Rammbock *m*, -bär *m*, c) Presskolben *m*; **4.** ⚓ Rammsporn *m*; **II** *v/t.* **5.** (fest-, ein)rammen (*a.* ***~ down*** *od.* ***in***); *weitS.* (gewaltsam) stoßen, drücken; **6.** (hin'ein)stopfen: ***~ up*** a) voll stopfen, b) verrammeln, verstopfen; **7.** *fig.* eintrichtern, -pauken: ***~ s.th. into s.o.*** j-m et. einbläuen; → ***throat*** 1; **8.** ⚓, ✈ *etc.* rammen; *weitS.* stoßen, schmettern, ,knallen'.

ram·ble ['ræmbl] **I** *v/i.* **1.** um'herwandern, -streifen, bummeln; **2.** sich winden (*Fluss etc.*); **3.** ⚘ wuchern, (üppig) ranken; **4.** *fig.* (vom Thema) abschweifen; drauf'losreden; **II** *s.* **5.** (Fuß)Wanderung *f*, Streifzug *m*; Bummel *m*; **'ram·bler** [-lə] *s.* **1.** Wand(e)rer *m*, Wand(r)erin *f*; **2.** *a.* ***crimson ~*** ⚘ Kletterrose *f*; **'ram·bling** [-lɪŋ] **I** *adj.* □ **1.** um'herwandernd, -streifend: ***~ club*** Wanderverein *m*; **2.** ⚘ (üppig) rankend, wuchernd; **3.** weitläufig, verschachtelt (*Gebäude*); **4.** *fig.* abschweifend, weitschweifig, planlos; **II** *s.* **5.** Wandern *n*, Um'herstreifen *n*.

ram·bo ['ræmbəʊ] *pl.* **-bos** *s.* F Rambo *m*; **'~-style** *adj.* nach Ramboart, angriffslustig, draufgängerisch.

ram·bunc·tious [ræm'bʌŋkʃəs] *adj.* laut, lärmend, wild.

ram·ie ['ræmi:] *s.* Ra'mie(faser) *f*.

ram·i·fi·ca·tion [,ræmɪfɪ'keɪʃn] *s.* Verzweigung *f*, -ästelung *f* (*a. fig.*); **ram·i·fy** ['ræmɪfaɪ] *v/t. u. v/i.* (sich) verzweigen (*a. fig.*).

ram·jet (**en·gine**) ['ræmdʒet] *s.* ⚙ Staustrahltriebwerk *n*.

ramp¹ [ræmp] **I** *s.* **1.** Rampe *f* (*a.* ⚠ *Abdachung*); **2.** (schräge) Auffahrt, (Lade)Rampe *f*; **3.** Krümmling *m* (*am Treppengeländer*); **4.** ✈ (fahrbare) Treppe; **II** *v/i.* **5.** sich (drohend) aufrichten, zum Sprung ansetzen (*Tier*); **6.** toben, wüten; **7.** ⚘ wuchern; **III** *v/t.* **8.** mit e-r Rampe versehen.

ramp² [ræmp] *s. Brit. sl.* Betrug *m*.

ram·page [ræm'peɪdʒ] **I** *v/i.* toben, wüten; **II** *s.*: ***be on the ~*** a) (sich aus)toben, b) *fig.* grassieren, um sich greifen, wüten; **ram'pa·geous** [-dʒəs] *adj.* □ wild, wütend.

ramp·an·cy ['ræmpənsɪ] *s.* **1.** Über'handnehmen *n*, 'Umsichgreifen *n*, Grassieren *n*; **2.** *fig.* wilde Ausgelassenheit, Wildheit *f*; **'ramp·ant** [-nt] *adj.* □ **1.** wild, zügellos, ausgelassen; **2.** über'hand nehmend: ***be ~*** → ***rampage*** II b;

R

3. üppig, wuchernd (*Pflanzen*); **4.** (drohend) aufgerichtet, sprungbereit (*Tier*); **5.** *her.* steigend.

ram·part ['ræmpɑːt] *s.* ⚔ a) Brustwehr *f*, b) (Schutz)Wall *m* (*a. fig.*).

ram raid ['ræmreɪd] *s.* F Blitzeinbruch *m* (*in ein Geschäft, bei dem das Schaufenster od. die Tür mit e-m Auto eingefahren wird*); '**ram-raid** *v/t.* F e-n Blitzeinbruch machen in (*acc.*); **ram raid·er** *s.* F Blitzeinbrecher(in); **ram raid·ing** *s.* F Blitzeinbruch *m*, -einbrüche *pl.*

ram·rod ['ræmrɒd] *s.* ⚔ *hist.* Ladestock *m*: ***as stiff as a ~*** als hätte *er etc.* e-n Ladestock verschluckt.

ram·shack·le ['ræmˌʃækl] *adj.* baufällig, wack(e)lig; klapp(e)rig.

ran¹ [ræn] *pret. von* ***run***.

ran² [ræn] *s.* **1.** Docke *f* Bindfaden; **2.** ⚓ aufgehaspeltes Kabelgarn.

ranch [rɑːntʃ; *bsd. Am.* ræntʃ] **I** *s.* Ranch *f*, (*bsd.* Vieh)Farm *f*; **II** *v/i.* Viehzucht treiben; '**ranch·er** [-tʃə] *s. Am.* **1.** Rancher *m*, Viehzüchter *m*; **2.** Farmer *m*; **3.** Rancharbeiter *m*.

ran·cid ['rænsɪd] *adj.* **1.** ranzig (*Butter etc.*); **2.** *fig.* widerlich; **ran·cid·i·ty** [ræn'sɪdətɪ], '**ran·cid·ness** [-nɪs] *s.* Ranzigkeit *f*.

ran·cor *Am.* → ***rancour***.

ran·cor·ous ['ræŋkərəs] *adj.* ☐ erbittert, voller Groll, giftig; **ran·cour** ['ræŋkə] *s.* Groll *m*, Hass *m*.

ran·dom ['rændəm] **I** *adj.* ☐ ziel-, wahllos, zufällig, aufs Gerate'wohl, Zufalls...: ***~ mating*** *biol.* Zufallspaarung *f*; ***~ sample*** (*od.* ***test***) Stichprobe *f*; ***~ shot*** Schuss *m* ins Blaue; ***~ access*** *Computer*: wahlfreier *od.* direkter Zugriff; ***~ access memory*** *Computer*: Arbeitsspeicher *m*; **II** *s.*: ***at ~*** aufs Geratewohl, auf gut Glück, blindlings, zufällig: ***talk at ~*** (wild) drauflosreden.

rand·y ['rændɪ] *adj.* F geil.

ra·nee [ˌrɑː'niː] *s.* Rani *f* (*indische Fürstin*).

rang [ræŋ] *pret. von* ***ring²***.

range [reɪndʒ] **I** *s.* **1.** Reihe *f*; (*a.* Berg-) Kette *f*; **2.** (Koch-, Küchen)Herd *m*; **3.** Schießstand *m*, -platz *m*; **4.** Entfernung *f zum Ziel*, Abstand *m*: ***at a ~ of*** aus (*od.* in) e-r Entfernung von; ***at close ~*** aus der Nähe; ***find the ~*** ⚔ sich einschießen; ***take the ~*** die Entfernung schätzen; **5.** *bsd.* ⚔ Reich-, Trag-, Schussweite *f*; ⚓ Laufstrecke *f* (*Torpedo*); ✈ Flugbereich *m*: ***at close ~*** aus nächster Nähe; ***out of ~*** außer Schussweite; ***within ~ of vision*** in Sichtweite; → ***long-range***; **6.** Ausdehnung *f*, (ausgedehnte) Fläche; **7.** *fig.* Bereich *m*, Spielraum *m*, Grenzen *pl.*; (✿, *zo.* Verbreitungs)Gebiet *n*: ***~*** (***of action***) Aktionsbereich; ***~*** (***of activities***) (Betätigungs)Feld *n*; ***~ of application*** Anwendungsbereich; ***~ of prices*** ✝ Preislage *f*, -klasse *f*; ***~ of reception*** *Funk*: Empfangsbereich; ***boiling ~*** *phys.* Siedebereich; **8.** ✝ Kollekti'on *f*, Sorti'ment *n*: ***a wide ~*** (***of goods***) e-e große Auswahl, ein großes Angebot; **9.** Bereich *m*, Gebiet *n*, Raum *m*: ***~ of knowledge*** Wissensbereich; ***~ of thought*** Ideenkreis *m*; **10.** ♪ a) 'Ton-, 'Stimmˌumfang *m*, b) Ton-, Stimmlage *f*; **II** *v/t.* **11.** (in Reihen) aufstellen *od.* anordnen; **12.** einreihen, -ordnen: ***~ o.s. with*** (*od.* ***on the side of***) zu *j-m* halten; **13.** *Gebiet etc.* durch'streifen, -'wandern; **14.** längs *der Küste* fahren, entlangfahren; **15.** *Teleskop etc.* einstellen; **16.** ⚔ a) *Geschütz* richten (***on*** auf *acc.*), b) e-e Reichweite haben von, tragen; **III** *v/i.* **17.** (***with***) e-e Reihe *od.* Linie bilden (mit), in e-r Reihe *od.* Linie stehen (mit); **18.** sich erstrecken, verlaufen, reichen; **19.** *fig.* rangieren (***among*** unter *dat.*), im gleichen Rang stehen (***with*** mit); zählen, gehören (***with*** zu); **20.** (um'her)streifen, (-)schweifen, wandern (*a. Auge, Blick*); **21.** ✿, *zo.* vorkommen, verbreitet *od.* zu finden sein; **22.** schwanken, sich bewegen (***from ... to ...*** *od.* ***between ... and ...*** zwischen ... *dat.* und ...) (*Zahlenwert, Preis etc.*); **23.** ⚔ sich einschießen (*Geschütz*).

'**rangeˌfind·er** *s.* ⚔, *phot.* Entfernungsmesser *m* (⚔ *a. Mann*).

rang·er ['reɪndʒə] *s.* **1.** *Am.* Ranger *m*: a) *Wächter e-s Nationalparks*, b) *mst* ♀ *Angehöriger e-r Schutztruppe e-s Bundesstaates*, c) ⚔ *Angehöriger e-r Kommandotruppe*; **2.** *Brit.* Aufseher *m* e-s königlichen Forsts *od.* Parks (*Titel*); **3.** *a.* ***~ guide*** *Brit.* Ranger *f* (*Pfadfinderin über 16 Jahre*).

rank¹ [ræŋk] **I** *s.* **1.** Reihe *f*, Linie *f*; **2.** ⚔ a) Glied *n*, b) Rang *m*, Dienstgrad *m*: ***the ~s*** (Unteroffiziere und) Mannschaften; ***~ and file*** ⚔ *der* Mannschaftsstand, *pol.* die Basis (*e-r Partei*); ***in ~ and file*** in Reih und Glied; ***close the ~s*** die Reihen schließen; ***join the ~s*** ins Heer eintreten; ***rise from the ~s*** von der Pike auf dienen (*a. fig.*); **3.** (sozi'ale) Klasse, Stand *m*, Schicht *f*, Rang *m*: ***man of ~*** Mann von Stand; ***~ and fashion*** die vornehme Welt; ***of second ~*** zweitrangig; ***take ~ of*** den Vorrang haben vor (*dat.*); ***take ~ with*** mit *j-m* gleichrangig sein; **II** *v/t.* **4.** (ein-) reihen, (-)ordnen, klassifizieren; **5.** *Truppe etc.* aufstellen, formieren; **6.** *fig.* rechnen, zählen (***with***, ***among*** zu): ***I ~ him above Shaw*** ich stelle ihn über Shaw; **III** *v/i.* **7.** sich reihen *od.* ordnen; ⚔ (in geschlossener Formati'on) marschieren; **8.** e-n Rang *od.* e-e Stelle einnehmen, rangieren (***above*** über *dat.*, ***below*** unter *dat.*, ***next to*** hinter *dat.*): ***~ as*** gelten als; ***~ first*** an erster Stelle stehen; ***~ high*** e-n hohen Rang einnehmen, *a.* e-n hohen Stellenwert haben; ***~ing officer*** *Am.* rangältester Offizier; **9.** ***~ among***, ***~ with*** gehören *od.* zählen zu.

rank² [ræŋk] *adj.* ☐ **1.** a) üppig, geil wachsend (*Pflanzen*), b) verwildert (*Garten*); **2.** fruchtbar, fett (*Boden*); **3.** stinkend, ranzig; **4.** widerlich, scharf (*Geruch od. Geschmack*); **5.** krass: ***~ outsider***; ***~ beginner*** blutiger Anfänger; ***~ nonsense*** blühender Unsinn; **6.** ekelhaft, unanständig.

rank·er ['ræŋkə] *s.* ⚔ a) einfacher Sol'dat, b) aus dem Mannschaftsstand her'vorgegangener Offi'zier.

ran·kle ['ræŋkl] *v/i.* **1.** eitern, schwären (*Wunde*); **2.** *fig.* nagen, fressen, weh tun: ***~ with*** *j-n* wurmen, *j-m* wehtun.

ran·sack ['rænsæk] *v/t.* **1.** durch'wühlen; **2.** plündern, ausrauben.

ran·som ['rænsəm] **I** *s.* **1.** Loskauf *m*, Auslösung *f*; **2.** Lösegeld *n*: ***a king's ~*** e-e Riesensumme; ***hold to ~*** a) *j-n* gegen Lösegeld gefangen halten, b) *fig. j-n* erpressen; **3.** *eccl.* Erlösung *f*; **II** *v/t.* **4.** los-, freikaufen; **5.** *eccl.* erlösen.

rant [rænt] **I** *v/i.* **1.** toben, lärmen; **2.** schwadronieren, Phrasen dreschen; **3.** *obs.* geifern (***at***, ***against*** über *acc.*); **II** *v/t.* **4.** pa'thetisch vortragen; **III** *s.* **5.** Wortschwall *m*; Schwulst *m*, leeres Gerede, ‚Phrasendresche'rei *f*; '**rant·er** [-tə] *s.* **1.** pa'thetischer Redner, Kanzelpauker *m*; **2.** Schwadro'neur *m*, Großsprecher *m*.

ra·nun·cu·lus [rə'nʌŋkjʊləs] *pl.* **-lus·es**, **-li** [-laɪ] *s.* ✿ Ra'nunkel *f*.

rap¹ [ræp] **I** *v/t.* **1.** klopfen *od.* pochen an *od.* auf (*acc.*): ***~ s.o.'s fingers***, ***~ s.o. over the knuckles*** *bsd. fig.* j-m auf die Finger klopfen; **2.** *Am. sl.* a) *j-m* e-e ‚Zi'garre' verpassen, b) *j-n*, *et.* scharf kritisieren, c) *j-n* ‚verdonnern', d) *j-n* ‚schnappen'; **3.** ***~ out*** a) durch Klopfen mitteilen (*Geist*), b) *Worte* her'auspoltern, ‚bellen'; **II** *v/i.* **4.** klopfen, pochen, schlagen (***at*** an *acc.*); **III** *s.* **5.** Klopfen *n*; **6.** Schlag *m*; **7.** *Am.* F a) scharfe Kri'tik, b) ‚Zi'garre' *f*, Rüge *f*; **8.** *Am. sl.* a) Anklage *f*, b) Strafe *f*, c) Schuld *f*: ***~ sheet*** Strafregister *n*; ***beat the ~*** sich rauswinden; ***take the ~*** (zu e-r Strafe) ‚verdonnert' werden; **9.** *Am.* F ‚Plausch' *m*: ***~ session*** (Gruppen-) Diskussion *f*.

rap² [ræp] *s. fig.* Heller *m*, Deut *m*: ***I don't care*** (*od.* ***give***) ***a ~*** (***for it***) das ist mir ganz egal; ***it is not worth a ~*** es ist keinen Pfifferling wert.

ra·pa·cious [rə'peɪʃəs] *adj.* ☐ raubgierig, Raub...(*-tier*, *-vogel*); *fig.* (hab)gierig; **ra'pa·cious·ness** [-nɪs], **ra'pac·i·ty** [-'pæsətɪ] *s.* **1.** Raubgier *f*; **2.** *fig.* Habgier *f*.

rape¹ [reɪp] **I** *s.* **1.** Vergewaltigung *f* (*a. fig.*), ⚖ Notzucht *f*: ***~ and murder*** Lustmord *m*; ***statutory ~*** *Am.* ⚖ Unzucht *f* mit Minderjährigen; **2.** Entführung *f*, Raub *m*; **II** *v/t.* **3.** vergewaltigen; **4.** *obs.* rauben.

rape² [reɪp] *s.* ✿ Raps *m*.

rape³ [reɪp] *s.* Trester *pl.*

rape| oil *s.* Rüb-, Rapsöl *n*; '**~·seed** *s.* Rübsamen *m*.

rap·id ['ræpɪd] **I** *adj.* ☐ **1.** schnell, rasch, ra'pid(e); reißend (*Fluss*; ✝ *Absatz*); Schnell...: ***~ deployment force*** schnelle Eingreiftruppe; ***~ fire*** ⚔ Schnellfeuer *n*; ***~ transit*** *Am.* Nahschnellverkehr *m*; **2.** jäh, steil (*Hang*); **3.** *phot.* a) lichtstark (*Objektiv*), b) hoch empfindlich (*Film*); **II** *s.* **4.** *pl.* Stromschnelle(n *pl.*) *f*; **ra·pid·i·ty** [rə'pɪdətɪ] *s.* Schnelligkeit *f*, (rasende) Geschwindigkeit.

ra·pi·er ['reɪpjə] *s. fenc.* Ra'pier *n*: ***~ thrust*** *fig.* sarkastische Bemerkung.

rap·ist ['reɪpɪst] *s.* Vergewaltiger *m*: ***~-killer*** Lustmörder *m*.

rap·port [ræ'pɔː] *s.* (enge, per'sönliche) Beziehung: ***be in*** (*od.* ***en***) ***~ with*** mit *j-m* in Verbindung stehen, *fig.* gut harmonieren mit.

rap·proche·ment [ræ'prɒʃmɑ̃ːŋ] (*Fr.*) *s. bsd. pol.* (Wieder)'Annäherung *f*.

rapt [ræpt] *adj.* **1.** versunken, verloren (***in*** in *acc.*): ***~ in thought***; **2.** hingerissen, entzückt (***with***, ***by*** von); **3.** verzückt (*Lächeln etc.*); gespannt (***upon*** auf *acc.*) (*a. Aufmerksamkeit*).

rap·to·ri·al [ræp'tɔːrɪəl] *orn.* **I** *adj.* Raub...; **II** *s.* Raubvogel *m*.

rap·ture ['ræptʃə] *s.* **1.** Entzücken *n*, Verzückung *f*, Begeisterung *f*, Taumel *m*: ***in ~s*** hingerissen (***at*** von); ***go into ~s*** in Verzückung geraten (***over*** über *acc.*); ***~ of the deep*** ⚕ Tiefenrausch *m*; **2.** *pl.* Ausbruch *m* des Entzückens, Begeisterungstaumel *m*; '**rap·tur·ous** [-tʃərəs] *adj.* ☐ **1.** entzückt, hingerissen; **2.** stürmisch, begeistert (*Beifall etc.*); **3.** verzückt (*Gesicht*).

rare¹ [reə] *adj.* ☐ **1.** selten, rar (*a. fig.*

R

ungewöhnlich, hervorragend, köstlich): **~ earth** ⚗ seltene Erde; **~ fun** F Mordsspaß *m*; **~ gas** Edelgas *n*; **2.** *phys.* dünn (*Luft*).

rare² [reə] *adj.* halbgar, nicht 'durchgebraten (*Fleisch*); englisch (*Steak*).

rare·bit ['reəbɪt] *s.*: **Welsh ~** überbackene Käseschnitte.

rar·ee show ['reəri:] *s.* **1.** Guckkasten *m*; **2.** Straßenzirkus *m*; **3.** *fig.* Schauspiel *n*.

rar·e·fac·tion [ˌreərɪ'fækʃn] *s. phys.* Verdünnung *f*; **rar·e·fy** ['reərɪfaɪ] **I** *v/t.* **1.** verdünnen; **2.** *fig.* verfeinern; **II** *v/i.* **3.** sich verdünnen.

rare·ness ['reənɪs] → **rarity**.

rar·ing ['reərɪŋ] *adj.*: **~ to do s.th.** F ganz wild darauf, et. zu tun.

rar·i·ty ['reərətɪ] *s.* **1.** Seltenheit *f*: a) *seltenes Vorkommen*, b) Rari'tät *f*, Kostbarkeit *f*; **2.** Vor'trefflichkeit *f*; **3.** *phys.* Verdünnung *f*.

ras·cal ['rɑ:skəl] *s.* **1.** Schuft *m*, Schurke *m*, Ha'lunke *m*; **2.** *humor.* a) Gauner *m*, b) Frechdachs *m* (*Kind*); **ras·cal·i·ty** [rɑ:'skælətɪ] *s.* Schurke'rei *f*; '**ras·cal·ly** [-kəlɪ] *adj u. adv.* niederträchtig, gemein.

rash¹ [ræʃ] *adj.* □ **1.** hastig, über'eilt, -'stürzt, vorschnell: **a ~ decision**; **2.** unbesonnen.

rash² [ræʃ] *s.* ⚕ (Haut)Ausschlag *m*.

rash·er ['ræʃə] *s.* (dünne) Scheibe Frühstücksspeck *od.* Schinken.

rash·ness ['ræʃnɪs] *s.* **1.** Hast *f*, Über'eiltheit *f*, -'stürztheit *f*; **2.** Unbesonnenheit *f*.

rasp [rɑ:sp] **I** *v/t.* **1.** raspeln, feilen, schaben; **2.** *fig. Gefühle etc.* verletzen; *Ohren* beleidigen; *Nerven* reizen; **3.** krächzen(d äußern); **II** *s.* **4.** Raspel *f*, Grobfeile *f*; Reibeisen *n*.

rasp·ber·ry ['rɑ:zbərɪ] *s.* **1.** ⚘ Himbeere *f*; **2.** *a.* **~ cane** ⚘ Himbeerstrauch *m*; **3. give** (*od.* **blow**) **a ~** *fig. sl.* verächtlich schnauben.

rasp·ing ['rɑ:spɪŋ] **I** *adj.* □ **1.** kratzend, krächzend (*Stimme etc.*); **II** *s.* **2.** Raspeln *n*; **3.** *pl.* Raspelspäne *pl.*

ras·ter ['ræstə] *s. opt., TV* Raster *m*.

rat [ræt] **I** *s.* **1.** *zo.* Ratte *f*: **smell a ~** *fig.* Lunte *od.* den Braten riechen, Unrat wittern; **like a drowned ~** pudelnass; **~s!** ,Quatsch'!; **2.** *pol.* F 'Überläufer *m*, Abtrünnige(r *m*) *f*; **3.** F a) *allg.* Verräter *m*, b) ,Schwein' *n*, c) Spitzel *m*, d) Streikbrecher *m*; **II** *v/i.* **4.** *pol.* F 'überlaufen, *allg.* Verrat begehen: **~ on** a) *j-n* verraten *od.* im Stich lassen, b) *Kumpane* ,verpfeifen', c) *et.* widerrufen, d) aus *et.* ,aussteigen'; **5.** Ratten fangen.

rat·a·bil·i·ty [ˌreɪtə'bɪlətɪ] *s.* **1.** (Ab-) Schätzbarkeit *f*; **2.** Verhältnismäßigkeit *f*; **3.** *bsd. Brit.* Steuerbarkeit *f*, 'Umlagepflicht *f*; **rat·a·ble** ['reɪtəbl] *adj.* □ **1.** (ab)schätzbar, abzuschätzen(d), bewertbar; **2.** anteilmäßig, proportio'nal; **3.** *bsd. Brit.* (kommu'nal)steuerpflichtig; zollpflichtig: **~ value** Bemessungsgrundlage *f* (*für Steuer*); *a.* Einheitswert *m*.

ratch [rætʃ] *s.* ⚙ **1.** (gezahnte) Sperrstange; **2.** Auslösung *f* (*Uhr*).

ratch·et ['rætʃɪt] *s.* ⚙ Sperrklinke *f*; **~ wheel** *s.* ⚙ Sperrad *n*.

rate¹ [reɪt] **I** *s.* **1.** (Verhältnis)Ziffer *f*, Quote *f*, Maß(stab *m*) *n*, (*Wachstums-, Inflations- etc.*)Rate *f*: **birth ~** Geburtenziffer; **death ~** Sterblichkeitsziffer; **at the ~ of** im Verhältnis von (→ 2 *u.* 6); **at a fearful ~** in erschreckendem Ausmaß; **2.** (*Diskont-, Lohn-, Steuer- etc.*)Satz *m*, Kurs *m*, Ta'rif *m*: **~ of exchange** (Umrechnungs-, Wechsel-) Kurs; **~ of the day** Tageskurs; **at the ~ of** zum Satz(e) von; **3.** (festgesetzter) Preis, Betrag *m*, Taxe *f*: **at any ~** *fig.* a) auf jeden Fall, b) wenigstens; **at that ~** unter diesen Umständen; **4.** (Post- *etc.*) Gebühr *f*, Porto *n*; (Gas-, Strom-) Preis *m*: **inland ~** Inlandporto; **5.** *Brit.* (Kommu'nal)Steuer *f*, (Gemeinde)Abgabe *f*; **6.** (rela'tive) Geschwindigkeit: **~ of climb** ✈ Steiggeschwindigkeit; **~ of energy** *phys.* Energiemenge *f* pro Zeiteinheit; **~ of an engine** Motorleistung *f*; **~ plate** ⚙ Leistungsschild *n*; **at the ~ of** mit e-r Geschwindigkeit von; **7.** Grad *m*, Rang *m*, Klasse *f*; **8.** ⚓ a) Klasse *f* (*Schiff*), b) Dienstgrad *m* (*Matrose*); **II** *v/t.* **9.** *et.* abschätzen, taxieren (**at** auf *acc.*); **10.** *j-n* einschätzen, beurteilen; ⚓ *Seemann* einstufen; **11.** *Preis etc.* bemessen, ansetzen; *Kosten* veranschlagen: **~ up** höher versichern; **12.** *j-n* betrachten als, halten für; **13.** rechnen, zählen (**among** zu); **14.** *Brit.* a) (zur Steuer) veranlagen, b) besteuern; **15.** *Am. sl. et.* wert sein, Anspruch haben auf (*acc.*); **III** *v/i.* **16.** angesehen werden, gelten (**as** als): **~ high** (**low**) hoch (niedrig) ,im Kurs stehen', e-n hohen Stellenwert haben; **~ above** (**below**) rangieren, stehen über (unter) *j-m od. e-r Sache*; **~ high with s.o.** bei j-m e-n Stein im Brett haben; **she** (**it**) **~d high with him** sie (es) galt viel bei ihm; **17. ~ among** zählen zu.

rate² [reɪt] **I** *v/t.* ausschelten (**for, about** wegen); **II** *v/i.* schimpfen (**at** auf *acc.*).

rate·a·bil·i·ty *etc.* → **ratability** *etc.*

rat·ed ['reɪtɪd] *adj.* **1.** (gemeinde)steuerpflichtig; **2.** ⚙ Nenn...: **~ power** Nennleistung *f*.

'**rate,pay·er** *s. Brit.* (Gemeinde)Steuerzahler(in).

rath·er ['rɑ:ðə] *adv.* **1.** ziemlich, fast, etwas: **~ cold** ziemlich kalt; **I would ~ think** ich möchte fast glauben; **I ~ expected it** ich habe es fast erwartet; **2.** lieber, eher (**than** als): **I would** (*od.* **had**) **much ~ go** ich möchte viel lieber gehen; **3.** (**or** oder) vielmehr, eigentlich, besser gesagt; **4.** *bsd. Brit.* F (ja) freilich!, aller'dings!

rat·i·fi·ca·tion [ˌrætɪfɪ'keɪʃn] *s.* **1.** Bestätigung *f*, Genehmigung *f*; **2.** *pol.* Ratifizierung *f*; **rat·i·fy** ['rætɪfaɪ] *v/t.* **1.** bestätigen, genehmigen, gutheißen; **2.** *pol.* ratifizieren.

rat·ing¹ ['reɪtɪŋ] *s.* **1.** (Ab)Schätzung *f*, Bewertung *f*, (*a.* Leistungs)Beurteilung *f*; *ped. Am.* (Zeugnis)Note *f*; *Radio, TV*: Einschaltquote *f*; **2.** (Leistungs-) Stand *m*, Ni'veau *n*; **3.** *fig.* Stellenwert *m*; **4.** ⚓ a) Dienstgrad *m*, b) *Brit.* Mat'rose *m*, c) *pl. Brit.* Leute *pl.* e-s bestimmten Dienstgrades; **5.** ⚓ (Segel-) Klasse *f*; **6.** ✝ Kre'ditwürdigkeit *f*; **7.** Ta'rif *m*; **8.** *Brit.* a) (Gemeindesteuer-) Veranlagung *f*, b) Steuersatz *m*; **9.** ⚙ (Nenn)Leistung *f*, Betriebsdaten *pl.*

rat·ing² ['reɪtɪŋ] *s.* heftige Schelte.

ra·tio ['reɪʃɪəʊ] *pl.* **-tios** *s.* **1.** ⩲ *etc.* Verhältnis *n*: **~ of distribution** Verteilungsschlüssel *m*; **be in the inverse ~** a) im umgekehrten Verhältnis stehen, b) ⩲ umgekehrt proportional sein (**to** zu); **2.** ⩲ Quoti'ent *m*; **3.** ✝ Wertverhältnis *n* zwischen Gold u. Silber; **4.** ⚙ Über'setzungsverhältnis *n* (*e-s Getriebes*).

ra·ti·oc·i·na·tion [ˌrætɪɒsɪ'neɪʃn] *s.* **1.** logisches Denken; **2.** logischer Gedankengang *od.* Schluss.

ra·tion ['ræʃn] **I** *s.* **1.** Rati'on *f*, Zuteilung *f*: **~ card** Lebensmittelkarte *f*; **off the ~** markenfrei; **2.** ⚔ (Tages-) Verpflegungssatz *m*; **3.** *pl.* Lebensmittel *pl.*, Verpflegung *f*; **II** *v/t.* **4.** rationieren, (zwangs)bewirtschaften; **5.** *a.* **~ out** (in Rationen) zuteilen; **6.** ⚔ verpflegen.

ra·tion·al ['ræʃənl] *adj.* □ **1.** vernünftig: a) vernunftmäßig, ratio'nal, b) vernunftbegabt, c) verständig; **2.** zweckmäßig, ratio'nal (*a.* ⩲); **ra·tion·ale** [ˌræʃə'nɑ:l] *s.* **1.** 'Grundprinˌzip *n*; **2.** vernunftmäßige Erklärung.

ra·tion·al·ism ['ræʃnəlɪzəm] *s.* Rationa'lismus *m*; '**ra·tion·al·ist** [-ɪst] **I** *s.* Rationa'list *m*; **II** *adj.* → **ra·tion·al·is·tic** [ˌræʃnə'lɪstɪk] *adj.* (□ **~ally**) rationa'listisch; **ra·tion·al·i·ty** [ˌræʃə'nælətɪ] *s.* **1.** Vernünftigkeit *f*; **2.** Vernunft *f*, Denkvermögen *n*; **ra·tion·al·i·za·tion** [ˌræʃnəlaɪ'zeɪʃn] *s.* **1.** Rationalisieren *n*; **2.** ✝ Rationalisierung *f*; '**ra·tion·al·ize** [-laɪz] **I** *v/t.* **1.** ratio'nal erklären, vernunftgemäß deuten; **2.** ✝ rationalisieren; **II** *v/i.* **3.** ratio'nell verfahren; **4.** rationa'listisch denken.

ra·tion·ing ['ræʃnɪŋ] *s.* Rationierung *f*.

rat| race *s.* **1.** ,Hetzjagd' *f* (*des Lebens*); **2.** harter (Konkur'renz)Kampf; **3.** Teufelskreis *m*; **~ run** *s. Brit.* F *mot.* Ausweichroute *f*, Schleichweg *m*.

rats·bane ['rætsbeɪn] *s.* Rattengift *n*.

rat-tat [ˌræt'tæt], *a.* **rat-tat-tat** [ˌrætə'tæt] **I** *s.* Rattern *n*, Geknatter *n*; **II** *v/i.* knattern.

rat·ten ['rætn] *v/i. bsd. Brit.* (die Arbeit) sabotieren, Sabo'tage treiben.

rat·ter ['rætə] *s.* Rattenfänger *m* (*Hund od. Katze*).

rat·tle ['rætl] **I** *v/i.* **1.** rattern, klappern, rasseln, klirren: **~ at the door** an der Tür rütteln; **~ off** losrattern, davonjagen; **2.** röcheln; rasseln (*Atem*); **3.** *a.* **~ away** *od.* **on** plappern; **II** *v/t.* **4.** rasseln mit *od.* an (*dat.*); an *der Tür etc.* rütteln; mit *Geschirr etc.* klappern; → **sabre** 1; **5.** *a.* **~ off** *Rede etc.* ,her'unterrasseln'; **6.** F *j-n* aus der Fassung bringen, verunsichern; **III** *s.* **7.** Rattern *n*, Gerassel *n*, Klappern *n*; **8.** Rassel *f*, (Kinder)Klapper *f*; **9.** Röcheln *n*; **10.** Lärm *m*, Trubel *m*; **11.** ⚘ a) **red ~** Sumpfläusekraut *n*, b) **yellow ~** Klappertopf *m*; '**~·brain** *s.* Hohl-, Wirrkopf *m*; '**~·brained** [-breɪnd] '**~-ˌpat·ed** [-ˌpeɪtɪd] *adj.* hohl-, wirrköpfig; '**~·snake** *s. zo.* Klapperschlange *f*; '**~·trap** F **I** *s.* **1.** Klapperkasten *m* (*Fahrzeug etc.*); **2.** *mst pl.* (Trödel)Kram *m*; **II** *adj.* **3.** klapperig.

rat·tling ['rætlɪŋ] **I** *adj.* **1.** ratternd, klappernd; **2.** lebhaft; **3.** F schnell: **at a ~ pace** in rasendem Tempo; **4.** F ,toll'; **II** *adv.* **5.** äußerst.

rat·ty ['rætɪ] *adj.* **1.** rattenverseucht; **2.** Ratten...; **3.** *sl.* gereizt, bissig.

rau·cous ['rɔ:kəs] *adj.* □ rau, heiser.

raunch·y ['rɔ:ntʃɪ] *adj.* F **1.** a) ordi'när, *Witz etc. a.* ,dreckig', b) geil, ,scharf'; **2.** derb, di'rekt u. sehr freizügig (*Roman etc.*); **3.** *bsd. Am.* a) ,vergammelt', b) dreckig.

rav·age ['rævɪdʒ] **I** *s.* **1.** Verwüstung *f*, Verheerung *f*; **2.** *pl.* verheerende (Aus-) Wirkungen *pl.*: **the ~s of time** der Zahn der Zeit; **II** *v/t.* **3.** verwüsten, verheeren; plündern: **a face ~d by grief**

R

fig. ein gramzerfurchtes Gesicht; **III** *v/i.* **4.** Verheerungen anrichten.

rave [reɪv] **I** *v/i.* **1.** a) fantasieren, irrereden, b) toben, wüten (*a. fig. Sturm etc.*), c) *fig.* wettern; **2.** schwärmen (***about, of*** von); **II** *s.* **3.** Pracht *f*; **4.** F Schwärme'rei *f*: ***~ review*** ‚Bombenkritik' *f*; **5.** ♪ a) Rave *m*, b) Raveparty *f*; **6.** *Brit. sl.* a) Mode *f*, b) → ***rave-up***.

rav·el ['rævl] **I** *v/t.* **1.** *a.* ***~ out*** ausfasern, auftrennen; entwirren (*a. fig.*); **2.** verwirren, -wickeln (*a. fig.*); **II** *v/i.* **3.** *a.* ***~ out*** sich auftrennen, sich ausfasern; sich entwirren (*a. fig.*); **III** *s.* **4.** Verwirrung *f*, -wicklung *f*; **5.** loser Faden.

ra·ven¹ ['reɪvn] **I** *s. orn.* Rabe *m*; **II** *adj.* (kohl)rabenschwarz.

rav·en² ['rævn] **I** *v/i.* **1.** rauben, plündern; **2.** gierig (fr)essen; **3.** Heißhunger haben; **4.** lechzen (***for*** nach); **II** *v/t.* **5.** (gierig) verschlingen.

rav·en·ous ['rævənəs] *adj.* □ **1.** ausgehungert, heißhungrig (*beide a. fig.*); **2.** gierig (***for*** auf *acc.*): ***~ hunger*** Bärenhunger *m*; **3.** gefräßig; **4.** raubgierig (*Tier*).

'rave-up *s. Brit. sl.* ‚tolle Party'.

ra·vine [rə'viːn] *s.* (Berg)Schlucht *f*, Klamm *f*; Hohlweg *m*.

rav·ing ['reɪvɪŋ] **I** *adj.* □ **1.** tobend, rasend; **2.** fantasierend, delirierend; **3.** F ‚toll', fan'tastisch: ***a ~ beauty***; **II** *s.* **4.** *mst pl.* a) Rase'rei *f*, b) De'lirien *pl.*, Fieberwahn *m*.

rav·ish ['rævɪʃ] *v/t.* **1.** entzücken, hinreißen; **2.** *obs. Frau* a) vergewaltigen, schänden, b) entführen; **3.** *rhet.* rauben, entreißen; **'rav·ish·er** [-ʃə] *s. obs.* **1.** Schänder *m*; **2.** Entführer *m*; **'rav·ish·ing** [-ʃɪŋ] *adj.* □ hinreißend, entzückend.

raw [rɔː] **I** *adj.* □ **1.** roh (*a. fig. grob*); **2.** roh, ungekocht; **3.** ⚙, ✝ roh, Roh..., unbearbeitet, *a.* ungegerbt (*Leder*), ungewalkt (*Tuch*), ungesponnen (*Wolle* etc.), unvermischt, unverdünnt (*Spirituosen*): ***~ material*** Rohmaterial *n*, -stoff *m* (*a. fig.*); ***~ silk*** Rohseide *f*; **4.** *phot.* unbelichtet; **5.** roh, noch nicht ausgewertet: ***~ data***; **6.** *Am.* nagelneu; **7.** wund (gerieben); offen (*Wunde*); **8.** unwirtlich, rau, nasskalt (*Wetter, Klima etc.*); **9.** unerfahren, ‚grün'; **10.** *sl.* gemein: ***a ~ deal*** e-e Gemeinheit; **II** *s.* **11.** wunde *od.* wund geriebene Stelle; **12.** *fig.* wunder Punkt: ***touch s.o. on the ~*** j-n an s-r empfindlichen Stelle treffen; **13.** ✝ Rohstoff *m*; **14.** ***in the ~*** a) im Naturzustand, b) nackt: ***life in the ~*** *fig.* die grausame Härte des Lebens; **'~-boned** *adj.* hager, (grob)knochig; **'~·hide** *s.* **1.** Rohhaut *f*, -leder *n*; **2.** Peitsche *f*.

raw·ness ['rɔːnɪs] *s.* **1.** Rohzustand *m*; **2.** Unerfahrenheit *f*; **3.** Wundsein *n*; **4.** Rauheit *f des Wetters*.

ray¹ [reɪ] **I** *s.* **1.** (Licht)Strahl *m*; **2.** *fig.* (*Hoffnungs- etc.*)Strahl *m*, Schimmer *m*; **3.** *phys.*, ✈, ♆ Strahl *m*: ***~ treatment*** ⚕ Strahlenbehandlung *f*, Bestrahlung *f*; **II** *v/i.* **4.** Strahlen aussenden; **5.** sich strahlenförmig ausbreiten; **III** *v/t.* **6.** *a.* ***~ out*** ausstrahlen; **7.** bestrahlen (*a. phys.*, ⚕), ⚕ F röntgen.

ray² [reɪ] *s. ichth.* Rochen *m*.

ray·on ['reɪɒn] *s.* ✝ 'Kunstseide(nprodukt *n*) *f*: ***~ staple*** Zellwolle *f*.

raze [reɪz] *v/t.* **1.** *Gebäude* niederreißen; *Festung* schleifen: ***~ s.th. to the ground*** et. dem Erdboden gleichmachen; **2.** *fig.* ausmerzen; **3.** ritzen, kratzen, streifen.

ra·zor ['reɪzə] *s.* Rasiermesser *n*: (***safety***) ***~*** Rasierapparat *m*; ***~ blade*** Rasierklinge *f*; ***as sharp as a ~*** messerscharf; ***be on a ~'s edge*** auf des Messers Schneide stehen; ***~ cut*** *s.* Messerschnitt *m* (*a. Frisur*); ***~ strop*** *s.* Streichriemen *m*.

razz [ræz] *v/t. Am. sl.* hänseln, ‚aufziehen'.

raz·zi·a ['ræzɪə] *s. hist.* Raubzug *m*.

raz·zle-daz·zle ['ræzl,dæzl] *s. sl.* **1.** Saufe'rei *f*: ***go on the ~*** ‚auf die Pauke hauen'; **2.** ‚Rummel' *m*; **3.** *Am. sl.* a) ‚Kuddelmuddel' *m, n*, b) ‚Wirbel' *m*, Tam'tam *n*.

re [riː] (*Lat.*) *prp.* **1.** ⚖ in Sachen; **2.** *bsd.* ✝ betrifft, betreffs, bezüglich.

re- *in Zssgn* **1.** [riː] wieder, noch einmal, neu: ***reprint, rebirth***; **2.** [rɪ] zu'rück, wider: ***revert, retract***.

're [ə] F *für* ***are***.

re·ab·sorb [,riːəb'sɔːb] *v/t.* resorbieren.

reach [riːtʃ] **I** *v/t.* **1.** (hin-, her)reichen, über'reichen, geben (***s.o. s.th.*** j-m et.); *j-m e-n Schlag* versetzen; **2.** (her)langen, nehmen: ***~ s.th. down*** et. herunterlangen; **3.** *oft* ***~ out*** (*od.* ***forth***) *Hand etc.* reichen, ausstrecken; **4.** reichen *od.* sich erstrecken bis an (*acc.*) *od.* zu: ***the water ~ed his knees*** das Wasser ging ihm bis an die Knie; **5.** *Zahl, Alter* erreichen; sich belaufen auf (*acc.*); *Auflagenzahl* erleben; **6.** erreichen, erzielen, gelangen zu: ***~ an understanding***; ***~ no conclusion*** zu keinem Schluss gelangen; **7.** *Ziel* erreichen, treffen; **8.** *Ort* erreichen, eintreffen in *od.* an (*dat.*): ***~ home*** nach Hause gelangen; ***~ s.o.'s ear*** j-m zu Ohren kommen; **9.** *j-n* erreichen (*Brief etc.*); **10.** *fig.* (ein)wirken auf (*acc.*), *durch Werbung etc.* ansprechen *od.* gewinnen *od.* erreichen, bei *j-m* (*geistig*) 'durchdringen; **II** *v/i.* **11.** (mit der Hand) reichen *od.* greifen *od.* langen; **12.** *a.* ***~ out*** langen, greifen (***after, for, at*** nach); **13.** reichen, sich erstrecken *od.* ausdehnen (***to*** bis [zu]): ***as far as the eye can ~*** so weit das Auge reicht; **14.** sich belaufen (***to*** auf *acc.*); **III** *s.* **15.** Griff *m*: ***make a ~ for s.th.*** nach et. greifen *od.* langen; **16.** Reich-, Tragweite *f* (*Geschoss, Waffe, Stimme etc.*) (*a. fig.*): ***within ~*** erreichbar; ***within s.o.'s ~*** in j-s Reichweite, für j-n erreichbar *od.* erschwinglich, j-m zugänglich; ***above*** (*od.* ***beyond*** *od.* ***out of***) ***~*** unerreichbar *od.* unerschwinglich (***of*** für); ***within easy ~ of the station*** vom Bahnhof aus leicht zu erreichen; **17.** Bereich *m*, 'Umfang *m*, Ausdehnung *f*; **18.** (geistige) Fassungskraft, Hori'zont *m*; **19.** a) Ka'nalabschnitt *m* (*zwischen zwei Schleusen*), b) Flussstrecke *f*; **'reach·a·ble** [-tʃəbl] *adj.* erreichbar.

'reach-me-,down F **I** *adj.* **1.** Konfektions..., von der Stange; **2.** abgelegt (*Kleider*); **II** *s.* **3.** *mst pl.* Konfekti'onsanzug *m*, Kleid *n* von der Stange, *pl.* Konfekti'onskleidung *f*; **4.** abgelegtes Kleidungsstück *n* (*das von jüngeren Geschwistern etc. weiter getragen wird*).

re·act [rɪ'ækt] **I** *v/i.* **1.** ⚗, ⚕ reagieren (***to*** auf *acc.*): ***slow to ~*** reaktionsträge; **2.** *fig.* (***to***) reagieren, antworten, eingehen (auf *acc.*), (*et.*) aufnehmen; sich verhalten (auf *acc.*, bei): ***~ against*** *e-r Sache* entgegenwirken *od.* widerstreben; **3.** ein-, zu'rückwirken, Rückwirkungen haben ([***up***]***on*** auf *acc.*): ***~ on each other*** sich gegenseitig beeinflussen; **4.** ⚔ e-n Gegenschlag führen; **II** *v/t.* **5.** ⚗ zur Reakti'on bringen.

re-act [,riː'ækt] *v/t. thea. etc.* wieder aufführen.

re·act·ance [rɪ'æktəns] *s.* ⚡ Reak'tanz *f*, Blindwiderstand *m*.

re·ac·tion [rɪ'ækʃn] *s.* **1.** ⚗, ⚕, *phys.* Reakti'on *f*; **2.** Rückwirkung *f*, -schlag *m*, Gegen-, Einwirkung *f* (***from, against*** gegen, [***up***]***on*** auf *acc.*); **3.** *fig.* (***to***) Reakti'on *f* (auf *acc.*), Verhalten *n* (bei), Stellungnahme *f* (zu); **4.** *pol.* Reakti'on *f* (*a. Bewegung*), Rückschritt (-lertum *n*) *m*; **5.** ✝ rückläufige Bewegung, (*Kurs-, Preis- etc.*)Rückgang *m*; **6.** ⚔ Gegenstoß *m*, -schlag *m*; **7.** ⚙ Gegendruck *m*; **8.** ⚡ Rückkopplung *f*, -wirkung *f*; **re'ac·tion·ar·y** [-ʃnərɪ] **I** *adj. bsd. pol.* reaktio'när; **II** *s. pol.* Reaktio'när(in).

re·ac·tion| drive *s.* ⚙ Rückstoßantrieb *m*; **~ time** *s. psych.* Reakti'onszeit *f*.

re'ac·ti·vate [rɪ'æktɪveɪt] *v/t.* reaktivieren; **re·ac·tive** [rɪ'æktɪv] *adj.* □ **1.** reak'tiv, rück-, gegenwirkend; **2.** empfänglich (***to*** für), Reaktions...; **3.** ⚡ Blind...(*-strom, -leistung etc.*); **re·ac·tor** [rɪ'æktə] *s.* **1.** *phys.* ('Kern)Re,aktor *m*: ***~ block*** Reaktorblock *m*; ***~ core*** Reaktorkern *m*; **2.** ⚡ Drossel(spule) *f*.

read¹ [riːd] **I** *v/t.* [*irr.*] **1.** lesen (*a. fig.*): ***~ s.th. into*** et. in *e-n Text* hineinlesen; ***~ off*** *et.* ablesen; ***~ out*** a) *et.* (laut) vorlesen, b) *Buch etc.* auslesen; ***~ over*** a) durchlesen, b) *formell* vor-, verlesen (*Notar etc.*); ***~ up*** a) sich in *et.* einlesen, b) *et.* nachlesen; ***~ s.o.'s face*** in j-s Gesicht lesen; **2.** vor-, verlesen; *Rede etc.* ablesen; **3.** *parl. Vorlage* lesen: ***was read for the third time*** *die Vorlage* wurde in dritter Lesung behandelt; **4.** *Kurzschrift etc.* lesen können; *die Uhr* kennen: ***~ music*** a) Noten lesen, b) nach Noten spielen *etc.*; **5.** *Traum etc.* deuten; → ***fortune*** 3; **6.** *et.* auslegen, auffassen, verstehen: ***do you ~ me?*** a) *Funk*: können Sie mich verstehen?, b) *fig.* haben Sie mich verstanden?; ***we can take it as ~ that*** wir können (also) davon ausgehen, dass; **7.** *Charakter etc.* durch'schauen: ***I ~ you like a book*** ich lese in dir wie in e-m Buch; **8.** ⚙ a) anzeigen (*Messgerät*), b) *Barometerstand etc.* ablesen; **9.** *Rätsel* lösen; **II** *v/i.* [*irr.*] **10.** lesen: ***~ to s.o.*** j-m vorlesen; **11.** e-e Vorlesung *od.* e-n Vortrag halten; **12.** *bsd. Brit.* (***for***) sich vorbereiten (auf *e-e Prüfung etc.*), *et.* studieren: ***~ for the bar*** sich auf den Anwaltsberuf vorbereiten; ***~ up on*** sich in *et.* einlesen *od.* einarbeiten; **13.** sich *gut etc.* lesen lassen; **14.** *so u. so* lauten, heißen: ***the passage ~s as follows***.

read² [red] **I** *pret. u. p.p. von* ***read¹***; **II** *adj.* **1.** gelesen: ***the most-~ book*** das meistgelesene Buch; **2.** belesen (***in*** in *dat.*); → ***well-read***.

read·a·ble ['riːdəbl] *adj.* □ lesbar: a) lesenswert, b) leserlich.

re·ad·dress [,riːə'dres] *v/t.* **1.** *Brief* neu adressieren; **2.** ***~ o.s.*** sich nochmals wenden (***to*** an *j-n*).

read·er ['riːdə] *s.* **1.** Leser(in); **2.** Vorleser(in); **3.** (Verlags)Lektor *m*, (Verlags)Lek,torin *f*; **4.** *typ.* Kor'rektor *m*; **5.** *univ. Brit.* außerordentlicher Pro'fessor, Do'zent(in); **6.** a) *ped.* Lesebuch *n*, b) Antholo'gie *f*; **7.** *Computer*: Lesegerät *n*; '**read·er·ship** [-ʃɪp] *s.* **1.** Vorleseramt *n*; **2.** *univ. Brit.* Do'zentenstelle *f.*

read·i·ly ['redɪlɪ] *adv.* **1.** so'gleich, prompt; **2.** bereitwillig, gern; **3.** leicht, ohne weiteres; '**read·i·ness** [-nɪs] *s.* **1.** Bereitschaft *f*: **~ for war** Kriegsbereitschaft; **in ~** bereit, in Bereitschaft; **place in ~** bereitstellen; **2.** Schnelligkeit *f*, Raschheit *f*, Promptheit *f*: **~ of mind** *od.* **wit** Geistesgegenwart *f*; **3.** Gewandtheit *f*; **4.** Bereitwilligkeit *f*: **~ to help others** Hilfsbereitschaft *f.*

read·ing ['ri:dɪŋ] **I** *s.* **1.** Lesen *n*; *weitS.* Bücherstudium *n*; **2.** (Vor)Lesung *f*, Vortrag *m*; **3.** *parl.* Lesung *f*; **4.** Belesenheit *f*: **a man of vast ~** ein sehr belesener Mann; **5.** Lek'türe *f*, Lesestoff *m*: **this book makes good ~** dieses Buch liest sich gut; **6.** Lesart *f*, Versi'on *f*; **7.** Deutung *f*, Auslegung *f*, Auffassung *f*; **8.** ⚙ Anzeige *f*, Ablesung *f* (*Messgerät*), (*Barometer- etc.*)Stand *m*; **II** *adj.* **9.** Lese...: **~ lamp**; **~ desk** *s.* Lesepult *n*; **~ glass** *s.* Vergrößerungsglas *n*, Lupe *f*; **~ glass·es** *s. pl.* Lesebrille *f*; **~ head** *s. Computer*: Lesekopf *m*; **~ mat·ter** *s.* **1.** Lesestoff *m*; **2.** redaktio'neller Teil (*e-r Zeitung*); **~ pub·lic** *s.* Leserschaft *f*, Leserpublikum *n*; **~ room** *s.* Lesezimmer *n*, -saal *m*.

re·ad·just [ˌri:ə'dʒʌst] *v/t.* **1.** wieder anpassen; ⚙ nachstellen, -richten; **2.** wieder in Ordnung bringen; ☤ sanieren; *pol. etc.* neu orientieren; ˌ**re·ad'just·ment** [-smənt] *s.* **1.** Wieder'anpassung *f*; **2.** Neuordnung *f*; ☤ wirtschaftliche Sanierung; **3.** ⚙ Korrek'tur *f.*

re·ad·mis·sion [ˌri:əd'mɪʃn] *s.* Wieder'zulassung *f* (**to** zu); ˌ**re·ad'mit** [-'mɪt] *v/t.* wieder zulassen.

'**read|-ˌon·ly mem·o·ry** *s. Computer*: (Nur)Lesespeicher *m*, Festwertspeicher *m*; '**~·out** *s. Computer*: Ausgabe *f* (*von lesbaren Worten*): **~ pulse** Leseimpuls *m*; '**~-through** *s. thea.* Leseprobe *f.*

read·y ['redɪ] **I** *adj.* □ → **readily**; **1.** bereit, fertig (**for** zu *et.*): **~ for action** ⚔ einsatzbereit; **~ for sea** ⚓ seeklar; **~ for service** ⚙ betriebsfertig; **~ for take-off** ✈ startbereit; **~ to operate** ⚙ betriebsbereit; **be ~ with s.th.** et. bereithaben *od.* -halten; **get** *od.* **make ~** (sich) bereitmachen *od.* fertig machen; **are you ~? go!** *sport* Achtung, fertig, los!; **2.** bereit(willig), willens, geneigt (**to** zu); **3.** schnell, rasch, prompt: **find a ~ market** (*od.* **sale**) ☤ raschen Absatz finden, gut gehen; **4.** schlagfertig, prompt (*Antwort*), geschickt (*Arbeiter etc.*), gewandt: **a ~ pen** e-e gewandte Feder; **~ wit** Schlagfertigkeit *f*; **5.** im Begriff, nahe dar'an (**to do** zu tun); **6.** ☤ verfügbar, greifbar (*Vermögenswerte*), bar (*Geld*): **~ cash** *od.* **money** Bargeld *n*, -zahlung *f*; **~ money business** Bar-, Kassageschäft *n*; **7.** bequem, leicht: **~ at** (*od.* **to**) **hand** gleich zur Hand; **II** *v/t.* **8.** bereitmachen, fertig machen; **III** *s.* **9.** *mst* **the ~** *sl.* Bargeld *n*; **10.** ⚔ **at the ~** schussbereit (*a. Kamera*); **IV** *adv.* **11.** fertig: **~-built house** Fertighaus *n*; **12. readier** schneller; **readiest** am schnellsten; ˌ**~-'made** *adj.* **1.** Konfektions..., von der Stange: **~ clothes** Konfektion(sbekleidung *f*) *f*; **~ shop** Konfektionsgeschäft *n*; **2.** gebrauchsfertig, Fertig...; **3.** *fig.* schablonisiert, 'fertig', 'vorgekaut'; **4.** *fig.* Patent...: **~ solution**; **~ reck·on·er** *s.* 'Rechentaˌbelle *f*; ˌ**~-to-'serve** *adj.* tischfertig (*Speise*); ˌ**~-to-'wear** → **ready-made 1**; ˌ**~-'wit·ted** *adj.* schlagfertig.

re·af·firm [ˌri:ə'fɜ:m] *v/t.* nochmals versichern *od.* beteuern.

re·af·for·est [ˌri:æ'fɒrɪst] *v/t.* wieder aufforsten.

re·a·gent [ri:'eɪdʒənt] *s.* **1.** ⚗ Re'agens *n*; **2.** *fig.* Gegenkraft *f*, -wirkung *f*; **3.** *psych.* 'Testperˌson *f.*

re·al [rɪəl] **I** *adj.* □ → **really**; **1.** re'al (*a. phls.*), tatsächlich, wirklich, wahr, eigentlich: **~ life** das wirkliche Leben; **the ~ thing** *sl.* das einzig Wahre; **2.** echt (*Seide etc., a. fig. Gefühle, Mann etc.*); **3.** ⚖ a) dinglich, b) unbeweglich: **~ account** ☤ Sach(wert)konto *n*; **~ action** dingliche Klage; **~ assets** unbewegliches Vermögen; **~ estate** *od.* **property** Grundeigentum *n*, Liegenschaften *pl.*, Immobilien *pl.*; **~ stock** ☤ Istbestand *m*; **~ time** *Computer*: Echtzeit *f*; **~ wage** Reallohn *m*; **4.** *phys.*, Ⱥ re'ell (*Bild, Zahl etc.*); **5.** ϟ ohmsch, Wirk...: **~ power** Wirkleistung *f*; **II** *adv.* **6.** *bsd. Am.* F sehr, äußerst, 'richtig': **for ~** echt, im Ernst; **III** *s.* **7. the ~** *phls.* das Reale, die Wirklichkeit; **re·al ale** *s. bsd. Brit.* Real Ale *n* (*nach traditionellen Methoden hergestelltes, fassvergorenes, ungefiltertes u. nicht pasteurisiertes Bier*); '**re·al·ism** [-lɪzəm] *s.* Rea'lismus *m* (*a. phls., lit., paint.*); '**re·al·ist** [-lɪst] **I** *s.* Rea'list(in); **II** *adj.* → **re·al·is·tic** [ˌrɪə'lɪstɪk] *adj.* (□ **~ally**) rea'listisch (*a. phls., lit., paint.*), wirklichkeitsnah, -getreu, sachlich; **re·al·i·ty** [rɪ'ælətɪ] *s.* **1.** Reali'tät *f*, Wirklichkeit *f*: **in ~** in Wirklichkeit, tatsächlich; **2.** Wirklichkeits-, Na'turtreue *f*; **3.** Tatsache *f*, Faktum *n*, Gegebenheit *f*; **re·al·iz·a·ble** ['rɪəlaɪzəbl] *adj.* □ **1.** realisierbar, aus-, 'durchführbar; **2.** ☤ realisierbar, verwertbar, kapitalisierbar, verkäuflich; **re·al·i·za·tion** [ˌrɪəlaɪ'zeɪʃn] *s.* **1.** Realisierung *f*, Verwirklichung *f*, Aus-, 'Durchführung *f*; **2.** Vergegen'wärtigung *f*, Erkenntnis *f*; **3.** ☤ a) Realisierung *f*, Verwertung *f*, b) Liquidati'on *f*, Glattstellung *f*, c) Erzielung *f* *e-s Gewinns*: **~ account** Liquidationskonto *n*; **re·al·ize** ['rɪəlaɪz] *v/t.* **1.** (klar) erkennen, sich klarmachen, begreifen, erfassen: **he ~d that** er sah ein, dass; ihm wurde klar *od.* es kam ihm zum Bewusstsein, dass; **2.** verwirklichen, realisieren, aus-, 'durchführen; **3.** sich *et.* vergegen'wärtigen, sich *et.* (lebhaft) vorstellen; **4.** ☤ a) realisieren, verwerten, zu Geld *od.* flüssig machen, b) *Gewinn, Preis* erzielen; **re·al·ly** ['rɪəlɪ] *adv.* **1.** wirklich, tatsächlich, eigentlich: **not ~** eigentlich nicht; **not ~!** nicht möglich!; **2.** (*rügend*) **~!** ich muss schon sagen!; **3.** unbedingt: **you ~ must come!**

realm [relm] *s.* **1.** Königreich *n*: **Peer of the 2** Mitglied *n* des Oberhauses; **2.** *fig.* Reich *n*, Sphäre *f*; **3.** Bereich *m*, (Fach-)Gebiet *n*.

'**re·al-time clock** *s. Computer*: Echtzeituhr *f.*

re·al·tor ['rɪəltə] *s. Am.* Immo'bilienmakler *m*; '**re·al·ty** [-tɪ] *s.* Grundeigentum *n*, -besitz *m*, Liegenschaften *pl.*

ream[1] [ri:m] *s.* Ries *n* (*480 Bogen Papier*): **printer's ~, long ~** 516 Bogen Druckpapier; **~s and ~s of** *fig.* zahllose, große Mengen von.

ream[2] [ri:m] *v/t.* ⚙ **1.** *Bohrloch etc.* erweitern; **2.** *oft* **~ out** a) *Bohrung* (auf-, aus)räumen, b) *Kaliber* ausbohren, c) nachbohren; '**ream·er** [-mə] *s.* **1.** ⚙ Reib-, Räumahle *f*; **2.** *Am.* Fruchtpresse *f.*

re·an·i·mate [ˌri:'ænɪmeɪt] *v/t.* **1.** wieder beleben; **2.** *fig.* neu beleben.

reap [ri:p] **I** *v/t.* **1.** *Getreide etc.* schneiden, ernten; **2.** *Feld* mähen, abernten; **3.** *fig.* ernten; **II** *v/i.* **4.** mähen, ernten: **he ~s where he has not sown** *fig.* er erntet, wo er nicht gesät hat; '**reap·er** [-pə] *s.* **1.** Schnitter(in), Mäher(in): **the Grim 2** *fig.* der Sensenmann; **2.** 'Mähmaˌschine *f*: **~-binder** Mähbinder *m*.

re·ap·pear [ˌri:ə'pɪə] *v/i.* wieder erscheinen; ˌ**re·ap'pear·ance** [-ərəns] *s.* 'Wiedererscheinen *n*.

re·ap·pli·ca·tion ['ri:ˌæplɪ'keɪʃn] *s.* **1.** wieder'holte Anwendung; **2.** erneutes Gesuch; **re·ap·ply** [ˌri:ə'plaɪ] **I** *v/t.* wieder *od.* wieder'holt anwenden; **II** *v/i.* (**for**) (*et.*) wieder'holt beantragen, erneut e-n Antrag stellen (auf *acc.*); sich erneut bewerben (um).

re·ap·point [ˌri:ə'pɔɪnt] *v/t.* wieder ernennen *od.* einsetzen *od.* anstellen.

re·ap·prais·al [ˌri:ə'preɪzl] *s.* Neubewertung *f*, -beurteilung *f.*

rear[1] [rɪə] **I** *v/t.* **1.** *Kind* auf-, großziehen, erziehen; *Tiere* züchten; *Pflanzen* ziehen; **2.** *Leiter etc.* aufrichten, -stellen; **3.** *rhet. Gebäude* errichten; **4.** *Haupt, Stimme etc.* (er)heben; **II** *v/i.* **5.** *a.* **~ up** sich (auf)bäumen (*Pferd etc.*); **6.** *oft* **~ up** (auf-, hoch)ragen.

rear[2] [rɪə] **I** *s.* **1.** 'Hinter-, Rückseite *f*; *mot.*, ⚓ Heck *n*: **at** (*Am.* **in**) **the ~ of** hinter (*dat.*); **2.** 'Hintergrund *m*: **in the ~ of** im Hintergrund (*gen.*); **3.** ⚔ Nachhut *f*: **bring up the ~** *allg.* die Nachhut bilden, den Zug beschließen; **take in the ~** *den Feind* im Rücken fassen; **4.** F a) 'Hintern' *m*, b) *Brit.* 'Lokus' *m* (*Abort*); **II** *adj.* **5.** hinter, Hinter..., Rück...: **~ axle**: *mot.* Hinterachse *f*; **~ echelon** ⚔ rückwärtiger Stab; **~ engine** *mot.* Heckmotor *m*; **~ ad·mi·ral** *s.* ⚓ 'Konteradmiˌral *m*; **~ drive** *s. mot.* Heckantrieb *m*; **~ end** *s.* **1.** hinter(st)er Teil, Ende *n*; **2.** F 'Hintern' *m*; '**~guard** *s.* ⚔ Nachhut *f*: **~ action** Rückzugsgefecht *n* (*a. fig.*); **~ gun·ner** *s.* ✈ Heckschütze *m*; **~ lamp, ~ light** *s. mot.* Schlusslicht *n*.

re·arm [ˌri:'ɑ:m] **I** *v/t.* wieder bewaffnen; **II** *v/i.* wieder aufrüsten; ˌ**re'ar·ma·ment** [-məmənt] *s.* Wieder'aufrüstung *f*, 'Wiederbewaffnung *f.*

re·ar·range [ˌri:ə'reɪndʒ] *v/t.* neu-, 'umordnen, ändern; ˌ**re·ar'range·ment** [-mənt] *s.* **1.** 'Um-, Neuordnung *f*, Neugestaltung *f*; Änderung *f*; **2.** ⚗ 'Umlagerung *f*; **3.** Ⱥ 'Umschreibung *f.*

rear| sight *s.* ⚔ Kimme *f*; '**~-view mir·ror**, '**~-ˌvi·sion mir·ror** *s. mot.* Rückspiegel *m*.

rear·ward ['rɪəwəd] **I** *adj.* **1.** hinter, rückwärtig; **2.** Rückwärts...; **II** *adv. a.* '**rear·wards** [-dz] nach hinten, rückwärts, zu'rück.

rea·son ['ri:zn] **I** *s.* **1.** *ohne art.* Vernunft *f* (*a. phls.*), Verstand *m*, Einsicht *f*: **Age of 2** *hist. die* Aufklärung; **bring s.o. to ~** j-n zur Vernunft bringen; **listen to ~** Vernunft annehmen; **lose one's ~** den Verstand verlieren; **it stands to ~** es ist klar, es leuchtet ein (**that** dass); **there is ~ in what you say** was du sagst, hat Hand u. Fuß; **in** (**all**) **~** a) in Grenzen, mit Maß u. Ziel, b) mit Recht; **do everything in ~** sein Möglichstes tun (in gewissen Grenzen); **2.** Grund *m* (**of, for** *gen. od.* für), Ursache *f* (**for** *gen.*),

R

Anlass *m*: **the ~ why** (der Grund) weshalb; **by ~ of** wegen (*gen.*), infolge (*gen.*); **for this ~** aus diesem Grund, deshalb; **with ~** aus gutem Grund, mit Recht; **have ~ to do** Grund *od.* Anlass haben, zu tun; **there is no ~ to suppose** es besteht kein Grund zu der Annahme; **there is every ~ to believe** alles spricht dafür (**that** dass); **for ~s best known to oneself** *iro.* aus unerfindlichen Gründen; **3.** Begründung *f*, Rechtfertigung *f*: **~ of state** Staatsräson *f*; **II** *v/i.* **4.** logisch denken; vernünftig urteilen; **5.** schließen, folgern (**from** aus); **6.** (**with**) vernünftig reden (mit *j-m*), (*j-m*) gut zureden, (*j-n*) zu über'zeugen suchen: **he is not to be ~ed with** er lässt nicht mit sich reden; **III** *v/t.* **7.** *a.* **~ out** durch'denken: **~ed** wohl durchdacht; **8.** ergründen (**why** warum, **what** was); **9.** erörtern: **~ away** *et.* wegdisputieren; **~ s.o. into** (**out of**) **s.th.** j-m et. ein-(aus)reden; **10.** schließen, geltend machen (**that** dass); **'rea·son·a·ble** [-nəbl] *adj.* □ → **reasonably**; vernünftig: a) vernunftgemäß, b) verständig, einsichtig (*Person*), c) angemessen, annehmbar, tragbar, billig (*Forderung*), zumutbar (*Bedingung, Frist, Preis etc.*): **~ doubt** berechtigter Zweifel; **~ care and diligence** ⚖ die im Verkehr erforderliche Sorgfalt; **'rea·son·a·ble·ness** [-nəblnɪs] *s.* **1.** Vernünftigkeit *f*, Verständigkeit *f*; **2.** Annehmbarkeit *f*, Zumutbarkeit *f*, Billigkeit *f*; **'rea·son·a·bly** [-nəblɪ] *adv.* **1.** vernünftig; **2.** vernünftiger-, billigerweise; **3.** ziemlich, leidlich: **~ good**; **'rea·son·er** [-nə] *s.* logischer Geist (*Person*); **'rea·son·ing** [-nɪŋ] **I** *s.* **1.** Denken *n*, Folgern *n*, Urteilen *n*; **2.** *a.* **line of ~** Gedankengang *m*; **3.** Argumentati'on *f*, Beweisführung *f*; **4.** Schluss(folgerung *f*) *m*, Schlüsse *pl.*; **5.** Argu'ment *n*, Beweis *m*; **II** *adj.* **6.** Denk..., Urteils...

re·as·sem·ble [ˌriːə'sembl] *v/t.* **1.** (*v/i.* sich) wieder versammeln; **2.** ⚙ wieder zs.-bauen.

re·as·sert [ˌriːə'sɜːt] *v/t.* **1.** erneut feststellen; **2.** wieder behaupten; **3.** wieder geltend machen.

re·as·sess·ment [ˌriːə'sesmənt] *s.* **1.** neuerliche (Ab)Schätzung; **2.** ✝ Neuveranlagung *f*; **3.** *fig.* Neubeurteilung *f*.

re·as·sur·ance [ˌriːə'ʃʊərəns] *s.* **1.** Beruhigung *f*; **2.** nochmalige Versicherung, Bestätigung *f*; **3.** ✝ Rückversicherung *f*; **re·as·sure** [ˌriːə'ʃʊə] *v/t.* **1.** *j-n* beruhigen; **2.** *et.* nochmals versichern *od.* beteuern; **3.** ✝ wieder versichern; **ˌre·as'sur·ing** [-ərɪŋ] *adj.* □ beruhigend.

re·bap·tism [ˌriː'bæptɪzəm] *s.* 'Wiedertaufe *f*; **re·bap·tize** [ˌriːbæp'taɪz] *v/t.* **1.** 'wiedertaufen; **2.** 'umtaufen.

re·bate[1] ['riːbeɪt] *s.* **1.** Ra'batt *m*, (Preis-)Nachlass *m*, Abzug *m*; **2.** Zu'rückzahlung *f*, (Rück)Vergütung *f*.

re·bate[2] ['ræbɪt] → **rabbet**.

reb·el ['rebl] **I** *s.* Re'bell(in), Empörer(-in) (*beide a. fig.*), Aufrührer(in); **II** *adj.* re'bellisch, aufrührerisch; Rebellen...; **III** *v/i.* [rɪ'bel] rebellieren, sich empören *od.* auflehnen (**against** gegen); **re·bel·lion** [rɪ'beljən] *s.* **1.** Rebelli'on *f*, Aufruhr *m*, Aufstand *m*, Empörung *f* (**against, to** gegen); **2.** Auflehnung *f*, offener Widerstand; **re'bel·lious** [rɪ'beljəs] *adj.* □ **1.** re'bellisch: a) aufrührerisch, -ständisch, b) *fig.* aufsässig, widerspenstig (*a. Sache*); **2.** ⚕ hartnäckig (*Krankheit*).

re·birth [ˌriː'bɜːθ] *s.* 'Wiedergeburt *f* (*a. fig.*).

re·boot [ˌriː'buːt] *v/t. Computer*: neu starten.

re·bore [ˌriː'bɔː] *v/t.* ⚙ **1.** *Loch* nachbohren; **2.** *Motorzylinder* ausschleifen.

re·born [ˌriː'bɔːn] *adj.* wieder geboren, neugeboren (*a. fig.*).

re·bound[1] **I** *v/i.* [rɪ'baʊnd] **1.** zu'rückprallen, -schnellen; **2.** *fig.* zu'rückfallen (**upon** auf *acc.*); **II** *s.* ['riːbaʊnd] **3.** Zu'rückprallen *n*; **4.** Rückprall *m*; **5.** Widerhall *m*; **6.** *fig.* Reakti'on *f* (**from** auf *e-n Rückschlag etc.*): **on the ~** a) als Reaktion darauf, b) in e-r Krise (befindlich); **take s.o. on** (*od.* **at**) **the ~** j-s Enttäuschung ausnutzen; **7.** *sport* Abpraller *m*.

re·bound[2] [ˌriː'baʊnd] *adj.* neu gebunden (*Buch*).

re·broad·cast [ˌriː'brɔːdkɑːst] **I** *v/t.* [*irr.* → **cast**] **1.** *Radio, TV*: *e-e Sendung* wieder'holen; **2.** durch Re'lais(statiˌonen) über'tragen; **II** *v/i.* [*irr.* → **cast**] **3.** über Re'lais(statiˌonen) senden: **~ing station** Ballsender *m*; **III** *s.* **4.** Wieder'holungssendung *f*; **5.** Re'laisüberˌtragung *f*, Ballsendung *f*.

re·buff [rɪ'bʌf] **I** *s.* **1.** (schroffe) Abweisung, Abfuhr *f*: **meet with a ~** abblitzen; **II** *v/t.* **2.** zu'rück-, abweisen, abblitzen lassen; **3.** *Angriff* abweisen, zu'rückschlagen.

re·build [ˌriː'bɪld] *v/t.* [*irr.* → **build**] **1.** wieder aufbauen (*a. fig.*); **2.** 'umbauen; **3.** *fig.* wieder'herstellen.

re·buke [rɪ'bjuːk] **I** *v/t.* **1.** *j-n* rügen, rüffeln, zu'rechtweisen, *j-m* e-n scharfen Verweis erteilen; **2.** *et.* scharf tadeln, rügen; **II** *s.* **3.** Rüge *f*, (scharfer) Tadel, Rüffel *m*.

re·bus ['riːbəs] *pl.* **-bus·es** [-sɪz] *s.* Rebus *m, n*, Bilderrätsel *n*.

re·but [rɪ'bʌt] *bsd.* ⚖ **I** *v/t.* wider'legen, entkräften; **II** *v/i.* den Gegenbeweis antreten; **re'but·tal** [-tl] *s. bsd.* ⚖ Wider'legung *f*, Entkräftung *f*; **re'but·ter** [-tə] *s. bsd.* ⚖ Gegenbeweis *m*.

re·cal·ci·trance [rɪ'kælsɪtrəns] *s.* Widerspenstigkeit *f*; **re'cal·ci·trant** [-nt] *adj.* widerspenstig.

re·call [rɪ'kɔːl] **I** *v/t.* **1.** zu'rückrufen, *Gesandten etc.* abberufen; ✝ *defekte Autos etc.* (in die Werkstatt) zu'rückrufen; **2.** sich erinnern an (*acc.*), sich *et.* ins Gedächtnis zurückrufen; **3.** *j-n* erinnern (**to** an *acc.*): **~ s.th. to s.o.** (*od.* **to s.o.'s mind**) j-m et. ins Gedächtnis zurückrufen; **4.** *poet. Gefühl* wieder wachrufen; **5.** *Versprechen etc.* zu'rücknehmen, wider'rufen: **until ~ed** bis auf Widerruf; **6.** ✝ *Kapital, Kredit etc.* (auf)kündigen; **II** *s.* **7.** Zu'rückrufung *f*, Abberufung *f e-s Gesandten etc.*; ⚙, ✝ Rückruf *m* (*in die Werkstatt*); **8.** Widerruf *m*, Zu'rücknahme *f*: **beyond** (*od.* **past**) **~** unwiderruflich, unabänderlich; **9.** ✝ (Auf)Kündigung *f*, Aufruf *m*; **10.** ⚔ Si'gnal *n* zum Sammeln; **11.** (**total** abso'lutes) Gedächtnis; **~ test** *s. ped.* Nacherzählung *f*.

re·cant [rɪ'kænt] **I** *v/t. Behauptung* (form'mell) zu'rücknehmen, wider'rufen; **II** *v/i.* (öffentlich) wider'rufen, Abbitte tun; **re·can·ta·tion** [ˌriːkæn'teɪʃn] *s.* Wider'rufung *f*.

re·cap[1] [ˌriː'kæp] *v/t.* ⚙ *Am. Autoreifen* runderneuern.

re·cap[2] ['riːkæp] F *für* **recapitulate, recapitulation**.

re·cap·i·tal·i·za·tion ['riːˌkæpɪtəlaɪ'zeɪʃn] *s.* ✝ Neukapitalisierung *f*.

re·ca·pit·u·late [ˌriːkə'pɪtjʊleɪt] *v/t. u. v/i.* rekapitulieren (*a. biol.*), (kurz) zs.-fassen *od.* wieder'holen; **re·ca·pit·u·la·tion** ['riːkəˌpɪtjʊ'leɪʃn] *s.* ˌRekapitulati'on *f* (*a. biol.*), kurze Wieder'holung *od.* Zs.-fassung.

re·cap·ture [ˌriː'kæptʃə] **I** *v/t.* **1.** *et.* wieder (in Besitz) nehmen, 'wiedererlangen; *j-n* wieder ergreifen; **2.** ⚔ zu'rückerobern; **II** *s.* **3.** 'Wiedererlangung *f*, -ergreifung *f*; ⚔ Zu'rückeroberung *f*.

re·cast [ˌriː'kɑːst] **I** *v/t.* [*irr.* → **cast**] **1.** ⚙ 'umgießen; **2.** 'umformen, neu-, 'umgestalten; **3.** *thea. Stück, Rolle* 'umbesetzen; *Rollen* neu verteilen; **4.** 'durchrechnen; **II** *s.* **5.** ⚙ 'Umguss *m*; **6.** 'Umarbeitung *f*, 'Umgestaltung *f*; **7.** *thea.* Neu-, 'Umbesetzung *f*.

re·cede [rɪ'siːd] *v/i.* **1.** zu'rücktreten, -weichen: **receding** fliehend (*Kinn, Stirn*); **2.** ent-, verschwinden; *fig. in den Hintergrund* treten; **3.** *fig.* (**from**) zurücktreten (von *e-m Amt, Vertrag*), (von *e-r Sache*) Abstand nehmen, (*e-e Ansicht*) aufgeben; *bsd.* ✝ zu'rückgehen, im Wert fallen.

re·ceipt [rɪ'siːt] **I** *s.* **1.** Empfang *m e-s Briefes etc.*, Erhalt *m*; Annahme *f e-r Sendung*; Eingang *m von Waren*: **on ~ of** bei *od.* nach Empfang (*gen.*); **be in ~ of** im Besitz *e-r Sendung etc.* sein; **2.** Empfangsbestätigung *f*, Quittung *f*, Beleg *m*: **~ stamp** Quittungsstempel *m*; **3.** *pl.* ✝ Einnahmen *pl.*, Eingänge *pl.*, eingehende Gelder *pl. od.* Waren *pl.*; **4.** *obs.* ('Koch)ReˌZept *n*; **II** *v/t. u. v/i.* **5.** quittieren.

re·ceiv·a·ble [rɪ'siːvəbl] *adj.* **1.** annehmbar, zulässig (*Beweis etc.*): **be ~** als gesetzliches Zahlungsmittel gelten; **2.** ✝ ausstehend (*Forderung, Gelder, Guthaben*), debi'torisch (*Posten*): **accounts ~, ~s** *s. pl.* Außenstände, Forderungen; **bills ~** Rimessen; **re·ceive** [rɪ'siːv] **I** *v/t.* **1.** *Brief etc., a weitS. Befehl, Eindruck, Radiosendung, Sakramente, Wunde* empfangen, *a. Namen, Schock, Treffer* erhalten, bekommen; *Aufmerksamkeit* finden, auf sich ziehen; *Neuigkeit* erfahren; **2.** in Empfang nehmen, annehmen, *a. Beichte, Eid* entgegennehmen; *Geld etc.* einnehmen: **~ stolen goods** ⚖ Hehlerei treiben; **3.** *j-n* bei sich aufnehmen, beherbergen; **4.** *Besucher, a. weitS. Schauspieler etc.* empfangen (**with applause** mit Beifall); **5.** *j-n* aufnehmen (**into** in *e-e Gemeinschaft*); *j-n* zulassen; **6.** *Nachricht etc.* aufnehmen, reagieren auf (*acc.*): **how did he ~ this offer?**; **7.** *et.* erleben, erleiden, erfahren; *Beleidigung* einstecken; *Armbruch etc.* da'vontragen; **8.** ⚙ *Flüssigkeit, Schraube etc.* aufnehmen; **9.** *et.* (als gültig) anerkennen; **II** *v/i.* **10.** (Besuch) empfangen; **11.** *eccl.* das Abendmahl empfangen, *R.C.* kommunizieren; **re'ceived** [-vd] *adj.* **1.** erhalten: **~ with thanks** dankend erhalten; **2.** allgemein anerkannt: **~ text** echter *od.* authentischer Text; **3.** gültig, kor'rekt, vorschriftsmäßig; **re'ceiv·er** [-və] *s.* **1.** Empfänger(in); **2.** (Steuer-, Zoll)Einnehmer *m*; **3.** *a.* **official ~** ⚖ a) (gerichtlich bestellter) Zwangs- *od.* Kon'kurs- *od.* Masseverwalter, b) Liqui'dator *m*, c) Treuhänder *m*; **4.** *a.* **~ of stolen goods** ⚖ Hehler

(-in); **5.** (Radio-, Funk)Empfänger, (-)Empfangsgerät *n*; **6.** *teleph.* Hörer *m*; **7.** ⚙ (Sammel)Becken *n*, (-)Behälter *m*; **8.** ⚗, *phys.* Rezipi'ent *m*; **re'ceiv·er·ship** [-vəʃɪp] *s.* ⚖ Zwangs-, Kon'kursverwaltung *f*, Geschäftsaufsicht *f*; **re'ceiv·ing** [-vɪŋ] *s.* **1.** Annahme *f*: **~ *hopper*** ⚙ Schüttrumpf *m*; **~ *office*** Annahmestelle *f*; **~ *order*** ⚖ Konkurseröffnungsbeschluss *m*; **2.** *Funk*: Empfang *m*: **~ *set*** → ***receiver*** 5; **~ *station*** Empfangsstation *f*; **3.** ⚖ Hehle'rei *f*.

re·cen·cy ['riːsnsɪ] *s.* Neuheit *f*.

re·cen·sion [rɪ'senʃn] *s.* **1.** Prüfung *f*, Revisi'on *f*, 'Durchsicht *f e-s Textes etc.*; **2.** revidierter Text.

re·cent ['riːsnt] *adj.* □ **1.** vor kurzem *od.* unlängst (geschehen *od.* entstanden *etc.*): ***the ~ events*** die jüngsten Ereignisse; **2.** neu, jung, frisch: ***of ~ date*** neueren *od.* jüngeren Datums; **3.** neu, mo'dern; **'re·cent·ly** [-lɪ] *adv.* kürzlich, vor kurzem, unlängst, neulich.

re·cep·ta·cle [rɪ'septəkl] *s.* **1.** Behälter *m*, Gefäß *n*; **2.** *a.* ***floral ~*** ⚘ Fruchtboden *m*; **3.** ϟ a) Steckdose *f*, b) Gerätbuchse *f*.

re·cep·tion [rɪ'sepʃn] *s.* **1.** Empfang *m* (*a. Funk, TV*), Annahme *f*; **2.** Zulassung *f*; **3.** Aufnahme *f* (*a. fig.*): ***meet with a favo(u)rable ~*** e-e günstige Aufnahme finden (*Buch etc.*); **4.** (offizi'eller) Empfang, *a.* Empfangsabend *m*: ***a warm (cool) ~*** ein herzlicher (kühler) Empfang; **~ *room*** Empfangszimmer *n*; **re'cep·tion·ist** [-ʃənɪst] *s.* **1.** Empfangsdame *f*; **2.** ⚕ Sprechstundenhilfe *f*.

re·cep·tive [rɪ'septɪv] *adj.* □ aufnahmefähig, empfänglich (***of*** für); **re·cep·tiv·i·ty** [ˌresep'tɪvətɪ] *s.* Aufnahmefähigkeit *f*, Empfänglichkeit *f*.

re·cess [rɪ'ses] **I** *s.* **1.** (zeitweilige) Unter'brechung (*a.* ⚖ *der Verhandlung*), (*Am. a.* Schul)Pause *f*, *bsd. parl.* Ferien *pl.*; **2.** Schlupfwinkel *m*, stiller Winkel; **3.** △ (Wand)Aussparung *f*, Nische *f*, Al'koven *m*; **4.** ⚙ Aussparung *f*, Vertiefung *f*, Einschnitt *m*; **5.** *pl. fig. das* Innere, Tiefe(n *pl.*) *f*, geheime Winkel *pl. des Herzens etc.*; **II** *v/t.* **6.** in e-e Nische stellen, zu'rücksetzen; **7.** aussparen; ausbuchten, einsenken, vertiefen; **III** *v/i.* **8.** *Am.* e-e Pause *od.* Ferien machen, unter'brechen, sich vertagen.

re·ces·sion [rɪ'seʃn] *s.* **1.** Zu'rücktreten *n*; **2.** *eccl.* Auszug *m*; **3.** △ *etc.* Vertiefung *f*; **4.** ☤ Rezessi'on *f*, (leichter) Konjunk'turrückgang: ***period of ~*** Rezessionsphase *f*; **re'ces·sion·al** [-ʃənl] **I** *adj.* **1.** *eccl.* Schluss...; **2.** *parl.* Ferien...; **3.** ☤ Rezessions...; **II** *s.* **4.** *a.* **~ *hymn*** 'Schlussschoˌral *m*.

re·charge [ˌriː'tʃɑːdʒ] *v/t.* **1.** wieder (be-)laden; **2.** ⚔ a) von neuem angreifen, b) nachladen; **3.** ϟ *Batterie* wieder aufladen.

re·cher·ché [rə'ʃeəʃeɪ] (*Fr.*) *adj. fig.* **1.** ausgesucht, exqui'sit; **2.** *iro.* gesucht, prezi'ös.

re·chris·ten [ˌriː'krɪsn] → ***rebaptize***.

re·cid·i·vism [rɪ'sɪdɪvɪzəm] *s.* ⚖ Rückfall *m*, -fälligkeit *f*; **re'cid·i·vist** [-ɪst] *s.* Rückfällige(r *m*) *f*; **re'cid·i·vous** [-vəs] *adj.* rückfällig.

rec·i·pe ['resɪpɪ] *s.* ('Koch)Reˌzept *n*.

re·cip·i·ent [rɪ'sɪpɪənt] **I** *s.* **1.** Empfänger (-in); **II** *adj.* **2.** aufnehmend; **3.** empfänglich (***of, to*** für).

re·cip·ro·cal [rɪ'sɪprəkl] **I** *adj.* □ **1.** wechsel-, gegenseitig, *Vertrag, Versicherung* auf Gegenseitigkeit: **~ *service*** Gegendienst *m*; **~ *relationship*** Wechselbeziehung *f*; **2.** 'umgekehrt; **3.** Ⱥ, *ling.*, *phls.* rezi'prok; **II** *s.* **4.** Gegenstück *n*; **5.** *a.* **~ *value*** Ⱥ rezi'proker Wert, Kehrwert *m*; **re'cip·ro·cate** [-keɪt] **I** *v/t.* **1.** *Gefühle etc.* erwidern, vergelten; *Glückwünsche etc.* austauschen; **II** *v/i.* **2.** sich erkenntlich zeigen, sich revanchieren (***for*** für, ***with*** mit): ***glad to ~*** zu Gegendiensten gern bereit; **3.** in Wechselbeziehung stehen; **4.** ⚙ sich hin- u. herbewegen: ***reciprocating engine*** Kolbenmaschine *f*, -motor *m*; **re·cip·ro·ca·tion** [rɪˌsɪprə'keɪʃn] *s.* **1.** Erwiderung *f*; **2.** Erkenntlichkeit *f*; **3.** Austausch *m*; **4.** Wechselwirkung *f*; **5.** ⚙ ˌHinund'herbewegung *f*; **rec·i·proc·i·ty** [ˌresɪ'prɒsətɪ] *s.* Reziprozi'tät *f*; Gegenseitigkeit *f* (*a.* ☤ *in Verträgen etc.*): **~ *clause*** Gegenseitigkeitsklausel *f*.

re·cit·al [rɪ'saɪtl] *s.* **1.** Vortrag *m*, -lesung *f*; **2.** ♪ (Solo)Vortrag *m*, (*Orgel- etc.*) Kon'zert *n*: ***lieder ~*** Liederabend *m*; **3.** Bericht *m*, Schilderung *f*; **4.** Aufzählung *f*; **5.** ⚖ a) *a.* **~ *of fact*** Darstellung *f* des Sachverhalts, b) Prä'ambel *f e-s Vertrags etc.*; **rec·i·ta·tion** [ˌresɪ'teɪʃn] *s.* **1.** Auf-, Hersagen *n*, Rezitieren *n*; **2.** Vortrag *m*, Rezitati'on *f*; **3.** *ped. Am.* Abfrage-, Übungsstunde *f*; **4.** Vortragsstück *n*, rezitierter Text; **rec·i·ta·tive** [ˌresɪtə'tiːv] ♪ **I** *adj.* rezita'tivartig; **II** *s.* Rezita'tiv *n*, Sprechgesang *m*; **re·cite** [rɪ'saɪt] *v/t.* **1.** (auswendig) her- *od.* aufsagen; **2.** rezitieren, vortragen, deklamieren; **3.** ⚖ a) *Sachverhalt* darstellen, b) anführen, zitieren; **re'cit·er** [-tə] *s.* **1.** Rezi'tator *m*, Rezita'torin *f*, Vortragskünstler(in); **2.** Vortragsbuch *n*.

reck·less ['reklɪs] *adj.* □ **1.** unbesorgt, unbekümmert (***of*** um); ***be ~ of*** sich nicht kümmern um; **2.** sorglos; leichtsinnig; verwegen; **3.** rücksichtslos; ⚖ (bewusst *od.* grob) fahrlässig; **'reck·less·ness** [-nɪs] *s.* **1.** Unbesorgtheit *f*, Unbekümmertheit *f* (***of*** um); **2.** Sorglosigkeit *f*, Leichtsinn *m*, Verwegenheit *f*; **3.** Rücksichtslosigkeit *f*.

reck·on ['rekən] **I** *v/t.* **1.** (be-, er)rechnen: **~ *in*** einrechnen; **~ *over*** nachrechnen; **~ *up*** a) auf-, zs.-zählen, b) *j-n* einschätzen; **2.** halten für: **~ *as od. for*** betrachten als; **~ *among od. with*** rechnen *od.* zählen zu (*od.* unter *acc.*); **3.** der Meinung sein (***that*** dass); **II** *v/i.* **4.** zählen, rechnen: **~ *with*** a) rechnen mit (*a. fig.*), b) abrechnen mit (*a. fig.*); ***he is to be ~ed with*** mit ihm muss man rechnen; **~ *without*** nicht rechnen mit; **~ *(up)on*** *fig.* rechnen *od.* zählen auf *j-n, j-s Hilfe etc.*; ***I ~*** schätze ich, glaube ich; → ***host***[2] 2; **reck·on·er** ['reknə] *s.* **1.** Rechner(in); **2.** → ***ready reckoner***; **reck·on·ing** ['reknɪŋ] *s.* **1.** Rechnen *n*; **2.** Berechnung *f*, Kalkulati'on *f*; ⚓ Gissung *f*: ***dead ~*** gegisstes Besteck; ***be out of*** (*od.* ***out in***) ***one's ~*** sich verrechnet haben (*a. fig.*); **3.** Abrechnung *f*: ***day of ~*** a) *bsd. fig.* Tag *m* der Abrechnung, b) *eccl. der Jüngste Tag*; **4.** *obs.* Rechnung *f*, Zeche *f*.

re·claim [rɪ'kleɪm] *v/t.* **1.** *Eigentum, Rechte etc.* zu'rückfordern, her'ausverlangen, reklamieren; **2.** *Land* urbar machen, kultivieren, trockenlegen; **3.** *Tiere* zähmen; **4.** *Volk* zivilisieren; **5.** ⚙ *aus Altmaterial* gewinnen, *Altöl, Gummi etc.* regenerieren; **6.** *fig.* a) *j-n* bekehren, bessern, b) *j-n* zu'rückbringen, -führen (***from*** von, ***to*** zu); **re'claim·a·ble** [-məbl] *adj.* □ **1.** (ver)besserungsfähig; **2.** kul'turfähig (*Land*); **3.** ⚙ regenerierfähig.

rec·la·ma·tion [ˌreklə'meɪʃn] *s.* **1.** Reklamati'on *f*: a) Rückforderung *f*, b) Beschwerde *f*; **2.** *fig.* Bekehrung *f*, Besserung *f*, Heilung *f* (***from*** von); **3.** Urbarmachung *f*, Neugewinnung *f* (*von Land*); **4.** ⚙ Rückgewinnung *f*.

re·cline [rɪ'klaɪn] **I** *v/i.* **1.** sich (an-, zu'rück)lehnen: ***reclining chair*** (verstellbarer) Lehnstuhl; **2.** ruhen, liegen (***on, upon*** an, auf *dat.*); **3.** *fig.* **~ *upon*** sich stützen auf (*acc.*); **II** *v/t.* **4.** (an-, zu'rück)lehnen, legen (***on, upon*** auf *acc.*).

re·cluse [rɪ'kluːs] **I** *s.* **1.** Einsiedler(in); **II** *adj.* **2.** einsam, abgeschieden (***from*** von); **3.** einsiedlerisch.

rec·og·ni·tion [ˌrekəg'nɪʃn] *s.* **1.** ('Wieder)Erkennen *n*: **~ *vocabulary*** *ling.* passiver Wortschatz; ***beyond ~, out of ~, past (all) ~*** (bis) zur Unkenntlichkeit *verändert, verstümmelt etc.*; ***the capital has changed beyond (all) ~*** die Hauptstadt ist (überhaupt) nicht wieder zu erkennen; **2.** Erkenntnis *f*; **3.** Anerkennung *f* (*a. pol.*): ***in ~ of*** als Anerkennung für; ***win ~*** sich durchsetzen, Anerkennung finden; **rec·og·niz·a·ble** ['rekəgnaɪzəbl] *adj.* □ (wieder) erkennbar, kenntlich; **re·cog·ni·zance** [rɪ'kɒgnɪzəns] *s.* **1.** ⚖ schriftliche Verpflichtung; (Schuld)Anerkenntnis *n*, *f*: ***enter into ~s*** sich gerichtlich binden; **2.** ⚖ Sicherheitsleistung *f*, Kauti'on *f*; **re·cog·ni·zant** [rɪ'kɒgnɪzənt] *adj.*: ***be ~ of*** anerkennen; **rec·og·nize** ['rekəgnaɪz] *v/t.* **1.** (wieder) erkennen; **2.** *j-n, e-e Regierung, Schuld etc., a. lobend* anerkennen: **~ *that*** zugeben, dass; **3.** No'tiz nehmen von; **4.** *auf der Straße* grüßen; **5.** *j-m* das Wort erteilen.

re·coil **I** *v/i.* [rɪ'kɔɪl] **1.** zu'rückprallen; zu'rückstoßen (*Gewehr etc.*); **2.** *fig.* zu'rückprallen, -schrecken, -schaudern (***at, from*** vor *dat.*); **3.** **~ *on*** *fig.* zu'rückfallen auf (*acc.*); **II** *s.* ['riːkɔɪl] **4.** Rückprall *m*; **5.** ⚔ a) Rückstoß *m* (*Gewehr*), b) (Rohr)Rücklauf *m* (*Geschütz*); **re'coil·less** [-lɪs] *adj.* ⚔ rückstoßfrei.

rec·ol·lect [ˌrekə'lekt] *v/t.* sich erinnern (*gen.*) *od.* an (*acc.*), sich *et.* ins Gedächtnis zu'rückrufen.

re-col·lect [ˌriːkə'lekt] *v/t.* wieder sammeln (*a. fig.*): **~ *o.s.*** sich fassen.

rec·ol·lec·tion [ˌrekə'lekʃn] *s.* Erinnerung *f* (*Vermögen u. Vorgang*), Gedächtnis *n*: ***it is within my ~*** es ist mir erinnerlich; ***to the best of my ~*** soweit ich mich (daran) erinnern kann.

re·com·mence [ˌriːkə'mens] *v/t. u. v/i.* wieder beginnen.

rec·om·mend [ˌrekə'mend] *v/t.* **1.** empfehlen (***s.th. to s.o.*** j-m et.): **~ *s.o. for a post*** j-n für e-n Posten empfehlen; **~ *caution*** Vorsicht empfehlen, zu Vorsicht raten; **2.** empfehlen, anziehend machen: ***his manners ~ him***; **3.** (an-)empfehlen, anvertrauen: **~ *o.s. to s.o.***; **ˌrec·om'mend·a·ble** [-dəbl] *adj.* □ empfehlenswert; **rec·om·men·da·tion** [ˌrekəmen'deɪʃn] *s.* **1.** Empfehlung *f* (*a. fig. Eigenschaft*), Befürwortung *f*, Vorschlag *m*: ***on the ~ of*** auf Empfehlung von; **2.** *a.* ***letter of ~*** Empfehlungsschreiben *n*; **ˌrec·om'mend·a·to·ry** [-dətərɪ] *adj.* empfehlend, Empfehlungs...

R

re·com·mis·sion [ˌriːkəˈmɪʃn] *v/t.* **1.** wieder anstellen *od.* beauftragen; ⚔ *Offizier* reaktivieren; **2.** ⚓ *Schiff* wieder in Dienst stellen.
re·com·mit [ˌriːkəˈmɪt] *v/t.* **1.** *parl. Gesetzesvorlage* an e-n Ausschuss zuˈrückverweisen; **2.** ⚖ *j-n* erneut einweisen (**to** in *e-e Strafanstalt etc.*).
re·com·pense [ˈrekəmpens] **I** *v/t.* **1.** *j-n* belohnen, entschädigen (**for** für); **2.** *et.* vergelten, belohnen (**to s.o.** j-m); **3.** *et.* erstatten, ersetzen, wieder gutmachen; **II** *s.* **4.** Belohnung *f*; *a. b.s.* Vergeltung *f*; **5.** Entschädigung *f*, Ersatz *m*.
re·com·pose [ˌriːkəmˈpəʊz] *v/t.* **1.** wieder zs.-setzen; **2.** neu (an)ordnen, ˈumgestalten, -gruppieren; **3.** *fig.* wieder beruhigen; **4.** *typ.* neu setzen.
rec·on·cil·a·ble [ˈrekənsaɪləbl] *adj.* **1.** versöhnbar; **2.** vereinbar (**with** mit); **rec·on·cile** [ˈrekənsaɪl] *v/t.* **1.** *j-n* ver-, aussöhnen (**to**, **with** mit): **~ o.s. to**, **become ~d to** *fig.* sich versöhnen *od.* abfinden *od.* befreunden mit *et.*, sich fügen *od.* finden in (*acc.*); **2.** *fig.* in Einklang bringen, abstimmen (**with**, **to** mit); **3.** *Streit* beilegen, schlichten; **rec·on·cil·i·a·tion** [ˌrekənsɪlɪˈeɪʃn] *s.* **1.** Ver-, Aussöhnung *f* (**to**, **with** mit); **2.** Beilegung *f*, Schlichtung *f*; **3.** Ausgleich(ung *f*) *m*, Einklang *m* (**between** zwischen *dat.*, unter *dat.*).
rec·on·dite [rɪˈkɒndaɪt] *adj.* □ *fig.* tief(-gründig), abˈstrus, dunkel.
re·con·di·tion [ˌriːkənˈdɪʃn] *v/t. bsd.* ⚙ wieder inˈstandsetzen, überˈholen, erneuern.
re·con·nais·sance [rɪˈkɒnɪsəns] *s.* ⚔ a) Erkundung *f*, Aufklärung *f*, b) *a.* **~ party** *od.* **patrol** Spähtrupp *m*: **~ car** Spähwagen *m*; **~ plane** Aufklärungsflugzeug *n*, Aufklärer *m*.
rec·on·noi·ter *Am.*, **rec·on·noi·tre** *Brit.* [ˌrekəˈnɔɪtə] *v/t.* ⚔ erkunden, aufklären, auskundschaften (*a. fig.*), rekognoszieren (*a. geol.*).
re·con·quer [ˌriːˈkɒŋkə] *v/t.* ˈwieder-, zuˈrückerobern; ˌ**reˈcon·quest** [-kwest] *s.* ˈWiedereroberung *f*.
re·con·sid·er [ˌriːkənˈsɪdə] *v/t.* **1.** von neuem erwägen, nochmals überˈlegen, nachprüfen; **2.** *pol.*, ⚖ *Antrag*, *Sache* nochmals behandeln; **re·con·sid·er·a·tion** [ˈriːkənˌsɪdəˈreɪʃn] *s.* nochmalige Überˈlegung *od.* Erwägung *od.* Prüfung.
re·con·stit·u·ent [ˌriːkənˈstɪtjʊənt] **I** *s.* ⚕ Roborans *n*; **II** *adj. bsd.* ⚕ wieder aufbauend.
re·con·sti·tute [ˌriːˈkɒnstɪtjuːt] *v/t.* **1.** wieder einsetzen; **2.** wieder herstellen; neu bilden; ⚔ neu aufstellen; **3.** im Wasser auflösen.
re·con·struct [ˌriːkənˈstrʌkt] *v/t.* **1.** wieder aufbauen (*a. fig.*), wieder herstellen; **2.** ˈumbauen (*a.* ⚙ *neu konstruieren*), ˈumformen, -bilden; **3.** ☤ wieder aufbauen, sanieren; ˌ**re·con·struc·tion** [ˌriːkənˈstrʌkʃn] *s.* **1.** Wiederˈaufbau *m*, -ˈherstellung *f*; **2.** ˈUmbau *m* (*a.* ⚙ *Neukonstruktion*), ˈUmformung *f*; **3.** Rekonstruktiˈon *f* (*a. e-s Verbrechens etc.*); **4.** ☤ Sanierung *f*, Wiederˈaufbau *m*.
re·con·ver·sion [ˌriːkənˈvɜːʃn] *s.* (ˈRück)ˌUmwandlung *f*, ˈUmstellung *f* (*bsd.* ☤ *e-s Betriebs*, *auf Friedensproduktion etc.*); ˌ**re·conˈvert** [-ˈvɜːt] *v/t.* (wieder) ˈumstellen.
rec·ord¹ [ˈrekɔːd] *s.* **1.** Aufzeichnung *f*, Niederschrift *f*: **on ~** a) (geschichtlich *etc.*) verzeichnet, schriftlich belegt, b) → 4 b, c) *fig. das beste etc.* aller Zeiten, bisher; **off the ~** inoffiziell, nicht für die Öffentlichkeit bestimmt; **on the ~** offiziell; **matter of ~** verbürgte Tatsache; **2.** (schriftlicher) Bericht; **3.** *a.* ⚖ Urkunde *f*, Dokuˈment *n*, ˈUnterlage *f*; **4.** ⚖ a) Protoˈkoll *n*, Niederschrift *f*, b) (Gerichts)Akte *f*, Aktenstück *n*: **on ~** aktenkundig; **on the ~ of the case** nach Aktenlage; **go on ~** *fig.* a) sich erklären *od.* festlegen, b) sich erweisen (**as** als); **place on ~** aktenkundig machen; **court of ~** ordentliches Gericht; **~ office** Archiv *n*; (**just**) **to put the ~ straight!** (nur) um das mal klarzustellen!; **just for the ~!** (nur) um das mal festzuhalten!; **5.** Reˈgister *n*, Liste *f*, Verzeichnis *n*, Biˈlanz *f*: **criminal ~** a) Strafregister, b) *weitS.* Vorstrafen *pl.*; **have a** (**criminal**) **~** vorbestraft sein; **his human rights record ...** die Art u. Weise, wie er mit den Menschenrechten umgeht *od.* umging, ...; **6.** *a.* ⚙ Registrierung *f*; **7.** a) Ruf *m*, Leumund *m*, Vergangenheit *f*: **a bad ~**, b) *gute etc.* Leistung(en *pl.*) *in der Vergangenheit*; **8.** *fig.* Urkunde *f*, Zeugnis *n*: **be a ~ of** *et.* bezeugen; **9.** (Schall)Platte *f*: **~ changer** Plattenwechsler *m*; **~ library** a) Plattensammlung *f*, -archiv *n*, b) Plattenverleih *m*; **~ machine** *Am.* Musikautomat *m*; **~ player** Plattenspieler *m*; **10.** *sport*, *a. weitS.* Reˈkord *m*, Best-, Höchstleistung *f*: **~ high** (**low**) ☤ Rekordhoch (-tief) *n*; **~ attendance** Zuschauerrekord *m*; **~ performance** *allg.* Spitzenleistung *f*; **~ prices** ☤ Rekordpreise; **in ~ time** in Rekordzeit.
re·cord² [rɪˈkɔːd] *v/t.* **1.** schriftlich niederlegen; (*a.* ⚙) aufzeichnen, -schreiben; ⚖ beurkunden, protokollieren; zu den Akten nehmen; ☤ *etc.* eintragen, registrieren, erfassen: **by ~ed delivery** 📯 per Einschreiben; **2.** ⚙ *Messwerte* registrieren, verzeichnen; **3.** (*auf Tonband etc.*) aufnehmen, -zeichnen, *Sendung* mitschneiden, *a. fotografisch* festhalten: **~ a CD** (**CD-ROM**) *a.* e-e CD (CD-ROM) brennen; **4.** *fig.* aufzeichnen, festhalten, der Nachwelt überˈliefern; **5.** *Stimme* abgeben; **reˈcord·a·ble** [-əbl] *adj.* **1.** dokumentierbar, protokollierbar; **2.** registrierbar; **3.** a) bespielbar (*CD*), b) beschreibbar (*CD-ROM*); **reˈcord·er** [-də] *s.* **1.** Regiˈstrator *m*; *weitS.* Chroˈnist *m*; **2.** Schrift-, Protoˈkollführer(in); **3.** ⚖ *Brit. obs.* Einzelrichter *m* der **Quarter Sessions**; **4.** ⚙ Aufnahmegerät *n*: a) Regiˈstrierappaˌrat *m*, (Bild-, Selbst)Schreiber *m*, b) ˈWiedergabegerät *n*; → **tape recorder** *etc.*; **5.** ♪ Blockflöte *f*; **reˈcord·ing** [-dɪŋ] **I** *s.* **1.** *a.* ⚙ Aufzeichnung *f*, Registrierung *f*; **2.** Beurkundung *f*, Protokollierung *f*; **3.** *Radio etc.*: Aufnahme *f*, Aufzeichnung *f*, Mitschnitt *m*; **II** *adj.* **4.** Protokoll...; **5.** registrierend: **~ chart** Registrierpapier *n*; **~ head** a) ϟ Tonkopf *m* (*Tonbandgerät*), b) Schreibkopf *m* (*Computer*).
re·count¹ [rɪˈkaʊnt] *v/t.* **1.** (im Einzelnen) erzählen; **2.** aufzählen.
re-count² [ˌriːˈkaʊnt] *v/t.* nachzählen.
re·coup [rɪˈkuːp] *v/t.* **1.** ˈwiedergewinnen, *Verlust etc.* wiederˈeinbringen; **2.** *j-n* entschädigen (**for** für); **3.** ☤, ⚖ einbehalten.
re·course [rɪˈkɔːs] *s.* **1.** Zuflucht *f* (**to** zu): **have ~ to s.th.** s-e Zuflucht zu et. nehmen; **have ~ to foul means** zu unredlichen Mitteln greifen; **2.** ☤, ⚖ Reˈgress *m*, Reˈkurs *m*: **with** (**without**) **~** mit (ohne) Rückgriff; **liable to ~** regresspflichtig.
re·cov·er [rɪˈkʌvə] **I** *v/t.* **1.** (*a. fig. Appetit*, *Bewusstsein*, *Fassung etc.*) ˈwiedererlangen, wieder finden; zuˈrückerlangen, -gewinnen; ⚔ ˈwieder-, zuˈrückerobern; *Fahrzeug*, *Schiff* bergen: **~ data** *Computer*: Daten wiederherstellen; **~ one's breath** wieder zu Atem kommen; **~ one's legs** wieder auf die Beine kommen; **~ land from the sea** dem Meer Land abringen; **2.** *Verluste etc.* wieder gutmachen, wiederˈeinbringen, ersetzen; *Zeit* wiederˈaufholen; **3.** ⚖ a) *Schuld etc.* einziehen, beitreiben, b) *Urteil* erwirken (**against** gegen): **~ damages for** Schadensersatz erhalten für; **4.** ⚙ *aus Altmaterial* regenerieren, ˈwiedergewinnen; **5.** **~ o.s.** → 8 *u.* 9.: **be ~ed from** wiederhergestellt sein von; **6.** (er)retten, befreien (**from** aus); **7.** *fenc. etc.* in die Ausgangsstellung bringen; **II** *v/i.* **8.** genesen, wieder gesund werden; **9.** sich erholen (**from**, **of** von *e-m Schock etc.*) (*a.* ☤); **10.** wieder zu sich kommen, das Bewusstsein ˈwiedererlangen; **11.** ⚖ a) Recht bekommen, b) entschädigt werden, sich schadlos halten: **~ in one's** (**law**)**suit** s-n Prozess gewinnen, obsiegen.
re·cov·er·a·ble [rɪˈkʌvərəbl] *adj.* **1.** ˈwiedererlangbar; **2.** wieder gutzumachen(d); **3.** ⚖ ein-, beitreibbar (*Schuld*); **4.** wiederˈherstellbar; **5.** ⚙ regenerierbar; **re·cov·er·y** [rɪˈkʌvərɪ] *s.* **1.** (Zu)ˈRück-, ˈWiedererlangung *f*, -gewinnung *f*; **2.** ⚖ a) Ein-, Beitreibung *f*, b) *mst* **~ of damages** (Erlangung *f* von) Schadenersatz *m*; **3.** ⚙ Rückgewinnung *f aus Abfallstoffen etc.*; **4.** ⚓ *etc.* Bergung *f*, Rettung *f*: **~ vehicle** *mot.* Bergungsfahrzeug *n*; Abschleppwagen *m*; **5.** *fig.* Rettung *f*, Bekehrung *f*; **6.** Genesung *f*, Gesundung *f*, Erholung *f* (*a.* ☤), (*gesundheitliche*) Wiederˈherstellung: **economic ~** Konjunkturaufschwung *m*, -belebung *f*; **be past** (*od.* **beyond**) **~** unheilbar krank sein, *fig.* hoffnungslos darniederliegen; **7.** *sport* a) *fenc. etc.* Zuˈrückgehen *n* in die Ausgangsstellung, b) *Golf*: Bunkerschlag *m*.
rec·re·an·cy [ˈrekrɪənsɪ] *s.* **1.** Feigheit *f*; **2.** Abtrünnigkeit *f*; ˈ**rec·re·ant** [-nt] **I** *adj.* □ **1.** feig(e); **2.** abtrünnig, treulos; **II** *s.* **3.** Feigling *m*; **4.** Abtrünnige(r *m*) *f*.
rec·re·ate [ˈrekrɪeɪt] **I** *v/t.* **1.** erfrischen, *j-m* Erholung *od.* Entspannung gewähren; **2.** erheitern, unterˈhalten; **3.** **~ o.s.** a) ausspannen, sich erholen, b) sich ergötzen *od.* unterhalten; **II** *v/i.* **4.** → 3.
re-cre·ate [ˌriːkrɪˈeɪt] *v/t.* neu *od.* wieder (er)schaffen.
rec·re·a·tion [ˌrekrɪˈeɪʃn] *s.* Erholung *f*, Entspannung *f*, Erfrischung *f*; Belustigung *f*, Unterˈhaltung *f*: **~ area** Erholungsgebiet *n*; **~ centre**, *Am.* **~ center** Freizeitzentrum *n*; **~ ground** Spiel-, Sportplatz *m*; ˌ**rec·re'a·tion·al** [-ʃənl] *adj.* Erholungs..., Entspannungs..., *Ort etc.* der Erholung; Freizeit...: **~ value** Freizeitwert *m*; **~ vehicle** *Am.* Wohnmobil *n*; **rec·re·a·tive** [ˈrekrɪeɪtɪv] *adj.* **1.** erholsam, entspannend, erfrischend; **2.** unterˈhaltend.
re·crim·i·nate [rɪˈkrɪmɪneɪt] *v/i. u. v/t.* Gegenbeschuldigungen vorbringen (gegen); **re·crim·i·na·tion** [rɪˌkrɪmɪˈneɪʃn] *s.* Gegenbeschuldigung *f*.

re·cru·desce [ˌriːkruːˈdes] *v/i.* **1.** wieder aufbrechen (*Wunde*); **2.** sich wieder verschlimmern (*Zustand*); **3.** *fig.* wieder ausbrechen, wieder aufflackern (*Übel*); **ˌre·cruˈdes·cence** [-sns] *s.* **1.** Wiederˈaufbrechen *n* (*e-r Wunde etc.*); **2.** *fig.* a) Wiederˈausbrechen *n*, b) Wiederˈaufleben *n*.

re·cruit [rɪˈkruːt] **I** *s.* **1.** ⚔ a) Reˈkrut *m*, b) *Am.* (einfacher) Solˈdat; **2.** Neuling *m* (*a. contp.*); **II** *v/t.* **3.** ⚔ rekrutieren: a) *Rekruten* ausheben, einziehen, b) anwerben, c) *Einheit* ergänzen, erneuern, d) *weitS. Leute* herˈanziehen: **be ~ed from** sich rekrutieren aus, *fig. a.* sich zs.-setzen *od.* ergänzen aus; **4.** *j-n, j-s Gesundheit* wiederˈherstellen; **5.** *fig.* stärken, erfrischen; **III** *v/i.* **6.** Rekruten ausheben *od.* anwerben; **7.** sich erholen; **reˈcruit·al** [-tl] *s.* Erholung *f*, Wiederˈherstellung *f*; **reˈcruit·ing** [-tɪŋ] ⚔ **I** *s.* Rekrutierung *f*, (An)Werben *n*; **II** *adj.* Werbe...(*-büro, -offizier etc.*); Rekrutierungs...(*-stelle*); **reˈcruit·ment** [-mənt] *s.* **1.** Verstärkung *f*, Auffrischung *f*; **2.** *bsd.* ⚔ Rekrutierung *f*; **3.** Erholung *f*.

rec·tal [ˈrektəl] *adj.* □ *anat.* rekˈtal: **~ syringe** Klistierspritze *f*.

rec·tan·gle [ˈrekˌtæŋgl] *s.* ⩕ Rechteck *n*; **rec·tan·gu·lar** [rekˈtæŋgjʊlə] *adj.* □ ⩕ **1.** rechteckig; **2.** rechtwink(e)lig.

rec·ti·fi·a·ble [ˈrektɪfaɪəbl] *adj.* **1.** zu berichtigen(d), korrigierbar; **2.** ⩕, ⚙, ⚗ rektifizierbar; **rec·ti·fi·ca·tion** [ˌrektɪfɪˈkeɪʃn] *s.* **1.** Berichtigung *f*, Verbesserung *f*, Richtigstellung *f*; **2.** ⩕, ⚗ Rektifikatiˈon *f*; **3.** ⚡ Gleichrichtung *f*; **4.** *phot.* Entzerrung *f*; **ˈrec·ti·fi·er** [-aɪə] *s.* **1.** Berichtiger *m*; **2.** ⚗ *etc.* Rektifizierer *m*; **3.** ⚡ Gleichrichter *m*; **4.** *phot.* Entzerrungsgerät *n*; **rec·ti·fy** [ˈrektɪfaɪ] *v/t.* berichtigen, korrigieren, richtigstellen; *Missstand etc.* beseitigen; ⩕, ⚗, ⚙ rektifizieren; ⚡ gleichrichten.

rec·ti·lin·e·al [ˌrektɪˈlɪnɪəl] *adj.*, **ˌrec·tiˈlin·e·ar** [-ɪə] *adj.* □ geradlinig; **rec·ti·tude** [ˈrektɪtjuːd] *s.* Geradheit *f*, Rechtschaffenheit *f*.

rec·tor [ˈrektə] *s.* **1.** *eccl.* Pfarrer *m*; **2.** *univ.* Rektor *m*; **3.** *Scot.* (ˈSchul)Diˌrektor *m*; **ˈrec·tor·ate** [-ərət], **ˈrec·tor·ship** [-ʃɪp] *s.* **1.** *ped.* Rektoˈrat *n*; **2.** *eccl.* a) Pfarrstelle *f*, b) Amt *n od.* Amtszeit *f e-s* Pfarrers; **ˈrec·to·ry** [-tərɪ] *s.* Pfarˈrei *f*, Pfarre *f*: a) Pfarrhaus *n*, b) *Brit.* Pfarrstelle *f*, c) Kirchspiel *n*.

rec·tum [ˈrektəm] *pl.* **-ta** [-tə] *s. anat.* Mastdarm *m*, Rektum *n*.

re·cum·ben·cy [rɪˈkʌmbənsɪ] *s.* **1.** liegende Stellung, Liegen *n*; **2.** *fig.* Ruhe *f*; **reˈcum·bent** [-nt] *adj.* □ (sich zuˈrück)lehnend, liegend, *a. fig.* ruhend.

re·cu·per·ate [rɪˈkjuːpəreɪt] **I** *v/i.* **1.** sich erholen (*a.* ✝); **II** *v/t.* **2.** ˈwiedererlangen; **3.** *Verluste etc.* wettmachen; **re·cu·per·a·tion** [rɪˌkjuːpəˈreɪʃn] *s.* Erholung *f* (*a. fig.*); **reˈcu·per·a·tive** [-rətɪv] *adj.* **1.** stärkend, kräftigend; **2.** Erholungs...

re·cur [rɪˈkɜː] *v/i.* **1.** ˈwiederkehren, wieder auftreten (*Ereignis, Erscheinung etc.*); **2.** *fig. in Gedanken, im Gespräch* zuˈrückkommen (**to** auf *acc.*); **3.** *fig.* ˈwiederkehren (*Gedanken*); **4.** zuˈrückgreifen (**to** auf *acc.*); **5.** ⩕ (periˈodisch) wiederkehren (*Kurve etc.*): **~ring decimal** periodische Dezimalzahl; **re·cur·rence** [rɪˈkʌrəns] *s.* **1.** ˈWiederkehr *f*, Wiederˈauftreten *n*; **2.** Zuˈrückgreifen *n* (**to** auf *acc.*); **3.** *fig.* Zuˈrückkommen *n* (*im Gespräch etc.*) (**to** auf *acc.*); **re·cur·rent** [rɪˈkʌrənt] *adj.* □ **1.** ˈwiederkehrend (*a. Zahlungen, Träume*), sich wiederˈholend; **2.** periˈodisch auftretend: **~ fever** ✱ Rückfallfieber *n*; **3.** ⚘, *anat.* rückläufig (*Nerv, Arterie etc.*).

re·cy·cla·ble [ˌriːˈsaɪkləbl] *adj.* reˈcyclingfähig, wieder verwertbar; **re·cy·cle** [ˌriːˈsaɪkl] *v/t.* **1.** ⚙ *Abfälle* ˈwieder verwerten; **~d paper** Umweltpapier *n*; **2.** ✝ *Kapital* zuˈrückschleusen; **re·cy·cle bin** *s. Computer*: ‚Paˈpierkorb' *m*; **reˈcy·cling** [-lɪŋ] *s.* ⚙, ✝ Reˈcycling *n*: a) ⚙ ˈWiederverwertung *f*: **~ of waste material**, b) ✝ Rückschleusung *f*: **~ of funds**.

red [red] **I** *adj.* **1.** rot: **~ ant** Rote Waldameise; **ℛ Book** a) Adelskalender *m*, b) *pol.* Rotbuch *n*; **~ cabbage** Rotkohl *m*; **ℛ Cross** Rotes Kreuz; **~ deer** Edel-, Rothirsch *m*; **ℛ Ensign** brit. Handelsflagge *f*; **~ hat** Kardinalshut *m*; **~ heat** Rotglut *f*; **~ herring** a) Bückling *m*, b) *fig.* Ablenkungsmanöver *n*, falsche Spur; **draw a ~ herring across the path** a) ein Ablenkungsmanöver durchführen, b) e-e falsche Spur zurücklassen; **~ lead** [led] *min.* Mennige *f*; **~ lead ore** [led] Rotbleierz *n*; **~ light** Warn-, Stopplicht *n*; **see the ~ light** *fig.* die Gefahr erkennen; **the lights are at ~** *mot.* die Ampel steht auf Rot; **~ tape** Amtsschimmel *m*, Bürokratismus *m*, Papierkrieg *m*; **see ~** ‚rotsehen', wild werden; → **paint** 2; **rag**[1] 1; **2.** rot (glühend); **3.** rot(haarig); **4.** rot(häutig); **5.** *oft* ℛ *pol.* rot: a) kommuˈnistisch, soziaˈlistisch, b) sowˈjetisch: **the ℛ Army** die Rote Armee; **II** *s.* **6.** Rot *n*; **7.** *a.* **~skin** Rothaut *f* (*Indianer*); **8.** *oft* ℛ *pol.* Rote(r *m*) *f*; **9.** *bsd.* ✝ **be in the ~** in den roten Zahlen sein; **get out of the ~** aus den roten Zahlen herauskommen.

re·dact [rɪˈdækt] *v/t.* **1.** redigieren, heˈrausgeben; **2.** *Erklärung etc.* abfassen; **reˈdac·tion** [-kʃn] *s.* **1.** Redaktiˈon *f* (*Tätigkeit*), Herˈausgabe *f*; **2.** (Ab)Fassung *f*; **3.** Neubearbeitung *f*.

ˌred|-ˈblood·ed *adj. fig.* lebensprühend, viˈtal, feurig; **ˈ~·breast** *s. orn.* Rotkehlchen *n*; **ˈ~·cap** *s.* ‚Rotkäppchen' *n*: a) *Brit. sl.* Miliˈtärpoliˌzist *m*, b) *Am.* (Bahnhofs)Gepäckträger *m*; **~ car·pet** *s.* roter Teppich: **~ treatment** ‚großer Bahnhof'; **ˈred·cur·rant** *s.* ⚘ Rote Joˈhannisbeere.

red·den [ˈredn] **I** *v/t.* röten, rot färben; **II** *v/i.* rot werden: a) sich röten, b) erröten (**at** über *acc.*, **with** vor *dat.*).

red·dish [ˈredɪʃ] *adj.* rötlich.

red·dle [ˈredl] *s.* Rötel *m*.

re·dec·o·rate [ˌriːˈdekəreɪt] *v/t. Zimmer etc.* renovieren, neu streichen *od.* tapezieren.

re·deem [rɪˈdiːm] *v/t.* **1.** *Verpflichtung* abzahlen, -lösen, tilgen, amortisieren; **2.** zuˈrückkaufen; **3.** ✝ *Staatspapier* auslosen; **4.** *Pfand* einlösen; **5.** *Gefangene etc.* los-, freikaufen; **6.** *Versprechen* erfüllen, einlösen; **7.** *Fehler etc.* wieder gutmachen, *Sünde* abbüßen; **8.** *schlechte Eigenschaft* aufwiegen, wettmachen, versöhnen mit: **~ing feature** a) versöhnender Zug, b) ausgleichendes Moment; **9.** *Ehre, Rechte* ˈwiedererlangen, wiederˈherstellen; **10.** (**from**) bewahren (vor *dat.*); (er)retten (von); befreien (von); **11.** *eccl.* erlösen (**from** von); **12.** *Zeitverlust* wettmachen; **reˈdeem·a·ble** [-məbl] *adj.* □ **1.** abzahlbar, -lösbar, tilgbar; kündbar (*Anleihe*); rückzahlbar (*Wertpapier*): **~ loan** Tilgungsdarlehen *n*; **2.** zuˈrückkaufbar; **3.** ✝ auslosbar (*Staatspapier*); **4.** einlösbar (*Pfand, Versprechen etc.*); **5.** wieder gutzumachen(d) (*Fehler*), abzubüßen(d) (*Sünde*); **6.** ˈwiedererlangbar; **7.** *eccl.* erlösbar; **reˈdeem·er** [-mə] *s.* **1.** Einlöser(in) *etc.*; **2.** ℛ *eccl.* Erlöser *m*, Heiland *m*.

re·de·liv·er [ˌriːdɪˈlɪvə] *v/t.* **1.** *j-n* wieder befreien; **2.** *et.* zuˈrückgeben; rückliefern.

re·demp·tion [rɪˈdempʃn] *s.* **1.** Abzahlung *f*, Ablösung *f*, Tilgung *f*, Amortisatiˈon *f e-r Schuld etc.*: **~ fund** *Am.* ✝ Tilgungsfonds *m*; **~ loan** ✝ Ablösungsanleihe *f*; **2.** Rückkauf *m*; **3.** Auslosung *f von Staatspapieren*; **4.** Einlösung *f e-s Pfandes* (*fig. e-s Versprechens*); **5.** Los-, Freikauf *m e-r Geisel etc.*; **6.** Wiederˈgutmachung *f e-s Fehlers*; Abbüßung *f e-r Sünde*; **7.** Ausgleich *m* (**of** für), Wettmachen *n e-s Nachteils*; **8.** ˈWiedererlangung *f*, Wiederˈherstellung *f e-s Rechts etc.*; **9.** *bsd. eccl.* Erlösung *f* (**from** von): **past** *od.* **beyond ~** hoffnungs- *od.* rettungslos (verloren); **reˈdemp·tive** [-ptɪv] *adj. eccl.* erlösend, Erlösungs...

re·de·ploy [ˌriːdɪˈplɔɪ] *v/t.* **1.** *bsd.* ⚔ ˈumgrupˌpieren; **2.** ⚔, *a.* ✝ verlegen; **ˌre·deˈploy·ment** [-mənt] *s.* **1.** ˈUmgrupˌpierung *f*; (Truppen)Verschiebung *f*; **2.** Verlegung *f*.

re·de·vel·op [ˌriːdɪˈveləp] *v/t.* **1.** neu entwickeln; **2.** *phot.* nachentwickeln; **3.** *Stadtteil etc.* sanieren; **ˌre·deˈvel·opment** [-mənt] *s.* **1.** Neuentwicklung *f etc.*; **2.** (Stadt- *etc.*)Sanierung *f*: **~ area** Sanierungsgebiet *n*.

ˌred-ˈhand·ed *adj.*: **catch s.o. ~** j-n auf frischer Tat ertappen.

red·hi·bi·tion [ˌredhɪˈbɪʃn] *s.* ⚖ Wandlung *f beim Kauf*; **red·hib·i·to·ry** [redˈhɪbɪtərɪ] *adj.* Wandlungs...(*-klage etc.*): **~ defect** Fehler *m* der Sache beim Kauf.

ˌred-ˈhot *adj.* **1.** rot glühend; **2.** glühend heiß; **3.** *fig.* wild, toll; **4.** hitzig, jähzornig; **5.** allerneuest, ˈbrandaktuˌell: **~ news**.

red·in·te·grate [reˈdɪntɪgreɪt] *v/t.* **1.** wiederˈherstellen; **2.** erneuern.

re·di·rect [ˌriːdɪˈrekt] *v/t.* **1.** *Brief etc.* ˈumadresˌsieren; **2.** *Verkehr* ˈumleiten; **3.** *fig.* e-e neue Richtung geben (*dat.*), ändern.

re·dis·count [ˌriːˈdɪskaʊnt] ✝ **I** *v/t.* **1.** rediskontieren; **II** *s.* **2.** Rediskonˈtierung *f*; **3.** Redisˈkont *m*: **~ rate** *Am.* Rediskontsatz *m*; **4.** rediskonˈtierter Wechsel.

re·dis·cov·er [ˌriːdɪˈskʌvə] *v/t.* ˈwieder entdecken.

re·dis·trib·ute [ˌriːdɪˈstrɪbjuːt] *v/t.* **1.** neu verteilen; **2.** wieder verteilen.

ˌred|-ˈlet·ter day *s. fig.* Freuden-, Glückstag *m*; **ˌ~-ˈlight dis·trict** *s.* Rotlichtbezirk *m*.

red·ness [ˈrednɪs] *s.* Röte *f*.

re·do [ˌriːˈduː] *v/t.* [*irr.* → **do**[1]] **1.** nochmals tun *od.* machen; **2.** *Haar etc.* nochmals richten *etc.*; **3.** *Computer*: *Datei* wiederˈherstellen.

red·o·lence [ˈredəʊləns] *s.* Duft *m*, Wohlgeruch *m*; **ˈred·o·lent** [-nt] *adj.* duftend (**of, with** nach): **be ~ of** *fig. et.* atmen, stark gemahnen an (*acc.*), umˈwittert sein von.

re·dou·ble [ˌriːˈdʌbl] **I** *v/t.* **1.** verdop-

R

peln; **2.** *Bridge*: *j-m* Re'kontra geben; **II** *v/i.* **3.** sich verdoppeln; **4.** *Bridge*: Re'kontra geben.

re·doubt [rɪ'daʊt] *s.* ⚔ **1.** Re'doute *f*; **2.** Schanze *f*; **re'doubt·a·ble** [-təbl] *adj. rhet. od. iro.* **1.** furchtbar, schrecklich; **2.** gewaltig.

re·dound [rɪ'daʊnd] *v/i.* **1.** ausschlagen *od.* gereichen (***to*** zu *j-s Ehre, Vorteil etc.*); **2.** zu'teil werden, erwachsen (***to*** *dat.*, ***from*** aus); **3.** zu'rückfallen, -wirken (***upon*** auf *acc.*).

re·draft [ˌriː'drɑːft] **I** *s.* **1.** neuer Entwurf; **2.** ✝ Rück-, Ri'kambiowechsel *m*; **II** *v/t.* **3.** → ***redraw*** I.

re·draw [ˌriː'drɔː] [*irr.* → ***draw***] **I** *v/t.* neu entwerfen; **II** *v/i.* ✝ zu'rücktrasˌsieren (***on*** auf *acc.*).

re·dress [rɪ'dres] **I** *s.* **1.** Abhilfe *f* (*a.* ⚖): ***legal ~*** Rechtshilfe *f*: ***obtain ~ from s.o.*** gegen j-n Regress nehmen; **2.** Behebung *f*, Beseitigung *f e-s Übelstandes*; **3.** Wieder'gutmachung *f e-s Unrechts, Fehlers etc.*; **4.** Entschädigung *f* (***for*** für); **II** *v/t.* **5.** *Missstand* beheben, beseitigen, (*dat.*) abhelfen; *Unrecht* wieder gutmachen; *Gleichgewicht etc.* wieder 'herstellen; **6.** ✈ *Flugzeug* in die nor'male Fluglage zu'rückbringen.

ˌ**red|-'short** *adj. metall.* rotbrüchig; '**~·start** *s. orn.* Rotschwänzchen *n*; ˌ**~-'tape** *adj.* büro'kratisch; ˌ**~-'tap·ism** [-'teɪpɪzəm] *s.* Bürokra'tismus *m*; ˌ**~-'tap·ist** [-'teɪpɪst] *s.* Büro'krat(in), Aktenmensch *m*.

re·duce [rɪ'djuːs] **I** *v/t.* **1.** her'absetzen, vermindern, -ringern, -kleinern, redu'zieren, *fig. a.* abbauen: ***~d scale*** verjüngter Maßstab; ***on a ~d scale*** in verkleinertem Maßstab; **2.** *Preise* her'absetzen, ermäßigen: ***at ~d prices*** zu herabgesetzten Preisen; ***at a ~d fare*** zu ermäßigtem Fahrpreis; **3.** *im Rang, Wert etc.* her'absetzen, -mindern, -drücken, erniedrigen; *a.* ***~ to the ranks*** ⚔ degradieren; **4.** schwächen, erschöpfen; (*finanziell*) erschüttern: ***in ~d circumstances*** in beschränkten Verhältnissen, verarmt; **5.** (***to***) verwandeln (in *acc.*, zu), machen (zu): ***~ to pulp*** zu Brei machen; ***~d to a skeleton*** zum Skelett abgemagert; **6.** bringen (***to*** zu): ***~ to a system*** in ein System bringen; ***~ to rules*** in Regeln fassen; ***~ to writing*** schriftlich niederlegen, aufzeichnen; ***~ theories into practice*** Theorien in die Praxis umsetzen; **7.** zu'rückführen, reduzieren (***to*** auf *acc.*): ***~ to absurdity*** ad absurdum führen; **8.** zerlegen (***to*** in *acc.*); **9.** einteilen (***to*** in *acc.*); **10.** anpassen (***to*** *dat. od.* an *acc.*); **11.** ⅍, ⚗, *biol.* reduzieren; *Gleichung* auflösen; ***~ to a common denominator*** auf e-n gemeinsamen Nenner bringen; **12.** *metall.* (aus)schmelzen (***from*** aus); **13.** zwingen, *zur Verzweiflung etc.* bringen: ***~ to obedience*** zum Gehorsam zwingen; ***he was ~d to sell (-ing) his house*** er war gezwungen, sein Haus zu verkaufen; ***~d to tears*** zu Tränen gerührt; **14.** unter'werfen, erobern; *Festung* zur 'Übergabe zwingen; **15.** beschränken (***to*** auf *acc.*); **16.** *Farben etc.* verdünnen; **17.** *phot.* abschwächen; **18.** ⚕ einrenken, (wieder) einrichten; **II** *v/i.* **19.** (an Gewicht) abnehmen; e-e Abmagerungskur machen; **reˌduced-e'mis·sion** *adj. attr. mot. etc.* 'abgasreduˌziert; **re'duc·er** [-sə] *s.* **1.** ⚗ Redukti'onsmittel *n*; **2.** *phot.* a) Abschwächer *m*, b) Entwickler *m*; **3.** ⚙ a) Redu'zierstück *n od.* -maˌschine *f*, b) → ***reducing gear***; **re'duc·i·ble** [-səbl] *adj.* **1.** reduzierbar (*a.* ⚕), zu'rückführbar (***to*** auf *acc.*): ***be ~ to*** sich reduzieren *od.* zurückführen lassen auf (*acc.*); **2.** verwandelbar (***to***, ***into*** in *acc.*); **3.** her'absetzbar.

re·duc·ing| a·gent [rɪ'djuːsɪŋ] *s.* ⚗ Redukti'onsmittel *n*; **~ di·et** *s.* Abmagerungskur *f*; **~ gear** *s.* ⚙ Unter'setzungsgetriebe *n*.

re·duc·tion [rɪ'dʌkʃn] *s.* **1.** Her'absetzung *f*, Verminderung *f*, -ringerung *f*, -kleinerung *f*, Reduzierung *f*, *fig. a.* Abbau *m*: ***~ in*** (*od.* ***of***) ***prices*** Preisherabsetzung, -ermäßigung *f*; ***~ in*** (*od.* ***of***) ***wages*** Lohnkürzung *f*; ***~ of interest*** Zinsherabsetzung; ***~ of staff*** Personalabbau; **2.** (Preis)Nachlass *m*, Abzug *m*, Ra'batt *m*; **3.** Verminderung *f*, Rückgang *m*: ***import ~*** ✝ Einfuhrrückgang; **4.** Verwandlung *f* (***into***, ***to*** in *acc.*): ***~ into gas*** Vergasung *f*; **5.** Zu'rückführung *f*, Reduzierung *f* (***to*** auf *acc.*); **6.** Zerlegung *f* (***to*** in *acc.*); **7.** ⚗ Redukti'on *f*; **8.** ⅍ Redukti'on *f*, Kürzung *f*, Vereinfachung *f*; Auflösung *f von Gleichungen*; **9.** *metall.* (Aus-)Schmelzung *f*; **10.** Unter'werfung *f* (***to*** unter *acc.*); Bezwingung *f*, ⚔ Niederkämpfung *f*; **11.** *phot.* Abschwächung *f*; **12.** *biol.* Redukti'on *f*; **13.** ⚕ Einrenkung *f*; **14.** Verkleinerung *f* (*e-s Bildes etc.*); ***~ com·pass·es*** *s. pl.* Redukti'onszirkel *m*; ***~ di·vi·sion*** *s. biol.* Redukti'onsteilung *f*; ***~ gear*** *s.* ⚙ Redukti'ons-, Unter'setzungsgetriebe *n*; ***~ ratio*** *s.* ⚙ Unter'setzungsverhältnis *n*.

re·dun·dance [rɪ'dʌndəns], **re'dun·dan·cy** [-sɪ] *s.* **1.** 'Überfluss *m*, -fülle *f*; **2.** 'Überflüssigkeit *f*, ✝ *a.* Arbeitslosigkeit *f*: ***redundancies*** *pl.* Freistellungen *pl.*, Entlassungen *pl.*; ***~ letter*** *od.* ***notice*** Entlassungsschreiben *n*; ***~ pay*** Abfindung *f*, Abstandszahlung *f*; **3.** Wortfülle *f*; **4.** *ling.*, *Informatik*: Redun'danz *f*; **re'dun·dant** [-nt] *adj.* ☐ **1.** 'überreichlich, -mäßig; **2.** 'überschüssig, -zählig: ***~ workers*** freigesetzte (*entlassene*) Arbeitskräfte; ***make s.o. ~*** j-n freisetzen, -stellen; **3.** 'überflüssig; **4.** üppig; **5.** 'überfließend (***of***, ***with*** von); **6.** über'laden (*Stil etc.*), *bsd.* weitschweifig; **7.** *ling.*, *Informatik*: redun'dant.

re·du·pli·cate [rɪ'djuːplɪkeɪt] *v/t.* **1.** verdoppeln; **2.** wieder'holen; **3.** *ling.* reduplizieren.

re·dye [ˌriː'daɪ] *v/t.* **1.** nachfärben; **2.** 'umfärben.

re-ech·o [riː'ekəʊ] **I** *v/i.* widerhallen (***with*** von); **II** *v/t.* widerhallen lassen.

reed [riːd] *s.* **1.** ⚘ Schilf *n*; (Schilf)Rohr *n*; Ried(gras) *n*: ***broken ~*** *fig.* schwankes Rohr; **2.** *pl. Brit.* (Dachdecker-)Stroh *n*; **3.** Pfeil *m*; **4.** Rohrflöte *f*; **5.** ♪ a) (Rohr)Blatt *n*: ***~ instruments***, ***the ~s*** Rohrblattinstrumente, b) *a.* ***~ stop*** Zungenstimme *f* (*Orgel*); **6.** ⚙ Weberkamm *m*, Blatt *n*.

re-ed·it [ˌriː'edɪt] *v/t.* neu her'ausgeben; **re-e·di·tion** [ˌriːɪ'dɪʃn] *s.* Neuausgabe *f*.

re-ed·u·cate [ˌriː'edjʊkeɪt] *v/t.* 'umschulen; **re-ed·u·ca·tion** ['riːˌedjʊ'keɪʃn] *s.* 'Umschulung *f*.

reed·y ['riːdɪ] *adj.* **1.** schilfig, schilfreich; **2.** lang u. schlank; **3.** dünn, quäkend (*Stimme*).

reef[1] [riːf] *s.* **1.** (Felsen)Riff *n*; **2.** *min.* Ader *f*, (Quarz)Gang *m*.

reef[2] [riːf] ⚓ **I** *s.* Reff *n*; **II** *v/t.* *Segel* reffen.

reef·er ['riːfə] *s.* **1.** ⚓ a) Reffer *m*, b) *sl.* 'Seekaˌdett *m*, c) Bord-, Ma'trosenjacke *f*, d) *Am. sl.* Kühlschiff *n*; **2.** *Am. sl.* a) 🚃, *mot.* Kühlwagen *m*, b) Kühlschrank *m*; **3.** *sl.* Marihu'anazigaˌrette *f*.

reek [riːk] **I** *s.* **1.** Gestank *m*, (üble) Ausdünstung, Geruch *m*; **2.** Dampf *m*, Dunst *m*, Qualm *m*; **II** *v/i.* **3.** stinken, riechen (***of***, ***with*** nach), üble Dünste ausströmen; **4.** dampfen, rauchen (***with*** von); **5.** *fig.* (***of***, ***with***) stark riechen (nach), voll sein (von); '**reek·y** [-kɪ] *adj.* **1.** dampfend, dunstend; **2.** rauchig.

reel[1] [riːl] **I** *s.* **1.** Haspel *f*, (*Garn- etc.*) Winde *f*; **2.** (*Garn-*, *Schlauch- etc.*) Rolle *f*, (*Bandmaß-*, *Farbband-*, *Film- etc.*)Spule *f*; ⚡ Kabeltrommel *f*; **3.** a) Film(streifen) *m*, b) (Film)Akt *m*; **II** *v/t.* **4.** *a.* ***~ up*** aufspulen, -wickeln, -rollen: ***~ off*** abhaspeln, -spulen, *fig.* ‚herunterrasseln': ***~ off a poem***.

reel[2] [riːl] *v/i.* **1.** sich (schnell) drehen, wirbeln: ***my head ~s*** mir schwindelt; **2.** wanken, taumeln: ***~ back*** zurücktaumeln.

reel[3] [riːl] *s.* Reel *m* (*schottischer Volkstanz*).

re-e·lect [ˌriːɪ'lekt] *v/t.* wieder wählen; ˌ**re-e'lec·tion** [-kʃn] *s.* 'Wiederwahl *f*; **re-el·i·gi·ble** [ˌriː'elɪdʒəbl] *adj.* wieder wählbar.

re-em·bark [ˌriːɪm'bɑːk] *v/t.* (*v/i.* sich) wieder einschiffen.

re-e·merge [ˌriːɪ'mɜːdʒ] *v/i.* wieder auftauchen, wieder auftreten.

re-en·act [ˌriːɪ'nækt] *v/t.* **1.** wieder in Kraft setzen; **2.** *thea.* neu inszenieren; **3.** *fig.* wieder'holen; ˌ**re-en'act·ment** [-mənt] *s.* **1.** ˌWiederin'kraftsetzung *f*; **2.** *thea.* Neuinszenierung *f*.

re-en·gage [ˌriːɪn'geɪdʒ] *v/t.* *j-n* wieder an- *od.* einstellen.

re-en·list [ˌriːɪn'lɪst] ⚔ *v/t. u. v/i.* (sich) weiterverpflichten, wieder verpflichten; (*nur v/i.*) kapitulieren: ***~ed man*** Kapitulant *m*; ˌ**re-en'list·ment** [-mənt] *s.* Wieder'anwerbung *f*.

re-en·ter [ˌriː'entə] *v/t.* **1.** wieder betreten, wieder eintreten in (*acc.*); **2.** wieder eintragen (*in e-e Liste etc.*); **3.** ⚙ *Farben* auftragen; **re-en·trant** [riː'entrənt] **I** *adj.* ⅍ einspringend (*Winkel*); **II** *s.* einspringender Winkel; **re-en·try** [riː'entrɪ] *s.* Wieder'eintritt *m* (*a. Raumfahrt*: *in die Erdatmosphäre*; *a.* ⚖ *in den Besitz*).

re-es·tab·lish [ˌriːɪ'stæblɪʃ] *v/t.* **1.** wieder'herstellen; **2.** wieder einführen, neu gründen.

reeve[1] [riːv] *s. Brit.* a) *hist.* Vogt *m*, b) Gemeindevorsteher *m*.

reeve[2] [riːv] *v/t.* ⚓ *Tauende* einscheren; *das Tau* ziehen (***around*** um).

re-ex·am·i·na·tion ['riːɪgˌzæmɪ'neɪʃn] *s.* **1.** Nachprüfung *f*, Wieder'holungsprüfung *f*; **2.** ⚖ a) nochmaliges (Zeugen-)Verhör, b) nochmalige Unter'suchung.

re-ex·change [ˌriːɪks'tʃeɪndʒ] *s.* **1.** Rücktausch *m*; **2.** ✝ Rück-, Gegenwechsel *m*; **3.** ✝ Rückwechselkosten *pl.*

re-ex·port ✝ **I** *v/t.* [ˌriːek'spɔːt] **1.** wieder'ausführen; **II** *s.* [ˌriː'ekspɔːt] **2.** Wieder'ausfuhr *f*; **3.** wieder'ausgeführte Ware.

ref[1] [ref] *s. sport* F a) Schiri *m* (*Schiedsrichter*), b) *Boxen*: Ringrichter *m*.

ref[2] [ref] *abbr. für* ***reference*** *in Briefen, auf Rechnungen etc.*: betrifft, Betr.

R

re·fash·ion [ˌriː'fæʃn] *v/t.* 'umgestalten, -modeln.

re·fec·tion [rɪ'fekʃn] *s.* **1.** Erfrischung *f*; **2.** Imbiss *m*; **re'fec·to·ry** [-ktərɪ] *s.* **1.** *R.C.* Refek'torium *n* (*Speiseraum*); **2.** *univ.* Mensa *f.*

re·fer [rɪ'fɜː] **I** *v/t.* **1.** verweisen, hinweisen (**to** auf *acc.*); **2.** *j-n um Auskunft, Referenzen etc.* verweisen (**to** an *j-n*); **3.** (zur Entscheidung *etc.*) über'geben, -'weisen (**to** an *acc.*): **~ back to** ⚖ *Rechtssache* zurückverweisen an *die Unterinstanz*; **~ to drawer** ✝ an Aussteller zurück; **4.** (**to**) zuschreiben (*dat.*), zu'rückführen (auf *acc.*); **5.** zuordnen, -weisen (**to** *e-r Klasse etc.*); **II** *v/i.* **6.** (**to**) verweisen, hinweisen, sich beziehen, Bezug haben (auf *acc.*), betreffen (*acc.*): **~ to s.th. briefly** et. kurz berühren; **~ring to my letter** Bezug nehmend auf mein Schreiben; **the point ~red to** der erwähnte *od.* betreffende Punkt; **7.** sich beziehen *od.* berufen, Bezug nehmen (**to** auf *j-n*); **8.** (**to**) sich wenden (an *acc.*), (*a. Uhr, Wörterbuch etc.*) befragen; (in *e-m Buch*) nachschlagen, -sehen; **ref·er·a·ble** [rɪ'fɜːrəbl] *adj.* **1.** (**to**) zuzuschreiben(d) (*dat.*), zu'rückführen(d) (auf *acc.*); **2.** (**to**) zu beziehen(d) (auf *acc.*), bezüglich (*gen.*); **ref·er·ee** [ˌrefə'riː] **I** *s.* **1.** ⚖, *sport* Schiedsrichter *m*, ⚖ *a.* beauftragter Richter; *Boxen*: Ringrichter *m*; **2.** *parl. etc.* Refe'rent *m*, Berichterstatter *m*; **3.** ⚖ *etc.* Sachbearbeiter(in), -verständige(r *m*) *f*; **II** *v/i. u. v/t.* **4.** als Schiedsrichter *etc.* fungieren (bei); **ref·er·ence** ['refrəns] **I** *s.* **1.** Verweis(ung *f*) *m*, Hinweis *m* (**to** auf *acc.*): **cross ~** Querverweis: (**list of**) **~s** Quellenangabe *f*, Literaturverzeichnis *n*; **mark of ~** → 2 a *u.* 4; **2.** a) Verweiszeichen *n*, b) Verweisstelle *f*, c) Beleg *m*, 'Unterlage *f*; **3.** Bezugnahme *f* (**to** auf *acc.*); *Patentrecht*: Entgegenhaltung *f*: **in** (*od.* **with**) **~ to** bezüglich (*gen.*); **for future ~** zu späterer Verwendung; **terms of ~** Richtlinien; **have ~ to** sich beziehen auf (*acc.*); **4.** *a.* **~ number** Akten-, Geschäftszeichen *n*; **5.** (**to**) Anspielung *f* (auf *acc.*), Erwähnung *f* (*gen.*): **make ~ to** auf *et.* anspielen, *et.* erwähnen; **6.** (**to**) Zs.-hang *m* (mit), Beziehung *f* (zu): **have no ~ to** nichts zu tun haben mit; **with ~ to him** was ihn betrifft; **7.** Rücksicht *f* (**to** auf *acc.*): **without ~ to** ohne Berücksichtigung (*gen.*); **8.** (**to**) Nachschlagen *n*, -sehen *n* (in *dat.*), Befragen *n* (*gen.*): **book** (*od.* **work**) **of ~** Nachschlagewerk *n*; **~ library** Handbibliothek *f*; **9.** (**to**) Befragung *f* (*gen.*), Rückfrage *f* (bei); **10.** ⚖ Über'weisung *f e-r Sache* (**to** an *ein Schiedsgericht etc.*); **11.** a) Refe'renz *f*, Empfehlung *f*, *allg.* Zeugnis *n*, b) Refe'renz *f* (*Auskunftgeber*); **II** *adj.* **12.** ⚙, ⚗ Bezugs...: **~ frequency**; **~ value**; **III** *v/t.* **13.** Verweise anbringen in *e-m Buch*; **ref·er·en·dum** [ˌrefə'rendəm] *pl.* **-dums** *s. pol.* Volksentscheid *m*, -befragung *f*, Refe'rendum *n*.

re·fill [ˌriː'fɪl] **I** *v/t.* wieder füllen, nachauffüllen; **II** *v/i.* sich wieder füllen; **III** *s.* ['riːfɪl] Nach-, Ersatzfüllung *f*; ϟ Er'satzbatteˌrie *f*; Ersatzmine *f* (*Bleistift etc.*); Einlage *f* (*Ringbuch*); **~ pack** *s.* Nachfüllpack(ung *f*) *m*.

re·fine [rɪ'faɪn] **I** *v/t.* **1.** ⚙ veredeln, raffinieren, *bsd.* a) *Eisen* frischen, b) *Metall* feinen, c) *Stahl* gar machen, d) *Glas* läutern, e) *Petroleum*, *Zucker* raffinieren; **2.** *fig.* bilden, verfeinern, kultivieren; **3.** *fig.* läutern, vergeistigen; **II** *v/i.* **4.** sich läutern; **5.** sich verfeinern *od.* kultivieren; **6.** (her'um)tüfteln ([**up**]**on** an *dat.*); **7.** **~** (**up**)**on** verbessern, weiterentwickeln; **re'fined** [-nd] *adj.* □ **1.** geläutert, raffiniert: **~ sugar** Feinzucker *m*, Raffinade *f*; **~ steel** Raffinierstahl *m*; **2.** *fig.* fein, gebildet, kultiviert; **3.** *fig.* raffiniert, sub'til; **4.** ('über)fein, (-)genau; **re'fine·ment** [-mənt] *s.* **1.** ⚙ Veredelung *f*, Vergütungs-, Raffinati'onsbehandlung *f*; **2.** Verfeinerung *f*; **3.** Feinheit *f der Sprache*, *e-r Konstruktion etc.*, Raffi'nesse *f* (*des Luxus etc.*); **4.** Vornehm-, Feinheit *f*, Kultiviertheit *f*, gebildetes Wesen; **5.** Klüge'lei *f*, Spitzfindigkeit *f*; **re'fin·er** [-nə] *s.* **1.** ⚙ a) (Eisen)Frischer *m*, b) Raffi'neur *m*, (Zucker)Sieder *m*, c) *metall.* Vorfrischofen *m*; **2.** Verfeinerer *m*; **3.** Klügler (-in), Haarspalter(in); **re'fin·er·y** [-nərɪ] *s.* ⚙ **1.** (*Öl-, Zucker- etc.*)Raffine'rie *f*; **2.** *metall.* (Eisen-, Frisch)Hütte *f*; **re'fin·ing fur·nace** [-nɪŋ] *s. metall.* Frisch-, Feinofen *m*.

re·fit [ˌriː'fɪt] **I** *v/t.* **1.** wieder in'stand setzen, ausbessern; **2.** neu ausrüsten; **II** *v/i.* **3.** ausgebessert *od.* über'holt werden; **III** *s.* **4.** *a.* **re·fit·ment** [rɪ'fɪtmənt] Wiederin'standsetzung *f*, Ausbesserung *f*.

re·fla·tion [riː'fleɪʃn] *s.* ✝ Reflati'on *f*.

re·flect [rɪ'flekt] **I** *v/t.* **1.** *Strahlen etc.* reflektieren, zu'rückwerfen, -strahlen: **~ing power** Reflexionsvermögen *n*; **2.** *Bild etc.* (wider)spiegeln: **~ing telescope** Spiegelteleskop *n*; **3.** *fig.* (wider)spiegeln, zeigen: **be ~ed in** sich (wider)spiegeln in (*dat.*); **~ credit on s.o.** j-m Ehre machen; **our prices ~ your commission** ✝ unsere Preise enthalten Ihre Provision; **4.** über'legen (**that** dass, **how** wie); **II** *v/i.* **5.** ([**up**]**on**) nachdenken, -sinnen (über *acc.*), (*et.*) über'legen; **6.** **~** (**up**)**on** a) sich abfällig äußern über (*acc.*), *et.* her'absetzen, b) ein schlechtes Licht werfen auf (*acc.*), *j-m* nicht gerade zur Ehre gereichen, c) *et.* ungünstig beeinflussen; **re'flec·tion** [-kʃn] *s.* **1.** *phys.* Reflexi'on *f*, Zu'rückstrahlung *f*; **2.** (Wider)Spiegelung *f* (*a. fig.*); Re'flex *m*, Widerschein *m*: **a faint ~ of** *fig.* ein schwacher Abglanz (*gen.*); **3.** Spiegelbild *n*; **4.** *fig.* Nachwirkung *f*, Einfluss *m*; **5.** a) Über'legung *f*, Erwägung *f*, b) Betrachtung *f*, Gedanke *m* (**on** über *acc.*): **on ~** nach einigem Nachdenken; **6.** abfällige Bemerkung (**on** über *acc.*), Anwurf *m*: **cast ~s upon** herabsetzen, in ein schlechtes Licht setzen; **7.** *anat.* a) Zu'rückbiegung *f*, b) zu'rückgebogener Teil; **8.** *physiol.* Re'flex *m*; **re'flec·tive** [-tɪv] *adj.* □ **1.** reflektierend, zu'rückstrahlend; **2.** nachdenklich; **re'flec·tor** [-tə] *s.* **1.** Re'flektor *m*; **2.** Spiegel *m*; **3.** *mot. etc.* Rückstrahler *m*; Katzenauge *n* (*Fahrrad etc.*); **4.** Scheinwerfer *m*; **re·flex** ['riːfleks] **I** *s.* **1.** *physiol.* Re'flex *m*: **~ action** (*od.* **movement**) Reflexbewegung *f*; **2.** ('Licht)Reˌflex *m*, Widerschein *m*; *fig.* Abglanz *m*: **~ camera** (Spiegel)Reflexkamera *f*; **3.** Spiegelbild *n* (*a. fig.*); **II** *adj.* **4.** zu'rückgebogen; **5.** Reflex..., Rück...; **re·flex·i·ble** [rɪ'fleksəbl] *adj.* reflektierbar; **re·flex·ion** [rɪ'flekʃn] *s.* → **reflection**; **re·flex·ive** [rɪ'fleksɪv] **I** *adj.* □ **1.** zu'rückwirkend; **2.** *ling.* refle'xiv, rückbezüglich, Reflexiv...; **II** *s.* **3.** *ling.* a) rückbezügliches Fürwort *od.* Zeitwort, b) reflexive Form.

re·flex·ol·o·gy [ˌriːflek'sɒlədʒɪ] *s.* ⚕ **1.** Reflexolo'gie *f*; **2.** Re'flexzonenmasˌsage *f*.

re·float [ˌriː'fləʊt] ⚓ **I** *v/t.* wieder flottmachen; **II** *v/i.* wieder flott werden.

re·flux ['riːflʌks] *s.* Zu'rückfließen *n*, Rückfluss *m* (*a.* ✝ *von Kapital*).

re·for·est [ˌriː'fɒrɪst] *v/t. Land* aufforsten.

re·form[1] [rɪ'fɔːm] **I** *s.* **1.** *pol. etc.* Re'form *f*, Verbesserung *f*; **2.** Besserung *f*: **~ school** Besserungsanstalt *f*; **II** *v/t.* **3.** reformieren, verbessern; **4.** *j-n* bessern; **5.** *Missstand etc.* beseitigen; **6.** ⚖ *Am. Urkunde* berichtigen; **III** *v/i.* **7.** sich bessern.

re·form[2], **re-form** [ˌriː'fɔːm] **I** *v/t.* 'umformen, -gestalten, -bilden, neu gestalten; **II** *v/i.* sich 'umformen, neu gestalten.

ref·or·ma·tion[1] [ˌrefə'meɪʃn] *s.* **1.** Reformierung *f*, Verbesserung *f*; **2.** Besserung *f des Lebenswandels etc.*; **3.** ℛ *eccl.* Reformati'on *f*; **4.** ⚖ *Am.* Berichtigung *f e-r Urkunde*.

re·for·ma·tion[2], **re-for·ma·tion** [ˌriːfɔː'meɪʃn] *s.* 'Umbildung *f*, 'Um-, Neugestaltung *f*.

re·form·a·to·ry [rɪ'fɔːmətərɪ] **I** *adj.* **1.** Besserungs...: **~ measures** Besserungsmaßnahmen; **2.** Reform...; **II** *s.* **3.** Besserungsanstalt *f*; **re'formed** [-md] *adj.* **1.** verbessert, neu u. besser gestaltet; **2.** gebessert: **~ drunkard** geheilter Trinker; **3.** ℛ *eccl.* reformiert; **re'form·er** [-mə] *s.* **1.** *bsd. eccl.* Refor'mator *m*; **2.** *pol.* Re'former(in); **re'form·ist** [-mɪst] *s.* **1.** *eccl.* Reformierte(r *m*) *f*; **2.** → **reformer**.

re·fract [rɪ'frækt] *v/t. phys. Strahlen* brechen; **re'fract·ing** [-tɪŋ] *adj. phys.* lichtbrechend, Brechungs..., Refraktions...: **~ angle** Brechungswinkel *m*; **~ telescope** Refraktor *m*; **re'frac·tion** [-kʃn] *s. phys.* **1.** (*Licht-, Strahlen*)Brechung *f*, Refrakti'on *f*; **2.** *opt.* Brechungskraft *f*; **re'frac·tive** [-tɪv] *adj. phys.* Brechungs..., Refraktions...; **re'frac·tor** [-tə] *s. phys.* **1.** Lichtbrechungskörper *m*; **2.** Re'fraktor *m*; **re'frac·to·ri·ness** [-tərɪnɪs] *s.* **1.** Widerspenstigkeit *f*; **2.** Widerstandskraft *f*, *bsd.* a) ⚒ Strengflüssigkeit *f*, b) ⚙ Feuerfestigkeit *f*; **3.** ⚕ a) Widerstandsfähigkeit *f gegen Krankheiten*, b) Hartnäckigkeit *f e-r Krankheit*; **re'frac·to·ry** [-tərɪ] **I** *adj.* **1.** widerspenstig, aufsässig; **2.** ⚒ strengflüssig; **3.** ⚙ feuerfest: **~ clay** Schamotte(ton *m*) *f*; **4.** ⚕ a) widerstandsfähig (*Person*), b) hartnäckig (*Krankheit*); **II** *s.* **5.** ⚙ feuerfester Baustoff.

re·frain[1] [rɪ'freɪn] *v/i.* (**from**) Abstand nehmen *od.* absehen (von), sich (*gen.*) enthalten: **~ from doing s.th.** et. unterlassen, es unterlassen, et. zu tun.

re·frain[2] [rɪ'freɪn] *s.* Re'frain *m*.

re·fran·gi·ble [rɪ'frændʒɪbl] *adj. phys.* brechbar.

re·fresh [rɪ'freʃ] **I** *v/t.* **1.** erfrischen, erquicken (*a. fig.*); **2.** *fig. sein Gedächtnis* auffrischen; *Vorrat etc.* erneuern; **II** *v/i.* **3.** sich erfrischen; **4.** frische Vorräte fassen (*Schiff etc.*); **re'fresh·er** [-ʃə] *s.* **1.** Erfrischung *f*, ‚Gläs-chen' *n* (*Trunk*); **2.** *fig.* Auffrischung *f*: **~ course** Auffrischungs-, Wiederholungskurs *m*; **paint ~** Neuglanzpolitur *f*; **3.** ⚖ 'Nachschuss (-honoˌrar *n*) *m e-s Anwalts*; **re'fresh-**

R

ing [-ʃɪŋ] *adj.* □ erfrischend (*a. fig. wohltuend*); **re'fresh·ment** [-mənt] *s.* Erfrischung *f* (*a. Getränk etc.*): **~ room** (Bahnhofs)Büfett *n*.

re·frig·er·ant [rɪ'frɪdʒərənt] **I** *adj.* **1.** kühlend, Kühl...; **II** *s.* **2.** ⚕ kühlendes Mittel, Kühltrank *m*; **3.** ⚙ Kühlmittel *n*; **re·frig·er·ate** [rɪ'frɪdʒəreɪt] *v/t.* ⚙ kühlen; **re'frig·er·at·ing** [-reɪtɪŋ] *adj.* ⚙ Kühl...(*-raum etc.*), Kälte...(*-maschine etc.*); **re·frig·er·a·tion** [rɪˌfrɪdʒə'reɪʃn] *s.* Kühlung *f*; Kälteerzeugung *f*, -technik *f*; **re'frig·er·a·tor** [-reɪtə] *s.* ⚙ Kühlschrank *m*, -raum *m*, -anlage *f*; 'Kältemaˌschine *f*: **~ van** *Brit.*, **~ car** *Am.* 🚂 Kühlwagen *m*; **~ van** *od.* **lorry** *Brit.*, **~ truck** *Am. mot.* Kühlwagen *m*; **~ vessel** ⚓ Kühlschiff *n*.

re·fu·el [ˌriː'fjʊəl] *v/t. u. v/i. mot.*, ✈ (auf)tanken.

ref·uge ['refjuːdʒ] **I** *s.* **1.** Zuflucht *f* (*a. fig. Ausweg, a. Person, Gott*), Schutz *m* (**from** vor): **seek** (*od.* **take**) **~ in** *fig.* s-e Zuflucht suchen in (*dat.*) *od.* nehmen zu; **house of ~** Obdachlosenasyl *n*; **2.** Zuflucht *f*, Zufluchtsort *m*; **3.** *a.* **~ hut** *mount.* Schutzhütte *f*; **4.** Verkehrsinsel *f*; **II** *v/i.* **5.** Schutz suchen; **ref·u·gee** [ˌrefjʊ'dʒiː] *s.* Flüchtling *m*: **~ camp** Flüchtlingslager *n*.

re·ful·gent [rɪ'fʌldʒənt] *adj.* □ glänzend, strahlend.

re·fund[1] **I** *v/t.* [riː'fʌnd] **1.** *Geld* zu'rückzahlen, -erstatten, *Verlust, Auslagen* ersetzen, rückvergüten; **2.** *j-m* Rückzahlung leisten, *j-m* seine Auslagen ersetzen; **II** *s.* ['riːfʌnd] **3.** Rückvergütung *f*.

re·fund[2] [ˌriː'fʌnd] *v/t.* ✝ *Anleihe etc.* neu fundieren.

re·fund·ment [rɪ'fʌndmənt] *s.* Rückvergütung *f*.

re·fur·bish [ˌriː'fɜːbɪʃ] *v/t.* aufpolieren (*a. fig.*).

re·fur·nish [ˌriː'fɜːnɪʃ] *v/t.* wieder *od.* neu möblieren *od.* ausstatten.

re·fu·sal [rɪ'fjuːzl] *s.* **1.** Ablehnung *f*, Zu'rückweisung *f e-s Angebots etc.*; **2.** Verweigerung *f e-r Bitte, des Gehorsams etc., a. Reitsport*; **3.** abschlägige Antwort: **he will take no ~** er lässt sich nicht abweisen; **4.** Weigerung *f* (**to do s.th.** et. zu tun); **5.** ✝ Vorkaufsrecht *n*, Vorhand *f*: **first ~ of** erstes Anrecht auf (*acc.*); **give s.o. the ~ of s.th.** j-m das Vorkaufsrecht auf e-e Sache einräumen.

re·fuse[1] [rɪ'fjuːz] **I** *v/t.* **1.** *Amt, Antrag, Kandidaten etc.* ablehnen; *Angebot* ausschlagen; *et. od. j-n* zu'rückweisen; *j-n* abweisen; *j-m e-e Bitte* abschlagen; **2.** *Befehl, Forderung, Gehorsam* verweigern; *Bitte* abschlagen; **3.** *Kartenspiel*: *Farbe* verweigern; **4.** *Hindernis* verweigern, scheuen vor (*dat.*) (*Pferd*); **II** *v/i.* **5.** sich weigern, es ablehnen (**to do** zu tun): **he ~d to believe it** er wollte es einfach nicht glauben; **he ~d to be bullied** er ließ sich nicht tyrannisieren; **it ~d to work** es wollte nicht funktionieren, es ‚streikte'; **6.** absagen (*Gast*); **7.** scheuen (*Pferd*).

ref·use[2] ['refjuːs] **I** *s.* **1.** ⚙ Abfall *m*, Ausschuss *m*; **2.** (Küchen)Abfall *m*, Müll *m*; **II** *adj.* **3.** wertlos; **4.** Abfall..., Müll...; **~ skip** *s. Brit.* 'Müllconˌtainer *m*.

ref·u·ta·ble ['refjʊtəbl] *adj.* □ wider'legbar; **ref·u·ta·tion** [ˌrefjuː'teɪʃn] *s.* Wider'legung *f*; **re·fute** [rɪ'fjuːt] *v/t.* wider'legen.

re·gain [rɪ'geɪn] *v/t.* 'wiedergewinnen; *a. Bewusstsein etc.* 'wiedererlangen: **~ one's feet** wieder auf die Beine kommen; **~ the shore** den Strand wiedergewinnen (*erreichen*).

re·gal ['riːgl] *adj.* □ königlich (*a. fig. prächtig*); Königs...

re·gale [rɪ'geɪl] **I** *v/t.* **1.** erfreuen, ergötzen; **2.** festlich bewirten: **~ o.s. on** sich laben an (*dat.*); **II** *v/i.* **3.** (**on**) schwelgen (in *dat.*), sich gütlich tun (an *dat.*).

re·ga·li·a [rɪ'geɪljə] *s. pl.* ('Krönungs-, 'Amts)Inˌsignien *pl.*

re·gard [rɪ'gɑːd] **I** *v/t.* **1.** ansehen; betrachten (*a. fig.* **with** mit *Abneigung etc.*); **2.** *fig.* **~ as** betrachten als, halten für: **be ~ed as** gelten als *od.* für; **3.** *fig.* beachten, berücksichtigen; **4.** respektieren; **5.** achten, (hoch) schätzen; **6.** betreffen, angehen: **as ~s** was ... betrifft; **II** *s.* **7.** (*fester od. bedeutsamer*) Blick; **8.** Hinblick *m*, -sicht *f* (**to** auf *acc.*): **in this ~** in dieser Hinsicht; **in ~ to** (*od.* **of**), **with ~ to** hinsichtlich, bezüglich, was ... betrifft; **have ~ to** a) sich beziehen auf (*acc.*), b) in Betracht ziehen; **9.** (**to**, **for**) Rücksicht(nahme) *f* (auf *acc.*), Beachtung *f* (*gen.*): **pay no ~ to s.th.** sich um et. nicht kümmern; **without ~ to** (*od.* **for**) ohne Rücksicht auf (*acc.*); **have no ~ for s.o.'s feelings** auf j-s Gefühle keine Rücksicht nehmen; **10.** (Hoch)Achtung *f* (**for** vor *dat.*); **11.** *pl.* Grüße *pl.*, Empfehlungen *pl.*: **with kind ~s** to mit herzlichen Grüßen an (*acc.*); **give him my** (**best**) **~s** grüße ihn (herzlich) von mir; **re'gard·ful** [-fʊl] *adj.* □ **1.** achtsam, aufmerksam (**of** auf *acc.*); **2.** rücksichtsvoll (**of** gegen); **re'gard·ing** [-dɪŋ] *prp.* bezüglich, betreffs, hinsichtlich (*gen.*); **re'gard·less** [-lɪs] **I** *adj.* □ **1.** **~ of** ungeachtet (*gen.*), ohne Rücksicht auf (*acc.*); **2.** rücksichts-, achtlos; **II** *adv.* **3.** F trotzdem, dennoch; ganz gleich, was passiert *od.* passieren würde; ohne Rücksicht auf Kosten *etc.*

re·gat·ta [rɪ'gætə] *s.* Re'gatta *f*.

re·gen·cy ['riːdʒənsɪ] *s.* **1.** Re'gentschaft *f* (*Amt, Gebiet, Periode*); **2.** ℛ *hist.* Regentschaft(szeit) *f*, *bsd.* a) Ré'gence *f* (*in Frankreich, des Herzogs Philipp von Orléans* [*1715–23*]), b) *in England* (*1811–30*), *von Georg, Prinz von Wales* (*später Georg IV.*).

re·gen·er·ate [rɪ'dʒenəreɪt] **I** *v/t. u. v/i.* **1.** (sich) regenerieren (*a. biol., phys.*, ⚙) (sich) erneuern, (sich) neu *od.* wieder bilden; (sich) wieder erzeugen: **be ~d** *eccl.* wieder geboren werden; **2.** *fig.* (sich) bessern *od.* reformieren; **3.** *fig.* (sich) neu beleben; **4.** ⚡ rückkoppeln; **II** *adj.* [-rət] **5.** ge- *od.* verbessert, reformiert; wieder geboren; **re·gen·er·a·tion** [rɪˌdʒenə'reɪʃn] *s.* **1.** Regenerati'on *f* (*a. biol.*), Erneuerung *f*; **2.** *eccl.* 'Wiedergeburt *f*; **3.** Besserung *f*; **4.** ⚡ Rückkopplung *f*; **5.** ⚙ Regenerierung *f*, 'Wiedergewinnung *f*; **re'gen·er·a·tive** [-nərətɪv] *adj.* □ **1.** (ver)bessernd; **2.** neu schaffend; **3.** Erneuerungs..., Verjüngungs...; **4.** ⚡ Rückkopplungs...

re·gent ['riːdʒənt] *s.* **1.** Re'gent(in): **Queen** ℛ Regentin *f*; **Prince** ℛ Prinzregent *m*; **2.** *univ. Am.* Mitglied *n* des 'Aufsichtskomiˌtees; **'re·gent·ship** [-ʃɪp] *s.* Re'gentschaft *f*.

reg·gae ['regeɪ] *s.* ♪ Reggae *m*

reg·i·cide ['redʒɪsaɪd] *s.* **1.** Königsmörder *m*; **2.** Königsmord *m*.

re·gime, *a.* **ré·gime** [reɪ'ʒiːm] *s.* **1.** *pol.* Re'gime *n*, Regierungsform *f*; **2.** (vor-) herrschendes Sy'stem: **matrimonial ~** ⚖ eheliches Güterrecht; **3.** → **regimen** 1.

reg·i·men ['redʒɪmən] *s.* **1.** ⚕ gesunde Lebensweise, *bsd.* Di'ät *f*; **2.** Regierung *f*, Herrschaft *f*; **3.** *ling.* Rekti'on *f*.

reg·i·ment I *s.* ['redʒɪmənt] **1.** ⚔ Regi'ment *n*; **2.** *fig.* (große) Schar; **II** *v/t.* ['redʒɪment] **3.** *fig.* reglementieren, bevormunden; **4.** organisieren, syste'matisch einteilen.

reg·i·men·tal [ˌredʒɪ'mentl] *adj.* □ Regiments...: **~ officer** *Brit.* Truppenoffizier *m*; **reg·i·men·tals** [ˌredʒɪ'mentlz] *s. pl.* ⚔ (Regi'ments)Uniˌform *f*; **reg·i·men·ta·tion** [ˌredʒɪmen'teɪʃn] *s.* **1.** Organisierung *f*, Einteilung *f*; **2.** Reglementierung *f*, Diri'gismus *m*, Bevormundung *f*.

Re·gi·na [rɪ'dʒaɪnə] (*Lat.*) *s. Brit.* ⚖ *die* Königin; *weitS. die* Krone, *der* Staat: **~ versus John Doe**.

re·gion ['riːdʒən] *s.* **1.** Gebiet *n* (*a. meteor.*), (*a.* ⚕ *Körper*)Gegend *f*, (*a. Höhen-, Tiefen*)Regi'on *f*, Landstrich *m*; (Verwaltungs)Bezirk *m*; **2.** *fig.* Gebiet *n*, Bereich *m*, Sphäre *f*; (*a. himmlische etc.*) Regi'on: **in the ~ of** von ungefähr ...; **'re·gion·al** [-dʒənl] *adj.* □ regio'nal; örtlich, lo'kal (*beide a.* ⚕); Orts...; Bezirks...: **~** (**station**) *Radio*: Regionalsender *m*; **'re·gion·al·ism** [-dʒənəlɪzəm] *s.* **1.** Regiona'lismus *m*, Lo'kalpatrioˌtismus *m*; **2.** Heimatkunst *f*; **3.** *ling.* nur regio'nal gebrauchter Ausdruck.

reg·is·ter ['redʒɪstə] **I** *s.* **1.** Re'gister *n* (*a. Computer*), (Eintragungs)Buch *n*, (*a.* Inhalts)Verzeichnis *n*; (*Wähleretc.*)Liste *f*: **~ of births, marriages, and deaths** Personenstandsregister; **~ of companies** Handelsregister; (**ship's**) **~** Schiffsregister; **~ ton** ⚓ Registertonne *f*; **2.** ⚙ a) Registriervorrichtung *f*, Zählwerk *n*: **cash ~** Registrier-, Kontrollkasse *f*, b) Schieber *m*, Klappe *f*, Ven'til *n*; **3.** ♪ a) ('Orgel)ReˌgisteR *n*, b) Stimm-, Tonlage *f*, c) 'Stimmˌumfang *m*; **4.** *typ.* Re'gister *n*; **5.** *phot.* genaue Einstellung; **6.** → **registrar**; **II** *v/t.* **7.** registrieren, (in ein Register *etc.*) eintragen *od.* -schreiben (lassen), anmelden (**for school** zur Schule); *weitS.* amtlich erfassen; (*a. fig. Erfolg etc.*) verzeichnen, -buchen: **~ a company** e-e Firma handelsgerichtlich eintragen; **8.** ✝ *Warenzeichen* anmelden; *Artikel* gesetzlich schützen; **9.** *Postsachen* einschreiben (lassen); *Gepäck* aufgeben; **10.** ⚙ *Messwerte* registrieren, anzeigen; **11.** *fig. Empfindung* zeigen, ausdrücken, registrieren; **12.** *typ.* in das Re'gister bringen; **13.** ⚔ *Geschütz* einschießen; **III** *v/i.* **14.** sich (in das Ho'telreˌgister, in die Wählerliste *etc.*) eintragen (lassen); *univ. etc.* sich einschreiben (**for** für); **15.** sich (an)melden (**at**, **with** bei *der Polizei etc.*); **16.** *typ.* Re'gister halten; **17.** ⚙ a) sich decken, genau passen, b) einrasten; **18.** ♪ registrieren; **19.** ⚔ sich einschießen; **'reg·is·tered** [-əd] *adj.* **1.** eingetragen (✝ *Geschäftssitz, Gesellschaft, Warenzeichen*); **2.** ✝ gesetzlich geschützt: **~ design** (*od.* **pattern**) Gebrauchsmuster *n*; **3.** ✝ registriert, Namens...: **~ bonds** Namensschuldverschreibungen; **~ capital** autorisiertes (Aktien)Kapital; **~ share** (*Am.* **stock**) Namensaktie *f*; **4.** ✉ eingeschrieben, Einschreibe...(*-brief etc.*): **~!** Einschreiben!; **reg·is·trar** [ˌredʒɪ-

ˈstrɑː] *s.* Regiˈstrator *m*, Archiˈvar(in), Urkundsbeamte(r) *m*; *Brit.* Standesbeamte(r) *m*; ⚕ *Brit.* Krankenhausarzt *m*, -ärztin *f*: **~'s office** a) Standesamt *n*, b) Registratur *f*; ♀ **General** *Brit.* oberster Standesbeamter; **~ in bankruptcy** ⚖ *Brit.* Konkursrichter *m*; **reg·is·tra·tion** [ˌredʒɪˈstreɪʃn] *s.* **1.** (*bsd.* amtliche) Registrierung, Erfassung *f*; Eintragung *f* (*a.* ✝ *e-r Gesellschaft, e-s Warenzeichens*); *mot.* Zulassung *f e-s Fahrzeugs*; **2.** (*polizeiliche, a. Hotel-, Schul- etc.*) Anmeldung, Einschreibung *f*: **compulsory ~** (An)Meldepflicht *f*; **~ fee** Anmelde-, Einschreibgebühr *f*; ✝ Umschreibungsgebühr *f* (*Aktien*); **~ form** (An)Meldeformular *n*; **~ office** Meldestelle *f*, Einwohnermeldeamt *n*; **3.** Zahl *f* der Erfassten, registrierte Zahl; **4.** ✉ Einschreibung *f*; **5.** *a.* **~ of luggage** *bsd. Brit.* Gepäckaufgabe *f*: **~ window** Gepäckschalter *m*; ˈ**reg·is·try** [-trɪ] *s.* **1.** Registrierung *f* (*a. e-s Schiffs*): **~ fee** *Am.* Anmelde-, Einschreibegebühr *f*; **port of ~** ⚓ Registerhafen *m*; **2.** Reˈgister *n*; **3.** *a.* **~ office** a) Registraˈtur *f*, b) Standesamt *n*, c) ˈStellenverˌmittlungsbüˌro *n*.

reg·let [ˈreglɪt] *s.* **1.** ⚠ Leistchen *n*; **2.** *typ.* a) Reˈglette *f*, b) (ˈZeilen)ˌDurchschuss *m*.

reg·nant [ˈregnənt] *adj.* regierend; *fig.* (vor)herrschend.

re·gress I *v/i.* [rɪˈgres] **1.** sich rückwärts bewegen; **2.** *fig.* a) sich rückläufig entwickeln, b) *biol., psych.* sich zuˈrückbilden *od.* -entwickeln; **II** *s.* [ˈriːgres] **3.** Rückwärtsbewegung *f*; **4.** rückläufige Entwicklung; **reˈgres·sion** [-eʃn] *s.* **1.** → **regress** II; **2.** Regressiˈon *f*: a) *biol. psych.* Rückentwicklung *f*, b) ⩲ Beziehung *f*; **reˈgres·sive** [-sɪv] *adj.* □ **1.** rückläufig; **2.** rückwirkend (*Steuer etc., a. ling. Akzent*); **3.** *biol.* regresˈsiv.

re·gret [rɪˈgret] **I** *s.* **1.** Bedauern *n* (**at** über *acc.*): **to my ~** zu m-m Bedauern, leider; **2.** Reue *f*; **3.** Schmerz *m*, Trauer *f* (**for** um); **II** *v/t.* **4.** bedauern, bereuen: **it is to be ~ted** es ist bedauerlich; **I ~ to say** ich muss leider sagen; **5.** *Vergangenes etc., a. Tote* beklagen, trauern um, *j-m od. e-r Sache* nachtrauern; **reˈgret·ful** [-fʊl] *adj.* □ bedauernd, reue-, kummervoll; **reˈgret·ta·ble** [-təbl] *adj.* □ **1.** bedauerlich; **2.** bedauernswert, zu bedauern(d); **reˈgret·ta·bly** [-təblɪ] *adv.* bedauerlicherweise.

re·grind [ˌriːˈgraɪnd] *v/t.* [*irr.* → **grind**] ⚙ nachschleifen.

re·group [ˌriːˈgruːp] *v/t.* ˈumgruppieren, neu gruppieren, (*a.* ✝ *Kapital*) ˈumschichten; **reˈgroup·ment** [-mənt] *s.* ˈUmgrupˌpierung *f*.

reg·u·lar [ˈregjʊlə] **I** *adj.* □ **1.** *zeitlich* regelmäßig; 🚂 *etc.* fahrplanmäßig: **~ air service** regelmäßige Flugverbindung; **~ business** ✝ laufende Geschäfte; **~ customer** → 14; **at ~ intervals** in regelmäßigen Abständen; **2.** regelmäßig (*in Form od. Anordnung*), ebenmäßig; symˈmetrisch; **3.** regelmäßig, geregelt, geordnet (*Lebensweise etc.*); **4.** pünktlich, genau; **5.** reguˈlär, norˈmal, gewohnt; **6.** richtig, geprüft, gelernt: **a ~ cook**; **~ doctor** approbierter Arzt; **7.** richtig, vorschriftsmäßig, formgerecht; **8.** F ‚richtig(gehend)': **~ rascal**; **a ~ guy** *Am.* ein Pfundskerl; **9.** ✕ a) reguˈlär (*Kampftruppe*), b) Berufs..., akˈtiv (*Heer, Soldat*); **10.** *sport*: Stamm...: **~ player**; **make the ~ team** sich e-n Stammplatz (*in der Mannschaft*) erobern; *eccl.* Ordens...; **II** *s.* **11.** Ordensgeistliche(r) *m*; **12.** ✕ akˈtiver Solˈdat, Beˈrufssolˌdat *m*; *pl.* reguˈläre Truppen *pl.*; **13.** *pol. Am.* treuer Parˈteianhänger; **14.** F Stammkunde *m*, -kundin *f*, -gast *m*; **reg·u·lar·i·ty** [ˌregjʊˈlærətɪ] *s.* **1.** Regelmäßigkeit *f*: a) Gleichmäßigkeit *f*, Stetigkeit *f*, b) regelmäßige Form; **2.** Ordnung *f*, Richtigkeit *f*; ˈ**reg·u·lar·ize** [-əraɪz] *v/t.* regeln, festlegen.

reg·u·late [ˈregjʊleɪt] *v/t.* **1.** *Geschäft, Verdauung, Verkehr etc.* regeln; ordnen; (*a.* ✝ *Wirtschaft*) lenken; **2.** ⚖ (gesetzlich) regeln; **3.** ⚙ a) *Geschwindigkeit etc.* regulieren, regeln, b) *Gerät, Uhr* (ein)stellen; **4.** anpassen (**according to** an *acc.*); ˈ**reg·u·lat·ing** [-tɪŋ] *adj.* ⚙ Regulier..., (Ein)Stell...: **~ screw** Stellschraube *f*; **~ switch** Regelschalter *m*; **reg·u·la·tion** [ˌregjʊˈleɪʃn] **I** *s.* **1.** Regelung *f*, Regulierung *f* (*a.* ⚙); ⚙ Einstellung *f*; **2.** Verfügung *f*, (Ausführungs)Verordnung *f*; *pl.* a) ˈDurchführungsbestimmungen *pl.*, b) Satzung(en *pl.*) *f*, Staˈtuten *pl.*, c) (Dienst-, Betriebs)Vorschrift *f*: **~s of the works** Betriebsordnung *f*; **traffic ~s** Verkehrsvorschriften; **according to ~s** nach Vorschrift, vorschriftsmäßig; **contrary to ~s** vorschriftswidrig; **II** *adj.* **3.** vorschriftsmäßig; ✕ *a.* Dienst...(*-mütze etc.*); ˈ**reg·u·la·tive** [-lətɪv] *adj.* regelnd, regulierend, *a. phls.* regulaˈtiv; ˈ**reg·u·la·tor** [-tə] *s.* **1.** ⚡ Regler *m*; **2.** *Uhrmacherei*: Reguˈlator *m* (*a. Uhr*); **3.** ⚙ Regulier-, Stellvorrichtung *f*: **~ valve** Reglerventil *n*; **4.** ⚗ Reguˈlator *m*; ˈ**reg·u·la·to·ry** [-leɪtərɪ] *adj.* Durch-, Ausführungs...

re·gur·gi·tate [rɪˈgɜːdʒɪteɪt] **I** *v/i.* zuˈrückfließen; **II** *v/t.* wieder ausströmen *od.* -speien; *Essen* erbrechen.

re·ha·bil·i·tate [ˌriːəˈbɪlɪteɪt] *v/t.* **1.** rehabilitieren: a) wieder einsetzen (**in** in *acc.*), b) *j-s* Ruf wiederherstellen, c) *e-n Versehrten* wieder ins Berufsleben eingliedern; **2.** *et. od. j-n* wiederˈherstellen; **3.** ⚖ *Strafentlassenen* resozialisieren; **4.** *Altbauten,* ✝ *e-n Betrieb etc.* sanieren; **re·ha·bil·i·ta·tion** [ˈriːəˌbɪlɪˈteɪʃn] *s.* **1.** Rehabilitierung *f*: a) Wiederˈeinsetzung *f* (*in frühere Rechte*), b) Ehrenrettung *f*, c) *a.* **vocational ~** Wiederˈeingliederung *f* ins Berufsleben: **~ centre** (*Am.* **center**) Rehabilitationszentrum *n*; **2.** Wiederˈherstellung *f*; ✝ Sanierung *f*: **industrial ~** wirtschaftlicher Wiederaufbau; **3.** *a.* **social ~** ⚖ Resozialisierung *f*.

re·hash [ˈriːhæʃ] **I** *s.* **1.** *fig. et.* Aufgewärmtes, Wiederˈholung *f*, ‚Aufguss' *m*; **2.** Wiederˈaufwärmen *n*; **II** *v/t.* [ˌriːˈhæʃ] **3.** *fig.* wieder aufwärmen, ˈwiederkäuen.

re·hear·ing [ˌriːˈhɪərɪŋ] *s.* ⚖ erneute Verhandlung.

re·hears·al [rɪˈhɜːsl] *s.* **1.** *thea.,* ♪ *u. fig.* Probe *f*: **be in ~** einstudiert werden; **final ~** Generalprobe; **2.** Einstudierung *f*; **3.** Wiederˈholung *f*; **4.** Aufsagen *n*, Vortrag *m*; **5.** *fig.* Litaˈnei *f*; **re·hearse** [rɪˈhɜːs] *v/t.* **1.** *thea.,* ♪ *et.* proben (*a. v/i. u. fig.*), *Rolle etc.* einstudieren; **2.** wiederˈholen; **3.** aufzählen; **4.** aufsagen, rezitieren; **5.** *fig. Möglichkeiten etc.* ˈdurchspielen.

reign [reɪn] **I** *s.* **1.** Regierung *f*, Regierungszeit *f*: **in** (*od.* **under**) **the ~ of** unter der Regierung (*gen.*); **2.** Herrschaft *f* (*a. fig. der Mode etc.*): **~ of law** Rechtsstaatlichkeit *f*; ♀ **of Terror** Schreckensherrschaft; **II** *v/i.* **3.** regieren, herrschen (**over** über *acc.*); **4.** *fig.* (vor)herrschen: **silence ~ed** es herrschte Stille.

re·im·burs·a·ble [ˌriːɪmˈbɜːsəbl] *adj.* rückzahlbar; **re·im·burse** [ˌriːɪmˈbɜːs] *v/t.* **1.** *j-n* entschädigen (**for** für): **~ o.s.** sich entschädigen *od.* schadlos halten; **2.** *et.* zuˈrückzahlen, vergüten, *Auslagen* erstatten, *Kosten* decken; ˌ**re·imˈburse·ment** [-mənt] *s.* **1.** Entschädigung *f*; **2.** (ˈWieder)Erstattung *f*, (Rück)Vergütung *f*, (Kosten)Deckung *f*: **~ credit** ✝ Rembourskredit *m*.

re·im·port ✝ **I** *v/t.* [ˌriːɪmˈpɔːt] **1.** wiederˈeinführen; **II** *s.* [ˌriːˈɪmpɔːt] **2.** ˈWiedereinfuhr *f*; **3.** *pl.* wiederˈeingeführte Waren *pl.*

rein [reɪn] **I** *s.* **1.** *oft pl.* Zügel *m mst pl.* (*a. fig.*): **draw ~** (an)halten, zügeln (*a. fig.*); **give a horse the ~(s)** die Zügel locker lassen; **give free ~(s) to** *s-r Fantasie* freien Lauf lassen *od.* die Zügel schießen lassen; **keep a tight ~ on** *j-n* fest an der Kandare haben; **take** (*od.* **assume**) **the ~s of government** die Zügel (der Regierung) in die Hand nehmen; **II** *v/t.* **2.** *Pferd* aufzäumen; **3.** lenken: **~ back** (*od.* **in, up**) (*a. v/i.*) a) anhalten, b) verhalten; **4.** *a.* **~ in** *fig.* zügeln, im Zaum halten.

re·in·car·na·tion [ˌriːɪnkɑːˈneɪʃn] *s.* Reinkarnatiˈon *f*: a) (Glaube *m* an die) Seelenwanderung *f*, b) ˈWiederverkörperung *f*, -geburt *f*.

rein·deer [ˈreɪnˌdɪə] *pl.* **-deer** *od.* **-deers** *s. zo.* Ren(ntier) *n*.

re·in·force [ˌriːɪnˈfɔːs] **I** *v/t.* **1.** verstärken (*a.* ⚙, *Gewebe etc., a.* ✕ *u. fig.*), ⚙ *Beton* armieren: **~d concrete** Eisen-, Stahlbeton *m*; **2.** *fig. Gesundheit* kräftigen, *Worte* bekräftigen, *Beweis* unterˈmauern; **II** *s.* **3.** ⚙ Verstärkung *f*; ˌ**re·inˈforce·ment** [-mənt] *s.* **1.** Verstärkung *f*, Armierung *f* (*Beton*); *pl.* ✕ Verstärkungstruppen *pl.*; **2.** *fig.* Unterˈmauerung *f*, Bekräftigung *f*.

re·in·stall [ˌriːɪnˈstɔːl] *v/t.* wieder einsetzen; ˌ**re·inˈstal(l)·ment** [-mənt] *s.* Wiederˈeinsetzung *f*.

re·in·state [ˌriːɪnˈsteɪt] *v/t.* **1.** *j-n* wieder einsetzen (**in** in *acc.*); **2.** *et.* (wieder) inˈstand setzen; **3.** *j-n od. et.* wiederˈherstellen; *Versicherung etc.* wieder aufleben lassen; ˌ**re·inˈstate·ment** [-mənt] *s.* **1.** Wiederˈeinsetzung *f*; **2.** Wiederˈherstellung *f*.

re·in·sur·ance [ˌriːɪnˈʃʊərəns] *s.* ✝ Rückversicherung *f*; **re·in·sure** [ˌriːɪnˈʃʊə] *v/t.* **1.** rückversichern; **2.** nachversichern.

re·in·vest·ment [ˌriːɪnˈvestmənt] *s.* ✝ Neu-, ˈWiederanlage *f*.

re·is·sue [ˌriːˈɪʃuː] **I** *v/t.* **1.** *Banknoten etc.* wieder ausgeben; **2.** *Buch* neu heˈrausgeben; **II** *s.* **3.** ˈWieder-, Neuausgabe *f*: **~ patent** Abänderungspatent *n*.

re·it·er·ate [riːˈɪtəreɪt] *v/t.* (ständig) wiederˈholen; **re·it·er·a·tion** [riːˌɪtəˈreɪʃn] *s.* Wiederˈholung *f*.

re·ject I *v/t.* [rɪˈdʒekt] **1.** *Antrag, Kandidaten, Lieferung, Verantwortung etc.* ablehnen; *Ersuchen, Freier etc.* ab-, zuˈrückweisen; *Bitte* abschlagen; *et.* verwerfen; *Nahrung* verweigern: **be ~ed** *pol. u. thea.* durchfallen; **2.** (als wertlos) ausscheiden; **3.** *Essen* wieder von sich geben (*Magen*); **4.** ⚕ *körperfremdes Gewebe etc.* abstoßen; **II** *s.* [ˈriː-

R

dʒekt] **5.** ✕ Ausgemusterte(r) *m*, Untaugliche(r) *m*; **6.** ⚓ 'Ausschussar,tikel *m*; **re·jec·ta·men·ta** [rɪˌdʒektə'mentə] *s. pl.* **1.** Abfälle *pl.*; **2.** Strandgut *n*; **3.** *physiol.* Exkre'mente *pl.*; **re'jec·tion** [-kʃn] *s.* **1.** Ablehnung *f*, Zu'rückweisung *f*, Verwerfung *f*; ⚓, ⚙ Abnahmeverweigerung *f*; **2.** Ausscheidung *f*; **3.** *pl.* Ausschussartikel *pl.*; **4.** ⚕ Abstoßung *f*; **5.** *pl. physiol.* Exkre'mente *pl.*; **re'jec·tor** [-tə] *s. a.* **~ *circuit*** ⚡ Sperrkreis *m*.

re·joice [rɪ'dʒɔɪs] **I** *v/i.* **1.** sich freuen, froh'locken (***in***, ***at*** über *acc.*); **2.** **~ *in*** sich *e-r Sache* erfreuen; **II** *v/t.* **3.** erfreuen: **~*d at*** (*od.* ***by***) erfreut über (*acc.*); **re'joic·ing** [-sɪŋ] **I** *s.* **1.** Freude *f*, Froh'locken *n*; **2.** *oft pl.* (Freuden)Fest *n*, Lustbarkeit(en *pl.*) *f*; **II** *adj.* ☐ **3.** erfreut, froh (***in***, ***at*** über *acc.*).

re-join [ˌriː'dʒɔɪn] *v/t. u. v/i.* (sich) wieder vereinigen (***to***, ***with*** mit), (sich) wieder zs.-fügen.

re·join¹ [ˌriː'dʒɔɪn] *v/t.* sich wieder anschließen (*dat.*) *od.* an (*acc.*), wieder eintreten in *e-e Partei etc.*; wieder zu'rückkehren zu, *j-n* wieder treffen.

re·join² [rɪ'dʒɔɪn] **I** *v/t.* erwidern; **II** *v/i.* ⚖ e-e Gegenerklärung auf e-e Re'plik abgeben; **re'join·der** [-ndə] *s.* Erwiderung *f*; ⚖ Gegenerklärung *f* (*des Beklagten auf e-e Replik*).

re·ju·ve·nate [rɪ'dʒuːvɪneɪt] *v/t.* (*v/i.* sich) verjüngen; **re·ju·ve·na·tion** [rɪˌdʒuːvɪ'neɪʃn] *s.* Verjüngung *f*.

re·ju·ve·nesce [ˌriːdʒuːvɪ'nes] *v/t. u. v/i.* (sich) verjüngen (*a. biol.*); **ˌre·ju·ve'nes·cence** [-sns] *s.* (*biol.* Zell)Verjüngung *f*.

re·kindle [ˌriː'kɪndl] **I** *v/t.* **1.** wieder anzünden; **2.** *fig.* wieder entfachen, neu beleben; **II** *v/i.* **3.** sich wieder entzünden; **4.** *fig.* wieder entbrennen, wieder aufleben.

re·lapse [rɪ'læps] **I** *v/i.* **1.** zu'rückfallen, wieder (ver)fallen (***into*** in *acc.*); **2.** rückfällig werden; ⚕ e-n Rückfall bekommen; **II** *s.* **3.** ⚕ Rückfall *m*.

re·late [rɪ'leɪt] **I** *v/t.* **1.** berichten, erzählen (***to s.o.*** j-m); **2.** in Beziehung *od.* Zs.-hang bringen, verbinden (***to***, ***with*** mit); **II** *v/i.* **3.** sich beziehen, Bezug haben (***to*** auf *acc.*): ***relating to*** in Bezug auf (*acc.*), bezüglich (*gen.*); **4.** **~ *to s.o.*** a) sich j-m gegenüber verhalten, b) zu j-m e-e (*gute, innere etc.*) Beziehung haben; **re'lat·ed** [-tɪd] *adj.* verwandt (***to***, ***with*** mit) (*a. fig.*): **~ *by marriage*** verschwägert.

re·la·tion [rɪ'leɪʃn] *s.* **1.** Bericht *m*, Erzählung *f*; **2.** Beziehung *f* (*a. pol.*, ⚓, ₰), (*a. Vertrags-, Vertrauens- etc.*)Verhältnis *n*; (*kausaler etc.*) Zs.-hang; Bezug *m*: ***business ~s*** Geschäftsbeziehungen; ***human ~s*** a) zwischenmenschliche Beziehungen, b) (innerbetriebliche) Kontaktpflege; ***in ~ to*** in Bezug auf (*acc.*); ***be out of all ~ to*** in keinem Verhältnis stehen zu; ***bear no ~ to*** nichts zu tun haben mit; → ***public*** 3; **3.** a) Verwandte(r *m*) *f*, b) Verwandtschaft *f* (*a. fig.*): ***what ~ is he to you?*** wie ist er mit dir verwandt?; **re'la·tion·al** [-ʃənl] *adj.* **1.** verwandtschaftlich, Verwandtschafts...; **2.** Beziehungs..., Bezugs...; **3.** *EDV* relatio'nal: **~ *database*** relationale Datenbank; **re'la·tion·ship** [-ʃɪp] *s.* **1.** Beziehung *f*, (*a. Rechts*)Verhältnis *n* (***to*** zu); **2.** Verwandtschaft *f* (***to*** mit) (*a. coll. u. fig.*).

rel·a·tive ['relətɪv] **I** *adj.* ☐ **1.** bezüglich, sich beziehend (***to*** auf *acc.*): **~ *value*** ₰ Bezugswert *m*; **~ *to*** bezüglich, hinsichtlich (*gen.*); **2.** rela'tiv, verhältnismäßig, Verhältnis...; **3.** (***to***) abhängig (von), bedingt (durch); **4.** gegenseitig, entsprechend, jeweilig; **5.** *ling.* bezüglich, Relativ...; **6.** ♪ paral'lel (*Tonart*); **II** *s.* **7.** Verwandte(r *m*) *f*; **8.** *ling.* a) Rela'tivpro,nomen *n*, b) Rela'tivsatz *m*; **'rel·a·tive·ness** [-nɪs] *s.* Relativi'tät *f*; **'rel·a·tiv·ism** [-vɪzəm] *s. phls.* Relati'vismus *m*; **rel·a·tiv·i·ty** [ˌrelə'tɪvətɪ] *s.* **1.** Relativi'tät *f*: ***theory of ~*** *phys.* Relativitätstheorie *f*; **2.** Abhängigkeit *f* (***to*** von).

re·lax [rɪ'læks] **I** *v/t.* **1.** *Muskeln etc.*, ⚙ *Feder* entspannen; (*a. fig. Disziplin, Vorschrift etc.*) lockern: **~*ing climate*** Schonklima *n*; **2.** in *s-n Anstrengungen etc.* nachlassen; **3.** ⚕ abführend wirken; **II** *v/i.* **4.** sich entspannen (*Muskeln etc.*, *a. Geist, Person*); ausspannen, sich erholen (*Person*); es sich bequem machen: **~*ing*** entspannend, erholsam, Erholungs...; **5.** sich lockern (*Griff, Seil etc.*) (*a. fig.*); **6.** nachlassen (***in*** in *e-r Bemühung etc.*) (*a. Sturm etc.*); **7.** milder *od.* freundlicher werden; **re·lax·a·tion** [ˌriːlæk'seɪʃn] *s.* **1.** Entspannung *f* (*a. fig. Erholung*); Lockerung *f* (*a. fig.*); Erschlaffung *f*; **2.** Nachlassen *n*; **3.** Milderung *f e-r Strafe etc.*

re·lay ['riːleɪ] **I** *s.* **1.** a) frisches Gespann, b) Pferdewechsel *m*, c) *fig.* ⚓, ✕ Ablösung(smannschaft) *f*: **~ *attack*** ✕ rollender Angriff; ***in ~s*** ✕ in rollendem Einsatz; **2.** *sport a.* **~ *race*** Staffel(lauf *m*, -wettbewerb *m*) *f*: **~ *team*** Staffel *f*; **3.** a) [ˌriː'leɪ] ⚡ Re'lais *n*: **~ *station*** Relais-, Zwischensender *m*, **~ *switch*** Schaltschütz *n*, b) *Radio*: Über'tragung *f*; **II** *v/t.* **4.** *allg.* weitergeben; **5.** [ˌriː'leɪ] ⚡ mit Re'lais steuern; *Radio*: (mit Re'lais) über'tragen.

re·lease [rɪ'liːs] **I** *s.* **1.** (Haft)Entlassung *f*, Freilassung *f* (***from*** aus); **2.** *fig.* Befreiung *f*, Erlösung *f* (***from*** von); **3.** Entlastung *f* (*a. e-s Treuhänders etc.*), Entbindung *f* (***from*** von *e-r Pflicht*); **4.** Freigabe *f* (*Buch, Film, Vermögen etc.*): ***first ~*** *Film*: Uraufführung *f*; (***press***) **~** (Presse)Verlautbarung *f*; **~ *of energy*** Freiwerden *n* von Energie; **5.** ⚖ a) Verzicht(leistung *f*, -urkunde *f*) *m*, b) ('Rechts)Über,tragung *f*, c) Quittung *f*; **6.** ⚙, *phot.* a) Auslöser *m*, b) Auslösung *f*: **~ *of bombs*** ✕ Bombenabwurf *m*; **II** *v/t.* **7.** *Häftling* ent-, freilassen; **8.** *fig.* (***from***) a) befreien, erlösen (von), b) entbinden, -lasten (von *e-r Pflicht, Schuld etc.*); **9.** *Buch, Film, Guthaben* freigeben; **10.** ⚖ verzichten auf (*acc.*), *Recht* aufgeben *od.* über'tragen; *Hypothek* löschen; **11.** ⚛, *phys.* freisetzen; **12.** ⚙ a) auslösen (*a. phot.*); *Bomben* abwerfen; *Gas* abblasen, b) ausschalten: **~ *the clutch*** auskuppeln.

rel·e·gate ['relɪgeɪt] *v/t.* **1.** relegieren, verbannen (***out of*** aus): ***be ~d*** *sport* absteigen; **2.** verweisen (***to*** an *acc.*); **3.** (***to***) verweisen (in *acc.*), zuschreiben (*dat.*): **~ *to the sphere of legend*** in das Reich der Fabel verweisen; ***he was ~d to fourth place*** *sport* er wurde auf den vierten Platz verwiesen; **rel·e·ga·tion** [ˌrelɪ'geɪʃn] *s.* **1.** Verbannung *f* (***out of*** aus); **2.** Verweisung *f* (***to*** an *acc.*); **3.** *sport* Abstieg *m*: ***in danger of ~*** in Abstiegsgefahr.

re·lent [rɪ'lent] *v/i.* weicher *od.* mitleidig werden, sich erweichen lassen; **re'lent·less** [-lɪs] *adj.* ☐ unbarmherzig, schonungslos, hart.

rel·e·vance ['relɪvəns], **'rel·e·van·cy** [-sɪ] *s.* Rele'vanz *f*, (*a.* Beweis)Erheblichkeit *f*; Bedeutung *f* (***to*** für); **'rel·e·vant** [-nt] *adj.* ☐ **1.** einschlägig, sachdienlich; anwendbar (***to*** auf *acc.*); **2.** (beweis-, rechts- *etc.*)erheblich, belangvoll, von Bedeutung (***to*** für).

re·li·a·bil·i·ty [rɪˌlaɪə'bɪlətɪ] *s.* Zuverlässigkeit *f*, ⚙ *a.* Betriebssicherheit *f*: **~ *test*** Zuverlässigkeitsprüfung *f*; **re·li·a·ble** [rɪ'laɪəbl] *adj.* ☐ **1.** zuverlässig (*a.* ⚙ *betriebssicher*), verlässlich; **2.** glaubwürdig; **3.** vertrauenswürdig, re'ell (*Firma etc.*); **re·li·ance** [rɪ'laɪəns] *s.* Vertrauen *n*: ***in ~*** (***up***)***on*** unter Verlass auf (*acc.*), bauend auf; ***place ~ on*** (*od.* ***in***) Vertrauen in *j-n* setzen; **re·li·ant** [rɪ'laɪənt] *adj.* **1.** vertrauensvoll; **2.** zuversichtlich.

rel·ic ['relɪk] *s.* **1.** ('Über)Rest *m*, 'Überbleibsel *n*, Re'likt *n*: **~*s of the past*** *fig.* Zeugen der Vergangenheit; **2.** *R.C.* Re'liquie *f*.

re·lief¹ [rɪ'liːf] *s.* **1.** Erleichterung *f* (*a.* ⚕); → ***sigh*** 5; **2.** (angenehme) Unter'brechung, Abwechslung *f*, Wohltat *f* (***to*** für *das Auge etc.*); **3.** Trost *m*; **4.** Entlastung *f* (*Steuer- etc.*)Erleichterung *f*; **5.** a) Unter'stützung *f*, Hilfe *f*, b) *Am.* Sozi'alhilfe *f*; **~ *fund*** Unterstützungsfonds *m*, -kasse *f*; ***be on ~*** Sozialhilfe beziehen; **6.** ⚖ a) Rechtshilfe *f*: ***the ~ sought*** das Klagebegehren, b) Rechtsbehelf *m*, -mittel *n*; **7.** ✕ a) *a. allg.* Ablösung *f*, b) Entsatz *m*, Entlastung *f*, c) *in Zssgn* Entlastungs...: **~ *attack*** (***road***, ***train***); **~ *driver*** *mot.* Beifahrer *m*.

re·lief² [rɪ'liːf] *s.* ⚠ *etc.* Reli'ef *n*; erhabene Arbeit: **~ *map*** Relief-, Höhenkarte *f*; ***be in ~ against*** sich (scharf) abheben gegen; ***set into vivid ~*** *fig. et.* plastisch schildern; ***stand out in*** (***bold***) **~** deutlich hervortreten (*a. fig.*); ***throw into ~*** hervortreten lassen (*a. fig.*).

re·lieve [rɪ'liːv] *v/t.* **1.** *Schmerzen etc., a. Gewissen* erleichtern: **~ *one's feelings*** s-n Gefühlen Luft machen; **~ *s.o.'s mind*** j-n beruhigen; → ***nature*** 7; **2.** *j-n* entlasten: **~ *s.o. from*** (*od.* ***of***) j-m *et.* abnehmen, j-n von *e-r Pflicht etc.* entbinden, j-n *e-r Verantwortung etc.* entheben, j-n von *et.* befreien; **~ *s.o. of humor.*** j-n um *et.* ,erleichtern', j-m *et.* stehlen; **3.** *j-n* erleichtern, beruhigen, trösten: ***I am ~d to hear*** es beruhigt mich, zu hören; **4.** ✕ a) *Platz* entsetzen, b) *Kampftruppe* entlasten, c) *Posten, Einheit* ablösen; **5.** *Bedürftige* unter'stützen, *Armen* helfen; **6.** *Eintöniges* beleben, Abwechslung bringen in (*acc.*); **7.** her'vor-, abheben; **8.** *j-m* Recht verschaffen; *e-r Sache* abhelfen; **9.** ⚙ a) entlasten (*a.* ⚠), *Feder* entspannen, b) 'hinterdrehen.

re·lie·vo [rɪ'liːvəʊ] *pl.* **-vos** *s.* Reli'efarbeit *f*.

re·li·gion [rɪ'lɪdʒən] *s.* **1.** Religi'on *f* (*a. iro.*): ***get ~*** F fromm werden; **2.** Frömmigkeit *f*; **3.** Ehrensache *f*, Herzenspflicht *f*; **4.** mo'nastisches Leben: ***enter ~*** in e-n Orden eintreten; **re'li·gion·ist** [-dʒənɪst] *s.* religi'öser Schwärmer *od.* Eiferer; **re·lig·i·os·i·ty** [rɪˌlɪdʒɪ'ɒsətɪ] *s.* **1.** Religiosi'tät *f*; **2.** Frömme'lei *f*.

re·li·gious [rɪ'lɪdʒəs] *adj.* ☐ **1.** Religions..., religi'ös (*Buch, Pflicht etc.*); **2.** religi'ös, fromm; **3.** Ordens...: **~ *order*** geistlicher Orden; **4.** *fig.* gewissenhaft,

R

peinlich genau; **5.** *fig.* andächtig: **~ *silence***.

re·lin·quish [rɪ'lɪŋkwɪʃ] *v/t.* **1.** *Hoffnung, Idee, Plan etc.* aufgeben; **2.** (**to**) *Besitz, Recht* abtreten (*dat. od.* an *acc.*), preisgeben (*dat.*), über'lassen (*dat.*); **3.** *et.* loslassen, fahren lassen; **4.** verzichten auf (*acc.*); **re'lin·quish·ment** [-mənt] *s.* **1.** Aufgabe *f*; **2.** Über'lassung *f*; **3.** Verzicht *m* (**of** auf *acc.*).

rel·i·quar·y ['relɪkwərɪ] *s. R.C.* Re'liquienschrein *m.*

rel·ish ['relɪʃ] **I** *v/t.* **1.** gern essen, sich schmecken lassen; *a. fig.* (mit Behagen) genießen, Geschmack finden an (*dat.*): ***I do not much ~ the idea*** ich bin nicht gerade begeistert davon (**of doing** zu tun); **2.** *fig.* schmackhaft machen; **II** *v/i.* **3.** schmecken *od.* (*fig.*) riechen (**of** nach); **III** *s.* **4.** (Wohl)Geschmack *m*; **5.** *fig.* a) Kostprobe *f*, b) Beigeschmack *m* (**of** von); **6.** a) Gewürz *n*, Würze *f* (*a. fig.*), b) Horsd'œuvre *n*, Appe'tithappen *m*; **7.** *fig.* (**for**) Geschmack *m* (an *dat.*), Sinn *m* (für): ***have no ~ for*** sich nichts machen aus; ***with*** (***great***) **~** mit (großem) Behagen, mit Wonne (*a. iro.*).

re·live [ˌriː'lɪv] *v/t. et.* noch einmal durch'leben *od.* erleben.

re·lo·cate [ˌriːləʊ'keɪt] **I** *v/t.* **1.** 'umsiedeln, *Betrieb, Werk*: *a.* verlegen; **2.** *Computer*: verschieben; **II** *v/i.* **3.** 'umziehen (**to** nach).

re·luc·tance [rɪ'lʌktəns] *s.* **1.** Wider'streben *n*, Abneigung *f* (**to** gegen, **to do s.th.** et. zu tun): ***with ~*** widerstrebend, ungern, zögernd; **2.** *phys.* mag'netischer Widerstand; **re'luc·tant** [-nt] *adj.* □ widerwillig, wider'strebend, zögernd, ungern: ***be ~ to do s.th.*** sich sträuben, et. zu tun; et. nur ungern tun.

re·ly [rɪ'laɪ] *v/i.* **1. ~** (***up***)***on*** sich verlassen, vertrauen *od.* bauen *od.* zählen auf (*acc.*): ***~ on s.th.*** (***for***) auf et. angewiesen sein (hinsichtlich *gen.*), et. (ausschließlich) beziehen (von); **2. ~** (***up***)***on*** sich auf *e-e Quelle etc.* stützen *od.* berufen.

re·main [rɪ'meɪn] **I** *v/i.* **1.** *allg.* bleiben; **2.** (übrig) bleiben (*a. fig.* **to s.o.** j-m); zu'rück-, verbleiben, noch übrig sein: ***it now ~s for me to explain*** es bleibt mir nur noch übrig, zu erklären; ***nothing ~s*** (***to us***)***, but to*** (*inf.*) es bleibt (uns) nichts anderes übrig, als zu (*inf.*); ***that ~s to be seen*** das bleibt abzuwarten; **3.** (bestehen) bleiben: ***~ in force*** in Kraft bleiben; **4.** *im Briefschluss*: verbleiben; **II** *s. pl.* **5.** *a. fig.* Reste *pl.*, 'Überreste *pl.*, -bleibsel *pl.*; **6.** *die* sterblichen 'Überreste *pl.*; **7.** *a.* ***literary ~s*** hinter'lassene Werke *pl.*, lite'rarischer Nachlass; **re'main·der** [-də] **I** *s.* **1.** Rest *m* (*a.* ℞), *das* Übrige; **2.** ✝ Restbestand *m*, -betrag *m*: ***~ of a debt*** Restschuld *f*; **3.** ⚙ Rückstand *m*; **4.** *Buchhandel*: Restauflage *f*, Remit'tenden *pl.*; **5.** ⚖ a) Anwartschaft *f* (auf Grundeigentum), b) Nacherbenrecht *n*; **II** *v/t.* **6.** *Bücher* billig abgeben; **re'main·der·man** [-dəmæn] *s.* [*irr.*] ⚖ a) Anwärter *m*, b) Nacherbe *m*; **re'main·ing** [-nɪŋ] *adj.* übrig (geblieben), Rest..., verbleibend, restlich.

re·make [ˌriː'meɪk] **I** *v/t.* [*irr.* → ***make***] wieder *od.* neu machen, *Film*: *a.* neu drehen; **II** *s.* ['riːmeɪk] Neuverfilmung *f*, Re'make *n.*

re·mand [rɪ'mɑːnd] **I** *v/t.* ⚖ a) (in Unter'suchungshaft) zu'rückschicken, b) *Rechtssache* (an die untere In'stanz) zu'rückverweisen; **II** *s.* (Zu'rücksendung *f* in die) Unter'suchungshaft *f*: ***~ prison*** Untersuchungsgefängnis *n*; ***prisoner on ~*** Untersuchungsgefangene(r *m*) *f*; ***be brought up on ~*** aus der Untersuchungshaft vorgeführt werden; ***~ centre*** (*od.* ***home***) Unter'suchungshaftanstalt *f* für Jugendliche.

re·mark [rɪ'mɑːk] **I** *v/t.* **1.** (be)merken, beobachten; **2.** bemerken, äußern (**that** dass); **II** *v/i.* **3.** e-e Bemerkung *od.* Bemerkungen machen, sich äußern ([**up**]**on** über *acc.*, zu); **III** *s.* **4.** Bemerkung *f*, Äußerung *f*: ***without ~*** ohne Kommentar; ***worthy of ~*** → **re'mark·a·ble** [-kəbl] *adj.* □ bemerkenswert: a) beachtlich, b) ungewöhnlich; **re'mark·a·ble·ness** [-kəblnɪs] *s.* **1.** Ungewöhnlichkeit *f*, Merkwürdigkeit *f*; **2.** Bedeutsamkeit *f.*

re·mar·riage [ˌriː'mærɪdʒ] *s.* 'Wiederverˌheiratung *f*; ˌ**re'mar·ry** [-rɪ] *v/i.* wieder heiraten.

re·me·di·a·ble [rɪ'miːdjəbl] *adj.* □ heil-, abstellbar: ***this is ~*** dem ist abzuhelfen; **re'me·di·al** [-jəl] *adj.* □ **1.** heilend, Heil...: ***~ gymnastics*** Heilgymnastik *f*; ***~ teaching*** Förderunterricht *m* (*für Lernschwache*); **2.** abhelfend: ***~ measure*** Abhilfsmaßnahme *f.*

rem·e·dy ['remɪdɪ] **I** *s.* **1.** ⚕ (Heil)Mittel *n*, Arz'nei *f* (**for, against** für, gegen); **2.** *fig.* (Gegen)Mittel *n* (**for, against** gegen); Abhilfe *f*; ⚖ Rechtsmittel *n*, -behelf *m*; **3.** *Münzwesen*: Re'medium *n*, Tole'ranz *f*; **II** *v/t.* **4.** *Mangel, Schaden* beheben; **5.** *Missstand* abstellen, abhelfen (*dat.*), in Ordnung bringen.

re·mem·ber [rɪ'membə] **I** *v/t.* **1.** sich entsinnen (*gen.*) *od.* an (*acc.*), sich besinnen auf (*acc.*), sich erinnern an (*acc.*): ***I ~ that*** es fällt mir (gerade) ein, dass; **2.** sich *et.* merken, nicht vergessen; **3.** eingedenk sein (*gen.*), denken an (*acc.*), beherzigen, sich *et.* vor Augen halten; **4.** *j-n mit e-m Geschenk, in s-m Testament* bedenken; **5.** empfehlen, grüßen: ***~ me to him*** grüßen Sie ihn von mir; **II** *v/i.* **6.** sich erinnern *od.* entsinnen: ***not that I ~*** nicht, dass ich wüsste; **re'mem·brance** [-brəns] *s.* **1.** Erinnerung *f*, Gedächtnis *n* (**of** an *acc.*); **2.** Gedächtnis *n*, An-, Gedenken *n*: ***in ~ of*** im Gedenken *od.* zur Erinnerung an (*acc.*); ***℞ Day*** Volkstrauertag *m* (*11. November*); **3.** Andenken *n* (*Sache*); **4.** *pl.* Grüße *pl.*, Empfehlungen *pl.*

re·mi·gra·tion [ˌriːmaɪ'greɪʃn] *s.* Rückwanderung *f.*

re·mil·i·ta·ri·za·tion ['riːˌmɪlɪtəraɪ'zeɪʃn] *s.* Remilitarisierung *f.*

re·mind [rɪ'maɪnd] *v/t. j-n* erinnern (**of** an *acc.*, **that** dass): ***that ~s me*** da(bei) fällt mir (et.) ein; ***this ~s me of home*** das erinnert mich an zu Hause; **re'mind·er** [-də] *s.* **1.** Mahnung *f*: ***a gentle ~*** ein (zarter) Wink; **2.** Erinnerung *f* (**of** an *acc.*); **3.** Gedächtnishilfe *f.*

rem·i·nisce [ˌremɪ'nɪs] *v/i.* in Erinnerungen schwelgen; ˌ**rem·i'nis·cence** [-sns] *s.* **1.** Erinnerung *f*; **2.** *pl.* (Lebens)Erinnerungen *pl.*, Reminis'zenzen *pl.*; **3.** *fig.* Anklang *m*; ˌ**rem·i'nis·cent** [-snt] *adj.* □ **1.** sich erinnernd (**of** an *acc.*), Erinnerungs...; **2.** Erinnerungen wachrufend (**of** an *acc.*), erinnerungsträchtig; **3.** sich (gern) erinnernd, in Erinnerungen schwelgend.

re·mise[1] [rɪ'maɪz] *s.* ⚖ Aufgabe *f e-s Anspruchs*, Rechtsverzicht *m.*

re·mise[2] [rə'miːz] *s.* **1.** *obs.* a) Re'mise *f*, Wagenschuppen *m*, b) Mietkutsche *f*; **2.** *fenc.* Ri'messe *f.*

re·miss [rɪ'mɪs] *adj.* □ (nach)lässig, säumig; lax, träge: ***be ~ in one's duties*** s-e Pflichten vernachlässigen; **re'mis·si·ble** [-səbl] *adj.* **1.** erlässlich; **2.** verzeihlich; *R.C.* lässlich (*Sünde*); **re'mis·sion** [-ɪʃn] *s.* **1.** Vergebung *f* (der Sünden); **2.** a) (teilweiser) Erlass *e-r Strafe, Schuld, Gebühr etc.*, b) Nachlass *m*, Ermäßigung *f*; **3.** Nachlassen *n der Intensität etc.*; ⚕ Remissi'on *f*; **re'miss·ness** [-nɪs] *s.* (Nach)Lässigkeit *f.*

re·mit [rɪ'mɪt] **I** *v/t.* **1.** *Sünden* vergeben; **2.** *Schulden, Strafe* (ganz *od.* teilweise) erlassen; **3.** hin'aus-, verschieben (**till, to** bis, **to** auf *acc.*); **4.** a) nachlassen in *s-n Anstrengungen etc.*, b) *Zorn etc.* mäßigen, c) aufhören mit, einstellen; **5.** ✝ *Geld etc.* über'weisen, -'senden; **6.** *bsd.* ⚖ a) (*Fall etc. zur Entscheidung*) über'tragen, b) → ***remand*** I b; **II** *v/i.* **7.** ✝ Zahlung leisten, remittieren; **re'mit·tal** [-tl] → ***remission***; **re'mit·tance** [-təns] *s.* **1.** (*bsd.* Geld)Sendung *f*, Über'weisung *f*; **2.** ✝ (Geld-, Wechsel-) Sendung *f*, Über'weisung *f*, Ri'messe *f*: ***~ account*** Überweisungskonto *n*; ***make ~*** remittieren, Deckung anschaffen; **re·mit·tee** [ˌremɪ'tiː] *s.* ✝ (Zahlungs-, Über'weisungs)Empfänger *m*; **re'mit·tent** [-tənt] *bsd.* ⚕ **I** *adj.* (vo'rübergehend) nachlassend; remittierend (*Fieber*); **II** *s.* remittierendes Fieber; **re'mit·ter** [-tə] *s.* **1.** ✝ Geldsender *m*, Über'sender *m*; Remit'tend *m*; **2.** ⚖ a) Wieder'einsetzung *f* (**to** in *frühere Rechte etc.*), b) Über'weisung *f e-s Falles.*

rem·nant ['remnənt] *s.* **1.** ('Über)Rest *m*, 'Überbleibsel *n*; kläglicher Rest; *fig.* (letzter) Rest, Spur *f*; **2.** ✝ (Stoff)Rest *m*; *pl.* Reste(r) *pl.*: ***~ sale*** Resteverkauf *m.*

re·mod·el [ˌriː'mɒdl] *v/t.* 'umbilden, -bauen, -formen, -gestalten.

re·mon·e·ti·za·tion [riːˌmʌnɪtaɪ'zeɪʃn] *s.* ✝ Wiederin'kurssetzung *f.*

re·mon·strance [rɪ'mɒnstrəns] *s.* (Gegen)Vorstellung *f*, Vorhaltung *f*, Einspruch *m*, Pro'test *m*; **re'mon·strant** [-nt] **I** *adj.* □ protestierend; **II** *s.* Einspruchерheber *m*; **re·mon·strate** ['remənstreɪt] **I** *v/i.* **1.** protestieren (**against** gegen); **2.** Vorhaltungen *od.* Vorwürfe machen (**on** über *acc.*, **with s.o.** j-m); **II** *v/t.* **3.** einwenden (**that** dass).

re·morse [rɪ'mɔːs] *s.* Gewissensbisse *pl.*, Reue *f* (**at** über *acc.*, **for** wegen): ***without ~*** unbarmherzig, kalt; **re'morse·ful** [-fʊl] *adj.* □ reumütig, reuevoll; **re'morse·less** [-lɪs] *adj.* □ unbarmherzig, hart(herzig).

re·mote [rɪ'məʊt] **I** *adj.* □ **1.** *räumlich u. zeitlich, a. fig.* fern, (weit) entfernt (**from** von); *fig.* schwach, vage: ***~ antiquity*** graue Vorzeit; ***a ~ chance*** e-e winzige Chance; ***~ control*** ⚙ a) Fernsteuerung *f*, b) Fernbedienung *f*; ***~-control***(***led***) ferngesteuert, -gelenkt, mit Fernbedienung; ***~ future*** ferne Zukunft; ***not the ~st idea*** keine blasse Ahnung; ***~ pickup*** ⚙ Fernabfrage *f*; ***~ possibility*** vage Möglichkeit; ***~ relation*** entfernte(r) *od.* weitläufige(r) Verwandte(r); ***~ resemblance*** entfernte *od.* schwache Ähnlichkeit; ***~ sensing*** ⚙ Remote Sensing *n*, Fernerkundung *f*; **2.** abgelegen, entlegen; **3.** mittelbar, 'indiˌrekt: ***~ damages*** ⚖ Folgeschäden; **4.** distan'ziert, unnahbar; **II** *s.*

5. *Am. TV*: 'Außenüber,tragung *f*; **re'mote·ness** [-nɪs] *s.* Ferne *f*, Entlegenheit *f*.

re·mount [ˌriː'maʊnt] **I** *v/t.* **1.** *Berg, Pferd etc.* wieder besteigen; **2.** ⚔ neue Pferde beschaffen für; **3.** ⚙ *Maschine* wieder aufstellen; **II** *v/i.* **4.** wieder aufsteigen; wieder aufsitzen (*Reiter*); **5.** *fig.* zu'rückgehen (**to** auf *acc.*); **III** *s.* ['riːmaʊnt] **6.** frisches Reitpferd; ⚔ Re'monte *f*.

re·mov·a·ble [rɪ'muːvəbl] *adj.* □ **1.** absetzbar; **2.** ⚙ abnehmbar, auswechselbar; **3.** behebbar (*Übel*); **re'mov·al** [-vl] *s.* **1.** Fort-, Wegschaffen *n*, -räumen *n*; Entfernen *n*; Abfuhr *f*, 'Abtrans,port *m*; Beseitigung *f* (*a. fig. Behebung von Fehlern, Missständen, e-s Gegners*); **2.** 'Umzug *m* (**to** in *acc.*, nach): **~ of business** Geschäftsverlegung *f*; **~ man** a) Spediteur *m*, b) Möbelpacker *m*; **~ van** Möbelwagen *m*; **3.** a) Absetzung *f*, Enthebung *f* (**from office** aus dem Amt), b) (Straf)Versetzung *f*; **4.** ⚖ Verweisung *f* (**to** an *acc.*);

re·move [rɪ'muːv] **I** *v/t.* **1.** *allg.* (weg-)nehmen, entfernen (**from** aus); ⚙ abnehmen, abmontieren, ausbauen; *Kleidungsstück* ablegen; *Hut* abnehmen; *Hand* zu'rückziehen; *fig. Furcht, Zweifel etc.* nehmen: **~ from the agenda** *et.* von der Tagesordnung absetzen; **~ o.s.** sich entfernen (**from** von); **2.** wegräumen, -rücken, -bringen, fortschaffen, abtransportieren; (*a. fig. j-n*) aus dem Weg(e) räumen: **~ furniture** (Wohnungs)Umzüge besorgen; **~ a prisoner** e-n Gefangenen abführen (lassen); **~ mountains** *fig.* Berge versetzen; **~ by suction** ⚙ absaugen; **a first cousin once ~d** Kind e-s Vetters *od.* e-r Kusine; **3.** *Fehler, Gegner, Hindernis, Spuren etc.* beseitigen; *Flecken* entfernen; *fig. Schwierigkeiten* beheben; **4.** *wohin* bringen, schaffen, verlegen; **5.** *Beamten* absetzen, entlassen, *s-s Amtes* entheben; **II** *v/i.* **6.** (aus-, 'um-, ver)ziehen (**to** nach); **III** *s.* **7.** Entfernung *f*, Abstand *m*: **at a ~** *fig.* mit einigem Abstand; **8.** Schritt *m*, Stufe *f*, Grad *m*; **9.** *Brit.* nächster Gang (*beim Essen*); **re'mov·er** [-və] *s.* **1.** Abbeizmittel *n*; **2.** ('Möbel)Spedi,teur *m*.

re·mu·ner·ate [rɪ'mjuːnəreɪt] *v/t.* **1.** *j-n* entschädigen, belohnen (**for** für); **2.** *et.* vergüten, Entschädigung zahlen für, ersetzen; **re·mu·ner·a·tion** [rɪˌmjuːnə'reɪʃn] *s.* **1.** Entschädigung *f*, Vergütung *f*; **2.** Belohnung *f*; **3.** Hono'rar *n*, Lohn *m*, Entgelt *n*; **re'mu·ner·a·tive** [-nərətɪv] *adj.* □ einträglich, lohnend, lukra'tiv, vorteilhaft.

Ren·ais·sance [rə'neɪsəns] (*Fr.*) *s.* **1.** Renais'sance *f*; **2.** ℒ 'Wiedergeburt *f*, -erwachen *n*.

re·nal ['riːnl] *adj. anat.* Nieren...

re·name [ˌriː'neɪm] *v/t.* **1.** 'umbenennen; **2.** neu benennen.

re·nas·cence [rɪ'næsns] *s.* **1.** 'Wiedergeburt *f*, Erneuerung *f*; **2.** ℒ Renais'sance *f*; **re'nas·cent** [-nt] *adj.* sich erneuernd, wieder auflebend, wieder erwachend.

rend [rend] [*irr.*] **I** *v/t.* **1.** (zer)reißen: **~ from** *j-m* entreißen; **~ the air** die Luft zerreißen (*Schrei etc.*); **2.** spalten (*a. fig.*); **II** *v/i.* **3.** (zer)reißen.

ren·der ['rendə] *v/t.* **1.** *a.* **~ back** zu'rückgeben, -erstatten: **~ up** herausgeben, *fig.* vergelten (**good for evil** Böses mit Gutem); **2.** (*a.* ⚔ *Festung*) über'geben; ☤ *Rechnung* (vor)legen: **per account ~ed** ☤ laut (erteilter) Rechnung; **~ a profit** Gewinn abwerfen; → *a.* **account** 6 *u.* 7; **3.** (**to s.o.** j-m) *e-n Dienst, Hilfe etc.* leisten; *Aufmerksamkeit, Ehre, Gehorsam* erweisen; *Dank* abstatten: **for services ~ed** für geleistete Dienste; **4.** *Grund* angeben; **5.** ⚖ *Urteil* fällen; **6.** *berühmt, schwierig, sichtbar etc.* machen: **~ audible** hörbar machen; **~ possible** möglich machen, ermöglichen; **7.** *künstlerisch* 'wiedergeben, interpretieren; **8.** *sprachlich, sinngemäß* 'wiedergeben, über'setzen; **9.** ⚙ *Fett* auslassen; **10.** △ roh bewerfen; **'ren·der·ing** [-dərɪŋ] *s.* **1.** 'Übergabe *f*: **~ of account** ☤ Rechnungslegung *f*; **2.** *künstlerische* 'Wiedergabe, Interpretati'on *f*, Gestaltung *f*, Vortrag *m*; **3.** Über'setzung *f*, 'Wiedergabe *f*; **4.** △ Rohbewurf *m*.

ren·dez·vous ['rɒndɪvuː] *pl.* **-vous** [-vuːz] (*Fr.*) *s.* **1.** a) Rendez'vous *n*, Verabredung *f*, Stelldichein *n*, b) Zs.-kunft *f*; **2.** Treffpunkt *m* (*a.* ⚔).

ren·di·tion [ren'dɪʃn] *s.* **1.** → **rendering** 2 *u.* 3; **2.** *Am.* (Urteils)Fällung *f*, (-)Verkündung *f*.

ren·e·gade ['renɪgeɪd] **I** *s.* Rene'gat(in), Abtrünnige(r *m*) *f*, 'Überläufer(in); **II** *adj.* abtrünnig.

re·nege [rɪ'niːg] **I** *v/i.* **1.** sein Wort brechen: **~ on** *et.* nicht (ein)halten, *e-r Sache* untreu werden; **2.** *Kartenspiel*: nicht bedienen; **II** *v/t.* **3.** ab-, verleugnen.

re·new [rɪ'njuː] *v/t.* **1.** *allg.* erneuern (*z.B. Bekanntschaft, Angriff, Autoreifen, Gelöbnis*): **~ed** erneut; **2.** *Briefwechsel etc.* wieder aufnehmen: **~ one's efforts** sich erneut bemühen; **3.** *Jugend, Kraft* 'wiedererlangen; *biol.* regenerieren; **4.** ☤ *Vertrag etc.* erneuern, verlängern; *Wechsel* prolongieren; **5.** ergänzen, -setzen; **6.** wieder'holen; **re'new·a·ble** [-juːəbl] *adj.* **1.** erneuerbar, zu erneuern(d): **~ resources** erneuerbare Ressourcen *od.* Energiequellen; **2.** ☤ erneuerungs-, verlängerungsfähig; prolongierbar (*Wechsel*); **re'new·al** [-juːəl] *s.* **1.** Erneuerung *f*; **2.** ☤ a) Erneuerung *f*, Verlängerung *f*, b) Prolongati'on *f*.

ren·i·form ['riːnɪfɔːm] *adj.* nierenförmig.

ren·net[1] ['renɪt] *s.* ⚗, *zo.* Lab *n*.

ren·net[2] ['renɪt] *s.* ♀ *Brit.* Re'nette *f*.

re·nounce [rɪ'naʊns] **I** *v/t.* **1.** verzichten auf (*acc.*), *et.* aufgeben; entsagen (*dat.*); **2.** verleugnen; *dem Glauben etc.* abschwören; *Freundschaft* aufsagen; ☤ *Vertrag* kündigen; *et.* von sich weisen, ablehnen; sich von *j-m* lossagen; *j-n* verstoßen; **3.** *Kartenspiel*: *Farbe* nicht bedienen (können); **II** *v/i.* **4.** Verzicht leisten; **5.** *Kartenspiel*: nicht bedienen (können), passen.

ren·o·vate ['renəʊveɪt] *v/t.* **1.** erneuern; wieder'herstellen; **2.** renovieren; **ren·o·va·tion** [ˌrenəʊ'veɪʃn] *s.* Renovierung *f*, Erneuerung *f*; **'ren·o·va·tor** [-tə] *s.* Erneuerer *m*.

re·nown [rɪ'naʊn] *s. rhet.* Ruhm *m*, Ruf *m*, Berühmtheit *f*; **re'nowned** [-nd] *adj.* berühmt, namhaft.

rent[1] [rent] **I** *s.* **1.** (Wohnungs)Miete *f*, Mietzins *m*: **for ~** *bsd. Am.* a) zu vermieten, b) zu verleihen; **~-controlled** miet(preis)gebunden; **~ tribunal** Mieterschiedsgericht *n*; **2.** Pacht(geld *n*, -zins *m*) *f*; **II** *v/t.* **3.** vermieten; **4.** verpachten; **5.** mieten; **6.** (ab)pachten; **7.** *Am.* a) *et.* ausleihen, b) sich *et.* leihen; **III** *v/i.* **8.** vermietet *od.* verpachtet werden (**at** *od.* **for** zu).

rent[2] [rent] **I** *s.* Riss *m*; Spalt(e *f*) *m*; **II** *pret. u. p.p. von* **rend**.

rent·a·ble ['rentəbl] *adj.* (ver)mietbar.

ˌrent-a-'car (serv·ice) *s. mot.* Autoverleih *m*.

ren·tal ['rentl] *s.* **1.** Miet-, Pachtbetrag *m*, -satz *m*: **~ car** Mietwagen *m*; **~ library** *Am.* Leihbücherei *f*: **~ value** Miet-, Pachtwert *m*; **2.** (Brutto)Mietertrag *m*; **3.** Zinsbuch *n*.

rent| boy *s.* Strichjunge *m*; **~ charge** *pl.* **rents charge** *s.* Grundrente *f*; **~ con·trol** *s.* Mietbindung *f*.

rent·er ['rentə] *s. bsd. Am.* **1.** Pächter (-in), Mieter(in); **2.** Verpächter(in), -mieter(in), -leiher(in); **ˌrent-'free** *adj.* miet-, pachtfrei.

re·nun·ci·a·tion [rɪˌnʌnsɪ'eɪʃn] *s.* **1.** (**of**) Verzicht *m* (auf *acc.*), Aufgabe *f* (*gen.*); **2.** Entsagung *f*; **3.** Ablehnung *f*.

re·o·pen [ˌriː'əʊpən] **I** *v/t.* **1.** wieder eröffnen; **2.** wieder beginnen, wieder aufnehmen; **II** *v/i.* **3.** sich wieder öffnen; **4.** 'wieder eröffnen (*Geschäft etc.*); **5.** wieder beginnen.

re·or·gan·i·za·tion ['riːˌɔːgənaɪ'zeɪʃn] *s.* **1.** 'Umbildung *f*, Neuordnung *f*, -gestaltung *f*; **2.** ☤ Sanierung *f*; **re·or·gan·ize** [ˌriː'ɔːgənaɪz] *v/t.* **1.** reorganisieren, neu gestalten, 'umgestalten, 'umgliedern; **2.** ☤ sanieren.

rep[1] [rep] *s.* Rips *m* (*Stoff*).

rep[2] [rep] *s. sl.* **1.** Wüstling *m*; **2.** *Am.* Ruf *m*.

re·pack [ˌriː'pæk] *v/t.* 'umpacken.

re·paint [ˌriː'peɪnt] *v/t.* neu (an)streichen, über'malen.

re·pair[1] [rɪ'peə] **I** *v/t.* **1.** reparieren, (wieder) in'stand setzen; ausbessern, flicken; **2.** wieder'herstellen; **3.** wieder gutmachen; *Verlust* ersetzen; **II** *s.* **4.** Repara'tur *f*, In'standsetzung *f*, Ausbesserung *f*; *pl.* In'standsetzungsarbeit(en *pl.*) *f*: **state of ~** (baulicher *etc.*) Zustand; **in good ~** in gutem Zustand; **in need of ~** reparaturbedürftig; **out of ~** a) betriebsunfähig, b) baufällig; **under ~** in Reparatur; **~ kit**, **~ outfit** Reparaturwerkzeug *n*, Flickzeug *n*.

re·pair[2] [rɪ'peə] **I** *v/i.* sich begeben (**to** nach, zu); **II** *s.* Zufluchtsort *m*, (beliebter) Aufenthaltsort.

re·pair·a·ble [rɪ'peərəbl] *adj.* **1.** repara'turbedürftig; **2.** zu reparieren(d), reparierbar; **3.** → **reparable**.

re'pair|·man [-mæn] *s.* [*irr.*] *bsd. Am.* Me'chaniker *m*, Autoschlosser *m*, (*Fernseh- etc.*)Techniker *m*; **~ shop** *s.* Repara'turwerkstatt *f*.

rep·a·ra·ble ['repərəbl] *adj.* □ wieder gutzumachen(d); ersetzbar (*Verlust*); **rep·a·ra·tion** [ˌrepə'reɪʃn] *s.* **1.** Wieder'gutmachung *f*: **make ~** Genugtuung leisten; **2.** Entschädigung *f*, Ersatz *m*; **3.** *pol.* Wieder'gutmachungsleistung *f*; *pl.* Reparati'onen *pl.*

rep·ar·tee [ˌrepɑː'tiː] *s.* schlagfertige Antwort, Schlagfertigkeit *f*: **quick at ~** schlagfertig.

re·par·ti·tion [ˌriːpɑː'tɪʃn] **I** *s.* Aufteilung *f*, (Neu)Verteilung *f*; **II** *v/t.* (neu) auf-, verteilen.

re·pass [ˌriː'pɑːs] *v/i.* (*u. v/t.*) wieder vor'beikommen (**an** *dat.*).

re·past [rɪ'pɑːst] *s.* Mahl(zeit *f*) *n*.

re·pa·tri·ate [riː'pætrɪeɪt] **I** *v/t.* repatriieren, (in die Heimat) zu'rückführen; **II**

s. Repatriierte(r *m*) *f*, Heimkehrer (-in); **re·pa·tri·a·tion** [ˌriːpætrɪˈeɪʃn] *s.* Rückführung *f*.

re·pay [*irr.* → **pay**] **I** *v/t.* [riːˈpeɪ] **1.** *Geld etc.* zuˈrückzahlen, (zuˈrück)erstatten; **2.** *fig. Besuch, Gruß, Schlag etc.* erwidern; *Böses* heimzahlen, vergelten (**to s.o.** j-m); **3.** *j-n* belohnen, (*a.* †) entschädigen (**for** für); **4.** *et.* lohnen, vergelten (**with** mit); **II** *v/i.* [ˌriːˈpeɪ] **5.** nochmals (be)zahlen; **reˈpay·a·ble** [-ˈpeɪəbl] *adj.* rückzahlbar; **reˈpay·ment** [-mənt] *s.* **1.** Rückzahlung *f*; **2.** Erwiderung *f*; **3.** Vergeltung *f*.

re·peal [rɪˈpiːl] **I** *v/t.* **1.** *Gesetz etc.* aufheben, außer Kraft setzen; **2.** widerˈrufen; **II** *s.* **3.** Aufhebung *f von Gesetzen*; **reˈpeal·a·ble** [-ləbl] *adj.* ˈwiderruflich, aufhebbar.

re·peat [rɪˈpiːt] **I** *v/t.* **1.** wiederˈholen: **~ an experience** et. nochmals durchmachen *od.* erleben; **~ an order** (**for s.th.** et.) nachbestellen; **2.** nachsprechen, wiederˈholen; weitererzählen; **3.** *ped. Gedicht* aufsagen; **II** *v/i.* **4.** sich wiederˈholen (*Vorgang*); **5.** repetieren (*Uhr, Gewehr*); **6.** aufstoßen (*Speisen*); **III** *s.* **7.** Wiederˈholung *f* (*a. TV etc.*); **8.** *et.* sich Wiederˈholendes (*z.B. Muster*), *bsd. Stoff, Tapete*: Rapˈport *m*; **9.** ♪ a) Wiederˈholung *f*, b) Wiederˈholungszeichen *n*: **10.** † *oft* **~ order** Nachbestellung *f*; **reˈpeat·ed** [-tɪd] *adj.* □ wiederˈholt, mehrmalig; neuerlich; **reˈpeat·er** [-tə] *s.* **1.** Wiederˈholende(r *m*) *f*; **2.** Repetieruhr *f*; **3.** Repetier-, Mehrladegewehr *n*; **4.** *Am. Wähler, der widerrechtlich mehrere Stimmen abgibt*; **5.** Ⱥ periˈodische Deziˈmalzahl *f*; **6.** ⚖ Rückfällige(r *m*) *f*; **7.** ⚓ Tochterkompass *m*; **8.** ϟ a) (Leitungs)Verstärker *m*, b) Überˈtrager *m*; **reˈpeat·ing** [-tɪŋ] *adj.* wiederˈholend: **~ decimal** → **repeater** 5; **~ rifle** → **repeater** 3; **~ watch** → **repeater** 2.

re·pel [rɪˈpel] *v/t.* **1.** *Angreifer* zuˈrückschlagen, -treiben; **2.** *Angriff* abschlagen, abweisen, *a. Schlag* abwehren; **3.** *fig.* ab-, zuˈrückweisen; **4.** *phys.* abstoßen; **5.** *fig. j-n* abstoßen, anwidern; **reˈpel·lent** [-lənt] *adj.* □ **1.** ab-, zuˈrückstoßend; **2.** *fig.* abstoßend.

re·pent [rɪˈpent] *v/t.* (*a. v/i.* **of**) *et.* bereuen; **reˈpent·ance** [-təns] *s.* Reue *f*; **reˈpent·ant** [-tənt] *adj.* □ reuig (**of** über *acc.*), bußfertig.

re·per·cus·sion [ˌriːpəˈkʌʃn] *s.* **1.** Rückprall *m*, -stoß *m*; **2.** Widerhall *m*; **3.** *mst pl. fig.* Rück-, Auswirkungen *pl.* (**on** auf *acc.*).

rep·er·toire [ˈrepətwɑː] → **repertory** 1.

rep·er·to·ry [ˈrepətərɪ] *s.* **1.** *thea.* Reperˈtoire *n*, Spielplan *m*: **~ theatre** (*Am.* **theater**) Repertoirebühne *f*, -theater *n*; **2.** → **repository** 3.

rep·e·ti·tion [ˌrepɪˈtɪʃn] *s.* **1.** Wiederˈholung *f*: **~ order** † Nachbestellung *f*; **~ work** ⚙ Reihenfertigung *f*; **2.** *ped.* (Stück *n* zum) Aufsagen *n*; **3.** Koˈpie *f*, Nachbildung *f*; **rep·e·ti·tious** [ˌrepɪˈtɪʃəs] *adj.* □ sich ständig wiederˈholend; ewig gleich bleibend; **re·pet·i·tive** [rɪˈpetətɪv] *adj.* □ **1.** sich wiederˈholend, wiederˈholt; **2.** → **repetitious**.

re·pine [rɪˈpaɪn] *v/i.* murren, ˈmissvergnügt *od.* unzufrieden sein (**at** über *acc.*); **reˈpin·ing** [-nɪŋ] *adj.* □ unzufrieden, murrend, mürrisch.

re·place [rɪˈpleɪs] *v/t.* **1.** wieder hinstellen *od.*, -legen; *teleph. Hörer* auflegen; **2.** *et. Verlorenes, Veraltetes* ersetzen, an die Stelle treten von; ⚙ austauschen, ersetzen, *a.* wieder einsetzen; **3.** *j-n* ersetzen *od.* ablösen *od.* vertreten, *j-s* Stelle einnehmen; **4.** *Geld* zuˈrückerstatten, ersetzen; **5.** Ⱥ vertauschen; **reˈplace·a·ble** [-səbl] *adj.* ersetzbar; ⚙ auswechselbar; **reˈplace·ment** [-mənt] *s.* **1.** a) Ersetzung *f*, b) Ersatz *m*: **~ engine** ⚙ Austauschmotor *m*; **~ part** Ersatzteil *n*; **2.** ⚔ a) Ersatzmann *m*, b) Ersatz *m*, Auffüllung *f*: **~ unit** Ersatztruppenteil *m*; **3.** *med.* Proˈthese *f*: **~ surgery** Ersatzteilchirurgie *f*.

re·plant [ˌriːˈplɑːnt] *v/t.* **1.** ˈumpflanzen; **2.** neu pflanzen.

re·play [ˈriːpleɪ] *s. sport* **1.** Wiederˈholungsspiel *n*; **2.** *TV*: Wiederˈholung *f e-r Spielszene*.

re·plen·ish [rɪˈplenɪʃ] *v/t.* (wieder) auffüllen, ergänzen; **reˈplen·ish·ment** [-mənt] *s.* **1.** Auffüllung *f*, Ersatz *m*; **2.** Ergänzung *f*.

re·plete [rɪˈpliːt] *adj.* **1.** (**with**) (zum Platzen) voll (von), angefüllt (von); **2.** reichlich versehen (**with** mit); **reˈple·tion** [-iːʃn] *s.* (ˈÜber)Fülle *f*: **full to ~** bis zum Rand(e) voll.

re·plev·in [rɪˈplevɪn] *s.* ⚖ **1.** (Klage *f* auf) Herˈausgabe *f* gegen Sicherheitsleistung; **2.** einstweilige Verfügung (auf Herausgabe).

rep·li·ca [ˈreplɪkə] *s.* **1.** *paint.* Reˈplik *f*, Origiˈnalkoˌpie *f*; **2.** Koˈpie *f*; **3.** *fig.* Ebenbild *n*.

rep·li·ca·tion [ˌreplɪˈkeɪʃn] *s.* **1.** Erwiderung *f*; **2.** Echo *n*; **3.** ⚖ Reˈplik *f*; **4.** Reproduktiˈon *f*, Koˈpie *f*.

re·ply [rɪˈplaɪ] **I** *v/i.* **1.** antworten, erwidern (**to s.th.** auf et., **to s.o.** j-m) (*a. fig.*); **2.** ⚖ replizieren; **II** *s.* **3.** Antwort *f*, Erwiderung *f*: **in ~ to** (als Antwort) auf (*acc.*); **in ~ to your letter** in Beantwortung Ihres Schreibens; **~-paid telegram** Telegramm *n* mit bezahlter Rückantwort; **~ (postal) card** Postkarte *f* mit Rückantwort; **~ postage** Rückporto *n*; (**there is**) **no ~** *teleph.* der Teilnehmer meldet sich nicht; **4.** *Funk*: Rückmeldung *f*; **5.** ⚖ Reˈplik *f*.

re·port [rɪˈpɔːt] **I** *s.* **1.** *allg.* Bericht *m* (**on** über *acc.*); † (Geschäfts-, Sitzungs-, Verhandlungs)Bericht *m*: **month under ~** Berichtsmonat *m*; **~ stage** *parl.* Erörterungsstadium *n e-r Vorlage*; **2.** Gutachten *n*, Refeˈrat *n*; **3.** ⚔ Meldung *f*; **4.** ⚖ Anzeige *f*; **5.** Nachricht *f*, (Presse-) Bericht *m*, (-)Meldung *f*; **6.** (Schul-) Zeugnis *n*; **7.** Gerücht *n*; **8.** Ruf *m*, Leumund *m*; **9.** Knall *m*; **II** *v/t.* **10.** berichten (**to s.o.** j-m); Bericht erstatten, berichten über (*acc.*); erzählen: **it is ~ed that** es heißt, dass; **he is ~ed as saying** er soll gesagt haben; **~ed speech** *ling.* indirekte Rede; **11.** *Vorkommnis, Schaden etc.* melden; **12.** *j-n* (**o.s.** sich) melden; anzeigen (**to** bei, **for** wegen); **13.** *parl. Gesetzesvorlage* (wieder) vorlegen (*Ausschuss*); **III** *v/i.* **14.** (e-n) Bericht geben *od.* erstatten, berichten (**on**, **of** über *acc.*); **15.** als Berichterstatter(in) arbeiten (**for** für *e-e Zeitung*); **16.** (**to**) sich melden (bei); sich stellen (*dat.*): **~ for duty** sich zum Dienst melden; **17. ~ to** *Am. j-m* unterˈstellt sein; **reˈport·a·ble** [-təbl] *adj.* **1.** ⚕ meldepflichtig (*Krankheit*); **2.** steuerpflichtig (*Einkommen*); **reˈport·ed·ly** [-tɪdlɪ] *adv.* wie verlautet; **reˈport·er** [-tə] *s.* **1.** Reˈporter(in), (Presse)Berichterstatter(in); **2.** Berichterstatter (-in), Refeˈrent(in); **3.** Protoˈkollführer(in).

re·pose [rɪˈpəʊz] **I** *s.* **1.** Ruhe *f* (*a. fig.*); Erholung *f* (**from** von): **in ~** in Ruhe, untätig (*a. Vulkan*); **2.** *fig.* Gelassenheit *f*, (Gemüts)Ruhe *f*; **II** *v/i.* **3.** ruhen (*a. Toter*); (sich) ausruhen, schlafen; **4. ~ on** a) liegen *od.* ruhen auf (*dat.*), b) *fig.* beruhen auf (*dat.*), c) verweilen bei (*Gedanken*); **5. ~ in** *fig.* vertrauen auf (*acc.*); **III** *v/t.* **6.** *j-m* Ruhe gewähren, *j-n* (sich aus)ruhen lassen: **~ o.s.** sich zur Ruhe legen; **7. ~ on** legen *od.* betten auf (*acc.*); **8. ~ in** *fig. Vertrauen, Hoffnung* setzen auf (*acc.*); **re·pos·i·to·ry** [rɪˈpɒzɪtərɪ] *s.* **1.** Behältnis *n*, Gefäß *n* (*a. fig.*); **2.** Verwahrungsort *m*; † (Waren)Lager *n*, Niederlage *f*; **3.** *fig.* Fundgrube *f*, Quelle *f*; **4.** Vertraute(r *m*) *f*.

re·pos·sess [ˌriːpəˈzes] *v/t.* **1.** wieder in Besitz nehmen; **2. ~ of** *j-n* wieder in den Besitz *e-r Sache* setzen.

rep·re·hend [ˌreprɪˈhend] *v/t.* tadeln, rügen; **ˌrep·reˈhen·si·ble** [-nsəbl] *adj.* □ tadelnswert, sträflich; **ˌrep·reˈhen·sion** [-nʃn] *s.* Tadel *m*, Rüge *f*, Verweis *m*.

rep·re·sent [ˌreprɪˈzent] *v/t.* **1.** *j-n od. j-s Sache* vertreten: **be ~ed at** bei *e-r Sache* vertreten sein; **2.** (bildlich, grafisch) dar-, vorstellen, abbilden; **3.** *thea.* a) *Rolle* darstellen, verkörpern, b) *Stück* aufführen; **4.** *fig.* (*symbolisch*) darstellen, verkörpern, bedeuten, repräsentieren; *e-r Sache* entsprechen; **5.** darlegen, -stellen, schildern, vor Augen führen (**to** *dat.*): **~ to o.s.** sich *et.* vorstellen; **6.** hin-, darstellen (**as** *od.* **to be** als); behaupten, vorbringen: **~ that** behaupten, dass; es so hinstellen, als ob; **~ to s.o. that** j-m vorhalten, dass; **rep·re·sen·ta·tion** [ˌreprɪzenˈteɪʃn] *s.* **1.** ⚖, †, *pol.* Vertretung *f*; → **proportional** 1; **2.** (*bildliche, grafische*) Darstellung, Bild *n*; **3.** *thea.* a) Darstellung *f e-r Rolle*, b) Aufführung *f e-s Stückes*; **4.** Schilderung *f*, Darstellung *f des Sachverhalts*: **false ~s** ⚖ falsche Angaben; **5.** Vorhaltung *f*: **make ~s to** bei *j-m* vorstellig werden, Vorstellungen erheben bei; **6.** ⚖ a) Anzeige *f* von Geˈfahrˌumständen (*Versicherung*), b) Rechtsnachfolge *f* (*bsd. Erbrecht*); **7.** *phls.* Vorstellung *f*, Begriff *m*; **ˌrep·reˈsent·a·tive** [-tətɪv] **I** *s.* **1.** Vertreter (-in); Stellvertreter(in), Beauftragte(r *m*) *f*, Repräsenˈtant(in): **authorized ~** Bevollmächtigte(r *m*) *f*; (**commercial**) **~** Handelsvertreter(in); **2.** *parl.* (Volks-) Vertreter(in), Abgeordnete(r *m*) *f*: **House of ℛs** *Am.* Repräsentantenhaus *n*; **3.** *fig.* typischer Vertreter, Musterbeispiel *n* (**of** *gen.*); **II** *adj.* □ **4.** (**of**) vertretend (*acc.*), stellvertretend (für): **in a ~ capacity** als Vertreter(in); **5.** *pol.* repräsentaˈtiv: **~ government** parlamentarische Regierung; **6.** darstellend (**of** *acc.*): **~ arts**; **7.** (**of**) *fig.* verkörpernd (*acc.*), symˈbolisch (für); **8.** typisch, kennzeichnend (**of** für); *Statistik etc.*: repräsentaˈtiv (*Auswahl, Querschnitt*): **~ sample** † Durchschnittsmuster *n*; **9.** ⚘, *zo.* entsprechend (**of** *dat.*).

re·press [rɪˈpres] *v/t.* **1.** *Gefühle, Tränen etc.* unterˈdrücken; **2.** *psych.* verdrängen; **reˈpres·sion** [-eʃn] *s.* **1.** Unterˈdrückung *f*; **2.** *psych.* Verdrängung *f*; **reˈpres·sive** [-sɪv] *adj.* □ **1.** represˈsiv, unterˈdrückend; **2.** hemmend, Hemmungs...

re·prieve [rɪˈpriːv] **I** *s.* **1.** ⚖ a) Begnadigung *f*, b) (Straf-, Vollˈstreckungs)Auf-

R

schub *m*; **2.** *fig.* (Gnaden)Frist *f*, Atempause *f*; **II** *v/t.* **3.** ⚖ *j-s* 'Urteilsvoll‚streckung aussetzen, (*a. fig.*) *j-m* e-e Gnadenfrist gewähren; **4.** *j-n* begnadigen; **5.** *fig. j-m* e-e Atempause gönnen.

rep·ri·mand ['reprɪmɑːnd] **I** *s.* Verweis *m*, Rüge *f*, Maßregelung *f*; **II** *v/t. j-m* e-n Verweis erteilen, *j-n* rügen *od.* maßregeln.

re·print [‚riː'prɪnt] **I** *v/t.* neu drucken, nachdrucken, neu auflegen; **II** *s.* ['riːprɪnt] Nach-, Neudruck *m*, Re'print *m*, Neuauflage *f*.

re·pris·al [rɪ'praɪzl] *s.* Repres'salie *f*, Vergeltungsmaßnahme *f*: ***make ~s (up)on*** Repressalien ergreifen gegen.

re·pro ['reprəʊ] *pl.* **-pros** *s.* F **1.** *typ.* ‚Repro' *f*, Reprodukti'on(svorlage) *f*; **2.** → ***reproduction*** 8.

re·proach [rɪ'prəʊtʃ] **I** *s.* **1.** Vorwurf *m*, Tadel *m*: ***without fear or ~*** ohne Furcht u. Tadel; ***heap ~es on*** *j-n* mit Vorwürfen überschütten; **2.** *fig.* Schande *f* (***to*** für): ***bring ~ (up)on*** *j-m* Schande machen; **II** *v/t.* **3.** vorwerfen, -halten, zum Vorwurf machen (***s.o. with s.th.*** j-m et.); **4.** *j-m* Vorwürfe machen, *j-n* tadeln (***for*** wegen); **5.** *et.* tadeln; **6.** *fig.* ein Vorwurf sein für, *et.* mit Schande bedecken; **re'proach·ful** [-fʊl] *adj.* □ vorwurfsvoll, tadelnd.

rep·ro·bate ['reprəʊbeɪt] **I** *adj.* **1.** ruchlos, lasterhaft; **2.** *eccl.* verdammt; **II** *s.* **3.** a) verkommenes Sub'jekt, b) Schurke *m*, c) Taugenichts *m*; **4.** (*von Gott*) Verworfene(r *m*) *f*; Verdammte(r *m*) *f*; **III** *v/t.* **5.** miss'billigen, verurteilen, verwerfen; verdammen (*Gott*); **rep·ro·ba·tion** [‚reprəʊ'beɪʃn] *s.* 'Missbilligung *f*, Verurteilung *f*.

re·pro·cess [‚riː'prəʊses] *v/t.* ⚙ wieder aufbereiten; ‚**re'pro·cess·ing** *s.* Wieder'aufbereitung *f*: ***~ plant*** Wiederaufbereitungsanlage *f* (*für Kernbrennstoffe*).

re·pro·duce [‚riːprə'djuːs] **I** *v/t.* **1.** *biol. u. fig.* (wieder) erzeugen, (wieder) her'vorbringen; (***o.s.*** sich) fortpflanzen; **2.** *biol. Glied* regenerieren, neu bilden; **3.** *Bild etc.* reproduzieren; (*a.* ⚙) nachbilden, kopieren; *typ.* ab-, nachdrucken, vervielfältigen; **4.** *Stimme etc.* reproduzieren, 'wiedergeben; **5.** *Buch, Schauspiel* neu her'ausbringen; **6.** *et.* wieder'holen; **II** *v/i.* **7.** sich fortpflanzen *od.* vermehren; ‚**re·pro'duc·er** [-sə] *s.* **1.** ⚡ a) 'Ton‚wiedergabegerät *n*, b) Tonabnehmer *m*; **2.** *Computer*: (Loch)Kartendoppler *m*; ‚**re·pro'duc·i·ble** [-səbl] *adj.* reproduzierbar; ‚**re·pro'duc·tion** [-'dʌkʃn] *s.* **1.** *allg.* 'Wiedererzeugung *f*; **2.** *biol.* Fortpflanzung *f*; **3.** *typ.*, *phot.* Reprodukti'on *f* (*a. psych. früherer Erlebnisse*); **4.** *typ.* Nachdruck *m*, Vervielfältigung *f*; **5.** ⚙ Nachbildung *f*; **6.** ♪, ⚡ *etc.* 'Wiedergabe *f*; **7.** *ped.* Nacherzählung *f*; **8.** Reprodukti'on *f*: a) Nachbildung *f*, b) *paint.* Ko'pie *f*; ‚**re·pro'duc·tive** [-'dʌktɪv] *adj.* □ **1.** sich vermehrend, fruchtbar; **2.** *biol.* Fortpflanzungs...: ***~ organs***; **3.** *psych.* reproduk'tiv, nachschöpferisch.

re·proof [rɪ'pruːf] *s.* Tadel *m*, Rüge *f*, Verweis *m*.

re·prov·al [rɪ'pruːvl] → ***reproof***; **re·prove** [rɪ'pruːv] *v/t. j-n* tadeln, rügen; *et.* miss'billigen; **re'prov·ing·ly** [-vɪŋlɪ] *adv.* tadelnd *etc.*

reps [reps] → ***rep***[1].

rep·tant ['reptənt] *adj.* ♀, *zo.* kriechend; '**rep·tile** [-taɪl] **I** *s.* **1.** *zo.* Rep'til *n*, Kriechtier *n*; **2.** *fig.* a) Kriecher(in), b) ‚falsche Schlange'; **II** *adj.* **3.** kriechend, Kriech...; **4.** *fig.* a) kriecherisch, b) gemein, niederträchtig, **rep·til·i·an** [rep'tɪlɪən] **I** *adj.* **1.** *zo.* Reptilien..., Kriechtier..., rep'tilisch; **2.** → ***reptile*** 4 b; **II** *s.* **3.** → ***reptile*** 1 *u.* 2.

re·pub·lic [rɪ'pʌblɪk] *s. pol.* Repu'blik *f*: ***the ~ of letters*** *fig.* die Gelehrtenwelt, die literarische Welt; **re'pub·li·can** [-kən] (*USA pol.* ℒ) **I** *adj.* republi'kanisch; **II** *s.* Republi'kaner(in); **re'pub·li·can·ism** [-kənɪzəm] *s.* **1.** republi'kanische Staatsform; **2.** republi'kanische Gesinnung.

re·pub·li·ca·tion ['riː‚pʌblɪ'keɪʃn] *s.* **1.** 'Wiederveröffentlichung *f*; **2.** Neuauflage *f* (*a. Erzeugnis*); **re·pub·lish** [‚riː'pʌblɪʃ] *v/t.* neu veröffentlichen.

re·pu·di·ate [rɪ'pjuːdɪeɪt] **I** *v/t.* **1.** *Autorität, Schuld etc.* nicht anerkennen; *Vertrag* für unverbindlich erklären; **2.** *als unberechtigt* zu'rückweisen, verwerfen; **3.** *et.* ablehnen, nicht glauben; **4.** *Sohn etc.* verstoßen; **II** *v/i.* **5.** Staatsschulden nicht anerkennen; **re·pu·di·a·tion** [rɪ‚pjuːdɪ'eɪʃn] *s.* **1.** Nichtanerkennung *f* (*bsd. e-r Staatsschuld*); **2.** Ablehnung *f*, Zu'rückweisung *f*, Verwerfung *f*; **3.** Verstoßung *f*.

re·pug·nance [rɪ'pʌgnəns] *s.* **1.** Widerwille *m*, Abneigung *f* (***to, against*** gegen); **2.** Unvereinbarkeit *f*, (innerer) Widerspruch (***of*** *gen. od.* von, ***to, with*** mit); **re'pug·nant** [-nt] *adj.* **1.** widerlich, zu'wider(laufend), widerwärtig (***to*** *dat.*); **2.** unvereinbar (***to, with*** mit); **3.** wider'strebend.

re·pulse [rɪ'pʌls] **I** *v/t.* **1.** *Feind* zu'rückschlagen, -werfen; *Angriff* abschlagen, -weisen; **2.** *fig. j-n* abweisen; *Bitte* abschlagen; **II** *s.* **3.** Zu'rückschlagen *n*, Abwehr *f*; **4.** *fig.* Zu'rückweisung *f*, Absage *f*: ***meet with a ~*** abgewiesen werden (*a. fig.*); **5.** *phys.* Rückstoß *m*; **re'pul·sion** [-lʃn] *s.* **1.** *phys.* Abstoßung *f*, Repulsi'on *f*: ***~ motor*** ⚡ Repulsionsmotor *m*; **2.** *fig.* Abscheu *m, f*; **re'pul·sive** [-sɪv] *adj.* □ *fig.* abstoßend (*a. phys.*), widerwärtig; **re'pul·sive·ness** [-sɪvnɪs] *s.* Widerwärtigkeit *f*.

re·pur·chase [‚riː'pɜːtʃəs] **I** *v/t.* 'wieder-, zu'rückkaufen; **II** *s.* ✝ Rückkauf *m*.

rep·u·ta·ble ['repjʊtəbl] *adj.* □ **1.** achtbar, geachtet, angesehen, ehrbar; **2.** anständig; **rep·u·ta·tion** [‚repjʊ'teɪʃn] *s.* **1.** (guter) Ruf, Name *m*: ***a man of ~*** ein Mann von Ruf *od.* Namen; **2.** Ruf *m*: ***good (bad) ~***; ***have the ~ of being*** im Ruf stehen, *et.* zu sein; ***have a ~ for*** bekannt sein für *od.* wegen.

re·pute [rɪ'pjuːt] **I** *s.* **1.** Ruf *m*, Leumund *m*: ***by ~*** dem Rufe nach, wie es heißt; ***of ill ~*** von schlechtem Ruf, übel beleumdet; ***house of ill ~*** Bordell *n*; **2.** → ***reputation*** 1: ***be held in high ~*** hohes Ansehen genießen; **II** *v/t.* **3.** halten für: ***be ~d (to be)*** gelten als; ***be well (ill) ~d*** in gutem (üblem) Rufe stehen; **re'put·ed** [-tɪd] *adj.* □ **1.** angeblich; **2.** ungeeicht, landesüblich (*Maß*); **3.** bekannt, berühmt; **re'put·ed·ly** [-tɪdlɪ] *adv.* angeblich, dem Vernehmen nach.

re·quest [rɪ'kwest] **I** *s.* **1.** Bitte *f*, Wunsch *m*; (*a. formelles*) Ersuchen, Gesuch *n*, Antrag *m*; (*Zahlungs- etc.*) Aufforderung *f*: ***at*** (*od.* ***by***) (***s.o.'s***) ***~*** auf (j-s) Ansuchen *od.* Bitte hin, auf (j-s) Veranlassung; ***by ~*** auf Wunsch; ***no flowers by ~*** Blumenspenden dankend verbeten; ***~ denied!*** *a. iro.* (Antrag) abgelehnt!; (***musical***) ***~ program(me)*** Wunschkonzert *n*; ***~ stop*** 🚌 *etc.* Bedarfshaltestelle *f*; **2.** Nachfrage *f* (*a.* ✝): ***be in (great) ~*** (sehr) gefragt *od.* begehrt sein; **II** *v/t.* **3.** bitten *od.* ersuchen um: ***~ s.th. from s.o.*** j-n um et. ersuchen; ***it is ~ed*** es wird gebeten; **4.** *j-n* (höflich) bitten, *j-n* (*a. amtlich*) ersuchen (***to do*** zu tun).

re·qui·em ['rekwɪem] *s.* Requiem *n* (*a.* ♪), Seelen-, Totenmesse *f*.

re·quire [rɪ'kwaɪə] **I** *v/t.* **1.** erfordern (*Sache*): ***be ~d*** erforderlich sein; ***if ~d*** erforderlichenfalls, wenn nötig; **2.** brauchen, nötig haben, *e-r Sache* bedürfen: ***a task which ~s to be done*** e-e Aufgabe, die noch erledigt werden muss; **3.** verlangen, fordern (***of s.o.*** von j-m): ***~ (of) s.o. to do s.th.*** j-n auffordern, et. zu tun; von j-m verlangen, dass er et. tue; ***~d subject*** *ped. Am.* Pflichtfach *n*; **4.** *Brit.* wünschen; **II** *v/i.* **5.** (es) verlangen; **re'quire·ment** [-mənt] *s.* **1.** (*fig.* An)Forderung *f*; *fig.* Bedingung *f*, Vor'aussetzung *f*: ***meet the ~s*** den Anforderungen entsprechen; **2.** Erfordernis *n*, Bedürfnis *n*; *mst pl.* Bedarf *m*: ***~s of raw materials*** Rohstoffbedarf *m*.

req·ui·site ['rekwɪzɪt] **I** *adj.* **1.** erforderlich, notwendig (***for, to*** für); **II** *s.* **2.** Erfordernis *n*, Vor'aussetzung *f* (***for*** für); **3.** (Be'darfs-, Ge'brauchs)Ar‚tikel *m*: ***office ~s*** Büroartikel; **req·ui·si·tion** [‚rekwɪ'zɪʃn] **I** *s.* **1.** Anforderung *f* (***for*** an *dat.*): ***~ number*** Bestellnummer *f*; **2.** (amtliche) Aufforderung; *Völkerrecht*: Ersuchen *n*; **3.** ⚔ Requisiti'on *f*, Beschlagnahme *f*, In'anspruchnahme *f*; **4.** Einsatz *m*, Beanspruchung *f*; **5.** Erfordernis *n*; **II** *v/t.* **6.** verlangen; **7.** in Anspruch nehmen; ⚔ requirieren.

re·quit·al [rɪ'kwaɪtl] *s.* **1.** Belohnung *f* (***for*** für); **2.** Vergeltung *f* (***of*** für); **3.** Vergütung *f* (***for*** für); **re·quite** [rɪ'kwaɪt] *v/t.* **1.** belohnen: ***~ s.o. (for s.th.)***; **2.** vergelten.

re·read [‚riː'riːd] *v/t.* [*irr.* → ***read***] nochmals ('durch)lesen.

re·route [‚riː'ruːt] *v/t.* 'umleiten.

re·run [‚riː'rʌn] **I** *v/t.* [*irr.* → ***run***] *thea. Film*: wieder aufführen; *Radio, TV, a. Computer*: *Programm* wieder'holen; **II** *s.* ['riːrʌn] 'Wiederaufführung *f*; Wieder'holung *f*; *Computer*: Wiederholungslauf *m*.

res [riːz] *pl.* **res** (*Lat.*) *s.* ⚖ Sache *f*: ***~ judicata*** rechtskräftig entschiedene Sache, *weitS.* (materielle) Rechtskraft; ***~ gestae*** (beweiserhebliche) Tatsachen, Tatbestand *m*.

re·sale ['riːseɪl] *s.* 'Wieder-, Weiterverkauf *m*: ***~ price maintenance*** Preisbindung *f* der zweiten Hand.

re·sched·ule [*Brit.* ‚riː'ʃedjuːl; *Am.* ‚riː'skedʒʊl] *v/t.* **1.** *Termin, Konzert* verlegen, verschieben (***for*** auf *acc.*), neu festsetzen; **2.** ✝ die 'Rückzahlungsmodali‚täten für ... ändern.

re·scind [rɪ'sɪnd] *v/t. Gesetz, Urteil etc.* aufheben, für nichtig erklären; *Kauf etc.* rückgängig machen; von *e-m Vertrag* zu'rücktreten; **re'scis·sion** [-ɪʒn] *s.* **1.** Aufhebung *f e-s Urteils etc.*; **2.** Rücktritt *m vom Vertrag*.

res·cue ['reskjuː] **I** *v/t.* **1.** (***from***) retten (aus), (*bsd.* ⚖ gewaltsam) befreien (von); (*bsd. et.*) bergen: ***~ from oblivion*** der Vergessenheit entreißen; **2.** (gewaltsam) zu'rückholen; **II** *s.* **3.** Rettung

R

f (*a. fig.*); Bergung *f*: ***come to s.o.'s ~*** j-m zu Hilfe kommen; **4.** (gewaltsame) Befreiung; **III** *adj.* **5.** Rettungs...: ***~ operation*** *a. fig.* Rettungsaktion *f*; ***~ party*** Rettungs-, Bergungsmannschaft *f*; ***~ vessel*** ⚓ Bergungsfahrzeug *f*; **'res·cu·er** [-jʊə] *s.* Befreier(in), Retter(in).

re·search [rɪ'sɜːtʃ] **I** *s.* **1.** Forschung(s-arbeit) *f*, (wissenschaftliche) Unter'suchung (***on*** über *acc.*, auf dem Gebiet *gen.*); **2.** (genaue) Unter'suchung, (Nach)Forschung *f* (***after***, ***for*** nach); **II** *v/i.* **3.** forschen, Forschungen anstellen, wissenschaftlich arbeiten (***on*** über *acc.*): ***~ into*** → 4; **III** *v/t.* **4.** erforschen, unter'suchen; **IV** *adj.* **5.** Forschungs...: **re'search·er** [-tʃə] *s.* Forscher(in).

re·seat [ˌriː'siːt] *v/t.* **1.** *Saal etc.* neu bestuhlen; **2.** *j-n* 'umsetzen; **3.** ***~ o.s.*** sich wieder setzen; **4.** ⚙ *Ventile* nachschleifen.

re·sect [riː'sekt] *v/t.* ⚕ her'ausschneiden; **re'sec·tion** [-kʃn] *s.* ⚕ Resekti'on *f.*

re·se·da ['resɪdə] *s.* **1.** ✿ Re'seda *f*; **2.** Re'sedagrün *n.*

re·sell [ˌriː'sel] *v/t.* [*irr.* → ***sell***] wieder verkaufen, weiterverkaufen; **ˌre'sell·er** [-lə] *s.* 'Wiederverkäufer *m.*

re·sem·blance [rɪ'zembləns] *s.* Ähnlichkeit *f* (***to*** mit, ***between*** zwischen *dat.*): ***bear*** (*od.* ***have***) ***~ to*** → **re·sem·ble** [rɪ'zembl] *v/t.* (*dat.*) ähnlich sein *od.* sehen, gleichen, ähneln.

re·sent [rɪ'zent] *v/t.* übel nehmen, verübeln, sich ärgern über (*acc.*); **re'sent·ful** [-fʊl] *adj.* ☐ **1.** (***against***, ***of***) aufgebracht (gegen), ärgerlich *od.* voller Groll (auf *acc.*); **2.** übelnehmerisch, reizbar; **re'sent·ment** [-mənt] *s.* **1.** Ressenti'ment *n*, Groll *m* (***against***, ***at*** gegen); **2.** Verstimmung *f*, Unmut *m*, Unwille *m.*

res·er·va·tion [ˌrezə'veɪʃn] *s.* **1.** Vorbehalt *m*; ⚖ *a.* Vorbehaltsrecht *n od.* -klausel *f*: ***without ~*** ohne Vorbehalt; → ***mental*** 1; **2.** *oft pl. Am.* Vorbestellung *f*, Reservierung *f von Zimmern etc.*; **3.** *Am.* Reser'vat *n*: a) Na'turschutzgebiet *n*, b) Indi'anerreservatiˌon *f.*

re·serve [rɪ'zɜːv] **I** *s.* **1.** *allg.* Re'serve *f* (*a. fig.*), Vorrat *m*: ***in ~*** in Reserve, vorrätig; ***~ seat*** Notsitz *m*; **2.** ☤ Re'serve *f*, Rücklage *f*, -stellung *f*: ***~ account*** Rückstellungskonto *n*: ***~ currency*** Leitwährung *f*; **3.** ⚔ a) Re'serve *f*: ***~ holdings*** *pl.* ☤ Reserveguthaben *n*; ***~ officer*** Reserveoffizier *m*; b) *pl. taktische* Re'serven *pl.*; **4.** *sport* Ersatz (-mann) *m*, Re'servespieler *m*; **5.** Reser'vat *n*, Schutzgebiet *n*: ***~ game*** geschützter Wildbestand; **6.** Vorbehalt *m* (*a.* ⚖): ***without ~*** vorbehalt-, rückhaltlos; ***with certain ~s*** mit gewissen Einschränkungen; ***~ price*** ☤ Mindestgebot *n* (*bei Versteigerungen*); **7.** *fig.* Zu'rückhaltung *f*, Re'serve *f*, zu'rückhaltendes Wesen: ***receive with ~*** *e-e Nachricht etc.* mit Zurückhaltung aufnehmen; **II** *v/t.* **8.** (sich) *et.* aufsparen *od.* -bewahren, (zu'rück)behalten, in Re'serve halten; ⚔ *j-n* zu'rückstellen; **9.** (sich) zu'rückhalten mit, warten mit, *et.* verschieben: ***~ judg(e)ment*** ⚖ die Urteilsverkündung aussetzen; **10.** reservieren (lassen), vorbestellen, vormerken (***to***, ***for*** für); **11.** *bsd.* ⚖ a) vorbehalten (***to s.o.*** j-m), b) sich vorbehalten: ***~ the right to do*** (*od.* ***of doing***) ***s.th.*** sich das Recht vorbehalten, et. zu tun; ***all rights ~d*** alle Rechte vorbehalten; **re'served** [-vd] *adj.* ☐ *fig.* zu'rückhaltend, reserviert; **re'serv·ist** [-vɪst] *s.* ⚔ Reser'vist *m.*

res·er·voir ['rezəvwɑː] *s.* **1.** Behälter *m* für Wasser *etc.*; Speicher *m*; **2.** ('Wasser)Reserˌvoir *n*: a) Wasserturm *m*, b) Sammel-, Staubecken *n*, Bas'sin *n*; **3.** *fig.* Reser'voir *n* (***of*** an *dat.*).

re·set [ˌriː'set] *v/t.* [*irr.* → ***set***] **1.** *Edelstein* neu fassen; **2.** *Messer* neu abziehen; **3.** *typ.* neu setzen; **4.** ⚙ nachrichten, -stellen; *Computer*: rücksetzen, nullstellen.

re·set·tle [ˌriː'setl] **I** *v/t.* **1.** *Land* wieder besiedeln; **2.** *j-n* wieder ansiedeln, 'umsiedeln; **3.** wieder in Ordnung bringen; **II** *v/i.* **4.** sich wieder ansiedeln; **5.** *fig.* sich wieder setzen *od.* legen *od.* beruhigen; **ˌre'set·tle·ment** [-mənt] *s.* **1.** 'Wiederansiedlung *f*, 'Umsiedlung *f*; **2.** Neuordnung *f.*

re·shape [ˌriː'ʃeɪp] *v/t.* neu formen, 'umgestalten.

re·ship [ˌriː'ʃɪp] *v/t.* **1.** *Güter* wieder verschiffen; **2.** 'umladen; **ˌre'ship·ment** [-mənt] *s.* **1.** 'Wiederverladung *f*; **2.** Rückladung *f*, -fracht *f.*

re·shuf·fle [ˌriː'ʃʌfl] **I** *v/t.* **1.** *Spielkarten* neu mischen; **2.** *bsd. pol.* 'umgruppieren, -bilden; **II** *s.* **3.** *pol.* 'Umbildung *f*, 'Umgruppierung *f.*

re·side [rɪ'zaɪd] *v/i.* **1.** wohnen, ansässig sein, s-n (ständigen) Wohnsitz haben (***in***, ***at*** in *dat.*); **2.** *fig.* (***in***) a) wohnen (in *dat.*), b) innewohnen (*dat.*), c) zustehen (*dat.*), liegen, ruhen (bei *j-m*).

res·i·dence ['rezɪdəns] *s.* **1.** Wohnsitz *m*, -ort *m*; Sitz *m e-r Behörde etc.*: ***take up one's ~*** s-n Wohnsitz nehmen *od.* aufschlagen, sich niederlassen; **2.** Aufenthalt *m*: ***~ permit*** Aufenthaltsgenehmigung *f*; ***place of ~*** Wohn-, Aufenthaltsort *m*; **3.** (herrschaftliches) Wohnhaus; **4.** Wohnung *f*: ***official ~*** Dienstwohnung *f*; **5.** Wohnen *n*; **6.** Ortsansässigkeit *f*: ***~ is required*** es besteht Residenzpflicht; ***be in ~*** am Amtsort ansässig sein; **'res·i·dent** [-nt] **I** *adj.* **1.** (orts-) ansässig, (ständig) wohnhaft; **2.** im (*Schul- od. Kranken- etc.*)Haus wohnend: ***~ physician***; **3.** *fig.* innewohnend (***in*** *dat.*); **4.** *zo.* sesshaft: ***~ birds*** Standvögel; **5.** *Computer* resident; **II** *s.* **6.** Ortsansässige(r *m*) *f*, Einwohner(in); *mot.* Anlieger *m*; **7.** ⚕ *Am.* Assis'tenzarzt *m*, -ärztin *f*; *pol. a.* ***minister-~*** Mi'nisterresiˌdent *m* (*Gesandter*); **res·i·den·tial** [ˌrezɪ'denʃl] *adj.* **1.** a) Wohn...: ***~ allowance*** Ortszulage *f*; ***~ area*** (*a.* vornehme) Wohngegend; ***~ university*** Internatsuniversität *f*, b) herrschaftlich; **2.** Wohnsitz...

re·sid·u·al [rɪ'zɪdjʊəl] **I** *adj.* **1.** ∢ zu'rückbleibend, übrig; **2.** übrig (geblieben), Rest... (*a. phys. etc.*): ***~ product*** ⚗, ⚙ Nebenprodukt *n*; ***~ soil*** *geol.* Eluvialboden *m*; **3.** *phys.* rema'nent: ***~ magnetism***; **II** *s.* **4.** Rückstand *m*, Rest *m*; **5.** ∢ Rest(wert) *m*, Diffe'renz *f*; **re'sid·u·ar·y** [-ərɪ] *adj.* restlich, übrig (geblieben): ***~ estate*** ⚖ Reinnachlass *m*; ***~ legatee*** Nachvermächtnisnehmer(in); **res·i·due** ['rezɪdjuː] *s.* **1.** Rest *m* (*a.* ∢, ☤); **2.** ⚗ Rückstand *m*; **3.** ⚖ reiner (Erb)Nachlass; **re'sid·u·um** [-jʊəm] *pl.* **-u·a** [-jʊə] (*Lat.*) *s.* **1.** *bsd.* ⚗ Rückstand *m*, (*a.* ∢) Re'siduum *n*; **2.** *fig.* Bodensatz *m*, Hefe *f e-s Volkes etc.*

re·sign [rɪ'zaɪn] **I** *v/t.* **1.** *Besitz*, *Hoffnung etc.* aufgeben; verzichten auf (*acc.*); *Amt* niederlegen; **2.** über'lassen (***to*** *dat.*); **3.** ***~ o.s.*** sich anvertrauen *od.* überlassen (***to*** *dat.*); **4.** ***~ o.s.*** (***to***) sich ergeben (in *acc.*), sich abfinden *od.* versöhnen (mit *s-m Schicksal etc.*); **II** *v/i.* **5.** (***to*** in *acc.*) sich ergeben, sich fügen; **6.** (***from***) a) zu'rücktreten (von *e-m Amt*), abdanken, b) austreten (aus); **res·ig·na·tion** [ˌrezɪg'neɪʃn] *s.* **1.** Aufgabe *f*, Verzicht *m*; **2.** Rücktritt(sgesuch *n*) *m*, Amtsniederlegung *f*, Abdankung *f*: ***send in*** (*od.* ***tender***) ***one's ~*** s-n Rücktritt einreichen; **3.** Ergebung *f* (***to*** in *acc.*); **re'signed** [-nd] *adj.* ☐ ergeben: ***he is ~ to his fate*** er hat sich mit s-m Schicksal abgefunden.

re·sil·i·ence [rɪ'zɪlɪəns] *s.* Elastizi'tät *f*: a) *phys.* Prallkraft *f*, b) *fig.* Spannkraft *f*; **re'sil·i·ent** [-nt] *adj.* e'lastisch: a) federnd, b) *fig.* spannkräftig, unverwüstlich.

res·in ['rezɪn] **I** *s.* **1.** Harz *n*; **2.** → ***rosin*** I; **II** *v/t.* **3.** harzen, mit Harz behandeln; **'res·in·ous** [-nəs] *adj.* harzig, Harz...

re·sist [rɪ'zɪst] **I** *v/t.* **1.** wider'stehen (*dat.*): ***I cannot ~ doing it*** ich muss es einfach tun; **2.** Widerstand leisten (*dat. od.* gegen), sich wider'setzen (*dat.*), sich sträuben gegen: ***~ing a public officer in the execution of his duty*** ⚖ Widerstand *m* gegen die Staatsgewalt; **II** *v/i.* **3.** Widerstand leisten, sich widersetzen; **III** *s.* **4.** ⚙ Deckmittel *n*, Schutzlack *m*; **re'sist·ance** [-təns] *s.* **1.** Widerstand *m* (***to*** gegen): ***air ~*** *phys.* Luftwiderstand; ***~ movement*** *pol.* Widerstandsbewegung *f*; ***offer ~*** Widerstand leisten (***to*** *dat.*); ***take the line of least ~*** den Weg des geringsten Widerstandes einschlagen; **2.** Widerstandskraft *f* (*a.* ⚕); ⚙ (*Hitze-*, *Kälte- etc.*)Beständigkeit *f*, (*Biegungs-*, *Säure-*, *Stoß- etc.*)Festigkeit *f*: ***~ to wear*** Verschleißfestigkeit *f*; **3.** ⚡ Widerstand *m*; **re'sist·ant** [-tənt] *adj.* **1.** wider'stehend, -'strebend; **2.** ⚙ widerstandsfähig (***to*** gegen), beständig; **re·sis·tiv·i·ty** [ˌriːzɪ'stɪvətɪ] *s.* ⚡ spe'zifischer Widerstand; **re'sis·tor** [-tə] *s.* ⚡ Widerstand *m* (*Bauteil*).

re·sit **I** *s.* ['riːsɪt] *ped.* Wieder'holungsprüfung *f*; **II** *v/t.* [ˌriː'sɪt] [*irr.* → ***sit***] *Prüfung* wieder'holen; **III** *v/i.* [ˌriː'sɪt] [*irr.* → ***sit***] die Prüfung wieder'holen.

re·sole [ˌriː'səʊl] *v/t.* neu besohlen.

re·so·lu·ble [rɪ'zɒljʊbl] *adj.* **1.** ⚗ auflösbar; **2.** *fig.* lösbar.

res·o·lute ['rezəluːt] *adj.* ☐ entschieden, entschlossen, reso'lut; **'res·o·lute·ness** [-nɪs] *s.* Entschlossenheit *f*; reso'lute Art.

res·o·lu·tion [ˌrezə'luːʃn] *s.* **1.** Entschlossenheit *f*, Entschiedenheit *f*; **2.** Entschluss *m*: ***good ~s*** gute Vorsätze; **3.** ☤, *parl.* Beschluss(fassung *f*) *m*, Entschließung *f*, Resoluti'on *f*; **4.** ⚗, ∢, ♪, *phys.*, *opt.* (*a. Metrik*) Auflösung *f* (***into*** in *acc.*); **5.** ⚙ Rasterung *f* (*Bild*); **6.** ⚕ a) Lösung *f e-r Entzündung etc.*, b) Zerteilung *f e-s Tumors*; **7.** *fig.* Lösung *f e-r Frage*; Behebung *f von Zweifeln.*

re·solv·a·ble [rɪ'zɒlvəbl] *adj.* (auf)lösbar (***into*** in *acc.*); **re'solve** [rɪ'zɒlv] **I** *v/t.* **1.** *a. opt.*, ⚗, ♪, ∢ auflösen (***into*** in *acc.*): ***be ~d into*** sich auflösen in (*acc.*); ***~d into dust*** in Staub verwandelt; ***resolving power*** *opt.*, *phot.* Auflösungsvermögen *n*; → ***committee***; **2.** analysieren; **3.** *fig.* zu'rückführen (***into***, ***to***

R

auf *acc.*); **4.** *fig. Frage etc.* lösen; **5.** *fig. Bedenken, Zweifel* zerstreuen; **6.** a) beschließen, sich entschließen (***to do** et.* zu tun), b) entscheiden; **II** *v/i.* **7.** sich auflösen (***into*** in *acc.*, ***to*** zu); **8.** (***on, upon s.th.***) (et.) beschließen, sich entschließen (zu et.); **III** *s.* **9.** Entschluss *m*, Vorsatz *m*; **10.** *Am.* → ***resolution*** 3; **11.** *rhet.* Entschlossenheit *f*; **re'solved** [-vd] *p.p. u. adj.* □ (fest) entschlossen.

res·o·nance ['rezənəns] *s.* Reso'nanz *f* (*a.* ♪, ⚕, *phys.*), Nach-, Widerhall *m*, Mitschwingen *n*: ***~ box*** Resonanzkasten *m*; **'res·o·nant** [-nt] *adj.* □ **1.** wider-, nachhallend (***with*** von); **2.** volltönend (*Stimme*); **3.** *phys.* mitschwingend, Resonanz...; **'res·o·na·tor** [-neɪtə] *s.* **1.** *phys.* Reso'nator *m*; **2.** ⚡ Reso'nanzkreis *m*.

re·sorb [rɪ'sɔːb] *v/t.* (wieder) aufsaugen, resorbieren; **re'sorb·ence** [-bəns], **re'sorp·tion** [-ɔːpʃn] *s.* Resorpti'on *f*.

re·sort [rɪ'zɔːt] **I** *s.* **1.** Zuflucht *f* (***to*** zu); Mittel *n*: ***in the*** (*od.* ***as a***) ***last ~*** als letzter Ausweg, ‚wenn alle Stricke reißen'; ***have ~ to*** → 5; ***without ~ to force*** ohne Gewaltanwendung; **2.** Besuch *m*, Zustrom *m*: ***place of ~*** (beliebter) Treffpunkt; **3.** (Aufenthalts-, Erholungs)Ort *m*: ***health ~*** Kurort; ***summer ~*** Sommerurlaubsort; **II** *v/i.* **4.** ***~ to*** a) sich begeben zu *od.* nach, b) *Ort* oft besuchen; **5.** ***~ to*** s-e Zuflucht nehmen zu, zu'rückgreifen auf (*acc.*), greifen zu, Gebrauch machen von.

re·sound [rɪ'zaʊnd] **I** *v/i.* **1.** widerhallen (***with, to*** von): ***~ing*** schallend; **2.** erschallen, ertönen (*Klang*); **II** *v/t.* **3.** widerhallen lassen.

re·source [rɪ'sɔːs] *s.* **1.** (Hilfs)Quelle *f*, (-)Mittel *n*; **2.** *pl.* a) Mittel *pl.*, Reichtümer *pl. e-s Landes*: ***natural ~s*** Bodenschätze, b) Geldmittel *pl.*, c) ⚚ *Am.* Ak'tiva *pl.*; **3.** → ***resort*** 1; **4.** Findig-, Wendigkeit *f*; Ta'lent *n*: ***he is full of ~*** er weiß sich immer zu helfen; **5.** Entspannung *f*, Unter'haltung *f*; **re'source·ful** [-fʊl] *adj.* □ **1.** reich an Hilfsquellen; **2.** findig, wendig, einfallsreich.

re·spect [rɪ'spekt] **I** *s.* **1.** Rücksicht *f* (***to, of*** auf *acc.*): ***without ~ to persons*** ohne Ansehen der Person; **2.** Hinsicht *f*, Beziehung *f*: ***in every*** (***some***) ***~*** in jeder (gewisser) Hinsicht; ***in ~ of*** (*od.* ***to***), ***with ~ to*** (*od.* ***of***) hinsichtlich (*gen.*), bezüglich (*gen.*), in Anbetracht (*gen.*); ***have ~ to*** sich beziehen auf (*acc.*); **3.** (Hoch)Achtung *f*, Ehrerbietung *f*, Re'spekt *m* (***for*** vor *dat.*); **4.** ***one's ~s*** *pl.* s-e Empfehlungen *pl. od.* Grüße *pl.* (***to*** an *acc.*): ***give him my ~s*** grüßen Sie ihn von mir; ***pay one's ~s to*** a) *j-n* bestens grüßen, b) *j-m* s-e Aufwartung machen; **II** *v/t.* **5.** sich beziehen auf (*acc.*), betreffen; **6.** (hoch) achten, ehren; **7.** *Gefühle, Gesetze etc.* respektieren, (be)achten; ***~ o.s.*** etwas auf sich halten; **re·spect·a·bil·i·ty** [rɪˌspektə'bɪlətɪ] *s.* **1.** Ehrbarkeit *f*, Achtbarkeit *f*; **2.** Ansehen *n*; ⚚ Solidi'tät *f*; **3.** a) *pl.* Re'spektsperˌsonen *pl.*, Honorati'oren *pl.*, b) Re'spektsperˌson *f*; **4.** *pl.* Anstandsregeln *pl.*; **re'spect·a·ble** [-təbl] *adj.* □ **1.** ansehnlich, (recht) beachtlich; **2.** acht-, ehrbar; anständig, so'lide; **3.** angesehen, geachtet; **4.** kor'rekt, konventio'nell; **re'spect·er** [-tə] *s.*: ***be no ~ of persons*** ohne Ansehen der Person handeln; **re'spect·ful** [-fʊl] *adj.* □ re'spektvoll (*a. iro. Entfernung*), ehrerbietig, höflich: ***Yours ~ly*** mit vorzüglicher Hochachtung (*Briefschluss*); **re'spect·ing** [-tɪŋ] *prp.* bezüglich (*gen.*), hinsichtlich (*gen.*), über (*acc.*); **re'spec·tive** [-tɪv] *adj.* □ jeweilig (*jedem einzeln zukommend*), verschieden: ***to our ~ places*** *wir gingen* jeder an s-n Platz; **re'spec·tive·ly** [-tɪvlɪ] *adv.* a) beziehungsweise, b) in dieser Reihenfolge.

res·pi·ra·tion [ˌrespə'reɪʃn] *s.* Atmung *f*, Atmen *n*, Atemholen *n*: ***artificial ~*** künstliche Beatmung; **res·pi·ra·tor** ['respəreɪtə] *s.* **1.** *Brit.* Gasmaske *f*; **2.** Atemfilter *m*; **3.** ⚕ Atemgerät *n*, 'Sauerstoffappaˌrat *m*; **re·spir·a·to·ry** [rɪ'spaɪərətərɪ] *adj. anat.* Atmungs...

re·spire [rɪ'spaɪə] **I** *v/i.* **1.** atmen; **2.** *fig.* aufatmen; **II** *v/t.* **3.** (ein)atmen; *poet.* atmen.

res·pite ['respaɪt] **I** *s.* **1.** Frist *f*, (Zahlungs)Aufschub *m*, Stundung *f*; **2.** ⚖ a) Aussetzung *f* des Voll'zugs (*der Todesstrafe*), b) Strafaufschub *m*; **3.** *fig.* (Atem-, Ruhe)Pause *f*; **II** *v/t.* **4.** auf-, verschieben; **5.** *j-m* Aufschub gewähren, e-e Frist einräumen; **6.** ⚖ die Voll'streckung des Urteils an *j-m* aufschieben; **7.** Erleichterung von *Schmerz etc.* verschaffen.

re·splend·ence [rɪ'splendəns], **re'splend·en·cy** [-sɪ] *s.* Glanz *m* (*a. fig. Pracht*); **re'splend·ent** [-nt] *adj.* □ glänzend, strahlend, prangend.

re·spond [rɪ'spɒnd] *v/i.* **1.** (***to***) antworten (auf *acc.*) (*a. eccl.*), *Brief etc.* beantworten; **2.** *fig.* antworten, er'widern (***with*** mit); **3.** *fig.* (***to***) reagieren *od.* ansprechen (auf *acc.*), empfänglich sein (für), eingehen auf (*acc.*): ***~ to a call*** e-m Ruf(e) folgen; **4.** ⚙ ansprechen (*Motor*), gehorchen; **re'spond·ent** [-dənt] **I** *adj.* **1.** ***~ to*** reagierend auf (*acc.*), empfänglich für; **2.** ⚖ beklagt; **II** *s.* **3.** ⚖ a) (Scheidungs)Beklagte(r *m*) *f*, b) Berufungsbeklagte(r *m*) *f*.

re·sponse [rɪ'spɒns] *s.* **1.** Antwort *f*, Erwiderung *f*: ***in ~ to*** als Antwort auf (*acc.*), in Erwiderung (*gen.*); ***~ mode*** *Computer*: Antwortmodus *m*; **2.** *fig.* a) Reakti'on *f* (*a. biol., psych.*), Antwort *f*, b) Widerhall *m* (*alle*: ***to*** auf *acc.*): ***meet with a good ~*** Widerhall *od.* e-e gute Aufnahme finden; ***receive a positive ~*** e-e gute *od.* positive Resonanz finden; **3.** *eccl.* Antwort(strophe) *f*; **4.** ⚙ Ansprechen *n* (*des Motors etc.*).

re·spon·si·bil·i·ty [rɪˌspɒnsə'bɪlətɪ] *s.* **1.** Verantwortlichkeit *f*; **2.** Verantwortung *f* (***for, of*** für): ***on one's own ~*** auf eigene Verantwortung; **3.** ⚖ a) Zurechnungsfähigkeit *f*, b) Haftbarkeit *f*; **4.** Vertrauenswürdigkeit *f*; ⚚ Zahlungsfähigkeit *f*; **5.** *oft pl.* Verbindlichkeit *f*, Verpflichtung *f*; **re·spon·si·ble** [rɪ'spɒnsəbl] *adj.* □ **1.** verantwortlich (***to*** *dat.*, ***for*** für): ***~ partner*** ⚚ persönlich haftender Gesellschafter; **2.** ⚖ a) zurechnungsfähig, b) geschäftsfähig, c) haftbar; **3.** verantwortungsbewusst, zuverlässig; ⚚ so'lide, zahlungsfähig; **4.** verantwortungsvoll, verantwortlich (*Stellung*): ***used to ~ work*** an selbstständiges Arbeiten gewöhnt; **5.** (***for***) a) schuld (an *dat.*), verantwortlich (für), b) die Ursache (*gen. od.* von); **re'spon·sive** [rɪ'spɒnsɪv] *adj.* □ **1.** Antwort..., antwortend (***to*** auf *acc.*); **2.** (***to***) (leicht) reagierend (auf *acc.*), ansprechbar; *weitS.* empfänglich *od.* zugänglich *od.* aufgeschlossen (für): ***be ~ to*** a) ansprechen *od.* reagieren auf (*acc.*), b) eingehen auf (*j-n*), (*e-m Bedürfnis etc.*) entgegenkommen; **3.** ⚙ e'lastisch (*Motor*).

rest[1] [rest] **I** *s.* **1.** (*a.* Nacht)Ruhe *f*, Rast *f*; *fig.* a) Ruhe *f* (*Frieden, Untätigkeit*), b) Ruhepause *f*, Erholung *f*, c) ewige *od.* letzte Ruhe (*Tod*); *phys.* Ruhe(lage *f*): ***at ~*** in Ruhe, ruhig; ***be at ~*** a) ruhen (*Toter*), b) beruhigt sein, c) ⚙ sich in Ruhelage befinden; ***give a ~ to*** a) *Maschine etc.* ruhen lassen, b) F *et.* auf sich beruhen lassen; ***have a good night's ~*** gut schlafen; ***lay to ~*** zur letzten Ruhe betten; ***set s.o.'s mind at ~*** j-n beruhigen; ***set a matter at ~*** e-e Sache (endgültig) entscheiden *od.* erledigen; ***take a ~*** sich ausruhen; **2.** Ruheplatz *m* (*a. Grab*), Raststätte *f*; Aufenthalt *m*; Herberge *f*, Heim *n*; **3.** ⚙ a) Auflage *f*, Stütze *f*, (Arm)Lehne *f*, (Fuß)Raste *f*, *teleph.* Gabel *f*, b) Sup'port *m e-r Drehbank*, c) ⚔ (Gewehr)Auflage *f*; **4.** ♪ Pause *f*; **5.** *Metrik*: Zä'sur *f*; **II** *v/i.* **6.** ruhen, schlafen (*a. Toter*); **7.** (sich aus-) ruhen, rasten, e-e (Ruhe)Pause einlegen: ***let a matter ~*** *fig.* e-e Sache auf sich beruhen lassen; ***the matter cannot ~ there*** damit kann es nicht sein Bewenden haben; **8.** sich stützen: ***~ against*** sich stützen *od.* lehnen gegen, ⚙ anliegen an (*acc.*); ***~ (up)on*** a) ruhen auf (*dat.*) (*a. Last, Blick, Schatten etc.*), b) *fig.* beruhen auf (*dat.*), sich stützen auf (*acc.*), c) *fig.* sich verlassen auf (*acc.*); **9.** ***~ with*** bei *j-m* liegen (*Entscheidung, Schuld*), in *j-s* Händen liegen, von *j-m* abhängen, *j-m* über'lassen bleiben; **10.** ⚖ *Am.* → 16; **III** *v/t.* **11.** (aus)ruhen lassen, *j-m* Ruhe gönnen: ***~ o.s.*** sich ausruhen; ***God ~ his soul*** Gott hab ihn selig; **12.** *Augen, Stimme* schonen; **13.** legen, lagern (***on*** auf *acc.*); **14.** *Am.* F *Hut etc.* ablegen; **15.** ***~ one's case*** ⚖ *Am.* den Beweisvortrag abschließen.

rest[2] [rest] **I** *s.* **1.** Rest *m*; (*das*) Übrige, (*die*) Übrigen: ***and all the ~ of it*** und alles Übrige; ***the ~ of us*** wir Übrigen; ***for the ~*** im Übrigen; **2.** ⚚ *Brit.* Re'serveˌfonds *m*; **3.** ⚚ *Brit.* a) Bilanzierung *f*, b) Restsaldo *m*; **II** *v/i.* **4.** *in e-m Zustand* bleiben, weiterhin sein: ***~ assured that*** seien Sie versichert *od.* verlassen Sie sich darauf, dass; **5.** ***~ with*** → ***rest***[1] 9.

re·state [ˌriː'steɪt] *v/t.* neu (u. besser) formulieren; **ˌre'state·ment** [-mənt] *s.* neue Darstellung *od.* Formulierung.

res·tau·rant ['restərɔ̃ːŋ] (*Fr.*) *s.* Restau'rant *n*, Gaststätte *f*: ***~ car*** Speisewagen *m*.

rest| cure ⚕ Liegekur *f*; ***~ home*** *s.* Alten- *od.* Pflegeheim *n*.

rest·ed ['restɪd] *p.p. u. adj.* ausgeruht, erholt; **rest·ful** ['restfʊl] *adj.* □ **1.** ruhig, friedlich; **2.** erholsam, gemütlich; **3.** bequem, angenehm.

rest house *s.* Rasthaus *n*.

rest·ing place ['restɪŋ] *s.* **1.** Ruheplatz *m*; **2.** (letzte) Ruhestätte, Grab *n*.

res·ti·tu·tion [ˌrestɪ'tjuːʃn] *s.* **1.** Restituti'on *f*: a) (Zu)'Rückerstattung *f*, b) Entschädigung *f*, c) Wieder'gutmachung *f*, d) Wieder'herstellung *f von Rechten etc.*: ***make ~*** Ersatz leisten (***of*** für); **2.** *phys.* (e'lastische) Rückstellung; **3.** *phot.* Entzerrung *f*.

res·tive ['restɪv] *adj.* □ **1.** unruhig, ner'vös; **2.** störrisch, widerspenstig, bo-

R

ckig (*a. Pferd*); ˈ**res·tive·ness** [-nɪs] *s.* **1.** Unruhe *f*, Ungeduld *f*; **2.** Widerspenstigkeit *f*.

rest·less [ˈrestlɪs] *adj.* □ **1.** ruhe-, rastlos; **2.** unruhig; **3.** schlaflos (*Nacht*); ˈ**rest·less·ness** [-nɪs] *s.* **1.** Ruhe-, Rastlosigkeit *f*; **2.** (nerˈvöse) Unruhe, Unrast *f*.

re·stock [ˌriːˈstɒk] **I** *v/t.* **1.** ✝ a) *Lager* wieder auffüllen, b) *Ware* wieder auf Lager nehmen; **2.** *Gewässer* wieder mit Fischen besetzen; **II** *v/i.* **3.** neuen Vorrat einlagern.

res·to·ra·tion [ˌrestəˈreɪʃn] *s.* **1.** Wiederˈherstellung *f* (*e-s Zustandes, der Gesundheit etc.*); **2.** Restaurierung *f e-s Kunstwerks etc.*; **3.** Rückerstattung *f*, -gabe *f*; **4.** Wiederˈeinsetzung *f* (**to** in *ein Amt*); **5. the** ℛ *hist.* die Restaurati'on; **re·stor·a·tive** [rɪˈstɒrətɪv] ⚕ **I** *adj.* □ **1.** stärkend; **II** *s.* **2.** Stärkungsmittel *n*; **3.** ˈWiederbelebungsmittel *n*.

re·store [rɪˈstɔː] *v/t.* **1.** *Einrichtung, Gesundheit, Ordnung etc.* wiederˈherstellen (*a. Computer: Datei etc.*); **2.** a) *Kunstwerk etc.* restaurieren, b) ⚙ inˈstand setzen; **3.** *j-n* wieder einsetzen (**to** in *acc.*); **4.** zuˈrückerstatten, -bringen, -geben: **~ s.th. to its place** et. an s-n Platz zurückstellen; **~ the receiver** *teleph.* den Hörer auflegen *od.* einhängen; **~ s.o. (to health)** j-n gesund machen *od.* wiederherstellen; **~ s.o. to liberty** j-m die Freiheit wiedergeben; **~ s.o. to life** j-n ins Leben zurückrufen; **~ a king (to the throne)** e-n König wieder auf den Thron setzen; **reˈstor·er** [-ɔːrə] *s.* **1.** Wiederˈhersteller (-in); **2.** Restauˈrator *m*, Restauraˈtorin *f*; **3.** Haarwuchsmittel *n*.

re·strain [rɪˈstreɪn] *v/t.* **1.** zuˈrückhalten: **~ s.o. from doing s.th.** j-n davon abhalten, et. zu tun; **~ing order** ⚖ Unterlassungsurteil *n*; **2.** a) in Schranken halten, Einhalt gebieten (*dat.*), b) *Pferd* im Zaum halten, zügeln (*a. fig.*); **3.** *Gefühl* unterˈdrücken, bezähmen; **4.** a) einsperren, -schließen, b) *Geisteskranken* in e-r Anstalt ˈunterbringen; **5.** *Macht etc.* be-, einschränken; **6.** ✝ *Produktion etc.* drosseln; **reˈstrained** [-nd] *adj.* □ **1.** zuˈrückhaltend, beherrscht, maßvoll; **2.** verhalten, gedämpft; **reˈstraint** [-nt] *s.* **1.** Einschränkung *f*, Beschränkung(en *pl.*) *f*; Hemmnis *n*, Zwang *m*: **~ of** (*od.* **upon**) **liberty** Beschränkung der Freiheit; **~ of trade** a) Beschränkung des Handels, b) Einschränkung des freien Wettbewerbs, Konkurrenzverbot *n*; **~ clause** Konkurrenzklausel *f*; **call for ~** Maßhalteappell *m*; **without ~** frei, ungehemmt, offen; **2.** ⚖ Freiheitsbeschränkung *f*, Haft *f*: **place s.o. under ~** j-n in Gewahrsam nehmen; **3.** a) Zuˈrückhaltung *f*, Beherrschtheit *f*, b) (künstlerische) Zucht.

re·strict [rɪˈstrɪkt] *v/t.* a) einschränken, b) beschränken (**to** auf *acc.*): **be ~ed to doing** sich darauf beschränken müssen, *et.* zu tun; **reˈstrict·ed** [-tɪd] *adj.* □ eingeschränkt, beschränkt, begrenzt: **~!** nur für den Dienstgebrauch!; **~ area** Sperrgebiet *n*; **~ district** Gebiet *n* mit bestimmten Baubeschränkungen; **reˈstric·tion** [-kʃn] *s.* **1.** Ein-, Beschränkung *f* (**of, on** *gen.*): **~s on imports** Einfuhrbeschränkungen; **~s of space** räumliche Beschränktheit; **without ~s** uneingeschränkt; **2.** Vorbehalt *m*; **reˈstric·tive** [-tɪv] **I** *adj.* □ be-, einschränkend (**of** *acc.*): **~ clause** a) *ling.* einschränkender Relativsatz, b) ✝ einschränkende Bestimmung; **~ practices** wettbewerbsbeschränkende Praktiken; **II** *s. ling.* Einschränkung *f*.

rest room *s. Am.* Toiˈlette *f* (*Hotel etc.*).

re·struc·ture [ˌriːˈstrʌktʃə] *v/t.* ˈumstrukturieren.

re·sult [rɪˈzʌlt] **I** *s.* **1.** *a.* ♃ Ergebnis *n*, Resulˈtat *n*; (*a.* guter) Erfolg: **without ~** ergebnislos; **2.** Folge *f*, Aus-, Nachwirkung *f*: **as a ~** a) die Folge war, dass, b) folglich; **get ~s** Erfolge erzielen, et. erreichen; **II** *v/i.* **3.** sich ergeben, resultieren (**from** aus): **~ in** hinauslaufen auf (*acc.*), zur Folge haben (*acc.*), enden mit (*dat.*); **reˈsult·ant** [-tənt] **I** *adj.* **1.** sich ergebend, (dabei *od.* daraus) entstehend, resultierend (**from** aus); **II** *s.* **2.** *phys.*, ♃ Resulˈtante *f*; **3.** (End)Ergebnis *n*.

re·sume [rɪˈzjuːm] **I** *v/t.* **1.** *Tätigkeit etc.* wieder aufnehmen, wieder anfangen; fortsetzen: **he ~d painting** er begann wieder zu malen, er malte wieder; **2.** ˈwiedererlangen; *Platz* wieder einnehmen; *Amt, Kommando* wieder überˈnehmen; *Namen* wieder annehmen; **3.** resümieren, zs.-fassen; **II** *v/i.* **4.** s-e Tätigkeit wieder aufnehmen; **5.** *in s-r Rede* fortfahren; **6.** wieder beginnen.

ré·su·mé [ˈrezjuːmeɪ] (*Fr.*) *s.* **1.** Resüˈmee *n*, Zs.-fassung *f*; **2.** *bsd. Am.* Lebenslauf *m*.

re·sump·tion [rɪˈzʌmpʃn] *s.* **1.** a) Zuˈrücknahme *f*, b) ✝ Liˈzenzentzug *m*; **2.** Wiederˈaufnahme *f e-r Tätigkeit, von Zahlungen etc.*

re·sur·gence [rɪˈsɜːdʒəns] *s.* Wiederemˈporkommen *n*, Wiederˈaufleben *n*, -ˈaufstieg *m*, ˈWiedererweckung *f*; **reˈsur·gent** [-nt] *adj.* wieder auflebend, wieder erwachend.

res·ur·rect [ˌrezəˈrekt] *v/t.* **1.** F wieder zum Leben erwecken; **2.** *fig. Sitte* wieder aufleben lassen; **3.** *Leiche* ausgraben; ˌ**res·urˈrec·tion** [-kʃn] *s.* **1.** (*eccl.* ℛ) Auferstehung *f*; **2.** *fig.* Wiederˈaufleben *n*, ˈWiedererwachen *n*; **3.** Leichenraub *m*.

re·sus·ci·tate [rɪˈsʌsɪteɪt] **I** *v/t.* **1.** wieder beleben; **2.** *fig.* wieder erwecken, wieder aufleben lassen; **II** *v/i.* **3.** das Bewusstsein ˈwiedererlangen; **4.** wieder aufleben; **re·sus·ci·ta·tion** [rɪˌsʌsɪˈteɪʃn] *s.* **1.** ˈWiederbelebung *f* (*a. fig. Erneuerung*); **2.** Auferstehung *f*.

ret [ret] **I** *v/t. Flachs etc.* rösten, rötten; **II** *v/i.* verfaulen (*Heu*).

re·tail [ˈriːteɪl] **I** *s.* Einzel-, Kleinhandel *m*, Kleinverkauf *m*, Deˈtailgeschäft *n*: **by** (*Am.* **at**) **~** → III; **II** *adj.* Einzel-, Kleinhandels...: **~ bookseller** Sortimentsbuchhändler *m*; **~ dealer** Einzelhändler *m*; **~ price** Einzelhandels-, Ladenpreis *m*; **~ price maintenance** Preisbindung *f*; **~ trade** → I; **III** *adv.* im Einzelhandel, einzeln, en deˈtail: **sell ~**; **IV** *v/t.* [riːˈteɪl] a) *Waren* im Kleinen *od.* en deˈtail verkaufen, b) *Klatsch* weitergeben, (haarklein) weitererzählen; **V** *v/i.* [riːˈteɪl] im Einzelhandel verkauft werden (**at** zu *6 Dollar etc.*); **re·tail·er** [riːˈteɪlə] *s.* **1.** ✝ Einzel-, Kleinhändler (-in); **2.** Erzähler(in), Verbreiter(in) *von Klatsch etc.*

re·tain [rɪˈteɪn] *v/t.* **1.** zuˈrück(be)halten, einbehalten; **2.** *Eigenschaft, Posten etc., a. im Gedächtnis* behalten; *a. Geduld etc.* bewahren; **3.** *Brauch* beibehalten; **4.** *j-n* in s-n Diensten halten: **~ a lawyer** e-n Anwalt nehmen; **~ing fee** → **retainer** 2 a; **5.** ⚙ halten, sichern, stützen; *Wasser* stauen: **~ing nut** Befestigungsmutter *f*; **~ing ring** Sprengring *m*; **~ing wall** Stütz-, Staumauer *f*; **reˈtain·er** [-nə] *s.* **1.** *hist.* Gefolgsmann *m*: **old ~** F altes Faktotum; **2.** ⚖ a) Verpflichtung *f* e-s Anwalts, b) Honoˈrarvorschuss *m*: **general ~** Pauschalhonorar *n*, c) Proˈzessvollmacht *f*; **3.** ⚙ a) Befestigungsteil *n*, b) Käfig *m e-s Kugellagers*.

re·take [ˌriːˈteɪk] **I** *v/t.* [*irr.* → **take**] **1.** wieder (an-, ein-, zuˈrück)nehmen; **2.** ⚔ wieder einnehmen; **3.** *Film: Szene etc.* wiederˈholen, nochmals (ab)drehen; **II** *s.* [ˈriːteɪk] **4.** *Film:* Reˈtake *n*, Wiederˈholung *f*.

re·tal·i·ate [rɪˈtælɪeɪt] **I** *v/i.* Vergeltung üben, sich rächen (**upon s.o.** an j-m); **II** *v/t.* vergelten, sich rächen für, heimzahlen; **re·tal·i·a·tion** [rɪˌtælɪˈeɪʃn] *s.* Vergeltung *f*: **in ~** als Vergeltung(smaßnahme); **reˈtal·i·a·to·ry** [-ɪətərɪ] *adj.* Vergeltungs...: **~ duty** ✝ Kampfzoll *m*.

re·tard [rɪˈtɑːd] *v/t.* **1.** verzögern, -langsamen, aufhalten; **2.** *phys.* retardieren, verzögern; *Elektronen* bremsen: **be ~ed** nacheilen; **3.** *biol.* retardieren; **4.** *psych. j-s.* Entwicklung hemmen: **~ed child** zurückgebliebenes Kind; **mentally ~ed** geistig zurückgeblieben; **5.** *mot. Zündung* nachstellen: **~ed ignition** a) Spätzündung *f*, b) verzögerte Zündung; **re·tar·da·tion** [ˌriːtɑːˈdeɪʃn] *s.* **1.** Verzögerung *f* (*a. phys.*), -langsamung *f*, -spätung *f*; Aufschub *m*; **2.** ♃, *phys., biol.* Retardatiˈon *f*; *phys.* (*Elektronen-*)Bremsung *f*; **3.** *psych.* a) Entwicklungshemmung *f*, b) ˈUnterentwickeltheit *f*; **4.** ♪ a) Verlangsamung *f*, b) aufwärts gehender Vorhalt.

retch [retʃ] *v/i.* würgen (*beim Erbrechen*).

re·tell [ˌriːˈtel] *v/t.* [*irr.* → **tell**] **1.** nochmals erzählen *od.* sagen, wiederˈholen; **2.** *ped.* nacherzählen.

re·ten·tion [rɪˈtenʃn] *s.* **1.** Zuˈrückhalten *n*; **2.** Einbehaltung *f*; **3.** Beibehaltung *f* (*a. von Bräuchen etc.*), Bewahrung *f*; **4.** ⚕ Verhalten *n*; **5.** Festhalten *n*, Halt *m*: **~ pin** ⚙ Arretierstift *m*; **6.** Merken *n*, Merkfähigkeit *f*; **reˈten·tive** [-ntɪv] *adj.* □ **1.** (zuˈrück)haltend (**of** *acc.*); **2.** erhaltend, bewahrend; gut (*Gedächtnis*); **3.** Wasser speichernd.

re·think [ˌriːˈθɪŋk] *v/t.* [*irr.* → **think**] *et.* nochmals überˈdenken; ˌ**reˈthink·ing** [-kɪŋ] *s.* ˈUmdenken *n*.

ret·i·cence [ˈretɪsəns] *s.* **1.** Verschwiegenheit *f*, Schweigsamkeit *f*; **2.** Zuˈrückhaltung *f*; ˈ**ret·i·cent** [-nt] *adj.* □ verschwiegen (**about, on** über *acc.*), schweigsam; zuˈrückhaltend.

ret·i·cle [ˈretɪkl] *s. opt.* Fadenkreuz *n*.

re·tic·u·lar [rɪˈtɪkjʊlə] *adj.* □ netzartig, -förmig, Netz...; **reˈtic·u·late** **I** *adj.* □ [-lət] netzartig, -förmig; **II** *v/t.* [-leɪt] netzförmig mustern *od.* bedecken; **III** *v/i.* [-leɪt] sich verästeln; **reˈtic·u·lat·ed** [-leɪtɪd] *adj.* netzförmig, maschig, Netz...: **~ glass** Filigranglas *n*; **re·tic·u·la·tion** [rɪˌtɪkjʊˈleɪʃn] *s.* Netzwerk *n*; **ret·i·cule** [ˈretɪkjuːl] *s.* **1.** → **reticle**; **2.** Damentasche *f*; Arbeitsbeutel *m*;

re·ti·form [ˈriːtɪfɔːm] *adj.* netz-, gitterförmig.

ret·i·na [ˈretɪnə] *s. anat.* Retina *f*, Netzhaut *f*.

ret·i·nue [ˈretɪnjuː] *s.* Gefolge *n*.

re·tire [rɪˈtaɪə] **I** *v/i.* **1.** *allg.* sich zuˈrück-

R

ziehen (*a.* ⚔): ~ ***(from business)*** *a.* sich zur Ruhe setzen; ~ ***into o.s.*** sich verschließen; ~ (***to rest***) sich zur Ruhe begeben, schlafen gehen; **2.** ab-, zu'rücktreten; in den Ruhestand treten, in Pensi'on *od.* Rente gehen, s-n Abschied nehmen (*Beamter*); **3.** *fig.* zu'rücktreten (*Hintergrund, Ufer etc.*); **II** *v/t.* **4.** zu'rückziehen (*a.* ⚔); **5.** ☤ *Noten* aus dem Verkehr ziehen; *Wechsel* einlösen; **6.** *bsd.* ⚔ verabschieden, pensionieren; → ***retired*** 1; **re'tired** [-əd] *p.p. u. adj.* ☐ **1.** pensioniert, im Ruhestand (lebend): ~ ***general*** General *m* a.D. *od.* außer Dienst; ~ ***pay*** Ruhegeld *n*, Pension *f*; ***be placed on the*** ~ ***list*** ⚔ den Abschied erhalten; **2.** im Ruhestand (lebend); **3.** zu'rückgezogen (*Leben*); **4.** abgelegen, einsam (*Ort*): **re'tire·ment** [-mənt] *s.* **1.** (Sich-) Zu'rückziehen *n*; **2.** Aus-, Rücktritt *m*, Ausscheiden *n*; **3.** Ruhestand *m*: ***early*** ~ vorzeitiger Ruhestand; ~ ***pension*** (Alters)Rente *f*, Ruhegeld *n*; ~ ***pensioner*** (Alters)Rentner(in), Ruhegeldempfänger(in); ***go into*** ~ sich ins Privatleben zurückziehen; **4.** *j-s* Zu'rückgezogenheit *f*; **5.** a) Abgeschiedenheit *f*, b) abgelegener Ort, Zuflucht *f*; **6.** ⚔ (planmäßige) Absetzbewegung, Rückzug *m*; **7.** ☤ Einziehung *f*; **re'tir·ing** [-ərɪŋ] *adj.* ☐ **1.** Ruhestands...: ~ ***age*** Renten-, Pensionsalter *n*; ~ ***pension*** Ruhegeld *n*; **2.** *fig.* zu'rückhaltend, bescheiden; **3.** unauffällig, de'zent (*Farbe etc.*); **4.** ~ ***room*** a) Privatzimmer *n*, b) Toilette *f*.

re·tool [ˌriː'tuːl] *v/t. Fabrik* mit neuen Ma'schinen ausrüsten.

re·tort[1] [rɪ'tɔːt] **I** *s.* **1.** (scharfe *od.* treffende) Entgegnung, (schlagfertige) Antwort; Erwiderung *f*; **II** *v/t.* **2.** (darauf) erwidern; **3.** *Beleidigung etc.* zu'rückgeben (***on s.o.*** j-m); **III** *v/i.* **4.** (scharf *od.* treffend) erwidern, entgegnen.

re·tort[2] [rɪ'tɔːt] *s.* ⚗, ⚙ Re'torte *f*.

re·tor·tion [rɪ'tɔːʃn] *s.* **1.** (Sich)'Umwenden *n*, Zu'rückströmen *n*, -biegen *n*, -beugen *n*; **2.** *Völkerrecht*: Retorsi'on *f* (*Vergeltungsmaßnahme*).

re·touch [ˌriː'tʌtʃ] **I** *v/t. et.* über'arbeiten; *phot.* retuschieren; **II** *s.* Re'tusche *f*.

re·trace [rɪ'treɪs] **I** *v/t.* (*a. fig. Stammbaum etc.*) zu'rückverfolgen; *fig.* zu'rückführen (***to*** auf *acc.*): ~ ***one's steps*** a) (denselben Weg) zurückgehen, b) *fig.* die Sache ungeschehen machen; **II** *s.* ⚡ Rücklauf *m*.

re·tract [rɪ'trækt] **I** *v/t.* **1.** *Behauptung* zu'rücknehmen, (*a.* ⚖ *Aussage*) wider'rufen; **2.** *Haut, Zunge etc., a.* ⚖ *Anklage* zu'rückziehen; **3.** *zo. Klauen etc., a.* ✈ *Fahrgestell* einziehen; **II** *v/i.* **4.** sich zurückziehen; **5.** widerrufen, es zurücknehmen; **6.** zu'rücktreten (***from*** von *e-m Entschluss, e-m Vertrag etc.*); **re'tract·a·ble** [-təbl] *adj.* **1.** einziehbar: ~ ***landing gear*** ✈ einziehbares Fahrgestell; ~ ***clothes line*** ausziehbare Wäscheleine (*z.B. über Badewanne*); **2.** zu'rückziehbar; **3.** zu'rücknehmbar, zu wider'rufen(d); **re·trac·ta·tion** [ˌriːtræk'teɪʃn] → ***retraction*** 1; **re'trac·tile** [-taɪl] *adj.* **1.** einziehbar; **2.** *a. anat.* zu'rückziehbar; **re'trac·tion** [-kʃn] *s.* **1.** Zu'rücknahme *f*, Widerruf *m*; **2.** Zu'rück-, Einziehen *n*; **3.** ⚕, *zo.* Retrakti'on *f*; **re'trac·tor** [-tə] *s.* **1.** *anat.* Retrakti'onsmuskel *m*; **2.** ⚕ Re'traktor *m*, Wundhaken *m*.

re·train [ˌriː'treɪn] *v/t. j-n* 'umschulen; ˌ**re'train·ing** [-nɪŋ] *s. a.* ***occupational*** ~ 'Umschulung(skurs *m*) *f*.

re·trans·late [ˌriːtræns'leɪt] *v/t.* (zu-) 'rücküberˌsetzen; ˌ**re·trans'la·tion** [-eɪʃn] *s.* 'Rückküberˌsetzung *f*.

re·tread [ˌriː'tred] **I** *v/t.* ⚙ *Reifen* runderneuern; **II** ['riːtred] *s.* runderneuerter Reifen.

re·treat [rɪ'triːt] **I** *s.* **1.** *bsd.* ⚔ Rückzug *m*: ***beat a*** ~ *fig.* das Feld räumen, klein beigeben; ***sound the*** (*od.* ***a***) ~ zum Rückzug blasen; ***there was no*** ~ es gab kein Zurück; **2.** Zufluchtsort *m*, Schlupfwinkel *m*; **3.** Anstalt *f für Geisteskranke etc.*; **4.** Zu'rückgezogenheit *f*, Abgeschiedenheit *f*; **5.** ⚔ Zapfenstreich *m*; **II** *v/i.* **6.** *a.* ⚔ sich zu'rückziehen; **7.** zu'rücktreten, -weichen (*z.B. Meer*): ~***ing chin*** fliehendes Kinn; **III** *v/t.* **8.** *bsd. Schachfigur* zu'rückziehen.

re-treat [ˌriː'triːt] *v/t. allg.* erneut behandeln.

re·trench [rɪ'trentʃ] **I** *v/t.* **1.** *Ausgaben etc.* einschränken, *a. Personal* abbauen; **2.** beschneiden, kürzen; **3.** a) *Textstelle* streichen, b) *Buch* zs.-streichen; **4.** *Festungswerk* mit inneren Verschanzungen versehen; **II** *v/i.* **5.** sich einschränken, Sparmaßnahmen 'durchführen, sparen; **re'trench·ment** [-mənt] *s.* **1.** Einschränkung *f*, (*Kosten-, Personal-*) Abbau *m*; Sparmaßnahme *f*; (Gehalts-) Kürzung *f*; **2.** Streichung *f*, Kürzung *f*; **3.** ⚔ Verschanzung *f*, innere Verteidigungsstellung.

re·tri·al [ˌriː'traɪəl] *s.* **1.** nochmalige Prüfung; **2.** ⚖ Wieder'aufnahmeverfahren *n*.

ret·ri·bu·tion [ˌretrɪ'bjuːʃn] *s.* Vergeltung *f*, Strafe *f*; **re·trib·u·tive** [rɪ'trɪbjʊtɪv] *adj.* ☐ vergeltend, Vergeltungs...

re·triev·a·ble [rɪ'triːvəbl] *adj.* ☐ **1.** 'wiederzugewinnen(d); **2.** wieder gutzumachen(d), wettzumachen(d); **re'trieve** [rɪ'triːv] **I** *v/t.* **1.** *hunt.* apportieren; **2.** wieder finden, wiederbekommen; **3.** (sich *et.*) zu'rückholen; **4.** *et.* her'ausholen, -fischen (***from*** aus); **5.** *fig.* 'wiedergewinnen, -erlangen; *Fehler* wieder gutmachen; *Verlust* wettmachen; **6.** *j-n* retten (***from*** aus); **7.** *et.* der Vergessenheit entreißen; **II** *s.* **8.** ***beyond*** (*od.* ***past***) ~ unwiederbringlich dahin; **re'triev·er** [-və] *s. hunt.* Re'triever *m*, *allg.* Apportierhund *m*.

ret·ro- [retrəʊ] *in Zssgn* zurück..., rück(-wärts)..., Rück...; entgegengesetzt; hinter...; ˌ**ret·ro'ac·tive** *adj.* ☐ **1.** ⚖ rückwirkend; **2.** zu'rückwirkend; ˌ**retro'ces·sion** *s.* **1.** a) *a.* ⚕ Zu'rückgehen *n*, b) ⚕ Nach'innenschlagen *n*; **2.** ⚖ 'Wieder-, Rückabtretung *f*; **'ret·ro·fit I** *s.* **1.** nachträglich ausstatten (***with*** mit), nachrüsten, 'umrüsten; **2.** *Gebäude etc.* modernisieren; **II** *s.* **3.** Nachrüstung *f*, 'Umrüstung *f*; **4.** Modernisierung *f*; ˌ**ret·ro·gra'da·tion** *s.* **1.** → ***retrogression*** 1; **2.** Zu'rückgehen *n*; **3.** *fig.* Rück-, Niedergang *m*; **ret·ro·grade** ['retrəʊgreɪd] **I** *adj.* **1.** ⚕, ♪, *ast., zo.* rückläufig; **2.** *fig.* rückgängig, -läufig, Rückwärts..., rückschrittlich; **II** *v/i.* **3.** a) rückläufig sein, b) zu'rückgehen; **4.** rückwärts gehen; **5.** *bsd. biol.* entarten.

ret·ro·gres·sion [ˌretrəʊ'greʃn] *s.* **1.** *ast.* rückläufige Bewegung; **2.** *bsd. biol.* Rückentwicklung *f*; **3.** *fig.* Rückgang *m*, -schritt *m*; ˌ**ret·ro'gres·sive** [-esɪv] *adj.* ☐ **1.** *bsd. biol.* rückschreitend: ~ ***metamorphosis*** *biol.* Rückbildung *f*; **2.** *fig.* rückschrittlich; **3.** *fig.* nieder-, zu'rückgehend; **ret·ro·rock·et** ['retrəʊˌrɒkɪt] *s.* 'Bremsraˌkete *f*; **ret·ro·spect** ['retrəʊspekt] *s.* Rückblick *m*, -schau *f* (***of, on*** auf *acc.*): ***in*** (***the***) ~ rückschauend, im Rückblick; **ret·ro·spec·tion** [ˌretrəʊ'spekʃn] *s.* Erinnerung *f*; Zu'rückblicken *n*; **ret·ro·spec·tive** [ˌretrəʊ'spektɪv] *adj.* ☐ **1.** zu'rückblickend; **2.** nach rückwärts *od.* hinten (gerichtet); **3.** ⚖ rückwirkend.

ret·rous·sé [rə'truːseɪ] (*Fr.*) *adj.* nach oben gebogen: ~ ***nose*** Stupsnase *f*.

re·try [ˌriː'traɪ] *v/t.* ⚖ a) *Prozess* wieder aufnehmen, b) neu verhandeln gegen *j-n*.

re·turn [rɪ'tɜːn] **I** *v/i.* **1.** zu'rückkehren, -kommen (***to*** zu); 'wiederkehren (*a. fig.*); *fig.* wieder auftreten (*Krankheit etc.*): ~ ***to*** *fig.* a) auf *ein Thema* zurückkommen, b) zu *e-m Vorhaben* zurückkommen, c) in *e-e Gewohnheit etc.* zurückfallen, d) in *e-n Zustand* zurückkehren; ~ ***to dust*** zu Staub werden; ~ ***to health*** wieder gesund werden; **2.** zu'rückfallen (*Besitz*) (***to*** an *acc.*); **3.** erwidern, antworten; **II** *v/t.* **4.** *Gruß etc., a. Besuch,* ⚔ *Feuer, Liebe, Schlag etc.* erwidern: ~ ***thanks*** danken; **5.** zu'rückgeben, *Geld a.* zu'rückzahlen, -erstatten; **6.** zu'rückschicken, -senden: ~***ed empties*** ☤ zurückgesandtes Leergut; ~***ed letter*** unzustellbarer Brief; **7.** (an s-n Platz) zu'rückstellen, -tun; **8.** (ein-) bringen, *Gewinn* abwerfen, *Zinsen* tragen; **9.** *Bericht* erstatten; ⚖ a) Voll'zugsbericht erstatten über (*acc.*), b) *Gerichtsbefehl* mit Vollzugsbericht rückvorlegen; **10.** ⚖ *Schuldspruch* fällen *od.* aussprechen: ***be*** ~***ed guilty*** schuldig gesprochen werden; **11.** *Votum* abgeben; **12.** amtlich erklären für *od.* als, *j-n arbeitsunfähig etc.* schreiben; **13.** *Einkommen* zur Steuerveranlagung erklären, angeben (***at*** mit); **14.** *amtliche Liste etc.* vorlegen *od.* veröffentlichen; **15.** *parl. Brit. Wahlergebnis* melden; **16.** *parl. Brit.* als Abgeordneten wählen (***to Parliament*** ins Parlament); **17.** *sport Ball* zu'rückschlagen; **18.** *Echo, Strahlen* zu'rückwerfen; **19.** ⚙ zu'rückführen, -leiten; **III** *s.* **20.** Rückkehr *f*, -kunft *f*; 'Wiederkehr *f* (*a. fig.*): ~ ***of health*** Genesung *f*; ***by*** ~ ***of post*** *Brit.*, ***by*** ~ ***mail*** *Am.* postwendend, umgehend; ***many happy*** ~***s of the day!*** herzlichen Glückwunsch zum Geburtstag!; ***on my*** ~ bei m-r Rückkehr; **21.** Wieder'auftreten *n* (*Krankheit etc.*): ~ ***of influenza*** Gripperückfall *m*; ~ ***of cold weather*** Kälterückfall *m*; **22.** 🚆 Rückfahrkarte *f*; **23.** Rück-, Her'ausgabe *f*: ***on sale or*** ~ ☤ in Kommission; **24.** *oft pl.* ☤ Rücksendung *f* (*a. Ware*): ~***s*** a) Rückgut, b) *Buchhandel*: *a.* ~ ***copies*** Remittenden; **25.** ☤ Rückzahlung *f*, (-)Erstattung *f*; *Versicherung*: ~ (***of premium***) Ristorno *n*; **26.** Entgelt *n*, Gegenleistung *f*, Entschädigung *f*: ***in*** ~ dafür, dagegen; ***in*** ~ ***for*** (als Gegenleistung) für; ***without*** ~ unentgeltlich; **27.** *oft pl.* ☤ a) (*Kapital- etc.*)'Umsatz *m*: ***quick*** ~***s*** schneller Umsatz, b) Ertrag *m*, Einnahme *f*, Verzinsung *f*, Gewinn *m*: ***yield*** (*od.* ***bring***) ***a*** ~ Nutzen abwerfen, sich rentieren; **28.** Erwiderung *f* (*a. fig. e-s Grußes etc.*): ~ ***of affection*** Gegenliebe *f*; **29.** (amtlicher) Bericht, (sta'tistischer)

Ausweis, Aufstellung *f*; *pol. Brit.* Wahlbericht *m*, -ergebnis *n*: ***annual*** ~ Jahresbericht *m*, -ausweis *m*; ***bank*** ~ Bankausweis *m*; ***official*** ~***s*** amtliche Ziffern; **30.** Steuererklärung *f*; **31.** ⚖ a) Rückvorlage *f* (*e-s Vollstreckungsbefehls etc.*) (mit Voll'zugsbericht), b) Voll'zugsbericht *m* (*des Gerichtsvollziehers etc.*); **32.** *a.* ~ ***day*** ⚖ Ver'handlungster,min *m*; **33.** ⚙ a) Rückführung *f*, -leitung *f*, b) Rücklauf *m*, c) ⚡ Rückleitung *f*, d) *Computer*: Re'turn *m* (*Betätigen der Rückführtaste*); **34.** Biegung *f*, Krümmung *f*; **35.** △ a) 'Wiederkehr *f*, b) vorspringender *od.* zu'rückgesetzter Teil, c) (Seiten)Flügel *m*; **36.** *Tennis*: Re'turn *m*, Rückschlag *m* (*a. Ball*); **37.** *sport a.* ~ ***match*** Rückspiel *n*; **38.** (leichter) Feinschnitt (*Tabak*); **IV** *adj.* **39.** Rück...(*-porto*, *-reise*, *-spiel etc.*): ~ ***cable*** ⚡ Rückleitung *f*; ~ ***cargo*** Rückfracht *f*, -ladung *f*; ~ ***current*** ⚡ Rück-, Erdstrom *m*; ~ ***ticket*** a) Rückfahrkarte *f*, b) ✈ Rückflugkarte *f*; ~ ***valve*** ⚙ Rückschlagventil *n*; ~ ***visit*** Gegenbesuch *m*; ~ ***wire*** ⚡ Nullleiter *m*; **re'turn·a·ble** [-nəbl] *adj.* **1.** zu'rückzugeben(d); einzusenden(d): ~ ***bottle*** Mehrwegflasche *f*; **2.** ☤ rückzahlbar.

re·turn·ing of·fi·cer [rɪ'tɜːnɪŋ] *s. pol. Brit.* 'Wahlkommis,sar *m*.

re'turn key *s. Computer*: **1.** Eingabetaste *f*; **2.** Rückführtaste *f*.

re·u·ni·fi·ca·tion ['riː,juːnɪfɪ'keɪʃn] *s. pol.* 'Wiedervereinigung *f*.

re·un·ion [,riː'juːnjən] *s.* **1.** 'Wiedervereinigung *f*; *fig.* Versöhnung *f*; **2.** (*Familien-, Klassen- etc.*)Treffen *n*, Zs.-kunft *f*.

re·u·nite [,riːjuː'naɪt] **I** *v/t.* wieder vereinigen; **II** *v/i.* sich wieder vereinigen.

re·us·a·ble [,riː'juːzəbl] *adj.* wieder verwendbar *od.* verwertbar: ~ ***package*** Mehrwegverpackung *f*.

rev [rev] *mot.* F **I** *s.* Umdrehung *f*: ~***s per minute*** Dreh-, Tourenzahl *f*; **II** *v/t. mst* ~ ***up*** auf Touren bringen; **III** *v/i.* laufen, auf Touren sein (*Motor*): ~ ***up*** a) auf Touren kommen, b) den Motor ‚hochjagen' *od.* auf Touren bringen.

re·vac·ci·nate [,riː'væksɪneɪt] *v/t.* ⚕ wieder impfen, nachimpfen.

re·val·or·i·za·tion ['riː,vælərаɪ'zeɪʃn] *s.* ☤ Aufwertung *f*; **re·val·or·ize** [,riː'væləraɪz] *v/t.* aufwerten.

re·val·u·ate [,riː'væljʊeɪt] *v/t.* ☤ **1.** neu bewerten; **2.** aufwerten; **re·val·u·a·tion** ['riː,væljʊ'eɪʃn] *s.* **1.** Neubewertung *f*; **2.** Aufwertung *f*.

re·val·ue [,riː'væljuː] → ***revaluate***.

re·vamp [,riː'væmp] *v/t.* F ‚aufpolieren'.

re·vanch·ist [rɪ'væntʃɪst] **I** *adj.* revan'chistisch; **II** *s.* Revan'chist *m*.

re·veal [rɪ'viːl] **I** *v/t.* (*to*) **1.** *eccl.*, *a. fig.* offenbaren (*dat.*); **2.** enthüllen, zeigen (*dat.*) (*a. fig. erkennen lassen*), sehen lassen; **3.** *fig. Geheimnis etc.* enthüllen, verraten, aufdecken; **II** *s.* **4.** ⚙ a) innere Laibung (*Tür etc.*), b) Fensterrahmen *m* (*Auto*); **re'veal·ing** [-lɪŋ] *adj.* **1.** enthüllend, aufschlussreich; **2.** ‚offenherzig' (*Kleid*).

re·veil·le [rɪ'vælɪ] *s.* ⚔ (Si'gnal *n* zum) Wecken *n*.

rev·el ['revl] **I** *v/i.* **1.** (lärmend) feiern, ausgelassen sein; **2.** (*in*) *fig.* a) schwelgen (in *dat.*), *et.* in vollen Zügen genießen, b) sich weiden *od.* ergötzen (*in* an *dat.*); **II** *s.* **3.** *oft pl.* → ***revelry***.

rev·e·la·tion [,revə'leɪʃn] *s.* **1.** Enthüllung *f*, Offen'barung *f*: ***it was a*** ~ ***to me*** es fiel mir wie Schuppen von den Augen; ***what a*** ~! welch überraschende Entdeckung!, ach so ist das!; **2.** (göttliche) Offen'barung: ***the*** ♀ (***of St. John***) *bibl.* die (Geheime) Offenbarung (des Johannes); **3.** F ‚Offen'barung' *f* (*et. Ausgezeichnetes*).

rev·el·(l)er ['revlə] *s.* **1.** Feiernde(r *m*) *f*; **2.** Zecher *m*; **3.** Nachtschwärmer *m*; **'rev·el·ry** [-lrɪ] *s.* lärmende Festlichkeit, Rummel *m*, Trubel *m*.

re·venge [rɪ'vendʒ] **I** *v/t.* **1.** *et.*, *a. j-n* rächen ([***up***]***on*** an *dat.*): ~ ***o.s. for s.th.*** sich für et. rächen; ***be*** ~***d*** a) gerächt sein *od.* werden, b) sich rächen; **2.** sich rächen für, vergelten (***upon***, ***on*** an *dat.*); **II** *s.* **3.** Rache *f*: ***take one's*** ~ Rache nehmen, sich rächen; ***in*** ~ ***for it*** dafür; **4.** Re'vanche *f* (*beim Spiel*): ***have one's*** ~ sich revanchieren; **5.** Rachsucht *f*, -gier *f*; **re'venge·ful** [-fʊl] *adj.* ☐ rachsüchtig; **re'venge·ful·ness** [-fʊlnɪs] → ***revenge*** 5.

rev·e·nue ['revənjuː] *s.* **1.** *a.* ***public*** ~ öffentliche Einnahmen *pl.*, Staatseinkünfte *pl.*; **2.** a) Fi'nanzverwaltung *f*, b) Fiskus *m*: ***defraud the*** ~ Steuern hinterziehen; ~ ***board*** → ***revenue office***; **3.** *pl.* Einnahmen *pl.*, Einkünfte *pl.*; **4.** Ertrag *m*, Nutzung *f*; **5.** Einkommensquelle *f*; ~ ***cut·ter*** *s.* ⚓ Zollkutter *m*; ~ ***of·fice*** *s.* Fi'nanzamt *n*; ~ ***of·fi·cer*** *s.* Zollbeamte(r) *m*; Fi'nanzbeamte(r) *m*; ~ ***stamp*** *s.* ☤ Bande'role *f*, Steuermarke *f*.

re·ver·ber·ate [rɪ'vɜːbəreɪt] *phys.* **I** *v/i.* **1.** zu'rückstrahlen; **2.** (nach-, wider-) hallen; **II** *v/t.* **3.** *Strahlen, Hitze, Klang* zu'rückwerfen; von *e-m Klange* widerhallen; **re·ver·ber·a·tion** [rɪ,vɜːbə'reɪʃn] *s.* **1.** Zu'rückwerfen *n*, -strahlen *n*; **2.** Widerhall(en *n*) *m*; Nachhall *m*; **re'ver·ber·a·tor** [-tə] *s.* ⚙ **1.** Re'flektor *m*; **2.** Scheinwerfer *m*.

re·vere [rɪ'vɪə] *v/t.* (ver)ehren.

rev·er·ence ['revərəns] **I** *s.* **1.** Verehrung *f* (***for*** für *od. gen.*); **2.** Ehrfurcht *f* (***for*** vor *dat.*); **3.** Ehrerbietung *f*; **4.** Reve'renz *f* (*Verbeugung od. Knicks*); **5.** *dial. od. humor.* ***Your*** (***His***) ~ Euer (Seine) Ehrwürden; **II** *v/t.* **6.** (ver)ehren; **'rev·er·end** [-nd] **I** *adj.* **1.** ehrwürdig; **2.** ♀ *eccl.* hochwürdig (*Geistlicher*): ***Very*** ♀ (*im Titel e-s Dekans*); ***Right*** ♀ (*Bischof*); ***Most*** ♀ (*Erzbischof*); ♀ ***Mother*** Mutter Oberin *f*; **II** *s.* **3.** Geistliche(r) *m*; **'rev·er·ent** [-nt] *adj.* ☐, **rev·er·en·tial** [,revə'renʃl] *adj.* ☐ ehrerbietig, ehrfurchtsvoll.

rev·er·ie ['revərɪ] *s.* Träume'rei *f* (*a.* ♪): ***be lost in*** (***a***) ~ in Träumen versunken sein.

re·ver·sal [rɪ'vɜːsl] *s.* **1.** 'Umkehr(ung) *f*; 'Umschwung *m*, -schlagen *n*: ~ ***film*** *phot.* Umkehrfilm *m*; ~ ***of opinion*** Meinungsumschwung; ~ ***process*** *phot.* Umkehrentwicklung *f*; **2.** ⚖ (Urteils)Aufhebung *f*, 'Umstoßung *f*; **3.** ⚙ 'Umsteuerung *f*; **4.** ⚡ ('Strom),Umkehr *f*; **5.** ☤ Stornierung *f*; **re'verse** [rɪ'vɜːs] **I** *s.* **1.** Gegenteil *n*, *das* 'Umgekehrte; **2.** Rückschlag *m*: ~ ***of fortune*** Schicksalsschlag *m*; **3.** ⚔ Niederlage *f*, Schlappe *f*; **4.** Rückseite *f*, *bsd. fig.* Kehrseite *f*: ~ ***of a coin*** Rückseite *od.* Revers *m* e-r Münze; ~ ***of the medal*** *fig.* Kehrseite der Medaille; ***on the*** ~ umstehend; ***take in*** ~ ⚔ im Rücken packen; **5.** *mot.* Rückwärtsgang *m*; **6.** ⚙ 'Umsteuerung *f*; **II** *adj.* ☐ **7.** 'umgekehrt, verkehrt, entgegengesetzt (***to*** *dat.*): ~***-charge call*** *teleph.* R-Gespräch *n*; ~ ***current*** ⚡ Gegenstrom *m*; ~ ***flying*** ✈ Rückenflug *m*; ~ ***order*** umgekehrte Reihenfolge; ~ ***side*** a) Rückseite *f*, b) linke (*Stoff*)Seite; **8.** rückläufig, rückwärts ...: ~ ***gear*** → 5; **III** *v/t.* **9.** 'umkehren (*a.* 𝔸, ⚡), 'umdrehen; *fig. Politik* (ganz) 'umstellen; *Meinung* völlig ändern: ~ ***the charge***(***s***) *teleph.* ein R-Gespräch führen; ~ ***the order of things*** die Weltordnung auf den Kopf stellen; **10.** ⚖ *Urteil* aufheben, 'umstoßen; **11.** ☤ stornieren; **12.** ⚙ im Rückwärtsgang *od.* rückwärts fahren *od.* laufen (lassen); **13.** ⚡ a) 'umpolen, b) 'umsteuern; **IV** *v/i.* **14.** rückwärts fahren; **15.** *beim Walzer* 'linksher,um tanzen; **re'vers·i·ble** [-səbl] *adj.* **1.** *a.* 𝔸, ⚗, *phys.* 'umkehrbar; **2.** doppelseitig, wendbar (*Stoff*, *Mantel*); **3.** ⚙ 'umsteuerbar; **4.** ⚖ 'umstoßbar; **re'vers·ing** [-sɪŋ] *adj.* ⚙, *phys.* Umkehr..., Umsteuerungs...: ~ ***gear*** a) Umsteuerung *f*, b) Wendegetriebe *n*, c) Rückwärtsgang *m*; ~ ***pole*** ⚡ Wendepol *m*; ~ ***switch*** ⚡ Wendeschalter *m*; **re'version** [-ɜːʃn] *s.* **1.** *a.* 𝔸 'Umkehrung *f*; **2.** ⚖ a) Heim-, Rückfall *m*, b) *a.* ***right of*** ~ Heimfallsrecht *n*; **3.** ⚖ a) Anwartschaft *f* (***of*** auf *acc.*), b) Anwartschaftsrente *f*; **4.** *biol.* a) Rückartung *f*, b) Ata'vismus *m*; **5.** ⚡ 'Umpolung *f*; **re'ver·sion·ar·y** [-ɜːʃnərɪ] *adj.* **1.** ⚖ anwartschaftlich, Anwartschafts...: ~ ***annuity*** Rente *f* auf den Überlebensfall; ~ ***heir*** Nacherbe *m*; **2.** *biol.* ata'vistisch; **re'ver·sion·er** [-ɜːʃnə] *s.* ⚖ **1.** Anwartschaftsberechtigte(r *m*) *f*, Anwärter(in); **2.** Nacherbe *m*, -erbin *f*; **re·vert** [rɪ'vɜːt] **I** *v/i.* **1.** zu'rückkehren (***to*** zu *s-m Glauben etc.*); **2.** zu'rückkommen (***to*** auf *e-n Brief, ein Thema etc.*); **3.** wieder zu'rückfallen (***to*** in *acc.*): ~ ***to barbarism***; **4.** ⚖ zu'rück-, heimfallen (***to s.o.*** an j-n); **5.** *biol.* zu'rückschlagen (***to*** zu); **II** *v/t.* **6.** *Blick* (zu'rück)wenden; **re'vert·i·ble** [-ɜːtəbl] *adj.* ⚖ heimfällig (*Besitz*).

re·vet·ment [rɪ'vetmənt] *s.* **1.** ⚙ Verkleidung *f*, Futtermauer *f* (*Ufer etc.*); **2.** ⚔ Splitterschutzwand *f*.

re·view [rɪ'vjuː] **I** *s.* **1.** Nachprüfung *f*, (Über)'Prüfung *f*, Revisi'on *f*: ***court of*** ~ ⚖ Rechtsmittelgericht *n*; ***be under*** ~ überprüft werden; **2.** (Buch)Besprechung *f*, Rezensi'on *f*, Kri'tik *f*: ~ ***copy*** Rezensionsexemplar *n*; **3.** Rundschau *f*, kritische Zeitschrift; **4.** ⚔ Pa'rade *f*, Truppenschau *f*: ***naval*** ~ Flottenparade; ***pass in*** ~ a) mustern, b) (vorbei-) defilieren (lassen), c) → **5.** Rückblick *m*, -schau *f* (***of*** auf *acc.*): ***pass in*** ~ a) Rückschau halten über (*acc.*), b) *im Geiste* Revue passieren lassen; **6.** Bericht *m*, 'Übersicht *f*, -blick *m* (***of*** über *acc.*): ***market*** ~ ☤ Markt-, Börsenbericht; ***month under*** ~ Berichtsmonat *m*; **7.** 'Durchsicht *f*; **8.** → ***revue***; **II** *v/t.* **9.** nachprüfen, (über)'prüfen, e-r Revisi'on unter'ziehen; **10.** ⚔ besichtigen, inspizieren; **11.** *fig.* zu'rückblicken auf (*acc.*); **12.** über'blicken, -'schauen: ~ ***the situation***; **13.** e-n 'Überblick geben über (*acc.*); **14.** *Buch* besprechen, rezensieren; **III** *v/i.* **15.** (Buch)Besprechungen schreiben; **re'view·er** [-juːə] *s.* Kritiker(in), Rezen'sent(in): ~***'s copy*** Rezensionsexemplar *n*.

re·vile [rɪ'vaɪl] *v/t. u. v/i.*: ~ (***at*** *od.* ***against***) ***s.th.*** et. schmähen *od.* verunglimpfen; **re'vile·ment** [-mənt] *s.* Schmähung *f*, Verunglimpfung *f*.

re·vis·al [rɪ'vaɪzl] *s.* **1.** (Nach)Prüfung *f*; **2.** (nochmalige) 'Durchsicht; **3.** *typ.* zweite Korrek'tur; **re·vise** [rɪ'vaɪz] **I** *v/t.* **1.** revidieren: a) *typ.* in zweiter Korrek'tur lesen, b) *Buch* über'arbeiten: **~*d* *edition*** verbesserte Auflage, c) *fig. Ansicht* ändern; **2.** über'prüfen, (wieder) 'durchsehen; **II** *s.* **3.** *a.* **~ *proof*** *typ.* Revisi'onsbogen *m*, Korrek'turabzug *m*; **4.** → ***revision***; **re'vis·er** [-zə] *s.* **1.** *typ.* Kor'rektor *m*; **2.** Bearbeiter *m*; **re·vi·sion** [rɪ'vɪʒn] *s.* **1.** Revisi'on *f*: a) 'Durchsicht *f*, b) Über'arbeitung *f*, c) Korrek'tur *f*; **2.** verbesserte Ausgabe *od.* Auflage.

re·vis·it [ˌriː'vɪzɪt] *v/t.* nochmals *od.* wieder besuchen: ***London ~ed*** Wiedersehen *n* mit London.

re·vi·tal·ize [ˌriː'vaɪtəlaɪz] *v/t.* neu beleben, wieder beleben.

re·viv·al [rɪ'vaɪvl] *s.* **1.** 'Wiederbelebung *f* (*a.* ✝; *a.* ⚖ *von Rechten*): **~ *of architecture*** Neugotik *f*; **℞ *of Learning*** *hist.* Renaissance *f*; **2.** Wieder'aufleben *n*, -'aufblühen *n*, Erneuerung *f*; **3.** *eccl.* a) Erweckung *f*, b) *a.* **~ *meeting*** Erweckungsversammlung *f*; **4.** Wieder'aufgreifen *n e-s veralteten Worts etc.*; *thea.* Wieder'aufnahme *f e-s vergessenen Stücks*; **re'viv·al·ism** [-vəlɪzəm] *s. bsd. U.S.A.* a) (religi'öse) Erweckungsbewegung, Evangelisati'on *f*, b) Erweckungseifer *m*; **re·vive** [rɪ'vaɪv] **I** *v/t.* **1.** wieder beleben (*a. fig.*); **2.** *Anspruch, Gefühl, Hoffnung, Streit etc.* wieder aufleben lassen; *Gefühle* wieder erwecken; *Brauch, Gesetz* wieder einführen; *Vertrag* erneuern; *Gerechtigkeit, Ruf* wieder'herstellen; *Thema* wieder aufgreifen; **3.** *thea. Stück* wieder auf die Bühne bringen; **4.** ⚙ *Metall* frischen; **II** *v/i.* **5.** wieder (zum Leben) erwachen; **6.** das Bewusstsein 'wiedererlangen; **7.** *fig.* wieder aufleben (*a. Rechte*); wieder erwachen (*Hass etc.*); wieder aufblühen; ✝ sich erholen; **8.** wieder auftreten; wieder aufkommen (*Brauch etc.*); **re'viv·er** [-və] *s.* **1.** ⚙ Auffrischungs-, Regenerierungsmittel *n*; **2.** *sl.* (*alkoholische*) Stärkung; **re·viv·i·fy** [riː'vɪvɪfaɪ] *v/t.* **1.** wieder beleben; **2.** *fig.* wieder aufleben lassen, neu beleben.

rev·o·ca·ble ['revəkəbl] *adj.* □ widerruflich; **rev·o·ca·tion** [ˌrevə'keɪʃn] *s.* ⚖ Widerruf *m*, Aufhebung *f*; (*Lizenz- etc.*)Entzug *m*.

re·voke [rɪ'vəʊk] **I** *v/t.* wider'rufen, aufheben, rückgängig machen; **II** *v/i.* *Kartenspiel*: nicht Farbe bekennen, nicht bedienen.

re·volt [rɪ'vəʊlt] **I** *s.* **1.** Re'volte *f*, Aufruhr *m*, Aufstand *m*; **II** *v/i.* **2.** a) (*a. fig.*) revoltieren, sich em'pören, sich auflehnen (***against*** gegen), b) abfallen (***from*** von); **3.** *fig.* Widerwillen empfinden (***at*** über *acc.*), sich sträuben *od.* empören (***against, at, from*** gegen); **III** *v/t.* **4.** *fig.* empören, mit Abscheu erfüllen, abstoßen; **re'volt·ing** [-tɪŋ] *adj.* □ em'pörend, abstoßend, widerlich.

rev·o·lu·tion [ˌrevə'luːʃn] *s.* **1.** 'Umwälzung *f*, Um'drehung *f*, Rotati'on *f*: **~*s per minute*** ⚙ Umdrehungen pro Minute, Dreh-, Tourenzahl *f*; **~ *counter*** Drehzahlmesser *m*, Tourenzähler *m*; **2.** *ast.* a) Kreislauf *m* (*a. fig.*), b) Um'drehung *f*, c) 'Umlauf(zeit *f*) *m*; **3.** *fig.* Revoluti'on *f*: a) 'Umwälzung *f*, 'Umschwung *m*, b) *pol.* 'Umsturz *m*; ˌ**rev·o'lu·tion·ar·y** [-ʃnərɪ] **I** *adj.* revolutio'när: a) *pol.* Revolutions..., Umsturz..., b) *fig.* 'umwälzend, E'poche machend; **II** *s. a.* ˌ**rev·o'lu·tion·ist** [-ʃnɪst] Revolutio'när (-in) (*a. fig.*); ˌ**rev·o'lu·tion·ize** [-ʃnaɪz] *v/t.* **1.** aufwiegeln, in Aufruhr bringen; **2.** *Staat* revolutionieren (*a. fig. von Grund auf umgestalten*).

re·volve [rɪ'vɒlv] **I** *v/i.* **1.** *bsd.* ⩓, ⚙, *phys.* sich drehen, kreisen, rotieren (***on, about*** um *e-e Achse*, ***round*** um *e-n Mittelpunkt*); **2.** e-n Kreislauf bilden, da'hinrollen (*Jahre etc.*); **II** *v/t.* **3.** drehen, rotieren lassen; **4.** *fig.* (hin u. her) über'legen, *Gedanken, Problem* wälzen; **re'volv·er** [-və] *s.* Re'volver *m*; **re'volv·ing** [-vɪŋ] *adj.* a) sich drehend, kreisend, drehbar (***about, round*** um), b) Dreh...(*-bleistift, -brücke, -bühne, -tür etc.*): **~ *credit*** ✝ Revolvingkredit *m*; **~ *shutter*** Rolladen *m*.

re·vue [rɪ'vjuː] *s. thea.* **1.** Re'vue *f*; **2.** (zeitkritisches) Kaba'rett, sa'tirische Kaba'rettvorführung.

re·vul·sion [rɪ'vʌlʃn] *s.* **1.** ⚕ Ableitung *f*; **2.** *fig.* 'Umschwung *m*; **3.** *fig.* Abscheu *m* (***against*** vor *dat.*); **re'vul·sive** [-lsɪv] *adj. u. s.* ableitend(es Mittel).

re·ward [rɪ'wɔːd] **I** *s.* **1.** Entgelt *n*; Belohnung *f*, *a.* Finderlohn *m*; **2.** Vergeltung *f*, (gerechter) Lohn; **II** *v/t.* **3.** *j-n od. et.* belohnen (*a. fig.*); *fig. j-m* vergelten (***for s.th.*** et.); *j-n od. et.* bestrafen; **re'ward·ing** [-dɪŋ] *adj.* □ lohnend (*a. fig.*); *fig. a.* dankbar (*Aufgabe*).

re·wind [ˌriː'waɪnd] **I** *v/t.* [*irr.* → ***wind***[2]] *Film, Tonband etc.* (zu')rückspulen, 'umspulen; *Garn etc.* wieder aufspulen; *Uhr* wieder aufziehen; **II** *s.* Rückspulung *f etc.*; Rücklauf *m* (*am Tonbandgerät etc.*): **~ *button*** Rücklauftaste *f*.

re·word [ˌriː'wɜːd] *v/t.* neu *od.* anders formulieren.

re·write [ˌriː'raɪt] **I** *v/t. u. v/i.* [*irr.* → ***write***] **1.** nochmals *od.* neu schreiben; **2.** 'umschreiben; *Am. Pressebericht* redigieren, über'arbeiten; **II** *s.* **3.** *Am.* redigierter Bericht: **~ *man*** Überarbeiter *m*.

Rex [reks] (*Lat.*) *s.* ⚖ *Brit. der* König.

rhap·sod·ic, rhap·sod·i·cal [ræp'sɒdɪk(l)] *adj.* □ **1.** rhap'sodisch; **2.** *fig.* begeistert, 'überschwänglich, ek'statisch; **rhap·so·dist** ['ræpsədɪst] *s.* **1.** Rhap'sode *m*; **2.** *fig.* begeisterter Schwärmer; **rhap·so·dize** ['ræpsədaɪz] *v/i. fig.* schwärmen (***about, on*** von); **rhap·so·dy** ['ræpsədɪ] *s.* **1.** Rhapso'die *f* (*a.* ♪); **2.** *fig.* (Wort)Schwall *m*, Schwärme'rei *f*: ***go into rhapsodies over*** in Ekstase geraten über (*acc.*).

rhe·o·stat ['rɪəʊstæt] *s.* ⚡ Rheo'stat *m*, 'Regelˌwiderstand *m*.

rhet·o·ric ['retərɪk] *s.* **1.** Rhe'torik *f*, Redekunst *f*; **2.** *fig. contp.* schöne Reden *pl.*, (leere) Phrasen *pl.*, Schwulst *m*; **rhe·tor·i·cal** [rɪ'tɒrɪkl] *adj.* □ **1.** rhe'torisch, Redner...: **~ *question*** rhetorische Frage; **2.** *contp.* schönrednerisch, phrasenhaft, schwülstig; **rhet·o·ri·cian** [ˌretə'rɪʃn] *s.* **1.** guter Redner, Redekünstler *m*; **2.** *contp.* Schönredner *m*, Phrasendrescher *m*.

rheu·mat·ic [ruː'mætɪk] ⚕ **I** *adj.* (□ **~*ally***) **1.** rheu'matisch: **~ *fever*** Gelenkrheumatismus *m*; **II** *s.* **2.** Rheu'matiker(in); **3.** *pl. sg. konstr.* F Rheuma *n*; **rheu·ma·tism** ['ruːmətɪzəm] *s.* Rheuma'tismus *m*, Rheuma *n*: ***articular ~*** Gelenkrheumatismus.

Rhine·land·er ['raɪnlændə] *s.* Rheinländer(in).

rhine·stone ['raɪnstəʊn] *s. min.* Rheinkiesel *m* (*Bergkristall*).

rhi·no[1] ['raɪnəʊ] *s. sl.* ‚Kies' *m* (*Geld*).

rhi·no[2] ['raɪnəʊ] *pl.* **-nos** *s.* F, **rhi·noc·er·os** [raɪ'nɒsərəs] *pl.* **-os·es**, *coll.* **-os** *s. zo.* Rhi'nozeros *n*, Nashorn *n*.

rhi·zoph·a·gous [raɪ'zɒfəgəs] *adj. zo.* wurzelfressend.

Rho·de·si·an [rəʊ'diːzjən] *hist.* **I** *adj.* rho'desisch; **II** *s.* Rho'desier(in).

rho·do·cyte ['rəʊdəsaɪt] *s. physiol.* rotes Blutkörperchen.

rho·do·den·dron [ˌrəʊdə'dendrən] *s.* ✿ Rhodo'dendron *n*, *m*.

rhomb [rɒm] → ***rhombus***; **rhom·bic** ['rɒmbɪk] *adj.* rhombisch, rautenförmig; **rhom·bo·he·dron** [ˌrɒmbə'hedrən] *pl.* **-he·dra** [-drə], **-he·drons** *s.* ⩓ Rhombo'eder *n*; **rhom·boid** ['rɒmbɔɪd] **I** *s.* **1.** ⩓ Rhombo'id *n*, Parallelo'gramm *n*; **II** *adj.* **2.** rautenförmig; **3.** → ***rhomboidal***; **rhom·boi·dal** [rɒm'bɔɪdl] *adj.* ⩓ rhombo'idförmig, rhombo'idisch; **rhom·bus** ['rɒmbəs] *pl.* **-bus·es**, **-bi** [-baɪ] *s.* ⩓ Rhombus *m*, Raute *f*.

rhu·barb ['ruːbɑːb] *s.* **1.** ✿ Rha'barber *m*; **2.** *Am. sl.* ‚Krach' *m*.

rhumb [rʌm] *s.* **1.** Kompassstrich *m*; **2.** *a.* **~ *line*** a) ⩓ loxo'dromische Linie, b) ⚓ Dwarslinie *f*.

rhyme [raɪm] **I** *s.* **1.** Reim *m* (***to*** auf *acc.*): ***without ~ or reason*** ohne Sinn und Zweck; **2.** *sg. od. pl.* a) Vers *m*, b) Reim *m*, Gedicht *n*, Lied *n*; **II** *v/i.* **3.** reimen, Verse machen; **4.** sich reimen (***with*** mit, ***to*** auf *acc.*); **III** *v/t.* **5.** reimen, in Reime bringen; **6.** *Wort* reimen lassen (***with*** auf *acc.*); **'rhyme·less** [-lɪs] *adj.* reimlos; **'rhym·er** [-mə], **'rhyme·ster** [-stə] *s.* Verseschmied *m*; **rhym·ing dic·tion·ar·y** ['raɪmɪŋ] *s.* Reimwörterbuch *n*.

rhythm ['rɪðəm] *s.* **1.** ♪ Rhythmus *m* (*a. Metrik u. fig.*); Takt *m*: ***three-four ~***; ***dance ~s*** Tanzrhythmen, beschwingte Weisen; **~ *method*** Knaus-Ogino-Methode *f* (*Empfängnisverhütung*); **2.** Versmaß *n*; **3.** ⚕ Pulsschlag *m*; **rhyth·mic, rhyth·mi·cal** ['rɪðmɪk(l)] *adj.* □ rhythmisch: a) taktmäßig, b) *fig.* regelmäßig ('wiederkehrend); **rhyth·mics** ['rɪðmɪks] *s. pl. sg. konstr.* ♪ Rhythmik *f* (*a. Metrik*).

ri·al·to [rɪ'æltəʊ] *pl.* **-tos** *s.* **1.** *Am.* The'aterviertel *n*; **2.** Börse *f*, Markt *m*.

rib [rɪb] **I** *s.* **1.** *anat.* Rippe *f*: **~ *cage*** Brustkorb *m*; **2.** *Küche*: a) *a.* **~ *roast*** Rippenstück *n*, b) Rippe(n)speer *m*; **3.** *humor.* ‚Ehehälfte' *f*; **4.** ✿ (Blatt)Rippe *f*, (-)Ader *f*; **5.** ⚙ Stab *m*, Stange *f*, (*a. Heiz-, Kühl- etc.*)Rippe *f*; **6.** ▲ (*Gewölbe- etc.*)Rippe *f*, Strebe *f*; **7.** ⚓ a) (Schiffs)Rippe *f*, Spant *n*, b) Spiere *f*; **8.** ♪ Zarge *f*; **9.** (*Stoff*)Rippe *f*: **~ *stitch*** *Stricken*: linke Masche; **II** *v/t.* **10.** mit Rippen versehen; **11.** *Stoff etc.* rippen; **12.** *sl.* ‚aufziehen', hänseln.

rib·ald ['rɪbəld] **I** *adj.* **1.** lästerlich, frech; **2.** zotig, ‚saftig', ob'szön; **II** *s.* **3.** Spötter(in), Lästermaul *n*; **4.** Zotenreißer *m*; **'rib·ald·ry** [-drɪ] *s.* Zoten(reiße'rei *f*) *pl.*, ‚saftige' Späße *pl.*

rib·and ['rɪbənd] *s.* (Zier)Band *n*.

ribbed [rɪbd] *adj.* gerippt, geriffelt, Rippen...: **~ *cooler*** ⚙ Rippenkühler *m*; **~ *glass*** Riffelglas *n*.

rib·bon ['rɪbən] *s.* **1.** Band *n*, Borte *f*; **2.** Ordensband *n*; **3.** (schmaler) Streifen;

R

4. Fetzen *m*: ***tear to ~s*** in Fetzen reißen; **5.** Farbband *n* (*Schreibmaschine*); **6.** ⚙ a) (Me'tall)Band *n*, (-)Streifen *m*, b) (Holz)Leiste *f*: **~ *cartridge*** Farbbandkassette *f*; **~ *microphone*** Bändchenmikrofon *n*; **~ *saw*** Bandsäge *f*; **7.** *pl.* Zügel *pl.*; **~ build·ing, ~ de·vel·op·ment** *s. Brit.* Stadtrandsiedlung *f* entlang e-r Ausfallstraße.

rib·bon·ed ['rɪbənd] *adj.* **1.** bebändert; **2.** gestreift.

ri·bo·fla·vin [ˌraɪbəʊ'fleɪvɪn] *s.* ✱ Ribofla'vin *n* (*Vitamin* B_2).

ri·bo·nu·cle·ic ac·id [ˌraɪbəʊnjuːˈkliːɪk] *s.* Ribonukleinsäure *f*.

rice [raɪs] *s.* ⚘ Reis *m*; **~ flour** *s.* Reismehl *n*; **~ pad·dy** *s.* Reisfeld *n*; **~ pa·per** *s.* 'Reispaˌpier *n*; **~ pud·ding** *s.* Milchreis *m*.

ric·er ['raɪsə] *s. Am.* Kar'toffelpresse *f*.

rich [rɪtʃ] **I** *adj* (☐ → ***richly***) **1.** reich (***in*** an *dat.*) (*a. fig.*), wohlhabend: **~ *in cattle*** viehreich; **~ *in hydrogen*** wasserstoffreich; **~ *in ideas*** ideenreich; **2.** schwer (*Stoff*), prächtig, kostbar (*Seide, Schmuck etc.*); **3.** reich(lich), reichhaltig, ergiebig (*Ernte etc.*); **4.** fruchtbar, fett (*Boden*); **5.** a) *geol.* (erz)reich, fündig (*Lagerstätte*), b) *min.* reich, fett (*Erz*): ***strike it ~*** *min.* a) auf Öl *etc.* stoßen, b) *fig.* arrivieren, zu Geld kommen, c) *fig.* das große Los ziehen, e-n Volltreffer landen; **6.** ⚗ schwer; *mot.* fett, gasreich (*Luftgemisch*); **7.** schwer, fett (*Speise*); **8.** schwer, kräftig (*Wein, Duft etc.*); **9.** satt, voll (*Farbton*); **10.** voll, satt (*Ton*); voll(tönend), klangvoll (*Stimme*); **11.** inhalt(s)reich; **12.** F ‚köstlich', ‚großartig'; **II** *s.* **13.** *coll.* ***the ~*** die Reichen *pl.*; **rich·es** ['rɪtʃɪz] *s. pl.* Reichtum *m*, -tümer *pl.*; **'rich·ly** [-lɪ] *adv.* reichlich, in reichem Maße; **'rich·ness** [-nɪs] *s.* **1.** Reichtum *m*, Reichhaltigkeit *f*, Fülle *f*; **2.** Pracht *f*; **3.** Ergiebigkeit *f*; **4.** Nahrhaftigkeit *f*; **5.** (Voll)Gehalt *m*, Schwere *f* (*Wein etc.*); **6.** Sattheit *f* (*Farbton*); **7.** Klangfülle *f*.

rick¹ [rɪk] ⁄ *bsd. Brit.* **I** *s.* (Getreide-, Heu)Schober *m*; **II** *v/t.* schobern.

rick² [rɪk] *v/t. bsd. Brit.* verrenken.

rick·ets ['rɪkɪts] *s. sg. od. pl. konstr.* ✱ Ra'chitis *f*; **'rick·et·y** [-tɪ] *adj.* **1.** ✱ ra'chitisch; **2.** gebrechlich (*Person*), wack(e)lig (*a. Möbel u. fig.*), klapp(e)rig (*Auto etc.*).

ric·o·chet ['rɪkəʃeɪ] **I** *s.* **1.** Abprallen *n*; **2.** ⚔ a) Rikoschettieren *n*, b) *a.* **~ *shot*** Abpraller *m*, Querschläger *m*; **II** *v/i.* **3.** abprallen.

rid [rɪd] *v/t.* [*irr.*] befreien, frei machen (***of*** von): ***get ~ of*** *j-n od. et.* loswerden; ***be ~ of*** *j-n od. et.* los sein; **rid·dance** ['rɪdəns] *s.* Befreiung *f*, Erlösung *f*: (***he is a***) ***good ~!*** man ist froh, dass man ihn (wieder) los ist!, den wären wir los!

rid·den ['rɪdn] **I** *p.p. von ride*; **II** *adj. in Zssgn.* bedrückt, geplagt, gepeinigt von: ***fever-~***; ***pest-~*** von der Pest heimgesucht.

rid·dle¹ ['rɪdl] **I** *s.* **1.** Rätsel *n* (*a. fig.*): ***speak in ~s*** → 4; **II** *v/t.* **2.** enträtseln: **~ *me*** rate mal; **3.** *fig. j-n* vor ein Rätsel stellen; **III** *v/i.* **4.** *fig.* in Rätseln sprechen.

rid·dle² ['rɪdl] **I** *s.* **1.** Schüttelsieb *n*; **II** *v/t.* **2.** ('durch-, aus)sieben; **3.** *fig.* durch'sieben, durch'löchern: **~ *s.o. with bullets***; **4.** *fig. Argument etc.* zerpflücken; **5.** *fig.* mit Fragen bestürmen.

ride [raɪd] **I** *s.* **1.** a) Ritt *m*, b) Fahrt *f* (*bsd. auf e-m [Motor]Rad od. in e-m öffentlichen Verkehrsmittel*): ***go for a ~, take a ~*** a) ausreiten, b) ausfahren; ***give s.o. a. ~*** j-n reiten *od.* fahren lassen, j-n *im Auto etc.* mitnehmen; ***take s.o. for a ~*** F a) j-n (im Auto entführen und) umbringen, b) j-n ‚reinlegen' (*betrügen*), c) j-n ‚auf den Arm nehmen' (*hänseln*); **2.** Reitweg *m*, Schneise *f*; **II** *v/i.* [*irr.*] **3.** reiten (*a. fig. rittlings sitzen*): **~ *out*** F ausreiten; **~ *for*** zustreben (*dat.*), entgegeneilen (*dat.*); **~ *for a fall*** halsbrecherisch reiten, *fig.* in sein Verderben rennen; **~ *up*** hochrutschen (*Kragen etc.*); ***let it ~!*** F lass die Karre laufen!; ***he let the remark ~*** er ließ die Bemerkung hingehen; ***Nixon ~s again!*** *iro.* N. ist wieder da!; **4.** fahren: **~ *on a bicycle*** Rad fahren; **~ *in a train*** mit e-m Zug fahren; **5.** sich (fort)bewegen, da'hinziehen (*a. Mond, Wolken etc.*); **6.** (auf dem Wasser) treiben, schwimmen; *fig.* schweben: **~ *at anchor*** ⚓ vor Anker liegen; **~ *on the waves of popularity*** *fig.* von der Woge der Volksgunst getragen werden; **~ *on the wind*** sich vom Wind tragen lassen (*Vogel*); ***be riding on air*** *fig.* selig sein (*vor Glück*); **7.** *fig.* ruhen, liegen, sich drehen (***on*** auf *dat.*); **8.** sich über'lagern (*z.B.* ✱ *Knochenfragmente*); ⚓ unklar laufen (*Tau*); **9.** ⚙ fahren, laufen, gleiten; **10.** zum Reiten *gut etc.* geeignet sein (*Boden*); **11.** im Reitdress wiegen; **III** *v/t.* [*irr.*] **12.** reiten: **~ *at*** *sein Pferd* lenken nach *od.* auf (*acc.*); **~ *to death*** zu Tode reiten (*a. fig. Theorie, Witz etc.*); **~ *a race*** an e-m Rennen teilnehmen; **13.** reiten *od.* rittlings sitzen (lassen) auf (*dat.*); *j-n auf den Schultern* tragen; **14.** *Motorrad etc.* fahren, lenken: **~ *over*** a) *j-n* überfahren, b) → 17; c) über *e-e Sache* rücksichtslos hinweggehen; **15.** *fig.* reiten *od.* schwimmen *od.* schweben auf (*dat.*): **~ *the waves*** auf den Wellen reiten; **16.** aufliegen *od.* ruhen auf (*dat.*); **17.** tyrannisieren, beherrschen; *weitS.* heimsuchen, plagen, quälen; *j-m* bös zusetzen (*a. mit Kritik*); *Am.* F *j-n* reizen, hänseln: ***the devil ~s him*** ihn reitet der Teufel; → ***ridden*** II; **18.** *Land* durch'reiten; **~ down** *v/t.* **1.** über'holen; **2.** a) niederreiten, b) über'fahren; **~ out** *v/t. Sturm etc.* (gut) über'stehen (*a. fig.*).

rid·er ['raɪdə] *s.* **1.** Reiter(in); **2.** (Mit-)Fahrer(in); **3.** ⚙ a) Oberteil *n*, b) Laufgewicht *n* (*Waage*); **4.** ⚠ Strebe *f*; **5.** ⚓ Binnenspant *n*; **6.** ⚖ a) Zusatz (-klausel *f*) *m*, b) Beiblatt *n*, c) ('Wechsel)Alˌlonge *f*, d) zusätzliche Empfehlung; **7.** ⚟ Zusatzaufgabe *f*; **8.** ⚒ Salband *n*.

ridge [rɪdʒ] **I** *s.* **1.** a) (Gebirgs)Kamm *m*, Grat *m*, Kammlinie *f*, b) Berg-, Hügelkette *f*, c) Wasserscheide *f*; **2.** Kamm *m e-r Welle*; **3.** Rücken *m der Nase, e-s Tiers*; **4.** ⚠ (Dach)First *m*; **5.** ⁄ a) (Furchen)Rain *m*, b) erhöhtes Mistbeet; **6.** ⚙ Wulst *m*; **7.** *meteor.* Hochdruckgürtel *m*; **II** *v/t. u. v/i.* **8.** (sich) furchen; **~ pole** *s.* **1.** ⚠ Firstbalken *m*; **2.** Firststange *f* (*Zelt*); **~ tent** *s.* Hauszelt *n*; **~ tile** *s.* ⚠ Firstziegel *m*; **'~·way** *s.* Kammlinien-, Gratweg *m*.

rid·i·cule ['rɪdɪkjuːl] **I** *s.* Spott *m*: ***hold up to ~*** → II; ***turn*** (***in***)***to ~*** *et.* ins Lächerliche ziehen; **II** *v/t.* lächerlich machen, verspotten; **ri·dic·u·lous** [rɪ'dɪkjʊləs] *adj.* ☐ lächerlich; **ri·dic·u·lous·ness** [rɪ'dɪkjʊləsnɪs] *s.* Lächerlichkeit *f*.

rid·ing ['raɪdɪŋ] **I** *s.* **1.** Reiten *n*; Reitsport *m*; **2.** Fahren *n*; **3.** Reitweg *m*; **4.** *Brit.* Verwaltungsbezirk *m*; **II** *adj.* **5.** Reit...: **~ *horse*** (***school, whip*** *etc.*); **~ *breeches*** *pl.* Reithose *f*; **~ *habit*** Reitkleid *n*.

rife [raɪf] *adj. pred.* **1.** weit verbreitet, häufig: ***be ~*** (vor)herrschen, grassieren; ***grow*** (*od.* ***wax***) **~** überhand nehmen; **2.** (***with***) voll (von), angefüllt (mit).

rif·fle ['rɪfl] **I** *s.* **1.** ⚙ Rille *f*, Riefelung *f*; **2.** *Am.* a) seichter Abschnitt (*Fluss*), b) Stromschnelle *f*; **3.** Stechen *n* (*Mischen von Spielkarten*); **II** *v/t.* **4.** ⚙ riffeln; **5.** *Spielkarten* stechen (*mischen*); **6.** 'durchblättern; *Zettel etc.* durchein'ander bringen.

riff-raff ['rɪfræf] *s.* Pöbel *m*, Gesindel *n*, Pack *n*.

ri·fle¹ ['raɪfl] **I** *s.* **1.** Gewehr *n* (*mit gezogenem Lauf*), Büchse *f*; **2.** *pl.* ⚔ Schützen *pl.*; **II** *v/t.* **3.** *Gewehrlauf* ziehen.

ri·fle² ['raɪfl] *v/t.* (aus)plündern, *Haus a.* durch'wühlen.

ri·fle| corps *s.* Schützenkorps *n*; **~ gre·nade** *s.* Ge'wehrgranate *f*; **'~·man** [-mən] *s.* [*irr.*] ⚔ Schütze *m*, Jäger *m*; **~ pit** *s.* ⚔ Schützenloch *n*; **~ prac·tice** *s.* ⚔ Schießübung *f*; **~ range** *s.* **1.** Schießstand *m*; **2.** Schussweite *f*; **~ shot** *s.* **1.** Gewehrschuss *m*; **2.** Schussweite *f*.

ri·fling ['raɪflɪŋ] *s.* **1.** Ziehen *n e-s Gewehrlaufs etc.*; **2.** Züge *pl.*

rift [rɪft] **I** *s.* **1.** Spalte *f*, Spalt *m*, Ritze *f*; **2.** Sprung *m*, Riss *m*: ***a little ~ within the lute*** *fig.* der Anfang vom Ende; **II** *v/t.* **3.** (zer)spalten; **~ saw** *s.* ⚙ Gattersäge *f*; **~ val·ley** *s. geol.* Senkungsgraben *m*.

rig¹ [rɪg] **I** *s.* **1.** ⚓ Takelung *f*, Take'lage *f*; ✈ (Auf)Rüstung *f*; **2.** Ausrüstung *f*; Vorrichtung *f*; **3.** F *fig.* Aufmachung *f* (*Kleidung*): ***in full ~*** in voller Montur; **4.** *Am.* a) Fuhrwerk *n*, b) Sattelschlepper *m*; **5.** Bohranlage *f*; **II** *v/t.* **6.** ⚓ a) *Schiff* auftakeln, b) *Segel* anschlagen; **7.** ✈ (auf)rüsten, montieren; **8.** **~ *out, ~ up*** a) ⚓ *etc.* ausrüsten, -statten, b) F *fig. j-n* ‚auftakeln', ausstaffieren; **9.** *oft* **~ *up*** (behelfsmäßig) zs.-bauen, zs.-basteln.

rig² [rɪg] **I** *v/t.* ✝ *Markt etc., pol. Wahl* manipulieren; **II** *s.* ('Schwindel)Maˌnöver *n*, Schiebung *f*.

rig·ger ['rɪgə] *s.* **1.** ⚓ Takler *m*; **2.** ✈ Mon'teur *m*, ('Rüst)Meˌchaniker *m*; **3.** ↯ Kabelleger *m*; **4.** ⚠ Schutzgerüst *n*; **5.** ⚙ Schnur-, Riemenscheibe *f*; **6.** ✝ Kurstreiber *m*.

rig·ging ['rɪgɪŋ] *s.* **1.** ⚓ Take'lage *f*, Takelwerk *n*: ***running*** (***standing***) **~** laufendes (stehendes) Gut; **2.** ✈ Verspannung *f*; **3.** → ***rig²*** II; **~ loft** *s. thea.* Schnürboden *m*.

right [raɪt] **I** *adj.* ☐ → ***rightly***; **1.** richtig, recht, angemessen: ***it is only ~*** es ist nicht mehr als recht und billig; ***he is ~ to do so*** er tut recht daran (, so zu handeln); ***the ~ thing*** das Richtige; ***say the ~ thing*** das rechte Wort finden; **2.** richtig: a) kor'rekt, b) wahr(heitsgemäß): ***the solution is ~*** die Lösung stimmt *od.* ist richtig; ***is your watch ~?*** geht Ihre Uhr richtig?; ***be ~*** Recht haben; ***get s.th. ~*** et. klarlegen, et. in Ordnung bringen; ***~?*** F klar?; ***all ~!*** a) alles in Ordnung, b) ganz recht!, c) abgemacht!, in Ordnung!, gut!, (na) schön! (→ *a.* 4); **~ *you are!*** F richtig!, jawohl!; ***that's ~!*** ganz recht!, stimmt!; **3.** richtig, geeignet: ***he is the ~ man*** er

R

ist der Richtige; ***he is all ~*** F er ist in Ordnung (→ *a.* 4); ***the ~ man in the ~ place*** der rechte Mann am rechten Platz; **4.** gesund, wohl: ***he is all ~*** a) es geht ihm gut, er fühlt sich wohl, b) ihm ist nichts passiert; ***out of one's ~ mind, not ~ in one's*** (*od.* ***the***) ***head*** F nicht ganz bei Trost; ***in one's ~ mind*** bei klarem Verstand; **5.** richtig, in Ordnung: ***come ~*** in Ordnung kommen; ***put*** (*od.* ***set***) ***~*** a) in Ordnung bringen, b) *j-n* (über e-n Irrtum) aufklären, c) *Irrtum* richtig stellen, d) *j-n* gesund machen; ***put o.s. ~ with s.o.*** a) sich vor j-m rechtfertigen, b) sich mit j-m gut stellen; **6.** recht, Rechts... (*a. pol.*): ***~ arm*** (*od.* ***hand***) *fig.* rechte Hand; ***~ side*** rechte Seite, Oberseite *f* (*a. Münze, Stoff etc.*); ***on*** (*od.* ***to***) ***the ~ side*** rechts, rechter Hand; ***on the ~ side of 40*** noch nicht 40 (Jahre alt); ***~ turn*** Rechtswendung *f* (um 90 Grad); ***~ wing*** a) *sport u. pol.* rechter Flügel, b) *sport* Rechtsaußen *m* (*Spieler*); **7.** ⩓ a) recht(*er Winkel*), b) rechtwink(e)lig (*Dreieck*), c) gerade (*Linie*), d) senkrecht (*Figur*): ***at ~ angles*** rechtwink(e)lig; **8.** *obs.* rechtmäßig (*Erbe*); echt (*Kognak etc.*); **II** *adv.* **9.** richtig, recht: ***act*** (*od.* ***do***) ***~***; ***guess ~*** richtig (er)raten; **10.** recht, richtig, gut: ***nothing goes ~ with me*** (bei) mir geht alles schief; ***turn out ~*** gut ausgehen; → 5; **11.** rechts (***from*** von); nach rechts; auf der rechten Seite: ***~ and left*** a) rechts und links, b) *fig. a.* ***~, left and centre*** (*Am.* ***center***) überall, von *od.* auf *od.* nach allen Seiten; ***~ about face!*** ⚔ (ganze Abteilung,) kehrt!; **12.** gerade (-wegs), (schnur)stracks, so'fort: ***~ ahead, ~ on*** geradeaus; ***~ away*** (*od.* ***off***) *bsd. Am.* sofort, gleich; ***~ now*** *Am.* jetzt (gleich); **13.** völlig, ganz (und gar), di'rekt: ***rotten ~ through*** durch und durch faul; **14.** genau, gerade: ***~ in the middle***; **15.** F ‚richtig', ‚ordentlich': ***I was ~ glad; he's a big shot all ~*** (***but***) er ist schon ein ‚großes Tier' (, aber); **16.** *obs.* recht, sehr: ***know ~ well*** sehr wohl wissen; **17.** ♀ *in Titeln*: hoch, sehr: ***~ Hono(u)rable*** Sehr Ehrenwert; → ***reverend*** 2; **III** *s.* **18.** Recht *n*: ***of*** (*od.* ***by***) ***~s*** von Rechts wegen, rechtmäßig, eigentlich; ***in the ~*** im Recht; ***~ and wrong*** Recht und Unrecht; ***do s.o. ~*** j-m Gerechtigkeit widerfahren lassen; ***give s.o. his ~s*** j-m sein Recht geben *od.* lassen; **19.** ⚖ (subjek'tives) Recht, Anrecht *n*, (Rechts)Anspruch *m* (***to*** auf *acc.*); Berechtigung *f*: ***~s and duties*** Rechte und Pflichten; ***~ of inheritance*** Erbschaftsanspruch; ***~ of possession*** Eigentumsrecht; ***~ of sale*** Verkaufsrecht; ***~ of way*** → ***right-of-way***; ***industrial ~s*** gewerbliche Schutzrechte; ***by ~ of*** kraft (*gen.*), auf Grund (*gen.*); ***in ~ of his wife*** a) im Namen s-r Frau, b) vonseiten s-r Frau; ***in one's own ~*** aus eigenem Recht; ***be within one's ~s*** das Recht auf s-r Seite haben; **20.** *das* Rechte *od.* Richtige: ***do the ~***; **21.** *pl.* (richtige) Ordnung: ***bring*** (*od.* ***put*** *od.* ***set***) ***s.th. to ~s*** et. (wieder) in Ordnung bringen; **22.** wahrer Sachverhalt: ***know the ~s of a case***; **23.** *die* Rechte, rechte Seite (*a. Stoff*): ***on*** (*od.* ***to***) ***the ~*** rechts, zur Rechten; ***on the ~ of*** rechts von; ***keep to the ~*** sich rechts halten, *mot.* rechts fahren; ***turn to the ~*** (sich) nach rechts wenden; **24.** rechte Hand, Rechte *f*; **25.** *Boxen*: Rechte *f* (*Faust od. Schlag*); **26.** ♀ *pol.* a) rechter Flügel, b) 'Rechtspar,tei *f*; **IV** *v/t.* **27.** (⚓ auf)richten, ins Gleichgewicht bringen; ✈ *Maschine* abfangen; **28.** *Fehler, Irrtum* berichtigen: ***~ itself*** a) sich wieder ausgleichen, b) (wieder) in Ordnung kommen; **29.** *Unrecht etc.* wieder gutmachen, in Ordnung bringen; **30.** *Zimmer etc.* in Ordnung bringen; **31.** *j-m* zu s-m Recht verhelfen: ***~ o.s.*** sich rehabilitieren; **V** *v/i.* **32.** sich wieder aufrichten.

'right|·a·bout *s. a.* ***~ face*** (*od.* ***turn***) Kehrtwendung *f* (*a. fig.*): ***send s.o. to the ~*** j-m ‚heimleuchten'; **'~-,an·gled** → ***right*** 7 b; **'~·down** *adj. u. adv.* ‚regelrecht', ausgesprochen.

right·eous ['raɪtʃəs] **I** *adj.* □ gerecht (*a. Sache, Zorn*), rechtschaffen; **II** *s. coll.* ***the ~*** die Gerechten *pl.*; **'right·eous·ness** [-nɪs] *s.* Rechtschaffenheit *f*.

'right|·ful [-fʊl] *adj.* □ rechtmäßig; **'~-hand** *adj.* **1.** recht: ***~ bend*** Rechtskurve *f*; ***~ man*** a) ⚔ rechter Nebenmann, b) *fig.* rechte Hand; **2.** rechtshändig: ***~ blow*** *Boxen*: Rechte *f*; **3.** ⚙ Rechts...; rechtsgängig (*Schraube*); rechtsläufig (*Motor*): ***~ drive*** Rechtssteuerung *f*; ***~ thread*** Rechtsgewinde *n*; **,~-'hand·ed** *adj.* **1.** rechtshändig: ***~ person*** Rechtshänder(in); **2.** → ***right-hand*** 3; **,~-'hand·er** [-'hændə] *s.* F **1.** Rechtshänder(in); **2.** *Boxen*: Rechte *f* (*Schlag*).

right·ist ['raɪtɪst] **I** *adj. pol.* rechtsgerichtet, rechts stehend; **II** *s.* 'Rechtspar,teiler *m*, Rechte(r *m*) *f*.

right·ly ['raɪtlɪ] *adv.* **1.** richtig; **2.** mit Recht; **3.** F (*nicht*) genau.

,right-'mind·ed *adj.* rechtschaffen.

right·ness ['raɪtnɪs] *s.* **1.** Richtigkeit *f*; **2.** Rechtmäßigkeit *f*; **3.** Geradheit *f* (*Linie*).

right·o [,raɪt'əʊ] *int. Brit.* F gut!, schön!, in Ordnung!

,right|-of-'way *pl.* **,rights-of-'way** *s.* **1.** *Verkehr*: a) Vorfahrt(srecht *n*) *f*, b) Vorrang *m* (*e-r Straße, a. fig.*): ***yield the ~*** (die) Vorfahrt gewähren (***to*** *dat.*); **2.** Wegerecht *n*; **3.** öffentlicher Weg; **4.** *Am.* zu öffentlichen Zwecken beanspruchtes (*z.B.* Bahn)Gelände; **,~-'wing** *adj. pol.* Rechts..., dem rechten Flügel angehörend, rechts stehend: ***~ extremism*** Rechtsextremismus *m*; ***~ extremist*** Rechtsextremist(in); **,~-'wing·er** *s.* **1.** → ***rightist*** II; **2.** *sport* Rechtsaußen *m*.

right·oh → ***righto***.

rig·id ['rɪdʒɪd] *adj.* □ **1.** starr, steif; **2.** ⚙ a) starr, unbeweglich, b) (stand-, form-) fest, sta'bil: ***~ airship*** Starrluftschiff *n*; **3.** *fig.* a) streng (*Disziplin, Glaube, Sparsamkeit etc.*), b) starr (*Politik*, ✝ *Preise etc.*), c) streng, hart, unbeugsam (*Person*); **ri·gid·i·ty** [rɪ'dʒɪdətɪ] *s.* **1.** Starr-, Steifheit *f* (*a. fig.*), Starre *f*; **2.** ⚙ a) Starrheit *f*, Unbeweglichkeit *f*, b) (Stand-, Form)Festigkeit *f*, Stabili'tät *f*; **3.** *fig.* Strenge *f*, Härte *f*, Unnachgiebigkeit *f*.

rig·ma·role ['rɪgmərəʊl] *s.* **1.** Geschwätz *n*: ***tell a long ~*** lang u. breit erzählen; **2.** *iro.* Brim'borium *n*.

rig·or[1] ['rɪgə] *Am.* → ***rigour***.

rig·or[2] ['rɪgə] *s.* ⚕ **1.** Schüttel-, Fieberfrost *m*; **2.** Starre *f*; → **ri·gor mor·tis** [,raɪgɔː'mɔːtɪs] *s.* ⚕ Leichenstarre *f*.

rig·or·ous ['rɪgərəs] *adj.* □ **1.** streng, hart, rigo'ros: ***~ measures***; **2.** streng (*Winter*); rau (*Klima etc.*); **3.** (peinlich) genau, strikt, ex'akt.

rig·our ['rɪgə] *s.* **1.** Strenge *f*, Härte *f* (*a. des Winters*); Rauheit *f* (*Klima*): ***~s of the weather*** Unbilden der Witterung; **2.** Ex'aktheit *f*, Schärfe *f*.

rile [raɪl] *v/t.* F ärgern: ***be ~d at*** aufgebracht sein über (*acc.*).

rill [rɪl] *s.* Bächlein *n*, Rinnsal *n*.

rim [rɪm] **I** *s.* **1.** *allg.* Rand *m*; **2.** ⚙ a) Felge *f*, b) (Rad)Kranz *m*: ***~ brake*** Felgenbremse *f*; **3.** (Brillen)Rand *m*, Fassung *f*; **II** *v/t.* **4.** mit e-m Rand versehen; einfassen; **5.** ⚙ *Rad* befelgen.

rime [raɪm] *s. poet.* (Rau)Reif *m*.

rim·less ['rɪmlɪs] *adj.* randlos.

rim·y ['raɪmɪ] *adj.* bereift, voll Reif.

rind [raɪnd] *s.* **1.** ♀ (Baum)Rinde *f*, Borke *f*; **2.** (Brot-, Käse)Rinde *f*, Kruste *f*; **3.** (Speck)Schwarte *f*; **4.** (Obst-, Gemüse)Schale *f*; **5.** *fig.* Schale *f*, *das* Äußere.

ring[1] [rɪŋ] **I** *s.* **1.** *allg.* Ring *m* (*a.* ♀, ⚗): ***form a ~*** *fig.* e-n Kreis bilden (*Personen*); **2.** ⚙ Öse *f*; **3.** *ast.* Hof *m*; **4.** (Zirkus)Ring *m*, Ma'nege *f*; **5.** (Box-) Ring *m*, *weitS.* (*das*) (Berufs)Boxen: ***be in the ~ for*** *fig.* kämpfen um; **6.** *Rennsport*: a) Buchmacherstand *m*, b) *coll. die* Buchmacher *pl.*; **7.** ✝ Ring *m*, Kar'tell *n*; **8.** (*Verbrecher-, Spionage- etc.*)Ring *m*, Organisati'on *f*; *weitS.* Clique *f*; **II** *v/t.* **9.** beringen; *e-m Tier* e-n Ring durch die Nase ziehen; **10.** ⚘ *Baum* ringeln; **11.** in Ringe schneiden: ***~ onions***; **12.** *mst* ***~ in*** (*od.* ***round*** *od.* ***about***) um'ringen, -'kreisen, einschließen; *Vieh* um'reiten, zs.-treiben.

ring[2] [rɪŋ] **I** *s.* **1.** a) Glockenklang *m*, -läuten *n*, b) Glockenspiel *n*, Läutwerk *n* (*Kirche*); **2.** Läut-, Rufzeichen *n*, Klingeln *n*; **3.** *teleph.* Anruf *m*: ***give me a ~*** rufe mich an; **4.** Klang *m*, Schall *m*: ***the ~ of truth*** der Klang der Wahrheit, der echte Klang; **II** *v/i.* [*irr.*] **5.** läuten (*Glocke*), klingeln (*Glöckchen*): ***~ at the door*** klingeln; ***~ for*** nach *j-m* klingeln; ***~ off*** *teleph.* (den Hörer) auflegen; **6.** klingen (*Münze, Stimme, Ohr etc.*): ***~ true*** wahr klingen; **7.** *oft* ***~ out*** erklingen, -schallen (***with*** von), ertönen (*a. Schuss*): ***~ again*** widerhallen; **III** *v/t.* [*irr.*] **8.** *Glocke* läuten: ***~ the bell*** a) klingeln, läuten, b) *fig.* → ***bell***[1] 1; ***~ down*** (***up***) ***the curtain*** *thea.* den Vorhang nieder- (hoch)gehen lassen; ***~ in the new year*** das neue Jahr einläuten; ***~ s.o. up*** *teleph. bsd. Brit.* j-n *od.* bei j-m anrufen; **9.** erklingen lassen; *fig. j-s Lob* erschallen lassen.

'ring|-a,round-a-'ros·y *s.* ‚Ringelreihen' *n* (*Kinderspiel*); **~·bind·er** *s.* Ringbuch *n*; **~ com·pound** *s.* ⚗ Ringverbindung *f*; **'~·dove** *s. orn.* **1.** Ringeltaube *f*; **2.** Lachtaube *f*.

ringed [rɪŋd] *adj.* **1.** beringt (*Hand etc.*); *fig.* verheiratet; **2.** *zo.* Ringel...

ring·er ['rɪŋə] *s.* **1.** Glöckner *m*; **2.** F a) *Pferderennen*: ‚Ringer' *m vertauschtes Pferd*, b) *fig. a.* ***dead ~*** Doppelgänger(in), Double *n*, (genaues) Ebenbild, ‚Zwilling' *m* (***for*** von *od. gen.*), c) (gestohlenes) Kfz mit falschem Kennzeichen.

ring| fence [,rɪŋ'fens] *s.* (vollständige) Um'zäunung; **'~-fence** *v/t.* **1.** einzäunen, um'zäunen; **2.** *fig. Geld, Budget etc.* fest einplanen, festlegen; **3.** *fig. berufliche Stellung etc.* fest absichern.

ring·ing[1] ['rɪŋɪŋ] **I** *s.* **1.** (Glocken)Läuten *n*; **2.** Klinge(l)n *n*: ***he has a ~ in his***

ears ihm klingen die Ohren; **II** *adj.* □ **3.** klinge(l)nd, schallend: **~ *cheers*** brausende Hochrufe; **~ *laugh*** schallendes Gelächter; **~ *tone*** *teleph.* Rufzeichen *n.*

ring·ing² ['rɪŋɪŋ] *s. a.* ***car*** **~** F *betrügerisches Abändern der Identität e-s Kfz durch Anbringen e-s falschen Kennzeichens.*

'ring,lead·er *s.* Rädelsführer *m.*

ring·let ['rɪŋlɪt] *s.* **1.** Ringlein *n*; **2.** (Ringel)Löckchen *n.*

'ring|,mas·ter *s.* 'Zirkusdi,rektor *m*; **~ road** *s. mot. bsd. Brit.* Ring-, Um'gehungsstraße *f*; **'~·side** *s.*: ***at the*** **~** *Boxen*: am Ring; **~ *seat*** Ringplatz *m*, *weitS.* guter Platz; ***have a*** **~ *seat*** *fig.* die Sache aus nächster Nähe verfolgen (können); **~ snake** *s. zo.* Ringelnatter *f.*

ring·ster ['rɪŋstə] *s. Am.* F *bsd. pol.* Mitglied *n* e-s Ringes *od.* e-r Clique.

ring| wall *s.* Ringmauer *f*; **'~·worm** *s.* ⚕ Ringelflechte *f.*

rink [rɪŋk] *s.* **1.** a) (*bsd.* Kunst)Eisbahn *f*, b) Rollschuhbahn *f*; **2.** a) *Bowls*: Spielfeld *n*, b) *Curling*: Rink *m*, Bahn *f.*

rinse [rɪns] **I** *v/t.* **1.** *oft* **~ *out*** (ab-, aus-, nach)spülen; **2.** *Haare* tönen; **II** *s.* **3.** Spülung *f*: ***give s.th. a good*** **~** et. gut (ab- *od.* aus)spülen; **4.** Spülmittel *n*; **5.** Tönung *f* (*Haar*); **'rins·ing** [-sɪŋ] *s.* **1.** (Aus)Spülen *n*, Spülung *f*; **2.** *mst pl.* Spülwasser *n.*

ri·ot ['raɪət] **I** *s.* **1.** *bsd.* ⚖ Aufruhr *m*, Zs.-rottung *f*: **ℛ *Act*** *hist. Brit.* Aufruhrakte *f*; ***read the*** **ℛ *Act to*** *fig. humor. j-n* (ernstlich) warnen, *j-m* die Leviten lesen; **~ *call*** *Am.* Hilfeersuchen *n* (der Polizei bei Aufruhr *etc.*); **~ *gun*** Straßenkampfwaffe *f*; **~ *squad***, **~ *police*** Überfallkommando *n*; **~ *stick*** Schlagstock *m*; **2.** Tu'mult *m*, Aufruhr *m*, (*a. fig. der Gefühle*), Kra'wall *m* (*a.* = Lärm *m*); **3.** *fig.* Ausschweifung *f*, Orgie *f* (*a. weitS. in Farben etc.*): ***run*** **~** a) (sich aus)toben, b) durchgehen (*Fantasie etc.*), c) *hunt.* e-e falsche Fährte verfolgen (*Hund*), d) ⚘ wuchern; ***he (it) is a*** **~** F er (es) ist einfach ‚toll' *od.* ‚zum Schreien' (komisch); **II** *v/i.* **4.** a) an e-m Aufruhr teilnehmen, b) e-n Aufruhr anzetteln; **5.** randalieren, toben; **6.** *a. fig.* schwelgen (***in*** in *dat.*); **'ri·ot·er** [-tə] *s.* Aufrührer *m*; Randalierer *m*, Kra'wallmacher *m*; **'ri·ot·ous** [-təs] *adj.* □ **1.** aufrührerisch: **~ *assembly*** ⚖ Zs.-rottung *f*; **2.** tumultu'arisch, tobend; **3.** ausgelassen, wild (*a. Farbe etc.*); **4.** zügellos, toll.

rip [rɪp] **I** *v/t.* **1.** (zer)reißen, (-)schlitzen; *Naht etc.* (auf-, zer)trennen: **~ *off*** los-, wegreißen, *fig. sl.* sich *et.* ‚unter den Nagel reißen'; *Bank etc.* ausrauben; *j-n* ‚ausnehmen', neppen; **~ *up*** (*od.* ***open***) aufreißen, -schlitzen, -trennen; **II** *v/i.* **2.** reißen, (auf)platzen; **3.** F sausen: ***let her*** **~*!*** gib Gas!; **~ *into*** *fig.* auf *j-n* losgehen; **4.** **~ *out with*** *Fluch etc.* ausstoßen; **III** *s.* **5.** Schlitz *m*, Riss *m.*

ri·par·i·an [raɪ'peərɪən] **I** *adj.* **1.** Ufer...: **~ *owner*** → 3; **II** *s.* **2.** Uferbewohner (-in); **3.** ⚖ Uferanlieger *m.*

'rip·cord *s.* ✈ Reißleine *f.*

ripe [raɪp] *adj.* □ **1.** reif (*Obst, Ernte etc.*); ausgereift (*Käse, Wein*); schlachtreif (*Tier*); *hunt.* abschussreif; ⚕ operati'onsreif (*Abszess etc.*): **~ *beauty*** *fig.* reife Schönheit; **2.** *körperlich, geistig* reif, voll entwickelt; **3.** *fig.* reif, gereift, (*Alter, Urteil etc.*); voll'endet (*Künstler etc.*); ausgereift (*Plan etc.*); **4.** (*zeitlich*) reif (***for*** für); **5.** reif, bereit, fertig (***for*** für); **6.** F deftig (*Witz etc.*); **'rip·en** [-pən] **I** *v/i.* **1.** *a. fig.* reifen, reif werden; **2.** sich (voll) entwickeln, her'anreifen (***into*** zu); **II** *v/t.* **3.** reifen lassen; **'ripe·ness** [-nɪs] *s.* Reife *f* (*a. fig.*).

'rip-off *s. sl.* **1.** a) Diebstahl *m*, b) Raub *m*; **2.** ‚Nepp' *m*, *allg.* ‚Beschiss' *m.*

ri·poste [rɪ'pɒst] **I** *s.* **1.** *fenc.* Ri'poste *f*, Nachstoß *m*; **2.** *fig.* a) schlagfertige Erwiderung, b) scharfe Antwort; **II** *v/i.* **3.** *fenc.* ripostieren; e-n Gegenstoß machen (*a. fig.*); **4.** *fig.* (schlagfertig *od.* hart) kontern.

rip·per ['rɪpə] *s.* **1.** ⚙ a) Trennmesser *n*, b) 'Trennma,schine *f*, c) → ***rip saw***; **2.** *sl.* a) 'Prachtexem,plar *n*, b) Prachtkerl *m*; **3.** *blutrünstiger Mörder*; **rip·ping** ['rɪpɪŋ] *obs. Brit. sl. adj.* □ prächtig, ‚prima', ‚toll'.

rip·ple¹ ['rɪpl] **I** *s.* **1.** kleine Welle(n *pl.*), Kräuselung *f* (*Wasser, Sand etc.*): **~ *of laughter*** *fig.* leises Lachen; ***cause a*** **~** *fig.* ein kleines Aufsehen erregen; **2.** Rieseln *n*, (Da'hin)Plätschern *n* (*a. fig. Gespräch*); **3.** *fig.* Spiel(en) *n* (*der Muskeln etc.*); **II** *v/i.* **4.** kleine Wellen schlagen, sich kräuseln; **5.** rieseln, (da'hin-)plätschern (*a. fig. Gespräch*); **6.** *fig.* spielen (*Muskeln etc.*); **III** *v/t.* **7.** *Wasser etc.* leicht bewegen, kräuseln.

rip·ple² ['rɪpl] ⚙ **I** *s.* Riffelkamm *m*; **II** *v/t. Flachs* riffeln.

rip·ple| cloth *s.* Zibe'line *f* (*Wollstoff*); **~ cur·rent** *s.* ⚡ Brummstrom *m*; **~ fin·ish** *s.* ⚙ Kräusellack *m.*

rip·pling abs ['rɪplɪŋæbz] *s. pl.* F ‚Waschbrettbauch' *m* (*e-s Muskelmannes*).

,rip|-'roar·ing *adj.* F ‚toll'; **~ saw** *s.* ⚙ Spaltsäge *f*; **'~,snort·er** [-,snɔːtə] *s. sl.* a) ‚tolle Sache', b) ‚toller Kerl'; **'~-,snort·ing** [-'snɔːtɪŋ] *adj. sl.* ‚toll'.

rise [raɪz] **I** *v/i.* [*irr.*] **1.** sich erheben, *vom Bett, Tisch etc.* aufstehen: **~ *(from the dead)*** *eccl.* (von den Toten) auferstehen; **2.** a) aufbrechen, b) die Sitzung schließen, sich vertagen; **3.** auf-, em'por-, hochsteigen (*Vogel, Rauch etc.*; *a. Geruch*; *a. fig. Gedanke, Zorn etc.*): ***the curtain*** **~*s*** *thea.* der Vorhang geht auf; ***my hair*** **~*s*** die Haare stehen mir zu Berge; ***her colo(u)r rose*** die Röte stieg ihr ins Gesicht; ***land*** **~*s to view*** Land kommt in Sicht; ***spirits rose*** die Stimmung hob sich; ***the word rose to her lips*** das Wort kam ihr auf die Lippen; **4.** steigen, sich bäumen (*Pferd*): **~ *to a fence*** zum Sprung über ein Hindernis ansetzen; **5.** sich erheben, em'porragen (*Berg etc.*); **6.** aufgehen (*Sonne etc.*; *a. Saat, Teig*); **7.** (an)steigen (*Gelände etc.*; *a. Wasser*; *a. Temperatur etc.*); **8.** (an)steigen, anziehen (*Preise etc.*); **9.** ⚕ sich bilden (*Blasen*); **10.** sich erheben, aufkommen (*Sturm*); **11.** sich erheben *od.* em'pören, revoltieren: **~ *in arms*** zu den Waffen greifen; ***my stomach*** **~*s against*** (*od.* ***at***) ***it*** mein Magen sträubt sich dagegen, (*a. fig.*) es ekelt mich an; **12.** *beruflich od. gesellschaftlich* aufsteigen: **~ *in the world*** vorwärts kommen, es zu et. bringen; **13.** *fig.* sich erheben: a) erhaben sein (***above*** über *acc.*), b) sich em'porschwingen (*Geist*); → ***occasion*** 3; **14.** ♪ (an)steigen, anschwellen; **II** *v/t.* [*irr.*] **15.** aufsteigen lassen; *Fisch* an die Oberfläche locken; **16.** *Schiff* sichten; **III** *s.* **17.** (Auf)Steigen *n*, Aufstieg *m*; **18.** *ast.* Aufgang *m*; **19.** Auferstehung *f von den Toten*; **20.** Steigen *n* (*Fisch*), Schnappen *n* nach dem Köder: ***get*** (*od.* ***take***) ***a*** **~ *out of s.o.*** *sl.* j-n ‚auf die Palme bringen'; **21.** *fig.* Aufstieg *m* (*Person, Nation etc.*): ***a young man on the*** **~** ein aufstrebender junger Mann; **22.** (An)Steigen *n*, Erhöhung *f* (*Flut, Temperatur etc.*; ☤ *Preise etc.*); *Börse*: Aufschwung *m*, Hausse *f*; *bsd. Brit.* Aufbesserung *f*, Lohn-, Gehaltserhöhung *f*: ***buy for a*** **~** auf Hausse spekulieren; ***on the*** **~** im Steigen (begriffen) (*Preise*); **23.** Zuwachs *m*, -nahme *f*: **~ *in population*** Bevölkerungszuwachs; **24.** Ursprung *m* (*a. fig. Entstehung*): ***take*** (*od.* ***have***) ***its*** **~** entspringen, entstehen; **25.** Anlass *m*: ***give*** **~ *to*** verursachen, hervorrufen, erregen; **26.** a) Steigung *f* (*Gelände*), b) Anhöhe *f*, Erhebung *f*; **27.** Höhe *f*; △ Pfeilhöhe *f* (*Bogen*); **ris·en** ['rɪzn] *p.p. von* ***rise***; **'ris·er** [-zə] *s.* **1.** ***early*** **~** Frühaufsteher (-in); ***late*** **~** Langschläfer(in); **2.** Steigung *f e-r Treppenstufe*; **3.** a) ⚙ Steigrohr *n*, b) ⚡ Steigleitung *f*, c) *Gießerei*: Steiger *m.*

ris·i·bil·i·ty [,rɪzɪ'bɪlətɪ] *s.* **1.** *a. pl.* Lachlust *f*; **2.** Gelächter *n*; **ris·i·ble** ['rɪzɪbl] *adj.* **1.** lachlustig; **2.** Lach...: **~ *muscles***; **3.** lachhaft.

ris·ing ['raɪzɪŋ] **I** *adj.* **1.** (an)steigend (*a. fig.*): **~ *ground*** (Boden)Erhebung *f*, Anhöhe *f*; **~ *gust*** Steigbö *f*; **~ *main*** a) ⚙ Steigrohr *n*, b) ⚡ Steigleitung *f*; **~ *rhythm*** *Metrik*: steigender Rhythmus; **2.** her'anwachsend, kommend (*Generation*); **3.** aufstrebend: ***a*** **~ *lawyer***; **II** *prp.* **4.** *Am.* F **~ *of*** a) (etwas) mehr als, b) genau; **III** *s.* **5.** Aufstehen *n*; **6.** (An-)Steigen *n* (*a. fig. Preise, Temperatur etc.*); **7.** Steigung *f*, Anhöhe *f*; **8.** *ast.* Aufgehen *n*; **9.** Aufstand *m*, Erhebung *f*; **10.** Steigerung *f*, Zunahme *f*; **11.** Aufbruch *m e-r Versammlung*; **12.** ⚕ a) Geschwulst *f*, b) Pustel *f.*

risk [rɪsk] **I** *s.* **1.** Wagnis *n*, Gefahr *f*, Risiko *n*: ***at one's own*** **~** auf eigene Gefahr; ***at the*** **~ *of one's life*** unter Lebensgefahr; ***at the*** **~ *of*** (*ger.*) auf die Gefahr hin, zu (*inf.*); ***be at*** **~** gefährdet sein, auf dem Spiel stehen; ***put at*** **~** gefährden; ***run the*** **~ *of doing s.th.*** Gefahr laufen, et. zu tun; ***run*** (*od.* ***take***) ***a*** **~** ein Risiko eingehen; **2.** ☤ a) Risiko *n*, Gefahr *f*, b) versichertes Wagnis (*Ware od. Person*): **~ *capital*** Risikokapital *n*; **~ *spreading*** Risikostreuung *f*; ***security*** **~** *pol.* Sicherheitsrisiko; **II** *v/t.* **3.** riskieren, wagen, aufs Spiel setzen: **~ *one's life***; **4.** *Verlust, Verletzung etc.* riskieren; **'risk·y** [-kɪ] *adj.* □ **1.** ris'kant, gewagt, gefährlich; **2.** → ***risqué***.

ris·qué ['riːskeɪ] *adj.* gewagt, schlüpfrig: ***a*** **~ *story***.

ris·sole ['rɪsəʊl] (*Fr.*) *s. Küche*: Briso'lett *n.*

rite [raɪt] *s.* **1.** *bsd. eccl.* Ritus *m*, Zeremo'nie *f*, feierliche Handlung: ***funeral*** **~*s*** Totenfeier *f*, Leichenbegängnis *n*; ***last*** **~*s*** Sterbesakramente; **2.** *oft* ℛ *eccl.* Ritus *m*: a) Religi'onsform *f*, b) Litur'gie *f*; **3.** Gepflogenheit *f*, Brauch *m.*

rit·u·al ['rɪtʃʊəl] **I** *s.* **1.** *eccl. etc.*, *a. fig.* Ritu'al *n*; **2.** *eccl.* Ritu'albuch *n*; **II** *adj.* □ **3.** ritu'al, Ritual...: **~ *murder*** Ritualmord *m*; **4.** ritu'ell, feierlich: **~ *dance***.

ritz·y ['rɪtsɪ] *adj. sl.* **1.** ‚stinkvornehm', ‚feu'dal'; **2.** angeberisch.

R

ri·val ['raɪvl] I *s.* **1.** Ri'vale *m*, Ri'valin *f*, Nebenbuhler(in), Konkur'rent(in): ***without a ~*** *fig.* ohnegleichen, unerreicht; II *adj.* **2.** rivalisierend, wetteifernd: ***~ firm*** ✝ Konkurrenzfirma *f*; III *v/t.* **3.** rivalisieren *od.* wetteifern *od.* konkurrieren mit, *j-m* den Rang streitig machen; **4.** *fig.* es aufnehmen mit; gleichkommen (*dat.*); '**ri·val·ry** [-rɪ] *s.* **1.** Rivali'tät *f*, Nebenbuhlerschaft *f*; **2.** Wettstreit *m*, -eifer *m*, Konkur'renz *f*: ***enter into ~ with s.o.*** j-m Konkurrenz machen.

rive [raɪv] I *v/t.* [*irr.*] **1.** (zer)spalten; **2.** *poet.* zerreißen; II *v/i.* [*irr.*] **3.** sich spalten; *fig.* brechen (*Herz*); **riv·en** ['rɪvən] *p.p. von* ***rive***.

riv·er ['rɪvə] *s.* **1.** Fluss *m*, Strom *m*: ***the ~ Thames*** die Themse; ***Hudson*** ⁓ der Hudson; ***down the ~*** stromab(wärts); ***sell s.o. down the ~*** F j-n ‚verkaufen'; ***up the ~*** a) stromauf(wärts), b) *Am.* F in den *od.* im ‚Knast'; **2.** *fig.* Strom *m*, Flut *f*.

riv·er·ain ['rɪvəreɪn] I *adj.* Ufer..., Fluss...; II *s.* Ufer- *od.* Flussbewohner(in).

riv·er| ba·sin *s. geol.* Einzugsgebiet *n*; '**~·bed** *s.* Flussbett *n*; **~ dam** *s.* Staudamm *m*, Talsperre *f*; '**~·front** *s.* (Fluss-) Hafenviertel *n*; '**~·head** *s.* (Fluss)Quelle *f*, Quellfluss *m*; **~ horse** *s. zo.* Flusspferd *n*.

riv·er·ine ['rɪvəraɪn] *adj.* am Fluss (gelegen *od.* wohnend); Fluss...

riv·er| po·lice *s.* 'Wasserschutzpoli,zei *f*; '**~·side** I *s.* Flussufer *n*; II *adj.* am Ufer (gelegen), Ufer...

riv·et ['rɪvɪt] I *s.* ⚙ **1.** Niete *f*, Niet *m*: ***~ joint*** Nietverbindung *f*; II *v/t.* **2.** ⚙ (ver)nieten; **3.** befestigen (***to*** an *dat.*); **4.** *fig.* a) *Blick, Aufmerksamkeit* heften, richten (***on*** auf *acc.*), b) *Aufmerksamkeit, a. j-n* fesseln: ***stand ~ed to the spot*** wie angewurzelt stehen bleiben; '**riv·et·ing** [-tɪŋ] *s.* ⚙ **1.** Nietnaht *f*; **2.** (Ver)Nieten *n*: ***~ hammer*** Niethammer *m*.

riv·u·let ['rɪvjʊlɪt] *s.* Flüsschen *n*.

roach[1] [rəʊtʃ] *s. ichth.* Plötze *f*, Rotauge *n*: ***sound as a ~*** kerngesund.

roach[2] [rəʊtʃ] *s.* ⚓ Gilling *f*.

roach[3] [rəʊtʃ] *bsd. Am.* → ***cockroach***.

road [rəʊd] I *s.* **1.** a) (Land)Straße *f*, b) Weg *m* (*a. fig.*), c) Strecke *f*, d) Fahrbahn *f*: ***by ~*** a) auf dem Straßenweg, b) per Achse, mit dem Fahrzeug; ***on the ~*** a) auf der Straße, b) auf Reisen, unterwegs, c) *thea.* auf Tournee; ***hold the ~ well*** *mot.* e-e gute Straßenlage haben; ***take*** (*sl.* ***hit***) ***the ~*** aufbrechen; ***rule of the ~*** Straßenverkehrsordnung *f*; ***the ~ to success*** *fig.* der Weg zum Erfolg; ***be in s.o.'s ~*** *fig.* j-m im Wege stehen; ***~ up!*** Straßenarbeiten!; **2.** *mst pl.* ⚓ Reede *f*; **3.** 🚂 *Am.* Bahn(strecke) *f*; **4.** ⚒ Förderstrecke *f*; II *adj.* **5.** Straßen..., Weg...: ***~ conditions*** Straßenzustand *m*; ***~ junction*** Straßenknotenpunkt *m*, -einmündung *f*; ***~ sign*** Straßenschild *n*, Wegweiser *m*.

road·a·bil·i·ty [,rəʊdə'bɪlətɪ] *s. mot.* Fahreigenschaften *pl.*; *engS.* Straßenlage *f*.

road| ac·ci·dent *s.* Verkehrsunfall *m*; '**~·bed** *s.* a) 🚂 Bahnkörper *m*, b) Straßenbettung *f*; '**~·block** *s.* **1.** Straßensperre *f*; **2.** Verkehrshindernis *n*; **3.** *fig.* Hindernis *n*; '**~·book** *s.* Reisehandbuch *n*; **~ haul·age** *s.* Güterkraftverkehr *m*; **~ hog** *s.* Verkehrsrowdy *m* (*rücksichtsloser Fahrer*); '**~,hold·ing** *s. mot.* Straßenlage *f*; **~ hole** *s.* Schlagloch *n*; **~ house** *s.* Rasthaus *n*; '**~·man** [-mən] *s.* [*irr.*] **1.** Straßenarbeiter *m*; **2.** Straßenhändler *m*; **~ man·ag·er** *s.* Roadmanager *m* (*e-r Rockgruppe*); **~ map** *s.* Straßen-, Autokarte *f*; **~ met·al** *s.* Straßenbeschotterung *f*, -schotter *m*; **~ rage** *s.* Aggressivi'tät *f* (*od.* aggres'sives Verhalten) im Straßenverkehr; **~ rag·er** *s.* aggressive(r) Straßenverkehrsteilnehmer(in); **~ roll·er** *s.* ⚙ Straßenwalze *f*; **~ sense** *s. mot.* Fahrverstand *m*; '**~·side** I *s.* (***by the ~*** am) Straßenrand *m*; II *adj.* an der Landstraße (gelegen): ***~ inn***; '**~·stead** *s.* ⚓ Reede *f*.

road·ster ['rəʊdstə] *s.* **1.** *Am.* Roadster *m*, (offener) Sportzweisitzer; **2.** *sport* (starkes) Tourenrad.

road| tank·er *s. mot.* Tankwagen *m*; **~ tax** *s. Brit.* Kraftfahrzeugsteuer *f*; **~ test** *mot. s.* Probefahrt *f*; '**~-test** *v/t. ein Auto* Probe fahren; **~ toll** *s.* Straßenbenutzungsgebühr *f*, Maut(gebühr) *f*; **~ us·er** *s.* Verkehrsteilnehmer(in); '**~·way** *s.* Fahrdamm *m*, -bahn *f*; '**~·work** *s. sport* Lauftraining *n*; **~ works** *s. pl.* Straßenarbeiten *pl.*, Baustelle *f auf e-r Straße*; '**~,wor·thi·ness** *s. mot.* Verkehrssicherheit *f* (*Auto*); '**~,wor·thy** *adj. mot.* verkehrssicher (*Auto*).

roam [rəʊm] I *v/i. a.* ***~ about*** (um'her-) streifen, (-)wandern; II *v/t.* durch'streifen (*a. fig. Blick etc.*); III *s.* Wandern *n*, Um'herstreifen *n*.

roan [rəʊn] I *adj.* **1.** rötlich grau; **2.** gefleckt; II *s.* **3.** Rotgrau *n*; **4.** *zo.* a) Rotschimmel *m*, b) rotgraue Kuh; **5.** Schafleder *n*.

roar [rɔː] I *v/i.* **1.** brüllen: ***~ at*** a) *j-n* anbrüllen, b) über *et.* schallend lachen; ***~ with*** vor *Schmerz, Lachen etc.* brüllen; **2.** *fig.* tosen, toben, brausen (*Wind, Meer*); krachen, (g)rollen (*Donner*); (er)dröhnen, donnern (*Geschütz, Motor etc.*); brausen, donnern (*Fahrzeug*); **3.** *vet.* keuchen (*Pferd*); II *v/t.* **4.** *et.* brüllen: ***~ out*** *Freude, Schmerz etc.* hinausbrüllen; ***~ s.o. down*** j-n niederschreien; III *s.* **5.** Brüllen *n*, Gebrüll *n* (*a. fig.*): ***set the table in a ~*** (***of laughter***) bei der Gesellschaft schallendes Gelächter hervorrufen; **6.** *fig.* Tosen *n*, Toben *n*, Brausen *n* (*Wind, Meer*); Krachen *n*, Rollen *n* (*Donner*); Donner *m* (*Geschütze*); Dröhnen *n*, Lärm *m* (*Motor, Maschinen etc.*); Getöse *n*; '**roar·ing** [-rɪŋ] I *adj.* ☐ **1.** brüllend (*a. fig.* ***with*** vor *dat.*); **2.** lärmend, laut; **3.** tosend (*etc.* → ***roar*** 2); **4.** brausend, stürmisch (*Nacht, Fest*); **5.** a) großartig, ‚fan'tastisch': ***a ~ business*** (*od.* ***trade***) ein schwunghafter Handel, ein ‚Bombengeschäft'; ***in ~ health*** vor Gesundheit strotzend, b) ‚wild', ‚fa'natisch': ***a ~ Christian***; II *s.* **6.** → ***roar*** 5 *u.* 6; **7.** *vet.* Keuchen *n* (*Pferd*).

roast [rəʊst] I *v/t.* **1.** *Fleisch etc.* braten, rösten; schmoren: ***be ~ed alive*** a) bei lebendigem Leibe verbrannt werden *od.* verbrennen, b) *fig.* vor Hitze fast umkommen; **2.** *Kaffee etc.* rösten; **3.** *metall.* rösten, abschwelen; **4.** F a) ‚durch den Kakao ziehen', b) ‚verreißen' (*kritisieren*); II *v/i.* **5.** rösten, braten; schmoren (*a. fig. in der Sonne etc.*): ***I am simply ~ing*** *fig.* mir ist wahnsinnig heiß; III *s.* **6.** Braten *m*; → ***rule*** 13; IV *adj.* **7.** geröstet, gebraten, Röst...: ***~ beef*** Rinderbraten *m*; ***~ meat*** Braten *m*; ***~ pork*** Schweinebraten *m*; '**roast·er** [-tə] *s.* **1.** Röster *m*, 'Röstappa,rat *m*; **2.** *metall.* Röstofen *m*; **3.** Spanferkel *n*, Brathähnchen *n etc.*; '**roast·ing** [-tɪŋ] *s.*: ***give s.o. a. ~*** F a) → ***roast*** 4, b) j-n ‚total niedermachen'.

rob [rɒb] *v/t.* **1.** a) *et.* rauben, stehlen, b) *Haus etc.* ausrauben, (-)plündern, c) *fig.* berauben (***of*** *gen.*); **2.** *j-n* berauben: ***~ s.o. of*** a) j-n *e-r Sache* berauben (*a. fig.*), b) *fig.* j-n um *et.* bringen, j-m *et.* nehmen; **rob·ber** ['rɒbə] *s.* Räuber *m*; **rob·ber·y** ['rɒbərɪ] *s.* **1.** *a.* ⚖ Raub *m* (***from*** an *dat.*); 'Raub,überfall *m*; **2.** *fig.* ‚Diebstahl' *m*, ‚Beschiss' *m*.

robe [rəʊb] I *s.* **1.** (Amts)Robe *f*, Ta'lar *m* (*Geistlicher, Richter etc.*): ***~s*** Amtstracht *f*; ***state ~*** Staatskleid *n*; (***the gentlemen of***) ***the*** (***long***) ***~*** *fig.* die Juristen; **2.** Robe *f*: a) wallendes Gewand, b) Festkleid *n*, c) Abendkleid *n*, d) ✝ *einteiliges Damenkleid*, e) Bademantel *m*; **3.** *bsd.* Taufkleid *n* (*Säugling*); II *v/t.* **4.** *j-n* (feierlich an)kleiden, *j-m* die Robe anlegen; **5.** *fig.* (ein)hüllen; III *v/i.* **6.** die Robe anlegen.

rob·in ['rɒbɪn] *s.* **1.** *a.* ***~ redbreast*** *orn.* a) Rotkehlchen *n*, b) amer. Wanderdrossel *f*; **2.** → ***round robin***.

rob·o·rant ['rɒbərənt] ⚕ I *adj.* stärkend; II *s.* Stärkungsmittel *n*, Roborans *n*.

ro·bot ['rəʊbɒt] I *s.* **1.** Roboter *m* (*a. fig.*), ⚙ *a.* Auto'mat *m*; **2.** *a.* ***~ bomb*** ⚔ V-Geschoss *n*; II *adj.* **3.** auto'matisch: ***~ pilot*** ✈ Selbststeuergerät *n*.

ro·bot·ics [rəʊ'bɒtɪks] *s. pl. sg. konstr.* Robotertechnik *f*.

ro·bust [rəʊ'bʌst] *adj.* ☐ **1.** ro'bust: a) kräftig, stark (*Gesundheit, Körper, Person etc.*), b) kernig, gerade (*Geist*), c) derb (*Humor*); **2.** ⚙ sta'bil, widerstandsfähig; **3.** hart, schwer (*Arbeit etc.*); **ro'bust·ness** [-nɪs] *s.* Ro'bustheit *f*.

roc [rɒk] *s. myth.* (Vogel *m*) Rock *m*.

rock[1] [rɒk] *s.* **1.** Fels *m* (*a. fig.*), Felsen *m*; *coll.* Felsen *pl.*, (Fels)Gestein *n*: ***the*** ⁓ *geogr.* Gibraltar; ***volcanic ~*** *geol.* vulkanisches Gestein; (***as***) ***firm as a ~*** *fig.* wie ein Fels, zuverlässig; **2.** Klippe *f* (*a. fig.*): ***on the ~s*** a) F ‚pleite', in Geldnot, b) F ‚kaputt', in die Brüche gegangen (*Ehe etc.*), c) on the rocks, mit Eiswürfeln (*Getränk*); ***see ~s ahead*** mit Schwierigkeiten rechnen; **3.** *Am.* Stein *m*: ***throw ~s at s.o.***; **4.** Pfefferminzstange *f*; **5.** *sl.* Stein, *bsd.* Dia'mant *m*, *pl.* ‚Klunkern' *pl.*; **6.** *Am. sl.* a) Geldstück *n*, *bsd.* Dollar *m*, b) *pl.* ‚Kies' *m* (*Geld*); **7.** *pl.* V ‚Eier' *pl.* (*Hoden*).

rock[2] [rɒk] I *v/t.* **1.** wiegen, schaukeln; *Kind* (in den Schlaf) wiegen: ***~ in security*** *fig. j-n* in Sicherheit wiegen; **2.** ins Wanken bringen, erschüttern: ***~ the boat*** *fig.* die Sache gefährden; **3.** *Sieb, Sand etc.* rütteln; II *v/i.* **4.** (sich) schaukeln, sich wiegen; **5.** (sch)wanken, wackeln, taumeln (*a. fig.*); **6.** ♪ a) Rock 'n' Roll tanzen, b) ‚rocken' (*spielen*); III *s.* **7.** → ***rock 'n' roll***.

rock| and roll [,rɒkən'rəʊl] → ***rock 'n' roll***; **~ bed** Felsengrund *m*; **~ bot·tom** *s. fig.* Tief-, Nullpunkt *m*: ***get down to ~*** der Sache auf den Grund gehen; ***his supplies touched ~*** s-e Vorräte waren erschöpft; ,**~-'bot·tom** *adj.* F aller'niedrigst, äußerst (*Preis etc.*); '**~-bound** *adj.* von Felsen um'schlossen; **~ cake** *s.* hart gebackenes Plätzchen; **~ can·dy** → ***rock***[1] 4; **~ climb·ing** *s.* Felsenklettern *n*; ~ **cork** *s. min.* 'Bergas,best *m*, -kork *m*; ~ **crys·tal** *s. min.* 'Bergkri,stall *m*; ~ **de·bris** *s. geol.* Felsgeröll *n*; ~ **draw·ings** *s. pl.* Felszeichnungen *pl.*; ~ **drill** *s.* ⚙ Steinbohrer *m*.

rock·er ['rɒkə] *s.* **1.** Kufe *f* (*Wiege etc.*): ***off one's*** ~ *sl.* ‚übergeschnappt', verrückt; **2.** a) Schaukelpferd *n*, b) *Am.* Schaukelstuhl *m*; **3.** ⚙ a) Wippe *f*, b) Wiegemesser *n*, c) Schwing-, Kipphebel *m*; **4.** Schwingtrog *m* (*zur Goldwäsche*); **5.** *Eislauf*: a) Holländer(schlittschuh) *m*, b) Kehre *f*; **6.** *pl. Brit.* Rocker *pl.*, ‚Lederjacken' *pl.* (*Jugendliche*); ~ **arm** *s.* ⚙ Kipphebel *m*; ~ **switch** *s.* ϟ Wippschalter *m*.

rock·er·y ['rɒkərɪ] *s.* Steingarten *m*.

rock·et[1] ['rɒkɪt] **I** *s.* **1.** *allg.* Ra'kete *f*; **2.** *fig.* F ‚Zi'garre' *f*, Anpfiff *m*; **II** *adj.* **3.** Raketen...: ~ ***bomb***; ~ ***aircraft***, ~***-driven airplane*** Raketenflugzeug *n*; ~***-assisted take-off*** ✈ Raketenstart *m*; **III** *v/i.* **4.** (wie e-e Ra'kete) hochschießen; **5.** ✝ hochschnellen (*Preise*); **6.** *fig.* e-n ko'metenhaften Aufstieg nehmen; **IV** *v/t.* **7.** ⚔ mit Ra'keten beschießen; **8.** mit e-r Ra'kete *in den Weltraum etc.* befördern.

rock·et[2] ['rɒkɪt] *s.* ⚘ **1.** 'Nachtvi,ole *f*; **2.** Rauke *f*; **3.** *a.* ~ ***plant***, ***garden*** (*od.* ***salad***) ~ Rucola *f*; **4.** *a.* ~ ***cress*** (echtes) Barbarakraut.

rock·et·eer [,rɒkɪ'tɪə] *s.* ⚔ **1.** Ra'ketenkano,nier *m od.* -pi,lot *m*; **2.** Ra'ketenforscher *m*, -fachmann *m*.

rock·et| jet *s.* Ra'ketentriebwerk *n*; ~ **launch·er** *s.* ⚔ Ra'ketenwerfer *m*; '~-,**launch·ing site** *s.* ⚔ Ra'ketenabschussbasis *f*; '~-,**pow·ered** *adj.* mit Ra'ketenantrieb; ~ **pro·jec·tor** *s.* ⚔ (Ra'keten)Werfer *m*.

rock·et·ry ['rɒkɪtrɪ] *s.* **1.** Ra'ketentechnik *f od.* -forschung *f*; **2.** *coll.* Ra'keten *pl.*

rock·et sal·ad *s.* ⚘ 'Rucola(sa,lat *m*) *f*.

rock| flour *s. min.* Bergmehl *n*; ~ **garden** *s.* Steingarten *m*; ~ **group** *s.* ♪ Rockgruppe *f*, -band *f*.

rock·i·ness ['rɒkɪnɪs] *s.* felsige *od.* steinige Beschaffenheit.

rock·ing| chair ['rɒkɪŋ] *s.* Schaukelstuhl *m*; ~ **horse** *s.* Schaukelpferd *n*; ~ **le·ver** *s.* Schwinghebel *m*.

rock| leath·er → ***rock cork***; ~ **lob·ster** *s.* Lan'guste *f*; ~ **'n' roll** [,rɒkən'rəʊl] *s.* Rock 'n' Roll *m* (*Musik u. Tanz*); ~ **oil** *s.* Stein-, Erdöl *n*, Pe'troleum *n*; ~ **plant** *s.* ⚘ Felsen-, Alpen-, Steingartenpflanze *f*; '~**·rose** *s.* ⚘ Zistrose *f*; ~ **salt** *s.* ⚗ Steinsalz *n*; '~**·slide** *s.* Steinschlag *m*, Felssturz *m*; '~**·wood** *s. min.* 'Holzas,best *m*; '~**·work** *s.* **1.** Gesteinsmasse *f*; **2.** a) Steingarten *m*, b) Grottenwerk *n*; **3.** ⚠ Quaderwerk *n*.

rock·y[1] ['rɒkɪ] *adj.* **1.** felsig; **2.** steinhart (*a. fig.*).

rock·y[2] ['rɒkɪ] *adj.* ☐ F wack(e)lig (*a. fig.*), wankend.

ro·co·co [rəʊ'kəʊkəʊ] **I** *s.* **1.** Rokoko *n*; **II** *adj.* **2.** Rokoko...; **3.** verschnörkelt, über'laden.

rod [rɒd] *s.* **1.** Rute *f*, Gerte *f*; *a. fig. bibl.* Reis *n*; **2.** (Zucht)Rute *f* (*a. fig.*): ***have a ~ in pickle for s.o.*** mit j-m noch ein Hühnchen zu rupfen haben; ***kiss the ~*** sich unter die Rute beugen; ***make a ~ for one's own back*** *fig.* sich die Rute selber flechten; ***spare the ~ and spoil the child*** wer die Rute spart, verzieht das Kind; **3.** a) Zepter *n*, b) Amtsstab *m*, c) *fig.* Amtsgewalt *f*, d) *fig.* Knute *f*, Tyran'nei *f*; → ***Black Rod***; **4.** (Holz)Stab *m*, Stock *m*; **5.** ⚙ (Rund-) Stab *m*, (Treib-, Verbindungs- *etc.*) Stange *f*: ~ ***aerial*** ϟ Stabantenne *f*; *Kernkraft*: Brennstab *m*; **6.** a) Angelrute *f*, b) Angler *m*; **7.** Messlatte *f*, -stab *m*; **8.** a) Rute *f* (*Längenmaß*), b) Quad'ratrute *f* (*Flächenmaß*); **9.** *Am. sl.* ‚Ka'none' *f* (*Pistole*); **10.** *anat.* Stäbchen *n* (*Netzhaut*); **11.** *biol.* 'Stäbchenbak,terie *f*; **12.** *Am. sl.* → ***hot rod***.

rode [rəʊd] *pret. von* ***ride***.

ro·dent ['rəʊdənt] **I** *adj.* **1.** *zo.* nagend; Nage...: ~ ***teeth***; **2.** ⚕ fressend (*Geschwür*); **II** *s.* **3.** Nagetier *n*.

ro·de·o [rəʊ'deɪəʊ] *pl.* **-os** *s. Am.* Ro'deo *m*, *n*: a) Zs.-treiben *n* von Vieh, b) *Sammelplatz für diesen Zweck*, c) 'Cowboytur,nier *n*, Wild'westvorführung *f*, d) 'Motorrad-, 'Autoro,deo *m*, *n*.

roe[1] [rəʊ] *s. zo.* **1.** *a.* ***hard*** ~ Rogen *m*, Fischlaich *m*: ~ ***corn*** Fischei *n*; **2.** *a.* ***soft*** ~ Milch *f*; **3.** Eier *pl.* (*vom Hummer etc.*).

roe[2] [rəʊ] *pl.* **roes**, *coll.* **roe** *s. zo.* **1.** Reh *n*; **2.** a) Ricke *f* (*weibliches Reh*), b) Hirschkuh *f*; '~**·buck** *s.* Rehbock *m*; ~ **deer** *s.* Reh *n*.

roent·gen → ***röntgen***.

ro·ga·tion [rəʊ'geɪʃn] *s. eccl.* a) (Für-) Bitte *f*, ('Bitt)Lita,nei *f*, b) *mst pl.* Bittgang *m*: ♀ ***Sunday*** Sonntag *m* Rogate; ♀ ***week*** Himmelfahrts-, Bittwoche *f*; **rog·a·to·ry** ['rɒgətərɪ] *adj.* ⚖ Untersuchungs...: ~ ***commission***; ***letters*** ~ Amtshilfeersuchen *n*.

rog·er ['rɒdʒə] *int.* **1.** *Funk*: roger!, verstanden!; **2.** F in Ordnung!

rogue [rəʊg] *s.* **1.** Schurke *m*, Gauner *m*: ~***s' gallery*** Verbrecheralbum *n*; **2.** *humor.* Schelm *m*, Schlingel *m*, Spitzbube *m*; **3.** ⚘ a) aus der Art schlagende Pflanze, b) 'Missbildung *f*; **4.** *zo. a.* ~ ***elephant***, ~ ***buffalo*** *etc.* bösartiger Einzelgänger; **5.** *Pferderennen*: a) bockendes Pferd, b) Ausreißer *m* (*Pferd*); **'ro·guer·y** [-gərɪ] *s.* **1.** Schurke'rei *f*, Gaune'rei *f*; **2.** Spitzbübe'rei *f*; **'ro·guish** [-gɪʃ] *adj.* ☐ **1.** schurkisch; **2.** schelmisch, schalkhaft, spitzbübisch.

roil [rɔɪl] **I** *v/i.* **1.** tosen, brausen (*Wasser*); **II** *v/t.* **2.** *Wasser etc.* aufwühlen; **3.** *bsd. Am.* ärgern, reizen: ***be ~ed at*** aufgebracht sein über (*acc.*).

roist·er ['rɔɪstə] *v/i.* **1.** kra'keelen; **2.** aufschneiden, prahlen; **'roist·er·er** [-tərə] *s.* **1.** Kra'keeler *m*; **2.** Großmaul *n*.

role [rəʊl] *s. thea. u. fig.* Rolle *f*: ***play a*** ~ e-e Rolle spielen; ~ **play(·ing)** *s. ped.*, *psych.* Rollenspiel *n*; ~ **swap·ping** *s.* Rollentausch *m*.

roll [rəʊl] **I** *s.* **1.** (*Haar-, Kragen-, Papier- etc.*)Rolle *f*; **2.** a) *hist.* Schriftrolle *f*, Perga'ment *n*, b) Urkunde *f*, c) (*bsd.* Namens)Liste *f*, Verzeichnis *n*, d) ⚖ Anwaltsliste *f*: ~ ***of hono(u)r*** Ehrenliste, -tafel *f* (*bsd. der Gefallenen*); ***the*** ♀***s*** Staatsarchiv *n* (*Gebäude in London*); ***call the*** ~ die (Namens- *od.* Anwesenheits)Liste verlesen, Appell abhalten; ***strike s.o. off the*** ~ j-n von der Anwaltsliste streichen; → ***master*** 13; **3.** ⚠ a) *a.* ~ ***mo(u)lding*** Rundleiste *f*, Wulst *m*, b) *antiq.* Vo'lute *f*; **4.** ⚙ Rolle *f*, Walze *f*; **5.** Brötchen *n*, Semmel *f*; **6.** (*bsd.* 'Fleisch)Rou,lade *f*; **7.** *sport* Rolle *f* (*a.* ✈ *Kunstflug*); **8.** ⚓ Rollen *n*, Schlingern *n* (*Schiff*); **9.** wiegender Gang, Seemannsgang *m*; **10.** Fließen *n*, Fluss *m* (*des Wassers*; *a. fig. der Rede*, *von Versen etc.*); **11.** (*Orgel- etc.*)Brausen *n*; (*Donner*)Rollen *n*; (*Trommel-*) Wirbel *m*; Dröhnen *n* (*Stimme etc.*); Rollen *n*, Trillern *n* (*Vogel*); **12.** *Am. sl.* a) Geldscheinbündel *n*, b) *fig.* (*e-e* Masse) Geld *n*; **II** *v/i.* **13.** rollen (*Ball* etc.): ***start ~ing*** ins Rollen kommen; **14.** rollen, fahren (*Fahrzeug*); **15.** *a.* ~ ***along*** sich (da'hin)wälzen, da'hinströmen (*Fluten*) (*a. fig.*); **16.** da'hinziehen (*Gestirn, Wolken*); **17.** sich wälzen: ***be ~ing in money*** F im Geld schwimmen; **18.** *sport*, *a.* ✈ e-e Rolle machen; **19.** ⚓ schlingern; **20.** wiegend gehen: ***~ing gait*** → 9; **21.** (g)rollen (*Donner*); brausen (*Orgel*); dröhnen (*Stimme*); wirbeln (*Trommel*); trillern (*Vogel*); **22.** a) ⚙ sich walzen lassen, b) *typ.* sich verteilen (*Druckfarbe*); **III** *v/t.* **23.** *Fass*, *Rad etc.*, *a. Augen* rollen; (her'um)wälzen, (-)drehen: ~ ***a problem round in one's mind*** *fig.* ein Problem wälzen; *Film*: ~ ***film!***, ~ ***it*** *Am.* Kamera an!; **24.** *Wagen etc.* rollen, fahren, schieben; **25.** *Wassermassen* wälzen (*Fluss*); **26.** (zs.-, auf-, ein)rollen, (-)wickeln; **27.** *Teig* (aus)rollen; *Zigarette* drehen; *Schneeball etc.* formen: ***~ed ham*** Rollschinken *m*; **28.** ⚙ *Metalle* walzen, strecken; *Rasen*, *Straße* walzen: ***~ed glass*** gezogenes Glas; ***~ed gold*** Walzgold *n*, Golddublee *n*; ***~ed iron*** (*od.* ***products***) Walzeisen *n*; ~ ***on*** *et.* aufwalzen; **29.** *typ.* a) *Papier* ka'landern, glätten, b) *Druckfarbe* auftragen; **30.** rollen(d sprechen): ~ ***one's r's***; ***~ed r*** Zungen--R *n*; **31.** *Trommel* wirbeln; **32.** ⚓ *Schiff* zum Rollen bringen; **33.** *Körper etc. beim Gehen* wiegen; **34.** *Am. sl. Betrunkenen etc.* ausplündern;

Zssgn mit adv.:

roll| back *v/t. fig.* her'unterschrauben, reduzieren; ~ **down I** *v/i.* **1.** hin'unterrollen, -kugeln, her'unterrollen: ***tears were rolling down his cheeks*** Tränen liefen ihm über die Wangen; **II** *v/t.* **2.** hin'unterrollen; **3.** *Autofenster etc.* her'unterkurbeln, *Ärmel* her'unterkrempeln; ~ **in** *v/i.* **1.** *fig.* her'einströmen, eintreffen (*Angebote, Geld etc.*); **2.** F schlafen gehen; ~ **out** *v/t.* **1.** *metall.* auswalzen, strecken; **2.** *Teig* ausrollen; **3.** a) *Lied etc.* (hin'aus)schmettern, b) *Verse* deklamieren; ~ **o·ver** *v/t.* (*v/i.* sich) her'umwälzen, -drehen; ~ **up I** *v/i.* **1.** (her)'anrollen, (-)'anfahren; F vorfahren; **2.** F ‚aufkreuzen', auftauchen; **3.** sich zs.-rollen; **4.** *fig.* sich ansammeln *od.* (-)häufen; **II** *v/t.* **5.** her'anfahren; **6.** aufrollen, -wickeln: ~ ***one's sleeves*** die Ärmel hochkrempeln (*a. fig.*); **7.** ⚔ *gegnerische Front* aufrollen; **8.** *sl.* ansammeln: ~ ***a fortune***.

'roll|·back *s. Am.* **1.** ⚔ Zu'rückwerfen *n* (*des Feinds*); **2.** ✝ Zu'rückschrauben *n* (*der Preise*); **3.** *fig.* Rückgang *m*; '~**·bar** *s. mot.* 'Überrollbügel *m*; ~ **call** *s.* **1.** Namensaufruf *m*: ~ (***vote***) *pol.* namentliche Abstimmung; **2.** ⚔ 'Anwesenheitsap,pell *m*.

roll·er ['rəʊlə] *s.* **1.** ⚙ a) Walzwerkarbeiter *m*, b) Fördermann *m*; **2.** (Stoff-, Garn- *etc.*)Rolle *f*; **3.** ⚙ a) (Gleit-, Lauf-, Führungs)Rolle *f*, b) (Gleit)Rolle *f*, Rädchen *n* (*unter Möbeln, an Rollschuhen etc.*); **4.** a) Walze *f*, b) Zy'linder *m*, Trommel *f*; **5.** *typ.* Druckwalze *f*; **6.** Rollstab *m* (*Landkarte etc.*); **7.** ⚓ Roller *m*, Sturzwelle *f*; **8.** *orn.* a) Flug-, Tümmlertaube *f*, b) *e-e* Racke: ***common*** ~ Blauracke, c) Harzer Roller *m*;

R

~ **band·age** *s.* ⚕ Rollbinde *f*; ~ **bear·ing** *s.* ⚙ Rollen-, Wälzlager *n*; ~ **clutch** *s.* ⚙ Rollen-, Freilaufkupplung *f*; ~ **coast·er** *s.* Achterbahn(wagen *m*) *f*; ~ **mill** *s.* ⚙ **1.** Mahl-, Quetschwerk *n*; **2.** → ***rolling mill***; ~ **skate** *s.* Rollschuh *m*; '**~-skate** *v/i.* Rollschuh laufen; ~ **skating** *s.* Rollschuhlaufen *n*; ~ **tow·el** *s.* Rollhandtuch *n*.

roll| film *s. phot.* Rollfilm *m*; '**~-front cab·i·net** *s.* Rollschrank *m*.

rol·lick ['rɒlɪk] *v/i.* **1.** a) ausgelassen *od.* 'übermütig sein, b) her'umtollen; **2.** das Leben genießen; '**rol·lick·ing** [-kɪŋ] *adj.* ausgelassen, 'übermütig.

roll·ing ['rəʊlɪŋ] **I** *s.* **1.** Rollen *n*; **2.** Da'hinfließen *n* (*Wasser etc.*); **3.** Rollen *n* (*Donner*); Brausen *n* (*Wasser*); **4.** *metall.* Walzen *n*, Strecken *n*; **5.** ⚓ Schlingern *n*; **II** *adj.* **6.** rollend *etc.*; → ***roll*** II; ~ **bar·rage** *s.* ⚔ Feuerwalze *f*; ~ **cap·i·tal** *s.* ✝ Be'triebskapi,tal *n*; ~ **chair** *s.* ⚕ Rollstuhl *m*; ~ **kitch·en** *s.* ⚔ Feldküche *f*; ~ **mill** *s.* ⚙ **1.** Walzwerk *n*, Hütte *f*; **2.** 'Walzma,schine *f*; **3.** Walz(en)straße *f*; ~ **pin** *s.* Nudel-, Wellholz *n*; ~ **press** *s.* ⚙ **1.** Walzen-, Rotati'onspresse *f*; **2.** *Papierfabrikation*: Sati'nierma,schine *f*; ~ **stock** *s.* 🚂 rollendes Materi'al, Betriebsmittel *pl.*; ~ **stone** *s. fig.* Zugvogel *m*: ***a ~ gathers no moss*** wer rastet, der rostet; ~ **ti·tle** *s. Film*: Rolltitel *m*.

roll| lathe *s.* ⚙ Walzendrehbank *f*; '**~·mop** *s.* Rollmops *m*; '**~·neck** *s.* 'Rollkragen(pul,lover) *m*; '**~-on** *s.* **1.** E'lastikschlüpfer *m*; **2.** *a.* ~ ***deodorant*** Deorollstift *m*, F Deoroller *m*; '**~-out** *s.* **1.** ✈ Ausrollen *n* (*nach der Landung*); **2.** ✈ Roll-out *m* (*Präsentation e-s neuen Flugzeugs*); **3.** Präsentati'on *f od.* Vorstellung *f e-s neuen Produktes*; '**roll,o·ver** *s.* **1.** *Brit. Lotto*: *das im Jackpot verbliebene Geld*, (aufgestockter) Jackpot; **2.** ✝ Laufzeitverlängerung *f*; '**~-top desk** *s.* Rollpult *n*; ~ **train** *s. metall.* Walzenstrecke *f*.

ro·ly-po·ly [,rəʊlɪ'pəʊlɪ] **I** *s.* **1.** *a.* ~ ***pudding*** *Art* Pudding *m*; **2.** Pummelchen *n* (*Person*); **II** *adj.* **3.** mollig, pummelig.

Ro·ma·ic [rəʊ'meɪɪk] **I** *adj.* ro'maisch, neugriechisch; **II** *s. ling.* Neugriechisch *n*.

Ro·man ['rəʊmən] **I** *adj.* **1.** römisch: ~ ***arch*** △ romanischer Bogen; ~ ***candle*** Leuchtkugel *f* (*Feuerwerk*); ~ ***holiday*** *fig.* a) blutrünstiges Vergnügen, b) Vergnügen *n* auf Kosten anderer, c) Riesenskandal *m*; ~ ***law*** römisches Recht; ~ ***nose*** Römer-, Adlernase *f*; ~ ***numeral*** römische Ziffer; **2.** (römisch-)ka'tholisch; **3.** *mst* ℛ *typ.* Antiqua...; **II** *s.* **4.** Römer(in); **5.** *mst* ℛ *typ.* An'tiqua *f*; **6.** *eccl.* Katho'lik(in); **7.** *pl. bibl.* (Brief *m* des Paulus an die) Römer *pl.*

ro·man à clef [rəʊ,mɑːnɑː'kleɪ] (*Fr.*) *s.* 'Schlüsselro,man *m*.

Ro·man Cath·o·lic *eccl.* **I** *adj.* (römisch-) ka'tholisch; **II** *s.* Katho'lik(in); ~ **Church** *s.* römische *od.* (römisch-) ka'tholische Kirche.

ro·mance [rəʊ'mæns] **I** *s.* **1.** *hist.* ('Ritter-, 'Vers)Ro,man *m*; **2.** Ro'manze *f*: a) (ro'mantischer) 'Liebes-, 'Abenteuerro,man, b) *fig.* 'Liebesaf,färe *f*, c) ♪ *Lied od. lyrisches Instrumentalstück*; **3.** *fig.* Märchen *n*, Fantaste'rei *f*; **4.** *fig.* Ro'mantik *f*: a) Zauber *m*, b) ro'mantische I'deen *pl.*; **II** *v/i.* **5.** (Ro'manzen) dichten; **6.** *fig.* a) fabulieren, ‚Ro'mane erzählen', b) ins Schwärmen geraten.

Ro·mance [rəʊ'mæns] *bsd. ling.* **I** *adj.* ro'manisch: ~ ***peoples*** Romanen; ~ ***philologist*** Romanist(in); **II** *s.* a) Ro'manisch *n*, b) *a.* ***the ~ languages*** die romanischen Sprachen *pl.*

ro·manc·er [rəʊ'mænsə] *s.* **1.** Ro'manzendichter(in); Verfasser(in) e-s ('Vers-) Ro,mans; **2.** a) Fan'tast(in), b) Aufschneider(in).

Rom·a·nes ['rɒmənes] *s.* Zi'geunersprache *f*.

Ro·man·esque [,rəʊmə'nesk] **I** *adj.* **1.** △, *ling.* ro'manisch; **2.** *ling.* proven'zalisch; **3.** ℛ *fig.* ro'mantisch; **II** *s.* **4.** *a.* ~ ***style*** romanischer (Bau)Stil; *das* Ro'manische; **5.** → ***Romance***[2] II.

ro·man-fleuve [rəʊ,mɑ̃ːŋ'flɜːv] (*Fr.*) *s.* Fa'milienro,man *m*.

Ro·man·ic [rəʊ'mænɪk] *adj.* **1.** → ***Romance***[2] I; **2.** römisch (*Kulturform*).

Ro·man·ism ['rəʊmənɪzəm] *s.* **1.** a) Roma'nismus *m*, römisch-ka'tholische Einstellung, b) Poli'tik *f od.* Gebräuche *pl.* der römischen Kirche; **2.** *hist.* das Römertum; '**Ro·man·ist** [-ɪst] *s.* **1.** *ling.*, ⚖ Roma'nist(in); **2.** ('Römisch-) Ka,tholische(r *m*) *f*.

ro·man·tic [rəʊ'mæntɪk] **I** *adj.* (□ **~ally**) **1.** *allg.* ro'mantisch: a) *die Romantik betreffend* (*Kunst etc.*): ***the ~ movement*** die Romantik, b) ro'manhaft, fan'tastisch (*a. iro.*): ***a ~ tale***, c) ro'mantisch veranlagt: ***a ~ girl***, d) malerisch: ***a ~ town***, e) gefühlvoll: ***a ~ scene***; **II** *s.* **2.** Ro'mantiker(in) (*a. fig.*); **3.** *das* Ro'mantische; **4.** *pl.* ro'mantische I'deen *pl. od.* Gefühle *pl.*; **ro'man·ti·cism** [-ɪsɪzəm] *s.* **1.** *Kunst*: Ro'mantik *f*; **2.** (Sinn *m* für) Ro'mantik *f*; **ro'man·ti·cist** [-ɪsɪst] *s. Kunst*: Ro'mantiker(in); **ro'man·ti·cize** [-ɪsaɪz] **I** *v/t.* **1.** romantisieren; **2.** in ro'mantischem Licht sehen; **II** *v/i.* **3.** *fig.* schwärmen.

Rom·a·ny ['rɒmənɪ] *s.* **1.** Zi'geuner(in); **2.** *coll. die* Zigeuner *pl.*; **3.** Ro'mani *n*, Zi'geunersprache *f*.

Rome [rəʊm] *npr.* Rom *n* (*a. fig. hist. das Römerreich*; *eccl. die katholische Kirche*): ~ ***was not built in a day*** Rom ist nicht an einem Tag erbaut worden; ***do in ~ as the Romans do!*** man sollte sich immer s-r Umgebung anpassen!

romp [rɒmp] **I** *v/i.* **1.** um'hertollen, sich balgen, toben: ~ ***through*** *fig.* spielend durchkommen; **2.** ‚rasen', flitzen: ~ ***away*** davonziehen (*Rennpferd etc.*); **II** *s.* **3.** *obs.* Wildfang *m*, Range *f*; **4.** Tollen *n*, Balge'rei *f*; **5.** F *sport* leichter Sieg; **6.** F ‚(wilde) Schmuse'rei'; '**romp·ers** [-pəz] *s. pl.* Spielanzug *m* (*für Kinder*); '**romp·y** [-pɪ] *adj.* ausgelassen, wild.

ron·deau ['rɒndəʊ] *pl.* **-deaus** [-dəʊz] *s. Metrik*: Ron'deau *n*, Ringelgedicht *n*; **ron·del** ['rɒndl] *s.* vierzehnzeiliges Ron'deau.

ron·do ['rɒndəʊ] *s.* ♪ Rondo *n*.

rönt·gen ['rɒntjən] **I** *s. phys.* Röntgen *n* (*Maßeinheit*); **II** *adj. mst* ℛ Röntgen...: ~ ***rays***; **III** *v/t.* → '**rönt·gen·ize** [-tgənaɪz] *v/t.* röntgen; **rönt·gen·o·gram** [rɒnt'genəgræm] *s.* Röntgenaufnahme *f*; **rönt·gen·og·ra·phy** [,rɒntgə'nɒgrəfɪ] *s.* 'Röntgenfotogra,fie *f* (*Verfahren*); **rönt·gen·ol·o·gist** [,rɒntgə'nɒlədʒɪst] *s.* Röntgeno'loge *f*; **rönt·gen·os·co·py** [,rɒntgə'nɒskəpɪ] *s.* 'Röntgendurch,leuchtung *f*, -unter,suchung *f*; **rönt·gen·o·ther·a·py** [,rɒntgənə'θerəpɪ] *s.* 'Röntgenthera,pie *f*.

rood [ruːd] **I** *s.* **1.** *eccl.* Kruzi'fix *n*; **2.** Viertelacre *m* (*Flächenmaß*); **3.** Rute *f* (*Längenmaß*); **II** *adj.* **4.** △ Lettner...: ~ ***altar***; ~ ***loft*** Chorbühne *f*; ~ ***screen*** Lettner *m*.

roof [ruːf] **I** *s.* **1.** △ (Haus)Dach *n*: ***under my ~*** *fig.* unter m-m Dach, in m-m Haus; ***raise the ~*** F Krach schlagen; **2.** *mot.* Verdeck *n*; **3.** *fig.* (*Blätter-, Zelt-etc.*)Dach *n*, (*Himmels*)Gewölbe *n*, (-)Zelt *n*: ~ ***of the mouth*** *anat.* Gaumen(dach *n*) *m*; ***the ~ of the world*** das Dach der Welt; **4.** ⚒ Hangende(s) *n*; **II** *v/t.* **5.** bedachen: ~ ***in*** *Haus* (ein)decken; ~ ***over*** überdachen: **~ed-in** überdacht, umbaut; '**roof·age** [-fɪdʒ] → ***roofing*** 2; '**roof·er** [-fə] *s.* Dachdecker *m*; **roof gar·den** *s.* **1.** Dachgarten *m*; **2.** *Am.* 'Dachrestau,rant *n*; '**roof·ing** [-fɪŋ] **I** *s.* **1.** Bedachen *n*, Dachdeckerarbeit *f*; **2.** a) 'Deckmateri,alien *pl.*, b) Dachwerk *n*; **II** *adj.* **3.** Dach...: ~ ***felt*** Dachpappe *f*; '**roof·less** [-lɪs] *adj.* **1.** ohne Dach, unbedeckt; **2.** *fig.* obdachlos; **roof rack** *s. mot.* Dachgepäckträger *m*; **roof tree** *s.* **1.** △ Firstbalken *m*; **2.** *fig.* Dach *n*.

rook[1] [rʊk] **I** *s.* **1.** *orn.* Saatkrähe *f*; **2.** *fig.* Gauner *m*, Bauernfänger *m*; **II** *v/t.* **3.** *j-n* betrügen.

rook[2] [rʊk] *s. Schachspiel*: Turm *m*.

rook·er·y ['rʊkərɪ] *s.* **1.** a) Krähenhorst *m*, b) 'Krähenkolo,nie *f*; **2.** *orn.*, *zo.* Brutplatz *m*; **3.** *fig.* a) 'Elendsquar,tier *n*, -viertel *n*, b) 'Mietska,serne *f*.

rook·ie ['rʊkɪ] *s. sl.* **1.** ⚔ Re'krut *m*; **2.** Neuling *m*, Anfänger(in).

room [ruːm] **I** *s.* **1.** Raum *m*, Platz *m*: ***make ~ (for)*** *a. fig.* Platz machen (*dat.*); ***no ~ to swing a cat (in)*** sehr wenig Platz; ***in the ~ of*** anstelle von (*od. gen.*); **2.** Raum *m*, Zimmer *n*, Stube *f*: ***next ~*** Nebenzimmer; ~ ***heating*** Raumheizung *f*; ~ ***temperature*** (*a. normale*) Raum-, Zimmertemperatur *f*; **3.** *pl. Brit.* Wohnung *f*; **4.** *fig.* (Spiel-) Raum *m*; Gelegenheit *f*, Anlass *m*: ~ ***for complaint*** Anlass zur Klage; ***there is no ~ for hope*** es besteht keinerlei Hoffnung; ***there is ~ for improvement*** es ließe sich noch manches besser machen; **II** *v/i.* **5.** *bsd. Am.* wohnen, logieren (***at*** in *dat.*, ***with*** bei): ~ ***together*** zs.-wohnen; **-roomed** [ruːmd] *adj. in Zssgn.* ...zimmerig; **room·er** ['ruːmə] *s. bsd. Am.* 'Untermieter(in); '**room·ful** [-fʊl] *pl.* **-fuls** *s.*: ***a ~ of people*** ein Zimmer voll(er) Leute; **room·i·ness** ['ruːmɪnɪs] *s.* Geräumigkeit *f*.

room·ing| house ['ruːmɪŋ] *s. Am.* Fremdenheim *n*, Pensi'on *f*; ,**~-'in** *n* ⚕ Rooming-'in *n* (*gemeinsame Unterbringung von Mutter und Kind*).

'**room·mate** *s.* 'Stubenkame,rad(in).

room·y ['ruːmɪ] *adj.* □ geräumig.

roost [ruːst] **I** *s.* a) Schlafplatz *m*, -sitz *m* (*Vogel*), b) Hühnerstange *f od.* -stall *m*: ***at ~*** auf der Stange; ***come home to ~*** *fig.* auf den Urheber zurückfallen; → ***rule*** 13; **II** *v/i. orn.* a) auf der Stange sitzen, b) sich (zum Schlafen) niederhocken; '**roost·er** [-tə] *s. bsd. Am.* (Haus)Hahn *m*.

root[1] [ruːt] **I** *s.* **1.** ⚘ Wurzel *f* (*a. weitS. Wurzelgemüse, Knolle, Zwiebel*): ~ ***and branch*** *fig.* mit Stumpf u. Stiel; ***pull out by the ~*** mit der Wurzel herausreißen (*a. fig. ausrotten*); ***put down ~s*** *fig.* Wurzel schlagen, sesshaft werden; ***strike at the ~ of*** *fig. et.* an der Wurzel treffen; ***strike*** (*od.* ***take***) ~

Wurzel schlagen (*a. fig.*); ***~s of a mountain*** *der* Fuß e-s Berges; **2.** *anat.* (*Haar-, Nagel-, Zahn-, Zungen- etc.*) Wurzel *f*; **3.** 𝔄 a) Wurzel *f*, b) eingesetzter *od.* gesuchter Wert (*Gleichung*): ***~ extraction*** Wurzelziehen *n*; **4.** *ling.* Wurzel(wort *n*) *f*, Stammwort *n*; **5.** ♪ Grundton *m*; **6.** *fig.* a) Quelle *f*, Ursache *f*, Wurzel *f*: ***~ of all evil*** Wurzel alles Bösen; ***get at the ~ of*** *e-r Sache* auf den Grund gehen; ***have its ~ in, take its ~ from*** → 8, b) *pl.* Wurzeln *pl.*, Ursprung *m*, c) Kern *m*, Wesen *n*, Gehalt *m*: ***~ of the matter*** Kern der Sache; ***~ idea*** Grundgedanke *m*; **II** *v/i.* **7.** Wurzel fassen *od.* schlagen, (ein)wurzeln (*a. fig.*): ***deeply ~ed*** *fig.* tief verwurzelt; ***stand ~ed to the ground*** wie angewurzelt dastehen; **8.** ***~ in*** beruhen auf (*dat.*), s-n Grund *od.* Ursprung haben in (*dat.*); **III** *v/t.* **9.** tief einpflanzen, einwurzeln lassen: ***fear ~ed him to the ground*** *fig.* er stand vor Furcht wie angewurzelt; **10.** ***~ up, ~ out, ~ away*** a) ausreißen, b) *fig.* ausrotten, vertilgen.

root² [ruːt] **I** *v/i.* **1.** wühlen (***for*** nach) (*Schwein*); **2.** ***~ about*** *fig.* her'umwühlen; **II** *v/t.* **3.** *Boden* auf-, 'umwühlen; **4.** ***~ out, ~ up*** *a. fig.* ausgraben, aufstöbern.

root³ [ruːt] *v/i.* ***~ for*** *Am. sl.* a) *sport j-n* anfeuern, b) *fig.* Stimmung machen für *j-n od. et.*

ˌroot-and-ˈbranch *adj.* radi'kal, restlos.

root di·rec·to·ry *s. Computer*: Stamm-, Wurzelverzeichnis *n*.

root·ed ['ruːtɪd] *adj.* □ (fest) eingewurzelt (*a. fig.*); **'root·ed·ly** [-lɪ] *adv.* von Grund auf, zu'tiefst; **'root·ed·ness** [-nɪs] *s.* Verwurzelung *f*, Eingewurzeltsein *n*.

root·er ['ruːtə] *s. sport Am.* F begeisterter Anhänger, ‚Fa'natiker' *m*.

root·less ['ruːtlɪs] *adj.* wurzellos (*a. fig.*); **root·let** ['ruːtlɪt] *s.* ♀ Wurzelfaser *f*.

ˌroot|-mean-'square *s.* 𝔄 qua'dratischer Mittelwert; **'~·stock** *s.* **1.** ♀ Wurzelstock *m*; **2.** *fig.* Wurzel *f*; **~ treatment** *s.* ⚕ (Zahn)Wurzelbehandlung *f*.

rope [rəʊp] **I** *s.* **1.** Seil *n*, Tau *n*; Strick *m*, Strang *m* (*beide a. zum Erhängen*); ⚓ (Tau)Ende *n*: ***the ~*** *fig.* der Strick (*Tod durch den Strang*); ***be at the end of one's ~*** mit s-m Latein am Ende sein; ***know the ~s*** sich auskennen, ‚den Bogen raushaben'; ***learn the ~s*** sich einarbeiten; ***show s.o. the ~s*** j-m die Kniffe beibringen; **2.** *mount.* (Kletter)Seil *n*: ***on the ~*** angeseilt; ***~ (team)*** Seilschaft *f*; **3.** (Ar'tisten)Seil *n*: ***on the high ~s*** *fig.* a) hochgestimmt, b) hochmütig; **4.** *Am.* Lasso *n*, *m*; **5.** *pl. Boxen*: (Ring)Seile *pl.*: ***be on the ~s*** a) (angeschlagen) in den Seilen hängen, b) *fig.* am Ende *od.* ‚fertig' sein; ***have s.o. on the ~s*** *sl.* j-n ‚zur Schnecke' gemacht haben; **6.** *fig.* Strang *m Tabak etc.*; Bund *n Zwiebeln etc.*; Schnur *f Perlen etc.*: ***~ of sand*** *fig.* Illusion *f*; **7.** Faden *m* (*Flüssigkeit*); **8.** *fig.* Spielraum *m*, Handlungsfreiheit *f*: ***give s.o. (plenty of) ~***; **II** *v/t.* **9.** (mit e-m Seil) zs.-binden; festbinden; **10.** *mst* ***~ in*** (*od.* ***off*** *od.* ***out***) *Platz* (durch ein Seil) absperren *od.* abgrenzen; **11.** *mount.* anseilen: ***~ down (up)*** *j-n* ab- (auf)seilen; **12.** *Am.* mit dem Lasso einfangen; ***~ in*** *sl. Wähler, Kunden etc.* fangen, *j-n* ‚an Land ziehen', sich *ein Mädchen etc.* ‚anlachen'; **III** *v/i.* **13.** Fäden ziehen (*Flüssigkeit*); **14.** *a.* ***~ up*** *mount.* sich anseilen: ***~ down*** sich abseilen; **~ dancer** *s.* Seiltänzer(in); **~ ladder** *s.* **1.** Strickleiter *f*; **2.** ⚓ Seefallreep *n*; **~ mo(u)ld·ing** *s.* ⚠ Seilleiste *f*; **~ quoit** *s.* ⚓, *sport* Seilring *m*; **~ rail·way** → ***ropeway***.

rop·er·y ['rəʊpərɪ] *s.* Seile'rei *f*.

'rope's-end ⚓ **I** *s.* Tauende *n*; **II** *v/t.* mit dem Tauende prügeln.

rope| tow *s. Skisport*: Schlepplift *m*; **'~·walk** *s.* Seiler-, Reeperbahn *f*; **'~ˌwalk·er** *s.* Seiltänzer(in); **'~·way** *s.* (Seil)Schwebebahn *f*; **'~·yard** *s.* Seile'rei *f*; **~ yarn** *s.* **1.** ⚙ Kabelgarn *n*; **2.** *fig.* Baga'telle *f*.

rop·i·ness ['rəʊpɪnɪs] *s.* Dickflüssigkeit *f*, Klebrigkeit *f*; **'rop·y** [-pɪ] *adj.* □ **1.** klebrig, zäh, fadenziehend: ***~ sirup***; **2.** kahmig: ***~ wine***; **3.** F ‚mies'.

ror·qual ['rɔːkwəl] *s. zo.* Finnwal *m*.

ro·sace ['rəʊzeɪs] (*Fr.*) *s.* ⚠ **1.** Ro'sette *f*; **2.** → ***rose window***.

ro·sa·ceous [rəʊ'zeɪʃəs] *adj.* **1.** ♀ a) zu den Rosa'zeen gehörig, b) rosenblütig; **2.** Rosen...

ro·sar·i·an [rəʊ'zeərɪən] *s.* **1.** Rosenzüchter *m*; **2.** *R.C.* Mitglied *n* einer Rosenkranzbruderschaft.

ro·sa·ry ['rəʊzərɪ] *s.* **1.** *R.C.* Rosenkranz *m*: ***say the*** ℛ den Rosenkranz beten; **2.** Rosengarten *m*, -beet *n*.

rose¹ [rəʊz] **I** *s.* **1.** ♀ Rose *f*: ***~ of Jericho*** Jerichorose; ***~ of May*** Weiße Narzisse; ***~ of Sharon*** a) *bibl.* Sharontulpe *f*, b) Großblumiges Johanniskraut; ***the ~ of*** *fig.* die Rose (*das schönste Mädchen*) von; ***gather (life's) ~s*** sein Leben genießen; ***on a bed of ~s*** *fig.* auf Rosen gebettet; ***it is no bed of ~s*** es ist kein Honiglecken; ***it is not all ~s*** es ist nicht so rosig, wie es aussieht; ***under the ~*** im Vertrauen; **2.** → ***rose colo(u)r***; **3.** *her. hist.* Rose *f*: ***Red*** ℛ Rote Rose (*Haus Lancaster*); ***White*** ℛ Weiße Rose (*Haus York*); ***Wars of the*** ℛ***s*** Rosenkriege; **4.** ⚠ Ro'sette *f* (*a. Putz*; *a. Edelstein*[*schliff*]); **5.** Brause *f* (*Gießkanne etc.*); **6.** *phys.* Kreisskala *f*; **7.** ⚓ *etc.* Windrose *f*; **8.** ⚕ Wundrose *f*; **II** *adj.* **9.** Rosen...; **10.** rosenfarbig.

rose² [rəʊz] *pret. von rise*.

ro·se·ate ['rəʊzɪət] *adj.* □ → ***rose-colo(u)red***.

rose| bit *s.* ⚙ Senkfräser *m*; **'~·bud** *s.* ♀ Rosenknospe *f* (*a. fig. Mädchen*); **'~·bush** *s.* Rosenstrauch *m*; **~ col·o(u)r** *s.* Rosa-, Rosenrot *n*: ***life is not all ~*** *fig.* das Leben besteht nicht nur aus Annehmlichkeiten; **'~-ˌcol·o(u)red** *adj.* **1.** rosa-, rosenfarbig, rosenrot; **2.** *fig.* rosig, opti'mistisch: ***see things through ~ spectacles*** die Dinge durch e-e rosa (-rote) Brille sehen; **'~·hip** *s.* ♀ Hagebutte *f*.

rose·mar·y ['rəʊzmərɪ] *s.* ♀ Rosmarin *m*.

ro·se·o·la [rəʊ'ziːələ] *s.* ⚕ **1.** Rose'ole *f* (*Ausschlag*); **2.** → ***German measles***.

ˌrose|-'pink **I** *s.* ⚙ Rosenlack *m*, roter Farbstoff; **II** *adj.* rosa, rosenrot (*a. fig.*); **~ rash** → ***roseola*** 1; **ˌ~-'red** *adj.* rosenrot.

ro·ser·y → ***rosary*** 2.

rose tree *s.* Rosenstock *m*.

ro·sette [rəʊ'zet] *s.* Ro'sette *f* (*a.* ⚠); **ro'set·ted** [-tɪd] *adj.* **1.** mit Ro'setten geschmückt; **2.** ro'settenförmig.

rose| wa·ter *s.* **1.** Rosenwasser *n*; **2.** *fig.* a) Schmeichel'eien *pl.*, b) Gefühlsdusel'ei *f*; **'~-ˌwa·ter** *adj. fig.* a) ('über-)fein, (-)zart, b) affek'tiert, c) sentimen'tal; **~ win·dow** *s.* ⚠ ('Fenster)Roˌsette *f*, (-)Rose *f*; **'~·wood** *s.* Rosenholz *n*.

ros·in ['rɒzɪn] **I** *s.* ⚗ (Terpen'tin)Harz *n*, *bsd.* Kolo'phonium *n*, Geigenharz *n*; **II** *v/t.* mit Kolo'phonium einreiben.

ros·i·ness ['rəʊzɪnɪs] *s.* Rosigkeit *f*, rosiges Aussehen.

ros·ter ['rɒstə] *s.* ⚔ **1.** (Dienst-, Namens)Liste *f*; **2.** Dienstplan *m*.

ros·tral ['rɒstrəl] *adj.* (schiffs)schnabelförmig; **'ros·trate(d)** [-reɪt(ɪd)] *adj.* **1.** ♀, *zo.* geschnäbelt; **2.** → ***rostral***.

ros·trum ['rɒstrəm] *pl.* **-tra** [-trə] *s.* **1.** a) Rednerbühne *f*, Podium *n*, b) Kanzel *f*, c) *fig.* Plattform *f*; **2.** ⚓ *hist.* Schiffsschnabel *m*; **3.** ♀, *zo.* Schnabel *m*; **4.** *zo.* a) Kopfspitze *f*, b) Rüssel *m* (*Insekt*).

ros·y ['rəʊzɪ] *adj.* □ **1.** rosenrot, -farbig: ***~ red*** Rosenrot *n*; **2.** rosig, blühend (*Wangen etc.*); **3.** *fig.* rosig.

rot [rɒt] **I** *v/i.* **1.** (ver)faulen, (-)modern (*a. fig. im Gefängnis*); verrotten, verwesen; *geol.* verwittern; **2.** *fig.* verkommen, verrotten; **3.** *Brit. sl.* ‚quatschen', Unsinn reden; **II** *v/t.* **4.** faulen lassen; **5.** *bsd. Flachs* rotten; **6.** *Brit. sl. Plan etc.* vermurksen; **7.** *Brit. sl. j-n* ‚anpflaumen' (*hänseln*); **III** *s.* **8.** a) Fäulnis *f*, Verwesung *f*, b) Fäule *f*, c) *et.* Verfaultes; → ***dry-rot***; **9.** ♀, *zo.* a) Fäule *f*, b) *vet.* Leberfäule *f* (*Schaf*); **10.** *Brit. sl.*, *a. int.* ‚Quatsch' *m*, Blödsinn *m*.

ro·ta ['rəʊtə] *s.* **1.** → ***roster***; **2.** *Brit.* a) Dienstturnus *m*, b) *a.* ***~ system*** Turnusplan *m*; **3.** *mst* ℛ *R.C.* Rota *f* (*oberster Gerichtshof der römisch-katholischen Kirche*).

Ro·tar·i·an [rəʊ'teərɪən] **I** *s.* Ro'tarier *m*; **II** *adj.* Rotary..., Rotarier...

ro·ta·ry ['rəʊtərɪ] **I** *adj.* **1.** rotierend, kreisend, sich drehend, 'umlaufend; Rotations..., Dreh...: ***~ crane*** Dreh-, Schwenkkran *m*; ***~ file*** Drehkartei *f*; ***~ pump*** Umlaufpumpe *f*; ***~ switch*** ⚡ Drehschalter *m*; ***~ traffic*** Kreisverkehr *m*; **II** *s.* **2.** ⚙ *durch Rotation arbeitende Maschine*, *bsd.* a) → ***rotary engine***, b) → ***rotary machine***, c) → ***rotary press***; **3.** *Am. mot.* Kreisverkehr *m* (*Straße*); **4.** ℛ → ℛ **Club** *s.* Rotary Club *m*; **~ cur·rent** *s.* ⚡ Drehstrom *m*; **~ en·gine** *s.* Drehkolbenmotor *m*; **~ hoe** *s.* ✓ Hackfräse *f*; ℛ **In·ter·na·tion·al** *s.* Weltvereinigung *f* der Rotary Clubs; **~ ma·chine** *s. typ.* Rotati'onsmaˌschine *f*; **~ pis·ton en·gine** *s.* → ***rotary engine***; **~ press** *s. typ.* Rotati'ons(druck)presse *f*.

ro·tate¹ [rəʊ'teɪt] **I** *v/i.* **1.** rotieren, kreisen, sich drehen; **2.** der Reihe nach *od.* turnusmäßig wechseln: ***~ in office***; **II** *v/t.* **3.** rotieren *od.* (um)'kreisen lassen; **4.** *Personal* turnusmäßig *etc.* auswechseln; **5.** ✓ *Frucht* wechseln: ***~ crops*** im Fruchtwechsel anbauen.

ro·tate² ['rəʊteɪt] *adj.* ♀, *zo.* radförmig.

ro·ta·tion [rəʊ'teɪʃn] *s.* **1.** ⚙, *phys.* Rotati'on *f*, (Achsen-, 'Um)Drehung *f*, 'Um-, Kreislauf *m*, Drehbewegung *f*: ***~ of the earth*** (tägliche) Erdumdrehung (*um die eigene Achse*); **2.** Wechsel *m*, Abwechslung *f*: ***in*** (*od.* ***by***) ***~*** der Reihe nach, abwechselnd, im Turnus; ***~ in office*** turnusmäßiger Wechsel im Amt; ***~ of crops*** ✓ Fruchtwechsel, -folge *f*; **ro·ta·tive** ['rəʊtətɪv] *adj.* **1.** → ***rotary*** 1; **2.** abwechselnd, regelmäßig 'wiederkehrend; **ro·ta·to·ry** ['rəʊtətərɪ] *adj.* **1.** → ***rotary*** 1; **2.** *fig.* abwechselnd *od.* tur-

nusmäßig (aufein'ander folgend): ***~ assemblies***; **3.** ***~ muscle*** *anat.* Dreh-, Rollmuskel *m.*
rote [rəʊt] *s.*: ***by ~*** *fig.* a) (rein) mechanisch, b) auswendig.
'rot·gut *s. sl.* Fusel *m.*
ro·ti·fer ['rəʊtɪfə] *s. zo.* Rädertier(chen) *n*; **Ro·tif·er·a** [rəʊ'tɪfərə] *s. pl. zo.* Rädertiere *pl.*
ro·to·gra·vure [ˌrəʊtəʊgrə'vjʊə] *s. typ.* **1.** Kupfer(tief)druck *m*; **2.** → ***roto section***.
ro·tor ['rəʊtə] *s.* **1.** ✈ Rotor *m*, Drehflügel *m*; **2.** ϟ Rotor *m*, Anker *m*; **3.** ⊙ Rotor *m* (*Drehteil e-r Maschine*); **4.** ⚓ (Flettner)Rotor *m.*
ro·to sec·tion ['rəʊtəʊ] *s.* Kupfertiefdruckbeilage *f e-r Zeitung.*
rot·ten ['rɒtn] *adj.* □ **1.** faul, verfault: ***~ to the core*** a) kernfaul, b) *fig.* durch u. durch korrupt; **2.** morsch, mürbe; **3.** brandig, stockig (*Holz*); **4.** ⚕ faul(ig) (*Zahn*); **5.** *fig.* a) verderbt, kor'rupt, b) niederträchtig, gemein; **6.** *sl.* (ˌ'hunds-) miseˌrabel': ***~ luck*** Saupech *n*; ***~ weather*** Sauwetter *n*; **'rot·ten·ness** [-nɪs] *s.* **1.** Fäule *f*, Fäulnis *f*; **2.** *fig.* Verderbtheit *f*, Kor'ruptheit *f*; **rot·ter** ['rɒtə] *s. Brit. sl.* Schweinehund *m*, ˌScheißkerl' *m.*
ro·tund [rəʊ'tʌnd] *adj.* □ **1.** *obs.* rund, kreisförmig; **2.** rundlich (*Mensch*); **3.** *fig.* a) voll(tönend) (*Stimme*), b) hochtrabend, blumig, pom'pös (*Ausdruck*); **4.** *fig.* ausgewogen (*Stil*); **ro'tun·da** [-də] *s.* △ Rundbau *m*; **ro'tun·date** [-deɪt] *adj. bsd.* ⚘ abgerundet; **ro'tun·di·ty** [-dətɪ] *s.* **1.** Rundheit *f*; **2.** Rundlichkeit *f*; **3.** Rundung *f*; **4.** *fig.* Ausgewogenheit *f* (*des Stils etc.*).
rou·ble ['ru:bl] *s.* Rubel *m* (*russische Währung*).
rou·é ['ru:eɪ] (*Fr.*) *s. obs.* Rou'é *m*, Lebemann *m.*
rouge [ru:ʒ] **I** *s.* Rouge *n*, (rote) Schminke; ⊙ Polierrot *n*; **II** *adj. her.* rot; **III** *v/i.* Rouge auflegen, sich schminken; **IV** *v/t.* (rot) schminken.
rough [rʌf] **I** *adj.* □ → ***roughly***; **1.** rau (*Oberfläche, a. Haut, Tuch etc.*; *a. Stimme*); **2.** rau, struppig (*Fell, Haar*); **3.** holp(e)rig, uneben (*Gelände, Weg*); **4.** rau, unwirtlich, zerklüftet (*Landschaft*); **5.** rau (*Wind etc.*); stürmisch (*See, Überfahrt, Wetter*): ***~ sea*** ⚓ grobe See; **6.** grob, roh (*Mensch, Manieren etc.*); raubeinig, ungehobelt (*Person*); heftig (*Temperament etc.*): ***~ play*** rohes *od.* hartes Spiel; ***~ stuff*** F Gewalttätigkeit(en *pl.*) *f*; **7.** rau, barsch, schroff (*Person od. Redeweise*): ***~ words***; ***have a ~ tongue*** e-e raue Sprache sprechen; **8.** F rau (*Behandlung, Empfang etc.*), hart (*Leben, Tag etc.*), garstig, böse: ***it was ~*** es war e-e böse Sache; ***I had a ~ time*** es ist mir ziemlich ˌmies' ergangen; ***that's ~ luck for him*** da hat er aber Pech (gehabt); **9.** roh, grob: a) ohne Feinheit, b) unbearbeitet, im Rohzustand: ***~ cloth*** ungewalktes Tuch; ***~ food*** grobe Kost; ***~ rice*** unpolierter Reis; ***~ style*** grober *od.* ungeschliffener Stil; ***~ stone*** a) unbehauener Stein, b) ungeschliffener (Edel-) Stein; → ***diamond*** 1, ***rough-and-ready***; **10.** ⊙ Grob...: ***~ carpenter*** Grobtischler *m*; ***~ file*** Schruppfeile *f*; **11.** unfertig, Roh...: ***~ copy*** Konzept *n*; ***~ draft*** (*od.* ***sketch***) Faustskizze *f*, Rohentwurf *m*; ***in a ~ state*** im Rohzustand; **12.** *fig.* grob: a) annähernd (richtig), ungefähr, b) flüchtig, im 'Überschlag: ***~ analysis*** Rohanalyse *f*; ***~ calculation*** Überschlag *m*; ***~ size*** ⊙ Rohmaß *n*; **13.** *typ.* noch nicht beschnitten (*Buchrand*); **14.** herb, sauer (*bsd. Wein*); **15.** stark (wirkend) (*Arznei*); **16.** *Brit. sl.* schlecht, ungenießbar (*Fisch*); **II** *adv.* **17.** rau, hart, roh: ***play ~***; ***cut up ~*** ˌmassiv' werden; **18.** grob, flüchtig; **III** *s.* **19.** Rauheit *f*, *das Raue*: ***over ~ and smooth*** über Stock und Stein; ***take the ~ with the smooth*** *fig.* das Leben nehmen, wie es ist; → ***rough-and-tumble*** II; **20.** *bsd. Brit.* ˌSchläger' *m*, Rowdy *m*, Rohling *m*; **21.** Rohzustand *m*: ***from the ~*** aus dem Rohen *arbeiten*; ***in the ~*** im Groben, im Rohzustand; ***take s.o. in the ~*** j-n nehmen, wie er ist; **22.** a) holperiger Boden, b) *Golf*: Rough *n*; **23.** Stollen *m* (*am Pferdehufeisen*); **IV** *v/t.* **24.** an-, aufrauen; **25.** *j-n* miss'handeln, übel zurichten; **26.** *mst* ***~ out*** *Material* roh *od.* grob bearbeiten, vorbearbeiten; *metall.* vorwalzen; *Linse, Edelstein* grob schleifen; **27.** *Pferd* zureiten; **28.** *Pferd(ehuf)* mit Stollen versehen; **29.** ***~ in, ~ out*** entwerfen, flüchtig skizzieren; **30.** ***~ up*** *Haare etc.* gegen den Strich streichen: ***~ the wrong way*** *fig.* *j-n* reizen *od.* verstimmen; **31.** *sport Gegner* hart ˌnehmen'; **V** *v/i.* **32.** rau werden; **33.** *sport* (über'trieben) hart spielen; **34.** ***~ it*** F primi'tiv *od.* anspruchslos leben, ein spar'tanisches Leben führen.
rough·age ['rʌfɪdʒ] *s.* a) ⚒ Raufutter *n*, b) grobe Nahrung, c) *biol.* Ballaststoffe *pl.*
ˌrough|-and-'read·y *adj.* **1.** grob (gearbeitet), Not..., Behelfs...: ***~ rule*** Faustregel *f*; **2.** rau *od.* grob, aber zuverlässig (*Person*); **3.** schludrig: ***a ~ worker***; **ˌ~-and-'tum·ble I** *adj.* **1.** wild, heftig, verworren: ***a ~ fight***; **II** *s.* **2.** wildes Handgemenge, wüste Keile'rei; **3.** *fig.* Wirren *pl. des Krieges, des Lebens etc.*; **'~·cast I** *s.* **1.** *fig.* roher Entwurf; **2.** △ Rohputz *m*, Berapp *m*; **II** *adj.* **3.** im Entwurf, unfertig; **4.** roh verputzt, angeworfen; **III** *v/t.* [*irr.* → ***cast***] **5.** im Entwurf anfertigen, roh entwerfen; **6.** △ berappen, (*mit Rohputz*) anwerfen; **'~·dry** *v/t. Wäsche* (nur) trocknen (*ohne sie zu bügeln od. mangeln*).
rough·en ['rʌfən] **I** *v/i.* rau(er) werden; **II** *v/t. a.* ***~ up*** an-, aufrauen, rau machen.
ˌrough|-'grind *v/t.* [*irr.* → ***grind***] **1.** ⊙ vorschleifen; **2.** *Korn* schroten; **ˌ~-'han·dle** *v/t.* grob *od.* bru'tal behandeln; **ˌ~-'hew** *v/t.* [*irr.* → ***hew***] **1.** *Holz, Stein etc.* roh behauen, grob bearbeiten; **2.** *fig.* in groben Zügen entwerfen; **ˌ~-'hewn** *adj.* **1.** ⊙ roh behauen; **2.** *fig.* in groben Zügen entworfen *od.* gestaltet; **3.** *fig.* grobschlächtig, ungehobelt; **'~·house** *sl.* **I** *s.* a) Ra'dau *m*, b) wüste Keile'rei; **II** *v/t.* → ***rough*** 25; **III** *v/i.* Ra'dau machen, toben.
rough·ly ['rʌflɪ] *adv.* **1.** rau, roh, grob; **2.** a) grob, ungefähr, annähernd: ***~ speaking*** etwa, ungefähr, b) ganz allgemein (gesagt).
ˌrough|-ma'chine *v/t.* ⊙ grob bearbeiten; **'~·neck** *s. Am. sl.* **1.** Raubein *n*, Grobian *m*; **2.** Rowdy *m.*
rough·ness ['rʌfnɪs] *s.* **1.** Rauheit *f*, Unebenheit *f*; **2.** ⊙ raue Stelle; **3.** *fig.* Rohheit *f*, Grobheit *f*, Ungeschliffenheit *f*; **4.** Wildheit *f*, Heftigkeit *f*; **5.** Herbheit *f* (*Wein*).
ˌrough|-'plane *v/t.* ⊙ vorhobeln; **'~ˌrid·er** *s.* **1.** Zureiter *m*; **2.** verwegener Reiter; **3.** *Am.* ⚔ *hist.* a) 'irreguˌlärer Kavalle'rist, b) ⚔ *Angehöriger e-s im spanisch-amer. Krieg aufgestellten Kavallerie-Freiwilligenregiments*; **'~·shod** *adj.* scharf beschlagen (*Pferd*): ***ride ~ over*** *fig.* a) *j-n* rücksichtslos behandeln, *j-n* schikanieren, b) rücksichtslos über *et.* hinweggehen.
rou·lade [ru:'lɑ:d] (*Fr.*) *s.* **1.** ♪ Rou'lade *f*, Pas'sage *f*; **2.** *Küche*: Rou'lade *f.*
rou·lette [ru:'let] *s.* **1.** Rou'lett *n* (*Glücksspiel*); **2.** ⊙ Rollrädchen *n.*
Rou·ma·ni·an → ***Rumanian***.
round [raʊnd] **I** *adj.* □ → ***roundly***; **1.** *allg.* rund: a) kugelrund, b) kreisrund, c) zy'lindrisch, d) abgerundet, e) bogenförmig, f) e-n Kreis beschreibend (*Bewegung, Linie etc.*), g) rundlich, dick (*Arme, Wangen etc.*): → ***round angle*** (***hand***, ***robin*** *etc.*); **2.** *ling.* gerundet (*Vokal*); **3.** weich, vollmundig (*Wein*); **4.** ℛ ganz (*ohne Bruch*): ***in ~ numbers*** a) in ganzen Zahlen, b) auf- *od.* abgerundet; **5.** *fig.* rund, voll: ***a ~ dozen***; **6.** rund, annähernd (richtig); **7.** rund, beträchtlich (*Summe*); **8.** (ab)gerundet, flüssig (*Stil*); **9.** voll(tönend) (*Stimme*); **10.** flott, scharf: ***at a ~ pace***; **11.** offen, unverblümt: ***a ~ answer***; ***~ lie*** freche Lüge; **12.** kräftig, derb, ˌsaftig': ***in ~ terms*** in unmissverständlichen Ausdrücken; **II** *s.* **13.** Rund *n*, Kreis *m*, Ring *m*; **14.** Rund (-teil *n*, -bau *m*) *n*, *et.* Rundes; **15.** a) (runde) Stange, b) ⊙ Rundstab *m*, c) (Leiter)Sprosse *f*; **16.** Rundung *f*: ***out of ~*** ⊙ unrund; ***worked on the ~*** über e-n Leisten gearbeitet (*Schuh*); **17.** *Kunst*: Rundplastik *f*: ***in the ~*** a) plastisch, b) *fig.* vollkommen; **18.** *a.* ***~ of beef*** Rindskeule *f*; **19.** *Brit.* Scheibe *f*, Schnitte *f* (*Brot etc.*); **20.** Kreislauf *m*, Runde *f*: ***the ~ of the seasons***; ***the daily ~*** der tägliche Trott; **21.** a) (Dienst)Runde *f*, Rundgang *m* (*Briefträger, Polizist etc.*), b) ⚔ Streife *f*: ***make the ~ of*** e-n Rundgang machen um; **22.** a) (Inspekti'ons)Rundgang *m*, -fahrt *f*, b) Rundreise *f*, Tour *f*; **23.** *fig.* Reihe *f*, Folge *f von Besuchen, Pflichten etc.*: ***a ~ of pleasures***; **24.** a) *Boxen, Golf etc.*: Runde *f*, b) (Verhandlungs- *etc.*)Runde *f*: ***first ~ to him!*** die erste Runde geht an ihn!, *fig. humor. a.* eins zu null für ihn!; **25.** Runde *f*, Lage *f* (*Bier etc.*): ***stand a ~*** (***of drinks***) ˌe-n ausgeben' (*für alle*); **26.** Runde *f*, Kreis *m* (*Personen*): ***go*** (*od.* ***make***) ***the ~*** (***of***) die Runde machen, kursieren (bei, in *dat.*) (*Gerücht, Witz etc.*); **27.** a) ⚔ Salve *f*, b) Schuss *m*: ***20 ~s*** (***of cartridge***) 20 Schuss (Patronen); **28.** *fig.* Lach-, Beifallssalve *f*: ***~ after ~ of applause*** nicht enden wollender Beifall; **29.** ♪ a) Rundgesang *m*, Kanon *m*, b) Rundtanz *m*, Reigen *m*; **III** *adv.* **30.** *a.* ***~ about*** rund-, rings(her)'um; **31.** rund(her)'um, im ganzen 'Umkreis, auf *od.* von allen Seiten: ***all ~*** a) ringsum, überall, b) *fig.* durch die Bank, auf der ganzen Linie; ***for a mile ~*** im Umkreis von e-r Meile; **32.** rundher'um, im Kreise: ***~ and ~*** immer rundherum; ***hand s.th. ~*** et. herumreichen; ***look ~*** um sich blicken; ***turn ~*** (sich) umdrehen; ***the wheels go ~*** die Räder drehen sich; **33.** außen her'um: ***a long way ~*** ein weiter Umweg; **34.** *zeitlich*: her'an: ***comes ~ again*** *der Sommer etc.*

R

kehrt wieder; **35.** e-e Zeit lang: ***all the year ~*** das ganze Jahr lang *od.* hindurch; ***the clock ~*** volle 24 Stunden; **36.** a) hi'nüber, b) he'rüber: ***ask s.o. ~*** j-n zu sich bitten; ***order one's car ~*** (den Wagen) vorfahren lassen; **IV** *prp.* **37.** (rund) um: ***a tour ~ the world***; **38.** um (... her'um): ***sail ~ the Cape***; ***just ~ the corner*** gleich um die Ecke; **39.** in *od.* auf (*dat.*) ... herum: ***~ all the shops*** in allen Läden herum; **40.** um (... he'rum), im 'Umkreis von (*od. gen.*); **41.** um (... he'rum): ***write a book ~ a story***; ***argue ~ and ~ a subject*** um ein Thema herumreden; **42.** *zeitlich*: durch, während (*gen.*); **V** *v/t.* **43.** rund machen, (*a. fig.* ab)runden: ***~ed edge*** abgerundete Kante; ***~ed number*** auf- *od.* abgerundete Zahl; ***~ed teaspoon*** gehäufter Teelöffel; ***~ed vowel*** *ling.* gerundeter Vokal; **44.** um'kreisen; **45.** um'geben, -'schließen; **46.** *Ecke, Landspitze etc.* um'fahren, -'segeln, her'umfahren *od.* biegen um; **47.** *mot. Kurve* ausfahren; **VI** *v/i.* **48.** rund werden, sich runden; **49.** *fig.* sich abrunden, voll'kommen werden; **50.** ⚓ drehen, wenden; **51.** ***~ on*** F a) *j-n* ‚anfahren', b) über *j-n* herfallen;

Zssgn mit adv.:

round| off *v/t.* **1.** abrunden (*a. fig.*); **2.** *Fest, Rede etc.* beschließen, krönen; **3.** *Zahlen* auf- *od.* abrunden; **4.** *Schiff* wenden; **~ out I** *v/t.* **1.** (*v/i.* sich) runden *od.* ausfüllen; **2.** *fig.* abrunden; **II** *v/i.* **3.** rundlich werden (*Person*); **~ to** *v/i.* ⚓ beidrehen; **~ up** *v/t.* **1.** *Vieh* zs.-treiben; **2.** F a) *Verbrecherbande* ausheben, b) *Leute etc.* zs.-trommeln, *a. et.* auftreiben, c) zs.-klauben; **3.** *Zahl etc.* aufrunden.

'round·a·bout I *adj.* **1.** 'umständlich, weitschweifig (*Erklärung etc.*): ***~ way*** Umweg *m*; **2.** rundlich (*Person*); **II** *s.* **3.** 'Umweg *m*; **4.** *fig.* 'Umschweife *pl.*; **5.** *bsd. Brit.* Karus'sell *n*; → ***swing*** 24; **6.** *Brit.* Kreisverkehr *m*.

round| an·gle *s.* ⚲ Vollwinkel *m*; **~ arch** *s.* △ (ro'manischer) Rundbogen; **~ cell** *s. Batterie*: Knopfzelle *f*; **~ dance** *s.* Rundtanz *m*; Dreher *m*.

roun·del ['raʊndl] *s.* **1.** kleine runde Scheibe; **2.** Medail'lon *n* (*a. her.*), runde Schmuckplatte; **3.** △ a) rundes Feld *od.* Fenster, b) runde Nische; **4.** *Metrik*: → ***rondel***.

roun·de·lay ['raʊndɪleɪ] *s.* **1.** ♪ Re'frainliedchen *n*, Rundgesang *m*; **2.** Rundtanz *m*; **3.** (Vogel)Lied *n*.

round·er ['raʊndə] *s.* **1.** *Brit. sport* a) *pl. sg. konstr.* Rounders *n*, Rundball *m* (*Art Baseball*), b) ganzer 'Umlauf; **2.** *Am. sl.* a) liederlicher Kerl, b) Säufer *m*.

'round|-eyed *adj.* mit großen Augen, staunend; **~ hand** *s.* Rundschrift *f*; **'~·head** *s.* **1.** ℛ *hist.* Rundkopf *m* (*Puritaner*); **2.** Rundkopf *m* (*Person*; *a.* ⚙): ***~ screw*** Rundkopfschraube *f*; **'~·house** *s.* **1.** 🚂 Lokomo'tivschuppen *m*; **2.** ⚓ *hist.* Achterhütte *f*; **3.** *hist.* Turm *m*, Gefängnis *n*; **4.** *Am. sl.* (wilder) Schwinger (*Schlag*).

round·ing ['raʊndɪŋ] *s.* Rundung *f* (*a. ling.*): ***~-off*** Abrundung *f*; **'round·ish** [-ɪʃ] *adj.* rundlich; **'round·ly** [-dlɪ] *adv.* **1.** rund, ungefähr; **2.** rundweg, rundher'aus; **3.** gründlich, gehörig; **'round·ness** [-dnɪs] *s.* **1.** Rundheit *f* (*a. fig.*); Rundung *f*; **2.** *fig.* Unverblümtheit *f*; **'round·nose(d)** *adj.* ⚙ Rund...: ***~ pliers*** Rundzange *f*; **round rob·in** *s.* **1.** Petiti'on *f*, Denkschrift *f* (*bsd. mit im Kreis herum geschriebenen Unterschriften*); **2.** *sport Am. Turnier, bei dem jeder gegen jeden antritt*; **round shot** *s.* ⚔ *hist.* Ka'nonenkugel *f*.

rounds·man ['raʊndzmən] *s.* [*irr.*] *Brit.* Austräger *m*, Laufbursche *m*: ***milk ~*** Milchmann *m*.

round| steak *s. aus der Keule geschnittenes Beefsteak*; **~ ta·ble** *s.* **1.** a) runder Tisch, b) Tafelrunde *f*: ***the ℛ*** die Tafelrunde (des König Artus); **2.** *a.* ***round-table conference*** Konfe'renz *f* am runden Tisch, 'Round-Table-Konfe,renz *f*; **,~-the-'clock** *adj.* 24-stündig, rund um die Uhr; **'~·top** *s.* ⚓ Krähennest *n*; **~ tow·el** *s.* Rollhandtuch *n*; **~ trip** *s. Am.* Hin- u. Rückfahrt *f od.* -flug *m*; **,~-'trip** *adj.*: ***~ ticket*** *Am.* a) Rückfahrkarte *f*, b) ✈ Rückflugticket *n*; **~ turn** *s.* ⚓ Rundtörn *m* (*Knoten*): ***bring up with a ~*** *j-n* jäh unterbrechen; **'~·up** *s.* **1.** Zs.-treiben *n von Vieh*; **2.** *fig.* a) Zs.-treiben *n*, Sammeln *n*, b) Razzia *f*, Aushebung *f* von Verbrechern, c) Zs.-fassung *f*, 'Übersicht *f*: ***football ~***; ***~ of the news*** Nachrichtenüberblick *m*; **'~·worm** *s. zo.*, ⚕ Spulwurm *m*.

roup [ruːp] *s. vet.* a) Darre *f der Hühner*, b) Pips *m*.

rouse [raʊz] **I** *v/t.* **1.** *oft* ***~ up*** wachrütteln, (auf)wecken (***from*** aus); **2.** *Wild etc.* aufjagen; **3.** *fig. j-n* auf-, wachrütteln, ermuntern: ***~ o.s.*** sich aufraffen; **4.** *fig. j-n* in Wut bringen, aufbringen, reizen; **5.** *fig. Gefühle etc.* erwecken, wachrufen, *Hass* entflammen, *Zorn* erregen; **6.** ⚙ *Bier etc.* ('um)rühren; **II** *v/i.* **7.** *mst* ***~ up*** aufwachen (*a. fig.*); **8.** aufschrecken; **III** *s.* **9.** ⚔ *Brit.* Wecken *n*; **'rous·er** [-zə] *s.* F **1.** Sensati'on *f*; **2.** faustdicke Lüge, Schwindel *m*; **'rous·ing** [-zɪŋ] *adj.* □ **1.** *fig.* aufrüttelnd, zündend, mitreißend (*Ansprache, Lied etc.*); **2.** brausend, stürmisch (*Beifall etc.*); **3.** aufregend, spannend; **4.** F ‚toll'.

roust·a·bout ['raʊstəbaʊt] *s.* **1.** *Am.* a) Werft-, Hafenarbeiter *m*, b) *oft contp.* Gelegenheitsarbeiter *m*; **2.** Handlanger *m*, Hilfsarbeiter *m*.

rout[1] [raʊt] **I** *s.* **1.** Rotte *f*, wilder Haufen; **2.** ⚖ Zs.-rottung *f*, Auflauf *m*; **3.** *bsd.* ⚔ a) wilde Flucht, b) Schlappe *f*, Niederlage *f*: ***put to ~*** → 5; **4.** *obs.* (große) Abendgesellschaft; **II** *v/t.* **5.** ⚔ in die Flucht *od.* vernichtend schlagen.

rout[2] [raʊt] *v/t.* **1.** → ***root*** [2] II; **2.** ***~ out***, ***~ up*** *j-n aus dem Bett od. e-m Versteck etc.* (her'aus)treiben, (-)jagen; **3.** vertreiben; **4.** ⚙ ausfräsen (*a. typ.*), ausschweifen.

route [ruːt; ⚔ *a.* raʊt] **I** *s.* **1.** (Reise-, Fahrt)Route *f*, (-)Weg *m*: ***en ~*** (*Fr.*) unterwegs; **2.** (Bahn-, Bus-, Flug-) Strecke *f*, Route *f*; (Verkehrs)Linie *f*; ⚓ Schifffahrtsweg *m*; (Fern)Straße *f*; **3.** ϟ Leit(ungs)weg *m*; **4.** ⚔ a) Marschroute *f*, b) *Brit.* Marschbefehl *m*: ***~ march*** *Brit.* Übungsmarsch *m*, *Am.* Marsch *m* mit Marscherleichterungen; ***~ step, march!*** ohne Tritt(, marsch)!; **5.** ✝ *Am.* Versand(art *f*) *m*; **II** *v/t.* **6.** *Truppen* in Marsch setzen; *Transportgüter etc.* befördern, *a. weitS.* leiten (***via*** über *acc.*); **7.** die Route (*od.* ⚙ den Arbeitsgang) festlegen von (*od. gen.*); **8.** *Anträge etc.* (auf dem Dienstweg) weiterleiten; **9.** a) ϟ legen, führen: ***~ lines***, b) *tel.* leiten.

rou·tine [ruː'tiːn] **I** *s.* **1.** a) (Ge'schäfts-, 'Amts- *etc.*)Rou,tine *f*, übliche *od.* gleichbleibende Proze'dur, gewohnter Gang, b) me'chanische Arbeit, (ewiges) Einerlei, c) Rou'tinesache *f*, d) *contp.* Scha'blone *f*, e) *contp.* (alter) Trott; **2.** *Am.* a) (Zirkus- *etc.*)Nummer *f*, b) *contp.* ‚Platte' *f*, Geschwätz *n*; **3.** *Computer etc.*: Rou'tine *f*, ('Unter)Pro,gramm *n*; **II** *adj.* **4.** a) all'täglich, immer gleich bleibend, üblich, b) laufend, regel-, rou'tinemäßig: ***~ check***; **5.** *contp.* me'chanisch, scha'blonenhaft; **rou'tine·ly** [-lɪ] *adv.* **1.** rou'tinemäßig; **2.** *contp.* me'chanisch; **rou'tin·ist** [-nɪst] *s.* Gewohnheitsmensch *m*; **rou'tin·ize** [-naɪz] *v/t.* **1.** e-r Rou'tine *etc.* unter'werfen; **2.** *et.* zur Rou'tine machen.

roux [ruː] *s. pl.* **roux** [ruːz] Mehlschwitze *f*, Einbrenne *f*.

rove[1] [rəʊv] **I** *v/i. a.* ***~ about*** um'herstreifen, -schweifen, -wandern (*a. fig. Augen etc.*); **II** *v/t.* durch'streifen; **III** *s.* (Um'her)Wandern *n*; Wanderschaft *f*.

rove[2] [rəʊv] **I** *v/t.* **1.** ⚙ vorspinnen; **2.** *Wolle etc.* ausfasern; *Gestricktes* auftrennen, aufräufeln; **II** *s.* **3.** Vorgespinst *n*; **4.** (*Woll- etc.*)Strähne *f*.

rov·er[1] ['rəʊvə] *s.* ⚙ 'Vorspinnma,schine *f*.

rov·er[2] ['rəʊvə] *s.* **1.** Wanderer *m*; **2.** Pi'rat(enschiff *n*) *m*; **3.** Wandertier *n*; **4.** *obs. Brit. Pfadfinder über 17.*

rov·ing ['rəʊvɪŋ] *adj.* **1.** um'herziehend, -streifend; **2.** *fig.* ausschweifend: ***~ fancy***; ***have a ~ eye*** gern ein Auge riskieren; **3.** *fig.* ‚fliegend': ***~ reporter***; ***~ force*** (Polizei)Einsatztruppe *f*.

row[1] [rəʊ] *s.* **1.** *allg.* (*a. Häuser-, Sitz-*) Reihe *f*: ***in ~s*** in Reihen, reihenweise; ***a hard ~ to hoe*** *fig.* e-e schwierige Sache; **2.** Straße *f*: ***Rochester ℛ***; **3.** △ Baufluchtlinie *f*.

row[2] [rəʊ] **I** *v/i.* **1.** rudern; **II** *v/t.* **2.** *Boot, a. Rennen, a. j-n* rudern: ***~ down*** *j-n* (*beim Rudern*) überholen; **3.** rudern gegen, mit *j-m* (wett)rudern; **III** *s.* **4.** Rudern *n*; 'Ruderpar,tie *f*: ***go for a ~*** rudern gehen.

row[3] [raʊ] F **I** *s.* Krach *m*: a) Kra'wall *m*, Spek'takel *m*, b) Streit *m*, c) Schläge'rei *f*: ***get into a ~*** a) ‚eins aufs Dach bekommen', b) Krach bekommen (***with*** mit); ***have a ~ with*** Krach haben mit; ***kick up a ~*** Krach schlagen; ***what's the ~?*** was ist denn los?; **II** *v/t. j-n* ‚zs.-stauchen'; **III** *v/i.* randalieren.

row·an ['rəʊən] *s.* ⚘ Eberesche *f*; **'~,ber·ry** *s.* Vogelbeere *f*.

row·di·ness ['raʊdɪnɪs] *s.* Pöbelhaftigkeit *f*, rüpelhaftes Benehmen *od.* Wesen; **row·dy** ['raʊdɪ] **I** *s.* Rowdy *m*, Ra'bauke *m*, Schläger *m*; **II** *adj.* rüpel-, rowdyhaft, gewalttätig; **'row·dy·ism** [-ɪɪzəm] *s.* **1.** Rowdytum *n*, rüpelhaftes Benehmen; **2.** Gewalttätigkeit *f*, Rüpe'lei *f*.

row·el ['raʊəl] **I** *s.* Spornrädchen *n*; **II** *v/t. e-m Pferd* die Sporen geben.

row·en ['raʊən] *s.* ⚒ Grummet *n*.

row·ing ['rəʊɪŋ] **I** *s.* Rudern *n*, Rudersport *m*; **II** *adj.* Ruder...: ***~ boat***; ***~ machine*** Ruderapparat *m*.

row·lock ['rɒlək] *s.* ⚓ Dolle *f*.

roy·al ['rɔɪəl] **I** *adj.* □ **1.** königlich, Königs...: ***His ℛ Highness*** S-e Königliche Hoheit; ***~ prince*** Prinz *m* von königlichem Geblüt; → ***princess*** 1; ***ℛ Academy*** Königliche Akademie der Künste (*Großbritanniens*); ***~ blue*** Königsblau *n*; ***ℛ Exchange*** *die* Londoner Börse

(*Gebäude*); **~ flush** *Poker*: Royal Flush *m*; **℞ Navy** (Königlich-Brit.) Marine *f*; **~ paper** → 6; **~ road** *fig.* leichter *od.* bequemer Weg (**to** zu); **~ speech** Thronrede *f*; **2.** fürstlich (*a. fig.*): **the ~ and ancient game** das Golfspiel; **3.** *fig.* (*a.* F) prächtig, großartig: **in ~ spirits** F in glänzender Stimmung; **~ stag** *hunt.* Kapitalhirsch *m*; **~ tiger** *zo.* Königstiger *m*; **4.** edel (*a. Gas*); **II** *s.* **5.** F Mitglied *n* des Königshauses; **6.** Roy'alpa,pier *n* (*Format*); **7.** *a.* **~ sail** ⚓ Ober(bram)segel *n*; **roy·al·ist** ['rɔɪəlɪst] **I** *s.* Roya'list(in), Königstreue(r *m*) *f*; **II** *adj.* königstreu; **'roy·al·ty** [-ltɪ] *s.* **1.** Königtum *n*: a) Königswürde *f*, b) Königreich *n*: **insignia of ~** Kroninsignien *pl.*; **2.** königliche Abkunft; **3.** a) fürstliche Per'sönlichkeit, b) *pl.* Fürstlichkeiten *pl.*, c) Königshaus *n*; **4.** Krongut *n*; **5.** Re'gal *n*, königliches Privi'leg; **6.** Abgabe *f* an die Krone, Pachtgeld *n*: **mining ~** Bergwerksabgabe *f*; **7.** mo'narchische Regierung; **8.** ⚖ (Au'toren- *etc.*)Tanti,eme *f*, Gewinnanteil *m*; **9.** ⚖ a) Li'zenz *f*, b) Li'zenzgebühr *f*: **~ fees** Pa'tentgebühren; **subject to payment of royalties** lizenzpflichtig.

roz·zer ['rɒzə] *s. Br. sl.* Bulle *m* (*Polizist*).

rub [rʌb] **I** *s.* **1.** (Ab)Reiben *n*, Polieren *n*: **give it a ~** reibe es (doch einmal); **have a ~ with a towel** sich (mit dem Handtuch) abreiben *od.* abtrocknen; **2.** *fig.* Schwierigkeit *f*, Haken *m*: **there's the ~!** F da liegt der Hase im Pfeffer!; **there's a ~ in it** F die Sache hat e-n Haken; **3.** Unannehmlichkeit *f*; **4.** *fig.* Stiche'lei *f*; **5.** raue *od.* aufgeriebene Stelle; **6.** Unebenheit *f*; **II** *v/t.* **7.** reiben: **~ one's hands** sich die Hände reiben (*mst fig.*); **~ shoulders with** *fig.* verkehren mit, (*dat.*) nahe stehen; **~ it in, ~ s.o.'s nose in it** es j-m ,unter die Nase reiben'; → **rub up**; **8.** reiben, (reibend) streichen; massieren; **9.** einreiben (**with** mit *e-r Salbe etc.*); **10.** streifen, reiben an (*dat.*); (wund) scheuern; **11.** a) scheuern, schaben, b) *Tafel etc.* abwischen, c) polieren, d) wichsen, bohnern, e) abreiben, frottieren; **12.** ⚙ (ab)schleifen, (ab)feilen: **~ with emery** (**pumice**) abschmirgeln (abbimsen); **13.** *typ.* abklatschen; **III** *v/i.* **14.** reiben, streifen (**against** *od.* [**up**]**on** an *dat.*, gegen); **15.** *fig.* sich schlagen (**through** durch);

Zssgn mit adv.:

rub| a·long *v/i.* **1.** sich (mühsam) 'durchschlagen; **2.** (gut) auskommen (**with** mit *j-m*); **~ down** *v/t.* **1.** abreiben, frottieren; *Pferd* striegeln; **2.** he'runter-, wegreiben; **~ in** *v/t.* **1.** *a. Zeichnung* einreiben; **2.** *sl.* ,her'umreiten' auf (*dat.*); → **rub** 7; **~ off I** *v/t.* **1.** ab-, wegreiben; abschleifen; **II** *v/i.* **2.** abgehen (*Lack etc.*); **3.** *fig.* sich abnützen; **4.** *fig.* F abfärben (**onto** auf *acc.*); **~ out I** *v/t.* **1.** ausradieren; **2.** wegwischen, -reiben; **3.** *Am. sl.* ,'umlegen' (*töten*); **II** *v/i.* **4.** weggehen (*Fleck etc.*); **~ up** *v/t.* **1.** (auf)polieren; **2.** *fig.* a) *Kenntnisse etc.* auffrischen, b) *Gedächtnis etc.* stärken; **3.** *fig.* F **rub s.o. up the right way** j-n richtig behandeln; **rub s.o. up the wrong way** j-n ,verschnupfen' *od.* verstimmen; **it rubs me up the wrong way** es geht mir gegen den Strich; **4.** *Farben etc.* verreiben.

rub-a-dub ['rʌbədʌb] *s.* Ta'ramtamtam *n*, Trommelwirbel *m*.

rub·ber[1] ['rʌbə] **I** *s.* **1.** Gummi *n*, *m*, (Na'tur)Kautschuk *m*; **2.** (Radier-)Gummi *m*; **3.** *a.* **~ band** Gummiring *m*, -band *n*; **4.** **~ tyre** (*od. bsd. Am.* **tire**) Gummireifen *m*; **5.** *pl.* a) *Am.* ('Gummi),Überschuhe *pl.*, b) *Brit.* Turnschuhe *pl.*; **6.** *sl.* ,Gummi' *m*, ,Pa'riser' *m* (*Kondom*); **7.** Reiber *m*, Polierer *m*; **8.** Mas'seur(in), Mas'seuse *f*; **9.** Reibzeug *n*; **10.** a) Frottier(hand)tuch *n*, -handschuh *m*, b) Wischtuch *n*, c) Polierkissen *n*, d) *Brit.* Geschirrtuch *n*; **11.** Reibfläche *f*; **12.** ⚙ a) Schleifstein *m*, b) Putzfeile *f*; **13.** *typ.* Farbläufer *m*; **14.** 'Schmirgelpa,pier *n*; 'Glaspa,pier *n*; **15.** (weicher) Formziegel; **16.** F *Eishockey*: Puck *m*, Scheibe *f*; **17.** *Baseball*: Platte *f*; **II** *v/t.* **18.** → **rubberize**; **III** *v/i.* **19.** → **rubberneck** 4, 5; **IV** *adj.* **20.** Gummi...: **~ solution** Gummilösung *f*.

rub·ber[2] ['rʌbə] *s. Kartenspiel*: Robber *m*.

rub·ber| boat *s.* Gummi-, Schlauchboot *n*; **~ ce·ment** *s.* ⚙ Gummilösung *f*; **~ check** *s. Am.*, **~ cheque** *s. Brit.* F geplatzter Scheck; **~ coat·ing** *s.* Gummierung *f*; **~ din·ghi** *s.* Schlauchboot *n*; **~ gloves** *s. pl. a.* **pair of ~** Gummihandschuhe *pl.*

rub·ber·ize ['rʌbəraɪz] *v/t.* ⚙ mit Gummi imprägnieren, gummieren.

'rub·ber|·neck *Am.* F **I** *s.* **1.** Gaffer(in), Neugierige(r *m*) *f*; **2.** Tou'rist(in); **II** *adj.* **3.** neugierig, schaulustig; **III** *v/i.* **4.** neugierig gaffen, ,sich den Hals verrenken'; **5.** die Sehenswürdigkeiten (*e-r Stadt etc.*) ansehen; **IV** *v/t.* **6.** neugierig betrachten; **~ plant** *s.* ⚘ Kautschukpflanze *f*, *bsd.* Gummibaum *m*; **~ stamp** *s.* **1.** Gummistempel *m*; **2.** F a) sturer Beamter, b) bloßes Werkzeug, c) Nachbeter *m*; **3.** *bsd. Am.* F (abgedroschene) Phrase; **,~-'stamp** *v/t.* **1.** abstempeln; **2.** F (rou'tinemäßig) genehmigen; **~ tree** *s.* ⚘ a) Gummibaum *m*, b) Kautschukbaum *m*.

rub·bing ['rʌbɪŋ] *s.* **1.** a) *phys.* Reibung *f*, b) ⚙ Abrieb *m*; **2.** *typ.* Reiberdruck *m*; **~ cloth** *s.* Frottier-, Wisch-, Scheuertuch *n*; **~ con·tact** *s.* ⚡ 'Reibe-, 'Schleifkon,takt *m*; **'~·stone** *s.* Schleif-, Wetzstein *m*; **~ var·nish** *s.* ⚙ Schleiflack *m*.

rub·bish ['rʌbɪʃ] *s. bsd. Brit.* **1.** Abfall *m*, Kehricht *m*, Müll *m*: **~ bin** Abfalleimer *m*; **~ chute** Müllschlucker *m*; **2.** (Gesteins)Schutt *m* (*a. geol.*); **3.** F Schund *m*, Plunder *m*; **4.** F *a. int.* Blödsinn *m*, Quatsch *m*; **5.** ⚒ a) *über Tage*: Abraum *m*, b) *unter Tage*: taubes Gestein; **rub·bish tip** *s. bsd. Brit.* 'Mülldepo,nie *f*, -halde *f*; **'rub·bish·y** [-ʃɪ] *adj.* **1.** schuttbedeckt; **2.** F Schund..., wertlos.

rub·ble ['rʌbl] *s.* **1.** Bruchstein(e *pl.*) *m*, Schotter *m*; **2.** *geol.* (Stein)Schutt *m*, Geröll *n*, Geschiebe *n*; **3.** (rohes) Bruchsteinmauerwerk; **4.** loses Packeis; **~ ma·son·ry** → **rubble** 3; **'~·stone** *s.* Bruchstein *m*; **'~·work** → **rubble** 3.

'rub·down *s.* Abreibung *f*: **have a ~** sich trockenreiben *od.* frottieren.

rube [ru:b] *s. Am. sl.* ,Lackel' *m*.

ru·be·fa·cient [,ru:bɪ'feɪʃjənt] ⚕ **I** *adj.* (*bsd.* haut)rötend; **II** *s.* (*bsd.* haut)rötendes Mittel; **,ru·be'fac·tion** [-'fækʃn] *s.* ⚕ Hautröte *f*, -rötung *f*.

ru·bi·cund ['ru:bɪkənd] *adj.* rötlich, rot, rosig (*Person*).

ru·bric ['ru:brɪk] **I** *s.* **1.** *typ.* Ru'brik *f* ([*roter*] *Titelkopf od. Buchstabe*; *Abschnitt*); **2.** *eccl.* Ru'brik *f*, li'turgische Anweisung; **II** *adj.* **3.** rot (gedruckt *etc.*), rubriziert; **'ru·bri·cate** [-keɪt] *v/t.* **1.** rot bezeichnen; **2.** rubrizieren.

'rub·stone *s.* Schleifstein *m*.

ru·by ['ru:bɪ] **I** *s.* **1.** *a.* **true ~, Oriental ~** *min.* Ru'bin *m*; **2.** (Ru'bin)Rot *n*; **3.** *fig.* Rotwein *m*; **4.** *fig.* roter (Haut)Pickel; **5.** *Uhrmacherei*: Stein *m*; **6.** *typ.* Pa'riser Schrift *f*, Fünfein'halbpunktschrift *f*; **II** *adj.* **7.** (kar'min-, ru'bin)rot.

ruche [ru:ʃ] *s.* Rüsche *f*; **ruched** [-ʃt] *adj.* mit Rüschen besetzt; **'ruch·ing** [-ʃɪŋ] *s.* **1.** *coll.* Rüschen(besatz *m*) *pl.*; **2.** Rüschenstoff *m*.

ruck[1] [rʌk] *s.* **1.** *sport das* (Haupt)Feld; **2. the** (**common**) **~** *fig.* die breite Masse: **rise out of the ~** *fig.* sich über den Durchschnitt erheben.

ruck[2] [rʌk] **I** *s.* Falte *f*; **II** *v/t. oft* **~ up** hochschieben, zerknüllen, -knittern; **III** *v/i. oft* **~ up** Falten werfen, hochrutschen.

ruck·sack ['rʌksæk] (*Ger.*) *s.* Rucksack *m*.

ruck·us ['rʌkəs] → **ruction**.

ruc·tion ['rʌkʃn] *s. oft pl.* F a) Tohuwa'bohu *n*, b) Krach *m*, Kra'wall *m*, c) Schläge'rei *f*.

rud·der ['rʌdə] *s.* **1.** ⚓ (Steuer)Ruder *n*, Steuer *n*; **2.** ✈ Seitenruder *n*, -steuer *n*: **~ controls** Seitensteuerung *f*; **3.** *fig.* Richtschnur *f*; **4.** *Brauerei*: Rührkelle *f*; **'rud·der·less** [-lɪs] *adj.* **1.** ohne Ruder; **2.** *fig.* führer-, steuerlos.

rud·di·ness ['rʌdɪnɪs] *s.* Röte *f*; **rud·dy** ['rʌdɪ] *adj.* □ **1.** rot, rötlich, gerötet; gesund (*Gesichtsfarbe*); **2.** *Brit. sl.* verflixt.

rude [ru:d] *adj.* □ **1.** grob, unverschämt; rüde, ungehobelt; **2.** roh, unsanft (*a. fig. Erwachen*); **3.** wild, heftig (*Kampf, Leidenschaft*); rau (*Klima etc.*); hart (*Los, Zeit etc.*); **4.** wild (*Landschaft*); holp(e)rig (*Weg*); **5.** wirr (*Masse etc.*): **~ chaos** chaotischer Urzustand; **6.** *allg.* primi'tiv: a) unzivilisiert, b) ungebildet, c) kunstlos, d) behelfsmäßig; **7.** ro'bust, unverwüstlich (*Gesundheit*): **be in ~ health** vor Gesundheit strotzen; **8.** roh, unverarbeitet (*Stoff*); **9.** plump, ungeschickt; **10.** a) ungefähr, b) flüchtig, grob: **~ sketch**; **a ~ observer** ein oberflächlicher Beobachter; **'rude·ness** [-nɪs] *s.* **1.** Grobheit *f*; **2.** Rohheit *f*; **3.** Heftigkeit *f*; **4.** Wild-, Rauheit *f*; **5.** Primitivi'tät *f*; **6.** Unebenheit *f*.

ru·di·ment ['ru:dɪmənt] *s.* **1.** Rudi'ment *n* (*a. biol. rudimentäres Organ*), Ansatz *m*; **2.** *pl.* Anfangsgründe *pl.*, Grundlagen *pl.*, Rudi'mente *pl.*; **ru·di·men·tal** [,ru:dɪ'mentl], **ru·di·men·ta·ry** [,ru:dɪ'mentərɪ] *adj.* □ **1.** elemen'tar, Anfangs...; **2.** rudimen'tär (*a. biol.*).

rue[1] [ru:] *s.* ⚘ Gartenraute *f*.

rue[2] [ru:] *v/t.* bereuen, bedauern; *Ereignis* verwünschen: **he will live to ~ it** er wird es noch bereuen; **'rue·ful** [-fʊl] *adj.* □ **1.** kläglich, jämmerlich: **the Knight of the ℞ Countenance** der Ritter von der traurigen Gestalt (*Don Quichotte*); **2.** wehmütig; **3.** reumütig; **'rue·ful·ness** [-fʊlnɪs] *s.* **1.** Gram *m*, Traurigkeit *f*; **2.** Jammer *m*.

ruff[1] [rʌf] *s.* **1.** Halskrause *f* (*a. zo., orn.*); **2.** (Pa'pier)Krause *f* (*Topf etc.*); **3.** Rüsche *f*; **4.** *orn.* a) Kampfläufer *m*, b) Haustaube *f* mit Halskrause.

ruff² [rʌf] **I** *s. Kartenspiel*: Trumpfen *n*; **II** *v/t. u. v/i.* mit Trumpf stechen.
ruff(e)³ [rʌf] *s. ichth.* Kaulbarsch *m*.
ruf·fi·an [ˈrʌfjən] *s.* **1.** Rüpel *m*; **2.** Raufbold *m*; **ˈruf·fi·an·ism** [-nɪzəm] *s.* Rohheit *f*, Brutaliˈtät *f*; **ˈruf·fi·an·ly** [-lɪ] *adj.* **1.** roh, bruˈtal; **2.** wild.
ruf·fle [ˈrʌfl] **I** *v/t.* **1.** *Wasser etc., a. Tuch* kräuseln; *Stirn* kraus ziehen; **2.** *Federn, Haare* sträuben: **~ one's feathers** sich aufplustern (*a. fig.*); **3.** *Papier* zerknittern; **4.** durcheinˈander bringen *od.* werfen; **5.** *fig. j-n* aus der Fassung bringen; *j-n* (ver)ärgern: **~ s.o.'s temper** j-n verstimmen; **II** *v/i.* **6.** sich kräuseln; **7.** zerknüllt *od.* zerzaust werden; **8.** *fig.* die Ruhe verlieren; **9.** *fig.* sich aufspielen, anmaßend auftreten; **III** *s.* **10.** Kräuseln *n*; **11.** Rüsche *f*, Krause *f*; **12.** *orn.* Halskrause *f*; **13.** *fig.* Aufregung *f*, Störung *f*: **without ~ or excitement** in aller Ruhe.
ru·fous [ˈruːfəs] *adj.* rotbraun.
rug [rʌg] *s.* **1.** (kleiner) Teppich, (Bett-, Kaˈmin)Vorleger *m*, Brücke *f*: **pull the ~ from under s.o.** *fig.* j-m den Boden unter den Füßen wegziehen; **2.** *bsd. Brit.* dicke wollene (Reise- *etc.*)Decke.
rug·by (**foot·ball**) [ˈrʌgbɪ] *s. sport* Rugby *n*.
rug·ged [ˈrʌgɪd] *adj.* ☐ **1.** zerklüftet, wild (*Landschaft etc.*), zackig, schroff (*Fels etc.*), felsig; **2.** durchˈfurcht (*Gesicht etc.*), uneben (*Boden etc.*), holperig (*Weg etc.*), knorrig (*Gestalt*); **3.** rauh (*Rinde, Tuch, a. fig. Manieren, Sport etc.*): **life is ~** das Leben ist hart; **~ individualism** krasser Individualismus; **4.** ruppig, grob; **5.** *bsd. Am. a.* ⚙ roˈbust, stark, staˈbil; **ˈrug·ged·ize** *v/t.* besonders roˈbust machen: **~d laptop** besonders robuster Laptop; **ˈrug·ged·ness** [-nɪs] *s.* **1.** Rauheit *f*; **2.** Grobheit *f*; **3.** *Am.* Roˈbustheit *f*.
rug·ger [ˈrʌgə] *Brit.* F *für* **rugby** (**football**).
ru·in [ˈrʊɪn] **I** *s.* **1.** Ruˈine *f* (*a. fig. Person etc.*); *pl.* Ruine(n *pl.*) *f*, Trümmer *pl.*: **lay in ~s** in Schutt u. Asche legen; **lie in ~s** in Trümmern liegen; **2.** Verfall *m*: **go to ~** verfallen; **3.** Ruˈin *m*, ˈUntergang *m*, Zs.-bruch *m*, Verderben *n*: **bring to ~** → 5; **the ~ of my hopes** (**plans**) das Ende m-r Hoffnungen (Pläne); **it will be the ~ of him** es wird sein Untergang sein; **II** *v/t.* **4.** vernichten, zerstören; **5.** *j-n, a. Sache, Gesundheit etc.* ruinieren, zuˈgrunde richten; *Hoffnungen, Pläne* zuˈnichte machen; *Augen, Aussichten etc.* verderben; *Sprache* verhunzen; **6.** *Mädchen* verführen; **ru·in·a·tion** [rʊɪˈneɪʃn] *s.* **1.** Zerstörung *f*, Verwüstung *f*; **2.** F *j-s* Ruˈin *m*, Verderben *n*, ˈUntergang *m*; **ˈru·in·ous** [-nəs] *adj.* ☐ **1.** verfallen(d), baufällig, ruˈinenhaft; **2.** verderblich, mörderisch, ruinierend, ruiˈnös: **a ~ price** a) ruinöser *od.* enormer Preis, b) Schleuderpreis *m*; **ˈru·in·ous·ness** [-nəsnɪs] *s.* **1.** Baufälligkeit *f*; **2.** Verderblichkeit *f*.
rule [ruːl] **I** *s.* **1.** Regel *f*, Norˈmalfall *m*: **as a ~** in der Regel; **as is the ~** wie es allgemein üblich ist; **become the ~** zur Regel werden; **make it a ~ to** (*inf.*) es sich zur Regel machen, zu (*inf.*); **by all the ~s** eigentlich; → **exception** 1; **2.** Regel *f*, Richtschnur *f*, Grundsatz *m*; *sport etc.* Spielregel *f* (*a. fig.*): **against the ~s** regelwidrig; **~s of action** (*od.* **conduct**) Verhaltensmaßregeln, Richtlinien; **~ of thumb** Faustregel, praktische Erfahrung; **by ~ of thumb** über den Daumen gepeilt; **serve as a ~** als Richtschnur *od.* Maßstab dienen; **3.** ⚖ a) Vorschrift *f*, (gesetzliche) Bestimmung, Norm *f*, b) gerichtliche Entscheidung, c) Rechtsgrundsatz *m*: **~s of the air** Luftverkehrsregeln; **work to ~** Dienst nach Vorschrift tun (*als Streikmittel*); → **road** 1; **4.** *pl.* (Geschäfts-, Gerichts- *etc.*)Ordnung *f*: (**standing**) **~s of court** ⚖ Prozessordnung; **~s of procedure** a) Verfahrensordnung, b) Geschäftsordnung; **5.** *a.* **standing ~** Satzung *f*: **against the ~s** satzungswidrig; **the ~s** (**and by-laws**) die Satzungen, die Statuten; **6.** *eccl.* Ordensregel *f*; **7.** ♆ Uˈsance *f*, Handelsbrauch *m*; **8.** ⊿ Regel *f*, Rechnungsart *f*: **~ of proportion**, **~ of three** Regeldetri *f*, Dreisatz *m*; **9.** Herrschaft *f*, Regierung *f*: **during** (**under**) **the ~ of** während (unter) der Regierung (*gen.*); **~ of law** Rechtsstaatlichkeit *f*; **10.** a) Lineˈal *n*, b) *a.* **folding ~** Zollstock *m*; **11.** a) Richtmaß *n*, b) Winkel(eisen *n*, -maß *n*) *m*; **12.** *typ.* a) (Messing)Linie *f*: **~ case** Linienkasten *m*, b) Koˈlumnenmaß *n* (*Satzspiegel*), c) *Brit.* Strich *m*: **em ~** Gedankenstrich; **en ~** Halbgeviert *n*; **II** *v/t.* **13.** *a.* **~ over** *Land, Gefühl etc.* beherrschen, herrschen über (*acc.*), regieren: **~ the roast** (*od.* **roost**) *fig.* das Regiment führen, Herr im Haus sein; **14.** lenken, leiten: **be ~d by** sich leiten lassen von; **15.** *bsd.* ⚖ anordnen, verfügen, entscheiden: **~ out** a) *j-n od. et.* ausschließen (*a. sport*), b) *et.* ablehnen; **~ s.o. out of order** *parl.* j-m das Wort entziehen; **~ s.th. out of order** et. nicht zulassen; **16.** a) *Papier* linieren, b) *Linie* ziehen: **~ s.th. out** et. durchstreichen; **~d paper** liniertes Papier; **III** *v/i.* **17.** herrschen *od.* regieren (**over** über *acc.*); **18.** entscheiden (**that** dass); **19.** ♆ *hoch etc.* stehen, liegen, notieren (*Preise*): **~ high** (**low**); weiterhin hoch notieren; **20.** vorherrschen; **21.** gelten, in Kraft sein (*Recht etc.*); **ˈrul·er** [-lə] *s.* **1.** Herrscher(in); **2.** Lineˈal *n*; ⚙ Richtscheit *n*; **3.** ⚙ Liˈniermaˌschine *f*; **ˈrul·ing** [-lɪŋ] **I** *s.* **1.** ⚖ (gerichtliche) Entscheidung; Verfügung *f*; **2.** Linie(n *pl.*) *f*; **3.** Herrschaft *f*; **II** *adj.* **4.** herrschend; *fig.* (vor)herrschend: **~ coalition** *pol.* Reˈgierungskoalitiˌon *f*; **5.** maßgebend, grundlegend: **~ case**; **6.** ♆ bestehend, laufend: **~ price** Tagespreis *m*.
rum¹ [rʌm] *s.* Rum *m*, *Am. a.* Alkohol *m*.
rum² [rʌm] *adj.* ☐ *bsd. Brit. sl.* **1.** ‚komisch' (*eigenartig*): **~ customer** komischer Kauz; **~ go** dumme Geschichte; **~ start** (tolle) Überraschung; **2.** ulkig, drollig.
Ru·ma·ni·an [ruːˈmeɪnjən] **I** *adj.* **1.** ruˈmänisch; **II** *s.* **2.** Ruˈmäne *m*, Ruˈmänin *f*; **3.** *ling.* Ruˈmänisch *n*.
rum·ba [ˈrʌmbə] *s.* Rumba *m, f*.
rum·ble¹ [ˈrʌmbl] **I** *v/i.* **1.** poltern (*a. Stimme*); rattern (*Gefährt, Zug etc.*), rumpeln, rollen (*Donner*), knurren (*Magen*); **II** *v/t.* **2.** *a.* **~ out** *Worte* heˈrauspoltern, *Lied* grölen; **III** *s.* **3.** Gepolter *n*, Rattern *n*, Rumpeln *n*, Rollen *n* (*Donner*); **4.** ⚙ Poliertrommel *f*; **5.** a) Bedientensitz *m*, b) Gepäckraum *m*, c) → **rumble seat**; **6.** *Am.* (Straßen-) Schlacht *f* (*zwischen jugendlichen Banden*).
rum·ble² [ˈrʌmbl] *v/t. sl.* **1.** *j-n* durchˈschauen; **2.** *et.* ‚spitzkriegen'; **3.** *Am. j-n* argwöhnisch machen.
rum·ble seat *s. Am. mot.* Not-, Klappsitz *m*.
rum·bus·tious [rʌmˈbʌstɪəs] *adj.* F **1.** laut, lärmend; **2.** wild, ausgelassen.
ru·men [ˈruːmen] *pl.* **-mi·na** [-mɪnə] *s. zo.* Pansen *m*; **ˈru·mi·nant** [-mɪnənt] **I** *adj.* ☐ **1.** *zo.* ˈwiederkäuend; **2.** *fig.* grübelnd; **II** *s.* **3.** *zo.* ˈWiederkäuer *m*; **ˈru·mi·nate** [-mɪneɪt] **I** *v/i.* **1.** ˈwiederkäuen; **2.** *fig.* grübeln (**about**, **over** über *acc., dat.*); **II** *v/t.* **3.** *fig.* grübeln über (*acc., dat.*); **ru·mi·na·tion** [ˌruːmɪˈneɪʃn] *s.* **1.** ˈWiederkäuen *n*; **2.** *fig.* Grübeln *n*; **ˈru·mi·na·tive** [-mɪnətɪv] *adj.* ☐ nachdenklich, grüblerisch.
rum·mage [ˈrʌmɪdʒ] **I** *v/t.* **1.** durchˈstöbern, -ˈwühlen, wühlen in (*dat.*); **2.** *a.* **~ out**, **~ up** aus-, herˈvorkramen; **II** *v/i.* **3.** *a.* **~ about** (herˈum)stöbern *od.* (-)wühlen (**in** in *dat.*); **III** *s.* **4.** *mst* **~ goods** Ramsch *m*, Ausschuss *m*, Restwaren *pl.*; **~ sale** *s.* **1.** Ramschverkauf *m*; **2.** ˈWohltätigkeitsbaˌzar *m*.
rum·mer [ˈrʌmə] *s.* Römer *m*, (ˈWein-) Poˌkal *m*.
rum·my¹ [ˈrʌmɪ] *s.* Rommee *n* (*Kartenspiel*).
rum·my² [ˈrʌmɪ] *adj.* ☐ → **rum²** 1 *u.* 2.
ru·mo(u)r [ˈruːmə] **I** *s.* a) Gerücht *n*, b) Gerede *n*: **~ has it**, **the ~ runs** es geht das Gerücht; **II** *v/t.* (als Gerücht) verbreiten (*mst pass.*): **it is ~ed that** man sagt *od.* es geht das Gerücht, dass; **he is ~ed to be** man munkelt *od.* es heißt, er sei.
rump [rʌmp] *s.* **1.** *zo.* Steiß *m*, ˈHinterteil *n* (*a. des Menschen*); *orn.* Bürzel *m*; **~ steak** *Küche*: Rumpsteak *n*; **2.** *fig.* Rumpf *m*, kümmerlicher Rest: **the** ♀ (**Parliament**) *hist.* das Rumpfparlament.
rum·pie [ˈrʌmpɪ] *s.* Aufsteiger, der auf dem Land wohnt (= **rural upwardly-mobile professional**).
rum·ple [ˈrʌmpl] *v/t.* **1.** zerknittern, -knüllen; **2.** *Haar etc.* zerwühlen.
rum·pus [ˈrʌmpəs] *s.* F **1.** Krach *m*, Kraˈwall *m*; **2.** Trubel *m*; **3.** Streit *m*, ‚Krach' *m*; **~ room** *s. Am.* Hobby- *od.* Partyraum *m*.
ˈrumˌrun·ner *s. Am.* Alkoholschmuggler *m*.
run [rʌn] **I** *s.* **1.** Laufen *n*, Rennen *n*; **2.** Lauf *m* (*a. sport u. fig.*); Lauf-, ⚔ Sturmschritt *m*: **at the ~** im Lauf (-schritt), im Dauerlauf; **in the long ~** *fig.* auf die Dauer, am Ende, schließlich; **in the short ~** fürs Nächste; **on the ~** a) auf der Flucht, b) (immer) auf den Beinen (*tätig*); **be in the ~** *bsd. Am. pol. bei e-r Wahl* infrage kommen *od.* im Rennen liegen, kandidieren; **come down with a ~** schnell *od.* plötzlich fallen (*a. Barometer, Preis*); **go for** (*od.* **take**) **a ~** e-n Lauf machen; **have a ~ for one's money** sich abhetzen müssen; **have s.o. on the ~** j-n herumjagen, -hetzen; **3.** a) Anlauf *m*: **take a ~** (e-n) Anlauf nehmen, b) *Baseball, Kricket*: erfolgreicher Lauf; **4.** *Reiten*: schneller Gaˈlopp; **5.** ⚓, *mot.* Fahrt *f*; **6.** *oft* **short ~** Spazierfahrt *f*; **7.** Abstecher *m*, kleine Reise (**to** nach); **8.** ✈ (Bomben)Zielanflug *m*; **9.** ♪ Lauf *m*; **10.** Zulauf *m*, ♆ Ansturm *m*, Run *m* (**on** auf *e-e Bank etc.*); ♆ stürmische Nachfrage (**on** nach *e-r Ware*); **11.** *fig.* Lauf *m*, (Fort)Gang *m*: **the ~ of events**; **12.** *fig.* Verlauf *m*: **the ~ of**

R

the hills; **13.** *fig.* a) Ten'denz *f*, b) Mode *f*; **14.** Folge *f*, (*sport* Erfolgs-, Treffer)Serie *f*: ***a ~ of bad (good) luck*** e-e Pechsträhne (e-e Glückssträhne); **15.** *Am.* kleiner Wasserlauf; **16.** *bsd. Am.* Laufmasche *f*; **17.** (Bob-, Rodel)Bahn *f*; **18.** ✈ Rollstrecke *f*; **19.** a) (Vieh-)Trift *f*, Weide *f*, b) (Hühner)Hof *m*, Auslauf *m*; **20.** ⚙ a) Bahn *f*, b) Laufschiene *f*, c) Rinne *f*; **21.** Mühl-, Mahlgang *m*; **22.** ⚙ a) Herstellungsgröße *f*, (Rohr- *etc.*)Länge *f*, b) (Betriebs)Leistung *f*, Ausstoß *m*, c) Gang *m*, 'Arbeitsperi,ode *f*, d) 'Durchlauf *m* (*von Beschickungsgut*), e) Charge *f*, Menge *f*, f) Bedienung *f*; **23.** Auflage *f* (*Zeitung*); **24.** *Kartenspiel*: Se'quenz *f*; **25.** (Amts-, Gültigkeits-, Zeit)Dauer *f*: ***~ of office***; **26.** *thea.*, *Film*: Laufzeit *f*: ***have a ~ of 20 nights*** 20-mal nacheinander gegeben werden; **27.** a) Art *f*, Schlag *m*; Sorte *f* (*a.* ✝), b) *mst* ***common*** (*od.* ***general*** *od.* ***ordinary***) ~ 'Durchschnitt *m*, *die* große Masse: ***~ of the mill*** Durchschnitt *m*; **28.** Herde *f*; **29.** Schwarm *m* (*Fische*); **30.** ⚓ (Achter)Piek *f*; **31.** (***of***) a) freie Benutzung (*gen.*), b) freier Zutritt (zu); **II** *v/i.* [*irr.*] **32.** laufen, rennen; eilen, stürzen; **33.** da'vonlaufen, Reiß'aus nehmen; **34.** *sport* a) (um die Wette) laufen, b) (an e-m Lauf *od.* Rennen) teilnehmen, laufen, c) als *Zweiter etc.* einlaufen: ***also ran*** ferner liefen; **35.** *fig.* laufen (*Blick*, *Feuer*, *Finger*, *Schauer etc.*): ***his eyes ran over ...*** sein Blick überflog ...; ***the tune keeps ~ning through my head*** die Melodie geht mir nicht aus dem Kopf; **36.** *pol.* kandidieren (***for*** für); **37.** ⚓ *etc.* fahren; (*in den Hafen*) einlaufen: ***~ before the wind*** vor dem Wind segeln; **38.** wandern (*Fische*); **39.** 🚂 *etc.* verkehren, *auf e-r Strecke* fahren, gehen; **40.** fließen, strömen (*beide a. fig. Blut in den Adern*, *Tränen*, *a. Verse*): ***it ~s in the blood (family)*** es liegt im Blut (in der Familie); **41.** lauten (*Schriftstück*); **42.** gehen (*Melodie*); **43.** verfließen, -streichen (*Zeit etc.*); **44.** dauern: ***three days ~ning*** drei Tage hintereinander; **45.** laufen, gegeben werden (*Theaterstück etc.*); **46.** verlaufen (*Straße etc.*, *a. Vorgang*), sich erstrecken; führen, gehen (*Weg etc.*): ***my taste (talent) does not ~ that way*** dafür habe ich keinen Sinn (keine Begabung); **47.** ⚙ laufen, gleiten (*Seil etc.*); **48.** ⚙ laufen: a) in Gang sein, arbeiten, b) gehen (*Uhr etc.*), funktionieren; **49.** in Betrieb sein (*Fabrik*, *Hotel etc.*); **50.** aus-, zerlaufen (*Farbe*); **51.** tropfen, strömen, triefen (***with*** vor *dat.*) (*Gesicht etc.*); laufen (*Nase*, *Augen*); 'übergehen (*Augen*): ***~ with tears*** in Tränen schwimmen; **52.** rinnen, laufen (*Gefäß*); **53.** schmelzen (*Metall*); tauen (*Eis*); **54.** ✱ eitern, laufen; **55.** fluten, wogen: ***a heavy sea was ~ning*** es ging e-e schwere See; **56.** *Am.* a) laufen, fallen (*Masche*), b) Laufmaschen bekommen (*Strumpf*); **57.** ⚖ laufen, gelten, in Kraft sein *od.* bleiben: ***the period ~s*** die Frist läuft; **58.** ✝ sich stellen (*Preis*, *Ware*); **59.** *mit adj.*: werden, sein: ***~ dry*** a) versiegen, b) keine Milch mehr geben, c) erschöpft sein, d) sich ausgeschrieben haben (*Schriftsteller*); → 80; ***~ low*** (*od.* ***short***) zur Neige gehen, knapp werden; → ***high*** 22, ***riot*** 3, ***wild*** 2; **60.** *im Durchschnitt* sein, *klein etc.* ausfallen (*Früchte etc.*); **III** *v/t.* [*irr.*] **61.** *Weg etc.* laufen; *Strecke* durch'laufen, zu'rücklegen; *Weg* einschlagen; **62.** fahren (*a.* ⚓); *Strecke* be-, durch'fahren: ***~ a car against a tree*** mit e-m Wagen gegen e-n Baum fahren; **63.** *Rennen* austragen, laufen, *Wettlauf* machen; **64.** um die Wette laufen mit: ***~ s.o. close*** dicht an j-n herankommen (*a. fig.*); **65.** *Pferd* treiben; **66.** *hunt.* hetzen, *a. Spur* verfolgen (*a. fig.*); **67.** *Botschaften* über'bringen; *Botengänge od. Besorgungen* machen: ***~ errands***; **68.** *Blockade* brechen; **69.** a) *Pferd etc.* laufen lassen, b) *pol. j-n* als Kandi'daten aufstellen (***for*** für); **70.** a) *Vieh* treiben, b) weiden lassen; **71.** 🚂, ⚓ *etc.* fahren *od.* verkehren lassen; **72.** *Am. Annonce* veröffentlichen; **73.** transportieren; **74.** *Schnaps etc.* schmuggeln; **75.** *Augen*, *Finger etc.* gleiten lassen: ***~ one's hand through one's hair*** (sich) mit den Fingern durchs Haar fahren; **76.** *Film* laufen lassen; **77.** ⚙ *Maschine etc.* laufen lassen, bedienen; **78.** *Betrieb etc.* führen, leiten, verwalten; *Geschäft etc.* betreiben; *Zeitung* her'ausgeben; **79.** hin'eingeraten (lassen) in (*acc.*): ***~ debts*** Schulden machen; ***~ a firm into debt*** e-e Firma in Schulden stürzen; ***~ the danger of*** (*ger.*) Gefahr laufen zu (*inf.*); → ***risk*** 1; **80.** ausströmen, fließen lassen; *Wasser etc.* führen (*Leitung*): ***~ dry*** leer laufen lassen; → 59; **81.** *Gold etc.* (mit sich) führen (*Fluss*); **82.** *Metall* schmelzen; **83.** *Blei*, *Kugel* gießen; **84.** *Fieber*, *Temperatur* haben; **85.** stoßen, stechen, stecken; **86.** *Graben*, *Linie*, *Schnur etc.* ziehen; *Straße etc.* anlegen; *Brücke* schlagen; *Leitung* legen; **87.** leicht (ver)nähen, heften; **88.** *j-n* belangen (***for*** wegen);

Zssgn mit prp.:

run| a·cross *v/i. j-n* zufällig treffen, stoßen auf (*acc.*); **~ af·ter** *v/i.* hinter ... (*dat.*) herlaufen *od.* her sein, nachlaufen (*dat.*) (*alle a. fig.*); **~ a·gainst I** *v/i.* **1.** zs.-stoßen mit, laufen *od.* rennen *od.* fahren gegen; **2.** *pol.* kandidieren gegen; **II** *v/t.* **3.** *et.* stoßen gegen: ***run one's head against*** mit dem Kopf gegen *die Wand etc.* stoßen; **~ at** *v/i.* losstürzen auf (*acc.*); **~ for** *v/i.* **1.** auf ... (*acc.*) zulaufen *od.* -rennen; laufen nach; **2.** ***~ it*** Reiß'aus nehmen; **3.** *fig.* sich bemühen *od.* bewerben um; *pol.* → ***run*** 36; **~ in·to I** *v/i.* **1.** (hin'ein)laufen *od.* (-)rennen in (*acc.*); **2.** ⚓ in *den Hafen* einlaufen; **3.** → ***run against*** 1; **4.** → ***run across***; **5.** geraten *od.* sich stürzen in (*acc.*): ***~ debt***; **6.** werden *od.* sich entwickeln zu; **7.** sich belaufen auf (*acc.*): ***~ four editions*** vier Auflagen erleben; ***~ money*** ins Geld laufen; **II** *v/t.* **8.** *Messer etc.* stoßen *od.* rennen in (*acc.*); **~ off** *v/i.* her'unterfahren *od.* -laufen von: ***~ the rails*** entgleisen; **~ on** *v/i.* **1.** sich drehen um, betreffen; **2.** sich beschäftigen mit; **3.** losfahren auf (*acc.*); **4.** → ***run across***; **5.** mit *e-m Treibstoff* fahren, (an)getrieben werden von; **~ o·ver** *v/i.* **1.** laufen *od.* gleiten über (*acc.*); **2.** über'fahren; **3.** 'durchgehen, -lesen, über'fliegen; **~ through** *v/i.* **1.** → ***run over*** 3; **2.** kurz erzählen, streifen; **3.** 'durchmachen, erleben; **4.** sich hin'durchziehen durch; **5.** *Vermögen* 'durchbringen; **~ to** *v/i.* **1.** sich belaufen auf (*acc.*); **2.** (aus)reichen für (*Geldmittel*); **3.** sich entwickeln zu, neigen zu; **4.** F sich *et.* leisten; **5.** allzu sehr *Blätter etc.* treiben (*Pflanze*); → ***fat*** 5, ***seed*** 1; **~ up·on** → ***run on***; **~ with** *v/i.* über'einstimmen mit;

Zssgn mit adv.:

run| a·way *v/i.* **1.** da'vonlaufen (***from*** von *od. dat.*): ***~ from a subject*** von einem Thema abschweifen; **2.** 'durchgehen (*Pferd etc.*): **~ with** a) durchgehen mit *j-m* (*a. Fantasie*, *Temperament*); ***don't ~ with the idea that*** glauben Sie bloß nicht, dass, b) *et.* ,mitgehen lassen', c) *viel Geld* kosten *od.* verschlingen, d) *sport Satz etc.* klar gewinnen; **~ down I** *v/i.* **1.** hin'unterlaufen (*a. Träne etc.*); **2.** ablaufen (*Uhr*); **3.** *fig.* her'unterkommen; **II** *v/t.* **4.** über'fahren; **5.** ⚓ in den Grund bohren; **6.** *j-n* einholen; **7.** *Wild*, *Verbrecher* zur Strecke bringen; **8.** aufstöbern, ausfindig machen; **9.** erschöpfen, *Batterie a.* zu stark entladen: ***be ~*** *fig.* erschöpft *od.* ab(gearbeitet, -gespannt) sein; **10.** *Betrieb etc.* her'unterwirtschaften; **~ in I** *v/i.* **1.** hin'ein-, her'einlaufen; **2. ~ with** *fig.* über'einstimmen mit; **II** *v/t.* **3.** hi'neinlaufen lassen; **4.** einfügen (*a. typ.*); **5.** F *Verbrecher* ,einlochen'; **6.** ⚙ *Maschine* (sich) einlaufen lassen, *Auto etc.* einfahren; **~ off I** *v/i.* **1.** → ***run away***; **2.** ablaufen, -fließen; **II** *v/t.* **3.** *et.* schnell erledigen; *Gedicht etc.* her'unterrasseln; **4.** *typ.* abdrucken, -ziehen; **5.** *Rennen etc.* a) austragen, b) zur Entscheidung bringen; **~ on** *v/i.* **1.** weiterlaufen; **2.** *fig.* fortlaufen, fortgesetzt werden (***to*** bis); **3.** a) (unaufhörlich) reden, fortplappern, b) *in der Rede* fortfahren; **4.** anwachsen (***into*** zu); **5.** *typ.* (ohne Absatz) fortlaufen; **~ out I** *v/i.* **1.** hin'aus-, her'auslaufen; **2.** he'rausfließen, -laufen; **3.** (aus)laufen (*Gefäß*); **4.** *fig.* ablaufen, zu Ende gehen; **5.** ausgehen, knapp werden (*Vorrat*): ***I have ~ of tobacco*** ich habe keinen Tabak mehr; **6.** her'ausragen; sich erstrecken; **II** *v/t.* **7.** hin'ausjagen, -treiben; **8.** erschöpfen: ***run o.s. out*** bis zur Erschöpfung laufen; ***be ~*** a) *vom Laufen* ausgepumpt sein, b) ausverkauft sein; **~ o·ver I** *v/i.* **1.** hin'überlaufen; **2.** 'überlaufen, -fließen; **II** *v/t.* **3.** über'fahren; **~ through** *v/t.* **1.** durch'bohren, -'stoßen; **2.** *Wort* 'durchstreichen; **3.** *Zug* 'durchfahren lassen; **~ up I** *v/i.* **1.** hin'auflaufen, -fahren; **2.** zulaufen (***to*** auf *acc.*); **3.** schnell anwachsen, hochschießen; **4.** einlaufen, -gehen (*Kleider*); **II** *v/t.* **5.** *Vermögen etc.* anwachsen lassen; **6.** *Rechnung* auflaufen lassen; **7.** *Angebot*, *Preis* in die Höhe treiben; **8.** *Flagge* hissen; **9.** schnell zs.-zählen; **10.** *Haus etc.* schnell hochziehen; **11.** *Kleid etc.* ,zs.-hauen' (*schnell nähen*).

'run|·a·bout *s.* **1.** Her'umtreiber(in); **2.** *a.* ***~ car*** *mot.* Kleinwagen *m*, Stadtauto *n*; **3.** leichtes Motorboot; **'~-a·round** *s. Am.* F: ***give s.o. the ~*** a) j-n von Pontius zu Pilatus schicken, b) j-n hinhalten, c) j-n ,an der Nase herumführen'; **'~·a·way I** *s.* **1.** Ausreißer(in), 'Durchgänger *m* (*a. Pferd*); **2.** 'Durchgehen *n e-s Atomreaktors*; **II** *adj.* **3.** 'durchgebrannt, flüchtig (*Häftling etc.*): ***~ car*** Wagen, der sich selbstständig gemacht hat; ***~ inflation*** ✝ galoppierende Inflation; ***~ match*** Heirat *f* e-s durchgebrannten Liebespaares; ***~ victory*** *sport* Kantersieg *m*; **'~-down I** *adj.* **1.** erschöpft (*a.* ⚡ *Batterie*), abgespannt, ,erledigt'; **2.** her'untergekommen, baufäl-

R

lig; **3.** abgelaufen (*Uhr*); **II** ['rʌndaʊn] *s.* **4.** F (ausführlicher) Bericht.
rune [ruːn] *s.* Rune *f.*
rung¹ [rʌŋ] *p.p. von ring²*.
rung² [rʌŋ] *s.* **1.** (*bsd.* Leiter)Sprosse *f*; **2.** *fig.* Stufe *f*, Sprosse *f*; **3.** (Rad)Speiche *f*; **4.** Runge *f.*
ru·nic ['ruːnɪk] **I** *adj.* **1.** runisch; Runen...; **II** *s.* **2.** Runeninschrift *f*; **3.** *typ.* Runenschrift *f.*
'run-in *s.* **1.** *sport Brit.* Einlauf *m*; **2.** *typ.* Einschiebung *f*; **3.** ⚙ a) Einfahren *n* (*Auto etc.*), b) Einlaufen *n* (*Maschine*); **4.** *Am.* F ‚Krach' *m*, Zs.-stoß *m* (*Streit*); **~ groove** *s.* Einlaufrille *f* (*Schallplatte*).
run·let ['rʌnlɪt] *s.* Bach *m.*
run·nel ['rʌnl] *s.* **1.** Rinnsal *n*; **2.** Rinne *f*, Rinnstein *m.*
run·ner ['rʌnə] *s.* **1.** (*a.* Wett)Läufer (-in): ***do a ~*** *Brit.* F a) abhauen, b) die Sache ‚sausen' lassen; **2.** Rennpferd *n*; **3.** a) Bote *m*, b) Laufbursche *m*, c) ⚔ Melder *m*; **4.** ✝ *Am.* a) Unter'nehmer *m*, b) F Vertreter *m*, c) F ‚Renner' *m*, Verkaufsschlager *m*; **5.** *mst in Zssgn* Schmuggler *m*; **6.** Läufer *m* (*Teppich*); **7.** (*Schlitten- etc.*)Kufe *f*; **8.** ⚙ a) Laufschiene *f*, b) Seilring *m*, c) (*Turbinen- etc.*)Laufrad *n*, d) (Gleit-, Lauf)Rolle *f*, e) Rollwalze *f*; **9.** *typ.* Zeilenzähler *m*; **10.** ↗ Drillschar *f*; **11.** ⚓ Drehreep *n*; **12.** ♀ a) Ausläufer *m*, b) Kletterpflanze *f*, c) Stangenbohne *f*; **13.** *orn.* Ralle *f*; **14.** *ichth.* Goldstöcker *m*; **ˌ~-'up** *s.* (***to*** hinter *dat.*) Zweite(r *m*) *f*, *sport a.* Vizemeister(in).
run·ning ['rʌnɪŋ] **I** *s.* **1.** Laufen *n*, Lauf *m* (*a.* ⚙): **~ *costs*** *pl.* ✝ Betriebskosten *pl.*; ***be still in the ~*** noch gut im Rennen liegen (*a. fig.* ***for*** um); ***be out of the ~*** aus dem Rennen sein (*a. fig.* ***for*** um); ***make the ~*** a) das Tempo machen, b) das Tempo angeben; ***put s.o. out of the ~*** j-n aus dem Rennen werfen (*a. fig.*); ***take (up) the ~*** sich an die Spitze setzen (*a. fig.*); **2.** Schmuggel *m*; **3.** Leitung *f*, Aufsicht *f*; Bedienung *f*, Über'wachung *f e-r Maschine*; **4.** Durch'brechen *n e-r Blockade*; **II** *adj.* **5.** laufend (*a.* ⚙): **~ *fight*** ⚔ a) Rückzugsgefecht *n*, b) laufendes Gefecht (*a. fig.*); **~ *gear*** ⚙ Laufwerk *n*; **~ *glance*** *fig.* flüchtiger Blick; **~ *jump*** Sprung *m* mit Anlauf; **~ *knot*** laufender Knoten; **~ *mate*** *pol. Am.* Vizepräsidentschaftsbewerber(in); **~ *shot*** *Film*: Fahraufnahme *f*; **~ *speed*** Fahr- *od.* Umlaufgeschwindigkeit *f*; **~ *start*** *sport* fliegender Start; ***in ~ order*** ⚙ betriebsfähig; **6.** *fig.* laufend (*ständig*), fortlaufend: **~ *account*** ✝ a) laufende Rechnung, b) Kontokorrent *n*; **~ *commentary*** a) laufender Kommentar, b) (Funk)Reportage *f*; **~ *debts*** laufende Schulden; **~ *hand*** Schreibschrift *f*; **~ *head(line)***, **~ *title*** Kolumnentitel *m*; **~ *pattern*** fortlaufendes Muster; **~ *text*** fortlaufender Text; **7.** fließend (*Wasser*); **8.** ⚕ laufend, eiternd (*Wunde*); **9.** aufein'ander folgend: ***five times (for three days) ~*** fünfmal (drei Tage) hintereinander; **~ *fire*** ⚔ Lauffeuer *n*; **10.** line'ar gemessen: ***per ~ metre*** pro laufenden Meter; **11.** ♀ a) rankend, b) kriechend; **12.** ♪ laufend: **~ *passages*** Läufe; **~ board** *s. mot.*, 🚂 *etc.* Tritt-, Laufbrett *n*; **ˌ~-'in test** *s.* ⚙ Probelauf *m.*
'run|-off *s. sport* Entscheidungslauf *m*, -rennen *n*; **'~-off vote** *s. pol.* Stichwahl *f*; **ˌ~-of-the-'mill** *adj.* Durchschnitts..., mittelmäßig; **'~·proof** *adj.* maschenfest; **'~-on** *typ.* **I** *adj.* angehängt, fortlaufend gesetzt; **II** *s.* angehängtes Wort.
runs [rʌnz] *s. pl.* F *bsd. Brit.* Durchfall *m*, ‚Scheiße'rei' *f.*
runt [rʌnt] *s.* **1.** *zo.* Zwergrind *n*, -ochse *m*; **2.** *fig.* (*contp.* lächerlicher) Zwerg; **3.** *orn. große kräftige Haustaubenrasse.*
'run|-through *s.* **1.** a) Über'fliegen *n* (*e-s Briefs etc.*), b) kurze Zs.-fassung; **2.** *thea.* schnelle Probe; **~ time** *s. Computer*: Laufzeit *f*; **'~-up** *s.* **1.** *sport.* Anlauf *m*: ***in the ~ to*** *fig.* im Vorfeld *der Wahlen etc.*; **2.** ⚔ (Ziel)Anflug *m*; **3.** ✈ kurzer Probelauf *der Motoren*; **'~·way** *s.* **1.** ✈ Start-und-'Lande-Bahn *f*, Piste *f*; **2.** *sport* Anlaufbahn *f*; **3.** *hunt.* Wildpfad *m*, (-)Wechsel *m*: **~ *watching*** Ansitzjagd *f*; **4.** *bsd. Am.* Laufsteg *m.*
ru·pee [ruː'piː] *s.* Rupie *f* (*Geld*).
rup·ture ['rʌptʃə] **I** *s.* **1.** Bruch *m* (*a.* ⚕ *u. fig.*), (*a.* ⚕ *Muskel- etc.*)Riss *m*: ***diplomatic ~*** Abbruch *m* der diplomatischen Beziehungen; **~ *support*** ⚕ Bruchband *n*; **2.** Brechen *n* (*a.* ⚙): **~ *limit*** ⚙ Bruchgrenze *f*; **II** *v/t.* **3.** brechen (*a. fig.*), zersprengen, -reißen (*a.* ⚕): **~ *o.s.*** → 6; **4.** *fig.* abbrechen, trennen; **III** *v/i.* **5.** zerspringen, (-)reißen; **6.** ⚕ sich e-n Bruch heben.
ru·ral ['rʊərəl] *adj.* ☐ **1.** ländlich, Land...; **2.** landwirtschaftlich; **'ru·ral·ize** [-rəlaɪz] **I** *v/t.* **1.** e-n ländlichen Cha'rakter geben (*dat.*); **2.** auf das Landleben 'umstellen; **II** *v/i.* **3.** auf dem Lande leben; **4.** sich auf das Landleben umstellen; **5.** ländlich werden, verbauern.
Ru·ri·ta·ni·an [ˌrʊərɪ'teɪnjən] *adj. fig.* abenteuerlich.
ruse [ruːz] *s.* List *f*, Trick *m.*
rush¹ [rʌʃ] *s.* ♀ Binse *f*; *coll.* Binsen *pl.*: ***not worth a ~*** *fig.* keinen Pfifferling wert.
rush² [rʌʃ] **I** *v/i.* **1.** rasen, stürzen, (da'hin)jagen, stürmen, (he'rum)hetzen: **~ *at s.o.*** auf j-n losstürzen; **~ *in*** hereinstürzen, -stürmen; **~ *into extremes*** *fig.* ins Extrem verfallen: **~ *through*** a) hasten durch, b) *et.* hastig erledigen *etc.*; ***an idea ~ed into my mind*** ein Gedanke schoss mir durch den Kopf; ***blood ~ed to her face*** das Blut schoss ihr ins Gesicht; **2.** (da'hin)brausen (*Wind*); **3.** *fig.* sich (*vorschnell*) stürzen (***into*** in *od.* auf *acc.*); → ***conclusion*** 3, ***print*** 13; **II** *v/t.* **4.** (an)treiben, drängen, hetzen, jagen: ***I refuse to be ~ed*** ich lasse mich nicht drängen; **~ *up prices*** *Am.* die Preise in die Höhe treiben; ***be ~ed for time*** F unter Zeitdruck stehen; **5.** schnell *od.* auf dem schnellsten Wege *wohin* bringen *od.* schaffen: **~ *s.o. to the hospital***; **6.** schnell erledigen, *Arbeit etc.* her'unterhasten, hinhauen: **~ *a bill (through)*** e-e Gesetzesvorlage durchpeitschen; **7.** über'stürzen, -'eilen; **8.** losstürmen auf (*acc.*), angreifen; **9.** im Sturm nehmen (*a. fig.*), stürmen (*a. fig.*): **~ *s.o. off his feet*** j-n in Trab halten; **10.** über *ein Hindernis* hin'wegsetzen; **11.** *Am. sl.* mit Aufmerksamkeiten über'häufen, um'werben; **12.** *Brit. sl.* ‚neppen', ‚bescheißen' (***£5*** um 5 Pfund); **III** *s.* **13.** Vorwärtsstürmen *n*, Da'hinschießen *n*; Brausen *n* (*Wind*): ***on the ~*** F in aller Eile; ***with a ~*** plötzlich; **14.** ⚔ a) Sturm *m*, b) Sprung *m*: ***by ~es*** sprungweise; **15.** *American Football*: Vorstoß *m*, 'Durchbruch *m*; **16.** *fig.* a) (An)Sturm *m* (***for*** auf *acc.*), b) (Massen)Andrang *m*, c) *a.* ✝ stürmische Nachfrage (***on*** *od.* ***for*** nach): ***make a ~ for*** losstürzen auf (*acc.*); **17.** ⚕ a) (Blut)Andrang *m*, b) (Adrena'lin- *etc.*)Stoß *m*; **18.** *fig.* plötzlicher Ausbruch (*von Tränen etc.*); plötzliche Anwandlung, Anfall *m*: **~ *of pity***; **19.** a) Drang *m der Geschäfte*, ‚Hetze' *f*, b) Hochbetrieb *m*, -druck *m*, c) Über'häufung *f* (***of*** mit *Arbeit*); **~ hour** *s.* Hauptverkehrs-, Stoßzeit *f*; **'~-ˌhour** *adj.* Hauptverkehrs..., Stoß...: **~ *traffic*** Stoßverkehr *m*; **~ job** *s.* eilige Arbeit, dringende Sache; **~ or·der** *s.* ✝ Eilauftrag *m.*
rusk [rʌsk] *s.* **1.** Zwieback *m*; **2.** Sandkuchengebäck *n.*
rus·set ['rʌsɪt] **I** *adj.* **1.** a) rostbraun, b) rotgelb, -grau; **2.** *obs.* grob; **II** *s.* **3.** a) Rostbraun *n*, b) Rotgelb *n*, -grau *n*; **4.** grobes handgewebtes Tuch; **5.** Boskop *m* (*rötlicher Winterapfel*).
Rus·sia leath·er ['rʌʃə] *s.* Juchten(leder) *n*; **'Rus·sian** [-ʃn] **I** *s.* **1.** Russe *m*, Russin *f*; **2.** *ling.* Russisch *n*; **II** *adj.* **3.** russisch; **'Rus·sian·ize** [-ʃənaɪz] *v/t.* russifizieren.
Rus·so- [rʌsəʊ] *in Zssgn* a) russisch, b) russisch-...
rust [rʌst] **I** *s.* **1.** Rost *m* (*a. fig.*): ***gather ~*** Rost ansetzen; **2.** Rost- *od.* Moderfleck *m*; **3.** ♀ a) Rost *m*, Brand *m*, b) *a.* **~ *fungus*** Rostpilz *m*; **II** *v/i.* **4.** (ver)rosten, einrosten (*a. fig.*), rostig werden; **5.** moderfleckig werden; **III** *v/t.* **6.** rostig machen; **7.** *fig.* einrosten lassen.
rus·tic ['rʌstɪk] **I** *adj.* ☐ (**~*ally***) **1.** ländlich, rusti'kal, Land..., Bauern...; **2.** simpel, schlicht, anspruchslos; **3.** grob, ungehobelt, bäurisch; **4.** rusti'kal, roh (gearbeitet): **~ *furniture***; **5.** ⚠ a) Rustika..., b) mit Bossenwerk verziert; **6.** *typ.* unregelmäßig geformt; **II** *s.* **7.** (einfacher) Bauer, Landmann *m*; **8.** *fig.* Bauer *m*; **'rus·ti·cate** [-keɪt] **I** *v/i.* **1.** auf dem Lande leben; **2.** a) ein ländliches Leben führen, b) verbauern; **II** *v/t.* **3.** aufs Land senden; **4.** *Brit. univ.* relegieren, (zeitweilig) von der Universi'tät verweisen; **5.** ⚠ mit Bossenwerk verzieren; **rus·ti·ca·tion** [ˌrʌstɪ'keɪʃn] *s.* **1.** Landaufenthalt *m*; **2.** Verbauerung *f*; **3.** *Brit. univ.* (zeitweise) Relegati'on; **rus·tic·i·ty** [rʌ'stɪsətɪ] *s.* **1.** ländlicher Cha'rakter; **2.** grobe *od.* bäurische Art; **3.** (ländliche) Einfachheit.
rus·tic| ware *s.* hellbraune Terra'kotta; **~ work** *s.* **1.** ⚠ Bossenwerk *n*, Rustika *f*; **2.** *roh gezimmerte Möbel etc.*
rust·i·ness ['rʌstɪnɪs] *s.* **1.** Rostigkeit *f*; **2.** *fig.* Eingerostetsein *n.*
rus·tle ['rʌsl] **I** *v/i.* **1.** rascheln (*Blätter etc.*), rauschen, knistern (*Seide etc.*); **2.** *Am. sl.* ‚rangehen', (e'nergisch) zupacken; **II** *v/t.* **3.** rascheln mit (*od.* in *dat.*), rascheln machen; **4.** *Am. sl. Vieh* stehlen; **5. ~ *up*** F a) *et.* ‚organisieren', auftreiben, b) *Essen* ‚zaubern'; **III** *s.* **6.** Rauschen *n*, Rascheln *n*, Knistern *n*; **'rus·tler** [-lə] *s. Am. sl.* **1.** Viehdieb *m*; **2.** Mordsanstrengung *f.*
rust·less ['rʌstlɪs] *adj.* rostfrei, nicht rostend: **~ *steel***.
rust·y ['rʌstɪ] *adj.* ☐ **1.** rostig, verrostet; **2.** *fig.* eingerostet (*Kenntnisse etc.*); **3.** rostfarben; **4.** ♀ vom Rost(pilz) befallen; **5.** schäbig (*Kleidung*); **6.** rau (*Stimme*).
rut¹ [rʌt] **I** *s.* **1.** (Wagen-, Rad)Spur *f*, Furche *f*; **2.** *fig.* altes Geleise, alter Trott: ***be in a ~*** sich in ausgefahrenen

R

Gleisen bewegen; ***get into a ~*** in e-n (immer gleichen) Trott verfallen; **II** *v/t.* **3.** furchen.

rut² [rʌt] *zo.* **I** *s.* **1.** a) Brunst *f*, b) Brunft *f* (*Hirsch*); **2.** Brunst-, Brunftzeit *f*; **II** *v/i.* **3.** brunften, brunsten.

ru·ta·ba·ga [ˌruːtəˈbeɪɡə] *s.* ⚘ *Am.* Gelbe Kohlrübe.

Ruth¹ [ruːθ], *a.* ***Book of ~*** *s. bibl.* (das Buch) Ruth *f.*

ruth² [ruːθ] *s. obs.* Mitleid *n.*

ruth·less [ˈruːθlɪs] *adj.* □ **1.** unbarmherzig, mitleidlos; **2.** rücksichts-, skrupellos; ˈ**ruth·less·ness** [-nɪs] *s.* **1.** Unbarmherzigkeit *f*; **2.** Rücksichts-, Skrupellosigkeit *f.*

rut·ting [ˈrʌtɪŋ] *zo.* **I** *s.* Brunst *f*; **II** *adj.* Brunst..., Brunft...: ***~ time***; **rut·tish** [ˈrʌtɪʃ] *adj. zo.* brunftig, brünstig.

rut·ty [ˈrʌtɪ] *adj.* durchˈfurcht, ausgefahren (*Weg*).

rye [raɪ] *s.* **1.** ⚘ Roggen *m*; **2.** *a.* ***~ whisky*** Roggenwhisky *m.*

R

S, s [es] *s.* S *n*, s *n* (*Buchstabe*).

's [z] **1.** F *für* **is**: ***he's here***; **2.** F *für* **has**: ***she's just come***; **3.** [s] F *für* **us**: ***let's go***; **4.** [s] F *für* **does**: ***what's he think about it?***

Sab·bath ['sæbəθ] *s.* Sabbat *m*; *weitS.* ♌ Sonn-, Ruhetag *m*: ***break*** (***keep***) ***the ~*** den Sabbat entheiligen (heiligen); ***witches' ~*** Hexensabbat; **'~,break·er** *s.* Sabbatschänder(in).

Sab·bat·ic [sə'bætɪk] *adj.* (□ ***~ally***) → ***sabbatical*** I; **sab'bat·i·cal** [-kl] **I** *adj.* □ ♌ Sabbat...; **II** *s. a.* ***~ year*** a) Sabbatjahr *n*, b) *univ.* Ferienjahr *n e-s Professors.*

sa·ber ['seɪbə] *Am.* → ***sabre***.

sa·ble ['seɪbl] **I** *s.* **1.** *zo.* a) Zobel *m*, b) (*bsd.* Fichten)Marder *m*; **2.** Zobelfell *n*, -pelz *m*; **3.** *her.* Schwarz *n*; **4.** *mst pl. poet.* Trauer(kleidung) *f*; **II** *adj.* **5.** Zobel...; **6.** *her.* schwarz; **7.** *poet.* schwarz, finster.

sa·bot ['sæbəʊ] *s.* **1.** Holzschuh *m*; **2.** ⚔ Geschoss-, Führungsring *m*.

sab·o·tage ['sæbətɑːʒ] **I** *s.* Sabo'tage *f*; **II** *v/t.* sabotieren; **III** *v/i.* Sabo'tage treiben; **sab·o·teur** [ˌsæbə'tɜː] (*Fr.*) *s.* Sabo'teur *m*.

sa·bre ['seɪbə] **I** *s.* **1.** Säbel *m*: ***rattle the ~ fig.*** mit dem Säbel rasseln; **2.** ⚔ *hist.* Kavalle'rist *m*; **II** *v/t.* **3.** niedersäbeln; **~ rat·tling** *s. fig.* Säbelrasseln *n*.

sab·u·lous ['sæbjʊləs] *adj.* sandig, Sand...: ***~ urine*** ⚕ Harngrieß *m*.

sac [sæk] *s.* **1.** ♀, *anat.*, *zo.* Sack *m*, Beutel *m*; **2.** ⚙ (Tinten)Sack *m* (*Füllhalter*).

sac·cha·rate ['sækəreɪt] *s.* ⚗ Sa(c)cha'rat *n*; **sac·char·ic** [sə'kærɪk] *adj.* ⚗ Zucker...: ***~ acid***; **sac·cha·rif·er·ous** [ˌsækə'rɪfərəs] *adj.* ⚗ zuckerhaltig *od.* Zucker erzeugend; **sac·char·i·fy** [sə'kærɪfaɪ] *v/t.* **1.** verzuckern, sa(c)charifizieren; **2.** süßen; **sac·cha·rim·e·ter** [ˌsækə'rɪmɪtə] *s.* Zuckermesser *m*, Sa(c)chari'meter *n*.

sac·cha·rin(e) ['sækərɪn] *s.* ⚗ Sa(c)cha'rin *n*; **'sac·cha·rine** [-raɪn] *adj.* **1.** Zucker..., Süßstoff...: **2.** *fig.* süßlich: ***a ~ smile***; **'sac·cha·roid** [-rɔɪd] *adj.* ⚗, *min.* zuckerartig, körnig; **sac·cha·rom·e·ter** [ˌsækə'rɒmɪtə] → ***saccharimeter***; **'sac·cha·rose** [-rəʊs] *s.* ⚗ Rohrzucker *m*, Sa(c)cha'rose *f*.

sac·cule ['sækjuːl] *s. bsd. anat.* Säckchen *n*.

sac·er·do·tal [ˌsæsə'dəʊtl] *adj.* □ priesterlich, Priester...; **ˌsac·er'do·tal·ism** [-təlɪzəm] *s.* **1.** Priestertum *n*; **2.** *contp.* Pfaffentum *n*.

sa·chem ['seɪtʃəm] *s.* **1.** Indi'anerhäuptling *m*; **2.** *Am. humor.* ,großes Tier', *bsd. pol.* ,Par'teiboss' *m*.

sa·chet ['sæʃeɪ] *s.* **1.** Säckchen *n*, Tütchen *n*; **2.** Duftkissen *n*.

sack[1] [sæk] **I** *s.* **1.** Sack *m*; **2.** F ,Laufpass' *m*: ***get the ~*** a) ,fliegen', ,an die Luft gesetzt (*entlassen*) werden', b) *von e-m Mädchen* den Laufpass bekommen; ***give s.o. the ~*** → 7; **3.** *Am.* a) (Verpackungs)Beutel *m*, Tüte *f*, b) Beutel (-inhalt) *m*; **4.** a) 'Umhang *m*, b) (kurzer) loser Mantel, c) → ***sack coat***, ***sack dress***; **5.** *sl.* ,Falle' *f*, ,Klappe' *f* (*Bett*): ***hit the ~*** sich ,hinhauen'; **II** *v/t.* **6.** einsacken, in Säcke *od.* Beutel abfüllen; **7.** F a) *j-n* ,rausschmeißen' (*entlassen*), b) *e-m Liebhaber* den Laufpass geben.

sack[2] [sæk] **I** *s.* Plünderung *f*: ***put to ~*** → **II** *v/t. Stadt etc.* (aus)plündern.

sack[3] [sæk] *s.* heller Südwein.

'sack|·but [-bʌt] *s.* ♪ **1.** *hist.* 'Zugpoˌsaune *f*; **2.** *bibl.* Harfe *f*; **'~·cloth** *s.* Sackleinen *n*: ***in ~ and ashes fig.*** in Sack u. Asche *Buße tun od. trauern*; **~ coat** *s. Am.* Sakko *m, n*; **~ dress** *s.* Sackkleid *n*; **'~·ful** [-fʊl] *pl.* **-fuls** *s.* Sack *m* (voll); **~ race** *s.* Sackhüpfen *n*.

sa·cral ['seɪkrəl] **I** *adj.* **1.** *eccl.* sa'kral, Sakral...; **2.** *anat.* Sakral..., Kreuz(bein)...; **II** *s.* **3.** Sa'kralwirbel *m*; **4.** Sa'kralnerv *m*.

sac·ra·ment ['sækrəmənt] *s.* **1.** *eccl.* Sakra'ment *n*: ***the*** (***Blessed*** *od.* ***Holy***) ***~*** a) das (heilige) Abendmahl, b) *R.C.* die heilige Kommunion; ***the last ~s*** die Sterbesakramente; **2.** Sym'bol *n* (***of*** für); **3.** My'sterium *n*; **4.** feierlicher Eid; **sac·ra·men·tal** [ˌsækrə'mentl] **I** *adj.* □ sakramen'tal, Sakraments...; *fig.* heilig, weihevoll; **II** *s. R.C.* heiliger *od.* sakramen'taler Ritus *od.* Gegenstand; *pl.* Sakramen'talien *pl.*

sa·cred ['seɪkrɪd] *adj.* □ **1.** *eccl. u. fig.* heilig (*a. Andenken, Pflicht, Recht etc.*), geheiligt, geweiht (***to*** *dat.*): ***~ cow*** *fig.* ,heilige Kuh'; **2.** geistlich, kirchlich, Kirchen... (*Dichtung, Musik*); **'sa·cred·ness** [-nɪs] *s.* Heiligkeit *f*.

sac·ri·fice ['sækrɪfaɪs] **I** *s.* **1.** *eccl. u. fig.* a) Opfer *n* (*Handlung u. Sache*), b) *fig.* Aufopferung *f*, Verzicht *m* (***of*** auf *acc.*): ***~ of the Mass*** Messopfer *n*; ***the great*** (*od.* ***last***) ***~*** das höchste Opfer, *bsd.* der Heldentod; ***make a ~ of*** *et.* opfern; ***make ~s*** → 6; ***at some ~ of accuracy*** unter einigem Verzicht auf Genauigkeit; **2.** ✝ Verlust *m*: ***sell at a ~*** → 4; **II** *v/t.* **3.** *eccl. u. fig.*, *a. Schach*: opfern (***to*** *dat.*): ***~ one's life***; **4.** ✝ mit Verlust verkaufen; **III** *v/i.* **5.** *eccl.* opfern; **6.** *fig.* Opfer bringen; **sac·ri·fi·cial** [ˌsækrɪ'fɪʃl] *adj.* □ **1.** *eccl.* Opfer...; **2.** aufopferungsvoll.

sac·ri·lege ['sækrɪlɪdʒ] *s.* Sakri'leg *n*: a) Kirchenschändung *f*, -raub *m*, b) Entweihung *f*, c) *allg.* Frevel *m*; **sac·ri·le·gious** [ˌsækrɪ'lɪdʒəs] *adj.* □ sakri'legisch, *allg.* frevlerisch.

sa·crist ['seɪkrɪst], **sac·ris·tan** ['sækrɪstən] *s. eccl.* Sakri'stan *m*, Mes(s)ner *m*, Küster *m*; **sac·ris·ty** ['sækrɪstɪ] *s. eccl.* Sakri'stei *f*.

sac·ro·sanct ['sækrəʊsæŋkt] *adj.* (*a. iro.*) sakro'sankt, hochheilig.

sa·crum ['seɪkrəm] *s. anat.* Kreuzbein *n*, Sakrum *n*.

sad [sæd] *adj.* □ → ***sadly***; **1.** (***at***) traurig (über *acc.*), bekümmert, niedergeschlagen (wegen); melan'cholisch: ***a ~der and a wiser man*** j-d, der durch Schaden klug geworden ist; **2.** traurig (*Pflicht*), tragisch (*Unfall etc.*): ***~ to say*** bedauerlicherweise; **3.** schlimm, arg (*Zustand*); **4.** *contp.* elend, mise'rabel, jämmerlich, F arg, ,furchtbar': ***a ~ dog*** ein mieser Kerl; **5.** dunkel, matt (*Farbe*); **6.** teigig, klitschig: ***~ bread***; **sad·den** ['sædn] **I** *v/t.* traurig machen, betrüben; **II** *v/i.* traurig werden (***at*** über *acc.*).

sad·dle ['sædl] **I** *s.* **1.** (*Pferde-, Fahrrad- etc.*)Sattel *m*: ***in the ~*** im Sattel, *fig.* fest im Sattel, im Amt, an der Macht; ***put the ~ on the wrong*** (***right***) ***horse*** *fig.* die Schuld dem Falschen (Richtigen) geben *od.* zuschreiben; **2.** a) (*Pferde*)Rücken *m*, b) Rücken(stück *n*) *m*

(*Schlachtvieh etc.*): **~ of mutton** Hammelrücken; **3.** (Berg)Sattel *m*; **4.** Buchrücken *m*; **5.** ⚙ a) Querholz *n*, b) Bettschlitten *m*, Sup'port *m* (*Werkzeugmaschine*), c) Lager *n*, d) Türschwelle *f*; **II** *v/t.* **6.** *Pferd* satteln; **7.** *bsd. fig.* a) belasten, b) *Aufgabe etc.* aufbürden, -halsen (**on**, **upon** *dat.*), c) *et.* zur Last legen (**on**, **upon** *dat.*); **'~·back** *s.* **1.** Bergsattel *m*; **2.** ⚠ Satteldach *n*; **3.** *zo. Tier mit sattelförmiger Rückenzeichnung, bsd.* a) Nebelkrähe *f*, b) männliche Sattelrobbe; **4.** hohlrückiges Pferd; **'~·backed** *adj.* **1.** hohlrückig (*Pferd etc.*); **2.** sattelförmig; **'~·bag** *s.* Satteltasche *f*; **~ blan·ket** *s.* Woilach *m*; **~ horse** *s.* Reitpferd *n*; **'~·nose** *s.* Sattelnase *f*.

sad·dler·y ['sædlərɪ] *s.* **1.** Sattle'rei *f*; **2.** Sattelzeug *n*.

sad·ism ['seɪdɪzəm] *s. psych.* Sa'dismus *m*; **'sad·ist** [-ɪst] **I** *s.* Sa'dist(in); **II** *adj.* → **sa·dis·tic** [sə'dɪstɪk] *adj.* (□ **~ally**) sa'distisch.

sad·ly ['sædlɪ] *adv.* **1.** traurig, betrübt; **2.** *a.* **~ enough** unglücklicherweise, leider; **3.** erbärmlich, arg, schmählich *vernachlässigt etc.*

sad·ness ['sædnɪs] *s.* Traurigkeit *f*.

sa·fa·ri [sə'fɑːrɪ] *s.* (**on ~** auf) Sa'fari *f*.

safe [seɪf] **I** *adj.* □ **1.** sicher (**from** vor *dat.*): **we are ~ now** jetzt sind wir in Sicherheit; **keep s.th. ~** et. sicher aufbewahren; **better to be ~ than sorry!** ‚Vorsicht ist die Mutter der Porzellankiste!'; **2.** sicher, unversehrt, heil; außer Gefahr (*a. Patient*): **~ and sound** heil u. gesund *ankommen etc.*; **3.** sicher, ungefährlich: **~ period** ✱ unfruchtbare Tage *pl.* (*der Frau*); **~ sex** Safer Sex, geschützter Verkehr; **~ (to operate)** ⚙ betriebssicher; **~ stress** ⚙ zulässige Beanspruchung; **the rope is ~** das Seil hält; **is it ~ to go there?** ist es ungefährlich, da hinzugehen?; **in ~ custody** → 7; **as ~ as houses** F absolut sicher; **it is ~ to say** man kann (ruhig) sagen; **to be on the ~ side** um ganz sicher zu gehen; → **play** 9; **4.** vorsichtig (*Fahrer, Schätzung etc.*); **5.** sicher, zuverlässig: **a ~ leader**; **a ~ method**; **6.** sicher, wahrscheinlich: **a ~ winner**; **he is ~ to be there** er wird sicher *od.* bestimmt da sein; **7.** in sicherem Gewahrsam (*a. Verbrecher*); **II** *s.* **8.** Safe *m*, Tre'sor *m*, Geldschrank *m*; **9.** → **meat safe**; **'~-ˌblow·er**, **'~-ˌcrack·er** *s.* F Geldschrankknacker *m*; **~ con·duct** *s.* **1.** Geleitbrief *m*; **2.** freies *od.* sicheres Geleit; **~ de·pos·it** *s.* Stahlkammer *f*, Tre'sor(raum) *m*; **'~-deˌpos·it box** *s.* Tre'sor(fach *n*) *m*, Safe *m*; **'~·guard I** *s.* Sicherung *f*: a) Schutz (**against** gegen, vor *dat.*), Vorsichtsmaßnahme *f* (gegen), b) Sicherheitsklausel *f*, c) ⚙ Schutzvorrichtung *f*; **II** *v/t.* sichern, schützen; *Interessen* wahrnehmen: **~ing duty** Schutzzoll *m*; **~ keep·ing** *s.* sichere Verwahrung, Gewahrsam *m*.

safe·ness ['seɪfnɪs] → **safety** 1–3.

safe·ty ['seɪftɪ] *s.* **1.** Sicherheit *f*: **be in ~**; **jump to ~** sich durch e-n Sprung retten; **2.** Sicherheit *f*, Gefahrlosigkeit *f*: **~ (of operation)** ⚙ Betriebssicherheit; **~ glass** Sicherheitsglas *n*; **~ measure** Sicherheitsmaßnahme *f*, -vorkehrung *f*; **~ in flight** ✈ Flugsicherheit; **~ on the road** Verkehrssicherheit; **there is ~ in numbers** zu mehreren ist man sicherer; **~ first!** Sicherheit über alles!; **~ first scheme** Unfallverhütungsprogramm *n*; **play for ~** sichergehen (wollen), Risiken vermeiden; **3.** Sicherheit *f*, Zuverlässigkeit *f*, Verlässlichkeit *f* (*Mechanismus, Verfahren etc.*); **4.** *a.* **~ device** ⚙ Sicherung *f*, Schutz-, Sicherheitsvorrichtung *f*; **5.** Sicherung(sflügel *m*) *f* (*Gewehr etc.*): **at ~** gesichert; **~ belt** *s.* **1.** Rettungsgürtel *m*; **2.** ✈, *mot.* Sicherheitsgurt *m*; **~ bolt** *s.* ⚙, ⚔ Sicherheitsbolzen *m*; **~ buoy** *s.* Rettungsboje *f*; **~ catch** *s.* **1.** ⚙ Sicherung *f* (*Lift etc.*); **2.** Sicherungsflügel *m* (*Gewehr etc.*): **release the ~** entsichern; **~ curtain** *s. thea.* eiserner Vorhang; **~ fuse** *s.* **1.** ⚙ Sicherheitszünder *m*, -zündschnur *f*; **2.** ⚡ a) (Schmelz)Sicherung *f*, b) Sicherheitsausschalter *m*; **~ is·land** *s.* Verkehrsinsel *f*; **~ lamp** *s.* ⚒ Grubenlampe *f*; **~ lock** *s.* **1.** Sicherheitsschloss *n*; **2.** Sicherung *f* (*Gewehr, Mine etc.*); **~ match** *s.* Sicherheitszündholz *n*; **~ net** *s. Zirkus etc.* (*a. fig. soziales*) Netz; **~ pin** *s.* Sicherheitsnadel *f*; **~ razor** *s.* Ra'sierappaˌrat *m*; **~ rope** *s. mount.* Sicherungsseil *n*; **~ rules** *pl.* ⚙ Sicherheits-, Unfallverhütungsvorschriften *pl.*; **~ sheet** *s.* Sprungtuch *n* (*Feuerwehr*); **~ valve** *s.* **1.** ⚙ 'Überdruck-, 'Sicherheitsvenˌtil *n*; **2.** *fig.* Ven'til *n*: **sit on the ~** Unterdrückungspolitik betreiben; **~ zone** *s.* Verkehrsinsel *f*.

saf·fi·an ['sæfjən] *s.* Saffian(leder *n*) *m*.

saf·flow·er ['sæflaʊə] *s.* **1.** ⚘ Sa'flor *m*, Färberdistel *f*; **2.** getrocknete Sa'florblüten *pl.*: **~ oil** Safloröl *n*.

saf·fron ['sæfrən] *s.* **1.** ⚘ echter Safran; **2.** *pharm., Küche*: Safran *m*; **3.** Safrangelb *n*.

sag [sæg] **I** *v/i.* **1.** sich senken, ab-, 'durchsacken; *bsd.* ⚙ 'durchhängen; **2.** (he'rab)hängen (*a. Unterkiefer etc.*): **~ging shoulders** hängende *od.* abfallende Schultern; **3.** schief hängen (*Rocksaum etc.*); **4.** *fig.* sinken, nachlassen, abfallen; ✝ nachgeben (*Markt, Preise*): **~ging spirits** sinkender Mut; **5.** ⚓ (*mst* **~ to leeward** nach Lee) (ab-) treiben; **II** *s.* **6.** 'Durch-, Absacken *n*; **7.** Senkung *f*; ⚙ 'Durchhang *m*; **8.** ✝ (Preis)Abschwächung *f*.

sa·ga ['sɑːgə] *s.* **1.** Saga *f* (*Heldenerzählung*); **2.** Sage *f*, Erzählung *f*; **3.** *a.* **~ novel** Fa'milienroˌman *m*.

sa·ga·cious [sə'geɪʃəs] *adj.* □ scharfsinnig, klug (*a. Tier*); **sa·gac·i·ty** [sə'gæsɪtɪ] *s.* Scharfsinn *m*.

sage[1] [seɪdʒ] **I** *s.* Weise(r) *m*; **II** *adj.* □ weise, klug, verständig.

sage[2] [seɪdʒ] *s.* ⚘ Salbei *m, f*: **~ tea**.

Sag·it·ta·ri·us [ˌsædʒɪ'teərɪəs] *s. ast.* Schütze *m*.

sa·go ['seɪgəʊ] *s.* Sago *m*.

said [sed; səd] **I** *pret. u. p.p. von* **say**: **he is ~ to have been ill** er soll krank gewesen sein; es heißt, er sei krank gewesen; **II** *adj. bsd.* ⚖ vorerwähnt, besagt.

sail [seɪl] **I** *s.* **1.** ⚓ a) Segel *n*, b) *coll.* Segel(werk *n*) *pl.*: **make ~** a) die Segel (bei)setzen, b) mehr Segel beisetzen, c) *a.* **set ~** unter Segel gehen, auslaufen (**for** nach); **take in ~** a) Segel einholen, b) *fig.* zurückstecken; **under ~** unter Segel, auf der Fahrt; **under full ~** mit vollen Segeln; → **trim** 9; **2.** ⚓ (Segel-) Schiff(e *pl.*) *n*: **a fleet of 20 ~**; **~ ho!** Schiff ho! (*in Sicht*); **3.** ⚓ Fahrt *f*: **have a ~** segeln gehen; **4.** ⚙ a) Segel *n e-s Windmühlenflügels*, b) Flügel *m e-r Windmühle*; **II** *v/i.* **5.** a) *allg.* mit e-m Schiff *od.* zu Schiff fahren *od.* reisen, b) fahren (*Schiff*), c) *bsd. sport* segeln; → **wind**[1] 1; **6.** ⚓ a) auslaufen (*Schiff*), b) abfahren, -segeln (**for** *od.* **to** nach): **ready to ~** seeklar; **7.** a) ✈ fliegen, b) *a.* **~ along** *fig.* da'hinschweben, (-)segeln (*Wolke, Vogel*); **8.** *fig.* (*bsd. stolz*) schweben, ‚rauschen', schreiten; **9. ~ in** F ‚sich ranmachen', zupacken; **10. ~ into** F a) *j-n od. et.* attackieren, 'herfallen über (*acc.*), b) ‚rangehen' an (*acc.*), *et.* tüchtig anpacken; **III** *v/t.* **11.** durch'segeln, befahren; **12.** *Segelboot* segeln, *allg. Schiff* steuern; **13.** *poet.* durch *die Luft* schweben; **'~·boat** → **sailing boat**.

sail·er ['seɪlə] *s.* ⚓ Segler *m* (*Schiff*).

sail·ing ['seɪlɪŋ] **I** *s.* **1.** ⚓ (Segel-) Schifffahrt *f*, Navigati'on *f*: **plain** (*od.* **smooth**) **~** *fig.* ‚klare Sache'; **from now on it is all plain ~** von jetzt an geht alles glatt (über die Bühne); **2.** Segelsport *m*, Segeln *n*; **3.** Abfahrt *f* (**for** nach); **II** *adj.* **4.** Segel...; **~ boat** *s.* Segelboot *n*; **~ mas·ter** *s.* Navi'gator *m e-r Jacht*; **~ or·ders** *s. pl.* ⚓ **1.** Fahrtauftrag *m*; **2.** Befehl *m* zum Auslaufen; **~ ship**, **~ ves·sel** *s.* ⚓ Segelschiff *n*.

sail loft *s.* ⚓ Segelmacherwerkstatt *f* (*an Bord*).

sail·or ['seɪlə] *s.* **1.** Ma'trose *m*, Seemann *m*: **~ hat** Matrosenhut *m*; **~s' home** Seemannsheim *n*; **~'s knot** Schifferknoten *m*; **2.** *von Seereisenden*: **be a good ~** seefest sein; **be a bad ~** leicht seekrank werden; **3.** Ma'trosenanzug *m od.* -hut *m für Kinder*; **'sail·or·ly** [-lɪ] *adj.* seemännisch.

'sail·plane I *s.* Segelflugzeug *n*; **II** *v/i.* segelfliegen.

saint [seɪnt] **I** *s.* (*vor Eigennamen* ♎, *abbr.* **St** *od.* **S** [snt]) *eccl.* (*a. fig., iro. a.* **~ on wheels**) Heilige(r *m*) *f*: **St Bernard** (**dog**) Bernhardiner *m* (*Hund*); **St Anthony's fire** ✱ *die* Wundrose; **St Elmo's fire** *meteor. das* Elmsfeuer; (**the Court of**) **St James('s)** der brit. Hof; **St John's wort** ⚘ *das* Johanniskraut; **St Monday** *Brit.* F ‚blauer Montag'; **St Martin's summer** Altweibersommer *m*; **St Paul's** *die* Paulskathedrale (*in London*); **St Peter's** *die* Peterskirche (*in Rom*); **St Valentine's Day** *der* Valentinstag; **St Vitus's dance** ✱ *der* Veitstanz; **II** *v/t.* heilig sprechen; **III** *v/i. mst* **~ it** a) wie ein Heiliger leben, b) den Heiligen spielen; **'saint·ed** [-tɪd] *p.p. u. adj.* **1.** *eccl.* heilig (gesprochen); **2.** heilig, fromm; **3.** anbetungswürdig; **4.** geheiligt, geweiht (*Ort*); **5.** selig (*Verstorbener*); **'saint·hood** [-hʊd] *s.* (Stand *m* der) Heiligkeit *f*.

'saint·like → **saintly**.

saint·li·ness ['seɪntlɪnɪs] *s.* Heiligkeit *f* (*a. iro.*); **saint·ly** ['seɪntlɪ] *adj.* **1.** heilig; **2.** fromm; **3.** heiligmäßig (*Leben*).

saith [seθ] *obs. od. poet. 3. sg. pres. von* **say**.

sake [seɪk] *s.*: **for the ~ of** um ... (*gen.*) willen, *j-m* zuliebe; wegen (*gen.*), halber (*gen.*): **for heaven's ~** um Himmels willen; **for his ~** ihm zuliebe, seinetwegen; **for my own ~ as well as yours** um meinetwillen ebenso wie um deinetwillen; **for peace(')** **~** um des lieben Friedens willen; **for old times' ~**, **for old ~'s ~** eingedenk alter Zeiten.

sal [sæl] *s.* ⚗, *pharm.* Salz *n*: **~ ammoniac** Salmiak(salz) *n*.

sa·laam [sə'lɑːm] **I** *s.* Selam *m* (*orientalischer Gruß*); **II** *v/t. u. v/i.* mit e-m Selam *od.* e-r tiefen Verbeugung (be-) grüßen.

S

sal·a·bil·i·ty [ˌseɪlə'bɪlətɪ] *s.* ✝ Verkäuflichkeit *f*, Marktfähigkeit *f*; **sal·a·ble** ['seɪləbl] *adj.* □ ✝ **1.** verkäuflich; **2.** marktfähig, gangbar.

sa·la·cious [sə'leɪʃəs] *adj.* □ **1.** geil, lüstern; **2.** ob'szön, zotig; **sa'la·cious·ness** [-nɪs], **sa·lac·i·ty** [sə'læsətɪ] *s.* **1.** Geilheit *f*, Wollust *f*; **2.** Obszöni'tät *f*.

sal·ad ['sæləd] *s.* **1.** Sa'lat *m* (*a. fig. Durcheinander*); **2.** ⚘ Sa'lat(gewächs *n*, -pflanze *f*) *m*; ~ **cream** *s.* Sa'latmajoˌnäse *f*; ~ **days** *s. pl.*: ***in my*** ~ in m-n wilden Jugendtagen; ~ **dress·ing** *s.* Sa'latsoße *f*; ~ **oil** *s.* Sa'latöl *n*.

sal·a·man·der ['sæləˌmændə] *s.* **1.** *zo.* Sala'mander *m*; **2.** Sala'mander *m* (*Feuergeist*); **3.** *j-d der große Hitze ertragen kann*; **4.** a) rot glühendes (Schür)Eisen (*zum Anzünden*), b) *glühende Eisenschaufel, die über Gebäck gehalten wird, um es zu bräunen*; **5.** *metall.* Ofensau *f*.

sa·la·mi [sə'lɑːmɪ] *s.* Sa'lami *f*; ~ **tac·tics** *s. pl. pol.* Sa'lamitaktik *f*.

sa·lar·i·at [sə'leərɪæt] *s.* (Klasse *f* der) Gehaltsempfänger *pl*.

sal·a·ried ['sælərɪd] *adj.* **1.** (fest) bezahlt, fest angestellt: ~ ***employee*** Gehaltsempfänger(in), Angestellte(r *m*) *f*; **2.** bezahlt (*Stellung*); **sal·a·ry** ['sælərɪ] **I** *s.* Gehalt *n*, Besoldung *f*; **II** *v/t.* (mit e-m Gehalt) bezahlen, *j-m* ein Gehalt zahlen.

sale [seɪl] *s.* **1.** Verkauf *m*, -äußerung *f*: ***by private*** ~ unter der Hand; ***for*** ~ zu verkaufen; ***not for*** ~ unverkäuflich; ***be on*** ~ angeboten *od.* verkauft werden; ***forced*** ~ Zwangsverkauf *m*; ~ ***of work*** Basar *m*; **2.** ✝ Verkauf *m*, Vertrieb *m*; → ***return*** 23; **3.** ✝ Ab-, 'Umsatz *m*, Verkaufsziffer *f*: ***slow*** ~ schleppender Absatz; ***meet with a ready*** ~ schnellen Absatz finden, gut ‚gehen'; **4.** (öffentliche) Versteigerung, Aukti'on *f*: ***put up for*** ~ versteigern, meistbietend verkaufen; **5.** ✝ *a. pl.* (Sai'son)Schlussverkauf *m*; **sale·a·bil·i·ty** *etc. bsd. Brit.* → ***salability*** *etc.*; '**sale·room** → ***salesroom***.

sales| ac·count [seɪlz] *s.* ✝ Verkaufskonto *n*; ~ **a·gent** *s.* (Handels)Vertreter *m*; ~ **ap·peal** *s.* Zugkraft *f e-r Ware*; '~**·clerk** *s.* ✝ *Am.* (Laden)Verkäufer (-in); ~ **de·part·ment** *s.* ✝ Verkauf(s-abteilung *f*) *m*; ~ **drive** *s.* ✝ Ver'kaufskamˌpagne *f*; ~ **en·gi·neer** *s.* ✝ Ver'kaufsingeniˌeur *m*; ~ **fi·nance com·pa·ny** *s. Am.* **1.** Absatzfinanzierungsgesellschaft *f*; **2.** 'Teilzahlungskreˌditinstiˌtut *n*; '~**·girl** *s.* (Laden)Verkäuferin *f*; '~**ˌla·dy** *Am.* → ***saleswoman***; '~**·man** [-mən] *s.* [*irr.*] **1.** ✝ a) Verkäufer *m*, b) *Am.* (Handlungs)Reisende(r) *m*, (Handels)Vertreter *m*; **2.** *fig. Am.* Reisende(r) *m* (***of*** *in dat.*); ~ **man·ag·er** *s.* ✝ Verkaufsleiter *m*.

sales·man·ship ['seɪlzmənʃɪp] *s.* **1.** a) Verkaufstechnik, b) ✝ Verkaufsgewandtheit *f*, Geschäftstüchtigkeit *f*; **2.** *fig.* Über'zeugungskunst *f*, wirkungsvolle Art, e-e Idee *etc.* zu ‚verkaufen' *od.* ‚an den Mann zu bringen'.

sales| pro·mo·tion *s.* ✝ Verkaufsförderung *f*; ~ **re·sist·ance** *s.* ✝ Kaufabneigung *f*, Widerstand *m* (des potenzi'ellen Kunden); '~**·room** [-rʊm] *s.* Ver'kaufs-, *bsd.* Aukti'onsraum *m*, -loˌkal *n*; ~ **slip** *s. Am.* Kassenbeleg *m*; ~ **talk** *s.* **1.** ✝ Verkaufsgespräch *n*; **2.** anpreisende Worte *pl.*; ~ **tax** *s.* ✝ 'Umsatzsteuer *f*; '~**ˌwom·an** *s.* [*irr.*] ✝ **1.** Verkäuferin *f*; **2.** *Am.* (Handels)Vertreterin *f*.

Sal·ic ['sælɪk] *adj. hist.* salisch: ~ ***law*** Salisches Gesetz.

sal·ic ['sælɪk] *adj. min.* salisch.

sal·i·cyl·ic [ˌsælɪ'sɪlɪk] *adj.* Salizyl...

sa·li·ence ['seɪljəns], '**sa·li·en·cy** [-sɪ] *s.* **1.** Her'vorspringen *n*, Her'ausragen *n*; **2.** vorspringende Stelle, Vorsprung *m*: ***give*** ~ ***to*** *fig. e-e Sache* herausstellen; '**sa·li·ent** [-nt] **I** *adj.* **1.** (her)'vorspringend, her'ausragend: ~ ***angle*** ausspringender Winkel; ~ ***point*** *fig.* springender Punkt; **2.** *fig.* her'vorstechend, ins Auge springend; **3.** *her. u. humor.* springend; **4.** *poet.* (her'vor)sprudelnd; **II** *s.* **5.** ⚔ Frontausbuchtung *f*.

sa·lif·er·ous [sə'lɪfərəs] *adj.* **1.** Salz bildend; **2.** *bsd. geol.* salzhaltig.

sa·line I *adj.* ['seɪlaɪn] **1.** salzig, salzhaltig, Salz...; **2.** *pharm.* sa'linisch; **II** *s.* [sə'laɪn] **3.** Salzsee *m od.* -sumpf *m od.* -quelle *f*; **4.** Sa'line *f*, Salzwerk *n*; **5.** ⚗ a) *pl.* Salze *pl.*, b) Salzlösung *f*; **6.** *pharm.* sa'linisches Mittel; **sa·lin·i·ty** [sə'lɪnətɪ] *s.* **1.** Salzigkeit *f*; **2.** Salzhaltigkeit *f*, Salzgehalt *m*.

sa·li·va [sə'laɪvə] *s.* Speichel(flüssigkeit *f*) *m*; **sal·i·var·y** ['sælɪvərɪ] *adj.* Speichel...; **sal·i·vate** ['sælɪveɪt] **I** *v/t.* **1.** (vermehrten) Speichelfluss her'vorrufen bei *j-m*; **II** *v/i.* **2.** Speichelfluss haben; **3.** Speichel absondern; **sal·i·va·tion** [ˌsælɪ'veɪʃn] *s.* **1.** Speichelabsonderung *f*; **2.** (vermehrter) Speichelfluss.

sal·low[1] ['sæləʊ] *s.* ⚘ (*bsd.* Sal)Weide *f*.

sal·low[2] ['sæləʊ] *adj.* blässlich, fahl.

sal·ly ['sælɪ] **I** *s.* **1.** ⚔ Ausfall *m*: ~ ***port*** *hist.* Ausfallstor *n*; **2.** *fig.* geistreicher Ausspruch *od.* Einfall, Geistesblitz *m*, *a.* (Seiten)Hieb *m*; **3.** (Zornes)Ausbruch *m*; **II** *v/i.* **4.** *oft* ~ ***out*** ⚔ e-n Ausfall machen, her'vorbrechen; **5.** *mst* ~ ***forth*** (*od.* ***out***) sich aufmachen, aufbrechen.

Sal·ly Lunn [ˌsælɪ'lʌn] *s. leichter Teekuchen.*

sal·ma·gun·di [ˌsælmə'gʌndɪ] *s.* **1.** bunter Teller (*Salat, kalter Braten etc.*); **2.** *fig.* Mischmasch *m*.

salm·on ['sæmən] *pl.* **-mons**, *coll.* **-mon I** *s.* **1.** *ichth.* Lachs *m*, Salm *m*: ~ ***ladder*** (*od.* ***leap***, ***pass***) Lachsleiter *f*; ~ ***peal***, ~ ***peel*** junger Lachs; ~ ***trout*** Lachsforelle *f*; **2.** *a.* ~ ***colo***(***u***)***r***, ~ ***pink*** Lachs(farbe *f*) *n*; **II** *adj.* **3.** *a.* ~-***colo***(***u***)***red***, ~-***pink*** lachsfarben, -rot.

sal·mo·nel·la [ˌsælmə'nelə] *s.* **1.** *biol.* a) *pl.* **-lae** [-liː] Salmo'nelle *f*, b) ⚕ *coll.* Salmo'nellen *pl.*; **2.** ⚕ *coll. a.* ~ ***infection*** (*od.* ***poisoning***) Salmo'nellenvergiftung *f*.

sa·lon ['sælɔ̃ːŋ] (*Fr.*) *s.* Sa'lon *m* (*a. Ausstellungsraum, vornehmes Geschäft; a. fig. schöngeistiger Treffpunkt*).

sa·loon [sə'luːn] *s.* **1.** Sa'lon *m* (*bsd. in Hotels etc.*), (Gesellschafts)Saal *m*: ***billiard*** ~ *Brit.* Billardzimmer *n*; ***shaving*** ~ Rasiersalon; **2.** a) ✈ Sa'lon *m* (*Aufenthaltsraum*), b) ⚓ *a.* ~ ***cabin*** Ka'bine *f* erster Klasse, c) → ***saloon car***, d) → ***saloon bar***: ***sleeping*** ~ 🚃 (Luxus-) Schlafwagen *m*; **3.** *Am.* Kneipe *f*; **4.** *obs.* Sa'lon *m*, Empfangszimmer *n*; ~ **bar** *s. Brit. vornehmerer Teil e-s Lokals*; ~ **car** *s.* **1.** *mot. Brit.* a) Limou'sine *f*, b) *sport* Tourenwagen *m*; **2.** → ~ **car·riage** *s.* 🚃 Sa'lonwagen *m*; ~ **deck** *s.* ⚓ Sa'londeck *n*; ~ **pis·tol** *s. Brit.* 'Übungspiˌstole *f*.

sal·sa[1] ['sælsə] ♪ **I** *s.* Salsa *m* (*Musik u. Tanz*); **II** *v/i.* Salsa tanzen.

sal·sa[2] ['sælsə] *s.* Salsasoße *f*.

salt [sɔːlt] **I** *s.* **1.** (Koch)Salz *n*: ***eat s.o.'s*** ~ *fig.* a) j-s Gast sein, b) von j-m abhängen; ***with a grain of*** ~ *fig.* mit Vorbehalt, cum grano salis; ***not to be worth one's*** ~ keinen Schuss Pulver wert sein; ***the*** ~ ***of the earth*** *bibl. u. fig.* das Salz der Erde; **2.** Salz(fässchen) *n*: ***above*** (***below***) ***the*** ~ am oberen (unteren) Ende der Tafel; **3.** ⚗ Salz *n*; **4.** *oft pl. pharm.* a) (*bsd.* Abführ)Salz *n*, b) *mst* ***smelling*** ~***s*** Riechsalz, c) F → ***Epsom salt***; **5.** *fig.* Würze *f*, Salz *n*; **6.** *fig.* Witz *m*, E'sprit *m*; **7.** *bsd.* ***old*** ~ F alter Seebär; **II** *v/t.* **8.** salzen, würzen (*beide a. fig.*); **9.** (ein)salzen, *bsd.* pökeln: ~***ed meat*** Pökel-, Salzfleisch *n*; **10.** ✝ F a) *Bücher etc.* ‚frisieren', b) *Bohrloch etc.* (betrügerisch) ‚anreichern'; **11.** *fig.* durch'setzen (***with*** mit); **12.** ~ ***away*** (*od.* ***down***) a) einsalzen, -pökeln, b) F *Geld etc.* ‚auf die hohe Kante legen'; **III** *adj.* **13.** salzig, Salz...: ~ ***spring*** Salzquelle *f*; **14.** ⚘ halo'phil, Salz...; **15.** → ***salted*** 1.

sal·tant ['sæltənt] *adj. her.* springend; **sal·ta·tion** [sæl'teɪʃn] *s.* **1.** Springen *n*; **2.** Sprung *m*; **3.** plötzlicher 'Umschwung; **4.** *biol.* Erbsprung *m*; '**sal·ta·to·ry** [-tərɪ] *adj.* **1.** springend; **2.** Spring..., Sprung...; **3.** Tanz...; **4.** *fig.* sprunghaft.

'**saltˌcel·lar** *s.* **1.** Salzfässchen *n*; **2.** *Brit.* F ‚Salzfässchen' *n* (*Vertiefung über dem Schlüsselbein*).

salt·ed ['sɔːltɪd] *adj.* **1.** gesalzen; **2.** (ein-) gesalzen, gepökelt: ~ ***herring*** Salzhering *m*; **3.** *sl.* routi'niert, ausgekocht, erfahren; '**salt·ern** [-tən] *s.* ⚙ **1.** Sa'line *f*; **2.** Salzgarten *m* (*Bassins*).

'**salt-free** *adj.* salzlos.

salt·i·ness ['sɔːltɪnɪs] *s.* Salzigkeit *f*.

salt| lick *s.* Salzlecke *f* (*für Wild*); ~ **marsh** *s.* **1.** Salzsumpf *m*; **2.** Butenmarsch *f*; ~ **mine** *s.* Salzbergwerk *n*.

salt·ness ['sɔːltnɪs] *s.* Salzigkeit *f*.

'**salt·pan** *s.* **1.** ⚙ Salzsiedepfanne *f*; **2.** (*geol.* na'türliches) Ver'dunstungsbaˌsin.

salt·pe·ter *Am.*, **salt·pe·tre** *Brit.* ['sɔːltˌpiːtə] *s.* ⚗ Sal'peter *m*.

salt| pit *s.* Salzgrube *f*; '~**ˌwa·ter** *adj.* Salzwasser...; '~**·works** *s. pl. oft sg. konstr.* Sa'line *f*.

salt·y ['sɔːltɪ] *adj.* **1.** salzig; **2.** *fig.* gesalzen, gepfeffert: ~ ***remarks***.

sa·lu·bri·ous [sə'luːbrɪəs] *adj.* □ heilsam, gesund, zuträglich, bekömmlich; **sa'lu·bri·ty** [-rətɪ] *s.* Heilsamkeit *f*, Zuträglichkeit *f*.

sal·u·tar·i·ness ['sæljʊtərɪnɪs] → ***salubrity***; **sal·u·tar·y** ['sæljʊtərɪ] *adj.* heilsam, gesund (*a. fig.*).

sal·u·ta·tion [ˌsæljuː'teɪʃn] *s.* **1.** Begrüßung *f*, Gruß *m*: ***in*** ~ zum Gruß; **2.** Anrede *f* (*im Brief*); **sa·lu·ta·to·ry** [sə'luːtətərɪ] *adj.* Begrüßungs...: ~ (***oration***) *bsd. ped. Am.* Begrüßungsrede *f*; **sa·lute** [sə'luːt] **I** *v/t.* **1.** grüßen, begrüßen (*durch e-e Geste etc.*); *weitS.* empfangen, *j-m* begegnen; ~ ***with a smile***; **2.** (*dem Auge, dem Ohr*) begegnen, *j-n* begrüßen (*Anblick, Geräusch etc.*); **3.** ⚔, ⚓ salutieren vor (*dat.*), grüßen; **4.** *fig.* grüßen, ehren, feiern; **II** *v/i.* **5.** grüßen (***to*** *acc.*); **6.** ⚔ (***to***) salutieren (vor *dat.*), grüßen (*acc.*); **7.** Sa'lut schießen; **III** *s.* **8.** Gruß *m* (*a. fenc.*), Begrüßung *f*; **9.** ⚔, ⚓ a) Gruß *m*, Ehrenbezeigung *f*, b) Sa'lut *m* (***of six guns*** von 6 Schuss): ~ ***of colo***(***u***)***rs*** ⚓ Flaggensalut; ***stand at the*** ~ salutie-

S

ren; ***take the ~*** a) den Gruß erwidern, b) die Parade abnehmen, c) die Front (der Ehrenkompanie) abschreiten; **10.** *obs.* (Begrüßungs)Kuss *m*; **11.** *Am.* Frosch *m* (*Feuerwerk*).

sal·vage ['sælvɪdʒ] **I** *s.* **1.** a) Bergung *f*, Rettung *f* (*Schiff, Ladung etc.*), b) Bergungsgut *n*, c) *a.* ***~ money*** Bergegeld *n*: ***~ vessel*** Bergungs-, *a.* Hebeschiff *n*, d) *Versicherung*: Wert *m* der geretteten Güter; **2.** *a.* ***~ work*** Aufräumungsarbeiten *pl.*; **3.** ⚙ a) verwertbares 'Altmateri,al, b) 'Wiederverwertung *f*: ***~ value*** Schrottwert *m*; **4.** *fig.* (Er-)Rettung *f* (***from*** aus); **II** *v/t.* **5.** bergen, retten (*a.* ✝ *u. fig.*); **6.** *Schrott etc.* verwerten.

sal·va·tion [sæl'veɪʃn] *s.* **1.** (Er)Rettung *f*; **2.** a) Heil *n*, Rettung *f*, b) Retter *m*; **3.** *eccl.* a) (Seelen)Heil *n*, b) Erlösung *f*: ***℞ Army*** Heilsarmee *f*; **sal'va·tion·ist** [-nɪst] *s. eccl.* Mitglied *n* der 'Heilsar,mee.

salve¹ [sælv] **I** *s.* **1.** (Heil)Salbe *f*; **2.** *fig.* Balsam *m*, Pflaster *n*, Trost *m*; **3.** *fig.* Beruhigungsmittel *n fürs Gewissen etc.*; **II** *v/t.* **4.** (ein)salben; **5.** *fig. Gewissen etc.* beschwichtigen; **6.** *fig. Mangel* beschönigen; **7.** *Schaden, Zweifel etc.* beheben.

salve² [sælv] → ***salvage*** 5.

sal·ver ['sælvə] *s.* Ta'blett *n*.

sal·vo¹ ['sælvəʊ] *pl.* **-vos**, **-voes** *s.* **1.** ⚔ a) Salve *f*, Lage *f*, b) *a.* ***~ bombing*** ✈ Schüttwurf *m*; ***~ fire*** a) ⚔ Laufsalve, b) ⚓ Salvenfeuer; **2.** *fig.* (*Beifalls*)Salve *f*.

sal·vo² ['sælvəʊ] *pl.* **-vos** *s.* **1.** Ausrede *f*; **2.** *bsd.* ⚖ Vorbehalt(sklausel *f*) *m*.

sal·vor ['sælvə] *s.* ⚓ **1.** Berger *m*; **2.** Bergungsschiff *n*.

Sa·mar·i·tan [sə'mærɪtən] **I** *s.* Samari'taner(in), Sama'riter(in): ***good ~*** *bibl. u. fig.* barmherziger Samariter; **II** *adj.* sama'ritisch; *fig.* barmherzig.

sam·ba ['sæmbə] ♪ **I** *s.* Samba *f*, *m* (*Musik u. Tanz*); **II** *v/i.* Samba tanzen.

same [seɪm] **I** *adj.* **1.** selb, gleich, nämlich: ***at the ~ price as*** zu demselben Preis wie; ***it comes to the ~ thing*** es läuft auf dasselbe hinaus; ***the very*** (*od.* ***just the*** *od.* ***exactly the***) ***~ thing*** genau dasselbe; ***one and the ~ thing*** ein u. dasselbe; ***he is no longer the ~ man*** er ist nicht mehr der Gleiche *od.* der Alte; → ***time*** 4; **2.** *ohne Artikel fig.* eintönig; **II** *pron.* **3.** der-, die-, dasselbe, der *od.* die *od.* das Gleiche: ***it is much the ~*** es ist (so) ziemlich das Gleiche; ***~ here*** F so geht es mir auch, ‚ganz meinerseits'; ***it is all the ~ to me*** es ist mir ganz gleich *od.* einerlei; **4.** ***the ~*** a) *a.* ⚖ der- *od.* dieselbe, die besagte Person, b) ⚖ der- *od.* dieselbe, die erwähnte Person, *a. eccl.* er, sie, es, dieser, diese, dies(es); **5.** *ohne Artikel* ✝ *od.* F der- *od.* die- *od.* dasselbe: ***£5 for alterations to ~***; **III** *adv.* **6.** ***the ~*** in derselben Weise, genauso, ebenso (***as*** wie): ***all the ~*** gleichviel, trotzdem; ***just the ~*** F a) genau so, b) trotzdem; (***the***) ***~ to you!*** (*danke,*) gleichfalls!; **'same·ness** [-nɪs] *s.* **1.** Gleichheit *f*, Identi'tät *f*; **2.** Einförmigkeit *f*, -tönigkeit *f*.

sam·let ['sæmlɪt] *s.* junger Lachs.

sam·pan ['sæmpæn] *s.* Sampan *m* (*chinesisches* [*Haus*]*Boot*).

sam·ple ['sɑːmpl] **I** *s.* **1.** ✝ a) (Waren-, Quali'täts)Probe *f*, (Stück-, Typen-) Muster *n*, b) Probepackung *f*, c) (Ausstellungs)Muster *n*, d) Stichprobe(nmuster *n*) *f*: ***by ~ post*** (als) Muster ohne Wert; ***up to ~*** dem Muster entsprechend; ***~s only*** Muster ohne Wert; **2.** *Statistik*: Sample *n*, Stichprobe *f*; **3.** *fig.* Probe *f*: ***a ~ of his courage***; ***that's a ~ of her behavio(u)r*** das ist typisch für sie; **II** *v/t.* **4.** probieren, e-e Probe nehmen von, *bsd. Küche*: kosten; **5.** e-e Stichprobe machen bei; **6.** e-e Probe zeigen von; ✝ *et.* bemustern; **7.** als Muster dienen für; **8.** *Computer*: a) abfragen, b) abtasten; **III** *v/i.* **9.** ***~ out*** ausfallen; **IV** *adj.* **10.** Muster...(*-buch, -karte, -koffer etc.*), Probe...; **'sam·pler** [-lə] *s.* **1.** Probierer(in), Prüfer *m*; **2.** *Stickerei*: Sticktuch *n*; **3.** *TV* Farbschalter *m*; **4.** *Computer*: Abtaster *m*; **'sam·pling** [-lɪŋ] *s.* **1.** ✝ a) 'Musterkollekti,on *f*, b) Bemusterung *f*; **2.** Stichprobenerhebung *f*.

Sam·son ['sæmsn] *s. fig.* Samson *m*, Herkules *m*.

Sam·u·el ['sæmjʊəl] *npr. u. s. bibl.* (das Buch) Samuel *m*.

san·a·tive ['sænətɪv] *adj.* heilend, heilsam, -kräftig; **san·a·to·ri·um** [,sænə'tɔːrɪəm] *pl.* **-ri·ums**, **-ri·a** [-rɪə] *s.* ⚕ **1.** Sana'torium *n*, *bsd.* a) Lungenheilstätte *f*, b) Erholungsheim *n*; **2.** (*bsd.* Höhen-) Luftkurort *m*; **3.** *Brit.* (Inter'nats-) Krankenzimmer *n*; **'san·a·to·ry** [-tərɪ] → ***sanative***.

sanc·ti·fi·ca·tion [,sæŋktɪfɪ'keɪʃn] *s. eccl.* **1.** Heilig(mach)ung *f*; **2.** Weihung *f*, Heiligung *f*; **sanc·ti·fied** ['sæŋktɪfaɪd] *adj.* **1.** geheiligt, geweiht; **2.** heilig u. unverletzlich; **3.** → ***sanctimonious***; **sanc·ti·fy** ['sæŋktɪfaɪ] *v/t.* heiligen: a) weihen, b) (von Sünden) reinigen, c) *fig.* rechtfertigen: ***the end sanctifies the means*** der Zweck heiligt die Mittel.

sanc·ti·mo·ni·ous [,sæŋktɪ'məʊnjəs] *adj.* ☐ frömmelnd, scheinheilig; **,sanc·ti'mo·ni·ous·ness** [-nɪs], **sanc·ti·mo·ny** ['sæŋktɪmənɪ] *s.* Scheinheiligkeit *f*, Frömme'lei *f*.

sanc·tion ['sæŋkʃn] **I** *s.* **1.** Sankti'on *f*, (nachträgliche) Billigung *od.* Zustimmung: ***give one's ~ to*** → 3 a; **2.** ⚖ a) Sanktionierung *f e-s Gesetzes etc.*, b) *pol.* Sankti'on *f*, Zwangsmittel *n*, c) *gesetzliche* Strafe, d) *hist.* De'kret *n*; **II** *v/t.* **3.** sanktionieren: a) billigen, gutheißen, b) dulden, c) *Eid etc.* bindend machen, d) Gesetzeskraft verleihen (*dat.*).

sanc·ti·ty ['sæŋktətɪ] *s.* **1.** Heiligkeit *f* (*a. fig. Unverletzlichkeit*); **2.** *pl.* heilige Ide'ale *pl. od.* Gefühle *pl.*

sanc·tu·ar·y ['sæŋktjʊərɪ] *s.* **1.** Heiligtum *n* (*a. fig.*); **2.** *eccl.* Heiligtum *n*, heilige Stätte; *bsd. bibl.* Aller'heiligste(s) *n*; **3.** Frei- (*fig. a.* Zufluchts)stätte *f*, A'syl *n*: (***rights of***) ***~*** Asylrecht *n*; ***break the ~*** das Asylrecht verletzen; **4.** *hunt.* a) Schonzeit *f*, b) Schutzgebiet *n*.

sanc·tum ['sæŋktəm] *s.* Heiligtum *n*: a) heilige Stätte, b) *fig.* Pri'vat-, Studierzimmer *n*, c) innerste Sphäre; ***~ sanc·to·rum*** [sæŋk'tɔːrəm] *s. eccl.*, *a. humor. das* Aller'heiligste.

sand [sænd] **I** *s.* **1.** Sand *m*: ***built on ~*** *fig.* auf Sand gebaut; ***rope of ~*** *fig.* trügerische Sicherheit; **2.** *oft pl.* a) Sandbank *f*, b) Sand(fläche *f*, -wüste *f*) *m*: ***plough the ~(s)*** *fig.* s-e Zeit verschwenden; **3.** *mst pl.* Sand(körner *pl.*) *m*: ***his ~s are running out*** s-e Tage sind gezählt; **4.** *Am. sl.* ‚Mumm' *m*; **II** *v/t.* **5.** mit Sand bestreuen; **6.** (ab-) schmirgeln.

san·dal¹ ['sændl] *s.* San'dale *f*.

san·dal² ['sændl], **'~·wood** *s.* **1.** (rotes) Sandelholz; **2.** Sandelbaum *m*.

'sand|·bag [-ndb-] **I** *s.* **1.** Sandsack *m*; **II** *v/t.* **2.** *bsd.* ⚔ mit Sandsäcken befestigen; **3.** mit e-m Sandsack niederschlagen; **'~·bank** [-ndb-] *s.* Sandbank *f*; **'~·blast** [-ndb-] ⚙ **I** *s.* Sandstrahl(gebläse *n*) *m*; **II** *v/t.* sandstrahlen; **'~,blast·er** [-tə] *s.* Sandstrahlgebläse *n*; **'~·box** [-ndb-] *s.* **1.** *hist.* Streusandbüchse *f*; **2.** *Gießerei*: Sandform *f*; **3.** Sandkasten *m*; **'~·boy** [-ndb-] *s.*: (***as***) ***happy as a ~*** kreuzfidel; ***~ drift*** *s. geol.* Flugsand *m*.

sand·er ['sændə] *s.* ⚙ **1.** Sandstrahlgebläse *n*; **2.** 'Sandpa,pier,schleifma,schine *f*.

'sand|·fly *s.* a) Sandfliege *f*, b) Gnitze *f*, c) Kriebelmücke *f*; **'~·glass** *s.* Sanduhr *f*, Stundenglas *n*; **'~·grouse** *s. orn.* Flughuhn *n*; **'~·lot** *s. Am.* Sandplatz *m* (*Behelfsspielplatz für Baseball etc.*); **'~·man** [-ndmæn] *s.* [*irr.*] Sandmann *m*, -männchen *n*; ***~ mar·tin*** [-nd,m-] *s. orn.* Uferschwalbe *f*; **'~,pa·per** [-nd,p-] **I** *s.* 'Sandpa,pier *n*; **II** *v/t.* (ab)schmirgeln; **'~,pip·er** [-nd,p-] *s. orn.* Flussuferläufer *m*; **'~·pit** [-ndp-] *s.* **1.** Sandgrube *f*; **2.** Sandkasten *m*; ***~ shoes*** *s. pl.* Strandschuhe *pl.*; ***~ spout*** *s.* Sandhose *f*; **'~·stone** [-nds-] *s. geol.* Sandstein *m*; **'~·storm** [-nds-] *s.* Sandsturm *m*; ***~ ta·ble*** *s.* ⚔ Sandkasten *m*; ***~ trap*** *s. Golf*: Sandhindernis *n*.

sand·wich ['sænwɪdʒ] **I** *s.* Sandwich *n* (*belegtes Doppelbrot*): ***open ~*** belegtes Brot; ***sit ~*** *fig.* eingezwängt sitzen; **II** *v/t. a.* ***~ in*** *fig.* einlegen, schieben; einklemmen, -zwängen; *sport Gegner* ‚in die Zange nehmen'; ***~ cake*** *s.* Schichttorte *f*; ***~ course*** *s. ped. Kurs, bei dem sich theoretische u. praktische Ausbildung abwechseln*; ***~ man*** [-mæn] *s.* [*irr.*] Sandwichman *m*, Pla'katträger *m*.

sand·y ['sændɪ] *adj.* **1.** sandig, Sand...: ***~ desert*** Sandwüste *f*; **2.** *fig.* sandfarben; rotblond (*Haare*); **3.** sandartig; **4.** *fig.* a) unsicher, b) *Am. sl.* frech.

Sand·y ['sændɪ] *s.* **1.** *bsd. Scot. Kurzform für* ***Alexander***; **2.** (*Spitzname für*) Schotte *m*.

sand yacht *s.* Strandsegler *m*.

sane [seɪn] *adj.* ☐ **1.** geistig gesund *od.* nor'mal; **2.** vernünftig, gescheit.

San·for·ize ['sænfəraɪz] *v/t.* sanforisieren (*Gewebe schrumpffest machen*).

sang [sæŋ] *pret. u. p.p. von* ***sing***.

sang·froid [,sɑ̃ːŋ'frwɑː] (*Fr.*) *s.* Kaltblütigkeit *f*.

San·grail [sæŋ'greɪl], **San·gre·al** ['sæŋgrɪəl] *s.* der Heilige Gral.

san·gui·nar·y ['sæŋgwɪnərɪ] *adj.* ☐ **1.** blutig, mörderisch (*Kampf etc.*); **2.** blutdürstig, grausam: ***a ~ person***; ***~ laws***; **3.** blutig, Blut...; **4.** *Brit.* unflätig; **san·guine** ['sæŋgwɪn] **I** *adj.* ☐ **1.** heiter, lebhaft, leichtblütig; **2.** 'voll-, heißblütig, hitzig; **3.** zuversichtlich (*a. Bericht, Hoffnung etc.*): ***be ~ of success*** zuversichtlich auf Erfolg rechnen; **4.** rot, blühend, von gesunder Gesichtsfarbe; **5.** ⚕ *hist.* sangu'inisch; **6.** (blut-) rot; **II** *s.* **7.** Rötelstift *m*; **8.** Rötelzeichnung *f*; **san·guin·e·ous** [sæŋ'gwɪnɪəs] *adj.* → ***sanguine*** I.

sa·ni·es ['seɪniːz] *s.* ⚕ pu'trider Eiter, Jauche *f*.

san·i·tar·i·an [,sænɪ'teərɪən] **I** *adj.* **1.** → ***sanitary*** 1; **II** *s.* **2.** Hygi'eniker *m*; **3.** Ge'sundheitsa,postel *m*; **,san·i'tar·i·um** [-rɪəm] *pl.* **-i·ums**, **-i·a** [-rɪə] *s. bsd. Am. für* ***sanatorium***; **san·i·tar·y** ['sænɪtərɪ]

I *adj.* □ **1.** hygi'enisch, Gesundheits..., (*a.* ⚙) sani'tär: **~ towel** (*Am.* **napkin**) Damenbinde *f*; **2.** hygi'enisch (einwandfrei), gesund; **II** *s.* **3.** *Am.* öffentliche Bedürfnisanstalt; ˌ**san·i'ta·tion** [-'teɪʃn] *s.* **1.** sani'täre Einrichtungen *pl.* (*in Gebäuden*); **2.** Gesundheitspflege *f*, -wesen *n*, Hygi'ene *f*.

san·i·tize ['sænɪtaɪz] *v/t.* **1.** → **sterilize** a; **2.** *fig. Image etc.* ‚aufpolieren'.

san·i·ty ['sænətɪ] *s.* **1.** geistige Gesundheit; *bsd.* ⚖ Zurechnungsfähigkeit *f*; **2.** gesunder Verstand.

sank [sæŋk] *pret. von* **sink**.

san·se·rif [ˌsæn'serɪf] *s. typ.* Gro'tesk *f*.

San·skrit ['sænskrɪt] *s.* Sanskrit *n*.

San·ta Claus [ˌsæntə'klɔːz] *npr.* der Nikolaus, der Weihnachtsmann.

sap¹ [sæp] **I** *s.* **1.** ♀ Saft *m*; **2.** *fig.* (Lebens)Saft *m*, (-)Kraft *f*, Mark *n*; **3.** *a.* **~-wood** Splint(holz *n*) *m*; **II** *v/t.* **4.** entsaften.

sap² [sæp] **I** *s.* **1.** ⚔ Sappe *f*, Grabenkopf *m*; **II** *v/t.* **2.** (*a. fig. Gesundheit etc.*) unter'graben, -mi'nieren; **3.** *Kräfte etc.* erschöpfen, schwächen.

sap³ [sæp] *s.* F Trottel *m*.

sap⁴ [sæp] *Am. sl.* **I** *s.* Totschläger *m* (*Waffe*); **II** *v/t. j-n* (mit e-m Totschläger) bewusstlos schlagen.

'**sap·head** *s.* **1.** ⚔ Sappenkopf *m*; **2.** F Trottel *m*.

sap·id ['sæpɪd] *adj.* **1.** e-n Geschmack habend; **2.** schmackhaft; **3.** *fig.* interes'sant; **sa·pid·i·ty** [sə'pɪdətɪ] *s.* Schmackhaftigkeit *f*.

sa·pi·ence ['seɪpjəns] *s. mst iro.* Weisheit *f*; '**sa·pi·ent** [-nt] *adj.* □ *mst iro.* weise.

sap·less ['sæplɪs] *adj.* saftlos (*a. fig. kraftlos*).

sap·ling ['sæplɪŋ] *s.* **1.** junger Baum, Schössling *m*; **2.** *fig.* Grünschnabel *m*, Jüngling *m*.

sap·o·na·ceous [ˌsæpəʊ'neɪʃəs] *adj.* **1.** seifenartig, seifig; **2.** *fig.* glatt.

sa·pon·i·fi·ca·tion [səˌpɒnɪfɪ'keɪʃn] *s.* ⚗ Verseifung *f*; **sa·pon·i·fy** [sə'pɒnɪfaɪ] *v/t. u. v/i.* verseifen.

sap·per ['sæpə] *s.* ⚔ Pio'nier *m*, Sap'peur *m*.

Sap·phic ['sæfɪk] **I** *adj.* **1.** sapphisch; **2.** ♀ lesbisch; **II** *s.* **3.** sapphischer Vers.

sap·phire ['sæfaɪə] **I** *s.* **1.** *min.* Saphir *m* (*a. am Plattenspieler*); **2.** *a.* **~ blue** Saphirblau *n*; **3.** *orn.* Saphirkolibri *m*; **II** *adj.* **4.** saphirblau; **5.** Saphir...

sap·py ['sæpɪ] *adj.* **1.** saftig; **2.** *fig.* kraftvoll, markig; **3.** *sl.* blöd, doof.

Sar·a·cen ['særəsn] **I** *s.* Sara'zene *m*, Sara'zenin *f*; **II** *adj.* sara'zenisch.

sar·casm ['sɑːkæzəm] *s.* Sar'kasmus *m*: a) beißender Spott, b) sar'kastische Bemerkung; **sar·cas·tic** [sɑː'kæstɪk] *adj.* (□ **~ally**) sarkastisch.

sar·co·ma [sɑː'kəʊmə] *pl.* **-ma·ta** [-mətə] *s.* ⚕ Sar'kom *n* (*Geschwulst*); **sar'coph·a·gous** [-'kɒfəgəs] *adj. zo.* Fleisch fressend; **sar'coph·a·gus** [-'kɒfəgəs] *pl.* **-gi** [-gaɪ] *s.* Sarko'phag *m* (*Steinsarg*).

sard [sɑːd] *s. min.* Sard(er) *m*.

sar·dine¹ [sɑː'diːn] *pl.* **sar·dines** *od. coll.* **sar·dine** *s. ichth.* Sar'dine *f*: **packed like ~s** zs.-gepfercht wie die Heringe.

sar·dine² ['sɑːdaɪn] → **sard**.

sar·don·ic [sɑː'dɒnɪk] *adj.* (□ **~ally**) ⚕ *u. fig.* sar'donisch.

sa·ri ['sɑːrɪ] *s.* Sari *m*.

sark [sɑːk] *s. Scot. od. dial.* Hemd *n*.

sark·y ['sɑːkɪ] F *für* **sarcastic**.

sa·rong [sə'rɒŋ] *s.* Sarong *m*.

sar·sen ['sɑːsn] *s. geol.* großer Sandsteinblock.

sar·to·ri·al [sɑː'tɔːrɪəl] *adj.* □ **1.** Schneider...; **2.** Kleidung(s)...: **~ elegance** Eleganz *f* der Kleidung; **sar'to·ri·us** [-rɪəs] *s. anat.* Schneidermuskel *m*.

sash¹ [sæʃ] *s.* Schärpe *f*.

sash² [sæʃ] *s.* **1.** (schiebbarer) Fensterrahmen; **2.** schiebbarer Teil *e-s Schiebefensters*; **~ saw** *s.* ⚙ Schlitzsäge *f*; **~ win·dow** *s.* Schiebe-, Fallfenster *n*.

Sas·se·nach ['sæsənæk] *Scot. u. Irish* **I** *s.* ‚Sachse' *m*, Engländer *m*; **II** *adj.* englisch.

sat [sæt] *pret. u. p.p. von* **sit**.

Sa·tan ['seɪtən] *s.* Satan *m*, Teufel *m* (*fig.* ♀); **sa·tan·ic** [sə'tænɪk] *adj.* (□ **~ally**) sa'tanisch, teuflisch.

satch·el ['sætʃəl] *s.* Schultasche *f*, -mappe *f*, *bsd.* Schulranzen *m*.

sate¹ [seɪt] *v/t.* über'sättigen: **be ~d with** übersättigt sein von.

sate² [sæt; seɪt] *obs. für* **sat**.

sa·teen [sæ'tiːn] *s.* ('Baum)Wollsaˌtin *m*.

sat·el·lite ['sætəlaɪt] *s.* **1.** *ast.* a) Satel'lit *m*, Tra'bant *m*, b) (*künstlicher*) ('Erd-)Satelˌlit *m*: **~ dish** Satellitenschüssel *f*; **~ picture** Satellitenbild *n*; **~ transmission** *TV etc.* Satellitenübertragung *f*; **~ TV** Satellitenfernsehen *n*; **2.** Tra'bant *m*, Anhänger *m*; **3.** *fig.* a) *a.* **~ state** *od.* **nation** *pol.* Satel'lit(enstaat) *m*, b) *a.* **~ town** Tra'bantenstadt *f*, c) *a.* **~ airfield** Ausweichflugplatz *m*, d) ✝ Zweigfirma *f*.

sa·ti·ate ['seɪʃɪeɪt] *v/t.* **1.** über'sättigen; **2.** vollauf sättigen *od.* befriedigen; **sa·ti·a·tion** [ˌseɪʃɪ'eɪʃn] *s.* (Über)'Sättigung *f*; **sa·ti·e·ty** [sə'taɪətɪ] *s.* **1.** (**of**) Übersättigung *f* (mit), 'Überdruss *m* (an *dat.*): **to ~** bis zum Überdruss; **2.** Sattheit *f*.

sat·in ['sætɪn] **I** *s.* ⚙ **1.** Sa'tin *m*, Atlas *m* (*Stoff*); **2.** *a.* **white ~** *sl.* Gin *m*; **II** *adj.* **3.** Satin...; **4.** a) seidenglatt, b) glänzend; **III** *v/t.* **5.** ⚙ satinieren, glätten; **sat·i·net(te)** [ˌsætɪ'net] *s.* Halbatlas *m*. '**sat·in|-ˌfin·ished** *adj.* ⚙ mattiert; **~ pa·per** *s.* satiniertes Pa'pier, 'Atlaspaˌpier *n*.

sat·in·y ['sætɪnɪ] *adj.* seidig.

sat·ire ['sætaɪə] *s.* **1.** Sa'tire *f*, *bsd.* a) Spottgedicht *n*, -schrift *f* ([**up**]**on** auf *acc.*), b) sa'tirische Litera'tur, c) Spott *m*; **2.** *fig.* Hohn *m* ([**up**]**on** auf *acc.*); **sa·tir·ic**, **sa·tir·i·cal** [sə'tɪrɪk(l)] *adj.* □ sa'tirisch; **sat·i·rist** ['sætərɪst] *s.* Sa'tiriker(in); **sat·i·rize** ['sætəraɪz] *v/t.* verspotten, e-e Sa'tire machen auf (*acc.*).

sat·is·fac·tion [ˌsætɪs'fækʃn] *s.* **1.** Befriedigung *f*, Zu'friedenstellung *f*: **find ~ in** Befriedigung finden in (*dat.*); **give ~** befriedigen; **2.** (**at**, **with**) Zufriedenheit *f* (mit), Befriedigung *f*, Genugtuung *f* (über *acc.*): **to the ~ of all** zur Zufriedenheit aller; **3.** *eccl.* Sühne *f*; **4.** Satisfakti'on *f*, Genugtuung *f* (*Duell etc.*); **5.** ⚖, ✝ Befriedigung *f e-s Anspruchs*; Erfüllung *f e-r Verpflichtung*; (Be)Zahlung *f e-r Schuld*; **6.** Gewissheit *f*: **show to the court's ~** ⚖ einwandfrei glaubhaft machen; ˌ**sat·is'fac·to·ri·ness** [-ktərɪnɪs] *s. das* Befriedigende; ˌ**sat·is'fac·to·ry** [-ktərɪ] *adj.* □ **1.** befriedigend, zu'frieden stellend; **2.** *eccl.* sühnend; **sat·is·fy** ['sætɪsfaɪ] **I** *v/t.* **1.** befriedigen, zu'frieden stellen, genügen (*dat.*): **be satisfied with s.th.** mit et. zufrieden sein; **2.** a) *j-n* sättigen, b) *Hunger etc.*, *a. Neugier* stillen, c) *fig. Wunsch* erfüllen, *Bedürfnis*, *a. Trieb* befriedigen; **3.** ✝ *Anspruch* befriedigen; *Schuld* begleichen, tilgen; *e-r Verpflichtung* nachkommen; *Bedingungen*, ⚖ *a. Urteil* erfüllen; **4.** a) *j-n* entschädigen, b) *Gläubiger* befriedigen; **5.** *den Anforderungen* entsprechen, genügen; **6.** ∧ *Bedingung*, *Gleichung* erfüllen; **7.** *j-n* über'zeugen (**of** von): **~ o.s. that** sich überzeugen *od.* vergewissern, dass; **I am satisfied that** ich bin davon (*od.* habe mich) überzeugt, dass; **II** *v/i.* **8.** befriedigen; **sat·is·fy·ing** ['sætɪsfaɪɪŋ] *adj.* □ **1.** befriedigend, zu'frieden stellend; **2.** sättigend.

sa·trap ['sætrəp] *s. hist.* Sa'trap *m* (*a. fig.*), Statthalter *m*.

sat·u·rant ['sætʃərənt] **I** *adj.* **1.** *bsd.* ⚗ sättigend; **II** *s.* **2.** neutralisierender Stoff; **3.** ⚕ Mittel *n* gegen Magensäure;

sat·u·rate ['sætʃəreɪt] *v/t.* **1.** ⚗ *u. fig.* sättigen, saturieren (*a.* ✝ *Markt*); **2.** (durch)'tränken, durch'setzen: **be ~d with** *fig.* erfüllt *od.* durchdrungen sein von; **3.** ⚔ mit Bombenteppichen belegen; **sat·u·rat·ed** ['sætʃəreɪtɪd] *adj.* **1.** durch'tränkt, -'setzt; **2.** tropfnass; **3.** satt (*Farbe*); **4.** ⚗ a) *a. fig.* saturiert, gesättigt, b) reakti'onsträge.

sat·u·ra·tion [ˌsætʃə'reɪʃn] *s.* **1.** *bsd.* ⚗, *phys. u. fig.* Sättigung *f*, Saturierung *f*; **2.** (Durch)'Tränkung *f*, Durch'setzung *f*; **3.** Sattheit *f* (*Farbe*); **~ bomb·ing** *s.* ⚔ Bombenteppich(e *pl.*) *m*; **~ point** *s.* ⚗ Sättigungspunkt *m*.

Sat·ur·day ['sætədɪ] *s.* Sonnabend *m*, Samstag *m*: **on ~** am Sonnabend *od.* Samstag; **on ~s** sonnabends, samstags.

Sat·urn ['sætən] *s.* **1.** *antiq.* Sa'turn(us) *m* (*Gott*); **2.** *ast.* Sa'turn *m* (*Planet*); **3.** ⚗ *hist.* Blei *n*; **4.** *her.* Schwarz *n*; **Sat·ur·na·li·a** [ˌsætə'neɪljə] *s. pl. antiq.* Satur'nalien *pl.*; **Sat·ur·na·li·an** [ˌsætə'neɪljən] *adj.* **1.** *antiq.* satur'nalisch; **2.** ♀ *fig.* orgi'astisch; **Sa·tur·ni·an** [sæ'tɜːnjən] *adj.* **1.** *ast.* Saturn...; **2.** *myth*, *a. fig. poet.* sa'turnisch: **~ age** *fig.* goldenes Zeitalter; '**sat·ur·nine** [-naɪn] *adj.* □ **1.** düster, finster (*Person, Gesicht etc.*); **2.** ♀ im Zeichen des Sa'turn geboren; **3.** *min.* Blei...

sat·yr ['sætə] *s.* **1.** *oft* ♀ *myth.* Satyr *m* (*Waldgott*); **2.** *fig.* Satyr *m* (*geiler Mensch*); **3.** ⚕ Satyro'mane *m*; **sat·y·ri·a·sis** [ˌsætə'raɪəsɪs] *s.* ⚕ Saty'riasis *f*; **sa·tyr·ic** [sə'tɪrɪk] *adj.* Satyr..., satyrhaft.

sauce [sɔːs] **I** *s.* **1.** Sauce *f*, Soße *f*, Tunke *f*: **hunger is the best ~** Hunger ist der beste Koch; **what is ~ for the goose is ~ for the gander** was dem einen recht ist, ist dem andern billig; **2.** *fig.* Würze *f*; **3.** *Am.* Kom'pott *n*; **4.** F Frechheit *f*; **5.** ⚙ a) Beize *f*, b) (Tabak-)Brühe *f*; **II** *v/t.* **6.** mit Soße würzen; **7.** *fig.* würzen; **8.** F frech sein zu; '**~·boat** *s.* Sauciere *f*, Soßenschüssel *f*; '**~·dish** *s. Am.* Kom'pottschüssel *f*, -schale *f*; '**~·pan** [-pən] *s.* Kochtopf *m*, Kasse'rolle *f*.

sau·cer ['sɔːsə] *s.* 'Untertasse *f*; → **flying saucer**; **~ eye** [-əraɪ] *s.* Glotz-, Kullerauge *n*; '**~-eyed** [-əraɪd] *adj.* glotzäugig.

sau·ci·ness ['sɔːsɪnɪs] *s.* **1.** Frechheit *f*; **2.** Kessheit *f*; **sau·cy** ['sɔːsɪ] *adj.* □ **1.** frech, unverschämt; **2.** F kess, flott, fesch: **a ~ hat**.

Sau·di ['saʊdɪ] **I** *s.* Saudi *m*; **II** *adj.*

S

ˌsaudi-a'rabisch; **~ A·ra·bi·an I** *s.* ˌSaudi-'Araber(in); **II** *adj.* ˌsaudi-a'rabisch.
sau·na ['sɔːnə] *s.* Sauna *f.*
saun·ter ['sɔːntə] **I** *v/i.* schlendern: **~ *about*** um'herschlendern, (-)bummeln; **II** *s.* (Um'her)Schlendern *n*, Bummel *m.*
sau·ri·an ['sɔːrɪən] *zo.* **I** *s.* Saurier *m*; **II** *adj.* Saurier..., Echsen...
sau·sage ['sɒsɪdʒ] *s.* **1.** Wurst *f*; **2.** *a.* **~ *balloon*** ⚔ F 'Fesselbalˌlon *m*; **3.** *sl.* Deutsche(r *m*) *f*; **~ dog** *s. Brit.* F Dackel *m*; **~ meat** *s.* Wurstmasse *f*, Brät *n.*
sau·té ['səʊteɪ] (*Fr.*) **I** *adj. Küche*: sau'té, sautiert; **II** *s.* Sau'té *n.*
sav·age ['sævɪdʒ] **I** *adj.* □ **1.** *allg.* wild: a) primi'tiv (*Volk etc.*), b) ungezähmt (*Tier*), c) bru'tal, grausam, d) F wütend, e) wüst (*Landschaft*); **II** *s.* **2.** Wilde(r *m*) *f*; **3.** Rohling *m*; **4.** bösartiges Tier, *bsd.* bissiges Pferd; **III** *v/t.* **5.** *j-n* übel zurichten, *a. fig. j-m* übel mitspielen; **6.** *j-n* anfallen, beißen (*Pferd etc.*); **'sav·age·ness** [-nɪs] *s.* **1.** Wildheit *f*, Rohheit *f*, Grausamkeit *f*; **2.** Wut *f*, Bissigkeit *f*; **'sav·age·ry** [-dʒərɪ] *s.* **1.** Unzivilisiertheit *f*, Wildheit *f*; **2.** Rohheit *f*, Grausamkeit *f.*
sa·van·na(h) [sə'vænə] *s. geogr.* Sa'vanne *f.*
sa·vant ['sævənt] *s.* großer Gelehrter.
save[1] [seɪv] **I** *v/t.* **1.** (er)retten (***from*** von, vor *dat.*): **~ *s.o.'s life*** j-m das Leben retten; **2.** ⚓ bergen; **3.** bewahren, schützen (***from*** vor *dat.*): ***God ~ the Queen*** Gott erhalte die Königin; **~ *the situation*** die Situation retten; → ***appearance*** 3, ***face*** 4, ***harmless*** 2; **4.** *Geld etc.* sparen, einsparen: **~ *time*** Zeit gewinnen *od.* sparen; **5.** (auf)sparen, aufheben, -bewahren: **~ *it!*** *sl.* ‚geschenkt'!, halts Maul!; → ***breath*** 1; **6.** *a. Augen* schonen; schonend *od.* sparsam 'umgehen mit; **7.** *j-m e-e Mühe etc.* ersparen: ***it ~d me the trouble of going there***; **8.** *eccl.* (***from***) retten (aus), erlösen (von); **9.** *Brit.* ausnehmen: **~ *the mark!*** verzeihen Sie die Bemerkung!; **~ *your presence*** (*od.* ***reverence***) mit Verlaub; **10.** *a.* **~ *up*** aufsparen; **11.** *sport*: a) *Schuss* halten, b) *Tor* verhindern; **12.** *Computer*: sichern, (ab)speichern (***onto*** auf *acc.*); **II** *v/i.* **13.** sparen; **14.** *sport* ‚retten', halten; **15.** *Computer*: sich (ab)speichern lassen (*Datei*); **III** *s.* **16.** *sport* Pa'rade *f* (*Tormann*).
save[2] [seɪv] *prp. u. cj.* außer (*dat.*), mit Ausnahme von (*od. gen.*), ausgenommen (*nom.*), abgesehen von: **~ *for*** bis auf (*acc.*); **~ *that*** abgesehen davon, dass; nur, dass.
sav·e·loy [ˌsævə'lɔɪ] *s.* Zerve'latwurst *f.*
sav·er ['seɪvə] *s.* **1.** Retter(in); **2.** Sparer(-in); **3.** sparsames Gerät *etc.*
sav·ing ['seɪvɪŋ] **I** *adj.* □ **1.** sparsam (***of*** mit); **2.** ...sparend: ***time-~***; **3.** rettend: **~ *grace*** *eccl.* selig machende Gnade; ⚖ **~ *humo(u)r*** befreiender Humor; **4.** ⚖ Vorbehalts...: **~ *clause***; **II** *s.* **5.** (Er-)Rettung *f*; **6.** a) Sparen *n*, b) Ersparnis *f*, Einsparung *f*: **~ *of time*** Zeitersparnis; **7.** *pl.* Ersparnis(se *pl.*) *f*; Spargeld(-er *pl.*) *n*; **8.** ⚖ Vorbehalt *m*; **III** *prp. u. cj.* **9.** außer (*dat.*), ausgenommen: **~ *your presence*** (*od.* ***reverence***) mit Verlaub.
sav·ings| ac·count ['seɪvɪŋz] *s.* Sparkonto *n*; **~ bank** *s.* Sparkasse *f*: **~ (*deposit*) *book*** Spar(kassen)buch *n*; **~ de·pos·it** *s.* Spareinlage *f.*
sa·vio(u)r ['seɪvjə] *s.* (Er)Retter *m*, Erlöser *m*: ***the*** ℒ *eccl.* der Heiland *od.* Erlöser.
sa·voir| faire [ˌsævwɑː'feə] (*Fr.*) *s.* Gewandtheit *f*, Takt(gefühl *n*) *m*, Savoir-'faire *n*; **~ vi·vre** [-'viːvr] (*Fr.*) *s.* feine Lebensart, Savoir-'vivre *n.*
sa·vor·y ['seɪvərɪ] *s.* ⚘ Bohnenkraut *n*, Kölle *f.*
sa·vo(u)r ['seɪvə] **I** *s.* **1.** (Wohl)Geschmack *m*; **2.** *bsd. fig.* Würze *f*, Reiz *m*; **3.** *fig.* Beigeschmack *m*, Anstrich *m*; **II** *v/t.* **4.** *bsd. fig.* genießen, auskosten; **5.** *bsd. fig.* würzen; **6.** *fig.* e-n Beigeschmack *od.* Anstrich haben von, riechen nach; **III** *v/i.* **7.** **~ *of*** a) *a. fig.* schmecken *od.* riechen nach, b) → 6; **'sa·vo(u)r·i·ness** [-vərɪnɪs] *s.* Wohlgeschmack *m*, -geruch *m*, Schmackhaftigkeit *f*; **'sa·vo(u)r·less** [-lɪs] *adj.* geschmack-, geruchlos, fade; **'sa·vo(u)r·y** [-vərɪ] **I** *adj.* □ **1.** wohlschmeckend, -riechend, schmackhaft; **2.** *a. fig.* appe'titlich, angenehm; **3.** würzig, pi'kant (*a. fig.*); **II** *s.* **4.** *Brit.* pi'kante Vor- *od.* Nachspeise.
sa·voy [sə'vɔɪ] *s.* Wirsing(kohl) *m.*
sav·vy ['sævɪ] *sl.* **I** *v/t.* ‚kapieren', verstehen; **II** *s.* ‚Köpfchen' *n*, ‚Durchblick' *m*, Verstand *m.*
saw[1] [sɔː] *pret. von* ***see***[1].
saw[2] [sɔː] *s.* Sprichwort *n.*
saw[3] [sɔː] **I** *s.* **1.** ⚙ Säge *f*: ***singing*** (*od.* ***musical***) **~** ♪ singende Säge; **II** *v/t.* **2.** [*irr.*] sägen: **~ *down*** *Baum* umsägen; **~ *off*** absägen; **~ *out*** *Bretter* zuschneiden; **~ *up*** zersägen; **~ *the air*** (***with one's hands***) (mit den Händen) herumfuchteln; **III** *v/i.* [*irr.*] **3.** sägen; **4.** (auf der Geige) ‚kratzen'.
'saw|·bones *s. pl. sg. konstr. sl.* a) ‚Bauchaufschneider' *m* (*Chirurg*), b) ‚Medi'zinmann' *m* (*Arzt*); **'~·buck** *s. Am.* **1.** Sägebock *m*; **2.** *sl.* 10-Dollar-Note *f*; **'~·dust** *s.* Sägemehl *n*: ***let the ~ out of*** *fig.* die Hohlheit zeigen von; **'~·fish** *s. ichth.* Sägefisch *m*; **'~·fly** *s. zo.* Blattwespe *f*; **~ frame**, **~ gate** *s.* ⚙ Sägegatter *n*; **'~·horse** *s.* Sägebock *m*; **'~·mill** *s.* Sägewerk *n*, -mühle *f.*
sawn [sɔːn] *p.p. von* ***saw***[3].
Saw·ney ['sɔːnɪ] *s.* F **1.** (*Spitzname für*) Schotte *m*; **2.** ℒ Trottel *m.*
saw| set *s.* ⚙ Schränkeisen *n*; **'~·tooth I** *s.* [*irr.*] **1.** Sägezahn *m*; **II** *adj.* **2.** Sägezahn...: **~ *roof*** Säge-, Scheddach *n*; **3.** ⚡ Sägezahn..., Kipp...(*-spannung etc.*); **'~·wort** *s.* ⚘ Färberdistel *f.*
saw·yer ['sɔːjə] *s.* Säger *m.*
Saxe [sæks] *s.* Sächsischblau *n.*
sax·horn ['sækshɔːn] *s.* ♪ Saxhorn *n.*
sax·i·frage ['sæksɪfrɪdʒ] *s.* ⚘ Steinbrech *m.*
Sax·on ['sæksn] **I** *s.* **1.** Sachse *m*, Sächsin *f*; **2.** *hist.* (Angel)Sachse *m*, (Angel-)Sächsin *f*; **3.** *ling.* Sächsisch *n*; **II** *adj.* **4.** sächsisch; **5.** (alt-, angel)sächsisch, *ling. oft* ger'manisch: **~ *genitive*** sächsischer Genitiv; **~ blue** → ***Saxe***; **'Sax·o·ny** [-nɪ] *s.* **1.** *geogr.* Sachsen *n*; **2.** ℒ feiner, glänzender Wollstoff.
sax·o·phone ['sæksəfəʊn] *s.* ♪ Saxo'phon *n*; **sax·o·phon·ist** [sæk'sɒfənɪst] *s.* Saxopho'nist(in).
say [seɪ] **I** *v/t.* [*irr.*] **1.** *et.* sagen, sprechen; **2.** sagen, äußern, berichten: ***he has nothing to ~ for himself*** a) er ist sehr zurückhaltend, b) *contp.* mit ihm ist nicht viel los; ***have you nothing to ~ for yourself?*** hast du nichts zu deiner Rechtfertigung zu sagen?; ***to ~ nothing of*** ganz zu schweigen von, geschweige; ***the Bible ~s*** die Bibel sagt, in der Bibel heißt es; ***people*** (*od.* ***they***) **~ *he is ill***, ***he is said to be ill*** man sagt *od.* es heißt, er sei krank, er soll krank sein; **~ *no more*** F schon gut! (*ich habe verstanden*); **3.** sagen, behaupten, versprechen: ***you said you would come***; → ***soon*** 2; **4.** a) *a.* **~ *over*** *Gedicht etc.* auf-, hersagen, b) *Gebet* sprechen, c) *R.C. Messe* lesen; **5.** (be)sagen, bedeuten: ***that is to ~*** das heißt; ***$500, ~, five hundred dollars*** $500, in Worten: fünfhundert Dollar; ***that is ~ing a great deal*** das will viel heißen; **6.** annehmen: (***let us***) **~ *it happens*** angenommen, es passiert; ***a sum of, ~, $20*** e-e Summe von, sagen wir (mal), *od.* von etwa $20; ***I should ~*** ich dächte, ich würde sagen; **II** *v/i.* [*irr.*] **7.** sagen, meinen: ***you may well ~ so!*** das kann man wohl sagen!; ***it is hard to ~*** es ist schwer zu sagen; ***what do you ~*** (*od.* ***what ~ you***) ***to ...?*** was hältst du von ...?, wie wäre es mit ...?; ***you don't ~*** (***so***)***!*** was Sie nicht sagen!, nicht möglich!; ***it ~s*** es lautet (*Schreiben etc.*); ***it ~s here*** hier steht (*geschrieben*), hier heißt es; **8. *I ~!*** *int.* a) hör(en Sie) mal!, sag(en Sie) mal!, b) *erstaunt od. beifällig*: Donnerwetter!; **III** *s.* **9.** ***have one's ~*** (***to*** *od.* ***on***) s-e Meinung äußern (über *acc. od.* zu); **10.** Mitspracherecht *n*: ***have a*** (***no***) **~ *in*** et. (nichts) zu sagen haben bei; ***it is my ~ now!*** jetzt rede ich!; **11.** *a.* ***final ~*** endgültige Entscheidung: ***who has the ~ in this matter?*** wer hat in dieser Sache zu entscheiden *od.* das letzte Wort zu reden?
say·est ['seɪɪst] *obs. 2. sg. pres. von* ***say***: ***thou ~*** du sagst.
say·ing ['seɪɪŋ] *s.* **1.** Reden *n*: ***it goes without ~*** es ist selbstverständlich; ***there is no ~*** man kann nicht sagen *od.* wissen (*ob, wann etc.*); **2.** Ausspruch *m*; **3.** Sprichwort *n*, Redensart *f*: ***as the ~ goes*** (*od.* ***is***) wie es (im Sprichwort) heißt, wie man sagt.
says [sez; səz] *3. sg. pres. von* ***say***: ***he ~*** er sagt.
'say-so *pl.* **-sos** *s.* F **1.** (bloße) Behauptung; **2.** → ***say*** 11.
scab [skæb] **I** *s.* **1.** ⚕ a) Grind *m*, (Wund)Schorf *m*, b) Krätze *f*; **2.** *vet.* Räude *f*; **3.** ⚘ Schorf *m*; **4.** *sl.* Ha'lunke *m*; **5.** *sl.* a) Streikbrecher(in), b) Nichtgewerkschaftler *m*: **~ *work*** Schwarzarbeit *f*, *a.* Arbeit unter Tariflohn; **6.** ⚙ Gussfehler *m*; **II** *v/i.* **7.** verschorfen, sich verkrusten; **8.** *a.* **~ *it*** *sl.* als Streikbrecher *od.* unter Ta'riflohn arbeiten.
scab·bard ['skæbəd] *s.* (Schwert- *etc.*) Scheide *f.*
scabbed [skæbd] *adj.* **1.** → ***scabby***; **2.** ⚘ schorfig.
scab·by ['skæbɪ] *adj.* □ **1.** ⚕ schorfig, grindig; **2.** *vet.* räudig; **3.** F schäbig, schuftig.
sca·bi·es ['skeɪbiiːz] → ***scab*** 1 b *u.* 2.
sca·bi·ous[1] ['skeɪbjəs] *adj.* **1.** ⚕ skabi'ös, krätzig; **2.** *vet.* räudig.
sca·bi·ous[2] ['skeɪbjəs] *s.* ⚘ Skabi'ose *f.*
sca·brous ['skeɪbrəs] *adj.* **1.** rau, schuppig (*Pflanze etc.*); **2.** heikel, kniff(e)lig: ***a ~ question***; **3.** *fig.* schlüpfrig, anstößig.
scaf·fold ['skæfəld] **I** *s.* **1.** (Bau-, Arbeits)Gerüst *n*; **2.** Blutgerüst *n*, (*a.* Tod *m* auf dem) Scha'fott *n*; **3.** ('Redner-, 'Zuschauer)Triˌbüne *f*; **4.** *anat.* a) Knochengerüst *n*, b) Stützgewebe *n*; **5.** ⚙ Ansatz *m* (*im Hochofen*); **II** *v/t.* **6.** ein

S

Gerüst anbringen an (*dat.*); **7.** auf e-m Gestell aufbauen; **'scaf·fold·ing** [-dɪŋ] *s.* **1.** (Bau)Gerüst *n*; **2.** Ge'rüstmateri͵al *n*; **3.** Errichtung *f* des Gerüsts.

scal·a·ble ['skeɪləbl] *adj.* ersteigbar.

scal·age ['skeɪlɪdʒ] *s.* **1.** ⚕ *Am.* Schwundgeld *n*; **2.** Holzmaß *n*.

sca·lar ['skeɪlə] ⩘ **I** *adj.* ska'lar, ungerichtet; **II** *s.* Ska'lar *m*.

scal·a·wag ['skæləwæg] *s.* **1.** Kümmerling *m* (*Tier*); **2.** F Lump *m*.

scald¹ [skɔːld] *s.* Skalde *m* (*nordischer Sänger*).

scald² [skɔːld] **I** *v/t.* **1.** verbrühen; **2.** *Milch etc.* abkochen: **~ing hot** a) kochend heiß, b) glühend heiß (*Tag etc.*); **~ing tears** *fig.* heiße Tränen; **3.** *Obst etc.* dünsten; **4.** *Geflügel, Schwein etc.* abbrühen; **5.** *a.* **~ out** *Gefäß, Instrumente* auskochen; **II** *s.* **6.** Verbrühung *f*.

scale¹ [skeɪl] **I** *s.* **1.** *zo.* Schuppe *f*; *coll.* Schuppen *pl.*; **2.** ⚕ Schuppe *f*: **come off in ~s** → 11; **the ~s fell from my eyes** es fiel mir wie Schuppen von den Augen; **3.** a) ⚘ Schuppenblatt *n*, b) (*Erbsen- etc.*)Hülse *f*, Schale *f*; **4.** (*Messer*)Schale *f*; **5.** Ablagerung *f*, *bsd.* a) Kesselstein *m*, b) ⚕ Zahnstein *m*; **6.** *a. pl. metall.* Zunder *m*: **iron ~** Hammerschlag *m*, Glühspan *m*; **II** *v/t.* **7.** *a.* **~ off** *Fisch* (ab)schuppen; *Schicht etc.* ablösen, -schälen, -häuten; **8.** a) abklopfen, den Kesselstein entfernen aus, b) *Zähne* vom Zahnstein befreien; **9.** e-e Kruste *od.* Kesselstein ansetzen in (*dat.*) *od.* an (*dat.*); **10.** *metall.* zunderfrei machen, ausglühen; **III** *v/i.* **11.** *a.* **~ off** sich abschuppen *od.* -lösen, abblättern; **12.** Kessel- *od.* Zahnstein ansetzen.

scale² [skeɪl] **I** *s.* **1.** Waagschale *f* (*a. fig.*): **hold the ~s even** *fig.* gerecht urteilen; **throw into the ~** *fig. Argument, Schwert etc.* in die Waagschale werfen; **turn** (*od.* **tip**) **the ~(s)** *fig.* den Ausschlag geben; **turn the ~ at 55 lbs** 55 Pfund wiegen; → **weight** 4; **2.** *mst pl.* Waage *f*: **a pair of ~s** eine Waage; **go to ~** *sport* gewogen werden (*Jockey, Boxer*); **go to ~ at 90 lbs** 90 Pfund auf die Waage bringen; **3.** **⁀s** *pl. ast.* Waage *f*; **II** *v/t.* **4.** wiegen; **5.** F (ab-, aus-) wiegen; **III** *v/i.* **6.** **~ in** (**out**) vor (nach) dem Rennen gewogen werden (*Jockey*).

scale³ [skeɪl] **I** *s.* **1.** ⚙, *phys.* Skala *f*: **~ division** Gradeinteilung *f*; **~ disk** Skalenscheibe *f*; **~ line** Teilstrich *m*; **2.** a) Stufenleiter *f*, Staffelung *f*, b) Skala *f*, Ta'rif *m*: **~ of fees** Gebührenordnung *f*; **~ of wages** Lohnskala, -tabelle *f*; **3.** Stufe *f* (*auf e-r Skala, Tabelle etc.*; *a. fig.*): **social ~** Gesellschaftsstufe; **4.** ⩘, ⚙ a) Maßstab(angabe *f*) *m*, b) loga'rithmischer Rechenstab: **in** (*od.* **to**) **~** maßstab(s)gerecht: **drawn to a ~ of 1:5** im Maßstab 1:5 gezeichnet; **~ model** maßstab(s)getreues Modell; **5.** *fig.* Maßstab *m*, 'Umfang *m*: **on a large ~** in großem Umfang, im großen; **6.** ⩘ (nu'merische) Zahlenreihe: **decimal ~** Dezimalreihe *f*; **7.** ♪ a) Tonleiter *f*, b) 'Ton͵umfang *m* (*Instrument*): **learn one's ~s** Tonleitern üben; **8.** *Am. Börse*: **on a ~** zu verschiedenen Kurswerten (*Wertpapiere*); **9.** *fig.* Leiter *f*: **a ~ to success**; **II** *v/t.* **10.** erklimmen, erklettern (*a. fig.*); **11.** maßstab(s)getreu zeichnen: **~ down** (**up**) maßstäblich verkleinern (vergrößern); **12.** einstufen: **~ down** *Löhne* herunterschrauben, drücken; **~ up** *Preise etc.* hoch schrauben; **III** *v/i.* **13.** *auf e-r Skala od. fig.* klettern, steigen: **~ down** fallen.

scale| ar·mo(u)r *s.* Schuppenpanzer *m*; **~ beam** *s.* Waagebalken *m*; **~ buy·ing** *s.* ⚕ (spekula'tiver) Aufkauf von 'Wertpa͵pieren.

scaled [skeɪld] *adj.* **1.** *zo.* schuppig, Schuppen...; **2.** abgeschuppt: **~ herring**; **3.** mit e-r Skala (versehen).

'scale-down *s.* maßstab(s)gerechte Verkleinerung.

scale·less ['skeɪllɪs] *adj.* schuppenlos.

sca·lene ['skeɪliːn] ⩘ **I** *adj.* ungleichseitig (*Figur*), schief (*Körper*); **II** *s.* schiefwinkliges Dreieck.

scal·ing ['skeɪlɪŋ] *s.* **1.** (Ab)Schuppen *n*; **2.** Kesselstein- *od.* Zahnsteinentfernung *f*; **3.** Erklettern *n*, Aufstieg *m* (*a. fig.*); **4.** ⚕ (spekula'tiver) Auf- u. Verkauf *m* von 'Wertpa͵pieren.

scall [skɔːl] *s.* ⚕ (Kopf)Grind *m*.

scal·la·wag → **scalawag**.

scal·lion ['skæljən] *s.* ⚘ Scha'lotte *f*.

scal·lop ['skɒləp] **I** *s.* **1.** *zo.* Kammmuschel *f*; **2.** *a.* **~ shell** Muschelschale *f* (*a. aus Porzellan zum Servieren von Speisen*); **3.** *Näherei*: Lan'gette *f*; **II** *v/t.* **4.** ⚙ ausbogen, bogenförmig verzieren; **5.** *Näherei*: langettieren; **6.** *Speisen* in der (Muschel)Schale über'backen.

scalp [skælp] **I** *s.* **1.** *anat.* Kopfhaut *f*; **2.** Skalp *m* (*abgezogene Kopfhaut als Siegeszeichen*): **be out for ~s** sich auf dem Kriegspfad befinden, *fig.* kampf-, angriffslustig sein; **3.** *fig.* ('Sieges)Tro͵phäe *f*; **II** *v/t.* **4.** skalpieren; **5.** ⚕ *Am.* F *Wertpapiere* mit kleinem Pro'fit weiterverkaufen; **6.** *Am. sl. Eintrittskarten* auf dem schwarzen Markt verkaufen.

scal·pel ['skælpəl] *s.* ⚕ Skal'pell *n*.

scal·y ['skeɪlɪ] *adj.* **1.** schuppig, geschuppt; **2.** Schuppen...; **3.** schuppenförmig; **4.** sich abschuppend, schilferig.

scam [skæm] *s.* F betrügerischer Trick.

scamp [skæmp] **I** *s.* Ha'lunke *m*; *humor.* *a.* Spitzbube *m*; **II** *v/t.* *Arbeit etc.* schlud(e)rig ausführen, hinschlampen.

scam·per ['skæmpə] **I** *v/i.* **1.** *a.* **~ about** (he'rum)tollen, her'umhüpfen; **2.** hasten: **~ away** (*od.* **off**) sich davonmachen; **II** *s.* **3.** (He'rum)Tollen *n*.

scan [skæn] **I** *v/t.* **1.** genau *od.* kritisch prüfen, forschend *od.* scharf ansehen; **2.** *Horizont etc.* absuchen; **3.** über'fliegen: **~ the headlines**; **4.** *Vers* skandieren; **5.** ⚡, *Radar, TV*: abtasten; **6.** *Computer*, ⚕ *etc.*: scannen: **~ in** einscannen; **II** *v/i.* **7.** *Metrik*: a) skan'dieren, b) sich *gut etc.* skandieren (lassen); **III** *s.* **8.** genaue Prüfung (*durch Blicke*); **9.** *Radar, TV*: Abtastung *f*; **10.** *Computer*: Scan *m*; **11.** ⚕ Scan *m*: a) 'Ultraschalluntersuchung *f*, -aufnahme *f*, b) 'Kernspintomo͵gramm *n*, c) Com'putertomo͵gramm; **12.** *phot.* Scan *m*, Aufnahme *f*, (*durch Überwachungskamera, Satelliten etc.*).

scan·dal ['skændl] *s.* **1.** Skan'dal *m*: a) skanda'löses Ereignis, b) (öffentliches) Ärgernis: **cause ~** Anstoß erregen, c) Schande *f*, Schmach *f* (**to** für); **2.** Verleumdung *f*, (böswilliger) Klatsch: **talk ~** klatschen; **~ sheet** Skandal-, Revolverblatt *n*; **3.** ⚖ üble Nachrede (*im Prozess*); **4.** ‚unmöglicher' Mensch.

scan·dal·ize¹ ['skændəlaɪz] *v/t.* Anstoß erregen bei (*dat.*), *j-n* schockieren: **be ~d at** Anstoß nehmen an (*dat.*), empört sein über (*acc.*).

scan·dal·ize² ['skændəlaɪz] *v/t.* ⚓ *Segel* verkleinern, ohne zu reffen.

'scan·dal͵mon·ger *s.* Lästermaul *n*, Klatschbase *f*.

scan·dal·ous ['skændələs] *adj.* ☐ **1.** skanda'lös, anstößig, schockierend; **2.** schändlich, schimpflich; **3.** verleumderisch, Schmäh...: **~ stories**; **4.** klatschsüchtig (*Person*).

'scan·dal-plagued [-pleɪgd] *adj.* skan'dalgeplagt.

Scan·di·na·vi·an [͵skændɪ'neɪvjən] **I** *adj.* **1.** skandi'navisch; **II** *s.* **2.** Skandi'navier(in); **3.** *ling.* a) Skandi'navisch *n*, b) Altnordisch *n*.

scan·ner ['skænə] *s.* **1.** *Computer*, ⚙, ⚕: Scanner *m*; **2.** *TV* Bildabtaster *m*; **3.** Ra'dar-, 'Richtan͵tenne *f*.

scan·ning ['skænɪŋ] *s.* **1.** *Computer*, ⚙, ⚕: Scannen *n*; **2.** *TV* Bildabtastung *f*; **3.** *Radar etc.*: Abtastung *f*; **~ disk** *s.* *TV* Abtastscheibe *f*; **~ lines** *s. pl.* *TV* Rasterlinien *pl.*

scan·sion ['skænʃn] *s.* *Metrik*: Skandierung *f*, Skansi'on *f*.

Scan·so·res [skæn'sɔːriːz] *s. pl. orn.* Klettervögel *pl.*; **scan'so·ri·al** [-rɪəl] *adj. orn.* **1.** Kletter...; **2.** zu den Klettervögeln gehörig.

scant [skænt] *adj.* knapp (**of** an *dat.*), spärlich, dürftig, gering: **a ~ 2 hours** knapp 2 Stunden; **'scan·ties** [-tɪz] *s. pl.* Damenslip *m*; **'scant·i·ness** [-tɪnɪs], **'scant·ness** [-nɪs] *s.* **1.** Knappheit *f*, Kargheit *f*; **2.** Unzulänglichkeit *f*; **'scant·y** [-tɪ] *adj.* ☐ **1.** → **scant**; **2.** unzureichend; **3.** eng, beengt (*Raum etc.*).

scape [skeɪp] *s.* **1.** ⚘, *zo.* Schaft *m*; **2.** △ (Säulen)Schaft *m*.

'scape·goat *s. fig.* Sündenbock *m*.

'scape·grace *s.* Taugenichts *m*.

scaph·oid ['skæfɔɪd] *anat.* **I** *adj.* scapho'id, Kahn...; **II** *s. a.* **~ bone** Kahnbein *n*.

scap·u·la ['skæpjʊlə] *pl.* **-lae** [-liː] *s. anat.* Schulterblatt *n*; **'scap·u·lar** [-lə] **I** *adj.* **1.** *anat.* Schulter(blatt)...; **II** *s.* **2.** → **scapulary**; **3.** ⚕ Schulterbinde *f*; **'scap·u·lar·y** [-lərɪ] *s. eccl.* Skapu'lier *n*.

scar¹ [skɑː] **I** *s.* **1.** Narbe *f* (*a.* ⚘; *a. fig. u. psych.*); **2.** Schramme *f*, Kratzer *m*; **3.** *fig.* (Schand)Fleck *m*, Makel *m*; **II** *v/t.* **4.** e-e Narbe *od.* Narben hinter'lassen auf (*dat.*); **5.** *fig.* bei *j-m* ein Trauma hinter'lassen; **6.** *fig.* entstellen, verunstalten; **III** *v/i.* **7.** *a.* **~ over** vernarben (*a. fig.*).

scar² [skɑː] *s. Brit.* Klippe *f*, steiler (Felsen)Abhang.

scar·ab ['skærəb] *s.* **1.** *zo.* Skara'bäus *m* (*a. Schmuck etc.*); **2.** *zo.* Mistkäfer *m*.

scarce [skeəs] **I** *adj.* ☐ **1.** knapp, spärlich: **~ commodities** ⚕ Mangelwaren; **2.** selten, rar: **make o.s. ~** F a) sich rar machen, b) ‚sich dünnmachen'; **II** *adv.* **3.** *obs.* → **'scarce·ly** [-lɪ] *adv.* **1.** kaum, gerade erst: **~ anything** kaum etwas, fast nichts; **~ ... when** kaum ... als; **2.** wohl nicht, kaum, schwerlich; **'scarce·ness** [-nɪs], **'scar·ci·ty** [-sətɪ] *s.* **1.** a) Knappheit *f*, Mangel *m* (**of** an *dat.*), b) Verknappung *f*; **2.** (Hungers)Not *f*; **3.** Seltenheit *f*: **~ value** Seltenheitswert *m*.

scare [skeə] **I** *v/t.* **1.** erschrecken, *j-m* e-n Schrecken einjagen, ängstigen: **be ~d of s.th.** sich vor et. fürchten; **2.** *a.* **~ away** verscheuchen, -jagen; **3.** **~ up** a) *Wild etc.* aufscheuchen, b) F *Geld etc.* auftreiben, *et.* ‚organisieren'; **II** *v/i.* **4.** erschrecken: **he does not ~ easily** er lässt sich nicht leicht ins Bockshorn ja-

S

gen; III *s.* **5.** Schreck(en) *m*, Panik *f*: ***~ buying*** Angstkäufe *pl.*; ***~ news*** Schreckensnachricht(en *pl.*) *f*; **6.** blinder A'larm; '**~·crow** *s.* **1.** Vogelscheuche *f* (*a. fig. Person*); **2.** *fig.* Schreckgespenst *n*; '**~·head** *s.* (riesige) Sensati'onsschlagzeile; '**~,mon·ger** *s.* Panikmacher(in); '**~,mon·ger·ing** *s.* Panikmache *f*.

scared·y-cat ['skeə(r)dɪkæt] *s.* Angsthase *m*.

scarf¹ [skɑːf] *pl.* **scarfs**, **scarves** [-vz] *s.* **1.** Hals-, Kopf-, Schultertuch *n*, Schal *m*; **2.** (breite) Kra'watte (*für Herren*); **3.** ⚔ Schärpe *f*; **4.** *eccl.* Seidenstola *f*; **5.** Tischläufer *m*.

scarf² [skɑːf] **I** *s.* **1.** ⚙ Laschung *f*, Blatt *n* (*Hölzer*); ⚓ Lasch *m*; **2.** ⚙ → ***scarf joint***; **II** *v/t.* **3.** ⚙ zs.-blatten; ⚓ (ver)laschen; **4.** *e-n Wal* aufschneiden.

scarf| joint *s.* ⚙ Blattfuge *f*, Verlaschung *f*; '**~·pin** *s.* Kra'wattennadel *f*; '**~·skin** *s. anat.* Oberhaut *f*.

scar·i·fi·ca·tion [ˌskeərɪfɪ'keɪʃn] *s.* ⚕ Hautritzung *f*; **scar·i·fi·ca·tor** ['skeərɪfɪkeɪtə], **scar·i·fi·er** ['skeərɪfaɪə] *s.* **1.** ⚕ Stichelmesser *n*; **2.** ✓ Messeregge *f*; **3.** ⚙ Straßenaufreißer *m*; **scar·i·fy** ['skeərɪfaɪ] *v/t.* **1.** *Haut* ritzen, ⚕ skarifizieren; **2.** ✓ a) *Boden* auflockern, b) *Samen* anritzen; **3.** *fig.* a) *Gefühle etc.* verletzen, b) scharf kritisieren.

scar·la·ti·na [ˌskɑːlə'tiːnə] *s.* ⚕ Scharlach(fieber *n*) *m*.

scar·let ['skɑːlət] **I** *s.* **1.** Scharlach(rot *n*) *m*; **2.** Scharlach(tuch *n*, -gewand *n*) *m*; **II** *adj.* **3.** scharlachrot: ***flush*** (*od.* ***turn***) ***~*** dunkelrot werden; **4.** *fig.* unzüchtig; ***~ fe·ver*** *s.* ⚕ Scharlach(fieber *n*) *m*; ***~ hat*** *s.* **1.** Kardi'nalshut *m*; **2.** *fig.* Kardi'nalswürde *f*; ***~ run·ner*** *s.* ⚘ Scharlach-, Feuerbohne *f*; ♀ **Wom·an** *s.* **1.** *bibl. die* (scharlachrot gekleidete) Hure; **2.** *fig. contp.* (*das* heidnische *od.* päpstliche) Rom.

scarp [skɑːp] **I** *s.* **1.** steile Böschung; **2.** ⚔ Es'karpe *f*; **II** *v/t.* **3.** abböschen, abdachen; **scarped** [-pt] *adj.* steil, abschüssig.

scarred [skɑːd] *adj.* narbig.

scarves [skɑːvz] *pl. von* ***scarf¹***.

scar·y ['skeərɪ] *adj.* F **1.** a) grus(e)lig, schaurig, b) unheimlich; **2.** schreckhaft, ängstlich.

scat¹ [skæt] F **I** *int.* **1.** ‚hau ab'!; **2.** Tempo!; **II** *v/i.* **3.** ‚verduften'; **4.** flitzen.

scat² [skæt] *s. Jazz*: Scat *m* (*Singen zs.-hangloser Silben*).

scathe [skeɪð] **I** *v/t.* **1.** *poet.* versengen; **2.** *obs. od. Scot.* verletzen; **3.** *fig.* vernichtend kritisieren; **II** *s.* **4.** Schaden *m*: ***without ~***; **5.** Beleidigung *f*; '**scathe·less** [-lɪs] *adj.* unversehrt; '**scath·ing** [-ðɪŋ] *adj.* □ *fig.* **1.** vernichtend, ätzend (*Kritik etc.*); **2.** verletzend.

sca·tol·o·gy [skə'tɒlədʒɪ] *s.* **1.** ⚕ Skatolo'gie *f*, Kotstudium *n*; **2.** *fig.* Beschäftigung *f* mit dem Ob'szönen (in der Litera'tur).

scat·ter ['skætə] **I** *v/t.* **1.** *a.* ***~ about*** (aus-, um'her-, ver)streuen; **2.** verbreiten, -teilen; **3.** bestreuen (***with*** mit); **4.** *Menge etc.* zerstreuen, *a. Vögel etc.* ausein'ander scheuchen: ***be ~ed to the four winds*** in alle Winde zerstreut werden *od.* sein; **5.** *Geld* verschleudern, verzetteln: ***~ one's strength*** *fig.* sich verzetteln; **6.** *phys. Licht etc.* zerstreuen; **II** *v/i.* **7.** sich zerstreuen (*Menge*), ausein'ander stieben (*a. Vögel etc.*), sich zerteilen (*Nebel*); **8.** a) sich verbreiten (***over*** über *acc.*), b) verstreut sein; **III** *s.* **9.** *allg., a. phys. etc.* Streuung *f*; '**~-brain** *s.* Wirrkopf *m*; '**~·brained** *adj.* wirr, kon'fus.

scat·tered ['skætəd] *adj.* **1.** ver-, zerstreut (liegend *od.* vorkommend *etc.*); **2.** vereinzelt (auftretend): ***~ rain showers***; **3.** *fig.* wirr; **4.** *phys.* dif'fus, Streu...

'**scat·ter|·gun** *s. Am.* Schrotflinte *f*; ***~ rug*** *s. Am.* Brücke *f* (*Teppich*).

scaur [skɔː] *bsd. Scot. für* ***scar²***.

scav·enge ['skævɪndʒ] **I** *v/t.* **1.** *Straßen etc.* reinigen, säubern; **2.** *mot. Zylinder von Gasen* reinigen, spülen: ***~ stroke*** Spültakt *m*, Auspuffhub *m*; **3.** *Am.* a) *Abfälle etc.* auflesen, b) *et.* auftreiben, c) *et.* durch'stöbern (***for*** nach); **II** *v/i.* **4.** ***~ for*** (her'um)suchen nach; '**scav·en·ger** [-dʒə] *s.* **1.** Straßenkehrer *m*; **2.** Müllmann *m*; **3.** a) Trödler *m*, b) Lumpensammler *m*; **4.** ⚗ Reinigungsmittel *n*; **5.** *zo.* Aasfresser *m*: ***~ beetle*** Aas fressender Käfer.

sce·nar·i·o [sɪ'nɑːrɪəʊ] *pl.* **-ri·os** *s.* **1.** a) *thea.* Sze'nar(io) *n*, b) *Film*: Drehbuch *n*; **2.** *fig.* Sze'nario *n*, Plan *m*; **sce·na·rist** ['siːnərɪst] *s.* Drehbuchautor *m*.

scene [siːn] *s.* **1.** *thea., Film, TV*: a) Szene *f*, Auftritt *m*, b) Ort *m* der Handlung, Schauplatz *m* (*a. Roman etc.*); → ***lay*** 6, c) Ku'lisse *f*, d) → ***scenery*** b: ***behind the ~s*** hinter den Kulissen (*a. fig.*); ***change of ~*** Szenenwechsel *m*, *fig.* ‚Tapetenwechsel' *m*; **2.** Szene *f*, Epi'sode *f* (*Roman etc.*); **3.** 'Hintergrund *m e-r Erzählung etc.*; **4.** *fig.* Szene *f*, Schauplatz *m*: ***~ of accident*** (***crime***) Unfallort *m* (Tatort *m*); **5.** Szene *f*, Anblick *m*; *paint.* (Landschafts-)Bild *n*: ***~ of destruction*** *fig.* Bild der Zerstörung; **6.** Szene *f*: a) Vorgang *m*, b) (heftiger) Auftritt: ***make*** (***s.o.***) ***a. ~*** (j-m) e-e Szene machen; **7.** *fig.* (Welt-)Bühne *f*: ***quit the ~*** von der Bühne abtreten, sterben; **8.** *sl.* (Drogen-, Pop- *etc.*)Szene *f*: ***that's not my ~*** *fig.* das ist nicht mein Fall; ***~ dock*** *s. thea.* Requi'sitenraum *m*; ***~ paint·er*** *s.* Bühnenmaler(in).

scen·er·y ['siːnərɪ] *s.* Szene'rie *f*: a) Landschaft *f*, Gegend *f*, b) *thea.* Bühnenbild *n*, -ausstattung *f*.

'**scene,shift·er** *s. thea.* Bühnenarbeiter *m*, Ku'lissenschieber *m*.

sce·nic ['siːnɪk] **I** *adj.* (□ ***~ally***) **1.** landschaftlich, Landschafts...; **2.** (landschaftlich) schön, malerisch: ***~ railway*** (in e-r künstlichen Landschaft angelegte) Liliputbahn; ***~ road*** landschaftlich schöne Strecke (*Hinweis auf Autokarte*); **3.** *thea.* a) szenisch, Bühnen...: ***~ designer*** Bühnenbildner(in), b) dra'matisch (*a. Gemälde etc.*), c) Ausstattungs...; **II** *s.* **4.** Na'turfilm *m*.

sce·no·graph·ic, **sce·no·graph·i·cal** [ˌsiːnə'græfɪk(l)] *adj.* □ szeno'graphisch, perspek'tivisch.

scent [sent] **I** *s.* **1.** (*bsd.* Wohl)Geruch *m*, Duft *m*; **2.** Par'füm *n*; **3.** *hunt.* a) Witterung *f*, b) Spur *f*, Fährte *f* (*a. fig.*): ***blazing ~*** warme Fährte; ***on the*** (***wrong***) ***~*** auf der (falschen) Fährte; ***put on the ~*** auf die Fährte setzen; ***put*** (*od.* ***throw***) ***off the ~*** von der (richtigen) Spur ablenken; **4.** a) Geruchssinn *m*, b) *zo. u. fig.* Spürsinn *m*, *gute etc.* Nase: ***have a ~ for s.th.*** *fig.* e-e Nase für et. haben; **II** *v/t.* **5.** *et.* riechen; **6.** *a.* ***~ out*** *hunt. u. fig.* wittern, (auf)spüren; **7.** mit Wohlgeruch erfüllen; **8.** parfümieren; **scent bag** *s.* **1.** *zo.* Duftdrüse *f*; **2.** *Fuchsjagd*: künstliche Schleppe; **3.** Duftkissen *n*; **scent bot·tle** *s.* Par'fümfläschchen *n*; '**scent·ed** [-tɪd] *adj.* **1.** duftend; **2.** parfümiert; **scent gland** *s. zo.* Duft-, Moschusdrüse *f*; '**scent·less** [-lɪs] *adj.* **1.** geruchlos; **2.** *hunt.* ohne Witterung (*Boden*).

scep·sis ['skepsɪs] *s.* **1.** Skepsis *f*; **2.** *phls.* Skepti'zismus *m*.

scep·ter ['septə] *etc. Am.* → ***sceptre*** *etc.*

scep·tic ['skeptɪk] *s.* **1.** (*phls. mst* ♀) Skeptiker(in); **2.** *eccl.* Zweifler(in), *allg.* Ungläubige(r *m*) *f*, Athe'ist(in); '**scep·ti·cal** [-kl] *adj.* □ skeptisch (*a. phls.*), misstrauisch, ungläubig: ***be ~ about*** (*od.* ***of***) ***s.th.*** e-r Sache skeptisch gegenüberstehen, et. bezweifeln, an et. zweifeln; '**scep·ti·cism** [-ɪzɪzəm] → ***scepsis***.

scep·tre ['septə] *s.* Zepter *n*: ***wield the ~*** das Zepter führen, herrschen; '**scep·tred** [-əd] *adj.* **1.** zeptertragend, herrschend (*a. fig.*); **2.** *fig.* königlich.

sched·ule [*Brit.* 'ʃedjuːl; *Am.* 'skedʒʊl] **I** *s.* **1.** Liste *f*, Ta'belle *f*, Aufstellung *f*, Verzeichnis *n*; **2.** *bsd.* ⚖ Anhang *m*; **3.** *bsd. Am.* a) (Arbeits-, Lehr-, Stunden-)Plan *m*, b) Fahrplan *m*: ***be behind ~*** Verspätung haben, *weitS.* im Verzug sein; ***on ~*** (fahr)planmäßig, pünktlich; **4.** Formblatt *n*, Vordruck *m*, Formu'lar *n*; **5.** Einkommensteuerklasse *f*; **II** *v/t.* **6.** *et.* in e-r Liste *etc. od.* tabel'larisch zs.-stellen; **7.** (in e-e Liste *etc.*) eintragen, -fügen: ***~d departure*** (fahr)planmäßige Abfahrt; ***~d flight*** ✈ Linienflug *m*; ***the train is ~d to leave at 6*** der Zug fährt fahrplanmäßig um 6; **8.** *bsd.* ⚖ (als Anhang) beifügen (***to*** *dat.*); **9.** a) festlegen, b) planen.

sche·mat·ic [skɪ'mætɪk] *adj.* (□ ***~ally***) sche'matisch; **sche·ma·tize** ['skiːmətaɪz] *v/t. u. v/i.* schematisieren.

scheme [skiːm] **I** *s.* **1.** Schema *n*, Sys'tem *n*, Anlage *f*: ***~ of colo(u)r*** Farbenzusammenstellung *f*, -skala *f*; ***~ of philosophy*** philosophisches System; **2.** a) Schema *n*, Aufstellung *f*, Ta'belle *f*, b) 'Übersicht *f*, c) sche'matische Darstellung; **3.** Plan *m*, Pro'jekt *n*, Pro'gramm *n*: ***irrigation ~***; **4.** (dunkler) Plan, In'trige *f*, Kom'plott *n*; **II** *v/t.* **5.** *a.* ***~ out*** planen, entwerfen; **6.** *Böses* planen, aushecken; **7.** in ein Schema *od.* Sy'stem bringen; **III** *v/i.* **8.** Pläne schmieden, *bsd. b.s.* Ränke schmieden, intrigieren; '**schem·er** [-mə] *s.* **1.** Plänemacher *m*; **2.** Ränkeschmied *m*, Intri'gant *m*; '**schem·ing** [-mɪŋ] *adj.* □ ränkevoll, intri'gant.

Schen·gen a·gree·ment ['ʃeŋən] *s. pol.* Schengener Abkommen *n*.

scher·zan·do [skeət'sændəʊ] (*Ital.*) *adv.* ♪ scher'zando, heiter; **scher·zo** ['skeətsəʊ] *pl.* **-zos** *s.* ♪ Scherzo *n*.

schism ['skɪzəm] *s.* **1.** *eccl.* a) Schisma *n*, Kirchenspaltung *f*, b) Lossagung *f*; **2.** *fig.* Spaltung *f*, Riss *m*; **schis·mat·ic** [skɪz'mætɪk] *bsd. eccl.* **I** *adj.* (□ ***~ally***) schis'matisch, abtrünnig; **II** *s.* Schis'matiker *m*, Abtrünnige(r) *m*; **schis'mat·i·cal** [skɪz'mætɪkl] *adj.* □ → ***schismatic*** I.

schist [ʃɪst] *s. geol.* Schiefer *m*.

schiz·oid ['skɪtsɔɪd] *psych.* **I** *adj.* schizo'id; **II** *s.* Schizo'ide(r *m*) *f*.

schiz·o·my·cete [ˌskɪtsəʊmaɪ'siːt] *s.* ⚘ Spaltpilz *m*, Schizomy'zet *m*.

schiz·o·phrene ['skɪtsəʊfriːn] *s. psych.*

S

Schizo'phrene(r *m*) *f*; **schiz·o·phre·ni·a** [ˌskɪtsəʊ'friːnjə] *s. psych.* Schizophre'nie *f*; **schiz·o·phren·ic** [ˌskɪtsəʊ'frenɪk] *psych.* **I** *s.* Schizophrene(r *m*) *f*; **II** *adj.* schizo'phren.

schle·miel, schle·mihl [ʃle'miːl] *s. Am. sl.* **1.** Pechvogel *m*; **2.** Tollpatsch *m*.

schlep(p) [ʃlep] *Am. sl.* **I** *v/t.* **1.** a) schleppen, b) (mit sich) her'umschleppen; **II** *v/i.* **2.** sich schleppen, ‚latschen': **~ *through the traffic*** sich durch den Verkehr quälen; **III** *s.* **3.** Trottel *m*, Tollpatsch *m*, ‚Blödmann' *m*; **4.** Umstandskrämer(in); **5.** Langweiler(in); **6.** Gelegenheitsarbeiter(in); **7.** langweilige u. ermüdende Fahrt *od.* Reise *etc.*; **'schlep·per** → ***schlep(p)*** 3–6.

schmaltz [ʃmɔːlts] (*Ger.*) *s. sl.* **1.** ‚Schmalz' *m* (*a. Musik*); **2.** Kitsch *m*; **'schmaltz·y** [-tsɪ] *adj.* ‚schmalzig', sentimen'tal.

schmoos(e) [ʃmuːs], **schmooze** [ʃmuːz] *bsd. Am.* F **I** *v/i.* plaudern, schwatzen; **II** *v/t.* beschwatzen; **III** *s.* Schwätzchen *n*, Schwatz *m*, Plauderei *f*.

schnap(p)s [ʃnæps] (*Ger.*) *s.* Schnaps *m*.

schnit·zel ['ʃnɪtsəl] (*Ger.*) *s. Küche*: Wiener Schnitzel *n*.

schnor·kel ['ʃnɔːkəl] → ***snorkel***.

schol·ar ['skɒlə] *s.* **1.** a) Gelehrte(r) *m*, *bsd.* Geisteswissenschaftler *m*, b) Gebildete(r) *m*; **2.** Studierende(r *m*) *f*: ***he is an apt ~*** er lernt gut; ***he is a good French ~*** er ist im Französischen gut beschlagen; ***he is not much of a ~*** F mit s-r Bildung ist es nicht weit her; **3.** *ped. univ.* Stipendi'at *m*; **4.** *obs. od. poet.* Schüler(in), Jünger(in); **'schol·ar·ly** [-lɪ] *adj. u. adv.* **1.** gelehrt; **2.** gelehrtenhaft; **'schol·ar·ship** [-ʃɪp] *s.* **1.** Gelehrsamkeit *f*: ***classical ~*** humanistische Bildung; **2.** *ped.* Sti'pendium *n*.

scho·las·tic [skə'læstɪk] **I** *adj.* (□ ***~ally***) **1.** aka'demisch (*Bildung etc.*); **2.** schulisch, Schul..., Schüler...; **3.** erzieherisch: **~ *profession*** Lehr(er)beruf *m*; **4.** *phls.* scho'lastisch (*a. fig. contp. spitzfindig, pedantisch*); **II** *s.* **5.** *phls.* Scho'lastiker *m*; **6.** *fig.* Schulmeister *m*, Pe'dant *m*; **scho'las·ti·cism** [-ɪsɪzəm] *s.* **1.** *a.* ♀ Scho'lastik *f*; **2.** *fig.* Pedante'rie *f*.

school¹ [skuːl] **I** *s.* **1.** Schule *f* (*Anstalt*): ***at ~*** auf der Schule; → ***high school*** *etc.*; **2.** (Schul)Stufe *f*: ***lower ~*** Unterstufe; ***senior*** (*od.* ***upper***) **~** Oberstufe; **3.** Lehrgang *m*, Kurs(us) *m*; **4.** *mst ohne art.* ('Schul)ˌUnterricht *m*, Schule *f*: ***at*** (*od.* ***in***) **~** in der Schule, im Unterricht; ***go to ~*** zur Schule gehen; ***put to ~*** einschulen; → ***tale*** 5; **5.** Schule *f*, Schulhaus *n*, -gebäude *n*; **6.** *univ.* a) Fakul'tät *f*: ***the law ~*** die juristische Fakultät, b) Fachbereich *m*, (selbstständige) Ab'teilung innerhalb e-r Fakul'tät; **7.** *Am.* Hochschule *f*; **8.** *pl.* 'Schlussexˌamen *n* (*für den Grad e-s* ***Bachelor of Arts***; *Oxford*); **9.** *fig. harte etc.* Schule, Lehre *f*: ***a severe ~***; **10.** *phls., paint. etc.* Schule *f* (*Richtung u. Anhängerschaft*): **~ *of thought*** (geistige) Richtung; ***the Hegelian ~*** *phls.* die hegelianische Schule *od.* Richtung, die Hegelianer *pl.*; ***a gentleman of the old ~*** ein Kavalier der alten Schule; **11.** ♪ Schule *f*: a) Lehrbuch *n*, b) Lehre *f*, Sy'stem *n*; **II** *v/t.* **12.** einschulen; **13.** schulen, unter'richten, ausbilden, trainieren; **14.** *Temperament, Zunge etc.* zügeln; **15.** **~ *o.s.*** (***to***) sich erziehen (zu), sich üben (in *dat.*); **~ *o.s. to do s.th.*** lernen *od.* sich daran gewöhnen et. zu tun; **16.** *Pferd* dressieren; **17.** *obs.* tadeln.

school² [skuːl] *s. ichth.* Schwarm *m* (*a. fig.*), Schule *f*, Zug *m* (*Wale etc.*).

school| **age** *s.* schulpflichtiges Alter; **'~-age** *adj.* schulpflichtig; **'~·bag** *s.* Schultasche *f*; **~ board** *s.* (lo'kale) Schulbehörde; **'~·boy** *s.* Schüler *m*, Schuljunge *m*; **'~·bus** *s.* Schulbus *m*; **~ days** *pl.* (alte) Schulzeit; **'~ˌfel·low** → ***schoolmate***; **'~·girl** *s.* Schülerin *f*, Schulmädchen *n*; **'~ˌgirl·ish** *adj.* schulmädchenhaft; **'~·house 1.** (*bsd.* Dorf)Schulhaus *n*; **2.** *Brit.* (Wohn)Haus *n* des Schulleiters.

school·ing ['skuːlɪŋ] *s.* **1.** ('Schul)ˌUnterricht *m*; **2.** Schulung *f*, Ausbildung *f*; **3.** Schulgeld *n*; **4.** *sport* Schulreiten *n*; **5.** *obs.* Verweis *m*.

school| **leav·er** ['liːvə] *s.* Schulabgänger (-in); **~ leav·ing cer·tif·i·cate** *s.* Abgangszeugnis *n*; **'~·ma'am** [-mæm] *s. Am. für* ***schoolmarm***; **'~·man** [-mən] *s.* [*irr.*] **1.** Päda'goge *m*; **2.** *hist.* Scho'lastiker *m*; **'~·marm** [-mɑːm] F **1.** Lehrerin *f*; **2.** *fig. contp.* Schulmeisterin *f*; **'~ˌmas·ter** *s.* **1.** Schulleiter *m*; **2.** Lehrer *m*; **3.** *fig. contp.* Schulmeister *m*; **'~ˌmas·ter·ly** *adj.* schulmeisterlich; **'~·mate** *s.* 'Schulkameˌrad(in); **'~ˌmis·tress** *s.* **1.** Schulleiterin *f*; **2.** Lehrerin *f*; **~ re·port** *s.* Schulzeugnis *n*; **'~·room** [-rʊm] *s.* Klassenzimmer *n*; **~ ship** *s.* ⚓ Schulschiff *n*; **~ tie** *s.*: ***old ~*** *Brit.* a) Krawatte *f* mit den Farben e-r ***Public School***, b) *Spitzname für e-n ehemaligen Schüler e-r* ***Public School***, c) sentimentale Bindung an die alte Schule, d) *der* Einfluss der ***Public Schools*** auf das öffentliche Leben in England, e) *contp.* Cliquenwirtschaft *f* unter ehemaligen Schülern e-r ***Public School***, f) *contp.* arrogantes Gehabe solcher Schüler; **~ u·ni·form** *s.* (einheitliche) Schulkleidung; **'~·work** *s.* (in der Schule zu erledigende) Aufgaben *pl.*; **'~·yard** *s. Am.* Schulhof *m*.

schoon·er ['skuːnə] *s.* **1.** ⚓ Schoner *m*; **2.** *bsd. Am.* → ***prairie schooner***; **3.** großes Bierglas.

schorl [ʃɔːl] *s. min.* Schörl *m*, (schwarzer) Turma'lin.

schot·tische [ʃɒ'tiːʃ] *s.* ♪ Schottische(r) *m* (*a. Tanz*).

schuss [ʃʊs] (*Ger.*) *Skisport*: **I** *s.* Schuss (-fahrt *f*) *m*; **II** *v/i.* Schuss fahren.

schwa [ʃwɑː] *s. ling.* Schwa *n*: a) *kurzer Vokal von unbestimmter Klangfarbe*, b) *das phonetische Symbol* ə.

sci·a·gram ['skaɪəgræm], **'sci·a·graph** [-grɑːf] *s.* ⚕ Röntgenbild *n*; **sci·ag·ra·phy** [skaɪ'ægrəfɪ] *s.* **1.** ⚕ Herstellung *f* von Röntgenaufnahmen; **2.** Schattenmale'rei *f*, Schattenriss *m*.

sci·at·ic [saɪ'ætɪk] *adj.* ⚕ **1.** Ischias...; **2.** an Ischias leidend; **sci'at·i·ca** [-kə] *s.* ⚕ Ischias *f*.

sci·ence ['saɪəns] *s.* **1.** Wissenschaft *f*: ***man of ~*** Wissenschaftler *m*; **~ *park*** Technologiezentrum *n*; **2.** *a.* ***natural ~*** *coll. die* Na'turwissenschaft(en *pl.*); **3.** *fig.* Lehre *f*, Kunde *f*: **~ *of gardening*** Gartenbaukunst *f*; **4.** *phls., eccl.* Erkenntnis *f* (***of*** von); **5.** Kunst (-fertigkeit) *f*, (gute) Technik (*a. sport*); **6.** ♀ → ***Christian Science***; **~ fic·tion** *s.* 'Science-'Fiction *f*.

sci·en·ter [saɪ'entə] (*Lat.*) ⚖ *adv.* wissentlich.

sci·en·tif·ic [ˌsaɪən'tɪfɪk] *adj.* (□ ***~ally***) **1.** (*engS.* na'tur)wissenschaftlich; **2.** wissenschaftlich, ex'akt, syste'matisch; **3.** *fig. sport etc.* kunstgerecht; **sci·en·tist** ['saɪəntɪst] *s.* (Na'tur)Wissenschaftler *m*.

sci-fi [ˌsaɪ'faɪ] F *für* ***science fiction***.

scil·i·cet ['saɪlɪset] *adv.* (*abbr.* ***scil.*** *od.* ***sc.***) nämlich, d. h. (das heißt).

scim·i·tar, scim·i·ter ['sɪmɪtə] *s.* (orien'talischer) Krummsäbel.

scin·til·la [sɪn'tɪlə] *s. bsd. fig.* Fünkchen *n*: ***not a ~ of truth***; **scin·til·lant** ['sɪntɪlənt] *adj.* funkelnd, schillernd; **scin·til·late** ['sɪntɪleɪt] **I** *v/i.* **1.** Funken sprühen; **2.** funkeln (*a. fig. Augen*), sprühen (*a. fig. Geist, Witz*); **II** *v/t.* **3.** *Funken, fig. Geistesblitze* (ver)sprühen; **scin·til·la·tion** [ˌsɪntɪ'leɪʃn] *s.* **1.** Funkensprühen *n*, Funkeln *n*; **2.** Schillern *n*; **3.** *fig.* Geistesblitz *m*.

sci·o·lism ['saɪəʊlɪzəm] *s.* Halbwissen *n*; **'sci·o·list** [-lɪst] *s.* Halbgebildete(r) *m*, -wisser *m*.

sci·on ['saɪən] *s.* **1.** ⚘ Ableger *m*, Steckling *m*, (Pfropf)Reis *n*; **2.** *fig.* Spross *m*, Sprössling *m*.

scir·rhous ['sɪrəs] *adj.* ⚕ szir'rhös, hart geschwollen; **'scir·rhus** [-rəs] *pl.* **-rhus·es** *s.* ⚕ Szirrhus *m*, harte Krebsgeschwulst.

scis·sor ['sɪzə] *v/t.* **1.** (*mit der Schere*) (zer-, zu-, aus)schneiden; **2.** scherenartig bewegen *etc.*; **~ kick** *s. Fußball, Schwimmen*: Scherenschlag *m*.

scis·sors ['sɪzəz] *s. pl.* **1.** *a.* ***pair of ~*** Schere *f*; **2.** *sg. konstr. sport* (*Hochsprung*: *a.* **~ *jump***, *Ringen*: *a.* **~ *hold***) Schere *f*.

scis·sure ['sɪʒə] *s. bsd.* ⚕ Fis'sur *f*, Riss *m*.

scle·ra ['sklɪərə] *s. anat.* Sklera *f*, Lederhaut *f* des Auges.

scle·ro·ma [ˌsklɪə'rəʊmə] *pl.* **-ma·ta** [-mətə] *s.* ⚕ Skle'rom *n*, Verhärtung *f*; **ˌscle'ro·sis** [-'rəʊsɪs] *pl.* **-ro·ses** [-siːz] *s.* **1.** ⚕ Skle'rose *f*, Verhärtung *f* (*des Zellgewebes*); **2.** ⚘ Verhärtung *f* (*der Zellwand*); **scle'rot·ic** [-'rɒtɪk] **I** *adj.* ⚕, *anat.* skle'rotisch; *fig.* verkalkt; **II** *s. anat.* → ***sclera***; **scle·rous** ['sklɪərəs] *adj.* ⚕ skle'rös, verhärtet.

scoff [skɒf] **I** *s.* **1.** Spott *m*, Hohn *m*; **2.** Zielscheibe *f* des Spotts; **II** *v/i.* **3.** spotten (***at*** über *acc.*); **'scoff·er** [-fə] *s.* Spötter(in).

scold [skəʊld] **I** *v/t.* *j-n* (aus)schelten, auszanken; **II** *s.* zänkisches Weib, (Haus)Drachen *m*; **'scold·ing** [-dɪŋ] *s.* **1.** Schelten *n*; **2.** Schelte *f*: ***get a*** (***good***) **~** (tüchtig) ausgeschimpft werden.

scol·lop ['skɒləp] → ***scallop***.

sconce¹ [skɒns] *s.* **1.** (Wand-, Kla'vier-) Leuchter *m*; **2.** Kerzenhalter *m*.

sconce² [skɒns] *s.* ⚔ Schanze *f*.

sconce³ [skɒns] *univ.* **I** *v/t.* *zu e-r Strafe* verdonnern; **II** *s.* Strafe *f*.

sconce⁴ [skɒns] *s. sl.* ‚Birne' *f*, Schädel *m*.

scone [skɒn] *s.* weiches Teegebäck.

scoop [skuːp] **I** *s.* **1.** a) Schöpfkelle *f*, (*a.* Wasser)Schöpfer *m*, b) (*a. Zucker- etc.*) Schaufel *f*, Schippe *f*, c) ⚙ Baggereimer *m*, -löffel *m*; **2.** (*Äpfel-, Käse-*)Stecher *m*; **3.** ⚕ Spatel *m*; **4.** (Aus)Schöpfen *n*; **5.** Schub *m*: ***in one ~*** mit 'einem Schub; **6.** *sport* Schlenzer *m*; **7.** *sl.* a) ‚Schnitt' *m*, (großer) Fang, b) *Zeitung*: sensatio'nelle Erstmeldung, Exklu'sivbericht *m*, ‚Knüller' *m*; **II** *v/t.* **8.** schöpfen, schaufeln: **~ *out water*** Wasser ausschöpfen; **~ *up*** (auf)schaufeln, *fig. Geld*

S

scheffeln; **9.** *mst* ~ **out** *Loch* (aus-)graben; **10.** *oft* ~ **in** *sl. Gewinn* einstecken, *Geld* scheffeln; **11.** *sl. Konkurrenzzeitung* durch e-e Erstmeldung ausstechen, *j-m* zu'vorkommen (**on** bei, mit).

scoot [sku:t] F *v/t.* **1.** rasen, flitzen; **2.** ‚abhauen'; **'scoot·er** [-tə] *s.* **1.** (Kinder-, *a.* Motor)Roller *m*; **2.** *sport Am.* Eisjacht *f*.

scope [skəʊp] *s.* **1.** Bereich *m*, Gebiet *n*; ⚖ Anwendungsbereich *m*; Reichweite *f*: **within the ~ of** im Rahmen (*gen.*); **come within the ~ of** unter *ein Gesetz etc.* fallen; **an undertaking of wide ~** ein groß angelegtes Unternehmen; **2.** Ausmaß *n*, 'Umfang *m*: **~ of authority** ⚖ Vollmachtsumfang; **3.** (Spiel)Raum *m*, Bewegungsfreiheit *f*: **give one's fancy full ~** s-r Fantasie freien Lauf lassen; **have free ~** freie Hand haben (**for** bei); **4.** (geistiger) Hori'zont, Gesichtskreis *m*.

scor·bu·tic [skɔ:'bju:tɪk] ⚕ **I** *adj.* (□ **~ally**) **1.** skor'butisch, Skorbut...; **II** *s.* **2.** Skor'butkranke(r *m*) *f*.

scorch [skɔ:tʃ] **I** *v/t.* **1.** versengen, -brennen: **~ed earth** ⚔ verbrannte Erde; **2.** (aus)dörren; **3.** ⚡ verschmoren; **4.** *fig.* (durch scharfe Kri'tik *od.* beißenden Spott) verletzen; **II** *v/i.* **5.** versengt werden; **6.** ausdörren; **7.** F *mot. etc.* rasen; **'scorch·er** [-tʃə] *s.* **1.** F et. sehr Heißes, *bsd.* glühend heißer Tag; **2.** *sl.* ‚Ding' *n*: a) beißende Bemerkung, b) scharfe Kri'tik, c) böser Brief, d) ‚tolle' Sache; **3.** F *mot.* ‚Raser' *m*; **4.** *sport sl.* a) ‚Bombenschuss' *m*, b) knallharter Schlag; **'scorch·ing** [-tʃɪŋ] *adj.* □ **1.** sengend, brennend (heiß); **2.** vernichtend (*Kritik etc.*).

score [skɔ:] **I** *s.* **1.** Kerbe *f*, Rille *f*; **2.** (Markierungs)Linie *f*; *sport* Start-, Ziellinie *f*: **get off at full ~** a) losrasen, b) *fig.* außer sich geraten; **3.** Zeche *f*, Rechnung *f*: **run up a ~** Schulden machen; **settle old ~s** *fig.* e-e alte Rechnung begleichen; **on the ~ of** *fig.* aufgrund von, wegen; **on that ~** in dieser Hinsicht; **on what ~?** aus welchem Grund?; **4.** *bsd. sport* a) (Spiel)Stand *m*, b) *erzielte* Punkt- *od.* Trefferzahl, (Spiel)Ergebnis *n*, (Be)Wertung *f*, c) Punktliste *f*: **know the ~** F Bescheid wissen; **make a ~ off s.o.** F *fig.* j-m ‚eins auswischen'; **what is the ~?** a) wie steht das Spiel?, b) *fig. Am.* wie ist die Lage?; **~ one for me!** *humor.* eins zu null für mich!; **5.** (Satz *m* von) 20, 20 Stück: **four ~ and seven years** 87 Jahre; **6.** *pl.* große (An)Zahl *f*, Menge *f*: **~s of times** *fig.* hundert-, x-mal; **7.** ♪ Parti'tur *f*; **II** *v/t.* **8.** einkerben; **9.** markieren: **~ out** aus-, durchstreichen; **10.** *oft* **~ up** *Schulden, Zechen* anschreiben, -rechnen: **~ (up) s.th. against** (*od.* **to**) **s.o.** *fig.* j-m et. ankreiden; **11.** *ped. psych. j-s Leistung etc.* bewerten; **12.** *sport* a) *Punkte, Treffer* erzielen, sammeln, *Tore* schießen, *fig. Erfolge, Sieg* verzeichnen, erringen, b) *Punkte, Spielstand etc.* aufschreiben: **~ a hit** a) e-n Treffer erzielen, b) *fig.* e-n Bombenerfolg haben; **~ s.o. off** F *fig.* j-m ‚eins auswischen'; **13.** *sport* zählen: **a try ~s 6 points**; **14.** ♪ a) in Parti'tur setzen, b) instrumentieren; **15.** *Am. fig.* scharf kritisieren *od.* angreifen; **III** *v/i.* **16.** *sport* a) e-n Punkt *od.* Treffer erzielen, Punkte sammeln, b) die Punkte zählen *od.* aufschreiben; **17.** F Erfolg *od.* Glück haben, e-n Vorteil erzielen: **~ over** *j-n, et.* übertreffen; **18.** zählen, gezählt werden: **that ~s for us**; **'~·board** *s.* Anzeigetafel *f im Stadion etc.*; **'~·card** *s. sport* **1.** Spielberichtsbogen *m*; **2.** *Boxen etc.*: Punktzettel *m*; *Golf*: Zählkarte *f*.

score·less ['skɔ:lɪs] *adj. sport* torlos; **'score·line** *s. Brit. sport* Endstand *m*; **'scor·er** *s. sport* a) Schreiber *m*, b) Torschütze *m*.

sco·ri·a ['skɔ:rɪə] *pl.* **-ri·ae** [-rɪi:] *s.* (⚙ Me'tall-, *geol.* Gesteins)Schlacke *f*; **sco·ri·a·ceous** [ˌskɔ:rɪ'eɪʃəs] *adj.* schlackig; **'sco·ri·fy** [-ɪfaɪ] *v/t.* verschlacken.

scorn [skɔ:n] **I** *s.* **1.** Verachtung *f*: **think ~ of** verachten; **2.** Spott *m*, Hohn *m*: **laugh to ~** verlachen; **3.** Zielscheibe *f* des Spottes, *das* Gespött (*der Leute etc.*); **II** *v/t.* **4.** verachten: a) gering schätzen, b) verschmähen; **'scorn·ful** [-fʊl] *adj.* □ **1.** verächtlich; **2.** spöttisch.

Scor·pi·o ['skɔ:pɪəʊ] *s. ast.* Skorpi'on *m*; **'scor·pi·on** [-pjən] *s. zo.* Skorpi'on *m*.

Scot[1] [skɒt] *s.* Schotte *m*, Schottin *f*.

scot[2] [skɒt] *s.* **1.** (Zahlungs)Beitrag *m*: **pay (for) one's ~s** s-n Beitrag leisten; **2.** *a.* **~ and lot** *hist.* Gemeindeabgabe *f*: **pay ~ and lot** *fig.* alles auf Heller u. Pfennig bezahlen.

Scotch [skɒtʃ] **I** *adj.* **1.** schottisch (*bsd. Whisky etc.*): **~ broth** *dicke Rindfleischsuppe mit Gemüse u. Graupen*; **~ egg** *hart gekochtes Ei in paniertem Wurstbrät*; **~ mist** dichter, nasser Nebel; **~ tape** *TM* (durchsichtiges) Klebeband, (durchsichtiger) Klebestreifen; **~ terrier** Scotchterrier *m*; **~ woodcock** *heißer Toast mit Anchovispaste u. Rührei*; **II** *s.* **2.** Scotch *m*, schottischer Whisky; **3. the ~** *coll.* die Schotten *pl.*; **4.** *ling.* Schottisch *n*.

scotch [skɒtʃ] **I** *v/t.* **1.** (leicht) verwunden, schrammen; **2.** *fig. et.* im Keim ersticken: **~ s.o.'s plans** j-m e-n Strich durch die Rechnung machen; **3.** *Rad etc. mit e-m Bremsklotz* blockieren; **II** *s.* **4.** (Ein)Schnitt *m*, Kerbe *f*; **5.** ⚙ Bremsklotz *m*, Hemmschuh *m* (*a. fig.*).

'Scotch·man [-mən] *s.* [*irr.*] → **Scotsman**.

ˌscot-'free [ˌskɒt-] *adj.*: **go** (*od.* **get off**) **~** *fig.* ungeschoren davonkommen.

Scot·land Yard ['skɒtlənd] *s.* Scotland Yard *m* (*die Londoner Kriminalpolizei*).

Scots [skɒts] **I** *s. ling.* Schottisch *n*; **II** *adj.* schottisch: **~ law**; **'~·man** [-mən] *s.* [*irr.*] *bsd. Scot.* Schotte *m*; **'~ˌwom·an** *s.* [*irr.*] *bsd. Scot.* Schottin *f*.

Scot·ti·cism ['skɒtɪsɪzəm] *s.* schottische (Sprach)Eigenheit.

Scot·tish ['skɒtɪʃ] *adj.* schottisch.

scoun·drel ['skaʊndrəl] *s.* Schurke *m*, Schuft *m*, Ha'lunke *m*; **'scoun·drel·ly** [-rəlɪ] *adj.* schurkisch, niederträchtig, gemein.

scour[1] ['skaʊə] *v/t.* **1.** scheuern, schrubben; *Messer etc.* polieren; **2.** *Kleider etc.* säubern, reinigen; **3.** *Kanal etc.* schlämmen, *Rohr etc.* (aus)spülen; **4.** *Pferd etc.* putzen, striegeln; **5.** ⚙ *Wolle* waschen: **~ing mill** Wollwäscherei *f*; **6.** *Darm* entschlacken; **7.** *a.* **~ away**, **~ off** *Flecken etc.* entfernen, *Schmutz* abreiben.

scour[2] ['skaʊə] **I** *v/i.* **1.** *a.* **~ about** (um'her)rennen, (-)jagen; **2.** (suchend) um'herstreifen; **II** *v/t.* **3.** durch'suchen, -'stöbern, *Gegend a.* -'kämmen, *Stadt a.* ‚abklappern' (**for** nach).

scourge [skɜ:dʒ] **I** *s.* **1.** Geißel *f*: a) Peitsche *f*, b) *fig.* Plage *f*; **II** *v/t.* **2.** geißeln, (aus)peitschen; **3.** *fig.* a) *durch Kritik etc.* geißeln, b) züchtigen, c) quälen, peinigen.

scouse[1] [skaʊs] *s.* Labskaus *n*.

scouse[2] [skaʊs] *s. Brit.* F *s.* **1.** Liverpooler(in); **2.** Liverpooler Jar'gon *m*.

scout [skaʊt] **I** *s.* **1.** Kundschafter *m*, Späher *m*; **2.** ⚔ a) Erkundungsfahrzeug *n*: **~ car** Spähwagen *m*, b) ⚓ *a.* **~ vessel** Aufklärungsfahrzeug *n*, c) ✈ *a.* **~ (air)plane** Aufklärer *m*; **3.** Kundschaften *n*; ⚔ Erkundung *f*: **on the ~** auf Erkundung; **4.** Pfadfinder *m*, *Am.* Pfadfinderin *f*; **5. a good ~** F ein feiner Kerl; **6.** *univ. Brit.* Hausdiener *m* e-s College (*Oxford*); **7.** *mot. Brit.* Straßenwachtfahrer *m* (*Automobilklub*); **8.** a) *sport* ‚Späher' *m*, Beobachter *m* (*gegnerischer Mannschaften*), b) *a.* **talent ~** Ta'lentsucher *m*; **II** *v/i.* **9.** auf Erkundung sein: **~ about** (*od.* **around**) sich umsehen (**for** nach); **~ing party** ⚔ Spähtrupp *m*; **III** *v/t.* **10.** auskundschaften, erkunden; **'~ˌmas·ter** *s.* Führer *m* (e-r Pfadfindergruppe).

scow [skaʊ] *s.* ⚓ (See)Leichter *m*.

scowl [skaʊl] **I** *v/i.* finster blicken: **~ at** finster anblicken; **II** *s.* finsterer Blick *od.* (Gesichts)Ausdruck; **'scowl·ing** [-lɪŋ] *adj.* □ finster.

scrab·ble ['skræbl] **I** *v/i.* **1.** kratzen, scharren: **~ about** *bsd. fig.* (herum)suchen (**for** nach); **2.** *fig.* sich (ab)plagen (**for** für, um); **3.** krabbeln; **4.** kritzeln; **II** *v/t.* **5.** scharren nach; **6.** bekritzeln.

scrag [skræg] **I** *s.* **1.** *fig.* ‚Gerippe' *n* (*dürrer Mensch etc.*); **2.** *mst* **~ end** (**of mutton**) (Hammel)Hals *m*; **3.** F ‚Kragen' *m*, Hals *m*; **II** *v/t.* **4.** *sl.* a) *j-n* ‚abmurksen', *j-m* den Hals 'umdrehen, b) *j-n* aufhängen; **'scrag·gi·ness** [-gɪnɪs] *s.* Magerkeit *f*; **'scrag·gy** [-gɪ] *adj.* □ **1.** dürr, hager, knorrig; **2.** zerklüftet, rau.

scram [skræm] *v/i. sl.* ‚abhauen', verduften: **~!** hau ab!, raus!

scram·ble ['skræmbl] **I** *v/i.* **1.** krabbeln, klettern: **~ to one's feet** sich aufrappeln; **2.** *a. fig.* sich raufen *od.* balgen (**for** um): **~ for a living** sich (um s-n Lebensunterhalt) ‚abstrampeln'; **II** *v/t.* **3.** *oft* **~ up**, **~ together** zs.-scharren, -raffen; **4.** ⚡ *Funkspruch etc.* zerhacken; **5.** *Eier* verrühren: **~d eggs** Rührei *n*; **6.** *Karten etc.* durchein'ander werfen; *Flugplan etc.* durchein'ander bringen; **III** *s.* **7.** Krabbe'lei *f*, Klette'rei *f*; **8.** *a. fig.* (**for**) Balge'rei *f* (um), Jagd *f* (nach *Geld etc.*); **9.** *Brit.* Moto'crossrennen *n*; **10.** ✈ a) A'larmstart *m*, b) Luftkampf *m*; **'scram·bler** [-lə] *s. tel.* Zerhacker *m*.

scrap[1] [skræp] **I** *s.* **1.** Stück(chen) *n*, Brocken *m*, Fetzen *m*, Schnitzel *n*, *m*: **a ~ of paper** ein Fetzen Papier (*a. fig.*); **not a ~** kein bisschen; **2.** *pl.* Abfall *m*, (*bsd.* Speise)Reste *pl.*; **3.** (Zeitungs-)Ausschnitt *m*; ausgeschnittenes Bild *etc. zum Einkleben*; **4.** *mst pl. fig.* Bruchstück *n*, (Gesprächs- *etc.*)Fetzen *m*: **~s of conversation**; **5.** *mst pl.* (Fett)Grieben *pl.*; **6.** ⚙ a) Schrott *m*, b) Ausschuss *m*, c) Abfall *m*: **~ value** Schrottwert *m*; **II** *v/t.* **7.** (als unbrauchbar) ausrangieren; **8.** *fig.* zum alten Eisen *od.* über Bord werfen: **~ methods**; **9.** ⚙ verschrotten.

S

scrap² [skræp] *sl.* **I** *s.* **1.** Streit *m*, Ausein'andersetzung *f*; **2.** Keile'rei *f*, Prüge'lei *f*; **3.** (Box)Kampf *m*; **II** *v/i.* **4.** streiten; **5.** sich prügeln; kämpfen (***with*** mit).

'**scrap·book** *s.* Sammelalbum *n*, Einklebebuch *n*.

scrape [skreɪp] **I** *s.* **1.** Kratzen *n*, Scharren *n*; **2.** Kratzer *m*, Schramme *f*; **3.** *fig. obs.* Kratzfuß *m*; **4.** *fig.* ‚Klemme' *f*: ***be in a ~*** in der Klemme sein *od.* sitzen; **5.** ***bread and ~*** F dünn geschmiertes Butterbrot; **II** *v/t.* **6.** kratzen, schaben: ***~ off*** ab-, wegkratzen; ***~ together*** (*od.* ***up***) *a. fig. Geld etc.* zs.-kratzen; ***~ (an) acquaintance with*** a) oberflächlich bekannt werden mit, b) *contp.* sich bei *j-m* anbiedern; ***~ a living*** → 11; **7.** kratzen *od.* scharren mit *den Füßen etc.*; **III** *v/i.* **8.** kratzen, schaben, scharren; **9.** scheuern, sich reiben (***against*** an *dat.*); **10.** kratzen (***on*** auf *e-r Geige etc.*); **11.** *mst* ***~ along*** *fig.* sich (mühsam) 'durchschlagen: ***~ through*** (***an examination***) mit Ach u. Krach durchkommen (durch e-e Prüfung); '**scrap·er** [-pə] *s.* **1.** Fußabstreifer *m*; **2.** ⚙ a) Schaber *m*, Kratzer *m*, Streichmesser *n*, b) ⚠ *etc.* Schrapper *m*, c) Planierpflug *m*.

scrap heap *s.* Abfall-, Schrotthaufen *m*: ***fit only for the ~*** völlig wertlos; ***throw on the ~*** *fig. a. j-n* zum alten Eisen werfen.

scrap·ing ['skreɪpɪŋ] *s.* **1.** Kratzen *n etc.*; **2.** *pl.* (Ab)Schabsel *pl.*, Späne *pl.*; **3.** *pl. fig. contp.* Abschaum *m*.

scrap| i·ron *s.*, **~ met·al** *s.* ⚙ (Eisen-)Schrott *m*, Alteisen *n*.

scrap·per ['skræpə] *s. sl.* Raufbold *m*.

scrap·py¹ ['skræpɪ] *adj.* □ *sl.* rauflustig.

scrap·py² ['skræpɪ] *adj.* □ **1.** aus (Speise)Resten (hergestellt): ***~ dinner***; **2.** bruchstückhaft; **3.** zs.-gestoppelt.

'**scrap·yard** *s.* Schrottplatz *m*.

scratch [skrætʃ] **I** *s.* **1.** Kratzer *m*, Schramme *f* (*beide a. fig. leichte Verwundung*), Riss *m*; **2.** Kratzen *n* (*a. Geräusch*): ***by the ~ of a pen*** mit 'einem Federstrich; **3.** *sport* a) Startlinie *f*, b) nor'male Startbedingungen *pl.*: ***come up to (the) ~*** a) sich stellen, s-n Mann stehen, b) den Erwartungen entsprechen; ***keep s.o. up to (the) ~*** j-n bei der Stange halten; ***start from ~*** a) ohne Vorgabe starten, b) *fig.* ganz von vorne anfangen; ***up to ~*** auf der Höhe, in Form; **4.** *pl. mst sg. konstr. vet.* Mauke *f*; **II** *adj.* **5.** Konzept..., Schmier...: ***~ paper***; ***~ pad*** a) Notizblock *m*, b) *Computer*: Notizblockspeicher *m*; **6.** *sport* a) ohne Vorgabe: ***~ race***, b) zs.-gewürfelt: ***~ team***; **III** *v/t.* **7.** (zer)kratzen: ***~ the surface of*** *fig. et.* (nur) oberflächlich behandeln; **8.** kratzen; *Tier* kraulen: ***~ one's head*** sich (*aus Verlegenheit etc.*) den Kopf kratzen; ***~ together*** (*od.* ***up***) *bsd. fig.* zs.-kratzen, -scharren; **9.** kritzeln; **10.** *a.* ***~ out***, ***~ through*** aus-, 'durchstreichen; **11.** *sport Pferd etc.* vom Rennen, *a. Nennung* zu'rückziehen; **12.** *pol. Kandidaten* streichen; **IV** *v/i.* **13.** kratzen (*a. Schreibfeder etc.*); **14.** sich kratzen *od.* scheuern; **15.** scharren (***for*** nach); **16.** ***~ along***, ***~ through*** → ***scrape*** 11; **17.** *sport* s-e Meldung zu'rückziehen, ausscheiden; ***~ card*** *s.* Rubbelkarte *f*, -los *n*; '**scratch·y** [-tʃɪ] *adj.* □ **1.** kratzend; **2.** zerkratzt; **3.** kritzelig; **4.** *sport* a) → ***scratch*** 6, b) unausgeglichen; **5.** *vet.* an Mauke erkrankt.

scrawl [skrɔːl] **I** *v/t.* kritzeln, hinschmieren; **II** *v/i.* kritzeln; **III** *s.* Gekritzel *n*; Geschreibsel *n*.

scray [skreɪ] *s. Brit.* Seeschwalbe *f*.

scream [skriːm] **I** *s.* **1.** (gellender) Schrei; **2.** Gekreisch(e) *n*: ***~s of laughter*** brüllendes Gelächter; ***he (it) was a (perfect) ~*** *sl.* er (es) war zum Schreien (komisch); **3.** Heulen *n* (*Sirene etc.*); **II** *v/i.* **4.** schreien (*a. fig. Farben etc.*), gellen; kreischen: ***~ out*** aufschreien; ***~ with laughter*** vor Lachen brüllen; **5.** heulen (*Wind etc.*), schrill pfeifen; **III** *v/t.* **6.** *oft* ***~ out*** (her'aus)schreien; '**scream·er** [-mə] *s.* **1.** Schreiende(r *m*) *f*; **2.** *sl.* a) ‚tolle Sache', b) *bsd. Am.* F Riesenschlagzeile *f*; '**scream·ing** [-mɪŋ] *adj.* □ **1.** schrill, gellend; **2.** *fig.* schreiend, grell: ***~ colo(u)rs***; **3.** F a) ‚toll', großartig, b) *a.* ***~ly funny*** zum Schreien (komisch).

scree [skriː] *s. geol. Brit.* **1.** Geröll *n*; **2.** Geröllhalde *f*.

screech [skriːtʃ] **I** *v/i.* (gellend) schreien; kreischen (*a. weitS. Bremsen etc.*); **II** *v/t. et.* kreischen; **III** *s.* ('durchdringender) Schrei; ***~ owl*** *s. orn.* Schreiende Eule, Käuzchen *n*.

screed [skriːd] *s.* **1.** lange Liste; **2.** langatmige Rede *etc.*, Ti'rade *f*.

screen [skriːn] **I** *s.* **1.** (Schutz)Schirm *m*, (-)Wand *f*; **2.** ⚠ a) Zwischenwand *f*, b) *eccl.* Lettner *m*; **3.** a) (Film)Leinwand *f*, b) *coll.* ***the ~*** der Film, das Kino: ***~ star*** Filmstar *m*; ***on the ~*** im Film; **4.** a) *TV, Radar, Computer*: Bildschirm *m*, b) ⚕ Röntgenschirm *m*: ***~ flicker*** Bildschirmflimmern *n*; **5.** Drahtgitter *n*, -netz *n*; **6.** Fliegenfenster *n*; **7.** ⚙ Gittersieb *n für Sand etc.*; **8.** ⚔ a) *taktische* Abschirmung, (⚓ Geleit-)Schutz *m*, b) (Rauch-, Schützen-)Schleier *m*, Nebelwand *f*, c) Tarnung *f*; **9.** *fig.* a) Schutz *m*, Schirm *m*, b) Tarnung *f*, Maske *f*; **10.** *phys.* a) *a.* ***optical ~*** Filter *m*, Blende *f*, b) *a.* ***electric ~*** Abschirmung *f*, c) *a.* ***ground ~*** Erdungsebene *f*; **11.** *phot.*, *typ.* Raster (-platte *f*) *m*; **12.** *mot.* Windschutzscheibe *f*; **II** *v/t.* **13.** *a.* ***~ off*** abschirmen, verdecken; *Licht* abblenden; **14.** (be-)schirmen (***from*** vor *dat.*); **15.** *fig. j-n* decken; **16.** ⚔ a) tarnen (*a. fig.*), b) einnebeln; **17.** ⚙ *Sand etc.* ('durch)sieben: ***~ed coal*** Würfelkohle *f*; **18.** *phot. Bild* projizieren; **19.** *Film*: a) verfilmen, b) für den Film bearbeiten; **20.** *fig. Personen* (aus)sieben, (über-)'prüfen; **III** *v/i.* **21.** sich (ver)filmen lassen; sich für den Film eignen (*a. Person*); ***~ grid*** *s.* ⚡ Schirmgitter *n*; ***~ junk·ie*** *s.* F Com'putersüchtige(r *m*) *f*, Bildschirm-Junkie *m*; '***~·land*** [-lənd] *s. Am.* Filmwelt *f*; '***~·play*** *s. Film*: Drehbuch *n*; '***~·print*** **I** *s.* Siebdruck *m*; **II** *v/t.* im Siebdruckverfahren herstellen; ***~ sav·er*** *s. Computer*: Bildschirmschoner *m*; ***~ test*** *s. Film*: Probeaufnahme *f*; '***~-test*** *v/t. Film*: Probeaufnahmen machen von; ***~ wash·er*** *s. mot.* Scheibenwaschanlage *f*; ***~ wire*** *s.* ⚙ Maschendraht *m*; '***~,writ·er*** *s.* Drehbuchautor(in).

screw [skruː] **I** *s.* **1.** ⚙ Schraube *f* (*ohne Mutter*): ***there is a ~ loose (somewhere)*** *fig.* da stimmt et. nicht; ***he has a ~ loose*** F bei ihm ist e-e Schraube locker; **2.** ⚙ Spindel *f* (*Presse*); **3.** (Flugzeug-, Schiffs)Schraube *f*; **4.** ⚓ Schraubendampfer *m*; **5.** F *fig.* Druck *m*: ***apply the ~ to***, ***put the ~(s) on*** *j-n* unter Druck setzen; ***give another turn to the ~*** *a. fig.* die Schraube anziehen; **6.** *Brit.* Tütchen *n Tabak etc.*; **7.** *bsd. sport* Ef'fet *m*; **8.** *Brit.* Geizhals *m*; **9.** *Brit.* alter Klepper (*Pferd*); **10.** *Brit. sl.* Lohn *m*, Gehalt *n*; **11.** Korkenzieher *m*; **12.** *sl.* Gefängniswärter *m*; **13.** V ‚Nummer' *f*: ***have a ~*** ‚bumsen'; ***be a good ~*** gut ‚bumsen'; **II** *v/t.* **14.** schrauben: ***~ down*** ein-, festschrauben; ***~ on*** an-, aufschrauben; ***~ up*** a) zuschrauben, b) *Papier* zerknüllen; ***his head is ~ed on the right way*** F er ist nicht auf den Kopf gefallen; **15.** *fig. Augen, Körper etc.* (ver)drehen; *Mund etc.* verziehen; **16.** ***~ down (up)*** ✝ *Preise* her'unterschrauben (hoch schrauben); ***~ s.th. out of*** et. aus *j-m* herauspressen; ***~ up one's courage*** Mut fassen; **17.** *sport dem Ball* Ef'fet geben; **18.** F *j-n* ‚reinlegen'; **19.** ***~ up*** F ‚vermasseln'; **20.** V ‚bumsen', ‚vögeln': ***~ you!***, ***get ~ed*** *bsd. Am.* geh zum Teufel!; **III** *v/i.* **21.** sich (ein)schrauben lassen; **22.** knausern; **23.** V ‚bumsen', ‚vögeln'; **24.** ***~ around*** *Am. sl.* sich he'rumtreiben.

'**screw|·ball** *Am.* **I** *s.* **1.** *Baseball*: Ef'fetball *m*; **2.** *sl.* ‚Spinner' *m*; **II** *adj.* **3.** *sl.* verrückt; ***~ bolt*** *s.* ⚙ Schraubenbolzen *m*; ***~ cap*** *s.* **1.** Schraubdeckel *m*, Verschlusskappe *f*; **2.** 'Überwurfmutter *f*; ***~ con·vey·er*** *s.* Förderschnecke *f*; ***~ die*** *s.* Gewindeschneideeisen *n*; '***~,driv·er*** *s.* Schraubenzieher *m*.

screw·ed [skruːd] *adj.* **1.** verschraubt; **2.** mit Gewinde; **3.** verdreht, gewunden; **4.** F ‚besoffen'.

screw| gear(·ing) *s.* ⚙ **1.** Schneckenrad *n*; **2.** Schneckengetriebe *n*; ***~ jack*** *s.* **1.** Hebespindel *f*; **2.** Wagenheber *m*; ***~ nut*** *s.* Mutterschraube *f*; ***~ press*** *s.* Spindel- *od.* Schraubenpresse *f*; ***~ steam·er*** → ***screw*** 4; ***~ tap*** *s.* ⚙ Gewindebohrer *m*; ***~ top*** *s.* Schraubverschluss *m*; ***~ wrench*** *s.* ⚙ Schraubenschlüssel *m*.

screw·y ['skruːɪ] *adj.* **1.** schraubenartig; **2.** F ‚beschwipst'; **3.** *Am. sl.* verrückt; **4.** knickerig.

scrib·ble ['skrɪbl] **I** *v/t.* **1.** *a.* ***~ down*** (hin)kritzeln, (-)schmieren: ***~ over*** bekritzeln; **2.** ⚙ *Wolle* krempeln; **II** *v/i.* **3.** kritzeln; **III** *s.* **4.** Gekritzel *n*, Geschreibsel *n*; '**scrib·bler** [-lə] *s.* **1.** Kritzler *m*, Schmierer *m*; **2.** Schreiberling *m*; **3.** ⚙ 'Krempelma,schine *f*.

scrib·bling| block, **~ pad** ['skrɪblɪŋ] *s. Brit.* Schmier-, No'tizblock *m*.

scribe [skraɪb] **I** *s.* **1.** Schreiber *m* (*a. hist.*), Ko'pist *m*; **2.** *bibl.* Schriftgelehrte(r) *m*; **3.** *humor.* a) Schriftsteller *m*, b) Journa'list *m*; **4.** ⚙ *a.* ***~ awl*** Reißnadel *f*; **II** *v/t.* **5.** ⚙ anreißen; '**scrib·er** [-bə] → ***scribe*** 4.

scrim [skrɪm] *s.* leichter Leinen- *od.* Baumwollstoff.

scrim·mage ['skrɪmɪdʒ] *s.* **1.** Handgemenge *n*, Getümmel *n*; **2.** a) *American Football*: Scrimmage *n* (*Rückpass*), b) *Rugby*: Gedränge *n*.

scrimp [skrɪmp] **I** *v/t.* **1.** knausern mit, knapp bemessen; **2.** *j-n* knapp halten (***for*** mit); **II** *v/i.* **3.** *a.* ***~ and save*** knausern (***on*** mit); **III** *adj.* **4.** → '**scrimp·y** [-pɪ] knapp, eng.

'**scrim·shank** *v/i. bsd.* ⚔ *Brit. sl.* sich drücken.

scrip¹ [skrɪp] *s. hist.* (Pilger-, Schäfer-)Tasche *f*, Ränzel *n*.

S

scrip² [skrɪp] *s.* **1.** ✝ a) Berechtigungsschein *m*, b) Scrip *m*, Interimsschein *m*, -aktie *f*, *coll. die* Scrips *pl. etc.*; **2.** *a.* **~ money** a) Er'satzpa,piergeldwährung *f*, b) ⚔ Besatzungsgeld *n*.
script [skrɪpt] *s.* **1.** Handschrift *f*; **2.** Schrift(art) *f*: ***phonetic ~*** Lautschrift; **3.** *typ.* (Schreib)Schrift *f*; **4.** a) Text *m*, b) *thea. etc.* Manu'skript *n*, c) *Film*: Drehbuch *n*; **5.** ⚖ Urschrift *f*; **6.** *ped. Brit.* (schriftliche) Prüfungsarbeit; **~ ed·i·tor** *s. Film, thea., TV*: Drama'turg *m*; **~ girl** *s. Film*: Scriptgirl *n* (*Ateliersekretärin*).
scrip·tur·al ['skrɪptʃərəl] *adj.* **1.** Schrift...; **2.** *a.* ♀ biblisch, der Heiligen Schrift; **scrip·ture** ['skrɪptʃə] *s.* **1.** ♀, *mst* ***the ♀s*** *die* Heilige Schrift, *die* Bibel; **2.** *obs.* ♀ Bibelstelle *f*; **3.** heilige (nichtchristliche) Schrift: ***Buddhist ~***; **4.** *a.* **~ class** (*od.* **lesson**) *ped.* Religi'onsstunde *f*.
'script,writ·er *s.* **1.** *Film, TV*: Drehbuchautor(in); **2.** *Radio*: Hörspielautor(in).
scrive·ner ['skrɪvnə] *s. hist.* **1.** (öffentlicher) Schreiber; **2.** No'tar *m*.
scrof·u·la ['skrɒfjʊlə] *s.* ⚕ Skrofu'lose *f*; **'scrof·u·lous** [-ləs] *adj.* □ ⚕ skrofu'lös.
scroll [skrəʊl] **I** *s.* **1.** Schriftrolle *f*; **2.** a) △ Vo'lute *f*, b) ♪ Schnecke *f*, c) Schnörkel *m* (*Schrift*); **3.** Liste *f*, Verzeichnis *n*; **4.** ⚙ Triebkranz *m*; **5.** *Computer*: Scrollen *n*, ‚Blättern' *n*; **II** *v/i. Computer*: scrollen, ‚blättern'; **~ chuck** *s.* ⚙ Univer'salspannfutter *n*; **~ gear** *s.* ⚙ Schneckenrad *n*; **~ saw** *s.* ⚙ Laubsäge *f*; **'~·work** *s.* **1.** Schneckenverzierung *f*; **2.** Laubsägearbeit *f*.
scro·tum ['skrəʊtəm] *pl.* **-ta** [-tə] *s. anat.* Hodensack *m*, Skrotum *n*.
scrounge [skraʊndʒ] F **I** *v/t.* **1.** ‚organisieren': a) ‚klauen', b) beschaffen; **2.** schnorren; **II** *v/i.* **3.** ‚klauen'; **4.** schnorren, nassauern; **'scroung·er** [-dʒə] *s.* F **1.** Dieb *m*; **2.** Schnorrer *m*, Nassauer *m*.
scrub¹ [skrʌb] **I** *v/t.* **1.** schrubben, scheuern; **2.** ⚙ *Gas* reinigen; **3.** F *fig.* streichen, ausfallen lassen; **II** *v/i.* **4.** schrubben, scheuern; **III** *s.* **5.** Schrubben *n*: ***that wants a good ~*** das muss tüchtig gescheuert werden; **6.** *sport* a) Re'servespieler *m*, b) *a.* **~ team** zweite Mannschaft *od.* ‚Garni'tur', c) *a.* **~ game** Spiel *n* der Re'servemannschaften.
scrub² [skrʌb] *s.* **1.** Gestrüpp *n*, Buschwerk *n*; **2.** Busch *m* (*Gebiet*); **3.** a) verkümmerter Baum, b) Tier *n* minderwertiger Abstammung, c) Knirps *m*, d) *fig. contp.* ‚Null' *f* (*Person*).
'scrub(·bing) brush ['skrʌbɪŋ] *s.* Scheuerbürste *f*.
scrub·by ['skrʌbɪ] *adj.* **1.** verkümmert, -krüppelt; **2.** gestrüppreich; **3.** armselig, schäbig; **4.** stopp(e)lig.
scruff [skrʌf], **~ of the neck** *s.* Genick *n*: ***take s.o. by the ~ of the neck*** j-n beim Kragen packen.
scruff·y ['skrʌfɪ] *adj.* F schmudd(e)lig, dreckig.
scrum·mage ['skrʌmɪdʒ] → ***scrimmage***.
scrump·tious ['skrʌmpʃəs] *adj.* F ‚toll', ‚prima'.
scrunch [skrʌntʃ] **I** *v/t.* **1.** knirschend (zer)kauen; **2.** zermalmen; **II** *v/i.* **3.** knirschen; **4.** knirschend kauen; **III** *s.* **5.** Knirschen *n*.
scru·ple ['skru:pl] **I** *s.* **1.** Skrupel *m*, Zweifel *m*, Bedenken *n* (*alle mst pl.*): ***have ~s about doing*** Bedenken haben, *et.* zu tun; ***without ~*** skrupellos; **2.** *pharm.* Skrupel *n* (= *20 Gran od. 1,296 Gramm*); **II** *v/i.* **3.** Skrupel *od.* Bedenken haben; **'scru·pu·lous** [-pjʊləs] *adj.* □ **1.** voller Skrupel *od.* Bedenken, (allzu) bedenklich (***about*** in *dat.*); **2.** ('über)gewissenhaft, peinlich (genau); **3.** ängstlich, vorsichtig.
scru·ti·neer [,skru:tɪ'nɪə] *s. pol.* Wahlprüfer *m*; **scru·ti·nize** ['skru:tɪnaɪz] *v/t.* **1.** (genau) prüfen, unter'suchen; **2.** genau ansehen, studieren; **scru·ti·ny** ['skru:tɪnɪ] *s.* **1.** (genaue) Unter'suchung, *pol.* Wahlprüfung *f*; **2.** prüfender *od.* forschender Blick.
scu·ba ['sku:bə] *s.* (Schwimm)Tauchgerät *n*: **~ *diving*** Sporttauchen *n*.
scud [skʌd] **I** *v/i.* **1.** eilen, jagen; **2.** ⚓ lenzen; **II** *s.* **3.** (Da'hin)Jagen *n*; **4.** (tief treibende) Wolkenfetzen *pl.*; **5.** (Wind)Bö *f*.
scuff [skʌf] **I** *v/i.* **1.** schlurfen(d gehen); **2.** ab-, aufscharren; **II** *v/t.* **3.** *bsd. Am.* abstoßen, abnutzen; **4.** boxen.
scuf·fle ['skʌfl] **I** *v/i.* **1.** sich balgen, raufen; **2.** → ***scuff*** 1; **II** *s.* **3.** Balge'rei *f*, Raufe'rei *f*, Handgemenge *n*; **4.** Schlurfen *n*.
scull [skʌl] ⚓ **I** *s.* **1.** Heck-, Wriggriemen *m*; **2.** Skullboot *n*; **II** *v/i. u. v/t.* **3.** wriggen; **4.** skullen; **'scul·ler** [-lə] *s.* **1.** Skuller *m* (*Ruderer*); **2.** → ***scull*** 2.
scul·ler·y ['skʌlərɪ] *s. Brit.* Spülküche *f*: **~ *maid*** Spül-, Küchenmädchen *n*; **'scul·lion** [-ljən] *s. hist. Brit.* Küchenjunge *m*.
sculp(t) [skʌlp(t)] F *für* ***sculpture*** II *u.* III.
sculp·tor ['skʌlptə] *s.* Bildhauer *m*; **'sculp·tress** [-trɪs] *s.* Bildhauerin *f*; **'sculp·tur·al** [-tʃərəl] *adj.* □ bildhauerisch, Skulptur...; **'sculp·ture** [-tʃə] **I** *s.* Plastik *f*: a) Bildhauerkunst *f*, b) Skulp'tur *f*, Bildhauerwerk *n*; **II** *v/t.* formen, (her'aus)meißeln *od.* (-)schnitzen; **III** *v/i.* bildhauern.
scum [skʌm] **I** *s.* (⚙ *u. fig.* Ab)Schaum *m*: ***the ~ of the earth*** *fig.* der Abschaum der Menschheit; **II** *v/t. u. v/i.* abschäumen.
scum·ble ['skʌmbl] *paint.* **I** *v/t.* **1.** *Farben, Umrisse* vertreiben, dämpfen; **II** *s.* **2.** Gedämpftheit *f*; **3.** La'sur *f*.
scum·my ['skʌmɪ] *adj.* **1.** schaumig; **2.** *fig.* gemein, ‚fies'.
scup·per ['skʌpə] **I** *s.* **1.** ⚓ Speigatt *n*; **II** *v/t.* ⚔ *Brit. sl.* **2.** niedermetzeln; **3.** *Schiff* versenken; **4.** *fig.* ka'puttmachen.
scurf [skɜ:f] *s.* **1.** ⚕ a) Schorf *m*, Grind *m*, b) *bsd. Brit.* (Kopf)Schuppen *pl.*; **2.** abblätternde Kruste; **'scurf·y** [-fɪ] *adj.* schorfig, grindig; schuppig.
scur·ril·i·ty [skʌ'rɪlətɪ] *s.* **1.** zotige Scherzhaftigkeit; **2.** Zotigkeit *f*; **3.** Zote *f*; **scur·ril·ous** ['skʌrɪləs] *adj.* □ **1.** ordi'när-scherzhaft, ‚frech'; **2.** unflätig, zotig.
scur·ry ['skʌrɪ] **I** *v/i.* **1.** huschen, hasten; **II** *s.* **2.** Hasten *n*; Getrippel *n*; **3.** *sport* a) Sprint *m*, b) *Pferdesport*: Fliegerrennen *n*; **4.** Schneetreiben *n*.
scur·vy ['skɜ:vɪ] **I** *s.* ⚕ Skor'but *m*; **II** *adj.* (hunds)gemein, ‚fies'.
scut [skʌt] *s.* **1.** *hunt.* Blume *f*, kurzer Schwanz (*Hase*), Wedel *m* (*Rotwild*); **2.** Stutzschwanz *m*.
scu·tage ['skju:tɪdʒ] *s.* ⚔ *hist.* Schildpfennig *m*, Rittersteuer *f*.
scutch [skʌtʃ] ⚙ **I** *v/t.* **1.** *Flachs* schwingen; **2.** *Baumwolle od. Seidenfäden* (durch Schlagen) entwirren; **II** *s.* **3.** (Flachs)Schwingmesser *n*, ('Flachs-),Schwingma,schine *f*.
scutch·eon ['skʌtʃən] *s.* **1.** → ***escutcheon***; **2.** → ***scute***.
scute [skju:t] *s. zo.* Schuppe *f*.
scu·tel·late(d) ['skju:təleɪt(ɪd)] *adj. zo.* schuppig; **scu'tel·lum** [skju:'teləm] *pl.* **-la** [-lə] *s.* ⚘, *zo.* Schildchen *n*.
scut·tle¹ ['skʌtl] *s.* **1.** Kohlenkasten *m*, -eimer *m*; **2.** (flacher) Korb.
scut·tle² ['skʌtl] **I** *v/i.* **1.** hasten, flitzen; **2. ~ *out of*** ⚔ *u. fig.* sich hastig zu'rückziehen aus *od.* von; **II** *s.* **3.** hastiger Rückzug.
scut·tle³ ['skʌtl] **I** *s.* **1.** (Dach-, Boden-) Luke *f*; **2.** ⚓ (Spring)Luke *f*; **3.** *mot.* Stirnwand *f*, Spritzbrett *n*; **II** *v/t.* **4.** ⚓ a) *Schiff* anbohren *od.* die 'Bodenven,tile öffnen, b) (selbst) versenken; **'~·butt** *s.* **1.** ⚓ Trinkwassertonne *f od.* -anlage *f*; **2.** *Am.* F Gerücht *n*.
scythe [saɪð] **I** *s.* **1.** Sense *f*; **II** *v/t.* **2.** (ab)mähen; **3. ~ *down*** *Fußball*: ‚umsäbeln'.
sea [si:] *s.* **1.** a) See *f*, Meer *n* (*a. fig.*), b) Ozean *m*, Weltmeer *n*: ***at ~*** auf *od.* zur See; *mst* ***all at ~*** *fig.* ratlos, im Dunkeln tappend; ***beyond the ~, over ~(s)*** nach *od.* in Übersee; ***by ~*** auf dem Seeweg; ***on the ~*** a) auf *od.* zur See, b) an der See *od.* Küste (gelegen); ***follow the ~*** zur See fahren; ***put (out) to ~*** in See stechen; ***the four ~s*** die vier (*Großbritannien umgebenden*) Meere; ***the high ~s*** die hohe See, die Hochsee; **2.** ⚓ See(gang *m*) *f*: ***heavy ~; long (short) ~*** lange (kurze) See; **3.** ⚓ See *f*, hohe Welle; → ***ship*** 7; **~ an·chor** *s.* **1.** ⚓ Treibanker *m*; **2.** ✈ Wasseranker *m*; **~ bear** *s. zo.* **1.** Eisbär *m*; **2.** Seebär *m*; **'~·board** **I** *s.* (See)Küste *f*; **II** *adj.* Küsten...; **'~-born** *adj.* **1.** aus dem Meer stammend; **2.** *poet.* meergeboren; **'~·borne** *adj.* auf dem Seewege befördert, See...: **~ *goods*** Seehandelsgüter; **~ *invasion*** ⚔ Landungsunternehmen *n* von See aus; **~ *trade*** Seehandel *m*; **~ calf** *s.* [*irr.*] → ***sea dog*** 1 a; **~ cap·tain** *s.* ('Schiffs)Kapi,tän *m*; **~ cock** *s.* ⚓ 'Bordven,til *n*; **~ cow** *s. zo.* **1.** Seekuh *f*, Si'rene *f*; **2.** Walross *n*; **~ dog** *s.* **1.** *zo.* a) Gemeiner Seehund, Meerkalb *n*, b) → ***dogfish***; **2.** *fig.* ⚓ (alter) Seebär; **'~·drome** [-drəʊm] *s.* ✈ Wasserflughafen *m*; **~ el·e·phant** *s. zo.* 'See-Ele,fant *m*; **'~,far·er** [-,feərə] *s.* Seefahrer *m*, -mann *m*; **'~,far·ing** [-,feərɪŋ] **I** *adj.* seefahrend: **~ *man*** Seemann *m*; **~ *nation*** Seefahrernation *f*; **II** *s.* Seefahrt *f*; **~ farm·ing** *s.* 'Aquakul,tur *f*; **'~·food** *s.* Meeresfrüchte *pl.*; **'~·fowl** *s.* Seevogel *m*; **~ front** *s.* Seeseite *f* (*e-r Stadt etc.*); **~ ga(u)ge** *s.* ⚓ **1.** Tiefgang *m*; **2.** Lotstock *m*; **'~·girt** *adj. poet.* 'meerum,schlungen; **~ god** *s.* Meeresgott *m*; **'~,go·ing** *adj.* ⚓ seetüchtig, Hochsee...; **~ green** *s.* Meergrün *n*; **~ gull** *s. orn.* Seemöwe *f*; **~ hog** *s. zo.* Schweinswal *m*, *bsd.* Meerschwein *n*; **~ horse** *s.* **1.** *zo.* a) Seepferdchen *n*, b) Walross *n*; **2.** *myth.* Seepferd *n*; **3.** große Welle.
seal¹ [si:l] **I** *s.* **1.** *pl.* **seals**, *bsd. coll.* **seal** *zo.* Robbe *f*, *engS.* Seehund *m*; **2.** → ***sealskin***; **II** *v/i.* **3.** auf Robbenjagd gehen.
seal² [si:l] **I** *s.* **1.** Siegel *n*: ***set one's ~ to*** sein Siegel auf *et.* drücken, *bsd. fig. et.* besiegeln (*bekräftigen*); ***under the ~ of***

secrecy fig. unter dem Siegel der Verschwiegenheit; **2.** Siegel(prägung *f*) *n*; **3.** Siegel(stempel *m*) *n*, Petschaft *n*; → ***Great Seal***; **4.** ⚖ *etc.* Siegel *n*, Verschluss *m*; *Zollverkehr etc.*: Plombe *f*: ***under ~*** unter Verschluss; **5.** ⚙ a) (wasser-, luftdichter) Verschluss, b) (Ab-)Dichtung *f*, c) Versiegelung *f* (*Kunststoff etc.*); **6.** *fig.* Siegel *n*, Besiegelung *f*, Bekräftigung *f*; **7.** Zeichen *n*, Garan'tie *f*; **8.** *fig.* Stempel *m*, Zeichen *n des Todes etc.*; **II** *v/t.* **9.** *Urkunde* siegeln; **10.** *Rechtsgeschäft etc.* besiegeln (*bekräftigen*); **11.** *fig.* besiegeln: ***his fate is ~ed***; **12.** *fig.* zeichnen, s-n Stempel aufdrücken (*dat.*); **13.** versiegeln: ***~ed offer*** ☤ versiegeltes Angebot; ***under ~ed orders*** ☤ mit versiegelter Order; **14.** *Verschluss etc.* plombieren; **15.** *oft* ***~ up*** her'metisch (*od.* ⚙ wasser-, vakuumdicht) abschließen *od.* abdichten, *Holz, Kunststoff etc.* versiegeln, ⚙ *a.* einzementieren, zuschmelzen, *mit Klebestreifen etc.* verschließen: ***it is a ~ed book to me*** *fig.* es ist mir ein Buch mit sieben Siegeln; ***~ a letter*** e-n Brief zukleben; **16.** ***~ off*** *fig.* a) ⚔ *etc.* abriegeln, b) dichtmachen: ***~ off the border***.

sea lane *s.* See-, Schifffahrtsweg *m*.

seal·ant ['si:lənt] *s.* ⚙ Dichtungsmittel *n*.

sea| law·yer *s.* ⚓ F Queru'lant *m*; **~ legs** *s. pl.*: ***get*** *od.* ***find one's ~*** ⚓ seefest werden.

seal·er[1] ['si:lə] *s.* ⚓ Robbenfänger *m* (*Mann od. Schiff*).

seal·er[2] ['si:lə] *s.* ⚙ a) Versiegler *m*, b) Verschließvorrichtung *f*, c) Versiegelungsmasse *f*.

'seal·er·y [-ərɪ] *s.* **1.** Robbenfang *m*; **2.** Robbenfangplatz *m*.

sea lev·el *s.* Meeresspiegel *m*, -höhe *f*: ***corrected to ~*** auf Meereshöhe umgerechnet.

seal fish·er·y → ***sealery*** 1.

seal·ing ['si:lɪŋ] *s.* **1.** (Be)Siegeln *n*; **2.** Versiegeln *n*, ⚙ *a.* (Ab)Dichtung *f*: ***~ (compound)*** Dichtungsmasse *f*; ***~ machine*** → ***sealer***[2] b; ***~ ring*** Dichtungsring *m*; ***~ wax*** *s.* Siegellack *m*.

sea| li·on *s. zo.* Seelöwe *m*; ≈ **Lord** *s.* ⚓ *Brit.* Seelord *m* (*Amtsleiter in der brit. Admiralität*).

seal| rook·er·y *s. zo.* Brutplatz *m* von Robben; **'~·skin** *s.* **1.** Seal(skin) *m*, *n*, Seehundsfell *n*; **2.** Sealmantel *m*, -cape *n*.

seam [si:m] **I** *s.* **1.** Saum *m*, Naht *f* (*a.* ⚕): ***burst at the ~s*** aus den Nähten platzen (*a. fig.*); **2.** ⚙ a) (Guss-, Schweiß)Naht *f*: ***~ welding*** Nahtschweißen *n*, b) *bsd.* ⚓ Fuge *f*, c) Sprung *m*, d) Falz *m*; **3.** Runzel *f*; **4.** Narbe *f*; **5.** *geol.* (Nutz)Schicht *f*, Flöz *n*; **II** *v/t.* **6.** *a.* ***~ up***, ***~ together*** zs.-nähen; **7.** säumen; **8.** *bsd. fig.* (durch-)'furchen; **9.** (zer)schrammen; **10.** ⚙ durch e-e (Guss- *od.* Schweiß)Naht verbinden.

sea·man ['si:mən] *s.* [*irr.*] ⚓ **1.** Seemann *m*, Ma'trose *m*; **2.** ⚔ *Am.* (Ma'rine)Obergefreite(r) *m*: ***~ recruit*** Matrose *m*; **'sea·man·like** *adj. u. adv.* seemännisch; **'sea·man·ship** [-ʃɪp] *s.* Seemannschaft *f*.

sea| mark *s.* Seezeichen *n*; **~ mew** *s. orn.* Sturmmöwe *f*; **~ mile** *s.* Seemeile *f*; **~ mine** *s.* ⚔ Seemine *f*.

seam·less ['si:mlɪs] *adj.* □ **1.** naht-, saumlos: ***~-drawn tube*** ⚙ nahtlos gezogene Röhre; **2.** fugenlos.

sea mon·ster *s.* Meeresungeheuer *n*.

seam·stress ['semstrɪs] *s.* Näherin *f*.

sea mud *s.* Seeschlamm *m*, Schlick *m*.

seam·y ['si:mɪ] *adj.* gesäumt: ***the ~ side*** a) die linke Seite, b) *fig.* die Kehr- *od.* Schattenseite.

se·ance, **sé·ance** ['seɪɑ̃:ns] (*Fr.*) *s.* Sé'ance *f*, (spiri'tistische) Sitzung.

'sea|·piece *s. paint.* Seestück *n*; **'~·plane** *s.* See-, Wasserflugzeug *n*; **'~·port** *s.* Seehafen *m*, Hafenstadt *f*; **~ pow·er** *s.* Seemacht *f*; **'~·quake** *s.* Seebeben *n*.

sear[1] [sɪə] **I** *v/t.* **1.** versengen; **2.** ⚕ (aus-)brennen; **3.** *Fleisch* anbraten; **4.** *bsd. fig.* brandmarken; **5.** *fig.* abstumpfen: ***a ~ed conscience***; **6.** verdorren lassen; **II** *v/i.* **7.** verdorren; **III** *adj.* **8.** *poet.* verdorrt, -welkt: ***the ~ and yellow leaf*** *fig.* der Herbst des Lebens.

sear[2] [sɪə] *s.* ⚔ Abzugsstollen *m* (*Gewehr*).

search [sɜ:tʃ] **I** *v/t.* **1.** durch'suchen, -'stöbern (***for*** nach); **2.** ⚖ *Person, Haus etc.* durch'suchen, visitieren; **3.** unter'suchen; **4.** *fig. Gewissen etc.* erforschen, prüfen; **5.** *mst* ***~ out*** auskundschaften, ausfindig machen; **6.** durch'dringen (*Wind, Geschosse etc.*); **7.** ⚔ mit Tiefenfeuer belegen *od.* bestreichen; **8.** *sl.* ***~ me!*** keine Ahnung!; **II** *v/i.* **9.** (***for***) suchen, forschen (nach); ⚖ fahnden (nach): ***~ into*** ergründen, untersuchen; **10.** ***~ after*** streben nach; **III** *s.* **11.** Suchen *n*, Forschen *n* (***for***, ***of*** nach): ***in ~ of*** auf der Suche nach; ***go in ~ of*** auf die Suche gehen nach; **12.** ⚖ a) Fahndung *f*, b) Haussuchung *f*, c) ('Leibes)Visitati,on *f*, d) Einsichtnahme *f in öffentliche Bücher*, e) Überprüfung *f*, *Patentwesen*: Re'cherche *f*: ***right of (visit and) ~*** ⚓ Recht *n* auf Durchsuchung neutraler Schiffe; **search en·gine** *s. Internet*: 'Suchma,schine *f*; **'search·er** [-tʃə] *s.* **1.** Sucher *m*, (Er-)Forscher *m*; **2.** (*Zoll- etc.*)Prüfer *m*; **3.** ⚕ Sonde *f*; **search func·tion** *s. Computer*: 'Suchfunkti,on *f*; **'search·ing** [-tʃɪŋ] *adj.* □ **1.** gründlich, eingehend, tief schürfend; **2.** forschend (*Blick*); durch'dringend (*Wind etc.*): ***~ fire*** ⚔ Tiefen-, Streufeuer *n*.

'search|·light *s.* (Such)Scheinwerfer *m*; **~ op·er·a·tion** *s. Computer*: Suchlauf *m*; **~ par·ty** *s.* Suchtrupp *m*; **~ ra·dar** *s.* ⚔ Ra'darsuchgerät *n*; **~ war·rant** *s.* ⚖ Haussuchungsbefehl *m*; **~ word** *s. Computer*: Suchwort *n*.

'sea|-,res·cue *adj.* Seenot...; **~ risk** *s.* ⚖ Seegefahr *f*; **~ room** *s.* ⚓ Seeräumte *f*; **~ route** *s.* See-, Schifffahrtsweg *m*; **'~·scape** *s.* **1.** *paint.* Seestück *n*; **2.** (Aus)Blick *m* auf das Meer; **~ ser·pent** *s. zo. u. myth.* Seeschlange *f*; **'~·shore** *s.* Seeküste *f*; **'~·sick** *adj.* seekrank; **'~·sick·ness** *s.* Seekrankheit *f*; **'~·side** **I** *s.* See-, Meeresküste *f*: ***go to the ~*** an die See fahren; **II** *adj.* an der See gelegen, See...: ***~ place***, ***~ resort*** Seebad *n*.

sea·son ['si:zn] **I** *s.* **1.** (Jahres)Zeit *f*; **2.** a) (Reife- *etc.*)Zeit *f*, rechte Zeit (*für et.*), b) *hunt.* (*Paarungs- etc.*)Zeit *f*: ***in ~*** a) (gerade) reif, (günstig auf dem Markt) zu haben (*Frucht*), b) zur rechten Zeit, c) *hunt.* jagdbar, d) brünstig (*Tier*); ***out of ~*** a) nicht (auf dem Markt) zu haben, b) *fig.* unpassend; ***in and out of ~*** jederzeit; ***cherries are now in ~*** jetzt ist Kirschenzeit; ***a word in ~*** ein Rat zur rechten Zeit; ***for a ~*** e-e Zeit lang; → ***close season***; **3.** ☤ Sai'son *f*, Haupt(betriebs-, -geschäfts)-zeit *f*: ***dull*** (*od.* ***slack***) ***~*** stille Saison, tote Jahreszeit; ***height of the ~*** Hochsaison; **4.** (*Veranstaltungs*)Sai'son *f*: ***theatrical ~*** Theatersaison, Spielzeit *f*; **5.** (*Bade-, Kur- etc.*)Sai'son *f*: ***holiday ~*** Ferienzeit *f*; **6.** Festzeit *f*; → ***compliment*** 3; **7.** F → ***season ticket***; **II** *v/t.* **8.** *Speisen* würzen (*a. fig.*): ***~ed with wit*** geistreich; **9.** *Tabak etc.* (aus)reifen lassen: ***~ed wine*** abgelagerter *od.* ausgereifter Wein; **10.** *Holz* ablagern; **11.** *Pfeife* einrauchen; **12.** gewöhnen (***to*** an *acc.*), abhärten: ***be ~ed to*** an *ein Klima etc.* gewöhnt sein; ***~ed soldiers*** fronterfahrene Soldaten; ***~ed by battle*** kampfgewohnt; **13.** *obs.* mildern; **III** *v/i.* **14.** reifen; **15.** ablagern (*Holz*); **'sea·son·a·ble** [-nəbl] *adj.* □ **1.** rechtzeitig; **2.** jahreszeitlich; **3.** zeitgemäß; **4.** passend, angebracht, oppor'tun, günstig; **'sea·son·al** [-zənl] *adj.* □ **1.** jahreszeitlich; **2.** sai'sonbedingt, -gemäß: ***~ closing-out sale*** ☤ Saisonschlussverkauf *m*; ***~ trade*** Saisongewerbe *n*; ***~ unemployment*** saisonbedingte Arbeitslosigkeit; ***~ work(er)*** Saisonarbeit(er *m*) *f*; **sea·son·al·ly** [-nəlɪ] *adv.*: ***~ adjusted*** saisonbereinigt; **'sea·son·ing** [-nɪŋ] *s.* **1.** Würze *f* (*a. fig.*), Gewürz *n*; **2.** Reifen *n etc.*; **sea·son tick·et** *s.* **1.** 🚆 *etc. Brit.* Dauer-, Zeitkarte *f*; **2.** *thea. etc.* Abonne'ment(skarte *f*) *n*.

seat [si:t] **I** *s.* **1.** Sitz(gelegenheit *f*, -platz *m*) *m*; Stuhl *m*, Sessel *m*, Bank *f*; **2.** (*Stuhl- etc.*)Sitz *m*; **3.** Platz *m bei Tisch etc.*: ***take a ~*** Platz nehmen; ***take one's ~*** s-n Platz einnehmen; ***take your ~s!*** 🚆 einsteigen!; **4.** *thea. etc.* Platz *m*, Sitz *m*: ***book a ~*** e-e (*Theater- etc.*)Karte kaufen; **5.** (Präsi'denten- *etc.*) Sitz *m* (*a. fig. Amt*); **6.** (Amts-, Regierungs-, ☤ Geschäfts)Sitz *m*; **7.** *parl. etc.* Sitz *m* (*a. Mitgliedschaft*), *parl. a.* Man'dat *n*: ***a ~ in parliament***; ***have ~ and vote*** Sitz u. Stimme haben; **8.** Wohn-, Fa'milien-, Landsitz *m*; **9.** *fig.* Sitz *m*: a) Stätte *f*, (Schau)Platz *m*: ***~ of war*** Kriegsschauplatz, b) ⚕ Herd *m e-r Krankheit* (*a. fig.*); **10.** Gesäß *n*, Sitzfläche *f*; Hosenboden *m*; **11.** *Reitsport etc.*: Sitz *m* (*Haltung*); **12.** ⚙ Auflager *n*, Funda'ment *n*; **II** *v/t.* **13.** *j-n wohin* setzen, *j-m* e-n Sitz anweisen: ***~ o.s.*** sich setzen; **14.** Sitzplätze bieten für: ***the hall ~s 600 persons***; **15.** *Raum* bestuhlen, mit Sitzplätzen versehen; **16.** *Stuhl* mit e-m (neuen) Sitz versehen; **17.** ⚙ a) auflegen, lagern (***on*** auf *dat.*), b) einpassen, *Ventil* einschleifen; **18.** *pass.* sitzen, s-n Sitz haben, liegen (***in*** in *dat.*); **seat belt** *s.* ✈, *mot.* Sicherheitsgurt *m*: ***~ tensioner*** Gurtstraffer *m*; **'seat·ed** [-tɪd] *adj.* **1.** sitzend: ***be ~*** → ***seat*** 18; ***be ~!*** nehmen Sie Platz!; ***remain ~*** sitzen bleiben, Platz behalten; **2.** *in Zssgn* ...sitzig: ***two-~***; **'seat·er** [-tə] *s. in Zssgn* ...sitzer *m*: ***two-~***; **'seat·ing** [-tɪŋ] **I** *s.* **1.** a) Anweisen *n* von Sitzplätzen, b) Platznehmen *n*; **2.** Sitzgelegenheit(en *pl.*) *f*, Bestuhlung *f*; **II** *adj.* **3.** Sitz...: ***~ accommodation*** Sitzgelegenheiten; **seat mile** *s.* ⚓ Passa'giermeile *f*.

sea| trout *s.* 'Meer-, 'Lachsfo,relle *f*; **~ ur·chin** *s. zo.* Seeigel *m*; **'~·wall** *s.* Deich *m*; (Hafen)Damm *m*.

sea·ward ['si:wəd] **I** *adj. u. adv.* seewärts; **II** *s.* Seeseite *f*; **'sea·wards** [-dz] *adv.* seewärts.

S

sea| wa·ter *s.* See-, Meerwasser *n*; **'~·way** *s.* **1.** ⚓ Fahrt *f*; **2.** Seeweg *m*; **3.** Seegang *m*; **'~·weed** *s.* **1.** (See)Tang *m*, Alge *f*; **2.** *allg.* Meerespflanze(n *pl.*) *f*; **'~,wor·thy** *adj.* seetüchtig.

se·ba·ceous [sɪ'beɪʃəs] *adj. physiol.* Talg...

sec [sek] (*Fr.*) *adj.* sec, trocken (*Wein*).

se·cant ['siːkənt] **I** *s.* ⩚ a) Se'kante *f*, b) Schnittlinie *f*; **II** *adj.* schneidend.

sec·a·teur ['sekətɜː] (*Fr.*) *s. mst* (**a pair of**) **~s** *pl.* (e-e) Baumschere.

se·cede [sɪ'siːd] *v/i. bsd. eccl., pol.* sich trennen *od.* lossagen, abfallen (**from** von); **se'ced·er** [-də] *s.* Abtrünnige(r *m*) *f*, Separa'tist *m*.

se·ces·sion [sɪ'seʃn] *s.* **1.** Sezessi'on *f* (*USA hist. oft* ℒ), (Ab-, *eccl.* Kirchen-) Spaltung *f*, Abfall *m*, Lossagung *f*; **2.** 'Übertritt *m* (**to** zu); **se'ces·sion·al** [-ʃənl] *adj.* Sonderbunds..., Abfall..., Sezessions...; **se'ces·sion·ist** [-nɪst] *s.* Abtrünnige(r *m*) *f*, Sonderbündler *m*, Sezessio'nist *m* (*Am. hist. oft* ℒ).

se·clude [sɪ'kluːd] *v/t.* (**o.s.** sich) abschließen, absondern (**from** von); **se'clud·ed** [-dɪd] *adj.* □ einsam, abgeschieden: a) zu'rückgezogen (*Lebensweise*), b) abgelegen (*Ort*); **se'clu·sion** [-uːʒn] *s.* **1.** Abschließung *f*; **2.** Zu'rückgezogenheit *f*, Abgeschiedenheit *f*: **live in ~** zurückgezogen leben.

sec·ond ['sekənd] **I** *adj.* □ → **secondly**; **1.** zweit; nächst: **~ Advent** (*od.* **Coming**) *eccl.* Wiederkunft *f* (Christi); **~ ballot** Stichwahl *f*; **~ Chamber** *parl.* Oberhaus *n*; **~ floor** a) *Brit.* zweiter Stock, b) *Am.* erster Stock (*über dem Erdgeschoss*); **~ home** Zweitwohnung *f*; **~ in height** zweithöchst; **at ~ hand** aus zweiter Hand; **in the ~ place** zweitens; **it has become ~ nature with him** es ist ihm zur zweiten Natur geworden *od.* in Fleisch u. Blut übergegangen; → **self** 1, **sight** 1, **thought** 3, **wind**[1] 6; **2.** (**to**) 'untergeordnet (*dat.*), geringer (als): **~ cabin** ⚓ Kabine *f* zweiter Klasse; **~ cousin** Vetter *m* zweiten Grades; **~ lieutenant** ⚔ Leutnant *m*; **come ~** *fig.* an zweiter Stelle kommen; **~ to none** unerreicht; **he is ~ to none** er ist unübertroffen; → **fiddle** 1; **II** *s.* **3.** *der* (*die, das*) Zweite: **~ in command** ⚔ a) stellvertretender Kommandeur, b) ⚓ erster Offizier; **4.** *sport* Zweite(r *m*) *f*, zweiter Sieger: **run ~** den zweiten Platz belegen; **be a good ~** nur knapp geschlagen werden; **5.** *univ.* → **second class** 2; **6.** F 🚂 *etc.* zweite Klasse; **7.** *Duell, Boxen*: Sekun'dant *m*; *fig.* Beistand *m*; **8.** Se'kunde *f*; *weitS. a.* Augenblick *m*, Mo'ment *m*; **9.** ♪ a) Se'kunde *f*, b) Begleitstimme *f*; **10.** *pl.* ✝ Ware(n *pl.*) *f* zweiter Quali'tät *od.* Wahl; **11. ~ of exchange** ✝ Se'kundawechsel *m*; **III** *v/t.* **12.** sekundieren (*dat.*) (*a. fig.*); **13.** *fig.* unter'stützen (*a. parl.*), beistehen (*dat.*); **14.** [sɪ'kɒnd] ⚔ *Brit. Offizier* abstellen, abkommandieren.

sec·ond·ar·i·ness ['sekəndərɪnɪs] *s. das* Sekun'däre, Zweitrangigkeit *f*; **sec·ond·ar·y** ['sekəndərɪ] **I** *adj.* □ **1.** sekun'där, zweitrangig, 'untergeordnet, nebensächlich: **of ~ importance**; **2.** ⚡, ⚗, *biol., geol., phys.* sekun'där, Sekundär...: **~ electron**; **3.** Neben...: **~ colo(u)r**; **~ effect**; **4.** Neben..., Hilfs...: **~ line** 🚂 Nebenbahn; **5.** *ling.* a) sekun'där, abgeleitet, b) Neben...: **~ accent** Nebenakzent *m*; **~ derivative** Sekundärableitung *f*; **~ tense** Nebentempus *n*; **6.** *ped.* Oberschul...: **~ education** höhere Schulbildung; **~ school** höhere Schule; **II** *s.* **7.** 'Untergeordnete(r *m*) *f*, Stellvertreter(in); **8.** ⚡ a) Sekun'där(strom)kreis *m*, b) Sekun'därwicklung *f*; **9.** *ast. a.* **~ planet** Satel'lit *m*; **10.** *orn.* Nebenfeder *f*.

'sec·ond|-best *adj.* zweitbest: **come off ~** *fig.* den Kürzeren ziehen; **~ class** *s.* **1.** 🚂 *etc.* zweite Klasse; **2.** *univ. Brit. akademischer Grad zweiter Klasse*; **,~-'class** [-nd'k-] *adj.* **1.** zweitklassig, -rangig; **2.** 🚂 *etc. Wagen etc.* zweiter Klasse: **~ mail** a) *Am.* Zeitungspost *f*, b) *Brit.* gewöhnliche Inlandspost; **,~-de'gree** *adv.* **1.** zweiten Grades: **~ burns**; **2. ~ murder** ⚖ Totschlag *m*; **,~'-guess** *v/t. Am.* **1.** im Nachhinein kritisieren; **2.** a) durch'schauen, b) vor'hersehen; **'~·hand I** *adj.* **1.** über'nommen, *a. Wissen etc.* aus zweiter Hand; **2.** 'indi,rekt: **~ smoking** passives Rauchen; **3.** gebraucht, alt; anti'quarisch (*Bücher*): **~ bookshop** Antiquariat *n*; **~ car** Gebrauchtwagen *m*; **~ dealer** Altwarenhändler *m*: **~ shop** Secondhandshop *m*, -laden *m*; **II** *adv.* **4.** gebraucht: **buy s.th. ~**; **~ hand** *s.* Sekundenzeiger *m*.

sec·ond·ly ['sekəndlɪ] *adv.* zweitens.

se·cond·ment [sɪ'kɒndmənt] *s. Brit.* **1.** ⚔ Abkommandierung *f*; **2.** Versetzung *f*.

,sec·ond|-'rate *adj.* zweitrangig, -klassig, mittelmäßig; **,~-'rat·er** *s.* mittelmäßige Per'son *od.* Sache.

se·cre·cy ['siːkrəsɪ] *s.* **1.** Verborgenheit *f*; **2.** Heimlichkeit *f*: **in all ~, with absolute ~** ganz im Geheimen, insgeheim; **3.** Verschwiegenheit *f*; Geheimhaltung(spflicht) *f*; (*Wahl- etc.*)Geheimnis *n*: **official ~** Amtsverschwiegenheit *f*; **professional ~** Berufsgeheimnis *n*, Schweigepflicht *f*; → **swear** 6; **se·cret** ['siːkrɪt] **I** *adj.* □ **1.** geheim, heimlich, Geheim...(*-dienst, -diplomatie, -tür etc.*): **~ ballot** geheime Wahl; **~ police** Geheimpolizei *f*; → **keep** 13; **2.** a) verschwiegen, b) verstohlen (*Person*); **3.** verschwiegen (*Ort*); **4.** unerforschlich, verborgen; **II** *s.* **5.** Geheimnis *n* (**from** vor *dat.*): **the ~ of success** *fig.* das Geheimnis des Erfolgs, der Schlüssel zum Erfolg; **in ~** a) heimlich, im Geheimen, b) im Vertrauen; **be in the ~** (in das Geheimnis) eingeweiht sein; **let s.o. into the ~** j-n (in das Geheimnis) einweihen; **make no ~ of** kein Geheimnis *od.* Hehl aus *et.* machen.

se·cre·taire [,sekrə'teə] (*Fr.*) *s.* Sekre'tär *m*, Schreibschrank *m*.

se·cre·tar·i·al [,sekrə'teərɪəl] *adj.* **1.** Sekretärs...: **~ help** Schreibkraft *f*; **2.** Schreib..., Büro...; **,sec·re'tar·i·at(e)** [-ɪət] *s.* Sekretari'at *n*.

sec·re·tar·y ['sekrətrɪ] *s.* **1.** Sekre'tär (-in): **~ of embassy** Botschaftsrat *m*; **2.** Schriftführer *m*; ✝ a) Geschäftsführer *m*, b) Syndikus *m*; **3.** *pol. Brit.* a) **~ (of state)** Mi'nister *m*, b) 'Staatssekre,tär *m*: ℒ **of State for Foreign Affairs**, **Foreign** ℒ Außenminister *m*; ℒ **of State for Home Affairs**, **Home** ℒ Innenminister; **4.** *pol. Am.* Mi'nister *m*: ℒ **of Defense** Verteidigungsminister; ℒ **of State** a) Außenminister, b) Staatssekretär *m e-s Bundesstaats*; **5.** → **secretaire**; **~ bird** *s. orn.* Sekre'tär *m*; ℒ **Gen·er·al** *pl.* **Sec·re·tar·ies Gen·er·al** *s.* Gene'ralsekre,tär *m*.

sec·re·tar·y·ship ['sekrətrɪʃɪp] *s.* **1.** Posten *m od.* Amt *n* e-s Sekre'tärs *etc.*; **2.** Mi'nisteramt *n*.

se·crete [sɪ'kriːt] *v/t.* **1.** *physiol.* absondern, abscheiden; **2.** verbergen (**from** vor *dat.*); ⚖ *Vermögensstücke* bei'seite schaffen; **se'cre·tion** [-iːʃn] *s.* **1.** *physiol.* a) Sekreti'on *f*, Absonderung *f*, b) Se'kret *n*; **2.** Verheimlichung *f*; **se'cre·tive** [-tɪv] *adj.* □ heimlich, verschlossen, geheimnistuerisch: **be ~ about** mit *et.* geheim tun; **se'cre·tive·ness** [-tɪvnɪs] *s.* Heimlichtue'rei *f*, Verschwiegenheit *f*.

'se·cret,mon·ger *s.* Geheimniskrämer(in).

se·cre·to·ry [sɪ'kriːtərɪ] *physiol.* **I** *adj.* sekre'torisch, Sekretions...; **II** *s.* sekre'torische Drüse.

sect [sekt] *s.* **1.** Sekte *f*; **2.** Religi'onsgemeinschaft *f*.

sec·tar·i·an [sek'teərɪən] **I** *adj.* **1.** sek'tiererisch; **2.** Konfessions...; **II** *s.* **3.** Anhänger(in) e-r Sekte; **4.** Sek'tierer (-in); **sec'tar·i·an·ism** [-nɪzəm] *s.* Sek'tierertum *n*.

sec·tion ['sekʃn] **I** *s.* **1.** a) Durch'schneidung *f*, b) (*a. mikroskopischer*) Schnitt, c) ⚕ Sekti'on *f*, Schnitt *m*; **2.** Ab-, Ausschnitt *m*, Teil *m* (*a. der Bevölkerung etc.*); **3.** Abschnitt *m*, Absatz *m* (*Buch etc.*); ⚖ (*Gesetzes- etc.*)Para'graph *m*; **4.** *a.* **~ mark** Para'graph(enzeichen *n*) *m*; **5.** ⚙ Teil *m, n*; **6.** ⩚, ⚙ Schnitt(bild *n*) *m*, Querschnitt *m*, Pro'fil *n*: **horizontal ~** Horizontalschnitt *m*; **7.** 🚂 *Am.* a) Streckenabschnitt *m*, b) Ab'teil *n e-s Schlafwagens*; **8.** *Am.* Bezirk *m*; **9.** *Am.* 'Landpar,zelle *f* von e-r Quad'ratmeile; **10.** ⚘, *zo.* 'Untergruppe *f*; **11.** Ab'teilung *f*, Refe'rat *n* (*Verwaltung*); **12.** ⚔ a) *Brit.* Gruppe *f*, b) *Am.* Halbzug *m*, c) ✈ Halbstaffel *f*, d) 'Stabsab,teilung *f*; **II** *v/t.* **13.** (ab-, ein-) teilen, unter'teilen; **14.** e-n Schnitt machen von; **'sec·tion·al** [-ʃənl] *adj.* □ **1.** Schnitt...(*-fläche, -zeichnung etc.*); **2.** Teil...(*-ansicht, -streik etc.*); **3.** zs.-setzbar, montierbar: **~ furniture** Anbaumöbel *pl.*; **4.** ⚙ Profil..., Form...(*-draht, -stahl*); **5.** regio'nal, *contp.* partikula'ristisch: **~ pride** Lokalpatriotismus *m*; **'sec·tion·al·ism** [-nəlɪzəm] *s.* Partikula'rismus *m*.

sec·tor ['sektə] *s.* **1.** ⩚ (Kreis- *od.* Kugel)Sektor *m*; **2.** ⩚, *ast.* Sektor *m* (*a. fig. Bereich*); **3.** ⚔ Sektor *m*, Frontabschnitt *m*.

sec·u·lar ['sekjʊlə] **I** *adj.* □ **1.** weltlich: a) diesseitig, b) pro'fan: **~ music**, c) nicht kirchlich (*Erziehung etc.*): **~ arm** weltliche Gerichtsbarkeit; **2.** 'freireligi,ös, -denkerisch; **3.** *eccl.* weltgeistlich, Säkular...: **~ clergy** Weltgeistlichkeit *f*; **4.** säku'lar: a) hundertjährlich, b) hundertjährig, c) säku'lar; **5.** jahr'hundertelang; **6.** *ast., phys.* säku'lar; **II** *s.* **7.** *R.C.* Weltgeistliche(r) *m*; **'sec·u·lar·ism** [-ərɪzəm] *s.* **1.** Säkula'rismus *m* (*a. phls.*), Weltlichkeit *f*; **2.** Antiklerika'lismus *m*; **sec·u·lar·i·ty** [,sekjʊ'lærətɪ] *s.* **1.** Weltlichkeit *f*; **2.** *pl.* weltliche Dinge *pl.*; **sec·u·lar·i·za·tion** [,sekjʊləraɪ'zeɪʃn] *s.* **1.** *eccl.* Säkularisierung *f*; **2.** Verweltlichung *f*; **'sec·u·lar·ize** [-əraɪz] *v/t.* **1.** kirchlichem Einfluss entziehen; **2.** *kirchlichen Besitz, a. Ordensgeistliche* säkularisieren; **3.** verweltlichen; *Sonntag etc.* entheiligen; **4.** mit freidenkerischen I'deen durch'dringen.

sec·un·dine ['sekəndɪn] *s.* **1.** *mst pl.* ⚕

Nachgeburt *f*; **2.** ⚘ inneres Integu'ment der Samenanlage.

se·cure [sɪ'kjʊə] **I** *adj.* ☐ **1.** sicher: a) geschützt (**from** vor *dat.*), b) fest (*Grundlage etc.*), c) gesichert (*Existenz*), d) gewiss (*Hoffnung, Sieg etc.*); **2.** ruhig, sorglos: ***a ~ life***; **II** *v/t.* **3.** sichern, schützen (**from, against** vor *dat.*); **4.** sichern, garantieren (***s.th. to s.o.*** *od.* ***s.o. s.th.*** j-m et.); **5.** sich *et.* sichern *od.* beschaffen; erreichen, erlangen; *Patent, Urteil etc.* erwirken; **6.** ⚙ *etc.* sichern, befestigen; *Türe etc.* (fest) (ver)schließen: ***~ by bolts*** festschrauben; **7.** *Wertsachen* sicherstellen; **8.** *Verbrecher* festnehmen; **9.** *bsd.* ☤ sicherstellen: a) *et.* sichern (**on, by** durch *Hypothek etc.*), b) *j-m* Sicherheit bieten: ***~ a creditor***; **10.** ⚕ *Ader* abbinden.

se·cu·ri·ty [sɪ'kjʊərətɪ] *s.* **1.** Sicherheit *f* (*Zustand od. Schutz*) (**against, from** vor *dat.*, gegen): ♀ Sicherheit(sabteilung) *f*; ☤ *a.* Werkspolizei *f*; ***~ agency*** Sicherheitsdienst *m*; ***♀ Council*** *pol.* Sicherheitsrat *m*; ***~ check*** Sicherheitsüberprüfung *f*; ***~ clearance*** Unbedenklichkeitsbescheinigung *f*; ***♀ Force*** Friedenstruppe *f*; → ***risk*** 2; **2.** (innere) Sicherheit, Sorglosigkeit *f*; **3.** Gewissheit *f*; **4.** ⚖, ☤ a) Bürge *m*, b) Sicherheit *f*, Bürgschaft *f*, Kauti'on *f*: ***~ bond*** Bürgschaftswechsel *m*; ***give*** (*od.* ***put up, stand***) ***~*** Bürgschaft leisten, Kaution stellen; **5.** ☤ a) Schuldverschreibung *f*, b) Aktie *f*, c) *pl.* 'Wertpa,piere *pl.*: ***~ market*** Effektenmarkt *m*; ***public securities*** Staatspapiere.

se·dan [sɪ'dæn] *s.* **1.** *mot.* Limou'sine *f*; **2.** *a.* ***~ chair*** Sänfte *f*.

se·date [sɪ'deɪt] *adj.* ☐ **1.** ruhig, gelassen; **2.** gesetzt, ernst; **se'date·ness** [-nɪs] *s.* **1.** Gelassenheit *f*; **2.** Gesetztheit *f*; **se'da·tion** [-eɪʃn] *s.*: ***be under ~*** ⚕ unter dem Einfluss von Beruhigungsmitteln stehen.

sed·a·tive ['sedətɪv] *bsd.* ⚕ **I** *adj.* beruhigend; **II** *s.* Beruhigungsmittel *n*.

sed·en·tar·i·ness ['sedntərɪnɪs] *s.* **1.** sitzende Lebensweise; **2.** Sesshaftigkeit *f*; **sed·en·tar·y** ['sedntərɪ] *adj.* ☐ **1.** sitzend (*Beschäftigung, Statue etc.*): ***~ life*** sitzende Lebensweise; **2.** sesshaft: ***~ birds*** Standvögel.

sedge [sedʒ] *s.* ⚘ **1.** Segge *f*; **2.** *allg.* Riedgras *n*.

sed·i·ment ['sedɪmənt] *s.* Sedi'ment *n*: a) (Boden)Satz *m*, Niederschlag *m*, b) *geol.* Schichtgestein *n*; **sed·i·men·ta·ry** [,sedɪ'mentərɪ] *adj.* sedimen'tär, Sediment...; **sed·i·men·ta·tion** [,sedɪmen'teɪʃn] *s.* **1.** Sedimentati'on *f*: a) Ablagerung *f*, b) *geol.* Schichtenbildung *f*; **2.** *a.* ***blood ~*** ⚕ Blutsenkung *f*: ***~ rate*** Senkungsgeschwindigkeit *f*.

se·di·tion [sɪ'dɪʃn] *s.* **1.** Aufwiegelung *f*, *a.* ⚖ Volksverhetzung *f*; **2.** Aufruhr *m*; **se'di·tious** [-ʃəs] *adj.* ☐ aufrührerisch, 'umstürzlerisch, staatsgefährdend.

se·duce [sɪ'dju:s] *v/t.* **1.** *Frau etc.* verführen (*a. fig. verleiten*; **into, to** zu; ***into doing s.th.*** dazu, et. zu tun); **2.** ***~ from*** *j-n* von *s-r Pflicht etc.* abbringen; **se'duc·er** [-sə] *s.* Verführer *m*; **seduc·tion** [sɪ'dʌkʃn] *s.* **1.** (*a. sexuelle*) Verführung; Verlockung *f*; **2.** *fig.* Versuchung *f*, verführerischer Zauber; **se·duc·tive** [sɪ'dʌktɪv] *adj.* ☐ verführerisch (*a. fig.*).

se·du·li·ty [sɪ'dju:lətɪ] *s.* Emsigkeit *f*, (emsiger) Fleiß; **sed·u·lous** ['sedjʊləs] *adj.* ☐ emsig, fleißig.

see¹ [si:] **I** *v/t.* [*irr.*] **1.** sehen: ***~ page 15*** siehe Seite 15; ***I ~ him come*** (*od.* ***coming***) ich sehe ihn kommen; ***I cannot ~ myself doing it*** *fig.* ich kann mir nicht vorstellen, dass ich es tue; ***I ~ things otherwise*** *fig.* ich sehe *od.* betrachte die Dinge anders; ***~ o.s. obliged to*** *fig.* sich gezwungen sehen zu; **2.** (ab)sehen, erkennen: ***~ danger ahead***; **3.** ersehen, entnehmen (**from** aus *der Zeitung etc.*); **4.** (ein)sehen, verstehen: ***as I ~ it*** wie ich es sehe, in m-n Augen; ***I do not ~ the use of it*** ich weiß nicht, wozu es gut sein soll; → ***joke*** 2; **5.** (sich) ansehen, besuchen: ***~ a play***; **6.** a) *j-n* besuchen: ***go*** (***come***) ***to ~ s.o.*** j-n besuchen (gehen *od.* kommen), b) *Anwalt etc.* aufsuchen, konsultieren (**about** wegen), *j-n* sprechen (**on business** geschäftlich); **7.** *j-n* empfangen: ***he refused to ~ me***; **8.** nachsehen, her'ausfinden; **9.** dafür sorgen (dass): ***~*** (***to it***) ***that it is done!*** sorge dafür *od.* sieh zu, dass es geschieht!; ***~ justice done to s.o.*** dafür sorgen, dass j-m Gerechtigkeit widerfährt; **10.** sehen, erleben: ***live to ~*** erleben; ***~ action*** ⚔ im Einsatz sein, Kämpfe mitmachen; ***he has seen better days*** er hat (schon) bessere Tage gesehen; **11.** *j-n* begleiten, geleiten, bringen (***to the station*** zum Bahnhof); → ***see off, see out***; **II** *v/i.* [*irr.*] **12.** sehen; → ***fit¹*** 3; **13.** verstehen, einsehen: ***I ~!*** (ich) verstehe!, aha!, ach so!; (***you***) ***~*** wissen Sie, weißt du; (***you***) ***~?*** F verstehst du?; **14.** nachsehen; **15.** sehen, sich über'legen: ***let me ~!*** warte mal!, lass mich überlegen!; ***we'll ~*** wir werden sehen, mal abwarten.

Zssgn mit prp.:

see| a·bout *v/i.* **1.** sich kümmern um; **2.** F sich *et.* überlegen; ***~ af·ter*** *v/i.* sehen nach, sich kümmern um; ***~ in·to*** *v/i.* e-r Sache auf den Grund gehen; ***~ o·ver*** *v/i.* sich ansehen; ***~ through*** **I** *v/i. j-n od. et.* durch'schauen; **II** *v/t. j-m* über *et.* hin'weghelfen; ***~ to*** *v/i.* sich kümmern um; → ***see¹*** 9.

Zssgn mit adv.:

see| off *v/t. j-n* fortbegleiten, verabschieden; ***~ out*** *v/t.* **1.** *j-n* hin'ausbegleiten; **2.** F *et.* bis zum Ende ansehen *od.* mitmachen; ***~ through*** **I** *v/t.* **1.** *j-m* 'durchhelfen (***with*** in *e-r Sache*); **2.** *et.* (bis zum Ende) 'durchhalten *od.* -fechten; **II** *v/i.* **3.** F durchhalten.

see² [si:] *s. eccl.* **1.** (Erz)Bischofssitz *m*; → ***Holy See***; **2.** (Erz)Bistum *n*.

seed [si:d] **I** *s.* **1.** ⚘ a) Same *m*, b) (Obst-)Kern *m*, c) *coll.* Samen *pl.*, d) ⚒ Saat (-gut *n*) *f*: ***go*** (*od.* ***run***) ***to ~*** in Samen schießen, *fig.* herunterkommen; **2.** *zo.* a) Ei *n od.* Eier *pl.* (*des Hummers etc.*), b) Austernbrut *f*; **3.** *physiol.* Samen *m*; *fig.* Nachkommenschaft *f*: ***the ~ of Abraham*** *bibl.* der Same Abrahams; **4.** *pl. fig.* Saat *f*, Keim *m*: ***sow the ~s of discord*** (die Saat der) Zwietracht säen; **II** *v/t.* **5.** entsamen; *Obst* entkernen; **6.** *Acker* besäen; **7.** *sport Spieler* setzen; **III** *v/i.* **8.** ⚘ a) Samen tragen, b) in Samen schießen, c) sich aussäen; **'~·bed** *s.* Treibbeet *n*; *fig.* Pflanz-, *contp.* Brutstätte *f*; **'~·cake** *s.* Kümmelkuchen *m*; **'~·case** *s.* ⚘ Samenkapsel *f*; ***~ corn*** *s.* **1.** Saatkorn *n*; **2.** *Am.* Saatmais *m*; ***~ drill*** → ***seeder*** 1.

seed·er ['si:də] *s.* **1.** ⚒ 'Säma,schine *f*; **2.** (Frucht)Entkerner *m*.

seed·i·ness ['si:dɪnɪs] *s.* F **1.** Schäbigkeit *f*, Abgerissenheit *f*; verwahrloster Zustand; **2.** ‚Flauheit' *f des Befindens*.

seed leaf *s.* [*irr.*] ⚘ Keimblatt *n*.

seed·less ['si:dlɪs] *adj.* kernlos; **'seed·ling** [-lɪŋ] *s.* ⚘ Sämling *m*.

seed| oys·ter *s. zo.* **1.** Saatauster *f*; **2.** *pl.* Austernlaich *m*; ***~ pearl*** *s.* Staubperle *f*; ***~ plot*** *s.* → ***seedbed***; ***~ po·ta·to*** *s.* 'Saatkar,toffel *f*.

seed·y ['si:dɪ] *adj.* **1.** ⚘ Samen tragend, samenreich; **2.** F schäbig: a) fadenscheinig, b) her'untergekommen (*Person*); **3.** F ‚flau', ‚mies' (*Befinden*): ***look ~*** elend aussehen.

see·ing ['si:ɪŋ] **I** *s.* Sehen *n*: ***worth ~*** sehenswert; **II** *cj. a.* ***~ that*** da doch; in Anbetracht dessen, dass; **III** *prp.* angesichts (*gen.*), in Anbetracht (*gen.*); **'~-eye dog** *s. Am.* Blindenhund *m*.

seek [si:k] **I** *v/t.* [*irr.*] **1.** suchen; **2.** *Bett, Schatten, j-n* aufsuchen; **3.** (**of**) *Rat, Hilfe etc.* suchen (bei), erbitten (von); **4.** begehren, erstreben, nach *Ruhm etc.* trachten; ⚖ *etc.* beantragen, begehren: ***~ divorce***; → ***life*** *Redew.*; **5.** (ver)suchen, trachten (*et. zu tun*); **6.** zu ergründen suchen; **7.** ***be to ~*** *obs.* (noch) fehlen, zu wünschen übrig lassen; **8.** *a.* ***~ out*** her'ausfinden, aufspüren, *fig.* aufs Korn nehmen; **II** *v/i.* [*irr.*] **9.** suchen, fragen, forschen (***for, after*** nach): ***~ after*** *a.* begehren; **'seek·er** [-kə] *s.* **1.** Sucher(in): ***~ after truth*** Wahrheitssucher; **2.** ⚕ Sonde *f*.

seem [si:m] *v/i.* **1.** (zu sein) scheinen, anscheinend sein, erscheinen: ***it ~s impossible to me*** es (er)scheint mir unmöglich; **2.** *mit inf.* scheinen: ***you ~ to believe it*** du scheinst es zu glauben; ***apples ~ not to grow here*** Äpfel wachsen hier anscheinend nicht; ***I ~ to hear voices*** mir ist, als hörte ich Stimmen; **3.** *impers.* ***it ~s that*** es scheint, dass; anscheinend; ***it ~s as if*** (*od.* ***though***) es sieht so aus *od.* es scheint so als ob; ***it ~s to me that it will rain*** mir scheint, es wird regnen; ***it should*** (*od.* ***would***) ***~ that*** man sollte glauben, dass; ***I can't ~ to open this door*** ich bringe diese Tür einfach nicht auf; **'seem·ing** [-mɪŋ] *adj.* ☐ **1.** scheinbar: ***a ~ friend***; **2.** anscheinend; **'seem·li·ness** [-lɪnɪs] *s.* Anstand *m*, Schicklichkeit *f*; **'seem·ly** [-lɪ] *adj. u. adv.* geziemend, schicklich.

seen [si:n] *p.p. von* **see¹**.

seep [si:p] *v/i.* ('durch)sickern (*a. fig.*), tropfen, lecken: ***~ away*** versickern; ***~ in*** *a. fig.* einsickern, -dringen; **'seep·age** [-pɪdʒ] *s.* **1.** ('Durch-, Ver)Sickern *n*; **2.** 'Durchgesickertes *n*; **3.** Leck *n*.

se·er ['si:ə] *s.* Seher(in).

seer·suck·er ['sɪə,sʌkə] *s.* leichtes, kreppartiges Leinen.

see·saw ['si:sɔ:] **I** *s.* **1.** Wippen *n*, Schaukeln *n*; **2.** Wippe *f*, Wippschaukel *f*; **3.** *fig.* (ständiges) Auf u. Ab *od.* Hin u. Her; **II** *adj.* **4.** schaukelnd, (*a. fig.*) Schaukel...(*-bewegung, -politik*); **III** *v/i.* **5.** wippen, schaukeln; **6.** sich auf u. ab *od.* hin u. her bewegen; **7.** *fig.* (hin u. her) schwanken.

seethe [si:ð] *v/i.* **1.** kochen, sieden, wallen (*alle a. fig.* ***with*** vor *dat.*); **2.** *fig.* brodeln, gären (***with*** vor *dat.*): ***seething with rage*** vor Wut kochend; **3.** wimmeln (***with*** von).

'see-through *adj.* **1.** 'durchsichtig: ***~ blouse***; **2.** Klarsicht...: ***~ package***.

seg·ment ['segmənt] **I** *s.* **1.** Abschnitt *m*, Teil *m, n*; **2.** *bsd.* ∡ (*Kreis- etc.*)

S

Seg'ment *n*; **3.** *biol.* a) *allg.* Glied *n*, Seg'ment *n*, b) 'Körperseg,ment *n*, Ring *m* (*Wurm etc.*); **II** *v/t.* [seg'ment] **4.** (*v/i.* sich) in Seg'mente teilen; **seg·men·tal** [seg'mentl] *adj.* □, **'seg·men·tar·y** [-tərɪ] *adj.* segmen'tär; **seg·men·ta·tion** [ˌsegmən'teɪʃn] *s.* **1.** Segmenta'ti'on *f*; **2.** *biol.* Zellteilung *f*, (Ei)Furchung *f*.

seg·ment| gear *s.* Seg'ment(zahnrad)getriebe *n*; **~ saw** *s.* **1.** Baumsäge *f*; **2.** Bogenschnittsäge *f*.

seg·re·gate ['segrɪgeɪt] **I** *v/t.* **1.** trennen (*a. nach Rassen etc.*), absondern; **2.** ⚙ ausseigern, -scheiden; **II** *v/i.* **3.** sich absondern *od.* abspalten (*a. fig.*); ⚗ sich abscheiden; **4.** *biol.* mendeln; **III** *adj.* [-gɪt] **5.** abgesondert, isoliert; **seg·re·ga·tion** [ˌsegrɪ'geɪʃn] *s.* **1.** Absonderung *f*, -trennung *f*; **2.** Rassentrennung *f*; **3.** ⚗ Ausscheidung *f*; **4.** abgespaltener Teil; **seg·re·ga·tion·ist** [ˌsegrɪ'geɪʃnɪst] **I** *s.* Verfechter(in) der Rassentrennung; **II** *adj.* die Rassentrennung befürwortend; **'seg·re·ga·tive** [-gətɪv] *adj.* sich absondernd, Trennungs...

sei·gneur [se'njɜː], **sei·gnor** ['seɪnjə] *s.* **1.** *hist.* Lehns-, Feu'dalherr *m*; **2.** Herr *m*; **seign·ior·age** ['seɪnjərɪdʒ] *s.* **1.** Re'gal *n*, Vorrecht *n*; **2.** a) *königliche* Münzgebühr, b) Schlagschatz *m*; **sei·'gno·ri·al** [-'njɔːrɪəl] *adj.* feu'dalherrschaftlich; **seign·ior·y** ['seɪnjərɪ] *s.* **1.** Feu'dalrechte *pl.*; **2.** (feu'dal)herrschaftliche Do'mäne.

seine [seɪn] *s.* ⚓ Schlagnetz *n*.

seise [siːz] → ***seize*** 4; **'sei·sin** [-zɪn] → ***seizin***.

seis·mic ['saɪzmɪk] *adj.* seismisch.

seis·mo·graph ['saɪzməgrɑːf] *s.* Seismo'graph *m*, Erdbebenmessgerät *n*; **seis·mol·o·gist** [saɪz'mɒlədʒɪst] *s.* Seismo'loge *m*; **seis·mol·o·gy** [saɪz'mɒlədʒɪ] *s.* Erdbebenkunde *f*, Seismik *f*; **seis·mom·e·ter** [saɪz'mɒmɪtə] *s.* Seismo'meter *n*; **'seis·mo·scope** [-əskəʊp] *s.* Seismo'skop *n*.

seiz·a·ble ['siːzəbl] *adj.* **1.** (er)greifbar; **2.** ⚖ pfändbar; **seize** [siːz] **I** *v/t.* **1.** *et. od. j-n* (er)greifen, packen, fassen (*alle a. fig. Panik etc.*): ***~d with*** ⚕ von *e-r Krankheit* befallen; ***~d with apoplexy*** ⚕ vom Schlag getroffen; **2.** ⚔ (ein-)nehmen, erobern; **3.** sich *e-r Sache* bemächtigen, *Macht etc.* an sich reißen; **4.** ⚖ *j-n* in den Besitz setzen (**of** von *od. gen.*): ***be ~d with***, ***stand ~d of*** im Besitz *e-r Sache* sein; **5.** *j-n* ergreifen, festnehmen; **6.** beschlagnahmen; **7.** *Gelegenheit* ergreifen, wahrnehmen; **8.** *geistig* erfassen, begreifen; **9.** ⚓ (bei)zeisen, zurren; **II** *v/i.* **10.** **~** (***up***)***on*** *Gelegenheit* ergreifen, *Idee* (begierig) aufgreifen, *a.* einhaken bei; **11.** *oft* ***~ up*** ⚙ sich festfressen; **'sei·zin** [-zɪn] *s.* ⚖ *Am.* (Grund)Besitz *m*, verbunden mit Eigentumsvermutung; **'seiz·ings** [-zɪŋz] *s. pl.* ⚓ Zurrtau *n*; **sei·zure** ['siːʒə] *s.* **1.** Ergreifung *f*; **2.** Inbesitznahme *f*; **3.** ⚖ a) Beschlagnahme *f*, b) Festnahme *f*; **4.** ⚕ Anfall *m*.

sel·dom ['seldəm] *adv.* selten.

se·lect [sɪ'lekt] **I** *v/t.* **1.** auswählen, -lesen; **II** *adj.* **2.** ausgewählt: ***~ committee*** *parl. Brit.* Sonderausschuss *m*; **3.** erlesen (*Buch, Geist, Speise etc.*); exklu'siv (*Gesellschaft etc.*); **4.** wählerisch; **se·lect·ee** [sɪˌlek'tiː] *s.* ⚔ *Am.* Einberufene(r) *m*; **se'lec·tion** [-kʃn] *s.* **1.** Wahl *f*; **2.** Auswahl *f*, -lese *f*; **3.** *biol.* Zuchtwahl *f*: ***natural ~*** natürliche Auslese; **4.** Auswahl *f* (**of** an *dat.*); **se'lec·tive** [-tɪv] *adj.* □ **1.** auswählend, Auswahl...: ***~ service*** *hist.* ⚔ *Am.* Wehrpflicht *f*, -dienst *m*; ***~ strike*** punktueller Streik, Schwerpunktstreik *m*; **2.** ↯ trennscharf, selek'tiv: ***~ circuit*** Trennkreis *m*; **se·lec·tiv·i·ty** [ˌsɪlek'tɪvətɪ] *s.* *Radio, TV*: Trennschärfe *f*; **se'lect·man** [-mən] *s.* [*irr.*] *Am.* Stadtrat *m*; **se'lec·tor** [-tə] *s.* **1.** Auswählende(r *m*) *f*; **2.** Sortierer(in); **3.** ⚙ a) *a.* ↯ Wähler *m*, b) Schaltgriff *m*, c) *mot.* Gangwähler *m*, d) *Computer*: Se'lektor *m*.

se·le·nic [sɪ'lenɪk] *adj.* ⚗ se'lensauer, Selen...; **se·le·ni·um** [sɪ'liːnjəm] *s.* ⚗ Se'len *n*.

sel·e·nog·ra·phy [ˌselɪ'nɒgrəfɪ] *s.* Mondbeschreibung *f*; **ˌsel·e'nol·o·gy** [-'nɒlədʒɪ] *s.* Selenolo'gie *f*, Mondkunde *f*.

self [self] **I** *pl.* **selves** [selvz] *s.* **1.** Selbst *n*, Ich *n*: ***my better*** (***second***) ***~*** mein besseres Selbst (mein zweites Ich); ***my humble*** (*od.* ***poor***) ***~*** meine Wenigkeit; ***the study of the ~*** *phls.* das Studium des Ich; → ***former***[2] 1; **2.** Selbstsucht *f*, das eigene *od.* liebe Ich; **3.** *biol.* a) Tier *n od.* Pflanze *f* von einheitlicher Färbung, b) auto'games Lebewesen; **II** *adj.* **4.** einheitlich, *bsd.* ⚘ einfarbig; **III** *pron.* **5.** ✝ *od.* F → ***myself*** *etc.*

ˌself|-a'ban·don·ment *s.* (Selbst)Aufopferung *f*, (bedingungslose) Hingabe; **ˌ~-a'base·ment** *s.* Selbsterniedrigung *f*; **ˌ~-ab'sorbed** *adj.* **1.** mit sich selbst beschäftigt; **2.** ego'zentrisch; **ˌ~-a'buse** *s.* Selbstbefleckung *f*; **ˌ~-'act·ing** *adj.* ⚙ selbsttätig; **ˌ~-ad'he·sive** *adj.* selbstklebend; **ˌ~-ad'just·ing** *adj.* ⚙ selbstregelnd, -einstellend; **ˌ~-ap'point·ed** *adj.* selbst ernannt; **ˌ~-as'ser·tion** *s.* **1.** Geltendmachung *f* s-r Rechte, s-s Willens, s-r Meinung *etc.*; **2.** anmaßendes Auftreten; **ˌ~-as'sert·ive** *adj.* **1.** anmaßend, über'heblich; **2.** ***~ person*** j-d, der sich durchzusetzen weiß; **ˌ~-as'sur·ance** *s.* Selbstsicherheit *f*, -bewusstsein *n*; **ˌ~-as'sured** *adj.* selbstbewusst; **ˌ~-'ca·ter·ing I** *s.* Selbstverpflegung *f*; **II** *adj.* für Selbstversorger, mit Selbstverpflegung; **ˌ~-'cent(e)red** *adj.* ichbezogen, ego'zentrisch; **ˌ~-'colo(u)red** *adj.* **1.** einfarbig; **2.** na'turfarben; **ˌ~-com'mand** *s.* Selbstbeherrschung *f*; **ˌ~-com'pla·cent** *adj.* selbstgefällig, -zufrieden; **ˌ~-con'ceit** *s.* Eigendünkel *m*; **ˌ~-con'fessed** *adj.* selbst erklärt: ***a ~ racist*** j-d, der zugibt, Rassist zu sein; **ˌ~-'con·fi·dence** *s.* Selbstvertrauen *n*, -bewusstsein *n*; **ˌ~-'con·fi·dent** *adj.* selbstbewusst; **ˌ~-'con·scious** *adj.* befangen, gehemmt; **ˌ~-'con·scious·ness** *s.* Befangenheit *f*; **ˌ~-con'tained** *adj.* **1.** *a.* ⚙ (in sich) geschlossen, unabhängig, selbstständig: ***~ country*** Selbstversorgerland *n*; ***~ flat*** abgeschlossene Wohnung; ***~ house*** Einfamilienhaus *n*; **2.** reserviert, zu'rückhaltend (*Charakter, Person*); **3.** selbstbeherrscht; **'~-ˌcon·tra'dic·tion** *s.* innerer Widerspruch; **'~-ˌcon·tra'dic·to·ry** *adj.* widersprüchlich; **ˌ~-con'trol** *s.* Selbstbeherrschung *f*: ***lose one's ~*** die Beherrschung verlieren; **ˌ~-de'ceit**, **ˌ~-de'cep·tion** *s.* Selbsttäuschung *f*, -betrug *m*; **ˌ~-de'feat·ing** *adj.* genau das Gegenteil bewirkend, sinn- und zwecklos; **ˌ~-de'fence** *Brit.*, **ˌ~-de'fense** *Am. s.* **1.** Selbstverteidigung *f*; **2.** ⚖ Notwehr *f*; **ˌ~-de'lu·sion** *s.* Selbsttäuschung *f*; **ˌ~-de'ni·al** *s.* Selbstverleugnung *f*; **ˌ~-de'ny·ing** *adj.* selbstverleugnend; **ˌ~-de'spair** *s.* Verzweiflung *f* an sich selbst; **ˌ~-de'struct** *v/i.* sich selbst zerstören (*Maschine etc.*); **ˌ~-de'struc·tion** *s.* **1.** Selbstzerstörung *f*; **2.** Selbstvernichtung *f*, -mord *m*; **'~-deˌter·mi'na·tion** *s.* **1.** *pol. etc.* Selbstbestimmung *f*; **2.** *phls.* freier Wille; **ˌ~-de'vel·op·ment** *s.* Selbstentfaltung *f*; **ˌ~-de'vo·tion** → ***self-abandonment***; **ˌ~-dis'trust** *s.* Mangel *m* an Selbstvertrauen; **ˌ~-'doubt** *s.* Selbstzweifel *pl.*; **ˌ~-'ed·u·cat·ed** → ***self-taught*** 1; **ˌ~-em'ployed** *adj.* ✝ selbstständig (*Handwerker etc.*); **ˌ~-es'teem** *s.* **1.** Selbstachtung *f*; **2.** Eigendünkel *m*; **ˌ~-'ev·i·dent** *adj.* □ selbstverständlich; **ˌ~-ex'plan·a·to·ry** *adj.* ohne Erläuterung verständlich, für sich (selbst) sprechend; **ˌ~-ex'pres·sion** *s.* Ausdruck *m* der eigenen Per'sönlichkeit; **ˌ~-'feed·ing** *adj.* ⚙ auto'matisch (*Material od. Brennstoff*) zuführend; **ˌ~-for'get·ful** *adj.* □ selbstvergessen, -los; **ˌ~-ful'fil(l)·ment** *s.* Selbstverwirklichung *f*; **ˌ~-'gov·ern·ing** *adj. pol.* selbst verwaltet, auto'nom, unabhängig; **ˌ~-'gov·ern·ment** *s. pol.* Selbstverwaltung *f*, -regierung *f*, Autono'mie *f*; **ˌ~-'help** *s.* Selbsthilfe *f*: ***~ group***; **ˌ~-ig'ni·tion** *s.* *mot.* Selbstzündung *f*; **ˌ~-'im·age** *s.* *psych.* Selbstverständnis *n*; **ˌ~-im'por·tance** *s.* 'Selbstüberˌhebung *f*, Wichtigtue'rei *f*; **ˌ~-im'por·tant** *adj.* über'heblich, wichtigtuerisch; **ˌ~-in'duced** *adj.* **1.** ↯ selbst induziert; **2.** selbst verursacht; **ˌ~-in'dul·gence** *s.* **1.** Sich'gehenlassen *n*; **2.** Zügellosigkeit *f*, Maßlosigkeit *f*; **ˌ~-in'dul·gent** *adj.* **1.** schwach, nachgiebig gegen sich selbst; **2.** zügellos; **ˌ~-in'flict·ed** *adj.* selbst zugefügt: ***~ wounds*** ⚔ Selbstverstümmelung *f*; **ˌ~-in'struc·tion** *s.* 'Selbstˌunterricht *m*; **ˌ~-in'struc·tion·al** *adj.* Selbstlehr..., Selbstunterrichts...: ***~ manual***; **ˌ~-'in·ter·est** *s.* Eigennutz *m*, eigenes Inter'esse.

self·ish ['selfɪʃ] *adj.* □ selbstsüchtig, ego'istisch, eigennützig; **'self·ish·ness** [-nɪs] *s.* Selbstsucht *f*, Ego'ismus *m*.

ˌself|-'knowl·edge *s.* Selbst(er)kenntnis *f*; **'~-ˌlac·er'a·tion** *s.* Selbstzerfleischung *f*.

self·less ['selflɪs] *adj.* selbstlos; **'self·less·ness** [-nɪs] *s.* Selbstlosigkeit *f*.

ˌself|-'load·ing *adj.* Selbstlade...; **ˌ~-'love** *s.* Eigenliebe *f*; **ˌ~-'lu·bri·cat·ing** *adj.* ⚙ selbstschmierend; **ˌ~-'made** *adj.* selbst gemacht: ***~ man*** j-d, der durch eigene Kraft hochgekommen ist, Selfmademan *m*; **'~-ˌmed·i'ca·tion** *s.* ⚕ 'Selbstmedikatiˌon *f*; **ˌ~-ˌne'glect** *s.* **1.** Selbstlosigkeit *f*; **2.** Vernachlässigung *f* s-s Äußeren; **ˌ~-o'pin·ion·at·ed** *adj.* **1.** eingebildet; **2.** rechthaberisch; **ˌ~-'pit·y** *s.* Selbstmitleid *n*; **ˌ~-'por·trait** *s.* 'Selbstporˌträt *n*, -bildnis *n*; **ˌ~-pos'ses·sion** *s.* Selbstbeherrschung *f*; **ˌ~-'praise** *s.* Eigenlob *n*; **'~-ˌpres·er'va·tion** *s.* Selbsterhaltung *f*: ***instinct of ~*** Selbsterhaltungstrieb *m*; **ˌ~-pro'pelled** *adj.* ⚙ Selbstfahr..., mit Eigenantrieb; **'~-ˌrais·ing flour** *s. Brit.* Mehl *n* mit Backpulver; **'~-ˌre·al·i'za·tion** *s.* Selbstverwirklichung *f*; **ˌ~-re'cord·ing** *adj.* ⚙ selbstschreibend; **ˌ~-re'gard** *s.* **1.** Eigennutz *m*; **2.** Selbstachtung *f*; **ˌ~-re'li·ance** *s.* Selbstvertrauen *n*, -sicherheit *f*; **ˌ~-re'li·ant** *adj.* selbstbewusst, -sicher; **ˌ~-re'proach** *s.* Selbstvorwurf *m*; **ˌ~-re'spect** *s.* Selbstachtung *f*; ˌ**~-reˈspect·ing** *adj.*: ***every ~ craftsman*** jeder Handwerker, der etwas auf sich hält; ˌ**~-reˈstraint** *s.* Selbstbeherrschung *f*; ˌ**~-ˈright·eous** *adj.* selbstgerecht; ˈ**~-ˌris·ing flour** *s. Am.* Mehl *n* mit Backpulver; ˌ**~-ˈsac·ri·fice** *s.* Selbstaufopferung *f*; ˌ**~-ˈsac·ri·fic·ing** *adj.* aufopferungsvoll; ˈ**~·same** *adj.* ebenderselbe, -dieselbe, -dasselbe; ˌ**~-ˈsat·is·fied** *adj.* selbstzufrieden; ˌ**~-ˈseal·ing** *adj.* **1.** ⚙ selbstdichtend; **2.** selbstklebend (*bsd. Briefumschlag*); **3.** schusssicher; ˌ**~-ˈseek·er** *s.* Egoˈist(in); ˌ**~-ˈserv·ice I** *adj.* Selbstbedienungs...: ***~ shop***; **II** *s.* Selbstbedienung *f*; ˌ**~-ˈstart·er** *s. mot.* (Selbst)Anlasser *m*; ˈ**~-stick notes** *s. pl.* a) ˈHaftnoˌtizen *pl.*, b) ˈHaftnoˌtizˌzettel *pl.*; ˌ**~-ˈstyled** *adj. iron.* von eigenen Gnaden; ˌ**~-suf·ˈfi·cien·cy** *s.* **1.** Unabhängigkeit *f* (von fremder Hilfe); **2.** ⚕ Autarˈkie *f*; **3.** Eigendünkel *m*; ˌ**~-sufˈfi·cient** *adj.* **1.** unabhängig, Selbstversorger..., ⚕ *a.* auˈtark; **2.** dünkelhaft; ˌ**~-sugˈges·tion** *s. psych.* ˌAutosuggestiˈon *f*; ˌ**~-supˈpli·er** *s.* Selbstversorger *m*; ˌ**~-supˈport·ing** *adj.* **1.** → ***self-sufficient*** 1; **2.** ⚙ freitragend (*Brücke etc.*); ˌ**~-ˈtaught** *adj.* **1.** autodiˈdaktisch: ***~ person*** Autodidakt *m*; **2.** selbst erlernt; ˌ**~-ˈtim·er** *s. phot.* Selbstauslöser *m*; ˌ**~-ˈwill** *s.* Eigensinn *m*; ˌ**~-ˈwilled** *adj.* eigensinnig; ˌ**~-ˈwind·ing** *adj.* autoˈmatisch (*Uhr*).

sell [sel] **I** *s.* **1.** F a) Reinfall *m*, b) Schwindel *m*; **2.** ⚕ F (***hard ~*** aggresˈsive) Verˈkaufsmeˌthode; → ***soft*** 1; **II** *v/t.* [*irr.*] **3.** verkaufen, -äußern (**to** an *acc.*), ⚕ *a. Ware* absetzen; → ***life*** *Redew.*; **4.** ⚕ *Waren* führen, handeln mit, vertreiben; **5.** *fig.* verkaufen, e-n guten Absatz sichern (*dat.*): ***his name will ~ the book***; **6.** *fig.* ‚verkaufen', verraten: ***~ s.o. down the river*** j-n ‚verraten u. verkaufen'; **7.** *sl.* ‚anschmieren'; **8.** F *j-m et.* ‚verkaufen', aufschwatzen, schmackhaft machen: ***~ s.o. on*** j-m *et.* andrehen, j-n zu *et.* überreden; ***be sold on*** *fig.* von *et.* überzeugt *od.* begeistert sein; **III** *v/i.* [*irr.*] **9.** verkaufen; **10.** verkauft werden (**at** für); **11.** sich *gut etc.* verkaufen, *gut etc.* gehen, ‚ziehen'; ˈ**~-by date** *s.* **1.** (Mindest)Haltbarkeitsdatum *n*; **2. *he is past his ~*** F *fig.* er hat s-e besten Tage hinter sich; **~ off** *v/t.* ausverkaufen, *Lager* räumen; **~ out** *v/t.* **1.** → ***sell off***: ***be sold out*** ausverkauft sein; **2.** *Wertpapiere* realisieren; **3.** *fig.* → ***sell*** 6; **~ up** *v/t.* **1.** (*v/i.* sein) *Geschäft etc.* verkaufen; **2. *~ s.o. up*** j-n auspfänden.

sell·er [ˈselə] *s.* **1.** Verkäufer(in); Händler(in): ***~s' market*** ⚕ Verkäufermarkt *m*; ***~'s option*** Verkaufsoption *f*, *Börse*: Rückprämie(ngeschäft *n*) *f*; **2. *good ~*** ⚕ gut gehende Ware, zugkräftiger Artikel.

sell·ing [ˈselɪŋ] **I** *adj.* **1.** Verkaufs..., Absatz..., Vertriebs...: ***~ area*** *od.* ***space*** Verkaufsfläche *f*; **II** *s.* **2.** Verkauf *m*; **3.** → ***sell*** 2.

Sel·lo·tape [ˈseləʊteɪp] *TM s. Brit.* (durchsichtiges) Klebeband *n*, Klebestreifen *m*; ˈ**sel·lo·tape** *v/t. Brit.* F **1.** (mit Klebeband) kleben (**to** an *acc.*); **2.** festkleben (**to** an *acc.*); **3.** zukleben: ***~ a parcel*** ein Paket zukleben.

ˈ**sell·out** *s.* **1.** Ausverkauf *m* (*a. fig. pol.*); **2.** ausverkaufte Veranstaltung, volles Haus; **3.** *fig.* Verrat *m*.

Selt·zer (**wa·ter**) [ˈseltsə] *s.* Selters (-wasser) *n*.

sel·vage [ˈselvɪdʒ] *s. Weberei*: Salband *n*.

selves [selvz] *pl. von* ***self***.

se·man·tic [sɪˈmæntɪk] *adj. ling.* seˈmantisch; **seˈman·tics** [-ks] *s. pl. mst sg. konstr.* Seˈmantik *f*, (Wort)Bedeutungslehre *f*.

sem·a·phore [ˈseməfɔː] **I** *s.* **1.** ⚙ Semaˈphor *m*: a) 🚂 (ˈFlügel)Siˌgnalmast *m*, b) optischer Teleˈgraf; **2.** ⚔, ⚓ (Flaggen)Winken *n*: ***~ message*** Winkspruch *m*; **II** *v/t. u. v/i.* **3.** signalisieren.

sem·blance [ˈsembləns] *s.* **1.** (äußere) Gestalt, Erscheinung *f*: ***in the ~ of*** in Gestalt (*gen.*); **2.** Ähnlichkeit *f* (**to** mit); **3.** (An)Schein *m*: ***the ~ of honesty***; ***under the ~ of*** unter dem Deckmantel (*gen.*).

se·mei·ol·o·gy [ˌsemɪˈɒlədʒɪ] *s.*, ˌ**se·meiˈot·ics** [-ˈɒtɪks] *s. pl. sg. konstr.* Semiˈotik *f*: a) *Lehre von den Zeichen*, b) ⚕ Symptomatoloˈgie *f*.

se·men [ˈsiːmen] *s. physiol.* Samen *m* (*a.* ⚘), Sperma *n*, Samenflüssigkeit *f*.

se·mes·ter [sɪˈmestə] *s. univ. bsd. Am.* Seˈmester *n*, Halbjahr *n*.

sem·i [ˈsemɪ] *s.* F *für* a) ***semidetached*** II, b) ***semifinal*** I, c) *Am.* ***semitrailer***.

semi- [semɪ] *in Zssgn* halb..., Halb...; ˌ**~ˈan·nu·al** *adj.* ☐ halbjährlich; ˈ**~ˌau·toˈmat·ic** *adj.* (☐ ***~ally***) ˈhalbautoˌmatisch; ˌ**~ˈbold** *adj. u. s. typ.* halbfett(e Schrift); ˈ**~·breve** *s.* ♪ ganze Note: ***~ rest*** ganze Pause; ˈ**~ˌcir·cle** *s.* **1.** Halbkreis *m*; **2.** △ Winkelmesser *m*; ˌ**~ˈcir·cu·lar** *adj.* halbkreisförmig; ˌ**~ˈco·lon** *s.* Semiˈkolon *n*, Strichpunkt *m*; ˌ**~·conˈduc·tor** *s.* ⚡ Halbleiter *m*; ˌ**~ˈcon·scious** *adj.* nicht bei vollem Bewusstsein; ˌ**~·deˈtached I** *adj.*: ***~ house*** → **II** *s.* Doppelhaushälfte *f*; ˌ**~ˈfi·nal** *sport* **I** *s.* **1.** ˈSemi-, ˈHalbfiˌnale *n*, Vorschlussrunde *f*; **2.** ˈHalbfiˌnalspiel *n*; **II** *adj.* **3.** Halbfinal...; ˌ**~ˈfi·nal·ist** *s. sport* ˈHalbfinaˌlist(in); ˌ**~ˈfin·ished** *adj.* ⚙ halb fertig: ***~ product*** Halbfabrikat *n*; ˌ**~ˈflu·id**, ˌ**~ˈliq·uid** *adj.* halb-, zähflüssig; ˈ**~ˌman·uˈfac·tured** → ***semifinished***; ˌ**~ˈmonth·ly I** *adj. u. adv.* halbmonatlich; **II** *s.* Halbmonatsschrift *f*.

sem·i·nal [ˈsemɪnl] *adj.* ☐ **1.** ⚘, *physiol.* Samen...: ***~ duct*** Samengang *m*, -leiter *m*; ***~ fluid*** Samenflüssigkeit *f*, Sperma *n*; ***~ leaf*** ⚘ Keimblatt *n*; ***~ power*** Zeugungsfähigkeit *f*; **2.** *fig.* a) zukunftsträchtig, fruchtbar, b) folgenreich; **3.** noch unentwickelt: ***in the ~ state*** im Entwicklungsstadium.

sem·i·nar [ˈsemɪnɑː] *s. univ.* Semiˈnar *n*.

sem·i·nar·y [ˈsemɪnərɪ] *s.* **1.** (*eccl.* ˈPriester)Semiˌnar *n*, Bildungsanstalt *f*; **2.** *fig.* Schule *f*, Pflanzstätte *f*, *contp.* Brutstätte *f*.

sem·i·na·tion [ˌsemɪˈneɪʃn] *s.* (Aus)Säen *n*.

ˌ**sem·i·ofˈfi·cial** *adj.* ☐ halbamtlich, offiziˈös.

se·mi·ol·o·gy [ˌsemɪˈɒlədʒɪ] *s.*, ˌ**se·miˈot·ics** [-ˈɒtɪks] *s. pl. sg. konstr.* → ***semeiology***.

ˈ**sem·i**|ˌ**pre·cious** *adj.* halbedel: ***~ stone*** Halbedelstein *m*; ˌ**~·proˈfes·sion·al I** *adj.* ˈhalbprofessioˌnell; **II** *s. sport* ‚Halbprofi' *m*; ˈ**~ˌqua·ver** *s.* ♪ Sechzehntel(note *f*) *n*: ***~ rest*** Sechzehntelpause *f*; ˌ**~·reˈtire·ment** *s.* Altersteilzeit *f*; ˌ**~ˈrig·id** *adj.* halbstarr (*Luftschiff*); ˌ**~ˈskilled** *adj.* angelernt (*Arbeiter*); ˌ**~ˈskimmed** *adj.*: ***~ milk*** Halbfettmilch *f*, teilentrahmte Milch.

Sem·ite [ˈsiːmaɪt] **I** *s.* Seˈmit(in); **II** *adj.* seˈmitisch; **Se·mit·ic** [sɪˈmɪtɪk] **I** *adj.* seˈmitisch; **II** *s. ling.* Seˈmitisch *n*.

ˈ**sem·i**|**·steel** *s.* ⚙ Halb-, *Am.* Puddelstahl *m*; ˈ**~·tone** *s.* ♪ Halbton *m*; ˈ**~ˌtrail·er** *s. mot.* Sattelschlepper(anhänger) *m*; ˈ**~ˌvow·el** *s. ling.* ˈHalbvoˌkal *m*; ˌ**~ˈweek·ly I** *adj. u. adv.* halbwöchentlich; **II** *s.* halbwöchentlich erscheinende Veröffentlichung.

sem·o·li·na [ˌseməˈliːnə] *s.* Grieß(mehl *n*) *m*.

sem·pi·ter·nal [ˌsempɪˈtɜːnl] *adj. rhet.* immer während, ewig.

semp·stress [ˈsempstrɪs] → ***seamstress***.

sen·ate [ˈsenɪt] *s.* **1.** Seˈnat *m* (*a. univ.*); **2.** ℒ *parl. Am.* Seˈnat *m* (*Oberhaus*); **sen·a·tor** [ˈsenətə] *s.* Seˈnator *m*; **sen·a·to·ri·al** [ˌsenəˈtɔːrɪəl] *adj.* ☐ **1.** senaˈtorisch, Senats...; **2.** *Am.* zur Wahl von Senaˈtoren berechtigt.

send [send] [*irr.*] **I** *v/t.* **1.** *j-n, Brief, Hilfe etc.* senden, schicken (**to** *dat.*): ***~ s.o. to bed*** (***to a school***, ***to prison***) j-n ins Bett (auf e-e Schule, ins Gefängnis) schicken; → ***word*** 6; **2.** *Ball, Kugel etc. wohin* senden, schießen, jagen; **3.** *mit adj. od. pres.p.* machen: ***~ s.o. mad***; ***~ s.o. flying*** a) j-n verjagen, b) j-n hinschleudern; ***~ s.o. reeling*** j-n taumeln machen *od.* lassen; **4.** *sl. Zuhörer etc.* in Ekˈstase versetzen, ˈhinreißen; **II** *v/i.* **5. *~ for*** a) nach *j-m* schicken, *j-n* kommen lassen, *j-n* holen *od.* rufen (lassen), b) (sich) *et.* kommen lassen, bestellen; **6.** ⚡, *Radio etc.*: senden;

Zssgn mit adv.:

send| **a·way I** *v/t.* **1.** weg-, fortschicken; **2.** *Brief etc.* absenden; **II** *v/i.* **3. *~ for*** (***to s.o.***) sich (von j-m) *et.* kommen lassen; **~ down** *v/t.* **1.** *fig. Preise, Temperatur* (herˈab)drücken; **2.** *univ.* relegieren; **3.** F *j-n* einsperren; **~ forth** *v/t.* **1.** *j-n, et., a. Licht* aussenden; *Wärme etc.* ausstrahlen; **2.** *Laut etc.* von sich geben; **3.** herˈvorbringen; **4.** *fig.* veröffentlichen, verbreiten; **~ in** *v/t.* **1.** einsenden, -schicken, -reichen; → ***name*** *Redew.*; **2.** *sport Ersatzmann* aufs Feld schicken; **~ off** *v/t.* **1.** → ***send away*** I; **2.** *j-n* (herzlich) verabschieden; **3.** *sport* vom Platz stellen; **~ on** *v/t.* vorˈaus-, nachschicken; **~ out** → ***send forth***; **~ up** *v/t.* **1.** *j-n, a. Ball etc.* hinˈaufsenden; **2.** *Schrei* ausstoßen; **3.** *fig. Preise, Fieber* in die Höhe treiben; **4.** *Brit.* F ‚durch den Kaˈkao' ziehen, parodieren; **5.** F ‚einlochen'.

send·er [ˈsendə] *s.* **1.** Absender(in); **2.** (Über)ˈSender(in); **3.** *tel.* Geber *m* (*Sendegerät*).

ˈ**send**|**·off** *s.* F **1.** Abschied *m*, Abschiedsfeier *f*, Geleit(e) *n*; **2.** gute Wünsche *pl.* zum Anfang; **3.** *sport u. fig.* Start *m*; ˈ**~-up** *s. Brit.* F Verulkung *f*, Paroˈdie *f*.

se·nes·cence [sɪˈnesns] *s.* Altern *n*; **seˈnes·cent** [-nt] *adj.* **1.** alternd; **2.** Alters...

sen·es·chal [ˈsenɪʃl] *s. hist.* Seneschall *m*, Majorˈdomus *m*.

se·nile [ˈsiːnaɪl] *adj.* **1.** seˈnil: a) greisenhaft, b) ‚verkalkt', kindisch; **2.** Alters...: ***~ decay*** Altersabbau *m*; ***~ speckle*** ⚕ Altersfleck *m*; **se·nil·i·ty** [sɪˈnɪlətɪ] *s.* Seniliˈtät *f*.

sen·ior [ˈsiːnjə] **I** *adj.* **1.** (*nachgestellt, abbr. in England* **sen.**, *in USA* **Sr.**) senior: ***Mr. John Smith sen.*** (***Sr.***) Herr John Smith sen.; **2.** älter (**to** als): ***~ citizen*** älterer Mitbürger, Rentner(in);

S

~ citizens Senioren *pl.*; ***~ partner*** ✝ Seniorchef *m*, Hauptteilhaber; **3.** rang-, dienstälter, ranghöher, Ober...: ***a ~ man*** *Brit.* ein höheres Semester (*Student*); ***~ officer*** a) höherer Offizier, *mein etc.* Vorgesetzter, b) Rangälteste(r); ***~ service*** *Brit. die* Kriegsmarine; **4.** *ped.* Ober...: ***~ classes*** Oberklassen; **5.** *Am.* im letzten Schuljahr (stehend): ***the ~ class*** die oberste Klasse; ***~ high*** (***school***) *Am. die obersten Klassen der High-School*; ***~ college*** *College, an dem das 3. und 4. Jahr eines Studiums absolviert wird*; **II** *s.* **6.** Ältere(r *m*) *f*; Älteste(r *m*) *f*: ***he is my ~ by four years, he is four years my ~*** er ist vier Jahre älter als ich; **7.** Rang-, Dienstälteste(r *m*) *f*; **8.** Vorgesetzte(r *m*) *f*; **9.** *Am.* Stu'dent *m od.* Schüler *m* im letzten Studienjahr.

sen·ior·i·ty [ˌsiːnɪˈɒrətɪ] *s.* **1.** höheres Alter; **2.** höheres Dienstalter: ***by ~*** *Beförderung* nach dem Dienstalter.

sen·na [ˈsenə] *s. pharm.* Sennesblätter *pl.*

sen·sate [ˈsenseɪt] *adj.* sinnlich (wahrgenommen).

sen·sa·tion [senˈseɪʃn] *s.* **1.** (Sinnes-) Wahrnehmung *f*, (-)Empfindung *f*; **2.** Gefühl *n*: ***pleasant ~***; ***~ of thirst*** Durstgefühl *n*; **3.** Empfindungsvermögen *n*; **4.** Sensati'on *f* (*a. Ereignis*), (großer) Eindruck, Aufsehen *n*: ***make*** (*od.* ***create***) ***a ~*** großes Aufsehen erregen; **sen'sa·tion·al** [-ʃənl] *adj.* □ **1.** sensatio'nell, Sensations...; **2.** sinnlich, Sinnes...; **3.** *phls.* sensua'listisch; **sen'sa·tion·al·ism** [-ʃnəlɪzəm] *s.* **1.** Sensati'onsgier *f*, -lust *f*; **2.** ‚Sensati'onsmache' *f*; **3.** *phls.* Sensua'lismus *m*.

sense [sens] **I** *s.* **1.** Sinn *m*, 'Sinnesorˌgan n: ***the five ~s*** die fünf Sinne; ***~ of smell*** (***touch***) Geruchs- (Tast)sinn; ***~ organ*** Sinnesorgan *n*; → ***sixth*** 1; **2.** *pl.* Sinne *pl.*, (klarer) Verstand: ***in*** (***out of***) ***one's ~s*** bei (von) Sinnen; ***in one's right ~s*** bei Verstand; ***lose one's ~s*** den Verstand verlieren; ***bring s.o. to his ~s*** j-n zur Besinnung bringen; **3.** *fig.* Vernunft *f*, Verstand *m*: ***a man of ~*** ein vernünftiger *od.* kluger Mensch; ***common*** (*od.* ***good***) ***~*** gesunder Menschenverstand; ***have the ~ to do s.th.*** so klug sein, et. zu tun; ***knock some ~ into s.o.*** j-m den Kopf zurechtsetzen; **4.** Sinne *pl.*, Empfindungsvermögen *n*; **5.** Gefühl *n*, Empfindung *f* (***of*** für): ***~ of pain*** Schmerzgefühl, -empfindung; ***~ of security*** Gefühl der Sicherheit; **6.** Sinn *m*, Gefühl *n* (***of*** für): ***~ of beauty*** Schönheitssinn; ***~ of direction*** Orientierungssinn *m*; ***~ of duty*** Pflichtgefühl; ***~ of humo(u)r*** (Sinn für) Humor *m*; ***~ of justice*** Gerechtigkeitssinn; ***~ of locality*** Ortssinn; ***~ of purpose*** Zielstrebigkeit *f*; **7.** Sinn *m*, Bedeutung *f* (*e-s Wortes etc.*): ***in a ~*** gewissermaßen; **8.** Sinn *m* (*et. Vernünftiges*): ***what is the ~ of doing this?*** was hat es für e-n Sinn, das zu tun?; ***talk ~*** vernünftig reden; ***it does not make ~*** es hat keinen Sinn; **9.** (allgemeine) Ansicht, Meinung *f*: ***take the ~ of*** die Meinung (*gen.*) einholen; **10.** ⩘ Richtung *f*: ***~ of rotation*** Drehsinn *m*; **II** *v/t.* **11.** fühlen, spüren, ahnen; **12.** *Am.* F ‚kapieren', begreifen; **13.** *Computer*: a) abtasten, ⚡ *a.* (ab)fühlen, b) abfragen; **'sense·less** [-lɪs] *adj.* □ **1.** a) besinnungslos, b) gefühllos; **2.** unvernünftig, dumm, verrückt (*Mensch*); **3.** sinnlos, unsinnig (*Sache*); **'sense·less·ness** [-lɪsnɪs] *s.* **1.** Unempfindlichkeit *f*; **2.** Bewusstlosigkeit *f*; **3.** Unvernunft *f*; **4.** Sinnlosigkeit *f*.

sen·si·bil·i·ty [ˌsensɪˈbɪlətɪ] *s.* **1.** Sensibili'tät *f*, Empfindungsvermögen *n*; **2.** *phys. etc.* Empfindlichkeit *f*: ***~ to light*** Lichtempfindlichkeit; **3.** *fig.* Empfänglichkeit *f* (***to*** für); **4.** Sensibili'tät *f*, Empfindsamkeit *f*; **5.** *a. pl.* Fein-, Zartgefühl *n*; **sen·si·ble** [ˈsensəbl] *adj.* □ **1.** vernünftig (*Person, Sache*); **2.** fühl-, spürbar; **3.** merklich, wahrnehmbar; **4.** bei Bewusstsein; **5.** bewusst (***of*** *gen.*): ***be ~ of*** a) sich *e-r Sache* bewusst sein, b) *et.* empfinden; **sen·si·ble·ness** [ˈsensəblnɪs] *s.* Vernünftigkeit *f*, Klugheit *f*.

sens·ing| el·e·ment [ˈsensɪŋ] *s.* ⚙ (Mess)Fühler *m*; ***~ head*** *s. Computer*: Abtastkopf *m*.

sen·si·tive [ˈsensɪtɪv] **I** *adj.* □ **1.** fühlend (*Kreatur etc.*); **2.** Empfindungs...: ***~ nerves***; **3.** sensi'tiv, ('über)empfindlich (***to*** gegen): ***be ~ to*** empfindlich reagieren auf (*acc.*); **4.** sen'sibel, feinfühlig, empfindsam; **5.** *phys. etc.* (*phot.* licht-) empfindlich: ***~ to heat*** wärmeempfindlich; ***~ plant*** ⚘ Sinnpflanze *f*; ***~ spot*** *fig.* empfindliche Stelle, neuralgischer Punkt; ***~ subject*** *fig.* heikles Thema; **6.** schwankend (*a.* ✝ *Markt*); **7.** ⚔ gefährdet; **II** *s.* **8.** sensi'tiver Mensch; **'sen·si·tive·ness** [-nɪs], **sen·si·tiv·i·ty** [ˌsensɪˈtɪvətɪ] *s.* **1.** → ***sensibility*** 1 *u.* 2: ***~ group*** *psych.* Trainingsgruppe *f*; ***~ training*** *psych.* Sensitivitätstraining *n*; **2.** Sensitivi'tät *f*, Feingefühl *n*.

sen·si·tize [ˈsensɪtaɪz] *v/t.* sensibilisieren, (*phot.* licht)empfindlich machen.

sen·sor [ˈsensə] *s.* ⚡, ⚙ Sensor *m*.

sen·so·ri·al [senˈsɔːrɪəl] → ***sensory***; **sen'so·ri·um** [-əm] *pl.* **-ri·a** [-rɪə] *s. anat., psych.* **1.** Sen'sorium *n*, 'Sinnesappaˌrat *m*; **2.** Sitz *m* des Empfindungsvermögens, Bewusstsein *n*; **sen·so·ry** [ˈsensərɪ] *adj.* sen'sorisch, Sinnes...: ***~ perception***.

sen·su·al [ˈsensjʊəl] *adj.* □ **1.** sinnlich: a) Sinnes..., b) wollüstig, *bsd. bibl.* fleischlich; **2.** *phls.* sensua'listisch; **'sen·su·al·ism** [-lɪzəm] *s.* **1.** Sinnlichkeit *f*, Lüsternheit *f*; **2.** *phls.* Sensua'lismus *m*; **'sen·su·al·ist** [-lɪst] *s.* **1.** sinnlicher Mensch; **2.** *phls.* Sensua'list *m*; **sen·su·al·i·ty** [ˌsensjʊˈælətɪ] *s.* Sinnlichkeit *f*; **'sen·su·al·ize** [-laɪz] *v/t.* **1.** sinnlich machen; **2.** versinnlichen.

sen·su·ous [ˈsensjʊəs] *adj.* □ sinnlich: a) Sinnes..., b) sinnenfroh; **'sen·su·ous·ness** [-nɪs] *s.* Sinnlichkeit *f*.

sent [sent] *pret. u. p.p. von* ***send***.

sen·tence [ˈsentəns] **I** *s.* **1.** *ling.* Satz (-verbindung *f*) *m*: ***complex ~*** Satzgefüge *n*; ***~ stress*** Satzbetonung *f*; **2.** ⚖ a) (*bsd.* Straf)Urteil *n*: ***pass ~*** (***up***)***on*** das (*fig.* ein) Urteil fällen über (*acc.*), verurteilen (*a. fig.*), b) Strafe *f*: ***under ~ of death*** zum Tode verurteilt; ***serve a ~ of imprisonment*** e-e Freiheitsstrafe verbüßen; **3.** *obs.* Sen'tenz *f*, Sinnspruch *m*; **II** *v/t.* **4.** ⚖ *u. fig.* verurteilen (***to*** zu).

sen·ten·tious [senˈtenʃəs] *adj.* □ **1.** sentenzi'ös, prä'gnant, kernig; **2.** spruchreich, lehrhaft; *contp.* aufgeblasen, salbungsvoll; **sen'ten·tious·ness** [-nɪs] *s.* **1.** Prä'gnanz *f*; **2.** Spruchreichtum *m*, Lehrhaftigkeit *f*; **3.** Großsprече'rei *f*.

sen·ti·ence [ˈsenʃəns] *s.* **1.** Empfindungsvermögen *n*; **2.** Empfindung *f*; **'sen·tient** [-nt] *adj.* □ **1.** empfindungsfähig; **2.** fühlend.

sen·ti·ment [ˈsentɪmənt] *s.* **1.** Empfindung *f*, (Gefühls)Regung *f*, Gefühl *n* (***towards*** *j-m* gegenüber); **2.** *pl.* Gedanken *pl.*, Meinung *f*, (Geistes)Haltung *f*: ***noble ~s*** edle Gesinnung; ***them's my ~s*** *humor.* (so) denke ich; **3.** (Fein)Gefühl *n*, Innigkeit *f* (*a. Kunst*); **4.** *contp.* Sentimentali'tät *f*.

sen·ti·men·tal [ˌsentɪˈmentl] *adj.* □ **1.** sentimen'tal: a) gefühlvoll, empfindsam, b) *contp.* rührselig; **2.** gefühlsmäßig, Gefühls..., emotio'nal: ***~ value*** ✝ Liebhaberwert *m*; **ˌsen·ti'men·tal·ism** [-təlɪzəm] **1.** Empfindsamkeit *f*; **2.** → ***sentimentality***; **ˌsen·ti'men·tal·ist** [-təlɪst] *s.* Gefühlsmensch *m*; **sen·ti·men·tal·i·ty** [ˌsentɪmenˈtælətɪ] *s. contp.* Sentimentali'tät *f*, Rührseligkeit *f*, Gefühlsduse'lei *f*; **ˌsen·ti'men·tal·ize** [-təlaɪz] **I** *v/t.* sentimen'tal gestalten; **II** *v/i.* (***about***, ***over***) in Gefühlen schwelgen (bei), sentimen'tal werden (bei, über *dat.*).

sen·ti·nel [ˈsentɪnl] *s.* **1.** Wächter *m*: ***stand ~ over*** bewachen; **2.** ⚔ → ***sentry*** 1; **3.** *Computer*: 'Trennsymˌbol *n*.

sen·try [ˈsentrɪ] ⚔ *s.* **1.** (Wach)Posten *m*, Wache *f*; **2.** Wache *f*, Wachdienst *m*; ***~ box*** *s.* Wachhäus-chen *n*; **'~-go** *s.* Wachdienst *m*.

se·pal [ˈsepəl] *s.* ⚘ Kelchblatt *n*.

sep·a·ra·ble [ˈsepərəbl] *adj.* □ (ab-) trennbar; **'sep·a·rate** [ˈsepəreɪt] **I** *v/t.* **1.** trennen (***from*** von): a) *Freunde, a. Kämpfende etc.* ausein'ander bringen, ⚖ (ehelich) trennen, b) abtrennen, -schneiden, c) (ab)sondern, (aus)scheiden, d) ausein'ander halten, unter'scheiden zwischen (*dat.*); **2.** (auf-, zer)teilen (***into*** in *acc.*); **3.** ⚗, ⚙ a) scheiden, (ab)spalten, b) sortieren, c) aufbereiten; **4.** *Milch* zentrifugieren; **5.** ⚔ *Am.* entlassen; **II** *v/i.* **6.** sich (⚖ ehelich) trennen (***from*** von), ausein'ander gehen; **7.** ⚗, ⚙ sich absondern; **III** *adj.* [ˈseprət] □ **8.** getrennt, besonder, sepa'rat, Separat..., Sonder...: ***~ account*** ✝ Sonderkonto *n*; ***~ estate*** ⚖ eingebrachtes Sondergut (*der Ehefrau*); **9.** einzeln, gesondert, getrennt, Einzel...: ***~ questions*** gesondert zu behandelnde Fragen; **10.** einzeln, isoliert; **IV** *s.* [ˈseprət] **11.** *typ.* Sonder(ab)druck *m*; **sep·a·rate·ness** [ˈseprətnɪs] *s.* **1.** Getrenntheit *f*; **2.** Besonderheit *f*; **3.** Abgeschiedenheit *f*, Isoliertheit *f*; **sep·a·ra·tion** [ˌsepəˈreɪʃn] *s.* **1.** (⚖ eheliche) Trennung, Absonderung *f*: ***judicial ~*** (gerichtliche) Aufhebung der ehelichen Gemeinschaft; ***~ of powers*** *pol.* Gewaltenteilung *f*; ***~ allowance*** Trennungszulage *f*; **2.** ⚙, ⚗ a) Abscheidung *f*, -spaltung *f*, b) Scheidung *f*, Klassierung *f von Erzen*; **3.** ⚔ *Am.* Entlassung *f*; **'sep·a·ra·tism** [-ətɪzəm] *s.* Separa'tismus *m*; **'sep·a·ra·tist** [-ətɪst] **I** *s.* **1.** Separa'tist(in); **2.** *eccl.* Sektierer (-in); **II** *adj.* **3.** separa'tistisch; **'sep·ara·tive** [-ətɪv] *adj.* trennend, Trennungs...; **sep·a·ra·tor** [ˈsepəreɪtə] *s.* **1.** ⚙ a) (Ab)Scheider *m*, b) (*bsd.* 'Milch-) Zentriˌfuge *f*; **2.** *a.* ***~ stage*** ⚡ Trennstufe *f*; **3.** *bsd.* ⚕ Spreizvorrichtung *f*.

Se·phar·dim [seˈfɑːdɪm] (*Hebrew*) *s. pl.* Se'phardim *pl.*

se·pi·a [ˈsiːpjə] *s.* **1.** *zo.* Sepia *f*, (Gemeiner) Tintenfisch *m*; **2.** Sepia *f* (*Sekret od. Farbstoff*); **3.** *paint.* a) Sepia *f*

S

(*Farbe*), b) Sepiazeichnung *f*; **4.** *phot.* Sepiadruck *m*.
sep·sis ['sepsɪs] *s.* ✱ Sepsis *f*.
sept- [sept] *in Zssgn* sieben...
sep·ta ['septə] *pl. von* ***septum***.
sep·tan·gle ['septæŋgl] *s.* ⩓ Siebeneck *n*.
Sep·tem·ber [sep'tembə] *s.* Sep'tember *m*: ***in*** ~ im September.
sep·te·mi·a [sep'ti:mɪə] → ***septic(a)emia***.
sep·te·nar·y [sep'ti:nərɪ] **I** *adj.* **1.** aus sieben bestehend, Sieben...; **2.** → ***septennial***; **II** *s.* **3.** Satz *m* von sieben Dingen; **4.** Sieben *f*.
sep·ten·ni·al [sep'tenjəl] *adj.* □ **1.** siebenjährlich; **2.** siebenjährig.
sep·tet(te) [sep'tet] *s.* ♪ Sep'tett *n*.
sep·tic ['septɪc] **I** *adj.* (□ ***~ally***) ✱ septisch: ~ ***sore throat*** septische Angina; **II** *s.* Fäulniserreger *m*.
sep·ti·c(a)e·mi·a [ˌseptɪ'si:mɪə] *s.* ✱ Blutvergiftung *f*, Sepsis *f*.
sep·tu·a·ge·nar·i·an [ˌseptjʊədʒɪ'neərɪən] **I** *s.* Siebzigjährige(r *m*) *f*, Siebziger(in); **II** *adj.* a) siebzigjährig, b) in den Siebzigern; **Sep·tu·a·ges·i·ma (Sun·day)** [ˌseptjʊə'dʒesɪmə] *s.* Septua'gesima *f* (*9. Sonntag vor Ostern*).
sep·tum ['septəm] *pl.* **-ta** [-tə] *s.* ⚘, *anat.*, *zo.* (Scheide)Wand *f*, Septum *n*.
sep·tu·ple ['septjʊpl] **I** *adj.* siebenfach; **II** *s. das* Siebenfache; **III** *v/t.* (*v/i.* sich) versiebenfachen.
sep·tu·plet ['septjʊplɪt] *s.* **1.** Siebenergruppe *f*; **2.** *mst pl.* Siebenling *m* (*Kind*).
sep·ul·cher *Am.* → ***sepulchre***; **se·pul·chral** [sɪ'pʌlkrəl] *adj.* □ **1.** Grab..., Begräbnis...; **2.** *fig.* düster, Grabes... (*-stimme etc.*); **sep·ul·chre** ['sepəlkə] *s.* **1.** Grab(stätte *f*, -mal *n*) *n*; **2.** *a.* ***Easter*** ~ *R.C.* Ostergrab *n* (*Schrein*).
sep·ul·ture ['sepəltʃə] *s.* (Toten)Bestattung *f*.
se·quel ['si:kwəl] *s.* **1.** (Aufein'ander-)Folge *f*: ***in the*** ~ in der Folge; **2.** Folge (-erscheinung) *f*, (Aus)Wirkung *f*, Konse'quenz *f*; (*gerichtliches etc.*) Nachspiel; **3.** (Ro'man- *etc.*)Fortsetzung *f*, (*a.* Hörspiel- *etc.*)Folge *f*.
se·quence ['si:kwəns] *s.* **1.** (Aufein'ander)Folge *f*: ~ ***of operations*** ⚙ Arbeitsablauf *m*; ~ ***of tenses*** *ling.* Zeitenfolge; **2.** (Reihen)Folge *f*: ***in*** ~ der Reihe nach; **3.** Folge *f*, Reihe *f*, Serie *f*; **4.** → ***sequel*** 2; **5.** ♪, *eccl.*, *a. Kartenspiel*: Se'quenz *f*; **6.** *Film*: Szene *f*; **7.** Folgerichtigkeit *f*; **8.** *fig.* Vorgang *m*; **'se·quent** [-nt] **I** *adj.* **1.** (aufein'ander) folgend; **2.** (logisch) folgend; **II** *s.* **3.** (*zeitliche od. logische*) Folge; **se·quen·tial** [sɪ'kwenʃl] *adj.* □ **1.** (*regelmäßig*) (aufein'ander) folgend; **2.** folgend (***to*** auf *acc.*); **3.** folgerichtig, konse'quent; **4.** *Computer*: sequenzi'ell.
se·ques·ter [sɪ'kwestə] *v/t.* **1.** (***o.s.*** sich) absondern (***from*** von); **2.** ⚖ → ***sequestrate***; **se'ques·tered** [-əd] *adj.* einsam, weltabgeschieden; zu'rückgezogen; **se'ques·trate** [-treɪt] *v/t.* ⚖ beschlagnahmen: a) unter Treuhänderschaft stellen, b) konfiszieren; **se·ques·tra·tion** [ˌsi:kwe'streɪʃn] *s.* **1.** Absonderung *f*, Ausschluss *m* (***from*** von, *eccl.* aus *der Kirche*); **2.** ⚖ Beschlagnahme *f*: a) Zwangsverwaltung *f*, b) Einziehung *f*; **3.** Zu'rückgezogenheit *f*.
se·quin ['si:kwɪn] *s.* **1.** *hist.* Ze'chine *f* (*Goldmünze*); **2.** Ziermünze *f*; **3.** Pail'lette *f*.
se·quoi·a [sɪ'kwɔɪə] *s.* ⚘ Mammutbaum *m*.
se·ra·glio [se'rɑ:lɪəʊ] *pl.* **-glios** *s.* Se'rail *n*.
se·rai [se'raɪ] *s.* Karawanse'rei *f*.
ser·aph ['serəf] *pl.* **'seraphs**, **'ser·a·phim** [-fɪm] *s.* Seraph *m* (*Engel*); **se·raph·ic** [se'ræfɪk] *adj.* (□ ***~ally***) se'raphisch, engelhaft, verzückt.
Serb [sɜ:b], **'Ser·bian** [-bjən] **I** *s.* **1.** Serbe *m*, Serbin *f*; **2.** *ling.* Serbisch *n*; **II** *adj.* **3.** serbisch.
sere [sɪə] → ***sear***[1] 7.
ser·e·nade [ˌserə'neɪd] ♪ **I** *s.* **1.** Sere'nade *f*, Ständchen *n*, 'Nachtmuˌsik *f*; **2.** Sere'nade *f* (*vokale od. instrumentale Abendmusik*); **II** *v/i. u. v/t.* **3.** (*j-m*) ein Ständchen bringen; **ˌser·e'nad·er** [-də] *s.* j-d, der ein Ständchen bringt.
ser·en·dip·i·tous [ˌserən'dɪpɪtəs] *adj.* **1.** auf Zufällen beruhend, zufällig; **2.** vom Glück begünstigt; **3.** gut, günstig (*Wetter etc.*); **ˌser·en'dip·i·ty** *s.* **1.** a) Glück *n*, glücklicher Zufall, b) ‚mehr Glück als Verstand'; **2.** Geschick *n*, per Zufall auf wichtige Dinge zu stoßen.
se·rene [sɪ'ri:n] *adj.* □ **1.** heiter, klar (*Himmel*, *Wetter etc.*), ruhig (*See*), friedlich (*Natur etc.*): ***all*** ~ *sl.* ‚alles in Butter'; **2.** heiter, gelassen (*Person*, *Gemüt etc.*); **3.** ♀ durch'lauchtig: ***His*** ♀ ***Highness*** Seine Durchlaucht; **se·ren·i·ty** [sɪ'renətɪ] *s.* **1.** Heiterkeit *f*, Klarheit *f*; **2.** Gelassenheit *f*, heitere (Gemüts)Ruhe; **3.** (***Your***) ♀ (Eure) 'Durchlaucht *f* (*Titel*).
serf [sɜ:f] *s.* **1.** *hist.* Leibeigene(r *m*) *f*; **2.** *obs. od. fig.* Sklave *m*; **'serf·age** [-fɪdʒ], **'serf·dom** [-dəm] *s.* **1.** Leibeigenschaft *f*; **2.** *obs. od. fig.* Sklave'rei *f*.
serge [sɜ:dʒ] *s.* Serge *f* (*Stoff*).
ser·geant ['sɑ:dʒənt] *s.* **1.** ⚔ Feldwebel *m*; *Artillerie*, *Kavallerie*: Wachtmeister *m*: ~ ***first class*** *Am.* Oberfeldwebel; ***first*** ~ Hauptfeldwebel; **2.** (Poli'zei-) Wachtmeister *m*; **3.** → ***serjeant***; ~ ***major*** *s.* ⚔ Hauptfeldwebel *m*.
se·ri·al ['sɪərɪəl] **I** *s.* **1.** in Fortsetzungen *od.* in regelmäßiger Folge erscheinende Veröffentlichung, *bsd.* 'Fortsetzungsroˌman *m*; **2.** (Veröffentlichungs)Reihe *f*; Lieferungswerk *n*; peri'odische Zeitschrift; **3.** a) Sendereihe *f*, b) (Hörspiel-, Fernseh)Folge *f*, Serie *f*; **II** *adj.* □ **4.** Serien..., Fortsetzungs...: ~ ***story***; ~ ***rights*** Copyright *n* e-s Fortsetzungsromans; **5.** serienmäßig, Serien..., Reihen..., *Computer*: seri'ell: ~ ***manufacture***; ~ ***number*** a) laufende Nummer, b) Fabrikationsnummer *f*; ~ ***photograph*** Reihenbild *n*; ~ ***processing*** *Computer*: serielle Verarbeitung; **6.** ♪ Zwölfton...; **'se·ri·al·ize** [-laɪz] *v/t.* **1.** peri'odisch *od.* in Fortsetzungen veröffentlichen; **2.** reihenweise anordnen; **se·ri·a·tim** [ˌsɪərɪ'eɪtɪm] (*Lat.*) *adv.* der Reihe nach.
se·ri·ceous [sɪ'rɪʃəs] *adj.* **1.** Seiden...; **2.** seidig; **3.** ⚘, *zo.* seidenhaarig; **ser·i·cul·ture** ['serɪˌkʌltʃə] *s.* Seidenraupenzucht *f*.
se·ries ['sɪəri:z] *pl.* **-ries** *s.* **1.** Serie *f*, Folge *f*, Kette *f*, Reihe *f*: ***in*** ~ der Reihe nach (→ 3 *u.* 9); **2.** (Ar'tikel-, Buch- *etc.*)Serie *f*, Reihe *f*, Folge *f*; **3.** ⚙ Serie *f*, Baureihe *f*: ~ ***production*** Reihen-, Serienbau *m*; ***in*** ~ serienmäßig; **4.** (*Briefmarken- etc.*)Serie *f*; **5.** ⩓ Reihe *f*; **6.** ⚗ homo'loge Reihe; **7.** *geol.* Schichtfolge *f*; **8.** *zo.* Ab'teilung *f*; **9.** *a.* ~ ***connection*** ⚡ Serien-, Reihenschaltung *f*: ~ ***motor*** Reihen(schluss)motor *m*; ***connect in*** ~ hintereinander schalten.
ser·if ['serɪf] *s. typ.* Se'rife *f*.
ser·in ['serɪn] *s. orn.* wilder Ka'narienvogel.
se·ri·o·com·ic [ˌsɪərɪəʊ'kɒmɪk] *adj.* (□ ***~ally***) ernst-komisch.
se·ri·ous ['sɪərɪəs] *adj.* □ **1.** ernst(haft): a) feierlich, b) von ernstem Cha'rakter, seri'ös, c) schwerwiegend, bedeutend: ~ ***dress*** seriöse Kleidung; ~ ***music*** ernste Musik; ~ ***problem*** ernstes Problem; ~ ***artist*** ernsthafter Künstler; **2.** ernstlich, bedenklich, gefährlich: ~ ***illness***; ~ ***rival*** ernst zu nehmender Rivale; **3.** ernst(haft, -lich), ernst gemeint (*Angebot etc.*): ***are you ~?*** meinst du das im Ernst?; **'se·ri·ous·ly** [-lɪ] *adv.* ernst (-lich); im Ernst: ~ ***ill*** ernstlich krank; ~ ***wounded*** schwer verwundet; ***now, ~!*** im Ernst!; **'se·ri·ous·ness** [-nɪs] *s.* **1.** Ernst *m*, Ernsthaftigkeit *f*; **2.** Wichtigkeit *f*, Bedeutung *f*.
ser·jeant ['sɑ:dʒənt] *s.* ⚖ **1.** Gerichtsdiener *m*; **2. *Common*** ♀ Stadtsyndikus *m* (*London*); **3.** *a.* ~ ***at law*** höherer Barrister (des Gemeinen Rechts); ~ ***at arms*** *s. parl.* Ordnungsbeamte(r) *m*.
ser·mon ['sɜ:mən] *s.* **1.** Predigt *f*: ♀ ***on the Mount*** *bibl.* Bergpredigt; **2.** *iro.* (Mo'ral-, Straf)Predigt *f*; **'ser·mon·ize** [-naɪz] **I** *v/i.* (*a. iro.*) predigen; **II** *v/t.* *j-m* e-e (Mo'ral)Predigt halten.
se·rol·o·gist [ˌsɪə'rɒlədʒɪst] *s.* ✱ Sero'loge *m*; **se'rol·o·gy** [-dʒɪ] *s.* Serolo'gie *f*, Serumkunde *f*; **se'ros·i·ty** [-ɒsətɪ] *s.* ✱ **1.** se'röser Zustand; **2.** se'röse Flüssigkeit; **se·rous** ['sɪərəs] *adj.* ✱ se'rös.
ser·pent ['sɜ:pənt] *s.* **1.** (*bsd. große*) Schlange; **2.** *fig.* (Gift)Schlange *f* (*Person*); **3.** ♀ *ast.* Schlange *f*; **'ser·pen·tine** [-taɪn] **I** *adj.* **1.** schlangenförmig, Schlangen...; **2.** sich schlängelnd *od.* windend, geschlängelt, Serpentinen...: ~ ***road***; **3.** *fig.* falsch, tückisch; **II** *s.* **4.** *geol.* Serpen'tin *m*; **5.** *Eislauf*: Schlangenbogen *m*; **6.** ♀ *Teich im Hyde Park*.
ser·pi·go [sɜ:'paɪgəʊ] *s.* ✱ fressende Flechte.
ser·rate ['serɪt], **ser·rat·ed** [se'reɪtɪd] *adj.* (sägeförmig) gezackt; **ˌser·rate-'den·tate** *adj.* ⚘ gesägt-gezähnt.
ser·ra·tion [se'reɪʃn] *s.* (sägeförmige) Auszackung.
ser·ried ['serɪd] *adj.* dicht geschlossen (*Reihen*).
se·rum ['sɪərəm] *s.* **1.** *physiol.* (Blut-) Serum *n*; **2.** ✱ (Heil-, Schutz)Serum *n*.
ser·val ['sɜ:vəl] *s. zo.* Serval *m*.
serv·ant ['sɜ:vənt] *s.* **1.** Diener *m* (*a. fig. Gottes, der Kunst etc.*); (***domestic***) ~ Dienstbote *m*, -mädchen *n*, Hausangestellte(r *m*) *f*; ***~s' hall*** Gesindestube *f*; ***your obedient*** ~ hochachtungsvoll (*Amtsstil*); **2.** *bsd.* ***public*** ~ Beamte(r) *m*, Angestellte(r) *m* (*im öffentlichen Dienst*); → ***civil*** 2; **3.** ⚖ (Handlungs-) Gehilfe *m*, Angestellte(r) *m* (*Ggs.* ***master*** 5 b); ~ ***girl***, ~ ***maid*** *s.* Dienstmädchen *n*.
serve [sɜ:v] **I** *v/t.* **1.** *j-m*, *a. Gott, s-m Land etc.* dienen; arbeiten für, im Dienst stehen bei; **2.** *j-m* dienlich sein, helfen (*a. Sache*); **3.** *Dienstzeit* (*a.* ⚔) ableisten; *Lehre* 'durchmachen; ⚖ *Strafe* absitzen, verbüßen; **4.** a) *Amt* ausüben, innehaben, b) Dienst tun in (*dat.*), *Gebiet*, *Personenkreis* betreuen, versorgen; **5.** *e-m Zweck* dienen *od.* entsprechen, *e-n Zweck* erfüllen, *e-r Sache* nützen: ***it ~s no purpose*** es hat

S

keinen Zweck; **6.** genügen (*dat.*), ausreichen für: ***enough to ~ us a month***; **7.** *j-m bei Tisch* aufwarten; *j-n*, ✝ *Kunden* bedienen; **8.** *a.* **~ *up*** *Essen etc.* servieren, auftragen, reichen: ***dinner is ~d!*** es ist serviert *od.* angerichtet!; **~ *up*** F *fig.* ‚auftischen'; **9.** ⚔ *Geschütz* bedienen; **10.** versorgen (***with*** mit): ***~ the town with gas***; **11.** *oft* **~ *out*** aus-, verteilen; **12.** *mst* F a) *j-n schändlich etc.* behandeln, b) *j-m et.* zufügen: ***~ s.o. a trick*** j-m e-n Streich spielen; ***~ s.o. out*** es j-m heimzahlen; (***it***) ***~s him right*** (das) geschieht ihm recht; **13.** *Verlangen* befriedigen, frönen (*dat.*); **14.** *Stute etc.* decken; **15.** ⚖ *Vorladung etc.* zustellen (*dat.*): ***~ s.o. a writ, ~ a writ on s.o.***; **16.** ⚙ um'wickeln; **17.** ⚓ *Tau* bekleiden; **II** *v/i.* **18.** dienen, Dienst tun (*beide a.* ⚔); in Dienst stehen, angestellt sein (***with*** bei); **19.** servieren, bedienen: ***~ at table***; **20.** fungieren, amtieren (***as*** als): ***~ on a committee*** in e-m Ausschuss tätig sein; **21.** dienen, nützen: ***it ~s to*** *inf.* es dient dazu, zu *inf.*; ***it ~s to show his cleverness*** daran kann man s-e Klugheit erkennen; **22.** dienen (***as, for*** als): ***a blanket ~d as a curtain***; **23.** genügen, den Zweck erfüllen; **24.** günstig sein, passen: ***as occasion ~s*** bei passender Gelegenheit; ***the tide ~s*** ⚓ der Wasserstand ist (*zum Auslaufen etc.*) günstig; **25.** *sport* a) *Tennis etc.*: aufschlagen, b) *Volleyball*: aufgeben: ***X to ~!*** Aufschlag X; **26.** *R.C.* ministrieren; **III** *s.* **27.** → ***service*** 20; **'serv·er** [-və] *s.* **1.** *R.C.* Mini'strant *m*; **2.** a) *Tennis*: Aufschläger *m*, b) *Volleyball*: Aufgeber *m*; **3.** a) Tab'lett *n*, b) Warmhalteplatte *f*, c) Serviertischchen *n od.* -wagen *m*, d) Tortenheber *m*; **4.** *Computer*: Server *m*.

serv·ice¹ ['sɜːvɪs] *s.* ♀ **1.** Spierbaum *m*; **2.** *a.* ***wild ~ (tree)*** Elsbeerbaum *m*.

serv·ice² ['sɜːvɪs] **I** *s.* **1.** Dienst *m*, Stellung *f* (*bsd. v. Hausangestellten*): ***be in ~*** in Stellung sein; ***take s.o. into ~*** j-n einstellen; **2.** a) Dienstleistung *f* (*a.* ✝, ⚖), Dienst *m* (***to*** an *dat.*), b) (guter) Dienst, Gefälligkeit *f*: ***do*** (*od.* ***render***) ***s.o. a ~*** j-m e-n Dienst erweisen; ***at your ~*** zu Ihren Diensten; ***be*** (***place***) ***at s.o.'s ~*** j-m zur Verfügung stehen (stellen); **3.** ✝ Bedienung *f*: ***prompt ~***; **4.** Nutzen *m*: ***be of ~ to*** *j-m* nützen; **5.** (*Nacht-, Nachrichten-, Presse-, Telefon- etc.*)Dienst *m*; **6.** a) Versorgungsdienst *m*, b) Versorgungsbetrieb *m*: ***water ~*** Wasserversorgung *f*; **7.** Funkti'on *f*, Amt *n* (*e-s Beamten*); **8.** (öffentlicher) Dienst, Staatsdienst *m*: ***diplomatic ~***; ***on Her Majesty's ~*** *Brit.* ✉ Dienstsache *f*; **9.** 🚂 *etc.* Verkehr *m*, Betrieb *m*: ***twenty-minute ~*** Zwanzigminutentakt *m*; **10.** ⚙ Betrieb *m*: ***in*** (***out of***) ***~*** in (außer) Betrieb; ***~ conditions*** Betriebsbeanspruchung *f*; ***~ life*** Lebensdauer *f*; **11.** ⚙ Wartung *f*, Kundendienst *m*, Service *m*; **12.** ⚔ a) (Wehr-)Dienst *m*, b) Waffengattung *f*, c) *pl.* Streitkräfte *pl.*, d) *Brit.* Ma'rine *f*: ***be on active ~*** aktiv dienen; ***~ pistol*** Dienstpistole *f*; **13.** ⚔ *Am.* (technische) Versorgungstruppe; **14.** ⚔ Bedienung *f* (*Geschütz*); **15.** *mst pl.* Hilfsdienst *m*: ***medical ~(s)***; **16.** *eccl.* a) *a.* ***divine ~*** Gottesdienst *m*, b) Litur'gie *f*; **17.** Ser'vice *n*, Tafelgerät *n*; **18.** ⚖ Zustellung *f*; **19.** ⚓ Bekleidung *f* (*Tau*); **20.** *sport* a) *Tennis etc.*: Aufschlag, b) *Volleyball*: Aufgabe *f*; **II** *v/t.* **21.** ⚙ a) warten, pflegen, b) über'holen; **22.** ✝ *bsd. Am.* Kundendienst verrichten für *od.* bei; **23.** *zo. Stute* decken; **'serv·ice·a·ble** [-səbl] *adj.* □ **1.** brauch-, verwendbar, nützlich; betriebs-, leistungsfähig; **2.** zweckdienlich; **3.** haltbar, strapazierfähig.

serv·ice| a·re·a *s.* **1.** *Radio, TV*: Sendebereich *m*; **2.** *Brit.* (Autobahn)Raststätte *f* (mit Tankstelle); **~ book** *s. eccl.* Gebet-, Gesangbuch *n*; **~ box** *s.* ⚡ Anschlusskasten *m*; **~ brake** *s. mot.* Betriebsbremse *f*; **~ charge** *s.* **1.** *econ.* Bedienungszuschlag *m*; **2.** ✝ Bearbeitungsgebühr *f*; **~ com·pa·ny** *s.* Dienstleistungsbetrieb *m*; **~ court** *s. Tennis etc.*: Aufschlagfeld *n*; **~ dress** → ***service uniform***; **~ en·gi·neer** *s.* Kundendiensttechniker *m*; **~ flat** *s. Brit.* E'tagenwohnung *f* mit Bedienung; **~ hatch** *s. Brit.* 'Durchreiche *f* (*für Speisen*); **~ in·dus·try** *s.* **1.** *mst pl.* Dienstleistungsbetriebe *pl.*, -gewerbe *n*; **2.** 'Zulieferindust,rie *f*; **~ life** *s.* ⚙ Lebensdauer *f*; **~ line** *s. Tennis etc.*: Aufschlaglinie *f*; **'~·man** [-mən] *s.* [*irr.*] **1.** Sol'dat *m*, Mili'tärangehörige(r) *m*; **2.** ⚙ a) 'Kundendienstme,chaniker *m*, b) 'Wartungsmon,teur *m*; **~ mod·ule** *s.* Versorgungsteil *m e-s Raumschiffs*; **~ so·ci·e·ty** *s.* Dienstleistungsgesellschaft *f*; **~ sta·tion** *s.* **1.** Kundendienst- *od.* Repara'turwerkstatt *f*; **2.** (Groß)Tankstelle *f*; **~ trade** *s.* Dienstleistungsgewerbe *n*; **~ u·ni·form** *s.* ⚔ Dienstanzug *m*.

ser·vi·ette [sɜːvɪ'et] *s.* Servi'ette *f*.

ser·vile ['sɜːvaɪl] *adj.* □ **1.** ser'vil, unter'würfig, kriecherisch; **2.** *fig.* sklavisch (*Gehorsam, Genauigkeit etc.*); **ser·vil·i·ty** [sɜː'vɪlətɪ] *s.* Unter'würfigkeit *f*; Krieche'rei *f*.

serv·ing ['sɜːvɪŋ] *s.* Porti'on *f*.

ser·vi·tor ['sɜːvɪtə] *s.* **1.** *obs.* Diener(in) (*a. fig.*); **2.** *obs. od. poet.* Gefolgsmann *m*; **3.** *univ. hist.* Stipendi'at *m*.

ser·vi·tude ['sɜːvɪtjuːd] *s.* **1.** Sklave'rei *f*, Knechtschaft *f* (*a. fig.*); **2.** ⚖ Zwangsarbeit *f*: ***penal ~*** Zuchthausstrafe *f*; **3.** ⚖ Servi'tut *n*, Nutzungsrecht *n*.

'ser·vo|-as,sist·ed ['sɜːvəʊ-] *adj.* ⚙ Servo...; **~ brake** *s.* Servobremse *f*; **~ steer·ing** *s.* Servolenkung *f*.

ses·a·me ['sesəmɪ] *s.* **1.** ♀ Indischer Sesam; **2.** → ***open sesame***.

ses·a·moid ['sesəmɔɪd] *adj. anat.* Sesam...: ***~ bones*** Sesamknöchelchen.

sesqui- [seskwɪ] *in Zssgn* anderthalb; **,~'al·ter** [-'æltə], **,~'al·ter·al** [-'æltərəl] *adj.* im Verhältnis 3:2 *od.* 1:1½ stehend; **,~·cen'ten·ni·al I** *adj.* 150-jährig; **II** *s.* 150-Jahr-Feier *f*; **,~·pe'da·li·an** [-pɪ'deɪljən] *adj.* **1.** anderthalb Fuß lang; **2.** *fig. humor.* sehr lang, monst'rös: ***~ word***; **3.** *fig.* schwülstig; **'~·plane** [-pleɪn] *s.* ✈ 'Andert'halbdecker *m*.

ses·sile ['sesɪl] *adj.* **1.** ♀ stiellos; **2.** *zo.* ungestielt.

ses·sion ['seʃn] *s.* **1.** *parl.* ⚖ a) Sitzung *f*, b) 'Sitzungsperi,ode *f*: ***be in ~*** e-e Sitzung abhalten, tagen; **2.** (*einzelne*) Sitzung (*a.* ⚕ *psych.*), Konfe'renz *f*; **3.** ***~s*** *pl.* → ***magistrates' court, Quarter Sessions***; **4.** a) ***Court of ~*** *oberstes schottisches Zivilgericht*, b) ***Court of ~s*** *Am.* (*einzelstaatliches*) *Gericht für Strafsachen*; **5.** *univ.* a) *Brit.* aka'demisches Jahr, b) *Am.* ('Studien)Se,mester *n*; **'ses·sion·al** [-ʃənl] *adj.* □ **1.** Sitzungs...; **2.** *univ. Brit.* Jahres...: ***~ course***.

ses·tet [ses'tet] *s.* **1.** ♪ Sex'tett *n*; **2.** *Metrik*: sechszeilige Strophe.

set [set] **I** *s.* **1.** Satz *m Briefmarken, Dokumente, Werkzeuge etc.*; (*Möbel-, Toiletten- etc.*)Garni'tur *f*; (*Speise- etc.*) Ser'vice *n*, Besteck *n*; (*Farben- etc.*) Sorti'ment *n*; **2.** ✝ Kollekti'on *f*; **3.** Sammlung *f*: ***a ~ of Shakespeare's works***; **4.** (Schriften)Reihe *f*, (Ar'tikel-) Serie *f*; **5.** ⚙ (Ma'schinen)Anlage *f*; **6.** (Häuser)Gruppe *f*; **7.** (Zimmer)Flucht *f*; **8.** ⚙ a) (Ma'schinen)Satz *m*, Aggre'gat *n*, b) (*Radio- etc.*)Gerät *n*, Appa'rat *m*; **9.** a) *thea.* Bühnenausstattung *f*, b) *Film*: Szenenaufbau *m*; **10.** *Tennis etc.*: Satz *m*; **11.** & a) Zahlenreihe *f*, b) Menge *f*; **12.** ***~ of teeth*** Gebiss *n*; **13.** (Per'sonen)Kreis *m*: a) Gesellschaft(sschicht) *f*, *vornehme, literarische etc.* Welt, b) *contp.* Klüngel *m*, Clique *f*: ***the chic ~*** die ‚Schickeria'; ***the fast ~*** die Lebewelt; **14.** Sitz *m*, Schnitt *m von Kleidern*; **15.** Haltung *f*; **16.** Richtung *f*, (Ver)Lauf *m e-r Strömung etc.*; **17.** Neigung *f*, Ten'denz *f*; **18.** *poet.* 'Untergang *m der Sonne etc.*: ***the ~ of the day*** das Tagesende; **19.** ⚙ → ***setting*** 10; **20.** *hunt.* Vorstehen *n des Hundes*: ***make a dead ~ at*** *fig.* a) über *j-n* herfallen, b) es auf *e-n Mann* abgesehen haben (*Frau*); **21.** *hunt.* (*Dachs- etc.*)Bau *m*; **22.** ♀ Setzling *m*, Ableger *m*; **II** *adj.* **23.** starr (*Gesicht, Lächeln*); **24.** fest (*Meinung*); **25.** festgesetzt: ***at the ~ day***; **26.** vorgeschrieben, festgelegt: ***~ rules***; ***~ books*** *od.* ***reading*** Pflichtlektüre *f*; **27.** for'mell, konventio'nell: ***~ party***; **28.** wohl überlegt, einstudiert: ***~ speech***; **29.** a) bereit, b) fest entschlossen (***on doing*** zu tun); **30.** zs.-gebissen (*Zähne*); **31.** eingefasst (*Edelstein*); **32.** ***~ piece*** *paint. etc.* Gruppenbild *n*; **33.** ***~ fair*** beständig (*Barometer*); **34.** *in Zssgn* ...gebaut; **III** *v/t.* [*irr.*] **35.** setzen, stellen, legen: ***~ the glass to one's lips*** das Glas an die Lippen setzen; ***~ a match to*** ein Streichholz halten an (*acc.*), et. in Brand stecken; → ***hand*** 7, ***sail*** 1 *etc.*; **36.** (ein-, her)richten, (an)ordnen, zu'rechtmachen; *thea. Bühne* aufbauen; *Tisch* decken; ⚙ *etc.* (ein)stellen, (-)richten, regulieren; *Uhr, Wecker* stellen; ⚙ *Säge* schränken; *hunt. Falle* (auf-)stellen; ⚕ *Bruch, Knochen* (ein)richten; *Messer* abziehen; *Haar* legen; **37.** ♪ a) vertonen, b) arrangieren; **38.** *typ.* absetzen; **39.** ⚒ a) *a.* ***~ out*** *Setzlinge* (aus)pflanzen, b) *Boden* bepflanzen; **40.** a) *Bruthenne* setzen, b) *Eier* 'unterlegen; **41.** a) *Edelstein* fassen, b) *mit Edelsteinen etc.* besetzen; **42.** *Wache* (auf)stellen; **43.** *Aufgabe, Frage* stellen; **44.** *j-n* anweisen (***to do s.th.*** et. zu tun), *j-n* setzen (***to*** an *e-e Sache*): ***~ o.s. to do s.th.*** sich daran machen, et. zu tun; **45.** vorschreiben; **46.** *Zeitpunkt* festlegen; **47.** *Hund etc.* hetzen (***on*** auf *j-n*): ***~ spies on*** *j-n* bespitzeln lassen; **48.** (veran)lassen (***doing*** zu tun): ***~ going*** in Gang setzen; ***~ s.o. laughing*** j-n zum Lachen bringen; ***~ s.o. thinking*** j-m zu denken geben; **49.** *in e-n Zustand* versetzen; → ***ease*** 2; **50.** *Flüssiges* fest werden lassen; *Milch* gerinnen lassen; **51.** *Zähne* zs.-beißen; **52.** *Wert* bemessen, festsetzen; **53.** *Preis* aussetzen (***on*** auf *acc.*); **54.** *Geld, Leben* riskieren; **55.** *Hoffnung, Vertrauen* setzen

S

(***on*** auf *acc.*; ***in*** in *acc.*); **56.** *Grenzen, Schranken etc.* setzen (***to*** *dat.*); **IV** *v/i.* [*irr.*] **57.** 'untergehen (*Sonne etc.*); **58.** a) auswachsen (*Körper*), b) ausreifen (*Charakter*); **59.** fest werden (*Flüssiges*); abbinden (*Zement etc.*); erstarren (*a. Gesicht, Muskel*); gerinnen (*Milch*); ⚕ sich einrenken; **60.** sitzen (*Kleidung*); **61.** fließen, laufen (*Flut etc.*); wehen, kommen (***from*** aus, von) (*Wind*); *fig.* sich neigen *od.* richten (***against*** gegen); **62.** ⚘ Frucht ansetzen (*Blüte, Baum*); **63.** *hunt.* (vor)stehen (*Hund*);
Zssgn mit prp.:
set| a·bout *v/i.* **1.** sich an *et.* machen, *et.* in Angriff nehmen; **2.** F über *j-n* herfallen; **~ a·gainst** *v/t.* **1.** entgegen- *od.* gegen'überstellen (*dat.*): ***set o.s.*** (*od.* ***one's face***) ***against*** sich *e-r Sache* widersetzen; **2.** *j-n* aufhetzen gegen; **~ (up·)on** *v/i.* herfallen über *j-n*.
Zssgn mit adv.:
set| a·part *v/t.* **1.** *Geld etc.* bei'seite legen; **2.** ***set s.o. apart*** (***from***) j-n unter'scheiden (von); **~ a·side** *v/t.* **1.** a) bei'seite legen, b) → ***set apart*** 1; **2.** *Plan etc.* fallen lassen; **3.** außer Acht lassen, ausklammern; **4.** verwerfen, *bsd.* ⚖ aufheben; **~ back I** *v/t.* **1.** *Uhr* zu'rückstellen; **2.** *Haus etc.* zu'rücksetzen; **3.** *fig. j-n, et.* zu'rückwerfen; **4.** *j-n* ärmer machen (um); **II** *v/i.* **5.** zu'rückfließen (*Flut etc.*); **~ by** *v/t. Geld etc.* zu'rücklegen, sparen; **~ down** *v/t.* **1.** *Last, a. Fahrgast, a. das Flugzeug* absetzen; **2.** (schriftlich) niederlegen, aufzeichnen; **3.** *j-m* e-n ‚Dämpfer' aufsetzen; **4.** **~ *as*** *j-n* abtun *od.* betrachten als; **5.** *et.* zuschreiben (***to*** *dat.*); **6.** *et.* festlegen, -setzen; **~ forth I** *v/t.* **1.** bekannt machen; **2.** → ***set out*** 1; **3.** zur Schau stellen; **II** *v/i.* **4.** aufbrechen: **~ *on a journey*** e-e Reise antreten; **5.** *fig.* ausgehen (***from*** von); **~ for·ward I** *v/t.* **1.** *Uhr* vorstellen; **2.** a) *et.* vor'antreiben, b) *j-n od. et.* weiterbringen; **3.** vorbringen, darlegen; **II** *v/i.* **4.** sich auf den Weg machen; **~ in** *v/i.* einsetzen (*beginnen*); **~ off I** *v/t.* **1.** her'vortreten lassen, abheben (***from*** von); **2.** her'vorheben; **3.** a) *Rakete* abschießen, b) *Sprengladung* zur Explosi'on bringen, c) *Feuerwerk* abbrennen; **4.** *Alarm etc.* auslösen (*a. Streik etc.*), führen zu; **5.** ⚚ auf-, anrechnen (***against*** gegen); **6.** ⚖ als Ausgleich nehmen (***against*** für); **7.** *Verlust etc.* ausgleichen; **II** *v/i.* **8.** → ***set forth*** 4; **9.** *fig.* anfangen; **~ on** *v/t.* **1.** a) *j-n* drängen (***to do*** zu tun), b) *j-n* aufhetzen (***to*** zu); **2.** *Hund etc.* hetzen (***to*** auf *acc.*); **~ out I** *v/t.* **1.** (ausführlich) darlegen, aufzeigen; **2.** anordnen, arrangieren; **II** *v/i.* **3.** aufbrechen, sich aufmachen, sich auf den Weg machen (***for*** nach); **4.** sich vornehmen, da'rangehen (***to do*** *et.* zu tun); **~ to** *v/i.* **1.** sich dar'anmachen, sich ‚da'hinter klemmen', ‚loslegen'; **2.** aufein'ander losgehen; **~ up I** *v/t.* **1.** errichten: **~ *a monument***; **2.** ⚙ *Maschine etc.* aufstellen, montieren; **3.** *Geschäft etc.* gründen; *Regierung* bilden, einsetzen; **4.** *j-m* zu e-m (guten) Start verhelfen, *j-n* etablieren: **~ *s.o. up in business***; **~ *o.s. up*** (***as***) → 15; **5.** *Behauptung etc., a. Rekord* aufstellen; ⚖ *Anspruch* geltend machen, *a. Verteidigung* vorbringen; **6.** *Kandidaten* aufstellen; **7.** *j-n* erhöhen (***over*** über *acc.*), *a. j-n* auf den Thron setzen; **8.** *Stimme, Geschrei* erheben; **9.** *a. Krankheit* verursachen; **10.** a) *j-n* kräftigen, b) *gesundheitlich* wieder'herstellen; **11.** *j-m* (finanzi'ell) ‚auf die Beine helfen'; **12.** *j-n* versehen, -sorgen (***with*** mit); **13.** F a) *j-m* e-e Falle stellen, b) *j-m* et. ‚anhängen'; **14.** *typ.* (ab-) setzen: **~ *in type***; **II** *v/i.* **15.** sich niederlassen *od.* etablieren (***as*** als): **~ *for o.s.*** sich selbstständig machen; **16.** **~ *for*** sich ausgeben für *od.* als, sich aufspielen als.

se·ta·ceous [sɪ'teɪʃəs] *adj.* borstig.

'set|·a,side *s.* **1.** *Am.* Rücklage *f*; **2.** *EU* Flächenstilllegung *f*; **'~·back** *s.* **1.** *fig.* a) Rückschlag *m*, b) ‚Schlappe' *f*; **2.** △ a) Rücksprung *m e-r Wand*, b) zu'rückgesetzte Fas'sade; **'~·down** *s.* **1.** Dämpfer *m*; **2.** Rüffel *m*; **'~·off** *s.* **1.** Kon'trast *m*; **2.** ⚖ a) Gegenforderung *f*, b) Ausgleich *m* (*a. fig*; ***against*** für); **3.** ⚚ Aufrechnung *f*; **'~·out** *s.* **1.** a) Aufbruch *m*, b) Anfang *m*; **2.** Aufmachung *f*; **3.** F a) Vorführung *f*, b) Party *f*; **~ piece** *s.* **1.** *Kunst*: formvollendetes Werk; **2.** ⚔ sorgfältig geplante Operati'on; **3.** → ***set*** 32; **~ point** *s.* **1.** *Tennis etc.*: Satzball *m*; **2.** ⚙ Sollwert *m*; **'~·screw** *s.* ⚙ Stellschraube *f*; **~ square** *s.* Winkel *m*, Zeichendreieck *n*.

sett [set] *s.* Pflasterstein *m*.

set·tee [se'tiː] *s.* **1.** Sitz-, Polsterbank *f*; **2.** kleineres Sofa: **~ *bed*** Bettcouch *f*.

set·ter ['setə] *s.* **1.** *allg.* Setzer(in), Einrichter(in); **2.** *typ.* (Schrift)Setzer *m*; **3.** Setter *m* (*Vorstehhund*); **4.** (Poli'zei-) Spitzel *m*; **,~-'on** [-ər'ɒn] *pl.* **,~s-'on** *s.* Aufhetzer(in).

set the·o·ry *s.* A Mengenlehre *f*.

set·ting ['setɪŋ] *s.* **1.** (*typ.* Schrift)Setzen *n*; Einrichten *n*; (Ein)Fassen *n* (*Edelstein*); **2.** Schärfen *n* (*Messer*); **3.** (*Gold- etc.*)Fassung *f*; **4.** Lage *f*, 'Hintergrund *m* (*a. fig. Rahmen*); **5.** Schauplatz *m*, 'Hintergrund *m e-s Romans etc.*; **6.** *thea.* szenischer 'Hintergrund, Bühnenbild *n*; *a. Film*: Ausstattung *f*; **7.** ♪ a) Vertonung *f*, b) Satz *m*; **8.** (*Sonnen- etc.*)'Untergang *m*; **9.** ⚙ Einstellung *f*; **10.** ⚙ Hartwerden *n*, Abbinden *n von Zement etc.*: **~ *point*** Stockpunkt *m*; **11.** ⚙ Schränkung *f* (*Säge*); **12.** Gedeck *n*; **~ lo·tion** *s.* (Haar)Festiger *m*; **~ rule** *s. typ.* Setzlinie *f*; **~ stick** *s. typ.* Winkelhaken *m*; **'~-up** *s.* **1.** *bsd.* ⚙ Einrichtung *f*, Aufstellung *f*; **2.** **~ *exercises*** *Am.* Gymnastik *f*, Freiübungen *pl.*

set·tle ['setl] **I** *v/i.* **1.** sich niederlassen *od.* setzen (*a. Vogel etc.*); **2.** a) sich ansiedeln, b) **~ *in*** sich *in e-r Wohnung etc.* einrichten, c) **~ *in*** sich einleben *od.* eingewöhnen; **3.** a) *a.* **~ *down*** sich *in e-m Ort* niederlassen, b) sich (häuslich) niederlassen, c) *a.* ***marry and ~ down*** e-n Hausstand gründen, d) sesshaft werden, zur Ruhe kommen, sich einleben; **4.** **~ *down to*** sich widmen (*dat.*), sich an *e-e Arbeit etc.* machen; **5.** sich legen *od.* beruhigen (*Wut etc.*); **6.** **~ *on*** sich zuwenden (*dat.*), fallen auf (*acc.*) (*Zuneigung etc.*); **7.** ⚕ sich festsetzen (***on, in*** in *dat.*), sich legen (***on*** auf *acc.*) (*Krankheit*); **8.** beständig werden (*Wetter*): ***it ~d in for rain*** es regnete sich ein; ***it is settling for a frost*** es wird Frost geben; ***the wind has ~d in the west*** der Wind steht im Westen; **9.** sich senken (*Mauern etc.*); **10.** langsam absacken (*Schiff*); **11.** sich klären (*Flüssigkeit*); **12.** sich setzen (*Trübstoff*); **13.** sich legen (*Staub*); **14.** (***upon***) sich entscheiden (für), sich entschließen (zu); **15.** **~ *for*** sich begnügen *od.* abfinden mit; **16.** e-e Vereinbarung treffen; **17.** a) **~ *up*** zahlen *od.* abrechnen (***with*** mit), b) **~ *with*** e-n Vergleich schließen mit, *Gläubiger* abfinden; **II** *v/t.* **18.** *Füße, Hut etc.* (fest) setzen (***on*** auf *acc.*): **~ *o.s.*** sich niederlassen; **~ *o.s. to*** sich an *e-e Arbeit etc.* machen, sich anschicken zu; **19.** a) *Menschen* ansiedeln, b) *Land* besiedeln; **20.** *j-n beruflich, häuslich etc.* etablieren, 'unterbringen; *Kind etc.* versorgen, ausstatten, *a.* verheiraten; **21.** a) *Flüssigkeit* ablagern lassen, klären, b) *Trübstoff* sich setzen lassen; **22.** *Boden etc., a. fig. Glauben, Ordnung etc.* festigen; **23.** *Institutionen* gründen, aufbauen (***on*** auf *dat.*); **24.** *Zimmer etc.* in Ordnung bringen; **25.** *Frage etc.* klären, regeln, erledigen: ***that ~s it*** a) damit ist der Fall erledigt, b) *iro.* jetzt ist es endgültig aus; **26.** *Streit* schlichten, beilegen; *strittigen Punkt* beseitigen; **27.** *Nachlass* regeln, *s-e Angelegenheiten* in Ordnung bringen: **~ *one's affairs***; **28.** ([***up***]***on***) *Besitz* über'schreiben, -'tragen (auf *acc.*), *letztwillig* vermachen (*dat.*), *Legat, Rente* aussetzen (für); **29.** bestimmen, festlegen, -setzen; **30.** vereinbaren, sich einigen auf (*acc.*); **31.** *a.* **~ *up*** ⚚ erledigen, in Ordnung bringen: a) *Rechnung* begleichen, b) *Konto* ausgleichen, c) *Anspruch* befriedigen, d) *Geschäft* abwickeln; → ***account*** 5; **32.** ⚖ *Prozess* durch Vergleich beilegen; **33.** *Magen, Nerven* beruhigen; **34.** *j-n* ‚fertig machen', zum Schweigen bringen (F *a. töten*); **III** *s.* **35.** Sitzbank *f* (mit hoher Lehne); **'set·tled** [-ld] *adj.* **1.** fest, bestimmt; entschieden; feststehend (*Tatsache*); **2.** fest begründet (*Ordnung*); **3.** fest, ständig (*Wohnsitz, Gewohnheit*); **4.** beständig (*Wetter*); **5.** ruhig, gesetzt (*Person, Leben*).

set·tle·ment ['setlmənt] *s.* **1.** Ansied(e)lung *f*; **2.** Besied(e)lung *f e-s Landes*; **3.** Siedlung *f*, Niederlassung *f*; **4.** 'Unterbringung *f*, Versorgung *f* (*Person*); **5.** Regelung *f*, Klärung *f*, Erledigung *f e-r Frage etc.*; **6.** Schlichtung *f*, Beilegung *f e-s Streits*; **7.** Festsetzung *f*; **8.** (endgültige) Entscheidung; **9.** Über'einkommen *n*, Abmachung *f*; **10.** ⚚ a) Begleichung *f von Rechnungen*, b) Ausgleich(ung *f*) *m von Konten*, c) *Börse*: Abrechnung *f*, d) Abwicklung *f e-s Geschäfts*, e) Vergleich *m*, Abfindung *f*: **~ *day*** Abrechnungstag *m*; ***day of ~*** *fig.* Tag *m* der Abrechnung; ***in ~ of all claims*** zum Ausgleich aller Forderungen; **11.** ⚖ a) (*Eigentums*)Über'tragung *f*, b) Vermächtnis *n*, c) Aussetzung *f e-r Rente etc.*, d) Schenkung *f*, Stiftung *f*; **12.** ⚖ Ehevertrag *m*; **13.** a) ständiger Wohnsitz, b) Heimatberechtigung *f*; **14.** sozi'ales Hilfswerk.

set·tler ['setlə] *s.* **1.** (An)Siedler(in), Kolo'nist(in); **2.** F a) entscheidender Schlag, b) *fig.* vernichtendes Argu'ment, c) Abfuhr *f*; **'set·tling** [-lɪŋ] *s.* **1.** Festsetzen *n etc.*; → ***settle***; **2.** ⚙ Ablagerung *f*; **3.** *pl.* (Boden)Satz *m*; **4.** ⚚ Abrechnung *f*: **~ *day*** Abrechnungstag *m*; **'set·tlor** [-lə] *s.* ⚖ Verfügende(r *m*) *f*.

set-to [ˌset'tuː] *pl.* **-tos** *s.* F **1.** Schläge'rei *f*; **2.** (kurzer) heftiger Kampf; **3.** heftiger Wortwechsel.

set·up ['setʌp] *s.* **1.** Aufbau *m*; **2.** Anordnung *f* (*a.* ⚙); **3.** ⚙ Mon'tage *f*: ~ ***costs*** Rüstkosten *pl.*; ~ ***time*** Rüstzeit *f*; **4.** *Film, TV*: a) (Kamera)Einstellung *f*, b) Bauten *pl.*; **5.** *Am.* Konstituti'on *f*; **6.** F a) Situati'on *f*, b) Pro'jekt *n*; **7.** F ‚Laden' *m*, ‚Verein' *m* (*Firma etc.*), ‚Bude' *f* (*Wohnung etc.*); **8.** F Schwindel *m*, abgekartete Sache; **9.** Ausrüstung *f* (*Geräte*); **10.** *Am.* F a) Schiebung *f*, b) Gimpel *m*, leichtes Opfer.

sev·en ['sevn] **I** *adj.* sieben: ~***-league boots*** Siebenmeilenstiefel; ***the*** ***Years' War*** der Siebenjährige Krieg; **II** *s.* Sieben *f* (*Zahl, Spielkarte etc.*); '~**·fold** *adj. u. adv.* siebenfach.

sev·en·teen ['sevnti:n] **I** *adj.* siebzehn; **II** *s.* Siebzehn *f*: ***sweet*** ~ ‚göttliche Siebzehn' (*Mädchenalter*); ˌ**sev·en'teenth** [-nθ] **I** *adj.* **1.** siebzehnt; **II** *s.* **2.** *der (die, das)* Siebzehnte; **3.** Siebzehntel *n*.

sev·enth ['sevnθ] **I** *adj.* **1.** siebent; **II** *s.* **2.** *der (die, das)* Sieb(en)te: ***the*** ~ ***of May*** der 7. Mai; **3.** Sieb(en)tel *n*; **4.** ♪ Sep'time *f*; '**sev·enth·ly** [-lɪ] *adv.* sieb(en)tens.

sev·en·ti·eth ['sevntɪɪθ] **I** *adj.* **1.** siebzigst; **II** *s.* **2.** *der (die, das)* Siebzigste; **3.** Siebzigstel *n*; **sev·en·ty** ['sevntɪ] **I** *adj.* siebzig; **II** *s.* Siebzig *f*: ***the seventies*** a) die Siebzigerjahre (*e-s Jahrhunderts*), b) die Siebziger(jahre) (*Alter*).

sev·er ['sevə] **I** *v/t.* **1.** (ab)trennen (***from*** von); **2.** ('durch)trennen; **3.** *fig. Freundschaft etc.* lösen, *Beziehungen* abbrechen; **4.** ~ ***o.s.*** (***from***) sich trennen *od.* lösen (von), (aus *der Kirche etc.*) austreten; **5.** (vonein'ander) trennen; **6.** ⚖ *Besitz etc.* teilen; **II** *v/i.* **7.** (zer)reißen; **8.** sich trennen (***from*** von); **9.** sich (vonein'ander) trennen; **sev·er·al** ['sevrəl] **I** *adj.* □ **1.** mehrere: ~ ***people***; **2.** verschieden, getrennt: ***three*** ~ ***occasions***; **3.** einzeln, verschieden: ***the*** ~ ***reasons***; **4.** besonder, eigen: ***we went our*** ~ ***ways*** wir gingen jeder seinen (eigenen) Weg; → ***joint*** 6; **II** *s.* **5.** mehrere *pl.*: ~ ***of you***; **sev·er·al·ly** ['sevrəlɪ] *adv.* **1.** einzeln, getrennt; **2.** beziehungsweise; '**sev·er·ance** [-ərəns] *s.* **1.** (Ab)Trennung *f*; **2.** Lösung *f e-r Freundschaft etc.*, Abbruch *m von Beziehungen*: ~ ***pay*** ✝ Entlassungsabfindung *f*.

se·vere [sɪ'vɪə] *adj.* □ **1.** streng: a) hart, scharf (*Kritik, Richter, Strafe etc.*), b) ernst(haft) (*Miene, Person*), c) rau (*Wetter*), hart (*Winter*), d) herb (*Schönheit, Stil*), schmucklos, e) ex'akt, strikt; **2.** schwer, schlimm (*Krankheit, Verlust etc.*); **3.** heftig (*Schmerz, Sturm etc.*); **4.** scharf (*Bemerkung*); **se'vere·ly** [-lɪ] *adv.* **1.** streng, strikt; **2.** schwer, ernstlich: ~ ***ill***; **se·ver·i·ty** [sɪ'verətɪ] *s.* **1.** *allg.* Strenge *f*: a) Schärfe *f*, Härte *f*, b) Rauheit *f* (*des Wetters etc.*), c) Ernst *m*, d) (herbe) Schlichtheit *f* (*Stil*), e) Ex'aktheit *f*; **2.** Heftigkeit *f*.

sew [səʊ] *v/t.* [*irr.*] **1.** nähen (*a. v/i.*): ~ ***on*** annähen; ~ ***up*** zu-, vernähen (→ 3); **2.** *Bücher* heften, broschieren; **3.** ~ ***up*** F a) *Brit. j-n* ‚restlos fertig machen', b) *Am.* sich *et. od. j-n* sichern, c) *et.* ‚per'fekt machen': ~ ***up a deal***.

sew·age ['sju:ɪdʒ] *s.* **1.** Abwasser *n*: ~ ***farm*** Rieselfeld *n*; ~ ***sludge*** Klärschlamm *m*; ~ ***system*** Kanalisation *f*; ~ ***works*** Kläranlage *f*; **2.** → ***sewerage***; **sew·er** ['sjʊə] **I** *s.* **1.** 'Abwasserkaˌnal *m*, Klo'ake *f*: ~ ***gas*** Faulschlammgas *n*; ~ ***pipe*** Abzugrohr *n*; ~ ***rat*** *zo.* Wanderratte *f*; **2.** Gosse *f*; **II** *v/t.* **3.** kanalisieren; **sew·er·age** ['sjʊərɪdʒ] *s.* **1.** Kanalisati'on *f* (*System u. Vorgang*); **2.** → ***sewage*** 1.

sew·in ['sju:ɪn] *s.* 'Lachsfoˌrelle *f*.

sew·ing ['səʊɪŋ] *s.* Näharbeit *f*; ~ **box** *s.* Nähkasten *m*; ~ **machine** *s.* 'Nähmaˌschine *f*; ~ **nee·dle** *s.* Nähnadel *f*.

sex [seks] **I** *s.* **1.** *biol.* Geschlecht *n*; **2.** (*männliches od. weibliches*) Geschlecht (*als Gruppe*): ***the*** ~ *humor.* die Frauen; ***the gentle*** (*od.* ***weaker*** *od.* ***softer***) ~ das zarte *od.* schwache Geschlecht; ***of both*** ~***es*** beiderlei Geschlechts; **3.** a) Geschlechtstrieb *m*, b) e'rotische Anziehungskraft, 'Sex(-Apˌpeal) *m*, c) Sexu'al-, Geschlechtsleben *n*, d) Sex(uali'tät *f*) *m*, e) Geschlechtsteil(e *pl.*) *n*, f) (Geschlechts)Verkehr *m*, ‚Sex' *m*: ***have*** ~ ***with*** mit *j-m* schlafen; **II** *v/t.* **4.** das Geschlecht bestimmen von; **5.** ~ ***up*** F a) *Film etc.* ‚sexy' gestalten, b) *j-n* ‚scharfmachen'; **III** *adj.* **6.** a) Sexual...: ~ ***crime*** (***education***, ***hygiene*** *etc.*); ~ ***appeal*** → 3b; ~ ***life*** → 3c; ~ ***object*** Lustobjekt *n*, b) Geschlechts...: ~ ***act*** (***hormone***, ***organ***, *etc.*), c) Sex...: ~ ***film*** (***magazine***, *etc.*).

sex- [seks] *in Zssgn* sechs.

sex·a·ge·nar·i·an [ˌseksədʒɪ'neərɪən] **I** *adj.* a) sechzigjährig, b) in den Sechzigern; **II** *s.* Sechzigjährige(r *m*) *f*; Sechziger(in).

sex·ag·e·nar·y [sek'sædʒənərɪ] **I** *adj.* **1.** sechzigteilig; **2.** → ***sexagenarian*** I; **II** *s.* **3.** → ***sexagenarian*** II.

Sex·a·ges·i·ma (**Sun·day**) [ˌseksə'dʒesɪmə] *s.* Sonntag *m* Sexa'gesima (*8. Sonntag vor Ostern*); ˌ**sex·a'ges·i·mal** [-məl] ℞ **I** *adj.* Sexagesimal...; **II** *s.* Sexagesi'malbruch *m*.

sex·an·gu·lar [sek'sæŋgjʊlə] *adj.* □ sechseckig.

sex·cen·te·nar·y [ˌsekssen'ti:nərɪ] **I** *adj.* sechshundertjährig; **II** *s.* Sechshundert'jahrfeier *f*.

sex·en·ni·al [sek'senɪəl] *adj.* □ **1.** sechsjährig; **2.** sechsjährlich.

sex·i·ness ['seksɪnɪs] *s.* F *für* ***sex*** 3b.

sex·ism ['seksɪzəm] *s.* Se'xismus *m*; '**sex·ist** [-ɪst] **I** *adj.* se'xistisch; **II** *s.* Se'xist *m*.

sex·less ['sekslɪs] *adj. biol.* geschlechtslos (*a. fig.*), a'gamisch.

sex·ol·o·gy [sek'sɒlədʒɪ] *s. biol.* Sexu'alwissenschaft *f*.

sex·par·tite [seks'pɑ:taɪt] *adj.* sechsteilig.

'**sex·pot** *s. sl.* a) ‚Sexbombe' *f*, b) ‚Sexbolzen' *m*.

sex·tain ['sekstem] *s. Metrik*: sechszeilige Strophe.

sex·tant ['sekstənt] *s.* **1.** ⚓, *ast.* Sex'tant *m*; **2.** ℞ Kreissechstel *n*.

sex·tet(te) [seks'tet] *s.* ♪ Sex'tett *n*.

sex·to ['sekstəʊ] *pl.* **-tos** *s. typ.* 'Sexto (-forˌmat) *n*; **sex·to·dec·i·mo** [ˌsekstəʊ'desɪməʊ] *pl.* **-mos** *s.* **1.** Se'dez(forˌmat) *n*; **2.** Se'dezband *m*.

sex·ton ['sekstən] *s.* Küster *m* (u. Totengräber *m*); ~ **bee·tle** *s. zo.* Totengräber *m* (*Käfer*).

sex·tu·ple ['sekstjʊpl] **I** *adj.* sechsfach; **II** *s. das* Sechsfache; **III** *v/t. u. v/i.* (sich) versechsfachen.

sex·u·al ['seksjʊəl] *adj.* □ sexu'ell, geschlechtlich, Geschlechts..., Sexual...: ~ ***abuse*** sexu'eller Missbrauch; ~ ***harassment*** sexuelle Belästigung; ~ ***intercourse*** Geschlechtsverkehr *m*; **sex·u·al·i·ty** [ˌseksjʊ'ælətɪ] *s.* **1.** Sexuali'tät *f*; **2.** Sexu'al-, Geschlechtsleben *n*; '**sex·y** [-sɪ] *adj.* ‚sexy', ‚scharf'.

shab·bi·ness ['ʃæbɪnɪs] *s.* Schäbigkeit *f* (*a. fig.*).

shab·by ['ʃæbɪ] *adj.* □ *allg.* schäbig: a) fadenscheinig (*Kleider*), b) abgenutzt (*Sache*), c) ärmlich, her'untergekommen (*Person, Haus, Gegend etc.*), d) niederträchtig, e) geizig; ˌ~**-gen'teel** *adj.* vornehm, aber arm: ***the*** ~ die verarmten Vornehmen.

shab·rack ['ʃæbræk] *s.* ⚔ Scha'bracke *f*, Satteldecke *f*.

shack [ʃæk] **I** *s.* Hütte *f*, Ba'racke *f* (*a. contp.*); **II** *v/i.* ~ ***up*** *sl.* zs.-leben (***with*** mit).

shack·le ['ʃækl] **I** *s.* **1.** *pl.* Fesseln *pl.*, Ketten *pl.* (*a. fig.*); **2.** ⚙ Gelenkstück *n e-r Kette*; Bügel *m*, Lasche *f*; ⚓ (Anker)Schäkel *m*; ⚡ Schäkel *m*; **II** *v/t.* **3.** fesseln (*a. fig. hemmen*); **4.** ⚓, ⚙ laschen.

'**shack·town** *s. Am.* → ***shantytown***.

shad [ʃæd] *pl.* **shads**, *coll.* **shad** *s. ichth.* Alse *f*.

shade [ʃeɪd] **I** *s.* **1.** Schatten *m* (*a. paint. u. fig.*): ***put*** (*od.* ***throw***) ***into the*** ~ *fig.* in den Schatten stellen; (***the***) ~***s of Goethe!*** *iro.* (das) erinnert doch sehr an Goethe!; **2.** schattiges Plätzchen; **3.** *myth.* a) Schatten *m* (*Seele*), b) *pl.* Schatten(reich *n*) *pl.*; **4.** a) Farbton *m*, Schattierung *f* (*a. fig.*), b) dunkle Tönung; **5.** *fig.* Spur *f*, ‚I'dee' *f*: ***a*** ~ ***better*** ein kleines bisschen besser; **6.** (*Schutz-, Lampen-, Sonnen- etc.*)Schirm *m*; **7.** *Am.* Rou'leau *n*; **8.** *pl.* F Sonnenbrille *f*; **II** *v/t.* **9.** beschatten, verdunkeln (*a. fig.*); **10.** *Augen etc.* abschirmen, schützen (***from*** gegen); **11.** *paint.* a) schattieren, b) schraffieren, c) dunkel tönen; **12.** *a.* ~ ***off*** a) *fig.* abstufen, b) ✝ *Preise* nach u. nach senken, c) *a.* ~ ***away*** all'mählich 'übergehen lassen (***into*** in *acc.*), d) *a.* ~ ***away*** all'mählich verschwinden lassen; **III** *v/i.* **13.** *a.* ~ ***off*** (*od.* ***away***) a) all'mählich 'übergehen (***into*** in *acc.*), b) nach u. nach verschwinden; '**shade·less** [-lɪs] *adj.* schattenlos; '**shad·i·ness** [-dɪnɪs] *s.* **1.** Schattigkeit *f*; **2.** *fig.* Anrüchigkeit *f*; '**shad·ing** [-dɪŋ] *s. paint. u. fig.* Schattierung *f*.

shad·ow ['ʃædəʊ] **I** *s.* **1.** Schatten *m* (*a. paint. u. fig.*); Schattenbild *n*: ***live in the*** ~ im Verborgenen leben; ***worn to a*** ~ zum Skelett abgemagert; ***he is but the*** ~ ***of his former self*** er ist nur noch ein Schatten s-r selbst; ***coming events cast their*** ~***s before*** kommende Ereignisse werfen ihre Schatten voraus; ***may your*** ~ ***never grow less*** *fig.* möge es dir immer gut gehen; **2.** Schemen *m*, Phan'tom *n*: ***catch*** (*od.* ***grasp***) ***at*** ~***s*** Phantomen nachjagen; **3.** *fig.* Spur *f*, Kleinigkeit *f*: ***without a*** ~ ***of doubt*** ohne den leisesten Zweifel; **4.** *fig.* Schatten *m*, Trübung *f* (*e-r Freundschaft etc.*); **5.** *fig.* Schatten *m* (*Begleiter od. Verfolger*); **II** *v/t.* **6.** e-n Schatten werfen auf (*acc.*), verdunkeln (*beide a. fig.*); **7.** *j-n* beschatten, verfolgen; **8.** *mst* ~ ***forth*** (*od.* ***out***) a) dunkel andeuten, b) versinnbildlichen; '~ˌ**box·ing** *s. sport* Schattenboxen *n*, *fig. a.* Spiegelfechte'rei *f*; ~ **cab·i·net** *s. pol.* 'Schattenkabiˌnett *n*; ~ **fac·to·ry** *s.* Schatten-, Ausweichbetrieb *m*.

shad·ow·less ['ʃædəʊlɪs] *adj.* schattenlos; '**shad·ow·y** [-əʊɪ] *adj.* **1.** schattig: a) dämmerig, düster, b) Schatten spen-

S

dend; **2.** *fig.* schattenhaft, vage; **3.** *fig.* unwirklich.

shad·y ['ʃeɪdɪ] *adj.* □ **1.** → ***shadowy*** 1 *u.* 2: ***on the ~ side of forty*** *fig.* über die vierzig hinaus; **2.** F anrüchig, zwielichtig, fragwürdig.

shaft [ʃɑːft] *s.* **1.** (*Pfeil- etc.*)Schaft *m*; **2.** *poet.* Pfeil *m* (*a. fig. des Spottes*), Speer *m*; **3.** (Licht)Strahl *m*; **4.** ⚘ Stamm *m*; **5.** a) Stiel *m* (*Werkzeug etc.*), b) Deichsel(arm *m*) *f*, c) Welle *f*, Spindel *f*; **6.** (Fahnen)Stange *f*; **7.** Säulenschaft *m*, *a.* Säule *f*; **8.** (*Aufzugs-, Bergwerks- etc.*)Schacht *m*; → ***sink*** 17.

shag [ʃæg] **I** *s.* **1.** Zotte(l) *f*; zottiges Haar; **2.** a) (lange, grobe) Noppe, b) Plüsch(stoff) *m*; **3.** Shag(tabak) *m*; **4.** *orn.* Krähenscharbe *f*; **II** *v/t.* **5.** zottig machen, aufrauen; **III** *v/i.* **6.** *sl.* ‚bumsen'; **shag·gy** ['ʃægɪ] *adj.* □ **1.** zottig, struppig; rauhaarig: ***~-dog story*** a) surrealistischer Witz, b) kalauerhafte Geschichte; **2.** verwildert, verwahrlost; **3.** *fig.* verschroben.

sha·green [ʃæ'griːn] *s.* Cha'grin *n*, Körnerleder *n*.

shah [ʃɑː] *s.* Schah *m*.

shake [ʃeɪk] **I** *s.* **1.** Schütteln *n*, Rütteln *n*: ***~ of the hand*** Händeschütteln; ***~ of the head*** Kopfschütteln; ***give s.th. a good ~*** et. tüchtig schütteln; ***give s.o. the ~*** *Am. sl.* j-n ‚abwimmeln'; ***in two ~s*** (***of a lamb's tail***) F im Nu; **2.** (*a.* seelische) Erschütterung; (*Wind- etc.*) Stoß *m*; *Am.* F Erdstoß *m*: ***he*** (***it***) ***is no great ~s*** F mit ihm (damit) ist nicht viel los; **3.** Beben *n*: ***the ~s*** ‚Tatterich' *m*; ***all of a ~*** am ganzen Leibe zitternd; **4.** (*Milch- etc.*)Shake *m*; **5.** ♪ Triller *m*; **6.** Riss *m*, Spalt *m*; **II** *v/i.* [*irr.*] **7.** (sch)wanken; **8.** zittern, beben (*a. Stimme*) (***with*** vor *Furcht etc.*); **9.** ♪ trillern; **III** *v/t.* [*irr.*] **10.** schütteln: ***~ one's head*** den Kopf schütteln; ***~ one's finger at s.o.*** j-m mit dem Finger drohen; ***be shaken before taken!*** vor Gebrauch schütteln!; → ***hand*** *Redew.*, ***side*** 4; **11.** (*a. fig. Entschluss, Gegner, Glauben, Zeugenaussage*) erschüttern; **12.** a) *j-n* (seelisch) erschüttern, b) *j-n* aufrütteln; **13.** rütteln an (*dat.*) (*a. fig.*); **14.** ♪ *Ton* trillern;

Zssgn mit adv.:

shake| down I *v/t.* **1.** *Obst etc.* her'unterschütteln; **2.** *Stroh etc.* (zu e-m Nachtlager) ausbreiten; **3.** *Gefäßinhalt* zu'rechtschütteln; **4.** *Am. sl.* a) *j-n* ausplündern (*a. fig.*), b) erpressen, c) ‚filzen', durch'suchen; **5.** *bsd. Am.* F *Schiff, Flugzeug* testen; **II** *v/i.* **6.** sich setzen (*Masse*); **7.** a) sich ein (Nacht-) Lager zu'rechtmachen, b) ‚sich hinhauen'; **8.** *Am.* F a) sich vor'übergehend niederlassen (*an e-m Ort*), b) sich einleben, -gewöhnen, c) sich ‚einpendeln' (*Sache*), d) sich beschränken (***to*** auf *acc.*); **~ off** *v/t.* **1.** *Staub etc., a. fig. Joch, a. Verfolger etc.* abschütteln; **2.** *fig. j-n od. et.* loswerden; **~ out** *v/t.* **1.** ausschütteln; **2.** *Fahne etc.* ausbreiten; **~ up** *v/t.* **1.** *Bett, Kissen* aufschütteln; **2.** *et.* zs.-, 'umschütteln, mischen; **3.** *fig.* a) *j-n* aufrütteln, b) *j-n* arg mitnehmen; **4.** *Betrieb etc.* 'umkrempeln.

'**shake|-down** *s.* **1.** (Not)Lager *n*; **2.** *Am. sl.* a) Ausplünderung *f*, b) Erpressung *f*, c) Durch'suchung *f*; **3.** *bsd. Am.* F Testfahrt *f*, -flug *m*; ˌ**~-'hands** *s.* Händedruck *m*.

shak·en ['ʃeɪkən] **I** *p.p. von* ***shake***; **II** *adj.* **1.** erschüttert, (sch)wankend (*a. fig.*): (***badly***) **~** arg mitgenommen; **2.** → ***shaky*** 5.

'**shake-out** *s.* ✝ Gesundschrumpfung *f*; Perso'nalabbau *m*.

shak·er ['ʃeɪkə] *s.* **1.** Mixbecher *m*, (*Cocktail- etc.*)Shaker *m*; **2.** ♎ *eccl.* Zitterer *m* (*Sektierer*).

Shake·spear·i·an [ʃeɪk'spɪərɪən] **I** *adj.* shakespearisch; **II** *s.* Shakespeareforscher(in).

'**shake-up** *s.* **1.** F Aufrütt(e)lung *f*; **2.** drastische (*bsd.* perso'nelle) Veränderungen *pl.*, 'Umkrempelung *f*, -gruppierung *f*.

shak·i·ness ['ʃeɪkɪnɪs] *s.* Wack(e)ligkeit *f* (*a. fig.*).

shak·ing ['ʃeɪkɪŋ] **I** *s.* **1.** Schütteln *n*; Erschütterung *f*; **II** *adj.* **2.** Schüttel...; → ***palsy*** 1; **3.** zitternd; **4.** wackelnd.

shak·y ['ʃeɪkɪ] *adj.* □ **1.** wack(e)lig (*a. fig. Person, Gesundheit, Kredit, Kenntnisse*): ***in rather ~ English*** in ziemlich holprigem Englisch; **2.** zitt(e)rig, bebend: **~ *hands***; **~ *voice***; **3.** *fig.* (sch)wankend; **4.** *fig.* unsicher, zweifelhaft; **5.** (kern)rissig (*Holz*).

shale [ʃeɪl] *s. geol.* Schiefer(ton) *m*: **~ *oil*** Schieferöl *n*.

shall [ʃæl; ʃəl] *v/aux.* [*irr.*] **1.** *Futur: ich* werde, *wir* werden; **2.** *Befehl, Pflicht: ich, er, sie, es* soll, *du* sollst, *ihr* sollt, *wir, Sie, sie* sollen: **~ *I come?***; **3.** ⚖ *Mussbestimmung* (*im Deutschen durch Indikativ wiederzugeben*): ***any person ~ be liable ...*** jede Person ist verpflichtet ...; **4.** → ***should*** 1.

shal·lop ['ʃæləp] *s.* ⚓ Scha'luppe *f*.

shal·lot [ʃə'lɒt] *s.* ⚘ Scha'lotte *f*.

shal·low ['ʃæləʊ] **I** *adj.* □ seicht, flach (*beide a. fig. oberflächlich*); **II** *s.* (*a. pl.*) seichte Stelle, Untiefe *f*; **III** *v/t. u. v/i.* (sich) verflachen; '**shal·low·ness** [-nɪs] *s.* Seichtheit *f* (*a. fig.*).

shalt [ʃælt; ʃəlt] *obs. 2. sg. pres. von* ***shall***: ***thou ~*** du sollst.

sham [ʃæm] **I** *s.* **1.** (Vor)Täuschung *f*, (Be)Trug *m*, Heuche'lei *f*; **2.** Schwindler(in), Scharlatan *m*; **3.** Heuchler(in); **II** *adj.* **4.** vorgetäuscht, fingiert, Schein...: **~ *battle*** Scheingefecht *n*; **5.** unecht, falsch: **~ *diamond***; **~ *piety***; **III** *v/t.* **6.** vortäuschen, -spiegeln, fingieren, simulieren; **IV** *v/i.* **7.** sich (ver)stellen, heucheln: **~ *ill*** simulieren, krank spielen.

sha·man ['ʃæmən] *s.* Scha'mane *m*.

sham·a·teur ['ʃæmətə] *s.* F *sport* 'Scheinamaˌteur *m*.

sham·ble ['ʃæmbl] **I** *v/i.* watscheln; **II** *s.* watschelnder Gang.

sham·bles ['ʃæmblz] *s. pl. sg. konstr.* **1.** a) Schlachthaus *n*, b) Fleischbank *f*; **2.** *fig.* a) Schlachtfeld *n* (*a. iro. wüstes Durcheinander*), b) Trümmerfeld *n*, Bild *n* der Verwüstung, c) Scherbenhaufen *m*: ***his marriage was a ~***.

shame [ʃeɪm] **I** *s.* **1.** Scham(gefühl *n*) *f*: ***for ~!*** pfui, schäm dich!; ***feel ~ at*** sich über *et.* schämen; **2.** Schande *f*, Schmach *f*: ***be a ~ to*** → 5; **~ *on you!*** schäm dich!, pfui!; ***put s.o. to ~*** a) Schande über j-n bringen, b) j-n beschämen (*übertreffen*); ***cry ~ upon s.o.*** pfui über j-n rufen; **3.** F Schande *f* (*Gemeinheit*): ***what a ~!*** a) es ist e-e Schande!, b) es ist ein Jammer!; **II** *v/t.* **4.** *j-n* beschämen, mit Scham erfüllen: **~ *s.o. into doing s.th.*** j-n so beschämen, dass er et. tut; **5.** *j-m* Schande machen; **6.** Schande bringen über (*acc.*); '**~-faced** [-feɪst] *adj.* □ **1.** verschämt, schamhaft; **2.** schüchtern; **3.** schamrot.

shame·ful ['ʃeɪmfʊl] *adj.* □ **1.** schmachvoll, schändlich; **2.** schimpflich; **3.** unanständig, anstößig; '**shame·ful·ness** [-nɪs] *s.* **1.** Schändlichkeit *f*; **2.** Anstößigkeit *f*; '**shame·less** [-lɪs] *adj.* □ schamlos (*a. fig. unverschämt*); '**shame·less·ness** [-lɪsnɪs] *s.* Schamlosigkeit *f* (*a. fig. Unverschämtheit*).

sham·mer ['ʃæmə] *s.* **1.** Schwindler(in); **2.** Heuchler(in); **3.** Simu'lant(in).

sham·my (**leath·er**) ['ʃæmɪ] *s.* Sämisch-, Wildleder *n*.

sham·poo [ʃæm'puː] **I** *v/t.* **1.** *Kopf, Haare* schamponieren, waschen; **2.** *j-m* den Kopf *od.* das Haar waschen; **II** *s.* **3.** Haar-, Kopfwäsche *f*: **~ *and set*** Waschen u. Legen *n*; **4.** Sham'poo *n*, Schampon *n* (*Haarwaschmittel*).

sham·rock ['ʃæmrɒk] *s.* **1.** ⚘ Weißer Feldklee; **2.** Shamrock *m* (*Kleeblatt als Wahrzeichen Irlands*).

sham·us ['ʃeɪməs] *s. Am. sl.* **1.** ‚Schnüffler' *m* (*Detektiv*); **2.** ‚Bulle' *m* (*Polizist*).

shan·dy ['ʃændɪ] *s. Mischgetränk aus Bier u. Limonade*: a) *nordd.* Alsterwasser *n*, b) *südd.* ‚Radler' *m*.

shang·hai [ʃæŋ'haɪ] *v/t.* F **1.** ⚓ schang'haien (*gewaltsam anheuern*); **2.** *fig. j-n* zwingen (***into doing*** *et.* zu tun).

shank [ʃæŋk] *s.* **1.** a) 'Unterschenkel *m*, Schienbein *n*, b) F Bein *n*, c) Hachse *f* (*vom Schlachttier*): ***go on ♎'s pony*** (*od.* ***mare***) auf Schusters Rappen reiten; **2.** (*Anker-, Bolzen-, Säulen- etc.*) Schaft *m*; **3.** (Schuh)Gelenk *n*; **4.** *typ.* (Schrift)Kegel *m*; **5.** ⚘ Stiel *m*; **shanked** [-kt] *adj.* **1.** ...schenk(e)lig; **2.** gestielt.

shan't [ʃɑːnt] F *für* ***shall not***.

shan·ty[1] ['ʃæntɪ] *s.* Shanty *n*, Seemannslied *n*.

shan·ty[2] ['ʃæntɪ] *s.* Hütte *f*, Ba'racke *f*; '**~·town** *s.* Ba'rackensiedlung *f*, -stadt *f*.

shape [ʃeɪp] **I** *s.* **1.** Gestalt *f*, Form *f* (*a. fig.*): ***in the ~ of*** in Form *e-s Briefes etc.*; ***in human ~*** in Menschengestalt; ***put*** *od.* ***get into ~*** formen, gestalten, *s-e Gedanken* ordnen; ***in no ~*** in keiner Weise; **2.** Fi'gur *f*, Gestalt *f*; **3.** feste Form, Gestalt *f*: ***take ~*** Gestalt annehmen (*a. fig.*); → ***lick*** 1; **4.** *körperliche od. geistige* Verfassung, Form *f*: ***be in*** (***good***) **~** in (guter) Form sein; **5.** ⚙ a) Form *f*, Fas'son *f*, Mo'dell *n*, b) Formteil *n*; **6.** *Küche*: a) (*Pudding- etc.*)Form *f*, b) Stürzpudding *m*; **II** *v/t.* **7.** gestalten, formen, bilden (*alle a. fig.*), *Charakter a.* prägen; **8.** anpassen (***to*** *dat.*); **9.** planen, entwerfen: **~ *the course for*** ⚓ *u. fig.* den Kurs setzen auf (*acc.*); **10.** ⚙ formen; **III** *v/i.* **11.** Gestalt *od.* Form annehmen, sich formen; **12.** sich entwickeln, sich gestalten: **~ (*up*) *well*** sich ‚machen' *od.* gut anlassen, viel versprechend sein; **~ *up*** F e-e endgültige Form annehmen, sich (gut) entwickeln; **13.** **~ *up to*** a) Boxstellung einnehmen gegen, b) *fig. j-n* herausfordern; **shaped** [-pt] *adj.* geformt, ...gestaltet, ...förmig; '**shape·less** [-lɪs] *adj.* □ **1.** form-, gestaltlos; **2.** unförmig; '**shape·less·ness** [-lɪsnɪs] *s.* **1.** Fom-, Gestaltlosigkeit *f*; **2.** Unförmigkeit *f*; '**shape·li·ness** [-lɪnɪs] *s.* Wohlgestalt *f*, schöne Form; '**shape·ly** [-lɪ] *adj.* wohlgeformt, schön, hübsch; '**shap·er** [-pə] *s.* **1.** Former(in), Gestalter(in); **2.** ⚙ a) 'Waagrecht-'Stoßma,schine *f*, b) Schnellhobler *m*.

shard [ʃɑːd] *s*. **1.** (Ton)Scherbe *f*; **2.** *zo.* (harte) Flügeldecke (*Insekt*).

share[1] [ʃeə] *s*. (Pflug)Schar *f*.

share[2] [ʃeə] **I** *s*. **1.** (An)Teil *m* (*a. fig.*): ***fall to s.o.'s ~*** j-m zufallen; ***go ~s with*** mit *j-m* teilen (***in s.th.*** et.); ***~ and ~ alike*** zu gleichen Teilen; **2.** (An)Teil *m*, Beitrag *m*; Kontin'gent *n*: ***do one's ~*** sein(en) Teil leisten; ***take a ~ in*** sich beteiligen an (*dat.*); ***have*** (*od.* ***take***) ***a large ~ in*** e-n großen Anteil haben an (*dat.*); **3.** ✝ Beteiligung *f*, Geschäftsanteil *m*; Kapi'taleinlage *f*: ***~ in a ship*** Schiffspart *m*; **4.** ✝ a) Gewinnanteil *m*, b) Aktie *f*, c) ⚒ Kux *m*: ***hold ~s in*** Aktionär in *e-r Gesellschaft* sein; **II** *v/t.* **5.** (*a. fig. sein Bett, e-e Ansicht, den Ruhm etc.*) teilen (***with*** mit); **6.** *mst* ***~ out*** aus-, verteilen; **7.** teilnehmen, -haben an (*dat.*); sich an *den Kosten etc.* beteiligen; **III** *v/i.* **8.** ***~ in*** → 7; **9.** sich teilen (***in*** in *acc.*); ***~ cer·tif·i·cate*** *s.* ✝ *Brit.* 'Aktienzertifi,kat *n*; **'~,crop·per** *s. Am. kleiner* Farmpächter (*der s-e Pacht mit e-m Teil der Ernte entrichtet*); ***~ de·nom·i·na·tion*** *s.* Aktienstückelung *f*; **'~,hold·er** *s.* ✝ *Brit.* Aktio'när(in): ***~s' meeting*** Aktionärsversammlung *f*; ***~ list*** *s.* ✝ *Brit.* (Aktien)Kurszettel *m*; ***~ mark·et*** *s.* ✝ *Brit.* Aktienmarkt *m*; **'~·out** [-əraʊt] *s.* Aus-, Verteilung *f*; **'~·ware** *s. coll. Computer*: Shareware *f* (*Computerprogramme, die ausprobiert werden können, bevor man für sie bezahlt*).

shark [ʃɑːk] *s*. **1.** *ichth.* Hai(fisch) *m*; **2.** *fig.* Gauner *m*, Betrüger *m*; **3.** *fig.* Schma'rotzer *m*; **4.** *Am. sl.* ,Ka'none' *f* (*Könner*).

sharp [ʃɑːp] **I** *adj.* □ **1.** scharf (*Messer etc., a. Gesichtszüge, Kurve etc.*); **2.** spitz (*Giebel etc.*); **3.** steil; **4.** *fig. allg.* scharf: a) deutlich (*Gegensatz, Umrisse etc.*), b) herb (*Geschmack*), c) schneidend (*Befehl, Stimme*), schrill (*Schrei, Ton*), d) heftig (*Schmerz etc.*), schneidend (*a. Frost, Wind*), e) hart (*Antwort, Kritik*), spitz (*Bemerkung, Zunge*), f) schnell (*Tempo, Spiel etc.*): ***~'s the word*** F mach fix!; **5.** scharf, wachsam (*Auge, Ohr*); angespannt (*Aufmerksamkeit*); **6.** scharfsinnig, gescheit, aufgeweckt, ,auf Draht': ***~ at figures*** gut im Rechnen; **7.** gerissen, raffiniert: ***~ practice*** Gaunerei *f*; **8.** F ele'gant, schick; **9.** ♪ a) (zu) hoch, b) (*durch Kreuz* um e-n Halbton) erhöht, c) Kreuz...: ***C ~*** Cis *n*; **10.** *ling.* stimmlos (*Konsonant*); **II** *adv.* **11.** scharf; **12.** plötzlich; **13.** pünktlich, genau: ***at 3 o'clock ~*** Punkt 3 Uhr, genau um 3 Uhr; **14.** schnell: ***look ~*** mach schnell!; **15.** ♪ zu hoch; **III** *v/i. u. v/t.* **16.** ♪ zu hoch singen *od.* spielen; **17.** betrügen; **IV** *s.* **18.** *pl.* lange Nähnadeln *pl.*; **19.** *pl.* ✝ *Brit.* grobes Kleienmehl; **20.** ♪ a) Kreuz *n*, b) Erhöhung *f*, Halbton *m*, c) nächsthöhere Taste; **21.** F → ***sharper***; **,~-'cut** *adj.* **1.** scharf (geschnitten); **2.** fest um'rissen, deutlich; **,~-'edged** *adj.* scharfkantig.

sharp·en ['ʃɑːpən] **I** *v/t.* **1.** *Messer etc.* schärfen, schleifen, wetzen; *Bleistift etc.* (an)spitzen; **2.** *fig. j-n* ermuntern *od.* anspornen; *Sinn, Verstand* schärfen; *Appetit* anregen; **3.** *Rede etc.* verschärfen; *s-r Stimme etc.* e-n scharfen Klang geben; **II** *v/i.* **4.** scharf *od.* schärfer werden, sich verschärfen (*a. fig.*);

'sharp·en·er [-pnə] *s.* (*Bleistift- etc.*) Spitzer *m*.

sharp·er ['ʃɑːpə] *s.* **1.** Gauner *m*, Betrüger *m*; **2.** Falschspieler *m*.

,sharp-'eyed → ***sharp-sighted***.

sharp·ness ['ʃɑːpnɪs] *s.* **1.** Schärfe *f*, Spitzigkeit *f*; **2.** *fig.* Schärfe *f* (*Herbheit, Strenge, Heftigkeit*); **3.** (Geistes)Schärfe *f*, Scharfsinn *m*; Gerissenheit *f*; **4.** (*phot.* Rand)Schärfe *f*, Deutlichkeit *f*.

,sharp|-'set *adj.* **1.** (heiß)hungrig; **2.** *fig.* scharf, erpicht (***on*** auf *acc.*); **'~-,shoot·er** *s.* Scharfschütze *m*; **,~-'sight·ed** *adj.* **1.** scharfsichtig; **2.** *fig.* scharfsinnig; **,~-'tongued** *adj. fig.* scharfzüngig (*Person*); **,~-'wit·ted** *adj.* scharfsinnig.

shat·ter ['ʃætə] **I** *v/t.* **1.** zerschmettern, -schlagen, -trümmern (*alle a. fig.*); *fig. Hoffnungen* zerstören; **2.** *Gesundheit, Nerven* zerrütten: ***I was*** (***absolutely***) ***~ed*** F ich war ,am Boden zerstört'; **II** *v/i.* **3.** in Stücke brechen, zerspringen; **'shat·ter·ing** [-ərɪŋ] *adj.* □ **1.** vernichtend (*a. fig.*); **2.** *fig.* a) 'umwerfend, e'norm, b) entsetzlich, verheerend; **'shat·ter·proof** *adj.* ⚙ a) bruchsicher, b) splitterfrei, -sicher (*Glas*).

shave [ʃeɪv] **I** *v/t.* **1.** (***o.s.*** sich) rasieren: ***~ (off)*** *Bart* abrasieren; ***get ~d*** rasiert werden; **2.** *Rasen etc.* (kurz) scheren; *Holz* (ab)schälen *od.* glatthobeln; *Häute* abschaben; **3.** streifen, *a.* knapp vor'beikommen an (*dat.*); **II** *v/i.* **4.** sich rasieren; **5.** ***~ through*** F (gerade noch) ,'durchrutschen' (*in e-r Prüfung*); **III** *s.* **6.** Ra'sur *f*, Rasieren *n*: ***have*** (*od.* ***get***) ***a ~*** sich rasieren (lassen); ***have a close*** (*od.* ***narrow***) ***~*** F *fig.* mit knapper Not davonkommen; ***that was a close ~*** F ,das hätte ins Auge gehen können'; ***by a ~*** F um ein Haar; **7.** (Ab)Schabsel *n*, Span *m*; **8.** ⚙ Schabeisen *n*; **9.** *obs.* F Schwindel *m*, Betrug *m*; **'shave·ling** [-lɪŋ] *s. obs. contp.* **1.** Pfaffe *m*; **2.** Mönch *m*; **'shav·en** [-vn] *adj.* **1.** (***clean-~*** glatt) rasiert; **2.** (kahl) geschoren (*Kopf*); **'shav·er** [-və] *s.* **1.** Bar'bier *m*; **2.** Ra'sierappa,rat *m*; **3.** *mst* ***young ~*** F Grünschnabel *m*.

Sha·vi·an ['ʃeɪvjən] *adj.* shawsch, für G. B. Shaw charakte'ristisch: ***~ humo(u)r*** shawscher Humor.

shav·ing ['ʃeɪvɪŋ] *s.* **1.** Rasieren *n*: ***~ brush*** (***cream, mirror***) Rasierpinsel *m* (-creme *f*, -spiegel *m*); ***~ foam*** Rasierschaum *m*; ***~ head*** Scherkopf *m*; ***~ soap, ~ stick*** Rasierseife *f*; **2.** *mst pl.* Schnitzel *m, n*, (Hobel)Span *m*.

shawl [ʃɔːl] *s.* **1.** 'Umhängetuch *n*; **2.** Kopftuch *n*.

shawm [ʃɔːm] *s.* ♪ Schal'mei *f*.

she [ʃiː; ʃɪ] **I** *pron.* **1.** a) sie (*3. sg. für alle weiblichen Lebewesen*), b) (*beim Mond*) er, (*bei Ländern*) es, (*bei Schiffen mit Namen*) sie, (*bei Schiffen ohne Namen*) es, (*bei Motoren u. Maschinen, wenn personifiziert*) er, es; **2.** sie, die (-jenige); **II** *s.* **3.** Sie *f*: a) Mädchen *n*, Frau *f*, b) Weibchen *n* (*Tier*); **III** *adj. in Zssgn* **4.** weiblich: ***~-bear*** Bärin *f*; ***~-dog*** Hündin *f*; **5.** *contp.* Weibs...: ***~-devil*** Weibsteufel *m*.

sheaf [ʃiːf] **I** *pl.* **-ves** [-vz] *s.* **1.** ↗ Garbe *f*; **2.** (*Papier-, Pfeil-, phys. Strahlen-*) Bündel *n*: ***~ of fire*** ⚔ Feuer-, Geschossgarbe *f*; **II** *v/t.* **3.** → ***sheave***[1].

shear [ʃɪə] **I** *v/t.* [*irr.*] **1.** scheren: ***~ sheep***; **2.** *a.* ***~ off*** (ab)scheren, abschneiden; **3.** *fig.* berauben; → ***shorn***; **4.** *fig. j-n* ,schröpfen'; **5.** *poet. mit dem Schwert* (ab)hauen; **II** *v/i.* [*irr.*] **6.** ↗ sicheln, mähen; **III** *s.* **7.** *pl.* große Schere; ⚙ Me'tall-, Blechschere *f*; **8.** → ***shearing force, shearing stress***; **'shear·er** [-rə] *s.* **1.** (Schaf)Scherer *m*; **2.** Schnitter *m*.

shear·ing ['ʃɪərɪŋ] *s.* **1.** Schur *f* (*Schafescheren od. Schurertrag*); **2.** *phys.* (Ab-)Scherung *f*; **3.** *Scot. od. dial.* Mähen *n*, Mahd *f*; ***~ force*** *s. phys.* Scher-, Schubkraft *f*; ***~ strength*** *s. phys.* Scherfestigkeit *f*; ***~ stress*** *s. phys.* Scherbeanspruchung *f*.

shear·ling ['ʃɪəlɪŋ] *s.* erst 'einmal geschorenes Schaf.

shear| pin *s.* ⚙ Scherbolzen *m*; ***~ stress*** → ***shearing stress***; **'~,wa·ter** *s. orn.* Sturmtaucher *m*.

sheath [ʃiːθ] *s.* **1.** (*Schwert- etc.*)Scheide *f*; **2.** Futte'ral *n*, Hülle *f*; **3.** ⚘, *zo.* Scheide *f*; **4.** *zo.* Flügeldecke *f* (*Käfer*); **5.** Kon'dom *n, m*; **6.** Futte'ralkleid *n*; **sheathe** [ʃiːð] *v/t.* **1.** *das Schwert* in die Scheide stecken; **2.** in e-e Hülle *od.* ein Futte'ral stecken; **3.** *bsd.* ⚙ um'hüllen, -'manteln, über'ziehen; *Kabel* armieren; **sheath·ing** ['ʃiːðɪŋ] *s.* ⚙ Verschalung *f*, -kleidung *f*; Beschlag *m*; 'Überzug *m*, Mantel *m*; (Kabel)Bewehrung *f*.

sheave[1] [ʃiːv] *v/t.* ↗ in Garben binden.

sheave[2] [ʃiːv] *s.* ⚙ Scheibe *f*, Rolle *f*.

sheaves [ʃiːvz] **1.** *pl. von* ***sheaf***; **2.** *pl. von* ***sheave***[2].

she·bang [ʃə'bæŋ] *s. Am. sl.* **1.** ,Bude' *f*, ,Laden' *m*; **2.** ***the whole ~*** der ganze Plunder *od.* Kram.

shed[1] [ʃed] *s.* **1.** Schuppen *m*; **2.** Stall *m*; **3.** ✈ *kleine* Flugzeughalle; **4.** Hütte *f*.

shed[2] [ʃed] *v/t.* [*irr.*] F **1.** verschütten, *a. Blut, Tränen* vergießen; **2.** ausstrahlen, -strömen, *Duft, Licht, Frieden etc.* verbreiten; → ***light*** 1; **3.** *Wasser* abstoßen (*Stoff*); **4.** *biol. Laub, Federn etc.* abwerfen, *Hörner* abstoßen, *Zähne* verlieren: ***~ one's skin*** sich häuten; **5.** *Winterkleider etc., a. fig. Gewohnheit, a. iro. Freunde* ablegen.

she'd [ʃiːd] F *für* a) ***she would***, b) ***she had***.

sheen [ʃiːn] *s.* Glanz *m* (*bsd. von Stoffen*), Schimmer *m*.

sheen·y[1] ['ʃiːnɪ] *adj.* glänzend.

sheen·y[2] ['ʃiːnɪ] *s. sl.* ,Itzig' *m* (*Jude*).

sheep [ʃiːp] *pl.* **sheep** *s.* **1.** *zo.* Schaf *n*: ***cast ~'s eyes at s.o.*** j-m schmachtende Blicke zuwerfen; ***separate the ~ and the goats*** *bibl.* die Schafe von den Böcken trennen; ***you might as well be hanged for a ~ as*** (***for***) ***a lamb!*** wennschon, dennschon!; → ***black sheep***; **2.** *fig. contp.* Schaf *n* (*Person*); **3.** *pl. fig.* Schäflein *pl.*, Herde *f* (*Gemeinde e-s Pfarrers etc.*); **4.** Schafleder *n*; ***~ dip*** *s.* Desinfekti'onsbad *n* für Schafe; **'~·dog** *s.* Schäferhund *m*; **'~·farm** *s. Brit.* Schaf(zucht)farm *f*; **'~,farm·ing** *s. Brit.* Schafzucht *f*; **'~·fold** *s.* Schafhürde *f*.

sheep·ish ['ʃiːpɪʃ] *adj.* □ **1.** schüchtern; **2.** einfältig, blöd(e); **3.** verlegen, ,belämmert'.

'sheep|·man [-mən] *s.* [*irr.*] *Am.* Schafzüchter *m*; **'~·pen** → ***sheepfold***; ***~ run*** → ***sheepwalk***; **'~,shear·ing** *s.* Schafschur *f*; **'~·skin** *s.* **1.** Schaffell *n*; **2.** (*a.* Perga'ment *n* aus) Schafleder *n*; **3.** F a) Urkunde *f*, b) Di'plom *n*; **'~·walk** *s.* Schafweide *f*.

sheer[1] [ʃɪə] **I** *adj.* □ **1.** bloß, rein, pur, nichts als: ***~ nonsense***; ***by ~ force*** mit bloßer *od.* nackter Gewalt; **2.** völlig, glatt: ~ ***impossibility***; **3.** rein, unvermischt, pur: ~ ***ale***; **4.** steil, jäh; **5.** hauchdünn (*Textilien*); **II** *adv.* **6.** völlig; **7.** senkrecht; **8.** di'rekt.

sheer² [ʃɪə] **I** *s.* **1.** ⚓ a) Ausscheren *n*, b) Sprung *m* (*Deckerhöhung*); **II** *v/i.* **2.** ⚓ abscheren, (ab)gieren (*Schiff*); **3.** *fig. a.* ~ ***away*** (***from***) a) abweichen (von), b) sich losmachen (von); ~ ***off*** *v/i.* **1.** → ***sheer²*** 2; **2.** abhauen; **3.** ~ ***from*** aus dem Wege gehen (*dat.*).

sheet [ʃiːt] **I** *s.* **1.** Betttuch *n*, (Bett)Laken *n*; Leintuch *n*: ***stand in a white*** ~ reumütig s-e Sünden bekennen; (***as***) ***white as a*** ~ *fig.* kreidebleich; **2.** (*typ.* Druck)Bogen *m*, Blatt *n* (*Papier*): ***a blank*** ~ *fig.* ein unbeschriebenes Blatt; ***a clean*** ~ *fig.* e-e reine Weste; ***in*** (***the***) ~***s*** (noch) nicht gebunden, ungefalzt (*Buch*); **3.** Bogen *m* (*von Briefmarken*); **4.** a) Blatt *n*, Zeitung *f*, b) (Flug-) Schrift *f*; **5.** ⚙ (dünne) (*Blech-*, *Glas- etc.*)Platte *f*; **6.** *metall.* (Fein)Blech *n*; **7.** weite Fläche (*von Wasser etc.*); (wogende) Masse; (*Feuer-*, *Regen*)Wand *f*; *geol.* Schicht *f*: ***rain came down in*** ~***s*** es regnete in Strömen; **8.** ⚓ Schot(e) *f*, Segelleine *f*: ***have three*** ~***s in the wind*** *sl.* ‚sternhagelvoll' sein; **9.** ⚓ Vorder- (*u.* Achter)teil *m*, *n* (*Boot*); **II** *v/t.* **10.** *Bett* beziehen; **11.** (in Laken) (ein)hüllen; **12.** ⚙ mit Blech verkleiden; **13.** *a.* ~ ***home*** *Segel* anholen; ~ **an·chor** *s.* ⚓ Notanker *m* (*a. fig.*); ~ **cop·per** *s.* Kupferblech *n*; ~ **glass** *s.* Tafelglas *n*.

sheet·ing ['ʃiːtɪŋ] *s.* **1.** Betttuchstoff *m*; **2.** Blechverkleidung *f*.

sheet| i·ron *s.* Eisenblech *n*; ~ **light·ning** *s.* **1.** Wetterleuchten *n*; **2.** Flächenblitz *m*; ~ **met·al** *s.* (Me'tall)Blech *n*; ~ **mu·sic** *s.* Noten(blätter) *pl.*; ~ **steel** *s.* Stahlblech *n*.

sheik(h) [ʃeɪk] *s.* **1.** Scheich *m*; **2.** *fig.* F a) ‚Scheich' *m* (*Freund*), b) *Am.* ‚Schwarm' *m* (*Person*); '**sheik(h)·dom** [-dəm] *s.* Scheichtum *n*.

shek·el ['ʃekl] *s.* **1.** a) S(ch)ekel *m* (*hebräische Gewichts- u. Münzeinheit*), b) Schekel *m* (*Münzeinheit in Israel*); **2.** *pl.* F ‚Zaster' *m* (*Geld*).

shel·drake ['ʃeldreɪk] *s. orn.* Brandente *f*.

shelf [ʃelf] *pl.* **shelves** [-vz] *s.* **1.** (Bücher-, Wand-, Schrank)Brett *n*; ('Bücher-, 'Waren- *etc.*)Re‚gal *n*, Bord *n*, Fach *n*, Sims *m*: ***be put*** (*od.* ***laid***) ***on the*** ~ *fig.* a) ausrangiert werden (*a. Beamter etc.*), b) auf die lange Bank geschoben werden; ***get on the*** ~ ‚sitzen bleiben' (*Mädchen*); **2.** Riff *n*, Felsplatte *f*; **3.** ⚓ a) Schelf *m*, *n*, Küstensockel *m*, b) Sandbank *f*; **4.** *geol.* Festlandssockel *m*, Schelf *m*, *n*; ~ **fill·er** *s.* Re'galauffüller *m*; ~ **life** *s.* ✝ Lagerfähigkeit *f*; '~‚**warm·er** *s.* ‚Ladenhüter' *m*.

shell [ʃel] **I** *s.* **1.** *allg.* Schale *f*; **2.** *zo.* a) Muschelschale *f*, b) Schneckenhaus *n*, c) Flügeldecke *f* (*Käfer*), d) Rückenschild *m* (*Schildkröte*): ***come out of one's*** ~ *fig.* aus sich herausgehen; ***retire into one's*** ~ *fig.* sich in sein Schneckenhaus zurückziehen; **3.** (Eier-) Schale *f*: ***in the*** ~ a) (noch) unausgebrütet, b) *fig.* noch in der Entwicklung; **4.** a) Muschel *f*, b) Perlmutt *n*, c) Schildpatt *n*; **5.** (Nuss- *etc.*)Schale *f*, Hülse *f*; **6.** ⚓, ✈ Schale *f*, Außenhaut *f*; (Schiffs)Rumpf *m*; **7.** Gerippe *n*, Gerüst *n* (*a. fig.*), ⚠ *a.* Rohbau *m*; **8.** ⚙ Kapsel *f*, (*Scheinwerfer- etc.*)Gehäuse *n*; **9.** ⚔ a) Gra'nate *f*, b) Hülse *f*, c) *Am.* Pa'trone *f*; **10.** ('Feuerwerks)Ra‚kete *f*; **11.** *Küche*: (Pa'steten)Hülle *f*; **12.** *phys.* (Elek'tronen)Schale *f*; **13.** *sport* (leichtes) Renn(ruder)boot; **14.** (*Degen- etc.*)Korb *m*; **15.** *fig. das* (bloße) Äußere; **16.** *ped. Brit.* Mittelstufe *f*; **II** *v/t.* **17.** schälen; *Erbsen etc.* enthülsen; *Nüsse* knacken; *Körner* von der Ähre *od.* vom Kolben entfernen; **18.** ⚔ (mit Gra'naten) beschießen; ~ **out** *v/t. u. v/i. sl.* ‚blechen' (*bezahlen*).

shel·lac [ʃə'læk] **I** *s.* **1.** ⚗ Schellack *m*; **II** *v/t. pret. u. p.p.* **shel'lacked** [-kt] **2.** mit Schellack behandeln; **3.** *fig. Am. sl. j-n* ‚vermöbeln'.

'**shell‚cra·ter** *s.* ⚔ Gra'nattrichter *m*.

shelled [ʃeld] *adj.* ...schalig.

shell| egg *s.* Frischei *n*; '~**·fish** *s. zo.* Schalentier *n*; ~ **game** *s. Am.* Falschspielertrick *m* (*a. fig.*).

shell·ing ['ʃelɪŋ] *s.* ⚔ Beschuss *m*, (Artille'rie)Feuer *n*.

shell| shock *s.* ⚔ 'Kriegsneu‚rose *f*; ~ **suit** *s. Brit.* Jogginganzug *m* (*aus Ballonseide od. mit Polyesteraußenseite*).

shel·ter ['ʃeltə] **I** *s.* **1.** Schutzhütte *f*, -dach *n*; Schuppen *m*; **2.** Obdach *n*, Herberge *f*; **3.** Zuflucht *f*; **4.** Schutz *m*: ***take*** (*od.* ***seek***) ~ Schutz suchen (***with*** bei, ***from*** vor *dat.*); **5.** ⚔ a) Bunker *m*, 'Unterstand *m*, b) Deckung *f*; **II** *v/t.* **6.** (be)schützen, beschirmen (***from*** vor *dat.*): ***a*** ~***ed life*** ein behütetes Leben; **7.** schützen, bedecken, über'dachen; **8.** *j-m* Schutz *od.* Zuflucht gewähren: ~ ***o.s.*** *fig.* sich verstecken (***behind*** hinter *j-m etc.*); ~***ed trade*** ✝ *Brit.* (*durch Zölle*) geschützter Handelszweig; ~***ed workshop*** beschützende Werkstatt; **9.** *j-n* beherbergen; **III** *v/i.* **10.** Schutz suchen; sich 'unterstellen; ~ **half** *s.* [*irr.*] ⚔ *Am.* Zeltbahn *f*.

shelve¹ [ʃelv] *v/t.* **1.** *Bücher* (in ein Re'gal) einstellen, auf ein (Bücher)Brett stellen; **2.** *fig.* a) *et.* zu den Akten legen, bei'seite legen, b) *j-n* ausrangieren; **3.** aufschieben; **4.** mit Fächern *od.* Re'galen versehen.

shelve² [ʃelv] *v/i.* (sanft) abfallen.

shelves [ʃelvz] *pl. von* ***shelf***.

shelv·ing¹ ['ʃelvɪŋ] *s.* (Bretter *pl.* für) Fächer *pl. od.* Re'gale *pl.*

shelv·ing² ['ʃelvɪŋ] *adj.* schräg, abfallend.

she·nan·i·gan [ʃɪ'nænɪɡən] *s. mst pl.* F **1.** ‚Mumpitz' *m*, ‚fauler Zauber'; **2.** Trick *m*; **3.** ‚Blödsinn' *m*, Streich *m*.

shep·herd ['ʃepəd] **I** *s.* **1.** (Schaf)Hirt *m*, Schäfer *m*; **2.** *fig. eccl.* (Seelen)Hirt *m* (*Geistlicher*): ***the*** (***good***) ♀ *bibl.* der Gute Hirte (*Christus*); **II** *v/t.* **3.** *Schafe etc.* hüten; **4.** *fig. Menschenmenge etc.* treiben, führen, ‚bugsieren'; '**shep·herd·ess** [-dɪs] *s.* (Schaf)Hirtin *f*, Schäferin *f*.

shep·herd's| crook *s.* Hirtenstab *m*; ~ **dog** *s.* Schäferhund *m*; ~ **pie** *s.* Auflauf *m* aus Hackfleisch u. Kar'toffelbrei; ~ **purse** *s.* ⚘ Hirtentäschel *n*.

sher·bet ['ʃɜːbət] *s.* **1.** Sor'bett *n*, *m* (*Frucht-*, *Eisgetränk*); **2.** *bsd. Am.* Fruchteis *n*; **3.** *a.* ~ ***powder*** Brausepulver *n*.

sherd [ʃɜːd] → ***shard***.

sher·iff ['ʃerɪf] *s.* ⚖ Sheriff *m*: a) *in England, Wales u. Irland der höchste Verwaltungsbeamte e-r Grafschaft*, b) *in den USA der gewählte höchste Exekutivbeamte e-s Verwaltungsbezirkes*, c) *in Schottland e-e Art Amtsrichter.*

sher·ry ['ʃerɪ] *s.* Sherry *m*.

she's [ʃiːz; ʃɪz] F *für* a) ***she is***, b) ***she has***.

shew [ʃəʊ] *obs. für* ***show***.

shib·bo·leth ['ʃɪbəleθ] *s. fig.* **1.** Schib'boleth *n*, Erkennungszeichen *n*, -wort *n*; **2.** Kastenbrauch *m*; **3.** Platti'tüde *f*.

shield [ʃiːld] **I** *s.* **1.** Schild *m*; **2.** Schutzschild *m*, -schirm *m*; **3.** *fig.* a) Schutz *m*, Schirm *m*, b) (Be)Schützer(in); **4.** ⚡, ⚙ (Ab)Schirmung *f*; **5.** Arm-, Schweißblatt *n*; **6.** *zo.* (Rücken)Schild *m*, Panzer *m* (*Insekt etc.*); **7.** *her.* (Wappen-) Schild *m*; **II** *v/t.* **8.** (be)schützen, (be-) schirmen (***from*** vor *dat.*); **9.** *bsd. b.s. j-n* decken; **10.** ⚡, ⚙ (ab)schirmen; '~-‚**bear·er** *s.* Schildknappe *m*; ~ **fern** *s.* ⚘ Schildfarn *m*; ~ **forc·es** *s. pl.* ⚔ Schildstreitkräfte *pl.*

shiel·ing ['ʃiːlɪŋ] *s. Scot.* **1.** (Vieh)Weide *f*; **2.** Hütte *f*.

shift [ʃɪft] **I** *v/i.* **1.** den Platz *od.* die Lage wechseln, sich bewegen; **2.** sich verlagern (*a.* ⚖ *Beweislast*), sich verwandeln (*a. Szene*), sich verschieben (*a. ling.*), wechseln; **3.** ⚓ 'überschießen, sich verlagern (*Ballast*, *Ladung*); **4.** die Wohnung wechseln; **5.** 'umspringen (*Wind*); **6.** *mot.* schalten: ~ ***up*** (***down***) hinaufschalten (herunterschalten); **7.** *Kugelstoßen*: angleiten; **8.** ~ ***for o.s.*** a) auf sich selbst gestellt sein, b) sich selbst (weiter)helfen, sich durchschlagen; **9.** Ausflüchte machen; **10.** *mst* ~ ***away*** F sich da'vonmachen; **II** *v/t.* **11.** (aus-, 'um)wechseln, (aus)tauschen; → ***ground*** 2; **12.** (*a. fig.*) verschieben, -lagern, (*a. Schauplatz*, ⚔ *das Feuer*) verlegen; *Betrieb* 'umstellen (***to*** auf *acc.*); *thea. Kulissen* schieben; **13.** ⚙ schalten, ausrücken, verstellen, *Hebel* 'umlegen: ~ ***gears*** *mot.* schalten; **14.** ⚓ a) *Schiff* verholen, b) *Ladung* 'umstauen; **15.** *Kleidung* wechseln; **16.** *Schuld*, *Verantwortung* (ab)schieben, abwälzen ([***up***]***on*** auf *acc.*); **17.** *j-n* loswerden; **18.** *Am.* F a) *Essen etc.* ‚wegputzen', b) *Schnaps etc.* ‚kippen'; **III** *s.* **19.** Verschiebung *f*, -änderung *f*, -lagerung *f*, Wechsel *m*; **20.** ✝ (Arbeits)Schicht *f* (*Arbeiter od. Arbeitszeit*); **21.** Ausweg *m*, Hilfsmittel *n*, Notbehelf *m*: ***make*** (***a***) ~ a) sich durchschlagen, b) es fertig bringen, es möglich machen (***to do*** zu tun), c) sich behelfen (***with*** mit, ***without*** ohne); **22.** Kniff *m*, List *f*, Ausflucht *f*; **23.** ~ ***of crop*** ✓ *Brit.* Fruchtwechsel *m*; **24.** *geol.* Verwerfung *f*; **25.** ♪ a) Lagenwechsel *m* (*Streichinstrumente*), b) Zugwechsel *m* (*Posaune*), c) Verschiebung *f* (*Klavierpedal etc.*); **26.** *ling.* Lautverschiebung *f*; **27.** *Kugelstoßen*: Angleiten *n*; **28.** *obs.* ('Unter-) Hemd *n der Frau*; '**shift·er** [-tə] *s.* **1.** *thea.* Ku'lissenschieber *m*; **2.** *fig.* schlauer Fuchs; **3.** ⚙ a) Schalter *m*, b) Ausrückvorrichtung *f*; '**shift·i·ness** [-tɪnɪs] *s.* **1.** Gewandtheit *f*; **2.** Verschlagenheit *f*; **3.** Unzuverlässigkeit *f*; '**shift·ing** [-tɪŋ] *adj.* sich verschiebend, veränderlich: ~ ***sand*** Treib-, Flugsand *m*.

shift key *s.* a) *Computer*: 'Shift-Taste *f*, 'Umschalttaste *f*, b) *Schreibmaschine*: 'Umschalter *m*.

shift·less ['ʃɪftlɪs] *adj.* □ **1.** hilflos (*a. fig. unfähig*); **2.** unbeholfen, einfallslos; **3.** träge, faul.

shift| lock *s. Computer*: Feststelltaste *f*; ~ **work** *s.* **1.** Schichtarbeit *f*; **2.** *ped.* 'Schicht‚unterricht *m*; ~ **work·er** *s.* Schichtarbeiter(in).

S

shift·y ['ʃɪftɪ] *adj.* ☐ **1.** a) wendig, b) schlau, gerissen, c) verschlagen, falsch; **2.** *fig.* unstet.

shil·ling ['ʃɪlɪŋ] *s. Brit. obs.* Schilling *m*: ***a ~ in the pound*** 5 Prozent; ***pay twenty ~s in the pound*** s-e Schulden *etc.* auf Heller u. Pfennig bezahlen; ***cut s.o. off with a ~*** j-n enterben; **~ shock·er** *s.* 'Schundro,man *m*.

shil·ly-shal·ly ['ʃɪlɪ,ʃælɪ] **I** *v/i.* zögern, schwanken; **II** *s.* Schwanken *n*, Zögern *n*; **III** *adj. u. adv.* zögernd, schwankend.

shim [ʃɪm] ⚙ *s.* Keil *m*, Klemmstück *n*, Ausgleichsscheibe *f*.

shim·mer ['ʃɪmə] **I** *v/i.* schimmern; **II** *s.* Schimmer *m*; '**shim·mer·y** [-ərɪ] *adj.* schimmernd.

shim·my ['ʃɪmɪ] **I** *s.* **1.** Shimmy *m* (*Tanz*); **2.** ⚙ Flattern *n* (*der Vorderräder*); **3.** F (Damen)Hemd *n*; **II** *v/i.* **4.** Shimmy tanzen; **5.** ⚙ flattern (*Vorderräder*).

shin [ʃɪn] **I** *s.* **1.** Schienbein *n*; **2.** ***~ of beef*** Rinderhachse *f*; **II** *v/i.* **3.** ***~ up*** *e-n Baum etc.* hin'aufklettern; **4.** *Am.* rennen; **III** *v/t.* **5.** *j-n* ans Schienbein treten; **6.** ***~ o.s.*** sich das Schienbein verletzen; '**~·bone** *s.* Schienbein(knochen *m*) *n*.

shin·dig ['ʃɪndɪg] *s.* **1.** *sl.* ,Schwof' *m*, Tanz(veranstaltung *f*) *m*; *weitS.* (,wilde') Party; **2.** → ***shindy***.

shin·dy ['ʃɪndɪ] *s.* F Krach *m*, Ra'dau *m*.

shine [ʃaɪn] **I** *v/i.* [*irr.*] **1.** scheinen; leuchten, strahlen (*a. Augen etc.*; ***with joy*** vor Freude): ***~ out*** hervorleuchten, *fig.* herausragen; ***~ (up)on*** *et.* beleuchten; ***~ up to*** *Am. sl.* sich bei *j-m* anbiedern; **2.** glänzen (*a. fig. sich hervortun* ***as*** als, ***at*** in *dat.*); **II** *v/t.* [*irr.*] **3.** F *Schuhe etc.* polieren; **III** *s.* **4.** (*Sonnen- etc.*)Schein *m*; → ***rain*** 1; **5.** Glanz *m*: ***take the ~ out of*** a) *e-r Sache* den Glanz nehmen, b) *et. od. j-n* in den Schatten stellen; **6.** Glanz *m* (*bsd. auf Schuhen*): ***have a ~?*** Schuhputzen gefällig?; **7.** ***kick up a ~*** F Radau machen; **8.** ***take a ~ to s.o.*** F j-n ins Herz schließen; '**shin·er** [-nə] *s.* **1.** glänzender Gegenstand; **2.** *sl.* a) Goldmünze *f* (*bsd. Sovereign*), b) Dia'mant *m*, c) *pl.* ,Kies' *m* (*Geld*); **3.** *sl.* ,Veilchen' *n*, blaues *od.* blau geschlagenes Auge.

shin·gle¹ ['ʃɪŋgl] **I** *s.* **1.** (Dach)Schindel *f*; **2.** Herrenschnitt *m* (*Damenfrisur*); **3.** *Am.* F (Firmen)Schild *n*: ***hang out one's ~*** sich (als Arzt *etc.*) etablieren, ,s-n eigenen Laden aufmachen'; **II** *v/t.* **4.** mit Schindeln decken; **5.** *Haar* (sehr) kurz schneiden: ***~d hair*** → 2.

shin·gle² ['ʃɪŋgl] *s. Brit.* **1.** grober Strandkies(el) *m*; **2.** Kiesstrand *m*.

shin·gle³ ['ʃɪŋgl] *v/t. metall.* zängen.

shin·gles ['ʃɪŋglz] *s. pl. sg. konstr.* ⚕ Gürtelrose *f*.

shin·gly ['ʃɪŋglɪ] *adj.* kies(el)ig.

shin·ing ['ʃaɪnɪŋ] *adj.* ☐ leuchtend (*a. fig. Beispiel*), strahlend; glänzend (*a. fig.*): ***a ~ light*** e-e Leuchte (*Person*).

shin·ny ['ʃɪnɪ] *v/i. Am.* F klettern.

shin·y ['ʃaɪnɪ] *adj. allg.* glänzend: a) leuchtend (*a. fig.*), funkelnd (*a. Auto etc.*), b) strahlend (*Tag etc.*), c) blank (geputzt), d) abgetragen: ***a ~ jacket***.

ship [ʃɪp] **I** *s.* **1.** ⚓ *allg.* Schiff *n*: ***~'s articles*** → ***shipping articles***; ***~'s company*** Besatzung *f*; ***~'s husband*** Mitreeder *m*; ***~'s papers*** Schiffspapiere; ***~ of the desert*** *fig.* Wüstenschiff (*Kamel*); ***take ~*** sich einschiffen (***for*** nach); ***about ~!*** klar zum Wenden!; ***when my ~ comes home*** *fig.* wenn ich mein Glück mache; **2.** ⚓ Vollschiff *n* (*Segelschiff*); **3.** Boot *n*; **4.** *Am.* a) Luftschiff *n*, b) Flugzeug *n*, c) Raumschiff *n*; **II** *v/t.* **5.** an Bord bringen *od.* (*a. Passagiere*) nehmen, verladen; **6.** ⚓ verschiffen, transportieren; **7.** ☤ a) verladen, b) versenden, -frachten, (aus-) liefern (*a. zu Lande*), c) *Ware zur Verladung* abladen, d) ⚓ *Ladung* über'nehmen: ***~ a sea*** e-e See (*Sturzwelle*) übernehmen; **8.** ⚓ *Ruder* einlegen, *Mast* einsetzen: ***~ the oars*** die Riemen einlegen; **9.** ⚓ *Matrosen* (an)heuern; **10.** F *a.* ***~ off*** fortschicken; **III** *v/i.* **11.** sich einschiffen; **12.** sich anheuern lassen; **~ bis·cuit** *s.* Schiffszwieback *m*; '**~·board** *s.*: ***on ~*** an Bord; '**~·borne air·craft** *s.* ✈ Bordflugzeug *n*; '**~,build·er** *s.* ⚓ 'Schiffsarchi,tekt *m*, -bauer *m*; '**~,build·ing** *s.* ⚓ Schiff(s)bau *m*; **~ ca·nal** *s.* ⚓ 'Seeka,nal *m*; **~ chan·dler** *s.* Schiffsausrüster *m*; '**~·load** *s.* (volle) Schiffsladung (*als Maß*); '**~,mas·ter** *s.* ⚓ ('Handels)Kapi,tän *m*.

ship·ment ['ʃɪpmənt] *s.* **1.** ⚓ a) Verladung *f*, b) Verschiffung *f*, 'Seetrans,port *m*, c) (Schiffs)Ladung *f*; **2.** ☤ (*a. zu Lande*) a) Versand *m*, b) (Waren)Sendung *f*, Lieferung *f*.

'**ship,own·er** *s.* Reeder *m*.

ship·per ['ʃɪpə] *s.* ☤ **1.** Verschiffer *m*, Ablader *m*; **2.** Spedi'teur *m*.

ship·ping ['ʃɪpɪŋ] *s.* **1.** Verschiffung *f*; **2.** ☤ a) Abladung *f* (*Anbordnahme*), b) Verfrachtung *f*, Versand *m* (*a. zu Lande etc.*); **3.** ⚓ *coll.* Schiffsbestand *m* (*e-s Landes etc.*); **~ a·gent** *s.* **1.** 'Schiffsa,gent *m*; **2.** Schiffsmakler *m*; **~ ar·ti·cles** *s. pl.* ⚓ 'Schiffsar,tikel *pl.*, Heuervertrag *m*; **~ bill** *s. Brit.* Mani'fest *n*; **~ clerk** *s.* ☤ Leiter *m* der Versandabteilung; **~ com·pa·ny** *s.* ⚓ Reede'rei *f*; **~ fore·cast** *s.* Seewetterbericht *m*.

'**ship|·shape** *pred. adj. u. adv.* in tadelloser Ordnung, blitzblank; **,~-to-'ship** *adj.* Bord-Bord-...; **,~-to-'shore** *adj.* Bord-Land-...; '**~·way** *s.* Stapel *m*, Helling *f*; '**~·wreck I** *s.* **1.** ⚓ Wrack *n*; **2.** Schiffbruch *m*, *fig. a.* Scheitern *n von Plänen etc.*: ***make ~ of*** → 4; **II** *v/t.* **3.** scheitern lassen: ***be ~ed*** schiffbrüchig werden *od.* sein; **4.** *fig.* zum Scheitern bringen, vernichten; **III** *v/i.* **5.** Schiffbruch erleiden, scheitern (*beide a. fig.*); '**~·wright** *s.* **1.** → ***shipbuilder***; **2.** Schiffszimmermann *m*; '**~·yard** *s.* (Schiffs)Werft *f*.

shir [ʃɜː] → ***shirr***.

shire ['ʃaɪə] *s.* **1.** brit. Grafschaft *f*; **2.** au'stralischer Landkreis; **3.** *a.* ***~ horse*** *ein schweres Zugpferd*.

shirk [ʃɜːk] **I** *v/t.* sich drücken vor (*dat.*); **II** *v/i.* sich drücken (***from*** vor *dat.*); '**shirk·er** [-kə] *s.* Drückeberger *m*.

shirr [ʃɜː] **I** *s.* e'lastisches Gewebe, eingewebte Gummischnur, Zugband *n*; **II** *v/t. Gewebe* kräuseln; **shirred** [ʃɜːd] *adj.* e'lastisch, gekräuselt.

shirt [ʃɜːt] *s.* **1.** (Herren-, Ober-, *a.* 'Unter-, Nacht)Hemd *n*: ***get s.o.'s ~ out*** j-n ,auf die Palme bringen'; ***give away the ~ off one's back*** sein letztes Hemd *für j-n* hergeben; ***keep one's ~ on*** *sl.* sich nicht aufregen; ***lose one's ~*** ,sein letztes Hemd verlieren'; ***put one's ~ on*** *sl.* alles auf *ein Pferd etc.* setzen; **2.** *a.* ***~ blouse*** Hemdbluse *f*; **~ front** *s.* Hemdbrust *f*.

shirt·ing ['ʃɜːtɪŋ] *s.* Hemdenstoff *m*.

'**shirt-sleeve I** *s.* Hemdsärmel *m*: ***in one's ~s*** in Hemdsärmeln; **II** *adj. fig.* ,hemdsärmelig', ungezwungen, le'ger: ***~ diplomacy*** offene Diplomatie.

shirt·y ['ʃɜːtɪ] *adj. sl.* unverschämt, ungehobelt.

shit [ʃɪt] V **I** *s.* **1.** Scheiße *f*: ***have a ~*** scheißen; **2.** *fig.* ,Scheiße' *f*, ,Scheiß (-dreck)' *m*; **3.** *fig.* Arschloch *n*; **4.** *pl.* ,Scheiße'rei' *f*; **5.** *sl.* ,Shit' *n* (*Haschisch*); **II** *v/i.* [*irr.*] **6.** scheißen: ***~ on*** a) auf *j-n od. et.* scheißen, b) *fig. j-n* ,verpfeifen'; **III** *v/t.* **7.** voll scheißen, scheißen in (*acc.*); **shit·ty** ['ʃɪtɪ] *adj.* ,beschissen'.

shiv·er¹ ['ʃɪvə] **I** *s.* **1.** Splitter *m*, (Bruch-) Stück *n*, Scherbe *f*; **2.** *min.* Dachschiefer *m*; **II** *v/t.* **3.** zersplittern, zerschmettern; **III** *v/i.* **4.** (zer)splittern.

shiv·er² ['ʃɪvə] **I** *v/i.* **1.** (***with*** vor *dat.*) zittern, (er)schauern, frösteln; **2.** flattern (*Segel*); **II** *s.* **3.** Schauer *m*, Zittern *n*, Frösteln *n*: ***the ~s*** a) ⚕ der Schüttelfrost, b) F *fig.* das kalte Grausen; '**shiv·er·ing** [-vərɪŋ] *s.* Schauer(n *n*) *m*: ***~ fit*** Schüttelfrost *m*; '**shiv·er·y** [-ərɪ] *adj.* **1.** fröstelnd; **2.** fiebrig.

shoal¹ [ʃəʊl] **I** *s.* Schwarm *m*, Zug *m von Fischen*; *fig.* Unmenge *f*, Masse *f*; **II** *v/i.* in Schwärmen auftreten.

shoal² [ʃəʊl] **I** *s.* **1.** Untiefe *f*, seichte Stelle; Sandbank *f*; **2.** *fig.* Klippe *f*; **II** *adj.* **3.** seicht; **III** *v/i.* **4.** seicht(er) werden; '**shoal·y** [-lɪ] *adj.* seicht.

shoat [ʃəʊt] *s. Am. gerade entwöhntes Ferkel*, junges Schwein.

shock¹ [ʃɒk] **I** *s.* **1.** Stoß *m*, Erschütterung *f* (*a. fig. des Vertrauens etc.*); **2.** Zs.-stoß *m*, Zs.-prall *m*, Anprall *m*; **3.** ⚕ (Nerven)Schock *m*, Schreck *m*, (plötzlicher) Schlag (***to*** für), *seelische* Erschütterung (***to*** *gen.*): ***be in (a state of) ~*** e-n Schock haben; ***get the ~ of one's life*** a) zu Tode erschrecken, b) sein blaues Wunder erleben; ***with a ~*** mit Schrecken; **4.** Schock *m*, Ärgernis *n* (***to*** für); **5.** ϟ Schlag *m*, (*a.* ⚕ E'lektro-) Schock *m*; **II** *v/t.* **6.** erschüttern, erbeben lassen; **7.** *fig.* schockieren, em'pören: ***~ed*** empört *od.* entrüstet (***at*** über *acc.*, ***by*** durch); **8.** *fig. j-m* e-n Schock versetzen, *j-n* erschüttern: ***I was ~ed to hear*** zu m-m Entsetzen hörte ich; **9.** *j-m* e-n e'lektrischen Schlag versetzen; ⚕ *j-n* schocken.

shock² [ʃɒk] ⚘ **I** *s.* Mandel *f*, Hocke *f*; **II** *v/t.* in Mandeln aufstellen.

shock³ [ʃɒk] **I** *s.* (***~ of hair*** Haar)Schopf *m*; **II** *adj.* zottig: ***~ head*** Strubbelkopf *m*.

shock| ab·sorb·er *s.* ⚙ **1.** Stoßdämpfer *m*; **2.** 'Schwingme,tall *n*; **~ ab·sorp·tion** *s.* ⚙ Stoßdämpfung *f*.

shock·er ['ʃɒkə] *s.* **1.** *allg.* ,Schocker' *m*; **2.** Elektri'sierappa,rat *m*.

'**shock-,head·ed** *adj.* strubb(e)lig: ***~ Peter*** (der) Struwwelpeter.

shock·ing ['ʃɒkɪŋ] **I** *adj.* ☐ **1.** schockierend, em'pörend, unerhört, anstößig; **2.** entsetzlich, haarsträubend; **3.** F scheußlich, schrecklich, mise'rabel; **II** *adv.* F **4.** schrecklich, unheimlich (*groß etc.*); **~ pink I** *adj.* pink(farben); **II** *s.* Pink *n*.

'**shock|·proof** *adj.* ⚙ stoß-, erschütterungsfest; **~ tac·tics** *s. pl. sg. konstr.* ⚔ 'Durchbruchs-, Stoßtaktik *f*; **~ ther·a·py, ~ treat·ment** *s.* ⚕ 'Schockthera,pie *f*, -behandlung *f*; **~ troops** *s. pl.* ⚔ Stoßtruppen *pl.*; **~ wave** *s.* Druckwelle *f*; *fig.* Erschütterung *f*,

Schock *m*; **~ work·er** *s. DDR etc.*: Stoßarbeiter *m*.

shod [ʃɒd] **I** *pret. u. p.p. von* **shoe**; **II** *adj.* **1.** beschuht; **2.** beschlagen (*Pferd, Stock etc.*); **3.** bereift.

shod·dy [ˈʃɒdɪ] **I** *s.* **1.** Shoddy *n*, (langfaserige) Reißwolle; **2.** Shoddytuch *n*; **3.** *fig.* Schund *m*, Kitsch *m*; **4.** *fig.* Protzentum *n*; **II** *adj.* **5.** Shoddy...; **6.** *fig.* a) unecht, falsch: ***~ aristocracy*** Talmiaristokratie *f*, b) kitschig, Schund...: ***~ literature***, c) protzig.

shoe [ʃuː] **I** *s.* **1.** (*bsd. Brit.* Halb)Schuh *m*: ***dead men's ~s*** *fig.* ungeduldig erwartetes Erbe; ***be in s.o.'s ~s*** *fig.* in j-s Haut stecken; ***know where the ~ pinches*** *fig.* wissen, wo der Schuh drückt; ***shake in one's ~s*** *fig.* vor Angst schlottern; ***step into s.o.'s ~s*** j-s Stelle einnehmen; ***that is another pair of ~s*** *fig.* das sind zwei Paar Stiefel; ***now the ~ is on the other foot*** F jetzt will er *etc.* (plötzlich) nichts mehr davon wissen; **2.** Hufeisen *n*; **3.** ⚙ Schuh *m*, (Schutz)Beschlag *m*; **4.** ⚙ a) Bremsschuh *m*, -klotz *m*, b) Bremsbacke *f*; **5.** ⚙ (Reifen)Decke *f*; **6.** ⚡ Gleitschuh *m*; **II** *v/t.* [*irr.*] **7.** a) beschuhen, b) *Pferd, a. Stock* beschlagen; **ˈ~·black** *s.* Schuhputzer *m*; **ˈ~·horn** *s.* Schuhlöffel *m*; **ˈ~·lace** *s.* Schnürsenkel *m*; **ˈ~ˌmak·er** *s.* Schuhmacher *m*: ***~'s thread*** Pechdraht *m*; **ˈ~·shine** *s. Am.* Schuhputzen *n*: ***~ boy*** Schuhputzer *m*; **ˈ~·string I** *s.* → ***shoelace***: ***on a ~*** F mit ein paar Groschen, praktisch mit nichts *anfangen etc.*; **II** *adj.* F a) fiˈnanzschwach, b) ‚klein', c) armselig.

shone [ʃɒn] *pret. u. p.p. von* **shine**.

shoo [ʃuː] **I** *int.* **1.** husch!, sch!, fort!; **II** *v/t.* **2.** *a.* ***~ away*** *Vögel etc.* verscheuchen; **3.** *Am.* F *j-n* ‚scheuchen'; **III** *v/i.* **4.** husch! *od.* sch! rufen.

shook¹ [ʃʊk] *bsd. Am. s.* **1.** Bündel *n* Fassdauben; **2.** Pack *m* Kistenbretter; **3.** → ***shock²*** I.

shook² [ʃʊk] *pret. von* **shake**.

shoot [ʃuːt] **I** *s.* **1.** a) (*a.* Wett)Schießen *n*, b) Schuss *m*; **2.** *hunt.* a) Jagd *f*, b) ˈJagd(reˌvier *n*) *f*, c) Jagdgesellschaft *f*, d) *Am.* Strecke *f*; **3.** *Am.* Raˈketenabschuss *m*; **4.** *phot.* (Film)Aufnahme *f*; **5.** (Holz- *etc.*)Rutsche *f*, Rutschbahn *f*; **6.** Stromschnelle *f*; **7.** ⚘ Schössling *m*, Trieb *m*; **II** *v/t.* [*irr.*] **8.** *Pfeil, Kugel etc.* (ab)schießen, (-)feuern: ***~ questions at s.o.*** j-n mit Fragen bombardieren; → ***shoot off*** I; **9.** a) *Wild* schießen, erlegen, b) *a. j-n* anschießen, c) *a.* ***~ dead*** *j-n* erschießen (**for** wegen); **10.** *hunt.* in *e-m Revier* jagen; **11.** *sport Ball, Tor* schießen; **12.** ⚓ *Sonne etc.* schießen (*Höhe messen*); → ***moon*** 1; **13.** *fig. Strahl etc.* schießen, senden: ***~ a glance at*** e-n schnellen Blick werfen auf (*acc.*); **14.** a) *Film, Szene* drehen, b) ‚schießen', aufnehmen, fotografieren; **15.** *fig.* stoßen, schleudern, werfen; **16.** *fig.* unter *e-r Brücke etc.* hinˈdurchschießen, über *e-e Stromschnelle etc.* hinˈwegschießen; **17.** *Riegel* vorschieben; **18.** *mit Fäden* durchˈschießen, -ˈwirken; **19.** *a.* ***~ forth*** ⚘ *Knospen etc.* treiben; **20.** *Müll, Karren etc.* abladen, auskippen; **21.** *Fass* schroten; **22.** ⚕ (ein)spritzen; → ***shoot up*** 2; **III** *v/i.* [*irr.*] **23.** *a. sport* schießen, feuern (**at** nach, auf *acc.*): ***~!*** *Am. sl.* schieß los! (*sprich!*); **24.** *hunt.* jagen, schießen: ***go ~ing*** auf die Jagd gehen; **25.** *fig.* (daˈhin-, vorˈbei- *etc.*)schießen, (-)jagen, (-)rasen: ***~ ahead*** nach vorn schießen, voranstürmen; ***~ ahead of*** vorbeischießen an (*dat.*), überholen; **26.** stechen (*Schmerz, Glied*); **27.** *a.* ***~ forth*** ⚘ sprossen, keimen; **28.** a) filmen, b) fotografieren; **29.** ⚓ ˈüberschießen (*Ballast*); **30.** *sl.* fixen;

Zssgn mit adv.:

shoot| down *v/t.* **1.** *j-n* niederschießen; **2.** *Flugzeug etc.* abschießen; **3.** F ‚abschmettern'; **~ off I** *v/t. Waffe* abschießen: ***~ one's mouth*** a) ‚blöd daherreden', b) ‚quatschen', ‚(weiter-)tratschen'; **II** *v/i.* stechen (*bei gleicher Trefferzahl*); **~ out I** *v/t.* **1.** *Auge etc.* ausschießen; **2.** ***shoot it out*** die Sache mit ‚blauen Bohnen' entscheiden; **3.** herˈausschleudern, hinˈauswerfen; **4.** *Faust, Fuß* vorschnellen (lassen); *Zunge* herˈausstrecken; **5.** herˈausragen lassen; **II** *v/i.* **6.** ⚘ herˈvorsprießen; **7.** vor-, herˈausschnellen; **~ up I** *v/t.* **1.** *sl.* zs.-schießen; **2.** *sl. Heroin etc.* ‚drücken'; **II** *v/i.* **3.** in die Höhe schießen, rasch wachsen (*Pflanze, Kind*); **4.** emˈporschnellen (*a.* ✝ *Preise*); **5.** (jäh) aufragen (*Klippe etc.*).

shoot·er [ˈʃuːtə] *s.* **1.** Schütze *m*, Schützin *f*; **2.** F ‚Schießeisen' *n*.

shoot·ing [ˈʃuːtɪŋ] **I** *s.* **1.** a) Schießen *n*, b) Schießeˈrei *f*; **2.** Erschießen *n*; **3.** *fig.* Stechen *n* (*Schmerz*); **4.** *hunt.* a) Jagd *f*, b) Jagdrecht *n*, c) ˈJagdreˌvier *n*; **5.** Aufnahme(n *pl.*) *f zu e-m Film*, Dreharbeiten *pl.*; **II** *adj.* **6.** schießend, Schieß...; **7.** *fig.* stechend (*Schmerz*); **8.** Jagd...; **~ box** *s.* Jagdhütte *f*; **~ gal·ler·y** *s.* **1.** ⚔, *sport* Schießstand *m*; **2.** Schießbude *f*; **~ i·ron** *s. sl.* ‚Schießeisen' *n*; **~ li·cense** *s.* Jagdschein *m*; **~ match** *s.* Preis-, Wettschießen *n*: ***the whole ~*** F der ganze ‚Kram'; **~ range** *s.* Schießstand *m*; **~ star** *s. ast.* Sternschnuppe *f*; **~ war** *s.* heißer Krieg, Schießkrieg *m*.

shoot·out [ˈʃuːtaʊt] *s.* **1.** Schießerei *f*; **2.** *Fußball*: Elfˈmeterschießen *n* (*bei unentschiedenem Spielausgang*).

shop [ʃɒp] **I** *s.* **1.** (Kauf)Laden *m*, Geschäft *n*: ***set up ~*** ein Geschäft eröffnen; ***shut up ~*** das Geschäft schließen, den Laden dichtmachen (*a. für immer*); ***come to the wrong ~*** F an die falsche Adresse geraten; ***all over the ~*** *sl.* a) überall verstreut, b) in alle Himmelsrichtungen; **2.** ⚙ Werkstatt *f*; **3.** a) Betrieb *m*, Faˈbrik *f*, b) Abˈteilung *f in e-r Fabrik*: ***talk ~*** fachsimpeln; ***sink the ~*** F a) nicht vom Geschäft reden, b) s-n Beruf verheimlichen; → ***closed shop***, ***open shop***; **4.** *bsd. Brit. sl.* a) ‚Laden' *m* (*Institut etc.*), ‚Penne' *f* (*Schule*), ‚Uni' *f* (*Universität*), b) ‚Kittchen' *n* (*Gefängnis*); **II** *v/i.* **5.** einkaufen, Einkäufe machen: ***go ~ping***; ***~ around*** F a) *vor dem Einkauf* die Preise vergleichen, b) *fig.* sich umsehen (**for** nach); **III** *v/t.* **6.** *bsd. Brit. sl.* a) *j-n* ‚verpfeifen', b) *j-n* ‚ins Kittchen bringen'; **~ as·sist·ant** *s. Brit.* Verkäufer(in); **~ com·mit·tee** *s.* ✝ *Am.* Betriebsrat *m*; **ˈ~ˌfit·ter** *s.* Ladeneinrichter *m*, -ausstatter *m*; **~ floor** *s.* **1.** Produktiˈonsstätte *f*; **2.** Arbeiter *pl.*, Belegschaft *f*; **ˈ~·girl** *s.* Ladenmädchen *n*; **ˈ~ˌkeep·er** *s.* Ladenbesitzer(in): ***nation of ~s*** *fig. contp.* Krämervolk *n*; **ˈ~ˌkeep·ing** *s.* **1.** Kleinhandel *m*; **2.** Betrieb *m e-s* (Laden)Geschäfts; **ˈ~ˌlift·er** *s.* Ladendieb(in); **ˈ~ˌlift·ing** *s.* Ladendiebstahl *m*.

shop·per [ˈʃɒpə] *s.* (Ein)Käufer(in);

shop·ping [ˈʃɒpɪŋ] *s.* **1.** Einkauf *m*, Einkaufen *n* (*in Läden*): ***~ basket*** Einkaufskorb *m*; ***~ cart*** *Am.* Einkaufswagen *m*; ***~ centre*** *Brit.*, ***~ center*** *Am.* Einkaufszentrum *n*; ***~ list*** Einkaufsliste *f*, -zettel *m*; ***~ trolley*** *Brit.* Einkaufswagen *m*; ***do one's ~*** (seine) Einkäufe machen; **2.** Einkäufe *pl.* (*Ware*).

ˌshop|-ˈsoiled *adj.* **1.** ✝ angestaubt, beschädigt; **2.** *fig.* abgenutzt; **~ stew·ard** *s.* ✝ (gewerkschaftlicher) Vertrauensmann; **ˈ~·talk** *s.* Fachsimpeˈlei *f*; **ˈ~ˌwalk·er** *s. Brit.* (Aufsicht führender) Abˈteilungsleiter (*im Kaufhaus*); **ˌ~ˈwin·dow** *s.* Schaufenster *n*, Auslage *f*: ***put all one's goods in the ~*** *fig.* ‚ganz auf Wirkung machen'; **ˈ~·worn** → ***shop-soiled***.

shore¹ [ʃɔː] **I** *s.* **1.** Stütz-, Strebebalken *m*, Strebe *f*; **2.** ⚓ Schore *f* (*Spreizholz*); **II** *v/t.* **3.** *mst* ***~ up*** a) abstützen, b) *fig.* (unter)ˈstützen.

shore² [ʃɔː] **I** *s.* **1.** Küste *f*, Strand *m*, Ufer *n*, Gestade *n*: ***my native ~*** *fig.* mein Heimatland; **2.** ⚓ Land *n*: ***on ~*** an(s) Land; ***in ~*** in Küstennähe; **II** *adj.* **3.** Küsten..., Strand..., Land...: ***~ battery*** ⚔ Küstenbatterie *f*; ***~ leave*** ⚓ Landurlaub *m*; **ˈshore·less** [-lɪs] *adj.* ohne Ufer, uferlos (*a. poet. fig.*); **ˈshore·ward** [-wəd] **I** *adj.* küstenwärts gelegen *od.* gerichtet *etc.*; **II** *adv. a.* ***~s*** küstenwärts, (nach) der Küste zu.

shorn [ʃɔːn] *p.p. von* **shear**: ***~ of*** *fig.* e-r *Sache* beraubt.

short [ʃɔːt] **I** *adj.* □ → ***shortly***; **1.** *räumlich u. zeitlich* kurz: ***a ~ life***; ***a ~ memory***; ***a ~ street***; ***a ~ time ago*** vor kurzer Zeit, vor kurzem; ***~ sight*** Kurzsichtigkeit *f* (*a. fig.*); ***get the ~ end of the stick*** *Am.* F schlecht wegkommen (*bei e-r Sache*); ***have by the ~ hairs*** *Am.* F *j-n od. et.* ‚in der Tasche' haben; **2.** kurz, gedrungen, klein; **3.** zu kurz (**for** für): ***fall*** (*od.* ***come***) ***~ of*** *fig. et.* nicht erreichen, *den Erwartungen etc.* nicht entsprechen, hinter (*dat.*) zurückbleiben; **4.** *fig.* kurz, knapp: ***a ~ speech***; ***be ~ for*** die Kurzform sein von; **5.** kurz angebunden, barsch (**with** gegen); **6.** knapp, unzureichend: ***~ rations***; ***~ weight*** Fehlgewicht *n*; ***run ~*** knapp werden; **7.** knapp (**of** an *dat.*): ***~ of breath*** kurzatmig; ***~ of cash*** knapp bei Kasse; ***they ran ~ of bread*** das Brot ging ihnen aus; **8.** knapp, nicht ganz: ***a ~ hour*** (***mile***); **9.** geringer, weniger (**of** als): ***nothing ~ of*** nichts weniger als, geradezu (→ *a.* 17); **10.** mürbe (*Gebäck etc.*): ***~ pastry*** Mürbeteig *m*; **11.** *metall.* brüchig; **12.** *bsd.* ✝ kurzfristig, *Wechsel etc.* auf kurze Sicht: ***at ~ date*** kurzfristig; ***at ~ notice*** a) kurzfristig (kündbar), b) schnell, prompt; **13.** ✝ *Börse*: a) Baisse..., b) ungedeckt, deckungslos: ***sell ~***; **14.** a) klein, in e-m Gläs-chen serviert, b) stark (*Getränk*); **II** *adv.* **15.** kurz(erhand), plötzlich, abˈrupt: ***cut s.o. ~***, ***take s.o. up ~*** j-n (jäh) unterbrechen; ***be taken ~*** F ‚dringend (austreten) müssen'; ***stop ~*** plötzlich innehalten (→ *a.* 17); **16.** zu kurz; **17.** ***~ of*** a) knapp *od.* kurz vor (*dat.*), b) *fig.* abgesehen von, außer (*dat.*): ***anything ~ of murder***; ***~ of lying*** ehe ich lüge; ***stop ~ of*** zurückschrecken vor (*dat.*); **III** *s.* **18.** *et.* Kurzes, *z. B.* Kurzfilm *m*; **19.** ***in ~*** kurzum; ***called Bill for ~*** kurz *od.* der Kürze halber Bill genannt; **20.** ⚡ F ‚Kurze(r)' *m* (*Kurz-*

schluss); **21.** ✝ a) 'Baissespeku,lant *m*, b) *pl.* ohne Deckung verkaufte 'Wertpa,piere *pl. od.* Waren *pl.*; **22.** *ling.* a) kurzer Vo'kal, b) kurze Silbe; **23.** *pl.* a) Shorts *pl.*, kurze Hose, b) *Am.* kurze 'Unterhose; **IV** *v/t.* **24.** F → ***short-circuit*** 1, 2; **'short·age** [-tɪdʒ] *s.* **1.** Knappheit *f*, Mangel *m* (**of** an *dat.*); **2.** Fehlbetrag *m*, Defizit *n*.

'short|·bread, **'~·cake** *s.* Mürbe-, Teekuchen *m*; **,~'change** *v/t.* F *j-m* zu wenig (Wechselgeld) her'ausgeben; *fig. j-n* ‚übers Ohr hauen'; **~ cir·cuit** *s.* ⚡ Kurzschluss *m*; **,~-'cir·cuit** *v/t.* **1.** ⚡ e-n Kurzschluss verursachen in (*dat.*); **2.** ⚡ kurzschließen; **3.** *fig.* F a) *et.* ‚torpedieren', b) *et.* um'gehen; **,~'com·ing** *s.* **1.** Unzulänglichkeit *f*; **2.** Fehler *m*, Mangel *m*; **3.** Pflichtversäumnis *n*; **4.** Fehlbetrag *m*; **~ cut** *s.* Abkürzung *f* (*Weg*); *fig.* abgekürztes Verfahren: ***take a ~*** (den Weg) abkürzen; **,~-'dat·ed** *adj.* ✝ kurzfristig: **~ *bond***; **,~-'dis·tance** *adj.* Nah...

short·en ['ʃɔːtn] **I** *v/t.* **1.** (ab-, ver)kürzen, kürzer machen; *Bäume etc.* stutzen; *fig.* vermindern; **2.** ⚓ *Segel* reffen; **3.** *Teig* mürbe machen; **II** *v/i.* **4.** kürzer werden; **5.** fallen (*Preise*); **'short·en·ing** [-nɪŋ] *s.* **1.** (Ab-, Ver)Kürzung *f*; **2.** (Ver)Minderung *f*; **3.** Backfett *n*.

'short|·fall *s.* Fehlbetrag *m*; **'~·hand I** *s.* **1.** Kurzschrift *f*; **II** *adj.* **2.** in Kurzschrift (geschrieben), stenografiert; **3.** Kurzschrift...: **~ *typist*** Stenotypistin *f*; **~ *writer*** Stenograf(in); **,~-'hand·ed** *adj.* knapp an Arbeitskräften; **~ haul** *s.* Nahverkehr *m*; **'~·horn** *s. zo.* Shorthorn *n*, Kurzhornrind *n*.

short·ie ['ʃɔːtɪ] → ***shorty***.

short·ish ['ʃɔːtɪʃ] *adj.* etwas *od.* ziemlich kurz (geraten).

short| list *s.*: ***be on the ~*** in der engeren Wahl sein; **'~-list** *v/t. j-n* in die engere Wahl ziehen; **,~-'lived** [-'lɪvd] *adj.* kurzlebig, *fig. a.* von kurzer Dauer.

short·ly ['ʃɔːtlɪ] *adv.* **1.** in Kürze, bald: **~ *after*** kurz (da)nach; **2.** in kurzen Worten; **3.** kurz (angebunden), schroff; **short·ness** ['ʃɔːtnɪs] *s.* **1.** Kürze *f*; **2.** Schroffheit *f*; **3.** Knappheit *f*, Mangel *m* (**of** an *dat.*): **~ *of breath*** Kurzatmigkeit *f*; **4.** Mürbe *f* (*Gebäck etc.*).

'short|-range *adj.* **1.** Kurzstrecken..., Nah..., ✕ *a.* Nahkampf...; **2.** *fig.* kurzfristig; **~ rib** *s. anat.* falsche Rippe; **~ sale** *s.* ✝ Leerverkauf *m*; **,~-'sight·ed** [-'saɪtɪd] *adj.* ☐ kurzsichtig (*a. fig.*); **,~-'sight·ed·ness** [-'saɪtɪdnɪs] *s.* Kurzsichtigkeit *f* (*a. fig.*); **,~-'spo·ken** *adj.* kurz angebunden, schroff; **,~-'staffed** *adj.* perso'nell 'unterbesetzt; **~ sto·ry** *s.* Kurzgeschichte *f*; **~ tem·per** *s.* Reizbarkeit *f*, Heftigkeit *f*; **,~-'tem·pered** *adj.* reizbar, aufbrausend; **'~-term** *adj. bsd.* ✝ kurzfristig: **~ *credit***; **~ time** *s.* ✝ Kurzarbeit *f*: ***work*** (*od.* ***be on***) **~** kurzarbeiten; **~ ton** *s. bsd. Am.* Tonne *f* (*2000 lbs.*); **~ wave** *s.* ⚡ Kurzwelle *f*; **,~-'wave** *adj.* ⚡ **1.** kurzwellig; **2.** Kurzwellen...; **~ wind** *s.* Kurzatmigkeit *f* (*a. fig.*); **,~-'wind·ed** *adj.* kurzatmig (*a. fig.*).

short·y ['ʃɔːtɪ] *s.* F **1.** ‚Knirps' *m*; **2.** a) kleines Ding, b) kurze Sache.

shot[1] [ʃɒt] **I** *pret. u. p.p. von* ***shoot***; **II** *adj.* **1.** *a.* **~ *through*** durch'schossen, gesprenkelt (*Seide etc.*); **2.** changierend, schillernd (*Stoff, Farbe*); **3.** *sl.* ‚ka'putt', erschöpft.

shot[2] [ʃɒt] *s.* **1.** Schuss *m* (*a. Knall*): ***a long ~ fig.*** ein kühner Versuch; ***by a long ~ sl.*** weitaus; ***not by a long ~*** längst nicht, kein bisschen; ***call the ~s fig.*** ‚am Drücker sein', das Sagen haben; ***like a ~*** F wie der Blitz, sofort; ***take a ~ at*** schießen auf (*acc.*); **2.** Schussweite *f*: ***out of ~*** außer Schussweite; **3.** *a.* ***small ~*** a) Schrotkugel *f*, -korn *n*, b) *coll.* Schrot(kugeln *pl.*) *m*; **4.** (Ka'nonen)Kugel *f*, Geschoss, *östr.* Geschoß *n*: ***a ~ in the locker*** F Geld in der Tasche; **5.** *guter etc.* Schütze: ***big ~*** F ‚großes *od.* hohes Tier'; **6.** *sport* Schuss *m*, Wurf *m*, Stoß *m*, Schlag *m*; **7.** *sport* Kugel *f*: → ***shot put***; **8.** a) (Film)Aufnahme *f*, (-)Szene *f*, b) *phot.* F Aufnahme *f*, Schnappschuss *m*; **9.** *fig.* Versuch *m*: ***at the third ~*** beim dritten Versuch; ***have a ~ at*** es (einmal) mit *et.* versuchen; **10.** *fig.* (Seiten)Hieb *m*; **11.** ⚕ Spritze *f* (*Injektion*): **~ *in the arm*** F *fig.* ‚Spritze' *f* (*bsd.* ✝ *finanzielle Hilfe*); **12.** F Schuss *m Rum etc.*; ‚Gläs-chen' *n Schnaps*: ***stand ~*** die Zeche (für alle) bezahlen; **13.** ⚙ a) Sprengladung *f*, b) Sprengung *f*; **14.** *Am. sl.* Chance *f*; **'~·gun** *s.* Schrotflinte *f*: **~ *wedding*** F ‚Mussheirat' *f*; **~ put** *s. sport* a) Kugelstoßen *n*, b) Stoß *m*; **'~-,put·ter** *s. sport* Kugelstoßer(in).

shot·ten ['ʃɒtn] *adj. ichth.* gelaicht habend: **~ *herring*** Laichhering *m*.

shot weld·ing *s.* ⚙ Schussschweißen *n*.

should [ʃʊd; ʃəd] **1.** *pret. von* ***shall***, *a. konditional futurisch*: *ich, er, sie, es* sollte, *du* solltest, *wir, Ihr, Sie, sie* sollten: ***I ~ have gone*** ich hätte gehen sollen; ***if he ~ come*** falls er kommen sollte; **~ *it prove false*** sollte es sich als falsch erweisen; **2.** *konditional*: *ich* würde, *wir* würden: ***I ~ go if ...***; ***I ~ not have come if*** ich wäre nicht gekommen, wenn; ***I ~ like to*** ich würde *od.* möchte gern; **3.** *nach Ausdrücken des Erstaunens*: ***it is incredible that he ~ have failed*** es ist unglaublich, dass er versagt hat.

shoul·der ['ʃəʊldə] **I** *s.* **1.** Schulter *f*, Achsel *f*: **~ *to* ~** *bsd. fig.* Schulter an Schulter; ***put one's ~ to the wheel fig.*** sich tüchtig ins Zeug legen; ***(straight) from the ~ fig.*** unverblümt, geradeheraus; ***give s.o. the cold ~ fig.*** j-m die kalte Schulter zeigen; → ***rub*** 7; ***he has broad ~s fig.*** er hat e-n breiten Rücken; **2.** Bug *m*, Schulterstück *n* (*von Tieren*): **~ *of mutton*** Hammelkeule *f*; **3.** *fig.* Schulter *f*, Vorsprung *m*; **4.** *a.* ***hard ~*** a) Ban'kett *n*, Seitenstreifen *m*, b) *mot.* Standspur *f*; **5.** ✈ 'Übergangsstreifen *m* (*Flugplatz*); **II** *v/t.* **6.** (mit der Schulter) stoßen *od.* drängen: **~ *one's way through the crowd*** sich e-n Weg durch die Menge bahnen; **7.** *et.* schultern, auf die Schulter nehmen; ✕ *Gewehr* 'übernehmen; *Aufgabe, Verantwortung etc.* auf sich nehmen; **~ bag** *s.* 'Umhängetasche *f*; **~ belt** *s.* **1.** ✕ Schulterriemen *m*; **2.** *mot.* Schultergurt *m*; **~ blade** *s. anat.* Schulterblatt *n*; **~ strap** *s.* **1.** Träger *m* (*bsd. an Damenunterwäsche*); **2.** ✕ Schulterstück *n*.

should·n't ['ʃʊdnt] F *für* ***should not***.

shout [ʃaʊt] **I** *v/i.* **1.** (laut) rufen, schreien (**for** nach): **~ *to s.o.*** j-m zurufen; **2.** schreien, brüllen (***with*** vor *Schmerz, Lachen*): **~ *at s.o.*** j-n anschreien; **3.** jauchzen (***for, with*** vor *dat.*); **II** *v/t.* **4.** (laut) rufen, schreien: **~ *disapproval*** laut sein Missfallen äußern; **~ *s.o. down*** j-n niederbrüllen; **~ *out*** a) herausschreien, b) *Namen etc.* ausrufen; **III** *s.* **5.** Schrei *m*, Ruf *m*; **6.** Geschrei *n*, Gebrüll *n*: ***a ~ of laughter*** brüllendes Lachen; **7.** ***my ~!*** F jetzt bin ich dran! (*zum Stiften von Getränken*); **'shout·ing** [-tɪŋ] *s.* Schreien *n*, Geschrei *n*: ***all is over but*** *od.* ***bar the ~*** es ist so gut wie gelaufen.

shove [ʃʌv] **I** *v/t.* **1.** *beiseite etc.* schieben, stoßen: **~ *s.o. around*** *bsd. fig.* F j-n ‚herumschubsen'; **2.** (achtlos *od.* rasch) *wohin* schieben, stecken; **II** *v/i.* **3.** schieben, stoßen; **4.** (sich) dränge(l)n; **5.** **~ *off*** a) vom Ufer abstoßen, b) *sl.* ‚abschieben', sich da'vonmachen; **III** *s.* **6.** Stoß *m*, Schubs *m*.

shov·el ['ʃʌvl] **I** *s.* **1.** Schaufel *f*; **2.** ⚙ a) Löffel *m* (*e-s Löffelbaggers*), b) Löffelbagger *m*; **II** *v/t.* **3.** schaufeln: **~ *up*** (*od.* ***in***) ***money*** Geld scheffeln; **'shov·el·ful** [-fʊl] *pl.* **-fuls** *s. e-e* Schaufel (voll).

show [ʃəʊ] **I** *s.* **1.** (Her)Zeigen *n*: ***vote by ~ of hands*** durch Handzeichen wählen; **2.** Schau *f*, Zur'schaustellung *f*: ***a ~ of force*** *fig.* e-e Demonstration der Macht; **3.** *künstlerische etc.* Darbietung, Vorführung *f*, -stellung *f*, Show *f*: ***put on a ~*** F *fig.* ‚e-e Schau abziehen'; ***steal s.o. the ~*** F *fig.* j-m ‚die Schau stehlen'; **4.** F (The'ater-, Film)Vorstellung *f*; **5.** Schau *f*, Ausstellung *f*: ***flower ~***; ***on ~*** ausgestellt, zu besichtigen(d); **6.** *prunkvoller* 'Umzug; **7.** Schaubude *f auf Jahrmärkten*; **8.** Anblick *m*: ***make a sorry ~*** e-n traurigen Eindruck hinterlassen; ***make a good ~*** (e-e) ‚gute Figur' machen; **9.** F *gute etc.* Leistung: ***good ~!*** gut gemacht!, bravo!; **10.** Protze'rei *f*, Angebe'rei *f*: ***for ~*** um Eindruck zu machen, (nur) fürs Auge; ***be fond of ~*** gern großtun; ***make a ~ of*** mit *et.* protzen (→ *a.* 11); **11.** (leerer) Schein: ***in outward ~*** nach außen hin; ***make a ~ of rage*** sich wütend stellen; **12.** Spur *f*: ***no ~ of*** keine Spur von; **13.** F Chance *f*: ***give s.o. a ~***; **14.** F ‚Laden' *m*, ‚Kiste' *f*, ‚Kram' *m*: ***run the ~ sl.*** ‚den Laden schmeißen'; ***give the (whole) ~ away*** F den ganzen Schwindel verraten; ***a dull (poor) ~*** e-e langweilige (armselige) Sache; **II** *v/t.* [*irr.*] **15.** zeigen (***s.o. s.th., s.th. to s.o.*** j-m et.), sehen lassen, *Fahrkarten etc. a.* vorzeigen, -weisen: **~ *o.s.*** *od.* ***one's face*** sich zeigen *od.* blicken lassen, *fig.* sich *grausam etc.* zeigen, sich erweisen als; **~ *s.o. the door*** j-m die Tür weisen; ***we had nothing to ~ for it*** wir hatten nichts vorzuweisen; **16.** ausstellen, (auf e-r Ausstellung) zeigen; **17.** *thea. etc.* zeigen, vorführen; **18.** *j-n ins Zimmer etc.* geleiten, führen: **~ *s.o. over the house*** j-n durch das Haus führen; **19.** *Absicht etc.* (auf)zeigen, kundtun, darlegen; **20.** zeigen, beweisen, nachweisen; ⚖ *a.* glaubhaft machen: **~ *proof*** den Beweis erbringen; ***that goes to ~ that*** das zeigt *od.* beweist, dass; **21.** zeigen, erkennen lassen, verraten: **~ *bad taste***; **22.** *Gunst etc.* erweisen; **23.** *j-m* zeigen *od.* erklären (*wie et. gemacht wird*): **~ *s.o. how to write*** j-m das Schreiben beibringen; **III** *v/i.* [*irr.*] **24.** sich zeigen, sichtbar werden *od.* sein: ***it ~s*** man sieht es; **25.** F sich *in Gesellschaft* zeigen, erscheinen;

Zssgn mit adv.:

show| forth *v/t.* darlegen, kundtun; **~ in** *v/t. j-n* her'einführen; **~ off I** *v/t.* **1.** protzen mit; **2.** *a.* **~ *to advantage*** vorteilhaft zur Geltung bringen; **II** *v/i.* **3.**

S

angeben; ~ **out** *v/t.* hin'ausgeleiten, -bringen; ~ **up I** *v/t.* **1.** her'auf-, hin'aufführen; **2.** F a) *j-n* bloßstellen, entlarven, b) *et.* aufdecken; **II** *v/i.* **3.** F ‚aufkreuzen', -tauchen, erscheinen; **4.** sich abheben (***against*** gegen).

show| biz F → ***show business***; '~·**boat** *s.* The'aterschiff *n*; ~ **busi·ness** *s.* Showbusiness *n*, Show-, Schaugeschäft *n*; ~ **card** *s.* ✝ **1.** Musterkarte *f*; **2.** 'Werbepla,kat *n* (*im Schaufenster*); '~·**case** *s.* Schaukasten *m*; '~·**down** *s.* **1.** Aufdecken *n* der Karten (*a. fig.*); **2.** entscheidende Kraftprobe, endgültige Ausein'andersetzung, ‚Show-down' *m.*

show·er ['ʃaʊə] **I** *s.* **1.** (*Regen-, Hagel- etc.*)Schauer *m*; **2.** Guss *m*; **3.** *fig.* a) (*Funken-, Kugel- etc.*)Regen *m*, (*Geschoss-, Stein*)Hagel *m*, b) Schwall *m*, Unmenge *f*; **4.** *Am.* a) Brautgeschenke *pl.*, b) *a.* ~ ***party*** Party *f* zur Überreichung der Brautgeschenke; **5.** → ***shower bath***; **II** *v/t.* **6.** über'schütten, begießen: ~ ***gifts*** *etc.* ***upon s.o.*** j-n mit Geschenken *etc.* überhäufen; **7.** *j-n* duschen; **8.** niederprasseln lassen; **III** *v/i.* **9.** (~ ***down*** nieder)prasseln; **10.** (sich) duschen; **show·er bath** *s.* **1.** Dusche *f*: a) Brausebad *n*, b) Brause *f* (*Vorrichtung*); **2.** Duschraum *m*; **show·er·y** ['ʃaʊərɪ] *adj.* **1.** mit einzelnen (Regen-) Schauern; **2.** schauerartig.

show flat *s.* Musterwohnung *f.*

show| girl *s.* Re'vuegirl *n*; ~ **glass** → ***showcase***.

show·i·ness ['ʃəʊɪnɪs] *s.* **1.** Prunkhaftigkeit *f*, Gepränge *n*; **2.** Protzigkeit *f*, Auffälligkeit *f*; **3.** pom'pöses Auftreten.

show·ing ['ʃəʊɪŋ] *s.* **1.** Zur'schaustellung *f*; **2.** Ausstellung *f*; **3.** Vorführung *f* (*e-s Films etc.*); **4.** Darlegung *f*, Erklärung *f*, Beweis(e *pl.*) *m*: ***on*** (*od.* ***by***) ***your own*** ~ nach Ihrer eigenen Darstellung; ***upon proper*** ~ ⚖ nach erfolgter Glaubhaftmachung; **5.** *gute etc.* Leistung; **6.** Stand *m* der Dinge: ***on present*** ~ so wie es derzeit aussieht; ,~-**'off** *s.* Angebe'rei *f.*

show| jump·er *s. sport* **1.** Springreiter (-in); **2.** Springpferd *n*; ~ **jump·ing** *s.* Springreiten *n.*

'**show·man** [-mən] *s.* [*irr.*] **1.** Schausteller *m*; **2.** ‚Showman' *m*: a) *j-d der im Showgeschäft tätig ist*, b) *fig.* geschickter Propagan'dist, wirkungsvoller Redner *etc.*, j-d, der sich gut ‚zu verkaufen' versteht, *contp.* ‚Schauspieler' *m*; '**show·man·ship** [-ʃɪp] *s.* ‚Showmanship' *f*: a) ef'fektvolle Darbietung, b) *die* Kunst, sich in Szene zu setzen, Publikumswirksamkeit *f.*

shown [ʃəʊn] *p.p. von* ***show***.

'**show|-off** *s.* F **1.** ‚Angabe' *f*, Protze'rei *f*; **2.** ‚Angeber(in)' *m*; '~·**piece** *s.* Schau-, Pa'radestück *n*; '~·**place** *s.* Ort *m* mit vielen Sehenswürdigkeiten; '~·**room** *s.* **1.** Ausstellungsraum *m*; **2.** Vorführungssaal *m*; ~ **tri·al** *s.* ⚖ 'Schaupro,zess *m*; ~ **win·dow** *s.* Schaufenster *n.*

show·y ['ʃəʊɪ] *adj.* □ **1.** a) prächtig, b) protzig; **2.** auffällig, grell.

shrank [ʃræŋk] *pret. von* ***shrink***.

shrap·nel ['ʃræpnl] *s.* ⚔ **1.** Schrap'nell *n*; **2.** Schrap'nellladung *f.*

shred [ʃred] **I** *s.* **1.** Fetzen *m* (*a. fig.*), Lappen *m*: ***in*** ~***s*** in Fetzen; ***tear to*** ~***s*** a) → 4, b) *fig. Argument etc.* zerpflücken, -reißen; **2.** Schnitzel *m, n*; **3.** *fig.* Spur *f*, A'tom *n*: ***not a*** ~ ***of doubt*** nicht der leiseste Zweifel; **II** *v/t.* [*irr.*] **4.** zerfetzen, in Fetzen reißen; **5.** in Streifen schneiden, *Küche*: *a.* schnetzeln; **III** *v/i.* [*irr.*] **6.** zerreißen, in Fetzen gehen; '**shred·der** [-də] *s.* **1.** ⚙ Reißwolf *m*; **2.** *Küche*: a) 'Schnitzelma,schine *f*, -einsatz *m*, b) Reibeisen *n.*

shrew[1] [ʃruː] *s.* Xan'thippe *f*, zänkisches Weib.

shrew[2] [ʃruː] *s. zo.* Spitzmaus *f.*

shrewd [ʃruːd] *adj.* □ **1.** schlau, gerieben; **2.** scharfsinnig, klug, gescheit: ***this was a*** ~ ***guess*** das war gut geraten; **3.** *obs.* scharf; '**shrewd·ness** [-nɪs] *s.* **1.** Schlauheit *f*; **2.** Scharfsinn *m*, Klugheit *f.*

shrew·ish ['ʃruːɪʃ] *adj.* □ zänkisch.

shriek [ʃriːk] **I** *s.* **1.** schriller *od.* spitzer Schrei; **2.** Kreischen *n* (*a. von Bremsen etc.*): ~***s of laughter*** kreischendes Lachen; **II** *v/i.* **3.** schreien, schrille Schreie ausstoßen; **4.** (gellend) aufschreien (***with*** vor *Schmerz etc.*): ~ ***with laughter*** kreischen vor Lachen; **5.** schrill klingen; kreischen (*Bremsen etc.*); **III** *v/t.* **6.** ~ ***out*** *et.* kreischen *od.* gellend schreien.

shriev·al·ty ['ʃriːvltɪ] *s.* Amt *n* des Sheriffs.

shrift [ʃrɪft] *s.* **1.** *obs. eccl.* Beichte *f* (u. Absoluti'on *f*); **2.** ***give s.o. short*** ~ *fig.* mit j-m kurzen Prozess machen, j-n kurz abfertigen.

shrike [ʃraɪk] *s. orn.* Würger *m.*

shrill [ʃrɪl] **I** *adj.* □ **1.** schrill, gellend; **2.** *fig.* grell (*Farbe etc.*); **3.** *fig.* heftig; **II** *v/t.* **4.** *et.* kreischen *od.* gellend schreien; **III** *v/i.* **5.** schrillen; '**shrill·ness** [-nɪs] *s.* schriller Klang.

shrimp [ʃrɪmp] **I** *s.* **1.** *pl. coll.* **shrimp** *zo.* Gar'nele *f*; **2.** *fig. contp.* Knirps *m*, ‚Gartenzwerg' *m*; **II** *v/i.* **3.** Gar'nelen fangen.

shrine [ʃraɪn] *s.* **1.** *eccl.* a) (Re'liquien-) Schrein *m*, b) Heiligengrab *n*, c) Al'tar *m*; **2.** *fig.* Heiligtum *n.*

shrink [ʃrɪŋk] **I** *v/i.* [*irr.*] **1.** sich zs.-ziehen, (zs.-, ein)schrumpfen; **2.** einlaufen, -gehen (*Stoff*); **3.** abnehmen, schwinden; **4.** *fig.* zu'rückweichen (***from*** vor *dat.*): ~ ***from doing s.th.*** et. höchst widerwillig tun; **5.** *a.* ~ ***back*** zu'rückschrecken, -schaudern, -beben (***from***, ***at*** vor *dat.*); **6.** sich scheuen *od.* fürchten (***from*** vor *dat.*); **7.** ~ ***away*** sich da'vonschleichen; **II** *v/t.* [*irr.*] **8.** (ein-, zs.-)schrumpfen lassen; **9.** *Stoffe* einlaufen lassen, krump(f)en; **10.** *fig.* zum Schwinden bringen; **11.** ~ ***on*** ⚙ aufschrumpfen: ~ ***fit*** Schrumpfsitz *m*; **III** *s.* **12.** *sl.* Psychi'ater *m*; '**shrink·age** [-kɪdʒ] *s.* **1.** (Zs.-, Ein-) Schrumpfen *n*; **2.** Schrumpfung *f*; **3.** Verminderung *f*, Schwund *m* (*a.* ✝, ⚙); **4.** Einlaufen *n* (*Textilien*); '**shrink·ing** [-kɪŋ] *adj.* □ **1.** schrumpfend; **2.** abnehmend; **3.** 'widerwillig; **4.** scheu; '**shrink·proof** *adj.* nicht einlaufend (*Gewebe*); '**shrink-wrap** *v/t. Bücher etc.* einschweißen.

shriv·el ['ʃrɪvl] **I** *v/t.* **1.** *a.* ~ ***up*** (ein-, zs.-) schrumpfen lassen; **2.** (ver)welken lassen, ausdörren; **3.** runzeln; **II** *v/i.* **4.** *oft* ~ ***up*** (zs.-, ein)schrumpfen, schrumpeln; **5.** runz(e)lig werden; **6.** (ver)welken; **7.** *fig.* verkümmern.

shroud [ʃraʊd] **I** *s.* **1.** Leichentuch *n*, Totenhemd *n*; **2.** *fig.* Hülle *f*, Schleier *m*; **3.** *pl.* ⚓ Wanten *pl.*; **4.** *a.* ~ ***line*** Fangleine *f* (*am Fallschirm*); **II** *v/t.* **5.** in ein Leichentuch (ein)hüllen; **6.** *fig.* in *Nebel, Geheimnis* hüllen; **7.** *fig. et.* verschleiern.

Shrove| Mon·day [ʃrəʊv] *s.* Rosen'montag *m*; '~·**tide** *s.* Faschings-, Fastnachtszeit *f*; ~ **Tues·day** *s.* Faschings-, Fastnachts'dienstag *m.*

shrub[1] [ʃrʌb] *s.* Strauch *m*, Busch *m.*

shrub[2] [ʃrʌb] *s. Art* Punsch *m.*

shrub·ber·y ['ʃrʌbərɪ] *s.* ⚘ Strauchwerk *n*, Sträucher *pl.*, Gebüsch *n*; '**shrub·by** [-bɪ] *adj.* ⚘ strauchig, buschig, Strauch..., Busch...

shrug [ʃrʌg] **I** *v/t.* **1.** *die Achseln* zucken: ***she*** ~***ged her shoulders***; **2.** ~ ***s.th. off*** *fig.* et. mit e-m Achselzucken abtun; **II** *v/i.* **3.** die Achseln zucken; **III** *s.* **4.** *a.* ~ ***of the shoulders*** Achselzucken *n.*

shrunk [ʃrʌŋk] **I** *p.p. von* ***shrink***; **II** *adj.* **1.** (ein-, zs.-)geschrumpft; **2.** eingelaufen, dekatiert (*Stoff*); '**shrunk·en** [-kən] **I** → ***shrunk*** 1; **II** *adj.* abgemagert, -gezehrt; eingefallen (*Wangen*).

shuck [ʃʌk] *bsd. Am.* **I** *s.* **1.** Hülse *f*, Schote *f* (*von Bohnen etc.*); **2.** grüne Schale (*von Nüssen etc.*), *a.* Austernschale *f*; **3.** ***I don't care*** ~***s!*** F das ist mir völlig ‚schnurz'!; ~***s!*** F Quatsch!; **II** *v/t.* **4.** enthülsen, -schoten; schälen.

shud·der ['ʃʌdə] **I** *v/i.* schaudern, (er-) zittern (***at*** bei, ***with*** vor *dat.*): ***I*** ~ ***at the thought***, ***I*** ~ ***to think of it*** es schaudert mich bei dem Gedanken; **II** *s.* Schauder(n *n*) *m.*

shuf·fle ['ʃʌfl] **I** *s.* **1.** Schlurfen *n*, schlurfender Gang; **2.** *Tanz*: a) Schleifschritt *m*, b) Schleifer *m* (*Tanz*); **3.** (Karten-) Mischen *n*; **4.** Ausflucht *f*, Trick *m*; **II** *v/i.* **5.** schlurfen; (mit den Füßen) scharren: ~ ***through s.th.*** *fig.* et. flüchtig erledigen; **6.** *fig.* a) Ausflüchte machen, sich her'auszureden suchen, b) sich her'auswinden (***out of*** aus); **7.** (die Karten) mischen; **III** *v/t.* **8.** hin u. her schieben, *fig. a.* ‚jonglieren' mit: ~ ***one's feet*** → 5; **9.** schmuggeln: ~ ***away*** wegpraktizieren; **10.** ~ ***off*** a) *Kleider* abstreifen, b) *fig.* abschütteln, sich befreien von, sich *e-r Verpflichtung* entziehen, *Schuld etc.* abwälzen (***on***[***to***] auf *acc.*); **11.** ~ ***on*** *Kleider* mühsam anziehen; **12.** *Karten* mischen: ~ ***together*** *et.* zs.-werfen, -raffen; '**shuffle·board** *s.* a) Beilkespiel *n*, b) ⚓ *ein ähnliches Bordspiel*; '**shuf·fler** [-lə] *s.* **1.** Schlurfende(r *m*) *f*; **2.** Ausflüchtemacher *m*; Schwindler(in); '**shuf·fling** [-lɪŋ] *adj.* □ **1.** schlurfend, schleppend; **2.** unaufrichtig, unredlich; **3.** ausweichend: ***a*** ~ ***answer***.

shun [ʃʌn] *v/t.* (ver)meiden, ausweichen (*dat.*), sich fern halten von.

shunt [ʃʌnt] **I** *v/t.* **1.** bei'seite schieben; **2.** 🚂 *Zug etc.* rangieren, auf ein anderes Gleis fahren; **3.** ⚡ nebenschließen, shunten; **4.** *fig. et.* aufschieben; **5.** *fig. j-n* beiseite schieben, *j-n* kaltstellen; **6.** abzweigen; **II** *v/i.* **7.** 🚂 rangieren; **8.** *fig. von e-m Thema, Vorhaben etc.* abkommen, -springen; **III** *s.* **9.** 🚂 a) Rangieren *n*, b) Weiche *f*; **10.** ⚡ a) Nebenschluss *m*, b) 'Neben,widerstand *m*; '**shunt·er** [-tə] *s.* 🚂 a) Weichensteller *m*, b) Rangierer *m*; '**shunt·ing** [-tɪŋ] 🚂 **I** *s.* Rangieren *n*; Weichenstellen *n*; **II** *adj.* Rangier..., Verschiebe...: ~ ***engine***.

shush [ʃʌʃ] **I** *int.* sch!, pst!; **II** *v/i.* ‚sch' *od.* ‚pst' machen; **III** *v/t.* *j-n* zum Schweigen bringen.

shut [ʃʌt] **I** *v/t.* [*irr.*] **1.** (ver)schließen, zumachen: ~ ***one's mind*** (*od.* ***heart***)

S

to s.th. *fig.* sich gegen et. verschließen; → *Verbindungen mit anderen Substantiven*; **2.** einschließen, -sperren (***into***, ***in*** in *dat.*, *acc.*); **3.** ausschließen, -sperren (***out of*** aus); **4.** *Finger etc.* (ein)klemmen; **5.** *Taschenmesser*, *Buch etc.* schließen, zs.-, zuklappen; **II** *v/i.* [*irr.*] **6.** sich schließen, zugehen; **7.** schließen (*Fenster etc.*); **III** *p.p. u. adj.* **8.** ge-, verschlossen, zu: ***the shops are ~*** die Geschäfte sind geschlossen *od.* zu; *Zssgn mit adv.*:

shut| down I *v/t.* **1.** *Fenster etc.* schließen; **2.** *Fabrik etc.* schließen, stilllegen; **II** *v/i.* **3.** die Arbeit *od.* den Betrieb einstellen, ‚zumachen'; **4.** **~ (*up*)*on*** F ein Ende machen mit; **~ in** *v/t.* **1.** einschließen (*a. fig.*); **2.** *Aussicht* versperren; **~ off** *v/t.* **1.** *Wasser*, *Motor etc.* abstellen; **2.** abschließen (***from*** von); **~ out** *v/t.* **1.** *j-n*, *a. Licht*, *Luft etc.* ausschließen, -sperren; **2.** *Landschaft* den Blicken entziehen; **3.** *sport Am. Gegner* (ohne Gegentor *etc.*) besiegen; **~ to I** *v/t.* → ***shut*** 1; **II** *v/i.* → ***shut*** 6; **~ up I** *v/t.* **1.** *Haus etc.* (fest) verschließen, -riegeln; → ***shop*** 1; **2.** *j-n* einsperren, -schließen; **3.** F *j-m* den Mund stopfen; **II** *v/i.* **4.** F die ‚Klappe' halten: ***~!*** halts Maul!

'shut|·down *s.* **1.** Arbeitsniederlegung *f*; **2.** Schließung *f*, (Betriebs)Stilllegung *f*; **3.** *Radio*, *TV*: Sendeschluss *m*; **'~·eye** *s.*: ***catch some ~*** *sl.* ein Schläfchen machen; **'~·off** *s.* **1.** ⚙ Abstell-, Absperrvorrichtung *f*; **2.** *hunt.* Schonzeit *f*; **'~·out** *s.* **1.** Ausschließung *f*; **2.** *sport* Zu-'null-Niederlage *f od.* -Sieg *m*.

shut·ter ['ʃʌtə] **I** *s.* **1.** Fensterladen *m*, Rollladen *m*: ***put up the ~s*** *fig.* das Geschäft (*am Abend od. für immer*) schließen; **2.** Klappe *f*; Verschluss *m* (*a. phot.*); **3.** ⚠ Schalung *f*; **4.** *Wasserbau*: Schütz(e *f*) *n*; **5.** ♪ Jalou'sie *f* (*Orgel*); **II** *v/t.* **6.** mit Fensterläden versehen *od.* verschließen; **'~·bug** *s.* F ‚Fotonarr' *m*; **~ speed** *s. phot.* Belichtung(szeit) *f*.

shut·tle ['ʃʌtl] **I** *s.* **1.** ⚙ a) Weberschiff (-chen) *n*, (Web)Schütze(n) *m*, b) Schiffchen *n* (*Nähmaschine*); **2.** Schütz (-entor) *n* (*Schleuse*); **3.** Pendelroute *f*; → *a.* ***shuttle service***, ***shuttle train***; **4.** (Raum)Fähre *f*; **II** *v/t.* **5.** (schnell) hin- u. herbewegen *od.* -befördern; **III** *v/i.* **6.** sich (schnell) hin- u. herbewegen; **7.** 🚂 *etc.* pendeln (***between*** zwischen *dat.*); **'~·cock I** *s. sport* Federball(spiel *n*) *m*; **II** *v/t. fig.* hin u. her jagen; **~ di·plo·ma·cy** *s.* 'Reisediploma,tie *f*; **~ race** *s. sport* Pendelstaffel(lauf *m*) *f*; **~ serv·ice** *s.* Pendelverkehr *m*; **~ train** *s.* Pendel-, Vorortzug *m*.

shy¹ [ʃaɪ] **I** *adj.* □ **1.** scheu (*Tier*); **2.** scheu, schüchtern; **3.** zu'rückhaltend: ***be*** (*od.* ***fight***) ***~ of s.o.*** j-m aus dem Weg gehen; **4.** argwöhnisch; **5.** zaghaft: ***be ~ of doing s.th.*** Hemmungen haben, et. zu tun; **6.** *sl.* knapp (***of*** an *dat.*); **7.** ***I'm ~ of one dollar*** *sl.* mir fehlt (noch) ein Dollar; **II** *v/i.* **8.** scheuen (*Pferd etc.*); **9.** *fig.* zu'rückscheuen, -schrecken (***at*** vor *dat.*); **III** *s.* **10.** Scheuen *n* (*Pferd etc.*).

shy² [ʃaɪ] **I** *v/t. u. v/i.* **1.** werfen; **II** *s.* **2.** Wurf *m*; **3.** *fig.* Hieb *m*, Stiche'lei *f*; **4.** ***have a ~ at*** (***doing***) ***s.th.*** F es (mal) mit et. versuchen.

shy·ness ['ʃaɪnɪs] *s.* **1.** Scheu *f*; **2.** Schüchternheit *f*; **3.** Zu'rückhaltung *f*; **4.** 'Misstrauen *n*.

shy·ster ['ʃaɪstə] *s. Am. sl.* **1.** 'Winkeladvo,kat *m*; **2.** *fig.* Gauner *m*.

Si·a·mese [,saɪə'mi:z] **I** *adj.* **1.** sia'mesisch; **II** *pl.* **,Si·a'mese** *s.* **2.** Sia'mese *m*, Sia'mesin *f*; **3.** *ling.* Sia'mesisch *n*; **~ cat** *s. zo.* Siamkatze *f*; **~ twins** *s. pl.* sia'mesische Zwillinge *pl.* (*a. fig.*).

Si·be·ri·an [saɪ'bɪərɪən] **I** *adj.* si'birisch; **II** *s.* Si'birier(in).

sib·i·lance ['sɪbɪləns] *s.* **1.** Zischen *n*; **2.** *ling.* Zischlaut *m*; **'sib·i·lant** [-nt] **I** *adj.* **1.** zischend; **2.** *ling.* Zisch...: **~ *sound***; **II** *s.* **3.** *ling.* Zischlaut *m*; **'sib·i·late** [-leɪt] *v/t. u. v/i.* zischen; **sib·i·la·tion** [,sɪbɪ'leɪʃn] *s.* **1.** Zischen *n*; **2.** *ling.* Zischlaut *m*.

sib·ling ['sɪblɪŋ] *s. biol.* Bruder *m*, Schwester *f*; *pl.* Geschwister *pl.*

sib·yl ['sɪbɪl] *s.* **1.** *myth.* Si'bylle *f*; **2.** *fig.* a) Seherin *f*, b) Hexe *f*; **sib·yl·line** [sɪ'bɪlaɪn] *adj.* **1.** sibyl'linisch; **2.** pro-'phetisch; geheimnisvoll, dunkel.

sic·ca·tive ['sɪkətɪv] **I** *adj.* trocknend; **II** *s.* Trockenmittel *n*.

Si·cil·ian [sɪ'sɪljən] **I** *adj.* si'zilisch, sizili'anisch; **II** *s.* Si'zilier(in), Sizili'aner(in).

sick¹ [sɪk] **I** *adj.* **1.** (*Brit. nur attr.*) krank (***of*** an *dat.*): ***fall ~*** krank werden, erkranken; ***go ~*** *bsd.* ⚔ sich krankmelden; **2.** Brechreiz verspürend: ***be ~*** sich erbrechen *od.* übergeben; ***I feel ~*** mir ist schlecht *od.* übel; ***she turned ~*** ihr wurde übel, sie musste (sich er)brechen; ***it makes me ~*** mir wird übel davon, *fig. a.* es widert *od.* ekelt mich an; **3.** *fig.* krank (***of*** vor *dat.*; ***for*** nach); **4.** *fig.* enttäuscht, ärgerlich (***with*** über *j-n*; ***at*** über *et.*): ***~ at heart*** a) todunglücklich, b) angsterfüllt; **5.** F *fig.* (***of***) 'überdrüssig (*gen.*), angewidert (von): ***I am ~*** (***and tired***) ***of it*** ich habe es satt, es hängt mir zum Hals heraus; **6.** fahl (*Farbe*, *Licht*); **7.** F matt (*Lächeln*); **8.** schlecht (*Nahrungsmittel*, *Luft*); trüb (*Wein*); **9.** F grausig, ma'kaber: **~ *jokes***; **~ *humo*(*u*)*r*** ‚schwarzer' Humor; **II** *s.* **10.** ***the ~*** *pl.* die Kranken *pl.*

sick² [sɪk] *v/t. Hund*, *Polizei etc.* hetzen (***on*** auf *acc.*): **~ *him!*** fass!

sick| bay *s.* ⚓ ('Schiffs)Laza,rett *n*; **'~·bed** *s.* Krankenbett *n*; **~ ben·e·fit** *s. Brit.* Krankengeld *n*; **~ call** *s.* ⚔ Re-'vierstunde *f*: ***go on ~*** sich krankmelden; **~ cer·tif·i·cate** *s.* 'Krankheitsat,test *n*.

sick·en ['sɪkn] **I** *v/i.* **1.** erkranken, krank werden: ***be ~ing for*** *e-e Krankheit* ‚ausbrüten'; **2.** kränkeln; **3.** sich ekeln (***at*** vor *dat.*); **4.** 'überdrüssig *od.* müde sein *od.* werden (***of*** *gen.*): ***be ~ed with*** *e-r Sache* überdrüssig sein; **II** *v/t.* **5.** *j-m* Übelkeit verursachen, *j-n* zum Erbrechen reizen; **6.** anekeln, anwidern; **'sick·en·er** [-nə] *s. fig.* Brechmittel *n*; **'sick·en·ing** [-nɪŋ] *adj.* □ **1.** Übelkeit erregend: ***this is ~*** dabei kann einem (ja) übel werden; **2.** *fig.* ekelhaft, widerlich.

sick| head·ache *s.* **1.** Kopfschmerz(en *pl.*) *m* mit Übelkeit; **2.** Mi'gräne *f*; **~ in·sur·ance** *s.* Krankenversicherung *f*, -kasse *f*.

sick·ish ['sɪkɪʃ] *adj.* □ **1.** kränklich, unpässlich, unwohl; **2.** → ***sickening***.

sick·le ['sɪkl] *s.* ✓ *u. fig.* Sichel *f*.

sick leave *s.* Fehlen *n* wegen Krankheit: ***be on ~*** wegen Krankheit fehlen; ***request ~*** sich krankmelden.

sick·li·ness ['sɪklɪnɪs] *s.* **1.** Kränklichkeit *f*; **2.** kränkliches Aussehen; **3.** Unzuträglichkeit *f*.

sick list *s.* ⚓, ⚔ Krankenliste *f*: ***be on the ~*** krank(gemeldet) sein.

sick·ly ['sɪklɪ] *adj. u. adv.* **1.** kränklich, schwächlich; **2.** kränklich, blass (*Aussehen etc.*); matt (*Lächeln*); **3.** ungesund (*Gebiet*, *Klima*); **4.** 'widerwärtig (*Geruch etc.*); **5.** *fig.* wehleidig, süßlich: **~ *sentimentality***.

sick·ness ['sɪknɪs] *s.* **1.** Krankheit *f*: **~ *insurance*** → ***sick insurance***; **2.** Übelkeit *f*, Erbrechen *n*.

sick| nurse *s.* Krankenschwester *f*; **~ pay** *s.* Krankengeld *n*; **~ re·port** *s.* ⚔ **1.** Krankenbericht *m*, -liste *f*; **2.** Krankmeldung *f*; **'~·room** *s.* Krankenzimmer *n*, -stube *f*.

side [saɪd] **I** *s.* **1.** *allg.* Seite *f*: **~ *by* ~** Seite an Seite (***with*** mit); ***at*** (*od.* ***by***) ***the ~ of*** an der Seite von (*od. gen.*); ***by the ~ of*** *fig.* neben (*dat.*), verglichen mit; ***stand by s.o.'s ~*** *fig.* j-m zur Seite stehen; ***on all ~s*** überall; ***on the ~*** *sl.* nebenbei *verdienen etc.*; ***on the ~ of*** a) auf der Seite von, b) seitens (*gen.*); ***on this*** (***the other***) ***~ of*** diesseits (jenseits) (*gen.*); ***this ~ up!*** Vorsicht, nicht stürzen!; ***be on the small ~*** ziemlich klein sein; ***keep on the right ~ of*** sich mit *j-m* gut stellen; ***put on one ~*** *Frage etc.* zurückstellen, ausklammern; → ***dark*** 5, ***right*** 6, ***sunny***, ***wrong*** 2; **2.** A Seite *f* (*a. Gleichung*); Seitenlinie *f*, -fläche *f*; **3.** (Seiten)Rand *m*; **4.** (Körper)Seite *f*: ***shake*** (*od.* ***split***) ***one's ~s with laughter*** sich schütteln vor Lachen; **5.** (Speck-, Hammel- *etc.*)Seite *f*; **6.** Seite *f*: a) Hang *m*, Flanke *f*, *a.* Wand *f e-s Berges*, b) Ufer(seite *f*) *n*; **7.** Seite *f*, (Abstammungs)Linie *f*: ***on one's father's ~***, ***on the paternal ~*** väterlicherseits; **8.** *fig.* Seite *f*, (Cha'rakter)Zug *m*; **9.** Seite *f*: a) Par'tei *f* (*a.* ⚖ *u. sport*), b) *sport* Spielfeld(hälfte *f*) *n*: ***be on s.o.'s ~*** auf j-s Seite stehen; ***change ~s*** a) ins andere Lager überwechseln, b) *sport* die Seiten wechseln; ***take ~s*** → 16; ***win s.o. over to one's ~*** j-n auf s-e Seite ziehen; **10.** *sport Brit.* Mannschaft *f*; **11.** *ped. Brit.* Ab'teilung *f*: ***classical ~*** humanistische Abteilung; **12.** *Billiard*: Ef'fet *n*; **13.** ***put on ~*** *sl.* ‚angeben'; **II** *adj.* **14.** seitlich (liegend, stehend *etc.*), Seiten...; **15.** Seiten..., Neben...: **~ *door***; **III** *v/i.* **16.** (***with***) Par'tei ergreifen (*gen. od.* für), es halten (mit); **~ aisle** *s.* ⚠ Seitenschiff *n* (*Kirche*); **~ arms** *s. pl.* ⚔ Seitenwaffen *pl.*; **~ band** *s.* ⚡, *Radio*: 'Seiten(fre,quenz)band *n*; **'~·board** *s.* **1.** Anrichtetisch *m*; **2.** Sideboard *n*: a) Bü'fett *n*, b) Anrichte *f*; **3.** *pl.* → **'~·burns** *s. pl.* Kote'letten *pl.* (*Backenbart*); **'~·car** *s.* **1.** Beiwagen *m*: **~ *motorcycle*** Seitenwagenmaschine *f*; **2.** → ***jaunting-car***; **3.** *ein Cocktail*.

sid·ed ['saɪdɪd] *adj. in Zssgn* ...seitig: ***four-~***.

side| dish *s.* **1.** Zwischengang *m*; **2.** Beilage *f*; **~ ef·fect** *s.* Nebenwirkung *f*; **~ face** *s.* Pro'fil *n*; **~ glance** *s.* Seitenblick *m* (*a. fig.*); **~ im·pact pro·tec·tion** *s. mot.* Seitenaufprallschutz *m*; **~ is·sue** *s.* Nebenfrage *f*, -sache *f*, 'Randpro,blem *n*; **'~·kick** *s. Am. sl.* Kum'pan *m*, Kumpel *m*, ‚Spezi' *m*; **'~·light** *s.* **1.** Seitenleuchte *f*; ⚓ Seitenlampe *f*; ✈ Positi'onslicht *n*; *mot.* Begrenzungslicht *n*; **2.** Seitenfenster *n*; **3.** *fig.* Streiflicht *n*: **~*s*** interessante Aufschlüsse (***on*** über *acc.*); **'~·line** *s.* **1.** Seitenlinie *f* (*a.*

S

sport): ***on the ~s*** am Spielfeldrand; ***keep on the ~s*** *fig.* sich im Hintergrund halten; **2.** 🚂 Nebenstrecke *f*; **3.** Nebenbeschäftigung *f*, -verdienst *m*; **4.** ⚕ a) Nebenzweig *m e-s Gewerbes*, b) 'Nebenar,tikel *m*; '**~·long** *adj. u. adv.* seitlich, seitwärts, schräg: ***~ glance*** Seitenblick *m*.

si·de·re·al [saɪ'dɪərɪəl] *adj. ast.* si'derisch, Stern(en)...: ***~ day*** Sterntag *m*.

sid·er·ite ['saɪdəraɪt] *s.* ⚒, *min.* **1.** Side'rit *m*; **2.** Mete'orgestein *n*.

'**side|,sad·dle** *s.* Damensattel *m*; '**~·show** *s.* **1.** a) Nebenvorstellung *f*, -ausstellung *f*, b) kleine Schaubude; **2.** *fig.* a) Nebensache *f*, b) Epi'sode *f* (am Rande); '**~·slip** *v/i.* **1.** seitwärts rutschen; **2.** ✈ seitlich abrutschen; **3.** *mot.* (seitlich) ausbrechen.

sides·man ['saɪdzmən] *s.* [*irr.*] Kirchenrat *m*.

'**side|,split·ting** *adj.* zwerchfellerschütternd; '**~·step I** *s.* **1.** Seit(en)schritt *m*; **II** *v/t.* **2.** *Boxen*: *e-m Schlag* (durch Seitschritt) ausweichen; **3.** ausweichen (*dat.*) (*a. fig.*): ***~ a decision***; **III** *v/i.* **4.** e-n Seit(en)schritt machen; **5.** ausweichen (*a. fig.*); '**~·stroke** *s.* Seitenschwimmen *n*; '**~·swipe I** *v/t. Am.* F **1.** *j-m* e-n ‚Wischer' verpassen; **2.** *mot. Fahrzeug* streifen, *a.* seitlich abdrängen (*beim Überholen*); **II** *s.* **3.** ‚Wischer' *m* (*Streifschlag*); **4.** *fig.* Seitenhieb *m*; '**~·track I** *s.* **1.** → ***siding*** 1; **II** *v/t.* **2.** 🚂 *Waggon* auf ein Nebengleis schieben; **3.** *fig.* a) *et.* aufschieben, abbiegen, b) *j-n* ablenken (*a. v/i.*), c) *j-n* kaltstellen; **~ view** *s.* Seitenansicht *f*; '**~·walk** *s. bsd. Am.* Bürgersteig *m*: ***~ artist*** Pflastermaler *m*; ***~ superintendent*** *humor.* (besserwisserischer) Zuschauer *bei Bauarbeiten*.

side·ward ['saɪdwəd] **I** *adj.* seitlich; **II** *adv.* seitwärts; '**side·wards** [-dz] → ***sideward*** II; '**side·ways** → ***sideward***.

side| whis·kers *pl.* → ***sideburns***; '**~,wind·er** [-,waɪndə] *s. Am. sl.* **1.** (harter) Haken (*Schlag*); **2.** *Art* Klapperschlange *f*.

side·wise ['saɪdwaɪz] → ***sideward***.

sid·ing ['saɪdɪŋ] *s.* **1.** 🚂 Neben-, Anschluss-, Rangiergleis *n*; **2.** *fig.* Par'teinahme *f*.

si·dle ['saɪdl] *v/i.* sich schlängeln: ***~ away*** sich davonschleichen; ***~ up to*** sich an *j-n* heranmachen.

siege [siːdʒ] *s.* **1.** ⚔ Belagerung *f*: ***state of ~*** Belagerungszustand *m*; ***lay ~ to*** a) *Stadt etc.* belagern, b) *fig. j-n* bestürmen; **2.** *fig.* a) heftiges Zusetzen, Bestürmen *n*, b) Zermürbung *f*; **3.** ⚙ a) Werktisch *m*, b) Glasschmelzofenbank *f*.

si·es·ta [sɪ'estə] *s.* Si'esta *f*, Mittagsruhe *f*, -schlaf *m*.

sieve [sɪv] **I** *s.* **1.** Sieb *n*: ***have a memory like a ~*** ein Gedächtnis wie ein Sieb haben; **2.** *fig.* Klatschmaul *n*; **3.** Weidenkorb *m* (*a. Maß*); **II** *v/t. u. v/i.* **4.** ('durch-, aus)sieben.

sift [sɪft] **I** *v/t.* **1.** ('durch)sieben: ***~ out*** a) aussieben, b) erforschen, ausfindig machen; **2.** *Zucker etc.* streuen; **3.** *fig.* sichten, sorgfältig (über)'prüfen; **II** *v/i.* **4.** 'durchrieseln, -dringen (*a. Licht etc.*); '**sift·er** [-tə] *s.* Sieb(vorrichtung *f*) *n*; '**sift·ing** [-tɪŋ] *s.* **1.** ('Durch)Sieben *n*; **2.** Sichten *n*, (sorgfältige) Unter'suchung; **3.** *pl.* a) *das* 'Durchgesiebte, b) Siebabfälle *pl.*

sigh [saɪ] **I** *v/i.* **1.** (auf)seufzen; tief (auf-) atmen; **2.** schmachten, seufzen (***for*** nach): ***~ed-for*** heiß begehrt; **3.** *fig.* seufzen, ächzen (*Wind*); **II** *v/t.* **4.** *oft* ***~ out*** seufzen(d äußern); **III** *s.* **5.** Seufzer *m*: ***a ~ of relief*** ein Seufzer der Erleichterung, ein erleichtertes Aufatmen.

sight [saɪt] **I** *s.* **1.** Sehvermögen *n*, -kraft *f*, Auge(nlicht) *n*: ***good ~*** gute Augen; ***long*** (***near***) ***~*** Weit- (Kurz)Sichtigkeit *f*; ***second ~*** zweites Gesicht; ***lose one's ~*** das Augenlicht verlieren, erblinden; **2.** *fig.* Auge *n*: ***in my ~*** in m-n Augen; ***in the ~ of God*** vor Gott; ***find favo(u)r in s.o.'s ~*** Gnade vor j-s Augen finden; **3.** (An)Blick *m*, Sicht *f*: ***at*** (*od.* ***on***) ***~*** beim ersten Anblick, auf Anhieb; sofort (*er*)*schießen etc.*; ***at ~*** vom Blatt *singen, spielen, übersetzen*; ***at first ~*** auf den ersten Blick; ***by ~*** vom Sehen *kennen*; ***catch*** (*od.* ***get***) ***~ of*** zu Gesicht bekommen, erblicken; ***lose ~ of*** a) aus den Augen verlieren (*a. fig.*), b) *et.* übersehen; **4.** Sicht(weite) *f*: (***with***)***in ~*** a) in Sicht(weite), b) *fig.* in Sicht; ***within ~ of*** kurz vor *dem Sieg etc.*; ***out of ~*** außer Sicht; ***out of ~, out of mind*** aus den Augen, aus dem Sinn; (***get***) ***out of my ~!*** geh mir aus den Augen!; ***come in ~*** in Sicht kommen; ***put out of ~*** wegtun; **5.** ⚕ Sicht *f*: ***payable at ~*** bei Sicht fällig; ***30 days*** (***after***) ***~*** 30 Tage (nach) Sicht; ***~ unseen*** unbesehen *kaufen*; ***~ bill*** (*od.* ***draft***) Sichtwechsel *m*, -tratte *f*; **6.** Anblick *m*: ***a sorry ~***; ***a ~ for sore eyes*** ein erfreulicher Anblick, eine Augenweide; ***be*** (*od.* ***look***) ***a ~*** F grässlich *od.* ‚verboten' aussehen; ***I did look a ~!*** F ich sah vielleicht aus!; ***what a ~ you are!*** F wie siehst denn du aus!; → ***god*** 1; **7.** Sehenswürdigkeit *f*: ***the ~s of a town***; **8.** F Menge *f*, Masse *f Geld etc.*: ***a long ~ better*** zehnmal besser; ***not by a long ~*** bei weitem nicht; **9.** ⚔ *etc.* Visier *n*; Zielvorrichtung *f*: ***take ~*** (an-) visieren, zielen; ***have in one's ~s*** im Visier haben (*a. fig.*); ***lower one's ~s*** *fig.* zurückstecken; ***raise one's ~s*** höhere Ziele anstreben; **10.** *Am. sl.* Aussicht *f*, Chance *f*; **II** *v/t.* **11.** sichten, zu Gesicht bekommen; **12.** ⚔ a) anvisieren (*a.* ⚓, *ast.*), b) *Geschütz* richten; **13.** ⚕ *Wechsel* präsentieren; '**sight·ed** [-tɪd] *adj. in Zssgn* ...sichtig; '**sight·ing** [-tɪŋ] *adj.* ⚔ Ziel..., Visier...: ***~ mechanism*** Zieleinrichtung *f*, -gerät *n*; ***~ shot*** Anschuss *m* (*Probeschuss*); ***~ telescope*** Zielfernrohr *n*; '**sight·less** [-lɪs] *adj.* □ blind; '**sight·li·ness** [-lɪnɪs] *s.* Ansehnlichkeit *f*, Stattlichkeit *f*; '**sight·ly** [-lɪ] *adj.* gut aussehend, stattlich.

'**sight|-read** *v/t. u. v/i.* [*irr.* → ***read***] **1.** ♪ vom Blatt singen *od.* spielen; **2.** *ling.* vom Blatt über'setzen; '**~,see·ing I** *s.* Besichtigung *f* von Sehenswürdigkeiten; **II** *adj.* Besichtigungs...: ***~ bus*** Rundfahrtautobus *m*; ***~ tour*** Stadtrundfahrt *f*, Besichtigungstour *f*; '**~,se·er** [-,siːə] *s.* Tou'rist(in).

sign [saɪn] **I** *s.* **1.** (*a.* Schrift)Zeichen *n*, Sym'bol *n* (*a. fig.*): ***~ (of the cross)*** *eccl.* Kreuzzeichen; ***in ~ of*** *fig.* zum Zeichen (*gen.*); **2.** 𝔄, ♪ (Vor)Zeichen *n*; **3.** Zeichen *n*, Wink *m*: ***give s.o. a ~, make a ~ to s.o.*** j-m ein Zeichen geben; **4.** (An)Zeichen *n*, Sym'ptom *n* (*a.* ⚕): ***no ~ of life*** kein Lebenszeichen; ***the ~s of the times*** die Zeichen der Zeit; ***make no ~*** sich nicht rühren; **5.** Kennzeichen *n*; **6.** *ast.* (Tierkreis)Zeichen *n*; **7.** (Aushänge-, Wirtshaus-) Schild *n*: ***at the ~ of*** im Wirtshaus zum *Hirsch etc.*; **8.** (Wunder)Zeichen *n*: ***~s and wonders*** Zeichen u. Wunder; **9.** *hunt. etc.* Spur *f*; **II** *v/t.* **10.** unter'zeichnen, -'schreiben, (*a. typ. u. paint.*) signieren; **11.** mit *s-m Namen* unter'zeichnen: ***~ one's name*** unterschreiben; **12.** ***~ away*** *Vermögen etc.* über'tragen, -'schreiben; **13.** ***~ on*** (*od.* ***up***) (vertraglich) verpflichten, anstellen, -mustern, ⚓ anheuern; **14.** *eccl.* das Kreuzzeichen machen über (*acc. od. dat.*); *Täufling* segnen; **15.** *j-m* bedeuten (***to do*** zu tun), *j-m et.* (durch Gebärden) zu verstehen geben: ***~ one's assent***; **III** *v/i.* **16.** unter'zeichnen, -'schreiben: ***~ in*** a) sich eintragen, b) *bei Arbeitsbeginn* einstempeln; ***~ out*** a) sich austragen, b) ausstempeln; **17.** ***~ on*** (***off***) *Radio, TV*: sein Pro'gramm beginnen (beenden); ***~ off*** *fig.* F *a.* Schluss machen; ***~ on*** (*od.* ***up***) a) sich (vertraglich) verpflichten (***for*** zu), e-e Arbeit annehmen, b) ⚓ anheuern, ⚔ sich verpflichten (***for*** auf *3 Jahre etc.*).

sig·nal ['sɪgnl] **I** *s.* **1.** *a.* ⚔ *etc.* Si'gnal *n*, (*a.* verabredetes) Zeichen: ***~ of distress*** Notzeichen *n*; **2.** (Funk)Spruch *m*: ***the 𝔖s*** *Brit.* Fernmeldetruppe *f*; **3.** *fig.* Si'gnal *n*, (*auslösendes*) Zeichen (***for*** für, zu); **4.** *Kartenspiel*: Si'gnal *n*; **II** *adj.* □ **5.** Signal...: ***~ beacon***; ***𝔖 Corps*** *Am.* Fernmeldetruppe *f*; ***~ communications*** ⚔ Fernmeldewesen *n*; **6.** *fig.* beachtlich, außerordentlich; **III** *v/t.* **7.** *j-m* Zeichen geben, winken; **8.** *Nachricht* signalisieren (*a. fig.*); *et.* melden; **IV** *v/i.* **9.** signalisieren; ***~ book*** *s.* ⚓ Si'gnalbuch *n*; ***~ box*** *s.* 🚂 Stellwerk *n*; ***~ check*** *s.* Sprechprobe *f* (*Mikrofon*); ***~ code*** *s.* Zeichenschlüssel *m*.

sig·nal·er *Am.* → ***signaller***.

sig·nal·ize ['sɪgnəlaɪz] *v/t.* **1.** aus-, kennzeichnen: ***~ o.s. by*** sich hervortun durch; **2.** her'vorheben; **3.** *a. fig.* ankündigen, signalisieren.

sig·nal·ler ['sɪgnələ] *s.* Si'gnalgeber *m*, *bsd.* a) ⚔ Blinker *m*, Melder *m*, b) ⚓ Si'gnalgast *m*.

'**sig·nal|·man** [-mən] *s.* [*irr.*] **1.** 🚂 Stellwärter *m*; **2.** ⚓ Si'gnalgast *m*; ***~ of·fi·cer*** *s.* ⚔ *Am.* **1.** 'Fernmeldeoffi,zier *m*; **2.** Leiter *m* des Fernmeldedienstes; ***~ rock·et*** *s.* ⚔ Leuchtkugel *f*; ***~ tow·er*** *s.* **1.** ⚙ Si'gnalturm *m*; **2.** 🚂 *Am.* Stellwerk *n*.

sig·na·ry ['sɪgnərɪ] *s.* ('Schrift)Zeichensy,stem *n*.

sig·na·to·ry ['sɪgnətərɪ] **I** *adj.* **1.** unter'zeichnend, vertragschließend, Signatar...: ***~ powers*** → 3 c; **2.** ⚕ Zeichnungs...: ***~ power*** Unterschriftsvollmacht *f*; **II** *s.* **3.** a) ('Mit)Unter,zeichner (-in), b) *pol.* Signa'tar *m* (*Unterzeichnerstaat*), c) *pl. pol.* Signa'tarmächte *pl.* (***to a treaty*** e-s Vertrags).

sig·na·ture ['sɪgnɪtʃə] *s.* **1.** 'Unterschrift(sleistung) *f*, Namenszug *m*; **2.** Signa'tur *f* (*e-s Buchs etc., a. pharm. Aufschrift*); **3.** ♪ Signa'tur *f*, Vorzeichnung *f*; **4.** *a.* ***~ tune*** *Radio*: 'Kennmelo,die *f*; **5.** *typ.* a) *a.* ***~ mark*** Signa'tur *f*, Bogenzeichen *n*, b) signierter Druckbogen.

'**sign·board** *s.* (*bsd.* Firmen-, Aushänge)Schild *n*.

sign·er ['saɪnə] *s.* Unter'zeichner(in).

sig·net ['sɪgnɪt] *s.* Siegel *n*, Petschaft *n*: ***privy ~*** Privatsiegel des Königs; ***~ ring*** *s.* Siegelring *m*.

S

sig·nif·i·cance [sɪg'nɪfɪkəns], *a.* **sig'nif·i·can·cy** [-sɪ] *s.* **1.** Bedeutung *f*, (tiefe-rer) Sinn; **2.** Bedeutung *f*, Wichtigkeit *f*: ***of no ~*** nicht von Belang; **sig'nif·i·cant** [-nt] *adj.* □ **1.** bedeutsam, wichtig, von Bedeutung; **2.** merklich; **3.** bezeichnend (***of*** für); **4.** *fig.* viel sagend: ***a ~ gesture***; **5.** A geltend; **sig·ni·fi·ca·tion** [ˌsɪgnɪfɪ'keɪʃn] *s.* **1.** (*bestimmte*) Bedeutung, Sinn *m*; **2.** Bezeichnung *f*, Bekundung *f*; **sig'nif·i·ca·tive** [-ətɪv] *adj.* □ **1.** Bedeutungs..., bedeutsam; **2.** bezeichnend, kennzeichnend (***of*** für).

sig·ni·fy ['sɪgnɪfaɪ] **I** *v/t.* **1.** an-, bedeuten, kundtun, zu verstehen geben; **2.** bedeuten, ankündigen; **3.** bedeuten; **II** *v/i.* **4.** F wichtig sein: ***it does not ~*** es hat nichts auf sich.

sign| lan·guage *s.* Zeichen-, *bsd.* Fingersprache *f*; **~ man·u·al** *s.* **1.** (eigenhändige) 'Unterschrift; **2.** Handzeichen *n*; **~ paint·er** *s.* Schilder-, Pla'katmaler *m*; **'~·post I** *s.* **1.** Wegweiser *m*; **2.** (Straßen)Schild *n*, (Verkehrs)Zeichen *n*; **II** *v/t.* **3.** *Straße etc.* aus-, beschildern.

si·lage ['saɪlɪdʒ] ✓ **I** *s.* Silofutter *n*; **II** *v/t.* *Gärfutter* silieren.

si·lence ['saɪləns] **I** *s.* **1.** (Still)Schweigen *n* (*a. fig.*), Ruhe *f*, Stille *f*: ***keep ~*** a) schweigen, still sein, b) Stillschweigen wahren (***on*** über *acc.*); ***in ~*** (still-)schweigend; ***~ gives consent*** wer schweigt, scheint zuzustimmen; ***~ is golden*** Schweigen ist Gold; ***~!*** Ruhe!; → ***pass over*** 4; **2.** Schweigsamkeit *f*; **3.** Verschwiegenheit *f*; **4.** Vergessenheit *f*; **5.** *a.* ⚙ Geräuschlosigkeit *f*; **II** *v/t.* **6.** zum Schweigen bringen (*a.* ⚔ *u. fig.*); **'si·lenc·er** [-sə] *s.* **1.** ⚔, ⚙ Schalldämpfer *m*; **2.** *mot.* Auspufftopf *m*; **'si·lent** [-nt] *adj.* □ **1.** still, ruhig, schweigsam: ***be ~*** (sich aus)schweigen (***on*** über *acc.*) (*a. fig.*); **2.** still (*Gebet etc.*), stumm (*Schmerz etc.*; *a. ling. Buchstabe*): ***~ film*** Stummfilm *m*; ***~ partner*** ✝ stiller Teilhaber (mit unbeschränkter Haftung); **3.** *fig.* stillschweigend: ***~ consent***; ***~ majority*** *die* schweigende Mehrheit; **4.** *a.* ⚙ geräuschlos, leise.

Si·le·sian [saɪ'liːzjən] **I** *adj.* schlesisch; **II** *s.* Schlesier(in).

sil·hou·ette [ˌsɪluː'et] **I** *s.* **1.** Silhou'ette *f*: a) Schattenbild *n*, -riss *m*, b) 'Umriss *m* (*a. fig.*): ***~ (target)*** ⚔ Kopfscheibe *f*; ***stand out in ~ against*** → 4; **2.** Scherenschnitt *m*; **II** *v/t.* **3.** silhouettieren; **4.** ***be ~d*** sich abheben (***against*** gegen).

sil·i·ca ['sɪlɪkə] *s.* ⚗ **1.** Kieselerde *f*; **2.** Quarz(glas *n*) *m*; **'sil·i·cate** [-kɪt] *s.* ⚗ Sili'kat *n*; **'sil·i·cat·ed** [-keɪtɪd] *adj.* siliziert; **si·li·ceous** [sɪ'lɪʃəs] *adj.* kiesel(erde-, -säure)haltig, -artig, Kiesel...; **si'lic·ic** [sɪ'lɪsɪk] *adj.* Kiesel(erde)...; **si·lic·i·fy** [sɪ'lɪsɪfaɪ] *v/t. u. v/i.* verkieseln; **si·li·cious** → ***siliceous***; **'sil·i·con** [-kən] *s.* ⚗ Si'lizium *n*; **'sil·i·cone** [-kəʊn] *s.* ⚗ Sili'kon *n*; **sil·i·co·sis** [ˌsɪlɪ'kəʊsɪs] *s.* ⚕ Sili'kose *f*, Staublunge *f*.

silk [sɪlk] **I** *s.* **1.** Seide *f*: a) Seidenfaser *f*, b) Seidenfaden *m*, c) Seidenstoff *m*, -gewebe *n*; **2.** Seide(nkleid *n*) *f*: ***in ~s and satins*** in Samt u. Seide; **3.** ⚖ *Brit.* a) → ***silk gown***, b) F Kronanwalt *m*: ***take ~*** Kronanwalt werden; **4.** *fig.* Seide *f*, *zo. bsd.* Spinnfäden *pl.*; **5.** Seidenglanz *m* (*von Edelsteinen*); **II** *adj.* **6.** seiden, Seiden...: ***make a ~ purse out of a sow's ear*** *fig.* aus e-m Kieselstein e-n Diamanten schleifen; ***~ culture*** Seidenraupenzucht *f*; **'silk·en** [-kən] *adj.* **1.** *poet.* seiden, Seiden...; **2.** → ***silky*** 1 *u.* 2.

silk| gown *s. Brit.* 'Seidentaˌlar *m* (*e-s* ***King's*** *od.* ***Queen's Counsel***); **~ hat** *s.* Zy'linder(hut) *m*.

silk·i·ness ['sɪlkɪnɪs] *s.* **1.** *das* Seidige, seidenartige Weichheit; **2.** *fig.* Sanftheit *f*.

silk| moth *s. zo.* Seidenspinner *m*; **'~-screen print·ing** *s. typ.* Seidensiebdruck *m*; **~ stock·ing** *s.* **1.** Seidenstrumpf *m*; **2.** *fig. Am.* ele'gante *od.* vornehme Per'son; **'~·worm** *s. zo.* Seidenraupe *f*.

silk·y ['sɪlkɪ] *adj.* □ **1.** seidig (glänzend), seidenweich: ***~ hair***; **2.** *fig.* sanft, einschmeichelnd, zärtlich (*Person, Stimme etc.*), *contp.* ölig, (aal)glatt; **3.** lieblich (*Wein*).

sill [sɪl] *s.* **1.** (Tür)Schwelle *f*; **2.** Fensterbrett *n*; **3.** ⚙ Schwellbalken *m*; **4.** *geol.* Lagergang *m*.

sil·la·bub ['sɪləbʌb] *s. Getränk aus Wein, Sahne u. Gewürzen.*

sil·li·ness ['sɪlɪnɪs] *s.* **1.** Dummheit *f*, Albernheit *f*; **2.** Verrücktheit *f*.

sil·ly ['sɪlɪ] **I** *adj.* □ **1.** dumm, albern, blöd(e), verrückt (*Person u. Sache*); **2.** dumm, unklug (*Handlungsweise*); **3.** benommen, betäubt; **II** *s.* **4.** Dummkopf *m*, Dummerchen *n*; **~ sea·son** *s.* ‚Saure-'Gurken-Zeit' *f*.

si·lo ['saɪləʊ] **I** *pl.* **-los** *s.* **1.** ✓, ⚙ Silo *m*; **2.** ⚔ 'unterirdische Ra'ketenabschussrampe; **II** *v/t.* **3.** ✓ *Futter* a) in e-m Silo aufbewahren, b) einmieten.

silt [sɪlt] **I** *s.* Treibsand *m*, Schlamm *m*, Schlick *m*; **II** *v/i. u. v/t. mst* ***~ up*** verschlammen.

sil·van ['sɪlvən] → ***sylvan***.

sil·ver ['sɪlvə] **I** *s.* **1.** ⚗, *min.* Silber *n*; **2.** a) Silber(geld) *n*, b) *allg.* Geld *n*; **3.** Silber(geschirr *n*, -zeug *n*) *n*; **4.** Silber(-farbe *f*, -glanz *m*) *n*; **5.** *phot.* 'Silbersalz *n*, -niˌtrat *n*; **II** *adj.* **6.** silbern, Silber...: ***~ paper*** *phot.* Silberpapier *n*; **7.** silb(e)rig, silberglänzend; **8.** *fig.* silberhell (*Stimme etc.*); **III** *v/t.* **9.** versilbern; *Spiegel* belegen; **10.** silbern färben; **IV** *v/i.* **11.** silberweiß werden (*Haar etc.*); **~ fir** *s.* ⚘ Edel-, Weißtanne *f*; **~ foil** *s.* **1.** Silberfolie *f*; **2.** 'Silberpaˌpier *n*; **~ fox** *s. zo.* Silberfuchs *m*; **~ gilt** *s.* vergoldetes Silber; **~ glance** *s.* Schwefelsilber *n*; **ˌ~-'gray** *bsd. Am.*, **ˌ~-'grey** *adj.* silbergrau; **~ leaf** *s.* ⚙ Blattsilber *n*; **~ lin·ing** *s. fig.* Silberstreifen *m* am Hori'zont, Lichtblick *m*: ***every cloud has its ~*** jedes Unglück hat auch sein Gutes; **~ med·al** *s.* 'Silbermeˌdaille *f*; **~ med·al·(l)ist** *s.* 'Silbermeˌdaillengewinner(in); **~ ni·trate** *s.* ⚗, *phot.* 'Silberniˌtrat *n*; *bsd.* ⚕ Höllenstein *m*; **~ plate** *s.* **1.** Silberauflage *f*; **2.** Silber(geschirr *n*, -zeug *n*) *n*, Tafelsilber *n*; **'~-plate** *v/t.* versilbern; **~ point** *s. paint.* Silberstiftzeichnung *f*; **~ screen** *s.* **1.** (Film)Leinwand *f*; **2.** *coll. der* Film; **'~side** *s.* bester Teil der Rindskeule; **'~·smith** *s.* Silberschmied *m*; **~ spoon** *s.* Silberlöffel *m*: ***be born with a ~ in one's mouth*** *fig.* ein Glückskind *od.* das Kind reicher Eltern sein; **ˌ~-'tongued** *adj.* redegewandt; **'~·ware** → ***silver plate*** 2; **~ wed·ding** *s.* silberne Hochzeit.

sil·ver·y ['sɪlvərɪ] → ***silver*** 7 *u.* 8.

sil·vi·cul·ture ['sɪlvɪkʌltʃə] *s.* Waldbau *m*, 'Forstkulˌtur *f*.

sim·i·an ['sɪmɪən] **I** *adj. zo.* affenartig, Affen...; **II** *s.* (*bsd.* Menschen)Affe *m*.

sim·i·lar ['sɪmɪlə] **I** *adj.* □ → ***similarly***; **1.** ähnlich (*a.* A), (annähernd) gleich (***to*** *dat.*); **2.** gleichartig, entsprechend; **3.** *phys.*, ⚡ gleichnamig; **II** *s.* **4.** *das* Ähnliche *od.* Gleichartige; **5.** *pl.* ähnliche *od.* gleichartige Dinge *pl.*; **sim·i·lar·i·ty** [ˌsɪmɪ'lærətɪ] *s.* **1.** Ähnlichkeit *f* (***to*** mit), Gleichartigkeit *f*; **2.** *pl.* Ähnlichkeiten *pl.*; **'sim·i·lar·ly** [-lɪ] *adv.* ähnlich, entsprechend.

sim·i·le ['sɪmɪlɪ] *s.* Gleichnis *n*, Vergleich *m*; **si·mil·i·tude** [sɪ'mɪlɪtjuːd] *s.* **1.** Ähnlichkeit *f* (*a.* A); **2.** Gleichnis *n*; **3.** (Eben)Bild *n*.

sim·mer ['sɪmə] **I** *v/i.* **1.** sieden, wallen, brodeln; **2.** *fig.* kochen (***with*** vor *dat.*), gären (*Gefühl, Aufstand*): ***~ down*** sich ‚abregen' *od.* beruhigen; **II** *v/t.* **3.** zum Brodeln *od.* Wallen bringen; **III** *s.* **4.** ***keep at a*** (*od.* ***on the***) ***~*** sieden lassen.

Si·mon ['saɪmən] *npr.* Simon *m*: ***Simple ~*** *fig.* F Einfaltspinsel *m*.

si·mo·ny ['saɪmənɪ] *s.* Simo'nie *f*, Ämterkauf *m*.

simp [sɪmp] *s. Am. sl.* Simpel *m*.

sim·per ['sɪmpə] **I** *v/i.* albern *od.* geziert lächeln; **II** *s.* einfältiges *od.* geziertes Lächeln.

sim·ple ['sɪmpl] **I** *adj.* □ → ***simply***; **1.** *allg.* einfach: a) simpel, leicht: ***a ~ explanation***; ***a ~ task***, b) schlicht (*Person, Lebensweise, Stil etc.*): ***~ beauty***, c) unkompliziert: ***a ~ design***; ***~ fracture*** ⚕ einfacher (Knochen)Bruch, d) nicht zs.-gesetzt, unzerlegbar: ***~ equation*** A einfache Gleichung; ***~ fraction*** A einfacher *od.* gemeiner Bruch; ***~ fruit*** ⚘ einfache Frucht; ***~ interest*** ✝ Kapitalzinsen *pl.*; ***~ larceny*** einfacher Diebstahl; ***~ sentence*** *ling.* einfacher Satz, e) niedrig: ***of ~ birth***; **2.** ♪ einfach; **3.** a) einfältig, simpel, b) na'iv, leichtgläubig; **4.** gering(fügig): ***~ efforts***; **5.** rein, glatt: ***~ madness***; **II** *s.* **6.** *pharm.* Heilkraut *n*, -pflanze *f*; **ˌ~-'heart·ed**, **ˌ~-'mind·ed** *adj.* **1.** schlicht, einfach; **2.** → ***simple*** 3; **ˌ~-'mind·ed·ness** *s.* **1.** Schlichtheit *f*; **2.** Einfalt *f*; **3.** Arglosigkeit *f*.

sim·ple·ton ['sɪmpltən] *s.* Einfaltspinsel *m*.

sim·plex ['sɪmpleks] **I** *adj.* **1.** ⚙, ⚡ Simplex...; **II** *s.* **2.** *ling.* Simplex *n*; **3.** ⚡, *teleph. etc.* Simplex-, Einfachbetrieb *m*.

sim·plic·i·ty [sɪm'plɪsətɪ] *s.* **1.** Einfachheit *f*; **2.** Einfalt *f*.

sim·pli·fi·ca·tion [ˌsɪmplɪfɪ'keɪʃn] *s.* Vereinfachung *f*; **sim·pli·fi·ca·tive** ['sɪmplɪfɪkətɪv] *adj.* vereinfachend; **sim·pli·fy** ['sɪmplɪfaɪ] *v/t.* **1.** vereinfachen (*a. erleichtern, a. als einfach hinstellen*); **2.** ⚙, ✝ *Am.* normieren.

sim·plis·tic [sɪm'plɪstɪk] *adj.* (zu) stark vereinfachend.

sim·ply ['sɪmplɪ] *adv.* **1.** einfach (*etc.* → ***simple***); **2.** bloß, nur; **3.** F einfach (*großartig etc.*).

sim·u·la·crum [ˌsɪmjʊ'leɪkrəm] *pl.* **-cra** [-krə] *s.* **1.** (Ab)Bild *n*; **2.** Scheinbild *n*, Abklatsch *m*; **3.** leerer Schein.

sim·u·lant ['sɪmjʊlənt] *adj. bsd. biol.* ähnlich (***of*** *dat.*); **sim·u·late** ['sɪmjʊleɪt] *v/t.* **1.** vortäuschen, (-)heucheln, *bsd. Krankheit* simulieren: ***~d account*** ✝ fingierte Rechnung; **2.** *j-n od. et.* nachahmen; **3.** sich tarnen als; **4.** ähneln (*dat.*); **5.** *ling.* sich angleichen an (*acc.*); **6.** ⚙ simulieren; **sim·u·la·tion** [ˌsɪmjʊ'leɪʃn] *s.* **1.** Vorspiegelung *f*, -täuschung *f*; **2.** Heuche'lei *f*, Verstellung *f*; **3.** Nachahmung *f*; **4.** Simulieren *n*, Krankspielen *n*; **5.** ⚙ Simulierung *f*;

sim·u·la·tor [ˈsɪmjʊleɪtə] *s.* **1.** Heuchler(in); **2.** Simuˈlant(in); **3.** ⚙ *allg.* Simuˈlator *m.*

si·mul·ta·ne·i·ty [ˌsɪməltəˈnɪətɪ] *s.* Gleichzeitigkeit *f*; **si·mul·ta·ne·ous** [ˌsɪməlˈteɪnjəs] *adj.* □ gleichzeitig, simulˈtan (***with*** mit): ***~ translation*** Simultandolmetschen *n.*

sin [sɪn] **I** *s.* **1.** *eccl.* Sünde *f*: ***cardinal ~*** Hauptsünde; ***deadly*** (*od.* ***mortal***) ***~*** Todsünde; ***original ~*** Erbsünde; ***like ~*** F wie der Teufel; ***live in ~*** *obs. od. humor.* in Sünde leben; **2.** *fig.* (***against***) Sünde *f* (*Verstoß*) (gegen), Versündigung *f* (an *dat.*); **II** *v/i.* **3.** sündigen; **4.** *fig.* (***against***) sündigen, verstoßen (gegen *et.*), sich versündigen (an *j-m*).

sin·a·pism [ˈsɪnəpɪzəm] *s.* ⚕ Senfpflaster *n.*

since [sɪns] **I** *adv.* **1.** seitˈdem, -ˈher: ***ever ~*** seit der Zeit, seitdem: ***long ~*** seit langem, schon lange; ***how long ~?*** seit wie langer Zeit?; ***a short time ~*** vor kurzem; **2.** inˈzwischen, mittlerˈweile; **II** *prp.* **3.** seit: ***~ 1945***; ***~ Friday***; ***~ seeing you*** seitdem ich dich sah; **III** *cj.* **4.** seit(dem): ***how long is it ~ it happened?*** wie lange ist es her, dass das geschah?; **5.** da (ja), weil.

sin·cere [sɪnˈsɪə] *adj.* □ **1.** aufrichtig, ehrlich, offen: ***a ~ friend*** ein wahrer Freund; **2.** aufrichtig, echt (*Gefühl etc.*); **3.** rein, lauter; **sinˈcere·ly** [-lɪ] *adv.* aufrichtig: ***Yours ~*** Mit freundlichen Grüßen (*Briefschluss*); **sinˈcere·ness** [-nɪs], **sin·cer·i·ty** [sɪnˈserətɪ] *s.* **1.** Aufrichtigkeit *f*; **2.** Lauterkeit *f*, Echtheit *f.*

sin·ci·put [ˈsɪnsɪpʌt] *s. anat.* Schädeldach *n*, *bsd.* Vorderhaupt *n.*

sine[1] [saɪn] *s.* A Sinus *m*: ***~ of angle*** Winkelsinus; ***~ curve*** Sinuskurve *f*; ***~ wave*** *phys.* Sinuswelle *f.*

si·ne[2] [ˈsaɪnɪ] (*Lat.*) *prp.* ohne.

si·ne·cure [ˈsaɪnɪkjʊə] *s.* Sineˈkure *f*: a) *eccl. hist.* Pfründe *f* ohne Seelsorge, b) einträglicher Ruheposten.

si·ne di·e [ˌsaɪnɪˈdaɪiː] (*Lat.*) *adv.* ⚖ auf unbestimmte Zeit; **si·ne qua non** [ˌsaɪnɪkweɪˈnɒn] (*Lat.*) *s.* unerlässliche Bedingung, Conˈditio *f* sine qua non.

sin·ew [ˈsɪnjuː] *s.* **1.** *anat.* Sehne *f*, Flechse *f*; **2.** *pl.* Muskeln *pl.*, (Muskel-)Kraft *f*: ***the ~s of war*** *fig.* das Geld *od.* die Mittel (zur Kriegführung *etc.*); **ˈsin·ewed** [-juːd] → ***sinewy***; **ˈsin·ew·less** [-lɪs] *adj. fig.* kraftlos, schwach; **ˈsin·ew·y** [-juːɪ] *adj.* **1.** sehnig; **2.** zäh (*Fleisch*); **3.** *fig.* a) stark, zäh, b) kräftig, kraftvoll (*a. Stil*).

sin·ful [ˈsɪnfʊl] *adj.* □ sündig, sündhaft.

sing [sɪŋ] **I** *v/i.* [*irr.*] **1.** singen (*a. fig. dichten*): ***~ of*** → 9; ***~ to s.o.*** j-m vorsingen; ***~ small*** *fig.* F kleinlaut werden, klein beigeben; **2.** summen (*Biene, Wasserkessel etc.*); **3.** krähen (*Hahn*); **4.** *fig.* pfeifen, sausen (*Geschoss*); heulen (*Wind*); **5.** ***~ out*** F (laut) rufen, schreien; **6.** *a.* ***~ out*** *sl.* gestehen, alle(s) verraten, ‚singen' (*Verbrecher*); **7.** sich *gut etc.* singen lassen; **II** *v/t.* [*irr.*] **8.** *Lied* singen: ***~ a child to sleep*** ein Kind in den Schlaf singen; ***~ out*** ausrufen, schreien; **9.** *poet.* (be)singen; **III** *s.* **10.** *Am.* F (Gemeinschafts)Singen *n.*

singe [sɪndʒ] **I** *v/t.* **1.** ver-, ansengen; → ***wing*** 1; **2.** *Geflügel*, *Schwein* sengen; **3.** *a.* ***~ off*** *Borsten etc.* absengen; **4.** *Haar* sengen (*Friseur*); **II** *v/i.* **5.** versengen; **III** *s.* **6.** Versengung *f*; **7.** versengte Stelle.

sing·er [ˈsɪŋə] *s.* **1.** Sänger(in); **2.** *poet.* Sänger *m* (*Dichter*); **ˌ~-ˈsong·writ·er** *s.* Liedermacher(in).

sing·ing [ˈsɪŋɪŋ] **I** *adj.* **1.** singend *etc.*; **2.** Sing..., Gesangs...: ***~ lesson***; **II** *s.* **3.** Singen *n*, Gesang *m*; **4.** *fig.* Klingen *n*, Summen *n*, Pfeifen *n*, Sausen *n*: ***a ~ in the ears*** (ein) Ohrensausen; ***~ bird*** *s.* Singvogel *m*; ***~ voice*** *s.* Singstimme *f.*

sin·gle [ˈsɪŋgl] **I** *adj.* □ → ***singly***; **1.** einzig: ***not a ~ one*** kein *od.* nicht ein Einziger; ***~ European currency*** gemeinsame europäische Währung, europäische Einheitswährung; ***~*** (***European***) ***market*** (europäischer) Binnenmarkt; **2.** einzeln, einfach, Einzel..., Ein(fach)...: ***~-decker*** ✈ Eindecker *m* (*a. Bus*); ***~-stage*** einstufig; (***bookkeeping by***) ***~ entry*** ✝ einfache Buchführung; ***~***(***-trip***) ***ticket*** → 10; **3.** einzeln, alˈlein, Einzel...: ***~ bed*** Einzelbett *n*; ***~ bill*** ✝ Solawechsel *m*; ***~ combat*** ⚔ Einzel-, Zweikampf *m*; ***~ game*** *sport* Einzel(spiel) *n*; ***~ house*** Einfamilienhaus *n*; **4.** a) allein, einsam, für sich (lebend), b) alˈlein stehend, ledig, unverheiratet; → *a.* 14; **5.** einmalig: ***~ payment***; **6.** ⚘ einfach; **7.** *fig.* ungeteilt, einzig: ***~ purpose***; ***have a ~ eye for*** nur Sinn haben für, nur denken an (*acc.*); ***with a ~ voice*** wie aus ˈeinem Munde; **8.** *fig.* aufrichtig: ***~ mind***; **II** *s.* **9.** *der* (*die, das*) Einzelne *od.* Einzige; Einzelstück *n*; **10.** *Brit.* a) 🚂 einfache Fahrkarte, b) ✈ einfaches (Flug)Ticket *n*; **11.** *pl. sg. konstr. sport* Einzel *n*: ***play a ~s***; ***men's ~s*** Herreneinzel; **12.** Single *f* (*Schallplatte*); **13.** Einbettzimmer *n*; **14.** Single *m*, alˈlein stehende Perˈson; **III** *v/t.* **15.** ***~ out*** a) auslesen, -suchen, -wählen (***from*** aus), b) bestimmen (***for*** für *e-n Zweck*), c) herˈausheben; **ˌ~-ˈact·ing** *adj.* ⚙ einfach wirkend; **ˌ~-ˈbreast·ed** *adj.*: ***~ suit*** Einreiher *m*; **ˌ~-ˈen·gined** *adj.* ˈeinmoˌtorig (*Flugzeug*); **ˌ~-ˈeyed** → ***single-minded***; **ˌ~-ˈhand·ed** *adj. u. adv.* **1.** einhändig; mit ˈeiner Hand; **2.** *fig.* eigenhändig, alˈlein, ohne (fremde) Hilfe; auf eigene Faust; **ˌ~-ˈheart·ed** *adj.* □ → ***single-minded***; **ˌ~-ˈline** *adj.* 🚂 eingleisig; **ˌ~-ˈmind·ed** *adj.* **1.** aufrichtig, redlich; **2.** zielbewusst, -strebig.

sin·gle·ness [ˈsɪŋglnɪs] *s.* **1.** Einmaligkeit *f*; **2.** Ehelosigkeit *f*; **3.** *a.* ***~ of purpose*** Zielstrebigkeit *f*; **4.** *fig.* Aufrichtigkeit *f.*

sin·gle| par·ent *s.* Alˈleinerziehende(r *m*) *f*: ***single parents*** *pl.* allein erziehende Eltern *pl.*; **ˈ~-ˌpar·ent fam·i·ly** *s.* Einˈelternfaˌmilie *f*; **ˌ~-ˈphase** *adj.* ⚡ einphasig, Einphasen...; **ˌ~-ˈseat·er** *bsd.* ✈ **I** *s.* Einsitzer *m*; **II** *adj.* Einsitzer..., einsitzig; **ˈ~·stick** *s. sport* ˈStockraˌpier(fechten) *n.*

sin·glet [ˈsɪŋglɪt] *s.* ärmelloses ˈUnter- *od.* Triˈkothemd *n.*

sin·gle·ton [ˈsɪŋgltən] *s.* **1.** *Kartenspiel*: Singleton *m* (*einzige Karte e-r Farbe*); **2.** einziges Kind; **3.** Indiˈviduum *n*; **4.** Einzelgegenstand *m.*

ˌsin·gle-ˈtrack *adj.* **1.** einspurig (*Straße*); **2.** 🚂 eingleisig (*a. fig.* F *einseitig*).

sin·gly [ˈsɪŋglɪ] *adv.* **1.** einzeln, alˈlein; **2.** → ***single-handed*** 2.

ˈsing·song I *s.* **1.** Singsang *m*; **2.** *Brit.* Gemeinschaftssingen *n*; **II** *adj.* **3.** eintönig; **III** *v/t. u. v/i.* **4.** eintönig sprechen *od.* singen.

sin·gu·lar [ˈsɪŋgjʊlə] **I** *adj.* □ **1.** *ling.* singuˈlarisch: ***~ number*** → 6; **2.** A, *phls.* singuˈlär; **3.** *bsd.* ⚖ einzeln: ***all and ~*** jeder (jede, jedes) Einzelne; **4.** *fig.* einzigartig, außer-, ungewöhnlich, einmalig; **5.** *fig.* eigentümlich, seltsam; **II** *s.* **6.** *ling.* Singular *m*, Einzahl *f*; **sin·gu·lar·i·ty** [ˌsɪŋgjʊˈlærətɪ] *s.* **1.** Eigentümlichkeit *f*, Seltsamkeit *f*; **2.** Einzigartigkeit *f*; **ˈsin·gu·lar·ize** [-əraɪz] *v/t.* **1.** herˈausstellen; **2.** *ling.* in die Einzahl setzen.

sin·is·ter [ˈsɪnɪstə] *adj.* □ **1.** böse, drohend, unheilvoll, schlimm; **2.** finster, unheimlich; **3.** *her.* link.

sink [sɪŋk] **I** *v/i.* [*irr.*] **1.** sinken, ˈuntergehen (*Schiff*, *Gestirn etc.*); **2.** (herˈab-, niederˈ)sinken (*Arm*, *Kopf*, *Person etc.*): ***~ into a chair***; ***~ into the grave*** ins Grab sinken; **3.** *im Wasser*, *Schnee etc.* versinken, ein-, ˈuntersinken: ***~ or swim*** *fig.* egal, was passiert; **4.** sich senken: a) herˈabsinken (*Dunkelheit*, *Wolken etc.*), b) abfallen (*Gelände*), c) einsinken (*Haus*, *Grund*), d) sinken (*Preise*, *Wasserspiegel*, *Zahl etc.*); **5.** ˈumsinken; **6.** ***~ under*** erliegen (*dat.*); **7.** (***into***) a) (ein)dringen, (ein)sickern (in *acc.*), b) *fig.* (in *j-s Geist*) eindringen, sich einprägen (*dat.*): ***he allowed his words to ~ in*** er ließ s-e Worte wirken; **8.** ***~ into*** in *Ohnmacht* fallen *od.* sinken, in *Schlaf*, *Schweigen etc.* versinken; **9.** nachlassen, schwächer werden; **10.** sich dem Ende nähern (*Kranker*): ***he is ~ing fast*** er verfällt zusehends; **11.** *im Wert*, *in j-s Achtung etc.* sinken; **12.** *b.s.* (ver)sinken (***into*** in *acc.*), *in Armut*, *Vergessenheit* geraten, *dem Laster etc.* verfallen; **13.** sich senken (*Blick*, *Stimme*); **14.** sinken (*Mut*): ***his heart sank*** ihn verließ der Mut; **II** *v/t.* [*irr.*] **15.** *Schiff etc.* versenken; **16.** *bsd. in den Boden* ver-, einsenken; **17.** *Grube etc.* ausheben; *Brunnen*, *Loch* bohren: ***~ a shaft*** ⚒ e-n Schacht abteufen; **18.** ⚙ a) einlassen, -betten, b) eingravieren, c) *Stempel* schneiden; **19.** *Wasserspiegel etc.*, *a. Preis*, *Wert* senken; **20.** *Blick*, *Kopf*, *Stimme* senken; **21.** *fig. Niveau*, *Stand* herˈabdrücken; **22.** zuˈgrunde richten: ***we are sunk*** *sl.* wir sind ‚erledigt'; **23.** *Tatsache* unterˈdrücken, vertuschen; **24.** *et.* ignorieren; *Streit* beilegen; *Ansprüche*, *Namen etc.* aufgeben; **25.** a) ✝ *Kapital* fest (*bsd.* ungünstig) anlegen, ‚stecken' (***into*** in *acc.*), b) (*bsd.* durch ˈFehlinvestiˌtiˌon) verlieren; **26.** ✝ *Schuld* tilgen; **III** *s.* **27.** Ausguss(becken *n*, -loch *n*) *m*, Spülstein *m* (*Küche*); **28.** a) Abfluss *m* (*Rohr*), b) Senkgrube *f*, c) *fig.* Pfuhl *m*: ***~ of iniquity*** *fig.* Sündenpfuhl, Lasterhöhle *f*; **29.** *thea.* Versenkung *f*; **ˈsink·a·ble** [-kəbl] *adj.* zu versenken(d), versenkbar (*bsd. Schiff*); **ˈsink·er** [-kə] *s.* **1.** ⚒ Abteufer *m*; **2.** ⚙ Stempelschneider *m*; **3.** *Weberei*: Plaˈtine *f*; **4.** ⚓ a) Senkblei *n* (*Lot*), b) Senkgewicht *n* (*Angelleine*, *Fischnetz*); **5.** *Am. sl.* Krapfen *m*; **ˈsink·ing** [-kɪŋ] **I** *s.* **1.** (Ver)Sinken *n*; **2.** Versenken *n*; **3.** ⚕ a) Schwächegefühl *n*, b) Senkung *f e-s Organs*; **4.** ✝ Tilgung *f*; **II** *adj.* **5.** sinkend (*a. Mut etc.*): ***a ~ feeling*** Beklommenheit *f*, flaues Gefühl (im Magen); **6.** ✝ Tilgungs...: ***~ fund*** Amortisationsfonds *m.*

sin·less [ˈsɪnlɪs] *adj.* □ sünd(en)los, unschuldig, schuldlos.

sin·ner [ˈsɪnə] *s. eccl.* Sünder(in) (*a. fig. Übeltäter*; *a. humor. Halunke*).

Sinn Fein [ˌʃɪnˈfeɪn] *s. pol.* Sinn Fein *m*

(*nationalistische Bewegung u. Partei in Irland*).

Sino- [sɪnəʊ] *in Zssgn* chi'nesisch, Chinesen..., China...; **si·nol·o·gy** [sɪ'nɒlədʒɪ] *s.* Sinolo'gie *f* (*Erforschung der chinesischen Sprache, Kultur etc.*).

sin·ter ['sɪntə] **I** *s. geol. u. metall.* Sinter *m*; **II** *v/t. Erz* sintern.

sin·u·ate ['sɪnjʊət] *adj.* □ ⚘ gebuchtet (*Blatt*); **sin·u·os·i·ty** [ˌsɪnjʊ'ɒsətɪ] *s.* **1.** Biegung *f*, Krümmung *f*; **2.** Gewundenheit *f* (*a. fig.*); **'sin·u·ous** [-jʊəs] *adj.* □ **1.** gewunden, sich schlängelnd: **~ *line*** Wellen-, Schlangenlinie *f*; **2.** ⩕ sinusförmig gekrümmt; **3.** *fig.* a) verwickelt, b) winkelzügig; **4.** geschmeidig.

si·nus ['saɪnəs] *s.* **1.** Krümmung *f*, Kurve *f*; **2.** Ausbuchtung *f* (*a.* ⚘, ⚕); **3.** *anat.* Sinus *m*, (Knochen-, Neben)Höhle *f*; **4.** ⚕ Fistelgang *m*; **si·nus·i·tis** [ˌsaɪnə'saɪtɪs] *s.* ⚕ Sinu'sitis *f*, Nebenhöhlenentzündung *f*: ***frontal* ~** Stirnhöhlenkatarr(h) *m*; **si·nus·oi·dal** [ˌsaɪnə'sɔɪdl] *adj.* ⩕, ϟ, *phys.* sinusförmig: **~ *wave*** Sinuswelle *f*.

Sioux [suː] *pl.* **Sioux** [suː; suːz] *s.* **1.** 'Sioux(indiˌaner[in]) *m, f*; **2.** *pl. die* 'Sioux(indiˌaner) *pl.*

sip [sɪp] **I** *v/t.* **1.** nippen an (*acc.*) *od.* von, schlürfen (*a. fig.*); **II** *v/i.* **2.** (***of***) nippen (an *dat. od.* von), schlückchenweise trinken (von); **III** *s.* **3.** Nippen *n*; **4.** Schlückchen *n*.

si·phon ['saɪfn] **I** *s.* **1.** (Saug)Heber *m*; Siphon *m*; **2.** *a.* **~ *bottle*** Siphonflasche *f*; **3.** *zo.* Sipho *m*; **II** *v/t.* **4. ~ *out*** (*a.* ⚕ *Magen*) aushebe(r)n; **5. ~ *off*** a) absaugen, b) *fig.* abziehen, *Gewinne etc.* abschöpfen; **6.** *fig.* (weiter)leiten; **III** *v/i.* **7.** ablaufen.

sip·pet ['sɪpɪt] *s.* **1.** (Brot-, Toast)Brocken *m* (*zum Eintunken*); **2.** geröstete Brotschnitte.

sir [sɜː] *s.* **1.** (mein) Herr! (*respektvolle Anrede*): ***yes, ~!*** ja(wohl)!; **⁊(*s*)** *Anrede in* (*Leser*)*Briefen* (*unübersetzt*); ***Dear ⁊s*** Sehr geehrte Herren! (*Anrede in Briefen*); ***my dear ~!*** *iro.* mein Verehrtester!; **2.** ⁊ *Brit.* Sir *m* (*Titel e-s **baronet** od. **knight***); **3.** *Brit. Anrede für den **Speaker** im Unterhaus.*

sire ['saɪə] **I** *s.* **1.** *poet.* a) Vater *m*, Erzeuger *m*, b) Vorfahr *m*; **2.** *zo.* Vater (-tier *n*) *m*, *bsd.* Zuchthengst *m*; **3.** ⁊*!* Sire!, Eure Maje'stät!; **II** *v/t.* **4.** zeugen: ***be ~d by*** abstammen von (*bsd. Zuchtpferd*).

si·ren ['saɪərən] *s.* **1.** *myth.* Si'rene *f* (*a. fig. verführerische Frau, bezaubernde Sängerin*); **2.** ⚙ Si'rene *f*; **3.** *zo.* a) Armmolch *m*, b) → **si·re·ni·an** [saɪ'rɪnjən] *s. zo.* Seekuh *f*, Si'rene *f*.

sir·loin ['sɜːlɔɪn] *s.* Lendenstück *n*.

si·roc·co [sɪ'rɒkəʊ] *pl.* **-cos** *s.* Schi'rokko *m* (*Wind*).

sir·up ['sɪrəp] → ***syrup***.

sis [sɪs] *s.* F Schwester *f*.

si·sal (**hemp**) ['saɪsl] *s.* ⚘ Sisal(hanf) *m*.

sis·sy ['sɪsɪ] F **I** *s.* **1.** Weichling *m*, ‚Heulsuse' *f*; **2.** ‚Waschlappen' *m*, Feigling *m*; **II** *adj.* **3.** weibisch, verweichlicht; **4.** feig.

sis·ter ['sɪstə] **I** *s.* **1.** Schwester *f* (*a. fig. Genossin*): ***the three ⁊s*** *myth.* die drei Schicksalsschwestern; ***Hey, ~!*** *Am. sl.* He, Kleine!; **2.** *fig.* Schwester *f* (*Gleichartiges*); **3.** *eccl.* (Ordens)Schwester *f*: ***⁊s of Mercy*** Barmherzige Schwestern; **4.** ⚕ *bsd. Brit.* a) Oberschwester *f*, b) (Kranken)Schwester *f*; **5.** *a.* **~ *company*** ✝ Schwester(gesellschaft) *f*; **II** *adj.* **6.** Schwester... (*a. fig.*); **'sis·ter·hood** [-hʊd] *s.* **1.** schwesterliches Verhältnis; **2.** *eccl.* Schwesternschaft *f*; **'sis·ter-in-law** [-ərɪn-] *pl.* **'sis·ters-in-law** *s.* Schwägerin *f*; **'sis·ter·ly** [-lɪ] *adj.* schwesterlich.

Sis·tine ['sɪstaɪn] *adj.* six'tinisch: **~ *Chapel***; **~ *Madonna***.

Sis·y·phe·an [ˌsɪsɪ'fiːən] *adj.*: **~ *task*** (*od.* ***labo*[*u*]*r***) Sisyphusarbeit *f*.

sit [sɪt] [*irr.*] **I** *v/i.* **1.** sitzen; **2.** sich setzen; **3.** (***to*** *j-m*) (Por'trät *od.* Mo'dell) sitzen; **4.** sitzen, brüten (*Henne*); **5.** sitzen (*Sache, a. Wind*); **6.** Sitzung (ab)halten, tagen; **7.** (***on***) beraten (über *acc.*), (*e-n Fall etc.*) unter'suchen; **8.** sitzen, e-n Sitz (inne)haben (***in Parliament*** im Parlament): **~ *on a committee*** e-m Ausschuss angehören; **~ *on the bench*** Richter sein; **~ *on a jury*** Geschworener sein; **9.** (***on***) sitzen, passen (*dat.*) (*Kleidung*); *fig.* (*j-m*) *gut etc.* zu Gesicht stehen; **II** *v/t.* **10. ~ *o.s.*** sich setzen; **11.** sitzen auf (*dat.*): **~ *a horse well*** gut zu Pferde sitzen;

Zssgn mit adv.:

sit| back *v/i.* **1.** sich zu'rücklehnen; **2.** *fig.* die Hände in den Schoß legen; **~ by** *v/i.* untätig zusehen; **~ down** **I** *v/i.* **1.** sich (hin)setzen, sich niederlassen, Platz nehmen: **~ *to work*** sich an die Arbeit machen; **2. ~ *under*** *e-e Beleidigung etc.* hinnehmen; **3.** ✈ aufsetzen; **II** *v/t.* **4.** *j-n* (hin)setzen; **~ in** *v/i.* F **1.** babysitten; **2.** F mitmachen (***at***, ***on*** bei); **3. ~ *for*** für *j-n* einspringen; **4.** a) ein Sit-'in veranstalten, b) an e-m Sit-'in teilnehmen; **~ out** **I** *v/t.* **1.** *e-r Vorstellung etc.* bis zu Ende beiwohnen; **2.** länger bleiben *od.* aushalten als; **3.** *Spiel, Tanz* auslassen; **II** *v/i.* **4.** aussetzen, nicht mitmachen (*bei e-m Spiel etc.*); **5.** im Freien sitzen; **~ up** *v/i.* **1.** aufrecht sitzen; **2.** sich aufsetzen: **~ (*and beg*)** ‚schönmachen' (*Hund*); ***make s.o.* ~** a) j-n aufrütteln, b) j-n aufhorchen lassen; **~ (*and take notice*)** F aufhorchen; **3.** sich *im Bett etc.* aufrichten; **4.** aufsitzen, -bleiben; wachen (***with*** bei *e-m Kranken*);

Zssgn mit prp.:

sit| for *v/i.* **1.** *e-e Prüfung* machen; **2.** *parl. e-n Wahlkreis* vertreten; **3. ~ *one's portrait*** sich porträtieren lassen; **~ on** → ***sit*** 7, 8, 9, ***sit upon***; **~ through** → ***sit out*** 1 (*Zssgn mit adv.*); **~ un·der** *v/i.* **1.** *eccl.* zu *j-s* Gemeinde gehören; **2.** *j-s* Schüler sein; **~ up·on** *v/i.* **1.** lasten auf *j-m*; im *Magen* liegen; **2.** *sl. j-m* ‚aufs Dach steigen'; **3.** F *Nachricht etc.* zu'rückhalten; auf *e-m Antrag* ‚sitzen'.

sit|·com ['sɪtkɒm] *s. thea.* F Situati'onskoˌmödie *f*; **'~-down** *s.* **1.** Verschnaufpause *f*; **2.** a) *a.* **~ *strike*** ✝ Sitzstreik *m*, b) 'Sitzdemonstratiˌon *f*.

site [saɪt] **I** *s.* **1.** Lage *f* (*e-s Gebäudes, e-r Stadt etc.*): **~ *plan*** Lageplan *m*; **2.** Stelle *f* (*a.* ⚕), Örtlichkeit *f*; **3.** Bauplatz *m*, Grundstück *n*; **4.** ✝ a) (Ausstellungs)Gelände *n*, b) Sitz *m* (*e-r Industrie*); **5.** Stätte *f*, Schauplatz *m*; **II** *v/t.* **6.** platzieren, legen, 'unterbringen: ***well-~d*** gut gelegen, in guter Lage (*Haus*).

'sit-in *s.* Sit-'in *n*.

sit·ter ['sɪtə] *s.* **1.** Sitzende(r *m*) *f*; **2.** a) Glucke *f*: ***a good* ~** e-e gute Brüterin, b) brütender Vogel; **3.** *paint.* Mo'dell *n*; **4.** *a.* **~-*in*** Babysitter *m*; **5.** *sl.* a) *hunt.* leichter Schuss, b) *fig.* leichte Beute, c) ‚todsichere Sache'.

sit·ting ['sɪtɪŋ] **I** *s.* **1.** Sitzen *n*; **2.** *bsd.* ⚖, *parl.* Sitzung *f*, Tagung *f*; **3.** *paint., phot. etc.* Sitzung *f*: ***at a* ~** *fig.* in 'einem Zug; **4.** a) Brutzeit *f*, b) Gelege *n*; **5.** *eccl., thea.* Sitz(platz) *m*; **II** *adj.* **6.** sitzend, Sitz...: **~ *duck*** *fig.* leichtes Opfer; **7.** brütend; **~ *room*** *s.* **1.** Platz *m* zum Sitzen; **2.** Wohnzimmer *n*.

sit·u·ate ['sɪtjʊeɪt] **I** *v/t.* **1.** aufstellen, *e-r Sache* e-n Platz geben, den Platz festlegen (*gen.*); **2.** in e-e Lage bringen; **II** *adj.* **3.** ⚖ *od. obs.* → ***situated*** 1; **'sit·u·at·ed** [-tɪd] *adj.* **1.** gelegen: ***be* ~** liegen *od.* sein (*Haus etc.*); **2.** in e-r *schwierigen etc.* Lage: ***thus* ~** in dieser Lage; ***well* ~** gut situiert, wohlhabend.

sit·u·a·tion [ˌsɪtjʊ'eɪʃn] *s.* **1.** Lage *f e-s Hauses etc.*; **2.** Situati'on *f*: a) Lage *f*, Zustand *m*, b) Sachlage *f*, 'Umstände *pl.*: ***difficult* ~**; **3.** *thea.* dra'matische Situati'on, Höhepunkt *m*: **~ *comedy*** Situationskomödie *f*; **4.** Stellung *f*, Stelle *f*, Posten *m*: ***~s offered*** Stellenangebote; ***~s wanted*** Stellengesuche.

sit-up ['sɪtʌp] *s. Gymnastik*: Sit-up *n*: ***do ten sit-ups*** sich zehnmal aufsetzen, zehn Sit-ups machen.

si·tus ['saɪtəs] (*Lat.*) *s.* **1.** ⚕ Situs *m*, Lage *f* (*e-s Organs*); **2.** Sitz *m*, Lage *f*: ***in situ*** an Ort u. Stelle.

six [sɪks] **I** *adj.* **1.** sechs: ***it is ~ of one and half a dozen of the other*** *fig.* das ist gehupft wie gesprungen; **2.** *in Zssgn* sechs...: **~-*cylinder*(*ed*)** sechszylindrig, Sechszylinder... (*Motor*); **II** *s.* **3.** Sechs *f* (*Zahl, Spielkarte etc.*): ***at ~es and sevens*** a) ganz durcheinander, b) uneins; **4.** *Kricket*: *a.* **six·er** ['sɪksə] *s.* F Sechserschlag *m*; **'six·fold** [-fəʊld] *adj. u. adv.* sechsfach.

ˌsix|-'foot·er *s.* F sechs Fuß langer *od.* ‚baumlanger' Mensch; **'~·pence** *s. Brit. obs.* Sixpencestück *n*, ½ Schilling *m*: ***it does not matter* (*a*) ~** das ist ganz egal; **ˌ~-'shoot·er** *s.* F sechsschüssiger Re'volver.

six·teen [ˌsɪks'tiːn] **I** *s.* Sechzehn *f*; **II** *adj.* sechzehn; **ˌsix'teenth** [-nθ] **I** *adj.* **1.** sechzehnt; **2.** sechzehntel; **II** *s.* **3.** *der* (*die, das*) Sechzehnte; **4.** Sechzehntel *n*; **5.** *a.* **~ *note*** ♪ Sechzehntel(note *f*) *n*.

sixth [sɪksθ] **I** *adj.* **1.** sechst: **~ *sense*** *fig.* sechster Sinn; **II** *s.* **2.** *der* (*die, das*) Sechste; **3.** Sechstel *n*; **4.** ♪ Sext *f*; **5.** *a.* **~ *form*** *ped. Brit.* Abschlussklasse *f*; **'sixth·ly** [-lɪ] *adv.* sechstens.

six·ti·eth ['sɪkstɪɪθ] **I** *adj.* **1.** sechzigst; **2.** sechzigstel; **II** *s.* **3.** *der* (*die, das*) Sechzigste; **4.** Sechzigstel *n*.

Six·tine ['sɪkstaɪn] → ***Sistine***.

six·ty ['sɪkstɪ] **I** *adj.* **1.** sechzig; **II** *s.* **2.** Sechzig *f*; **3.** *pl.* a) *die* Sechzigerjahre *pl.* (*e-s Jahrhunderts*), b) *die* Sechziger (-jahre) *pl.* (*Alter*).

'six-ˌwheel·er *s. mot.* Dreiachser *m*.

siz·a·ble ['saɪzəbl] *adj.* (ziemlich) groß, ansehnlich, beträchtlich.

siz·ar ['saɪzə] *s. univ.* Stipendi'at *m* (*in Cambridge od. Dublin*).

size¹ [saɪz] **I** *s.* **1.** Größe *f*, Maß *n*, For'mat *n*, 'Umfang *m*: ***all of a* ~** (alle) gleich groß; ***of all ~s*** in allen Größen; ***the ~ of*** so groß wie; ***that's about the ~ of it*** F (genau) so ist es; ***cut s.o. down to ~*** *fig.* j-n in die Schranken verweisen; **2.** (Schuh-, Kleider- *etc.*) Größe *f*, Nummer *f*: ***two ~s too big*** zwei Nummern zu groß; ***what ~ do you***

take? welche Größe haben Sie?; **3.** *fig.* a) Größe *f*, Ausmaß *n*, b) *geistiges etc.* For'mat *e-r Person*; **II** *v/t.* **4.** nach Größen ordnen; **5.** ~ ***up*** F ab-, einschätzen, taxieren (*alle a. fig.*); **III** *v/i.* **6.** ~ ***up*** F gleichkommen (***to***, ***with*** *dat.*).

size² [saɪz] **I** *s.* **1.** (*paint.* Grundier)Leim *m*, Kleister *m*; **2.** a) *Weberei*: Appre'tur *f*, b) *Hutmacherei*: Steife *f*; **II** *v/t.* **3.** leimen; **4.** *paint.* grundieren; **5.** *Stoff* appretieren; **6.** *Hutfilz* steifen.

-size [saɪz] → ***-sized***.

size·a·ble ['saɪzəbl] → ***sizable***.

-sized [saɪzd] *adj. in Zssgn* ...groß, von *od.* in ... Größe.

siz·er¹ ['saɪzə] *s.* **1.** Sortierer(in); **2.** ⚙ a) ('Größen)Sor,tierma,schine *f*, b) ('Holz),Zuschneidema,schine *f*.

siz·er² ['saɪzə] *s.* ⚙ **1.** Leimer *m*; **2.** *Textilindustrie*: Schlichter *m*.

siz·zle ['sɪzl] **I** *v/i.* zischen; *Radio etc.*: knistern; **II** *s.* Zischen *n*; '**siz·zling** [-lɪŋ] *adj.* **1.** zischend, brutzelnd; **2.** glühend heiß.

skald [skɔːld] → ***scald¹***.

skat [skæt] *s.* Skat(spiel *n*) *m*.

skate¹ [skeɪt] *pl.* **skates**, *bsd. coll.* **skate** *s. ichth.* (Glatt)Rochen *m*.

skate² [skeɪt] **I** *s.* **1.** a) Schlittschuh *m*, b) Kufe *f*; **2.** Rollschuh *m*; **II** *v/i.* **3.** Schlittschuh *od.* Rollschuh laufen: ~ ***over*** *fig. Schwierigkeiten etc.* überspielen; → ***ice*** 1; '**skate·board I** *s.* Skateboard *n*; **II** *v/i.* Skateboard fahren; '**skate·board·er** *s.* Skateboarder(in), Skateboardfahrer (-in); '**skate·board·ing** *s.* Skateboardfahren *n*; '**skate·park** *s. sport* Skateboardanlage *f*, Skatepark *m*; '**skat·er** [-tə] *s.* **1.** Schlittschuh-, Eisläufer(in); **2.** Rollschuhläufer(in); **skate sail·ing** *s.* Eissegeln *n*.

skat·ing ['skeɪtɪŋ] *s.* **1.** Schlittschuhlauf(en *n*) *m*, Eislauf(en *n*) *m*; **2.** Rollschuhlauf(en *n*) *m*; ~ **rink** *s.* **1.** Eisbahn *f*; **2.** Rollschuhbahn *f*.

ske·dad·dle [skɪ'dædl] F **I** *v/i.* ‚türmen', ‚abhauen'; **II** *s.* ‚Türmen' *n*.

skeet (shoot·ing) [skiːt] *s. sport* Skeetschießen *n*.

skein [skeɪn] *s.* **1.** Strang *m*, Docke *f* (*Wolle etc.*); **2.** Skein *n*, Warp *n* (*Baumwollmaß*); **3.** Kette *f*, Schwarm *m* (*Wildenten etc.*); **4.** *fig.* Gewirr *n*.

skel·e·tal ['skelɪtl] *adj.* **1.** ⚕ Skelett...; **2.** ske'lettartig; **skel·e·tol·o·gy** [,skelɪ'tɒlədʒɪ] *s.* Knochenlehre *f*.

skel·e·ton ['skelɪtn] **I** *s.* **1.** Ske'lett *n*, Knochengerüst *n*, Gerippe *n* (*alle a. fig.*): ~ ***in the cupboard*** (*Am.* ***closet***), ***family*** ~ *fig.* dunkler Punkt, (düsteres) Familiengeheimnis; ~ ***at the feast*** Gespenst *n* der Vergangenheit; **2.** ⚘ Rippenwerk *n* (*Blatt*); **3.** ⚠, ⚙ (*Stahl-etc.*)Ske'lett *n*, (*a. Schiffs-, Flugzeug-*) Gerippe *n*; (*a. Schirm*)Gestell *n*; **4.** *fig.* a) Entwurf *m*, Rohbau *m*, b) Rahmen *m*; **5.** a) 'Stamm(perso,nal *n*) *m*, b) ⚔ Kader *m*, Stammtruppe *f*; **6.** *sport* Skeleton *m* (*Schlitten*); **II** *adj.* **7.** Skelett...: ~ ***construction*** ⚠ Skelettbauweise *f*; ~***-face type*** *typ.* Skelettschrift *f*; **8.** ✝, ⚖ Rahmen...: ~ ***agreement***; ~ ***law***; ~ ***bill*** Wechselblankett *n*; ~ ***wage agreement*** Manteltarif(vertrag) *m*; **9.** ⚔ Stamm...: ~ ***crew*** Stamm-, Restmannschaft *f*, *weitS.* Notbelegschaft *f*; '**skel·e·ton·ize** [-tənaɪz] *v/t.* **1.** skelettieren; **2.** *fig.* skizzieren, in großen 'Umrissen darstellen; **3.** *fig.* zahlenmäßig reduzieren.

skel·e·ton| key *s.* Dietrich *m*, Nachschlüssel *m*; ~ **serv·ice** *s.* Bereitschaftsdienst *m*.

skep [skep] *s.* **1.** (Weiden)Korb *m*; **2.** Bienenkorb *m*.

skep·tic ['skeptɪk] *etc. Am.* → ***sceptic*** *etc.*

sker·ry ['skerɪ] *s. bsd. Scot.* kleine Felseninsel.

sketch [sketʃ] **I** *s.* **1.** *paint. etc.* Skizze *f*, Studie *f*: ~ ***block***; **2.** Grundriss *m*, Schema *n*, Entwurf *m*; **3.** *fig.* (*a. literarische*) Skizze; **4.** *thea.* Sketch *m*; **II** *v/t.* **5.** *oft* ~ ***in*** (*od.* ***out***) skizzieren; **6.** *fig.* skizzieren, in großen Zügen darstellen; **III** *v/i.* **7.** e-e Skizze *od.* Skizzen machen; '**sketch·i·ness** [-tʃɪnɪs] *s.* Skizzenhaftigkeit *f*, *fig. a.* Oberflächlichkeit *f*; '**sketch·y** [-tʃɪ] *adj.* □ **1.** skizzenhaft, flüchtig; **2.** *fig.* a) oberflächlich, b) unzureichend: ***a*** ~ ***meal***; **3.** *fig.* unklar, vage.

skew [skjuː] **I** *adj.* **1.** schief, schräg: ~ ***bridge***; **2.** abschüssig; **3.** ⩚ 'asym,metrisch; **II** *s.* **4.** Schiefe *f*; **5.** ⩚ Asymmetrie *f*; **6.** ⚠ a) schräger Kopf (*Strebepfeiler*), b) 'Untersatzstein *m*; '~**·back** *s.* ⚠ schräges 'Widerlager; '~**·bald I** *adj.* scheckig (*bsd. Pferd*); **II** *s.* Schecke *m*.

skewed [skjuːd] *adj.* schief, abgeschrägt, verdreht; **skew·er** ['skjuːə] **I** *s.* **1.** Fleischspieß *m*; **2.** *humor.* Schwert *n*, Dolch *m*; **II** *v/t.* **3.** *Fleisch* spießen, *Wurst* speilen; **4.** *fig.* aufspießen.

'**skew|-eyed** *adj. Brit.* schielend; ~ **gearing** *s.* ⚙ Stirnradgetriebe *n*.

ski [skiː] **I** *pl.* **ski**, **skis** *s.* **1.** *sport* Ski *m*; **2.** ✈ (Schnee)Kufe *f*; **II** *v/i. pret. u. p.p. Brit.* **ski'd**, *Am.* **skied 3.** *sport* Ski laufen *od.* fahren; '~**·bob** *s.* Skibob *m*.

skid [skɪd] **I** *s.* **1.** Stützbalken *m*; **2.** Ladebalken *m*, (Lasten)Rolle *f*: ***put the*** ~***s under*** *od.* ***on s.o.*** *fig.* F j-n ‚fertig machen' *od.* ‚abschießen'; ***he is on the*** ~***s*** *sl.* mit ihm gehts abwärts; **3.** Hemmschuh *m*, Bremsklotz *m*; **4.** ✈ (Gleit)Kufe *f*, Sporn(rad *n*) *m*; **5.** *a. mot.* Rutschen *n*, Schleudern *n*: ***go into a*** ~ ins Schleudern geraten (*a. fig.* F); ~ ***chain*** Schneekette *f*; ~ ***mark*** Bremsspur *f*; **II** *v/t.* **6.** *Rad* bremsen, hemmen; **III** *v/i.* **7.** *a. mot. etc.* a) rutschen, b) schleudern; '~**·lid** *s. sl.* Sturzhelm *m*; '~**·proof** *adj.* rutschfest; ~ **row** [rəʊ] *s. Am.* F a) billiges Vergnügungsviertel, b) ‚Pennergegend' *f*.

ski·er ['skiːə] *s. sport* Skiläufer(in), -fahrer(in).

skies [skaɪz] *pl. von* ***sky***.

skiff [skɪf] *s.* Skiff *n* (*Ruderboot*).

ski·ing ['skiːɪŋ] *s.* Skilaufen *n*, -fahren *n*, -sport *m*; ~ **gog·gles** *s. pl. a.* (***a***) ***pair of*** ~ (e-e) Skibrille.

ski|-jor·ing ['skiː,dʒɔːrɪŋ] *s. sport* Ski(k)jöring *n*; ~ **jump** *s.* **1.** Skisprung *m*; **2.** Sprungschanze *f*; ~ **jump·ing** *s.* Skispringen *n*, Sprunglauf *m*.

skil·ful ['skɪlfʊl] *adj.* □ geschickt: a) gewandt, b) kunstgerecht (*Arbeit, Operation etc.*), c) geübt, (sach)kundig (***at***, ***in*** in *dat.*): ***be*** ~ ***at*** sich verstehen auf (*acc.*); '**skil·ful·ness** [-nɪs] → ***skill***.

skill [skɪl] *s.* **1.** Geschick(lichkeit *f*) *n*: a) (Kunst)Fertigkeit *f*, Können *n*, b) Gewandtheit *f*; **2.** (Fach-, Sach-) Kenntnis *f* (***at***, ***in*** *in dat.*); **skilled** [-ld] *adj.* **1.** geschickt, gewandt, erfahren (***in*** in *dat.*); **2.** Fach...: ~ ***labo***(***u***)***r*** Facharbeiter *pl.*; ~ ***trades*** Fachberufe; ~ ***workman*** gelernter Arbeiter, Facharbeiter *m*.

skil·let ['skɪlɪt] *s.* **1.** a) Tiegel *m*, b) Kasse'rolle *f*; **2.** *Am.* Bratpfanne *f*.

skill·ful(·ness) *Am.* → ***skilful***(***ness***).

skil·ly ['skɪlɪ] *s. Brit.* dünne Hafergrütze.

skim [skɪm] **I** *v/t.* **1.** (*a. fig.* ✝ *Gewinne*) abschöpfen: ~ ***the cream off*** den Rahm abschöpfen (*oft fig.*); **2.** abschäumen; **3.** *Milch* entrahmen: ~***med milk*** → ***skim milk***; **4.** *fig.* (hin)gleiten über (*acc.*); **5.** *fig. Buch etc.* über'fliegen, flüchtig lesen; **II** *v/i.* **6.** gleiten, streichen (***over*** über *acc.*, ***along*** entlang); **7.** ~ ***over*** → 5; '**skim·mer** [-mə] *s.* **1.** Schaum-, Rahmkelle *f*; **2.** ⚙ Abstreicheisen *n*; **3.** ⚓ *Brit.* leichtes Rennboot; **skim milk** *s.* entrahmte Milch, Magermilch *f*; '**skim·ming** [-mɪŋ] *s.* **1.** *mst pl. das* Abgeschöpfte; **2.** *pl.* Schaum *m* (*auf Kochgut etc.*); **3.** *pl.* ⚙ Schlacken *pl.*; **4.** Abschöpfen *n*, -schäumen *n*: ~ ***of excess profit*** ✝ Gewinnabschöpfung *f*.

skimp [skɪmp] *etc.* → ***scrimp*** *etc.*

skin¹ [skɪn] **I** *s.* **1.** Haut *f* (*a. biol.*): ***dark*** (***fair***) ~ dunkle (helle) Haut(farbe); ***he is mere*** ~ ***and bone*** er ist nur noch Haut u. Knochen; ***be in s.o.'s*** ~ *fig.* in j-s Haut stecken; ***get under s.o.'s*** ~ F a) j-m ‚unter die Haut' gehen, b) j-n ärgern; ***have a thick*** (***thin***) ~ dickfellig (zart besaitet) sein; ***save one's*** ~ mit heiler Haut davonkommen; ***by the*** ~ ***of one's teeth*** mit knapper Not; ***that's no*** ~ ***off my nose*** F das ‚juckt' mich nicht; → ***jump*** 12; **2.** Fell *n*, Pelz *m*, Balg *m* (*von Tieren*); **3.** (*Obst- etc.*) Schale *f*, Haut *f*, Hülse *f*, Rinde *f*; **4.** ⚙ *etc.* dünne Schicht, Haut *f* (*auf der Milch etc.*); **5.** Oberfläche *f*, *bsd.* a) ⚓ Außenhaut *f*, b) ✈ Bespannung *f*, c) (*Ballon*)Hülle *f*; **6.** (*Wein- etc.*) Schlauch *m*; **7.** *sl.* Klepper *m* (*Pferd*); **II** *v/t.* **8.** enthäuten, (ab)häuten, schälen: ***keep one's eyes*** ~***ned*** F die Augen offen halten; **9.** *a.* ~ ***out*** *Tier* abbalgen, -ziehen; **10.** *Knie etc.* aufschürfen; **11.** *sl. j-m* das Fell über die Ohren ziehen, *j-n* ‚rupfen' (*beim Spiel etc.*); **12.** F *Strumpf etc.* abstreifen; **III** *v/i.* **13.** ~ ***over*** (zu)heilen (*Wunde*); **14.** ~ ***out*** *Am. sl.* ‚abhauen'.

skin² [skɪn] → ***skinhead***.

,**skin|-'deep** *adj. u. adv.* (nur) oberflächlich; ~ **dis·ease** *s.* Hautkrankheit *f*; ~ **div·ing** *s.* Sporttauchen *n*; '~**·flicks** *s.* F Sexfilm *m*; '~**·flint** *s.* Knicker *m*, Geizhals *m*; ~ **food** *s.* Nährcreme *f*; ~ **fric·tion** *s. phys.* Oberflächenreibung *f*; ~ **game** *s.* F Schwindel *m*, Bauernfänge'rei *f*; ~ **graft** *s.* ⚕ 'Hauttransplan,tat *n*; ~ **graft·ing** *s.* ⚕ 'Hauttransplantati,on *f*.

skin·head ['skɪnhed] *s.* F Skinhead *m*.

skinned [skɪnd] *adj.* **1.** häutig; **2.** enthäutet; **3.** *in Zssgn* ...häutig, ...fellig; '**skin·ner** [-nə] *s.* **1.** Pelzhändler *m*, Kürschner *m*; **2.** Abdecker *m*; '**skin·ny** [-nɪ] **I** *adj.* **1.** häutig; **2.** mager, abgemagert, dünn; **3.** *fig.* knauserig; **II** *s. Am.* F 'Insiderinformati,on *f*.

,**skin|'tight** *adj.* hauteng (*Kleidung*); ~ **wool** *s.* Schlachtwolle *f*.

skip¹ [skɪp] **I** *v/i.* **1.** hüpfen, hopsen, springen; **2.** seilhüpfen; **3.** *fig.* Sprünge machen, *von e-m Thema zum andern* springen; *ped. Am.* e-e Klasse über'springen; Seiten über'schlagen (*in e-m Buch*): ~ ***off*** abschweifen; ~ ***over*** *et.* übergehen; **4.** aussetzen, e-n Sprung tun (*Herz etc., a.* ⚙); **5.** *oft* ~ ***out*** F ‚abhauen'; ~ (***over***) ***to*** e-n Abstecher nach *e-m Ort* machen; **II** *v/t.* **6.** springen über (*acc.*): **~ (a) rope** seilhüpfen; **7.** *fig.* (*ped. Am. a. e-e Klasse*) über'springen, auslassen, *Buchseite* über'schlagen: **~ a lecture** e-e Vorlesung schwänzen (*od.* ausfallen lassen); **~ it!** ‚geschenkt'!; **8.** F a) verschwinden aus *e-r Stadt etc.*, b) sich vor *e-r Verabredung etc.* drücken, *Schule etc.* schwänzen; **9.** F **~ it** ‚abhauen'; **III** *s.* **10.** Hopser *m*; *Tanzen*: Hüpfschritt *m*.

skip[2] [skɪp] → ***skipper*** 2.

skip[3] [skɪp] *s.* (Stu'denten)Diener *m*.

skip[4] [skɪp] *s.* ⚙ Förderkorb *m*.

'skip·jack *s.* **1.** *coll. pl. ichth.* a) *ein* T(h)unfisch *m*, b) Blaufisch *m*; **2.** *zo.* Springkäfer *m*; **3.** Stehaufmännchen *n* (*Spielzeug*).

ski plane *s.* Flugzeug *n* mit Schneekufen.

skip·per ['skɪpə] *s.* **1.** ⚓, ✈ Kapi'tän *m*, ⚓ *a.* Schiffer *m*; **2.** *sport* a) 'Mannschaftskapi,tän *m*, b) *Am.* Manager *m od.* Trainer *m*.

skip·ping ['skɪpɪŋ] *s.* Hüpfen *n*, (*bsd.* Seil)Springen *n*; **~ rope** *s.* Springseil *n*.

skirl [skɜːl] *dial.* **I** *v/i.* **1.** pfeifen (*bsd. Dudelsack*); **2.** Dudelsack spielen; **II** *s.* **3.** Pfeifen *n* (*des Dudelsacks*).

skir·mish ['skɜːmɪʃ] **I** *s.* ⚔ *u. fig.* Geplänkel *n*: **~ line** Schützenlinie *f*; **II** *v/i.* plänkeln; **'skir·mish·er** [-ʃə] *s.* ⚔ Plänkler *m* (*a. fig.*).

skirt [skɜːt] **I** *s.* **1.** (Frauen)Rock *m*; **2.** *sl.* ‚Weibsbild' *n*, ‚Schürze' *f*; **3.** (Rock-, Hemd-, *etc.*)Schoß *m*; **4.** Saum *m*, Rand *m* (*fig. oft pl.*); **5.** *pl.* Außenbezirk *m*, Randgebiet *n*; **6.** Kutteln *pl.*: **~ of beef**; **II** *v/t.* **7.** a) (um)'säumen, b) sich entlangziehen an (*dat.*); **8.** entlang- *od.* her'umgehen *od.* -fahren um; **9.** *fig.* um'gehen; **III** *v/i.* **10. ~ along** am Rande entlanggehen *od.* -fahren, sich entlangziehen; **'skirt·ed** [-tɪd] *adj.* **1.** e-n Rock tragend; **2.** *in Zssgn* a) mit e-m *langen etc.* Rock: **long-~**, b) *fig.* eingesäumt; **'skirt·ing** [-tɪŋ] *s.* **1.** Rand *m*, Saum *m*; **2.** Rockstoff *m*; **3.** *mst* **~ board** ⚠ (*bsd.* Fuß-, Scheuer)Leiste *f*.

ski run *s.* Skipiste *f*.

skit [skɪt] *s.* **1.** Stiche'lei *f*, Seitenhieb *m*; **2.** Paro'die *f*, Sa'tire *f* (**on** über, auf *acc.*).

ski tow *s.* Schlepplift *m*.

skit·ter ['skɪtə] *v/i.* **1.** jagen, rennen; **2.** rutschen; **3.** hopsen; **4.** den Angelhaken an der Wasseroberfläche hinziehen.

skit·tish ['skɪtɪʃ] *adj.* □ **1.** ungebärdig, scheu (*Pferd*); **2.** ner'vös, ängstlich; **3.** *fig.* a) lebhaft, wild, b) (kindisch) ausgelassen (*bsd. Frau*), c) fri'vol, d) sprunghaft, kaprizi'ös.

skit·tle ['skɪtl] **I** *s.* **1.** *bsd. Brit.* Kegel *m*; **2.** *pl. sg. konstr.* Kegeln *n*, Kegelspiel *n*: **play (at) ~s** kegeln; **II** *int.* **3. ~s!** F Quatsch!, Unsinn!; **III** *v/t.* **4. ~ out** *Kricket*: *Schläger od. Mannschaft* (rasch) ‚erledigen'; **~ al·ley** *s.* Kegelbahn *f*.

skive[1] [skaɪv] **I** *v/t.* **1.** *Leder*, *Fell* spalten; **2.** *Edelstein* abschleifen; **II** *s.* **3.** Dia'mantenschleifscheibe *f*.

skive[2] [skaɪv] *Brit. sl.* **I** *v/t.* ‚sich drücken' vor (*dat.*); **II** *v/i. a.* **~ off** sich drücken.

skiv·vy ['skɪvɪ] *s. Brit. contp.* Dienstmagd *f*.

sku·a ['skjuːə] *s. orn.* (**great ~** Riesen-)Raubmöwe *f*.

skul·dug·ger·y [skʌl'dʌgərɪ] *s.* F Gaune'rei *f*, Schwindel *m*.

skulk [skʌlk] *v/i.* **1.** lauern; **2.** (um'her-)schleichen: **~ after s.o.** j-m nachschleichen; **3.** *fig.* sich drücken; **'skulk·er** [-kə] *s.* **1.** Schleicher(in); **2.** Drückeberger(in).

skull [skʌl] *s.* **1.** *anat.* Schädel *m*, Hirnschale *f*: **fractured ~** ⚕ Schädelbruch *m*; **2.** Totenschädel *m*: **~ and crossbones** a) Totenkopf *m* (*Giftzeichen etc.*), b) *hist.* Totenkopf-, Piratenflagge *f*; **3.** *fig.* Schädel *m* (*Verstand*): **have a thick ~** ein Brett vor dem Kopf haben; **'~·cap** *s.* **1.** *anat.* Schädeldach *n*; **2.** Käppchen *n*.

skunk [skʌŋk] **I** *s.* **1.** *zo.* Skunk *m*, Stinktier *n*; **2.** Skunk(s)pelz *m*; **3.** *fig. sl.* ‚Scheißkerl' *m*, ‚Schwein' *n*; **II** *v/t.* **4.** *Am.* F a) ‚vermöbeln' (*a. sport*), b) ‚bescheißen'.

sky [skaɪ] **I** *s.* **1.** *oft pl.* (*Wolken*)Himmel *m*: **in the ~** am Himmel; **out of a clear ~** *bsd. fig.* aus heiterem Himmel; **2.** *oft pl.* Himmel *m* (*a. fig.*), Himmelszelt *n*: **under the open ~** unter freiem Himmel; **praise to the skies** *fig.* in den Himmel heben; **the ~ is the limit** F nach oben sind keine Grenzen gesetzt; **3.** a) Klima *n*, b) Himmelsstrich *m*, Gegend *f*, c) ⚔, ✈ Luftraum *m*; **II** *v/t.* **4.** *Ball etc.* hoch in die Luft schlagen *od.* werfen; **5.** F *Bild* (zu) hoch aufhängen (*in e-r Ausstellung*); **~ ad·ver·tis·ing** *s.* ✝ Luftwerbung *f*; **,~-'blue** *adj.* himmelblau; **'~·coach** *s.* ✈ *Am. Passagierflugzeug ohne Service*; **'~,div·er** *s. sport* Fallschirmspringer(in); **'~,div·ing** *s. sport* Fallschirmspringen *n*; **,~-'high** *adj. u. adv.* himmelhoch (*a. fig.*): **blow ~** a) sprengen, b) *fig. Theorie etc.* über den Haufen werfen; **'~·jack I** *v/t. Flugzeug* entführen; **II** *s.* Flugzeugentführung *f*; **'~,jack·er** *s.* Flugzeugentführer (-in); **'~,jack·ing** *s.* → ***skyjack*** II; **'~·lab** *s.* 'Raumla,bor *n*; **'~·lark I** *s.* **1.** *orn.* (Feld)Lerche *f*; **2.** Spaß *m*, Ulk *m*; **II** *v/i.* **3.** he'rumtollen, ‚Blödsinn' treiben; um'hertollen; **'~·light** *s.* Oberlicht *n*, Dachfenster *n*; **'~·line** *s.* Hori'zont (-linie *f*) *m*, (*Stadt- etc.*)Silhou'ette *f*; **'~-,lin·er** → ***airliner***; **~ mar·shal** *s. Am. Bundespolizist, der zur Verhinderung von Flugzeugentführungen eingesetzt wird*; **~ pi·lot** *s. sl.* ‚Schwarzrock' *m* (*Geistlicher*); **'~,rock·et I** *s. Feuerwerk*: Ra'kete *f*; **II** *v/i.* in die Höhe schießen (*Preise etc.*), sprunghaft ansteigen; **III** *v/t.* sprunghaft ansteigen lassen; **'~·scape** [-skeɪp] *s. paint.* Wolkenlandschaft *f* (*Bild*); **'~,scrap·er** *s.* Wolkenkratzer *m*; **~ sign** *s.* ✝ 'Leuchtre,klame *f* (*auf Häusern etc.*).

sky·ward ['skaɪwəd] **I** *adv.* himmel'an, -wärts; **II** *adj.* himmelwärts gerichtet; **'sky·wards** [-dz] → ***skyward*** I.

'sky|·way *s. bsd. Am.* **1.** ✈ Luftroute *f*; **2.** Hochstraße *f*; **'~,writ·er** *s.* Himmelsschreiber *m*; **'~,writ·ing** *s.* Himmelsschrift *f*.

slab [slæb] **I** *s.* **1.** (Me'tall-, Stein-, Holz- *etc.*)Platte *f*, Tafel *f*, Fliese *f*: **on the ~** F a) auf dem Operationstisch, b) im Leichenschauhaus; **2.** (dicke) Scheibe (*Brot, Fleisch etc.*); **3.** ⚙ Schwarten-, Schalbrett *n*; **4.** *metall.* Bramme *f* (*Roheisenblock*); **5.** *Am. sl. Baseball*: Schlagmal *n*; **6.** (*westliche USA*) Be'tonstraße *f*; **II** *v/t.* **7.** ⚙ a) *Stamm* abschwarten, b) in Platten *od.* Bretter zersägen.

slack[1] [slæk] **I** *adj.* □ **1.** schlaff, locker, lose (*alle a. fig.*): **keep a ~ rein** (*od.* **hand**) die Zügel locker lassen (*a. fig.*); **2.** a) langsam, träge (*Strömung etc.*), b) flau (*Brise*); **3.** ✝ flau, lustlos; → ***season*** 3; **4.** (nach)lässig, lasch, schlaff: **be ~ in one's duties** s-e Pflichten vernachlässigen; **~ performance** schlappe Leistung; **5.** *ling.* locker: **~ vowel** offener Vokal; **II** *s.* **6.** ⚓ Lose *n* (*loses Tauende*); **7.** ⚙ Spiel *n*: **take up the ~** Druckpunkt nehmen (*beim Schießen*); **8.** ⚓ Stillwasser *n*; **9.** Flaute *f* (*a.* ✝); **10.** F (Ruhe)Pause *f*; **11.** *pl.* Freizeithose *f*; **III** *v/t.* **12.** *a.* **~ off** → ***slacken*** 1; **13.** *a.* **~ up** → ***slacken*** 2 u. 3; **14.** → ***slake*** 2; **IV** *v/i.* **15.** → ***slacken*** 5; **16.** *oft* **~ off** a) nachlassen, b) F trödeln; **17. ~ up** langsamer werden *od.* fahren.

slack[2] [slæk] *s.* ⚒ Kohlengrus *m*.

slack·en ['slækən] **I** *v/t.* **1.** *Seil*, *Muskel etc.* lockern, locker machen, entspannen; **2.** lösen; ⚓ *Segel* lose machen; (*Tau*)*Ende* fieren; **3.** *Tempo* verlangsamen, her'absetzen; **4.** nachlassen *od.* nachlässig werden in (*dat.*); **II** *v/i.* **5.** sich lockern, schlaff werden; **6.** *fig.* erlahmen, nachlassen, nachlässig werden; **7.** langsamer werden; **8.** ✝ stocken; **'slack·er** [-kə] *s.* Bumme'lant *m*, Faulpelz *m*; **'slack·ness** [-nɪs] *s.* **1.** Schlaffheit *f*, Lockerheit *f*; **2.** Flaute *f*, Stille *f* (*a. fig.*); **3.** ✝ Flaute *f*, (Geschäfts)Stockung *f*, Unlust *f*; **4.** *fig.* Schlaffheit *f*, (Nach)Lässigkeit *f*, Trägheit *f*; **5.** ⚙ Spiel *n*, toter Gang.

slack| suit *s. Am.* Freizeitanzug *m*; **~ wa·ter** → ***slack***[1] 8.

slag [slæg] **I** *s.* **1.** ⚙ (*geol.* vul'kanische) Schlacke: **~ concrete** Schlackenbeton *m*; **2.** *Brit. sl.* Schlampe *f*; **II** *v/t. u. v/i.* **3.** verschlacken; **'slag·gy** [-gɪ] *adj.* schlackig.

slain [sleɪn] *p.p. von* **slay**.

slake [sleɪk] *v/t.* **1.** *Durst*, *a. fig. Begierde etc.* stillen; **2.** ⚙ *Kalk* löschen: **~d lime** ⚗ Löschkalk *m*.

sla·lom ['slɑːləm] *s. sport* Slalom *m*, Torlauf *m*.

slam[1] [slæm] **I** *v/t.* **1.** *a.* **~ to** *Tür*, *Deckel* zuschlagen, zuknallen; **2.** *et. auf den Tisch etc.* knallen: **~ down** *et.* hinknallen; **3.** *j-n* schlagen; **4.** *sl. sport* ‚über'fahren' (*besiegen*); **5.** F *j-n od. et.* ‚in die Pfanne hauen'; **II** *v/i.* **6.** *a.* **~ to** zuschlagen (*Tür*); **III** *s.* **7.** Knall *m*; **IV** *adv.* **8.** *a. int.* bums(!), peng(!).

slam[2] [slæm] *s. Kartenspiel*: Schlemm *m*: **grand ~** Groß-Schlemm.

slan·der ['slɑːndə] **I** *s.* **1.** ⚖ *mündliche* Verleumdung, üble Nachrede; **2.** *allg.* Verleumdung *f*, Klatsch *m*; **II** *v/t.* **3.** verleumden; **'slan·der·er** [-dərə] *s.* Verleumder(in); **'slan·der·ous** [-dərəs] *adj.* □ verleumderisch.

slang [slæŋ] **I** *s.* Slang *m*, Jar'gon *m*: a) Sonder-, Berufssprache *f*: **schoolboy ~** Schülersprache; **thieves' ~** Gaunersprache, *das* Rotwelsch, b) sa'loppe 'Umgangssprache; **II** *v/t. j-n* (wüst) beschimpfen: **~ing match** wüste gegenseitige Beschimpfungen *pl.*; **'slang·y** [-ɪ] *adj.* sa'lopp, Slang...

slant [slɑːnt] **I** *s.* **1.** Schräge *f*, schräge Fläche *od.* Richtung *od.* Linie: **on the** (*od.* **on a**) **~** schräg, schief; **2.** Abhang *m*; **3.** *fig.* a) Ten'denz *f*, ‚Färbung' *f*, b) Einstellung *f*, Gesichtspunkt *m*: **take a ~ at** *Am.* F e-n (Seiten)Blick werfen auf (*acc.*); **II** *adj.* □ **4.** schräg; **III** *v/i.* **5.** schräg liegen; sich neigen, kippen; **6.** *fig.* tendieren (**towards** zu *et.* hin); **IV** *v/t.* **7.** schräg legen, kippen, e-e schräge Richtung geben (*dat.*): **~ed** schräg; **8.**

fig. e-e Ten'denz geben, ‚färben'; **'~-eye** *s.* Schlitzauge *n* (*Asiate etc.*); **'slant-eyed** *adj.* schlitzäugig; **'slant·ing** [-tɪŋ] *adj.* □ schräg; **'slant·wise** *adj. u. adv.* schräg, schief.

slap [slæp] **I** *s.* **1.** Schlag *m*, Klaps *m*: ***give s.o. a ~ on the back*** j-m anerkennend auf den Rücken klopfen; ***a ~ in the face*** e-e Ohrfeige, ein Schlag ins Gesicht (*a. fig.*); ***have a (bit of) ~ and tickle*** F ‚knutschen'; **II** *v/t.* **2.** schlagen, e-n Klaps geben (*dat.*): ***~ s.o.'s face*** j-n ohrfeigen; **3.** → ***slam¹*** 2; **4.** scharf tadeln; **5. *~ on*** F a) *et.* draufklatschen, b) *Zuschlag etc.* ‚draufhauen'; **III** *v/i.* **6.** schlagen, klatschen (*a. Regen etc.*); **IV** *adv.* **7.** F genau, bums, ‚zack': ***I ran ~ into him***; **,~-'bang** *adv.* **1.** → ***slap*** 7; **2.** Knall u. Fall; **'~·dash I** *adv.* **1.** blindlings, Hals über Kopf; **2.** hoppla'hopp, ‚auf die Schnelle'; **3.** aufs Gerate'wohl; **II** *adj.* **4.** heftig, ungestüm; **5.** schlampig, schlud(e)rig: ***~ work***; **'~,hap·py** *adj.* unbekümmert; **'~·jack** *s. Am.* **1.** Pfannkuchen *m*; **2.** *ein Kinderkartenspiel*; **'~·stick I** *s.* **1.** (Narren)Pritsche *f*; **2.** *thea.* a) Slapstick *m*, Kla'mauk *m*, b) 'Slapstickko,mödie *f*; **II** *adj.* **3.** Slapstick..., Klamauk...: ***~ comedy*** → 2 b; **'~-up** *adj. sl.* ‚todschick', prima, ‚toll'.

slash [slæʃ] **I** *v/t.* **1.** (auf)schlitzen; zerfetzen; **2.** *Kleid etc.* schlitzen: ***~ed sleeve*** Schlitzärmel *m*; **3.** a) peitschen, b) *Peitsche* knallen lassen; **4.** *Ball etc.* ‚dreschen'; **5.** *fig.* geißeln, scharf kritisieren; **6.** *fig.* drastisch kürzen *od.* he'rabsetzen, zs.-streichen; **II** *v/i.* **7.** hauen (***at*** nach): ***~ out*** um sich hauen (*a. fig.*); **III** *s.* **8.** Hieb *m*, Streich *m*; **9.** Schnitt (-wunde *f*) *m*; **10.** Schlitz *m*; **11.** Holzschlag *m*; **12.** a) drastische Kürzung, b) drastischer Preisnachlass; **13.** *typ.* Schrägstrich *m*; **'slash·ing** [-ʃɪŋ] **I** *s.* **1.** ⚔ Verhau *m*; **II** *adj.* **2.** 'schneidend, schlitzend: ***~ weapon*** ⚔ Hiebwaffe *f*; **3.** *fig.* vernichtend, beißend (*Kritik etc.*); **4.** F ‚toll'.

slat [slæt] *s.* **1.** Leiste *f*, (*a.* Jalou'sie-) Stab *m*; **2.** *pl. sl.* a) Rippen *pl.*, b) ‚Arschbacken' *pl.*

slate¹ [sleɪt] **I** *s.* **1.** *geol.* Schiefer *m*; **2.** (Dach)Schiefer *m*, Schieferplatte *f*; **3.** Schiefertafel *f* (*zum Schreiben*): ***have a clean ~ fig.*** e-e reine Weste haben; ***clean the ~ fig.*** reinen Tisch machen; → ***wipe off*** 2; **4.** *Film*: Klappe *f*; **5.** *pol. etc. Am.* Kandi'datenliste *f*; **6.** Schiefergrau *n* (*Farbe*); **II** *v/t.* **7.** *Dach* mit Schiefer decken; **8.** *Am.* a) *Kandidaten* (vorläufig) aufstellen, vorschlagen: ***be ~d for*** für *e-n Posten* vorgesehen sein, b) *zeitlich* ansetzen; **III** *adj.* **9.** schieferartig, -farbig; Schiefer...

slate² [sleɪt] *v/t. sl.* **1.** ‚vermöbeln'; **2.** *fig.* a) *et.* ‚verreißen' (*kritisieren*), b) *j-n* abkanzeln.

,slate|-'blue *adj.* schieferblau; **~ club** *s. Brit.* Sparverein *m*; **,~-'gray, ,~-'grey** *adj.* schiefergrau; **~ pen·cil** *s.* Griffel *m*.

slath·er ['slæðə] *Am.* F **I** *v/t.* **1.** dick schmieren *od.* auftragen; **2.** verschwenden; **II** *s.* **3.** *mst pl.* große Menge.

slat·ing ['sleɪtɪŋ] *s. sl.* **1.** ‚Verriss' *m*, beißende Kri'tik; **2.** Standpauke *f*.

slat·tern ['slætɜ:n] *s.* **1.** Schlampe *f*; **2.** *Am.* ‚Nutte' *f*; **'slat·tern·ly** [-lɪ] *adj. u. adv.* schlampig, schmudd(e)lig.

slat·y ['sleɪtɪ] *adj.* schief(e)rig.

slaugh·ter ['slɔ:tə] **I** *s.* **1.** Schlachten *n*; **2.** *fig.* a) Abschlachten *n*, Niedermetzeln *n*, b) Gemetzel *n*, Blutbad *n*; → ***innocent*** 7; **II** *v/t.* **3.** *Vieh* schlachten; **4.** *fig.* a) (ab)schlachten, niedermetzeln, b) F *j-n* ‚auseinander nehmen' (*a. sport*); **'slaugh·ter·er** [-ərə] *s.* Schlächter *m*; **'slaugh·ter·house** *s.* **1.** Schlachthaus *n*; **2.** *fig.* Schlachtbank *f*.

Slav [slɑ:v] **I** *s.* Slawe *m*, Slawin *f*; **II** *adj.* slawisch, Slawen...

slave [sleɪv] **I** *s.* **1.** Sklave *m*, Sklavin *f*; **2.** *fig.* Sklave *m*, Arbeitstier *n*, Kuli *m*: ***work like a ~*** → 4; **3.** *fig.* Sklave *m* (***to, of*** *gen.*): ***a ~ to one's passions***; ***a ~ to drink*** alkoholsüchtig; **II** *v/i.* **4.** schuften, wie ein Kuli arbeiten; **~ driv·er** *s.* **1.** Sklavenaufseher *m*; **2.** *fig.* Leuteschinder *m*.

slav·er¹ ['sleɪvə] *s.* **1.** Sklavenschiff *n*; **2.** Sklavenhändler *m*.

slav·er² ['slævə] **I** *v/i.* **1.** geifern, sabbern (*a. fig.*): ***~ for*** *fig.* lechzen nach; **2.** *fig.* katzbuckeln; **II** *v/t.* **3.** *obs.* besabbern; **III** *s.* **4.** Geifer *m*.

slav·er·y ['sleɪvərɪ] *s.* **1.** Sklave'rei *f* (*a. fig.*): ***~ to*** *fig.* sklavische Abhängigkeit von; **2.** Sklavenarbeit *f*; *fig.* Placke'rei *f*, Schinde'rei *f*.

slave| ship *s.* Sklavenschiff *n*; **~ trade** *s.* Sklavenhandel *m*; **~ trad·er** *s.* Sklavenhändler *m*.

slav·ey ['sleɪvɪ] *s. Brit.* F ‚dienstbarer Geist'.

Slav·ic ['slɑ:vɪk] **I** *adj.* slawisch; **II** *s. ling.* Slawisch *n*.

slav·ish ['sleɪvɪʃ] *adj.* **1.** □ sklavisch, Sklaven...; **2.** *fig.* knechtisch, kriecherisch, unter'würfig; **3.** *fig.* sklavisch: ***~ imitation***; **'slav·ish·ness** [-nɪs] *s. das* Sklavische, sklavische Gesinnung.

slaw [slɔ:] *s. Am.* 'Krautsa,lat *m*.

slay [sleɪ] [*irr.*] **I** *v/t.* töten, erschlagen, ermorden; **II** *v/i.* morden; **slay·er** ['sleɪə] *s.* Mörder(in).

sleaze [sli:z] *s.* F a) Kunge'lei *f*, b) 'Unmo,ral *f*.

slea·zy ['sli:zɪ] *adj.* **1.** dünn (*a. fig.*), verschlissen (*Gewebe*); **2.** → ***shabby***.

sled [sled] → ***sledge¹*** 1; **'sled·ding** [-dɪŋ] *s. bsd. Am.* 'Schlittenfahren *n*, -trans,port *m*: ***hard (smooth) ~ fig.*** schweres (glattes) Vorankommen.

sledge¹ [sledʒ] **I** *s.* **1.** a) *a.* ⚙ Schlitten *m*, b) (Rodel)Schlitten *m*; **2.** *bsd. Brit.* (leichterer) Pferdeschlitten; **II** *v/t.* **3.** mit e-m Schlitten befördern *od.* fahren; **III** *v/i.* **4.** Schlitten fahren, rodeln.

sledge² [sledʒ] ⚙ *s.* **1.** Vorschlag-, Schmiedehammer *m*; **2.** schwerer Treibfäustel; **3.** ⚒ Schlägel *m*; **'~,ham·mer I** *s.* → ***sledge²*** 1; **II** *adj. fig.* a) Holzhammer...(*-argumente etc.*), b) wuchtig, vernichtend (*Schlag*), c) ungeschlacht (*Stil*).

sleek [sli:k] **I** *adj.* □ **1.** glatt, glänzend (*Haar*); **2.** geschmeidig, glatt (*Körper*; *a. fig. Wesen*); **3.** *fig.* a) gepflegt, ele'gant, schick, b) schnittig (*Form*); **4.** *fig. b.s.* aalglatt, ölig; **II** *v/t.* **5.** *a.* ⚙ glätten; *Haar* glatt kämmen *od.* bürsten; ⚙ *Leder* schlichten; **'sleek·ness** [-nɪs] *s.* Glätte *f*, Geschmeidigkeit *f* (*a. fig.*).

sleep [sli:p] **I** *v/i.* [*irr.*] **1.** schlafen, ruhen (*beide a. fig. Dorf, Streit, Toter etc.*): ***~ late*** lange schlafen; ***~ like a log*** (*od.* ***top*** *od.* ***dormouse***) schlafen wie ein Murmeltier; ***~ [up]on*** (*od.* ***over***) ***s.th.*** *fig.* et. überschlafen; **2.** schlafen, über'nachten: ***~ in (out)*** im (außer) Haus schlafen; **3.** stehen (*Kreisel*); **4. *~ with*** mit *j-m* schlafen; ***~ around*** mit vielen Männern ins Bett gehen; **II** *v/t.* [*irr.*] **5.** schlafen: ***~ the sleep of the just*** den Schlaf des Gerechten schlafen; **6. *~ away*** *Zeit* verschlafen; **7. *~ off*** *Kopfweh etc.* ausschlafen: ***~ it off*** s-n Rausch *etc.* ausschlafen; **8.** Schlafgelegenheit bieten für; *j-n* 'unterbringen; **III** *s.* **9.** Schlaf *m*, Ruhe *f* (*a. fig.*): ***in one's ~*** im Schlaf; ***the last ~*** *fig.* die letzte Ruhe, der Tod(esschlaf); ***get some ~*** ein wenig schlafen; ***go to ~*** a) schlafen gehen, b) einschlafen (*a. fig. sterben*); ***put to ~*** *allg.*, *a.* ⚕ einschläfern; **10.** *zo.* (Winter)Schlaf *m*; **11.** ⚘ Schlafbewegung *f*; **'sleep·er** [-pə] *s.* **1.** Schläfer(in): ***be a light (sound) ~*** e-n leichten (festen) Schlaf haben; **2.** 🚃 a) Schlafwagen *m*, b) *Brit.* Schwelle *f*; **3.** *Am.* Lastwagen *m* mit Schlafkoje; **4.** *Am.* a) ('Kinder)Py,jama *m*, b) (Baby)Schlafsack *m*; **5.** *Am.* F über'raschender Erfolg; **6.** ✝ *Am.* Ladenhüter *m*; **'sleep-in** *s.* Sleep-in *n*, 'Schlafdemonstrati,on *f*; **'sleep·i·ness** [-pɪnɪs] *s.* **1.** Schläfrigkeit *f*; **2.** *a. fig.* Verschlafenheit *f*.

sleep·ing ['sli:pɪŋ] *adj.* **1.** schlafend; **2.** Schlaf...: ***~ accommodation*** Schlafgelegenheit *f*; **~ bag** *s.* Schlafsack *m*; ♀ **Beau·ty** *s.* Dorn'rös-chen *n*; **~ car** *s.* 🚃 Schlafwagen *m*; **~ draught** *s.* Schlaftrunk *m*, -mittel *n*; **~ part·ner** *s.* ✝ *Brit.* stiller Teilhaber (mit unbeschränkter Haftung); **~ po·lice·man** *s.* [*irr.*] *Brit.* Rüttelschwelle *f* (*zur Verkehrsberuhigung*); **~ sick·ness** *s.* ⚕ Schlafkrankheit *f*; **~ suit** *s.* → ***sleeper*** 4 a; **~ tab·let** *s.* ⚕ 'Schlafta,blette *f*.

sleep·less ['sli:plɪs] *adj.* □ **1.** schlaflos; **2.** *fig.* a) rast-, ruhelos, b) wachsam; **'sleep·less·ness** [-nɪs] *s.* **1.** Schlaflosigkeit *f*; **2.** *fig.* Rast-, Ruhelosigkeit *f*; **3.** Wachsamkeit *f*.

'sleep|,walk·er *s.* Nachtwandler(in); **'~,walk·ing I** *s.* Nacht-, Schlafwandeln *n*; **II** *adj.* schlafwandelnd; nachtwandlerisch.

sleep·y ['sli:pɪ] *adj.* □ **1.** schläfrig, müde; **2.** *fig.* schläfrig, schlafmützig, träge; **3.** *fig.* verschlafen, verträumt (*Dorf etc.*); **4.** teigig (*Obst*); **'~·head** *s. fig.* Schlafmütze *f*.

sleet [sli:t] *meteor.* **I** *s.* **1.** Graupel(n *pl.*) *f*, Schloße(n *pl.*) *f*; **2.** a) *Brit.* Schneeregen *m*, b) *Am.* Graupelschauer *m*; **3.** F 'Eis,überzug *m auf Bäumen etc.*; **II** *v/i.* **4.** graupeln; **'sleet·y** [-tɪ] *adj.* graupelig.

sleeve [sli:v] *s.* **1.** Ärmel *m*: ***have s.th. up*** (*od.* ***in***) ***one's ~*** a) et. auf Lager *od.* in petto haben, b) et. im Schild führen; ***laugh in one's ~*** sich ins Fäustchen lachen; ***roll up one's ~s*** die Ärmel hochkrempeln (*a. fig.*); **2.** ⚙ Muffe *f*, Buchse *f*, Man'schette *f*; **3.** (Schutz-) Hülle *f*; **sleeved** [-vd] *adj.* **1.** mit Ärmeln; **2.** *in Zssgn* ...ärmelig; **'sleeve·less** [-lɪs] *adj.* ärmellos.

sleeve| link *s.* Man'schettenknopf *m*; **~ note** *s.* Plattencovertext *m*; **~ tar·get** *s.* ⚔ Schleppsack *m*; **~ valve** *s.* ⚙ 'Muffenven,til *n*.

sleigh [sleɪ] **I** *s.* (Pferde- *od.* Last)Schlitten *m*; **II** *v/i.* (im) Schlitten fahren; **~ bell** *s.* Schlittenschelle *f*.

sleight [slaɪt] *s.* **1.** Geschicklichkeit *f*; **2.** Trick *m*; **,~-of-'hand** *s.* **1.** (Taschenspieler)Kunststück *n*, (-)Trick *m* (*a. fig.*); **2.** (Finger)Fertigkeit *f*.

slen·der ['slendə] *adj.* □ **1.** schlank; **2.** schmal, schmächtig; **3.** *fig.* a) schmal, dürftig: ***~ income***, b) gering, schwach:

S

a ~ ***hope***; **4.** mager, karg (*Essen*); **'slen·der·ize** [-əraɪz] *v/t. u. v/i.* schlank (-er) machen *od.* werden; **'slen·der·ness** [-nɪs] *s.* **1.** Schlankheit *f*, Schmalheit *f*; **2.** *fig.* Dürftigkeit *f*; **3.** Kargheit *f* (*des Essens*).

slept [slept] *pret. u. p.p. von* ***sleep***.

sleuth [slu:θ] **I** *s. a.* ***~hound*** Spürhund *m* (*a. fig. Detektiv*); **II** *v/i.* ‚(he'rum-) schnüffeln'; **III** *v/t. j-s* Spur verfolgen.

slew¹ [slu:] *pret. von* ***slay***.

slew² [slu:] *s. Am. od. Canad.* Sumpf (-land *n*, -stelle *f*) *m*.

slew³ [slu:] **I** *v/t. a.* ~ ***round*** her'umdrehen, (-)schwenken; **II** *v/i.* sich her'umdrehen.

slew⁴ [slu:] *s. Am.* F (große) Menge, Haufe(n) *m*: ***a ~ of people***.

slice [slaɪs] **I** *s.* **1.** Scheibe *f*, Schnitte *f*, Stück *n*: ***a ~ of bread***; **2.** *fig.* Stück *n Land etc.*; (An)Teil *m*: ***a ~ of the profits*** ein Anteil am Gewinn; ***a ~ of luck*** *fig.* e-e Portion Glück; **3.** (*bsd.* Fisch-) Kelle *f*; **4.** ⚙ Spa(ch)tel *m*; **5.** *Golf, Tennis*: Slice *m* (*Schlag u. Ball*); **II** *v/t.* **6.** in Scheiben schneiden, aufschneiden: ~ ***off*** *Stück* abschneiden; **7.** *a. Luft, Wellen* durch'schneiden; **8.** *fig.* aufteilen; **9.** *Golf, Tennis*: *den Ball* slicen; **III** *v/i.* **10.** Scheiben schneiden; **11.** *Golf, Tennis*: slicen; **'slic·er** [-sə] *s.* (*Brot-, Gemüse- etc.*)'Schneidema,schine *f*; (*Gurken-, Kraut- etc.*)Hobel *m*.

slick [slɪk] F **I** *adj.* □ **1.** glatt, glitschig; **2.** *Am.* Hochglanz...; → *a.* 8; **3.** F a) geschickt, raffiniert, b) ‚schick', ‚flott'; **II** *adv.* **4.** geschickt; **5.** flugs; **6.** genau, ‚peng': ~ ***in the eye***; **III** *v/t.* **7.** glätten; **8.** ‚auf Hochglanz bringen'; **IV** *s.* **9.** Ölfläche *f*; **10.** F *a.* ~ ***paper*** *Am.* F ele'gante Zeitschrift; **'slick·er** [-kə] *s. Am.* **1.** Regenmantel *m*; **2.** F a) raffinierter Kerl, Schwindler *m*, b) ‚Großstadtpinkel' *m*.

slid [slɪd] *pret. u. p.p. von* ***slide***.

slide [slaɪd] **I** *v/i.* [*irr.*] **1.** gleiten (*a. Riegel etc.*): ~ ***down*** hinunterrutschen, -gleiten; ~ ***from*** entgleiten (*dat.*); ***let things ~*** *fig.* die Dinge laufen lassen; **2.** *auf Eis* schlittern; **3.** (aus)rutschen; **4.** ~ ***over*** *fig.* leicht über *ein Thema* hin'weggehen; **5.** ~ ***into*** *fig.* in *et.* hin'einschlittern; **II** *v/t.* [*irr.*] **6.** *Gegenstand, s-e Hände etc. wohin* gleiten lassen, schieben: ~ ***in*** *fig. Wort* einfließen lassen; **III** *s.* **7.** Gleiten *n*; **8.** Schlittern *n auf Eis*; **9.** a) Schlitterbahn *f*, b) Rodelbahn *f*, c) (*a.* Wasser)Rutschbahn *f*; **10.** *geol.* Erd-, Fels-, Schneerutsch *m*; **11.** ⚙ a) Rutsche *f*, b) Schieber *m*, c) Schlitten *m* (*Drehbank etc.*), Führung *f*; **12.** ♪ Zug *m*; **13.** Spange *f*; **14.** *phot.* Dia(posi'tiv) *n*: ~ ***lecture*** Lichtbildervortrag *m*; **15.** *Mikroskop*: Ob'jektträger *m*; **16.** (*Haar- etc.*)Spange *f*; ~ **cal·i·per** *s.* ⚙ Schieb-, Schublehre *f*; ~ **rest** *s.* ⚙ Sup'port *m*; ~ **rule** *s.* ⚙ Rechenschieber *m*; ~ **valve** *s.* ⚙ 'Schieber(ven,til *n*) *m*.

slid·ing ['slaɪdɪŋ] *adj.* □ **1.** gleitend; **2.** Schiebe...: ~ ***door***; ~ **fit** *s.* ⚙ Gleitsitz *m*; ~ **roof** *s. mot.* Schiebedach *n*; ~ **rule** → ***slide rule***; ~ **scale** *s.* ♆ **1.** gleitende (Lohn- *od.* Preis)Skala; **2.** 'Staffelta,rif *m*; ~ **seat** *s. Rudern*: Gleit-, Rollsitz *m*; ~ **ta·ble** *s.* Ausziehtisch *m*; ~ **time** *s.* ♆ *Am.* Gleitzeit *f*.

slight [slaɪt] **I** *adj.* □ → ***slightly***; **1.** schmächtig, dünn; **2.** schwach (*Konstruktion*); **3.** leicht, schwach (*Geruch etc.*); **4.** leicht, gering(fügig), unbedeutend: ***a ~ increase***; ***not the ~est doubt*** nicht der geringste Zweifel; **5.** schwach, gering (*Intelligenz etc.*); **6.** flüchtig, oberflächlich (*Bekanntschaft etc.*); **II** *v/t.* **7.** *j-n* kränken; **8.** *et.* auf die leichte Schulter nehmen; **III** *s.* **9.** Kränkung *f*; **'slight·ing** [-tɪŋ] *adj.* □ abschätzig, kränkend; **'slight·ly** [-lɪ] *adv.* leicht, schwach, etwas, ein bisschen; **'slight·ness** [-nɪs] *s.* **1.** Geringfügigkeit *f*; **2.** Schmächtigkeit *f*; **3.** Schwäche *f*.

sli·ly ['slaɪlɪ] *adv. von* ***sly***.

slim [slɪm] **I** *adj.* □ **1.** schlank, dünn; **2.** *fig.* gering, dürftig, schwach: ***a ~ chance***; **3.** schlau, gerieben; **II** *v/t.* **4.** schlank(er) machen; **5.** ~ ***down*** F *fig.* ‚abspecken', *a.* gesundschrumpfen; **III** *v/i.* **6.** schlank(er) werden; **7.** e-e Schlankheitskur machen; **'slim·down** *s. fig.* ‚Schlankheitskur' *f*, Gesundschrumpfung *f*.

slime [slaɪm] **I** *s.* **1.** *bsd.* ♀, *zo.* Schleim *m*; **2.** Schlamm *m*; *fig.* Schmutz *m*; **II** *v/t.* **3.** mit Schlamm *od.* Schleim über'ziehen *od.* bedecken; **'slim·i·ness** [-mɪnɪs] *s.* **1.** Schleimigkeit *f*, *das* Schleimige; **2.** Schlammigkeit *f*.

'slim·line *v/t.* (*v/i.* sich) gesundschrumpfen.

slim·ming ['slɪmɪŋ] **I** *s.* Abnehmen *n*; Schlankheitskur *f*; **II** *adj.* Schlankheits...: ~ ***cure***; ~ ***diet***; **'slim·ness** [-mnɪs] *s.* **1.** Schlankheit *f*; **2.** *fig.* Dürftigkeit *f*.

slim·y ['slaɪmɪ] *adj.* □ **1.** schleimig, glitschig; **2.** schlammig; **3.** *fig.* a) ‚schleimig', kriecherisch, b) schmierig, schmutzig, c) widerlich, ‚fies'.

sling¹ [slɪŋ] **I** *s.* **1.** Schleuder *f*; **2.** (Schleuder)Wurf *m*; **II** *v/t.* [*irr.*] **3.** schleudern: ~ ***ink*** F schriftstellern.

sling² [slɪŋ] **I** *s.* **1.** Schlinge *f zum Heben von Lasten*; **2.** ⚕ (Arm)Schlinge *f*, Binde *f*; **3.** Tragriemen *m*; **4.** *mst pl.* ⚓ Stropp *m*, Tauschlinge *f*; **II** *v/t.* [*irr.*] **5.** a) e-e Schlinge legen um *e-e Last*, b) *Last* hochziehen; **6.** aufhängen: ***be slung from*** hängen *od.* baumeln von; **7.** ⚔ *Gewehr* 'umhängen; **8.** ⚕ *Arm* in die Schlinge legen.

sling³ [slɪŋ] *s. Art* Punsch *m*.

'sling·shot *s.* **1.** (Stein)Schleuder *f*; **2.** *Am.* Kata'pult *n*, *m*.

slink [slɪŋk] **I** *v/i.* [*irr.*] **1.** schleichen, sich *wohin* stehlen: ~ ***off*** wegschleichen, sich fortstehlen; **2.** *zo.* fehlgebären, *bsd.* verkalben (*Kuh*); **II** *v/t.* [*irr.*] **3.** *Junges* vor der Zeit werfen, zu früh zur Welt bringen; **'slink·y** [-kɪ] *adj.* **1.** aufreizend; **2.** geschmeidig; **3.** hauteng (*Kleid*).

slip [slɪp] **I** *s.* **1.** (Aus)Gleiten *n*, (-)Rutschen *n*; Fehltritt *m* (*a. fig.*); **2.** *fig.* (Flüchtigkeits)Fehler *m*, Schnitzer *m*, Lapsus *m*: ~ ***of the pen*** Schreibfehler *m*; ~ ***of the tongue*** ‚Versprecher' *m*; ***it was a ~ of the tongue*** ich habe mich (er hat sich *etc.*) versprochen; **3.** *fig.* ‚Panne' *f*: a) Missgeschick *n*, b) Fehler *m*, Fehlleistung *f*; **4.** 'Unterkleid *n*, -rock *m*; **5.** (Kissen)Bezug *m*; **6.** (Hunde)Leine *f*, Koppel *f*: ***give s.o. the ~*** *fig.* j-m entwischen; **7.** ⚓ (Schlipp)Helling *f*; **8.** ⚙ Schlupf *m* (*Nachbleiben der Drehzahl*); **9.** *geol.* Erdrutsch *m*; **10.** ♀ Pfropfreis *n*, Setzling *m*; **11.** *fig.* Sprössling *m*; **12.** Streifen *m*, Stück *n Holz od. Papier*, Zettel *m*: ***a ~ of a boy*** *fig.* ein schmächtiges Bürschchen; ***a ~ of a room*** ein winziges Zimmer; **13.** (Kon'troll- *etc.*)Abschnitt *m*; **14.** *typ.* Fahne *f*; **15.** *Kricket*: Eckmann *m*; **II** *v/i.* **16.** gleiten, rutschen: ~ ***from*** *der Hand*, *a. dem Gedächtnis* entgleiten; **17.** sich (hoch- *etc.*)schieben, (ver)rutschen; **18.** sich lösen (*Knoten*); **19.** *wohin* schlüpfen: ~ ***away*** a) *a.* ~ ***off*** entschlüpfen, -wischen, sich davonstehlen, b) *a.* ~ ***by*** verstreichen (*Tage, Zeit*); ~ ***in*** sich einschleichen (*a. fig. Fehler etc.*), hineinschlüpfen; ~ ***into*** in *ein Kleid, Zimmer etc.* schlüpfen *od.* gleiten; ***let an opportunity ~*** sich e-e Gelegenheit entgehen lassen; **20.** *a.* F ~ ***up*** e-n Fehler machen, sich vertun: ***he is ~ping*** F er lässt nach; **III** *v/t.* **21.** *Gegenstand, s-e Hand etc. wohin* gleiten lassen, (*bsd.* heimlich) *wohin* stecken *od.* schieben: ~ ***s.o. s.th.*** j-m et. zustecken; ~ ***in*** a) *et.* hineingleiten lassen, b) *Bemerkung* einfließen lassen; **22.** *Ring, Kleid etc.* 'über- *od.* abstreifen: ~ ***on*** (***off***); **23.** *j-m* entwischen; **24.** *j-s Aufmerksamkeit* entgehen: ***have ~ped s.o.'s memory*** (*od.* ***mind***) j-m entfallen sein; **25.** *et.* fahren lassen; **26.** a) *Hundehalsband*, *a. Fessel etc.* abstreifen, b) *Hund etc.* loslassen; **27.** *Knoten* lösen; **28.** → ***slink*** 3; **'~·case** *s.* **1.** ('Bücher)Kas,sette *f*; **2.** → **'~,cov·er** *s.* Schutzhülle *f* (*für Bücher*); Schonbezug *m* (*für Möbel*); **'~·knot** *s.* Laufknoten *m*; **'~-on I** *s.* Kleidungsstück *n* zum 'Überstreifen, *bsd.* a) 'Slip-on *m* (*Mantel*), b) Pull'over *m*, c) Slipper *m*; **II** *adj.* a) Umhänge..., Überzieh..., b) ⚙ Aufsteck...

slip·per ['slɪpə] **I** *s.* **1.** a) Pan'toffel *m*, b) Slipper *m* (*leichter Haus- od. Straßenschuh*); **2.** ⚙ Hemmschuh *m*; **II** *v/t.* **3.** mit e-m Pantoffel schlagen.

slip·per·i·ness ['slɪpərɪnɪs] *s.* **1.** Schlüpfrigkeit *f*; **2.** *fig.* Gerissenheit *f*; **slip·per·y** ['slɪpərɪ] *adj.* □ **1.** schlüpfrig, glatt, glitschig; **2.** *fig.* gerissen (*Person*); **3.** *fig.* zweifelhaft, unsicher; **4.** *fig.* heikel (*Thema*); **slip·py** ['slɪpɪ] *adj.* F **1.** → ***slippery*** 1; **2.** fix, flink: ***look ~!*** mach fix!

slip| ring *s.* ⚡ Schleifring *m*; ~ **road** *s. Brit.* (Autobahn)Zubringerstraße *f*; **'~·shod** *adj.* schlampig, schludrig; **'~·slop** *s.* F labberiges Zeug (*Getränk*; *a. fig. leeres Gewäsch*); ~ **sole** *s.* Einlegesohle *f*; **'~·stick** *s. Am.* Rechenschieber *m*; **'~·stream** *s.* **1.** ✈ Luftschraubenstrahl *m*; **2.** *sport* Windschatten *m*; **'~-up** *s.* → ***slip*** 2, 3; **'~·way** *s.* ⚓ Helling *f*.

slit [slɪt] **I** *v/t.* [*irr.*] **1.** aufschlitzen, -schneiden; **2.** zerschlitzen; **3.** spalten; **4.** ritzen; **II** *v/i.* [*irr.*] **5.** reißen, schlitzen, e-n Riss bekommen; **III** *s.* **6.** Schlitz *m*; **'~-eyed** *adj.* schlitzäugig.

slith·er ['slɪðə] *v/i.* **1.** schlittern, rutschen, gleiten; **2.** (schlangenartig) gleiten; **'slith·er·y** [-ðərɪ] *adj.* schlüpfrig.

sliv·er ['slɪvə] **I** *s.* **1.** Splitter *m*, Span *m*; **2.** *Spinnerei*: a) Kammzug *m*, b) Florband *n*; **II** *v/t.* **3.** *Span etc.* abspalten; **4.** zersplittern; **III** *v/i.* **5.** zersplittern.

slob [slɒb] *s.* **1.** *bsd. Ir.* Schlamm *m*; **2.** *sl.* a) ‚fieser Typ', b) ordi'närer Kerl, c) ‚Blödmann' *m*.

slob·ber ['slɒbə] **I** *v/i.* **1.** geifern, sabbern; **2.** ~ ***over*** *fig.* kindisch schwärmen von; **II** *v/t.* **3.** begeifern, -sabbern; **4.** *j-n* abküssen; **III** *s.* **5.** Geifer *m*; **6.** *fig.* sentimen'tales Gewäsch; **'slob·ber·y** [-ərɪ] *adj.* **1.** sabbernd; **2.** besabbert; **3.** *fig.* gefühlsduselig; **4.** schlampig.

sloe [sləʊ] *s.* ⚘ **1.** Schlehe *f*; **2.** *a.* ~ ***bush***, ~ ***tree*** Schleh-, Schwarzdorn *m*; '~**-worm** → ***slowworm***.

slog [slɒg] F **I** *v/t.* **1.** hart schlagen; **2.** (ver)prügeln; **II** *v/i.* **3.** ~ ***on***, ~ ***away*** a) sich da'hinschleppen, b) sich ‚'durchbeißen'; **4.** *a.* ~ ***away*** sich plagen, schuften; **III** *s.* **5.** harter Schlag; **6.** *fig.* Schinde'rei *f*: ***a long*** ~ e-e ‚Durststrecke'.

slo·gan ['sləʊgən] *s.* **1.** *Scot.* Schlachtruf *m*; **2.** Slogan *m*: a) Schlagwort *n*, b) ✝ Werbespruch *m*.

slog·ger ['slɒgə] *s.* **1.** *sport* harter Schläger; **2.** *fig.* ‚Arbeitstier' *n*.

sloop [slu:p] *s.* ⚓ Scha'luppe *f*.

slop¹ [slɒp] **I** *s.* **1.** Pfütze *f*; **2.** *pl.* a) Spülwasser *n*, b) Schmutzwasser *n*; **3.** Schweinetrank *m*; **4.** *pl.* a) Krankensüppchen *n*, b) ‚labberiges Zeug', ‚Spülwasser' *n*; **5.** F rührseliges Zeug; **II** *v/t.* **6.** (ver)schütten; **7.** *a.* ~ ***up*** geräuschvoll essen *od.* trinken; **III** *v/i.* **8.** ~ ***over*** 'überschwappen; **9.** ~ ***over*** F kindisch schwärmen; **10.** patschen, waten; **11.** *a.* ~ ***around*** ‚her'umhängen, -schlurfen'.

slop² [slɒp] *s.* **1.** Kittel *m*, lose Jacke; **2.** *pl.* (billige) Konfekti'onskleider *pl.*; **3.** ⚓ ‚Kla'motten' *pl.* (*Kleidung u. Bettzeug*).

slop ba·sin *s.* Schale *f* für Tee- *od.* Kaffeereste.

slope [sləʊp] **I** *s.* **1.** (Ab)Hang *m*; **2.** Böschung *f*; **3.** a) Neigung *f*, Gefälle *n*, b) Schräge *f*, geneigte Ebene: ***on the*** ~ schräg, abfallend; **4.** *geol.* Senke *f*; **5.** ***at the*** ~ ⚔ mit Gewehr über; **II** *v/i.* **6.** sich neigen; (schräg) abfallen; **III** *v/t.* **7.** neigen, senken; **8.** abschrägen (*a.* ⚙); **9.** schräg legen; **10.** (ab)böschen; **11.** ⚔ *Gewehr* 'übernehmen; **12.** F a) *a.* ~ ***off*** ‚abhauen', b) ~ ***around*** her'umschlendern; '**slop·ing** [-pɪŋ] *adj.* □ schräg, abfallend; ansteigend.

slop pail *s.* Toi'letteneimer *m*.

slop·pi·ness ['slɒpɪnɪs] *s.* **1.** Matschigkeit *f*; **2.** Matsch *m*; **3.** Schlampigkeit *f*; **4.** F Rührseligkeit *f*; **slop·py** ['slɒpɪ] *adj.* □ **1.** matschig (*Boden etc.*); **2.** nass, bespritzt (*Tisch etc.*); **3.** *fig.* labberig (*Speisen*); **4.** schlampig, nachlässig (*Arbeit etc.*), sa'lopp (*Sprache*); **5.** rührselig.

'**slop·shop** *s.* *Laden mit billiger Konfektionsware.*

slosh [slɒʃ] **I** *s.* **1.** → ***slush*** 1 *u.* 2; **II** *v/i.* **2.** im (Schmutz)Wasser her'umpatschen; **3.** schwappen; **III** *v/t.* **4.** bespritzen: ~ ***on*** *Farbe etc.* a) draufklatschen, b) klatschen auf (*acc.*); **5.** *Bier im Glas etc.* schwenken; **6.** *a.* ~ ***down*** F *Bier etc.* ‚hin'unterschütten'; '**sloshed** [-ʃt] *adj. sl.* ‚besoffen'.

slot¹ [slɒt] **I** *s.* **1.** Schlitz(einwurf) *m*; Spalte *f*; **2.** ⚙ Nut *f*: ~ ***and key*** Nut u. Feder (*Metall*); **3.** F (freie) Stelle, Platz *m*: ***find a*** ~ ***for*** (***in***) → 5; **II** *v/t.* **4.** ⚙ nuten, schlitzen: ~***ting machine*** Nutenstoßmaschine *f*; **5.** F *j-n od. et.* 'unterbringen (***into*** in *dat.*); **III** *v/i.* **6.** ~ ***into*** F *a. fig.* (hin'ein)passen in (*acc.*).

slot² [slɒt] *s. hunt.* Spur *f*.

sloth [sləʊθ] *s.* **1.** Faulheit *f*; **2.** *zo.* Faultier *n*; '**sloth·ful** [-fʊl] *adj.* □ faul, träge.

slot ma·chine *s.* ('Waren-, 'Spiel)Auto,mat *m*.

slouch [slaʊtʃ] **I** *s.* **1.** krumme, nachlässige Haltung; **2.** latschiger Gang; **3.** a) her'abhängende Hutkrempe, b) → ***slouch hat***; **4.** F ‚Flasche' *f*, ‚Niete' *f* (*Nichtskönner*): ***he is no*** ~ ‚er ist auf Draht'; ***the show is no*** ~ das Stück ist nicht ohne; **II** *v/i.* **5.** krumm dasitzen *od.* -stehen; **6.** *a.* ~ ***along*** latschen, latschig gehen; **7.** her'abhängen (*Krempe*); **III** *v/t.* **8.** *Schultern* hängen lassen; **9.** *Krempe* her'unterbiegen; **slouch hat** *s.* Schlapphut *m*; '**slouch·ing** [-tʃɪŋ] *adj.* □, '**slouch·y** [-tʃɪ] *adj.* **1.** krumm (*Haltung*); latschig (*Gang, Haltung, Person*); **2.** her'abhängend (*Krempe*); **3.** lax, faul.

slough¹ [slaʊ] *s.* **1.** Sumpf-, Schmutzloch *n*; **2.** Mo'rast *m* (*a. fig.*): ***ℒ of Despond*** Sumpf *m* der Verzweiflung.

slough² [slʌf] **I** *s.* **1.** abgestreifte Haut (*bsd. Schlange*); **2.** ⚕ Schorf *m*; **II** *v/i.* **3.** *oft* ~ ***away*** (*od.* ***off***) sich häuten; **4.** sich ablösen (*Schorf etc.*); **III** *v/t.* **5.** *a.* ~ ***off*** *Haut etc.* abstreifen, -werfen; *fig.* *Gewohnheit etc.* ablegen; '**slough·y** [-fɪ] *adj.* ⚕ schorfig.

Slo·vak ['sləʊvæk], **Slo'vak·i·an** [-ɪən] **I** *adj.* **1.** slo'wakisch; **II** *s.* **2.** Slo'wake *m*, Slo'wakin *f*; **3.** *ling.* Slo'wakisch *n*, das Slo'wakische.

slov·en ['slʌvn] *s.* a) Schlamper *m*, b) Schlampe *f*.

Slo·ve·ni·an [sləʊ'vi:nɪən] **I** *adj.* **1.** slo'wenisch; **II** *s.* **2.** Slo'wene *m*, Slo'wenin *f*; **3.** *ling.* Slo'wenisch *n*, das Slo'wenische.

'**slov·en·ly** ['slʌvnlɪ] *adj. u. adv.* schlampig, schlud(e)rig.

slow [sləʊ] **I** *adj.* □ **1.** *allg.* langsam: ~ ***and sure*** langsam, aber sicher; ~ ***train*** 🚂 Personenzug *m*; ***be*** ~ ***in arriving*** lange ausbleiben, auf sich warten lassen; ***be*** ~ ***to write*** sich mit dem Schreiben Zeit lassen; ***be*** ~ ***to take offence*** nicht leicht et. übel nehmen; ***not to be*** ~ ***to do s.th.*** et. prompt tun, nicht lange mit et. fackeln; ***the clock is 20 minutes*** ~ die Uhr geht 20 Minuten nach; **2.** all'mählich, langsam: ~ ***growth***; **3.** säumig (*a. Zahler*); unpünktlich; **4.** schwach (*Feuer*); **5.** schleichend (*Fieber, Gift*); **6.** ✝ schleppend, schlecht (*Geschäft*); **7.** schwerfällig, schwer von Begriff, begriffsstutzig: ***be*** ~ ***in learning s.th.*** et. nur schwer lernen; ***be*** ~ ***of speech*** e-e schwere Zunge haben; **8.** langweilig, fad(e), ‚müde'; **9.** langsam (*Rennbahn*); schwer (*Boden*); **10.** *mot.* Leerlauf...; **II** *adv.* **11.** langsam: ***go*** ~ *fig.* a) ‚langsam treten', b) ✝ e-n Bummelstreik machen; **III** *v/t.* **12.** *mst* ~ ***down*** (*od.* ***off, up***) a) *Geschwindigkeit* verlangsamen, verringern, b) *et.* verzögern; **IV** *v/i.* **13.** ~ ***down*** *od.* ***up*** sich verlangsamen, langsamer werden, *fig.* ‚langsamer tun'; '~-,**burn·ing stove** *s.* Dauerbrandofen *m*; '~**-coach** *s. contp.* ‚Schlafmütze' *f*; '~**-down** *s.* **1.** Verlangsamung *f*; **2.** *Am.* Bummelstreik *m*; ~ **lane** *s. mot.* Kriechspur *f*; ~ **march** *s.* ♪ Trauermarsch *m*; ~ **match** *s.* ⚔ Zündschnur *f*, Lunte *f*; ~ **mo·tion** *s.* Zeitlupentempo *n*; ,~-'**mo·tion** *adj.* Zeitlupen...: ~ ***picture*** Zeitlupe(naufnahme) *f*.

slow·ness ['sləʊnɪs] *s.* **1.** Langsamkeit *f*; **2.** Schwerfälligkeit *f*, Begriffsstutzigkeit *f*; **3.** Langweiligkeit *f*, ‚Lahmheit' *f*.

'**slow|·poke** *Am.* F Langweiler *m*; ,~-'**speed** *adj.* ⚙ langsam (laufend); ~ **train** *s.* Bummel-, Per'sonenzug *m*; ,~-'**wit·ted** → ***slow*** 7; '~**-worm** *s. zo.* Blindschleiche *f*.

sloyd [slɔɪd] *s. ped.* 'Werk,unterricht *m* (*bsd. Schnitzen*).

sludge [slʌdʒ] *s.* **1.** Schlamm *m*, (*a.* Schnee)Matsch *m*; **2.** ⚙ Schlamm *m*, Bodensatz *m*; **3.** Klärschlamm *m*; **4.** Treibeis *n*; '**sludg·y** [-dʒɪ] *adj.* schlammig, matschig.

slue [slu:] → ***slew³*** *u.* ***slew⁴***.

slug¹ [slʌg] **I** *s. zo.* **1.** (Weg)Schnecke *f*; **2.** F Faulpelz *m*; **II** *v/i.* **3.** faulenzen.

slug² [slʌg] *s.* **1.** Stück *n* 'Rohme,tall; **2.** a) *hist.* Mus'ketenkugel *f*, b) grobes Schrot, c) (Luftgewehr-, *Am.* Pi'stolen-) Kugel *f*; **3.** *Am.* a) falsche Münze, b) Gläs-chen *n* *Schnaps etc.*; **4.** *typ.* a) Reglette *f*, b) 'Setzma,schinenzeile *f*, c) Zeilenguss *m*; **5.** *phys.* Masseneinheit *f*.

slug³ [slʌg] **I** *bsd. Am.* harter Schlag; **II** *v/t. j-m* ‚ein Ding verpassen'.

slug·a·bed ['slʌgəbed] *s.* Langschläfer(in).

slug·gard ['slʌgəd] **I** *s.* Faulpelz *m*; **II** *adj.* □ faul.

slug·ger ['slʌgə] *s. Am.* F *Baseball, Boxen*: harter Schläger.

slug·gish ['slʌgɪʃ] *adj.* □ **1.** träge (*a.* ⚕ *Organ*), langsam, schwerfällig; **2.** ✝ *etc.* schleppend; **3.** träge fließend (*Fluss etc.*); '**slug·gish·ness** [-nɪs] *s.* Trägheit *f*, Langsamkeit *f*, Schwerfälligkeit *f*.

sluice [slu:s] **I** *s.* ⚙ **1.** Schleuse *f* (*a. fig.*); **2.** Stauwasser *n*; **3.** 'Schleusenka,nal *m*; **4.** *min.* (Erz-, Gold)Waschrinne *f*; **II** *v/t.* **5.** *Wasser* ablassen; **6.** *min. Erz etc.* waschen; **7.** (aus)spülen; **III** *v/i.* **8.** (aus)strömen; ~ **gate** *s.* Schleusentor *n*; '~**-way** → ***sluice*** 3.

slum [slʌm] **I** *s.* **1.** schmutzige Gasse; **2.** *mst pl.* Slums *pl.*, Elendsviertel *n*; **II** *v/i.* **3.** *mst* ***go*** ~***ming*** die Slums aufsuchen (*bsd. aus Neugierde*); **4.** in primi'tiven Verhältnissen leben; **III** *v/t.* **5.** ~ ***it*** → 4.

slum·ber ['slʌmbə] **I** *v/i.* **1.** *bsd. poet.* schlummern (*a. fig.*); **2.** da'hindösen; **II** *v/t.* **3.** ~ ***away*** *Zeit* verschlafen; **III** *s.* *mst pl.* **4.** (*fig.* tiefer) Schlummer; '**slum·ber·ous** [-bərəs] *adj.* □ **1.** schläfrig; **2.** einschläfernd.

slump [slʌmp] **I** *v/i.* **1.** (hin'ein)plumpsen; **2.** *mst* ~ ***down*** (in sich) zs.-sacken (*Person*); **3.** ✝ stürzen (*Preise*); **4.** völlig versagen; **II** *s.* **5.** ✝ a) (Börsen-, Preis)Sturz *m*, Baisse *f*, b) starker Konjunk'turrückgang, Wirtschaftskrise *f*; **6.** *allg.* plötzlicher Rückgang.

slung [slʌŋ] *pret. u. p.p. von* ***sling***.

slung shot *s. Am.* Schleudergeschoss, *östr.* -geschoß *n*.

slunk [slʌŋk] *pret. u. p.p. von* ***slink***.

slur¹ [slɜ:] **I** *v/t.* **1.** verunglimpfen, verleumden; **II** *s.* **2.** Makel *m* (Schand-) Fleck *m*: ***put*** *od.* ***cast a*** ~ (***up***)***on*** a) → 1, b) *j-s Ruf etc.* schädigen; **3.** Verunglimpfung *f*.

slur² [slɜ:] **I** *v/t.* **1.** a) undeutlich schreiben, b) *typ.* schmitzen, verwischen; **2.** undeutlich aussprechen; *Silbe etc.* verschleifen, -schlucken; **3.** ♪ a) *Töne* binden, b) *Noten* mit Bindebogen bezeichnen; **4.** *oft* ~ ***over*** (leicht) über *ein Thema* hin'weggehen; **II** *v/i.* **5.** undeutlich schreiben *od.* sprechen; **6.** ♪ le'gato singen *od.* spielen; **III** *s.* **7.** Undeutlichkeit *f*, ‚Genuschel' *n*; **8.** ♪ a) Bindung *f*, b) Bindebogen *m*; **9.** *typ.* Schmitz *m*.

slurp [slɜ:p] *v/t. u. v/i.* schlürfen.

slush [slʌʃ] **I** *s.* **1.** Schneematsch *m*; **2.** Schlamm *m*, Matsch *m*; **3.** ⚙ Schmiere *f*, Rostschutzmittel *n*; **4.** ⚙ Pa'pierbrei *m*; **5.** *fig.* Gefühlsduse'lei *f*; **6.** *fig.*

Kitsch *m*, Schund *m*; **II** *v/t.* **7.** bespritzen; **8.** ⚙ schmieren; **III** *v/i.* **9.** → ***slosh*** 2 *u.* 3; **slush fund** *s. pol. Am.* Schmiergelderfonds *m*; **'slush·y** [-ʃɪ] *adj.* **1.** matschig, schlammig; **2.** rührselig, kitschig.

slut [slʌt] *s.* **1.** Schlampe *f*; **2.** Hure *f*, ‚Nutte' *f*; **3.** *humor.* ‚kleines Luder' (*Mädchen*); **4.** *Am.* Hündin *f*; **'slut·tish** [-tɪʃ] *adj.* ☐ schlampig, liederlich.

sly [slaɪ] *adj.* ☐ **1.** schlau, verschlagen, listig; **2.** verstohlen, heimlich, 'hinterhältig: ***a ~ dog*** ein ganz Schlauer; ***on the ~*** ‚klammheimlich'; **3.** durch'trieben, pfiffig; **'sly·boots** *s. humor.* Pfiffikus *m*, Schlauberger *m*; **'sly·ness** [-nɪs] *s.* Schlauheit *f etc.*

smack¹ [smæk] **I** *s.* **1.** (Bei)Geschmack *m* (**of** von); **2.** Prise *f Salz etc.*; **3.** *fig.* Beigeschmack *m*, Anflug *m* (**of** von); **II** *v/i.* **4.** schmecken (**of** nach); **5.** *fig.* schmecken *od.* riechen (**of** nach).

smack² [smæk] **I** *s.* **1.** Klatsch *m*, Klaps *m*: ***a ~ in the eye*** *fig.* a) ein Schlag ins Gesicht, b) ein Schlag ins Kontor; **2.** Schmatzen *n*; **3.** (*Peitschen- etc.*)Knall *m*; **4.** Schmatz *m* (*Kuss*); **II** *v/t.* **5.** *et.* schmatzend genießen; **6.** ***~ one's lips*** a) (mit den Lippen) schmatzen, b) sich die Lippen lecken; **7.** *Hände etc.* zs.-schlagen; **8.** mit *der Peitsche* knallen; **9.** *j-m* e-n Klaps geben; **10.** *et.* hinklatschen; **III** *v/i.* **11.** schmatzen; **12.** knallen (*Peitsche etc.*); **13.** (hin)klatschen (**on** auf *acc.*); **IV** *adv. u. int.* **14.** F a) klatsch(!), platsch(!), b) ‚zack', di'rekt: ***run ~ into s.th.***

smack³ [smæk] *s.* ⚓ Schmack(e) *f*.

smack·er ['smækə] *s.* **1.** F Schmatz *m* (*Kuss*); **2.** *sl.* a) *Brit.* Pfund *n*, b) *Am.* Dollar *m*; **'smack·ing** [-kɪŋ] *s.* Tracht *f* Prügel.

small [smɔːl] **I** *adj.* **1.** *allg.* klein; **2.** klein, schmächtig; **3.** klein, gering (*Anzahl, Ausdehnung, Grad etc.*): ***they came in ~ numbers*** es kamen nur wenige; **4.** klein, armselig, dürftig; **5.** wenig: ***~ blame to him*** das macht ihm kaum Schande; ***~ wonder*** kein Wunder; ***have ~ cause for*** kaum Anlass zu *Dankbarkeit etc.* haben; **6.** klein, mit wenig Besitz: ***~ farmer*** Kleinbauer *m*; **7.** klein, (sozi'al) niedrig: ***~ people*** kleine Leute; **8.** klein, unbedeutend: ***a ~ man***; ***a ~ poet***; **9.** trivi'al, klein: ***the ~ worries*** die kleinen Sorgen: ***a ~ matter*** e-e Kleinigkeit; **10.** klein, bescheiden: ***a ~ beginning***; ***in a ~ way*** a) bescheiden *leben etc.*, b) im Kleinen handeln *etc.*; **11.** *contp.* kleinlich; **12.** *b.s.* niedrig (*Gesinnung etc.*): ***feel ~*** sich schämen; ***make s.o. feel ~*** j-n beschämen; **13.** dünn (*Bier*); **14.** schwach (*Stimme, Puls*); **II** *s.* **15.** schmal(st)er *od.* verjüngter Teil: ***~ of the back*** *anat.* das Kreuz; **16.** *pl. Brit.* F 'Unterwäsche *f*, Taschentücher *pl. etc.*; **~ arms** *s. pl.* ⚔ Hand(feuer)waffen *pl.*; **~ beer** *s.* **1.** *obs.* Dünnbier *n*; **2.** *bsd. Brit.* F a) Lap'palie *f*, b) ‚Null' *f*, unbedeutende Per'son: ***think no ~ of o.s.*** F e-e hohe Meinung von sich haben; **~ cap·i·tals** *s. pl. typ.* Kapi'tälchen *pl.*; **~ change** *s.* **1.** Kleingeld *n*; **2.** → ***small beer*** 2; **'~·clothes** *s.* **1.** *pl. hist.* Kniehosen *pl.*; **2.** 'Unterwäsche *f*; **3.** Kinderkleidung *f*; **~ coal** *s.* Feinkohle *f*, Grus *m*; **~ fry** *s.* **1.** junge, kleine Fische *pl.*; **2.** ‚junges Gemüse', *die* Kleinen *pl.*; **3.** → ***small beer*** 2; **'~ˌhold·er** *s. Brit.* Kleinbauer *m*; **'~ˌhold·ing** *s. Brit.* Kleinlandbesitz *m*; **~ hours** *s. pl. die* frühen Morgenstunden *pl.*

small·ish ['smɔːlɪʃ] *adj.* ziemlich klein.

small| let·ter *s.* Kleinbuchstabe *m*; **ˌ~-'mind·ed** *adj.* engstirnig, kleinlich, ‚kleinkariert'.

small·ness ['smɔːlnɪs] *s.* **1.** Kleinheit *f*; **2.** geringe Anzahl; **3.** Geringfügigkeit *f*; **4.** Kleinlichkeit *f*; **5.** niedrige Gesinnung.

small| pi·ca *s. typ.* kleine Cicero (-schrift); **'~·pox** [-pɒks] *s.* ⚕ Pocken *pl.*, Blattern *pl.*; **~ print** *s. das* Kleingedruckte *e-s Vertrags*; **~ shot** *s.* Schrot *m, n*; **'~·sword** *s. fenc.* Flo'rett *n*; **~ talk** *s.* oberflächliche Konversati'on, Geplauder *n*: ***he has no ~*** er kann nicht (unverbindlich) plaudern; **'~·time** *adj. Am. sl.* unbedeutend, klein, ‚Schmalspur...'; **'~·ware** *s.* Kurzwaren *pl.*

smalt [smɔːlt] *s.* **1.** ⚗ S(ch)malte *f*, Kobaltblau *n*; **2.** Kobaltglas *n*.

smar·agd ['smærægd] *s. min.* Sma'ragd *m*.

smarm-ball ['smɑːm-] *s.* F Schleimer *m*.

smarm·y ['smɑːmɪ] *adj.* ☐ *Brit.* F **1.** ölig; **2.** kriecherisch; **3.** kitschig.

smart [smɑːt] **I** *adj.* ☐ **1.** klug, gescheit, intelli'gent, pa'tent; **2.** geschickt, gewandt; **3.** geschäftstüchtig; **4.** *b.s.* gerissen, raffiniert; **5.** witzig, geistreich; **6.** *contp.* ‚superklug', ‚klugscheißerisch'; **7.** flink, fix; **8.** schmuck, gepflegt; **9.** a) ele'gant, fesch, schick, b) modisch (*Person, Kleidung, Wort etc.*): ***the ~ set*** die elegante Welt, die ‚Schickeria'; **10.** forsch, schneidig: ***~ pace***; ***salute ~ly*** zackig grüßen; **11.** hart, empfindlich (*Schlag, Strafe*); **12.** scharf (*Schmerz, Kritik etc.*); **13.** F beträchtlich; **II** *v/i.* **14.** schmerzen, brennen; **15.** leiden (***from, under*** unter *dat.*): ***he ~ed under the insult*** die Kränkung nagte an s-m Herzen; **III** *s.* **16.** Schmerz *m*; **smart al·eck** ['ælɪk] *s.* F ‚Klugscheißer' *m*; **'smart-ˌal·eck·y** [-kɪ] → ***smart*** 6; **'smart·card** *s.* 'Smartcard *f*, (*intelligente*) 'Chipkarte; **'smart·en** [-tn] **I** *v/t.* **1.** *a.* ***~ up*** her'ausputzen; **2.** *fig. j-n* ‚auf Zack' bringen; **II** *v/i. mst* ***~ up*** **3.** sich schönmachen, sich ‚in Schale werfen'; **4.** *fig.* aufwachen; **'smart-ˌmon·ey** *s.* Schmerzensgeld *n*; **'smart·ness** [-nɪs] *s.* **1.** Klugheit *f*, Gescheitheit *f*; **2.** Gewandtheit *f*; **3.** *b.s.* Gerissenheit *f*; **4.** flotte Ele'ganz, Schick *m*; **5.** Forschheit *f*; **6.** Schärfe *f*, Heftigkeit *f*; **'smart·phone** *s. teleph.* 'Smartphone *n* (*internetfähiges Handy*); **'smart·y** [-tɪ] → ***smart aleck***.

smash [smæʃ] **I** *v/t.* **1.** *oft* ***~ up*** zertrümmern, -schmettern, -schlagen: ***~ in*** einschlagen; **2.** *j-n* (zs.-)schlagen; *Feind* vernichtend schlagen; *fig. Argument* restlos wider'legen, *Gegner* ‚fertig machen'; **3.** *j-n* (finanzi'ell) ruinieren; **4.** *Faust, Stein etc. wohin* schmettern; **5.** *Tennis*: *Ball* schmettern; **II** *v/i.* **6.** zersplittern, in Stücke springen; **7.** krachen, knallen (***against*** gegen, ***through*** durch); **8.** zs.-stoßen, -krachen (*Autos etc.*); ✈ Bruch machen; **9.** a) *oft* ***~ up*** ‚zs.-krachen', Bank'rott gehen, b) zu'schanden werden, c) (gesundheitlich) ka'puttgehen; **III** *adv.* (*a. int.*) **10.** krachend, krach(!); **IV** *s.* **11.** Zerkrachen *n*; **12.** Krach *m*; **13.** (*a.* finanzi'eller) Zs.-bruch, Ru'in *m*: ***go ~*** a) völlig zs.-brechen, ‚kaputtgehen', b) → 9; **14.** F voller Erfolg; **15.** *Tennis*: Schmetterball *m*; **16.** *kaltes Branntweinmischgetränk*; **ˌsmash-and-'grab raid** [-ʃn'g-] *s.* Schaufenstereinbruch *m*; **smashed** [-ʃt] *adj. sl.* **1.** ‚blau', besoffen; **2.** ‚high' (*unter Drogeneinfluss*); **'smash·er** [-ʃə] *s. sl.* **1.** schwerer Schlag (*a. fig.*); **2.** vernichtendes Argu'ment; **3.** ‚Wucht' *f*: a) ‚tolle Sache', b) ‚tolle Person': ***a ~ (of a girl)*** ein tolles Mädchen; **smash hit** *s.* F Schlager *m*, Bombenerfolg *m*; **'smash·ing** [-ʃɪŋ] *adj.* **1.** F ‚toll', sagenhaft; **2.** vernichtend (*Schlag, Niederlage*); **'smash-up** *s.* **1.** völliger Zs.-bruch; **2.** Bank'rott *m*; **3.** *mot. etc.* Zs.-stoß *m*; **4.** ✈ Bruch(landung *f*) *m*.

smat·ter·er ['smætərə] *s.* Stümper *m*, Halbwisser *m*; Dilet'tant *m*; **'smat·ter·ing** [-tərɪŋ] *s.* oberflächliche Kenntnis: ***he has a ~ of French*** er kann ein bisschen Französisch.

smear [smɪə] **I** *v/t.* **1.** *Fett etc.* schmieren (**on** auf *acc.*); **2.** *et.* beschmieren, bestreichen (**with** mit); **3.** (ein)schmieren; **4.** *Schrift* verschmieren; **5.** beschmieren, besudeln; **6.** *fig.* a) *j-s Ruf etc.* besudeln, b) *j-n* verleumden, ‚durch den Dreck ziehen'; **7.** *sport Am.* F ‚über'fahren'; **II** *v/i.* **8.** schmieren; **9.** sich verwischen; **III** *s.* **10.** Schmiere *f*; **11.** (Fett-, Schmutz)Fleck *m*; **12.** *fig.* Besudelung *f*; **13.** ⚕ Abstrich *m*; **~ cam·paign** *s. pol.* Ver'leumdungskam‚pagne *f*; **'~·case** *s. Am.* Quark *m*; **~ sheet** *s.* Skan'dalblatt *n*; **~ test** *s.* ⚕ Abstrich *m*.

smear·y ['smɪərɪ] *adj.* ☐ **1.** schmierig; **2.** verschmiert.

smell [smel] **I** *v/t.* [*irr.*] **1.** *et.* riechen; **2.** *et.* beriechen, riechen an (*dat.*); **3.** *fig. Verrat etc.* wittern; → ***rat*** 1; **4.** *fig.* sich *et.* genauer besehen; **5.** ***~ out*** *hunt.* aufspüren (*a. fig. entdecken, ausschnüffeln*); **II** *v/i.* [*irr.*] **6.** riechen (**at** an *dat.*): ***~ about*** (*od.* ***round***) *fig.* herumschnüffeln; **7.** *gut etc.* riechen: ***his breath ~s*** er riecht aus dem Mund; **8.** ***~ of*** riechen nach (*a. fig.*); **III** *s.* **9.** Geruch(ssinn) *m*; **10.** Geruch *m*: a) Duft *m*, b) Gestank *m*; **11.** *fig.* Anflug *m*, -strich *m* (**of** von); **12.** ***take a ~ at s.th.*** et. beriechen (*a. fig.*); **'smell·er** [-lə] *s. sl.* **1.** ‚Riechkolben' *m* (*Nase*); **2.** Schlag *m* auf die Nase; Sturz *m*; **'smell·y** [-lɪ] *adj.* F übel riechend, muffig: ***~ feet*** Schweißfüße.

smelt¹ [smelt] *pl.* **smelts** *coll. a.* **smelt** *s. ichth.* Stint *m*.

smelt² [smelt] *v/t.* **1.** *Erz* (ein)schmelzen, verhütten; **2.** *Kupfer etc.* ausschmelzen.

smelt³ [smelt] *pret. u. p.p. von* ***smell***.

smelt·er ['smeltə] *s.* Schmelzer *m*; **'smelt·er·y** [-ərɪ] *s.* Schmelzhütte *f*; **'smelt·ing** [-tɪŋ] *s.* ⚙ Verhüttung *f*: ***~ furnace*** Schmelzofen *m*.

smile [smaɪl] **I** *v/i.* **1.** lächeln (*a. fig. Sonne etc.*): ***~ at*** a) *j-m* zulächeln, b) *et.* belächeln, lächeln über (*acc.*); ***come up smiling*** *fig.* die Sache leicht überstehen; **2.** ***~ (up)on*** *fig. j-m* lächeln, hold sein: ***fortune ~d on him***; **II** *v/t.* **3.** ***~ away*** *Tränen etc.* hin'weglächeln; **4.** ***~ approval (consent)*** beifällig (zustimmend) lächeln; **III** *s.* **5.** Lächeln *n*: ***be all ~s*** (über das ganze Gesicht) strahlen; **6.** *mst pl.* Gunst *f*; **'smil·ing** [-lɪŋ] *adj.* ☐ **1.** lächelnd (*a. fig. heiter*); **2.** *fig.* huldvoll.

smirch [smɜːtʃ] **I** *v/t.* besudeln (*a. fig.*); **II** *s.* Schmutzfleck *m*; *fig.* Schandfleck *m*.

S

smirk [smɜːk] **I** *v/i.* affektiert *od.* blöd lächeln, grinsen; **II** *s.* einfältiges Lächeln, Grinsen *n.*

smite [smaɪt] [*irr.*] **I** *v/t.* **1.** *bibl.*, *rhet.*, *a. humor.* schlagen (*a. erschlagen, heimsuchen*): ***smitten with the plague*** von der Pest befallen; **2.** *j-n* quälen, peinigen (*Gewissen*); **3.** *fig.* packen: ***smitten with*** von *Begierde etc.* gepackt; **4.** *fig.* hinreißen: ***he was smitten with*** (*od.* ***by***) ***her charms*** er war hingerissen von ihrem Charme; ***be smitten by*** (sinnlos) verliebt sein in (*acc.*); **II** *v/i.* **5.** ***~ upon*** *bsd. fig.* an *das Ohr etc.* schlagen.

smith [smɪθ] *s.* Schmied *m.*

smith·er·eens [ˌsmɪðəˈriːnz] *s. pl.* F Fetzen *pl.*, Splitter *pl.*: ***smash to ~*** in (tausend) Stücke schlagen.

smith·er·y [ˈsmɪðərɪ] *s.* **1.** Schmiedearbeit *f*; **2.** Schmiedekunst *f.*

smith·y [ˈsmɪðɪ] *s.* Schmiede *f.*

smit·ten [ˈsmɪtn] **I** *p.p. von* ***smite***; **II** *adj.* **1.** betroffen, befallen; **2.** (***by***) hingerissen (von), ‚verknallt', verliebt (in *acc.*); → ***smite*** 4.

smock [smɒk] **I** *s.* **1.** (Arbeits)Kittel *m*: ***~ frock*** *Art* Fuhrmannskittel *m*; **2.** Kinderkittel *m*; **II** *v/t.* **3.** *Bluse etc.* smoken, mit Smokarbeit verzieren; **ˈsmock·ing** [-kɪŋ] *s.* Smokarbeit *f* (*Vorgang u. Verzierung*).

smog [smɒg] *s.* (*aus* ***smoke*** *u.* ***fog***) Smog *m*, Dunstglocke *f*; ***~ a·lert*** *s.* ˈSmogaˌlarm *m*; **ˈ~·bound** *adj.* von Smog eingehüllt.

smok·a·ble [ˈsməʊkəbl] *adj.* rauchbar;

smoke [sməʊk] **I** *s.* **1.** Rauch *m* (*a.* ⚗, *phys.*): ***like ~*** *sl.* wie der Teufel; ***no ~ without a fire*** *fig.* irgendetwas ist immer dran (*an e-m Gerücht*); **2.** Qualm *m*, Dunst *m*: ***end*** (*od.* ***go up***) ***in ~*** *fig.* in nichts zerrinnen, zu Wasser werden; **3.** ⚔ (Tarn)Nebel *m*; **4.** Rauchen *n e-r Zigarre etc.*: ***have a ~*** ‚eine' rauchen; **5.** F ‚Glimmstängel' *m*, Ziˈgarre *f*, Zigaˈrette *f*; **6.** *sl.* a) ‚Hasch' *n*, b) Marihuˈana *n*; **II** *v/i.* **7.** rauchen, qualmen (*Schornstein, Ofen etc.*); **8.** dampfen (*a. Pferd*); **9.** rauchen: ***do you ~?***; **III** *v/t.* **10.** *Pfeife etc.* rauchen; **11.** ***~ out*** a) ausräuchern (*a. fig.*), b) *fig.* ans Licht bringen; **12.** *Fisch etc.* räuchern; **13.** *Glas etc.* schwärzen; ***~ ball***, ***~ bomb*** *s.* Nebel-, Rauchbombe *f*; ***~ con·sum·er*** *s. Gerät*: Rauchverzehrer *m*; ***~ de·tec·tor*** *s. Gerät*: Rauchmelder *m*; **ˈ~-dried** *adj.* geräuchert; ***~ hel·met*** *s.* Rauchmaske *f* (*Feuerwehr*).

smoke·less [ˈsməʊklɪs] *adj.* □ *a.* ⚔ rauchlos.

smok·er [ˈsməʊkə] *s.* **1.** Raucher(in): ***~'s cough*** Raucherhusten *m*; ***~'s heart*** ⚕ Nikotinherz *n*; **2.** 🚃 Raucher(abteil *n*) *m.*

smoke| room [rʊm] *s.* Herren-, Rauchzimmer *n*; ***~ screen*** *s.* ⚔ Rauch-, Nebelvorhang *m*; *fig.* Tarnung *f*, Nebel *m*; **ˈ~·stack** *s.* ⚓, 🚃, ⚙ Schornstein *m.*

smok·ing [ˈsməʊkɪŋ] **I** *s.* **1.** Rauchen *n*; **II** *adj.* **2.** Rauch...; **3.** Raucher...; ***~ car***, ***~ com·part·ment*** *s.* 🚃 ˈRaucherabˌteil *n.*

smok·y [ˈsməʊkɪ] *adj.* □ **1.** qualmend; **2.** dunstig, verräuchert; **3.** rauchig (*a. Stimme*); rauchgrau.

smol·der [ˈsməʊldə] *Am.* → ***smoulder.***

smooch [smuːtʃ] *v/i. sl.* **1.** schmusen, knutschen; **2.** *Brit.* eng umˈschlungen tanzen.

smooth [smuːð] **I** *adj.* □ **1.** *allg.* glatt; **2.** glatt, ruhig (*See*): ***I am in ~ water now*** *fig.* jetzt habe ich es geschafft; **3.** ⚙ ruhig (*Gang*); *mot. a.* zügig (*Fahren, Schalten*); ✈ glatt (*Landung*); **4.** *fig.* glatt, reibungslos: ***make things ~ for*** *j-m* den Weg ebnen; **5.** fließend, geschliffen (*Rede etc.*); schwungvoll (*Melodie, Stil*); **6.** *fig.* sanft, weich (*Stimme, Ton*); **7.** glatt, gewandt (*Manieren, Person*); *b.s.* aalglatt: ***a ~ tongue*** e-e glatte Zunge; **8.** *Am. sl.* a) fesch, schick, b) ‚sauber', prima; **9.** geschmeidig, nicht klumpig (*Teig etc.*); **10.** lieblich (*Wein*); **II** *adv.* **11.** glatt, ruhig: ***things have gone ~ with me*** bei mir ging alles glatt; **III** *v/t.* **12.** glätten (*a. fig.*): ***~ the way for*** *fig. j-m od. e-r Sache* den Weg ebnen; **13.** besänftigen; **IV** *v/i.* **14.** → ***smooth down*** 1;
Zssgn mit adv.:

smooth| a·way *v/t. Schwierigkeiten etc.* wegräumen, ‚ausbügeln'; ***~ down*** **I** *v/i.* **1.** sich glätten *od.* beruhigen (*Meer etc.*) (*a. fig.*); **II** *v/t.* **2.** glatt streichen, glätten; **3.** *fig.* besänftigen; **4.** *Streit* schlichten; ***~ out*** *v/t.* **1.** *Falte* ausplätten (***from*** aus); **2.** → ***smooth away***; ***~ o·ver*** *v/t.* **1.** *Fehler etc.* bemänteln; **2.** *Streit* schlichten.

ˈsmooth|·bore *adj. u. s.* (Gewehr *n*) mit glattem Lauf; **ˈ~-faced** *adj.* **1.** a) bartlos, b) glatt rasiert; **2.** *fig.* glatt, schmeichlerisch; ***~ file*** *s.* ⚙ Schlichtfeile *f.*

smooth·ie [ˈsmuːðɪ] *s.* F **1.** ‚dufter Typ'; **2.** aalglatter Bursche.

smooth·ing| i·ron [ˈsmuːðɪŋ] *s.* Plätt-, Bügeleisen *n*; ***~ plane*** *s.* ⚙ Schlichthobel *m.*

smooth·ness [ˈsmuːðnɪs] *s.* **1.** Glätte *f* (*a. fig.*); **2.** Reibungslosigkeit *f* (*a. fig.*); **3.** *fig.* glatter Fluss, Eleˈganz *f e-r Rede etc.*; **4.** Glätte *f*, Gewandtheit *f*; **5.** Sanftheit *f.*

ˈsmooth-tongued *adj.* glattzüngig, schmeichlerisch, aalglatt.

smote [sməʊt] *pret. von* ***smite.***

smoth·er [ˈsmʌðə] **I** *v/t.* **1.** *j-n, a. Feuer, Rebellion, Ton* ersticken; **2.** *bsd. fig.* überˈhäufen (***with*** mit *Arbeit etc.*): ***~ s.o. with kisses*** j-n abküssen; **3.** ***~ in*** (*od.* ***with***) völlig bedecken mit, einhüllen in (*dat.*), begraben unter (*Blumen, Decken etc.*); **4.** *oft* ***~ up*** *Gähnen, Wut etc.*, *a. Geheimnis etc.* unterˈdrücken, *Skandal* vertuschen; **II** *v/i.* **5.** ersticken; **6.** *sport* F ‚überˈfahren'; **III** *s.* **7.** dicker Qualm; **8.** Dampf-, Dunst-, Staubwolke *f*; **9.** (erdrückende) Masse.

smoul·der [ˈsməʊldə] **I** *v/i.* **1.** glimmen, schwelen (*a. fig. Feindschaft, Rebellion etc.*); **2.** glühen (*a. fig. Augen*); **II** *s.* **3.** schwelendes Feuer.

smudge [smʌdʒ] **I** *s.* **1.** Schmutzfleck *m*, Klecks *m*; **2.** qualmendes Feuer (*gegen Mücken, Frost etc.*); **II** *v/t.* **3.** beschmutzen; **4.** be-, verschmieren, voll klecksen; **5.** *fig. Ruf etc.* besudeln; **III** *v/i.* **6.** schmieren (*Tinte, Papier etc.*); **7.** schmutzig werden; **ˈsmudg·y** [-dʒɪ] *adj.* □ verschmiert, schmierig, schmutzig.

smug [smʌg] *adj.* □ **1.** *obs.* schmuck; **2.** geschniegelt u. gebügelt; **3.** selbstgefällig, blasiert.

smug·gle [ˈsmʌgl] **I** *v/t. Waren, a. weitS. Brief, j-n etc.* schmuggeln: ***~ in*** einschmuggeln; **II** *v/i.* schmuggeln; **ˈsmug·gler** [-lə] *s.* **1.** Schmuggler *m*; **2.** Schmuggelschiff *n*; **ˈsmug·gling** [-lɪŋ] *s.* Schmuggel *m.*

smut [smʌt] **I** *s.* **1.** Ruß-, Schmutzflocke *f od.* -fleck *m*; **2.** *fig.* Zote(n *pl.*) *f*, Schmutz *m*, Schweineˈrei(en *pl.*) *f*: ***talk ~*** Zoten reißen, ‚schweinigeln'; **3.** ♀ (*bsd.* Getreide)Brand *m*; **II** *v/t.* **4.** beschmutzen; **5.** ♀ brandig machen.

smutch [smʌtʃ] **I** *v/t.* beschmutzen; **II** *s.* schwarzer Fleck.

smut·ty [ˈsmʌtɪ] *adj.* □ **1.** schmutzig, rußig; **2.** *fig.* zotig, obˈszön: ***~ joke*** Zote *f*; **3.** ♀ brandig.

snack [snæk] *s.* **1.** a) Imbiss *m*, b) Happen *m*, Bissen *m*; **2.** Anteil *m*: ***go ~s*** teilen; ***~ bar*** *s.* Imbissstube *f.*

snaf·fle [ˈsnæfl] **I** *s.* **1.** *a.* ***~ bit*** Trense(ngebiss *n*) *f*; **II** *v/t.* **2.** *e-m Pferd* die Trense anlegen; **3.** mit der Trense lenken; **4.** *Brit. sl.* ‚klauen'.

sna·fu [snæˈfuː] *bsd. Am. sl.* **I** *adj.* **1.** a) in heillosem Durcheinˈander, b) ‚beschissen'; **II** *s.* **2.** heilloses Durcheinˈander; **3.** grober Fehler; **4.** ‚beschissene Lage'; **III** *v/t.* **5.** ‚versauen'.

snag [snæg] **I** *s.* **1.** Aststumpf *m*; **2.** Baumstumpf *m* (*in Flüssen*); *fig.* ‚Haken' *m*: ***strike a ~*** auf Schwierigkeiten stoßen; **3.** a) Zahnstumpf *m*, b) *Am.* Raffzahn *m*; **II** *v/t.* **4.** *Boot* gegen e-n Stumpf fahren lassen; **5.** *Fluss* von Baumstümpfen befreien; **snagged** [-gd], **ˈsnag·gy** [-gɪ] *adj.* **1.** ästig, knorrig; **2.** voller Baumstümpfe (*Fluss*).

snail [sneɪl] *s.* **1.** *zo.* Schnecke *f* (*a. fig. lahmer Kerl*): ***at a ~'s pace*** im Schneckentempo; **2.** → ***snail wheel***; ***~ shell*** *s.* Schneckenhaus *n*; ***~ wheel*** *s.* Schnecke(nrad *n*) *f* (*Uhr*).

snake [sneɪk] **I** *s.* **1.** Schlange *f* (*a. fig.*): ***~ in the grass*** a) verborgene Gefahr, b) (falsche) Schlange; ***see ~s*** F weiße Mäuse sehen; **2.** ✝ Währungsschlange *f*; **II** *v/i.* **3.** sich schlängeln (*a. Weg*); **snake charm·er** *s.* Schlangenbeschwörer *m*; **snake pit** *s.* **1.** Schlangengrube *f*; **2.** Irrenanstalt *f*; **3.** *fig.* Hölle *f*; **ˈsnake·skin** *s.* **1.** Schlangenhaut *f*; **2.** Schlangenleder *n*; **snak·y** [ˈsneɪkɪ] *adj.* □ **1.** Schlangen...; **2.** schlangenartig, gewunden; **3.** *fig.* ˈhinterhältig.

snap [snæp] **I** *s.* **1.** Schnappen *n*, Biss *m*; **2.** Knacken *n*, Knacks *m*, Klicken *n*; **3.** (*Peitschen- etc.*)Knall *m*; **4.** Reißen *n*; **5.** Schnappschloss *n*, Schnapper *m*; **6.** *phot.* Schnappschuss *m*; **7.** *etwa*: Schnipp-Schnapp *n* (*Kartenspiel*); **8.** *fig.* Schwung *m*, Schmiss *m*; **9.** kurze Zeit: ***in a ~*** im Nu; ***cold ~*** Kältewelle *f*; **10.** (knuspriges) Plätzchen; **11.** *Am.* F Kleinigkeit *f*, ‚Kinderspiel' *n*; **II** *adj.* **12.** Schnapp...; **13.** spontan, Schnell...: ***~ decision*** rasche Entscheidung; ***~ judgement*** (vor)schnelles Urteil; ***~ vote*** Blitzabstimmung *f*; **III** *adv. u. int.* **14.** knack(s)(!), krach(!), schnapp(!); **IV** *v/i.* **15.** schnappen (***at*** nach *a. fig. e-m Angebot etc.*), zuschnappen: ***~ at the chance*** zugreifen, die Gelegenheit beim Schopfe fassen; ***~ at s.o.*** j-n anschnauzen; **16.** *a.* ***~ to*** zuschnappen, zuknallen (*Schloss, Tür*); **17.** knacken, klicken; **18.** knallen (*Peitsche etc.*); **19.** (zer)springen, (-)reißen, entzweigehen: ***there something ~ped in me*** da ‚drehte ich durch'; **20.** schnellen: ***~ to attention*** ⚔ ‚Männchen bauen'; ***~ to it!*** F mach Tempo!; ***~ out of it!*** F komm, komm!, lass das (sein)!; **V** *v/t.* **21.** (er-)schnappen; beißen: ***~ off*** abbeißen; ***~ s.o.'s head*** (*od.* ***nose***) ***off*** → ***snap up*** 4; **22.** (zu)schnappen lassen; **23.** *phot.* knipsen; **24.** zerknicken, -knacken, -brechen, -reißen: ***~ off*** abbrechen;

S

25. mit *der Peitsche* knallen; mit *den Fingern* schnalzen: **~ *one's fingers at*** *fig.* auslachen, verhöhnen; **26.** *a.* **~ *out*** *Wort* her'vorstoßen, bellen; **~ *up*** *v/t.* **1.** auf-, wegschnappen; **2.** (gierig) an sich reißen, *Angebot* schnell annehmen: ***snap it up!*** F mach fix!; **3.** *Häuser etc.* aufkaufen; **4.** a) *j-n* anschnauzen, b) *j-m* das Wort abschneiden.

snap| catch *s.* ⚙ Schnapper *m*; '**~,drag·on** *s.* **1.** ⚘ Löwenmaul *n*; **2.** Ro'sinenfischen *n aus brennendem Branntwein* (*Spiel*); **~ fas·ten·er** *s.* Druckknopf *m*; **~ hook** *s.* Kara'binerhaken *m*; **~ lock** *s.* Schnappschloss *n*.

snap·pish ['snæpɪʃ] *adj.* □ **1.** bissig (*Hund, a. Person*); **2.** schnippisch.

snap·py ['snæpɪ] *adj.* □ **1.** → ***snappish***; **2.** F a) schnell, fix, b) ‚zackig', forsch, c) schwungvoll, schmissig, d) schick: ***make it ~!, look ~!*** mach mal fix!

snap| shot *s.* ⚔ Schnellschuss *m*; '**~·shot** *phot.* **I** *s.* Schnappschuss *m*; **II** *v/t.* e-n Schnappschuss machen von, *et.* knipsen.

snare [sneə] **I** *s.* **1.** Schlinge (*a.* ⚘), Fallstrick *m*, *fig. a.* Fußangel *f*: ***set a ~ for s.o.*** j-m e-e Falle stellen; **2.** ♪ Schnarrsaite *f*; **II** *v/t.* **3.** mit e-r Schlinge fangen; **4.** *fig.* um'stricken, fangen, *j-m* e-e Falle stellen; **5.** sich *et.* ‚angeln' *od.* unter den Nagel reißen; **~ drum** *s.* ♪ kleine Trommel, Schnarrtrommel *f*.

snarl[1] [snɑ:l] *bsd. Am.* **I** *s.* **1.** Knoten *m*, ‚Fitz' *m*; **2.** *fig.* wirres Durchein'ander, Gewirr *n*, *a.* Verwicklung *f*: (***traffic***) **~** Verkehrschaos *n*; **II** *v/t.* **3.** *a.* **~ *up*** verwirren, durchein'ander bringen; **III** *v/i.* **4.** *a.* **~ *up*** sich verwirren; (völlig) durchein'ander geraten.

snarl[2] [snɑ:l] **I** *v/i.* wütend knurren, die Zähne fletschen (*Hund, a. Person*): **~ *at*** *j-n* anfauchen; **II** *v/t.* *et.* knurren, wütend her'vorstoßen; **III** *s.* Knurren *n*, Zähnefletschen *n*.

'**snarl-up** *s.* F → ***snarl***[1] 2.

snatch [snætʃ] **I** *v/t.* **1.** *et.* schnappen, packen, (er)haschen, fangen: **~ *up*** aufraffen; **2.** *fig. Gelegenheit etc.* ergreifen; *et., a. Schlaf* ergattern: ***~ a hurried meal*** rasch et. zu sich nehmen; **3.** *et.* an sich reißen; *a. Kuss* rauben; **4.** **~** (***away***) ***from*** *j-m et., a. j-n dem Meer, dem Tod, durch den Tod* entreißen: ***he was ~ed away from us*** er wurde uns *durch e-n frühen Tod etc.* entrissen; **5.** **~ *off*** weg-, her'unterreißen; **6.** *Am. sl. Kind* rauben; **7.** *Gewichtheben*: reißen; **II** *v/i.* **8.** **~ *at*** schnappen *od.* greifen *od.* haschen nach: **~ *at the offer*** *fig.* mit beiden Händen zugreifen; **III** *s.* **9.** Schnappen *n*, schneller Griff: ***make a ~ at*** → 8; **10.** *fig.* (kurzer) Augenblick: ***~es of sleep***; **11.** *pl.* Bruchstücke *pl.*, ‚Brocken' *pl.*, Aufgeschnappte(s) *n*: ***~es of conversation*** Gesprächsfetzen *pl.*; ***by*** (*od.* ***in***) ***~es*** a) hastig, ruckweise, b) ab und zu; **12.** *Am.* V a) ‚Möse' *f*, b) ‚Nummer' *f* (*Koitus*); '**snatch·y** [-tʃɪ] *adj.* □ abgehackt, ruckweise, spo'radisch.

snaz·zy ['snæzɪ] *adj.* F ‚todschick'.

sneak [sni:k] **I** *v/i.* **1.** (sich *wohin*) schleichen: **~ *about*** herumschleichen, -schnüffeln; **~ *out of*** *fig.* sich von *et.* drücken, sich aus *e-r Sache* herauswinden; **2.** *ped. Brit. sl.* ‚petzen': **~ *on s.o.*** j-n verpetzen; **II** *v/t.* **3.** *et.* (heimlich) *wohin* schmuggeln; **4.** *sl.* ‚sti'bitzen'; **III** *s.* **5.** *contp.* ‚Leisetreter' *m*, Kriecher *m*; **6.** *Brit.* F ‚Petze' *f*; **~ at·tack** *s.* ⚔ Über'raschungsangriff *m*.

sneak·ers ['sni:kəz] *s. pl. bsd. Am.* leichte Turnschuhe *pl.*; '**sneak·ing** [-kɪŋ] *adj.* □ **1.** verstohlen; **2.** 'hinterlistig, gemein; **3.** *fig.* heimlich, leise (*Verdacht etc.*).

sneak| pre·view *s. Am.* F *inoffizielle erste Vorführung e-s neuen Films*; **~ thief** *s.* [*irr.*] Einsteig- *od.* Gelegenheitsdieb *m*.

sneak·y ['sni:kɪ] → ***sneaking***.

sneer [snɪə] **I** *v/i.* **1.** höhnisch grinsen, ‚feixen' (***at*** über *acc.*); **2.** spötteln (***at*** über *acc.*); **II** *v/t.* **3.** *et.* höhnen(d äußern); **III** *s.* **4.** Hohnlächeln *n*; **5.** Hohn *m*, Spott *m*, höhnische Bemerkung; '**sneer·er** [-ərə] *s.* Spötter *m*, ‚Feixer' *m*; '**sneer·ing** [-ərɪŋ] *adj.* □ höhnisch, spöttisch, ‚feixend'.

sneeze [sni:z] **I** *v/i.* niesen: ***not to be ~d at*** F nicht zu verachten(d); **II** *s.* Niesen *n*; '**~·wort** *s.* ⚘ Sumpfgarbe *f*.

snick [snɪk] **I** *v/t.* (ein)kerben; **II** *s.* Kerbe *f*.

snick·er ['snɪkə] **I** *v/i.* **1.** kichern; **2.** wiehern; **II** *v/t.* **3.** F *et.* kichern; **III** *s.* **4.** Kichern *n*; **,~'snee** [-'sni:] *s. humor.* ‚Dolch' *m* (*Messer*).

snide [snaɪd] *adj.* abfällig, höhnisch.

sniff [snɪf] **I** *v/i.* **1.** schniefen; **2.** schnüffeln (***at*** an *dat.*); **3.** *fig.* die Nase rümpfen (***at*** über *acc.*); **II** *v/t.* **4.** *a.* **~ *in*** (*od.* ***up***) durch die Nase einziehen; **5.** schnuppern an (*dat.*); **6.** riechen (*a. fig. wittern*); **III** *s.* **7.** Schnüffeln *n*; **8.** kurzer Atemzug; **9.** Naserümpfen *n*.

snif·fle ['snɪfl] *Am.* **I** *v/i.* **1.** schniefen; **2.** greinen, heulen; **II** *s.* **3.** Schnüffeln *n*; **4.** ***the ~s*** *pl.* F Schnupfen *m*.

sniff·y ['snɪfɪ] *adj.* □ F **1.** naserümpfend, hochnäsig, verächtlich; **2.** muffig.

snif·ter ['snɪftə] *s.* **1.** Schnäps-chen *n*, ‚Gläs-chen' *n*; **2.** *Am.* Kognakschwenker *m*.

snift·ing valve ['snɪftɪŋ] *s.* ⚙ 'Schnüffelven,til *n*.

snig·ger ['snɪgə] → ***snicker***.

snip [snɪp] **I** *v/t.* **1.** schnippeln, schnipseln, schneiden; **2.** *Fahrkarte* knipsen; **II** *s.* **3.** Schnitt *m*: ***have the ~*** F sich sterilisieren lassen; **4.** Schnippel *m*, Schnipsel *m, n*; **5.** *Brit.* F a) todsichere Sache, b) günstige (Kauf)Gelegenheit, Schnäppchen *n*: ***it's a ~ at £200*** für 200 Pfund ist das (aber) günstig; **6.** *Am.* F (frecher) Knirps.

snipe [snaɪp] **I** *s.* **1.** *orn.* Schnepfe *f*; **II** *v/i.* **2.** *hunt.* Schnepfen jagen *od.* schießen; **3.** ⚔ aus dem 'Hinterhalt schießen (***at*** auf *acc.*); **III** *v/t.* **4.** ⚔ abschießen, ‚wegputzen'; '**snip·er** [-pə] *s.* **1.** ⚔ Scharf-, Heckenschütze *m*: ***~scope*** ⚔ Infrarotvisier *n*; **2.** Todesschütze *m*, Killer *m*.

snip·pet ['snɪpɪt] *s.* **1.** (Pa'pier)Schnipsel *m, n*; **2.** *pl. fig.* Bruchstücke *pl.*, ‚Brocken' *pl.*

snitch [snɪtʃ] *sl.* **I** *v/t.* ‚klauen', sti'bitzen; **II** *v/i.* **~ *on*** *j-n* ‚verpfeifen'.

sniv·el ['snɪvl] **I** *v/i.* **1.** schniefen; **2.** greinen, plärren; **3.** wehleidig tun; **II** *v/t.* **4.** *et.* (her'aus)schluchzen; **III** *s.* **5.** Greinen *n*, Plärren *n*; **6.** wehleidiges Getue; '**sniv·el·(l)er** [-lə] *s.* ‚Heulsuse' *f*; '**sniv·el·(l)ing** [-lɪŋ] **I** *adj.* **1.** triefnasig; **2.** wehleidig; **II** *s.* **3.** → ***snivel*** 5 *u.* 6.

snob [snɒb] *s.* Snob *m*: **~ *appeal*** Snob-Appeal *m*; '**snob·ber·y** [-bərɪ] *s.* Sno'bismus *m*; '**snob·bish** [-bɪʃ] *adj.* □ sno'bistisch, versnobt.

snog [snɒg] *v/i.* F knutschen.

snook [snu:k] *s.*: ***cock a ~ at*** *j-m* e-e lange Nase machen, *fig. j-n* auslachen.

snook·er ['snu:kə] *s. a.* **~ *pool*** *Billard*: Snooker Pool *m*; '**snook·ered** [-əd] *adj.* F ‚to'tal erledigt'.

snoop [snu:p] *bsd. Am.* F **I** *v/i.* **1.** *a.* **~ *around*** her'umschnüffeln; **II** *s.* **2.** Schnüffe'lei *f*; **3.** → '**snoop·er** [-pə] ‚Schnüffler' *m*; '**snoop·y** [-pɪ] *adj.* F schnüffelnd, neugierig.

snoot [snu:t] *s. Am.* F **1.** ‚Schnauze' *f* (*Nase, Gesicht*); **2.** Gri'masse *f*, ‚Schnute' *f*; '**snoot·y** [-tɪ] *adj. Am.* F ‚großkotzig', hochnäsig, patzig.

snooze [snu:z] **I** *v/i.* **1.** ein Nickerchen machen; **2.** dösen; **II** *v/t.* **3.** **~ *away*** *Zeit* vertrödeln; **III** *s.* **4.** Nickerchen *n*: ***have a ~*** → 1.

snore [snɔ:] **I** *v/i.* schnarchen; **II** *s.* Schnarchen *n*; **snor·er** ['snɔ:rə] *s.* Schnarcher *m*.

snor·kel ['snɔ:kl] **I** *s.* ⚓, ⚔ *etc.* Schnorchel *m*; **II** *v/i.* schnorcheln.

snort [snɔ:t] **I** *v/i.* (*a.* wütend *od.* verächtlich) schnauben; prusten; **II** *v/t.* *a.* **~ *out*** *Worte* (wütend) schnauben; **III** *s.* Schnauben *n*; Prusten *n*; '**snort·er** [-tə] *s.* F **1.** heftiger Sturm; **2.** Mordsding *n*; **3.** Mordskerl *m*.

snot [snɒt] *s.* **1.** Rotz *m*; **2.** ‚Schwein' *n*; '**snot·ty** [-tɪ] *adj.* □ **1.** V rotzig, Rotz...; **2.** F ‚dreckig', gemein; **3.** *Am. sl.* patzig.

snout [snaʊt] *s.* **1.** *zo.* Schnauze *f* (*a.* F *fig. Nase, Gesicht*); **2.** ‚Schnauze' *f*, Vorderteil *n* (*Auto etc.*); **3.** ⚙ Schnabel *m*, Tülle *f*.

snow [snəʊ] **I** *s.* **1.** Schnee *m* (*a.* ☂ *u. Küche*; *a. TV*); **2.** Schneefall *m*; **3.** *pl.* Schneemassen *pl.*; **4.** *sl.* ‚Snow' *m*, ‚Schnee' *m* (*Kokain, Heroin*); **II** *v/i.* **5.** schneien: **~ *in*** hereinschneien (*a. fig.*); ***~ed in*** (*od.* ***up***, ***under***) eingeschneit; ***be ~ed under*** *fig.* a) *mit Arbeit etc.* überhäuft sein, *von Sorgen etc.* erdrückt werden, b) *pol. Am. in e-r Wahl* vernichtend geschlagen werden; **6.** *fig.* regnen, hageln; **III** *v/t.* **7.** her'unterrieseln lassen; '**~·ball** **I** *s.* **1.** Schneeball *m* (*a.* ⚘): **~ *fight*** Schneeballschlacht *f*; **2.** *fig.* La'wine *f*: **~ *system*** Schneeballsystem *n*; **3.** *Getränk aus Eierlikör u. Zitronenlimonade*; **II** *v/t.* **4.** Schneebälle werfen auf; **III** *v/i.* **5.** sich mit Schneebällen bewerfen; **6.** *fig.* la'winenartig anwachsen; '**~·bank** *s.* Schneewehe *f*; '**~·bird** *s.* **1.** → ***snow bunting***; **2.** *sl.* ‚Kokser' *m*, Koka'inschnupfer *m*; '**~-blind** *adj.* schneeblind; '**~,blow·er** *s.* Schneefräse *f*; '**~·board** **I** *s.* Snowboard *n*; **II** *v/i.* snowboarden; '**~,board·er** *s.* Snowboard(fahr)er(in); '**~,board·ing** *s.* Snowboarden *n*, Snowboardfahren *n*; '**~·bound** *adj.* eingeschneit, durch Schnee(massen) abgeschnitten; **~ bun·ny** *s.* F ‚Skihaserl' *n*; **~ bun·ting** *s. orn.* Schneeammer *f*; '**~·cap** *s. orn. ein* Kolibri *m*; '**~-capped** *adj.* schneebedeckt; '**~·drift** *s.* Schneewehe *f*; '**~·drop** *s.* ⚘ Schneeglöckchen *n*; '**~·fall** *s.* Schneefall *m*, -menge *f*; '**~·field** *s.* Schneefeld *n*; '**~·flake** *s.* Schneeflocke *f*; **~ gog·gles** *s. pl.* Schneebrille *f*; **~ line** *s.* Schneegrenze *f*; '**~·man** *s.* [*irr.*] Schneemann *m*: ***Abominable*** ♀ Schneemensch *m*, *der Yeti*; '**~·mo,bile** [-məʊ,bi:l] *s.* 'Schneemo,bil *n*; '**~·plough**, *Am.* '**~·plow** *s.* Schneepflug *m* (*a. beim Skifahren*); '**~·shoe** **I** *s.* Schneeschuh *m*; **II** *v/i.* auf Schneeschuhen gehen; '**~·slide**, '**~·slip** *s.* Schneerutsch *m*; '**~·storm** *s.* Schneesturm *m*; **~ tire** (*Brit.* **tyre**) *s. mot.* Winterreifen *m*;

S

ˌ**~-'white** *adj.* schneeweiß; ♀ **White** *npr.* Schnee'wittchen *n.*

snow·y ['snəʊɪ] *adj.* □ **1.** schneeig, Schnee...: **~ *weather*;** **2.** schneebedeckt, Schnee...; **3.** schneeweiß.

snub¹ [snʌb] **I** *v/t.* **1.** *j-n* brüskieren, vor den Kopf stoßen; **2.** *j-n* kurz abfertigen; **3.** *j-m* über den Mund fahren; **II** *s.* **4.** Brüskierung *f.*

snub² [snʌb] *adj.* stumpf: **~ *nose*** Stupsnase *f*; '**~-nosed** *adj.* stupsnasig.

snuff¹ [snʌf] **I** *v/t.* **1.** *a.* **~ *up*** durch die Nase einziehen; **2.** beschnüffeln; **II** *v/i.* **3.** schnüffeln (***at*** an *dat.*); **4.** (Schnupftabak) schnupfen; **III** *s.* **5.** Atemzug *m*, Einziehen *n*; **6.** Schnupftabak *m*, Prise *f*: ***take* ~** schnupfen; ***be up to* ~** F a) ‚schwer auf Draht sein', b) (toll) in Form sein; ***give s.o.* ~** F j-m ‚Saures geben'.

snuff² [snʌf] **I** *s.* **1.** Schnuppe *f e-r Kerze*; **II** *v/t.* **2.** *Kerze* putzen; **3. ~ *out*** auslöschen (*a. fig.*); *fig.* ersticken, vernichten; **4. ~ *it*** *Brit.* F ‚abkratzen' (*sterben*).

'**snuff|·box** *s.* Schnupftabaksdose *f*; '**~-ˌcol·o(u)red** *adj.* gelbbraun, tabakfarben.

snuf·fle ['snʌfl] **I** *v/i.* **1.** schnüffeln, schnuppern; **2.** schniefen; **3.** näseln; **II** *v/t.* **4.** *mst* **~ *out*** *et.* näseln; **III** *s.* **5.** Schnüffeln *n*; **6.** Näseln; **7. *the* ~*s*** *pl.* Schnupfen *m.*

'**snuff|-ˌtak·er** *s.* Schnupfer(in); '**~-ˌtak·ing** *s.* (Tabak)Schnupfen *n.*

snug [snʌg] **I** *adj.* □ **1.** gemütlich, behaglich, traulich; **2.** geborgen, gut versorgt: ***as* ~ *as a bug in a rug*** F wie die Made im Speck; **3.** angenehm; **4.** auskömmlich, ‚hübsch' (*Einkommen etc.*); **5.** kom'pakt; **6.** ordentlich; **7.** eng anliegend (*Kleid*): **~ *fit*** a) guter Sitz, b) ⚙ Passsitz *m*; **8.** ⚓ schmuck, seetüchtig (*Schiff*); **9.** verborgen: ***keep s.th.* ~** et. geheim halten; ***lie* ~** sich verborgen halten; **II** *v/i.* **10.** → ***snuggle*** I; **III** *v/t.* **11.** *oft* **~ *down*** gemütlich *od.* bequem machen; **12.** *mst* **~ *down*** ⚓ *Schiff* auf Sturm vorbereiten; '**snug·ger·y** [-gərɪ] *s.* **1.** behagliche Bude, warmes Nest (*Zimmer etc.*); **2.** kleines Nebenzimmer; '**snug·gle** [-gl] **I** *v/i.* sich schmiegen *od.* kuscheln ([***up***] ***in*** in *e-e Decke*, ***up to*** an *acc.*): **~ *down*** (***in bed***) sich ins Bett kuscheln; **II** *v/t.* an sich schmiegen, (lieb)'kosen.

so [səʊ] **I** *adv.* **1.** (*mst vor adj. u. adv.*) so, dermaßen: ***I was* ~ *surprised*; *not* ~ ... *as*** nicht so ... wie; **~ *great a man*** ein so großer Mann; → ***far*** 3, ***much*** *Redew.*; **2.** (*mst exklamatorisch*) (ja) so, 'überaus: ***I am* ~ *glad!***; **3.** so, in dieser Weise: ***and* ~ *on*** (*od.* ***forth***) und so weiter; ***is that* ~?** wirklich?; **~ *as to*** sodass, um zu; **~ *that*** sodass; ***or* ~** etwa, oder so; **~ *saying*** mit *od.* bei diesen Worten; → ***if*** 1; **4.** (*als Ersatz für ein Prädikativum od. e-n Satz*) a) es, das: ***I hope* ~** ich hoffe (es); ***I have never said* ~** das habe ich nie behauptet, b) auch: ***you are tired,* ~ *am I*** du bist müde, ich (bin es) auch, c) allerdings, ja: ***are you tired?* ~ *I am*** bist du müde? ja *od.* allerdings; ***I am stupid!* ~ *you are*** ich bin dumm! allerdings (das bist du); **~ *what?*** F na und?; **5.** so ..., dass: ***it was* ~ *hot I took my coat off*;** **II** *cj.* **6.** daher, folglich, also, und so: ***it was necessary* ~ *we did it*** es war nötig, und so taten wir es (denn); **~ *you came after all!*** du bist also doch (noch) gekommen!

soak [səʊk] **I** *v/i.* **1.** sich voll saugen, durch'tränkt werden: **~*ing wet*** tropfnass; **2.** ('durch)sickern; **3.** *fig.* langsam *ins Bewusstsein* einsickern *od.* -dringen; **4.** *sl.* ‚saufen'; **II** *v/t.* **5.** *et.* einweichen; **6.** durch'tränken, -'nässen, -'feuchten; ⚙ *a.* imprägnieren (***in*** mit); **7. ~ *o.s. in*** *fig.* sich ganz versenken in; **8. ~ *in*** einsaugen: **~ *up*** a) aufsaugen, b) *fig. Wissen etc.* in sich aufnehmen; **9.** *sl. et.* ‚saufen'; **10.** *sl. j-n* ‚schröpfen'; **11.** *sl. j-n* verdreschen; **III** *s.* **12.** Einweichen *n*, Durch'tränken *n*; ⚙ Imprägnieren *n*; **13.** *sl.* a) Säufer *m*, b) Saufe'rei *f*; **14.** F Regenguss *m*, ‚Dusche' *f*; '**soak·age** [-kɪdʒ] *s.* **1.** 'Durchsickern *n*; **2.** 'durchgesickerte Flüssigkeit, Sickerwasser *n*; '**soak·er** [-kə] → ***soak*** 14.

'**so-and-so** ['səʊənsəʊ] *pl.* **-sos** *s.* **1.** (Herr *etc.*) Soundso: ***Mr.* ~**; **2.** F ‚(blöder) Hund'.

soap [səʊp] **I** *s.* Seife *f* (*a.* 🧪): ***no* ~!** *Am.* F nichts zu machen!; **II** *v/t.* *a.* **~ *down*** a) (ein-, ab)seifen, b) → ***soft-soap***; '**~·box I** *s.* **1.** 'Seifenkiste *f*, -karˌton *m*; **2.** ‚Seifenkiste' *f* (*improvisierte Rednerbühne od. Fahrzeug*); **II** *adj.* **3.** Seifenkisten...: **~ *derby*** Seifenkistenrennen *n*; **~ *orator*** Straßenredner *m*; **~ bub·ble** *s.* Seifenblase *f* (*a. fig.*); **~ dish** *s.* Seifenschale *f*; **~ op·er·a** *s. Radio, TV*: ‚Seifenoper' *f* (*rührselige Serie*); '**~·stone** *s. min.* Seifen-, Speckstein *m*; '**~·suds** *s. pl.* Seifenlauge *f*, -wasser *n*; '**~·works** *s. pl. oft sg. konstr.* Seifensiede'rei *f.*

soap·y ['səʊpɪ] *adj.* □ **1.** seifig, Seifen...; **2.** *fig.* ölig, schmeichlerisch.

soar [sɔː] *v/i.* **1.** (hoch) aufsteigen, sich erheben (*Vogel, Berge etc.*); **2.** in großer Höhe schweben; **3.** ✈ segelfliegen, segeln; **4.** *fig.* sich em'porschwingen (*Geist*): **~*ing thoughts*** hochfliegende Gedanken; **5.** ✝ in die Höhe schnellen (*Preise*); **soar·ing** ['sɔːrɪŋ] **I** *adj.* □ **1.** hochfliegend (*a. fig.*); **2.** *fig.* em'porstrebend; **II** *s.* **3.** ✈ Segeln *n.*

sob [sɒb] **I** *v/i.* schluchzen; **II** *v/t.* *a* **~ *out*** *Worte* (her'aus)schluchzen; **III** *s.* Schluchzen *n*; schluchzender Laut: **~ *sister*** *sl.* a) Briefkastenonkel *m*, -tante *f* (*Frauenzeitschrift*), b) Verfasser(in) rührseliger Romane *etc.*; **~ *stuff*** *sl.* rührseliges Zeug, Schnulze(n *pl.*) *f.*

so·ber ['səʊbə] **I** *adj.* □ **1.** nüchtern: a) nicht betrunken, b) *fig.* sachlich: **~ *facts*** nüchterne Tatsachen; ***in* ~ *fact*** nüchtern betrachtet, c) unauffällig, gedeckt (*Farbe etc.*); **2.** mäßig; **II** *v/t.* **3.** *oft* **~ *up*** ernüchtern; **III** *v/i.* **4.** *oft* **~ *down*** *od.* ***up*** a) (wieder) nüchtern werden, b) *fig.* vernünftig werden; ˌ**~-'mind·ed** *adj.* besonnen, nüchtern; '**~·sides** *s.* fader Kerl, ‚Trauerkloß' *m*, Spießer *m.*

so·bri·e·ty [səʊ'braɪətɪ] *s.* **1.** Nüchternheit *f* (*a. fig.*); **2.** Mäßigkeit *f*; **3.** Ernst (-haftigkeit *f*) *m.*

so·bri·quet ['səʊbrɪkeɪ] (*Fr.*) *s.* Spitzname *m.*

soc·age ['sɒkɪdʒ] *s.* ⚖ *hist.* **1.** Lehensleistung *f* (*ohne Ritter- u. Heeresdienst*); **2.** Frongut *n.*

ˌ**so-'called** [ˌsəʊ-] *adj.* so genannt (*a. angeblich*).

soc·cage ['sɒkɪdʒ] → ***socage***.

soc·cer ['sɒkə] **I** *s. sport* Fußball *m* (*Spiel*); **II** *adj.* Fußball...: **~ *team*;** **~ *ball*** Fußball *m.*

so·cia·bil·i·ty [ˌsəʊʃə'bɪlətɪ] *s.* Geselligkeit *f*, 'Umgänglichkeit *f*; **so·cia·ble** ['səʊʃəbl] **I** *adj.* □ **1.** gesellig (*a. zo. etc.*), 'umgänglich, freundlich; **2.** gesellig, gemütlich, ungezwungen: **~ *evening***; **II** *s.* **3.** Kremser *m* (*Kutschwagen*); **4.** Zweisitzer *m* (*Dreirad etc.*); **5.** Plaudersofa *n*; **6.** *bsd. Am.* → ***social*** 7.

so·cial ['səʊʃl] **I** *adj.* □ **1.** *zo. etc.* gesellig; **2.** gesellschaftlich, Gesellschafts..., sozi'al, Sozial...: **~ *action*** Bürgerinitiative *f*; **~ *climber*** *contp.* gesellschaftlicher ‚Aufsteiger'; **~ *contract*** *hist.* Gesellschaftsvertrag *m*; **~ *criticism*** Sozialkritik *f*; **~ *engineering*** angewandte Sozialwissenschaft; **~ *evil*** *die* Prostitution; **~ *order*** Gesellschaftsordnung *f*; **~ *rank*** gesellschaftlicher Rang, soziale Stellung; **~ *register*** Prominentenliste *f*; **~ *science*** Sozialwissenschaft *f*; **3.** sozi'al, Sozial...: **~ *insurance*** Sozialversicherung *f*; **~ *insurance contribution*** Sozialversicherungsbeitrag *m*; **~ *partner*** Sozialpartner *m* (*bsd. bei Tarifverhandlungen*); **~ *policy*** Sozialpolitik *f*; **~ *security*** a) soziale Sicherheit, b) Sozialversicherung *f*, c) Sozialhilfe *f*; ***be on* ~ *security*** Sozialhilfe beziehen; **~ *services*** a) Sozialeinrichtungen, b) staatliche Sozialleistungen; **~ *spending*** Sozialausgaben *pl.*; **~ *studies*** Gemeinschaftskunde *f*; **~ *work*** Sozialarbeit *f*; **~ *worker*** Sozialarbeiter(in); **4.** *pol.* Sozial...: ♀ ***Democrat*** Sozialdemokrat(in); **5.** gesellschaftlich, gesellig: **~ *activities*** gesellschaftliche Veranstaltungen; **6.** → ***sociable*** 1; **II** *s.* **7.** geselliges Bei'sammensein; '**so·cial·ism** [-ʃəlɪzəm] *s. pol.* Sozia'lismus *m*; '**so·cial·ist** [-ʃəlɪst] **I** *s.* Sozia'list(in); **II** *adj. a.* **so·cial·is·tic** [ˌsəʊʃə'lɪstɪk] *adj.* (□ **~*ally***) sozia'listisch; '**so·cial·ite** [-ʃəlaɪt] *s. Am.* F Angehörige(r *m*) *f* der oberen Zehn'tausend, Promi'nente(r *m*) *f.*

so·cial·i·za·tion [ˌsəʊʃəlaɪ'zeɪʃn] *s.* **1.** *pol.*, ✝ Sozialisierung *f*; **2.** *sociol. ped.* Sozialisation *f*; **so·cial·ize** ['səʊʃəlaɪz] **I** *v/i.* **1.** unter die Leute gehen; **2.** (***with***) a) Umgang haben *od.* zs.-sein (mit), b) sich unterhalten (mit); **II** *v/t.* **3.** *pol.*, ✝ sozialisieren, verstaatlichen, vergesellschaften; **4.** *sociol. ped.* sozialisieren.

so·ci·e·ty [sə'saɪətɪ] *s. allg.* Gesellschaft *f*: a) Gemeinschaft *f*: ***human* ~**, b) Kul'turkreis *m*, c) (*die große od.* ele'gante) Welt: **~ *lady*** Dame *f* der großen Gesellschaft; ***not fit for good* ~** nicht salon- *od.* gesellschaftsfähig, d) (gesellschaftlicher) 'Umgang, e) Anwesenheit *f*, f) Verein(igung *f*) *m*: ♀ ***of Friends*** Gesellschaft der Freunde (*die Quäker*); ♀ ***of Jesus*** Gesellschaft Jesu.

socio- [səʊsjəʊ] *in Zssgn* a) Sozial..., b) sozio'logisch: **~*biology*** Soziobiologie *f*; **~*critical*** sozialkritisch; **~*political*** sozialpolitisch; **~*psychology*** Sozialpsychologie *f.*

so·ci·og·e·ny [ˌsəʊsɪ'ɒdʒənɪ] *s.* Wissenschaft *f* vom Ursprung der menschlichen Gesellschaft; **so·ci·o·gram** ['səʊsjəgræm] *s.* Sozio'gramm *n*; **so·ci·o·log·ic**, **so·ci·o·log·i·cal** [ˌsəʊsjə'lɒdʒɪk(l)] *adj.* □ sozio'logisch: **so·ci·ol·o·gist** [ˌsəʊsɪ'ɒlədʒɪst] *s.* Sozio'loge *m*; **so·ci·ol·o·gy** [ˌsəʊsɪ'ɒlədʒɪ] *s.* Soziolo'gie *f.*

sock¹ [sɒk] *s.* **1.** Socke *f*: ***pull up one's* ~*s*** *Brit.* F ‚sich am Riemen reißen', sich anstrengen; ***put a* ~ *in it!*** *Brit. sl.* hör auf!, halts Maul!; **2.** *Brit.* Einlegesohle *f.*

sock² [sɒk] *sl.* **I** *v/t.* *j-m* ‚eine knallen *od.* reinhauen': **~ *it to s.o.*** j-m ‚Bescheid stoßen', j-m ‚Saures geben'; **II** *s.* (Faust)Schlag *m*; **III** *adj. Am.* ‚toll'.

sock·et ['sɒkɪt] *s.* **1.** *anat.* a) (Augen-, Zahn)Höhle *f*, b) (Gelenk)Pfanne *f*; **2.** ⚙ Muffe *f*, Rohransatz *m*; **3.** ⚡ a) Steckdose *f*, b) Fassung *f*, c) Sockel *m* (*für Röhren etc.*), d) Anschluss *m*; **~ joint** *s.* ⚙, *anat.* Kugelgelenk *n*; **~ wrench** *s.* ⚙ Steckschlüssel *m*.

so·cle ['sɒkl] *s.* △ Sockel *m*.

sod¹ [sɒd] **I** *s.* **1.** Grasnarbe *f*: ***under the ~*** unterm Rasen (*tot*); **2.** Rasenstück *n*; **II** *v/t.* **3.** mit Rasen bedecken.

sod² [sɒd] *sl.* **I** *s.* **1.** ‚Heini' *m*, Blödmann *m*; **2.** Kerl *m*: ***the poor ~***; **II** *v/t.* **3. *~ it!*** ‚Mist!'

so·da ['səʊdə] *s.* ⚗ **1.** Soda *f*, *n*, kohlensaures Natrium: (***bicarbonate of***) **~** → ***sodium bicarbonate***; **2.** → ***sodium hydroxide***; **3.** 'Natriumo,xid *n*; **4.** Soda(wasser *n*) *f*, *n*: ***whisky and ~***; **5.** → ***soda water*** 2; **~ foun·tain** *s.* **1.** Siphon *m*; **2.** *Am.* Erfrischungshalle *f*, Eisbar *f*; **~ jerk(·er)** *s. Am.* F Verkäufer *m* in e-r Erfrischungshalle *od.* Eisbar; **~ lye** *s.* Natronlauge *f*; **~ pop** *s. Am.* ‚Limo' *f*; **~ wa·ter** *s.* **1.** Sodawasser *n*; **2.** Selters (-wasser) *n*, Sprudel *m*.

sod·den ['sɒdn] *adj.* **1.** durch'weicht, -'nässt; **2.** teigig, klitschig (*Brot etc.*); **3.** *fig.* a) ‚voll', ‚besoffen', b) blöd(e) (*vom Trinken*); **4.** aufgedunsen; **5.** *sl.* a) ‚blöd', ‚doof', b) fad.

so·di·um ['səʊdjəm] *s.* ⚗ Natrium *n*; **~ bi·car·bon·ate** *s.* 'Natriumbikarbo,nat *n*, doppeltkohlensaures Natrium; **~ car·bon·ate** *s.* Soda *f*, *n*, 'Natriumkarbo,nat *n*; **~ chlor·ide** *s.* 'Natriumchlo,rid *n*, Kochsalz *n*; **~ hy·drox·ide** *s.* 'Natriumhydro,xid *n*, Ätznatron *n*; **~ ni·trate** *s.* 'Natriumni,trat *n*.

sod·o·my ['sɒdəmɪ] *s.* **1.** A'nalverkehr *m*; **2.** O'ralverkehr *m*.

Sod's Law [sɒdz] *s. etwa*: Murphy's Gesetz *n* (*nach dem tatsächlich einmal schief geht, was schief gehen kann*).

so·ev·er [səʊ'evə] *adv.* (*mst in Zssgn wer etc.*) auch immer.

so·fa ['səʊfə] *s.* Sofa *n*; **~ bed** *s.* Bettcouch *f*.

sof·fit ['sɒfɪt] *s.* △ Laibung *f*.

soft [sɒft] **I** *adj.* □ **1.** *allg.* weich (*a. fig. Person, Charakter etc.*): ***as ~ as silk*** seidenweich; **~ *currency*** ☤ weiche Währung; **~ *prices*** ☤ nachgiebige Preise; **~ *sell*** ☤ weiche Verkaufstaktik, zurückhaltende Verkaufsstrategie; **2.** ⚙ weich, *bsd.* a) ungehärtet (*Eisen*), b) schmiedbar (*Metall*), c) enthärtet (*Wasser*): **~ *coal*** ⚒ Weichkohle *f*; **~ *solder*** Weichlot *n*; **3.** *fig.* weich, sanft (*Augen, Worte etc.*); → ***spot*** 5; **4.** mild, sanft (*Klima, Regen, Schlaf, Wind, a. Strafe etc.*): ***be ~ with*** sanft umgehen mit *j-m*; **5.** leise, sacht (*Bewegung, Geräusch, Rede*); **6.** sanft, gedämpft (*Licht, Farbe, Musik*); **7.** schwach, verschwommen: **~ *outlines***; **~ *negative*** *phot.* weiches Negativ; **8.** mild, lieblich (*Wein*); **9.** *Brit.* schwül, feucht, regnerisch; **10.** höflich, ruhig, gewinnend; **11.** zart, zärtlich, verliebt: **~ *nothings*** zärtliche Worte; → ***sex*** 2; **12.** schlaff (*Muskeln*); **13.** *fig.* verweichlicht, schlapp; **14.** angenehm, leicht, ‚gemütlich': **~ *job***; ***a ~ thing*** e-e ruhige Sache, e-e ‚Masche' (*einträgliches Geschäft*); **15.** *a.* **~ *in the head*** F ‚leicht bescheuert', ‚doof'; **16.** a) alkoholfrei: **~ *drinks***, b) weich: **~ *drug*** Soft Drug *f*, weiche Droge; **II** *adv.* **17.** sanft, leise; **III** *s.* **18.** F Trottel *m*; **'~·ball** *s. Am. sport Form des Baseball mit weicherem Ball u. kleinerem Feld*; **'~-·boiled** *adj.* **1.** weich (gekocht) (*Ei*); **2.** F weichherzig; **'~-,cen·tred** *adj. Brit.* mit Cremefüllung.

sof·ten ['sɒfn] **I** *v/t.* **1.** weich machen; ⚙ *Wasser* enthärten; **2.** *Ton, Farbe* dämpfen; **3.** *a.* **~ *up*** ⚔ a) *Gegner* zermürben, b) *Festung etc.* sturmreif schießen; **4.** *fig.* mildern; *j-n* erweichen; *j-s Herz* rühren; *contp. j-n* ‚kleinkriegen'; **5.** *fig.* verweichlichen; **II** *v/i.* **6.** weich(er) werden, sich erweichen; **'sof·ten·er** [-nə] *s.* ⚙ **1.** Enthärtungsmittel *n*; **2.** Weichmacher *m* (*bei Kunststoff, Öl etc.*); **'sof·ten·ing** [-nɪŋ] *s.* **1.** Erweichen *n*: **~ *of the brain*** ⚕ Gehirnerweichung *f*; **~ *point*** ⚙ Erweichungspunkt *m*; **2.** *fig.* Besänftigung *f*.

soft| goods *s. pl.* Tex'tilien *pl.*; **~ hail** *s.* Eisregen *m*; **'~·head** *s.* Schwachkopf *m*; **,~'heart·ed** *adj.* weichherzig; **,~-'land** *v/t. u. v/i.* weich landen.

soft·ness ['sɒftnɪs] *s.* **1.** Weichheit *f*; **2.** Sanftheit *f*; **3.** Milde *f*; **4.** Zartheit *f*; **5.** *contp.* Weichlichkeit *f*.

soft| ped·al *s.* ♪ (Pi'ano)Pe,dal *n*; **,~-'ped·al** *v/t.* **1.** (*a. v/i.*) mit dem Pi'anope,dal spielen; **2.** F *et.* ‚her'unterspielen'; **~ re·turn** *s. Computer*: ‚weiche' Zeilenschaltung (*in Textverarbeitung*); **~ sci·ence** *s. Ggs. exakte Wissenschaft, z. B. Soziologie, Psychologie etc.*; **~ soap** *s.* **1.** Schmierseife *f*; **2.** *sl.* ‚Schmus' *m*, Schmeiche'lei(en *pl.*) *f*; **,~-'soap** *v/t. sl. j-m* ‚um den Bart gehen', *j-m* Honig ums Maul schmieren; **,~-'sol·der** *v/t.* ⚙ weichlöten; **'~-,spo·ken** *adj.* **1.** leise sprechend; **2.** *fig.* gewinnend, freundlich; **~ top** *s. mot.* Kabrio *n*, Kabrio'lett *n*; **~ toy** *s.* Stofftier *n*; **'~·ware** *s. Computer*: Software *f*: **~ *package*** Softwarepaket *n*; **~ *company*** (*od.* ***provider***) Softwareanbieter *m*; **'~·wood** *s.* **1.** Weichholz *n*; **2.** Nadelbaumholz *n*; **3.** Baum *m* mit weichem Holz.

soft·y ['sɒftɪ] *s.* F **1.** ‚Softie' *m*; **2.** ‚Schlappschwanz' *m*.

sog·gy ['sɒgɪ] *adj.* **1.** feucht, sumpfig (*Land*); **2.** durch'nässt, -'weicht; **3.** klitschig (*Brot etc.*); **4.** F ‚doof'.

soi-di·sant [,swɑːdiː'zɑ̃ːŋ] (*Fr.*) *adj.* angeblich, so genannt.

soil¹ [sɔɪl] **I** *v/t.* **1.** a) schmutzig machen, verunreinigen, b) *bsd. fig.* besudeln, beflecken, beschmutzen; **II** *v/i.* **2.** schmutzig werden, *leicht etc.* schmutzen; **III** *s.* **3.** Verschmutzung *f*; **4.** Schmutzfleck *m*; **5.** Schmutz *m*; **6.** Dung *m*.

soil² [sɔɪl] *s.* **1.** (Erd)Boden *m*, Erde *f*, (Acker)Krume *f*, Grund *m*; **2.** *fig.* (Heimat)Erde *f*, Land *n*: ***on British ~*** auf britischem Boden; ***one's native ~*** die heimatliche Erde.

soil³ [sɔɪl] *v/t.* ✓ mit Grünfutter füttern; **'soil·age** [-lɪdʒ] *s.* ✓ Grünfutter *n*.

soil pipe *s.* ⚙ Abflussrohr *n*.

soi·rée ['swɑːreɪ] (*Fr.*) *s.* Soi'ree *f*, Abendgesellschaft *f*.

so·journ ['sɒdʒɜːn] **I** *v/i.* sich (vor'übergehend) aufhalten, (ver)weilen (***in*** in *od.* an *dat.*, ***with*** bei); **II** *s.* (vor'übergehender) Aufenthalt; **'so·journ·er** [-nə] *s.* Gast *m*, Besucher(in).

soke [səʊk] *s.* ⚖ *hist. Brit.* Gerichtsbarkeit(sbezirk *m*) *f*.

sol·ace ['sɒləs] **I** *s.* Trost *m*: ***she found ~ in religion***; **II** *v/t.* trösten.

so·la·num [səʊ'leɪnəm] *s.* ⚘ Nachtschatten *m*.

so·lar ['səʊlə] *adj.* **1.** *ast.* Sonnen...(*-system, -tag, -zeit etc.*), Solar...: **~ *eclipse*** Sonnenfinsternis *f*; **~ *plexus*** *anat.* Solarplexus *m*, F Magengrube *f*; **2.** ⚙ a) Sonnen...: **~ *cell*** (***energy*** *etc.*); **~ *collector*** *od.* ***panel*** Sonnenkollektor *m*, b) durch 'Sonnenener,gie angetrieben: **~ *power station*** Sonnen-, Solarkraftwerk *n*.

so·lar·i·um [səʊ'leərɪəm] *pl.* **-i·a** [-ɪə], **-i·ums** *s. allg.* So'larium *n*, ⚕ *a.* Sonnenliegehalle *f*.

so·lar·ize ['səʊləraɪz] *v/t.* **1.** ⚕ *j-n* mit Lichtbädern behandeln; **2.** ⚙ *Haus* auf 'Sonnenener,gie 'umstellen; **3.** *phot.* solarisieren (*a. v/i.*).

sold [səʊld] *pret. u. p.p. von* ***sell***.

sol·der ['sɒldə] **I** *s.* **1.** ⚙ Lot *n*, 'Lötme,tall *n*; **II** *v/t.* **2.** (ver)löten: **~*ed joint*** Lötstelle *f*; **~*ing iron*** Lötkolben *m*; **3.** *fig.* zs.-schweißen; **III** *v/i.* **4.** löten.

sol·dier ['səʊldʒə] **I** *s.* **1.** Sol'dat *m* (*a. engS. Feldherr*): **~ *of Christ*** Streiter *m* Christi; **~ *of fortune*** Glücksritter *m*; ***old ~*** a) F ‚alter Hase', b) *sl.* leere Flasche; **2.** ⚔ (einfacher) Sol'dat, Schütze *m*, Mann *m*; **3.** *fig.* Kämpfer *m*; **4.** *zo.* Krieger *m*, Sol'dat *m* (*bei Ameisen etc.*); **II** *v/i.* **5.** (als Sol'dat) dienen: ***go ~ing*** Soldat werden; **6. ~ *on*** *fig.* (unbeirrt) weitermachen; **'sol·dier·ly** [-lɪ] *adj.* **1.** sol'datisch; **2.** Soldaten...; **'sol·dier·y** [-ərɪ] *s.* **1.** Mili'tär *n*; **2.** Sol'daten *pl.*, *contp.* Solda'teska *f*.

sole¹ [səʊl] **I** *s.* **1.** (Fuß- *od.* Schuh)Sohle *f*: **~ *leather*** Sohlleder *n*; **2.** Bodenfläche *f*, Sohle *f*; **II** *v/t.* **3.** besohlen.

sole² [səʊl] *adj.* □ → ***solely***; **1.** einzig, al'leinig, Allein...: **~ *agency*** Alleinvertretung *f*; **~ *bill*** ☤ Solawechsel *m*; **~ *heir*** Allein-, Universalerbe *m*; **2.** ⚖ unverheiratet.

sole³ [səʊl] *pl.* **soles**, *coll.* **sole** *s. ichth.* Seezunge *f*.

sol·e·cism ['sɒlɪsɪzəm] *s.* Schnitzer *m*, Verstoß *m*, ‚Sünde' *f*: a) *ling.* Sprachsünde, b) Faux'pas *m*; **sol·e·cis·tic** [,sɒlɪ'sɪstɪk] *adj.* **1.** *ling.* 'unkor,rekt; **2.** ungehörig.

sole·ly ['səʊllɪ] *adv.* (einzig u.) al'lein, ausschließlich, nur.

sol·emn ['sɒləm] *adj.* □ **1.** *allg.* feierlich, ernst, so'lenn; **2.** feierlich (*Eid etc.*); ⚖ for'mell (*Vertrag*); **3.** gewichtig, ernst: ***a ~ warning***; **4.** hehr, erhaben: **~ *building***; **5.** düster; **so·lem·ni·ty** [sə'lemnətɪ] *s.* **1.** Feierlichkeit *f*, (feierlicher *od.* würdevoller) Ernst; **2.** *oft pl.* feierliches Zeremoni'ell; **3.** *bsd. eccl.* Festlich-, Feierlichkeit *f*; **'sol·em·nize** [-mnaɪz] *v/t.* **1.** feierlich begehen; **2.** *Trauung* (feierlich) voll'ziehen.

so·le·noid ['səʊlənɔɪd] *s.* ⚡, ⚙ Soleno'id *n*, Zy'linderspule *f*: **~ *brake*** Solenoidbremse *f*.

sol-fa [,sɒl'fɑː] ♪ **I** *s.* **1.** *a.* **~ *syllables*** Solmisati'onssilben *pl.*; **2.** Tonleiter *f*; **3.** Solmisati'on(sübung) *f*; **II** *v/t.* **4.** auf Solmisati'onssilben singen; **III** *v/i.* **5.** solmisieren.

so·lic·it [sə'lɪsɪt] **I** *v/t.* **1.** (dringend) bitten, angehen (***s.o.*** j-n; ***s.th.*** um et.; ***s.o. for s.th.*** *od.* ***s.th. of s.o.*** j-n um et.); **2.** sich um *ein Amt etc.* bemühen; ☤ um *Aufträge, Kundschaft* werben; **3.** *j-n* ansprechen (*Prostituierte*); **4.** ⚖ anstiften; **II** *v/i.* **5.** dringend bitten (***for*** um); **6.** ☤ Aufträge sammeln; **7.** sich anbieten (*Prostituierte*); **so·lic·i·ta·tion** [sə,lɪsɪ'teɪʃn] *s.* **1.** dringende Bitte; **2.** ☤ (Auftrags-, Kunden)Werbung *f*; **3.** Ansprechen *n* (*durch Prostituierte*); **4.** ⚖ Anstiftung *f* (**of** zu).

so·lic·i·tor [sə'lɪsɪtə] *s.* **1.** ⚖ *Brit.* So'licitor *m*, Anwalt *m* (*der nur vor niederen Gerichten plädieren darf*); **2.** *Am.* 'Rechtsrefe,rent *m e-r Stadt etc.*; **3.** *Am.* ✝ A'gent *m*, Werber *m*; **~ gen·er·al** *pl.* **so·lic·i·tors gen·er·al** *s.* **1.** ⚖ zweiter Kronanwalt (*in England*); **2.** *USA* a) stellvertretender Ju'stizmi,nister, b) oberster Ju'stizbeamter (*in einigen Staaten*).

so·lic·it·ous [sə'lɪsɪtəs] *adj.* □ **1.** besorgt (***about*** um, ***for*** um, wegen); **2.** fürsorglich; **3.** (***of***) eifrig bedacht (auf *acc.*), begierig (nach); **4.** bestrebt *od.* eifrig bemüht (***to do*** zu tun); **so'lic·i·tude** [-tju:d] *s.* **1.** Besorgtheit *f*, Sorge *f*; **2.** (über'triebener) Eifer; **3.** *pl.* Sorgen *pl.*

sol·id ['sɒlɪd] **I** *adj.* □ **1.** *allg.* fest (*Eis, Kraftstoff, Speise, Wand etc.*): ***~ body*** Festkörper *m*; ***~ lubricant*** ⚙ Starrschmiere *f*; ***~ state*** *phys.* fester (Aggregat)Zustand; ***~ waste*** Festmüll *m*; ***on ~ ground*** auf festem Boden (*a. fig.*); **2.** kräftig, sta'bil, derb, fest: ***~ build*** kräftiger Körperbau; ***~ leather*** Kernleder *n*; ***a ~ meal*** ein kräftiges Essen; ***a ~ blow*** ein harter Schlag; **3.** mas'siv (*Ggs. hohl*), Voll...(*-gummi, -reifen*); **4.** mas'siv, gediegen: ***~ gold***; **5.** *fig.* so'lid(e), gründlich: ***~ learning***; **6.** *fig.* gewichtig, triftig (*Grund etc.*), stichhaltig, handfest (*Argument etc.*); **7.** so'lid(e), gediegen, zuverlässig (*Person*); **8.** ✝ so'lid(e), gut fundiert; **9.** a) soli'darisch, b) einmütig, geschlossen (***for*** für *j-n od. et.*): ***be ~ for s.o.***; ***be ~ly behind s.o.*** geschlossen hinter j-m stehen; ***a ~ vote*** e-e einstimmige Wahl; **10.** ***be ~ (with s.o.)*** *Am.* F (mit j-m) auf gutem Fuß stehen; **11.** *Am. sl.* ‚prima', erstklassig; **12.** A a) körperlich, räumlich, b) Kubik..., Raum...: ***~ capacity***; ***~ geometry*** Stereometrie *f*; ***~ measure*** Raummaß *n*; **13.** geschlossen: ***a ~ row of buildings***; **14.** F voll, ‚geschlagen': ***a ~ hour***; **15.** F to'tal: ***booked ~*** total ausgebucht; **II** *s.* **16.** A Körper *m*; **17.** *phys.* Festkörper *m*; **18.** *pl.* feste Bestandteile *pl.*: ***the ~s of milk***.

sol·i·dar·i·ty [,sɒlɪ'dærətɪ] *s.* Solidari'tät *f*, Zs.-halt *m*, Zs.-gehörigkeitsgefühl *n*; **sol·i·dar·y** ['sɒlɪdərɪ] *adj.* soli'darisch.

'sol·id|-drawn *adj.* ⚙ gezogen: ***~ axle***; ***~ tube*** nahtlos gezogenes Rohr; **'~-hoofed** *adj. zo.* einhufig.

so·lid·i·fi·ca·tion [sə,lɪdɪfɪ'keɪʃn] *s. phys. etc.* Erstarrung *f*, Festwerden *n*; **so·lid·i·fy** [sə'lɪdɪfaɪ] **I** *v/t.* **1.** fest werden lassen; **2.** verdichten; **3.** *fig. Partei* festigen, konsolidieren; **II** *v/i.* **4.** fest werden, erstarren.

so·lid·i·ty [sə'lɪdətɪ] *s.* **1.** Festigkeit *f* (*a. fig.*); kom'pakte *od.* mas'sive Struk'tur; Dichtigkeit *f*; **2.** *fig.* Gediegenheit *f*, Zuverlässigkeit *f*, Solidi'tät *f*; ✝ Kre'ditfähigkeit *f*.

'sol·id-state chem·is·try *s.* 'Festkörperche,mie *f*.

sol·id·un·gu·late [,sɒlɪd'ʌŋgjʊleɪt] *adj. zo.* einhufig.

so·lil·o·quize [sə'lɪləkwaɪz] **I** *v/i.* Selbstgespräche führen, *bsd. thea.* monologisieren; **II** *v/t. et.* zu sich selbst sagen; **so'lil·o·quy** [-kwɪ] *s.* Selbstgespräch *n*, *bsd. thea.* Mono'log *m*.

sol·i·ped ['sɒlɪped] *zo.* **I** *s.* Einhufer *m*; **II** *adj.* einhufig.

sol·i·taire ['sɒlɪteə] *s.* **1.** Soli'tär(spiel) *n*; **2.** Pa'tience *f*; **3.** Soli'tär *m* (*einzeln gefasster Edelstein*).

sol·i·tar·y ['sɒlɪtərɪ] *adj.* □ **1.** einsam (*Leben, Spaziergang etc.*); → ***confinement*** 2; **2.** einsam, abgelegen (*Ort*); **3.** einsam, einzeln (*Baum, Reiter etc.*); **4.** ⚘, *zo.* soli'tär; **5.** *fig.* einzig: ***~ exception***; **'sol·i·tude** [-tju:d] *s.* **1.** Einsamkeit *f*; **2.** (Ein)Öde *f*.

sol·mi·za·tion [,sɒlmɪ'zeɪʃn]*s.* ♪ a) Solmisati'on *f*, b) Solmisati'onsübung *f*.

so·lo ['səʊləʊ] *pl.* **-los I** *s.* **1.** *bsd.* ♪ Solo(gesang *m*, -spiel *n*, -tanz *m etc.*) *n*; **2.** *Kartenspiele*: Solo *n*; **3.** ✈ Al'leinflug *m*; **II** *adj.* **4.** *bsd.* ♪ Solo...; **5.** Allein...: ***~ flight*** → 3; ***~ run*** *sport* Alleingang *m*; **III** *adv.* **6.** al'lein, ‚solo': ***fly ~*** e-n Alleinflug machen; **'so·lo·ist** [-əʊɪst] *s.* So'list(in).

sol·stice ['sɒlstɪs] *s. ast.* Sonnenwende *f*: ***summer ~***; **sol·sti·tial** [sɒl'stɪʃl] *adj.* Sonnenwende...: ***~ point*** Umkehrpunkt *m*.

sol·u·bil·i·ty [,sɒljʊ'bɪlətɪ] *s.* **1.** ⚗ Löslichkeit *f*; **2.** *fig.* Lösbarkeit *f*; **sol·u·ble** ['sɒljʊbl] *adj.* **1.** ⚗ löslich; **2.** *fig.* (auf-)lösbar.

so·lu·tion [sə'lu:ʃn] *s.* **1.** ⚗ a) Auflösung *f*, b) Lösung *f*: ***aqueous ~*** wässerige Lösung; ***(rubber) ~*** Gummilösung *f*; **2.** A *etc.* (Auf)Lösung *f*; **3.** *fig.* Lösung *f* (*e-s Problems etc.*); (Er)Klärung *f*.

solv·a·ble ['sɒlvəbl] → ***soluble***.

solve [sɒlv] *v/t.* **1.** *Aufgabe, Problem* lösen; **2.** lösen, (er)klären: ***~ a mystery***; ***~ a crime*** ein Verbrechen aufklären; **'sol·ven·cy** [-vənsɪ] *s.* ✝ Zahlungsfähigkeit *f*; **'sol·vent** [-vənt] **I** *adj.* **1.** ⚗ (auf)lösend; **2.** *fig.* zersetzend; **3.** *fig.* erlösend: ***the ~ power of laughter***; **4.** ✝ zahlungsfähig, sol'vent, li'quid; **II** *s.* **5.** ⚗ Lösungsmittel *n*: ***~ abuse*** Missbrauch *m* von Lösungsmitteln, F ‚Schnüffeln'; ***~ abuser*** ‚Schnüffler(in)'; **6.** *fig.* zersetzendes Ele'ment; **'sol·vent-based** *adj.* lösungsmittelhaltig; **'sol·vent-free** *adj.* lösungsmittelfrei.

so·mat·ic [səʊ'mætɪk] *adj. biol.*, ⚕ **1.** körperlich, physisch; **2.** so'matisch: ***~ cell*** Somazelle *f*.

so·ma·tol·o·gy [,səʊmə'tɒlədʒɪ] *s.* ⚕ Somatolo'gie *f*, Körperlehre *f*; **so·ma·to·psy·chic** [,səʊmətəʊ'saɪkɪk] *adj.* ⚕, *psych.* psychoso'matisch.

som·ber *Am.*, **som·bre** *Brit.* ['sɒmbə] *adj.* □ **1.** düster, trübe (*a. fig.*); **2.** dunkel(farbig); **3.** *fig.* melan'cholisch; **'som·ber·ness** *Am.*, **'som·bre·ness** *Brit.* [-nɪs] *s.* **1.** Düsterkeit *f*, Trübheit *f* (*a. fig.*); **2.** *fig.* Trübsinnigkeit *f*.

some [sʌm; səm] **I** *adj.* **1.** (*vor Substantiven*) (irgend)ein: ***~ day*** eines Tages; ***~ day (or other)***, ***~ time*** irgendwann (einmal), mal; **2.** (*vor pl.*) einige, ein paar: ***~ few*** einige wenige; **3.** manche; **4.** ziemlich (viel), beträchtlich, e-e ganze Menge; **5.** gewiss: ***to ~ extent*** in gewissem Grade, einigermaßen; **6.** etwas, ein (klein) wenig: ***~ bread*** (etwas) Brot; ***take ~ more!*** nimm noch etwas!; **7.** ungefähr, gegen: ***a village of ~ 60 houses*** ein Dorf von etwa 60 Häusern; **8.** *sl.* beachtlich, ‚ganz hübsch': ***~ race!*** das war vielleicht ein Rennen!; ***~ teacher!*** *contp.* ein ‚schöner' Lehrer (ist das)!; **II** *adv.* **9.** *bsd. Am.* etwas, ziemlich; **10.** F ‚e'norm', ‚toll'; **III** *pron.* **11.** (irgend)ein: ***~ of these days*** dieser Tage, demnächst; **12.** etwas: ***~ of it*** etwas davon; ***~ of these people*** einige dieser Leute; **13.** welche: ***will you have ~?***; **14.** *Am. sl.* dar'über hinaus, noch mehr; **15.** ***some ... some*** die einen ... die anderen.

some|·bod·y ['sʌmbədɪ] **I** *pron.* jemand, (irgend)einer; **II** *s.* e-e bedeutende Per'sönlichkeit: ***he thinks he is ~*** er bildet sich ein, er sei jemand; **'~·how** *adv.* oft ***~ or other*** **1.** irgend'wie, auf irgendeine Weise; **2.** aus irgendeinem Grund(e), ‚irgendwie': ***~ (or other) I don't trust him***; **'~·one I** *pron.* jemand, (irgend)einer: ***~ or other*** irgendeiner; **II** *s.* → ***somebody*** II; **'~·place** *adv. Am.* irgendwo('hin).

som·er·sault ['sʌməsɔ:lt] **I** *s.* a) Salto *m*, b) Purzelbaum *m* (*a. fig.*): ***turn*** *od.* ***do a ~*** → **II** *v/i.* e-n Salto machen *od.* e-n Purzelbaum schlagen.

Som·er·set House ['sʌməsɪt] *s. Verwaltungsgebäude in London mit Personenstandsregister, Notariats- u. Inlandssteuerbehörden etc.*

'some|·thing ['sʌm-] **I** *s.* **1.** (irgend)etwas, was: ***~ or other*** irgendetwas; ***a certain ~*** ein gewisses Etwas; **2.** ***~ of*** so etwas wie: ***he is ~ of a mechanic***; **3.** ***or ~*** oder so (etwas Ähnliches); **II** *adv.* **4.** ***~ like*** a) so etwas wie, so ungefähr, b) F wirklich, mal: ***that's ~ like a pudding!***; ***that's ~ like!*** das lasse ich mir gefallen!; **'~·time I** *adv.* **1.** irgend (-wann) einmal (*bsd. in der Zukunft*): ***write ~!*** schreib (ein)mal!; **2.** früher, ehemals; **II** *adj.* **3.** ehemalig, weiland (*Professor etc.*); **'~·times** *adv.* manchmal, hie und da, gelegentlich, zu'weilen; **'~·what** *adv. u. s.* etwas, ein wenig, ein bisschen: ***she was ~ puzzled***; ***~ of a shock*** ein ziemlicher Schock; **'~·where** *adv.* **1.** irgend'wo; **2.** irgendwo'hin: ***~ else*** sonst wohin, woandershin; **3.** ***~ about*** so etwa, um ... her'um.

som·nam·bu·late [sɒm'næmbjʊleɪt] *v/i.* schlaf-, nachtwandeln; **som'nam·bu·lism** [-lɪzəm] *s.* Schlaf-, Nachtwandeln *n*; **som'nam·bu·list** [-lɪst] *s.* Schlaf-, Nachtwandler(in); **som·nam·bu·lis·tic** [sɒm,næmbjʊ'lɪstɪk] *adj.* schlaf-, nachtwandlerisch.

som·nif·er·ous [sɒm'nɪfərəs] *adj.* einschläfernd.

som·no·lence ['sɒmnələns] *s.* **1.** Schläfrigkeit *f*; **2.** ⚕ Schlafsucht *f*; **'som·no·lent** [-nt] *adj.* □ **1.** schläfrig; **2.** einschläfernd.

son [sʌn] *s.* **1.** Sohn *m*: ***~ and heir*** Stammhalter *m*; ***~ of God*** (*od.* ***man***), ***the ℒ*** *eccl.* Gottes-, Menschensohn (*Christus*); **2.** *fig.* Sohn *m*, Abkomme *m*: ***~ of a bitch*** *Am. sl.* a) ‚Scheißkerl' *m*, b) ‚Scheißding' *n*; ***~ of a gun*** *Am. sl.* a) ‚toller Hecht', b) ‚(alter) Gauner'; **3.** *fig. pl. coll.* Schüler *pl.*, Jünger *pl.*; Söhne *pl.* (*e-s Volks, e-r Gemeinschaft etc.*); **4.** → ***sonny***.

so·nance ['səʊnəns] *s.* **1.** Stimmhaftigkeit *f*; **2.** Laut *m*; **'so·nant** [-nt] *ling.* **I** *adj.* stimmhaft; **II** *s.* a) So'nant *m*, b) stimmhafter Laut.

so·nar ['səʊnɑ:] *s.* ⚓ Sonar *n*, S-Gerät *n* (*aus* ***sound navigation and ranging***).

so·na·ta [sə'nɑ:tə] *s.* ♪ So'nate *f*; **so·na·ti·na** [,sɒnə'ti:nə] *s.* ♪ Sona'tine *f*.

song [sɒŋ] *s.* **1.** ♪ Lied *n*, Gesang *m*: ***~ (and dance)*** F *fig.* Getue *n*, ‚The'ater' *n* (***about*** wegen); ***for a ~*** *fig.* für ein Butterbrot; **2.** Song *m*; **3.** *poet.* a) Lied *n*, Gedicht *n*, b) Dichtung *f*: ***ℒ of Solomon***, ***ℒ of Songs*** *bibl. das* Hohelied (Salomonis); ***ℒ of the Three Children***

S

bibl. der Gesang der drei Männer *od.* Jünglinge im Feuerofen; **4.** Singen *n*, Gesang *m*: ***break*** (*od.* ***burst***) ***into ~*** zu singen anfangen; '**~·bird** *s.* **1.** Singvogel *m*; **2.** ‚Nachtigall' *f* (*Sängerin*); '**~·book** *s.* Liederbuch *n*.
song·ster ['sɒŋstə] *s.* **1.** ♪ Sänger *m*; **2.** Singvogel *m*; **3.** *Am.* (*bsd.* volkstümliches) Liederbuch; '**song·stress** [-trɪs] *s.* Sängerin *f*.
song thrush *s. orn.* Singdrossel *f*.
son·ic ['sɒnɪk] *adj.* ⊚ Schall...; **~ bang** → ***sonic boom***; **~ bar·ri·er** → ***sound barrier***; **~ boom** *s.* ✈ Düsen-, 'Überschallknall *m*; **~ depth find·er** *s.* ⚓ Echolot *n*.
'**son-in-law** *pl.* '**sons-in-law** *s.* Schwiegersohn *m*.
son·net ['sɒnɪt] *s.* So'nett *n*.
son·ny ['sʌnɪ] *s.* Junge *m*, Kleiner *m* (*Anrede*).
son·o·buoy ['səʊnəbɔɪ] *s.* ⚓ Schallboje *f*.
so·nom·e·ter [səʊ'nɒmɪtə] *s.* Schallmesser *m*.
so·nor·i·ty [sə'nɒrətɪ] *s.* **1.** Klangfülle *f*, (Wohl)Klang *m*; **2.** *ling.* (Ton)Stärke *f* (*e-s Lauts*); **so·no·rous** [sə'nɔːrəs] *adj.* ☐ **1.** tönend, reso'nant (*Holz etc.*); **2.** volltönend (*a. ling.*), klangvoll, so'nor (*Stimme, Sprache*); **3.** *phys.* Schall..., Klang...
son·sy ['sɒnsɪ] *adj. Scot.* **1.** drall (*Mädchen*); **2.** gutmütig.
soon [suːn] *adv.* **1.** bald, unverzüglich; **2.** (sehr) bald, (sehr) schnell: ***no ~er ... than*** kaum ... als; ***no ~er said than done*** gesagt, getan; **3.** bald, früh: ***as ~ as*** sobald als *od.* wie; ***~er or later*** früher oder später; ***the ~er the better*** je früher desto besser; **4.** gern: (***just***) ***as ~*** ebenso gern; ***I would ~er ... than*** ich möchte lieber ... als; '**soon·er** [-nə] *comp. adv.* **1.** früher, eher; **2.** schneller; **3.** lieber; → ***soon*** 2, 3, 4; '**soon·est** [-nɪst] *sup. adv.* frühestens.
soot [sʊt] **I** *s.* Ruß *m*; **II** *v/t.* mit Ruß bedecken, be-, verrußen.
sooth [suːθ] *s. Brit. obs.*: ***in ~***, ***~ to say*** fürwahr, wahrlich.
soothe [suːð] *v/t.* **1.** besänftigen, beruhigen, beschwichtigen; **2.** *Schmerz etc.* mildern, lindern; '**sooth·ing** [-ðɪŋ] *adj.* ☐ **1.** besänftigend; **2.** lindernd; **3.** wohltuend, sanft: ***~ light***; ***~ music***.
sooth·say·er ['suːθˌseɪə] *s.* Wahrsager(in).
soot·y ['sʊtɪ] *adj.* ☐ **1.** rußig; **2.** geschwärzt; **3.** schwarz.
sop [sɒp] **I** *s.* **1.** eingetunkter Bissen (*Brot etc.*); **2.** *fig.* Beschwichtigungsmittel *n*, ‚Schmiergeld' *n*, ‚Brocken' *m*; → ***Cerberus***; **3.** *fig.* Weichling *m*; **II** *v/t.* **4.** *Brot etc.* eintunken; **5.** durch'nässen, -'weichen; **6.** ***~ up*** *Wasser* aufwischen.
soph [sɒf] F *für* ***sophomore***.
soph·ism ['sɒfɪzəm] *s.* **1.** So'phismus *m*, Spitzfindigkeit *f*, 'Scheinargu,ment *n*; **2.** Trugschluss *m*; '**Soph·ist** [-ɪst] *s. phls.* So'phist *m* (*a. fig. spitzfindiger Mensch*); '**soph·ist·er** [-ɪstə] *s. univ. hist. Student im 2. od. 3. Jahr (in Cambridge, Dublin)*.
so·phis·tic, **so·phis·ti·cal** [sə'fɪstɪk(l)] *adj.* ☐ so'phistisch; **so'phis·ti·cate** [-keɪt] **I** *v/t.* **1.** verfälschen; **2.** *j-n* verbilden; **3.** *j-n* verfeinern; **II** *v/i.* **4.** So'phismen gebrauchen; **III** *s.* **5.** weltkluge (*etc.*) Per'son (→ ***sophisticated*** 1 *u.* 2); **so'phis·ti·cat·ed** [-keɪtɪd] *adj.* **1.** weltklug, intellektu'ell, (geistig) anspruchsvoll; **2.** *contp.* blasiert, ‚auf mo'dern *od.* intellektuell machend', ‚hochgestochen'; **3.** verfeinert, kultiviert, raffiniert (*Stil etc.*); hoch entwickelt (*a.* ⊚ *Maschinen*); **4.** anspruchsvoll, exqui'sit (*Roman etc.*); **5.** unecht, verfälscht; **so·phis·ti·ca·tion** [səˌfɪstɪ'keɪʃn] *s.* **1.** Intellektua'lismus *m*, Kultiviertheit *f*; **2.** Blasiertheit *f*, hochgestochene Art; **3.** *das* (geistig) Anspruchsvolle; **4.** ⊚ Ausgereiftheit, (technisches) Raffine'ment; **5.** (Ver)Fälschung *f*; **6.** → ***sophistry***; **soph·ist·ry** ['sɒfɪstrɪ] *s.* **1.** Spitzfindigkeit *f*, Sophiste'rei *f*; **2.** So'phismus *m*, Trugschluss *m*.
soph·o·more ['sɒfəmɔː] *s. ped. Am.* 'Collegestu,dent(in) *od.* Schüler(in) e-r ***High School*** im 2. Jahr.
so·po·rif·ic [ˌsɒpə'rɪfɪk] **I** *adj.* einschläfernd, schlaffördernd; **II** *s. bsd. pharm.* Schlafmittel *n*.
sop·ping ['sɒpɪŋ] *adj. a.* ***~ wet*** patschnass, triefend (nass); '**sop·py** [-pɪ] *adj.* ☐ **1.** durch'weicht (*Boden etc.*); **2.** regnerisch; **3.** F saftlos, fad(e); **4.** F rührselig, ‚schmalzig'; **5.** F ‚verknallt' (***on s.o.*** in j-n).
so·pran·o [sə'prɑːnəʊ] *pl.* **-nos I** *s.* **1.** So'pran *m* (*Singstimme*); **2.** So'pranstimme *f*, -par,tie *f* (*e-r Komposition*); **3.** Sopra'nist(in); **II** *adj.* **4.** Sopran...
sorb [sɔːb] *s.* ⚘ **1.** Eberesche *f*; **2.** *a.* ***~ apple*** Elsbeere *f*.
sor·be·fa·cient [ˌsɔːbɪ'feɪʃənt] **I** *adj.* absorbierend, absorpti'onsfördernd; **II** *s.* ⚕ Ab'sorbens *n*.
sor·bet ['sɔːbɪt] *s.* Fruchteis *n*.
sor·cer·er ['sɔːsərə] *s.* Zauberer *m*; '**sor·cer·ess** [-rɪs] *s.* Zauberin *f*, Hexe *f*; '**sor·cer·ous** [-rəs] *adj.* Zauber..., Hexen...; '**sor·cer·y** [-rɪ] *s.* Zaube'rei *f*, Hexe'rei *f*.
sor·did ['sɔːdɪd] *adj.* ☐ *bsd. fig.* schmutzig, schäbig; '**sor·did·ness** [-nɪs] *s.* Schmutzigkeit *f* (*a. fig.*).
sor·dine ['sɔːdiːn], **sor·di·no** [sɔː'diːnəʊ] *pl.* **-ni** [-niː] ♪ Dämpfer *m*, Sor'dine *f*.
sore [sɔː] **I** *adj.* ☐ → ***sorely***; **1.** weh(e), wund: ***~ feet***; ***~ heart*** *fig.* wundes Herz, Leid *n*; ***like a bear with a ~ head*** *fig.* brummig, bärbeißig; → ***spot*** 5; **2.** entzündet, schlimm, ‚böse': ***~ finger***; ***~ throat*** Halsentzündung *f*; → ***sight*** 6; **3.** *fig.* schlimm, arg: ***~ calamity***; **4.** F verärgert, beleidigt, böse (***about*** über *acc.*, wegen); **5.** heikel (*Thema*); **II** *s.* **6.** Wunde *f*, wunde Stelle, Entzündung *f*: ***an open ~*** a) e-e offene Wunde (*a. fig.*), b) *fig.* ein altes Übel, ein ständiges Ärgernis; **III** *adv.* **7.** → ***sorely*** 1; '**sore·head** *s. Am.* F mürrischer Mensch; '**sore·ly** [-lɪ] *adv.* **1.** arg, ‚bös': a) sehr, bitter, b) schlimm; **2.** dringend; **3.** bitterlich *weinen etc.*
so·ror·i·ty [sə'rɒrətɪ] *s.* **1.** *Am.* Verbindung *f* von Stu'dentinnen; **2.** *eccl.* Schwesternschaft *f*.
sorp·tion ['sɔːpʃn] *s.* ⚗, *phys.* (Ab-)Sorpti'on *f*.
sor·rel[1] ['sɒrəl] **I** *s.* **1.** Rotbraun *n*; **2.** (Rot)Fuchs *m* (*Pferd*); **II** *adj.* **3.** rotbraun.
sor·rel[2] ['sɒrəl] *s.* ⚘ **1.** Sauerampfer *m*; **2.** Sauerklee *m*.
sor·row ['sɒrəʊ] **I** *s.* **1.** Kummer *m*, Leid *n*, Gram *m* (***at*** über *acc.*, ***for*** um): ***to my ~*** zu m-m Kummer *od.* Leidwesen; **2.** Leid *n*, Unglück *n*; *pl.* Leid(en *pl.*) *n*; **3.** Reue *f* (***for*** über *acc.*); **4.** *bsd. iro.* Bedauern *n*: ***without much ~***; **5.** Klage *f*, Jammer *m*; **II** *v/i.* **6.** sich grämen *od.* härmen (***at***, ***over***, ***for*** über *acc.*, wegen, um); **7.** klagen, trauern (***after***, ***for*** um, über *acc.*); **sor·row·ful** ['sɒrəʊfʊl] *adj.* ☐ **1.** sorgen-, kummervoll, bekümmert; **2.** klagend, traurig: ***a ~ song***; **3.** traurig, beklagenswert: ***a ~ accident***.
sor·ry ['sɒrɪ] *adj.* ☐ **1.** betrübt: ***I am*** (*od.* ***feel***) ***~ for him*** er tut mir Leid; ***be ~ for o.s.*** sich selbst bedauern; (***I am***) (***so***) ***~!*** (es) tut mir (sehr) Leid!, (ich) bedaure!, Verzeihung!; ***we are ~ to say*** wir müssen leider sagen; **2.** reuevoll: ***be ~ about*** *et.* bereuen *od.* bedauern; **3.** *contp.* traurig, erbärmlich (*Anblick, Zustand etc.*): ***a ~ excuse*** ‚e-e faule Ausrede'.
sort [sɔːt] **I** *s.* **1.** Sorte *f*, Art *f*, Klasse *f*, Gattung *f*; ✝ *a.* Marke *f*, Quali'tät *f*: ***all ~s of people*** allerhand *od.* alle möglichen Leute; ***all ~s of things*** alles Mögliche; **2.** Art *f*: ***after a ~*** gewissermaßen; ***nothing of the ~*** nichts dergleichen; ***something of the ~*** so etwas, et. Derartiges; ***he is not my ~*** er ist nicht mein Fall *od.* Typ; ***he is not the ~ of man who ...*** er ist nicht der Mann, der *so et. tut*; ***what ~ of a ...?*** was für ein ...?; ***he is a good ~*** er ist ein guter *od.* anständiger Kerl; (***a***) ***~ of a peace*** so etwas wie ein Frieden; ***I ~ of expected it*** F ich habe es irgendwie *od.* halb erwartet; ***he ~ of hinted*** F er machte so eine *od.* e-e vage Andeutung; **3.** ***of a ~***, ***of ~s*** *contp.* so was wie: ***a politician of ~s***; **4.** ***out of ~s*** a) unwohl, nicht auf der Höhe, b) verstimmt; → 5; **5.** *typ.* 'Schriftgarni,tur *f*: ***out of ~*** ausgegangen; **II** *v/t.* **6.** sortieren, (ein)ordnen, sichten; **7.** sondern, trennen (***from*** von); **8.** *oft* ***~ out*** auslesen, -suchen, -sortieren; **9.** ***~ s.th. out*** *fig.* a) et. ‚auseinander klauben', sich Klarheit verschaffen über et., b) e-e Lösung finden für et.; ***~ itself out*** sich von selbst erledigen; **10.** ***~ s.o. out*** F a) j-m den Kopf zurechtsetzen, b) j-n ‚zur Schnecke machen'; ***~ o.s. out*** zur Ruhe kommen, mit sich ins Reine kommen; **11.** *a.* ***~ together*** zs.-stellen, -tun (***with*** mit); **sort code** *s.* Bankleitzahl *f*; '**sort·er** [-tə] *s.* Sortierer(in).
sor·tie ['sɔːtiː] **I** *s.* ⚔ a) Ausfall *m*, b) ✈ (Einzel)Einsatz *m*, Feindflug *m*; **II** *v/i.* ⚔ a) e-n Ausfall machen, b) ✈ e-n Einsatz fliegen, c) ⚓ auslaufen.
sor·ti·lege ['sɔːtɪlɪdʒ] *s.* Wahrsagen *n* (aus Losen).
so-so, **so so** ['səʊsəʊ] *adj. u. adv.* F so la'la (*leidlich, mäßig*).
sot [sɒt] **I** *s.* Säufer *m*; **II** *v/i.* (sich be-) saufen; **sot·tish** ['sɒtɪʃ] *adj.* ☐ **1.** ‚versoffen'; **2.** ‚besoffen'; **3.** ‚blöd' (*albern*).
sot·to vo·ce [ˌsɒtəʊ'vəʊtʃɪ] (*Ital.*) *adv.* ♪ *u. fig.* leise, gedämpft.
sou·brette [suː'bret] (*Fr.*) *s. thea.* Soubrette *f*.
sou·bri·quet ['suːbrɪkeɪ] → ***sobriquet***.
souf·fle ['suːfl] *s.* ⚕ Geräusch *n*.
souf·flé ['suːfleɪ] (*Fr.*) *s.* Auflauf *m*, Souf'flee *n*.
sough [saʊ] **I** *s.* Rauschen *n* (*des Windes*); **II** *v/i.* rauschen.
sought [sɔːt] *pret. u. p.p. von* **seek**.
soul [səʊl] *s.* **1.** *eccl., phls.* Seele *f*: ***upon my ~!*** ganz bestimmt!; **2.** Seele *f*, Herz *n*, *das* Innere: ***he has a ~ above mere money-grubbing*** er hat auch noch Sinn für andere Dinge als Geldraffen; **3.** *fig.* Seele *f* (*Triebfeder*): ***he was the***

~ *of the enterprise*; **4.** *fig.* Geist *m* (*Person*): ***the greatest ~s of the past***; **5.** Seele *f*, Mensch *m*: ***the ship went down with 300 ~s***; ***a good ~*** e-e gute Seele, e-e Seele von e-m Menschen; ***poor ~*** armer Kerl; ***not a ~*** keine Menschenseele, niemand; **6.** Inbegriff *m*, *ein* Muster (*of* an *dat.*): ***the ~ of generosity*** *er ist* die Großzügigkeit selbst; **7.** Inbrunst *f*, Kraft *f*, *künstlerischer* Ausdruck; **8.** *a.* **~ *music*** ♪ Soul *m*; **9.** **~ *brother***, **~ *sister*** *Am.* Schwarze(r *m*) *f*; **'soul-de,stroy·ing** *adj.* geisttötend (*Arbeit etc.*); **'soul·ful** [-fʊl] *adj.* □ seelenvoll (*a. fig. u. iro.*); **'soul·less** [-lɪs] *adj.* □ seelenlos (*a. fig. gefühllos, egoistisch, ausdruckslos*); **'soul-,stir·ring** *adj.* ergreifend.

sound[1] [saʊnd] **I** *adj.* □ **1.** gesund: ***as ~ as a bell*** kerngesund; **~ *in mind and body*** körperlich u. geistig gesund; ***of ~ mind*** ⚖ voll zurechnungs- *od.* handlungsfähig; **2.** fehlerfrei (*Holz etc.*), tadellos, in'takt: **~ *fruit*** unverdorbenes Obst; **3.** gesund, fest (*Schlaf*); **4.** ✝ gesund, so'lide (*Firma, Währung*); sicher (*Kredit*); **5.** gesund, vernünftig (*Urteil etc.*); gut, brauchbar (*Rat, Vorschlag*); kor'rekt, folgerichtig (*Denken etc.*); ⚖ begründet, gültig; **6.** zuverlässig (*Freund etc.*); **7.** gut, tüchtig (*Denker, Schläfer, Stratege etc.*); **8.** tüchtig, kräftig, gehörig: ***a ~ slap*** e-e saftige Ohrfeige; **II** *adv.* **9.** fest, tief *schlafen*.

sound[2] [saʊnd] *s.* **1.** Sund *m*, Meerenge *f*; **2.** *ichth.* Fischblase *f*.

sound[3] [saʊnd] **I** *v/t.* **1.** ⚓ (aus)loten, peilen; **2.** *Meeresboden etc.* erforschen (*a. fig.*); **3.** ⚕ a) sondieren, b) → ***sound***[4] 14; **4.** *fig.* a) sondieren, erkunden, b) *j-n* ausholen, *j-m* auf den Zahn fühlen; **II** *v/i.* **5.** ⚓ loten; **6.** (weg)tauchen (*Wal*); **7.** *fig.* sondieren; **III** *s.* **8.** ⚕ Sonde *f*.

sound[4] [saʊnd] **I** *s.* **1.** Schall *m*, Laut *m*, Ton *m*: **~ *amplifier*** Lautverstärker *m*; ***faster than ~*** mit Überschallgeschwindigkeit; **~ *and fury*** *fig.* a) Schall und Rauch, b) hohles Getöse; **~ *Peter Brown*** *Film, TV*: Ton: Peter Brown; ***within ~*** in Hörweite; **2.** Geräusch *n*, Laut *m*: ***without a ~*** geräusch-, lautlos; **3.** Ton *m*, Klang *m*, *a. fig.* Tenor *m* (*e-s Briefes, e-r Rede etc.*); **4.** ♪ Klang *m*, *Jazz etc.*: Sound *m*; **5.** *ling.* Laut *m*; **II** *v/i.* **6.** (er)schallen, (-)tönen, (-)klingen; **7.** (*a. fig. gut, unwahrscheinlich etc.*) klingen; **8.** **~ *off*** F ,tönen' (***about***, ***on*** von): **~ *off against*** ,herziehen' über (*acc.*); **9.** **~ *in*** ⚖ auf *Schadenersatz etc.* gehen *od.* lauten (*Klage*); **III** *v/t.* **10.** *Trompete etc.* erschallen *od.* ertönen *od.* erklingen lassen: **~ *s.o.'s praises*** *fig.* j-s Lob singen; **11.** *durch ein Signal* verkünden; → ***alarm*** 1; ***retreat*** 1; **12.** äußern, von sich geben: **~ *a note of fear***; **13.** *ling.* aussprechen; **14.** ⚕ abhorchen, -klopfen; **~ bar·rier** *s.* ✈, *phys.* Schallgrenze *f*, -mauer *f*; **~ bite** *s.* *mst. pl. Radio, TV*: 'Soundbite *n* (*kurzer Ausschnitt aus e-m Interview, e-r Rede etc.*); **~ board** *s.* ♪ Reso'nanzboden *m*, Schallbrett *n*; **~ box** *s.* **1.** ♪ Reso'nanzkasten *m*; **2.** *Film etc.*: 'Tonka,bine *f*; **~ broad·cast·ing** *s.* Hörfunk *m*; **~ card** *s.* *Computer*: Soundkarte *f*; **~ ef·fects** *s. pl. Film, TV*: 'Tonef,fekte *pl.*, Geräusche *pl.*; **~ en·gi·neer** *s. Film*: Tonmeister *m*.

sound·er ['saʊndə] *s.* **1.** ⚓ a) Lot *n*, b) ⚔ Lotgast *m*; **2.** *tel.* Klopfer *m*.

sound film *s.* Tonfilm *m*.

sound·ing[1] ['saʊndɪŋ] *adj.* □ **1.** tönend, schallend; **2.** wohlklingend; **3.** *contp.* lautstark, bom'bastisch.

sound·ing[2] ['saʊndɪŋ] *s.* **1.** Loten *n*; **2.** *pl.* (ausgelotete *od.* auslotbare) Wassertiefe: ***take a ~*** loten, *fig.* sondieren.

sound·ing| bal·loon *s.* Ver'suchsbal,lon *m*, Bal'lonsonde *f*; **~ board** *s.* ♪ **1.** → ***sound board***; **2.** Schallmuschel *f* (*für Orchester etc. im Freien*); **3.** Schalldämpfungsbrett *n*; **4.** *fig.* Podium *n*.

sound in·su·la·tion *s.* Schalldämmung *f*.

sound·less ['saʊndlɪs] *adj.* □ laut-, geräuschlos.

sound mix·er *s. Film etc.*: Tonmeister *m*.

sound·ness ['saʊndnɪs] **1.** Gesundheit *f* (*a. fig.*); **2.** Vernünftigkeit *f*; **3.** Brauchbarkeit *f*; **4.** Folgerichtigkeit *f*; **5.** Zuverlässigkeit *f*; **6.** Tüchtigkeit *f*; **7.** ⚖ Rechtmäßigkeit *f*, Gültigkeit *f*.

'sound|-on film *s.* Tonfilm *m*; **'~·proof** [-pruːf] **I** *adj.* schalldicht: **~ *barrier*** Lärmschutzwall *m*; **II** *v/t.* schalldicht machen, isolieren; **'~,proof·ing** [-pruː-] *s.* ⚙ Schalldämpfung *f*, Schallisolierung *f*; **~ rang·ing I** *s.* ⚔ Schallmessen *n*; **II** *adj.* Schallmess...; **~ re·cord·er** *s.* Tonaufnahmegerät *n*; **~ shift** *s. ling.* Lautverschiebung *f*; **'~·track** *s. Film*: Soundtrack *m*, Tonstreifen *m*, -spur *f*; **~ truck** *s. Am.* Lautsprecherwagen *m*; **~ wave** *s. phys.* Schallwelle *f*.

soup [suːp] **I** *s.* **1.** Suppe *f*, Brühe *f*: ***be in the ~*** F ,in der Tinte sitzen'; ***from ~ to nuts*** F von A bis Z; **2.** *fig.* dicker Nebel, ,Waschküche' *f*; **3.** *phot.* F Entwickler *m*; **4.** *mot. sl.* P'S *f*; **II** *v/t.* **5.** *Am. sl.* **~ *up*** a) *Motor* ,frisieren', b) *fig. et.* ,aufmöbeln', c) *fig.* Dampf hinter *e-e Sache* machen.

soup·çon ['suːpsɔ̃ːŋ] *s.* Spur *f* (***of*** *Knoblauch, a. Ironie etc.*).

soup| kitch·en *s.* **1.** Armenküche *f*; **2.** ⚔ Feldküche *f*; **'~·mix** *s.* 'Suppenpräpa,rat *n*.

sour ['saʊə] **I** *adj.* □ **1.** sauer (*a. Geruch, Milch*); herb, bitter: **~ *grapes*** *fig.* saure Trauben; ***turn*** *od.* ***go ~*** → 8 *u.* 9; **2.** *fig.* sauer (*Gesicht etc.*); **3.** *fig.* sauertöpfisch, mürrisch, bitter; **4.** nasskalt (*Wetter*); **5.** ✓ sauer (*kalkarm, nass*) (*Boden*); **II** *s.* **6.** Säure *f*; **7.** *fig.* Bitternis *f*: ***take the sweet with the ~*** das Leben nehmen, wie es (eben) ist; **III** *v/i.* **8.** sauer werden; **9.** *fig.* a) verbittert *od.* ,sauer' werden, b) die Lust verlieren (***on*** an *dat.*), c) ,mies' werden, d) ,ka'puttgehen'; **IV** *v/t.* **10.** sauer machen, säuern; **11.** *fig.* verbittern.

source [sɔːs] *s.* **1.** Quelle *f*, *poet.* Quell *m*; **2.** Quellfluss *m*; **3.** *poet.* Strom *m*; **4.** *fig.* (*Licht-, Strom- etc.*)Quelle *f*: **~ *impedance*** ⚡ Quellwiderstand *m*; **~ *material*** Ausgangsstoff *m* (→ *a.* 6); **5.** *fig.* Quelle *f*, Ursprung *m*: **~ *of information*** Nachrichtenquelle *f*; ***from a reliable ~*** aus zuverlässiger Quelle; ***have its ~ in*** s-n Ursprung haben in (*dat.*); ***take its ~ from*** entspringen (*dat.*); **6.** *fig.* *literarische* Quelle: **~ *material*** Quellenmaterial *n*; **7.** ✝ (*Einnahme-, Kapital- etc.*)Quelle *f*: **~ *of supply*** Bezugsquelle; ***levy a tax at the ~*** e-e Steuer an der Quelle erheben; **~ file** *s. Computer*: 'Quellda,tei *f*; **~ lan·guage** *s. ling.* Ausgangssprache *f* (*Übersetzung etc.*).

sour| cream *s. Brit.* Sauerrahm *m*; **'~·dough** *s. Am.* **1.** Sauerteig *m*; **2.** A'laskaschürfer *m*.

sour·ing ['saʊərɪŋ] *s.* ⚗ Säuerung *f*; **'sour·ish** [-ərɪʃ] *adj.* säuerlich, angesäuert; **'sour·ness** [-ənɪs] *s.* **1.** Herbheit *f*; **2.** Säure *f* (*als Eigenschaft*); **3.** *fig.* Bitterkeit *f*.

'sour·puss *s.* F ,Sauertopf' *m*.

souse [saʊs] **I** *s.* **1.** Pökelfleisch *n*; **2.** Pökelbrühe *f*, Lake *f*; **3.** Eintauchen *n*; **4.** Sturz *m* ins Wasser; **5.** ,Dusche' *f*, (Regen)Guss *m*; **6.** *sl.* a) Saufe'rei *f*, b) *Am.* Säufer *m*, c) *Am.* ,Suff' *m*; **II** *v/t.* **7.** eintauchen; **8.** durch'tränken, einweichen; **9.** *Wasser etc.* ausgießen (***over*** über *acc.*); **10.** (ein)pökeln; **11.** **~d** *sl.* ,voll', besoffen.

sou·tane [suː'tɑːn] *s. R.C.* Sou'tane *f*.

sou·ten·eur [,suːtə'nɜː] (*Fr.*) *s.* Zuhälter *m*.

south [saʊθ] **I** *s.* **1.** Süden *m*: ***in the ~ of*** im Süden von; ***to the ~ of*** → 6; **2.** *a.* **~** Süden *m* (*Landesteil*): ***from the ~*** aus dem Süden (*Person, Wind*); ***the ~*** der Süden, die Südstaaten (*der USA*); **3.** *poet.* Südwind *m*; **II** *adj.* **4.** südlich, Süd...: **~ *Pole*** Südpol *m*; **~ *Sea*** Südsee *f*; **III** *adv.* **5.** nach Süden, südwärts; **6.** **~ *of*** südlich von; **7.** aus dem Süden (*Wind*); **~ Af·ri·can I** *adj.* 'südafri'kanisch; **II** *s.* 'Südafri'kaner(in): **~ *Dutch*** Afrikaander(in); **~ by east** *s.* Südsüd'ost *m*; **~·east** [,saʊθ'iːst, ⚓ saʊ'iːst] **I** *s.* Süd'osten *m*; **II** *adj.* süd'östlich, Südost...; **III** *adv.* süd'östlich; nach Süd'osten.

south|·east·er [,saʊθ'iːstə] *s.* Süd'ostwind *m*, -'oststurm *m*; **,~-'east·er·ly** [-lɪ] **I** *adj.* → ***southeast*** II; **II** *adv.* von *od.* nach Süd'osten; **,~-'east·ern** [-ən] → ***southeast*** II; **,~-'east·ward** [-swəd] **I** *adj. u. adv.* nach Süd'osten, süd'östlich; **II** *s.* süd'östliche Richtung; **,~-'east·wards** [-swədz] *adv.* nach Süd'osten.

south·er·ly ['sʌðəlɪ] **I** *adj.* südlich, Süd...; **II** *adv.* von *od.* nach Süden.

south·ern ['sʌðən] **I** *adj.* **1.** südlich, Süd...: **~ *Cross*** *ast. das* Kreuz des Südens; **~ *lights*** *ast. das* Südlicht; **2.** **~** südstaatlich, ... der Südstaaten (*der USA*); **II** *s.* **3.** → ***southerner***; **'south·ern·er** [-nə] *s.* **1.** Bewohner(in) des Südens (*e-s Landes*); **2.** **~** Südstaatler(in) (*in den USA*); **'south·ern·ly** [-lɪ] → ***southerly***; **'south·ern·most** *adj.* südlichst.

south·ing ['saʊθɪŋ] *s.* **1.** ⚓ a) Südrichtung *f*, südliche Fahrt, b) 'Breiten,unterschied *m* bei südlicher Fahrt; **2.** *ast.* a) Kulminati'on *f* (*des Mondes etc.*), b) südliche Deklinati'on (*e-s Gestirns*).

'south|·most *adj.* südlichst; **'~·paw** *sport* **I** *adj.* linkshändig; **II** *s.* Linkshänder *m*; *Boxen*: Rechtsausleger *m*; **,~-south'east** [⚓ ,saʊsaʊ'iːst] **I** *adj.* südsüd'östlich, Südsüdost...; **II** *adv.* nach *od.* aus Südsüd'osten; **III** *s.* Südsüd'osten *m*; **'~·ward** [-wəd] *adj. u. adv.* nach Süden, südwärts.

south|-west [,saʊθ'west; ⚓ saʊ'west] **I** *adj.* süd'westlich, Südwest...; **II** *adv.* nach *od.* aus Süd'westen; **III** *s.* Süd'westen *m*; **,~'west·er** [-tə] *s.* **1.** Süd'westwind *m*; **2.** → ***sou'wester*** 1; **,~'west·er·ly** [-təlɪ] *adj.* nach *od.* aus Süd'westen; **,~'west·ern** [-tən] *adj.* süd'westlich, Südwest...; **,~-'west·ward** [-wəd] *adj. u. adv.* nach Süd'westen.

sou·ve·nir [,suːvə'nɪə] *s.* Andenken *n*, Souve'nir *n*: **~ *shop***.

sou'·west·er [saʊ'westə] *s.* **1.** Süd'wester *m* (*wasserdichter Hut*); **2.** → ***southwester*** 1.

S

sov·er·eign ['sɒvrɪn] **I** *s.* **1.** Souve'rän *m*, Mon'arch(in); **2.** *die* Macht im Staate (*Person od. Gruppe*); **3.** souve'räner Staat; **4.** † *Brit.* Sovereign *m* (*alte 20-Schilling-Münze aus Gold*); **II** *adj.* **5.** höchst, oberst; **6.** 'unum,schränkt, souve'rän, königlich: **~ *power***; **7.** souve'rän (*Staat*); **8.** äußerst, größt: **~ *contempt*** tiefste Verachtung; **9.** 'unüber,trefflich; **'sov·er·eign·ty** [-rəntɪ] *s.* **1.** höchste (Staats)Gewalt; **2.** Landeshoheit *f*, Souveräni'tät *f*; **3.** Oberherrschaft *f*.

so·vi·et ['səʊvɪət] **I** *s. oft* ℒ **1.** So'wjet *m*: ***Supreme*** ℒ Oberster Sowjet; **2.** ℒ So'wjetsy,stem *n*; **3.** *pl. die* So'wjets; **II** *adj.* **4.** ℒ so'wjetisch, Sowjet...; **'so·vi·et·ize** [-taɪz] *v/t.* sowjetisieren.

sow¹ [saʊ] *s.* **1.** Sau *f*, (Mutter)Schwein *n*: ***get the wrong ~ by the ear*** a) den Falschen erwischen, b) sich gewaltig irren; **2.** *metall.* a) (Ofen)Sau *f*, b) Massel *f* (*Barren*).

sow² [səʊ] [*irr.*] **I** *v/t.* **1.** säen; **2.** *Land* besäen; **3.** *fig.* säen, ausstreuen; → ***seed*** 4, ***wind¹*** 1; **4.** *et.* verstreuen; **II** *v/i.* **5.** säen.

sown [səʊn] *p.p. von* ***sow²***.

soy [sɔɪ] *s.* **1.** Sojabohnenöl *n*; **2.** → **'so·ya (bean)** ['sɔɪə], **'soy·bean** *s.* Sojabohne *f*.

soz·zled ['sɒzld] *adj. Brit. sl.* ‚blau'.

spa [spɑː] *s.* a) Mine'ralquelle *f*, b) Badekurort *m*, Bad *n*.

space [speɪs] **I** *s.* **1.** Raum *m* (*Ggs. Zeit*): ***disappear into ~*** ins Nichts verschwinden; ***look into ~*** ins Leere starren; **2.** Raum *m*, Platz *m*: ***require much ~***; ***for ~ reasons*** aus Platzgründen; **3.** (Welt)Raum *m*; **4.** (Zwischen-) Raum *m*, Stelle *f*, Lücke *f*; **5.** Zwischenraum *m*, Abstand *m*, Leerzeile *f*; **6.** Zeitraum *m*: ***a ~ of three hours***; ***after a ~*** nach e-r Weile; ***for a ~*** e-e Zeit lang; **7.** *typ.* Spatium *n*, Ausschlussstück *n*; **8.** *tel.* Abstand *m*, Pause *f*; **9.** *Am.* a) Raum *m* für Re'klame (*Zeitung*), b) *Radio, TV*: (Werbe)Zeit *f*; **II** *v/t.* **10.** räumlich *od.* zeitlich einteilen: ***~d out over 10 years*** auf 10 Jahre verteilt; **11.** in Zwischenräumen anordnen; **12.** *mst* **~ *out*** *typ.* a) ausschließen, b) gesperrt setzen, sperren: ***~d type*** Sperrdruck *m*; **13.** gesperrt schreiben (*auf der Schreibmaschine*); **~ age** *s.* Weltraumzeitalter *n*; **~ bar** *s.* Leertaste *f*; **'~·borne** *adj.* **1.** Weltraum...: **~ *satellite***; **2.** über Satel'lit, Satelliten...: **~ *television***; **~ cap·sule** *s.* Raumkapsel *f*; **'~·craft** *s.* Raumfahrzeug *n*, -schiff *n*; **~ de·bris** *s.* Weltraummüll *m*; **~ flight** *s.* Raumflug *m*; **~ heat·er** *s.* Raumerhitzer *m*, -strahler *m*; **'~·lab** *s.* 'Raumla,bor *n*; **'~·man** *s.* [*irr.*] **1.** Raumfahrer *m*, Astro'naut *m*; **2.** Außerirdische(r) *m*; **~ med·i·cine** *s.* ⚕ 'Raumfahrtmedi,zin *f*; **~ mod·ule** *s.* 'Weltraummo,dul *n*; **~ probe** *s.* Raumsonde *f*.

spac·er ['speɪsə] *s.* ⚙ **1.** Di'stanzstück *n*; **2.** → ***space bar***.

space| race *s.* Wettlauf *m* um die Eroberung des Weltraums; **~ re·search** *s.* (Welt)Raumforschung *f*; **'~-,sav·ing** *adj.* Raum sparend; **'~·ship** *s.* Raumschiff *n*; **~ shut·tle** *s.* Raumfähre *f*; **~ sta·tion** *s.* 'Raumstati,on *f*; **'~·suit** *s.* Raumanzug *m*; **,~-'time I** *s.* ℞, *phls.* Zeit-Raum *m*; **II** *adj.* Raum-Zeit-...; **~ trav·el** *s.* (Welt)Raumfahrt *f*; **'~·walk** *s.* Weltraumspaziergang *m*; **'~,wom·an** *s.* [*irr.*] **1.** Raumfahrerin *f*, Astro'nautin *f*; **2.** Außerirdische *f*; **~ writ·er** *s.* (Zeitungs- *etc.*)Schreiber, der nach dem 'Umfang s-s Beitrags bezahlt wird.

spa·cious ['speɪʃəs] *adj.* □ **1.** geräumig, weit, ausgedehnt; **2.** *fig.* weit, 'umfangreich, um'fassend; **'spa·cious·ness** [-nɪs] *s.* **1.** Geräumigkeit *f*; **2.** *fig.* Weite *f*, 'Umfang *m*, Ausmaß *n*.

spade¹ [speɪd] **I** *s.* **1.** Spaten *m*: ***call a ~ a ~ fig.*** das Kind beim (rechten) Namen nennen; ***dig the first ~*** den ersten Spatenstich tun; **2.** ✕ La'fettensporn *m*; **II** *v/t.* **3.** 'umgraben, mit e-m Spaten bearbeiten; **III** *v/i.* **4.** graben.

spade² [speɪd] *s.* **1.** Pik(karte *f*) *n*, Schippe *f* (*französisches Blatt*), Grün *n* (*deutsches Blatt*): ***seven of ~s*** Piksieben *f*; ***in ~s*** *Am.* F mit Zins u. Zinseszinsen; **2.** *mst pl.* Pik(farbe *f*) *n*.

spade·ful ['speɪdfʊl] *pl.* **-fuls** *s. ein* Spaten *m* (voll).

'spade·work *s. fig.* (mühevolle) Vorarbeit, Kleinarbeit *f*.

spa·dix ['speɪdɪks] *pl.* **spa·di·ces** [speɪ'daɪsiːz] *s.* ♀ (Blüten)Kolben *m*.

spa·do ['speɪdəʊ] *pl.* **spa·do·nes** [spɑː'dəʊniːz] (*Lat.*) *s.* **1.** Ka'strat *m*; **2.** kastriertes Tier.

spa·ghet·ti [spə'getɪ] (*Ital.*) *s.* **1.** Spa'g(h)etti *pl.*; **2.** *sl.* 'Filmsa,lat *m*.

spake [speɪk] *obs. pret. von* ***speak***.

spall [spɔːl] **I** *s.* (Stein-, Erz)Splitter *m*; **II** *v/t.* ⚙ *Erz* zerstückeln; **III** *v/i.* zerbröckeln, absplittern.

spam [spæm] **I** *s. coll.* **1.** *Internet*: a) unerwünschte Werbe-E-Mails *pl.* über das Internet, b) unerwünschte u. uninteressante E-Mails *pl.* über das Internet; **2.** ℒ *TM e-e Art Frühstücksfleisch in Dosen*; **II** *v/t.* *Internet* **3.** *Newsgroups, Mailboxen etc.* mit e-r Nachricht (*od.* mit Nachrichten *pl.*) *od.* mit Werbung über'frachten *od.* ‚bombardieren'; **'spamming** *s. coll. Internet*: Spamming *n*: a) *massenhaftes Versenden unerwünschter Werbe-E-Mails über das Internet*, b) *‚Zuschütten' aller möglichen Newsgroups, Mailboxen etc. mit der gleichen Nachricht*.

span [spæn] **I** *s.* **1.** Spanne *f*: a) *gespreizte Hand*, b) *engl. Maß = 9 inches*; **2.** △ a) Spannweite *f* (*Brückenbogen*), b) Stützweite *f* (*e-r Brücke*), c) (einzelner) Brückenbogen; **3.** ✈ Spannweite *f*; **4.** ⚓ Spann *n*, *m* (*Haltetau, -kette*); **5.** *fig.* Spanne *f*, 'Umfang *m*; **6.** *fig.* (kurze) Zeitspanne; **7.** Lebensspanne *f*, -zeit *f*; **8.** ⚕, *psych.* (*Gedächtnis-, Seh- etc.*) Spanne *f*; **9.** Gewächshaus *n*; **10.** *Am.* Gespann *n*; **II** *v/t.* **11.** abmessen; **12.** um'spannen (*a. fig.*); **13.** sich erstrecken über (*acc.*) (*a. fig.*), über'spannen; **14.** *Fluss* über'brücken; **15.** *fig.* überspannen, bedecken.

span·drel ['spændrəl] *s.* **1.** △ Spand'rille *f*, (Gewölbe-, Bogen)Zwickel *m*; **2.** ⚙ Hohlkehle *f*.

span·gle ['spæŋgl] **I** *s.* **1.** Flitter(plättchen *n*) *m*, Pail'lette *f*; **2.** ♀ Gallapfel *m*; **II** *v/t.* **3.** mit Flitter besetzen; **4.** *fig.* schmücken, über'säen (***with*** mit): ***the ~d heavens*** der gestirnte Himmel.

Span·iard ['spænjəd] *s.* Spanier(in).

span·iel ['spænjəl] *s. zo.* Spaniel *m*, Wachtelhund *m*: ***a (tame) ~*** *fig.* ein Kriecher.

Span·ish ['spænɪʃ] **I** *adj.* **1.** spanisch; **II** *s.* **2.** *coll. die* Spanier; **3.** *ling.* Spanisch *n*; **~ A·mer·i·can I** *adj.* la'teinameri,kanisch; **II** *s.* La'teinameri,kaner(in); **~ chest·nut** *s.* ♀ 'Esska,stanie *f*; **~ pa·pri·ka** *s.* ♀ Spanischer Pfeffer, Paprika *m*.

spank [spæŋk] F **I** *v/t.* **1.** verhauen, *j-m* ‚den Hintern versohlen'; **2.** *Pferde etc.* antreiben; **II** *v/i.* **3.** **~ *along*** da'hinflitzen; **III** *s.* **4.** Schlag *m*, Klaps *m*; **'spank·er** [-kə] *s.* **1.** F Renner *m* (*Pferd*); **2.** ⚓ Be'san *m*; **3.** *sl.* a) Prachtkerl *m*, b) 'Prachtexem,plar *n*; **'spank·ing** [-kɪŋ] F **I** *adj.* □ **1.** schnell, tüchtig; **2.** scharf, stark: **~ *breeze*** steife Brise; **3.** prächtig, ‚toll'; **II** *adv.* **4.** prächtig; **III** *s.* **5.** ‚Haue' *f*, Schläge *pl.*

span·ner ['spænə] *s.* ⚙ Schraubenschlüssel *m*: ***throw a ~ in(to) the works*** F ‚quer schießen'.

spar¹ [spɑː] *s. min.* Spat *m*.

spar² [spɑː] *s.* **1.** ⚓ Rundholz *n*, Spiere *f*; **2.** ✈ Holm *m*.

spar³ [spɑː] **I** *v/i.* **1.** *Boxen*: sparren: **~ *for time*** *fig.* Zeit schinden; **2.** (mit Sporen) kämpfen (*Hähne*); **3.** sich streiten (***with*** mit), sich in den Haaren liegen; **II** *s.* **4.** *Boxen*: Sparringskampf *m*; **5.** Hahnenkampf *m*; **6.** (Wort)Geplänkel *n*.

spare [speə] **I** *v/t.* **1.** *j-n od. et.* verschonen; *Gegner, j-s Gefühle, j-s Leben etc.* schonen: ***if we are ~d*** wenn wir verschont *od.* am Leben bleiben; **~ *his blushes!*** bring ihn doch nicht in Verlegenheit!; **2.** sparsam 'umgehen mit, schonen; kargen mit: **~ *neither trouble nor expense*** weder Mühe noch Kosten scheuen; (***not to***) **~ *o.s.*** sich (nicht) schonen; **3.** *j-m et.* ersparen, *j-n* verschonen mit; **4.** entbehren: ***we cannot ~ him just now***; **5.** *et.* erübrigen, übrig haben: ***can you ~ me a cigarette (a moment)?*** hast du e-e Zigarette (e-n Augenblick Zeit) für mich (übrig)?; ***no time to ~*** keine Zeit (zu verlieren); → ***enough*** II; **II** *v/i.* **6.** sparen; **7.** Gnade walten lassen; **III** *adj.* □ **8.** Ersatz..., Reserve...: **~ *part*** → 14; **~ *tyre*** (*od.* ***tire***) a) Ersatzreifen *m*, b) *humor.* ‚Rettungsring' *m* (*Fettwulst*); **9.** 'überflüssig, übrig: **~ *hours*** (*od.* ***time***) Freizeit *f*, Mußestunden *pl.*; **~ *moment*** freier Augenblick; **~ *room*** Gästezimmer *n*; **~ *money*** übriges Geld; **10.** sparsam, kärglich; **11.** → ***sparing*** 2; **12.** sparsam (*Person*); **13.** hager, dürr (*Person*); **IV** *s.* **14.** ⚙ Ersatzteil *n*; **15.** *Bowling*: Spare *m*; **'spare·ness** [-nɪs] *s.* **1.** Magerkeit *f*; **2.** Kärglichkeit *f*.

'spare|-part sur·ger·y *s.* ⚕ Er'satzteilchirur,gie *f*; **'~·rib** *s.* Rippe(n)speer *m*.

spar·ing ['speərɪŋ] *adj.* □ **1.** sparsam (***in, of*** mit), karg; mäßig: ***be ~ of*** sparsam umgehen mit, mit *et.*, *a. Lob* kargen; **2.** spärlich, dürftig, knapp, gering; **'spar·ing·ness** [-nɪs] *s.* **1.** Sparsamkeit *f*; **2.** Spärlichkeit *f*, Dürftigkeit *f*.

spark¹ [spɑːk] **I** *s.* **1.** Funke(n) *m* (*a. fig.*): ***the vital ~*** der Lebensfunke; ***strike ~s out of s.o.*** j-n in Fahrt bringen; **2.** *fig.* Funke(n) *m*, Spur *f* (***of*** von *Intelligenz, Leben etc.*); **3.** ϟ a) (e'lektrischer) Funke, b) Entladung *f*, c) (Licht-) Bogen *m*; **4.** *mot.* (Zünd)Funke *m*: ***advance (retard) the ~*** die Zündung vor- (zurück)stellen; **5.** → ***sparks***; **II** *v/i.* **6.** Funken sprühen, funke(l)n; **7.** ⚙ zünden; **III** *v/t.* **8.** *fig. j-n* befeuern; **9.** *fig. et.* auslösen.

spark² [spɑːk] **I** *s.* **1.** flotter Kerl; **2.** ***bright ~*** *Brit. iro.* ‚Intelli'genzbolzen' *m*; **II** *v/t.* **3.** *j-m* den Hof machen.

spark| ad·vance *s. mot.* Vor-, Frühzündung *f*; **~ ar·rest·er** *s.* ϟ Funken-

löscher *m*; ~ **dis·charge** *s.* ⚡ Funkenentladung *f*; ~ **gap** *s.* ⚡ (Mess)Funkenstrecke *f*.
spark·ing plug ['spɑːkɪŋ] *s. mot.* Zündkerze *f*.
spar·kle ['spɑːkl] **I** *v/i.* **1.** funkeln (*a. fig. Augen etc.*; ***with*** vor *Zorn etc.*); **2.** *fig.* a) funkeln, sprühen (*Geist, Witz*), b) brillieren, glänzen (*Person*): ***his conversation ~d with wit*** s-e Unterhaltung sprühte vor Witz; **3.** Funken sprühen; **4.** perlen (*Wein*); **II** *v/t.* **5.** *Licht* sprühen; **III** *s.* **6.** Funkeln *n*, Glanz *m*; **7.** Funke(n) *m*; **8.** *fig.* Bril'lanz *f*; **'spar·kler** [-lə] *s.* **1.** *sl.* Dia'mant *m*; **2.** Wunderkerze *f* (*Feuerwerk*); **'spark·let** [-lɪt] *s.* **1.** Fünkchen *n* (*a. fig.*); **2.** Kohlen'dioxidkapsel *f* (*für Siphonflaschen*); **'spar·kling** [-lɪŋ] *adj.* □ **1.** funkelnd, sprühend (*beide a. fig. Witz etc.*); **2.** *fig.* geistsprühend (*Person*); **3.** schäumend, moussierend: ~ ***wine*** Schaumwein *m*, Sekt *m*.
'spark|,o·ver *s.* ⚡ ('Funken),Überschlag *m*; ~ **plug** *s.* **1.** *mot.* Zündkerze *f*; **2.** F ,Motor' *m*, treibende Kraft.
sparks [spɑːks] *s.* F **1.** ⚓ Funker *m*; **2.** E'lektriker *m*.
spar·ring ['spɑːrɪŋ] *s.* **1.** *Boxen*: Sparring *n*: ~ ***partner*** Sparringspartner *m*; **2.** *fig.* Wortgefecht *n*.
spar·row ['spærəʊ] *s. orn.* Spatz *m*, Sperling *m*; **'~·grass** *s.* F Spargel *m*; ~ **hawk** *s. orn.* Sperber *m*.
sparse [spɑːs] *adj.* □ spärlich, dünn (gesät); **'sparse·ness** [-nɪs], **'spar·si·ty** [-sətɪ] *s.* Spärlichkeit *f*.
Spar·tan ['spɑːtən] **I** *adj. antiq. u. fig.* spar'tanisch; **II** *s.* Spar'taner(in).
spasm ['spæzəm] *s.* **1.** ⚕ Krampf *m*, Spasmus *m*, Zuckung *f*; **2.** *a. fig.* Anfall *m*; **spas·mod·ic** [spæz'mɒdɪk] *adj.* (□ ***~ally***) **1.** ⚕ krampfhaft, -artig, spas'modisch; **2.** *fig.* sprunghaft, vereinzelt; **spas·tic** ['spæstɪk] ⚕ **I** *adj.* (□ ***~ally***) spastisch, Krampf...; **II** *s.* Spastiker(in).
spat[1] [spæt] *zo.* **I** *s.* **1.** Muschel-, Austernlaich *m*; **2.** a) *coll.* junge Schaltiere *pl.*, b) junge Auster; **II** *v/i.* **3.** laichen (*bsd. Muscheln*).
spat[2] [spæt] *s.* Ga'masche *f*.
spat[3] [spæt] F **I** *s.* **1.** Klaps *m*; **2.** *Am.* Kabbe'lei *f*; **II** *v/i.* **3.** *Am.* sich kabbeln.
spat[4] [spæt] *pret. u. p.p. von* ***spit***.
spatch·cock ['spætʃkɒk] **I** *s.* sofort nach dem Schlachten gegrilltes Huhn *etc.*; **II** *v/t.* F *Worte etc.* einflicken.
spate [speɪt] *s.* **1.** Über'schwemmung *f*, Hochwasser *n*; **2.** *fig.* Flut *f*, (Wort-) Schwall *m*.
spathe [speɪð] *s.* ⚘ Blütenscheide *f*.
spa·tial ['speɪʃl] *adj.* □ räumlich, Raum...
spat·ter ['spætə] **I** *v/t.* **1.** bespritzen (***with*** mit); **2.** (ver)spritzen; **3.** *fig. j-s Namen* besudeln, *j-n* ,mit Dreck bewerfen'; **II** *v/i.* **4.** spritzen; **5.** prasseln, klatschen; **III** *s.* **6.** Spritzen *n*; **7.** Klatschen *n*, Prasseln *n*; **8.** Spritzer *m*, Spritzfleck *m*; **'~·dash** → ***spat***[2].
spat·u·la ['spætjʊlə] *s.* ⚙, ⚕ Spatel *m*, Spachtel *m*, *f*; **'spat·u·late** [-lɪt] *adj.* spatelförmig.
spav·in ['spævɪn] *s. vet.* Spat *m*; **'spav·ined** [-nd] *adj.* spatig, lahm.
spawn [spɔːn] **I** *s.* **1.** *ichth.* Laich *m*; **2.** ⚘ My'zel(fäden *pl.*) *n*; **3.** *fig. contp.* Brut *f*; **II** *v/i.* **4.** *ichth.* laichen; **5.** *fig. contp.* a) sich wie Ka'ninchen vermehren, b) wie Pilze aus dem Boden schießen; **III** *v/t.* **6.** *ichth. Laich* ablegen; **7.** *fig. contp. Kinder* massenweise in die Welt setzen; **8.** *fig.* ausbrüten, her'vorbringen; **'spawn·er** [-nə] *s. ichth.* Rogener *m*, Fischweibchen *n* zur Laichzeit; **'spawn·ing** [-nɪŋ] **I** *s.* **1.** Laichen *n*; **II** *adj.* **2.** Laich...; **3.** *fig.* sich stark vermehrend.
spay [speɪ] *v/t. vet.* die Eierstöcke (*gen.*) entfernen, kastrieren.
speak [spiːk] [*irr.*] **I** *v/i.* **1.** reden, sprechen (***to*** mit, zu, ***about, of, on*** über *acc.*): ***spoken*** *thea.* gesprochen (*Regieanweisung*); ***so to ~*** sozusagen; ***the portrait ~s*** *fig.* das Bild ist sprechend ähnlich; → ***speak of*** *u.* ***to***, ***speaking*** I; **2.** (öffentlich) sprechen *od.* reden; **3.** *fig.* ertönen (*Trompete etc.*); **4.** ⚓ signalisieren; **II** *v/t.* **5.** sprechen, sagen; **6.** *Gedanken, s-e Meinung etc.* aussprechen, äußern, *die Wahrheit etc.* sagen; **7.** verkünden (*Trompete etc.*); **8.** *Sprache* sprechen (können): ***he ~s French*** er spricht Französisch; **9.** *fig. Eigenschaft etc.* verraten; **10.** ⚓ *Schiff* ansprechen;
Zssgn mit prp.:
speak| for *v/i.* **1.** sprechen *od.* eintreten für: ***that speaks well for him*** das spricht für ihn; ~ ***o.s.*** a) selbst sprechen, b) s-e eigene Meinung äußern; ***that speaks for itself*** das spricht für sich selbst; **2.** zeugen von; ~ **of** *v/i.* **1.** sprechen von *od.* über (*acc.*): ***nothing to ~*** nicht der Rede wert; ***not to ~*** ganz zu schweigen von; **2.** *et.* verraten, zeugen von; ~ **to** *v/i.* **1.** *j-n* ansprechen; mit *j-m* reden (*a. mahnend etc.*); **2.** *et.* bestätigen, bezeugen; **3.** zu sprechen kommen auf (*acc.*);
Zssgn mit adv.:
speak| out **I** *v/i.* → ***speak up*** 1 *u.* 2; **II** *v/t.* aussprechen; ~ **up** *v/i.* **1.** laut u. deutlich sprechen: ***~!*** (sprich) lauter!; **2.** kein Blatt vor den Mund nehmen, frei her'aussprechen: ***~!*** heraus mit der Sprache!; **3.** sich einsetzen (***for*** für).
'speak,eas·y *pl.* **-,eas·ies** *s. Am. sl.* Flüsterkneipe *f* (*ohne Konzession*).
speak·er ['spiːkə] *s.* **1.** Sprecher(in), Redner(in); **2.** ♀ *parl.* Sprecher *m*, Präsi'dent *m*: ***the ♀ of the House of Commons***; ***Mr ♀!*** Herr Vorsitzender!; **3.** ⚡ Lautsprecher *m*.
speak·ing ['spiːkɪŋ] **I** *adj.* □ **1.** sprechend (*a. fig. Ähnlichkeit*): ***~!*** *teleph.* am Apparat!; ***Brown ~!*** *teleph.* (hier) Brown!; ***have a ~ knowledge of*** *e-e Sprache* (*nur*) sprechen können; ~ ***acquaintance*** flüchtige(r) Bekannte(r); → ***term*** 9; **2.** Sprech..., Sprach...: ***a ~ voice*** e-e (gute) Sprechstimme; **II** *s.* **3.** Sprechen *n*, Reden *n*; **III** (*adverbial*) **4.** ***generally ~*** allgemein; ***legally ~*** vom rechtlichen Standpunkt aus (gesehen); ***strictly ~*** streng genommen; ~ **clock** *s. teleph.* Zeitansage *f*; ~ **trum·pet** *s.* Sprachrohr *n*; ~ **tube** *s.* **1.** Sprechverbindung *f* zwischen zwei Räumen *etc.*; **2.** Sprachrohr *n*.
spear [spɪə] **I** *s.* **1.** (Wurf)Speer *m*, Lanze *f*; Spieß *m*: ~ ***side*** männliche Linie *e-r Familie*; **2.** *poet.* Speerträger *m*; **3.** ⚘ Halm *m*, Spross *m*; **II** *v/t.* **4.** durch'bohren, aufspießen; **III** *v/i.* **5.** ⚘ (auf-) sprießen; ~ **gun** *s.* Har'punenbüchse *f*; **'~·head** **I** *s.* **1.** Lanzenspitze *f*; **2.** ⚔ a) Angriffsspitze *f*, b) Stoßkeil *m*; **3.** *fig.* a) Anführer *m*, Vorkämpfer *m*, b) Spitze *f*; **II** *v/t.* **4.** *fig.* an der Spitze (*gen.*) stehen, die Spitze (*gen.*) bilden; **'~·mint** *s.* ⚘ Grüne Minze.
spec [spek] *s.* F Spekulati'on *f*: ***on ~*** auf ,Verdacht', auf gut Glück.
spe·cial ['speʃl] **I** *adj.* □ → ***specially***; **1.** spezi'ell: a) (ganz) besonder: ***a ~ occasion***; ***his ~ charm***; ***my ~ friend***; ***on ~ days*** an bestimmten Tagen, b) spezialisiert, Spezial..., Fach...: ~ ***knowledge*** Fachkenntnis(se *pl.*) *f*; **2.** Sonder...(*-erlaubnis, -fall, -schule, -steuer, -zug etc.*), Extra..., Ausnahme...: ~ ***area*** *Brit.* Notstandsgebiet *n*; ***♀ Branch*** *Brit.* Staatssicherheitspolizei *f*; ~ ***character*** *Computer*: Sonderzeichen *n*; ~ ***constable*** → 3a; ~ ***correspondent*** → 3b; ~ ***delivery*** ✉ *Am.* Eilzustellung *f*, ,durch Eilboten'; ~ ***edition*** → 3c; ~ ***levy*** *EU* Sonderabschöpfung *f*; ~ ***offer*** ✝ Sonderangebot *n*; ~ ***waste*** Sondermüll *m*; ~ ***waste dump*** Sondermülldeponie *f*; **II** *s.* **3.** a) 'Hilfspoli,zist *m*, b) Sonderberichterstatter *m*, c) Sonderausgabe *f*, d) Sonderzug *m*, e) Sonderprüfung *f*, f) ✝ *Am.* Sonderangebot *n*, g) *Radio, TV*: Sondersendung *f*, h) *Am.* Tagesgericht (*im Restaurant*); **'spe·cial·ist** [-ʃəlɪst] **I** *s.* **1.** Spezia'list *m*: a) Fachmann *m*, b) ⚕ Facharzt *m* (***in*** für); **2.** *Am. Börse*: Jobber *m* (*der sich auf e-e bestimmte Kategorie von Wertpapieren beschränkt*); **II** *adj.* **3.** → **spe·cial·ist·ic** [ˌspeʃə'lɪstɪk] *adj.* spezialisiert, Fach..., Spezial...; **spe·ci·al·i·ty** [ˌspeʃɪ'ælətɪ] *s. bsd. Brit.* **1.** Besonderheit *f*; **2.** besonderes Merkmal; **3.** Spezi'alfach *n*, -gebiet *n*; **4.** Speziali'tät *f* (*a.* ✝); **5.** ✝ a) Spezi'alar,tikel *m*, b) Neuheit *f*; **spe·cial·i·za·tion** [ˌspeʃəlaɪ'zeɪʃn] *s.* Spezialisierung *f*; **'spe·cial·ize** [-ʃəlaɪz] **I** *v/i.* **1.** sich spezialisieren (***in*** auf *acc.*); **II** *v/t.* **2.** spezialisieren: ***~d*** spezialisiert, Spezial..., Fach...; **3.** näher bezeichnen; **4.** *biol. Organe* besonders entwickeln; **'spe·cial·ly** [-ʃəlɪ] *adv.* **1.** besonders, im Besonderen; **2.** eigens, extra, ausdrücklich; **'special·ty** [-tɪ] *s.* **1.** *bsd. Am.* → ***speciality***; **2.** ⚖ a) besiegelte Urkunde, b) formgebundener Vertrag.
spe·cie ['spiːʃɪ] *s.* **1.** Hartgeld *n*, Münze *f*; **2.** Bargeld *n*: ~ ***payments*** Barzahlung *f*; ***in ~*** a) in bar, b) in natura, c) *fig.* in gleicher Münze.
spe·cies ['spiːʃiːz] *s. sg. u. pl.* **1.** *allg.* Art *f*, Sorte *f*; **2.** *biol.* Art *f*, Spezies *f*: ***our*** (*od.* ***the***) ***~*** die Menschheit; **3.** *Logik*: Art *f*, Klasse *f*; **4.** *eccl.* (sichtbare) Gestalt (von Brot u. Wein).
spe·cif·ic [spɪ'sɪfɪk] **I** *adj.* (□ ***~ally***) **1.** spe'zifisch, spezi'ell, bestimmt; **2.** eigen(tümlich); **3.** typisch, kennzeichnend, besonder; **4.** wesentlich; **5.** genau, defini'tiv, prä'zis(e), kon'kret: ***a ~ statement***; **6.** *biol.* Art...: ~ ***name***; **7.** ⚕ spe'zifisch (*Heilmittel, Krankheit*); **8.** *phys.* spe'zifisch: ~ ***gravity*** spezifisches Gewicht, *die* Wichte; **II** *s.* **9.** ⚕ Spe'zifikum *n*.
spec·i·fi·ca·tion [ˌspesɪfɪ'keɪʃn] *s.* **1.** Spezifizierung *f*; **2.** genaue Aufzählung, Einzelaufstellung *f*; **3.** *mst pl.* Einzelangaben *pl.*, -vorschriften *pl.*, *bsd.* a) ⚠ Baubeschrieb *m*, b) ⚙ (technische) Beschreibung; **4.** ⚖ Pa'tentbeschreibung *f*, -schrift *f*; **5.** ⚖ Spezifikati'on *f* (*Eigentumserwerb durch Verarbeitung*);
spec·i·fy ['spesɪfaɪ] **I** *v/t.* **1.** (einzeln) angeben *od.* aufführen, (be)nennen, spezifizieren; **2.** bestimmen, (im Einzelnen) festsetzen; **3.** in e-r Aufstellung besonders anführen; **II** *v/i.* **4.** genaue Angaben machen.
spec·i·men ['spesɪmɪn] *s.* **1.** Exem'plar

S

n: ***a fine ~***; **2.** Muster *n* (*a. typ.*), Probe(stück *n*) *f*, ⚙ Prüfstück *n*: ***~ of s.o.'s handwriting*** Handschriftenprobe; **3.** *fig.* Probe *f*, Beispiel *n* (**of** *gen.*); **4.** *fig. contp.* a) ‚Exem'plar' *n*, ‚Muster' *n* (**of** an *dat.*), b) ‚Type' *f*, komischer Kauz; **~ cop·y** *s.* 'Probeexem,plar *n*; **~ sig·na·ture** *s.* 'Unterschriftsprobe *f*.

spe·cious ['spi:ʃəs] *adj.* □ *äußerlich* blendend, bestechend, trügerisch, Schein...(*Argument etc.*): ***~ prosperity*** scheinbarer Wohlstand; **'spe·cious·ness** [-nɪs] *s.* **1.** *das* Bestechende; **2.** trügerischer Schein.

speck [spek] **I** *s.* **1.** Fleck(en) *m*, Fleckchen *n*; **2.** Stückchen *n*, *das* bisschen: ***a ~ of dust*** ein Stäubchen; **3.** faule Stelle (*im Obst*); **4.** *fig.* Pünktchen *n*; **II** *v/t.* **5.** sprenkeln; **'speck·le** [-kl] **I** *s.* Fleck (-en) *m*, Sprenkel *m*, Tupfen *m*, Punkt *m*; **II** *v/t.* → ***speck*** 5; **'speck·led** [-ld] *adj.* **1.** gefleckt, gesprenkelt, getüpfelt; **2.** (bunt)scheckig; **'speck·less** [-lɪs] *adj.* □ fleckenlos, sauber, rein (*a. fig.*).

specs [speks] *s. pl.* F Brille *f*.

spec·ta·cle ['spektəkl] *s.* **1.** Schauspiel *n* (*a. fig.*); **2.** Schaustück *n*: ***make a ~ of o.s.*** sich zur Schau stellen, (unangenehm) auffallen; **3.** *trauriger etc.* Anblick; **4.** *pl. a.* ***a pair of ~s*** e-e Brille; **'spec·ta·cled** [-ld] *adj.* **1.** bebrillt; **2.** *zo.* Brillen...(*-bär etc.*): ***~ cobra*** Brillenschlange *f*; **spec·tac·u·lar** [spek'tækjʊlə] **I** *adj.* □ **1.** Schau..., schauspielartig; **2.** spektaku'lär, Aufsehen erregend, sensatio'nell; **II** *s.* **3.** *Am.* große (Fernseh)Schau, 'Galare,vue *f*; **spec·ta·tor** [spek'teɪtə] *s.* Zuschauer(in): ***~ sport*** Zuschauersport *m*.

spec·ter ['spektə] *Am.* → ***spectre***.

spec·tra ['spektrə] *pl. von* ***spectrum***; **'spec·tral** [-trəl] *adj.* □ **1.** geisterhaft, gespenstisch; **2.** *phys.* Spektral...: ***~ colo(u)r*** Spektral-, Regenbogenfarbe *f*; **'spec·tre** [-tə] *s.* **1.** Geist *m*, Gespenst *n*; **2.** *fig.* a) (Schreck)Gespenst *n*, b) *fig.* Hirngespinst *n*.

spec·tro·gram ['spektrəʊgræm] *s. phys.* Spektro'gramm *n*; **'spec·tro·graph** [-grɑ:f] *s. phys.* **1.** Spektro'graph *m*; **2.** Spektro'gramm *n*; **spec·tro·scope** ['spektrəskəʊp] *s. phys.* Spektro'skop *n*.

spec·trum ['spektrəm] *pl.* **-tra** [-trə] *s.* **1.** *phys.* Spektrum *n*: ***~ analysis*** Spektralanalyse *f*; **2.** *a.* ***radio ~*** ↯ (Fre'quenz)Spektrum *n*; **3.** *a.* ***ocular ~*** *opt.* Nachbild *n*; **4.** *fig.* Spektrum *n*, Skala *f*: ***all across the ~*** auf der ganzen Linie.

spec·u·la ['spekjʊlə] *pl. von* ***speculum***; **'spec·u·lar** [-lə] *adj.* **1.** spiegelnd, Spiegel...: ***~ iron*** *min.* Eisenglanz *m*; **2.** ⚕ Spekulum...

spec·u·late ['spekjʊleɪt] *v/i.* **1.** nachsinnen, -denken, theoretisieren, Vermutungen anstellen, ‚spekulieren' (**on, upon, about** über *acc.*); **2.** ✝ spekulieren (**for, on** auf *Baisse etc.*, **in** in *Kupfer etc.*); **spec·u·la·tion** [ˌspekjʊ'leɪʃn] *s.* **1.** Nachdenken *n*, Grübeln *n*; **2.** Betrachtung *f*, Theo'rie *f*, Spekulati'on *f* (*a. phls.*); **3.** Vermutung *f*, Mutmaßung *f*, Rätselraten *n*, Spekulati'on *f*: ***mere ~***; **4.** ✝ Spekulati'on *f*; **'spec·u·la·tive** [-lətɪv] *adj.* □ **1.** *phls.* spekula'tiv; **2.** theo'retisch; **3.** nachdenkend, grüblerisch; **4.** forschend, abwägend (*Blick etc.*); **5.** ✝ spekula'tiv, Spekulations...; **'spec·u·la·tor** [-leɪtə] *s.* ✝ Speku'lant *m*.

spec·u·lum ['spekjʊləm] *pl.* **-la** [-lə] *s.* **1.** (Me'tall)Spiegel *m* (*bsd. für Teleskope*); **2.** ⚕ Spekulum *n*, Spiegel *m*.

sped [sped] *pret. u. p.p. von* ***speed***.

speech [spi:tʃ] **I** *s.* **1.** Sprache *f*, Sprechvermögen *n*: ***recover one's ~*** die Sprache wiedergewinnen; **2.** Reden *n*, Sprechen *n*: ***freedom of ~*** Redefreiheit *f*; **3.** Rede *f*, Äußerung *f*: ***direct one's ~ to*** das Wort an *j-n* richten; **4.** Gespräch *n*: ***have ~ with*** mit *j-m* reden; **5.** Rede *f*, Ansprache *f*, Vortrag *m*; ⚖ Plädoy'er *n*; **6.** a) (Landes)Sprache *f*, b) Dia'lekt *m*: ***in common ~*** in der Umgangssprache, landläufig; **7.** Sprech-, Ausdrucksweise *f*, Sprache *f* (*e-r Person*); **8.** ♪ Klang *m e-r Orgel etc.*; **II** *adj.* **9.** Sprach..., Sprech...: ***~ area*** *ling.* Sprachraum *m*; ***~ centre*** (*Am.* ***center***) *anat.* Sprechzentrum *n*; ***~ clinic*** ⚕ Sprachklinik *f*; ***~ day*** *ped.* (Jahres-) Schlussfeier *f*; ***~ defect*** Sprachfehler *m*; ***~ island*** Sprachinsel *f*; ***~ map*** Sprachenkarte *f*; ***~ recognition*** *Computer, ling.*: Spracherkennung *f*; ***~ record*** Sprechplatte *f*; ***~ therapist*** Logo'päde *m*, Logo'pädin *f*; ***~ therapy*** Logopädie *f*.

speech·i·fi·ca·tion [ˌspi:tʃɪfɪ'keɪʃn] *s. contp.* Redenschwingen *n*; **speech·i·fi·er** ['spi:tʃɪfaɪə] *s.* Viel-, Volksredner *m*; **speech·i·fy** ['spi:tʃɪfaɪ] *v/i.* Reden schwingen.

speech·less ['spi:tʃlɪs] *adj.* □ **1.** *fig.* sprachlos (**with** vor *Empörung etc.*): ***that left him ~*** das verschlug ihm die Sprache; **2.** stumm, wortkarg; **3.** *fig.* unsäglich: ***~ grief***; **'speech·less·ness** [-nɪs] *s.* Sprachlosigkeit *f*.

speed [spi:d] **I** *s.* **1.** Geschwindigkeit *f*, Schnelligkeit *f*, Eile *f*, Tempo *n*: ***at a ~ of*** mit e-r Geschwindigkeit von; ***at full ~*** mit Höchstgeschwindigkeit; ***at the ~ of light*** mit Lichtgeschwindigkeit; ***full ~ ahead*** ⚓ volle Kraft voraus; ***that's not my ~!*** *sl.* das ist nicht mein Fall!; **2.** ⚙ a) Drehzahl *f*, b) *mot. etc.* Gang *m*: ***three-~ bicycle*** Fahrrad mit Dreigangschaltung; **3.** *phot.* a) Lichtempfindlichkeit *f*, b) Verschlussgeschwindigkeit *f*; **4.** *obs.*: ***good ~!*** viel Erfolg!, viel Glück!; **5.** *sl.* ‚Speed' *m* (*Aufputschmittel*); **II** *adj.* **6.** Schnell..., Geschwindigkeits...; **III** *v/t.* [*irr.*] **7.** *Gast* (rasch) verabschieden, *j-m* Lebe'wohl sagen; **8.** *j-m* beistehen: ***God ~ you!*** Gott sei mit dir!; **9.** rasch befördern; **10.** *Lauf etc.* beschleunigen; **11.** *mst* ***~ up*** (*pret. u. p.p.* ***speeded***) *Maschine* beschleunigen, *fig. Sache* vo'rantreiben; *Produktion* erhöhen; **IV** *v/i.* [*irr.*] **12.** (da'hin-) eilen, rasen; **13.** *mot.* (zu) schnell fahren; → ***speeding***; **14.** ***~ up*** (*pret. u. p.p.* ***speeded***) die Geschwindigkeit erhöhen; **15.** *obs.* gedeihen, Glück haben; **'~·boat** *s.* **1.** ⚓ Schnellboot *n*; **2.** *sport* Rennboot *n*; **~ bump** *s. mot.* Fahrbahnschwelle *f*, *offiziell*: Aufpflasterung *f*; **~ cop** *s.* F motorisierter Ver'kehrspoli,zist; **~ count·er** *s.* ⚙ Drehzahlmesser *m*, Tourenzähler *m*.

speed·er ['spi:də] *s.* **1.** ⚙ Geschwindigkeitsregler *m*; **2.** *mot.* ‚Raser' *m*.

speed| hump *Brit.* → ***speed bump***; **~ in·di·ca·tor** *s.* **1.** → ***speedometer***; **2.** → ***speed counter***.

speed·i·ness ['spi:dɪnɪs] *s.* Schnelligkeit *f*, Zügigkeit *f*.

speed·ing ['spi:dɪŋ] *s. mot.* zu schnelles Fahren, Ge'schwindigkeitsüber,tretung *f*: ***no ~!*** Schnellfahren verboten!

speed| lathe *s.* ⚙ Schnelldrehbank *f*; **~ lim·it** *s. mot.* Geschwindigkeitsbegrenzung *f*, Tempolimit *n*; **~ mer·chant** *s. mot. Brit. sl.* ‚Raser' *m*.

speed·o ['spi:dəʊ] *pl.* **-os** *s. mot.* F ‚Tacho' *m*.

speed·om·e·ter [spɪ'dɒmɪtə] *s. mot.* Tacho'meter *m, n*.

speed| ramp *s. mot.* Bodenschwelle *f*; **'~-,read·ing** *s.* 'Schnellleseme,thode *f*; **~ skat·er** *s. sport* Eisschnellläufer(in); **~ skat·ing** *s.* Eisschnelllauf *m*.

speed·ster ['spi:dstə] *s.* **1.** → ***speeder*** 2; **2.** ‚Flitzer' *m* (*Sportwagen*).

speed| trap *s.* Ra'darfalle *f*; **'~-up** *s.* **1.** Beschleunigung *f*; **2.** Produkti'onserhöhung *f*; **'~·way** *s.* **1.** *sport* a) Speedwayrennen *pl.*, b) *a.* ***~ track*** Speedwaybahn *f*; **2.** *Am.* a) Schnellstraße *f*, b) Autorennstrecke *f*.

speed·well ['spi:dwel] *s.* ⚘ Ehrenpreis *n, m*.

speed·y ['spi:dɪ] *adj.* □ schnell, zügig, rasch, prompt: ***wish s.o. a ~ recovery*** j-m gute Besserung wünschen.

speiss [spaɪs] *s.* ⚒, *metall.* Speise *f*.

spe·le·ol·o·gist [ˌspelɪ'ɒlədʒɪst] *s.* Höhlenforscher *m*; **ˌspe·le'ol·o·gy** [-dʒɪ] *s.* Speläolo'gie *f*, Höhlenforschung *f*.

spell[1] [spel] **I** *v/t.* [*a. irr.*] **1.** buchstabieren: ***~ backward*** a) rückwärts buchstabieren, b) *fig.* völlig verdrehen; **2.** (ortho'graphisch richtig) schreiben; **3.** *Wort* bilden, ergeben: ***l-e-d ~s led***; **4.** *fig.* bedeuten: ***it ~s trouble***; **5.** ***~ out*** (*od.* ***over***) (mühsam) entziffern; **6.** *oft* ***~ out*** *fig.* a) darlegen, b) (**for s.o.** j-m) *et.* ‚ausein'ander klauben'; **II** *v/i.* [*a. irr.*] **7.** (richtig) schreiben; **8.** geschrieben werden, sich schreiben.

spell[2] [spel] **I** *s.* **1.** Arbeit(szeit) *f*: ***have a ~ at*** sich e-e Zeit lang mit *et.* beschäftigen; **2.** (Arbeits)Schicht *f*: ***give s.o. a ~*** → 7; **3.** *Am.* (*Husten- etc.*)Anfall *m*, (ner'vöser) Zustand; **4.** a) Zeit(abschnitt *m*) *f*, b) *ein* Weilchen *n*: ***for a ~***; **5.** *Am.* F Katzensprung *m* (*kurze Strecke*); **6.** *meteor.* Peri'ode *f*: ***a ~ of fine weather*** e-e Schönwetterperiode; ***hot ~*** Hitzewelle *f*; **II** *v/t.* **7.** *Am. j-n* (bei der Arbeit) ablösen.

spell[3] [spel] **I** *s.* **1.** Zauber(wort *n*) *m*; **2.** *fig.* Zauber *m*, Bann *m*, Faszinati'on *f*: ***be under a ~*** a) verzaubert sein, b) *fig.* gebannt *od.* fasziniert sein; ***break the ~*** den Zauberbann (*fig.* das Eis) brechen; ***cast a ~ on*** → 3; **II** *v/t.* **3.** *j-n* a) verzaubern, b) *fig.* bezaubern, fesseln, faszinieren; **'~·bind** *v/t.* [*irr.* → ***bind***] → ***spell***[3] 3; **'~,bind·er** *s.* faszinierender Redner, fesselnder Ro'man *etc.*; **'~·bound** *adj. u. adv.* (wie) gebannt, fasziniert; **'~,check·er** *s. Computer*: 'Rechtschreib(hilfe)pro,gramm *n*.

spell·er ['spelə] *s.* **1.** ***he is a good ~*** er ist in der Orthographie gut beschlagen; **2.** Fibel *f*; **'spell·ing** [-lɪŋ] *s.* **1.** Buchstabieren *n*; **2.** Rechtschreibung *f*, Orthogra'phie *f*: ***~ bee*** Rechtschreibewettbewerb *m*; ***~ checker*** *Computer*: 'Rechtschreib(hilfe)pro,gramm *n*.

spelt[1] [spelt] *s.* ⚘ Spelz *m*, Dinkel *m*.

spelt[2] [spelt] *pret. u. p.p. von* ***spell***[1].

spel·ter ['speltə] *s.* **1.** ✝ (Handels-, Roh)Zink *n*; **2.** *a.* ***~ solder*** ⚙ Messingschlaglot *n*.

spe·lunk [spɪ'lʌŋk] *v/i. Am.* Höhlen erforschen (*als Hobby*).

spen·cer[1] ['spensə] *s. hist. u. Damenmode*: Spenzer *m* (*kurze Überjacke*).

spen·cer[2] ['spensə] *s.* ⚓ *hist.* Gaffelsegel *n*.

S

spend [spend] [*irr.*] **I** *v/t.* **1.** verbrauchen, aufwenden, ausgeben (**on** für): ~ ***money***; → ***penny*** 1; **2.** *Geld, Zeit etc.* verwenden, anlegen (**on** für): ~ ***time on s.th.*** Zeit für et. verwenden; **3.** verschwenden, -geuden, 'durchbringen; **4.** *Zeit* zu-, verbringen; **5.** (**o.s.** sich) erschöpfen, verausgaben: ***the storm is spent*** der Sturm hat sich gelegt *od.* ausgetobt; **II** *v/i.* **6.** Geld ausgeben, Ausgaben machen; **7.** laichen (*Fische*).

spend·ing ['spendɪŋ] *s.* **1.** (*das*) Geldausgeben; **2.** Ausgabe(n *pl.*) *f*; ~ **mon·ey** *s.* Taschengeld *n*; ~ **pow·er** *s.* Kaufkraft *f*.

spend·thrift ['spendθrɪft] **I** *s.* Verschwender(in); **II** *adj.* verschwenderisch.

Spen·se·ri·an [spen'sɪərɪən] *adj.* (Edmund) Spenser betreffend: ~ ***stanza*** Spenserstanze *f*.

spent [spent] **I** *pret. u. p.p. von* ***spend***; **II** *adj.* **1.** matt, verausgabt, erschöpft, entkräftet: ~ ***bullet*** matte Kugel; ~ ***liquor*** ⚙ Ablauge *f*; **2.** verbraucht; **3.** *zo.* (*von Eiern od. Samen*) entleert (*Insekten, Fische*): ~ ***herring*** Hering *m* nach dem Laichen.

sperm¹ [spɜːm] *s. physiol.* **1.** Sperma *n*, Samenflüssigkeit *f*; **2.** Samenzelle *f*.

sperm² [spɜːm] *s.* **1.** Walrat *m*, *n*; **2.** → ***sperm whale***; **3.** → ***sperm oil***.

sper·ma·ce·ti [ˌspɜːmə'setɪ] *s.* Walrat *m*, *n*.

sper·ma·ry ['spɜːmərɪ] *s. physiol.* Keimdrüse *f*; **sper·mat·ic** [spɜː'mætɪk] *adj. physiol.* sper'matisch, Samen...: ~ ***cord*** Samenstrang *m*; ~ ***filament*** Samenfaden *m*; ~ ***fluid*** → ***sperm¹*** 1.

sper·ma·to·blast ['spɜːmətəʊblæst] *s. biol.* Ursamenzelle *f*; ˌ**sper·ma·to'gen·e·sis** [-əʊ'dʒenɪsɪs] *s. biol.* Samenbildung *f*; ˌ**sper·ma·to'zo·on** [-əʊ'zəʊɒn] *pl.* **-'zo·a** [-'zəʊə] *s. biol.* Spermatozoon *n*, Spermium *n*.

spermo- [spɜːməʊ] *in Zssgn* Samen...

sperm oil *s.* Walratöl *n*.

sper·mo·log·i·cal [ˌspɜːmə'lɒdʒɪkl] *adj.* **1.** ⚕ spermato'logisch; **2.** ♀ samenkundlich.

sperm whale *s. zo.* Pottwal *m*.

spew [spjuː] **I** *v/i.* sich erbrechen, ‚spucken', ‚speien'; **II** *v/t.* (er)brechen: ~ ***forth*** (*od.* ***out***, ***up***) (aus)speien, (-)spucken, (-)werfen; **III** *s. das* Erbrochene.

sphac·e·la·tion [ˌsfæsɪ'leɪʃn] *s.* ⚕ Brandbildung *f*; **sphac·e·lous** ['sfæsɪləs] *adj.* ⚕ gangrä'nös, ne'krotisch.

sphaero- [sfɪərəʊ] *in Zssgn* Kugel..., Sphäro...

sphe·nog·ra·phy [sfɪ'nɒgrəfɪ] *s.* Keilschriftkunde *f*; **sphe·noid** ['sfiːnɔɪd] **I** *adj.* **1.** keilförmig; **2.** *anat.* Keilbein...; **II** *s.* **3.** *min.* Spheno'id *n* (*Kristallform*).

sphere [sfɪə] *s.* **1.** Kugel *f* (*a.* ⩓; *a. sport Ball*), kugelförmiger Körper; Erd-, Himmelskugel *f*; Himmelskörper *m*: ***doctrine of the*** ~ ⩓ Sphärik *f*; **2.** *antiq. ast.* Sphäre *f*: ***music of the ~s*** Sphärenmusik *f*; **3.** *poet.* Himmel *m*, Sphäre *f*; **4.** *fig.* (*Einfluss-, Interessen-etc.*)Sphäre *f*, Gebiet *n*, Bereich *m*, Kreis *m*: ~ ***of influence***; ~ (***of activity***) Wirkungskreis; **5.** Mili'eu *n*, (gesellschaftliche) Um'gebung; **spher·ic** ['sferɪk] **I** *adj.* **1.** *poet.* himmlisch; **2.** kugelförmig; **3.** sphärisch; **II** *s. pl.* **4.** → ***spherics¹***; **spher·i·cal** ['sferɪkl] *adj.* ☐ **1.** kugelförmig; **2.** ⩓ Kugel... (*-ausschnitt, -vieleck etc.*), sphärisch: ~ ***astronomy***; ~ ***trigonometry***; **sphe·ric·i·ty** [sfɪ'rɪsətɪ] *s.* Kugelgestalt *f*, sphärische Gestalt.

spher·ics¹ ['sferɪks] *s. pl. sg. konstr.* ⩓ Sphärik *f*, Kugellehre *f*.

spher·ics² ['sferɪks] *s. pl. sg. konstr.* Wetterbeobachtung *f* mit elek'tronischen Geräten.

sphero- → ***sphaero-***.

sphe·roid ['sfɪərɔɪd] **I** *s.* ⩓ Sphäro'id *n*; **II** *adj.* → **sphe·roi·dal** [ˌsfɪə'rɔɪdl] *adj.* ☐ sphäro'idisch, kugelig; **sphe·roi·dic**, **sphe·roi·di·cal** [ˌsfɪə'rɔɪdɪk(l)] *adj.* ☐ → ***spheroidal***.

spher·ule ['sferjuːl] *s.* Kügelchen *n*.

sphinc·ter ['sfɪŋktə] *s. a.* ~ ***muscle*** *anat.* Schließmuskel *m*.

sphinx [sfɪŋks] *pl.* '**sphinx·es** *s.* **1.** *mst* ♀ *myth. u.* ⚠ Sphinx *f* (*a. fig. rätselhafter Mensch*); **2.** a) *a.* ~ ***moth*** Sphinx *f* (*Nachtfalter*), b) *a.* ~ ***baboon*** Sphinxpavian *m*; '**~·like** *adj.* sphinxartig (*a. fig. rätselhaft*).

spi·ca ['spaɪkə] *pl.* **-cae** [-siː] *s.* **1.** ♀ Ähre *f*; **2.** ⚕ Kornährenverband *m*; '**spi·cate** [-keɪt] *adj.* ♀ a) Ähren tragend (*Pflanze*), b) ährenförmig (angeordnet) (*Blüte*).

spice [spaɪs] **I** *s.* **1.** a) Gewürz *n*, Würze *f*, b) *coll.* Gewürze *pl.*; **2.** *fig.* Würze *f*; **3.** *fig.* Beigeschmack *m*, Anflug *m*; **II** *v/t.* **4.** würzen (*a. fig.*); **spiced** [-st] → ***spicy*** 1 *u.* 2; '**spic·er·y** [-sərɪ] *s. coll.* Gewürze *pl.*; '**spic·i·ness** [-sɪnɪs] *s. fig. das* Würzige, *das* Pi'kante.

spick-and-span [ˌspɪkən'spæn] *adj.* **1.** funkelnagelneu; **2.** a) blitzsauber, b) ‚wie aus dem Ei gepellt' (*Person*).

spic·u·lar ['spaɪkjʊlə] *adj.* **1.** *zo.* nadelförmig; **2.** ♀ ährchenförmig; **spic·ule** ['spaɪkjuːl] *s.* **1.** (Eis- *etc.*)Nadel *f*; **2.** *zo.* nadelartiger Fortsatz, *bsd.* Ske'lettnadel *f* (*e-s Schwammes etc.*); **3.** ♀ Ährchen *n*.

spic·y ['spaɪsɪ] *adj.* ☐ **1.** gewürzt; **2.** würzig, aro'matisch (*Duft etc.*); **3.** Gewürz...; **4.** *fig.* a) gewürzt, witzig, b) pi'kant, gepfeffert, schlüpfrig; **5.** *sl.* a) ‚gewieft', geschickt, b) schick.

spi·der ['spaɪdə] *s.* **1.** *zo.* Spinne *f*; **2.** ⚙ a) Armkreuz *n*, b) Drehkreuz *n*, c) Armstern *m* (*Rad*); **3.** ⚡ Ständerkörper *m*; **4.** *Am.* Dreifuß *m* (*Untersatz*); ~ **catch·er** *s. orn.* **1.** Spinnenfresser *m*; **2.** Mauerspecht *m*; ~ **line** *s. mst pl.* ⚙, *opt.* Faden(kreuz *n*) *m*, Ableselinie *f*; ~ **web**, *a.* **~'s web** *s.* Spinn(en)gewebe *n* (*a. fig.*).

spi·der·y ['spaɪdərɪ] *adj.* **1.** spinnenartig; **2.** spinnwebartig; **3.** voll von Spinnen.

spiel [spiːl] *s. Am. sl.* **1.** Werbesprüche *pl.*; **2.** ‚Platte' *f*, Gequassel *n*.

spiff·ing ['spɪfɪŋ] *adj. sl.* ‚toll', ‚(tod-) schick'.

spif·(f)li·cate ['spɪflɪkeɪt] *v/t. sl.* ‚es *j-m* besorgen'.

spig·ot ['spɪgət] *s.* ⚙ **1.** (Fass)Zapfen *m*; **2.** Zapfen *m* (*e-s Hahns*); **3.** (Fass-, Leitungs)Hahn *m*; **4.** Muffenverbindung *f* (*bei Röhren*).

spike¹ [spaɪk] *s.* ♀ **1.** (Gras-, Korn)Ähre *f*; **2.** (Blüten)Ähre *f*.

spike² [spaɪk] **I** *s.* **1.** Stift *m*, Spitze *f*, Dorn *m*, Stachel *m*; **2.** ⚙ (Haken-, Schienen)Nagel *m*, Bolzen *m*; **3.** (Zaun-) Eisenspitze *f*; **4.** a) *mst pl.* Spike *m* (*am Rennschuh etc.*), b) *pl. mot.* Spikes *pl.* (*am Reifen*); **5.** *hunt.* Spieß *m* (*e-s Junghirsches*); **6.** *ichth.* junge Ma'krele; **II** *v/t.* **7.** festnageln; **8.** mit (Eisen)Spitzen versehen; **9.** aufspießen; **10.** *sport* mit den Spikes verletzen; **11.** ⚔ *Geschütz* vernageln: ~ ***s.o.'s guns*** *fig.* j-m e-n Strich durch die Rechnung machen; **12.** a) e-n Schuss Alkohol geben in *ein Getränk*, b) *fig.* ‚pfeffern'.

spiked¹ [spaɪkt] *adj.* ♀ Ähren tragend.

spiked² [spaɪkt] *adj.* **1.** mit Nägeln *od.* (Eisen)Spitzen (versehen): ~ ***shoes***; ~ ***helmet*** Pickelhaube *f*; **2.** mit ‚Schuss' (*Getränk*).

spike·nard ['spaɪknɑːd] *s.* **1.** La'vendelöl *n*; **2.** ♀ Indische Narde; **3.** ♀ Traubige A'ralie.

spike oil → ***spikenard*** 1.

spik·y ['spaɪkɪ] *adj.* **1.** spitz, dornenartig, stachelig; **2.** *Brit.* F a) eigensinnig, b) empfindlich.

spile [spaɪl] **I** *s.* **1.** (Fass)Zapfen *m*, Spund *m*; **2.** Pflock *m*, Pfahl *m*; **II** *v/t.* **3.** verspunden; **4.** anzapfen; '**~·hole** *s.* Spundloch *n*.

spill¹ [spɪl] *s.* **1.** (Holz)Splitter *m*; **2.** Fidibus *m*.

spill² [spɪl] **I** *v/t.* [*irr.*] **1.** aus-, verschütten, 'überlaufen lassen; **2.** *Blut* vergießen; **3.** um'her-, verstreuen; **4.** ⚓ *Segel* killen lassen; **5.** a) *Reiter* abwerfen, b) *j-n* schleudern; **6.** *sl.* ausplaudern, verraten; → ***bean*** 1; **II** *v/i.* [*irr.*] **7.** 'überlaufen, verschüttet werden; **8.** *a.* ~ ***over*** sich ergießen (*a. fig.*); **9.** ~ ***over with*** *fig.* wimmeln von; **10.** *sl.* ‚auspacken', ‚singen'; **III** *s.* **11.** F Sturz *m* (*vom Pferd etc.*); **12.** ✝ Preissturz *m*.

spil·li·kin ['spɪlɪkɪn] *s.* **1.** (*bsd.* Mi'kado-) Stäbchen *n*; **2.** *pl. sg. konstr.* Mi'kado *n*.

'**spill·way** *s.* ⚙ 'Überlauf(rinne *f*) *m*, 'Abflusska͵nal *m*.

spilt [spɪlt] *pret. u. p.p. von* ***spill²***; → ***milk*** 1.

spin [spɪn] **I** *v/t.* [*irr.*] **1.** *Wolle, Flachs etc.* (zu Fäden) spinnen; **2.** *Fäden, Garn* spinnen; **3.** schnell drehen, (herum)wirbeln; *Kreisel* treiben; ✈ *Flugzeug* trudeln lassen; *Münze* hochwerfen; *Wäsche* schleudern; *Schallplatte* ‚laufen lassen'; **4.** a) sich *et.* ausdenken, *Pläne* aushecken, b) erzählen; → ***yarn*** 3; **5.** ~ ***out*** in die Länge ziehen, *Geschichte* ausspinnen, *a. Suppe etc.* ‚strecken'; **6.** *sport Ball* mit Ef'fet schlagen; **7.** *sl. Kandidaten* ‚'durchrasseln' lassen; **II** *v/i.* [*irr.*] **8.** spinnen; **9.** *a.* ~ ***round*** sich (im Kreis um die eigene Achse) drehen, her'umwirbeln: ***send s.o. ~ning*** j-n hinschleudern; ***my head ~s*** mir dreht sich alles; **10.** ~ ***along*** da'hinsausen (*fahren*); **11.** ✈ trudeln; **12.** *mot.* 'durchdrehen (*Räder*); **13.** *sl.* ‚durchrasseln' (*Prüfungskandidat*); **III** *s.* **14.** *das* Her'umwirbeln; **15.** schnelle Drehung, Drall *m*; **16.** *phys.* Spin *m*, Drall *m* (*des Elektrons*); **17.** ***go for a*** ~ F e-e Spritztour machen; **18.** ✈ a) (Ab)Trudeln *n*, b) 'Sturzspi͵rale *f*; **19.** *sport* Ef'fet *m*.

spin·ach ['spɪnɪdʒ] *s.* **1.** ♀ Spi'nat *m*; **2.** *Am. sl.* ‚Mist' *m*.

spi·nal ['spaɪnl] *adj. anat.* spi'nal, Rückgrat..., Rückenmarks...; ~ **col·umn** *s.* Wirbelsäule *f*, Rückgrat *n*; ~ **cord**, ~ **mar·row** *s.* Rückenmark *n*; ~ **nerve** *s.* Spi'nalnerv *m*.

spin·dle ['spɪndl] **I** *s.* **1.** ⚙ a) (Hand-, *a.* Drehbank)Spindel *f*, b) Welle *f*, Achszapfen *m*, c) Triebstock *m*, d) Hydro'meter *n*; **2.** *ein Garnmaß*; **3.** *biol.* Kernspindel *f*; **4.** ♀ Spindel *f*; **II** *v/i.* **5.** (auf)schießen (*Pflanze*); **6.** in die Höhe schießen (*Person*); '**~-legged** *adj.*

S

storchbeinig; '**~·legs**, '**~·shanks** *s. pl.* **1.** ‚Storchbeine' *pl.*; **2.** *sg. konstr.* ‚Storchbein' *n* (*Person*).
spin·dling ['spɪndlɪŋ], '**spin·dly** [-lɪ] *adj.* lang u. dünn, spindeldürr.
spin| doc·tor *s.* F **1.** *offiziell eingesetzte(r)* schönrednerische(r) Pressesprecher(in), Schönredner(in), F ‚Märchenerzähler(in)'; **2.** Imageberater(in); ˌ**~-'dry** *v/t. Wäsche* schleudern; ˌ**~-'dry·er**, *a.* ˌ**~-'dri·er** *s.* Wäscheschleuder *f.*
spine [spaɪn] *s.* **1.** ⚘, *zo.* Stachel *m*; **2.** *anat.* Rückgrat *n* (*a. fig. fester Charakter*), Wirbelsäule *f*; **3.** (Gebirgs)Grat *m*; **4.** Buchrücken *m*; **spined** [-nd] *adj.* **1.** *bot., zo.* stachelig, Stachel...; **2.** Rückgrat..., Wirbel...; '**spine·less** [-lɪs] *adj.* **1.** stachellos; **2.** rückgratlos (*a. fig.*).
spin·et [spɪ'net] *s.* ♪ Spi'nett *n.*
spin·na·ker ['spɪnəkə] *s.* ⚓ Spinnaker *m* (*großes Dreiecksegel*).
spin·ner ['spɪnə] *s.* **1.** *poet. od. dial.* Spinne *f*; **2.** Spinner(in); **3.** ⚙ 'Spinnmaˌschine *f*; **4.** Kreisel *m*; **5.** (Polier-)Scheibe *f*; **6.** → '**spin·ner·et** [-əret] *s. zo.* Spinndrüse *f.*
spin·ney ['spɪnɪ] *pl.* **-neys** *s. Brit.* Dickicht *n.*
spin·ning| jen·ny ['spɪnɪŋ] *s.* 'Feinspinnmaˌschine *f*; **~ mill** *s.* Spinne'rei *f*; **~ wheel** *s.* Spinnrad *n.*
'**spin-off** *s.* ⚙ 'Nebenproˌdukt *n* (*a. fig.*).
spi·nose ['spaɪnəʊs], '**spi·nous** [-nəs] *adj.* stach(e)lig.
spin·ster ['spɪnstə] *s.* **1.** älteres Fräulein, alte Jungfer; **2.** *Brit.* ⚖ a) unverheiratete Frau, b) *nach dem Namen*: ledig: **~ aunt** unverheiratete Tante; '**spin·ster·hood** [-hʊd] *s.* **1.** Alt'jüngferlichkeit *f*; **2.** Alt'jungfernstand *m*; **3.** lediger Stand; '**spin·ster·ish** [-ərɪʃ], '**spin·ster·ly** [-lɪ] *adj.* alt'jüngferlich.
spin·y ['spaɪnɪ] *adj.* **1.** ⚘, *zo.* stach(e)lig; **2.** *fig.* heikel (*Thema etc.*).
spi·ra·cle ['spaɪərəkl] *s.* **1.** Atem-, Luftloch *n*, *bsd. zo.* Tra'chee *f*; **2.** *zo.* Spritzloch *n* (*bei Walen etc.*).
spi·ral ['spaɪərəl] **I** *adj.* □ **1.** gewunden, schrauben-, schneckenförmig, spi'ral, Spiral...: **~ balance** ⚙ (Spiral)Federwaage *f*; **~ staircase** Wendeltreppe *f*; **2.** ⩓ spi'ralig, Spiral...; **II** *s.* **3.** ⩓ *etc.* Spi'rale *f*; **4.** Windung *f e-r Spirale*; **5.** ⚙ a) *a.* **~ conveyer** Förderschnecke *f*, b) *a.* **~ spring** Spi'ralfeder *f*; **6.** ϟ a) Spule *f*, b) Wendel *f* (*Glühlampe*); **7.** *a.* **~ nebula** *ast.* Spi'ralnebel *m*; **8.** ✈ Spi'ralflug *m*, Spi'rale *f*; **9.** ✝ (*Preis-, Lohn- etc.*)Spi'rale *f*: **wage-price ~** Lohn-Preis-Spirale; **III** *v/t.* **10.** spi'ralig machen; **11. ~ up** (**down**) *Preise etc.* hin'auf- (her'unter)schrauben; **IV** *v/i.* **12.** sich spi'ralförmig nach oben *od.* unten bewegen, *a.* ✈, ✝ sich hoch schrauben *od.* niederschrauben.
spi·rant ['spaɪərənt] *ling.* **I** *s.* Spirans *f*, Reibelaut *m*; **II** *adj.* spi'rantisch.
spire[1] ['spaɪə] *s.* **1.** → **spiral** 4; **2.** Spi'rale *f*; **3.** *zo.* Gewinde *n.*
spire[2] ['spaɪə] **I** *s.* **1.** (*Dach-, Turm-, a. Baum-, Berg- etc.*)Spitze *f*; **2.** Spitzturm *m*; **3.** Kirchturm(spitze *f*) *m*; **4.** spitz zulaufender Körper *od.* Teil, *z. B.* (Blüten)Ähre *f*, Grashalm *m*, (Geweih)Gabel *f*; **II** *v/i. u. v/t.* **5.** spitz zulaufen (lassen).
spired[1] ['spaɪəd] *adj.* spi'ralförmig.
spired[2] ['spaɪəd] *adj.* **1.** spitz (zulaufend); **2.** spitztürmig.
spir·it ['spɪrɪt] **I** *s.* **1.** *allg.* Geist *m*: a) Odem *m*, Lebenshauch *m*, b) innere Vorstellung: **in** (**the**) **~** im Geiste, c) Seele *f* (*a. e-s Toten*), d) Gespenst *n*, e) Gesinnung *f*, (*Gemein- etc.*)Sinn *m*, f) Cha'rakter *m*, g) Sinn *m*: **the ~ of the law**; → **enter into** 4; **2.** Stimmung *f*, Gemütsverfassung *f*, *pl. a.* Lebensgeister *pl.*: **in high** (**low**) **~s** gehobener (in gedrückter) Stimmung; **3.** Feuer *n*, Schwung *m*, E'lan *m*; Ener'gie *f*, Mut *m*; **4.** (Mann *m* von) Geist *m*, Kopf *m*, Ge'nie *n*; **5.** Seele *f e-s Unternehmens*; **6.** (Zeit)Geist *m*: **~ of the age**; **7.** ⚗ Destil'lat *n*, Geist *m*, Spiritus *m*: **~(s) of hartshorn** Hirschhornspiritus, -geist; **~(s) of turpentine** Terpentinöl *n*; **~(s) of wine** Weingeist; **8.** *pl.* alko'holische *od.* geistige Getränke *pl.*, Spiritu'osen *pl.*; **9.** *a. pl.* ⚗ *Am.* Alkohol *m*; **II** *v/t.* **10.** *a.* **~ up** aufmuntern, anstacheln; **11. ~ away**, **~ off** wegschaffen, -zaubern, verschwinden lassen; '**spir·it·ed** [-tɪd] *adj.* □ **1.** le'bendig, lebhaft, schwungvoll, tempera'mentvoll; **2.** e'nergisch, beherzt; **3.** feurig (*Pferd etc.*); **4.** (geist-)sprühend, le'bendig (*Rede, Buch etc.*).
-spir·it·ed [spɪrɪtɪd] *adj. in Zssgn* **1.** ...gesinnt: → **public-~**; **2.** ...gestimmt: → **low-~**.
spir·it·ed·ness ['spɪrɪtɪdnɪs] *s.* **1.** Lebhaftigkeit *f*, Le'bendigkeit *f*; **2.** Ener'gie *f*, Beherztheit *f*; **3.** *in Zssgn*: **low-~** Niedergeschlagenheit *f*; **public-~** Gemeinsinn *m.*
spir·it·ism ['spɪrɪtɪzəm] *s.* Spiri'tismus *m*; '**spir·it·ist** [-ɪst] *s.* Spiri'tist(in); **spir·it·is·tic** [ˌspɪrɪ'tɪstɪk] *adj.* (□ **~ally**) spiri'tistisch.
spir·it·less ['spɪrɪtlɪs] *adj.* □ **1.** geistlos; **2.** leb-, lust-, schwunglos, schlapp; **3.** niedergeschlagen, mutlos; '**spir·it·less·ness** [-nɪs] *s.* **1.** Geistlosigkeit *f*; **2.** Lust-, Schwunglosigkeit *f*; **3.** Kleinmut *m.*
spir·it| lev·el *s.* ⚙ Nivellier-, Wasserwaage *f*; **~ rap·ping** *s.* Geisterklopfen *n.*
spir·it·u·al ['spɪrɪtjʊəl] **I** *adj.* □ **1.** geistig, unkörperlich; **2.** geistig, innerlich, seelisch: **~ life** Seelenleben *n*; **3.** vergeistigt (*Person, Gesicht etc.*); **4.** göttlich (inspiriert); **5.** a) religi'ös, b) kirchlich, c) geistlich (*Gericht, Lied etc.*); **6.** geistig, intellektu'ell; **7.** geistreich, -voll; **II** *s.* **8.** ♪ (Neger)Spiritual *n*; '**spir·it·u·al·ism** [-lɪzəm] *s.* **1.** Geisterglaube *m*, Spiri'tismus *m*; **2.** *phls.* a) Spiritua'lismus *m*, b) meta'physischer Idea'lismus; **3.** *das* Geistige; '**spir·it·u·al·ist** [-lɪst] *s.* **1.** Spiritua'list *m*, Idea'list *m*; **2.** Spiri'tist *m*; **spir·it·u·al·i·ty** [ˌspɪrɪtjʊ'ælətɪ] *s.* **1.** *das* Geistige; **2.** *das* Geistliche; **3.** Unkörperlichkeit *f*, geistige Na'tur; **4.** *oft pl. hist.* geistliche Rechte *pl. od.* Einkünfte *pl.*; '**spir·it·u·al·ize** [-laɪz] *v/t.* **1.** vergeistigen; **2.** im über'tragenen Sinne deuten.
spir·it·u·ous ['spɪrɪtjʊəs] *adj.* **1.** alko'holisch: **~ liquors** Spirituosen; **2.** destilliert.
spir·y[1] ['spaɪərɪ] → **spired**[1].
spir·y[2] ['spaɪərɪ] *adj.* **1.** spitz zulaufend; **2.** vieltürmig.
spit[1] [spɪt] **I** *v/i.* [*irr.*] **1.** spucken: **~ on** *fig.* auf *et.* spucken; **~ on** (*od.* **at**) **s.o.** j-n anspucken; **~ s.o. in the eye** j-m ins Gesicht spucken (*a. fig.*); **2.** spritzen, klecksen (*Federhalter*); **3.** sprühen (*Regen*); **4.** fauchen, zischen (*Katze etc.*): **~ at s.o.** j-n anfauchen; **5.** (her'aus)sprudeln, (-)spritzen (*kochendes Wasser etc.*); **II** *v/t.* [*irr.*] **6.** *a.* **~ out** (aus)spucken; **7.** *Feuer etc.* speien; **8.** *a.* **~ out** *fig. Worte* (heftig) her'vorstoßen, zischen: **~ it out!** F nun sags schon!; **III** *s.* **9.** Spucke *f*, Speichel *m*: **~ and polish** ⚓, ⚔ *sl.* a) Putz- u. Flickstunde *f*, b) peinliche Sauberkeit, c) Leuteschinderei *f*; **~-and-polish** F *attr.* ‚wie aus dem Ei gepellt'; **10.** Fauchen *n* (*e-r Katze*); **11.** Sprühregen *m*; **12.** F Eben-, Abbild *n*: **she is the ~** (**and image**) **of her mother** sie ist ihrer Mutter wie aus dem Gesicht geschnitten.
spit[2] [spɪt] **I** *s.* **1.** (Brat)Spieß *m*; **2.** *geogr.* Landzunge *f*; **3.** spitz zulaufende Sandbank; **II** *v/t.* **4.** an e-n Bratspieß stecken; **5.** aufspießen.
spit[3] [spɪt] *s.* Spatenstich *m.*
spite [spaɪt] **I** *s.* **1.** Boshaftigkeit *f*, Gehässigkeit *f*: **from pure** (*od.* **in** *od.* **out of**) **~** aus reiner Bosheit; **2.** Groll *m*: **have a ~ against** *j-m* grollen; **~ vote** *pol.* Protest-, Trotzwahl *f*; **3.** (**in**) **~ of** trotz, ungeachtet (*gen.*): **in ~ of that** dessen ungeachtet; **in ~ of o.s.** unwillkürlich; **II** *v/t.* **4.** *j-m* ‚eins auswischen'; → **nose** *Redew.*; '**spite·ful** [-fʊl] *adj.* □ boshaft, gehässig; '**spite·ful·ness** [-fʊlnɪs] → **spite** 1.
'**spitˌfire** *s.* **1.** Feuer-, Hitzkopf *m*, *bsd.* ‚Drachen' *m* (*Frau*); **2.** Feuer speiender Vul'kan.
spit·tle ['spɪtl] *s.* Spucke *f*, Speichel *m.*
spit·toon [spɪ'tuːn] *s.* Spucknapf *m.*
spitz (**dog**) [spɪts] *s. zo.* Spitz *m* (*Hund*).
spiv [spɪv] *s. Brit. sl.* Schieber *m*, Schwarzhändler *m.*
splanch·nic ['splæŋknɪk] *adj. anat.* Eingeweide...
splash [splæʃ] **I** *v/t.* **1.** (mit Wasser *od.* Schmutz *etc.*) bespritzen; **2.** *Wasser etc.* spritzen, gießen, *Farbe etc.* klatschen (**on**, **over** über *acc. od.* auf *acc.*); **3.** *s-n Weg* patschend bahnen; **4.** *Plakate* anbringen; **5.** F *in der Zeitung* in großer Aufmachung bringen; **II** *v/i.* **6.** spritzen; **7.** platschen: a) plan(t)schen, b) klatschen (*Regen etc.*), c) plumpsen: **~ down** wassern (*Raumkapsel*); **III** *adv. u. int.* **8.** p(l)atsch(!), klatsch(!); **IV** *s.* **9.** a) Spritzen *n*, b) Platschen *n*, Klatschen *n*, c) Schwapp *m*, Guss *m*; **10.** Spritzer *m*, (Spritz)Fleck *m*; **11.** (Farb-, Licht)Fleck *m*; **12.** F a) Aufsehen *n*, Sensati'on *f*, b) große Aufmachung, c) großer Aufwand: **get a ~** groß herausgestellt werden; **make a ~** Aufsehen erregen, Furore machen; **13.** *Brit.* F Schuss *m* (Soda)Wasser (*zum Whisky etc.*); '**~·board** *s.* ⚙ Schutzblech *n*; '**~·down** *s.* Wasserung *f*, Eintauchen *n* (*e-r Raumkapsel*).
splash·er ['splæʃə] *s.* **1.** Schutzblech *n*; **2.** Wandschoner *m.*
splash| guard *s.* ⚙ Spritzschutz *m*; '**~·proof** *adj.* ⚙ spritzwassergeschützt.
splash·y ['splæʃɪ] *adj.* **1.** spritzend; **2.** klatschend, platschend; **3.** bespritzt, beschmutzt; **4.** matschig; **5.** F sensatio'nell, ‚toll'.
splat·ter ['splætə] → **splash** 1, 2, 6, 7.
splay [spleɪ] **I** *v/t.* **1.** ausbreiten, -dehnen; **2.** ⩓ ausschrägen; **3.** (ab)schrägen; **4.** *bsd. vet. Schulterknochen* ausrenken (*bei Pferden*); **II** *v/i.* **5.** ausgeschrägt sein; **III** *adj.* **6.** breit u. flach; **7.** gespreizt, auswärts gebogen (*Fuß*); **8.** schief, schräg; **9.** *fig.* linkisch; **IV** *s.* **10.** ⩓ Ausschrägung *f*; **splayed** [-eɪd] → **splay** 7.
'**splay|·foot** **I** *s.* ⚕ Spreiz-, Plattfuß *m*; **II** *adj. a.* ˌ**~'foot·ed** spreiz- *od.* plattfüßig.

spleen [spliːn] *s.* **1.** *anat.* Milz *f*; **2.** *fig.* schlechte Laune; **3.** *obs.* Hypochondrie *f*, Melancho'lie *f*; **4.** *obs.* Spleen *m*, ‚Tick' *m*; **'spleen·ful** [-fʊl], **'spleen·ish** [-nɪʃ] *adj.* □ **1.** mürrisch, übel gelaunt; **2.** hypo'chondrisch.
splen·dent ['splendənt] *adj. min. u. fig.* glänzend, leuchtend.
splen·did ['splendɪd] *adj.* □ **1.** *alle a.* F glänzend, großartig, herrlich, prächtig: **~ isolation** *pol. hist.* Splendid Isolation *f*; **2.** glorreich; **3.** wunderbar, her'vorragend: **~ talents**; **'splen·did·ness** [-nɪs] *s.* **1.** Glanz *m*, Pracht *f*; **2.** Großartigkeit *f*.
splen·dif·er·ous [splen'dɪfərəs] *adj.* F *od. humor.* herrlich, prächtig.
splen·do(u)r ['splendə] *s.* **1.** heller Glanz; **2.** Pracht *f*; **3.** Großartigkeit *f*, Bril'lanz *f*, Größe *f*.
sple·net·ic [splɪ'netɪk] **I** *adj.* (□ **~ally**) **1.** ⚕ Milz...; **2.** milzkrank; **3.** → **spleenish**; **II** *s.* **4.** ⚕ Milzkranke(r *m*) *f*; **5.** Hypo'chonder *m*.
splen·ic ['splenɪk] *adj.* ⚕ Milz...: **~ fever** Milzbrand *m*.
splice [splaɪs] **I** *v/t.* **1.** spleißen, zs.-splissen; **2.** (ein)falzen; **3.** verbinden, zs.-fügen, *bsd. Filmstreifen, Tonband* (zs.-)kleben; **4.** F verheiraten: **get ~d** getraut werden; **II** *s.* **5.** ⚓ Spleiß *m*, Splissung *f*; **6.** ⚙ (Ein)Falzung *f*; **7.** Klebestelle *f* (*an Filmen etc.*).
spline [splaɪn] *s.* **1.** längliches, dünnes Stück Holz *od.* Me'tall; **2.** *Art* 'Kurvenline,al *n*; **3.** ⚙ a) Keil *m*, Splint *m*, b) (Längs)Nut *f*.
splint [splɪnt] **I** *s.* **1.** ⚕ Schiene *f*: **in ~s** geschient; **2.** ⚙ Span *m*; **3.** → **splint bone** 1; **4.** *vet.* a) → **splint bone** 2, b) Knochenauswuchs *m*, Tumor *m* (*Pferdefuß*); **5.** *a.* **~ coal** Schieferkohle *f*; **II** *v/t.* **6.** ⚕ schienen; **~ bone** *s.* **1.** *anat.* Wadenbein *n*; **2.** *vet.* *Knochen des Pferdefußes hinter dem Schienbein.*
splin·ter ['splɪntə] **I** *s.* **1.** (*a. Bomben-, Knochen- etc.*)Splitter *m*, Span *m*: **go (in)to ~s** → 4; **2.** *fig.* Splitter *m*, Bruchstück *n*; **II** *v/t.* **3.** zersplittern (*a. fig.*); **III** *v/i.* **4.** zersplittern (*a. fig.*): **~ off** (*fig.* sich) absplittern; **~ group** *s.* Splittergruppe *f*; **~ par·ty** *s. pol.* 'Splitterpar,tei *f*; **'~-proof** *adj.* splittersicher.
splin·ter·y ['splɪntərɪ] *adj.* **1.** *bsd. min.* splitterig, schieferig; **2.** leicht splitternd; **3.** Splitter...
split [splɪt] **I** *v/t.* [*irr.*] **1.** (zer)spalten, zerteilen, schlitzen; *Holz, fig. Haare* spalten; **2.** zerreißen; → **side** 4; **3.** *fig.* zerstören; **4.** *Gewinn, Flasche Wein etc.* (unterein'ander) teilen, sich in *et.* teilen; ✝ *Aktien* splitten: **~ the difference** a) ✝ sich in die Differenz teilen, b) sich auf halbem Wege entgegenkommen *od.* einigen; **~ screen** *Computer*: geteilter Bildschirm; → **ticket** 7; **5.** trennen, entzweien, *Partei etc.* spalten; **6.** *sl. Plan etc.* verraten; **7.** *Am.* F *Whisky etc.* ‚spritzen' (*mit Wasser verdünnen*); **8.** ⚗, *phys. Atome etc.* (auf)spalten: **~ off** abspalten; **II** *v/i.* [*irr.*] **9.** sich aufspalten, reißen; platzen, bersten, zerspringen: **my head is ~ing** *fig.* ich habe rasende Kopfschmerzen; **10.** zerschellen (*Schiff*); **11.** sich spalten (**into** in *acc.*): **~ off** sich abspalten; **~ ends** Haarspliss *m*; **12.** sich entzweien *od.* trennen (**over** wegen *e-r Sache*); **13.** sich teilen (**on** in *acc.*); **14.** **~ on** *j-n* ‚verpfeifen'; **15.** a) F sich schütteln vor Lachen, b) *sl.* ‚abhauen'; **16.** *pol. Am.* panaschieren; **III** *s.* **17.** Spalt *m*, Riss *m*, Sprung *m*; **18.** *fig.* Spaltung *f*, Zersplitterung *f* (*e-r Partei etc.*); **19.** *fig.* Entzweiung *f*, Bruch *m*; **20.** *pol.* Splittergruppe *f*; **21.** ⚙ Schicht *f von Spaltleder*; **22.** (*bsd.* Ba'nanen)Split *m*; **23.** F a) halbe Flasche (*Mineralwasser etc.*), b) halb gefülltes (Schnaps- *etc.*) Glas; **24.** *pl.*a) *Akrobatik*: Spa'gat *m*: **do the ~s** e-n Spagat machen, b) *sport* Grätsche *f*; **25.** *sl.* Spitzel *m*; **IV** *adj.* **26.** zer-, gespalten, Spalt...: **~ infinitive** *ling.* gespaltener Infinitiv; **~-level house** Halbgeschosshaus *n*; **~ peas(e)** getrocknete halbe Erbsen (*für Püree etc.*); **~ personality** *psych.* gespaltene Persönlichkeit; **~ second** Bruchteil *m* e-r Sekunde; **~-second watch** *sport* Stoppuhr *f*; **~ ticket** *Am.* Wahlzettel *m* mit Stimmen für Kandidaten mehrerer Parteien; **'split·ting** [-tɪŋ] **I** *adj.* **1.** (*ohren- etc.*)zerreißend; **2.** rasend, heftig (*Kopfschmerzen*); **3.** blitzschnell; **4.** zwerchfellerschütternd: **a ~ farce**; **II** *s.* **5.** Spaltung *f*; **6.** ✝ Splitting *n*: a) Aktienteilung *f*, b) *Besteuerung e-s Ehepartners zur Hälfte des gemeinsamen Einkommens*; **'split-up** *s.* **1.** → **split** 17–19; **2.** ✝ (Aktien)Split *m*.
splodge [splɒdʒ], **splotch** [splɒtʃ] **I** *s.* Fleck *m*, Klecks *m*; **II** *v/t.* beklecksen; **splotch·y** ['splɒtʃɪ] *adj.* fleckig, schmutzig.
splurge [splɜːdʒ] F **I** *s.* **1.** ‚Angabe' *f*, protziges Getue; **2.** verschwenderischer Aufwand; **II** *v/i.* **3.** protzen, angeben; **4.** prassen.
splut·ter ['splʌtə] **I** *v/i.* **1.** stottern; **2.** ‚stottern', ‚kotzen' (*Motor*); **3.** zischen (*Braten etc.*); **4.** klecksen (*Schreibfeder*); **5.** spritzen, platschen (*Wasser etc.*); **II** *v/t.* **6.** *Worte* her'aussprudeln, -stottern; **7.** verspritzen; **8.** bespritzen; **9.** *j-n* (*beim Sprechen*) bespucken; **III** *s.* **10.** Geplapper *m*; **11.** Spritzen *n*; Sprudeln *n*; Zischen *n*.
spoil [spɔɪl] **I** *v/t.* [*irr.*] **1.** *et.*, *a. Appetit, Spaß* verderben, ruinieren, vernichten; *Plan* vereiteln; **2.** *Charakter etc.* verderben, *Kind* verziehen, -wöhnen: **a ~ed brat** ein verzogener Fratz; **3.** (*pret. u. p.p. nur* **~ed**) berauben, entblößen (**of** *gen.*); **4.** (*pret. u. p.p. nur* **~ed**) *obs.* (aus)plündern; **II** *v/i.* [*irr.*] **5.** verderben, ‚ka'puttgehen', schlecht werden (*Obst etc.*); **6. be ~ing for** brennen auf (*acc.*); **~ing for a fight** streitlustig; **III** *s.* **7.** *mst pl.* (Sieges)Beute *f*, Raub *m*; **8.** Beute(stück *n*) *f*; **9.** *mst pl. bsd. Am.* a) Ausbeute *f*, b) *pol.* Gewinn *m*, Einkünfte *pl.* (*e-r Partei nach dem Wahlsieg*); **10.** Errungenschaft *f*, Gewinn *m*; **11.** *pl.* 'Überreste *pl.*, -bleibsel *pl.* (*von Mahlzeiten*); **'spoil·age** [-lɪdʒ] *s.* **1.** *typ.* Makula'tur *f*; **2.** ✝ Verderb *m von Waren*; **'spoil·er** [-lə] *s.* **1.** *mot.* Spoiler *m*; **2.** ✈ Störklappe *f*.
spoils·man ['spɔɪlzmən] *s.* [*irr.*] *pol. Am.* j-d, der nach der ‚Futterkrippe' strebt.
'spoil·sport *s.* Spielverderber(in).
spoils sys·tem *s. pol. Am.* 'Futterkrippensy,stem *n*.
spoilt [spɔɪlt] *pret. u. p.p. von* **spoil**.
spoke¹ [spəʊk] **I** *s.* **1.** (Rad)Speiche *f*; **2.** (Leiter)Sprosse *f*; **3.** ⚓ Spake *f* (*des Steuerrads*); **4.** Bremsvorrichtung *f*: **put a ~ in s.o.'s wheel** *fig.* j-m e-n Knüppel zwischen die Beine werfen; **II** *v/t.* **5.** *Rad* a) verspeichen, b) (ab)bremsen.
spoke² [spəʊk] *pret. u. obs. p.p. von* **speak**.
spoke bone *s. anat.* Speiche *f*.
spo·ken ['spəʊkən] **I** *p.p. von* **speak**; **II** *adj.* **1.** gesprochen, mündlich: **~ English** gesprochenes Englisch; **2.** *in Zssgn* ... sprechend.
spokes·man ['spəʊksmən] *s.* [*irr.*] Wortführer *m*, Sprecher *m*: **government ~** *pol.* Regierungssprecher.
spo·li·ate ['spəʊlɪeɪt] *v/t. u. v/i.* plündern; **spo·li·a·tion** [,spəʊlɪ'eɪʃn] *s.* **1.** Plünderung *f*, Beraubung *f*; **2.** ⚓, ⚔ *kriegsrechtliche Plünderung neutraler Schiffe*; **3.** ⚖ unberechtigte Änderung *e-s Dokuments*.
spon·da·ic [spɒn'deɪɪk] *adj.* *Metrik*: spon'deisch; **spon·dee** ['spɒndiː] *s.* Spon'deus *m*.
spon·dyl(e) ['spɒndɪl] *s. anat., zo.* Wirbelknochen *m*.
sponge [spʌndʒ] **I** *s.* **1.** *zo. u. weitS.* Schwamm *m*: **pass the ~ over** *fig.* aus dem Gedächtnis löschen, vergessen; **throw up the ~** *Boxen*: das Handtuch werfen (*a. fig. sich geschlagen geben*); **2.** ⚔ Wischer *m*; **3.** *fig.* Schma'rotzer *m*, ‚Nassauer' *m* (*Person*); **4.** *Küche*: a) aufgegangener Teig, b) *lockerer, gekochter Pudding*; **II** *v/t.* **5.** *a.* **~ down** (mit e-m Schwamm) reinigen, abwaschen: **~ off**, **~ away** weg-, abwischen; **~ out** auslöschen (*a. fig.*); **6.** **~ up** *Wasser etc.* (mit e-m Schwamm) aufsaugen, -nehmen; **7.** (kostenlos) ergattern, ‚schnorren'; **III** *v/i.* **8.** Schwämme sammeln; **9.** F schma'rotzen, ‚nassauern': **~ on s.o.** auf j-s Kosten leben; **~ bag** *s.* Kul'turbeutel *m*; **~ cake** *s.* Bis'kuitkuchen *m*; **~ cloth** *s.* ✝ *Art* Frot'tee *n*; **'~-down** *s.* Abreibung *f* (mit e-m Schwamm).
spong·er ['spʌndʒə] *s.* **1.** ⚙ Dekatierer *m*; **2.** ⚙ Deka'tierma,schine *f*; **3.** Schwammtaucher *m*; **4.** → **sponge** 3.
sponge rub·ber *s.* Schaumgummi *m*.
spon·gi·ness ['spʌndʒɪnɪs] *s.* Schwammigkeit *f*; **spon·gy** ['spʌndʒɪ] *adj.* **1.** schwammig, po'rös, Schwamm...; **2.** *metall.* locker, porös; **3.** sumpfig, matschig.
spon·sal ['spɒnsəl] *adj.* Hochzeits...
spon·sion ['spɒnʃn] *s.* **1.** ('Übernahme *f* e-r) Bürgschaft *f*; **2.** ⚖, *pol.* (*von e-m nicht bsd. bevollmächtigten Vertreter*) *für e-n Staat übernommene Verpflichtung.*
spon·sor ['spɒnsə] **I** *s.* **1.** Bürge *m*, Bürgin *f*; **2.** (Tauf)Pate *m*, (-)Patin *f*: **stand ~ to** (*od.* **for**) Pate stehen bei; **3.** Förderer *m*, Gönner(in); **4.** Schirmherr(in); **5.** Sponsor *m*, Geldgeber *m*; **II** *v/t.* **6.** bürgen für; **7.** fördern; **8.** die Schirmherrschaft (*gen.*) über'nehmen; **9.** *Radio, TV, sport etc.* sponsern, (als Sponsor) finanzieren; **spon·so·ri·al** [spɒn'sɔːrɪəl] *adj.* Paten...; **'spon·sor·ship** [-ʃɪp] *s.* **1.** Bürgschaft *f*; **2.** Gönnerschaft *f*, Schirmherrschaft *f*; **3.** Patenschaft *f*; **4.** *bsd. sport* finanzielle Förderung, Sponsoring *n*.
spon·ta·ne·i·ty [,spɒntə'neɪətɪ] *s.* **1.** Spontanei'tät *f*, Freiwilligkeit *f*, eigener *od.* freier Antrieb; **2.** *das* Impul'sive, impul'sives *od.* spon'tanes Handeln; **3.** Ungezwungenheit *f*, Na'türlichkeit *f*; **spon·ta·ne·ous** [spɒn'teɪnjəs] □ *adj.* **1.** spon'tan: a) plötzlich, impul'siv, b) freiwillig, von innen her'aus (erfolgend), c) ungekünstelt, ungezwungen (*Stil etc.*); **2.** auto'matisch, 'unwill,kürlich; **3.** ⚘ wild wachsend; **4.** selbsttätig, von selbst (entstanden): **~ combustion**

phys. Selbstverbrennung *f*; **~ generation** *biol.* Urzeugung *f*; **~ ignition** ⚙ Selbstentzündung *f*; **spon·ta·ne·ous·ness** [spɒn'teɪnjəsnɪs] → ***spontaneity***.

spoof [spuːf] F **I** *s.* **1.** Humbug *m*, Schwindel *m*; **2.** Ulk *m*; **II** *v/t.* **3.** beschwindeln; **4.** verulken.

spook [spuːk] **I** *s.* F **1.** Spuk *m*, Gespenst *n*; **2.** *Am. sl.* Ghostwriter *m*; **II** *v/i.* **3.** (her'um)geistern, spuken; **'spook·ish** [-kɪʃ], **'spook·y** [-kɪ] *adj.* **1.** gespenstisch, spukhaft, schaurig; **2.** *Am.* schreckhaft.

spool [spuːl] **I** *s.* Rolle *f*, Spule *f*, Haspel *f*; **II** *v/t.* (auf)spulen.

spoon [spuːn] **I** *s.* **1.** Löffel *m*; **2.** ⚓ Löffelruder(blatt) *n*; **3.** ⚓, ⚔ Führungsschaufel *f* (*Torpedorohr*); **4.** → ***spoon bait***; **5.** *sport* Spoon *m* (*Golfschläger*); **6.** F Einfaltspinsel *m*; **II** *v/t.* **7.** *mst* **~ up**, **~ out** auslöffeln: **~ out** *a.* (löffelweise) austeilen; **8.** *sport Ball* schlenzen; **III** *v/i.* **9.** mit e-m Blinker angeln; **10.** *sl. obs.* ‚schmusen'; **~ bait** *s. Angeln*: Blinker *m*; **'~·bill** *s. orn.* **1.** Löffelreiher *m*; **2.** Löffelente *f*.

spoon·er·ism ['spuːnərɪzəm] *s.* (*un*)*beabsichtigtes Vertauschen von Buchstaben od. Silben* (*z. B.* ***queer old dean*** *statt* ***dear old queen***).

'spoon|·feed *v/t.* [*irr.* → ***feed***] **1.** mit dem Löffel füttern; **2.** *fig.* *j-n* auf-, hochpäppeln, *a.* verwöhnen; **3. ~ s.th. to s.o.** *fig.* a) j-m et. ‚vorkauen', b) j-m et. eintrichtern; **4. ~ s.o.** *fig.* j-n (geistig) bevormunden; **'~·ful** [-fʊl] *pl.* **-fuls** *s. ein* Löffel *m* (voll); **~ meat** *s.* (Kinder-, Kranken)Brei *m*, ‚Papp' *m*.

spoor [spʊə] *hunt.* **I** *s.* Spur *f*, Fährte *f*; **II** *v/t.* aufspüren; **III** *v/i.* e-e Spur verfolgen.

spo·rad·ic [spə'rædɪk] *adj.* (☐ **~ally**) spo'radisch, vereinzelt (auftretend).

spore [spɔː] *s.* **1.** *biol.* Spore *f*, Keimkorn *n*; **2.** *fig.* Keim(zelle *f*) *m*.

spo·rif·er·ous [spɔː'rɪfərəs] *adj.* Sporen tragend *od.* bildend.

spo·ro·zo·a [ˌspɔːrə'zəʊə] *s. pl. zo.* Sporentierchen *pl.*, Sporo'zoen *pl.*

spor·ran ['spɒrən] *s.* beschlagene Felltasche (*Schottentracht*).

sport [spɔːt] **I** *s.* **1.** *oft pl.* Sport *m*: **go in for ~s** Sport treiben; **2.** 'Sport(art *f*, -diszi,plin *f*) *m*, *engS.* Jagd-, Angelsport *m*; **3.** Kurzweil *f*, Zeitvertreib *m*; **4.** Spaß *m*, Scherz *m*: **in ~** im Spaß, zum Scherz; **make ~ of** sich lustig machen über (*acc.*); **5.** Zielscheibe *f* des Spottes; **6.** *fig.* Spielball *m* (*des Schicksals*, *der Wellen etc.*); **7.** feiner *od.* anständiger Kerl: **be a** (**good**) **~** a) sei kein Spielverderber, b) sei ein guter Kerl, nimm es nicht übel; **8.** *Am.* F a) Sportbegeisterte(r *m*) *f*, *bsd.* Spieler *m*, b) Genießer *m*; **9.** *biol.* Spiel-, Abart *f*; **II** *adj.* **10.** sportlich, Sport...; **III** *v/i.* **11.** sich belustigen; **12.** sich tummeln, herumtollen; **13.** sich lustig machen (**at**, **over**, **upon** über *acc.*); **IV** *v/t.* **14.** stolz (zur Schau) tragen, protzen mit; **'sport·ing** [-tɪŋ] *adj.* ☐ **1.** a) Sport...: **~ editor**, b) Jagd...: **~ gun**; **2.** sportlich (*a. fig. fair*, *anständig*): **a ~ chance** e-e faire Chance; **3.** unter'nehmungslustig, mutig; **'spor·tive** [-tɪv] *adj.* ☐ **1.** a) mutwillig, b) verspielt; **2.** spaßhaft.

sports [spɔːts] *adj.* Sport...: **~ car** Sportwagen *m*; **~ coat**, **~ jacket** Sportsakko *m*, *n*; **'~·cast** *s. Radio, TV*: *Am.* Sportsendung *f*; **'~ˌcast·er** *s. Am.* 'Sportreˌporter *m*; **~ cen·ter** *s. Am.*, **~ cen·tre** *s. Brit.* Sportzentrum *n*; **'~·man** [-mən] *s.* [*irr.*] **1.** Sportsmann *m*, Sportler *m*; **2.** *fig.* fairer, anständiger Kerl; **'~·man·like** [-mənlaɪk] *adj.* sportlich, fair; **'~·man·ship** [-mənʃɪp] *s.* sportliches Benehmen, Fairness *f*; **'~·wear** *s.* Sport- *od.* Freizeitkleidung *f*; **'~ˌwom·an** *s.* [*irr.*] Sportlerin *f*.

sport·y ['spɔːtɪ] *adj.* F **1.** angeberisch, auffallend; **2.** sportlich: a) Sport treibend, b) fair, c) schick.

spor·ule ['spɒrjuːl] *s. biol.* (kleine) Spore.

spot [spɒt] **I** *s.* **1.** (Schmutz-, Rost- *etc.*) Fleck(en) *m*; **2.** *fig.* Schandfleck *m*, Makel *m*; **3.** (Farb)Fleck *m*, Tupfen *m* (*a. zo.*); **4.** ⚕ a) Leberfleck *m*, Hautmal *n*, b) Pustel *f*, Pickel *m*; **5.** Stelle *f*, Ort *m*, Platz *m*: **on the ~** a) zur Stelle, da, b) an Ort u. Stelle, ‚vor Ort', c) auf der Stelle, sofort, d) ‚auf Draht', e) *sl.* in der ‚Tinte' *od.* Klemme; **put on the ~** F a) *j-n* in Verlegenheit bringen, b) *j-n* ‚umlegen' (*töten*); **on the ~ of four** Punkt 4 Uhr; **in ~s** stellenweise; **soft ~** *fig.* Schwäche (**for** für); **sore** (*od.* **tender**) **~** *fig.* wunder Punkt, empfindliche Stelle; **6.** Fleckchen *n*, Stückchen *n* (*Erde*); **7.** *bsd. Brit.* F a) Bissen *m*, Häppchen *n* (*Essen*), b) Tropfen *m*, Schluck *m* (*Whisky etc.*); **8.** *Billard*: Point *m*; **9.** *Am.* Auge *n* (*Würfel etc.*); **10.** *pl.* ☿ Lokowaren *pl.*; **11.** ☿, *Radio*, *TV*: (Werbe)Spot *m*; **12.** *Am.* F Nachtklub *m*; **13.** → ***spotlight*** I; **II** *adj.* **14.** ☿ a) so'fort lieferbar, b) so'fort zahlbar (*bei Lieferung*), c) bar, Bar...: **~ business** Lokogeschäft *n*; **~ goods** → 10; → ***spot cash***; **III** *v/t.* **15.** beflecken (*a. fig.*); **16.** tüpfeln, sprenkeln; **17.** F entdecken, erspähen, her'ausfinden; **18.** platzieren: **~ a billiard ball**; **19.** ⚔, ✈ (genau) ausmachen; **IV** *v/i.* **20** e-n Fleck *od.* Flecke machen; **21.** flecken, fleckig werden.

spot| an·nounce·ment → ***spot*** 11; **~ ball** *s. Billard*: auf dem Point stehender Ball; **~ cash** *s.* ☿ Barzahlung *f*, so'fortige Kasse; **~ check** *s.* Stichprobe *f*; **ˌ~-'check** *v/t.* stichprobenweise über'prüfen.

spot·less ['spɒtlɪs] *adj.* ☐ fleckenlos (*a. fig.*); **'spot·less·ness** [-nɪs] *s.* Flecken-, Makellosigkeit *f* (*a. fig.*).

'spot|·light I *s.* **1.** *thea.* (Punkt)Scheinwerfer(licht *n*) *m*; **2.** *fig.* Rampenlicht *n* (der Öffentlichkeit): **in the ~** im Brennpunkt des Interesses; **3.** *mot.* Suchscheinwerfer *m*; **II** *v/t.* **4.** anstrahlen; **5.** *fig.* die Aufmerksamkeit lenken auf (*acc.*); **~ news** *s. pl.* Kurznachrichten *pl.*; **ˌ~-'on** *adj. Brit.* F haargenau; **~ price** *s.* ☿ Kassapreis *m*; **~ re·mov·er** *s.* Fleckentferner *m*.

spot·ted ['spɒtɪd] *adj.* **1.** fleckig, gefleckt, getüpfelt, gesprenkelt; **2.** *fig.* besudelt, befleckt; **3.** ⚕ Fleck...: **~ fever** a) Fleckfieber *n*, b) Genickstarre *f*; **'spot·ter** [-tə] *s.* **1.** *Am.* F Detek'tiv *m*; **2.** ⚔ a) (Luft)Aufklärer *m*, Artille'riebeobachter *m*, b) *Luftschutz*: Flugmelder *m*.

spot test → ***spot check***.

spot·ty ['spɒtɪ] *adj.* ☐ **1.** → ***spotted*** 1; **2.** uneinheitlich; **3.** pickelig.

'spot-weld *v/t.* ⚙ punktschweißen.

spous·al ['spaʊzl] **I** *adj.* **1.** a) Hochzeits..., b) ehelich; **II** *s.* **2.** *mst pl.* Hochzeit *f*; **3.** *obs.* Ehe(stand *m*) *f*; **spouse** [spaʊz] *s.* (*a.* ⚖ Ehe)Gatte *m*, Gattin *f*, Gemahl(in).

spout [spaʊt] **I** *v/t.* **1.** *Wasser etc.* (aus-) speien, (her'aus)spritzen; **2.** a) *Gedicht etc.* deklamieren, b) ‚her'unterrasseln', c) *Fragen etc.* her'aussprudeln; **3.** *sl.* versetzen, -pfänden; **II** *v/i.* **4.** Wasser speien, spritzen (*a. Wal*); **5.** her'vorsprudeln, her'ausschießen, -spritzen (*Blut, Wasser etc.*); **6.** a) deklamieren, b) *contp.* sal'badern; **III** *s.* **7.** Tülle *f*, Schnauze *f e-r Kanne*; **8.** Abfluss-, Speirohr *n*; **9.** (kräftiger) Wasserstrahl; **10.** *zo.* a) Fon'täne *f* (*e-s Wals*); b) → ***spout hole***; **11. up the ~** *fig.* F a) versetzt, verpfändet, b) ‚im Eimer', futsch, c) ‚in Schwulitäten' (*Person*); **she's up the ~** bei ihr ist was ‚unterwegs'; **'spout·er** [-tə] *s.* **1.** (spritzender) Wal; **2.** Ölquelle *f*; **3.** ‚Redenschwinger' *m*.

spout hole *s. zo.* Spritzloch *m* (*Wal*).

sprag¹ [spræg] *s.* **1.** Bremsklotz *m*; **2.** ⚙ Spreizholz *n*.

sprag² [spræg] *s. ichth.* Dorsch *m*.

sprain [spreɪn] **I** *v/t.* verstauchen; **II** *s.* ⚕ Verstauchung *f*.

sprang [spræŋ] *pret. von* ***spring***.

sprat [spræt] *s. ichth.* Sprotte *f*: **throw a ~ to catch a whale** (*od.* **mackerel**) *fig.* mit der Wurst nach der Speckseite werfen.

sprawl [sprɔːl] **I** *v/i.* **1.** ausgestreckt daliegen: **send s.o. ~ing** j-n zu Boden strecken; **2.** sich spreizen; **3.** sich (hin-) rekeln *od.* (-)lümmeln; **4.** sich ausbreiten: **~ing town**; **~ ing hand** ausladende Handschrift; **5.** ✿ wuchern; **II** *v/t.* **6.** *mst* **~ out** ausstrecken, -spreizen; **III** *s.* **7.** Rekeln *n*, Sich-'breit-Machen *n*; **8.** Ausbreitung *f des Stadtgebiets etc.*: **urban ~**.

spray¹ [spreɪ] *s.* **1.** Zweig(chen *n*) *m*, Reis *n*; **2.** *coll.* a) Gezweig *n*, b) Reisig *n*; **3.** Zweigverzierung *f*.

spray² [spreɪ] **I** *s.* **1.** Gischt *m*, *f*, Schaum *m*; Sprühnebel *m*, -regen *m*, -wasser *n*; **2.** ⚙, *pharm.* a) Spray *m*, *n*, b) Zerstäuber *m*, Sprüh-, Spraydose *f*; **II** *v/t.* **3.** zerstäuben, (ver)sprühen; *vom Flugzeug* abregnen; **4.** *a.* **~ on** ⚙ aufsprühen, -spritzen; **5.** *et.* besprühen, -spritzen, *Haar* sprayen; *mot. etc.* spritzlackieren; **~ art·ist** *s.* Sprayer(in); **'spray·er** [-eɪə] → ***spray²*** 2b.

spray| gun *s.* ⚙ 'Spritzpiˌstole *f*; **~ noz·zle** *s.* **1.** (Gießkannen)Brause *f*; **2.** Brause *f*; **3.** *mot.* Spritzdüse *f*; **'~-paint** *v/t. Parolen etc.* sprühen (**on** auf *acc.*).

spread [spred] **I** *v/t.* [*irr.*] **1.** *oft* **~ out** *Hände, Flügel, Teppich etc.* ausbreiten, *Arme etc. a.* ausstrecken: **~ the table** den Tisch decken; **the peacock ~s its tail** der Pfau schlägt ein Rad; **2.** *oft* **~ out** ausdehnen; *Beine etc.* spreizen (*a.* ⚙); **3.** bedecken, über'ziehen, -'säen (**with** mit); **4.** *Heu etc.* ausbreiten; **5.** *Butter etc.* aufstreichen, *Farbe, Mörtel etc.* auftragen; **6.** *Brot* streichen, schmieren; **7.** breit schlagen; **8.** *Krankheit, Geruch etc.*, *a. Furcht* verbreiten; **9.** *a.* **~ abroad** *Gerücht, Nachricht* verbreiten, aussprengen, -streuen; **10.** *zeitlich* verteilen; **11. ~ o.s.** *sl.* a) sich *als Gastgeber etc.* mächtig anstrengen, b) ‚angeben'; **II** *v/i.* [*irr.*] **12.** *a.* **~ out** sich ausbreiten *od.* verteilen; **13.** sich ausbreiten (*Fahne etc.*; *a. Lächeln etc.*); sich spreizen (*Beine etc.*); **14.** sich *vor den Augen* ausbreiten *od.* -dehnen, sich erstrecken (*Landschaft*); **15.** ⚙ sich strecken *od.* dehnen (lassen) (*Werkstoff*); **16.** sich streichen *od.* auftragen

S

lassen (*Butter, Farbe*); **17.** sich ver- *od.* ausbreiten (*Geruch, Pflanze, Krankheit, Gerücht etc.*), 'übergreifen (***to*** auf *acc.*) (*Feuer, Epidemie etc.*); **III** *s.* **18.** Ausbreitung *f*, -dehnung *f*; **19.** Aus-, Verbreitung *f* (*e-r Krankheit, von Wissen etc.*); **20.** Ausdehnung *f*, Weite *f*, 'Umfang *m*; **21.** (weite) Fläche; **22.** *orn.*, ✈ (Flügel)Spanne *f*; **23.** ⚛, *phys.*, *a. Ballistik*: Streuung *f*; **24.** (Zwischen)Raum *m*, Abstand *m*, Lücke *f* (*a. fig.*); (*a.* Zeit)Spanne *f*; **25.** Dehnweite *f*; **26.** Körperfülle *f*; **27.** (Bett- *etc.*)Decke *f*; **28.** Brotaufstrich *m*; **29.** F fürstliches Mahl; **30.** *typ.* Doppelseite *f*; **31.** ✝ Stel'lagegeschäft *n*; **32.** ✝ *Am.* Marge *f*, (Verdienst-)Spanne *f*, Differ'enz *f*; **IV** *adj.* **33.** verbreitet; ausgebreitet; **34.** gespreizt; **35.** Streich...: ***~ cheese***.

spread| ea·gle *s.* **1.** *her.* Adler *m*; **2.** *Am.* F Chauvi'nismus *m*; **3.** *Eiskunstlauf*: Mond *m*; **ˌ~-'ea·gle I** *adj.* **1.** F angeberisch, bom'bastisch; **2.** F chauvi'nistisch; **II** *v/t.* **3.** ausbreiten, spreizen.

spread·er ['spredə] *s.* Streu- *od.* Spritzgerät *n*, *bsd.* a) ('Dünger)Streumaˌschine *f*, b) Abstandsstütze *f*, c) Zerstäuber *m*, d) Spritzdüse *f*, e) Buttermesser *n*.

spread·sheet ['spredʃiːt] *Computer*: Ta'bellenkalkulatiˌon(sproˌgramm *n*) *f*.

spree [spriː] F *s.* (*Kauf- etc.*)Orgie *f*: ***go on a ~*** a) ˌeinen draufmachen', b) e-e ˌSauftour' machen; ***go on a buying*** (*od.* ***shopping, spending***) ***~*** wie verrückt einkaufen.

sprig [sprɪg] **I** *s.* **1.** Zweigchen *n*, Schössling *m*, Reis *n*; **2.** F Sprössling *m*, ˌAbleger' *m*; **3.** Bürschchen *n*; **4.** → ***spray***[1] 3; **5.** ⚙ Zwecke *f*, Stift *m*; **II** *v/t.* **6.** mit e-m Zweigmuster verzieren; **7.** anheften.

spright·li·ness ['spraɪtlɪnɪs] *s.* Lebhaftigkeit *f*, Munterkeit *f*; **spright·ly** ['spraɪtlɪ] *adj. u. adv.* lebhaft, munter, ˌspritzig'.

spring [sprɪŋ] **I** *v/i.* [*irr.*] **1.** springen: ***~ at*** (*od.* [***up***]***on***) auf *j-n* losspringen, *j-n* anfallen; **2.** aufspringen; **3.** springen, schnellen, hüpfen: ***~ open*** aufspringen (*Tür*); ***the trap sprang*** die Falle schnappte zu; **4.** *oft* ***~ forth*** (*od.* ***out***) a) her'ausschießen, (-)sprudeln (*Wasser, Blut etc.*), b) (her'aus)sprühen, springen (*Funken etc.*); **5.** (***from***) entspringen (*dat.*): a) quellen (aus), b) *fig.* herkommen, abstammen (von): ***be sprung from*** entstanden sein aus; **6.** *mst* ***~ up*** a) aufkommen (*Wind*), b) *fig.* plötzlich entstehen *od.* aufkommen (*Ideen, Industrie etc.*): ***~ into existence***; ***~ into fame*** plötzlich berühmt werden; **7.** aufschießen (*Pflanzen etc.*); **8.** (hoch) aufragen; **9.** auffliegen (*Rebhühner etc.*); **10.** ⚙ a) sich werfen, b) springen, platzen (*Holz*); **11.** ⚔ explodieren (*Mine*); **II** *v/t.* [*irr.*] **12.** *Falle* zuschnappen lassen, *et.* zu'rückschnellen lassen; **13.** *Riss etc.*, ⚓ *Leck* bekommen; **14.** explodieren lassen; → ***mine***[2] 8; **15.** mit *e-r Neuigkeit etc.* ˌher'ausplatzen': ***~ s.th. on s.o.*** j-m et. plötzlich eröffnen; **16.** △ *Bogen* wölben; **17.** ⚙ (ab)federn; **18.** *Brit.* F *Geld etc.* springen lassen; **19.** *Brit.* F *j-n* erleichtern (***for*** um *Geld etc.*); **20.** *sl. j-n* ˌrausholen' (*befreien*); **III** *s.* **21.** Sprung *m*, Satz *m*; **22.** Frühling *m*, Lenz *m* (*beide a. fig.*); **23.** Elastizi'tät *f*, Sprung-, Schnellkraft *f*; **24.** *fig.* (geistige) Spannkraft; **25.** Sprung *m*, Riss *m* *im Holz etc.*; Krümmung *f e-s Bretts*; **26.** (*a. Mineral-, Öl*)Quelle *f*, Brunnen *m*: ***hot ~s*** heiße Quellen; **27.** *fig.* Quelle *f*, Ursprung *m*; **28.** *fig.* Triebfeder *f*, Beweggrund *m*; **29.** △ a) (Bogen)Wölbung *f*, b) Gewölbeanfang *m*; **30.** ⚙ (*bsd.* Sprung)Feder *f*; Federung *f*; **IV** *adj.* **31.** Sprung..., Schwung...; **32.** Feder...; **33.** Frühlings...; **~ bal·ance** *s.* ⚙ Federwaage *f*; **~ bed** *s.* 'Sprungfederma̩tratze *f*; **'~·board** *s. sport* Sprungbrett *n* (*a. fig.*): ***~ diving*** Kunstspringen *n*; **'~·bok** [-bɒk] *pl.* **-boks**, *bsd. coll.* **-bok** *s. zo.* Springbock *m*; **~ bows** [bəʊz] *s. pl.* ⚙ Federzirkel *m*; **~ chick·en** *s.* Brathühnchen *n*: ***she is no ~ fig.*** F a) sie ist nicht mehr die Jüngste, b) sie ist nicht von gestern; **~ clean·ing** *s.* Frühjahrsputz *m*.

springe [sprɪndʒ] **I** *s.* **1.** *hunt.* Schlinge *f*; **2.** *fig.* Falle *f*; **II** *v/t.* **3.** *Tier* mit e-r Schlinge fangen.

spring·er ['sprɪŋə] *s.* **1.** *a.* ***~ spaniel*** *hunt.* Springerspaniel *m*; **2.** △ (Bogen-)Kämpfer *m*.

spring| fe·ver *s.* **1.** Frühjahrsmüdigkeit *f*; **2.** (*rastlose*) Frühlingsgefühle *pl.*; **~ gun** *s.* Selbstschuss *m*.

spring·i·ness ['sprɪŋɪnɪs] → ***spring*** 23.

spring·ing ['sprɪŋɪŋ] *s.* **1.** ⚙ Federung *f*; **2.** △ Kämpferlinie *f*.

spring| leaf *s.* [*irr.*] ⚙ Federblatt *n*; **~ lock** *s.* ⚙ Schnappschloss *n*; **~ mat·tress** → ***spring bed***; **~ on·ion** *s.* Frühlingszwiebel *f*; **~ roll** *s. Essen*: Frühlingsrolle *f*; **~ sus·pen·sion** *s.* ⚙ federnde Aufhängung, Federung *f*; **'~·tide** → ***spring*** 22; **~ tide** *s.* ⚓ Springflut *f*; *fig.* Flut *f*, Über'schwemmung *f*; **'~·time** → ***spring*** 22; **~ wheat** *s.* ✓ Sommerweizen *m*.

spring·y ['sprɪŋɪ] *adj.* □ **1.** federnd, e'lastisch; **2.** *fig.* schwungvoll.

sprin·kle ['sprɪŋkl] **I** *v/t.* **1.** *Wasser etc.* sprenkeln, (ver)sprengen (***on*** auf *acc.*); **2.** *Salz, Pulver etc.* sprenkeln, streuen; **3.** (ver-, zer)streuen, verteilen; **4.** *et.* besprenkeln, besprengen, bestreuen, (be)netzen (***with*** mit); **5.** *Stoff etc.* sprenkeln; **II** *v/i.* **6.** sprenkeln; **7.** (nieder)sprühen; **III** *s.* **8.** Sprühregen *m*; **9.** leichter Schneefall; **10.** Prise *f Salz etc.*; **11.** → ***sprinkling*** 2; **'sprin·kler** [-lə] *s.* **1.** a) 'Spreng-, Be'rieselungsappaˌrat *m*: ***~ system*** Sprinkler-, Beregnungsanlage *f*, b) Sprinkler *m*, Rasensprenger *m*, c) Brause *f*, Gießkannenkopf *m*, d) Sprinkler *m* (*e-r Feuerlöschanlage*), e) Sprengwagen *m*, f) Streuer *m*, Streudose *f*; **2.** *R.C.* Weihwasserwedel *m*; **'sprin·kling** [-lɪŋ] *s.* **1.** → ***sprinkle*** 8–10; **2.** *a.* ***~ of*** *fig.* ein bisschen, etwas, e-e Spur, ein paar *Leute etc.*, ein wenig *Salz etc.*

sprint [sprɪnt] **I** *v/i.* **1.** rennen; **2.** *sport* sprinten (*Läufer*), *allg.* spurten; **II** *s.* **3.** *sport* a) Sprint *m*, Kurzstreckenlauf *m*, b) *allg.* Spurt *m* (*a. fig.*); c) *Pferde-, Radsport*: Fliegerrennen *n*; **'sprint·er** [-tə] *s. sport* **1.** Sprinter(in), *a. allg.* Spurter(in); **2.** *Radsport*: Flieger *m*.

sprit [sprɪt] *s.* ⚓ Spriet *n*.

sprite [spraɪt] *s.* **1.** Elfe *f*, Fee *f*; Kobold *m*; **2.** Geist *m*, Schemen *n*.

sprit·sail ['sprɪtsl] *s.* ⚓ Sprietsegel *n*.

spritz·er ['sprɪtsə] *s.* Weinschorle *f*, Gespritzter *m*.

sprock·et ['sprɒkɪt] *s.* ⚙ **1.** Zahn *m* e-s (Ketten)Rades; **2.** *a.* ***~ wheel*** (Ketten-)Zahnrad *n*, Kettenrad *n*; **3.** 'Filmtransˌporttrommel *f*.

sprout [spraʊt] **I** *v/i.* **1.** *a.* ***~ up*** sprießen, (auf)schießen, aufgehen; **2.** keimen; **3.** schnell wachsen, sich schnell entwickeln; in die Höhe schießen (*Person*); wie Pilze aus dem Boden schießen (*Gebäude etc.*); **II** *v/t.* **4.** (her'vor)treiben, wachsen *od.* keimen lassen, entwickeln; **III** *s.* **5.** Spross *m*, Sprössling *m* (*a. fig.*), Schössling *m*; **6.** *pl.* → ***Brussels sprouts***.

spruce[1] [spruːs] *s.* ✿ **1.** *a.* ***~ fir*** Fichte *f*, Rottanne *f*; **2.** Fichte(nholz *n*) *f*.

spruce[2] [spruːs] **I** *adj.* □ **1.** schmuck, (blitz)sauber, a'drett; **2.** geschniegelt; **II** *v/t.* **3.** *oft* ***~ up*** *j-n* fein machen, (heraus)putzen: ***~ o.s. up*** → 4; **III** *v/i.* **4.** *oft* ***~ up*** sich fein machen, sich ˌin Schale werfen'; **'spruce·ness** [-nɪs] *s.* A'drettheit *f*; *contp.* Affigkeit *f*.

sprung [sprʌŋ] **I** *pret. u. p.p. von* ***spring***; **II** *adj.* **1.** ⚙ gefedert; **2.** rissig (*Holz*).

spry [spraɪ] *adj.* **1.** flink, hurtig; **2.** lebhaft, munter.

spud [spʌd] **I** *s.* **1.** ✓ a) Jätmesser *n*, Reutspaten *m*, b) Stoßeisen *n*; **2.** Spachtel *m, f*; **3.** F Kar'toffel *f*; **II** *v/t.* **4.** *mst* ***~ up***, ***~ out*** ausgraben, -jäten; **5.** *Ölquelle* anbohren.

spue [spjuː] → ***spew***.

spume [spjuːm] *s.* Schaum *m*, Gischt *m, f*; **'spu·mous** [-məs], **'spu·my** [-mɪ] *adj.* schäumend.

spun [spʌn] **I** *pret. u. p.p. von* ***spin***; **II** *adj.* gesponnen: ***~ glass*** Glasgespinst *n*; ***~ gold*** Goldgespinst *n*; ***~ silk*** Schappseide *f*.

spunk [spʌŋk] *s.* **1.** Zunderholz *n*; **2.** Zunder *m*, Lunte *f*; **3.** F a) Feuer *n*, Schwung *m*, b) ˌMumm' *m*, Mut *m*; **'spunk·y** [-kɪ] *adj.* **1.** schwungvoll; **2.** mutig, draufgängerisch; **3.** *Am.* reizbar.

spur [spɜː] **I** *s.* **1.** (Reit)Sporn *m*: ***~s*** Sporen *pl.*; ***put*** (*od.* ***set***) ***~s to*** → 8; ***win one's ~s*** *fig.* sich die Sporen verdienen; **2.** *fig.* Ansporn *m*, -reiz *m*: ***on the ~ of the moment*** der Eingebung des Augenblicks folgend, ohne Überlegung, spontan; **3.** ✿ a) Dorn *m*, Stachel *m* (*kurzer Zweig etc.*), b) Sporn *m* (*Nektarbehälter*); **4.** *zo.* Sporn *m*, Stachel *m* (*des Hahns*); **5.** *geogr.* Ausläufer *m*, (Gebirgs)Vorsprung *m*; **6.** △ a) Strebe *f*, Stütze *f*, b) Strebebalken *m*, c) (Mauer)Vorsprung *m*; **7.** ⚔ *hist.* Außen-, Vorwerk *n*; **II** *v/t.* **8.** *Pferd* spornen, die Sporen geben (*dat.*); **9.** *oft* ***~ on*** *fig. j-n* anspornen, -stacheln: ***~ s.o. into action***; **10.** mit Sporen versehen, Sporen (an)schnallen an (*acc.*); **III** *v/i.* **11.** (das Pferd) spornen; **12.** a) sprengen, eilen, b) *fig.* (vorwärts) drängen.

spurge [spɜːdʒ] *s.* ✿ Wolfsmilch *f*.

spur| gear *s.* ⚙ **1.** Geradstirnrad *n*; **2.** → ***~ gear·ing*** *s.* Geradstirnradgetriebe *n*.

spu·ri·ous ['spjʊərɪəs] *adj.* □ **1.** falsch, unecht, Pseudo..., *a.* ✿, *zo.* Schein...: ***~ fruit***; **2.** nachgemacht, gefälscht; **3.** unehelich; **'spu·ri·ous·ness** [-nɪs] *s.* Unechtheit *f*.

spurn [spɜːn] *v/t.* **1.** *obs.* mit dem Fuß (weg)stoßen; **2.** verschmähen, verächtlich zu'rückweisen, *j-n a.* abweisen, *e-n Rat* missachten: ***~ed lover*** abgewiesener Liebhaber.

spurred [spɜːd] *adj.* gespornt; *a.* ✿, *zo.* Sporen tragend.

spurt[1] [spɜːt] **I** *s.* **1.** *sport* (*a.* Zwischen-)Spurt *m*; **2.** plötzliche Aktivi'tät, ruckartige Anstrengung; **3.** ✝ plötzliches Anziehen (*von Preisen etc.*); **II** *v/i.* **4.** *sport* spurten; **5.** plötzlich ak'tiv werden.

spurt² [spɜːt] **I** *v/t. u. v/i.* (her'aus)spritzen; **II** *s.* (*Wasser- etc.*)Strahl *m.*

spur| track *s.* 🚂 Neben-, Seitengleis *n*; **~ wheel** → *spur gear* 1.

sput·ter ['spʌtə] → ***splutter***.

spu·tum ['spjuːtəm] *pl.* **-ta** [-tə] *s.* ⚕ Sputum *n*, Auswurf *m*.

spy [spaɪ] **I** *v/t.* **1.** *a.* **~ out** ausspionieren, -spähen, -kundschaften: **~ out** *a.* herausfinden; **~ *the land*** *fig.* ‚die Lage peilen'; **2.** erspähen, entdecken; **II** *v/i.* **3.** ⚔ *etc.* spionieren, Spio'nage treiben: **~ (*up*)*on*** *j-m* nachspionieren, *j-n* bespitzeln, *Gespräch etc.* abhören; **4.** her'umspionieren; **III** *s.* **5.** Späher(in), Kundschafter(in); **6.** ⚔, *pol.* Spi'on(in) (*a. fig. Spitzel*); **'~·glass** *s.* Fernglas *n*; **'~·hole** *s.* Guckloch *n*; **~ ring** *s.* Spio'nagering *m*; **~ sat·el·lite** *s.* ⚔ ‚'Himmelsspi,on' *m*.

squab·ble ['skwɒbl] **I** *v/i.* sich zanken *od.* kabbeln; **II** *v/t. typ.* verquirlen; **III** *s.* Zank *m*, Kabbe'lei *f*; **'squab·bler** [-lə] *s.* ‚Streithammel' *m*.

squab·by ['skwɒbɪ] *adj.* unter'setzt, feist, plump.

squad [skwɒd] *s.* **1.** ⚔ Gruppe *f*, Korpo'ralschaft *f*: ***awkward*** **~** a) ‚patschnasse' Re'kruten, b) *fig.* ‚Flaschenverein' *m*; **2.** (Arbeits- *etc.*)Trupp *m*; **3.** *Polizei*: a) ('Überfall- *etc.*)Kom,mando *n*, b) ('Raub- *etc.*)Dezer,nat *n*; → ***murder squad*** *etc.*; **~ car** *Am.* (Funk-)Streifenwagen *m*; **4.** *sport* Riege *f*, Kader *m*.

squad·ron ['skwɒdrən] *s.* **1.** ⚔ a) ('Reiter)Schwa,dron *f*, b) ('Panzer)Batail,lon *n*; **2.** ⚓, ⚔ (Flotten)Geschwader *n*; **3.** ✈ Staffel *f*; **4.** *allg.* Gruppe *f*, Ab'teilung *f*, Mannschaft *f*; **~ lead·er** *s.* ('Flieger)Ma,jor *m*.

squail [skweɪl] *s.* **1.** *pl. sg. konstr.* Flohhüpfen *n*; **2.** Spielplättchen *n*.

squal·id ['skwɒlɪd] *adj.* □ schmutzig, verkommen (*beide a. fig.*), verwahrlost; **squa·lid·i·ty** [skwɒ'lɪdətɪ], **'squal·id·ness** [-nɪs] *s.* Schmutz *m*, Verkommenheit *f* (*beide a. fig.*), Verwahrlosung *f*.

squall¹ [skwɔːl] **I** *s.* **1.** *meteor.* Bö *f*, heftiger Windstoß: ***white*** **~** Sturmbö aus heiterem Himmel; **2.** F ‚Sturm' *m*, ‚Gewitter' *n*: ***look out for ~s*** die Augen offen halten, auf der Hut sein; **II** *v/i.* **3.** stürmen.

squall² [skwɔːl] **I** *v/i.* kreischen, schreien (*a. Kind*); **II** *v/t. oft* **~ out** *et.* kreischen; **III** *s.* schriller Schrei: **~s** Geschrei *n*; **'squall·er** [-lə] *s.* Schreihals *m*.

squall·y ['skwɔːlɪ] *adj.* böig, stürmisch (*a.* F *fig.*).

squal·or ['skwɒlə] → ***squalidity***.

squa·ma ['skweɪmə] *pl.* **-mae** [-miː] *s.* ⚘, *anat.*, *zo.* Schuppe *f*, schuppenartige Or'ganbildung; **'squa·mate** [-meɪt], **'squa·mous** [-məs] *adj.* schuppig.

squan·der ['skwɒndə] *v/t. oft* **~ *away*** *Geld, Zeit etc.* verschwenden, -geuden: **~ *o.s.*** *od.* ***one's energies*** sich verzetteln *od.* ‚verplempern'; **'squan·der·er** [-dərə] *s.* Verschwender(in); **'squan·der·ing** [-dərɪŋ] **I** *adj.* □ verschwenderisch; **II** *s.* Verschwendung *f*, -geudung *f*.

squan·der·ma·ni·a [ˌskwɒndə'meɪnjə] *s.* Verschwendungssucht *f*.

square [skweə] **I** *s.* **1.** ⩕ Qua'drat *n* (*Figur*); **2.** Qua'drat *n*, Viereck *n*, quad'ratisches Stück (*Glas, Stoff etc.*), Karo *n*; **3.** Feld *n* (*Schachbrett etc.*): ***be back to ~ one*** *fig.* wieder da sein, wo man angefangen hat; **4.** Häuserblock *m*; **5.** (öffentlicher) Platz; **6.** ⚙ a) Winkel(maß *n*) *m*, b) *bsd. Zimmerei*: Geviert *n*: ***on the ~*** a) rechtwink(e)lig, b) F ehrlich, anständig, in Ordnung; ***out of ~*** a) nicht rechtwink(e)lig, b) *fig.* nicht in Ordnung; **7.** ⩕ Qua'drat(zahl *f*) *n*: ***in the ~*** im Quadrat; **8.** ⚔ *hist.* Kar'ree *n*; **9.** ('Wort-, 'Zahlen)Qua,drat *n*; **10.** ⚠ Säulenplatte *f*; **11.** *sl.* Spießer *m*; **II** *v/t.* **12.** rechtwink(e)lig *od.* quadratisch machen; **13.** *a.* **~ *off*** in Quadrate einteilen, *Papier etc.* karieren: **~*d paper*** Millimeterpapier *n*; **14.** auf s-e Abweichung vom rechten Winkel prüfen; **15.** ⩕ a) den Flächeninhalt berechnen von (*od. gen.*), b) *Zahl* quadrieren, ins Qua'drat erheben, c) *Figur* quadrieren; → ***circle*** 1; **16.** ⚙ vierkantig behauen; **17.** *Schultern* straffen; **18.** *fig.* in Einklang bringen (***with*** mit), anpassen (***to*** an *acc.*); **19.** (*a.* ✝ *Konten*) ausgleichen; → ***account*** 5; **20.** *Schuld* begleichen; **21.** *Gläubiger* befriedigen; **22.** *sl. j-n* ‚schmieren', bestechen; **23.** *sport Kampf* unentschieden beenden; **III** *v/i.* **24.** **~ *up*** (*Am. a.* ***off***) in Boxerstellung *od.* in Auslage gehen: **~ *up to*** sich vor *j-m* aufpflanzen, *fig. Problem* anpacken; **25.** (***with***) über'einstimmen (mit), passen (zu); **26.** **~ *up*** ✝ *u. fig.* abrechnen (***with*** mit); **IV** *adj.* □ **27.** ⩕ qua'dratisch, Quadrat...(*-meile, -wurzel, -zahl etc.*); **28.** im Qua'drat: ***2 feet ~***; **29.** rechtwink(e)lig, im rechten Winkel (stehend) (***to*** zu); **30.** (vier)eckig; **31.** ⚙ Vierkant...; **32.** gerade, gleichmäßig; **33.** breit(schulterig), stämmig, vierschrötig; **34.** *fig.* in Einklang (stehend) (***with*** mit), stimmend, in Ordnung: ***get things ~*** die Sache in Ordnung bringen; **35.** ✝ abgeglichen (*Konten*): ***get ~ with*** mit *j-m* quitt werden (*a. fig.*); **36.** F a) re'ell, anständig, b) offen, ehrlich: **~ *deal*** a) reeller Handel, b) anständige Behandlung; **37.** klar, deutlich: ***a ~ refusal***; **38.** F ordentlich, reichlich: ***a ~ meal***; **39.** *sl.* ‚spießig'; **40.** zu viert: **~ *game***; **V** *adv.* **41.** quadratisch, viereckig; rechtwink(e)lig; **42.** F anständig, ehrlich; **43.** *Am.* di'rekt, gerade; **ˌ~-'built** → ***square*** 33; **~ dance** *s. Am.* Square Dance *m*; **'~·head** *s. contp.* ‚Qua'dratschädel' *m* (*Skandinavier od. Deutscher in U.S.A. od. Kanada*); **~ meas·ure** *s.* Flächenmaß *n*.

square·ness ['skweənɪs] *s.* **1.** *das* Quadratische *od.* Viereckige; **2.** Vierschrötigkeit *f*; **3.** F Ehrlichkeit *f*; **4.** *sl.* ‚Spießigkeit' *f*.

ˌsquare|-'rigged *adj.* ⚓ mit Rahen getakelt; **'~-ˌrig·ger** *s.* ⚓ Rahsegler *m*; **~ root** *s.* ⩕ (Qua'drat)Wurzel *f*; **~ sail** *s.* ⚓ Rahsegel *n*; **~ shoot·er** *s. Am.* F ehrlicher *od.* anständiger Kerl; **ˌ~-'shoul·dered** *adj.* breitschultrig; **ˌ~-'toed** *adj. fig.* a) altmodisch, b) steif.

squash [skwɒʃ] **I** *v/t.* **1.** (zu Brei) zerquetschen, zs.-drücken; breit schlagen; **2.** *fig. Aufruhr etc.* niederschlagen, im Keim ersticken; **3.** F *j-n* ‚fertig machen'; **II** *v/i.* **4.** zerquetscht werden; **5.** glucksen (*Schuhe im Morast etc.*); **III** *s.* **6.** Matsch *m*, Brei *m*; **7.** Gedränge *n*; **8.** ⚘ Kürbis *m*; **9.** (Zi'tronen- *etc.*)Saft *m*; **10.** Glucksen *n*, Platsch(en *n*) *m*; **11.** *sport* a) *a.* **~ *tennis*** Squash *n*, b) *a.* **~ *rackets*** ein dem Squash ähnliches Spiel; **~ court** *s. sport* Squashcourt *m*; **~ courts** *s. pl. sport* Squashhalle *f*; **~ rack·et** *s. sport* Squashschläger *m*; **'squash·y** [-ʃɪ] *adj.* □ **1.** weich, breiig; **2.** matschig (*Boden*).

squat [skwɒt] **I** *v/t.* **1.** hocken, kauern: **~ *down*** sich hinhocken; **2.** sich ducken (*Tier*); **3.** F ‚hocken' (*sitzen*); **4.** sich ohne Rechtstitel ansiedeln; **II** *v/t.* **5.** *leer stehendes Haus* besetzen; **III** *adj.* **6.** unter'setzt, vierschrötig (*Person*); **7.** flach, platt; **IV** *s.* **8.** Hockstellung *f*, Hocke *f* (*a. sport*); **9.** Sitz *m*, Platz *m*; **'squat·ter** [-tə] *s.* **1.** Hockende(r *m*) *f*; **2.** Hausbesetzer *m*; **3.** Squatter *m*, Ansiedler *m* ohne Rechtstitel; **4.** Siedler *m* auf regierungseigenem Land; **5.** *Austral.* Schafzüchter *m*.

squaw [skwɔː] *s.* **1.** Squaw *f*, Indi'anerfrau *f*; **2.** *Am.* F (Ehe)Frau *f*.

squawk [skwɔːk] **I** *v/i.* **1.** *bsd. orn.* kreischen; **2.** *fig.* F zetern, aufbegehren; **II** *s.* **3.** *bsd. orn.* Kreischen *n*; **4.** F Gezeter *n*.

squeak [skwiːk] **I** *v/i.* **1.** quiek(s)en, piep(s)en; **2.** quietschen (*Bremsen, Türangel etc.*); **3.** *sl.* → ***squeal*** 5; **II** *v/t.* **4.** *et.* quiek(s)en; **III** *s.* **5.** Gequiek(s)e *n*, Piep(s)en *n*; **6.** Quietschen *n*; **7.** ***have a narrow*** (*od.* ***close***) **~** F mit knapper Not davonkommen; **'squeak·y** [-kɪ] *adj.* □ **1.** quiek(s)end; **2.** quietschend.

squeal [skwiːl] **I** *v/i.* **1.** kreischen, (auf-)schreien: **~ *with laughter*** laut (*od.* schrill) auflachen, F vor Lachen quietschen; **2.** quietschen (*Bremsen etc.*); **3.** quieken, piepsen; **4.** F zetern, schimpfen (***about***, ***against*** gegen); **5.** *sl.* ‚pfeifen', ‚singen' (*verraten*): **~ *on s.o.*** j-n verpetzen *od.* ‚verpfeifen' (***to*** bei); **II** *v/t.* **6.** *et.* schreien, kreischen; **III** *s.* **7.** schriller Schrei; **8.** Kreischen *n*, Quieken *n*; **9.** F *fig.* Aufschrei *m*; **'squeal·er** [-lə] *s.* **1.** Schreier *m*; **2.** Täubchen *n*, *allg.* junger Vogel; **3.** *sl.* Verräter *m*.

squeam·ish ['skwiːmɪʃ] *adj.* □ **1.** ('über)empfindlich, zimperlich; **2.** a) heikel (*im Essen*), b) (leicht) Ekel empfindend; **3.** 'übergewissenhaft, pe'nibel; **'squeam·ish·ness** [-nɪs] **1.** 'Überempfindlichkeit *f*, Zimperlichkeit *f*; **2.** 'Übergewissenhaftigkeit *f*; **3.** a) heikle Art, b) Ekel *m*, Übelkeit *f*.

squee·gee [ˌskwiː'dʒiː] *s.* **1.** Gummischrubber *m*; **2.** *phot. etc.* (Gummi-)Quetschwalze *f*.

squeez·a·ble ['skwiːzəbl] *adj.* **1.** zs.-drückbar; **2.** *fig.* gefügig; **'squeeze** [skwiːz] **I** *v/t.* **1.** (zs.-)drücken; **2.** a) *Frucht* auspressen, -quetschen, *Schwamm* ausdrücken, b) F *j-n* ‚ausnehmen', ‚schröpfen'; **3.** *oft* **~ *out*** *Saft etc.* (her)'auspressen, -quetschen (***from*** aus): **~ *a tear*** *fig.* e-e Träne zerdrücken, ein paar Krokodilstränen weinen; **4.** drücken, quetschen, zwängen (***into*** in *acc.*); eng (zs.-)packen: **~ *o.s.*** (*od.* ***one's way***) ***into*** (***through***) sich hinein- (hindurch)zwängen; **5.** F fest *od.* innig an sich drücken; **6.** F a) unter Druck setzen, erpressen, b) *Geld etc.* her'auspressen, *Vorteil etc.* her'ausschinden (***out of*** aus); **7.** e-n Abdruck machen von (*e-r Münze etc.*); **II** *v/i.* **8.** quetschen, drücken, pressen; **9.** sich zwängen: **~ *through*** (***in***) sich durch- (hinein)zwängen; **III** *s.* **10.** Druck *m*, Pressen *n*, Quetschen *n*; **11.** Händedruck

S

m; **12.** (innige) Um'armung; **13.** Gedränge *n*; **14.** F a) Klemme *f*, *bsd.* Geldverlegenheit *f*, b) ‚Druck' *m*, Erpressung *f*: ***put the ~ on s.o.*** j-n unter Druck setzen; **15.** ⚚ wirtschaftlicher Engpass, (*a.* Geld)Knappheit *f*; **16.** (*bsd.* Wachs)Abdruck *m*; **squeeze bot·tle** *s.* (Plastik)Spritzflasche *f*; **squeeze box** *s.* ♪ F ‚'Quetschkom,mode' *f*; **'squeez·er** [-zə] *s.* **1.** (Frucht)Presse *f*; **2.** ⚙ a) ('Aus)Pressma,schine *f*, b) Quetschwerk *n*, c) 'Pressformma,schine *f*.

squelch [skweltʃ] **I** *v/t.* **1.** zermalmen; **2.** *fig.* F *j-n* ‚kurz fertig machen', *j-m* den Mund stopfen, *Kritik etc.* abwürgen; **II** *v/i.* **3.** p(l)atschen; **4.** glucksen (*nasser Schuh etc.*); **III** *s.* **5.** Matsch *m*; **6.** P(l)atschen *n*, Glucksen *n*; **7.** → **'squelch·er** [-tʃə] *s.* F **1.** vernichtender Schlag; **2.** vernichtende Antwort.

squib [skwɪb] *s.* **1.** a) Frosch *m*, (Feuerwerks)Schwärmer *m*, b) *Brit. allg.* (Hand)Feuerwerkskörper *m*: ***damp ~*** *fig.* ‚Flop' *m*, Schlag *m* ins Wasser; **2.** ⚒, *a.* ⚔ *hist.* Zündladung *f*; **3.** Spottgedicht *n*, Sa'tire *f*.

squid [skwɪd] *pl.* **squids**, *bsd. coll.* **squid** *s.* **1.** *zo. ein* zehnarmiger Tintenfisch; **2.** *künstlicher Köder in Tintenfischform.*

squif·fy ['skwɪfɪ] *adj. sl.* beschwipst.

squig·gle ['skwɪgl] **I** *s.* **1.** Schnörkel *m*; **II** *v/i.* **2.** kritzeln; **3.** sich winden.

squill [skwɪl] *s.* **1.** ⚘ a) Meerzwiebel *f*, b) Blaustern *m*; **2.** *zo.* Heuschreckenkrebs *m*.

squint [skwɪnt] **I** *v/i.* **1.** schielen (*a. weitS.*); **2. ~ *at*** a) schielen nach, b) e-n Blick werfen auf (*acc.*), c) scheel *od.* argwöhnisch blicken auf (*acc.*); **3.** blinzeln, zwinkern; **II** *v/t.* **4.** *Augen* a) verdrehen, b) zs.-kneifen; **III** *s.* **5.** Schielen *n* (*a. fig.*): ***have a ~*** schielen; **6.** F (rascher *od.* verstohlener) Blick: ***have a ~ at*** → 2b; **IV** *adj.* **7.** schielend; **8.** schief, schräg; **'~-eyed** *adj.* **1.** schielend; **2.** *fig.* scheel, böse.

squir·arch·y ['skwaɪərɑːkɪ] *s.* → ***squirearchy***.

squire ['skwaɪə] **I** *s.* **1.** *englischer* Landjunker, *a.* Gutsherr *m*, Großgrundbesitzer *m*; **2.** *bsd.* F (*a. Am.*) a) (Friedens)Richter *m*, b) *andere Person mit lokaler Obrigkeitswürde*; **3.** *hist.* Edelknabe *m*, (Schild)Knappe *m*; **4.** Kava'lier *m*: a) Begleiter *m* (*e-r Dame*), b) Ga'lan *m*: ***~ of dames*** Frauenheld *m*; **II** *v/t. u. v/i.* **5.** *obs.* a) (e-e Dame) begleiten, b) (e-r Dame) Ritterdienste leisten *od.* den Hof machen; **'squire·arch·y** [-ərɑːkɪ] *s.* Junkertum *n*: a) *coll. die* (Land)Junker *pl.*, b) (Land-)Junkerherrschaft *f*; **'squire·ling** [-əlɪŋ] *s. contp.* Krautjunker *m*.

squirm [skwɜːm] **I** *v/i.* **1.** sich krümmen, sich winden (*a. fig.* ***with*** vor Scham *etc.*): ***~ out of*** a) sich (mühsam) aus *e-m Kleid* ‚herausschälen', b) *fig.* sich aus *e-r Notlage etc.* (heraus)winden; **II** *s.* **2.** Krümmen *n*, Sich'winden *n*; **3.** ⚓ Kink *m im Tau*; **'squirm·y** [-mɪ] *adj.* **1.** sich windend; **2.** *fig.* eklig.

squir·rel ['skwɪrəl] *s.* **1.** *zo.* Eichhörnchen *n*: ***flying ~*** Flughörnchen *n*; **2.** Feh *n* (*Pelzwerk*); **~ cage** *s.* **1.** a) Laufradkäfig *m*, b) *fig.* ‚Tretmühle' *f*; **2.** ⚡ Käfiganker *m*; **'~-cage** *adj.* ⚡ Käfig..., Kurzschluss...

squirt [skwɜːt] **I** *v/i.* **1.** spritzen; **2.** her'vorspritzen, -sprudeln; **II** *v/t.* **3.** *Flüssigkeit etc.* her'vor-, her'ausspritzen; **4.** bespritzen; **III** *s.* **5.** (Wasser- *etc.*)Strahl *m*; **6.** Spritze *f*: ***~ can*** ⚙ Spritzkanne *f*; **7.** *a.* ***~ gun*** 'Wasserpi,stole *f*; **8.** F ‚kleiner Scheißer'.

squish [skwɪʃ] F **I** *v/t.* zermatschen; **II** *v/i.* → ***squelch*** 4.

stab [stæb] **I** *v/t.* **1.** *j-n* a) (nieder)stechen, b) erstechen, erdolchen; **2.** *Messer etc.* bohren, stoßen (***into*** in *acc.*); **3.** *fig.* verletzen: ***~ s.o. in the back*** j-m in den Rücken fallen; ***~ s.o.'s reputation*** an j-m Rufmord begehen; **4.** ⚙ *Mauer* rau hauen; **II** *v/i.* **5.** stechen (***at*** nach); **6.** *mit den Fingern etc.* stoßen (***at*** nach, auf *acc.*); **7.** stechen (*Schmerz*); **III** *s.* **8.** (Dolch- *etc.*)Stoß *m*, Stich *m*: ***~ in the back*** *fig.* Dolchstoß; ***have*** (*od.* ***make***) ***a ~ at*** F *et.* probieren; **9.** Stich (-wunde *f*) *m*; **10.** *fig.* Stich *m* (*Schmerz, jähes Gefühl*); **~ cell** *s. biol.* Stabzelle *f*.

sta·bil·i·ty [stə'bɪlətɪ] *s.* **1.** Stabili'tät *f*: a) Standfestigkeit *f*, b) (Wert)Beständigkeit *f*, Festigkeit *f*, Haltbarkeit *f*, c) Unveränderlichkeit *f* (*a.* ⚗), d) ⚕ Resi'stenz *f*: ***monetary ~*** ⚚ Währungsstabilität; **2.** *fig.* Beständigkeit *f*, Standhaftigkeit *f*, (Cha'rakter)Festigkeit *f*; **3.** a) ⚙ Kippsicherheit *f*, b) ✈ dy'namisches Gleichgewicht, c) ***~ on curves*** *mot.* Kurvenstabilität *f*; **sta'bil·i·ty-,or·i·ent·ed** *adj.* stabili'tätsorien,tiert (*Politik*).

sta·bi·li·za·tion [,steɪbɪlaɪ'zeɪʃn] *s. allg., bsd.* ⚙, ⚚ Stabilisierung *f*; **sta·bi·lize** ['steɪbɪlaɪz] *v/t.* stabilisieren (*a.* ⚙, ⚓, ✈): a) festigen, stützen, b) kon'stant halten: ***~d warfare*** ⚔ Stellungskrieg *m*; **sta·bi·liz·er** ['steɪbɪlaɪzə] *s.* ⚙, ✈, ⚓, ⚕ Stabili'sator *m*.

sta·ble¹ ['steɪbl] *adj.* ☐ **1.** sta'bil (*a.* ⚚): a) standfest, -sicher (*a.* ⚙), b) (wert-) beständig, fest, dauerhaft, haltbar, c) unveränderlich (*a.* ⚗), d) ⚕ resi'stent; **2.** ⚚, *pol.* sta'bil: ***~ currency*** sta'bile Währung; ***~ exchange rates*** *a.* 'Wechselkursstabili,tät *f*; **3.** *fig.* beständig, (*a.* cha'rakterlich) gefestigt.

sta·ble² ['steɪbl] **I** *s.* **1.** (Pferde-, Kuh-) Stall *m*; **2.** Stall(bestand) *m*; **3.** Rennstall *m* (*bsd. coll. Pferde, a. Rennfahrer*); **4.** *fig.* ‚Stall' *m* (*Mannschaft etc., a. Familie*); **5.** *pl.* ⚔ *Brit.* a) Stalldienst *m*, b) → ***stable call***; **II** *v/t.* **6.** *Pferd* einstallen; **III** *v/i.* **7.** im Stall stehen (*Pferd*); **8.** *fig.* hausen; **'~·boy** *s.* Stalljunge *m*; **~ call** *s.* ⚔ Si'gnal *n* zum Stalldienst; **~ com·pan·ion** → ***stablemate***; **'~·man** [-mən] *s.* [*irr.*] Stallknecht *m*; **'~·mate** *s.* Stallgefährte *m* (*a. fig. Radsport etc.*).

sta·ble·ness ['steɪblnɪs] → ***stability***.

sta·bling ['steɪblɪŋ] *s.* **1.** Einstallung *f*; **2.** Stallung(en *pl.*) *f*, Ställe *pl.*

stac·ca·to [stə'kɑːtəʊ] (*Ital.*) *adv.* **1.** ♪ stak'kato; **2.** *fig.* abgehackt.

stack [stæk] **I** *s.* **1.** Schober *m*, Feim *m*; **2.** Stoß *m*, Stapel *m* (*Holz, Bücher etc.*); **3.** *Brit. Maßeinheit für Holz u. Kohlen* (*3,05814* m^3); **4.** *Am.* ('Bücher-) Re,gal *n*; *pl.* 'Hauptmaga,zin *n e-r Bibliothek*; **5.** ⚔ (Ge'wehr)Pyra,mide *f*; **6.** a) *bsd.* 🚂, ⚓ Schornstein *m*, Ka'min *m*, b) (Schmiede)Esse *f*, c) *mot.* Auspuffrohr *n*, d) Aggre'gat *n*, Satz *m*, e) (gestockte) An'tennenkombinati,on, f) *Computer*: Stapelspeicher *m*: ***blow one's ~*** F ‚in die Luft gehen'; **7.** Felssäule *f*; **II** *v/t.* **8.** *Heu etc.* aufschobern; **9.** aufschichten, -stapeln; **10.** *et.* voll stapeln; **11.** ⚔ *Gewehre* zs.-setzen: ***~ arms***; **12. *~ the cards*** die Karten ‚packen' (*um zu betrügen*): ***the cards are ~ed against him*** *fig.* er hat kaum e-e Chance; **'stack·er** [-kə] *s.* Stapler *m* (*Person u. Gerät*).

sta·di·a¹ ['steɪdjə] *pl. von* ***stadium***.

sta·di·a² ['steɪdjə] *s. a.* ***~ rod*** *surv.* Messlatte *f*.

sta·di·um ['steɪdjəm] *pl.* **-di·a** [-djə] *s.* **1.** *antiq.* Stadion *n* (*Kampfbahn u. Längenmaß*); **2.** *pl. mst* **'sta·di·ums** *sport* Stadion *n*; **3.** *bsd.* ⚕, *biol.* Stadium *n*.

staff¹ [stɑːf] **I** *s.* **1.** Stock *m*, Stecken *m*; **2.** (*a.* Amts-, Bischofs-, Kom'mando-, Mess-, Wander)Stab *m*; **3.** (Fahnen-) Stange *f*, ⚓ Flaggenstock *m*; **4.** *fig.* a) Stütze *f des Alters etc.*, b) *das* Nötige *od.* Wichtigste: ***~ of life*** Brot *n*, Nahrung *f*; **5.** Unruhewelle *f* (*Uhr*); **6.** a) (Assi'stenten-, Mitarbeiter)Stab *m*, b) Beamtenkörper *m*, -stab *m*, c) Lehrkörper *m*, 'Lehrerkol,legium *n*, d) Perso'nal *n*, Belegschaft *f*: ***editorial ~*** Redaktion(sstab *m*) *f*; ***nursing ~*** ⚕ Pflegepersonal; ***the senior ~*** ⚚ die leitenden Angestellten; ***be on the ~*** (***of***) zum Stab *od.* Lehrkörper *od.* Personal gehören (*gen.*), Mitarbeiter sein (bei), fest angestellt sein (bei); **7.** ⚔ Stab *m*: ***~ order*** Stabsbefehl *m*; **8.** *pl.* **staves** [steɪvz] ♪ 'Noten(linien)sy,stem *n*; **II** *adj.* **9.** *bsd.* ⚔ Stabs...; **10.** Personal...; **III** *v/t.* **11.** (mit Perso'nal) besetzen: ***well ~ed*** gut besetzt; ***~ing level*** Personaldecke *f*; **12.** mit e-m Stab *od.* Lehrkörper *etc.* versehen; **13.** den Lehrkörper *e-r Schule* bilden.

staff² [stɑːf] *s.* ⚙ *Baustoff aus Gips u.* (*Hanf*)*Fasern.*

staff| car *s.* ⚔ Befehlsfahrzeug *n*; **~ col·lege** *s.* ⚔ Gene'ralstabsakade,mie *f*; **~ man·ag·er** *s.* ⚚ Perso'nalchef *m*; **~ mem·ber** *s.* Mitarbeiter(in); **~ no·ta·tion** *s.* ♪ Liniennotenschrift *f*; **~ of·fi·cer** *s.* ⚔ 'Stabsoffi,zier *m*; **~ re·duc·tions** *pl.* ⚚ Perso'nalabbau *m*; **~ room** *s. ped.* Lehrerzimmer *n*; **~ ser·geant** *s.* ⚔ (*Brit.* Ober)Feldwebel *m*; **~ turn·o·ver** *s.* Personalfluktuation *f*.

stag [stæg] **I** *s.* **1.** *hunt., zo.* a) Rothirsch *m*, b) Hirsch *m*; **2.** *zo. bsd. dial.* Männchen *n*; **3.** *nach der Reife kastriertes männliches Tier*; **4.** F a) Herr *m* ohne Damenbegleitung, b) *bsd. Am.* → ***stag party***; **5.** ⚚ *Brit.* Kon'zertzeichner *m*; **II** *adj.* **6.** F a) Herren...: ***~ dinner***, b) Sex...: ***~ film***; **III** *v/i.* **7.** ⚚ *Brit. sl.* in neu ausgegebenen Aktien spekulieren; **8.** *a.* ***go ~*** F ohne Damenbegleitung *od.* ‚solo' gehen; **~ bee·tle** *s. zo.* Hirschkäfer *m*.

stage [steɪdʒ] **I** *s.* **1.** Bühne *f*, Gerüst *n*; ⚓ Landungsbrücke *f*; **2.** *thea.* Bühne *f* (*a. fig. Theaterwelt, Bühnenlaufbahn*): ***the ~*** *fig.* die Bühne, das Theater; ***be on the ~*** Schauspieler(in) *od.* beim Theater sein; ***bring on the ~*** → 11a; ***go on the ~*** zur Bühne gehen; ***hold the ~*** sich auf der Bühne halten; ***set the ~ for*** *fig.* alles vorbereiten für; **3.** *hist.* a) ('Post)Stati,on *f*, b) Postkutsche *f*; **4.** a) *Brit.* Teilstrecke *f*, Fahrzone *f* (*Bus etc.*), b) (Reise)Abschnitt *m*, E'tappe *f* (*a. fig. u. Radsport*): ***by*** (*od.* ***in***) (***easy***) ***~s*** etappenweise; **5.** ⚕, ⚚, *biol. etc.* Stadium *n*, (Entwicklungs)Stufe *f*, Phase *f*: ***at this ~*** zum gegenwärtigen Zeitpunkt; ***critical*** (***experimental***, ***initial***) ***~*** kritisches (Versuchs-, Anfangs-) Stadium; ***~s of appeal*** ⚖ Instanzenweg *m*; **6.** ⚙ (Schalt- *etc.*, ⚡ Verstärker-, *a.* Ra'keten)Stufe *f*; **7.** *geol.* Stufe *f e-r Formation*; **8.** Ob'jektträger *m* (*am Mikroskop*); **9.** ⚙ Farbläufer *m*; **10.** *Am.* Höhe *f* des Spiegels (*e-s Flusses*); **II** *v/t.* **11.** *Theaterstück* a) auf die Bühne bringen, inszenieren, b) für die Bühne bearbeiten; **12.** *fig.* a) *allg.* veranstalten, b) inszenieren, aufziehen: **~ *a demonstration***; **13.** ⚙ berüsten; **14.** ⚔ *Am. Personen* 'durchschleusen; **~ box** *s. thea.* Pro'szeniumsloge *f*; '**~·coach** *s. hist.* Postkutsche *f*; '**~·craft** *s.* drama'turgisches *od.* schauspielerisches Können; **~ de·sign·er** *s.* Bühnenbildner(in); **~ di·rec·tion** *s.* Bühnen-, Re'gieanweisung *f*; **~ di·rec·tor** *s.* Regis'seur *m*; **~ door** *s.* Bühneneingang *m*; **~ ef·fect** *s.* **1.** 'Bühnenwirkung *f*, -ef,fekt *m*; **2.** *fig.* Thea'tralik *f*; **~ fe·ver** *s.* The'aterbesessenheit *f*; **~ fright** *s.* Lampenfieber *n*; '**~·hand** *s.* Bühnenarbeiter *m*; **,~-'man·age** → ***stage*** 12; **~ man·ag·er** *s.* Inspizi'ent *m*; **~ name** *s.* Bühnen-, Künstlername *m*; **~ play** *s.* Bühnenstück *n*.

stag·er ['steɪdʒə] *s. mst old* **~** ‚alter Hase'.

stage| race *s. Radsport*: E'tappenrennen *n*; **~ rights** *s. pl.* ⚖ Aufführungs-, Bühnenrechte *pl.*; '**~-struck** *adj.* the'aterbesessen; **~ ver·sion** *s. thea.* Bühnenfassung *f*; **~ whis·per** *s.* **1.** *thea.* nur für das Publikum bestimmtes Flüstern; **2.** *fig.* weithin hörbares Geflüster; '**~,worth·y** *adj.* bühnenfähig, -gerecht (*Schauspiel*).

stage·y ['steɪdʒɪ] *adj. Am. für* ***stagy***.

stag·fla·tion [stæg'fleɪʃn] *s.* ✝ Stagflati'on *f*.

stag·ger ['stægə] **I** *v/i.* **1.** (sch)wanken, taumeln, torkeln; **2.** *fig.* wanken(d werden); **II** *v/t.* **3.** ins Wanken bringen, erschüttern (*a. fig.*); **4.** *fig.* verblüffen, *stärker*: 'umwerfen, über'wältigen; **5.** ⚙ gestaffelt *od.* versetzt anordnen; (*a. fig. Arbeitszeit*) staffeln; **III** *s.* **6.** Schwanken *n*, Taumeln *n*; **7.** *pl. sg. konstr.*: a) Schwindel *m*, b) *vet.* Schwindel *m* (*von Rindern*), Koller *m* (*von Pferden*), Drehkrankheit *f* (*von Schafen*); **8.** ⚙, ✈ *u. fig.* Staffelung *f*; **9.** *Leichtathletik*: Kurvenvorgabe *f*; '**stag·gered** [-əd] *adj.* **1.** ⚙ versetzt (angeordnet), gestaffelt; **2.** gestaffelt (*Arbeitszeit etc.*); '**stag·ger·ing** [-ərɪŋ] *adj.* ☐ **1.** (sch)wankend, taumelnd; **2.** wuchtig, heftig (*Schlag*); **3.** *fig.* a) 'umwerfend, fan'tastisch, b) Schwindel erregend (*Preise etc.*).

stag·i·ness ['steɪdʒɪnɪs] *s.* Thea'tralik *f*, Effekthasche'rei *f*.

stag·ing ['steɪdʒɪŋ] *s.* **1.** *thea.* a) Inszenierung *f* (*a. fig.*), b) Bühnenbearbeitung *f*; **2.** (Bau)Gerüst *n*; **3.** ⚓ Hellinggerüst *n* (*e-r Werft*); **~ a·re·a** *s.* ⚔ **1.** Bereitstellungsraum *m*; **2.** Auffangraum *m*.

stag·nan·cy ['stægnənsɪ] *s.* Stagnati'on *f*: a) Stockung *f*, Stillstand *m*, b) *bsd.* ✝ Flauheit *f*, c) *fig.* Trägheit *f*; '**stag·nant** [-nt] *adj.* ☐ stagnierend: a) stockend (*a.* ✝), stillstehend, b) abgestanden (*Wasser*), c) *fig.* träge; '**stag·nate** [-neɪt] *v/i.* stagnieren, stocken; **stag·na·tion** [stæg'neɪʃn] → ***stagnancy***.

stag par·ty *s.* F (*bsd.* feuchtfröhlicher) Herrenabend *m*.

stag·y ['steɪdʒɪ] *adj.* ☐ **1.** bühnenmäßig, Bühnen...; **2.** *fig.* thea'tralisch.

staid [steɪd] *adj.* ☐ gesetzt, seri'ös; ruhig (*a. Farbe*), gelassen; '**staid·ness** [-nɪs] *s.* Gesetztheit *f*.

stain [steɪn] **I** *s.* **1.** (Schmutz-, *a.* Farb-) Fleck *m*: **~-*resistant*** Schmutz abweisend; **2.** *fig.* Schandfleck *m*, Makel *m*; **3.** Färbung *f*; **4.** ⚙ Farbe *f*, Färbemittel *n* (*a. beim Mikroskopieren*); **5.** (Holz-) Beize *f*; **II** *v/t.* **6.** beschmutzen, beflecken, besudeln (*alle a. fig.*); **7.** färben; *Holz* beizen; *Glas etc.* bemalen; *Stoff etc.* bedrucken: **~*ed glass*** buntes (Fenster)Glas; **III** *v/i.* **8.** Flecken verursachen; **9.** Flecken bekommen, schmutzen; '**stain·ing** [-nɪŋ] **I** *s.* **1.** (Ver)Färbung *f*; **2.** Verschmutzung *f*; **3.** ⚙ Färben *n*, Beizen *n*: **~ *of glass*** Glasmalerei *f*; **II** *adj.* **4.** Färbe...; '**stain·less** [-lɪs] *adj.* ☐ **1.** *bsd. fig.* fleckenlos, unbefleckt; **2.** rostfrei, nicht rostend (*Stahl*).

stair [steə] *s.* **1.** Treppe *f*, Stiege *f*; **2.** (Treppen)Stufe *f*; **3.** *pl.* Treppe(nhaus *n*) *f*: ***below* ~*s*** a) unten, b) *Br. obs.* beim Hauspersonal; '**~·case** → ***stair*** 3; '**~·head** *s.* oberster Treppenabsatz; '**~·way** → ***stair*** 3; '**~·well** *s.* Treppenhaus *n*.

stake¹ [steɪk] **I** *s.* **1.** (*a.* Grenz)Pfahl *m*, Pfosten *m*: ***pull up* ~*s*** *Am.* F *fig.* s-e Zelte abbrechen; **2.** Marter-, Brandpfahl *m*: ***the* ~** *fig.* der (Tod auf dem) Scheiterhaufen; **3.** Pflock *m* (*zum Anbinden von Tieren*); **4.** (Wagen)Runge *f*; **5.** Absteckpfahl *m*, -pflock *m*; **6.** kleiner (Hand)Amboss; **II** *v/t.* **7.** *oft* **~ *off***, **~ *out*** abstecken (*a. fig.*): **~ *out a claim*** *fig.* s-e Ansprüche anmelden (***to*** auf *acc.*); **~ *in*** (*od.* ***out***) mit Pfählen einzäunen; **8.** *Pflanze* mit e-m Pfahl stützen; **9.** *Tier* anpflocken; **10.** a) mit e-m Pfahl durch'bohren, aufspießen, b) pfählen (*als Strafe*).

stake² [steɪk] **I** *s.* **1.** (Wett-, Spiel)Einsatz *m*: ***place one's* ~*s on*** setzen auf (*acc.*); ***be at* ~** *fig.* auf dem Spiel stehen; ***play for high* ~*s*** a) um hohe Einsätze spielen, b) *fig.* ein hohes Spiel spielen, allerhand riskieren; ***sweep the* ~*s*** den ganzen Gewinn kassieren; **2.** *fig.* Inter'esse *n*, Anteil *m* (*a.* ✝): ***have a* ~ *in*** interessiert *od.* beteiligt sein an (*dat.*); **3.** *pl. Pferderennen*: a) Dotierung *f*, b) Rennen *n*; **II** *v/t.* **4.** *Geld* setzen (***on*** auf *acc.*); **5.** *fig.* (ein)setzen, aufs Spiel setzen, riskieren: ***I'd* ~ *my life on that*** darauf gehe ich jede Wette ein; **6.** *Am.* F Geld in *j-n od. et.* investieren.

'**stake|,hold·er** *s.* 'Unpar,teiische(r), der die Wetteinsätze verwahrt; **~ net** *s.* ⚓ Staknetz *n*; '**~·out** *s.* F (poli'zeiliche) Über'wachung (***on*** *gen.*).

Sta·kha·no·vism [stæ'kænəvɪzəm] *s.* Sta'chanowsy,stem *n*.

sta·lac·tic, **sta·lac·ti·cal** [stə'læktɪk(l)] *adj.* → ***stalactitic***; **sta·lac·tite** ['stæləktaɪt] *s.* Stalak'tit *m*, hängender Tropfstein; **stal·ac·tit·ic** [,stælək'tɪtɪk] *adj.* (☐ **~*ally***) stalak'titisch, Stalaktiten...

sta·lag·mite ['stæləgmaɪt] *s. min.* Stalag'mit *m*, stehender Tropfstein; **stal·ag·mit·ic** [,stæləg'mɪtɪk] *adj.* (☐ **~*ally***) stalag'mitisch.

stale¹ [steɪl] **I** *adj.* ☐ **1.** *allg.* alt (*Ggs. frisch*), *bsd.* a) schal, abgestanden (*Wasser*, *Wein*), b) alt(backen) (*Brot*), c) schlecht, verdorben (*Lebensmittel*); **2.** verbraucht (*Luft*); **3.** schal (*Geruch*, *Geschmack*, *fig. Vergnügen*); **4.** fad, abgedroschen, (ur)alt (*Witz*); **5.** a) verbraucht (*Person*, *Geist*), über'anstrengt, b) ‚eingerostet', aus der Übung (gekommen); **6.** ⚖ verjährt (*Scheck*, *Schuld etc.*), gegenstandslos (geworden); **II** *v/i.* **7.** schal *etc.* werden.

stale² [steɪl] **I** *v/i.* stallen, harnen (*Vieh*); **II** *s.* Harn *m*.

stale·mate ['steɪlmeɪt] **I** *s.* **1.** *Schach*: Patt *n*; **2.** *fig.* 'Patt(situati,on *f*) *n*, Sackgasse *f*; **II** *v/t.* **3.** patt setzen; **4.** *fig.* a) in e-e Sackgasse führen, b) matt setzen.

stale·ness ['steɪlnɪs] *s.* **1.** Schalheit *f* (*a. fig.*); **2.** a) Verbrauchtheit *f*, b) Abgedroschenheit *f*.

Sta·lin·ism ['stɑːlɪnɪzəm] *s. pol.* Stali'nismus *m*; '**Sta·lin·ist** [-nɪst] **I** *s.* Stali'nist(in); **II** *adj.* stali'nistisch.

stalk¹ [stɔːk] *s.* **1.** ⚘ Stengel *m*, Stiel *m*, Halm *m*; **2.** *biol.*, *zo.* Stiel *m* (*Träger e-s Organs*); **3.** *zo.* Federkiel *m*; **4.** Stiel *m* (*e-s Weinglases etc.*); **5.** (Fa'brik-) Schlot *m*.

stalk² [stɔːk] **I** *v/i.* **1.** *hunt.* (sich an)pirschen; **2.** (ein'her)schreiten, (-)stolzieren; **3.** *fig.* 'umgehen (*Krankheit*, *Gespenst etc.*); **4.** staken, steifbeinig gehen; **II** *v/t.* **5.** *hunt. u. fig.* sich her'anpirschen an (*acc.*); **6.** *hunt.* durch'jagen; **7.** *j-n* verfolgen, belästigen: **~ *one's former boyfriend*** (*od.* ***girlfriend***) den Exfreund (*od.* die Exfreundin) belästigen (*od.* nicht in Ruhe lassen); **8.** 'umgehen in (*dat.*) (*Gespenst etc.*); **III** *s.* **9.** Pirsch(jagd) *f*.

stalked [stɔːkt] *adj.* ⚘, *zo.* gestielt, ...stielig.

stalk·er ['stɔːkə] *s.* Pirschjäger *m*.

'**stalk·ing-horse** ['stɔːkɪŋ] *s.* **1.** *hunt.*, *hist.* Versteckpferd *n*; **2.** *fig.* Deckmantel *m*; **3.** *pol.* Strohmann *m*.

stalk·less ['stɔːklɪs] *adj.* **1.** ungestielt; **2.** ⚘ stängellos, sitzend.

stalk·y ['stɔːkɪ] *adj.* **1.** stängel-, stielartig; **2.** hoch aufgeschossen.

stall¹ [stɔːl] **I** *s.* **1.** Box *f* (*im Stall*); **2.** (Verkaufs)Stand *m*, (Markt)Bude *f*: **~ *money*** Standgeld *n*; **3.** Chor-, Kirchenstuhl *m*; **4.** *pl. thea. Brit.* Sperrsitz *m*; **5.** Hülle *f*, Schutz *m*; **6.** ⚒ Arbeitsstand *m*; **7.** ✈ Sackflug *m*; **8.** (markierter) Parkplatz; **II** *v/t.* **9.** *Tiere* in Boxen 'unterbringen; **10.** im Stall füttern *od.* mästen; **11.** a) *Wagen* durch ‚Abwürgen' des Motors zum Stehen bringen, b) *Motor* abwürgen, c) ✈ über'ziehen: **~*ing speed*** kritische Geschwindigkeit; **III** *v/i.* **12.** stecken bleiben (*Wagen*); **13.** absterben (*Motor*); **14.** ✈ abrutschen.

stall² [stɔːl] **I** *s.* **1.** Ausflucht *f*, 'Hinhaltema,növer *n*; **2.** *Am.* Kom'plize *m*; **II** *v/i.* **3.** a) Ausflüchte machen, ausweichen, b) *a.* **~ *for time*** Zeit schinden; **4.** *sport* a) auf Zeit spielen, b) ‚kurz treten'; **III** *v/t.* **5.** *a.* **~ *off*** a) *j-n* hinhalten, b) *et.* hin'auszögern.

stall·age ['stɔːlɪdʒ] *s. Brit.* Standgeld *n*.

stal·lion ['stæljən] *s. zo.* (Zucht)Hengst *m*.

stal·wart ['stɔːlwət] **I** *adj.* ☐ **1.** ro'bust, stramm, (hand)fest; **2.** *bsd. pol.* unentwegt, treu; **II** *s.* **3.** strammer Kerl; **4.** *bsd. pol.* treuer Anhänger, Unentwegte(r *m*) *f*.

sta·men ['steɪmən] *s.* ⚘ Staubblatt *n*, -gefäß *n*, -faden *m*.

stam·i·na ['stæmɪnə] *s.* **1.** a) Lebenskraft *f* (*a. fig.*), b) Vitali'tät *f*; **2.** Zähigkeit *f*, Ausdauer *f*, 'Durchhalte-, Stehvermögen *n*; **3.** *a.* ⚔ 'Widerstandskraft *f*; '**stam·i·nal** [-nl] *adj.* **1.** Lebens..., vi'tal; **2.** Widerstands..., Konditions...; **3.** ⚘ Staubblatt...

S

stam·mer ['stæmə] **I** *v/i.* (*v/t. a.* **~ out**) stottern, stammeln; **II** *s.* Stottern *n* (*a.* ⚕), Gestammel *n*; '**stam·mer·er** [-ərə] *s.* Stotterer *m*, Stotterin *f*; '**stam·mer·ing** [-ərɪŋ] **I** *adj.* □ stotternd; **II** *s.* → ***stammer*** II.

stamp [stæmp] **I** *v/t.* **1.** stampfen (auf *acc.*): **~ *one's foot*** → 12; **~ *down*** a) feststampfen, b) niedertrampeln; **~ *out*** a) *Feuer* austreten, b) zertrampeln, c) ausmerzen, d) *Aufstand* niederschlagen; **2.** *Geld* prägen; **3.** aufprägen (***on*** auf *acc.*); **4.** *Namen etc.* aufstempeln; **5.** *Urkunde etc.* stempeln; **6.** *Gewichte* eichen; **7.** *Brief etc.* frankieren, e-e Brief- *od.* Gebührenmarke (auf)kleben auf (*acc.*): ***~ed envelope*** Freiumschlag *m*; ***~ed addressed envelope*** frankierter, mit (eigener) Anschrift versehener Briefumschlag; **8.** kennzeichnen; **9.** *fig.* stempeln, kennzeichnen, charakterisieren (***as*** als); **10.** *fig.* (fest) einprägen: ***~ed on s.o.'s memory*** j-s Gedächtnis eingeprägt, unverrückbar in j-s Erinnerung; **11.** ⚙ a) *a.* **~ *out*** (aus)stanzen, b) pressen, c) *Erz* pochen, d) *Lumpen etc.* einstampfen; **II** *v/i.* **12.** (auf)stampfen; **13.** stampfen, trampeln (***upon*** auf *acc.*); **III** *s.* **14.** Stempel *m*, (*Dienst-etc.*)Siegel *n*; **15.** *fig.* Stempel *m* (*der Wahrheit etc.*), Gepräge *n*: ***bear the ~ of*** den Stempel *des Genies etc.* tragen, das Gepräge *j-s od. e-r Sache* haben; **16.** (Brief)Marke *f*, (Post)Wertzeichen *n*; **17.** (Stempel-, Steuer-, Gebühren-) Marke *f*; **18.** ☤ Ra'battmarke *f*; **19.** ☤ (Firmen)Zeichen *n*, Eti'kett *n*; **20.** *fig.* Art *f*, Schlag *m*: ***a man of his ~*** ein Mann s-s Schlages; ***of a different ~*** aus e-m andern Holz geschnitzt; **21.** ⚙ a) Prägestempel *m*, b) Stanze *f*, c) Stampfe *f*, d) Presse *f*, e) Pochstempel *m*, f) Pa'trize *f*; **22.** Prägung *f*; **23.** Aufdruck *m*; **24.** Eindruck *m*, Spur *f*; ♎ **Act** *s. hist.* Stempelakte *f*; **~ col·lec·tor** *s.* Briefmarkensammler *m*; **~ du·ty** *s.* Stempelgebühr *f*.

stam·pede [stæm'piːd] **I** *s.* **1.** a) wilde, panische Flucht, Panik *f*, b) wilder Ansturm; **2.** (Massen)Ansturm *m* (*von Käufern etc.*); **3.** *Am. pol.* a) (krasser) 'Meinungs,umschwung, b) ‚Erdrutsch' *m*; **II** *v/i.* **4.** (in wilder Flucht) da'vonstürmen, 'durchgehen; **5.** (in Massen) losstürmen; **III** *v/t.* **6.** in wilde Flucht jagen; **7.** a) in Panik versetzen, b) *j-n* treiben (***into doing*** dazu, *et.* zu tun), c) über'rumpeln, d) *Am. pol.* e-n Erdrutsch her'vorrufen bei.

stamp·ing ['stæmpɪŋ] *s.* ⚙ **1.** Ausstanzen *n etc.*; **2.** Stanzstück *n*; **3.** Pressstück *n*; **4.** Prägung *f*; **~ die** *s.* ⚙ 'Schlagmat,rize *f*; **~ ground** *s. zo. u. fig.* Tummelplatz *m*, Re'vier *n*.

stamp(·ing) mill *s.* ⚙ a) Stampfwerk *n*, b) Pochwerk *n*.

stance [stæns] *s.* Stellung *f*, Haltung *f* (*a. sport*).

stanch[1] [stɑːntʃ] *v/t. Blutung* stillen.

stanch[2] [stɑːntʃ] → ***staunch*** [2].

stan·chion ['stɑːnʃn] **I** *s.* Pfosten *m*, Stütze *f* (*a.* ⚓); **II** *v/t.* (ab)stützen, verstärken.

stand [stænd] **I** *s.* **1.** Stillstand *m*, Halt *m*; **2.** Standort *m*, Platz *m*, *fig.* Standpunkt *m*: ***take one's ~*** a) sich (auf)stellen (***at*** bei, auf *dat.*), b) Stellung beziehen; **3.** *fig.* Eintreten *n*: ***make a ~ for*** sich einsetzen für; ***make a ~ against*** sich entgegenstellen *od.* -stemmen (*dat.*); **4.** (Verkaufs-, Messe)Stand *m*; **5.** Stand(platz) *m für Taxis*; **6.** ('Zuschauer)Tri,büne *f*; **7.** Podium *n*; **8.** *Am.* ⚖ Zeugenstand *m*: ***take the ~*** a) den Zeugenstand betreten, b) als Zeuge aussagen; **9.** (Kleider-, Noten- *etc.*) Ständer *m*; **10.** Gestell *n*; **11.** *phot.* Sta'tiv *n*; **12.** (Baum)Bestand *m*; **13.** ⚘ Stand *m des Getreides etc.*, (zu erwartende) Ernte: **~ *of wheat*** stehender Weizen; **14.** **~ *of arms*** ⚔ ('vollständige) Ausrüstung *e-s Soldaten*; **II** *v/i.* [*irr.*] **15.** *allg.* stehen: **~ *alone*** a) allein (da)stehen *mit e-r Ansicht etc.*, b) unerreicht dastehen *od.* sein; **~ *fast*** (*od.* ***firm***) hart bleiben (***on*** in *e-r Sache*); **~ *or fall*** siegen oder untergehen; ***~s at 78*** *das Thermometer* steht auf 78 Grad (Fahrenheit); ***the wind ~s in the west*** der Wind weht von Westen; **~ *well with s.o.*** mit j-m gut stehen; **~ *to lose*** (***win***) (mit Sicherheit) verlieren (gewinnen); ***as matters ~*** (so) wie die Dinge (jetzt) liegen, nach Lage der Dinge; ***I want to know where I ~*** ich will wissen, woran ich bin; **16.** aufstehen, sich erheben; **17.** sich *wohin* stellen, treten: **~ *back*** (*od.* ***clear***) zurücktreten; **18.** sich *wo* befinden, stehen, liegen (*Sache*); **19.** *a.* **~ *still*** stehen bleiben, stillstehen: ***~!*** halt!; **~ *fast!*** ⚔ *Brit.* stillgestanden!, *Am.* Abteilung halt!; **20.** *bestürzt etc.* sein: **~ *aghast***; **~ *convicted*** überführt sein; **~ *corrected*** s-n Irrtum *od.* sein Unrecht zugeben; **~ *in need of*** benötigen; **21.** groß sein, messen: ***he ~s six feet*** (***tall***); **22.** *neutral etc.* bleiben: **~ *unchallenged*** unbeanstandet bleiben; ***and so it ~s*** und dabei bleibt es; **23.** *a.* **~ *good*** gültig bleiben, (weiterhin) gelten: ***my offer ~s*** mein Angebot bleibt bestehen; **24.** bestehen, sich behaupten: **~ *through*** *et.* überstehen, -dauern; **25.** ⚓ *auf e-m Kurs* liegen, steuern; **26.** zu'statten kommen (***to*** *dat.*); **27.** *hunt.* vorstehen (***upon*** *dat.*) (*Hund*); **III** *v/t.* [*irr.*] **28.** *wohin* stellen; **29.** *e-m Angriff etc.* standhalten; **30.** *Beanspruchung, Kälte etc.* aushalten; *Klima, Person* (v)ertragen: ***I cannot ~ him*** ich kann ihn nicht ausstehen; **31.** sich *et.* gefallen lassen, dulden: ***I won't ~ it any longer***; **32.** sich *e-r Sache* unter'ziehen; *Pate* stehen; → ***trial*** 2; **33.** a) aufkommen für *et.*; *Bürgschaft* leisten, b) *j-m ein Essen etc.* spendieren: **~ *a drink*** ‚einen ausgeben'; → ***treat*** 11; **34.** *e-e Chance* haben;

Zssgn mit prp.:

stand| by *v/i.* **1.** *fig. j-m* zur Seite stehen, zu *j-m* halten *od.* stehen; **2.** *s-m Wort, s-n Prinzipien etc.* treu bleiben, stehen zu; **~ for** *v/i.* **1.** stehen für, bedeuten; **2.** eintreten für, vertreten; **3.** *bsd. Brit.* sich um *ein Amt* bewerben; **4.** *pol. Brit.* kandidieren für *e-n Sitz im Parlament*: **~ *election*** kandidieren, sich zur Wahl stellen; **5.** → ***stand*** 31; **~ on** *v/i.* **1.** bestehen *od.* halten auf (*acc.*); → ***ceremony*** 2; **2.** auf *sein Recht etc.* pochen; **3.** ⚓ *Kurs* beibehalten; **~ o·ver** *v/i. j-m* auf die Finger sehen; **~ to** *v/i.* **1.** → ***stand by*** 1; **2.** zu *s-m Versprechen etc.* stehen, bei *s-m Wort* bleiben: **~ *it that*** dabei bleiben *od.* darauf beharren, dass; **~ *one's duty*** (treu) s-e Pflicht tun; **~ up·on** → ***stand on***;

Zssgn mit adv.:

stand| a·loof, **~ a·part** *v/i.* **1.** a) abseits *od.* für sich stehen, b) sich ausschließen, nicht mitmachen; **2.** *fig.* sich distanzieren (***from*** von); **~ a·side** *v/i.* **1.** bei'seite treten; **2.** *fig. zu j-s Gunsten* verzichten, zu'rücktreten; **3.** tatenlos her'umstehen; **~ by** *v/i.* **1.** da'bei sein u. zusehen (müssen), (ruhig) zusehen; **2.** a) *bsd.* ⚔ bereitstehen, sich in Bereitschaft halten, b) ***~!*** Achtung!, ⚓ klar zum Manöver!; **3.** *Funk*: a) auf Empfang bleiben, b) sendebereit sein; **~ down** *v/i.* **1.** ⚖ den Zeugenstand verlassen; **2.** → ***stand aside*** 2; **~ in** *v/i.* **1.** einspringen (***for*** für *j-n*): **~ *for s.o.*** *Film*: j-n doubeln; **2.** **~ *with*** ‚unter e-r Decke stecken' mit *j-m*; **3.** ⚓ landwärts anliegen; **~ off I** *v/i.* **1.** sich entfernt halten (***from*** von); **2.** *fig.* Abstand halten (*im Umgang*); **3.** ⚓ seewärts anliegen; **II** *v/t.* **4.** ☤ *j-n* (vor'übergehend) entlassen; **5.** sich *j-n* vom Leibe halten; **~ out** *v/i.* **1.** (*a. fig.* deutlich) her'vortreten: **~ *against*** sich gut abheben von; → 4; **2.** abstehen (*Ohren*); **3.** *fig.* herausragen, her'vorstechen; **4.** aus-, 'durchhalten: **~ *against*** sich hartnäckig wehren gegen; **5.** **~ *for*** bestehen auf (*dat.*); **6.** **~ *to sea*** ⚓ in See stechen; **~ o·ver I** *v/i.* **1.** (***to*** auf *acc.*) a) sich vertagen, b) verschoben werden; **2.** *für später* liegen bleiben, warten; **II** *v/t.* **3.** vertagen, verschieben (***to*** auf *acc.*); **~ to** ⚔ **I** *v/t.* in Bereitschaft versetzen; **II** *v/i.* in Bereitschaft stehen; **~ up I** *v/i.* **1.** aufstehen, sich erheben (*beide a. fig.*); **2.** sich aufrichten (*Stachel etc.*); **3.** eintreten *od.* sich einsetzen (***for*** für); **4.** **~ *to*** (mutig) gegen'übertreten (*dat.*); **5.** (***under***, ***to***) sich (gut) halten (unter, gegen), standhalten (*dat.*); **II** *v/t.* **6.** F *j-n* ‚versetzen'.

stand·ard[1] ['stændəd] **I** *s.* **1.** Standard *m*, Norm *f*; **2.** Muster *n*, Vorbild *n*; **3.** Maßstab *m*: ***apply another ~*** e-n anderen Maßstab anlegen; **~ *of value*** Wertmaßstab; ***by present-day ~s*** nach heutigen Begriffen; ***double ~*** doppelte Moral; **4.** Richt-, Eichmaß *n*; **5.** Richtlinie *f*; **6.** (Mindest)Anforderungen *pl.*: ***be up to*** (***below***) **~** den Anforderungen (nicht) genügen *od.* entsprechen; ***set a high ~*** hohe Anforderungen stellen, viel verlangen; **~ *of living*** Lebensstandard *m*; **7.** ☤ 'Standard(quali,tät *f od.* -ausführung *f*) *m*; **8.** (*Gold- etc.*) Währung *f*, (-)Standard *m*; **9.** Standard *m*: a) (gesetzlich vorgeschriebener) Feingehalt (*der Edelmetalle*), b) Münzfuß *m*; **10.** Ni'veau *n*, Grad *m*: ***be of a high ~*** ein hohes Niveau haben; **~ *of knowledge*** Bildungsgrad, -stand *m*; **~ *of prices*** Preisniveau; **11.** *ped. bsd. Brit.* Stufe *f*, Klasse *f*; **II** *adj.* **12.** nor'mal, Normal...(*-film, -wert, -zeit etc.*); Standard..., Einheits...(*-modell etc.*); Durchschnitts...(*-wert etc.*): **~ (*class*)** *Brit.* 🚂 zweiter Klasse; **~ *format*** *Computer*: 'Standardfor,mat *n*; **~ *ga(u)ge*** 🚂 Normalspur *f*; **~ *letter*** 'Standardbrief *m* (*mit vorfomulliertem Inhalt als Antwort auf Anfragen*); **~ *set*** Seriengerät *n*; **~ *size*** gängige Größe (*Schuhe etc.*); **13.** gültig, maßgebend, Standard...(*-muster, -werk*), *ling.* hochsprachlich: **~ *German*** Hochdeutsch *n*; **14.** klassisch: **~ *novel***; **~ *author*** Klassiker *m*.

stand·ard[2] ['stændəd] **I** *s.* **1.** a) *pol. u.* ⚔ Stan'darte *f*, b) Fahne *f*, Flagge *f*, c) Wimpel *m*, d) *fig.* Banner *n*: ***~-bearer*** Fahnen-, *a. fig.* Bannerträger *m*; **2.** ⚙ a) Ständer *m*, b) Pfosten *m*, Pfeiler *m*, Stütze *f*; **3.** ⚘ Hochstämmchen *n*,

S

Bäumchen *n*; **II** *adj.* **4.** Steh...: **~ lamp**; **5.** ⚘ hochstämmig: **~ rose**.

stand·ard·i·za·tion [ˌstændədaɪˈzeɪʃn] *s.* **1.** Normung *f*, Standardisierung *f*: **~ committee** Normenausschuss *m*; **2.** ⚚, *pol.* Homogeniˈsierung *f*, Angleichung *f*, **3.** ⚗ Titrierung *f*; **4.** Eichung *f*; **stand·ard·ize** [ˈstændədaɪz] *v/t.* **1.** normen, normieren, standardisieren; **2.** ⚗ einstellen, titrieren; **3.** eichen.

ˈ**stand|-by** [-ndb-] **I** *pl.* **-bys** *s.* **1.** Stütze *f*, Beistand *m*, Hilfe *f*: (**old**) **~** altbewährte Sache; (**on ~** in) (Aˈlarm- *etc.*) Bereitschaft *f*; **2.** ⚙ Hilfs-, Reˈservegerät *n*; **3.** ✈ a) *a.* **~ ticket** ˈStand-by-ˌTicket *n*, b) *a.* **~ passenger** ˈStand-by-ˌPassaˌgier *m*; **II** *adj.* **4.** Hilfs..., Ersatz..., Reserve...: **~ unit** ⚡ Notaggregat *n*; **~ credit** ⚚ Beistandskredit *m*; **5.** *bsd.* ⚔ Bereitschafts...(-*dienst etc.*); **6.** ✈ ˈStand-by-...; ˈ**~-down** *s.* Pause *f*.

stand·ee [stænˈdiː] *s. Am.* F Stehplatzinhaber(in).

ˈ**stand-in** *s.* **1.** *Film*: Double *n*; **2.** Vertreter(in), Ersatzmann *m*.

stand·ing [ˈstændɪŋ] **I** *s.* **1.** Stehen *n*: **no ~** keine Stehplätze; **2.** a) Stand *m*, Rang *m*, Stellung *f*, b) Ruf *m*, Ansehen *n*, c) ⚚ Bonität *f*, Kreditwürdigkeit *f*: **of high ~** hoch angesehen *od.* stehend; **3.** Dauer *f*: **of long ~** alt (*Brauch, Freundschaft etc.*); **II** *adj.* **4.** stehend, Steh...: **~ army** stehendes Heer; **~ corn** Getreide *n* auf dem Halm; **~ jump** Sprung *m* aus dem Stand; **~ ovation** stürmischer Beifall; **~ rule** stehende Regel; **~ start** stehender Start; **5.** *fig.* ständig (*a. Ausschuss etc.*); **6.** ⚚ laufend (*Unkosten etc.*); **7.** üblich, gewohnt: **a ~ dish**; **8.** bewährt, alt (*Witz etc.*); **~ order** *s.* **1.** ⚚ Dauerauftrag *m*; **2.** *pl. parl. etc.* Geschäftsordnung *f*; **3.** ⚔ Dauerbefehl *m*; **~ room** *s.* Platz *m* zum Stehen: **~ only!** nur Stehplätze!

ˈ**stand|-off** *s.* **1.** *Am.* Distanzierung *f*; **2.** *fig.* Sackgasse *f*; ˌ**~**ˈ**off·ish** [-ˈɒfɪʃ] *adj.* □ reserviert, (sehr) ablehnend, unnahbar; ˌ**~**ˈ**pat(·ter)** [-ndˈpæt(ə)] *s. pol. Am.* F sturer Konservaˈtiver; ˈ**~·pipe** [-ndp-] *s.* ⚙ Standrohr *n*; ˈ**~·point** [-ndp-] *s.* Standpunkt *m* (*a. fig.*); ˈ**~·still** [-nds-] **I** *s.* Stillstand *m*: **be at a ~** stillstehen, stocken, ruhen; **to a ~** zum Stillstand *kommen, bringen*; **II** *adj.* stillstehend: **~ agreement** *pol.* Stillhalteabkommen *n*; ˈ**~-up** *adj.* **1.** stehend: **~ collar** Stehkragen *m*; **2.** F im Stehen eingenommen: **~ meal**; **3.** wild, wüst (*Schlägerei*).

stank [stæŋk] *pret. von* **stink**.

stan·na·ry [ˈstænərɪ] *Brit.* **I** *s.* **1.** Zinngrubengebiet *n*; **2.** Zinngrube *f*; **II** *adj.* **3.** Zinn(gruben)...; ˈ**stan·nate** [-nət] *s.* ⚗ Stanˈnat *n*; ˈ**stan·nic** [-nɪk] *adj.* ⚗ Zinn...; ˈ**stan·nite** [-naɪt] *s.* **1.** *min.* Zinnkies *m*, Stanˈnin *n*; **2.** ⚗ Stanˈnit *n*; ˈ**stan·nous** [-nəs] *adj.* ⚗ Zinn...

stan·za [ˈstænzə] *pl.* **-zas** *s.* **1.** Strophe *f*; **2.** Stanze *f*.

sta·ple[1] [steɪpl] **I** *s.* **1.** ⚚ Haupterzeugnis *n e- Landes etc.*; **2.** ⚚ Stapelware *f*: a) ˈHauptarˌtikel *m*, b) Massenware *f*; **3.** ⚚ Rohstoff *m*; **4.** ⚙ Stapel *m*: a) *Fadenlänge od. -qualität*: **of short ~** kurzstapelig, b) *Büschel Schafwolle*; **5.** ⚙ a) Rohwolle *f*, b) Faser *f*: **~ fibre** (*Am.* **fiber**) Zellwolle *f*; **6.** *fig.* Hauptgegenstand *m*, -thema *n*; **7.** ⚚ a) Stapelplatz *m*, b) Handelszentrum *n*, c) *hist.* Markt *m* (mit Stapelrecht); **II** *adj.* **8.** Stapel...: **~ goods**; **9.** Haupt...: **~ food**; **~ industry**; **~ topic** Hauptthema *n*; **10.** ⚚ a) Haupthandels..., b) gängig, c) Massen...; **III** *v/t.* **11.** *Wolle* (nach Stapel) sortieren.

sta·ple[2] [steɪpl] ⚙ **I** *s.* **1.** (Draht)Öse *f*; **2.** Krampe *f*; **3.** Heftdraht *m*, -klammer *f*; **II** *v/t.* **4.** (mit Draht) heften; klammern (**to** an *acc.*): **stapling machine** → **stapler**[1].

sta·pler[1] [ˈsteɪplə] *s.* ⚙ ˈHeftmaˌschine *f*.

sta·pler[2] [ˈsteɪplə] *s.* ⚚ **1.** (Baumwoll-)Sortierer *m*; **2.** Stapelkaufmann *m*.

star [stɑː] **I** *s.* **1.** *ast.* a) Stern *m*, b) *mst* **fixed ~** Fixstern *m*; **2.** Stern *m*: a) sternähnliche Figur, b) *fig.* Größe *f*, Berühmtheit *f* (*Person*), c) Orden *m*, d) *typ.* Sternchen *n*, e) *weißer Stirnfleck, bsd. e-s Pferdes*: **2s and Stripes** *das* Sternenbanner (*Nationalflagge der USA*); **see ~s** F Sterne sehen (*nach e-m Schlag*); **3.** a) Stern *m* (*Schicksal*), b) *a.* **lucky ~** Glücksstern *m*: **unlucky ~** Unstern *m*; **his ~ is in the ascendant** (**is** *od.* **has set**) sein Stern ist im Aufgehen (ist untergegangen); **my good ~** mein guter Stern; **you may thank your ~s** Sie können von Glück sagen (, dass); **4.** *thea.* (Bühnen-, *bsd.* Film)Star *m*; **5.** *sport* Star *m*; **II** *adj.* **6.** Stern...; **7.** Haupt...: **~ prosecution witness** ⚖ Hauptbelastungszeuge *m*; **8.** *thea., sport* Star...: **~ performance** Elitevorstellung *f*; **~ turn** Hauptattraktion *f*; **9.** *Segeln*: Star *m* (*Boot*); **III** *v/t.* **10.** mit Sternen schmücken, besternen; **11.** *j-n* in der Hauptrolle zeigen: **~ring X** mit X in der Hauptrolle; **12.** *typ. Wort* mit Sternchen versehen; **IV** *v/i.* **13.** die *od.* e-e Hauptrolle spielen: **~ in a film**.

star·board [ˈstɑːbəd] ⚓ **I** *s.* Steuerbord *n*; **II** *adj.* Steuerbord...; **III** *adv.* a) nach Steuerbord, b) steuerbord(s).

starch [stɑːtʃ] **I** *s.* **1.** Stärke *f*: a) Stärkemehl *n*, b) Wäschestärke *f*, c) Stärkekleister *m*, d) ⚗ Aˈmylum *n*; **2.** *pl.* stärkereiche Nahrungsmittel *pl.*, ˈKohle(n)hyˌdrate *pl.*; **3.** *fig.* Steifheit *f*, Förmlichkeit *f*; **4.** *Am.* F ‚Mumm' *m*: **take the ~ out of s.o.** j-m ‚die Gräten ziehen'; **II** *v/t.* **5.** *Wäsche* stärken.

Star Cham·ber *s.* ⚖ *hist.* Sternkammer *f* (*nur dem König verantwortliches Willkürgericht bis 1641*).

starched [stɑːtʃt] *adj.* □ **1.** gestärkt, gesteift; **2.** → **starchy** 4; ˈ**starch·i·ness** [-tʃɪnɪs] *s. fig.* F Steifheit *f*, Förmlichkeit *f*; ˈ**starch·y** [-tʃɪ] *adj.* □ **1.** stärkehaltig: **~ food**; **2.** Stärke...; **3.** gestärkt; **4.** *fig.* F steif, förmlich.

ˈ**star-crossed** *adj. poet.* von e-m Unstern verfolgt, unglückselig.

star·dom [ˈstɑːdəm] *s.* **1.** Welt *f* der Stars; **2.** *coll.* Stars *pl.*; **3.** Berühmtheit *f*: **rise to ~** ein Star werden.

star dust *s. ast.* **1.** Sternennebel *m*; **2.** kosmischer Staub.

stare [steə] **I** *v/i.* **1.** (**~ at** an)starren, (-)stieren; **2.** große Augen machen, erstaunt blicken: **~ at** anstaunen, angaffen; **make s.o. ~** j-n in Erstaunen versetzen; **II** *v/t.* **3.** **~ s.o. out** (*od.* **down**) j-n durch Anstarren aus der Fassung bringen; **4.** **~ s.o. in the face** *fig.* a) j-m in die Augen springen, b) j-m deutlich *od.* drohend vor Augen stehen; **III** *s.* **5.** (starrer *od.* erstaunter) Blick, Starrblick *m*, Starren *n*.

ˈ**star|·finch** *s. orn.* Rotschwänzchen *n*; ˈ**~**ˌ**gaz·er** *s. humor.* **1.** Sterngucker *m*; **2.** Träumer(in); **3.** ‚Anbeter(in)' (*von Idolen*).

star·ing [ˈsteərɪŋ] **I** *adj.* □ **1.** stier, starrend: **~ eyes**; **2.** auffallend: **a ~ tie**; **3.** grell (*Farbe*); **II** *adv.* **4.** toˈtal.

stark [stɑːk] **I** *adj.* □ **1.** steif, starr; **2.** rein, völlig: **~ folly**; **~ nonsense** barer Unsinn; **3.** *fig.* rein sachlich (*Bericht*); **4.** kahl, öde (*Landschaft*); **II** *adv.* **5.** ganz, völlig: **~ (staring) mad** ‚total' verrückt; **~ naked** → **stark·ers** [ˈstɑːkəz] *adj.* F splitternackt.

star·less [ˈstɑːlɪs] *adj.* sternlos.

star·let [ˈstɑːlɪt] *s.* **1.** Sternchen *n*; **2.** *fig.* Starlet(t) *n*, Filmsternchen *n*.

ˈ**star·light** **I** *s.* Sternenlicht *n*; **II** *adj.* → **starlit**.

star·ling[1] [ˈstɑːlɪŋ] *s. orn.* Star *m*.

star·ling[2] [ˈstɑːlɪŋ] *s.* ⚙ Pfeilerkopf *m* (*Eisbrecher e-r Brücke*).

ˈ**star·lit** *adj.* sternhell, -klar.

star map *s. ast.* Sternkarte *f*, -tafel *f*.

starred [stɑːd] *p.p. u. adj.* **1.** gestirnt (*Himmel*); **2.** sternengeschmückt; **3.** *typ. etc.* mit (e-m) Sternchen bezeichnet.

star·ry [ˈstɑːrɪ] *adj.* **1.** Sternen..., Stern...; **2.** → a) **starlit**, b) **starred** 2; **3.** strahlend: **~ eyes**; **4.** sternförmig; ˌ**~**ˈ**eyed** *adj.* **1.** mit strahlenden Augen; **2.** *fig.* a) ‚blauäugig', naˈiv, b) roˈmantisch.

star| shell *s.* ⚔ Leuchtgeschoss, *östr.* -geschoß *n*; ˈ**~-**ˌ**span·gled** *adj.* sternenbesät: **Star-Spangled Banner** *Am. das* Sternenbanner (*Nationalflagge od. -hymne der USA*); ˈ**~-struck** *adj.* ˈstarbegeistert.

start [stɑːt] **I** *s.* **1.** *sport* Start *m* (*a. fig.*): **good ~**; **~-and-finish line** Start u. Ziel; **give s.o. a ~** (**in life**) j-m zu e-m Start ins Leben verhelfen; **2.** Startzeichen *n* (*a. fig.*): **give the ~**; **3.** a) Aufbruch *m*, b) Abreise *f*, c) Abfahrt *f*, d) ✈ Abflug *m*, Start *m*, e) Abmarsch *m*; **4.** Beginn *m*, Anfang *m*: **at the ~** am Anfang; **from the ~** von Anfang an; **from ~ to finish** von Anfang bis Ende; **make a fresh ~** e-n neuen Anfang machen, noch einmal von vorn anfangen; **5.** *sport* a) Vorgabe *f*, b) Vorsprung *m* (*a. fig.*): **get** (*od.* **have**) **the ~ of one's rivals** s-n Rivalen zuvorkommen; **6.** Auf-, Zs.-fahren *n*, -schrecken *n*; Schreck *m*: **give a ~** → 12; **give s.o. a ~** j-n erschrecken; **with a ~** jäh, erschrocken; **II** *v/i.* **7.** aufbrechen, sich aufmachen (**for** nach): **~ on a journey** e-e Reise antreten; **8.** a) abfahren, abgehen (*Zug etc.*), b) auslaufen (*Schiff*), ✈ abfliegen, starten (**for** nach); **9.** anfangen, beginnen (**on** mit *e-r Arbeit etc.*, **doing** zu tun): **~ in business** ein Geschäft anfangen *od.* eröffnen; **to ~ with** (*Redew.*) a) erstens, als Erstes, b) zunächst, c) um es gleich zu sagen, d) ... als Vorspeise; **10.** *fig.* ausgehen (**from** von *e-m Gedanken*); **11.** entstehen, aufkommen; **12.** a) auffahren, -schrecken, -zucken (**at** vor *dat.*, bei *e-m Laut etc.*); **13.** a) aufspringen, b) losstürzen; **14.** stutzen (**at** bei); **15.** aus den Höhlen treten (*Augen*); **16.** sich lockern *od.* lösen; **17.** ⚙, *mot.* anspringen, anlaufen, starten (*a. Computer*); **III** *v/t.* **18.** in Gang *od.* in Bewegung setzen; ⚙ *a.* anlassen; *Feuer* anzünden, in Gang bringen, starten (*a. Computer*); **19.** *Brief, Streit etc.* anfangen; *Aktion* starten; *Geschäft, Zeitung* gründen, aufmachen; **20.** *Frage* aufwerfen, *Thema* anschneiden; **21.** *Gerücht* in ˈUmlauf setzen; **22.** *sport* starten

S

(lassen); **23.** *Läufer*, *Pferd* aufstellen, an den Start bringen; **24.** 🚂 *Zug* abfahren lassen; **25.** *fig.* *j-m* zu e-m Start verhelfen: **~ *s.o. in business***; **26.** *j-n* (veran)lassen (***doing*** zu tun); **27.** lockern, lösen; **28.** aufscheuchen; **~ in** (*Am. a.* **out**) *v/i.* F anfangen (***to do*** zu tun); **~ off** → ***start*** 9, 18; **~ up** → ***start*** 12 a, 13 a, 17, 18.

start·er ['stɑːtə] *s.* **1.** *sport* a) Starter *m* (*Kampfrichter u. Wettkampfteilnehmer* [-*in*]); **2.** *mot.* Starter *m*, Anlasser *m*; **3.** *fig.* Initi'ator *m*; **4.** F *bsd. Brit.* Vorspeise *f*; **5. *for ~s*** F a) als Erstes, b) zunächst, c) um es gleich zu sagen.

start·ing ['stɑːtɪŋ] **I** *s.* **1.** Starten *n*, Ablauf *m*; **2.** ⚙ Anlassen *n*, In'gangsetzen *n*, Starten *n*: ***cold ~*** *mot.* Kaltstart *m*; **II** *adj.* **3.** Start...(*-block*, *-geld*, *-linie*, *-schuss etc.*); *mot. etc.* Anlass...(*-kurbel*, *-motor*, *-schalter*); **~ gate** *s. Pferderennen*: 'Startmaˌschine *f*; **~ point** *s.* Ausgangspunkt *m* (*a. fig.*); **~ price** *s.* **1.** *Pferderennen*: Eventu'alquote *f*; **2.** *Auktion*: Mindestgebot *n*; **~ sal·a·ry** *s.* Anfangsgehalt *n*; **~ sig·nal** *s.* Startzeichen *n*.

star·tle ['stɑːtl] **I** *v/t.* **1.** erschrecken; **2.** aufschrecken; **3.** über'raschen: a) bestürzen, b) verblüffen; **II** *v/i.* **4.** auf-, erschrecken: **~ *easily*** sehr schreckhaft sein; **'star·tling** [-lɪŋ] *adj.* □ **1.** erschreckend, bestürzend; **2.** verblüffend, Aufsehen erregend.

'start-up *s.* **1.** Start *m* (*e-s Gerätes*, *e-s Unternehmens*); **2.** Neugründung *f*.

star·va·tion [stɑː'veɪʃn] *s.* **1.** Hungern *n*: **~ *diet*** Hungerkur *f*; **~ *wages*** Hungerlohn *m*, -löhne *pl.*; **2.** Hungertod *m*, Verhungern *n*.

starve [stɑːv] **I** *v/i.* **1.** *a.* **~ *to death*** verhungern: ***I am simply starving*** F ich komme fast um vor Hunger; **2.** hungern (*a. fig.* ***for*** nach), Hunger (*fig.* Not) leiden; **3.** fasten; **4.** *fig.* verkümmern; **II** *v/t.* **5.** *a.* **~ *to death*** verhungern lassen; **6.** aushungern; **7.** hungern lassen: ***be ~d*** Hunger leiden, ausgehungert sein (*a. fig.* ***for*** nach); **8.** darben lassen (*a. fig.*): ***be ~d of*** *od.* ***for*** knapp sein an (*dat.*); **'starve·ling** [-lɪŋ] *obs.* **I** *s.* **1.** Hungerleider *m*; **2.** Kümmerling *m*; **II** *adj.* **3.** hungrig; **4.** abgemagert; **5.** kümmerlich.

star wheel *s.* ⚙ Sternrad *n*.

stash [stæʃ] *v/t. sl.* **1.** *mst* **~ *away*** verstecken, bei'seite tun; **2.** aufhören mit.

sta·sis ['steɪsɪs] *pl.* **-ses** [-siːz] *s.* ⚕ Stase *f*, (*Blut- etc.*)Stauung *f*.

state [steɪt] **I** *s.* **1.** *mst* ♀ *pol.*, *a. zo.* Staat *m*: ***affairs of ~*** Staatsgeschäfte; **2.** *pol. Am.* (Bundes-, Einzel)Staat *m*: ***the ♀s*** die (Vereinigten) Staaten; **~ *law*** Rechtsordnung *f* des Einzelstaates; ***♀'s attorney*** ⚖ Staatsanwalt *m*; ***turn ~'s evidence*** ⚖ als Kronzeuge auftreten, gegen s-e Komplizen aussagen; **3.** (*Gesundheits-*, *Geistes- etc.*)Zustand *m*: **~ *of health***; **~ *of aggregation*** *phys.* Aggregatzustand; **~ *of war*** Kriegszustand; ***in a ~*** F a) in e-m schrecklichen Zustand, b) ‚ganz aus dem Häus-chen'; → ***emergency*** I; **4.** Stand *m*, Lage *f* (***of affairs*** der Dinge): **~ *of the art*** neuester Stand der Technik; **~ *of convergence*** *EU* Konver'genzlage *f*, -stand *m* (*bei Vereinheitlichung von Gesetzen mehrerer Staaten etc.*) **5.** (Fa'milien-) Stand *m*: ***married ~*** Ehestand; **6.** ⚕, *zo.* Stadium *n*; **7.** (gesellschaftliche) Stellung, Stand *m*: ***in a style befitting one's ~*** standesgemäß; **8.** Pracht *f*, Staat *m*: ***in ~*** feierlich, mit großem Zeremoniell *od.* Pomp; ***lie in ~*** feierlich aufgebahrt liegen; ***live in ~*** großen Aufwand treiben; **9.** *pl. pol. hist.* (Land- *etc.*)Stände *pl.*; **10.** *Kupferstecherei*: (Ab)Druck *m*; **II** *adj.* **11.** Staats..., staatlich, po'litisch: **~ *borrowing*** staatliche Kreditaufnahme; **~ *capitalism*** Staatskapitalismus *m*; **~ *funeral*** Staatsbegräbnis *n*; **~ *mourning*** Staatstrauer *f*; **~ *prison*** staatliche Strafanstalt (*in U.S.A. e-s Bundesstaates*); **~ *prisoner*** politischer Häftling *od.* Gefangener; **12.** Staats..., Prunk..., Parade..., feierlich: **~ *apartment*** → ***stateroom*** 1; **~ *carriage*** Prunk-, Staatskarosse *f*; **III** *v/t.* **13.** festsetzen, -legen; *e-e Regel* aufstellen; → ***stated*** 1; **14.** erklären: a) darlegen, b) *a.* ⚖ (aus)sagen, *Gründe*, *Klage etc.* vorbringen, *Tatsachen etc.* anführen; → ***case***[1] 1, c) *Einzelheiten etc.* angeben; **15.** feststellen, konstatieren; **16.** behaupten; **17.** erwähnen, bemerken; **18.** *Problem etc.* stellen; **19.** ⩘ (mathe'matisch) ausdrücken.

ˌstate|-con'trolled *adj.* staatlich gelenkt, unter staatlicher Aufsicht: **~ *economy*** Zwangswirtschaft *f*; **'~-craft** *s. pol.* Staatskunst *f*.

stat·ed ['steɪtɪd] *p.p. u. adj.* **1.** festgesetzt: ***at the ~ time***; ***at ~ intervals*** in regelmäßigen Abständen; **~ *meeting*** *bsd. Am.* ordentliche Versammlung; **2.** festgestellt; **3.** bezeichnet, (*a.* amtlich) anerkannt; **4.** angegeben: ***as ~ above***; **~ *case*** ⚖ Sachdarstellung *f*.

State| De·part·ment *s. pol. Am.* 'Außenminiˌsterium *n*; **♀·hood** ['steɪthʊd] *s. pol. bsd. Am.* Eigenstaatlichkeit *f*, Souveräni'tät *f*; **'♀·house** *s. pol. Am.* Parla'mentsgebäude *n od.* Kapi'tol *n* (*e-s Bundesstaats*).

state·less ['steɪtlɪs] *adj. pol.* staatenlos: **~ *person*** Staatenlose(r *m*) *f*.

state·li·ness ['steɪtlɪnɪs] *s.* **1.** Stattlichkeit *f*; Vornehmheit *f*; **2.** Würde *f*; **3.** Pracht *f*; **'state·ly** [-lɪ] *adj.* **1.** stattlich, impo'sant; prächtig; **2.** würdevoll; **3.** erhaben, vornehm.

state·ment ['steɪtmənt] *s.* **1.** (*a.* amtliche *etc.*) Erklärung: ***make a ~*** e-e Erklärung abgeben; **2.** a) (Zeugen- *etc.*) Aussage *f*, b) Angabe(n *pl.*) *f*: ***false ~***; **~ *of facts*** Sachdarstellung *f*, Tatbestand *m*; **~ *of contents*** Inhaltsangabe; **3.** Behauptung *f*; **4.** *bsd.* ⚖ (schriftliche) Darlegung, (Par'tei)Vorbringen *n*: **~ *of claim*** Klageschrift *f*; **~ *of defence*** (*Am.* ***defense***) a) Klagebeantwortung *f*, b) Verteidigungsschrift *f*; **5.** *bsd.* ✝ (*Geschäfts-*, *Monats-*, *Rechenschafts- etc.*)Bericht *m*, (*Bank-*, *Gewinn-*, *Jahres- etc.*)Ausweis *m*, (*statistische etc.*) Aufstellung: **~ *of affairs*** Situationsbericht, Status *m e-r Firma*; **~ *of account*** Kontoauszug *m*; ***financial ~*** Gewinn- und Verlustrechnung *f*; **6.** *Am.* ✝ Bi'lanz *f*: **~ *of assets and liabilities***; **7.** Darstellung *f*, Darlegung *f e-s Sachverhalts*; **8.** ✝ Lohn *m*, Ta'rif *m*; **9.** *fig.* Aussage *f*, Statement *n e-s Autors etc.*

'state·room *s.* **1.** Staats-, Prunkzimmer *n*; **2.** ⚓ ('Einzel)Kaˌbine *f*; **3.** 🚂 *Am.* Pri'vatabteil *n* (*mit Betten*).

'state·side *oft* ♀ *Am.* **I** *adj.* ameri'kanisch, Heimat...; **~ *duty*** *bsd.* ⚔ Dienst *m* in der Heimat; **II** *adv.* in den *od.* in die Staaten (zurück).

states·man ['steɪtsmən] *s.* [*irr.*] **1.** *pol.* Staatsmann *m*; **2.** (bedeutender) Po'litiker; **'states·man·like** [-laɪk], **'states·man·ly** [-lɪ] *adj.* staatsmännisch; **'states·man·ship** [-ʃɪp] *s.* Staatskunst *f*.

States' rights *s. pl.* Staatsrechte *pl.* (*der Einzelstaaten der USA*).

stat·ic ['stætɪk] **I** *adj.* (□ ***~ally***) **1.** *phys. u. fig.* statisch: **~ *sense*** ⚕ Gleichgewichtssinn *m*; **2.** ⚡ (elektro)'statisch; **3.** *Funk*: a) atmo'sphärisch (*Störung*), b) Störungs...; **II** *s.* **4.** ⚡ statische *od.* atmo'sphärische Elektrizi'tät; **5.** *pl. sg. konstr. phys.* Statik *f*; **6.** *pl. Funk*: atmo'sphärische Störung(en *pl.*).

sta·tion ['steɪʃn] **I** *s.* **1.** Platz *m*, Posten *m* (*a. sport*); **2.** (*Rettungs-*, *Unfall- etc.*) Stati'on *f*, (*Beratungs-*, *Dienst-*, *Tank- etc.*)Stelle *f*; (Tele'grafen)Amt *n*; (Tele'fon)Sprechstelle *f*; ('Wahl)Loˌkal *n*; (Handels)Niederlassung *f*; (Feuer)Wache *f*; **3.** (Poli'zei)Wache *f*; **4.** 🚂 a) Bahnhof *m*, b) ('Bahn)Statiˌon *f*; **5.** *Am.* (Bus- *etc.*)Haltestelle *f*; **6.** (Zweig-) Postamt *n*; **7.** ('Forschungs)Statiˌon *f*; (Erdbeben)Warte *f*; **8.** (Rundfunk-) Sender *m*, Stati'on *f*; **9.** Kraftwerk *n*; **10.** ⚔ a) Posten *m*, (⚓ Flotten)Stützpunkt *m*, b) Standort *m*, c) ✈ *Brit.* Fliegerhorst *m*; **11.** *biol.* Standort *m*; **12.** ⚓, ⚔ Positi'on *f*; **13.** Stati'on *f* (*Rastort*); **14.** *R.C.* a) *a.* **~ *of the cross*** ('Kreuzweg)Statiˌon *f*, b) Stati'onskirche *f*; **15.** *eccl. a.* **~ *day*** Wochenfasttag *m*; **16.** *surv.* a) Stati'on *f* (*Ausgangspunkt*), b) Basismessstrecke *f*; **17.** *Austral.* (Rinder-, Schafs)Zuchtfarm *f*; **18.** *fig.* a) *gesellschaftliche etc.* Stellung: **~ *in life***, b) Stand *m*, Rang *m*: ***below one's ~*** nicht standesgemäß *heiraten etc.*; ***men of ~*** Leute von Rang; **II** *v/t.* **19.** aufstellen, postieren; **20.** ⚔, ⚓ stationieren: ***be ~ed*** stehen.

sta·tion·ar·y ['steɪʃnərɪ] *adj.* **1.** ⚙ *etc.* statio'när (*a. ast.*, ⚕), ortsfest, fest(stehend): **~ *treatment*** ⚕ stationäre Behandlung; **~ *warfare*** Stellungskrieg *m*; **2.** sesshaft; **3.** gleich bleibend, stationär, unveränderlich: ***remain ~*** unverändert sein *od.* bleiben; **4.** (still)stehend: ***be ~*** stehen; **~ *dis·ease*** *s.* ⚕ lo'kal auftretende u. jahreszeitlich bedingte Krankheit.

sta·tion·er ['steɪʃnə] *s.* Pa'pier-, Schreibwarenhändler *m*; **'sta·tion·er·y** [-ərɪ] *s.* **1.** Schreib-, Pa'pierwaren *pl.*: ***office ~*** Büromaterial *n*, -bedarf *m*; **2.** 'Brief-, 'Schreibpaˌpier *n*.

sta·tion| hos·pi·tal *s.* ⚔ 'Standortlazaˌrett *n*; **~ house** *s.* **1.** a) Poli'zeiwache *f*, b) Feuerwache *f*; **2.** 🚂 'Bahnstatiˌon *f*; **'~ˌmas·ter** *s.* 🚂 Stati'onsvorsteher *m*; **~ se·lec·tor** *s.* ⚡ Stati'onswähler *m*, Sendereinstellung *f*; **~ wag·on** *s. mot. Am.* Kombiwagen *m*.

stat·ism ['steɪtɪzəm] *s.* ✝, *pol.* Diri'gismus *m*, Planwirtschaft *f*; **'stat·ist** [-tɪst] **I** *s.* **1.** Sta'tistiker *m*; **2.** Anhänger(in) der Planwirtschaft; **II** *adj.* **3.** *pol.* diri'gistisch.

sta·tis·tic, **sta·tis·ti·cal** [stə'tɪstɪk(l)] *adj.* □ sta'tistisch; **stat·is·ti·ci·an** [ˌstætɪ'stɪʃn] *s.* Sta'tistiker *m*; **sta'tis·tics** [-ks] *s. pl.* **1.** *sg. konstr. allg.* Sta'tistik *f*; **2.** Sta'tistik(en *pl.*) *f*.

sta·tor ['steɪtə] *s.* ⚙, ⚡ Stator *m*.

stat·u·ar·y ['stætjʊərɪ] **I** *s.* **1.** Bildhauerkunst *f*; **2.** (Rund)Plastiken *pl.*, Statuen *pl.*, Skulp'turen *pl.*; **3.** Bildhauer *m*; **II** *adj.* **4.** Bildhauer...; **5.** (rund)plastisch; **6.** Statuen...: **~ *marble***; **stat·ue** ['stætʃuː] Statue *f*, Standbild *n*, Plastik *f*; **stat·u·esque** [ˌstætjʊ'esk] *adj.* □ sta-

S

tuenhaft (*a. fig.*); **stat·u·ette** [ˌstætjʊ'et] *s.* Statu'ette *f.*
stat·ure ['stætʃə] *s.* **1.** Sta'tur *f*, Wuchs *m*, Gestalt *f*; **2.** Größe *f*; **3.** *fig.* (geistige *etc.*) Größe, For'mat *n*, Ka'liber *n*.
sta·tus ['steɪtəs] *pl.* **-es** [-ɪz] *s.* **1.** ⚖ a) Status *m*, Rechtsstellung *f*, b) *a.* ***legal ~*** Rechtsfähigkeit *f*, c) Ak'tivlegitimatiˌon *f*: ***~ of ownership*** Eigentumsverhältnisse *pl.*; ***equality of ~*** (politische) Gleichberechtigung; ***national ~*** Staatsangehörigkeit *f*; **2.** (Fa'milien-, Per'sonen)Stand *m*; **3.** *a.* ***military ~*** (Wehr-) Dienstverhältnis *n*; **4.** (gesellschaftliche *etc.*) Stellung *f*, (Sozi'al)PreˌStige *n*, Status *m*: ***~ symbol*** Statussymbol *n*; **5.** ✝ (geschäftliche) Lage: ***financial ~*** Vermögenslage; **6.** *a.* ⚕ Zustand *m*, Status *m*; **~ bar** *s. Computer*: 'Statuszeile *f*; **~ quo** [kwəʊ] (*Lat.*) *s. der* Status quo (*der jetzige Zustand*); **~ quo an·te** [kwəʊ'æntɪ] (*Lat.*) *s. der* Status quo ante (*der vorherige Zustand*).
stat·ute ['stætjuːt] *s.* **1.** ⚖ a) Gesetz *n* (*vom Parlament erlassene Rechtsvorschrift*), b) Gesetzesvorschrift *f*, c) *parl.* Parla'mentsakte *f*: ***~ of bankruptcy*** Konkursordnung *f*; **2.** ***~ (of limitations)*** ⚖ (Gesetz *n* über) Verjährung *f*: ***not subject to the ~*** unverjährbar; **3.** Sta'tut *n*, Satzung *f*; **'~-barred** *adj.* ⚖ verjährt; **~ book** *s.* Gesetzessammlung *f*; **~ law** *s.* Gesetzesrecht *n* (*Ggs.* ***common law***); **~ mile** *s.* (gesetzliche) Meile (*1,60933 km*).
stat·u·to·ry ['stætjʊtərɪ] *adj.* □ **1.** ⚖ gesetzlich (*Erbe*, *Feiertag*, *Rücklage etc.*): ***~ corporation*** Körperschaft *f* des öffentlichen Rechts; ***~ declaration*** eidesstattliche Erklärung; **2.** Gesetzes...; **3.** ⚖ (dem Gesetz nach) strafbar; → ***rape***[1] 1; **4.** ⚖ Verjährungs...; **5.** satzungsgemäß.
staunch[1] [stɔːntʃ] → ***stanch***[1].
staunch[2] [stɔːntʃ] *adj.* □ **1.** (ge)treu, zuverlässig; **2.** standhaft, fest, eisern; **'staunch·ness** [-ʃnɪs] *s.* Festigkeit *f*, Zuverlässigkeit *f.*
stave [steɪv] **I** *s.* **1.** (Fass)Daube *f*; **2.** (Leiter)Sprosse *f*; **3.** Stock *m*; **4.** Strophe *f*, Vers *m*; **5.** ♪ 'Noten(linien)syˌstem *n*; **II** *v/t.* [*irr.*] **6.** *mst* ***~ in*** a) einschlagen, b) *Loch* schlagen; **7.** ***~ off*** a) *j-n* hinhalten *od.* abweisen, b) *Unheil etc.* abwenden, abwehren, c) *et.* aufschieben; **8.** mit Dauben *od.* Sprossen versehen; **~ rhyme** *s.* Stabreim *m.*
staves [steɪvz] *pl. von* ***staff***[1] 8.
stay [steɪ] **I** *v/i.* **1.** bleiben (***with*** bei *j-m*): ***~ away*** fernbleiben (***from*** *dat.*); ***~ behind*** zurückbleiben; ***~ clean*** rein bleiben; ***come to ~*** (für immer) bleiben; ***~ in*** zu Hause *od.* drinnen bleiben; ***~ on*** (noch länger) bleiben; ***~ for*** (*od.* ***to***) ***dinner*** zum Essen bleiben; **2.** sich (vor'übergehend) aufhalten, wohnen, weilen (***at***, ***in*** in *dat.*, ***with*** bei *j-m*); **3.** stehen bleiben; **4.** (sich) verweilen; **5.** warten (***for s.o.*** auf j-n); **6.** *bsd. sport* F a) 'durchhalten, b) ***~ with*** *Am.* mithalten (können) mit; **II** *v/t.* **7.** a) aufhalten, hemmen, Halt gebieten (*dat.*), b) zu'rückhalten (***from*** von): ***~ one's hand*** sich zurückhalten; **8.** ⚖ *Urteilsvollstreckung*, *Verfahren* aussetzen; *Verfahren*, *Zwangsvollstreckung* einstellen; **9.** *Hunger etc.* stillen; **10.** *a.* ***~ up*** stützen (*a. fig.*); **11.** ⚙ a) absteifen, b) abverspannen, c) verankern; **III** *s.* **12.** (vor'übergehender) Aufenthalt; **13.** a) Halt *m*, Stockung *f*, b) Hemmnis *n* (***upon*** für): ***put a ~ on*** *s-e Gedanken etc.* zügeln; **14.** ⚖ Aussetzung *f*, Einstellung *f*, (Voll'streckungs)Aufschub *m*; **15.** F Ausdauer *f*; **16.** ⚙ a) Stütze *f*, b) Strebe *f*, c) Verspannung *f*, d) Anker *m*; **17.** ⚓ Stag *n*, Stütztau *n*; **18.** *pl.* Kor'sett *n*; **19.** *fig.* Stütze *f des Alters etc.*
stay|-at-home ['steɪəthəʊm] **I** *s.* Stubenhocker(in); **II** *adj.* stubenhockerisch; **'~-down (strike)** *s.* ⚒ *Brit.* Sitzstreik *m.*
stay·er ['steɪə] *s.* **1.** ausdauernder Mensch; **2.** *Pferdesport*: Steher *m.*
stay·ing pow·er ['steɪɪŋ] *s.* Stehvermögen *n*, Ausdauer *f.*
'stay-in strike *s.* Sitzstreik *m.*
stead [sted] *s.* **1.** Stelle *f*: ***in his ~*** an s-r statt, statt seiner; **2.** Nutzen *m*: ***stand s.o. in good ~*** j-m (gut) zustatten kommen (*Kenntnisse etc.*).
stead·fast ['stedfəst] *adj.* □ fest: a) unverwandt (*Blick*), b) standhaft, unentwegt, treu (*Person*), c) unerschütterlich (*Person*, *a. Entschluss*, *Glaube etc.*); **'stead·fast·ness** [-nɪs] *s.* Standhaftigkeit *f*, Festigkeit *f.*
stead·i·ness ['stedɪnɪs] *s.* **1.** Festigkeit *f*; **2.** Beständigkeit *f*, Stetigkeit *f*; **3.** so'lide Art; **stead·y** ['stedɪ] **I** *adj.* □ **1.** (stand)fest, sta'bil: ***a ~ ladder***; ***not ~ on one's legs*** nicht fest auf den Beinen; **2.** gleich bleibend, gleichmäßig, unveränderlich; ausgeglichen (*Klima*); ✝ fest, sta'bil (*Preise*); **3.** stetig, ständig: ***~ progress***; ***~ work***; **4.** regelmäßig: ***~ customer*** Stammkunde *m*; ***go ~ with*** F mit *e-m Mädchen* (fest) ‚gehen'; **5.** ruhig (*Augen*, *Nerven*), sicher (*Hand*); **6.** → ***steadfast***; **7.** so'lide, ordentlich, zuverlässig (*Person*, *Lebensweise*); **II** *int.* **8.** sachte!, ruhig Blut!; **9.** ***~ on!*** halt!; **III** *v/t.* **10.** festigen, fest *od.* sicher *etc.* machen: ***~ o.s.*** sich stützen; **11.** *Pferd* zügeln; **12.** *j-n* zur Vernunft bringen; **IV** *v/i.* **13.** fest *od.* ruhig *od.* sicher *etc.* werden; sich festigen (*a.* ✝ *Kurse*); **V** *s.* **14.** Stütze *f* (*für Hand od. Werkzeug*); **15.** F fester Freund *od.* feste Freundin; **~ state** *s. phys.* Fließgleichgewicht *n.*
steak [steɪk] *s.* **1.** (*bsd.* Beef)Steak *n*; **2.** ('Fisch)KoteˌLett *n*, (-)FiˌLet *n*; **~ hammer** *s.* Fleischklopfer *m.*
steal [stiːl] **I** *v/t.* [*irr.*] **1.** (***from s.o.*** j-m) stehlen (*a. fig. plagiieren*); **2.** *fig.* stehlen, erhaschen, ergattern: ***~ a kiss*** e-n Kuss rauben; ***~ a look*** e-n verstohlenen Blick werfen; → ***march***[1] 10, ***show*** 3, ***thunder*** 1; **3.** *fig. wohin* schmuggeln; **II** *v/i.* [*irr.*] **4.** stehlen; **5.** schleichen: ***~ away*** sich davonstehlen; ***~ into*** sich einschleichen *od.* sich stehlen in (*acc.*); **6.** ***~ over*** *od.* (***up***)***on*** *fig. j-n* beschleichen, über'kommen (*Gefühl*); **III** *s.* **7.** F a) Diebstahl *m*, b) *Am.* Schiebung *f.*
stealth [stelθ] *s.* Heimlichkeit *f*: ***by ~*** heimlich: ⚔ ***~ bomber*** Tarnkappenbomber *m*; **'stealth·i·ness** [-θɪnɪs] *s.* Heimlichkeit *f*; **'stealth·y** [-θɪ] *adj.* □ verstohlen, heimlich.
steam [stiːm] **I** *s.* **1.** (Wasser)Dampf *m*: ***at full ~*** mit Volldampf (*a. fig.*); ***get up ~*** Dampf aufmachen (*a. fig.*); ***let*** (*od.* ***blow***) ***off ~*** Dampf ablassen, *fig. a.* sich *od.* s-m Zorn Luft machen; ***put on ~*** a) Dampf anlassen, b) *fig.* Dampf dahinter machen; ***he ran out of ~*** ihm ging die Puste aus; ***under one's own ~*** mit eigener Kraft (*a. fig.*); **2.** Dunst *m*, Dampf *m*, Schwaden *pl.*; **3.** *fig.* Kraft *f*, Wucht *f*; **II** *v/i.* **4.** dampfen (*a. Pferd etc.*); **5.** verdampfen; **6.** ⚓, 🚂 dampfen (*fahren*): ***~ ahead*** F *fig.* a) sich (mächtig) ins Zeug legen, b) gut vorankommen; **7.** ***~ over*** *od.* ***up*** (sich) beschlagen (*Glas*); **8.** F vor Wut kochen (***about*** wegen); **III** *v/t.* **9.** a) *Speisen etc.* dämpfen, dünsten, b) *Holz etc.* mit Dampf behandeln, dämpfen, *Stoff* dekatieren; **10.** ***~ up*** *Glas* beschlagen; **11.** ***~ up*** F a) ankurbeln, b) *j-n* in Rage bringen: ***be ~ed up*** → 8; **~ bath** *s.* Dampfbad *n*; **'~·boat** *s.* Dampfboot *n*; **~ boil·er** *s.* Dampfkessel *m*; **~ en·gine** *s.* 'DampfmaˌSchine *f od.* -lokomoˌTive *f.*
steam·er ['stiːmə] *s.* **1.** Dampfer *m*, Dampfschiff *n*; **2.** a) Dampfkochtopf *m*, b) 'DämpfappaˌRat *m.*
steam| fit·ter *s.* ('Heizungs)InstallaˌTeur *m*; **~ ga(u)ge** *s.* Mano'meter *n*; **~ hammer** *s.* Dampfhammer *m*; **~ heat** *s.* **1.** durch Dampf erzeugte Hitze; **2.** *phys.* spe'zifische Verdampfungswärme; **~ nav·vy** *Brit.* → ***steam shovel***; **'~ˌroll·er I** *s.* **1.** Dampfwalze *f* (*a. fig.*); **II** *v/t.* **2.** glatt walzen; **3.** *fig.* a) *Opposition etc.* niederwalzen, ‚über'fahren', b) *Antrag etc.* 'durchpeitschen; **'~·ship** → ***steamer*** 1; **~ shov·el** *s.* ⚙ (Dampf)Löffelbagger *m*; **~ tug** *s.* Schleppdampfer *m.*
steam·y ['stiːmɪ] *adj.* □ dampfig, dunstig, dampfend, Dampf...
ste·a·rate ['stɪəreɪt] *s.* ⚗ Stea'rat *n.*
ste·ar·ic [stɪ'ærɪk] *adj.* ⚗ Stearin...;
ste·a·rin ['stɪərɪn] *s.* **1.** Stea'rin *n*; **2.** *der feste Bestandteil e-s Fettes.*
ste·a·tite ['stɪətaɪt] *s. min.* Stea'tit *m.*
steed [stiːd] *s. rhet.* (Streit)Ross *n.*
steel [stiːl] **I** *s.* **1.** Stahl *m*: ***~s*** ✝ Stahlaktien *pl.*; ***of ~*** → 3; **2.** Stahl *m*: a) *oft* ***cold ~*** kalter Stahl, Schwert *n*, Dolch *m*, b) Wetzstahl *m*, c) Feuerstahl *m*, d) Korsettstäbchen *n*; **II** *adj.* **3.** stählern (*a. fig.*), aus Stahl, Stahl...; **III** *v/t.* **4.** ⚙ (ver)stählen; **5.** *fig.* stählen, (ver)härten, wappnen: ***~ o.s. for*** (***against***) ***s.th.*** sich für (gegen) et. wappnen; **'~-clad** *adj.* stahlgepanzert; **~ en·grav·ing** *s.* Stahlstich *m*; **~ mill** *s.* Stahl(walz)werk *n*; **~ wool** *s.* Stahlspäne *pl.*, -wolle *f*; **'~·works** *s. pl. mst sg. konstr.* Stahlwerk(e *pl.*) *n.*
steel·y ['stiːlɪ] *adj.* → ***steel*** 3.
steel·yard ['stiːljɑːd] *s.* Laufgewichtswaage *f.*
steep[1] [stiːp] **I** *adj.* □ **1.** steil, jäh; **2.** F *fig.* a) ‚happig', ‚gepfeffert', unverschämt (*Preis etc.*), b) ‚toll', unglaublich; **II** *s.* **3.** steiler Abhang.
steep[2] [stiːp] **I** *v/t.* **1.** eintauchen, -weichen; **2.** (***in***, ***with***) (durch)'tränken (mit); imprägnieren (mit); **3.** (***in***) *fig.* durch'dringen (mit), versenken (in *acc.*), erfüllen (von): ***~ o.s. in*** sich in *ein Thema etc.* versenken; ***~ed in*** versunken in (*dat.*), *b.s.* tief in *et.* verstrickt; **II** *s.* **4.** Einweichen *n*, -tauchen *n*; **5.** (Wasch)Lauge *f.*
steep·en ['stiːpən] *v/t. u. v/i.* steil(er) machen (werden); *fig.* (sich) erhöhen.
stee·ple ['stiːpl] *s.* **1.** Kirchturm(spitze *f*) *m*; **2.** Spitzturm *m*; **'~·chase** *sport s.* **1.** *Pferdesport*: Steeplechase *f*, Hindernis-, Jagdrennen *n*; **2.** Hindernislauf *m.*
stee·pled ['stiːpld] *adj.* **1.** betürmt (*Gebäude*); **2.** vieltürmig (*Stadt*).
'stee·ple·jack *s.* Schornstein- *od.* Turmarbeiter *m.*
steep·ness ['stiːpnɪs] *s.* **1.** Steilheit *f*, Steile *f*; **2.** steile Stelle.
steer[1] [stɪə] *s.* (*bsd.* junger) Ochse.

S

steer² [stɪə] **I** *v/t.* **1.** *Schiff, Fahrzeug, a. fig. Staat etc.* steuern, lenken; **2.** *Weg, Kurs* verfolgen, einhalten; **3.** *j-n wohin* lotsen, dirigieren; **II** *v/i.* **4.** steuern: **~ *clear of*** *fig.* vermeiden, aus dem Wege gehen (*dat.*); **~ *for*** lossteuern auf (*acc.*) (*a. fig.*); **ˈsteer·a·ble** [-ərəbl] *adj.* lenkbar; **ˈsteer·age** [-ərɪdʒ] *s. mst* ⚓ **1.** Steuerung *f*; **2.** Steuerwirkung *f*: **~*way*** ⚓ Steuerfahrt *f*; **3.** Zwischendeck *n*.

steer·ing [ˈstɪərɪŋ] **I** *s.* **1.** Steuern *n*; **2.** Steuerung *f*; **II** *adj.* **3.** Steuer...; **~ col·umn** *s. mot.* Lenksäule *f*: **~ *lock*** Lenk(rad)schloss *n*; **~ com·mit·tee** *s.* Lenkungsausschuss *m*; (Konˈgress- *etc.*)Leitung *f*; **~ gear** *s.* **1.** *mot.*, ✈ Steuerung *f*, Lenkung *f*; **2.** ⚓ Steuergerät *n*, Ruderanlage *f*; **~ lock** *s. mot.* Lenkungseinschlag *m*; **~ wheel** *s.* ⚓ Steuer-, *mot. a.* Lenkrad *n*.

steeve¹ [stiːv] ⚓ *v/t.* traven, *Ballenladung* zs.-pressen.

steeve² [stiːv] *s.* ⚓ Steigung *f* (*des Bugspriets*).

stein [staɪn] (*Ger.*) *s.* Bier-, Maßkrug *m*.

stel·lar [ˈstelə] *adj.* stelˈlar, Stern(en)...

stel·late [ˈstelət] *adj.* sternförmig: **~ *leaves*** ⚘ quirlständige Blätter.

stem¹ [stem] **I** *s.* **1.** (Baum)Stamm *m*; **2.** a) Stängel *m*, b) (Blüten-, Blatt-, Frucht)Stiel *m*, c) Halm *m*; **3.** Bündel *n* Bananen; **4.** (*Pfeifen-, Weinglas- etc.*) Stiel *m*; (Lampen)Fuß *m*; (Venˈtil-) Schaft *m*; (Thermoˈmeter)Röhre *f*; **5.** (Aufzieh)Welle *f* (*Uhr*); **6.** Geschlecht *n*, Stamm *m*; **7.** *ling.* (Wort)Stamm *m*; **8.** ♪ (Noten)Hals *m*; **9.** *typ.* Grundstrich *m*; **10.** ⚓ (Vorder)Steven *m*: ***from* ~ *to stern*** von vorn bis achtern; **II** *v/t.* **11.** entstielen; **III** *v/i.* **12.** stammen (***from*** von).

stem² [stem] **I** *v/t.* **1.** *Fluss etc.* eindämmen (*a. fig.*); **2.** *Blutung* stillen; **3.** ⚓ ankämpfen gegen *die Strömung etc.*; **4.** *fig.* a) aufhalten, Einhalt gebieten (*dat.*), b) ankämpfen gegen, sich entgegenstemmen (*dat.*); **II** *v/i.* **5.** *Skisport*: stemmen.

stem·less [ˈstemlɪs] *adj.* stängellos, ungestielt.

stem| turn *s. Skisport*: Stemmbogen *m*; **ˈ~ˌwind·er** *s.* Remonˈtoiruhr *f*.

stench [stentʃ] *s.* Gestank *m*.

sten·cil [ˈstensl] **I** *s.* **1.** *a.* **~ *plate*** (ˈMaler)SchaˌbIone *f*, Paˈtrone *f*; **2.** *typ.* (ˈWachs)MaˌtrIze *f*; **3.** Schaˈblonenzeichnung *f*, -muster *n*; **4.** Maˈtrizenabzug *m*; **II** *v/t.* **5.** *Oberfläche, Buchstaben* schablonieren; **6.** auf Matrize(n) schreiben.

Sten gun [sten] *s.* ⚔ leichtes Maˈschinengewehr, LMG *n*.

sten·o [ˈstenəʊ] F → a) ***stenograph*** 4, b) *Am.* ***stenographer***.

sten·o·graph [ˈstenəgrɑːf] **I** *s.* **1.** Stenoˈgramm *n*; **2.** Kurzschriftzeichen *n*; **3.** Stenograˈfiermaˌschine *f*; **II** *v/t.* **4.** stenografieren; **ste·nog·ra·pher** [steˈnɒgrəfə] *s.* **1.** Stenoˈgraf(in); **2.** *Am.* Stenotyˈpistin *f*; **sten·o·graph·ic** [ˌstenəˈgræfɪk] *adj.* (☐ **~*ally***) stenoˈgrafisch; **ste·nog·ra·phy** [steˈnɒgrəfɪ] *s.* Stenograˈfie *f*, Kurzschrift *f*.

sten·o·type [ˈstenəʊtaɪp] → ***stenograph*** 2 *u.* 3.

sten·to·ri·an [stenˈtɔːrɪən] *adj.* ˈüberlaut: **~ *voice*** Stentorstimme *f*.

step [step] **I** *s.* **1.** Schritt *m* (*a. Geräusch, Maß*): **~ *by* ~** Schritt für Schritt (*a. fig.*); ***take a* ~** e-n Schritt machen; **2.** Fußstapfen *m*: ***tread in s.o.'s* ~*s*** *fig.* in j-s Fußstapfen treten; **3.** *eiliger etc.* Schritt, Gang *m*; **4.** (Tanz)Schritt *m*; **5.** (Gleich)Schritt *m*: ***in* ~** im Gleichschritt; ***out of* ~** außer Tritt; ***out of* ~ *with*** *fig.* nicht im Einklang mit; ***fall in* ~** Tritt fassen; ***keep* ~ (*with*)** Schritt halten (mit); **6.** ein paar Schritte *pl.*, *ein* ‚Katzensprung' *m*: ***it is only a* ~ *to the inn***; **7.** *fig.* Schritt *m*, Maßnahme *f*: ***take* ~*s*** Schritte unternehmen; ***take legal* ~*s against*** gegen *j-n* gerichtlich vorgehen; ***a false* ~** ein Fehler, e-e Dummheit; → ***watch*** 17; **8.** *fig.* Schritt *m*, Stufe *f*: ***a great* ~ *forward*** ein großer Schritt vorwärts; **9.** Stufe *f* (*e-r Treppe etc.*; *a.* ⚡ *e-s Verstärkers etc.*); (Leiter)Sprosse *f*; ⚙, ⚡ Schaltschritt *m*; **10.** (***pair of***) **~*s*** *pl.* Trittleiter *f*; **11.** Tritt(brett *n*) *m*; **12.** *geogr.* Stufe *f*, Terˈrasse *f*; Plaˈteau *n*; **13.** ♪ a) (Ton-, Interˈvall)Schritt *m*, b) Interˈvall *n*, c) (Tonleiter)Stufe *f*; **14.** *fig.* a) (Rang-) Stufe *f*, Grad *m*, b) *bsd.* ⚔ Beförderung *f*; **II** *v/i.* **15.** schreiten, treten: **~ *into a fortune*** *fig.* unverhofft zu e-m Vermögen kommen; **16.** *wohin* gehen, treten: **~ *in!*** herein!; **17.** → ***step out*** 2; **18.** treten (([***up***]***on*** auf *acc.*): **~ *on the gas*** (*od.* **~ *on it***) (F *a. fig.*) Gas geben; **~ *on it!*** F Tempo!; **III** *v/t.* **19.** *Schritt* machen: **~ *it*** zu Fuß gehen; **20.** *Tanz* tanzen; **21.** *a.* **~ *off*** (*od.* ***out***) *Entfernung etc.* a) abschreiten, b) abstecken; **22.** abstufen;

Zssgn mit adv.:

step| a·side *v/i.* **1.** zur Seite treten; **2.** → ***step down*** 2; **~ back I** *v/i. a. fig.* zuˈrücktreten; **II** *v/t.* abstufen; **~ down I** *v/i.* **1.** herˈunter-, hinˈunterschreiten; **2.** *fig.* zuˈrücktreten (***in favo[u]r of*** zuˈgunsten); **II** *v/t.* **3.** verringern, verzögern; **4.** ⚡ herˈuntertransformieren; **~ in** *v/i.* **1.** eintreten, -steigen; **2.** *fig.* einschreiten, -greifen; **~ out I** *v/i.* **1.** heraustreten, aussteigen; **2.** (forsch) ausschreiten; **3.** F (viel) ausgehen; **II** *v/t.* **4.** → ***step*** 21a; **~ up I** *v/i.* **1.** hinˈauf-, herˈaufsteigen; **2.** zugehen (***to*** auf *acc.*); **II** *v/t.* **3.** *Produktion etc.* steigern, ankurbeln; **4.** ⚡ hochtransformieren.

step- [step] *in Zssgn* Stief...: **~*child*** Stiefkind *n*; **~*father*** Stiefvater *m*.

step| dance *s.* Stepp(tanz) *m*; **ˈ~-down** *adj.* ⚡ Umspann...: **~ *transformer*** Abwärtstransformator *m*; **ˈ~-in I** *adj.* **1.** zum Hinˈeinschlüpfen, Schlupf...; **II** *s.* **2.** *mst pl.* Schlüpfer *m*; **3.** *pl. a.* **~ *shoes*** Slipper *pl.*; **ˈ~ˌlad·der** *s.* Trittleiter *f*; **ˈ~ˌmoth·er·ly** *adj. a. fig.* stiefmütterlich.

steppe [step] *s. geogr.* Steppe *f*.

step·ping stone [ˈstepɪŋ] *s.* **1.** (Tritt-) Stein *m im Wasserlauf etc.*; **2.** *fig.* Sprungbrett *n* (***to*** zu).

ˈstep-up I *adj.* stufenweise erhöhend: **~ *transformer*** ⚡ Aufwärtstransformator *m*; **II** *s.* Steigerung *f*.

ˈstep·wise *adv.* schritt-, stufenweise.

ster·e·o [ˈsterɪəʊ] F **I** *s.* **1.** a) → ***stereotype*** 1, b) → ***stereoscope***; **2.** a) Stereogerät *n*, b) Stereo(schall)platte *f*; **II** *adj.* **3.** → ***stereoscopic***; **4.** stereo, Stereo...: **~ *record*** → 2b.

stereo- [sterɪəʊ] *in Zssgn* a) starr, fest, b) ˈdreidimensioˌnal, stereo..., Stereo..., Raum...; **ster·e·o·chem·is·try** [ˌsterɪəʊˈkemɪstrɪ] *s.* ˈStereo-, ˈRaumcheˌmie *f*; **ster·e·og·ra·phy** [ˌsterɪˈɒgrəfɪ] *s.* A Stereograˈphie *f*, Körperzeichnung *f*; **ster·e·om·e·try** [ˌsterɪˈɒmɪtrɪ] *s.* **1.** *phys.* Stereomeˈtrie *f*; **2.** A Geomeˈtrie *f* des Raumes.

ster·e·o·phon·ic [ˌsterɪəʊˈfɒnɪk] *adj.* (☐ **~*ally***) stereoˈphonisch, Stereoton...: **~ *sound*** Raumton *m*.

ster·e·o·plate [ˈsterɪəpleɪt] *s. typ.* Stereoˈtypplatte *f*, Stereo *n*.

ster·e·o·scope [ˈsterɪəskəʊp] *s.* Stereoˈskop *n*; **ster·e·o·scop·ic** [ˌsterɪəˈskɒpɪk] *adj.* (☐ **~*ally***) stereoˈskopisch, Stereo...; **ster·e·os·co·py** [ˌsterɪˈɒskəpɪ] *s.* Stereoskoˈpie *f*.

ster·e·o·type [ˈstɪərɪətaɪp] **I** *s.* **1.** *typ.* a) Sterotyˈpie *f*, Plattendruck *m*, b) Stereoˈtype *f*, Druckplatte *f*; **2.** *fig.* Kliˈschee *n*, Schaˈblone *f*; **II** *v/t.* **3.** *typ.* stereotypieren; **4.** *fig. Redensart etc.* stereoˈtyp wiederˈholen; **5.** e-e feste Form geben (*dat.*); **ˈster·e·o·typed** [-pt] *adj.* **1.** *typ.* stereotypiert; **2.** *fig.* stereoˈtyp, schaˈblonenhaft; **ster·e·o·ty·pog·ra·phy** [ˌstɪərɪəʊtaɪˈpɒgrəfɪ] *s. typ.* Stereoˈtypdruck(verfahren *n*) *m*; **ˈster·e·oˌtyp·y** [-pɪ] *s. typ.* Stereotyˈpie *f*.

ster·ile [ˈsteraɪl] *adj.* **1.** steˈril: a) ⚕ keimfrei, b) ⚘, *physiol.* unfruchtbar (*a. fig. Geist etc.*); **2.** *fig.* fruchtlos (*Arbeit, Diskussion etc.*); leer, gedankenarm (*Stil*); **ste·ril·i·ty** [steˈrɪlətɪ] *s.* Steriliˈtät *f* (*a. fig.*).

ster·i·li·za·tion [ˌsterəlaɪˈzeɪʃn] *s.* **1.** Sterilisatiˈon *f*: a) Entkeimung *f*, b) Unfruchtbarmachung *f*; **2.** Steriliˈtät *f*; **ster·i·lize** [ˈsterəlaɪz] *v/t.* sterilisieren: a) keimfrei machen, b) unfruchtbar machen; **ˈster·i·li·zer** [ˈsterəlaɪzə] *s.* Steriliˈsator *m* (*Apparat*).

ster·ling [ˈstɜːlɪŋ] **I** *adj.* **1.** ✝ Sterling(...): ***ten pounds* ~** 10 Pfund Sterling; **~ *area*** Sterlinggebiet *n*, -block *m*; **2.** von Standardwert (*Gold, Silber*); **3.** *fig.* echt, gediegen, bewährt; **II** *s.* **4.** ✝ Sterling *m*.

stern¹ [stɜːn] *adj.* ☐ **1.** streng, hart: **~ *discipline***; **~ *penalty***; **2.** unnachgiebig; **3.** streng, finster: ***a* ~ *face***.

stern² [stɜːn] **I** *s.* **1.** ⚓ Heck *n*, Achterschiff *n*: (***down***) ***by the* ~** hecklastig; **2.** *zo.* a) ˈHinterteil *n*, b) Schwanz *m*; **3.** *allg.* hinterer Teil; **II** *adj.* **4.** ⚓ Heck...

ster·nal [ˈstɜːnl] *adj. anat.* Brustbein...

ˈstern|-ˌchas·er *s.* ⚓ *hist.* Heckgeschütz *n*; **ˈ~-fast** *s.* ⚓ Achtertau *n*.

stern·ness [ˈstɜːnnɪs] *s.* Strenge *f*, Härte *f*, Düsterkeit *f*.

ˈstern·post *s.* ⚓ Achtersteven *m*.

ster·num [ˈstɜːnəm] *pl.* **-na** [-nə] *s. anat.* Brustbein *n*.

ster·oid [ˈstɪərɔɪd] *s. biol.*, ⚗, ⚕ Steroˈid *n*.

ster·to·rous [ˈstɜːtərəs] *adj.* ☐ röchelnd.

stet [stet] (*Lat.*) *typ.* **I** *imp.* stehen lassen!, bleibt!; **II** *v/t.* mit ‚stet' markieren.

steth·o·scope [ˈsteθəskəʊp] ⚕ **I** *s.* Stethoˈskop *n*, Hörrohr *n*; **II** *v/t.* abhorchen; **steth·o·scop·ic** [ˌsteθəˈskɒpɪk] *adj.* (☐ **~*ally***) stethoˈskopisch.

ste·ve·dore [ˈstiːvədɔː] *s.* ⚓ **1.** Stauer *m*, Schauermann *m*; **2.** Stauer *m* (*Unternehmer*).

stew¹ [stjuː] **I** *v/t.* **1.** schmoren, dämpfen, langsam kochen; → ***stewed*** 1; **II** *v/i.* **2.** schmoren; → ***juice*** 1; **3.** *fig.* ‚schmoren', vor Hitze (fast) ˈumkommen; **4.** F sich aufregen; **III** *s.* **5.** Schmor-, Eintopfgericht *n*; **6.** F Aufregung *f*.

stew² [stjuː] *s. Brit.* a) Fischteich *m*, b) Fischbehälter *m*.

S

stew·ard ['stjʊəd] *s.* **1.** Verwalter *m*; **2.** Haushalter *m*, Haushofmeister *m*; **3.** Tafelmeister *m*, Kämmerer *m* (*e-s College*, *Klubs etc.*); **4.** ⚓, ✈ Steward *m*; **5.** (Fest- *etc.*)Ordner *m*; *mot.* 'Rennkommis,sar *m*; → ***shop steward***; **'stew·ard·ess** [-dɪs] *s.* ⚓, ✈ Stewardess *f*; **'stew·ard·ship** [-ʃɪp] *s.* Verwalteramt *n*.

stewed [stju:d] *adj.* **1.** geschmort, gedämpft, gedünstet; **2.** *sl.* ‚besoffen'.

'stew|·pan *s.* Schmorpfanne *f*; **'~·pot** *s.* Schmortopf *m*.

stick[1] [stɪk] **I** *s.* **1.** Stecken *m*, Stock *m*, (trockener) Zweig; *pl.* Klein-, Brennholz *n*: ***dry ~s*** (dürres) Reisig; **2.** Scheit *n*, Stück *n* Holz; **3.** Gerte *f*, Rute *f*; **4.** Stängel *m*, Stiel *m* (*Rhabarber*, *Sellerie*); **5.** Stock *m* (*a. fig. Schläge*), Stab *m*: ***get (give) the ~*** e-e Tracht Prügel bekommen (verabreichen); ***get hold of the wrong end of the ~*** *fig.* die Sache falsch verstehen; **6.** (Besen- *etc.*)Stiel *m*; **7.** (Spazier)Stock *m*; **8.** (Zucker-, Siegellack)Stange *f*; **9.** a) (Stück *n*) Rasierseife *f*, b) (Lippen- *etc.*)Stift *m*; **10.** ♪ a) Taktstock *m*, b) (Trommel)Schlägel *m*, c) (Geigen)Bogen *m*; **11.** *sport* a) Schläger *m*, *Hockey etc.*: Stock *m*, b) *Pferdesport*: Hürde *f*; **12.** a) ✈ Steuerknüppel *m*, b) *mot.* Schalthebel *m*; **13.** ⚔ Bombenreihe *f*; **14.** *typ.* Winkelhaken *m*; **15.** F *a.* ***dry*** (*od.* ***dull***) ***~*** Stockfisch *m*, *allg.* Kerl *m*; **16.** *pl. Am.* F finsterste Pro'vinz; **II** *v/t.* **17.** *Pflanze* mit e-m Stock stützen; **18.** *typ.* a) setzen, b) in e-m Winkelhaken anein'ander reihen.

stick[2] [stɪk] **I** *v/t.* [*irr.*] **1.** durch'stechen, -'bohren; *Schweine* (ab)stechen; **2.** stechen mit *e-r Nadel etc.* (***in***, ***into*** in *acc.*); *et.* stecken, stoßen; **3.** *auf e-e Gabel etc.* stecken, aufspießen; **4.** *Kopf*, *Hand etc. wohin* stecken *od.* strecken; **5.** F legen, setzen, *in die Tasche etc.* stecken; **6.** (an)stecken, anheften; **7.** voll stecken (***with*** mit); **8.** *Briefmarke*, *Plakat etc.* ankleben, *Fotos etc.* (ein)kleben: ***~ together*** *et.* zs.-kleben; **9.** bekleben; **10.** zum Stecken bringen, festfahren: ***be stuck*** *im Schlamm etc.* stecken (bleiben *a. fig.*), festsitzen (*a. fig.*); ***be stuck on*** F vernarrt sein in (*acc.*); ***be stuck with s.th.*** et. ‚am Hals haben'; ***be stuck for s.th.*** um et. verlegen sein; **11.** *j-n* verwirren; **12.** F *j-n* ‚blechen' lassen (***for*** für); **13.** *sl. j-n* ‚leimen' (*betrügen*); **14.** *sl. et. od. j-n* aushalten, -stehen, (v)ertragen: ***I can't ~ him***; **15.** ***~ it (out)*** F 'durchhalten, es aushalten; **16.** ***~ it on*** F a) e-n unverschämten Preis verlangen, b) ‚dick auftragen', über'treiben; **II** *v/i.* [*irr.*] **17.** stecken; **18.** (fest)kleben, haften: ***~ together*** zs.-kleben; **19.** sich festklammern *od.* heften (***to*** an *acc.*); **20.** haften, hängen bleiben (*a. fig. Spitzname etc.*): ***some of it will ~*** et. (*von e-r Verleumdung*) bleibt immer hängen; ***~ in the mind*** im Gedächtnis haften bleiben; ***make s.th. ~*** *fig.* dafür sorgen, dass et. ‚sitzt'; **21.** ***~ to*** bei *j-m od. e-r Sache* bleiben, *j-m* nicht von der Seite weichen: ***~ to the point*** *fig.* bei der Sache bleiben; ***~ to it*** dranbleiben; → ***gun*** 1; **22.** ***~ to*** treu bleiben (*dat.*), zu *j-m*, *s-m Wort etc.* stehen, bei *s-r Ansicht etc.* bleiben, sich an *e-e Regel etc.* halten; ***~ together*** zs.-halten (*Freunde*); **23.** *im Hals*, *im Schmutz*, *a. fig. beim Lesen etc.* stecken bleiben: ***I was really stuck*** F ich war ‚to'tal aufgeschmissen' (*wusste nicht mehr weiter*); → ***mud*** 2; **24.** ***~ at nothing*** vor nichts zurückschrecken; **25.** her'vorstehen (***from***, ***out of*** aus); *Zssgn mit adv.*:

stick| a·round *v/i.* F in der Nähe bleiben; **~ out I** *v/i.* **1.** ab-, her'vor-, herausstehen; **2.** *fig.* auffallen; **3.** bestehen (***for*** auf *dat.*); **II** *v/t.* **4.** *Arm*, *Brust*, *a. Kopf*, *Zunge* her'ausstrecken; **5.** → ***stick***[2] 15; **~ up I** *v/t.* **1.** *sl.* über'fallen, ausrauben; **2.** ***~ 'em up!*** *sl.* Hände hoch!; **II** *v/i.* **3.** in die Höhe stehen; **4.** ***~ for*** sich für *j-n* einsetzen; **5.** ***~ to*** mutig gegen'übertreten (*dat.*), Pa'roli bieten (*dat.*).

stick·er ['stɪkə] *s.* **1.** a) (Schweine-)Schlächter *m*, b) Schlachtmesser *n*; **2.** Sticker *m*, Aufkleber *m*; **3.** *Am.* (*angeklebter*) Strafzettel; **4.** *fig.* zäher Kerl; **5.** F ‚Hocker' *m*, (zu) lange bleibender Gast; **6.** F ‚Ladenhüter' *m*; **7.** ‚harte Nuss'.

stick·i·ness ['stɪkɪnɪs] *s.* **1.** Klebrigkeit *f*; **2.** Schwüle *f*; **3.** F Schwierigkeit *f*.

stick·ing plas·ter ['stɪkɪŋ] *s.* Heftpflaster *n*.

stick-in-the-mud ['stɪkɪnðəmʌd] F **I** *adj.* rückständig, -schrittlich; **II** *s.* Rückschrittler *m*, *bsd. pol.* Reaktio'när *m*.

'stick·jaw *s.* F ‚Plombenzieher' *m* (*zäher Bonbon etc.*).

stick·le ['stɪkl] *v/i.* **1.** harnäckig zanken *od.* streiten: ***~ for s.th.*** et. hartnäckig verfechten; **2.** Bedenken äußern, Skrupel haben.

stick·le·back ['stɪklbæk] *s. ichth.* Stichling *m*.

stick·ler ['stɪklə] *s.* **1.** Eiferer *m*; **2.** Verfechter *m* (***for*** *gen.*); **3.** Kleinigkeitskrämer *m*, Pe'dant *m*, j-d, der es ganz genau nimmt (***for*** mit).

stick-to-it·ive [ˌstɪk'tu:ətɪv] *adj. Am.* F hartnäckig, zäh.

'stick-up I *adj.* **1.** ***~ collar*** → 2; **II** *s.* **2.** F Stehkragen *m*; **3.** *sl.* ('Raub)ˌÜberfall *m*.

stick·y ['stɪkɪ] *adj.* □ **1.** klebrig, zäh: ***~ charge*** ⚔ Haftladung *f*; ***~ label*** *Brit.* Klebezettel *m*; ***~ note*** a) Haftnotiz *f*, b) Haftnotizzettel *m*; **2.** schwül, stickig (*Wetter etc.*); **3.** F *fig.* a) klebrig, b) eklig, c) schwierig, heikel (*Sache*), d) kritisch, e) kitschig: ***be ~ about doing s.th.*** et. nur ungern tun.

stiff [stɪf] **I** *adj.* □ **1.** *allg.* steif, starr (*a. Gesicht*, *Person*): ***~ collar*** steifer Kragen; ***~ neck*** steifer Hals; → ***lip*** 1; **2.** zäh, dick, steif (*Teig etc.*); **3.** steif (*Brise*), stark (*Wind*, *Strömung*); **4.** stark (*Dosis*, *Getränk*), steif (*Grog*); **5.** *fig.* starrköpfig; **6.** *fig.* hart (*Gegner*, *Kampf etc.*), scharf (*Konkurrenz*, *Opposition*); **7.** schwierig (*Aufstieg*, *Prüfung etc.*); **8.** hart (*Strafe*); **9.** steif, for'mell, gezwungen (*Benehmen*, *Person etc.*); **10.** steif, linkisch (*Stil*); **11.** F unglaublich: ***a bit ~*** ziemlich stark, allerhand; **12.** F ‚zu Tode' *gelangweilt*, *erschrocken*; **13.** ✝ a) sta'bil, fest (*Preis*, *Markt*), b) hoch, unverschämt (*Forderung*, *Preis*); **II** *s. sl.* **14.** a) Leiche *f*, b) Besoffene(r) *m*; **15.** a) Langweiler *m*, b) Blödmann *m*; **16.** *Am.* a) ‚Lappen' *m* (*Banknote*), b) ‚Blüte' *f* (*Falschgeld*), c) ‚Kas'siber' *m* (*im Gefängnis*); **'stiff·en** [-fn] **I** *v/t.* **1.** (ver)steifen, (ver)stärken; *Stoff etc.* stärken, steifen; **2.** steif *od.* starr machen (*Flüssigkeit*, *Glieder etc.*), verdicken (*Flüssiges*); **3.** *fig.* a) *et.* verschärfen, b) (be)stärken, *j-m* den Nacken steifen; **II** *v/i.* **4.** sich versteifen, -stärken; starr werden; **5.** *fig.* hart werden, sich versteifen; **6.** steif *od.* förmlich werden; **7.** ✝ sich festigen (*Preise etc.*); **'stiff·en·er** [-fnə] *s.* **1.** Versteifung *f*; **2.** F ‚Seelenwärmer' *m*, Stärkung *f* (*Getränk*); **'stiff·en·ing** [-fnɪŋ] *s.* Versteifung *f*: a) Steifwerden *n*, b) 'Steifmateriˌal *n*.

ˌstiff-'necked *adj. fig.* halsstarrig.

stiff·ness ['stɪfnɪs] *s.* **1.** Steifheit *f* (*a. fig. Förmlichkeit*), Steife *f*, Starrheit *f*; **2.** Zähigkeit *f*, Dickflüssigkeit *f*; **3.** *fig.* Härte *f*, Schärfe *f*.

sti·fle[1] ['staɪfl] **I** *v/t.* **1.** *j-n* ersticken; **2.** *Fluch etc.*, *a. Gefühl*, *a. Aufstand etc.* ersticken, unter'drücken, *Diskussion etc.* abwürgen; **II** *v/i.* **3.** (*weitS.* schier) ersticken.

sti·fle[2] ['staɪfl] *s. zo.* **1.** *a.* ***~ joint*** Kniegelenk *n* (*Pferd*, *Hund*); **2.** *vet.* Kniegelenkgalle *f* (*Pferd*); ***~ bone*** *s.* Kniescheibe *f* (*Pferd*).

sti·fling ['staɪflɪŋ] *adj.* □ erstickend (*a. fig.*), stickig.

stig·ma ['stɪgmə] *pl.* **-mas**, **-ma·ta** [-mətə] *s.* **1.** *fig.* Brand-, Schandmal *n*, Stigma *n*; **2.** ⚕ Sym'ptom *n*; **3.** ⚕ (*pl.* ***-mata***) Mal *n*, roter Hautfleck; **4.** ***stigmata*** *pl. eccl.* Wundmale *pl.*, Stigmata *pl.*; **5.** ⚘ Narbe *f* (*Blüte*); **6.** *zo.* Luftloch *n* (*Insekt*); **stig·mat·ic** [stɪg'mætɪk] *adj.* (□ ***~ally***) **1.** stig'matisch (*a. opt.*); **2.** ⚘ narbenartig; **3.** *opt.* (ana-)stig'matisch; **'stig·ma·tize** [-ətaɪz] *v/t.* **1.** ⚕, *eccl.* stigmatisieren; **2.** *bsd. fig.* brandmarken.

stile[1] [staɪl] *s.* Zauntritt *m*.

stile[2] [staɪl] *s.* Seitenstück *n* (*e-r Täfelung*), Höhenfries *m* (*e-r Tür*).

sti·let·to [stɪ'letəʊ] *pl.* **-tos** [-z] *s.* Sti'lett *n*: ***~ (heel)*** Pfennigabsatz *m*.

still[1] [stɪl] **I** *adj.* □ **1.** *allg.* still: a) reglos, unbeweglich, b) ruhig, lautlos, c) leise, gedämpft, d) friedlich, ruhig: ***keep ~!*** sei ruhig!; → ***water*** 11; **2.** nicht moussierend: ***~ wine*** Stillwein *m*; **3.** *phot.* Stand..., Steh..., Einzel(aufnahme)...; **II** *s.* **4.** *poet.* Stille *f*; **5.** *phot.* Standfoto *n*, Einzelaufnahme *f*; **III** *v/t.* **6.** *Geräusche etc.* zum Schweigen bringen; **7.** *j-n* beruhigen, *Verlangen etc.* stillen; **IV** *v/i.* **8.** still werden.

still[2] [stɪl] **I** *adv.* **1.** (immer) noch, noch immer, bis jetzt; **2.** (*beim comp.*) noch, immer: ***~ higher***, ***higher ~*** noch höher; ***~ more so because*** umso mehr als; **3.** dennoch, doch; **II** *cj.* **4.** (und) dennoch, und doch, in'des(sen).

still[3] [stɪl] *s.* a) Destillierkolben *m*, b) Destil'lierappaˌrat *m*.

stil·lage ['stɪlɪdʒ] *s.* Gestell *n*.

'still|·birth *s.* Totgeburt *f*; **'~·born** *adj.* tot geboren (*a. fig.*); **'~-fish** *v/i.* vom verankerten Boot aus angeln; ***~ hunt*** *s.* Pirsch(jagd) *f*; **'~-hunt** *v/i.* (*v/t.* an)pirschen; ***~ life*** *s. paint.* Stillleben *n*.

still·ness ['stɪlnɪs] *s.* Stille *f*.

still room *s. bsd. Brit.* **1.** *hist.* Destillati'onsraum *m*; **2.** a) Vorratskammer *f*, b) Servierraum *m*.

stilt [stɪlt] *s.* **1.** Stelze *f*; **2.** ⚠ Pfahl *m*, Pfeiler *m*; **3.** *a.* ***~ bird*** *orn.* Stelzenläufer *m*; **'stilt·ed** [-tɪd] *adj.* □ **1.** gestelzt, gespreizt, geschraubt (*Rede*, *Stil etc.*); **2.** ⚠ erhöht; **'stilt·ed·ness** [-tɪdnɪs] *s.* Gespreiztheit *f*.

stim·u·lant ['stɪmjʊlənt] **I** *s.* **1.** ⚕ Stimulans *n*, Anregungs-, Weckmittel *n*; **2.** Genussmittel *n*, *bsd.* Alkohol *m*; **3.** An-

S

reiz *m* (**of** für); **II** *adj.* **4.** → ***stimulating*** 1; **stim·u·late** ['stɪmjʊleɪt] *v/t.* **1.** ⚕ *etc., a. fig.* stimulieren, anregen (**s.o. into** j-n zu *et.*); *fig. a.* anspornen, anstacheln; beleben, ankurbeln; **2.** *Nerv* reizen; '**stim·u·lat·ing** [-leɪtɪŋ] *adj.* **1.** *a. fig.* stimulierend, anregend, belebend; **2.** *fig.* anspornend; **stim·u·la·tion** [ˌstɪmjʊ'leɪʃn] *s.* **1.** Anreiz *m*, Antrieb *m*, Anregung *f*, Belebung *f*; **2.** ⚕ Reizung *f*, Reiz *m*; '**stim·u·la·tive** [-lətɪv] → ***stimulating***; '**stim·u·lus** [-ləs] *pl.* **-li** [-laɪ] *s.* **1.** Stimulus *m*: a) (An)Reiz *m*, Antrieb *m*, Ansporn *m* (**to** zu), b) ⚕ Reiz *m*: ***~ threshold*** Reizschwelle *f*; **2.** → ***stimulant*** 1; **3.** ⚘ Nesselhaar *n*.

sti·my ['staɪmɪ] → ***stymie***.

sting [stɪŋ] **I** *v/t.* [*irr.*] **1.** stechen (*Insekt, Nessel etc.*); **2.** brennen, beißen in *od.* auf (*dat.*); **3.** schmerzen, wehtun (*Schlag etc.*): ***stung by remorse*** *fig.* von Reue geplagt; **4.** *fig. j-n* verletzen, kränken; **5.** anstacheln, reizen (**into** zu); **6.** *sl.* ‚neppen' (**for** um *Geld*); **II** *v/i.* [*irr.*] **7.** stechen; **8.** brennen, beißen (*Pfeffer etc.*); **9.** *a. fig.* schmerzen, wehtun; **III** *s.* **10.** Stachel *m* (*Insekt*; *a. fig. des Todes, der Eifersucht etc.*); **11.** ⚘ Brennborste *f*; **12.** Stich *m*, Biss *m*: ***~ of conscience*** *fig.* Gewissensbisse *pl.*; **13.** Schärfe *f*; **14.** Pointe *f*, Spitze *f* (*e-s Witzes*); **15.** Schwung *m*, Wucht *f*; '**sting·er** [-ŋə] *s.* **1.** a) stechendes Insekt, b) stechende Pflanze; **2.** F a) schmerzhafter Schlag, b) beißende Bemerkung.

sting·i·ness ['stɪndʒɪnɪs] *s.* Geiz *m*.

sting·ing ['stɪŋɪŋ] *adj.* □ **1.** ⚘, *zo.* stechend; **2.** *fig.* schmerzhaft (*Schlag etc.*); schneidend (*Kälte, Wind*); scharf, beißend, verletzend (*Worte, Tadel*); **~ net·tle** *s.* ⚘ Brennnessel *f*.

stin·gy ['stɪndʒɪ] *adj.* □ **1.** geizig, knickerig: ***be ~ of s.th.*** mit et. knausern; **2.** dürftig, kärglich.

stink [stɪŋk] **I** *v/i.* [*irr.*] **1.** stinken, übel riechen (**of** nach): ***~ of money*** *fig.* F vor Geld stinken; **2.** *fig.* verrufen sein, ‚stinken': ***~ to high heaven*** zum Himmel stinken; → ***nostril***; **3.** *fig.* F ('hunds)miseˌrabel sein; **II** *v/t.* [*irr.*] **4.** *a.* ***~ out, up*** verstänkern; **5.** ***~ out*** a) *Höhle, Tiere* ausräuchern, b) *j-n* durch Gestank vertreiben; **6.** *sl.* (den Gestank *gen.*) riechen: ***you can ~ it a mile off***; **III** *s.* **7.** Gestank *m*; **8.** Stunk *m*, Krach *m*: ***raise*** (*od.* ***kick up***) ***a ~*** Stunk machen (**about** wegen); **9.** *pl. Brit. sl.* Che'mie *f*; **10.** *Am.* F (billiges) Par'füm; '**stink·ard** [-kəd] *s.* **1.** *zo.* Stinktier *n*; **2.** → ***stinker*** 1; '**stink·er** [-kə] *s.* **1.** a) ‚Stinker' *m*, b) *sl.* Dreckskerl *m*; **2.** a) ‚Stinka'dores' *m* (*Käse*), b) ‚Stinka'dores' *f* (*Zigarre*); **3.** *sl.* a) gemeiner Brief, b) böse Bemerkung *od.* Kri'tik, c) ‚böse' (*schwierige etc.*) Sache, d) ‚Mist' *m*; '**stink·ing** [-kɪŋ] **I** *adj.* □ **1.** stinkend; **2.** *sl.* a) widerlich, b) mise'rabel; **3.** → ***stinko***; **II** *adv.* **4.** ***~ rich*** *sl.* ‚stinkreich'.

stink·o ['stɪŋkəʊ] *adj. Am. sl.* ‚(stink)besoffen', (to'tal) ‚blau'.

'**stink·pot** *s.* **1.** ⚓ *hist.* Stinktopf *m*; **2.** F → ***stinker*** 1.

stint [stɪnt] **I** *v/t.* **1.** *j-n od. et.* einschränken, *j-n* kurz *od.* knapp halten (**in, of** mit): ***~ o.s. of*** sich einschränken mit, sich *et.* versagen; **2.** knausern *od.* kargen mit (*Geld, Lob etc.*); **II** *s.* **3.** Be-, Einschränkung *f*: ***without ~*** ohne Einschränkung, rückhaltlos; **4.** a) (zugewiesene) Arbeit, Pensum *n*, b) (vorgeschriebenes) Maß; **5.** ⚒ Schicht *f*; '**stint·ed** [-tɪd] *adj.* □ knapp, karg.

stipe [staɪp] *s.* ⚘, *zo.* Stiel *m*.

sti·pend ['staɪpend] *s.* Gehalt *n* (*bsd. e-s Geistlichen*); **sti·pen·di·ar·y** [staɪ'pendjərɪ] **I** *adj.* besoldet: ***~ magistrate*** → **II** *s. Brit.* Richter *m an e-m* ***magistrates' court***.

stip·ple ['stɪpl] **I** *v/t.* **1.** *paint.* tüpfeln, punktieren; **II** *s.* **2.** Punk'tiermaˌnier *f*, Pointil'lismus *m*; **3.** Punktierung *f*.

stip·u·late ['stɪpjʊleɪt] *bsd.* ⚖, ✝ **I** *v/i.* **1.** (**for**) a) e-e Vereinbarung treffen (über *acc.*), b) *et.* zur Bedingung machen; **II** *v/t.* **2.** festsetzen, vereinbaren, ausbedingen; **3.** ⚖ *Tatbestand* einverständlich feststellen, außer Streit stellen; **stip·u·la·tion** [ˌstɪpjʊ'leɪʃn] *s.* **1.** ✝, ⚖ (vertragliche) Abmachung, Über'einkunft *f*; **2.** Klausel *f*, Bedingung *f*; **3.** ⚖ Par'teienüberˌeinkunft *f*.

stip·ule ['stɪpjuːl] *s.* ⚘ Nebenblatt *n*.

stir[1] [stɜː] **I** *v/t.* **1.** *Kaffee, Teig etc.* rühren: ***~ up*** a) (gut) umrühren, b) *Schlamm* aufwühlen; **2.** *Feuer* (an-)schüren; **3.** *Glied etc.* rühren, bewegen: ***not to ~ a finger*** keinen Finger krumm machen; **4.** *Blätter, See etc.* bewegen (*Wind*); **5.** ***~ up*** *a. fig. j-n* auf-, wachrütteln; **6.** ***~ up*** *fig.* a) *j-n* aufreizen, -hetzen, b) *Neugier etc.* erregen, c) *Streit etc.* entfachen; **7.** *fig.* aufwühlen, bewegen, erregen; *j-s Blut* in Wallung bringen; **II** *v/i.* **8.** sich rühren *od.* regen (*a. fig. geschäftig sein*): ***not to ~ from the spot*** sich nicht von der Stelle rühren; ***he never ~red abroad*** er ging nie aus; ***he is not ~ring yet*** er ist noch nicht auf(gestanden); **9.** a) im Gange *od.* 'Umlauf sein, b) geschehen, sich ereignen; **III** *s.* **10.** Rühren *n*; **11.** Bewegung *f*; **12.** Aufregung *f*; **13.** Aufsehen *n*, Sensati'on *f*: ***create*** *od.* ***make a ~*** Aufsehen erregen.

stir[2] [stɜː] *s. sl.* ‚Kittchen' *n*, ‚Knast' *m* (*Gefängnis*): ***in ~*** im Knast.

stirps [stɜːps] *pl.* **stir·pes** ['stɜːpiːz] *s.* **1.** Fa'milie(nzweig *m*) *f*; **2.** ⚖ a) Stammvater *m*, b) Stamm *m*: ***by stirpes*** *Erbfolge* nach Stämmen.

stir·rer ['stɜːrə] *s.* a) Rührlöffel *m*, b) Rührwerk *n*.

stir·ring ['stɜːrɪŋ] *adj.* □ **1.** bewegt; **2.** *fig.* rührig; **3.** erregend, aufwühlend; zündend (*Rede*); bewegt (*Zeiten*).

stir·rup ['stɪrəp] *s.* **1.** Steigbügel *m*; **2.** ⚙ Bügel *m*; **3.** ⚓ Springpferd *n* (*Haltetau*); **~ bone** *s. anat.* Steigbügel *m* (*im Ohr*); **~ i·ron** *s.* Steigbügel *m* (*ohne Steigriemen*); **~ leath·er** *s.* Steig(bügel)riemen *m*.

stitch [stɪtʃ] **I** *s.* **1.** *Nähen etc.*: Stich *m*: ***a ~ in time saves nine*** gleich getan ist viel gespart; ***put ~es in*** → 7; **2.** *Stricken, Häkeln etc.*: Masche *f*; → ***take up*** 14; **3.** Stich(art *f*) *m*, Strick-, Häkelart *f*; **4.** F Faden *m*: ***not to have a dry ~ on one*** keinen trockenen Faden am Leibe haben; ***without a ~ on*** splitternackt; **5.** a) Stich *m*, Stechen *n* (*Schmerz*), b) *a.* ***~es in the side*** Seitenstechen *n*: ***be in ~es*** F sich kaputtlachen; **II** *v/t.* **6.** nähen, steppen, (be)sticken; **7.** ***~ up*** vernähen (*a.* ⚕), (zs.-)flicken; **8.** *Buchbinderei*: (zs.-)heften, broschieren.

sto·a ['stəʊə] *pl.* **-ae** [-iː] *s. antiq.* Stoa *f*: a) △ Säulenhalle *f*, b) ♌ stoische Philo'sophie.

stoat [stəʊt] *s. zo.* **1.** Herme'lin *n*; **2.** Wiesel *n*.

stock [stɒk] **I** *s.* **1.** (*Baum-, Pflanzen-*) Strunk *m*; **2.** *fig.* ‚Klotz' *m* (*steifer Mensch*); **3.** ⚘ Lev'koje *f*; **4.** ✓ ('Pfropf)ˌUnterlage *f*; **5.** (*Peitschen-, Werkzeug*)Griff *m*; **6.** ⚔ a) (Gewehr-) Schaft *m*, b) Schulterstütze *f* (*MG*); **7.** ⚙ 'Unterlage *f*, Block *m*; (Amboss-) Klotz *m*; **8.** ⚓ Stapel *m*: ***on the ~s*** im Bau, im Werden (*a. fig.*); **9.** *hist.* Stock *m* (*Strafmittel*); **10.** ⚙ (Grund-, Werk)Stoff *m*: ***paper ~*** Papierstoff; **11.** a) ⚙ (*Füll- etc.*)Gut *n*, Materi'al *n*, b) (Fleisch-, Gemüse)Brühe *f* (*als Suppengrundlage*); **12.** steifer Kragen; *bsd.* ⚔ Halsbinde *f*; **13.** Stamm *m*, Rasse *f*, Her-, Abkunft *f*; **14.** *allg.* Vorrat *m*; ✝ (Waren)Lager *n*, Inven'tar *n*: ***~*** (***on hand***) Warenbestand *m*; ***in*** (***out of***) ***~*** (nicht) vorrätig; ***take ~*** Inventur machen, *a. fig.* (e-e) Bestandsaufnahme machen; ***take ~ of*** *fig.* sich klar werden über (*acc.*), *j-n od. et.* abschätzen; **15.** ✝ Ware(n *pl.*) *f*; **16.** *fig.* (*Wissens- etc.*) Schatz *m*: ***a ~ of information***; **17.** a) *a.* ***live ~*** lebendes Inven'tar, Vieh(bestand *m*) *n*, b) *a.* ***dead ~*** totes Inventar, Materi'al *n*: ***fat ~*** Schlachtvieh *n*; **18.** a) ✝ 'Anleihekapiˌtal *n*, b) 'Grundkapiˌtal *n*, c) 'Aktienkapiˌtal *n*, d) Geschäftsanteil *m*; **19.** ✝ a) *Am.* Aktie(n *pl.*) *f*: ***issue ~*** Aktien ausgeben, b) *pl.* Aktien *pl.*, c) *pl.* Ef'fekten *pl.*, 'Wertpaˌpiere *pl.*: ***his ~ has gone up*** s-e Aktien sind gestiegen (*a. fig.* F); **20.** ✝ a) Schuldverschreibung *f*, b) *pl. Brit.* 'Staatspaˌpiere *pl.*; **21.** *thea.* Reper'toire(theˌater) *n*; **II** *adj.* **22.** (stets) vorrätig, Lager..., Serien...: ***~ size*** Standardgröße *f*; **23.** *fig.* stehend, stereo'typ: ***~ phrase***; **24.** ✓ Vieh..., Zucht...; **25.** ✝ *bsd. Am.* Aktien...; **26.** *thea.* Repertoire...; **III** *v/t.* **27.** versehen, -sorgen, ausstatten, füllen (**with** mit); **28.** *a.* ***~ up*** auf Lager legen, (auf)speichern; **29.** ✝ *Ware* vorrätig haben, führen; **30.** ✓ anpflanzen; **31.** *Gewehr, Werkzeug* schäften; **IV** *v/i.* **32.** *a.* ***~ up*** sich eindecken; **~ ac·count** *s.* ✝ *Brit.* Kapi'tal-, Ef'fektenkonto *n*, -rechnung *f*.

stock·ade [stɒ'keɪd] **I** *s.* **1.** Sta'ket *n*, Einpfählung *f*; **2.** ⚔ a) Pali'sade *f*, b) *Am.* Mili'tärgefängnis *n*; **II** *v/t.* **3.** einpfählen, mit Sta'ket um'geben.

stock| **book** *s.* ✝ **1.** Lagerbuch *n*; **2.** *Am.* Aktienbuch *n*; '**~ˌbreed·er** *s.* Viehzüchter *m*; '**~ˌbro·ker** *s.* Ef'fekten-, Börsenmakler *m*; '**~·car** *s.* 🚃 *Am.* Viehwagen *m*; **~ car** *s. mot.* Serienwagen *m*, *sport* Stock-Car *m*; **~ cer·tif·i·cate** *s.* 'Aktienzertifiˌkat *n*; **~ clear·ance** *s.* Lagerräumung *f*; **~ com·pa·ny** *s.* **1.** ✝ *Am.* Aktiengesellschaft *f*; **2.** *thea.* Reper'toiregruppe *f*, En'semble *n*; **~ cor·po·ra·tion** *s.* ✝ *Am.* **1.** Kapi'talgesellschaft *f*; **2.** Aktiengesellschaft *f*; **~ div·i·dend** *s.* ✝ *Am.* Divi'dende *f* in Form von Gratisaktien *pl.*; **~ ex·change** *s.* ✝ (Ef'fekten-, Aktien)Börse *f*; **~ farm·er** *s.* Viehzüchter *m*; **~ farm·ing** *s.* Viehzucht *f*; '**~·fish** *s.* Stockfisch *m*; '**~ˌhold·er** *s.* ✝ *bsd. Am.* Aktio'när *m*; '**~ˌhold·ing** *s.* ✝ *Am.* Aktienbesitz *m*.

stock·i·net [ˌstɒkɪ'net] *s.* Stocki'nett *n*, Tri'kot *m, n*.

stock·ing ['stɒkɪŋ] *s.* **1.** Strumpf *m*; **2.** *zo.* Färbung *f* am Fuß; **~ mask** *s.* Strumpfmaske *f*; **~ weav·er** *s.* Strumpfwirker *m*.

ˌ**stock-in-'trade** *s.* **1.** ✝ a) Warenbestand *m*, b) Betriebsmittel *pl.*, c) 'Arbeitsmateri,al *n*; **2.** *fig.* a) Rüstzeug *n*, b) ,Reper'toire' *n*.

stock·ist [stɒkɪst] *s. Brit.* Fachhändler *m*, Fachgeschäft *n*.

'**stock|,job·ber** → ***jobber*** 3, 4; ~ **ledg·er** *s.* ☤ *Am.* Aktienbuch *n*; '~·**list** *s.* (Aktien- *od.* Börsen)Kurszettel *m*; ~ **mar·ket** *s.* ☤ **1.** → ***stock exchange***; **2.** Börsenkurse *pl.*; ~ **op·tion** *s.* ☤ 'Aktienopti,on *f*; '~·**pile I** *s.* Vorrat *m* (***of*** an *dat.*); **II** *v/t.* e-n Vorrat anlegen von, aufstapeln; '~·**pot** *s.* Suppentopf *m*; '~·**room** *s.* Lager(raum *m*) *n*; ~ **shot** *s. phot.* Ar'chivaufnahme *f*; ,~-'**still** *adj.* stockstill, -steif; ~ **swap** *s.* ☤ Aktientausch *m*; '~,**tak·ing** *s.* ☤ Bestandsaufnahme *f* (*a. fig.*), Inven'tur *f*.

stock·y ['stɒkɪ] *adj.* □ stämmig, unter'setzt.

'**stock·yard** *s.* Viehhof *m*.

stodge [stɒdʒ] *sl.* **I** *v/i. u. v/t.* sich (*den Magen*) voll stopfen; **II** *s.* a) dicker Brei, b) schwer verdauliches Zeug (*a. fig.*); '**stodg·y** [-dʒɪ] *adj.* □ **1.** schwer verdaulich (*a. fig. Stil etc.*), *fig. a.* schwerfällig (*a. Person*); langweilig; **2.** *fig.* ,spießig'.

sto·gie, sto·gy ['stəʊgɪ] *s. Am.* billige Zi'garre.

Sto·ic ['stəʊɪk] **I** *s. phls.* Stoiker *m* (*a. fig.* 2); **II** *adj., a.* '**Sto·i·cal** [-kl] □ *phls.* stoisch (*a. fig.* 2 *unerschütterlich, gleichmütig*); '**Sto·i·cism** [-ɪsɪzəm] *s.* Stoi'zismus *m*: a) *phls.* Stoa *f*, b) 2 *fig.* Gleichmut *m*.

stoke [stəʊk] **I** *v/t.* **1.** *Feuer etc.* schüren (*a. fig.*); **2.** *Ofen etc.* (an)heizen, beschicken; **3.** F a) voll stopfen, b) *Essen etc.* hin'einstopfen; **II** *v/i.* **4.** schüren, stochern; **5.** heizen, feuern; '~·**hold** *s.* ⚓ Heizraum *m*; '~·**hole 1.** → ***stokehold***; **2.** Schürloch *n*.

stok·er ['stəʊkə] *s.* **1.** Heizer *m*; **2.** (auto'matische) Brennstoffzuführung.

stole[1] [stəʊl] *s. eccl. u. Damenkleidung*: Stola *f*.

stole[2] [stəʊl] *pret.*, '**sto·len** [-lən] *p.p. von* ***steal***.

stol·id ['stɒlɪd] *adj.* □ **1.** stur, stumpf; **2.** gleichmütig, unerschütterlich; **sto·lid·i·ty** [stɒ'lɪdətɪ] *s.* **1.** Gleichmut *m*, Unerschütterlichkeit *f*; **2.** Stur-, Stumpfheit *f*.

sto·ma ['stəʊmə] *pl.* **-ma·ta** ['stɒmətə] *s.* **1.** ⚘ Stoma *n*, Spaltöffnung *f*; **2.** *zo.* Atmungsloch *n*.

stom·ach ['stʌmək] **I** *s.* **1.** Magen *m*: ***on an empty*** ~ auf leeren Magen, nüchtern; **2.** Bauch *m*, Leib *m*; **3.** Appe'tit *m* (***for*** auf *acc.*); **4.** Lust *f* (***for*** zu); **II** *v/t.* **5.** verdauen (*a. fig.*); **6.** *fig.* a) (v)ertragen, b) ,einstecken', hinnehmen; '~·**ache** *s.* Magenschmerz(en *pl.*) *m*.

stom·ach·er ['stʌməkə] *s. hist.* Mieder *n*, Brusttuch *n*.

sto·mach·ic [stəʊ'mækɪk] **I** *adj.* **1.** Magen...; **2.** magenstärkend; **II** *s.* **3.** ⚕ Magenmittel *n*.

sto·ma·ti·tis [,stəʊmə'taɪtɪs] *s.* ⚕ Mundschleimhautentzündung *f*, Stoma'titis *f*.

stomp [stɒmp] → ***stamp*** 1, 12, 13.

stone [stəʊn] **I** *s.* **1.** *allg.* (*a. Grab-, Schleif- etc.*)Stein *m*: ***a ~'s throw*** ein Steinwurf (weit), (nur) ein ,Katzensprung'; ***leave no ~ unturned*** nichts unversucht lassen; ***throw ~s at*** *fig.* mit Steinen nach *j-m* werfen; → ***rolling stone***; **2.** *a.* ***precious*** ~ (Edel)Stein *m*; **3.** (*Obst*)Kern *m*, Stein *m*; **4.** ⚕ a) (Gallen- *etc.*)Stein *m*, b) Steinleiden *n*; **5.** (Hagel)Korn *n*; **6.** *brit. Gewichtseinheit* (= *6,35 kg*); **II** *adj.* **7.** steinern, Stein...; **III** *v/t.* **8.** mit Steinen bewerfen; **9.** *a.* ~ ***to death*** steinigen; **10.** *Obst* entkernen, -steinen; **11.** ⚙ schleifen, glätten; 2 **Age** *s.* Steinzeit *f*; ,~-**'blind** *adj.* stockblind; ,~-'**broke** *adj.* ,pleite', völlig ,abgebrannt'; ~ **coal** *s.* Steinkohle *f*, *bsd.* Anthra'zit *m*; '~·**crop** *s.* ⚘ Steinkraut *n*; '~,**cut·ter** *s.* **1.** Steinmetz *m*, -schleifer *m*; **2.** 'Steinschneidema,schine *f*.

stoned [stəʊnd] *adj.* **1.** entsteint, -kernt; **2.** *sl.* a) ,(stink)besoffen', b) ,high' (*im Drogenrausch*).

,**stone|-'dead** *adj.* mausetot; ,~-'**deaf** *adj.* stocktaub; ~ **e·ro·sion** *s.* Steinfraß *m*; ~ **fruit** *s.* Steinfrucht *f*, *coll.* Steinobst *n*.

stone·less ['stəʊnlɪs] *adj.* steinlos (*Obst*).

stone| mar·ten *s. zo.* Steinmarder *m*; '~,**ma·son** *s.* Steinmetz *m*; ~ **pit** *s.* Steinbruch *m*; ,~-'**wall I** *v/i.* **1.** *sport* mauern (*defensiv spielen*); **2.** *pol.* Obstrukti'on treiben (***on*** gegen); **II** *v/t.* **3.** *pol. Antrag* durch Obstrukti'on zu Fall bringen; ,~'**wall·ing** *s.* **1.** *sport* Mauern *n*; **2.** *pol.* Obstrukti'on *f*; '~·**ware** *s.* Steinzeug *n*.

ston·i·ness ['stəʊnɪnɪs] *s.* **1.** steinige Beschaffenheit; **2.** *fig.* Härte *f*; **ston·y** ['stəʊnɪ] *adj.* □ **1.** steinig; **2.** steinern (*a. fig. Herz*), Stein...; **3.** starr (*Blick*); **4.** *a.* ~-***broke*** → ***stone-broke***.

stood [stʊd] *pret. u. p.p. von* ***stand***.

stooge [stu:dʒ] *s.* **1.** *thea.* Stichwortgeber *m*; **2.** *sl.* Handlanger *m*, Krea'tur *f*; **3.** *Am. sl.* (Lock)Spitzel *m*; **4.** *Brit. sl.* ,Heini' *m*.

stool [stu:l] *s.* **1.** Hocker *m*; (Bü'ro-, Kla'vier)Stuhl *m*: ***fall between two ~s*** sich zwischen zwei Stühle setzen; **2.** Schemel *m*; **3.** Nachtstuhl *m*; **4.** ⚕ Stuhl *m*: a) Kot *m*, b) Stuhlgang *m*: ***go to*** ~ Stuhlgang haben; **5.** ⚘ a) Wurzelschössling *m*, b) Wurzelstock *m*, c) Baumstumpf *m*; ~ **pi·geon** *s.* **1.** Lockvogel *m* (*a. fig.*); **2.** *bsd. Am. sl.* (Lock-) Spitzel *m*.

stoop[1] [stu:p] **I** *v/i.* **1.** sich bücken, sich (vorn'über)beugen; **2.** sich krumm halten, gebeugt gehen; **3.** *fig. contp.* a) sich her'ablassen, b) sich erniedrigen, die Hand reichen (***to*** zu *et.*, ***to do*** zu tun); **4.** her'abstoßen (*Vogel*); **II** *v/t.* **5.** neigen, beugen; *Schultern* hängen lassen; **III** *s.* **6.** (Sich)Beugen *n*; **7.** gebeugte *od.* krumme Haltung; krummer Rücken; **8.** Niederstoßen *n* (*Vogel*).

stoop[2] [stu:p] *s. Am.* kleine Ve'randa (*vor dem Haus*).

stop [stɒp] **I** *v/t.* **1.** aufhören (***doing*** zu tun): ~ ***it!*** hör auf (damit)!; **2.** aufhören mit, *Besuche*, ☤ *Lieferung*, *Zahlung*, *Tätigkeit*, ⚖ *Verfahren* einstellen; *Kampf*, *Verhandlungen etc.* abbrechen; **3.** ein Ende machen *od.* bereiten (*dat.*), Einhalt gebieten (*dat.*); **4.** *Angriff*, *Fortschritt*, *Gegner*, *Verkehr etc.* aufhalten, zum Stehen bringen, *Ball* stoppen; *Wagen*, *Zug*, *a. Uhr* anhalten, stoppen; *Maschine*, *a. Gas*, *Wasser* abstellen; *Fabrik* stillegen; *Lohn*, *Scheck etc.* sperren; *Redner etc.* unter'brechen; *Lärm etc.* unter'binden; **5.** verhindern; hindern (***from*** an *dat.*, ***from doing*** zu tun); **6.** *Boxen etc.*: a) *Schlag* parieren, b) *Gegner* besiegen, stoppen: ~ ***a bullet*** e-e (Kugel) ,verpasst' kriegen; **7.** *a.* ~ ***up*** *Ohren etc.* verstopfen: ~ ***s.o.'s mouth*** *fig.* j-m den Mund stopfen; → ***gap*** 4; **8.** *Weg* versperren; **9.** *Blut*, *Wunde* stillen; **10.** *Zahn* plombieren, füllen; **11.** ♪ a) *Saite*, *Ton* greifen, b) *Griffloch* zuhalten, c) *Instrument*, *Ton* stopfen; **12.** *ling.* interpunktieren; **13.** ~ ***down*** *phot. Objektiv* abblenden; **14.** ~ ***out*** *Ätzkunst*: abdecken; **II** *v/i.* **15.** (an)halten, Halt machen, stehen bleiben, stoppen; **16.** aufhören, an-, innehalten, e-e Pause machen: ~ ***dead*** (*od.* ***short***) jäh aufhören; ~ ***at nothing*** *fig.* vor nichts zurückschrecken; **17.** aufhören (*Vorgang*, *Lärm etc.*); **18.** ~ ***for*** warten auf (*acc.*); **19.** F *im Bett etc.* bleiben: ~ ***away*** (***from***) fernbleiben (*dat.*); ~ ***by*** *Am.* (rasch) bei *j-m* ,reinschauen'; ~ ***in*** zu Hause bleiben; ~ ***off*** *od.* ***over*** Zwischenstation machen; ~ ***out*** a) wegbleiben, nicht heimkommen, b) ☤ weiterstreiken; **III** *s.* **20.** Halt *m*, Stillstand *m*: ***come to a*** ~ anhalten; ***come to a full*** ~ aufhören, zu e-m Ende kommen; ***put a ~ to*** → 3; **21.** Pause *f*; **22.** 🚂 *etc.* Aufenthalt *m*, Halt *m*; **23.** a) Stati'on *f* (*Zug*), b) Haltestelle *f* (*Autobus*), c) Anlegestelle *f* (*Schiff*); **24.** 'Absteigequar,tier *n*; **25.** ⚙ Anschlag *m*, Sperre *f*, Hemmung *f*; **26.** ☤ Sperrung *f*, Sperrauftrag *m* (*für Scheck etc.*); → *a.* ***stop order***; **27.** ♪ a) Griff *m*, Greifen *n* (*e-r Saite etc.*), b) Griffloch *n*, c) Klappe *f*, d) Ven'til *n*, e) Re'gister *n* (*Orgel etc.*), f) *a.* ~ ***knob*** Re'gisterzug *m*: ***pull out all the ~s*** *fig.* alle Register ziehen; ***pull out the pathetic*** ~ *fig.* pathetisch werden; **28.** *phot.* f-stop-Blende *f* (*Einstellmarke*); **29.** *ling.* a) Knacklaut *m*, b) Verschlusslaut *m*; **30.** a) Satzzeichen *n*, b) Punkt *m*; ,~-**and-'go** *adj.* durch Verkehrsampeln geregelt: ~ ***traffic*** Stop-and-go-Verkehr *m*; '~·**cock** *s.* ⚙ Absperrhahn *m*; '~·**gap I** *s.* Lückenbüßer *m*, Notbehelf *m*; ☤ Über'brückung *f*; **II** *adj.* Not...; Behelfs...; ☤ Über'brückungs...(*-hilfe*, *-kredit*); '~·**light** *s.* **1.** *mot.* Bremslicht *n*; **2.** rotes (Verkehrs)Licht; '~·**loss** *adj.* ☤ zur Vermeidung weiterer Verluste: ~ ***order*** → ~ **or·der** *s.* ☤ Stopp-'Loss-Auftrag *m*; '~,**o·ver** *s.* **1.** 'Reise-, 'Fahrtunter,brechung *f*, (kurzer) Aufenthalt; **2.** 'Zwischenstati,on *f*.

stop·page ['stɒpɪdʒ] *s.* **1.** a) (An)Halten *n*, b) Stillstand *m*, c) Aufenthalt *m*; **2.** (Verkehrs- *etc.*)Stockung *f*; **3.** ⚙ a) (Betriebs)Störung *f*, Hemmung *f*, b) *a.* ⚕ Verstopfung *f*; **4.** Sperrung *f*, (☤ *Kredit- etc.*, ϟ *Strom*)Sperre *f*; **5.** (Arbeits-, Betriebs-, Zahlungs)Einstellung *f*; ***work*** ~, ~ ***of work*** Arbeitsniederlegung *f*; **6.** (Gehalts)Abzug *m*.

stop pay·ment *s.* ☤ Zahlungssperre *f* (*für Schecks etc.*).

stop·per ['stɒpə] **I** *s.* **1.** a) Stöpsel *m*, Pfropf(en) *m*, b) Stopfer *m*: ***put a ~ on*** *fig. e-r Sache* ein Ende setzen; **2.** ⚙ Absperrvorrichtung *f*; Hemmer *m*: ~ ***circuit*** ϟ Sperrkreis *m*; **3.** *Werbung*: F Blickfang *m*; **II** *v/t.* **4.** zustöpseln.

stop·ping ['stɒpɪŋ] *s.* ⚕ (Zahn)Füllung *f*, Plombe *f*; ~ **dis·tance** *s. mot.* Anhalteweg *m*; ~ **place** *s.* Haltestelle *f*; ~ **train** *s.* 🚂 Bummelzug *m*.

stop·ple ['stɒpl] **I** *s.* Stöpsel *m*; **II** *v/t.* zustöpseln.

stop| press *s.* (Spalte *f* für) letzte (nach Redakti'onsschluss eingelaufene) Meldungen *pl.*; ~ **screw** *s.* ⚙ Anschlagschraube *f*; ~ **sign** *s. mot.* Stoppschild *n*; **~ valve** *s.* ⚙ 'Absperrven,til *n*; **~ vol·ley** *s. Tennis*: Stoppflugball *m*; **'~·watch** *s.* Stoppuhr *f*.

stor·a·ble ['stɔːrəbl] **I** *adj.* lagerfähig, Lager...; **II** *s.* lagerfähige Ware.

stor·age ['stɔːrɪdʒ] *s.* **1.** (Ein)Lagerung *f*, Lagern *n*; *a.* ϟ *u. Computer*: Speicherung *f*; → ***cold storage***; **2.** Lager(raum *m*) *n*, De'pot *n*; **3.** Lagergeld *n*; **~ bat·ter·y** *s.* ϟ Akku(mu'lator) *m*; **~ cam·er·a** *s.* Speicherkamera *f*; **~ heat·er** *s.* (Nacht)Speicherofen *m*.

store [stɔː] **I** *s.* **1.** (Vorrats)Lager *n*, Vorrat *m*: ***in ~*** vorrätig, auf Lager; ***be in ~ for s.o.*** *fig.* j-m bevorstehen, auf j-n warten; ***have*** (*od.* ***hold***) ***in ~ for*** *fig. Überraschung etc.* bereithalten für *j-n*, *j-m e-e Enttäuschung etc.* bringen; **2.** *pl.* a) Vorräte *pl.*, Ausrüstung *f* (u. Verpflegung *f*), Provi'ant *m*, b) *a.* ***military ~s*** Mili'tärbedarf *m*, Versorgungsgüter *pl.*, c) *a.* ***naval*** (*od.* ***ship's***) ***~s*** Schiffsbedarf *m*; **3.** *a. pl. bsd. Brit.* Kauf-, Warenhaus *n*; **4.** *Am.* (Kauf)Laden *m*, Geschäft *n*; **5.** *bsd. Brit.* Lagerhaus *n*, Speicher *m* (*a. Computer*); **6.** *a. pl. fig.* (große) Menge, Fülle *f*, Reichtum *m* (***of*** an *dat.*): ***a great ~ of knowledge*** ein großer Wissensschatz; **7.** ***set great*** (***little***) ***~ by*** *fig.* a) hoch (gering) einschätzen, b) großen (wenig) Wert legen auf (*acc.*); **II** *v/t.* **8.** versorgen, -sehen, eindecken (***with*** mit); *Schiff* verproviantieren; *fig. s-n Kopf mit Wissen etc.* anfüllen; **9.** *a.* ***~ up*** einlagern, (auf-)speichern; *fig. im Gedächtnis* bewahren; **10.** *Möbel etc.* einstellen, -lagern; **11.** fassen, aufnehmen, 'unterbringen; **12.** ϟ, *phys.*, *a. Computer*: speichern; **'~·card** *s.* 'Kundenkre,ditkarte *f*; **~ cat·tle** *s.* Mastvieh *n*; **'~·front** *s.* **1.** *bsd. Am.* Ladenfront *f*; **2.** *Internet*: 'Storefront *f* (*Website für elektronisches Einkaufen*); **'~·house** *s.* **1.** Lagerhaus *n*; **2.** *fig.* Fundgrube *f*; **'~,keep·er** *s.* **1.** Lagerverwalter *m*; ⚔ Kammer-, Geräteverwalter *m*; **2.** *Am.* Ladenbesitzer(in); **'~·room** *s.* **1.** Lagerraum *m*; **2.** Verkaufsraum *m*.

sto·rey ['stɔːrɪ] → ***story²***; **'sto·reyed** [-ɪd] → ***storied²***.

sto·ried¹ ['stɔːrɪd] *adj.* **1.** geschichtlich, berühmt; **2.** 'sagenum,woben; **3.** mit Bildern aus der Geschichte geschmückt: ***a ~ frieze***.

sto·ried² ['stɔːrɪd] *adj.* mit Stockwerken: ***two-~*** zweistöckig (*Haus*).

stork [stɔːk] *s. orn.* Storch *m*; **'~s·bill** *s.* ⚘ Storchschnabel *m*.

storm [stɔːm] **I** *s.* **1.** Sturm *m* (*a.* ⚔ *u. fig.*), Unwetter *n*: ***~ of applause*** Beifallssturm *m*; ***~ and stress*** *hist.* Sturm u. Drang; ***~ in a teacup*** *fig.* Sturm im Wasserglas; ***take by ~*** im Sturm erobern (*a. fig.*); **2.** (Hagel-, Schnee-) Sturm *m*, Gewitter *n*; **II** *v/i.* **3.** stürmen, wüten, toben (*Wind etc.*) (*a. fig.* ***at*** gegen, über *acc.*); **4.** ⚔ stürmen; **5.** *wohin* stürmen, stürzen; **III** *v/t.* **6.** ⚔ (er-) stürmen; **7.** *fig.* bestürmen; **8.** *et.* wütend ausstoßen; **~ an·chor** *s. bsd. fig.* Notanker *m*; **'~-,beat·en** *adj.* sturmgepeitscht; **'~·bird** → ***stormy petrel*** 1; **'~·bound** *adj.* vom Sturm aufgehalten; **~ cen·ter** *Am.*, **~ cen·tre** *Brit. s.* **1.** *meteor.* Sturmzentrum *n*; **2.** *fig.* Unruheherd *m*; **~ cloud** *s.* Gewitterwolke *f* (*a. fig.*); **'~-tossed** *adj.* sturmgepeitscht; **~ troops** *s. pl.* **1.** ⚔ Schock-, Sturmtruppe(n *pl.*) *f*; **2.** *hist.* (*Nazi-*)'Sturmab,teilung *f*, S'A *f*.

storm·y ['stɔːmɪ] *adj.* □ stürmisch (*a. fig.*); **~ pet·rel** *s.* **1.** *orn.* Sturmschwalbe *f*; **2.** *fig.* a) Unruhestifter *m*, b) Unglücksbote *m*.

sto·ry¹ ['stɔːrɪ] *s.* **1.** (*a.* amü'sante) Geschichte, Erzählung *f*: ***the same old ~*** *fig.* das alte Lied; **2.** Fabel *f*, Handlung *f*, Story *f e-s Dramas etc.*; **3.** Bericht *m*, Geschichte *f*: ***the ~ goes*** man erzählt sich; ***to cut*** (*od.* ***make***) ***a long ~ short*** (*Redewendung*) um es kurz zu machen, kurz u. gut; ***tell the full ~*** *fig.* ‚auspacken'; ***that's quite another ~*** das ist et. ganz anderes; **4.** (Lebens)Geschichte *f*, Story *f*: ***the Glenn Miller ~***; **5.** *bsd. Am.* ('Zeitungs)Ar,tikel *m*; **6.** F (Lügen-, Ammen)Märchen *n*.

sto·ry² ['stɔːrɪ] *s.* Stock(werk *n*) *m*, Geschoss, *östr.* Geschoß *n*, E'tage *f*; → ***upper*** I.

'sto·ry|·book **I** *s.* Geschichten-, Märchenbuch *n*; **II** *adj. fig.* ‚Bilderbuch...', märchenhaft; **'~,tell·er** *s.* **1.** (Märchen-, Geschichten)Erzähler(in); **2.** F Lügenbold *m*.

stoup [stuːp] *s.* **1.** *R.C.* Weihwasserbecken *n*; **2.** *Scot.* Eimer *m*; **3.** *dial.* a) Becher *m*, b) Krug *m*.

stout [staʊt] **I** *adj.* □ **1.** dick, beleibt; **2.** stämmig, kräftig; **3.** ausdauernd, zäh; **4.** mannhaft, beherzt, tapfer; **5.** heftig (*Angriff*, *Wind*); **6.** kräftig, ro'bust (*Material etc.*); **II** *s.* **7.** Stout *m* (*dunkles Bier*); **,stout'heart·ed** *adj.* □ → ***stout*** 4; **'stout·ness** [-nɪs] *s.* **1.** Stämmigkeit *f*; **2.** Beleibtheit *f*, Korpu'lenz *f*; **3.** Tapferkeit *f*, Mannhaftigkeit *f*; **4.** Ausdauer *f*.

stove¹ [stəʊv] **I** *s.* **1.** Ofen *m*; **2.** (Koch-) Herd *m*; **3.** ⚙ a) Brennofen *m*, b) Trockenraum *m*; **4.** ⚘ Treibhaus *n*; **II** *v/t.* **5.** trocknen, erhitzen; **6.** ⚘ im Treibhaus ziehen.

stove² [stəʊv] *pret. u. p.p. von* ***stave***.

stove| en·am·el *s.* ⚙ Einbrennlack *m*; **'~·pipe** *s.* **1.** Ofenrohr *n*; **2.** *a.* ***~ hat*** *bsd. Am.* F Zy'linder *m*, ‚Angströhre' *f*; **3.** *pl.* F Röhrenhose *f*.

stow [stəʊ] **I** *v/t.* **1.** ⚓ (ver)stauen; **2.** verstauen, packen: ***~ away*** a) wegräumen, -stecken, b) F *Essen* ‚verdrücken'; **3.** *sl.* aufhören mit: ***~ it!*** hör auf (damit)!, halts Maul!; **II** *v/i.* **4.** *a.* ***~ away*** sich an Bord schmuggeln; **stow·age** ['stəʊɪdʒ] *s. bsd.* ⚓ **1.** Stauen *n*; **2.** Laderaum *m*; **3.** Ladung *f*; **4.** Staugeld *n*; **'stow·a·way** [-əʊə-] *s.* blinder Passa'gier.

stra·bis·mus [strə'bɪzməs] *s.* ⚕ Schielen *n*; **stra'bot·o·my** [-'bɒtəmɪ] *s.* ⚕ 'Schieloperati,on *f*.

strad·dle ['strædl] **I** *v/i.* **1.** a) die Beine spreizen, grätschen, b) breitbeinig *od.* mit gespreizten Beinen gehen *od.* stehen *od.* sitzen, c) rittlings sitzen; **2.** sich spreizen; **3.** sich (aus)strecken; **4.** *Am. fig.* schwanken, es mit beiden Par'teien halten; **II** *v/t.* **5.** rittlings sitzen auf (*dat.*); **6.** mit gespreizten Beinen stehen über (*dat.*); **7.** *die Beine* spreizen; **8.** *fig.* sich nicht festlegen wollen bei *e-r Streitfrage etc.*; **9.** ⚔ *Ziel* eingabeln; **10.** *Poker*: *den Einsatz* blind verdoppeln; **III** *s.* **11.** a) (Beine)Spreizen *n*, b) breitbeiniges *od.* ausgreifendes Gehen, c) breitbeiniges (Da)Stehen, d) Rittlingssitzen *n*; **12.** a) *Turnen*: Grätsche *f*, b) *Hochsprung*: Straddle *m*; **13.** ✝ Stel'lage(geschäft *n*) *f*.

strafe [*Brit.* strɑːf; *Am.* streɪf] **I** *v/t.* **1.** ⚔, ✈ im Tiefflug mit Bordwaffen angreifen; **2.** *fig.* F *j-n* anschnauzen; **II** *s.* **3.** → **'straf·ing** [-fɪŋ] *s.* **1.** (Bordwaffen)Beschuss *m*; **2.** *fig.* ‚Anpfiff' *m*.

strag·gle ['strægl] *v/i.* **1.** um'herstreifen; **2.** (hinter'drein- *etc.*)bummeln, (-)zotteln; **3.** ⚘ wuchern; **4.** zerstreut liegen *od.* stehen (*Häuser etc.*); sich hinziehen (*Vorstadt etc.*); **5.** *fig.* abschweifen; **'strag·gler** [-lə] *s.* **1.** Bummler(in); **2.** Nachzügler *m* (*a.* ⚓); **3.** ⚔ Versprengte(r) *m*; **4.** ⚘ wilder Schössling; **'strag·gling** [-lɪŋ] *adj.* □, **'strag·gly** [-lɪ] *adj.* **1.** *beim Marsch etc.* zu'rückgeblieben; **2.** ausein'ander gezogen (*Kolonne*); **3.** zerstreut (liegend); **4.** weitläufig; **5.** ⚘ wuchernd; **6.** lose, 'widerspenstig (*Haar etc.*).

straight [streɪt] **I** *adj.* □ **1.** gerade: ***~ angle*** ⩟ gestreckter Winkel; ***~ hair*** glattes Haar; ***~ left*** *Boxen*: linke Gerade; ***~ line*** gerade Linie, ⩟ Gerade *f*; ***keep a ~ face*** das Gesicht nicht verziehen; **2.** ordentlich: ***put ~*** in Ordnung bringen; ***put things ~*** Ordnung schaffen; ***set s.o. ~ on*** j-n berichtigen hinsichtlich (*gen.*); → ***record¹*** 4; **3.** gerade, di'rekt; **4.** *fig.* gerade, offen, ehrlich, re'ell: ***as ~ as a die*** a) grundehrlich, b) kerzengerade; **5.** anständig; **6.** F zuverlässig: ***a ~ tip***; **7.** pur: ***~ whisk(e)y***; **8.** *pol. Am.* 'hundertpro,zentig: ***a ~ Republican***; → ***ticket*** 7; **9.** ✝ *Am. sl.* ohne ('Mengen)Ra,batt; **10.** *thea.* a) konventio'nell (*Stück*), b) ef'fektlos (*Spiel*); **11.** nor'mal, konventio'nell (*Roman etc.*); **II** *adv.* **12.** gerade('aus); **13.** di'rekt, gerade(s)wegs: ***~ from London***; **14.** anständig, ordentlich: ***live ~***; **15.** richtig: ***get s.o. ~*** j-n richtig verstehen; ***I can't think ~*** ich kann nicht (richtig) denken; **16.** ***~ away***, ***~ off*** so'fort, auf der Stelle; **17.** ***~ out*** 'rundher,aus; **III** *s.* **18.** Geradheit *f*: ***out of the ~*** krumm, schief; **19.** *sport* a) Gerade *f*: ***back ~*** Gegengerade; ***home ~*** Zielgerade, b) (Erfolgs-, Treffer- *etc.*) Serie *f*; **20.** *Poker*: Straight *m*; **21.** ***be on the ~ and narrow*** auf dem Pfad der Tugend wandeln; **22.** ***the ~ of it*** *Am.* F die (reine) Wahrheit; **23.** *sl.* ‚Spießer' *m*; **,~·a'way** **I** *adv.* → ***straight*** 16; **II** *s. Am.* → ***straight*** 19a; **~ edge** *s.* ⚙ Line'al *n*, Richtscheit *n*.

straight·en ['streɪtn] **I** *v/t.* **1.** gerade machen *od.* biegen *od.* (aus)richten; ⚔ *Front* begradigen: ***~ one's face*** e-e ernste Miene aufsetzen; ***~ o.s. up*** sich aufrichten; **2.** *oft* ***~ out*** in Ordnung bringen: ***~ one's affairs***; ***things will ~ themselves out*** das wird von allein (wieder) in Ordnung kommen; **3.** *oft* ***~ out*** entwirren, klarstellen; **4.** ***~ s.o. out*** j-m den Kopf zurechtsetzen; **II** *v/i.* **5.** gerade werden; **6.** ***~ up*** *Am.* a) sich aufrichten, b) F ein anständiges Leben beginnen.

'straight|-faced *adj.* mit unbewegtem Gesicht; **~ flush** *s. Poker*: Straight Flush *m*; **,~'for·ward** [-'fɔːwəd] **I** *adj.* □ **1.** di'rekt, offen, freimütig; **2.** ehrlich, redlich, aufrichtig; **3.** einfach, ganz nor'mal, unkompliziert (*Aufgabe etc.*); **II** *adv.* **4.** → I; **,~'for·ward·ness** [-'fɔːwədnɪs] *s.* Geradheit *f*, Offenheit *f*, Ehrlichkeit *f*, Aufrichtigkeit *f*; **,~-from-the-'shoul·der** *adj.* unverblümt; **'~-line** *adj.* ⩟, ⚙ geradlinig, line'ar (*a.* ✝).

straight·ness ['streɪtnɪs] *s.* Geradheit *f*: a) Geradlinigkeit *f*, b) *fig.* Offenheit *f*, Aufrichtigkeit *f*.

S

'**straight-out** *adj. Am.* F **1.** rückhaltlos; **2.** offen, aufrichtig.

strain¹ [streɪn] **I** *s.* **1.** Beanspruchung *f*, Spannung *f*, Zug *m*; **2.** ⚙ (verformende) Spannung, Verdehnung *f*; **3.** ⚕ a) Zerrung *f*, b) Über'anstrengung *f* (***on*** *gen.*); **4.** Anstrengung *f*, -spannung *f*, Kraftaufwand *m*; **5.** (***on***) Anstrengung *f*, Stra'paze *f* (für); starke In'anspruchnahme (*gen.*); *nervliche, finanzielle etc.* Belastung (für); Druck *m* (auf *acc.*); Last *f der Verantwortung etc.*: ***be a ~ on***, ***put a*** (***great***) ***~ on*** stark beanspruchen *od.* belasten, strapazieren; **6.** *mst pl.* ♪ Weise *f*, Melo'die *f*: ***to the ~s of*** unter den Klängen (*gen.*); **7.** *fig.* Ton *m*, Ma'nier *f*: ***a humorous ~***; **8.** Laune *f*; **II** *v/t.* **9.** (an)spannen; **10.** ⚙ verformen, -dehnen; **11.** ⚕ *Muskel etc.* zerren; *Handgelenk etc.* verstauchen; *s-e Augen, das Herz etc.* über'anstrengen; → ***nerve*** 1; **12.** *fig.* über'spannen, strapazieren, *j-s Geduld, Kräfte etc.* über'fordern; *Befugnisse* über'schreiten; *Recht, Sinn* vergewaltigen, strapazieren: ***~ a point*** zu weit gehen; **13.** ('durch)seihen, filtrieren: ***~ off*** (*od.* ***out***) abseihen; **14.** ***~ s.o. to one's breast*** j-n ans Herz drücken; **III** *v/i.* **15.** sich (an)spannen; **16.** ⚙ sich verdehnen, -formen; **17.** ***~ at*** zerren an (*dat.*); → ***gnat*** 1; **18.** sich anstrengen: ***~ after*** sich abmühen um, streben nach; → ***effect*** 3; **19.** drücken, pressen.

strain² [streɪn] *s.* **1.** Abstammung *f*; **2.** Linie *f*, Geschlecht *n*; **3.** *biol.* a) Rasse *f*, b) (Spiel)Art *f*; **4.** (Rassen)Merkmal *n*, Zug *m*, Schuss *m* (*indischen Bluts etc.*); **5.** (Erb)Anlage *f*, (Cha'rakter-)Zug *m*; **6.** Anflug *m* (***of*** von).

strained [streɪnd] *adj.* □ **1.** gezwungen: ***~ smile***; **2.** gespannt: ***~ relations***; '**strain·er** [-nə] *s.* Sieb *n*, Filter *m*, *n*.

strait [streɪt] **I** *s.* **1.** *oft pl.* Straße *f*, Meerenge *f*: ***the* ***2***s of Dover*** die Straße von Dover; ***2s Settlements*** *ehemalige brit. Kronkolonie* (*Malakka, Penang, Singapur*); ***the 2s*** a) (*früher*) die Meerenge von Gibraltar, b) (*heute*) die Malakkastraße; **2.** *oft pl.* Not *f*, *bsd. finanzielle* Verlegenheit, Engpass *m*: ***in dire ~s*** in e-r ernsten Notlage; **II** *adj.* □ **3.** *obs.* eng, schmal; **4.** streng, hart; '**strait·en** [-tn] *v/t.* beschränken, beengen: ***in ~ed circumstances*** in beschränkten Verhältnissen; ***~ed for*** verlegen um.

'**strait**|**,jack·et** **I** *s.* Zwangsjacke *f* (*a. fig.*); **II** *v/t.* in e-e Zwangsjacke stecken (*a. fig.*); '**~-laced** *adj.* sittenstreng, puri'tanisch, prüde.

strand¹ [strænd] **I** *s.* **1.** *poet.* Gestade *n*, Ufer *n*; **II** *v/t.* **2.** ⚓ auf den Strand setzen, auf Grund treiben; **3.** *fig.* stranden *od.* scheitern lassen: ***~ed*** a) gestrandet (*a. fig.*), b) *mot.* stecken geblieben, c) *fig.* arbeits-, mittellos; ***be*** (***left***) ***~ed*** a) auf dem Trockenen sitzen, b) ‚aufgeschmissen' sein; **III** *v/i.* **4.** stranden.

strand² [strænd] **I** *s.* **1.** Strang *m* (*e-s Taus od. Seils*); **2.** (*Draht-, Seil*)Litze *f*; **3.** *biol.* (Gewebe)Faser *f*; **4.** (Haar-)Strähne *f*; **5.** (Perlen)Schnur *f*; **6.** *fig.* Faden *m*, Zug *m* (*e-s Ganzen*); **II** *v/t.* **7.** ⚙ *Seil* drehen; *Kabel* verseilen: ***~ed wire*** Litzendraht *m*, Drahtseil *n*; **8.** *Tau etc.* brechen.

strange [streɪndʒ] *adj.* □ **1.** fremd, neu, unbekannt, ungewohnt (***to*** *j-m*); **2.** seltsam, sonderbar, merkwürdig: ***~ to say*** seltsamerweise; **3.** (***to***) nicht gewöhnt (an *acc.*), nicht vertraut (mit); '**strange·ness** [-nɪs] *s.* **1.** Fremdheit *f*, Fremdartigkeit *f*; **2.** Seltsamkeit *f*, *das Merkwürdige*; '**stran·ger** [-dʒə] *s.* **1.** Fremde(r *m*) *f*, Unbekannte(r *m*) *f*, Fremdling *m*: ***I am a ~ here*** ich bin hier fremd; ***you are quite a ~*** Sie sind ein seltener Gast; ***he is no ~ to me*** er ist mir kein Fremder; ***I spy*** (*od.* ***see***) ***~s*** *parl. Brit.* ich beantrage die Räumung der Zuschauertribüne; ***the little ~*** der kleine Neuankömmling (*Kind*); **2.** Neuling *m* (***to*** in *dat.*): ***be a ~ to*** nicht vertraut sein mit; ***he is no ~ to poverty*** die Armut ist ihm nicht unbekannt.

stran·gle ['stræŋgl] **I** *v/t.* **1.** erwürgen, erdrosseln; **2.** *j-n* würgen, *den Hals* einschnüren (*Kragen etc.*); **3.** *fig.* a) *Seufzer etc.* ersticken, b) *et.* abwürgen; **II** *v/i.* **4.** ersticken; '**~·hold** *s.* Würgegriff *m*, *fig. a.* to'tale Gewalt (***on*** über *acc.*).

stran·gu·late ['stræŋgjʊleɪt] *v/t.* **1.** ⚕ abschnüren, abbinden; **2.** → ***strangle*** 1; **stran·gu·la·tion** [ˌstræŋgjʊ'leɪʃn] *s.* **1.** Erdrosselung *f*, Strangulierung *f*; **2.** ⚕ Abschnürung *f*.

stran·gu·ry ['stræŋgjʊrɪ] *s.* ⚕ Harnzwang *m*.

strap [stræp] **I** *s.* **1.** (Leder-, *a.* Trag-, ⚙ Treib)Riemen *m*, Gurt *m*, Band *n*; **2.** a) Halteriemen *m im Bus etc.*, b) (Stiefel)Schlaufe *f*; **3.** a) Träger *m am Kleid*, b) Steg *m an der Hose*; **4.** Achselklappe *f*; **5.** Streichriemen *m*; **6.** ⚙ a) (Me'tall-)Band *n*, b) Bügel *m* (*a. am Kopfhörer*); **7.** ⚓ Stropp *m*; **8.** ♀ Blatthäutchen *n*; **II** *v/t.* **9.** festschnallen (***to*** an *dat.*): ***~ o.s. in*** sich anschnallen; **10.** *Messer* abziehen; **11.** mit e-m Riemen schlagen; **12.** ⚕ ein (Heft)Pflaster kleben auf *e-e Wunde*; '**~,hang·er** *s.* F Stehplatzinhaber(in) *im Omnibus etc.*; **~ i·ron** *s.* ⚙ *Am.* Bandeisen *n*.

strap·less ['stræplɪs] *adj.* trägerlos (*Kleid*); '**strap·per** [-pə] *s.* a) strammer Bursche, b) strammes *od.* dralles Mädchen; '**strap·ping** [-pɪŋ] **I** *adj.* **1.** stramm (*Bursche, Mädchen*), drall (*Mädchen*); **II** *s.* **2.** Riemen *pl.*; **3.** Tracht *f* Prügel; **4.** ⚕ Heftpflaster(verband *m*) *n*.

stra·ta ['strɑːtə] *pl. von* ***stratum***.

strat·a·gem ['strætɪdʒəm] *s.* **1.** Kriegslist *f*; **2.** List *f*, Kunstgriff *m*.

stra·te·gic [strə'tiːdʒɪk] *adj.* (□ ***~ally***) *allg.* stra'tegisch, *a.* stra'tegisch wichtig, *a.* kriegswichtig, *a.* Kriegs...(*-lage, -plan*): ***~ arms*** strategische Waffen; **strat·e·gist** ['strætɪdʒɪst] *s.* Stra'tege *m*; **strat·e·gy** ['strætɪdʒɪ] *s.* Strate'gie *f*: a) Kriegskunst *f*, b) (Art *f* der) Kriegsführung *f*, c) *fig.* Taktik *f* (*a. sport*), d) *fig.* List *f*.

strat·i·fi·ca·tion [ˌstrætɪfɪ'keɪʃn] *s.* Schichtung *f* (*a. fig. Gliederung*); **strat·i·fied** ['strætɪfaɪd] *adj.* geschichtet, schichtenförmig: ***~ rock*** *geol.* Schichtgestein *n*; **strat·i·form** ['strætɪfɔːm] *adj.* schichtenförmig; **strat·i·fy** ['strætɪfaɪ] **I** *v/t.* schichten, *fig. a.* gliedern; **II** *v/i.* (*a. fig.* gesellschaftliche) Schichten bilden, *fig. a.* sich gliedern.

stra·tig·ra·phy [strə'tɪgrəfɪ] *s. geol.* Formati'onskunde *f*.

strat·o·cruis·er ['strætəʊˌkruːzə] *s.* ✈ Strato'sphärenflugzeug *n*.

strat·o·sphere ['strætəʊˌsfɪə] *s.* Strato'sphäre *f*; **strat·o·spher·ic** [ˌstrætəʊ'sferɪk] *adj.* **1.** strato'sphärisch; **2.** *Am.* F ‚astro'nomisch', e'norm.

stra·tum ['strɑːtəm] *pl.* **-ta** [-tə] *s.* **1.** *allg.* (*a.* Gewebe-, Luft)Schicht *f*, Lage *f*; **2.** *geol.* (Gesteins- *etc.*)Schicht *f*, Formati'on *f*; **3.** *fig.* (gesellschaftliche *etc.*) Schicht.

stra·tus ['streɪtəs] *pl.* **-ti** [-taɪ] *s.* Stratus *m*, Schichtwolke *f*.

straw [strɔː] **I** *s.* **1.** Strohhalm *m*: ***draw ~s*** Strohhalme ziehen (*als Lose*); ***catch*** (*od.* ***grasp***) ***at a ~*** sich an e-n Strohhalm klammern; ***the last ~ that breaks the camel's back*** der Tropfen, der das Fass zum Überlaufen bringt; ***that's the last ~!*** das hat gerade noch gefehlt!, jetzt reicht es mir aber!; ***he doesn't care a ~*** es ist ihm völlig ‚schnurz'; **2.** Stroh *n*; → ***man*** 3; **3.** Trinkhalm *m*; **4.** Strohhut *m*; **II** *adj.* **5.** Stroh...

straw·ber·ry ['strɔːbərɪ] *s.* **1.** ♀ Erdbeere *f*; **2.** F ‚Knutschfleck' *m*; **~ mark** *s.* ⚕ rotes Muttermal; **~ tongue** *s.* ⚕ Himbeerzunge *f* (*bei Scharlach*).

straw| **bid** *s.* ✝ *Am.* Scheingebot *n*; '**~-,col·o(u)red** *adj.* strohfarbig, -farben; **~ hat** *s.* Strohhut *m*; **~ mat·tress** *s.* Strohsack *m*; **~ vote** *s. bsd. Am.* Probeabstimmung *f*.

straw·y ['strɔːɪ] *adj.* **1.** strohern; **2.** mit Stroh bestreut.

stray [streɪ] **I** *v/i.* **1.** (um'her)streunen (*a. Tier*): ***~ to*** *j-m* zulaufen; **2.** weglaufen (***from*** von); **3.** a) abirren (***from*** von), sich verlaufen, b) her'umirren, c) *fig.* in die Irre gehen, vom rechten Weg abkommen; **4.** *fig.* abirren, -schweifen (*Gedanken etc.*); **5.** ⚡ streuen, vagabundieren; **II** *s.* **6.** verirrtes *od.* streunendes Tier; **7.** Her'umirrende(r *m*) *f*, Heimatlose(r *m*) *f*; **8.** *pl.* ⚡ atmo'sphärische Störungen *pl.*; **III** *adj.* **9.** *a.* ***strayed*** verirrt (*a. Kugel*), verlaufen, streunend (*Hund, Kind*); **10.** vereinzelt: ***~ customers***; **11.** beiläufig: ***a ~ remark***; **12.** ⚡ Streu..., vagabundierend (*Strom*).

streak [striːk] **I** *s.* **1.** Streif(en) *m*, Strich *m*; (Licht)Streifen *m*, (-)Strahl *m*: ***~ of lightning*** Blitzstrahl; ***like a ~*** (***of lightning***) F blitzschnell; **2.** Maser *f*, Ader *f* (*im Holz*); **3.** *fig.* Spur *f*, Anflug *m*; **4.** Anlage *f*, *humoristische etc.* Ader; **5.** ***~ of*** (***bad***) ***luck*** (Pech-)Glückssträhne *f*; **6.** ⚗ Schliere *f*; **7.** ⚕ Aufstreichimpfung *f*: ***~ culture*** Strichkultur *f*; **II** *v/t.* **8.** streifen; **9.** adern; **III** *v/i.* **10.** F flitzen; **streaked** [-kt] *adj.*, '**streak·y** [-kɪ] *adj.* □ **1.** gestreift; **2.** gemasert (*Holz*); **3.** durch'wachsen (*Speck*; *a. Am. fig.* F).

stream [striːm] **I** *s.* **1.** Wasserlauf *m*, Flüsschen *n*, Bach *m*; **2.** Strom *m*, Strömung *f*: ***against*** (***with***) ***the ~*** gegen den (mit dem) Strom *schwimmen* (*a. fig.*); ***come on ~*** a) ⚙ in Betrieb gehen, b) zu fließen beginnen (*Flüssigkeit*); **3.** (*a. Blut-, Gas-, Menschen- etc.*) Strom *m*, (*Licht-, Tränen- etc.*)Flut *f*: ***~ of words*** Wortschwall *m*; ***~ of consciousness*** *psych.* Bewusstseinsstrom; **4.** *ped.* Leistungsgruppe *f*; **5.** *fig.* a) Strömung *f*, Richtung *f*, b) Strom *m*, Lauf *m der Zeit etc.*; **II** *v/i.* **6.** strömen, fluten (*a. Licht, Menschen etc.*); **7.** strömen (*Tränen*), tränen (*Augen*): ***~ with*** triefen vor (*dat.*); **8.** *im Wind* flattern; **9.** fließen (*langes Haar*); **III** *v/t.* **10.** aus-, verströmen; '**stream·er** [-mə] *s.* **1.** Wimpel *m*; flatternde Fahne; **2.** (langes, flatterndes) Band; Pa'pierschlange *f*; **3.** Lichtstreifen *m* (*bsd. des Nord-*

lichts); **4.** *a.* ~ ***headline*** *Zeitung*: breite Schlagzeile; **5.** *a.* **tape** ~ *Speichermedium*: Streamer *m*; **'stream·ing** [-mɪŋ] *s. ped.* Einteilung *f e-r Klasse* in Leistungsgruppen; **'stream·let** [-lɪt] *s.* Bächlein *n*.

'stream|·line I *s.* **1.** *phys.* Stromlinie *f*; **2.** *a.* ~ ***shape*** Stromlinienform *f*, *weitS.* schnittige Form; **II** *adj.* **3.** → ***streamlined*** 1; **III** *v/t.* **4.** ⚙ stromlinienförmig konstruieren; windschnittig gestalten *od.* verkleiden; **5.** *fig.* a) modernisieren, b) rationalisieren, 'durchorganisieren, c) *pol.* ‚gleichschalten'; **'~·lined** *adj.* **1.** ⚙ stromlinienförmig, windschnittig, Stromlinien...; **2.** schnittig, formschön; **3.** *fig.* a) modernisiert, fortschrittlich, b) ratio'nell, c) *pol.* ‚gleichgeschaltet'; **'~,lin·er** *s. Am.* Stromlinienzug *m*.

street [striːt] *s.* **1.** Straße *f*: ***in the*** ~ auf der Straße; ~***s ahead*** F haushoch überlegen (***of*** *dat.*); ~***s apart*** F völlig verschieden; ***not in the same*** ~ ***as*** F nicht zu vergleichen mit; ***walk the*** ~***s*** ‚auf den Strich' gehen (*Prostituierte*); ***that's*** (***right***) ***up my*** ~ das ist genau mein Fall; → ***man*** 3; **2. the** ~ a) Hauptgeschäfts- *od.* Börsenviertel *n*, b) *Brit.* → ***Fleet Street***, c) *Am.* → ***Wall Street***, d) Finanzwelt *f*; ~ **Ar·ab** *s.* Gassenjunge *m*; **'~·ball** *s.* 'Streetball *n* (*auf der Straße gespieltes Basketball- od. Fußballspiel*); **'~·car** *s. Am.* Straßenbahn(wagen *m*) *f*; **'~,clean·er** → ***streetsweeper***; ~ **cred** *s.* F, ~ **cred·i·bil·i·ty** *s.* (gutes) Image, Glaubwürdigkeit *f*; ~ **fur·ni·ture** *s.* ur'banes Mobili'ar, Stadtmöbel *pl.* (*Bänke, Abfallkörbe, Fahrradständer, Sperrpfosten etc.*); ~ **map** *s.* Stadtplan *m*; ~ **mar·ket** *s.* ⚕ **1.** Freiverkehrsmarkt *m*; **2.** *Brit.* Nachbörse *f*; **'~,sweep·er** *s. bsd. Brit.* **1.** Straßenkehrer *m*; **2.** Kehrfahrzeug *n*; ~ **the·a·ter** *Am.*, ~ **the·a·tre** *Brit. s.* 'Straßenthe,ater *n*; **'~,walk·er** *s.* Straßen-, Strichmädchen *n*, Prostituierte *f*; **'~·wise** *adj.* F **1.** ‚mit allen Wassern gewaschen', lebenstüchtig, clever, ‚gewieft'; **2.** ~ ***fashion*** schicke junge Mode; **'~,work·er** *s.* Streetworker(in).

strength [streŋθ] *s.* **1.** Kraft *f*, Kräfte *pl.*, Stärke *f*: ~ ***of body*** (***mind***, ***will***) Körper- (Geistes-, Willens)kraft, -stärke: ***go from*** ~ ***to*** ~ immer stärker werden; **2.** *fig.* Stärke *f*: ***his*** ~ ***is*** (*od.* ***lies***) ***in endurance*** s-e Stärke ist die Ausdauer; **3.** ✕ (Truppen)Stärke *f*, Bestand *m*: ***actual*** ~ Iststärke; ***in full*** ~ in voller Stärke, vollzählig; ***in*** (***great***) ~ in großer Zahl; **4.** ✕ Stärke *f*, (Heeres- *etc.*)Macht *f*, Schlagkraft *f*; **5.** ⚙ (⚡ *Strom-, Feld- etc.*)Stärke *f*, (*Bruch-, Zerreiß- etc.*)Festigkeit *f*; ⚗, *phys.* Stärke *f* (*a. e-s Getränks*), Wirkungsgrad *m*; **6.** Stärke *f*, Intensi'tät *f* (*Farbe, Gefühl etc.*); **7.** (Beweis-, Über'zeugungs)Kraft *f*: ***on the*** ~ ***of*** aufgrund (*gen.*), kraft (*gen.*), auf (*acc.*) ... hin; **'strength·en** [-θn] **I** *v/t.* **1.** stärken: ~ ***s.o.'s hand*** *fig.* j-m Mut machen; **2.** *fig.* bestärken; **3.** (*zahlenmäßig, a.* ⚙, ⚡) verstärken; **II** *v/i.* **4.** stark *od.* stärker werden, sich verstärken; **'strength·en·er** [-θənə] *s.* **1.** ⚙ Verstärkung *f*; **2.** ⚕ Stärkungsmittel *n*; **3.** *fig.* Stärkung *f*; **'strength·en·ing** [-θənɪŋ] **I** *s.* **1.** Stärkung *f*; **2.** Verstärkung *f* (*a.* ⚙, ⚡); **II** *adj.* **3.** stärkend; **4.** verstärkend; **'strength·less** [-lɪs] *adj.* kraftlos.

stren·u·ous ['strenjʊəs] *adj.* ☐ **1.** emsig, rührig; **2.** eifrig, tatkräftig; **3.** e'nergisch: ~ ***opposition***; **4.** anstrengend, mühsam; **'stren·u·ous·ness** [-nɪs] *s.* **1.** Emsigkeit *f*; **2.** Eifer *m*, Tatkraft *f*; **3.** Ener'gie *f*; **4.** *das* Anstrengende.

stress [stres] **I** *s.* **1.** ♪, *ling.* a) Ton *m*, ('Wort-, 'Satz)Ak,zent *m*, b) Betonung *f*: ***the*** ~ ***is on ...*** der Ton liegt auf *der zweiten Silbe*; **2.** *fig.* Nachdruck *m*: ***lay*** ~ (***up***)***on*** → 7; **3.** ⚙, *phys.* a) Beanspruchung *f*, Druck *m*, b) Spannung *f*, Dehnung *f*: ~ ***analyst*** Statiker *m*; **4.** *seelische etc.* Belastung, Druck *m*, Stress *m*: ~ ***disease*** ⚕ Stress-, Managerkrankheit *f*; **5.** Zwang *m*, Druck *m*: ***under*** (***the***) ~ ***of circumstances*** unter dem Druck der Umstände; **6.** Ungestüm *n*; Unbilden *pl. der Witterung*; **II** *v/t.* **7.** ♪, *ling., a. fig.* betonen, den Ak'zent legen auf (*acc.*); *fig.* Nachdruck *od.* Gewicht legen auf (*acc.*), her'vorheben; **8.** ⚙, *phys. u. fig.* beanspruchen, belasten; **,stressed-'out** *adj.* gestresst, stressgeplagt; **,stress-'free** *adj.* stressfrei; **'stress·ful** [-fʊl] *adj.* anstrengend, ‚stressig', Stress...

stretch [stretʃ] **I** *v/t.* **1.** *oft* ~ ***out*** (aus-) strecken, *bsd. Kopf, Hals* recken: ~ ***o.s.*** (***out***) → 11; ~ ***one's legs*** sich die Beine vertreten; **2.** ~ ***out*** *Hand etc.* aus-, hinstrecken; **3.** *j-n* niederstrecken; **4.** *Seil, Saite, Tuch etc.* spannen (***over*** über *dat. od. acc.*), straff ziehen; *Teppich etc.* ausbreiten; **5.** strecken; *Handschuhe etc.* ausweiten; *Hosen* spannen; **6.** ⚙ spannen, dehnen; **7.** *Nerven, Muskel* anspannen; **8.** *fig.* über'spannen, -'treiben: ~ ***a principle***; **9.** 'überbeanspruchen, *Befugnisse, Kredit etc.* über'schreiten; **10.** *fig.* es mit *der Wahrheit, e-r Vorschrift etc.* nicht allzu genau nehmen: ~ ***a point*** fünf gerade sein lassen, ein Auge zudrücken; **II** *v/i.* **11.** sich (aus)strecken; sich dehnen *od.* rekeln; **12.** langen (***for*** nach); **13.** sich erstrecken *od.* hinziehen (***to*** [bis] zu) (*Gebirge etc., a. Zeit*): ~ ***down to*** zurückreichen *od.* -gehen (bis) zu *od.* in (*acc.*) (*Zeitalter, Erinnerung etc.*); **14.** sich *vor dem Blick* ausbreiten; **15.** sich dehnen (lassen); **16.** *mst* ~ ***out*** a) *sport* im gestreckten Galopp reiten, b) F sich ins Zeug legen, c) reichen (*Vorrat*); **III** *s.* **17.** ***have a*** ~, ***give o.s. a*** ~ sich strecken; **18.** Strecken *n*, (Aus-) Dehnen *n*; **19.** Spannen *n*; **20.** (An-) Spannung *f*, (Über)'Anstrengung *f*: ***by every*** ~ ***of the imagination*** unter Aufbietung aller Fantasie; ***on the*** ~ (an-) gespannt (*Nerven etc.*); **21.** Über'treiben *n*; **22.** Über'schreiten *n von Befugnissen, Mitteln etc.*; **23.** (Weg)Strecke *f*; Fläche *f*, Ausdehnung *f*; **24.** *sport*: Gerade *f*; **25.** Zeit(spanne) *f*: ***a*** ~ ***of 10 years***; ***at a*** ~ ununterbrochen, hintereinander, auf 'einen Sitz; **26.** ***do a*** ~ *sl.* ‚Knast schieben', ‚sitzen'; **'stretch·er** [-tʃə] *s.* **1.** ⚕ (Kranken)Trage *f*: ~**-*bearer*** Krankenträger *m*; **2.** (*Schuh- etc.*)Spanner *m*; **3.** ⚙ Streckvorrichtung *f*; **4.** *paint.* Keilrahmen *m*; **5.** Fußleiste *f im Boot*; **6.** ⚠ Läufer(stein) *m*; **stretch lim·o** ['lɪməʊ] *s. mot.* F 'Stretchlimou,sine *f* (*extrem lange Luxuslimousine*); **stretch marks** *s. pl.* a) Dehnungsstreifen *pl.* (*bei Fettleibigkeit*), b) Schwangerschaftsstreifen *pl.* (*auf der Haut*); **'stretch·y** [-tʃɪ] *adj.* dehnbar.

strew [struː] *v/t.* [*irr.*] **1.** (aus)streuen; **2.** bestreuen; **strewn** [struːn] *p.p. von* ***strew***.

stri·a ['straɪə] *pl.* **stri·ae** ['straɪiː] *s.* **1.** Streifen *m*, Furche *f*, Riefe *f*; **2.** *pl.* ⚕ Striemen *pl.*, Streifen *pl.*, Striae *pl.*; **3.** *zo.* Stria *f*; **4.** *pl. geol.* (Gletscher-) Schrammen *pl.*; **5.** ⚠ Riffel *m* (*an Säulen*); **stri·ate I** *v/t.* [straɪ'eɪt] **1.** streifen, furchen, riefeln; **2.** *geol.* kritzen; **II** *adj.* ['straɪɪt] **3.** → **stri·at·ed** [straɪ'eɪtɪd] *adj.* **1.** gestreift, geriefelt; **2.** *geol.* gekritzt; **stri·a·tion** [straɪ'eɪʃn] *s.* **1.** Streifenbildung *f*, Riefung *f*; **2.** Streifen *m*, *pl.*, Riefe(n *pl.*) *f*; **3.** *geol.* Schramme(n *pl.*) *f*.

strick·en ['strɪkən] **I** *p.p. von* ***strike***; **II** *adj.* **1.** *obs.* verwundet; **2.** (***with***) heimgesucht, schwer betroffen (von *Unglück etc.*), befallen (von *Krankheit*), ergriffen (von *Schrecken, Schmerz etc.*); schwer geprüft (*Person*): ~ ***in years*** hochbetagt, vom Alter gebeugt; ~ ***area*** Katastrophengebiet *n*; **3.** *fig.* (nieder)geschlagen, (gram)gebeugt; verzweifelt (*Blick*); **4.** *allg.* angeschlagen: ***a*** ~ ***ship***; **5.** gestrichen (voll).

strick·le ['strɪkl] ⚙ **I** *s.* **1.** Abstreichlatte *f*; **2.** Streichmodel *m*; **II** *v/t.* **3.** abstreichen, glatt streichen.

strict [strɪkt] *adj.* ☐ → ***strictly***; **1.** strikt, streng (*Person; Befehl, Befolgung, Disziplin; Wahrheit etc.*); streng (*Gesetz, Moral, Untersuchung*): ***be*** ~ ***with*** mit *j-m* streng sein; ***in*** ~ ***confidence*** streng vertraulich; **2.** streng, genau: ***in the*** ~ ***sense*** im strengen Sinne; **'strict·ly** [-lɪ] *adv.* **1.** streng *etc.*; **2.** *a.* ~ ***speaking*** genau genommen; **3.** völlig, ausgesprochen; **4.** ausschließlich, rein; **'strict·ness** [-nɪs] *s.* Strenge *f*: a) Härte *f*, b) Genauigkeit *f*.

stric·ture ['strɪktʃə] *s.* **1.** *oft pl.* (***on***, ***upon***) scharfe Kri'tik (an *dat.*), kritische Bemerkung (über *acc.*); **2.** ⚕ Strik'tur *f*, Verengung *f*.

strid·den ['strɪdn] *p.p. von* ***stride***.

stride [straɪd] **I** *v/i.* [*irr.*] **1.** schreiten; **2.** *a.* ~ ***out*** ausschreiten; **II** *v/t.* [*irr.*] **3.** *et.* entlang-, abschreiten; **4.** über-, durch'schreiten; **5.** mit gespreizten Beinen stehen über (*dat.*) *od.* gehen über (*acc.*); **6.** rittlings sitzen auf (*dat.*); **III** *s.* **7.** (langer *od.* großer) Schritt: ***get into one's*** ~ *fig.* (richtig) in Schwung kommen; ***take s.th. into*** (*od.* ***hit***) ***one's*** ~ *fig.* et. spielend (leicht) schaffen; **8.** Schritt(weite *f*) *m*; **9.** *mst pl. fig.* Fortschritt(e *pl.*) *m*: ***with rapid*** ~***s*** mit Riesenschritten.

stri·dent ['straɪdnt] *adj.* ☐ **1.** 'durchdringend, schneidend, grell (*Stimme, Laut*); **2.** knirschend; **3.** *fig.* scharf, heftig.

strife [straɪf] *s.* Streit *m*: a) Hader *m*, b) Kampf *m*: ***be at*** ~ sich streiten, uneins sein.

stri·gose ['straɪɡəʊs] *adj.* **1.** ❦ Borsten...; **2.** *zo.* fein gestreift.

strike [straɪk] **I** *s.* **1.** (*a. Glocken*)Schlag *m*, Hieb *m*, Stoß *m*; **2.** a) *Bowling*: Strike *m* (*Abräumen beim 1. Wurf*), b) *Am. Baseball*: (Verlustpunkt *m* bei) Schlagfehler *m*; **3.** *fig.* ‚Treffer' *m*, Glücksfall *m*; **4.** ⚕ Streik *m*, Ausstand *m*: ***be on*** ~ streiken; ***go on*** ~ in (den) Streik *od.* in den Ausstand treten; ***on*** ~ streikend; **5.** ✕ a) (*bsd.* Luft)Angriff *m*, b) A'tomschlag *m*; **II** *v/t.* [*irr.*] **6.** schlagen, Schläge *od.* e-n Schlag versetzen (*dat.*); *allg.* treffen: ~ ***off*** abschlagen, -hauen; ***struck by a stone*** von e-m Stein getroffen; **7.** *Waffe* stoßen (***into*** in *acc.*); **8.** *Schlag* führen; →

blow² 1; **9.** ♪ *Ton, a. Glocke, Saite, Taste* anschlagen; → ***note*** 8; **10.** *Zündholz* anzünden, *Feuer* machen, *Funken* schlagen; **11.** *Kopf, Fuß etc.* (an)stoßen, schlagen (***against*** gegen); **12.** stoßen *od.* schlagen gegen *od.* auf (*acc.*); zs.-stoßen mit; ⚓ auflaufen auf; einschlagen in (*acc.*) (*Geschoss, Blitz*); fallen auf (*acc.*) (*Strahl*); *Auge, Ohr* treffen (*Lichtstrahl, Laut*): ~ ***s.o.'s eye*** j-m ins Auge fallen; **13.** *j-m* einfallen, in den Sinn kommen; **14.** *j-m* auffallen; **15.** *j-n* beeindrucken, Eindruck machen auf (*acc.*); **16.** *j-m wie* vorkommen: ***how does it ~ you?*** was hältst du davon?; ***it ~s me as ridiculous*** es kommt mir lächerlich vor; **17.** stoßen auf (*acc.*): a) (zufällig) treffen *od.* entdecken, b) *Gold etc.* finden; → ***oil*** 2, ***rich*** 5; **18.** *Wurzeln* schlagen; **19.** *Lager, Zelt* abbrechen; **20.** ⚓ *Flagge, Segel* streichen; **21.** *Angeln*: *Fisch* mit e-m Ruck auf den Haken spießen; **22.** *Giftzähne* schlagen in (*acc.*) (*Schlange*); **23.** ⚙ glatt streichen; **24.** a) ⅍ *Durchschnitt, Mittel* nehmen, b) ✝ *Bilanz*: *den Saldo* ziehen; → ***balance*** 6; **25.** (***off*** von *e-r Liste etc.*) streichen; **26.** *Münze* schlagen, prägen; **27.** *Stunde* schlagen (*Uhr*); **28.** *fig. j-n* schlagen, treffen (*Unglück etc.*), befallen (*Krankheit*); **29.** (***with*** mit *Schrecken, Schmerz etc.*) erfüllen; **30.** *blind etc.* machen; → ***blind*** 1, ***dumb*** 1; **31.** *Haltung, Pose* einnehmen; **32.** *Handel* abschließen; → ***bargain*** 2; **33.** ~ ***work*** die Arbeit niederlegen: a) Feierabend machen, b) in Streik treten; **III** *v/i.* [*irr.*] **34.** (zu)schlagen, (-)stoßen; **35.** schlagen, treffen: ~ ***at*** a) *j-n od.* nach *j-m* schlagen, b) *fig.* zielen auf (*acc.*); **36.** ([***up***]***on***) a) (an)schlagen, stoßen (an *acc.*, gegen), b) ⚓ auflaufen (auf *acc.*), auf Grund stoßen; **37.** fallen (*Licht*), auftreffen (*Lichtstrahl, Schall etc.*) ([***up***]***on*** auf *acc.*); **38.** *fig.* stoßen ([***up***]***on*** auf *acc.*); **39.** schlagen (*Uhrzeit*): ***the hour has struck*** die Stunde hat geschlagen (*a. fig.*); **40.** sich entzünden, angehen (*Streichholz*); **41.** einschlagen (*Geschoss, Blitz*); **42.** Wurzel schlagen; **43.** den Weg einschlagen, sich (plötzlich) *nach links etc.* wenden: ~ ***for home*** F heimzu gehen; ~ ***into*** a) einbiegen in (*acc.*), *Weg* einschlagen, b) *fig.* plötzlich verfallen in (*acc.*), *et.* beginnen, *a.* sich *e-m Thema* zuwenden; **44.** ✝ streiken (***for*** für); **45.** ⚓ die Flagge streichen (***to*** vor *dat.*) (*a. fig.*); **46.** (zu)beißen (*Schlange*); **47.** *fig.* zuschlagen (*Feind etc.*);

Zssgn mit adv.:

strike| back *v/i.* zu'rückschlagen (*a. fig.*); ~ **down** *v/t.* niederschlagen, -strecken (*a. fig.*); ~ **in** *v/i.* **1.** beginnen, einfallen (*a.* ♪); **2.** ⚕ (sich) nach innen schlagen; **3.** einfallen, unter'brechen (***with*** mit *e-r Frage etc.*); **4.** sich einmischen, -schalten, *a.* mitmachen: ~ ***with*** a) sich richten nach, b) mitmachen bei; ~ **in·wards** → ***strike in*** 2; ~ **off** *v/t.* **1.** → ***strike*** 6; **2.** a) *Wort etc.* ausstreichen, *Eintragung* löschen, b) *j-n von e-r Liste etc.* streichen, *j-m die Berufserlaubnis etc.* entziehen; **3.** *typ.* abziehen; ~ **out I** *v/t.* **1.** → ***strike off*** 2 a; **2.** *fig. et.* ersinnen; **3.** *mst fig. e-n Weg* einschlagen; **II** *v/i.* **4.** a) (los-, zu)schlagen, b) (zum Schlag) ausholen; **5.** (forsch) ausschreiten, *a.* (los)schwimmen (***for*** nach, auf *e-n Ort* zu); **6.** *fig.* loslegen; **7.** *mit den Armen beim Schwimmen* ausgreifen; ~ **through** *v/t. Wort etc.* 'durchstreichen; ~ **up I** *v/i.* **1.** ♪ einsetzen (*Spieler, Melodie*); **II** *v/t.* **2.** ♪ a) *Lied etc.* anstimmen, b) *Kapelle* einsetzen lassen; **3.** *Bekanntschaft, Freundschaft* schließen, *a. Gespräch* anknüpfen (***with*** mit).

strike| bal·lot *s.* Urabstimmung *f*; '~**·bound** *adj.* bestreikt (*Fabrik etc.*); '~,**break·er** *s.* Streikbrecher *m*; ~ **call** *s.* Streikaufruf *m*; ~ **pay** *s.* Streikgeld *n*; '~**-prone** *adj.* streikanfällig.

strik·er ['straɪkə] *s.* **1.** Schläger(in); **2.** Streikende(r *m*) *f*, Ausständige(r *m*) *f*; **3.** Hammer *m*, Klöppel *m* (*Uhr*); **4.** ⚔ Schlagbolzen *m*; **5.** ⚡ Zünder *m*; **6.** *bsd. Fußball*: Stürmer *m*, ‚Spitze' *f*: ***be ~*** Spitze spielen.

strike vote → ***strike ballot***.

strik·ing ['straɪkɪŋ] *adj.* □ **1.** schlagend, Schlag...; **2.** *fig.* a) bemerkenswert, auffallend, eindrucksvoll, b) über'raschend, verblüffend, c) treffend: ~ ***example***; **3.** streikend.

strim·mer ['strɪmmə] *TM s.* 'Rasen-,trimmer *m* (*mit elektrischem Antrieb*).

string [strɪŋ] **I** *s.* **1.** Schnur *f*, Bindfaden *m*; **2.** (*Schürzen-, Schuh- etc.*)Band *n*, Kordel *f*: ***have s.o. on a ~*** j-n am Gängelband *od.* in s-r Gewalt haben; **3.** (Puppen)Draht *m*: ***pull ~s*** *fig.* s-e Beziehungen spielen lassen; ***pull the ~s*** *fig.* der Drahtzieher sein; **4.** (Bogen-)Sehne *f*: ***have two ~s to one's bow*** *fig.* zwei Eisen im Feuer haben; ***be a second ~*** das zweite Eisen im Feuer sein (→ 5); **5.** ♪ a) Saite *f*, b) *pl.* 'Streichinstru,mente *pl.*, *die* Streicher *pl.*; ***first*** (***second*** *etc.*) ~ *sport etc.* erste (zweite *etc.*) ‚Garnitur'; ***be a second ~*** zur zweiten Garnitur gehören; ***harp on one ~*** *fig.* immer auf derselben Sache herumreiten; **6.** Schnur *f* (*Perlen etc.*); **7.** *fig.* Reihe *f*, Kette *f* (*von Fragen, Fahrzeugen etc.*); **8.** Koppel *f* (*Pferde etc.*); **9.** ⚘ a) Faser *f*, Fiber *f*, b) Faden *m von Bohnen*; **10.** *zo. obs.* Flechse *f*; **11.** ⚠ Fries *m*, Sims *m*; **12.** F Bedingung *f*, ‚Haken' *m*: ***no ~s attached*** ohne Bedingungen; **II** *v/t.* [*irr.*] **13.** *Schnur etc.* spannen; **14.** (zu-, ver-)schnüren, zubinden; **15.** *Perlen etc.* aufreihen; **16.** *fig.* anein'ander reihen: ~ ***s.th. out*** et. ‚strecken', et. ‚ausspinnen'; **17.** *Bogen* spannen; **18.** ♪ a) besaiten, bespannen (*a. Tennisschläger*), b) *Instrument* stimmen; **19.** *mit Girlanden etc.* behängen; **20.** *Bohnen* abziehen; **21.** ~ ***up*** *sl.* ‚aufknüpfen', -hängen; **22.** ~ ***up*** *Nerven* anspannen: ~ ***o.s. up to*** a) sich in *e-e Erregung etc.* hineinsteigern, b) sich aufraffen (***to do*** *et.* zu tun); → ***high-strung***; **23.** *Am. sl. j-n* ‚verkohlen', aufziehen; **24.** ~ ***along*** F a) *j-n* hinhalten, b) *j-n* ‚einwickeln'; **III** *v/i.* [*irr.*] **25.** Fäden ziehen (*Flüssigkeit*); **26.** ~ ***along*** mitmachen (***with*** mit, bei); ~ **bag** *s.* Einkaufsnetz *n*; ~ **band** *s.* ♪ 'Streichor,chester *n*; ~ **bean** *s.* ⚘ Gartenbohne *f*; '~**·course** → ***string*** 11.

stringed [strɪŋd] *adj.* **1.** ♪ Saiten..., Streich...: ~ ***instruments***; ~ ***music*** Streichmusik *f*; **2.** ♪ *in Zssgn* ...saitig; **3.** aufgereiht (*Perlen etc.*).

strin·gen·cy ['strɪndʒənsɪ] *s.* **1.** Strenge *f*, Schärfe *f*; **2.** Bündigkeit *f*, zwingende Kraft: ***the ~ of an argument***; **3.** ✝ (Geld-, Kre'dit)Verknappung *f*, Knappheit *f*; '**strin·gent** [-nt] *adj.* □ **1.** streng, scharf; **2.** zwingend: ~ ***necessity***; **3.** zwingend, über'zeugend, bündig: ~ ***arguments***; **4.** ✝ knapp (*Geld*), gedrückt (*Geldmarkt*).

string·er ['strɪŋə] *s.* **1.** ♪ Saitenaufzieher *m*; **2.** ⚙ Längs-, Streckbalken *m*; ⚠ (Treppen)Wange *f*; 🚂 Langschwelle *f*; ✈ Längsversteifung *f*; ⚓ Stringer *m*.

string·i·ness ['strɪŋɪnɪs] *s.* **1.** Faserigkeit *f*; **2.** Zähigkeit *f*.

string| or·ches·tra *s.* ♪ 'Streichor,chester *n*; ~ **quar·tet(te)** *s.* ♪ 'Streichquar-,tett *n*.

string·y ['strɪŋɪ] *adj.* **1.** faserig, zäh, sehnig; **2.** zäh(flüssig), klebrig, Fäden ziehend.

strip [strɪp] **I** *v/t.* **1.** *Haut etc.* abziehen, (-)schälen; *Baum* abrinden; **2.** *Bett* abziehen; **3.** *a.* ~ ***off Kleid etc.*** ausziehen, abstreifen; **4.** *j-n* entkleiden, ausziehen (***to the skin*** bis auf die Haut): ~***ped*** a) nackt, entblößt, b) *mot.* ‚nackt' (*ohne Extras*); **5.** *fig.* entblößen, berauben (***of*** *gen.*), (aus)plündern: ~ ***s.o. of his office*** j-n s-s Amtes entkleiden; **6.** *Haus etc.* ausräumen; *Fabrik* demontieren; **7.** ⚓ abtakeln; **8.** ⚙ zerlegen; **9.** ⚙ *Gewinde* über'drehen; **10.** *Kuh* ausmelken; **11.** *Kohlenlager etc.* freilegen; **II** *v/i.* **12.** a) sich ausziehen, b) ‚strippen': ~ ***to the waist*** den Oberkörper freimachen; **III** *s.* **13.** a) (Sich)Ausziehen *n*, b) → ***striptease***; **14.** ✈ Start- u. Landestreifen *m*; **15.** *sport* F Dress *m*; **16.** Streifen *m* (*Papier etc., a. Land*); **17.** ⚙ a) Walzrohling *m*, b) Bandeisen *n*, -stahl *m*; **18.** → ~ **car·toon** *s.* Comic-Strip *m*.

stripe [straɪp] **I** *s.* **1.** *mst andersfarbiger* Streifen (*a. zo.*), Strich *m*; **2.** ⚔ Tresse *f*, (Ärmel)Streifen *m*: ***get one's ~s*** (zum Unteroffizier) befördert werden; ***lose one's ~s*** degradiert werden; **3.** Striemen *m*; **4.** (Peitschen- *etc.*)Hieb *m*; **5.** *fig. Am.* Sorte *f*, Schlag *m*; **II** *v/t.* **6.** streifen: ~***d*** gestreift, streifig.

strip light·ing *s.* 'Neonlicht *n*, 'Neon-, Sof'fittenbeleuchtung *f*.

strip·ling ['strɪplɪŋ] *s.* Bürschchen *n*.

strip min·ing *s.* ⚒ Tagebau *m*.

'**strip·per** *s.* **1.** ⚙ 'Schälma,schine *f*, Abstreifer *m*; **2.** Farblöser *m*; **3.** F Stripper(in).

'**strip|·tease** *s.* Striptease *m, n*; '~,**teaser** *s.* Stripteasetänzerin *f*, ‚Stripperin' *f*.

strive [straɪv] *v/i.* [*irr.*] **1.** sich (be)mühen, bestrebt sein (***to do*** zu tun); **2.** (***for, after***) streben (nach), ringen, sich mühen (um); **3.** (erbittert) kämpfen (***against*** gegen, ***with*** mit), ringen (***with*** mit); **striv·en** ['strɪvn] *p.p. von* ***strive***.

strobe [strəʊb] *s.* **1.** *phot.* Röhrenblitz *m*; **2.** *Radar*: Schwelle *f*; ~ **light** *s.* Strobo'skoplicht *n*.

strob·o·scope ['strəʊbəskəʊp] *s.* ⚕, *phys.* Strobo'skop *n*; ,**strob·o'scop·ic** [-'skɒpɪk] *adj.* strobo'skopisch.

strode [strəʊd] *pret. von* ***stride***.

stroke [strəʊk] **I** *s.* **1.** (*a. Blitz-, Flügel-, Schicksals*)Schlag *m*; Hieb *m*, Streich *m*, Stoß *m*: ***at a*** (*od.* ***one***) ~ *a. fig.* mit 'einem Schlag, auf 'einen Streich; ***a good ~ of business*** ein gutes Geschäft; ~ ***of luck*** Glückstreffer *m*, -fall *m*; ***not to do a ~ of work*** keinen Finger rühren; **2.** (Glocken-, Hammer-, Herz- *etc.*)Schlag *m*: ***on the ~*** pünktlich; ***on the ~ of nine*** Punkt neun; **3.** ⚕ Anfall *m*, *bsd.* Schlag(anfall) *m*; **4.** *mot.* a) (Kolben)Hub *m*, b) Hubhöhe *f*, c) Takt

S

m; **5.** *sport* a) *Schwimmen*: Stoß *m*, (Bein)Schlag *m*, (Arm)Zug *m*, b) *Golf, Rudern, Tennis etc.*: Schlag *m*, c) *Rudern*: Schlagzahl *f*; **6.** *Rudern*: Schlagmann *m*: ***row ~*** → 11; **7.** (Pinsel-, Feder)Strich *m* (*a. typ.*), (Feder)Zug *m*: ***with a ~ of the pen*** mit einem Federstrich (*a. fig.*); **8.** *fig.* (glänzender) Einfall, Leistung *f*: ***a clever ~*** ein geschickter Schachzug; ***a ~ of genius*** ein Geniestreich; **9.** ♪ a) Bogenstrich *m*, b) Anschlag *m*, c) (Noten)Balken *m*; **10.** Streicheln *n*; **II** *v/t.* **11.** ***~ a boat*** *Rudern*: am Schlag (e-s Bootes) sitzen; **12.** streichen über (*acc.*); glatt streichen; **13.** streicheln.

stroll [strəʊl] **I** *v/i.* **1.** schlendern, (um'her)bummeln, spazieren (gehen); **2.** um'herziehen: ***~ing actor*** (*od.* ***player***) → ***stroller*** 2; **II** *s.* **3.** Spaziergang *m*, Bummel *m*: ***go for a ~, take a ~*** e-n Bummel machen; **'stroll·er** [-lə] *s.* **1.** Bummler(in), Spaziergänger(in); **2.** Wanderschauspieler(in); **3.** (Kinder-) Sportwagen *m*.

stro·ma ['strəʊmə] *pl.* **-ma·ta** [-mətə] *s. biol.* Stroma *n* (*a.* ⚘).

strong [strɒŋ] **I** *adj.* □ → ***strongly***; **1.** *allg.* stark (*a. Gift, Kandidat, Licht, Nerven, Schlag, Verdacht, Gefühl etc.*); kräftig (*a. Farbe, Gesundheit, Stimme, Wort*): ***~ face*** energisches *od.* markantes Gesicht; ***~ man*** *pol.* starker Mann; ***have ~ feelings about*** sich erregen über (*acc.*); ***use ~ language*** Kraftausdrücke gebrauchen; → ***point*** 24; **2.** stark (an Zahl *od.* Einfluss), mächtig: ***a company 200 ~*** e-e 200 Mann starke Kompanie; **3.** *fig.* scharf (*Verstand*), klug (*Kopf*): ***~ in*** tüchtig in (*dat.*); **4.** fest (*Glaube, Überzeugung*); **5.** eifrig, über'zeugt: ***a ~ Tory***; **6.** gewichtig, zwingend: ***~ arguments***; **7.** stark, gewaltsam, e'nergisch (*Anstrengung, Maßnahmen*): ***with a ~ hand*** mit starker Hand; **8.** stark, schwer (*Getränk, Speise, Zigarre*); **9.** a) stark (*Geruch, Geschmack, Parfüm*), b) übel riechend *od.* schmeckend, *a.* ranzig; **10.** *ling.* stark: ***~ declination***; ***~ verb***; **11.** ✝ a) anziehend (*Preis*), b) fest (*Markt*), c) lebhaft (*Nachfrage*); **II** *adv.* **12.** stark, e'nergisch, nachdrücklich; **13.** F tüchtig, mächtig: ***be going ~*** gut in Schuss *od.* Form sein; ***come*** (*od.* ***go***) ***it ~*** mächtig ‚rangehen', auftrumpfen; **'~-arm** F **I** *adj.* Gewalt...: ***~ methods***; ***~ man*** Schläger *m*; **II** *v/t.* a) *j-n* einschüchtern, b) über'fallen, c) zs.-schlagen; **'~·box** *s.* ('Geld-, 'Stahl)Kas,sette *f*; Tre'sorfach *n*; **,~-'head·ed** *adj.* starrköpfig; **'~·hold** *s.* **1.** ⚔ Feste *f*; **2.** *fig.* Bollwerk *n*; **3.** *fig.* Hochburg *f*.

strong·ly ['strɒŋlɪ] *adv.* **1.** kräftig, stark; heftig: ***feel ~ about*** sich erregen über (*acc.*); **2.** nachdrücklich, sehr.

,strong|-'mind·ed *adj.* willensstark, e'nergisch; ***~ point*** *s.* **1.** ⚔ Stützpunkt *m*; **2.** *fig.* → ***point*** 24; **'~·room** *s.* Tre'sor(raum) *m*; **,~-'willed** *adj.* **1.** willensstark; **2.** eigenwillig, -sinnig.

stron·ti·um ['strɒntɪəm] *s.* ⚗ Strontium *n*.

strop [strɒp] **I** *s.* **1.** Streichriemen *m* (*für Rasiermesser*); **2.** ⚓ Stropp *m*; **II** *v/t.* **3.** *Rasiermesser etc.* abziehen.

stro·phe ['strəʊfɪ] *s.* Strophe *f*; **stroph·ic** ['strɒfɪk] *adj.* strophisch.

strop·py ['strɒpɪ] *adj.* F 'widerspenstig, -borstig.

strove [strəʊv] *pret. von* ***strive***.

struck [strʌk] **I** *pret. u. p.p. von* ***strike***; **II** *adj.* ✝ *Am.* bestreikt.

struc·tur·al ['strʌktʃərəl] *adj.* □ **1.** struktu'rell (bedingt), Struktur... (*a. fig.*): ***~ change*** Struk'turwandel *m*; ***~ crisis*** Struk'turkrise *f*; ***~ unemployment*** strukturelle Arbeitslosigkeit; ***~ly weak*** struk'turschwach; **2.** ⚙ baulich, Bau... (*-stahl, -teil, -technik etc.*), Konstruktions...; **3.** *biol.* a) morpho'logisch, Struktur..., b) or'ganisch (*Krankheit etc.*); **4.** *geol.* tek'tonisch; **5.** ⚗ Struktur...; **'struc·tur·al·ism** [-lɪzəm] *s. ling., phls.* Struktura'lismus *m*.

struc·ture ['strʌktʃə] **I** *s.* **1.** Struk'tur *f* (*a.* ⚗, *biol., phys., psych., sociol.*), Gefüge *n*, (Auf)Bau *m*, Gliederung *f* (*alle a. fig.*): ***~ of a sentence*** Satzbau *m*; ***price ~*** ✝ Preisstruktur, -gefüge; **2.** ⚙, △ Bau(art *f*) *m*, Konstrukti'on *f*; **3.** Bau(werk *n*) *m*, Gebäude *n* (*a. fig.*); *pl.* Bauten *pl.*; **4.** *fig.* Gebilde *n*; **II** *v/t.* **5.** strukturieren; **'struc·ture·less** [-tʃəlɪs] *adj.* struk'turlos; **'struc·tur·ize** [-raɪz] *v/t.* strukturieren.

stru·del ['struːdl] *s.* Strudel *m* (*Gebäck*).

strug·gle ['strʌgl] **I** *v/i.* **1.** (***against, with***) kämpfen (gegen, mit), ringen (mit) (***for*** um *Atem, Macht etc.*); **2.** sich winden, zappeln, sich sträuben (***against*** gegen); **3.** sich (ab)mühen (***with*** mit, ***to do*** *et.* zu tun), sich anstrengen *od.* quälen: ***~ through*** sich durchkämpfen; ***~ to one's feet*** mühsam aufstehen, sich ‚hochrappeln'; **II** *s.* **4.** Kampf *m*, Ringen *n*, Streit *m* (***for*** um, ***with*** mit): ***~ for existence*** a) *biol.* Kampf ums Dasein, b) Existenzkampf; **5.** Anstrengung(en *pl.*) *f*, Streben *n*; **6.** Zappeln *n*, Sich'aufbäumen *n*; **'strug·gler** [-lə] *s.* Kämpfer *m*.

strum [strʌm] **I** *v/t.* **1.** klimpern auf (*dat.*): ***~ a piano***; **2.** *Melodie* (her'unter)klimpern *od.* (-)hämmern; **II** *v/i.* **3.** klimpern (***on*** auf *dat.*); **III** *s.* **4.** Geklimper *n*.

stru·ma ['struːmə] *pl.* **-mae** [-miː] *s.* ⚕ **1.** Struma *f*, Kropf *m*; **2.** Skrofu'lose *f*; **'stru·mose** [-məʊs], **'stru·mous** [-məs] *adj.* **1.** ⚕ stru'mös; **2.** ⚕ skrofu'lös; **3.** ⚘ kropfig.

strum·pet ['strʌmpɪt] *s. obs.* Metze *f*, Dirne *f*, Hure *f*.

strung [strʌŋ] *pret. u. p.p. von* ***string***.

strut[1] [strʌt] **I** *v/i.* **1.** (ein'her)stolzieren; **2.** *fig.* großspurig auftreten, sich spreizen; **II** *s.* **3.** Stolzieren *n*, stolzer Gang; **4.** *fig.* großspuriges Auftreten.

strut[2] [strʌt] △, ⚙ **I** *s.* Strebe *f*, Stütze *f*, Spreize *f*; **II** *v/t.* verstreben, abspreizen, -stützen.

strut·ting[1] ['strʌtɪŋ] **I** *adj.* □ großspurig, -tuerisch; **II** *s.* → ***strut***[1] II.

strut·ting[2] ['strʌtɪŋ] *s.* ⚙, △ Verstrebung *f*, Abstützung *f*.

strych·nic ['strɪknɪk] *adj.* ⚗ Strychnin...; **'strych·nin(e)** [-niːn] *s.* ⚗ Strych'nin *n*.

stub [stʌb] **I** *s.* **1.** (Baum)Stumpf *m*; **2.** (Kerzen-, Bleistift- *etc.*)Stummel *m*, Stumpf *m*; **3.** Ziga'retten-, Zi'garrenstummel *m*, ‚Kippe' *f*; **4.** kurzer stumpfer Gegenstand, *z. B.* Kuppnagel *m*; **5.** *Am.* Kon'trollabschnitt *m*; **II** *v/t.* **6.** *Land* roden; **7.** *mst* ***~ up*** *Bäume etc.* ausroden; **8.** mit *der Zehe etc.* (an)stoßen; **9.** *mst* ***~ out*** *Zigarette* ausdrücken.

stub·ble ['stʌbl] *s.* **1.** Stoppel *f*; **2.** *coll.* (Getreide-, Bart- *etc.*)Stoppeln *pl.*; **3.** *a.* ***~ field*** Stoppelfeld *n*; **'stub·bly** [-lɪ] *adj.* stopp(e)lig, Stoppel...

stub·born ['stʌbən] *adj.* □ **1.** eigensinnig, halsstarrig, störrisch, stur; 'widerspenstig (*a. Sache*); **2.** hartnäckig (*a. Widerstand etc.*); **3.** standhaft, unbeugsam; **4.** spröde, hart; *metall.* strengflüssig; **'stub·born·ness** [-nɪs] *s.* **1.** Eigen-, Starrsinn *m*, Halsstarrigkeit *f*; **2.** Hartnäckigkeit *f*; **3.** Standhaftigkeit *f*.

stub·by ['stʌbɪ] *adj.* **1.** stummelartig, kurz; **2.** unter'setzt, kurz und dick; **3.** stopp(e)lig.

stuc·co ['stʌkəʊ] △ **I** *pl.* **-coes** *s.* **1.** Stuck *m* (*Gipsmörtel*); **2.** Stuck(arbeit *f*, -verzierung *f*) *m*, Stucka'tur *f*; **II** *v/t.* **3.** mit Stuck verzieren, stuckieren; **'~·work** → ***stucco*** 2.

stuck [stʌk] *pret. u. p.p. von* ***stick***.

,stuck-'up *adj.* F hochnäsig.

stud[1] [stʌd] **I** *s.* **1.** Beschlagnagel *m*, Knopf *m*, Knauf *m*, Buckel *m*; **2.** △ (Wand)Pfosten *m*, Ständer *m*; **3.** ⚙ a) Kettensteg *m*, b) Stift *m*, Zapfen *m*, c) Stiftschraube *f*, d) Stehbolzen *m*; **4.** ⚔ (Führungs)Warze *f* (*e-s Geschosses*); **5.** Kragen- *od.* Man'schettenknopf *m*; **6.** ⚡ a) Kon'taktbolzen *m*, b) Brücke *f*; **7.** Stollen *m* (*am Fußballschuh etc.*); **II** *v/t.* **8.** (mit Beschlagnägeln *etc.*) beschlagen *od.* verzieren; **9.** *a. fig.* besetzen, über'säen; **10.** verstreut sein über (*acc.*).

stud[2] [stʌd] **I** *s.* **1.** Gestüt *n*; **2.** *coll.* a) Zucht *f* (*Tiere*), b) Stall *m* (*Pferde*); **3.** a) (Zucht)Hengst *m*, b) *allg.* männliches Zuchttier, c) *sl.* ‚Zuchtbulle' *m*, ‚Aufreißer' *m*; **II** *adj.* **4.** Zucht...; **5.** Stall...; **'~·book** *s.* **1.** Gestütbuch *n für Pferde*; **2.** *allg.* Zuchtstammbuch *n*.

stu·dent ['stjuːdnt] *s.* **1.** a) *univ.* Stu'dent (-in), b) *ped. bsd. Am. u. allg.* Schüler (-in), c) Lehrgangs-, Kursteilnehmer(in): ***~ adviser*** Studienberater(in); ***~ driver*** *Am.* Fahrschüler(in); ***~ hostel*** Studentenwohnheim *n*; ***~ teacher*** *ped.* Praktikant(in); **2.** Gelehrte(r *m*) *f*, Forscher (-in); Büchermensch *m*; **3.** Beobachter(in), Erforscher(in) *des Lebens etc.*; **'stu·dent·ship** [-ʃɪp] *s.* **1.** Stu'dentenzeit *f*; **2.** *Brit.* Sti'pendium *n*.

stud| farm *s.* Gestüt *n*; ***~ horse*** *s.* Zuchthengst *m*.

stud·ied ['stʌdɪd] *adj.* □ **1.** gewollt, gesucht, gekünstelt; **2.** absichtlich, geflissentlich; **3.** wohl überlegt.

stu·di·o ['stjuːdɪəʊ] *pl.* **-os** *s.* **1.** *paint., phot. etc.* Ateli'er *n*, *a. thea. etc.* Studio *n*; **2.** ('Film)Ateli,er *n*: ***~ shot*** Atelieraufnahme *f*; **3.** (Fernseh-, Rundfunk-) Studio *n*, Aufnahme-, Senderaum *m*; ***~ couch*** *s.* Schlafcouch *f*.

stu·di·ous ['stjuːdɪəs] *adj.* □ **1.** gelehrtenhaft; **2.** fleißig, beflissen, lernbegierig; **3.** (eifrig) bedacht (***of*** auf *acc.*), bemüht (***to do*** zu tun); **4.** sorgfältig, peinlich (gewissenhaft); **5.** → ***studied***; **'stu·di·ous·ness** [-nɪs] *s.* **1.** Fleiß *m*, (Studier)Eifer *m*, Beflissenheit *f*; **2.** Sorgfalt *f*.

stud·y ['stʌdɪ] **I** *s.* **1.** Studieren *n*; **2.** Studium *n*: ***studies*** Studien *pl.*, Studium *n*; ***make a ~ of*** *et.* sorgfältig studieren; ***make a ~ of doing s.th.*** *fig.* bestrebt sein, et. zu tun; ***in a*** (***brown***) ***~*** *fig.* in Gedanken versunken, geistesabwesend; **3.** Studie *f*, Unter'suchung *f* (***of, in*** über *acc.*, zu); **4.** 'Studienfach *n*, -zweig *m*, -ob,jekt *n*, Studium *n*: ***his face was a perfect ~*** *fig.* sein Gesicht war sehenswert; **5.** Studier-, Arbeitszimmer *n*; **6.** *Kunst, Literatur*: Studie *f*, Entwurf *m*; **7.** ♪ E'tüde *f*; **8.** ***be a good*** (***slow***) ***~*** *thea.* s-e Rolle leicht (schwer)

S

lernen; **II** *v/t.* **9.** *allg.* studieren: a) *Fach etc.* erlernen, b) unter'suchen, erforschen, genau lesen: **~ *out*** *sl.* ausknobeln, c) mustern, prüfen(d ansehen), d) *sport etc. Gegner* abschätzen; **10.** *thea. Rolle* einstudieren; **11.** *Brit. j-m* gegenüber aufmerksam *od.* rücksichtsvoll sein; **12.** sich bemühen um *et.* (*od.* ***to do*** zu tun), bedacht sein auf (*acc.*): **~ *one's own interests***; **III** *v/i.* **13.** studieren; **~ group** *s.* Arbeitsgruppe *f*, -gemeinschaft *f*.

stuff [stʌf] **I** *s.* **1.** (*a.* Roh)Stoff *m*, Materi'al *n*; **2.** a) (Woll)Stoff *m*, Zeug *n*, b) *Brit.* (*bsd.* Kamm)Wollstoff *m*; **3.** ⚙ Bauholz *n*; **4.** ⚙ Ganzzeug *n* (*Papier*); **5.** Lederschmiere *f*; **6.** *coll.* Zeug *n*, Sachen *pl.* (*Gepäck, Ware etc.*): ***green* ~** Grünzeug, Gemüse *n*; **7.** *contp.* (wertloses) Zeug, Kram *m* (*a. fig.*): **~ (*and nonsense*)** dummes Zeug; **8.** *fig.* Zeug *n*, Stoff *m*: ***the ~ that heroes are made of*** das Zeug, aus dem Helden gemacht sind; ***he is made of sterner ~*** er ist aus härterem Holz geschnitzt; ***do your ~!*** F zeig mal, was du kannst!; ***he knows his ~*** F er kennt sich aus (*ist gut bewandert*); ***good ~!*** bravo!, prima!; ***that's the ~ (to give them)!*** F so ists richtig!; → ***rough*** 6; **9.** F a) ‚Zeug' *n*, ‚Stoff' *m* (*Schnaps etc.*), b) ‚Stoff' *m* (*Drogen*); **II** *v/t.* **10.** (*a. fig. sich den Kopf mit Tatsachen etc.*) voll stopfen; *e-e Pfeife* stopfen: **~ *o.s.* (*on*)** sich voll stopfen (mit *Essen*); **~ *s.o.* (*with lies*)** F j-m die Hucke voll lügen; ***~ed shirt*** *sl.* Fatzke *m*, Wichtigtuer *m*, ‚lackierter Affe'; **11.** *a.* **~ *up*** ver-, zustopfen; **12.** *Sofa etc.* polstern; **13.** *Geflügel* a) stopfen, nudeln, b) *Küche*: füllen; **14.** *Tiere* ausstopfen; **15.** *Am. Wahlurne* mit gefälschten Stimmzetteln füllen; **16.** *Leder* mit Fett imprägnieren; **17.** *et. wohin* stopfen; **18.** V *Frau* ‚bumsen': ***get ~ed!*** leck mich (am Arsch)!; **III** *v/i.* **19.** sich (den Magen) voll stopfen; **'stuff·i·ness** [-fɪnɪs] *s.* **1.** Dumpfheit *f*, Schwüle *f*, Stickigkeit *f*; **2.** Langweiligkeit *f*; **3.** F a) Spießigkeit *f*, b) Steifheit *f*, c) Verstaubtheit *f*, d) ‚Muffigkeit' *f*.

stuff·ing ['stʌfɪŋ] *s.* **1.** Füllung *f*, 'Füllmateri͵al *n*; Füllhaar *n*, 'Polstermateri͵al *n*: ***knock the ~ out of*** *fig.* a) *j-n* ‚zur Schnecke machen', b) *j-n* fix u. fertig machen, c) *j-n gesundheitlich* kaputtmachen; **2.** *Küche*: Füllung *f*, Farce *f*; **3.** *fig.* Füllsel *n*; **4.** Lederschmiere *f*; **~ box** *s.* ⚙ Stopfbüchse *f*.

stuff·y ['stʌfɪ] *adj.* □ **1.** stickig, dumpf, schwül; **2.** *fig.* langweilig, fad; **3.** F a) beschränkt, spießig, b) pe'dantisch, c) verknöchert, d) F ‚muffig', e) prüde.

stul·ti·fi·ca·tion [͵stʌltɪfɪ'keɪʃn] *s.* Verdummung *f*; **stul·ti·fy** ['stʌltɪfaɪ] *v/t.* **1.** *a.* **~ *the mind*** verdummen; **2.** *j-n* veralbern; **3.** wirkungslos *od.* zu'nichte machen.

stum·ble ['stʌmbl] **I** *v/i.* **1.** stolpern, straucheln (***at*** *od.* ***over*** über *acc.*) (*a. fig.*): **~ *in*(*to*)** *fig.* in *e-e Sache* (hinein-) stolpern, (-)schlittern; **~ (*up*)*on*** (*od.* ***across***) *fig.* zufällig stoßen auf (*acc.*); **2.** stolpern, wanken; **3.** *fig.* e-n Fehltritt tun, straucheln; **4.** stottern, stocken: **~ *through*** *Rede etc.* herunterstottern; **II** *s.* **5.** Stolpern *n*, Straucheln *n*; *fig. a.* Fehltritt *m*; **6.** *fig.* ‚Schnitzer' *m*, Fehler *m*; **stum·bling block** ['stʌmblɪŋ] *s. fig.* **1.** Hindernis *n* (***to*** für); **2.** Stolperstein *m*.

stu·mer ['stjuːmə] *s. Brit. sl.* **1.** Fälschung *f*; **2.** gefälschter *od.* ungedeckter Scheck.

stump [stʌmp] **I** *s.* **1.** (*Baum-, Kerzen-, Zahn- etc.*)Stumpf *m*, Stummel *m*; (*Ast*)Strunk *m*: **~ *foot*** ⚕ Klumpfuß *m*; ***up a ~*** *Am. sl.* in der Klemme; **2. *go on*** (*od.* ***take***) ***the ~*** *bsd. Am. pol.* e-e Propagandareise machen, öffentliche Reden halten; **3.** *Kricket*: Torstab *m*: ***draw*** (***the***) ***~s*** das Spiel beenden; **4.** *sl.* ‚Stelzen' *pl.* (*Beine*): ***stir one's ~s*** ‚Tempo machen', sich beeilen; **5.** *Zeichnen*: Wischer *m*; **II** *v/t.* **6.** *a.* **~ *out*** *Kricket*: *den Schläger* ‚aus' machen; **7.** F *j-n durch e-e Frage etc.* verblüffen: ***he was ~ed*** er war verblüfft *od.* aufgeschmissen; ***~ed for*** verlegen um *e-e Antwort etc.*; **8.** *bsd. Am.* F *Gegend* als Wahlredner bereisen; **~ *it*** F → 2; **9.** F sta(m)pfen über (*acc.*); **10.** *Zeichnung* abtönen; **11.** *Am.* F *j-n* her'ausfordern (***to do*** zu tun); **12.** **~ *up*** *Brit.* F ‚berappen', ‚blechen'; **III** *v/i.* **13.** (da'her-) sta(m)pfen; **14.** → 12; **15.** → 2; **'stump·er** [-pə] *s.* **1.** *Kricket*: Torwächter *m*; **2.** F harte Nuss; **3.** *Am.* F a) Wahlredner *m*, b) Agi'tator *m*; **stump speech** *s. Am.* Wahlrede *f*; **'stump·y** [-pɪ] *adj.* □ **1.** stumpfartig; **2.** gedrungen, unter'setzt; **3.** plump.

stun [stʌn] *v/t.* **1.** *durch Schlag etc., a. durch Lärm etc.* betäuben; **2.** *fig.* betäuben: a) verblüffen, b) niederschmettern, c) über'wältigen: ***~ned*** wie betäubt *od.* gelähmt.

stung [stʌŋ] *pret. u. p.p. von* ***sting***.

stunk [stʌŋk] *pret. u. p.p. von* ***stink***.

stun·ner ['stʌnə] *s.* F a) ‚toller Kerl', b) ‚tolle Frau', c) ‚tolle Sache'; **'stun·ning** [-nɪŋ] *adj.* □ **1.** betäubend (*a. fig. niederschmetternd*); **2.** *sl.* ‚toll', phänome'nal.

stunt[1] [stʌnt] *v/t.* **1.** (im Wachstum, in der Entwicklung *etc.*) hemmen; **2.** verkümmern lassen, verkrüppeln: ***~ed*** verkümmert, verkrüppelt.

stunt[2] [stʌnt] **I** *s.* **1.** Kunst-, Glanzstück *n*; Kraftakt *m*; **2.** Sensati'on *f*: a) Schaunummer *f*, b) Bra'vourstück *n*, c) Schlager *m*; **3.** ✈ Flugkunststück *n*; *pl. a.* Kunstflug *m*; **4.** (Re'klame- *etc.*)Trick *m*, ‚tolle I'dee', *weitS.* ‚tolles Ding'; **5.** *Film*: Stunt *m*; **II** *v/i.* **6.** (Flug)Kunststücke machen, kunstfliegen; **'stunt·er** [-tə] *s.* F **1.** Kunstflieger(in); **2.** Akro'bat(in).

stunt| fly·ing *s.* ✈ Kunstflug *m*; **'~·man** *s.* [*irr.*] *Film*: Stuntman *m*, Double *n* (*für gefährliche Szenen*); **'~͵wo·man** *s.* [*irr.*] *Film*: 'Stunt͵woman *f*, Double *n*.

stupe [stjuːp] ⚕ **I** *s.* heißer 'Umschlag *od.* Wickel; **II** *v/t.* heiße 'Umschläge legen auf (*acc.*), *j-m* heiße 'Umschläge machen.

stu·pe·fa·cient [͵stjuːpɪ'feɪʃnt] **I** *adj.* betäubend, abstumpfend; **II** *s.* ⚕ Betäubungsmittel *n*; ͵**stu·pe'fac·tion** [-'fækʃn] *s.* **1.** Betäubung *f*; **2.** Abstumpfung *f*; **3.** Abgestumpftheit *f*; **4.** Bestürzung *f*, Verblüffung *f*; **stu·pe·fy** ['stjuːpɪfaɪ] *v/t.* **1.** betäuben; **2.** verdummen; **3.** abstumpfen; **4.** verblüffen, bestürzen.

stu·pen·dous [stjuː'pendəs] *adj.* □ erstaunlich; riesig, gewaltig, e'norm.

stu·pid ['stjuːpɪd] **I** *adj.* □ **1.** dumm; **2.** stumpfsinnig, blöd, fad; **3.** betäubt, benommen; **II** *s.* **4.** Dummkopf *m*; **stu·pid·i·ty** [stjuː'pɪdətɪ] *s.* **1.** Dummheit *f* (*a. Handlung, Idee*); **2.** Stumpfsinn *m*.

stu·por ['stjuːpə] *s.* **1.** Erstarrung *f*, Betäubung *f*; **2.** Stumpfheit *f*; **3.** ⚕, *psych.* Stupor *m*: a) Benommenheit *f*, b) Stumpfsinn *m*.

stur·di·ness ['stɜːdɪnɪs] *s.* **1.** Ro'bustheit *f*, Kräftigkeit *f*; **2.** Standhaftigkeit *f*; **stur·dy** ['stɜːdɪ] *adj.* □ **1.** ro'bust, kräftig, sta'bil (*a. Material etc.*); **2.** *fig.* standhaft, fest.

stur·geon ['stɜːdʒən] *pl.* **'stur·geons**, *coll.* **'stur·geon** *s. ichth.* Stör *m*.

stut·ter ['stʌtə] **I** *v/i.* **1.** stottern (*a. Motor*); **2.** keckern (*MG etc.*); **II** *v/t.* **3.** *a.* **~ *out*** (her'vor)stottern; **III** *s.* **4.** Stottern *n*: ***have a ~*** stottern; **'stut·ter·er** [-ərə] *s.* Stotterer *m*.

sty[1] [staɪ] *s.* Schweinestall *m* (*a. fig.*).

sty[2], **stye** [staɪ] *s.* ⚕ Gerstenkorn *n*.

Styg·i·an ['stɪdʒɪən] *adj.* **1.** stygisch; **2.** finster; **3.** höllisch.

style [staɪl] **I** *s.* **1.** *allg.* Stil *m*: a) Art *f*, Typ *m*, b) Manier *f*, Art *f* u. Weise *f*, *sport* Technik *f*: **~ *of singing*** Gesangsstil; ***in superior ~*** in überlegener Manier, souverän; ***it cramps my ~*** dabei kann ich mich nicht recht entfalten, c) guter Stil: ***in ~*** stilvoll (→ e, f), d) Lebensart *f*, -stil: ***in good*** (***bad***) **~** stil-, geschmackvoll (-los), e) vornehme Lebensart, Ele'ganz *f*: ***in ~*** vornehm; ***put on ~*** *Am.* F vornehm tun, f) Mode *f*: ***in ~*** modisch, g) *literarische etc.* Ausdrucksweise *od.* -kraft: ***commercial ~*** Geschäftsstil, h) Kunst-, Baustil: ***in proper ~*** stilecht; **2.** (Mach)Art *f*, Ausführung *f*, Fas'son *f*; *Computer*: For'matvorlage *f*, Stilvorlage *f*; **3.** a) Titel *m*, Anrede *f*, b) † (Firmen)Bezeichnung *f*, Firma *f*: ***under the ~ of*** unter dem Namen ..., † unter der Firma ...; **4.** a) *antiq.* (Schreib)Griffel *m*, b) (Schreib-, Ritz)Stift *m*, c) Radiernadel *f*, d) Feder *f e-s Dichters*, e) Nadel *f* (*Plattenspieler*); **5.** ⚕ Sonde *f*; **6.** Zeiger *m* der Sonnenuhr; **7.** Zeitrechnung *f*, Stil *m*: ***Old*** (***New***) ♌; **8.** ⚘ Griffel *m*; **9.** *anat.* Griffelfortsatz *m*; **II** *v/t.* **10.** betiteln, benennen, bezeichnen, anreden (mit *od.* als); **11.** a) ⚙, † entwerfen, gestalten, b) modisch zuschneiden; **'styl·er** [-lə] *s.* **1.** Modezeichner(in), -schöpfer (-in); **2.** ⚙ (Form)Gestalter *m*, Designer *m*.

sty·let ['staɪlɪt] *s.* **1.** Sti'lett *n* (*Dolch*); **2.** ⚕ Man'drin *m*, Sondenführer *m*.

styl·ing ['staɪlɪŋ] *s.* **1.** Stilisierung *f*; **2.** †, ⚙ Styling *n*, (Form)Gestaltung *f*; **~ mousse** [muːs] *s.* Schaumfestiger *m*.

styl·ish ['staɪlɪʃ] *adj.* □ **1.** stilvoll; **2.** modisch, ele'gant, flott; **'styl·ish·ness** [-nɪs] *s.* Ele'ganz *f*.

styl·ist ['staɪlɪst] *s.* **1.** Sti'list(in); **2.** → ***styler***; **sty·lis·tic** [staɪ'lɪstɪk] *adj.* (□ ***~ally***) sti'listisch, Stil...

sty·lite ['staɪlaɪt] *s. eccl.* Sty'lit *m*, Säulenheilige(r) *m*.

styl·ize ['staɪlaɪz] *v/t.* **1.** *allg.* stilisieren; **2.** der Konventi'on unter'werfen.

sty·lo ['staɪləʊ] *pl.* **-los** F, **'sty·lo·graph** [-ləgrɑːf], **sty·lo·graph·ic pen** [͵staɪləʊ'græfɪk] *s.* **1.** Tintenkuli *m*; **2.** Füll(feder)halter *m*.

sty·lus ['staɪləs] *s.* **1.** → ***style*** 4 a *u.* e, 6, 8, 9; **2.** Kopierstift *m*; **3.** Schreibstift *m e-s Registriergeräts*.

sty·mie, *a.* **sty·my** ['staɪmɪ] **I** *s. Golf*: **1.** a) *Situation, wenn der gegnerische Ball zwischen dem Ball des Spielers u. dem Loch liegt, auf das er spielt*, b) *Lage des gegnerischen Balles wie in 1a*; **2.** *den Gegner* (*durch die Balllage von 1*) hin-

S

dern; **3.** *fig.* a) *Gegner* matt setzen, b) *Plan etc.* vereiteln: ***be stymied*** ‚aufgeschmissen' sein.

styp·tic ['stɪptɪk] *adj. u. s.* ⚕ Blut stillend (-es Mittel).

Styr·i·an ['stɪrɪən] **I** *adj.* stei(e)risch, steiermärkisch; **II** *s.* Steiermärker(in).

Sty·ro·foam ['staɪrəfəʊm] *TM s.* Styro'por *n.*

Sua·bi·an ['sweɪbjən] → ***Swabian.***

su·a·ble ['sjuːəbl] *adj.* ⚖ **1.** (ein)klagbar (*Sache*); **2.** (passiv) pro'zessfähig (*Person*).

sua·sion ['sweɪʒn] *s.* **1.** (***moral*** ~ gütliches) Zureden; **2.** Über'redung(sversuch *m*) *f*; **sua·sive** ['sweɪsɪv] *adj.* □ **1.** über'redend, zuredend; **2.** über'zeugend.

suave [swɑːv] *adj.* □ **1.** verbindlich, höflich, zu'vorkommend, sanft; *contp.* ölig; **2.** lieblich, mild (*Wein etc.*);

suav·i·ty ['swɑːvətɪ] *s.* **1.** Höflichkeit *f*, Verbindlichkeit *f*; **2.** Lieblichkeit *f*, Milde *f*; **3.** *pl.* a) Artigkeiten *pl.*, b) Annehmlichkeiten *pl.*

sub[1] [sʌb] **I** *s.* F *abbr. für* ***submarine***, ***subordinate***, ***subway***, ***subaltern***, ***sublieutenant*** *etc.*; **II** *adj.* Aushilfs..., Not...; **III** *v/i.* F (***for***) einspringen (für), vertreten (*acc.*).

sub[2] [sʌb] (*Lat.*) *prp.* unter: ~ ***finem*** am Ende (*e-s zitierten Kapitels*); ~ ***judice*** (noch) anhängig, (noch) nicht entschieden (*Rechtsfall*); ~ ***rosa*** unter dem Siegel der Verschwiegenheit, vertraulich; ~ ***voce*** unter dem angegebenen Wort (*in e-m Wörterbuch etc.*).

sub- [sʌb; səb] *in Zssgn* a) Unter..., Grund..., Sub..., b) 'untergeordnet, Neben..., Unter..., c) annähernd, d) ⚗ basisch, e) ⚘ 'umgekehrt.

ˌsub'ac·e·tate [ˌsʌb-] *s.* ⚗ basisch essigsaures Salz.

ˌsub'ac·id [ˌsʌb-] *adj.* **1.** säuerlich; **2.** *fig.* bissig, säuerlich.

ˌsub'a·gent [ˌsʌb-] *s.* **1.** ✝ a) 'Untervertreter *m*, b) 'Zwischenspediˌteur *m*; **2.** ⚖ 'Unterbevollmächtigte(r *m*) *f.*

ˌsub'al·pine [ˌsʌb-] ⚘, *zo.* **I** *adj.* subal'pin(isch); **II** *s.* a) subal'pines Tier, b) subal'pine Pflanze.

sub·al·tern ['sʌbltən] **I** *adj.* **1.** subal'tern, 'untergeordnet, Unter...; **II** *s.* **2.** Subal'terne(r *m*) *f*, Unter'gebene(r *m*) *f*; **3.** ⚔ *bsd. Brit.* Subal'ternoffiˌzier *m.*

sub·a·qua [səb'ækwə] *adj.* **1.** Unterwasser...; **2.** (Sport)Taucher...

ˌsub'arc·tic [ˌsʌb-] *adj. geogr.* sub'arktisch.

sub'au·di·ble [səb-] *adj.* **1.** *phys.* unter der Hörbarkeitsgrenze; **2.** kaum hörbar.

sub'cal·i·ber *Am.*, **sub'cal·i·bre** *Brit.* [səb-] *adj.* **1.** Kleinkaliber...; **2.** ⚔ *Artillerie*: Abkommkaliber...

'sub·comˌmit·tee ['sʌb-] *s.* 'Unterausschuss *m.*

ˌsub'com·pact (car) [ˌsʌb-] *s. mot.* Kleinwagen *m.*

ˌsub'con·scious [ˌsʌb-] ⚕, *psych.* **I** *adj.* □ 'unterbewusst; **II** *s.* 'Unterbewusstsein *n*, *das* 'Unterbewusste.

ˌsub'con·ti·nent [ˌsʌb-] *s. geogr.* 'SubkontiˌneNt *m.*

sub'con·tract [səb-] *s.* Nebenvertrag *m*; **ˌsub·con'trac·tor** [ˌsʌb-] *s.* ✝ 'Subunterˌnehmer(in), *a.* Zulieferer *m.*

ˌsub'cul·ture [ˌsʌb-] *s. sociol.* 'Subkulˌtur *f.*

sub·cu·ta·ne·ous [ˌsʌbkjuː'teɪnjəs] *adj.* □ *anat.* subku'tan, unter der *od.* die Haut.

sub·deb [ˌsʌb'deb] *s. Am.* F **1.** → ***subdebutante***; **2.** Teenager *m*; **ˌsub'deb·u·tante** [ˌsʌb-] *s. Am.* noch nicht in die Gesellschaft eingeführtes junges Mädchen.

ˌsub·di'vide [ˌsʌb-] *v/t.* (*v/i.* sich) unter'teilen; **'sub·diˌvi·sion** *s.* **1.** Unter'teilung *f*; **2.** 'Unterabˌteilung *f.*

sub·due [səb'djuː] *v/t.* **1.** unter'werfen (***to*** *dat.*), unter'jochen; **2.** über'winden, -'wältigen, **3.** *fig.* besiegen, bändigen, zähmen: ~ ***one's passions***; **4.** *Farbe, Licht, Stimme, Wirkung etc., a. Begeisterung, Stimmung etc.* dämpfen; **5.** *fig. j-m* e-n Dämpfer aufsetzen; **sub'dued** [-juːd] *adj.* **1.** unter'worfen, -'jocht; **2.** gebändigt; **3.** gedämpft (*a. fig.*).

ˌsub'ed·it [ˌsʌb-] *v/t. Zeitung etc.* redigieren; **ˌsub'ed·i·tor** *s.* Redak'teur *m.*

'subˌhead(·ing) ['sʌb-] *s.* **1.** 'Unter-, Zwischentitel *m*; **2.** 'Unterabˌteilung *f e-s Buches etc.*

ˌsub'hu·man [ˌsʌb-] *adj.* **1.** halb tierisch; **2.** unmenschlich.

sub·ja·cent [sʌb'dʒeɪsənt] *adj.* **1.** darunter *od.* tiefer liegend; **2.** *fig.* zu'grunde liegend.

sub·ject ['sʌbʒɪkt] **I** *s.* **1.** (*Gesprächs- etc.*)Gegenstand *m*, Thema *n*, Stoff *m*: ~ ***of conversation***; ***on the*** ~ ***of*** über (*acc.*), bezüglich (*gen.*); **2.** *ped.* (Lehr-, Schul-, Studien)Fach *n*, Fachgebiet *n*: ***compulsory*** ~ Pflichtfach; **3.** Grund *m*, Anlass *m* (***for complaint*** zur Beschwerde); **4.** Ob'jekt *n*, Gegenstand *m* (***of ridicule*** des Spotts); **5.** *paint. etc.* Thema *n* (*a.* ♪), Su'jet *n*, Vorwurf *m*; **6.** *ling.* Sub'jekt *n*, Satzgegenstand *m*; **7.** 'Untertan(in), *a.* Staatsbürger(in), -angehörige(r *m*) *f*: ***a British*** ~; **8.** *bsd.* ⚕ a) Ver'suchsperˌson *f*, -tier *n*, b) Leichnam *m für Sektionszwecke*, c) Pati'ent (-in), *hysterische etc.* Per'son; **9.** *ohne Artikel* die betreffende Person *etc.* (*in Informationen*); **10.** *phls.* a) Sub'jekt *n*, Ich *n*, b) Sub'stanz *f*; **II** *adj. pred.* **11.** 'untertan, unter'geben (***to*** *dat.*); **12.** abhängig (***to*** von); **13.** ausgesetzt (***to*** *dem Gespött etc.*); **14.** (***to***) unter'worfen, -'liegend (*dat.*), abhängig (von), vorbehaltlich (*gen.*): ~ ***to approval*** genehmigungspflichtig; ~ ***to your consent*** vorbehaltlich Ihrer Zustimmung; ~ ***to change without notice*** Änderungen vorbehalten; ~ ***to being unsold***, ~ ***to (prior) sale*** ✝ freibleibend, Zwischenverkauf vorbehalten; **15.** (***to***) neigend (zu), anfällig (für): ~ ***to headaches***; **III** *v/t.* [səb'dʒekt] **16.** (***to***) a) unter'werfen (*dat.*), abhängig machen (von), b) *e-r Behandlung, Prüfung etc.* unter'ziehen, c) *dem Gespött, der Hitze etc.* aussetzen; ~ **cat·a·logue** *s.* 'Schlagwortkataˌlog *m*; ~ **head·ing** *s.* Ru'brik *f* in e-m 'Sachreˌgister; ~ **in·dex** *s.* 'Sachreˌgister *n.*

sub·jec·tion [səb'dʒekʃn] *s.* **1.** Unter'werfung *f*; **2.** Unter'worfensein *n*; **3.** Abhängigkeit *f*: ***be in*** ~ ***to s.o.*** von j-m abhängig sein.

sub·jec·tive [səb'dʒektɪv] **I** *adj.* □ **1.** *allg., a.* ⚕, *phls.* subjek'tiv; **2.** *ling.* Subjekts...; **II** *s.* **3.** *a.* ~ ***case*** *ling.* Nominativ *m*; **sub'jec·tive·ness** [-nɪs] *s.* Subjektivi'tät *f*; **sub'jec·tiv·ism** [-vɪzəm] *s. bsd. phls.* Subjekti'vismus *m.*

sub·jec·tiv·i·ty [ˌsʌbdʒek'tɪvətɪ] *s.* Subjektivi'tät *f.*

sub·ject| mat·ter *s.* **1.** Gegenstand *m* (*e-r Abhandlung etc., a.* ⚖); **2.** Stoff *m*, Inhalt *m* (*Ggs. Form*); ~ **ref·er·ence** *s.* Sachverweis *m.*

ˌsub'join [ˌsʌb-] *v/t.* **1.** hin'zufügen, -setzen; **2.** beilegen, -fügen.

sub ju·di·ce [ˌsʌb'dʒuːdɪsɪ] *s.* ⚖ ***be*** ~ verhandelt werden.

sub·ju·gate ['sʌbdʒʊgeɪt] *v/t.* **1.** unter'jochen, -'werfen (***to*** *dat.*); **2.** *bsd. fig.* bezwingen, bändigen; **sub·ju·ga·tion** [ˌsʌbdʒʊ'geɪʃn] *s.* Unter'werfung *f*, -'jochung *f.*

sub·junc·tive [səb'dʒʌŋktɪv] *ling.* **I** *adj.* □ **1.** konjunktiv(isch); **II** *s.* **2.** *a.* ~ ***mood*** Konjunktiv *m*; **3.** Konjunktivform *f.*

ˌsub'lease [ˌsʌb-] **I** *s.* 'Untermiete *f*, -pacht *f*, -vermietung *f*, -verpachtung *f*; **II** *v/t.* 'untervermieten, -verpachten; **ˌsub·les'see** *s.* 'Untermieter(in), -pächter(in); **ˌsub·les'sor** [-'sɔː] *s.* 'Untervermieter(in), -verpächter(in).

sub·let [ˌsʌb'let] *v/t.* [*irr.* → ***let***[1]] 'unter-, weitervermieten.

sub·lieu·ten·ant [ˌsʌblef'tenənt] *s.* ⚓ *Brit.* Oberleutnant *m* zur See.

sub·li·mate ['sʌblɪmeɪt] **I** *v/t.* **1.** ⚗ sublimieren; **2.** *fig.* sublimieren (*a. psych.*), veredeln, vergeistigen; **II** *s.* [-mɪt] **3.** ⚗ Subli'mat *n*; **sub·li·ma·tion** [ˌsʌblɪ'meɪʃn] *s.* **1.** ⚗ Sublimati'on *f*; **2.** *fig.* Sublimierung *f* (*a. psych.*).

sub·lime [sə'blaɪm] **I** *adj.* □ **1.** erhaben, hehr, su'blim; **2.** a) großartig (*a. iro.*): ~ ***ignorance***, b) *iro.* kom'plett: ***a*** ~ ***idiot***, c) krass: ~ ***indifference***; **II** *s.* **3.** ***the*** ~ das Erhabene; **III** *v/t.* **4.** → ***sublimate*** 1 *u.* 2; **IV** *v/i.* **5.** ⚗ sublimiert werden; **6.** *fig.* sich läutern.

sub·lim·i·nal [ˌsʌb'lɪmɪnl] *psych.* **I** *adj.* **1.** 'unterbewusst: ~ ***self*** → 3; **2.** 'unterschwellig (*Reiz etc.*, ✝ *Werbung*); **II** *s.* **3.** *das* 'Unterbewusste.

ˌsub'ma'chine gun [ˌsʌb-] *s.* ⚔ Ma'schinenpiˌstole *f.*

sub·man ['sʌbmæn] *s.* [*irr.*] **1.** tierischer Kerl; **2.** Idi'ot *m.*

ˌsub·ma'rine [ˌsʌb-] **I** *s.* **1.** ⚓, ⚔ 'Unterseeboot *n*, U-Boot *n*; **II** *adj.* **2.** 'unterseeisch, Untersee..., subma'rin; **3.** ⚓, ⚔ Unterseeboot..., U-Boot-...: ~ ***warfare***; ~ ***chaser*** U-Boot-Jäger *m*; ~ ***pen*** U-Boot-Bunker *m.*

sub·merge [səb'mɜːdʒ] **I** *v/t.* **1.** ein-, 'untertauchen; **2.** über'schwemmen, unter Wasser setzen; **3.** *fig.* a) unter'drücken, b) über'tönen; **II** *v/i.* **4.** 'untertauchen, -sinken; **5.** ⚓ tauchen (*U-Boot*); **sub'merged** [-dʒd] *adj.* **1.** 'untergetaucht; ⚓, ⚔ *Angriff etc.* unter Wasser; **2.** über'schwemmt; **3.** *fig.* verelendet, verarmt.

sub·mersed [səb'mɜːst] *adj.* **1.** → ***submerged*** 1 *u.* 2; **2.** *bsd.* ⚘ Unterwasser...: ~ ***plants***; **sub'mers·i·ble** [-səbl] **I** *adj.* **1.** 'untertauch-, versenkbar; **2.** über'schwemmbar; **3.** ⚓ tauchfähig; **II** *s.* **4.** ⚓ 'Unterseeboot *n*; **sub'mer·sion** [-ɜːʃn] *s.* **1.** Ein-, 'Untertauchen *n*; **2.** Über'schwemmung *f.*

sub·mis·sion [səb'mɪʃn] *s.* **1.** (***to***) Unter'werfung *f* (unter *acc.*), Ergebenheit *f* (in *acc.*), Gehorsam *m* (gegen); **2.** Unter'würfigkeit *f*: ***with all due*** ~ mit allem schuldigen Respekt; **3.** *bsd.* ⚖ Vorlage *f e-s Dokuments etc.*, Unter'breitung *f e-r Frage etc.*; **4.** ⚖ a) Sachvorlage *f*, Behauptung *f*, b) Kompro'miss *m, n*; **sub'mis·sive** [-ɪsɪv] *adj.* □ **1.** ergeben, gehorsam; **2.** unter'würfig; **sub'mis·sive·ness** [-ɪsɪvnɪs] *s.* **1.** Er-

S

gebenheit *f*; **2.** Unter'würfigkeit *f*; **sub'mit** [-'mɪt] **I** *v/t.* **1.** unter'werfen, -'ziehen, aussetzen (**to** *dat.*): **~ o.s.** (**to**) → 4; **2.** *bsd.* ⚖ unter'breiten, vortragen, -legen (**to** *dat.*); **3.** *bsd.* ⚖ beantragen, behaupten, zu bedenken geben, an'heim stellen (**to** *dat.*); *bsd. parl.* ergebenst bemerken; **II** *v/i.* **4.** (**to**) gehorchen (*dat.*), sich fügen (*dat. od.* in *acc.*); sich *j-m*, *e-m Urteil etc.* unter'werfen, sich *e-r Operation etc.* unter'ziehen; **sub'mit·tal** [-'mɪtl] *s.* Vorlage *f*, Unter'breitung *f*.

ˌ**sub'nor·mal** [ˌsʌb-] *adj.* □ **1.** a) 'unterˌdurchschnittlich, b) minderbegabt, c) schwachsinnig; **2.** Ⱥ 'subnorˌmal.

ˌ**sub'note·book** [ˌsʌb-] *s. Computer*: Sub-'Notebook *n* (*tragbarer Computer, kleiner als ein Notebook*).

'**subˌor·der** ['sʌb-] *s. biol.* 'Unterordnung *f*.

sub·or·di·nate [sə'bɔːdnɪt] **I** *adj.* □ **1.** 'untergeordnet: a) unter'stellt (**to** *dat.*): **~ position** untergeordnete Stellung, b) zweitrangig, nebensächlich: **~ clause** *ling.* Nebensatz *m*; **be ~ to** *e-r Sache* an Bedeutung nachstehen; **II** *s.* **2.** Unter'gebene(r *m*) *f*; **III** [-dɪneɪt] *v/t.* **3.** *a. ling.* 'unterordnen (**to** *dat.*); **4.** zu'rückstellen (**to** hinter *acc.*); **sub·or·di·na·tion** [səˌbɔːdɪ'neɪʃn] *s.* 'Unterordnung *f* (**to** unter *acc.*); **sub'or·di·na·tive** [-dɪnətɪv] *adj. ling.* 'unterordnend: **~ conjunction**.

sub·orn [sʌ'bɔːn] *v/t.* ⚖ (*bsd.* zum Meineid) anstiften; *Zeugen* bestechen; **sub·or·na·tion** [ˌsʌbɔː'neɪʃn] *s.* ⚖ Anstiftung *f*, Verleitung *f* (**of** zum *Meineid*, zu *falscher Zeugenaussage*), (Zeugen)Bestechung *f*.

sub·pe·na *Am.* → **subpoena**.

'**sub·plot** ['sʌb-] *s.* Nebenhandlung *f*.

sub·poe·na [səb'piːnə] ⚖ **I** *s.* (Vor)Ladung *f* (unter Strafandrohung); **II** *v/t.* vorladen.

sub·ro·gate ['sʌbrəʊgeɪt] *v/t.* ⚖ einsetzen (**for s.o.** an j-s Stelle; **to the rights of** in *j-s* Rechte); **sub·ro·ga·tion** [ˌsʌbrəʊ'geɪʃn] *s.* ⚖ 'Forderungsˌübergang *m* (kraft Gesetzes); Ersetzung *f e-s Gläubigers durch e-n anderen*: **~ of rights** Rechtseintritt *m*.

sub·scribe [səb'skraɪb] **I** *v/t.* **1.** *Vertrag etc.* unter'zeichnen, ('unterschriftlich) anerkennen; **2.** *et.* mit *s-m Namen etc.* (unter)'zeichnen; **3.** *Geldbetrag* zeichnen (**for** für *Aktien*, **to** für *e-n Fonds*); **II** *v/i.* **4.** e-n Geldbetrag zeichnen (**to** für *e-n Fonds*, **for** für *e-e Anleihe etc.*); **5. ~ for** *Buch* vorbestellen; **6. ~ to** *Zeitung etc.* abonnieren; **7.** unter'schreiben, -'zeichnen (**to** *acc.*); **8. ~ to** *fig. et.* unter'schreiben, gutheißen, billigen; **sub'scrib·er** [-bə] *s.* **1.** Unter'zeichner (-in), -'zeichnete(r *m*) *f* (**to** *gen.*); **2.** Befürworter(in) (**to** *gen.*); **3.** Subskri'bent(in), Abon'nent(in); *teleph.* Teilnehmer(in); **4.** Zeichner *m*, Spender *m* (**to** *e-s Geldbetrages*).

sub·script ['sʌbskrɪpt] *typ.*, *Computer*: **I** *s.* tiefgestelltes Zeichen; **II** *adj.* tiefgestellt.

sub·scrip·tion [səb'skrɪpʃn] *s.* **1.** a) Unter'zeichnung *f*, b) 'Unterschrift *f*; **2.** (**to**) ('unterschriftliche) Einwilligung (in *acc.*), Zustimmung *f* (zu); **3.** (**to**) Beitrag *m* (zu, für), Spende *f* (für), (gezeichneter) Betrag; (*teleph.* Grund)Gebühr *f*; **4.** *Brit.* (Mitglieds)Beitrag *m*; **5.** Abonne'ment *n*, Bezugsrecht *n*, Subskripti'on *f* (**to** auf *acc.*): **by ~** im Abonnement; **take out a ~ to** *Zeitung etc.* abonnieren; **6.** ⚕ Zeichnung *f* (**of** *e-r Summe*, *Anleihe etc.*): **~ for shares** Aktienzeichnung; **open for ~** zur Zeichnung aufgelegt; **invite ~s for a loan** e-e Anleihe (zur Zeichnung) auflegen; **~ list** *s.* **1.** ⚕ Subskripti'onsliste *f*; **2.** *Zeitung*: Zeichnungsliste *f*; **~ price** *s.* Bezugspreis *m*.

'**subˌsec·tion** ['sʌb-] *s.* 'Unterabˌteilung *f*, -abschnitt *m*.

sub·se·quence ['sʌbsɪkwəns] *s.* **1.** späteres Eintreten; **2.** Ⱥ Teilfolge *f*; '**sub·se·quent** [-nt] *adj.* □ (nach)folgend, später, nachträglich, Nach...: **~ to** a) später als, b) nach, im Anschluss an (*acc.*), folgend (*dat.*); **~ upon** a) infolge (*gen.*), b) *nachgestellt*: (daraus) entstehend, (daraufhin) erfolgend; '**sub·se·quent·ly** [-ntlɪ] *adv.* **1.** 'hinterher, nachher; **2.** anschließend; **3.** später.

sub·serve [səb'sɜːv] *v/t.* dienlich *od.* förderlich sein (*dat.*); **sub'ser·vi·ence** [-vjəns] *s.* **1.** Dienlich-, Nützlichkeit *f* (**to** für); **2.** Abhängigkeit *f* (**to** von); **3.** Unter'würfigkeit *f*; **sub'ser·vi·ent** [-vjənt] *adj.* □ **1.** dienstbar, 'untergeordnet (**to** *dat.*); **2.** unter'würfig (**to** gegenüber); **3.** dienlich, förderlich (**to** *dat.*).

sub·side [səb'saɪd] *v/i.* **1.** sich senken: a) sinken (*Flut etc.*), b) (ein)sinken, absacken (*Boden etc.*), sich setzen (*Haus*); **2.** ⚗ sich niederschlagen; **3.** *fig.* abklingen, abflauen, sich legen: **~ into** verfallen in (*acc.*); **4.** *in e-n Sessel etc.* sinken.

sub·sid·i·ar·i·ty [səbˌsɪdɪ'ærətɪ] *s. pol.* Subˌsidiari'tät(sprinzip *n*) *f*.

sub·sid·i·ar·y [səb'sɪdjərɪ] **I** *adj.* □ **1.** Hilfs..., Unterstützungs..., Subsidien...: **be ~ to** ergänzen, unterstützen; **2.** 'untergeordnet (**to** *dat.*), Neben...: **~ company** → 4; **~ stream** Nebenfluss *m*; **II** *s.* **3.** *oft pl.* Hilfe *f*, Stütze *f*; **4.** ⚕ Tochtergesellschaft *f*.

sub·si·dize ['sʌbsɪdaɪz] *v/t.* subventionieren; '**sub·si·dy** [-dɪ] *s.* **1.** Beihilfe *f* (aus öffentlichen Mitteln), Subventi'on *f*; **2.** *oft pl. pol.* Sub'sidien *pl.*, Hilfsgelder *pl.*

sub·sist [səb'sɪst] **I** *v/i.* **1.** existieren, bestehen; **2.** weiter bestehen, fortdauern; **3.** sich ernähren *od.* erhalten, leben ([**up**]**on** von *e-r Nahrung*, **by** von *e-m Beruf*); **II** *v/t.* **4.** *j-n* er-, unter'halten; **sub'sist·ence** [-təns] *s.* **1.** Dasein *n*, Exi'stenz *f*; **2.** ('Lebens)ˌUnterhalt *m*, Auskommen *n*, Exi'stenz(möglichkeit) *f*: **~ level** Existenzminimum *n*; **3.** *bsd.* ⚔ Verpflegung *f*, -sorgung *f*; **4.** *a.* **~ money** a) (Lohn)Vorschuss *m*, b) 'Unterhaltsbeihilfe *f*, -zuschuss *m*.

'**sub·soil** ['sʌb-] *s.* 'Untergrund *m*.

ˌ**sub'son·ic** [ˌsʌb-] **I** *adj.* Unterschall...; **II** *s.* 'Unterschallflug(zeug *n*) *m*.

'**subˌspe·cies** ['sʌb-] *s. biol.* 'Unterart *f*, Sub'spezies *f*.

sub·stance ['sʌbstəns] *s.* **1.** Sub'stanz *f*, Ma'terie *f*, Stoff *m*, Masse *f*; **2.** feste Konsi'stenz, Körper *m* (*Tuch etc.*); **3.** *fig.* Sub'stanz *f*: a) Wesen *n*, b) *das* Wesentliche, wesentlicher Inhalt *od.* Bestandteil, Kern *m*: **this essay lacks ~**; **in ~** im Wesentlichen *übereinstimmen etc.*, c) Gehalt *m*: **arguments of little ~** wenig stichhaltige Argumente; **4.** *phls.* a) Sub'stanz *f*, b) Wesen *n*, Ding *n*; **5.** Vermögen *n*, Kapi'tal *n*: **a man of ~** ein vermögender Mann.

sub'stand·ard [səb-] *adj.* **1.** unter der Norm, klein..., Klein...; **2.** *ling.* 'umgangssprachlich.

sub·stan·tial [səb'stænʃl] *adj.* □ → **substantially**; **1.** materi'ell, stofflich, wirklich; **2.** fest, kräftig; **3.** nahrhaft, kräftig: **a ~ meal**; **4.** beträchtlich, wesentlich (*Fortschritt*, *Unterschied etc.*), namhaft (*Summe*); **5.** wesentlich: **in ~ agreement** im Wesentlichen übereinstimmend; **6.** vermögend, kapi'talkräftig; **7.** *phls.* substanzi'ell, wesentlich; **sub·stan·ti·al·i·ty** [səbˌstænʃɪ'ælətɪ] *s.* **1.** Wirklichkeit *f*, Stofflichkeit *f*; **2.** Festigkeit *f*; **3.** Nahrhaftigkeit *f*; **4.** Gediegenheit *f*; **5.** Stichhaltigkeit *f*; **6.** *phls.* Substanziali'tät *f*; **sub'stan·tial·ly** [-ʃəlɪ] *adv.* **1.** dem Wesen nach; **2.** im Wesentlichen, wesentlich; **3.** beträchtlich, wesentlich, in hohem Maße; **4.** wirklich; **sub'stan·ti·ate** [-ʃɪeɪt] *v/t.* **1.** a) begründen, b) erhärten, beweisen, c) glaubhaft machen; **2.** Gestalt *od.* Wirklichkeit verleihen (*dat.*), konkretisieren; **3.** stärken, festigen; **sub·stan·ti·a·tion** [səbˌstænʃɪ'eɪʃn] *s.* **1.** a) Begründung *f*, b) Erhärtung *f*, Beweis *m*, c) Glaubhaftmachung *f*: **in ~ of** zur Erhärtung *od.* zum Beweis von (*od. gen.*); **2.** Verwirklichung *f*.

sub·stan·ti·val [ˌsʌbstən'taɪvl] *adj.* □ *ling.* substantivisch, Substantiv...; **sub·stan·tive** ['sʌbstəntɪv] **I** *s.* **1.** *ling.* a) Substantiv *n*, Hauptwort *n*, b) substantivisch gebrauchte Form; **II** *adj.* □ **2.** *ling.* substantivisch (gebraucht); **3.** selbstständig; **4.** wesentlich; **5.** wirklich, re'al; **6.** fest; **7.** ⚖ materi'ell: **~ law**.

'**subˌsta·tion** ['sʌb-] *s.* **1.** Neben-, Außenstelle *f*: **post office ~** Zweigpostamt *n*; **2.** ⚡ 'Unterwerk *n*; **3.** *teleph.* (Teilnehmer)Sprechstelle *f*.

sub·sti·tute ['sʌbstɪtjuːt] **I** *s.* **1.** Ersatz (-mann) *m*: a) (Stell)Vertreter(in), b) *sport* Auswechselspieler(in): **act as a ~ for** *j-n* vertreten; **~s' bench** Ersatzbank *f*, Auswechselbank *f*, c) *Am.* Aushilfslehrer(in); **2.** Ersatz(stoff) *m*, Surro'gat *n* (**for** für); **3.** *ling.* Ersatzwort *n*; **II** *adj.* **4.** Ersatz...: **~ driver**; **~ material** ⚙ Austausch(werk)stoff *m*; **~ power of attorney** ⚖ Untervollmacht *f*; **III** *v/t.* **5.** (**for**) einsetzen (für, an Stelle von), an die Stelle setzen (von *od. gen.*): **~ A for B** B durch A ersetzen, B gegen A austauschen *od.* auswechseln (*alle a. sport*); **6.** ersetzen, an *j-s* Stelle treten; **IV** *v/i.* **7.** (**for**) als Ersatz dienen, als Stellvertreter fungieren (für), vertreten (*acc.*), an die Stelle treten (von *od. gen.*); **sub·sti·tu·tion** [ˌsʌbstɪ'tjuːʃn] *s.* **1.** Einsetzung *f* (⚖ *e-s Ersatzerben*, *Unterbevollmächtigten*); *bsd. b.s.* (*Kindes-etc.*)'Unterschiebung *f*; **2.** Ersatz *m*, Ersetzung *f*; (ersatzweise) Verwendung; **3.** Stellvertretung *f*; **4.** Ⱥ, ⚗, *ling.* Substituti'on *f*; **sub·sti·tu·tion·al** [ˌsʌbstɪ'tjuːʃənl] *adj.* □ **1.** stellvertretend, Stellvertretungs...; **2.** Ersatz...

ˌ**sub'stra·tum** [ˌsʌb-] *s.* [*irr.*] **1.** 'Unter-, Grundlage *f* (*a. fig.*); **2.** *geol.* 'Unterschicht *f*; **3.** *biol.* a) Sub'strat *n*, Nähr-, Keimboden *m*, b) *a.* ⚗ Träger *m*, Medium *n*; **4.** *phot.* Grundschicht *f*; **5.** *ling.* Sub'strat *n*; **6.** *phls.* Sub'stanz *f*.

'**subˌstruc·ture** ['sʌb-] *s.* **1.** ⌂ Funda'ment *n*, 'Unterbau *m* (*a.* 🚂); **2.** *fig.* Grundlage *f*.

sub·sume [səb'sjuːm] *v/t.* **1.** zs.-fassen, 'unterordnen (**under** unter *dat. od. acc.*); **2.** einordnen, -reihen, -schließen

S

(***in*** in *acc.*); **3.** *phls. als Prämisse* vor'ausschicken; **sub'sump·tion** [-'sʌmpʃn] *s.* **1.** Zs.-fassung *f* (***under*** unter *dat. od. acc.*); **2.** Einordnung *f.*

,sub'ten·ant [ˌsʌb-] *s.* 'Untermieter *m*, -pächter *m.*

sub·ter·fuge ['sʌbtəfjuːdʒ] *s.* **1.** Vorwand *m*, Ausflucht *f*; **2.** List *f.*

sub·ter·ra·ne·an [ˌsʌbtə'reɪnjən] *adj.*, **ˌsub·terˈra·ne·ous** [-njəs] *adj.* □ **1.** 'unterirdisch (*a. fig.*); **2.** *fig.* verborgen, heimlich.

sub·tile ['sʌtl], **sub·til·i·ty** [sʌb'tɪlətɪ] → ***subtle***, ***subtlety***; **sub·til·i·za·tion** [ˌsʌtɪlaɪ'zeɪʃn] *s.* **1.** Verfeinerung *f*; **2.** Spitzfindigkeit *f*; **3.** ⚗ Verflüchtigung *f*; **sub·til·ize** ['sʌtɪlaɪz] **I** *v/t.* **1.** verfeinern; **2.** spitzfindig diskutieren *od.* erklären; ausklügeln; **3.** ⚗ verflüchtigen, -dünnen; **II** *v/i.* **4.** spitzfindig argumentieren.

'subˌti·tle ['sʌb-] **I** *s.* 'Untertitel *m* (*Buch, Film*); **II** *v/t. Film* unter'titeln.

sub·tle ['sʌtl] *adj.* □ **1.** *allg.* fein: ***~ delight***; ***~ odo(u)r***; ***~ smile***; **2.** fein(sinnig), sub'til: ***~ distinction***; ***~ irony***; **3.** scharf(sinnig), spitzfindig; **4.** heikel, schwierig: ***a ~ point***; **5.** raffiniert; **6.** schleichend (*Gift*); **'sub·tle·ty** [-tɪ] *s.* **1.** Feinheit *f*; sub'tile Art; **2.** Spitzfindigkeit *f*; **3.** Scharfsinn(igkeit *f*) *m*; **4.** Gerissenheit *f*, Raffi'nesse *f*; **5.** schlauer Einfall, Fi'nesse *f.*

sub·to·pi·a [sʌb'təʊpɪə] *s. Brit.* zersiedelte Landschaft.

sub'to·tal [səb-] *s.* ✎ Zwischen-, Teilsumme *f.*

sub·tract [səb'trækt] **I** *v/t.* ✎ abziehen, subtrahieren; **II** *v/i. fig.* (***from***) Abstriche machen (von), schmälern (*acc.*); **sub'trac·tion** [-kʃn] *s.* **1.** ✎ Subtrakti'on *f*, Abziehen *n*; **2.** *fig.* Abzug *m.*

sub·tra·hend ['sʌbtrəhend] *s.* ✎ Subtra'hend *m.*

sub·trop·i·cal [ˌsʌb'trɒpɪkl] *adj. geogr.* subtropisch; **ˌsub'trop·ics** [-ks] *s. pl. geogr.* Subtropen *pl.*

sub·urb ['sʌbɜːb] *s.* Vorstadt *f*, -ort *m*; **sub·ur·ban** [sə'bɜːbən] **I** *adj.* **1.** vorstädtisch, Vorstadt..., Vororts...; **2.** *contp.* kleinstädtisch, spießig; **II** *s.* **3.** → ***suburbanite***; **sub·ur·ban·ite** [sə'bɜːbənaɪt] *s.* Vorstadtbewohner(in); **sub·ur·bi·a** [sə'bɜːbɪə] *s. oft contp.* **1.** Vorstadt *f*; **2.** *coll. die* Vorstädter *pl.*

'sub·vaˌri·e·ty ['sʌb-] *s.* ⚘, *zo.* 'untergeordnete Abart.

sub·ven·tion [səb'venʃn] *s.* (staatliche) Subventi'on, (geldliche) Beihilfe, Unter'stützung *f*; **sub'ven·tioned** [-nd] *adj.* subventioniert.

sub·ver·sion [səb'vɜːʃn] *s.* **1.** *pol.* a) 'Umsturz *m*, Sturz *m e-r Regierung*, b) Staatsgefährdung *f*, Verfassungsverrat *m*; **2.** Unter'grabung *f*, Zerrüttung *f*; **sub'ver·sive** [-ɜːsɪv] *adj.* **1.** *pol.* 'umstürzlerisch, staatsgefährdend, Wühl..., subver'siv; **2.** zerstörerisch; **3.** zerrüttend; **sub'vert** [-ɜːt] *v/t.* **1.** *Regierung* stürzen; *Gesetz* 'umstoßen; *Verfassung* gewaltsam ändern; **2.** *Glauben, Moral, Ordnung etc.* unter'graben, zerrütten.

'sub·way ['sʌb-] *s.* **1.** ('Straßen-, 'Fußgänger)Unterˌführung *f*; **2.** *Am.* U-Bahn *f.*

ˌsub'ze·ro [ˌsʌb-] *adj.* unter dem Gefrierpunkt.

suc·ceed [sək'siːd] **I** *v/i.* **1.** glücken, gelingen, erfolgreich sein *od.* verlaufen, Erfolg haben (*Sache*); **2.** Erfolg haben, erfolgreich sein, sein Ziel erreichen (*Person*) (***as*** als, ***in*** mit *et.*, ***with*** bei *j-m*): ***he ~ed in doing s.th.*** es gelang ihm, et. zu tun; ***~ in an action*** ⚖ obsiegen; **3.** (***to***) a) Nachfolger werden (in *e-m Amt etc.*), b) erben (*acc.*): ***~ to the throne*** auf den Thron folgen; ***~ to s.o.'s rights*** in j-s Rechte eintreten; **4.** (***to***) *unmittelbar* folgen (*dat. od.* auf *acc.*), nachfolgen (*dat.*); **II** *v/t.* **5.** nachfolgen (*dat.*), folgen (*dat. od.* auf *acc.*); *j-s* (Amts-, Rechts)Nachfolger werden, an *j-s* Stelle treten; *j-n* beerben: ***~ s.o. in office*** j-s Amt übernehmen.

suc·cès d'es·time [sʊkˌseɪdes'tiːm] (*Fr.*) *s.* Achtungserfolg *m.*

suc·cess [sək'ses] *s.* **1.** (guter) Erfolg, Gelingen *n*: ***with ~*** erfolgreich; ***without ~*** erfolglos; ***be a (great) ~*** ein (großer) Erfolg sein (*Sache u. Person*), (gut) einschlagen; ***crowned with ~*** von Erfolg gekrönt (*Bemühung*); ***~ rate*** Erfolgsquote *f*; **2.** Erfolg *m*, Glanzleistung *f*; **3.** *beruflicher etc.* Erfolg; **suc'cess·ful** [-fʊl] *adj.* □ **1.** erfolgreich: ***be ~ in doing s.th.*** et. mit Erfolg tun, Erfolg haben bei *od.* mit et.; **2.** erfolgreich, glücklich (*Sache*): ***be ~*** → ***succeed*** 1.

suc·ces·sion [sək'seʃn] *s.* **1.** (Aufeinander-, Reihen)Folge *f*: ***in ~*** nach-, auf-, hintereinander; ***in rapid ~*** in rascher Folge; **2.** Reihe *f*, Kette *f*, ('ununterˌbrochene) Folge (***of*** *gen. od.* von); **3.** Nach-, Erbfolge *f*, Sukzessi'on *f*: ***~ to the throne*** Thronfolge; ***in ~ to*** als Nachfolger von; ***be next in ~ to s.o.*** als Nächster auf j-n folgen; ***~ to an office*** Übernahme *f* e-s Amtes, Amtsnachfolge; ***Apostolic*** ***2*** *eccl.* apostolische Sukzession; ***the War of the Spanish*** ***2*** *hist.* der Spanische Erbfolgekrieg; **4.** ⚖ a) Rechtsnachfolge *f*, b) Erbfolge *f*, c) *a.* ***order of ~*** Erbfolgeordnung *f*, d) *a.* ***law of ~*** *objektives* Erb(folge)recht, e) ***~ to*** 'Übernahme *f e-s Erbes*: ***~ duties*** Erbschaftssteuer *f* (*für unbewegliches Vermögen*); ***~ rights*** *subjektive* Erbrechte; **5.** *coll.* Nachkommenschaft *f*, Erben *pl.*; **suc'ces·sive** [-esɪv] *adj.* □ (aufein'ander) folgend, sukzes'siv: ***3 ~ days*** 3 Tage hintereinander; **suc'ces·sive·ly** [-esɪvlɪ] *adv.* nach-, hintereinander, der Reihe nach; **suc'ces·sor** [-esə] *s.* **1.** Nachfolger(in), (***to***, ***of*** *j-s*, für *j-n*): ***~ in office*** Amtsnachfolger; ***~ to the throne*** Thronfolger *m*; **2.** *a.* ***~ in interest*** (*od.* ***title***) ⚖ Rechtsnachfolger(in).

suc·cinct [sək'sɪŋkt] *adj.* □ kurz (und bündig), knapp, la'konisch, prä'gnant; **suc'cinct·ness** [-nɪs] *s.* Kürze *f*, Bündigkeit *f*, Prä'gnanz *f.*

suc·cor ['sʌkə] *Am.* → ***succour***.

suc·co·ry ['sʌkərɪ] *s.* ⚘ Zi'chorie *f.*

suc·cour ['sʌkə] **I** *s.* Hilfe *f*, Beistand *m*; ⚔ Entsatz *m*; **II** *v/t.* beistehen (*dat.*), zu Hilfe kommen (*dat.*); ⚔ entsetzen.

suc·cu·lence ['sʌkjʊləns], **'suc·cu·len·cy** [-sɪ] *s.* Saftigkeit *f*; **'suc·cu·lent** [-nt] *adj.* □ **1.** saftig, fleischig, sukku'lent (*Frucht etc.*); **2.** *fig.* kraftvoll, saftig.

suc·cumb [sə'kʌm] *v/i.* **1.** zs.-brechen (***to*** unter *dat.*); **2.** (***to***) (*j-m*) unter'liegen, (*e-r Krankheit, s-n Verletzungen etc., a. der Versuchung*) erliegen; **3.** (***to***, ***under***, ***before***) nachgeben (*dat.*).

such [sʌtʃ; sətʃ] **I** *adj.* **1.** solch, derartig: ***no ~ thing*** nichts dergleichen; ***there are ~ things*** so etwas gibt es *od.* kommt vor; ***~ people as you see here*** die(jenigen) *od.* alle Leute, die man hier sieht; ***a system ~ as this*** ein derartiges System; ***~ a one*** ein solcher, eine solche, ein solches; ***~ and ~ persons*** die u. die Personen; **2.** ähnlich, derartig: ***silk and ~ luxuries***; ***poets ~ as Spenser*** Dichter wie Spenser; **3.** *pred.* so (beschaffen), derart(ig) (***as to*** dass): ***~ is life*** so ist das Leben; ***~ as it is*** wie es nun einmal ist; ***~ being the case*** da es sich so verhält; **4.** solch, so (groß *od.* klein *etc.*), dermaßen: ***~ a fright that*** e-n derartigen Schrecken, dass...; ***~ was the force of the explosion*** so groß war die Gewalt der Explosion; **5.** F so (gewaltig), solch: ***we had ~ fun*** wir hatten e-n Riesenspaß; **II** *adv.* **6.** so, derart: ***~ a nice day*** so ein schöner Tag; ***~ a long time*** e-e so lange Zeit; **III** *pron.* **7.** solch, der, die, das, die *pl.*: ***~ as*** a) diejenigen welche, alle die, b) wie (zum Beispiel); ***~ was not my intention*** das war nicht meine Absicht; ***man as ~*** der Mensch als solcher; ***and ~ (like)*** u. dergleichen; **8.** F *u.* ✝ der-, die-, das'selbe, die'selben *pl.*; **'~·like** *adj. u. pron.* dergleichen.

suck [sʌk] **I** *v/t.* **1.** saugen (***from***, ***out of*** aus *dat.*); **2.** saugen an (*dat.*), aussaugen; **3.** *a.* ***~ in***, ***~ up*** ein-, aufsaugen, absorbieren (*a. fig.*); **4.** ***~ in*** einsaugen, verschlingen; **5.** lutschen (an *dat.*): ***~ one's thumb*** (am) Daumen lutschen; **6.** schlürfen: ***~ soup***; **7.** *fig.* holen, gewinnen, ziehen: ***~ advantage out of*** Vorteil ziehen aus; **8.** *fig.* aussaugen: ***~ s.o.'s brain*** j-n ausholen, j-m s-e Ideen stehlen; **II** *v/i.* **9.** saugen, lutschen (***at*** an *dat.*); **10.** Luft saugen *od.* ziehen (*Pumpe*); **11.** ***... sucks*** *Am. sl.* ... ist ‚echt beschissen'; **12.** ***~ up to*** *sl. j-m* ‚in den Arsch kriechen'; **III** *s.* **13.** Saugen *n*, Lutschen *n*: ***give ~ to*** → ***suckle*** 1; **14.** Sog *m*, Saugkraft *f*; **15.** saugendes Geräusch; **16.** Strudel *m*; **17.** F kleiner Schluck; **18.** *sl.* ‚Arschkriecher' *m*; **'suck·er** [-kə] *s.* **1.** *zo.* saugendes Jungtier, *bsd.* Spanferkel *n*; **2.** *zo.* a) Saugrüssel *m*, b) Saugnapf *m*; **3.** *ichth.* a) *ein* Karpfenfisch *m*, b) Neunauge *n*, c) Lumpenfisch *m*, d) Schildfisch *m*; **4.** ⚙ 'Saugvenˌtil *n od.* -kolben *m od.* -rohr *n*; **5.** Lutscher *m* (*Bonbon*); **6.** ⚘ (*a. Wurzel*)Schössling *m*; **7.** *sl.* Dumme(r) *m*, Gimpel *m*: ***be a ~ for*** a) stets hereinfallen auf (*acc.*), b) scharf sein auf (*acc.*); ***play s.o. for a ~*** j-n ‚anschmieren'; ***there's a ~ born every minute*** die Dummen werden nicht alle.

suck·ing ['sʌkɪŋ] *adj.* **1.** saugend; Saug...; **2.** *fig.* angehend, ‚grün', Anfänger...; ***~ coil*** *s.* ⚙ Tauchkernspule *f*; ***~ disk*** *s. zo.* Saugnapf *m*; ***~ pig*** *s. zo.* (Span)Ferkel *n.*

suck·le ['sʌkl] *v/t.* **1.** *Kind, a. Jungtier* säugen, *Kind* stillen; **2.** *fig.* nähren, pflegen; **'suck·ling** [-lɪŋ] *s.* **1.** Säugling *m*; **2.** *zo.* (noch nicht entwöhntes) Jungtier.

su·crose ['sjuːkrəʊs] *s.* Rohr-, Rübenzucker *m*, Su'crose *f.*

suc·tion ['sʌkʃn] **I** *s.* **1.** (An)Saugen *n*; ⚙ *a.* Saugwirkung *f*; *phys.* Saugfähigkeit *f*; **2.** ⚙, *phys.* Sog *m*; **3.** *mot.* Hub (-höhe *f*, -kraft *f*) *m*; **II** *adj.* **4.** Saug... (*-leistung*, *-pumpe etc.*): ***~ cleaner*** (*od.* ***sweeper***) Staubsauger *m*; ***~ cup*** *s.* ⚙ Saugnapf *m*; ***~ pipe*** *s.* ⚙ Ansaugrohr *n*; ***~ plate*** *s.* ⚕ Saugplatte *f* (*für Zahnprothese*); ***~ stroke*** *s. mot.* (An)Saughub *m.*

S

Su·da·nese [ˌsuːdəˈniːz] **I** *adj.* suda'nesisch; **II** *s.* Suda'nese *m*, Suda'nesin *f*; *pl.* Suda'nesen *pl.*
su·dar·i·um [sjuːˈdeərɪəm] *s. eccl.* Schweißtuch *n* (der heiligen Ve'ronika); **su·da·to·ri·um** [ˌsjuːdəˈtɔːrɪəm] *pl.* **ri·a** [-rɪə] → ***sudatory*** 3; **su·da·to·ry** [ˈsjuːdətərɪ] **I** *adj.* **1.** Schwitz(bad)...; **2.** ⚕ schweißtreibend; **II** *s.* **3.** Schwitzbad *n*; **4.** ⚕ schweißtreibendes Mittel.
sud·den [ˈsʌdn] **I** *adj.* □ plötzlich, jäh, unvermutet, ab'rupt, über'stürzt; **II** *s.*: ***on a ~***, (***all***) ***of a ~*** (ganz) plötzlich; **'sud·den·ness** [-nɪs] *s.* Plötzlichkeit *f*.
su·dor·if·er·ous [ˌsjuːdəˈrɪfərəs] *adj.* Schweiß absondernd: ***~ glands*** Schweißdrüsen; **ˌsu·dor'if·ic** [-fɪk] *adj. u. s.* schweißtreibend(es Mittel).
suds [sʌdz] *s. pl.* **1.** Seifenwasser *n*, -lauge *f*; **2.** *Am.* F Bier *n*; **'suds·y** [-zɪ] *adj. Am.* schaumig, seifig.
sue [sjuː] **I** *v/t.* **1.** ⚖ *j-n* (gerichtlich) belangen, verklagen (***for*** auf *acc.*, wegen); **2.** ***~ out*** *Gerichtsbeschluss etc.* erwirken; **3.** *j-n* bitten (***for*** um); **4.** *obs.* werben *od.* anhalten um *j-n*; **II** *v/i.* **5.** (***for***) klagen (auf *acc.*), Klage einreichen (wegen); (*e-e Schuld*) einklagen: ***~ for a divorce*** auf Scheidung klagen; **6.** nachsuchen (***to s.o.*** bei j-m, ***for s.th.*** um et.).
suede, **suède** [sweɪd] *s.* Wildleder *n*, Ve'lours(leder) *n*.
su·et [ˈsjʊɪt] *s.* Nierenfett *n*, Talg *m*.
suf·fer [ˈsʌfə] **I** *v/i.* **1.** leiden (***from*** an *e-r Krankheit etc.*); **2.** leiden (***under*** [*od.* ***from***] unter *dat.*) (*Handel, Ruf, Maschine etc.*), Schaden leiden, zu Schaden kommen (*a. Person*); **3.** ⚔ Verluste erleiden; **4.** büßen, bezahlen müssen (***for*** für); **5.** hingerichtet werden; **II** *v/t.* **6.** *Strafe, Tod, Verlust etc.* erleiden, *Durst etc.* leiden, erdulden; **7.** *et. od. j-n* ertragen *od.* aushalten; **8.** a) dulden, (zu)lassen, b) erlauben, gestatten: ***he ~ed himself to be cheated*** er ließ sich betrügen; **'suf·fer·a·ble** [-fərəbl] *adj.* □ erträglich; **'suf·fer·ance** [-fərəns] *s.* **1.** Duldung *f*, Einwilligung *f*: ***on ~*** unter stillschweigender Duldung, nur geduldet(erweise); **2.** *obs.* a) Ergebung *f*, (Er)Dulden *n*, b) Leiden *n*, Not *f*: ***remain in ~*** ✝ weiter Not leiden (*Wechsel*); **'suf·fer·er** [-fərə] *s.* **1.** Leidende(r *m*) *f*, Dulder(in): ***be a ~ by*** (***from***) leiden durch (an *dat.*); **2.** Geschädigte(r *m*) *f*; **3.** Märtyrer(in); **'suf·fer·ing** [-fərɪŋ] **I** *s.* Leiden *n*, Dulden *n*; **II** *adj.* leidend.
suf·fice [səˈfaɪs] **I** *v/i.* genügen, (aus)reichen: ***~ it to say*** es genüge zu sagen; **II** *v/t. j-m* genügen.
suf·fi·cien·cy [səˈfɪʃnsɪ] *s.* **1.** Hinlänglichkeit *f*, Angemessenheit *f*; **2.** hinreichende Menge *od.* Zahl: ***a ~ of money*** genug Geld; **3.** hinreichendes Auskommen, auskömmliches Vermögen; **suf'fi·cient** [-nt] **I** *adj.* □ **1.** genügend, genug, aus-, hin-, zureichend (***for*** für): ***be ~*** genügen, (aus)reichen; ***~ reason*** zureichender Grund; ***I am not ~ of a scientist*** ich bin in den Naturwissenschaften nicht bewandert genug; **2.** *obs.* tauglich, fähig; **II** *s.* **3.** F genügende Menge, genug; **suf'fi·cient·ly** [-ntlɪ] *adv.* genügend, genug, hinlänglich.
suf·fix [ˈsʌfɪks] **I** *s.* **1.** *ling.* Suf'fix *n*, Nachsilbe *f*; **II** *v/t.* **2.** *ling.* als Nachsilbe anfügen; **3.** anfügen, -hängen.
suf·fo·cate [ˈsʌfəkeɪt] **I** *v/t.* ersticken (*a. fig.*); **II** *v/i.* (***with***) ersticken (an *dat.*), (fast) 'umkommen (vor *dat.*); **'suf·fo·cat·ing** [-tɪŋ] *adj.* □ erstickend, stickig; **suf·fo·ca·tion** [ˌsʌfəˈkeɪʃn] *s.* Ersticken *n*, Erstickung *f*.
suf·fra·gan [ˈsʌfrəgən] *eccl.* **I** *adj.* Hilfs..., Suffragan...; **II** *s. a.* ***~ bishop*** Weihbischof *m*.
suf·frage [ˈsʌfrɪdʒ] *s.* **1.** *pol.* Wahl-, Stimmrecht *n*: ***female ~*** Frauenstimmrecht; ***universal ~*** allgemeines Wahlrecht; **2.** (Wahl)Stimme *f*; **3.** Abstimmung *f*, Wahl *f*; **4.** Zustimmung *f*; **suf·fra·gette** [ˌsʌfrəˈdʒet] *s.* Suffra'gette *f*, Stimmrechtlerin *f*.
suf·fuse [səˈfjuːz] *v/t.* **1.** über'strömen, benetzen; über'gießen, -'ziehen, bedecken (***with*** mit *e-r Farbe*); durch'fluten (*Licht*): ***a face ~d with blushes*** ein von Schamröte übergossenes Gesicht; **2.** *fig.* (er)füllen; **suf'fu·sion** [-juːʒn] *s.* **1.** Über'gießen *n*, -'flutung *f*; **2.** 'Überzug *m*; **3.** ⚕ 'Blutunterˌlaufung *f*; **4.** *fig.* Schamröte *f*.
sug·ar [ˈʃʊgə] **I** *s.* **1.** Zucker *m* (*a.* ⚗, *physiol.*); **2.** ⚗ 'Kohlehyˌdrat *n*; **3.** *fig.* honigsüße Worte *pl.*; **4.** *sl.* ‚Zaster' *m* (*Geld*); **5.** F ‚Schätzchen' *n*; **II** *v/t.* **6.** zuckern, süßen; (über)'zuckern; **7.** *a.* ***~ over*** *fig.* a) versüßen, b) über'tünchen; ***~ ba·sin*** *s. Brit.* Zuckerdose *f*; ***~ beet*** *s.* ⚘ Zuckerrübe *f*; ***~ bowl*** *s. Am.* Zuckerdose *f*; ***~ can·dy*** *s.* Kandis(zucker) *m*; ***~ cane*** *s.* ⚘ Zuckerrohr *n*; **'~-coat** *v/t.* mit Zuckerguss über'ziehen; verzuckern (*a. fig.*): ***~ed pill*** Dragee *n*, verzuckerte Pille (*a. fig.*); ***~ coat·ing*** *s.* **1.** Über'zuckerung *f*, Zuckerguss *m*; **2.** *fig.* Versüßen *n*; Beschönigung *f*; ***~ dad·dy*** *s.* alter ‚Knacker', der ein junges Mädchen aushält.
sug·ared [ˈʃʊgəd] *adj.* **1.** gezuckert, gesüßt; **2.** mit Zuckerguss; **3.** *fig.* (honig)süß.
sug·ar| loaf *s.* [*irr.*] Zuckerhut *m*; ***~ ma·ple*** *s.* ⚘ Zuckerahorn *m*; **'~-plum** *s.* **1.** Bon'bon *m*, *n*, Süßigkeit *f*; **2.** *fig.* Lockspeise *f*, Schmeiche'lei *f*; ***~ re·fin·er·y*** *s.* 'Zuckerraffineˌrie *f*; ***~ tongs*** *s. pl.* Zuckerzange *f*.
sug·ar·y [ˈʃʊgərɪ] *adj.* **1.** zuckerhaltig, zuck(e)rig, süß; **2.** süßlich (*a. fig.*); **3.** *fig.* zuckersüß.
sug·gest [səˈdʒest] *v/t.* **1.** *et. od. j-n* vorschlagen, empfehlen; *et.* anregen; *et.* nahe legen (***to*** *dat.*); **2.** *Idee etc.* eingeben, -flüstern, suggerieren: ***the idea ~s itself*** der Gedanke drängt sich auf (***to*** *dat.*); **3.** hindeuten, -weisen, schließen lassen auf (*acc.*); **4.** denken lassen *od.* erinnern *od.* gemahnen an (*acc.*); **5.** *et.* andeuten, anspielen auf (*acc.*); zu verstehen geben (***that*** dass); **6.** behaupten, meinen (***that*** dass); **sug'gest·i·ble** [-təbl] *adj.* **1.** beeinflussbar, sugge'stibel; **2.** suggerierbar; **sug'ges·tion** [-tʃn] *s.* **1.** Vorschlag *m*, Anregung *f*: ***at the ~ of*** auf Vorschlag von (*od. gen.*); **2.** Wink *m*, Hinweis *m*; **3.** Spur *f*, I'dee *f*: ***not even a ~ of fatigue*** nicht die leiseste Spur von Müdigkeit; **4.** Vermutung *f*: ***a mere ~***; **5.** Erinnerung *f* (***of*** an *acc.*); **6.** Andeutung *f*, Anspielung *f* (***of*** auf *acc.*); **7.** Suggesti'on *f*, Beeinflussung *f*; **8.** Eingebung *f*, -flüsterung *f*; **sug'ges·tive** [-tɪv] *adj.* □ **1.** anregend, gehaltvoll; **2.** (***of***) andeutend (*acc.*), erinnernd (an *acc.*): ***be ~ of*** → ***suggest*** 3, 4; **3.** viel sagend; *b.s.* zweideutig, schlüpfrig; **4.** *psych.* sugge'stiv; **sug'ges·tive·ness** [-tɪvnɪs] *s.* **1.** *das* Anregende *od.* Vielsagende, Gedanken-, Beziehungsreichtum *m*; **2.** Schlüpfrigkeit *f*, Zweideutigkeit *f*.
su·i·cid·al [sjʊɪˈsaɪdl] *adj.* □ selbstmörderisch (*a. fig.*), Selbstmord...; **su·i·cide** [ˈsjʊɪsaɪd] **I** *s.* **1.** Selbstmord *m* (*a. fig.*), Freitod *m*: ***commit ~*** Selbstmord begehen; **2.** Selbstmörder(in); **II** *adj.* **3.** Selbstmord...
su·int [swɪnt] *s.* Wollfett *n*.
suit [suːt] **I** *s.* **1.** Satz *m*, Garni'tur *f*: ***~ of armo(u)r*** Rüstung *f*; **2.** a) *a.* ***~ of clothes*** (Herren)Anzug *m*, b) ('Damen)Koˌstüm *n*: ***cut one's ~ according to one's cloth*** *fig.* sich nach der Decke strecken; **3.** *Kartenspiel*: Farbe *f*: ***long ~*** lange Hand; ***follow ~*** a) Farbe bekennen, b) *fig.* ‚nachziehen', dasselbe tun, j-s Beispiel folgen; **4.** ⚖ Rechtsstreit *m*, Pro'zess *m*, Klage(sache) *f*; **5.** Werbung *f*, (Heirats)Antrag *m*; **6.** Anliegen *n*, Bitte *f*; **II** *v/t.* **7.** (***to***) anpassen (*dat. od.* an *acc.*), einrichten (nach): ***~ the action to the word*** das Wort in die Tat umsetzen; ***~ one's style to*** sich im Stil nach *dem Publikum* richten; ***a task ~ed to his powers*** e-e s-n Kräften angemessene Aufgabe; **8.** entsprechen (*dat.*): ***~ s.o.'s purpose***; **9.** passen zu; *j-m* stehen, *j-n* kleiden; **10.** passen für, sich eignen zu *od.* für; → ***suited*** 1; **11.** sich schicken *od.* ziemen für *j-n*; **12.** *j-m* bekommen, zusagen (*Klima, Speise etc.*); **13.** *j-m* gefallen, *j-n* zufrieden stellen: ***try to ~ everybody*** es allen Leuten recht machen wollen; ***~ o.s.*** nach Belieben handeln; ***~ yourself*** mach, was du willst; ***are you ~ed?*** haben Sie et. Passendes gefunden?; **14.** *j-m* recht sein *od.* passen; **III** *v/i.* **15.** passen, (an)genehm sein; **16.** (***with***, ***to***) passen (zu), über'einstimmen (mit); **suit·a·bil·i·ty** [ˌsuːtəˈbɪlətɪ] *s.* **1.** Eignung *f*; **2.** Angemessenheit *f*; **3.** Schicklichkeit *f*; **'suit·a·ble** [-təbl] *adj.* □ passend, geeignet; angemessen (***to***, ***for*** für, zu): ***be ~*** a) passen, sich eignen, b) sich schicken; **'suit·a·ble·ness** [-təblnɪs] → ***suitability***.
'suit·case *s.* Handkoffer *m*.
suite [swiːt] *s.* **1.** Gefolge *n*; **2.** Folge *f*, Reihe *f*, Serie *f*; **3.** *a.* ***~ of rooms*** a) Suite *f*, Zimmerflucht *f*, b) Apparte'ment *n*; **4.** ('Möbel)Garniˌtur *f*, (Zimmer)Einrichtung *f*; **5.** Fortsetzung *f* (*Roman etc.*); **6.** ♪ Suite *f*.
suit·ed [ˈsuːtɪd] *adj.* **1.** passend, geeignet (***to***, ***for*** für): ***he is not ~ for*** (*od.* ***to be***) ***a teacher*** er eignet sich nicht zum Lehrer; **2.** *in Zssgn*: gekleidet; **'suit·ing** [-ɪŋ] *s.* Anzugstoff *m*.
suit·or [ˈsuːtə] *s.* **1.** Verehrer *m*, Freier *m*; **2.** ⚖ Kläger *m*, (Pro'zess)Parˌtei *f*; **3.** Bittsteller *m*; **4.** ✝ Übernahme-interessent *m*.
sulfa drugs, **sul·fate** *etc.* → ***sulpha drugs***, ***sulphate*** *etc.*
sulk [sʌlk] **I** *v/i.* schmollen (***with*** mit), trotzen, schlechter Laune *od.* ‚eingeschnappt' sein; **II** *s. mst pl.* Schmollen *n*, (Anfall *m* von) Trotz *m*, schlechte Laune: ***be in the ~s*** → I; **'sulk·i·ness** [-kɪnɪs] *s.* Schmollen *n*, Trotzen *n*, schlechte Laune, mürrisches Wesen; **'sulk·y** [-kɪ] **I** *adj.* □ **1.** mürrisch, launisch; **2.** schmollend, trotzend; **3.** *Am.* für 'eine Per'son (bestimmt): ***a ~ set of China***; **4.** ✓, ⚙ *Am. Pflug* mit Fahrersitz; **II** *s.* **5.** a) zweirädriger, einsitziger Einspänner, b) *sport* Sulky *n*, Traberwagen *m*.
sul·len [ˈsʌlən] *adj.* □ **1.** mürrisch,

S

grämlich, verdrossen; **2.** düster (*Miene, Landschaft etc.*); **3.** 'widerspenstig, störrisch (*bsd. Tiere u. Dinge*); **4.** langsam, träge (*Schritt etc.*); '**sul·len·ness** [-nɪs] *s.* **1.** mürrisches Wesen, Verdrossenheit *f*; **2.** Düsterkeit *f*; **3.** 'Widerspenstigkeit *f*; **4.** Trägheit *f*.

sul·ly ['sʌlɪ] *v/t. mst fig.* besudeln, beflecken.

sul·pha drugs ['sʌlfə] *s. pl. pharm.* Sulfona'mide *pl.*

sul·phate ['sʌlfeɪt] ⚗ **I** *s.* schwefelsaures Salz, Sul'fat *n*: ~ ***of copper*** 'Kupfervitri,ol *n*, -sulfat; **II** *v/t.* sulfatieren; '**sul·phide** [-faɪd] *s.* ⚗ Sul'fid *n*; '**sul·phite** [-faɪt] *s.* ⚗ schwefeligsaures Salz, Sul'fit *n.*

sul·phur ['sʌlfə] *s.* **1.** ⚗ Schwefel *m*: ~ ***dioxide*** Schwefeldioxid *n*; **2.** *a.* ~ ***yellow*** Schwefelgelb *n* (*Farbe*); **3.** *zo. ein* Weißling *m* (*Falter*); '**sul·phu·rate** [-fjʊreɪt] → ***sulphurize***; **sul·phu·re·ous** [sʌl'fjʊərɪəs] *adj.* **1.** schwef(e)lig, schwefelhaltig, Schwefel...; **2.** schwefelfarben; '**sul·phu·ret** [-fjʊret] ⚗ **I** *s.* Sul'fid *n*; **II** *v/t.* schwefeln: ~***ted*** geschwefelt; ~***ted hydrogen*** Schwefelwasserstoff *m*; **sul·phu·ric** [sʌl'fjʊərɪk] *adj.* ⚗ Schwefel...; '**sul·phu·rize** [-jʊəraɪz] ⚗, ⚙ *v/t.* **1.** schwefeln; **2.** vulkanisieren; '**sul·phu·rous** [-fərəs] *adj.* **1.** ⚗ → ***sulphureous***; **2.** *fig.* hitzig, heftig.

sul·tan ['sʌltən] *s.* Sultan *m*; **sul·tan·a** [sʌl'tɑːnə] *s.* **1.** Sultanin *f*; **2.** [səl'tɑːnə] *a.* ~ ***raisin*** ⚘ Sulta'nine *f*; '**sul·tan·ate** [-tənɪt] *s.* Sulta'nat *n.*

sul·tri·ness ['sʌltrɪnɪs] *s.* Schwüle *f*; **sul·try** ['sʌltrɪ] *adj.* ☐ **1.** schwül (*a. fig. erotisch*); **2.** *fig.* heftig, heiß, hitzig (*Temperament etc.*).

sum [sʌm] **I** *s.* **1.** *allg.* Summe *f*: a) *a.* ~ ***total*** (Gesamt-, End)Betrag *m*, b) (Geld)Betrag *m*, c) *fig.* Ergebnis *n*, d) *fig.* Gesamtheit *f*: ***in*** ~ insgesamt, *fig.* mit 'einem Wort; **2.** F a) Rechenaufgabe *f*, b) *pl.* Rechnen *n*: ***do*** ~***s*** rechnen; ***he is good at*** ~***s*** er kann gut rechnen; **3.** *fig.* Inbegriff *m*, Kern *m*, Sub'stanz *f*; **4.** Zs.-fassung *f*; **II** *v/t.* **5.** *a.* ~ ***up*** summieren, zs.-zählen; **6.** ~ ***up*** *Ergebnis* ausmachen; **7.** ~ ***up*** *fig.* (kurz) zs.-fassen, rekapitulieren; **8.** ~ ***up*** (kurz) ein-, abschätzen, (mit Blicken) messen; **III** *v/i.* **9.** ~ ***up*** (das Gesagte) zs.-fassen, resümieren.

sum·ma·ri·ness ['sʌmərɪnɪs] *s. das* Sum'marische, Kürze *f*; '**sum·ma·rize** [-raɪz] *v/t. u. v/i.* (kurz) zs.-fassen; '**sum·ma·ry** [-rɪ] **I** *s.* Zs.-fassung *f*, (gedrängte) 'Übersicht, Abriss *m*, (kurze) Inhaltsangabe; **II** *adj.* sum'marisch: a) knapp, gedrängt, b) ⚖ abgekürzt, Schnell...: ~ ***procedure***; ~ ***offence*** Übertretung *f*; ~ ***dismissal*** fristlose Entlassung; **sum·ma·tion** [sʌ'meɪʃn] *s.* **1.** a) Zs.-zählen *n*, b) Summierung *f*, c) (Gesamt)Summe *f*; **2.** ⚖ Resü'mee *n.*

sum·mer[1] ['sʌmə] **I** *s.* **1.** Sommer *m*: ***in*** (***the***) ~ im Sommer; **2.** Lenz *m* (*Lebensjahr*): ***a lady of 20*** ~***s***; **II** *v/t.* **3.** *Vieh etc.* über'sommern lassen; **III** *v/i.* **4.** den Sommer verbringen; **IV** *adj.* **5.** Sommer...

sum·mer[2] ['sʌmə] *s.* ⚠ **1.** Oberschwelle *f*; **2.** Trägerbalken *m*; **3.** Tragstein *m auf Pfeilern.*

sum·mer| camp *s.* 'Ferienlager *n* (*für Kinder*); ~ **house** *s.* **1.** Gartenhaus *n*, (-)Laube *f*; **2.** Landhaus *n*; ~ **light·ning** *s.* Wetterleuchten *n.*

'**sum·mer·like** [-laɪk], **sum·mer·ly** ['sʌməlɪ] *adj.* sommerlich.

sum·mer| re·sort *s.* Sommerfrische *f*, -kurort *m*; ~ **sales** *s. pl.* 'Sommerschlussver,kauf *m*; ~ **school** *s. bsd. univ.* Ferien-, Sommerkurs *m*; ~ **term** *s. univ.* 'Sommerse,mester *n*; '~**·time** *s.* Sommer *m*, Sommerzeit *f*; ~ **time** *s.* Sommerzeit *f* (*Uhrzeit*).

sum·mer·y ['sʌmərɪ] *adj.* sommerlich.

,**sum·ming-'up** [,sʌmɪŋ-] (kurze) Zs.-fassung, Resü'mee *n* (*a.* ⚖).

sum·mit ['sʌmɪt] *s.* **1.** Gipfel *m* (*a. fig. pol.*), Kuppe *f e-s Berges*: ~ ***conference*** *pol.* Gipfelkonferenz *f*; ***reach the*** ~ den Gipfel erreichen (*a. fig.*); **2.** Scheitel *m e-r Kurve etc.*; Kappe *f*, Krone *f e-s Dammes etc.*; **3.** *fig.* Gipfel *m*, Höhepunkt *m*: ***at the*** ~ ***of power*** auf dem Gipfel der Macht; **4.** höchstes Ziel; '**sum·mit·ry** [-trɪ] *s. pol.* 'Gipfelpoli,tik *f.*

sum·mon ['sʌmən] *v/t.* **1.** auffordern, -rufen (***to do*** *et.* zu tun); **2.** rufen, kommen lassen, (her)zitieren; **3.** ⚖ vorladen; **4.** *Konferenz etc.* zs.-rufen, einberufen; **5.** *oft* ~ ***up*** *Kräfte, Mut etc.* zs.-nehmen, zs.-raffen, aufbieten; '**sum·mon·er** [-nə] *s.* (*hist.* Gerichts)Bote *m*; '**sum·mons** [-nz] *s.* **1.** Ruf *m*, Berufung *f*; **2.** Aufforderung *f*, Aufruf *m*; **3.** ⚖ (Vor)Ladung *f*: ***take out a*** ~ ***against s.o.*** j-n (vor)laden lassen; **4.** Einberufung *f.*

sump [sʌmp] *s.* **1.** Sammelbehälter *m*, Senkgrube *f*; **2.** ⚙, *mot.* Ölwanne *f*; **3.** ⚒ (Schacht)Sumpf *m.*

sump·ter ['sʌmptə] **I** *s.* Saumtier *n*; **II** *adj.* Pack...: ~ ***horse***; ~ ***saddle.***

sump·tion ['sʌmpʃn] *s. phls.* **1.** Prä'misse *f*; **2.** Obersatz *m.*

sump·tu·ar·y ['sʌmptjʊərɪ] *adj.* Aufwands..., Luxus...; '**sump·tu·ous** [-əs] *adj.* ☐ **1.** kostspielig; **2.** kostbar, prächtig, herrlich; **3.** üppig; '**sump·tu·ous·ness** [-əsnɪs] *s.* **1.** Kostspieligkeit *f*; **2.** Pracht *f*; Aufwand *m*, Luxus *m.*

sun [sʌn] **I** *s.* **1.** Sonne *f*: ***a place in the*** ~ *fig.* ein Platz an der Sonne; ***under the*** ~ *fig.* unter der Sonne, auf Erden; ***with the*** ~ bei Tagesanbruch; ***his*** ~ ***is set*** *fig.* sein Stern ist erloschen; **2.** Sonne *f*, Sonnenwärme *f*, -licht *n*, -schein *m*: ***have the*** ~ ***in one's eyes*** die Sonne genau im Gesicht haben; **3.** *poet.* a) Jahr *n*, b) Tag *m*; **II** *v/t. u. v/i.* **4.** (sich) sonnen; ,~**-and-'plan·et (gear)** *s.* ⚙ Pla'netengetriebe *n*; '~**·baked** *adj.* von der Sonne ausgedörrt *od.* getrocknet; ~ **bath** *s.* Sonnenbad *n*; '~**·bathe** *v/i.* Sonnenbäder *od.* ein Sonnenbad nehmen; '~**·beam** *s.* Sonnenstrahl *m*; ~ **blind** *s. Brit.* Mar'kise *f*; '~**·block** *s.* Sunblocker *m*; '~**·burn** *s.* **1.** Sonnenbrand *m*; **2.** Sonnenbräune *f*; '~**·burned**, '~**·burnt** *adj.* **1.** sonn(en)verbrannt: ***be*** ~ *a.* e-n Sonnenbrand haben; **2.** sonnengebräunt; '~**·burst** *s.* **1.** plötzlicher 'Durchbruch der Sonne; **2.** Sonnenbanner *n* (*Japans*).

sun·dae ['sʌndeɪ] *s.* Eisbecher *m.*

Sun·day ['sʌndɪ] **I** *s.* **1.** Sonntag *m*: ***on*** ~ (am) Sonntag; ***on*** ~(***s***) sonntags; ~ ***evening***, ~ ***night*** Sonntagabend *m*; **II** *adj.* **2.** sonntäglich, Sonntags...: ~ ***best*** F Sonntagsstaat *m*, -kleider *pl.*; ~ ***school*** *eccl.* Sonntagsschule *f*; **3.** F Sonntags...: ~ ***driver***; ~ ***painter.***

sun·der ['sʌndə] *poet.* **I** *v/t.* **1.** trennen, sondern (***from*** von); **2.** *fig.* entzweien; **II** *v/i.* **3.** sich trennen; **III** *s.* **4.** ***in*** ~ entzwei, auseinander.

'**sun|·di·al** *s.* Sonnenuhr *f*; '~**·down** → ***sunset***; '~,**down·er** *s.* F **1.** *Austral.* Landstreicher *m*; **2.** Dämmerschoppen *m.*

sun·dries ['sʌndrɪz] *s. pl.* Di'verses *n*, Verschiedenes *n*, allerlei Dinge; di'verse Unkosten; **sun·dry** ['sʌndrɪ] *adj.* verschiedene, di'verse, allerlei, -hand: ***all and*** ~ all u. jeder, alle miteinander.

'**sun|·fast** *adj. Am.* lichtecht; '~,**flow·er** *s.* Sonnenblume *f.*

sung [sʌŋ] *pret. u. p.p. von sing.*

'**sun|,glass·es** *s. pl. a.* ***pair of*** ~ Sonnenbrille *f*; '~**·glow** *s.* **1.** Morgen- *od.* Abendröte *f*; **2.** Sonnenhof *m*; ~ **god** *s.* Sonnengott *m*; ~ **hel·met** *s.* Tropenhelm *m.*

sunk [sʌŋk] **I** *pret. u. p.p. von sink*; **II** *adj.* **1.** vertieft; **2.** *bsd.* ⚙ eingelassen, versenkt: ~ ***screw***; '**sunk·en** [-kn] **I** *obs. p.p. von sink*; **II** *adj.* **1.** versunken; **2.** eingesunken: ~ ***rock*** blinde Klippe; **3.** tief liegend, vertieft (angelegt); **4.** ⚙ → ***sunk*** 2; **5.** *fig.* hohl (*Augen, Wangen*), eingefallen (*Gesicht*).

sun| lamp *s.* **1.** ⚕ Ultravio'lettlampe *f*; **2.** *Film*: Jupiterlampe *f*; '~**·light** *s.* Sonnenschein *m*, -licht *n*; '~**·lit** *adj.* sonnenbeschienen.

sun·ni·ness ['sʌnɪnɪs] *fig. das* Sonnige;

sun·ny ['sʌnɪ] *adj.* ☐ sonnig (*a. fig. Gemüt, Lächeln etc.*), Sonnen...: ~ ***side*** Sonnenseite *f* (*a. fig. des Lebens*), *fig. a. die* heitere Seite; ***be on the*** ~ ***side of forty*** noch nicht 40 (Jahre alt) sein.

sun| par·lor, ~ **porch** *s. Am.* 'Glasve,randa *f*; ~ **pow·er** *s. phys.* 'Sonnenener,gie *f*; '~**·proof** *adj.* **1.** für Sonnenstrahlen 'un,durchlässig; **2.** lichtfest; '~**·rise** *s.* (***at*** ~ bei) Sonnenaufgang *m*; '~**·roof** *s.* **1.** 'Dachter,rasse *f*; **2.** *mot.* Schiebedach *n*; '~**·screen** *s.* Sonnenschutzmittel *n*; '~**·set** *s.* (***at*** ~ bei) 'Sonnen,untergang *m*: ~ ***of life*** *fig.* Lebensabend *m*; '~**·shade** *s.* **1.** Sonnenschirm *m*; **2.** Mar'kise *f*; **3.** *phot.* Gegenlichtblende *f*; **4.** *pl.* Sonnenbrille *f*; '~**·shine** *s.* Sonnenschein *m* (*a. fig.*); sonniges Wetter: ~ ***roof*** *mot.* Schiebedach *n*; ~ **show·er** *s.* F leichter Schauer bei Sonnenschein; ~ **spot** *s.* **1.** *ast.* Sonnenfleck *m*; **2.** Sommersprosse *f*; **3.** *Brit.* F sonnige Gegend; '~**·stroke** *s.* ⚕ Sonnenstich *m*; '~**·struck** *adj.*: ***be*** ~ e-n Sonnenstich haben; '~**·tan** *s.* (Sonnen-) Bräune *f*: ~ ***lotion*** Sonnenöl *n*; '~**·trap** *s.* sonniges Plätzchen; '~**·up** *s. dial.* Sonnenaufgang *m*; ~ **vi·sor** *s. mot.* Sonnenblende *f*; ~ **wor·ship·(p)er** *s.* Sonnenanbeter *m.*

sup[1] [sʌp] *v/i. obs.* zu Abend essen (***off*** *od.* ***on s.th.*** et).

sup[2] [sʌp] **I** *v/t. a.* ~ ***off***, ~ ***out*** löffeln, schlürfen: ~ ***sorrow*** *fig.* leiden; **II** *v/i.* nippen, löffeln; **III** *s.* Mund *m* voll, kleiner Schluck: ***a bite and a*** ~ et. zu essen u. zu trinken; ***neither bit*** (*od.* ***bite***) ***nor*** ~ nichts zu nagen u. zu beißen.

super- [suːpə] *in Zssgn* a) 'übermäßig, Über..., über..., b) oberhalb (von *od. gen.*) *od.* über (*dat.*) befindlich, c) Super... (*bsd. in wissenschaftlichen Ausdrücken*), d) 'übergeordnet, Ober...

su·per ['suːpə] **I** *s.* **1.** F *für* a) ***superintendent***, b) ***supernumerary***, c) ***superhet***(***erodyne***); **2.** ✝ F a) Spitzenklasse *f*, b) Quali'tätsware *f*; **II** *adj.* **3.** *a. iro.* Super...; **4.** F ‚super', ‚toll'; **III** *v/i. thea.* als Sta'tist(in) mitspielen.

su·per·a·ble ['suːpərəbl] *adj.* über'windbar, besiegbar.

S

ˌ**su·per|·a'bound** [-ərə-] *v/i.* **1.** im 'Überfluss vor'handen sein; **2.** Überfluss *od.* e-e 'Überfülle haben (***in, with*** an *dat.*); ˌ**~·a'bun·dance** [-ərə-] *s.* 'Überfülle *f*, -fluss *m* (***of*** an *dat.*); ˌ**~·a'bun·dant** [-ərə-] *adj.* □ **1.** 'überreichlich; **2.** 'überschwänglich; ˌ**~'add** [-ər'æd] *v/t.* noch hin'zufügen (***to*** zu): ***be ~ed*** (***to***) noch dazukommen (zu *et.*).

su·per|·an·nu·ate [ˌsuːpə'rænjʊeɪt] *v/t.* **1.** pensionieren, in den Ruhestand versetzen; **2.** (als zu alt *od.* als veraltet) ausscheiden *od.* zurückweisen; ˌ**~'an·nu·at·ed** [-tɪd] *adj.* **1.** a) pensioniert, b) über'altert (*Person*); **2.** veraltet, über'holt; **3.** ausgedient (*Sache*); **~·an·nu·a·tion** ['suːpəˌrænjʊ'eɪʃn] *s.* **1.** Pensionierung *f*; **2.** Ruhestand *m*; **3.** (Alters)Rente *f*, Ruhegeld *n*, Pensi'on *f*: ***~ fund*** Pensionskasse *f*.

su·perb [sjuː'pɜːb] *adj.* □ **1.** herrlich, prächtig; **2.** vor'züglich.

ˌ**su·per|'cal·en·der** ⚙ **I** *s.* 'Hochkaˌlander *m*; **II** *v/t. Papier* hochsatinieren; ˌ**~'car·go** *s.* Frachtaufseher *m*, Super'kargo *m*; '**~·charge** *v/t.* **1.** über'laden; **2.** ⚙, *mot.* vor-, 'überverdichten: ***~d engine*** Lader-, Kompressormotor *m*; '**~ˌcharg·er** *s.* ⚙ Kom'pressor *m*, Gebläse *n*.

su·per·cil·i·ous [ˌsuːpə'sɪlɪəs] *adj.* □ hochmütig, her'ablassend; ˌ**su·per'cil·i·ous·ness** [-nɪs] *s.* Hochmut *m*, Hochnäsigkeit *f*.

ˌ**su·per|·con'duc·tive** *adj. phys.* supraleitend; ˌ**~·con'duc·tor** *s. phys.* Supraleiter *m*; ˌ**~-'du·ty** *adj.* ⚙ Höchstleistungs...; ˌ**~·el·e'va·tion** [-əre-] *s.* ⚙ Über'höhung *f*; ˌ**~'em·i·nence** [-ər'e-] *s.* **1.** Vorrang(stellung *f*) *m*; **2.** über'ragende Bedeutung *od.* Quali'tät, Vortrefflichkeit *f*.

su·per·er·o·ga·tion ['suːpərˌerə'geɪʃn] *s.* Mehrleistung *f*: ***works of ~*** *eccl.* überschüssige (gute) Werke; ***work of ~*** *fig.* Arbeit über die Pflicht hinaus; **su·per·e·rog·a·to·ry** [ˌsuːpəre'rɒgətərɪ] *adj.* **1.** über das Pflichtmaß hin'ausgehend, 'übergebührlich; **2.** 'überflüssig.

su·per·fi·ci·al [ˌsuːpə'fɪʃl] *adj.* □ **1.** oberflächlich, Oberflächen...; **2.** Flächen..., Quadrat...: ***~ measurement*** Flächenmaß *n*; **3.** äußerlich, äußer: ***~ characteristics***; **4.** *fig.* oberflächlich: a) flüchtig, b) *contp.* seicht; **su·per·fi·ci·al·i·ty** ['suːpəˌfɪʃɪ'ælətɪ] *s.* **1.** Oberflächenlage *f*; **2.** *fig.* Oberflächlichkeit *f*; **su·per·fi·ci·es** [ˌsuːpə'fɪʃiːz] *s.* **1.** (Ober)Fläche *f*; **2.** *fig.* Oberfläche *f*, äußerer Anschein.

'**su·per|·film** *s.* Monumen'talfilm *m*; ˌ**~'fine** *adj.* **1.** *bsd.* ✝ extra-, hochfein; **2.** über'feinert.

su·per·flu·i·ty [ˌsuːpə'flʊətɪ] *s.* **1.** 'Überfluss *m*, Zu'viel *n* (***of*** an *dat.*); **2.** *mst pl.* Entbehrlichkeit *f*, 'Überflüssigkeit *f*; **su·per·flu·ous** [suː'pɜːflʊəs] *adj.* □ 'überflüssig.

ˌ**su·per|'heat** *v/t.* ⚙ über'hitzen; '**~ˌhe·ro** *s.* Superheld *m*; '**~·het** [-het], ˌ**~'het·er·o·dyne** [-'hetərədaɪn] **I** *adj.* Überlagerungs..., Superhet...; **II** *s.* Über'lagerungsempfänger *m*, Super(het) *m*; '**~·high fre·quen·cy** *s.* ϟ 'Höchstfreˌquenz(bereich *m*) *f*; ˌ**~'high·way** *s. Am.* Autobahn *f*; ˌ**~'hu·man** *adj.* 'übermenschlich: ***~ beings***; ***~ efforts***; ˌ**~·im'pose** [-ərɪ-] *v/t.* **1.** dar'auf *od.* dar'über setzen *od.* legen; **2.** setzen, legen, lagern (***on*** auf, über *acc.*): ***one ~d on the other*** übereinander gelagert; **3.** (***on***) hin'zufügen (zu), folgen lassen (*dat.*); **4.** ϟ, *phys.* über'lagern; **5.** *Film etc.*: 'durch-, einblenden, einkopieren.

su·per·in·tend [ˌsuːpərɪn'tend] *v/t.* die (Ober)Aufsicht haben über (*acc.*), beaufsichtigen, über'wachen, leiten; ˌ**su·per·in'tend·ence** [-dəns] *s.* (Ober-) Aufsicht *f* (***over*** über *acc.*), Leitung *f* (***of*** *gen.*); ˌ**su·per·in'ten·dent** [-dənt] **I** *s.* **1.** Leiter *m*, Vorsteher *m*, Di'rektor *m*: ***~ of public works***; **2.** Oberaufseher *m*, Aufsichtsbeamte(r) *m*, In'spektor *m*: ***~ of schools***; **3.** a) *Brit. etwa* 'Hauptkommisˌsar *m*, b) *Am.* Poli'zeichef *m*; **4.** *eccl.* Superinten'dent *m*; **5.** Hausverwalter *m*; **II** *adj.* **6.** Aufsicht führend, leitend, Aufsichts...

su·pe·ri·or [suː'pɪərɪə] **I** *adj.* □ **1.** höher liegend, ober: ***~ planets*** *ast.* äußere Planeten; ***~ wings*** *zo.* Flügeldecken; **2.** höher (stehend), Ober..., vorgesetzt: ***~ court*** ⚖ höhere Instanz; ***~ officer*** vorgesetzter *od.* höherer Beamter *od.* Offizier, Vorgesetzte(r) *m*; **3.** über'legen, -'ragend: ***~ man***; ***~ skill***; → ***style*** 1 b; **4.** besser (***to*** als), her'vorragend, erlesen: ***~ quality***; **5.** (***to***) größer, stärker (als), über'legen (*dat.*): ***~ forces*** ⚔ Übermacht *f*; ***~ in number*** zahlenmäßig überlegen, in der Überzahl; **6.** *fig.* erhaben (***to*** über *acc.*): ***~ to prejudice***; ***rise ~ to*** sich über *et.* erhaben zeigen; **7.** *fig.* über'legen, -'heblich: ***~ smile***; **8.** *iro.* vornehm: ***~ persons*** bessere *od.* feine Leute; **9.** *typ.* hochgestellt; **II** *s.* **10.** ***be s.o.'s ~*** j-m überlegen sein (***in*** im *Denken etc.*, an *Mut etc.*); **11.** Vorgesetzte(r *m*) *f*; **12.** *eccl.* a) Su'perior *m*, b) *mst* ***lady ~*** Oberin *f*; **su·pe·ri·or·i·ty** [suːˌpɪərɪ'ɒrətɪ] *s.* **1.** Erhabenheit *f* (***to, over*** über *acc.*); **2.** Über'legenheit *f*, 'Übermacht *f* (***to, over*** über *acc.*, ***in*** in *od.* an *dat.*); **3.** Vorrecht *n*, -rang *m*, -zug *m*; **4.** Über'heblichkeit *f*: ***~ complex*** *psych.* Superioritätskomplex *m*.

su·per·la·tive [suː'pɜːlətɪv] **I** *adj.* □ **1.** höchst; **2.** über'ragend, 'unüberˌtrefflich; **3.** *ling.* superlativisch, Superlativ...: ***~ degree*** → 5; **II** *s.* **4.** höchster Grad, Gipfel *m*; *contp.* Ausbund *m* (***of*** von *od.* an *dat.*); **5.** *ling.* Superlativ *m*: ***talk in ~s*** *fig.* in Superlativen reden.

'**su·per|·man** [-mæn] *s.* [*irr.*] **1.** 'Übermensch *m*; **2.** a) 2 *ein Comic-Held*, b) *iro.* Supermann *m*; '**~ˌmar·ket** *s.* Supermarkt *m*: ***~ trolley*** Einkaufswagen *m*; ˌ**~'nat·u·ral I** *adj.* □ 'übernaˌtürlich; **II** *s.* *das* 'Übernaˌtürliche; ˌ**~'nor·mal** *adj.* □ **1.** 'überˌdurchschnittlich; **2.** außer-, ungewöhnlich; ˌ**~'nu·mer·ar·y** [-'njuːmərərɪ] **I** *adj.* **1.** 'überzählig, außerplanmäßig, extra; **2.** 'überflüssig; **II** *s.* **3.** 'überzählige Per'son *od.* Sache; **4.** außerplanmäßiger Beamter *od.* Offi'zier; **5.** Hilfskraft *f*, -arbeiter(in); **6.** *thea. etc.* Sta'tist(in); ˌ**~'ox·ide** [-ər'ɒ-] *s.* ⚗ 'Super-, 'Peroˌxid *n*; ˌ**~'phos·phate** *s.* ⚗ 'Superphosˌphat *n*.

su·per·pose [ˌsuːpə'pəʊz] *v/t.* **1.** (auf)legen, lagern, schichten (***on*** über, auf *acc.*); **2.** überein'ander legen *od.* lagern (*a.* 𝒜); **3.** ϟ über'lagern; ˌ**su·per·po'si·tion** *s.* **1.** Aufschichtung *f*, -lagerung *f*; **2.** Überein'andersetzen *n*; **3.** *geol.* Schichtung *f*; **4.** ⚘, 𝒜 Superpositi'on *f*; **5.** ϟ Über'lagerung.

'**su·per|ˌpow·er I** *s. pol.* Supermacht *f*; **II** *adj.* ϟ Groß...: ***~ station*** Großkraftwerk *n*; '**~·race** *s.* Herrenvolk *n*; '**~ˌsav·er** *s.* **1.** 🚂, ✈ (Fahrkarte *f od.* Flugschein *m* zum) Super'sparpreis *m*; **2.** (stark verbilligtes) Angebot (*in Läden*).

su·per·script ['suːpəskrɪpt] *typ., Computer*: **I** *s.* hochgestelltes Zeichen; **II** *adj.* hochgestellt.

su·per·sede [ˌsuːpə'siːd] *v/t.* **1.** *j-n od. et.* ersetzen (***by*** durch); **2.** *et.* abschaffen, beseitigen, *Gesetz etc.* aufheben; **3.** *j-n* absetzen, s-s Amtes entheben; **4.** *j-n in der Beförderung etc.* über'gehen; **5.** *et.* verdrängen, ersetzen, 'überflüssig machen; **6.** an die Stelle treten von (*od. gen.*), *j-n od. et.* ablösen: ***be ~d by*** abgelöst werden von; ˌ**su·per'se·de·as** [-dɪæs] *s.* **1.** ⚖ Sistierungsbefehl *m*, 'Widerruf *m e-r Anordnung*; **2.** *fig.* aufschiebende Wirkung, Hemmnis *n*; ˌ**su·per'sed·ence** [ˌsuːpə'siːdəns] → ***supersession***.

ˌ**su·per'sen·si·tive** *adj.* 'überempfindlich.

ˌ**su·per'ses·sion** *s.* **1.** Ersetzung *f* (***by*** durch); **2.** Abschaffung *f*, Aufhebung *f*; **3.** Absetzung *f*; **4.** Verdrängung *f*.

ˌ**su·per|'son·ic I** *adj.* **1.** *phys.* Ultraschall...; **2.** ✈ Überschall...: ***~ boom***, ***~ bang*** → ***sonic bang***; ***at ~ speed*** mit Überschallgeschwindigkeit; **II** *s.* **3.** ✈, *phys.* 'Überschallflug(zeug *n*) *m*; ˌ**~'son·ics** *pl. phys.* a) Ultraschallwellen *pl.*, b) *mst sg. konstr.* Fachgebiet *n* des Ultraschalls; '**~·star** *s.* Superstar *m*; '**~·state** *s. pol.* Supermacht *f*.

su·per·sti·tion [ˌsuːpə'stɪʃn] *s.* Aberglaube(n) *m*; ˌ**su·per'sti·tious** [-ʃəs] *adj.* □ abergläubisch; ˌ**su·per'sti·tious·ness** [-ʃəsnɪs] *s.* *das* Abergläubische, Aberglaube(n) *m*.

ˌ**su·per|'stra·tum** *s.* [*irr.*] **1.** *geol.* obere Schicht; **2.** *ling.* Super'strat *n*; '**~ˌstruc·ture** *s.* **1.** Ober-, Aufbau *m*: ***~ work*** Hochbau *m*; **2.** ⚓ (Decks)Aufbauten *pl.*; **3.** *fig.* Oberbau *m*; '**~·tax** *s.* **1.** → ***surtax*** I; **2.** *Brit.* Einkommensteuerzuschlag *m*.

su·per·vene [ˌsuːpə'viːn] *v/i.* **1.** (noch) hin'zukommen ([***up***]***on*** zu); **2.** (unvermutet) eintreten, da'zwischenkommen; **3.** (unmittelbar) folgen, sich ergeben; ˌ**su·per'ven·tion** [-'venʃn] *s.* **1.** Hin'zukommen *n* (***on*** zu); **2.** Da'zwischenkommen *n*.

su·per·vise ['suːpəvaɪz] *v/t.* beaufsichtigen, über'wachen, die Aufsicht haben *od.* führen über (*acc.*), kontrollieren; ˌ**su·per'vi·sion** [-'vɪʒn] *s.* **1.** Beaufsichtigung *f*; **2.** (Ober)Aufsicht *f*, Leitung *f*, Kon'trolle *f* (***of*** über *acc.*): ***police ~*** Polizeiaufsicht; **3.** *ped.* 'Schulinspekti'on *f*; '**su·per·vi·sor** [-zə] *s.* **1.** Aufseher *m*, Aufsichtführende(r) *m*, In'spektor *m*, Kontrol'leur *m*; **2.** *Am.* (leitender) Beamter e-s Stadt- *od.* Kreisverwaltungsvorstandes; **3.** *univ.* Doktorvater *m*; '**su·per·vi·so·ry** [-zərɪ] *adj.* Aufsichts...: ***in a ~ capacity*** Aufsicht führend; ***~ board*** ✝ *coll.* Aufsichtsrat *m* (*e-r AG*).

su·pine[1] ['sjuːpaɪn] *s. ling.* Su'pinum *n*.

su·pine[2] [sjuː'paɪn] *adj.* □ **1.** auf dem Rücken liegend, aus-, hingestreckt: ***~ position*** Rückenlage *f*; **2.** *poet.* zu'rückgelehnt; **3.** *fig.* (nach)lässig, untätig, träge.

sup·per ['sʌpə] *s.* **1.** Abendessen *n*: ***have ~*** zu Abend essen; ***~ club*** *Am.* exklusiver Nachtklub; **2.** ***the 2*** *eccl.* a) *a.* ***the Last 2*** das letzte Abendmahl, b) *a.* ***the Lord's*** ***&*** das heilige Abendmahl, *R.C.* die heilige Kommunion.

sup·plant [sə'plɑːnt] *v/t. j-n od. et.* verdrängen, *Rivalen etc.* ausstechen.

sup·ple ['sʌpl] **I** *adj.* □ **1.** geschmeidig: a) biegsam, b) *fig.* beweglich (*Geist etc.*); **2.** unter'würfig; **II** *v/t.* **3.** geschmeidig machen.

sup·ple·ment **I** *s.* ['sʌplɪmənt] **1.** (***to***) Ergänzung *f* (*gen. od.* zu), Zusatz *m* (zu); **2.** Nachtrag *m*, Anhang *m* (*zu e-m Buch*), Ergänzungsband *m*; **3.** (*Zeitungs- etc.*)Beilage *f*; **4.** ∢ Ergänzung (*auf 180 Grad*); **II** *v/t.* ['sʌplɪment] **5.** ergänzen; **sup·ple·ment·al** [ˌsʌplɪ'mentl] *adj.* □, **sup·ple·men·ta·ry** [ˌsʌplɪ'mentərɪ] *adj.* □ **1.** ergänzend, Ergänzungs..., Zusatz..., Nach(trags)...: ***be ~ to et.*** ergänzen; ***~ agreement*** *pol.* Zusatzabkommen *n*; ***~ budget, ~ estimates*** Nachtragshaushalt *m*, -etat *m*; ***~ order*** Nachbestellung *f*; ***~ question*** Zusatzfrage *f*; ***~ proceedings*** ⚖ (Zwangs)Vollstreckungsverfahren *n*; ***take a ~ ticket*** (e-e Fahrkarte) nachlösen; **2.** ∢ supplemen'tär; **3.** Hilfs..., Ersatz..., Zusatz...; **sup·ple·men·ta·tion** [ˌsʌplɪmen'teɪʃn] *s.* Ergänzung *f*: a) Nachtragen *n*, b) Nachtrag *m*, Zusatz *m*.

sup·ple·ness ['sʌplnɪs] *s.* Geschmeidigkeit *f* (*a. fig.*).

sup·pli·ant ['sʌplɪənt] **I** *s.* (demütiger) Bittsteller; **II** *adj.* □ flehend, demütig (bittend).

sup·pli·cant ['sʌplɪkənt] → ***suppliant***; **sup·pli·cate** ['sʌplɪkeɪt] **I** *v/i.* **1.** demütig *od.* dringlich bitten, flehen (***for*** um); **II** *v/t.* **2.** anflehen, demütig bitten (***s.o. for s.th.*** j-n um et.); **3.** erbitten, erflehen, bitten um; **sup·pli·ca·tion** [ˌsʌplɪ'keɪʃn] *s.* **1.** demütige Bitte (***for*** um), Flehen *n*; **2.** (Bitt)Gebet *n*; **3.** Bittschrift *f*, Gesuch *n*; **'sup·pli·ca·to·ry** [-ətərɪ] *adj.* flehend, Bitt...

sup·pli·er [sə'plaɪə] *s.* Liefe'rant(in), *a. pl.* Lieferfirma *f*.

sup·ply¹ [sə'plaɪ] **I** *v/t.* **1.** *Ware,* ⚡ *Strom etc., a. fig. Beweis etc.* liefern; beschaffen, bereitstellen, zuführen; **2.** *j-n* beliefern, versorgen, -sehen, ausstatten; ⚙, ⚡ speisen (***with*** mit); **3.** *Fehlendes* ergänzen; *Verlust* ausgleichen, ersetzen; *Defizit* decken; **4.** *Bedürfnis* befriedigen; *Nachfrage* decken: ***~ a want*** e-m Mangel abhelfen; **5.** *e-e Stelle* ausfüllen, einnehmen; *Amt* vor'übergehend versehen: ***~ the place of*** *j-n* vertreten; **II** *s.* **6.** Lieferung *f* (***to*** an *acc.*); Beschaffung *f*, Bereitstellung *f*; An-, Zufuhr *f*; **7.** Belieferung *f*, Versorgung *f* (***of*** mit): ***~ of power*** Energie-, Stromversorgung; **8.** ⚙, ⚡ (Netz)Anschluss *m*; **9.** Ergänzung *f*; Beitrag *m*, Zuschuss *m*; **10.** ✝ Angebot *n*: ***~ and demand*** Angebot und Nachfrage; ***be in short ~*** knapp sein; **11.** *pl.* ✝ Ar'tikel *pl.*, Bedarf *m*: ***office supplies*** Bürobedarf; **12.** *mst pl.* Vorrat *m*, Lager *n*, Bestand *m*; **13.** *mst pl.* ⚔ Nachschub *m*, Ver'sorgung(smateriˌal *n*) *f*, Provi'ant *m*; **14.** *mst pl. parl.* bewilligter E'tat, ('Ausgabe)Buˌdget *n*: ***Committee of &*** Haushaltsausschuss *m*; **15.** (Amts-, Stell)Vertretung *f*: ***on ~*** in Vertretung, als Ersatz; **16.** (Stell)Vertreter *m* (*Lehrer etc.*); **III** *adj.* **17.** Versorgungs..., Liefer(ungs)...: ***~ house*** Lieferfirma *f*; ***~-side economics*** *pl.* angebotsorientierte Wirtschaftspolitik *sg.*; **18.** ⚔ Versorgungs...(*-bombe, -gebiet, -offizier, -schiff*), Nachschub...: ***~ base*** Versorgungs-, Nachschubbasis *f*; ***~ depot*** Nachschublager *n*; ***~ lines*** Nachschubverbindungen; ***~ sergeant*** Kammerunteroffizier *m*; **19.** ⚙, ⚡ Speise... (*-leitung, -stromkreis etc.*): ***~ pipe*** Zuleitung(srohr *n*) *f*; **20.** Hilfs..., Ersatz...: ***~ teacher*** Aushilfslehrer(in) *m*.

sup·ply² ['sʌplɪ] *adv.* → ***supple***.

sup·port [sə'pɔːt] **I** *v/t.* **1.** *Gewicht, Wand etc.* tragen, (ab)stützen, (aus-)halten; **2.** ertragen, (er)dulden, aushalten; **3.** *j-n* unter'stützen, stärken, *j-m* beistehen, *j-m* Rückendeckung geben; **4.** *sich, e-e Familie etc.* er-, unter'halten, sorgen für, ernähren (***on*** von): ***~ o.s.*** für s-n Lebensunterhalt sorgen; **5.** *et.* finanzieren; **6.** *Debatte etc.* in Gang halten; **7.** eintreten für, unter'stützen, fördern, befürworten; **8.** *Theorie etc.* vertreten; **9.** *Anklage, Anspruch etc.* beweisen, erhärten, begründen, rechtfertigen; **10.** ✝ *Währung* decken; **11.** a) *thea. Rolle* spielen, b) als Nebendarsteller auftreten mit *e-m Star etc.*; **II** *s.* **12.** *allg.* Stütze *f*: ***walk without ~***; **13.** *bsd.* ⚙ Stütze *f*, Träger *m*, Ständer *m*, Strebe *f*, Absteifung *f*, Bettung *f*; Sta'tiv *n*; Δ 'Durchzug *m*; ⚔ (Gewehr-) Auflage *f*; **14.** *fig.* (*a.* ⚔ taktische) Unter'stützung, Beistand *m*: ***~ buying*** ✝ Stützungskäufe *pl.*; ***give ~ to*** → 3; ***in ~ of s.o.*** zur Unterstützung von j-m; **15.** ('Lebens)ˌUnterhalt *m*; **16.** Unter'haltung *f e-r Einrichtung*; **17.** *fig.* Stütze *f*, (Rück)Halt *m*; **18.** Beweis *m*, Erhärtung *f*: ***in ~ of*** zur Bestätigung (*gen.*); **19.** ⚔ Re'serve *f*, Verstärkung *f*; **20.** *thea.* a) Partner(in) *e-s Stars*, b) Unter'stützung *f e-s Stars durch das Ensemble*, c) En'semble *n*; **sup'port·a·ble** [-təbl] *adj.* □ **1.** haltbar, vertretbar (*Ansicht etc.*); **2.** erträglich, zu ertragen(d); **sup'port·er** [-tə] *s.* **1.** ⚙, Δ Stütze *f*, Träger *m*; **2.** Stütze *f*, Beistand *m*, Helfer(in), Unter'stützer(in); **3.** Erhalter(in); **4.** Anhänger(in), Verfechter (-in), Vertreter(in); **5.** ⚕ Tragbinde *f*, Stütze *f*; **sup'port·ing** [-tɪŋ] *adj.* **1.** tragend, stützend, Stütz..., Trag..., *fig. a.* Unterstützungs...: ***~ actor*** *thea.* Nebendarsteller *m*; ***~ cast*** *thea. etc.* Ensemble *n*; ***~ bout*** *Boxen*: Rahmenkampf *m*; ***~ fire*** ⚔ Unterstützungsfeuer *n*; ***~ measures*** flankierende Maßnahmen; ***~ part*** Nebenrolle *f*; ***~ program(me)*** *Film*: Beiprogramm *n*; ***~ purchases*** ✝ Stützungskäufe; ***~ surfaces*** ✈ Tragwerk *n*; **2.** erhärtend: ***~ document*** Beleg *m*, Unterlage *f*; ***~ evidence*** ⚖ zusätzliche Beweise *pl*; **sup'port·ive** [-tɪv] *adj.* **1.** unter'stützend, hilfsbereit: ***be very ~ of s.o*** j-m e-e große Hilfe sein, j-n sehr unterstützen; **2.** → ***supporting*** 2.

sup·pose [sə'pəʊz] **I** *v/t.* **1.** (als möglich *od.* gegeben) annehmen, sich vorstellen: ***~*** (*od.* ***supposing*** *od.* ***let us ~***) angenommen, gesetzt den Fall; ***it is to be ~d that*** es ist anzunehmen, dass; **2.** *imp.* (*e-n Vorschlag einleitend*) wie wäre es, wenn *wir e-n Spaziergang machten!*: ***~ we went for a walk!***; ***~ you meet me at 10 o'clock*** ich schlage vor, du triffst mich um 10 Uhr; **3.** vermuten, glauben, meinen: ***I don't ~ we shall be back*** ich glaube nicht, dass wir zurück sein werden; ***they are British, I ~*** es sind wohl *od.* vermutlich Briten; ***I ~ so*** ich nehme an, wahrscheinlich, vermutlich; **4.** (*mit acc. u. inf.*) halten für: ***I ~ him to be a painter***; ***he is ~d to be rich*** er soll reich sein; **5.** (mit Notwendigkeit) vor'aussetzen: ***creation ~s a creator***; **6.** (*pass. mit inf.*) sollen: ***isn't he ~d to be at home?*** sollte er nicht eigentlich zu Hause sein?; ***he is ~d to do*** man erwartet *od.* verlangt von ihm, dass er *et.* tut; ***what is that ~d to be*** (*od.* ***mean***) was soll das sein (*od.* heißen)?; **II** *v/i.* **7.** denken, glauben, vermuten; **sup'posed** [-zd] *adj.* □ **1.** angenommen: ***a ~ case***; **2.** vermutlich; **3.** vermeintlich, angeblich.

sup·po·si·tion [ˌsʌpə'zɪʃn] *s.* **1.** Vor'aussetzung *f*, Annahme *f*: ***on the ~ that*** unter der Voraussetzung, dass; **2.** Vermutung *f*, Mutmaßung *f*, Annahme *f*; **ˌsup·po'si·tion·al** [-ʃənl] *adj.* □ angenommen, hypo'thetisch; **sup·pos·i·ti·tious** [səˌpɒzɪ'tɪʃəs] *adj.* □ **1.** unecht, gefälscht; **2.** 'untergeschoben (*Kind, Absicht etc.*), erdichtet; **3.** → ***suppositional***.

sup·pos·i·to·ry [sə'pɒzɪtərɪ] *s.* ⚕ Zäpfchen *n*, Supposi'torium *n*.

sup·press [sə'pres] *v/t.* **1.** *Aufstand etc., a. Gefühl, Lachen etc., a.* ⚡ unter'drücken; **2.** *et.* abstellen, abschaffen; **3.** *Buch* verbieten *od.* unter'drücken; **4.** *Textstelle* streichen; **5.** *Skandal, Wahrheit etc.* verheimlichen, vertuschen, unter'schlagen; **6.** ⚕ *Blutung* stillen, *Durchfall* stopfen; **7.** *psych.* verdrängen; **sup'pres·sant** [-sənt] *s. pharm.* Dämpfungsmittel *n*, (Appe'tit- *etc.*) Zügler *m*; **sup'pres·sion** [-eʃn] *s.* **1.** Unter'drückung *f* (*a. fig. u.* ⚡); **2.** Aufhebung *f*, Abschaffung *f*; **3.** Verheimlichung *f*, Vertuschung *f*; **4.** ⚕ (Blut)Stillung *f*; Stopfung *f*, (Harn)Verhaltung *f*; **5.** *psych.* Verdrängung *f*; **sup'pres·sive** [-sɪv] *adj.* unter'drückend, Unterdrückungs...; **sup'pres·sor** [-sə] *s.* ⚡ a) Sperrgerät *n*, b) Entstörer *m*: ***~ grid*** Bremsgitter *n*.

sup·pu·rate ['sʌpjʊəreɪt] *v/i.* ⚕ eitern; **sup·pu·ra·tion** [ˌsʌpjʊə'reɪʃn] *s.* Eiterung *f*; **'sup·pu·ra·tive** [-rətɪv] *adj.* eiternd, eitrig, Eiter...

su·pra ['suːprə] (*Lat.*) *adv.* oben (*bei Verweisen in e-m Buch etc.*).

supra- [suːprə] *in Zssgn* über, supra..., Supra...

ˌsu·pra|·con'duc·tor *s. phys.* Supraleiter *m*; **ˌ~'mun·dane** *adj.* 'überweltlich; **ˌ~'nas·al** *adj. anat.* über der Nase (befindlich); **ˌ~'na·tion·al** *adj.* überstaatlich; **ˌ~'re·nal** *s. anat.* Nebenniere(ndrüse) *f*.

su·prem·a·cy [sʊ'preməsɪ] *s.* **1.** Oberhoheit *f*: a) *pol.* höchste Gewalt, Souveräni'tät *f*, b) Supre'mat *m, n* (*in Kirchensachen*); **2.** *fig.* Vorherrschaft *f*, Über'legenheit *f*: ***air ~*** ⚔ Luftherrschaft *f*; **3.** Vorrang *m*; **su·preme** [sʊ'priːm] **I** *adj.* □ **1.** höchst, oberst, Ober...: ***~ authority*** höchste (Regierungs)Gewalt; ***~ command*** ⚔ Oberbefehl *m*, -kommando *n*; ***~ commander*** ⚔ Oberbefehlshaber *m*; ***& Court*** *Am.* a) oberstes Bundesgericht, b) oberstes Gericht (*e-s Bundesstaates*); ***& Court (of Judicature)*** *Brit.* Oberster Gerichtshof; ***reign ~*** herrschen (*a. fig.*); **2.** höchst, größt, äußerst, über'ragend: ***~ courage***; ***& Being*** → 6; ***the ~ good*** *phls.* das höchste Gut; ***the ~ punishment*** die Todesstrafe; ***stand ~ among*** den höchsten Rang einnehmen unter (*dat.*); **3.** letzt: ***~ moment*** Augenblick *m* des Todes; ***~***

S

sacrifice Hingabe *f* des Lebens; **4.** entscheidend, kritisch: ***the ~ hour in the history of a nation***; **II** *s.* **5.** ***the ~*** der *od.* die *od.* das Höchste; **6.** ***the*** ***2*** der Allerhöchste, Gott *m*; **su·preme·ly** [sʊˈpriːmlɪ] *adv.* höchst, aufs Äußerste, ˈüberaus.

su·pre·mo [sʊˈpriːməʊ] *s. Brit.* F Oberboss *m.*

sur-¹ [sɜː] *in Zssgn* über, auf.

sur-² [sə] → ***sub-***.

sur·cease [sɜːˈsiːs] *obs.* **I** *v/i.* **1.** ablassen (***from*** von); **2.** aufhören; **II** *s.* **3.** Ende *n*, Aufhören *n*; **4.** Pause *f*.

sur·charge **I** *s.* [ˈsɜːtʃɑːdʒ] **1.** *bsd. fig.* Überˈlastung *f*; **2.** ✝ a) Überˈforderung *f* (*a. fig.*), b) ˈÜberpreis *m*, (*a.* Steuer-) Zuschlag *m*, c) Strafporto *n*; **3.** ˈÜber-, Aufdruck *m* (*Briefmarke etc.*); **II** *v/t.* [sɜːˈtʃɑːdʒ] **4.** überˈlasten, -ˈfordern; **5.** ✝ a) e-n Zuschlag *od.* ein Nachporto erheben auf (*acc.*), b) *Konto* zusätzlich belasten; **6.** *Briefmarken etc.* (*mit neuer Wertangabe*) überˈdrucken; **7.** überˈfüllen, -ˈsättigen.

sur·cin·gle [ˈsɜːˌsɪŋgl] *s.* Sattel-, Packgurt *m.*

sur·coat [ˈsɜːkəʊt] *s.* **1.** *hist.* a) Wappenrock *m*, b) ˈÜberrock *m* (*der Frauen*); **2.** Freizeitjacke *f*.

surd [sɜːd] **I** *adj.* **1.** ⩘ ˈirratioˌnal (*Zahl*); **2.** *ling.* stimmlos; **II** *s.* **3.** ⩘ ˈirratioˌnale Größe, *a.* Wurzelausdruck *m*; **4.** *ling.* stimmloser Laut.

sure [ʃʊə] **I** *adj.* □ → ***surely***; **1.** *pred.* (***of***) sicher, gewiss (*gen.*), überˈzeugt (von): ***I am ~ he is there***; ***are you ~ (about it)?*** bist du (dessen) sicher?; ***he is*** (*od.* ***feels***) ***~ of success*** er ist sich s-s Erfolges sicher; ***I'm ~ I didn't mean to hurt you*** ich wollte Sie ganz gewiss nicht verletzen; ***are you ~ you won't come?*** wollen Sie wirklich nicht kommen?; **2.** *pred.* sicher, gewiss, (ganz) bestimmt, zweifellos (*objektiver Sachverhalt*): ***he is ~ to come*** er kommt sicher *od.* bestimmt; ***man is ~ of death*** dem Menschen ist der Tod gewiss *od.* sicher; ***make ~ that ...*** sich (davon) überzeugen, dass ...; ***make ~ of s.th.*** a) sich von et. überzeugen, sich e-r Sache vergewissern, b) sich et. sichern; ***to make ~*** (*Redewendung*) um sicher zu gehen; ***be ~ to*** (*od.* ***and***) ***shut the window!*** vergiss nicht, das Fenster zu schließen!; ***to be ~*** (*Redewendung*) sicher(lich), natürlich (*a. einschränkend = freilich, allerdings*); ***~ thing*** *Am.* F (tod)sicher, klar; **3.** sicher, fest: ***a ~ footing***; ***~ faith*** *fig.* fester Glaube; **4.** sicher, untrüglich: ***a ~ proof***; **5.** verlässlich, zuverlässig; **6.** sicher, unfehlbar: ***a ~ cure*** (***method***, ***shot***); **II** *adv.* **7.** *obs. od.* F sicher(lich): (***as***) ***~ as eggs*** ‚bombensicher'; ***~ enough*** a) ganz bestimmt, sicher(lich), b) tatsächlich; **8.** F wirklich, ‚echt': ***it ~ was cold***; **9.** ***~!*** *bsd. Am.* F sicher!, klar!; **ˈ~-ˌfire** *adj.* F (tod)sicher, zuverlässig; **ˌ~-ˈfoot·ed** *adj.* **1.** sicher (auf den Füßen *od.* Beinen; **2.** *fig.* sicher.

sure·ly [ˈʃʊəlɪ] *adv.* **1.** sicher(lich), zweifellos; **2.** (ganz) bestimmt *od.* gewiss, doch (wohl): ***~ something can be done to help him***; **3.** sicher: ***slowly but ~***; **sure·ness** [ˈʃʊənɪs] *s.* Sicherheit *f*: a) Gewissheit *f*, b) feste Überˈzeugung, c) Zuverlässigkeit *f*; **sure·ty** [ˈʃʊərətɪ] *s.* **1.** *bsd.* ⚖ a) Bürge *m*, b) Bürgschaft *f*, Sicherheit *f*: ***stand ~ for*** bürgen *od.* Bürgschaft leisten (***for*** für *j-n*); **2.** Gewähr(leistung) *f*, Garanˈtie *f*; **3.** *obs.* Sicherheit *f*: ***of a ~*** sicher(lich), ohne Zweifel; **sure·ty·ship** [ˈʃʊərətɪʃɪp] *s. bsd.* ⚖ Bürgschaft(sleistung) *f*.

surf [sɜːf] **I** *s.* Brandung *f*; **II** *v/i. sport* surfen; **III** *v/t. Computer*: surfen: ***~ the Internet*** im Internet surfen.

sur·face [ˈsɜːfɪs] **I** *s.* **1.** *allg.* Oberfläche *f*: ***~ of water*** Wasseroberfläche *f*; ***come*** (*od.* ***rise***) ***to the*** → 13; **2.** *fig.* Oberfläche *f*, *das* Äußere: ***on the ~*** a) äußerlich, b) vordergründig, c) oberflächlich betrachtet; → ***scratch*** 7; **3.** ⩘ a) (Ober)Fläche *f*, b) Flächeninhalt *m*: ***lateral ~*** Seitenfläche; **4.** (Straßen)Belag *m*, (-)Decke *f*; **5.** ✈ (Trag)Fläche *f*; **6.** ⚒ Tag *m*: ***on the ~*** über Tag, im Tagebau; **II** *adj.* **7.** Oberflächen... (*a.* ⚙ *-härtung etc.*); **8.** *fig.* oberflächlich: a) flüchtig, b) vordergründig, äußerlich, Schein...; **III** *v/t.* **9.** ⚙ *allg.* die Oberfläche behandeln von; glätten; *Lackierung* spachteln; *Straße* mit e-m Belag versehen; **10.** ⚙ flach-, plandrehen; **11.** ⚓ *U-Boot* auftauchen lassen; **IV** *v/i.* **12.** ⚓ auftauchen (*U-Boot*); **13.** an die Oberfläche (*fig.* ans Tageslicht) kommen, sich zeigen; ***~ mail*** *s. Brit.* gewöhnliche Post (*Ggs. Luftpost*); **ˈ~·man** [-mən] *s.* [*irr.*] 🚂 Streckenarbeiter *m*; ***~ noise*** *s.* Rauschen *n* (*e-r Schallplatte*); ***~ print·ing*** *s. typ.* Reliˈef-, Hochdruck *m*.

sur·fac·er [ˈsɜːfɪsə] *s.* ⚙ **1.** Spachtelmasse *f*; **2.** ˈPlandreh- *od.* -hobelmaˌschine *f*.

ˌsur·face|-to-ˈair mis·sile *s.* ⚔ ˈBoden-ˈLuft-Raˌkete *f*; ***~ work*** *s.* ⚒ Überˈtagearbeit *f*.

sur·fac·tant [sɜːˈfæktənt] *s.* ⚗ Tenˈsid *n*.

ˈsurf|·board *sport* **I** *s.* Surfbrett *n*; **II** *v/i.* surfen; **ˈ~·boat** *s.* ⚓ Brandungsboot *n*.

sur·feit [ˈsɜːfɪt] **I** *s.* **1.** ˈÜbermaß *n* (***of*** an *dat.*); **2.** *a. fig.* Überˈsättigung *f* (***of*** mit); **3.** ˈÜberdruss *m*: ***to*** (***a***) ***~*** bis zum Überdruss; **II** *v/t.* **4.** überˈsättigen, -ˈfüttern (***with*** mit); **5.** überˈfüllen, -ˈladen; **III** *v/i.* **6.** sich überˈsättigen (***of***, ***with*** mit).

surf·er [ˈsɜːfə] *s. sport, Internet*: Surfer (-in); **surf·ing** [ˈsɜːfɪŋ] *s. sport, Internet*: Surfen *n*.

surge [sɜːdʒ] **I** *s.* **1.** Woge *f*, Welle *f* (*beide a. fig.*); **2.** Brandung *f*; **3.** *a. fig.* Wogen *n*, (An)Branden *n*; Aufwallung *f der Gefühle*; **4.** ⚡ Spannungsstoß *m*; **II** *v/i.* **5.** wogen: a) (hoch)branden (*a. fig.*), b) *fig.* (vorwärts) drängen (*Menge*), c) brausen (*Orgel, Verkehr etc.*); **6.** *fig.* (auf)wallen (*Blut, Gefühl etc.*); **7.** ⚡ plötzlich ansteigen, heftig schwanken (*Spannung etc.*).

sur·geon [ˈsɜːdʒən] *s.* **1.** Chirˈurg *m*; **2.** ⚔ leitender Saniˈtätsoffiˌzier: ***~ general*** *Brit.* Stabsarzt *m*; ***2 General*** *Am.* a) General(stabs)arzt *m*, b) ⚓ Marineadmiralarzt *m*; ***~ major*** *Brit.* Oberstabsarzt *m*; **3.** Schiffsarzt *m*; **4.** *hist.* Bader *m*; **ˈsur·ger·y** [-dʒərɪ] *s.* ⚕ **1.** Chirurˈgie *f*; **2.** chirˈurgische Behandlung, operaˈtiver Eingriff; **3.** Operatiˈonssaal *m*; **4.** *Brit.* Sprechzimmer *n*: ***~ hours*** Sprechstunden; **ˈsur·gi·cal** [-dʒɪkl] *adj.* □ ⚕ **1.** chirˈurgisch: ***~ cotton*** (Verband)Watte *f*; **2.** Operations...: ***~ wound***; ***~ fever*** septisches Fieber; **3.** mediˈzinisch: ***~ boot*** orthopädischer Schuh; ***~ stocking*** Stützstrumpf *m*; ***~ spirit*** Wundbenzin *n*; **sur·gi·cen·ter** [ˈsɜːdʒɪˌsentə] *s. Am.* ˈPoliˌklinik *f*.

surg·ing [ˈsɜːdʒɪŋ] **I** *s.* **1.** *a. fig.* Wogen *n*, Branden *n*; **2.** ⚡ Pendeln *n* (*der Spannung etc.*); **II** *adj.* **3.** *a.* **ˈsurg·y** [-dʒɪ] *adj.* wogend, brandend (*a. fig.*).

sur·li·ness [ˈsɜːlɪnɪs] *s.* Verdrießlichkeit *f*, mürrisches Wesen; Bärbeißigkeit *f*; **sur·ly** [ˈsɜːlɪ] *adj.* □ **1.** verdrießlich, mürrisch; **2.** grob, bärbeißig; **3.** zäh (*Boden*).

sur·mise **I** *s.* [ˈsɜːmaɪz] Vermutung *f*, Mutmaßung *f*, Einbildung *f*; **II** *v/t.* [sɜːˈmaɪz] mutmaßen, vermuten, sich *et.* einbilden.

sur·mount [sɜːˈmaʊnt] *v/t.* **1.** überˈsteigen; **2.** *fig.* überˈwinden; **3.** bedecken, krönen: ***~ed by*** gekrönt *od.* überdeckt *od.* überragt von; **surˈmount·a·ble** [-təbl] *adj.* **1.** überˈsteigbar, ersteigbar; **2.** *fig.* überˈwindbar.

sur·name [ˈsɜːneɪm] **I** *s.* **1.** Faˈmilien-, Nach-, Zuname *m*; **2.** *obs.* Beiname *m*; **II** *v/t.* **3.** *j-m* den Zu- *od. obs.* Beinamen ... geben: ***~d*** mit Zunamen.

sur·pass [səˈpɑːs] *v/t.* **1.** *j-n od. et.* überˈtreffen (***in*** an *dat.*): ***~ o.s.*** sich selbst übertreffen; **2.** *et.*, *j-s Kräfte etc.* überˈsteigen; **surˈpass·ing** [-sɪŋ] *adj.* □ herˈvorragend, ˈunüberˌtrefflich, unerreicht.

sur·plice [ˈsɜːplɪs] *s. eccl.* Chorhemd *n*, -rock *m*.

sur·plus [ˈsɜːpləs] **I** *s.* **1.** ˈÜberschuss *m*, Rest *m*; **2.** ✝ a) ˈÜberschuss *m*, Mehr(-betrag *m*) *n*, b) Mehrertrag *m*, ˈüberschüssiger Gewinn, c) (unverteilter) Reingewinn, d) Mehrwert *m*; **II** *adj.* **3.** ˈüberschüssig, Über(schuss)..., Mehr...: ***~ population*** Bevölkerungsüberschuss *m*; ***~ weight*** Mehr-, Übergewicht *n*; **ˈsur·plus·age** [-sɪdʒ] *s.* **1.** ˈÜberschuss *m*, -fülle *f* (***of*** an *dat.*); **2.** *et.* ˈÜberflüssiges; **3.** ⚖ unerhebliches Vorbringen.

sur·prise [səˈpraɪz] **I** *v/t.* **1.** überˈraschen: a) ertappen, b) verblüffen, in Erstaunen (ver)setzen: ***be ~d at s.th.*** über et. erstaunt sein, sich über et. wundern, c) *bsd.* ⚔ überˈrumpeln; **2.** befremden, empören; **3.** ***~ s.o. into*** (***doing***) ***s.th.*** j-n zu et. verleiten, j-n dazu verleiten, et. zu tun; **II** *s.* **4.** Überˈraschung *f*: a) Überˈrump(e)lung *f*: ***take by ~*** *j-n, feindliche Stellung etc.* überrumpeln, *Festung etc.* im Handstreich nehmen, b) *et.* Überˈraschendes: ***it came as a great ~*** (***to him***) es kam (ihm) sehr überraschend, c) Verblüffung *f*, Erstaunen *n*, Verwunderung *f*, Bestürzung *f* (***at*** über *acc.*): ***to my ~*** zu m-r Überraschung; ***stare in ~*** große Augen machen; **III** *adj.* **5.** überˈraschend, Überraschungs...: ***~ attack***; ***~ visit***; **surˈpris·ed·ly** [-zɪdlɪ] *adv.* überˈrascht; **surˈpris·ing** [-zɪŋ] *adj.* □ überˈraschend, erstaunlich; **surˈpris·ing·ly** [-zɪŋlɪ] *adv.* überˈraschend(erweise), erstaunlich(erweise).

sur·re·al·ism [səˈrɪəlɪzəm] *s.* Surreaˈlismus *m*; **surˈre·al·ist** [-ɪst] **I** *s.* Surreaˈlist(in); **II** *adj.* → **sur·re·al·is·tic** [səˌrɪəˈlɪstɪk] *adj.* (□ ***~ally***) surreaˈlistisch.

sur·re·but [ˌsʌrɪˈbʌt] *v/i.* ⚖ e-e Quintupˈlik vorbringen; **ˌsur·reˈbut·ter** [-tə] *s.* ⚖ Quintupˈlik *f*.

sur·re·join·der [ˌsʌrɪˈdʒɔɪndə] *s.* ⚖ Tripˈlik *f*.

sur·ren·der [səˈrendə] **I** *v/t.* **1.** *et.* überˈgeben, ausliefern, -händigen (***to*** *dat.*): ***~ o.s.*** (***to***) → 5, 6, 7; **2.** *Amt, Vorrecht, Hoffnung etc.* aufgeben; *et.* abtreten, verzichten auf (*acc.*); **3.** ⚖ a) *Sache, Urkunde* herˈausgeben, b) *Verbrecher*

S

ausliefern; **4.** ☿ *Versicherungspolice* zum Rückkauf bringen; **II** *v/i.* **5.** ⚔ *u. fig.* sich ergeben (***to*** *dat.*), kapitulieren; **6.** sich *der Verzweiflung etc.* hingeben *od.* über'lassen; **7.** ⚖ sich *der Polizei etc.* stellen; **III** *s.* **8.** 'Übergabe *f*, Auslieferung *f*, -händigung *f*; **9.** ⚔ 'Übergabe *f*, Kapitulati'on *f*; **10.** (***of***) Auf-, Preisgabe *f*, Abtretung *f* (*gen.*), Verzicht *m* (auf *acc.*); **11.** Hingabe *f*, Sichüber'lassen *n*; **12.** ⚖ Aufgabe *f* e-r Versicherung: **~ *value*** Rückkaufswert *m*; **13.** ⚖ a) Aufgabe *f e-s Rechts etc.*, b) Her'ausgabe *f*, c) Auslieferung *f e-s Verbrechers*.

sur·rep·ti·tious [ˌsʌrep'tɪʃəs] *adj.* □ **1.** erschlichen, betrügerisch; **2.** heimlich, verstohlen: ***a ~ glance***; ***~ edition*** unerlaubter Nachdruck.

sur·ro·gate ['sʌrəgɪt] *s.* **1.** Stellvertreter *m* (*bsd. e-s Bischofs*); **2.** ⚖ *Am.* Nachlass- u. Vormundschaftsrichter *m*; **3.** Ersatz *m*, Surro'gat *n* (***of***, ***for*** für).

sur·round [sə'raʊnd] **I** *v/t.* **1.** um'geben, -'ringen (*a. fig.*): ***~ed by danger*** (***luxury***) von Gefahr umringt *od.* mit Gefahr verbunden (von Luxus umgeben); ***circumstances ~ing s.th.*** (Begleit)Umstände e-r Sache; **2.** ⚔ *etc.* um'zingeln, -'stellen, einkreisen, -schließen; **II** *s.* **3.** Einfassung *f*, *bsd.* Boden(schutz)belag *m* zwischen Wand u. Teppich; **4.** *hunt. Am.* Treibjagd *f*; **sur'round·ing** [-dɪŋ] **I** *adj.* um'gebend, 'umliegend; **II** *s. pl.* Um'gebung *f*: a) 'Umgegend *f*, b) 'Umwelt *f*, c) 'Umfeld *n*.

sur·tax ['sɜːtæks] **I** *s.* (*a.* Einkommen-) Steuerzuschlag *m*; **II** *v/t.* mit e-m Steuerzuschlag belegen.

sur·veil·lance [sɜː'veɪləns] *s.* Über'wachung *f*, (*a.* Poli'zei)Aufsicht *f*: ***be under ~*** unter Polizeiaufsicht stehen; ***keep under ~*** überwachen.

sur·vey I *v/t.* [sə'veɪ] **1.** über'blicken, -'schauen; **2.** genau betrachten, (sorgfältig) prüfen, mustern; **3.** abschätzen, begutachten; **4.** besichtigen, inspizieren; **5.** *Land etc.* vermessen, aufnehmen; **6.** *fig.* e-n 'Überblick geben über (*acc.*); **II** *s.* ['sɜːveɪ] **7.** *bsd. fig.* 'Überblick *m*, -sicht *f* (***of*** über *acc.*); **8.** Besichtigung *f*, Prüfung *f*; **9.** Schätzung *f*, Begutachtung *f*; **10.** Gutachten *n*, (Prüfungs)Bericht *m*; **11.** (Land)Vermessung *f*, Aufnahme *f*; **12.** (Lage)Plan *m*; **13.** (sta'tistische) Erhebung, 'Umfrage *f*; **14.** ⚕ 'Reihenunterˌsuchung *f*; **sur'vey·ing** [-eɪɪŋ] *s.* **1.** (Land-, Feld)Vermessung *f*, Vermessungsurkunde *f*, -wesen *n*; **2.** Vermessen *n*, Aufnehmen *n* (*von Land etc.*); **sur'vey·or** [-eɪə] *s.* **1.** Landmesser *m*, Geo'meter *m*: ***~'s chain*** Messkette *f*; **2.** (amtlicher) In'spektor *od.* Verwalter *od.* Aufseher: ***~ of highways*** Straßenmeister *m*; ***Board of 2s*** Baubehörde *f*; **3.** *Brit.* (ausführender) Archi'tekt; **4.** Sachverständige(r) *m*, Gutachter *m*.

sur·viv·al [sə'vaɪvl] *s.* **1.** Über'leben *n*: ***~ of the fittest*** *biol.* Überleben der Tüchtigsten; ***~ kit*** Überlebensausrüstung *f*; ***~ rate*** Überlebensquote *f*; ***~ shelter*** atomsicherer Bunker; ***~ time*** ⚔ Überlebenszeit *f*; **2.** Weiterleben *n*; **3.** Fortbestand *m*; **4.** 'Überbleibsel *n alten Brauchtums etc.*; **sur·vive** [sə'vaɪv] **I** *v/t.* **1.** *j-n od. et.* über'leben (*a. fig.* F *ertragen*), über'dauern, länger leben als; **2.** *Unglück etc.* über'leben, -'stehen; **II** *v/i.* **3.** am Leben bleiben, übrig bleiben, über'leben; **4.** noch leben *od.* bestehen; übrig geblieben sein; **5.** weiter-, fortleben *od.* -bestehen; **sur'viv·ing** [-vɪŋ] *adj.* **1.** über'lebend: ***~ wife***; **2.** hinter'blieben: ***~ dependents*** Hinterbliebene; **3.** übrig bleibend: ***~ debts*** ☿ Restschulden; **sur'vi·vor** [-və] *s.* **1.** Über'lebende(r *m*) *f*; **2.** ⚖ Über'lebender, auf den nach dem Ableben der Miteigentümer das Eigentumsrecht 'übergeht.

sus [sʌs] *Brit.* F **I** *s.* **1.** ***on ~*** auf Verdacht hin, unter Verdacht; **2.** Verdächtige(r *m*) *f*, Verdachtsperson *f*; **II** *adj.* **3.** ‚abgebrüht', ‚gewieft', ‚clever'.

sus·cep·ti·bil·i·ty [səˌseptə'bɪlətɪ] *s.* **1.** Empfänglichkeit *f*, Anfälligkeit *f* (***to*** für); **2.** Empfindlichkeit *f*; **3.** *pl.* (leicht verletzbare) Gefühle *pl.*, Feingefühl *n*; **sus·cep·ti·ble** [sə'septəbl] *adj.* □ **1.** anfällig (***to*** für); **2.** empfindlich (***to*** gegen); **3.** (***to***) empfänglich (für *Reize*, *Schmeicheleien etc.*), zugänglich (*dat.*); **4.** (leicht) zu beeindrucken(d); **5.** ***be ~ of*** (*od.* ***to***) *et.* zulassen.

sus·cep·tive [sə'septɪv] *adj.* **1.** aufnehmend, aufnahmefähig, rezep'tiv; **2.** → ***susceptible***.

sus·pect [sə'spekt] **I** *v/t.* **1.** *j-n* verdächtigen (***of*** *gen.*), im Verdacht haben (***of doing*** *et.* getan zu haben *od.* dass *j-d et.* tut): ***be ~ed of doing s.th.*** im Verdacht stehen *od.* verdächtigt werden, et. getan zu haben; **2.** argwöhnen, befürchten; **3.** für möglich halten, halb glauben; **4.** vermuten, glauben (***that*** dass); **5.** *Echtheit*, *Wahrheit etc.* anzweifeln, miss'trauen (*dat.*); **II** *v/i.* **6.** (e-n) Verdacht hegen, argwöhnisch sein; **III** *s.* ['sʌspekt] **7.** Verdächtige(r *m*) *f*, verdächtige Per'son, Ver'dachtsperˌson *f*: ***smallpox ~*** ⚕ Pockenverdächtige(r); **IV** *adj.* ['sʌspekt] **8.** verdächtig, suspekt (*a. fig. fragwürdig*).

sus·pend [sə'spend] *v/t.* **1.** *a.* ⚙ aufhängen (***from*** an *dat.*); **2.** *bsd.* ⚗ suspendieren, (*in Flüssigkeiten etc.*) schwebend halten; **3.** *Frage etc.* in der Schwebe *od.* unentschieden lassen; **4.** *einstweilen* auf-, verschieben; ⚖ *Verfahren*, *Vollstreckung* aussetzen: ***~ a sentence*** ⚖ e-e Strafe zur Bewährung aussetzen; **5.** *Verordnung etc.* zeitweilig aufheben *od.* außer Kraft setzen; **6.** *die Arbeit*, ⚔ *die Feindseligkeiten*, ☿ *Zahlungen etc.* (zeitweilig) einstellen; **7.** *j-n* (zeitweilig) des Amtes entheben, suspendieren; **8.** *Mitglied* zeitweilig ausschließen; **9.** *Sportler* sperren; **10.** mit *s-r Meinung etc.* zu'rückhalten; **11.** ♪ *Ton* vorhalten; **sus'pend·ed** [-dɪd] *adj.* **1.** hängend, Hänge...(*-decke*, *-lampe etc.*): ***be ~*** hängen (***by*** an *dat.*, ***from*** von); **2.** schwebend; **3.** unter'brochen, ausgesetzt, zeitweilig eingestellt: ***~ animation*** ⚕ Scheintod *m*; **4.** ⚖ zur Bewährung ausgesetzt (*Strafe*): ***~ sentence of two years*** zwei Jahre mit Bewährung; **5.** suspendiert (*Beamter*); **sus'pend·er** [-də] *s.* **1.** *pl. bsd. Am.* Hosenträger *pl.*; **2.** *Brit.* Strumpf- *od.* Sockenhalter *m*: ***~ belt*** Hüftgürtel *m*, Straps *m*; **3.** Aufhängevorrichtung *f*.

sus·pense [sə'spens] *s.* **1.** Spannung *f*, Ungewissheit *f*: ***anxious ~*** Hangen u. Bangen *n*; ***in ~*** gespannt, voller Spannung; ***be in ~*** in der Schwebe sein; ***keep in ~*** a) *j-n* in Spannung halten, im Ungewissen lassen, b) *et.* in der Schwebe lassen; ***~ account*** ☿ Interimskonto *n*; ***~ entry*** ☿ transitorische Buchung; **2.** → ***suspension*** 6; **sus'pense·ful** [-fʊl] *adj.* spannend; **sus'pen·sion** [-nʃn] *s.* **1.** Aufhängen *n*; **2.** *bsd.* ⚙ Aufhängung *f*: ***front-wheel ~***; ***~ bridge*** Hängebrücke *f*; ***~ file*** Hängeordner *m*; ***~ railway*** Schwebebahn *f*; **3.** ⚙ Federung *f*: ***~ spring*** Tragfeder *f*; **4.** ⚗, *phys.* Suspensi'on *f*; *pl.* Aufschlämmungen *pl.*; **5.** (einstweilige) Einstellung (*der Feindseligkeiten etc.*): ***~ of payment(s)*** ☿ Zahlungseinstellung; **6.** ⚖ Aufschub *m*, Aussetzung *f*; vor'übergehende Aufhebung *e-s Rechts*; Hemmung *f der Verjährung*; **7.** Aufschub *m*, Verschiebung *f*; **8.** Suspendierung *f* (***from*** von), (Dienst-, Amts)Enthebung *f*; **9.** zeitweiliger Ausschluss; **10.** *sport* Sperre *f*; **11.** ♪ Vorhalt *m*; **sus'pen·sive** [-sɪv] *adj.* □ **1.** aufschiebend, suspen'siv: ***~ condition***; ***~ veto***; **2.** unter'brechend, hemmend; **3.** unschlüssig; **4.** unbestimmt; **sus'pen·so·ry** [-sərɪ] **I** *adj.* **1.** hängend, Schwebe..., Hänge...; **2.** *anat.* Aufhänge...; **3.** ⚖ → ***suspensive*** 1; **II** *s.* **4.** *anat.* a) *a.* ***~ ligament*** Aufhängeband *n*, b) *a.* ***~ muscle*** Aufhängemuskel *m*; **5.** ⚕ a) *a.* ***~ bandage*** Suspen'sorium *n*, b) Bruchband *n*.

sus·pi·cion [sə'spɪʃn] *s.* **1.** Argwohn *m*, 'Misstrauen *n* (***of*** gegen); **2.** (***of***) Verdacht *m* (gegen *j-n*), Verdächtigung *f* (*gen.*): ***above ~*** über jeden Verdacht erhaben; ***on ~ of murder*** unter Mordverdacht *festgenommen werden*; ***be under ~*** unter Verdacht stehen; ***cast a ~ on*** e-n Verdacht auf *j-n* werfen; ***have a ~ that*** e-n Verdacht haben *od.* hegen, dass; **3.** Vermutung *f*: ***no ~*** keine Ahnung; **4.** *fig.* Spur *f*: ***a ~ of brandy*** (***arrogance***); ***a ~ of a smile*** der Anflug e-s Lächelns; **sus'pi·cious** [-ʃəs] *adj.* □ **1.** 'misstrauisch, argwöhnisch (***of*** gegen): ***be ~ of s.th.*** et. befürchten; **2.** verdächtig, Verdacht erregend; **sus'pi·cious·ness** [-ʃəsnɪs] *s.* **1.** Misstrauen *n*, Argwohn *m* (***of*** gegen); 'misstrauisches Wesen; **2.** *das* Verdächtige.

suss [sʌs] *Brit.* F **I** *v/t.* **1.** *a.* ***~ out*** kommen hinter (*acc.*), dahinter kommen, *et.* ‚spitzkriegen': ***~ that ...*** dahinter kommen, dass ...; **2.** *mst* ***~ out*** *et.* ausspionieren *od.* he'rauskriegen: ***I can't ~ her out*** aus der werd ich nicht schlau, bei der ‚schau ich nicht mehr durch'; ***I've got her ~ed out*** die hab ich durchschaut; **II** *s.* **3.** → ***sus*** 2; **4.** Erfahrung *f*, (Spezi'al)Wissen *n*, ‚Ge'wieftheit' *f*; **III** *adj.* **5.** → ***sussed***; **sus·sed** [sʌst] *adj. Brit.* F **1.** clever, abgebrüht, ‚gewieft'; **2.** gescheit, bewandert, gut informiert; **'suss·y** [-ɪ] *adj. Brit.* F verdächtig.

sus·tain [sə'steɪn] *v/t.* **1.** stützen, tragen: ***~ing wall*** Stützmauer *f*; **2.** *Last*, *Druck*, *fig. den Vergleich etc.* aushalten; *e-m Angriff etc.* standhalten; **3.** *Niederlage*, *Schaden*, *Verletzungen*, *Verlust etc.* erleiden, da'vontragen; **4.** *et.* (aufrecht-) erhalten, in Gang halten; *Interesse* wach halten: ***~ing program*** *Am. Radio*, *TV*: Programm *n* ohne Reklameeinblendungen; **5.** *j-n* er-, unter'halten, *Familie etc.* ernähren; *Heer* verpflegen; **6.** *Institution* unter'halten, -'stützen; **7.** *j-n*, *j-s Forderung* unter'stützen; **8.** ⚖ als rechtsgültig anerkennen, *e-m Antrag*, *Einwand etc.* stattgeben; **9.** *Behauptungen etc.* bestätigen, rechtfertigen, erhärten; **10.** *j-n* aufrecht halten; *j-m* Kraft geben; **11.** ♪ *Ton* (aus)halten; **12.** *Rolle* (gut) spielen; **susˌtain·a'bil·i·ty** *s.* **1.** Umweltverträglichkeit *f*: ***~ programme*** *etwa*: Entwicklungsplan *m* für umweltverträgliches Wirtschaften; **2.** Tragbarkeit *f*; **3.** Nachhaltigkeit *f*; **sus'tain·a·ble** *adj.* **1.** umweltverträglich; **2.** vernünftig, tragbar; **3.** dauerhaft, nachhaltig; **4.** aufrecht zu erhalten(d), in Gang zu halten(d); **sus'tained** [-nd] *adj.* **1.** anhaltend (*a. Interesse etc.*), Dauer...(*-feuer, -geschwindigkeit etc.*); **2.** ♪ a) (aus)gehalten (*Ton*), b) getragen; **3.** *phys.* ungedämpft.

sus·te·nance ['sʌstɪnəns] *s.* **1.** ('Lebens-) ˌUnterhalt *m*, Auskommen *n*; **2.** Nahrung *f*; **3.** Nährwert *m*; **4.** Erhaltung *f*, Ernährung *f*; **5.** *fig.* Beistand *m*, Stütze *f*; **sus·ten·ta·tion** [ˌsʌsten'teɪʃn] *s.* **1.** → ***sustenance*** 1, 2, 4; **2.** Unter'haltung *f e-s Instituts etc.*; **3.** (Aufrecht-) Erhaltung *f*; **4.** Unter'stützung *f*.

su·sur·rant [sjʊ'sʌrənt] *adj.* **1.** flüsternd, säuselnd; **2.** raschelnd.

sut·ler ['sʌtlə] *s.* ⚔ *hist.* Marke'tender(in).

su·ture ['sjuːtʃə] **I** *s.* **1.** ⚕, ♀, *anat.* Naht *f*; **2.** ⚕ (Zs.-)Nähen *n*; **3.** ⚕ 'Nahtmateriˌal *n*, Faden *m*; **II** *v/t.* **4.** *bsd.* ⚕ (zu-, ver)nähen.

su·ze·rain ['suːzəreɪn] **I** *s.* **1.** Oberherr *m*, Suze'rän *m*; **2.** *pol.* Pro'tektorstaat *m*; **3.** *hist.* Oberlehensherr *m*; **II** *adj.* **4.** oberhoheitlich; **5.** *hist.* oberlehensherrlich; **'su·ze·rain·ty** [-tɪ] *s.* **1.** Oberhoheit *f*; **2.** *hist.* Oberlehensherrlichkeit *f*.

svelte [svelt] *adj.* schlank, gra'zil.

swab [swɒb] **I** *s.* **1.** a) Scheuerlappen *m*, b) Schrubber *m*, c) Mopp *m*, d) Handfeger *m*, e) ⚓ Schwabber *m*; **2.** ⚕ a) Tupfer *m*, b) Abstrich *m*; **II** *v/t.* **3.** *a.* ~ ***down*** aufwischen, ⚓ *Deck* schrubben; **4.** ⚕ a) *Blut etc.* abtupfen, b) *Wunde* betupfen.

Swa·bi·an ['sweɪbjən] **I** *s.* Schwabe *m*, Schwäbin *f*; **II** *adj.* schwäbisch.

swad·dle ['swɒdl] **I** *adj.* **1.** *Säugling* wickeln, in Windeln legen; **2.** um'wickeln, einwickeln; **II** *s.* **3.** *Am.* Windel *f*.

swad·dling ['swɒdlɪŋ] *s.* Wickeln *n e-s Babys*; ~ **clothes** [kləʊðz] *s. pl.* Windeln *pl.*: ***be still in one's ~*** *fig.* ‚noch in den Windeln liegen'.

swag [swæg] *s.* **1.** Gir'lande *f* (*Zierrat*); **2.** *sl.* Beute *f*, Raub *m*.

swage [sweɪdʒ] **I** *s.* ⚙ **1.** Gesenk *n*; **2.** Präge *f*, Stanze *f*; **II** *v/t.* **3.** im Gesenk bearbeiten.

swag·ger ['swægə] **I** *v/i.* **1.** (ein'her)stolzieren; **2.** prahlen, aufschneiden, renommieren (***about*** mit); **II** *s.* **3.** stolzer Gang, Stolzieren *n*; **4.** Großtue'rei *f*, Prahle'rei *f*; **III** *adj.* **5.** F (tod)schick: ~ ***stick*** ⚔ Offi'ziersstöckchen *n*; **'swag·ger·er** [-ərə] *s.* Großtuer *m*, Aufschneider *m*; **'swag·ger·ing** [-ərɪŋ] *adj.* □ **1.** stolzierend; **2.** schwadronierend.

swain [sweɪn] *s.* **1.** *mst poet.* Bauernbursche *m*, Schäfer *m*; **2.** *poet. od. humor.* Liebhaber *m*, Verehrer *m*.

swal·low¹ ['swɒləʊ] **I** *v/t.* **1.** (ver)schlucken, verschlingen: ~ ***down*** hinunterschlucken; **2.** *fig. Buch etc.* verschlingen, *Ansicht etc.* begierig in sich aufnehmen; **3.** *Gebiet etc.* ‚schlucken', sich einverleiben; **4.** *mst* ~ ***up*** *fig. j-n, Schiff, Geld, Zeit etc.* verschlingen; **5.** ‚schlucken', für bare Münze nehmen; **6.** *Beleidigung etc.* schlucken, einstecken; **7.** *Tränen, Ärger* hin'unterschlucken; **8.** *Behauptung* zu'rücknehmen: ~ ***one's words***; **II** *v/i.* **9.** schlucken (*a. vor Erregung*): ~ ***hard*** *fig.* kräftig schlucken; ~ ***the wrong way*** sich verschlucken; **III** *s.* **10.** Schlund *m*, Kehle *f*; **11.** Schluck *m*.

swal·low² ['swɒləʊ] *s. orn.* Schwalbe *f*: ***one ~ does not make a summer*** eine Schwalbe macht noch keinen Sommer; **'~·tail** *s.* **1.** *orn.* 'Schwalbenschwanzˌkolibri *m*; **2.** *zo.* Schwalbenschwanz *m* (*Schmetterling*); **3.** ⚙ Schwalbenschwanz *m*; **4.** *a. pl.* Frack *m*; **'~-tailed** *adj.* Schwalbenschwanz...: ~ ***coat*** Frack *m*.

swam [swæm] *pret. von* ***swim***.

swa·mi ['swɑːmɪ] *s.* **1.** Meister *m* (*bsd. Brahmane*); **2.** → ***pundit*** 2.

swamp [swɒmp] **I** *s.* **1.** Sumpf *m*; **2.** (Flach)Moor *n*; **II** *v/t.* **3.** über'schwemmen (*a. fig.*): ***be ~ed with*** mit *Arbeit, Einladungen etc.* überhäuft werden *od.* sein, sich nicht mehr retten können vor (*dat.*); **4.** ⚓ *Boot* voll laufen lassen, zum Sinken bringen; **5.** *Am. pol. Gesetz* zu Fall bringen; **6.** *sport* ‚über'fahren'; **'swamp·y** [-pɪ] *adj.* sumpfig, mo'rastig, Sumpf...

swan [swɒn] **I** *s.* **1.** *zo.* Schwan *m*: ♃ ***of Avon*** *fig.* der Schwan vom Avon (*Shakespeare*); **2.** ♃ *ast.* Schwan *m* (*Sternbild*); **II** *v/i.* **3.** ~ ***about*** (*od.* ***around***) F her'umgondeln, -ziehen, sich her'umtreiben in (*dat.*); **4.** ~ ***along*** F entlangziehen, -gondeln; **5.** ~ ***off*** F abziehen, losziehen.

swank [swæŋk] F **I** *s.* **1.** Protze'rei *f*, ‚Angabe' *f*; **2.** ‚Angeber' *m*; **II** *v/i.* **3.** protzen, ‚angeben'; **III** *adj.* **4.** → **'swank·y** [-kɪ] *adj.* F **1.** protzig; **2.** (tod)schick.

'swan|·like *adj. u. adv.* schwanengleich; ~ **maid·en** *s. myth.* Schwan(en)jungfrau *f*; **'~·neck** *s.* ⚙ Schwanenhals *m*.

swan·ner·y ['swɒnərɪ] *s.* Schwanenteich *m*.

swan| song *s. bsd. fig.* Schwanengesang *m*; **'~-ˌup·ping** *s. Brit. Einfangen u. Kennzeichnen der jungen Schwäne* (*bsd. auf der Themse*).

swap [swɒp] F **I** *v/t.* (aus-, ein)tauschen (***s.th. for*** et. für); *Pferde etc.* tauschen, wechseln: ~ ***stories*** *fig.* Geschichten austauschen; **II** *v/i.* tauschen; **III** *s.* Tausch(handel) *m*; ✝ Swap(geschäft *n*) *m*; ~ **meet** *s. bsd. Am.* Tauschbörse *f*, Flohmarkt *m*.

sward [swɔːd] *s.* Rasen *m*, Grasnarbe *f*; **'sward·ed** [-dɪd] *adj.* mit Rasen bedeckt.

swarm¹ [swɔːm] **I** *s.* **1.** (Bienen- *etc.*) Schwarm *m*; **2.** Schwarm *m* (*Kinder, Soldaten etc.*); **3.** *fig.* Haufen *m*, Masse *f* (*Briefe etc.*); **II** *v/i.* **4.** schwärmen (*Bienen*); **5.** (um'her)schwärmen, (zs.-) strömen: ~ ***out*** a) ausschwärmen, b) hinausströmen; ~ ***to a place*** zu e-m Ort (hin)strömen; ***beggars ~ in that town*** in dieser Stadt wimmelt es von Bettlern; **6.** (***with***) wimmeln (von); **III** *v/t.* **7.** um'schwärmen, -'drängen; **8.** *Örtlichkeit* in Schwärmen über'fallen; **9.** *Bienen* ausschwärmen lassen.

swarm² [swɔːm] **I** *v/t.* a) hochklettern an (*dat.*), b) hin'aufklettern auf (*acc.*); **II** *v/i.* klettern.

swarth·i·ness ['swɔːðɪnɪs] *s.* dunkle Gesichtsfarbe, Schwärze *f*, Dunkelbraun *n*; **swarth·y** ['swɔːðɪ] *adj.* □ dunkel (-häutig), schwärzlich.

swash [swɒʃ] **I** *v/i.* **1.** klatschen, schwappen (*Wasser etc.*); **2.** plan(t)schen (*im Wasser*); **II** *v/t.* **3.** *Wasser etc.* a) spritzen lassen, b) klatschen; **III** *s.* **4.** Platschen *n*, Schwappen *n*; **5.** Platsch *m*, Klatsch *m* (*Geräusch*); **'~ˌbuck·ler** [-ˌbʌklə] *s.* **1.** Schwadro'neur *m*, Bra'marbas *m*; **2.** verwegener Kerl; **3.** historischer 'Abenteuerfilm *m od.* -roˌman *m*; **'~ˌbuck·ling** [-ˌbʌklɪŋ] **I** *s.* Bramarbasieren *n*, Prahlen *n*; **II** *adj.* schwadronierend, prahlerisch; ~ **plate** *s.* ⚙ Taumelscheibe *f*.

swas·ti·ka ['swɒstɪkə] *s.* Hakenkreuz *n*.

swat [swɒt] F **I** *v/t.* **1.** schlagen; **2.** *Fliege etc.* totschlagen; **II** *s.* **3.** (wuchtiger) Schlag; **4.** → ***swatter***.

swath [swɔːθ] *s.* ✓ Grasnarbe *f*.

swathe¹ [sweɪð] **I** *v/t.* **1.** (um)'wickeln (***with*** mit), einwickeln; **2.** (*wie e-n Verband*) her'umwickeln; **3.** einhüllen; **II** *s.* **4.** Binde *f*, Verband *m*; **5.** (Wickel-) Band *n*; **6.** ⚕ 'Umschlag *m*.

swathe² [sweɪð] → ***swath***.

swat·ter ['swɒtə] *s.* Fliegenklatsche *f*.

sway [sweɪ] **I** *v/i.* **1.** schwanken, schaukeln, sich wiegen; **2.** sich neigen; **3.** (***to***) *fig.* sich zuneigen (*dat.*) (*öffentliche Meinung etc.*); **4.** herrschen; **II** *v/t.* **5.** *et.* schwenken, schaukeln, wiegen; **6.** neigen; **7.** ⚓ *mst* ~ ***up*** *Masten etc.* aufheißen; **8.** *fig.* beeinflussen, lenken; **9.** beherrschen, herrschen über (*acc.*); *Publikum* mitreißen; **10.** *rhet. Zepter etc.* schwingen; **III** *s.* **11.** Schwanken *n*, Schaukeln *n*, Wiegen *n*; **12.** Schwung *m*, Wucht *f*; **13.** 'Übergewicht *n*; **14.** Einfluss *m*: ***under the ~ of*** unter dem Einfluss *od.* im Banne (*gen.*) (→ 15); **15.** Herrschaft *f*, Gewalt *f*, Macht *f*: ***hold ~ over*** beherrschen, herrschen über (*acc.*); ***under the ~ of*** in der Gewalt *od.* unter der Herrschaft (*gen.*).

swear [sweə] **I** *v/i.* [*irr.*] **1.** schwören, e-n Eid leisten (***on the Bible*** auf die Bibel): ~ ***by*** a) bei *Gott etc.* schwören, b) F schwören auf (*acc.*), felsenfest glauben an (*acc.*); ~ ***by all that's holy*** Stein u. Bein schwören; ~ ***off*** F *e-m Laster* abschwören; ~ ***to*** a) *et.* beschwören, b) *et.* geloben; **2.** fluchen (***at*** auf *acc.*); **II** *v/t.* [*irr.*] **3.** *Eid* schwören, leisten; **4.** *et.* beschwören, eidlich bekräftigen; ~ ***out*** ⚖ *Am. Haftbefehl* durch eidliche Strafanzeige erwirken; **5.** *Rache, Treue etc.* schwören; **6.** *a.* ~ ***in*** *j-n* vereidigen: ~ ***s.o. into an office*** j-n in ein Amt einschwören; ~ ***s.o. to secrecy*** j-n eidlich zur Verschwiegenheit verpflichten; **III** *s.* **7.** F Fluch *m*; **'swear·ing** [-ərɪŋ] *s.* **1.** Schwören *n*: ***~-in*** ⚖ Vereidigung *f*; **2.** Fluchen *n*; **'swear-word** *s.* Fluch(wort *n*) *m*.

sweat [swet] **I** *s.* **1.** Schweiß *m*: ***cold ~*** kalter Schweiß, Angstschweiß; ***by the ~ of one's brow*** im Schweiße s-s Angesichts; ***be in a ~*** a) in Schweiß gebadet sein, b) F (vor Angst, Erregung *etc.*) schwitzen; ***get into a ~*** in Schweiß geraten; ***no ~!*** F kein Problem!; **2.** Schwitzen *n*, Schweißausbruch *m*; **3.** ⚙ Ausschwitzung *f*, Feuchtigkeit *f*; **4.** F Placke'rei *f*; **5.** ***old ~*** ⚔ *sl.* alter Haudegen *m*; **II** *v/i.* [*Am. irr.*] **6.** schwitzen (***with*** vor *dat.*); **7.** ⚙, *phys. etc.* schwitzen, anlaufen; gären (*Tabak*); **8.** F schwitzen, sich schinden; **9.** ✝ für e-n Hungerlohn arbeiten; **III** *v/t.* [*Am. irr.*] **10.** schwitzen: ~ ***blood*** Blut schwitzen; ~ ***out*** a) *Krankheit etc.* (her)ausschwitzen, b) *fig. et.* mühsam hervorbringen; ~ ***it out*** F durchhalten, es durchstehen; **11.** *Kleidung* 'durchschwitzen; **12.** *j-n* schwitzen lassen (*a.* F *fig. im Verhör etc.*); *fig.* schuften lassen, *Arbeiter* ausbeuten; F *j-n* ‚bluten lassen'; **13.** ⚙

S

schwitzen *od.* gären lassen; *metall.* (~ ***out*** aus)seigern; (heiß-, weich)löten; *Kabel* schweißen; '**~·band** *s.* Schweißleder *n* (*im Hut*); *bsd. sport* Schweißband *n*.

sweat·ed ['swetɪd] *adj.* † **1.** für Hungerlöhne hergestellt; **2.** ausgebeutet, 'unterbezahlt; '**sweat·er** [-tə] *s.* **1.** Sweater *m*, Pull'over *m*; **2.** † Ausbeuter *m*.

sweat gland *s. physiol.* Schweißdrüse *f*.

sweat·i·ness ['swetɪnɪs] *s.* Verschwitztheit *f*, Schweißigkeit *f*.

sweat·ing ['swetɪŋ] *s.* **1.** Schwitzen *n*; **2.** † Ausbeutung *f*; ~ **bath** *s.* ⚕ Schwitzbad *n*; ~ **sys·tem** *s.* † 'Ausbeutungssystem *n*.

'**sweat|·shirt** *s.* Sweatshirt *n*; '**~·shop** *s.* † Ausbeutungsbetrieb *m*; '**~·suit** *s.* Trainingsanzug *m*.

sweat·y ['swetɪ] *adj.* □ **1.** schweißig, verschwitzt; **2.** anstrengend.

Swede [swiːd] *s.* **1.** Schwede *m*, Schwedin *f*; **2.** ⚘ *Brit.* → ***Swedish turnip***.

Swed·ish ['swiːdɪʃ] **I** *adj.* **1.** schwedisch; **II** *s.* **2.** *ling.* Schwedisch *n*; **3.** ***the*** ~ *coll.* die Schweden *pl.*; ~ **tur·nip** *s.* ⚘ *Brit.* Schwedische Rübe, Gelbe Kohlrübe.

sweep [swiːp] **I** *v/t.* [*irr.*] **1.** kehren, fegen: ~ ***away*** (***off***, ***up***) weg-(fort-, auf-) kehren; **2.** freimachen, säubern (***of*** von; *a. fig.*); **3.** hin'wegstreichen über (*acc.*) (*Wind etc.*); **4.** *Flut etc.* jagen, treiben: ~ ***before one*** *Feind* vor sich hertreiben; ~ ***all before one*** *fig.* auf der ganzen Linie siegen; **5.** *a.* ~ ***away*** (*od.* ***off***) *fig.* fort-, mitreißen (*Flut etc.*): ~ ***along with one*** *Zuhörer* mitreißen; ~ ***s.o. off his feet*** j-s Herz im Sturm erobern; **6.** *a.* ~ ***away*** *Hindernis etc.* (aus dem Weg) räumen, *e-m Übelstand etc.* abhelfen, aufräumen mit: ~ ***aside*** *et.* abtun, beiseite schieben; ~ ***off*** *j-n* hinwegraffen (*Tod, Krankheit*); **7.** *mit der Hand* streichen über (*acc.*); **8.** *Geld* einstreichen: ~ ***the board*** *Kartenspiel u. fig.* alles gewinnen; **9.** a) *Gebiet* durch'streifen, b) *Horizont etc.* absuchen (*a.* ⚔ *mit Scheinwerfern, Radar*) (***for*** nach), c) hingleiten über (*acc.*) (*Blick etc.*); **10.** ⚔ *mit MG-Feuer* bestreichen; **11.** ♪ *Saiten, Tasten* (be)rühren, schlagen, (hin)gleiten über (*acc.*); **II** *v/i.* [*irr.*] **12.** kehren, fegen; **13.** fegen, stürmen, jagen (*Wind, Regen etc., a. Krieg, Heer*), fluten (*Wasser, Truppen etc.*); *durchs Land* gehen (*Epidemie etc.*): ~ ***along*** (***down***, ***over***) entlang- *od.* einherfegen (herniederfegen, darüber hinfegen) *etc.*; ~ ***down on*** sich (herab)stürzen auf (*acc.*); ***fear swept over him*** Furcht überkam ihn; **14.** maje'stätisch ein'herschreiten: ***she swept from the room*** sie rauschte aus dem Zimmer; **15.** in weitem Bogen gleiten; **16.** sich da'hinziehen (*Küste, Straße etc.*); **17.** (***for***) ⚓ (nach *et.*) dreggen; ⚔ *Minen* suchen, räumen; **III** *s.* **18.** Kehren *n*, Fegen *n*: ***give s.th. a*** ~ *et.* kehren; ***make a clean*** ~ (***of***) *fig.* gründlich aufräumen (mit); **19.** *mst pl.* Müll *m*; **20.** *bsd. Brit.* Schornsteinfeger *m*; **21.** Da'hinfegen *n*, (Da'hin)Stürmen *n* (*des Windes etc.*); **22.** schwungvolle (Hand-*etc.*)Bewegung; Schwung *m* (*e-r Sense, Waffe etc.*); (Ruder)Schlag *m*; **23.** *fig.* Reichweite *f*, Bereich *m*, Spielraum *m*; weiter (geistiger) Hori'zont; **24.** Schwung *m*, Bogen *m* (*Straße etc.*); **25.** ausgedehnte Strecke, weite Fläche; **26.** Auffahrt *f zu e-m Haus*; **27.** Ziehstange *f*, Schwengel *m* (*Brunnen*); **28.** ⚓ langes Ruder; **29.** ♪ Tusch *m*; **30.** *Radar*: Abtaststrahl *m*; **31.** *Kartenspiel*: Gewinn *m* aller Stiche *od.* Karten; **IV** *adj.* **32.** ⚡ Kipp...

'**sweep·back** ✈ **I** *s.* Pfeilform *f*; **II** *adj.* pfeilförmig, Pfeil...

sweep·er ['swiːpə] *s.* **1.** (Straßen-) Kehrer *m*, Feger(in); **2.** 'Kehrma,schine *f*; **3.** ⚓ Such-, Räumboot *n*; **4.** *Fußball*: Ausputzer *m*; '**sweep·ing** [-pɪŋ] **I** *adj.* □ **1.** kehrend, Kehr...; **2.** sausend, stürmisch (*Wind etc.*); **3.** ausgedehnt; **4.** schwungvoll (*a. fig. mitreißend*); **5.** 'durchschlagend, über'wältigend (*Sieg, Erfolg*); **6.** 'durchgreifend, radi'kal: ~ ***changes***; **7.** um'fassend, weit reichend, *a.* (zu) stark verallgemeinernd, sum'marisch: ~ ***statement***; **II** *s.* **8.** *pl.* a) → ***sweep*** 19, b) *fig. contp.* Abschaum *m*.

sweep| net *s.* **1.** ⚓ Schleppnetz *n*; **2.** Schmetterlingsnetz *n*; '**~·stake** *s. sport* **1.** *sg. od. pl.* a) *Pferderennen, dessen Dotierung rein aus Nenngeldern besteht*, b) *aus den Nenngeldern gebildete Dotierung*; **2.** *Lotterie, deren Gewinne sich ausschließlich aus den Einsätzen zs.-setzen*; **3.** *fig.* Rennen *n*, Kampf *m*.

sweet [swiːt] **I** *adj.* □ **1.** süß (*im Geschmack*); **2.** süß, lieblich (duftend): ***be*** ~ ***with*** duften nach; **3.** frisch (*Butter, Fleisch, Milch*); **4.** Frisch..., Süß...: ~ ***water***; **5.** süß, lieblich (*Musik, Stimme*), **6.** süß, angenehm: ~ ***dreams***; ~ ***sleep***; **7.** süß, lieb: ~ ***face***; ***at her own*** ~ ***will*** (ganz) nach ihrem Köpfchen; → ***seventeen*** II; **8.** (***to*** zu *od.* gegenüber *j-m*) lieb, nett, freundlich, sanft: ~ ***nature*** *od.* ***temper***; ***be*** ~ ***on s.o.*** in j-n verliebt sein; **9.** F ‚süß', reizend, goldig (*alle a. iro.*): ***what a*** ~ ***dress!***; **10.** leicht, bequem; glatt, ruhig; **11.** ⚗ a) säurefrei (*Mineralien*), b) schwefelfrei, süß (*bsd. Benzin, Rohöl*); **12.** ✓ nicht sauer (*Boden*); **13.** *Jazz*: ‚sweet', melodi'ös; **II** *s.* **14.** Süße *f*; **15.** *Brit.* a) Bon'bon *m, n*, Süßigkeit *f*, b) *oft pl.* Nachtisch *m*, Süßspeise *f*; **16.** *mst pl. fig.* Freude *f*, Annehmlichkeit *f*: ***the*** ~(***s***) ***of life***; → ***sour*** 7; **17.** *mst in der Anrede*: Liebling *m*, Süße(r *m*) *f*; ,**~-and-'sour** *adj.* süßsauer (*Soße etc.*); '**~·bread** *s.* Bries n; ~ **chest·nut** *s.* 'Edelka,stanie *f*; ~ **corn** *s.* **1.** ⚘ Zuckermais *m*; **2.** grüne Maiskolben *pl.*

sweet·en ['swiːtn] **I** *v/t.* **1.** süßen; **2.** *fig.* versüßen, angenehm(er) machen; **II** *v/i.* **3.** süß(er) werden; **4.** milder *od.* sanfter werden; '**sweet·en·er** [-nə] *s.* Süßstoff *m*.

'**sweet|·heart** *s.* Liebste(r *m*) *f*, Schatz *m*; ~ **herbs** *s. pl.* Küchen-, Gewürzkräuter *pl.*

sweet·ie ['swiːtɪ] *s.* **1.** F Schätzchen *n*, ‚Süße' *f*; **2.** *Brit.* Bon'bon *m, n, pl. a.* Süßigkeiten *pl.*

sweet·ing ['swiːtɪŋ] *s.* ⚘ Jo'hannisapfel *m*, Süßling *m*.

sweet·ish ['swiːtɪʃ] *adj.* süßlich.

'**sweet|·meat** *s.* Lecke'rei *f*, Bon'bon *m, n*; ,**~-'na·tured** → ***sweet*** 8.

sweet·ness ['swiːtnɪs] *s.* **1.** Süße *f*, Süßigkeit *f*; **2.** süßer Duft; **3.** Frische *f*; **4.** *fig. et.* Angenehmes, Annehmlichkeit *f*, *das* Süße; **5.** Freundlichkeit *f*, Liebenswürdigkeit *f*.

sweet| oil *s.* O'livenöl *n*; ~ **pea** *s.* ⚘ Gartenwicke *f*; ~ **po·ta·to** *s.* ⚘ 'Süßkar,toffel *f*, Ba'tate *f*; ,**~-'scent·ed** *adj. bsd.* ⚘ wohlriechend, duftend; '**~·shop** *s. bsd. Brit.* Süßwarengeschäft *n*; '**~-talk** *v/t. Am.* F *j-m* schmeicheln; ,**~-'tem·pered** *adj.* sanft-, gutmütig; ~ **tooth** *s.* F: ***she has a*** ~ sie isst gern Süßigkeiten; ~ **wil·liam** *s.* ⚘ Stu'dentennelke *f*.

sweet·y ['swiːtɪ] → ***sweetie***.

swell [swel] **I** *v/i.* [*irr.*] **1.** *a.* ~ ***up***, ~ ***out*** (an-, auf)schwellen (***into***, ***to*** zu), dick werden; **2.** sich aufblasen *od.* -blähen (*a. fig.*); **3.** anschwellen, (an)steigen (*Wasser etc., a. fig. Preise, Anzahl etc.*); **4.** sich wölben: a) ansteigen (*Land etc.*), b) sich ausbauchen *od.* bauschen (*Mauerwerk, Möbel etc.*), c) ⚓ sich blähen (*Segel*); **5.** her'vorbrechen (*Quelle, Tränen*); **6.** *bsd.* ♪ a) anschwellen (***into*** zu), b) (an- u. ab-) schwellen (*Ton, Orgel etc.*); **7.** *fig.* bersten (wollen) (***with*** vor): ***his heart*** ~***s with indignation***; **8.** aufwallen, sich steigern (***into*** zu) (*Gefühl*); **II** *v/t.* [*irr.*] **9.** ~ ***up***, ~ ***out*** *a.* ♪ *u. fig. Buch etc.* anschwellen lassen; **10.** aufblasen, -blähen, -treiben; **11.** *fig.* aufblähen (***with*** vor): ~***ed*** (***with pride***) stolzgeschwellt; **III** *s.* **12.** (An)Schwellen *n*; **13.** Schwellung *f*; **14.** ⚓ Dünung *f*; **15.** Wölbung *f*, Ausbauchung *f*; **16.** kleine Anhöhe, sanfte Steigung; **17.** *fig.* Anschwellen *n*, -wachsen *n*, (An)Steigen *n*; **18.** ♪ a) An- (u. Ab)Schwellen *n*, b) Schwellzeichen *n*, c) Schwellwerk *n* (*Orgel etc.*); **19.** F a) ‚hohes Tier', ‚Größe' *f*, b) ‚feiner Pinkel', c) ‚Ka'none' *f*, ‚Mordskerl' *m* (***at*** in *dat.*); **IV** *adj.* **20.** (*a. int.*) F ‚prima', ‚bombig'; **21.** F (tod)schick, ‚piekfein', feu'dal; **swelled** [-ld] *adj.* **1.** (an)geschwollen, aufgebläht: ~ ***head*** F *fig.* Aufgeblasenheit *f*; **2.** geschweift (*Möbel*); '**swell·ing** [-lɪŋ] **I** *s.* **1.** (*a. fig. u.* ♪ An)Schwellen *n*; **2.** ⚕ Schwellung *f*, Geschwulst *f*, *a.* Beule *f*: ***hunger*** ~ Hungerödem *n*; **3.** Wölbung *f*: a) Erhöhung *f*, b) △ Ausbauchung *f*, ⚙ Schweifung *f*; **II** *adj.* □ **4.** (an)schwellend; **5.** ‚geschwollen' (*Stil etc.*).

swell| man·u·al *s.* ♪ 'Schwellmanu,al *n* (*Orgel*); ~ **mob** *s. sl. die* Hochstapler *pl.*; ~ **or·gan** *s.* ♪ Schwellwerk *n*.

swel·ter ['sweltə] **I** *v/i.* **1.** vor Hitze (fast) 'umkommen *od.* verschmachten; **2.** in Schweiß gebadet sein; **3.** (vor Hitze) kochen (*Stadt etc.*); **II** *s.* **4.** drückende Hitze, Schwüle *f*; **5.** F *fig.* Hexenkessel *m*; '**swel·ter·ing** [-tərɪŋ], '**swel·try** [-trɪ] *adj.* **1.** vor Hitze vergehend, verschmachtend; **2.** in Schweiß gebadet; **3.** drückend, schwül.

swept [swept] *pret. u. p.p. von* ***sweep***; '**~-back wing** → ***swept wing***; ~ **vol·ume** *s. mot.* Hubraum *m*; ~ **wing** *s.* ✈ Pfeilflügel *m*.

swerve [swɜːv] **I** *v/i.* **1.** ausbrechen (*Auto, Pferd*); **2.** *mot.* das Steuer he'rumreißen; **3.** ausweichen; **4.** schwenken (*Straße*); **5.** *fig.* abweichen (***from*** von); **II** *v/t.* **6.** *sport Ball* anschneiden; **7.** *fig. j-n* abbringen (***from*** von); **III** *s.* **8.** Ausweichbewegung *f*, *mot.* Schlenker *m*.

swift [swɪft] **I** *adj.* □ **1.** *allg.* schnell, rasch; **2.** flüchtig (*Zeit, Stunde etc.*); **3.** geschwind, eilig; **4.** flink, hurtig, *a.* geschickt: ***a*** ~ ***worker***; ~ ***wit*** rasche Auffassungsgabe; **5.** rasch, schnell bereit: ~ ***to anger*** jähzornig; ~ ***to take offence*** leicht beleidigt; **II** *adv.* **6.** *mst poet. od. in Zssgn* schnell, geschwind, rasch; **III** *s.* **7.** *orn.* (*bsd.* Mauer)Segler *m*; **8.** *e-e brit. Taubenrasse*; **9.** *zo.* → ***newt***; **10.** ⚙ Haspel *f*; ,**swift-'foot·ed** *adj.* schnell-

S

füßig, flink; '**swift·ness** [-nɪs] *s.* Schnelligkeit *f.*

swig [swɪg] F **I** *v/t. Getränk* ‚hin'unter-kippen'; **II** *v/i.* e-n kräftigen Schluck nehmen (***at*** aus); **III** *s.* (kräftiger) Schluck.

swill [swɪl] **I** *v/t.* **1.** *bsd. Brit.* (ab)spülen: ***~ out*** ausspülen; **2.** *Bier etc.* ‚saufen'; **II** *v/i.* **3.** ‚saufen'; **III** *s.* **4.** (Ab)Spülen *n*; **5.** Schweinetrank *m*, -futter *n*; **6.** Spülicht *n* (*a. fig. contp.*); **7.** *fig. contp.* a) ‚Gesöff' *n*, b) ‚Saufraß' *m.*

swim [swɪm] **I** *v/i.* [*irr.*] **1.** schwimmen; **2.** schwimmen (*Gegenstand*), treiben; **3.** schweben, (sanft) gleiten; **4.** a) schwimmen (***in*** in *dat.*), b) über'schwemmt sein, 'überfließen (***with*** von): ***his eyes were ~ming with tears*** s-e Augen schwammen in Tränen; ***~ in*** *fig.* schwimmen in (*Geld etc.*); **5.** (ver-)schwimmen (***before one's eyes*** vor den Augen): ***my head ~s*** mir ist schwind(e)lig; **II** *v/t.* [*irr.*] **6.** *Strecke etc.* schwimmen, *Gewässer* durch'schwimmen; **7.** *Person, Pferd etc.* schwimmen lassen; **8.** F mit *j-m* um die Wette schwimmen; **III** *s.* **9.** Schwimmen *n*, Bad *n*: ***go for a ~*** schwimmen gehen; ***be in*** (***out of***) ***the ~*** F *fig.* a) (nicht) auf dem Laufenden sein, b) (nicht) mithalten können; **10.** *Angelsport*: tiefe u. fischreiche Stelle (*e-s Flusses*); **11.** Schwindel(anfall) *m*; '**swim·mer** [-mə] *s.* **1.** Schwimmer(in); **2.** *zo.* 'Schwimmor,gan *n.*

swim·mer·et ['swɪməret] *s. zo.* Schwimmfuß *m* (*Krebs*).

swim·ming ['swɪmɪŋ] **I** *s.* **1.** Schwimmen *n*; **2.** ***~ of the head*** Schwindelgefühl *n*; **II** *adj.* □ → ***swimmingly***; **3.** Schwimm...; ***~ bath*** *s.* Schwimmbad *n*; ***~ blad·der*** *s. zo.* Schwimmblase *f.*

swim·ming·ly ['swɪmɪŋlɪ] *adv. fig.* glatt, reibungslos.

swim·ming| pool *s.* **1.** Schwimmbecken *n*, Swimmingpool *m*; **2.** Schwimmbad *n*: a) Freibad *n*, b) *mst* ***indoor ~*** Hallenbad *n*; ***~ trunks*** *s. pl.* Badehose *f.*

swin·dle ['swɪndl] **I** *v/i.* **1.** betrügen, mogeln; **II** *v/t.* **2.** *j-n* beschwindeln, betrügen (***out of s.th.*** um et.); **3.** *et.* erschwindeln (***out of s.o.*** von j-m); **III** *s.* **4.** Schwindel *m*, Betrug *m*; '**swin·dler** [-lə] *s.* Schwindler(in), Betrüger(in).

swine [swaɪn] *pl.* **swine** *s. zo.*, *mst* ⚓, *poet. od. obs.* Schwein *n* (*a. fig. contp.*); ***~ fe·ver*** *s. vet.* Schweinepest *f*; '**~·herd** *s. poet.* Schweinehirt *m*; '**~·pox** *s.* **1.** ⚕ *hist.* Wasserpocken *pl.*; **2.** *vet.* Schweinepocken *pl.*

swing [swɪŋ] **I** *v/t.* [*irr.*] **1.** *Stock, Keule, Lasso etc.* schwingen; **2.** *Glocke etc.* schwingen, (hin- u. her)schwenken: ***~ one's arms*** mit den Armen schlenkern; ***~ s.th. about*** et. (im Kreis) herumschwenken; **3.** *Beine etc.* baumeln lassen, *a. Tür etc.* pendeln lassen; *Hängematte etc.* aufhängen (***from*** an *dat.*): ***~ open*** (***to***) *Tor* auf-(zu)stoßen; **4.** *j-n in e-r Schaukel* schaukeln; **5.** *auf die Schulter etc.* (hoch)schwingen; **6.** ⚔ (***~ in*** *od.* ***out*** ein- *od.* aus)schwenken lassen; **7.** ⚓ (rund)schwojen; **8.** *bsd. Am.* F a) *et.* ‚schaukeln', ‚hinkriegen', b) *Wähler* her'umkriegen; **II** *v/i.* [*irr.*] **9.** (hin- u. her)schwingen, pendeln, ausschlagen (*Pendel, Zeiger*): ***~ into motion*** in Schwung *od.* Gang kommen; **10.** schweben, baumeln (***from*** an *dat.*) (*Glocke etc.*); **11.** (sich) schaukeln; **12.** F ‚baumeln' (*gehängt werden*): ***he must ~ for it***; **13.** sich (*in den Angeln*) drehen (*Tür etc.*): ***~ open*** (***to***) auffliegen (zuschlagen); ***~ round*** a) sich ruckartig umdrehen, b) sich drehen (*Wind etc.*), c) *fig.* umschlagen (*öffentliche Meinung etc.*); **14.** ⚓ schwojen; **15.** schwenken, mit schwungvollen Bewegungen gehen, (flott) marschieren: ***~ into line*** ⚔ einschwenken; **16.** *a.* ***~ it*** *sl.* a) ‚toll leben', b) ‚auf den Putz hauen'; **17.** schwanken; **18.** (zum Schlag) ausholen: ***~ at*** nach *j-m* schlagen; **19.** ♪ swingen; **III** *s.* **20.** (Hin- u. Her)Schwingen *n*, Pendeln *n*, Schwingung *f*; ⚙ Schwungweite *f*, Ausschlag *m* (*e-s Pendels od. Zeigers*): ***the ~ of the pendulum*** der Pendelschlag (*a. fig. od. pol.*); ***free ~*** Bewegungsfreiheit *f*, Spielraum *m* (*a. fig.*); ***in full ~*** in vollem Gange, im Schwung; ***give full ~ to*** a) *e-r Sache* freien Lauf lassen, b) *j-m* freie Hand lassen; **21.** Schaukeln *n*; **22.** a) Schwung *m beim Gehen, Skilauf etc.*, schwingender Gang, Schlenkern *n*, b) ♪ *etc.* Schwung *m*, (schwingender) Rhythmus: ***go with a ~*** a) Schwung haben, b) *fig.* wie am Schnürchen gehen; **23.** ♪ Swing *m* (*Jazz*); **24.** Schaukel *f*: ***lose on the ~s what you make on the roundabouts*** *fig.* genau so weit sein wie am Anfang; ***you make up on the ~s what you lose on the roundabouts*** was man hier verliert, macht man dort wieder wett; **25.** ✝ a) Swing *m*, Spielraum *m* für Kre'ditgewährung, b) *Am.* F Konjunk'turperi,ode *f*; **26.** *Boxen*: Schwinger *m*; **27.** Schwenkung *f*; '**~·back** *s.* **1.** *phot.* Einstellscheibe *f*; **2.** *fig.* (***to***) Rückkehr *f* (zu), Rückfall *m* (in *acc.*); '**~·boat** *s.* Schiffsschaukel *f*; ***~ bridge*** *s.* Drehbrücke *f*; ***~ cred·it*** *s.* ✝ 'Swingkre,dit *m*; ***~ door*** *s.* Pendeltür *f.*

swinge [swɪndʒ] *v/t. obs.* 'durchprügeln, (aus)peitschen; '**swinge·ing** [-dʒɪŋ] *adj. fig.* drastisch, ex'trem.

swing·er ['swɪŋə] *s. sl.* lebenslustige Per'son.

swing·ing ['swɪŋɪŋ] *adj.* □ **1.** schwingend, schaukelnd, pendelnd, Schwing...; **2.** Schwenk...; **3.** rhythmisch, schwungvoll; **4.** lebenslustig; **5.** schwankend: ***~ temperature*** ⚕ Temperaturschwankungen *pl.*

swin·gle ['swɪŋgl] **I** *s.* ⚙ (Flachs-, Hanf-) Schwinge *f*; **II** *Flachs, Hanf* schwingeln; '**~·tree** *s.* Ortscheit *n*, Wagenschwengel *m.*

'**swing|-out** *adj.* ⚙ ausschwenkbar; ***~ seat*** *s.* Hollywoodschaukel *f*; ***~ shift*** *s. Am.* ✝ Spätschicht *f*; '**~-wing** *s.* ✈ **1.** Schwenkflügel *m*; **2.** Schwenkflügler *m.*

swin·ish ['swaɪnɪʃ] *adj.* □ schweinisch, säuisch.

swipe [swaɪp] **I** *v/i.* **1.** dreinschlagen, hauen; *sport* aus vollem Arm schlagen; **II** *v/t.* **2.** (hart) schlagen; **3.** *sl.* ‚klauen', stehlen; **III** *s.* **4.** *bsd. sport* harter Schlag, Hieb *m*; **5.** *pl. sl.* Dünnbier *n.*

swirl [swɜːl] **I** *v/i.* **1.** wirbeln (*Wasser, a. fig. Kopf*), e-n Strudel bilden; **2.** (herum)wirbeln; **II** *v/t.* **3.** *et.* her'umwirbeln; **III** *s.* **4.** Wirbel *m*, Strudel *m*; **5.** *Am.* (Haar)Wirbel *m*; **6.** Wirbel(n *n*) *m* (*Drehbewegung*).

swish [swɪʃ] **I** *v/i.* **1.** schwirren, zischen, sausen; **2.** rascheln (*Seide*); **II** *v/t.* **3.** sausen *od.* schwirren lassen; **4.** *Brit.* 'durchprügeln; **III** *s.* **5.** Sausen *n*, Zischen *n*; **6.** Rascheln *n*; **7.** *Brit.* (Ruten-) Streich *m*, Peitschenhieb *m*; **IV** *adj.* **8.** *Brit. sl.* ‚(tod)schick'.

Swiss [swɪs] **I** *pl.* **Swiss** *s.* **1.** Schweizer (-in); **2.** ⚙ ♀, *a.* ***~ muslin*** 'Schweizermusse,lin *m* (*Stoff*); **II** *adj.* **3.** schweizerisch, Schweizer: ***~ German*** Schweizerdeutsch *n*; ***~ Guard*** *R.C.* a) Schweizergarde *f*, b) Schweizer *m*; ***~ roll*** Biskuitrolle *f.*

switch [swɪtʃ] **I** *s.* **1.** Gerte *f*, Rute *f*; **2.** (Ruten)Streich *m*; **3.** falscher Zopf; **4.** ⚡, ⚙ Schalter *m*; **5.** 🚂 Weiche *f*; **6.** (***to***) *fig.* a) 'Umstellung *f* (auf *acc.*), Wechsel *m* (zu), b) Verwandlung *f* (in *acc.*), c) Vertauschung *f*; **II** *v/t.* **7.** peitschen; **8.** zucken mit; **9.** ⚡, ⚙ ('um)schalten: ***~ on*** einschalten, *Licht* anschalten, *teleph. j-n* verbinden; ***~ off*** *Gerät etc.* ab-, ausschalten, abstellen, *teleph. j-n* trennen; ***~ to*** anschließen an (*acc.*); **10.** 🚂 a) *Zug* rangieren, b) *Waggons* 'umstellen; **11.** *fig. Produktion etc.* 'umstellen, *Methode, Thema etc.* wechseln, *Gedanken, Gespräch* 'überleiten (***to*** auf *acc.*); **III** *v/i.* **12.** 🚂 rangieren; **13.** ⚡, ⚙ (*a.* ***~ over*** 'um)schalten; ***~ off*** abschalten, *teleph.* trennen; **14.** *fig.* 'umstellen: ***~*** (***off*** *od.* ***over***) ***to*** übergehen zu, sich umstellen auf (*acc.*), *univ. etc.* umsatteln auf (*acc.*); '**~·back** *s. Brit.* **1.** *a.* ***~ road*** Serpen'tinenstraße *f*; **2.** Achterbahn *f*; '**~·blade knife** *s.* Schnappmesser *n*; '**~·board** *s.* ⚡ **1.** Schaltbrett *n*, -tafel *f*; **2.** (Tele'fon)Zen,trale *f*, Vermittlung *f*: ***~ operator*** Telefonist(in); ***~ box*** *s.* **1.** ⚡ Schaltkasten *m*; **2.** 🚂 Stellwerk *n.*

switch·er·oo [,swɪtʃə'ruː] *s. Am. sl.* **1.** unerwartete Wendung; **2.** → ***switch*** 6 b u. c.

switch·ing ['swɪtʃɪŋ] **I** *s.* **1.** ⚡, ⚙ ('Um-) Schalten *n*; ***~-on*** Einschalten; ***~-off*** Ab-, Ausschalten; **2.** 🚂 Rangieren *n*; **II** *adj.* **3.** ⚡, ⚙ (Um)Schalt...; **4.** 🚂 Rangier...

'**switch|,o·ver** *s.* 'Umstellung *f* (***to*** auf *acc.*), Wechsel *m* (***to*** zu); ***~ plug*** *s.* ⚡, ⚙ Schaltstöpsel *m*; '**~·yard** *s.* 🚂 *Am.* Rangier-, Verschiebebahnhof *m.*

swiv·el ['swɪvl] **I** *s.* Drehzapfen *m*, -ring *m*, -gelenk *n*, (⚓ Ketten)Wirbel *m*; **II** *v/t.* (*auf e-m Zapfen etc.*) drehen *od.* schwenken; **III** *v/i.* sich drehen; **IV** *adj.* dreh-, schwenkbar, Dreh..., Schwenk...; ***~ bridge*** *s.* ⚙ Drehbrücke *f*; ***~ chair*** *s.* Drehstuhl *m*; ***~ joint*** *s.* ⚙ Drehgelenk *n.*

swiz·zle stick ['swɪzl] *s.* Sektquirl *m.*

swol·len ['swəʊlən] **I** *p.p. von* ***swell***; **II** *adj.* ⚕ geschwollen (*a. fig.*): ***~-headed*** aufgeblasen.

swoon [swuːn] **I** *v/i.* **1.** *oft* ***~ away*** in Ohnmacht fallen (***with*** vor *dat.*); **2.** schwärmen (***over*** für); **II** *s.* **3.** Ohnmacht(sanfall *m*) *f.*

swoop [swuːp] **I** *v/i.* **1.** *oft* ***~ down*** (**[*up*]*on*, *at***) her'abstoßen, sich stürzen (auf *acc.*), *fig.* zuschlagen, herfallen (über *acc.*); **II** *v/t.* **2.** *mst* ***~ up*** F packen, ‚schnappen'; **III** *s.* **3.** Her'abstoßen *n* (*Raubvogel*); **4.** *fig.* a) 'Überfall *m*, b) Razzia *f*; **5.** ***at one*** (***fell***) ***~*** mit 'einem Schlag.

swop [swɒp] → ***swap***.

sword [sɔːd] *s.* Schwert *n* (*a. fig.*); Säbel *m*, Degen *m*; *allg.* Waffe *f*: ***draw*** (***sheathe***) ***the ~*** das Schwert ziehen (in die Scheide stecken), *fig.* den Kampf beginnen (beenden); ***put to the ~*** über die Klinge springen lassen; → ***cross*** 11, ***measure*** 16; ***~ belt*** *s.* **1.** Schwertgehenk *n*; **2.** ⚔ Degenkoppel *n*; ***~ cane*** *s.* Stockdegen *m*; ***~ dance*** *s.* Schwert(er)-

S

tanz *m*; '**~·fish** *s.* Schwertfisch *m*; **~ knot** *s.* ⚔ Degen-, Säbelquaste *f*; **~ lil·y** *s.* ⚘ Schwertel *m*, Siegwurz *f*; '**~·play** *s.* **1.** (Degen-, Säbel)Kampf *m*; **2.** Fechtkunst *f*; **3.** *fig.* Gefecht *n*, Du'ell *n*.

swords·man ['sɔːdzmən] *s.* [*irr.*] Fechter *m*; Kämpfer *m*; '**swords·man·ship** [-ʃɪp] *s.* Fechtkunst *f*.

'**sword·stick** → ***sword cane***.

swore [swɔː] *pret. von swear*; **sworn** [swɔːn] **I** *p.p. von swear*; **II** *adj.* **1.** ⚖ (gerichtlich) vereidigt, beeidigt: **~ *expert***; **2.** eidlich: **~ *statement***; **3.** geschworen (*Gegner*): **~ *enemies*** Todfeinde; **4.** verschworen (*Freunde*).

swot [swɒt] *ped. Brit.* F **I** *v/i.* **1.** büffeln, pauken; **II** *v/t.* **2.** *mst* **~ *up*** *Lehrstoff* pauken, büffeln; **III** *s.* **3.** Büffler(in), Streber(in); **4.** Büffe'lei *f*, Pauke'rei *f*; *weitS.* hartes Stück Arbeit.

swum [swʌm] *p.p. von swim*.

swung [swʌŋ] *pret. u. p.p. von swing*.

syb·a·rite ['sɪbəraɪt] *s. fig.* Syba'rit *m*, Genussmensch *m*; **syb·a·rit·ic** [ˌsɪbə'rɪtɪk] *adj.* (□ **~*ally***) syba'ritisch, genusssüchtig; '**syb·a·rit·ism** [-rɪtɪzəm] *s.* Genusssucht *f*.

syc·a·more ['sɪkəmɔː] *s.* ⚘ **1.** *Am.* Pla'tane *f*; **2.** *a.* **~ *maple*** *Brit.* Bergahorn *m*; **3.** Syko'more *f*, Maulbeerfeigenbaum *m*.

syc·o·phan·cy ['sɪkəfənsɪ] *s.* Krieche'rei *f*, Speichellecke'rei *f*; '**syc·o·phant** [-nt] *s.* Schmeichler *m*, Kriecher *m*, Speichellecker *m*; **syc·o·phan·tic** [ˌsɪkəʊ'fæntɪk] *adj.* (□ **~*ally***) schmeichlerisch, kriecherisch.

syl·la·bar·y ['sɪləbərɪ] *s.* 'Silbenta,belle *f*; '**syl·la·bi** [-baɪ] *pl. von* ***syllabus***.

syl·lab·ic [sɪ'læbɪk] *adj.* (□ **~*ally***) **1.** syl'labisch (*a.* ♪), Silben...: **~ *accent***; **2.** Silben bildend, silbisch; **3.** *in Zssgn* ...silbig; **syl'lab·i·cate** [-keɪt], **syl'lab·i·fy** [-ɪfaɪ], **syl·la·bize** ['sɪləbaɪz] *v/t. ling.* syllabieren, in Silben teilen, Silbe für Silbe (aus)sprechen.

syl·la·ble ['sɪləbl] **I** *s.* **1.** *ling.* Silbe *f*: ***not a* ~** *fig.* keine Silbe *od.* kein Sterbenswörtchen *sagen*; **2.** ♪ Tonsilbe *f*; **II** *v/t.* **3.** → ***syllabicate***; '**syl·la·bled** [-ld] *adj.* ...silbig.

syl·la·bus ['sɪləbəs] *pl.* **-bi** [-baɪ] *s.* **1.** Auszug *m*, Abriss *m*; zs.-fassende Inhaltsangabe; **2.** (*bsd.* Vorlesungs)Verzeichnis *n*; Lehr-, 'Unterrichtsplan *m*; **3.** ⚖ Kom'pendium *n von richtungweisenden Entscheidungen*; **4.** *R.C.* Syllabus *m*.

syl·lep·sis [sɪ'lepsɪs] *s. ling.* Syl'lepsis, Syl'lepse *f*.

syl·lo·gism ['sɪlədʒɪzəm] *s. phls.* Syllo'gismus *m*, (Vernunft)Schluss *m*; '**syl·lo·gize** [-dʒaɪz] *v/i.* syllogisieren, folgerichtig denken.

sylph [sɪlf] *s.* **1.** *myth.* Sylphe *m*, Luftgeist *m*; **2.** *fig.* Syl'phide *f*, gra'ziles Mädchen; '**sylph·ish** [-fɪʃ], '**sylph·like** [-laɪk], '**sylph·y** [-fɪ] *adj.* sylphenhaft, gra'zil.

syl·van ['sɪlvən] *adj. poet.* waldig, Wald...

sym·bi·o·sis [ˌsɪmbɪ'əʊsɪs] *s. biol. u. fig.* Symbi'ose *f*; ˌ**sym·bi'ot·ic** [-ɪ'ɒtɪk] *adj.* (□ **~*ally***) *biol.* symbi'o(n)tisch.

sym·bol ['sɪmbl] *s.* **1.** Sym'bol *n*, Sinnbild *n*, Zeichen *n*; **2.** *typ.*, *Computer*: Sonderzeichen *n*; **sym·bol·ic**, **sym·bol·i·cal** [sɪm'bɒlɪk(l)] *adj.* □ sym'bolisch, sinnbildlich (***of*** für): ***be* ~ *of s.th.*** et. versinnbildlichen; **sym·bol·ics** [sɪm'bɒlɪks] *s. pl. mst sg. konstr.* **1.** Studium *n* alter Sym'bole; **2.** *eccl.* Sym'bolik *f*; '**sym·bol·ism** [-bəlɪzəm] *s.* **1.** Sym'bolik *f* (*a. eccl.*), sym'bolische Darstellung; ⚓ Forma'lismus *m*; **2.** sym'bolische Bedeutung; **3.** *coll.* Sym'bole *pl.*; **4.** *paint. etc.* Symbo'lismus *m*; '**sym·bol·ize** [-bəlaɪz] *v/t.* **1.** symbolisieren: a) versinnbildlichen, b) sinnbildlich darstellen; **2.** sym'bolisch auffassen.

sym·met·ric, **sym·met·ri·cal** [sɪ'metrɪk(l)] *adj.* □ sym'metrisch, eben-, gleichmäßig: **~ *axis*** ⚓ Symmetrieachse *f*; **sym·me·trize** ['sɪmɪtraɪz] *v/t.* sym'metrisch machen; **sym·me·try** ['sɪmɪtrɪ] *s.* Symme'trie *f* (*a. fig. Ebenmaß*).

sym·pa·thet·ic [ˌsɪmpə'θetɪk] **I** *adj.* (□ **~*ally***) **1.** mitfühlend, teilnehmend: **~ *strike*** Sympathiestreik *m*; **2.** einfühlend, verständnisvoll; **3.** gleich gesinnt, geistesverwandt, kongeni'al; **4.** sym'pathisch; **5.** F wohlwollend (***to*[*ward*]** gegen['über]); **6.** sympa'thetisch (*Kur, Tinte etc.*); **7.** ⚕, *physiol.* sym'pathisch (*Nervensystem etc.*); → 9a; **8.** ♪, *phys.* mitschwingend: **~ *vibration*** Sympathieschwingung *f*; **II** *s.* **9.** a) *a.* **~ *nerve*** *physiol.* Sym'pathikus(nerv) *m*, b) Sym'pathikussys,tem *n*.

sym·pa·thize ['sɪmpəθaɪz] *v/i.* **1.** (***with***) a) sympathisieren (mit), gleich gesinnt sein (*dat.*), b) über'einstimmen (mit), wohlwollend gegen'überstehen (*dat.*), c) mitfühlen (mit); **2.** sein Mitgefühl *od.* Beileid ausdrücken (***with*** *dat.*); **3.** ⚕ in Mitleidenschaft gezogen werden (***with*** von); '**sym·pa·thiz·er** [-zə] *s.* j-d, der *mit j-m od. e-r Sache* sympathisiert, Anhänger(in), *bsd. pol.* Sympathi'sant(in); '**sym·pa·thy** [-θɪ] *s.* **1.** Sympa'thie *f*, Zuneigung *f* (***for*** für): **~ *strike*** Sympathiestreik *m*; **2.** Gleichgestimmtheit *f*; **3.** Mitleid *n*, -gefühl *n* (***with*** mit, ***for*** für): ***feel* ~ *for*** (*od.* ***with***) Mitleid haben mit *j-m*, Anteil nehmen an *e-r Sache*; **4.** *pl.* (An)Teilnahme *f*, Beileid *n*: ***letter of* ~** Beileidschreiben *n*; ***offer one's sympathies to s.o.*** j-m sein Beileid bezeigen, j-m kondolieren; **5.** ⚕ Mitleidenschaft *f*; **6.** Wohlwollen *n*, Zustimmung *f*; **7.** Über'einstimmung *f*, Einklang *m*; **8.** *biol.*, *psych.* Sympa'thie *f*, Wechselwirkung *f*.

sym·phon·ic [sɪm'fɒnɪk] *adj.* (□ **~*ally***) sin'fonisch, sym'phonisch, Sinfonie..., Symphonie...: **~ *poem*** ♪ symphonische Dichtung; **sym'pho·ni·ous** [-'fəʊnjəs] *adj.* har'monisch (*a. fig.*); **sym·pho·nist** ['sɪmfənɪst] *s.* ♪ Sin'foniker *m*, Sym'phoniker *m*; **sym·pho·ny** ['sɪmfənɪ] **I** *s.* **1.** ♪ Sinfo'nie *f*, Sympho'nie *f*; **2.** *fig.* (*Farben- etc.*)Sympho'nie *f*, (*a. häusliche etc.*) Harmo'nie, Zs.-klang *m*; **II** *adj.* **3.** Sinfonie..., Symphonie...: **~ *orchestra***.

sym·po·si·um [sɪm'pəʊzjəm] *pl.* **-si·a** [-zjə] *s.* **1.** *antiq.* Sym'posion *n*: a) Gastmahl *n*, b) *Titel philosophischer Dialoge*; **2.** *fig.* Sammlung *f* von Beiträgen (*über e-e Streitfrage*); **3.** Sym'posium *n*, (Fach)Tagung *f*.

symp·tom ['sɪmptəm] *s.* ⚕ *u. fig.* Symp'tom *n* (***of*** für, von), (An)Zeichen *n*; **symp·to·mat·ic**, **symp·to·mat·i·cal** [ˌsɪmptə'mætɪk(l)] *adj.* □ *bsd.* ⚕ sympto'matisch (*a. fig. bezeichnend*) (***of*** für); **symp·tom·a·tol·o·gy** [ˌsɪmptəmə'tɒlədʒɪ] *s.* ⚕ Symptomatolo'gie *f*.

syn- [sɪn] *in Zssgn* mit, zusammen.

syn·a·gogue ['sɪnəgɒg] *s. eccl.* Syna'goge *f*.

syn·a·l(o)e·pha [ˌsɪnə'liːfə] *s. ling.* Syna'löphe *f*, Verschleifung *f*.

syn·an·ther·ous [sɪ'nænθərəs] *adj.* ⚘ syn'andrisch: **~ *plant*** Korbblüt(l)er *m*, Komposite *f*.

sync [sɪŋk] F *für* a) ***synchronization*** 1: ***in*** (***out of***) **~** (nicht) synchron, *fig.* (nicht) in Einklang, b) ***synchronize*** 5.

syn·carp ['sɪnkɑːp] *s.* ⚘ Sammelfrucht *f*.

ˌ**syn·chro**|'**flash** [ˌsɪŋkrəʊ-] *s. phot.* Syn'chronblitz(licht *n*) *m*; ˌ**~'mesh** [-'meʃ] ⚙ **I** *adj.* Synchron...; **II** *s. a.* **~ *gear*** Syn'chrongetriebe *n*.

syn·chro·nism ['sɪŋkrənɪzəm] *s.* **1.** Synchro'nismus *m*, Gleichzeitigkeit *f*; **2.** Synchronisati'on *f*; **3.** synchro'nistische (Ge'schichts)Ta,belle; **4.** *phys.* Gleichlauf *m*; **syn·chro·ni·za·tion** [ˌsɪŋkrənaɪ'zeɪʃn] *s.* **1.** *bsd. Film, TV*: Synchronisati'on *f*; **2.** Gleichzeitigkeit *f*, zeitliches Zs.-fallen; **syn·chro·nize** ['sɪŋkrənaɪz] **I** *v/i.* **1.** gleichzeitig sein, zeitlich zs.-fallen *od.* über'einstimmen; **2.** syn'chron gehen (*Uhr*) *od.* laufen (*Maschine*); **3.** synchronisiert sein (*Bild u. Ton e-s Films*); **II** *v/t.* **4.** *Uhren*, *Maschinen* synchronisieren: **~*d shifting*** *mot.* Synchron(gang)schaltung *f*; **5.** *Film, TV*: synchronisieren; **6.** *Ereignisse* synchro'nistisch darstellen, *Gleichzeitiges* zs.-stellen; **7.** *Geschehnisse* (zeitlich) zs.-fallen lassen *od.* aufein'ander abstimmen: **~*d swimming*** Synchronschwimmen *n*; **8.** ♪ a) *Ausführende* zum (genauen) Zs.-spiel bringen, b) *Stelle, Bogenstrich etc.* genau zu'sammen ausführen (lassen); '**syn·chro·nous** [-nəs] *adj.* □ **1.** gleichzeitig: ***be* ~** (zeitlich) zs.-fallen; **2.** syn'chron: a) ⚙, ⚡ gleichlaufend (*Maschine etc.*), gleichgehend (*Uhr*), b) ⚡, ⚙ von gleicher Phase u. Schwingungsdauer: **~ *motor*** Synchronmotor *m*.

syn·co·pal ['sɪŋkəpl] *adj.* **1.** syn'kopisch; **2.** ⚕ Ohnmachts...; '**syn·co·pate** [-peɪt] *v/t.* **1.** *ling.* *Wort* synkopieren, zs.-ziehen; **2.** ♪ synkopieren; **syn·co·pa·tion** [ˌsɪŋkə'peɪʃn] *s.* **1.** → ***syncope*** 1; **2.** ♪ a) Synkopierung *f*, b) Syn'kope(n *pl.*) *f*, c) syn'kopische Mu'sik; **syn·co·pe** ['sɪŋkəpɪ] *s.* **1.** *ling.* a) Syn'kope *f*, kontrahiertes Wort, b) Kontrakti'on *f*; **2.** ♪ Syn'kope *f*; **3.** ⚕ Syn'kope *f*, tiefe Ohnmacht.

syn·dic ['sɪndɪk] *s.* **1.** ⚖, ✝ Syndikus *m*, Rechtsberater *m*; **2.** *univ. Brit.* Se'natsmitglied *n*; '**syn·di·cal·ism** [-kəlɪzəm] *s.* Syndika'lismus *m* (*radikaler Gewerkschaftssozialismus*); '**syn·di·cate** **I** *s.* [-kɪt] **1.** ✝, ⚖ Syndi'kat *n*, Kon'sortium *n*; **2.** ✝ a) Ring *m*, Verband *m*, 'Absatzkar,tell *n*, b) 'Zeitungssyndi,kat *n* *od.* -gruppe *f*; **3.** 'Pressezen,trale *f*; **4.** ,Syndi'kat' *n*, Verbrecherring *m*; **II** *v/t.* [-keɪt] **5.** ✝ zu e-m Syndi'kat vereinigen; **6.** a) *Artikel etc.* in mehreren Zeitungen zu'gleich veröffentlichen, b) über ein Syndi'kat verkaufen, c) *Zeitungen* zu e-m Syndi'kat zs.-schließen; **III** *v/i.* [-keɪt] **7.** ✝ sich zu e-m Syndi'kat zs.-schließen; **IV** *adj.* [-kɪt] **8.** ✝ Konsortial...; **syn·di·ca·tion** [ˌsɪndɪ'keɪʃn] *s.* ✝ Syndi'katsbildung *f*.

syn·drome ['sɪndrəʊm] *s.* ⚕ Syn'drom *n* (*a. sociol. etc.*).

syn·ec·do·che [sɪ'nekdəkɪ] *s. rhet.* Syn'ekdoche *f*.

syn·er·get·ic [sɪnə'dʒetɪk] *adj.* synerge'tisch; **~ *effect*** Synergieeffekt *m*; **syn·er·gy** ['sɪnədʒɪ] *s.* Synergie *f*: **~ *effects*** *pl.* Syner'gieef,fekte *pl.*

S

syn·od ['sɪnəd] *s. eccl.* Syn'ode *f*; '**syn·od·al** [-dl], **syn·od·ic**, **syn·od·i·cal** [sɪ'nɒdɪk(l)] *adj.* □ syn'odisch (*a. ast.*), Synoden...

syn·o·nym ['sɪnənɪm] *s. ling.* Syno'nym *n*, bedeutungsgleiches *od.* -ähnliches Wort: ***be a ~ for*** *fig.* gleichbedeutend sein mit; **syn·on·y·mous** [sɪ'nɒnɪməs] *adj.* □ **1.** *ling.* syno'nym(isch), bedeutungsgleich *od.* -ähnlich; **2.** *allg.* gleichbedeutend (***with*** mit).

syn·op·sis [sɪ'nɒpsɪs] *pl.* **-ses** [-siːz] *s.* **1.** Syn'opse *f*: a) Zs.-fassung *f*, 'Übersicht *f*, Abriss *m*, b) *eccl.* (vergleichende) Zs.-schau; **syn'op·tic** [-ptɪk] *adj.* (□ ***~ally***) **1.** syn'optisch, 'übersichtlich, zs.-fassend: ***~ chart*** *meteor.* synoptische Karte; **2.** um'fassend (*Genie*); **3.** *oft* 𝔖 *eccl.* syn'optisch; **Syn'op·tist**, *a.* 𝔖 [-ptɪst] *s. eccl.* Syn'optiker *m* (*Matthäus, Markus u. Lukas*).

syn·o·vi·a [sɪ'nəʊvɪə] *s. physiol.* Gelenkschmiere *f*; **syn'o·vi·al** [-əl] *adj.* Synovi'al...: ***~ fluid*** → ***synovia***; **syn·o·vi·tis** [ˌsɪnə'vaɪtɪs] *s.* ⚕ Gelenkentzündung *f*.

syn·tac·tic, **syn·tac·ti·cal** [sɪn'tæktɪk(l)] *adj.* □ *ling.* syn'taktisch, Syntax...; **syn'tac·ti·cals** [-ɪklz] *s. pl. sg. konstr.* Syn'taktik *f*; **syn·tax** ['sɪntæks] *s.* **1.** *ling.* Syntax *f*: a) Satzbau *m*, b) Satzlehre *f*; **2.** ⩘, *phls.* Syntax *f*, Be'weistheoˌrie *f*.

syn·the·sis ['sɪnθɪsɪs] *pl.* **-ses** [-siːz] *s. allg.* Syn'these *f*; '**syn·the·size** [-saɪz] *v/t.* **1.** zs.-fügen, (durch Syn'these) aufbauen; **2.** ⚗, ⚙ syn'thetisch *od.* künstlich herstellen; '**syn·the·siz·er** [-saɪzə] *s.* ♪ 'Synthesizer *m*; **syn·thet·ic** [sɪn'θetɪk] **I** *adj.* (□ ***~ally***) syn'thetisch: a) *bsd. ling., phls.* zs.-fügend: ***~ language***, b) ⚗ künstlich (*a. fig. unecht*), Kunst...: ***~ rubber***; ***~ trainer*** ✈ (Flug)Simulator *m*; **II** *s.* Kunststoff *m*; **syn·thet·i·cal** [sɪn'θetɪkl] *adj.* □ → ***synthetic*** I; '**synthe·tize** [-ɪtaɪz] → ***synthesize***.

syn·ton·ic [sɪn'tɒnɪk] *adj.* (□ ***~ally***) **1.** ⚡ (auf gleiche Fre'quenz) abgestimmt; **2.** *psych.* extravertiert; **syn·to·nize** ['sɪntənaɪz] *v/t.* ⚡ (***to*** auf *e-e bestimmte Frequenz*) abstimmen *od.* einstellen; **syn·to·ny** ['sɪntənɪ] *s.* **1.** ⚡ (Fre'quenz-) Abstimmung *f*, Reso'nanz *f*; **2.** *psych.* Extraversi'on *f*.

syph·i·lis ['sɪfɪlɪs] *s.* ⚕ Syphilis *f*; **syph·i·lit·ic** [sɪfɪ'lɪtɪk] **I** *adj.* syphi'litisch; **II** *s.* Syphi'litiker(in).

sy·phon ['saɪfn] → ***siphon***.

Syr·i·an ['sɪrɪən] **I** *adj.* syrisch; **II** *s.* Sy-r(i)er(in).

sy·rin·ga [sɪ'rɪŋgə] *s.* ⚘ Sy'ringe *f*, Flieder *m*.

syr·inge ['sɪrɪndʒ] **I** *s.* **1.** ⚕, ⚙ Spritze *f*; **II** *v/t.* **2.** *Flüssigkeit etc.* (ein)spritzen; **3.** *Ohr* ausspritzen; **4.** *Pflanze etc.* ab-, bespritzen.

syr·inx ['sɪrɪŋks] *s.* **1.** *antiq.* Pan-, Hirtenflöte *f*; **2.** a) *anat.* eu'stachische Röhre, b) ⚕ Fistel *f*; **3.** *orn.* Syrinx *f*, unterer Kehlkopf.

Syro- [saɪərəʊ] *in Zssgn* Syro..., syrisch.

syr·up ['sɪrəp] *s.* **1.** Sirup *m*, Zuckersaft *m*; **2.** *fig.* ‚süßliches Zeug', Kitsch *m*; '**syr·up·y** [-pɪ] *adj.* **1.** sirupartig, dickflüssig, klebrig; **2.** *fig.* süßlich, sentimen'tal.

sys·tem ['sɪstəm] *s.* **1.** *allg.* Sy'stem *n* (*a.* ⩘, ♪, ⚗, ⚘, *zo.*): a) Gefüge *n*, Aufbau *m*, Anordnung *f*, b) Einheit *f*, geordnetes Ganzes, c) *phls., eccl.* Lehrgebäude *n*, d) ⚙ Anlage *f*, e) Verfahren *n*: ***~ control*** *Computer*: Systemsteuerung *f*; ***~ crash*** *Computer*: Systemausfall *m*; ***~ error*** (*od.* ***fault***) *Computer*: Systemfehler *m*; ***~ failure*** *Computer*: Systemausfall *m*; ***~ software*** Systemsoftware *f*; ***~ of government*** Regierungssystem; ***~ of logarithms*** ⩘ Logarithmensystem; ***~ of references*** Bezugssystem *n*, Referenzsystem *n*; ***electoral ~*** *pol.* Wahlsystem, -verfahren; ***mountain ~*** Gebirgssystem; ***savings-bank ~*** Sparkassenwesen *n*; ***lack ~*** kein System haben; **2.** *ast.* Sy'stem *n*: ***solar ~***; ***the ~*** das Weltall; **3.** *geol.* Formati'on *f*; **4.** *physiol.* a) (Or'gan)Sysˌtem *n*, b) ***the ~*** der Organismus: ***digestive ~*** Verdauungssystem; ***get s.th. out of one's ~*** F et. loswerden; **5.** (*Eisenbahn-, Straßen-, Verkehrs- etc.*)Netz *n*: ***~ of roads***; **sys·tem·at·ic**, **sys·tem·at·i·cal** [ˌsɪstɪ'mætɪk(l)] *adj.* □ syste'matisch: a) plan-, zweckmäßig, -voll, b) me'thodisch (*vorgehend od. geordnet*); '**sys·tem·a·tist** [-mətɪst] *s.* Syste'matiker *m*; **sys·tem·a·ti·za·tion** [ˌsɪstɪmətaɪ'zeɪʃn] *s.* Systematisierung *f*; '**sys·tem·a·tize** [-tɪmətaɪz] *v/t.* systematisieren, in ein Sy'stem bringen.

sys·tem·ic [sɪs'temɪk] *adj.* (□ ***~ally***) *physiol.* Körper..., Organ...: ***~ circulation*** großer Blutkreislauf; ***~ disease*** Systemerkrankung *f*.

sys·tems| a·nal·y·sis *s. Computer*: Sys'temanaˌlyse *f*; ***~* an·a·lyst** *s.* Sys'temanaˌlytiker *m*.

sys·to·le ['sɪstəlɪ] *s.* Sy'stole *f*: a) ⚕ *Zs.-ziehung des Herzmuskels*, b) *Metrik*: *Verkürzung e-r langen Silbe.*

S

T, t [tiː] *pl.* **T's, Ts, t's, ts** *s.* **1.** T *n*, t *n* (*Buchstabe*): ***to a T*** haargenau; ***it suits me to a T*** das passt mir ausgezeichnet; ***cross the T's*** a) peinlich genau sein, b) es klar u. deutlich sagen; **2.** *a.* ***flanged T*** ⚙ T-Stück *n*.

ta [tɑː] *int. Brit.* F danke.

Taal [tɑːl] *s. ling.* Afri'kaans *n*.

tab [tæb] *s.* **1.** Streifen *m*, *bsd.* a) Schlaufe *f*, (Mantel)Aufhänger *m*, b) Lappen *m*, Zipfel *m*, c) (Schuh)Lasche *f*, (Stiefel)Strippe *f*, d) Dorn *m am Schnürsenkel*, e) Ohrklappe *f* (*Mütze*); **2.** ⚔ (Kragen)Spiegel *m*; **3.** Schildchen *n*, Anhänger *m*, Eti'kett *n*; (Kar'tei)Reiter *m*; **4.** F a) Rechnung *f*, b) Kon'trolle *f*: ***keep ~(s) on*** *fig.* kontrollieren, beobachten, sich auf dem Laufenden halten über (*acc.*); ***pick up the ~*** *Am.* (die Rechnung) bezahlen; **5.** ⚙ Nase *f*; **6.** ✈ Trimmruder *n*; **7.** *Computer*: Tabu'lator *m*: ***~ key*** Tabulatortaste *f*.

tab·by ['tæbɪ] **I** *s.* **1.** *obs.* Moi'ré *m*, *n* (*Stoff*); **2.** *mst* ***~ cat*** a) getigerte *od.* gescheckte Katze, b) (weibliche) Katze; **3.** F a) alte Jungfer, b) Klatschbase *f*; **II** *adj.* **4.** *obs.* Moiré...; **5.** gestreift; scheckig; **III** *v/t.* **6.** *Seide* moirieren.

tab·er·nac·le ['tæbənækl] *s.* **1.** *bibl.* Zelt *n*, Hütte *f*; **2.** 2 *eccl.* Stiftshütte *f der Juden*: ***Feast of 2s*** Laubhüttenfest *n*; **3.** *eccl.* a) (jüdischer) Tempel, b) 2 Mor'monentempel *m*, c) Bethaus *n der Dissenter*; **4.** Taber'nakel *n*: a) *R.C.* Sakra'mentshäus-chen *n*, b) △ Statuennische *f*; **5.** *fig.* Leib *m* (*als Wohnsitz der Seele*); **6.** ⚓ Mastbock *m*.

tab·la·ture ['tæblətʃə] *s.* **1.** Bild *n*: a) Tafelgemälde *n*, b) bildliche Darstellung (*a. fig.*); **2.** ♪ *hist.* Tabula'tur *f*.

ta·ble ['teɪbl] **I** *s.* **1.** *allg.* Tisch *m*: ***lay*** (*od.* ***put***) ***s.th. on the ~*** → 14 u. 15a; ***set*** (*od.* ***lay, spread***) ***the ~*** den Tisch decken; ***lay s.th. on the ~*** → 15a; ***turn the ~s*** (***on s.o.***) den Spieß umdrehen (gegenüber j-m); ***the ~s are turned*** das Blatt hat sich gewendet; **2.** Tafel *f*, Tisch *m*: a) gedeckter Tisch, b) Kost *f*, Essen *n*: ***at ~*** bei Tisch, beim Essen; ***keep*** (*od.* ***set***) ***a good ~*** e-e gute Küche führen; ***the Lord's ~*** der Tisch des Herrn, das heilige Abendmahl; **3.** (Tisch-, Tafel)Runde *f*; → ***round table***; **4.** Komi'tee *n*, Ausschuss *m*; **5.** *geol.* Tafel(land *n*) *f*, Pla'teau *n*: ***~ mountain*** Tafelberg *m*; **6.** △ a) Tafel *f*, Platte *f*, b) Sims *m*, *n*, Fries *m*; **7.** (Holz-, Stein-, *a.* Gedenk- *etc.*)Tafel *f*: ***the*** (***two***) ***~s of the law*** die Gesetzestafeln, die Zehn Gebote Gottes; **8.** Ta'belle *f*, Verzeichnis *n*: ***~ of contents*** Inhaltsverzeichnis; ***~ of wages*** Lohntabelle; **9.** A Ta'belle *f*: ***~ of logarithms*** Logarithmentafel *f*; ***learn one's ~s*** rechnen lernen; **10.** *anat.* Tafel *f*, Tabula *f* (ex'terna *od.* in'terna) (*Schädeldach*); **11.** ⚙ (Auflage)Tisch *m*; **12.** *opt.* Bildebene *f*; **13.** *Chiromantie*: Handteller *m*; **II** *v/t.* **14.** auf den Tisch legen (*a. fig. vorlegen*); **15.** *bsd. parl.* a) *Brit. Antrag etc.* einbringen, b) *Am.* zu'rückstellen, *bsd. Gesetzesvorlage* ruhen lassen; **16.** in e-e Ta'belle eintragen, tabel'larisch verzeichnen.

ta·bleau ['tæbləʊ] *pl.* **'ta·bleaux** [-əʊz] *s.* **1.** Bild *n*: a) Gemälde *n*, b) anschauliche Darstellung; **2.** *Brit.* dra'matische Situati'on, über'raschende Szene: ***~!*** Tableau!, man stelle sich die Situation vor!; **3.** → ***~ vi·vant*** [viː'vɑ̃ːŋ] (*Fr.*) *s.* a) lebendes Bild, b) *fig.* malerische Szene.

'ta·ble|·cloth *s.* Tischtuch *n*, -decke *f*; **'~-cut** *adj.* mit Tafelschnitt (versehen) (*Edelstein*).

ta·ble d'hôte [ˌtɑːbl'dəʊt] (*Fr.*) *s. a.* ***~ meal*** Me'nü *n*.

ta·ble| knife *s.* [*irr.*] *Brit.* Tafel-, Tischmesser *n*; **'~·land** *s. geogr., geol.* Tafelland *n*, Hochebene *f*; **'~-ˌlift·ing** → ***table-turning***; **~ light·er** *s.* Tischfeuerzeug *n*; **~ lin·en** *s.* Tischwäsche *f*; **~ mat** *s.* Set *n*, *m*; **~ nap·kin** *s.* Servi'ette *f*; **'~-ˌrap·ping** *s. Spiritismus*: Tischklopfen *n*; **~ salt** *s.* Tafelsalz *n*; **~ set** *s. Radio, TV*: Tischgerät *n*; **~ soc·cer** *s.* Tischfußball *n*, F Kicker *n*. **'~·spoon** *s.* Esslöffel *m*; **'~ˌspoon·ful** *s. ein* Esslöffel (voll).

tab·let ['tæblɪt] *s.* **1.** Täfelchen *n*; **2.** (Gedenk-, Wand- *etc.*)Tafel *f*; **3.** *hist.* Schreibtafel *f*; **4.** (No'tiz-, Schreib-, Zeichen)Block *m*; **5.** a) Stück *n Seife*, b) Tafel *f Schokolade*; **6.** *pharm.* Tab'lette *f*; **7.** △ Kappenstein *m*.

ta·ble| talk *s.* Tischgespräch *n*; **~ ten·nis** *s.* Tischtennis *n*; **~ top** *s.* Tischplatte *f*; **'~-ˌturn·ing** *s. Spiritismus*: Tischrücken *n*; **'~·ware** *s.* Tischgeschirr *n*; **~ wa·ter** *s.* Tafel-, Mine'ralwasser *n*.

tab·loid ['tæblɔɪd] **I** *s.* **1.** Bildzeitung *f*, Boule'vard-, Sensati'onsblatt *n*; *pl. a.* Boule'vardpresse *f*; **2.** *Am.* Informati'onsblatt *n*; **3.** *fig.* Kurzfassung *f*; **II** *adj.* **4.** konzentriert: ***in ~ form***; ***~ TV*** *s.* Sensati'onsreportagen *pl.* im Fernsehen.

ta·boo [tə'buː] **I** *adj.* ta'bu: a) unantastbar, b) verboten, c) verpönt; **II** *s.* Ta'bu *n*: ***put s.th. under*** (***a***) ***~*** → **III** *v/t.* für ta'bu erklären, tabuisieren.

tab·o(u)·ret ['tæbərɪt] *s.* **1.** Hocker *m*, Tabu'rett *n*; **2.** Stickrahmen *m*.

tab·u·lar ['tæbjʊlə] *adj.* ☐ **1.** tafelförmig, Tafel..., flach; **2.** dünn; **3.** blättrig; **4.** tabel'larisch, Tabellen...: ***~ standard*** ☤ Preisindexwährung *f*.

ta·bu·la ra·sa [ˌtæbjʊlə'rɑːsə] (*Lat.*) *s.* Tabula *f* rasa: a) unbeschriebenes Blatt, völlige Leere, b) reiner Tisch.

tab·u·late ['tæbjʊleɪt] **I** *v/t.* tabellarisieren, tabel'larisch (an)ordnen; **II** *adj.* → ***tabular***; **tab·u·la·tion** [ˌtæbjʊ'leɪʃn] *s.* **1.** Tabellarisierung *f*; **2.** Ta'belle *f*; **'tab·u·la·tor** [-tə] *s.* **1.** Tabellarisierer *m*; **2.** *Computer etc.*: Tabu'lator *m*.

tach [tæk] F *für* ***tachometer***.

tach·o·graph ['tækəʊgrɑːf] *s.* ⚙ Tacho'graph *m*, Fahrtenschreiber *m*.

ta·chom·e·ter [tæ'kɒmɪtə] *s.* ⚙ *mot.* Drehzahlmesser *m*.

tac·it ['tæsɪt] *adj.* ☐ *bsd.* ⚖ stillschweigend: ***~ approval***.

tac·i·turn ['tæsɪtɜːn] *adj.* ☐ schweigsam, wortkarg; **tac·i·tur·ni·ty** [ˌtæsɪ'tɜːnətɪ] *s.* Schweigsamkeit *f*, Verschlossenheit *f*.

tack[1] [tæk] **I** *s.* **1.** (Nagel)Stift *m*, Reißnagel *m*, Zwecke *f*; **2.** *Näherei*: Heftstich *m*; **3.** ⚓ a) Halse *f*, b) Haltetau *n*; **4.** ⚓ Schlag *m*, Gang *m* (*beim Lavieren od. Kreuzen*): ***be on the port ~*** auf Backbordhalsen liegen; **5.** ⚓ Lavieren *n* (*a. fig.*); **6.** *fig.* Kurs *m*, Weg *m*, Richtung *f*: ***on the wrong ~*** auf dem Holzweg; ***try another ~*** es anders versuchen; **7.** *parl. Brit.* 'Zusatzantrag *m*, -arˌtikel *m*; **8.** ⚙ Klebrigkeit *f*; **II** *v/t.* **9.** heften (***to*** an *acc.*); **10.** *a.* ***~ down*** festmachen; **11.** *a.* **~ together** anein'ander fügen (*a. fig.*); **12.** (**on**, **to**) anfügen (an *acc.*): **~ mortgages** *Brit.* Hypotheken (verschiedenen Ranges) zs.-schreiben; **~ securities** ⚖ *Brit.* Sicherheiten zs.-fassen; **~ a rider to a bill** *parl. Brit.* e-e Vorlage mit e-m Zusatzantrag koppeln; **13.** ⚙ heftschweißen; **III** *v/i.* **14.** ⚓ a) wenden, b) lavieren (*a. fig.*).

tack² [tæk] *s.* F Nahrung *f*, ‚Fraß' *m.*

tack·le ['tækl] **I** *s.* **1.** Gerät *n*, (Werk-)Zeug *n*, Ausrüstung *f*; **2.** (Pferde)Geschirr *n*; **3.** *a.* **block and ~** ⚙ Flaschenzug *m*; **4.** ⚓ Talje *f*; **5.** ⚓ Takel-, Tauwerk *n*; **6.** *Fußball etc.*: Angreifen *n* (*e-s Gegners im Ballbesitz*); **7.** *American Football*: Halbstürmer *m*; **II** *v/t.* **8.** *et. od. j-n* packen; **9.** *Fußball etc.*: *Gegner im Ballbesitz* angreifen, stoppen; **10.** *j-n* angreifen, anein'ander geraten mit; **11.** *fig. j-n* (*mit Fragen etc.*) angehen (**on** wegen); **12.** *fig.* a) *Problem etc.* anpacken, angehen, in Angriff nehmen, b) *Aufgabe etc.* lösen, fertig werden mit.

'tack-weld *v/t.* ⚙ heftschweißen.

tack·y ['tækɪ] *adj.* **1.** klebrig, zäh; **2.** *Am.* F a) schäbig, her'untergekommen, b) 'unmoˌdern, c) protzig.

tact [tækt] *s.* **1.** Takt *m*, Takt-, Zartgefühl *n*; **2.** Feingefühl *n* (**of** für); **3.** ♪ Takt(schlag) *m*; **'tact·ful** [-fʊl] *adj.* □ taktvoll; **'tact·ful·ness** [-fʊlnɪs] → **tact** 1.

tac·ti·cal ['tæktɪkl] *adj.* □ ⚔ taktisch (*a. fig. planvoll, klug*); **tac·ti·cian** [tæk'tɪʃn] *s.* ⚔ Taktiker *m* (*a. fig.*); **'tac·tics** [-ks] *s.* **1.** *sg. od. pl. konstr.* ⚔ Taktik *f*; **2.** *nur pl. konstr. fig.* Taktik *f*, planvolles Vorgehen.

tac·tile ['tæktaɪl] *adj.* **1.** tak'til, Tast...: **~ sense** Tastsinn *m*; **~ hair** *zo.*, ⚘ Tasthaar *n*; **2.** tast-, greifbar; **tac·til·i·ty** [tæk'tɪlətɪ] *s.* Greif-, Tastbarkeit *f*.

tact·less ['tæktlɪs] *adj.* □ taktlos; **'tact·less·ness** [-nɪs] *s.* Taktlosigkeit *f*.

tac·tu·al ['tæktjʊəl] *adj.* □ tastbar, Tast...: **~ sense** Tastsinn *m.*

tad·pole ['tædpəʊl] *s. zo.* Kaulquappe *f*.

taf·fe·ta ['tæfɪtə] *s.* Taft *m.*

taf·fy¹ ['tæfɪ] *s.* **1.** *Am.* → **toffee**; **2.** F ‚Schmus' *m*, Schmeiche'lei *f*.

Taf·fy² ['tæfɪ] *s. sl.* Wa'liser *m.*

tag¹ [tæg] **I** *s.* **1.** (loses) Ende, Anhängsel *n*, Zipfel *m*, Fetzen *m*, Lappen *m*; **2.** Eti'kett *n*, Anhänger *m*, Schildchen *n*; Abzeichen *n*, Pla'kette *f*: **~ day** *Am.* Sammeltag *m*; **3.** a) Schlaufe *f am Stiefel*, b) (Schnürsenkel)Stift *m*; **4.** ⚙ a) Lötklemme *f*, b) Lötfahne *f*; **5.** a) Schwanzspitze *f* (*bsd. e-s Fuchses*), b) Wollklunker *f*, *m* (*Schaf*); **6.** (Schrift-)Schnörkel *m*; **7.** *ling.* Frageanhängsel *n*; **8.** Re'frain *m*, Kehrreim *m*; **9.** Schlusswort *n*, Po'inte *f*, Mo'ral *f*; **10.** stehende Redensart, bekanntes Zi'tat; **11.** Bezeichnung *f*, Beiname *m*; **12.** *Computer*: Tag *n* (*Markierung*); **13.** *Am.* Strafzettel *m*; **14.** → **ragtag**; **II** *v/t.* **15.** mit e-m Eti'kett *etc.* versehen, etikettieren; *Waren* auszeichnen; *et.* markieren; *Computer*: *Daten* taggen; **16.** mit e-m Schlusswort *od.* e-r Mo'ral versehen; **17.** *Rede etc.* verbrämen; **18.** *et.* anhängen (**to** an *acc.*); **19.** *Schafen* Klunkerwolle abscheren; **20.** F hinter *j-m* ‚herlatschen'; **III** *v/i.* **21.** **~ along** F hinter'herlaufen: **~ after** → 20.

tag² [tæg] **I** *s.* Fangen *n*, Haschen *n* (*Kinderspiel*); **II** *v/t.* haschen.

tag end *s.* F **1.** ‚Schwanz' *m*, Schluss *m*; **2.** *Am.* a) (letzter) Rest, b) Fetzen *m* (*a. fig.*).

'tag·ging *s. Computer*: Tagging *n* (*Markierung von Daten*).

ta·glia·tel·le [ˌtæljə'telɪ] *s. pl.* Taglia'telle *pl.*, Bandnudeln *pl.*

Ta·hi·ti·an [tɑː'hiːʃn] **I** *s.* **1.** Tahiti'aner (-in); **2.** *ling.* Ta'hitisch *n*; **II** *adj.* **3.** ta'hitisch.

tail¹ [teɪl] **I** *s.* **1.** *zo.* Schwanz *m*, (Pferde-)Schweif *m*: **turn ~** *fig.* ausreißen, davonlaufen; **twist s.o.'s ~** j-n piesacken; **close on s.o.'s ~** j-m dicht auf den Fersen; **~s up** fidel, hochgestimmt; **keep your ~ up!** lass dich nicht unterkriegen!; **with one's ~ between one's legs** *fig.* mit eingezogenem Schwanz; **the ~ wags the dog** *fig.* der Kleinste hat das Sagen; **2.** F Hinterteil *m*, Steiß *m*; **3.** *fig.* Schwanz *m*, Ende *n*, Schluss *m* (*e-r Marschkolonne*, *e-s Briefes etc.*): **~ of a comet** *ast.* Kometenschweif *m*; **the ~ of the class** *ped.* der ‚Schwanz' *od.* die Schlechtesten der Klasse; **~ of a note** ♪ Notenhals *m*; **~ of a storm** (ruhigeres) Ende e-s Sturms; **out of the ~ of one's eye** aus den Augenwinkeln; **4.** Haarzopf *m*, -schwanz *m*; **5.** a) Schleppe *f e-s Kleides*, b) (Rock-, Hemd)Schoß *m*, c) *pl.* Gesellschaftsanzug *m*, *bsd.* Frack *m*; **6.** ✈ Schwanz *m*, Heck *n*; **7.** *mst pl.* Rück-, Kehrseite *f e-r Münze*; **8.** a) Gefolge *n*, b) Anhang *m e-r Partei*, große Masse *e-r Gemeinschaft*; **9.** F ‚Beschatter' *m* (*Detektiv etc.*): **put a ~ on s.o.** j-n beschatten lassen; **10.** ✈ a) Leitwerk *n*, b) Heck *n*, Schwanz *m*; **II** *v/t.* **11.** mit e-m Schwanz versehen; **12.** *Marschkolonne etc.* beschließen; **13.** *a.* **~ on** befestigen, anhängen (**to** an *acc.*); **14.** *Tier* stutzen; **15.** *Beeren* zupfen, entstielen; **16.** F *j-n* ‚beschatten', verfolgen; **III** *v/i.* **17.** sich hinziehen: **~ away** (*od.* **off**) a) abflauen, -nehmen, sich verlieren, b) zurückbleiben, -fallen, c) sich auseinander ziehen (*Marschkolonne etc.*); **18.** F hinter'herlaufen (**after s.o.** j-m); **19.** **~ back** *mot. Brit.* e-n Rückstau bilden; **20.** ⚠ eingelassen sein (**in**[**to**] in *acc. od. dat.*).

tail² [teɪl] ⚖ **I** *s.* Beschränkung *f* (*der Erbfolge*), beschränktes Erb- *od.* Eigentumsrecht: **heir in ~** Vorerbe *m*; **estate in ~ male** Fideikommiss *m*; **II** *adj.* beschränkt: **estate ~**.

'tail|·back *s. mot. Brit.* Rückstau *m*; **'~·board** *s.* Ladeklappe *f* (*a. mot.*); **~ coat** *s.* Frack *m*; **~ comb** *s.* Stielkamm *m.*

tailed [teild] *adj.* **1.** geschwänzt; **2.** *in Zssgn* ...schwänzig.

tail| end *s.* **1.** Schluss *m*, Ende *n*; **2.** → **tail¹** 2; **ˌ~'end·er** *s. sport* ‚Schlusslicht' *n*; **~ fin** *s.* **1.** *ichth.* Schwanzflosse *f*; **2.** ✈ Seitenflosse *f*; **~ fly** *s. Am.* (Angel-)Fliege *f*; **'~·gate I** *s.* **1.** a) → **tailboard**, b) *mot.* Hecktür *f*; **2.** Niedertor *n* (*e-r Schleuse*); **II** *v/t. u. v/i. mot.* (zu) dicht auffahren (auf *acc.*); **'~·gun** *s.* ✈ Heckwaffe *f*; **'~-ˌheav·y** *adj.* ✈ schwanzlastig.

tail·ing ['teɪlɪŋ] *s.* **1.** ⚠ eingelassenes Ende; **2.** *pl.* a) (*bsd.* Erz)Abfälle *pl.*, b) Ausschussmehl *n.*

tail lamp *s. mot. etc.* Rück-, Schlusslicht *n.*

tail·less ['teɪllɪs] *adj.* schwanzlos.

'tail·light → **tail lamp**.

tai·lor ['teɪlə] **I** *s.* **1.** Schneider *m*: **the ~ makes the man** Kleider machen Leute; **II** *v/t.* **2.** schneidern; **3.** schneidern für *j-n*; **4.** *j-n* kleiden; **5.** nach Maß arbeiten; **6.** *fig.* zuschneiden (**to** für *j-n*, auf *et.*); **'tai·lored** [-ləd] *adj.* maßgeschneidert, gut sitzend, tadellos gearbeitet: **~ suit** Maßanzug *m*; **~ costume** Schneiderkostüm *n*; **ˌtai·lor'ess** [-ə'res] *s.* Schneiderin *f*.

'tai·lor-made I *adj.* **1.** → **tailored** 1; **2.** ele'gant gekleidet (*Dame*); **3.** auf Bestellung angefertigt; **4.** *fig.* (genau) zugeschnitten (**for** auf *acc.*); **II** *s.* **5.** 'Schneiderkoˌstüm *n.*

'tail|·piece *s.* **1.** ♪ Saitenhalter *m*; **2.** *typ.* 'Schlussviˌgnette *f*; **~ pipe** *s. mot.* Auspuffrohr(ende) *n*; **~ plane** *s.* ✈ Höhenflosse *f*; **~ skid** *s.* ✈ Schwanzsporn *m*; **'~·spin** *s.* **1.** ✈ (Ab)Trudeln *n*; **2.** *fig.* Panik *f*; **'~·stock** *s.* ⚙ Reitstock *m* (*Drehbank*); **~ u·nit** *s.* ✈ (Schwanz)Leitwerk *n*; **~ wind** *s.* ✈ Rückenwind *m.*

taint [teɪnt] **I** *s.* **1.** *bsd. fig.* Fleck *m*, Makel *m*; *fig.* a) *krankhafter etc.* Zug, b) Spur *f*: **a ~ of suspicion** ein Anflug von Misstrauen; **2.** ⚕ a) (verborgene) Ansteckung, b) (verborgene) Anlage (**of** zu *e-r Krankheit*): **hereditary ~** erbliche Belastung; **3.** *fig.* verderblicher Einfluss, Gift *n*; **II** *v/t.* **4.** *a. fig.* verderben, -giften; **5.** anstecken; **6.** *fig.* verderben: **be ~ed with** behaftet sein mit; **7.** *bsd. fig.* beflecken, besudeln; **III** *v/i.* **8.** verderben, schlecht werden; **'taint·less** [-lɪs] *adj.* □ makellos.

take [teɪk] **I** *s.* **1.** a) *Fischerei*: Fang *m*, b) *hunt.* Beute *f* (*beide a.* F *fig.*); **2.** F Einnahme(n *pl.*) *f*; **3.** F Anteil *m* (**of** an *dat.*); **4.** *Film etc.*: Einstellung *f*, Aufnahme *f*: **her ~ on life** *fig.* ihre Lebenseinstellung (*od.* Einstellung dem Leben gegenüber); **5.** *typ.* Porti'on *f* (*Manuskript*); **6.** ⚕ a) Reakti'on *f* (*a. fig.*), b) Anwachsen *n* (*e-s Transplantats*); **7.** *Schach etc.*: Schlagen *n* (*e-r Figur*); **II** *v/t.* [*irr.*] **8.** *allg.*, *a. Abschied*, *Partner*, *Unterricht etc.* nehmen: **~ it or leave it** *sl.* mach, was du willst; **~n all in all** im großen Ganzen; **taking one thing with another** eins zum anderen gerechnet; → **account** 9, **action** 8, **aim** 6, **care** 4, **consideration** 1, **effect** 1 *etc.*; **9.** (weg-)nehmen; **10.** nehmen, fassen, packen, ergreifen; **11.** *Fische etc.* fangen; **12.** *Verbrecher etc.* fangen, ergreifen; **13.** ⚔ gefangen nehmen, *Gefangene* machen; **14.** ⚔ *Stadt*, *Stellung etc.* (ein)nehmen, *a. Land* erobern; *Schiff* kapern; **15.** *j-n* erwischen, ertappen (**stealing** beim Stehlen, **in a lie** bei e-r Lüge); **16.** nehmen, sich aneignen, Besitz ergreifen von, sich bemächtigen (*gen.*); **17.** *Gabe etc.* (an-, entgegen)nehmen, empfangen; **18.** bekommen, erhalten; *Geld*, *Steuer etc.* einnehmen; *Preis etc.* gewinnen; **19.** (her'aus)nehmen (**from**, **out of** aus); *a. fig. Zitat etc.* entnehmen (**from** *dat.*): **I ~ it from s.o. who knows** ich habe (*weiß*) es von j-m, der es genau weiß; **20.** *Speise etc.* zu sich nehmen; *Mahlzeit* einnehmen; *Gift*, *Medizin etc.* nehmen; **21.** sich *e-e Krankheit* holen *od.* zuziehen: **be ~n ill** krank werden; **22.** nehmen: a) auswählen: **I am not taking any** *sl.* ‚ohne mich'!, b) kaufen, c) mieten, d) *Eintritts-*, *Fahrkarte* lösen, e) *Frau* heiraten, f) *e-r Frau* beischlafen, g) *Weg* wählen; **23.** mitnehmen: **~ me with you** nimm mich mit; **you can't ~ it with you** *fig.*

T

im Grabe nützt (dir) aller Reichtum nichts mehr; **24.** (hin- *od.* weg)bringen; *j-n wohin* führen: ***business took him to London***; ***he was ~n to hospital*** er wurde in die Klinik gebracht; **25.** *j-n durch den Tod* nehmen, wegraffen; **26.** ⅍ abziehen (***from*** von); **27.** *j-n* treffen, erwischen (*Schlag*); **28.** *Hindernis* nehmen; **29.** *j-n* befallen, packen (*Empfindung, Krankheit*): ***be ~n with*** *e-e Krankheit* bekommen (→ 42); ***~n with fear*** von Furcht gepackt; **30.** *Gefühl* haben, bekommen, *Mitleid etc.* empfinden, *Mut* fassen, *Anstoß* nehmen; *Ab-, Zuneigung* fassen (***to*** gegen, für): ***~ alarm*** beunruhigt sein (***at*** über *acc.*); ***~ comfort*** sich trösten; → ***fancy*** 5, ***pride*** 1; **31.** *Feuer* fangen; **32.** *Bedeutung, Sinn, Eigenschaft, Gestalt* annehmen, bekommen: ***~ a new meaning***; **33.** *Farbe, Geruch, Geschmack* annehmen; **34.** *sport u. Spiele*: a) *Ball, Punkt, Figur, Stein* abnehmen (***from*** *dat.*), b) *Stein* schlagen, c) *Karte* stechen, d) *Spiel* gewinnen; **35.** ⚖ *etc.* erwerben, *bsd.* erben; **36.** *Ware, Zeitung* beziehen; ✝ *Auftrag* her'einnehmen; **37.** nehmen, verwenden: ***~ 4 eggs*** *Küche*: man nehme 4 Eier; **38.** *Zug, Taxi etc.* nehmen, benutzen; **39.** *Gelegenheit, Vorteil* ergreifen, wahrnehmen; → ***chance*** 2; **40.** (als Beispiel) nehmen; **41.** *Platz* einnehmen: ***~n*** besetzt; **42.** *fig. j-n, das Auge, den Sinn* gefangen nehmen, fesseln, (für sich) einnehmen: ***be ~n with*** (*od.* ***by***) begeistert *od.* entzückt sein von (→ 29); **43.** *Befehl, Führung, Rolle, Stellung, Vorsitz* über'nehmen; **44.** *Mühe, Verantwortung* auf sich nehmen; **45.** leisten: a) *Arbeit, Dienst* verrichten, b) *Eid, Gelübde* ablegen, c) *Versprechen* (ab)geben; **46.** *Notiz, Aufzeichnung* machen, niederschreiben, *Diktat, Protokoll* aufnehmen; **47.** *phot. et. od. j-n* aufnehmen, *Bild* machen; **48.** *Messung, Zählung etc.* vornehmen, 'durchführen; **49.** *wissenschaftlich* ermitteln, *Größe, Temperatur etc.* messen; *Maß* nehmen; **50.** machen, tun: ***~ a look*** e-n Blick tun *od.* werfen; ***~ a swing*** schaukeln; **51.** *Maßnahme* ergreifen, treffen; **52.** *Auswahl* treffen; **53.** *Entschluss* fassen; **54.** *Fahrt, Spaziergang, a. Sprung, Verbeugung, Wendung etc.* machen; *Anlauf* nehmen; **55.** *Ansicht* vertreten; → ***stand*** 2, ***view*** 11; **56.** a) verstehen, b) auffassen, auslegen, c) *et. gut etc.* aufnehmen: ***do you ~ me?*** verstehen Sie(, was ich meine)?; ***I ~ it that*** ich nehme an, dass; ***~ s.th. ill of s.o.*** j-m et. übel nehmen; ***~ it seriously*** es ernst nehmen; **57.** ansehen *od.* betrachten (***as*** als); halten (***for*** für): ***I took him for an honest man***; **58.** sich *Rechte, Freiheiten* (her'aus)nehmen; **59.** a) *Rat, Auskunft* einholen, b) *Rat* annehmen, befolgen; **60.** *Wette, Angebot* annehmen; **61.** glauben: ***you may ~ it from me*** verlass dich drauf!; **62.** *Beleidigung, Verlust etc., a. j-n* hinnehmen, *Strafe, Folgen* auf sich nehmen, sich *et.* gefallen lassen: ***~ people as they are*** die Leute nehmen, wie sie (eben) sind; **63.** *et.* ertragen, aushalten: ***can you ~ it?*** kannst du das aushalten?; ***~ it*** F es ‚kriegen', es ausbaden (müssen); **64.** ⚕ sich *e-r Behandlung etc.* unter'ziehen; **65.** *ped. Prüfung* machen, ablegen: ***~ French*** Examen im Französischen machen; → ***degree*** 3; **66.** *Rast, Ferien etc.* machen, *Urlaub, a. Bad* nehmen; **67.** *Platz, Raum* ein-, wegnehmen, beanspruchen; **68.** a) *Zeit, Material etc., a. fig. Geduld, Mut etc.* brauchen, erfordern, kosten, *gewisse Zeit* dauern: ***it took a long time*** es dauerte *od.* brauchte lange; ***it ~s brains and courage*** es erfordert Verstand u. Mut; ***it ~s a man to do that*** das kann nur ein Mann (fertig bringen), b) *j-n et.* kosten, *j-m et.* abverlangen: ***it took him*** (*od.* ***he took***) ***3 hours*** es kostete *od.* er brauchte 3 Stunden; → ***time*** 9; **69.** *Kleidergröße, Nummer* haben: ***which size in hats do you ~?***; **70.** *ling.* a) *grammatische Form* annehmen, im *Konjunktiv etc.* stehen, b) *Akzent, Endung, Objekt etc.* bekommen; **71.** aufnehmen, fassen, Platz bieten für; **III** *v/i.* [*irr.*] **72.** ⚘ *Wurzel* schlagen; **73.** ⚘, ⚕ anwachsen (*Pfropfreis, Steckling, Transplantat*); **74.** ⚕ wirken, anschlagen (*Droge etc.*); **75.** F ‚ankommen', ‚ziehen', ‚einschlagen', Anklang finden (*Buch, Theaterstück etc.*); **76.** ⚖ das Eigentumsrecht erlangen, *bsd.* erben, (als Erbe) zum Zuge kommen; **77.** sich *gut etc.* fotografieren (lassen); **78.** Feuer fangen; **79.** anbeißen (*Fisch*); **80.** ⚙ an-, eingreifen;

Zssgn mit prp.:

take| af·ter *v/i. j-m* nachschlagen, -geraten, ähneln (*dat.*); **~ for** *v/t.* **1.** halten für; **2.** auf *e-n Spaziergang etc.* mitnehmen; **~ from I** *v/t.* **1.** *j-m* wegnehmen; **2.** ⅍ abziehen von; **II** *v/i.* **3.** Abbruch tun (*dat.*), schmälern (*acc.*), her'absetzen (*acc.*); **4.** beeinträchtigen, mindern, (ab)schwächen; **~ in·to** *v/t.* **1.** (hin)'einführen in (*acc.*); **2.** bringen in (*acc.*); **~ to** *v/i.* **1.** a) sich begeben in (*acc.*) *od.* nach *od.* zu, b) sich flüchten in (*acc.*) *od.* zu, c) *fig.* Zuflucht nehmen zu: ***~ the stage*** zur Bühne gehen; → ***bed*** 1, ***heel***[1] *Redew.*, ***road*** 1; **2.** a) (her'an)gehen *od.* sich begeben an *e-e Arbeit etc.*, b) sich *e-r Sache* widmen, sich abgeben mit: ***~ doing s.th.*** dazu übergehen, et. zu tun; **3.** *et.* anfangen, sich ergeben (*dat.*), sich verlegen auf (*acc.*); *schlechte Gewohnheiten* annehmen: ***~ drink***(***ing***) sich aufs Trinken verlegen, das Trinken anfangen; **4.** sich hingezogen fühlen zu, Gefallen finden an *j-m*; **~ up·on** *v/t.*: ***~ o.s.*** *et.* auf sich nehmen: ***take it upon o.s. to do s.th.*** a) es auf sich nehmen, et. zu tun, b) sich berufen fühlen, et. zu tun; **~ with** *v/i.* verfangen bei *j-m*: ***that won't ~ me*** das ‚zieht' bei mir nicht;

Zssgn mit adv.:

take| a·back *v/t.* verblüffen, über'raschen; → ***aback*** 3; **~ a·long** *v/t.* mitnehmen; **~ a·part** *v/t.* (*a.* F *fig. Gegner etc.*) ausein'ander nehmen; **~ a·side** *v/t. j-n* bei'seite nehmen; **~ a·way** *v/t.* wegnehmen (***from s.o.*** j-m, ***from s.th.*** von et.): ***pizzas to ~*** (*Schild*) Pizzas zum Mitnehmen; **~ back** *v/t.* **1.** zu'rücknehmen (*a. fig. sein Wort*); **2.** *j-n im Geist* zu'rückversetzen (***to*** in *e-e Zeit*); **~ down** *v/t.* **1.** her'unter-, abnehmen; **2.** *Gebäude* abreißen, abtragen, *Gerüst* abnehmen; **3.** ⚙ *Motor etc.* zerlegen; **4.** *Baum* fällen; **5.** *Arznei etc.* (hin'unter-) schlucken; **6.** *j-n* demütigen, ‚ducken'; **7.** nieder-, aufschreiben, notieren; **~ for·ward** *v/t.* weiterführen, -bringen; **~ in** *v/t.* **1.** *Wasser etc.* (her)'einlassen; **2.** *Gast etc.* einlassen, aufnehmen; **3.** *Heimarbeit* annehmen; **4.** *Geld* einnehmen; **5.** ✝ *Waren* her'einnehmen; **6.** *Zeitung* halten; **7.** *fig.* in sich aufnehmen; *Lage* über'schauen; **8.** für bare Münze nehmen, glauben; **9.** her'einnehmen, einziehen, ⚓ *Segel* einholen; **10.** *Kleider* kürzer *od.* enger machen; **11.** einschließen (*a. fig. umfassen*); **12.** F *j-n* reinlegen: ***be taken in*** a) reinfallen, b) reingefallen sein; **~ off I** *v/t.* **1.** wegnehmen, -bringen, -schaffen; fortführen: ***take o.s. off*** sich fortmachen; **2.** *durch den Tod* hinraffen; **3.** *Verkehrsmittel* einstellen; **4.** *Hut etc.* abnehmen, *Kleidungsstück* ablegen, ausziehen; **5.** ⚕ abnehmen, amputieren; **6.** a) *Rabatt* abziehen, b) *Steuer etc.* senken; **7.** hin'unter-, austrinken; **8.** *thea. Stück* absetzen; **9. *take a day off*** sich e-n Tag freinehmen; **10.** *j-n* nachmachen, -äffen, imitieren; **II** *v/i.* **11.** *sport* abspringen; **12.** ✈ aufsteigen, starten; **13.** fortgehen, sich entfernen; **~ on I** *v/t.* **1.** *Arbeit* annehmen, über'nehmen; **2.** *Arbeiter* ein-, anstellen; *Mitglied* aufnehmen; **3.** a) *j-n* (als Gegner) annehmen, b) es aufnehmen mit *od.* gegen; **4.** *Wette* eingehen; **5.** *Eigenschaft, Gestalt, Farbe* annehmen; **II** *v/i.* **6.** F ‚sich haben', großes The'ater machen: ***don't ~ so!***; **~ out** *v/t.* **1.** a) herausnehmen, *a. Geld* abheben, b) wegnehmen, entfernen (***of*** von, aus); **2.** *Fleck* entfernen (***of*** aus); **3.** ✝, ⚖ *Patent, Vorladung etc.* erwirken; *Versicherung* abschließen; **4. *take it out*** sich schadlos halten (***in*** an *e-r Sache*); ***take it out of*** a) sich rächen *od.* schadlos halten für (*Beleidigung etc.*), b) *j-n* ‚kaputtmachen', erschöpfen, c) *sl. j-n* ‚wegputzen', liquidieren: ***take it out on s.o.*** s-n Zorn an j-m auslassen; **5.** (***of s.o.*** j-m) *den Unsinn etc.* austreiben; **6.** *j-n zum Abendessen etc.* ausführen; *Kinder* spazieren führen; **~ o·ver I** *v/t.* **1.** *Amt, Aufgabe, die Macht etc., a. Idee etc.* über'nehmen; **II** *v/i.* **2.** die Amtsgewalt, Leitung *etc.* über'nehmen; die Sache in die Hand nehmen: ***~ for s.o.*** j-s Stelle einnehmen; **3.** *fig.* in den Vordergrund treten; **~ up I** *v/t.* **1.** aufheben, -nehmen; **2.** *Pflaster* aufreißen; **3.** *Gerät, Waffe* erheben, ergreifen (***against*** gegen); **4.** *Reisende* mitnehmen; **5.** *Flüssigkeit* aufsaugen, -nehmen; **6.** *Tätigkeit* aufnehmen; sich befassen mit, sich verlegen auf (*acc.*); *Beruf* ergreifen; **7.** *Fall, Idee etc.* aufgreifen: ***take s.o. up on s.th.*** bei j-m wegen e-r Sache einhaken (→ 17); **8.** *Erzählung etc.* fortführen; **9.** *Platz, Zeit, Gedanken etc.* ausfüllen, beanspruchen, in Anspruch nehmen: ***taken up with*** in Anspruch genommen von; **10.** *Wohnsitz* aufschlagen; **11.** *Stelle* antreten; **12.** *Posten* einnehmen; **13.** *Verbrecher* aufgreifen, verhaften; **14.** *Masche* aufnehmen; **15.** ⚕ *Gefäß* abbinden; **16.** ✝ a) *Anleihe, Kapital* aufnehmen, b) *Aktien* zeichnen, c) *Wechsel* einlösen; **17.** *Wette, Herausforderung* annehmen: ***take s.o. up on it*** die Herausforderung annehmen; **18.** a) *e-m Redner* ins Wort fallen, b) *j-n* zu'rechtweisen, korrigieren; **II** *v/i.* **19.** ***~ with*** anbändeln *od.* sich einlassen mit.

'take|·a·way *Brit.* **I** *adj.* zum Mitnehmen: ***~ meals***; **II** *s.* Restau'rant *n* mit Straßenverkauf; **'~·down I** *adj.* zerlegbar; **II** *s.* Zerlegen *n*; **'~-home pay** *s.* Nettolohn *m*, -gehalt *n*; **'~-in** *s.* F **1.** Schwindel *m*, Betrug *m*; **2.** ‚Reinfall' *m*.

T

tak·en ['teɪkən] *p.p. von* ***take***.

'**take|-off** *s.* **1.** ✈ Start *m* (*a. mot.*), Abflug *m*; → ***assist*** 1; **2.** *sport* a) Absprung *m*, b) Absprungstelle *f*: ***~ board*** Absprungbalken *m*; **3.** *a.* ***~ point*** *fig.* Ausgangspunkt *m*; **4.** Nachahmung *f*, -äffung *f*, Karika'tur *f*; '**~·out** *Am.* **I** *adj.* **1.** → ***takeaway*** I; **II** *s.* **2.** → ***takeaway*** II; **3.** *sl.* Liquidierung *f*; '**~,o·ver** *s.* **1.** ✝ 'Übernahme *f e-r Firma*: ***~ bid*** Übernahmeangebot *n*; **2.** *pol.* 'Macht,übernahme *f*.

tak·er ['teɪkə] *s.* **1.** Nehmer(in); **2.** ✝ Käufer(in); **3.** Wettende(r *m*) *f*.

tak·ing ['teɪkɪŋ] **I** *s.* **1.** (An-, Ab-, Auf-, Ein-, Ent-, Hin-, Weg- *etc.*)Nehmen *n* (*etc.* → ***take*** II); ⚖ Wegnahme *f*; **2.** Inbe'sitznahme *f*; **3.** ⚔ Einnahme *f*, Eroberung *f*; **4.** *pl.* ✝ Einnahmen *pl.*; **5.** F Aufregung *f*; **II** *adj.* □ **6.** fesselnd; **7.** anziehend, einnehmend, gewinnend; **8.** F ansteckend.

talc [tælk] *s.* Talk *m*.

tal·cum ['tælkəm] *s.* Talk *m*; ***~ pow·der*** *s.* **1.** Talkum(puder *m*) *n*; **2.** Körperpuder *m*.

tale [teɪl] *s.* **1.** Erzählung *f*, Bericht *m*: ***it tells its own ~*** es spricht für sich selbst; **2.** Erzählung *f*, Geschichte *f*: ***old wives' ~*** Ammenmärchen *n*; ***thereby hangs a ~*** damit ist e-e Geschichte verknüpft; **3.** Sage *f*, Märchen *n*; **4.** Lüge(ngeschichte) *f*, Unwahrheit *f*; **5.** Klatschgeschichte *f*: ***tell*** (*od.* ***carry, bear***) ***~s*** klatschen; ***tell ~s*** (***out of school***) *fig.* aus der Schule plaudern; '**~,bear·er** *s.* Klatschmaul *n*; '**~,bear·ing** *s.* Zuträge'rei *f*, Klatsch(e'rei *f*) *m*.

tal·ent ['tælənt] *s.* **1.** Ta'lent *n*, Begabung *f* (*beide a. Person*): ***~ for languages*** Sprachtalent; **2.** *coll.* Ta'lente *pl.* (*Personen*): ***engage the best ~*** die besten Kräfte verpflichten; ***~ scout*** Talentsucher *m*; ***~ show*** ,Talentschuppen' *m*; **3.** *bibl.* Pfund *n*; '**tal·ent·ed** [-tɪd] *adj.* talen'tiert, ta'lentvoll, begabt; '**tal·ent·less** [-lɪs] *adj.* 'untalen,tiert, ta'lentlos.

ta·les·man ['teɪliːzmən] *s.* [*irr.*] Ersatzgeschworene(r) *m*.

'**tale,tell·er** *s.* **1.** Märchen-, Geschichtenerzähler(in); **2.** Flunkerer *m*; **3.** a) Klatschmaul *n*, b) Petzer(in).

tal·is·man ['tælɪzmən] *pl.* **-mans** *s.* Talisman *m*.

talk [tɔːk] **I** *s.* **1.** Reden *n*; **2.** Gespräch *n*: a) Unter'haltung *f*, Plaude'rei *f*, b) *a. pol.* Unter'redung *f*: ***have a ~ with s.o.*** mit j-m reden *od.* plaudern, sich mit j-m unterhalten; **3.** Ansprache *f*; **4.** *bsd. Radio*: a) Plaude'rei *f*, b) Vortrag *m*; **5.** Gerede *n*, Geschwätz *n*: ***he is all ~*** er ist ein großer Schwätzer; ***end in ~*** im Sand verlaufen; ***there is ~ of his being bankrupt*** es heißt, dass er bank(e)rott ist; → ***small talk***; **6.** Gesprächsgegenstand *m*: ***be the ~ of the town*** Stadtgespräch sein; **7.** Sprache *f*, Art *f* zu reden; → ***baby talk***; **II** *v/i.* **8.** reden, sprechen: ***~ big*** große Reden führen, ,angeben'; ***~ round s.th.*** um et. herumreden; **9.** reden, sprechen, plaudern, sich unter'halten (***about***, ***on*** über *acc.*, ***of*** von): ***~ at*** *j-n* indirekt ansprechen, meinen; ***~ to s.o.*** a) mit j-m sprechen *od.* reden, b) F j-m die Meinung sagen; ***~ to o.s.*** Selbstgespräche führen; ***~ing of*** da wir gerade von ... sprechen; ***you can ~!*** F du hast gut reden!; ***now you are ~ing!*** *sl.* das lässt sich eher hören!; **10.** *contp.* reden, schwatzen; **11.** *b.s.* reden, klatschen (***about*** über *acc.*); **III** *v/t.* **12.** *et.* reden: ***~ nonsense***; ***~ sense*** vernünftig reden; **13.** reden *od.* sprechen über (*acc.*): ***~ business*** (***politics***); **14.** *Sprache* sprechen: ***~ French***; **15.** reden: ***~ o.s. hoarse*** sich heiser reden; ***~ s.o. into believing s.th.*** j-n et. glauben machen; ***~ s.o. into*** (***out of***) ***s.th.*** j-m et. ein- (aus-) reden;

Zssgn mit adv.:

talk| a·way *v/t. Zeit* verplaudern; **~ back** *v/i.* e-e freche Antwort geben; **~ down I** *v/t.* **1.** a) *j-n* unter den Tisch reden, b) niederschreien; **2.** *Flugzeug* ,her'untersprechen'; **II** *v/i.* **3.** (***to***) sich dem (*niedrigen*) Ni'veau (*e-r Zuhörerschaft*) anpassen; **~ o·ver** *v/t.* **1.** *j-n* über'reden; **2.** *et.* besprechen, 'durchsprechen; **~ round** → ***talk over*** 1; **~ up I** *v/i.* **1.** laut u. deutlich reden; **II** *v/t. Am.* F **2.** *et.* rühmen, anpreisen; **3.** *et.* freiher'aus sagen.

talk·a·thon ['tɔːkəθɒn] *s. Am.* F Marathonsitzung *f*.

talk·a·tive ['tɔːkətɪv] *adj.* □ geschwätzig, gesprächig, redselig; '**talk·a·tive·ness** [-nɪs] *s.* Geschwätzigkeit *f etc.*

talk·ee-talk·ee [,tɔːkɪ'tɔːkɪ] *s.* F *contp.* Geschwätz *n*.

talk·er ['tɔːkə] *s.* **1.** Schwätzer(in); **2.** Sprecher *m*, Sprechende(r *m*) *f*: ***he is a good ~*** er kann (gut) reden.

talk·ie ['tɔːkɪ] *s.* F Tonfilm *m*.

talk·ing ['tɔːkɪŋ] **I** *s.* **1.** Sprechen *n*, Reden *n*: ***he did all the ~*** er führte allein das Wort; ***let him do the ~*** lass(t) ihn (für uns alle) sprechen; **II** *adj.* **2.** sprechend: ***~ doll***; ***~ parrot***; **3.** *teleph.* Sprech...: ***~ current***; **4.** *fig.* sprechend: ***~ eyes***; **~ film, ~** (**mo·tion**) **pic·ture** *s.* Tonfilm *m*; '**~-to** *pl.* **-tos** *s.* F: ***give s.o. a ~*** j-m e-e Standpauke halten.

talk show *s. bsd. Am. TV*: Talkshow *f*.

talk·y ['tɔːkɪ] *adj.* F geschwätzig (*a. fig.*); '**~-talk** *s.* F Geschwätz *n*.

tall [tɔːl] **I** *adj.* **1.** groß, hoch gewachsen: ***he is six feet ~*** er ist sechs Fuß groß; **2.** hoch: ***~ house*** hohes Haus; **3.** F a) großsprecherisch, b) über'trieben, unglaublich (*Geschichte*): ***that's a ~ order*** das ist ein bisschen viel verlangt; **II** *adv.* **4.** F prahlerisch: ***talk ~*** prahlen; '**tall·boy** *s.* hohe Kom'mode; '**tall·ish** [-lɪʃ] *adj.* ziemlich groß; '**tall·ness** [-nɪs] *s.* Größe *f*, Höhe *f*, Länge *f*.

tal·low ['tæləʊ] **I** *s.* **1.** *ausgelassener* Talg: ***vegetable ~*** Pflanzenfett *n*; **2.** ⚙ Schmiere *f*; **3.** Talg-, Unschlittkerze *f*; **II** *v/t.* **4.** (ein)talgen, schmieren; **5.** *Tiere* mästen; '**~-faced** *adj.* bleich, käsig.

tal·low·y ['tæləʊɪ] *adj.* talgig.

tal·ly[1] ['tælɪ] **I** *s.* **1.** *hist.* Kerbholz *n*, -stock *m*; **2.** ✝ (Ab)Rechnung *f*; **3.** (Gegen)Rechnung *f*; **4.** ✝ Kontogegenbuch *n* (*e-s Kunden*); **5.** Seiten-, Gegenstück *n* (***of*** zu); **6.** Zählstrich *m*: ***by the ~*** ✝ nach dem Stück *kaufen*; **7.** Eti'kett *n*, Marke *f*, Kennzeichen *n* (*auf Kisten etc.*); **8.** Ku'pon *m*; **II** *v/t.* **9.** (stückweise) nachzählen, buchen, kontrollieren; **10.** *oft* ***~ up*** berechnen; **III** *v/i.* **11.** (***with***) über'einstimmen (mit), entsprechen (*dat.*); **12.** stimmen.

tal·ly[2] ['tælɪ] *v/t.* ⚓ *Schoten* beiholen.

tal·ly-ho [,tælɪ'həʊ] *hunt.* **I** *int.* hallo!, ho! (*Jagdruf*); **II** *pl.* **-hos** *s.* Hallo *n*; **III** *v/i.* ,hallo' rufen.

tal·ly| sheet *s.* ✝ Kon'trollliste *f*; **~ shop** *s.* ✝ *bsd. Brit.* Abzahlungsgeschäft *n*; **~ sys·tem**, **~ trade** *s.* ✝ *bsd. Brit.* 'Abzahlungsgeschäft *n*, -sy,stem *n*.

tal·mi gold ['tælmɪ] *s.* Talmigold *n*.

Tal·mud ['tælmʊd] *s.* Talmud *m*; **Tal·mud·ic** [tæl'mʊdɪk] *adj.* tal'mudisch; '**Tal·mud·ist** [-dɪst] *s.* Talmu'dist *m*.

tal·on ['tælən] *s.* **1.** *orn.* Klaue *f*, Kralle *f*; **2.** ⚠ Kehlleiste *f*; **3.** *Kartenspiel*: Ta'lon *m*; **4.** ✝ Ta'lon *m*, 'Zinsku,pon *m*.

ta·lus[1] ['teɪləs] *pl.* **-li** [-laɪ] *s.* **1.** *anat.* Talus *m*, Sprungbein *n*; **2.** Fußgelenk *n*; **3.** ⚕ Klumpfuß *m*.

ta·lus[2] ['teɪləs] *s.* **1.** Böschung *f*; **2.** *geol.* Geröll-, Schutthalde *f*.

tam [tæm] → ***tam-o'-shanter***.

tam·a·ble ['teɪməbl] *adj.* (be)zähmbar.

tam·a·rack ['tæməræk] *s.* ⚘ **1.** Nordamer. Lärche *f*; **2.** Tamarakholz *n*; **tam·a·rind** ['tæmərɪnd] *s.* ⚘ Tama'rinde *f*; **tam·a·risk** ['tæmərɪsk] *s.* ⚘ Tama'riske *f*.

tam·bour ['tæm,bʊə] **I** *s.* **1.** (große) Trommel; **2.** *a.* ***~ frame*** Stickrahmen *m*; **3.** Tambu'riersticke,rei *f*; **4.** ⚠ a) Säulentrommel *f*, b) Tambour *m* (*Unterbau e-r Kuppel*); **5.** *Festungsbau*: Tambour *m*; **II** *v/t.* **6.** *Stoff* tamburieren.

tam·bou·rine [,tæmbə'riːn] *s.* ♪ (flaches) Tamb(o)u'rin.

tame [teɪm] **I** *adj.* □ **1.** *allg.* zahm: a) gezähmt (*Tier*), b) friedlich, c) folgsam, d) harmlos (*Witz*), e) lahm, fad(e): ***a ~ affair***; **II** *v/t.* **2.** zähmen, bändigen (*a. fig.*); **3.** *Land* urbar machen; '**tame·ness** [-nɪs] *s.* **1.** Zahmheit *f* (*a. fig.*); **2.** Unter'würfigkeit *f*; **3.** Harmlosigkeit *f*; **4.** Lahmheit *f*, Langweiligkeit *f*; '**tam·er** [-mə] *s.* (Be)Zähmer(in), Bändiger(in).

Tam·ma·ny ['tæmənɪ] *s. pol. Am.* **1.** → a) ***Tammany Hall***, b) ***Tammany Society***; **2.** *fig.* po'litische Korrupti'on, ,Filz' *m*; **~ Hall** *s. pol. Am.* **1.** *Zentrale der* ***Tammany Society*** *in New York*; **2.** *fig. a.* **~ So·ci·e·ty** *s. pol. Am. organisierte demokratische Partei in New York*.

tam-o'-shan·ter [,tæmə'ʃæntə] *s.* Schottenmütze *f*.

tamp [tæmp] *v/t.* ⚙ **1.** *Bohrloch* besetzen; zustopfen; **2.** *Sprengladung* verdämmen; **3.** *Lehm etc.* feststampfen; *Beton* rammen.

tamp·er[1] ['tæmpə] *s.* ⚙ Stampfer *m*.

tam·per[2] ['tæmpə] *v/i.* ***~ with*** **1.** sich (unbefugt) zu schaffen machen mit, her'umbasteln *od.* -pfuschen an (*dat.*), *bsd. Urkunde etc.* verfälschen, ,frisieren'; **2.** a) sich (ein)mischen in (*acc.*), b) hin'einpfuschen in (*acc.*); **3.** a) mit *j-m* intrigieren, b) *bsd. Zeugen* (zu) bestechen (suchen).

tam·pon ['tæmpən] **I** *s.* **1.** ⚕, *a. typ.* Tam'pon *m*; **2.** *allg.* Pfropfen *m*; **II** *v/t.* **3.** ⚕, *typ.* tamponieren.

tan [tæn] **I** *s.* **1.** ⚙ Lohe *f*; **2.** ⚗ Gerbstoff *m*; **3.** Lohfarbe *f*; **4.** (gelb)braunes Kleidungsstück (*bsd. Schuh*); **5.** (Sonnen)Bräune *f*; **II** *v/t.* **6.** ⚙ a) *Leder* gerben (*a. phot.*), b) beizen; **7.** *Haut* bräunen; **8.** F versohlen, *j-m* das Fell gerben; **III** *v/i.* **9.** a) sich bräunen (*Haut*), b) braun werden; **IV** *adj.* **10.** lohfarben, gelbbraun; **11.** Gerb...

tan·dem ['tændəm] **I** *adv.* **1.** hinterei'nander (angeordnet) (*bsd. Pferde, Maschinen etc.*); **II** *s.* **2.** Tandem *n* (*Gespann, Wagen, Fahrrad*): ***work in ~ with*** *fig.* zs.-arbeiten mit; **3.** ⚙ Reihe *f*, Tandem *n*; **4.** ⚡ Kas'kade *f*; **III** *adj.* **5.**

T

Tandem..., hinterein'ander angeordnet; ~ ***bicycle*** Tandem *n*; ~ ***connection*** ↯ Kaskadenschaltung *f* ~ ***compound*** (***engine***) Reihenverbundmaschine *f*.

tang¹ [tæŋ] *s.* **1.** ⚙ a) Griffzapfen *m* (*Messer etc.*), b) Angel *f*, c) Dorn *m*; **2.** scharfer Geruch *od.* Geschmack; Beigeschmack *m* (**of** von) (*a. fig.*).

tang² [tæŋ] **I** *s.* (scharfer) Klang; **II** *v/i. u. v/t.* (laut u. scharf) ertönen (lassen).

tang³ [tæŋ] *s.* ⚘ Seetang *m*.

tan·gent ['tændʒənt] **I** *s.* ⚹ Tan'gente *f*: ***fly*** (*od.* ***go***) ***off at a*** ~ *fig.* plötzlich (vom Thema) abspringen; **II** *adj.* → ***tangential*** 1; **tan·gen·tial** [tæn'dʒenʃl] *adj.* □ **1.** ⚹ berührend, tangenti'al, Berührungs..., Tangential...: ~ ***force*** Tangentialkraft *f*; ~ ***plane*** Berührungsebene *f*; ***be*** ~ ***to*** *et.* berühren; **2.** *fig.* a) sprunghaft, flüchtig, b) ziellos, c) 'untergeordnet, Neben...

tan·ge·rine [ˌtændʒə'riːn] *s.* ⚘ Manda'rine *f*.

tan·gi·ble ['tændʒəbl] *adj.* □ greifbar: a) fühlbar, b) *fig.* handgreiflich, c) ✝ re'al: ~ ***assets*** materielle Vermögenswerte; ~ ***property*** Sachvermögen *n*.

tan·gle ['tæŋgl] **I** *v/t.* **1.** verwirren, -wickeln, durchein'ander bringen (*alle a. fig.*); **2.** verstricken (*a. fig.*); **II** *v/i.* **3.** sich verheddern; **4.** ~ ***with*** sich mit *j-m* (in e-n Kampf *etc.*) einlassen; **III** *s.* **5.** Gewirr *n*, wirrer Knäuel; **6.** Verwirrung *f*, -wicklung *f*, Durchein'ander *n*.

tan·go ['tæŋgəʊ] **I** *pl.* **-gos** *s.* Tango *m* (*Tanz*); **II** *v/i. pret. u. p.p.* **-goed** Tango tanzen.

tank [tæŋk] **I** *s.* **1.** *mot. etc.* Tank *m*; **2.** (Wasser)Becken *n*, Zi'sterne *f*; **3.** 🚂 a) Wasserkasten *m*, b) 'Tenderlokomoˌtive *f*; **4.** *phot.* Bad *n*; **5.** ⚔ Panzer(wagen) *m*, Tank *m*; **6.** *Am. sl.* a) ‚Kittchen' *n*, b) (Haft)Zelle *f*; **II** *v/t. u. v/i.* **7.** tanken; **8.** ~ ***up*** a) auftanken, voll tanken, b) *sl.* sich ‚voll laufen' lassen: ~***ed*** besoffen; **'tank·age** [-kɪdʒ] *s.* **1.** Fassungsvermögen *n* e-s Tanks; **2.** (Gebühr *f* für) Aufbewahrung *f* in Tanks; **3.** ✓ Fleischmehl *n* (*Düngemittel*); **'tank·ard** [-kəd] *s.* (*bsd.* Bier)Krug *m*, Humpen *m*.

'tank|ˌbust·er *s.* ⚔ *sl.* **1.** Panzerknacker *m*; **2.** Jagdbomber *m* zur Panzerbekämpfung; ~ **car** *s.* 🚂 Kesselwagen *m*; ~ **de·stroy·er** *s.* ⚔ Sturmgeschütz *n*; ~ **dra·ma** *s. thea. Am.* F Sensati'onsstück *n*.

tank·er ['tæŋkə] *s.* **1.** ⚓ Tanker *m*, Tankschiff *n*; **2.** *a.* ~ ***aircraft*** ✈ Tankflugzeug *n*; **3.** *mot.* Tankwagen *m*.

tank farm·ing *s.* 'Hydrokulˌtur *f*.

tank top *s.* Pull'under *m*.

tan liq·uor *s.* ⚙ Beizbrühe *f*.

tanned [tænd] *adj.* braun gebrannt.

tan·ner¹ ['tænə] *s. Brit. obs. sl.* Sixpencestück *n*.

tan·ner² ['tænə] *s.* ⚙ (Loh)Gerber *m*; **'tan·ner·y** [-ərɪ] *s.* Gerbe'rei *f*; **'tan·nic** [-nɪk] *adj.* Gerb...: ~ ***acid***; **'tan·nin** [-nɪn] *s.* ⚗ Tan'nin *n*.

tan·ning ['tænɪŋ] *s.* **1.** Gerben *n*; **2.** (Tracht *f*) Prügel *pl.*

tan| ooze, ~ **pick·le** → ***tan liquor***; ~ **pit** *s. Gerberei*: Lohgrube *f*.

tan·ta·li·za·tion [ˌtæntəlaɪ'zeɪʃn] *s.* **1.** Quälen *n*, Zappelnlassen *n*; **2.** (Tantalus)Qual *f*; **tan·ta·lize** ['tæntəlaɪz] *v/t. fig.* peinigen, quälen, zappeln lassen; **tan·ta·liz·ing** ['tæntəlaɪzɪŋ] *adj.* □ quälend, aufreizend, verlockend.

tan·ta·mount ['tæntəmaʊnt] *adj.* gleichbedeutend (**to** mit): ***be*** ~ ***to*** *a.* gleichkommen (*dat.*).

tan·tiv·y [tæn'tɪvɪ] **I** *s.* **1.** schneller Ga'lopp; **2.** Hussa *n* (*Jagdruf*); **II** *adv.* **3.** eiligst, spornstreichs.

tan·trum ['tæntrəm] *s.* F **1.** schlechte Laune; **2.** Wut(anfall *m*) *f*, Koller *m*: ***fly into a*** ~ e-n Koller kriegen.

Taois·each ['tiːʃəx; -ʃək] *s. irisch-gälische Bezeichnung für den Premierminister.*

tap¹ [tæp] **I** *s.* **1.** Zapfen *m*, Spund *m* (Fass)Hahn *m*: ***on*** ~ a) angestochen, angezapft (*Fass*), b) vom Fass (*Bier etc.*), c) *fig.* (sofort) verfügbar; **2.** *Brit.* a) (Wasser-, Gas)Hahn *m*, b) Wasserleitung *f*: ***turn on the*** ~ F ‚losflennen'; **3.** F (Getränke)Sorte *f*; **4.** *Brit.* → ***taproom***; **5.** ⚙ a) Gewindebohrer *m*, b) (Ab)Stich *m*, c) Abzweigung *f*; **6.** ↯ a) Stromabnehmer *m*, b) Zapfstelle *f*; **7.** ⚕ Punkti'on *f*; **II** *v/t.* **8.** mit e-m Zapfen *od.* Hahn versehen; **9.** *Flüssigkeit* abzapfen; **10.** *Fass* anstechen; **11.** ⚕ punktieren; **12.** ↯ *Telefonleitung etc.* anzapfen: ~ ***the wire***(***s***) a) Strom abzapfen, b) Telefongespräche *etc.* abhören; **13.** ↯ a) *Spannung* abgreifen, b) anschließen; **14.** ⚙ mit (e-m) Gewinde versehen; **15.** *metall. Schlacke* abstechen; **16.** *fig. Hilfsquellen etc.* erschließen; **17.** *fig. Vorräte etc.* angreifen, anbrechen; **18.** *sl. j-n* ‚anpumpen' (**for** um).

tap² [tæp] **I** *v/t.* **1.** (leicht) klopfen *od.* pochen an (*acc.*) *od.* auf (*acc.*) *od.* gegen, *et.* beklopfen; **2.** klopfen mit; **3.** *Schuh* flicken; **II** *v/i.* **4.** klopfen (**on**, **at** gegen, an *acc.*); **III** *s.* **5.** Klaps *m*, leichter Schlag; **6.** *pl.* ⚔ *Am.* Zapfenstreich *m*; **7.** Stück *n* Leder *m*, Flicken *m*.

tap| dance *s.* Stepptanz *m*; '~**-dance** *v/i.* steppen; ~ **danc·er** *s.* Stepptänzer(in); ~ **danc·ing** *s.* Stepptanz *m*, Steppen *n*.

tape [teɪp] **I** *s.* **1.** schmales (Leinen-) Band, Zwirnband *n*; **2.** (Isolier-, Mess-, Me'tall- *etc.*)Band *n*, (Pa'pier-, Kleb- *etc.*)Streifen *m*; ⚕ Heftpflaster *n*; **3.** a) *Telegrafie*: Pa'pierstreifen *m*, b) *Fernschreiber*, *Computer*: Lochstreifen *m*; **4.** ↯ (Video-, Ton)Band *n*; **5.** *sport* Zielband *n*: ***breast the*** ~ das Zielband durchreißen; **II** *v/t.* **6.** mit Band versehen; (mit Band) um'wickeln *od.* binden; **7.** mit Heftpflaster verkleben; **8.** *Buchteile* heften; **9.** mit dem Bandmaß messen: ***I've got him*** ~***d*** *sl.* ich habe ihn durchschaut, ich weiß genau Bescheid über ihn; **10.** mitschneiden: a) auf (Ton)Band aufnehmen, b) *TV* aufzeichnen; ~ **deck** *s.* ↯ Tapedeck *n*; ~ **li·brar·y** *s.* 'Bandarˌchiv *n*; ~ **line**, ~ **meas·ure** *s.* Maßband *n*, Bandmaß *n*; ~ **play·er** *s.* ↯ 'Bandˌwiedergabegerät *n*.

ta·per ['teɪpə] **I** *s.* **1.** (dünne) Wachskerze; **2.** ⚙ Verjüngung *f*; **3.** ↯ 'Widerstandsverteilung *f*; **II** *adj.* **4.** spitz zulaufend, verjüngt; **III** *v/t.* **5.** zuspitzen, verjüngen; **6.** ~ ***off*** *fig.* F *Produktion*, *a. den Tag etc.* auslaufen lassen; **IV** *v/i.* **7.** *oft* ~ ***off*** spitz zulaufen, sich verjüngen; all'mählich dünn werden; **8.** ~ ***off*** F all'mählich aufhören, auslaufen.

'tape|-reˌcord *v/t.* → ***tape*** 10; ~ **re·cord·er** *s.* ↯ Tonbandgerät *n*; ~ **re·cord·ing** *s.* **1.** (Ton)Bandaufnahme *f*; **2.** *TV*: Aufzeichnung *f*.

ta·pered ['teɪpəd] *adj.*, **'ta·per·ing** [-ərɪŋ] → ***taper*** 4.

tap·es·tried ['tæpɪstrɪd] *adj.* gobe'lingeschmückt; **tap·es·try** ['tæpɪstrɪ] *s.* **1.** a) Gobe'lin *m*, Wandteppich *m*, gewirkte Ta'pete, b) Dekorati'onsstoff *m*; **2.** Tapisse'rie *f*.

'tape·worm *s. zo.* Bandwurm *m*.

tap·pet ['tæpɪt] *s.* ⚙ **1.** Daumen *m*, Mitnehmer *m*; **2.** (Ven'til- *etc.*)Stößel *m*; **3.** (Wellen)Nocke *f*; **4.** (Steuer)Knagge *f*.

'tap|·room [-rʊm] *s.* Schankstube *f*; '~**root** *s.* ⚘ Pfahlwurzel *f*.

tar [tɑː] **I** *s.* **1.** Teer *m*; **2.** F ‚Teerjacke' *f* (*Matrose*); **II** *v/t.* **3.** teeren: ~ ***and feather*** *j-n* teeren u. federn; ~***red with the same brush*** (*od.* ***stick***) kein Haar besser.

tar·a·did·dle ['tærədɪdl] *s.* F **1.** Flunke'rei *f*; **2.** Quatsch *m*.

ta·ran·tu·la [tə'ræntjʊlə] *s. zo.* Ta'rantel *f*.

'tar|·board *s.* Dach-, Teerpappe *f*; '~**-brush** *s.* Teerpinsel *m*: ***he has a touch of the*** ~ *Am. sl. contp.* er hat schwarzes Blut in den Adern.

tar·di·ness ['tɑːdɪnɪs] *s.* **1.** Langsamkeit *f*; **2.** Unpünktlichkeit *f*; **3.** Verspätung *f*; **tar·dy** ['tɑːdɪ] *adj.* □ **1.** langsam, träge; **2.** säumig, unpünktlich; **3.** spät, verspätet: ***be*** ~ (zu) spät kommen.

tare¹ [teə] *s.* **1.** ⚘ (*bsd.* Futter)Wicke *f*; **2.** *bibl.* Unkraut *n*.

tare² [teə] ✝ **I** *s.* Tara *f*: ~ ***and tret*** Tara u. Gutgewicht *n*; **II** *v/t.* tarieren.

tar·get ['tɑːgɪt] **I** *s.* **1.** (Schieß-, Ziel-) Scheibe *f*; **2.** ⚔, *Radar etc.*: Ziel *n* (*a. fig.*): ***be off*** ~ das Ziel verfehlen, danebenschießen, *fig.* ‚danebenhauen'; ***be on*** ~ a) das Ziel erfasst haben, *a.* sich eingeschossen haben, *sport* aufs Tor gehen (*Schuss*), b) treffen, sitzen (*Schuss etc.*), c) *fig.* richtig geraten haben; **3.** *fig.* Zielscheibe *f des Spottes etc.*; **4.** *fig.* (Leistungs-, Produkti'ons- *etc.*)Ziel *n*, Soll *n*; **5.** 🚂 'Weichensiˌgnal *n*; **6.** ↯ a) 'Fangelekˌtrode *f*, b) 'Antikaˌt(h)ode *f von Röntgenröhren*, c) *Kernphysik*: Target *n*; **7.** *her.* runder Schild; **II** *adj.* **8.** Ziel...: ~ ***area*** ⚔ Zielbereich *m*, -raum *m*; ~ ***bombing*** gezielter Bombenwurf; ~ ***date*** Stichtag *m*, Termin *m*; ~ ***electrode*** → 6 a; ~ ***group*** ✝ Zielgruppe *f*; ~ ***language*** Zielsprache *f*; ~ ***pistol*** Übungspistole *f*; ~ ***practice*** Übungs-, Scheibenschießen *n*; ~***-seeking*** zielsuchend (*Rakete etc.*).

tar·iff ['tærɪf] **I** *s.* **1.** 'Zolltaˌrif *m*; **2.** Zoll (-gebühr *f*) *m*; **3.** (Ge'bühren-, 'Kosten- *etc.*)Taˌrif *m*; **4.** Preisverzeichnis *n* (*in e-m Hotel etc.*); **II** *v/t.* **5.** e-n Ta'rif aufstellen für; **6.** *Ware* mit Zoll belegen; ~ **rate** *s.* **1.** Ta'rifsatz *m*; **2.** Zollsatz *m*; ~ **wall** *s.* Zollschranke *f e-s Staates.*

tar·mac ['tɑːmæk] *s. Brit.* 'Teermakaˌdam(straße *f*, ✈ -rollfeld *n*) *m*, ✈ *a.* Hallenvorfeld *n*.

tar·nish ['tɑːnɪʃ] **I** *v/t.* **1.** trüben, matt *od.* blind machen, *e-r Sache* den Glanz nehmen; **2.** *fig.* besudeln, beflecken; **3.** ⚙ mattieren; **II** *v/i.* **4.** matt *od.* trübe werden; **5.** anlaufen (*Metall*); **III** *s.* **6.** Trübung *f*, Beschlag *m*, Anlaufen *n* (*von Metall*); **7.** *fig.* Fleck *m*, Makel *m*.

tar·ot ['tærəʊ] *s.* Ta'rot *n* (*Kartenlegen bzw. -spiel*).

tarp [tɑːp] *abbr.* → **tar·pau·lin** [tɑː'pɔːlɪn] *s.* **1.** ⚓ a) Per'senning *f* (*geteertes Segeltuch*), b) Ölzeug *n* (*Hose, Mantel*); **2.** Plane *f*, Wagendecke *f*; **3.** Zeltbahn *f*.

tar·ra·did·dle → ***taradiddle***.

tar·ry[1] ['tɑːrɪ] *adj.* teerig.

tar·ry[2] ['tærɪ] **I** *v/i.* **1.** zögern, zaudern, säumen; **2.** (ver)weilen, bleiben; **II** *v/t.* **3.** *obs. et.* abwarten.

tar·sal ['tɑːsl] *anat.* **I** *adj.* **1.** Fußwurzel...; **2.** (Augen)Lidknorpel...; **II** *s.* **3.** *a.* ~ ***bone*** Fußwurzelknochen *m*; **4.** (Augen)Lidknorpel *m*.

tar·si·a ['tɑːsɪə] *s.* In'tarsia *f*, Einlegearbeit *f* in Holz.

tar·sus ['tɑːsəs] *pl.* **-si** [-saɪ] *s.* **1.** → ***tarsal*** 3 *u.* 4; **2.** *orn.* Laufknochen *m*; **3.** *zo.* Fußglied *n*.

tart[1] [tɑːt] *adj.* ☐ **1.** sauer, herb, scharf; **2.** *fig.* scharf, beißend: ~ ***reply***.

tart[2] [tɑːt] **I** *s.* **1.** a) (Obst)Torte *f*, Obstkuchen *m*, b) *bsd. Am.* (Creme-, Obst-) Törtchen *n*; **2.** *sl.* ‚Nutte' *f*; **II** *v/t.* ~ ***up*** *sl.* ‚aufputzen', ‚aufmotzen'.

tar·tan[1] ['tɑːtən] *s.* Tartan *m*: a) Schottentuch *n*, b) Schottenmuster *n*: ~ ***plaid*** Schottenplaid *n*.

tar·tan[2] ['tɑːtən] *s. sport* Tartan *m* (*Bahnbelag*).

Tar·tar[1] ['tɑːtə] **I** *s.* **1.** Ta'tar(in); **2.** *a.* ♀ Wüterich *m*, böser Kerl: ***catch a*** ~ an den Unrechten kommen; **II** *adj.* **3.** ta'tarisch.

tar·tar[2] ['tɑːtə] *s.* **1.** Weinstein *m*: ~ ***emetic*** ⚕ Brechweinstein; **2.** Zahnstein *m*.

tar·tar(e) sauce ['tɑːtə] *s. etwa*: Remou'ladensoße *f*.

tar·tar·ic [tɑː'tærɪk] *adj.*: ~ ***acid*** ⚗ Weinsäure *f*.

tart·ness ['tɑːtnɪs] *s.* Schärfe *f*: a) Säure *f*, Herbheit *f*, b) *fig.* Schroffheit *f*, Bissigkeit *f*.

task [tɑːsk] **I** *s.* **1.** Aufgabe *f*: ***take to*** ~ *fig. j-n* ins Gebet nehmen (***for*** wegen); **2.** Pflicht *f*, (auferlegte) Arbeit; **3.** *ped.* (Prüfungs)Aufgabe *f*; **II** *v/t.* **4.** *j-m* Arbeit zuweisen *od.* aufbürden, *j-n* beschäftigen; **5.** *fig. Kräfte etc.* stark beanspruchen, *sein Gedächtnis etc.* anstrengen; ~ **bar** *s. Computer*: Task-Leiste *f*; ~ **force** *s.* **1.** ⚔ *gemischter* Kampfverband (*für Sonderunternehmen*), Task-Force *f*; **2.** *Polizei*: a) Spezi'aleinheit *f*, Einsatzgruppe *f*, b) 'Sonderdezer,nat *n*; **3.** ✝ Pro'jektgruppe *f*; '~,**mas·ter** *s.* **1.** (*bsd.* strenger) Arbeitgeber: ***severe*** ~ *fig.* strenger Zuchtmeister; **2.** ⚙ (Arbeit)Anweiser *m*; ~ **wag·es** *s. pl.* ✝ Ak'kord-, Stücklohn *m*; '~·**work** *s.* **1.** ✝ Ak'kordarbeit *f*; **2.** harte Arbeit.

tas·sel ['tæsl] **I** *s.* Quaste *f*, Troddel *f*; **II** *v/t.* mit Quasten schmücken.

taste [teɪst] **I** *v/t.* **1.** *Speisen etc.* kosten, (ab)schmecken, probieren, versuchen (*a. fig.*); **2.** kosten, *Essen* anrühren: ***he had not*** ~***d food for days***; **3.** *et.* (he'raus)schmecken; **4.** *fig.* kosten, kennen lernen, erleben; **5.** *fig.* genießen; **II** *v/i.* **6.** schmecken (***of*** nach); **7.** kosten, versuchen (***of*** von *od. acc.*); **8.** ~ ***of*** → 4; **III** *s.* **9.** Geschmack *m*: ***a*** ~ ***of garlic*** ein Knoblauchgeschmack; ***leave a bad*** ~ ***in one's mouth*** *bsd. fig.* e-n üblen Nachgeschmack haben; **10.** Geschmackssinn *m*; **11.** (Kost)Probe *f* (***of*** von *od. gen.*): a) kleiner Bissen, b) Schlückchen *n*; **12.** *fig.* (Kost)Probe *f*, Vorgeschmack *m* (***of*** *gen.*); **13.** *fig.* Beigeschmack *m*, Anflug *m* (***of*** von); **14.** *fig.* (künstlerischer *od.* guter) Geschmack: ***in bad*** ~ geschmacklos (*a. weitS. unfein, taktlos*); ***in good*** ~ a) geschmackvoll, b) taktvoll; ***each to his*** (***own***) ~ jeder nach s-m Geschmack; **15.** Geschmacksrichtung *f*, Mode *f*; **16.** a) Neigung *f*, Sinn *m* (***for*** für), b) Geschmack *m*, Gefallen *n* (***for*** an *dat.*): ***not to my*** ~ nicht nach m-m Geschmack; **taste bud** *s. anat.* Geschmacksbecher *m*; '**taste·ful** [-fʊl] *adj.* ☐ *fig.* geschmackvoll; '**taste·ful·ness** [-fʊlnɪs] *s. fig.* guter Geschmack *e-r Sache*, *das* Geschmackvolle; '**taste·less** [-lɪs] *adj.* ☐ **1.** unschmackhaft, fade; **2.** *fig.* geschmacklos; '**taste·less·ness** [-lɪsnɪs] *s.* **1.** Unschmackhaftigkeit *f*; **2.** *fig.* Geschmack-, Taktlosigkeit *f*; '**tast·er** [-tə] *s.* **1.** (berufsmäßiger Tee-, Wein- *etc.*)Koster *m*; **2.** *hist.* Vorkoster *m*; **3.** Pro'biergläs-chen *n* (*für Wein*); **4.** (Käse)Stecher *m*; '**tast·i·ness** [-tɪnɪs] *s.* **1.** Schmackhaftigkeit *f* (*Speise etc.*); **2.** *fig.* → ***tastefulness***; '**tast·y** [-tɪ] *adj.* ☐ F **1.** schmackhaft; **2.** *fig.* geschmack-, stilvoll.

ta-ta [,tæ'tɑː] *int. Brit.* F ‚tschüss'!, auf 'Wiedersehen!

Ta·tar ['tɑːtə] **I** *s.* Ta'tar(in); **II** *adj.* ta'tarisch; **Ta·tar·i·an** [tɑː'teərɪən], **Ta·tar·ic** [tɑː'tærɪk] *adj.* ta'tarisch.

tat·ter ['tætə] *s.* Lumpen *m*, Fetzen *m*: ***in*** ~***s*** zerfetzt; ***tear to*** ~***s*** (*a. fig. Argument etc.*) zerfetzen, -reißen; '**tat·tered** [-təd] *adj.* **1.** zerlumpt, abgerissen; **2.** zerrissen, zerfetzt; **3.** ramponiert (*Ruf etc.*).

tat·tle ['tætl] **I** *v/i.* klatschen, ‚tratschen'; **II** *v/t.* ausplaudern; **III** *s.* Klatsch *m*, ‚Tratsch' *m*; '**tat·tler** [-lə] *s.* Klatschbase *f*, -maul *n*.

tat·too[1] [tə'tuː] **I** *s.* **1.** ⚔ a) Zapfenstreich *m* (*Signal*), b) 'Abendpa,rade *f* mit Mu'sik; **2.** Trommeln *n*, Klopfen *n*: ***beat a*** (*od.* ***the devil's***) ~ ungeduldig mit den Fingern trommeln; **II** *v/i.* **3.** den Zapfenstreich blasen *od.* trommeln; **4.** trommeln, klopfen.

tat·too[2] [tə'tuː] **I** *v/t. pret. u. p.p.* **tat'tooed** [-uːd] **1.** *Haut* tätowieren; **2.** *Muster* eintätowieren (***on*** in *acc.*); **II** *s.* **3.** Tätowierung *f*.

tat·ty ['tætɪ] *adj.* schäbig, schmuddelig, ‚billig'.

taught [tɔːt] *pret. u. p.p. von* ***teach***.

taunt [tɔːnt] **I** *v/t.* verhöhnen, -spotten: ~ ***s.o. with*** j-m *et.* (höhnisch) vorwerfen; **II** *v/i.* höhnen, spotten; **III** *s.* Spott *m*, Hohn *m*; '**taunt·ing** [-tɪŋ] *adj.* ☐ spöttisch, höhnisch.

tau·rine ['tɔːraɪn] *adj.* **1.** *zo.* a) rinderartig, b) Rinder..., Stier...; **2.** *ast.* Stier...; **Tau·rus** ['tɔːrəs] *s. ast.* Stier *m* (*Sternbild u. Tierkreiszeichen*).

taut [tɔːt] *adj.* ☐ **1.** straff, stramm (*Seil etc.*), angespannt (*a. Nerven, Gesicht, Person*); **2.** schmuck (*Schiff etc.*); '**taut·en** [-tən] **I** *v/t.* stramm ziehen, straff anspannen; **II** *v/i.* sich straffen *od.* spannen.

tau·to·log·ic, tau·to·log·i·cal [,tɔːtə'lɒdʒɪk(l)] *adj.* ☐ tauto'logisch, unnötig das'selbe wieder'holend; **tau·tol·o·gy** [tɔː'tɒlədʒɪ] *s.* Tautolo'gie *f*, Doppelaussage *f*.

tav·ern ['tævən] *s.* **1.** *obs.* Ta'verne *f*, Schenke *f*; **2.** *Am.* Gasthaus *n*.

taw[1] [tɔː] *v/t.* weißgerben.

taw[2] [tɔː] *s.* **1.** Murmel *f*; **2.** Murmelspiel *n*; **3.** Ausgangslinie *f*.

taw·dri·ness ['tɔːdrɪnɪs] *s.* **1.** Flitterhaftigkeit *f*, grelle Buntheit, Kitsch *m*; **2.** Wertlosigkeit *f*, Billigkeit *f*; **taw·dry** ['tɔːdrɪ] *adj.* ☐ **1.** flitterhaft, Flitter...; **2.** geschmacklos aufgemacht; **3.** grell, knallig; **4.** kitschig, billig.

tawed [tɔːd] *adj. Gerberei*: a'laungar (*Leder*); **taw·er** ['tɔːə] *s.* Weißgerber *m*; **taw·er·y** ['tɔːərɪ] *s.* Weißgerbe'rei *f*.

taw·ny ['tɔːnɪ] *adj.* lohfarben, gelbbraun: ~ ***owl*** *orn.* Waldkauz *m*.

taws(e) [tɔːz] *s. Brit.* Peitsche *f*.

tax [tæks] **I** *s.* **1.** (Staats)Steuer *f* (***on*** auf *acc.*), Abgabe *f*: ~ ***on land*** Grundsteuer; **2.** Besteuerung *f* (***on*** *gen.*); ***after*** (***before***) ~ nach (vor) Abzug der Steuern, *a.* netto (brutto); **3.** Taxe *f*, Gebühr *f*; **4.** *fig.* a) Bürde *f*, Last *f*, b) Belastung *f*, Beanspruchung *f* (***on*** *gen. od.* von): ***a heavy*** ~ ***on his time*** e-e starke Inanspruchnahme s-r Zeit; **II** *v/t.* **5.** *j-n od. et.* besteuern, *j-m* e-e Steuer auferlegen; **6.** ⚖ *Kosten etc.* schätzen, taxieren, ansetzen (***at*** auf *acc.*); **7.** *fig.* belasten; **8.** *fig.* stark in Anspruch nehmen, anstrengen, strapazieren; **9.** auf e-e harte Probe stellen; **10.** *j-n* zu'rechtweisen: ~ ***s.o. with*** j-n *e-r Sache* beschuldigen *od.* bezichtigen; **tax a·bate·ment** *s.* Steuernachlass *m*; **tax·a·ble** ['tæksəbl] **I** *adj.* ☐ **1.** besteuerbar; **2.** steuerpflichtig: ~ ***income***; **3.** Steuer...: ~ ***value***; **4.** ⚖ gebührenpflichtig; **II** *s. Am.* **5.** steuerpflichtiges Einkommen; **6.** Steuerpflichtige(r *m*) *f*; **tax ad·van·tage** *s.* Steuervorteil *m*; **tax al·low·ance** *s.* Steuerfreibetrag *m*; **tax as·sess·ment** *s.* Steuerveranlagung *f*; **tax·a·tion** [tæk'seɪʃn] *s.* **1.** Besteuerung *f*: ***subject to*** ~ steuerpflichtig; ***exempt from*** ~ steuerfrei; ~ ***system*** Steuersystem *n*; **2.** *coll.* Steuern *pl.*; **3.** ⚖ Schätzung *f*, Taxierung *f*.

tax| a·void·ance (le'gale) 'Steuerum,gehung; ~ **brack·et** *s.* Steuerklasse *f*, -gruppe *f*; ~ **bur·den** *s.* Steuerlast *f*; ~ **col·lec·tor** *s.* Steuereinnehmer *m*; ~ **com·pe·ti·tion** *s.* Steuerwettbewerb *m*; ~ **cut** *s.* Steuersenkung *f*; '~-**de,duct·i·ble** *adj.* steuerabzugsfähig; ~ **disc** *s. Brit.* Steuermarke *f* (*hinter der Windschutzscheibe*); ~ **dodg·er**, ~ **e·vad·er** *s.* 'Steuerhinter,zieher *m*; ~ **e·va·sion** *s.* 'Steuerhinter,ziehung *f*; ,~-**ex'empt**, ,~-'**free** *adj.* steuerfrei; ~ **fraud** *s.* Steuerbetrug *m*; ~ **har·mo·ni·za·tion** *s.* Steuerharmonisierung *f*; ~ **ha·ven** *s.* 'Steuero,ase *f*; ~ **hol·i·day** *s.* vor'übergehende Steuerbefreiung.

tax·i ['tæksɪ] **I** *pl.* '**tax·is** *s.* **1.** → ***taxicab***; **II** *v/i.* **2.** mit e-m Taxi fahren; **3.** ✈ rollen; '~·**cab** *s.* Taxi *n*; ~ **danc·er** *s. Am.* Taxigirl *n*.

tax·i·der·mal [,tæksɪ'dɜːml], **tax·i'der·mic** [-mɪk] *adj.* taxi'dermisch; **tax·i·der·mist** ['tæksɪdɜːmɪst] *s.* Präpa'rator *m*, Ausstopfer *m* (*von Tieren*); **tax·i·der·my** ['tæksɪdɜːmɪ] *s.* Taxider'mie *f*.

tax·i| driv·er *s.* 'Taxichauf,feur *m*, -fahrer *m*; '~,**me·ter** *s.* Taxa'meter *n*, Fahrpreisanzeiger *m*

tax in·crease ['ɪŋkriːs] *s.* Steuererhöhung *f*.

'**tax·i|·plane** *s.* Lufttaxi *n*; ~ **rank** *s.* Taxistand *m*; ~ **strip**, '~·**way** *s.* ✈ Rollbahn *f*.

tax| loop·hole *s.* Steuerschlupfloch *n*; '~,**pay·er** *s.* Steuerzahler *m*; ~ **pol·i·cy** *s.* 'Steuerpoli,tik *f*; ~ **priv·i·lege** Steuervorteil *m*; ~ **rate** *s.* Steuersatz *m*; ~ **re·ceipts** *s. pl.* Steuereinnahmen *pl.*, Steueraufkommen *n*; ~ **re·form** *s.* 'Steuerre,form *f*; ~ **re·fund** *s.* Steuerrückzahlung *f*; ~ **re·gime** *s.* 'Steuersys,tem *n*; ~ **re·lief** *s.* a) Steuererleichterung(en *pl.*) *f*, b) Steuerbegünstigung *f*; ~ **re·turn** *s.* Steuererklärung *f*; ~ **rev·e·nue** *s.* →

tax receipts; **~ shel·ter** *s.* Steuerbegünstigung *f.*

'T-bone steak *s.* T-Bone-Steak *n* (*Steak aus dem Rippenstück des Rinds*).

tea [tiː] *s.* **1.** Tee *m*; **2.** Tee(mahlzeit *f*) *m*: ***five-o'clock ~*** Fünfuhrtee; **3.** *Am. sl.* ‚Grass' *n* (*Marihuana*); **~ bag** *s.* Teebeutel *m*; **~ ball** *s. Am.* Tee-Ei *n*; **~ bread** *s. ein* Teekuchen *m*; **~ cad·dy** *s.* Teebüchse *f*; **~ cake** *s.* Teekuchen *m*; **'~·cart** *s.* Teewagen *m.*

teach [tiːtʃ] *pret. u. p.p.* **taught** [tɔːt] **I** *v/t.* **1.** *Fach* lehren, 'Unterricht geben in (*dat.*); **2.** *j-n et.* lehren, *j-n* unter'richten, -'weisen in (*dat.*), *j-m* 'Unterricht geben in (*dat.*); **3.** *j-m et.* zeigen, beibringen: ***~ s.o. to whistle*** j-m das Pfeifen beibringen; ***~ s.o. better*** j-n e-s Besser(e)n belehren; ***I will ~ you to steal*** F dich werd ich das Stehlen lehren!; ***that'll ~ you!*** F a) das wird dir e-e Lehre sein!, b) das kommt davon!; **4.** *Tier* dressieren, abrichten; **II** *v/i.* **5.** unter'richten, 'Unterricht geben, **'teach·a·ble** [-tʃəbl] *adj.* **1.** lehrbar (*Fach etc.*); **2.** gelehrig (*Person*); **'teach·er** [-tʃə] *s.* Lehrer(in): ***~s college*** *Am.* pädagogische Hochschule.

'teach-in *s.* Teach-in *n.*

teach·ing ['tiːtʃɪŋ] **I** *s.* **1.** Unter'richten *n*, Lehren *n*; **2.** *oft pl.* Lehre *f*, Lehren *pl.*; **3.** Lehrberuf *m*; **II** *adj.* **4.** lehrend, unter'richtend: ***~ aid*** Lehrmittel *n*; ***~ machine*** Lehr-, Lernmaschine *f*; ***~ profession*** Lehrberuf *m*; ***~ staff*** Lehrkörper *m.*

tea| cloth *s.* **1.** kleine Tischdecke; **2.** *Am.* Geschirrtuch *n*; **~ co·sy** *s.*, *Am.* **~ co·zy** *s.* Teewärmer *m*; **'~·cup** *s.* Teetasse *f*; → ***storm*** 1; **'~·cup,ful** [-ˌfʊl] *pl.* **-fuls** *s. e-e* Teetasse (voll); **~ dance** *s.* Tanztee *m*; **~ egg** *s.* Tee-Ei *n*; **~ garden** *s.* 'Gartenrestauˌrant *n*; **~ gown** *s.* Nachmittagskleid *n*; **'~·house** *s.* Teehaus *n* (*in China u. Japan*).

teak [tiːk] *s.* **1.** ⚘ Teakholzbaum *m*; **2.** Teak(holz) *n.*

teal [tiːl] *pl.* **teal** *s. orn.* Krickente *f.*

team [tiːm] **I** *s.* **1.** Gespann *n*; **2.** *bsd. sport u. fig.* Mannschaft *f*, Team *n*; **3.** (*Arbeits- etc.*)Gruppe *f*, Team *n*: ***by a ~ effort*** mit vereinten Kräften; **4.** Ab'teilung *f*, Ko'lonne *f von Arbeitern*; **5.** *orn.* Flug *m*, Zug *m*; **II** *v/t.* **6.** *Zugtiere* zs.-spannen; **7.** F *Arbeit* (an Unter'nehmer) vergeben; **III** *v/i.* **8.** **~ *up*** *bsd. Am.* sich zs.-tun (***with*** mit); **~ e·vent** *s. sport* Mannschaftswettbewerb *m*; **'~·mate** *s.* 'Mannschaftskameˌrad *m*; **~ spir·it** *s.* **1.** *sport* Mannschaftsgeist *m*; **2.** *fig.* Gemeinschaftsgeist *m.*

team·ster ['tiːmstə] *s.* **1.** Fuhrmann *m*; **2.** *Am.* Lastwagenfahrer *m.*

team| teach·ing *s. Am.* gemeinsamer 'Unterricht (*Fachlehrer*); **'~·work** *s.* **1.** *sport, thea.* Zs.-spiel *n*; **2.** Teamarbeit *f*, Teamwork *n.*

tea| par·ty *s.* Teegesellschaft *f*: ***the Boston Tea Party*** *hist.* der Teesturm von Boston (*1773*); **'~·pot** *s.* Teekanne *f*; → ***tempest*** 1.

tear¹ [tɪə] *s.* **1.** Träne *f*: ***in ~s*** in Tränen (aufgelöst), unter Tränen; → ***fetch*** 3, ***squeeze*** 3; **2.** ⚙ (Harz- *etc.*)Tropfen *m*; (Glas)Träne *f.*

tear² [teə] **I** *s.* **1.** Riss *m*; **2.** ***at full ~*** in vollem Schwung; ***in a ~*** in wilder Hast; **II** *v/t.* [*irr.*] **3.** zerreißen: ***~ in*** (*od.* ***to***) ***pieces*** in Stücke reißen; ***~ open*** aufreißen; ***~ out*** herausreißen; ***torn between hope and despair*** *fig.* zwischen Hoffnung u. Verzweiflung hin- u. hergerissen; ***a country torn by civil war*** ein vom Bürgerkrieg zerrissenes Land; ***that's torn it!*** *sl.* jetzt ist es passiert!, damit ist alles ‚im Eimer'!; **4.** *Haut etc.* aufreißen; **5.** *Loch* reißen; **6.** zerren, (aus)reißen: ***~ one's hair*** sich die Haare (aus)raufen; **7.** *a.* ***~ away***, ***~ off*** ab-, wegreißen (***from*** von): ***~ o.s. away*** sich losreißen (*a. fig.*); ***~ s.th. from s.o.*** j-m et. entreißen; **III** *v/i.* [*irr.*] **8.** (zer-)reißen; **9.** reißen, zerren (***at*** an *dat.*); **10.** F rasen, sausen, ‚fegen': ***~ about*** herumsausen; **~ *up*** *v/t.* **1.** aufreißen; **2.** *Baum etc.* ausreißen; **3.** zerreißen, in Stücke reißen; **4.** *fig.* unter'graben, zerstören.

tear·a·way ['teərəweɪ] **I** *adj.* ‚wild'; **II** *s.* ‚wilder' Kerl, Ra'bauke *m.*

tear| bomb [tɪə] Tränengasbombe *f*; **'~·drop** *s.* **1.** Träne *f*; **2.** Anhänger *m* (*Ohrring*).

tear·ful ['tɪəfʊl] *adj.* ☐ **1.** tränenreich; **2.** weinend, in Tränen; **3.** weinerlich; **4.** schmerzlich.

tear| gas [tɪə] *s.* ⚗ Tränengas *n*; **~ gland** *s. anat.* Tränendrüse *f.*

tear·ing ['teərɪŋ] *adj. fig.* F **1.** rasend, toll (*Tempo, Wut etc.*); **2.** ‚toll'; **~ strength** *s.* ⚙ Zerreißfestigkeit *f.*

'tear|ˌjerk·er ['tɪə-] *s. Am.* F ‚Schnulze' *f*, ‚Schmachtfetzen' *m.*

'tear-off ['teərɒf] *adj.* Abreiß...: ***~ calendar***.

'tea|-room [-rʊm] *s.* Teestube *f*, Ca'fé *n*; **~ rose** *s.* ⚘ Teerose *f.*

tear sheet [teə] *s. Am.* Belegbogen *m.*

'tear-stained ['tɪə-] *adj.* **1.** tränennass; **2.** verweint (*Augen*).

tease [tiːz] **I** *v/t.* **1.** ⚙ a) *Wolle* kämmen, krempeln, b) *Flachs* hecheln, c) *Werg* auszupfen; **2.** ⚙ *Tuch* krempeln, karden; **3.** *fig.* quälen: a) hänseln, aufziehen, b) ärgern, c) bestürmen, belästigen (***for*** wegen); **4.** (auf)reizen; **II** *s.* **5.** F a) → ***teaser*** 1, 2, b) Plage *f*, lästige Sache.

tea·sel ['tiːzl] **I** *s.* **1.** ⚘ Karde(ndistel) *f*; **2.** *Weberei*: Karde *f*; **II** *v/t.* **3.** → ***tease*** 2.

teas·er ['tiːzə] *s.* **1.** Necker *m*; **2.** Quäl-, Plagegeist *m*; **3.** *sl.* Frau, die ‚alles verspricht und nichts hält'; **4.** F ‚harte Nuss', schwierige Sache; **5.** F et. Verlockendes.

tea| serv·ice, **~ set** *s.* 'Teeserˌvice *n*; **'~·shop** → ***tearoom***; **'~·spoon** *s.* Teelöffel *m*; **'~·spoonˌful** [-ˌfʊl] *pl.* **-fuls** *s. ein* Teelöffel (voll).

teat [tiːt] *s.* **1.** *zo.* Zitze *f*; **2.** *anat.* Brustwarze *f*; **3.** (Gummi)Sauger *m*; **4.** ⚙ Warze *f.*

tea| things *s. pl.* Teegeschirr *n*; **'~·time** *s.* Teestunde *f*; **~ tow·el** *s.* Geschirrtuch *n*; **~ urn** *s.* **1.** 'Teemaˌschine *f*; **2.** Gefäß *n* zum Heißhalten des Teewassers.

tea·zel, **tea·zle** → ***teasel***.

tec [tek] *s. sl.* Detek'tiv *m.*

tech·nic ['teknɪk] **I** *adj.* → ***technical***; **II** *s. mst pl.* → a) ***technics***, b) ***technology***, c) ***technique***; **'tech·ni·cal** [-kl] *adj.* ☐ → ***technically***; **1.** ⚙ technisch: ***~ bureau*** Konstruktionsbüro *n*; **2.** technisch (*a. sport*), fachlich, fachmännisch, Fach..., Spezial...: ***~ book*** (technisches) Fachbuch; ***~ dictionary*** Fachwörterbuch *n*; ***~ school*** Fachhochschule *f*; ***~ skill*** a) (technisches) Geschick, b) ♪ Technik *f*; ***~ staff*** technisches Personal; ***~ term*** Fachausdruck *m*; **3.** *fig.* technisch: a) sachlich, b) (rein) for'mal, c) theo'retisch: ***~ knockout*** *Boxen*: technischer K. o.; ***on ~ grounds*** ⚖ aus formaljuristischen *od.* verfahrenstechnischen Gründen; **tech·ni·cal·i·ty** [ˌteknɪ'kælətɪ] *s.* **1.** *das* Technische; **2.** technische Besonderheit *od.* Einzelheit; **3.** Fachausdruck *m*; **4.** *bsd.* ⚖ (reine) Formsache, (for'male) Spitzfindigkeit; **'tech·ni·cal·ly** [-kəlɪ] *adv.* **1.** technisch *etc.*; **2.** genau genommen, eigentlich; **tech·ni·cian** [tek'nɪʃn] *s.* **1.** Techniker(in) (*a. weitS. Virtuose etc.*), (technischer) Fachmann; **2.** ✕ *Am.* Techniker *m* (*Dienstrang für Spezialisten*).

tech·nics ['teknɪks] *s. pl.* **1.** *mst sg. konstr.* Technik *f*, *bsd.* Ingeni'eurwissenschaft *f*; **2.** technische Einzelheiten *pl.*; **3.** Fachausdrücke *pl.*; **4.** → **technique** [tek'niːk] *s.* **1.** ⚙ (Arbeits)Verfahren *n*, (*Schweiß- etc.*)Technik *f*; **2.** ♪, *paint.*, *sport etc.* Technik *f*: a) Me'thode *f*, b) Art *f* der Ausführung, c) Geschicklichkeit *f*; **tech·no** ['teknəʊ] *s.* ♪ Techno *m*, *n*; **tech·noc·ra·cy** [tek'nɒkrəsɪ] *s.* Technokra'tie *f*; **tech·no·crat** ['teknəʊkræt] *s.* Techno'krat *m.*

tech·no·log·ic, **tech·no·log·i·cal** [ˌteknə'lɒdʒɪk(l)] *adj.* ☐ **1.** techno'logisch, technisch; **2.** ✝ techno'logisch (bedingt): ***~ unemployment***; **tech·nol·o·gist** [tek'nɒlədʒɪst] *s.* Techno'loge *m*; **tech·nol·o·gy** [tek'nɒlədʒɪ] *s.* **1.** Technolo'gie *f*: ***~ transfer*** Technologietransfer *m*; ***~ park*** Technologiepark *m*; ***school of ~*** technische Universität; **2.** technische 'Fachterminoˌlogie.

tech·y ['tetʃɪ] → ***testy***.

tec·tol·o·gy [tek'tɒlədʒɪ] *s. biol.* Struk'turlehre *f.*

tec·ton·ic [tek'tɒnɪk] *adj.* (☐ ***~ally***) **1.** ⚠, *geol.* tek'tonisch; **2.** *biol.* struktu'rell; **tec'ton·ics** [-ks] *s. pl. mst sg. konstr.* **1.** ⚠ *etc.* Tek'tonik *f*; **2.** *geol.* ('Geo)Tekˌtonik *f.*

tec·to·ri·al [tek'tɔːrɪəl] *adj. physiol.* Schutz..., Deck...: ***~ membrane***.

tec·tri·ces [tek'traɪsiːz] *s. pl. zo.* Deckfedern *pl.*

ted·der ['tedə] *s.* ✓ Heuwender *m.*

Ted·dy bear ['tedɪ] *s.* Teddybär *m.*

te·di·ous ['tiːdjəs] *adj.* ☐ **1.** langweilig, öde, ermüdend; **2.** weitschweifig; **'te·di·ous·ness** [-nɪs] *s.* **1.** Langweiligkeit *f*; **2.** Weitschweifigkeit *f*; **'te·di·um** [-jəm] *s.* **1.** Lang(e)weile *f*; **2.** Langweiligkeit *f.*

tee¹ [tiː] **I** *s.* ⚙ T-Stück *n*; **II** *adj.* T-...: ***~ iron***; **III** *v/t.* ⚡ abzweigen: ***~ across*** (***together***) in Brücke (parallel) schalten.

tee² [tiː] **I** *s. sport* Tee *n*: a) *Curling*: Mittelpunkt *m* des Zielkreises, b) *Golf*: Abschlag(stelle *f*) *m*: ***to a ~*** *fig.* aufs Haar; **II** *v/t. Golf*: *Ball* auf die Abschlagstelle legen; **III** *v/i.* ***~ off*** a) *Golf*: abschlagen, b) *fig.* anfangen.

teem¹ [tiːm] *v/i.* **1.** wimmeln, voll sein (***with*** von): ***the roads are ~ing with people***; ***this page ~s with mistakes*** diese Seite strotzt von Fehlern; **2.** reichlich vor'handen sein: ***fish ~ in that river*** in dem Fluss wimmelt es von Fischen; **3.** *obs.* a) schwanger sein, b) ⚘ Früchte tragen, c) *zo.* Junge gebären.

teem² [tiːm] **I** *v/t. bsd.* ⚙ *flüssiges Metall* (aus)gießen; **II** *v/i.* gießen (*a. fig. Regen*).

teen [tiːn] *Am.* → ***teenage(r)***; **'teen-**

T

age [-eɪdʒ] **I** *adj. a.* ***teenaged*** **1.** im Teenageralter; **2.** Teenager...; **II** *s.* **3.** → ***teens*** 1; ˈ**teenˌag·er** [-ˌeɪdʒə] *s.* Teenager *m.*

teens [tiːnz] *s. pl.* **1.** Teenageralter *n*: ***be in one's ~*** ein Teenager sein; **2.** Teenager *pl.*

tee·ny[1] [ˈtiːnɪ], *a.* ˌ**~-ˈwee·ny** [-ˈwiːnɪ] *adj.* F klitzeklein.

teen·y[2] [ˈtiːnɪ] *s.* F ‚Teeny' *m* (*jüngerer Teenager*).

ˈ**tee-shirt** [ˈtiː-] *s.* T-Shirt *n.*

tee·ter [ˈtiːtə] *v/i. Am.* F **1.** (*a. v/t.*) schaukeln, wippen; **2.** (sch)wanken.

teeth [tiːθ] *pl. von* ***tooth***.

teethe [tiːð] *v/i.* zahnen, (die) Zähne bekommen: ***teething troubles*** a) Beschwerden beim Zahnen, b) *fig.* Kinderkrankheiten.

tee·to·tal [tiːˈtəʊtl] *adj.* absti'nent, Abstinenzler...; **teeˈto·tal·(l)er** [-tlə] *s.* Absti'nenzler(in), ˌAntialko'holiker (-in); **teeˈto·tal·ism** [-tlɪzəm] *s.* **1.** Absti'nenz *f*; **2.** Absti'nenzprinˌzip *n.*

tee·to·tum [ˌtiːtəʊˈtʌm] *s.* Drehwürfel *m.*

teg·u·ment [ˈtegjʊmənt] *etc.* → ***integument*** *etc.*

tele-[1] [telɪ] *in Zssgn* a) Fern..., b) Fernseh...

tele-[2] [telɪ] *in Zssgn* a) Ziel, b) Ende.

ˈ**tel·eˌbank·ing** *s.* 'Teleˌbanking *n.*

ˈ**tel·eˌcam·er·a** *s. TV* Fernsehkamera *f.*

ˈ**tel·e·cast I** *v/t.* [*irr.* → ***cast***] im Fernsehen über'tragen *od.* bringen; **II** *s.* Fernsehsendung *f*; ˈ**tel·eˌcast·er** *s.* (Fernseh)Ansager(in).

ˈ**tel·e·comˌmu·niˈca·tion I** *s.* **1.** Fernmeldeverbindung *f*, -verkehr *m*, 'Telekommunikatiˌon *f*; **2.** *pl.* 'Telekommunikatiˌon, Fernmeldewesen *n*, -technik *f*; **II** *adj.* **3.** Fernmelde...

tel·e·com·mut·er [ˈtelɪkəˌmjuːtə; ˌ-kəˈmjuːtə] *s.* Telearbeiter(in); **tel·e·com·mut·ing** *s.* Telearbeit *f.*

tel·e·con·fer·ence [ˈtelɪˌkɒnfərəns] *s.* Tele'fonkonfeˌrenz *f.*

ˈ**tel·e·course** *s.* Fernsehlehrgang *m*, -kurs *m.*

tel·e·di·ag·no·sis [ˈtelɪˌdaɪəgˈnəʊsɪs] *s.* [*irr.*] ⚕ 'Ferndiagˌnose *f.*

ˈ**tel·e·film** *s.* Fernsehfilm *m.*

tel·e·gen·ic [ˌtelɪˈdʒenɪk] *adj. TV* tele'gen.

tel·e·gram [ˈtelɪgræm] *s.* Tele'gramm *n*: ***by ~*** telegrafisch.

tel·e·graph [ˈtelɪgrɑːf; -græf] **I** *s.* **1.** Tele'graf *m*; **2.** Tele'gramm *n*; **3.** → ***telegraph board***; **II** *v/t.* **4.** telegrafieren; **5.** *j-n* tele'grafisch benachrichtigen; **6.** (*durch Zeichen*) zu verstehen geben, signalisieren; **7.** *sport Spielstand etc.* auf e-r Tafel anzeigen; **8.** *sl. Boxen*: *Schlag* ‚telegrafieren' (*erkennbar ansetzen*); **III** *v/i.* **9.** telegrafieren (**to** *dat. od.* an *acc.*); **~ board** *s. bsd. sport* Anzeigetafel *f*; **~ code** *s.* Tele'grammschlüssel *m.*

te·leg·ra·pher [tɪˈlegrəfə] *s.* Telegra'fist(in).

tel·e·graph·ese [ˌtelɪgrɑːˈfiːz] *s.* Tele'grammstil *m*; **tel·e·graph·ic** [ˌtelɪˈgræfɪk] *adj.* (□ **~ally**) **1.** tele'grafisch: **~ *address*** Telegrammadresse *f*, Drahtanschrift *f*; **2.** tele'grammartig (*Kürze, Stil*); **te·leg·ra·phist** [tɪˈlegrəfɪst] *s.* Telegra'fist(in).

tel·e·graph| line *s.* Tele'grafenleitung *f*; **~ pole**, **~ post** *s.* Tele'grafenstange *f*, -mast *m.*

te·leg·ra·phy [tɪˈlegrəfɪ] *s.* Telegra'fie *f.*

tel·e·ki·ne·sis [ˌtelɪkɪˈniːsɪs] *s. psych.* Teleki'nese *f.*

tel·e·lens [ˈtelɪlenz] *s. phot.* 'Teleobjekˌtiv *n.*

te·lem·e·ter [ˈtelɪmiːtə] *s.* Tele'meter *n*: a) ⚙ Entfernungsmesser *m*, b) ⚡ Fernmessgerät *n.*

tel·e·o·log·ic, **tel·e·o·log·i·cal** [ˌtelɪəˈlɒdʒɪk(l)] *adj.* □ *phls.* teleo'logisch: **~ *argument*** teleologischer Gottesbeweis; **tel·e·ol·o·gy** [ˌtelɪˈɒlədʒɪ] *s.* Teleolo'gie *f.*

tel·e·path·ic [ˌtelɪˈpæθɪk] *adj.* (□ **~ally**) tele'pathisch; **te·lep·a·thy** [tɪˈlepəθɪ] *s.* Telepa'thie *f*, Ge'dankenüberˌtragung *f.*

tel·e·phone [ˈtelɪfəʊn] **I** *s.* **1.** Tele'fon *n*, Fernsprecher *m*: ***at the ~*** am Apparat; ***by ~*** telefonisch; ***on the ~*** telefonisch, durch das *od.* am Telefon; ***be on the ~*** a) Telefonanschluss haben, b) am Telefon sein; ***over the ~*** durch das *od.* per Telefon; **II** *v/t.* **2.** *j-n* anrufen, antelefonieren; **3.** *Nachricht etc.* telefonieren, tele'fonisch über'mitteln (***s.th. to s.o.***, ***s.o. s.th.*** j-m et.); **III** *v/i.* **4.** telefonieren; **~ bank·ing** *s.* Tele'fonbanking *n*; **~ booth**, *Brit.* **~ box** *s.* Tele'fon-, Fernsprechzelle *f*; **~ call** *s.* Tele'fongespräch *n*, (Tele'fon)Anruf *m*; **~ con·nec·tion** *s.* Tele'fonanschluss *m*; **~ di·rec·to·ry** *s.* Tele'fon-, Fernsprechbuch *n*; **~ ex·change** *s.* Fernsprechamt *n*, Tele'fonzenˌtrale *f*; **~ op·er·a·tor** *s.* Telefo'nist(in); **~ re·ceiv·er** *s.* (Tele'fon)Hörer *m*; **~ sales** *s. pl.* Tele'fonverkauf *m*; **~ sub·scrib·er** *s.* Fernsprechteilnehmer (-in); **~ sur·vey** *s.* tele'fonische Befragung.

tel·e·phon·ic [ˌtelɪˈfɒnɪk] *adj.* (□ **~ally**) tele'fonisch, fernmündlich, Telefon...; **te·leph·o·nist** [tɪˈlefənɪst] *s.* Telefo'nist(in); **te·leph·o·ny** [tɪˈlefənɪ] *s.* Telefo'nie *f*, Fernsprechwesen *n.*

ˌ**tel·eˈpho·to** *phot.* **I** *adj.* **1.** Telefoto(grafie)..., Fernaufnahme...: **~ *lens*** → ***telelens***; **II** *s.* **2.** 'Telefoto(graˌfie *f*) *n*, Fernbild *n*; **3.** 'Bildteleˌgramm *n*; **4.** Funkbild *n*; ˌ**tel·eˈpho·to·graph** → ***telephoto*** II; ˈ**tel·eˌpho·toˈgraph·ic** *adj.* (□ **~ally**) **1.** 'fernfotoˌgrafisch; **2.** 'bildteleˌgrafisch; ˌ**tel·e·phoˈtog·ra·phy** *s.* **1.** 'Tele-, 'Fernfotograˌfie *f*; **2.** 'Bildtelegraˌfie *f.*

tel·e·play [ˈtelɪpleɪ] *s.* Fernsehspiel *n.*

ˈ**tel·eˌprint·er** *s.* Fernschreiber *m* (*Gerät*): **~ *message*** Fernschreiben *n*; **~ *operator*** Fernschreiber(in).

ˈ**tel·eˌproc·ess·ing** *s.* Datenfernverarbeitung *f.*

tel·e·prompt·er [ˈtelɪˌprɒmptə] *s. TV* Teleprompter *m* (*optisches Souffliergerät, Textband*).

ˈ**tel·e·reˌcord·ing** *s.* (Fernseh)Aufzeichnung *f.*

tel·e·scope [ˈtelɪskəʊp] **I** *s.* Tele'skop *n*, Fernrohr *n*; **II** *v/t. u. v/i.* a) (sich) ineinander schieben, b) (sich) verkürzen; **III** *adj.* → ***telescopic***.

tel·e·scop·ic [ˌtelɪˈskɒpɪk] *adj.* (□ **~ally**) **1.** tele'skopisch, Fernrohr...: **~ *sight*** ⚔ Zielfernrohr *n*; **2.** inein'ander schiebbar, ausziehbar, Auszieh..., Teleskop...

ˈ**tel·e·screen** *s. TV* Bildschirm *m.*

ˈ**tel·eˌshop·ping** *s.* Teleshopping *n.*

tel·e·text [ˈtelɪtekst] *s. TV* Videotext *m.*

ˌ**tel·e·therˈmom·e·ter** *s. phys.* 'Fern-, 'Telethermoˌmeter *n.*

ˈ**tel·e·type**, ˌ**tel·eˈtypeˌwrit·er** *Am.* → ***teleprinter***.

ˈ**tel·e·view I** *v/t.* sich (im Fernsehen) ansehen; **II** *v/i.* fernsehen; ˈ**tel·eˌview·er** *s.* Fernsehzuschauer(in).

tel·e·vise [ˈtelɪvaɪz] → ***telecast*** I; ˈ**tel·eˌvi·sion I** *s.* **1.** Fernsehen *n*: ***watch ~*** fernsehen; ***on ~*** im Fernsehen; **~ *ratings*** Fernseheinschaltquoten *pl.*; **2.** *a.* **~ *set*** Fernsehgerät *n*, Fernseher *m*; **II** *adj.* Fernseh...; ˈ**tel·e·vi·sor** *s.* **1.** → ***television*** 2; **2.** → ***telecaster***; **3.** → ***televiewer***; ˈ**tel·eˌwork·er** *s. Computer*: Telearbeiter(in) *m*; ˈ**tel·eˌwork·ing** *s. Computer*: Telearbeit *f.*

tel·ex [ˈteleks] **I** *s.* **1.** Telex *n*, Fernschreibernetz *n*: ***be on the ~*** Telex- *od.* Fernschreibanschluss haben; **2.** Fernschreiber *m* (*Gerät*): **~ *operator*** Fernschreiber(in); **3.** Fernschreiben *n*: ***by ~*** per Telex *od.* Fernschreiben; **~ *operator*** Fernschreiber(in); **II** *v/t.* **4.** *j-m et.* telexen *od.* per Fernschreiben mitteilen.

tell [tel] [*irr.*] **I** *v/t.* **1.** sagen, erzählen (***s.o. s.th.***, ***s.th. to s.o.*** j-m et): ***I can ~ you that ...*** ich kann Sie *od.* Ihnen versichern, dass; ***I have been told*** mir ist gesagt worden; ***I told you so!*** ich habe es (dir) ja gleich gesagt!, ‚siehste'!; ***you are ~ing me!*** *sl.* wem sagen Sie das!; **~ *the world*** F (es) hinausposaunen; **2.** mitteilen, berichten, *a. die Wahrheit* sagen; *Neuigkeit* verkünden: **~ *a lie*** lügen; **3.** *Geheimnis* verraten; **4.** erkennen (***by***, ***from*** an *dat.*), feststellen, sagen: **~ *by ear*** mit dem Gehör feststellen, hören; **5.** (mit Bestimmtheit) sagen: ***I cannot ~ what it is***; ***it is difficult to ~*** es ist schwer zu sagen; **6.** unter'scheiden (***one from the other*** eines vom andern): **~ *apart*** auseinander halten; **7.** sagen, befehlen: **~ *s.o. to do s.th.*** j-m sagen, er solle et. tun; j-n et. tun heißen; ***do as you are told*** tu wie dir geheißen; **8.** *bsd. pol. Stimmen* zählen: ***all told*** alles in allem; **9.** **~ *off*** a) abzählen, b) ⚔ abkommandieren, c) F *j-m* ‚Bescheid stoßen'; **II** *v/i.* **10.** berichten, erzählen (***of*** von, ***about*** über *acc.*); **11.** *fig.* ein Zeichen *od.* Beweis sein (***of*** für, von); **12.** *et.* sagen können, wissen: ***how can you ~?, you never can ~*** man kann nie wissen; **13.** ‚petzen': **~ *on s.o.*** j-n verpetzen *od.* verraten; ***don't ~!*** nicht verraten!; **14.** sich auswirken (***on*** bei, auf *acc.*): ***the hard work began to ~ on him***; ***his troubles have told on him*** s-e Sorgen haben ihn sichtlich mitgenommen; ***every blow*** (***word***) **~*s*** jeder Schlag (jedes Wort) sitzt; ***that ~s against you*** das spricht gegen Sie; **15.** sich (deutlich) abheben (***against*** gegen, von); zur Geltung kommen (*Farbe etc.*); ˈ**tell·er** [-lə] *s.* **1.** Erzähler(in); **2.** Zähler (-in); *bsd. parl.* Stimmenzähler *m*; **3.** Kassierer(in), Schalterbeamte(r) *m* (*Bank*): **~*'s department*** Hauptkasse *f*; **4.** *a.* ***automated*** (*od.* ***automatic***) **~** Geldautomat *m*; ˈ**tell·ing** [-lɪŋ] *adj.* □ **1.** wirkungsvoll (*a. Schlag*), wirksam, eindrucksvoll; 'durchschlagend (*Erfolg, Wirkung*); **2.** *fig.* aufschlussreich; ˌ**tell·ing-ˈoff** *s.*: ***give s.o. a ~*** j-m ‚Bescheid stoßen'.

ˈ**tell·tale I** *s.* **1.** Klatschbase *f*, Zuträger (-in), ‚Petze' *f*; **2.** verräterisches (Kenn-) Zeichen; **3.** ⚙ (selbsttätige) Anzeigevorrichtung; **II** *adj.* **4.** *fig.* verräterisch: ***a ~ tear***; **5.** sprechend (*Ähnlichkeit*); **6.** ⚙ a) Anzeige..., b) Warnungs...: **~ *clock*** Kontrolluhr *f.*

tel·ly [ˈtelɪ] *s. Brit.* F Fernseher *m* (*Gerät*): ***on the ~*** im Fernsehen.

tel·o·type [ˈteləʊtaɪp] *s.* **1.** e'lektrischer

T

'Schreib- *od.* 'Drucktele,graf; **2.** auto'matisch gedrucktes Tele'gramm.

tel·pher ['telfə] **I** *s.* Wagen *m* e-r Hängebahn; **II** *adj.* (Elektro)Hängebahn...; **'tel·pher·age** [-ərɪdʒ] *s.* e'lektrische Lastenbeförderung; **'tel·pher·way** *s.* Telpherbahn *f*, E'lektrohängebahn *f*.

te·mer·i·ty [tɪ'merətɪ] *s.* **1.** (Toll)Kühnheit *f*, Verwegenheit *f*; *b.s.* Frechheit *f*.

temp [temp] *s. Brit.* F 'Zeitsekre,tärin *f*.

tem·per ['tempə] **I** *s.* **1.** Tempera'ment *n*, Natu'rell *n*, Gemüt(sart *f*) *n*, Cha'rakter *m*, Veranlagung *f*: ***even ~*** Gleichmut *m*; ***have a quick ~*** ein hitziges Temperament haben; **2.** Stimmung *f*, Laune *f*: ***in a bad ~*** (in) schlechter Laune, schlecht gelaunt; **3.** Gereiztheit *f*, Zorn *m*, Wut *f*: ***be in a ~*** gereizt *od.* wütend sein; ***fly*** (*od.* ***get***) ***into a ~*** in Wut geraten; **4.** Gemütsruhe *f* (*obs. außer in den Redew.*): ***keep one's ~*** ruhig bleiben; ***lose one's ~*** in Wut geraten, die Geduld verlieren; ***out of ~*** übel gelaunt; ***put s.o. out of ~*** j-n wütend machen *od.* erzürnen; **5.** Zusatz *m*, Beimischung *f*, *metall.* Härtemittel *n*; **6.** *bsd.* ⚙ richtige Mischung; **7.** *metall.* Härte(grad *m*) *f*; **II** *v/t.* **8.** mildern (***with*** durch); **9.** *Farbe, Kalk, Mörtel* mischen, anmachen; **10.** ⚙ a) *Stahl* härten, anlassen, b) *Eisen* ablöschen, c) *Gusseisen* adouzieren, d) *Glas* rasch abkühlen; **11.** ♪ *Klavier etc.* temperieren; **III** *v/i.* **12.** ⚙ den richtigen Härtegrad erreichen *od.* haben.

tem·per·a ['tempərə] *s.* 'Tempera(male,rei) *f*.

tem·per·a·ment ['tempərəmənt] *s.* **1.** → ***temper*** 1; **2.** Tempera'ment *n*, Lebhaftigkeit *f*; **3.** ♪ Tempera'tur *f*; **tem·per·a·men·tal** [,tempərə'mentl] *adj.* □ **1.** tempera'mentvoll, veranlagungsmäßig, Temperaments...; **2.** a) reizbar, launisch, b) leicht erregbar; **3.** eigenwillig; **4.** ***be ~*** F (s-e) ‚Mucken' haben (*Gerät etc.*).

tem·per·ance ['tempərəns] *s.* **1.** Mäßigkeit *f*, Enthaltsamkeit *f*; **2.** Mäßigkeit *f* im *od.* Absti'nenz *f* vom Alkoholgenuss; **~ ho·tel** *s.* alkoholfreies Hotel; **~ move·ment** *s.* Absti'nenzbewegung *f*.

tem·per·ate ['tempərət] *adj.* □ **1.** gemäßigt, maßvoll: ***~ language***; **2.** zu'rückhaltend; **3.** mäßig: ***~ enthusiasm***; **4.** a) mäßig, enthaltsam (*bsd. im Essen u. Trinken*), b) absti'nent (*alkoholische Getränke meidend*); **5.** gemäßigt, mild (*Klima etc.*); **'tem·per·ate·ness** [-nɪs] *s.* **1.** Gemäßigtheit *f*; **2.** Beherrschtheit *f*, Zu'rückhaltung *f*; **3.** geringes Ausmaß; **4.** a) Mäßigkeit *f*, Enthaltsamkeit *f*, Mäßigung *f* (*bsd. im Essen u. Trinken*), b) Absti'nenz *f* (*von alkoholischen Getränken*); **5.** Milde *f* (*des Klimas etc.*).

tem·per·a·ture ['temprətʃə] *s.* **1.** *phys.* Tempera'tur *f*: ***at a ~ of*** bei e-r Temperatur von; **2.** *physiol.* ('Körper)Tempera,tur *f*: ***take s.o.'s ~*** j-s Temperatur messen; ***have*** (*od.* ***run***) ***a ~*** ⚕ F Fieber *od.* (erhöhte) Temperatur haben.

tem·pest ['tempɪst] *s.* **1.** (wilder) Sturm: ***~ in a teapot*** *fig.* ‚Sturm im Wasserglas'; **2.** *fig.* Sturm *m*, Ausbruch *m*; **3.** Gewitter *n*; **tem·pes·tu·ous** [tem'pestjʊəs] *adj.* □ *a. fig.* stürmisch, ungestüm, heftig; **tem·pes·tu·ous·ness** [tem'pestjʊəsnɪs] *s.* Ungestüm *n*, Heftigkeit *f*.

Tem·plar ['templə] *s.* **1.** *hist.* Templer *m*, Tempelherr *m*, -ritter *m*; **2.** Tempelritter *m* (*Freimaurer*); **3.** *oft* ***Good ~*** Guttempler *m* (*ein Temperenzler*).

tem·plate ['templɪt] *s.* **1.** ⚙ Scha'blone *f*; **2.** ⚠ a) 'Unterleger *m* (*Balken*), b) (Dach)Pfette *f*, c) Kragholz *n*; **3.** ⚓ Mallbrett *n*; **4.** *Computer*: Doku'mentvorlage *f*.

tem·ple¹ ['templ] *s.* **1.** *eccl.* Tempel *m* (*a. fig.*); **2.** *Am.* Syna'goge *f*; **3.** ***~*** ⚖ Temple *m* (*in London, Sitz zweier Rechtskollegien*: ***the Inner ~*** *u.* ***the Middle ~***).

tem·ple² ['templ] *s. anat.* Schläfe *f*.

tem·ple³ ['templ] *s. Weberei*: Tömpel *m*.

tem·plet ['templɪt] → ***template***.

tem·po ['tempəʊ] *pl.* **-pos, -pi** [-piː] *s.* ♪ Tempo *n* (*a. fig. Geschwindigkeit*): ***~ turn*** *Skisport*: Temposchwung *m*.

tem·po·ral¹ ['tempərəl] *adj.* □ **1.** zeitlich: a) Zeit... (*Ggs. räumlich*), b) irdisch; **2.** weltlich (*Ggs. geistlich*): ***~ courts***; **3.** *ling.* tempo'ral, Zeit...: ***~ adverb*** Umstandswort *n* der Zeit; ***~ clause*** Temporalsatz *m*.

tem·po·ral² ['tempərəl] *anat.* **I** *adj.* a) Schläfen..., b) Schläfenbein...; **II** *s.* Schläfenbein *n*.

tem·po·rar·i·ness ['tempərərɪnɪs] *s.* Einst-, Zeitweiligkeit *f*; **tem·po·rar·y** ['tempərərɪ] *adj.* □ provi'sorisch: a) vorläufig, einst-, zeitweilig, vor'übergehend, tempo'rär, b) behelfsmäßig, Not..., Hilfs..., Interims...: ***~ arrangement*** Übergangsregelung *f*; ***~ bridge*** Behelfs-, Notbrücke *f*; ***~ credit*** ✝ Zwischenkredit *m*.

tem·po·rize ['tempəraɪz] *v/i.* **1.** Zeit zu gewinnen suchen, abwarten, sich nicht festlegen, lavieren: ***~ with s.o.*** j-n hinhalten; **2.** mit dem Strom schwimmen, s-n Mantel nach dem Wind hängen; **'tem·po·riz·er** [-zə] *s.* **1.** j-d, der Zeit zu gewinnen sucht *od.* sich nicht festlegt; **2.** Opportu'nist(in); **'tem·po·riz·ing** [-zɪŋ] *adj.* □ **1.** hinhaltend, abwartend; **2.** opportu'nistisch.

tempt [tempt] *v/t.* **1.** *eccl., a. allg. j-n* versuchen, in Versuchung führen; **2.** *j-n* verlocken, -leiten, da'zu bringen (***to do*** zu tun): ***be ~ed to do*** versucht *od.* geneigt sein, zu tun; **3.** reizen, locken (*Angebot, Sache*); **4.** *Gott, sein Schicksal* versuchen, her'ausfordern; **temp·ta·tion** [temp'teɪʃn] *s.* Versuchung *f*, -führung *f*, -lockung *f*: ***lead into ~*** in Versuchung führen; **'tempt·er** [-tə] *s.* Versucher *m*, -führer *m*: ***the ~*** *eccl.* der Versucher; **'tempt·ing** [-tɪŋ] *adj.* □ verführerisch, -lockend; **'tempt·ing·ness** [-tɪŋnɪs] *s. das* Verführerische; **'tempt·ress** [-trɪs] *s.* Versucherin *f*, Verführerin *f*.

ten [ten] **I** *adj.* **1.** zehn; **II** *s.* **2.** Zehn *f* (*Zahl, Spielkarte*): ***the upper ~*** *fig.* die oberen zehntausend; **3.** F Zehner *m* (*Geldschein etc.*); **4.** zehn (Uhr).

ten·a·ble ['tenəbl] *adj.* **1.** haltbar (⚔ *Stellung, fig. Behauptung etc.*); **2.** verliehen (***for*** für, auf *acc.*): ***an office ~ for two years***; **'ten·a·ble·ness** [-nɪs] *s.* Haltbarkeit *f* (*a. fig.*).

te·na·cious [tɪ'neɪʃəs] *adj.* □ **1.** zäh(e), klebrig; **2.** *fig.* zäh(e), hartnäckig: ***be ~ of*** zäh an *et.* festhalten; ***~ of life*** zählebig; ***~ ideas*** zählebige Ideen; **3.** verlässlich, gut (*Gedächtnis*); **te'na·cious·ness** [-nɪs], **te·nac·i·ty** [tɪ'næsɪtɪ] *s.* **1.** *allg.* Zähigkeit *f*: a) Klebrigkeit *f*, b) *phys.* Zug-, Zähfestigkeit *f*, c) *fig.* Hartnäckigkeit *f*: ***~ of life*** zähes Leben; ***~ of purpose*** Zielstrebigkeit *f*; **2.** Verlässlichkeit *f* (*des Gedächtnisses*).

ten·an·cy ['tenənsɪ] *s.* ⚖ **1.** Pacht-, Mietverhältnis *n*: ***~ at will*** jederzeit beiderseits kündbares Pachtverhältnis; **2.** a) Pacht-, Mietbesitz *m*, b) Eigentum *n*: ***~ in common*** Miteigentum *n*; **3.** Pacht-, Mietdauer *f*; **'ten·ant** [-nt] **I** *s.* **1.** ⚖ Pächter(in), Mieter(in): ***~ farmer*** Gutspächter *m*; **2.** ⚖ Inhaber(in) (*von Realbesitz, Renten etc.*); **3.** Bewohner (-in); **4.** *hist.* Lehnsmann *m*; **II** *v/t.* **5.** bewohnen; **6.** *als Mieter etc.* beherbergen; **'ten·ant·a·ble** [-ntəbl] *adj.* **1.** ⚖ pacht-, mietbar; **2.** bewohnbar; **'ten·ant·less** *adj.* **1.** unverpachtet; **2.** unvermietet, leer (stehend); **'ten·ant·ry** [-trɪ] *s. coll.* Pächter *pl.*, Mieter *pl.*

tench [tenʃ] *pl.* **'tench·es**, *bsd. coll.* **tench** *s. ichth.* Schleie *f*.

tend¹ [tend] *v/i.* **1.** sich *in e-r bestimmten Richtung* bewegen; (hin)streben (***to*** [***-wards***] nach): ***~ from*** wegstreben von; **2.** *fig.* a) tendieren, neigen (***to***[***wards***] zu), b) da'zu neigen (***to do*** zu tun); **3.** abzielen, gerichtet sein (***to*** auf *acc.*); **4.** (da'zu) führen *od.* beitragen (***to*** [***do***] zu [tun]); hin'auslaufen (***to*** auf *acc.*); **5.** ⚓ schwojen.

tend² [tend] *v/t.* **1.** ⚙ *Maschine* bedienen; **2.** sich kümmern um, sorgen für, *Kranke* pflegen, *Vieh* hüten.

ten·den·cious → ***tendentious***.

tend·en·cy ['tendənsɪ] *s.* **1.** Ten'denz *f*: a) Richtung *f*, Strömung *f*, Hinstreben *n*, b) (bestimmte) Absicht, Zweck *m*, c) Hang *m* (***to, towards*** zu), Neigung *f* (***to*** für); **2.** Gang *m*, Lauf *m*: ***the ~ of events***.

ten·den·tious [ten'denʃəs] *adj.* □ tendenzi'ös, Tendenz...; **ten'den·tious·ness** [-nɪs] *s.* tendenzi'öser Cha'rakter.

ten·der¹ ['tendə] *adj.* □ **1.** zart, weich, mürbe (*Fleisch etc.*); **2.** *allg.* zart (*a. Alter, Farbe, Gesundheit*): ***~ passion*** Liebe *f*; **3.** zart, zärtlich, sanft; **4.** zart, empfindlich (*Körperteil, a. Gewissen*): ***~ spot*** *fig.* wunder Punkt; **5.** heikel, kitzlig (*Thema*); **6.** bedacht (***of*** auf *acc.*).

ten·der² ['tendə] **I** *v/t.* **1.** (for'mell) anbieten; → ***oath*** 1, ***resignation*** 2; **2.** *s-e Dienste etc.* anbieten, zur Verfügung stellen; **3.** *s-n Dank, s-e Entschuldigung* zum Ausdruck bringen; **4.** ✝, ⚖ als Zahlung (*e-r Verpflichtung*) anbieten; **II** *v/i.* **5.** sich an e-r Ausschreibung beteiligen, ein Angebot machen: ***~ and contract for a supply*** e-n Lieferungsvertrag abschließen; **III** *s.* **6.** Anerbieten *n*, Angebot *n*: ***make a ~ of*** → 2; **7.** ✝ (***legal*** gesetzliches) Zahlungsmittel; **8.** ✝ Angebot *n*, Of'ferte *f bei Ausschreibung*: ***invite ~s for*** *ein Projekt* ausschreiben; ***put to ~*** in freier Ausschreibung vergeben; ***by ~*** in Submission; **9.** ✝ Kosten(vor)anschlag *m*; **10.** ⚖ Zahlungsangebot *n*; **11.** ***~ of resignation*** Rücktrittsgesuch *n*.

tend·er³ ['tendə] *s.* **1.** Pfleger(in); **2.** 🚂 Tender *m*, Kohlewagen *m*; **3.** ⚓ Tender *m*, Begleitschiff *n*.

'ten·der|·foot *pl.* **-feet** *od.* **-foots** *s. Am.* F **1.** Anfänger(in), Greenhorn *n*; **2.** neu aufgenommener Pfadfinder; **,~-'heart·ed** *adj.* □ weichherzig; **'~·loin** *s.* zartes Lendenstück, Fi'let *n*.

ten·der·ness ['tendənɪs] *s.* **1.** Zartheit *f*, Weichheit *f* (*a. fig.*); **2.** Empfindlichkeit *f* (*a. fig. des Gewissens etc.*); **3.** Zärtlichkeit *f*.

ten·di·nous ['tendɪnəs] *adj.* **1.** sehnig,

flechsig; **2.** *anat.* Sehnen...; **ten·don** ['tendən] *s. anat.* Sehne *f*, Flechse *f*; **ten·do·vag·i·ni·tis** ['tendəʊ,vædʒɪ'naɪtɪs] *s.* ⚕ Sehnenscheidenentzündung *f*.
ten·dril ['tendrɪl] *s.* ⚘ Ranke *f*.
ten·e·brous ['tenɪbrəs] *adj.* dunkel, finster, düster.
ten·e·ment ['tenɪmənt] *s.* **1.** Wohnhaus *n*; **2.** *a.* ~ **house** Miet(s)haus *n*, *bsd.* 'Mietska,serne *f*; **3.** Mietwohnung *f*; **4.** Wohnung *f*; **5.** ⚖ a) (Pacht)Besitz *m*, b) beständiger Besitz, beständiges Privi'legium.
te·nes·mus [tɪ'nezməs] *s.* ⚕ Te'nesmus *m*: **rectal** ~ Stuhldrang *m*; **vesical** ~ Harndrang *m*.
ten·et ['tenɪt] *s.* (Grund-, Lehr)Satz *m*, Lehre *f*.
'**ten·fold I** *adj. u. adv.* zehnfach; **II** *s. das* Zehnfache.
,**ten-'gal·lon hat** *s. Am.* breitrandiger Cowboyhut.
ten·ner ['tenə] *s.* F ‚Zehner' *m*: a) *Brit.* Zehn'pfundnote *f*, b) *Am.* Zehn'dollarnote *f*.
ten·nis ['tenɪs] *s. sport* Tennis *n*; ~ **arm** *s.* ⚕ Tennisarm *m*; ~ **ball** *s.* Tennisball *m*; ~ **court** *s.* Tennisplatz *m*; ~ **rack·et** *s.* Tennisschläger *m*.
ten·on ['tenən] ⚙ **I** *s.* Zapfen *m*; **II** *v/t.* verzapfen; ~ **saw** *s.* ⚙ Ansatzsäge *f*, Fuchsschwanz *m*.
ten·or ['tenə] **I** *s.* **1.** Verlauf *m*; **2.** Tenor *m*, (wesentlicher) Inhalt, Sinn *m*; **3.** Absicht *f*; **4.** ✝ Laufzeit *f* (*Wechsel etc.*); **5.** ♪ Te'nor(stimme *f*, -par,tie *f*, -sänger *m*, -instru,ment *n*) *m*; **II** *adj.* **6.** ♪ Tenor...
'**ten·pin** *s. Am.* **1.** Kegel *m*; **2.** *pl. sg. konstr. Am.* Bowling *n*.
tense[1] [tens] *s. ling.* Zeit(form) *f*, Tempus *n*: ***simple*** (***compound***) **~s** einfache (zs.-gesetzte) Zeiten.
tense[2] [tens] **I** *adj.* ☐ **1.** gespannt (*a. ling. Laut*); **2.** *fig.* a) (an)gespannt (*Person, Nerven*), b) spannungsgeladen: ***a ~ moment***; **II** *v/t.* **3.** straffen, (an)spannen; **III** *v/i.* **4.** sich straffen *od.* (an)spannen; **5.** *fig.* (vor Nervosi'tät *etc.*) starr werden; '**tense·ness** [-nɪs] *s.* **1.** Straffheit *f*; **2.** *fig.* (ner'vöse) Spannung; '**ten·si·ble** [-səbl] *adj.* dehnbar; '**ten·sile** [-saɪl] *adj.* dehn-, streckbar; *phys.* Dehn(ungs)..., Zug...: ~ ***strength*** (***stress***) Zugfestigkeit *f* (-beanspruchung *f*); **ten·sim·e·ter** [ten'sɪmɪtə] *s.* ⚙ Gas-, Dampfdruckmesser *m*; **ten·si·om·e·ter** [tensɪ'ɒmɪtə] *s.* ⚙ Zugmesser *m*.
ten·sion ['tenʃn] *s.* **1.** Spannung *f* (*a.* ⚡); **2.** ⚕, *phys.* Druck *m*; **3.** *phys.* a) Dehnung *f*, b) Zug-, Spannkraft *f*: ~ ***spring*** ⚙ Zug-, Spannfeder *f*; **4.** (ner'vöse) Spannung; **5.** *fig.* Spannung *f*, gespanntes Verhältnis: ***political*** ~; '**ten·sion·al** [-ʃənl] *adj.* Dehn..., Spann(ungs)...; **ten·sor** ['tensə] *s. anat.* Tensor *m* (*a.* ⩘), Streck-, Spannmuskel *m*.
'**ten|-spot** *s. Am. sl.* **1.** *Kartenspiel*: Zehn *f*; **2.** → ***tenner*** b; '**~-strike** *s.* **1.** → ***strike*** 2 a; **2.** F *fig.* ‚Volltreffer' *m*.
tent[1] [tent] *s.* Zelt *n* (*a.* ⚕): ***pitch one's ~s*** s-e Zelte aufschlagen (*a. fig.*).
tent[2] [tent] ⚕ **I** *s.* Tam'pon *m*; **II** *v/t.* durch e-n Tam'pon offen halten.
tent[3] [tent] *s. obs.* Tintowein *m*.
ten·ta·cle ['tentəkl] *s. zo.* **1.** Ten'takel *m, n* (*a.* ⚘), Fühler *m* (*a. fig.*); **2.** Fangarm *m e-s Polypen*; '**ten·ta·cled** [-ld] *adj.* ⚘, *zo.* mit Ten'takeln versehen; **ten·tac·u·lar** [ten'tækjʊlə] *adj.* Fühler..., Tentakel...
ten·ta·tive ['tentətɪv] **I** *adj.* ☐ **1.** versuchsweise, Versuchs...; **2.** provi'sorisch; **3.** vorsichtig; **II** *s.* **4.** Versuch *m*; '**ten·ta·tive·ly** [-lɪ] *adv.* versuchsweise.
ten·ter ['tentə] *s.* ⚙ Spannrahmen *m für Tuch*; '**~·hook** *s.* ⚙ Spannhaken *m*: ***be on ~s*** *fig.* auf die Folter gespannt sein, wie auf glühenden Kohlen sitzen; ***keep s.o. on ~s*** *fig.* j-n auf die Folter spannen.
tenth [tenθ] **I** *adj.* ☐ **1.** zehnt; **2.** zehntel; **II** *s.* **3.** *der* (*die, das*) Zehnte; **4.** Zehntel *n*: ***a ~ of a second*** e-e Zehntelsekunde; **5.** ♪ De'zime *f*; '**tenth·ly** [-lɪ] *adv.* zehntens.
tent| peg *s.* Zeltpflock *m*, Hering *m*; ~ **pole** *s.* Zeltstange *f*; ~ **stitch** *s. Stickerei*: Perlstich *m*.
ten·u·is ['tenjʊɪs] *pl.* '**ten·u·es** [-i:z] *s. ling.* Tenuis *f* (*stimmloser, nicht aspirierter Verschlusslaut*).
te·nu·ous ['tenjʊəs] *adj.* **1.** dünn; **2.** zart, fein; **3.** *fig.* dürftig.
ten·ure ['te,njʊə] *s.* **1.** (Grund-, *hist.* Lehens)Besitz *m*; **2.** ⚖ a) Besitzart *f*, b) Besitztitel *m*: ~ ***by lease*** Pachtbesitz *m*; **3.** Besitzdauer *f*; **4.** (feste) Anstellung; **5.** Innehaben *n*, Bekleidung *f* (*e-s Amtes*): ~ ***of office*** Amtsdauer *f*; **6.** *fig.* Genuss *m e-r Sache*.
te·pee ['ti:pi:] *s.* Indi'anerzelt *n*, Tipi *n*.
tep·id ['tepɪd] *adj.* ☐ lauwarm, lau (*a. fig.*); **te·pid·i·ty** [te'pɪdətɪ], '**tep·id·ness** [-nɪs] *s.* Lauheit *f* (*a. fig.*).
ter·cen·te·nar·y [,tɜ:sen'ti:nərɪ], ,**ter·cen'ten·ni·al** [-'tenjəl] **I** *adj.* **1.** dreihundertjährig; **II** *s.* **2.** dreihundertster Jahrestag; **3.** Dreihundert'jahrfeier *f*.
ter·cet ['tɜ:sɪt] *s.* **1.** *Metrik*: Ter'zine *f*; **2.** ♪ Tri'ole *f*.
ter·gi·ver·sate ['tɜ:dʒɪvɜ:seɪt] *v/i.* Ausflüchte machen; sich drehen und wenden; sich wider'sprechen; **ter·gi·ver·sa·tion** [,tɜ:dʒɪvɜ:'seɪʃn] *s.* **1.** Ausflucht *f*, Winkelzug *m*; **2.** Wankelmut *m*.
term [tɜ:m] **I** *s.* **1.** *bsd. fachlicher* Ausdruck, Bezeichnung *f*, Wort *n*: ***botanical ~s***; **2.** *pl.* a) Ausdrucksweise *f*, b) ('Denk)Katego,rien *pl.*: ***in ~s of*** a) in Form von (*od. gen.*), b) im Sinne (*gen.*), als, c) hinsichtlich (*gen.*), d) von ... her, vom Standpunkt (*gen.*), e) im Vergleich zu; ***in ~s of approval*** beifällig; ***in ~s of literature*** literarisch (betrachtet), vom Literarischen her; ***in plain ~s*** rundheraus (gesagt); ***in the strongest ~s*** schärfstens; ***think in ~s of money*** (nur) in Mark u. Pfennig denken; ***think in military ~s*** in militärischen Kategorien denken; **3.** Wortlaut *m*; **4.** a) Zeit *f*, Dauer *f*: ~ ***of imprisonment*** Freiheitsstrafe *f*; ~ ***of office*** Amtsdauer *f*, -periode *f*; ***on*** (*od.* ***in***) ***the long ~*** auf lange Sicht, langfristig (betrachtet); ***for a ~ of four years*** für die Dauer von vier Jahren, b) (*Zahlungs- etc.*)Frist *f*: ~ ***deposit*** Termingeld *n*; **5.** ✝, ⚖ a) Laufzeit *f* (*Vertrag, Wechsel*), b) Ter'min *m*, c) *Brit.* Quar'talster,min *m* (*vierteljährlicher Zahltag für Miete etc.*), d) *Brit. hist. halbjährlicher* Lohn-, Zahltag (*für Dienstboten*), e) ⚖ 'Sitzungsperi,ode *f*; **6.** *ped., univ.* Quar'tal *n*, Tri'mester *n*, Se'mester *n*: ***end of ~*** Schul- *od.* Semesterschluss *m*; ***keep ~s*** *Brit.* Jura studieren; **7.** *pl.* ✝, ⚖ (*Vertrags- etc.*)Bedingungen *pl.*: ***~s of delivery*** Lieferungsbedingungen; ***~s of trade*** Austauschverhältnis *n im* Außenhandel; ***on easy ~s*** zu günstigen Bedingungen; ***on equal ~s*** unter gleichen Bedingungen; ***come to ~s*** *a. fig.* handelseinig werden, sich einigen, *fig. a.* sich abfinden (***with*** mit); ***come to ~s with the past*** die Vergangenheit bewältigen; **8.** *pl.* Preise *pl.*, Hono'rar *n*: ***cash ~s*** Barpreis *m*; ***inclusive ~s*** Pauschalpreis *m*; **9.** *pl.* Beziehungen *pl.*: ***be on good*** (***bad***) ***~s with*** auf gutem (schlechtem) Fuße stehen mit; ***they are not on speaking ~s*** sie sprechen nicht (mehr) miteinander; **10.** *Logik*: Begriff *m*; → ***contradiction*** 2; **11.** ⩘ a) Glied *n*: ~ ***of a sum*** Summand *m*, b) *Geometrie*: Grenze *f*; **12.** ⚠ Terme *m*, Grenzstein *m*; **13.** *physiol.* a) Menstruati'on *f*, b) (nor'male) Schwangerschaftszeit: ***carry to*** (***full***) ~ *ein Kind* austragen; ***she is near her ~*** ihre Niederkunft steht dicht bevor; **II** *v/t.* **14.** (be)nennen, bezeichnen als.
ter·ma·gant ['tɜ:məgənt] **I** *s.* Zankteufel *m*, (Haus)Drachen *m* (*Weib*); **II** *adj.* zänkisch, keifend.
ter·mi·na·ble ['tɜ:mɪnəbl] *adj.* ☐ **1.** begrenzbar; **2.** befristet, (zeitlich) begrenzt, kündbar (*Vertrag etc.*).
ter·mi·nal ['tɜ:mɪnl] **I** *adj.* ☐ → ***terminally***; **1.** letzt, Grenz..., End..., (Ab-)Schluss...: ~ ***amplifier*** ⚡ Endverstärker *m*; ~ ***station*** → ~ ***value*** ⩘ Endwert *m*; ~ ***voltage*** ⚡ Klemmenspannung *f*; **2.** *univ.* Semester... *od.* Trimester...; **3.** ⚕ a) unheilbar (*a. fig.*), b) im Endstadium: ~ ***case***, c) Sterbe...: ~ ***clinic***, d) *fig.* verhängnisvoll (***to*** für); **4.** ⚘ gipfelständig; **II** *s.* **5.** Endstück *n*, -glied *n*, Spitze *f*; **6.** *ling.* Endsilbe *f od.* -buchstabe *m od.* -wort *n*; **7.** ⚡ a) (Anschluss-)Klemme *f*, (*Plus-, Minus*)Pol *m*, b) Klemmschraube *f*, c) Endstecker *m*; **8.** a) 🚂 'Endstati,on *f*, Kopfbahnhof *m*, b) *bsd.* ✈ Terminal *m od. n*, ✈ Flughalle *f* (→ *a.* ***air terminal***), c) (zen'traler) 'Umschlagplatz, d) End- *od.* Ausgangspunkt *m*; **9.** *Computer*: Terminal *n*; **10.** *univ.* Se'mesterprüfung *f*; '**ter·mi·nal·ly** [-nəlɪ] *adv.* **1.** zum Schluss; **2.** ter'minweise; **3.** ~ ***ill*** ⚕ unheilbar krank; **4.** *univ.* se'mesterweise; '**ter·mi·nate** [-neɪt] **I** *v/t.* **1.** *räumlich* begrenzen; **2.** beendigen, *Vertrag a.* aufheben, kündigen; **II** *v/i.* **3.** endigen (***in*** in *dat.*); **4.** *ling.* enden (***in*** auf *acc.*); **III** *adj.* [-nət] **5.** begrenzt; **6.** ⩘ endlich; **ter·mi·na·tion** [,tɜ:mɪ'neɪʃn] *s.* **1.** Aufhören *n*; **2.** Ende *n*, (Ab)Schluss *m*; **3.** Beendigung *f*: ~ ***of pregnancy*** ⚕ Schwangerschaftsunterbrechung *f*; **4.** ⚖ Beendigung *f e-s Vertrags etc.*: a) Ablauf *m*, Erlöschen *n*, b) Aufhebung *f*, Kündigung *f*; **5.** *ling.* Endung *f*.
ter·mi·no·log·i·cal [,tɜ:mɪnə'lɒdʒɪkl] *adj.* ☐ termino'logisch: ~ ***inexactitude*** *humor.* Schwindelei *f*; **ter·mi·nol·o·gy** [,tɜ:mɪ'nɒlədʒɪ] *s.* Terminolo'gie *f*, Fachsprache *f*, -ausdrücke *pl.*
ter·mi·nus ['tɜ:mɪnəs] *pl.* **-ni** [-naɪ], **-nus·es** *s.* **1.** Endpunkt *m*, Ziel *n*, Ende *n*; **2.** → ***terminal*** 8 a.
ter·mite ['tɜ:maɪt] *s. zo.* Ter'mite *f*.
'**term·time** *s.* Schul- *od.* Se'mesterzeit *f* (*Ggs. Ferien*).
tern[1] [tɜ:n] *s. orn.* Seeschwalbe *f*.
tern[2] [tɜ:n] *s.* Dreiergruppe *f*, -satz *m*; '**ter·na·ry** [-nərɪ] *adj.* **1.** aus (je) drei bestehend, dreifältig; **2.** ⚘ dreizählig; **3.** *metall.* dreistoffig; **4.** ⩘ ter'när; **5.** aus drei A'tomen bestehend; '**ter·nate** [-nɪt] *adj.* → ***ternary*** 1 *u.* 2.

T

ter·ra ['terə] (*Lat. u. Ital.*) *s.* Land *n*, Erde *f*.

ter·race ['terəs] **I** *s.* **1.** Ter'rasse *f* (*a.* △ *u. geol.*); **2.** *bsd. Brit.* Häuserreihe *f* an erhöht gelegener Straße; **3.** *Am.* Grünstreifen *m*, -anlage *f in der Straßenmitte*; **4.** *sport Brit.* (Zuschauer)Rang *m*: ***the ~s*** die Ränge (*a. die Zuschauer*); **II** *v/t.* **5.** ter'rassenförmig anlegen, terrassieren; '**ter·raced** [-st] *adj.* **1.** terrassenförmig (angelegt); **2.** flach (*Dach*); **3.** ***~ house*** *Brit.* Reihenhaus *n*.

ter·ra|·cot·ta [ˌterə'kɒtə] **I** *s.* **1.** Terra'kotta *f*; **2.** Terra'kottafiˌgur *f*; **II** *adj.* **3.** Terrakotta...; **~ fir·ma** ['fɜːmə] (*Lat.*) *s.* festes Land.

ter·rain [te'reɪn] *bsd.* ⚔ **I** *s.* Ter'rain *n*, Gelände *n*; **II** *adj.* Gelände...

ter·ra in·cog·ni·ta [ɪŋ'kɒgnɪtə] (*Lat.*) *s.* unerforschtes Land; *fig.* (völliges) Neuland.

ter·ra·ne·ous [tə'reɪnjəs] *adj.* ♀ Land...

ter·ra·pin ['terəpɪn] *s. zo.* Dosenschildkröte *f*.

ter·raz·zo [te'rætsəʊ] (*Ital.*) *s.* Ter'razzo *m*, Ze'mentmosaˌik *n*.

ter·rene [te'riːn] *adj.* **1.** irdisch, Erd...; **2.** erdig, Erd...

ter·res·tri·al [tɪ'restrɪəl] **I** *adj.* □ **1.** irdisch; **2.** Erd...: ***~ globe*** Erdball *m*; **3.** ♀, *zo.*, *geol.* Land...; **II** *s.* **4.** Erdenbewohner(in).

ter·ri·ble ['terəbl] *adj.* □ schrecklich, furchtbar, fürchterlich (*alle a.* F *außerordentlich*); '**ter·ri·ble·ness** [-nɪs] *s.* Schrecklichkeit *f etc.*

ter·ri·er[1] ['terɪə] *s.* **1.** *zo.* Terrier *m* (*Hunderasse*); **2.** F → ***territorial*** 4 a.

ter·ri·er[2] ['terɪə] *s.* ⚖ Flurbuch *n*.

ter·rif·ic [tə'rɪfɪk] *adj.* (□ ***~ally***) **1.** furchtbar, fürchterlich, schrecklich (*alle a.* F *fig.*); **2.** F ‚toll', fan'tastisch.

ter·ri·fied ['terɪfaɪd] *adj.* erschrocken, verängstigt, entsetzt: ***be ~ of*** schreckliche Angst haben vor (*dat.*); **ter·ri·fy** ['terɪfaɪ] *v/t.* erschrecken, *j-m* Angst und Schrecken einjagen; '**ter·ri·fy·ing** [-aɪɪŋ] *adj.* Furcht erregend, erschreckend, fürchterlich.

ter·ri·to·ri·al [ˌterɪ'tɔːrɪəl] **I** *adj.* □ **1.** Grund..., Land...: ***~ property***; **2.** territori'al, Landes..., Gebiets...: ***2 Army***, ***2 Force*** ⚔ Territorialarmee *f*, Landwehr *f*; ***~ waters*** *pol.* Hoheitsgewässer *pl.*; **3.** *2 pol.* Territorial..., ein Terri'torium (*der USA*) betreffend; **II** *s.* **4.** *2* ⚔ a) Landwehrmann *m*, b) *pl.* Territori'altruppen *pl.*; **ter·ri·to·ry** ['terɪtərɪ] *s.* **1.** (*a. fig.*) Gebiet *n*, Terri'torium *n*; **2.** *pol.* Hoheits-, Staatsgebiet *n*: ***Federal ~*** Bundesgebiet; ***on British ~*** auf britischem Gebiet; **3.** *pol.* Terri'torium *n* (*Schutzgebiet*); **4.** ✝ (Vertrags-, Vertreter)Gebiet *n*, (-)Bezirk *m*; **5.** *sport* F (Spielfeld)Hälfte *f*.

ter·ror ['terə] *s.* **1.** Schrecken *m*, Entsetzen *n*, schreckliche Furcht (***of*** *vor dat.*); **2.** Schrecken *m* (***of*** *od.* ***to*** *gen.*) (*Schrecken einflößende Person od. Sache*); **3.** Terror *m*: a) Gewalt-, Schreckensherrschaft *f*, b) Terrorakte *pl.*: ***political ~*** Politterror; ***~ bombing*** Bombenterror; **4.** F a) Ekel *n*, ‚Landplage' *f*, b) (schreckliche) Plage (***to*** für), c) Albtraum *m*; '**ter·ror·ism** [-ərɪzəm] *s.* **1.** → ***terror*** 3; **2.** Terro'rismus *m*; **3.** Terrorisierung *f*; '**ter·ror·ist** [-ərɪst] *s.* Terro'rist(in); '**ter·ror·ize** [-əraɪz] *v/t.* **1.** terrorisieren; **2.** einschüchtern.

'**ter·ror|-ˌstrick·en**, '**~-struck** *adj.* schreckerfüllt, starr vor Schreck.

ter·ry ['terɪ] *s.* **1.** ungeschnittener Samt *od.* Plüsch; **2.** Frot'tiertuch *n*, Frot'tee (-gewebe) *n*; **3.** Schlinge *f* (*des ungeschnittenen Samtes etc.*).

terse [tɜːs] *adj.* □ knapp, kurz u. bündig, markig; '**terse·ness** [-nɪs] *s.* Knappheit *f*, Kürze *f*, Bündigkeit *f*, Prä'gnanz *f*.

ter·tian ['tɜːʃn] ⚕ **I** *adj.* am dritten Tag wiederkehrend, Tertian...: ***~ ague***, ***~ fever***, ***~ malaria*** → **II** *s.* Terti'anfieber *n*.

ter·ti·ar·y ['tɜːʃərɪ] **I** *adj. allg.* terti'är, Tertiär...; **II** *s.* *2 geol.* Terti'är *n*.

ter·zet·to [tɜːt'setəʊ] *pl.* **-tos**, **-ti** [-tɪ] (*Ital.*) *s.* ♪ Ter'zett *n*, Trio *n*.

tes·sel·late ['tesɪleɪt] *v/t.* tessellieren, mit Mosa'iksteinen auslegen: ***~d pavement*** Mosaik(fuß)boden *m*; **tes·sel·la·tion** [ˌtesɪ'leɪʃn] *s.* Mosa'ik(arbeit *f*) *n*.

test [test] **I** *s.* **1.** *allg.*, *a.* ⚙ Test *m*, Probe *f*, Versuch *m*; **2.** a) Prüfung *f*, Unter'suchung *f*, Stichprobe *f*, b) *fig.* Probe *f*, Prüfung *f*: ***put to the ~*** auf die Probe stellen; ***stand the ~*** die Probe bestehen, sich bewähren; ***~ of strength*** Kraftprobe *f*; → ***acid test***, ***crucial*** 1; **3.** *fig.* Prüfstein *m*, Kri'terium *n*: ***success is not a fair ~***; **4.** *ped.*, *psych.* (Eignungs-, Leistungs)Prüfung *f*, Test *m*; **5.** *ped.* Klassenarbeit *f*; **6.** ⚕ (Blut- *etc.*)Probe *f*, (Haut- *etc.*)Test *m*; **7.** ⚗ a) Ana'lyse *f*, b) Rea'gens *n*; **8.** *metall.* a) Versuchstiegel *m*, Ka'pelle *f*, b) Treibherd *m*; **9.** F → ***test match***; **10.** *hist. Brit.* Testeid *m*; **II** *v/t.* **11.** (***for s.th.*** auf et. [hin]) prüfen (*a. ped.*) *od.* unter'suchen, erproben, e-r Prüfung unter'ziehen, testen (*alle a.* ⚙): ***~ out*** ausprobieren; **12.** *fig. j-s Geduld etc.* auf die Probe stellen; **13.** *ped.*, *psych.* *j-n* testen; **14.** ⚗ analysieren; **15.** ⚡ *Leitung* prüfen *od.* abfragen; **16.** ⚔ *Waffe* anschießen; **III** *adj.* **17.** Probe..., Versuchs..., Prüf(ungs)..., Test...; → ***test case***, ***test flight*** *etc.*

tes·ta·cean [te'steɪʃn] *zo.* **I** *adj.* hartschalig, Schal(tier)...; **II** *s.* Schaltier *n*; **tes'ta·ceous** [-ʃəs] *adj. zo.* hartschalig, Schalen...

tes·ta·ment ['testəmənt] *s.* **1.** ⚖ Testa'ment *n*, letzter Wille; **2.** *2 bibl.* (*Altes od. Neues*) Testa'ment; **3.** *fig.* Zeugnis *n*, Beweis *m* (***to*** *gen. od.* für); **tes·ta·men·ta·ry** [ˌtestə'mentərɪ] *adj.* □ ⚖ testamen'tarisch: a) letztwillig, b) durch Testa'ment (vermacht, bestimmt): ***~ disposition*** letztwillige Verfügung; ***~ capacity*** Testierfähigkeit *f*.

tes·tate ['testeɪt] *adj.*: ***die ~*** ⚖ unter Hinterlassung e-s Testaments sterben, ein Testament hinterlassen; **tes·ta·tor** [te'steɪtə] *s.* ⚖ Erb-lasser *m*; **tes·ta·trix** [te'steɪtrɪks] *pl.* **-tri·ces** [-siːz] *s.* Erblasserin *f*.

test| bed *s.* ⚙ Prüfstand *m*; **~ card** *s.* *TV* Testbild *n*; **~ case** *s.* **1.** ⚖ a) 'Musterproˌzess *m*, b) Präze'denzfall *m*; **2.** *fig.* Muster-, Schulbeispiel *n*; **~ cir·cuit** *s.* ⚡ Messkreis *m*; **~ drive** *s. mot.* Probefahrt *f*; '**~-drive** *v/t.* [*irr.* → ***drive***] *Auto* Probe fahren.

test·ed ['testɪd] *adj.* geprüft; erprobt (*a. weitS. bewährt*).

test·er[1] ['testə] *s.* **1.** Prüfer *m*; **2.** Prüfgerät *n*.

tes·ter[2] ['testə] *s.* **1.** △ Baldachin *m*; **2.** (Bett)Himmel *m*.

tes·tes ['testiːz] *pl. von* ***testis***.

test| flight *s.* ✈ Probeflug *m*; **~ glass** → ***test tube***.

tes·ti·cle ['testɪkl] *s. anat.* Hode *m*, *f*, Hoden *m*; **tes'tic·u·lar** *adj.* Hoden...

tes·ti·fy ['testɪfaɪ] **I** *v/t.* **1.** ⚖ aussagen, bezeugen; **2.** *fig.* bezeugen: a) zeugen von, b) kundtun; **II** *v/i.* **3.** ⚖ (als Zeuge) aussagen: ***~ to*** → 2; ***refuse to ~*** die Aussage verweigern; **tes·ti·mo·ni·al** [ˌtestɪ'məʊnjəl] *s.* **1.** (Führungs- *etc.*) Zeugnis *n*; **2.** Empfehlungsschreiben *n*; **3.** Zeichen *n* der Anerkennung, *bsd.* Ehrengabe *f*; '**tes·ti·mo·ny** [-ɪmənɪ] *s.* **1.** Zeugnis *n*: a) ⚖ (Zeugen)Aussage *f*, b) Beweis *m*: ***in ~ whereof*** ⚖ zu Urkund dessen; ***bear ~ to*** *et.* bezeugen (*a. fig.*); ***call s.o. in ~*** ⚖ j-n als Zeugen aufrufen, *fig.* j-n zum Zeugen anrufen; ***have s.o.'s ~ for*** j-n zum Zeugen haben für; **2.** *coll. od. pl.* Zeugnis(se *pl.*) *n*: ***the ~ of history***; **3.** *bibl.* Zeugnis *n*: a) Gesetzestafeln *pl.*, b) *mst pl.* göttliche Offenbarung, *a.* Heilige Schrift.

tes·ti·ness ['testɪnɪs] *s.* Gereiztheit *f*.

test·ing ['testɪŋ] *adj. bsd.* ⚙ Probe..., Prüf..., Versuchs...: ***~ engineer*** ⚙ Prüfingenieur *m*; ***~ ground*** ⚙ a) Prüffeld *n*, b) Versuchsgelände *n*; ***~ method*** *psych.* Testmethode *f*.

tes·tis ['testɪs] *pl.* **-tes** [-tiːz] (*Lat.*) → ***testicle***.

test match *s.* *Kricket*: internatio'naler Vergleichskampf.

tes·tos·ter·one [te'stɒstərəʊn] *s. physiol.* Testoste'ron *n* (*Sexualhormon*).

test| pa·per *s.* **1.** *ped.* a) schriftliche (Klassen)Arbeit, b) Prüfungsbogen *m*; **2.** ⚗ Rea'genzpaˌpier *n*; **~ pat·tern** *s. Am. TV* Testbild *n*; **~ pi·lot** *s.* 'Testpiˌlot *m*; **~ print** *s. phot.* Probeabzug *m*; **~ run** *s.* ⚙ Probelauf *m*; **~ stand** *s.* ⚙ Prüfstand *m*; **~ tube** [-stt-] *s.* ⚗ Rea'genzglas *n*; '**~-tube** *adj.*: ***~ baby*** ⚕ Retortenbaby *n*.

tes·ty ['testɪ] *adj.* □ gereizt, reizbar.

tet·a·nus ['tetənəs] *s.* ⚕ Tetanus *m*, (*bsd.* Wund)Starrkrampf *m*.

tetch·y ['tetʃɪ] *adj.* □ reizbar.

tête-à-tête [ˌteɪtɑː'teɪt] (*Fr.*) **I** *adv.* **1.** vertraulich, unter vier Augen; **2.** ganz al'lein (***with*** mit); **II** *s.* **3.** Tete-a-'tete *n*.

teth·er ['teðə] **I** *s.* Haltestrick *m*, -seil *n*: ***be at the end of one's ~*** *fig.* am Ende s-r (*a. finanziellen*) Kräfte sein, sich nicht mehr zu helfen wissen; **II** *v/t.* anbinden (***to*** an *acc.*).

tetra- [tetrə] *in Zssgn* vier.

tet·rad ['tetræd] *s.* **1.** Vierzahl *f*; **2.** ⚗ vierwertiges A'tom *od.* Ele'ment; **3.** *biol.* ('Sporen)TeˌTrade *f*.

tet·ra·gon ['tetrəgən] *s.* ⩓ Tetra'gon *n*, Viereck *n*; **te·trag·o·nal** [te'trægənl] *adj.* ⩓ tetrago'nal.

tet·ra·he·dral [ˌtetrə'hedrəl] *adj.* ⩓ vierflächig, tetra'edrisch; ˌ**tet·ra'he·dron** [-drən] *pl.* **-'he·drons**, **-'he·dra** [-drə] *s.* ⩓ Tetra'eder *n*.

tet·ter ['tetə] *s.* ⚕ (Haut)Flechte *f*.

Teu·ton ['tjuːtən] **I** *s.* **1.** Ger'mane *m*, Ger'manin *f*; **2.** Teu'tone *m*, Teu'tonin *f*; **3.** F Deutsche(r *m*) *f*; **II** *adj.* **4.** → ***Teutonic*** I; **Teu·ton·ic** [tjuː'tɒnɪk] **I** *adj.* **1.** ger'manisch; **2.** teu'tonisch; **3.** Deutschordens...: ***~ Order*** *hist.* Deutschritterorden *m*; **4.** F (typisch) deutsch; **II** *s.* **5.** *ling.* Ger'manisch *n*; '**Teu·ton·ism** [-tənɪzəm] *s.* **1.** Ger'manentum *n*, ger'manisches Wesen; **2.** *ling.* Germa'nismus *m*.

Tex·an ['teksən] **I** *adj.* te'xanisch, aus Texas; **II** *s.* Te'xaner(in).

T

text [tekst] *s.* **1.** (Ur)Text *m*, (genauer) Wortlaut; **2.** *typ.* a) Text(abdruck, -teil) *m* (*Ggs. Illustrationen, Vorwort etc.*), b) Text *m* (*Schriftgrad*), c) Frak'turschrift *f*; **3.** (Lied- *etc.*)Text *m*; **4.** a) Bibelspruch *m*, -stelle *f*, b) Bibeltext *m*; **5.** Thema *n*: ***stick to one's ~*** bei der Sache bleiben; **6.** → ***text hand***; **'~·book** *s.* Lehrbuch *n*, Leitfaden *m*: ***~ example*** *fig.* Paradebeispiel *n*; **~ hand** *s.* große Schreibschrift.

tex·tile ['tekstaɪl] **I** *s.* a) Gewebe *n*, Web-, Faserstoff *m*, b) *pl.* Web-, Tex'tilwaren *pl.*, Tex'tilien *pl.*; **II** *adj.* gewebt; Textil..., Stoff..., Gewebe...: ***~ goods*** → I b; ***~ industry*** Textilindustrie *f*.

text proc·ess·ing *s. Computer*: Textverarbeitung *f*.

tex·tu·al ['tekstjʊəl] *adj.* ☐ **1.** textlich, Text...; **2.** wortgetreu.

tex·tur·al ['tekstʃərəl] *adj.* ☐ **1.** Gewebe...; **2.** struktu'rell, Struktur...: ***~ changes***; **tex·ture** ['tekstʃə] *s.* **1.** Gewebe *n*; **2.** *biol.* Tex'tur *f* (*Gewebezustand*); **3.** Maserung *f* (*Holz*); **4.** Struk'tur *f*, Beschaffenheit *f*; **5.** *geol.*, *a. fig.* Struk'tur *f*, Gefüge *n*.

'T-ˌgird·er *s.* ⚙ T-Träger *m*.

Thai [taɪ] **I** *pl.* **Thais**, **Thai** *s.* **1.** Thai *m*, *f*, Thailänder(in); **2.** *ling.* a) Thai *n*, b) Thaisprachen *pl.*; **II** *adj.* **3.** Thai..., thailändisch.

thal·a·mus ['θæləməs] *pl.* **-mi** [-maɪ] *s. anat.* Sehhügel *m*.

tha·lid·o·mide [θə'lɪdəmaɪd] *s. pharm.* Thalido'mid *n*: ***~ child*** Conterganki nd *n*.

Thames [temz] *npr.* Themse *f*: ***he won't set the ~ on fire*** *fig.* er hat das Pulver auch nicht erfunden.

than [ðæn; ðən] *cj.* (*nach e-m Komparativ*) als: ***more ~ was necessary*** mehr als nötig.

thane [θeɪn] *s.* **1.** *hist.* a) Gefolgsadlige(r) *m*, b) Than *m*, Lehensmann *m* (*der schottischen Könige*); **2.** *allg.* schottischer Adliger.

thank [θæŋk] **I** *v/t. j-m* danken, sich bedanken bei: (***I***) ***~ you*** danke; ***~ you*** bitte (*beim Servieren etc.*); (***yes,***) ***~ you*** ja, bitte; ***no, ~ you*** nein, danke; ***I will ~ you*** *oft iro.* ich wäre Ihnen sehr dankbar (***to do***, ***for doing*** , wenn Sie täten); ***~ you for nothing*** *iro.* ich danke (bestens); ***he has only himself to ~ for that*** das hat er sich selbst zuzuschreiben; **II** *s. pl.* a) Dank *m*, b) Dankesbezeigung(en *pl.*) *f*, Danksagung(en *pl.*) *f*: ***letter of ~s*** Dankesbrief *m*; ***in ~s for*** zum Dank für; ***with ~s*** dankend, mit Dank; ***~s to*** *a. fig. u. iro.* dank (*gen.*); ***small ~s to her*** sie hat sich nicht gerade über'anstrengt; (***many***) ***~s!*** vielen Dank!, danke!; ***no, ~s!*** nein, danke!; ***small ~s I got*** schlecht hat man es mir gedankt; **'thank·ful** [-fʊl] *adj.* ☐ dankbar (***to s.o.*** j-m): ***I am ~ that*** ich bin (heil)froh, dass; **'thank·less** [-lɪs] *adj.* ☐ undankbar (*a. fig. Aufgabe etc.*); **'thank·less·ness** [-lɪsnɪs] *s.* Undankbarkeit *f*.

thank of·fer·ing *s. bibl.* Sühneopfer *n der Juden*.

thanks·giv·ing ['θæŋksˌgɪvɪŋ] *s.* **1.** Danksagung *f*, *bsd.* Dankgebet *n*; **2.** ~ (***Day***) (Ernte)'Dankfest *n* (*4. Donnerstag im November*).

'thank|ˌwor·thy *adj.* dankenswert; **'~-you** [-jʊ] *s.* F Dankeschön *n*.

that¹ [ðæt] **I** *pron. u. adj.* (*hinweisend*) *pl.* **those** [ðəʊz] **1.** (*ohne pl.*) das: ***~'s all*** das ist alles; ***~'s it!*** a) das ist es ja (gerade)!, b) so ists recht!; ***~'s what it is*** das ist es ja gerade; ***~'s that*** F das wäre erledigt, damit basta, das wärs; ***~ was ~!*** F das wars denn wohl!, aus der Traum!; ***~ is*** (***to say***) das heißt; ***and ~*** und zwar; ***at ~*** a) zudem, obendrein, b) F dabei; ***for all ~*** trotz alledem; ***like ~*** so; **2.** jener, jene, jenes, der, die, das, der-, die-, dasjenige: ***~ car over there*** das Auto da drüben; ***~ there man*** V der Mann da; ***those who*** diejenigen welche; ***~ which*** das, was; ***those are his friends*** das sind seine Freunde; **3.** solch: ***to ~ degree that*** in solchem Ausmaße *od.* so sehr, dass; **II** *adv.* **4.** F so (sehr), dermaßen: ***~ big***; ***not all ~ good*** (***much***) so gut (viel) auch wieder nicht.

that² [ðæt; ðət] *pl.* **that** *rel. pron.* **1.** (*bsd. in einschränkenden Sätzen*) der, die, das, welch: ***the book ~ he wanted*** das Buch, das er wünschte; ***any house ~*** jedes Haus, das; ***no one ~*** keiner, der; ***Mrs. Jones, Miss Black ~ was*** F Frau J., geborene B.; ***Mrs. Quilp ~ is*** die jetzige Frau Q.; **2.** (*nach* ***all***, ***everything***, ***nothing*** *etc.*) was: ***the best ~*** das Beste, was.

that³ [ðæt; ðət] *cj.* **1.** (*in Subjekt- u. Objektsätzen*) dass: ***it is a pity ~ he is not here*** es ist schade, dass er nicht hier ist; ***it is 4 years ~ he went away*** es sind nun 4 Jahre her, dass *od.* seitdem er fortging; **2.** (*in Konsekutivsätzen*) dass: ***so ~*** sodass; **3.** (*in Finalsätzen*) da'mit, dass; **4.** (*in Kausalsätzen*) weil, da (ja), dass: ***not ~ I have any objection*** nicht, dass ich etwas dagegen hätte; ***it is rather ~*** es ist eher deshalb, weil; ***in ~*** a) darum, weil, b) insofern als; **5.** (*nach Adverbien der Zeit*) als, da.

thatch [θætʃ] **I** *s.* **1.** Dachstroh *n*; **2.** Strohdach *n*; **3.** F Haarwald *m*; **II** *v/t.* **4.** mit Stroh *od.* Binsen *etc.* decken: ***~ed roof*** → 2.

thaw [θɔː] **I** *v/i.* **1.** (auf)tauen, schmelzen; **2.** tauen (*Wetter*): ***it is ~ing*** es taut; **3.** *fig.* auftauen (*Person*); **II** *v/t.* **4.** schmelzen, auftauen; **5.** *a.* ***~ out*** *fig. j-n* zum Auftauen bringen; **III** *s.* **6.** (Auf-) Tauen *n*; **7.** Tauwetter *n* (*a. fig. pol.*); **8.** *fig.* ‚Auftauen' *n*.

the [*unbetont vor Konsonanten*: ðə; *unbetont vor Vokalen*: ðɪ; *betont od. allein stehend*: ðiː] **I** *bestimmter Artikel* **1.** der, die, das, *pl.* die (*u. die entsprechenden Formen im acc. u. dat.*): ***~ book on ~ table*** das Buch auf dem Tisch; ***~ England of today*** das England von heute; ***~ Browns*** die Browns, die Familie Brown; **2.** *vor Maßangaben*: ***one dollar ~ pound*** einen Dollar das Pfund; ***wine at 2 pounds ~ bottle*** Wein zu 2 Pfund die Flasche; **3.** [ðiː] 'der, 'die, 'das (*hervorragende od. geeignete etc.*): ***he is ~ painter of the century*** er ist 'der Maler des Jahrhunderts; **II** *adv.* **4.** (*vor comp.*) desto, umso: ***~ ... ~*** je ... desto; ***~ sooner ~ better*** je eher, desto besser; ***so much ~ better*** umso besser.

the·a·ter *Am.*, **the·a·tre** *Brit.* ['θɪətə] *s.* **1.** The'ater *n* (*Gebäude u. Kunstgattung*); **2.** *coll.* Bühnenwerke *pl*; **3.** Hörsaal *m*: ***lecture ~***; (***operating***) ***~*** ⚕ Operationssaal *m*; ***~ nurse*** Operationsschwester *f*; **4.** *fig.* (***of war*** Kriegs-) Schauplatz *m*; **'~ˌgo·er** *s.* The'aterbesucher(in).

the·at·ri·cal [θɪ'ætrɪkl] **I** *adj.* ☐ **1.** Theater..., Bühnen..., bühnenmäßig; **2.** thea'tralisch: ***~ gestures***; **II** *s.* **3.** *pl.* The'ater-, *bsd.* Liebhaberaufführungen *pl.*; **the'at·rics** *s. pl.* **1.** *sg. konstr.* The'ater(reˌgie)kunst *f*; **2.** *fig.* Thea'tralik *f*.

thee [ðiː] *pron.* **1.** *obs. od. poet. od. bibl.* a) dich, b) dir: ***of ~*** dein; **2.** *dial.* (*u. in der Sprache der Quäker*) du.

theft [θeft] *s.* Diebstahl *m* (***from*** aus, ***from s.o.*** an j-m); **'~·proof** *adj.* diebstahlsicher.

the·in(e) ['θiːiːn; -ɪn] *s.* ⚗ The'in *n*.

their [ðeə; *vor Vokal* ðer] *pron.* (*besitzanzeigendes Fürwort der 3. pl.*) ihr, ihre: ***~ books*** ihre Bücher.

theirs [ðeəz] *pron.* der *od.* die *od.* das Ihrige *od.* Ihre: ***this book is ~*** dieses Buch gehört ihnen; ***a friend of ~*** ein Freund von ihnen.

the·ism¹ ['θiːɪzəm] *s.* ⚕ Teevergiftung *f*.

the·ism² ['θiːɪzəm] *s. eccl.* The'ismus *m*; **the·is·tic** [θiː'ɪstɪk] *adj.* the'istisch.

them [ðem; ðəm] *pron.* **1.** (*acc. u. dat. von* ***they***) a) sie (*acc.*), b) ihnen: ***they looked behind ~*** sie blickten hinter sich; **2.** F *od. dial.* sie (*nom.*): ***~ as*** diejenigen, die; **3.** *dial. od.* V diese: ***~ guys***; ***~ were the days!*** das waren (halt) noch Zeiten!

the·mat·ic [θɪ'mætɪk] *adj.* (☐ ***~ally***) **1.** *bsd.* ♪ the'matisch; **2.** *ling.* Stamm..., Thema...: ***~ vowel***.

theme [θiːm] *s.* **1.** Thema *n* (*a.* ♪): ***have s.th. for*** (***a***) ***~*** et. zum Thema haben; **2.** *bsd. Am.* (Schul)Aufsatz *m*, (-)Arbeit *f*; **3.** *ling.* (Wort)Stamm *m*; **4.** *Radio*, *TV*: 'Kennmeloˌdie *f*; ***~ park*** *s.* Themenpark *m* (*Erlebnispark mit bestimmter einheitlicher Ausrichtung*); ***~ song*** *s.* **1.** 'Titelmeloˌdie *f* (*Film etc.*); **2.** → ***theme*** 4.

them·selves [ðəm'selvz] *pron.* **1.** (*emphatisch*) (sie) selbst: ***they ~ said it***; **2.** *refl.* sich (selbst): ***the ideas in ~*** die Ideen an sich.

then [ðen] **I** *adv.* **1.** damals: ***long before ~*** lange vorher; **2.** dann: ***~ and there*** auf der Stelle, sofort; ***by ~*** bis dahin, inzwischen; ***from ~*** von da an; ***till ~*** bis dahin; **3.** dann, 'darauf, 'hierauf: ***what ~?*** was dann?; **4.** dann, außerdem: ***but ~*** aber andererseits *od.* freilich; **5.** dann, in dem Falle: ***if ... ~*** wenn ... dann; **6.** denn: ***well ~*** nun gut (denn); ***how ~ did he do it?*** wie hat er es denn (dann) getan?; **7.** also, folglich, dann: ***~ you did not expect me?*** du hast mich also nicht erwartet?; **II** *adj.* **8.** damalig: ***the ~ president***.

the·nar ['θiːnɑː] *s. anat.* **1.** Handfläche *f*; **2.** Daumenballen *m*; **3.** Fußsohle *f*.

thence [ðens] *adv.* **1.** von da, von dort; **2.** (*zeitlich*) von da an, seit jener Zeit: ***a week ~*** e-e Woche darauf; **3.** 'daher, deshalb; **4.** 'daraus, aus dieser Tatsache: ***~ it follows***; **ˌ~'forth**, **ˌ~'for·ward(s)** *adv.* von da an, seit der Zeit, seit'dem.

the·oc·ra·cy [θɪ'ɒkrəsɪ] *s.* Theokra'tie *f*.

the·o·lo·gi·an [θɪə'ləʊdʒjən] *s.* Theo'loge *m*; **the·o'log·i·cal** [-'lɒdʒɪkl] *adj.* ☐ theo'logisch; **the·ol·o·gy** [θɪ'ɒlədʒɪ] *s.* Theolo'gie *f*.

the·oph·a·ny [θɪ'ɒfənɪ] *s.* Theopha'nie *f*, Erscheinung *f* (*e-s*) Gottes.

the·o·rem ['θɪərəm] *s.* Ⱥ, *phls.* Theo'rem *n*, (Grund-, Lehr)Satz *m*: ***~ of the cosine*** Kosinussatz.

T

the·o·ret·ic, **the·o·ret·i·cal** [θɪə're-tɪk(l)] *adj.* ☐ **1.** theo'retisch; **2.** speku-la'tiv; **the·o·rist** ['θɪərɪst] *s.* Theo'reti-ker(in); **the·o·rize** ['θɪəraɪz] **I** *v/i.* theo-retisieren, Theo'rien aufstellen; **II** *v/t.* ***~ that*** die Theorie aufstellen, dass; an-nehmen, dass; **the·o·ry** ['θɪərɪ] *s.* Theo-'rie *f*: a) Lehre *f*: ***~ of chances*** Wahr-scheinlichkeitsrechnung *f*; ***~ of relativi-ty*** Relativitätstheorie, b) theo'retischer Teil (*e-r Wissenschaft*): ***~ of music*** Mu-siktheorie, c) *Ggs. Praxis*: ***in ~*** theore-tisch, d) Anschauung *f*: ***it is his pet ~*** es ist s-e Lieblingsidee.

the·o·soph·ic, **the·o·soph·i·cal** [θɪə-'sɒfɪk(l)] *adj.* ☐ *eccl.* theo'sophisch; **the·os·o·phist** [θɪ'ɒsəfɪst] *s.* Theo-'soph(in); **the·os·o·phy** [θɪ'ɒsəfɪ] *s.* Theoso'phie *f*.

ther·a·peu·tic, **ther·a·peu·ti·cal** [ˌθe-rə'pjuːtɪk(l)] *adj.* ☐ thera'peutisch: ***~ exercises*** Bewegungstherapie *f*; **ˌther-a'peu·tics** [-ks] *s. pl. mst sg. konstr.* Thera'peutik *f*, Thera'pie(lehre) *f*; **ther·a·pist** ['θerəpɪst] *s.* Thera'peut (-in): ***mental ~*** Psychotherapeut(in); **ther·a·py** ['θerəpɪ] *s.* Thera'pie *f*: a) Be-handlung *f*, b) Heilverfahren *n*.

there [ðeə; ðə] **I** *adj.* **1.** da, dort: ***down*** (***up***, ***over***, ***in***) ***~*** da *od.* dort unten (oben, drüben, drinnen); ***have been ~*** *sl.* ‚dabei gewesen sein', genau Bescheid wissen; ***be not all ~*** *sl.* ‚nicht ganz rich-tig (im Oberstübchen) sein'; ***~ and then*** a) (gerade) hier u. jetzt, b) auf der Stelle, sofort; ***~ it is!*** a) da ist es!, b) *fig.* so steht es!; ***~ you are*** (*od.* ***go***)***!*** siehst du!, da hast dus; ***you ~!*** (*Anruf*) du da!, he!; **2.** ('da-, 'dort)hin: ***down*** (***up***, ***over***, ***in***) ***~*** (da- *od.* dort)hinunter (-hi-nauf, -hinüber, -hinein); ***~ and back*** hin u. zurück; ***get ~*** a) hingelangen, -kom-men, b) *sl.* ‚es schaffen'; **3.** 'darin, in dieser Sache *od.* Hinsicht: ***~ I agree with you***; **4.** *fig.* da, an dieser Stelle (*in e-r Rede etc.*); **5.** es: ***~ is***, *pl.* ***~ are*** es gibt, ist, sind; ***~ was once a king*** es war einmal ein König; ***~ is no saying*** es lässt sich nicht sagen; ***~ was dancing*** es wurde getanzt; ***~'s a good boy*** (***girl***, ***fellow***)***!*** a) sei doch (so) lieb!, b) so bist du lieb!, brav!; **II** *int.* **6.** da!, schau (her)!, na!: ***~, ~!*** *tröstend*: (ganz) ruhig!; ***~ now*** na, bitte; **'~·a·bout**, *a.* **'~·bouts** ['ðeərə-] *adv.* **1.** da her'um, etwa da: ***somewhere ~*** da irgendwo; **2.** *fig.* so ungefähr, so etwa: ***500 people or ~s***; **ˌ~'af·ter** [ðeər'ɑː-] *adv.* **1.** da'nach, spä-ter; **2.** seit'her; **~·at** [ˌðeər'æt] *adv. obs. od.* ⚖ **1.** da'selbst, dort; **2.** bei der Ge-legenheit, 'dabei; **ˌ~'by** *adv.* **1.** 'da-durch, auf diese Weise; **2.** da'bei, da-ran, da'von; **3.** nahe da'bei; **ˌ~'for** *adv.* 'dafür; **'~·fore** *adv. u. cj.* **1.** deshalb, -wegen, 'daher, 'darum; **2.** demgemäß, folglich; **ˌ~'from** *adv.* da'von, dar'aus, da'her; **~·in** [ˌðeər'ɪn] *adv.* **1.** dar'in, da drinnen; **2.** *fig.* 'darin, in dieser Hin-sicht; **ˌ~·in'af·ter** [ˌðeərɪn-] *adv. bsd.* ⚖ (*weiter*) unten, später (*in e-r Urkunde etc.*); **~·of** [ˌðeər'ɒv] *adv. obs. od.* ⚖ **1.** da'von; **2.** dessen, deren; **~·on** [ˌðeər'ɒn] *adv.* 'darauf, -über; **ˌ~'to** *adv. obs.* **1.** da'zu, dar'an, da'für; **2.** außer-dem, noch da'zu; **~·un·der** [ˌðeər'ʌndə] *adv.* dar'unter; **~·up·on** [ˌðeərə'pɒn] *adv.* **1.** dar'auf, 'hier'auf, da'nach; **2.** darauf'hin, demzufolge, 'darum; **ˌ~'with** *adv.* **1.** 'damit; **2.** → ***thereup-on***; **ˌ~·with'al** *adv. obs.* **1.** über'dies, außerdem; **2.** 'damit.

therm [θɜːm] *s. phys.* **1.** *unbestimmte Wärmeeinheit*; **2.** *Brit.* 100.000 Wärme-einheiten *pl.* (*zur Messung des Gasver-brauchs*); **'ther·mae** [-miː] (*Lat.*) *s. pl.* **1.** *antiq.* Thermen *pl.*; **2.** ⚕ Ther'mal-quellen *pl.*

ther·mal ['θɜːml] **I** *adj.* ☐ **1.** *phys.* ther-misch, Wärme...: ***~ barrier*** ✈ Hitze-mauer *f*; ***~ breeder*** thermischer Brü-ter; ***~ efficiency*** Wärmewirkungsgrad *m*; ***~ power station*** Wärmekraftwerk *n*; ***~ printer*** Thermodrucker *m*; ***~ reactor*** thermischer Reaktor; ***~ spring*** Thermalquelle *f*; ***~ value*** Heizwert *m*; **2.** warm, heiß: ***~ water*** heiße Quelle; **3.** ⚕ ther'mal, Thermal...; **II** *s.* **4.** *pl.* ✈, *phys.* Thermik *f*; **'ther·mic** [-mɪk] *adj.* (☐ ***~ally***) thermisch, Wärme..., Hitze...; **ther·mi·on·ic** [ˌθɜːmɪ'ɒnɪk] **I** *adj.* thermi'onisch: ***~ valve*** (*Am.* ***tube***) Elektronenröhre *f*; **II** *s. pl. sg. konstr.* Thermi'onik *f*, Lehre *f* von den Elekt-'ronenröhren

thermo- [θɜːməʊ] *in Zssgn* a) Wärme, Hitze, Thermo..., b) thermoe'lektrisch; **ˌther·mo'chem·is·try** *s.* ⚗ Thermo-che'mie *f*; **'ther·moˌcou·ple** *s.* ⚡ Ther-moele'ment *n*; **ˌther·mo·dy'nam·ics** *s. pl. sg. konstr. phys.* Thermody'na-mik *f*; **ˌther·mo·e'lec·tric** *adj.* ther-moe'lektrisch, 'wärmeeˌlektrisch: ***~ couple*** → ***thermocouple***; **'ther·mo-mat** *s.* Isomatte *f*.

ther·mom·e·ter [θə'mɒmɪtə] *s. phys.* Thermo'meter *n*: ***clinical ~*** ⚕ Fieber-thermometer; ***~ reading*** Thermome-terablesung *f*, -stand *m*; **ther·mo·met-ric**, **ther·mo·met·ri·cal** [ˌθɜːməʊ'met-rɪk(l)] *adj.* ☐ *phys.* thermo'metrisch, Thermometer...; **ˌther·mo'nu·cle·ar** *adj. phys.* thermonukle'ar: ***~ bomb*** *a.* Fusionsbombe *f*; **'ther·mo·pile** *s. phys.* Thermosäule *f*; **ˌther·mo'plas·tic** ⚗ **I** *adj.* thermo'plastisch; **II** *s.* Thermo-'plast *m*.

Ther·mos (**bot·tle** *od.* **flask**) ['θɜːmɒs] *s.* Thermosflasche *f*.

ˌther·mo'set·ting *adj.* ⚗ ˌthermostato-'plastisch, hitzehärtbar.

ther·mo·stat ['θɜːməʊstæt] *s.* ⚡, ⚙ Thermo'stat *m*; **ther·mo·stat·ic** [ˌθɜː-məʊ'stætɪk] *adj.* (☐ ***~ally***) thermo'sta-tisch.

the·sau·rus [θɪ'sɔːrəs] *pl.* **-ri** [-raɪ] (*Lat.*) *s.* The'saurus *m*: a) Wörterbuch *n*, b) (Wort-, Wissens-, Sprach)Schatz *m*.

these [ðiːz] *pl. von* ***this***.

the·sis ['θiːsɪs] *pl.* **-ses** [-siːz] *s.* **1.** The-se *f*: a) Behauptung *f*, b) (Streit)Satz *m*, Postu'lat *n*; **2.** *univ.* Dissertati'on *f*; **3.** ['θesɪs] *Metrik*: unbetonte Silbe; ***~ nov·el*** *s.* Ten'denzroˌman *m*; ***~ play*** *s. thea.* Pro'blemstück *n*.

Thes·pi·an ['θespɪən] **I** *adj. fig.* dra'ma-tisch, Schauspiel...; **II** *s. oft humor.* Thespisjünger(in).

Thes·sa·lo·ni·ans [ˌθesə'ləʊnjənz] *s. pl. sg. konstr. bibl.* (Brief *m* des Paulus an die) Thessa'lonicher *pl.*

thews [θjuːz] *s. pl.* **1.** Muskeln *pl.*, Seh-nen *pl.*; **2.** *fig.* Kraft *f*.

they [ðeɪ; ðe] *pron.* **1.** (*pl. zu* ***he***, ***she***, ***it***) sie; **2.** man: ***~ say*** man sagt; **3.** es: ***who are ~? – ~ are Americans*** Wer sind sie? – Es (*od.* sie) sind Amerika-ner; **4.** (*auf Kollektiva bezogen*) er, sie, es: ***the police ..., ~ ...*** die Polizei ..., sie (*sg.*); **5.** ***~ who*** diejenigen, welche.

they'd [ðeɪd] F *für* a) ***they would***, b) ***they had***.

thick [θɪk] **I** *adj.* ☐ **1.** *allg.* dick: ***a ~ neck***; ***a board 2 inches ~*** ein 2 Zoll starkes Brett; **2.** dicht (*Wald*, *Haar*, *Menschenmenge*, *a. Nebel etc.*); **3.** ***~ with*** über u. über bedeckt von; **4.** ***~ with*** voll von, voller, reich an (*dat.*): ***a tree ~ with leaves***; ***the air is ~ with snow*** die Luft ist voll(er) Schnee; **5.** dick(flüssig); **6.** neblig, trüb(e) (*Wet-ter*); **7.** schlammig, trübe; **8.** dumpf, belegt (*Stimme*); **9.** dumm; **10.** dicht (aufein'ander folgend); **11.** F dick (be-freundet): ***they are as ~ as thieves*** sie sind dicke Freunde, sie halten zusam-men wie Pech u. Schwefel; **12.** *sl.* ‚stark', frech: ***that's a bit ~!*** das ist ein starkes Stück!; **II** *s.* **13.** dickster *od.* dichtester Teil; **14.** *fig.* Brennpunkt *m*: ***in the ~ of*** mitten in (*dat.*); ***in the ~ of it*** mittendrin; ***in the ~ of the fight*** im dichtesten Kampfgetümmel; ***the ~ of the crowd*** das dichteste Menschenge-wühl; ***through ~ and thin*** durch dick u. dünn; **15.** F Dummkopf *m*; **III** *adv.* **16.** dick: ***spread ~*** *Butter etc.* dick aufstrei-chen; ***lay it on ~*** F ‚dick auftragen'; **17.** dicht *od.* rasch (aufein'ander); *a.* ***fast and ~*** hageldicht (*Schläge*); **thick·en** ['θɪkən] **I** *v/t.* **1.** dick(er) machen, ver-dicken; **2.** *Sauce, Flüssigkeit* eindicken, *Suppe* legieren; **3.** dicht(er) machen, verdichten; **4.** verstärken, -mehren; **5.** trüben; **II** *v/i.* **6.** dick(er) werden; **7.** dick(flüssig) werden; **8.** sich verdich-ten; **9.** sich trüben; **10.** sich verwirren: ***the plot ~s*** der Knoten (*im Drama etc.*) schürzt sich; **11.** zunehmen; **thick-en·er** ['θɪknə] *s.* ⚗ **1.** Eindicker *m*; **2.** Verdicker *m*, Absetzbehälter *m*; **3.** Verdickungsmittel *n*; **thick·en·ing** ['θɪknɪŋ] *s.* **1.** Verdickung *f*; **2.** Eindi-ckung *f*; **3.** Eindickmittel *n*; **4.** Verdich-tung *f*; **5.** ⚕ Anschwellung *f*, Schwarte *f*.

thick·et ['θɪkɪt] *s.* Dickicht *n*; **'thick·et-ed** [-tɪd] *adj.* voller Dickicht(e).

'thick|·head *s.* Dummkopf *m*; **ˌ~-'head·ed** *adj.* **1.** dickköpfig; **2.** *fig.* dumm.

thick·ness ['θɪknɪs] *s.* **1.** Dicke *f*, Stärke *f*; **2.** Dichte *f*; **3.** Verdickung *f*; **4.** ✝ Lage *f* (*Seide etc.*), Schicht *f*; **5.** Dick-flüssigkeit *f*; **6.** Trübheit *f*: ***misty ~*** un-durchdringlicher Nebel; **7.** Heiserkeit *f*, Undeutlichkeit *f*: ***~ of speech*** schwere Zunge.

ˌthick|'set *adj.* **1.** dicht (gepflanzt): ***a ~ hedge***; **2.** unter'setzt (*Person*); **ˌ~-'skinned** *adj.* **1.** dickhäutig; **2.** dick-schalig; **3.** *zo.* Dickhäuter...; **4.** *fig.* dickfellig; **ˌ~-'skulled** [-'skʌld] *adj.* **1.** dickköpfig; **2.** → ***thick-witted***; **ˌ~-'wit-ted** *adj.* dumm, begriffsstutzig, schwer von Begriff.

thief [θiːf] *pl.* **thieves** [θiːvz] *s.* Dieb (-in): ***thieves' Latin*** Gaunersprache *f*; ***stop, ~!*** haltet den Dieb!; ***one ought to set a ~ to catch a ~*** wenn man e-n Schlauen fangen will, muss man e-n Schlauen schicken; **thieve** [θiːv] *v/t. u. v/i.* stehlen; **thiev·er·y** ['θiːvərɪ] *s.* **1.** Diebe'rei *f*, Diebstahl *m*; **2.** Diebesgut *n*; **thiev·ish** ['θiːvɪʃ] *adj.* ☐ **1.** diebisch, Dieb(e)s...; **2.** heimlich, verstohlen; **'thiev·ish·ness** [-nɪs] *s.* diebisches Wesen.

thigh [θaɪ] *s. anat.* (Ober)Schenkel *m*; **'~·bone** *s. anat.* (Ober)Schenkelkno-chen *m*.

thill [θɪl] *s.* (Gabel)Deichsel *f*; **thill·er** ['θɪlə], *a.* **thill horse** *s.* Deichselpferd *n*.

thim·ble ['θɪmbl] *s.* **1.** *Näherei*: a) Fingerhut *m*, b) Nähring *m*; **2.** ⚙ a) Me'tallring *m*, b) (Stock)Zwinge *f*; **'thim·ble·ful** [-fʊl] *pl.* **-fuls** *s.* **1.** Fingerhut *m* voll, Schlückchen *n*; **2.** *fig.* Kleinigkeit *f*.

'thim·ble|·rig I *s.* Fingerhutspiel *n* (*Bauernfängerspiel*); **II** *v/t. a. allg.* betrügen; **'~,rig·ger** *s.* **1.** Fingerhutspieler *m*; **2.** *allg.* Bauernfänger *m*.

thin [θɪn] **I** *adj.* ☐ **1.** *allg.* dünn: **~ air**; **~ blood**; **~ clothes**; **a ~ line** e-e dünne *od.* schmale *od.* feine Linie; **2.** dünn, mager, schmächtig: **as ~ as a lath** spindeldürr; **3.** dünn, licht (*Wald, Haar etc.*): **~ rain** feiner Regen; **4.** dünn, schwach (*Getränk etc., a. Stimme, Ton*); **5.** ✓ mager (*Boden*); **6.** *fig.* mager, spärlich, dürftig: **a ~ house** *thea.* e-e schwach besuchte Vorstellung; **he had a ~ time of it** *sl.* es ging ihm ‚mies'; **7.** *fig.* fadenscheinig: **a ~ excuse**; **8.** seicht, sub'stanzlos (*Buch etc.*); **II** *v/t.* **9.** *oft* **~ down**, **~ off**, **~ out** a) dünn(er) machen, b) *Flüssigkeit* verdünnen, c) *fig.* verringern, *Bevölkerung* dezimieren, *Schlachtreihe, Wald etc.* lichten; **III** *v/i.* **10.** *oft* **~ down**, **~ off**, **~ out** a) dünn(er) werden, b) sich verringern, c) sich lichten (*a. Haar*), d) *fig.* spärlicher werden, abnehmen: **his hair is ~ning** sein Haar lichtet sich.

thine [ðaɪn] *pron. obs. od. bibl. od. poet.* **1.** (*substantivisch*) der *od.* die *od.* das Dein(ig)e, Dein(e, er); **2.** (*adjektivisch vor Vokalen od. stummem h für* **thy**) dein(e): **~ eyes** deine Augen.

thing [θɪŋ] *s.* **1.** *konkretes* Ding, Sache *f*, Gegenstand *m*: **the law of ~s** ⚖ das Sachenrecht; **just the ~ I wanted** genau (das), was ich wollte; **2.** *fig.* Ding *n*, Sache *f*, Angelegenheit *f*: **~s political** politische Dinge, alles Politische; **above all ~s** vor allen Dingen, vor allem; **another ~** etwas anderes; **the best ~ to do** das Beste(, was man tun kann); **a foolish ~ to do** e-e Torheit; **for one ~** (erstens) einmal; **in all ~s** in jeder Hinsicht; **no small ~** keine Kleinigkeit; **no such ~** nichts dergleichen; **not a ~** (rein) gar nichts; **of all ~s** ausgerechnet (*dieses etc.*); **a pretty ~** *iro.* e-e schöne Geschichte; **taking one ~ with the other** im Großen u. Ganzen, im großen Ganzen; **do great ~s** große Dinge tun, Großes vollbringen; **get ~s done** et. zuwege bringen; **do one's own ~** F tun, was man will; **know a ~ or two** Bescheid wissen (**about** über *acc.*); **it's one of those ~s** da kann man (halt) nichts machen; → **first** 1; **3.** *pl.* Sachen *pl.*, Zeug *n* (*Gepäck, Gerät, Kleider etc.*): **swimming ~s** Badesachen, -zeug; **put on one's ~s** sich anziehen; **4.** *pl.* Dinge *pl.*, 'Umstände *pl.*, (Sach)Lage *f*: **~s are improving** die Dinge *od.* Verhältnisse bessern sich; **~s look black for me** es sieht schwarz aus für mich; **5.** Geschöpf *n*, Wesen *n*: **dumb ~s**; **6.** a) Ding *n* (*Mädchen etc.*), b) Kerl *m*: (**the**) **poor ~** das arme Ding, der *od.* die Ärmste; **poor ~!** du *od.* Sie Ärmste(r)!; **the dear old ~** die gute alte Haut; **7. the ~** F a) die Hauptsache, b) das Richtige, richtig, c) das Schickliche, schicklich: **the ~ was to** das Wichtigste war zu; **this is not the ~** das ist nicht das Richtige; **not to be** (*od.* **feel**) **quite the ~** nicht ganz auf dem Posten sein; **that's not all the ~ to do** so etwas tut man nicht; **,~-in-it'self** *s. phls.* das Ding an sich.

thing·um·a·bob ['θɪŋəmɪbɒb], **thing·um·a·jig** ['θɪŋəmɪdʒɪg], **thing·um·my** ['θɪŋəmɪ] *s.* F *der (die, das)* ‚Dings(da)' *od.* ‚Dingsbums'.

think [θɪŋk] [*irr.*] **I** *v/i.* **1.** denken (**of** an *acc.*): **~ ahead** vorausdenken, *a.* vorsichtig sein; **~ aloud** laut denken; **2.** (**about**, **over**) nachdenken (über *acc.*), sich (*e-e Sache*) über'legen; **3. ~ of** a) sich besinnen auf (*acc.*), sich erinnern an (*acc.*): (**now that I**) **come to ~ of it** dabei fällt mir ein; b) *et.* bedenken: **~ of it!** denke daran!, c) sich *et.* denken *od.* vorstellen, d) *Plan etc.* ersinnen, ausdenken, e) halten von: **~ much** (*od.* **highly**) **of** viel halten von, e-e hohe Meinung haben von; **~ nothing of** a) wenig halten von, b) nichts dabei finden (**to do s.th.** et. zu tun); → **better**[1] 4; **4.** meinen, denken: **I ~ so** ich glaube (schon), ich denke; **I should ~ so** ich denke doch, das will ich meinen; **5.** gedenken, vorhaben, beabsichtigen (**of doing**, **to do** zu tun); **II** *v/t.* **6.** *et.* denken: **~ away** *et.* wegdenken; **~ out** a) sich *et.* ausdenken, b) *Am. a.* **~ through** *Problem* zu Ende denken; **~ s.th. over** sich et. überlegen *od.* durch den Kopf gehen lassen; **~ up** F *Plan etc.* aushecken, sich ausdenken, sich *et.* einfallen lassen; **7.** sich *et.* denken *od.* vorstellen; **8.** halten für: **~ o.s. clever**; **~ it advisable** es für ratsam halten *od.* erachten; **I ~ it best to do** ich halte es für das Beste, *et.* zu tun; **9.** über'legen, nachdenken über (*acc.*); **10.** denken, vermuten: **~ no harm** nichts Böses denken; **III** *s.* F **11. have a** (**fresh**) **~ about s.th.** et. (noch einmal) überdenken; **he has another ~ coming!** da hat er sich aber schwer getäuscht!; **'think·a·ble** [-kəbl] *adj.* denkbar: a) begreifbar, b) möglich; **'think·er** [-kə] *s.* Denker(in); **'think·in** *s.* F Konfe'renz *f*; **'think·ing** [-kɪŋ] **I** *adj.* ☐ **1.** denkend, vernünftig: **a ~ being** ein denkendes Wesen; **all ~ men** jeder vernünftig Denkende; **put on one's ~ cap** F (mal) nachdenken; **2.** Denk...; **II** *s.* **3.** Denken *n*: **way of ~** Denkart *f*; **do some hard** (**quick**) **~** scharf nachdenken (schnell ‚schalten'); **4.** Meinung *f*: **in** (*od.* **to**) **my** (**way of**) **~** m-r Meinung nach; **'think-so** *s.*: **on his** (*etc.*) **mere ~** auf eine bloße Vermutung hin; **~ tank** *s.* F ,'Denkfa,brik' *f*.

thin·ner[1] ['θɪnə] *s.* **1.** Verdünner *m* (*Arbeiter od. Gerät*); **2.** (*bsd.* Farben)Verdünnungsmittel *n*.

thin·ner[2] ['θɪnə] *comp. von* **thin**.

thin·ness ['θɪnnɪs] *s.* **1.** Dünne *f*, Dünnheit *f*; **2.** Magerkeit *f*; **3.** Spärlichkeit *f*; **4.** *fig.* Dürftigkeit *f*, Seichtheit *f*.

,thin-'skinned *adj.* **1.** dünnhäutig; **2.** *fig.* ('über)empfindlich.

third [θɜːd] **I** *adj.* ☐ → **thirdly**; **1.** dritt: **~ best** *der (die, das)* Drittbeste; **~ cousin** Vetter *m* dritten Grades; **~ degree** dritter Grad; **~ estate** *pol. hist.* dritter Stand, Bürgertum *n*; **~ party** ⚖ Dritte(r *m*) *f*; **II** *s.* **2.** *der (die, das)* Dritte; **3.** ♪ Terz *f*; **4.** *mot.* F dritter Gang; **5.** Drittel *n*; **6.** *pl.* ✝ Waren *pl.* dritter Quali'tät, dritte Wahl; **~ class** *s.* 🚂 *etc.* dritte Klasse; **,~-'class** *adj. u. adv.* **1.** *allg.* drittklassig; **2.** 🚂 *etc. Abteil etc.* dritter Klasse: **travel ~** dritter Klasse reisen.

third·ly ['θɜːdlɪ] *adv.* drittens.

,third|-'par·ty *adj.* ⚖ Dritt...: **~ debtor**; **~ insurance** Haftpflichtversicherung *f*; **insured against ~ risks** haftpflichtversichert; **,~-'rate** *adj.* **1.** drittrangig; **2.** *fig.* minderwertig; **♀ World** *s. pol.* die Dritte Welt.

thirst [θɜːst] **I** *s.* **1.** Durst *m*; **2.** *fig.* Durst *m*, Gier *f*, Verlangen *n*, Sucht *f* (**for**, **of**, **after** nach): **~ for blood** Blutdurst; **~ for knowledge** Wissensdurst; **~ for power** Machtgier; **II** *v/i.* **3.** *bsd. fig.* dürsten, lechzen (**for**, **after** nach *Rache etc.*); **'thirst·i·ness** [-tɪnɪs] *s.* Durst(igkeit *f*) *m*; **'thirst·y** [-tɪ] *adj.* ☐ **1.** durstig: **be ~** Durst haben, durstig sein; **2.** dürr, trocken (*Boden, Jahreszeit*); **3.** F ‚durstig', Durst verursachend: **~ work**; **4.** *fig.* begierig, lechzend: **be ~ for** (*od.* **after**) **s.th.** nach et. lechzen.

thir·teen [,θɜː'tiːn] **I** *adj.* dreizehn; **II** *s.* Dreizehn *f*; **,thir'teenth** [-nθ] **I** *adj.* **1.** dreizehnt; **II** *s.* **2.** *der (die, das)* Dreizehnte; **3.** Dreizehntel *n*.

thir·ti·eth ['θɜːtɪɪθ] **I** *adj.* **1.** dreißigst; **II** *s.* **2.** *der (die, das)* Dreißigste; **3.** Dreißigstel *n*; **thir·ty** ['θɜːtɪ] **I** *adj.* **1.** dreißig: **~ all**, F **~ up** *Tennis*: dreißig beide; **II** *s.* **2.** Dreißig *f*: **the thirties** a) die Dreißiger(jahre) (*des Lebens*): **he is in his thirties** er ist in den Dreißigern, b) die Dreißigerjahre (*e-s Jahrhunderts*); **3.** *Am. sl.* Ende *n* (*e-s Zeitungsartikels etc.*).

this [ðɪs] *pl.* **these** [ðiːz] **I** *pron.* **1.** a) dieser, diese, dieses, b) dies, das: **all ~** dies alles, all das; **for all ~** deswegen, darum; **like ~** so; **~ is what I expected** (genau) das habe ich erwartet; **~ is what happened** Folgendes geschah; **2.** dieses, dieser Zeitpunkt, dieses Ereignis: **after ~** danach; **before ~** zuvor; **by ~** bis dahin, mittlerweile; **II** *adj.* **3.** dieser, diese, dieses, ✝ *a.* laufend (*Monat, Jahr*): **~ day week** heute in e-r Woche; **in ~ country** hierzulande; **~ morning** heute Morgen; **~ time** diesmal; **these 3 weeks** die letzten 3 Wochen, seit 3 Wochen; **III** *adv.* **4.** so: **~ much** so viel.

this·tle ['θɪsl] *s.* ⚘ Distel *f*; **'~·down** *s.* ⚘ Distelwolle *f*.

this·tly ['θɪslɪ] *adj.* **1.** distelig; **2.** distelähnlich, stach(e)lig.

thith·er ['ðɪðə] *obs. od. poet.* **I** *adv.* dort-, dahin; **II** *adj.* jenseitig.

'thole(·pin) [θəʊl] *s.* ⚓ Dolle *f*.

thong [θɒŋ] **I** *s.* **1.** (Leder)Riemen *m* (*Halfter, Zügel, Peitschenschnur etc.*); **2.** *Am.* 'Zehensan,dale *f*. **II** *v/t.* **3.** mit Riemen versehen *od.* befestigen; **4.** (mit e-m Riemen) peitschen.

tho·rac·ic [θɔː'ræsɪk] *adj. anat.* Brust...; **tho·rax** ['θɔːræks] *pl.* **-rax·es** [-ræksɪz] *s.* **1.** *anat.* Brust(korb *m*, -kasten *m*) *f*, Thorax *m*; **2.** *zo.* Mittelleib *m bei Gliederfüßlern*.

thorn [θɔːn] *s.* **1.** Dorn *m*: **a ~ in the flesh** (*od.* **side**) *fig.* ein Pfahl im Fleische, ein Dorn im Auge; **be** (*od.* **sit**) **on ~s** *fig.* (wie) auf glühenden Kohlen sitzen; **2.** *ling.* Dorn *m* (*altenglischer Buchstabe*); **~ ap·ple** *s.* ⚘ Stechapfel *m*.

thorn·y ['θɔːnɪ] *adj.* **1.** dornig, stach(e)lig; **2.** *fig.* dornenvoll, mühselig; **3.** *fig.* heikel: **a ~ subject**.

thor·ough ['θʌrə] *adj.* ☐ → **thoroughly**; **1.** gründlich: a) sorgfältig (*Person u. Sache*), b) genau, eingehend: **a ~ inquiry**; **a ~ knowledge**, c) 'durchgreifend: **a ~ reform**; **2.** voll'endet: a) voll'kommen, meisterhaft, b) völlig, echt, durch u. durch: ***a ~ politician***, c) *contp.* ausgemacht: ***a ~ rascal***; **~ bass** [beɪs] *s.* ♪ Gene'ralbass *m*; '**~·bred I** *adj.* **1.** reinrassig, Vollblut...; **2.** *fig.* a) rassig, b) ele'gant, c) kultiviert, d) schnittig (*Auto*); **II** *s.* **3.** Vollblut(pferd) *n*; **4.** rassiger *od.* kultivierter Mensch; **5.** *mot.* rassiger *od.* schnittiger Wagen; '**~·fare** *s.* **1.** Hauptverkehrs-, 'Durchgangsstraße *f*; **2.** 'Durchfahrt *f*: ***no ~!***; **3.** Wasserstraße *f*; '**~ˌgo·ing** *adj.* **1.** → ***thorough*** 1; **2.** ex'trem, kompro'misslos, durch u. durch.

thor·ough·ly ['θʌrəlɪ] *adv.* **1.** gründlich *etc.*; **2.** völlig, gänzlich, abso'lut; '**thor·ough·ness** [-nɪs] *s.* **1.** Gründlichkeit *f*; **2.** Voll'endung *f*, Voll'kommenheit *f*.

'**thor·ough·paced** *adj.* **1.** in allen Gangarten geübt (*Pferd*); **2.** *fig.* → ***thorough*** 2 b.

those [ðəʊz] *pron. pl. von* ***that***[1].

thou [ðaʊ] **I** *pron. poet. od. dial. od. bibl.* du; **II** *v/t.* mit ‚thou' anreden.

though [ðəʊ] **I** *cj.* **1.** ob'wohl, ob'gleich, ob'schon; **2.** *a.* ***even ~*** wenn auch, wenn'gleich, selbst wenn, zwar: ***important ~ it is*** so wichtig es auch ist; ***what ~ the way is long*** was macht es schon aus, wenn der Weg (auch) lang ist; **3.** je'doch, doch; **4.** ***as ~*** als ob, wie wenn; **II** *adv.* **5.** F (*am Satzende*) aber, aller'dings, dennoch, immer'hin: ***I wish you had told me, ~.***

thought [θɔːt] **I** *pret. u. p.p. von* ***think***; **II** *s.* **1.** a) Gedanke *m*, Einfall *m*: ***a happy ~***, b) Gedankengang *m*, c) Gedanken *pl.*, Denken *n*: ***lost in ~*** in Gedanken (verloren); ***his one ~ was how to*** er dachte nur daran, wie er *es tun könnte*; ***it never entered my ~s*** es kam mir nie in den Sinn; **2.** *nur sg.* Denken *n*, Denkvermögen *n*; **3.** Über'legung *f*: ***give ~ to*** sich Gedanken machen über (*acc.*); ***take ~ how*** sich überlegen, wie *man es tun könnte*; ***after serious ~*** nach ernsthafter Erwägung; ***on second ~s*** a) nach reiflicher Überlegung, b) wenn ich es mir recht überlege; ***have second ~s about it*** (so seine) Zweifel darüber haben; ***without ~*** ohne zu überlegen; **4.** Absicht *f*: ***he had no ~ of coming***; ***we had*** (***some***) ***~s of going*** wir trugen uns mit dem Gedanken zu gehen; **5.** *mst pl.* Gedanke *m*, Meinung *f*, Ansicht *f*; **6.** (Für)Sorge *f*, Rücksicht *f*: ***give*** (*od.* ***have***) ***some ~ to*** Rücksicht nehmen auf (*acc.*); ***take ~ for*** Sorge tragen für *od.* um (*acc.*); ***take no ~ to*** nicht achten auf (*acc.*); **7.** *nur sg.* Denken *n*: a) Denkweise *f*: ***scientific ~***, b) Gedankenwelt *f*: ***Greek ~***; **8.** *fig.* Spur *f*: ***a ~ smaller*** e-e ‚Idee' kleiner; ***a ~ hesitant*** etwas zögernd; '**thought·ful** [-fʊl] *adj.* ☐ **1.** gedankenvoll, nachdenklich, besinnlich (*a. Buch etc.*); **2.** achtsam (***of*** auf *acc.*); **3.** rücksichtsvoll, aufmerksam, zu'vorkommend; '**thought·ful·ness** [-fʊlnɪs] *s.* **1.** Nachdenklichkeit *f*, Besinnlichkeit *f*; **2.** Achtsamkeit *f*; **3.** Rücksichtnahme *f*, Aufmerksamkeit *f*; '**thought·less** [-lɪs] *adj.* ☐ **1.** gedankenlos, unbesonnen, unbekümmert; **2.** rücksichtslos, unaufmerksam; '**thought·less·ness** [-lɪsnɪs] *s.* **1.** Gedankenlosigkeit *f*, Unbekümmertheit *f*; **2.** Rücksichtslosigkeit *f*, Unaufmerksamkeit *f*.

ˌ**thought**|-'**out** *adj.* (***well ~*** wohl) durchdacht; **~ read·er** *s.* Gedankenleser(in); **~ read·ing** *s.* Gedankenlesen *n*; **~ trans·fer·ence** *s.* Ge'dankenüberˌtragung *f*.

thou·sand ['θaʊznd] **I** *adj.* **1.** tausend (*a. fig. unzählige*): ***~ and one*** *fig.* zahllos, unzählig; ***The 2 and One Nights*** Tausendundeine Nacht; ***a ~ times*** tausendmal; ***a ~ thanks*** tausend Dank; **II** *s.* **2.** Tausend *n*, *pl.* Tausende *pl.*: ***many ~s of times*** vieltausendmal; ***in their ~s, by the ~*** zu Tausenden; **3.** Tausend *f* (*Zahlzeichen*): ***one in a ~*** eine(r, s) unter tausend, 'eine Ausnahme; '**thou·sand·fold** [-ndf-] **I** *adj.* tausendfach, -fältig; **II** *adv. mst* ***a ~*** tausendfach, -mal; '**thou·sandth** [-ntθ] **I** *s.* **1.** *der* (*die, das*) Tausendste; **2.** Tausendstel *n*; **II** *adj.* **3.** tausendst.

thral·dom ['θrɔːldəm] *s.* **1.** Leibeigenschaft *f*; **2.** *fig.* Knechtschaft *f*, Sklave'rei *f*; **thrall** [θrɔːl] *s.* **1.** *hist.* Leibeigene(r *m*) *f*, Hörige(r *m*) *f*; **2.** *fig.* Sklave *m*, Knecht *m*; **3.** → ***thraldom***; **thrall·dom** *Am.* → ***thraldom***.

thrash [θræʃ] **I** *v/t.* **1.** → ***thresh***; **2.** verdreschen, -prügeln; *fig.* (vernichtend) schlagen, ‚vermöbeln'; **II** *v/i.* **3.** *a.* ***~ about*** a) sich *im Bett etc.* 'hin- u. 'herwerfen, b) um sich schlagen, c) zappeln; **4.** ⚓ sich vorwärts arbeiten; '**thrash·er** [-ʃə] → ***thresher***; '**thrash·ing** [-ʃɪŋ] *s.* Dresche *f*, Prügel *pl.*: ***give s.o. a ~*** → ***thrash*** 2.

thread [θred] **I** *s.* **1.** Faden *m*: a) Zwirn *m*, Garn *n*: ***hang by a ~*** *fig.* an e-m Faden hängen, b) *weitS.* Faser *f*, Fiber *f*, c) *fig.* (dünner) Strahl, Strich *m*, d) *fig.* Zs.-hang *m*: ***lose the ~*** (***of one's story***) den Faden verlieren; ***resume*** (*od.* ***take up***) ***the ~*** den Faden wieder aufnehmen; **2.** ⚙ Gewinde(gang *m*) *n*; **II** *v/t.* **3.** *Nadel* einfädeln; **4.** *Perlen etc.* aufreihen; **5.** mit Fäden durch'ziehen; **6.** *fig.* durch'ziehen, -'dringen; **7.** sich winden durch: ***~ one's way*** (***through***) sich (hindurch)schlängeln (durch); **8.** ⚙ Gewinde schneiden in (*acc.*): ***~ on*** anschrauben; '**~·bare** *adj.* **1.** fadenscheinig, abgetragen; **2.** schäbig (gekleidet); **3.** *fig.* abgedroschen.

thread·ed ['θredɪd] *adj.* ⚙ Gewinde...: ***~ flange***; '**thread·er** [-də] *s.* **1.** 'Einfädelmaˌschine *f*; **2.** ⚙ Gewindeschneider *m*.

thread·ing lathe ['θredɪŋ] *s.* ⚙ Gewindeschneidbank *f*.

thread·y ['θredɪ] *adj.* **1.** fadenartig, faserig; **2.** Fäden ziehend; **3.** *fig.* schwach, dünn.

threat [θret] *s.* **1.** Drohung *f* (***of*** mit, ***to*** gegen); **2.** (***to***) Bedrohung *f* (*gen.*), Gefahr *f* (für): ***a ~ to peace***; ***there was a ~ of rain*** es drohte zu regnen; '**threat·en** [-tn] **I** *v/t.* **1.** (***with***) *j-m* drohen (mit), *j-m* androhen (*acc.*), *j-n* bedrohen (mit); **2.** drohend ankündigen: ***the sky ~s a storm***; **3.** (damit) drohen (***to do*** zu tun); **4.** bedrohen, gefährden; **II** *v/i.* **5.** drohen; **6.** *fig.* drohen: a) drohend bevorstehen, b) Gefahr laufen (***to do*** zu tun); '**threat·en·ing** [-tnɪŋ] *adj.* ☐ **1.** drohend, Droh...: ***~ letter*** Drohbrief *m*; **2.** *fig.* bedrohlich.

three [θriː] **I** *adj.* drei; **II** *s.* Drei *f* (*Zahl, Spielkarte etc.*); ˌ**~-'col·o(u)r** *adj.* dreifarbig, Dreifarben...: ***~ process*** Dreifarbendruck(verfahren *n*) *m*; ˌ**~-'cor·nered** *adj.* **1.** dreieckig: ***~ hat*** Dreispitz *m*; **2.** zu dreien, Dreier...: ***a ~ discussion***; ˌ**~-'D** *adj.* 'dreidimensioˌnal, 3-'D-...; '**~-day e·vent** *s. Reitsport*: Military *f*; '**~-day e·vent·er** *s.* Militaryreiter *m*; ˌ**~-'deck·er** *s.* **1.** ⚓ *hist.* Dreidecker *m*; **2.** *et.* Dreiteiliges, *z.B.* F dreibändiger Ro'man; ˌ**~-di'men·sion·al** *adj.* 'dreidimensioˌnal.

'**three·fold** **I** *adj. u. adv.* dreifach; **II** *s. das* Dreifache.

'**three**|**-lane** *adj.* dreispurig (*Autobahn etc.*); ˌ**~-'mast·er** *s.* ⚓ Dreimaster *m*; '**~-mile** *adj.* Dreimeilen...: ***~ zone***.

three|**·pence** ['θrepəns] *s. Brit.* **1.** drei Pence *pl.*; **2.** *obs.* Drei'pencestück *n*; **~·pen·ny** ['θrepənɪ] *adj.* **1.** drei Pence wert, Dreipence...; **2.** *fig.* billig, wertlos.

'**three**|**-phase** *adj.* ⚡ dreiphasig, Dreiphasen...: ***~ current*** Drehstrom *m*, Dreiphasenstrom *m*; '**~-piece** *adj.* dreiteilig (*Anzug etc.*); '**~-ply I** *adj.* **1.** dreifach (*Garn, Seil etc.*); **2.** dreischichtig (*Holz etc.*); **II** *s.* **3.** dreischichtiges Sperrholz; '**~-point land·ing** *s.* ✈ Dreipunktlandung *f*; ˌ**~-'quar·ter I** *adj.* drei viertel; **II** *s. a.* ***~ back*** *Rugby*: Drei'viertelspieler *m*; ˌ**~'score** *adj. obs.* sechzig.

three·some ['θriːsəm] **I** *adj.* **1.** zu dreien, Dreier...; **II** *s.* **2.** Dreiergruppe *f*, ‚Trio' *n*; **3.** *Golf etc.*: Dreier(spiel *n*) *m*.

'**three**|**-speed gear** *s.* ⚙ Dreiganggetriebe *n*; '**~-stage** *adj.* ⚙ dreistufig (*Rakete, Verstärker etc.*); '**~-way** *adj.* ⚙ Dreiwege...

thresh [θreʃ] *v/t. u. v/i.* dreschen: ***~*** (***over old***) ***straw*** *fig.* leeres Stroh dreschen; ***~ out*** *fig. et.* gründlich erörtern, klären; '**thresh·er** [-ʃə] *s.* **1.** Drescher *m*; **2.** 'Dreschmaˌschine *f*; '**thresh·ing** [-ʃɪŋ] **I** *s.* Dreschen *n*; **II** *adj.* Dresch...: ***~ floor*** Dreschboden *m*, Tenne *f*.

thresh·old ['θreʃhəʊld] **I** *s.* **1.** (Tür-)Schwelle *f*; **2.** *fig.* Schwelle *f*, Beginn *m*; **3.** *psych.* (*Bewusstseins- etc.*)Schwelle *f*; **II** *adj.* **4.** *bsd.* ⚙ Schwellen...: ***~ frequency***; ***~ value*** Grenzwert *m*.

threw [θruː] *pret von* ***throw***.

thrice [θraɪs] *adv. obs.* **1.** dreimal; **2.** *fig.* sehr, 'überaus, höchst.

thrift [θrɪft] *s.* **1.** Sparsamkeit *f*: a) Sparsinn *m*, b) Wirtschaftlichkeit *f*; **2.** ⚘ Grasnelke *f*; '**thrift·i·ness** [-tɪnɪs] → ***thrift*** 1; '**thrift·less** [-lɪs] *adj.* ☐ verschwenderisch; '**thrift·less·ness** [-lɪsnɪs] *s.* Verschwendung *f*; '**thrift·y** [-tɪ] *adj.* ☐ sparsam (***of, with*** mit): a) haushälterisch, b) wirtschaftlich (*a. Sachen*).

thrill [θrɪl] **I** *v/t.* **1.** erschauern lassen, erregen, packen, begeistern, elektrisieren, entzücken; **2.** *j-n* durch'laufen, -'schauern, über'laufen (*Gefühl*); **II** *v/i.* **3.** (er)beben, erschauern, zittern (***with*** vor *Freude etc.*); **4.** (***to***) sich begeistern (für), gepackt werden (von); **5.** durch'laufen, -'schauern, -'rieseln (***through*** *acc.*); **III** *s.* **6.** Zittern *n*, Erregung *f*, prickelndes Gefühl: ***a ~ of joy*** freudige Erregung; **7.** a) *das* Spannende *od.* Erregende, b) Nervenkitzel *m*, c) Sensati'on *f*; '**thrill·er** [-lə] *s.* F ‚Reißer' *m*, ‚Krimi' *m*, Thriller *m* (*Kriminalroman, -film etc.*); '**thrill·ing** [-lɪŋ] *adj.* ☐ **1.** erregend, packend, spannend, sensatio'nell; **2.** hinreißend, begeisternd.

thrive [θraɪv] *v/i.* [*irr.*] **1.** gedeihen (*Pflanze, Tier etc.*); **2.** *fig.* gedeihen: a) blühen, Erfolg haben (*Geschäft etc.*), b) reich werden (*Person*), c) sich entwickeln (*Laster etc.*); **thriv·en** ['θrɪvn] *p.p. von* ***thrive***; '**thriv·ing** [-vɪŋ] *adj.* ☐ *fig.* blühend.

thro' [θruː] *poet. für* ***through***.

throat [θrəʊt] *s.* **1.** *anat.* Kehle *f*, Gurgel *f*, Rachen *m*, Schlund *m*: ***sore ~*** Hals-

T

schmerzen *pl.*, rauer Hals; ***stick in s.o.'s*** ~ j-m im Hals stecken bleiben (*Worte*); ***ram*** (*od.* ***thrust***) ***s.th. down s.o.'s*** ~ j-m et. aufzwingen; **2.** Hals *m*, Kehle *f*: ***cut s.o.'s*** ~ j-m den Hals abschneiden; ***cut one's own*** ~ *fig.* sich selbst ruinieren; ***take s.o. by the*** ~ j-n an der Gurgel packen; **3.** *fig.* 'Durch-, Eingang *m*, verengte Öffnung, Schlund *m*, *z.B.* Hals *m e-r Vase*, Kehle *f e-s Kamins*, Gicht *f e-s Hochofens*; **4.** △ Hohlkehle *f*; '**throat·y** [-tɪ] *adj.* □ **1.** kehlig, guttu'ral; **2.** rau, heiser.

throb [θrɒb] **I** *v/i.* **1.** pochen, hämmern, klopfen (*Herz etc.*): ~***bing pains*** klopfende Schmerzen; **II** *s.* **2.** Pochen *n*, Klopfen *n*, Hämmern *n*, (Puls)Schlag *m*; **3.** *fig.* Erregung *f*, Erbeben *n*.

throe [θrəʊ] *s. mst pl.* heftiger Schmerz: a) *pl.* (Geburts)Wehen *pl.*, b) *pl.* Todeskampf *m*, Ago'nie *f*: ***in the*** ~***s of*** *fig.* mitten in *et. Unangenehmem*, im Kampf(e) mit.

throm·bo·sis [θrɒm'bəʊsɪs] *pl.* **-ses** [-siːz] *s.* ⚕ Throm'bose *f*; **throm'bot·ic** [-'bɒtɪk] *adj.* ⚕ throm'botisch.

throne [θrəʊn] **I** *s.* **1.** Thron *m* (*König, Prinz*), Stuhl *m* (*Papst, Bischof*); **2.** *fig.* Thron *m*: a) Herrschaft *f*, b) Herrscher (-in); **II** *v/t.* **3.** auf den Thron setzen; **III** *v/i.* **4.** thronen.

throng [θrɒŋ] **I** *s.* **1.** (Menschen)Menge *f*; **2.** Gedränge *n*, Andrang *m*; **3.** Menge *f*, Masse *f* (*Sachen*); **II** *v/i.* **4.** sich drängen *od.* (zs.-)scharen, (her'bei-, hin'ein- *etc.*)strömen; **III** *v/t.* **5.** sich drängen in (*dat.*): ~ ***the streets***; **6.** bedrängen, um'drängen.

throt·tle ['θrɒtl] **I** *s.* **1.** F Kehle *f*; **2.** ⚙, *mot.* a) *a.* ~ ***lever*** Gashebel *m*, b) *a.* ~ ***valve*** Drosselklappe *f*: ***open*** (***close***) ***the*** ~ Gas geben (wegnehmen); **II** *v/t.* **3.** erdrosseln; *fig.* ersticken, abwürgen, unter'drücken; **4.** *a.* ~ ***down*** ⚙, *mot.* (ab)drosseln; **III** *v/i.* **5.** ~ ***back*** (*od.* ***down***) *mot. etc.* drosseln, Gas wegnehmen.

through [θruː] **I** *prp.* **1.** *räumlich u. fig.* durch, durch ... hin'durch; **2.** durch, in (*überall umher in e-m Gebiet etc.*): ~ ***all the country***; **3.** a) *e-n Zeitraum* hin'durch, während, b) *Am.* (von ...) bis; **4.** *bis zum Ende od. ganz* durch, fertig (mit): ***when will you get*** ~ ***your work?***; **5.** durch, mittels; **6.** aus, vor, durch, in-, zu'folge, wegen: ~ ***fear*** aus *od.* vor Furcht; ~ ***neglect*** infolge *od.* durch Nachlässigkeit; **II** *adv.* **7.** durch: ~ ***and*** ~ durch u. durch (*a. fig.*); ***push a needle*** ~ e-e Nadel durchstechen; ***he would not let us*** ~ er wollte uns nicht durchlassen; ***this train goes*** ~ ***to Boston*** dieser Zug fährt (durch) bis Boston; ***you are*** ~***!*** *teleph.* Sie sind verbunden!; **8.** (ganz) durch (*von Anfang bis Ende*): ***read a letter*** ~ e-n Brief ganz durchlesen; ***carry a matter*** ~ e-e Sache durchführen; **9.** fertig (***with*** mit): ***I am*** ~ ***with him*** F er ist für mich erledigt; ***I'm*** ~ ***with it!*** ich habe es satt!; **III** *adj.* **10.** 'durchgehend, Durchgangs...: ***a*** ~ ***train***; ~ ***carriage*** (*od.* ***coach***) Kurswagen *m*; ~ ***dialing*** *teleph. Am.* Durchwahl *f*; ~ ***flight*** ✈ Direktflug *m*; ~ ***traffic*** Durchgangsverkehr *m*; ~***way*** *Am.* Durchgangs- *od.* Schnellstraße *f*; **through·out** [θruː'aʊt] **I** *prp.* **1.** über'all in (*acc. od. dat.*): ~ ***the country*** im ganzen Land; **2.** während (*gen.*): ~ ***the year*** das ganze Jahr hindurch; **II** *adv.* **3.** durch u. durch, ganz u. gar, 'durchweg; **4.** überall; **5.** die ganze Zeit; '**through·put** *s. econ., a. Computer*: 'Durchsatz *m*.

throve [θrəʊv] *pret. von* ***thrive***.

throw [θrəʊ] **I** *s.* **1.** Werfen *n*, (*Speer- etc.*)Wurf *m*; **2.** Wurf *m* (*a. Ringkampf, Würfelspiel*), *fig. a.* Coup *m*; **3.** ⚙ (Kolben)Hub *m*; **4.** ⚙ (Regler- *etc.*)Ausschlag *m*; **5.** ⚙ Kröpfung *f* (*Kurbelwelle*); **II** *v/t.* [*irr.*] **6.** werfen, schleudern; (*a. fig. Blick, Kusshand etc.*) zuwerfen (***s.o. s.th.***, ***s.th. to s.o.*** j-m et.); mit *Steinen etc.* werfen; *Wasser* schütten *od.* gießen: ~ ***at*** werfen nach; ~ ***o.s. at s.o.*** *fig.* sich j-m an den Hals werfen; ~ ***a shawl over one's shoulders*** sich e-n Schal um die Schultern werfen; ~ ***together*** zs.-werfen; ***be thrown*** (***together***) ***with*** *fig.* (*zufällig*) zs.-geraten mit; **7.** *Angel, Netz etc.* auswerfen; **8.** a) *Würfel* werfen, b) *Zahl* würfeln, c) *Karten* ausspielen *od.* ablegen; **9.** *Reiter* abwerfen; **10.** *Ringkampf*: *Gegner* werfen; **11.** *zo. Junge* werfen; **12.** *Brücke* schlagen (***over***, ***across*** über *acc.*); **13.** *zo. Haut* abwerfen; **14.** ⚙ *Hebel* 'umlegen, *Kupplung od. Schalter* ein-, ausrücken, ein-, ausschalten; **15.** *Töpferei*: formen, drehen; **16.** ⚙ *Seide* zwirnen, mulinieren; **17.** *fig.* in *Entzückung, Verwirrung etc.* versetzen; **18.** F *j-n* ‚'umwerfen' *od.* aus der Fassung bringen; **19.** F *e-e Gesellschaft* geben, *e-e Party* ‚schmeißen'; **20.** *Am.* F *Wettkampf* absichtlich verlieren; **21.** *sl. Wutanfall etc.* bekommen: ~ ***a fit***; **III** *v/i.* [*irr.*] **22.** werfen; **23.** würfeln;

Zssgn mit prp.:

throw| in·to *v/t.* (hin'ein)werfen in (*acc.*): ~ ***prison*** *j-n* ins Gefängnis werfen; ~ ***the bargain*** (beim Kauf) dreingeben; ***throw o.s. into*** *fig.* sich in *die Arbeit, den Kampf etc.* stürzen; ~ (***up·***)***on*** *v/t.* **1.** werfen auf (*acc.*): ***be thrown upon o.s.*** (*od.* ***upon one's own resources***) auf sich selbst angewiesen sein; **2.** ***throw o.s.*** (***up***)***on*** a) sich auf *die Knie etc.* werfen, b) sich anvertrauen (*dat.*);

Zssgn mit adv.:

throw| a·way *v/t.* **1.** wegwerfen; **2.** *Geld etc.* verschwenden, -geuden ([***up***]***on*** an *acc.*); **3.** *Gelegenheit* verpassen, -schenken; **4.** *et.* verwerfen; ~ **back I** *v/t.* **1.** zu'rückwerfen (*a. fig. hemmen*): ***be thrown back upon*** angewiesen sein auf (*acc.*); **II** *v/i.* **2.** (***to***) zu'rückkehren (zu), zu'rückfallen (auf *acc.*, in *acc.*); **3.** nachgeraten (***to*** *dat.*); *biol.* rückarten; ~ **down** *v/t.* **1.** (***o.s.*** sich) niederwerfen; **2.** 'umstürzen, vernichten; ~ **in** *v/t.* **1.** (hin)'einwerfen; **2.** *Bemerkung etc.* einwerfen, -schalten; **3.** *et.* in den Kauf geben, dreingeben; **4.** ⚙ *Gang etc.* einrücken; ~ **off I** *v/t.* **1.** *Kleider, Maske etc., a. fig. Schamgefühl etc.* abwerfen, ablegen; **2.** *Joch etc.* abwerfen, abschütteln, sich freimachen von; **3.** *Bekannte, Krankheit etc.* loswerden; **4.** *Verfolger, a. Hund* von der Fährte abbringen, abschütteln; **5.** *Gedicht etc.* hinwerfen, aus dem Ärmel schütteln; **6.** ⚙ a) kippen, 'umlegen, b) auskuppeln, -rücken; **7.** *typ.* abziehen; **8.** *j-n* aus dem Kon'zept *od.* aus der Fassung bringen; **II** *v/i.* **9.** (*hunt.* die Jagd) beginnen; ~ **on** *v/t. Kleider* 'überwerfen, sich *et.* 'umwerfen; ~ **o·pen** *v/t.* **1.** *Tür etc.* aufreißen, -stoßen; **2.** öffentlich zugänglich machen (***to*** *dat.* für); ~ **out** *v/t.* **1.** (*a. j-n* hin)'auswerfen; **2.** *bsd. parl.* verwerfen; **3.** △ vorbauen; anbauen (***to*** an *acc.*); **4.** *Bemerkung* fallen lassen, *Vorschlag etc.* äußern; *e-n Wink* geben; **5.** a) *et.* über den Haufen werfen, b) *j-n* aus dem Kon'zept bringen; **6.** ⚙ auskuppeln, -rücken; **7.** *Fühler etc.* ausstrecken: ~ ***a chest*** F sich in die Brust werfen; ~ **o·ver** *v/t.* **1.** über den Haufen werfen; **2.** *fig. Plan etc.* über Bord werfen, aufgeben; **3.** *Freund etc.* im Stich lassen, fallen lassen; ~ **up I** *v/t.* **1.** in die Höhe werfen, hochwerfen; **2.** *et.* hastig errichten, *Schanze etc.* aufwerfen; **3.** *Karten, a. Amt etc.* hinwerfen, -schmeißen; **4.** erbrechen; **II** *v/i.* **5.** (sich er)brechen, sich über'geben.

'**throw|·a·way I** *s.* et. zum Wegwerfen, *z.B.* Re'klamezettel *m*; **II** *adj.* Wegwerf...: ~ ***package***; ~ ***bottle*** Einwegflasche *f*; ~ ***prices*** ✝ Schleuderpreise; '~**·back** *s.* **1.** *bsd. biol.* Ata'vismus *m*, *a. fig.* Rückkehr *f* (***to*** zu); **2.** *Film*: Rückblende *f*.

throw·er ['θrəʊə] *s.* **1.** Werfer(in); **2.** *Töpferei*: Dreher(in), Former(in); **3.** → ***throwster***.

'**throw-in** *s. sport* Einwurf *m*.

throw·ing ['θrəʊɪŋ] **I** *s.* Werfen *n*, (*Speer- etc.*)Wurf *m*: ~ ***the javelin***; **II** *adj.* Wurf...: ~ ***knife***.

thrown [θrəʊn] **I** *p.p. von* ***throw***; **II** *adj.* gezwirnt: ~ ***silk*** Seidengarn *n*.

'**throw|·off** *s.* **1.** Aufbruch *m* (zur Jagd); **2.** *fig.* Beginn *m*; '~**-out** *s.* ⚙ **1.** Auswerfer *m*; **2.** Ausschalter *m*; **3.** *mot.* Ausrückvorrichtung *f*: ~ ***lever*** (Kupplungs)Ausrückhebel *m*.

throw·ster ['θrəʊstə] *s.* Seidenzwirner(in).

thru [θruː] *Am.* F *für* ***through***.

thrum[1] [θrʌm] **I** *v/i.* **1.** ♪ klimpern (***on*** auf *dat.*); **2.** (mit den Fingern) trommeln; **II** *v/t.* **3.** ♪ klimpern auf (*dat.*); **4.** (mit den Fingern) trommeln auf (*dat.*).

thrum[2] [θrʌm] **I** *s.* **1.** *Weberei*: a) Trumm *n*, *m* (*am Ende der Kette*), b) *pl.* (Reihe *f* von) Fransen *pl.*, Saum *m*; **2.** Franse *f*; **3.** loser Faden; **4.** *oft pl.* Garnabfall *m*, Fussel *f*; **II** *v/t.* **5.** befransen.

thrush[1] [θrʌʃ] *s. orn.* Drossel *f*.

thrush[2] [θrʌʃ] *s.* **1.** ⚕ Soor *m*; **2.** *vet.* Strahlfäule *f*.

thrust [θrʌst] **I** *v/t.* [*irr.*] **1.** *Waffe etc.* stoßen; **2.** *allg.* stecken, schieben: ~ ***o.s.*** (*od.* ***one's nose***) ***in*** *fig.* s-e Nase stecken *od.* sich einmischen in (*acc.*); ~ ***one's hand into one's pocket*** die Hand in die Tasche stecken; ~ ***on*** *et.* hastig anziehen, (sich) *et.* hastig überwerfen; **3.** stoßen, drängen, treiben, (*a. ins Gefängnis*) werfen: ~ ***aside*** zur Seite stoßen; ~ ***o.s. into*** sich werfen *od.* drängen in (*acc.*); ~ ***out*** a) (heraus-, hinaus)stoßen, ausstoßen, b) *Zunge* herausstrecken, c) *Hand* ausstrecken; ~ ***s.th. upon s.o.*** j-m et. aufdrängen; **4.** ~ ***through*** *j-n* durch'bohren; **5.** ~ ***in*** *Wort* einwerfen; **II** *v/i.* [*irr.*] **6.** stoßen (***at*** nach); **7.** sich *wohin* drängen *od.* schieben: ~ ***into*** ⚔ hineinstoßen in *e-e Stellung etc.*; ***a*** ~***ing politician*** ein ehrgeiziger *od.* aufstrebender Politiker; **III** *s.* **8.** Stoß *m*; **9.** Hieb *m* (*a. fig.*); **10.** *allg. u.* ⚙ Druck *m*; **11.** ✈, *phys.* Schub(kraft *f*) *m*; **12.** ⚙, △ (Seiten)Schub *m*; **13.** *geol.* Schub *m*; **14.** ⚔ *u. fig.* a) Vorstoß *m*, b) Stoßrichtung *f*; ~ **bear·ing** *s.* ⚙, ✈ Drucklager *n*; ~ **per·form·ance** *s.* ⚙,

✈ Schubleistung *f*; ~ **weap·on** *s.* ⚔ Stich-, Stoßwaffe *f*.

thud [θʌd] **I** *s.* dumpfer (Auf)Schlag, Bums *m*; **II** *v/i.* dumpf (auf)schlagen, bumsen.

thug [θʌg] *s.* **1.** (Gewalt)Verbrecher *m*, Raubmörder *m*; **2.** Rowdy *m*, ‚Schläger' *m*; **3.** *fig.* Gangster *m*, Halsabschneider *m*.

thumb [θʌm] **I** *s.* **1.** Daumen *m*: ***his fingers are all ~s, he is all ~s*** er hat zwei linke Hände; ***turn ~s down on*** *fig. et.* ablehnen, verwerfen; ***under s.o.'s ~*** unter j-s Fuchtel; ***that sticks out like a sore ~*** F a) das sieht ja ein Blinder, b) das fällt entsetzlich auf; → ***rule*** 2; **II** *v/t.* **2.** *Buchseiten* 'durchblättern; **3.** *Buch* abgreifen, beschmutzen: (***well-***)***~ed*** abgegriffen; **4.** ***~ a lift*** (*od.* ***ride***) F per Anhalter fahren, trampen; ***~ a car*** e-n Wagen anhalten, sich mitnehmen lassen; **5.** ***~ one's nose at*** *j-m* e-e lange Nase machen; ~ **in·dex** *s. typ.* Daumenindex *m*; '**~·mark** *s.* Daumenabdruck *m*; '**~·nail I** *s.* Daumennagel *m*; **II** *adj.*: ***~ sketch*** kleine (*fig.* kurze) Skizze; ~ **nut** *s.* ⚙ Flügelmutter *f*; '**~·print** *s.* Daumenabdruck *m*; '**~·screw** *s.* **1.** *hist.* Daumenschraube *f*; **2.** ⚙ Flügelschraube *f*; '**~s-down** *s.* F **1.** (to'tale) Ablehnung: ***it's ~ on your offer!*** Ihr Angebot ist abgelehnt!; **2.** *fig.* vernichtende Kri'tik; '**~·stall** *s.* Däumling *m* (*Schutzkappe*); '**~s-up** *s.* F **1.** (reine) Zustimmung; **2.** *fig.* ‚Lobeshymne' *f*; '**~·tack** *s. Am.* Reißnagel *m*.

thump [θʌmp] **I** *s.* **1.** dumpfer Schlag, Bums *m*; **2.** (Faust)Schlag *m*, Puff *m*; **II** *v/t.* **3.** schlagen auf (*acc.*), hämmern *od.* pochen gegen *od.* auf (*acc.*); *Kissen* aufschütteln; **4.** plumpsen gegen *od.* auf (*acc.*); **III** *v/i.* **5.** (auf)schlagen, (-) bumsen (***on*** auf *acc.*, ***at*** gegen); **6.** (laut) pochen (*Herz*); '**thump·er** [-pə] *s.* **1.** *sl.* Mordsding *n*, *e-e* ‚Wucht'; **2.** *sl.* faustdicke Lüge; '**thump·ing** [-pɪŋ] F **I** *adj.* kolos'sal, Mords...; **II** *adv.* mordsmäßig.

thun·der ['θʌndə] **I** *s.* **1.** Donner *m* (*a. fig. Getöse*): ***steal s.o.'s ~*** *fig.* j-m den Wind aus den Segeln nehmen; ***~s of applause*** donnernder Beifall; **II** *v/i.* **2.** donnern (*a. fig. Kanone*, *Zug etc.*); **3.** *fig.* wettern; **III** *v/t.* **4.** *et.* donnern; '**~·bolt** *s.* **1.** Blitz *m* (u. Donnerschlag *m*), Blitzstrahl *m* (*a. fig.*); **2.** *myth. u. geol.* Donnerkeil *m*; '**~·clap** *s.* Donnerschlag *m* (*a. fig.*); '**~·cloud** *s.* Gewitterwolke *f*.

thun·der·ing ['θʌndərɪŋ] **I** *adj.* □ **1.** donnernd (*a. fig.*); **2.** F kolos'sal, gewaltig: ***a ~ lie*** e-e faustdicke Lüge; **II** *adv.* **3.** F riesig, mächtig: ***~ glad***; '**thun·der·ous** [-rəs] *adj.* □ **1.** gewitterschwül; **2.** *fig.* donnernd; **3.** *fig.* gewaltig.

'**thun·der**|**,show·er** *s.* Gewitterschauer *m*; '**~·storm** *s.* Gewitter *n*, Unwetter *n*; '**~·struck** *adj.* (*fig.* wie) vom Blitz getroffen.

thun·der·y ['θʌndərɪ] *adj.* gewitterschwül: ***~ showers*** gewittrige Schauer.

Thu·rin·gi·an [θjʊə'rɪndʒɪən] **I** *adj.* Thüringer(...); **II** *s.* Thüringer(in).

Thurs·day ['θɜːzdɪ] *s.* Donnerstag *m*: ***on ~*** am Donnerstag; ***on ~s*** donnerstags.

thus [ðʌs] *adv.* **1.** so, folgendermaßen; **2.** so'mit, also, folglich, demgemäß; **3.** so, in diesem Maße: ***~ far*** so weit, bis jetzt; ***~ much*** so viel.

thwack [θwæk] **I** *v/t.* verprügeln, schlagen; **II** *s.* derber Schlag.

thwart [θwɔːt] **I** *v/t.* **1.** *Pläne etc.* durch'kreuzen, vereiteln, hinter'treiben; **2.** *j-m* entgegenarbeiten, *j-m* e-n Strich durch die Rechnung machen; **II** *s.* **3.** ⚓ Ruderbank *f*.

thy [ðaɪ] *adj. bibl.*, *rhet.*, *poet.* dein.

thyme [taɪm] *s.* ⚘ Thymian *m*.

thy·mus ['θaɪməs], *a.* ~ **gland** *s. anat.* Thymus(drüse *f*) *m*.

thy·roid ['θaɪrɔɪd] ⚕ **I** *adj.* **1.** Schilddrüsen...; **2.** Schildknorpel...: ***~ cartilage*** → 4; **II** *s.* **3.** *a.* ***~ gland*** Schilddrüse *f*; **4.** Schildknorpel *m*.

thyr·sus ['θɜːsəs] *pl.* **-si** [-saɪ] *s. antiq. u.* ⚘ Thyrsus *m*.

thy·self [ðaɪ'self] *pron. bibl.*, *rhet.*, *poet.* **1.** du (selbst); **2.** *dat.* dir (selbst); **3.** *acc.* dich (selbst).

ti·ar·a [tɪ'ɑːrə] *s.* **1.** Ti'ara *f* (*Papstkrone u. fig. -würde*); **2.** Dia'dem *n*, Stirnreif *m* (*für Damen*).

tib·i·a ['tɪbɪə] *pl.* **-ae** [-iː] *s. anat.* Schienbein *n*, Tibia *f*; '**tib·i·al** [-əl] *adj. anat.* Schienbein..., Unterschenkel...

tic [tɪk] *s.* ⚕ Tic(k) *m*, (ner'vöses) Muskel- *od.* Gesichtszucken.

tich [tɪtʃ] → ***titch***.

tick[1] [tɪk] **I** *s.* **1.** Ticken *n*: ***to*** (*od.* ***on***) ***the ~*** (auf die Sekunde) pünktlich; **2.** F Augenblick *m*; **3.** Häkchen *n*, Vermerkzeichen *n*; **II** *v/i.* **4.** ticken: ***~ over*** a) *mot.* im Leerlauf sein, b) *fig.* normal *od.* ganz gut laufen; ***what makes him ~?*** a) was hält ihn (so) in Schwung?, b) wie ‚funktioniert' er?; **III** *v/t.* **5.** *in e-r Liste* anhaken: ***~ off*** a) abhaken, b) F *j-n* ‚zs.-stauchen'.

tick[2] [tɪk] *s. zo.* Zecke *f*.

tick[3] [tɪk] *s.* **1.** (Kissen- *etc.*)Bezug *m*; **2.** Inlett *n*, Ma'tratzenbezug *m*; **3.** F Drillich *m*, Drell *m*.

tick[4] [tɪk] *s.* F Kre'dit *m*, Pump *m*: ***buy on ~*** auf Pump *od.* Borg kaufen.

tick·er ['tɪkə] *s.* **1.** *Börse*: Fernschreiber *m*; **2.** *sl.* a) ‚Wecker' *m* (*Uhr*), b) ‚Pumpe' *f* (*Herz*); ~ **tape** *s. Am.* Lochstreifen *m*: ***~ parade*** Konfettiparade *f*.

tick·et ['tɪkɪt] **I** *s.* **1.** (Ausweis-, Eintritts-, Lebensmittel-, Mitglieds- *etc.*) Karte *f*; 🚂 *etc.* Fahrkarte *f*, -schein *m*; ✈ Flugschein *m*, Ticket *n*: ***take a ~*** e-e Karte lösen; **2.** (*bsd.* Gepäck-, Pfand-) Schein *m*; **3.** Lotte'rielos *n*; **4.** Eti'kett *n*, (*Preis- etc.*)Zettel *m*; **5.** *mot.* a) Strafzettel *m*, b) gebührenpflichtige Verwarnung; **6.** ⚓, ✈ Li'zenz *f*; **7.** *pol. bsd. Am.* a) (Wahl-, Kandi'daten)Liste *f*, b) ('Wahl-, Par'tei)Pro,gramm *n*: ***split the ~*** panaschieren; ***vote a straight ~*** die Liste e-r Partei unverändert wählen; ***write one's own ~*** F (ganz) s-e eigenen Bedingungen stellen; **8.** ***~ of leave*** ⚖ *Brit.* (Schein *m* über) bedingte Freilassung: ***be on ~ of leave*** bedingt freigelassen sein; **9.** F *das* Richtige: ***that's the ~!***; **II** *v/t.* **10.** etikettieren, kennzeichnen, *Waren* auszeichnen; ~ **a·gen·cy** *s. thea. etc.* Vorverkaufsstelle *f*; '**~-,can·cel·(l)ing ma·chine** *s.* (Fahrschein)Entwerter *m*; ~ **col·lec·tor** *s.* 🚂 Bahnsteigschaffner *m*; ~ **day** *s. Börse*: Tag *m* vor dem Abrechnungstag; ~ **in·spec·tor** *s.* 'Fahrkartenkontrol,leur *m*; ~ **ma·chine** *s.* 'Fahrscheinauto,mat *m*; ~ **of·fice** *s.* **1.** Fahrkartenschalter *m*; **2.** (The'ater)Kasse *f*; ~ **punch** *s.* Lochzange *f*; ~ **tout** *s.* Kartenschwarzhändler *m*.

tick·ing ['tɪkɪŋ] *s.* Drell *m*, Drillich *m*; ,**~-'off** *s.* F ‚Anpfiff' *m*.

tick·le ['tɪkl] **I** *v/t.* **1.** kitzeln (*a. fig.*); **2.** *fig. j-s Eitelkeit etc.* schmeicheln; **3.** *fig.* amüsieren: ***~d pink*** F ‚ganz weg' (vor Freude); ***I'm ~d to death*** ich könnte mich totlachen (*a. iro.*); **4.** ***~ up*** (an-) reizen; **II** *v/i.* **5.** kitzeln; **6.** jucken; **III** *s.* **7.** Kitzel *m* (*a. fig.*); **8.** Juckreiz *m*; '**tick·ler** [-lə] *s.* **1.** kitzlige Sache, (schwieriges) Pro'blem; **2.** *Am.* No'tizbuch *n*: ***~ file*** Wiedervorlagemappe *f*; **3.** *a.* ***~ coil*** ⚡ Rückkopplungsspule *f*; '**tick·lish** [-lɪʃ] *adj.* □ **1.** kitz(e)lig; **2.** *fig.* a) kitzlig, heikel, schwierig, b) empfindlich (*Person*).

tick·tack ['tɪktæk] *s.* **1.** Ticktack *n*; **2.** *sl. Rennsport*: Zeichensprache *f* der Buchmacher: ***~ man*** Buchmachergehilfe *m*.

tid·al ['taɪdl] *adj.* **1.** Gezeiten..., den Gezeiten unter'worfen: ***~ basin*** ⚓ Tidebecken *n*; ***~ inlet*** Priel *m*; ***~ power plant*** Gezeitenkraftwerk *n*; **2.** Flut...: ***~ wave*** Flutwelle *f*, *fig. a.* Woge *f*.

tid·bit ['tɪdbɪt] *Am.* → ***titbit***.

tid·dly ['tɪdlɪ] *adj. Brit.* F **1.** winzig; **2.** ‚angesäuselt', beschwipst.

tid·dly·winks ['tɪdlɪwɪŋks] *s. pl. sg. konstr.* Flohhüpfen *n*.

tide [taɪd] **I** *s.* **1.** a) Gezeiten *pl.*, Ebbe *f* u. Flut, b) Flut *f*, Tide *f*: ***high ~*** Flut; ***low ~*** Ebbe; ***the ~ is coming in*** (***going out***) die Flut kommt (die Ebbe setzt ein); ***the ~ is out*** es ist Ebbe; ***turn of the ~*** a) Gezeitenwechsel *m*, b) *fig.* Umschwung *m*; ***the ~ turns*** *fig.* das Blatt wendet sich; **2.** *fig.* Strom *m*, Strömung *f*: ***~ of events*** *der* Gang der Ereignisse; ***swim against*** (***with***) ***the ~*** gegen den (mit dem) dem Strom schwimmen; **3.** *fig. die* rechte Zeit, günstiger Augenblick; **4.** *in Zssgn* Zeit *f*: ***winter~***; **II** *v/i.* **5.** (mit dem Strom) treiben, ⚓ bei Flut ein- *od.* auslaufen; **6.** ***~ over*** *fig.* hin'wegkommen über (*acc.*); **III** *v/t.* **7.** ***~ over*** *fig. j-m* hin'weghelfen über (*acc.*): ***~ it over*** ‚sich über Wasser halten'; ~ **gate** *s.* Flut(schleusen)tor *n*; ~ **ga(u)ge** *s.* (Gezeiten)Pegel *m*; '**~·land** *s.* Watt *n*; '**~·mark** *s.* **1.** Gezeitenmarke *f*; **2.** Pegelstand *m*; **3.** *bsd. Brit.* F schwarzer Rand (*am Hals etc.*); ~ **ta·ble** *s.* Gezeitentafel *f*; '**~,wait·er** *s. hist.* Hafenzollbeamte(r) *m*; '**~,wa·ter** *s.* Flut-, Gezeitenwasser *n*: ***~ district*** Wattengebiet *n*; '**~·way** *s.* Priel *m*.

ti·di·ness ['taɪdɪnɪs] *s.* **1.** Sauberkeit *f*, Ordnung *f*; **2.** Nettigkeit *f*.

ti·dings ['taɪdɪŋz] *s. pl. sg. od. pl. konstr.* Nachricht(en *pl.*) *f*, Neuigkeit (-en *pl.*) *f*, Kunde *f*.

ti·dy ['taɪdɪ] **I** *adj.* □ **1.** sauber, reinlich, ordentlich (*Zimmer*, *Person*, *Aussehen etc.*); **2.** nett, schmuck; **3.** *fig.* F ordentlich, beträchtlich: ***a ~ penny*** e-e Stange Geld; **II** *s.* **4.** (Sofa- *etc.*)Schoner *m*; **5.** (Arbeits-, Flick- *etc.*)Beutel *m*; Fächerkasten *m*; **6.** Abfallkorb *m*; **III** *v/t.* **7.** *a.* ***~ up*** in Ordnung bringen, aufräumen, säubern: ***~ out*** ‚ausmisten'; ***~ o.s. up*** sich zurechtmachen; **IV** *v/i.* **8.** ***~ up*** aufräumen, sauber machen.

tie [taɪ] **I** *s.* **1.** (Schnür)Band *n*; **2.** a) Kra'watte *f*, b) Halstuch *n*; **3.** Schleife *f*, Masche *f*; **4.** *fig.* a) Band *n*: ***the ~(s) of friendship***, b) *pol.*, *psych.* Bindung *f*: ***mother ~***; **5.** *fig.* (lästige) Fessel, Last *f*; **6.** ⚠, ⚙ a) Verbindung(sstück *n*) *f*, b) Anker *m*, c) → ***tie beam***; **7.** 🚂 *Am.* Schwelle *f*; **8.** *parl. pol.* Stimmengleichheit *f*: ***end in a ~*** stimmengleich

T

enden; **9.** *sport* a) Punktgleichheit *f*, Gleichstand *m*, b) Unentschieden *n*, c) Ausscheidungsspiel *n*, d) Wieder'holung(sspiel *n*) *f*; **10.** ♪ Bindebogen *m*, Liga'tur *f*; **II** *v/t.* **11.** an-, festbinden (*to* an *acc.*); **12.** binden, schnüren; *fig.* fesseln: **~ *s.o.'s hands* (*tongue*)** j-m die Hände (Zunge) binden; **13.** *Schleife, Schuhe etc.* binden; **14.** △, ⚙ verankern, befestigen; **15.** ♪ *Noten* (aneinander) binden; **16.** (***to***) *fig. j-n* binden (an *acc.*), verpflichten (zu); **17.** hindern, hemmen; **18.** *j-n* in Anspruch nehmen (*Pflichten etc.*); **III** *v/i.* **19.** *sport* a) gleichstehen, punktgleich sein, b) unentschieden spielen *od.* kämpfen (***with*** gegen); **20.** *parl., pol.* gleiche Stimmenzahl haben;
Zssgn mit adv.:
tie| down *v/t.* **1.** festbinden; **2.** niederhalten, fesseln; **3.** (***to***) *fig. j-n* binden (an *Pflichten, Regeln etc.*), *j-n* festlegen (auf *acc.*): ***be tied down* (*by*)** angebunden sein (durch *e-e Familie etc.*); **~ in I** *v/i.* (***with***) über'einstimmen (mit), passen (zu); **II** *v/t.* (***with***) verbinden *od.* koppeln (mit), einbauen (in *acc.*); **~ up** *v/t.* **1.** (an-, ein-, ver-, zs.-, zu)binden; **2.** *fig.* a) hemmen, fesseln, b) festhalten, beschäftigen; **3.** *fig.* lahm legen: *Industrie, Produktion* stilllegen; *Vorräte etc.* blockieren; **4.** †, ⚖ festlegen: a) *Geld* fest anlegen, b) *bsd. Erbgut* e-r Verfügungsbeschränkung unter'werfen; **5.** ***tie it up*** *Am.* F die Sache erledigen.
tie| bar *s.* **1.** 🚂 a) Verbindungsstange *f* (*Weiche*), b) Spurstange *f*; **2.** *typ.* Bogen *m über 2 Buchstaben*; **~ beam** *s.* △ Zugbalken *m*; **'~,break(·er)** *s. Tennis*: Tie-Break *m, n.*
tied [taɪd] *adj.* † zweckgebunden; **~ house** *s. Brit.* Braue'reigaststätte *f*.
'tie|-in *s.* **1.** † *Am.* a) Gemeinschaftswerbung *f*, b) *a.* **~ sale** Kopplungsgeschäft *n*, -verkauf *m*; **2.** Zs.-hang *m*, Verbindung *f*; **'~-on** *adj.* zum Anbinden, Anhänge...
tier [tɪə] *s.* **1.** Reihe *f*, Lage *f*: ***in ~s*** in Reihen übereinander, lagenweise; **2.** *thea.* a) (Sitz)Reihe *f*, b) Rang *m*; **3.** *fig.* Rang *m*, Stufe *f*.
tierce [tɪəs] *s.* **1.** [*Kartenspiel*: tɜːs] ♪, *fenc., eccl., Kartenspiel*: Terz *f*; **2.** Weinfass *n* (*mit 42 Gallonen*).
tie rod *s.* ⚙ **1.** Zugstange *f*; **2.** Kuppelstange *f*; **3.** 🚂 Spurstange *f*.
'tie-up *s.* **1.** a) Verbindung *f*, Zs.-hang *m*, b) Koppelung *f*; **2.** *Am.* Still-, Lahmlegung *f*; **3.** *bsd. Am.* (*a.* Verkehrs)Stockung *f*, Stillstand *m*.
tiff [tɪf] *s.* **1.** kleine Meinungsverschiedenheit, Kabbe'lei *f*; **2.** schlechte Laune: ***in a ~*** übel gelaunt.
tif·fin ['tɪfɪn] *s. Brit.* Mittagessen *n* (*in Indien*).
tige [tiːʒ] (*Fr.*) *s.* **1.** △ Säulenschaft *m*; **2.** ⚘ Stängel *m*, Stiel *m*.
ti·ger ['taɪgə] *s.* **1.** *zo.* Tiger *m* (*a. fig. Wüterich*): ***American ~*** Jaguar *m*: ***rouse the ~ in s.o.*** *fig.* j-n in kalte Wut versetzen; **2.** *hist. Brit. sl.* livrierter Bedienter, Page *m*; **~ cat** *s. zo.* **1.** Tigerkatze *f*; **2.** getigerte (Haus)Katze.
ti·ger·ish ['taɪgərɪʃ] *adj.* **1.** tigerartig; **2.** blutdürstig; **3.** wild, grausam.
tight [taɪt] **I** *adj.* □ **1.** dicht (*nicht leck*): ***a ~ barrel***; **2.** fest(sitzend) (*Kork, Knoten etc.*), stramm (*Schraube etc.*); **3.** straff, (an)gespannt (*Muskel, Seil etc.*); **4.** schmuck; **5.** a) (zu) eng, knapp, b) eng (anliegend) (*Kleid etc.*): **~ *fit*** knapper Sitz, ⚙ Feinpassung; **6.** a) eng, dicht (gedrängt), b) *fig.* F kritisch, ‚mulmig'; → ***corner*** 2; **7.** prall (voll); **8.** *fig.* a) komprimiert, straff (*Handlung etc.*), b) gedrängt, knapp (*Stil*), c) hieb- u. stichfest (*Argument*), d) straff, streng (*Sicherheitsmaßnahmen etc.*): ***a ~ schedule*** knappe Termine, *a.* ein voller Terminkalender; **9.** † a) knapp (*Geld*), b) angespannt (*Marktlage*); **10.** F knick(e)rig, geizig; **11.** eng, am Kleinen klebend (*Kunst etc.*); **12.** *sl.* ‚blau', besoffen; **II** *adv.* **13.** eng, knapp; *a.* ⚙ fest: ***hold ~*** festhalten; ***sit ~*** a) fest im Sattel sitzen, b) sich nicht (vom Fleck) rühren, c) *fig.* sich eisern behaupten, sich nicht beirren lassen, *a.* abwarten; **'tight·en** [-tn] **I** *v/t.* **1.** *a.* **~ *up*** zs.-ziehen; **2.** *Schraube, Zügel etc.* fest-, anziehen; *Feder, Gurt etc.* spannen; *Gürtel* enger schnallen; *Muskel, Seil etc.* straffen: **~ *one's grip*** fester zupacken, den Druck verstärken (*a. fig.*); **3.** *a.* **~ *up*** *fig.* a) *Manuskript, Handlung etc.* straffen, b) *Sicherheitsmaßnahmen etc.* verschärfen; **4.** (ab)dichten; **II** *v/i.* **5.** sich straffen; **6.** fester werden (*Griff*); **7.** *a.* **~ *up*** sich fest zs.-ziehen; **8.** † sich versteifen (*Markt*).
,tight|-'fist·ed → ***tight*** 10; **,~-'fit·ting** *adj.* **1.** → ***tight*** 5; **2.** ⚙ genau an- *od.* eingepasst, Pass...; **,~-'laced** *adj.* sittenstreng, prüde, puri'tanisch; **,~-'lipped** *adj.* **1.** schmallippig; **2.** *fig.* verschlossen.
tight·ness ['taɪtnɪs] *s.* **1.** Dichtheit *f*; **2.** Festigkeit *f*, fester Sitz; **3.** Straffheit *f*; **4.** Enge *f*; **5.** Gedrängtheit *f*; **6.** Geiz *m*, Knicke'rei *f*; **7.** † a) (Geld)Knappheit *f*, b) angespannte Marktlage.
'tight·rope I *s.* (Draht)Seil *n* (*Zirkus*); **II** *adj.* (Draht)Seil...: **~ *walker*** Seiltänzer(in).
tights [taɪts] *s. pl.* **1.** ('Tänzer-, Ar'tisten)Tri,kot *n*; **2.** *bsd. Brit.* Strumpfhose *f*.
'tight·wad *s. Am.* F Geizkragen *m*.
ti·gress ['taɪgrɪs] *s.* **1.** Tigerin *f*; **2.** *fig.* Me'gäre *f*, (Weibs)Teufel *m*.
tike → ***tyke***.
til·de ['tɪldə] *s. ling.* Tilde *f*.
tile [taɪl] **I** *s.* **1.** (Dach)Ziegel *m*: ***he has a ~ loose*** *sl.* bei ihm ist eine Schraube locker; ***be* (*out*) *on the ~s*** *sl.* ‚herumsumpfen'; **2.** ([Kunst]Stein)Platte *f*, (Fußboden-, Wand-, Teppich)Fliese *f*, (Ofen-, Wand)Kachel *f*; **3.** *coll.* Ziegel *pl.*, Fliesen(fußboden *m*) *pl.*, Fliesen(ver)täfelung *f*; **4.** △ Hohlstein *m*; **5.** F a) ‚Angströhre' *f* (*Zylinder*), b) ‚Deckel' *m* (*steifer Hut*); **II** *v/t.* **6.** (mit Ziegeln) decken; **7.** mit Fliesen *od.* Platten auslegen, fliesen, kacheln; **til·er** ['taɪlə] *s.* **1.** Dachdecker *m*; **2.** Fliesen-, Plattenleger *m*; **3.** Ziegelbrenner *m*; **4.** Logenhüter *m* (*Freimaurer*).
till[1] [tɪl] **I** *prp.* **1.** bis: **~ *now*** bis jetzt, bisher; **~ *then*** bis dahin *od.* dann *od.* nachher; **2.** bis zu: **~ *death*** bis zum Tod, bis in den Tod; **3. *not* ~** erst: ***not ~ yesterday***; **II** *cj.* **4.** bis; **5. *not* ~** erst als (*od.* wenn).
till[2] [tɪl] *s.* **1.** Ladenkasse *f*: **~ *money*** † Kassenbestand *m*; **2.** Geldkasten *m*.
till[3] [tɪl] ⚒ **I** *v/t. Boden* bebauen, bestellen, (be)ackern; **II** *v/i.* ackern, pflügen; **'till·a·ble** [-ləbl] *adj.* anbaufähig; **'till·age** [-lɪdʒ] *s.* **1.** Bodenbestellung *f*; **2.** Ackerbau *m*; **3.** Ackerland *n*.
till·er[1] ['tɪlə] *s.* **1.** (Acker)Bauer *m*; **2.** Ackerfräse *f*.
till·er[2] ['tɪlə] *s.* **1.** ⚓ Ruderpinne *f*; **2.** ⚙ Griff *m*; **~ rope** *s.* ⚓ Steuerreep *n*.
tilt[1] [tɪlt] **I** *v/t.* **1.** kippen, neigen, schräg stellen; **2.** 'umkippen, 'umstoßen; **3.** ⚓ *Schiff* krängen; **4.** ⚙ recken (*schmieden*); **5.** *hist.* a) (mit eingelegter Lanze) anreiten gegen, b) *Lanze* einlegen; **II** *v/i.* **6.** *a.* **~ *over*** a) sich neigen, kippen, b) ('um)kippen, 'umfallen; **7.** ⚓ krängen; **8.** *hist.* im Tur'nier kämpfen: **~ *at*** a) anreiten gegen, b) (mit der Lanze) stechen nach, c) *fig.* losziehen gegen, attackieren; **III** *s.* **9.** Kippen *n*: ***give a ~ to*** → 1; **10.** Schräglage *f*, Neigung *f*: ***on the ~*** auf der Kippe; **11.** *hist.* Tur'nier *n*, Lanzenbrechen *n*; **12.** *fig.* Strauß *m*, (Wort)Gefecht *n*; **13.** (Lanzen)Stoß *m*; **14.** (Angriffs)Wucht *f*: (***at***) ***full ~*** mit voller Wucht *od.* Geschwindigkeit; **15.** *Am.* ‚Drall' *m*, Ten'denz *f*.
tilt[2] [tɪlt] **I** *s.* **1.** (Wagen- *etc.*)Plane *f*, Verdeck *n*; **2.** ⚓ Sonnensegel *n*; **3.** Sonnendach *n*; **II** *v/t.* (mit e-r Plane) bedecken.
tilt cart *s.* Kippwagen *m*.
tilt·er ['tɪltə] *s.* **1.** (*Kohlen- etc.*)Kipper *m*, Kippvorrichtung *f*; **2.** ⚙ *Walzwerk*: Wipptisch *m*.
tilth [tɪlθ] → ***tillage***.
tilt·ing ['tɪltɪŋ] *adj.* **1.** *hist.* Turnier...; **2.** ⚙ schwenk-, kippbar, Kipp...
'tilt·yard *s. hist.* Tur'nierplatz *m*.
tim·bal ['tɪmbl] *s.* ♪ *hist.* (Kessel)Pauke *f*.
tim·ber ['tɪmbə] **I** *s.* **1.** Bau-, Nutzholz *n*; **2.** *coll.* (Nutzholz)Bäume *pl.*, Baumbestand *m*, Wald(bestand) *m*; **3.** *Brit.* a) Bauholz *n*, b) Schnittholz *n*; **4.** ⚓ Inholz *n*; *pl.* Spantenwerk *n*; **5.** *Am. fig.* Holz *n*, Schlag *m*, Ka'liber *n*: ***a man of his ~***; ***he is of presidential ~*** er hat das Zeug zum Präsidenten; **II** *v/t.* **6.** (ver-)zimmern; **7.** *Holz* abvieren; **8.** *Graben etc.* absteifen; **III** *adj.* **9.** Holz...; **'tim·bered** [-əd] *adj.* **1.** gezimmert; **2.** Fachwerk...; **3.** bewaldet.
tim·ber| for·est *s.* Hochwald *m*; **~ frame** ⚙ Bundsäge *f*; **'~-framed** *adj.* Fachwerk...
tim·ber·ing ['tɪmbərɪŋ] *s.* **1.** Zimmern *n*, Ausbau *m*; **2.** ⚙ Verschalung *f*; **3.** Bau-, Zimmerholz *n*; **4.** a) Gebälk *n*, b) Fachwerk *n*.
'tim·ber|·land *s. Am.* Waldland *n* (*für Nutzholz*); **~ line** *s.* Baumgrenze *f*; **'~·man** [-mən] *s.* [*irr.*] **1.** Holzfäller *m*, -arbeiter *m*; **2.** ⚒ Stempelsetzer *m*; **~ tree** *s.* Nutzholzbaum *m*; **'~·work** *s.* ⚙ Gebälk *n*; **'~·yard** *s.* Zimmerplatz *m*, Bauhof *m*.
tim·bre ['tæ̃mbrə] (*Fr.*) *s.* ♪, *ling.* Klangfarbe *f*, Timbre *n*.
tim·brel ['tɪmbrəl] *s.* Tambu'rin *n*.
time [taɪm] **I** *s.* **1.** Zeit *f*: **~ *past, present, and to come*** Vergangenheit, Gegenwart und Zukunft; ***for all ~*** für alle Zeiten; **~ *will show*** die Zeit wird es lehren; **2.** Zeit *f*, Uhr(zeit) *f*: ***what's the ~?, what ~ is it?*** wie viel Uhr *od.* wie spät ist es?; ***at this ~ of day*** a) zu dieser (späten) Tageszeit, b) *fig.* so spät, in diesem späten Stadium; ***bid* (*od.* *pass*) *s.o. the ~ of* (*the*) *day, pass the ~ of day with s.o.*** j-n grüßen; ***know the ~ of the day*** F wissen, was es geschlagen hat; ***some ~ about noon*** etwa um Mittag; ***this ~ tomorrow*** morgen um diese Zeit; ***this ~ twelve months*** heute übers Jahr; ***keep good***

T

~ richtig gehen (*Uhr*); **3.** Zeit(dauer) *f*, Zeitabschnitt *m*, (*a. phys. Fall-, Schwingungs- etc.*)Dauer *f*; ✝ Laufzeit *f* (*Wechsel- etc.*); Arbeitszeit *f im Herstellungsprozess etc.*: ***in three weeks'*** ~ in drei Wochen; ***a long*** ~ lange Zeit; ***be a long ~ in doing s.th.*** lange (Zeit) dazu brauchen, et. zu tun; **4.** Zeit (-punkt *m*) *f*: ~ ***of arrival*** Ankunftszeit; ***at the*** ~ a) zu dieser Zeit, damals, b) gerade; ***at the present*** ~ derzeit, gegenwärtig; ***at the same*** ~ a) zur selben Zeit, gleichzeitig, b) gleichwohl, zugleich, andererseits; (***at***) ***any*** ~, ***at all*** ~***s*** zu jeder Zeit; ***at no*** ~ nie; ***at that*** ~ zu der Zeit; ***at one*** ~ einst, früher (einmal); ***at some*** ~ irgendwann; ***for the*** ~ für den Augenblick; ***for the ~ being*** a) vorläufig, fürs Erste, b) unter den gegenwärtigen Umständen; **5.** *oft pl.* Zeit(alter *n*) *f*, E'poche *f*: ~ ***immemorial***, ~ ***out of mind*** un(vor)denkliche Zeit; ***at*** (*od.* ***in***) ***the ~ of Queen Anne*** zur Zeit der Königin Anna; ***the good old ~s*** die gute alte Zeit; **6.** *pl.* Zeiten *pl.*, (Zeit)Verhältnisse *pl.*: ***hard ~s***; **7.** ***the ~s*** die Zeit: ***behind the ~s*** rückständig; ***move with the ~s*** mit der Zeit gehen; **8.** Frist *f*, Ter'min *m*: ~ ***for payment*** Zahlungsfrist; ~ ***of delivery*** ✝ Lieferfrist, -zeit *f*; ***ask*** (***for a***) ~ ✝ um Frist(verlängerung) bitten; ***you must give me*** ~ Sie müssen mir Zeit geben *od.* lassen; **9.** (verfügbare) Zeit: ***have no*** ~ keine Zeit haben; ***have no ~ for s.o.*** *fig.* nichts übrig haben für j-n; ***buy a little*** ~ etwas Zeit (heraus)schinden; ***kill*** ~ die Zeit totschlagen; ***take*** (***the***) ~, ***take out*** ~ sich die Zeit nehmen (***to do*** zu tun); ***take one's*** ~ sich Zeit lassen; ~ ***is up!*** die Zeit ist um!; ~ ***gentlemen, please!*** (es ist bald) Polizeistunde! (*Lokal*); ~***!*** *sport* Zeit!: a) anfangen!, b) aufhören!; ~***!*** *parl.* Schluss!; → ***forelock***; **10.** Lehr-, Dienstzeit *f*: ***serve one's*** ~ s-e Lehre machen; **11.** a) (na'türliche *od.* nor'male) Zeit, b) Lebenszeit *f*: ~ ***of life*** Alter *n*; ***ahead of*** ~ vorzeitig; ***die before one's*** ~ vor der Zeit *od.* zu früh sterben; ***his ~ is drawing near*** sein Tod naht heran; **12.** a) Schwangerschaft *f*, b) Entbindung *f*, Niederkunft *f*: ***she is far on in her*** ~ sie ist hochschwanger; ***she is near her*** ~ sie steht kurz vor der Entbindung; **13.** (günstige) Zeit: ***now is the*** ~ nun ist die passende Gelegenheit, jetzt gilt es (***to do*** zu tun); ***at such ~s*** bei solchen Gelegenheiten; ***bide one's*** ~ (s-e Zeit) abwarten; **14.** Mal *n*: ***the first*** ~ das erste Mal; ***for the last*** ~ zum letzten Mal; ***till next*** ~ bis zum nächsten Mal; ***every*** ~ jedes Mal; ***many ~s*** viele Male; ~ ***and again***, ~ ***after*** ~ immer wieder; ***at some other*** ~, ***at other ~s*** ein anderes Mal; ***at a*** ~ auf einmal, zusammen, zugleich, jeweils; ***one at a*** ~ einzeln, immer nur eine(r, s); ***two at a*** ~ zu zweit, jeweils zwei; **15.** *pl.* mal, ...mal: ***three ~s four is twelve*** drei mal vier ist zwölf; ***twenty ~s*** zwanzigmal; ***four ~s the size of yours*** viermal so groß wie deines; **16.** *bsd. sport* (erzielte, gestoppte) Zeit; **17.** a) Tempo *n*, Zeitmaß *n* (*beide a.* ♪), b) ♪ Takt *m*: ***change of*** ~ Taktwechsel *m*; ***beat*** (***keep***) ~ den Takt schlagen (halten); **18.** ⚔ Marschtempo *n*, Schritt *m*: ***mark*** ~ a) ⚔ auf der Stelle treten (*a. fig.*), b) *fig.* nicht vom Fleck kommen; *Besondere Redewendungen*: ***against*** ~ gegen die Zeit *od.* Uhr, mit größter Eile; ***ahead of*** (*od.* ***before***) ***one's*** ~ s-r Zeit voraus; ***all the*** ~ a) die ganze Zeit (über), ständig, b) jederzeit; ***at ~s*** zu Zeiten, gelegentlich; ***at all ~s*** stets, zu jeder Zeit; ***at any*** ~ a) zu irgendeiner Zeit, jemals, b) jederzeit; ***behind*** ~ zu spät d(a)ran, verspätet; ***between ~s*** in den Zwischenzeiten; ***by that*** ~ a) bis dahin, unterdessen, b) zu der Zeit; ***for a*** (*od.* ***some***) ~ e-e Zeit lang, einige Zeit; ***for a long ~ past*** schon seit langem; ***not for a long*** ~ noch lange nicht; ***from ~ to*** ~ von Zeit zu Zeit; ***in*** ~ a) rechtzeitig (***to do*** um zu tun), b) mit der Zeit, c) im (richtigen) Takt; ***in due*** ~ rechtzeitig, termingerecht; ***in good*** ~ (gerade) rechtzeitig; ***all in good*** ~ alles zu s-r Zeit; ***in one's own good*** ~ wenn es e-m passt; ***in no*** ~ im Nu, im Handumdrehen; ***on*** ~ a) pünktlich, rechtzeitig, b) *bsd. Am.* für e-e (bestimmte) Zeit, c) ✝ *Am.* auf Zeit, *bsd.* auf Raten; ***out of*** ~ a) zur Unzeit, unzeitig, b) vorzeitig, c) zu spät, d) aus dem Takt *od.* Schritt; ***till such ~ as*** so lange bis; ***to*** ~ pünktlich; ***do*** ~ F *im Gefängnis* ‚sitzen'; ***have a good*** ~ es schön haben, es sich gut gehen lassen, sich gut amüsieren; ***have the ~ of one's life*** sich großartig amüsieren, leben wie ein Fürst; ***have a hard*** ~ Schlimmes durchmachen; ***he had a hard ~ getting up early*** es fiel ihm schwer, früh aufzustehen; ***with*** ~ mit der Zeit; ~ ***was, when*** die Zeit ist vorüber, als;

II *v/t.* **19.** (mit der Uhr) messen, (ab-) stoppen, die Zeit messen von; **20.** timen (*a. sport*), die Zeit *od.* den richtigen Zeitpunkt wählen *od.* bestimmen für, zur rechten Zeit tun; → ***timed***; **21.** zeitlich abstimmen; **22.** die Zeit festsetzen für: ***is ~d to leave at 7*** *der Zug etc.* soll um 7 abfahren; **23.** ⚙ *Zündung etc.* einstellen; *Uhr* stellen; **24.** zeitlich regeln (***to*** nach); **25.** das Tempo *od.* den Takt angeben für; **III** *v/i.* **26.** Takt halten; **27.** zeitlich zs.- *od.* über'einstimmen (***with*** mit); ˌ**~-and-'mo·tion stud·y** *s.* ✝ Zeitstudie *f*; ~ **bar·gain** *s.* ✝ Ter'mingeschäft *n*; '**~-base** *adj.* ⚡ Kipp...; ~ **bill** *s.* ✝ Zeitwechsel *m*; ~ **bomb** *s.* Zeitbombe *f* (*a. fig.*); '**~-card** *s.* **1.** Stech-, Stempelkarte *f*; **2.** Fahrplan *m*; ~ **clock** *s.* Stechuhr *f*; ~ **constant** *s. phys.* 'Zeitkonˌstante *f*; '**~-conˌsum·ing** *adj.* Zeit raubend; ~ **cred·it** *s. gleitende Arbeitszeit*: Zeitguthaben *n*.

timed [taɪmd] *adj.* zeitlich (genau) festgelegt *od.* reguliert, getimed: → ***ill-timed***; ***well-timed***.

time| de·pos·its *s. pl.* ✝ *Am.* Ter'mingelder *pl.*; ~ **dif·fer·ence** *s.* 'Zeitˌunterschied *m*; ~ **draft** *s.* ✝ Zeitwechsel *m*; '**~-exˌpired** *adj.* ⚔ *Brit.* ausgedient (*Soldat od. Unteroffizier*); ~ **ex·po·sure** *s. phot.* **1.** Zeitbelichtung *f*; **2.** Zeitaufnahme *f*; ~ **freight** *s.* ✝ *Am.* Eilfracht *f*; ~ **fuse** *s.* ⚔ Zeitzünder *m*; '**~-ˌhon·o(u)red** *adj.* alt'ehrwürdig; '**~ˌkeep·er** *s.* **1.** Zeitmesser *m*; **2.** *sport u.* ✝ Zeitnehmer *m*; '**~ˌkeep·ing** *s.* **1.** *sport* Zeitnahme *f*; **2.** Arbeitszeiterfassung *f*; ~ **lag** *s. bsd.* ⚙ Verzögerung *f*, zeitliche Nacheilung *od.* Lücke; '**~-lapse** *adj. phot.* Zeitraffer...

time·less ['taɪmlɪs] *adj.* □ **1.** ewig; **2.** zeitlos (*a. Schönheit etc.*).

time lim·it *s.* Frist *f*, Ter'min *m*.

time·li·ness ['taɪmlɪnɪs] *s.* **1.** Rechtzeitigkeit *f*; **2.** günstige Zeit; **3.** Aktuali'tät *f*.

time| loan *s.* ✝ Darlehen *n* auf Zeit; ~ **lock** *s.* ⚙ Zeitschloss *n*.

time·ly ['taɪmlɪ] *adj.* **1.** rechtzeitig; **2.** (*zeitlich*) günstig, angebracht; **3.** aktu'ell.

ˌ**time|-'out** *pl.* **-'outs** *s.* **1.** *sport* Auszeit *f*; **2.** *Am.* Pause *f*; ~ **pay·ment** *s.* ✝ *Am.* Ratenzahlung *f*; '**~-piece** *s.* Chrono'meter *n*, Uhr *f*.

tim·er ['taɪmə] *s.* **1.** Zeitmesser *m* (*Apparat*); **2.** ⚙ Zeitgeber *m*, -schalter *m*; **3.** *mot.* Zündverteiler *m*; **4.** Stoppuhr *f*; **5.** *phot.* Zeitauslöser *m*; **6.** ⚙ *u. sport* Zeitnehmer *m* (*Person*).

'**time|ˌsav·er** *s.* Zeit sparendes Ge'rät *od.* Ele'ment; '**~ˌsav·ing** *adj.* Zeit (er-) sparend; ~ **sense** *s.* Zeitgefühl *n*; '**~-ˌserv·er** *s.* Opportu'nist(in), Gesinnungslump *m*; '**~ˌserv·ing I** *adj.* opportu'nistisch; **II** *s.* Opportu'nismus *m*, Gesinnungslumpe'rei *f*; '**~-share I** *s.* Ferienwohnung *f* (*od.* -haus *n*) auf Time-Sharing-Basis; **II** *adj.* Time-Sharing-...: ~ ***home*** *Ferienhaus od. -wohnung, an dem/der man für e-e festgelegte Zeit des Jahres ein Nutzungsrecht hat*; ~ **shar·ing** *s.* Time-Sharing *n*: a) *gleichzeitige Nutzung e-r Daten verarbeitenden Anlage durch mehrere Nutzer od. Geräte*, b) *Miteigentum an Ferienhäusern od. -wohnungen, das für e-e festgelegte Zeit des Jahres gilt*; ~ **sheet** *s.* **1.** Arbeits(zeit)blatt *n*; **2.** Stechblatt *n*; ~ **sig·nal** *s. Radio*: Zeitzeichen *n*; '**~-stud·y man** *s.* [*irr.*] ✝, ⚙ Zeitstudienfachmann *m*; ~ **switch** *s.* Zeitschalter *m*; '**~ˌta·ble** *s.* **1.** a) Fahrplan *m*, b) Flugplan *m*; **2.** Stundenplan *m*; **3.** ‚Fahrplan' *m*, Zeitplan *m*; '**~-ˌtest·ed** *adj.* (alt)bewährt; '**~-work** *s.* ✝ nach Zeit bezahlte Arbeit; '**~-worn** *adj.* **1.** abgenutzt (*a. fig.*); **2.** veraltet; **3.** abgedroschen.

tim·id ['tɪmɪd] *adj.* □ **1.** furchtsam, ängstlich (***of*** vor *dat.*); **2.** schüchtern, zaghaft; **ti·mid·i·ty** [tɪ'mɪdətɪ], '**tim·id·ness** [-nɪs] *s.* **1.** Ängstlichkeit *f*; **2.** Schüchternheit *f*.

tim·ing ['taɪmɪŋ] *s.* **1.** Timing *n* (*a. sport*), zeitliche Abstimmung *od.* Berechnung; **2.** Wahl *f* des richtigen Zeitpunkts; **3.** (gewählter) Zeitpunkt; **4.** ⚙, *mot.* (zeitliche) Steuerung, (*Ventil-, Zündpunkt- etc.*)Einstellung *f*.

tim·or·ous ['tɪmərəs] *adj.* □ → ***timid***.

Tim·o·thy ['tɪməθɪ] *npr. u. s. bibl.* (Brief *m* des Paulus an) Ti'motheus *m*.

tim·pa·nist ['tɪmpənɪst] *s.* ♪ Pauker *m*; **tim·pa·no** ['tɪmpənəʊ] *pl.* **-ni** [-nɪ] *s.* (Kessel)Pauke *f*.

tin [tɪn] **I** *s.* **1.** ⚒, ⚙ Zinn *n*; **2.** (Weiß-) Blech *n*; **3.** (Blech-, *bsd. Brit.* Kon'serven)Dose *f*, (-)Büchse *f*; **4.** *sl.* ‚Piepen' *pl.* (*Geld*); **II** *adj.* **5.** zinnern, Zinn...; **6.** Blech..., blechern (*a. fig. contp.*); **III** *v/t.* **7.** verzinnen; **8.** *Brit.* eindosen, (in Büchsen) einmachen *od.* packen, konservieren; → ***tinned*** 2; ~ **can** *s.* **1.** Blechdose *f*; **2.** ⚓ *sl.* Zerstörer *m*; '**~-coat** *v/t.* ⚙ feuerverzinnen; ~ **cry** *s.* ⚙ Zinngeschrei *n*.

tinc·ture ['tɪŋktʃə] **I** *s.* **1.** *pharm.* Tink'tur *f*; **2.** *poet.* Farbe *f*; **3.** *her.* Farbe *f*, Tink'tur *f*; **4.** *fig.* a) Spur *f*, Beigeschmack *m*, b) Anstrich *m*: ~ ***of education***; **II** *v/t.* **5.** färben; **6.** *fig.* a) → ***tinge*** 2, b) durch'dringen (***with*** mit).

tin·der ['tɪndə] *s.* Zunder *m*; '**~·box** *s.* **1.** Zunderbüchse *f*; **2.** *fig.* Pulverfass *n*.

tine [taɪn] *s.* **1.** Zinke *f*, Zacke *f* (*Gabel etc.*); **2.** *hunt.* (Geweih)Sprosse *f*.
tin| fish *s.* ⚓ *sl.* ‚Aal' *m* (*Torpedo*); **~ foil** *s.* **1.** Stanni'ol *n*; **2.** Stanni'olpa‚pier *n*; '**~-foil I** *v/t.* **1.** mit Stanni'ol belegen; **2.** in Stanni'ol(pa‚pier) verpacken; **II** *adj.* **3.** Stanniol...
ting [tɪŋ] **I** *s.* Klingeln *n*; **II** *v/t.* klingeln mit; **III** *v/i.* klingeln; **~-a-ling** [‚tɪŋə'lɪŋ] *s.* Kling'ling *n*.
tinge [tɪndʒ] **I** *v/t.* **1.** tönen, (leicht) färben; **2.** *fig.* e-n Anstrich geben (*dat.*): ***be ~d with*** e-n Anflug haben von, et. von ... an sich haben; **II** *v/i.* **3.** sich färben; **III** *s.* **4.** leichter Farbton, Tönung *f*: ***have a ~ of red*** e-n Stich ins Rote haben, ins Rote spielen; **5.** *fig.* Anstrich *m*, Anflug *m*, Spur *f*.
tin·gle ['tɪŋgl] **I** *v/i.* **1.** prickeln, kribbeln, beißen, brennen (*Haut, Ohren etc.*) (***with cold*** vor Kälte); **2.** klingen, summen (***with*** vor *dat.*): ***my ears are tingling*** mir klingen die Ohren; **3.** **~ *with*** *fig.* ‚knistern' vor *Spannung, Erotik etc.*: ***the story ~s with suspense***; **4.** flirren (*Hitze, Licht*); **II** *s.* **5.** Prickeln *n etc.*; **6.** Klingen *n in den Ohren*; **7.** (ner'vöse) Erregung.
tin| god *s.* Götze *m*, Popanz *m*; **~ hat** *s.* ⚔ F Stahlhelm *m*; '**~-horn** *Am. sl.* **I** *adj.* angeberisch, hochstaplerisch; **II** *s.* Hochstapler *m*, Angeber *m*.
tink·er ['tɪŋkə] **I** *s.* **1.** Kesselflicker *m*: ***not worth a ~'s cuss*** keinen Pfifferling wert; **2.** a) Pfuscher *m*, Stümper *m*, b) Bastler *m*, Tüftler *m*; **3.** Pfusche'rei *f*: ***have a ~ at*** an *et.* herumpfuschen; **II** *v/i.* **4.** her'umbasteln, -pfuschen (***at, with*** an *dat.*); **III** *v/t.* **5.** *mst* **~ *up*** (rasch) zs.-flicken; zu'rechtbasteln *od.* -pfuschen (*a. fig.*).
tin·kle ['tɪŋkl] **I** *v/i.* **1.** klingeln, hell (er-) klingen; **II** *v/t.* **2.** klingeln mit; **III** *s.* **3.** Klingeln *n*, (*a. fig.* Vers-, Wort)Geklingel *n*: ***give s.o. a. ~*** *Brit.* F j-n ‚anklingeln'; **4.** ***have a ~*** F ‚pinkeln'.
tin| Liz·zie ['lɪzɪ] *s. humor.* alter Klapperkasten (*Auto*); '**~·man** [-mən] *s.* [*irr.*] **1.** Zinngießer *m*; **2.** → ***tinsmith***.
tinned [tɪnd] *adj.* **1.** verzinnt; **2.** *Brit.* konserviert, Dosen..., Büchsen...: **~ *fruit*** Obstkonserven *pl.*; **~ *meat*** Büchsenfleisch *n*; **~ *music*** *humor.* ‚Musik *f* aus der Konserve'; **tin·ner** ['tɪnə] *s.* **1.** → ***tinsmith***; **2.** Verzinner *m*.
tin·ny ['tɪnɪ] *adj.* **1.** zinnern; **2.** zinnhaltig; **3.** blechern (*a. fig. Klang*).
tin| o·pen·er *s. Brit.* Dosen-, Büchsenöffner *m*; ♀ **Pan Al·ley** [‚tɪnpæn'ælɪ] *s.* (Zentrum *n* der) 'Schlagerindu‚strie *f*; **~ plate** *s.* Weiß-, Zinnblech *n*; '**~-plate** *v/t.* verzinnen; '**~·pot I** *s.* Blechtopf *m*; **II** *adj. sl.* ‚schäbig', ‚billig'.
tin·sel ['tɪnsl] **I** *s.* **1.** Flitter-, Rauschgold *n*, -silber *n*; **2.** La'metta *n*; **3.** Glitzerschmuck *m*; **4.** *fig.* Flitterkram *m*, Kitsch *m*; **II** *adj.* **5.** Flitter...; **6.** *fig.* flitterhaft, kitschig, Flitter..., Schein...; **III** *v/t.* **7.** mit Flitterwerk verzieren.
'**tin|·smith** *s.* Blechschmied *m*, Klempner *m*; **~ sol·der** *s.* ⚙ Weichlot *n*, Lötzinn *n*.
tint [tɪnt] **I** *s.* **1.** (hell getönte *od.* zarte) Farbe; **2.** (Farb)Ton *m*, Tönung *f*: ***autumnal ~s*** Herbstfärbung *f*; ***have a bluish ~*** ins Blaue spielen, e-n Stich ins Blaue haben; **3.** *paint.* Weißmischung *f*; **II** *v/t.* **4.** (leicht) färben: ***~ed glass*** Rauchglas *n*; ***~ed paper*** Tonpapier *n*; **5.** a) (ab)tönen, b) aufhellen.

tin·tin·nab·u·la·tion ['tɪntɪ‚næbjʊ'leɪʃn] *s.* Geklingel *n*.
ti·ny ['taɪnɪ] **I** *adj.* winzig (*a. Geräusch etc.*); **II** *s.* Kleine(r *m*) *f* (*Kind*).
tip¹ [tɪp] **I** *s.* **1.** (Schwanz-, Stock- *etc.*) Spitze *f*, (Flügel- *etc.*)Ende *n*: **~ *of the ear*** Ohrläppchen *n*; **~ *of the finger*** (***nose, tongue***) Finger- (Nasen-, Zungen)spitze; ***have s.th. at the ~s of one's fingers*** et. ‚parat' haben, et. aus dem Effeff können; ***I have it on the ~ of my tongue*** es liegt mir auf der Zunge; **2.** Gipfel *m*, (Berg)Spitze *f*; → ***iceberg***; **3.** ⚙ spitzes Endstück, *bsd.* a) (*Stock- etc.*)Zwinge *f*, b) Düse *f*, c) Tülle *f*, d) (Schuh)Kappe *f*; **4.** Filter *m e-r Zigarette*; **II** *v/t.* **5.** ⚙ mit e-r Spitze *etc.* versehen; beschlagen, bewehren; **6.** *Büsche etc.* stutzen.
tip² [tɪp] **I** *s.* **1.** Neigung *f*: ***give s.th. a ~*** → 3; **2.** (Schutt- *etc.*)Abladeplatz *m*, (*a.* Kohlen)Halde *f*; **II** *v/t.* **3.** kippen, neigen; → ***scale²*** 1; **4.** *mst* **~ *over*** 'umkippen; **5.** *Hut* abnehmen, an *den Hut* tippen (*zum Gruß*); **6.** *Brit. Müll etc.* abladen; **III** *v/i.* **7.** sich neigen; **8.** *mst* **~ *over*** umkippen; ✈ auf den Kopf gehen (*beim Landen*); **~ off** *v/t.* **1.** abladen; **2.** *sl. Glas Bier etc.* ‚hin'unterkippen'; **~ out I** *v/t.* ausschütten; **II** *v/i.* her'ausfallen; **~ o·ver** → ***tip²*** 4 *u.* 8; **~ up** *v/t. u. v/i.* **1.** hochkippen, -klappen; **2.** umkippen.
tip³ [tɪp] **I** *s.* **1.** Trinkgeld *n*; **2.** (Wett- *etc.*)Tipp *m*; **3.** Tipp *m*, Wink *m*, Fingerzeig *m*, Rat *m*; **II** *v/t.* **4.** *j-m* ein Trinkgeld geben; **5.** F *j-m* e-n Tipp *od.* Wink geben: **~ *s.o. off***, **~ *s.o. the wink*** j-m (rechtzeitig) e-n Tipp geben, j-n warnen; **6.** *sport* tippen auf (*acc.*); **III** *v/i.* **7.** Trinkgeld(er) geben.
tip⁴ [tɪp] **I** *s.* Klaps *m*; leichte Berührung; **II** *v/t.* leicht schlagen; antippen, antuppen.
tip| and run *s. Brit. Art* Kricket *n*; ‚**~-and-'run** *adj. fig.* Überraschungs..., blitzschnell: **~ *raider*** ⚔ Einbruchsflieger *m*; '**~·cart** *s.* Kippwagen *m*.
'**tip-off** *s.* **1.** Tipp *m*, Wink *m*; **2.** *sport* Sprungball *m*.
tipped [tɪpt] *adj.* **1.** mit e-m Endstück *od.* e-r Zwinge, Spitze *etc.* versehen; **2.** mit Filter (*Zigarette*).
tip·per ['tɪpə] *s.* ⚙ Kippwagen *m*.
tip·pet ['tɪpɪt] *s.* **1.** Pele'rine *f*, (her'abhängender) Pelzkragen; **2.** *eccl.* (Seiden)Halsband *n*, (-)Schärpe *f*.
tip·ple ['tɪpl] **I** *v/t. u. v/i.* ‚picheln'; **II** *s.* (alko'holisches) Getränk; '**tip·pler** [-lə] *s.* ‚Pichler' *m*, Säufer *m*.
tip·si·fy ['tɪpsɪfaɪ] *v/t.* beduseln; '**tip·si·ness** [-ɪnɪs] *s.* Beschwipstheit *f*.
'**tip·staff** *pl.* **-staves** *s.* **1.** *hist.* Amtsstab *m*; **2.** Gerichtsdiener *m*.
tip·ster ['tɪpstə] *s.* **1.** *bsd. Rennsport u. Börse*: (berufsmäßiger) Tippgeber; **2.** Infor'mant *m*.
tip·sy ['tɪpsɪ] *adj.* ☐ **1.** angeheitert, beschwipst; **2.** wack(e)lig, schief; **~ cake** *s. mit Wein getränkter u. mit Eiercreme servierter Kuchen.*
'**tip|-‚tilt·ed** *adj.*: **~ *nose*** Stupsnase *f*; '**~·toe I** *s.*: ***on ~*** a) auf den Zehenspitzen, b) *fig.* neugierig, gespannt (***with*** vor *dat.*), c) darauf brennend (*et. zu tun*); **II** *adj. u. adv.* → I; **III** *v/i.* auf den Zehenspitzen gehen, schleichen; ‚**~'top I** *s.* Gipfel *m*, *fig. a.* Höhepunkt *m*; **II** *adj. u. adv.* F 'tipp'topp, erstklassig; '**~-up** *adj.* aufklappbar: **~ *seat*** Klappsitz *m*.

ti·rade [taɪ'reɪd] *s.* **1.** Ti'rade *f* (*a.* ♪), Wortschwall *m*; **2.** 'Schimpfkano‚nade *f*.
tire¹ ['taɪə] **I** *v/t.* ermüden (*a. fig.* langweilen): **~ *out*** erschöpfen; **~ *to death*** a) todmüde machen, b) *fig.* tödlich langweilen; **II** *v/i.* müde werden: a) ermüden, ermatten, b) *fig.* 'überdrüssig werden (***of** gen.*, ***of doing*** zu tun).
tire² ['taɪə] *mot. bsd. Am.* **I** *s.* (Rad-, Auto)Reifen *m*; **II** *v/t.* bereifen.
tire³ ['taɪə] *obs.* **I** *v/t.* schmücken; **II** *s.* a) (Kopf)Putz *m*, Schmuck *m*, b) (schöne) Kleidung, Kleid *n*.
tire| cas·ing *s. mot.* (Reifen)Mantel *m*, (-)Decke *f*; **~ chain** *s. mot.* Schneekette *f*.
tired¹ ['taɪəd] *adj.* **1.** müde: a) ermüdet (***by, with*** von): **~ *to death*** todmüde; **~ *and emotional*** F *humor.* angeheitert, nicht mehr ganz nüchtern, b) 'überdrüssig (***of** gen.*); ***I am ~ of it*** *fig.* ich habe es satt; **2.** erschöpft, verbraucht; **3.** abgenutzt.
tired² ['taɪəd] *adj.* ⚙, *mot.* bereift.
tired·ness ['taɪədnɪs] *s.* **1.** Müdigkeit *f*; **2.** *fig.* 'Überdruss *m*.
tire| ga(u)ge *s. mot.* Reifendruckmesser *m*; **~ grip** *s.* ⚙ Griffigkeit *f* der Reifen.
tire·less¹ ['taɪəlɪs] *adj.* ⚙ unbereift.
tire·less² ['taɪəlɪs] *adj.* ☐ unermüdlich; '**tire·less·ness** [-nɪs] *s.* Unermüdlichkeit *f*.
tire| le·ver *s. mot.* ('Reifen)Mon‚tierhebel *m*; **~ marks** *s. pl. mot.* Reifen-, Bremsspur(en *pl.*) *f*; **~ rim** *s.* Reifenwulst *m*.
tire·some ['taɪəsəm] *adj.* ☐ **1.** ermüdend (*a. fig.*); **2.** *fig.* unangenehm, lästig.
'**tire‚wom·an** *s.* [*irr.*] *obs.* **1.** Kammerzofe *f*; **2.** *thea.* Garderobi'ere *f*.
ti·ro → ***tyro***.
Tir·o·lese [‚tɪrə'liːz] **I** *adj.* ti'rolerisch, ti'rolisch, Tiroler(...); **II** *s.* Ti'roler(in).
'**T-‚i·ron** *s.* ⚙ T-Eisen *n*.
tis·sue ['tɪʃuː; 'tɪsjuː] *s.* **1.** *biol.* (Zell-, Muskel- *etc.*)Gewebe *n*; **2.** ✝ feines Gewebe, Flor *m*; **3.** *a.* **~ *paper*** 'Seidenpa‚pier *n*; **4.** Pa'pier(taschen)tuch *n*; **5.** *phot.* 'Kohlepa‚pier *n*; **6.** *fig.* (*Lügen- etc.*)Gewebe *n*, Netz *n*.
tit¹ [tɪt] *s. orn.* Meise *f*.
tit² [tɪt] *s.*: **~ *for tat*** wie du mir, so ich dir; ***give s.o. ~ for tat*** j-m mit gleicher Münze heimzahlen.
tit³ [tɪt] *s.* **1.** → ***teat***; **2.** *vulg.* ‚Titte' *f*.
Ti·tan ['taɪtən] *s.* Ti'tan *m*; '**Ti·tan·ess** [-tənɪs] *s.* Ti'tanin *f*; **ti·tan·ic** [taɪ'tænɪk] *adj.* **1.** ti'tanisch, gi'gantisch; **2.** ⚗ Titan...: **~ *acid***; **ti·ta·ni·um** [taɪ'teɪnjəm] *s.* ⚗ Ti'tan *n*.
tit·bit ['tɪtbɪt] *s.* Leckerbissen *m* (*a. fig.*).
titch [tɪtʃ] *s. Brit.* F ‚Zwerg' *m*, ‚Drei'käsehoch' *m*.
tith·a·ble ['taɪðəbl] *adj.* zehntpflichtig.
tithe [taɪð] **I** *s.* **1.** *oft pl. bsd. eccl.* Zehnte *m*; **2.** Zehntel *n*: ***not a ~ of it*** *fig.* nicht ein bisschen davon; **II** *v/t.* **3.** den Zehnten bezahlen von; **4.** den Zehnten erheben von.
tit·il·late ['tɪtɪleɪt] *v/t. u. v/i.* kitzeln (*a. fig. angenehm erregen*); **tit·il·la·tion** [‚tɪtɪ'leɪʃn] *s.* **1.** Kitzeln *n*; **2.** *fig.* Kitzel *m*.
tit·i·vate ['tɪtɪveɪt] *v/t. u. v/i. humor.* (sich) fein machen, (sich) her'ausputzen.
tit·lark ['tɪtlɑːk] *s. orn.* Pieper *m*.
ti·tle ['taɪtl] *s.* **1.** (*Buch- etc.*)Titel *m*; **2.**

T

(Ka'pitel- *etc.*)‚Überschrift *f*; **3.** (Haupt)Abschnitt *m e-s Gesetzes etc.*; **4.** *Film*: 'Untertitel *m*; **5.** Bezeichnung *f*; **6.** (Adels-, Ehren-, Amts)Titel *m*: **~ of nobility** Adelsprädikat *n*; **7.** *sport* Titel *m*; **8.** ⚖ a) Rechtstitel *m*, -anspruch *m*, Recht *n* (**to** auf *acc.*), b) dingliches Eigentum(srecht) (**to** an *dat.*), c) Eigentumsurkunde *f*; **9.** *allg.* Recht *n* (**to** auf *acc.*), Berechtigung *f* (**to do** zu tun); **10.** *typ.* a) → **title page**, b) Buchrücken *m*; '**ti·tled** [-ld] *adj.* **1.** betitelt, tituliert; **2.** ad(e)lig.

ti·tle| deed → **title** 8 c; '**~‚hold·er** *s.* **1.** ⚖ (Rechts)Titelinhaber(in); **2.** *sport* Titelhalter(in), -verteidiger(in); **~ page** *s.* Titelblatt *n*; **~ role** *s. thea.* Titelrolle *f*.

'**tit·mouse** *s.* [*irr.*] *orn.* Meise *f*.

ti·trate ['taɪtreɪt] *v/t. u. v/i.* ⚗ titrieren.

tit·ter ['tɪtə] **I** *v/i.* kichern; **II** *s.* Gekicher *n*, Kichern *n*.

tit·tle ['tɪtl] *s.* **1.** Pünktchen *n*, (*bsd.* i-) Tüpfelchen *n*; **2.** *fig.* Tüttelchen *n*, *das* bisschen: **to a ~** aufs i-Tüpfelchen *od.* Haar, ganz genau; **not a ~ of it** nicht ein Iota (davon).

'**tit·tle-‚tat·tle I** *s.* **1.** Schnickschnack *m*, Geschwätz *n*; **2.** Klatsch *m*, Tratsch *m*; **II** *v/i.* **3.** schwatzen, schwätzen; **4.** tratschen.

tit·u·lar ['tɪtjʊlə] **I** *adj.* □ **1.** Titel...; **2.** Titular..., nomi'nell: **~ king** Titularkönig *m*; **II** *s.* **3.** Titu'lar *m*.

Ti·tus ['taɪtəs] *npr. u. s. bibl.* (Brief *m* des Paulus an) Titus *m*.

tiz·zy ['tɪzɪ] *s.* F Aufregung *f*.

to [tuː; *im Satz mst* tʊ; *vor Konsonanten* tə] **I** *prp.* **1.** *Grundbedeutung*: zu; **2.** *Richtung u. Ziel, räumlich*: zu, nach, an (*acc.*), in (*acc.*), auf (*acc.*): **~ bed** zu Bett *gehen*; **~ London** nach London *reisen etc.*; **~ school** in die Schule *gehen*; **~ the ground** auf den *od.* zu Boden *fallen*, *werfen etc.*; **~ the station** zum Bahnhof; **~ the wall** an die Wand *nageln etc.*; **~ the right** auf der rechten Seite, rechts; **back ~ back** Rücken an Rücken; **3.** in (*dat.*): **I have never been ~ London**; **4.** *Richtung*, *Ziel*, *Zweck*, *Wirkung*: zu, auf (*acc.*), an (*acc.*), in (*acc.*), für, gegen: **pray ~ God** zu Gott beten; **our duty ~** unsere Pflicht *j-m* gegenüber; **~ dinner** zum Essen *einladen etc.*; **~ my surprise** zu m-r Überraschung; **pleasant ~ the ear** angenehm für das Ohr; **here's ~ you!** F (auf) Ihre Gesundheit!, Prosit!; **what is that ~ you?** was geht das Sie an?; **~ a large audience** vor e-m großen Publikum *spielen*; **5.** *Zugehörigkeit*: zu, in (*acc.*), für, auf (*acc.*): **cousin ~** Vetter des *Königs etc.*, der *Frau N.*, von *N.*; **he is a brother ~ her** er ist ihr Bruder; **secretary ~** Sekretär des ..., *j-s* Sekretär; **that is all there is ~ it** das ist alles; **a cap with a tassel ~ it** e-e Mütze mit e-r Troddel (daran); **a room ~ myself** ein eigenes Zimmer; **a key ~ the trunk** ein Schlüssel für den (*od.* zum) Koffer; **6.** *Gemäßheit*: nach: **~ my feeling** m-m Gefühl nach; **not ~ my taste** nicht nach m-m Geschmack; **7.** (im Verhältnis *od.* Vergleich) zu, gegen, gegen'über, auf (*acc.*), mit: **you are but a child ~ him** Sie sind nur ein Kind gegen ihn; **nothing ~** nichts im Vergleich zu; **five ~ one** fünf gegen eins, *sport etc.* fünf zu eins; **three ~ the pound** drei auf das Pfund; **8.** *Ausmaß*, *Grenze*: bis, (bis) zu, (bis) an (*acc.*), auf (*acc.*), in (*dat.*): **~ the clouds**; **goods ~ the value of** Waren im Werte von; **love ~ craziness** bis zum Wahnsinn lieben; **9.** *zeitliche Ausdehnung od. Grenze*: bis, bis zu, bis gegen, auf (*acc.*), vor (*dat.*): **a quarter ~ one** ein Viertel vor eins; **from three ~ four** von drei bis vier (Uhr); **~ this day** bis zum heutigen Tag; **~ the minute** auf die Minute (genau); **10.** *Begleitung*: zu, nach: **~ a guitar** zu e-r Gitarre *singen*; **~ a tune** nach e-r Melodie *tanzen*; **11.** *zur Bildung des* (*betonten*) *Dativs*: **~ me**, **you** *etc.* mir, dir, Ihnen *etc.*; **it seems ~ me** es scheint mir; **she was a good mother ~ him** sie war ihm e-e gute Mutter; **12.** *zur Bezeichnung des Infinitivs*: **~ be or not ~ be** sein oder nicht sein; **~ go** gehen; **I want ~ go** ich möchte gehen; **easy ~ understand** leicht zu verstehen; **years ~ come** künftige Jahre; **I want her ~ come** ich will, dass sie kommt; **13.** *Zweck*, *Absicht*: um zu, zu: **he only does it ~ earn money** er tut es nur, um Geld zu verdienen; **14.** *zur Verkürzung des Nebensatzes*: **I weep ~ think of it** ich weine, wenn ich daran denke; **he was the first ~ arrive** er kam als Erster; **~ be honest, I should decline** wenn ich ehrlich sein soll, muss ich ablehnen; **~ hear him talk** wenn man ihn (so) reden hört; **15.** *zur Andeutung e-s aus dem Vorhergehenden zu ergänzenden Infinitivs*: **I don't go because I don't want ~** ich gehe nicht, weil ich nicht (gehen) will; **II** *adv.* [tuː] **16.** zu, geschlossen: **pull the door ~** die Tür zuziehen; **17.** *bei verschiedenen Verben*: dran; → **fall to**, **put to** *etc.*; **18.** zu Bewusstsein *od.* zu sich *kommen*, *bringen*; **19.** ⚓ nahe am Wind: **keep her ~!**; **20. ~ and fro** a) hin u. her, b) auf u. ab.

toad [təʊd] *s.* **1.** *zo.* Kröte *f*: **a ~ under a harrow** *fig.* ein geplagter Mensch; **2.** Ekel *n* (*Person*); '**~‚eat·ing I** *s.* Speichellecke'rei *f*; **II** *adj.* speichelleckerisch; '**~·flax** *s.* ⚘ Leinkraut *n*; **‚~-in--the-'hole** *s. in Pfannkuchenteig gebackene Würste*; '**~·stool** *s. bot.* **1.** (größerer Blätter)Pilz; **2.** Giftpilz *m*.

toad·y ['təʊdɪ] **I** *s.* Speichellecker *m*; **II** *v/i.* (*v/t.* vor *j-m*) kriechen *od.* schar'wenzeln; '**toad·y·ism** [-ɪɪzəm] *s.* Speichellecke'rei *f*.

to-and-fro [‚tuːən'frəʊ] *s.* Hin u. Her *n*; Kommen u. Gehen *n*.

toast[1] [təʊst] **I** *s.* **1.** Toast *m*, geröstete (Weiß)Brotschnitte: **have s.o. on ~** *Brit. sl.* j-n ganz in der Hand haben; **II** *v/t.* **2.** toasten, rösten; **3.** sich *die Hände etc.* wärmen; **III** *v/i.* **4.** sich rösten *od.* toasten lassen; **5.** F sich *von der Sonne* braten lassen.

toast[2] [təʊst] **I** *s.* **1.** Trinkspruch *m*, Toast *m*: **propose a ~ to s.o.** e-n Toast auf j-n ausbringen; **2.** gefeierte Per'son *od.* Sache; **II** *v/t.* **3.** toasten *od.* trinken auf (*acc.*); **III** *v/i.* **4.** toasten (**to** auf *acc.*).

toast·er ['təʊstə] *s.* Toaster *m*.

to·bac·co [tə'bækəʊ] *pl.* **-cos** *s.* **1.** *a.* **~ plant** Tabak(pflanze *f*) *m*; **2.** (Rauch- *etc.*)Tabak *m*: **~ heart** ⚕ Nikotinherz *n*; **to'bac·co·nist** [-kənɪst] *s.* Tabak(waren)händler *m*: **~'s** (**shop**) Tabak(waren)laden *m*.

to·bog·gan [tə'bɒgən] **I** *s.* **1.** (Rodel-) Schlitten *m*; **2.** *Am.* Rodelhang *m*; **II** *v/i.* **3.** rodeln; **~ chute**, **~ slide** *s.* Rodelbahn *f*.

to·by ['təʊbɪ] *s. a.* **~ jug** Bierkrug *m in Gestalt e-s dicken, alten Mannes.*

toc·sin ['tɒksɪn] *s.* **1.** A'larm-, Sturmglocke *f*; **2.** A'larm-, 'Warnsi‚gnal *n*.

tod [tɒd] *s.*: **on one's ~** *Brit. sl.* allein.

to·day [tə'deɪ] **I** *adv.* **1.** heute; **2.** heute, heutzutage; **II** *s.* **3.** heutiger Tag: **~'s paper** die heutige Zeitung, die Zeitung von heute; **~'s rate** ✝ Tageskurs *m*; **4.** *das* Heute, heutige Zeit, Gegenwart *f*: **of ~**, **~'s** von heute, heutig, Tages..., der Gegenwart.

tod·dle ['tɒdl] **I** *v/i.* **1.** watscheln (*bsd. kleine Kinder*); **2.** F (da'hin)zotteln: **~ off** sich trollen, ‚abhauen'; **II** *s.* **3.** Watscheln *n*; **4.** F Bummel *m*; **5.** F → '**tod·dler** [-lə] *s.* Kleinkind *n*.

tod·dy ['tɒdɪ] *s.* Toddy *m*: a) *Art Grog*, b) Palmwein *m*.

to-do [tə'duː] *s.* F **1.** Lärm *m*; **2.** Ge'tue *n*, ‚Wirbel' *m*, ‚The'ater' *n*: **make much ~ about s.th.** viel Wind um e-e Sache machen.

toe [təʊ] **I** *s.* **1.** *anat.* Zehe *f*: **on one's ~s** F ‚auf Draht'; **turn one's ~s in** (**out**) einwärts (auswärts) gehen; **turn up one's ~s** *sl.* ins Gras beißen; **tread on s.o.'s ~s** F *fig.* ‚j-m auf die Hühneraugen treten'; **2.** Vorderhuf *m* (*Pferd*); **3.** Spitze *f*, Kappe *f von Schuhen*, *Strümpfen etc.*; **4.** ⚙ a) (Well)Zapfen *m*, b) Nocken *m*, Daumen *m*, c) 🚂 Keil *m* (*Weiche*); **5.** *sport* Löffel *m* (*Golfschläger*); **II** *v/t.* **6.** a) *Strümpfe* mit neuen Spitzen versehen, b) *Schuhe* bekappen; **7.** mit den Zehen berühren: **~ the line** a) *a.* **~ the mark** in e-r Reihe (*sport* zum Start) antreten, b) *pol.* sich der Parteilinie unterwerfen, ‚spuren' (*a. weitS. gehorchen*); **8.** *sport den Ball* spitzeln; **9.** *sl. j-m* e-n (Fuß)Tritt versetzen; **10.** *Golf*: *Ball* mit dem Löffel schlagen; '**~·board** *s. sport* Stoß-, Wurfbalken *m*; '**~·cap** *s.* (Schuh)Kappe *f*.

-toed [təʊd] *in Zssgn* ...zehig.

'**toe|‚danc·er** *s.* Spitzentänzer(in); '**~·hold** *s.* **1.** Halt *m* für die Zehen (*beim Klettern*); **2.** *fig.* a) Ansatzpunkt *m*, b) Brückenkopf *m*, 'Ausgangspositi‚on *f*: **get a ~** Fuß fassen; **3.** *Ringen*: Zehengriff *m*; '**~·nail** *s.* Zehennagel *m*; **~ spin** *s.* 'Spitzenpirou‚ette *f*.

toff [tɒf] *s. Brit. sl.* ‚Fatzke' *m*.

tof·fee, **tof·fy** ['tɒfɪ] *s. Brit.* 'Sahnebon‚bon *m*, *n*, Toffee *n*: **he can't shoot for ~** F vom Schießen hat er keine Ahnung; **not for ~** F nicht für Geld u. gute Worte; '**~-nosed** *adj.* F eingebildet.

to·fu ['təʊfuː] *s.* Tofu *m*.

tog [tɒg] F **I** *s. pl.* ‚Kla'motten' *pl*: **golf ~s** Golfdress *m*; **II** *v/t.*: **~ o.s. up** sich ‚in Schale werfen'.

to·geth·er [tə'geðə] **I** *adv.* **1.** zu'sammen: **call** (**sew**) **~** zs.-rufen (-nähen); **2.** zu-, bei'sammen, mitein'ander, gemeinsam; **3.** zusammen (genommen); **4.** mitein'ander *od.* gegenein'ander: **fight ~**; **5.** zu'gleich, gleichzeitig, zu'sammen; **6.** *Tage etc.* nach-, hintereinander, *e-e Zeit* lang *od.* hin'durch: **he talked for hours ~** er sprach stundenlang; **7. ~ with** zusammen *od.* gemeinsam mit, mit(samt); **II** *adj.* **8.** *Am. sl.* ausgeglichen (*Person*); **to'geth·er·ness** [-nɪs] *s. bsd. Am.* Zs.-gehörigkeit(sgefühl *n*) *f*; Einheit *f*; Nähe *f*.

tog·ger·y ['tɒgərɪ] → **tog** I.

tog·gle ['tɒgl] **I** *s.* **1.** ⚙, ⚓ Knebel *m*; **2.** *a.* **~ joint** ⚙ Knebel-, Kniegelenk *n*; **II** *v/t.* **3.** festknebeln; **~ key** *s. Computer*: 'Umschalttaste *f*; **~ switch** *s.* ⚡ Kippschalter *m*.

T

toil[1] [tɔɪl] *s. mst pl. fig.* Schlingen *pl.*, Netz *n*: ***in the ~s of*** a) in den Schlingen *od.* Fängen des *Satans etc.*, b) in *Schulden etc.* verstrickt.

toil[2] [tɔɪl] **I** *s.* (mühselige) Arbeit, Mühe *f*, Plage *f*, Placke'rei *f*; **II** *v/i. a.* ***~ and moil*** sich abmühen *od.* abplacken *od.* quälen (***at, on*** mit): ***~ up a hill*** e-n Berg mühsam erklimmen; **'toil·er** [-lə] *s. fig.* Arbeitstier *n*, Schwerarbeiter *m*.

toi·let ['tɔɪlɪt] *s.* **1.** Toi'lette *f*, Klo'sett *n*; **2.** Fri'sier-, Toi'lettentisch *m*; **3.** Toi'lette *f* (*Ankleiden etc.*): ***make one's ~*** Toilette machen; **4.** Toi'lette *f*, Kleidung *f*, *a.* (Abend)Kleid *n od.* (Gesellschafts)Anzug *m*; **~ bag** *s.* Kul'turbeutel *m*; **~ case** *s.* 'Reiseneces,saire *n*; **~ pa·per** *s.* Toi'letten-, Klo'settpa,pier *n*; **~ pow·der** *s.* Körperpuder *m*; **~ roll** *s.* Rolle *f* Klo'settpa,pier.

toi·let·ry ['tɔɪlɪtrɪ] *s.* Toi'lettenar,tikel *pl.*

toi·let| set *s.* Toi'lettengarni,tur *f*; **~ soap** *s.* Toi'lettenseife *f*; **~ ta·ble** → ***toilet*** 2.

toil·ful ['tɔɪlfʊl], **'toil·some** [-səm] *adj.* □ mühsam, -selig; **'toil·some·ness** [-səmnɪs] *s.* Mühseligkeit *f*.

'toil·worn *adj.* abgearbeitet.

To·kay [təʊ'keɪ] *s.* To'kaier *m* (*Wein u. Traube*).

to·ken ['təʊkən] **I** *s.* **1.** Zeichen *n*: a) Anzeichen *n*, Merkmal *n*, b) Beweis *m*: ***as a*** (*od.* ***in***) ***~ of*** als *od.* zum Zeichen (*gen.*); ***by the same ~*** a) aus dem gleichen Grund(e), mit demselben Recht, umgekehrt, b) ferner, überdies; **2.** Andenken *n*, (Erinnerungs)Geschenk *n*, ('Unter)Pfand *n*; **3.** *hist.* Scheidemünze *f*; **4.** (Me'tall)Marke *f* (*als Fahrausweis*); **5.** Spielmarke *f*; **6.** Gutschein *m*, Bon *m*; **II** *adj.* **7.** nomi'nell: ***~ money*** a) Scheidemünzen *pl.*, b) Not-, Ersatzgeld *n*; ***~ payment*** symbolische Zahlung; ***~ strike*** (kurzer) Warnstreik; **8.** Alibi...: ***~ negro***; ***~ female*** (*od.* ***woman***) *a.* Quotenfrau *f*; **9.** Schein...: ***~ raid*** Scheinangriff *m*; **to·ken·ism** ['təʊkənɪzəm] *s.* 'Alibipoli,tik *f*.

told [təʊld] *pret. u. p.p. von* ***tell***.

tol·er·a·ble ['tɒlərəbl] *adj.* □ **1.** erträglich; **2.** *fig.* leidlich, mittelmäßig, erträglich; **3.** F ‚einigermaßen' (*gesund*), ‚so la'la'; **'tol·er·a·ble·ness** [-nɪs] *s.* Erträglichkeit *f*; **'tol·er·ance** [-rəns] *s.* **1.** Tole'ranz *f*, Duldsamkeit *f*; **2.** (***of***) a) Duldung *f* (*gen.*), b) Nachsicht *f* (mit); **3.** ⚕ a) Tole'ranz *f*, 'Widerstandsfähigkeit *f* (***for*** gegen), b) Verträglichkeit *f*; **4.** ⚙ Tole'ranz *f*, zulässige Abweichung, Spiel *n*, Fehlergrenze *f*; **'tol·er·ant** [-rənt] *adj.* □ **1.** tole'rant, duldsam (***of*** gegen); **2.** geduldig, nachsichtig (***of*** mit); **3.** ⚕ 'widerstandsfähig (***of*** gegen); **tol·er·ate** ['tɒləreɪt] *v/t.* **1.** *j-n od. et.* dulden, tolerieren, *et. a.* zulassen, hinnehmen, *a. j-s Gesellschaft* ertragen; **2.** duldsam *od.* tole'rant sein gegen; **3.** *bsd.* ⚕ vertragen; **tol·er·a·tion** [ˌtɒlə'reɪʃn] *s.* **1.** Duldung *f*; **2.** → ***tolerance*** 1.

toll[1] [təʊl] **I** *v/t.* **1.** *bsd. Totenglocke* läuten, erschallen lassen; **2.** *Stunde* schlagen; **3.** (durch Glockengeläut) verkünden; die Totenglocke läuten für *j-n*; **II** *v/i.* **4.** a) läuten, schallen, b) schlagen (*Glocke*); **III** *s.* **5.** Geläut *n*; **6.** Glockenschlag *m*.

toll[2] [təʊl] *s.* **1.** *hist.* (*bsd.* Wege-, Brücken)Zoll *m*; **2.** Straßenbenutzungsgebühr *f*, Maut *f*; **3.** Standgeld *n auf dem Markt etc.*; **4.** *Am.* Hafengebühr *f*; **5.** *teleph. Am.* Gebühr *f* für ein Ferngespräch; **6.** *fig.* Tri'but *m an Menschenleben etc.*, (Blut)Zoll *m*, (Zahl *f* der) Todesopfer *pl.*: ***the ~ of the road*** die Verkehrsopfer *od.* -unfälle; ***take its ~ of*** *fig. j-n* arg mitnehmen, s-n Tribut fordern von *j-m od. e-r Sache*, *Kräfte*, *Vorräte etc.* strapazieren; ***take a ~ of 100 lives*** 100 Todesopfer fordern (*Katastrophe*); **~ bar** → ***toll gate***; **~ call** *s. teleph.* **1.** *Am.* Ferngespräch *n*; **2.** *Brit. obs.* Nahverkehrsgespräch *n*; **~ gate** *s.* Schlagbaum *m e-r Mautstraße*; **'~·house** *s.* Mautstelle *f*; **~ road** *s.*, **'~·way** *s.* gebührenpflichtige Straße, Mautstraße *f*.

tol·u·ene ['tɒljʊiːn], **'tol·u·ol** [-jʊɒl] *s.* ⚗ Tolu'ol *n*.

tom [tɒm] *s.* **1.** Männchen *n kleinerer Tiere*: ***~ turkey*** Truthahn *m*, Puter *m*; **2.** Kater *m*; **3.** ℒ *abbr. für* ***Thomas***: ***ℒ and Jerry*** *Am.* Eiergrog *m*; ***ℒ, Dick, and Harry*** Hinz u. Kunz; ***ℒ Thumb*** Däumling *m*.

tom·a·hawk ['tɒməhɔːk] **I** *s.* Tomahawk *m*, Kriegsbeil *n der Indianer*: ***bury*** (***dig up***) ***the ~*** *fig.* das Kriegsbeil begraben (ausgraben); **II** *v/t.* mit dem Tomahawk (er)schlagen.

to·ma·to [tə'mɑːtəʊ] *pl.* **-toes** *s.* ⚘ To'mate *f*. **~ juice** *s.* To'matensaft *m*; **~ ketch·up** *s.* Ket(s)chup *m od. n*; **~ pu·rée** *s.* To'matenmark *n*.

tomb [tuːm] *s.* **1.** Grab(stätte *f*) *n*; **2.** Grabmal *n*, Gruft *f*; **3.** *fig. das* Grab, *der* Tod.

tom·bac, tom·bak ['tɒmbæk] *s. metall.* Tombak *m*.

tom·bo·la [tɒm'bəʊlə] *s.* Tombola *f*.

tom·boy ['tɒmbɔɪ] *s.* Wildfang *m*, Range *f* (*Mädchen*); **'tom·boy·ish** [-bɔɪɪʃ] *adj.* ausgelassen, wild.

'tomb·stone ['tuːm-] *s.* Grabstein *m*.

'tom·cat *s.* Kater *m*.

tome [təʊm] *s.* **1.** Band *m e-s Werkes*; **2.** (dicker) Wälzer (*Buch*).

tom·fool [ˌtɒm'fuːl] **I** *s.* Einfaltspinsel *m*, Narr *m*; **II** *adj.* dumm; **III** *v/i.* (he'rum-) albern; **tom·fool·er·y** [tɒm'fuːlərɪ] *s.* Albernheit *f*, Unsinn *m*.

tom·my ['tɒmɪ] *s.* **1.** a) *a.* ***ℒ Atkins*** Tommy *m* (*der brit. Soldat*), b) *a.* ℒ F Tommy *m*, *brit.* Landser *m* (*einfacher Soldat*); **2.** *dial.* ‚Fres'salien' *pl.*, Verpflegung *f*; **3.** ⚙ a) (verstellbarer) Schraubenschlüssel, b) *a.* ***~ bar*** Knebelgriff *m*; **ℒ gun** *s.* ⚔ Ma'schinenpi,stole *f*; **,~'rot** *s.* F (purer) Blödsinn, Quatsch *m*.

to·mo·gram ['təʊməgræm] *s.* ⚕ Tomo'gramm *n*; Tomographie *f*; **'to·mo·graph** [-græf] *s.* ⚕ Tomo'graph *m*; **to·mog·ra·phy** [tə'mɒgrəfɪ] *s.* ⚕ Tomogra'phie *f*.

to·mor·row [tə'mɒrəʊ] **I** *adv.* morgen: ***~ week*** morgen in e-r Woche *od.* acht Tagen; ***~ morning*** morgen früh; ***~ night*** morgen Abend; **II** *s. der* morgige Tag, *das* Morgen: ***~'s paper*** die morgige Zeitung; ***~ never comes*** das werden wir nie erleben; ***the day after ~*** übermorgen.

'tom·tit *s. orn.* (Blau)Meise *f*.

ton[1] [tʌn] *s.* **1.** *engl.* Tonne *f* (*Gewicht*): a) *a.* ***long ~*** *bsd. Brit. = 2240 lbs. od. 1016,05 kg*, b) *a.* ***short ~*** *bsd. Am. = 2000 lbs. od. 907,18 kg*, c) *a.* ***metric ~*** metrische Tonne (= *2205 lbs. od. 1000 kg*); **2.** ⚓ Tonne *f* (*Raummaß*): a) ***register ~*** Registertonne (= *100 cubic feet od. 2,83 m³*), b) ***gross register ~*** Bruttoregistertonne (*Schiffsgrößenangabe*); **3.** ***weigh a ~*** F ‚wahnsinnig' schwer sein; **4.** *pl.* e-e Unmenge (***of money*** Geld): ***~s of times*** ‚tausendmal'; **5.** ***do the ~*** *Brit. sl.* a) mit 100 Meilen fahren, b) 100 Meilen schaffen (*Auto etc.*).

ton[2] [tɔ̃ːŋ] (*Fr.*) *s.* **1.** *die* (herrschende) Mode; **2.** Ele'ganz *f*: ***in the ~*** modisch, elegant.

ton·al ['təʊnl] *adj.* □ ♪ **1.** Ton..., tonlich; **2.** to'nal; **to·nal·i·ty** [təʊ'nælətɪ] *s.* **1.** ♪ a) Tonali'tät *f*, Tonart *f*, b) 'Ton-, 'Klangcha,rakter *m*; **2.** *paint.* Farbton *m*, Tönung *f*.

tone [təʊn] **I** *s.* **1.** *allg.* Ton *m*, Klang *m*: ***heart ~s*** ⚕ Herztöne; **2.** Ton *m*, Stimme *f*: ***in an angry ~*** in ärgerlichem Ton, mit zorniger Stimme; **3.** *ling.* a) Tonfall *m*, b) Tonhöhe *f*, Betonung *f*; **4.** ♪ a) Ton *m*, b) *Am.* Note *f*, c) Klang(farbe *f*) *m*; **5.** *paint.* (Farb)Ton *m*, Tönung *f* (*a. fig.*); **6.** ⚕ a) Tonus *m der Muskeln*, b) *fig.* Spannkraft *f*; **7.** *fig.* Geist *m*, Haltung *f*; **8.** Stimmung *f* (*a. Börse*); **9.** a) Ton *m*, Note *f*, Stil *m*, b) Ni'veau *n*: ***set the ~ of*** a) den Ton angeben für, b) den Stil *e-r Sache* bestimmen; ***raise*** (***lower***) ***the ~*** (***of***) das Niveau (*gen.*) heben (senken); ***give ~ to*** Niveau verleihen (*dat.*); **II** *v/t.* **10.** e-n Ton verleihen (*dat.*), e-e Färbung geben (*dat.*); **11.** *Farbe etc.* abtönen: ***~ down*** *Farbe*, *fig. Zorn etc.* dämpfen, mildern; ***~ up*** *paint. u. fig.* (ver)stärken; **12.** *phot.* tonen; **13.** *fig.* a) 'umformen, -modeln, b) regeln; **III** *v/i.* **14.** *a.* ***~ in*** (***with***) a) verschmelzen (mit), b) harmonieren (mit), passen (zu) (*bsd. Farbe*); **15.** ***~ down*** sich mildern *od.* abschwächen; **16.** ***~ up*** stärker werden; **~ arm** *s.* Tonarm *m am Plattenspieler*; **~ con·trol** *s.* ⚡ Klangregler *m*.

tone·less ['təʊnlɪs] *adj.* □ **1.** tonlos (*a. Stimme*); **2.** ausdruckslos.

tone pad *s. teleph.* Fernabfrager *m*.

tone po·em *s.* ♪ Tondichtung *f*.

ton·er ['təʊnə] *s.* **1.** *Drucker etc.*: Toner *m*; **2.** *Kosmetik*: Tönung *f*; **~ car·tridge** *s.* 'Tonerkas,sette *f*.

tongs [tɒŋz] *s. pl.* Zange *f*: ***a pair of ~*** e-e Zange; ***I would not touch that with a pair of ~*** a) das würde ich nicht mal mit e-r Zange anfassen, b) *fig.* mit dieser Sache möchte ich nichts zu tun haben.

tongue [tʌŋ] **I** *s.* **1.** *anat.* Zunge *f* (*a. fig. Redeweise*): ***malicious ~s*** böse Zungen; ***have a long*** (***ready***) ***~*** geschwätzig (schlagfertig) sein; ***find one's ~*** die Sprache wiederfinden; ***give ~*** a) sich laut u. deutlich äußern (***to*** zu), b) anschlagen (*Hund*), c) Laut geben (*Jagdhund*); ***hold one's ~*** den Mund halten; ***keep a civil ~ in one's head*** höflich bleiben; ***put one's ~ out*** (***at s.o.***) (j-m) die Zunge herausstrecken; ***with*** (***one's***) ***~ in*** (***one's***) ***cheek*** → ***tongue-in-cheek***; → ***wag*** 1; **2.** Sprache *f e-s Volkes*, Zunge *f*; **3.** *fig.* Zunge *f* (*Schuh*, *Flamme*, *Klarinette etc.*); **4.** (Glocken)Klöppel *m*; **5.** (Wagen-) Deichsel *f*; **6.** ⚙ Feder *f*, Spund *m*: ***~ and groove*** Feder u. Nut; **7.** Dorn *m* (*Schnalle*); **8.** Zeiger *m* (*Waage*); **9.** ⚡ (Re'lais)Anker *m*; **10.** *geogr.* Landzunge *f*; **II** *v/t.* **11.** ♪ mit Flatterzunge blasen; **12.** ⚙ verzapfen; **tongued** [-ŋd] *adj.* **1.** *in Zssgn* ...züngig; **2.** ⚙ gefedert, gezapft.

ˌtongue|-in-'cheek *adj.* **1.** i'ronisch; **2.** mit Hintergedanken; **'~-ˌlash·ing** *s.* F Standpauke *f*; **'~-tied** *adj.* stumm, sprachlos (*vor Verlegenheit etc.*): ***be ~*** keinen Ton herausbringen; ***~ twist·er*** *s.* Zungenbrecher *m.*

ton·ic ['tɒnɪk] **I** *adj.* (□ ***~ally***) **1.** ⚕ tonisch: ***~ spasm*** Starrkrampf *m*; **2.** ⚕ stärkend, belebend (*a. fig.*): ***~ water*** Tonic *n*; **3.** *ling.* Ton...: ***~ accent*** musikalischer Akzent; **4.** ♪ Tonika..., (Grund)Ton...: ***~ chord*** Grundakkord *m*; ***~ major*** gleichnamige Dur-Tonart; ***~ sol-fa*** Tonika-Do-System *n*; **5.** *paint.* Tönungs..., Farbgebungs...; **II** *s.* **6.** ⚕ Stärkungsmittel *n*, Tonikum *n*; **7.** Tonic *n* (*Getränk*); **8.** *fig.* Stimulans *n*; **9.** ♪ Grundton *m*, Tonika *f*; **10.** *ling.* stimmhafter Laut; **to·nic·i·ty** [təʊ'nɪsətɪ] *s.* **1.** → ***tone*** 6; **2.** musi'kalischer Ton.

to·night [tə'naɪt] **I** *adv.* **1.** heute Abend; **2.** heute Nacht; **II** *s.* **3.** der heutige Abend; **4.** diese Nacht.

ton·nage ['tʌnɪdʒ] *s.* **1.** ⚓ Ton'nage *f*, Tonnengehalt *m*, Schiffsraum *m*; **2.** ⚓ Ge'samtton,nage *f e-s Landes*; **3.** ⚓ Tonnengeld *n*; **4.** ⚙ (Ge'samt)Produkti,on *f* (*Stahl etc.*).

tonne [tʌn] *s.* metrische Tonne.

ton·neau ['tɒnəʊ] *pl.* **-neaus** (*Fr.*) *s. mot.* hinterer Teil (*mit Rücksitzen*) e-s Autos.

ton·ner ['tʌnə] *s.* ⚓ *in Zssgn* ...tonner, *ein* Schiff von ... Tonnen.

to·nom·e·ter [təʊ'nɒmɪtə] *s.* **1.** ♪, *phys.* Tonhöhenmesser *m*; **2.** ⚕ Blutdruckmesser *m.*

ton·sil ['tɒnsl] *s. anat.* Mandel *f*; '**ton·sil·lar** [-sɪlə] *adj.* Mandel...; **ton·sil·lec·to·my** [,tɒnsɪ'lektəmɪ] *s.* ⚕ Mandelentfernung *f*; **ton·sil·li·tis** [,tɒnsɪ'laɪtɪs] *s.* ⚕ Mandelentzündung *f.*

ton·so·ri·al [tɒn'sɔːrɪəl] *adj. mst humor.* Barbier...: ***~ artist*** ‚Figaro' *m.*

ton·sure ['tɒnʃə] *eccl.* **I** *s.* **1.** Tonsurierung *f*; **2.** Ton'sur *f*; **II** *v/t.* **3.** tonsurieren.

to·ny ['təʊnɪ] *adj. Am.* F (tod)schick.

too [tuː] *adv.* **1.** (*vorangestellt*) zu, allzu: ***all ~ familiar*** allzu vertraut; ***~ fond of comfort*** zu sehr auf Bequemlichkeit bedacht; ***~ many*** zu viele; ***none ~ pleasant*** nicht gerade angenehm; **2.** F sehr, äußerst: ***it is ~ kind of you***; **3.** (*nachgestellt*) auch, ebenfalls.

took [tʊk] *pret. von* ***take.***

tool [tuːl] **I** *s.* **1.** Werkzeug *n*, Gerät *n*, Instru'ment *n*: ***~s*** *pl. a.* Handwerkszeug *n*; ***gardener's ~s*** Gartengerät; **2.** ⚙ (Bohr-, Schneide- *etc.*)Werkzeug *n e-r Maschine*, *a.* Arbeits-, Drehstahl *m*; **3.** ⚙ a) 'Werkzeugma,schine *f*, b) Drehbank *f*; **4.** *typ.* a) 'Stempelfi,gur *f* (*Punzarbeit*), b) (Präge)Stempel *m*; **5.** *pl. fig.* a) Handwerkszeug *n* (*Bücher etc.*), b) Rüstzeug *n* (*Fachwissen*); **6.** *fig. contp.* Werkzeug *n*, Handlanger *m*, Krea'tur *f e-s anderen*; **7.** V ‚Appa'rat' *m* (*Penis*); **II** *v/t.* **8.** ⚙ bearbeiten; **9.** *mst* ***~ up*** *Fabrik* (maschi'nell) ausstatten, -rüsten; **10.** *Bucheinband* punzen; **11.** *sl.* ‚kutschieren' (*fahren*); **III** *v/i.* **12.** *mst* ***~ up*** ⚙ sich (maschi'nell) ausrüsten (***for*** für); **13.** *a.* ***~ along*** *sl.* (da'hin-, her'um)gondeln; **~ bag** *s.* Werkzeugtasche *f*; '**~·bar** *s. Computer*: Sym'bolleiste *f*; **~ bit** *s.* ⚙ Werkzeugspitze *f*; **~ box** *s.* **1.** Werkzeugkasten *m*; **2.** *Computer*: Toolbox *f*; **~ car·ri·er** *s.* ⚙ Werkzeugschlitten *m*; **~ en·gi·neer·ing** *s.* Arbeitsvorbereitung *f.*

tool·ing ['tuːlɪŋ] *s.* ⚙ **1.** Bearbeitung *f*; **2.** Einrichten *n e-r Werkzeugmaschine*; **3.** maschi'nelle Ausrüstung; **4.** *Buchbinderei*: Punzarbeit *f.*

'**tool|,mak·er** *s.* Werkzeugmacher *m*; '**~-post** *s.* Schneidstahlhalter *m.*

toot [tuːt] *v/i.* **1.** (*a. v/t. et.*) tuten, blasen; **2.** hupen (*Auto*).

tooth [tuːθ] **I** *pl.* **teeth** [tiːθ] *s.* **1.** *anat.* Zahn *m*: ***~ and nail*** *fig.* verbissen, erbittert (*be*)*kämpfen*; ***armed to the teeth*** bis an die Zähne bewaffnet; ***in the teeth of*** *fig.* a) gegen *Widerstand etc.*, b) trotz *od.* ungeachtet *der Gefahr etc.*; ***cut one's teeth*** zahnen; ***draw the teeth of*** *fig.* a) *j-n* beruhigen, b) *j-n* ungefährlich machen, c) *e-r Sache* die Spitze nehmen, *et.* entschärfen; ***get one's teeth into*** sich an *e-e Arbeit etc.* ‚ranmachen'; ***have a sweet ~*** gerne Süßigkeiten essen *od.* naschen; ***put teeth into*** (den nötigen) Nachdruck verleihen (*dat.*); ***set s.o.'s teeth on edge*** j-m auf die Nerven gehen *od.* ‚wehtun'; ***show one's teeth*** (***to***) a) die Zähne fletschen (gegen), b) *fig. j-m* die Zähne zeigen; **2.** Zahn *m e-s Kammes, e-r Säge, e-s Zahnrads etc.*; **3.** (Gabel)Zinke *f*; **II** *v/t.* **4.** *Rad etc.* bezahnen; **5.** *Brett* verzahnen; **III** *v/i.* **6.** inein'ander greifen (*Zahnräder*); '**~·ache** *s.* Zahnweh *n*; '**~·brush** *s.* Zahnbürste *f*; '**~·comb** *s.* Staubkamm *m*; **~ de·cay** *s.* Zahnverfall *m.*

toothed [tuːθt] *adj.* **1.** mit Zähnen (versehen), Zahn..., gezahnt: ***~ wheel*** Zahnrad *n*; **2.** ⚘ gezähnt, gezackt (*Blattrand*); **3.** ⚙ verzahnt; '**tooth·less** [-θlɪs] *adj.* zahnlos.

'**tooth|·paste** *s.* Zahnpasta *f*; '**~·pick** *s.* Zahnstocher *m*; **~ pow·der** *s.* Zahnpulver *n.*

tooth·some ['tuːθsəm] *adj.* □ lecker (*a. fig.*).

too·tle ['tuːtl] *v/i.* **1.** tuten, dudeln; **2.** *Am.* F quatschen; **3.** F a) (her'um)gondeln, b) ‚(da'hin)zotteln': ***~ off*** sich trollen.

toot·sy(-woot·sy) [,tʊtsɪ('wʊtsɪ)] *s. Kindersprache*: Füßchen *n.*

top¹ [tɒp] **I** *s.* **1.** ober(st)es Ende, Oberteil *n*; Spitze *f*, Gipfel *m e-s Berges etc.*; Krone *f*, Wipfel *m des Baumes*; (Haus-)Giebel *m*, Dach(spitze *f*) *n*; Kopf(ende *n*) *m des Tisches, e-r Buchseite etc.*: ***at the ~*** oben(an); ***at the ~ of*** oben an (*dat.*); ***at the ~ of one's speed*** mit höchster Geschwindigkeit; ***at the ~ of one's voice*** aus vollem Hals(e); ***page 20 at the ~*** auf Seite 20 oben; ***on ~*** oben(auf); ***on*** (***the***) ***~ of*** oben auf (*dat.*), über (*dat.*); ***on ~ of each other*** auf- *od.* übereinander; ***on*** (***the***) ***~ of it*** obendrein; ***over the ~*** *bsd. Brit.* F (maßlos) übertrieben; ***go over the ~*** a) ⚔ zum Sturmangriff (*aus dem Schützengraben*) antreten, b) *fig.* es maßlos übertreiben; **2.** *fig.* Spitze *f*, erste *od.* höchste Stelle; 'Spitzenpositi,on *f*: ***~ management*** Unternehmensführung *f*; ***the ~ of the class*** der Primus der Klasse; ***the ~ of the tree*** (***od. ladder***) *fig.* die höchste Stellung, der Gipfel des Erfolgs; ***at the ~*** an der Spitze; ***be on ~*** (***of the world***) obenauf sein; ***come out on ~*** als Sieger *od.* Bester hervorgehen; ***come to the ~*** an die Spitze kommen, sich durchsetzen; ***get on ~ of s.th.*** e-r Sache Herr werden; **3.** *fig.* Gipfel *m*, *das* Äußerste *od.* Höchste; **4.** Scheitel *m*, Kopf *m*: ***from ~ to toe*** von Kopf bis Fuß; ***blow one's ~*** *sl.* ‚hochgehen', e-n Wutanfall haben; **5.** Oberfläche *f des Tisches, Wassers etc.*; **6.** *mot. etc.* Verdeck *n*; **7.** (Bett)Himmel *m*; **8.** (Möbel)Aufsatz *m*; **9.** ⚓ Mars *m, f*, Topp *m*; **10.** (Schuh)Oberleder *n*; **11.** Stulpe *f* (*Stiefel, Handschuh*); **12.** (Topf- *etc.*)Deckel *m*; **13.** ⚘ a) (oberer Teil e-r) Pflanze *f* (*Ggs. Wurzel*), b) *mst pl.* (Rüben- *etc.*)Kraut *n*; **14.** Blume *f des Bieres*; **15.** *mot.* → ***top gear***; **II** *adj.* **16.** oberst: ***~ line*** Kopf-, Titelzeile *f*; ***the ~ rung*** *fig.* oberste Stelle, höchste Stellung; **17.** höchst: ***~ earner*** Spitzenverdiener(in); ***~ efficiency*** ⚙ Spitzenleistung *f*; ***~ price*** Höchstpreis *m*; ***~ quality*** Spitzenqualität *f*; ***~ speed*** Höchstgeschwindigkeit *f*; ***~ secret*** streng geheim; **18.** *der* (*die, das*) erste; **19.** Haupt...; **III** *v/t.* **20.** (oben) bedecken; krönen; **21.** über'ragen; **22.** *fig.* über'treffen, -'ragen; **23.** die Spitze (*gen.*) erreichen; **24.** an der Spitze *der Klasse, e-r Liste etc.* stehen; **25.** über'steigen; **26.** ✓ stutzen, kappen; **27.** *Hindernis* nehmen; **28.** *Golf*: *Ball* oben schlagen; ***~ off*** *v/t.* F *et.* abschließen *od.* krönen (***with*** mit); ***~ out*** **I** *v/i.* Richtfest feiern; **II** *v/t.* das Richtfest (*gen.*) feiern: ***~ a building***; ***~ up*** *v/t.* **1.** auf-, nachfüllen; **2.** F *j-m* nachschenken.

top² [tɒp] *s.* Kreisel *m* (*Spielzeug*).

to·paz ['təʊpæz] *s. min.* To'pas *m.*

top| boot *s.* (kniehoher) Stiefel, Stulpenstiefel *m*; '**~·coat** 'Überzieher *m*, Mantel *m*; **~ dog** *s.* F *fig.* **1.** *der* Herr *od.* Über'legene; *der* Sieger; **2.** ‚Chef' *m*, *der* Oberste; **3.** *der* (*die, das*) Beste; **~ draw·er** *s.* **1.** oberste Schublade; **2.** F *fig. die* oberen zehntausend: ***he does not come from the ~*** er kommt nicht aus vornehmster Familie; ,**~-'draw·er** *adj.* F **1.** vornehm; **2.** best; **~ dress·ing** *s.* **1.** ✓ Kopfdüngung *f*; **2.** ⚙ Oberflächenbeschotterung *f.*

tope¹ [təʊp] *v/t. u. v/i.* ‚saufen'.

tope² [təʊp] *s. ichth.* Glatthai *m.*

to·pee ['təʊpiː] *s.* Tropenhelm *m.*

top·er ['təʊpə] *s.* Säufer *m*, Zecher *m.*

'**top|·flight** *adj.* F erstklassig, prima; '**~,flight·er** → ***topnotcher***; **~·gal·lant** [,tɒp'gælənt; ⚓ tə'g-] ⚓ **I** *s.* Bramsegel *n*; **II** *adj.* Bram...: ***~ sail***; **~ gear** *s. mot.* höchster Gang; '**~-grade** *adj.* erstklassig; **~ hat** *s.* Zy'linder(hut) *m*; ,**~-'heav·y** *adj.* **1.** oberlastig (*Gefäß etc.*); **2.** ⚓ topplastig; **3.** ✈ kopflastig; **4.** † a) 'überbewertet (*Wertpapiere*), b) 'überkapitalisiert (*Unternehmen*); ,**~-'hole** → ***topflight.***

top·ic ['tɒpɪk] *s.* **1.** Thema *n*, Gegenstand *m*; **2.** *phls.* Topik *f*; '**top·i·cal** [-kl] **I** *adj.* □ **1.** örtlich, lo'kal (*a.* ⚕): ***~ colo(u)rs*** topische Farben; **2.** a) aktu'ell, b) zeitkritisch: ***~ song*** Lied *n* mit aktuellen Anspielungen; **3.** the'matisch; **II** *s.* **4.** aktu'eller Film; **top·i·cal·i·ty** [,tɒpɪ'kælətɪ] *s.* aktu'elle *od.* lo'kale Bedeutung.

top| kick *Am. sl. für* → ***top sergeant***; '**~·knot** *s.* **1.** Haarknoten *m*; **2.** *orn.* (Feder)Haube *f*, Schopf *m.*

top·less ['tɒplɪs] *adj.* **1.** ohne Kopf; **2.** Oben-'ohne-...: ***~ dress*** (***night club, waitress***).

,**top|-'line** *adj.* **1.** promi'nent; **2.** wichtigst: ***~ news***; ,**~-'lin·er** *s.* F Promi'nente(r *m*) *f*; '**~·mast** [-mɑːst; -məst] *s.* ⚓ (Mars)Stenge *f*; '**~·most** *adj.* höchst, oberst; ,**~'notch** *adj.* F prima, erstklassig; ,**~'notch·er** *s.* F ‚Ka'none' *f* (*Könner*).

to·pog·ra·pher [tə'pɒgrəfə] *s. geogr.*

Topo'graph *m*; **top·o·graph·ic, top·o·graph·i·cal** [ˌtɒpəˈgræfɪk(l)] *adj.* □ topo'graphisch; **to'pog·ra·phy** [-fɪ] *s.* **1.** *geogr.*, *a.* Topogra'phie *f*; **2.** ⚔ Geländekunde *f.*

top·per [ˈtɒpə] *s.* **1.** oberer Stein; **2.** F (oben'auf liegendes) Schaustück (*Obst etc.*); **3.** F Zy'linder *m* (*Hut*); **4.** F a) ‚(tolles) Ding', b) ‚Pfundskerl' *m*; **top·ping** [ˈtɒpɪŋ] *adj.* □ F prima, fabelhaft.

top·ple [ˈtɒpl] **I** *v/i.* **1.** wackeln; **2.** kippen, stürzen, purzeln: ~ ***down*** (*od.* ***over***) umkippen, hinpurzeln, niederstürzen; **II** *v/t.* **3.** ins Wanken bringen, stürzen: ~ ***over*** *et.* umstürzen, -kippen; **4.** *fig. Regierung* stürzen.

ˌtop-ˈqual·i·ty prod·uct *s.* 'Spitzenproˌdukt *n.*

tops [tɒps] *adj.* F prima, erstklassig, ‚super'.

top|·sail [ˈtɒpsl] *s.* ⚓ Marssegel *n*; ~ **saw·yer** *s.* F *fig.* ‚hohes Tier'; **ˌ~-ˈse·cret** *adj.* streng geheim; **ˌ~-ˈsell·ing** *adj.* meistverkauft; ~ **ser·geant** *s.* ⚔ *Am.* F Hauptfeldwebel *m*, ‚Spieß' *m*; **ˈ~·soil** *s.* Ackerkrume *f*, Mutterboden *m.*

top·sy-tur·vy [ˌtɒpsɪˈtɜːvɪ] **I** *adv.* **1.** das Oberste zu'unterst, auf den Kopf: ***turn everything*** ~ alles auf den Kopf stellen; **2.** kopf'über kopf'unter *fallen*; **3.** drunter u. drüber, verkehrt; **II** *adj.* **4.** auf den Kopf gestellt, in wildem Durchein'ander, cha'otisch; **III** *s.* **5.** (wildes *od.* heilloses) Durchein'ander, Kuddelmuddel *m, n*; **ˌtop·sy-ˈtur·vy·dom** [-dəm] → ***topsy-turvy*** 5.

toque [təʊk] *s.* **1.** *hist.* Ba'rett *n*; **2.** Toque *f* (*randloser Damenhut*).

tor [tɔː] *s. Brit.* Felsturm *m.*

to·ra(h) [ˈtɔːrə] *s.* **1.** *das* Gesetz Mosis; **2.** Tho'ra *f.*

torch [tɔːtʃ] *s.* **1.** Fackel *f* (*a. fig. der Wissenschaft etc.*): ***carry a*** ~ ***for*** *Am. fig. Mädchen* (von ferne) verehren; **2.** *a.* ***electric*** ~ *Brit.* Taschenlampe *f*; **3.** ⚙ a) Schweißbrenner *m*, b) → ***torch lamp***; **4.** *Am.* Brandstifter *m*; **ˈ~ˌbear·er** *s.* Fackelträger *m* (*a. fig.*); ~ **lamp** *s.* ⚙ Lötlampe *f*; **ˈ~·light** *s.* Fackelschein *m*: ~ ***procession*** Fackelzug *m*; ~ **pine** *s.* (Amer.) Pechkiefer *f*; ~ **sing·er** *s.* Schnulzensänger(in); ~ **song** *s.* ‚Schnulze' *f*, sentimen'tales Liebeslied.

tore [tɔː] *pret. von* ***tear***[2].

tor·e·a·dor [ˈtɒrɪədɔː] (*Span.*) *s.* Torea'dor *m*, berittener Stierkämpfer.

to·re·ro [tɒˈreərəʊ] *pl.* **-ros** (*Span.*) *s.* To'rero *m*, Stierkämpfer *m* (*zu Fuß*).

tor·ment **I** *v/t.* [tɔːˈment] **1.** *bsd. fig.* quälen, peinigen, foltern, plagen (***with*** mit): ~***ed with*** gequält *od.* gepeinigt von *Zweifel etc.*; **II** *s.* [ˈtɔːment] **2.** Qual *f*, Pein *f*, Marter *f*: ***be in*** ~ Qualen ausstehen; **3.** Plage *f*; **4.** Quälgeist *m*; **torˈmen·tor** [-tə] *s.* **1.** Peiniger *m*; **2.** Quälgeist *m*; **3.** ⚓ lange Fleischgabel; **4.** *thea.* vordere Ku'lisse; **torˈmen·tress** [-trɪs] *s.* Peinigerin *f.*

torn [tɔːn] *p.p. von* ***tear***[2].

tor·na·do [tɔːˈneɪdəʊ] *pl.* **-does** *s.* **1.** Tor'nado *m*: a) *Wirbelsturm in den USA*, b) *tropisches Wärmegewitter*; **2.** *fig.* a) (Beifall-, Pro'test)Sturm *m*, b) Wirbelwind *m* (*Person*).

tor·pe·do [tɔːˈpiːdəʊ] **I** *pl.* **-does** *s.* **1.** ⚓ Tor'pedo *m*; **2.** *a.* ***aerial*** ~ 'Lufttorˌpedo *m*; **3.** *a.* ***toy*** ~ Knallerbse *f*; **4.** *ichth.* Zitterrochen *m*; **5.** *Am. sl.* ‚Killer' *m*; **II** *v/t.* **6.** torpedieren (*a. fig. vereiteln*); ~ **boat** *s.* ⚓ Tor'pedoboot *n*; ~ **plane** *s.* ⚔ Tor'pedoflugzeug *n*; ~ **tube** *s.* Tor'pedorohr *n.*

tor·pid [ˈtɔːpɪd] **I** *adj.* □ **1.** starr, erstarrt, betäubt; **2.** träge, schlaff; **3.** a'pathisch, stumpf; **II** *s.* **4.** *mst* **tor·pid·i·ty** [tɔːˈpɪdətɪ], **ˈtor·pid·ness** [-nɪs], **ˈtor·por** [-pə] *s.* **1.** Erstarrung *f*, Betäubung *f*; **2.** Träg-, Schlaffheit *f*, *a.* Torpor *m*; **3.** Apa'thie *f*, Stumpfheit *f.*

torque [tɔːk] *s.* ⚙, *phys.* 'Drehmoˌment *n*; ~ **shaft** *s.* ⚙ Dreh-, Torsi'onsstab *m.*

tor·re·fy [ˈtɒrɪfaɪ] *v/t.* rösten, darren.

tor·rent [ˈtɒrənt] *s.* **1.** reißender Strom, *bsd.* Wild-, Sturzbach *m*; **2.** (Lava-)Strom *m*; **3.** ~***s of rain*** sintflutartige Regenfälle; ***it rains in*** ~***s*** es gießt in Strömen; **4.** *fig.* Strom *m*, Schwall *m*, Sturzbach *m von Fragen etc.*; **tor·ren·tial** [təˈrenʃl] *adj.* □ **1.** reißend, strömend, sturzbachartig; **2.** sintflutartig: ~ ***rain(s)***; **3.** *fig.* a) wortreich, b) wild, ungestüm.

tor·rid [ˈtɒrɪd] *adj.* **1.** sengend, brennend heiß (*a. fig. Leidenschaft etc.*): ~ ***zone*** *geogr.* heiße Zone; **2.** ausgedörrt, verbrannt: ~ ***plain***.

tor·sion [ˈtɔːʃn] *s.* **1.** *a.* Drehung *f*; **2.** ⚙, *phys.* Torsi'on *f*, Verdrehung *f*: ~ ***balance*** Drehwaage *f*; **3.** Abschnürung *f e-r Arterie*; **ˈtor·sion·al** [-ʃənl] *adj.* Dreh..., (Ver)Drehungs..., Torsions...: ~ ***force***.

tor·so [ˈtɔːsəʊ] *pl.* **-sos** *s.* Torso *m*: a) Rumpf *m*, b) *fig.* Bruchstück *n*, unvollendetes Werk.

tort [tɔːt] *s.* ⚖ unerlaubte Handlung, zi'vilrechtliches De'likt: ***law of*** ~***s*** Schadenersatzrecht *n*; **ˈ~ˌfea·sor** [-ˌfiːzə] *s.* ⚖ rechtswidrig Handelnde(r) *m.*

tor·til·la [tɔːˈtiːə] (*Span.*) *s. Am.* Tor'tilla *f* (*Maiskuchen*).

tor·tious [ˈtɔːʃəs] *adj.* □ ⚖ rechtswidrig: ~ ***act*** → ***tort***.

tor·toise [ˈtɔːtəs] **I** *s. zo.* Schildkröte *f*: ***as slow as a*** ~ *fig.* (langsam) wie e-e Schnecke; **II** *adj.* Schildpatt...; **ˈ~·shell** *s.* Schildpatt *n*: ~ ***cat*** *zo.* Schildpattkatze *f.*

tor·tu·os·i·ty [ˌtɔːtjʊˈɒsətɪ] *s.* **1.** Krümmung *f*, Windung *f*; **2.** Gewundenheit *f* (*a. fig.*); **3.** *fig.* 'Umständlichkeit *f*; **tor·tu·ous** [ˈtɔːtjʊəs] *adj.* □ **1.** gewunden, verschlungen, gekrümmt; **2.** *fig.* gewunden, 'umständlich; **3.** *fig.* ‚krumm', unehrlich.

tor·ture [ˈtɔːtʃə] **I** *s.* **1.** Folter(ung) *f*: ***put to the*** ~ foltern; **2.** *fig.* Tor'tur *f*, Marter *f*, (Folter)Qual(en *pl.*) *f*; **II** *v/t.* **3.** foltern, martern, *fig. a.* quälen, peinigen; **4.** *Text etc.* entstellen; **ˈtor·tur·er** [-ərə] *s.* **1.** Folterknecht *m*; **2.** *fig.* Peiniger *m.*

to·rus [ˈtɔːrəs] *pl.* **-ri** [-raɪ] *s.* ⚙, Torus *m.*

To·ry [ˈtɔːrɪ] **I** *s.* **1.** *pol. Brit.* Tory *m*, (*contp.* 'Ultra)Konservaˌtive(r) *m*; **2.** *hist.* Tory *m* (*Loyalist in Amerika*); **II** *adj.* Tory..., konserva'tiv; **ˈTo·ry·ism** [-ɪɪzəm] **1.** To'rysmus *m*; **2.** 'Ultrakonservaˌtismus *m.*

tosh [tɒʃ] *s. Brit. sl.* ‚Quatsch' *m.*

toss [tɒs] **I** *v/t.* **1.** werfen, schleudern: ~ ***off*** a) *Reiter* abwerfen (*Pferd*), b) *Getränk* hinunterstürzen, c) *Arbeit* ‚hinhauen'; ~ ***up*** hochschleudern, *in e-r Decke* prellen; **2.** *a.* ~ ***up*** *Münze etc.*, *a. Kopf* hochwerfen: ~ ***s.o. for*** mit j-m um *et.* losen (*durch Münzwurf*); **3.** *a.* ~ ***about*** hin u. her schleudern, schütteln; **4.** ⚓ *Riemen* pieken: ~ ***oars!*** Riemen hoch!; **5.** *Am. sl. j-n* ‚filzen'; **II** *v/i.* **6.** *a.* ~ ***about*** sich *im Schlaf etc.* hin u. her werfen *od.* wälzen; **7.** *a.* ~ ***about*** hin u. her geworfen werden, geschüttelt werden; hin und her schwanken; flattern; **8.** rollen (*Schiff*); **9.** schwer gehen (*See*); **10.** *a.* ~ ***up*** (durch Hochwerfen e-r Münze) losen (***for*** um); **III** *s.* **11.** Werfen *n*, Wurf *m*; **12.** Hoch-, Zu'rückwerfen *n des Kopfes*; **13.** a) Hochwerfen *n* e-r Münze, b) → ***toss-up***; **14.** Sturz *m vom Pferd etc.*: ***take a*** ~ stürzen, *bsd.* abgeworfen werden; **ˈ~-up** *s.* **1.** Losen *n mit e-r Münze*, Loswurf *m*; **2.** *fig.* ungewisse Sache: ***it is a*** ~ ***whether*** es ist völlig offen, ob.

tot[1] [tɒt] *s.* F **1.** Knirps *m*, Kerlchen *n*; **2.** *Brit.* Schlückchen *n* (*Alkohol*); **3.** *fig.* Häppchen *n.*

tot[2] [tɒt] F **I** *s.* **1.** (Gesamt)Summe *f*; **2.** a) Additi'onsaufgabe *f*, b) Additi'on *f*; **II** *v/t.* **3.** ~ ***up*** zs.-zählen; **III** *v/i.* **4.** ~ ***up*** sich belaufen (***to*** auf *acc.*); sich summieren.

to·tal [ˈtəʊtl] **I** *adj.* □ **1.** ganz, gesamt, Gesamt...; **2.** to'tal, Total..., völlig, gänzlich; **II** *s.* **3.** (Gesamt)Summe *f*, Gesamtbetrag *m*, -menge *f*: ***a*** ~ ***of 20 cases*** insgesamt 20 Kisten; **4.** *die* Gesamtheit, *das* Ganze; **III** *v/t.* **5.** zs.-zählen; **6.** insgesamt betragen, sich belaufen auf (*acc.*): ***total(l)ing $70*** im Gesamtbetrag von 70 Dollar; **7.** *Am.* F *Auto* zu Schrott fahren; **to·tal·i·tar·i·an** [ˌtəʊtælɪˈteərɪən] *adj. pol.* totali'tär; **to·tal·i·tar·i·an·ism** [ˌtəʊtælɪˈteərɪənɪzəm] *s.* totali'täres Sy'stem; **to·tal·i·ty** [təʊˈtælətɪ] *s.* **1.** Gesamtheit *f*; **2.** Vollständigkeit *f*; **3.** *ast.* to'tale Verfinsterung; **ˈto·tal·i·za·tor** [-təlaɪzeɪtə] *s. Pferderennen*: Totali'sator *m*; **ˈto·tal·ize** [-təlaɪz] *v/t.* **1.** zs.-zählen; **2.** (zu e-m Ganzen) zs.-fassen; **ˈto·tal·iz·er** [-təlaɪzə] → ***totalizator***.

tote[1] [təʊt] *s. sl.* → ***totalizator***.

tote[2] [təʊt] *v/t.* F **1.** tragen (mit sich) schleppen; **2.** transportieren; ~ **bag** *s. Am.* Einkaufs-, Tragtasche *f.*

to·tem [ˈtəʊtəm] *s.* Totem *n*; ~ **pole**, ~ **post** *s.* Totempfahl *m.*

tot·ter [ˈtɒtə] *v/i.* **1.** torkeln, wanken: ~ ***to one's grave*** *fig.* dem Grabe zuwanken; **2.** (sch)wanken, wackeln: ~ ***to its fall*** *fig.* (allmählich) zs.-brechen (*Reich etc.*); **ˈtot·ter·ing** [-ərɪŋ] *adj.* □, **ˈtot·ter·y** [-ərɪ] *adj.* wack(e)lig, (sch)wankend.

touch [tʌtʃ] **I** *s.* **1.** Berührung *f*: ***at a*** ~ beim Berühren; ***on the slightest*** ~ bei der leisesten Berührung; ***it has a velvety*** ~ es fühlt sich wie Samt an; ***that was a (near)*** ~ F das hätte ins Auge gehen können; **2.** Tastsinn *m*: ***it is soft to the*** ~ es fühlt sich weich an; **3.** (*Pinsel- etc.*)Strich *m*: ***put the finishing*** ~***es to*** letzte Hand legen an (*acc.*), *e-r Sache* den letzten Schliff geben; **4.** ♪ a) Anschlag *m des Pianisten od. des Pianos*, b) Strich *m des Geigers*; **5.** *fig.* Fühlung(nahme) *f*, Verbindung *f*, Kon'takt *m*: ***get into*** ~ ***with*** sich in Verbindung setzen mit, Fühlung nehmen mit; ***please get in*** ~***!*** bitte melden (Sie sich)!; ***keep in*** ~ ***with*** in Verbindung bleiben mit; ***lose*** ~ ***with*** den Kontakt mit *j-m od. e-r Sache* verlieren; ***put s.o. in*** ~ ***with*** j-n in Verbindung setzen mit; ***within*** ~ in Reichweite; **6.** *fig.* Hand *f des Meisters etc.*, Stil *m*; (souve'räne) Ma'nier: ***light*** ~ leichte Hand; ***with sure*** ~ mit sicherer Hand; **7.** Einfüh-

T

lungsvermögen *n*, Feingefühl *n*; **8.** *e-e* Spur *Pfeffer etc.*: ***a ~ of red*** ein rötlicher Hauch; **9.** Anflug *m von Sarkasmus etc.*, Hauch *m von Romantik etc.*: ***he has a ~ of genius*** er hat e-e geniale Ader; **10.** ⚕ *etc.* (leichter) Anfall: ***a ~ of flu*** e-e leichte Grippe; ***a ~ of the sun*** ein leichter Sonnenstich; **11.** (besondere) Note, Zug *m*: ***the personal ~*** die persönliche Note; **12.** *fig.* Stempel *m*, Gepräge *n*; **13.** Probe *f*: ***put to the ~*** auf die Probe stellen; **14.** a) *Rugby etc.*: Mark *f*, b) *Fußball*: Seitenaus *n*; **15.** Fangspiel *n*; **16.** *sl.* a) Anpumpen *n*, b) gepumptes Geld: ***he is a soft ~*** er lässt sich leicht anpumpen, *weitS.* er ist ein leichtes Opfer; **II** *v/t.* **17.** an-, berühren (*a. weitS. Essen etc. mst neg.*); anfassen, angreifen: ***~ the spot*** das Richtige treffen; **18.** befühlen, betasten; **19.** *Hand etc.* legen (***to*** an *acc.*, auf *acc.*); **20.** mitein'ander in Berührung bringen; **21.** in Berührung kommen *od.* stehen mit; **22.** drücken auf (*acc.*), (leicht) anstoßen: ***~ the bell*** klingeln; ***~ glasses*** (mit den Gläsern) anstoßen; **23.** grenzen *od.* stoßen an (*acc.*); **24.** reichen an (*acc.*), erreichen; F *fig.* her'anreichen an (*acc.*), gleichkommen (*dat.*); **25.** erlangen, erreichen; **26.** ♪ *Saiten* rühren; *Ton* anschlagen; **27.** tönen, (leicht) färben; *fig.* färben, beeinflussen; **28.** beeindrucken; rühren, bewegen: ***~ed to tears*** zu Tränen gerührt; **29.** *fig.* verletzen, treffen; **30.** *fig.* berühren, betreffen; **31.** in Mitleidenschaft ziehen, mitnehmen: ***~ed*** a) angegangen (*Fleisch*), b) F ‚bekloppt', ‚nicht ganz bei Trost' (*Person*); **32.** *Ort* berühren, Halt machen in (*dat.*); *Hafen* anlaufen; **33.** *sl.* anpumpen (***for*** um); **III** *v/i.* **34.** sich berühren; **35.** ***~ at*** ⚓ anlegen bei *od.* in (*dat.*), anlaufen (*acc.*); **36.** ***~ (up)on*** *fig.* berühren: a) (kurz) erwähnen, b) betreffen;
Zssgn mit adv.:

touch| down *v/i.* **1.** *Rugby etc.*: e-n Versuch legen *od.* erzielen; **2.** ✈ aufsetzen; **~ off** *v/t.* **1.** skizzieren; **2.** *Skizze* flüchtig entwerfen; **3.** *e-e Explosion, fig. e-e Krise etc.* auslösen, *fig. a.* entfachen; **~ up** *v/t.* **1.** auffrischen (*a. fig.*), aufpolieren; verbessern; **2.** *phot.* retuschieren.

touch| and go *s.* ris'kante Sache, pre'käre Situati'on: ***it was ~*** es hing an e-m Haar, es stand auf des Messers Schneide; **ˌ~-and-'go** *adj.* **1.** ris'kant; **2.** flüchtig, oberflächlich: ***~ landing*** ✈ Aufsetz- u. Durchstartlandung *f*; **'~·down** *s.* **1.** *Rugby etc.*: Versuch *m*; **2.** ✈ Aufsetzen *n*.

touch·i·ness ['tʌtʃɪnɪs] *s.* Empfindlichkeit *f*.

touch·ing ['tʌtʃɪŋ] *adj.* □ *fig.* rührend, ergreifend.

'touch|·line *s.* a) *Fußball*: Seitenlinie *f*, b) *Rugby*: Marklinie *f*; **'~-me-not** *s.* ⚘ (*fig.* F Blümlein *n*) Rührmichnichtan *n*; **'~ˌpa·per** *s.* 'Zündpaˌpier *n*; **~ screen** *s.* Touchscreen *m*, Berührungsbildschirm *m*; **'~·stone** *s.* **1.** *min.* Probierstein *m*; **2.** *fig.* Prüfstein *m*; **~ sys·tem** *s.* Zehn'fingersysˌtem *n*; **~ tel·e·phone** *s.* 'Tastenteleˌfon *n*; **'~-type** *v/i.* blind schreiben; **'~·wood** *s.* **1.** Zunder(holz *n*) *m*; **2.** ⚘ Feuerschwamm *m*.

touch·y ['tʌtʃɪ] *adj.* □ **1.** empfindlich, reizbar; **2.** a) ris'kant, b) heikel, kitzlig (*Thema*).

tough [tʌf] **I** *adj.* □ **1.** *allg.* zäh: a) hart, 'widerstandsfähig, b) ro'bust, stark (*Person, Körper etc.*), c) hartnäckig (*Kampf, Wille etc.*); **2.** *fig.* schwierig, unangenehm, ‚bös' (*Arbeit etc., a.* F *Person*); F eklig, grob (*Person*): ***it was ~ going*** F es war ein hartes Stück Arbeit; ***he is a ~ customer*** mit ihm ist nicht gut Kirschen essen; ***if things get ~*** wenn es ‚mulmig' wird; ***~ luck*** F ‚Pech' *n*; **3.** rowdyhaft, bru'tal, übel, Verbrecher...: ***get ~ with s.o.*** j-m gegenüber massiv werden; **II** *s.* **4.** Rowdy *m*, Schläger(typ) *m*, ‚übler Kunde'; **tough·book** ['tʌfbʊk] *s. Computer*: Toughbook *n* (*besonders robuster Laptop*); **tough·en** ['tʌfn] *v/t. u. v/i.* zäh(er) *etc.* machen (werden); **tough·ie** ['tʌfɪ] *s.* F **1.** ‚harte Nuss', schwierige Sache; **2.** → ***tough*** 4; **'tough·ness** [-nɪs] *s.* **1.** Zähigkeit *f*, Härte *f* (*a. fig.*); **2.** Ro'bustheit *f*; **3.** *fig.* Hartnäckigkeit *f*; **4.** Schwierigkeit *f*; **5.** Brutali'tät *f*.

tou·pee, *a.* **tou·pet** ['tu:peɪ] (*Fr.*) *s.* Tou'pet *n* (*Haarersatzstück*).

tour [tʊə] **I** *s.* **1.** Tour *f* (***of*** durch): a) (Rund)Reise *f*, (-)Fahrt *f*, b) Ausflug *m*, Wanderung *f*: ***conducted ~*** a) Führung *f*, b) Gesellschaftsreise *f*; ***the grand ~*** *hist.* (Bildungs)Reise durch Europa; ***~ operator*** Reiseveranstalter *m*; **2.** Rundgang *m* (***of*** durch): ***~ of inspection*** Besichtigungsrundgang *od.* -rundfahrt *f*; **3.** *thea. etc.* Tour'nee *f*, Gastspielreise *f*: ***go on ~*** auf Tournee gehen; **4.** ⚔ (turnusmäßige) Dienstzeit; **II** *v/t.* **5.** bereisen; **III** *v/i.* **6.** e-e (*thea.* Gastspiel)Reise *od.* (*a. sport*) e-e Tour'nee machen (***through, about*** durch); **~ de force** [ˌtʊədə'fɔ:s] (*Fr.*) *s.* **1.** Gewaltakt *m*; **2.** Glanzleistung *f*.

tour·ing ['tʊərɪŋ] *adj.* Touren..., Reise...: ***~ car*** *mot.* Tourenwagen *m*; ***~ coach*** Reisebus *m*; ***~ company*** *thea.* Wanderbühne *f*; ***~ exhibition*** Wanderausstellung *f*; **tour·ism** ['tʊərɪzəm] *s.* Reise-, Fremdenverkehr *m*, Tou'rismus *m*; **tour·ist** ['tʊərɪst] **I** *s.* Tou'rist(in), (Ferien-, Vergnügungs)Reisende(r *m*) *f*; **II** *adj.* Reise..., Fremden(verkehrs)..., Touristen...: ***~ agency*** Reisebüro *n*; ***~ association*** Fremdenverkehrsverband *m*; ***~ bureau, ~ office*** a) Reisebüro *n*, b) Verkehrsamt *n*, -verein *m*; ***~ centre*** (*Am.* ***center***) Touristenort *m*; ***~ class*** ⚓, ✈ Touristenklasse *f*; ***~ industry*** Fremdenverkehr(sindustrie *f*) *m*; ***~ (information) office*** Fremdenverkehrsamt *n*, -büro *n*; ***~ season*** Reisezeit *f*; ***~ ticket*** Rundreisekarte *f*; ***~ trap*** Touristenfalle *f*; **'tour·ist·y** *adj. contp.* tou'ristisch, Touristen...

tour·na·ment ['tʊənəmənt] *s.* (*hist. Ritter-, a. Tennis- etc.*)Tur'nier *n*.

tour·ney ['tʊənɪ] *bsd. hist.* **I** *s.* Tur'nier *n*; **II** *v/i.* turnieren.

tour·ni·quet ['tʊənɪkeɪ] *s.* ⚕ Aderpresse *f*.

tou·sle ['taʊzl] *v/t. Haar etc.* (zer)zausen, verwuscheln.

tout [taʊt] **I** *v/i.* **1.** (*bsd. aufdringliche* Kunden-, Stimmen)Werbung treiben (***for*** für); **2.** *Pferderennen*: a) *Brit.* sich *durch Spionieren* gute Renntipps verschaffen, b) Wetttipps geben *od.* verkaufen; **II** *s.* **3.** Kundenschlepper *m*, -werber *m*; **4.** *Pferderennen*: a) *Brit.* ‚Spi'on' *m beim Pferdetraining*, b) Tippgeber *m*; **5.** (Karten)Schwarzhändler *m*.

tow¹ [təʊ] **I** *s.* **1.** a) Schleppen *n*, b) Schlepptau *n*: ***have in ~*** im Schlepptau haben (*a. fig.*); ***take ~*** sich schleppen lassen; ***take in ~*** *bsd. fig.* ins Schlepptau nehmen; **2.** *bsd.* ⚓ Schleppzug *m*; **II** *v/t.* **3.** (ab)schleppen, ins Schlepptau nehmen: ***~ away*** *Auto* abschleppen; ***~ed flight*** (***target***) Schleppflug *m* (-ziel *n*); **4.** *Schiff* treideln; **5.** *fig. j-n* ab-, mitschleppen, *wohin* bugsieren.

tow² [təʊ] *s.* (Schwing)Werg *n*.

tow·age ['təʊɪdʒ] *s.* **1.** Schleppen *n*, Bugsieren *n*; **2.** Schleppgebühr *f*.

to·ward **I** *adj.* ['təʊəd] **1.** *obs.* fügsam; **2.** *obs. od. Am.* viel versprechend; **3.** im Gange, am Werk; **4.** bevorstehend; **II** *prp.* [tə'wɔ:d] **5.** auf (*acc.*) ... zu, (nach) ... zu, nach ... hin, gegen *od.* zu ... (hin); **6.** *zeitlich*: gegen; **7.** *Gefühle etc.* gegen'über; **8.** *als Beitrag* zu, um *e-r Sache* willen, zum Zweck(e) (*gen.*): ***efforts ~ reconciliation*** Bemühungen um e-e Versöhnung; **to·wards** [tə'wɔ:dz] → ***toward*** II.

'tow|·a·way *adj.* Abschlepp...: ***~ zone***; **'~·boat** *s.* Schleppschiff *n*, Schlepper *m*.

tow·el ['taʊəl] **I** *s.* Handtuch *n*: ***throw in the ~*** *Boxen*: das Handtuch werfen (*a. fig. sich geschlagen geben*); **II** *v/t.* (mit e-m Handtuch) (ab)trocknen, (-)reiben; **~ horse, ~ rack** *s.* Handtuchständer *m*.

tow·er ['taʊə] **I** *s.* **1.** Turm *m*: ***~ block*** *Brit.* (Büro-, Wohn)Hochhaus *n*; **2.** Feste *f*, Bollwerk *n*: ***~ of strength*** *fig.* Stütze *f*, Säule *f*; **3.** Zwinger *m*, Festung *f* (*Gefängnis*); **4.** ⚗ Turm *m* (*Reinigungsanlage*); **II** *v/i.* **5.** (hoch)ragen, sich (em'por)türmen (***to*** zu): ***~ above*** *et. od. j-n* (weit) überragen (*a. fig. turmhoch überlegen sein* [*dat.*]); **'tow·ered** [-əd] *adj.* (hoch) getürmt; **'tow·er·ing** [-ərɪŋ] *adj.* **1.** hoch, hoch aufragend; **2.** *fig.* maßlos, gewaltig: ***~ ambition***; ***~ passion***; ***~ rage*** rasende Wut.

tow·ing ['təʊɪŋ] *adj.* (Ab)Schlepp...; **~ line, ~ path, ~ rope** → ***towline, towpath, towrope***.

'tow·line *s.* **1.** ⚓ Treidelleine *f*, Schlepptau *n*; **2.** Abschleppseil *n*.

town [taʊn] **I** *s.* **1.** Stadt *f* (*unter dem Rang e-r* ***city***); **2.** ***the ~*** *fig.* die Stadt: a) die Stadtbevölkerung, die Einwohnerschaft, b) das Stadtleben; **3.** *Brit.* Marktflecken *m*; **4.** *ohne art. die* (nächste) Stadt: a) Stadtzentrum *n*, b) *Brit. bsd.* London: ***to ~*** nach der *od.* in die Stadt, *Brit. bsd.* nach London; ***out of ~*** nicht in der Stadt, *Brit. bsd.* nicht in London, auswärts; ***go to ~*** F ‚auf den Putz hauen'; → ***paint*** 2; **5.** *Brit.* Bürgerschaft *f e-r Universitätsstadt*; → ***gown*** 3; **II** *adj.* **6.** städtisch, Stadt..., Städte...; **'~·bred** *adj.* in der Stadt aufgewachsen; **~ cen·tre** *s. Brit.* Innenstadt *f*, City *f*; **~ clerk** *s.* 'Stadtdiˌrektor *m*; **~ coun·cil** *s.* Stadtrat *m* (*Gremium*); **~ coun·cil·(l)or** *s.* Stadtrat(smitglied *n*) *m*; **~ cri·er** *s.* Ausrufer *m*; **~ hall** *s.* Rathaus *n*; **~ house** *s.* Stadt-, *Am.* Reihenhaus *n*; **~ plan·ning** *s.* Städte-, Stadtplanung *f*; **'~·scape** [-skeɪp] *s.* Stadtbild *n*, *paint.* -ansicht *f*.

towns·folk ['taʊnzfəʊk] *s. pl.* Stadtleute *pl.*, Städter *pl.*

town·ship ['taʊnʃɪp] *s.* **1.** *hist.* (Dorf-, Stadt)Gemeinde *f od.* (-)Gebiet *n*; **2.** *Am.* Verwaltungsbezirk *m*; **3.** *surv. Am.* 6 Qua'dratmeilen großes Gebiet.

towns|·man ['taʊnzmən] *s.* [*irr.*] **1.** Städter *m*, Stadtbewohner *m*; **2.** *a.* ***fel-***

T

low ~ Mitbürger *m*; **'~,peo·ple** [-nz-] → ***townsfolk***.

'tow|·path *s.* Treidelpfad *m*; **'~·rope** → ***towline***.

tox·(a)e·mi·a [tɒk'siːmɪə] *s.* ⚕ Blutvergiftung *f*.

tox·ic, tox·i·cal ['tɒksɪk(l)] *adj.* □ giftig, toxisch, Gift...; **'tox·i·cant** [-sɪkənt] **I** *adj.* giftig, toxisch; **II** *s.* Gift (-stoff *m*) *n*; **tox·i·co·log·i·cal** [ˌtɒksɪkə'lɒdʒɪkl] *adj.* □ toxiko'logisch; **tox·i·col·o·gist** [ˌtɒksɪ'kɒlədʒɪst] *s.* ⚕ Toxiko'loge *m*; **tox·i·col·o·gy** [ˌtɒksɪ'kɒlədʒɪ] *s.* ⚕ Toxikolo'gie *f*, Giftkunde *f*; **tox·ic waste** *s.* Giftmüll *m*; **'tox·in** [-sɪn] *s.* ⚕ To'xin *n*, Gift(stoff *m*) *n*.

toy [tɔɪ] **I** *s.* **1.** (Kinder)Spielzeug *n* (*a. fig.*); *pl.* Spielwaren *pl.*, -sachen *pl.*; **2.** *fig.* Tand *m*, ‚Kinkerlitzchen' *n*; **II** *v/i.* **3.** (***with***) spielen (mit *e-m Gegenstand*, *fig.* mit *e-m Gedanken*), *fig. a.* liebäugeln (mit); **III** *adj.* **4.** Spielzeug..., Kinder..., Zwerg...: ***~ dog*** Schoßhund *m*; ***~ train*** Miniatur-, Kindereisenbahn *f*; **~ book** *s.* Bilderbuch *n*; **'~·box** *s.* Spielzeugkiste *f*; **'~·shop** *s.* Spielwarenhandlung *f*.

trace¹ [treɪs] *s.* Zugriemen *m*, Strang *m* (*Pferdegeschirr*): ***in the ~s*** angespannt (*a. fig.*); ***kick over the ~s*** *fig.* über die Stränge schlagen.

trace² [treɪs] **I** *s.* **1.** (Fuß-, Wagen-, Wild- *etc.*)Spur *f*: ***hot on s.o.'s ~s*** j-m dicht auf den Fersen; ***without a ~*** spurlos; ***~ element*** ⚗ Spurenelement *n*; **2.** *fig.* Spur *f*: a) ('Über)Rest *m*: ***~s of ancient civilizations***, b) (An)Zeichen *n*: ***~s of fatigue***, c) geringe Menge, bisschen: ***not a ~ of fear*** keine Spur von Angst; ***a ~ of a smile*** der Anflug e-s Lächelns; **3.** ⚔ a) Leuchtspur *f*, b) *Radar*: Bildspur *f*; **4.** Linie *f*: a) Aufzeichnung *f* (*Messgerät*), b) Zeichnung *f*, Skizze *f*, c) Pauszeichnung *f*, d) Grundriss *m*; **5.** *Am.* (markierter) Weg; **II** *v/t.* **6.** nachspüren (*dat.*), *j-s* Spur verfolgen; **7.** *Wild*, *Verbrecher* verfolgen, aufspüren; **8.** *a.* ***~ out*** *et. od. j-n* ausfindig machen *od.* aufspüren, *et.* auf-, herausfinden; **9.** *fig. e-r Entwicklung etc.* nachgehen, *e-e Sache* verfolgen: ***~ back*** *et.* zurückverfolgen (***to*** bis zu); ***~ s.th. to*** et. zurückführen auf (*acc.*), et. herleiten von; **10.** erkennen; **11.** *Pfad* verfolgen; **12.** *a.* ***~ out*** (auf)zeichnen, skizzieren, entwerfen; **13.** *Buchstaben* sorgfältig (aus)ziehen, schreiben; **14.** ⚙ a) *a.* ***~ over*** ('durch)pausen, b) *Bauflucht etc.* abstecken, c) *Messung* aufzeichnen (*Gerät*); **'trace·a·ble** [-səbl] *adj.* □ **1.** auffindbar, nachweisbar; **2.** zu'rückzuführen(d) (***to*** auf *acc.*); **'trac·er** [-sə] *s.* **1.** Aufspürer(in); **2.** ✉, 🚆 *Am.* Lauf-, Suchzettel *m*; **3.** *Schneiderei*: Kopierrädchen *n*; **4.** ⚙ Punzen *m*; **5.** ⚗ Iso'topenindiˌkator *m*; **6.** ⚔ a) *mst* ***~ bullet***, ***~ shell*** Leuchtspur-, Rauchspurgeschoss *n*, b) *mst* ***~ composition*** Leuchtspursatz *m*; **7.** a) technischer Zeichner, b) Pauser *m*; **'trac·er·y** [-sərɪ] *s.* **1.** ⛪ Maßwerk *n an gotischen Fenstern*; **2.** Flechtwerk *n*.

tra·che·a [trə'kiːə] *pl.* **-che·ae** [-'kiːiː] *s.* **1.** *anat.* Tra'chea *f*, Luftröhre *f*; **2.** ⚘, *zo.* Tra'chee *f*; **tra'che·al** [-'kiːəl] *adj.* **1.** *anat.* Luftröhren...; **2.** *zo.* Tracheen...; **3.** ⚘ Gefäß...; **tra·che·i·tis** [ˌtrækɪ'aɪtɪs] *s.* ⚕ 'Luftröhrenkaˌtarr(h) *m*; **tra·che·ot·o·my** [ˌtrækɪ'ɒtəmɪ] *s.* ⚕ Luftröhrenschnitt *m*.

trac·ing ['treɪsɪŋ] *s.* **1.** Suchen *n*, Nachforschung *f*; **2.** ⚙ a) (Auf)Zeichnen *n*, b) 'Durchpausen *n*; **3.** ⚙ a) Zeichnung *f*, (Auf)Riss *m*, Plan *m*, b) Pause *f*; **4.** Aufzeichnung *f* (*e-s Kardiographen etc.*); **~ file** *s.* 'Suchkarˌtei *f*; **~ op·er·a·tion** *s.* Fahndung *f*; **~ pa·per** *s.* 'Pauspaˌpier *n*; **~ serv·ice** *s.* Suchdienst *m*.

track [træk] **I** *s.* **1.** (Fuß-, Wild- *etc.*) Spur *f* (*a. fig.*), Fährte *f*: ***on s.o.'s ~s*** j-m auf der Spur; ***be on the wrong ~*** auf der falschen Spur *od.* auf dem Holzweg sein; ***cover up one's ~s*** s-e Spuren verwischen; ***throw s.o. off the ~*** j-n von der (richtigen) Spur ablenken; ***keep ~ of*** *fig. et.* verfolgen, sich auf dem Laufenden halten über (*acc.*); ***lose ~ of*** aus den Augen verlieren; ***make ~s*** *sl.* ‚abhauen'; ***make ~s for*** schnurstracks losgehen auf (*acc.*); ***stop in one's ~s*** wie festgewurzelt stehen bleiben; ***shoot s.o. in his ~s*** j-n auf der Stelle niederschießen; **2.** 🚆 Gleis *n*, Geleise *n u. pl.*, Schienenstrang *m*: ***off the ~*** entgleist, aus den Schienen; ***on ~*** ✝ auf (der) Achse, rollend; ***born on the wrong side of the ~s*** *fig. Am.* aus ärmlichen Verhältnissen stammend; **3.** ⚓ Fahrwasser *n*; **4.** ⚓ *übliche* Route; **5.** Weg *m*, Pfad *m*; **6.** (Ko'meten- *etc.*) Bahn *f*; **7.** *sport* a) (Renn-, Lauf-) Bahn *f*, b) *mst* ***~ events*** 'Laufdisziˌplinen *pl.*, c) *a.* ***~-and-field sports*** 'Leichtathˌletik *f*; **8.** (Gleis-, Raupen-) Kette *f e-s Traktors etc.*; **9.** *mot.* a) Spurweite *f*, b) 'Reifenproˌfil *n*; **10.** *Computer*, *Tonband*: Spur *f*; **11.** *ped. Am.* Leistungsgruppe *f*; **II** *v/t.* **12.** nachspüren (*dat.*), *a. fig.* verfolgen (*acc.*); **13.** aufspüren: a) *a.* ***~ down*** *Wild*, *Verbrecher* zur Strecke bringen, b) ausfindig machen; **14.** *Weg* kennzeichnen; **15.** durch'queren; **16.** 🚆 *Am.* Gleise verlegen in (*dat.*); **17.** *Am.* (Schmutz)Spuren hinter'lassen auf (*dat.*); **18.** ⚙ mit Raupenketten versehen: ***~ed vehicle*** Ketten-, Raupenfahrzeug *n*; **III** *v/i.* **19.** Spur halten (*Räder*); **20.** *Film*: (mit der Kamera) fahren: ***~ing shot*** Fahraufnahme *f*; **IV** *adj.* **21.** 🚆 Gleis..., Schienen...; **22.** *sport* a) (Lauf)Bahn..., Lauf..., b) Leichtathletik...: **'track·age** [-kɪdʒ] *s.* 🚆 **1.** *coll.* Schienen *pl.*; **2.** Schienenlänge *f*; **3.** *Am.* Streckenbenutzungsrecht *n*, -gebühr *f*; **ˌtrack-and-'field** *adj.* Leichtathletik...; → ***track*** 7 c; **'track·ball** [-bɔːl] *s.* *Computer*: 'Trackball *m* (*Steuerkugel als Mausersatz*); **'track·er** [-kə] *s.* **1.** *bsd. hunt.* Spurenleser *m*: ***~ dog*** Spürhund *m*; **2.** *fig.* ‚Spürhund' *m* (*Person*); **3.** ⚔ Zielgeber *m* (*Gerät*).

'track|ˌlay·er *s.* **1.** 🚆 *Am.* Streckenarbeiter *m*; **2.** Raupenschlepper *m*; **'~-ˌlay·ing** *adj.* ⚙ Raupen..., Gleisketten...: ***~ vehicle***.

track·less ['træklɪs] *adj.* □ **1.** unbetreten; **2.** weg-, pfadlos; **3.** schienenlos; **4.** spurlos.

track| meet *s. Am.* 'Leichtathˌletikveranstaltung *f*; **~ shoe** *s.* Rennschuh *m*; **'~·suit** *s.* Trainingsanzug *m*, Jogginganzug *m*: ***~ trousers*** *pl.* Jogginghose *f*; **~ walk·ing** *s. sport* Bahngehen *n*.

tract¹ [trækt] *s.* **1.** (ausgedehnte) Fläche, Strecke *f*, (Land)Strich *m*, Gebiet *n*, Gegend *f*; **2.** Zeitraum *m*; **3.** *anat.* Trakt *m*, (Ver'dauungs- *etc.*)Syˌstem *n*: ***respiratory ~*** Atemwege *pl.*; **4.** *physiol.* (Nerven)Strang *m*: ***optic ~*** Sehstrang.

tract² [trækt] *s. eccl.* Trak'tat *m*, *n*; *contp.* Trak'tätchen *n*.

trac·ta·ble ['træktəbl] *adj.* **1.** □ lenk-, folg-, fügsam; **2.** *fig.* gefügig, geschmeidig (*Material*).

trac·tion ['trækʃn] *s.* **1.** Ziehen *n*; **2.** ⚙, *phys.* a) Zug *m*, b) Zugleistung *f*: ***~ engine*** Zugmaschine *f*; **3.** *phys.* Reibungsdruck *m*; **4.** *mot.* a) Griffigkeit *f* (*Reifen*), b) *a.* ***~ of the road*** Bodenhaftung *f*; **5.** Trans'port *m*, Fortbewegung *f*; **6.** *physiol.* Zs.-ziehung *f* (*Muskeln*); **'trac·tion·al** [-ʃənl], **'trac·tive** [-ktɪv] *adj.* ⚙ Zug...

trac·tor ['træktə] *s.* **1.** ⚙ 'Zugmaˌschine *f*, Traktor *m*, Schlepper *m*; **2.** ✈ a) Zugschraube *f*, b) *a.* ***~ airplane*** Flugzeug *n* mit Zugschraube; **~ truck** *s. Am. mot.* Sattelschlepper *m*.

trade [treɪd] **I** *s.* **1.** ✝ Handel *m*, (Handels)Verkehr *m*: ***foreign ~*** a) Außenhandel, b) ⚓ große Fahrt; ***home ~*** a) Binnenhandel, b) ⚓ kleine Fahrt; → ***board*** 9; **2.** ✝ Geschäft *n*: a) Gewerbe *n*, Geschäftszweig *m*, Branche *f*, b) (Einzel-, Groß)Handel *m*, c) Geschäftslage *f*, -gewinn *m*: ***be in ~*** (Einzel)Händler sein; ***do a good ~*** gute Geschäfte machen; ***sell to the ~*** an Wiederverkäufer abgeben; **3.** ✝ ***the ~*** a) *coll.* die Geschäftswelt, b) *Brit.* der Spiritu'osenhandel, c) die Kundschaft; **4.** Gewerbe *n*, Beruf *m*, Handwerk *n*: ***the ~*** *coll.* die Zunft *od.* Gilde; ***by ~*** *Bäcker etc.* von Beruf; ***every man to his ~*** jeder, wie er es gelernt hat; ***the ~ of war*** das Kriegshandwerk; **5.** *mst* ***the ~s*** *pl.* die Pas'satwinde *pl.*; **II** *v/i.* **6.** Handel treiben, handeln (***in*** mit *et.*); in Geschäftsverbindung stehen (***with*** mit *j-m*); *Am.* (ein)kaufen (***with*** bei *j-m*, ***at*** in *e-m Laden*); **7.** ***~ (up)on*** *fig.* spekulieren *od.* ‚reisen' auf (*acc.*), ausnutzen; **III** *v/t.* **8.** (aus)tauschen (***for*** gegen); **9.** ***~ in*** *bsd. Auto* in Zahlung geben; **~ ac·cept·ance** *s.* ✝ 'Handelsakˌzept *n*; **~ ac·count** *s. Bilanz*: a) ***~s payable*** Warenschulden *pl.*, b) ***~s receivable*** Warenforderungen *pl.*; **~ as·so·ci·a·tion** *s.* **1.** Wirtschaftsverband *m*; **2.** Arbeitgeberverband *m*; **~ bal·ance** *s.* 'Handelsbiˌlanz *f*; **~ bar·riers** *s. pl.* Handelsschranken *pl.*; **~ bill** *s.* Warenwechsel *m*; **~ cy·cle** *s.* Konjunk'turzyklus *m*; **~ di·rec·to·ry** *s.* Branchen-, Firmenverzeichnis *n*, 'Handelsaˌdressbuch *n*; **~ dis·count** *s.* 'Händleraˌbatt *m*; **~ dis·pute** *s.* Handelsstreit *m*; **~ fair** *s.* (Handels)Messe *f*; **~ gap** *s.* 'Handelsbiˌlanzdefizit *n*; **'~-in** *s.* in Zahlung gegebene Sache (*bsd. Auto*): ***~ value*** Eintausch-, Verrechnungswert *m*; **'~·mark I** *s.* **1.** Warenzeichen *n*: ***registered ~*** eingetragenes Warenzeichen; **2.** *fig.* Kennzeichen *n*; **II** *v/t.* **3.** *Ware* gesetzlich schützen lassen: ***~ed goods*** Markenartikel; **~ mis·sion** *s. pol.* 'Handelsmissiˌon *f*; **'~ name** *s.* **1.** Handelsbezeichnung *f*, Markenname *m*; **2.** Firmenname *m*, Firma *f*; **~ price** *s.* (Groß)Handelspreis *m*.

trad·er ['treɪdə] *s.* **1.** Händler *m*, Kaufmann *m*; **2.** *Börse*: 'Wertpaˌpierhändler *m*; **3.** ⚓ Handelsschiff *n*.

trade| school *s.* Gewerbeschule *f*; **~ secret** *s.* Geschäftsgeheimnis *n*; **~ show** *s.* Filmvorführung *f* für Verleiher u. Kritiker.

trades|·man ['treɪdzmən] *s.* [*irr.*] **1.** (Einzel)Händler *m*; **2.** Ladeninhaber *m*; **3.** Handwerker *m*; **'~,peo·ple** [-z,p-] *s. pl.* Geschäftsleute *pl.*

trade| sym·bol *s.* Bild *n* (*Warenzeichen*); **~ un·ion** *s.* Gewerkschaft *f*; **~ un·ion·ism** *s.* Gewerkschaftswesen *n*; **~ un·ion·ist** *s.* Gewerkschaftler(in); **~ wind** *s.* Pas'satwind *m.*

trad·ing ['treɪdɪŋ] **I** *s.* **1.** Handeln *n*; **2.** Handel *m* (***in*** mit *et.*, ***with*** mit *j-m*); **II** *adj.* **3.** Handels...; **~ a·re·a** *s.* ✝ Absatzgebiet *n*; **~ cap·i·tal** *s.* Be'triebskapi,tal *n*; **~ com·pa·ny** *s.* Handelsgesellschaft *f*; **~ post** *s.* Handelsniederlassung *f*; **~ stamp** *s.* Ra'battmarke *f.*

tra·di·tion [trə'dɪʃn] *s.* **1.** Traditi'on *f*: a) (mündliche) Über'lieferung (*a. eccl.*), b) Herkommen *n*, (alter) Brauch, Brauchtum *n*: ***be in the ~*** sich im Rahmen der Tradition halten; **2.** ⚖ Auslieferung *f*, 'Übergabe *f*; **tra'di·tion·al** [-ʃənl] *adj.* □ traditio'nell, Traditions...: a) (mündlich) über'liefert, b) herkömmlich, brauchtümlich, (alt)hergebracht, üblich; **tra'di·tion·al·ism** [-ʃnəlɪzəm] *s. bsd. eccl.* Traditiona'lismus *m*, Festhalten *n* an der Über'lieferung.

tra·duce [trə'dju:s] *v/t.* verleumden.

traf·fic ['træfɪk] **I** *s.* **1.** (öffentlicher, Straßen-, Schiffs-, Eisenbahn- *etc.*) Verkehr; **2.** (Per'sonen-, Güter-, Nachrichten-, Fernsprech- *etc.*)Verkehr *m*; **3.** a) (Handels)Verkehr *m*, Handel *m* (***in*** in *dat.*, mit), b) *b.s.* ('ille,galer) Handel: ***drug ~***; **4.** *fig.* a) Verkehr *m*, Geschäft(e *pl.*) *n*, b) Austausch *m* (***in*** von): ***~ in ideas***; **II** *v/i. pret. u. p.p.* **'traf·ficked** [-kt] **5.** handeln, Handel treiben (***in*** in *dat.*, ***with*** mit); **6.** *fig.* verhandeln (***with*** mit).

traf·fi·ca·tor ['træfɪkeɪtə] *s. mot. Brit.* a) Blinker *m*, b) *hist.* Winker *m.*

traf·fic| calm·ing *s.* Verkehrsberuhigung *f*; **~ cen·sus** *s.* Verkehrszählung *f*; **~ cir·cle** *s. mot. Am.* Kreisverkehr *m*; **~ guid·ance sys·tem** *s.* Ver'kehrsleitsys,tem *n*, **~ is·land** *s.* Verkehrsinsel *f*; **~ jam** *s.* Verkehrsstauung *f*, -stockung *f*, (Fahrzeug)Stau *m.*

traf·fick·er ['træfɪkə] *s.* (*a.* 'ille,galer) Händler.

traf·fic| lane *s. mot.* Spur *f*; **~ lights** *s. pl.* Verkehrsampel *f*; **~ man·age·ment** *s.* Verkehrsmanagement *n*; **~ man·ag·er** *s.* ✝ **1.** Versandleiter *m*; **2.** Be'triebsdi,rektor *m*; **~ of·fence** *s. Brit.*, **~ of·fense** *s. Am.* Ver'kehrsde,likt *n*; **~ of·fend·er** *s.* Verkehrssünder *m*; **~ reg·u·la·tions** *s. pl.* Verkehrsvorschriften *pl.*, (Straßen)Verkehrsordnung *f*; **~ sign** *s.* Verkehrszeichen *n*, -schild *n*; **~ ward·en** *s.* Poli'tesse *f.*

tra·ge·di·an [trə'dʒi:djən] *s.* **1.** Tragiker *m*, Trauerspieldichter *m*; **2.** *thea.* Tra'göde *m*, tragischer Darsteller *m*; **tra·ge·di·enne** [trədʒi:'djen] *s. thea.* Tra'gödin *f*; **trag·e·dy** ['trædʒɪdɪ] *s.* **1.** Tra'gödie *f*: a) *thea.* Trauerspiel *n*, b) *fig.* tragische Begebenheit, *a.* Unglück *n*; **2.** *fig. das* Tragische; **trag·ic**, **trag·i·cal** ['trædʒɪk(l)] *adj.* □ *thea. u. fig.* tragisch: **~ly** tragischerweise; **trag·i·com·e·dy** [,trædʒɪ'kɒmɪdɪ] *s.* Tragiko'mödie *f* (*a. fig.*); **trag·i·com·ic** [,trædʒɪ'kɒmɪk] *adj.* (□ **~ally**) tragi'komisch.

trail [treɪl] **I** *v/t.* **1.** (nach)schleppen, (-) schleifen, hinter sich herziehen: ***~ one's coat*** *fig.* Streit suchen; **2.** verfolgen (*acc.*), nachspüren (*dat.*), ‚beschatten' (*acc.*); **3.** zu'rückbleiben hinter (*dat.*); **II** *v/i.* **4.** schleifen (*Rock etc.*); **5.** wehen, flattern; her'unterhängen; **6.** ⚘ kriechen, sich ranken; **7.** (sich da'hin-) ziehen (*Rauch etc.*); **8.** sich da'hinschleppen; **9.** nachhinken (*a. fig.*); **10.** ***~ off*** sich verlieren (*Klang, Stimme etc.*); **III** *s.* **11.** geschleppter Teil, *z.B.* Schleppe *f* (*Kleid*); **12.** *fig.* Schweif *m*, Schwanz *m* (*Meteor etc.*): ***~ of smoke*** Rauchfahne *f*; **13.** Spur *f*: ***~ of blood***; **14.** *hunt. u. fig.* Fährte *f*, Spur *f*: ***on s.o.'s ~*** j-m auf der Spur *od.* auf den Fersen; ***off the ~*** von der Spur abgekommen; **15.** (Trampel)Pfad *m*, Weg *m*: ***blaze the ~*** a) den Weg markieren, b) *fig.* den Weg bahnen (***for*** für), bahnbrechend sein; **'~,blaz·er** *s.* **1.** Pistensucher *m*; **2.** *fig.* Bahnbrecher *m*, Pio'nier *m.*

trail·er ['treɪlə] *s.* **1.** ⚘ Kriechpflanze *f*; rankender Ausläufer; **2.** *mot.* a) Anhänger *m*, b) *Am.* Wohnwagen *m*, Caravan *m*: ***~ camp***, ***~ park*** Platz *m* für Wohnwagen; **3.** *Film*, *TV*: Trailer *m* (*Filmausschnitte zu Werbezwecken*); **'trail·er·ite** *s. Am.* Caravaner *m.*

trail·ing| aer·i·al ['treɪlɪŋ] *s.* ⚡ 'Schlepptan,tenne *f*; **~ ax·le** *s. mot.* nicht angetriebene Achse, Schleppachse *f.*

train [treɪn] **I** *s.* **1.** (Eisenbahn)Zug *m*: ***~ journey*** Bahnfahrt *f*; ***~ staff*** Zugpersonal *n*; ***by ~*** mit der Bahn; ***be on the ~*** im Zug sein *od.* sitzen; ***take a ~ to*** mit dem Zug fahren nach; **2.** Zug *m von Personen, Wagen etc.*, Kette *f*, Ko'lonne *f*: ***~ of barges*** Schleppzug (*Kähne*); **3.** Gefolge *n* (*a. fig.*): ***have*** (*od.* ***bring***) ***in its ~*** *et.* mit sich bringen, zur Folge haben; **4.** *fig.* Folge *f*, Kette *f*, Reihe *f von Ereignissen etc.*: ***~ of thought*** Gedankengang *m*; ***in ~*** a) im Gang, im Zuge, b) bereit (***for*** für); ***put in ~*** in Gang setzen; **5.** Schleppe *f am Kleid*; **6.** (Ko'meten)Schweif *m*; **7.** ⚒, ⚔ Zündlinie *f*; **8.** ⚙ Räder-, Triebwerk *n*; **II** *v/t.* **9.** auf-, erziehen; **10.** ⚘ ziehen; **11.** *j-n* ausbilden (*a.* ⚔), *a. Auge, Geist etc.* schulen: → ***trained***; **12.** *j-m et.* einexerzieren, beibringen; **13.** a) *Sportler*, *a. Pferde* trainieren, b) *Tiere* abrichten, dressieren (***to do*** zu tun), *Pferd* zureiten; **14.** ⚔ *Geschütz* richten (***on*** auf *acc.*); **III** *v/i.* **15.** sich ausbilden (***for*** zu, als); sich schulen *od.* üben; **16.** *sport* trainieren (***for*** für); **17.** *a.* ***~ it*** F mit der Bahn fahren; **~ down** *v/i. sport* abtrainieren, ‚abkochen'.

'train|,bear·er *s.* Schleppenträger *m*; **~ call** *s. teleph.* Zuggespräch *n.*

trained [treɪnd] *adj.* **1.** geübt, geschult (*Auge, Geist etc.*); **2.** (voll) ausgebildet, geschult, Fach...: ***~ men*** Fachkräfte; **train·ee** [treɪ'ni:] *s.* **1.** a) Auszubildende(r *m*) *f*, Lehrling *m*, b) Prakti'kant (-in), c) *Management*: Trai'nee *m*, *f*: ***~ nurse*** Lernschwester *f*; **2.** ⚔ *Am.* Rekrut *m*; **'train·er** [-nə] *s.* **1.** Ausbilder *m*; **2.** *sport* Trainer *m*: ***~*** (*od.* ***~'s***) ***bench*** Trainerbank *f*; **3.** a) Abrichter *m*, ('Hunde- *etc.*)Dres,seur *m*, b) Zureiter *m*; **4.** ✈ a) Schulflugzeug *n*, b) ('Flug)Simu,lator *m*; **5.** *mst. pl.* Turnschuh *n.*

train fer·ry *s.* Eisenbahnfähre *f.*

train·ing ['treɪnɪŋ] **I** *s.* **1.** Schulung *f*, Ausbildung *f*; **2.** Üben *n*; **3.** *sport* Training *n*: ***be in ~*** a) im Training stehen, b) (gut) in Form sein; ***go into ~*** das Training aufnehmen; ***out of ~*** nicht in Form; **4.** a) Abrichten *n von Tieren*, b) Zureiten *n*; **II** *adj.* **5.** Ausbildungs..., Schul(ungs)..., Lehr...; **6.** *sport* Trainings...; **~ camp** *s.* **1.** *sport* Trainingslager *n*; **2.** ⚔ Ausbildungslager *n*; **~ cen·ter** *Am.*, **~ cen·tre** *Brit. s.* Ausbildungszentrum *n*; **~ film** *s.* Lehrfilm *m*; **~ school** *s.* **1.** *ped.* Aufbauschule *f*; **2.** ⚖ Jugendstrafanstalt *f*; **~ ship** *s.* ⚓ Schulschiff *n.*

'train|·load *s.* Zugladung *f*; **~ oil** *s.* (Fisch)Tran *m*, *bsd.* Walöl *n*; **'~·sick** *adj.*: ***she gets ~*** ihr wird beim Zugfahren schlecht.

traipse [treɪps] → ***trapse***.

trait [treɪ] *s.* **1.** (Cha'rakter)Zug *m*, Merkmal *n*; **2.** *Am.* Gesichtszug *m.*

trai·tor ['treɪtə] *s.* Verräter *m* (***to*** an *dat.*); **'trai·tor·ous** [-tərəs] *adj.* □ verräterisch; **'trai·tress** [-trɪs] *s.* Verräterin *f.*

tra·jec·to·ry [trə'dʒektərɪ] *s.* **1.** *phys.* Flugbahn *f*; Fallkurve *f e-r Bombe*; **2.** A Trajekto'rie *f.*

tram [træm] **I** *s.* **1.** *Brit.* (***by ~*** mit der) Straßenbahn *f*; **2.** ⚒ Förderwagen *m*, Hund *m*; **II** *v/i.* **3.** *a.* ***~ it*** *Brit.* mit der Straßenbahn fahren; **'~·car** *s. Brit.* Straßenbahnwagen *m*; **'~·line** *s.* **1.** *Brit.* Straßenbahnlinie *f*; **2.** *pl. Tennis etc.*: Seitenlinien *pl.* für Doppel; **3.** *pl. fig.* 'Leitprin,zipien *pl.*

tram·mel ['træml] **I** *s.* **1.** (Schlepp)Netz *n*; **2.** Spannriemen *m für Pferde*; **3.** *fig.* Fessel *f*; **4.** Kesselhaken *m*; **5.** A El'lipsenzirkel *m*; **6.** *a.* ***pair of ~s*** Stangenzirkel *m*; **II** *v/t.* **7.** *mst fig.* hemmen.

tra·mon·tane [trə'mɒnteɪn] *adj.* **1.** transal'pin(isch); **2.** *fig.* fremd, bar'barisch.

tramp [træmp] **I** *v/i.* **1.** trampeln (([***up***]***on*** auf *acc.*); sta(m)pfen; **2.** *mst* ***~ it*** marschieren, wandern, ‚tippeln'; **3.** vagabundieren; **II** *v/t.* **4.** durch'wandern; **5.** ***~ down*** niedertrampeln; **III** *s.* **6.** Getrampel *n*; **7.** (schwerer) Tritt; **8.** (Fuß)Marsch *m*, Wanderung *f*: ***on the ~*** auf (der) Wanderschaft; **9.** Landstreicher *m*; **10.** F ‚Luder' *n*, ‚Flittchen' *n*; **11.** ⚓ Trampschiff *n*; **'tram·ple** [-pl] **I** *v/i.* **1.** (her'um)trampeln ([***up***]***on*** auf *dat.*); **2.** *fig.* mit Füßen treten ([***up***]***on*** *acc.*); **II** *v/t.* **3.** (zer)trampeln: ***~ down*** niedertrampeln; ***~ out*** *Feuer* austreten; ***~ under foot*** herumtrampeln auf (*dat.*); **III** *s.* **4.** Trampeln *n.*

tram·po·lin(e) ['træmpəlɪn] *s. sport* Trampo'lin *n*; **'tram·po·lin·er** *s.* Trampo'linspringer(in), -turner(in).

'tram·way *s.* **1.** *Brit.* Straßenbahn(linie) *f*; **2.** ⚒ Grubenbahn *f.*

trance [trɑ:ns] *s.* **1.** Trance(zustand *m*) *f*: ***go*** (***put***) ***into a ~*** in Trance fallen (versetzen); **2.** Verzückung *f*, Ek'stase *f.*

trank [træŋk] *s. Am.* F Beruhigungsmittel *n.*

tran·quil ['træŋkwɪl] *adj.* □ **1.** ruhig, friedlich; **2.** gelassen, heiter; **tran·quil·(l)i·ty** [træŋ'kwɪlətɪ] *s.* **1.** Ruhe *f*, Friede(n) *m*, Stille *f*; **2.** Gelassenheit *f*, Heiterkeit *f*; **'tran·quil·(l)ize** [-laɪz] *v/t.* (*v/i.* sich) beruhigen; **'tran·quil·(l)iz·er** [-laɪzə] *s.* Beruhigungsmittel *n.*

trans·act [træn'zækt] **I** *v/t. Geschäfte etc.* ('durch)führen, abwickeln; *Handel* abschließen; **II** *v/i.* ver-, unter'handeln (***with*** mit); **trans'ac·tion** [-kʃn] *s.* **1.** 'Durchführung *f*, Abwicklung *f*, Erledigung *f*; **2.** Ver-, Unter'handlung *f*; **3.** a) ✝ Transakti'on *f*, (Geschäfts)Abschluss *m*, Geschäft *n*, b) ⚖ Rechtsgeschäft *n*; **4.** *pl.* ✝ (Ge'schäfts),Umsatz *m*; **5.** *pl.* Proto'koll *n*, Sitzungsbericht *m.*

T

trans·al·pine [ˌtrænzˈælpaɪn] *adj.* transalˈpin(isch).
trans·at·lan·tic [ˌtrænzətˈlæntɪk] *adj.* **1.** transatˈlantisch, ˈüberseeisch; **2.** Übersee...: **~ *liner*; ~ *flight*** Ozeanflug *m.*
trans·ceiv·er [trænˈsiːvə] *s.* ⚡ Sender-Empfänger *m.*
tran·scend [trænˈsend] *v/t.* **1.** *bsd. fig.* überˈschreiten, -ˈsteigen; **2.** *fig.* überˈtreffen; **tranˈscend·ence** [-dəns], **tranˈscend·en·cy** [-dənsɪ] *s.* **1.** Überˈlegenheit *f,* Erhabenheit *f;* **2.** *phls., eccl., a.* ℞ Transzenˈdenz *f;* **tranˈscend·ent** [-dənt] *adj.* ☐ **1.** transzenˈdent: a) *phls.* ˈübersinnlich, b) *eccl.* ˈüberweltlich; **2.** herˈvorragend.
tran·scen·den·tal [ˌtrænsenˈdentl] *adj.* ☐ **1.** *phls.* transzendenˈtal: a) metaˈphysisch, b) *bei Kant*: apriˈorisch: **~ *meditation*** transzendentale Meditation; **2.** ˈübernaˌtürlich; **3.** erhaben; **4.** abˈstrus, verworren; **5.** ℞ transzenˈdent; **ˌtran·scenˈden·tal·ism** [-təlɪzəm] *s.* Transzendenˈtalphilosoˌphie *f.*
tran·scribe [trænˈskraɪb] *v/t.* **1.** abschreiben; **2.** *Stenogramm etc.* überˈtragen; **3.** ♪ transkribieren; **4.** *Radio, TV*: a) aufzeichnen, auf Band aufnehmen, b) (vom Band) überˈtragen; **5.** *Computer*: ˈumschreiben; **tran·script** [ˈtrænskrɪpt] *s.* Abschrift *f,* Koˈpie *f;* **tranˈscrip·tion** [-rɪpʃn] *s.* **1.** Abschreiben *n;* **2.** Abschrift *f;* **3.** ˈUmschrift *f;* **4.** ♪ Transkriptiˈon *f;* **5.** *Radio, TV*: a) Aufnahme *f,* b) Aufzeichnung *f.*
trans·duc·er [trænzˈdjuːsə] *s.* **1.** ⚡ (ˈUm)Wandler; **2.** ⚙ ˈUmformer; **3.** *Computer*: Wandler *m.*
tran·sept [ˈtrænsept] *s.* ⩓ Querschiff *n.*
trans·fer [trænsˈfɜː] **I** *v/t.* **1.** hinˈüberbringen, -schaffen (***from ... to*** von ... nach *od.* zu); **2.** überˈgeben (***to*** *dat.*); **3.** *Betrieb, Truppen, Wohnsitz etc.* verlegen, *Beamten, Schüler in e-e andere Schule etc.* versetzen (***to*** nach, ***in, into*** in *acc.*); *Technologie, a. sport Spieler* transferieren; ⚕ *Patienten* überˈweisen; **4.** ⚖ (***to***) überˈtragen (auf *acc.*), abtreten (an *acc.*); **5.** ✝ a) *Summe* vortragen, b) *Posten, Wertpapiere* ˈumbuchen, c) *Aktien etc.* überˈtragen; **6.** *Geld* überˈweisen; **7.** *fig. Zuneigung etc.* überˈtragen (***to*** auf *acc.*); **8.** *typ. Druck, Stich etc.* ˈumdrucken, überˈtragen; **II** *v/i.* **9.** ˈübertreten (***to*** zu); **10.** verlegt *od.* versetzt werden (***to*** nach); **11.** 🚂 *etc.* ˈumsteigen; **III** *s.* [ˈtrænsfɜː] **12.** (***to***) Überˈtragung *f* (auf *acc.*), ˈÜbergabe *f* (an *acc.*); **13.** Wechsel *m* (***to*** zu); **14.** (***to***) a) Verlegung *f* (nach), b) Versetzung *f* (nach), c) *sport* Transˈfer *m od.* Wechsel *m* (zu); **15.** ⚖ (***to***) Überˈtragung *f* (***to*** auf *acc.*), Abtretung *f* (an *acc.*); **16.** (ˈGeld)ÜberˌweisungF *f:* **~ *business*** ✝ Giroverkehr *m;* **~ *of foreign exchange*** Devisentransfer *m;* **17.** ✝ (ˈWertpaˌpier- *etc.*)ˌUmbuchung *f;* **18.** ✝ (ˈAktien- *etc.*)Überˌtragung *f;* **19.** *typ.* a) Überˈtragung *f,* ˈUmdruck *m,* b) Abziehen *n,* Abzug *m,* c) Abziehbild *n;* **20.** 🚂 *etc.* a) ˈUmsteigen *n,* b) ˈUmsteigefahrkarte *f,* c) *a.* ⚓ ˈUmschlagplatz *m,* d) Fährboot *n;* **transˈfer·a·ble** [-ˈfɜːrəbl] *adj. bsd.* ✝, ⚖ überˈtragbar (*a. Wahlstimme*).
trans·fer| bank *s.* ✝ Girobank *f;* **~ *book*** *s.* ✝ ˈUmschreibungs-, Aktienbuch *n;* **~ *day*** *s.* ✝ ˈUmschreibungstag *m;* **~ *deed*** *s.* Überˈtragungsurkunde *f.*
trans·fer·ee [ˌtrænsfɜːˈriː] *s.* Zessioˈnar *m,* Überˈnehmer *m;* **trans·fer·ence** [ˈtrænsfərəns] *s.* **1.** → ***transfer*** 14, 15, 17, 18; **2.** *psych.* Überˈtragung *f;* **trans·fer·en·tial** [ˌtrænsfəˈrenʃl] *adj.* Überˈtragungs...
trans·fer ink *s. typ.* ˈUmdrucktinte *f,* -farbe *f.*
trans·fer·or [trænsˈfɜːrə] *s.* ⚖ Zeˈdent *m,* Abtretende(r *m*) *f.*
trans·fer| pa·per *s. typ.* ˈUmdruckpaˌpier *n;* **~ *pic·ture*** *s.* Abziehbild *n.*
trans·fer·rer [trænsˈfɜːrə] *s.* **1.** Überˈtrager *m;* **2.** → ***transferor.***
trans·fer tick·et → ***transfer*** 20b.
trans·fig·u·ra·tion [ˌtrænsfɪgjʊˈreɪʃn] *s.* **1.** ˈUmgestaltung *f;* **2.** *eccl.* a) Verklärung *f,* b) ♀ Fest *n* der Verklärung (*6. August*); **trans·fig·ure** [trænsˈfɪgə] *v/t.* **1.** ˈumgestalten; **2.** *eccl. u. fig.* verklären.
trans·fix [trænsˈfɪks] *v/t.* **1.** durchˈstechen, -ˈbohren (*a. fig.*); **2.** *fig.* lähmen: **~*ed*** (wie) versteinert, starr (***with*** vor *dat.*).
trans·form [trænsˈfɔːm] **I** *v/t.* **1.** ˈumgestalten, -wandeln ([***in***]***to*** in *acc.*, zu); ˈumformen (*a.* ℞); *a. j-n* verwandeln, verändern; **2.** ⚡ ˈumspannen; **II** *v/i.* **3.** sich verwandeln (***into*** zu); **trans·for·ma·tion** [ˌtrænsfəˈmeɪʃn] *s.* **1.** ˈUmgestaltung *f,* -bildung *f;* ˈUmwandlung *f,* -formung *f* (*a.* ℞); Verwandlung *f,* (*a.* Chaˈrakter-, Sinnes)Änderung *f;* **~ *of energy*** *phys.* Energieumsetzung *f;* **~ (*scene*)** *thea.* Verwandlungsszene *f;* **2.** ⚡ ˈUmspannung *f;* **3.** ˈDamenpeˌrücke *f;* **transˈform·er** [-mə] *s.* **1.** ˈUmgestalter(in); **2.** ⚡ Transforˈmator *m.*
trans·fuse [trænsˈfjuːz] *v/t.* **1.** ˈumgießen; **2.** ⚕ a) *Blut* überˈtragen, b) e-e ˈBluttransfusiˌon machen bei, c) *Serum etc.* einspritzen; **3.** *fig.* einflößen (***into*** *dat.*); **4.** *fig.* durchˈdringen, erfüllen (***with*** mit, von); **transˈfu·sion** [-juːʒn] *s.* **1.** ˈUmgießen *n;* **2.** ⚕ (ˈBlut)Transfusiˌon *f;* **3.** *fig.* Erfüllung (***with*** mit).
trans·gress [trænsˈgres] **I** *v/t.* **1.** überˈschreiten (*a. fig.*); **2.** *fig. Gesetze etc.* überˈtreten; **II** *v/i.* **3.** (***against*** gegen) sich vergehen, sündigen; **transˈgres·sion** [-eʃn] *s.* **1.** Überˈschreitung *f* (*a. fig.*); **2.** Überˈtretung *f von Gesetzen etc.*; **3.** Vergehen *n,* Missetat *f;* **transˈgres·sor** [-sə] *s.* Missetäter(in).
tran·sience [ˈtrænzɪəns], **ˈtran·sien·cy** [-nsɪ] *s.* Vergänglichkeit *f,* Flüchtigkeit *f;* **ˈtran·sient** [-nt] **I** *adj.* ☐ **1.** *zeitlich* vorˈübergehend; **2.** vergänglich, flüchtig; **3.** *Am.* Durchgangs...: **~ *camp*; ~ *visitor*** → 5; **4.** ⚡ Einschalt..., Einschwing...; **II** *s.* **5.** *Am.* ˈDurchreisende(r *m*) *f;* **6.** ⚡ a) Einschaltstoß *m,* b) Einschwingvorgang, c) Wanderwelle *f.*
trans·i·re [trænzˈaɪərɪ] *s.* ✝ Zollbegleitschein *m.*
tran·sis·tor [trænˈsɪstə] *s.* ⚡ Tranˈsistor *m;* **tranˈsis·tor·ize** [-raɪz] *v/t.* ⚡ transistorisieren.
trans·it [ˈtrænsɪt] **I** *s.* **1.** ˈDurch-, ˈÜberfahrt *f;* **2.** *a. ast.* ˈDurchgang *m;* **3.** ✝ Tranˈsit *m,* ˈDurchfuhr *f,* Transˈport *m:* ***in* ~** unterwegs, auf dem Transport; **4.** ✝ ˈDurchgangsverkehr *m;* **5.** ˈDurchgangsstraße *f;* **6.** *Am.* öffentliche Verkehrsmittel *pl.*; **7.** *fig.* ˈÜbergang *m* (***to*** zu); **II** *adj.* **8.** *a.* ✝ Durchgangs...(*-lager, -verkehr etc.*): **~ *visa*** Durchreise-, Transitvisum *n;* **9.** ✝ Durchfuhr..., Transit...: **~ *trade*** Transithandel *m.*
tran·si·tion [trænˈsɪʒn] **I** *s.* **1.** ˈÜbergang *m* (*a.* ♪, *phys.*): **~ *agreements*** *pl.* ˈÜbergangsregelung(en *pl.*) *f;* **~ *period*** (*od.* ***phase***) ˈÜbergangszeit *f,* -phase *f;* **2.** ˈÜbergangszeit *f:* (***state of***) **~** Übergangsstadium *n;* **II** *adj.* **3.** → **tranˈsi·tion·al** [-ʒənl] *adj.* ☐ Übergangs..., Überleitungs..., Zwischen...: **~ *period*** Übergangszeit *f.*
tran·si·tive [ˈtrænsɪtɪv] *adj.* ☐ **1.** *ling.* transitiv: **~ (*verb*)** Transitiv *n,* transitives Verb; **2.** Übergangs...
tran·si·to·ri·ness [ˈtrænsɪtərɪnɪs] *s.* Flüchtigkeit *f,* Vergänglichkeit *f;* **tran·si·to·ry** [ˈtrænsɪtərɪ] *adj.* ☐ **1.** *zeitlich* vorˈübergehend, transiˈtorisch; **2.** vergänglich, flüchtig.
trans·lat·a·ble [trænsˈleɪtəbl] *adj.* überˈsetzbar; **trans·late** [trænsˈleɪt] **I** *v/t.* **1.** *Buch etc.* überˈsetzen (*a. Computer*), -ˈtragen (***into*** in *acc.*); **2.** *fig. Grundsätze etc.* überˈtragen (***into*** in *acc.*, zu): **~ *ideas into action*** Gedanken in die Tat umsetzen; **3.** *fig.* a) auslegen, b) ausdrücken (***in*** in *dat.*); **4.** *eccl.* a) *Geistlichen* versetzen, b) *Reliquie etc.* ˈüberführen, verlegen (***to*** nach), c) *j-n* entrücken; **5.** *Brit. Schuhe etc.* ˈumarbeiten; **6.** ⚙ *Bewegung* überˈtragen (***to*** auf *acc.*); **II** *v/i.* **7.** sich *gut etc.* überˈsetzen lassen; **transˈla·tion** [-eɪʃn] *s.* **1.** Überˈsetzung *f,* -ˈtragung *f:* **~ *program*(*me*)** *Computer*: Übersetzungsprogramm *n;* **~ *software*** Übersetzungssoftware *f;* **2.** *fig.* Auslegung *f;* **3.** *eccl.* a) Versetzung *f,* b) Entrückung *f;* **transˈla·tor** [-tə] *s.* **1.** Überˈsetzer(in); **2.** *Computer*: Überˈsetzer *m.*
trans·lit·er·ate [trænzˈlɪtəreɪt] *v/t.* transkribieren, ˈumschreiben; **trans·lit·er·a·tion** [ˌtrænzlɪtəˈreɪʃn] *s.* Transkriptiˈon *f.*
trans·lo·cate [ˌtrænzləʊˈkeɪt] *v/t.* verlagern.
trans·lu·cence [trænzˈluːsns], **transˈlu·cen·cy** [-sɪ] *s.* **1.** ˈDurchscheinen *n;* **2.** ˈLichtˌdurchlässigkeit *f;* **transˈlu·cent** *adj.* ☐ **1.** a) ˈlichtˌdurchlässig, b) halb ˈdurchsichtig; **2.** ˈdurchscheinend.
trans·ma·rine [ˌtrænzməˈriːn] *adj.* ˈüberseeisch, Übersee...
trans·mi·grant [trænzˈmaɪgrənt] *s.* ˈDurchreisende(r *m*) *f,* -wandernde(r *m*) *f;* **trans·mi·grate** [ˌtrænzmaɪˈgreɪt] *v/i.* **1.** fortziehen; **2.** ˈübersiedeln; **3.** auswandern; **4.** wandern (*Seele*); **trans·mi·gra·tion** [ˌtrænzmaɪˈgreɪʃn] *s.* **1.** Auswanderung *f,* ˈÜbersiedlung *f;* **2.** *a.* **~ *of souls*** Seelenwanderung *f;* **3.** ⚕ a) ˈÜberwandern *n* (*Ei-, Blutzelle etc.*), b) Diapeˈdese *f.*
trans·mis·si·ble [trænzˈmɪsəbl] *adj.* **1.** überˈsendbar; **2.** *a.* ⚕ *u. fig.* überˈtragbar (***to*** auf *acc.*).
trans·mis·sion [trænzˈmɪʃn] *s.* **1.** Überˈsendung *f,* -ˈmittlung *f;* ✝ Versand *m;* **2.** Überˈmittlung *f von Nachrichten etc.*; **3.** *ling.* (ˈText)Überˌlieferung *f;* **4.** ⚙ a) Transmissiˈon *f,* Überˈsetzung *f,* -ˈtragung *f,* b) Triebwelle *f,* -werk *n,* Getriebe *n:* **~ *gear*** Wechselgetriebe *n;* ***automatic* ~** *mot.* Autoˈmatik(getriebe *n*) *f;* **5.** Überˈtragung *f:* a) *biol.* Vererbung *f,* b) ⚕ Ansteckung *f,* c) *Radio, TV*: Sendung *f,* d) ⚖ Überˈlassung *f,* e) *phys.* Fortpflanzung *f,* f) ˈDatenüberˌtragung *f:* **~ *error*** *EDV* Übertragungsfehler *m;* **~ *belt*** *s.* ⚙ Treibriemen *m;* **~ *gear·ing*** *s.* ⚙ Überˈsetzungsgetriebe *n;* **~ *ra·tio*** *s.* ⚙ Überˈsetzungsverhältnis *n;* **~ *shaft*** *s.* ⚙ Karˈdanwelle *f.*
trans·mit [trænzˈmɪt] *v/t.* **1.** (***to***) überˈsenden, -ˈmitteln (*dat.*), (ver)senden (an *acc.*); *a. Telegramm etc.* weiterge-

T

ben (an *acc.*), befördern; **2.** *Nachrichten etc.* mitteilen (***to*** *dat.*); **3.** *fig. Ideen etc.* über'mitteln, weitergeben (***to*** an *acc.*); **4.** über'tragen (*a.* ⚕): a) *biol.* vererben, b) ⚖ über'schreiben, vermachen; **5.** *phys. Wellen, Wärme etc.* a) (weiter)leiten, b) *a. Kraft* über'tragen, c) *Licht etc.* 'durchlassen; **trans'mit·tal** [-tl] → ***transmission*** 1–4a; **trans'mitter** [-tə] *s.* **1.** Über'sender *m*, -'mittler *m*; **2.** *Radio*: a) Sendegerät *n*, b) Sender *m*; **3.** *teleph.* Mikro'fon *n*; **4.** ⚙ (Messwert)Geber *m*; **trans'mit·ting** [-tɪŋ] *adj.* Sende...(*-antenne*, *-stärke etc.*): **~ *station*** Sender *m*.

trans·mog·ri·fy [trænz'mɒgrɪfaɪ] *v/t. humor.* (gänzlich) 'ummodeln.

trans·mut·a·ble [trænz'mju:təbl] *adj.* □ 'umwandelbar; **trans·mu·ta·tion** [ˌtrænzmju:'teɪʃn] *s.* **1.** 'Umwandlung *f* (*a.* ⚗, *phys.*); **2.** *biol.* Transmutati'on *f*, 'Umbildung *f*; **trans·mute** [trænz'mju:t] *v/t.* 'umwandeln (***into*** in *acc.*).

trans·na·tion·al [trænz'næʃənl] *adj.* 'über-, ✝ 'multinatioˌnal.

trans·o·ce·an·ic ['trænzˌəʊʃɪ'ænɪk] *adj.* **1.** transoze'anisch, 'überseeisch; **2.** a) Übersee..., b) Ozean...

tran·som ['trænsəm] *s.* ⚠ a) Querbalken *m über e-r Tür*, b) (Quer)Blende *f e-s Fensters.*

tran·son·ic [træn'sɒnɪk] *adj. phys.* Überschall...

trans·par·en·cy [træns'pærənsɪ] *s.* **1.** *a. fig.* 'Durchsichtigkeit *f*, Transpa'renz *f*; **2.** a) 'Folie *f* (*für Tageslichtprojektor*), b) Transpa'rent *n*, Leuchtbild *n*; **3.** *phot.* Dia(posi'tiv) *n*; **trans'par·ent** [-nt] *adj.* □ **1.** 'durchsichtig (*a. fig. offenkundig*): **~ *colo(u)r*** ⚙ Lasurfarbe; **~ *slide*** Diapositiv *n*; **2.** *phys.* transpa'rent, 'lichtˌdurchlässig; **3.** *fig.* a) klar (*Stil etc.*), b) offen, ehrlich.

tran·spi·ra·tion [ˌtrænspɪ'reɪʃn] *s.* **1.** (*bsd.* Haut)Ausdünstung *f*; **2.** Schweiß *m*; **tran·spire** [træn'spaɪə] **I** *v/i.* **1.** *physiol.* transpirieren, schwitzen; **2.** ausgedünstet werden; **3.** *fig.* 'durchsickern, bekannt werden; **4.** *fig.* passieren, sich ereignen; **II** *v/t.* **5.** ausdünsten, ausschwitzen.

trans·plant [træns'plɑ:nt] **I** *v/t.* **1.** ⚘ 'umpflanzen; **2.** ⚕ transplantieren, verpflanzen; **3.** *fig.* versetzen, -pflanzen (***to*** nach, ***into*** in *acc.*); **II** *v/i.* **4.** sich verpflanzen lassen; **III** *s.* ['trænsplɑ:nt] **5.** a) → ***transplantation***, b) ⚕ Transplan'tat *n*; **trans·plan·ta·tion** [ˌtrænsplɑ:n'teɪʃn] *s.* Verpflanzung *f*: a) ⚘ 'Umpflanzung *f*, b) *fig.* Versetzung *f*, 'Umsiedlung *f*, c) ⚕ Transplantati'on *f*.

trans·port **I** *v/t.* [træn'spɔ:t] **1.** transportieren, befördern, versenden; **2.** *mst pass. fig.* a) *j-n* hinreißen, entzücken (***with*** vor *dat.*, von), b) heftig erregen: **~*ed with joy*** außer sich vor Freude; **3.** *bsd. hist.* deportieren; **II** *s.* ['trænspɔ:t] **4.** a) ('Ab-, 'An)Trans,port *m*, Beförderung *f*, b) Versand *m*, c) Verschiffung *f*; **5.** Verkehr *m*; **6.** Beförderungsmittel *n od. pl.*; **7.** *a.* **~ *ship***, **~ *vessel*** a) Trans'port-, Frachtschiff *n*, b) ⚔ 'Truppentransˌporter *m*; **8.** *a.* **~ *plane*** ✈ Trans'portflugzeug *n*; **9.** *fig.* a) Taumel *m der Freude etc.*, b) heftige Erregung: ***in a ~ of*** außer sich vor *Entzücken, Wut etc.*; **trans'port·a·ble** [-təbl] *adj.* trans'portfähig, versendbar; **trans·por·ta·tion** [ˌtrænspɔ:'teɪʃn] *s.* **1.** → ***transport*** 4; **2.** Trans'portsyˌstem *n*; **3.** *bsd. Am.* a) Beförderungsmittel *pl.*, b) Trans'portkosten *pl.*, c) Fahrausweis *m*; **4.** *bsd. hist.* Deportati'on *f*; **trans·port ca·fé** (*od.* **caff** [kæf]) *s. Brit.* 'Fernfahrerloˌkal *n*, -kneipe *f*; **trans'port·er** [-tə] *s.* **1.** Beförderer *m*; **2.** ⚙ Förder-, Trans'portvorrichtung *f*.

trans·pose [træns'pəʊz] *v/t.* **1.** 'umstellen (*a. ling.*), ver-, 'umsetzen; **2.** ♪, 𝔄, ⚗ transponieren; **trans·po·si·tion** [ˌtrænspə'zɪʃn] *s.* **1.** 'Umstellen *n*; **2.** 'Umstellung *f* (*a. ling.*); **3.** ♪, 𝔄 Transpositi'on *f*; **4.** ⚡, ⚙ Kreuzung *f von Leitungen etc.*

trans·sex·u·al [trænz'seksjʊəl] **I** *adj.* transsexu'ell; **II** *s.* Transsexu'elle(r *m*) *f*.

trans·ship [træns'ʃɪp] *v/t.* ✝, ⚓ 'umladen, -schlagen; **trans'ship·ment** [-mənt] *s.* ⚓ 'Umladung *f*, 'Umschlag *m*: **~ *charge*** Umladegebühr *f*; **~ *port*** Umschlaghafen *m*.

tran·sub·stan·ti·ate [ˌtrænsəb'stænʃɪeɪt] *v/t.* 'umwandeln, (*a. eccl. Brot u. Wein*) verwandeln (***into***, ***to*** in *acc.*, zu); **tran·sub·stan·ti·a·tion** ['trænsəbˌstænʃɪ'eɪʃn] *s.* **1.** 'Stoffˌumwandlung *f*; **2.** *eccl.* Transsubstantiati'on *f*.

tran·sude [træn'sju:d] *v/i.* **1.** *physiol.* 'durchschwitzen (*Flüssigkeiten*); **2.** ('durch)dringen, (-)sickern (***through*** durch); **3.** abgesondert werden.

trans·ver·sal [trænz'vɜ:sl] **I** *adj.* □ → ***transverse*** 1; **II** *s.* 𝔄 Transver'sale *f*; **trans·verse** ['trænzvɜ:s] **I** *adj.* □ **1.** schräg, diago'nal, Quer..., quer (laufend) (***to*** zu): **~ *flute*** ♪ Querflöte *f*; **~ *section*** 𝔄 Querschnitt *m*; **II** *s.* **2.** Querstück *n*, -achse *f*, -muskel *m*; **3.** 𝔄 große Achse e-r El'lipse.

trans·ves·tism [træns'vestɪzəm] *s. psych.* Transve'stismus *m*; **trans'ves·tite** [-taɪt] *s.* Transve'stit *m*.

trap¹ [træp] **I** *s.* **1.** *hunt.*, *a.* ⚔ *u. fig.* Falle *f*: ***lay*** (*od.* ***set***) ***a ~ for s.o.*** j-m e-e Falle stellen; ***walk*** (*od.* ***fall***) ***into a ~*** in e-e Falle gehen; **2.** ⚗ Abscheider *m*; **3.** a) Auffangvorrichtung *f*, b) Dampf-, Wasserverschluss *m*, c) Geruchverschluss *m* (*Klosett*); **4.** ⚡ (Funk)Sperrkreis *m*; **5.** *Tontaubenschießen*: 'Wurfmaˌschine *f*; **6.** *Golf*: Sandhindernis *n*; **7.** → ***trapdoor***; **8.** *Brit.* Gig *n*, zweirädriger Einspänner; **9.** *mot.* offener Zweisitzer; **10.** *pl.* ♪ Schlagzeug *n*; **11.** *sl.* ‚Klappe' *f* (*Mund*); **II** *v/t.* **12.** fangen (*a. fig.*); (*a. phys. Elektronen*) einfangen; **13.** einschließen (*a.* ⚔); verschütten; **14.** *fig.* in e-e Falle locken, ‚fangen'; **15.** Fallen aufstellen in (*dat.*); **16.** ⚙ a) mit Wasserverschluss *etc.* versehen, verschließen, b) *Gase etc.* abfangen; **III** *v/i.* **17.** Fallen stellen (***for*** *dat.*).

trap² [træp] *s. mst pl.* F ‚Kla'motten' *pl.*, Siebensachen *pl.*, Gepäck *n*.

trap³ [træp] *s. min.* Trapp *m*.

ˌtrap'door *s.* **1.** Fall-, Klapptür *f*, (✈ Boden)Klappe *f*; **2.** *thea.* Versenkung *f*.

tra·peze [trə'pi:z] *s.* Tra'pez *n*; **tra'pe·zi·form** [-zɪfɔ:m] *adj.* tra'pezförmig; **tra'pe·zi·um** [-zjəm] *s.* **1.** 𝔄 a) Tra'pez *n*, b) *bsd. Am.* Trapezo'id *n*; **2.** *anat.* großes Vieleckbein (*Handwurzel*); **trap·e·zoid** ['træpɪzɔɪd] **I** *s.* **1.** 𝔄 a) *Brit.* Trapezo'id *n*, b) *bsd. Am.* Tra'pez *n*; **2.** *anat.* kleines Vieleckbein (*Handwurzel*); **II** *adj.* **3.** → ***trap·e·zoi·dal*** [ˌtræpɪ'zɔɪdl] 𝔄 trapezo'id, *bsd. Am.* tra'pezförmig.

trap·per ['træpə] *s.* Trapper *m*, Pelztierjäger *m*.

trap·pings ['træpɪŋz] *s. pl.* **1.** Staatsgeschirr *n für Pferde*; **2.** *fig.* a) ‚Staat' *m*, Schmuck *m*, b) Drum u. Dran *n*, ‚Verzierungen' *pl.*

trapse [treɪps] *v/i.* **1.** (da'hin)latschen; **2.** (um'her)schlendern.

trap shoot·ing *s. sport* Trapschießen *n*.

trash [træʃ] *s.* **1.** *bsd. Am.* Abfall *m*, Müll *m*: **~ *can*** Abfall-, Mülleimer *m od.* -tonne *f*; **2.** Plunder *m*, Schund *m*; **3.** *fig.* Schund *m*, Kitsch *m* (*Bücher etc.*); **4.** ‚Blech' *n*, Unsinn *m*; **5.** Ausschuss *m*, Gesindel *n*; → ***white trash***; **'trash·i·ness** [-ʃɪnɪs] *s.* Wertlosigkeit *f*, Minderwertigkeit *f*; **'trash·y** [-ʃɪ] *adj.* □ wertlos, minderwertig, kitschig, Schund..., Kitsch...

trau·ma ['trɔ:mə] *s.* Trauma *n*: a) ⚕ Wunde *f*, b) *psych.* seelische Erschütterung, (bleibender) Schock; **trau·mat·ic** [trɔ:'mætɪk] *adj.* (□ **~*ally***) ⚕, *psych.* trau'matisch: **~ *medicine*** Unfallmedizin *f*.

trav·ail ['træveɪl] **I** *s.* **1.** *obs. od. rhet.* (mühevolle) Arbeit; **2.** (Geburts)Wehen *pl.*; **3.** *fig.* (Seelen)Qual *f*: ***be in ~ with*** schwer ringen mit; **II** *v/i.* **4.** sich abrackern; **5.** in den Wehen liegen.

trav·el ['trævl] **I** *s.* **1.** Reisen *n*: **~ *sickness*** Reisekrankheit *f*; **2.** *mst pl.* (längere) Reise: ***book of ~*** Reisebeschreibung *f*; **3.** ⚙ Bewegung *f*, Lauf *m*, (Kolben- *etc.*)Hub *m*; **II** *v/i.* **4.** reisen, e-e Reise machen: **~ *light*** mit leichtem Gepäck reisen; **5.** ✝ reisen (***in*** in *e-r Ware*), als (Handels)Vertreter arbeiten (***for*** für); **6.** *ast.*, *phys.*, *mot. etc.* sich bewegen; sich fortpflanzen (*Licht etc.*); **7.** ⚙ sich ('hin- u. 'her)bewegen, laufen (*Kolben etc.*); **8.** *bsd. fig.* schweifen, wandern (*Blick etc.*); **9.** F (da'hin)sausen; **III** *v/t.* **10.** *Land*, *a.* ✝ *Vertreterbezirk* bereisen, *Strecke* zu'rücklegen; **~ *a·gen·cy*** *s.* 'Reisebüˌro *n*; **~ *al·low·ance*** *s.* Reisekostenzuschuss *m*.

trav·el·la·tor ['trævəleɪtə] *s. Brit.* Rollsteig *m*.

trav·el(l)ed ['trævld] *adj.* **1.** (weit, viel) gereist; **2.** (viel) befahren (*Straße etc.*); **'trav·el·(l)er** [-lə] *s.* **1.** Reisende(r *m*) *f*; **2.** ✝ *bsd. Brit.* (Handlungs)Reisende(r) *m*, (Handels)Vertreter *m*; **3.** ⚙ Laufstück *n*, *bsd.* a) Laufkatze *f*, b) Hängekran *m*.

trav·el·(l)er's check (*Brit.* **cheque**) *s.* Reisescheck *m*; **~ *joy*** *s.* ⚘ Waldrebe *f*.

trav·el(l)ing ['trævlɪŋ] *adj.* **1.** Reise... (*-koffer*, *-wecker*, *-kosten etc.*): **~ *agent***, *bsd. Am.* **~ *salesman*** → ***traveller*** 2; **2.** Wander...(*-ausstellung*, *-bücherei*, *-zirkus etc.*); fahrbar, auf Rädern: **~ *dental clinic***; **~ *crane*** Laufkran *m*.

trav·e·log(ue) ['trævəlɒg] *s.* Reisebericht *m* (*Vortrag*, *mst mit Lichtbildern*), Reisefilm *m*.

trav·ers·a·ble ['trævəsəbl] *adj.* **1.** (leicht) durch- *od.* über'querbar; **2.** passierbar, befahrbar; **3.** ⚙ (aus-)schwenkbar; **trav·erse** ['trævəs] **I** *v/t.* **1.** durch-, über'queren; **2.** durch'ziehen, -'fließen; **3.** *Fluss etc.* über'spannen; **4.** *fig.* 'durchgehen, -sehen; **5.** ⚙, *a.* ⚔ *Geschütz* (seitwärts) schwenken, **6.** *Linie etc.* kreuzen, schneiden; **7.** *Plan etc.* durch'kreuzen; **8.** ⚓ kreuzen; **9.** ⚖ a) *Vorbringen* bestreiten, b) gegen *e-e Klage etc.* Einspruch erheben; **10.** *mount.*, *Skisport*: *Hang* queren; **II** *v/i.* **11.** ⚙ sich drehen; **12.** *fenc.*, *Reitsport*: traversieren; **13.** *mount.*, *Ski-*

T

sport: queren; **III** *s.* **14.** Durch-, Über'querung *f*; **15.** △ a) Quergitter *n*, b) Querwand *f*, c) Quergang *m*, d) Tra'verse *f*, Querstück *n*; **16.** ⩘ Schnittlinie *f*; **17.** ⚓ Koppelkurs *m*; **18.** ⚔ a) Traverse *f*, Querwall *m*, b) Schulterwehr *f*; **19.** ⚔ Schwenken *n* (*Geschütz*); **20.** ⚙ a) Schwenkung *f e-r Maschine*, b) schwenkbarer Teil; **21.** *surv.* Poly'gon(zug *m*) *n*; **22.** ⚖ a) Bestreitung *f*, b) Einspruch *m*; **23.** *mount.*, *Skisport*: a) Queren *n e-s Hanges*, b) Quergang *m*; **IV** *adj.* **24.** quer laufend, Quer...(*-bohrer etc.*): ***~ motion*** Schwenkung *f*; **25.** Zickzack...: ***~ sailing*** ⚓ Koppelkurs *m*; **26.** sich kreuzend (*Linien*).

trav·es·ty ['trævɪstɪ] **I** *s.* **1.** Trave'stie *f*; **2.** *fig.* Zerrbild *n*, Karika'tur *f*; **II** *v/t.* **3.** travestieren (*scherzhaft umgestalten*); **4.** *fig.* ins Lächerliche ziehen, verzerren.

trawl [trɔːl] ⚓ **I** *s. a.* ***~ net*** (Grund-)Schleppnetz *n*; **II** *v/t. u. v/i.* mit dem Schleppnetz fischen; **'trawl·er** [-lə] *s.* (Grund)Schleppnetzfischer *m* (*Boot u. Person*).

tray [treɪ] *s.* **1.** Ta'blett *n*, (Ser'vier-, Tee)Brett *n*; **2.** a) Auslagekästchen *n*, b) ('umgehängtes) Verkaufsbrett, ‚Bauchladen' *m*; **3.** flache Schale; **4.** Ablagekorb *m im Büro*; **5.** (Koffer-)Einsatz *m*.

treach·er·ous ['tretʃərəs] *adj.* □ **1.** verräterisch, treulos (***to*** gegen); **2.** (heim-)tückisch, 'hinterhältig; **3.** *fig.* tückisch, trügerisch (*Eis*, *Wetter etc.*), unzuverlässig (*a. Gedächtnis*); **'treach·er·ous·ness** [-nɪs] *s.* **1.** Treulosigkeit *f*, Verräte'rei *f*; **2.** *a. fig.* Tücke *f*; **'treach·er·y** [-rɪ] *s.* (***to***) Verrat *m* (an *dat.*), Verräte'rei *f*, Treulosigkeit *f* (gegen).

trea·cle ['triːkl] *s.* **1.** a) Sirup *m*, b) Me'lasse *f*; **2.** *fig.* a) Süßlichkeit *f*, b) süßliches Getue; **'trea·cly** [-lɪ] *adj.* **1.** sirupartig, Sirup...; **2.** *fig.* süßlich.

tread [tred] **I** *s.* **1.** Tritt *m*, Schritt *m*; **2.** a) Tritt(spur *f*) *m*, b) (Rad- *etc.*)Spur *f*; **3.** ⚙ Lauffläche *f* (*Rad*); *mot.* ('Reifen-)Pro,fil *n*; **4.** Spurweite *f*; **5.** Pe'dalabstand *m* (*Fahrrad*); **6.** a) Fußraste *f*, Trittbrett *n*, b) (Leiter)Sprosse *f*; **7.** Auftritt *m* (*Stufe*); **8.** *orn.* a) Treten *n* (*Begattung*), b) Hahnentritt *m* (*im Ei*); **II** *v/t.* [*irr.*] **9.** beschreiten: ***~ the boards*** *thea.* (als Schauspieler) auftreten; **10.** *rhet. Zimmer etc.* durch'messen; **11.** *a.* ***~ down*** zertreten, -trampeln: ***~ out*** *Feuer* austreten, *fig. Aufstand* niederwerfen; ***~ underfoot*** niedertreten, *fig.* mit Füßen treten; **12.** *Pedale etc.*, *a. Wasser* treten; **13.** *orn.* treten, begatten; **III** *v/i.* [*irr.*] **14.** treten (***on*** auf *acc.*): ***~ on air*** (glück)selig sein; ***~ lightly*** leise auftreten, *fig.* vorsichtig zu Werke gehen; **15.** (ein'her)schreiten; **16.** trampeln: ***~ (up)on*** zertrampeln; **17.** unmittelbar folgen (***on*** auf *acc.*); → ***heel***[1] *Redew.*; **18.** *orn.* a) treten (*Hahn*), b) sich paaren; **trea·dle** ['tredl] **I** *s.* **1.** ⚙ Tretkurbel *f*, Tritt *m*: ***~ drive*** Fußantrieb *m*; **2.** Pe'dal *n*; **II** *v/i.* **3.** treten; **'tread·mill** *s.* Tretmühle *f* (*a. fig.*).

trea·son ['triːzn] *s.* (⚖ Landes)Verrat *m* (***to*** an *dat.*): ***high ~***, ***~ felony*** Hochverrat *m*; **'trea·son·a·ble** [-nəbl] *adj.* □ (landes- *od.* hoch)verräterisch.

treas·ure ['treʒə] **I** *s.* **1.** Schatz *m* (*a. fig.*); **2.** Reichtum *m*, Reichtümer *pl.*, Schätze *pl.*: ***~s of the soil*** Bodenschätze; ***~ trove*** (herrenloser) Schatzfund, *fig.* Fundgrube *f*; **3.** F ‚Perle' *f* (*Dienstmädchen etc.*); **4.** F Schatz *m*, Liebling *m*; **II** *v/t.* **5.** *oft* ***~ up*** *Schätze* (an)sammeln, aufhäufen; **6.** a) (hoch) schätzen, b) hegen, *a. Andenken* in Ehren halten; ***~ house*** *s.* **1.** Schatzhaus *n*, -kammer *f*; **2.** *fig.* Gold-, Fundgrube *f*.

treas·ur·er ['treʒərə] *s.* **1.** Schatzmeister (-in) (*a.* ✝); Kassenwart *m*; **2.** ✝ Leiter *m* der Fi'nanzab,teilung: ***city ~*** Stadtkämmerer *m*; **3.** Fis'kalbeamte(r) *m*: ♔ ***of the Household*** *Brit.* Fiskalbeamte(r) des königlichen Haushalts; **'treas·ur·er·ship** [-ʃɪp] *s.* Schatzmeisteramt *n*, Amt *n* e-s Kassenwarts.

treas·ur·y ['treʒərɪ] *s.* **1.** Schatzkammer *f*, -haus *n*; **2.** a) Schatzamt *n*, b) Staatsschatz *m*: ***Lords*** (*od.* ***Commissioners***) ***of the*** ♔ *das* brit. Finanzministerium; ***First Lord of the*** ♔ erster Schatzlord (*mst der Premierminister*); **3.** Fiskus *m*, Staatskasse *f*; **4.** *fig.* Schatz(kästlein *n*) *m*, Antholo'gie *f* (*Buchtitel*); ♔ **bench** *s. parl. Brit.* Regierungsbank *f*; ***~*** **bill** *s.* ✝ (*kurzfristiger*) Schatzwechsel; ♔ **Board** *s. Brit.* Fi'nanzmini,sterium *n*; ***~*** **bond** *s. Am.* (*langfristige*) Schatzanweisung; ***~*** **cer·tif·i·cate** *s. Am.* (*kurzfristiger*) Schatzwechsel; ♔ **De·part·ment** *s. Am.* Fi'nanzmini,sterium *n*; ***~*** **note** *s. Am.* (*mittelfristiger*) Schatzwechsel; ♔ **war·rant** *s. Brit.* Schatzanweisung *f*.

treat [triːt] **I** *v/t.* **1.** behandeln, 'umgehen mit: ***~ s.o. brutally***; **2.** behandeln, betrachten (***as*** als); **3.** ⚕, ⚗, ⚙ behandeln (***for*** gegen, ***with*** mit); **4.** *fig. Thema etc.* behandeln; **5.** *j-m* e-n Genuss bereiten, *bsd. j-n* bewirten (***to*** mit): ***~ o.s. to*** sich *et.* gönnen *od.* leisten *od.* genehmigen; ***~ s.o. to s.th.*** j-m et. spendieren; ***be ~ed to s.th.*** in den Genuss e-r Sache kommen; **II** *v/i.* **6.** ***~ of*** handeln von, *Thema* behandeln; **7.** ***~ with*** verhandeln mit; **8.** (die Zeche) bezahlen, e-e Runde ausgeben; **III** *s.* **9.** (Extra)Vergnügen *n*, *bsd.* (Fest-)Schmaus *m*: ***school ~*** Schulfest *n od.* -ausflug *m*; **10.** *fig.* (Hoch)Genuss *m*, Wonne *f*; **11.** (Gratis)Bewirtung *f*: ***stand ~*** → 8; ***it is my ~*** das geht auf m-e Rechnung, diesmal bezahle ich; **'trea·tise** [-tɪz] *s.* (*wissenschaftliche*) Abhandlung; **'treat·ment** [-mənt] *s.* **1.** Behandlung *f* (*a.* ⚕, ⚗, *a. fig. e-s Themas etc.*): ***give s.th. the full ~*** *fig.* et. gründlich behandeln; ***give s.o. the ~*** F j-n ‚in die Mangel nehmen'; **2.** ⚙ Bearbeitung *f*; **3.** *Film*: Treatment *n* (*erweitertes Handlungsschema*).

trea·ty ['triːtɪ] *s.* **1.** (*bsd.* Staats)Vertrag *m*, Pakt *m*: ***~ powers*** Vertragsmächte; **2.** *obs.* Verhandlung *f*.

tre·ble ['trebl] **I** *adj.* □ **1.** dreifach; **2.** ⩘ dreistellig; **3.** ♪ Diskant..., Sopran...; **4.** hoch, schrill; **5.** *Radio*: Höhen...: ***~ control*** Höhenregler *m*; **II** *s.* **6.** ♪ *allg.* Dis'kant *m*; **III** *v/t. u. v/i.* **7.** (sich) verdreifachen.

tree [triː] **I** *s.* **1.** Baum *m*: ***~ of life*** a) *bibl.* Baum des Lebens, b) ⚘ Lebensbaum; ***up a ~*** F in der Klemme; → ***top***[1] 2; **2.** (*Rosen- etc.*)Strauch *m*, (*Bananen- etc.*)Staude *f*; **3.** ⚙ Baum *m*, Welle *f*, Schaft *m*; (Holz)Gestell *n*; (Stiefel)Leisten *m*; **4.** → ***family tree***; **II** *v/t.* **5.** auf e-n Baum jagen; **6.** *j-n* in die Enge treiben; ***~*** **fern** *s.* ⚘ Baumfarn *m*; ***~*** **frog** *s. zo.* Laubfrosch *m*.

tree·less ['triːlɪs] *adj.* baumlos, kahl.

tree| line *s.* Baumgrenze *f*; **'~·nail** *s.* ⚙ Holznagel *m*, Dübel *m*; ***~*** **nurs·er·y** *s.* Baumschule *f*; ***~*** **sur·geon** *s.* 'Baumchir,urg *m*; ***~*** **toad** → ***tree frog***; **'~·top** *s.* Baumkrone *f*, -wipfel *m*.

tre·foil ['trefɔɪl] *s.* **1.** ⚘ Klee *m*; **2.** △ Dreipass *m*; **3.** *bsd. her.* Kleeblatt *n*.

trek [trek] **I** *v/i.* **1.** *Südafrika*: trecken, (im Ochsenwagen) reisen; **2.** ziehen, wandern; **II** *s.* **3.** Treck *m*.

trel·lis ['trelɪs] **I** *s.* **1.** Gitter *n*, Gatter *n*; **2.** ⚙ Gitterwerk *n*; **3.** ⚘ Spa'lier *n*; **4.** Pergola *f*; **II** *v/t.* **5.** vergittern: ***~ed window*** Gitterfenster *n*; **6.** ⚘ am Spalier ziehen; **'~·work** *s.* Gitterwerk *n* (*a.* ⚙).

trem·ble ['trembl] **I** *v/i.* **1.** (er)zittern, (-)beben (***at***, ***with*** vor *dat.*): ***~ all over*** (*od.* ***in every limb***) am ganzen Leibe zittern; ***~ at the thought*** (*od.* ***to think***) bei dem Gedanken zittern; → ***balance*** 2; **2.** zittern, bangen (***for*** für, um): ***a trembling uncertainty*** e-e bange Ungewissheit; **II** *s.* **3.** Zittern *n*, Beben *n*: ***be all of a ~*** am ganzen Körper zittern; **4.** *pl. sg. konstr. vet.* Milchfieber *n*; **'trem·bler** [-lə] *s.* **1.** ⚡ ('Selbst)Unter,brecher *m*; **2.** e'lektrische Glocke *od.* Klingel; **'trem·bling** [-lɪŋ] *adj.* □ zitternd: ***~ grass*** ⚘ Zittergras *n*; ***~ poplar*** (*od.* ***tree***) ⚘ Zitterpappel *f*, Espe *f*.

tre·men·dous [trɪ'mendəs] *adj.* □ **1.** schrecklich, fürchterlich; **2.** F ungeheuer, e'norm, ‚toll'.

trem·o·lo ['treməlәʊ] *pl.* **-los** *s.* ♪ Tremolo *n*.

trem·or ['tremə] *s.* **1.** ⚕ Zittern *n*, Zucken *n*: ***~ of the heart*** Herzflackern *n*; **2.** Zittern *n*, Schau(d)er *m der Erregung*; **3.** Beben *n der Erde*; **4.** Angst (-gefühl *n*) *f*, Beben *n*.

trem·u·lous ['tremjʊləs] *adj.* □ **1.** zitternd, bebend; **2.** zitt(e)rig, ängstlich.

tre·nail ['trenl] → ***treenail***.

trench [trentʃ] **I** *v/t.* **1.** mit Gräben durch'ziehen *od.* (⚔) befestigen; **2.** ⚘ tief 'umpflügen, ri'golen; **3.** zerschneiden, durch'furchen; **II** *v/i.* **4.** (⚔ Schützen)Gräben ausheben; **5.** *geol.* sich (ein)graben (*Fluss etc.*); **6.** ***~ (up)on*** beeinträchtigen, in *j-s Rechte* eingreifen; **7.** ***~ (up)on*** *fig.* hart grenzen an (*acc.*); **III** *s.* **8.** (⚔ Schützen)Graben *m*; **9.** Furche *f*, Rinne *f*; **10.** ⚒ Schramm *m*.

trench·an·cy ['trentʃənsɪ] *s.* Schärfe *f*; **'trench·ant** [-nt] *adj.* □ **1.** scharf, schneidend (*Witz etc.*); **2.** einschneidend, e'nergisch: ***a ~ policy***.

trench coat *s.* Trenchcoat *m*.

trench·er[1] ['trentʃə] *s.* ⚔ Schanzarbeiter *m*.

trench·er[2] ['trentʃə] *s.* **1.** Tranchier-, Schneidebrett *n*; **2.** *obs.* Speise *f*; ***~*** **cap** → ***mortarboard*** 2; **'~·man** [-mən] *s.* [*irr.*] guter *etc.* Esser.

trench| fe·ver *s.* ⚕ Schützengrabenfieber *n*; ***~*** **foot** *s.* ⚕ Schützengrabenfüße *pl.* (*Fußbrand*); ***~*** **mor·tar** *s.* ⚔ Gra'natwerfer *m*; ***~*** **war·fare** *s.* ⚔ Stellungskrieg *m*.

trend [trend] **I** *s.* **1.** Richtung *f* (*a. fig.*); **2.** *fig.* Ten'denz *f*, Entwicklung *f*, Trend *m* (*alle a.* ✝); Neigung *f*, Bestreben *n*: ***the ~ of his argument was*** s-e Beweisführung lief darauf hinaus; ***~ in*** *od.* ***of prices*** ✝ Preistendenz; **3.** *fig.* (Ver-)Lauf *m*: ***the ~ of events***; **II** *v/i.* **4.** sich neigen, streben, tendieren (***towards*** nach *e-r Richtung*); **5.** sich erstrecken, laufen (***towards*** nach *Süden etc.*); **6.** *geol.* streichen (***to*** nach); ***~*** **a·nal·y·sis** *s.* [*irr.*] ✝ Konjunk'turana,lyse *f*; **'~,set·ter** *s. Mode etc.*: j-d, der den Ton angibt,

T

Schrittmacher *m*, Trendsetter *m*; ˈ~ˌ**set·ting** *adj.* tonangebend.

trend·y [ˈtrendɪ] **I** *adj.* **1.** (ˈsuper)moˌdern; **2.** schick, modebewusst; **3.** schick (*Kleidung*); **4.** F ‚in', in Mode: ***a ~ place*** ein In-Lokal *etc.*; **II** *s.* **5.** *oft contp.* Schickiˈmicki *m.*

tre·pan [trɪˈpæn] **I** *s.* **1.** ⚕ *hist.* Schädelbohrer *m*; **2.** ⚙ ˈBohrmaˌschine *f*; **3.** *geol.* Stein-, Erdbohrer *m*; **II** *v/t.* **4.** ⚕ trepanieren.

trep·i·da·tion [ˌtrepɪˈdeɪʃn] *s.* **1.** ⚕ (Glieder-, Muskel)Zittern *n*; **2.** Beben *n*; **3.** Angst *f*, Bestürzung *f*.

tres·pass [ˈtrespəs] **I** *s.* **1.** Überˈtretung *f*, Vergehen *n*, Verstoß *m*, Sünde *f*; **2.** ˈÜbergriff *m*; **3.** ˈMissbrauch *m* (***on*** *gen.*); **4.** ⚖ *allg.* unerlaubte Handlung (*Zivilrecht*): a) unbefugtes Betreten, b) Besitzstörung *f*, c) ˈÜbergriff *m* gegen die Perˈson (*z.B. Körperverletzung*); **5.** *a.* ***action for ~*** ⚖ Schadenersatzklage *f* aus unerlaubter Handlung, *z.B.* Besitzstörungsklage *f*; **II** *v/i.* **6.** ⚖ e-e unerlaubte Handlung begehen: **~ (*up*)*on*** a) widerrechtlich betreten, b) rechtswidrige Übergriffe gegen *j-s Eigentum* begehen; **7. ~ (*up*)*on*** *fig.* a) ˈübergreifen auf (*acc.*), b) hart grenzen an (*acc.*), c) *j-s Zeit etc.* über Gebühr in Anspruch nehmen; **8.** (***against***) verstoßen (gegen), sündigen (wider *od.* gegen); ˈ**tres·passer** [-sə] *s.* **1.** ⚖ a) Rechtsverletzer *m*, b) Unbefugte(r *m*) *f*: ***~s will be prosecuted!*** Betreten bei Strafe verboten!; **2.** *obs.* Sünder(in).

tress [tres] *s.* **1.** (Haar)Flechte *f*, Zopf *m*; **2.** Locke *f*; **3.** *pl.* üppiges Haar; **tressed** [-st] *adj.* **1.** geflochten; **2.** gelockt.

tres·tle [ˈtresl] *s.* **1.** ⚙ Gestell *n*, Gerüst *n*, Bock *m*, Schragen *m*: **~ *table*** Zeichentisch *m*; **2.** ⚔ Brückenbock *m*: **~ *bridge*** Bockbrücke *f*; ˈ**~·work** *s.* **1.** Gerüst *n*; **2.** *Am.* ˈBahnviaˌdukt *m.*

trey [treɪ] *s.* Drei *f im Karten- od. Würfelspiel.*

tri·a·ble [ˈtraɪəbl] *adj.* ⚖ a) justiziˈabel, zu verhandeln(d) (*Sache*), b) belangbar, abzuurteilen(d) (*Person*).

tri·ad [ˈtraɪəd] *s.* **1.** Triˈade *f*: a) Dreizahl *f*, b) ⚗ dreiwertiges Eleˈment, c) ⩘ Dreiergruppe *f*, Trias *f*; **2.** ♪ Dreiklang *m.*

tri·al [ˈtraɪəl] **I** *s.* **1.** Versuch *m* (***of*** mit), Probe *f*, Erprobung *f*, Prüfung *f* (*alle a.* ⚙): **~ *and error*** a) ⩘ Regula *f* Falsi, b) empirische Methode; **~ *of strength*** Kraftprobe; ***on ~*** auf *od.* zur Probe; ***give a ~, make a ~ of*** e-n Versuch machen mit, erproben; ***be on ~*** a) erprobt werden, b) e-e Probezeit durchmachen (*Person*), c) *fig.* auf dem Prüfstand sein (→ *a.* 2); **2.** ⚖ (ˈStraf- *od.* Ziˈvil)Proˌzess *m*, (Gerichts)Verfahren *n*, (Haupt)Verhandlung *f*: **~ *by jury*** Schwurgerichtsverfahren; ***be on*** (*od.* ***stand***) **~** unter Anklage stehen (***for*** wegen); ***bring*** (*od.* ***put***) ***s.o. to ~*** j-n vor Gericht bringen; ***stand*** (***one's***) **~** sich vor Gericht verantworten; **3.** (***to*** für) *fig.* a) (Schicksals)Prüfung *f*, Heimsuchung *f*, b) Last *f*, Plage *f*, Straˈpaze *f*; **4.** *sport* a) Vorlauf *m*, Ausscheidungsrennen *n*, b) Ausscheidungsspiel *n*; **II** *adj.* **5.** Versuchs..., Probe...: **~ *balance*** ✝ Rohbilanz *f*; **~ *balloon*** *fig.* Versuchsballon *m*; **~ *marriage*** Ehe *f* auf Probe; **~ *match*** → 4 b; **~ *order*** ✝ Probeauftrag *m*; **~ *package*** ✝ Probepackung *f*; **~ *period*** Probezeit *f*; **~ *run*** Probefahrt *f*, -lauf *m*, *a.* ⚙ Testlauf *m*; **6.** ⚖ Verhandlungs...: **~ *court*** erstinstanzliches Gericht; **~ *judge*** Richter *m* der ersten Instanz; **~ *lawyer*** *Am.* Prozessanwalt *m.*

tri·an·gle [ˈtraɪæŋgl] *s.* **1.** ⩘ Dreieck *n*; **2.** ♪ Triangel *m*; **3.** ⚙ a) Reißdreieck *n*, b) Winkel *m*; **4.** *mst* ***eternal ~*** *fig.* Dreiecksverhältnis *n*; **tri·an·gu·lar** [traɪˈæŋgjʊlə] *adj.* dreieckig, -winkelig; *fig.* dreiseitig, Dreiecks...; **tri·an·gu·la·tion** [traɪˌæŋgjʊˈleɪʃn] *s.* **1.** *surv* Triangulatiˈon *f*; **2.** ˈDreiecksmeˌthode *f* (*Umrechnungsverfahren für die Teilnehmerwährungen der Europäischen Währungsunion*).

Tri·as [ˈtraɪəs] → **Tri·as·sic** [traɪˈæsɪk] *geol.* **I** *s.* ˈTrias(formatiˌon) *f*; **II** *adj.* Trias...

tri·ath·lete [traɪˈæθliːt] *s. sport* ˈTriathˌlet(in); **triˈath·lon** [-lɒn; -lən] *s.* ˈTriathˌlon *n.*

trib·al [ˈtraɪbl] *adj.* □ Stammes...; ˈ**trib·al·ism** [-bəlɪzəm] *s.* ˈStammessyˌstem *n od.* -gefühl *n.*

tri·bas·ic [traɪˈbeɪsɪk] *adj.* ⚗ drei-, tribasisch.

tribe [traɪb] *s.* **1.** (Volks)Stamm *m*; **2.** ⚘, *zo.* Tribus *f*, Klasse *f*; **3.** *humor. u. contp.* Sippschaft *f*, ‚Verein' *m*; **tribes·man** [ˈtraɪbzmən] *s.* [*irr.*] Stammesangehörige(r) *m*, -genosse *m.*

trib·u·la·tion [ˌtrɪbjʊˈleɪʃn] *s.* Drangsal *f*, ˈWiderwärtigkeit *f*.

tri·bu·nal [traɪˈbjuːnl] *s.* **1.** ⚖ Gericht(shof *m*) *n*, Tribuˈnal *n* (*a. fig.*); **2.** Richterstuhl *m* (*a. fig.*); **trib·une** [ˈtrɪbjuːn] *s.* **1.** *antiq.* (ˈVolks)Triˌbun *m*; **2.** Volksheld *m*; **3.** Triˈbüne *f*; **4.** Rednerbühne *f*; **5.** Bischofsthron *m.*

trib·u·tar·y [ˈtrɪbjʊtərɪ] **I** *adj.* □ **1.** triˈbut-, zinspflichtig (***to*** *dat.*); **2.** ˈuntergeordnet (***to*** *dat.*); **3.** helfend, beisteuernd (***to*** zu); **4.** *geogr.* Neben...: **~ *stream***; **II** *s.* **5.** Triˈbutpflichtige(r) *m*, *a.* triˈbutpflichtiger Staat; **6.** *geogr.* Nebenfluss *m*; **trib·ute** [ˈtrɪbjuːt] *s.* Triˈbut *m*: a) Zins *m*, Abgabe *f*, b) *fig.* Zoll *m*, Beitrag *m*, c) *fig.* Huldigung *f*, Achtungsbezeigung *f*, Anerkennung *f*: **~ *of admiration*** gebührende Bewunderung; ***pay ~ to*** *j-m* Hochachtung bezeigen *od.* Anerkennung zollen.

tri·car [ˈtraɪkɑː] *s. Brit.* Dreiradlieferwagen *m.*

trice [traɪs] *s.*: ***in a ~*** im Nu.

tri·ceps [ˈtraɪseps] *pl.* ˈ**tri·ceps·es** *s. anat.* Trizeps *m* (*Muskel*).

tri·chi·na [trɪˈkaɪnə] *pl.* **-nae** [-niː] *s. zo.* Triˈchine *f*; **trich·i·no·sis** [ˌtrɪkɪˈnəʊsɪs] *s.* ⚕ Trichiˈnose *f*.

trich·o·mon·ad [ˌtrɪkəʊˈmɒnæd] *s. zo.* Trichomoˈnade *f*.

tri·chord [ˈtraɪkɔːd] *adj. u. s.* ♪ dreisaitig(es Instruˈment).

tri·chot·o·my [traɪˈkɒtəmɪ] *s.* Dreiheit *f*, -teilung *f*.

trick [trɪk] **I** *s.* **1.** Trick *m*, Kunstgriff *m*, Kniff *m*, List *f*; *pl. a.* Schliche *pl.*, Ränke *pl.*, Winkelzüge *pl.*: ***full of ~s*** raffiniert; **2.** (***dirty ~*** gemeiner) Streich: ***~s of fortune*** Tücken des Schicksals; ***the ~s of the memory*** *fig.* die Tücken des Gedächtnisses; ***be up to one's ~s*** (wieder) Dummheiten machen; ***be up to s.o.'s ~s*** j-n *od.* j-s Schliche durchschauen; ***what ~s have you been up to?*** was hast du angestellt?; ***play s.o. a ~, play a ~ on s.o.*** j-m e-n Streich spielen; ***none of your ~s!*** keine Mätzchen!; **3.** Trick *m*, (*Karten- etc.*)Kunststück *n*: ***do the ~*** den Zweck erfüllen; ***that did the ~*** damit war es geschafft; **4.** (Sinnes)Täuschung *f*; **5.** (*bsd.* üble *od.* dumme) Angewohnheit, Eigenheit *f*; **6.** *Kartenspiel*: Stich *m*: ***take*** *od.* ***win a ~*** e-n Stich machen; **7.** ⚓ Rudertörn *m*; **8.** *Am. sl.* ‚Mieze' *f* (*Mädchen*); **9.** V ‚Nummer' *f* (*Koitus*); **II** *adj.* **10.** Trick...(*-dieb*, *-film*, *-szene*); **11.** Kunst...(*-flug*, *-reiten*); **III** *v/t.* **12.** überˈlisten, betrügen, prellen (***out of*** um); **13.** *j-n* verleiten (***into doing*** *et.* zu tun); **14.** *mst* **~ *up*** (*od.* ***out***) schmücken, (herˈaus)putzen; ˈ**trick·er** [-kə] → ***trickster***; ˈ**trick·er·y** [-kərɪ] *s.* **1.** Betrügeˈrei(en *pl.*) *f*, Gauneˈrei(en *pl.*) *f*; **2.** Kniff *m*; ˈ**trick·i·ness** [-kɪnɪs] *s.* **1.** Verschlagenheit *f*, Durchˈtriebenheit *f*; **2.** Kitzligkeit *f e-r Situation etc.*; **3.** Kompliziertheit *f*; ˈ**trick·ish** [-kɪʃ] → ***tricky***.

trick·le [ˈtrɪkl] **I** *v/i.* **1.** tröpfeln (*a. fig.*); **2.** rieseln; kullern (*Tränen*); **3.** sickern: **~ *out*** *fig.* durchsickern; **4.** trudeln (*Ball etc.*); **II** *v/t.* **5.** tröpfeln (lassen), träufeln; **6.** rieseln lassen; **III** *s.* **7.** Tröpfeln *n*; Rieseln *n*; **8.** Rinnsal *n* (*a. fig.*); **~ *charg·er*** *s.* ⚡ Kleinlader *m.*

trick·si·ness [ˈtrɪksɪnɪs] *s.* **1.** → ***trickiness***; **2.** ˈÜbermut *m.*

trick·ster [ˈtrɪkstə] *s.* Gauner(in), Schwindler(in).

trick·sy [ˈtrɪksɪ] *adj.* **1.** → ***tricky*** 1; **2.** ˈübermütig.

trick·y [ˈtrɪkɪ] *adj.* □ **1.** verschlagen, durchˈtrieben, raffiniert; **2.** heikel, kitzlig (*Lage, Problem*); **3.** kompliziert, knifflig; **4.** unzuverlässig.

tri·col·o(u)r [ˈtrɪkələ] *s.* Trikoˈlore *f*.

tri·cot [ˈtriːkəʊ] *s.* Triˈkot *m* (*Stoff*).

tri·cy·cle [ˈtraɪsɪkl] **I** *s.* Dreirad *n*; **II** *v/i.* Dreirad fahren.

tri·dent [ˈtraɪdnt] *s.* Dreizack *m.*

tried [traɪd] **I** *p.p. von* ***try***; **II** *adj.* erprobt, bewährt.

tri·en·ni·al [traɪˈenjəl] *adj.* □ **1.** dreijährig; **2.** alle drei Jahre stattfindend, dreijährlich.

tri·er·arch·y [ˈtraɪərɑːkɪ] *s. hist.* Trierarˈchie *f*.

tri·fle [ˈtraɪfl] **I** *s.* **1.** Kleinigkeit *f*: a) unbedeutender Gegenstand, b) Bagaˈtelle *f*, Lapˈpalie *f*, c) Kinderspiel *n* (***to*** für *j-n*), d) kleine Geldsumme, e) *das* bisschen: ***a ~ expensive*** etwas *od.* ein bisschen teuer; ***not to stick at ~s*** sich nicht mit Kleinigkeiten abgeben; ***stand upon ~s*** ein Kleinigkeitskrämer sein; **2.** a) *Brit.* Trifle *n* (*Biskuitdessert*), b) *Am.* ˈObstdesˌsert *n* mit Sahne; **II** *v/i.* **3.** spielen (***with*** mit *dem Bleistift etc.*); **4.** (***with***) *fig.* spielen (mit), sein Spiel treiben *od.* leichtfertig ˈumgehen (mit): ***he is not to be ~d with*** er lässt nicht mit sich spaßen; **5.** tändeln, scherzen; leichtfertig daˈherreden; **6.** (herˈum-) trödeln; **III** *v/t.* **7. ~ *away*** *Zeit* vertändeln, vertrödeln, *a. Geld* verplempern; ˈ**tri·fler** [-lə] *s.* **1.** oberflächlicher *od.* friˈvoler Mensch; **2.** Tändler *m*; **3.** Müßiggänger *m*; ˈ**tri·fling** [-lɪŋ] *adj.* □ **1.** oberflächlich, leichtfertig; **2.** tändelnd; **3.** unbedeutend, geringfügig.

tri·fo·li·ate [traɪˈfəʊlɪət] *adj.* ⚘ **1.** dreiblätt(e)rig; **2.** → **tri·fo·li·o·late** [traɪˈfəʊlɪəleɪt] *adj.* ⚘ **1.** dreizählig (*Blatt*); **2.** mit dreizähligen Blättern (*Pflanze*).

trig [trɪg] F *für* ***trigonometry***.

trig·ger [ˈtrɪgə] **I** *s.* **1.** ⚡, *phot.*, ⚙ Auslöser *m* (*a. fig.*); **2.** Abzug *m* (*Feuerwaffe*), *am Gewehr*: *a.* Drücker *m*, *e-r*

T

Bombe: Zünder *m*: ***pull the*** **~** abdrücken; ***quick on the*** **~** *fig.* ‚fix', ‚auf Draht' (*reaktionsschnell od. schlagfertig*); **II** *v/t.* **3.** ⚙ auslösen (*a. fig.*); **~ guard** *s.* ⚔ Abzugsbügel *m*; '**~-ˌhap·py** *adj.* **1.** schießwütig; **2.** *pol.* kriegslüstern; **3.** *fig.* kampflustig.

trig·o·no·met·ric, **trig·o·no·met·ri·cal** [ˌtrɪɡənə'metrɪk(l)] *adj.* □ Ꭿ trigono'metrisch; **trig·o·nom·e·try** [ˌtrɪɡə'nɒmɪtrɪ] *s.* Trigonome'trie *f*.

tri·he·dral [ˌtraɪ'hedrl] *adj.* Ꭿ dreiflächig, tri'edrisch.

tri·lat·er·al [ˌtraɪ'lætərəl] *adj.* **1.** Ꭿ dreiseitig; **2.** *pol.* Dreier...: **~ *talks***.

tril·by ['trɪlbɪ] *s.* **1.** *a.* **~ *hat*** *Brit.* F weicher Filzhut; **2.** *pl. sl.* ‚Haxen' *pl.* (*Füße*).

tri·lin·e·ar [ˌtraɪ'lɪnɪə] *adj.* Ꭿ dreilinig: **~ *coordinates*** Dreieckskoordinaten.

tri·lin·gual [ˌtraɪ'lɪŋɡwəl] *adj.* dreisprachig.

trill [trɪl] **I** *v/t. u. v/i.* **1.** ♪ *etc.* trillern, trällern; **2.** *ling.* (*bsd.* das r) rollen; **II** *s.* **3.** ♪ Triller *m*; **4.** *ling.* gerolltes r, gerollter Konso'nant.

tril·lion ['trɪljən] *s.* **1.** *Brit.* Trilli'on *f*; **2.** *Am.* Billi'on *f*.

tril·o·gy ['trɪlədʒɪ] *s.* Trilo'gie *f*.

trim [trɪm] **I** *v/t.* **1.** in Ordnung bringen, zu'rechtmachen; **2.** *Feuer* anschüren; **3.** *Haar, Hecken etc.* (be-, zu'recht-) schneiden, stutzen, *bsd. Hundefell* trimmen; **4.** *fig. Budget etc.* stutzen, beschneiden; **5.** ⚙ *Bauholz* behauen, zurichten; **6.** *a.* **~ *up*** (her'aus)putzen, schmücken, ausstaffieren, schönmachen; **7.** *Hüte etc.* besetzen, garnieren; **8.** F a) *j-n* ‚zs.-stauchen', b) ‚reinlegen', c) ‚vertrimmen' (*a. sport schlagen*); **9.** ✈, ⚓ trimmen: a) *Flugzeug, Schiff* in die richtige Lage bringen, b) *Segel* stellen, brassen: **~ *one's sails to every wind*** *fig.* sein Mäntelchen nach dem Wind hängen, c) *Kohlen* schaufeln, d) *Ladung* (richtig) verstauen; **10.** ϟ trimmen, (fein) abgleichen; **II** *v/i.* **11.** *fig.* e-n Mittelkurs steuern, *bsd. pol.* lavieren: **~ *with the times*** sich den Zeiten anpassen, Opportunitätspolitik treiben; **III** *s.* **12.** Ordnung *f*, (richtiger) Zustand, *a.* richtige (*körperliche od. seelische*) Verfassung *od.* Form: ***in good*** (***out of***) **~** in guter (schlechter) Verfassung (*a. Person*); **13.** ✈, ⚓ a) Trimm (-lage *f*) *m*, b) richtige Stellung *der Segel*, c) gute Verstauung *der Ladung*; **14.** Putz *m*, Staat *m*, Gala *f*; **15.** *mot.* a) Innenausstattung *f*, b) Zierleiste(n *pl.*) *f*; **IV** *adj.* **16.** ordentlich; **17.** schmuck, sauber, a'drett; gepflegt (*a. Bart, Rasen etc.*); **18.** (gut) in Schuss.

tri·mes·ter [trɪ'mestə] *s.* **1.** Zeitraum *m* von drei Monaten, Vierteljahr *n*; **2.** *univ.* Tri'mester *n*.

trim·mer ['trɪmə] *s.* **1.** Aufarbeiter(in), Putzmacher(in); **2.** ⚓ a) (Kohlen)Trimmer *m*, b) Stauer *m*; **3.** *Zimmerei*: Wechselbalken *m*; **4.** *fig. bsd. pol.* Opportu'nist(in); '**trim·ming** [-mɪŋ] *s.* **1.** (Auf-, Aus)Putzen *n*, Zurichten *n*; **2.** a) (Hut-, Kleider)Besatz *m*, Borte *f*, b) *pl.* Zutaten *pl.*, Posa'menten *pl.*, c) *fig.* ‚Verzierung' *f*, ‚Garnierung' *f im Stil etc.*; **3.** *pl.* Garnierung *f*, Zutaten *pl.* (*Speise*); **4.** *pl.* Abfälle *pl.*, Schnipsel *pl.*; **5.** ⚓ a) Trimmen *n*, (Ver)Stauen *n*, b) Staulage *f*; **6.** (Tracht *f*) Prügel *pl.*; **7.** *bsd. sport* (böse) Abfuhr; '**trimness** [-mnɪs] *s.* **1.** gute Ordnung; **2.** gutes Aussehen, Gepflegtheit *f*.

trine [traɪn] **I** *adj.* **1.** dreifach; **II** *s.* **2.** Dreiheit *f*; **3.** *ast.* Trigo'nala,spekt *m*.

Trin·i·tar·i·an [ˌtrɪnɪ'teərɪən] *eccl.* **I** *adj.* **1.** Dreieinigkeits...; **II** *s.* **2.** Bekenner (-in) der Drei'einigkeit; **3.** *hist.* Trini'tarier *m*; ˌ**Trin·i'tar·i·an·ism** [-nɪzəm] *s.* Drei'einigkeitslehre *f*.

tri·ni·tro·tol·u·ene [traɪˌnaɪtrəʊ'tɒljʊiːn] *s.* ⚗ Trinitrotolu'ol *n*.

trin·i·ty ['trɪnɪtɪ] *s.* **1.** Dreiheit *f*; **2.** ℒ *eccl.* Drei'einigkeit *f*; ℒ **House** *s.* Verband *m* zur Aufsicht über See- u. Lotsenzeichen *etc.*; ℒ **Sun·day** *s.* Sonntag *m* Trini'tatis; ℒ **term** *s. univ.* 'Sommertri,mester *n*.

trin·ket ['trɪŋkɪt] *s.* **1.** Schmuck *m*; (*bsd.* wertloses) Schmuckstück; **2.** *pl. fig.* Kram *m*, Plunder *m*.

tri·no·mi·al [traɪ'nəʊmjəl] **I** *adj.* **1.** Ꭿ tri'nomisch, dreigliedrig, -namig; **2.** *biol., zo.* dreigliedrig (*Artname*); **II** *s.* **3.** Ꭿ Tri'nom *n*, dreigliedrige (Zahlen-) Größe.

tri·o ['triːəʊ] *pl.* **-os** *s.* ♪ *u. fig.* Trio *n*.

tri·ode ['traɪəʊd] *s.* ϟ Tri'ode *f*, 'Dreielek,troden,röhre *f*.

tri·o·let ['triːəʊlet] *s.* Trio'lett *n* (*Ringelgedicht*).

trip [trɪp] **I** *s.* **1.** (*bsd.* kurze, *a.* See)Reise; Ausflug *m*, Spritztour *f* (***to*** nach); **2.** *weitS.* Fahrt *f*; **3.** Trippeln *n*; **4.** Stolpern *n*; **5.** Fehltritt *m* (*bsd. fig.*); **6.** *fig.* Fehler *m*; **7.** Beinstellen *n*; **8.** ⚙ Auslösung *f*: **~ *cam*** *od.* ***dog*** Schaltnocken *m*; **~ *lever*** Auslöse- *od.* Schalthebel *m*; **9.** *sl.* ‚Trip' *m* (*Drogenrausch*); **II** *v/i.* **10.** trippeln, tänzeln; **11.** stolpern, straucheln (*a. fig.*); **12.** *fig.* (e-n) Fehler machen: ***catch s.o.* ~*ping*** j-n bei e-m Fehler ertappen; **13.** *über ein Wort* stolpern, sich versprechen; **III** *v/t.* **14.** *oft* **~ *up*** *j-m* ein Bein stellen, *j-n* zu Fall bringen (*beide a. fig.*); **15.** *fig.* vereiteln; **16.** (*in* bei *e-m Fehler etc.*) ertappen; **17.** ⚙ a) auslösen, b) schalten.

tri·par·tite [ˌtraɪ'pɑːtaɪt] *adj.* **1.** ⚘ dreiteilig; **2.** Dreier..., Dreimächte... (*Vertrag etc.*)

tripe [traɪp] *s.* **1.** Kal'daunen *pl.*, Kutteln *pl.*; **2.** *sl.* a) Schund *m*, Kitsch *m*, b) Quatsch *m*, Blödsinn *m*.

tri·phase ['traɪfeɪz] → ***three-phase***.

tri·phib·i·ous [traɪ'fɪbɪəs] *adj.* ⚔ mit Einsatz von Land-, See- u. Luftstreitkräften ('durchgeführt).

triph·thong ['trɪfθɒŋ] *s. ling.* Triph'thong *m*, Dreilaut *m*.

tri·plane ['traɪpleɪn] *s.* ✈ Dreidecker *m*.

tri·ple ['trɪpl] **I** *adj.* □ **1.** dreifach; **2.** dreimalig; **3.** Drei..., drei...: ℒ ***Alliance*** *hist.* Tripelallianz *f*, Dreibund *m*; **~ *fugue*** ♪ Tripelfuge *f*; **~ *jump*** *sport* Dreisprung *m*; **~ *time*** ♪ Tripeltakt *m*; **II** *s.* **4.** *das* Dreifache; **III** *v/t. u. v/i.* **5.** (sich) verdreifachen.

tri·plet ['trɪplɪt] *s.* **1.** *biol.* Drilling *m*; **2.** Dreiergruppe *f*, Trio *n* (*drei Personen etc.*); **3.** ♪ Tri'ole *f*; **4.** *Verskunst*: Dreireim *m*.

tri·plex ['trɪpleks] **I** *adj.* **1.** dreifach: **~ *glass*** → 3; **II** *s.* **2.** ♪ Tripeltakt *m*; **3.** ⚙ Triplex-, Sicherheitsglas *n*.

trip·li·cate ['trɪplɪkət] **I** *adj.* **1.** dreifach; **2.** in dreifacher Ausfertigung (geschrieben *etc.*); **II** *s.* **3.** *das* Dreifache; **4.** dreifache Ausfertigung: ***in*** **~** in dreifacher Ausfertigung; **5.** dritte Ausfertigung; **III** *v/t.* [-keɪt] **6.** verdreifachen; **7.** dreifach ausfertigen.

tri·pod ['traɪpɒd] *s.* **1.** Dreifuß *m*; **2.** *bsd. phot.* Sta'tiv *n*; **3.** ⚙, ⚔ Dreibein *n*.

tri·pos ['traɪpɒs] *s.* letztes Ex'amen *für* ***honours*** (*Cambridge*).

trip·per ['trɪpə] *s.* a) Ausflügler(in), b) Tou'rist(in).

trip·ping ['trɪpɪŋ] **I** *adj.* □ **1.** leicht(füßig), flink; **2.** flott, munter; **3.** strauchelnd (*a. fig.*); **4.** ⚙ Auslöse..., Schalt...; **II** *s.* **5.** Trippeln *n*; **6.** Beinstellen *n*.

trip·tych ['trɪptɪk] *s.* Triptychon *n*, dreiteiliges (Al'tar)Bild.

tri·sect [traɪ'sekt] *v/t.* in drei (gleiche) Teile teilen.

tri·syl·lab·ic [ˌtraɪsɪ'læbɪk] *adj.* (□ **~*ally***) dreisilbig; **tri·syl·la·ble** [ˌtraɪ'sɪləbl] *s.* dreisilbiges Wort.

trite [traɪt] *adj.* □ abgedroschen, platt, ba'nal; '**trite·ness** [-nɪs] *s.* Abgedroschenheit *f*, Plattheit *f*.

Tri·ton ['traɪtn] *s.* **1.** *antiq.* Triton *m* (*niederer Meergott*): ***a*** **~** ***among*** (***the***) ***minnows*** ein Riese unter Zwergen; **2.** ℒ *zo.* Tritonshorn *n*; **3.** ℒ *zo.* Molch *m*.

tri·tone ['traɪtəʊn] *s.* ♪ Tritonus *m*.

trit·u·rate ['trɪtjʊreɪt] *v/t.* zerreiben, -mahlen, -stoßen, pulverisieren.

tri·umph ['traɪəmf] **I** *s.* **1.** Tri'umph *m*: a) Sieg *m* (***over*** über *acc.*), b) Siegesfreude *f* (***at*** über *acc.*): ***in*** **~** im Triumph, triumphierend; **2.** Tri'umph *m* (*Großtat, Erfolg*): ***the*** **~*s of science***; **II** *v/i.* **3.** triumphieren: a) den Sieg da'vontragen, b) jubeln, froh'locken (*beide* ***over*** über *acc.*), c) Erfolg haben; **tri·um·phal** [traɪ'ʌmfl] *adj.* Triumph..., Sieges...: **~ *arch*** Triumphbogen *m*; **~ *procession*** Triumphzug *m*; **tri·um·phant** [traɪ'ʌmfənt] *adj.* □ **1.** triumphierend: a) den Sieg feiernd, b) sieg-, erfolg-, glorreich, c) froh'lockend, jubelnd; **2.** *obs.* herrlich.

tri·um·vir [traɪ'ʌmvə] *pl.* **-virs** *od.* **-vi·ri** [traɪ'ʌmvɪriː] *s. antiq.* Tri'umvir *m* (*a. fig.*); **tri·um·vi·rate** [traɪ'ʌmvɪrət] *s.* **1.** *antiq.* Triumvi'rat *n* (*a. fig.*); **2.** *fig.* Dreigestirn *n*.

tri·une ['traɪjuːn] *adj. bsd. eccl.* drei'einig.

tri·va·lent [ˌtraɪ'veɪlənt] *adj.* ⚗ dreiwertig.

triv·et ['trɪvɪt] *s.* Dreifuß *m* (*bsd. für Kochgefäße*): (***as***) ***right as a*** **~** *fig.* bei bester Gesundheit.

triv·i·a ['trɪvɪə] *s. pl.* Baga'tellen *pl.*; '**triv·i·al** [-əl] *adj.* □ **1.** trivi'al, ba'nal, all'täglich; **2.** gering(fügig), unbedeutend; **3.** oberflächlich (*Person*); **4.** volkstümlich (*Ggs. wissenschaftlich*); **triv·i·al·i·ty** [ˌtrɪvɪ'ælətɪ] *s.* **1.** Triviali'tät *f*, Plattheit *f*, Banali'tät *f* (*a. Ausspruch etc.*); **2.** Geringfügigkeit *f*, Belanglosigkeit *f*; '**triv·i·al·ize** *v/t.* bagatellisieren.

tri·week·ly [ˌtraɪ'wiːklɪ] **I** *adj.* **1.** dreiwöchentlich; **2.** dreimal wöchentlich erscheinend (*Zeitschrift etc.*); **II** *adv.* **3.** dreimal in der Woche.

troat [trəʊt] **I** *s.* Röhren *n des Hirsches*; **II** *v/i.* röhren.

tro·cha·ic [trəʊ'keɪɪk] *Metrik*: **I** *adj.* tro'chäisch; **II** *s.* Tro'chäus *m* (*Vers*); **tro·chee** ['trəʊkiː] *s.* Tro'chäus *m* (*Versfuß*).

trod [trɒd] *pret. u. p.p. von* ***tread***.

trod·den ['trɒdn] *p.p. von* ***tread***.

trog·lo·dyte ['trɒɡlədaɪt] *s.* **1.** Troglo'dyt *m*, Höhlenbewohner *m*; **2.** *fig.* a) Einsiedler *m*, b) primi'tiver *od.* bru'taler Kerl; **trog·lo·dyt·ic** [ˌtrɒɡlə'dɪtɪk] *adj.* troglo'dytisch.

troi·ka ['trɔɪkə] (*Russ.*) *s.* Troika *f*, Dreigespann *n*.

T

Tro·jan ['trəʊdʒən] **I** *adj.* tro'janisch; **II** *s.* Tro'janer(in): ***like a ~*** F wie ein Pferd *arbeiten*.

troll[1] [trəʊl] **I** *v/t. u. v/i.* **1.** (fröhlich) trällern; **2.** (mit der Schleppangel) fischen (***for*** nach); **II** *s.* **3.** Schleppangel *f*, künstlicher Köder.

troll[2] [trəʊl] *s.* Troll *m*, Kobold *m*.

trol·ley ['trɒlɪ] *s.* **1.** *Brit.* Hand-, Gepäck-, Einkaufswagen *m*; Kofferkuli *m*; (Schub)Karren *m*; **2.** ⚙ Förderwagen *m*; **3.** 🚂 *Brit.* Drai'sine *f*; **4.** ⚡ Kon'taktrolle *f bei Oberleitungsfahrzeugen*; **5.** *Am.* Straßenbahn(wagen *m*) *f*; **6.** *Brit.* Tee-, Servierwagen *m*; **~ bus** *s.* O(berleitungs)bus *m*; **~ car** *s. Am.* Straßenbahnwagen *m*; **~ pole** *s.* ⚡ Stromabnehmerstange *f*; **~ wire** *s.* Oberleitung *f*.

trol·lop ['trɒləp] **I** *s.* **1.** Schlampe *f*; **2.** ‚Flittchen' *n*; **II** *v/i.* **3.** schlampen; **4.** ‚latschen'.

trom·bone [trɒm'bəʊn] *s.* ♪ **1.** Po'saune *f*; **2.** → **trom'bon·ist** [-nɪst] *s.* ♪ Posau'nist *m*.

troop [tru:p] **I** *s.* **1.** Trupp *m*, Schar *f*; **2.** *pl.* ⚔ Truppe(n *pl.*) *f*; **3.** ⚔ a) Schwadron *f*, b) ('Panzer)Kompa,nie *f*, c) Batte'rie *f*; **II** *v/i.* **4.** *oft* **~ up**, **~ together** sich scharen, sich sammeln; **5.** (in Scharen) *wohin* ziehen, (her'ein- *etc.*) strömen, marschieren: **~ away**, **~ off** F abziehen, sich da'vonmachen; **III** *v/t.* **6.** ***~ the colour(s)*** *Brit.* ⚔ Fahnenparade abhalten; **~ car·ri·er** *s.* ⚔ **1.** ✈, ⚓ 'Truppentrans,porter *m*; **2.** Mannschaftswagen *m*; '**~-,car·ry·ing** *adj.*: ***~ vehicle*** → ***troop carrier*** 2.

troop·er ['tru:pə] *s.* **1.** ⚔ Reiter *m*, Kavalle'rist *m*: ***swear like a ~*** fluchen wie ein Landsknecht; **2.** 'Staatspoli,zist *m*; **3.** *bsd. Am.* berittener Poli'zist; **4.** ⚔ Kavalle'riepferd *n*; **5.** *Brit.* → ***troopship***.

'**troop·ship** *s.* ⚓ 'Truppentrans,porter *m*.

trope [trəʊp] *s.* Tropus *m* (*a.* ♪), bildlicher Ausdruck.

troph·ic ['trɒfɪk] *adj. biol.* trophisch, Ernährungs...

tro·phy ['trəʊfɪ] **I** *s.* **1.** Tro'phäe *f*, Siegeszeichen *n*, -beute *f* (*alle a. fig.*); **2.** Preis *m*, (*Jagd- etc.*)Tro'phäe *f*; **II** *v/t.* **3.** mit Tro'phäen schmücken.

trop·ic ['trɒpɪk] **I** *s.* **1.** *ast., geogr.* Wendekreis *m*; **2.** *pl. geogr.* Tropen *pl.*; **II** *adj.* **3.** → ***tropical***[1].

trop·i·cal[1] ['trɒpɪkl] *adj.* □ Tropen..., tropisch: ***~ forest*** Tropenwald *m*; ***~ rain forest*** tropischer Regenwald.

trop·i·cal[2] ['trɒpɪkl] → ***tropological***.

trop·o·log·i·cal [,trɒpə'lɒdʒɪkl] *adj.* □ fi'gürlich, meta'phorisch.

trop·o·sphere ['trɒpə,sfɪə] *s. meteor.* Tropo'sphäre *f*.

trot [trɒt] **I** *v/i.* **1.** traben, trotten, im Trab gehen *od.* reiten: ***~ along*** (*od.* ***off***) F ab-, losziehen; **II** *v/t.* **2.** *Pferd* traben lassen, *a. j-n* in Trab setzen; **3.** ***~ out*** a) *Pferd* vorreiten, -führen, b) *fig. et. od. j-n* vorführen, renommieren mit, *Argumente, Kenntnisse etc., a. Wein etc.* auftischen, aufwarten mit; **4.** *a.* ***~ round*** *j-n* her'umführen; **III** *s.* **5.** Trott *m*, Trab *m* (*a. fig.*): ***at a ~*** im Trab; ***keep s.o. on the ~*** j-n in Trab halten; **6.** F ‚Taps' *m* (*kleines Kind*); **7.** F ‚Tante' *f* (*alte Frau*); **8.** ***the ~s*** *pl.* F ‚Dünnpfiff' *m*; **9.** *ped. Am. sl.* a) Eselsbrücke *f*, ‚Klatsche' *f* (*Übersetzungshilfe*), b) Spickzettel *m*; **10.** F Trabrennen *n*.

troth [trəʊθ] *s. obs.* Treue(gelöbnis *n*) *f*: ***by my ~!***, ***in ~!*** meiner Treu!, wahrlich!; ***pledge one's ~*** sein Wort verpfänden, ewige Treue schwören; ***plight one's ~*** sich verloben.

trot·ter ['trɒtə] *s.* **1.** Traber *m* (*Pferd*); **2.** F Fuß *m*, Bein *n von Schlachttieren*: ***pigs ~s*** Schweinsfüße; **3.** *pl. humor.* ‚Haxen' *pl.*; **trot·ting race** ['trɒtɪŋ] *s.* Trabrennen *n*.

trou·ble ['trʌbl] **I** *v/t.* **1.** beunruhigen, stören, belästigen; **2.** *j-n* bemühen, bitten (***for*** um): ***may I ~ you to pass me the salt*** darf ich Sie um das Salz bitten; ***I will ~ you to hold your tongue*** *iro.* würden sie gefälligst den Mund halten; **3.** *j-m* 'Umstände *od.* Unannehmlichkeiten bereiten, *j-m* Mühe machen; *j-n* behelligen (***about***, ***with*** mit); **4.** *j-n* plagen, quälen: ***be ~d with*** von *e-r Krankheit etc.* geplagt sein; **5.** *j-m* Sorge *od.* Verdruss *od.* Kummer machen *od.* bereiten, *j-n* beunruhigen: ***be ~d about*** sich Sorgen machen wegen; ***don't let it ~ you*** machen Sie sich deswegen keine Gedanken; ***~d face*** sorgenvolles *od.* gequältes Gesicht; **6.** *Wasser* trüben: ***~d waters*** *fig.* schwierige Situation, unangenehme Lage; ***fish in ~d waters*** *fig.* im Trüben fischen; **II** *v/i.* **7.** sich beunruhigen (***about*** über *acc.*): ***I should not ~ if*** a) ich wäre beruhigt, wenn, b) es wäre mir gleichgültig, wenn; **8.** sich die Mühe machen, sich bemühen (***to do*** zu tun); sich 'Umstände machen: ***don't ~ (yourself)*** bemühen Sie sich nicht; ***don't ~ to write*** du brauchst nicht zu schreiben; **III** *s.* **9.** Mühe *f*, Plage *f*, Last *f*, Belästigung *f*, Störung *f*: ***give s.o. ~*** j-m Mühe verursachen; ***go to much ~*** sich besondere Mühe machen *od.* geben; ***put s.o. to ~*** j-m Umstände bereiten; ***save o.s. the ~ of doing*** sich die Mühe (er)sparen, zu tun; ***take (the) ~*** sich (die) Mühe machen; ***take ~ over*** sich Mühe geben mit; ***(it is) no ~ (at all)*** (es ist) nicht der Rede wert; **10.** Unannehmlichkeiten *pl.*, Schwierigkeiten *pl.*, Scherereien *pl.*, ‚Ärger' *m* (***with*** mit *der Polizei etc.*): ***ask*** *od.* ***look for ~*** unbedingt Ärger haben wollen; ***be in ~*** in Schwierigkeiten sein; ***get into ~*** in Schwierigkeiten geraten, Ärger bekommen; ***make ~ for s.o.*** j-n in Schwierigkeiten bringen; ***he is ~*** F er ist gefährlich, mit ihm wird es Ärger geben; **11.** Schwierigkeit *f*, Pro'blem *n*: ***the ~ is*** der Haken dabei ist, das Unangenehme ist (***that*** dass); ***what's the ~?*** wo(ran) fehlts?, was ist los?; **12.** ⚕ Störung *f*, Leiden *n*: ***heart ~*** Herzleiden; **13.** a) *pol.* Unruhe(n *pl.*) *f*, Wirren *pl.*, b) *allg.* Af'färe *f*, Kon'flikt *m*; **14.** ⚙ Störung *f*, De'fekt *m*; '**~,mak·er** *s.* Unruhestifter *m*; **~ man** [mən] *s.* [*irr.*] ⚙ Störungssucher *m*; '**~·proof** *adj.* störungsfrei; '**~,shoot·er** *s. bsd. Am.* **1.** → ***trouble man***; **2.** *fig.* Friedensstifter *m*, ‚Feuerwehrmann' *m*, Vermittler(in); '**~,shoot·ing** *s.* **1.** ⚙, *Computer*: Troubleshooting *n*, Prob'lembehandlung *f*; **2.** Krisenmanagement *n*.

trou·ble·some ['trʌblsəm] *adj.* □ lästig, beschwerlich, unangenehm; '**trou·ble·some·ness** [-nɪs] *s.* Lästigkeit *f*, Beschwerlichkeit *f*; *das* Unangenehme.

trouble spot *s.* **1.** ⚙ Schwachstelle *f*; **2.** *bsd. pol.* Unruheherd *m*.

trou·blous ['trʌbləs] *adj.* □ *obs.* unruhig.

trough [trɒf] *s.* **1.** Trog *m*, Mulde *f*; **2.** Wanne *f*; **3.** Rinne *f*, Ka'nal *m*; **4.** Wellental *n*: ***~ of the sea***; **5.** *a.* ***~ of low pressure*** *meteor.* Tief(druckrinne *f*) *n*; **6.** *bsd.* † Tiefpunkt *m*, ‚Talsohle' *f*.

trounce [traʊns] *v/t.* **1.** verprügeln; **2.** *fig.* her'untermachen; **3.** *sport* ‚über'fahren', *j-m* e-e Abfuhr erteilen.

troupe [tru:p] *s.* (Schauspieler-, Zirkus-) Truppe *f*.

trou·sered ['traʊzəd] *adj.* Hosen tragend, behost; '**trou·ser·ing** [-zərɪŋ] *s.* Hosenstoff *m*; **trou·sers** ['traʊzəz] *s. pl.* (***a pair of ~*** e-e) (lange) Hose; Hosen *pl.*; → ***wear***[1] 1.

trou·ser suit *s.* Hosenanzug *m*.

trousse [tru:s] *s.* ⚕ (chi'rurgisches) Besteck.

trous·seau ['tru:səʊ] *pl.* **-seaus** (*Fr.*) *s.* Aussteuer *f*.

trout [traʊt] *ichth.* **I** *pl.* **-s**, *bsd. coll.* **trout** *s.* Fo'relle *f*; **II** *v/i.* Fo'rellen fischen; **III** *adj.* Forellen...

trove [trəʊv] *s.* Fund *m*.

tro·ver ['trəʊvə] *s.* ⚖ **1.** rechtswidrige Aneignung; **2.** *a.* ***action of ~*** Klage *f* auf Her'ausgabe des Wertes.

trow·el ['traʊəl] **I** *s.* **1.** (Maurer)Kelle *f*: ***lay it on with a ~*** *fig.* (zu) dick auftragen; **2.** ✓ Hohlspatel *m*, Pflanzenheber *m*; **II** *v/t.* **3.** mit der Kelle auftragen, glätten.

troy (**weight**) [trɔɪ] *s.* † Troygewicht *n* (*für Edelmetalle, Edelsteine u. Arzneien*; *1 lb. = 373,24 g*).

tru·an·cy ['tru:ənsɪ] *s.* (Schul)Schwänze'rei *f*, unentschuldigtes Fernbleiben; '**tru·ant** [-nt] **I** *s.* **1.** a) (Schul)Schwänzer(in), b) Bummler(in), Faulenzer (-in): ***play ~*** (*bsd.* die Schule) schwänzen, *a.* bummeln; **II** *adj.* **2.** träge, faul, pflichtvergessen; **3.** (schul)schwänzend; **4.** *fig.* (ab)schweifend (*Gedanken*).

truce [tru:s] *s.* **1.** ⚔ Waffenruhe *f*, -stillstand *m*: ***flag of ~*** Parlamentärflagge *f*; ***~ of God*** *hist.* Gottesfriede *m*; ***(political) ~*** Burgfriede *m*; ***a ~ to talking!*** Schluss mit (dem) Reden!; **2.** *fig.* (Ruhe-, Atem)Pause *f* (***from*** von).

truck[1] [trʌk] **I** *s.* **1.** Tausch(handel) *m*; **2.** Verkehr *m*: ***have no ~ with s.o.*** mit j-m nichts zu tun haben; **3.** *Am.* Gemüse *n*: ***~ farm***, ***~ garden*** *Am.* Gemüsegärtnerei *f*; ***~ farmer*** *Am.* Gemüsegärtner *m*; **4.** *coll.* a) Kram(waren *pl.*) *m*, Hausbedarf *m*, b) *contp.* Plunder *m*; **5.** *mst* ***~ system*** † *hist.* Natu'rallohn-, 'Trucksy,stem *n*; **II** *v/t.* **6.** (***for***) (aus-, ver)tauschen (gegen), eintauschen (für); **7.** verschachern; **III** *v/i.* **8.** Tauschhandel treiben; **9.** schachern, handeln (***for*** um).

truck[2] [trʌk] **I** *s.* **1.** ⚙ Block-, Laufrad *n*; **2.** Hand-, Gepäck-, Rollwagen *m*; **3.** Lore *f*: a) 🚂 *Brit.* offener Güterwagen, b) ⚒ Kippkarren *m*, Förderwagen *m*; **4.** *Am.* Lastauto *n*, -(kraft)wagen *m*: ***~ trailer*** a) Lastwagenanhänger *m*, b) Lastzug *m*; **5.** 🚂 Dreh-, 'Untergestell *n*; **6.** ⚓ Flaggenknopf *m*; **II** *v/t.* **7.** auf Güter- *od.* Lastwagen *etc.* befördern; '**truck·age** [-kɪdʒ] *s.* **1.** *Am.* 'Lastwagentrans,port *m*; **2.** Trans'portkosten *pl.*

truck·er[1] ['trʌkə] *s. Am.* **1.** Lastwagen-, Fernlastfahrer *m*; **2.** 'Autospedi,teur *m*.

truck·er[2] ['trʌkə] *s. Am.* Gemüsegärtner *m*.

truck·le[1] ['trʌkl] *v/i.* (zu Kreuze) kriechen (***to*** vor *dat.*).

truck·le[2] ['trʌkl] *s.* **1.** (Lauf)Rolle *f*; **2.** *mst* ***~ bed*** (niedriges) Rollbett.

T

truc·u·lence ['trʌkjʊləns], '**truc·u·len·cy** [-sɪ] *s.* **1.** Brutalität *f*; **2.** Aufsässigkeit *f*; aggressive Ablehnung; **3.** Gehässigkeit *f*; '**truc·u·lent** [-nt] *adj.* ☐ **1.** wild, grausam; **2.** aufsässig; **3.** gehässig.

trudge [trʌdʒ] **I** *v/i.* (*bsd.* mühsam) stapfen; sich (mühsam) (fort)schleppen: *~ along*; **II** *v/t.* (mühsam) durch'wandern; **III** *s.* mühseliger Marsch *od.* Weg.

true [tru:] **I** *adj.* ☐ → *truly*; **1.** wahr, wahrheitsgetreu: *a ~ story*; *be ~ of* zutreffen auf (*acc.*), gelten für; *come ~* sich bewahrheiten, sich erfüllen, eintreffen; **2.** wahr, echt, wirklich, (regel-) recht: *a ~ Christian*; *~ bill* ⚖ begründete (*von den Geschworenen bestätigte*) Anklage(schrift); *~ love* wahre Liebe; (*it is*) *~* zwar, allerdings, freilich, zugegeben; **3.** (ge)treu (*to dat.*): *a ~ friend*; (*as*) *~ as gold* (*od. steel*) treu wie Gold; *~ to one's principles* (*word*) s-n Grundsätzen (s-m Wort) getreu; **4.** (ge-) treu (*to dat.*) (*von Sachen*): *~ copy*; *~ weight* genaues *od.* richtiges Gewicht; *~ to life* lebenswahr, -echt; *~ to nature* naturgetreu; *~ to size* ⚙ maßgerecht, -haltig; *~ to type* artgemäß, typisch; **5.** rechtmäßig: *~ heir* (*owner*); **6.** zuverlässig: *a ~ sign*; **7.** ⚙ genau, richtig eingestellt *od.* eingepasst; **8.** ⚓, *phys.* rechtweisend (*Kurs*, *Peilung*): *~ declination* Ortsmissweisung *f*; *~ north* geographisch Nord; **9.** ♪ richtig gestimmt, rein; **10.** *biol.* reinrassig; **II** *adv.* **11.** wahr('haftig): *speak ~* die Wahrheit reden; **12.** (ge)treu (*to dat.*); **13.** genau: *shoot ~*; **III** *s.* **14.** *the ~* das Wahre; **15.** *out of ~* ⚙ unrund; **IV** *v/t.* **16.** *a. ~ up* ⚙ *Lager* ausrichten; *Werkzeug* nachschleifen; *Rad* zentrieren; *~ blue s.* getreuer Anhänger (*Brit.* der Tories); ˌ*~*-'**blue** *adj.* waschecht, treu; '*~*·**born** *adj.* echt, gebürtig; '*~*·**bred** *adj.* reinrassig; ˌ*~*-'**heart·ed** *adj.* aufrichtig, ehrlich; ˌ*~*-'**life** *adj.* lebenswahr, -echt; '*~*·**love** *s.* Geliebte(r *m*) *f*.

true·ness ['tru:nɪs] *s.* **1.** Wahrheit *f*; **2.** Echtheit *f*; **3.** Treue *f*; **4.** Richtigkeit *f*; **5.** Genauigkeit *f*.

truf·fle ['trʌfl] *s.* ⚘ Trüffel *f*.

tru·ism ['tru:ɪzəm] *s.* Binsenwahrheit *f*, Gemeinplatz *m*.

trull [trʌl] *s.* Dirne *f*, Hure *f*.

tru·ly ['tru:lɪ] *adv.* **1.** wahrheitsgemäß; **2.** aufrichtig: *Yours* (*very*) *~* (*als Briefschluss*) Hochachtungsvoll; *yours ~ humor.* meine Wenigkeit; **3.** wahr'haftig, in der Tat; **4.** genau.

trump[1] [trʌmp] *s. obs. od. poet.* Trom'pete(nstoß *m*) *f*: *the ~ of doom* die Posaune des Jüngsten Gerichts.

trump[2] [trʌmp] **I** *s.* **1.** a) Trumpf *m*, b) *a. ~ card* Trumpfkarte *f* (*a. fig.*): *play one's ~ card fig.* s-n Trumpf ausspielen; *put s.o. to his ~ fig.* j-n bis zum Äußersten treiben; *turn up ~s* a) sich als das Beste erweisen, b) Glück haben; **2.** F *fig.* feiner Kerl; **II** *v/t.* **3.** (über-) 'trumpfen; **4.** *fig. j-n* über'trumpfen (*with* mit); **III** *v/i.* **5.** Trumpf ausspielen, trumpfen.

trump[3] [trʌmp] *v/t. ~ up contp.* erdichten, erfinden, sich aus den Fingern saugen; ˌ**trumped-'up** [ˌtrʌmpt-] *adj.* erfunden, erlogen, falsch: *~ charges*.

trump·er·y ['trʌmpərɪ] **I** *s.* **1.** Plunder *m*, Schund *m*; **2.** *fig.* Gewäsch *n*, Quatsch *m*; **II** *adj.* **3.** Schund..., Kitsch..., kitschig, geschmacklos; **4.** *fig.* billig, nichts sagend: *~ arguments*.

trum·pet ['trʌmpɪt] **I** *s.* **1.** ♪ Trom'pete *f*: *~ call* Trompetensignal *n*; *blow one's own ~ fig.* sein eigenes Lob singen; *the last ~* die Posaune des Jüngsten Gerichts; **2.** Trom'petenstoß *m* (*a. des Elefanten*); **3.** ♪ Trom'pete(nreˌgister *n*) *f* (*Orgel*); **4.** Schalltrichter *m*, Sprachrohr *n*; **5.** Hörrohr *n*; **II** *v/t. u. v/i.* **6.** trom'peten (*a. Elefant*): *~* (*forth*) *fig.* ausposaunen; '**trum·pet·er** [-tə] *s.* **1.** Trom'peter *m*; **2.** *fig.* a) 'Auspoˌsauner(in), b) Lobredner *m*, c) ‚Sprachrohr' *n*; **3.** *orn.* Trom'petertaube *f*; **trum·pet ma·jor** *s.* ⚔ 'Stabstromˌpeter *m*.

trun·cate [trʌŋ'keɪt] **I** *v/t.* **1.** *a. fig.* stutzen, beschneiden; **2.** ✧ abstumpfen; **3.** ⚙ *Gewinde* abflachen; **4.** *Computer*: beenden; **II** *adj.* **5.** abgestutzt, -stumpft (*Blätter*, *Muscheln*); **trun'cat·ed** [-tɪd] *adj.* **1.** *a. fig.* gestutzt, beschnitten; **2.** ✧ abgestumpft: *~ cone* (*pyramid*) Kegel- (Pyramiden)stumpf *m*; **3.** ⚙ abgeflacht; **trun·ca·tion** [trʌŋ'keɪʃn] *s.* **1.** *a. fig.* Stutzung *f*; **2.** ✧ Abstumpfung *f*; **3.** ⚙ Abflachung *f*; **4.** *Computer*: Beendigung *f*.

trun·cheon ['trʌntʃən] *s.* **1.** *Brit.* (Gummi)Knüppel *m*, Schlagstock *m der Polizei*; **2.** Kom'mandostab *m*.

trun·dle ['trʌndl] **I** *v/t. Fass etc.* trudeln, rollen; *Reifen* schlagen; *j-n im Rollstuhl etc.* fahren; **II** *v/i. oft ~ along* rollen, sich wälzen, trudeln; **III** *s.* Rolle *f*, Walze *f*: *~ bed* → *truckle*[2] 2.

trunk [trʌŋk] *s.* **1.** (Baum)Stamm *m*; **2.** Rumpf *m*, Leib *m*, Torso *m*; **3.** *zo.* Rüssel *m*; **4.** (Schrank)Koffer *m*, Truhe *f*; **5.** △ (Säulen)Schaft *m*; **6.** *anat.* (*Nerven- etc.*)Strang *m*, Stamm *m*; **7.** *pl.* a) → *trunk hose*, b) Badehose *f*, c) *sport* Shorts *pl.*, d) ('Herren)ˌUnterhose *f*; **8.** ⚙ Rohrleitung *f*, Schacht *m*; **9.** *teleph. bsd. Brit.* a) Fernleitung *f*, b) Fernverbindung *f*; **10.** 🚂 → *trunk line* 1; **11.** *mot. Am.* Kofferraum *m*; **12.** *Computer*: Anschlussstelle *f*; *~ call s. teleph. Brit.* Ferngespräch *n*; *~ hose s. hist.* Kniehose *f*; *~ line s.* **1.** 🚂 Hauptstrecke *f*, -linie *f*; **2.** → *trunk* 9 a; *~ road s.* Haupt-, Fernverkehrsstraße *f*; *~ route s. allg.* Hauptstrecke *f*.

trun·nion ['trʌnjən] *s.* ⚙ (Dreh)Zapfen *m*.

truss [trʌs] **I** *v/t.* **1.** *oft ~ up* a) bündeln, (fest)schnüren, zs.-binden, b) *j-n* fesseln; **2.** *Geflügel zum Braten* dressieren; **3.** △ absteifen, stützen; **4.** *oft ~ up obs. Kleider etc.* aufschürzen, -stecken; **5.** *obs. j-n* aufhängen; **II** *s.* **6.** ⚕ Bruchband *n*; **7.** △ a) Träger *m*, Binder *m*, b) Fach-, Gitter-, Hängewerk *n*, Gerüst *n*; **8.** ⚓ Rack *n*; **9.** (Heu-, Stroh)Bündel *n*, (*a.* Schlüssel)Bund *n*; **10.** ⚘ Dolde *f*; *~ bridge s.* (Gitter)Fachwerkbrücke *f*.

trust [trʌst] **I** *s.* **1.** (*in*) Vertrauen *n* (auf *acc.*), Zutrauen *n* (zu *dat.*): *place* (*od. put*) *one's ~ in* → 13; *position of ~* Vertrauensposten *m*; *take s.th. on ~* et. (einfach) glauben; **2.** Zuversicht *f*, zuversichtliche Erwartung *od.* Hoffnung, Glaube *m*; **3.** Kre'dit *m*: *on ~* a) auf Kredit, b) auf Treu u. Glauben; **4.** Pflicht *f*, Verantwortung *f*; **5.** Verwahrung *f*, Obhut *f*: *in ~* zu treuen Händen; **6.** Pfand *n*, anvertrautes Gut; **7.** ⚖ a) Treuhand(verhältnis *n*) *f*, b) Treuhandgut *n*, -vermögen *n*: *breach of ~* Verletzung *f* der Treupflicht; *~ territory pol.* Treuhandgebiet *n*; *hold s.th. in ~* et. treuhänderisch verwalten; **8.** ✝ a) Trust *m*, b) Kon'zern *m*, c) Kar'tell *n*, Ring *m*; **9.** (*Familien- etc.*)Stiftung *f*; **II** *v/t.* **10.** *j-m* (ver)trauen, glauben, sich auf *j-n* verlassen: *~ s.o. to do s.th.* j-m zutrauen, dass er et. tut; *~ him to do that! iro.* a) das sieht ihm ähnlich!, b) verlass dich drauf, er wird es tun!; **11.** (*s.o. with s.th.*, *s.th. to s.o.*) j-m et.) anvertrauen; **12.** (zuversichtlich) hoffen *od.* erwarten, glauben; **III** *v/i.* **13.** (*in*, *to*) vertrauen (auf *acc.*), sein Vertrauen setzen (auf *acc.*); **14.** hoffen, glauben, denken; *~ com·pa·ny s. Am.* Treuhandgesellschaft *f od.* -bank *f*; *~ deed s.* Treuhandvertrag *m*.

trus·tee [ˌtrʌs'ti:] *s.* **1.** Sachwalter *m* (*a. fig.*), (Vermögens)Verwalter *m*, Treuhänder *m*: *~ in bankruptcy*, *official ~* Konkurs-, Masseverwalter; *Public ~ Brit.* öffentlicher Treuhänder; *~ process Am.* Beschlagnahme *f*, (*bsd.* Forderungs)Pfändung *f*; *~ securities*, *~ stock* mündelsichere Wertpapiere; **2.** Ku'rator *m*, Pfleger *m*: *board of ~s* Kuratorium *n*; ˌ**trus'tee·ship** [-ʃɪp] *s.* **1.** Treuhänderschaft *f*; **2.** Kura'torium *n*; **3.** *pol.* a) Treuhandverwaltung *f*, b) Treuhandgebiet *n*.

trust·ful ['trʌstfʊl] *adj.* ☐ vertrauensvoll, zutraulich.

trust fund *s.* ✝ Treuhandvermögen *n*.

trust·i·fi·ca·tion [ˌtrʌstɪfɪ'keɪʃn] *s.* ✝ Ver'trustung *f*, Trustbildung *f*.

trust·ing ['trʌstɪŋ] *adj.* ☐ → *trustful*.

'**trustˌwor·thi·ness** [-ˌwɜ:ðɪnɪs] *s.* Vertrauenswürdigkeit *f*; '**trustˌwor·thy** *adj.* ☐ vertrauenswürdig, zuverlässig.

trust·y ['trʌstɪ] **I** *adj.* ☐ **1.** vertrauensvoll; **2.** treu, zuverlässig; **II** *s.* **3.** ‚Kal'fakter' *m* (*privilegierter Sträfling*).

truth [tru:θ] *s.* **1.** Wahrheit *f*: *in ~*, *obs. of a ~* in Wahrheit; *the ~*, *the whole ~ and nothing but the ~* ⚖ die reine Wahrheit; *to tell the ~*, *~ to tell* um die Wahrheit zu sagen, ehrlich gesagt; *there is no ~ in it* daran ist nichts Wahres; *the ~ is that I forgot it* in Wirklichkeit *od.* tatsächlich habe ich es vergessen; **2.** *allgemein anerkannte* Wahrheit: *historical ~*; **3.** Wahr'haftigkeit *f*; Aufrichtigkeit *f*; **4.** Wirklichkeit *f*, Echtheit *f*, Treue *f*; **5.** Richtigkeit *f*, Genauigkeit *f*: *be out of ~* ⚙ nicht genau passen; *~ to life* Lebensechtheit *f*; *~ to nature* Naturtreue *f*.

truth·ful ['tru:θfʊl] *adj.* ☐ **1.** wahr (-heitsgemäß); **2.** wahrheitsliebend; **3.** echt, genau, getreu; '**truth·ful·ness** [-nɪs] *s.* **1.** Wahr'haftigkeit *f*; **2.** Wahrheitsliebe *f*; **3.** Echtheit *f*.

try [traɪ] **I** *s.* **1.** Versuch *m*: *have a ~* e-n Versuch machen, es versuchen (*at* mit); **2.** *Rugby*: Versuch *m*; **II** *v/t.* **3.** versuchen, probieren: *~ one's best* sein Bestes tun; *~ one's hand at s.th.* sich an e-r Sache versuchen; **4.** *a. ~ out* (aus-, 'durch)probieren, erproben, prüfen: *~ a new method* (*remedy*, *invention*); *~ on Kleid etc.* anprobieren, *Hut* aufprobieren; *~ it on with s.o. sl.* ‚es bei j-m probieren'; **5.** e-n Versuch machen mit, es versuchen mit: *~ the door* die Tür zu öffnen suchen; *~ one's luck* sein Glück versuchen (*with* bei *j-m*); **6.** ⚖ a) verhandeln über *e-e Sache*, *Fall* unter'suchen, b) verhandeln gegen *j-n*, vor Gericht stellen; **7.** *Augen etc.* angreifen, (über)'anstrengen, *Geduld*, *Mut*, *Nerven etc.* auf e-e harte Probe stellen; **8.** *j-n* arg mitnehmen, plagen, quälen; **9.** *mst ~ out* ⚙ a) *Metalle* raffinieren, scheiden, b) *Talg etc.* ausschmelzen, c) *Spiritus* rektifizieren; **III** *v/i.* **10.** versuchen (***at*** *acc.*), sich bemühen *od.* bewerben (***for*** um); **11.** versuchen, e-n Versuch machen: **~ *again!*** (versuch es) noch einmal!; **~ *and read!*** F versuche zu lesen!; **~ *hard*** sich große Mühe geben.

try·ing ['traɪɪŋ] *adj.* □ **1.** schwierig, kritisch, unangenehm, nervtötend; **2.** anstrengend, ermüdend (***to*** für).

'try|-on *s.* **1.** Anprobe *f*; **2.** F 'Schwindelma,növer *n*; **'~-out** *s.* **1.** Probe *f*, Erprobung *f*; **2.** *sport* Ausscheidungskampf *m*, -spiel *n*; **~·sail** ['traɪsl] *s.* ⚓ Gaffelsegel *n*; **~ square** *s.* ⚙ Richtscheit *n*.

tryst [trɪst] *obs.* **I** *s.* **1.** Stelldichein *n*, Rendez'vous *n*; **2.** → ***trysting place***; **II** *v/t.* **3.** *j-n* (an e-n verabredeten Ort) bestellen; **4.** *Zeit, Ort* verabreden; **tryst·ing place** [-tɪŋ] *s.* Treffpunkt *m*.

tsar [zɑː] *etc.* → ***czar*** *etc.*

tset·se (fly) ['tsetsɪ] *s. zo.* Tsetsefliege *f*.

'T-shirt *s.* T-Shirt *n*.

'T-square *s.* ⚙ **1.** Reißschiene *f*; **2.** Anschlagwinkel *m*.

tub [tʌb] **I** *s.* **1.** (Bade)Wanne *f*; **2.** *Brit.* F (Wannen)Bad *n*; **3.** Bottich *m*, Kübel *m*, Wanne *f*; **4.** (*Butter- etc.*)Fass *n*, Tonne *f*; **5.** Fass *n* (*als Maß*): ***a ~ of tea***; **6.** ⚓ *humor.* ‚Kahn' *m*, ‚Kasten' *m* (*Schiff*); **7.** *Rudern*: Übungsboot *n*; **8.** ⚒ Förderkorb *m*, -wagen *m*; **9.** *humor.* Kanzel *f*; **II** *v/t.* **10.** *bsd. Butter* in ein Fass tun; **11.** ⚘ in e-n Kübel pflanzen; **12.** F baden; **III** *v/i.* **13.** F (sich) baden; **14.** *Rudern*: im Übungsboot trainieren.

tu·ba ['tjuːbə] *s.* ♪ Tuba *f*.

tub·by ['tʌbɪ] **I** *adj.* **1.** fass-, tonnenartig; **2.** F rundlich, klein u. dick; **3.** dumpf, hohl (*klingend*); **II** *s.* **4.** F ‚Dickerchen' *n*.

tube [tjuːb] **I** *s.* **1.** Rohr(leitung *f*) *n*, Röhre *f*; (Glas- *etc.*)Röhrchen *n*: → ***test tube***; **2.** Schlauch *m*: (***inner***) **~** ⚙ (Luft)Schlauch *m*; **3.** (Me'tall)Tube *f*: **~ *colo(u)rs*** Tubenfarben; **4.** ♪ (Blas-)Rohr *n*; **5.** *anat.* (*Luft- etc.*)Röhre *f*, Ka'nal *m*; **6.** ⚘ (Pollen)Schlauch *m*; **7.** ⚡ Röhre *f*: ***the ~*** die ‚Röhre' *f* (*Fernseher*); ***on the ~*** ‚in der Glotze'; **8.** a) (U-Bahn)Tunnel *m*, b) *a.* 𝔗 *die* Londoner U-Bahn; **II** *v/t.* **9.** ⚙ mit Röhren versehen; **10.** (durch Röhren) befördern; **11.** (in Röhren *od.* Tuben) abfüllen; **'tube-feed** [*irr.* → ***feed***] *v/t.* ⚕ künstlich (⚖ zwangs)ernähren; **'tube·less** [-lɪs] *adj.* schlauchlos (*Reifen*).

tu·ber ['tjuːbə] *s.* **1.** ⚘ Knolle *f*, Knollen(-gewächs *n*) *m*; **2.** ⚕ Knoten *m*, Schwellung *f*, Tuber *n*.

tu·ber·cle ['tjuːbəkl] *s.* **1.** *biol.* Knötchen *n*; **2.** ⚕ a) Tu'berkel(knötchen *n*) *m*, b) (*bsd.* 'Lungen)Tu,berkel *m*; **3.** ⚘ kleine Knolle, Warze *f*; **tu·ber·cu·lar** [tjuː'bɜːkjʊlə] → ***tuberculous***; **tu·ber·cu·lo·sis** [tjuː,bɜːkjʊ'ləʊsɪs] *s.* ⚕ Tuberku'lose *f*; **tu·ber·cu·lous** [tjuː'bɜːkjʊləs] *adj.* **1.** ⚕ tuberku'lös, Tuberkel...; **2.** knotig.

tube·rose[1] ['tjuːbərəʊz] *s.* ⚘ Tube'rose *f*, 'Nachthya,zinthe *f*.

tu·ber·ose[2] ['tjuːbərəʊs] → ***tuberous***.

tu·ber·os·i·ty [,tjuːbə'rɒsɪtɪ] → ***tuber*** 2.

tu·ber·ous ['tjuːbərəs] *adj.* **1.** *anat.*, ⚕ knotig, knötchenförmig; **2.** ⚘ a) Knollen tragend, b) knollig.

tub·ing ['tjuːbɪŋ] *s.* ⚙ **1.** 'Röhrenmateri,al *n*, Rohr *n*; **2.** *coll.* Röhren *pl.*, Röhrenanlage *f*; **3.** Rohr(stück) *n*.

'tub|-,thump·er *s.* (g)eifernder *od.* schwülstiger Redner; **'~-,thump·ing** *adj.* (g)eifernd, schwülstig.

tu·bu·lar ['tjuːbjʊlə] *adj.* rohrförmig, Röhren..., Rohr...: **~ *boiler*** Heizrohrkessel *m*; **~ *furniture*** Stahlrohrmöbel *pl.*; **tu·bule** ['tjuːbjuːl] *s.* **1.** Röhrchen *n*; **2.** *anat.* Ka'nälchen *n*.

tuck [tʌk] **I** *s.* **1.** Falte *f*, Biese *f*, Einschlag *m*, Saum *m*; Lasche *f*; **2.** ⚓ Gilling *f*; **3.** *ped. Brit.* F Süßigkeiten *pl.*; **4.** *sport* Hocke *f*; **II** *v/t.* **5.** *mst* **~ *in*** a) einnähen, b) *Falte* einschlagen; **6.** Biesen nähen in *ein Kleid*; **7.** *mst* **~ *in*** (*od.* ***up***) ein-, 'umschlagen: **~ *up*** a) abnähen, b) hochstecken, -schürzen, c) raffen, d) *Ärmel* hochkrempeln; **8.** *et. wohin* stecken, *unter den Arm etc.* klemmen: **~ *away*** a) wegstecken, verstauen, b) verstecken; **~*ed away*** versteckt (liegend) (*z.B. Dorf*); **~ *in*** (*od.* ***up***) (warm) zudecken, (behaglich) einpacken; **~ *up in bed*** ins Bett stecken; **~ *up one's legs*** die Beine anziehen; **9.** **~ *in*** *sl. Essen etc.* ‚verdrücken'; **III** *v/i.* **10.** sich falten: **~ *away*** sich verstauen lassen; **11.** **~ *in*** F *beim Essen* ‚einhauen': **~ *into*** sich *et.* schmecken lassen.

tuck·er[1] ['tʌkə] *s.* **1.** Faltenleger *m* (*Nähmaschine*); **2.** *hist.* Brusttuch *n*: ***best bib and ~*** *fig.* Sonntagsstaat *m*.

tuck·er[2] ['tʌkə] *v/t. mst* **~ *out*** *Am.* F *j-n* ‚fertig machen' (*völlig erschöpfen*): **~*ed out*** (total) erledigt.

'tuck|-in *s. Brit. sl.* ‚Fresse'rei' *f*, Schmaus *m*; **'~·shop** *s. Brit. ped. sl.* Süßwarenladen *m*.

Tues·day ['tjuːzdɪ] *s.* Dienstag *m*: ***on ~*** am Dienstag; ***on ~s*** dienstags.

tu·fa ['tjuːfə] *s. geol.* Kalktuff *m*, Tuff(-stein) *m*; **tu·fa·ceous** [tjuː'feɪʃəs] *adj.* (Kalk)Tuff...

tuff [tʌf] → ***tufa***.

tuft [tʌft] *s.* **1.** (*Gras-, Haar- etc.*)Büschel *n*, (*Feder- etc.*)Busch *m*, (*Haar-*)Schopf *m*; **2.** Quaste *f*, Troddel *f*; **3.** *anat.* Kapil'largefäßbündel *n*; **'tuft·ed** [-tɪd] *adj.* **1.** büschelig; **2.** *orn.* Hauben...: **~ *lark***; **'tuft,hunt·er** *s.* gesellschaftlicher Streber; **tuft·y** ['tʌftɪ] *adj.* büschelig.

tug [tʌg] **I** *v/t.* **1.** zerren, ziehen an (*dat.*); ⚓ schleppen; **II** *v/i.* **2.** **~ *at*** zerren an (*dat.*); **3.** *fig.* sich (ab)placken; **III** *s.* **4.** Zerren *n*, (heftiger) Zug, Ruck *m*: ***give a ~ at*** → 2; **~ *of war*** *sport u. fig.* Tauziehen *n*; **5.** *fig.* a) große Anstrengung, b) schwerer (*a. seelischer*) Kampf; **6.** *a.* **~*boat*** ⚓ Schleppdampfer *m*, Schlepper *m*.

tu·i·tion [tjuː'ɪʃn] *s.* 'Unterricht *m*: ***private ~*** Privatunterricht, -stunden *pl.*; **tu'i·tion·al** [-ʃənl], **tu'i·tion·ar·y** [-ʃnərɪ] *adj.* Unterrichts..., Studien...

tu·lip ['tjuːlɪp] *s.* ⚘ Tulpe *f*; **~ *tree*** *s.* ⚘ Tulpenbaum *m*.

tulle [tjuːl] *s.* Tüll *m*.

tum·ble ['tʌmbl] **I** *s.* **1.** Fall *m*, Sturz *m* (*a.* ✝): **~ *in prices*** ✝ Preissturz; **2.** Purzelbaum *m*; Salto *m*; **3.** *fig.* Wirrwarr *m*: ***all in a ~*** kunterbunt durcheinander; **4.** ***give s.o. a. ~*** *sl.* von j-m Notiz nehmen; **II** *v/i.* **5.** *a.* **~ *down*** (ein-, 'um-, hin-, hin'ab)fallen, (-)stürzen, (-)purzeln: **~ *over*** umkippen, sich überschlagen; **6.** purzeln, stolpern (***over*** über *acc.*); **7.** *wohin* stolpern (*eilen*): **~ *into*** *fig.* a) *j-m* in *die Arme* laufen, b) in *e-n Krieg etc.* ‚hineinschlittern'; **~ *to*** *sl. et.* plötzlich ‚kapieren' *od.* ‚spitzkriegen'; **8.** Luftsprünge *od.* Saltos *etc.* machen; *sport* Bodenübungen machen; **9.** sich wälzen; **10.** ✕ taumeln (*Geschoss*); **11.** ✝ ‚purzeln' (*Aktien, Preise*); **III** *v/t.* **12.** zu Fall bringen, 'umstürzen, -werfen; **13.** durch'wühlen; **14.** schleudern, schmeißen; **15.** zerknüllen; *Haar* zerzausen; **16.** ⚙ schleudern; **17.** *hunt.* abschießen; **'~·down** *adj.* baufällig; **~ *dri·er*** *s.* Wäschetrockner *m*.

tum·bler ['tʌmblə] *s.* **1.** Trink-, Wasserglas *n*, Becher *m*; **2.** Par'terreakro,bat (-in); **3.** ⚙ a) Zuhaltung *f* (*Türschloss*), b) Richtwelle *f* (*Übersetzungsmotor*), c) Zahn *m*, d) Nocken, e) (Wasch-, Scheuer)Trommel *f*; **4.** *orn.* Tümmler *m*; **5.** *Am.* Stehaufmännchen *n*; **~ *switch*** *s.* ⚡ Kippschalter *m*.

tum·brel ['tʌmbrəl], **'tum·bril** [-rɪl] *s.* **1.** ⚒ Mistkarren *m*; **2.** *hist.* Schinderkarren *m*; **3.** ✕ *hist.* Muniti'onskarren *m*.

tu·me·fa·cient [,tjuːmɪ'feɪʃnt] *adj.* ⚕ Schwellung erzeugend; **,tu·me'fac·tion** [-'fækʃn] *s.* ⚕ (An)Schwellung *f*, Geschwulst *f*; **tu·me·fy** ['tjuːmɪfaɪ] *v/i. u. v/t.* ⚕ (an)schwellen lassen; **tu·mes·cent** [tjuː'mesnt] *adj.* (an)schwellend, geschwollen.

tu·mid ['tjuːmɪd] *adj.* □ geschwollen (*a. fig.*); **tu·mid·i·ty** [tjuː'mɪdətɪ] *s.* **1.** ⚕ Schwellung *f*; **2.** *fig.* Geschwollenheit *f*.

tum·my ['tʌmɪ] *s. Kindersprache*: Bäuchlein *n*: **~ *ache*** Bauchweh *n*.

tu·mo(u)r ['tjuːmə] *s.* ⚕ Tumor *m*.

tu·mult ['tjuːmʌlt] *s.* Tu'mult *m*: a) Getöse *n*, Lärm *m*, b) (*a. seelischer*) Aufruhr *m*; **tu·mul·tu·ar·y** [tjuː'mʌltjʊərɪ] *adj.* **1.** → ***tumultuous***; **2.** verworren; **3.** aufrührerisch; **tu·mul·tu·ous** [tjuː'mʌltjʊəs] *adj.* □ **1.** tumultu'arisch, lärmend; **2.** heftig, stürmisch, turbu'lent.

tu·mu·lus ['tjuːmjʊləs] *s.* (*bsd. alter* Grab)Hügel.

tun [tʌn] *s.* **1.** Fass *n*; **2.** *Brit.* Tonne *f* (*altes Flüssigkeitsmaß*); **3.** *Brauerei*: Maischbottich *m*.

tune [tjuːn] **I** *s.* **1.** ♪ Melo'die *f*, Weise *f*, Lied *n*; *a.* Hymne *f*, Cho'ral *m*: ***to the ~ of*** a) nach der Melodie von, b) *fig.* in Höhe von, von sage u. schreibe *£ 100*; ***call the ~*** *fig.* das Sagen haben; ***change one's ~, sing another ~*** F e-n anderen Ton anschlagen, andere Saiten aufziehen; **2.** ♪ a) (richtige) (Ein)Stimmung e-s Instru'ments, b) richtige Tonhöhe: ***in ~*** (richtig) gestimmt; ***out of ~*** verstimmt; ***keep ~*** a) Stimmung halten (*Instrument*), b) Ton halten; ***play out of ~*** unrein *od.* falsch spielen; ***sing in ~*** tonrein *od.* sauber singen; **3.** ⚡ Abstimmung *f*, (Scharf)Einstellung *f*; **4.** *fig.* Harmo'nie *f*: ***in ~ with*** übereinstimmend mit, im Einklang (stehend) mit, harmonierend mit; ***be out of ~ with*** im Widerspruch stehen zu, nicht übereinstimmen mit; **5.** *fig.* Stimmung *f*: ***not in ~ for*** nicht aufgelegt zu; ***out of ~*** verstimmt, missgestimmt; **II** *v/t.* **6.** *a.* **~ *up*** a) ♪ stimmen, b) *fig.* abstimmen (***to*** auf *acc.*); **7.** *Antenne, Radio, Stromkreis* abstimmen, einstellen (***to*** auf *acc.*); **8.** *fig.* a) (***to***) anpassen (an *acc.*), b) (***for***) bereitmachen (für); **III** *v/i.* **9.** ♪ stimmen; **~ *in*** *v/i.* (das Radio *etc.*) einschalten: **~ *to*** a) *e-n Sender, ein Programm* einschalten, b) *fig.* sich einstellen auf (*acc.*); **~ *up*** **I** *v/t.* **1.** → ***tune*** 6; **2.** *mot.*, ✈ a) startbereit machen, b) *Motor* einfahren, c) *e-n Motor* tunen; **3.** *fig.* a) bereitmachen, b) in Schwung bringen, c) *das Befinden etc.* heben; **II** *v/i.* **4.** ♪ (die Instru'mente) stimmen; **5.** F a) einsetzen, b) F losheulen.

tune·ful ['tju:nfʊl] *adj.* □ **1.** me'lodisch; **2.** *obs.* sangesfreudig: ~ ***birds***; **'tune·less** [-nlɪs] *adj.* 'unme,lodisch.

tun·er ['tju:nə] *s.* **1.** ♪ (Instru'menten-) Stimmer *m*; **2.** ♪ a) Stimmpfeife *f*, b) Stimmvorrichtung *f* (*Orgel*); **3.** ⚡ Abstimmvorrichtung *f*; **4.** *Radio, TV*: Tuner *m*, Ka'nalwähler *m*.

tune-up ['tju:nʌp] *s.* **1.** *Am.* → ***warm-up*** 1 *u.* 3; **2.** ⚙ leistungsfördernde Maßnahmen *pl.*

tung·state ['tʌŋsteɪt] *s.* ⚗ Wolfra'mat *n*; **'tung·sten** [-stən] *s.* ⚗ Wolfram *n*: ~ ***steel*** ⚙ Wolframstahl *m*; **'tung·stic** [-stɪk] *adj.* ⚗ Wolfram...: ~ ***acid***.

tu·nic ['tju:nɪk] *s.* **1.** *antiq.* Tunika *f*; **2.** *bsd.* ⚔ *Brit.* Waffenrock *m*; **3.** a) 'Überkleid *n*, b) Kasack *m*; **4.** → ***tunicle***; **5.** *biol.* Häutchen *n*, Hülle *f*; **'tu·ni·ca** [-kə] *pl.* **-cae** [-si:] *s. anat.* Häutchen *n*, Mantel *m*; **'tu·ni·cate** [-kət] *s. zo.* Manteltier *n*; **'tu·ni·cle** [-kl] *s. R.C.* Messgewand *n*.

tun·ing ['tju:nɪŋ] **I** *s.* **1.** a) ♪ Stimmen *n*, b) *fig.* Ab-, Einstimmung *f* (***to*** auf *acc.*); **2.** Anpassung *f* (***to*** an *acc.*); **3.** ⚡ Abstimmung *f*, Einstellung *f* (***to*** auf *acc.*); **II** *adj.* **4.** ♪ Stimm...: ~ ***fork***; **5.** ⚡ Abstimm...(*-kreis, -skala etc.*).

tun·nel ['tʌnl] **I** *s.* **1.** Tunnel *m*, Unter'führung *f* (*Straße, Bahn, Kanal*); **2.** *a. zo.* 'unterirdischer Gang, Tunnel *m*; **3.** ⚒ Stollen *m*; **4.** ✈ 'Windka,nal *m*; **II** *v/t.* **5.** unter'tunneln, e-n Tunnel bohren *od.* treiben durch; **III** *v/i.* **6.** e-n Tunnel anlegen *od.* treiben (***through*** durch); **'tun·nel·(l)ing** [-lɪŋ] *s.* ⚙ Tunnelanlage *f*, -bau *m*.

tun·ny ['tʌnɪ] *s. bsd. coll.* T(h)unfisch *m*.

tup [tʌp] **I** *s.* **1.** *zo.* Widder *m*; **2.** ⚙ Hammerkopf *m*, Rammklotz *m*; **II** *v/t.* **3.** *zo.* bespringen, decken.

tup·pence ['tʌpəns], **'tup·pen·ny** [-pnɪ] *Brit.* F *für* ***twopence***, ***twopenny***.

tur·ban ['tɜ:bən] *s.* Turban *m*; **'tur·baned** [-nd] *adj.* Turban tragend.

tur·bid ['tɜ:bɪd] *adj.* □ **1.** dick(flüssig), trübe, schlammig; **2.** dick, dicht: ~ ***fog***; **3.** *fig.* verworren, wirr; **tur·bid·i·ty** [tɜ:'bɪdətɪ], **'tur·bid·ness** [-nɪs] *s.* **1.** Trübheit *f*; **2.** Dicke *f*; **3.** *fig.* Verworrenheit *f*.

tur·bine ['tɜ:baɪn] **I** *s.* Tur'bine *f*; **II** *adj.* Turbinen...: ~ ***steamer***; ~***-powered*** mit Turbinenantrieb.

turbo- [tɜ:bəʊ] ⚙ *in Zssgn* Turbinen..., Turbo...; **'tur·bo,charg·er** *s. mot.* 'Turbolader *m*; **,tur·bo'jet (en·gine)** *s.* (Flugzeug *n* mit) Turbostrahltriebwerk *n*; **,tur·bo'prop(-jet) (en·gine)** *s.* (Flugzeug *n* mit) ✈ 'Turbo-Pro'peller-Strahltriebwerk *n*; **,tur·bo'ram-jet en·gine** *s.* ✈ Ma'schine *f* mit Staustrahltriebwerk.

tur·bot ['tɜ:bət] *s. ichth.* Steinbutt *m*.

tur·bu·lence ['tɜ:bjʊləns] *s.* **1.** Unruhe *f*, Aufruhr *m*, Ungestüm *n*, Sturm *m* (*a. meteor.*); **2.** *phys.* Turbu'lenz *f*, Wirbelbewegung *f*; **'tur·bu·lent** [-nt] *adj.* □ **1.** unruhig, ungestüm, stürmisch, turbu'lent; **2.** aufrührerisch; **3.** *phys.* verwirbelt, turbu'lent, Wirbel...

turd [tɜ:d] *s.* V **1.** ,Scheißhaufen' *m*; **2.** ,Scheißer' *m*.

tu·reen [tə'ri:n] *s.* Ter'rine *f*.

turf [tɜ:f] **I** *s.* **1.** Rasen *m*; **2.** Rasenstück *n*, -sode *f*; **3.** Torf(ballen) *m*; **4.** *sport* Turf *m*: a) (Pferde)Rennbahn *f*, b) ***the*** ~ *fig.* der Pferderennsport; **5.** *fig. j-s* Re'vier *n*; **II** *v/t.* **6.** mit Rasen bedecken; **7.** ~ ***out*** *Brit.* F *j-n* ,rausschmeißen'; **'turf·ite** [-faɪt] *s.* (Pferde)Rennsportliebhaber *m*; **'turf·y** [-fɪ] *adj.* **1.** rasenbedeckt; **2.** torfartig; **3.** *fig.* (Pferde)Rennsport...

tur·ges·cence [tɜ:'dʒesns] *s.* **1.** ⚕, ⚘ Schwellung *f*, Geschwulst *f*; **2.** *fig.* Schwulst *m*.

tur·gid ['tɜ:dʒɪd] *adj.* □ **1.** ⚕ geschwollen; **2.** *fig.* schwülstig, ,geschwollen'; **tur·gid·i·ty** [tɜ:'dʒɪdətɪ], **'tur·gid·ness** [-nɪs] *s.* **1.** Geschwollensein *n*; **2.** *fig.* Geschwollenheit *f*, Schwülstigkeit *f*.

Turk [tɜ:k] **I** *s.* **1.** Türke *m*, Türkin *f*: ***Young*** ~***s*** *pol.* Jungtürken *pl.*; **2.** *obs.* Ty'rann *m*; **II** *adj.* **3.** türkisch, Türken...

Tur·key¹ ['tɜ:kɪ] **I** *s.* Tür'kei *f*; **II** *adj.* türkisch: ~ ***carpet*** Orientteppich *m*; ~ ***red*** *das* Türkischrot.

tur·key² ['tɜ:kɪ] *s.* **1.** *orn.* Truthahn *m*, -henne *f*, Pute(r *m*) *f*: ***talk*** ~ *Am. sl.* a) Fraktur reden (***with*** mit), b) offen *od.* sachlich reden; **2.** *Am. sl. thea. etc.* ,Pleite' *f*, ,'Durchfall' *m*; ~ **cock** *s.* **1.** Truthahn *m*, Puter *m*: (***as***) ***red as a*** ~ puterrot (im Gesicht); **2.** *fig.* eingebildeter Fatzke.

Turk·ish ['tɜ:kɪʃ] **I** *adj.* türkisch, Türken...; **II** *s. ling.* Türkisch *n*; ~ **bath** *s.* türkisches Bad; ~ **de·light** *s.* 'Fruchtge-,leekon,fekt *n*; ~ **tow·el** *s.* Frottier-, Frot'tee(hand)tuch *n*.

Turko- [tɜ:kəʊ, -kə] *in Zssgn* türkisch, Türken...

Tur·ko·man ['tɜ:kəmən] *pl.* **-mans** *s.* **1.** Turk'mene *m*; **2.** *ling.* Turk'menisch *n*.

tur·mer·ic ['tɜ:mərɪk] *s.* **1.** ⚘ Gelbwurz *f*; **2.** *pharm.* Kurkuma *f*; **3.** Kurkumagelb *n* (*Farbstoff*): ~ ***paper*** ⚗ Kurkumapapier *n*.

tur·moil ['tɜ:mɔɪl] *s.* **1.** *a. fig.* Aufruhr *m*, Tu'mult *m*: ***in a*** ~ in Aufruhr; **2.** Getümmel *n*.

turn [tɜ:n] **I** *s.* **1.** (Um)'Drehung *f*: ***a single*** ~ ***of the handle***; ***done to a*** ~ gerade richtig durchgebraten; ***to a*** ~ *fig.* aufs Haar, vortrefflich; **2.** Turnus *m*, Reihe(nfolge) *f*: ***by*** (*od.* ***in***) ~***s*** abwechselnd, wechselweise; ***in*** ~ a) der Reihe nach, b) dann wieder; ***in his*** ~ seinerseits; ***speak out of*** ~ *fig.* unpassende Bemerkungen machen; ***it is my*** ~ ich bin an der Reihe *od.* dran; ***take*** ~***s*** (mit)einander *od.* sich abwechseln (***at*** in *dat.*, bei); ***take one's*** ~ handeln, wenn die Reihe an einen kommt; ***wait your*** ~***!*** warte, bis du dran bist!; ***my*** ~ ***will come*** *fig.* m-e Zeit kommt (auch) noch, ,ich komme schon noch dran'; **3.** a) Drehung *f*, (~ ***to the left*** Links)Wendung *f*, b) *Schwimmen*: Wende *f*, c) *Skisport*: Wende *f*, Kehre *f*, Schwung *m*, d) *Eislauf etc.*: Kehre *f*; **4.** Wendepunkt *m* (*a. fig.*); **5.** Biegung *f*, Kurve *f*, Kehre *f*; **6.** Krümmung *f* (*a.* A); **7.** Wendung *f*: a) 'Umkehr *f*: ***be on the*** ~ ⚓ umschlagen (*Gezeit*) (→ *a.* 23); → ***tide*** 1, b) Richtung *f*, (Ver)Lauf *m*: ***take a good*** (***bad***) ~ sich zum Guten (Schlechten) wenden; ***take a*** ~ ***for the better*** (***worse***) sich bessern (verschlimmern); ***take an interesting*** ~ e-e interessante Wendung nehmen (*Gespräch etc.*), c) (*Glücks-, Zeiten- etc.*) Wende *f*, Wechsel *m*, 'Umschwung *m*, Krise *f*: ~ ***of the century*** Jahrhundertwende; ~ ***of the millennium*** Jahrtausendwende; ~ ***of life*** Lebenswende, ⚕ Wechseljahre *pl. der Frau*; **8.** Ausschlag (-en *n*) *m e-r Waage*; **9.** (Arbeits-) Schicht *f*; **10.** Tour *f*, (einzelne) Windung (*Bandage, Kabel etc.*); **11.** (Rede-) Wendung *f*, Formulierung *f*; **12.** a) (kurzer) Spaziergang: ***take a*** ~ e-n Spaziergang machen, b) kurze Fahrt, ,Spritztour' *f*; **13.** (***for***, ***to***) Neigung *f*, Hang *m*, Ta'lent *n* (zu), Sinn *m* (für); **14.** *a.* ~ ***of mind*** Denkart *f*, -weise *f*; **15.** a) (*ungewöhnliche od. unerwartete*) Tat, b) Dienst *m*, Gefallen *m*: ***a bad*** ~ e-e schlechte Tat *od.* ein schlechter Dienst; ***a friendly*** ~ ein Freundschaftsdienst; ***do s.o. a good*** ~ j-m e-n Gefallen tun; ***one good*** ~ ***deserves another*** e-e Liebe ist der andern wert; **16.** Anlass *m*: ***at every*** ~ auf Schritt u. Tritt; **17.** (kurze) Beschäftigung: ~ (***of work***) (Stück *n*) Arbeit *f*; ***take a*** ~ ***at*** rasch mal an *e-e Sache* gehen, sich kurz mit *e-r Sache* versuchen; **18.** F Schock *m*, Schrecken *m*: ***give s.o. a.*** ~ j-n erschrecken; **19.** Zweck *m*: ***this won't serve my*** ~ damit ist mir nicht gedient; **20.** ♪ Doppelschlag *m*; **21.** (Pro-'gramm)Nummer *f*; **22.** ⚔ (Kehrt-) Wendung *f*: ***left*** (***right***) ~***!*** *Brit.* links-(rechts)um!; ***about*** ~***!*** *Brit.* ganze Abteilung kehrt!; **23.** ***on the*** ~ am Sauerwerden (*Milch*); **II** *v/t.* **24.** (*im Kreis od. um e-e Achse*) drehen; *Hahn, Schlüssel, Schraube, e-n Patienten etc.* ('um-, her'um)drehen; **25.** *a. Kleider* wenden; *et.* 'umkehren, -stülpen, -drehen; *Blatt, Buchseite* 'umdrehen, -wenden, *Buch* 'umblättern; *Boden* 'umpflügen, -graben; 🚂 *Weiche*, ⚙ *Hebel* 'umlegen: ***it*** ~***s my stomach*** mir dreht sich dabei der Magen um; ~ ***s.o.'s head*** *fig.* a) j-m den Kopf verdrehen, b) j-m zu Kopf steigen; **26.** zuwenden, -drehen, -kehren (***to*** *dat.*); **27.** *Blick, Kamera, Schritte etc.* wenden, *a. Gedanken, Verlangen* richten, lenken (***against*** gegen, ***on*** auf *acc.*, ***to***, ***toward***(***s***) nach, auf *acc.*): ~ ***the hose on the fire*** den (Spritzen)Schlauch auf das Feuer richten; **28.** a) 'um-, ablenken, (-)leiten, (-) wenden, b) abwenden, abhalten, c) *j-n* 'umstimmen, abbringen (***from*** von), d) *Richtung* ändern, e) *Gesprächsthema* wechseln; **29.** a) *Waage* zum Ausschlagen bringen, b) *fig.* ausschlaggebend sein bei: ~ ***an election*** bei e-r Wahl den Ausschlag geben; → ***balance*** 2, ***scale²*** 1; **30.** verwandeln (***into*** in *acc.*): ~ ***water into wine***; ~ ***love into hate***; ~ ***into cash*** ☤ flüssig machen, zu Geld machen; **31.** a) machen, werden lassen (***into*** zu): ***it*** ~***ed her pale*** es ließ sie erblassen; ~ ***colo***(***u***)***r*** die Farbe wechseln, b) *a.* ~ ***sour*** *Milch* sauer werden lassen, c) *Laub* verfärben; **32.** *Text* über'tragen, -'setzen (***into*** ins *Italienische etc.*); **33.** her'umgehen um: ~ ***the corner*** um die Ecke biegen, *fig.* über den Berg kommen; **34.** ⚔ a) um'gehen, -'fassen, b) aufrollen: ~ ***the enemy's flank***; **35.** hin'ausgehen *od.* hinaus sein über *ein Alter, e-n Betrag etc.*: ***he is just*** ~***ing*** (*od.* ***has just*** ~***ed***) ***50*** er ist gerade 50 geworden; **36.** ⚙ a) drehen, b) *Holzwaren, a. fig. Komplimente, Verse* drechseln; **37.** formen, *fig.* gestalten, bilden: ***a well-***~***ed ankle***; **38.** *fig. Satz* formen, (ab)runden: ~ ***a phrase***; **39.** ☤ verdienen, 'umsetzen; **40.** *Messerschneide etc.* verbiegen, *a.* stumpf machen: ~ ***the edge of*** *fig. e-r Bemerkung etc.* die Spitze nehmen; **41.** *Purzelbaum etc.* schlagen; **42.** ~ ***loose*** los-, freilassen, -machen; **III** *v/i.* **43.** sich drehen (lassen), sich (im Kreis)

T

(her'um)drehen; **44.** sich (ab-, hin-, zu-) wenden; → ***turn to*** I; **45.** sich *stehend, liegend etc.* ('um-, her'um)drehen; ⚓, *mot.* wenden, (⚓ ab)drehen; ✈, *mot.* kurven; **46.** (ab-, ein)biegen: ***I do not know which way to ~*** *fig.* ich weiß nicht, was ich machen soll; **47.** e-e Biegung machen (*Straße, Wasserlauf etc.*); **48.** sich krümmen *od.* winden (*Wurm etc.*): ***~ in one's grave*** sich im Grabe umdrehen; **49.** sich umdrehen, -stülpen (*Schirm etc.*): ***my stomach ~s at this sight*** bei diesem Anblick dreht sich mir der Magen um; **50.** schwind(e)lig werden: ***my head ~s*** mein Kopf dreht sich; **51.** sich (ver)wandeln (***into, to*** in *acc.*), 'umschlagen (*bsd. Wetter*): ***love has ~ed into hate***; **52.** *Kommunist, Soldat etc., a. blass, kalt etc.* werden: ***~ (sour)*** sauer werden (*Milch*); ***~ traitor*** zum Verräter werden; **53.** sich verfärben (*Laub*); **54.** sich wenden (*Gezeiten*); → ***tide*** 1;

Zssgn mit prp.:

turn| a·gainst I *v/i.* **1.** sich (*feindlich etc.*) wenden gegen; II *v/t.* **2.** *j-n* aufhetzen *od.* aufbringen gegen; **3.** *Spott etc.* richten gegen; **~ in·to** → ***turn*** 30, 31, 32, 51; **~ on** I *v/i.* **1.** sich drehen um *od.* in (*dat.*); **2.** → ***turn upon***; **3.** sich wenden *od.* richten gegen; II *v/t.* **4.** → ***turn*** 27; **~ to** I *v/i.* **1.** sich nach *links etc.* wenden (*Person*), nach *links etc.* abbiegen (*a. Fahrzeug, Straße etc.*); **2.** a) sich *der Musik, e-m Thema etc.* zuwenden, b) sich beschäftigen mit, c) sich anschicken (***doing s.th.*** et. zu tun); **3.** s-e Zuflucht nehmen zu: ***~ God***; **4.** sich an *j-n* wenden, *j-n od. et.* zurate ziehen; **5.** → ***turn*** 51; II *v/t.* **6.** *Hand* anlegen bei: ***turn a*** (*od.* ***one's***) ***hand to s.th.*** et. in Angriff nehmen; ***he can turn his hand to anything*** er ist zu allem zu gebrauchen; **7.** → ***turn*** 26, 27; **8.** verwandeln in (*acc.*); **9.** anwenden zu; → ***account*** 11; **~ up·on** *v/i.* **1.** *fig.* abhängen von; **2.** *fig.* sich drehen um, handeln von; **3.** → ***turn on*** 3;

Zssgn mit adv.:

turn| a·bout, ~ a·round I *v/t.* **1.** 'umdrehen; **2.** ⚒ *Heu, Boden* wenden; II *v/i.* **3.** sich 'umdrehen; ⚔ kehrtmachen; *fig.* 'umschwenken; **~ a·side** *v/t.* (*v/i.* sich) abwenden; **~ a·way** I *v/t.* **1.** abwenden (***from*** von); **2.** abweisen, wegschicken, -jagen; **3.** entlassen; II *v/i.* **4.** sich abwenden; **~ back** I *v/t.* **1.** 'umkehren lassen; **2.** → ***turn down*** 3; **3.** *Uhr* zu'rückdrehen; II *v/i.* **4.** zu'rück-, 'umkehren; **5.** zu'rückgehen; **~ down** I *v/t.* **1.** 'umkehren, -legen, -biegen; *Kragen* 'umschlagen, *Buchseite etc.* 'umknicken; **2.** *Gas, Lampe* kleiner stellen, *Radio etc.* leiser stellen; **3.** *Bett* aufdecken; *Bettdecke* zu'rückschlagen; **4.** *j-n, Vorschlag etc.* ablehnen; *j-m* e-n Korb geben; II *v/i.* **5.** abwärts *od.* nach unten gebogen sein; **6.** sich 'umlegen *od.* -schlagen lassen; **~ in** I *v/t.* **1.** a) einreichen, -senden, b) ab-, zu'rückgeben; **2.** *Füße etc.* einwärts *od.* nach innen drehen *od.* biegen *od.* stellen; **3.** F *et.* zu'stande bringen; II *v/i.* **4.** F zu Bett gehen; **5.** einwärts gebogen sein; **~ off** I *v/t.* **1.** *Wasser, Gas* abdrehen; *Licht, Radio etc.* ausschalten, abstellen; **2.** *Schlag etc.* abwenden, ablenken; **3.** F ‚rausschmeißen', entlassen; **4.** F a) *j-m* die Lust nehmen, b) *j-n* anwidern; II *v/i.* **5.** abbiegen (*Person, a. Straße*); **~ on** *v/t.* **1.** *Gas, Wasser* aufdrehen, *a.* *Radio* anstellen; *Licht, Gerät* anmachen, einschalten; **2.** F a) *j-n* ‚antörnen', b) *j-n* (*a. sexuell*) ‚anmachen', ‚in Fahrt' bringen; **~ out** I *v/t.* **1.** hin'auswerfen, wegjagen, vertreiben; **2.** entlassen (***of*** aus *e-m Amt etc.*); **3.** *Regierung* stürzen; **4.** *Vieh* auf die Weide treiben; **5.** *Taschen etc.* 'umkehren, -stülpen; **6.** *Zimmer, Möbel* ausräumen; **7.** a) ☤ *Waren* produzieren, herstellen, b) *contp. Bücher etc.* produzieren, c) *fig. Wissenschaftler etc.* her'vorbringen (*Universität etc.*): ***Oxford has turned out many statesmen*** aus Oxford sind schon viele Staatsmänner hervorgegangen; **8.** → ***turn off*** 1; **9.** *Füße etc.* auswärts *od.* nach außen drehen *od.* biegen; **10.** ausstatten, herrichten, *bsd.* kleiden: ***well turned-out*** gut gekleidet; **11.** ⚔ antreten *od. die Wache* her'austreten lassen; II *v/i.* **12.** auswärts gebogen sein (*Füße etc.*); **13.** a) hin'ausziehen, her'auskommen (***of*** aus), b) ⚔ ausrücken (*a. Feuerwehr etc.*), c) *zur Wahl etc.* kommen (*Bevölkerung*), d) ⚔ antreten, e) in Streik treten, f) F *aus dem Bett* aufstehen; **14.** *gut etc.* ausfallen, werden; **15.** sich gestalten, *gut etc.* ausgehen, ablaufen; **16.** sich erweisen *od.* entpuppen als, sich her'ausstellen: ***he turned out (to be) a good swimmer*** er entpuppte sich als guter Schwimmer; ***it turned out that he was (had), he turned out to be (have)*** es stellte sich heraus, dass er ... war (hatte); **~ o·ver** I *v/t.* **1.** ☤ *Geld, Ware* 'umsetzen, e-n 'Umsatz haben von; **2.** 'umdrehen, -wenden, *Buch, Seite a.* 'umblättern: ***please ~!*** bitte wenden!; → ***leaf*** 3; **3.** (***to***) a) über'tragen (*dat. od.* auf *acc.*), über'geben (*dat.*), b) *j-n der Polizei etc.* ausliefern, über'geben; **4.** *a.* ***~ in one's mind*** über'legen, sich *et.* durch den Kopf gehen lassen; II *v/i.* **5.** sich *im Bett etc.* 'umdrehen; **6.** 'umkippen, -schlagen; **~ round** I *v/i.* **1.** sich (im Kreis *od.* her'um)drehen; **2.** *fig.* s-n Sinn ändern, 'umschwenken: ***but then he turned round and said*** doch dann sagte er plötzlich; II *v/t.* **3.** (her'um)drehen; **~ to** *v/i.* sich ‚ranmachen' (an die Arbeit), sich ins Zeug legen; **~ un·der** *v/t.* ⚒ 'unterpflügen; **~ up** I *v/t.* **1.** nach oben drehen *od.* richten *od.* biegen; *Kragen* hochschlagen, -klappen; → ***nose*** *Redew.*, ***toe*** 1; **2.** ausgraben, zu'tage fördern; **3.** *Spielkarte* aufdecken; **4.** *Hose etc.* 'um-, einschlagen; **5.** *Brit.* a) *Wort* nachschlagen, b) *Buch* zurate ziehen; **6.** *Gas, Licht* groß *od.* größer drehen, *Radio* lauter stellen; **7.** *Kind* übers Knie legen (*züchtigen*); **8.** F *j-m* den Magen 'umdrehen (*vor Ekel*); **9.** *sl. Arbeit* ‚aufstecken'; II *v/i.* **10.** sich nach oben drehen, nach oben gerichtet *od.* hochgeschlagen sein; **11.** *fig.* auftauchen: a) aufkreuzen, erscheinen (*Person*), b) zum Vorschein kommen, sich (ein)finden (*Sache*); **12.** geschehen, eintreten, passieren.

turn·a·ble ['tɜːnəbl] *adj.* drehbar.

'turn|·a·bout *s.* **1.** *a. fig.* Kehrtwendung *f*; **2.** ⚓ Gegenkurs *m*; **3.** *fig.* 'Umschwung *m*; **4.** *Am.* Karus'sell *n*; **'~·a·round** *s.* **1.** → ***turnabout*** 1, 3; **2.** *mot. etc.* Wendeplatz *m*; **3.** ⚙ (Gene'ral)Über͵holung *f*; **'~·coat** *s.* Abtrünnige(r *m*) *f*, Rene'gat *m*; **'~·down** I *adj.* **1.** 'umlegbar, Umleg...; II *s.* **2.** *a.* ***~ collar*** Umleg(e)kragen *m*; **3.** *fig.* Ablehnung *f*.

turned [tɜːnd] *adj.* **1.** ⚙ gedreht, gedrechselt; **2.** ('um)gebogen: ***~-back*** zurückgebogen; ***~-down*** a) abwärts gebogen, b) Umlege...; ***~-in*** einwärts gebogen; **3.** *typ.* auf dem Kopf stehend; **'turn·er** [-nə] *s.* **1.** ⚙ a) Dreher *m*, b) Drechsler *m*; **2.** *sport Am.* Turner(in); **'turn·er·y** [-nərɪ] *s.* ⚙ **1.** *coll.* a) Dreharbeit(en *pl.*) *f*, b) Drechslerarbeit(en *pl.*) *f*; **2.** a) Drehe'rei *f*, b) Drechsle'rei *f* (*Werkstatt*).

turn·ing ['tɜːnɪŋ] *s.* **1.** ⚙ Drehen *n*, Drechseln *n*; **2.** a) (Straßen-, Fluss)Biegung *f*, b) (Straßen)Ecke *f*, c) Querstraße *f*, Abzweigung *f*; **3.** *pl.* ⚙ Drehspäne *pl.*; **~ cir·cle** *s. mot.* Wendekreis *m*; **~ lane** *s. mot.* Abbiegespur *f*; **~ lathe** *s.* ⚙ Drehbank *f*; **~ ma·chine** *s.* ⚙ 'Drehma͵schine *f*; **~ point** *s.* **1.** ✈, *sport* Wendemarke *f*; **2.** *fig.* Wendepunkt *m*.

tur·nip ['tɜːnɪp] *s.* **1.** ⚘ (*bsd.* Weiße) Rübe; **2.** *sl.* ‚Zwiebel' *f* (*Uhr*).

'turn|·key *s.* Gefangenenwärter *m*, Schließer *m*; **'~-off** *s.* **1.** Abzweigung *f*; **2.** Ausfahrt *f* (*Autobahn*); **'~·out** *s.* **1.** ☤ *Brit.* a) Streik *m*, Ausstand *m*, b) Streikende(r *m*) *f*; **2.** a) Besucher(zahl *f*) *pl.*, Zuschauer *pl.*, b) (Wahl- *etc.*) Beteiligung *f*; **3.** (Pferde)Gespann *n*, Kutsche *f*; **4.** Ausstattung *f*, *bsd.* Kleidung *f*; **5.** ☤ Ge'samtprodukti͵on *f*, Ausstoß *m*; **6.** a) Ausweichstelle *f* (*Autostraße*), b) → ***turn-off***; **'~͵o·ver** *s.* **1.** 'Umstürzen *n*; **2.** ☤ 'Umsatz *m*: ***~ tax*** Umsatzsteuer *f*; **3.** Zu- u. Abgang *m* (*von Patienten in Krankenhäusern etc.*): ***labo(u)r ~*** Arbeitskräftebewegung *f*; **4.** ☤ 'Umgruppierung *f*, -schichtung *f*; **5.** *Brit.* ('Zeitungs)Ar͵tikel, der auf die nächste Seite übergreift; **6.** (Apfel- *etc.*) Tasche *f* (*Gebäck*); **'~·pike** *s.* **1.** Schlagbaum *m* (*Mautstraße*); **2.** *a.* ***~ road*** gebührenpflichtige (*Am.* Schnell)Straße *f*, Mautstraße *f*; **'~·round** *s.* **1.** ☤, ⚓ 'Umschlag *m* (*Schiffsabfertigung*); **2.** Wendestelle *f*; **3.** → ***turnabout*** 3; **'~·screw** *s.* ⚙ Schraubenzieher *m*; **'~·spit** *s.* Drehspieß *m*; **'~·stile** *s.* Drehkreuz *n an Durchgängen etc.*; **'~͵ta·ble** *s.* **1.** 🚂 Drehscheibe *f*; **2.** Plattenteller *m* (*Plattenspieler*); **'~·up** I *adj.* **1.** hochklappbar; II *s.* **2.** ('Hosen- *etc.*)͵Umschlag *m*; **3.** F Über'raschung *f*, ‚Ding' *n*.

tur·pen·tine ['tɜːpəntaɪn] *s.* ⚗ **1.** Terpen'tin *n*; **2.** *a.* ***oil*** (*od.* ***spirits***) ***of ~*** Terpen'tingeist *m*, -öl *n*.

tur·pi·tude ['tɜːpɪtjuːd] *s.* **1.** *a.* ***moral ~*** Verworfenheit *f*; **2.** Schandtat *f*.

turps [tɜːps] F → ***turpentine*** 2.

tur·quoise ['tɜːkwɔɪz] *s.* **1.** *min.* Tür'kis *m*; **2.** *a.* ***~ blue*** Tür'kisblau *n*: ***~ green*** Türkisgrün *n*.

tur·ret ['tʌrɪt] *s.* **1.** △ Türmchen *n*; **2.** ⚔, ⚓ Geschütz-, Panzer-, Gefechtsturm *m*: ***~ gun*** Turmgeschütz *n*; **3.** ✈ Kanzel *f*; **4.** ⚙ Re'volverkopf *m*: ***~ lathe*** Revolverdrehbank *f*; **'tur·ret·ed** [-tɪd] *adj.* **1.** mit Türmchen; **2.** *zo.* spi'ral-, türmchenförmig.

tur·tle[1] ['tɜːtl] *s. zo.* (Wasser)Schildkröte *f*: ***turn ~*** a) ⚓ kentern, umschlagen, b) sich überschlagen, c) *Am.* F hilflos *od.* feige sein.

tur·tle[2] ['tɜːtl] *s. obs. für* ***turtledove***.

'tur·tle|·dove *s. orn.* Turteltaube *f*; **'~·neck** *s.* 'Rollkragen(pull͵over) *m*.

Tus·can ['tʌskən] I *adj.* tos'kanisch; II *s.* Tos'kaner(in).

tusk [tʌsk] *s. zo.* a) Fangzahn *m*, b) Stoßzahn *m des Elefanten etc.*, c) Hauer *m des Wildschweins*; **tusked** [-kt] *adj. zo.* mit Fangzähnen *etc.* (bewaffnet); **'tusk·er** [-kə] *s. zo.* Ele'fant *m od.* Keiler *m* (*mit ausgebildeten Stoßzähnen*); **'tusk·y** [-kɪ] → ***tusked***.

tus·sle ['tʌsl] **I** *s.* **1.** Balge'rei *f*, Raufe'rei *f* (*a. fig.*); **2.** *fig.* scharfe Kontro'verse; **II** *v/i.* **3.** kämpfen, raufen, sich balgen (***for*** um *acc.*).

tus·sock ['tʌsək] *s.* (*bsd.* Gras)Büschel *n.*

tut(-tut) [tʌt] *int.* **1.** ach was!; **2.** pfui!; **3.** Unsinn!, na, 'na!

tu·te·lage ['tju:tɪlɪdʒ] *s.* **1.** ⚖ Vormundschaft *f*; **2.** Unmündigkeit *f*; **3.** *fig.* a) Bevormundung *f*, b) Schutz *m*, c) (An-)Leitung *f*; **'tu·te·lar** [-lə], **'tu·te·lar·y** [-lərɪ] *adj.* **1.** schützend, Schutz...; **2.** ⚖ Vormunds..., Vormundschafts...

tu·tor ['tju:tə] **I** *s.* **1.** Pri'vat-, Hauslehrer *m*; **2.** *ped.*, *univ. Brit.* Tutor *m*, Studienleiter *m*; **3.** *ped.*, *univ. Am.* Assistent *m mit Lehrauftrag*; **4.** (Ein)Pauker *m*, Repe'titor *m*; **5.** ⚖ Vormund *m*; **II** *v/t.* **6.** *ped.* unter'richten, *j-m* Pri'vat-ˌunterricht geben; **7.** *j-n* schulen, erziehen; **8.** *fig. j-n* bevormunden; **'tu·tor·ess** *s.* **1.** *ped.* Pri'vatlehrerin *f*; **2.** *univ. Brit.* Tu'torin *f*; **tu·to·ri·al** [tju:'tɔ:rɪəl] *ped.* **I** *adj.* Tutor...; **II** *s.* Tu'torenkurs *m*; **'tu·tor·ship** [-ʃɪp] *s.* **1.** Pri'vatlehrerstelle; **2.** *univ. Brit.* Amt *n* e-s Tutors.

tu·tu ['tu:tu:] *s.* (Bal'lett)Röckchen *n.*

tux·e·do [tʌk'si:dəʊ] *pl.* **-dos** *s. Am.* Smoking *m.*

TV [ˌti:'vi:] F **I** *adj.* Fernseh...; **II** *s.* a) 'Fernsehappaˌrat *m*, b) (***on ~*** im) Fernsehen *n*; **~ din·ner** *s.* (tiefgefrorenes) Fertiggericht.

twad·dle ['twɒdl] **I** *v/i.* **1.** quasseln; **II** *s.* **2.** Gequassel *n*; **3.** Quatsch *m.*

twain [tweɪn] **I** *adj. obs.* zwei: ***in ~*** entzwei; **II** *s. die* Zwei *pl.*

twang [twæŋ] **I** *v/i.* **1.** schwirren, (scharf) klingen; **2.** näseln; **II** *v/t.* **3.** *Saiten etc.* schwirren (lassen), zupfen; klimpern *od.* kratzen auf (*dat.*); **4.** *et.* näseln, durch die Nase sprechen; **III** *s.* **5.** scharfer Ton *od.* Klang, Schwirren *n*; **6.** Näseln *n.*

tweak [twi:k] **I** *v/t.* zwicken, kneifen; **II** *s.* Zwicken *n.*

tweed [twi:d] *s.* **1.** Tweed *m* (*Wollgewebe*); **2.** *pl.* Tweedsachen *pl.*

Twee·dle·dum and Twee·dle·dee [ˌtwi:dl'dʌmənˌtwi:dl'di:] *s.*: ***be*** (***alike***) ***as ~*** a) sich gleichen wie ein Ei dem andern, b) ‚Jacke wie Hose' sein.

'tween [twi:n] **I** *adv. u. prp.* → ***between***; **II** *in Zssgn* Zwischen...; **~ deck** *s.* ⚓ Zwischendeck *n.*

tween·y ['twi:nɪ] *s. obs.* Hausmagd *f.*

tweet·er ['twi:tə] *s. Radio*: Hochtonlautsprecher *m.*

tweez·ers ['twi:zəz] *s. pl. a.* ***pair of ~*** Pin'zette *f.*

twelfth [twelfθ] **I** *adj.* □ **1.** zwölft: ***2 Night*** Dreikönigsabend *m*; **II** *s.* **2.** *der* (*die*, *das*) Zwölfte; **3.** Zwölftel *n*; **'twelfth·ly** [-lɪ] *adv.* zwölftens.

twelve [twelv] **I** *adj.* zwölf; **II** *s.* Zwölf *f*; **'twelve·mo** [-məʊ] *pl.* **-mos** *s. typ.* Duo'dez(forˌmat, -band *m*) *n.*

'twelve-tone *adj.* ♪ Zwölfton...

twen·ti·eth ['twentɪɪθ] **I** *adj.* **1.** zwanzigst; **II** *s.* **2.** *der* (*die*, *das*) Zwanzigste; **3.** Zwanzigstel *n.*

twen·ty ['twentɪ] **I** *adj.* **1.** zwanzig; **II** *s.* **2.** Zwanzig *f*; **3.** ***in the twenties*** in den Zwanzigerjahren (*e-s Jahrhunderts*); ***he is in his twenties*** er ist in den Zwanzigern.

twerp [twɜ:p] *s. sl.* **1.** ‚(blöder) Heini'; **2.** ‚Niete' *f*, ‚Flasche' *f.*

twice [twaɪs] *adv.* zweimal: ***think ~ about s.th.*** *fig.* sich e-e Sache gründlich überlegen; ***he didn't think ~ about it*** er zögerte nicht lange; ***~ as much*** doppelt so viel, das Doppelte; ***~ the sum*** die doppelte Summe; **ˌ~-'told** *adj. fig.* alt, abgedroschen: ***~ tales.***

twid·dle ['twɪdl] *v/t.* (her'um)spielen mit: ***~ one's thumbs*** *fig.* Däumchen drehen, die Hände in den Schoß legen.

twig¹ [twɪg] *s.* **1.** (dünner) Zweig, Rute *f*: ***hop the ~*** F ‚abkratzen' (*sterben*); **2.** Wünschelrute *f.*

twig² [twɪg] *Brit. sl.* **I** *v/t.* **1.** ‚kapieren' (*verstehen*); **2.** ‚spitzkriegen'; **II** *v/i.* **3.** ‚kapieren'.

twi·light ['twaɪlaɪt] **I** *s.* **1.** (*mst* Abend-) Dämmerung *f*: ***~ of the gods*** *myth.* Götterdämmerung; **2.** Zwielicht *n* (*a. fig.*), Halbdunkel *n*; **3.** *fig. a.* ***~ state*** Dämmerzustand *m*; **II** *adj.* **4.** Zwielicht..., dämmerig, schattenhaft (*a. fig.*): ***~ sleep*** ⚕ *u. fig.* Dämmerschlaf *m.*

twill [twɪl] **I** *s.* Köper(stoff) *m*; **II** *v/t.* köpern.

twin [twɪn] **I** *s.* **1.** Zwilling *m*: ***the 2s*** *ast.* die Zwillinge; **II** *adj.* **2.** Zwillings..., Doppel..., doppelt: ***~-bedded room*** Zweibettzimmer *n*; ***~ brother*** Zwillingsbruder *m*; ***~ engine*** ✈ Zwillingstriebwerk *n*; ***~-engined*** zweimotorig; ***~ town*** Partnerstadt *f*; ***~ track*** Doppelspur *f* (*Tonband*); **3.** ⚘ gepaart; **III** *v/t.* **4.** eng verbinden: ***Aberdeen is twinned with Regensburg*** Aberdeen ist die Partnerstadt von Regensburg; **5.** *Geschäftssparten etc.* zs.-legen, verbinden.

twine [twaɪn] **I** *s.* **1.** Bindfaden *m*, Schnur *f*; **2.** ⚙ Garn *n*, Zwirn *m*; **3.** Wick(e)lung *f*; **4.** Windung *f*; **5.** Geflecht *n*; **6.** ⚘ Ranke *f*; **II** *v/t.* **7.** *Fäden etc.* zs.-drehen, zwirnen; **8.** *Kranz* winden; **9.** *fig.* inein'ander schlingen, verflechten; **10.** schlingen, winden (***about***, ***around*** um); **11.** um'schlingen, -'winden, -'ranken (***with*** mit); **III** *v/i.* **12.** sich verflechten (***with*** mit); **13.** sich winden *od.* schlingen; sich schlängeln; **'twin·er** [-nə] *s.* **1.** ⚘ Kletter-, Schlingpflanze *f*; **2.** ⚙ 'Zwirnmaˌschine *f.*

twinge [twɪndʒ] **I** *s.* **1.** stechender Schmerz, Zwicken *n*, Stechen *n*, Stich *m* (*a. fig.*): ***~ of conscience*** Gewissensbisse *pl.*; **II** *v/t. u. v/i.* **2.** stechen; **3.** zwicken, kneifen.

twin·kle ['twɪŋkl] **I** *v/i.* **1.** (auf)blitzen, glitzern, funkeln (*Sterne etc.*; *a. Augen*); **2.** huschen; **3.** (verschmitzt) zwinkern, blinzeln; **II** *s.* **4.** Blinken *n*, Blitzen *n*, Glitzern *n*; **5.** (Augen)Zwinkern *n*, Blinzeln *n*: ***a humorous ~***; **6.** → ***twinkling*** 2; **'twin·kling** [-lɪŋ] *s.* **1.** → ***twinkle*** 4, 5; **2.** *fig.* Augenblick *m*: ***in the ~ of an eye*** im Nu, im Handumdrehen.

twin·ning ['twɪnɪŋ] *s.* **1.** ⚕ Zwillingsschwangerschaft *f*; **2.** Städtepartnerschaft(en *pl.*) *f.*

twirl [twɜ:l] **I** *v/t.* **1.** (her'um)wirbeln, quirlen; *Daumen*, *Locke etc.* drehen; *Bart* zwirbeln; → *a.* ***twiddle***; **II** *v/i.* **2.** (sich her'um)wirbeln; **III** *s.* **3.** schnelle (Um)'Drehung, Wirbel *m*; **4.** Schnörkel *m.*

twist [twɪst] **I** *v/t.* **1.** drehen: ***~ off*** losdrehen, *Deckel* abschrauben; **2.** zs.-drehen, zwirnen; **3.** verflechten, -schlingen; **4.** *Kranz etc.* winden, *Schnur etc.* wickeln: ***~ s.o. round one's*** (***little***) ***finger*** j-n um den (kleinen) Finger wickeln; **5.** um'winden; **6.** wringen; **7.** (ver)biegen, (-)krümmen; *Fuß* vertreten; *Gesicht* verzerren: ***~ s.o.'s arm*** a) j-m den Arm verdrehen, b) F *fig.* j-n (*zu et.*) über'reden; ***well, if you ~ my arm*** F *fig.* also, bevor ich mich schlagen lasse; ***~ed mind*** *fig.* verbogener *od.* krankhafter Geist; ***~ed with pain*** schmerzverzerrt (*Züge*); **8.** *fig. Sinn*, *Bericht* verdrehen, entstellen; **9.** *dem Ball* Ef'fet geben; **II** *v/i.* **10.** sich drehen: ***~ round*** sich umdrehen; **11.** sich krümmen; **12.** sich winden (*a. fig.*); **13.** sich winden *od.* schlängeln (*Fluss etc.*); **14.** sich verziehen *od.* verzerren (*a. Gesicht*); **15.** sich verschlingen; **III** *s.* **16.** Drehung *f*, Windung *f*, Biegung *f*, Krümmung *f*; **17.** Drehung *f*, Rotati'on *f*; **18.** Geflecht *n*; **19.** Zwirnung *f*; **20.** Verflechtung *f*, Knäuel *m*, *n*; **21.** (Gesichts)Verzerrung *f*; **22.** *fig.* Verdrehung *f*; **23.** *fig.* Veranlagung *od.* Neigung (***towards*** zu); **24.** *fig.* Trick *m*, ‚Dreh' *m*; **25.** *fig.* über'raschende Wendung, ‚'Knalleffˌfekt' *m*; **26.** ⚙ a) Drall *m* (*Schusswaffe*, *Seil etc.*), b) Torsi'on *f*; **27.** Spi'rale *f*: ***~ drill*** ⚙ Spiralbohrer *m*; **28.** ♪ Twist *m* (*Tanz*); **29.** a) (Seiden-, Baumwoll)Twist *m*, b) Zwirn *m*; **30.** Seil *n*, Schnur *f*; **31.** Rollentabak *m*; **32.** *Bäckerei*: Kringel *m*, Zopf *m*; **33.** *Wasserspringen*: Schraube *f*; **'twist·er** [-tə] *s.* **1.** a) Dreher(in), Zwirner(in), b) Seiler(in); **2.** ⚙ 'Zwirn-, 'Drehmaˌschine *f*; **3.** *sport* Ef'fetball *m*; **4.** F harte Nuss, knifflige Sache; **5.** F Gauner *m*; **6.** *Am.* Tor'nado *m*, Wirbel(wind) *m*; **'twist·y** [-tɪ] *adj.* **1.** gewunden, kurvenreich; **2.** *fig.* falsch, verschlagen.

twit¹ [twɪt] *v/t.* **1.** *j-n* aufziehen (***with*** mit); **2.** *j-m* Vorwürfe machen (***with*** wegen).

twit² [twɪt] *s. Brit.* F Trottel *m.*

twitch [twɪtʃ] **I** *v/t.* **1.** zupfen, zerren, reißen; **2.** zucken mit; **II** *v/i.* **3.** zucken (***with*** vor); **III** *s.* **4.** Zucken *n*, Zuckung *f*; **5.** Ruck *m*; **6.** Stich *m* (*Schmerz*); **7.** Nasenbremse *f* (*Pferd*).

twit·ter ['twɪtə] **I** *v/i.* **1.** zwitschern (*Vogel*), zirpen (*a. Insekt*); **2.** *fig.* a) (aufgeregt) schnattern, b) piepsen, c) kichern; **3.** F (vor Aufregung) zittern; **II** *v/t.* **4.** *et.* zwitschern; **III** *s.* **5.** Gezwitscher *n*; **6.** *fig.* Geschnatter *n* (*Person*); **7.** Kichern *n*; **8.** Nervosi'tät *f*: ***in a ~*** aufgeregt.

two [tu:] **I** *s.* **1.** Zwei *f* (*Zahl*, *Spielkarte*, *Uhrzeit etc.*); **2.** Paar *n*: ***the ~*** die beiden, beide; ***the ~ of us*** wir beide; ***put ~ and ~ together*** *fig.* es sich zs.-reimen, s-e Schlüsse ziehen; ***in*** (*od.* ***by***) ***~s*** zu zweien, paarweise; ***~ and ~*** paarweise, zwei u. zwei; ***~ can play at that game!*** das kann ich (*od.* ein anderer) auch! **II** *adj.* **3.** zwei: ***one or ~*** einige; ***in a day or ~*** in ein paar Tagen; ***in ~*** entzwei; ***cut in ~*** entzweischneiden; **4.** beide: ***the ~ cars***; **'~-bit** *adj. Am.* F **1.** 25-Cent-...; **2.** billig (*a. fig. contp.*); klein, unbedeutend; **'~-ˌcy·cle** *adj.* ⚙ Zweitakt...: ***~ engine***; **ˌ~-'edged** *adj.* zweischneidig (*a. fig.*); **ˌ~-'faced** *adj. fig.* falsch, heuchlerisch; **ˌ~-'fist·ed** *adj. Am.* F *fig.* ‚knallhart'; handfest; **'~-fold** *adj. u. adv.* zweifach, doppelt; **ˌ~-'four** *adj.* ♪ Zweiviertel...; **ˌ~-'hand·ed** *adj.* **1.** zweihändig; **2.** für zwei Per'sonen

T

(*Spiel etc.*); '**~-horse** *adj.* zweispännig; '**~-ˌin·come fam·i·ly** *s.* Doppelverdiener *pl.*; '**~-job man** *s.* [*irr.*] Doppelverdiener *m*; '**~-lane** *adj.* zweispurig (*Straße*); **~·pence** ['tʌpəns] *s. Brit.* zwei Pence *pl.*: ***not to care ~ for*** *fig.* sich nicht scheren um; ***he didn't care ~*** es war ihm völlig egal; **~·pen·ny** ['tʌpnɪ] *adj.* **1.** zwei Pence wert *od.* betragend, Zweipenny...; **2.** *fig.* armselig, billig; **~·pen·ny-half·pen·ny** [ˌtʌpnɪ'heɪpnɪ] *adj.* **1.** Zweieinhalbpenny...; **2.** *fig.* mise'rabel, schäbig; '**~-phase** *adj.* ⚡ zweiphasig, Zweiphasen...; '**~-piece I** *adj.* zweiteilig; **II** *s.* a) *a.* ***~ dress*** Jackenkleid *n*, b) *a.* ***~ swimming suit*** Zweiteiler *m*; '**~-ply** *adj.* doppelt (*Stoff etc.*); zweischäftig (*Tau*); zweisträhnig (*Wolle etc.*); ˌ**~-'seat·er** *s.* ✈, *mot.* Zweisitzer *m*; '**~·some** [-səm] *s.* **1.** *Golf*: Zweier(spiel *n*) *m*; **2.** *bsd. humor.* ‚Duo' *n*, ‚Pärchen' *n*; '**~-speed** *adj.* ⚙ Zweigang...; '**~-stage** *adj.* ⚙ zweistufig; '**~-step** *s.* Twostepp *m* (*Tanz*); '**~-stroke** *adj. mot.* Zweitakt...; '**~-time** *v/t.* F **1.** *bsd. Ehepartner* betrügen; **2.** *j-n* ‚reinlegen'; '**~-way** *adj.* Zweiweg(e)..., Doppel...: ***~ adapter*** (*od.* ***plug***) ⚡ Doppelstecker *m*; ***~ cock*** Zweiwegehahn *m*; ***~ communication*** ⚡ Doppelverkehr *m*, Gegensprechen *n*; ***~ traffic*** Gegenverkehr *m*.

ty·coon [taɪ'kuːn] *s.* F **1.** Indu'striemagˌnat *m*, -kapiˌtän *m*: ***oil ~*** Ölmagnat; **2.** *pol.* ‚Oberbonze' *m*.

ty·ing ['taɪɪŋ] *pres. p. von* ***tie***.

tyke [taɪk] *s.* **1.** Köter *m*; **2.** Lümmel *m*, Kerl *m*; **3.** *Am.* F Kindchen *n*.

tym·pan ['tɪmpən] *s.* **1.** *typ.* Pressdeckel *m*; **2.** → ***tympanum*** 2; **tym·pan·ic** [tɪm'pænɪk] *adj. anat.* Mittelohr..., Trommelfell...: ***~ membrane*** Trommelfell *n*; **tym·pa·ni·tis** [ˌtɪmpə'naɪtɪs] *s.* ⚕ Mittelohrentzündung *f*; '**tym·pa·num** [-nəm] *pl.* **-na** [-nə], **-nums** *s.* **1.** *anat.* a) Mittelohr *n*, b) Trommelfell *n*; **2.** ⚠ Tympanon *n*: a) Giebelfeld *n*, b) Türbogenfeld *n*.

type [taɪp] **I** *s.* **1.** Typ(us) *m*: a) Urform *f*, b) typischer Vertreter, c) charakte'ristische Klasse; **2.** Ur-, Vorbild *n*, Muster *n*; **3.** ⚙ Typ *m*, Mo'dell *n*, Ausführung *f*, Baumuster *n*: ***~ plate*** Typenschild *n*; **4.** Art *f*, Schlag *m*, Sorte *f* (*alle a.* F); ***out of ~*** atypisch; ***he acted out of ~*** das war sonst nicht s-e Art; → ***true*** 4; **5.** *typ.* a) Letter *f*, (Druck)Type *f*, b) *coll.* Lettern *pl.*, Schrift *f*, Druck *m*: ***in ~*** (ab)gesetzt; ***set*** (***up***) ***in ~*** setzen; **6.** *fig.* Sinnbild *n*, Sym'bol *n* (***of*** *gen. od.* für); **II** *v/t.* **7.** mit der Ma'schine (ab-) schreiben, (ab)tippen: ***~d*** maschine(n)geschrieben; ***typing pool*** Schreibsaal *m*, -büro *n*; **8.** ***~ into*** in *e-n Computer* eingeben, -tippen; **III** *v/i.* **9.** Ma'schine schreiben, tippen; **~ a·re·a** *s. typ.* Satzspiegel *m*; '**~·cast** *v/t.* [*irr.* → ***cast***] *thea. etc.* a) *e-m Schauspieler* e-e s-m Typ entsprechende Rolle geben, b) *e-n Schauspieler* auf ein bestimmtes Rollenfach festlegen; '**~·face** *s. typ.* **1.** Schriftbild *n*; **2.** Schriftart *f*; **~ found·er** *s. typ.* Schriftgießer *m*; **~ found·ry** *s. typ.* Schriftgieße'rei *f*; **~ met·al** *s. typ.* 'Letternmeˌtall *n*; 'ˌ**~ˌo·ver mode** *s. Computer*: 'Überschreibemodus *m*; **~ page** *s. typ.* Satzspiegel *m*; '**~·script** *s.* Ma'schinenschrift(satz *m*) *f*, ma'schine(n)geschriebener Text; '**~ˌset·ter** *s. typ.* (Schrift)Setzer *m*; **~ size** *s. typ.* Schriftgrad *m*; **~ spec·i·men** *s.* **1.** ⚙ 'Musterexemˌplar *n*; **2.** *biol.* Typus *m*, Origi'nal *n*; '**~·write** *v/t. u. v/i.* [*irr.* → ***write***] → ***type*** 7, 9; '**~ˌwrit·er** *s.* **1.** 'Schreibmaˌschine *f*: ***~ ribbon*** Farbband *n*; **2.** *a.* ***~ face*** *typ.* 'Schreibmaˌschinenschrift *f*; '**~ˌwrit·ing** *s.* **1.** Ma'schineschreiben *n*; **2.** Ma'schinenschrift *f*; '**~ˌwrit·ten** *adj.* ma'schine(n)geschrieben, in Ma'schinenschrift.

ty·phoid ['taɪfɔɪd] ⚕ **I** *adj.* ty'phös, Typhus...: ***~ fever*** → **II** *s.* ('Unterleibs-) Typhus *m*.

ty·phoon [taɪ'fuːn] *s.* Tai'fun *m*.

ty·phus ['taɪfəs] *s.* ⚕ Flecktyphus *m*, -fieber *n*.

typ·i·cal ['tɪpɪkl] *adj.* ☐ **1.** typisch: a) repräsenta'tiv, b) charakte'ristisch, bezeichnend, kennzeichnend (***of*** für): ***be ~ of*** *et.* kennzeichnen *od.* charakterisieren; **3.** sym'bolisch, sinnbildlich (***of*** für); **4.** a) vorbildlich, echt, b) hinweisend (***of*** auf *et. Künftiges*); '**typ·i·calness** [-nɪs] *s.* **1.** *das* Typische; **2.** Sinnbildlichkeit *f*; '**typ·i·fy** [-ɪfaɪ] *v/t.* **1.** typisch *od.* ein typisches Beispiel sein für, verkörpern; **2.** versinnbildlichen.

typ·ist ['taɪpɪst] *s.* **1.** Ma'schinenschreiber(in); **2.** Schreibkraft *f*.

ty·pog·ra·pher [taɪ'pɒgrəfə] *s.* **1.** (Buch)Drucker *m*; **2.** (Schrift)Setzer *m*; **ty·po·graph·ic**, **ty·po·graph·i·cal** [ˌtaɪpə'græfɪk(l)] *adj.* ☐ **1.** Druck..., drucktechnisch: ***~ error*** Druckfehler *m*; **2.** typo'graphisch, Buchdruck(er)...; **ty'pog·ra·phy** [-fɪ] *s.* **1.** Buchdruckerkunst *f*, Typogra'phie *f*; **2.** (Buch-) Druck *m*; **3.** Druckbild *n*.

ty·po·log·i·cal [ˌtaɪpə'lɒdʒɪkl] *adj.* typo'logisch; **ty·pol·o·gy** [taɪ'pɒlədʒɪ] *s.* Typolo'gie *f*.

ty·ran·nic, **ty·ran·ni·cal** [tɪ'rænɪk(l)] *adj.* ☐ ty'rannisch; **ty'ran·ni·cide** [-ɪsaɪd] *s.* **1.** Ty'rannenmord *m*; **2.** Ty'rannenmörder *m*; **tyr·an·nize** ['tɪrənaɪz] **I** *v/i.* ty'rannisch sein *od.* herrschen: ***~ over*** → **II** *v/t.* tyrannisieren; **tyr·an·nous** ['tɪrənəs] *adj.* ☐ *rhet.* ty'rannisch; **tyr·an·ny** ['tɪrənɪ] *s.* **1.** Tyran'nei *f*: a) Despo'tismus, b) Gewalt-, Willkürherrschaft *f*; **2.** Tyran'nei *f* (*tyrannische Handlung etc.*); **3.** *antiq.* Ty'rannis *f*; **ty·rant** ['taɪərənt] *s.* Ty'rann(in).

tyre *etc. bsd. Brit.* → ***tire***² *etc.*

ty·ro ['taɪərəʊ] *pl.* **-ros** *s.* Anfänger(in), Neuling *m*.

Tyr·o·lese [ˌtɪrə'liːz] **I** *pl.* **-lese** *s.* Ti'roler(in); **II** *adj.* ti'rol(er)isch, Tiroler(...).

tzar *etc.* → ***czar*** *etc.*

U, u [juː] **I** *s.* **1.** U *n*, u *n* (*Buchstabe*); **2.** U *n*: ***U-bolt*** ⚙ U-Bolzen *m*; **II** *adj.* **3.** ***U*** *Brit.* F vornehm; **4.** *Brit.* jugendfrei: **~ *film***.

u·biq·ui·tous [juːˈbɪkwɪtəs] *adj.* □ all'gegenwärtig, (gleichzeitig) 'überall zu finden(d); **u'biq·ui·ty** [-kwətɪ] *s.* All'gegenwart *f*.

'U-boat *s.* ⚓ U-Boot *n*, (deutsches) 'Unterseeboot.

u·dal [ˈjuːdl] *s.* ⚖ *hist.* Al'lod(ium) *n*, Freigut *n*.

ud·der [ˈʌdə] *s.* Euter *n*.

u·dom·e·ter [juːˈdɒmɪtə] *s. meteor.* Regenmesser *m*, Udo'meter *n*.

ugh [ʌx; ʊh; ɜːh] *int.* hu!, pfui!

ug·li·fy [ˈʌglɪfaɪ] *v/t.* hässlich machen, entstellen; **'ug·li·ness** [-ɪnɪs] *s.* Hässlichkeit *f*; **ug·ly** [ˈʌglɪ] **I** *adj.* □ **1.** hässlich, garstig (*beide a. fig.*); **2.** *fig.* gemein, schmutzig; **3.** unangenehm, 'widerwärtig, übel: ***an ~ customer*** ein unangenehmer Kerl, ‚ein übler Kunde'; **4.** bös, schlimm, gefährlich (*Situation, Wunde etc.*); **II** *s.* **5.** F hässlicher Mensch; ‚Ekel' *n*.

UHT milk [ˈjuːeɪtʃtiː] *s.* H-Milch *f*.

u·kase [juːˈkeɪz] *s. hist. u. fig.* Ukas *m*, Erlass *m*, Befehl *m*.

U·krain·i·an [juːˈkreɪnjən] **I** *adj.* **1.** ukra'inisch; **II** *s.* **2.** Ukra'iner(in); **3.** *ling.* Ukra'inisch *n*.

u·ku·le·le [ˌjuːkəˈleɪlɪ] *s.* ♪ Uku'lele *f, n*.

ul·cer [ˈʌlsə] *s.* **1.** ⚕ (*Magen- etc.*)Geschwür *n*; **2.** *fig.* a) (Eiter)Beule *f*, b) Schandfleck *m*; **'ul·cer·ate** [-əreɪt] ⚕ **I** *v/t.* schwären lassen: **~*d*** eitrig, vereitert; **II** *v/i.* geschwürig werden, schwären; **ul·cer·a·tion** [ˌʌlsəˈreɪʃn] *s.* ⚕ Geschwür(bildung *f*) *n*; Schwären *n*, (Ver-)Eiterung *f*; **ul·cer·ous** [ˈʌlsərəs] *adj.* □ **1.** ⚕ geschwürig, eiternd; Geschwür(s)..., Eiter...; **2.** *fig.* kor'rupt, giftig.

ul·lage [ˈʌlɪdʒ] *s.* ✝ Schwund *m*: a) Leckage *f*, Flüssigkeitsverlust *m*, b) Gewichtsverlust *m*.

ul·na [ˈʌlnə] *pl.* **-nae** [-niː] *s. anat.* Elle *f*.

ul·ster [ˈʌlstə] *s.* Ulster(mantel) *m*.

ul·te·ri·or [ʌlˈtɪərɪə] *adj.* □ **1.** (*räumlich*) jenseitig; **2.** später (folgend), weiter, anderweitig: **~ *action***; **3.** *fig.* tiefer (liegend), versteckt: **~ *motives*** tiefere Beweggründe, Hintergedanken.

ul·ti·mate [ˈʌltɪmət] **I** *adj.* □ **1.** äußerst, (aller)letzt; höchst; **2.** entferntest; **3.** endgültig, End...: **~ *consumer*** ✝ Endverbraucher *m*; **~ *result*** Endergebnis *n*; **4.** grundlegend, elemen'tar, Grund...; **5.** ⚙, *phys.* Höchst..., Grenz...: **~ *strength*** Bruchfestigkeit *f*; **II** *s.* **6.** *das* Letzte, *das* Äußerste; **7.** *fig. der* Gipfel (***in*** an *dat.*); **'ul·ti·mate·ly** [-lɪ] *adv.* schließlich, endlich, letzten Endes, im Grunde.

ul·ti·ma·tum [ˌʌltɪˈmeɪtəm] *pl.* **-tums**, **-ta** [-tə] *s. pol. u. fig.* Ulti'matum *n* (***to*** an *acc.*): ***deliver an ~ to*** *j-m* ein Ultimatum stellen.

ul·ti·mo [ˈʌltɪməʊ] (*Lat.*) *adv.* ✝ letzten *od.* vorigen Monats.

ul·tra [ˈʌltrə] **I** *adj.* **1.** ex'trem, radi'kal, Erz..., Ultra...; **2.** 'übermäßig, über'trieben; ultra..., super...; **II** *s.* **3.** Extre'mist *m*, Ultra *m*; **'~-high fre·quen·cy** ⚡ **I** *s.* Ultra'hochfre,quenz *f*, Ultra'kurzwelle *f*; **II** *adj.* Ultrahochfrequenz..., Ultrakurzwellen...

ul·tra·ism [ˈʌltrəɪzəm] *s.* Extre'mismus *m*.

ul·tra|·ma·rine [ˌʌltrəməˈriːn] **I** *adj.* **1.** 'überseeisch; **2.** ⚗, *paint.* ultrama'rin: **~ *blue*** → **II** *s.* **3.** Ultrama'rin(blau) *n*; **ˌ~'mod·ern** *adj.* 'ultra-, 'hypermo,dern; **ˌ~'mon·tane** [-ˈmɒnteɪn] **I** *adj.* **1.** jenseits der Berge (gelegen); **2.** südlich der Alpen (gelegen), itali'enisch; **3.** *pol., eccl.* ultramon'tan, streng päpstlich; **II** *s.* **4.** → **ˌ~'mon·ta·nist** [-ˈmɒntənɪst] *s.* Ultramon'tane(r *m*) *f*; **ˌ~'na·tion·al** *adj.* 'ultranatio,nal; **ˌ~'short wave** *s.* ⚡ Ultra'kurzwelle *f*; **ˌ~'son·ic** *phys.* **I** *adj.* Ultraschall...; **II** *s. pl. sg. konstr.* (Lehre *f* vom) Ultraschall *m*; **'~·sound** *s. phys.*, ⚕ **1.** 'Ultraschall *m*; **2.** *a.* **~ *scan*** 'Ultraschall,aufnahme *f*: **~ *scanner*** Ultraschallgerät *n*; **ˌ~'vi·o·let** *adj. phys.* 'ultravio,lett.

ul·tra vi·res [ˌʌltrəˈvaɪəriːz] (*Lat.*) *adv. u. pred. adj.* ⚖ über j-s Macht *od.* Befugnisse (hin'ausgehend).

ul·u·late [ˈjuːljʊleɪt] *v/i.* heulen; **ul·u·la·tion** [ˌjuːljʊˈleɪʃn] *s.* Heulen *n*, (Weh-)Klagen *n*.

um·bel [ˈʌmbəl] *s.* ⚘ Dolde *f*; **'um·bel·late** [-leɪt] *adj.* doldenblütig, Dolden...; **um·bel·li·fer** [ʌmˈbelɪfə] *s.* Doldengewächs *n*; **um·bel·lif·er·ous** [ˌʌmbeˈlɪfərəs] *adj.* doldenblütig, Dolden tragend.

um·ber [ˈʌmbə] *s.* **1.** *min.* Umber(erde *f*) *m*, Umbra *f*; **2.** *paint.* Erd-, Dunkelbraun *n*.

um·bil·i·cal [ˌʌmbɪˈlaɪkl] *adj. anat.* Nabel...: **~ (*cord*)** Nabelschnur *f*; **um·bil·i·cus** [ʌmˈbɪlɪkəs] *pl.* **-cus·es** *s.* **1.** *anat.* Nabel *m*; **2.** (nabelförmige) Delle; **3.** ⚘ (Samen)Nabel *m*; **4.** ⩓ Nabelpunkt *m*.

um·bra [ˈʌmbrə] *pl.* **-brae** [-briː], **-bras** *s. ast.* a) Kernschatten *m*, b) Umbra *f* (*dunkler Kern e-s Sonnenflecks*).

um·brage [ˈʌmbrɪdʒ] *s.* **1.** Anstoß *m*, Ärgernis *n*: ***give ~*** Anstoß erregen (***to*** bei); ***take ~ at*** Anstoß nehmen an (*dat.*); **2.** *poet.* Schatten *m von Bäumen*; **um·bra·geous** [ʌmˈbreɪdʒəs] *adj.* □ **1.** schattig, Schatten spendend; **2.** *fig.* empfindlich, übelnehmerisch.

um·brel·la [ʌmˈbrelə] *s.* **1.** (*bsd.* Regen-)Schirm *m*: **~ *stand*** Schirmständer *m*; ***get*** (*od.* ***put***) ***under one ~*** *fig.* ‚unter 'einen Hut bringen'; **2.** ✈, ⚔ a) Jagdschutz *m*, Abschirmung *f*, b) *a.* **~ *barrage*** Feuervorhang *m*, -glocke *f*; **3.** *fig.* a) Schutz *m*, b) Rahmen *m*, c) Dach...: **~ *organization.***

um·laut [ˈʊmlaʊt] *ling.* **I** *s.* 'Umlaut(zeichen *n*) *m*; **II** *v/t.* 'umlauten.

um·pire [ˈʌmpaɪə] **I** *s.* **1.** *sport etc.* Schiedsrichter *m*, 'Unpar,teiische(r *m*) *f*; **2.** ⚖ Obmann *m* e-s Schiedsgerichts; **II** *v/t.* **3.** als Schiedsrichter fungieren bei, *sport a. das Spiel* leiten.

ump·teen [ˌʌmpˈtiːn] *adj.* F ‚zig' (*viele*): **~ *times*** x-mal; **ˌump'teenth** [-nθ], **'ump·ti·eth** [-tɪɪθ] *adj.* F ‚zigst', *der* (*die, das*) 'soundso'vielte ...: ***for the ~ time*** zum x-ten Mal.

'un [ən] *pron.* F *für* ***one.***

un- [ʌn] *in Zssgn* **1.** Un..., un..., nicht...; **2.** ent..., los..., auf..., ver... (*bei Verben*).

ˌun·a'bashed *adj.* **1.** unverfroren; **2.** unerschrocken.

un·a·bat·ed [ˌʌnəˈbeɪtɪd] *adj.* unvermindert; **ˌun·a'bat·ing** [-tɪŋ] *adj.* unablässig, anhaltend.

ˌun·ab'bre·vi·at·ed *adj.* ungekürzt.

un'a·ble *adj.* **1.** unfähig, außer'stande (***to do*** zu tun): ***be ~ to work*** nicht arbeiten können, arbeitsunfähig sein; ***~ to pay*** zahlungsunfähig, insolvent; **2.** untauglich, ungeeignet (***for*** für).

ˌun·a'bridged *adj.* ungekürzt.

ˌun·ac'cent·ed *adj.* unbetont.

ˌun·ac'cept·a·ble *adj.* **1.** unannehmbar (***to*** für); **2.** untragbar, unerwünscht (***to*** für).

ˌun·ac'com·mo·dat·ing *adj.* **1.** ungefällig, **2.** unnachgiebig.

ˌun·ac'com·pa·nied *adj.* unbegleitet, ohne Begleitung (*a.* ♪).

ˌun·ac'com·plished *adj.* **1.** 'unvollˌendet, unfertig; **2.** *fig.* ungebildet.

ˌun·ac'count·a·ble *adj.* □ **1.** nicht verantwortlich; **2.** unerklärlich, seltsam; **ˌun·ac'count·a·bly** *adv.* unerklärlicherweise.

ˌun·ac'count·ed-for *adj.* **1.** unerklärt (geblieben); **2.** nicht belegt.

ˌun·ac'cus·tomed *adj.* **1.** ungewohnt; **2.** nicht gewöhnt (***to*** an *acc.*).

un·a·chiev·a·ble [ˌʌnə'tʃiːvəbl] *adj.* **1.** unausführbar; **2.** unerreichbar; **ˌun·a'chieved** [-vd] *adj.* unerreicht, 'unvollˌendet.

ˌun·ac'knowl·edged *adj.* **1.** nicht anerkannt; **2.** uneingestanden; **3.** unbestätigt (*Brief etc.*).

ˌun·ac'quaint·ed *adj.* (***with***) unerfahren (in *dat.*), nicht vertraut (mit), unkundig (*gen.*): ***be ~ with*** *et.* nicht kennen.

ˌun'act·a·ble *adj. thea.* nicht bühnengerecht, unaufführbar.

ˌun·a'dapt·a·ble *adj.* **1.** nicht anpassungsfähig (***to*** an *acc.*); **2.** nicht anwendbar (***to*** auf *acc.*); **3.** ungeeignet (***for, to*** für, zu); **ˌun·a'dapt·ed** *adj.* **1.** nicht angepasst (***to*** *dat. od.* an *acc.*); **2.** ungeeignet, nicht eingerichtet (***to*** für).

ˌun·ad'dressed *adj.* ohne Anschrift.

ˌun·a'dorned *adj.* schmucklos.

ˌun·a'dul·ter·at·ed *adj.* rein, unverfälscht, echt.

ˌun·ad'ven·tur·ous *adj.* **1.** ohne Unter'nehmungsgeist; **2.** ereignislos (*Reise*).

'un·adˌvis·a'bil·i·ty *s.* Unratsamkeit *f*; **ˌun·ad'vis·a·ble** *adj.* □ unratsam, nicht ratsam *od.* empfehlenswert; **ˌun·ad'vised** *adj.* □ **1.** unberaten; **2.** unbesonnen, 'unüberˌlegt.

ˌun·af'fect·ed *adj.* □ **1.** ungekünstelt, nicht affektiert (*Stil, Auftreten etc.*); **2.** echt, aufrichtig; **3.** unberührt, ungerührt, unbeeinflusst (***by*** von); **ˌun·af'fect·ed·ness** [-nɪs] *s.* Na'türlichkeit *f*; Aufrichtigkeit *f*.

ˌun·a'fraid *adj.* furchtlos: ***be ~ of*** keine Angst haben vor (*dat.*).

ˌun'aid·ed *adj.* **1.** ohne Unter'stützung, ohne Hilfe (***by*** von); (ganz) al'lein; **2.** unbewaffnet, bloß (*Auge*).

ˌun'al·ien·a·ble *adj.* □ unveräußerlich (*a. fig. Recht*).

ˌun·al'loyed *adj.* **1.** ⚗ unvermischt, unlegiert; **2.** *fig.* ungetrübt, rein: ***~ happiness.***

un'al·ter·a·ble *adj.* □ unveränderlich, unabänderlich; **ˌun'al·tered** *adj.* unverändert.

ˌun·a'mazed *adj.* nicht verwundert: ***be ~ at*** sich nicht wundern über (*acc.*).

un·am·big·u·ous [ˌʌnæm'bɪgjʊəs] *adj.* □ unzweideutig; **ˌun·am'big·u·ous·ness** [-nɪs] *s.* Eindeutigkeit *f*.

ˌun·am'bi·tious *adj.* □ **1.** nicht ehrgeizig, ohne Ehrgeiz; **2.** anspruchslos, schlicht (*Sache*).

ˌun·a'me·na·ble *adj.* **1.** unzugänglich (***to*** *dat. od.* für); **2.** nicht verantwortlich (***to*** gegenüber).

ˌun·a'mend·ed *adj.* unverbessert, unabgeändert; nicht ergänzt.

ˌun-A'mer·i·can *adj.* **1.** 'unameriˌkanisch; **2.** ***~ activities*** *pol. Am.* staatsfeindliche Umtriebe.

ˌun'a·mi·a·ble *adj.* □ unliebenswürdig, unfreundlich.

ˌun·a'mus·ing *adj.* □ nicht unter'haltsam, langweilig, unergötzlich.

u·na·nim·i·ty [ˌjuːnə'nɪmətɪ] *s.* **1.** Einstimmigkeit *f*; **2.** Einmütigkeit *f*; **u·nan·i·mous** [juː'nænɪməs] *adj.* □ **1.** einmütig, einig; **2.** einstimmig (*Beschluss etc.*).

ˌun·an'nounced *adj.* unangemeldet, unangekündigt.

ˌun'an·swer·a·ble *adj.* □ **1.** nicht zu beantworten(d); unlösbar (*Rätsel*); **2.** 'unwiderˌlegbar; **3.** nicht verantwortlich *od.* haftbar; **ˌun'an·swered** *adj.* **1.** unbeantwortet; **2.** 'unwiderˌlegt.

un·ap·peal·a·ble [ˌʌnə'piːləbl] *adj.* ⚖ nicht berufungs- *od.* rechtsmittelfähig, unanfechtbar.

un·ap·peas·a·ble [ˌʌnə'piːzəbl] *adj.* **1.** nicht zu besänftigen(d), unversöhnlich; **2.** nicht zu'frieden zu stellen(d), unersättlich.

ˌun'ap·pe·tiz·ing *adj.* □ 'unappeˌtitlich, *fig. a.* wenig reizvoll.

ˌun·ap'plied *adj.* nicht angewandt *od.* gebraucht: ***~ funds*** totes Kapital.

ˌun·ap'pre·ci·at·ed *adj.* nicht gebührend gewürdigt *od.* geschätzt, unbeachtet.

ˌun·ap'proach·a·ble *adj.* □ unnahbar.

ˌun·ap'pro·pri·at·ed *adj.* **1.** herrenlos; **2.** nicht verwendet *od.* gebraucht; **3.** ✝ nicht zugeteilt, keiner bestimmten Verwendung zugeführt.

ˌun·ap'proved *adj.* ungebilligt, nicht genehmigt.

ˌun'apt *adj.* □ **1.** ungeeignet, untauglich (***for*** für, zu); **2.** unangebracht, unpassend; **3.** nicht geeignet (***to do*** zu tun); **4.** ungeschickt (***at*** bei, in *dat.*).

ˌun'ar·gued *adj.* **1.** unbesprochen; **2.** unbestritten.

ˌun'armed *adj.* **1.** unbewaffnet; **2.** unscharf (*Munition*).

ˌun'ar·mo(u)red *adj.* **1.** *bsd.* ⚔, ⚓ ungepanzert; **2.** ⚙ nicht bewehrt.

ˌun·as·cer'tain·a·ble *adj.* nicht feststellbar; **ˌun·as·cer'tained** *adj.* nicht (sicher) festgestellt.

ˌun·a'shamed *adj.* □ **1.** nicht beschämt; **2.** schamlos.

ˌun'asked *adj.* **1.** ungefragt; **2.** ungebeten, unaufgefordert; **3.** uneingeladen.

ˌun·as'pir·ing *adj.* □ ohne Ehrgeiz, anspruchslos, bescheiden.

ˌun·as'sail·a·ble *adj.* **1.** unangreifbar (*a. fig.*); **2.** *fig.* unanfechtbar.

ˌun·as'sign·a·ble *adj.* ⚖ nicht über'tragbar.

ˌun·as'sist·ed *adj.* □ ohne Hilfe *od.* Unter'stützung (***by*** von), (ganz) al'lein.

ˌun·as'sum·ing *adj.* □ anspruchslos, bescheiden.

ˌun·at'tached *adj.* **1.** nicht befestigt (***to*** an *dat.*); **2.** nicht gebunden, unabhängig; **3.** ungebunden, frei, ledig; **4.** *ped., univ.* ex'tern, keinem College angehörend (*Student*); **5.** ⚔ zur Disposi'tion stehend; **6.** ⚖ nicht mit Beschlag belegt.

ˌun·at'tain·a·ble *adj.* □ unerreichbar.

ˌun·at'tempt·ed *adj.* unversucht.

ˌun·at'tend·ed *adj.* **1.** unbegleitet; **2.** *mst* ***~ to*** a) unbeaufsichtigt, b) vernachlässigt.

ˌun·at'test·ed *adj.* **1.** unbezeugt, unbestätigt; **2.** *Brit.* (behördlich) nicht über'prüft.

ˌun·at'trac·tive *adj.* □ wenig anziehend, reizlos, 'unattrakˌtiv.

ˌun'au·thor·ized *adj.* **1.** nicht bevollmächtigt, unbefugt: ***~ person*** Unbefugte(r *m*) *f*; **2.** unerlaubt; unberechtigt (*Nachdruck etc.*).

un·a·vail·a·ble [ˌʌnə'veɪləbl] *adj.* □ **1.** nicht verfügbar *od.* vor'handen; **2.** → **ˌun·a'vail·ing** [-lɪŋ] *adj.* □ fruchtlos, vergeblich.

un·a·void·a·ble [ˌʌnə'vɔɪdəbl] *adj.* □ **1.** unvermeidlich, unvermeidbar: ***~ cost*** notwendige Kosten; **2.** ⚖ unanfechtbar.

un·a·ware [ˌʌnə'weə] *adj.* **1.** (***of***) nicht gewahr (*gen.*), in Unkenntnis (*gen.*): ***be ~ of*** sich *e-r Sache* nicht bewusst sein, *et.* nicht wissen *od.* bemerken; **2.** nichts ahnend: ***he was ~ that*** er ahnte nicht, dass; **ˌun·a'wares** [-eəz] *adv.* **1.** versehentlich, unabsichtlich; **2.** unversehens, unerwartet, unvermutet: ***catch*** (*od.* ***take***) ***s.o. ~*** j-n überraschen; ***at ~*** unverhofft, überraschend.

ˌun'backed *adj.* **1.** ohne Rückhalt *od.* Unter'stützung; **2.** ***~ horse*** Pferd, auf das nicht gesetzt wurde; **3.** ✝ ungedeckt, nicht indossiert.

ˌun'baked *adj.* **1.** ungebacken; **2.** *fig.* unreif.

ˌun'bal·ance I *v/t.* **1.** aus dem Gleichgewicht bringen (*a. fig.*); **2.** *fig. Geist* verwirren; **II** *s.* **3.** gestörtes Gleichgewicht, *fig. a.* Unausgeglichenheit *f*; **4.** ⚡, ⚙ Unwucht *f*; **ˌun'bal·anced** *adj.* **1.** aus dem Gleichgewicht gebracht, nicht im Gleichgewicht (befindlich); **2.** *fig.* unausgeglichen (*a.* ✝); **3.** *psych.* la'bil, ‚gestört'.

ˌun·bap'tized *adj.* ungetauft.

ˌun'bar *v/t.* aufriegeln.

ˌun'bear·a·ble *adj.* □ unerträglich.

ˌun'beat·en *adj.* **1.** ungeschlagen, unbesiegt; **2.** *fig.* 'unüberˌtroffen; **3.** unerforscht: ***~ region.***

ˌun·be'com·ing *adj.* □ **1.** unkleidsam: ***this hat is ~ to him*** dieser Hut steht ihm nicht; **2.** *fig.* unpassend, unschicklich, ungeziemend (***of, to, for*** für *j-n*).

ˌun·be'fit·ting → ***unbecoming*** 2.

ˌun·be'friend·ed *adj.* ohne Freund(e).

un·be·known(st F) [ˌʌnbɪ'nəʊn(st)] *adj. u. adv.* **1.** (***to***) ohne *j-s* Wissen; **2.** unbekannt(erweise).

ˌun·be'lief *s.* Unglaube *m*, Ungläubigkeit *f*; **ˌun·be'liev·a·ble** *adj.* □ unglaublich; **ˌun·be'liev·er** *s. eccl.* Ungläubige(r *m*) *f*, Glaubenslose(r *m*) *f*; **ˌun·be'liev·ing** *adj.* □ ungläubig.

ˌun'bend [*irr.* → ***bend***] **I** *v/t.* **1.** *Bogen etc., a. fig. Geist* entspannen; **2.** ⚙ gerade biegen, glätten; **3.** ⚓ a) *Tau etc.* losmachen, b) *Segel* abschlagen; **II** *v/i.* **4.** sich entspannen, sich lösen; **5.** *fig.* auftauen, freundlich(er) werden, s-e Förmlichkeit ablegen; **ˌun'bend·ing** [-dɪŋ] *adj.* □ **1.** unbiegsam; **2.** *fig.* unbeugsam, entschlossen; **3.** *fig.* reserviert, steif.

un·be·seem·ing [ˌʌnbɪ'siːmɪŋ] → ***unbecoming*** 2.

ˌun'bi·as(s)ed *adj.* □ unvoreingenommen, *a.* ⚖ unbefangen.

ˌun'bid(·den) *adj.* ungeheißen, unaufgefordert; ungebeten (*a. Gast*).

ˌ**unˈbind** *v/t.* [*irr.* → ***bind***] **1.** *Gefangene etc.* losbinden, befreien; **2.** *Haar, Knoten etc.* lösen.

ˌ**unˈbleached** *adj.* ungebleicht.

ˌ**unˈblem·ished** *adj. bsd. fig.* unbefleckt, makellos.

ˌ**unˈblink·ing** *adj.* □ **1.** ungerührt; **2.** unerschrocken.

ˌ**unˈblush·ing** *adj.* □ *fig.* schamlos.

ˌ**unˈbolt** *v/t.* aufriegeln, öffnen.

ˌ**unˈborn** *adj.* **1.** (noch) ungeboren; **2.** *fig.* (zu)künftig, kommend.

ˌ**unˈbos·om** *v/t. Gedanken, Gefühle etc.* enthüllen, offenˈbaren (***to*** *dat.*): ***~ o.s.*** (***to s.o.***) sich (j-m) offenbaren, (j-m) sein Herz ausschütten.

ˌ**unˈbound** *adj.* ungebunden: a) broschiert (*Buch*), b) *fig.* frei.

ˌ**unˈbound·ed** *adj.* □ **1.** unbegrenzt; **2.** *fig.* grenzen-, schrankenlos.

ˌ**unˈbrace** *v/t.* **1.** *Gurte etc.* lösen, losschnallen; **2.** entspannen (*a. fig.*): ***~ o.s.*** sich entspannen.

ˌ**unˈbreak·a·ble** *adj.* unzerbrechlich.

ˌ**unˈbrib·a·ble** *adj.* unbestechlich.

ˌ**unˈbri·dled** *adj.* **1.** ab-, ungezäumt; **2.** *fig.* ungezügelt, zügellos.

ˌ**unˈbro·ken** *adj.* □ **1.** ungebrochen (*a. fig. Eid etc.*), unzerbrochen, ganz, heil; **2.** ˈununterˌbrochen, ungestört; **3.** nicht zugeritten (*Pferd*); **4.** unbeeinträchtigt; **5.** ✓ ungepflügt; **6.** ungebrochen: ***~ record***.

ˌ**unˈbroth·er·ly** *adj.* unbrüderlich.

ˌ**unˈbuck·le** *v/t.* auf-, losschnallen.

ˌ**unˈbuilt** *adj.* **1.** (noch) nicht gebaut; **2.** *a.* ***~-on*** unbebaut (*Gelände*).

ˌ**unˈbur·den** *v/t.* **1.** *bsd. fig.* entlasten, von e-r Last befreien, *Gewissen etc.* erleichtern: ***~ o.s.*** (***to s.o.***) (j-m) sein Herz ausschütten; **2.** a) *Geheimnis etc.* loswerden, b) *Sünden* bekennen, beichten: ***~ one's troubles to s.o.*** s-e Sorgen bei j-m abladen.

ˌ**unˈbur·ied** *adj.* unbegraben.

ˌ**unˈburnt** *adj.* **1.** unverbrannt; **2.** ⚙ ungebrannt (*Ziegel etc.*).

ˌ**unˈbur·y** *v/t.* ausgraben (*a. fig.*).

ˌ**unˈbusi·ness·like** *adj.* unkaufmännisch, nicht geschäftsmäßig.

ˌ**unˈbut·ton** *v/t.* aufknöpfen; ˌ**unˈbut·toned** *adj.* aufgeknöpft, *fig. a.* gelöst, zwanglos.

ˌ**unˈcalled** *adj.* **1.** unaufgefordert; **2.** ✝ nicht aufgerufen; ˌ**unˈcalled-for** *adj.* **1.** ungerufen, unerwünscht; unverlangt (*Sache*); **2.** unangebracht, unpassend: ***~ remarks***.

unˈcan·ny *adj.* □ unheimlich (*a. fig.*).

ˌ**unˈcared-for** *adj.* **1.** unbeachtet; **2.** vernachlässigt; ungepflegt.

ˌ**unˈcase** *v/t.* auspacken.

un·ceas·ing [ʌnˈsiːsɪŋ] *adj.* □ unaufhörlich.

ˈ**unˌcer·eˈmo·ni·ous** *adj.* □ **1.** ungezwungen, zwanglos; **2.** a) unsanft, grob, b) unhöflich.

unˈcer·tain *adj.* □ **1.** unsicher, ungewiss, unbestimmt; **2.** nicht sicher: ***be ~ of s.th.*** e-r Sache nicht sicher *od.* gewiss sein; **3.** zweifelhaft, undeutlich, vage: ***an ~ answer***; **4.** unzuverlässig: ***an ~ friend***; **5.** unstet, unbeständig, veränderlich, launenhaft: ***~ temper***; ***~ weather***; **6.** unsicher, verunsichert; **unˈcer·tainty** [-tɪ] *s.* **1.** Unsicherheit *f*, Ungewissheit *f*; **2.** Zweifelhaftigkeit *f*; **3.** Unzuverlässigkeit *f*; **4.** Unbeständigkeit *f*.

ˌ**unˈcer·ti·fied** *adj.* nicht bescheinigt, unbeglaubigt.

ˌ**unˈchain** *v/t.* **1.** losketten; **2.** befreien (*a. fig.*).

ˌ**unˈchal·lenge·a·ble** *adj.* □ unanfechtbar, unbestreitbar; ˌ**unˈchal·lenged** *adj.* unbestritten, ˈunwiderˌsprochen, unangefochten.

un·change·a·ble [ˌʌnˈtʃeɪndʒəbl] *adj.* □ unveränderlich, unwandelbar; **unchanged** [ˌʌnˈtʃeɪndʒd] *adj.* unverändert; ˌ**unˈchang·ing** [-dʒɪŋ] *adj.* □ unveränderlich.

ˌ**unˈcharged** *adj.* **1.** nicht beladen; **2.** ⚖ nicht angeklagt; **3.** ↯ nicht (auf)geladen; **4.** ungeladen (*Schusswaffe*); **5.** ✝ a) unbelastet (*Konto*), b) unberechnet.

ˌ**unˈchar·i·ta·ble** *adj.* □ lieblos, hartherzig, unfreundlich.

ˌ**unˈchart·ed** *adj.* auf keiner (Land)Karte verzeichnet, unbekannt, unerforscht (*a. fig.*).

ˌ**unˈchaste** *adj.* □ unkeusch; ˌ**unˈchas·ti·ty** *s.* Unkeuschheit *f*.

ˌ**unˈchecked** *adj.* **1.** ungehindert, ungehemmt; **2.** unkontrolliert, ungeprüft.

ˌ**unˈchiv·al·rous** *adj.* unritterlich, ˈungaˌlant.

ˌ**unˈchris·tened** *adj.* ungetauft.

ˌ**unˈchris·tian** *adj.* □ unchristlich.

un·ci·al [ˈʌnsɪəl] **I** *adj.* **1.** Unzial...; **II** *s.* **2.** Unziˈale *f* (*abgerundeter Großbuchstabe*); **3.** Unziˈalschrift *f*.

un·ci·form [ˈʌnsɪfɔːm] **I** *adj.* hakenförmig; **II** *s. anat.* Hakenbein *n*.

ˌ**unˈcir·cum·cised** *adj.* unbeschnitten; ˈ**unˌcir·cumˈci·sion** *s. bibl. die* Unbeschnittenen *pl.*, *die* Heiden *pl.*

ˌ**unˈciv·il** *adj.* □ **1.** unhöflich, grob; **2.** *obs.* → ˌ**unˈciv·i·lized** *adj.* unzivilisiert.

ˌ**unˈclaimed** *adj.* **1.** nicht beansprucht, nicht geltend gemacht; **2.** nicht abgeholt *od.* abgehoben.

ˌ**unˈclasp** *v/t.* **1.** lösen, auf-, loshaken, -schnallen; öffnen; **2.** loslassen.

ˌ**unˈclas·si·fied** *adj.* **1.** nicht klassifiziert: ***~ road*** Landstraße *f*; **2.** ⚔ offen, nicht geheim.

un·cle [ˈʌŋkl] *s.* **1.** Onkel *m*: ***cry ~*** *Am.* F aufgeben; **2.** *sl.* Pfandleiher *m*.

ˌ**unˈclean** *adj.* □ unrein (*a. fig.*).

ˌ**unˈclean·li·ness** *s.* **1.** Unreinlichkeit *f*, Unsauberkeit *f*; **2.** *fig.* Unreinheit *f*; ˌ**unˈclean·ly** *adj.* **1.** unreinlich; **2.** *fig.* unrein, unkeusch.

ˌ**unˈclench I** *v/t.* **1.** *Faust* öffnen; **2.** *Griff* lockern; **II** *v/i.* **3.** sich öffnen *od.* lockern.

ˌ**unˈcloak** *v/t.* **1.** *j-m* den Mantel abnehmen; **2.** *fig.* enthüllen, -larven.

un·close [ˌʌnˈkləʊz] **I** *v/t.* **1.** öffnen; **2.** *fig.* enthüllen; **II** *v/i.* **3.** sich öffnen.

ˌ**unˈclothe** *v/t.* entkleiden, -blößen, -hüllen (*a. fig.*); ˌ**unˈclothed** *adj.* unbekleidet.

ˌ**unˈcloud·ed** *adj.* **1.** unbewölkt, wolkenlos; **2.** *fig.* ungetrübt.

un·co [ˈʌŋkəʊ] *Scot. od. dial.* **I** *adj.* ungewöhnlich, seltsam; **II** *adv.* äußerst, höchst: ***the ~ guid*** die ach so guten Menschen.

ˌ**unˈcock** *v/t. Gewehr*(*hahn*) *etc.* entspannen.

ˌ**unˈcoil** *v/t.* (*v/i.* sich) abwickeln *od.* abspulen *od.* aufrollen.

ˌ**un·colˈlect·ed** *adj.* **1.** nicht (ein)gesammelt; **2.** ✝ (noch) nicht erhoben (*Gebühren*); **3.** *fig.* nicht gefasst *od.* gesammelt.

ˌ**unˈcol·o(u)red** *adj.* **1.** ungefärbt; **2.** *fig.* ungeschminkt, objekˈtiv.

un-come-at-a·ble [ˌʌnkʌmˈætəbl] *adj.* F unerreichbar; unzugänglich: ***it's ~*** ‚da ist nicht ranzukommen'.

ˌ**unˈcome·ly** *adj.* **1.** unschön, reizlos; **2.** *obs.* unschicklich.

unˈcom·fort·a·ble *adj.* □ **1.** unangenehm, beunruhigend; **2.** unbehaglich, ungemütlich (*beide a. fig. Gefühl etc.*), unbequem: ***~ silence*** peinliche Stille; **3.** *fig.* unangenehm berührt.

ˌ**un·comˈmit·ted** *adj.* **1.** nicht begangen (*Verbrechen etc.*); **2.** (***to***) nicht verpflichtet (zu), nicht gebunden (an *acc.*); **3.** ⚖ nicht inhaftiert *od.* eingewiesen; **4.** *parl.* nicht an e-n Ausschuss *etc.* verwiesen; **5.** *pol.* neuˈtral, blockfrei; **6.** nicht zweckgebunden: ***~ funds***.

unˈcom·mon I *adj.* □ ungewöhnlich: a) selten, b) außergewöhnlich, -ordentlich; **II** *adv. obs.* äußerst, ungewöhnlich; **unˈcom·mon·ness** *s.* Ungewöhnlichkeit *f*.

ˌ**un·comˈmu·ni·ca·ble** *adj.* **1.** nicht mitteilbar; **2.** ⚕ nicht ansteckend; ˌ**un·comˈmu·ni·ca·tive** *adj.* □ nicht *od.* wenig mitteilsam, verschlossen.

ˌ**un·comˈpan·ion·a·ble** *adj.* ungesellig, nicht ˈumgänglich.

ˌ**un·comˈpet·i·tive** *adj.* nicht wettbewerbsfähig.

un·com·plain·ing [ˌʌnkəmˈpleɪnɪŋ] *adj.* □ klaglos, ohne Murren, geduldig; ˌ**un·comˈplain·ing·ness** [-nɪs] *s.* Klaglosigkeit *f*.

ˌ**un·comˈplai·sant** *adj.* □ ungefällig.

ˌ**un·comˈplet·ed** *adj.* ˈunvollˌendet.

ˌ**unˈcom·pli·cat·ed** *adj.* unkompliziert, einfach.

ˈ**unˌcom·pliˈmen·ta·ry** *adj.* **1.** nicht *od.* wenig schmeichelhaft; **2.** unhöflich.

un·com·pro·mis·ing [ʌnˈkɒmprəmaɪzɪŋ] *adj.* □ **1.** komproˈmisslos; **2.** unbeugsam, unnachgiebig; **3.** *fig.* entschieden, eindeutig.

ˌ**un·conˈcealed** *adj.* unverhohlen.

un·con·cern [ˌʌnkənˈsɜːn] *s.* **1.** Sorglosigkeit *f*, Unbekümmertheit *f*; **2.** Gleichgültigkeit *f*; ˌ**un·conˈcerned** [-nd] *adj.* □ **1.** (***in***) unbeteiligt (an *dat.*), nicht verwickelt (in *acc.*); **2.** uninteressiert (***with*** an *dat.*), gleichgültig; **3.** unbesorgt, unbekümmert (***about*** um, wegen): ***be ~ about*** sich über *et.* keine Gedanken *od.* Sorgen machen; ˌ**un·conˈcern·ed·ness** [-nɪdnɪs] → ***unconcern***.

ˌ**un·conˈdi·tion·al** *adj.* □ **1.** unbedingt, bedingungslos: ***~ surrender*** bedingungslose Kapitulation; **2.** uneingeschränkt, vorbehaltlos.

ˌ**un·conˈdi·tioned** *adj.* **1.** → ***unconditional***; **2.** unbedingt: a) *phls.* absoˈlut, b) *psych.* angeboren: ***~ reflex***.

ˌ**un·conˈfined** *adj.* □ unbegrenzt, unbeschränkt.

ˌ**un·conˈfirmed** *adj.* **1.** unbestätigt, nicht erhärtet, unverbürgt; **2.** *eccl.* a) nicht konfirmiert (*Protestanten*), b) nicht gefirmt (*Katholiken*).

ˌ**un·conˈgen·ial** *adj.* □ **1.** ungleichartig, nicht kongeniˈal; **2.** nicht zusagend, unangenehm, ˈunsymˌpathisch (***to*** *dat.*); **3.** unfreundlich.

ˌ**un·conˈnect·ed** *adj.* **1.** unverbunden, getrennt; **2.** ˈunzuˌsammenhängend; **3.** ungebunden, ohne Anhang; **4.** nicht verwandt.

un·con·quer·a·ble [ˌʌnˈkɒŋkərəbl] *adj.* □ ˈunüberˌwindlich (*a. fig.*), unbesiegbar; ˌ**unˈcon·quered** [-kəd] unbesiegt, nicht erobert.

ˈun̩con·sciˈen·tious *adj.* □ nicht gewissenhaft, nachlässig.

un·con·scion·a·ble [ʌnˈkɒnʃnəbl] *adj.* □ **1.** gewissen-, skrupellos; **2.** unvernünftig, nicht zumutbar; **3.** ‚unverschämt', unglaublich, eˈnorm.

unˈcon·scious I *adj.* □ **1.** unbewusst: ***be ~ of*** nichts ahnen von, sich *e-r Sache* nicht bewusst sein; **2.** ⚕ bewusstlos, ohnmächtig; **3.** unbewusst, unwillkürlich; unfreiwillig (*a. Humor*); **4.** unabsichtlich; **5.** *psych.* unbewusst; **II** *s.* **6.** ***the ~*** *psych.* das Unbewusste; **unˈcon·scious·ness** *s.* **1.** Unbewusstheit *f*; **2.** ⚕ Bewusstlosigkeit *f*.

ˌunˈcon·se·crat·ed *adj.* ungeweiht.

ˌun·conˈsid·ered *adj.* **1.** unberücksichtigt; **2.** unbedacht, ˈunüberˌlegt.

ˈunˌcon·stiˈtu·tion·al *adj.* □ *pol.* verfassungswidrig.

ˌun·conˈstrained *adj.* □ zwanglos, ungezwungen; **ˌun·conˈstraint** *s.* Ungezwungenheit *f*, Zwanglosigkeit *f*.

ˌun·conˈtest·ed *adj.* unbestritten, unangefochten: ***~ election*** *pol.* Wahl *f* ohne Gegenkandidaten.

ˈunˌcon·traˈdict·ed *adj.* ˈunwiderˌsprochen, unbestritten.

ˌun·conˈtrol·la·ble *adj.* □ **1.** unkontrollierbar; **2.** unbändig, unbeherrscht: ***an ~ temper***; **ˌun·conˈtrolled** *adj.* □ **1.** nicht kontrolliert, unbeaufsichtigt; **2.** unbeherrscht, zügellos.

ˌun·conˈven·tion·al *adj.* □ ˈunkonventioˌnell: a) unüblich, b) ungezwungen, form-, zwanglos; **ˈun·conˌven·tionˈal·i·ty** *s.* Zwanglosigkeit *f*, Ungezwungenheit *f*.

ˌun·conˈvert·ed *adj.* **1.** unverwandelt; **2.** *eccl.* unbekehrt (*a. fig. nicht überzeugt*); **3.** ✝ nicht konvertiert; **ˌun·conˈvert·i·ble** *adj.* **1.** nicht verwandelbar; **2.** nicht vertauschbar; **3.** ✝ nicht konvertierbar.

ˌun·conˈvinced *adj.* nicht überˈzeugt; **ˌun·conˈvinc·ing** *adj.* nicht überˈzeugend.

ˌunˈcooked *adj.* ungekocht, roh.

ˌunˈcord *v/t.* auf-, losbinden.

ˌunˈcork *v/t.* **1.** entkorken; **2.** *fig.* F *Gefühlen etc.* Luft machen; **3.** *Am.* F *et.* ‚vom Stapel lassen'.

ˌun·corˈrob·o·rat·ed *adj.* unbestätigt, nicht erhärtet.

un·count·a·ble [ˌʌnˈkaʊntəbl] *adj.* **1.** unzählbar; **2.** zahllos; **ˌunˈcount·ed** [-tɪd] *adj.* **1.** ungezählt; **2.** unzählig.

ˌunˈcouple *v/t.* **1.** *Hunde etc.* aus der Koppel (los)lassen; **2.** loslösen, trennen; **3.** ⚙ aus-, loskuppeln.

un·couth [ʌnˈkuːθ] *adj.* □ **1.** ungeschlacht, unbeholfen, plump; **2.** grob, ungehobelt; **3.** *poet.* öde, wild (*Gegend*); **4.** *obs.* wunderlich.

ˌunˈcov·e·nant·ed *adj.* **1.** nicht vertraglich festgelegt; **2.** nicht vertraglich gebunden.

unˈcov·er I *v/t.* **1.** aufdecken, freilegen; *Körperteil, a. Kopf* entblößen: ***~ o.s.*** → 5; **2.** *fig.* aufdecken, enthüllen; **3.** ⚔ ohne Deckung lassen; **4.** *Boxen etc.*: ungedeckt lassen; **II** *v/i.* **5.** den Hut abnehmen; **unˈcov·ered** *adj.* **1.** unbedeckt (*a. barhäuptig*); **2.** unbekleidet, nackt; **3.** ⚔, *sport etc.* ungedeckt, ungeschützt; **4.** ✝ ungedeckt (*Wechsel etc.*).

ˌunˈcrit·i·cal *adj.* □ unkritisch, kriˈtiklos (***of*** gegenüber).

ˌunˈcross *v/t. gekreuzte Arme od. Beine* gerade legen; **ˌunˈcrossed** *adj.* nicht gekreuzt: ***~ cheque*** (*Am.* ***check***) ✝ Barscheck *m*.

unc·tion [ˈʌŋkʃn] *s.* **1.** Salbung *f*, Einreibung *f*; **2.** ⚕ Salbe *f*; **3.** *eccl.* a) (heiliges) Öl, b) Salbung *f* (*Weihe*), c) *a.* ***extreme ~*** Letzte Ölung; **4.** *fig.* Balsam *m* (*Linderung, Trost*) (***to*** für); **5.** *fig.* Inbrunst *f*, Pathos *n*; **6.** *fig.* Salbung *f*, unechtes Pathos: ***with ~*** a) salbungsvoll, b) mit Genuss; **ˈunc·tu·ous** [-ktjʊəs] *adj.* □ **1.** ölig, fettig: ***~ soil*** fetter Boden; **2.** *fig.* salbungsvoll, ölig.

ˌunˈcul·ti·vat·ed *adj.* **1.** ✓ unbebaut, unkultiviert; **2.** *fig.* brachliegend (*Talent etc.*); **3.** *fig.* ungebildet, unkultiviert.

ˌunˈcul·tured *adj.* unkultiviert (*a. fig. ungebildet*).

ˌunˈcurbed *adj.* **1.** abgezäumt; **2.** *fig.* ungezähmt, zügellos.

ˌunˈcured *adj.* **1.** ungeheilt; **2.** ungesalzen, ungepökelt.

ˌunˈcurl *v/t.* (*v/i.* sich) entkräuseln *od.* glätten.

ˌun·curˈtailed *adj.* ungekürzt, unbeschnitten.

ˌunˈcut *adj.* **1.** ungeschnitten; **2.** unzerschnitten; **3.** ✓ ungemäht; **4.** ungeschliffen (*Diamant*); **5.** unbeschnitten (*Buch*); **6.** *fig.* ungekürzt.

ˌunˈdam·aged *adj.* unbeschädigt, unversehrt.

ˌunˈdamped *adj.* **1.** *bsd.* ♪, ⚡, *phys.* ungedämpft; **2.** unangefeuchtet; **3.** *fig.* nicht entmutigt.

un·date [ˈʌndeɪt] *adj.* wellig, wellenförmig.

un·dat·ed¹ [ˈʌndeɪtɪd] → ***undate.***

ˌunˈdat·ed² *adj.* **1.** undatiert, ohne Datum; **2.** unbefristet.

un·daunt·ed [ˌʌnˈdɔːntɪd] *adj.* □ unerschrocken.

un·dead [ʌnˈded] *s*: ***the ~*** *pl.* die Untoten *pl.*

ˌun·deˈceive *v/t.* **1.** *j-m* die Augen öffnen, *j-n* desillusioˈnieren; **2.** aufklären (***of*** über *acc.*), e-s Besser(e)n belehren; **ˌun·deˈceived** *adj.* **1.** nicht irregeführt; **2.** aufgeklärt, e-s Besser(e)n belehrt.

ˌun·deˈcid·ed *adj.* □ **1.** unentschieden, offen: ***leave s.th. ~***; **2.** unbestimmt, vage; **3.** unentschlossen; **4.** unbeständig (*Wetter*).

ˌun·deˈci·pher·a·ble *adj.* **1.** nicht zu entziffern(d), nicht entzifferbar; **2.** unerklärlich, nicht enträtselbar.

ˌun·deˈclared *adj.* **1.** nicht bekannt gemacht, nicht erklärt: ***~ war*** Krieg *m* ohne Kriegserklärung; **2.** ✝ nicht deklariert.

ˌun·deˈfend·ed *adj.* **1.** unverteidigt; **2.** ⚖ a) unverteidigt, ohne Verteidiger, b) ˈunwiderˌsprochen (*Klage*).

ˌun·deˈfiled *adj.* unbefleckt, rein (*a. fig.*).

ˌun·deˈfin·a·ble *adj.* undefinierbar, unbestimmt.

ˌun·deˈfined *adj.* **1.** unbegrenzt; **2.** unbestimmt, vage.

ˈun·deˌlete *v/t. Computer: Datei etc.* wiederˈherstellen.

ˌun·deˈmand·ing *adj.* **1.** anspruchslos (*a. fig.*); **2.** leicht: ***~ task.***

ˌun·deˈmon·stra·tive *adj.* zuˈrückhaltend, reserviert, unaufdringlich.

ˌun·deˈni·a·ble *adj.* □ unleugbar, unbestreitbar.

ˈun·deˌnom·i·naˈtion·al *adj.* **1.** nicht konfessioˈnell gebunden; **2.** *ped.* interkonfessioˈnell, Gemeinschafts..., Simultan...: ***~ school.***

un·der [ˈʌndə] **I** *prp.* **1.** *allg.* unter (*dat. od. acc.*); **2.** *Lage*: unter (*dat.*), ˈunterhalb von (*od. gen.*): ***from ~ ...*** unter *dem Tisch etc.* hervor; ***get out from ~*** *Am. sl.* a) sich herauswinden, b) den Verlust wettmachen; **3.** *Richtung*: unter (*acc.*); **4.** unter (*dat.*), am Fuße von (*od. gen.*); **5.** *zeitlich*: unter (*dat.*), während: ***~ his rule***; ***~ the Stuarts*** unter den Stuarts; ***~ the date of*** unter dem Datum vom *1. Januar etc.*; **6.** unter *der Autorität, Führung etc.*: ***he fought ~ Wellington***; **7.** unter (*dat.*), unter dem Schutz von: ***~ arms*** unter Waffen; ***~ darkness*** im Schutz der Dunkelheit; **8.** unter (*dat.*), geringer als, weniger als: ***persons ~ 40 (years of age)*** Personen unter 40 (Jahren); ***in ~ an hour*** in weniger als ˈeiner Stunde; **9.** *fig.* unter (*dat.*): ***~ alcohol*** unter Alkohol; ***~ an assumed name*** unter e-m angenommenen Namen; ***~ supervision*** unter Aufsicht; **10.** gemäß, laut, nach: ***~ the terms of the contract***; ***claims ~ a contract*** Forderungen aus e-m Vertrag; **11.** in (*dat.*): ***~ construction*** im Bau; ***~ repair*** in Reparatur; ***~ treatment*** ⚕ in Behandlung; **12.** bei: ***he studied physics ~ Maxwell***; **13.** mit: ***~ s.o.'s signature*** mit j-s Unterschrift, (eigenhändig) unterzeichnet von j-m; ***~ separate cover*** mit getrennter Post; **II** *adv.* **14.** darˈunter, unter; → ***go*** (***keep*** *etc.*) ***under***; **15.** unten: ***as ~*** wie unten (angeführt); **III** *adj.* **16.** unter, Unter...; **17.** unter, nieder, ˈuntergeordnet, Unter...; **18.** *nur in Zssgn* ungenügend, zu gering: ***an ~dose***; **ˌ~ˈact** [-ərˈæ-] *v/t. u. v/i. thea. etc.* unterˈspielen, unterˈtreiben (*a. fig.*); **ˌ~·aˈchieve** [-ərə-] *v/i.* weniger leisten *od.* schlechter abschneiden als erwartet; **ˌ~ˈage** [-ərˈeɪ-] *adj.* minderjährig; **ˈ~ˌa·gent** [-ərˌeɪ-] *s.* ˈUntervertreter *m*; **ˈ~·arm** [-ərɑːm] **I** *adj.* **1.** Unterarm...; **2.** → ***underhand*** 2; **II** *adv.* **3.** mit e-r ˈUnterarmbewegung; **ˌ~ˈbid** *v/t.* [*irr.* → ***bid***] unterˈbieten; **ˌ~ˈbred** *adj.* unfein, ungebildet; **ˈ~·brush** *s.* ˈUnterholz *n*, Gestrüpp *n*; **ˈ~ˌcar·riage** *s.* **1.** ✈ Fahrwerk *n*; **2.** *mot. etc.* Fahrgestell *n*; **3.** ⚔ ˈUnterlaˌfette *f*; **ˌ~ˈcharge I** *v/t.* **1.** *j-m* zu wenig berechnen; **2.** *et.* zu gering berechnen; **3.** *Batterie etc.* unterˈladen; **4.** *Geschütz etc.* zu schwach laden; **II** *s.* **5.** zu geringe Berechnung *od.* Belastung; **6.** ungenügende (Auf)Ladung; **ˈ~·clothes** *s. pl.*, **ˈ~ˌcloth·ing** *s.* ˈUnterkleidung *f*, -wäsche *f*; **ˈ~·coat** *s.* **1.** ⚙, *paint.* Grundierung *f*; **2.** *zo.* Wollhaarkleid *n*; **ˈ~ˌcov·er** *adj.* **1.** Geheim...: ***~ agent***, ***~ man*** a) (*bsd.* eingeschleuster) Geheimagent, Spitzel *m*, b) verdeckter Ermittler; **ˈ~·croft** *s.* ⛪ ˈunterirdisches Gewölbe, Krypta *f*; **ˈ~ˌcur·rent** *s.* ˈUnterströmung *f* (*a. fig.*); **ˌ~ˈcut I** *v/t.* [*irr.* → ***cut***] **1.** unterˈhöhlen; **2.** (im Preis) unterˈbieten; **3.** *Golf, Tennis etc.*: *Ball* mit ˈUnterschnitt spielen; **II** *s.* ˈ***undercut*** **4.** Unterˈhöhlung *f*; **5.** *Golf, Tennis etc.*: unterˈschnittener Ball; **6.** *Küche*: *Brit.* Fiˈlet *n*, zartes Lendenstück; **ˌ~·deˈvel·oped** *adj. phot. u. fig.* ˈunterentwickelt: ***~ child***; ***~ country*** Entwicklungsland *n*; **ˈ~·dog** *s. fig.* **1.** Verlierer *m*, Unterˈlegene(r *m*) *f*; **2.** a) *der* (soziˈal *etc.*) Schwächere *od.* Benachteiligte, b) *der* (zu Unrecht) Verfolgte; **ˌ~ˈdone** *adj.* nicht gar, nicht ˈdurchgebraten; **ˈ~·dose** ⚕ **I** *s.* **1.** zu geringe Dosis; **II**

U

v/t. ˌ**under'dose** **2.** *j-m* e-e zu geringe Dosis geben; **3.** *et.* 'unterdosieren; ˌ**~'dress** *v/t.* (*v/i.* sich) zu einfach kleiden; ˌ**~'es·ti·mate** [-ər'estɪmeɪt] **I** *v/t.* unter'schätzen; **II** *s.* [-mət] *a.* '**~ˌes·ti·'ma·tion** [-əˌre-] Unter'schätzung *f*; 'Unterbewertung *f*; ˌ**~·ex'pose** [-dərɪ-] *v/t. phot.* 'unterbelichten; ˌ**~·ex'po·sure** [-dərɪ-] *s. phot.* 'Unterbelichtung *f*; ˌ**~'fed** *adj.* 'unterernährt; ˌ**~'feed·ing** *s.* 'Unterernährung *f*; ˌ**~'foot** *adv.* **1.** unter den Füßen, unten, am Boden *zertrampeln etc.*; **2.** *fig.* in der Gewalt, unter Kon'trolle; '**~·frame** *s. mot. etc.* 'Untergestell *n*, Rahmen *m*; '**~ˌgar·ment** *s.* 'Unterkleid(ung *f*) *n*; *pl.* 'Unterwäsche *f*; ˌ**~'go** *v/t.* [*irr.* → **go**] **1.** *e-n Wandel etc.* erleben, 'durchmachen; **2.** sich *e-r Operation etc.* unter'ziehen; **3.** erdulden; ˌ**~'grad·u·ate** *univ.* **I** *s.* Stu'dent(in); **II** *adj.* Studenten...; '**~·ground** **I** *s.* **1.** *bsd. Brit.* 'Untergrundbahn *f*, U-Bahn *f*; **2.** *pol.* 'Untergrund(bewegung *f*) *m*; **3.** *Kunst*: Underground *m*; **II** *adj.* **4.** 'unterirdisch: **~ cable** ⚙ Erdkabel *n*; **~ car park**, **~ garage** Tiefgarage *f*; **~ railway** (*Am.* **railroad**) → 1; **~ water** Grundwasser *n*; **5.** ⚒ unter Tag(e): **~ mining** Untertag(e)bau *m*; **6.** ⚙ Tiefbau...: **~ engineering** Tiefbau *m*; **7.** *fig.* Untergrund..., Geheim..., verborgen: **~ movement** *pol.* Untergrundbewegung *f*; **8.** *Kunst*: Underground...: **~ film**; **III** *adv.* ˌ**under'ground** **9.** unter der *od.* die Erde, 'unterirdisch; **10.** *fig.* im Verborgenen, geheim: **go ~** a) *pol.* in den Untergrund gehen, b) untertauchen; '**~·growth** *s.* 'Unterholz *n*, Gestrüpp *n*; ˌ**~'hand** *adj. u. adv.* **1.** *fig.* a) heimlich, verstohlen, b) 'hinterlistig; **2.** *sport* mit der Hand unter Schulterhöhe ausgeführt: **~ service** *Tennis*: Tiefaufschlag *m*; ˌ**~'hand·ed** *adj.* □ **1.** → **underhand** 1; **2.** ⚚ knapp an Arbeitskräften, 'unterbelegt; ˌ**~·in'sure** [-ərɪ-] *v/t.* (*v/i.* sich) 'unterversichern; ˌ**~'lay** **I** *v/t.* [*irr.* → **lay¹**] **1.** (dar)'unterlegen; **2.** *et.* unter'legen, stützen; **3.** *typ. Satz* zurichten; **II** *v/i.* **4.** ⚒ sich neigen, einfallen; **III** *s.* '**underlay** **5.** 'Unterlage *f*; **6.** *typ.* Zurichtebogen *m*; **7.** ⚒ schräges Flöz; '**~·lease** *s.* 'Unterverpachtung *f*, -miete *f*; ˌ**~'let** *v/t.* [*irr.* → **let¹**] **1.** unter Wert verpachten *od.* vermieten; **2.** 'unterverpachten, -vermieten; ˌ**~'lie** *v/t.* [*irr.* → **lie²**] **1.** liegen unter (*dat.*); **2.** zu'grunde liegen (*dat.*); **3.** ⚚ unter'liegen (*dat.*), unter'worfen sein (*dat.*); ˌ**~'line** **I** *v/t.* **1.** unter'streichen (*a. fig. betonen*); **II** *s.* '**underline** **2.** Unter'streichung *f*; **3.** *thea.* (Vor)Ankündigung *f* am Ende e-s The'aterplaˌkats; **4.** 'Bildˌunterschrift *f*.

un·der·ling ['ʌndəlɪŋ] *s. contp.* Unter'gebene(r *m*) *f*, (kleiner) Handlanger, ‚Kuli' *m*.

ˌ**un·der|'ly·ing** *adj.* **1.** dar'unter liegend; **2.** *fig.* zu'grunde liegend; **3.** ⚚ *Am.* Vorrangs...; ˌ**~'manned** [-'mænd] *adj.* a) ⚓ 'unterbemannt, b) (perso'nell) 'unterbesetzt; ˌ**~'men·tioned** *adj.* unten erwähnt; ˌ**~'mine** *v/t.* **1.** ⚙ untermi'nieren (*a. fig.*); **2.** unter'spülen, auswaschen; **3.** *fig.* unter'graben, (all'mählich) zu'grunde richten; '**~·most** **I** *adj.* unterst; **II** *adv.* zu'unterst.

un·der·neath [ˌʌndə'ni:θ] **I** *prp.* **1.** unter (*dat. od. acc.*), 'unterhalb (*gen.*); **II** *adv.* **2.** unten, dar'unter; **3.** auf der 'Unterseite.

ˌ**un·der|'nour·ished** *adj.* 'unterernährt; '**~·pants** *s. pl.* 'Unterhose *f*; '**~·pass** *s.* ('Straßen- *etc.*)Unterˌführung *f*; ˌ**~'pay** *v/t.* [*irr.* → **pay**] ⚚ 'unterbezahlen; ˌ**~'pin** *v/t.* △ (unter)'stützen, unter'mauern (*beide a. fig.*); ˌ**~'pin·ning** *s.* **1.** △ Unter'mauerung *f*, 'Unterbau *m* (*a. fig.*); **2.** F ‚Fahrgestell' *n* (*Beine*); ˌ**~'play** *v/t. u. v/i.* **1.** → **underact**; **2.** **~ one's hand** *fig.* nicht alle Trümpfe ausspielen; '**~·plot** *s.* Nebenhandlung *f*, Epi'sode *f* (*Roman etc.*); ˌ**~'pop·u·lat·ed** *adj.* 'unterbevölkert; ˌ**~'print** *v/t.* **1.** *typ.* a) gegendrucken, b) zu schwach drucken; **2.** *phot.* 'unterkopieren; ˌ**~'priv·i·leged** *adj.* ⚚, *pol.* 'unterprivilegiert, schlechter gestellt; ˌ**~·pro'duc·tion** *s.* ⚚ 'Unterproduktiˌon *f*; ˌ**~'proof** *adj.* ⚚ 'unterproˌzentig (*Spirituosen*); ˌ**~'rate** *v/t.* **1.** unter'schätzen, 'unterbewerten (*a. sport*); **2.** ⚚ zu niedrig veranschlagen; ˌ**~·re'ac·tion** *s.* zu schwache Reakti'on; '**~·seal** *mot.* **I** *s.* 'Unterbodenschutz *m*; **II** *v/t.* mit Unterbodenschutz versehen; ˌ**~'score** *v/t.* unter'streichen (*a. fig. betonen*); ˌ**~'sec·re·tar·y** *s. pol.* 'Staatssekreˌtär *m*; ˌ**~'sell** *v/t.* [*irr.* → **sell**] ⚚ **1.** *j-n* unter'bieten; **2.** *Ware* verschleudern, unter Wert verkaufen; ˌ**~'sexed** *adj.*: **be ~** e-n unterentwickelten Geschlechtstrieb haben; '**~·shirt** *s.* 'Unterhemd *n*; ˌ**~'shoot** *v/t.* [*irr.* → **shoot**]: **~ the runway** ✈ vor der Landebahn aufsetzen; '**~·shot** *adj.* **1.** ⚙ 'unterschlächtig (*Wasserrad*); **2.** mit vorstehendem 'Unterkiefer; ˌ**~'signed** **I** *adj.* unter'zeichnet; **II** *s.*: **the undersigned** a) der (die) Unter'zeichnete, b) die Unter'zeichneten *pl.*; ˌ**~'size(d)** *adj.* **1.** unter Nor'malgröße; **2.** winzig; '**~·skirt** *s.* 'Unterrock *m*; ˌ**~'slung** *adj.* ⚙, *mot.* Hänge...(-*kühler etc.*), Unterzug...(-*rahmen*); unter'baut (*Feder etc.*); '**~·soil** *s.* 'Untergrund *m*; ˌ**~'staffed** *adj.* 'unterbesetzt.

un·der·stand [ˌʌndə'stænd] [*irr.* → **stand**] **I** *v/t.* **1.** verstehen: a) begreifen, b) einsehen, c) *wörtlich etc.* auffassen, d) Verständnis haben für: **~ each other** *fig.* sich *od.* einander verstehen, *a.* zu e-r Einigung kommen; **give s.o. to ~** j-m zu verstehen geben; **make o.s. understood** sich verständlich machen; **do I** (*od.* **am I to**) **~ that ...** soll das etwa heißen, dass ...; **be it understood** wohlverstanden; **what do you ~ by ...?** was verstehen Sie unter (*dat.*)?; **2.** sich verstehen auf (*acc.*), wissen (**how to** *inf.* wie man *et. macht*): **he ~s horses** er versteht sich auf Pferde; **she ~s children** sie kann mit Kindern umgehen; **3.** (als sicher) annehmen, vor'aussetzen: **an understood thing** e-e ausgemachte Sache; **that is understood** das versteht sich (von selbst); **it is understood that** ⚖ es gilt als vereinbart, dass; **4.** erfahren, hören: **I ~ ...** wie ich höre; **I ~ that** ich hörte *od.* man sagte mir, dass; **it is understood** es heißt, wie verlautet; **5.** (**from**) entnehmen (*dat. od.* aus), schließen (aus); **6.** *bsd. ling.* sinngemäß ergänzen, hin'zudenken; **II** *v/i.* **7.** verstehen: a) begreifen, b) *fig.* (volles) Verständnis haben; **8.** Verstand haben; **9.** hören: **..., so I ~** wie ich höre; ˌ**un·der'stand·a·ble** [-dəbl] *adj.* verständlich; ˌ**un·der'stand·a·bly** [-dəblɪ] *adv.* verständlich(erweise); ˌ**un·der'stand·ing** [-dɪŋ] **I** *s.* **1.** Verstehen *n*; **2.** Verstand *m*, Intelli'genz *f*; **3.** Verständnis *n* (**of** für); **4.** *gutes etc.* Einvernehmen (**between** zwischen); **5.** Verständigung *f*, Vereinbarung *f*, Über'einkunft *f*, Abmachung *f*: **come to an ~ with s.o.** zu e-r Einigung mit j-m kommen; **6.** Bedingung *f*: **on the ~ that** unter der Bedingung *od.* Voraussetzung, dass; **II** *adj.* □ **7.** verständig; **8.** verständnisvoll.

un·der|·state [ˌʌndə'steɪt] *v/t.* **1.** zu gering angeben; **2.** (bewusst) zu'rückhaltend darstellen, unter'treiben; **3.** abschwächen, mildern; ˌ**~'state·ment** *s.* **1.** zu niedrige Angabe; **2.** Unter'treibung *f*, Under'statement *n*; ˌ**~'steer** *v/i.* *Auto* unter'steuern; '**~ˌstrap·per** → **underling**; '**~ˌstud·y** *thea.* **I** *v/t.* **1.** *Rolle* als zweite Besetzung einstudieren; **2.** für *e-n Schauspieler* einspringen; **II** *s.* **3.** zweite Besetzung; *fig.* Ersatzmann *m*; ˌ**~'take** *v/t.* [*irr.* → **take**] **1.** *Aufgabe* über'nehmen, *Sache* auf sich *od.* in die Hand nehmen; **2.** *Reise etc.* unter'nehmen; **3.** *Risiko*, *Verantwortung etc.* über'nehmen, eingehen; **4.** sich erbieten, sich verpflichten (**to do** zu tun); **5.** garantieren, sich verbürgen (**that** dass); '**~ˌtak·er** *s.* Leichenbestatter *m*, Be'stattungsinstiˌtut *n*; ˌ**~'tak·ing** *s.* **1.** 'Übernahme *f e-r Aufgabe*; **2.** Unter'nehmung *f*, -'fangen *n*; **3.** ⚚ Unter'nehmen *n*, Betrieb *m*: **industrial ~**; **4.** Verpflichtung *f*; **5.** Garan'tie *f*; **6.** '**underˌtaking** Leichenbestattung *f*; ˌ**~'ten·ant** *s.* 'Untermieter(in), -pächter(in); ˌ**~-the-'count·er** *adj.* heimlich, dunkel, 'illeˌgal; ˌ**~'timed** *adj. phot.* 'unterbelichtet; '**~·tone** *s.* **1.** gedämpfter Ton, gedämpfte Stimme: **in an ~** halblaut; **2.** *fig.* 'Unterton *m*; *Börse*: Grundton *m*; **3.** gedämpfte Farbe; '**~·tow** *s.* ⚓ **1.** Sog *m*; **2.** 'Widersee *f*; ˌ**~'val·ue** *v/t.* unter'schätzen, 'unterbewerten, zu gering ansetzen; '**~·vest** *s. Brit.* 'Unterhemd *n*; '**~·wear** → **underclothes**; '**~·weight** **I** *s.* 'Untergewicht *n*; **II** *adj.* ˌ**under'weight** 'untergewichtig: **be ~** Untergewicht haben; '**~·wood** *s.* 'Unterholz *n*, Gestrüpp *n* (*a. fig.*); ˌ**~'worked** *adj.* unterbeschäftigt, nicht ausgelastet; '**~·world** *s. allg.* 'Unterwelt *f*; '**~·write** *v/t.* [*irr.* → **write**] **1.** a) *et.* da'runter schreiben, b) *fig. et.* unter'schreiben; **2.** ⚚ a) *Versicherungspolice* unter'zeichnen, *Versicherung* über'nehmen, b) *et.* versichern, c) die Haftung über'nehmen für; **2.** *Aktienemission etc.* garantieren; '**~ˌwrit·er** *s.* ⚚ **1.** Versicherer *m*, Versicherung(sgesellschaft) *f*; **2.** Mitglied *n e-s* Emissi'onskonˌsortiums; **3.** Ver'sicherungsaˌgent *m*; '**~ˌwrit·ing** *s.* ⚚ **1.** (See)Versicherung(sgeschäft *n*) *f*; **2.** Emissi'onsgaranˌtie *f*: **~ syndicate** Emissionskonsortium *n*.

ˌ**un·de'served** *adj.* unverdient; ˌ**un·de'serv·ed·ly** [-ɪdlɪ] *adv.* unverdientermaßen; ˌ**un·de'serv·ing** *adj.* □ unwert, unwürdig (**of** *gen.*): **be ~ of** kein *Mitgefühl etc.* verdienen.

ˌ**un·de'signed** *adj.* □ unbeabsichtigt, unabsichtlich; ˌ**un·de'sign·ing** *adj.* ehrlich, aufrichtig.

'**un·deˌsir·a'bil·i·ty** *s.* Unerwünschtheit *f*; ˌ**un·de'sir·a·ble** **I** *adj.* □ **1.** nicht wünschenswert; **2.** unerwünscht, lästig: **~ alien**; **II** *s.* **3.** unerwünschte Per'son; ˌ**un·de'sired** *adj.* unerwünscht, 'unwillˌkommen; ˌ**un·de'sir·ous** *adj.* nicht begierig (**of** nach): **be ~ of** *et.* nicht wünschen *od.* (haben) wollen.

ˌ**un·de'tach·a·ble** *adj.* nicht (ab)trennbar *od.* abnehmbar.

ˌ**un·de'tect·ed** *adj.* unentdeckt.

U

ˌ**un·deˈter·mined** *adj.* **1.** unentschieden, schwebend, offen: ***an ~ question***; **2.** unbestimmt, vage; **3.** unentschlossen, unschlüssig.

ˌ**un·deˈterred** *adj.* nicht abgeschreckt, unbeeindruckt (***by*** von).

ˌ**un·deˈvel·oped** *adj.* **1.** unentwickelt; **2.** unerschlossen (*Gebiet*).

un·de·vi·at·ing [ʌnˈdiːvɪeɪtɪŋ] *adj.* □ **1.** nicht abweichend; **2.** unentwegt, unbeirrbar.

un·dies [ˈʌndɪz] *s. pl.* F (ˈDamen-) ˌUnterwäsche *f.*

ˈ**unˌdif·ferˈen·ti·at·ed** *adj.* undifferenziert.

ˌ**un·diˈgest·ed** *adj.* unverdaut (*a. fig.*).

unˈdig·ni·fied *adj.* würdelos.

ˌ**un·diˈlut·ed** *adj.* unverdünnt, *a. fig.* unverwässert, unverfälscht.

ˌ**un·diˈmin·ished** *adj.* unvermindert.

ˌ**un·diˈrect·ed** *adj.* **1.** ungeleitet, führungslos, ungelenkt; **2.** unadressiert; **3.** *phys.* ungerichtet.

ˌ**un·disˈcerned** *adj.* □ unbemerkt; ˌ**un·disˈcern·ing** *adj.* □ urteils-, einsichtslos, unkritisch.

ˌ**un·disˈcharged** *adj.* **1.** unbezahlt; unbeglichen; **2.** (noch) nicht entlastet: ***~ debtor***; **3.** nicht abgeschossen (*Feuerwaffe*); **4.** nicht entladen (*Schiff etc.*).

unˈdis·ci·plined *adj.* **1.** undiszipliniert, zuchtlos; **2.** ungeschult.

ˌ**un·disˈclosed** *adj.* ungenannt, geheim gehalten, nicht bekannt gegeben.

ˌ**un·disˈcour·aged** *adj.* nicht entmutigt.

ˌ**un·disˈcov·er·a·ble** *adj.* unauffindbar, nicht zu entdecken(d); ˌ**un·disˈcov·ered** *adj.* **1.** unentdeckt; **2.** unbemerkt.

ˌ**un·disˈcrim·i·nat·ing** *adj.* □ **1.** unterschiedslos; **2.** urteilslos, unkritisch.

ˌ**un·disˈcussed** *adj.* unerörtert.

ˌ**un·disˈguised** *adj.* □ **1.** unverkleidet, unmaskiert; **2.** *fig.* unverhüllt.

ˌ**un·disˈmayed** *adj.* unerschrocken.

ˌ**un·disˈposed** *adj.* **1.** ***~ of*** nicht verteilt *od.* vergeben, ✝ *a.* unverkauft; **2.** abgeneigt, nicht bereit *od.* (dazu) aufgelegt (***to do*** zu tun).

ˌ**un·disˈput·ed** *adj.* □ unbestritten.

ˌ**un·disˈtin·guish·a·ble** *adj.* □ **1.** nicht erkenn- *od.* wahrnehmbar; **2.** nicht unterˈscheidbar, nicht zu unterˈscheiden(d) (***from*** von); ˌ**un·disˈtin·guished** *adj.* **1.** sich nicht unterˈscheidend (***from*** von); **2.** ˈdurchschnittlich, norˈmal; **3.** → ***undistinguishable.***

ˌ**un·disˈturbed** *adj.* □ **1.** ungestört; **2.** unberührt, gelassen.

ˌ**un·diˈvid·ed** *adj.* □ **1.** ungeteilt (*a. fig. Aufmerksamkeit etc.*); **2.** ✝ nicht verteilt: ***~ profits.***

un·do [ˌʌnˈduː] *v/t.* [*irr.* → **do**] **1.** *Paket, Knoten, a. Kragen, Mantel etc.* aufmachen, öffnen; aufknöpfen, -knüpfen, -lösen; losbinden; *j-m* den Reißverschluss *etc.* aufmachen; *Saum etc.* auftrennen; → ***undone***; **2.** *fig.* ungeschehen *od.* rückgängig machen, aufheben; **3.** *fig. et. od. j-n* ruinieren, zuˈgrunde richten; *Hoffnungen etc.* zuˈnichte machen; ˌ**unˈdo·ing** *s.* **1.** *das* Aufmachen *etc.*; **2.** Ungeschehen-, Rückgängigmachen *n*; **3.** Zuˈgrunderichtung *f*; **4.** Unglück *n*, Verderben *n*, Ruˈin *m*; ˌ**unˈdone I** *p.p. von* ***undo***; **II** *adj.* **1.** ungetan, unerledigt: ***leave s.th. ~*** et. unausgeführt lassen, et. unterlassen; ***leave nothing ~*** nichts unversucht lassen; **2.** offen: ***come ~*** aufgehen; **3.** ruiniert, ‚erledigt', ‚hin': ***he is ~*** es ist aus mit ihm.

un·doubt·ed [ʌnˈdaʊtɪd] *adj.* □ unbezweifelt, unbestritten; unzweifelhaft; **unˈdoubt·ed·ly** [-lɪ] *adv.* zweifellos, ohne (jeden) Zweifel.

un·dreamed, *a.* **un·dreamt** [*beide* ʌnˈdremt] *adj. oft* ***~-of*** ungeahnt, nie erträumt, unerhört.

ˌ**unˈdress I** *v/t.* **1.** (*v/i.* sich) entkleiden *od.* ausziehen; **II** *s.* **2.** Alltagskleid(ung *f*) *n*; **3.** Hauskleid *n*; **4.** ***in a state of ~*** a) halb bekleidet, im Negliˈgee, b) unbekleidet; **5.** ⚔ ˈInterimsuniˌform *f*; ˌ**unˈdressed** *adj.* **1.** unbekleidet; **2.** *Küche*: a) ungarniert, b) unzubereitet; **3.** ⚙ a) ungegerbt (*Leder*), b) unbehauen (*Holz, Stein*); **4.** ⚕ unverbunden (*Wunde etc.*).

ˌ**unˈdrink·a·ble** *adj.* nicht trinkbar.

ˌ**unˈdue** *adj.* (□ → ***unduly***) **1.** ˈübermäßig, überˈtrieben; **2.** ungehörig, unangebracht, ungebührlich; **3.** *bsd.* ⚖ unzulässig: ***~ influence*** unzulässige Beeinflussung; **4.** ✝ noch nicht fällig.

un·du·late [ˈʌndjʊleɪt] **I** *v/i.* **1.** wogen, wallen, sich wellenförmig (fort)bewegen; **2.** wellenförmig verlaufen; **II** *v/t.* **3.** in wellenförmige Bewegung versetzen, wogen lassen; **4.** wellen; **III** *adj.* □ **5.** → ˈ**un·du·lat·ed** [-tɪd] *adj.* wellenförmig, wellig, Wellen...: ***~ line*** Wellenlinie *f*; ˈ**un·du·lat·ing** [-tɪŋ] *adj.* □ **1.** → ***undulated***; **2.** wallend, wogend; **un·du·la·tion** [ˌʌndjʊˈleɪʃn] *s.* **1.** wellenförmige Bewegung; Wallen *n*, Wogen *n*; **2.** *geol.* Welligkeit *f*; **3.** *phys.* Wellenbewegung *f*, -linie *f*; **4.** *phys.* Schwingung(sbewegung) *f*; **5.** ⚕ Unduˈlatiˈon *f*; ˈ**un·du·la·to·ry** [-lətrɪ] *adj.* wellenförmig, Wellen...

ˌ**unˈdu·ly** *adv. von* ***undue*** 1–3: ***not ~ worried*** nicht übermäßig *od.* über Gebühr besorgt.

ˌ**unˈdu·ti·ful** *adj.* □ **1.** pflichtvergessen; **2.** ungehorsam; **3.** unehrerbietig.

unˈdy·ing *adj.* □ **1.** unsterblich, unvergänglich (*Liebe, Ruhm etc.*); **2.** unendlich (*Hass etc.*).

ˌ**unˈearned** *adj.* unverdient, nicht erarbeitet: ***~ income*** ✝ Einkommen *n* aus Vermögen, Kapitaleinkommen *n*.

ˌ**unˈearth** *v/t.* **1.** *Tier* aus der Höhle treiben; **2.** ausgraben (*a. fig.*); **3.** *fig. et.* ans (Tages)Licht bringen, aufstöbern, ausfindig machen.

unˈearth·ly *adj.* **1.** ˈüberirdisch; **2.** unirdisch, ˈübernaˌtürlich; **3.** schauerlich, unheimlich; **4.** F unmöglich (*Zeit*): ***at an ~ hour.***

unˈeas·i·ness *s.* **1.** (*körperliches u. geistiges*) Unbehagen; **2.** (innere) Unruhe; **3.** Unbehaglichkeit *f e-s Gefühls etc.*; **4.** Unsicherheit *f*; **unˈeas·y** *adj.* □ **1.** unruhig, unbehaglich, besorgt, nerˈvös: ***feel ~ about s.th.*** über et. beunruhigt sein; **2.** unbehaglich (*Gefühl*), beunruhigend (*Verdacht etc.*); **3.** unruhig: ***~ night***; **4.** unsicher (*im Sattel etc.*); **5.** gezwungen, unsicher (*Benehmen etc.*).

ˌ**unˈeat·a·ble** *adj.* ungenießbar.

ˈ**unˌe·coˈnom·ic**, ˈ**unˌe·coˈnom·i·cal** *adj.* □ unwirtschaftlich.

ˌ**unˈed·i·fy·ing** *adj. fig.* wenig erbaulich, unerquicklich.

ˌ**unˈed·u·cat·ed** *adj.* ungebildet.

ˌ**un·emˈbar·rassed** *adj.* **1.** nicht verlegen, ungeniert; **2.** unbehindert; **3.** von (Geld)Sorgen frei.

ˌ**un·eˈmo·tion·al** *adj.* □ **1.** leidenschaftslos, nüchtern; **2.** teilnahmslos, passiv, kühl; **3.** gelassen.

ˌ**un·emˈploy·a·ble I** *adj.* **1.** nicht verwendbar, unbrauchbar; **2.** arbeitsunfähig (*Person*); **II** *s.* **3.** Arbeitsunfähige(r *m*) *f*; ˌ**un·emˈployed I** *adj.* **1.** arbeits-, erwerbs-, stellungslos; **2.** ungenützt, brachliegend: ***~ capital*** ✝ totes Kapital; **II** *s.* **3.** ***the ~*** *pl.* die Arbeitslosen *pl.*; ˌ**~·emˈploy·ment** *s.* Arbeitslosigkeit *f*: ***~ benefit*** Arbeitslosenunterstützung *f*; ***~ insurance*** Arbeitslosenversicherung *f*; ***~ rate*** Arbeitslosenquote *f*.

ˌ**un·enˈcum·bered** *adj.* **1.** ⚖ unbelastet (*Grundbesitz*); **2.** (***by***) unbehindert (durch), frei (von).

unˈend·ing *adj.* □ endlos, nicht enden wollend, unaufhörlich.

ˌ**un·enˈdowed** *adj.* **1.** nicht ausgestattet (***with*** mit); **2.** nicht dotiert (***with*** mit), ohne Zuschuss; **3.** nicht begabt (***with*** mit).

ˌ**un·enˈdur·a·ble** *adj.* □ unerträglich.

ˌ**un·enˈgaged** *adj.* frei: a) nicht gebunden *od.* verpflichtet, b) nicht verlobt, c) unbeschäftigt.

ˌ**un-ˈEng·lish** *adj.* unenglisch.

ˌ**un·enˈlight·ened** *adj. fig.* **1.** unerleuchtet; **2.** unaufgeklärt.

ˌ**unˈen·ter·pris·ing** *adj.* □ nicht *od.* wenig unterˈnehmungslustig, ohne Unterˈnehmungsgeist.

ˌ**unˈen·vi·a·ble** *adj.* □ nicht zu beneiden(d), wenig beneidenswert.

ˌ**unˈe·qual** *adj.* □ **1.** ungleich (*a. Kampf*), ˈunterschiedlich; **2.** nicht gewachsen (***to*** *dat.*); **3.** ungleichförmig; ˌ**unˈe·qual(l)ed** *adj.* **1.** unerreicht, ˈunüberˌtroffen (***by*** von, ***for*** in *od.* an *dat.*); **2.** beispiellos, *nachgestellt*: ohneˈgleichen: ***~ ignorance.***

ˌ**un·eˈquiv·o·cal** *adj.* □ **1.** unzweideutig, eindeutig; **2.** aufrichtig.

ˌ**unˈerr·ing** *adj.* □ unfehlbar, untrüglich.

ˌ**un·esˈsen·tial I** *adj.* unwesentlich, unwichtig; **II** *s.* Nebensache *f*.

ˌ**unˈe·ven** *adj.* □ **1.** uneben: ***~ ground***; **2.** ungerade (*Zahl*); **3.** ungleich(mäßig, -artig); **4.** unausgeglichen (*Charakter etc.*); ˌ**unˈe·ven·ness** *s.* Unebenheit *f etc.*

ˌ**un·eˈvent·ful** *adj.* □ ereignislos: ***be ~*** *a.* ohne Zwischenfälle verlaufen.

ˌ**un·exˈam·pled** *adj.* beispiellos, unvergleichlich, *nachgestellt*: ohneˈgleichen: ***not ~*** nicht ohne Beispiel.

un·ex·celled [ˌʌnɪkˈseld] *adj.* ˈunüberˌtroffen.

ˌ**un·exˈcep·tion·a·ble** *adj.* □ untadelig, einwandfrei.

ˌ**un·exˈcep·tion·al** *adj.* □ **1.** nicht außergewöhnlich; **2.** ausnahmslos; **3.** → ***unexceptionable.***

ˌ**un·exˈcit·ing** *adj.* nicht *od.* wenig aufregend.

un·ex·pect·ed [ˌʌnɪkˈspektɪd] *adj.* □ unerwartet, unvermutet.

ˌ**un·exˈpired** *adj.* (noch) nicht abgelaufen *od.* verfallen (*Frist etc.*), noch in Kraft.

ˌ**un·exˈplain·a·ble** *adj.* unerklärlich; ˌ**un·exˈplained** *adj.* unerklärt.

ˌ**un·exˈplored** *adj.* unerforscht.

ˌ**un·exˈpressed** *adj.* unausgesprochen.

ˌ**unˈex·pur·gat·ed** *adj.* nicht gereinigt, ungekürzt (*Bücher etc.*).

unˈfad·ing *adj.* □ **1.** unverwelklich (*a. fig.*); **2.** *fig.* unvergänglich; **3.** nicht verblassend (*Farbe*).

unˈfail·ing *adj.* □ **1.** unfehlbar; **2.** nie versagend; **3.** treu; **4.** unerschöpflich, unversiegbar.

ˌ**unˈfair** *adj.* □ unfair: a) unbillig, ungerecht, b) unehrlich, *bsd.* ✝ unlauter, c)

U

nicht anständig, d) unsportlich (*alle* **to** gegen'über): **~ competition** unlauterer Wettbewerb; **~ dismissal** ungerechtfertigte Entlassung; ˌ**un'fair·ly** *adv.* **1.** unfair, unbillig(erweise) *etc.*; zu Unrecht: **not ~** nicht zu Unrecht; **2.** 'übermäßig; ˌ**un'fair·ness** *s.* Unfairness *f*, Ungerechtigkeit *f etc.*

ˌ**un'faith·ful** *adj.* □ **1.** un(ge)treu, treulos; **2.** unaufrichtig; **3.** nicht wortgetreu, ungenau (*Abschrift, Übersetzung*); ˌ**un'faith·ful·ness** *s.* Untreue *f*, Treulosigkeit *f*.

un'fal·ter·ing *adj.* □ **1.** nicht schwankend, sicher (*Schritt etc.*); **2.** fest (*Stimme, Blick*); **3.** *fig.* unbeugsam, entschlossen.

ˌ**un·fa'mil·iar** *adj.* □ **1.** nicht vertraut, unbekannt (**to** *dat.*); **2.** ungewohnt, fremd (**to** *dat. od.* für).

ˌ**un'fash·ion·a·ble** *adj.* □ 'unmoˌdern, altmodisch.

ˌ**un'fas·ten I** *v/t.* aufmachen, losbinden, lösen, öffnen; **II** *v/i.* sich lösen, aufgehen; ˌ**un'fas·tened** *adj.* unbefestigt, lose.

ˌ**un'fa·ther·ly** *adj.* unväterlich, lieblos.

un·fath·om·a·ble [ʌn'fæðəməbl] *adj.* □ unergründlich (*a. fig.*); ˌ**un'fath·omed** *adj.* unergründet.

ˌ**un'fa·vo(u)r·a·ble** *adj.* □ **1.** unvorteilhaft (*a. Aussehen*), ungünstig (**for, to** für); widrig (*Wetter, Umstände etc.*); **2.** ☤ passiv (*Zahlungsbilanz etc.*); ˌ**un'fa·vo(u)r·a·ble·ness** *s.* Unvorteilhaftigkeit *f*.

ˌ**un'fea·si·ble** *adj.* unausführbar.

un·feel·ing [ʌn'fi:lɪŋ] *adj.* □ gefühllos; **un'feel·ing·ness** [-nɪs] *s.* Gefühllosigkeit *f*.

un'feigned *adj.* □ **1.** ungeheuchelt, **2.** wahr, echt.

ˌ**un'felt** *adj.* ungefühlt.

ˌ**un·fer'ment·ed** *adj.* ungegoren.

ˌ**un'fet·ter** *v/t.* **1.** losketten; **2.** *fig.* befreien; ˌ**un'fet·tered** *adj. fig.* unbehindert, unbeschränkt, frei.

ˌ**un'fil·i·al** *adj.* □ lieb-, re'spektlos, pflichtvergessen (*Kind*).

ˌ**un'filled** *adj.* **1.** un(aus)gefüllt; **2.** unbesetzt (*Posten, Stelle*); **3. ~ orders** ☤ nicht ausgeführte Bestellungen, Auftragsbestand *m*.

ˌ**un'fin·ished** *adj.* **1.** unfertig (*a. fig. Stil etc.*); ⚙ unbearbeitet; **2.** 'unvollˌendet (*Sinfonie etc.*); **3.** unerledigt: **~ business** *parl.* unerledigte Punkte *pl.* (*der Geschäftsordnung*).

ˌ**un'fit I** *adj.* □ **1.** untauglich (*a.* ⚔), ungeeignet (**for** für, zu): **~ for** (**military**) **service** (wehr)dienstuntauglich; **2.** unfähig, unbefähigt (**for** zu *et.*, **to do** zu tun); **II** *v/t.* **3.** ungeeignet *etc.* machen (**for** für); ˌ**un'fit·ness** *s.* Untauglichkeit *f*; ˌ**un'fit·ted** *adj.* **1.** ungeeignet, untauglich; **2.** nicht (gut) ausgerüstet (**with** mit); ˌ**un'fit·ting** *adj.* □ **1.** ungeeignet, unpassend; **2.** unschicklich.

ˌ**un'fix** *v/t.* losmachen, lösen: **~ bayonets!** ⚔ Seitengewehr an Ort!; ˌ**un'fixed** *adj.* **1.** unbefestigt, lose; **2.** *fig.* schwankend.

ˌ**un'flag·ging** *adj.* □ unermüdlich.

ˌ**un'flap·pa·ble** *adj.* F unerschütterlich, nicht aus der Ruhe zu bringen.

ˌ**un'flat·ter·ing** *adj.* □ **1.** nicht *od.* wenig schmeichelhaft; **2.** ungeschminkt.

ˌ**un'fledged** *adj.* **1.** *orn.* ungefiedert, (noch) nicht flügge; **2.** *fig.* unreif.

un·flinch·ing [ʌn'flɪntʃɪŋ] *adj.* □ **1.** unerschütterlich, unerschrocken; **2.** entschlossen, unnachgiebig.

un·fly·a·ble [ˌʌn'flaɪəbl] *adj.* ✈ **1.** fluguntüchtig; **2. ~ weather** kein Flugwetter.

ˌ**un'fold I** *v/t.* **1.** entfalten, ausbreiten, öffnen; **2.** *fig.* a) enthüllen, darlegen, b) entwickeln; **II** *v/i.* **3.** sich entfalten *od.* öffnen; **4.** *fig.* sich entwickeln.

ˌ**un'forced** *adj.* □ ungezwungen.

ˌ**un·fore'see·a·ble** *adj.* 'unvorˌhersehbar; ˌ**un·fore'seen** *adj.* 'unvorˌhergesehen, unerwartet.

un·for·get·ta·ble [ˌʌnfə'getəbl] *adj.* □ unvergesslich: **of ~ beauty.**

un·for·giv·a·ble [ˌʌnfə'gɪvəbl] *adj.* unverzeihlich; ˌ**un·for'giv·en** *adj.* unverziehen; ˌ**un·for'giv·ing** *adj.* □ unversöhnlich, nachtragend.

ˌ**un·for'got·ten** *adj.* unvergessen.

ˌ**un'formed** *adj.* **1.** ungeformt, formlos; **2.** unfertig, unentwickelt; unausgebildet.

un'for·tu·nate I *adj.* □ **1.** unglücklich, Unglücks...; verhängnisvoll, un(glück)selig; **2.** bedauerlich; **II** *s.* **3.** Unglückliche(r *m*) *f*; **un'for·tu·nate·ly** *adv.* unglücklicherweise, bedauerlicherweise, leider.

ˌ**un'found·ed** *adj.* □ unbegründet, grundlos.

ˌ**un'freeze** *v/t.* **1.** auftauen; **2.** ☤ *Preise etc.* freigeben; **3.** *Gelder* zur Auszahlung freigeben.

ˌ**un·fre'quent·ed** *adj.* **1.** nicht *od.* wenig besucht; **2.** einsam.

ˌ**un'friend·ed** *adj.* ohne Freund(e).

ˌ**un'friend·li·ness** *s.* Unfreundlichkeit *f*; ˌ**un'friend·ly** *adj.* **1.** unfreundlich (*a. fig. Zimmer etc.*) (**to** zu); **2.** ungünstig (**for, to** für).

ˌ**un'frock** *v/t. eccl. j-m* das Priesteramt entziehen.

ˌ**un'fruit·ful** *adj.* □ **1.** unfruchtbar; **2.** *fig.* frucht-, ergebnislos; ˌ**un'fruit·ful·ness** *s.* **1.** Unfruchtbarkeit *f*; **2.** *fig.* Fruchtlosigkeit *f*.

ˌ**un'fund·ed** *adj.* ☤ unfundiert.

ˌ**un'furl I** *v/t. Fahne etc.* entfalten, -rollen; *Fächer* ausbreiten; ⚓ *Segel* losmachen; **II** *v/i.* sich entfalten.

ˌ**un'fur·nished** *adj.* **1.** nicht ausgerüstet *od.* versehen (**with** mit); **2.** unmöbliert: **~ room.**

un·gain·li·ness [ʌn'geɪnlɪnɪs] *s.* Plumpheit *f*, Unbeholfenheit *f*; **un·gain·ly** [ʌn'geɪnlɪ] *adj.* unbeholfen, plump, linkisch.

ˌ**un'gal·lant** *adj.* □ **1.** 'ungaˌlant (**to** zu, gegenüber); **2.** nicht tapfer.

ˌ**un'gear** *v/t.* ⚙ auskuppeln.

ˌ**un'gen·er·ous** *adj.* □ **1.** nicht freigebig, knauserig; **2.** kleinlich.

ˌ**un'gen·ial** *adj.* unfreundlich.

ˌ**un'gen·tle** *adj.* □ unsanft, unzart.

un'gen·tle·man·like → **ungentlemanly**; **un'gen·tle·man·li·ness** *s.* **1.** unfeine Art; **2.** ungebildetes *od.* unfeines Benehmen; **un'gen·tle·man·ly** *adj.* unfein.

un·get·at·a·ble [ˌʌnget'ætəbl] *adj.* unnahbar.

ˌ**un'gird** *v/t.* losgürten.

ˌ**un'glazed** *adj.* **1.** unverglast; **2.** unglasiert.

ˌ**un'gloved** *adj.* ohne Handschuh(e).

ˌ**un'god·li·ness** *s.* Gottlosigkeit *f*; ˌ**un'god·ly** *adj.* **1.** gottlos (*a. weitS. verrucht*); **2.** F scheußlich, schrecklich, heillos.

un·gov·ern·a·ble [ˌʌn'gʌvənəbl] *adj.* □ **1.** unlenksam; **2.** zügellos, unbändig, wild; ˌ**un'gov·erned** *adj.* unbeherrscht.

ˌ**un'grace·ful** *adj.* □ 'ungraziˌös, ohne Anmut; plump, ungelenk.

ˌ**un'gra·cious** *adj.* □ ungnädig.

ˌ**un·gram'mat·i·cal** *adj.* □ *ling.* 'ungramˌmatisch.

un'grate·ful *adj.* □ undankbar (**to** gegen) (*a. fig. unangenehm*); **un'grate·ful·ness** *s.* Undankbarkeit *f*.

ˌ**un'grat·i·fied** *adj.* unbefriedigt.

ˌ**un'ground·ed** *adj.* □ **1.** unbegründet; **2.** a) ungeschult, b) ohne sichere Grundlagen (*Wissen*).

ˌ**un'grudg·ing** *adj.* □ **1.** bereitwillig; **2.** neidlos, großzügig: **be ~ in** reichlich *Lob etc.* spenden.

un·gual ['ʌŋgwəl] *adj. zo.* Nagel..., Klauen..., Huf...

ˌ**un'guard·ed** *adj.* □ **1.** unbewacht (*a. fig. Moment etc.*); *a.* ⚙ ungeschützt; *a. sport, Schach*: ungedeckt; **2.** unbedacht.

un·guent ['ʌŋgwənt] *s.* Salbe *f*.

ˌ**un'guid·ed** *adj.* **1.** ungeleitet, führer-, führungslos; **2.** nicht (fern)gelenkt.

un·gu·late ['ʌŋgjʊleɪt] *zo.* **I** *adj.* hufförmig; mit Hufen; Huf...: **~ animal** → **II** *s.* Huftier *n*.

ˌ**un'hal·lowed** *adj.* **1.** nicht geheiligt, ungeweiht; **2.** unheilig, pro'fan.

ˌ**un'ham·pered** *adj.* ungehindert.

ˌ**un'hand** *v/t. obs. j-n* loslassen.

ˌ**un'hand·i·ness** *s.* **1.** Unhandlichkeit *f*; **2.** Ungeschick(lichkeit *f*) *n*.

ˌ**un'hand·some** *adj.* □ unschön (*a. fig. Benehmen etc.*).

ˌ**un'hand·y** *adj.* □ **1.** unhandlich (*Sache*); **2.** unbeholfen, ungeschickt.

un'hap·pi·ly *adv.* unglücklicherweise, leider; **un'hap·pi·ness** *s.* Unglück(seligkeit *f*) *n*, Elend *n*; **un'hap·py** *adj.* □ unglücklich: a) traurig, elend, b) un(glück)selig, unheilvoll, c) unpassend, ungeschickt (*Bemerkung etc.*).

ˌ**un'harmed** *adj.* unversehrt.

ˌ**un·har'mo·ni·ous** *adj.* 'unharˌmonisch (*a. fig.*).

ˌ**un'har·ness** *v/t. Pferd* ausspannen.

un'health·i·ness *s.* Ungesundheit *f*; **un'health·y** *adj.* □ *allg.* ungesund: a) kränklich (*a. Aussehen etc.*), b) gesundheitsschädlich, c) (*moralisch*) schädlich, d) F gefährlich, e) *fig.* krankhaft.

ˌ**un'heard** *adj.* **1.** ungehört: **go ~** unbeachtet bleiben; **2.** ⚖ ohne rechtliches Gehör; ˌ**un'heard-of** *adj.* unerhört, beispiellos.

un·heed·ed [ˌʌn'hi:dɪd] *adj.* □ unbeachtet: **go ~** unbeachtet bleiben; ˌ**un'heed·ful** *adj.* □ unachtsam, sorglos; nicht achtend (**of** auf *acc.*); ˌ**un'heed·ing** [-dɪŋ] *adj.* □ sorglos, unachtsam.

ˌ**un'help·ful** *adj.* □ **1.** nicht hilfreich, ungefällig; **2.** (**to**) nutzlos (für), wenig dienlich (*dat.*).

un·hes·i·tat·ing [ʌn'hezɪteɪtɪŋ] *adj.* □ **1.** ohne Zaudern *od.* Zögern, unverzüglich; **2.** anstandslos, bereitwillig, *adv. a.* ohne weiteres.

ˌ**un'hin·dered** *adj.* ungehindert.

ˌ**un'hinge** *v/t.* **1.** *Tür etc.* aus den Angeln heben (*a. fig.*); **2.** die Angeln entfernen von; **3.** *fig. Nerven, Geist* zerrütten; **4.** *fig. j-n* aus dem Gleichgewicht bringen.

ˌ**un·his'toric,** ˌ**un·his'tor·i·cal** *adj.* □ **1.** 'unhiˌstorisch; **2.** ungeschichtlich, legen'där.

ˌ**un'hitch** *v/t.* **1.** loshaken, -machen; **2.** *Pferd* ausspannen.

ˌ**un'ho·ly** *adj.* □ **1.** unheilig; **2.** ungeheiligt, nicht geweiht; **3.** gott-, ruchlos; **4.** F a) scheußlich, schrecklich, b) ‚unmöglich' (*Zeit*).

ˌ**un'hon·o(u)red** *adj.* **1.** ungeehrt; unverehrt; **2.** ✝ nicht honoriert.

ˌ**un'hook I** *v/t.* auf-, loshaken; **II** *v/i.* sich auf- *od.* loshaken (lassen).

un'hoped, un'hoped-for *adj.* unverhofft, unerwartet.

ˌ**un'horse** *v/t.* aus dem Sattel heben *od.* werfen.

ˌ**un'house** *v/t.* **1.** (aus dem Hause) vertreiben; **2.** obdachlos machen.

ˌ**un'hur·ried** *adj.* □ gemütlich, gemächlich.

ˌ**un'hurt** *adj.* **1.** unverletzt; **2.** unbeschädigt.

u·ni·cel·lu·lar [ˌjuːnɪ'seljʊlə] *adj. biol.* einzellig: ~ ***animal***, ~ ***plant*** Einzeller *m.*

u·ni·col·o(u)r [ˌjuːnɪ'kʌlə], ˌ**u·ni'col·o(u)red** [-əd] *adj.* einfarbig.

u·ni·corn ['juːnɪkɔːn] *s.* Einhorn *n.*

un·i·de·aed [ˌʌnaɪ'dɪəd] *adj.* i'deenlos.

ˌ**un·i'den·ti·fied** *adj.* nicht identifiziert, unbekannt: ~ ***flying object*** unbekanntes Flugobjekt.

u·ni·di·men·sion·al [ˌjuːnɪdɪ'menʃənl] *adj.* 'eindimensioˌnal.

u·ni·fi·ca·tion [ˌjuːnɪfɪ'keɪʃn] *s.* **1.** Vereinigung *f*; **2.** Vereinheitlichung *f.*

u·ni·form ['juːnɪfɔːm] **I** *adj.* □ **1.** gleich (-förmig), uni'form; **2.** gleich bleibend, gleichmäßig, kon'stant; **3.** einheitlich, über'einstimmend, gleich, Einheits...; **4.** einförmig, -tönig; **II** *s.* **5.** Uni'form *f*, Dienstkleidung *f*; (Schwestern-)Tracht *f*; **III** *v/t.* **6.** uniformieren (*a.* ⚔ *etc.*): ~***ed*** uniformiert, in Uniform; **u·ni·form·i·ty** [ˌjuːnɪ'fɔːmətɪ] *s.* **1.** Gleichförmigkeit *f*, -mäßigkeit *f*, Gleichheit *f*, Über'einstimmung *f*; **2.** Einheitlichkeit *f*; **3.** Einförmigkeit *f*, -tönigkeit *f.*

u·ni·fy ['juːnɪfaɪ] *v/t.* **1.** verein(ig)en, zs.-schließen; **2.** vereinheitlichen.

u·ni·lat·er·al [ˌjuːnɪ'lætərəl] *adj.* □ einseitig (*a.* ⚕ *u.* ⚖).

ˌ**un·il'lu·mi·nat·ed** *adj.* **1.** unerleuchtet (*a. fig.*); **2.** *fig.* unwissend.

ˌ**un·im'ag·i·na·ble** *adj.* □ unvorstellbar; ˌ**un·im'ag·i·na·tive** *adj.* □ fantasielos, einfallslos; ˌ**un·im'ag·ined** *adj.* ungeahnt.

ˌ**un·im'paired** *adj.* unvermindert, unbeeinträchtigt, ungeschmälert.

ˌ**un·im'pas·sioned** *adj.* leidenschaftslos.

ˌ**un·im'peach·a·ble** *adj.* □ **1.** unanfechtbar; **2.** untad(e)lig.

ˌ**un·im'ped·ed** *adj.* □ ungehindert.

ˌ**un·im'por·tant** *adj.* unwichtig.

ˌ**un·im'pos·ing** *adj.* nicht imponierend *od.* impo'sant, eindruckslos.

ˌ**un·im'pres·sion·a·ble** *adj.* nicht zu beeindrucken(d), (für Eindrücke) unempfänglich.

ˌ**un·im'pres·sive** → ***unimposing.***

ˌ**un·in'flect·ed** *adj. ling.* unflektiert.

ˌ**un·in·flu·enced** *adj.* unbeeinflusst (***by*** durch, von); **'unˌin·flu'en·tial** *adj.* ohne Einfluss, nicht einflussreich.

ˌ**un·in'formed** *adj.* **1.** (***on***) nicht informiert *od.* unter'richtet (über *acc.*), nicht eingeweiht (in *acc.*); **2.** ungebildet.

ˌ**un·in'hab·it·a·ble** *adj.* unbewohnbar; ˌ**un·in'hab·it·ed** *adj.* unbewohnt.

ˌ**un·in'i·ti·at·ed** *adj.* uneingeweiht, nicht eingeführt (***into*** in *acc.*).

ˌ**un'in·jured** *adj.* **1.** unverletzt; **2.** unbeschädigt.

ˌ**un·in'spired** *adj.* schwunglos, ohne Feuer; ˌ**un·in'spir·ing** *adj.* nicht begeisternd, wenig anregend.

ˌ**un·in'stall** *v/t. Computer*: *Programm* ˌdeinstal'lieren.

ˌ**un·in'struct·ed** *adj.* **1.** nicht unter'richtet, unwissend; **2.** nicht instruiert, ohne Verhaltensmaßregeln; ˌ**un·in'struc·tive** *adj.* nicht *od.* wenig instruk'tiv *od.* lehrreich.

ˌ**un·in'sured** *adj.* unversichert.

ˌ**un·in'tel·li·gent** *adj.* □ 'unintelliˌgent, beschränkt, geistlos, dumm.

'un·inˌtel·li·gi'bil·i·ty *s.* Unverständlichkeit *f*; ˌ**un·in'tel·li·gi·ble** *adj.* □ unverständlich.

ˌ**un·in'tend·ed** *adj.*, ˌ**un·in'ten·tion·al** *adj.* □ unbeabsichtigt, unabsichtlich, ungewollt.

ˌ**un'in·ter·est·ed** *adj.* □ inter'esselos, uninteressiert (***in*** an *dat.*), gleichgültig; ˌ**un'in·ter·est·ing** *adj.* □ 'uninteresˌsant.

'unˌin·ter'rupt·ed *adj.* □ 'ununterˌbrochen: a) ungestört (***by*** von), b) kontinuierlich, fortlaufend, anhaltend: ~ ***working hours*** durchgehende Arbeitszeit.

ˌ**un·in'vit·ed** *adj.* un(ein)geladen; ˌ**un·in'vit·ing** *adj.* □ nicht *od.* wenig einladend *od.* verlockend *od.* anziehend.

un·ion ['juːnjən] *s.* **1.** *allg.* Vereinigung *f*, (*a. eheliche*) Verbindung; **2.** Eintracht *f*, Harmo'nie *f*; **3.** *pol.* Zs.-schluss *m*; **4.** *pol. etc.* Uni'on *f*: a) (Staaten-)Bund *m*, *z. B. die* U.S.A. *pl.*, b) Vereinigung *f*, (Zweck)Verband *m*, Bund *m*, (*a. Post-, Zoll- etc.*)Verein *m*, c) *Brit. Vereinigung unabhängiger Kirchen*; **5.** Gewerkschaft *f*: ~ ***dues*** *pl.* Gewerkschaftsbeitrag *m*; **6.** *Brit. hist.* a) *Kirchspielverband zur Armenpflege*, b) Armenhaus *n*; **7.** ⚙ Anschlussstück *n*, (Rohr)Verbindung *f*; **8.** ⚙ Mischgewebe *n*; **9.** ⚓ Gösch *f* (*Flaggenfeld mit Hoheitsabzeichen*): ~ ***flag*** → ***union jack*** 1; **'un·ion·ism** [-nɪzəm] *s.* **1.** *pol.* Unio'nismus *m*, unio'nistische Bestrebungen *pl.*; **2.** Gewerkschaftswesen *n*; **'un·ion·ist** [-nɪst] *s.* **1.** 2 *pol. hist.* Unio'nist *m*; **2.** Gewerkschaftler *m*; **'un·ion·ize** [-naɪz] *v/t.* gewerkschaftlich organisieren.

un·ion| jack *s.* **1.** ***Union Jack*** Union Jack *m* (*brit. Nationalflagge*); **2.** ⚓ → ***union*** 9; ~ ***joint*** *s.* Rohrverbindung *f*; ~ ***shop*** *s.* ✝ *bsd. Am. Betrieb, der nur Gewerkschaftsmitglieder einstellt od. Arbeitnehmer, die bereit sind, innerhalb von 30 Tagen der Gewerkschaft beizutreten*; ~ ***suit*** *s. Am.* Hemdhose *f* mit langem Bein.

u·nip·a·rous [juː'nɪpərəs] *adj.* **1.** ⚕ erst einmal geboren habend; **2.** *zo.* nur 'ein Junges gebärend (*bei e-m Wurf*); **2.** ⚘ nur 'eine Achse *od.* 'einen Ast treibend.

u·ni·par·tite [ˌjuːnɪ'pɑːtaɪt] *adj.* einteilig.

u·ni·po·lar [ˌjuːnɪ'pəʊlə] *adj.* **1.** *phys.*, ⚡ einpolig, Einpol...; **2.** *anat.* monopo'lar (*Nervenzelle*).

u·nique [juː'niːk] **I** *adj.* □ **1.** einzig; **2.** einmalig, einzigartig; unerreicht, *nachgestellt*: ohne'gleichen; **3.** F außer-, ungewöhnlich; großartig; **4.** ⩚ eindeutig; **II** *s.* **5.** Seltenheit *f*, Unikum *n*; **u'nique·ness** [-nɪs] *s.* Einzigartig-, Einmaligkeit *f.*

'u·ni·sex *adj.* Unisex...

ˌ**u·ni'sex·u·al** *adj.* □ **1.** eingeschlechtig; **2.** *zo.*, ⚘ getrenntgeschlechtlich.

u·ni·son ['juːnɪzn] *s.* **1.** ♪ Ein-, Gleichklang *m*, Uni'sono *n*: ***in*** ~ unisono, einstimmig (*a. fig.*); **2.** *fig.* Einklang *m*, Über'einstimmung *f*: ***in*** ~ ***with*** in Einklang mit; **u·nis·o·nous** [juː'nɪsənəs] *adj.* **1.** ♪ a) gleich klingend, b) einstimmig; **2.** *fig.* über'einstimmend.

u·nit ['juːnɪt] *s.* **1.** *allg.* Einheit *f* (*Einzelding*): ~ ***of account*** (***trade***, ***value***) ✝ (Ver)Rechnungs- (Handels-, Währungs)einheit; ***dwelling*** ~ Wohneinheit; ~ ***factor*** *biol.* Erbfaktor *m*; ~ ***furniture*** Anbaumöbel *pl.*; ~ ***price*** ✝ Einheitspreis *m*; ~ ***wages*** ✝ Stück-, Akkordlohn *m*; **2.** *phys.* (Grund-, Maß-)Einheit *f*: ~ (***of***) ***power*** (***time***) Leistungs- (Zeit)einheit; **3.** ⩚ Einer *m*, Einheit *f*; **4.** ⚔ Einheit *f*, Verband *m*, Truppenteil *m*; **5.** ⚙ a) (Bau)Einheit *f*, b) Aggre'gat *n*, Anlage *f*: ~ ***construction*** Baukastenbauweise *f*; **6.** *fig.* Kern *m*, Zelle *f*: ***the family as the*** ~ ***of society.***

U·ni·tar·i·an [ˌjuːnɪ'teərɪən] **I** *s. eccl.* Uni'tarier(in); **II** *adj.* uni'tarisch; ˌ**U·ni'tar·i·an·ism** [-nɪzəm] *s. eccl.* Unita'rismus *m*; **u·ni·tar·y** ['juːnɪtərɪ] *adj.* Einheits... (*a.* ⚡), ⩚ *a.* uni'tär; einheitlich.

u·nite [juː'naɪt] **I** *v/t.* **1.** verbinden (*a.* ⚗, ⚙), vereinigen; **2.** (ehelich) verbinden, verheiraten; **3.** *Eigenschaften* in sich vereinigen; **II** *v/i.* **4.** sich vereinigen; **5.** ⚗, ⚙ sich verbinden (***with*** mit); **6.** sich zs.-tun: ~ ***in doing s.th.*** et. geschlossen *od.* vereint tun; **7.** sich anschließen (***with*** *dat. od.* an *acc.*); **8.** sich verheiraten; **u'nit·ed** [-tɪd] *adj.* vereinigt; vereint (*Kräfte etc.*), gemeinsam: 2 ***Kingdom*** *das* Vereinigte Königreich (*Großbritannien u. Nordirland*); 2 ***Nations*** Vereinte Nationen; 2 ***States*** *die* Vereinigten Staaten *von Nordamerika*, *die* U.S.A. *pl.*

u·nit·ize ['juːnɪtaɪz] *v/t.* **1.** zu e-r Einheit machen; **2.** ⚙ nach dem 'Baukastenprinˌzip konstruieren; **3.** in Einheiten verpacken.

u·nit trust *s.* ✝ In'vestmentgeˌsellschaft *f.*

u·ni·ty ['juːnətɪ] *s.* **1.** Einheit *f* (*a.* ⩚, ⚖): ***the dramatic unities*** *thea.* die drei Einheiten; **2.** Einheitlichkeit *f* (*a. e-s Kunstwerks*); **3.** Einigkeit *f*, Eintracht *f*: ~ (***of sentiment***) Einmütigkeit *f*; ***at*** ~ in Eintracht, im Einklang; **4.** *nationale etc.* Einheit.

u·ni·va·lent [ˌjuːnɪ'veɪlənt] *adj.* ⚗ einwertig.

u·ni·ver·sal [ˌjuːnɪ'vɜːsl] **I** *adj.* □ **1.** ('all)umˌfassend, univer'sal, Universal...(*-genie, -erbe etc.*), gesamt, glo'bal: ~ ***knowledge*** umfassendes Wissen; ~ ***succession*** ⚖ Gesamtnachfolge *f*; **2.** allgemein (*a. Wahlrecht, Wehrpflicht etc.*): ~ ***partnership*** ⚖ allgemeine Gütergemeinschaft; ***the disappointment was*** ~ die Enttäuschung war allgemein; **3.** allgemein (gültig), univer'sell: ~ ***rule***; ~ ***remedy*** ⚕ Universalmittel *n*; **4.** allgemein, 'überall üblich *od.* anzutreffen(d); **5.** 'weltumˌfassend, Welt...: ~ ***language*** Weltsprache *f*; 2 ***Postal Union*** Weltpostverein *m*; ~ ***time*** Weltzeit *f*; **6.** ⚙ Universal...(*-gerät etc.*): ~ ***current*** ⚡ Allstrom *m*; ~ ***joint*** Universal-, Kardangelenk *n*; **II** *s.* **7.** *das* Allgemeine; **8.** *Logik*: allgemeine Aussage; **9.** *phls.* Allgemeinbegriff *m*; ˌ**u·ni'ver·sal·ism** [-səlɪzəm] *s.*

U

eccl., phls. Universa'lismus *m*; **u·ni·ver·sal·i·ty** [ˌjuːnɪvɜː'sælətɪ] *s.* **1.** *das* 'Allumˌfassende, Allgemeinheit *f*; **2.** Universali'tät *f*, Vielseitigkeit *f*, um'fassende Bildung; **3.** Allgemeingültigkeit *f*; ˌ**u·ni'ver·sal·ize** [-səlaɪz] *v/t.* allgemein gültig machen; allgemein verbreiten; **u·ni·verse** ['juːnɪvɜːs] *s.* **1.** Uni'versum *n*, (Welt)All *n*, Kosmos *m*; **2.** Welt *f*; ˌ**u·ni'ver·si·ty** [-sətɪ] **I** *s.* Universi'tät *f*, Hochschule *f*: ***Open** ~*, ~ ***of the Air*** Fernsehuniversität *f*; ***at the** ~ **of Oxford**, **at Oxford*** ~ auf *od.* an der Universität Oxford; **II** *adj.* Universitäts..., Hochschul..., aka'demisch: ~ ***education*** Hochschulbildung *f*; ~ ***extension*** *Art* Volkshochschule *f*; ~ ***man*** Akademiker *m*; ~ ***place*** Studienplatz *m*; ~ ***professor*** ordentlicher Professor.

u·ni·vo·cal [ˌjuːnɪ'vəʊkl] **I** *adj.* □ eindeutig, unzweideutig; **II** *s.* Wort *n* mit nur 'einer Bedeutung.

ˌ**un'just** *adj.* □ ungerecht (***to*** gegen); **un'jus·ti·fi·a·ble** *adj.* □ nicht zu rechtfertigen(d), unverantwortlich; **un'jus·ti·fied** *adj.* ungerechtfertigt, unberechtigt; ˌ**un'just·ness** *s.* Ungerechtigkeit *f*.

un·kempt [ˌʌn'kempt] *adj.* **1.** *obs.* ungekämmt, zerzaust; **2.** *fig.* ungepflegt, unordentlich, verwahrlost.

un'kind *adj.* □ **1.** unfreundlich (***to*** zu); **2.** rücksichtslos, herzlos (***to*** gegen); **un'kind·li·ness** *s.* Unfreundlichkeit *f*; **un'kind·ly** → ***unkind***; **un'kind·ness** *s.* Unfreundlichkeit *f etc.*

ˌ**un'know·ing** *adj.* □ **1.** unwissend; **2.** unwissentlich, unbewusst; **3.** nicht wissend, ohne zu wissen (***that*** dass, ***how*** wie *etc.*).

ˌ**un'known** **I** *adj.* **1.** unbekannt (***to*** *dat.*); → ***quantity*** 2; **2.** nie gekannt, beispiellos (*Entzücken etc.*); **II** *adv.* **3.** (***to s.o.***) ohne (j-s) Wissen; **III** *s.* **4.** *der* (*die, das*) Unbekannte; **5.** ⅄ Unbekannte *f*.

ˌ**un'la·bel(l)ed** *adj.* nicht etikettiert, ohne Eti'kett *od.* Aufschrift.

ˌ**un'la·bo(u)red** *adj.* mühelos (*a. fig. ungezwungen, leicht*).

ˌ**un'lace** *v/t.* aufschnüren.

ˌ**un'lade** *v/t.* [*irr.* → ***lade***] **1.** aus-, entladen; **2.** ⚓ *Ladung etc.* löschen; ˌ**un'lad·en** *adj.* **1.** unbeladen: ~ ***weight*** Leergewicht *n*; **2.** *fig.* unbelastet (***with*** von).

ˌ**un'la·dy·like** *adj.* nicht damenhaft, unfein.

ˌ**un·la'ment·ed** *adj.* unbeklagt, unbeweint, unbetrauert.

ˌ**un'latch** *v/t.* aufklinken.

ˌ**un'law·ful** *adj.* □ **1.** ⚖ rechtswidrig, 'widerrechtlich, ungesetzlich, 'illeˌgal: ~ ***assembly*** Auflauf *m*, Zs.-rottung *f*; **2.** unerlaubt; **3.** unehelich; ˌ**un'law·ful·ness** *s.* Ungesetzlichkeit *f etc.*

un·lead·ed [ˌʌn'ledɪd] **I** *adj.* unverbleit, bleifrei (*Benzin*); **II** *s.* bleifreies (*od.* unverbleites) Benzin.

ˌ**un'learn** [*irr.* → ***learn***] **I** *v/t.* verlernen, vergessen; **II** *v/i.* 'umlernen.

un·learned[1] [ˌʌn'lɜːnt] *adj.* nicht er- *od.* gelernt.

un·learn·ed[2] [ˌʌn'lɜːnɪd] *adj.* ungelehrt.

ˌ**un'learnt** → ***unlearned***[1].

ˌ**un'leash** *v/t.* **1.** losbinden, *Hund* loskoppeln; **2.** *fig.* entfesseln, auslösen, loslassen.

ˌ**un'leav·ened** *adj.* ungesäuert (*Brot*).

un·less [ən'les] **I** *cj.* wenn ... nicht; so'fern ... nicht; es sei denn (, dass) ...; außer wenn ...; ausgenommen (wenn) ...; vor'ausgesetzt, dass nicht ...; **II** *prp.* außer.

ˌ**un'let·tered** *adj.* **1.** analpha'betisch; **2.** ungebildet, ungelehrt; **3.** unbeschriftet, unbedruckt.

ˌ**un'li·censed** *adj.* **1.** unerlaubt; **2.** nicht konzessioniert, (amtlich) nicht zugelassen, ohne Li'zenz.

ˌ**un'licked** *adj. fig.* a) ungehobelt, ungeschliffen, roh, b) unreif: ~ ***cub*** grüner Junge.

ˌ**un'lik·a·ble** *adj.* 'unsymˌpathisch.

ˌ**un'like** **I** *adj.* **1.** ungleich, (vonein'ander) verschieden; **2.** unähnlich; **II** *prp.* **3.** unähnlich (***s.o.*** j-m), verschieden von, anders als: ***that is very** ~ **him*** das sieht ihm gar nicht ähnlich; **4.** anders als, nicht wie; **5.** im Gegensatz zu.

ˌ**un'like·a·ble** → ***unlikable.***

un'like·li·hood, **un'like·li·ness** *s.* Unwahrscheinlichkeit *f*; **un'like·ly** **I** *adj.* **1.** unwahrscheinlich; **2.** (ziemlich) unmöglich: ~ ***place***; **3.** aussichtslos; **II** *adv.* **4.** unwahrscheinlich.

ˌ**un'lim·ber** *v/t. u. v/i.* **1.** ⚔ abprotzen; **2.** *fig.* (sich) bereitmachen.

un'lim·it·ed *adj.* **1.** unbegrenzt; unbeschränkt (*a. Haftung etc.*): ~ ***company*** ⚕ *Brit.* Gesellschaft *f* mit unbeschränkter Haftung; **2.** ⚕ *Börse*: nicht limitiert; **3.** *fig.* grenzen-, uferlos.

ˌ**un'lined**[1] *adj.* ungefüttert: ~ ***coat***.

ˌ**un'lined**[2] *adj.* **1.** unliniert, ohne Linien; **2.** faltenlos (*Gesicht*).

ˌ**un'link** *v/t.* **1.** losketten; **2.** *Kettenglieder* trennen; **3.** *Kette* ausein'ander nehmen.

ˌ**un'liq·ui·dat·ed** *adj.* ⚕ **1.** a) ungetilgt (*Schuld etc.*), b) nicht festgestellt (*Betrag etc.*); **2.** unliquidiert: ~ ***company***.

ˌ**un'list·ed** *adj.* **1.** nicht verzeichnet; **2.** *teleph. Am.* Geheim...: ~ ***number***; **3.** ⚕ nicht notiert (*Wertpapier*).

ˌ**un'load** **I** *v/t.* **1.** ab-, aus-, entladen; ⚓ *Ladung* löschen; **2.** *fig.* (von e-r Last) befreien, erleichtern; **3.** *Waffe* entladen; **4.** *Börse*: *Aktien* (*massenhaft*) abstoßen, auf den Markt werfen; **5.** F (***on, onto***) a) *j-n, et.* ‚abladen' (bei), b) abwälzen (auf *acc.*), c) *Wut etc.* auslassen (an *dat.*); **II** *v/i.* **6.** aus-, abladen; **7.** gelöscht *od.* ausgeladen werden.

ˌ**un'lock** *v/t.* **1.** aufschließen, öffnen; **2.** *Waffe* entsichern; ˌ**un'locked** *adj.* unverschlossen.

un'looked-for *adj.* unerwartet, 'unvorˌhergesehen, über'raschend.

ˌ**un'loose**, **un'loos·en** *v/t.* **1.** *Knoten etc.* lösen; **2.** *Griff etc.* lockern; **3.** losmachen, -lassen.

ˌ**un'lov·a·ble** *adj.* nicht *od.* wenig liebenswert; ˌ**un'loved** *adj.* ungeliebt; ˌ**un'love·ly** *adj.* unschön, reizlos; ˌ**un'lov·ing** *adj.* □ kalt, lieblos.

un'luck·i·ly *adv.* unglücklicherweise; **un'luck·y** *adj.* □ unglücklich: a) vom Pech verfolgt: ***be*** ~ Pech *od.* kein Glück haben, b) fruchtlos: ~ ***effort***, c) ungünstig: ~ ***moment***, d) unheilvoll, Unglücks...: ~ ***day***.

ˌ**un'made** *adj.* ungemacht.

ˌ**un'make** *v/t.* [*irr.* → ***make***] **1.** aufheben, 'umstoßen, wider'rufen, rückgängig machen; **2.** *j-n* absetzen; **3.** vernichten; **4.** 'umbilden.

ˌ**un'man** *v/t.* **1.** entmannen; **2.** *j-n* s-r Kraft berauben; **3.** *j-n* verzagen lassen, entmutigen; **4.** verrohen (lassen); **5.** *e-m Schiff etc.* die Mannschaft nehmen: ~***ned*** unbemannt.

un'man·age·a·ble *adj.* □ **1.** schwer zu handhaben(d), unhandlich; **2.** *fig.* unfügsam, unlenksam, 'widerspenstig: ~ ***child***; **3.** unkontrollierbar (*Lage*).

ˌ**un'man·li·ness** *s.* Unmännlichkeit *f*; ˌ**un'man·ly** *adj.* **1.** unmännlich; **2.** weibisch; **3.** feige.

un'man·ner·li·ness *s.* schlechtes Benehmen; **un'man·ner·ly** *adj.* ungezogen, 'unmaˌnierlich.

ˌ**un'marked** *adj.* **1.** nicht markiert, unbezeichnet, ungezeichnet (*a. Gesicht*); **2.** unbemerkt; **3.** *sport* ungedeckt.

ˌ**un'mar·ket·a·ble** *adj.* ⚕ **1.** nicht marktgängig *od.* -fähig; **2.** unverkäuflich.

ˌ**un'mar·riage·a·ble** *adj.* nicht heiratsfähig; ˌ**un'mar·ried** *adj.* unverheiratet, ledig.

un·mask [ˌʌn'mɑːsk] **I** *v/t.* **1.** *j-m* die Maske abnehmen, *j-n* demaskieren; **2.** *fig. j-n* entlarven, *j-m* die Maske her'unterreißen; **II** *v/i.* **3.** sich demaskieren; **4.** *fig.* die Maske fallen lassen; ˌ**un'mask·ing** [-kɪŋ] *s. fig.* Entlarvung *f*.

ˌ**un'matched** *adj.* unvergleichlich, unerreicht, 'unüberˌtroffen.

ˌ**un'mean·ing** *adj.* □ sinn-, bedeutungslos; nichts sagend (*a. Gesicht*); ˌ**un'meant** *adj.* unbeabsichtigt.

ˌ**un'meas·ured** *adj.* **1.** ungemessen; **2.** unermesslich, grenzenlos, unbegrenzt; **3.** unmäßig.

ˌ**un·me'lo·di·ous** *adj.* □ 'unmeˌlodisch.

un'men·tion·a·ble **I** *adj.* **1.** unaussprechlich, ta'bu: ***an** ~ **topic*** ein Thema, über das man nicht spricht; **2.** → ***unspeakable***; **II** *s. pl. humor. die* Unaussprechlichen *pl.* (*Unterwäsche*); ˌ**un'men·tioned** *adj.* unerwähnt.

ˌ**un'mer·chant·a·ble** → ***unmarketable***.

un'mer·ci·ful *adj.* □ unbarmherzig.

ˌ**un'mer·it·ed** *adj.* □ unverdient(ermaßen *adv.*).

ˌ**un·me'thod·i·cal** *adj.* 'unmeˌthodisch, sys'tem-, planlos.

ˌ**un'mil·i·tar·y** *adj.* **1.** 'unmiliˌtärisch; **2.** nicht mili'tärisch, Zivil...

un'mind·ful *adj.* □ unachtsam; uneingedenk (***of*** *gen.*): ***be** ~ **of*** a) nicht achten auf (*acc.*), b) nicht denken an (*acc.*).

ˌ**un·mis'tak·a·ble** *adj.* □ **1.** 'unˌmissverständlich; **2.** unverkennbar.

un'mit·i·gat·ed *adj.* □ **1.** ungemildert, ganz; **2.** voll'endet, Erz..., *nachgestellt*: durch u. durch: ***an** ~ **liar***.

ˌ**un'mixed** *adj.* □ **1.** unvermischt; **2.** *fig.* ungemischt, rein, pur.

ˌ**un'mod·i·fied** *adj.* unverändert, nicht abgeändert.

ˌ**un·mo'lest·ed** *adj.* unbelästigt, ungestört: ***live*** ~ in Frieden leben.

ˌ**un'moor** ⚓ **I** *v/t.* **1.** abankern, losmachen; **2.** vor 'einem Anker liegen lassen; **II** *v/i.* **3.** den *od.* die Anker lichten.

ˌ**un'mor·al** *adj.* 'amoˌralisch.

ˌ**un'mort·gaged** *adj.* ⚖ **1.** unverpfändet; **2.** hypo'thekenfrei, unbelastet.

ˌ**un'mount·ed** *adj.* **1.** unberitten: ~ ***police***; **2.** nicht aufgezogen (*Bild etc.*); **3.** ⚙, ⚔ unmontiert; **4.** nicht gefasst (*Stein*).

ˌ**un'mourned** *adj.* unbetrauert.

ˌ**un'mov·a·ble** *adj.* □ unbeweglich; ˌ**un'moved** *adj.* □ **1.** unbewegt; **2.** *fig.* ungerührt, unbewegt; **3.** *fig.* unerschütterlich, standhaft, gelassen; ˌ**un'mov·ing** *adj.* regungslos.

ˌ**un'mur·mur·ing** *adj.* □ ohne Murren, klaglos.

ˌ**un'mu·si·cal** *adj.* □ **1.** 'unmusiˌkalisch (*Person*); **2.** 'unmeˌlodisch.

U

ˌunˈmuz·zle *v/t.* **1.** *e-m Hund* den Maulkorb abnehmen: **~d** ohne Maulkorb; **2.** *fig. j-m* freie Meinungsäußerung gewähren.

ˌunˈnam(e)·a·ble *adj.* unsagbar.

ˌunˈnamed *adj.* **1.** namenlos; **2.** nicht namentlich genannt, ungenannt.

unˈnat·u·ral *adj.* □ **1.** ˈunnaˌtürlich; **2.** künstlich, gekünstelt; **3.** ˈwidernaˌtürlich (*Laster, Verbrechen etc.*); **4.** ungeheuerlich, abˈscheulich; **5.** ungewöhnlich; **6.** anoˈmal.

ˌunˈnav·i·ga·ble *adj.* nicht schiffbar, unbefahrbar.

unˈnec·es·sar·i·ly *adv.* unnötigerweise; **unˈnec·es·sar·y** *adj.* □ **1.** unnötig, nicht notwendig; **2.** nutzlos, ˈüberflüssig.

ˌunˈneed·ed *adj.* nicht benötigt, nutzlos; **ˌunˈneed·ful** *adj.* □ unnötig.

ˌunˈneigh·bo(u)r·ly *adj.* nicht gutnachbarlich, unfreundlich.

ˌunˈnerve *v/t.* entnerven, zermürben, *j-n* die Nerven *od.* den Mut verlieren lassen.

ˌunˈnot·ed *adj.* **1.** unbeachtet, unberühmt; **2.** → ***unnoticed*** 1.

ˌunˈno·ticed *adj.* **1.** unbemerkt, unbeobachtet; **2.** → ***unnoted*** 1.

ˌunˈnum·bered *adj.* **1.** unnummeriert; **2.** *poet.* ungezählt, zahllos.

ˌun·obˈjec·tion·a·ble *adj.* □ einwandfrei.

ˌun·obˈlig·ing *adj.* ungefällig.

ˌun·obˈserv·ant *adj.* unaufmerksam, unachtsam: ***be ~ of*** *et.* nicht beachten; **ˌun·obˈserved** *adj.* □ unbeobachtet, unbemerkt.

ˌun·obˈstruct·ed *adj.* **1.** unversperrt, ungehindert: ***~ view***; **2.** *fig.* unbehindert.

ˌun·obˈtain·a·ble *adj.* **1.** ✝ nicht erhältlich; **2.** unerreichbar.

ˌun·obˈtru·sive *adj.* □ unaufdringlich: a) zuˈrückhaltend, bescheiden, b) unauffällig; **ˌun·obˈtru·sive·ness** *s.* Unaufdringlichkeit *f.*

ˌunˈoc·cu·pied *adj.* frei: a) unbewohnt, leer (stehend), b) unbesetzt, c) unbeschäftigt.

ˌun·ofˈfend·ing *adj.* **1.** nicht beleidigend; **2.** nicht anstößig.

ˌun·ofˈfi·cial *adj.* □ **1.** nichtamtlich, ˈinoffiziˌell; **2.** ***~ strike*** ✝ wilder Streik.

ˌunˈo·pened *adj.* **1.** ungeöffnet, verschlossen: ***~ letter***; **2.** ✝ unerschlossen: ***~ market***.

ˌun·opˈposed *adj.* **1.** unbehindert; **2.** unbeanstandet: ***~ by*** ohne Widerstand *od.* Einspruch seitens (*gen.*).

ˌunˈor·gan·ized *adj.* **1.** ˈunorˌganisch; **2.** unorganisiert, wirr; **3.** nicht organisiert.

ˌunˈor·tho·dox *adj.* **1.** *eccl.* ˈunorthoˌdox; **2.** *fig.* ˈunorthoˌdox, unüblich, ˈunkonventioˌnell.

ˈunˌos·tenˈta·tious *adj.* □ unaufdringlich, unauffällig: a) prunklos, schlicht, b) anspruchslos, zuˈrückhaltend, c) deˈzent (*Farben etc.*).

ˌunˈowned *adj.* herrenlos.

ˌunˈpack *v/t. u. v/i.* auspacken.

ˌunˈpaid *adj.* **1.** *a.* ***~-for*** unbezahlt; rückständig (*Zinsen etc.*); **2.** ✝ noch nicht eingezahlt (*Kapital*); **3.** unbesoldet, unbezahlt, ehrenamtlich (*Stellung*).

unˈpal·at·a·ble *adj.* □ **1.** unschmackhaft, schlecht (schmeckend); **2.** *fig.* unangenehm, ˈwiderwärtig.

unˈpar·al·leled *adj.* einmalig, beispiellos, *nachgestellt*: ohneˈgleichen.

unˈpar·don·a·ble *adj.* □ unverzeihlich.

ˈunˌpar·liaˈmen·ta·ry *adj. pol.* ˈunparlamenˌtarisch.

ˌunˈpat·ent·ed *adj.* nicht patentiert.

ˈunˌpa·triˈot·ic *adj.* (□ ***~ally***) ˈunpatriˌotisch.

ˌunˈpaved *adj.* ungepflastert.

ˌunˈped·i·greed *adj.* ohne Stammbaum.

ˌunˈpeo·ple *v/t.* entvölkern.

ˌun·perˈceived *adj.* □ unbemerkt.

ˌun·perˈformed *adj.* **1.** nicht ausgeführt, ungetan, unverrichtet; **2.** *thea.* nicht aufgeführt (*Stück*).

ˈunˌper·son *s. fig.* ˈUnperˌson *f.*

ˌun·perˈturbed *adj.* nicht beunruhigt, gelassen, ruhig.

ˌunˈpick *v/t. Naht etc.* (auf)trennen; **ˌunˈpicked** *adj.* **1.** ungepflückt; **2.** ✝ unausgesucht, unsortiert (*Proben*).

ˌunˈpin *v/t.* **1.** die Nadeln entfernen aus; **2.** losstecken, -machen.

ˌunˈpit·ied *adj.* unbemitleidet; **ˌunˈpit·y·ing** *adj.* □ mitleid(s)los.

ˌunˈplaced *adj.* **1.** nicht ˈuntergebracht; nicht angestellt, ohne Stellung; **2.** *Rennsport*: unplatziert.

ˌunˈplait *v/t.* **1.** glätten; **2.** *das Haar etc.* aufflechten.

ˌunˈplay·a·ble *adj.* **1.** *sport* unbespielbar (*Boden, Platz*); **2.** ♪ unspielbar; **3.** *thea.* nicht bühnenreif.

unˈpleas·ant *adj.* □ *allg.* unangenehm: a) unerfreulich, b) unfreundlich, c) unwirsch (*Person*); **unˈpleas·ant·ness** *s.* **1.** *das* Unangenehme; **2.** Unannehmlichkeit *f*; **3.** ˈMisshelligkeit *f*, Unstimmigkeit *f.*

ˌunˈpledged *adj.* **1.** nicht verpflichtet; **2.** ⚖ unverpfändet.

ˌunˈplug *v/t.* den Pflock *od.* Stöpsel *od.* Stecker entfernen aus; **unˈplugged** [-ˈplʌgd] *adj.* ♪ auf aˈkustischen Instrumenten (*od.* ohne Verstärker) gespielt.

ˌunˈplumbed *adj. fig.* unergründet, unergründlich.

ˌun·poˈet·ic, **ˌun·poˈet·i·cal** *adj.* □ ˈunpoˌetisch, undichterisch.

ˌunˈpol·ished *adj.* **1.** unpoliert (*a. Reis*), ungeglättet, ungeschliffen; **2.** *fig.* unausgefeilt (*Stil etc.*); **3.** *fig.* ungeschliffen, ungehobelt.

ˌunˈpol·i·tic → ***unpolitical*** 1; **ˌun·poˈlit·i·cal** *adj.* **1.** (poˈlitisch) unklug; **2.** ˈunpoˌlitisch, an Poliˈtik uninteressiert; **3.** ˈunparˌteiisch.

ˌunˈpolled *adj. pol.* **1.** nicht gewählt habend: ***~ elector*** Nichtwähler *m*; **2.** *Am.* nicht (in die Wählerliste) eingetragen.

ˌun·polˈlut·ed *adj.* **1.** unverschmutzt, unverseucht (*Wasser etc.*); **2.** *fig.* unbefleckt.

ˌunˈpop·u·lar *adj.* □ ˈunpopuˌlär, unbeliebt; **ˈunˌpop·uˈlar·i·ty** *s.* ˈUnpopulariˌtät *f*, Unbeliebtheit *f.*

ˌun·posˈsessed *adj.* **1.** herrenlos (*Sache*); **2.** ***~ of s.th.*** nicht im Besitz e-r Sache.

ˌunˈpost·ed *adj.* **1.** nicht informiert, ˈununterˌrichtet; **2.** *Brit.* nicht aufgegeben (*Brief*).

ˌunˈprac·ti·cal *adj.* □ unpraktisch; **unˈprac·ticed** *Am.*, **unˈprac·tised** *Brit. adj.* ungeübt (***in*** in *dat.*).

unˈprec·e·dent·ed *adj.* □ **1.** beispiellos, unerhört, noch nie da gewesen; **2.** ⚖ ohne Präzeˈdenzfall.

ˌun·preˈdict·a·ble *adj.* unvorhersehbar, unberechenbar (*a. Person*): ***he is quite ~ a.*** er ist sehr schwer auszumachen.

ˌunˈprej·u·diced *adj.* **1.** unvoreingenommen, vorurteilsfrei, *a.* ⚖ unbefangen; **2.** *a.* ⚖ unbeeinträchtigt.

ˌun·preˈmed·i·tat·ed *adj.* □ **1.** ˈunüberˌlegt; **2.** unbeabsichtigt; **3.** ⚖ ohne Vorsatz.

ˌun·preˈpared *adj.* □ **1.** unvorbereitet: ***an ~ speech***; **2.** (***for***) nicht vorbereitet *od.* gefasst (auf *acc.*), nicht gerüstet (für).

ˈunˌpre·posˈsess·ing *adj.* wenig anziehend, ˈunsymˌpathisch.

ˌun·preˈsent·a·ble *adj.* nicht präsenˈtabel.

ˌun·preˈsum·ing *adj.* nicht anmaßend *od.* vermessen, bescheiden.

ˌun·preˈtend·ing, **ˌun·preˈten·tious** *adj.* □ anspruchslos.

unˈprin·ci·pled *adj.* **1.** ohne (feste) Grundsätze, haltlos, chaˈrakterlos (*Person*); **2.** gewissenlos, charakterlos (*Benehmen*).

un·print·a·ble [ˌʌnˈprɪntəbl] *adj.* nicht druckfähig *od.* druckreif (*a. fig. anstößig*); **ˌunˈprint·ed** [-tɪd] *adj.* **1.** ungedruckt (*Schriften*); **2.** unbedruckt (*Stoffe etc.*).

ˌunˈpriv·i·leged *adj.* nicht privilegiert *od.* bevorrechtigt: ***~ creditor*** ⚖ Massegläubiger *m.*

ˌun·proˈduc·tive *adj.* □ ˈunprodukˌtiv (*a. fig.*), unergiebig (***of*** an *dat.*), unfruchtbar (*a. fig.*), ˈunrenˌtabel: ***~ capital*** ✝ totes Kapital; **ˌun·proˈduc·tive·ness** *s.* ˈUnproduktiviˌtät *f*, Unfruchtbarkeit *f*, Unergiebigkeit *f*, ˈUnrentabiliˌtät *f.*

ˌun·proˈfes·sion·al *adj.* □ **1.** keiner freien Berufsgruppe zugehörig; **2.** nicht berufsmäßig; **3.** berufswidrig: ***~ conduct***; **4.** unfachmännisch.

ˌunˈprof·it·a·ble *adj.* □ **1.** nicht einträglich *od.* Gewinn bringend *od.* lohnend, ˈunrenˌtabel; **2.** unvorteilhaft; **3.** nutz-, zwecklos; **ˌunˈprof·it·a·ble·ness** *s.* **1.** Uneinträglichkeit *f*; **2.** Nutzlosigkeit *f.*

ˌun·proˈgres·sive *adj.* □ **1.** nicht fortschrittlich, rückständig; **2.** rückschrittlich, konservaˈtiv, reaktioˈnär.

ˌunˈprom·is·ing *adj.* □ nicht viel versprechend, ziemlich aussichtslos.

ˌunˈprompt·ed *adj.* sponˈtan.

ˌun·proˈnounce·a·ble *adj.* unaussprechlich.

ˌun·proˈpi·tious *adj.* □ ungünstig.

ˌun·proˈpor·tion·al *adj.* □ unverhältnismäßig, ˈunproportioˌnal.

ˌun·proˈtect·ed *adj.* **1.** ungeschützt, schutzlos; **2.** ungedeckt.

ˌunˈproved, **ˌunˈprov·en** *adj.* unerwiesen.

ˌun·proˈvid·ed *adj.* □ **1.** nicht versehen (***with*** mit): ***~ with*** ohne; **2.** unvorbereitet; **3.** ***~ for*** unversorgt (*Kind*); **4.** ***~ for*** nicht vorgesehen.

ˌun·proˈvoked *adj.* □ **1.** unprovoziert; **2.** grundlos.

ˌunˈpub·lish·a·ble *adj.* zur Veröffentlichung ungeeignet; **ˌunˈpub·lished** *adj.* unveröffentlicht.

ˌunˈpunc·tu·al *adj.* □ unpünktlich; **ˈunˌpunc·tuˈal·i·ty** *s.* Unpünktlichkeit *f.*

ˌunˈpun·ished *adj.* unbestraft, ungestraft: ***go ~*** straflos ausgehen.

un·put·down·a·ble [ˌʌnpʊtˈdaʊnəbl] *adj.* F so faszinierend, dass man es nicht mehr aus der Hand legen kann (*Buch*).

ˌunˈqual·i·fied *adj.* □ **1.** unqualifiziert: a) unbefähigt, ungeeignet (***for*** für), b) unberechtigt; **2.** uneingeschränkt, unbedingt, bedingungslos; **3.** F ausgesprochen (*Lügner etc.*).

un·quench·a·ble [ˌʌnˈkwentʃəbl] *adj.* □ **1.** unlöschbar; **2.** *fig.* unstillbar.

un·ques·tion·a·ble [ʌn'kwestʃənəbl] *adj.* □ **1.** unzweifelhaft, fraglos; **2.** unbedenklich; **un'ques·tioned** [-tʃənd] *adj.* **1.** ungefragt; **2.** unbezweifelt, unbestritten; **un'ques·tion·ing** [-nɪŋ] *adj.* □ bedingungslos, blind: **~ *obedience***; **un'ques·tion·ing·ly** [-nɪŋlɪ] *adv.* ohne zu fragen, ohne Zögern.

ˌ**un'quote** *v/i.*: **~!** Ende des Zitats!; ˌ**un'quot·ed** *adj.* **1.** nicht zitiert; **2.** *Börse*: nicht notiert.

un'rav·el I *v/t.* **1.** *Gewebe* ausfasern; **2.** *Gestricktes* auftrennen; **3.** entwirren; **4.** *fig.* entwirren, enträtseln; **II** *v/i.* **5.** sich entwirren *etc.*

un·read [ˌʌn'red] *adj.* **1.** ungelesen; **2.** a) unbelesen, ungebildet, b) unbewandert (***in*** in *dat.*).

ˌ**un'read·a·ble** *adj.* **1.** unleserlich (*Handschrift etc.*); **2.** schwer zu lesen(d) (*Buch etc.*); **3.** nicht lesenswert (*Buch etc.*).

ˌ**un'read·i·ness** *s.* mangelnde Bereitschaft; ˌ**un'read·y** *adj.* □ nicht bereit *od.* fertig (***for*** zu).

ˌ**un'real** *adj.* □ **1.** unwirklich; **2.** wesenlos; **3.** → 'ˌ**un**ˌ**re·al'is·tic** *adj.* (□ **~*ally***) wirklichkeitsfremd, 'unreaˌlistisch; ˌ**un·re'al·i·ty** *s.* **1.** Unwirklichkeit *f*; **2.** Wesenlosigkeit *f.*

ˌ**un're·al·iz·a·ble** *adj.* nicht realisierbar: a) nicht zu verwirklichen(d), b) ✝ nicht verwertbar, unverkäuflich; ˌ**un're·al·ized** *adj.* **1.** nicht verwirklicht *od.* erfüllt; **2.** nicht vergegenwärtigt *od.* erkannt.

ˌ**un'rea·son** *s.* **1.** Unvernunft *f*; **2.** Torheit *f*; **un'rea·son·a·ble** *adj.* □ **1.** unvernünftig; **2.** unvernünftig, unbillig, unmäßig, 'übermäßig; unzumutbar; **un'rea·son·a·ble·ness** *s.* **1.** Unvernunft *f*; **2.** Unbilligkeit *f*, Unmäßigkeit *f*, Unzumutbarkeit *f*; **un'rea·son·ing** *adj.* □ **1.** vernunftlos; **2.** unvernünftig, blind.

ˌ**un·re'ceipt·ed** *adj.* ✝ unquittiert.

ˌ**un·re'cep·tive** *adj.* nicht aufnahmefähig, unempfänglich (***of, to*** für).

ˌ**un·re'claimed** *adj.* **1.** *fig.* ungebessert; **2.** ungezähmt; **3.** unkultiviert (*Land*).

ˌ**un'rec·og·niz·a·ble** *adj.* □ nicht 'wieder zu erkennen(d); ˌ**un'rec·og·nized** *adj.* **1.** nicht ('wieder) erkannt; **2.** nicht anerkannt.

ˌ**un'rec·on·ciled** *adj.* unversöhnt (***to*** mit).

un·re·cord·ed [ˌʌnrɪ'kɔːdɪd] *adj.* **1.** (geschichtlich) nicht über'liefert *od.* aufgezeichnet *od.* belegt; **2.** nicht eingetragen *od.* registriert; **3.** ⚖ nicht beurkundet; **4.** a) nicht (auf Tonband *etc.*) aufgenommen, b) Leer...: **~ *tape***.

ˌ**un·re'deemed** *adj.* **1.** *eccl.* unerlöst; **2.** ✝ a) ungetilgt (*Schuld*), b) uneingelöst (*Wechsel*); **3.** uneingelöst (*Pfand, Versprechen*); **4.** *fig.* ungemildert (***by*** durch); Erz...: **~ *rascal***.

ˌ**un·re'dressed** *adj.* **1.** nicht wieder gutgemacht; **2.** nicht abgestellt (*Missstand*).

ˌ**un'reel** *v/t.* (*v/i.* sich) abspulen.

ˌ**un·re'fined** *adj.* **1.** ⚙ nicht raffiniert, ungeläutert, roh, Roh...; **2.** *fig.* ungebildet, unfein, unkultiviert.

ˌ**un·re'flect·ing** *adj.* □ **1.** nicht reflektierend; **2.** gedankenlos, 'unüberˌlegt.

ˌ**un·re'formed** *adj.* **1.** unverbessert; **2.** ungebessert (*Person*).

ˌ**un·re'fut·ed** *adj.* 'unwiderˌlegt.

ˌ**un·re'gard·ed** *adj.* unberücksichtigt, unbeachtet; ˌ**un·re'gard·ful** *adj.* unachtsam, ohne Rücksicht (***of*** auf *acc.*).

un·re·gen·er·a·cy [ˌʌnrɪ'dʒenərəsɪ] *s.* *eccl.* Sündhaftigkeit *f*; ˌ**un·re'gen·er·ate** [-rət] *adj.* **1.** *eccl.* nicht 'wieder geboren; **2.** nicht gebessert.

ˌ**un'reg·is·tered** *adj.* **1.** nicht registriert *od.* eingetragen (*a.* ✝, ⚖); **2.** (amtlich) nicht zugelassen (*Auto etc.*); nicht approbiert (*Arzt etc.*); **3.** nicht eingeschrieben (*Brief*).

ˌ**un·re'gret·ted** *adj.* unbedauert, unbeklagt.

ˌ**un·re'hearsed** *adj.* **1.** *thea.* ungeprobt; **2.** über'raschend, spon'tan.

ˌ**un·re'lat·ed** *adj.* **1.** ohne Beziehung (***to*** zu); **2.** nicht verwandt (***to, with*** mit) (*a. fig.*); **3.** nicht berichtet.

ˌ**un·re'lent·ing** *adj.* □ **1.** unbeugsam, unerbittlich; **2.** unvermindert.

'**un·re**ˌ**li·a'bil·i·ty** *s.* Unzuverlässigkeit *f*; ˌ**un·re'li·a·ble** *adj.* □ unzuverlässig.

ˌ**un·re'lieved** *adj.* □ **1.** ungelindert; **2.** nicht unter'brochen, 'ununterˌbrochen; **3.** ⚔ a) nicht abgelöst (*Wache*), b) nicht entsetzt (*Festung etc.*).

un·re·mit·ting [ˌʌnrɪ'mɪtɪŋ] *adj.* □ unablässig, beharrlich.

ˌ**un·re'mu·ner·a·tive** *adj.* nicht lohnend *od.* einträglich, 'unrenˌtabel.

ˌ**un·re'pair** *s.* Baufälligkeit *f*, Verfall *m*: ***in (a state of)* ~** in baufälligem Zustand.

ˌ**un·re'pealed** *adj.* **1.** nicht wider'rufen; **2.** nicht aufgehoben.

ˌ**un·re'pent·ant** *adj.* reuelos, unbußfertig; ˌ**un·re'pent·ed** [-tɪd] *adj.* unbereut.

ˌ**un·rep·re'sent·ed** *adj.* nicht vertreten.

ˌ**un·re'quit·ed** *adj.* □ **1.** unerwidert: **~ *love***; **2.** unbelohnt (*Dienste*); **3.** ungesühnt (*Missetat*).

un·re·served [ˌʌnrɪ'zɜːvd] *adj.* □ **1.** uneingeschränkt, vorbehalt-, rückhaltlos, völlig; **2.** freimütig, offen(herzig); **3.** nicht reserviert; ˌ**un·re'serv·ed·ness** [-vɪdnɪs] *s.* Offenheit *f*, Freimütigkeit *f.*

ˌ**un·re'sist·ed** *adj.* ungehindert: ***be* ~** keinen Widerstand finden; ˌ**un·re'sist·ing** *adj.* □ 'widerstandslos.

ˌ**un·re'solved** *adj.* **1.** ungelöst: **~ *problem***; **2.** unschlüssig, unentschlossen; **3.** 𝄢, ♪ *etc.* unaufgelöst.

ˌ**un·re'spon·sive** *adj.* □ **1.** unempfänglich (***to*** für): ***be* ~ (*to*)** nicht reagieren *od.* ansprechen (auf *acc.*); **2.** teilnahmslos, kalt.

un·rest [ˌʌn'rest] *s.* Unruhe *f*, *pol. a.* Unruhen *pl.*; ˌ**un'rest·ful** *adj.* □ **1.** ruhelos; **2.** ungemütlich; **3.** unbequem; ˌ**un'rest·ing** *adj.* □ rastlos, unermüdlich.

ˌ**un·re'strained** *adj.* □ **1.** ungehemmt (*a. fig. ungezwungen*); **2.** hemmungs-, zügellos; **3.** uneingeschränkt; ˌ**un·re'straint** *s.* **1.** Ungehemmtheit *f*, *fig. a.* Ungezwungenheit *f*; **2.** Hemmungslosigkeit *f.*

ˌ**un·re'strict·ed** *adj.* □ uneingeschränkt, unbeschränkt.

ˌ**un·re'turned** *adj.* **1.** nicht zu'rückgegeben; **2.** unerwidert, unvergolten: ***be* ~** unerwidert bleiben; **3.** *pol.* nicht (*ins Parlament*) gewählt.

ˌ**un·re'vealed** *adj.* nicht offen'bart, verborgen, geheim.

ˌ**un·re'vised** *adj.* nicht revidiert (*a. fig. Ansicht etc.*).

ˌ**un·re'ward·ed** *adj.* unbelohnt.

ˌ**un'rhymed** *adj.* ungereimt, reimlos.

ˌ**un'rid·dle** *v/t.* enträtseln.

ˌ**un'rig** *v/t.* **1.** ⚓ abtakeln; **2.** abmontieren.

un'right·eous *adj.* □ **1.** nicht rechtschaffen; **2.** *eccl.* ungerecht, sündig; **un'right·eous·ness** *s.* Ungerechtigkeit *f.*

ˌ**un'rip** *v/t.* aufreißen, -schlitzen.

ˌ**un'ripe** *adj. allg.* unreif; ˌ**un'ripe·ness** *s.* Unreife *f.*

un'ri·val(l)ed *adj.* **1.** ohne Ri'valen *od.* Gegenspieler; **2.** unerreicht, unvergleichlich; ✝ konkur'renzlos.

ˌ**un'roll I** *v/t.* **1.** entrollen, -falten; **2.** abwickeln; **II** *v/i.* **3.** sich entfalten; sich ausein'ander rollen.

ˌ**un·ro'man·tic** *adj.* (□ **~*ally***) *allg.* 'unroˌmantisch.

ˌ**un'roof** *v/t. Haus* abdecken.

ˌ**un'rope** *v/t.* **1.** losbinden; **2.** *mount.* (*a. v/i.* sich) ausseilen.

ˌ**un'round** *v/t. ling. Vokale* entrunden.

ˌ**un'ruf·fled** *adj.* **1.** ungekräuselt, glatt; **2.** *fig.* gelassen, unerschüttert.

ˌ**un'ruled** *adj.* **1.** *fig.* unbeherrscht; **2.** unliniert (*Papier*).

un·ru·li·ness [ʌn'ruːlɪnɪs] *s.* **1.** Unlenkbarkeit *f*, 'Widerspenstigkeit *f*; **2.** Ausgelassenheit *f*, Unbändigkeit *f*; **un·ru·ly** [ʌn'ruːlɪ] *adj.* **1.** unlenksam, aufsässig; **2.** ungebärdig; ausgelassen; **3.** ungestüm.

ˌ**un'sad·dle I** *v/t.* **1.** *Pferd* absatteln; **2.** *j-n* aus dem Sattel werfen; **II** *v/i.* **3.** absatteln.

ˌ**un'safe** *adj.* □ unsicher, gefährlich.

ˌ**un'said** *adj.* ungesagt, unerwähnt.

ˌ**un'sal·a·ble** *adj.* **1.** unverkäuflich; **2.** nicht gangbar (*Waren*).

ˌ**un'sal·a·ried** *adj.* unbezahlt, ehrenamtlich: **~ *clerk*** ✝ Volontär *m.*

ˌ**un'sale·a·ble** → ***unsalable***.

ˌ**un'sanc·tioned** *adj.* nicht sanktioniert, nicht gebilligt *od.* geduldet.

ˌ**un'san·i·tar·y** *adj.* **1.** ungesund; **2.** 'unhygiˌenisch.

'**un**ˌ**sat·is'fac·to·ri·ness** *s. das* Unbefriedigende, Unzulänglichkeit *f*; '**un**ˌ**sat·is'fac·to·ry** *adj.* □ unbefriedigend, ungenügend, unzulänglich; ˌ**un'sat·is·fied** *adj.* **1.** unbefriedigt; **2.** unzufrieden; **3.** ✝ a) unbefriedigt (*Anspruch, Gläubiger*), b) unbezahlt, c) unerfüllt (*Bedingung*); ˌ**un'sat·is·fy·ing** *adj.* → ***unsatisfactory***.

ˌ**un'sa·vo(u)r·i·ness** *s.* **1.** Unschmackhaftigkeit *f*; **2.** Widerlichkeit *f*; ˌ**un'sa·vo(u)r·y** *adj.* □ **1.** unschmackhaft; **2.** *a. fig.* 'unappeˌtitlich, unangenehm.

ˌ**un'say** *v/t.* [*irr.* → ***say***] wider'rufen.

ˌ**un'scal·a·ble** *adj.* unersteigbar.

ˌ**un'scathed** [-'skeɪðd] *adj.* (völlig) unversehrt, unbeschädigt.

ˌ**un'sched·uled** *adj.* **1.** nicht pro'grammgemäß; **2.** außerplanmäßig (*Abfahrt etc.*).

ˌ**un'schol·ar·ly** *adj.* **1.** unwissenschaftlich; **2.** ungelehrt.

ˌ**un'schooled** *adj.* **1.** ungeschult, nicht ausgebildet; **2.** unverbildet.

'**un**ˌ**sci·en'tif·ic** *adj.* (□ **~*ally***) unwissenschaftlich.

ˌ**un'scram·ble** *v/t.* **1.** F entwirren; **2.** entschlüsseln, dechiffrieren; **3.** ⚡ aussteuern.

ˌ**un'screened** *adj.* **1.** ungeschützt, *a.* ⚡ nicht abgeschirmt; **2.** ungesiebt (*Sand etc.*); **3.** nicht über'prüft.

ˌ**un'screw I** *v/t.* ⚙ ab-, auf-, losschrauben; **II** *v/i.* sich her'aus- *od.* losdrehen; sich losschrauben lassen.

ˌ**un'script·ed** *adj.* improvisiert (*Rede etc.*).

un'scru·pu·lous *adj.* □ skrupel-, bedenken-, gewissenlos.

U

ˌ**un'seal** *v/t.* **1.** *Brief etc.* entsiegeln *od.* öffnen; **2.** *fig. j-m die Augen, Lippen* öffnen; **3.** *fig.* enthüllen; ˌ**un'sealed** *adj.* **1.** a) unversiegelt, b) geöffnet; **2.** *fig.* nicht besiegelt.

un'search·a·ble *adj.* □ unerforschlich, unergründlich.

un'sea·son·a·ble *adj.* □ **1.** unzeitig; **2.** *fig.* unpassend, ungünstig.

ˌ**un'sea·soned** *adj.* **1.** nicht (aus)gereift; **2.** nicht abgelagert (*Holz*); **3.** *fig.* nicht abgehärtet (**to** gegen); **4.** *fig.* unerfahren; **5.** ungewürzt.

ˌ**un'seat** *v/t.* **1.** *Reiter* abwerfen; **2.** *j-n* absetzen, des Postens entheben; **3.** *pol. j-m* s-n Sitz (im Parla'ment) nehmen; ˌ**un'seat·ed** *adj.* ohne Sitz(gelegenheit): **be ~** nicht sitzen.

ˌ**un'seaˌwor·thy** *adj.* ⚓ seeuntüchtig.

ˌ**un·se'cured** *adj.* **1.** ungesichert (*a.* ✝ *Schuld*); **2.** unbefestigt; **3.** ✝ ungedeckt, nicht sichergestellt.

ˌ**un'seed·ed** *sport* ungesetzt (*Spieler etc.*).

ˌ**un'see·ing** *adj. fig.* blind: **with ~ eyes** mit leerem Blick, blind.

un'seem·li·ness *s.* Unziemlichkeit *f*; **un'seem·ly** *adj.* unziemlich, ungehörig.

ˌ**un'seen I** *adj.* **1.** ungesehen, unbemerkt; **2.** unsichtbar; **3.** *ped.* unvorbereitet (*Übersetzungstext*); **II** *s.* **4. the ~** die Geisterwelt; **5.** *ped. Brit.* unvorbereitete 'Herüberˌsetzung *f*.

ˌ**un'self·ish** *adj.* □ selbstlos, uneigennützig; ˌ**un'self·ish·ness** *s.* Selbstlosigkeit *f*, Uneigennützigkeit *f*.

ˌ**un·sen'sa·tion·al** *adj.* wenig sensatio'nell *od.* aufregend.

ˌ**un'serv·ice·a·ble** *adj.* □ **1.** nicht verwendbar, unbrauchbar (*Gerät etc.*); **2.** betriebsunfähig.

ˌ**un'set·tle** *v/t.* **1.** *et.* aus s-r (festen) Lage bringen; **2.** *fig.* beunruhigen; *a. j-n, j-s Glauben etc.* erschüttern, ins Wanken bringen; **3.** *fig.* verwirren, durchein'ander bringen; *j-n* aus dem (gewohnten) Gleis werfen; **4.** in Unordnung bringen; ˌ**un'set·tled** *adj.* **1.** ohne festen Wohnsitz; **2.** unbesiedelt (*Land*); **3.** *fig.* unbestimmt, ungewiss, *a. allg.* unsicher (*Zeit etc.*); **4.** unentschieden, unerledigt (*Frage*); **5.** unbeständig, veränderlich (*Wetter*; ✝ *Markt*); **6.** schwankend, unentschlossen (*Person*); **7.** (geistig) gestört, aus dem (seelischen) Gleichgewicht; **8.** unstet (*Charakter, Leben*); **9.** ✝ unbezahlt, unerledigt; **10.** ⚖ nicht zugeschrieben; nicht reguliert (*Erbschaft*).

ˌ**un'sex** *v/t. Frau* vermännlichen: **~ o.s.** alles Frauliche ablegen.

ˌ**un'shack·le** *v/t. j-n* befreien (*a. fig.*); ˌ**un'shack·led** *adj.* ungehemmt.

ˌ**un'shad·ed** *adj.* **1.** unverdunkelt, unbeschattet; **2.** *paint.* nicht schattiert.

un'shak·a·ble *adj.* unerschütterlich; ˌ**un'shak·en** *adj.* □ **1.** unerschüttert, fest; **2.** unerschütterlich.

ˌ**un'shape·ly** *adj.* unförmig.

ˌ**un'shaved**, ˌ**un'shav·en** *adj.* unrasiert.

ˌ**un'sheathe** *v/t. das Schwert* aus der Scheide ziehen.

ˌ**un'shed** *adj.* unvergossen (*Tränen*).

ˌ**un'shell** *v/t.* (ab)schälen, enthülsen.

ˌ**un'shel·tered** *adj.* ungeschützt, schutz-, obdachlos.

ˌ**un'ship** *v/t.* ⚓ a) *Ladung* löschen, ausladen, b) *Passagiere* ausschiffen, c) *Ruder, Mast etc.* abbauen.

ˌ**un'shod** *adj.* **1.** unbeschuht, barfuß; **2.** unbeschlagen (*Pferd*).

ˌ**un'shorn** *adj.* ungeschoren.

un·shrink·a·ble [ˌʌn'ʃrɪŋkəbl] *adj.* nicht einlaufend (*Stoffe*); **un'shrink·ing** *adj.* □ unverzagt, fest.

ˌ**un'sift·ed** *adj.* **1.** ungesiebt; **2.** *fig.* ungeprüft.

ˌ**un'sight** *adj.*: **buy s.th. ~, unseen** et. unbesehen kaufen; ˌ**un'sight·ed** *adj.* **1.** nicht gesichtet; **2.** ungezielt (*Schuss*); **3.** ohne Vi'sier (*Gewehr etc.*).

un'sight·ly *adj.* unansehnlich, hässlich.

ˌ**un'signed** *adj.* **1.** unsigniert, nicht unter'zeichnet; **2.** ♪ unbezeichnet.

ˌ**un'sized**[1] *adj.* nicht nach Größe(n) geordnet *od.* sortiert.

ˌ**un'sized**[2] *adj.* ⚙ **1.** ungrundiert; **2.** ungeleimt.

ˌ**un'skil·ful** *adj.* □ ungeschickt.

ˌ**un'skilled** *adj.* **1.** unerfahren, ungeschickt; **2.** ✝ ungelernt: **~ worker**; **the ~ labo(u)r** *coll.* die Hilfsarbeiter *pl.*

ˌ**un'skill·ful** *Am.* → **unskilful**.

ˌ**un'skimmed** *adj.* nicht entrahmt: **~ milk** Vollmilch *f*.

ˌ**un'slaked** *adj.* **1.** ungelöscht (*Kalk*; *a. Durst*); **2.** *fig.* ungestillt.

ˌ**un'sleep·ing** *adj.* **1.** schlaflos; **2.** *fig.* immer wach.

ˌ**un'smil·ing** *adj.* □ ernst.

ˌ**un'smoked** *adj.* **1.** ungeräuchert; **2.** nicht aufgeraucht: **~ cigar**.

ˌ**un'snarl** *v/t.* entwirren.

un'so·cia·ble *adj.* □ ungesellig, nicht 'umgänglich, reserviert.

ˌ**un'so·cial** *adj.* □ **1.** 'unsoziˌal; **2.** 'asoziˌal, gesellschaftsfeindlich; **3. work ~ hours** *Brit.* außerhalb der normalen Arbeitszeit arbeiten.

ˌ**un'soiled** *adj.* rein, sauber, *fig. a.* unbefleckt.

ˌ**un'sold** *adj.* unverkauft; → **subject** 14.

ˌ**un'sol·der** *v/t.* ⚙ ab-, loslöten.

UN sol·dier ['juːen] *s.* U'N-Solˌdat *m*, F Blauhelm *m*.

ˌ**un'sol·dier·ly** *adj.* 'unsolˌdatisch.

ˌ**un·so'lic·it·ed** *adj.* **1.** unaufgefordert, unverlangt; **2.** freiwillig.

ˌ**un'solv·a·ble** *adj.* unlösbar.

ˌ**un'solved** *adj.* ungelöst.

ˌ**un·so'phis·ti·cat·ed** *adj.* **1.** unverfälscht; **2.** lauter, rein; **3.** ungekünstelt, na'türlich, unverbildet; **4.** na'iv, harmlos; **5.** unverdorben.

ˌ**un'sought**, **un'sought-for** *adj.* ungesucht, ungewollt.

ˌ**un'sound** *adj.* □ **1.** ungesund (*a. fig.*): **of ~ mind** geistesgestört, unzurechnungsfähig; **2.** verdorben, schlecht (*Ware etc.*), faul (*Obst*); **3.** morsch, wurmstichig; **4.** brüchig, rissig; **5.** unzuverlässig; 'unsoˌlide (*a.* ✝); **6.** nicht stichhaltig, anfechtbar: **~ argument**; **7.** falsch, verkehrt: **~ doctrine** Irrlehre *f*; **~ policy** verfehlte Politik; ˌ**un'sound·ness** *s.* **1.** Ungesundheit *f* (*a. fig.*); **2.** Verdorbenheit *f*; **3.** *fig.* Unzuverlässigkeit *f*; **4.** Anfechtbarkeit *f*; **5.** Verfehltheit *f*, *das* Verkehrte.

un'spar·ing *adj.* □ **1.** freigebig, verschwenderisch (**in**, **of** mit): **be ~ in** nicht kargen mit *Lob etc.*; **be ~ in one's efforts** keine Mühe scheuen; **2.** reichlich, großzügig; **3.** schonungslos (**of** gegen).

un'speak·a·ble *adj.* □ **1.** unsagbar, unsäglich, unbeschreiblich; **2.** F scheußlich, entsetzlich.

ˌ**un'spec·i·fied** *adj.* nicht (einzeln) angegeben, nicht spezifiziert.

ˌ**un'spir·it·u·al** *adj.* □ ungeistig.

ˌ**un'spoiled**, ˌ**un'spoilt** *adj.* **1.** *allg.* unverdorben; **2.** unbeschädigt; **3.** nicht verzogen (*Kind*).

ˌ**un'spo·ken** *adj.* un(aus)gesprochen, ungesagt; stillschweigend: **~-of** unerwähnt; **~-to** unangeredet.

ˌ**un'sport·ing**, ˌ**un'sports·man·like** *adj.* unsportlich, unfair.

ˌ**un'spot·ted** *adj.* **1.** fleckenlos; **2.** *fig.* makellos, unbefleckt; **3.** F unentdeckt.

ˌ**un'sprung** *adj.* ⚙ ungefedert.

ˌ**un'sta·ble** *adj.* **1.** *a. fig.* unsicher, nicht fest, schwankend, la'bil; **2.** *fig.* unbeständig, unstet(ig); **3.** ⚗ 'instaˌbil.

ˌ**un'stained** *adj.* **1.** → **unspotted** 1, 2; **2.** ungefärbt.

ˌ**un'stamped** *adj.* ungestempelt; 📯 unfrankiert (*Brief*).

ˌ**un'states·man·like** *adj.* unstaatsmännisch.

ˌ**un'stead·i·ness** *s.* **1.** Unsicherheit *f*; **2.** *fig.* Unstetigkeit *f*, Schwanken *n*; **3.** Unzuverlässigkeit *f*; **4.** Unregelmäßigkeit *f*; ˌ**un'stead·y** *adj.* □ **1.** unsicher, wack(e)lig; **2.** *fig.* unstet(ig); unbeständig, schwankend (*beide a.* ✝ *Kurse, Markt*); **3.** *fig.* 'unsoˌlide; **4.** unregelmäßig.

ˌ**un'stick** *v/t.* [*irr.* → **stick**[2]] lösen, losmachen.

un'stint·ed *adj.* uneingeschränkt, unbegrenzt; **un'stint·ing** [-tɪŋ] → **unsparing** 1, 2.

ˌ**un'stitch** *v/t.* auftrennen: **~ed** a) aufgetrennt, b) ungesteppt (*Falte*); **come ~ed** aufgehen (*Naht*).

ˌ**un'stop** *v/t.* **1.** entstöpseln, -korken, aufmachen; **2.** freimachen.

ˌ**un'strained** *adj.* **1.** unfiltriert, ungefiltert; **2.** nicht angespannt (*a. fig.*); **3.** *fig.* ungezwungen.

ˌ**un'strap** *v/t.* ab-, losschnallen.

ˌ**un'stressed** *adj.* **1.** *ling.* unbetont; **2.** ⚙ unbelastet.

ˌ**un'string** *v/t.* [*irr.* → **string**] **1.** *Perlen etc.* abfädeln; **2.** ♪ entsaiten; **3.** *Bogen, Saite* entspannen; **4.** *j-s Nerven* ka'puttmachen, *j-n* (nervlich) ‚fertig machen', demoralisieren.

ˌ**un'strung** *adj.* **1.** ♪ a) saitenlos, unbezogen (*Saiteninstrument*), b) entspannt (*Saite, Bogen*); **2.** abgereiht (*Perlen*); **3.** *fig.* entnervt, mit den Nerven am Ende.

ˌ**un'stuck** *adj.* : **come ~** a) sich lösen, b) *fig.* scheitern.

ˌ**un'stud·ied** *adj.*, ungesucht, ungekünstelt, na'türlich.

ˌ**un·sub'mis·sive** *adj.* □ nicht unter'würfig, 'widerspenstig.

ˌ**un·sub'stan·tial** *adj.* □ **1.** unstofflich, unkörperlich; **2.** unwesentlich; **3.** wenig stichhaltig *od.* fundiert: **~ arguments**; **4.** gehaltlos (*Essen*).

ˌ**un·sub'stan·ti·at·ed** *adj.* **1.** unbegründet; **2.** nicht erhärtet.

ˌ**un·suc'cess** *s.* 'Misserfolg *m*, Fehlschlag *m*; ˌ**un·suc'cess·ful** *adj.* □ **1.** erfolglos: a) ohne Erfolg, b) miss'glückt, miss'lungen: **be ~** keinen Erfolg haben (**in doing s.th.** bei *od.* mit et.); **~ take-off** ✈ Fehlstart *m*; **2.** 'durchgefallen (*Kandidat*); zu'rückgewiesen (*Bewerber*); ⚖ unter'legen (*Partei*); ˌ**un·suc'cess·ful·ness** [-sək'sesfʊlnɪs] *s.* Erfolglosigkeit *f*.

ˌ**un'suit·able** *adj.* □ **1.** unpassend, ungeeignet (**to**, **for** für); **2.** unangemessen, unschicklich (**to**, **for** für); ˌ**un'suit·ed** → **unsuitable** 1.

ˌ**un'sul·lied** *adj. mst fig.* unbefleckt.

ˌ**un'sung** *poet.* **I** *adj.* unbesungen; **II** *adv. fig.* sang- u. klanglos.

U

ˌ**un·supˈport·ed** *adj.* **1.** ungestützt; **2.** *fig.* unbestätigt, ohne ˈUnterlagen; **3.** *fig.* nicht unterˈstützt (*Antrag etc., a. Kinder etc.*).

ˌ**unˈsure** *adj. allg.* unsicher, nicht sicher (**of** *gen.*).

ˌ**un·surˈmount·a·ble** *adj.* ˈunüberˌwindlich (*Hindernis etc.*) (*a. fig.*).

ˌ**un·surˈpass·a·ble** *adj.* □ ˈunüberˌtrefflich; ˌ**un·surˈpassed** *adj.* ˈunüberˌtroffen.

ˌ**un·susˈcep·ti·ble** *adj.* **1.** unempfindlich (**to** gegen); **2.** *fig.* unempfänglich (**to** für).

un·sus·pect·ed [ˌʌnsəˈspektɪd] *adj.* □ **1.** unverdächtig(t); **2.** unvermutet, ungeahnt; ˌ**un·susˈpect·ing** [-ɪŋ] *adj.* □ **1.** nichts ahnend, ahnungslos: **~ of** ohne *et.* zu ahnen; **2.** → ***unsuspicious*** 1.

ˌ**un·susˈpi·cious** *adj.* □ **1.** arglos, nicht argwöhnisch; **2.** unverdächtig, harmlos.

ˌ**unˈsweet·ened** *adj.* **1.** ungesüßt; **2.** *fig.* unversüßt.

un·swerv·ing [ʌnˈswɜːvɪŋ] *adj.* □ unbeirrbar, unerschütterlich.

ˌ**unˈsworn** *adj.* **1.** unbeeidet; **2.** unvereidigt (*Zeuge etc.*).

ˌ**un·symˈmet·ri·cal** *adj.* □ ˈunsymˌmetrisch.

ˈ**unˌsym·paˈthet·ic** *adj.* (□ **~ally**) teilnahmslos, ohne Mitgefühl.

ˌ**un·sys·temˈat·ic** *adj.* (□ **~ally**) ˈunsysteˌmatisch, planlos.

ˌ**unˈtaint·ed** *adj.* □ **1.** fleckenlos (*a. fig.*); **2.** unverdorben: **~ *food***; **3.** *fig.* unbeeinträchtigt (***with*** von).

ˌ**unˈtal·ent·ed** *adj.* untalentiert, unbegabt.

ˌ**unˈtam·a·ble** *adj.* □ un(be)zähmbar; ˌ**unˈtamed** *adj.* ungezähmt.

ˌ**unˈtan·gle** *v/t.* **1.** entwirren (*a. fig.*); **2.** aus einer schwierigen Lage befreien.

ˌ**unˈtanned** *adj.* **1.** ungegerbt (*Leder*); **2.** ungebräunt (*Haut*).

ˌ**unˈtapped** *adj.* unangezapft (*a. fig.*): **~ *resources*** ungenützte Hilfsquellen.

ˌ**unˈtar·nished** *adj.* **1.** ungetrübt; **2.** makellos, unbefleckt (*a. fig.*).

ˌ**unˈtast·ed** *adj.* ungekostet (*a. fig.*).

ˌ**unˈtaught** *adj.* **1.** ungelehrt, nicht unterˈrichtet; **2.** unwissend, ungebildet; **3.** ungelernt, selbst entwickelt (*Fähigkeit etc.*).

ˌ**unˈtaxed** *adj.* unbesteuert.

ˌ**unˈteach·a·ble** *adj.* **1.** unbelehrbar (*Person*); **2.** unlehrbar (*Sache*).

ˌ**unˈtem·pered** *adj.* **1.** ⚙ ungehärtet, unvergütet (*Stahl*); **2.** *fig.* ungemildert (***with, by*** durch).

ˌ**unˈten·a·ble** *adj. fig.* unhaltbar.

ˌ**unˈten·ant·a·ble** *adj.* unbewohn-, unvermietbar; ˌ**unˈten·ant·ed** *adj.* **1.** unbewohnt, leer (stehend); **2.** ⚖ ungemietet, ungepachtet.

ˌ**unˈtend·ed** *adj.* **1.** unbehütet, unbeaufsichtigt; **2.** vernachlässigt.

ˌ**unˈthank·ful** *adj.* □ undankbar.

unˈthink·a·ble *adj.* undenkbar, unvorstellbar: ***the*** **~** das Undenkbare; ˌ**unˈthink·ing** *adj.* □ **1.** gedankenlos; **2.** nicht denkend.

ˌ**unˈthought** *adj.* **1.** ˈunüberˌlegt; **2.** *mst* **~-*of*** a) unerwartet, unvermutet, b) unvorstellbar.

ˌ**unˈthread** *v/t.* **1.** *Nadel* ausfädeln; den Faden herˈausziehen aus; **2.** *Perlen etc.* abfädeln; **3.** *a. fig.* sich hinˈdurchfinden durch, herˈausfinden aus; **4.** *mst fig.* entwirren.

ˌ**unˈthrift·y** *adj.* □ **1.** verschwenderisch; **2.** unwirtschaftlich (*a. Sache*).

ˌ**unˈthrone** *v/t. a. fig.* entthronen.

unˈti·di·ness *s.* Unordentlichkeit *f*; **unˈti·dy** *adj.* □ unordentlich.

ˌ**unˈtie** *v/t.* aufknoten, auf-, losbinden, *Knoten* lösen.

un·til [ənˈtɪl] **I** *prp.* bis (*zeitlich*): ***not*** **~ *Monday*** erst (am) Montag; **II** *cj.* bis: ***not*** **~** erst als *od.* wenn, nicht eher als.

ˌ**unˈtilled** *adj.* ✓ unbebaut.

unˈtime·li·ness *s.* Unzeit *f*, falscher *od.* verfrühter Zeitpunkt; **unˈtime·ly** *adj. u. adv.* unzeitig: a) verfrüht, b) ungelegen, unpassend.

unˈtir·ing *adj.* □ unermüdlich.

un·to [ˈʌntʊ] *prp. obs. od. poet. od. bibl.* → ***to*** I.

ˌ**unˈtold** *adj.* **1.** a) unerzählt, b) ungesagt: ***leave nothing*** **~** nichts unerwähnt lassen; **2.** unsäglich (*Leiden etc.*); **3.** ungezählt, zahllos; **4.** unermesslich.

unˈtouch·a·ble I *adj.* **1.** unberührbar; **2.** unantastbar, unangreifbar; **3.** unerreichbar, unnahbar; **II** *s.* **4.** Unberührbare(r *m*) *f* (*bei den Hindus*); ˌ**unˈtouched** *adj.* **1.** unberührt (*a. Essen*) (*a. fig.*); unangetastet (*a. Vorrat*); **2.** *fig.* ungerührt, unbeeinflusst; **3.** nicht zuˈrechtgemacht, *fig.* ungeschminkt; **4.** *phot.* unretuschiert; **5.** *fig.* unerreicht.

un·to·ward [ˌʌntəˈwɔːd] *adj.* **1.** *obs.* ungefügig, ˈwiderspenstig; **2.** widrig, ungünstig, unglücklich (*Umstand etc.*); ˌ**un·toˈward·ness** [-nɪs] *s.* **1.** *obs.* ˈWiderspenstigkeit *f*; **2.** Widrigkeit *f*, Ungunst *f*.

ˌ**unˈtrace·a·ble** *adj.* unauffindbar, nicht ausfindig zu machen(d).

ˌ**unˈtrained** *adj.* **1.** ungeschult (*a. fig.*), *a.* ⚔ unausgebildet; **2.** *sport* untrainiert; **3.** ungeübt; **4.** undressiert (*Tier*).

unˈtram·mel(l)ed *adj. bsd. fig.* ungebunden, ungehindert.

ˌ**un·transˈlat·a·ble** *adj.* □ ˈunüberˌsetzbar.

ˌ**unˈtrav·el(l)ed** *adj.* **1.** unbefahren (*Straße etc.*); **2.** nicht (weit) herˈumgekommen (*Person*).

ˌ**unˈtreat·ed** *adj.* unbehandelt (*Obst, Gemüse etc.*).

ˌ**unˈtried** *adj.* **1.** a) unerprobt, ungeprüft, b) unversucht; **2.** ⚖ a) unerledigt, (noch) nicht verhandelt (*Fall*), b) (noch) nicht vor Gericht gestellt.

ˌ**unˈtrimmed** *adj.* **1.** unbeschnitten (*Bart, Hecke etc.*); **2.** ungepflegt, nicht (ordentlich) zuˈrechtgemacht; **3.** ungeschmückt.

ˌ**unˈtrod·den** *adj.* unberührt (*Wildnis etc.*): **~ *paths*** *fig.* neue Wege.

ˌ**unˈtrou·bled** *adj.* **1.** ungestört, unbelästigt; **2.** ruhig (*Geist, Zeiten etc.*); **3.** ungetrübt (*a. fig.*).

ˌ**unˈtrue** *adj.* □ **1.** untreu (***to*** *dat.*); **2.** unwahr, falsch, irrig; **3.** (***to***) nicht in Überˈeinstimmung (mit), abweichend (von); **4.** ⚙ a) unrund, b) ungenau; ˌ**unˈtru·ly** *adv.* fälschlich(erweise).

ˌ**unˈtrustˌwor·thi·ness** *s.* Unzuverlässigkeit *f*; ˌ**unˈtrustˌwor·thy** *adj.* □ unzuverlässig, nicht vertrauenswürdig.

ˌ**unˈtruth** *s.* **1.** Unwahrheit *f*; **2.** Falschheit *f*; ˌ**unˈtruth·ful** *adj.* □ **1.** unwahr (*Person od. Sache*); unaufrichtig; **2.** falsch, irrig.

ˌ**unˈtuned** *adj.* **1.** ♪ verstimmt; **2.** *fig.* verwirrt; **3.** → ˌ**unˈtune·ful** *adj.* □ ˈunmeˌlodisch.

ˌ**unˈturned** *adj.* nicht ˈumgedreht; → ***stone*** 1.

ˌ**unˈtu·tored** *adj.* **1.** ungebildet, ungeschult; **2.** unerzogen; **3.** unverbildet, naˈtürlich; **4.** unkultiviert.

ˌ**unˈtwine**, ˌ**unˈtwist I** *v/t.* **1.** aufdrehen, -flechten; **2.** *bsd. fig.* entwirren, lösen; **II** *v/i.* **3.** sich aufdrehen, aufgehen.

ˌ**unˈused** *adj.* **1.** unbenutzt, ungebraucht, nicht verwendet; **2.** a) ungewohnt, nicht gewöhnt (***to*** an *acc.*), b) nicht gewohnt (***to doing*** zu tun).

unˈu·su·al *adj.* □ un-, außergewöhnlich: ***it is*** **~ *for him to*** es ist nicht s-e Art zu *inf.*

unˈut·ter·a·ble *adj.* □ **1.** unaussprechlich (*a. fig.*); **2.** → ***unspeakable*** 1; **3.** unglaublich, Erz...: **~ *scoundrel***; ˌ**unˈut·tered** *adj.* unausgesprochen, ungesagt.

ˌ**unˈval·ued** *adj.* **1.** nicht (ab)geschätzt, untaxiert; **2.** ✝ nennwertlos (*Aktien*); **3.** nicht geschätzt, wenig geachtet.

unˈvar·ied *adj.* unverändert, einförmig.

ˌ**unˈvar·nished** *adj.* **1.** ungefirnisst; **2.** *fig.* ungeschminkt: **~ *truth***; **3.** *fig.* schlicht, einfach.

unˈvar·y·ing *adj.* □ unveränderlich, gleich bleibend.

ˌ**unˈveil I** *v/t.* **1.** *Gesicht etc.* entschleiern, *Denkmal etc.* enthüllen (*a. fig.*): **~ed** a) unverschleiert, b) unverhüllt (*a. fig.*); **2.** sichtbar werden lassen; **II** *v/i.* **3.** den Schleier fallen lassen, sich enthüllen (*a. fig.*).

ˌ**unˈver·i·fied** *adj.* unbelegt, unbewiesen.

ˌ**unˈversed** *adj.* unbewandert (***in*** in *dat.*).

ˌ**unˈvoiced** *adj.* **1.** unausgesprochen, nicht geäußert; **2.** *ling.* stimmlos.

ˌ**unˈvouched**, *a.* **unˈvouched-for** *adj.* unverbürgt.

ˌ**unˈvouch·ered** *adj.* : **~ *fund*** *pol. Am.* Reptilienfonds *m*.

ˌ**unˈwant·ed** *adj.* unerwünscht.

unˈwar·i·ness *s.* Unvorsichtigkeit *f*.

ˌ**unˈwar·like** *adj.* unkriegerisch.

ˌ**unˈwarped** *adj.* **1.** nicht verzogen (*Holz*); **2.** *fig.* ˈunparˌteiisch.

unˈwar·rant·a·ble *adj.* □ unverantwortlich, ungerechtfertigt, nicht vertretbar, untragbar, unhaltbar; **unˈwar·rant·a·bly** *adv.* in unverantwortlicher *od.* ungerechtfertigter Weise; **unˈwar·rant·ed** *adj.* □ **1.** ungerechtfertigt, unberechtigt, unbefugt; **2.** ˌ***unˈwarranted*** unverbürgt, ohne Gewähr.

unˈwar·y *adj.* □ **1.** unvorsichtig; **2.** ˈunüberˌlegt.

ˌ**unˈwashed** *adj.* ungewaschen: ***the great*** **~** *fig. contp.* der Pöbel.

ˌ**unˈwatched** *adj.* unbeobachtet.

ˌ**unˈwa·tered** *adj.* **1.** unbewässert; nicht begossen, nicht gesprengt (*Rasen etc.*); **2.** unverwässert (*Milch etc.*; *a.* ✝ *Kapital*).

unˈwa·ver·ing *adj.* □ unerschütterlich, standhaft, unentwegt.

un·wea·ried [ʌnˈwɪərɪd] *adj.* □ **1.** nicht ermüdet; **2.** unermüdlich; **unˈwea·ry·ing** [-ɪɪŋ] *adj.* □ unermüdlich.

ˌ**unˈwed(·ded)** *adj.* unverheiratet.

ˌ**unˈweighed** *adj.* **1.** ungewogen; **2.** nicht abgewogen, unbedacht.

unˈwel·come *adj.* □ ˈunwillˌkommen (*a. fig. unangenehm*).

ˌ**unˈwell** *adj.* unwohl, unpässlich (*a. euphem.*).

ˌ**unˈwept** *adj.* **1.** unbeweint; **2.** unvergossen (*Tränen*).

ˌ**unˈwhole·some** *adj.* □ *allg.* ungesund (*a. fig.*); ˌ**unˈwhole·some·ness** *s.* Ungesundheit *f*.

un·wield·i·ness [ʌn'wiːldɪnɪs] *s.* **1.** Unbeholfenheit *f*, Schwerfälligkeit *f*; **2.** Unhandlichkeit *f*; **un'wield·y** *adj.* □ **1.** unbeholfen, plump, schwerfällig; **2.** a) unhandlich, b) sperrig.

ˌ**un'will·ing** *adj.* □ un-, 'widerwillig: ***be ~ to do*** abgeneigt sein, *et.* zu tun, *et.* nicht tun wollen; ***I am ~ to admit it*** ich gebe es ungern zu; **un'will·ing·ly** *adv.* ungern, 'widerwillig; **un'will·ing·ness** *s.* 'Widerwille *m*, Abgeneigtheit *f*.

un·wind [ˌʌn'waɪnd] [*irr.* → ***wind***²] **I** *v/t.* **1.** ab-, auf-, loswickeln, abspulen; **II** *v/i.* **2.** sich ab- *od.* loswickeln; **3.** F sich entspannen.

un·wink·ing [ˌʌn'wɪŋkɪŋ] *adj.* □ unverwandt, starr (*Blick*).

ˌ**un'wis·dom** *s.* Unklugheit *f*; ˌ**un'wise** *adj.* □ unklug, töricht.

ˌ**un'wished** *adj.* **1.** ungewünscht; **2.** *a.* ***~-for*** unerwünscht.

un'wit·ting *adj.* □ unwissentlich, unabsichtlich.

un'wom·an·li·ness *s.* Unweiblichkeit *f*; **un'wom·an·ly** *adj.* unweiblich, unfraulich.

un'wont·ed *adj.* □ **1.** nicht gewöhnt (***to*** an *acc.*), ungewohnt (***to*** *inf.* zu *inf.*); **2.** ungewöhnlich.

ˌ**un'work·a·ble** *adj.* **1.** unaus-, 'unˌdurchführbar (*Plan*); **2.** ⚙ nicht bearbeitungsfähig; **3.** ⚙ a) nicht betriebsfähig, b) ⚒ nicht abbauwürdig.

ˌ**un'worked** *adj.* **1.** unbearbeitet (*Boden etc.*), roh (*a.* ⚙); **2.** ⚒ unverritzt: ***~ coal*** anstehende Kohle.

ˌ**un'work·man·like** *adj.* unfachmännisch, unfachgemäß, stümperhaft.

ˌ**un'world·li·ness** *s.* **1.** Weltfremdheit *f*; **2.** Uneigennützigkeit *f*; **3.** Geistigkeit *f*; ˌ**un'world·ly** *adj.* **1.** unweltlich, nicht weltlich (gesinnt), weltfremd; **2.** uneigennützig; **3.** unirdisch, geistig.

ˌ**un'worn** *adj.* **1.** ungetragen (*Kleid etc.*); **2.** nicht abgetragen.

un'wor·thi·ness *s.* Unwürdigkeit *f*; **un'wor·thy** *adj.* □ unwürdig (***of*** *gen.*): ***he is ~ of it*** er verdient es nicht, er ist es nicht wert; ***he is ~ of respect*** er verdient keine Achtung.

un·wound [ˌʌn'waʊnd] *adj.* **1.** abgewickelt; **2.** abgelaufen, nicht aufgezogen (*Uhr*).

ˌ**un'wrap** *v/t.* auswickeln, -packen.

ˌ**un'wrin·kled** *adj.* nicht gerunzelt *od.* zerknittert, faltenlos, glatt.

ˌ**un'writ·ten** *adj.* **1.** ungeschrieben: ***~ law*** a) ⚖ ungeschriebenes Recht, b) *fig.* ungeschriebenes Gesetz; **2.** *a.* ***~-on*** unbeschrieben.

ˌ**un'wrought** *adj.* unbe-, unverarbeitet, roh: ***~ goods*** Rohstoffe.

un'yield·ing *adj.* □ **1.** nicht nachgebend (***to*** *dat.*), fest (*a. fig.*), unbiegsam, starr; **2.** *fig.* unnachgiebig, hart, unbeugsam.

ˌ**un'yoke** *v/t.* **1.** aus-, losspannen; **2.** *fig.* (los)trennen, lösen.

ˌ**un'zip I** *v/t.* **1.** den Reißverschluss aufmachen an (*dat.*); **2.** *Computer: Datei* ent'packen, ent'zippen; **II** *v/i.* **3.** aufgehen, sich öffnen (lassen) (*Kleid, Reißverschluss*).

up [ʌp] **I** *adv.* **1.** a) nach oben, hoch, (her-, hin)'auf, aufwärts, in die Höhe, em'por, b) oben (*a. fig.*): ***... and ~*** u. (noch) höher *od.* mehr, von ... aufwärts; ***~ and ~*** immer höher; ***three stor(e)ys ~*** drei Stock hoch, oben im dritten Stock(werk); ***~ and down*** auf u. ab, hin u. her; *fig.* überall; ***~ from the country*** vom Lande; ***~ till now*** bis jetzt; **2.** nach *od.* im Norden: ***~ from Cuba*** von Kuba aus in nördlicher Richtung; **3.** a) in der *od.* in die (*bsd.* Haupt)Stadt, b) *Brit. bsd.* in *od.* nach London; **4.** am *od.* zum Studienort, im College *etc.*: ***he stayed ~ for the vacation***; **5.** *Am.* F in (*dat.*): ***~ north*** im Norden; **6.** aufrecht, gerade: ***sit ~***; **7.** her'an, her, auf ... (*acc.*) zu, hin: ***he went straight ~ to the door*** er ging geradewegs auf die Tür zu *od.* zur Tür; **8.** ***~ to*** a) hin'auf nach *od.* zu, b) bis (zu), bis an *od.* auf (*acc.*), c) gemäß, entsprechend; → ***date***² 5; ***~ to town*** in die Stadt, *Brit. bsd.* nach London; ***~ to the chin*** bis ans *od.* zum Kinn; ***~ to death*** bis zum Tode; ***be ~ to*** F a) *et.* vorhaben, *et.* im Schilde führen, b) gewachsen sein (*dat.*), c) entsprechen (*dat.*), d) *j-s* Sache sein, abhängen von *j-m*, e) fähig *od.* bereit sein zu, f) vorbereitet *od.* gefasst sein auf (*acc.*), g) vertraut sein mit, bewandert sein in (*dat.*); ***what are you ~ to?*** was hast du vor?, was machst du (***there*** da)?; → ***trick*** 2; ***he is ~ to no good*** er führt nichts Gutes im Schilde; ***it is ~ to him*** es liegt an ihm, es hängt von ihm ab, es ist s-e Sache; ***it is not ~ to much*** es taugt nicht viel; ***he is not ~ to much*** mit ihm ist nicht viel los; **9.** *mit Verben (siehe jeweils diese)*: a) auf..., aus..., ver..., b) zu'sammen...: ***add ~*** zs.-zählen; ***eat ~*** aufessen; **II** *adj.* **10.** aufwärts ..., nach oben gerichtet; **11.** im Innern (des Landes *etc.*); **12.** nach der *od.* zur Stadt: ***~ train***; ***~ platform*** Bahnsteig *m* für Stadtzüge; **13.** a) oben (befindlich), b) hoch (*a. fig.*): ***be ~*** *fig.* an der Spitze sein, obenauf sein; ***he is ~ in*** (*od.* ***on***) ***that subject*** F in diesem Fach ist er gut beschlagen *od.* weiß er (gut) Bescheid; ***prices are ~*** die Preise sind hoch *od.* gestiegen; ***wheat is ~*** ✝ Weizen steht hoch (im Kurs), der Weizenpreis ist gestiegen; **14.** auf(gestanden), auf den Beinen (*a. fig.*): ***~ and about*** F (wieder) auf den Beinen; ***~ and coming*** → ***up-and-coming***; ***~ and doing*** a) auf den Beinen, b) rührig, tüchtig; ***be ~ and running*** a) einwandfrei funktionieren, b) *weitS* in Gang sein; auf dem Markt sein; sich etablieren; ***be ~ late*** lange aufbleiben; ***be ~ against*** F *e-r Schwierigkeit etc.* gegenüberstehen; ***be ~ against it*** F ˌdran' sein, in der Klemme sein *od.* sitzen; ***be ~ to*** → 8; **15.** *parl. Brit.* geschlossen: ***Parliament is ~*** das Parlament hat s-e Sitzungen beendet *od.* hat sich vertagt; **16.** (zum Sprechen) aufgestanden: ***the Home Secretary is ~*** der Innenminister spricht; **17.** (*bei verschiedenen Substantiven*) a) aufgegangen (*Sonne, Samen*), b) hochgeschlagen (*Kragen*), c) hochgekrempelt (*Ärmel etc.*), d) aufgespannt (*Schirm*), e) aufgeschlagen (*Zelt*), f) hoch-, aufgezogen (*Vorhang etc.*), g) aufgestiegen (*Ballon etc.*), h) aufgeflogen (*Vogel*), i) angeschwollen (*Fluss etc.*); **18.** schäumend (*Apfelwein etc.*); **19.** in Aufregung, in Aufruhr: ***his temper is ~*** er ist aufgebracht; ***the whole country was ~*** das ganze Land befand sich in Aufruhr; **20.** F ˌlos', im Gange: ***what's ~?*** was ist los?; ***is anything ~?*** ist (irgendet-) was los?; ***the hunt is ~*** die Jagd ist eröffnet; → ***arm***² 1, ***blood*** 2; **21.** abgelaufen, vor'bei, um (*Zeit*): ***the game is ~*** *fig.* das Spiel ist aus; ***it's all ~*** alles ist aus; ***it's all ~ with him*** es ist aus mit ihm; **22.** ***~ with*** *j-m* ebenbürtig *od.* gewachsen; **23.** ***~ for*** bereit zu: ***be ~ for discussion*** zur Diskussion stehen; ***be ~ for election*** auf der Wahlliste stehen; ***be ~ for examination*** sich e-r Prüfung unterziehen; ***be ~ for sale*** zum Kauf stehen; ***be ~ for trial*** ⚖ a) vor Gericht stehen, b) verhandelt werden; ***be*** (***had***) ***~ for*** F vorgeladen werden wegen; ***the case is ~ before the court*** der Fall wird (vor Gericht) verhandelt; **24.** *sport etc. um e-n Punkt etc.* vor'aus: ***be one ~***; ***one ~ for you!*** eins zu null für dich! (*a. fig.*); **25.** *Baseball*: am Schlag; **26.** *sl.* a) hoffnungsvoll, opti'mistisch, b) in Hochstimmung; **III** *int.* **27.** ***~!*** auf!, hoch!, her'auf!, hin'auf!, her'an!; ***~*** (***with you***)***!*** (steh) auf!; ***~ ...!*** hoch (lebe) ...!; **IV** *prp.* **28.** auf ... (*acc.*) (hinauf), hinauf, em'por (*a. fig.*): ***~ the hill*** (***river***) den Berg (Fluss) hinauf, bergauf (flussaufwärts); ***~ the street*** die Straße hinauf *od.* entlang; ***~ yours!*** V ˌleck mich'!; **29.** in das Innere *e-s Landes etc.*: ***~*** (***the***) ***country*** landeinwärts; **30.** oben an *od.* auf (*dat.*): ***~ the tree*** (oben) auf dem Baum; ***~ the road*** weiter oben an der Straße; **V** *s.* **31.** ***the ~s and downs*** das Auf u. Ab, die Höhen u. Tiefen *des Lebens*; ***on the ~ and ~*** F a) im Steigen (begriffen), im Kommen, b) in Ordnung, ehrlich; **32.** F Preisanstieg *m*; **33.** *sl.* Aufputschmittel *n*; **34.** F Höhergestellte(r *m*) *f*; **VI** *v/i.* **35.** ***~ with*** *sl. et.* hochreißen: ***he ~ped with his gun***; **36.** *Am. sl.* Aufputschmittel nehmen; **VII** *v/t.* **37.** *Preis, Produktion etc.* erhöhen; **38.** *Am.* F *j-n* (im Rang) befördern (***to*** zu).

ˌ**up-and-'com·ing** *adj.* aufstrebend.

ˌ**up-and-'down** *adj.* auf und ab gehend: ***~ looks*** kritisch musternde Blicke; ***~ motion*** Aufundabbewegung *f*; ***~ stroke*** ⚙ Doppelhub *m*.

u·pas ['juːpəs] *s.* **1.** *a.* ***~ tree*** ⚘ Upasbaum *m*; **2.** a) Upassaft *m* (*Pfeilgift*), b) *fig.* Gift, verderblicher Einfluss.

'up·beat I *s.* **1.** ♪ Auftakt *m*; **2.** ***on the ~*** *fig.* im Aufschwung; **II** *adj.* **3.** F beschwingt.

'up-bow [-bəʊ] *s.* ♪ Aufstrich *m*.

up'braid *v/t.* *j-m* Vorwürfe machen, *j-n, a. et.* tadeln, rügen: ***~ s.o. with*** (*od.* ***for***) ***s.th.*** j-m et. vorwerfen, j-m wegen e-r Sache Vorwürfe machen; **up'braid·ing I** *s.* Vorwurf *m*, Tadel *m*, Rüge *f*; **II** *adj.* □ vorwurfsvoll, tadelnd.

'upˌbring·ing *s.* **1.** Erziehung *f*; **2.** Groß-, Aufziehen *n*.

'up·cast I *adj.* em'porgerichtet (*Blick etc.*), aufgeschlagen (*Augen*); **II** *s. a.* ***~ shaft*** ⚒ Wetter-, Luftschacht *m*.

'up·chuck I *v/i.* (sich er)brechen; **II** *v/t.* *et.* erbrechen.

'upˌcom·ing *adj. Am.* kommend, be'vorstehend.

ˌ**up'coun·try I** *adv.* land'einwärts; **II** *adj.* im Inneren des Landes (gelegen *od.* lebend), binnenländisch; *contp.* bäurisch; **III** *s. das* (Landes)Innere, Binnen-, Hinterland *n*.

'upˌcur·rent *s.* ✈ Aufwind *m*.

up'date I *v/t.* **1.** auf den neuesten Stand bringen: ***~ a file*** (*od.* ***one's records***) e-e Da'tei (*od.* s-e Aufzeichnungen) aktualisieren; **II** *s.* **'update 2.** 'Unterlage(n *pl.*) *f etc.* über den neuesten Stand; **3.** auf den neuesten Stand gebrachte

U

Versi'on *etc.*, neuester Bericht (***on*** über *acc.*), *Software*: 'Update *n.*
'up·do *s.* F 'Hochfri,sur *f.*
'up·draft *Am.*, **'up·draught** *Brit. s.* Aufwind *m.*
up'end *v/t.* F **1.** hochkant stellen, *Fass etc.* aufrichten; **2.** *Gefäß* 'umstülpen; **3.** *fig.* ‚auf den Kopf stellen'.
'up·front *adj. Am.* F **1.** freimütig, di'rekt; **2.** vordringlich; **3.** führend; **4.** Voraus...
'up·grade I *s.* **1.** Steigung *f*: ***on the ~*** *fig.* im (An)Steigen (begriffen); **2.** *Computer*: Aufrüstung *f*; II *adj.* **3.** *Am.* ansteigend; III *adv.* **4.** *Am.* berg'auf; IV *v/t.* ***up'grade*** **5.** höher einstufen; **6.** *j-n* (im Rang) befördern: ***~ s.o.'s status*** *fig.* j-n ‚aufwerten'; **7.** ✝ a) (die Quali'tät *gen.*) verbessern, b) *Produkt* durch ein besseres Erzeugnis ersetzen; **8.** *Computer*: aufrüsten.
up·heav·al [ʌp'hiːvl] *s.* **1.** *geol.* Erhebung *f*; **2.** *fig.* 'Umwälzung *f*, 'Umbruch *m*: ***social ~s.***
up'heave *v/t. u. v/i.* [*irr.* → ***heave***] (sich) heben.
,up'hill I *adv.* **1.** den Berg hin'auf, berg'auf; **2.** aufwärts; II *adj.* **3.** bergauf führend, ansteigend; **4.** hoch gelegen, oben (auf dem Berg) gelegen; **5.** *fig.* mühselig, hart: ***~ work.***
up'hold *v/t.* [*irr.* → ***hold***[2]] **1.** hochhalten, aufrecht halten; **2.** halten, stützen (*a. fig.*); **3.** *fig.* aufrechterhalten, unter'stützen; **4.** ⚖ *Urteil* (in zweiter Instanz) bestätigen; **5.** *fig.* beibehalten; **6.** *Brit.* in'stand halten; **up'hold·er** *s.* Erhalter *m*, Verteidiger *m*, Wahrer *m*: ***~ of public order*** Hüter *m* der öffentlichen Ordnung.
up·hol·ster [ʌp'həʊlstə] *v/t.* **1.** a) (auf-, aus)polstern, b) beziehen: ***~ed goods*** Polsterware(n *pl.*) *f*; **2.** *Zimmer* (mit Teppichen, Vorhängen *etc.*) ausstatten; **up'hol·ster·er** [-tərə] *s.* Polsterer *m*; **up'hol·ster·y** [-tərɪ] *s.* **1.** 'Polstermateri,al *n*, Polsterung *f*, (Möbel)Bezugsstoff *m*; **2.** Polstern *n.*
'up·keep *s.* **1.** a) In'standhaltung *f*, b) In'standhaltungskosten *pl.*; **2.** 'Unterhalt(skosten *pl.*) *m.*
up·land ['ʌplənd] I *s. mst pl.* Hochland *n*; II *adj.* Hochland(s)...
up'lift I *v/t.* **1.** em'porheben; **2.** *Augen, Stimme, a. fig. Stimmung, Niveau* heben; **3.** *fig.* a) aufrichten, Auftrieb verleihen (*dat.*), b) erbauen; II *s.* ***'uplift*** **4.** *fig.* a) (innerer) Auftrieb, b) Erbauung *f*; **5.** *fig.* a) Aufschwung *m*, b) Hebung *f*, (Ver)Besserung *f*; **6.** ***~ brassiere*** Stützbüstenhalter *m.*
'up·light·er *s.* Deckenfluter *m.*
,up-'mar·ket I *adj.* **1.** anspruchsvoll, exklusiv (*Produkt, Kundenkreis*); II *adv.* **2.** an (*od.* in) exklusivere (*od.* anspruchsvollere) Kreise (*verkaufen, aufsteigen etc.*); **3.** ***go ~*** Waren für e-n anspruchsvolleren Kundenkreis produzieren *od.* anbieten.
up·on [ə'pɒn] *prp.* → ***on*** (*upon ist bsd. in der Umgangssprache weniger geläufig als* **on**, *jedoch in folgenden Fällen üblich*): a) *in verschiedenen Redewendungen*: ***~ this*** hierauf, darauf(hin), b) *in Beteuerungen*: ***~ my word*** (***of hono[u]r***)***!*** auf mein Wort!, c) *in kumulativen Wendungen*: ***loss ~ loss*** Verlust auf Verlust, dauernde Verluste; ***petition ~ petition*** ein Gesuch nach dem anderen, d) *als Märchenanfang*: ***once ~ a time there was*** es war einmal.

up·per ['ʌpə] I *adj.* **1.** ober, höher, Ober...(*-arm, -deck, -kiefer, -leder etc.*): ***~ circle*** *thea.* zweiter Rang; ***~ class*** *sociol.* Oberschicht *f*; ***~ crust*** F *die* Spitzen *pl.* der Gesellschaft; ***get the ~ hand*** *fig.* die Oberhand gewinnen; ***♕ House*** *parl.* Oberhaus *n*; ***~ stor(e)y*** oberes Stockwerk; ***there is something wrong in his ~ stor(e)y*** F *fig.* er ist nicht ganz richtig im Oberstübchen; II *s.* **2.** *mst pl.* Oberleder *n* (*Schuh*): ***be*** (***down***) ***on one's ~s*** F a) die Schuhe durchgelaufen haben, b) *fig.* ‚total abgebrannt' *od.* ‚auf dem Hund' sein; **3.** F a) Oberzahn *m*, b) obere ('Zahn)Pro,these, c) (Py'jama- *etc.*)Oberteil *n*; **4.** *sl.* Aufputschmittel *n*; ***~ case*** *s. typ.* Großbuchstabe(n *pl. coll.*) *m*, Ver'sal *m od.* Ver'salien *pl. coll.*: ***set s.th. in ~*** *et.* in Großbuchstaben setzen; **'~-case** *adj. typ.* groß, Versal...: ***~ letter*** Großbuchstabe *m*, Ver'sal *m*; **'~-cut** *Boxen*: I *s.* Aufwärts-, Kinnhaken *m*; II *v/t.* [*irr.* → ***cut***] *j-m* e-n Aufwärtshaken versetzen.
'up·per·most I *adj.* oberst, höchst; II *adv.* ganz oben, oben'an, zu'oberst; an erster Stelle: ***say whatever comes ~*** sagen, was e-m gerade einfällt.
up·pish ['ʌpɪʃ] *adj.* □ F **1.** hochnäsig; **2.** anmaßend.
up·pi·ty ['ʌpətɪ] → ***uppish.***
up'raise *v/t.* erheben: ***with hands ~d*** mit erhobenen Händen.
up·right I *adj.* □ [,ʌp'raɪt] **1.** auf-, senkrecht, gerade: ***~ piano*** → 7; ***~ size*** Hochformat *n*; **2.** aufrecht (sitzend, stehend, gehend); **3.** ['ʌpraɪt] *fig.* aufrecht, rechtschaffen; II *adv.* [,ʌp'raɪt] **4.** aufrecht, gerade; III *s.* ['ʌpraɪt] **5.** (senkrechte) Stütze, Träger *m*, Ständer *m*, Pfosten *m*, (Treppen)Säule *f*; **6.** *pl. sport* (Tor)Pfosten *pl.*; **7.** ♪ ('Wand-)Kla,vier *n*, Pi'ano *n*; **up·right·ness** ['ʌpraɪtnɪs] *s. fig.* Geradheit *f*, Rechtschaffenheit *f.*
'up,ris·ing *s.* **1.** Aufstehen *n*; **2.** *fig.* Aufstand *m*, (Volks)Erhebung *f.*
,up'riv·er → ***upstream.***
'up·roar *s. fig.* Aufruhr *m*, Tu'mult *m*, Toben *n*, Lärm *m*: ***in*** (***an***) ***~*** in Aufruhr; **up·roar·i·ous** [ʌp'rɔːrɪəs] *adj.* □ **1.** lärmend, laut, stürmisch (*Begrüßung etc.*), tosend (*Beifall*), schallend (*Gelächter*); **2.** tumultu'arisch, tobend; **3.** ‚toll', zum Brüllen (komisch).
up'root *v/t.* **1.** ausreißen; *Baum etc.* entwurzeln (*a. fig.*); **2.** *fig.* her'ausreißen (***from*** aus); **3.** *fig.* ausmerzen, -rotten.
up'set[1] I *v/t.* [*irr.* → ***set***] **1.** 'umwerfen, -kippen, -stoßen; *Boot* zum Kentern bringen; **2.** *fig. Regierung* stürzen; **3.** *fig. Plan* 'umstoßen, über den Haufen werfen, vereiteln; → ***apple-cart***; **4.** *fig. j-n* umwerfen, aus der Fassung bringen, bestürzen, durchein'ander bringen; **5.** in Unordnung bringen; *Magen* verderben; **6.** ⚙ stauchen; II *v/i.* [*irr.* → ***set***] **7.** 'umkippen, -stürzen; 'umschlagen, kentern (*Boot*); III *s.* **8.** 'Umkippen *n*; ⚓ 'Umschlagen *n*, Kentern *n*; **9.** Sturz *m*, Fall *m*; **10.** 'Umsturz *m*; **11.** Unordnung *f*, Durchein'ander *n*; **12.** Bestürzung *f*, Verwirrung *f*; **13.** Vereitelung *f*; **14.** (*a.* ⚕ Magen)Verstimmung *f*, Ärger *m*; **15.** Streit *m*, Meinungsverschiedenheit *f*; **16.** *sport* Über'raschung *f* (*unerwartete Niederlage etc.*).
'up·set[2] *adj. attr.* **1.** verdorben (*Magen*): ***~ stomach*** Magenverstimmung *f*; **2.** ***~ price*** Anschlagspreis *m* (*Auktion*).

'up·shot *s.* (End)Ergebnis *n*, Ende *n*, Ausgang *m*, Fazit *n*: ***in the ~*** am Ende, schließlich.
'up·side *s.* Oberseite *f*; ***~ down*** *adv.* **1.** das Oberste zu'unterst, mit dem Kopf *od.* Oberteil nach unten, verkehrt (herum); **2.** *fig.* drunter u. drüber, vollkommen durchein'ander: ***turn everything ~*** alles auf den Kopf stellen; **,~-'down** *adj.* auf den Kopf gestellt, 'umgekehrt: ***~ flight*** ✈ Rückenflug *m*; ***~ world*** *fig.* verkehrte Welt.
up·si·lon [juːp'saɪlən] *s.* Ypsilon *n* (*Buchstabe*).
,up'stage I *adv. thea.* **1.** im *od.* in den 'Hintergrund der Bühne; II *adj.* **2.** zum 'Bühnen,hintergrund gehörig; **3.** F hochnäsig; III *v/t.* **4.** *fig. j-m* ‚die Schau stehlen', *j-n* in den 'Hintergrund drängen; **5.** F *j-n* hochnäsig behandeln; IV *s.* **6.** *thea.* 'Bühnen,hintergrund *m.*
,up'stairs I *adv.* **1.** die Treppe hin'auf, nach oben; → ***kick*** 9; **2.** e-e Treppe höher; **3.** oben, in e-m oberen Stockwerk: ***a bit weak ~*** F leicht ‚behämmert'; **4.** im oberen Stockwerk (gelegen), ober; II *s. pl. a. sg. konstr.* **5.** oberes Stockwerk, Obergeschoss *n.*
up'stand·ing *adj.* **1.** aufrecht (*a. fig. ehrlich, tüchtig*); **2.** groß gewachsen, (groß u.) kräftig.
'up·start I *s.* Em'porkömmling *m*, Parve'nü *m*; II *adj.* em'porgekommen, Parvenü..., neureich.
'up·state *Am.* I *s.* 'Hinterland *n e-s Staates*; II *adj. u. adv.* aus dem *od.* in den *od.* im ländlichen *od.* nördlichen Teil des Staates, in *od.* aus der *od.* in die Pro'vinz.
,up'stream I *adv.* **1.** strom'aufwärts; **2.** gegen den Strom; II *adj.* **3.** strom'aufwärts gerichtet; **4.** (weiter) strom'aufwärts gelegen.
'up·stroke *s.* **1.** Aufstrich *m beim Schreiben*; **2.** ⚙ (Aufwärts)Hub *m.*
up'surge I *v/i.* aufwallen; II *s.* ***'upsurge*** Aufwallung *f*; *fig. a.* Aufschwung *m.*
'up·sweep *s.* **1.** Schweifung *f* (*Bogen etc.*); **2.** 'Hochfri,sur *f*; **up'swept** *adj.* **1.** nach oben gebogen *od.* gekrümmt; **2.** hochgekämmt (*Frisur*).
'up·swing *s. fig.* Aufschwung *m.*
up·sy-dai·sy [,ʌpsɪ'deɪzɪ] *int.* F hoppla!
'up·take *s.* **1.** Auffassungsvermögen *n*: ***be quick on the ~*** schnell begreifen, ‚schnell schalten'; ***be slow on the ~*** schwer von Begriff sein, e-e ‚lange Leitung' haben; **2.** Aufnahme *f*; **3.** ⚙ a) Steigrohr *n*, -leitung *f*, b) 'Fuchs(ka,nal) *m.*
'up·throw *s.* **1.** 'Umwälzung *f*; **2.** *geol.* Verwerfung *f* (ins Hangende).
'up·thrust *s.* **1.** Em'porschleudern *n*, Stoß *m* nach oben; **2.** *geol.* Horstbildung *f.*
'up·tight *adj.* **1.** *sl.* ner'vös (***about*** wegen); **2.** ‚zickig'; **3.** steif, verklemmt; **4.** ‚pleite'.
,up-to-'date *adj.* **1.** a) mo'dern, neuzeitlich, b) zeitnah, aktu'ell (*Thema etc.*); **2.** a) auf der Höhe (*der Zeit*), auf dem Laufenden, auf dem neuesten Stand, b) modisch; **,up-to-'date·ness** [-nɪs] *s.* **1.** Neuzeitlichkeit *f*, Moderni'tät *f*; **2.** Aktuali'tät *f.*
,up-to-the-'min·ute *adj.* allerneuest, allerletzt.
up'town I *adv.* **1.** im *od.* in den oberen Stadtteil; **2.** in den Wohnvierteln, in die Wohnviertel; II *adj.* **3.** im oberen

Stadtteil (gelegen); **4.** in den Wohnvierteln (gelegen *od.* lebend).

'up·trend *s.* Aufschwung *m*, steigende Ten'denz.

up'turn I *v/t.* **1.** 'umdrehen; **2.** (*v/i.* sich) nach oben richten *od.* kehren; *Blick* in die Höhe richten; **II** *s.* **'upturn 3.** (An-)Steigen *n* (*der Kurse etc.*); **4.** *fig.* Aufschwung *m*; **ˌup'turned** *adj.* **1.** nach oben gerichtet *od.* gebogen: ***~ nose*** Stupsnase *f*; **2.** 'umgeworfen, 'umgekippt, ⚓ gekentert.

up·ward ['ʌpwəd] **I** *adv. a.* **'up·wards** [-dz] **1.** aufwärts (*a. fig.*): ***from five dollars ~*** von 5 Dollar an (aufwärts); **2.** nach oben (*a. fig.*); **3.** mehr, dar'über (hin'aus): ***~ of 10 years*** mehr als *od.* über 10 Jahre; **II** *adj.* **4.** nach oben gerichtet; (an)steigend (*Tendenz etc.*): ***~ glance*** Blick *m* nach oben; ***~ movement*** ✝ Aufwärtsbewegung *f*.

u·rae·mi·a [ˌjʊə'riːmjə] *s.* ⚕ Urä'mie *f*;

u·ra·nal·y·sis [ˌjʊərə'næləsɪs] *s.* ⚕ U'rin-, 'Harnunterˌsuchung *f*.

u·ra·nite ['jʊərənaɪt] *s. min.* Ura'nit *n*, U'ranglimmer *m*.

u·ra·ni·um [jʊ'reɪnjəm] *s.* U'ran *n*.

u·ra·nog·ra·phy [ˌjʊərə'nɒgrəfɪ] *s.* Himmelsbeschreibung *f*.

u·ra·nous ['jʊərənəs] *adj.* ⚗ Uran..., u'ranhaltig.

U·ra·nus ['jʊərənəs] *s. ast.* Uranus *m* (*Planet*).

ur·ban ['ɜːbən] *adj.* städtisch, Stadt...: ***~ decay*** Verslummung *f*; ***~ district*** Stadtbezirk *m*; ***~ guerilla*** Stadtguerilla *m*; ***~ planning*** Stadtplanung *f*; ***~ renewal*** Stadtsanierung *f*; ***~ sprawl***, ***~ spread*** unkontrollierte Ausdehnung e-r Stadt; **ur·bane** [ɜː'beɪn] *adj.* □ **1.** ur'ban: a) weltgewandt, -männisch, b) kulti'viert, gebildet; **2.** höflich, liebenswürdig; **ur·bane·ness** [ɜː'beɪnɪs] *s.* **1.** (Welt)Gewandtheit *f*; Bildung *f*; **2.** Höflichkeit *f*, Liebenswürdigkeit *f*; **'ur·ban·ism** [-nɪzəm] *s. Am.* **1.** Stadtleben *n*; **2.** Urba'nistik *f*; **3.** → ***urbanization***; **'ur·ban·ite** [-naɪt] *s. Am.* Städter(in); **ur·ban·i·ty** [ɜː'bænətɪ] → ***urbaneness***; **ur·ban·i·za·tion** [ˌɜːbənaɪ'zeɪʃn] *s.* **1.** Verstädterung *f*; **2.** Verfeinerung *f*; **'ur·ban·ize** [-naɪz] *v/t.* urbanisieren: a) verstädtern, städtischen Cha'rakter verleihen (*dat.*), b) verfeinern.

ur·chin ['ɜːtʃɪn] *s.* **1.** Bengel *m*, Balg *m*, *n*; **2.** *zo.* a) *dial.* Igel *m*, b) *mst* ***sea ~*** Seeigel *m*.

u·re·a ['jʊərɪə] *s.* ⚗, *biol.* Harnstoff *m*, Karba'mid *n*; **'ure·al** [-əl] *adj.* Harnstoff...

u·re·mi·a → ***uraemia***.

u·re·ter [ˌjʊə'riːtə] *s. anat.* Harnleiter *m*; **ˌu're·thra** [-'riːθrə] *s. anat.* Harnröhre *f*; **ˌu'ret·ic** [-'retɪk] *adj. physiol.* **1.** harntreibend, diu'retisch; **2.** Harn...

urge [ɜːdʒ] **I** *v/t.* **1.** *a.* ***~ on*** (*od.* ***forward***) antreiben, (vorwärts) treiben, anspornen (*a. fig.*); **2.** *fig. j-n* drängen, dringend bitten *od.* auffordern, dringen in *j-n*, *j-m* (heftig) zusetzen: ***be ~d to do*** sich genötigt sehen zu tun; ***~d by necessity*** der Not gehorchend; **3.** drängen *od.* dringen auf (*acc.*); (hartnäckig) bestehen auf (*dat.*); Nachdruck legen auf (*acc.*): ***~ s.th. on s.o.*** j-m et. eindringlich vorstellen *od.* vor Augen führen, j-m et. einschärfen; ***he ~d the necessity for immediate action*** er drängte auf sofortige Maßnahmen; **4.** *als Grund* geltend machen, *Einwand etc.* ins Feld führen; **5.** *Sache* vor'anbetreiben, beschleunigen; **II** *v/i.* **6.** drängen: ***~ against*** sich nachdrücklich aussprechen gegen; **III** *s.* **7.** Drang *m*, (An)Trieb *m*: ***creative ~*** Schaffensdrang; ***sexual ~*** Geschlechtstrieb; **8.** Inbrunst *f*: ***religious ~***; **'ur·gen·cy** [-dʒənsɪ] *s.* **1.** Dringlichkeit *f*; **2.** (dringende) Not, Druck *m*; **3.** Drängen *n*; **4.** *parl. Brit.* Dringlichkeitsantrag *m*; **5.** Eindringlichkeit *f*; **'ur·gent** [-dʒənt] *adj.* □ **1.** dringend (*a. Mangel*; *a. teleph. Gespräch*), dringlich, eilig: ***the matter is ~*** die Sache eilt; ***be in ~ need of*** *et.* dringend brauchen; **2.** drängend: ***be ~ about*** (*od.* ***for***) ***s.th.*** zu et. drängen, auf et. dringen; ***be ~ with s.o.*** j-n drängen, in j-n dringen (***for*** wegen, ***to do*** zu tun); **3.** zu-, aufdringlich; **4.** hartnäckig.

u·ric ['jʊərɪk] *adj.* Urin..., Harn...: ***~ acid*** Harnsäure *f*.

u·ri·nal ['jʊərɪnl] *s.* **1.** U'rinflasche *f* (*für Kranke*); **2.** Harnglas *n*; **3.** a) U'rinbecken *n* (*in Toiletten*), b) Pis'soir *n*; **u·ri·nal·y·sis** [ˌjʊərɪ'næləsɪs] *pl.* **-ses** [-siːz] → ***uranalysis***; **u·ri·nar·y** ['jʊərɪnərɪ] *adj.* Harn..., Urin...: ***~ bladder*** Harnblase *f*; ***~ calculus*** ⚕ Blasenstein *m*;

u·ri·nate ['jʊərɪneɪt] *v/i.* urinieren;

u·rine ['jʊərɪn] *s.* U'rin *m*, Harn *m*: ***~ sample*** (*od.* ***specimen***) ⚕ U'rinprobe *f*.

urn [ɜːn] *s.* **1.** Urne *f*; **2.** 'Tee- *od.* 'Kaffeemaˌschine *f*.

u·ro·gen·i·tal [ˌjʊərəʊ'dʒenɪtl] *adj.* ⚕ urogeni'tal.

u·rol·o·gy [ˌjʊə'rɒlədʒɪ] *s.* ⚕ Urolo'gie *f*.

ur·sine ['ɜːsaɪn] *adj. zo.* bärenartig, Bären...

U·ru·guay·an [ˌjʊərʊ'gwaɪən] **I** *adj.* urugu'ayisch; **II** *s.* Urugu'ayer(in).

us [ʌs; əs] *pron.* **1.** uns (*dat. od. acc.*): ***all of ~*** wir alle; ***both of ~*** wir beide; **2.** *dial.* wir: ***~ poor people***.

us·a·ble ['juːzəbl] *adj.* brauch-, verwendbar.

us·age ['juːsɪdʒ] *s.* **1.** Brauch *m*, Gepflogenheit *f*, Usus *m*: (***commercial***) ***~*** Handelsbrauch, Usance *f*; **2.** übliches Verfahren, Praxis *f*; **3.** Sprachgebrauch *m*: ***English ~***; **4.** Gebrauch *m*, Verwendung *f*; **5.** Behandlung(sweise) *f*.

us·ance ['juːzns] *s.* ✝ **1.** (übliche) Wechselfrist, Uso *m*: ***at ~*** nach Uso; ***bill at ~*** Usowechsel *m*; **2.** Uso *m*, U'sance *f*, Handelsbrauch *m*.

use I *s.* [juːs] **1.** Gebrauch *m*, Benutzung *f*, Benützung *f*, An-, Verwendung *f*: ***for ~*** zum Gebrauch; ***for ~ in schools*** für den Schulgebrauch; ***directions for ~*** Gebrauchsanweisung *f*; ***in ~*** in Gebrauch, gebräuchlich; ***be in daily ~*** täglich gebraucht werden; ***in common ~*** allgemein gebräuchlich; ***come into ~*** in Gebrauch kommen; ***out of ~*** nicht in Gebrauch; ***fall*** (*od.* ***go*** *od.* ***pass***) ***out of ~*** außer Gebrauch kommen, ungebräuchlich werden; ***with ~*** durch (ständigen) Gebrauch; ***make ~ of*** Gebrauch machen von, benutzen; ***make*** (***a***) ***bad ~ of*** (e-n) schlechten Gebrauch machen von; **2.** a) Verwendung(szweck *m*) *f*, b) Brauchbarkeit *f*, Verwendbarkeit *f*, c) Zweck *m*, Sinn *m*, Nutzen *m*, Nützlichkeit *f*: ***of ~*** (***to***) brauchbar (für), nützlich (*dat.*), von Nutzen (für); ***it is of no ~ doing*** *od.* ***to do*** es ist unnütz *od.* nutz- *od.* zwecklos zu tun, es hat keinen Zweck zu tun; ***is this of ~ to you?*** können Sie das (ge-)brauchen?; ***crying is no ~*** Weinen führt zu nichts; ***what is the ~*** (***of it***)***?*** was hat es (überhaupt) für einen Zweck?; ***put to*** (***good***) ***~*** (gut) an- *od.* verwenden; ***have no ~ for*** a) nicht brauchen können, mit *et. od. j-m* nichts anfangen können, b) *bsd. Am.* F nichts übrig haben für; **3.** Fähigkeit *f*, *et.* zu gebrauchen, Gebrauch *m*: ***he lost the ~ of his right eye*** er kann auf dem rechten Auge nicht mehr sehen; ***have the ~ of one's limbs*** sich bewegen können; **4.** Gewohnheit *f*, Brauch *m*, Übung *f*, Praxis *f*: ***once a ~ and ever a custom*** jung gewohnt, alt getan; **5.** Benutzungsrecht *n*; **6.** ⚖ a) Nutznießung *f*, b) Nutzen *m*; **II** *v/t.* [juːz] **7.** gebrauchen, Gebrauch machen von (*a. von e-m Recht etc.*), benutzen, benützen, *a. Gewalt* anwenden, *a. Sorgfalt* verwenden, sich bedienen (*gen.*), *Gelegenheit etc.* nutzen, sich zu'nutze machen: ***~ one's brains*** den Verstand gebrauchen, s-n Kopf anstrengen; ***~ one's legs*** zu Fuß gehen; **8.** ***~ up*** a) *et.* auf-, verbrauchen, b) F *j-n* erschöpfen, ‚fertig machen'; → ***used*** 2; **9.** behandeln, verfahren mit: ***~ s.o. ill*** j-n schlecht behandeln; ***how has the world ~d you?*** wie ist es dir ergangen?; **III** *v/i.* **10.** *nur pret.* [juːst] pflegte (***to do*** zu tun): ***it ~d to be said*** man pflegte zu sagen; ***he ~d to live here*** er wohnte früher hier; ***he does not come as often as he ~d*** (***to***) er kommt nicht mehr so oft wie früher *od.* sonst; **use·a·ble** ['juːzəbl] → ***usable***;

used [juːzd] *adj.* **1.** gebraucht, getragen (*Kleidung*): ***~ car*** *mot.* Gebrauchtwagen *m*; **2.** ***~ up*** a) aufgebraucht, verbraucht (*a. Luft*), b) F ‚erledigt', ‚fertig', erschöpft; **3.** [juːst] a) gewohnt (***to*** zu *od. acc.*), b) gewöhnt (***to*** an *acc.*): ***he is ~ to working late*** er ist gewohnt, lange zu arbeiten; ***get ~ to*** sich gewöhnen an (*acc.*); **use·ful** ['juːsfʊl] *adj.* □ **1.** nützlich, brauchbar, (zweck)dienlich, (gut) verwendbar: ***~ tools***; ***a ~ man*** ein brauchbarer Mann; ***~ talks*** nützliche Gespräche; ***make o.s. ~*** sich nützlich machen; **2.** *bsd.* ⚙ nutzbar, Nutz...: ***~ efficiency*** Nutzleistung *f*; ***~ life*** (***expectancy***) gewöhnliche Nutzungsdauer; ***~ load*** Nutzlast *f*; ***~ plant*** Nutzpflanze *f*; **'use·ful·ness** [-fʊlnɪs] *s.* Nützlichkeit *f*, Brauchbarkeit *f*, Zweckmäßigkeit *f*;

use·less ['juːslɪs] *adj.* □ **1.** nutz-, sinn-, zwecklos, unnütz, vergeblich: ***it is ~ to*** es erübrigt sich zu; **2.** unbrauchbar; **'use·less·ness** [-lɪsnɪs] *s.* Nutz-, Zwecklosigkeit *f*; Unbrauchbarkeit *f*;

us·er ['juːzə] *s.* **1.** Benutzer(in), *Computer, Software*: User *m*, Anwender *m*: ***~-defined*** be'nutzerdefiˌniert; ***~ friendliness*** Be'nutzerfreundlichkeit *f*; ***~-friendly*** benutzerfreundlich, anwenderfreundlich; ***~ interface*** Be'nutzerˌoberfläche *f*; ***~ program*** *Computer*: Anwenderprogramm *n*; ***~ prompting*** *Computer*: Benutzerführung *f*; **2.** ✝ Verbraucher(in); **3.** ⚖ Nießbrauch *m*, Benutzungsrecht *n*.

'U-shaped *adj.* U-förmig: ***~ iron*** ⚙ U-Eisen *n*.

ush·er ['ʌʃə] **I** *s.* **1.** Türhüter *m*; **2.** Platzanweiser(in); **3.** a) ⚖ Gerichtsdiener *m*, b) *allg.* 'Aufsichtsperˌson *f*; **4.** Zere'monienmeister *m*; **5.** *Brit. obs.* Hilfslehrer *m*; **II** *v/t.* **6.** (*mst* ***~ in*** her'ein-, hin'ein)führen, (-)geleiten; **7.** ***~ in*** *a. fig.* ankündigen, *e-e Epoche etc.* einleiten; **ush·er·ette** [ˌʌʃə'ret] *s.* Platzanweiserin *f*.

U

u·su·al ['juːʒʊəl] *adj.* □ üblich, gewöhnlich, gebräuchlich: ***as ~*** wie gewöhnlich, wie sonst; ***the ~ thing*** das Übliche; ***it has become the ~ thing*** (***with us***) es ist (bei uns) gang u. gäbe geworden; ***it is ~ for shops to close at 6 o'clock*** die Geschäfte schließen gewöhnlich um 6 Uhr; ***the ~ pride with her*** ihr üblicher Stolz; **'u·su·al·ly** [-əlɪ] *adv.* (für) gewöhnlich, in der Regel, meist(ens).

u·su·fruct ['juːsjuːfrʌkt] *s.* ⚖ Nießbrauch *m*, Nutznießung *f*; **u·su·fruc·tu·ar·y** [ˌjuːsjuː'frʌktjʊərɪ] **I** *s.* Nießbraucher(in); **II** *adj.* Nutzungs...: ***~ right***.

u·su·rer ['juːʒərə] *s.* Wucherer *m*; **u·su·ri·ous** [juː'zjʊərɪəs] *adj.* □ wucherisch, Wucher...: ***~ interest*** → ***usury*** 2; **u·su·ri·ous·ness** [juː'zjʊərɪəsnɪs] *s.* Wuche'rei *f*.

u·surp [juː'zɜːp] *v/t.* **1.** an sich reißen, sich 'widerrechtlich aneignen, sich bemächtigen (*gen.*); **2.** sich ('widerrechtlich) anmaßen; **3.** *Aufmerksamkeit etc.* mit Beschlag belegen; **u·sur·pa·tion** [ˌjuːzɜː'peɪʃn] *s.* **1.** Usurpati'on *f*: a) 'widerrechtliche Machtergreifung *od.* Aneignung, Anmaßung *f e-s Rechts etc.*, b) ***~ of the throne*** Thronraub *m*; **2.** unberechtigter Eingriff (***on*** in *acc.*); **u'surp·er** [-pə] *s.* **1.** Usur'pator *m*, unrechtmäßiger Machthaber, Thronräuber *m*; **2.** unberechtigter Besitzergreifer; **3.** *fig.* Eindringling *m* (***on*** in *acc.*); **u'surp·ing** [-pɪŋ] *adj.* □ usurpa'torisch.

u·su·ry ['juːʒʊrɪ] *s.* **1.** (Zins)Wucher *m*: ***practise ~*** Wucher treiben; **2.** Wucherzinsen *pl.* (***at*** auf *acc.*): ***return s.th. with ~*** *fig. et.* mit Zins u. Zinseszins heimzahlen.

u·ten·sil [juː'tensl] *s.* **1.** (*a. Schreib- etc.*) Gerät *n*, Werkzeug *n*; Gebrauchs-, Haushaltsgegenstand *m*: (***kitchen***) ***~*** Küchengerät; **2.** Geschirr *n*, Gefäß *n*; **3.** *pl.* Uten'silien *pl.*, Geräte *pl.*; (Küchen)Geschirr *n*.

u·ter·ine ['juːtəraɪn] *adj.* **1.** *anat.* Gebärmutter..., Uterus...; **2.** von der'selben Mutter stammend: ***~ brother*** Halbbruder mütterlicherseits; **u·ter·us** ['juːtərəs] *pl.* **-ter·i** [-təraɪ] *s. anat.* Uterus *m*, Gebärmutter *f*.

u·til·i·tar·i·an [ˌjuːtɪlɪ'teərɪən] **I** *adj.* **1.** utilita'ristisch, Nützlichkeits...; **2.** praktisch, zweckmäßig; **3.** *contp.* gemein; **II** *s.* **4.** Utilita'rist(in); **ˌu·til·i'tar·i·an·ism** [-nɪzəm] *s.* Utilita'rismus *m*.

u·til·i·ty [juː'tɪlətɪ] **I** *s.* **1.** *a.* ✝ Nutzen *m* (***to*** für), Nützlichkeit *f*; **2.** *et.* Nützliches, nützliche Einrichtung; **3.** a) *a.* ***public ~*** (***company*** *od.* ***corporation***) öffentlicher Versorgungsbetrieb, *pl. a.* Stadtwerke *pl.*, b) *pl.* Leistungen *pl.* der öffentlichen Versorgungsbetriebe, *bsd.* Strom-, Gas- u. Wasserversorgung *f*; **4.** ⚙ Zusatzgerät *n*; **II** *adj.* **5.** ✝, ⚙ Gebrauchs...(*-güter*, *-möbel*, *-wagen etc.*); **6.** Mehrzweck...; ***~ man*** *s.* [*irr.*] **1.** *bsd. Am.* Fak'totum *n*; **2.** *thea.* vielseitig einsetzbarer Chargenspieler.

u·ti·liz·a·ble ['juːtɪlaɪzəbl] *adj.* verwendbar, verwertbar, nutzbar; **u·ti·li·za·tion** [ˌjuːtɪlaɪ'zeɪʃn] *s.* Nutzbarmachung *f*, Verwertung *f*, (Aus)Nutzung *f*, An-, Verwendung *f*; **u·ti·lize** ['juːtɪlaɪz] *v/t.* **1.** (aus)nutzen, verwerten, sich *et.* nutzbar *od.* zu'nutze machen; **2.** verwenden.

ut·most ['ʌtməʊst] **I** *adj.* äußerst: a) entlegenst, fernst, b) *fig.* höchst, größt; **II** *s. das* Äußerste: ***the ~ that I can do***; ***do one's ~*** sein Äußerstes *od.* Möglichstes tun; ***at the ~*** allerhöchstens; ***to the ~*** aufs Äußerste; ***to the ~ of my powers*** nach besten Kräften.

U·to·pi·a [juː'təʊpjə] *s.* **1.** U'topia *n* (*Idealstaat*); **2.** *oft* ♀ *fig.* Uto'pie *f*; **U'to·pi·an** [-jən], *a.* ♀ **I** *adj.* u'topisch, fan'tastisch; **II** *s.* Uto'pist(in), Fan'tast (-in); **U'to·pi·an·ism** [-jənɪzəm], *a.* ♀ *s.* Uto'pismus *m*; **U·to·pi·an·ist** [-jənɪst] *s.* Utopist *m*.

u·tri·cle ['juːtrɪkl] *s.* **1.** *zo.*, ♆ Schlauch *m*, bläs-chenförmiges Luft- *od.* Saftgefäß; **2.** ✗ U'triculus *m* (*Säckchen im Ohrlabyrinth*).

ut·ter ['ʌtə] **I** *adj.* □ → ***utterly***; **1.** äußerst, höchst, völlig; **2.** endgültig, entschieden: ***~ denial***; **3.** *contp.* ausgesprochen, voll'endet (*Schurke*, *Unsinn etc.*); **II** *v/t.* **4.** *Gedanken*, *Gefühle* äußern, ausdrücken, aussprechen; **5.** *Laute etc.* ausstoßen, von sich geben, her'vorbringen; **6.** *Falschgeld etc.* in 'Umlauf setzen, verbreiten; **ut·ter·ance** ['ʌtərəns] *s.* **1.** (stimmlicher) Ausdruck, Äußerung *f*: ***give ~ to e-m*** *Gefühl etc.* Ausdruck verleihen; **2.** Sprechweise *f*, Aussprache *f*, Vortrag *m*; **3.** *a. pl.* Äußerung *f*, Aussage *f*, Worte *pl.*; **'ut·ter·er** [-ərə] *s.* **1.** Äußernde(r *m*) *f*; **2.** Verbreiter(in); **'ut·ter·ly** [-lɪ] *adv.* äußerst, abso'lut, völlig, ganz, to'tal; **'ut·ter·most** [-məʊst] → ***utmost***.

'U-turn *s.* **1.** *mot.* Wende *f*; **2.** *fig.* Kehrtwende *f*.

u·vu·la ['juːvjʊlə] *pl.* **-lae** [-liː] *s. anat.* Zäpfchen *n*; **'u·vu·lar** [-lə] **I** *adj.* Zäpfchen..., *ling. a.* uvu'lar; **II** *s. ling.* Zäpfchenlaut *m*, Uvu'lar *m*.

ux·o·ri·ous [ʌk'sɔːrɪəs] *adj.* □ treu liebend *od.* ergeben; **ux'o·ri·ous·ness** [-nɪs] *s.* treue Ergebenheit (*des Gatten*).

U

V, v [viː] *s.* V *n*, v *n* (*Buchstabe*).
vac [væk] *Brit.* F *für* ***vacation***.
va·can·cy ['veɪkənsɪ] *s.* **1.** Leere *f* (*a. fig.*): ***stare into ~*** ins Leere starren; **2.** leerer *od.* freier Platz; Lücke *f* (*a. fig.*); **3.** leeres *od.* leer stehendes *od.* unbewohntes Haus; **4.** freie *od.* offene Stelle, unbesetztes Amt, Va'kanz *f*; *univ.* freier Studienplatz *m*; *pl. Zeitung*: Stellenangebote *pl.*; **5.** a) Geistesabwesenheit *f*, b) geistige Leere, c) Geistlosigkeit *f*; **6.** Untätigkeit *f*, Muße *f*; **'va·cant** [-nt] *adj.* □ **1.** leer, frei, unbesetzt (*Sitz, Zimmer, Zeit etc.*); **2.** leer (stehend), unbewohnt, unvermietet (*Haus*); unbebaut (*Grundstück*): ***~ possession*** sofort beziehbar; **3.** frei, offen (*Stelle*), va'kant, unbesetzt (*Amt*); **4.** a) geistesabwesend, b) leer: ***~ mind***; ***~ stare***, c) geistlos.
va·cate [və'keɪt] *v/t.* **1.** *Wohnung etc.*, ⚔ *Stellung etc.* räumen; *Sitz etc.* freimachen; **2.** *Stelle* aufgeben, aus *e-m Amt* scheiden: ***be ~d*** frei werden (*Stelle*); **3.** *Truppen etc.* evakuieren; **4.** ⚖ *Vertrag, Urteil etc.* aufheben; **va'ca·tion** [-eɪʃn] **I** *s.* **1.** Räumung *f*; **2.** Niederlegung *f od.* Erledigung *f e-s Amtes*; **3.** (Gerichts-, *univ.* Se'mester-, *Am.* Schul)Ferien *pl.*: ***the long ~*** die großen Ferien, die Sommerferien; **4.** *bsd. Am.* Urlaub *m*: ***on ~*** im Urlaub; ***~ shutdown*** Betriebsferien *pl.*; **II** *v/i.* **5.** *bsd. Am.* in Ferien sein, Urlaub machen; **va'ca·tion·ist** [-eɪʃnɪst] *s. Am.* Urlauber(in).
vac·ci·nal ['væksɪnl] *adj.* ⚕ Impf...; **vac·ci·nate** ['væksɪneɪt] *v/t. u. v/i.* impfen (***against*** gegen); **vac·ci·na·tion** [ˌvæksɪ'neɪʃn] *s.* (Schutz)Impfung *f*; **'vac·ci·na·tor** [-neɪtə] *s.* **1.** Impfarzt *m*; **2.** Impfnadel *f*; **'vac·cine** [-siːn] ⚕ **I** *adj.* Impf..., Kuhpocken...: ***~ matter*** → II; **II** *s.* Impfstoff *m*, Vak'zine *f*: ***bovine ~*** Kuhlymphe *f*; **vac·cin·i·a** [væk'sɪnjə] *s.* ⚕ Kuhpocken *pl.*
vac·il·late ['væsɪleɪt] *v/i. mst fig.* schwanken; **'vac·il·lat·ing** [-tɪŋ] *adj.* □ schwankend (*mst fig. unschlüssig*); **vac·il·la·tion** [ˌvæsɪ'leɪʃn] *s.* Schwanken *n* (*mst fig. Unschlüssigkeit, Wankelmut*).
va·cu·i·ty [væ'kjuːətɪ] *s.* **1.** → ***vacancy*** 1, 5; **2.** *fig.* Nichtigkeit *f*, Plattheit *f*; **vac·u·ous** ['vækjʊəs] *adj.* □ **1.** → ***vacant*** 4; **2.** nichts sagend (*Redensart*); **3.** müßig (*Leben*); **vac·u·um** ['vækjʊəm] **I** *pl.* **-ums** [-z] *s.* **1.** ⚙, *phys.* Vakuum *n*, (*bsd.* luft)leerer Raum; **2.** *fig.* Vakuum *n*, Leere *f*, Lücke *f*; **II** *adj.* **3.** Vakuum...: ***~ bottle*** (*od.* ***flask***) Thermosflasche *f*; ***~ brake*** ⚙ Unterdruckbremse *f*; ***~ can***, ***~ tin*** Vakuumdose *f*; ***~ cleaner*** Staubsauger *m*; ***~ drier*** Vakuumtrockner *m*; ***~ ga(u)ge*** Unterdruckmesser *m*; ***~-packed*** vakuumverpackt; ***~-sealed*** vakuumdicht; ***~ tube***, ***~ valve*** ϟ Vakuumröhre *f*; **III** *v/t.* **4.** (mit dem Staubsauger) saugen *od.* reinigen.
va·de me·cum [ˌveɪdɪ'miːkəm] *s.* Vade'mekum *n*, Handbuch *n*.
vag·a·bond ['vægəbɒnd] **I** *adj.* **1.** vagabundierend (*a.* ϟ); **2.** Vagabunden..., vaga'bundenhaft; **3.** nomadisierend; **4.** Wander..., unstet: ***a ~ life***; **II** *s.* **5.** Vaga'bund(in), Landstreicher(in); **6.** F Strolch *m*; **III** *v/i.* **7.** vagabundieren; **'vag·a·bond·age** [-dɪdʒ] *s.* **1.** Landstreiche'rei *f*, Vaga'bundenleben *n*; **2.** *coll.* Vaga'bunden *pl.*; **'vag·a·bond·ism** [-dɪzəm] → ***vagabondage*** 1; **'vag·a·bond·ize** [-daɪz] → ***vagabond*** 7.
va·gar·y ['veɪgərɪ] *s.* **1.** wunderlicher Einfall; *pl. a.* Fantaste'reien *pl.*; **2.** Ka'price *f*, Grille *f*, Laune *f*; **3.** *mst pl.* Extrava'ganzen *pl.*: ***the vagaries of fashion***.
va·gi·na [və'dʒaɪnə] *pl.* **-nas** *s.* **1.** *anat.* Va'gina *f*, Scheide *f*; **2.** ⚘ Blattscheide *f*; **vag'i·nal** [-nl] *adj.* vagi'nal, Vaginal..., Scheiden...: ***~ spray*** Intimspray *n*.
va·gran·cy ['veɪgrənsɪ] *s.* **1.** Landstreiche'rei *f* (*a.* ⚖); **2.** *coll.* Landstreicher *pl.*; **'va·grant** [-nt] **I** *adj.* □ **1.** wandernd (*a. weitS. Zelle etc.*), vagabundierend; **2.** → ***vagabond*** 3 *u.* 4; **3.** *fig.* kaprizi'ös, launisch; **II** *s.* **4.** → ***vagabond*** 5.
vague [veɪg] *adj.* □ **1.** vage: a) undeutlich, nebelhaft, verschwommen (*alle a. fig.*), b) unbestimmt (*Gefühl, Verdacht, Versprechen etc.*), dunkel (*Ahnung, Gerücht etc.*), c) unklar (*Antwort etc.*): ***~ hope*** vage Hoffnung; ***not the ~st idea*** nicht die leiseste Ahnung; ***be ~ about s.th.*** sich unklar ausdrücken über (*acc.*); **2.** → ***vacant*** 4a; **'vague·ness** [-nɪs] *s.* Unbestimmtheit *f*, Verschwommenheit *f*.
vain [veɪn] *adj.* □ **1.** eitel, eingebildet (***of*** auf *acc.*); **2.** *fig.* eitel, leer (*Vergnügen etc.*; *a. Drohung, Hoffnung etc.*), nichtig; **3.** vergeblich, fruchtlos: ***~ efforts***; **4.** ***in ~*** vergeblich: a) vergebens, um'sonst, b) unnütz; **ˌ~'glo·ri·ous** *adj.* □ prahlerisch, großsprecherisch, -spurig.
vain·ness ['veɪnnɪs] *s.* **1.** Vergeblichkeit *f*; **2.** Hohl-, Leerheit *f*.
vale[1] [veɪl] *s. poet. od. in Namen*: Tal *n*: ***~ of tears*** Jammertal *n*.
va·le[2] ['veɪlɪ] (*Lat.*) **I** *int.* lebe wohl!; **II** *s.* Lebe'wohl *n*.
val·e·dic·tion [ˌvælɪ'dɪkʃn] *s.* **1.** Abschied(nehmen *n*) *m*; **2.** Abschiedsworte *pl.*; **val·e·dic·to·ri·an** [ˌvælɪdɪk'tɔːrɪən] *s. Am. ped., univ.* Abschiedsredner *m*; **ˌval·e'dic·to·ry** [-ktərɪ] **I** *adj.* Abschieds...: ***~ address*** → II; **II** *s. bsd. Am. ped., univ.* Abschiedsrede *f*.
va·lence ['veɪləns], **'va·len·cy** [-sɪ] ⚗, ✎, *biol., phys.* Wertigkeit *f*, Va'lenz *f*.
val·en·tine ['væləntaɪn] *s.* **1.** Valentinsgruß *m* (*zum Valentinstag, 14. Februar, dem od. der Liebsten gesandt*); **2.** am Valentinstag erwählte(r) Liebste(r), *a. allg.* Schatz *m*.
va·le·ri·an [və'lɪərɪən] *s.* ⚘, *pharm.* Baldrian *m*; **va·le·ri·an·ic** [vəˌlɪərɪ'ænɪk], **va'ler·ic** [-'lerɪk] *adj.* ⚗ Baldrian..., Valerian...
val·et ['vælɪt] **I** *s.* a) (Kammer)Diener *m*, b) Hausdiener *m im Hotel*: ***~ parking*** 'Parkservice *m* (*durch Hotelangestellte*); **II** *v/t. j-n* bedienen, versorgen; **III** *v/i.* Diener sein.
val·e·tu·di·nar·i·an [ˌvælɪtjuːdɪ'neərɪən] **I** *adj.* **1.** kränklich, kränkelnd; **2.** rekonvales'zent; **3.** a) ge'sundheitsfaˌnatisch, b) hypo'chondrisch; **II** *s.* **4.** kränkliche Per'son; **5.** Rekonvales'zent(in); **6.** ‚Ge'sundheitsaˌpostel' *m*; **7.** Hypo'chonder *m*; **ˌval·e·tu·di'nar·i·an·ism** [-nɪzəm] *s.* **1.** Kränklichkeit *f*; **2.** Hypochon'drie *f*; **ˌval·e'tu·di·nar·y** [-nərɪ] → ***valetudinarian***.
Val·hal·la [væl'hælə], **Val'hall** [-'hæl] *s. myth.* Wal'halla *f*.

val·iant ['væljənt] *adj.* □ tapfer, mutig, heldenhaft, he'roisch.
val·id ['vælɪd] *adj.* □ **1.** gültig: a) stichhaltig, triftig (*Beweis, Grund*), b) begründet, berechtigt (*Anspruch, Argument etc.*), c) richtig (*Entscheidung etc.*); **2.** ⚖ (rechts)gültig, rechtskräftig; **3.** wirksam (*Methode etc.*); '**val·i·date** [-deɪt] *v/t.* ⚖ a) für (rechts)gültig erklären, rechtswirksam machen, b) bestätigen; **val·i·da·tion** [ˌvælɪ'deɪʃn] *s.* Gültigkeit(serklärung) *f*; **va·lid·i·ty** [və'lɪdətɪ] *s.* **1.** Gültigkeit *f*: a) Triftigkeit *f*, Stichhaltigkeit *f*, b) Richtigkeit *f*; **2.** ⚖ Rechtsgültigkeit *f*, -kraft *f*; **3.** Gültigkeit(sdauer) *f*.
va·lise [və'li:z] *s.* Reisetasche *f*.
Val·kyr ['vælkɪə], **Val·kyr·ia** [væl'kɪərjə], **Val·kyr·ie** [-'kɪərɪ] *s. myth.* Walküre *f*.
val·ley ['vælɪ] *s.* **1.** Tal *n*: ***down the ~*** talabwärts; **2.** ⚠ Dachkehle *f*.
val·or *Am.* → ***valour***.
val·or·i·za·tion [ˌvælərаɪ'zeɪʃn] *s.* ✝ Valorisati'on *f*, Aufwertung *f*; **val·or·ize** ['væləraɪz] *v/t.* ✝ valorisieren, aufwerten, den Preis *e-r Ware* heben *od.* stützen.
val·or·ous ['vælərəs] *adj.* □ *rhet.* tapfer, mutig, heldenhaft, -mütig; **val·our** ['vælə] *s.* Tapferkeit *f*, Heldenmut *m*.
val·u·a·ble ['væljʊəbl] **I** *adj.* □ **1.** wertvoll: a) kostbar, teuer, b) *fig.* nützlich: ***for ~ consideration*** ⚖ entgeltlich; **2.** abschätzbar; **II** *s.* **3.** *pl.* Wertsachen *pl.*, -gegenstände *pl.*
val·u·a·tion [ˌvæljʊ'eɪʃn] *s.* **1.** Bewertung *f*, (Ab)Schätzung *f*, Wertbestimmung *f*, Taxierung *f*, Veranschlagung *f*; **2.** a) Schätzungswert *m* (festgesetzter) Wert *od.* Preis, Taxe *f*, b) Gegenwartswert *m* e-r 'Lebensverˌsicherungspoˌlice; **3.** Wertschätzung *f*, Würdigung *f*: ***we take him at his own ~*** wir beurteilen ihn so, wie er sich selbst sieht; **val·u·a·tor** ['væljʊeɪtə] *s.* ✝ (Ab)Schätzer *m*, Ta'xator *m*.
val·ue ['vælju:] **I** *s.* **1.** *allg.* Wert *m* (*a.* ⚗, ⚗, *phys. u. fig.*): ***moral ~s*** *fig.* sittliche Werte; ***be of ~ to*** *j-m* wertvoll *od.* nützlich sein; **2.** Wert *m*, Einschätzung *f*: ***set a high ~ (up)on*** a) großen Wert legen auf (*acc.*), b) *et.* hoch einschätzen; **3.** ✝ Wert *m*: ***assessed ~*** Taxwert; ***~ added*** Wertschöpfung *f*; ***at ~*** zum Tageskurs; ***book ~*** Buchwert; ***commercial ~*** Handelswert; **4.** ✝ a) (Verkehrs)Wert *m*, Kaufkraft *f*, Preis *m*, b) Gegenwert *m*, -leistung *f*, c) Währung *f*, Va'luta *f*, d) *a.* ***good ~*** re'elle Ware, Quali'tätsware *f*, e) → ***valuation*** 1 *u.* 2, f) Wert *m*, Preis *m*, Betrag *m*: ***~ date*** Wertstellung *f*; ***for ~ received*** Betrag erhalten; ***to the ~ of*** im *od.* bis zum Betrag von; ***give (get) good ~ (for one's money)*** reell bedienen (bedient werden); ***it is excellent ~ for money*** es ist äußerst preiswert, es ist ausgezeichnet; **5.** *fig.* Wert *m*, Gewicht *n e-s Wortes etc.*; **6.** *paint.* Verhältnis *n* von Licht u. Schatten, Farb-, Grauwert *m*; **7.** ♪ Noten-, Zeitwert *m*; **8.** *ling.* Lautwert *m*; **II** *v/t.* **9.** a) den Wert *od.* Preis *e-r Sache* bestimmen *od.* festsetzen, b) (ab-)schätzen, veranschlagen, taxieren (***at*** auf *acc.*); **10.** ✝ *Wechsel* ziehen (**[up]on** auf *j-n*); **11.** *Wert, Nutzen, Bedeutung* schätzen, (*vergleichend*) bewerten; **12.** (hoch) schätzen, achten; ˌ**~-'add·ed tax** *s.* ✝ Mehrwertsteuer *f*.
val·ued ['vælju:d] *adj.* **1.** (hoch) geschätzt; **2.** taxiert, veranschlagt (***at*** auf *acc.*): ***~ at £100*** £100 wert.
'**val·ue|-free** *adj.* wertfrei; **~ judg(e)·ment** *s.* Werturteil *n*.
val·ue·less ['væljʊlɪs] *adj.* wertlos; '**val·u·er** [-jʊə] → ***valuator***.
val·ue stress *s. Phonetik*: Sinnbetonung *f*.
va·lu·ta [və'lu:tə] (*Ital.*) *s.* ✝ Va'luta *f*.
valve [vælv] *s.* **1.** ⚙ Ven'til *n*, Absperrvorrichtung *f*, Klappe *f*, Hahn *m*, Regu'lierorˌgan *n*: ***~ gear*** Ventilsteuerung *f*; ***~-in-head engine*** kopfgesteuerter Motor; **2.** ♪ Klappe *f* (*Blasinstrument*); **3.** ⚕ (*Herz- etc.*)Klappe *f*: ***cardiac ~***; **4.** *zo.* (Muschel)Klappe *f*; **5.** ⚘ a) Klappe *f*, b) Kammer *f* (*beide e-r Fruchtkapsel*); **6.** ⚡ *Brit.* (Elek'tronen-, Fernseh-, Radio)Röhre *f*: ***~ amplifier*** Röhrenverstärker *m*; **7.** ⚙ Schleusentor *n*; **8.** *obs.* Türflügel *m*; '**valve·less** [-lɪs] *adj.* ven'tillos; '**val·vu·lar** [-vjʊlə] *adj.* **1.** klappenförmig, Klappen...: ***~ defect*** ⚕ Klappenfehler *m*; **2.** mit Klappe(n) *od.* Ven'til(en) (versehen); **3.** ⚘ klappig; '**val·vule** [-vju:l] *s.* kleine Klappe; **val·vu·li·tis** [ˌvælvjʊ'laɪtɪs] *s.* ⚕ (Herz-) Klappenentzündung *f*.
va·moose [və'mu:s], **va'mose** [-'məʊs] *Am. sl.* **I** *v/i.* ‚verduften', ‚Leine ziehen'; **II** *v/t.* fluchtartig verlassen.
vamp¹ [væmp] **I** *s.* **1.** a) Oberleder *n*, b) (Vorder)Klappe *f* (*Schuh*), c) (aufgesetzter) Flicken; **2.** ♪ (improvisierte) Begleitung; **3.** *fig.* Flickwerk *n*; **II** *v/t.* **4.** *mst* ***~ up*** a) flicken, reparieren, b) vorschuhen; **5.** ***~ up*** F a) *et.* ‚aufpolieren', ‚aufmotzen', b) *Zeitungsartikel etc.* zs.-stoppeln; **6.** ♪ (aus dem Stegreif) begleiten; **III** *v/i.* **7.** ♪ improvisieren.
vamp² [væmp] F **I** *s.* Vamp *m*; **II** *v/t.* a) *Männer* verführen, ‚ausnehmen', b) *j-n* bezirzen.
vam·pire ['væmpaɪə] *s.* **1.** Vampir *m*: a) *Blut saugendes Gespenst*, b) *fig.* Erpresser(in), Blutsauger(in); **2.** *a.* ***~ bat*** *zo.* Vampir *m*, Blattnase *f*; **3.** *thea.* kleine Falltür auf der Bühne; '**vam·pir·ism** [-ərɪzəm] *s.* **1.** Vampirglaube *m*; **2.** Blutsaugen *n* (*e-s Vampirs*); **3.** *fig.* Ausbeutung *f*.
van¹ [væn] *s.* **1.** ⚔ Vorhut *f*, Vor'ausabˌteilung *f*, Spitze *f*; **2.** ⚓ Vorgeschwader *n*; **3.** *fig.* vorderste Reihe, Spitze *f*.
van² [væn] *s.* **1.** Last-, Lieferwagen *m*; **2.** Gefangenenwagen *m* (*Polizei*); **3.** F a) Wohnwagen *m*: ***gipsy's ~*** Zigeunerwagen *m*, b) *Am.* 'Wohnmoˌbil *n*; **4.** 🚃 *Brit.* (geschlossener) Güterwagen; Dienst-, Gepäckwagen *m*.
van³ [væn] *s.* **1.** *obs. od. poet.* Schwinge *f*, Fittich *m*; **2.** *Brit.* Getreideschwinge *f*; **3.** ⚒ *Brit.* Schwingschaufel *od.* -probe *f*.
va·na·di·um [və'neɪdjəm] *s.* ⚗ Va'nadium *n*.
Van·dal ['vændl] **I** *s.* **1.** *hist.* Wan'dale *m*, Wan'dalin *f*; **2.** ꝛ *fig.* Wan'dale *m*; **II** *adj.* *a.* **Van·dal·ic** [væn'dælɪk] **3.** *hist.* wan'dalisch, Wandalen...; **4.** ꝛ *fig.* wan'dalenhaft, zerstörungswütig; '**van·dal·ism** [-dəlɪzəm] *s. fig.* Wanda'lismus *m*: a) Zerstörungswut *f*, b) *a.* ***act(s) of ~*** mutwillige Zerstörung; '**van·dal·ize** *v/t.* **1.** mutwillig zerstören, verwüsten; **2.** wie die Wan'dalen hausen in (*dat.*).
Van·dyke [ˌvæn'daɪk] **I** *adj.* **1.** von Van Dyck, in van-dyckscher Ma'nier; **II** *s.* **2.** *oft* ꝛ *abbr. für* a) ***~ beard***, b) ***~ collar***; **3.** Zackenmuster *n*; **~ beard** *s.* Spitz-, Knebelbart *m*; **~ col·lar** *s.* Van-'dyckkragen *m*.
vane [veɪn] *s.* **1.** Wetterfahne *f*, -hahn *m*; **2.** Windmühlenflügel *m*; **3.** (Pro'peller-, Venti'lator- *etc.*)Flügel *m*; (Tur'binen-, ✈ Leit)Schaufel *f*; **4.** *surv.* Di'opter *n*; **5.** *zo.* Fahne *f* (*Feder*); **6.** (Pfeil)Fiederung *f*.
van·guard ['vængɑ:d] → ***van¹***.
va·nil·la [və'nɪlə] *s.* ⚘, ✝ Va'nille *f*.
van·ish ['vænɪʃ] *v/i.* **1.** (plötzlich) verschwinden; **2.** (langsam) (ver-, ent-) schwinden, da'hinschwinden, sich verlieren (***from*** von, aus); **3.** (spurlos) verschwinden: ***~ into (thin) air*** sich in Luft auflösen; **4.** ⚗ verschwinden, null werden.
van·ish·ing| cream ['vænɪʃɪŋ] *s.* (*rasch eindringende*) Tagescreme; **~ line** *s.* Fluchtlinie *f*; **~ point** *s.* **1.** Fluchtpunkt *m* (*Perspektive*); **2.** *fig.* Nullpunkt *m*.
van·i·ty ['vænətɪ] *s.* **1.** *persönliche* Eitelkeit; **2.** *j-s* Stolz *m* (*Sache*); **3.** Leer-, Hohlheit *f*, Eitel-, Nichtigkeit *f*: ꝛ ***Fair*** *fig.* Jahrmarkt *m* der Eitelkeit; **4.** *Am.* Toi'lettentisch *m*; **5.** *a.* ***~ bag*** (*od.* ***box, case***) Hand-, Kos'metiktäschchen *n*, -koffer *m*.
van·quish ['væŋkwɪʃ] **I** *v/t.* besiegen, über'wältigen, *a. fig. Stolz etc.* über'winden, bezwingen; **II** *v/i.* siegreich sein, siegen; '**van·quish·er** [-ʃə] *s.* Sieger *m*, Bezwinger *m*.
van·tage ['vɑ:ntɪdʒ] *s.* **1.** *Tennis*: Vorteil *m*; **2. *coign*** (*od.* ***point***) ***of ~*** günstiger (Angriffs- *od.* Ausgangs)Punkt; **~ ground** *s.* günstige Lage *od.* Stellung (*a. fig.*); **~ point** *s.* **1.** Aussichtspunkt *m*; **2.** günstiger (Ausgangs)Punkt; **3.** → ***vantage ground***.
vap·id ['væpɪd] *adj.* □ **1.** schal: ***~ beer***; **2.** *fig.* a) schal, seicht, leer, b) öd(e), fad(e); **va·pid·i·ty** [væ'pɪdətɪ], '**vap·id·ness** [-nɪs] *s.* **1.** Schalheit *f* (*a. fig.*); **2.** *fig.* a) Fadheit, b) Leere *f*.
va·por *Am.* → ***vapour***.
va·por·i·za·tion [ˌveɪpəraɪ'zeɪʃn] *s. phys.* Verdampfung *f*, -dunstung *f*.
va·por·ize ['veɪpəraɪz] **I** *v/t.* **1.** ⚗, *phys.* ver-, eindampfen, verdunsten (lassen); **2.** ⚙ vergasen; **II** *v/i.* **3.** verdampfen, verdunsten; '**va·por·iz·er** [-zə] *s.* ⚙ **1.** Ver'dampfungsappaˌrat *m*, Zerstäuber *m*; **2.** Vergaser *m*; '**va·por·ous** [-rəs] *adj.* □ **1.** dampfig, dunstig; **2.** *fig.* nebelhaft; **3.** duftig (*Gewebe*).
va·pour ['veɪpə] **I** *s.* **1.** Dampf *m* (*a. phys.*), Dunst *m* (*a. fig.*): ***~ bath*** Dampfbad *n*; ***~ trail*** ✈ Kondensstreifen; **2.** a) ⚙ Gas *n*, b) *mot.* Gemisch *n*: ***~ motor*** Gasmotor *m*; **3.** ⚕ a) (Inhala-ti'ons)Dampf *m*, b) *obs.* (*innere*) Blähung; **4.** *fig.* Phan'tom *n*, Hirngespinst *n*; **5.** *pl. obs.* Schwermut *f*; **II** *v/i.* **6.** (ver)dampfen; **7.** *fig.* schwadronieren, prahlen.
var·an ['værən] *s. zo.* Wa'ran *m*.
var·ec ['værek] *s.* **1.** Seetang *m*; **2.** ⚗ Varek *m*, Seetangasche *f*.
var·i·a·bil·i·ty [ˌveərɪə'bɪlətɪ] *s.* **1.** Veränderlichkeit *f*, Schwanken *n*, Unbeständigkeit *f* (*a. fig.*); **2.** ⚗, *phys.*, *a. biol.* Variabili'tät *f*.
var·i·a·ble ['veərɪəbl] **I** *adj.* □ **1.** veränderlich, 'unterschiedlich, wechselnd; schwankend (*a. Person*): ***~ cost*** ✝ bewegliche Kosten *pl.*; ***~ wind*** *meteor.* Wind aus wechselnder Richtung; **2.** *bsd.* ⚗, *ast.*, *biol.*, *phys.* vari'abel, wandelbar, ⚗, *phys. a.* ungleichförmig; **3.**

V

⚙ regelbar, ver-, einstellbar: **~ *capacitor*** Drehkondensator *m*; **~ *gear*** Wechselgetriebe *n*; ***infinitely* ~** stufenlos regelbar; **~*-speed*** mit veränderlicher Drehzahl; **II** *s*. **4.** veränderliche Größe, *bsd.* ⩓ Vari'able *f*, Veränderliche *f*; **5.** *ast.* vari'abler Stern; **'var·i·a·ble·ness** [-nɪs] → ***variability***; **'var·i·ance** [-ɪəns] *s*. **1.** Veränderung *f*; **2.** Abweichung *f* (*a.* ⚖ *zwischen Klage u. Beweisergebnis*); **3.** Uneinigkeit *f*, Meinungsverschiedenheit *f*, Streit *m*: ***be at* ~ (*with*)** uneinig sein (mit *j-m*); → 4; ***set at* ~** entzweien; **4.** *fig.* 'Widerstreit *m*, -spruch *m*, Unvereinbarkeit *f*: ***be at* ~ (*with*)** unvereinbar sein (mit *et.*), im Widerspruch stehen (zu); → 3; **'var·i·ant** [-ɪənt] **I** *adj.* abweichend, verschieden; 'unterschiedlich; **II** *s*. Vari'ante *f*: a) Spielart *f*, b) abweichende Lesart; **var·i·a·tion** [ˌveərɪ'eɪʃn] *s*. **1.** Veränderung *f*, Wechsel *m*, Schwankung *f*; **2.** Abweichung *f*; **3.** ♪, ⩓, *ast.*, *biol. etc.* Variati'on *f*; **4.** ('Orts)ˌMissweisung *f*, mag'netische Deklinati'on *f* (*Kompass*).

var·i·col·o(u)red ['veərɪkʌləd] *adj.* bunt: a) vielfarbig, b) *fig.* mannigfaltig.

var·i·cose ['værɪkəʊs] *adj.* ⚕ krampfad(e)rig, vari'kös: **~ *vein*** Krampfader *f*; **~ *bandage*** Krampfaderbinde *f*; **var·i·co·sis** [ˌværɪ'kəʊsɪs], **var·i·cos·i·ty** [ˌværɪ'kɒsətɪ] *s*. Krampfaderleiden *n*, Krampfader(n *pl.*) *f*.

var·ied ['veərɪd] *adj.* ☐ verschieden(artig); mannigfaltig, abwechslungsreich, bunt.

var·i·e·gate ['veərɪgeɪt] *v/t.* **1.** bunt gestalten (*a. fig.*); **2.** *fig.* (durch Abwechslung) beleben, variieren; **'var·i·e·gat·ed** [-tɪd] *adj.* **1.** bunt(scheckig), bunt gefleckt, vielfarbig, mit bunter Musterung, ⚘ panaschiert; **2.** → ***varied***; **var·i·e·ga·tion** [ˌveərɪ'geɪʃn] *s*. Buntheit *f*.

va·ri·e·ty [və'raɪətɪ] *s*. **1.** Verschieden-, Buntheit *f*, Mannigfaltigkeit *f*, Vielseitigkeit *f*, Abwechslung *f*; **2.** Vielfalt *f*, Reihe *f*, Anzahl *f*, *bsd.* ✝ Auswahl *f*: ***owing to a* ~ *of causes*** aus verschiedenen Gründen; **3.** Sorte *f*, Art *f*; **4.** *allg.*, *a.* ⚘, *zo.* Ab-, Spielart *f*; **5.** ⚘, *zo.* a) Varie'tät *f* (*Unterabteilung e-r Art*), b) Vari'ante *f*; **6.** Varie'té *n*: **~ *artist*** Varie'teekünstler *m*; **~ meat** *s. Am.* Inne'reien *pl.*; **~ show** *s*. Varie'tee(vorstellung *f*) *n*; **~ store** *s*. ✝ *Am.* Kleinkaufhaus *n*; **~ the·a·tre** *s*. Varie'tee (-theˌater) *n*.

var·i·form ['veərɪfɔːm] *adj.* vielgestaltig (*a. fig.*).

va·ri·o·la [və'raɪələ] *s*. ⚕ Pocken *pl.*

var·i·om·e·ter [ˌveərɪ'ɒmɪtə] *s*. ⚙, ⚡, *phys.* Vario'meter *n*.

var·i·o·rum [ˌveərɪ'ɔːrəm] **I** *adj.* **~ *edition*** → **II** *s*. Ausgabe *f* mit Anmerkungen verschiedener Kommenta'toren *od.* mit verschiedenen Lesarten.

var·i·ous ['veərɪəs] *adj.* ☐ **1.** verschieden(artig); **2.** mehrere, verschiedene; **3.** → ***varied***.

var·ix ['veərɪks] *pl.* **-i·ces** ['værɪsiːz] *s*. ⚕ Krampfader(knoten *m*) *f*.

var·let ['vɑːlɪt] *s*. **1.** *hist.* Knappe *m*, Page *m*; **2.** *obs.* Schelm *m*, Schuft *m*.

var·mint ['vɑːmɪnt] *s*. **1.** *zo.* Schädling *m*; **2.** F Ha'lunke *m*.

var·nish ['vɑːnɪʃ] **I** *s*. ⚙ **1.** Lack *m*: ***oil* ~** Öllack *m*; **2.** *a.* ***clear* ~** Klarlack *m*, Firnis *m*; **3.** ('Möbel)PoliˌtuR *f*; **4.** *Töpferei*: Gla'sur *f*; **5.** *fig.* Firnis *m*, Tünche *f*, äußerer Anstrich; **II** *v/t.* *a.* **~ *over*** **6.** a) lackieren, firnissen, b) glasieren; **7.** *Möbel* (auf)polieren; **8.** *fig.* über'tünchen, beschönigen.

var·si·ty ['vɑːsətɪ] *s*. F **1.** ‚Uni' *f* (*Universität*); **2.** *a.* **~ *team*** *sport Am.* Universi'täts- *od.* College- *od.* Schulmannschaft *f*.

var·y ['veərɪ] **I** *v/t.* **1.** (ver-, *a.* ⚖ ab)ändern; **2.** variieren, 'unterschiedlich gestalten, Abwechslung bringen in (*acc.*), wechseln mit *et.*, *a.* ♪ abwandeln; **II** *v/i.* **3.** sich (ver)ändern, variieren (*a. biol.*), wechseln, schwanken; **4.** verschieden sein, abweichen (***from*** von); **'var·y·ing** [-ɪɪŋ] *adj.* wechselnd, 'unterschiedlich, verschieden.

vas·cu·lar ['væskjʊlə] *adj.* ⚘, *physiol.* Gefäß...(*-pflanzen*, *-system etc.*): **~ *tissue*** ⚘ Stranggewebe *n*.

vase [vɑːz] *s*. Vase *f*.

vas·ec·to·my [væ'sektəmɪ] *s*. ⚕ Vasekto'mie *f*.

vas·e·line ['væsɪliːn] *s*. ⚗ Vase'lin *n*.

vas·sal ['væsl] **I** *s*. **1.** Va'sall(in), Lehnsmann *m*; **2.** *fig.* 'Untertan *m*, Unter'gebene(r *m*) *f*; **3.** *fig.* Sklave *m* (***to*** *gen.*); **II** *adj.* **4.** Vasallen...; **'vas·sal·age** [-səlɪdʒ] *s*. **1.** *hist.* Va'sallentum *n*, Lehnspflicht *f*, (***to*** gegenüber); **2.** *coll.* Va'sallen *pl.*; **3.** *fig.* a) Abhängigkeit *f* (***to*** von), b) 'Unterwürfigkeit *f*.

vast [vɑːst] **I** *adj.* ☐ **1.** weit, ausgedehnt, unermesslich; **2.** *a. fig.* ungeheuer, (riesen)groß, riesig, gewaltig: **~ *difference***; **~ *quantity***; **II** *s*. **3.** *poet.* Weite *f*; **'vast·ly** [-lɪ] *adv.* gewaltig, in hohem Maße; ungemein, äußerst: **~ *superior*** haushoch überlegen, weitaus besser; **'vast·ness** [-nɪs] *s*. **1.** Weite *f*, Unermesslichkeit *f* (*a. fig.*); **2.** ungeheure Größe, riesige Zahl, Unmenge *f*.

vat [væt] **I** *s*. ⚙ **1.** großes Fass, Bottich *m*, Kufe *f*; **2.** a) *Färberei*: Küpe *f*, b) *a.* ***tan* ~** *Gerberei*: Lohgrube *f*; **II** *v/t.* **3.** (ver)küpen, in ein Fass *etc.* füllen; **4.** in e-m Fass *etc.* behandeln: **~*ted*** fassreif (*Wein etc.*).

Vat·i·can ['vætɪkən] *s*. Vati'kan *m*: **~ *council*** Vatikanisches Konzil.

vaude·ville ['vəʊdəvɪl] *s*. **1.** *Brit.* heiteres Singspiel (mit Tanzeinlagen); **2.** *Am.* Varie'tee *n*.

vault[1] [vɔːlt] **I** *s*. **1.** ⩓ (*a. poet.* Himmels)Gewölbe *n*, Wölbung *f*; **2.** Kellergewölbe *n*; **3.** Grabgewölbe *n*, Gruft *f*: ***family* ~**; **4.** Tre'sorraum *m*; **5.** *anat.* Wölbung *f*, (Schädel)Dach *n*; (Gaumen)Bogen *m*; (Zwerchfell)Kuppel *f*; **II** *v/t.* **6.** (über)'wölben; **III** *v/i.* **7.** sich wölben.

vault[2] [vɔːlt] **I** *v/i.* **1.** springen, sich schwingen, setzen (***over*** über *acc.*); **2.** *Reitsport*: kurbettieren; **II** *v/t.* **3.** über'springen; **III** *s*. **4.** *bsd. sport* Sprung *m*; **5.** *Reitsport*: Kur'bette *f*.

vault·ed ['vɔːltɪd] *adj.* **1.** gewölbt, Gewölbe...; **2.** über'wölbt.

vault·er ['vɔːltə] *s*. Springer *m*.

vault·ing[1] ['vɔːltɪŋ] *s*. ⩓ **1.** Spannen *n* e-s Gewölbes; **2.** Wölbung *f*; **3.** Gewölbe *n* (*od. pl. coll.*).

vault·ing[2] ['vɔːltɪŋ] *s*. Springen *n*; **~ horse** *s*. *Turnen*: (Lang-, Sprung)Pferd *n*; **~ pole** *s*. *sport* Sprungstab *m*.

vaunt [vɔːnt] **I** *v/t.* sich rühmen (*gen.*), sich brüsten mit; **II** *v/i.* (***of***) sich rühmen (*gen.*), sich brüsten (mit); **III** *s*. Prahle'rei *f*; **'vaunt·er** [-tə] *s*. Prahler(in); **'vaunt·ing** [-tɪŋ] *adj.* ☐ prahlerisch.

'V-Day *s*. Tag *m* des Sieges (*im 2. Weltkrieg*; *8. 5. 1945*).

've [v] F *abbr. für* ***have***.

veal [viːl] *s*. Kalbfleisch *n*: **~ *chop*** Kalbskotelett *n*; **~ *cutlet*** Kalbsschnitzel *n*.

vec·tor ['vektə] **I** *s*. **1.** ⩓, *a.* ✈ Vektor *m*; **2.** ⚕, *vet.* Bak'terienüberˌträger *m*; **II** *v/t.* **3.** *Flugzeug* (mittels Funk *od.* Ra'dar) leiten, (auf Ziel) einweisen.

V-E Day → ***V-Day***.

vee [viː] **I** *s*. V *n*, v *n*, Vau *n* (*Buchstabe*), **II** *adj.* V-förmig, V-...: **~ *belt*** Keilriemen *m*; **~ *engine*** V-Motor *m*.

veep [viːp] *s*. *Am.* F ‚Vize' *m* (*Vizepräsident*).

veer [vɪə] **I** *v/i.* *a.* **~ *round*** **1.** sich ('um-)drehen; 'umspringen, sich drehen (*Wind*); *fig.* 'umschwenken (***to*** zu); **2.** ⚓ (ab)drehen, wenden; **II** *v/t.* **3.** *a.* **~ *round*** *Schiff etc.* wenden, drehen, schwenken; **4.** ⚓ *Tauwerk* fieren, abschießen: **~ *and haul*** fieren u. holen; **III** *s*. **5.** Wendung *f*, Drehung *f*, Richtungswechsel *m*.

Veg·e·burg·er ['vedʒɪˌbɜːgə] *TM s*. Ge'müseˌburger *m*.

veg·e·ta·ble ['vədʒtəbl] **I** *s*. **1.** *allg.* (*bsd.* Gemüse-, Futter)Pflanze *f*: ***be a mere* ~**, ***live like a* ~** *fig.* (nur noch) dahinvegetieren; **2.** *a. pl.* Gemüse *n*; **3.** ✓ Grünfutter *n*; **II** *adj.* **4.** pflanzlich, vegeta'bilisch, Pflanzen...: **~ *diet*** Pflanzenkost *f*; **~ *kingdom*** Pflanzenreich *n*; **~ *marrow*** Kürbis(frucht *f*) *m*; **5.** Gemüse...: **~ *garden***; **~ *soup***.

veg·e·tal ['vedʒɪtl] *adj.* **1.** ⚘ → ***vegetable*** 4 *u.* 5; **2.** *physiol.* vegeta'tiv; **veg·e·tar·i·an** [ˌvedʒɪ'teərɪən] **I** *s*. **1.** Vege'tarier(in); **II** *adj.* **2.** vege'tarisch; **3.** Vegetarier...; **veg·e·tar·i·an·ism** [ˌvedʒɪ'teərɪənɪzəm] *s*. Vegeta'rismus *m*, vege'tarische Lebensweise; **'veg·e·tate** [-teɪt] *v/i.* **1.** (*wie e-e Pflanze*) wachsen; vegetieren; **2.** *contp.* (da'hin)vegetieren; **veg·e·ta·tion** [ˌvedʒɪ'teɪʃn] *s*. **1.** Vegetati'on *f*, Pflanzenwelt *f*, -decke *f*: ***luxuriant* ~**; **2.** Vegetieren *n*, Pflanzenwuchs *m*; **3.** *fig.* (Da'hin)Vegetieren *n*; **4.** ⚕ Wucherung *f*; **'veg·e·ta·tive** [-tətɪv] *adj.* ☐ *biol.* **1.** vegeta'tiv: a) wie Pflanzen wachsend, b) wachstumsfördernd, c) Wachstums...; **2.** Vegetations..., pflanzlich.

veg·gie ['vedʒɪ] F → ***vegetarian***; **~ burg·er** *s*. Ge'müseˌburger *m*.

ve·he·mence ['viːɪməns] *s*. **1.** *a. fig.* Heftigkeit *f*, Vehe'menz *f*, Gewalt *f*, Wucht *f*; **2.** *fig.* Ungestüm *n*, Leidenschaft *f*; **'ve·he·ment** [-nt] *adj.* ☐ *a. fig.* heftig, gewaltig, vehe'ment, *fig. a.* ungestüm, leidenschaftlich, hitzig.

ve·hi·cle ['viːɪkl] *s*. **1.** Fahrzeug *n*, Beförderungsmittel *n*, *engS.* Wagen *m*: **~ *excise duty*** Kf'z-Steuer *f*; **2.** a) *a.* ***space* ~** Raumfahrzeug *n*, b) 'Trägeraˌkete *f*; **3.** *fig.* a) Ausdrucksmittel *n*, Medium *n*, Ve'hikel *n*, b) Träger *m*, Vermittler *m*; **4.** ⚗, *biol.* Trägerflüssigkeit *f*; **5.** *pharm.*, ⚗, ⚙ Bindemittel *n*; **ve·hic·u·lar** [vɪ'hɪkjʊlə] *adj.* Fahrzeug..., Wagen...: **~ *traffic***.

veil [veɪl] **I** *s*. **1.** (Gesichts- *etc.*)Schleier *m*: ***take the* ~** *eccl.* den Schleier nehmen (*Nonne werden*); **2.** *phot.* (*a.* Nebel-, Dunst)Schleier *m*; **3.** *fig.* Schleier *m*, Maske *f*, Deckmantel *m*: ***draw a* ~ *over*** den Schleier des Vergessens breiten über (*acc.*); ***under the* ~ *of darkness*** im Schutze der Dunkelheit; ***under the* ~ *of charity*** unter dem Deckmantel der Nächstenliebe; **4.** ⚘, *anat.* → ***velum***; **5.** *eccl.* a) (Tempel)Vorhang *m*, b) Velum *n* (*Kelchtuch*); **6.** Verschleierung *f der Stimme*; **II** *v/t.* **7.** verschleiern, -hüllen (*a. fig.*); **III** *v/i.* **8.** sich verschleiern; **veiled** [-ld] *adj.* verschleiert (*a. phot., fig.*) (*a. Stimme*); **'veil·ing** [-lɪŋ] *s.* **1.** Verschleierung *f* (*a. phot. u. fig.*); **2.** ✝ Schleier(stoff) *m*.

vein [veɪn] *s.* **1.** *anat.* Vene *f*; **2.** *allg.* Ader *f*: a) *anat.* Blutgefäß *n*, b) ⚘ Blattnerv *m*, c) Maser *f* (*Holz, Marmor*), d) *geol.* (Erz)Gang *m*, e) Wasserader *f*; **3.** *fig.* a) *poetische etc.* Ader, Veranlagung *f*, Hang *m* (**of** zu), b) (Ton)Art *f*, c) Stimmung *f*: ***be in the ~ for*** in Stimmung sein zu; **veined** [-nd] *adj.* **1.** *allg.* geädert; **2.** gemasert; **'vein·ing** [-nɪŋ] *s.* Äderung *f*, Maserung *f*; **'vein·let** [-lɪt] *s.* **1.** Äderchen *n*; **2.** ⚘ Seitenrippe *f*.

ve·la ['viːlə] *pl. von* ***velum***.

ve·lar ['viːlə] **I** *adj. anat., ling.* ve'lar, Gaumensegel..., Velar...; **II** *s. ling.* Gaumensegellaut *m*, Ve'lar(laut) *m*; **'ve·lar·ize** [-əraɪz] *v/t. ling. Laut* velarisieren.

Vel·cro ['velkrəʊ] *TM s. a.* ***~ fastening*** Klettverschluss *m*.

veld(t) [velt] *s. geogr.* Gras- *od.* Buschland *n* (*Südafrika*).

vel·le·i·ty [ve'liːətɪ] *s.* kraftloses, zögerndes Wollen.

vel·lum ['veləm] *s.* **1.** ('Kalbs-, 'Schreib-) Perga,ment *n*, Ve'lin *n*: ***~ cloth*** Pausleinen *n*; **2.** *a.* ***~ paper*** Ve'linpa,pier *n*.

ve·loc·i·pede [vɪ'lɒsɪpiːd] *s.* **1.** *hist.* Velozi'ped *n* (*Lauf-, Fahrrad*); **2.** *Am.* (Kinder)Dreirad *n*.

ve·loc·i·ty [vɪ'lɒsətɪ] *s. bsd.* ⚙, *phys.* Geschwindigkeit *f*: ***at a ~ of*** mit e-r Geschwindigkeit von; ***initial ~*** Anfangsgeschwindigkeit.

ve·lour(s) [və'lʊə] *s.* ✝ Ve'lours *m*.

ve·lum ['viːləm] *pl.* **-la** [-lə] *s.* **1.** ⚘, *anat.* Hülle *f*, Segel *n*; **2.** *anat.* Gaumensegel *n*, weicher Gaumen; **3.** ⚘ Schleier *m an Hutpilzen*.

vel·vet ['velvɪt] **I** *s.* **1.** Samt *m*: ***be on ~*** *sl.* glänzend dastehen; **2.** *zo.* Bast *m an jungen Geweihen etc.*; **II** *adj.* **3.** samten, aus Samt, Samt...; **4.** samtartig, -weich, samten (*a. fig.*): ***an iron hand in a ~ glove*** *fig.* e-e eiserne Faust unter dem Samthandschuh; ***handle s.o. with ~ gloves*** *fig.* j-n mit Samthandschuhen anfassen; **vel·vet·een** [,velvɪ'tiːn] *s.* Man'(s)chester *m*, Baumwollsamt *m*; **'vel·vet·y** [-tɪ] → ***velvet*** 4.

ve·nal ['viːnl] *adj.* □ käuflich, bestechlich, kor'rupt; **ve·nal·i·ty** [viː'nælətɪ] *s.* Käuflichkeit *f*, Kor'ruptheit *f*, Bestechlichkeit *f*.

ve·na·tion [viː'neɪʃn] *s.* ⚘, *zo.* Geäder *n*.

vend [vend] *v/t.* a) *bsd.* ⚖ verkaufen, b) zum Verkauf anbieten, c) hausieren mit; **vend·ee** [ven'diː] *s.* ⚖ Käufer *m*; **'vend·er** [-də] *s.* **1.** (Straßen)Verkäufer *m*, (-)Händler *m*; **2.** → ***vendor***.

ven·det·ta [ven'detə] *s.* Blutrache *f*.

vend·i·ble ['vendəbl] *adj.* □ verkäuflich.

vend·ing ma·chine ['vendɪŋ] *s.* (Ver'kaufs)Auto,mat *m*.

ven·dor ['vendɔː] *s.* **1.** ⚖ Verkäufer(in); **2.** (Ver'kaufs)Auto,mat *m*.

ven·due ['vendjuː] *s. bsd. Am.* Aukti'on *f*, Versteigerung *f*.

ve·neer [və'nɪə] **I** *v/t.* **1.** ⚙ a) *Holz* furnieren, einlegen, b) *Stein* auslegen, c) *Töpferei*: (mit dünner Schicht) über'ziehen; **2.** *fig.* um'kleiden, e-n äußeren Anstrich geben; **3.** *fig. Eigenschaften etc.* über'tünchen, verdecken; **II** *s.* **4.** ⚙ Fur'nier(holz, -blatt) *n*; **5.** *fig.* Tünche *f*, äußerer Anstrich; **ve'neer·ing** [-ərɪŋ] *s.* **1.** ⚙ a) Furnierholz *n*, b) Furnierung *f*, c) Fur'nierarbeit *f*; **2.** *fig.* → ***veneer*** 5.

ven·er·a·bil·i·ty [,venərə'bɪlətɪ] *s.* Ehrwürdigkeit *f*; **ven·er·a·ble** ['venərəbl] *adj.* □ **1.** ehrwürdig (*a. R.C.*) (*a. fig. Bauwerk etc.*), verehrungswürdig; **2.** *anglikanische Kirche*: Hoch(ehr)würden *m* (*Archidiakon*): ***~ Sir***; **ven·er·a·ble·ness** ['venərəblnɪs] *s.* Ehrwürdigkeit *f*.

ven·er·ate ['venəreɪt] *v/t.* **1.** verehren; **2.** in Ehren halten; **ven·er·a·tion** [,venə'reɪʃn] *s.* (**of**) a) Verehrung *f* (*gen.*), b) Ehrfurcht *f* (vor *dat.*); **'ven·er·a·tor** [-tə] *s.* Verehrer(in).

ve·ne·re·al [və'nɪərɪəl] *adj.* **1.** geschlechtlich, Geschlechts..., Sexual...; **2.** ⚕ a) ve'nerisch, Geschlechts..., b) geschlechtskrank: ***~ disease*** Geschlechtskrankheit *f*; **ve·ne·re·ol·o·gist** [və,nɪərɪ'ɒlədʒɪst] *s.* ⚕ Venero'loge *m*, Facharzt *m* für Geschlechtskrankheiten.

Ve·ne·tian [və'niːʃn] **I** *adj.* venezi'anisch: ***~ blind*** (Stab)Jalousie *f*; ***~ glass*** Muranoglas *n*; **II** *s.* Venezi'aner(in).

Ven·e·zue·lan [,vene'zweɪlən] **I** *adj.* venezo'lanisch; **II** *s.* Venezo'laner(in).

venge·ance ['vendʒəns] *s.* Rache *f*, Vergeltung *f*: ***take ~ (up)on*** Vergeltung üben *od.* sich rächen an (*dat.*); ***with a ~*** F a) mächtig, mit Macht, wie besessen, wie der Teufel, b) *jetzt* erst recht, c) im Exzess, übertrieben; **'venge·ful** [-fʊl] *adj.* □ *rhet.* rachsüchtig, -gierig.

ve·ni·al ['viːnjəl] *adj.* □ verzeihlich: ***~ sin*** *R.C.* lässliche Sünde.

ven·i·son ['venzn] *s.* Wildbret *n*.

ven·om ['venəm] *s.* **1.** *zo.* (Schlangen- *etc.*)Gift *n*; **2.** *fig.* Gift *n*, Gehässigkeit *f*; **'ven·omed** [-md], **'ven·om·ous** [-məs] *adj.* □ **1.** giftig: ***~ snake*** Giftschlange *f*; **2.** *fig.* giftig, gehässig; **'ven·om·ous·ness** [-məsnɪs] *s.* Giftigkeit *f*, *fig. a.* Gehässigkeit *f*.

ve·nose ['viːnəʊs] → ***venous***; **ve·nos·i·ty** [vɪ'nɒsətɪ] *s. biol.* **1.** Äderung *f*; **2.** ⚕ Venosi'tät *f*; **ve·nous** ['viːnəs] *adj.* □ *biol.* **1.** Venen..., Adern...; **2.** ve'nös: ***~ blood***; **3.** ⚘ geädert.

vent [vent] **I** *s.* **1.** (Luft)Loch *n*, (Abzugs)Öffnung *f*, Schlitz *m*, ⚙ *a.* Entlüfter(stutzen) *m*: ***~ window*** → ***ventipane***; **2.** Spundloch *n* (*Fass*); **3.** ⚔ *hist.* Schießscharte *f*; **4.** Fingerloch *n* (*Flöte etc.*); **5.** (Vul'kan)Schlot *m*; **6.** *orn., ichth.* After *m*; **7.** *zo.* Aufstoßen *n* zum Luftholen (*Otter etc.*); **8.** Auslass *m* (*a. fig.*): ***find (a) ~*** *fig.* sich entladen (*Gefühl*); ***give ~ to*** → 9; **II** *v/t.* **9.** *fig. e-m Gefühl* Luft machen, *Wut etc.* auslassen (**on** an *dat.*); **10.** ⚙ a) e-e Abzugsöffnung *etc.* anbringen an (*dat.*), b) *Rauch etc.* abziehen lassen, c) ventilieren; **III** *v/i.* **11.** *hunt.* aufstoßen (zum Luftholen) (*Otter etc.*); **'vent·age** [-tɪdʒ] → ***vent*** 1, 4, 8.

ven·ter ['ventə] *s.* **1.** *anat.* a) Bauch (-höhle *f*) *m*, b) (Muskel- *etc.*)Bauch *m*; **2.** *zo.* (In'sekten)Magen *m*; **3.** ⚖ Mutter(leib *m*) *f*: ***child of a second ~*** Kind *n* von e-r zweiten Frau.

'vent·hole → ***vent*** 1.

ven·ti·late ['ventɪleɪt] *v/t.* **1.** ventilieren, (be-, ent-, 'durch)lüften; **2.** *physiol.* Sauerstoff zuführen (*dat.*); **3.** *fig.* ventilieren: a) zur Sprache bringen, erörtern, b) *Meinung etc.* äußern; **4.** → ***vent*** 9; **'ven·ti·lat·ing** [-tɪŋ] *adj.* Ventilations..., Lüftungs...; **ven·ti·la·tion** [,ventɪ'leɪʃn] *s.* **1.** Ventilati'on *f*, (Be-, Ent)Lüftung *f* (*beide a. Anlage*), Luftzufuhr *f*; ⚒ Bewetterung *f*; **2.** a) (freie) Erörterung, öffentliche Diskussi'on, b) Äußerung *f e-s Gefühls etc.*, Entladung *f*; **'ven·ti·la·tor** [-tə] *s.* Venti'lator *m*, Entlüfter *m*, Lüftungsanlage *f*.

ven·ti·pane ['ventɪpeɪn] *s. mot.* Ausstellfenster *n*.

ven·tral ['ventrəl] *adj.* □ *biol.* ven'tral, Bauch...

ven·tri·cle ['ventrɪkl] *s. anat.* Ven'trikel *m*, (Körper)Höhle *f*, *bsd.* (Herz-, Hirn-) Kammer *f*; **ven·tric·u·lar** [ven'trɪkjʊlə] *adj. anat.* ventriku'lär, Kammer...

ven·tri·lo·qui·al [,ventrɪ'ləʊkwɪəl] *adj.* bauchrednerisch, Bauchrede...

ven·tril·o·quism [ven'trɪləkwɪzəm] *s.* Bauchreden *n*; **ven'tril·o·quist** [-ɪst] *s.* Bauchredner(in); **ven'tril·o·quize** [-kwaɪz] **I** *v/i.* bauchreden; **II** *v/t. et.* bauchrednerisch sagen; **ven'tril·o·quy** [-kwɪ] *s.* Bauchreden *n*.

ven·ture ['ventʃə] **I** *s.* **1.** Wagnis *n*: a) Risiko *n*, b) (gewagtes) Unter'nehmen; **2.** ✝ a) (geschäftliches) Unter'nehmen, Operati'on *f*, b) Spekulati'on *f*; ***~ capital*** Risikokapital *n*; ***~ capitalist*** 'Risikokapital,geber(in); **3.** Spekulati'onsob,jekt *n*, Einsatz *m*; **4.** *obs.* Glück *n*: ***at a ~*** aufs Geratewohl, auf gut Glück; **II** *v/t.* **5.** *et.* riskieren, wagen, aufs Spiel setzen: ***nothing ~ nothing have*** (*od.* ***gain[ed]***) wer nicht wagt, der nicht gewinnt; **6.** *Bemerkung etc.* (zu äußern) wagen; **III** *v/i.* **7.** (es) wagen, sich erlauben (***to do*** zu tun); **8.** ***~ (up)on*** sich an *e-e Sache* wagen; **9.** sich *wohin* wagen; **'ven·ture·some** [-səm] *adj.* □ waghalsig: a) kühn, verwegen (*Person*), b) gewagt, ris'kant (*Tat*); **'ven·ture·some·ness** [-səmnɪs] *s.* Waghalsigkeit *f*; **'ven·tur·ous** [-ərəs] *adj.* □ → ***venturesome***.

ven·ue ['venjuː] *s.* **1.** ⚖ a) Gerichtsstand *m*, zuständiger Verhandlungsort *m*, *Brit. a.* zuständige Grafschaft, b) örtliche Zuständigkeit; **2.** a) Schauplatz *m*, b) Treffpunkt *m*, Tagungsort *m*, c) *sport* Austragungsort *m*.

Ve·nus ['viːnəs] *s. allg.* Venus *f*.

ve·ra·cious [və'reɪʃəs] *adj.* □ **1.** wahr'haftig, wahrheitsliebend; **2.** wahr (-heitsgetreu): ***~ account***; **ve·rac·i·ty** [və'ræsətɪ] *s.* **1.** Wahr'haftigkeit *f*, Wahrheitsliebe *f*; **2.** Richtigkeit *f*; **3.** Wahrheit *f*.

ve·ran·da(h) [və'rændə] *s.* Ve'randa *f*.

verb [vɜːb] *s. ling.* Zeitwort *n*, Verb(um) *n*; **'ver·bal** [-bl] **I** *adj.* □ **1.** Wort... (*-fehler, -gedächtnis, -kritik etc.*); **2.** mündlich (*a. Vertrag etc.*): ***~ message***; **3.** (wort)wörtlich: ***~ copy***; ***~ translation***; **4.** wörtlich, Verbal...: ***~ note*** *pol.* Verbalnote *f*; **5.** *ling.* Verbal..., Zeitwort...: ***~ noun*** → 6; **II** *s.* **6.** *ling.* Ver'bal,substantiv *n*; **'ver·bal·ism** [-bəlɪzəm] *s.* **1.** Ausdruck *m*; **2.** Verba'lismus *m*, Wortemache'rei *f*; **3.** Wortklaube'rei *f*; **'ver·bal·ist** [-bəlɪst] *s.* **1.** *bsd. ped.* Verba'list(in); **2.** wortgewandte Per'son; **'ver·bal·ize** [-bəlaɪz] **I** *v/t.* **1.** in Worte fassen, formulieren; **2.** *ling.* in ein Verb verwandeln; **II** *v/i.* **3.** viele Worte machen; **ver·ba·tim** [vɜː'beɪtɪm] **I** *adv.* ver'batim, (wort-) wörtlich, Wort für Wort; **II** *adj.* →

verbal 3; **III** *s.* wortgetreuer Bericht; **'ver·bi·age** [-bɪɪdʒ] *s.* **1.** Wortschwall *m*; **2.** Dikti'on *f*; **ver·bose** [vɜː'bəʊs] *adj.* □ wortreich, weitschweifig; **ver·bos·i·ty** [vɜː'bɒsətɪ] *s.* Wortreichtum *m.*

ver·dan·cy ['vɜːdənsɪ] *s.* **1.** (frisches) Grün; **2.** *fig.* Unerfahrenheit *f*, Unreife *f*; **'ver·dant** [-nt] *adj.* □ **1.** grün, grünend; **2.** *fig.* grün, unreif.

ver·dict ['vɜːdɪkt] *s.* **1.** ⚖ (Wahr)Spruch *m* der Geschworenen, Ver'dikt *n*: ***~ of not guilty*** Erkennen *n* auf „nicht schuldig"; ***bring in*** (*od.* ***return***) ***a ~ of guilty*** auf schuldig erkennen; **2.** *fig.* Urteil *n* (***on*** über *acc.*).

ver·di·gris ['vɜːdɪgrɪs] *s.* Grünspan *m.*

ver·dure ['vɜːdʒə] *s.* **1.** (frisches) Grün; **2.** Vegetati'on *f*, saftiger Pflanzenwuchs; **3.** *fig.* Frische *f*, Kraft *f.*

verge [vɜːdʒ] **I** *s.* **1.** *mst fig.* Rand *m*, Grenze *f*: ***on the ~ of*** am Rande *der Verzweiflung etc.*, dicht vor (*dat.*); ***on the ~ of tears*** den Tränen nahe; ***on the ~ of doing*** nahe daran, zu tun; **2.** ⚘ (Beet)Einfassung *f*, (Gras)Streifen *m*; **3.** ⚖ *Brit. hist.* Gerichtsbezirk *m* rund um den Königshof; **4.** ⚙ a) 'überstehende Dachkante, b) Säulenschaft *m*, c) Schwungstift *m* (*Uhrhemmung*), d) Zugstab *m* (*Setzmaschine*); **5.** a) *bsd. eccl.* Amtsstab *m*, b) *hist.* Belehnungsstab *m*; **II** *v/i.* **6.** *mst fig.* grenzen *od.* streifen (***on*** an *acc.*); **7.** (***on, into***) sich nähern (*dat.*), (in *e-e Farbe etc.*) 'übergehen; **8.** sich (hin)neigen (***to[wards]*** nach); **'ver·ger** [-dʒə] *s.* **1.** Kirchendiener *m*, Küster *m*; **2.** *bsd. Brit. eccl.* (Amts)Stabträger *m.*

ver·i·est ['verɪɪst] *adj.* (*sup. von* ***very*** II) *obs.* äußerst: ***the ~ child*** (selbst) das kleinste Kind; ***the ~ nonsense*** der reinste Unsinn; ***the ~ rascal*** der ärgste *od.* größte Schuft.

ver·i·fi·a·ble ['verɪfaɪəbl] *adj.* nachweis-, nachprüfbar, verifizierbar; **ver·i·fi·ca·tion** [ˌverɪfɪ'keɪʃn] *s.* **1.** Nachprüfung *f*; **2.** Echtheitsnachweis *m*, Richtigbefund *m*; **3.** Beglaubigung *f*, Beurkundung *f*; (⚖ eidliche) Bestätigung; **ver·i·fy** ['verɪfaɪ] *v/t.* **1.** *auf die Richtigkeit hin* (nach)prüfen; **2.** die Richtigkeit *od.* Echtheit *e-r Angabe etc.* feststellen *od.* nachweisen, verifizieren; **3.** *Urkunde etc.* beglaubigen; beweisen, belegen; **4.** ⚖ eidlich beteuern; **5.** bestätigen; **6.** *Versprechen etc.* erfüllen, wahr machen.

ver·i·ly ['verəlɪ] *adv. bibl.* wahrlich.

ver·i·si·mil·i·tude [ˌverɪsɪ'mɪlɪtjuːd] *s.* Wahr'scheinlichkeit *f.*

ver·i·ta·ble ['verɪtəbl] *adj.* □ wahr(-haft), wirklich, echt.

ver·i·ty ['verətɪ] *s.* **1.** (Grund)Wahrheit *f*: ***of a ~*** wahrhaftig; ***eternal verities*** ewige Wahrheiten; **2.** Wahrheit *f*; **3.** (*j-s*) Wahr'haftigkeit *f.*

ver·juice ['vɜːdʒuːs] *s.* **1.** Obst-, Traubensaft *m* (*bsd. von unreifen Früchten*); **2.** Essig *m* (*a. fig.*).

ver·meil ['vɜːmeɪl] **I** *s.* **1.** *bsd. poet. für* ***vermilion***; **2.** ⚙ Ver'meil *n*: a) feuervergoldetes Silber *od.* Kupfer, vergoldete Bronze, b) hochroter Gra'nat; **II** *adj.* **3.** *poet.* purpur-, scharlachrot.

ver·mi·cel·li [ˌvɜːmɪ'selɪ] (*Ital.*) *s. pl.* Fadennudeln *pl.*

ver·mi·cide ['vɜːmɪsaɪd] *s. pharm.* Wurmmittel *n*; **ver·mic·u·lat·ed** [vɜː'mɪkjʊleɪtɪd] *adj.* **1.** wurmstichig; **2.** △ geschlängelt; **ver·mi·form** ['vɜːmɪfɔːm] *adj. biol.* wurmförmig: ***~ appendix*** *anat.* Wurmfortsatz *m*; **ver·mi·fuge** ['vɜːmɪfjuːdʒ] → ***vermicide***.

ver·mil·ion [və'mɪljən] **I** *s.* **1.** Zin'nober *m*; **2.** Zin'noberrot *n*; **II** *adj.* **3.** zin'noberrot; **III** *v/t.* **4.** mit Zin'nober *od.* zin'noberrot färben.

ver·min ['vɜːmɪn] *s. mst pl. konstr.* **1.** *zo. coll.* a) Ungeziefer *n*, b) Schädlinge *pl.*, Para'siten *pl.*, c) *hunt.* Raubzeug *n*; **2.** *fig. contp.* Geschmeiß *n*, Pack *n*; **'~-ˌkill·er** *s.* **1.** Kammerjäger *m*; **2.** Ungeziefervertilgungsmittel *n.*

ver·min·ous ['vɜːmɪnəs] *adj.* □ **1.** voller Ungeziefer; verlaust, verwanzt, verseucht; **2.** durch Ungeziefer verursacht: ***~ disease***; **3.** *fig.* a) schädlich, b) niedrig, gemein.

ver·mo(u)th ['vɜːməθ] *s.* Wermut(wein) *m.*

ver·nac·u·lar [və'nækjʊlə] **I** *adj.* □ **1.** einheimisch, Landes...(*-sprache*); **2.** mundartlich, Volks..., Heimat...: ***~ poetry***; **3.** ⚕ en'demisch, lo'kal: ***~ disease***; **II** *s.* **4.** Landes-, Mutter-, Volkssprache *f*; **5.** Mundart *f*, Dia'lekt *m*; **6.** Jar'gon *m*; **7.** Fachsprache *f*; **8.** → **ver'nac·u·lar·ism** [-ərɪzəm] *s.* volkstümlicher *od.* mundartlicher Ausdruck; **ver'nac·u·lar·ize** [-əraɪz] *v/t.* **1.** *Ausdrücke etc.* einbürgern; **2.** in Volkssprache *od.* Mundart über'tragen, mundartlich ausdrücken.

ver·nal ['vɜːnl] *adj.* □ **1.** Frühlings...; **2.** *fig.* frühlingshaft, Jugend...; ***~ equinox*** *s. ast.* 'Frühlingsäquiˌnoktium *n* (*21. März*).

ver·ni·er ['vɜːnjə] *s.* ⚙ **1.** Nonius *m* (*Gradteiler*); **2.** Fein(ein)steller *m*, Verni'er *m*; **~ cal·(l)i·per(s)** *s.* ⚙ Schublehre *f* mit Nonius.

Ver·o·nese [ˌverə'niːz] **I** *adj.* vero'nesisch, aus Ve'rona; **II** *s.* Vero'neser(in).

ve·ron·i·ca [vɪ'rɒnɪkə] *s.* **1.** ⚘ Ve'ronika *f*, Ehrenpreis *m*; **2.** *R.C. u. paint.* Schweißtuch *n* der Ve'ronika.

ver·sa·tile ['vɜːsətaɪl] *adj.* □ **1.** vielseitig (begabt *od.* gebildet); gewandt, wendig, beweglich; **2.** unbeständig, wandelbar; **3.** ⚘, *zo.* (frei) beweglich; **ver·sa·til·i·ty** [ˌvɜːsə'tɪlətɪ] *s.* **1.** Vielseitigkeit *f*, Gewandtheit *f*, Wendigkeit *f*, geistige Beweglichkeit; **2.** Unbeständigkeit *f.*

verse [vɜːs] **I** *s.* **1.** a) Vers(zeile *f*) *m*, b) (Gedicht)Zeile *f*, c) *allg.* Vers *m*, Strophe *f*: ***~ drama*** Versdrama *n*; → ***chapter*** 1; **2.** *coll. ohne art.* a) Verse *pl.*, b) Poe'sie *f*, Dichtung *f*; **3.** Vers (-maß *n*) *m*: ***blank ~*** a) Blankvers, b) reimloser Vers; **II** *v/t.* **4.** in Verse bringen; **III** *v/i.* **5.** dichten, Verse machen.

versed[1] [vɜːst] *adj.* bewandert, beschlagen, versiert (***in*** in *dat.*).

versed[2] [vɜːst] *adj.* ⩚ 'umgekehrt: ***~ sine*** Sinusversus *m.*

ver·si·fi·ca·tion [ˌvɜːsɪfɪ'keɪʃn] *s.* **1.** Verskunst *f*, Versemachen *n*; **2.** Versbau *m*; **ver·si·fi·er** ['vɜːsɪfaɪə] *s.* Verseschmied *m*, Dichterling *m*; **ver·si·fy** ['vɜːsɪfaɪ] → ***verse*** 4 *u.* 5.

ver·sion ['vɜːʃn] *s.* **1.** (*a.* 'Bibel)Überˌsetzung *f*; **2.** *thea. etc.* (*Bühnen- etc.*) Fassung *f*; **3.** Darstellung *f*, Fassung *f*, Lesart *f*, Versi'on *f*; **4.** Spielart *f*, Vari'ante *f*; **5.** ⚙ (*Export- etc.*)Ausführung *f*, Mo'dell *n.*

ver·sus ['vɜːsəs] *prp.* ⚖, *a. sport u. fig.* gegen, kontra.

vert [vɜːt] *eccl.* F **I** *v/i.* 'übertreten, konvertieren; **II** *s.* Konver'tit(in).

ver·te·bra ['vɜːtɪbrə] *pl.* **-brae** [-briː] *s. anat.* **1.** (Rücken)Wirbel *m*; **2.** *pl.* Wirbelsäule *f*; **'ver·te·bral** [-rəl] *adj.* □ verte'bral, Wirbel(säulen)...: ***~ column*** Wirbelsäule *f*; **'ver·te·brate** [-rɪt] **I** *adj.* **1.** mit e-r Wirbelsäule (versehen), Wirbel...(*-tier*); **2.** *zo.* zu den Wirbeltieren gehörig; **II** *s.* **3.** Wirbeltier *n*; **'ver·te·brat·ed** [-reɪtɪd] → ***vertebrate*** I.

ver·tex ['vɜːteks] *pl. mst* **-ti·ces** [-tɪsiːz] *s.* **1.** *biol.* Scheitel *m*; **2.** ⩚ Scheitelpunkt *m*, Spitze *f* (*beide a. fig.*); **3.** *ast.* a) Ze'nit *m*, b) Vertex *m*; **4.** *fig.* Gipfel *m*; **'ver·ti·cal** [-tɪkl] **I** *adj.* □ **1.** senk-, lotrecht, verti'kal: ***~ clearance*** ⚙ lichte Höhe; ***~ engine*** ⚙ stehender Motor; ***~ section*** △ Aufriss *m*; ***~ take-off*** ✈ Senkrechtstart *m*; ***~ take-off plane*** *od.* ***aircraft*** ✈ Senkrechtstarter *m*; **2.** *ast.*, ⩚ Scheitel..., Höhen..., Vertikal...: ***~ angle*** Scheitelwinkel *m*; ***~ circle*** *ast.* Vertikalkreis *m*; **II** *s.* **3.** Senkrechte *f.*

ver·tig·i·nous [vɜː'tɪdʒɪnəs] *adj.* □ **1.** wirbelnd; **2.** schwindlig, Schwindel...; **3.** Schwindel erregend, schwindelnd: ***~ height***; **ver·ti·go** ['vɜːtɪgəʊ] *pl.* **-goes** *s.* ⚕ Schwindel(gefühl *n*, -anfall *m*) *m.*

ver·tu [vɜː'tuː] → ***virtu***.

ver·vain ['vɜːveɪn] *s.* ⚘ Eisenkraut *n.*

verve [vɜːv] *s.* (künstlerische) Begeisterung, Schwung *m*, Feuer *n*, Verve *f.*

ver·y ['verɪ] **I** *adv.* **1.** sehr, äußerst, außerordentlich: ***~ good*** a) sehr gut, b) einverstanden, sehr wohl; ***~ well*** a) sehr gut, b) meinetwegen, na schön; ***not ~ good*** nicht sehr *od.* besonders *od.* gerade gut; **2.** ***~ much*** (*in Verbindung mit Verben*) sehr, außerordentlich: ***he was ~ much pleased***; **3.** (*vor sup.*) aller...: ***the ~ last drop*** der allerletzte Tropfen; **4.** völlig, ganz; **II** *adj.* **5.** gerade, genau: ***the ~ opposite*** genau das Gegenteil; ***the ~ thing*** genau *od.* gerade das (Richtige); ***at the ~ edge*** ganz am Rand, am äußersten Rand; **6.** bloß: ***the ~ fact of his presence***; ***the ~ thought*** der bloße Gedanke, schon der Gedanke; **7.** rein, pur, schier: ***from ~ egoism***; ***the ~ truth*** die reine Wahrheit; **8.** frisch: ***in the ~ act*** auf frischer Tat; **9.** wahr, wirklich: ***~ God of ~ God*** *bibl.* wahrer Gott vom wahren Gott; ***the ~ heart of the matter*** der Kern der Sache; ***in ~ deed*** (***truth***) tatsächlich (wahrhaftig); **10.** (*nach* ***this, that, the***) (der-, die-, das)'selbe, (der, die, das) gleiche ... *od.* nämliche ...: ***that ~ afternoon***; ***the ~ same words***; **11.** selbst, so'gar: ***his ~ servants***; **12.** → ***veriest***.

ver·y| high fre·quen·cy ['verɪ] *s.* ϟ 'Hochfreˌquenz *f*, Ultra'kurzwelle *f.*

Ver·y| light ['vɪərɪ; 'verɪ] *s.* ⚔ 'Leuchtpaˌtrone *f*; **~ pis·tol** *s.* ⚔ 'Leuchtpiˌstole *f*; **~'s night sig·nals** *s.* ⚔ Si'gnalschießen *n* mit 'Leuchtmunitiˌon.

ves·i·ca ['vesɪkə] *pl.* **-cas** (*Lat.*) *s.* **1.** *biol.* Blase *f*, Zyste *f*; **2.** *anat.*, *zo.* (Harn-, Gallen-, *ichth.* Schwimm)Blase *f*; **'ves·i·cal** [-kl] *adj.* Blasen...; **'ves·i·cant** [-kənt] **I** *adj.* **1.** ⚕ Blasen ziehend; **II** *s.* **2.** ⚕ Blasen ziehendes Mittel, Zugpflaster *n*; **3.** ⚔ ätzender Kampfstoff; **'ves·i·cate** [-keɪt] **I** *v/i.* Blasen ziehen; **II** *v/t.* Blasen ziehen auf (*dat.*); **ves·i·ca·tion** [ˌvesɪ'keɪʃn] *s.* Blasenbildung *f*; **'ves·i·ca·to·ry** [-keɪtərɪ] → ***vesicant***; **'ves·i·cle** [-kl] *s.* Bläs-chen *n*; **ve·sic·u·lar** [vɪ'sɪkjʊlə] *adj.* **1.** Bläs-chen..., Blasen...; **2.** blasenförmig, blasig; **3.** blasig, Bläs-chen aufweisend.

V

ves·per ['vespə] *s.* **1.** ♀ *ast.* Abendstern *m*; **2.** *poet.* Abend *m*; **3.** *pl. eccl.* Vesper *f*, Abendgottesdienst *m*, -andacht *f*; **4.** *a.* **~ bell** Abendglocke *f*, -läuten *n*.

ves·sel ['vesl] *s.* **1.** Gefäß *n* (*a. anat.*, ✿ *u. fig.*); **2.** ⚓ (*a.* ✈ Luft)Schiff *n*, (Wasser)Fahrzeug *n*.

vest [vest] **I** *s.* **1.** *Brit.* 'Unterhemd *n*; **2.** *Brit.* ⚜ *od. Am.* Weste *f*; **3.** a) Damenweste *f*, b) Einsatzweste *f*; **4.** *poet.* Gewand *n*; **II** *v/t.* **5.** *bsd. eccl.* bekleiden; **6.** (**with**) *fig. j-n* bekleiden, ausstatten (mit *Befugnissen etc.*), bevollmächtigen; *j-n* einsetzen (in *Eigentum, Rechte etc.*); **7.** *Recht etc.* über'tragen, verleihen (**in s.o.** j-m): **~ed interest**, **~ed right** sicher begründetes Anrecht, unabdingbares Recht; **~ed interests** *die* maßgeblichen Kreise (*e-r Stadt etc.*); **8.** *Am. Feindvermögen* mit Beschlag belegen: **~ing order** Beschlagnahmeverfügung *f*; **III** *v/i.* **9.** *bsd. eccl.* sich bekleiden; **10.** 'übergehen (**in** auf *acc.*) (*Vermögen etc.*); **11.** (**in**) zustehen (*dat.*), liegen (bei) (*Recht etc.*).

ves·ta ['vestə] *s. Brit. a.* **~ match** kurzes Streichholz.

ves·tal ['vestl] **I** *adj.* **1.** *antiq.* ve'stalisch; **2.** *fig.* keusch, rein; **II** *s.* **3.** *antiq.* Ves'talin *f*; **4.** Jungfrau *f*; **5.** Nonne *f*.

ves·ti·bule ['vestɪbju:l] *s.* **1.** (Vor)Halle *f*, Vorplatz *m*, Vesti'bül *n*; **2.** 🚂 *Am.* (Har'monika)Verbindungsgang *m zwischen zwei D-Zug-Wagen*; **3.** *anat.* Vorhof *m*; **~ school** *s. Am.* Lehrwerkstatt *f* (*e-s Industriebetriebs*); **~ train** *s. bsd. Am.* D-Zug *m*.

ves·tige ['vestɪdʒ] *s.* **1.** *obs. od. poet.* Spur *f*; **2.** *bsd. fig.* Spur *f*, 'Überrest *m*, -bleibsel *n*; **3.** *fig.* Spur *f*, *ein* bisschen; **4.** *biol.* Rudi'ment *n*, verkümmertes Or'gan *od.* Glied; **ves·tig·i·al** [ve'stɪdʒɪəl] *adj.* **1.** spurenhaft, restlich; **2.** *biol.* rudimen'tär, verkümmert.

vest·ment ['ves*t*mənt] *s.* **1.** Amtstracht *f*, Robe *f*, *a. eccl.* Or'nat *m*; **2.** *eccl.* Messgewand *n*; **3.** Gewand *n*, Kleid *n* (*beide a. fig.*).

'vest-ˌpock·et *adj. fig.* im 'Westentaschenforˌmat, Westentaschen..., Klein..., Miniatur...

ves·try ['vestrɪ] *s. eccl.* **1.** Sakri'stei *f*; **2.** Bet-, Gemeindesaal *m*; **3.** *Brit.* a) *a.* **common ~**, **general ~**, **ordinary ~** Gemeindesteuerpflichtige *pl.*, b) *a.* **select ~** Kirchenvorstand *m*; **~ clerk** *s. Brit.* Rechnungsführer *m* der Kirchengemeinde; **'~·man** [-mən] *s.* [*irr.*] Gemeindevertreter *m*.

ves·ture ['vestʃə] *s. obs. od. poet.* a) Gewand *n*, Kleid(ung *f*) *n*, b) Hülle *f* (*a. fig.*), Mantel *m*.

ve·su·vi·an [vɪ'su:vjən] **I** *adj.* **1.** ♀ *geogr.* ve'suvisch; **2.** vul'kanisch; **II** *s.* **3.** *obs.* Windstreichhölzchen *n*.

vet[1] [vet] F **I** *s.* **1.** Tierarzt *m*; **II** *v/t.* **2.** *Tier* unter'suchen *od.* behandeln; **3.** *humor.* a) *j-n* verarzten, b) *j-n* auf Herz u. Nieren prüfen, (*a.* po'litisch) über'prüfen.

vet[2] [vet] *Am.* F *für* **veteran**.

vetch [vetʃ] *s.* ✿ Wicke *f*; **'vetch·ling** [-lɪŋ] *s.* ✿ Platterbse *f*.

vet·er·an ['vetərən] **I** *s.* **1.** Vete'ran *m* (*alter Soldat od. Beamter*); **2.** ⚔ *Am.* ehemaliger Kriegsteilnehmer; **3.** *fig.* ‚alter Hase'; **II** *adj.* **4.** alt-, ausgedient; **5.** kampferprobt: **~ troops**; **6.** *fig.* erfahren: **~ golfer**; **7.** **~ car** *mot.* Oldtimer *m* (*vor 1917 hergestellt*).

vet·er·i·nar·i·an [ˌvetərɪ'neərɪən] → **vet·er·i·nar·y** ['vetərɪnərɪ] **I** *s.* Tierarzt *m*, Veteri'när *m*; **II** *adj.* tierärztlich: **~ medicine** Tiermedizin *f*; **~ surgeon** → I.

ve·to ['vi:təʊ] *pol.* **I** *pl.* **-toes** *s.* **1.** Veto *n*, Einspruch *m*: **put a** (*od.* **one's**) **~** (**up**)**on** → 3; **2.** *a.* **~ power** Veto-, Einspruchsrecht *n*; **II** *v/t.* **3.** sein Veto einlegen gegen, Einspruch erheben gegen; **4.** unter'sagen, verbieten.

vet·ting ['vetɪŋ] *s. pol.* F 'Sicherheitsüberˌprüfung *f*.

vex [veks] *v/t.* **1.** *j-n* ärgern, belästigen, aufbringen, irritieren; → **vexed**; **2.** quälen, bedrücken, beunruhigen; **3.** schikanieren; **4.** *j-n* verwirren, *j-m* ein Rätsel sein; **5.** *obs. od. poet. Meer* aufwühlen.

vex·a·tion [vek'seɪʃn] *s.* **1.** Ärger *m*, Verdruss *m*; **2.** Plage *f*, Qual *f*; **3.** Belästigung *f*; **4.** Schi'kane *f*; **5.** Beunruhigung *f*, Sorge *f*; **vex·a·tious** [vek'seɪʃəs] *adj.* □ **1.** lästig, verdrießlich, ärgerlich, leidig; **2.** ⚖ schika'nös: **a ~ suit**; **vex·a·tious·ness** [vek'seɪʃəsnɪs] *s.* Ärgerlich-, Verdrießlich-, Lästigkeit *f*; **vexed** [vekst] *adj.* □ **1.** ärgerlich (**at s.th.**, **with s.o.** über *acc.*); **2.** beunruhigt (**with** durch, von); **3.** (viel) umstritten, strittig: **~ question**; **vex·ing** ['veksɪŋ] → **vexatious** 1.

vi·a ['vaɪə] (*Lat.*) **I** *prp.* via, über (*acc.*): **~ London**; **~ air mail** per Luftpost; **II** *s.* Weg *m*: **~ media** *fig.* Mittelding *od.* -weg.

vi·a·ble ['vaɪəbl] *adj. a. fig.* lebensfähig: **~ child**; **~ industry**.

vi·a·duct ['vaɪədʌkt] *s.* Via'dukt *m*.

vi·al ['vaɪəl] *s.* (Glas)Fläschchen *n*, Phi'ole *f*: **pour out the ~s of one's wrath** *bibl. u. fig.* die Schalen s-s Zornes ausgießen (**upon** über *acc.*).

vi·and ['vaɪənd] *s. pl.* **1.** Lebensmittel *pl.*; **2.** ('Reise)Proviˌant *m*.

vi·at·i·cum [vaɪ'ætɪkəm] *pl.* **-cums** *s. eccl.* Vi'atikum *n* (*bei der Letzten Ölung gereichte Eucharistie*).

vibes [vaɪbz] *s. pl.* F **1.** *mst sg konstr.* ♪ Vibra'phon *n*; **2.** Ausstrahlung *f* (*e-r Person*); **3.** Schwingungen, „Vibrations".

vi·bran·cy ['vaɪbrənsɪ] *s.* Reso'nanz *f*, Schwingen *n*; **vi·brant** ['vaɪbrənt] *adj.* **1.** vibrierend: a) schwingend (*Saite etc.*), b) laut schallend (*Ton*); **2.** zitternd, bebend (**with** vor *dat.*): **~ with energy**; **3.** pulsierend (**with** von): **~ cities**; **4.** kraftvoll, lebensprühend: **a ~ personality**; **5.** erregt; **6.** *ling.* stimmhaft (*Laut*).

vi·bra·phone ['vaɪbrəfəʊn] *s.* ♪ Vibra'phon *n*.

vi·brate [vaɪ'breɪt] **I** *v/i.* **1.** vibrieren: a) zittern (*a. phys.*), b) (nach)klingen, (-)schwingen (*Töne*); **2.** pulsieren (**with** von); **3.** zittern, beben (**with** vor *Erregung etc.*); **II** *v/t.* **4.** in Schwingungen versetzen; **5.** vibrieren *od.* schwingen *od.* zittern lassen, rütteln; **vi'bra·tion** [-eɪʃn] *s.* **1.** Schwingen *n*, Vibrieren *n*, Zittern *n*: **~-proof** erschütterungsfrei; **2.** *phys.* Vibrati'on *f*: a) Schwingung *f*, b) Oszillati'on *f*; **3.** *fig.* a) Pulsieren *n*, b) *pl.* Ausstrahlung *f e-r Person*; **vi'bra·tion·al** [-eɪʃənl] *adj.* Schwingungs...; **vi'bra·tor** [-eɪtə] *s.* **1.** ⚙ Vib'rator *m* (*a.* ✂), 'Rüttelappaˌrat *m*; **2.** ⚡ Oszil'lator *m*: a) Summer *m*, b) Zerhacker *m*; **3.** ♪ Zunge *f*, Blatt *n*; **vi·bra·to·ry** ['vaɪbrətərɪ] *adj.* **1.** schwingungsfähig; **2.** vibrierend; **3.** Vibrations..., Schwingungs...

vic·ar ['vɪkə] *s. eccl.* **1.** *Brit.* Vi'kar *m*, ('Unter)Pfarrer *m*; **2.** *protestantische Episkopalkirche in den USA*: a) ('Unter)Pfarrer *m*, b) Stellvertreter *m* des Bischofs; **3.** *R.C.* a) **cardinal ~** Kardinalvikar *m*, b) ♀ **of** (**Jesus**) **Christ** Statthalter *m* Christi (*Papst*); **4.** Ersatz *m*; **'vic·ar·age** [-ərɪdʒ] *s.* **1.** Pfarrhaus *n*; **2.** Vikari'at *n* (*Amt des Vikars*); **vic·ar gen·er·al** *s. eccl.* Gene'ralviˌkar *m*.

vi·car·i·ous [vaɪ'keərɪəs] *adj.* □ **1.** stellvertretend; **2.** *fig.* mit-, nachempfunden, *Erlebnis etc.* aus zweiter Hand: **~ pleasure**.

vice[1] [vaɪs] *s.* **1.** Laster *n*: a) Untugend *f*, b) schlechte (An)Gewohnheit; **2.** Lasterhaftigkeit *f*, Verderbtheit *f*: **~ squad** Sittenpolizei *f*, 'Sittendezerˌnat *n*; **3.** körperlicher Fehler, Gebrechen *n*; **4.** *fig.*, *a.* ⚖ Mangel *m*, Fehler *m*; **5.** Verirrung *f*, Auswuchs *m*; **6.** Unart *f* (*Pferd*).

vice[2] [vaɪs] *s.* ⚙ Schraubstock *m* (*a. fig.*).

vi·ce[3] ['vaɪsɪ] *prp.* anstelle von.

vice[4] [vaɪs] *s.* F ‚Vize' *m* (*abbr. für* **vice admiral** *etc.*).

vice- [vaɪs] *in Zssgn* stellvertretend, Vize...

vice| ad·mi·ral *s.* ⚓ 'Vizeadmiˌral *m*; **ˌ~-'chair·man** *s.* [*irr.*] stellvertretender Vorsitzender, 'Vizepräsiˌdent *m*; **ˌ~-'chan·cel·lor** *s.* **1.** 'Vizekanzler *m*; **2.** *Brit. univ.* (geschäftsführender) Rektor; **ˌ~-'con·sul** *s.* 'Vizeˌkonsul *m*; **ˌ~-'ge·rent** [-'dʒerənt] **I** *s.* Stellvertreter *m*, Statthalter *m*; **II** *adj.* stellvertretend; **ˌ~-'pres·i·dent** *s.* 'Vizepräsiˌdent *m*: a) stellvertretender Vorsitzender, b) ⚜ *Am.* Di'rektor *m*, Vorstandsmitglied *n*; **ˌ~'re·gal** *adj.* vizeköniglich; **~·reine** [ˌvaɪs'reɪn] *s.* Gemahlin *f* des Vizekönigs; **~·roy** ['vaɪsrɔɪ] *s.* Vizekönig *m*; **ˌ~'roy·al** *adj.* vizeköniglich.

vi·ce ver·sa [ˌvaɪsɪ'vɜ:sə] (*Lat.*) *adv.* 'umgekehrt, vice versa.

vic·i·nage ['vɪsɪnɪdʒ] → **vicinity**; **'vic·i·nal** [-nl] *adj.* benachbart, 'umliegend, nah; **vi·cin·i·ty** [vɪ'sɪnətɪ] *s.* **1.** Nähe *f*, Nachbarschaft *f*: **in close ~ to** in unmittelbarer Nähe von; **in the ~ of 40** *fig.* um (die) 40 herum; **2.** Nachbarschaft *f*, (nähere) Um'gebung: **the ~ of London**.

vi·cious ['vɪʃəs] *adj.* □ **1.** lasterhaft, verderbt, 'unmoˌralisch; **2.** verwerflich: **~ habit**; **3.** bösartig, boshaft, gemein: **~ attack**; **4.** bös-, unartig (*Tier*); **5.** heftig, ‚bös': **a ~ blow**; **6.** F scheußlich, schlimm: **~ headache**; **7.** *a.* ⚖ fehler-, mangelhaft; **8.** *obs.* schädlich: **~ air**; **~ cir·cle** *s.* **1.** Circulus *m* viti'osus, Teufelskreis *m*; **2.** *phls.* Zirkel-, Trugschluss *m*.

vi·cious·ness ['vɪʃəsnɪs] *s.* **1.** Lasterhaftigkeit *f*, Verderbtheit *f*; **2.** Verwerflichkeit *f*; **3.** Bösartigkeit *f*, Gemeinheit *f*; **4.** Fehlerhaftigkeit *f*.

vi·cis·si·tude [vɪ'sɪsɪtju:d] *s.* **1.** Wandel *m*, Wechsel *m*; **2.** *pl.* Wechselfälle *pl.*, *das* Auf u. Ab: **the ~s of life**; **3.** *pl.* Schicksalsschläge *pl.*; **vi·cis·si·tu·di·nous** [vɪˌsɪsɪ'tju:dɪnəs] *adj.* wechselvoll.

vic·tim ['vɪktɪm] *s.* **1.** Opfer *n*: a) (Unfall- *etc.*)Tote(r *m*) *f*, b) Leidtragende(r *m*) *f*, c) Betrogene(r *m*) *f*: **fall a ~ to** zum Opfer fallen (*dat.*); **2.** Opfer(tier) *n*; **'vic·tim·ize** [-maɪz] *v/t.* **1.** *j-n* (auf-)

V

opfern; **2.** quälen, schikanieren, belästigen; **3.** prellen, betrügen.

vic·tor ['vɪktə] **I** *s.* Sieger(in); **II** *adj.* siegreich, Sieger...

vic·to·ri·a [vɪk'tɔːrɪə] *s.* Vik'toria *f* (*zweisitziger Einspänner*); **2 Cross** *s.* Vik'toriakreuz *n* (*brit. Tapferkeitsauszeichnung*).

Vic·to·ri·an [vɪk'tɔːrɪən] **I** *adj.* **1.** Viktori'anisch: **~ *Period***; **2.** viktori'anisch: **~ *habits***; **II** *s.* **3.** Viktori'aner(in).

vic·to·ri·ous [vɪk'tɔːrɪəs] *adj.* □ **1.** siegreich (***over*** über *acc.*): ***be*** **~** den Sieg davontragen, siegen; **2.** Sieges...; **vic·to·ry** ['vɪktərɪ] *s.* **1.** Sieg *m* (*a. fig.*): **~ *ceremony*** Siegerehrung *f*; **~ *rostrum*** Siegespodest *n*; **2.** *fig.* Tri'umph *m*, Erfolg *m*, Sieg *m*: ***moral*** **~**.

vict·ual ['vɪtl] **I** *s. mst pl.* Esswaren *pl.*, Lebensmittel *pl.*, Provi'ant *m*; **II** *v/t.* (*v/i.* sich) verpflegen *od.* verproviantieren *od.* mit Lebensmitteln versorgen; **'vict·ual·(l)er** [-lə] *s.* **1.** ('Lebensmittel-)Liefe,rant *m*; **2.** *a.* ***licensed*** **~** *Brit.* Schankwirt *m*; **3.** ⚓ Provi'antschiff *n*; **'vict·ual·(l)ing** [-lɪŋ] *s.* Verproviantierung *f*: **~ *ship*** Proviantschiff *n*.

vi·de ['vaɪdiː] (*Lat.*) *int.* siehe!

vi·de·li·cet [vɪ'diːlɪset] (*Lat.*) *adv.* nämlich, das heißt (*abbr.* ***viz***; *lies*: ***namely, that is***).

vid·e·o ['vɪdɪəʊ] **I** *pl.* **-os** *s.* **1.** 'Video *n* (*Videotechnik*); **2.** *Computer*: Bildschirm-, Datensichtgerät *n*; **3.** *Am.* (***on*** im) Fernsehen *n*; **II** *adj.* **4.** 'Video...: **~ *cassette*** (***recorder***); **~ *clip*** Videoclip *m*; **~ *conference*** 'Videokonfe,renz *f*; **~ *disc*** Bildplatte *f*; **~ *library*** Video'thek *f*; **~ *nasty*** F Videoschocker *m*; **~ *recording*** Videoaufnahme *f*; **5.** *Computer*: Bildschirm...: **~ *terminal*** → 2; **6.** *Am.* F Fernseh...: **~ *program*** 'Fernsehpro,gramm *n*; **~ con·fer·enc·ing** *s. Computer*: ,Videokonfe'renzschaltung *f*: **~ *over the Internet*** Videokonferenzschaltung via Internet; **'~·phone** F *für* ***videotelephone***; **'~·tape** **I** *s.* Videoband *n*; **II** *v/t.* auf Videoband aufnehmen, aufzeichnen; **'~,tel·e·phone** *s.* 'Bildtele,fon *n*.

vie [vaɪ] *v/i.* wetteifern: **~ *with s.o. in*** (*od.* ***for***) ***s.th.*** mit j-m in *od.* um et. wetteifern.

Vi·en·nese [,vɪə'niːz] **I** *s. sg. u. pl.* **1.** a) Wiener(in), b) Wiener(innen) *pl.*; **2.** *ling.* Wienerisch *n*; **II** *adj.* **3.** wienerisch, Wiener(...).

view [vjuː] **I** *v/t.* **1.** (sich) ansehen, betrachten, besichtigen, in Augenschein nehmen, prüfen: **~*ing figures TV*** Sehbeteiligung *f*, Einschaltquote *f*; **2.** *fig.* ansehen, auffassen, betrachten, beurteilen; **3.** über'blicken, -'schauen; **4.** *obs.* sehen; **II** *s.* **5.** (An-, Hin)Sehen *n*, Besichtigung *f*: ***at first*** **~** auf den ersten Blick; ***on nearer*** **~** bei näherer Betrachtung; **6.** Sicht *f* (*a. fig.*): ***in*** **~** a) in Sicht, sichtbar, b) *fig.* in (Aus)Sicht; ***in*** **~ *of*** *fig.* im Hinblick auf (*acc.*), in Anbetracht *od.* angesichts (*gen.*); ***in full*** **~ *of*** direkt vor *j-s* Augen; ***on*** **~** zu besichtigen(d), ausgestellt; ***on the long*** **~** *fig.* auf weite Sicht; ***out of*** **~** außer Sicht, nicht zu sehen; ***come in*** **~** in Sicht kommen, sichtbar werden; ***have in*** **~** *fig.* im Auge haben, beabsichtigen; ***keep in*** **~** *fig.* im Auge behalten; **7.** Aussicht *f*, (Aus)Blick *m* (***of, over*** auf *acc.*); Szene'rie *f*; **8.** *paint., phot.* Ansicht *f*, Bild *n*: **~*s of London***; ***sectional*** **~** ⚙ Ansicht im Schnitt; **9.** *fig.* 'Überblick *m* (***of*** über *acc.*); **10.** Absicht *f*: ***with a*** **~ *to*** a) (*ger.*) mit *od.* in der Absicht zu (*tun*), zu dem Zweck (*gen.*), b) im Hinblick auf (*acc.*); **11.** *fig.* Ansicht *f*, Auffassung *f*, Urteil *n* (***of, on*** über *acc.*): ***in my*** **~** in m-n Augen, m-s Erachtens; ***form a*** **~ *on*** sich ein Urteil bilden über (*acc.*); ***take the*** **~ *that*** die Ansicht *od.* den Standpunkt vertreten, dass; ***take a bright*** (***dim, grave***) **~ *of*** *et.* optimistisch (pessimistisch, ernst) beurteilen; **12.** Vorführung *f*: ***private*** **~ *of a film***; **view·a·ble** ['vjuːəbl] *adj.* **1.** sichtbar; **2.** *fig.* sehenswert; **view da·ta** *s. pl.* Bildschirmtext *m*; **view·er** ['vjuːə] *s.* **1.** Betrachter(in); **2.** Fernsehzuschauer (-in); **'view·er·ship** *s.* Fernsehpublikum *n*.

'view|,find·er *s. phot.* (Bild)Sucher *m*; **~ hal·loo** *s. hunt.* Hal'lo(ruf *m*) *n* (*beim Erscheinen des Fuchses*).

'view|·phone *s.* 'Bildtele,fon *n*; **'~·point** *s. fig.* Gesichts-, Standpunkt *m*.

view·y ['vjuːɪ] *adj.* F verstiegen, über'spannt, ,fimmelig'.

vig·il ['vɪdʒɪl] *s.* **1.** Wachsein *n*, Wachen *n* (*zur Nachtzeit*); **2.** Nachtwache *f*: ***keep*** **~** wachen (***over*** bei); **3.** *eccl.* a) *mst pl.* Vi'gilie(n *pl.*) *f*, Nachtwache *f* (*vor Kirchenfesten*), b) Vi'gil *f* (*Vortag e-s Kirchenfests*): ***on the*** **~ *of*** am Vorabend von (*od. gen.*); **'vig·i·lance** [-ləns] *s.* **1.** Wachsamkeit *f*: **~ *committee*** *od.* ***group*** *bsd. Am.* Bürgerwehr *f*, Selbstschutzgruppe *f*; **2.** ⚕ Schlaflosigkeit *f*; **'vig·i·lant** [-lənt] *adj.* □ wachsam, 'umsichtig, aufmerksam; **vig·i·lan·te** [,vɪdʒɪ'læntɪ] *s.* Mitglied *n* e-s ***vigilance committee***.

vi·gnette [vɪ'njet] **I** *s. typ., phot. etc.* Vig'nette *f*; **II** *v/t.* vignettieren.

vig·or *Am.* → ***vigour***.

vig·or·ous ['vɪgərəs] *adj.* □ **1.** *allg.* kräftig; **2.** kraftvoll, vi'tal; **3.** lebhaft, ak'tiv, tatkräftig; **4.** e'nergisch, nachdrücklich; wirksam; **vig·our** ['vɪgə] *s.* **1.** (Körper-, Geistes)Kraft *f*, Vitali'tät *f*; **2.** Ener'gie *f*; **3.** *biol.* Lebenskraft *f*; **4.** *fig.* Nachdruck *m*, Wirkung *f*.

Vi·king, *a.* **2** ['vaɪkɪŋ] *hist.* **I** *s.* Wiking (-er) *m*; **II** *adj.* Wikinger...

vile [vaɪl] *adj.* □ **1.** *obs.* wertlos; **2.** gemein, schändlich, abstoßend, schmutzig; **3.** F scheußlich, ab'scheulich, mise'rabel: ***a*** **~ *hat***; **~ *weather***; **'vile·ness** [-nɪs] *s.* **1.** Gemeinheit *f*, Schändlichkeit *f*; **2.** F Scheußlichkeit *f*.

vil·i·fi·ca·tion [,vɪlɪfɪ'keɪʃn] *s.* **1.** Schmähung *f*, Verleumdung *f*, -unglimpfung *f*; **2.** Her'absetzung *f*; **vil·i·fi·er** ['vɪlɪfaɪə] *s.* Verleumder(in); **vil·i·fy** ['vɪlɪfaɪ] *v/t.* **1.** schmähen, verleumden, verunglimpfen; **2.** her'absetzen.

vil·la ['vɪlə] *s.* **1.** Villa *f*, Landhaus *n*; **2.** *Brit.* a) Doppelhaushälfte *f*, b) 'Einfa,milienhaus *n*.

vil·lage ['vɪlɪdʒ] **I** *s.* Dorf *n*; **II** *adj.* dörflich, Dorf...; **'vil·lag·er** [-dʒə] *s.* Dorfbewohner(in), Dörfler(in).

vil·lain ['vɪlən] *s.* **1.** *a. thea. u. humor.* Schurke *m*, Bösewicht *m*; **2.** *humor.* Schlingel *m*; **3.** → ***villein***; **vil·lain·age** ['vɪlɪnɪdʒ] → ***villeinage***; **'vil·lain·ous** [-nəs] *adj.* □ **1.** schurkisch, Schurken..., schändlich; **2.** F → ***vile*** 2, 3; **'vil·lain·y** [-nɪ] *s.* **1.** Schurke'rei *f*; **2.** → ***vileness***.

vil·lein ['vɪlɪn] *s. hist.* **1.** Leibeigene(r) *m*; **2.** *später*: Zinsbauer *m*; **'vil·lein·age** [-nɪdʒ] *s.* **1.** Leibeigenschaft *f*; **2.** 'Hintersassengut *n*.

vil·li·form ['vɪlɪfɔːm] *adj. biol.* zottenförmig; **vil·lose** ['vɪləʊs], **vil·lous** ['vɪləs] *adj. biol.* zottig; **'vil·lus** [-ləs] *pl.* **-li** [-laɪ] *s.* **1.** *anat.* (Darm)Zotte *f*; **2.** ⚘ Zottenhaar *n*.

vim [vɪm] *s.* F Schwung *m*, ,Schmiss' *m*: ***full of*** **~** ,toll in Form'.

vin·ai·grette [,vɪneɪ'gret] *s.* **1.** Riechfläschchen *n*, -dose *f*; **2.** *a.* **~ *sauce*** *Küche*: Vinai'grette *f* (*Soße*).

vin·ci·ble ['vɪnsɪbl] *adj.* besiegbar, über'windbar.

vin·cu·lum ['vɪŋkjʊləm] *pl.* **-la** [-lə] *s.* **1.** ⅍ Strich *m* (*über mehreren Zahlen*), Über'streichung *f* (*an Stelle von Klammern*); **2.** *bsd. fig.* Band *n*.

vin de pays [,vændəpeɪ'iː] *s.* Landwein *m*.

vin·di·ca·ble ['vɪndɪkəbl] *adj.* haltbar, zu rechtfertigen(d); **vin·di·cate** ['vɪndɪkeɪt] *v/t.* **1.** in Schutz nehmen, verteidigen (***from*** vor *dat.*, gegen); **2.** rechtfertigen (***o.s.*** sich), bestätigen; **3.** ⚖ a) Anspruch erheben auf (*acc.*), beanspruchen, b) *Recht, Anspruch* geltend machen, c) *Recht etc.* behaupten; **vin·di·ca·tion** [,vɪndɪ'keɪʃn] *s.* **1.** Verteidigung *f*, Rechtfertigung *f*: ***in*** **~ *of*** zur Rechtfertigung von (*od. gen.*); **2.** ⚖ a) Behauptung *f*, b) Geltendmachung *f*; **'vin·di·ca·to·ry** [-keɪtərɪ] *adj.* □ **1.** rechtfertigend, Rechtfertigungs...; **2.** rächend, Straf...

vin·dic·tive [vɪn'dɪktɪv] *adj.* □ **1.** rachsüchtig; **2.** als Strafe: **~ *damages*** ⚖ tatsächlicher Schadensersatz zuzüglich e-r Buße; **vin'dic·tive·ness** [-nɪs] *s.* Rachsucht *f*.

vin du pays [,vændupeɪ'iː] *s.* Landwein *m*.

vine [vaɪn] ⚘ **I** *s.* **1.** (*Hopfen- etc.*)Rebe *f*, Kletterpflanze *f*; **2.** Wein(stock) *m*, (Wein)Rebe *f*; **II** *adj.* **3.** Wein..., Reb (-en)...; **'~-clad** *adj. poet.* weinlaubbekränzt; **'~,dress·er** *s.* Winzer *m*; **~ fret·ter** *s.* Reblaus *f*.

vin·e·gar ['vɪnɪgə] **I** *s.* **1.** (Wein)Essig *m*: ***aromatic*** **~** aromatischer Essig, Gewürzessig; **2.** *pharm.* Essig *m*; **3.** *fig.* Verdrießlichkeit *f*; **4.** *Am.* F → ***vim***; **II** *v/t.* **5.** Essig tun an (*acc.*); **'vin·e·gar·y** [-ərɪ] *adj.* **1.** (essig)sauer (*a. fig.*); **2.** a) griesgrämig, b) ätzend.

'vine|,grow·er *s.* Weinbauer *m*, Winzer *m*; **'~,grow·ing** *s.* Weinbau *m*; **~ leaf** *s.* [*irr.*] Wein-, Rebenblatt *n*: ***vine leaves*** Weinlaub *n*; **~ louse** *s.* [*irr.*] Reblaus *f*; **~ mil·dew** *s.* ⚘ Traubenfäule *f*.

vin·er·y ['vaɪnərɪ] *s.* **1.** Treibhaus *n* für Reben; **2.** → **vine·yard** ['vɪnjəd] *s.* Weinberg *m od.* -garten *m*.

vin·i·cul·tur·al [,vɪnɪ'kʌltʃərəl] *adj.* weinbaukundlich; **vin·i·cul·ture** ['vɪnɪkʌltʃə] *s.* Weinbau *m* (*Fach*).

vi·nos·i·ty [vaɪ'nɒsətɪ] *s.* **1.** Weinartigkeit *f*; **2.** Weinseligkeit *f*; **vi·nous** ['vaɪnəs] *adj.* **1.** weinartig, Wein...; **2.** weinhaltig; **3.** *fig.* weinselig; **4.** weingerötet: **~ *face***; **5.** weinrot.

vin·tage ['vɪntɪdʒ] *s.* **1.** Weinertrag *m*, -ernte *f*; **2.** Weinlese(zeit) *f*; **3.** (guter) Wein, (her'vorragender) Jahrgang: **~ *wine*** Spitzenwein *m*; **4.** F a) Jahrgang *m*, b) Herstellung *f*, *mot. etc. a.* Baujahr *n*: **~ *car*** *mot.* Oldtimer *m* (*zwischen 1917 u. 1930 hergestellt*); **'vin·tager** [-dʒə] *s.* Weinleser(in).

vint·ner ['vɪntnə] *s.* Weinhändler *m*.

vi·nyl ['vaɪnɪl] ⚗ **I** *s.* Vi'nyl *n*; **II** *adj.* Vinyl...: **~ *polymers*** Vinylpolymere *pl.*

vi·ol ['vaɪəl] *s.* ♪ *hist.* Vi'ole *f*: **bass ~** Viola *f* da Gamba, Gambe *f*.

vi·o·la[1] [vɪ'əʊlə] *s.* ♪ **1.** Vi'ola *f*, Bratsche *f*; **2.** → **viol**.

vi·o·la[2] ['vaɪələ] *s.* ⚘ Veilchen *n*, Stiefmütterchen *n*.

vi·o·la·ble ['vaɪələbl] *adj.* □ verletzbar (*bsd. Gesetz, Vertrag*); **vi·o·late** ['vaɪəleɪt] *v/t.* **1.** *Eid, Vertrag, Grenze etc.* verletzen, *Gesetz* über'treten, *bsd. Versprechen* brechen, *e-m Gebot, dem Gewissen* zu'widerhandeln; **2.** *Frieden, Stille, Schlaf* (grob) stören; **3.** *a. fig.* Gewalt antun (*dat.*); **4.** *Frau* schänden, vergewaltigen; **5.** *Heiligtum etc.* entweihen, schänden; **vi·o·la·tion** [ˌvaɪə'leɪʃn] *s.* **1.** Verletzung *f*, Über'tretung *f*, Bruch *m e-s Eides, Gesetzes*; Zu'widerhandlung *f*: **in ~ of** unter Verletzung von; **2.** (grobe) Störung; **3.** Vergewaltigung *f* (*a. fig.*), Schändung *f e-r Frau*; **4.** Entweihung *f*, Schändung *f*; '**vi·o·la·tor** [-leɪtə] *s.* **1.** Verletzer(in), Über'treter (-in); **2.** Schänder(in).

vi·o·lence ['vaɪələns] *s.* **1.** Gewalt(tätigkeit) *f*; **2.** ⚖ Gewalt(tat, -anwendung) *f*: **by ~** gewaltsam; **crimes of ~** Gewaltverbrechen *pl.*; **3.** Verletzung *f*, Unrecht *n*, Schändung *f*: **do ~ to** Gewalt antun (*dat.*), *Gefühle etc.* verletzen, *Heiliges* entweihen; **4.** *bsd. fig.* Heftigkeit *f*, Ungestüm *n*; '**vi·o·lent** [-nt] *adj.* □ **1.** heftig, gewaltig, stark: **~ blow**; **~ tempest**; **2.** gewaltsam, -tätig (*Person od. Handlung*), Gewalt...: **~ death** gewaltsamer Tod; **~ interpretation** *fig.* gewaltsame Auslegung; **~ measures** Gewaltmaßnahmen *pl.*; **lay ~ hands on** Gewalt antun (*dat.*); **3.** *fig.* heftig, ungestüm, hitzig; **4.** grell, laut (*Farben, Töne*).

vi·o·let ['vaɪəlɪt] **I** *s.* **1.** ⚘ Veilchen *n*: **shrinking ~** F scheues Wesen (*Person*); **2.** Veilchenblau *n*, Vio'lett *n*; **II** *adj.* **3.** veilchenblau, vio'lett.

vi·o·lin [ˌvaɪə'lɪn] *s.* ♪ Vio'line *f*, Geige *f*: **play the ~** Geige spielen, geigen; **first ~** erste(r) Geige(r); **~ case** Geigenkasten *m*; **~ clef** Violinschlüssel *m*; **vi·o·lin·ist** ['vaɪəlɪnɪst] *s.* Violi'nist(in), Geiger(in).

vi·ol·ist ['vaɪəlɪst] *s.* ♪ **1.** *hist.* Vi'olenspieler(in); **2.** [vɪ'əʊlɪst] Brat'schist(in).

vi·o·lon·cel·list [ˌvaɪələn'tʃelɪst] *s.* ♪ (Violon)Cel'list(in); **vi·o·lon'cel·lo** [-ləʊ] *pl.* **-los** *s.* (Violon)'Cello *n*.

VIP [ˌviːaɪ'piː] *s. sl.* ‚hohes' *od.* ‚großes Tier' (*aus* ***Very Important Person***).

vi·per ['vaɪpə] *s.* **1.** *zo.* Viper *f*, Otter *f*, Natter *f*; **2.** *zo. a.* **common ~** Kreuzotter *f*; **3.** *allg.* Giftschlange *f* (*a. fig.*): **cherish a ~ in one's bosom** *fig.* e-e Schlange an s-m Busen nähren; **generation of ~s** *bibl.* Natterngezücht *n*; '**vi·per·ine** [-əraɪn] *adj. zo.* a) vipernartig, b) Vipern...; '**vi·per·ish** [-ərɪʃ] *adj.*, '**vi·per·ous** [-ərəs] *adj.* □ **1.** → **viperine**; **2.** *fig.* giftig, tückisch.

vi·per's grass *s.* ⚘ Schwarzwurzel *f*.

vi·ra·go [vɪ'rɑːgəʊ] *pl.* **-gos** *s.* **1.** Mannweib *n*; **2.** Zankteufel *m*, ‚Drachen' *m*, Xan'thippe *f*.

vi·res ['vaɪəriːz] *pl. von* **vis**.

vir·gin ['vɜːdʒɪn] **I** *s.* **1.** a) Jungfrau *f* (*a. ast.*), b) ‚Jungfrau' *f* (*Mann*); **2.** a) *eccl.* **the** (**Blessed**) ♀ (**Mary**) die Heilige Jungfrau, b) *Kunst*: Ma'donna *f*; **II** *adj.* **3.** jungfräulich, unberührt (*beide a. fig. Schnee etc.*): **~ forest** Urwald *m*; ♀ **Mother** *eccl.* Mutter *f* Gottes; **the** ♀ **Queen** *hist.* die jungfräuliche Königin (*Elisabeth I von England*); **~ queen** *zo.* unbefruchtete (Bienen)Königin; **~ soil** a) jungfräulicher Boden, ungepflügtes Land, b) *fig.* Neuland *n*, c) *fig.* unberührter Geist; **4.** rein, keusch, jungfräulich: **~ modesty**; **5.** ⚙ a) rein, unvermischt (*Stoffe etc.*), b) jungfräulich, gediegen (*Metalle*): **~ gold** (**oil**) Jungferngold *n* (-öl *n*); **~ wool** Schurwolle *f*; **6.** *fig.* Jungfern...: **~ cruise** Jungfernfahrt *f*; '**vir·gin·al** [-nl] *adj.* □ **1.** jungfräulich, Jungfern...: **~ membrane** *anat.* Jungfernhäutchen *n*; **2.** → **virgin** 4; **3.** *zo.* unbefruchtet; '**vir·gin·hood** [-hʊd] *s.* Jungfräulichkeit *f*, Jungfernschaft *f*.

Vir·gin·i·a [və'dʒɪnjə] *s. a.* **~ tobacco** Virginia(tabak) *m*; **~ creep·er** *s.* ⚘ Wilder Wein, Jungfernrebe *f*.

Vir·gin·i·an [və'dʒɪnjən] **I** *adj.* Virginia...; **II** *s.* Vir'ginier(in).

vir·gin·i·ty [və'dʒɪnətɪ] *s.* **1.** Jungfräulichkeit *f*, Jungfernschaft *f*; **2.** Reinheit *f*, Keuschheit *f*, Unberührtheit *f* (*a. fig.*).

Vir·go ['vɜːgəʊ] *s. ast.* Jungfrau *f*.

vir·i·des·cent [ˌvɪrɪ'desnt] *adj.* grün (-lich); **vi·rid·i·ty** [vɪ'rɪdətɪ] *s.* **1.** *biol.* grünes Aussehen; **2.** *fig.* Frische *f*.

vir·ile ['vɪraɪl] *adj.* **1.** männlich, kräftig (*beide a. fig. Stil etc.*), Männer..., Mannes...: **~ voice**; **2.** *physiol.* po'tent: **~ member** männliches Glied; **vi·ril·i·ty** [vɪ'rɪlətɪ] *s.* **1.** Männlichkeit *f*; **2.** Mannesalter *n*, -jahre *pl.*; **3.** *physiol.* Po'tenz *f*, Zeugungskraft *f*; **4.** *fig.* Kraft *f*.

vi·rol·o·gy [ˌvaɪə'rɒlədʒɪ] *s.* ⚕ Virolo'gie *f*, Virusforschung *f*.

vir·tu [vɜː'tuː] *s.* **1.** Kunst-, Liebhaberwert *m*: **article of ~** Kunstgegenstand *m*; **2.** *coll.* Kunstgegenstände *pl.*; **3.** → **virtuosity** 2.

vir·tu·al ['vɜːtʃʊəl] *adj.* □ **1.** tatsächlich, praktisch, eigentlich; **2.** ⚙, *phys.*, *Computer*: virtu'ell: **~ memory** virtueller (Arbeits)Speicher; **~ reality** virtu'elle Reali'tät; '**vir·tu·al·ly** [-əlɪ] *adv.* eigentlich, praktisch, im Grunde (genommen).

vir·tue ['vɜːtjuː] *s.* **1.** Tugend(haftigkeit) *f*: **woman of ~** tugendhafte Frau; **lady of easy ~** leichtes Mädchen; **2.** Rechtschaffenheit *f*; **3.** Tugend *f*: **make a ~ of necessity** aus der Not e-e Tugend machen; **4.** Wirksamkeit *f*, Wirkung *f*, Erfolg *m*; **5.** (gute) Eigenschaft, Vorzug *m*; (hoher) Wert; **6. by** (*od.* **in**) **~ of** kraft *e-s Gesetzes, e-r Vollmacht etc.*, aufgrund von (*od. gen.*), vermöge (*gen.*).

vir·tu·os·i·ty [ˌvɜːtjʊ'ɒsətɪ] *s.* **1.** Virtuosi'tät *f*, blendende Technik, meisterhaftes Können; **2.** Kunstsinn *m*, -liebhabe'rei *f*; **vir·tu·o·so** [ˌvɜːtjʊ'əʊzəʊ] **I** *pl.* **-si** [-siː] *s.* **1.** Virtu'ose *m*; **2.** Kunstkenner *m*; **II** *adj.* **3.** virtu'os, meisterhaft.

vir·tu·ous ['vɜːtʃʊəs] *adj.* □ **1.** tugendhaft; **2.** rechtschaffen.

vir·u·lence ['vɪrʊləns], '**vir·u·len·cy** [-sɪ] *s.* ⚕ *u. fig.* Viru'lenz *f*, Giftigkeit *f*, Bösartigkeit *f*; '**vir·u·lent** [-nt] *adj.* □ **1.** giftig, bösartig (*Gift, Krankheit*) (*a. fig.*); **2.** ⚕ viru'lent (*a. fig.*), sehr ansteckend.

vi·rus ['vaɪərəs] *s.* **1.** ⚕ Virus *n*: a) Krankheitserreger *m*, b) Gift-, Impfstoff *m*; **2.** *fig.* Gift *n*, Ba'zillus *m*: **the ~ of hatred**; **3.** *Computer*: Virus *m*, *n*: **~ detection** Viruserkennung *f*; **~ scanner** Virensuchprogramm *n*.

vis [vɪs] *pl.* **vi·res** ['vaɪəriːz] (*Lat.*) *s. bsd. phys.* Kraft *f*: **~ inertiae** Trägheitskraft; **~ mortua** tote Kraft; **~ viva** kinetische Energie; **~ major** ⚖ höhere Gewalt.

vi·sa ['viːzə] **I** *s.* Visum *n*: a) Sichtvermerk *m* (*im Pass etc.*), b) Einreisebewilligung *f*; **II** *v/t.* ein Visum eintragen in (*acc.*).

vis·age ['vɪzɪdʒ] *s. poet.* Antlitz *n*.

vis-à-vis ['viːzɑːviː; vizavi] (*Fr.*) **I** *adv.* gegen'über (**to, with** von); **II** *s.* Gegen'über *n*: a) Visa'vis *n*, b) *fig.* ('Amts-) Kolˌlege *m*.

vis·cer·a ['vɪsərə] *s. pl. anat.* Eingeweide *pl.*: **abdominal ~** Bauchorgane *pl.*; '**vis·cer·al** [-rəl] *adj. anat.* Eingeweide...

vis·cid ['vɪsɪd] *adj.* **1.** klebrig (*a.* ⚘); **2.** *bsd. phys.* vis'kos, dick-, zähflüssig; **vis·cid·i·ty** [vɪ'sɪdətɪ] *s.* **1.** Klebrigkeit *f*; **2.** → **viscosity**.

vis·cose ['vɪskəʊs] *s.* ⚙ Vis'kose *f* (*Art Zellulose*): **~ silk** Viskose-, Zellstoffseide *f*; **vis·cos·i·ty** [vɪs'kɒsətɪ] *s. phys.* Viskosi'tät *f*, (Grad *m* der) Zähflüssigkeit *f*, Konsi'stenz *f*.

vis·count ['vaɪkaʊnt] *s.* Vi'comte *m* (*brit. Adelstitel zwischen* **baron** *u.* **earl**); '**vis·count·cy** [-sɪ] *s.* Rang *m od.* Würde *f* e-s Vi'comte; '**vis·count·ess** [-tɪs] *s.* Vicom'tesse *f*; '**vis·count·y** [-tɪ] → **viscountcy**.

vis·cous ['vɪskəs] → **viscid**.

vi·sé ['viːzeɪ] **I** *s.* → **visa** I; **II** *v/t. pret. u. p.p.* **-séd** → **visa** II.

vise [vaɪs] *Am.* → **vice**[2].

vis·i·bil·i·ty [ˌvɪzɪ'bɪlətɪ] *s.* **1.** Sichtbarkeit *f*; **2.** *meteor.* Sicht(weite) *f*: **high** (**low**) **~** gute (schlechte) Sicht; **~** (**conditions**) Sichtverhältnisse *pl.*; **vis·i·ble** ['vɪzəbl] *adj.* □ **1.** sichtbar; **2.** *fig.* (er-, offen-) sichtlich, merklich, deutlich, erkennbar; **3.** ⚙ sichtbar (gemacht), grafisch dargestellt; **4.** *pred.* a) zu sehen (*Sache*), b) zu sprechen (*Person*).

Vis·i·goth ['vɪzɪgɒθ] *s. hist.* Westgote *m*, -gotin *f*.

vi·sion ['vɪʒn] **I** *s.* **1.** Sehkraft *f*, -vermögen *n*: **field of ~** Blickfeld *n*; **2.** *fig.* a) visio'näre Kraft, (Seher-, Weit)Blick *m*, b) Fanta'sie *f*, Vorstellungsvermögen *n*, Einsicht *f*: **bold ~** kühne (Zukunfts)Ideen; **3.** Visi'on *f*: a) Traum-, Wunschbild *n*, b) *oft pl. psych.* Halluzinati'onen *pl.*, Gesichte *pl.*; **4.** a) Anblick *m*, Bild *n*, b) Traum *m*, et. Schönes; **II** *adj.* **5.** *TV* Bild...: **~ mixer**; **~ control** Bildregie *f*; **III** *v/t.* **6.** *fig.* (er-) schauen; '**vi·sion·ar·y** [-nərɪ] **I** *adj.* **1.** visio'när, (hell)seherisch; **2.** fan'tastisch, verstiegen, ‚traumtänzerisch': **a ~ scheme**; **3.** unwirklich, eingebildet; **4.** Visions...; **II** *s.* **5.** Visio'när *m*, Hellseher *m*; **6.** Fan'tast *m*, Träumer *m*, Schwärmer *m*, ‚Traumtänzer' *m*.

vis·it ['vɪzɪt] **I** *v/t.* **1.** besuchen: a) *j-n, Arzt, Kranke, Lokal etc.* aufsuchen, b) inspizieren, in Augenschein nehmen, c) *Stadt, Museum etc.* besichtigen; **2.** ⚖ durch'suchen; **3.** heimsuchen (**s.th. upon** *j-n* mit et.): a) befallen (*Krankheit, Unglück*), b) *bibl. u. fig.* (be-) strafen, *Sünden* vergelten (**upon** an *dat.*); **4.** *bibl.* belohnen, segnen; **II** *v/i.* **5.** e-n Besuch *od.* Besuche machen; **6.** *Am.* F plaudern; **III** *s.* **7.** Besuch *m*: **on a ~** auf Besuch (**to** bei *j-m*, in *e-r Stadt etc.*); **make** (*od.* **pay**) **a ~** e-n Besuch machen; **~ to the doctor** Konsultation *f* beim Arzt, Arztbesuch *m*; **8.** (for'meller) Besuch, *bsd.* Inspekti'on *f*; **9.** ⚖, ⚓ Durch'suchung *f*; **10.** *Am.* F Plausch *m*;

V

'vis·it·ant [-tənt] **I** *s.* **1.** *rhet.* Besucher (-in); **2.** *orn.* Strichvogel *m*; **II** *adj.* **3.** *rhet.* auf Besuch; **vis·it·a·tion** [ˌvɪzɪ'teɪʃn] *s.* **1.** Besuchen *n*; **2.** offizi'eller Besuch, Besichtigung *f*, Visitati'on *f*: ***right of ~*** ⚓ Durchsuchungsrecht *n* (*auf See*); ***~ (of the sick)*** *eccl.* Krankenbesuch; **3.** *fig.* Heimsuchung: a) (gottgesandte) Prüfung *f*, Strafe *f* (Gottes), b) himmlischer Beistand: ***2 of our Lady*** *R.C.* Heimsuchung Mariae; **4.** *zo.* massenhaftes Auftreten; **5.** F langer Besuch; **vis·it·a·to·ri·al** [ˌvɪzɪtə'tɔːrɪəl] *adj.* Visitations..., Überwachungs..., Aufsichts...: ***~ power*** Aufsichtsbefugnis *f*; **'vis·it·ing** [-tɪŋ] *adj.* Besuchs..., Besucher...: ***~ book*** Besuchsliste *f*; ***~ card*** Visitenkarte *f*; ***~ hours*** Besuchszeit *f*; ***~ nurse*** *Am.* Gemeindeschwester *f*; ***~ professor*** *univ.* Gastprofessor *m*; ***~ team*** *sport* Gastmannschaft *f*; ***be on ~ terms with s.o.*** j-n so gut kennen, dass man ihn besucht; **'vis·i·tor** [-tə] *s.* **1.** Besucher(in) (***to*** *gen.*), (*a.* Kur)Gast *m*; *pl.* Besuch *m*: ***summer ~s*** Sommergäste *pl.*; ***~s' book*** a) Fremdenbuch *n*, b) Gästebuch *n*; **2.** Visi'tator *m*, In'spektor *m*; **vis·i·to·ri·al** [ˌvɪzɪ'tɔːrɪəl] → ***visitatorial***.

vi·sor ['vaɪzə] *s.* **1.** *hist. u. fig.* Vi'sier *n*; **2.** (Mützen)Schirm *m*; **3.** *mot.* Sonnenblende *f*.

vis·ta ['vɪstə] *s.* **1.** (Aus-, 'Durch)Blick *m*, Aussicht *f*; **2.** Al'lee *f*; **3.** ⚠ Gale'rie *f*, Korridor *m*; **4.** (lange) Reihe, Kette *f*: ***a ~ of years***; **5.** *fig.* Ausblick *m*, -sicht *f* (***of*** auf *acc.*), Möglichkeit *f*, Perspek'tive *f*: ***his words opened up new ~s***.

vis·u·al ['vɪzjʊəl] **I** *adj.* □ **1.** Seh..., Gesichts...: ***~ acuity*** Sehschärfe *f*; ***~ angle*** Gesichtswinkel *m*; ***~ nerve*** Sehnerv *m*; ***~ test*** Augentest *m*; **2.** visu'ell (*Eindruck, Gedächtnis etc.*): ***~ aid(s)*** *ped.* Anschauungsmaterial *n*; ***~ arts*** bildende Künste; ***~ display unit*** *Computer:* Datensichtgerät *n*; ***~ instruction*** *ped.* Anschauungsunterricht *m*; **3.** sichtbar: ***~ objects***; **4.** optisch, Sicht...(*-anzeige, -bereich, -zeichen etc.*); **II** *s.* **5.** *typ.*, ✝ a) (Roh)Skizze *f* e-s Layouts, b) 'Bildeleˌment *n* e-r Anzeige; **vis·u·al·i·za·tion** [ˌvɪzjʊəlaɪ'zeɪʃn] *s.* Vergegenwärtigung *f*; **'vis·u·al·ize** [-laɪz] *v/t.* sich vergegenwärtigen *od.* vor Augen stellen, sich vorstellen, sich ein Bild machen von; **'vis·u·al·iz·er** [-laɪzə] *s.* ✝ grafischer I'deengestalter.

vi·ta ['viːtə] (*Lat.*) *pl.* **-tae** [-taɪ] *s. Am.* Lebenslauf *m*.

vi·tal ['vaɪtl] **I** *adj.* **1.** Lebens...(*-frage, -funktion, -funke etc.*): ***~ energy*** (*od.* ***power***) Lebenskraft *f*; ***~ statistics*** a) Bevölkerungsstatistik *f*, b) *humor.* Körpermaße *pl.*; ***Bureau of 2 Statistics*** *Am.* Personenstandsregister *n*; **2.** lebenswichtig (*Industrie, Organ etc.*): ***~ parts*** → 8; **3.** (hoch)wichtig, entscheidend (***to*** für): ***~ problems***; ***of ~ importance*** von entscheidender Bedeutung; **4.** wesentlich, grundlegend; **5.** *mst fig.* le'bendig: ***~ style***; **6.** vi'tal, lebensprühend; **7.** lebensgefährlich: ***~ wound***; **II** *s.* **8.** *pl.* a) *anat.* ‚edle Teile' *pl.*, lebenswichtige Or'gane *pl.*, b) *fig. das* Wesentliche, wichtige Bestandteile *pl.*; **vi·tal·i·ty** [vaɪ'tælətɪ] *s.* **1.** Vitali'tät *f*, Lebenskraft *f*; **2.** Lebensfähigkeit *f*, -dauer *f* (*a. fig.*); **vi·tal·i·za·tion** [ˌvaɪtəlaɪ'zeɪʃn] *s.* Belebung *f*, Aktivierung *f*; **'vi·tal·ize** [-təlaɪz] *v/t.* **1.** beleben, kräftigen; **2.** mit Lebenskraft erfüllen; **3.** *fig.* a) verle'bendigen, b) le'bendig gestalten.

vi·ta·min(e) ['vɪtəmɪn] *s.* Vita'min *n*.

vi·ti·ate ['vɪʃɪeɪt] *v/t.* **1.** *allg.* verderben; **2.** beeinträchtigen; **3.** a) *Luft etc.* verunreinigen, b) *fig. Atmosphäre* vergiften; **4.** *Argument etc.* wider'legen; **5.** *bsd.* ⚖ ungültig machen, aufheben; **vi·ti·a·tion** [ˌvɪʃɪ'eɪʃn] *s.* **1.** Verderben *n*, Verderbnis *f*; **2.** Beeinträchtigung *f*; **3.** Verunreinigung *f*; **4.** Wider'legung *f*; **5.** ⚖ Aufhebung *f*.

vit·i·cul·ture ['vɪtɪkʌltʃə] *s.* Weinbau *m*.

vit·re·ous ['vɪtrɪəs] *adj.* **1.** Glas..., aus Glas, gläsern; **2.** glasartig, glasig: ***~ body*** *anat.* Glaskörper *m des Auges*; ***~ electricity*** positive Elektrizität; **3.** *geol.* glasig; **vi·tres·cent** [vɪ'tresnt] *adj.* **1.** verglasend; **2.** verglasbar.

vit·ri·fac·tion [ˌvɪtrɪ'fækʃn], **vit·ri·fi·ca·tion** [ˌvɪtrɪfɪ'keɪʃn] *s.* ⚙ Ver-, Über'glasung *f*, Sinterung *f*; **vit·ri·fy** ['vɪtrɪfaɪ] ⚙ **I** *v/t.* ver-, über'glasen, glasieren, sintern; *Keramik:* dicht brennen; **II** *v/i.* (sich) verglasen.

vit·ri·ol ['vɪtrɪəl] *s.* **1.** ⚗ Vitri'ol *n*: ***blue ~***, ***copper ~*** Kupfervitriol, -sulfat *n*; ***green ~*** Eisenvitriol, Ferrosulfat *n*; ***white ~*** Zinksulfat *n*; **2.** ⚗ a) Vitri'olsäure *f*, b) ***oil of ~*** Vitriolöl *n*, rauchende Schwefelsäure; **3.** *fig.* a) Gift *n*, Säure *f*, b) Giftigkeit *f*, Schärfe *f*; **vit·ri·ol·ic** [ˌvɪtrɪ'ɒlɪk] *adj.* **1.** vitri'olisch, Vitriol...: ***~ acid*** → ***vitriol*** 2b; **2.** *fig.* ätzend, beißend: ***~ remark***; **'vit·ri·ol·ize** [-laɪz] *v/t.* **1.** ⚗ vitriolisieren; **2.** *j-n* mit Vitriol bespritzen *od.* verletzen.

vi·tu·per·ate [vɪ'tjuːpəreɪt] *v/t.* **1.** beschimpfen, schmähen; **2.** scharf tadeln; **vi·tu·per·a·tion** [vɪˌtjuːpə'reɪʃn] *s.* **1.** Schmähung *f*, (wüste) Beschimpfung; *pl.* Schimpfworte *pl.*; **2.** scharfer Tadel *m*; **vi'tu·per·a·tive** [-pərətɪv] *adj.* □ **1.** schmähend, Schmäh...; **2.** tadelnd.

vi·va¹ ['viːvə] (*Ital.*) **I** *int.* Hoch!; **II** *s.* Hoch(ruf *m*) *n*.

vi·va² ['vaɪvə] → ***viva voce***.

vi·va·cious [vɪ'veɪʃəs] *adj.* □ lebhaft, munter; **vi·vac·i·ty** [vɪ'væsətɪ] *s.* Lebhaftigkeit *f*, Munterkeit *f*.

vi·var·i·um [vaɪ'veərɪəm] *pl.* **-i·a** [-ɪə] *s.* Vi'varium *n* (*Aquarium, Terrarium etc.*).

vi·va vo·ce [ˌvaɪvə'vəʊsɪ] **I** *adj. u. adv.* mündlich; **II** *s.* mündliche Prüfung; **vi·va-vo·ce** [ˌvaɪvə'vəʊsɪ] *v/t.* mündlich prüfen.

viv·id ['vɪvɪd] *adj.* □ **1.** *allg.* lebhaft: a) impul'siv (*Mensch*), b) inten'siv (*Gefühle, Fantasie*), c) leuchtend (*Farbe etc.*), d) deutlich, klar (*Schilderung etc.*); **2.** le'bendig (*Porträt etc.*); **'viv·id·ness** [-nɪs] *s.* **1.** Lebhaftigkeit *f*; **2.** Le'bendigkeit *f*.

viv·i·fy ['vɪvɪfaɪ] *v/t.* **1.** 'wieder beleben; **2.** *fig.* Leben geben (*dat.*), beleben, anregen; **3.** *fig.* intensivieren; **4.** *biol.* in lebendes Gewebe verwandeln; **vi·vip·a·rous** [vɪ'vɪpərəs] *adj.* □ **1.** *zo.* lebend gebärend; **2.** ✿ noch an der Mutterpflanze keimend (*Samen*); **viv·i·sect** [ˌvɪvɪ'sekt] *v/t. u. v/i.* vivisezieren, lebend sezieren; **viv·i·sec·tion** [ˌvɪvɪ'sekʃn] *s.* Vivisekti'on *f*.

vix·en ['vɪksn] *s.* **1.** *zo.* Füchsin *f*; **2.** *fig.* ‚Drachen' *m*, Xan'thippe *f*; **'vix·en·ish** [-nɪʃ] *adj.* zänkisch.

vi·zier [vɪ'zɪə] *s.* We'sir *m*.

vi·zor → ***visor***.

V-J Day *s.* Tag *m* des Sieges der Alli'ierten über Japan (*im 2. Weltkrieg; 2. 9. 1945*).

vo·ca·ble ['vəʊkəbl] *s.* Vo'kabel *f*.

vo·cab·u·lar·y [vəʊ'kæbjʊlərɪ] *s.* Vokabu'lar *n*: a) Wörterverzeichnis *n*, b) Wortschatz *m*.

vo·cal ['vəʊkl] **I** *adj.* □ → ***vocally***; **1.** stimmlich, mündlich, Stimm..., Sprech...: ***~ c(h)ords*** Stimmbänder *pl.*; **2.** ♪ Vokal..., Gesang(s)..., gesanglich: ***~ music*** Vokalmusik *f*; ***~ part*** Singstimme *f*; ***~ recital*** Liederabend *m*; **3.** klingend, 'widerhallend (***with*** von); **4.** stimmbegabt, der Sprache mächtig; **5.** laut, vernehmbar, *a.* gesprächig: ***become ~*** *fig.* laut werden, sich vernehmen lassen; **6.** *ling.* a) vo'kalisch, b) stimmhaft; **II** *s.* **7.** (gesungener) Schlager; **vo·cal·ic** [vəʊ'kælɪk] *adj.* vo'kalisch; **'vo·cal·ism** [-kəlɪzəm] *s.* **1.** Vokalisati'on *f* (*Vokalbildung u. -aussprache*); **2.** Vo'kalsyˌstem *n e-r Sprache*; **'vo·cal·ist** [-kəlɪst] *s.* ♪ Sänger(in); **vo·cal·i·za·tion** [ˌvəʊkəlaɪ'zeɪʃn] *s.* **1.** *bsd.* ♪ Stimmgebung *f*; **2.** *ling.* a) Vokalisati'on *f*, b) stimmhafte Aussprache; **'vo·cal·ize** [-kəlaɪz] **I** *v/t.* **1.** *Laut* aussprechen, *a.* singen; **2.** *ling.* a) *Konsonanten* vokalisieren, b) stimmhaft aussprechen; **3.** → ***vowelize*** 1; **II** *v/i.* **4.** (*beim Singen*) vokalisieren.

vo·ca·tion [vəʊ'keɪʃn] *s.* **1.** (*eccl.* göttliche, *allg.* innere) Berufung (***for*** zu); **2.** Begabung *f*, Eignung *f* (***for*** für); **3.** Beruf *m*, Beschäftigung *f*; **vo'ca·tion·al** [-ʃənl] *adj.* □ beruflich, Berufs... (*-ausbildung, -krankheit, -schule etc.*): ***~ guidance*** Berufsberatung *f*; ***~ retraining*** berufliche 'Umschulung; ***~ training*** Be'rufsˌausbildung *f*, berufliche Bildung.

voc·a·tive ['vɒkətɪv] **I** *adj. ling.* vokativisch, Anrede...: ***~ case*** → **II** *s.* Vokativ *m*.

vo·cif·er·ate [vəʊ'sɪfəreɪt] *v/i.* schreien, brüllen; **vo·cif·er·a·tion** [vəʊˌsɪfə'reɪʃn] *s. a. pl.* Schreien *n*, Brüllen *n*, Geschrei *n*; **vo'cif·er·ous** [-fərəs] *adj.* □ **1.** laut schreiend, brüllend; **2.** lärmend, laut; **3.** lautstark: ***~ protest***.

vod·ka ['vɒdkə] *s.* Wodka *m*.

vogue [vəʊg] *s.* **1.** *allg.* (herrschende) Mode: ***all the ~*** (die) große Mode, der letzte Schrei; ***be in ~*** (in) Mode sein; ***come into ~*** in Mode kommen; **2.** Beliebtheit *f*: ***be in full ~*** großen Anklang finden, sehr beliebt sein; ***have a short-lived ~*** sich e-r kurzen Beliebtheit erfreuen; ***~ word*** *s.* Modewort *n*.

voice [vɔɪs] **I** *s.* **1.** Stimme *f* (*a. fig. des Gewissens etc.*): ***the still, small ~ (within)*** *fig.* die leise Stimme des Gewissens; ***in (good) ~*** ♪ (gut) bei Stimme; ***in a low ~*** mit leiser Stimme; ***~ box*** Kehlkopf *m*; ***~ off*** *TV etc:* Offstimme *f*; ***~ on*** *TV etc:* Onstimme *f*; ***~ recognition*** *Computer:* Spracherkennung *f*; ***~ radio*** ⚡ Sprechfunk *m*; ***~ range*** ♪ Stimmumfang *m*; **2.** *fig.* Ausdruck *m*, Äußerung *f*: ***find ~ in*** Ausdruck finden in (*dat.*); ***give ~ to*** → 7; **3.** *fig. allg.* Stimme *f*: a) Entscheidung *f*: ***give one's ~ for*** stimmen für; ***with one ~*** einstimmig, b) Stimmrecht *n*: ***have a (no) ~ in*** et. (nichts) zu sagen haben bei *od.* in (*dat.*), c) Sprecher(in), Sprachrohr *n*; **4.** ♪ a) *a.* ***~ quality*** Stimmton *m*, b) (Orgel)Stimme *f*; **5.** *ling.* a) stimmhafter Laut, b) Stimmton *m*; **6.** *ling.* Genus *n* des Verbs: ***active ~*** Aktiv *n*; ***passive ~*** Passiv *n*; **II** *v/t.* **7.** Ausdruck geben *od.* verleihen (*dat.*), *Meinung etc.* äußern, in Worte fassen; **8.** ♪ *Orgelpfeife etc.* regulieren; **9.** *ling.* (stimmhaft) (aus)sprechen; **voiced** [-st] *adj.* **1.** *in Zssgn* mit *leiser etc.* Stimme: ***low-~***; **2.** *ling.* stimmhaft; **'voice·less** [-lɪs] *adj.* **1.** ohne Stimme, stumm; **2.** sprachlos; **3.** *parl.* nicht stimmfähig; **4.** *ling.* stimmlos; **voice mail** *s. teleph.* Voice-Mail *f*; **'voice-ˌo·ver** *s. Film, TV*: 'Offkommenˌtar *n.*

void [vɔɪd] **I** *adj.* ☐ **1.** leer; **2.** ***~ of*** ohne, bar (*gen.*), arm an (*dat.*), frei von; **3.** unbewohnt; **4.** unbesetzt, frei (*Amt*); **5.** ⚖ nichtig, ungültig, -wirksam; → ***null*** 1; **II** *s.* **6.** (*fig.* Gefühl *n* der) Leere *f*, leerer Raum; **7.** *fig.* Lücke *f*: ***fill the ~*** die Lücke schließen; **8.** ⚖ unbewohntes Gebäude; **III** *v/t.* **9.** räumen (**of** von); **10.** ⚖ a) aufheben, b) anfechten; **11.** *physiol. Urin etc.* ausscheiden; **'void·a·ble** [-dəbl] *adj.* ⚖ aufheb- *od.* anfechtbar; **'void·ance** [-dəns] *s.* Räumung *f*; **'void·ness** [-nɪs] *s.* **1.** Leere *f*; **2.** ⚖ Nichtigkeit *f*, Ungültigkeit *f*.

voile [vɔɪl] *s.* Voile *m*, Schleierstoff *m*.

vo·lant ['vəʊlənt] *adj.* **1.** *zo.* fliegend (*a. her.*); **2.** *poet.* flüchtig.

vol·a·tile ['vɒlətaɪl] *adj.* **1.** *phys.* verdampfbar, (leicht) flüchtig, vola'til, ä'therisch (*Öl etc.*); **2.** *fig.* flüchtig, vergänglich; **3.** *fig.* a) le'bendig, lebhaft, b) launisch, unbeständig, flatterhaft; **vol·a·til·i·ty** [ˌvɒlə'tɪlətɪ] *s.* **1.** *phys.* Verdampfbarkeit *f*, Flüchtigkeit *f* (*a. fig.*); **2.** *fig.* a) Lebhaftigkeit *f*, b) Unbeständig-, Flatterhaftigkeit *f*; **vol·a·til·i·za·tion** [vɒˌlætɪlaɪ'zeɪʃn] *s. phys.* Verflüchtigung *f*, Verdampfung *f*; **vol·a·til·ize** [vɒ'lætɪlaɪz] *v/t.* (*v/i.* sich) verflüchtigen, verdunsten, verdampfen.

vol-au-vent ['vɒləʊvɑ̃ːŋ; vɔlovɑ̃] (*Fr.*) *s.* Vol-au-'Vent *m* (*gefüllte Blätterteigpastete*).

vol·can·ic [vɒl'kænɪk] *adj.* (☐ ***~ally***) **1.** *geol.* vul'kanisch, Vulkan...; **2.** *fig.* ungestüm, explo'siv; **vol·ca·no** [vɒl'keɪnəʊ] *pl.* **-no(e)s** *s.* **1.** *geol.* Vul'kan *m*; **2.** *fig.* Vul'kan *m*, Pulverfass *n*: ***sit on the top of a ~*** (wie) auf e-m Pulverfass sitzen; **vol·can·ol·o·gy** [ˌvɒlkə'nɒlədʒɪ] *s.* Vulkanolo'gie *f*.

vole[1] [vəʊl] *s. zo.* Wühlmaus *f*.

vole[2] [vəʊl] *s. Kartenspiel*: Gewinn *m* aller Stiche.

vo·li·tion [vəʊ'lɪʃn] *s.* **1.** Willensäußerung *f*, -akt *m*, (Willens)Entschluss *m*: ***on one's own ~*** aus eigenem Entschluss; **2.** Wille *m*, Wollen *n*, Willenskraft *f*; **vo'li·tion·al** [-ʃənl] *adj.* ☐ Willens..., willensmäßig; **vol·i·tive** ['vɒlɪtɪv] *adj.* **1.** Willens...; **2.** *ling.* voli'tiv.

vol·ley ['vɒlɪ] **I** *s.* **1.** (Gewehr-, Geschütz)Salve *f*; (Pfeil-, Stein- *etc.*)Hagel *m*; *Artillerie, Flak*: Gruppe *f*: ***~ bombing*** ✈ Reihenwurf *m*; **2.** *fig.* Schwall *m*, Strom *m*, Flut *f*: ***a ~ of oaths***; **3.** *sport*: a) *Tennis*: Volley *m* (*Schlag*), (*Ball a.*) Flugball *m*, b) *Fußball*: Volleyschuss *m*: ***take a ball at*** *od.* ***on the ~*** → 6; **4.** *Badminton*: Ballwechsel *m*; **II** *v/t.* **5.** in e-r Salve abschießen; **6.** *sport*: *den Ball* volley nehmen, (*Fußball a.*) (di'rekt) aus der Luft nehmen; **7.** *mst* ***~ out*** *od.* ***forth*** e-n Schwall von *Worten etc.* von sich geben; **III** *v/i.* **8.** e-e Salve *od.* Salven abgeben; **9.** hageln (*Geschosse*), krachen (*Geschütze*); **10.** *sport*: a) *Tennis*: volieren, b) *Fußball*: volley schießen; **'~·ball** *s. sport* **1.** Volleyball(spiel *n*) *m*; **2.** Volleyball *m*.

vol·plane ['vɒlpleɪn] ✈ **I** *s.* Gleitflug *m*; **II** *v/i.* im Gleitflug niedergehen.

volt[1] [vɒlt] *s. fenc. u. Reitsport*: Volte *f*.

volt[2] [vəʊlt] *s.* ⚡ Volt *n*; **'volt·age** [-tɪdʒ] *s.* ⚡ (Volt)Spannung *f*; **vol·ta·ic** [vɒl'teɪɪk] *adj.* ⚡ vol'taisch, gal'vanisch (*Batterie, Element, Strom etc.*): ***~ couple*** Elektrodenmetalle *pl.*

volte-face [ˌvɒlt'fɑːs; vɔltfas] (*Fr.*) *s. fig.* (to'tale) (Kehrt)Wendung.

volt·me·ter ['vəʊltˌmiːtə] *s.* ⚡ Voltmeter *m*, Spannungsmesser *m*.

vol·u·bil·i·ty [ˌvɒljʊ'bɪlətɪ] *s. fig.* a) glatter Fluss (*der Rede*), b) Zungenfertigkeit *f*, Redegewandtheit *f*, c) Redseligkeit *f*, d) Wortreichtum *m*; **vol·u·ble** ['vɒljʊbl] *adj.* ☐ **1.** a) geläufig (*Zunge*), fließend (*Rede*), b) zungenfertig, (rede-)gewandt, c) redselig, d) wortreich; **2.** ♆ windend.

vol·ume ['vɒljuːm] *s.* **1.** Band *m e-s Buches*; Buch *n* (*a. fig.*): ***a three-~ novel*** ein dreibändiger Roman; ***speak ~s*** (***for***) *fig.* Bände sprechen (für); **2.** ⚗, ⚗, *phys. etc.* Vo'lumen *n*, (Raum)Inhalt *m*; **3.** *fig.* 'Umfang *m*, Vo'lumen *n*: ***~ of imports***; ***~ of traffic*** Verkehrsaufkommen *n*; **4.** *fig.* Masse *f*, Schwall *m*; **5.** ♪ Klangfülle *f*, 'Stimmvoˌlumen *n*, -ˌumfang *m*; **6.** ⚡ Lautstärke *f*: ***~ control*** Lautstärkeregler *m*; **'vol·umed** [-md] *adj. in Zssgn* ...bändig: ***a three-~ book***; **vol·u·met·ric** [ˌvɒljʊ'metrɪk] *adj.* (☐ ***~ally***) ⚗, ⚗ volu'metrisch: ***~ analysis*** ⚗ volumetrische Analyse, Maßanalyse *f*; ***~ density*** Raumdichte *f*; **vol·u·met·ri·cal** [ˌvɒljʊ'metrɪkl] *adj.* ☐ → ***volumetric***; **vo·lu·mi·nous** [və'ljuːmɪnəs] *adj.* ☐ **1.** vielbändig (*literarisches Werk*); **2.** produk'tiv: ***a ~ author***; **3.** massig, 'umfangreich, volumi'nös: ***~ correspondence***; **4.** bauschig; **5.** ♪ voll: ***~ voice***.

vol·un·tar·i·ness ['vɒləntərɪnɪs] *s.* **1.** Freiwilligkeit *f*; **2.** (Willens)Freiheit *f*; **vol·un·tar·y** ['vɒləntərɪ] **I** *adj.* ☐ **1.** freiwillig, spon'tan: ***~ contribution***; ***~ death*** Freitod *m*; **2.** frei, unabhängig; **3.** ⚖ a) vorsätzlich, schuldhaft, b) freiwillig, unentgeltlich, c) außergerichtlich, gütlich: ***~ settlement; ~ jurisdiction*** freiwillige Gerichtsbarkeit; **4.** durch freiwillige Spenden unter'halten (*Schule etc.*); **5.** *physiol.* willkürlich: ***~ muscles***; **6.** *psych.* volunta'ristisch; **II** *s.* **7.** a) freiwillige *od.* wahlweise Arbeit, b) *a.* ***~ exercise*** *sport* Kür(übung) *f*; **8.** ♪ Orgelsolo *n*.

vol·un·teer [ˌvɒlən'tɪə] **I** *s.* **1.** Freiwillige(r *m*) *f* (*a.* ⚔); **2.** ⚖ unentgeltlicher Rechtsnachfolger; **II** *adj.* **3.** freiwillig, Freiwilligen...; **4.** ♆ wild wachsend; **III** *v/i.* **5.** sich freiwillig melden *od.* erbieten (***for*** für, zu), als Freiwilliger eintreten *od.* dienen; **IV** *v/t.* **6.** *Dienste etc.* freiwillig anbieten *od.* leisten; **7.** sich *e-e Bemerkung* erlauben; **8.** (freiwillig) zum Besten geben: ***he ~ed a song***.

vo·lup·tu·ar·y [və'lʌptjʊərɪ] *s.* Lüstling *m*, sinnlicher Mensch; **vo'lup·tu·ous** [-tʃʊəs] *adj.* ☐ **1.** wollüstig, sinnlich; geil, lüstern; **2.** üppig, sinnlich: ***~ body***; **vo'lup·tu·ous·ness** [-tʃʊəsnɪs] *s.* **1.** Wollust *f*, Sinnlichkeit *f*, Geilheit *f*, Lüsternheit *f*; **2.** Üppigkeit *f*.

vo·lute [və'ljuːt] *s.* **1.** Schnörkel *m*, Spi'rale *f*; **2.** ⚠ Vo'lute *f*, Schnecke *f*; **3.** *zo.* Windung *f* (*Schneckengehäuse*); **vo'lut·ed** [-tɪd] *adj.* **1.** gewunden, spi'ral-, schneckenförmig; **2.** ⚠ mit Vo'luten (versehen); **vo'lu·tion** [-juːʃn] *s.* **1.** Drehung *f*; **2.** *anat., zo.* Windung *f*.

vom·it ['vɒmɪt] **I** *v/t.* **1.** (er)brechen; **2.** *fig. Feuer etc.* (aus)speien; *Rauch, a. Flüche etc.* ausstoßen; **II** *v/i.* **3.** (sich er)brechen, sich über'geben; **4.** Rauch ausstoßen; Lava auswerfen, Feuer speien (*Vulkan*); **III** *s.* **5.** Erbrechen *n*; **6.** *das* Erbrochene; **7.** ⚕ Brechmittel *n*; **8.** *fig.* Unflat *m*; **'vom·i·tive** [-tɪv], **'vom·i·to·ry** [-tərɪ] **I** *s.* ⚕ Brechmittel *n*; **II** *adj.* Erbrechen verursachend, Brech...

voo·doo ['vuːduː] **I** *s.* **1.** Wodu *m*, Voodoo *m*, Zauberkult *m*; **2.** Zauber *m*, Hexe'rei *f*; **3.** *a.* ***~ doctor***, ***~ priest*** (Wodu)Zauberer *m*, Medi'zinmann *m*; **4.** Fetisch *m*, Götze *m*; **II** *v/t.* **5.** behexen; **'voo·doo·ism** *s.* Wodukult *m*.

vo·ra·cious [və'reɪʃəs] *adj.* ☐ gefräßig, gierig, unersättlich (*a. fig.*); **vo'ra·cious·ness** [-nɪs], **vo·rac·i·ty** [vɒ'ræsətɪ] *s.* Gefräßigkeit *f*, Unersättlichkeit *f*, Gier *f* (***of*** nach).

vor·tex ['vɔːteks] *pl.* **-ti·ces** [-tɪsiːz] *s.* Wirbel *m*, Strudel *m* (*a. phys. fig.*); **'vor·ti·cal** [-tɪkl] *adj.* ☐ **1.** wirbelnd, kreisend, Wirbel...; **2.** wirbel-, strudelartig.

vo·ta·ress ['vəʊtərɪs] *s.* Geweihte *f* (*etc.*, → ***votary***); **vo·ta·ry** ['vəʊtərɪ] *s.* **1.** *eccl.* Geweihte(r *m*) *f*; **2.** *fig.* Verfechter(in), (Vor)Kämpfer(in); **3.** *fig.* Anhänger (-in), Verehrer(in), Jünger(in), Enthusi'ast(in).

vote [vəʊt] **I** *s.* **1.** (Wahl)Stimme *f*, Votum *n*: ***~ of censure***, ***~ of no confidence*** *parl.* Misstrauensvotum; ***~ of confidence*** *parl.* Vertrauensvotum; ***give one's ~ to*** (*od.* ***for***) s-e Stimme geben (*dat.*), stimmen für; **2.** Abstimmung *f*, Wahl *f*: ***put s.th. to the ~***, ***take a ~ on s.th.*** über e-e Sache abstimmen lassen; ***take the ~*** abstimmen; **3.** Stimmzettel *m*, Stimme *f*: ***cast one's ~*** s-e Stimme abgeben; **4.** ***the ~*** das Stimm-, Wahlrecht; **5.** a) Stimme *f*, Stimmzettel *m*, b) ***the ~*** *coll.* die Stimmen *pl.*: ***the Labour ~***, c) Wahlergebnis *n*; **6.** Beschluss *m*: ***a unanimous ~***; **7.** (Geld)Bewilligung *f*; **II** *v/i.* **8.** (ab-)stimmen, wählen, s-e Stimme abgeben: ***~ against*** stimmen gegen; ***~ for*** stimmen für (*a.* F *für et. sein*); **III** *v/t.* **9.** abstimmen über (*acc.*), wählen, stimmen für: ***~ down*** niederstimmen; ***~ s.o. in*** j-n wählen; ***~ s.o. out*** (***of office***) j-n abwählen; ***~ s.th. through*** et. durchbringen; ***~ that*** dafür sein, dass, vorschlagen, dass; **10.** (durch Abstimmung) wählen *od.* beschließen *od. Geld* bewilligen; **11.** allgemein erklären für *od.* halten für; **'vote-ˌcatch·er** *s.*, **'vote-ˌget·ter** *s.* ˌ'Wahllokomoˌtive' *f*, Stimmenfänger *m*; **'vote·less** [-lɪs] *adj.* ohne Stimmrecht *od.* Stimme; **'vot·er** [-tə] *s.* Wähler(in), Wahl-, Stimmberechtigte(r *m*) *f*; **'vote-ˌrig·ging** *s.* Wahlschwindel *m*, -manipulation *f*.

vot·ing ['vəʊtɪŋ] **I** *s.* (Ab)Stimmen *n*, Abstimmung *f*; **II** *adj.* Stimm..., Wahl...; ***~ age*** *s.* Wahlalter *n*; ***~ machine*** *s.* 'Wahlmaˌschine *f*; ***~ pa·per*** *s.* Stimmzettel *m*; ***~ share*** *s.* ✝ Stimmrechtaktie *f*; ***~ stock*** *s.* ✝ **1.** stimmberechtigtes 'Aktienkapiˌtal; **2.** *bsd. Am.* 'Stimmrechtsˌaktie *f*; ***~ pow·er*** *s.* ✝ Stimmrecht *n*.

vo·tive ['vəʊtɪv] *adj.* Weih..., Votiv..., Denk...: ***~ medal*** (Ge)Denkmünze *f*; ***~ tablet*** Votivtafel *f*.

vouch [vaʊtʃ] **I** *v/i.* **1.** ***~ for*** (sich ver-)

bürgen für; **2.** *~ **that*** dafür bürgen, dass; **II** *v/t.* **3.** bezeugen; bestätigen, (urkundlich) belegen; **4.** (sich ver)bürgen für; '**vouch·er** [-tʃə] *s.* **1.** Zeuge *m*, Bürge *m*; **2.** 'Unterlage *f*, Doku'ment *n*: ***support by ~*** dokumentarisch belegen; **3.** (Rechnungs)Beleg *m*, Quittung *f*: ***~ check*** ✝ *Am.* Verrechnungsscheck; ***~ copy*** Belegdoppel *n*; **4.** Gutschein *m*; **5.** Eintrittskarte *f*; **vouch'safe** [-'seɪf] *v/t.* **1.** (gnädig) gewähren; **2.** geruhen zu *tun*; **3.** sich her'ablassen zu: ***he ~d me no answer*** er würdigte mich keiner Antwort.

vow [vaʊ] **I** *s.* **1.** Gelübde *n* (*a. eccl.*); *oft pl.* (feierliches) Versprechen, (Treue-) Schwur *m*: ***be under a ~*** ein Gelübde abgelegt haben, versprochen haben (***to do*** zu tun); ***take*** (*od.* ***make***) ***a ~*** ein Gelübde ablegen; ***take ~s*** *eccl.* Profess ablegen, in ein Kloster eintreten; **II** *v/t.* **2.** geloben; **3.** (sich) schwören, (sich) geloben, hoch u. heilig versprechen (***to do*** zu tun); **4.** feierlich erklären.

vow·el ['vaʊəl] **I** *s. ling.* **1.** Vo'kal *m*, Selbstlaut *m*; **II** *adj.* **2.** vo'kalisch; **3.** Vokal..., Selbstlaut...: ***~ gradation*** Ablaut *m*; ***~ mutation*** Umlaut *m*; **vow·el·ize** ['vaʊəlaɪz] *v/t.* **1.** *hebräischen od. kurzschriftlichen Text* mit Vo'kalzeichen versehen; **2.** *Laut* vokalisieren.

voy·age ['vɔɪɪdʒ] **I** *s. längere* (See-, Flug-) Reise: ***~ home*** Rück-, Heimreise; ***~ out*** Hinreise *f*; **II** *v/i.* (*bsd.* zur See) reisen; **III** *v/t.* reisen durch, bereisen; **voy·ag·er** ['vɔɪədʒə] *s.* (See)Reisende(r *m*) *f*.

vo·yeur·ism [vwɑː'jɜːrɪzəm] *s.* Voy'eurtum *n*.

'**V|-sign** *s.* **1.** Siegeszeichen *n* (*mit gespreizten Fingern*), *Am. a.* Zeichen der Zustimmung; **2.** *Brit.* ‚Vogel' *m*; '**~-type en·gine** *s. mot.* V-Motor *m*.

vul·can·ite ['vʌlkənaɪt] *s.* Ebo'nit *n*, Vulka'nit *n* (*Hartgummi*); '**vul·can·ize** [-aɪz] *v/t.* *Kautschuk* vulkanisieren: ***~d fibre*** (*Am.* ***fiber***) ⚗ Vulkanfiber *f*.

vul·gar ['vʌlgə] **I** *adj.* □ → ***vulgarly***; **1.** (all)gemein, Volks...: ***~ herd*** *die* Masse, *das* gemeine Volk; ***♀ Era*** *die* christlichen Jahrhunderte; **2.** volkstümlich: ***~ superstitions***; **3.** vul'gärsprachlich, in der Volkssprache (verfasst *etc.*): ***~ tongue*** Volkssprache *f*; ***♀ Latin*** Vulgärlatein *n*; **4.** ungebildet, ungehobelt; **5.** vul'gär, unfein, ordi'när, gewöhnlich, unanständig, pöbelhaft; **6.** ⩘ gemein, gewöhnlich: ***~ fraction***; **II** *s.* **7.** ***the ~*** *pl.* das (gemeine) Volk; **vul·gar·i·an** [vʌl'geərɪən] *s.* **1.** vul'gärer Mensch, Ple'bejer *m*; **2.** Parve'nü *m*, Protz *m*; '**vul·gar·ism** [-ərɪzəm] *s.* **1.** Unfeinheit *f*, vul'gäres Benehmen; **2.** Gemeinheit *f*, Unanständigkeit *f*; **3.** *ling.* Vulga'rismus *m*, vul'gärer Ausdruck; **vul·gar·i·ty** [vʌl'gærətɪ] *s.* **1.** ungehobeltes Wesen, vul'gäre Art; **2.** Gewöhnlichkeit *f*, Pöbelhaftigkeit *f*; **3.** Unsitte *f*, Ungezogenheit *f*; '**vul·gar·ize** [-əraɪz] *v/t.* **1.** popularisieren, popu'lär machen, verbreiten; **2.** her'abwürdigen, vulgarisieren; '**vul·gar·ly** [-lɪ] *adv.* **1.** allgemein, gemeinhin, landläufig; **2.** → ***vulgar*** 4, 5.

vul·ner·a·bil·i·ty [ˌvʌlnərə'bɪlətɪ] *s.* Verwundbarkeit *f*; **vul·ner·a·ble** ['vʌlnərəbl] *adj.* **1.** verwundbar (*a. fig.*); **2.** angreifbar; **3.** anfällig (***to*** für); **4.** ⚔, *sport* ungeschützt, offen; **vul·ner·ar·y** ['vʌlnərərɪ] **I** *adj.* Wund..., Heil...; **II** *s.* Wundmittel *n*.

vul·pine ['vʌlpaɪn] *adj.* **1.** fuchsartig, Fuchs...; **2.** *fig.* füchsisch, verschlagen.

vul·ture ['vʌltʃə] *s. zo.* Geier *m* (*a. fig.*).

vul·va ['vʌlvə] *pl.* **-vae** [-viː] *s. anat.* Vulva *f*, (äußere) weibliche Scham.

vy·ing ['vaɪɪŋ] *adj.* □ wetteifernd.

W, w ['dʌbljuː] *s.* W *n*, w *n* (*Buchstabe*).
Waac [wæk] *s.* ⚔ F *Brit.* Ar'meehelferin *f* (*aus* ***Women's Army Auxiliary Corps***).
Waaf [wæf] *s.* ⚔ F *Brit.* Luftwaffenhelferin *f* (*aus* ***Women's Auxiliary Air Force***).
WAC, Wac [wæk] *s.* ⚔ F *Am.* Ar'meehelferin *f* (*aus* ***Women's Army Corps***).
wack·y ['wækɪ] *adj.* ‚blöd'.
wad [wɒd] **I** *s.* **1.** Pfropf(en) *m*, (*Watte- etc.*)Bausch *m*, Polster *n*; **2.** Pa'pierknäuel *m, n*; **3.** a) (Banknoten)Bündel *n*, (-)Rolle *f*, b) *Am.* F Haufen *m* Geld, c) Stoß *m* Pa'piere; **4.** ⚔ *hist.* Ladepfropf *m*; **II** *v/t.* **5.** zu e-m Bausch *etc.* zs.-pressen; **6.** ~ ***up*** *Am.* fest zs.-rollen; **7.** *Öffnung* ver-, zustopfen; **8.** *Kleidungsstück etc.* wattieren, auspolstern, füttern; **wad·ding** ['wɒdɪŋ] **I** *s.* **1.** Einlage *f* (*zum Polstern od. Verpacken*); **2.** Watte *f*; **3.** Wattierung *f*; **II** *adj.* **4.** Wattier...
wad·dle ['wɒdl] **I** *v/i.* watscheln; **II** *s.* watschelnder Gang.
wade [weɪd] **I** *v/i.* waten: ~ ***through*** F *fig.* sich durchkämpfen durch; ~ ***in(to)*** F *fig.* a) ‚hin'einsteigen', sich einmischen (in *acc.*), b) sich ‚reinknien' (in *e-e Arbeit etc.*): ~ ***into a problem*** ein Problem anpacken *od.* angehen; **II** *v/t.* durch'waten; **III** *s.* **3.** Waten *n*; '**wad·er** [-də] *s.* **1.** *orn.* Wat-, Stelzvogel *m*; **2.** *pl.* (hohe) Wasserstiefel *pl.*
wa·fer ['weɪfə] *s.* **1.** Ob'late *f* (*a.* ⚕ *u. Siegelmarke*); **2.** (*bsd.* Eis)Waffel *f*: ***as thin as a*** ~, ~**-*thin*** hauchdünn (*a. fig.*); **3.** *a.* ***consecrated*** ~ *eccl.* Hostie *f*, Ob'late *f*; **4.** ⚡ Mikroplättchen *n*.
waf·fle ['wɒfl] **I** *s.* Waffel *f*; **II** *v/i.* F ‚quasseln'; '~-ˌ**i·ron** *s.* Waffeleisen *n*.
waft [wɑːft] **I** *v/t.* **1.** *wohin* wehen, tragen; **II** *v/i.* **2.** (her'an)getragen werden, schweben; **III** *s.* **3.** Flügelschlag *m*; **4.** Wehen *n*; **5.** (Duft)Hauch *m*, (-)Welle *f*; **6.** *fig.* Anwandlung *f*, Welle *f* (*von Freude, Neid etc.*); **7.** ⚓ Flagge *f* im Schau (*Notsignal*).
wag [wæg] **I** *v/i.* **1.** wackeln; wedeln, wippen (*Schwanz*): ~ ***one's tongue*** tratschen; ***set tongues*** ~***ging*** viel Gerede verursachen; → ***tail*** 1; **II** *v/t.* **2.** wackeln *od.* wedeln *od.* wippen mit *dem Schwanz etc.*; *den Kopf* schütteln *od.* wiegen: ~ ***one's finger at*** *j-m* mit dem Finger drohen; **3.** (hin- u. her)bewegen, schwenken; **III** *s.* **4.** Wackeln *n*; Wedeln *n*, (Kopf)Schütteln *n*; **5.** Witzbold *m*, Spaßvogel *m*.
wage¹ [weɪdʒ] *v/t. Krieg* führen, *Feldzug* unter'nehmen (***on, against*** gegen): ~ ***effective war on*** *fig. e-r Sache* wirksam zu Leibe gehen.
wage² [weɪdʒ] *s.* **1.** *mst pl.* ⚕ (Arbeits-)Lohn *m*: ~***s per hour*** Stundenlohn; **2.** *pl.* ⚕ Lohnanteil *m* (*an der Produktion*); **3.** *pl. sg. konstr. fig.* Lohn *m*: ***the*** ~***s of sin*** *bibl.* der Sünde Sold; ~ **a·gree·ment** *s.* ⚕ Ta'rifvertrag *m*; ~ **bill** *s.* (aus)bezahlte (Gesamt)Löhne *pl.*; ~ **claim** *s.* Lohnforderung *f*; ~ **dis·pute** *s.* Lohnkampf *m*; ~ **earn·er** *s.* Lohnempfänger(in); ~ **freeze** *s.* Lohnstopp *m*; ~ **fund** *s.* Lohnfonds *m*; ~ **in·cen·tive** *s.* Lohnanreiz *m*; ~**in·ci·den·tals** *s. pl.* Lohn'nebenkosten *pl.*; '~-**inˌten·sive** *adj.* 'lohnintenˌsiv; ~ **lev·el** *s.* 'Lohnniˌveau *n*; ~ **pack·et** *s.* Lohntüte *f*.
wa·ger ['weɪdʒə] **I** *s.* **1.** Wette *f*; **II** *v/t.* **2.** wetten um, setzen auf (*acc.*); wetten mit (***that*** dass); **3.** *fig. Ehre etc.* aufs Spiel setzen; **III** *v/i.* **4.** wetten, e-e Wette eingehen.
wage| rate *s.* Lohnsatz *m*; ~ **scale** *s.* ⚕ **1.** Lohnskala *f*; **2.** ('Lohn)Taˌrif *m*; ~ **set·tle·ment** *s.* Lohnabschluss *m*; ~ **slave** *s.* Lohnsklave *m*; ~ **slip** *s.* Lohnstreifen *m*, -zettel *m*.
wag·ger·y ['wægərɪ] *s.* Schelme'rei *f*, Schalkhaftigkeit *f*; **wag·gish** ['wægɪʃ] *adj.* □ schalkhaft, schelmisch, spaßig, lose; **wag·gish·ness** ['wægɪʃnɪs] → ***waggery***.
wag·gle ['wægl] → ***wag*** I *u.* II.
wag·gon ['wægən] *s.* **1.** (Last-, Roll-)Wagen *m*; **2.** 🚂 *Brit.* (offener) Güterwagen, Wag'gon *m*: ***by*** ~ ⚕ per Achse; **3.** *Am.* a) (Liefer-, Verkaufs-, Poli'zei- *etc.*)Wagen *m*, b) *mot.* Kombi(wagen) *m*; **4.** ***the*** ♀ *ast.* der Große Wagen; **5.** F *fig.* → ***water wag(g)on***.
wag·gon·er ['wægənə] *s.* **1.** (Fracht-)Fuhrmann *m*; **2.** ♀ *ast.* Fuhrmann *m*.
'**wag·gon|·load** *s.* **1.** Wagenladung *f*, Fuhre *f*; **2.** Wag'gonladung *f*: ***by the*** ~ wag'gonweise; ~ **train** *s.* **1.** ⚔ Ar'meetrain *m*; **2.** 🚂 *Am.* Güterzug *m*; ~ **vault** *s.* ⚠ Tonnengewölbe *n*.
Wag·ne·ri·an [vɑːg'nɪərɪən] ♪ **I** *adj.* wagnerisch, wagneri'anisch, Wagner...; **II** *s. a.* **Wag·ner·ite** ['vɑːgnəraɪt] Wagneri'aner(in).
wag·on *etc. bsd. Am.* → ***waggon*** *etc.*
wa·gon-lit ['vægɔ̃ːn'liː; vagɔ̃li] (*Fr.*) *s.* 🚂 Schlafwagen(abteil *n*) *m*.
'**wag·tail** *s. orn.* Bachstelze *f*.
waif [weɪf] *s.* **1.** ⚖ a) *Brit.* weggeworfenes Diebesgut, b) herrenloses Gut, *bsd.* Strandgut *n* (*a. fig.*); **2.** a) Heimatlose(r *m*) *f*, b) verlassenes *od.* verwahrlostes Kind: ~***s and strays*** verwahrloste Kinder, c) streunendes *od.* verwahrlostes Tier; **3.** *fig.* 'Überrest *m*.
wail [weɪl] **I** *v/i.* (weh)klagen, jammern (***for*** um, ***over*** über *acc.*); schreien, wimmern, heulen (*a. Sirene, Wind*) (***with*** vor *Schmerz etc.*); **II** *v/t.* bejammern; **III** *s.* (Weh)Klagen *n*, Jammern *n*; (Weh)Geschrei *n*, Wimmern *n*; '**wail·ing** [-lɪŋ] **I** *s.* → ***wail*** III; **II** *adj.* □ (weh)klagend *etc.*; Klage...: ♀ ***Wall*** Klagemauer *f*.
wain [weɪn] *s.* **1.** *poet.* Karren *m*, Wagen *m*; **2.** ♀ → ***Charles's Wain***.
wain·scot ['weɪnskət] **I** *s.* (*bsd. untere*) (Wand)Täfelung, Tafelwerk *n*, Holzverkleidung *f*; **II** *v/t. Wand etc.* verkleiden, (ver)täfeln; '**wain·scot·ing** [-tɪŋ] *s.* **1.** → ***wainscot*** I; **2.** Täfelholz *n*.
waist [weɪst] *s.* **1.** Taille *f*; **2.** a) Mieder *n*, b) *bsd. Am.* Bluse *f*; **3.** Mittelstück *n*, schmalste Stelle (*e-s Dinges*), Schweifung *f* (*e-r Glocke etc.*); **4.** ⚓ Mitteldeck *n*, Kuhl *f*; '~·**band** [-stb-] *s.* (Hosen-, Rock)Bund *m*; ~·**coat** ['weɪskəʊt] *s.* (*a.* Damen)Weste *f*, (ärmellose) Jacke; *hist.* Wams *n*; ˌ~-'**deep** *adj. u. adv.* bis zur Taille *od.* Hüfte, hüfthoch.
waist·ed ['weɪstɪd] *adj.* mit e-r ... Taille: ***short-***~.
ˌ**waist|-'high** → ***waist-deep***; '~·**line** *s.* **1.** Gürtellinie *f*, Taille *f*; **2.** 'Taille(nˌumfang *m*) *f*: ***watch one's*** ~ auf s-e Linie achten.
wait [weɪt] **I** *v/i.* **1.** warten (***for*** auf *acc.*): ~ ***for s.o. to come*** warten, dass *od.* bis

j-d kommt; **~ up for s.o.** aufbleiben u. auf j-n warten; **keep s.o. ~ing** j-n warten lassen; **that can ~** *fig.* das kann warten, das hat Zeit; **dinner is ~ing** das Essen wartet *od.* ist bereit; **you just ~!** F na warte!; **~ for it!** F *Brit.* a) immer mit der Ruhe, b) du wirsts kaum glauben!; **2.** (ab)warten, sich gedulden: **~ and see!** ,abwarten u. Tee trinken'!; **I can't ~ to see him** ich kann es kaum noch erwarten, bis ich ihn sehe; **3. ~ (up)on** a) *j-m* dienen, b) *j-m* aufwarten, *j-n* bedienen, c) *j-m* s-e Aufwartung machen, d) *fig. e-r Sache* folgen, *et.* begleiten (*Umstand*); **4.** *a.* **~ at table** (bei Tisch) bedienen; **II** *v/t.* **5.** warten auf (*acc.*), abwarten: **~ one's opportunity** e-e günstige Gelegenheit abwarten; **~ out** das Ende (*gen.*) abwarten; **6.** F aufschieben, mit *dem Essen etc.* warten (**for s.o.** auf j-n); **III** *s.* **7.** a) Warten *n*, b) Wartezeit *f*: **have a long ~** lange warten müssen; **8.** Lauer *f*: **lay a ~ for** *j-m* e-n Hinterhalt legen; **lie in ~** im Hinterhalt liegen; **lie in ~ for** *j-m* auflauern; **9.** *pl.* a) Weihnachtssänger *pl.*, b) *hist.* 'Stadtmusi,kanten *pl.*;

'wait·er [-tə] *s.* **1.** Kellner *m*, *in der Anrede*: (Herr) Ober *m*; **2.** Servier-, Präsentierteller *m*.

wait·ing ['weɪtɪŋ] **I** *s.* **1.** → **wait** 7; **2.** Dienst *m bei Hofe etc.*, Aufwarten *n*: **in ~** a) Dienst tuend; → **lady-in-waiting** *etc.*, b) ⚔ *Brit.* in Bereitschaft; **II** *adj.* **3.** (ab)wartend; → **game¹** 4; **4.** Warte...: **~ list**, **~ period** *allg.* Wartezeit *f*; **~ room** a) 🚂 Wartesaal *m*, b) ⚕ *etc.* Wartezimmer *n*; **~ girl** *s.*, **~ maid** *s.* Kammerzofe *f*.

wait·ress ['weɪtrɪs] *s.* Kellnerin *f*; *in der Anrede*: Fräulein *n*.

waive [weɪv] *v/t. bsd.* ⚖ **1.** verzichten auf (*acc.*), sich *e-s Rechtes, Vorteils* begeben; **2.** *Frage* zu'rückstellen; **'waiv·er** [-və] *s.* ⚖ **1.** Verzicht *m* (**of** auf *acc.*), Verzichtleistung *f*; **2.** Verzichterklärung *f*; **3.** Ausnahmegenehmigung *f*.

wake¹ [weɪk] *s.* **1.** ⚓ Kielwasser *n* (*a. fig.*): **in the ~ of** a) im Kielwasser *e-s Schiffes*, b) *fig.* im Gefolge (*gen.*); **follow in s.o.'s ~** *fig.* in j-s Kielwasser segeln; **bring s.th. in its ~** et. nach sich ziehen, et. zur Folge haben; **2.** ✈ Luftschraubenstrahl *m*; **3.** Sog *m*.

wake² [weɪk] **I** *v/i.* [*irr.*] **1.** *oft* **~ up** auf-, erwachen, wach werden (*alle a. fig. Person, Gefühl etc.*); **2.** wachen, wach sein *od.* bleiben; **3. ~ to** sich *e-r Gefahr etc.* bewusst werden; **4.** *vom Tode od. von den Toten* auferstehen; **II** *v/t.* [*irr.*] **5.** *a.* **~ up** (auf)wecken, wachrütteln (*a. fig.*); **6.** *fig.* erwecken, *Erinnerungen, Gefühle* wachrufen, *Streit etc.* erregen; **7.** *fig. j-n, j-s Geist etc.* aufrütteln; **8.** (*von den Toten*) auferwecken; **III** *s.* **9.** *bsd. Irish* a) Totenwache *f*, b) Leichenschmaus *m*; **10.** *hist.* Kirchweih(fest *n*) *f*, Kirmes *f*; **11.** *Brit.* Betriebsferien *pl.*; **'wake·ful** [-fʊl] *adj.* □ **1.** wachend; **2.** schlaflos; **3.** *fig.* wachsam; **'wak·en** [-kən] → **wake²** 1, 3, 5, 6 *u.* 7; **'wak·ing** [-kɪŋ] **I** *s.* **1.** (Er)Wachen *n*; **2.** (Nacht-) Wache *f*; **II** *adj.* **3.** wach: **~ dream** Tagtraum *m*; **in his ~ hours** in s-n wachen Stunden, *a.* von früh bis spät.

wale [weɪl] *s.* **1.** → **weal²**; **2.** *Weberei*: a) Rippe *f* (*e-s Gewebes*), b) Salleiste *f*, feste Webkante; **3.** ⚙ a) Verbindungsstück *n*, b) Gurtholz *n*; **4.** ⚓ a) Berg-, Krummholz *n*, b) Dollbord *m* (*e-s Boots*).

walk [wɔːk] **I** *s.* **1.** Gehen *n*: **go at a ~** im Schritt gehen; **2.** Gang(art *f*) *m*, Schritt *m*: **a dignified ~**; **3.** Spaziergang *m*: **go for** (*od.* **take**) **a ~** e-n Spaziergang machen; **take s.o. for a ~** j-n spazieren führen, mit j-m spazieren gehen; **4.** (Spazier)Weg *m*: a) Prome'nade *f*, b) Strecke *f*: **a ten minutes' ~ to the station** zehn (Geh)Minuten zum Bahnhof; **quite a ~** ein gutes Stück zu gehen; **5.** Al'lee *f*; **6.** (Geflügel)Auslauf *m*; → **sheepwalk**; **7.** Route *f e-s Hausierers etc.*, Runde *f e-s Polizisten etc.*; **8.** *fig.* a) (Arbeits)Gebiet *n*, b) *mst* **~ of life** (sozi'ale) Schicht *od.* Stellung, *a.* Beruf *m*; **II** *v/i.* **9.** gehen (*a. sport*), zu Fuß gehen; **10.** im Schritt gehen (*a. Pferd*); **11.** spazieren gehen, wandern; **12.** 'umgehen (*Geist*): **~ in one's sleep** nachtwandeln; **III** *v/t.* **13.** *Strecke* zu'rücklegen, (zu Fuß) gehen; **14.** *Bezirk* durch'wandern, *Raum* durch'schreiten; **15.** auf u. ab (*od.* um'her)gehen in *od.* auf (*dat.*); **16.** *Pferd* a) führen, b) im Schritt gehen lassen; **17.** *j-n wohin* führen: **~ s.o. off his feet** j-n abhetzen; **18.** spazieren führen; **19.** um die Wette gehen mit;

Zssgn mit adv. u. prp.:

walk| a·bout, **~ a·round** **I** *v/i.* um'hergehen, -wandern; **II** *v/t. j-n* um'herführen; **~ a·way** *v/i.* **1.** weg-, fortgehen: **~ from** *sport j-m* (einfach) davonlaufen, *j-n* ,stehen lassen'; **2. ~ with** a) mit *et.* durchbrennen, b) *et.* ,mitgehen' lassen, c) *e-n Kampf etc.* spielend gewinnen; **~ off** **I** *v/i.* **1.** da'von-, fortgehen; **2.** → **walk away** 2; **II** *v/t.* **3.** *j-n* abführen; **4.** *s-n Rausch, Zorn etc.* durch e-n Spaziergang vertreiben; **~ out** **I** *v/i.* **1.** hinausgehen: **~ on** F *j-n* im Stich lassen, verlassen; **2. ~ with s.o.** F mit j-m ,gehen' *od.* ein Verhältnis haben; **3.** ✝ in (den) Streik treten; **4.** *pol.* zu'rücktreten; **II** *v/t.* **5.** *Hund etc.* ausführen; **6.** *j-n* auf e-n Spaziergang mitnehmen; **~ o·ver** *v/i. fig.* spielend gewinnen; **~ up** *v/i.* **1.** hin'aufgehen, her'aufkommen: **~ to s.o.** auf j-n zugehen; **2.** *Straße* entlanggehen.

'walk·a·bout *s.* **1.** Wanderung *f*; **2.** ,Bad *n* in der Menge' (*e-s Politikers etc.*).

walk·a·thon ['wɔːkəθɒn] **1.** *sport* Marathongehen *n*; **2.** 'Dauertanztur,nier *n*.

'walk·a·way → **walkover** 2.

walk·er ['wɔːkə] *s.* **1.** Spaziergänger(in): **be a good ~** gut zu Fuß sein; **2.** *sport* Geher *m*; **3.** *orn. Brit.* Laufvogel *m*; **,~-'on** [-ər'ɒn] *s.* → **walk-on** 1.

walk·ie-talk·ie [,wɔːkɪ'tɔːkɪ] *s.* tragbares Funksprechgerät, Walkie-Talkie *n*.

'walk-in **I** *adj.* **1.** begehbar: **~ closet** → 2; **II** *s.* **2.** begehbarer Schrank; **3.** Kühlraum *m*; **4.** *Am.* F leichter Wahlsieg.

walk·ing ['wɔːkɪŋ] **I** *adj.* **1.** gehend, wandernd; *bsd. fig.* wandelnd (*Leiche, Lexikon*): **~ wounded** ⚔ Leichtverwundete *pl.*; **2.** Geh..., Marsch..., Spazier...: **drive at a ~ speed** *mot.* (im) Schritt fahren; **within ~ distance** zu Fuß erreichbar; **II** *s.* **3.** (Spazieren)Gehen *n*; Wandern *n*; **4.** *sport* Gehen *n*; **~ boots** *s. pl.* Wanderstiefel *pl.*; **~ chair** → **gocart** 1; **~ del·e·gate** *s.* Gewerkschaftsbeauftragte(r) *m*; **~ gen·tle·man** *s.* [*irr.*], **~ la·dy** → **walk-on** 1; **~ pa·pers** *s. pl. sl.* **1.** Ent'lassung(spa,piere *pl.*) *f*; **2.** ,Laufpass' *m*; **~ part** *s. thea.* Sta'tistenrolle *f*; **~ shoes** *s. pl.* Wanderschuhe *pl.*; **~ stick** *s.* Spazierstock *m*; **~ tick·et** → **walking papers**; **~ tour** *s.* Wanderung *f*.

'walk|-on *s. Film, thea.* **1.** Sta'tist(in), Kom'parse *m*, Kom'parsin *f*; **2.** *a.* **~ part** Sta'tisten-, Kom'parsenrolle *f*; **'~-out** *s.* **1.** ✝ Ausstand *m*, Streik *m*; **2.** Auszug *m*; **'~,o·ver** *s. sport* **1.** einseitiger Wettbewerb; **2.** ,Spaziergang' *m*, leichter Sieg (*a. fig.*); **'~-,up** *Am.* F **I** *adj.* ohne Fahrstuhl (*Haus*); **II** *s.* (Wohnung *f* in e-m) Haus ohne Fahrstuhl; **'~·way** *s.* **1.** Laufgang *m*; **2.** *Am.* Gehweg *m*.

wall [wɔːl] **I** *s.* **1.** Wand *f* (*a. fig.*): **up against the ~, with one's back to the ~** in e-r aussichtslosen Lage; **drive** (*od.* **push**) **s.o. to the ~** *fig.* a) j-n an die Wand drücken, b) j-n in die Enge treiben; **go to the ~** a) an die Wand gedrückt werden, b) ✝ Konkurs machen; **drive** (*od.* **send**) **s.o. up the ~** F j-n ,auf die Palme bringen'; **run** (*od.* **bang**) **one's head against a ~** F mit dem Kopf durch die Wand wollen; **2.** ⚙ (Innen)Wand *f*; **3.** Mauer *f* (*a. fig.*): **a ~ of silence**; **the** 2 a) die (Berliner) Mauer, b) die Klagemauer (*in Jerusalem*); **4.** Wall *m* (*a. fig.*), (Stadt-, Schutz)Mauer *f*: **within the ~s** in den Mauern (e-r Stadt); **5.** *anat.* (*Brust-, Zell- etc.*)Wand *f*; **6.** Häuserseite *f*: **give s.o. the ~** a) j-n auf der Häuserseite gehen lassen (*aus Höflichkeit*), b) *fig.* j-m den Vorrang lassen; **7.** ⚒ (Abbau-, Orts)Stoß *m*; **II** *v/t.* **8.** *a.* **~ in** mit e-r Mauer *od.* e-m Wall 'um'geben, um'mauern: **~ in** (*od.* **up**) einmauern; **9.** *a.* **~ up** a) ver-, zumauern, b) (aus)mauern, um'wanden; **10.** *fig.* ab-, einschließen, *den Geist* verschließen (**against** gegen).

wal·la·by ['wɒləbɪ] *pl.* **-bies** [-bɪz] *s. zo.* Wallaby *n* (*kleineres Känguru*).

wal·lah ['wɒlə] *s.* F ,Knülch' *m*.

wall| bars *s. pl. sport* Sprossenwand *f*; **~ brack·et** *s.* 'Wandarm *m*, -kon,sole *f*; **~ creep·er** *s. orn.* Mauerläufer *m*; **~ cress** *s.* ♀ Acker-, *Brit. a.* Gänsekresse *f*.

wal·let ['wɒlɪt] *s.* **1.** kleine Werkzeugtasche; **2.** a) Brieftasche *f*, b) (*flache*) Geldtasche.

wall eye *s.* **1.** *vet.* Glasauge *n*; **2.** ⚕ a) Hornhautfleck *m*, b) auswärts schielendes Auge; **'wall-eyed** *adj.* **1.** *vet.* glasäugig (*Pferd etc.*); **2.** ⚕ a) mit Hornhautflecken, b) (auswärts) schielend.

'wall|,flow·er *s.* **1.** ♀ Goldlack *m*; **2.** F *fig.* ,Mauerblümchen' *n* (*Mädchen*); **~ fruit** *s.* Spa'lierobst *n*; **~ map** *s.* Wandkarte *f*.

Wal·loon [wɒ'luːn] **I** *s.* **1.** Wal'lone *m*, Wal'lonin *f*; **2.** *ling.* Wal'lonisch *n*; **II** *adj.* **3.** wal'lonisch.

wal·lop ['wɒləp] **I** *v/t.* **1.** F a) (ver)prügeln, verdreschen, b) j-m eine ,knallen', c) *sport* ,über'fahren' (*besiegen*); **II** *v/i.* **2.** F rasen, sausen; **3.** brodeln; **III** *s.* **4.** F a) wuchtiger Schlag, b) Schlagkraft *f*, c) *Am.* Mordsspaß *m*; **'wal·lop·ing** [-pɪŋ] **I** *adj.* F riesig, Mords...; **II** *s.* F ,Dresche' *f*, Tracht *f* Prügel.

wal·low ['wɒləʊ] **I** *v/i.* **1.** sich wälzen *od.* suhlen (*Schweine etc.*) (*a. fig.*): **~ in money** *fig.* in Geld schwimmen; **~ in pleasure** im Vergnügen schwelgen; **~ in vice** dem Laster frönen; **II** *s.* **2.** Sich'wälzen *n*; **3.** Schwelgen *n*; **4.** *hunt.* Suhle *f*; **5.** *fig.* Sumpf *m*.

wall| paint·ing *s.* Wandgemälde *n*; **'~-,pa·per** **I** *s.* Ta'pete *f*; **II** *v/t. u. v/i.*

tapezieren; **~ plug** *s.* ⚡ Netzstecker *m*; **~ sock·et** *s.* ⚡ (Wand)Steckdose *f*; **♀ Street** *s.* Wall Street *f*: a) *Bank- u. Börsenstraße in New York*, b) *fig.* der amer. Geld- u. Kapi'talmarkt, c) *fig.* die amer. 'Hochfi,nanz; **~ tent** *s.* Steilwandzelt *n*; **,~-to-'~** *adj.*: **~ carpet** Spannteppich *m*; **~ carpeting** Teppichboden *m*; **~ tree** *s.* Spa'lierbaum *m*.

wal·nut ['wɔːlnʌt] *s.* ⚘ **1.** Walnuss *f* (*Frucht*); **2.** Walnuss(baum *m*) *f*; **3.** Nussbaumholz *n*.

wal·rus ['wɔːlrəs] *s.* **1.** *zo.* Walross *n*; **2.** *a.* **~ m(o)ustache** Schnauzbart *m*.

waltz [wɔːls] **I** *s.* **1.** Walzer *m*; **II** *v/i.* **2.** (*v/t.* mit *j-m*) Walzer tanzen, walzen; **3.** *vor Freude etc.* her'umtanzen; **~ time** *s.* ♪ Walzertakt *m*.

wan [wɒn] *adj.* □ **1.** bleich, blass, fahl; **2.** schwach, matt (*Lächeln etc.*).

wand [wɒnd] *s.* **1.** Rute *f*; **2.** Zauberstab *m*; **3.** (Amts-, Kom'mando)Stab *m*; **4.** ♪ Taktstock *m*.

wan·der ['wɒndə] *v/i.* **1.** wandern: a) ziehen, streifen, b) schlendern, bummeln, c) *fig.* schweifen, irren, gleiten (*Auge, Gedanken etc.*): **~ in** hereinschneien (*Besucher*); **~ off** a) davonziehen, b) sich verlieren (**into** in *acc.*) (*a. fig.*); **2.** *a.* **~ about** um'herwandern, -ziehen, -irren, -schweifen (*a. fig.*); **3.** *a.* **~ away** irregehen, sich verirren (*a. fig.*); **4.** abirren, -weichen (**from** von) (*a. fig.*): **~ from the subject** vom Thema abschweifen; **5.** fantasieren: a) irrereden, faseln, b) im Fieber reden; **6.** geistesabwesend sein; **'wan·der·ing** [-dərɪŋ] **I** *s.* **1.** Wandern *n*; **2.** He'rumziehen *n*; **3.** *mst pl.* a) Wanderung(en *pl.*) *f*, b) Wanderschaft *f*; **4.** *mst pl.* Fantasieren *n*: a) Irrereden *n*, Faseln *n*, b) Fieberwahn *m*; **II** *adj.* □ **5.** wandernd, Wander...; **6.** um'herschweifend, Nomaden...; **7.** unstet: **the ♀ Jew** der Ewige Jude; **8.** irregehend, abirrend (*a. fig.*): **~ bullet** verirrte Kugel; **9.** ⚘ Kriech..., Schling...; **10.** ⚕ Wander...(*-niere, -zelle*).

wan·der·lust ['wɒndəlʌst] (*Ger.*) *s.* Wanderlust *f*, Fernweh *n*.

wane [weɪn] **I** *v/i.* **1.** abnehmen (*a. Mond*), nachlassen, schwinden (*Einfluss, Kräfte, Interesse etc.*); **2.** schwächer werden, verblassen (*Licht, Farben etc.*); **3.** zu Ende gehen; **II** *s.* **4.** Abnehmen *n*, Abnahme *f*, Schwinden *n*: **be on the ~** → 1 *u.* 3; **in the ~ of the moon** bei abnehmendem Mond.

wan·gle ['wæŋgl] *sl.* **I** *v/t.* **1.** *et.* ‚drehen' *od.* ‚deichseln' *od.* ‚schaukeln'; **2.** *et.* ‚organisieren' (*beschaffen*): **~ o.s. s.th.** et. für sich ‚herausschlagen'; **3.** ergaunern: **~ s.th. out of s.o.** j-m et. abluchsen; **~ s.o. into doing s.th.** j-n dazu bringen, et. zu tun; **4.** ‚frisieren' (*fälschen*); **II** *v/i.* **5.** mogeln, ‚schieben'; **6.** sich her'auswinden (**out of** aus *dat.*); **III** *s.* **7.** Kniff *m*, Trick *m*; **8.** Schiebung *f*, Moge'lei *f*; **'wan·gler** [-lə] *s.* Gauner *m*, Schieber *m*, Mogler *m*.

wank [wæŋk] *v/i. Brit.* V ‚wichsen' (*masturbieren*).

wan·na ['wɒnə] F *für* **want to**: **I ~ go**.

wan·na·be ['wɒnəbiː] *s.* F *contp.* ‚Möchtegern' *m*: **~ author** 'Möchtegernautor(in); **~ rock star** 'Möchtegern-,Rockstar *m*; **~ starlet** 'Möchtegern-Star *m*, -,Starlet *n*.

want [wɒnt] **I** *v/t.* **1.** wünschen: a) (haben) wollen, b) *vor inf.* (*et. tun*) wollen: **I ~ to go** ich möchte gehen; **I ~ed to go** ich wollte gehen; **what do you ~ (with me)?** was hab ich damit zu tun?; **I ~ you to try** ich möchte, dass du es versuchst; **I ~ it done** ich wünsche *od.* möchte, dass es getan wird; **~ed** gesucht (*in Annoncen; a. von der Polizei*); **you are ~ed** du wirst gewünscht *od.* gesucht, man will dich sprechen; **2.** ermangeln (*gen.*), nicht (genug) haben, es fehlen lassen an (*dat.*): *obs.* **he ~s judg(e)ment** es fehlt ihm an Urteilsvermögen; **3.** a) brauchen, nötig haben, erfordern, benötigen, bedürfen (*gen.*), b) müssen, sollen: **you ~ some rest** du hast etwas Ruhe nötig; **this clock ~s repairing** (*od.* **to be repaired**) diese Uhr müsste *od.* sollte repariert werden; **it ~s doing** es muss getan werden; **you don't ~ to be rude** Sie brauchen nicht grob zu werden; **you ~ to see a doctor** du solltest e-n Arzt aufsuchen; **II** *v/i.* **4.** ermangeln (**for** *gen.*): **he does not ~ for talent** es fehlt ihm nicht an Begabung; **he ~s for nothing** es fehlt ihm an nichts; **5.** (**in**) es fehlen lassen (an *dat.*), ermangeln (*gen.*); → **wanting** 2; **6.** Not leiden; **III** *s.* **7.** *pl.* Bedürfnisse *pl.*, Wünsche *pl.*: **a man of few ~s** ein Mann mit geringen Bedürfnissen *od.* Ansprüchen; **8.** Notwendigkeit *f*, Bedürfnis *n*, Erfordernis *n*; Bedarf *m*; **9.** Mangel *m*, Ermangelung *f*: **a (long-) felt ~** → **feel** 2; **~ of care** Achtlosigkeit *f*; **~ of sense** Unvernunft *f*; **from** (*od.* **for**) **~ of** aus Mangel an (*dat.*), in Ermang(e)lung (*gen.*); **be in (great) ~ of s.th.** et. (dringend) brauchen *od.* benötigen; **in ~ of repair** reparaturbedürftig; **10.** Bedürftigkeit *f*, Armut *f*, Not *f*: **be in ~** Not leiden; **want ad** *s.* F **1.** Stellengesuch *n*; **2.** Stellenangebot *n*;

want·age ['wɒntɪdʒ] *s.* ✝ Fehlbetrag *m*, Defizit *n*; **'want·ing** [-tɪŋ] **I** *adj.* **1.** fehlend, mangelnd; **2.** ermangelnd (**in** *gen.*): **be ~ in** es fehlen lassen an (*dat.*); **be ~ to** *j-n* im Stich lassen, *e-r Erwartung* nicht gerecht werden, *e-r Lage* nicht gewachsen sein; **he is never found ~** auf ihn ist immer Verlass; **3.** nachlässig (**in** in *dat.*); **II** *prp.* **4.** ohne: **a book ~ a cover**.

wan·ton ['wɒntən] **I** *adj.* □ **1.** mutwillig: a) ausgelassen, wild, b) leichtfertig, c) böswillig (*a.* ⚖), d) rücksichtslos; **~ negligence** ⚖ grobe Fahrlässigkeit; **2.** liederlich, ausschweifend; **3.** wollüstig, geil; **4.** üppig (*Haar, Fantasie etc.*); **II** *s.* **5.** *obs.* a) Buhlerin *f*, Dirne *f*, b) Wüstling *m*; **III** *v/i.* **6.** um'hertollen; **7.** ⚘ wuchern; **'wan·ton·ness** [-nɪs] *s.* **1.** Mutwille *m*; **2.** Böswilligkeit *f*; **3.** Liederlichkeit *f*; **4.** Geilheit *f*, Lüsternheit *f*.

wap·en·take ['wæpənteɪk] *s.* Hundertschaft *f*, Bezirk *m* (*Unterteilung der nördlichen Grafschaften Englands*).

war [wɔː] **I** *s.* **1.** Krieg *m*: **~ of aggression** (**attrition, independence, nerves, succession**) Angriffs- (Zermürbungs-, Unabhängigkeits-, Nerven-, Erbfolge)krieg; **be at ~ (with)** a) Krieg führen (gegen *od.* mit), b) *fig.* im Streit liegen *od.* auf (dem) Kriegsfuß stehen (mit); **make ~** Krieg führen, kämpfen (**on, upon, against** gegen, **with** mit); **go to ~ (with)** Krieg beginnen (mit); **carry the ~ into the enemy's country** (*od.* **camp**) a) den Krieg ins feindliche Land *od.* Lager tragen, b) *fig.* zum Gegenangriff 'übergehen; **he has been in the ~s** *fig. Brit.* es hat ihn arg mitgenommen; → **declare** 1; **2.** Kampf *m*, Streit *m* (*a. fig.*); **3.** Feindseligkeit *f*; **II** *v/i.* **4.** kämpfen, streiten (**against** gegen, **with** mit); **5.** → **warring** 2; **III** *adj.* **6.** Kriegs...

war·ble ['wɔːbl] **I** *v/t. u. v/i.* trillern, schmettern (*Singvögel od. Person*); **II** *s.* Trillern *n*; **'war·bler** [-lə] *s.* **1.** trillernder Vogel; **2.** a) Grasmücke *f*, b) Teichrohrsänger *m*.

'war|-,blind·ed *adj.* kriegsblind; **~ bond** *s.* Kriegsschuldverschreibung *f*; **~ cloud** *s. mst pl.* (drohende) Kriegsgefahr; **~ crime** *s.* Kriegsverbrechen *n*; **~ crim·i·nal** *s.* Kriegsverbrecher *m*; **~ cry** *s.* Schlachtruf *m* (*der Soldaten*) (*a. fig.*), Kriegsruf *m* (*der Indianer*).

ward [wɔːd] **I** *s.* **1.** (Stadt-, Wahl)Bezirk *m*: **~ heeler** *pol. Am.* F (Wahl)Bezirksleiter *m* (*e-r Partei*); **2.** a) ('Krankenhaus)Stati,on *f*: **~ sister** Stationsschwester *f*, b) (Kranken)Saal *m od.* (-)Zimmer *n*; **3.** a) (Gefängnis)Trakt *m*, b) Zelle *f*; **4.** *obs.* Gewahrsam *m*, Haft *f*; **5.** ⚖ a) Mündel *n*: **~ of court, ~ in chancery** Mündel unter Amtsvormundschaft, b) Vormundschaft *f*: **in ~** unter Vormundschaft (stehend); **6.** Schützling *m*; **7.** ⚙ a) Gewirre *n* (*e-s Schlosses*), b) (Einschnitt *m* im) Schlüsselbart *m*; **8. keep watch and ~** Wache halten; **II** *v/t.* **9. ~ off** *Schlag etc.* parieren, abwehren, *Gefahr* abwenden.

war| dance *s.* Kriegstanz *m*; **~ debt** *s.* Kriegsschuld *f*.

ward·en ['wɔːdn] *s.* **1.** *obs.* Wächter *m*; **2.** Aufseher *m*, (*bsd.* Luftschutz)Wart *m*; Herbergsvater *m*; → **game warden**; **3.** *mst hist.* Gouver'neur *m*; **4.** (*Brit.* 'Anstalts-, *Am.* Ge'fängnis)Di,rektor *m*, (*a.* Kirchen)Vorsteher *m*; *Brit. univ.* Rektor *m e-s College*: **♀ of the Mint** *Brit.* Münzwardein *m*.

ward·er ['wɔːdə] *s.* **1.** *obs.* Wächter *m*; **2.** *Brit.* a) (Mu'seums- *etc.*)Wärter *m*, b) Aufsichtsbeamte(r) *m* (*Strafanstalt*); **'ward·ress** [-drɪs] *s. Brit.* Aufsichtsbeamtin *f*.

ward·robe ['wɔːdrəʊb] *s.* **1.** Garde'robe *f*, Kleiderbestand *m*; **2.** Kleiderschrank *m*; **3.** Garde'robe *f* (*a. thea.*): a) Kleiderkammer *f*, b) Ankleidezimmer *n*; **~ bed** *s.* Schrankbett *n*; **~ trunk** *s.* Schrankkoffer *m*.

ward·room ['wɔːdrʊm] *s.* ⚓ Offi'ziersmesse *f*.

ward·ship ['wɔːdʃɪp] *s.* Vormundschaft *f* (**of, over** über *acc.*).

ware[1] [weə] *s.* **1.** *mst pl.* Ware(n *pl.*) *f*, Ar'tikel *m* (*od. pl.*), Erzeugnis(se *pl.*) *n*: **peddle one's ~s** *fig. contp.* mit s-m Kram hausieren gehen; **2.** Geschirr *n*, Porzel'lan *n*, Töpferware *f*.

ware[2] [weə] *v/i. u. v/t. obs.* sich vorsehen (vor *dat.*): **~!** Vorsicht!

'ware·house I *s.* [-haʊs] **1.** Lagerhaus *n*, Speicher *m*: **customs ~** ✝ Zollniederlage *f*; **2.** (Waren)Lager *n*, Niederlage *f*; **3.** *bsd. Brit.* Großhandelsgeschäft *n*; **4.** *Am. contp.* ‚Bude' *f*, ‚Schuppen' *m*; **II** *v/t.* [-haʊz] **5.** auf Lager nehmen, (ein)lagern; **6.** *Möbel etc.* zur Aufbewahrung geben *od.* nehmen; **7.** unter Zollverschluss bringen; **~ ac·count** *s.* Lagerkonto *n*; **~ bond** *s.* **1.** Lagerschein *m*; **2.** Zollverschlussbescheinigung *f*; **'~·man** [-mən] *s.* [*irr.*] ✝ **1.** Lage'rist *m*, Lagerverwalter *m*; **2.** Lagerarbeiter *m*; **3.** *Brit.* Großhändler *m*.

'war·fare *s.* **1.** Kriegführung *f*; **2.** (*a. Wirtschafts- etc.*)Krieg *m*; **3.** *fig.* Kampf *m*, Fehde *f*, Streit *m*.

W

war| game *s.* ⚔ **1.** Kriegs-, Planspiel *n*; **2.** Ma'növer *n*; **~ god** *s.* Kriegsgott *m*; **~ grave** *s.* Kriegs-, Sol'datengrab *n*; **~ guilt** *s.* Kriegsschuld *f*; '**~·head** *s.* ⚔ Spreng-, Gefechtskopf *m* (*e-s Torpedos etc.*); '**~·horse** *s.* **1.** *poet.* Schlachtross *n* (*a. fig.* F); **2.** F alter Haudegen *od.* Kämpe (*a. fig.*).

war·i·ness ['weərɪnɪs] *s.* Vorsicht *f*, Behutsamkeit *f*.

'**war·like** *adj.* **1.** kriegerisch; **2.** Kriegs...

war·lock ['wɔːlɒk] *s. obs.* Zauberer *m*.

'**war·lord** *s. rhet.* Kriegsherr *m*.

warm [wɔːm] **I** *adj.* □ **1.** *allg.* warm (*a. Farbe etc.*; *a. fig. Herz, Interesse etc.*): ***a ~ corner*** *fig.* e-e ‚ungemütliche Ecke' (*gefährlicher Ort*); ***a ~ reception*** ein warmer Empfang (*a. iro. von Gegnern*); ***~ work*** a) schwere Arbeit, b) gefährliche Sache, c) heißer Kampf; ***keep s.th. ~*** (F *fig.* sich) et. warm halten; ***make it*** (*od.* ***things***) ***~ for s.o.*** j-m die Hölle heiß machen; ***this place is too ~ for me*** *fig.* hier brennt mir der Boden unter den Füßen; **2.** erhitzt, heiß; **3.** a) glühend, leidenschaftlich, eifrig, b) herzlich; **4.** erregt, hitzig; **5.** *hunt.* frisch (*Fährte etc.*); **6.** F ‚warm', nahe (dran) (*im Suchspiel*): ***you are getting ~er*** *fig.* du kommst der Sache (schon) näher; **II** *s.* **7.** *et.* Warmes, warmes Zimmer *etc.*; **8.** ***give*** (***have***) ***a ~*** *et.* (sich) (auf)wärmen; **III** *v/t.* **9.** *a.* ***~ up*** (an-, auf-, er)wärmen, *Milch etc.* warm machen: ***~ over*** *Am. Speisen etc., a. fig. alte Geschichten etc.* aufwärmen; ***~ one's feet*** sich die Füße wärmen; **10.** *fig. Herz etc.* (er)wärmen; **11.** ***~ up*** *fig.* a) Schwung bringen in (*acc.*), b) *Zuschauer etc.* einstimmen; **12.** F verprügeln, -sohlen; **IV** *v/i.* **13.** *a.* ***~ up*** warm werden, sich erwärmen; *Motor etc.* warm laufen; **14.** ***~ up*** *fig.* in Schwung kommen (*Party etc.*); **15.** *fig.* (***to***) a) sich erwärmen (für), b) warm werden (mit *j-m*); **16.** (***for***) a) *sport* sich aufwärmen (für), b) sich vorbereiten (auf *acc.*); ˌ**~-'blood·ed** *adj.* **1.** *zo.* warmblütig: ***~ animals*** Warmblüter *pl.*; **2.** *fig.* heißblütig; **~ boot** *s. Computer*: Warmstart *m*; ˌ**~-'heart·ed** *adj.* □ warmherzig.

warm·ing ['wɔːmɪŋ] *s.* **1.** (Auf-, An-)Wärmen *n*, Erwärmung *f*; **2.** F Tracht *f* Prügel, ‚Senge' *f*; **~ pad** *s.* ⚡ Heizkissen *n*.

warm·ish ['wɔːmɪʃ] *adj.* lauwarm.

war|·mon·ger ['wɔːˌmʌŋgə] *s.* Kriegshetzer *m*; '**~ˌmon·ger·ing** [-ərɪŋ] *s.* Kriegshetze *f*, -treibe'rei *f*.

warm start *s. Computer*: Warmstart *m*.

warmth [wɔːmθ] *s.* **1.** Wärme *f*; **2.** *fig.* Wärme *f*: a) Herzlichkeit *f*, b) Eifer *m*, Begeisterung *f*; **3.** Heftigkeit *f*, Erregtheit *f*.

'**warm-up** *s.* **1.** a) *sport* Aufwärmen *n*, b) *fig.* Vorbereitung (***for*** auf *acc.*); **2.** Warmlaufen *n* (*des Motors etc.*); **3.** *TV etc.*: Einstimmung *f* (*des Publikums*).

warn [wɔːn] *v/t.* **1.** warnen (***of, against*** vor *dat.*): ***~ s.o. against doing s.th.*** j-n davor warnen, et. zu tun; **2.** *j-n* (warnend) hinweisen, aufmerksam machen (***of*** auf *acc.*, ***that*** dass); **3.** ermahnen *od.* auffordern (***to do*** zu tun); **4.** *j-m* (dringend) raten, nahe legen (***to do*** zu tun); **5.** (***of***) *j-n* in Kenntnis setzen *od.* verständigen (von), *j-n* wissen lassen (*acc.*), *j-m* ankündigen (*acc.*); **6.** verwarnen; **7.** ***~ off*** (***from***) a) abweisen, -halten (von), b) hin'ausweisen (aus);

'**warn·ing** [-nɪŋ] **I** *s.* **1.** Warnen *n*, Warnung *f*: ***give s.o.*** (***fair***) ***~***, ***give*** (***fair***) ***~ to s.o.*** j-n (rechtzeitig) warnen (***of*** vor *dat.*); ***take ~ by*** (*od.* ***from***) sich *et.* zur Warnung dienen lassen; **2.** a) Verwarnung *f*, b) (Er)Mahnung *f*; **3.** *fig.* Warnung *f*, warnendes Beispiel; **4.** warnendes An- *od.* Vorzeichen (***of*** für); **5.** 'Warnsiˌgnal *n*; **6.** Benachrichtigung *f*, (Vor)Anzeige *f*, Ankündigung *f*: ***give ~*** (***of***) *j-m* ankündigen (*acc.*), Bescheid geben (über *acc.*); ***without any ~*** völlig unerwartet; **7.** a) Kündigung *f*, b) (Kündigungs)Frist *f*: ***give ~*** (***to***) (*j-m*) kündigen; ***at a minute's ~*** a) ✝ auf jederzeitige Kündigung, b) ✝ fristlos, c) in kürzester Frist, jeden Augenblick; **II** *adj.* □ **8.** warnend, Warn...(*-glocke, -meldung, etc.*): ***~ colo(u)r***, ***~ coloration*** *zo.* Warn-, Trutzfarbe *f*; ***~ light*** a) ⚙ Warnlicht *n*, b) ⚓ Warn-, Signalfeuer *n*; ***~ shot*** Warnschuss *m*; ***~ strike*** ✝ Warnstreik *m*; ***~ triangle*** *mot.* Warndreieck *n*.

warn't [wɑːnt] *dial. für* a) ***wasn't***, b) ***weren't***.

War| Of·fice *s. Brit. hist.* 'Kriegsminisˌterium *n*; ♀ **or·phan** *s.* Kriegswaise *f*.

warp [wɔːp] **I** *v/t.* **1.** *Holz etc.* verziehen, werfen, krümmen; ✈ *Tragflächen* verwinden; **2.** *j-n, j-s Geist* nachteilig beeinflussen, verschroben machen; *j-s Urteil* verfälschen; → ***warped*** 3; **3.** a) verleiten (***into*** zu), b) abbringen (***from*** von); **4.** *Tatsache etc.* entstellen, verdrehen, -zerren; **5.** ⚓ *Schiff* bugsieren, verholen; **6.** *Weberei*: *Kette* anscheren, anzetteln; **7.** ✓ a) mit Schlamm düngen, b) *a.* ***~ up*** verschlammen; **II** *v/i.* **8.** sich werfen *od.* verziehen *od.* krümmen, krumm werden (*Holz etc.*); **9.** entstellt *od.* verdreht werden; **III** *s.* **10.** Verziehen *n*, Verkrümmung *f*, -werfung *f* (*von Holz etc.*); **11.** *fig.* Neigung *f*; **12.** *fig.* a) Entstellung *f*, Verzerrung *f*, b) Verschrobenheit *f*; **13.** *Weberei*: Kette(nfäden *pl.*) *f*, Zettel *m*: ***~ and woof*** Kette u. Schuss; **14.** ⚓ Bugsiertau *n*, Warpleine *f*; **15.** ✓, *geol.* Schlamm (-ablagerung *f*) *m*, Schlick *m*.

war| paint *s.* **1.** Kriegsbemalung *f* (*der Indianer*); **2.** F a) ‚volle Kriegsbemalung', b) große Gala; **~ path** *s.* Kriegspfad *m* (*der Indianer*): ***be on the ~*** a) auf dem Kriegspfad sein (*a. fig.*), b) *fig.* kampflustig sein.

warped [wɔːpt] *adj.* **1.** verzogen (*Holz etc.*), krumm (*a.* ⩕); **2.** *fig.* verzerrt, verfälscht; **3.** *fig.* ‚verbogen', verschroben: ***~ mind***; **4.** par'teiisch.

war plane *s.* Kampfflugzeug *n*.

war·rant ['wɒrənt] **I** *s.* **1.** *a.* ***~ of attorney*** Vollmacht *f*, Befugnis *f*, Berechtigung *f*; **2.** Rechtfertigung *f*: ***not without ~*** nicht ohne gewisse Berechtigung; **3.** Garan'tie *f*, Gewähr *f* (*a. fig.*); **4.** Berechtigungsschein *m*: ***dividend ~*** ✝ Dividenden-, Gewinnanteilschein *m*; **5.** ⚖ (Voll'ziehungs- *etc.*)Befehl *m*: ***~ of apprehension*** a) Steckbrief *m*, b) *a.* ***~ of arrest*** Haftbefehl *m*; ***~ of attachment*** Beschlagnahmeverfügung *f*; ***a ~ is out against him*** er wird steckbrieflich gesucht; **6.** ⚔ Pa'tent *n*, Beförderungsurkunde *f*: ***~*** (***officer***) a) ⚓ (Ober)Stabsbootsmann *m*, Deckoffizier *m*, b) ⚔ *etwa*: (Ober)Stabsfeldwebel *m*; **7.** ✝ (Lager-, Waren)Schein *m*: ***bond ~*** Zollgeleitschein; **8.** ✝ (Rück-)Zahlungsanweisung *f*; **II** *v/t.* **9.** *bsd.* ⚖ bevollmächtigen, autorisieren; **10.** rechtfertigen, berechtigen zu; **11.** *a.* ✝ garantieren, zusichern, haften für, gewährleisten: ***I can't ~ that*** das kann ich nicht garantieren; ***~ed for three years*** drei Jahre Garantie; ***I'll ~*** (***you***) F a) mein Wort darauf, b) ich könnte schwören; **12.** bestätigen, erweisen; '**war·rant·a·ble** [-təbl] *adj.* □ **1.** vertretbar, gerechtfertigt, berechtigt; **2.** *hunt.* jagdbar (*Hirsch*); '**war·rant·a·bly** [-təblɪ] *adv.* mit Recht, berechtigterweise; **war·ran·tee** [ˌwɒrən'tiː] *s.* ✝, ⚖ Sicherheitsempfänger *m*; '**war·rant·er** [-tə], '**war·ran·tor** [-tɔː] *s.* Sicherheitsgeber *m*; '**war·ran·ty** [-tɪ] *s.* **1.** ✝, ⚖ Ermächtigung *f*, Vollmacht *f* (***for*** zu); **2.** Rechtfertigung *f*; **3.** *bsd.* ⚖ Bürgschaft *f*, Garan'tie *f*; **4.** *a.* ***~ deed*** ⚖ a) 'Rechtsgaranˌtie *f*, b) *Am.* 'Grundstücksüberˌtragungsurkunde *f*.

war·ren ['wɒrən] *s.* **1.** Ka'ninchengehege *n*; **2.** *hist. Brit.* Wildgehege *n*; **3.** *fig.* Laby'rinth *n*, *bsd.* a) 'Mietskaˌserne *f*, b) enges Straßengewirr.

war·ring ['wɔːrɪŋ] *adj.* **1.** sich bekriegend, (sich) streitend: ***~ factions*** Kriegsparteien *pl*; **2.** *fig.* 'widerstreitend, entgegengesetzt.

war·ri·or ['wɒrɪə] *s. poet.* Krieger *m*.

war| risk in·sur·ance *s.* ✝ Kriegsversicherung *f*; '**~·ship** *s.* Kriegsschiff *n*.

wart [wɔːt] *s.* **1.** ⚕, ⚘, *zo.* Warze *f*: ***~s and all*** *fig.* mit all s-n Fehlern u. Schwächen; **2.** ⚘ Auswuchs *m*; '**wart·ed** [-tɪd] *adj.* warzig.

'**war·time** **I** *s.* Kriegszeit *f*; **II** *adj.* Kriegs...

wart·y ['wɔːtɪ] *adj.* warzig.

war|-wea·ry ['wɔːˌwɪərɪ] *adj.* kriegsmüde; **~ whoop** *s.* Kriegsgeheul *n* (*der Indianer*); **~ wid·ow** *s.* Kriegerwitwe *f*; '**~-worn** *adj.* **1.** kriegszerstört, vom Krieg verwüstet; **2.** kriegsmüde.

war·y ['weərɪ] *adj.* □ vorsichtig: a) wachsam, *a.* argwöhnisch, b) 'umsichtig, c) behutsam: ***be ~*** sich hüten (***of*** vor *dat.*, ***of doing*** *et.* zu tun).

was [wɒz; wəz] *1. u. 3. sg. pret. ind. von* ***be***; *im pass.* wurde: ***he ~ killed***; ***he ~ to have come*** er hätte kommen sollen; ***he didn't know what ~ to come*** er ahnte nicht, was noch kommen sollte; ***he ~ never to see his mother again*** er sollte seine Mutter nie mehr wiedersehen.

wash [wɒʃ] **I** *s.* **1.** Waschen *n*, Wäsche *f*: ***at the ~*** in der Wäsche(rei); ***give s.th. a ~*** et. (ab)waschen; ***have a ~*** sich waschen; ***come out in the ~*** a) herausgehen (*Flecken*), b) *fig.* F in Ordnung kommen, c) *fig.* F sich zeigen; **2.** (*zu waschende od. gewaschene*) Wäsche: ***in the ~*** in der Wäsche; **3.** Spülwasser *n* (*a. fig. dünne Suppe etc.*); **4.** Spülicht *n*, Küchenabfälle *pl.*; **5.** *fig. contp.* Gewäsch *n*, leeres Gerede; **6.** ⚕ Waschung *f*; **7.** (*Augen-, Haar- etc.*)Wasser *n*; **8.** Wellenschlag *m*, (Tosen *n* der) Brandung *f*; **9.** ⚓ Kielwasser *n* (*a. fig.*); **10.** ✈ a) Luftstrudel *m*, b) glatte Strömung; **11.** *geol.* a) (Alluvi'al)Schutt *m*, b) Schwemmland *n*; **12.** seichtes Gewässer; **13.** 'Farbˌüberzug *m*: a) dünn aufgetragene (Wasser)Farbe, b) ⚠ Tünche *f*; **14.** ⚙ a) Bad *n*, Abspritzung *f*, b) Plattierung *f*; **II** *adj.* **15.** waschbar, -echt, Wasch...: ***~ glove*** Waschlederhandschuh *m*; ***~ silk*** Waschseide *f*; **III** *v/t.* **16.** waschen: ***~*** (***up***) ***dishes*** Geschirr (ab)spülen; → ***hand*** *Redew.*; **17.** (ab)spülen; (-)spritzen; **18.** be-, um-,

W

über'spülen (*Fluten*); **19.** (fort-, weg-) spülen, (-)schwemmen: **~ ashore**; **20.** *geol.* graben (*Wasser*); → **wash away** 2, **wash out** 1; **21.** a) tünchen, b) dünn anstreichen, c) tuschen; **22.** *Erze* waschen, schlämmen; **23.** ⚙ plattieren; **IV** *v/i.* **24.** sich waschen; waschen (*Wäscherin etc.*); **25.** sich *gut etc.* waschen (lassen), waschecht sein; **26.** *bsd. Brit.* F a) standhalten, b) ‚ziehen', stichhaltig sein: **that won't ~ (with me)** das zieht nicht (bei mir); **27.** (*vom Wasser*) gespült *od.* geschwemmt werden; **28.** fluten, spülen (**over** über *acc.*); branden, schlagen (**against** gegen), plätschern; *Zssgn mit adv.*:

wash| a·way I *v/t.* **1.** ab-, wegwaschen; **2.** weg-, fortspülen, -schwemmen; **II** *v/i.* **3.** weggeschwemmt werden; **~ down** *v/t.* **1.** abwaschen, -spritzen; **2.** hin'unterspülen (*a. Essen mit e-m Getränk*); **~ off** → **wash away**; **~ out I** *v/t.* **1.** auswaschen, ausspülen, unter'spülen (*a. geol. etc.*); **2.** F *Plan etc.* fallen lassen, aufgeben; **3. washed out** a) → **washed-out**, b) wegen Regens abgesagt *od.* abgebrochen (*Veranstaltung*); **II** *v/i.* **4.** sich auswaschen, verblassen; **5.** sich wegwaschen lassen (*Farbe*); **~ up I** *v/t.* **1.** *Geschirr* spülen; **2.** → **washed-up**; **II** *v/i.* **3.** F sich (Gesicht u. Hände) waschen; **4.** Geschirr spülen.

wash·a·ble ['wɒʃəbl] *adj.* waschecht, -bar; *Tapete*: abwaschbar.

'**wash|·bag** *s. Brit.* Kul'turbeutel *m*; **~·ba·sin** ['wɒʃˌbeɪsn] *s.* Waschbecken *n*, -schüssel *f*; '**~·board** *s.* **1.** Waschbrett *n*; **~ belly** F (*od.* **stomach**) Waschbrettbauch *m*; **2.** Fuß-, Scheuerleiste *f* (*an der Wand*); **~ bot·tle** *s.* ⚗ **1.** Spritzflasche *f*; **2.** (Gas)Waschflasche *f*; '**~·bowl** → **washbasin**; '**~ˌcloth** *s. Am.* Waschlappen *m*.

washed|-out [ˌwɒʃt'aʊt] *adj.* **1.** verwaschen, verblasst; **2.** F ‚fertig', ‚erledigt' (*erschöpft*); **ˌ~-'up** *adj.* F ‚erledigt', ‚fertig': a) erschöpft, b) völlig ruiniert.

wash·er ['wɒʃə] *s.* **1.** Wäscher(in); **2.** 'Waschmaˌschine *f*; **3.** (Ge'schirr)Spülmaˌschine *f*; **4.** *Papierherstellung*: Halb(zeug)holländer *m*; **5.** ⚙ 'Unterlegscheibe *f*, Dichtungsring *m*; '**~ˌwom·an** *s.* [*irr.*] Waschfrau *f*, Wäscherin *f*.

wash·e·te·ri·a [ˌwɒʃə'tɪərɪə] *s. Brit.* **1.** 'Waschsaˌlon *m*; **2.** (Auto)Waschanlage *f*.

'**wash·hand** *adj. Brit.* Handwasch...: **~ basin** (Hand)Waschbecken *n*; **~ stand** (Hand)Waschständer *m*.

wash·i·ness ['wɒʃɪnɪs] *s.* **1.** Wässerigkeit *f* (*a. fig.*); **2.** Verwaschenheit *f*.

wash·ing ['wɒʃɪŋ] **I** *s.* **1.** → **wash** 1, 2; **2.** *oft pl.* Spülwasser *n*; **3.** ⚙ nasse Aufbereitung, Erzwäsche *f*; **4.** 'Farbˌüberzug *m*; **II** *adj.* **5.** Wasch..., Wäsche...; **~ ma·chine** *s.* 'Waschmaˌschine *f*; **~ so·da** *s.* (Bleich)Soda *f*, *n*; **ˌ~-'up** *s.* Abwasch *m* (*a. Geschirr*): **do the ~** Geschirr spülen; **~ liquid** Spülmittel *n*.

wash| leath·er *s.* **1.** Waschleder *n*; **2.** Fenster(putz)leder *n*; '**~·out** *s.* **1.** *geol.* Auswaschung *f*; **2.** Unter'spülung *f* (*e-r Straße etc.*); **3.** *sl.* a) ‚Niete' *f*, Versager *m* (*Person*), b) ‚Pleite' *f*, ‚Reinfall' *m*, c) ⚔ ‚Fahrkarte' *f* (*Fehlschuss*); '**~·rag** *s. Am.* Waschlappen *m*; '**~·room** *s. Am.* (öffentliche) Toi'lette; **~ sale** *s.* ✝ *Börse*: Scheinverkauf *m*; '**~·stand** *s.* **1.** Waschständer *m*; **2.** Waschbecken *n* (*mit fließendem Wasser*); '**~·tub** *s.* Waschwanne *f*.

wash·y ['wɒʃɪ] *adj.* □ **1.** verwässert, wässerig (*beide a. fig. kraftlos, seicht*); **2.** verwaschen, blass (*Farbe*).

WASP [wɒsp] *s. Am.* prote'stantischer weißer Angelsachse (*aus* **White Anglo-Saxon Protestant**).

wasp [wɒsp] *s. zo.* Wespe *f*; '**wasp·ish** [-pɪʃ] *adj.* □ *fig.* a) reizbar, b) gereizt, giftig.

was·sail ['wɒseɪl] *s. obs.* **1.** (Trink)Gelage *n*; **2.** Würzbier *n*.

wast [wɒst; wəst] *obs. 2. sg. pret. ind. von* **be**: **thou ~** du warst.

wast·age ['weɪstɪdʒ] *s.* **1.** Verlust *m*, Abgang *m*, Verschleiß *m*; **2.** Vergeudung *f*: **~ of energy** a) Energieverschwendung *f*, b) *fig.* Leerlauf *m*.

waste [weɪst] **I** *adj.* **1.** öde, wüst, unfruchtbar, unbebaut (*Land*): **lie ~** brachliegen; **lay ~** verwüsten; **2.** a) nutzlos, 'überflüssig, b) ungenutzt, 'überschüssig: **~ energy**; **3.** unbrauchbar, Abfall...; **4.** ⚙ a) abgängig, Abgangs..., Ab...(*-gas etc.*), b) Abfluss..., Ablauf...; **II** *s.* **5.** Verschwendung *f*, Vergeudung *f*: **~ of energy (money, time)** Kraft- (Geld-, Zeit)verschwendung; **go** (*od.* **run**) **to ~** a) brachliegen, verwildern, b) vergeudet werden, c) verlottern, -fallen; **6.** Verfall *m*, Verschleiß *m*, Abgang *m*, Verlust *m*; **7.** Wüste *f*, (Ein)Öde *f*: **~ of water** Wasserwüste; **8.** Abfall *m*; ⚙ *a.* Abgänge *pl.*, *bsd.* a) Ausschuss *m*, b) Putzbaumwolle *f*, c) Wollabfälle *pl.*, d) Werg *n*, e) *typ.* Makula'tur *f*, f) Gekrätz *n*; **9.** ⚒ Abraum *m*; **10.** ⚖ Wertminderung *f* (*e-s Grundstücks durch Vernachlässigung*); **III** *v/t.* **11.** *Geld, Worte, Zeit etc.* verschwenden, vergeuden (**on** an *acc.*): **you are wasting your breath** du kannst dir deine Worte sparen; **a ~d talent** ein ungenutztes Talent; **12. be ~d** nutzlos sein, ohne Wirkung bleiben (**on** auf *acc.*), am falschen Platz stehen; **13.** zehren an (*dat.*), aufzehren, schwächen; **14.** verwüsten, verheeren; **15.** ⚖ Vermögensschaden verursachen bei, *Besitztum* verkommen lassen; **16.** a) F *Sportler etc.* ‚verheizen', b) *Am. sl. j-n* ‚'umlegen'; **IV** *v/i.* **17.** *fig.* vergeudet *od.* verschwendet werden; **18.** sich verzetteln (**in** in *dat.*); **19.** vergehen, (ungenutzt) verstreichen (*Zeit, Gelegenheit etc.*); **20.** *a.* **~ away** a) abnehmen, schwinden, b) da'hinsiechen, verfallen; **21.** verschwenderisch sein: **~ not, want not** spare in der Zeit, so hast du in der Not; **~ a·void·ance** *s.* Abfallvermeidung *f*; '**~ˌbas·ket** *s.* Abfall-, *bsd.* Pa'pierkorb *m*; **~ dis·pos·al** *s.* Müllbeseitigung *f*.

waste·ful ['weɪstfʊl] *adj.* □ **1.** kostspielig, unwirtschaftlich, verschwenderisch; **2.** verschwenderisch (**of** mit): **be ~ of** verschwenderisch umgehen mit; **3.** *poet.* wüst, öde; '**waste·ful·ness** [-nɪs] *s.* Verschwendung(ssucht) *f*.

waste| gas *s.* ⚙ Abgas *n*; **~ gas clean·ing** *s.* Abgasentgiftung *f*; **~ heat** *s.* ⚙ Abwärme *f*; **~ in·cin·er·a·tion** *s.* Müllverbrennung *f*; **~ in·cin·er·a·tion plant** *s.* Müllverbrennungsanlage *f*; **~ in·dus·try** *s.* Entsorgungswirtschaft *f*; '**~·land** *s.* Ödland *n* (*a. fig.*); **~ oil** *s.* Altöl *n*; **ˌ~'pa·per** *s.* **1.** 'Abfallpaˌpier *n*, Makula'tur *f* (*a. fig.*); **2.** 'Altpaˌpier *n*; **ˌ~'pa·per bas·ket** *s.* Pa'pierkorb *m*; **~ pipe** *s.* ⚙ Abfluss-, Abzugsrohr *n*; **~ prod·uct** *s.* **1.** ⚙ 'Abfallproˌdukt *n*; **2.** *biol.* Ausscheidungsstoff *m*.

wast·er ['weɪstə] *s.* **1.** → **wastrel** 1 *u.* 3; **2.** *metall.* a) Fehlguss *m*, b) Schrottstück *n*.

waste| re·cov·er·y *s.* Abfallverwertung *f*; **~ sep·a·ra·tion** *s.* Mülltrennung *f*; **~ steam** *s.* ⚙ Abdampf *m*; **~ water** *s.* Abwasser *n*; **~ wool** *s.* Twist *m*.

wast·ing ['weɪstɪŋ] *adj.* **1.** zehrend, schwächend: **~ disease**; → **palsy** 1; **2.** schwindend, abnehmend.

wast·rel ['weɪstrəl] *s.* **1.** a) Verschwender *m*, b) Taugenichts *m*; **2.** He'rumtreiber *m*; **3.** ✝ 'Ausschuss(arˌtikel *m*, -ware *f*) *m*, fehlerhaftes Exem'plar.

watch [wɒtʃ] **I** *s.* **1.** Wache *f*, Wacht *f*: **be (up)on the ~** a) wachsam *od.* auf der Hut sein, b) (**for**) Ausschau halten (nach), lauern (auf *acc.*), Acht haben (auf *acc.*); **keep (a) ~ (on** *od.* **over)** Wache halten, wachen (über *acc.*), aufpassen (auf *acc.*); → **ward** 8; **2.** (Schild-)Wache *f*, Wachtposten *m*; **3.** *mst pl. hist.* (Nacht)Wache *f* (*Zeiteinteilung*): **in the silent ~es of the night** in den stillen Stunden der Nacht; **4.** ⚓ (Schiffs)Wache *f* (*Zeitabschnitt u. Mannschaft*); **5.** *hist.* Nachtwächter *m*; **6.** *obs.* a) Wachen *n*, wache Stunden *pl.*, b) Totenwache *f*; **7.** (Taschen-, Armband)Uhr *f*; **II** *v/i.* **8.** zusehen, zuschauen; **9.** (**for**) warten, lauern (auf *acc.*), Ausschau halten (nach); **10.** wachen (**with** bei), wach sein; **11. ~ over** wachen über (*acc.*), bewachen, aufpassen auf (*acc.*); **12.** ⚔ Posten stehen, Wache halten; **13. ~ out (for)** a) → 9, b) aufpassen, Acht geben: **~ out!** Vorsicht!, pass auf!; **III** *v/t.* **14.** beobachten: a) *j-m* zuschauen (**working** bei der Arbeit), b) ein wachsames Auge haben auf (*acc.*), *a. Verdächtigen* über'wachen, c) *Vorgang etc.* verfolgen, im Auge behalten, d) ⚖ *den Verlauf e-s Prozesses* verfolgen; **15.** *Vieh* hüten, bewachen; **16.** *Gelegenheit* abwarten, abpassen, wahrnehmen: **~ one's time**; **17.** Acht haben auf (*acc.*) (*od.* **that** dass): **~ one's step** a) vorsichtig gehen, b) F sich vorsehen; **~ your step!** Vorsicht!; '**~·boat** *s.* ⚓ Wach(t)boot *n*; **~ box** *s.* **1.** ⚔ Schilderhaus *n*; **2.** 'Unterstand *m* (*für Wachmänner etc.*); '**~·case** *s.* Uhrgehäuse *n*; '**~·dog** *s.* Wachhund *m* (*a. fig.*): **~ committee** Überwachungsausschuss *m*.

watch·er ['wɒtʃə] *s.* **1.** Wächter *m*; **2.** Beobachter(in); **3.** j-d, der Kranken- *od.* Totenwache hält.

watch·ful ['wɒtʃfʊl] *adj.* □ wachsam, aufmerksam, *a.* lauernd (**of** auf *acc.*); '**watch·ful·ness** [-nɪs] *s.* **1.** Wachsamkeit *f*; **2.** Vorsicht *f*; **3.** Wachen *n* (**over** über *dat.*).

watch|·house ['wɒtʃhaʊs] *s.* (Poli'zei-) Wache *f*; '**~ˌmak·er** *s.* Uhrmacher *m*; '**~ˌmak·ing** *s.* Uhrmache'rei *f*; '**~·man** [-mən] *s.* [*irr.*] **1.** (Nacht)Wächter *m*; **2.** *hist.* Nachtwächter *m* (*e-r Stadt etc.*); **~ night** *s. eccl.* Sil'vestergottesdienst *m*; **~ of·fi·cer** *s.* ⚓ 'Wachoffiˌzier *m*; **~ pock·et** *s.* Uhrtasche *f*; **~ spring** *s.* Uhrfeder *f*; '**~·strap** *s.* Uhr(arm)band *n*; '**~ˌtow·er** *s.* ⚔ Wach(t)turm *m*; '**~·word** *s.* **1.** Losung *f*, Pa'role *f* (*a. fig. e-r Partei etc.*); **2.** *fig.* Schlagwort *n*.

wa·ter ['wɔːtə] **I** *v/t.* **1.** bewässern, *Rasen, Straße etc.* sprengen, *Pflanzen* (be-) gießen; **2.** *Vieh* tränken; **3.** mit Wasser versorgen; **4.** *oft* **~ down** verwässern: a) verdünnen, *Wein* pan(t)schen, b) *fig. Erklärung etc.* abschwächen, c) *fig.*

W

mundgerecht machen: ***a ~ed-down liberalism*** ein verwässerter Liberalismus; **5.** ✝ *Aktienkapital* verwässern; **6.** ⚙ *Stoff* wässern, moirieren; **II** *v/i.* **7.** wässern (*Mund*), tränen (*Augen*): ***his mouth ~ed*** das Wasser lief ihm im Mund zusammen (***for, after*** nach); ***make s.o.'s mouth ~*** j-m den Mund wässerig machen; **8.** ⚓ Wasser einnehmen; **9.** trinken, zur Tränke gehen (*Vieh*); **10.** ✈ wassern; **III** *s.* **11.** Wasser *n*: ***in deep ~(s)*** *fig.* in Schwierigkeiten, in der Klemme; ***hold ~*** *fig.* stichhaltig sein; ***keep one's head above ~*** *fig.* sich (gerade noch) über Wasser halten; ***make the ~*** ⚓ vom Stapel laufen; ***throw cold ~ on*** *fig. e-r Sache* e-n Dämpfer aufsetzen, wie e-e kalte Dusche wirken auf (*acc.*); ***still ~s run deep*** stille Wasser sind tief; → ***hot*** 13, ***oil*** 1, ***trouble*** 6; **12.** *oft pl.* Brunnen *m*, Wasser *n* (*e-r Heilquelle*): ***drink*** (*od.* ***take***) ***the ~s*** (***at***) e-e Kur machen (in *dat.*); **13.** *oft pl.* Wasser *n od. pl.*, Gewässer *n od. pl.*, *a.* Fluten *pl.*: ***by ~*** zu Wasser, auf dem Wasserweg; ***on the ~*** a) zur See, b) zu Schiff; ***the ~s*** *poet.* das Meer, die See; **14.** Wasserstand *m*; → ***low water***; **15.** (Toi'letten)Wasser *n*; **16.** Wasserlösung *f*; **17.** *physiol.* Wasser *n* (*Sekret, z. B. Speichel, a. Urin*): ***the ~(s)*** das Fruchtwasser; ***make*** (*od.* ***pass***) ***~*** Wasser lassen, urinieren; ***~ on the brain*** Wasserkopf *m*; ***~ on the knee*** Kniegelenkerguss *m*; **18.** Wasser *n* (*reiner Glanz e-s Edelsteins*): ***of the first ~*** reinsten Wassers (*a. fig.*); **19.** Wasser(glanz *m*) *n*, Moi'ré *n* (*Stoff*); **~ bath** *s.* Wasserbad *n* (*a.* ⚗); **~ bed** *s.* ⚕ Wasserbett *n*, -kissen *n*; **~ bird** *s. zo. allg.* Wasservogel *m*; **~ blis·ter** *s.* ⚕ Wasserblase *f*; **'~-borne** *adj.* **1.** auf dem Wasser schwimmend; **2.** zu Wasser befördert (*Ware*), auf dem Wasser stattfindend (*Verkehr*), Wasser...; **~ bot·tle** *s.* **1.** Wasserflasche *f*; **2.** Feldflasche *f*; **'~-bound** *adj.* vom Wasser eingeschlossen *od.* abgeschnitten; **~ bus** *s.* (Linien)Flussboot *n*; **~ butt** *s.* Wasserfass *n*, Regentonne *f*; **~ can·non** *s.* Wasserwerfer *m*; **~ car·riage** *s.* Trans'port *m* zu Wasser, 'Wassertrans,port *m*; ♒ **Car·ri·er** → ***Aquarius***; **'~-cart** *s.* Wasserwagen *m*, *bsd.* Sprengwagen *m*; **~ chute** *s.* Wasserrutschbahn *f*; **~ clock** *s.* ⚙ Wasseruhr *f*; **~ clos·et** *s.* ('Wasser)Klo,sett *n*; **'~,col·o(u)r I** *s.* **1.** Wasser-, Aqua'rellfarbe *f*; **2.** Aqua'rellmale,rei *f*; **3.** Aqua'rell *n* (*Bild*); **II** *adj.* **4.** Aquarell...; **'~,col·o(u)r·ist** *s.* Aqua'rellmaler(in); **'~-cooled** *adj.* ⚙ wassergekühlt; **~ cool·ing** *s.* ⚙ Wasserkühlung *f*; **'~-course** *s.* **1.** Wasserlauf *m*; **2.** Fluss-, Strombett *n*; **3.** Ka'nal *m*; **'~-craft** *s.* Wasserfahrzeug(e *pl.*) *n*; **'~-cress** *s. oft pl.* ⚘ Brunnenkresse *f*; **~ cure** *s.* ⚕ **1.** Wasserkur *f*; **2.** Wasserheilkunde *f*; **'~-fall** *s.* Wasserfall *m*; **'~,find·er** *s.* (Wünschel)Rutengänger *m*; **'~-fog** *s.* Tröpfchennebel *m*; **'~-fowl** *s. zo.* **1.** Wasservogel *m*; **2.** *coll.* Wasservögel *pl.*; **'~-front** *s.* Hafengebiet *n*, -viertel *n*; an ein Gewässer grenzendes (Stadt)Gebiet; **~ gage** *Am.* → ***water gauge***; **~ gate** *s.* **1.** Schleuse *f*; **2.** Fluttor *n*; **~ gauge** *s.* ⚙ **1.** Wasserstands(an)zeiger *m*; **2.** Pegel *m*, Peil *m*, hydraulischer Wasserdruckmesser; **3.** *Wasserdruck, gemessen in* ***inches*** *Wassersäule*; **~ glass** *s.* Wasserglas *n* (*a.* ⚗): **~ *egg*** Kalkei *n*; **~ gru·el** *s.* (dünner) Haferschleim; **~ heat·er** *s.* Warmwasserbereiter *m*; **~ hose** *s.* Wasserschlauch *m*; **~ ice** *s.* Fruchteis *n*.

wa·ter·i·ness ['wɔːtərɪnɪs] *s.* Wässrigkeit *f*.

wa·ter·ing ['wɔːtərɪŋ] **I** *s.* **1.** (Be)Wässern *n etc.*; **II** *adj.* **2.** Bewässerungs...; **3.** Kur..., Bade...; **~ can** *s.* Gießkanne *f*; **~ cart** *s.* Sprengwagen *m*; **~ place** *s.* **1.** *bsd. Brit.* a) Bade-, Kurort *m*, Bad *n*, b) (See)Bad *n*; **2.** (Vieh)Tränke *f*, Wasserstelle *f*; **~ pot** *s. Am.* Gießkanne *f*.

wa·ter| jack·et *s.* ⚙ (Wasser)Kühlmantel *m*; **~ jump** *s. sport* Wassergraben *m*; **~ lev·el** *s.* **1.** Wasserstand *m*, -spiegel *m*; **2.** ⚙ a) Pegelstand *m*, b) Wasserwaage *f*; **3.** *geol.* (Grund)Wasserspiegel *m*; **~ lil·y** *s.* ⚘ Seerose *f*, Wasserlilie *f*; **'~-line** *s.* ⚓ Wasserlinie *f e-s Schiffs od. als Wasserzeichen*; **'~-logged** *adj.* **1.** voll Wasser (*Boot etc.*); **2.** voll gesogen (*Holz etc.*).

Wa·ter·loo [,wɔːtə'luː] *s.*: ***meet one's ~*** *fig.* sein Waterloo erleben.

wa·ter| main *s.* Haupt(wasser)rohr *n*; **'~-man** [-mən] *s.* [*irr.*] **1.** ⚓ Fährmann *m*; **2.** *sport* Ruderer *m*; **3.** *myth.* Wassergeist *m*; **'~-mark I** *s.* **1.** Wasserzeichen *n* (*in Papier*); **2.** ⚓ Wassermarke *f*, *bsd.* Flutzeichen *n*; → ***high*** (***low***) ***watermark***; **II** *v/t.* **3.** *Papier* mit Wasserzeichen versehen; **'~,mel·on** *s.* ⚘ 'Wasserme,lone *f*; **~ me·ter** *s.* Wasserzähler *m*, -uhr *f*; **~ pipe** *s.* **1.** ⚙ Wasser(leitungs)rohr *n*; **2.** orien'talische Wasserpfeife; **~ pis·tol** *s.* 'Wasserpis,tole *f*; **~ plane** *s.* Wasserflugzeug *n*; **~ plate** *s.* Wärmeteller *m*; **~ po·lo** *s. sport* Wasserballspiel *n*; **'~-proof I** *adj.* wasserdicht; **II** *s.* wasserdichter Stoff *od.* Mantel *etc.*, Regenmantel *m*; **III** *v/t.* imprägnieren; **~ re·cyc·ling** *s.* Wasseraufbereitung *f*; **,~-re'pel·lent** *adj.* Wasser abstoßend; **'~-scape** [-skeɪp] *s. paint.* Seestück *n*; **~ seal** *s.* ⚙ Wasserverschluss *m*; **'~-shed** *s. geogr.* **1.** *Brit.* Wasserscheide *f*; **2.** Einzugs-, Stromgebiet *n*; **3.** *fig.* a) Trennungslinie *f*, b) Wendepunkt *m*; **'~-side I** *s.* Küste *f*, See-, Flussufer *n*; **II** *adj.* Küsten..., (Fluss)Ufer...; **'~-ski** *v/i.* Wasserski laufen; **,~-'sol·u·ble** *adj.* ⚗ wasserlöslich; **'~-spout** *s.* **1.** Abtraufe *f*; **2.** *meteor.* Wasserhose *f*; **~ sup·ply** *s.* **1.** Wasserversorgung *f*; **2.** Wasserreserven *pl.*; **~ ta·ble** *s.* **1.** ⚠ Wasserabflussleiste *f*; **2.** *geol.* Grundwasserspiegel *m*; **'~-tight** *adj.* **1.** wasserdicht: ***keep s.th. in ~ compartments*** *fig.* et. isoliert halten *od.* betrachten; **2.** *fig.* a) unanfechtbar, b) sicher, c) stichhaltig (*Argument*); **~ vole** *s. zo.* Wasserratte *f*; **~ wag·(g)on** *s.* Wasser(versorgungs)wagen *m*: ***be on*** (***off***) ***the ~*** F nicht mehr (wieder) trinken; ***go on the ~*** F das Trinken sein lassen; **~ wag·tail** *s. orn.* Bachstelze *f*; **'~-wave I** *s.* Wasserwelle *f* (*im Haar*); **II** *v/t.* in Wasserwellen legen; **'~-way** *s.* **1.** Wasserstraße *f*, Schifffahrtsweg *m*; **2.** ⚓ Wassergang *m* (*Decksrinne*); **~ wings** *s. pl.* Schwimmflügel *pl.*; **'~-works** *s. pl. oft sg. konstr.* **1.** Wasserwerk *n*; **2.** a) Fon'täne(n *pl.*) *f*, b) Wasserspiel *n*: ***turn on the ~*** F (los-) heulen; **3.** F (Harn)Blase *f*.

wa·ter·y ['wɔːtərɪ] *adj.* **1.** Wasser...: ***a ~ grave*** ein nasses Grab; **2.** wässerig: a) feucht (*Boden*), b) Regen verkündend (*Sonne etc.*): ***~ sky*** Regenhimmel *m*; **3.** triefend: a) *allg.* voll Wasser, nass (*Kleider*), b) tränend (*Auge*); **4.** verwässert: a) fad(e) (*Speise*), b) wässerig, blass (*Farbe*), c) *fig.* seicht (*Stil*).

watt [wɒt] *s.* ⚡ Watt *n*; **watt·age** ['wɒtɪdʒ] *s.* ⚡ Wattleistung *f*.

wat·tle ['wɒtl] **I** *s.* **1.** *Brit. dial.* Hürde *f*; **2.** *a. pl.* Flecht-, Gitterwerk *n*: ***~ and daub*** ⚠ mit Lehm beworfenes Flechtwerk; **3.** ⚘ (au'stralische) A'kazie; **4.** a) *orn.* Kehllappen *pl.*, b) *ichth.* Bartfäden *pl.*; **II** *v/t.* **5.** aus Flechtwerk herstellen; **6.** *Ruten* zs.-flechten; **'wat·tling** [-lɪŋ] *s.* Flechtwerk *n*.

waul [wɔːl] *v/i.* jämmerlich schreien, jaulen.

wave [weɪv] **I** *s.* **1.** Welle *f* (*a. phys.*; *a. im Haar etc.*), Woge *f* (*beide a. fig. von Gefühl etc.*): ***the ~s*** *poet.* die See; ***~ of indignation*** Woge der Entrüstung; ***make ~s*** *fig. Am.* ‚Wellen schlagen'; **2.** (*Angriffs-, Einwanderer- etc.*)Welle *f*: ***in ~s*** in aufeinander folgenden Wellen; **3.** ⚙ a) Flamme *f* (*im Stoff*), b) *typ.* Guil'loche *f* (*Zierlinie auf Wertpapieren etc.*); **4.** Wink(en *n*) *m*, Schwenken *n*; **II** *v/i.* **5.** wogen (*a. Kornfeld etc.*); **6.** wehen, flattern, wallen; **7.** (***to s.o.***) j-m zu)winken, Zeichen geben; **8.** sich wellen (*Haar*); **III** *v/t.* **9.** *Fahne, Waffe etc.* schwenken, schwingen, hin u. her bewegen: ***~ one's arms*** mit den Armen fuchteln; ***~ one's hand*** (mit der Hand) winken (***to*** *j-m*); **10.** *Haar etc.* wellen, in Wellen legen; **11.** ⚙ a) *Stoff* flammen, b) *Wertpapiere etc.* guillochieren; **12.** *j-m* zuwinken: ***~ aside*** *j-n* beiseite winken, *fig. j-n od. et.* mit e-r Handbewegung abtun; **13.** *et.* zuwinken: ***~ a farewell*** nachwinken (***to s.o.*** j-m); **~ band** *s.* ⚡ Wellenband *n*; **'~-length** *s.* ⚡, *phys.* Wellenlänge *f*: ***be on the same ~*** *fig.* auf der gleichen Wellenlänge liegen.

wa·ver ['weɪvə] *v/i.* **1.** (sch)wanken, taumeln; flackern (*Licht*); zittern (*Hände, Stimme etc.*); **2.** *fig.* wanken: a) unschlüssig sein, schwanken (***between*** zwischen), b) zu weichen beginnen.

wa·ver·er ['weɪvərə] *s. fig.* Unentschlossene(r *m*) *f*; **'wa·ver·ing** [-vərɪŋ] *adj.* ☐ **1.** flackernd; **2.** zitternd; **3.** (sch)wankend (*a. fig.*).

wave trap *s.* ⚡ Sperrkreis *m*.

wav·y ['weɪvɪ] *adj.* ☐ **1.** wellig, gewellt (*Haar, Linie etc.*); **2.** wogend.

wax[1] [wæks] **I** *v/i.* **1.** wachsen, zunehmen (*bsd. Mond*) (*a. fig. rhet.*): ***~ and wane*** zu- u. abnehmen; **2.** *vor adj.*: *alt, frech, laut etc.* werden; **II** *s.* **3. *be in a ~*** F e-e Stinkwut haben.

wax[2] [wæks] **I** *s.* **1.** (Bienen-, Pflanzen- *etc.*)Wachs *n*: ***like ~*** *fig.* (wie) Wachs *in j-s Händen*; **2.** Siegellack *m*; **3.** *a.* ***cobbler's ~*** Schusterpech *n*; **4.** Ohrenschmalz *n*; **II** *v/t.* **5.** (ein)wachsen, bohnern; **6.** verpichen; **7.** (auf Schallplatte) aufnehmen; **'~-cloth** *s.* **1.** Wachstuch *n*; **2.** Bohnertuch *n*; **~ doll** *s.* Wachspuppe *f*.

wax·en ['wæksən] → ***waxy***.

wax·ing[1] ['wæksɪŋ] **I** *adj.* zunehmend, wachsend (*a. Mond*); **II** *s.* Zunahme *f*, (An)Wachsen *n*.

wax·ing[2] ['wæksɪŋ] *s.* **1.** (Ein)Wachsen *n* (*Behandlung mit Wachs*); **2.** *Kosmetik*: Epilati'on *f*, Depilati'on *f*, Entfernung *f* von Körperhaaren.

wax| light *s.* Wachskerze *f*; **~ pa·per** *s.* 'Wachspa,pier *n*; **'~-work** *s.* **1.** 'Wachsfi,gur *f*; **2.** *a. pl. sg. konstr.* 'Wachsfi,gurenkabi,nett *n*.

wax·y ['wæksɪ] *adj.* □ **1.** wächsern (*a. Gesichtsfarbe*), wie Wachs; **2.** *fig.* weich (wie Wachs), nachgiebig; **3.** ⚕ Wachs...: ~ ***liver.***

way¹ [weɪ] *s.* **1.** Weg *m*, Pfad *m*, Straße *f*, Bahn *f* (*a. fig.*): ~ ***back*** Rückweg; ~ ***home*** Heimweg; ~ ***in*** Eingang *m*; ~ ***out*** *bsd. fig.* Ausweg; ~ ***through*** Durchfahrt *f*, -reise *f*; **~*s and means*** Mittel u. Wege, *bsd. pol.* Geldbeschaffung(smaßnahmen) *f*; ***Committee of ~s and Means*** *parl.* Finanz-, Haushaltsausschuss *m*; ***the ~ of the Cross*** *R.C.* der Kreuzweg; ***over*** (*od.* ***across***) ***the ~*** gegenüber; ***ask the*** (*od.* ***one's***) ~ nach dem Weg fragen; ***find a ~*** *fig.* e-n (Aus-)Weg finden; ***lose one's ~*** sich verirren *od.* verlaufen; ***take one's ~*** sich aufmachen (***to*** nach); **2.** *fig.* Gang *m*, (üblicher) Weg: ***that is the ~ of the world*** das ist der Lauf der Welt; ***go the ~ of all flesh*** den Weg allen Fleisches gehen (*sterben*); **3.** Richtung *f*, Seite *f*: ***which ~ is he looking?*** wohin schaut er?; ***this ~*** a) hierher, b) hier entlang, c) → 6; ***the other ~ round*** umgekehrt; **4.** Weg *m*, Entfernung *f*, Strecke *f*: ***a long ~ off*** weit (von hier) entfernt; ***a long ~ off perfection*** alles andere als vollkommen; ***a little ~*** ein kleines Stück (Wegs); **5.** (freie) Bahn, Platz *m*: ***be*** (*od.* ***stand***) ***in s.o.'s ~*** j-m im Weg sein (*a. fig.*); ***give ~*** a) nachgeben, b) (zurück)weichen, c) sich *der Verzweiflung etc.* hingeben; **6.** Art *f* u. Weise *f*, Weg *m*, Me'thode *f*: ***any ~*** auf jede *od.* irgendeine Art; ***any ~ you please*** ganz wie Sie wollen; ***in a big*** (***small***) ~ im Großen (Kleinen); ***one ~ or another*** irgendwie, so oder so; ***some ~ or other*** auf die eine oder andere Weise, irgendwie; ~ ***of living*** (***thinking***) Lebens-(Denk)weise; ***to my ~ of thinking*** nach m-r Meinung; ***in a polite*** (***friendly***) ~ höflich (freundlich); ***in its ~*** auf s-e Art; ***in what*** (*od.* ***which***) ~ inwiefern, wieso; ***the right*** (***wrong***) ~ (***to do it***) richtig (falsch); ***the same ~*** genauso; ***the ~ he does it*** so wie er es macht; ***this*** (*od.* ***that***) ~ so; ***that's the ~ to do it*** so macht man das; **7.** Brauch *m*, Sitte *f*: ***the good old ~s*** die guten alten Bräuche; **8.** Eigenart *f*: ***funny ~s*** komische Manieren; ***it is not his ~*** es ist nicht s-e Art *od.* Gewohnheit; ***she has a winning ~ with her*** sie hat e-e gewinnende Art; ***that is always the ~ with him*** so macht er es (*od.* geht es ihm) immer; **9.** Hinsicht *f*, Beziehung *f*: ***in a ~*** in gewisser Hinsicht; ***in one ~*** in 'einer Beziehung; ***in some ~s*** in mancher Hinsicht; ***in the ~ of food*** an Lebensmitteln, was Nahrung anbelangt; ***no ~*** keineswegs; **10.** (*bsd.* Gesundheits)Zustand *m*, Lage *f*: ***in a bad ~*** in e-r schlimmen Lage; ***live in a great*** (***small***) ~ auf großem Fuß (in kleinen Verhältnissen *od.* sehr bescheiden) leben; **11.** Berufszweig *m*, Fach *n*: ***it is not in his ~*** es schlägt nicht in sein Fach; ***he is in the oil ~*** er ist im Ölhandel (beschäftigt); **12.** F Um'gebung *f*, Gegend *f*: ***somewhere London ~*** irgendwo in der Gegend von London; **13.** ⚙ a) (Hahn)Weg *m*, Bohrung *f*, b) *pl.* Führungen *pl.* (*bei Maschinen*); **14.** Fahrt(geschwindigkeit) *f*: ***gather*** (***lose***) ~ Fahrt vergrößern (verlieren); **15.** *pl. Schiffbau*: a) Helling *f*, b) Stapelblöcke *pl.*;

Besondere Redewendungen:

by the ~ a) im Vorbeigehen, unterwegs; b) am Weg(esrand), an der Straße, c) *fig.* übrigens, nebenbei (bemerkt); ***but that is by the ~!*** doch dies nur nebenbei; ***by ~ of*** a) (auf dem Weg) über (*acc.*), durch, b) *fig.* in der Absicht zu, um ... zu, c) als *Entschuldigung etc.*; ***by ~ of example*** beispielsweise; ***by ~ of exchange*** auf dem Tauschwege; ***be by ~ of being angry*** im Begriff sein aufzubrausen; ***be by ~ of doing*** (***s.th.***) a) dabei sein(, et.) zu tun, b) pflegen *od.* gewohnt sein *od.* die Aufgabe haben(, et.) zu tun; → ***family*** 5; ***in the ~ of*** a) auf dem Weg *od.* dabei zu, b) hinsichtlich (*gen.*); ***in the ~ of business*** auf dem üblichen Geschäftsweg; ***put s.o. in the ~*** (***of doing***) j-m die Möglichkeit geben (zu tun); ***no ~!*** F nichts da!; ***on the*** (*od.* ***one's***) ~ unterwegs, auf dem Wege; ***be well on one's ~*** im Gange sein, schon weit vorangekommen sein (*a. fig.*); ***out of the ~*** a) abgelegen, b) *fig.* ungewöhnlich, ausgefallen, c) *fig.* abwegig; ***nothing out of the ~*** nichts Ungewöhnliches; ***go out of one's ~*** ein Übriges tun, sich besonders anstrengen; ***put s.o. out of the ~*** *fig.* j-n aus dem Wege räumen (*töten*); → ***harm*** 1; ***under ~*** a) ⚓ in Fahrt, unterwegs, b) *fig.* im *od.* in Gang; ***be in a fair*** (*od.* ***good***) ~ auf dem besten Wege sein, die besten Möglichkeiten haben; ***come*** (***in***) ***s.o.'s ~*** *bsd. fig.* j-m über den Weg laufen, j-m begegnen; ***go a long ~ to***(***wards***) viel dazu beitragen zu, ein gutes Stück weiterhelfen bei; ***go s.o.'s ~*** a) den gleichen Weg gehen wie j-d, b) j-n begleiten; ***go one's ~***(***s***) seinen Weg gehen, *fig.* s-n Lauf nehmen; ***have a ~ with*** mit *j-m* umzugehen wissen; ***have one's own ~*** s-n Willen durchsetzen; ***if I had my*** (***own***) ~ wenn es nach mir ginge; ***have it your ~!*** du sollst Recht haben!; ***you can't have it both ~s*** du kannst nicht beides haben; ***know one's ~ about*** sich auskennen (*fig.* ***in*** mit); ***lead the ~*** (*a. fig.* mit gutem Beispiel) vorangehen; ***learn the hard ~*** Lehrgeld bezahlen müssen; ***make ~*** a) Platz machen (***for*** für), b) vorwärts kommen (*a. fig. Fortschritte machen*); ***make one's ~*** sich durchsetzen, s-n Weg machen; → ***mend*** 2, ***pave***, ***pay*** 3; ***see one's ~ to do s.th.*** e-e Möglichkeit sehen, et. zu tun; ***work one's ~ through college*** sich sein Studium durch Nebenarbeit verdienen, Werkstudent sein; ***work one's ~ up*** *a. fig.* sich hocharbeiten.

way² [weɪ] *adv.* F weit *oben, unten etc.*: ~ ***back*** weit entfernt; ~ ***back in 1902*** (schon) damals im Jahre 1902.

'way|·bill *s.* **1.** Passa'gierliste *f*; **2.** ✝ Frachtbrief *m*, Begleitschein *m*; **'~ˌfar·er** [-ˌfeərə] *s. obs.* Reisende(r) *m*, Wandersmann *m*; **'~ˌfar·ing** [-ˌfeərɪŋ] *adj.* reisend, wandernd; **ˌ~'lay** *v/t.* [*irr.* → ***lay¹***] *j-m* auflauern; **'~·leave** *s.* ⚖ *Brit.* Wegerecht *n*; **ˌ~-'out** *adj.* F **1.** ex'zentrisch, ausgefallen, ‚irr(e)'; **2.** ‚toll', ‚super'; **'~·side I** *s.* Straßen-, Wegrand *m*: ***by the ~*** am Wege, am Straßenrand; ***fall by the ~*** *fig.* auf der Strecke bleiben; **II** *adj.* am Wege (stehend), an der Straße (gelegen): ***a ~ inn.***

way| sta·tion *s.* 🚂 *Am.* 'Zwischenstatiˌon *f*; **~ train** *s. Am.* Bummelzug *m.*

way·ward ['weɪwəd] *adj.* □ **1.** launisch, unberechenbar; **2.** eigensinnig, 'widerspenstig; ⚖ verwahrlost (*Jugendliche*[*r*]); **3.** ungeraten: ***a ~ son***; **'way·ward·ness** [-nɪs] *s.* **1.** 'Widerspenstigkeit *f*, Eigensinn *m*; **2.** Launenhaftigkeit *f.*

'way·worn *adj.* reisemüde.

we [wiː; wɪ] *pron. pl.* wir *pl.*

weak [wiːk] *adj.* □ **1.** *allg.* schwach (*a. zahlenmäßig*) (*a. fig. Argument, Spieler, Stil, Stimme etc.*; *a. ling.*): ~ ***in Latin*** *fig.* schwach in Latein; → ***sex*** 2; **2.** ⚕ schwach: a) empfindlich, b) kränklich; **3.** (cha'rakter)schwach, la'bil, schwächlich: ~ ***point*** (*od.* ***side***) schwacher Punkt, schwache Seite, Schwäche *f*; **4.** schwach, dünn (*Tee etc.*); **5.** ✝ schwach, flau (*Markt*); **'weak·en** [-kən] **I** *v/t.* **1.** *j-n od. et.* schwächen; **2.** *Getränk etc.* verdünnen; **3.** *fig. Beweis etc.* abschwächen, entkräften; **II** *v/i.* **4.** schwach *od.* schwächer werden, nachlassen, erlahmen; **'weak·en·ing** [-knɪŋ] *s.* (Ab)Schwächung *f.*

ˌweak-'kneed *adj.* F **1.** feig; **2.** → ***weak-minded*** 2.

weak·ling ['wiːklɪŋ] *s.* Schwächling *m*; **'weak·ly** [-lɪ] **I** *adj.* schwächlich; **II** *adv. von* ***weak***; **ˌweak-'mind·ed** *adj.* **1.** schwachsinnig; **2.** cha'rakterschwach.

weak·ness ['wiːknɪs] *s.* **1.** *allg.* (*a.* Cha'rakter)Schwäche *f*; **2.** Schwächlichkeit *f*, Kränklichkeit *f*; **3.** schwache Seite, schwacher Punkt; **4.** Nachteil *m*, Schwäche *f*, Mangel *m*; **5.** F Schwäche *f*, Vorliebe *f* (***for*** für); **6.** ✝ Flauheit *f.*

ˌweak|-'sight·ed *adj.* ⚕ schwachsichtig; **ˌ~-'spir·it·ed** *adj.* kleinmütig.

weal¹ [wiːl] *s.* Wohl *n*: ~ ***and woe*** *das* Wohl u. Wehe, gute u. schlechte Tage; ***the public*** (*od.* ***common*** *od.* ***general***) ~ das Allgemeinwohl.

weal² [wiːl] *s.* Schwiele *f*, Strieme(n *m*) *f* (*auf der Haut*).

wealth [welθ] *s.* **1.** Reichtum *m* (*a. fig. Fülle*) (***of*** an *dat.*, von); **2.** Reichtümer *pl.*; **3.** ✝ a) Besitz *m*, Vermögen *n*: ~ ***tax*** Vermögenssteuer *f*, b) *a.* ***personal*** ~ Wohlstand *m*; **'wealth·y** [-θɪ] *adj.* □ reich (*a. fig.* ***in*** an *dat.*), wohlhabend.

wean [wiːn] *v/t.* **1.** *Kind, junges Tier* entwöhnen; **2.** *a.* ~ ***away from*** *fig. j-n* abbringen von, *j-m et.* abgewöhnen.

weap·on ['wepən] *s.* Waffe *f* (*a.* ⚘, *zo. u. fig.*); **'weap·on·less** [-lɪs] *adj.* wehrlos, unbewaffnet; **'weap·on·ry** [-rɪ] *s.* Waffen *pl*; **'weap·ons-grade** *adj.* waffenfähig (*Plutonium*).

wear¹ [weə] **I** *v/t.* [*irr.*] **1.** *am Körper* tragen (*a. Bart, Brille, a. Trauer*), *Kleidungsstück a.* anhaben, *Hut a.* aufhaben: ~ ***the breeches*** (*od.* ***trousers*** *od.* ***pants***) F *fig.* die Hosen anhaben (*Ehefrau*); ***she ~s her years well*** *fig.* sie sieht jung aus für ihr Alter; ~ ***one's hair long*** das Haar lang tragen; **2.** *Lächeln, Miene etc.* zur Schau tragen, zeigen; **3.** ~ ***away*** (*od.* ***down***, ***off***, ***out***) *Kleid etc.* abnutzen, abtragen, *Absätze* abtreten, *Stufen etc.* austreten; *Löcher* reißen (***in*** in *acc.*): ~ ***into holes*** ganz abtragen, *Schuhe* durchlaufen; **4.** eingraben, nagen: ***a groove worn by water***; **5.** *a.* ~ ***away*** *Gestein etc.* auswaschen, -höhlen; *Farbe etc.* verwischen; **6.** *a.* ~ ***out*** ermüden, *a. Geduld* erschöpfen; → ***welcome*** 1; **7.** *a.* ~ ***down*** zermürben: a) entkräften, b) *fig.* niederringen, *Widerstand* brechen: ***worn to a shadow*** nur noch ein Schatten (*Person*); **II** *v/i.* [*irr.*] **8.** halten, haltbar sein: ~ ***well*** a) sehr haltbar sein (*Stoff etc.*), sich gut tragen (*Kleid etc.*), b) *fig.*

W

sich gut halten, wenig altern (*Person*); **9.** *a.* **~ away** (*od.* **down**, **off**, **out**) sich abtragen *od.* abnutzen, verschleißen: **~ away** *a.* sich verwischen; **~ off** *fig.* sich verlieren (*Eindruck, Wirkung*); **~ out** *fig.* sich erschöpfen; **~ thin** a) fadenscheinig werden, b) sich erschöpfen (*Geduld etc.*); **10.** *a.* **~ away** langsam vergehen, da'hinschleichen (*Zeit*): **~ to an end** schleppend zu Ende gehen; **11.** **~ on** sich da'hinschleppen (*Zeit, Geschichte etc.*); **III** *s.* **12.** Tragen *n*: ***clothes for everyday ~*** Alltagskleidung *f*; ***have in constant ~*** ständig tragen; **13.** (Be)Kleidung *f*, Mode *f*: ***be the ~*** Mode sein, getragen werden; **14.** Abnutzung *f*, Verschleiß *m*: **~ *and tear*** a) ⚙ Abnutzung, Verschleiß (*a. fig.*), b) ♦ Abschreibung *f* für Wertminderung; ***for hard ~*** strapazierfähig; ***the worse for ~*** abgetragen, mitgenommen (*a. fig.*); **15.** Haltbarkeit *f*: ***there is still a great deal of ~ in it*** das lässt sich noch gut tragen.

wear² [weə] ⚓ **I** *v/t.* [*irr.*] *Schiff* halsen; **II** *v/i.* [*irr.*] vor dem Wind drehen (*Schiff*).

wear·a·ble ['weərəbl] *adj.* tragbar (*Kleid*).

wea·ri·ness ['wɪərɪnɪs] *s.* **1.** Müdigkeit *f*; **2.** *fig.* 'Überdruss *m*.

wear·ing ['weərɪŋ] *adj.* **1.** Kleidungs...; **2.** abnützend; **3.** ermüdend, zermürbend.

wea·ri·some ['wɪərɪsəm] *adj.* □ ermüdend (*mst fig. langweilig*).

ˌwear-re'sist·ant *adj.* strapa'zierfähig.

wea·ry ['wɪərɪ] **I** *adj.* □ **1.** müde, matt (**with** von, vor *dat.*); **2.** müde, 'überdrüssig (**of** *gen.*): **~ *of life*** lebensmüde; **3.** ermüdend: a) beschwerlich, b) langweilig; **II** *v/t.* **4.** ermüden (*a. fig. langweilen*); **III** *v/i.* **5.** überdrüssig *od.* müde werden (**of** *gen.*).

wea·sel ['wi:zl] *s.* **1.** *zo.* Wiesel *n*; **2.** F *contp.* ‚Schlange' *f*, ‚Ratte' *f*.

weath·er ['weðə] **I** *s.* **1.** a) Wetter *n*, Witterung *f*, b) Unwetter *n*: ***in fine ~*** bei schönem Wetter; ***make good*** (*od.* ***bad***) **~** ⚓ auf gutes (schlechtes) Wetter stoßen; ***make heavy ~ of s.th.*** *fig.* ‚viel Wind machen' um et.; ***under the ~*** F a) nicht in Form (*unpässlich*), b) e-n Katzenjammer habend, c) ‚angesäuselt'; **2.** ⚓ Luv-, Windseite *f*; **II** *v/t.* **3.** dem Wetter aussetzen, *Holz etc.* auswittern; *geol.* verwittern (lassen); **4.** a) ⚓ *den Sturm* abwettern, b) *a.* **~ *out*** *fig. Sturm, Krise etc.* über'stehen; **5.** ⚓ luvwärts um'schiffen; **III** *v/i.* **6.** *geol.* verwittern; **'~-ˌbeat·en** *adj.* **1.** vom Wetter mitgenommen; **2.** verwittert; **3.** wetterhart; **'~·board** *s.* **1.** ⚙ a) Wasserschenkel *m*, b) Schal-, Schindelbrett *n*, c) *pl.* Verschalung *f*; **2.** ⚓ Waschbord *n*; **'~-ˌboard·ing** *s.* Verschalung *f*; **'~-bound** *adj.* schlechtwetterbehindert; **~ bu·reau** *s.* Wetteramt *n*; **~ chart** *s.* Wetterkarte *f*; **'~·cock** *s.* **1.** Wetterhahn *m*; **2.** *fig.* wetterwendische Per'son; **'~-eye** [-əraɪ] *s.*: ***keep one's ~ open*** *fig.* gut aufpassen; **~ fore·cast** *s.* 'Wetterbericht *m*, -vorˌhersage *f*; **'~·man** [-mæn] *s.* [*irr.*] F **1.** Meteoro'loge *m*; **2.** Wetteransager *m*; **'~·proof** *adj.* wetterfest; **~ sat·el·lite** *s.* 'Wettersatelˌlit *m*; **~ side** *s.* **1.** → ***weather*** 2; **2.** Wetterseite *f*; **~ sta·tion** *s.* Wetterwarte *f*; **~ strip** *s.* Dichtungsleiste *f*; **~ vane** *s.* Wetterfahne *f*; **'~-worn** → ***weather-beaten***.

weave [wi:v] **I** *v/t.* [*irr.*] **1.** weben, wirken; **2.** zs.-weben, flechten; **3.** (ein-)flechten (**into** in *acc.*), verweben, -flechten (**with** mit, **into** zu) (*a. fig.*); **4.** *fig.* ersinnen, erfinden; **II** *v/i.* [*irr.*] **5.** weben; **6.** hin- u. herpendeln (*a. Boxer*), sich schlängeln *od.* winden; **7.** ***get weaving*** *Brit.* F ‚sich ranhalten'; **III** *s.* **8.** Gewebe *n*; **9.** Webart *f*; **'weav·er** [-və] *s.* **1.** Weber(in); Wirker(in); **2.** *a.* **~ *bird*** *orn.* Webervogel *m*; **'weav·ing** [-vɪŋ] **I** *s.* Weben *n*, Webe'rei *f*; **II** *adj.* Web...: **~ *loom*** Webstuhl *m*; **~ *mill*** Weberei *f*.

wea·zen ['wi:zn] → ***wizen***.

web [web] *s.* **1.** a) Gewebe *n*, Gespinst *n*, b) Netz *n* (*der Spinne etc.*) (*alle a. fig.*): ***a ~ of lies*** ein Lügengewebe; **2.** Gurt(band *n*) *m*; **3.** *zo.* a) Schwimm-, Flughaut *f*, b) Bart *m e-r Feder*; **4.** ⚙ Sägeblatt *n*; **5.** (Pa'pier- *etc.*)Bahn *f*, (-)Rolle *f*; **6.** ***the*** ♀ das (World Wide) Web (*Internet*); **webbed** [webd] *adj. zo.* schwimmhäutig: **~ *foot*** Schwimmfuß *m*; **web·bing** ['webɪŋ] *s.* **1.** Gewebe *n*; **2.** → ***web*** 2.

Web| brows·er *s. Internet*: 'Webbrowser *m* (*Programm für die Suche im Internet*); **'♀·foot** *s.* [*irr.*] *zo.* Schwimmfuß *m*; **'♀-ˌfoot·ed** *adj.* schwimmfüßig; **~ page** *s. Internet*: 'Webseite *f*; **~ serv·er** *s. Internet*: 'Webserver *m*; **~ site** *s. Internet*: 'Website *f* (*zs.-hängende Webseiten, die mit e-r Homepage beginnen*); **~ space** *s. Internet*: 'Webspace *m*: a) *Speicherplatz, den ein Internet-Provider auf e-m Server für e-n Kunden zur Verfügung stellt* , b) *Platz, den das World Wide Web im Cyberspace einnimmt*; **'~-toed** → ***web-footed***.

wed [wed] **I** *v/t.* **1.** *rhet.* ehelichen, heiraten: **~*ded bliss*** eheliches Glück; **2.** vermählen (**to** mit); **3.** *fig.* eng verbinden (**with**, **to** mit): ***be ~ded to s.th.*** a) an et. fest gebunden *od.* gekettet sein, b) sich e-r Sache verschrieben haben; **II** *v/i.* **4.** sich vermählen.

we'd [wi:d; wɪd] F *für* a) ***we would***, ***we should***, b) ***we had***.

wed·ding ['wedɪŋ] *s.* Hochzeit *f*, Trauung *f*; **~ an·ni·ver·sa·ry** *s.* (*dritter etc.*) Hochzeitstag; **~ break·fast** *s.* Hochzeitsessen *n*; **~ cake** *s.* Hochzeitskuchen *m*; **~ day** *s.* Hochzeitstag *m*; **~ dress** *s.* Hochzeits-, Brautkleid *n*; **~ ring** *s.* Trauring *m*.

we·del ['wedl] *v/i. Skisport*: wedeln.

wedge [wedʒ] **I** *s.* **1.** ⚙ Keil *m* (*a. fig.*): **~ *writing*** Keilschrift *f*; ***the thin end of the ~*** *fig.* ein erster kleiner Anfang; **2.** a) keilförmiges Stück (*Land etc.*), b) Ecke *f* (*Käse etc.*), c) Stück *n* (*Kuchen*); **3.** ✗ 'Keil(formatiˌon *f*) *m*; **4.** *Golf*: Wedge *m* (*Schläger*); **II** *v/t.* **5.** ⚙ a) verkeilen, festklemmen, b) (mit e-m Keil) spalten: **~ *off*** abspalten; **6.** (ein-)keilen, (-)zwängen (**in** in *acc.*): **~ *o.s. in*** sich hineinzwängen; **~ (fric·tion) gear** *s.* ⚙ Keilrädergetriebe *n*; **~ heel** *s.* (Schuh *m* mit) Keilabsatz *m*; **'~-shaped** *adj.* keilförmig.

wed·lock ['wedlɒk] *s.* Ehe(stand *m*) *f*: ***born in lawful*** (***out of***) **~** ehelich (unehelich) geboren.

Wednes·day ['wenzdɪ] *s.* Mittwoch *m*: ***on ~*** am Mittwoch; ***on ~s*** mittwochs.

wee¹ [wi:] *adj.* klein, winzig: ***a ~ bit*** ein klein wenig; ***the ~ hours*** die frühen Morgenstunden.

wee² [wi:] F **I** *s.* ‚Pi'pi' *n*; **II** *v/i.* ‚Pi'pi machen'.

weed [wi:d] **I** *s.* **1.** Unkraut *n*: ***ill ~s grow apace*** Unkraut verdirbt nicht; **~ *killer*** Unkrautvertilgungsmittel *n*; **2.** F a) ‚Glimmstängel' *m* (*Zigarre, Zigarette*), b) ‚Kraut' *n* (*Tabak*), c) ‚Grass' *n* (*Marihuana*); **3.** *sl.* Kümmerling *m* (*schwächliches Tier, a. Person*); **II** *v/t.* **4.** *Unkraut od. Garten etc.* jäten; **5.** **~ *out***, **~ *up*** *fig.* aussondern, -merzen; **6.** *fig.* säubern; **III** *v/i.* **7.** (Unkraut) jäten; **'weed·er** [-də] *s.* **1.** Jäter *m*; **2.** ⚙ Jätwerkzeug *n*; **weed kil·ler** *s.* Unkrautvertilgungsmittel *n*.

weeds [wi:dz] *s. pl. mst* ***widow's ~*** Witwen-, Trauerkleidung *f*.

weed·y ['wi:dɪ] *adj.* **1.** voll Unkraut; **2.** unkrautartig; **3.** F a) schmächtig, b) schlaksig, c) klapperig.

week [wi:k] *s.* Woche *f*: ***by the ~*** wochenweise; ***for ~s*** wochenlang; ***today ~***, ***this day ~*** a) heute in 8 Tagen, b) heute vor 8 Tagen; **'~·day** **I** *s.* Wochen-, Werktag *m*: ***on ~s*** werktags; **II** *adj.* Werktags...; **ˌ~'end** **I** *s.* Wochenende *n*; **II** *adj.* Wochenend...: **~ *speech*** Sonntagsrede *f*; **~ *ticket*** Sonntags(rückfahr)karte *f*; **III** *v/i.* das Wochenende verbringen; **ˌ~'end·er** [-'endə] *s.* Wochenendausflügler(in); **'~-ends** *adv. Am.* an Wochenenden.

week·ly ['wi:klɪ] **I** *adj. u. adv.* wöchentlich; **II** *s.* *a.* **~ *paper*** Wochenzeitung *f*, -(zeit)schrift *f*.

wee·ny ['wi:nɪ] *adj.* F winzig.

weep [wi:p] **I** *v/i.* [*irr.*] **1.** weinen, Tränen vergießen (**for** vor *Freude etc.*, um *j-n*): **~ *at*** (*od.* ***over***) weinen über (*acc.*); **2.** a) triefen, b) tröpfeln, c) ⚕ nässen (*Wunde etc.*); **3.** trauern (*Baum*); **II** *v/t.* [*irr.*] **4.** *Tränen* vergießen, weinen; **5.** beweinen; **III** *s.* **6.** ***have a good ~*** F sich tüchtig ausweinen; **'weep·er** [-pə] *s.* **1.** Weinende(r *m*) *f*, *bsd.* Klageweib *n*; **2.** a) Trauerbinde *f od.* -flor *m*, b) *pl.* Witwenschleier *m*; **'weep·ie** → ***weepy*** 3; **'weep·ing** [-pɪŋ] **I** *adj.* □ **1.** weinend; **2.** ♀ Trauer...: **~ *willow*** Trauerweide *f*; **3.** triefend, tropfend; **4.** ⚕ nässend; **II** *s.* **5.** Weinen *n*; **'wee·py** ['wi:pɪ] F **I** *adj.* **1.** weinerlich; **2.** rührselig; **II** *s.* **3.** ‚Schnulze' *f*.

wee·vil ['wi:vɪl] *s. zo.* **1.** Rüsselkäfer *m*; **2.** *allg.* Getreidekäfer *m*.

'wee·wee → ***wee²***.

weft [weft] *s. Weberei*: a) Einschlag(faden) *m*, Schuss(faden) *m*, b) Gewebe *n* (*a. poet.*).

weigh¹ [weɪ] **I** *s.* **1.** Wiegen *n*; **II** *v/t.* **2.** (ab)wiegen (**by** nach); **3.** (*in der Hand*) wiegen; **4.** *fig.* (sorgsam) er-, abwägen (**with**, **against** gegen): **~ *one's words*** s-e Worte abwägen; **5.** **~ *anchor*** ⚓ a) den Anker lichten, b) auslaufen (*Schiff*); **6.** (nieder)drücken; **III** *v/i.* **7.** wiegen, *2 Kilo etc.* schwer sein; **8.** *fig. schwer etc.* wiegen, ins Gewicht fallen, ausschlaggebend sein (**with s.o.** bei j-m): **~ *against s.o.*** a) gegen j-n sprechen, b) gegen j-n ins Feld geführt werden; **9.** *fig.* lasten (**on**, **upon** auf *dat.*); *Zssgn mit adv.*:

weigh| down *v/t.* niederdrücken (*a. fig.*); **~ in** **I** *v/t.* **1.** ✈ *sein Gepäck* wiegen lassen; **2.** *sport* a) *Jockei* nach dem Rennen wiegen, b) *Boxer, Gewichtheber etc.* vor dem Kampf wiegen; **II** *v/i.* **3.** ✈ sein Gepäck wiegen lassen; **4.** *sport* gewogen werden: ***he ~ed in at 200 pounds*** er brachte 200 Pfund auf die Waage; **5.** a) eingreifen, sich einschalten, b) **~ *with*** *Argument etc.* vorbringen; ~ **out I** *v/t.* **1.** *Ware* auswiegen; **2.** *sport Jockei* vor dem Rennen wiegen; **II** *v/i.* **3.** *sport* gewogen werden.

weigh² [weɪ] *s.*: ***get under ~*** ⚓ unter Segel gehen.

ˈ**weigh·bridge** *s.* Brückenwaage *f.*

weigh·er [ˈweɪə] *s.* **1.** Wäger *m*, Waagemeister *m*; **2.** → **weigh·ing ma·chine** [ˈweɪɪŋ] *s.* ⚙ Waage *f.*

weight [weɪt] **I** *s.* **1.** Gewicht *n* (*a. Maß u. Gegenstand*): ***~s and measures*** Maße u. Gewichte; ***by ~*** nach Gewicht; ***under ~*** ⚕ untergewichtig, zu leicht; ***lose*** (***put on***) ***~*** *an Körpergewicht* ab-(zu)nehmen; ***pull one's ~*** *fig.* sein(en) Teil leisten; ***throw one's ~ about*** F sich aufspielen *od.* ‚breit machen'; ***that takes a ~ off my mind*** da fällt mir ein Stein vom Herzen; **2.** *fig.* Gewicht *n*: a) Last *f*, Wucht *f*, b) (*Sorgen- etc.*)Last *f*, Bürde *f*, c) Bedeutung *f*, d) Einfluss *m*, Geltung *f*: ***of ~*** gewichtig, schwerwiegend; ***men of ~*** bedeutende *od.* einflussreiche Leute; ***the ~ of evidence*** die Last des Beweismaterials; ***add ~ to*** *e-r Sache* Gewicht verleihen; ***carry*** (*od.* ***have***) ***~ with*** viel gelten bei; ***give ~ to*** *e-r Sache* große Bedeutung beimessen; **3.** *sport* a) *a.* ***~ category*** Gewichtsklasse *f*, b) Gewicht *n* (*Gerät*), c) (Stoß)Kugel *f*; **II** *v/t.* **4.** a) beschweren, b) belasten (*a. fig.*): ***~ the scales in favo(u)r of s.o.*** j-m e-n (unerlaubten) Vorteil verschaffen; **5.** ⚕ *Stoffe etc.* durch Beimischung *von Mineralien etc.* schwerer machen; ˈ**weight·i·ness** [-tɪnɪs] *s.* Gewicht *n*, *fig. a.* (Ge)Wichtigkeit *f.*

weight·less [ˈweɪtlɪs] *adj.* schwerelos; ˈ**weight·less·ness** [-nɪs] *s.* Schwerelosigkeit *f.*

ˈ**weight|ˌlift·er** *s. sport* Gewichtheber *m*; ˈ**~ˌlift·ing** *s. sport* Gewichtheben *n*; **~ watch·er** *s.* j-d, der auf sein Gewicht achtet.

weight·y [ˈweɪtɪ] *adj.* ☐ **1.** schwer, gewichtig, *fig. a.* schwerwiegend; **2.** *fig.* einflussreich, gewichtig (*Person*).

weir [wɪə] *s.* **1.** (Stau)Wehr *n*; **2.** Fischreuse *f.*

weird [wɪəd] *adj.* ☐ **1.** *poet.* Schicksals...: ***~ sisters*** Schicksalsschwestern, Nornen; **2.** unheimlich; **3.** F ulkig, ‚verrückt'; **weir·do** [ˈwɪədəʊ] *pl.* **-dos** *s.* F ‚irrer Typ'.

welch [welʃ] → ***welsh²***.

wel·come [ˈwelkəm] **I** *s.* **1.** Willkomm (-en *n*) *m*, Empfang *m* (*a. iro.*): ***bid s.o. ~*** → 2; ***outstay*** (*od.* ***overstay*** *od.* ***wear out***) ***one's ~*** länger bleiben als man erwünscht ist; **II** *v/t.* **2.** bewillkommnen, will'kommen heißen; **3.** *fig.* begrüßen: a) *et.* gutheißen, b) gern annehmen; **III** *adj.* **4.** willkommen, angenehm (*Gast, a. Nachricht etc.*): ***make s.o. ~*** j-n herzlich empfangen *od.* aufnehmen; **5.** ***you are ~ to it*** Sie können es gerne behalten *od.* nehmen, es steht zu Ihrer Verfügung; ***you are ~ to do it*** es steht Ihnen frei, es zu tun; das können Sie gerne tun; ***you are ~ to your own opinion*** *iro.* meinetwegen können Sie denken, was Sie wollen; (***you are***) ***~!*** nichts zu danken!, keine Ursache!, bitte (sehr)!; ***and ~*** *iro.* meinetwegen, wenns Ihnen Spaß macht; **IV** *int.* **6.** will'kommen (***to*** in *England etc.*).

weld [weld] **I** *v/t.* ⚙ (ver-, zs.-)schweißen: ***~ on*** anschweißen (***to*** an *acc.*); ***~ together*** zs.-schweißen, *fig. a.* zs.-schmieden; **II** *v/i.* ⚙ sich schweißen lassen; **III** *s.* ⚙ Schweißstelle *f*, -naht *f*; ˈ**weld·a·ble** [-dəbl] *adj.* schweißbar; ˈ**weld·ed** [-dɪd] *adj.* geschweißt, Schweiß...: ***~ joint*** Schweißverbindung *f*; ˈ**weld·er** [-də] *s.* ⚙ **1.** Schweißer *m*; **2.** Schweißbrenner *m*, -gerät *n*; ˈ**weld·ing** [-dɪŋ] *adj.* Schweiß...

wel·fare [ˈwelfeə] *s.* **1.** Wohl *n*, *e-r Person*: *a.* Wohlergehen *n*; **2.** a) (***public***) ***~*** (öffentliche) Wohlfahrt, b) *Am.* Sozi'alhilfe *f*: ***be on ~*** Sozialhilfe beziehen; ***~ state*** *s. pol.* Wohlfahrtsstaat *m*; ***~ stat·ism*** [ˈsteɪtɪzəm] → ***welfarism***; ***~ work*** *s. Am.* Sozi'alarbeit *f*; ***~ sys·tem*** *s. pol.* Sozi'alsysˌtem *n*; ***~ work·er*** *s. Am.* Sozi'alarbeiter(in).

wel·far·ism [ˈwelfeərɪzəm] *s.* wohlfahrtsstaatliche Poli'tik.

wel·kin [ˈwelkɪn] *s. poet.* Himmelszelt *n*: ***make the ~ ring with shouts*** die Luft mit Geschrei erfüllen.

well¹ [wel] **I** *adv.* **1.** gut, wohl: ***be ~ off*** a) gut versehen sein (***for*** mit), b) wohlhabend *od.* gut daran sein; ***do o.s.*** (*od.* ***live***) ***~*** gut leben, es sich wohl sein lassen; ***be ~ up in*** bewandert sein in *e-m Fach etc.*; **2.** gut, recht, geschickt: ***do ~*** gut *od.* recht daran tun (***to do*** zu tun); ***sing ~*** gut singen; ***~ done!*** gut gemacht!, bravo!; ***~ roared, lion!*** gut gebrüllt, Löwe!; **3.** gut, freundschaftlich: ***think*** (*od.* ***speak***) ***~ of*** gut denken (*od.* sprechen) über (*acc.*); **4.** gut, sehr: ***love s.o. ~*** j-n sehr lieben; ***it speaks ~ for him*** es spricht sehr für ihn; **5.** wohl, mit gutem Grund: ***one may ~ ask this question*** man kann wohl *od.* mit gutem Grund so fragen; ***you cannot very ~ do that*** das kannst du nicht gut tun; ***not very ~*** wohl kaum; **6.** recht, eigentlich: ***he does not know ~ how*** er weiß nicht recht wie; **7.** gut, genau, gründlich: ***know s.o. ~*** j-n gut kennen; ***he knows only too ~*** er weiß nur zu gut; **8.** gut, ganz, völlig: ***he is ~ out of sight*** er ist völlig außer Sicht; **9.** gut, beträchtlich, weit: ***~ away*** weit weg; ***he walked ~ ahead of them*** er ging ihnen ein gutes Stück voraus; ***until ~ past midnight*** bis lange nach Mitternacht; **10.** gut, tüchtig, gründlich: ***stir ~***; **11.** gut, mit Leichtigkeit: ***you could ~ have done it*** du hättest es leicht tun können; ***it is very ~ possible*** es ist durchaus *od.* sehr wohl möglich; ***as ~*** ebenso, außerdem; (***just***) ***as ~*** ebenso (gut), genauso (gut); ***as ~ ... as*** sowohl ... als auch, nicht nur ... sondern auch; ***as ~ as*** ebenso gut wie; **II** *adj.* **12.** wohl, gesund: ***be*** (*od.* ***feel***) ***~*** sich wohl fühlen; **13.** in Ordnung, richtig, gut: ***I am very ~ where I am*** ich fühle mich hier sehr wohl; ***it is all very ~ but*** *iro.* das ist ja alles schön u. gut, aber; **14.** gut, günstig: ***that is just as ~*** das ist schon gut so; ***very ~*** sehr wohl, nun gut; ***~ and good*** schön und gut; **15.** ratsam, richtig, gut: ***it would be ~*** es wäre angebracht *od.* ratsam; **III** *int.* **16.** nun, na, schön: ***~!*** (*empört*) na, hör mal!; ***~ then*** nun (also); ***~ then?*** (*erwartend*) na, und?; ***~, ~!*** so, so!, (*beruhigend*) schon gut; **17.** (*überlegend*) (t)ja, hm; **IV** *s.* **18.** *das* Gute: ***let ~ alone!*** lass gut sein!, lass die Finger davon!

well² [wel] **I** *s.* **1.** (*gegrabener*) Brunnen, Ziehbrunnen *m*; **2.** *a. fig.* Quelle *f*; **3.** a) Mine'ralbrunnen *m*, b) *pl.* (*in Ortsnamen*) Bad *n*; **4.** *fig.* (Ur)Quell *m*; **5.** ⚙ a) (Senk-, Öl- *etc.*)Schacht *m*, b) Bohrloch *n*; **6.** △ a) Fahrstuhl-, Luft-, Lichtschacht *m*, b) (Raum *m* für das) Treppenhaus *n*; **7.** ⚓ a) Pumpensod *m*, b) Fischbehälter *m*; **8.** ⚙ eingelassener Behälter: a) *mot.* Kofferraum *m*, b) Tintenbehälter *m*; **9.** ⚖ *Brit.* eingefriedigter Platz für Anwälte; **II** *v/i.* **10.** quellen (***from*** aus): ***~ up*** (*od.* ***forth***, ***out***) hervorquellen; ***~ over*** überfließen.

ˌ**well|-ad'vised** *adj.* wohl überlegt, klug; ˌ**~-ap'point·ed** *adj.* gut ausgestattet; ˌ**~-'bal·anced** *adj. fig.* **1.** ausgewogen: ***~ diet***; **2.** (innerlich) ausgeglichen; ˌ**~-be'haved** *adj.* wohlerzogen, artig; ˌ**~-'be·ing** *s.* **1.** Wohl(ergehen) *n*; **2.** *mst* ***sense of ~*** Wohlgefühl *n*; ˌ**~-be'lov·ed** *adj.* viel geliebt; ˌ**~-'born** *adj.* von vornehmer Herkunft, aus guter Fa'milie; ˌ**~-'bred** *adj.* **1.** wohlerzogen; **2.** gebildet, fein; ˌ**~-'cho·sen** *adj.* (gut) gewählt, treffend: ***~ words***; ˌ**~-con'nect·ed** *adj.* mit guten Beziehungen *od.* mit vornehmer Verwandtschaft; ˌ**~-di'rect·ed** *adj.* wohl *od.* gut gezielt (*Schlag etc.*); ˌ**~-dis'posed** *adj.* wohlgesinnt; ˌ**~-'done** *adj.* **1.** gut gemacht; **2.** 'durchgebraten (*Fleisch*); ˌ**~-'earned** *adj.* wohlverdient; ˌ**~-'fa·vo(u)red** *adj. obs.* gut aussehend, hübsch; ˌ**~-'fed** *adj.* gut genährt, wohlgenährt; ˌ**~-'found·ed** *adj.* wohl begründet; ˌ**~-'groomed** *adj.* gepflegt; ˌ**~-'ground·ed** *adj.* **1.** → ***well-founded***; **2.** mit guter Vorbildung (*in e-m Fach*).

ˈ**well·head** *s.* **1.** → ***wellspring***; **2.** Brunneneinfassung *f.*

ˌ**well|-'heeled** *adj.* F ‚(gut) betucht'; ˌ**~-in'formed** *adj.* **1.** gut unterrichtet; **2.** (vielseitig) gebildet.

Wel·ling·ton (**boot**) [ˈwelɪŋtən] *s.* Schaft-, Gummi-, Wasserstiefel *m.*

well|-in·ten·tioned [ˌwelɪnˈtenʃnd] *adj.* **1.** gut *od.* wohl gemeint; **2.** wohlmeinend (*Person*); ˌ**~-'judged** *adj.* wohl berechnet, angebracht; ˌ**~'kept** *adj.* **1.** gepflegt; **2.** streng gehütet: ***~ secret***; ˌ**~-'knit** *adj.* **1.** drahtig (*Figur, Person*); **2.** gut durchdacht; ˌ**~-'known** *adj.* **1.** weithin bekannt; **2.** wohl bekannt; ˌ**~-'made** *adj.* **1.** gut gemacht; **2.** gut gewachsen, gut gebaut (*Person od. Tier*); ˌ**~-'man·nered** *adj.* wohlerzogen, mit guten Ma'nieren; ˌ**~-'matched** *adj.* **1.** *sport* gleich stark; **2.** ***a ~ couple*** ein Paar, das gut zs.-passt; ˌ**~-'mean·ing** → ***well-intentioned***; ˌ**~-'meant** *adj.* gut gemeint; ˈ**~·ness** *s.* Wellness *f* (*Wohlbefinden durch Entspannungsübungen, leichte sportliche Betätigung etc.*); ˈ**~-nigh** *adv.* fast, so gut wie: ***~ impossible***; ˌ**~-'off** *adj.* wohlhabend, gut situiert; ˌ**~-'oiled** *adj. fig.* F **1.** gut funktionierend; **2.** ziemlich ‚angesäuselt'; ˌ**~-pro'por·tioned** *adj.* wohlproportioniert, gut gebaut; ˌ**~-'read** [-'red] *adj.* (sehr) belesen; ˌ**~'reg·u·lat·ed** *adj.* wohl geregelt, wohl geordnet; ˌ**~-'round·ed** *adj.* **1.** (wohl)beleibt; **2.** *fig.* a) abgerundet, ele'gant (*Stil, Form etc.*), b) ausgeglichen, c) vielseitig (*Bildung etc.*); ˌ**~-'spent** *adj.* **1.** gut genützt (*Zeit*); **2.** sinnvoll ausgegeben (*Geld*); ˌ**~-'spo·ken** *adj.* **1.** redegewandt; **2.** höflich im Ausdruck.

ˈ**well·spring** *s.* Quelle *f*, *fig. a.* (Ur-)Quell *m.*

ˌ**well|-'tem·pered** *adj.* **1.** gutmütig; **2.** ♪ wohltemperiert (*Klavier, Stimmung*); ˈ**~-ˌthought-'out** *adj.* 'wohlerwogen, wohl durchdacht; ˌ**~-'timed** *adj.* (zeitlich) wohl berechnet; *sport* gut getimed;

ˌ**~-to-ˈdo** *adj.* wohlhabend; ˌ**~-ˈtried** *adj.* (wohl) erprobt, bewährt; ˌ**~-ˈturned** *adj. fig.* wohlgesetzt, eleˈgant (*Worte*); ˈ**~-ˌwish·er** *s.* **1.** Gönner(in); **2.** Befürworter(in); **3.** *pl.* jubelnde Menge; ˌ**~-ˈworn** *adj.* **1.** abgetragen, abgenutzt; **2.** *fig.* abgedroschen.

Welsh[1] [welʃ] **I** *adj.* **1.** waˈlisisch; **II** *s.* **2. the ~** die Waˈliser *pl.*; **3.** *ling.* Waˈlisisch *n.*

welsh[2] [welʃ] *v/i.* F **1.** mit den (Wett-)Gewinnen ˈdurchgehen (*Buchmacher*): **~ on** a) *j-n* um s-n (Wett)Gewinn betrügen, b) *j-n* ‚verschaukeln'; **2.** sich ‚drücken' (**on** vor *dat.*).

Welsh cor·gy *s.* Welsh Corgi *m* (*walisische Hunderasse*).

welsh·er [ˈwelʃə] *s.* F **1.** betrügerischer Buchmacher; **2.** ‚falscher Hund'.

Welsh|·man [ˈwelʃmən] *s.* [*irr.*] Waˈliser *m*; **~ rab·bit**, **~ rare·bit** *s.* überˈbackene Käseschnitte.

welt [welt] **I** *s.* **1.** Einfassung *f*, Rand *m*; **2.** *Schneiderei*: a) (Zier)Borte *f*, b) Rollsaum *m*, c) Stoßkante *f*; **3.** Rahmen *m* (*Schuh*); **4.** a) Strieme(n *m*) *f*, b) F (heftiger) Schlag; **II** *v/t.* **5.** a) *Kleid etc.* einfassen, b) *Schuh* auf Rahmen arbeiten, c) *Blech* falzen: **~ed** randgenäht (*Schuh*); **6.** F ‚verdreschen'.

wel·ter [ˈweltə] **I** *v/i.* **1.** *poet.* sich wälzen (**in** in *s-m Blut etc.*) (*a. fig.*); **II** *s.* **2.** Wogen *n*, Toben *n* (*Wellen etc.*); **3.** *fig.* Tuˈmult *m*, Durcheinˈander *n*, Wirrwarr *m*, Chaos *n*.

ˈ**wel·ter·weight** *s. sport* Weltergewicht (-ler *m*) *n*.

wen [wen] *s.* ⚕ (Balg)Geschwulst *f*, *bsd.* Grützbeutel *m am Kopf*: **the great ~** *fig.* London *n*.

wench [wentʃ] **I** *s.* **1.** *obs. od. humor.* (*bsd.* Bauern)Mädchen *n*, Weibsbild *n*; **2.** *obs.* Hure *f*, Dirne *f*; **II** *v/i.* **3.** huren.

wend [wend] *v/t.* **~ one's way** sich wenden, s-n Weg nehmen (**to** nach, zu).

Wen·dy house [ˈwendɪ] *s. Brit.* Spielhaus *n* (*für Kinder*).

went [went] *pret. von* **go**.

wept [wept] *pret u. p.p. von* **weep**.

were [wɜː; wə] **1.** *pret. von* **be**: *du* warst, *Sie* waren, *wir*, *sie* waren, *ihr* wart; **2.** *pret. pass.*: wurde(n); **3.** *subj. pret.* wäre(n).

were·wolf [ˈwɪəwʊlf] *s.* [*irr.*] Werwolf *m*.

west [west] **I** *s.* **1.** Westen *m*: **the wind is coming from the ~** der Wind kommt von Westen; **2.** Westen *m* (*Landesteil*); **3. the** ♀ *geogr.* der Westen: a) Westengland *n*, b) die *amer.* Weststaaten *pl.*, c) das Abendland; **4.** *poet.* West (-wind) *m*; **II** *adj.* **5.** westlich, West...; **III** *adv.* **6.** westwärts, nach Westen: **go ~** a) nach Westen *od.* westwärts gehen *od.* ziehen, b) *sl.* ‚draufgehen' (*sterben*, *kaputtgehen od. verloren gehen*); **7. ~ of** westlich von; ˈ**west·er·ly** [-təlɪ] **I** *adj.* westlich, West...; **II** *adv.* westwärts, gegen Westen.

west·ern [ˈwestən] **I** *adj.* **1.** westlich, West...: **the** ♀ **Empire** *hist.* das weströmische Reich; **2.** *oft* ♀ westlich, abendländisch; **3.** ♀ ˈwestameriˌkanisch, (Wild)West...; **II** *s.* **4.** → **westerner**; **5.** Western *m*: a) Wildˈwestfilm *m*, b) Wildˈwestroˌman *m*; ˈ**west·ern·er** [-nə] *s.* **1.** Westländer *m*; **2.** *a.* ♀ *Am.* Weststaatler *m*; **3.** *oft* ♀ Abendländer *m*; ˈ**west·ern·ize** [-naɪz] *v/t.* verwestlichen; ˈ**west·ern·most** [-məʊst] *adj.* westlichst.

West In·di·an I *adj.* westˈindisch; **II** *s.* Westˈindier(in).

West·pha·li·an [westˈfeɪljən] **I** *adj.* westˈfälisch; **II** *s.* Westˈfale *m*, Westˈfälin *f*.

west·ward [ˈwestwəd] *adj. u. adv.* westlich, westwärts, nach Westen; ˈ**west·wards** [-dz] *adv.* → **westward**.

wet [wet] **I** *adj.* **1.** nass, durchˈnässt (**with** von): **~ through** durchnässt; **~ to the skin** nass bis auf die Haut; **~ blanket** *fig.* a) Dämpfer *m*, kalte Dusche, b) Störenfried *m*, Spielverderber(in); fader Kerl; **throw a ~ blanket on** *e-r Sache* e-n Dämpfer aufsetzen; **~ paint!** frisch gestrichen!; **~ steam** ⚙ Nassdampf *m*; **2.** regnerisch, feucht (*Klima*); **3.** ⚙ nass, Nass...(*-gewinnung etc.*); **4.** *Am.* ‚feucht' (*nicht unter Alkoholverbot stehend*); **5.** F feuchtfröhlich; **6.** a) blöd, ‚doof', b) **all ~** falsch, verkehrt: **you are all ~!** du irrst dich gewaltig!; **II** *s.* **7.** Flüssigkeit *f*, Feuchtigkeit *f*, Nässe *f*; **8.** Regen(wetter *n*) *m*; **9.** F Drink *m*: **have a ~** ‚einen heben'; **10.** *Am.* F Gegner *m* der Prohibitiˈon; **11.** F a) Blödmann *m*, b) *Brit.* Weichling *m*; **III** *v/t.* [*irr.*] **12.** benetzen, anfeuchten, nass machen, nässen: **~ through** durchnässen; → **whistle** 7; **13.** F *ein Ereignis etc.* ‚begießen': **~ a bargain**; ˈ**~·back** *s. Am. sl. illegaler Einwanderer aus Mexiko*; **~ cell** *s.* ⚡ ˈNasseleˌment *n*; **~ dock** *s.* ⚓ Flutbecken *n*.

weth·er [ˈweðə] *s. zo.* Hammel *m*.

wet·ness [ˈwetnɪs] *s.* Nässe *f*, Feuchtigkeit *f*.

ˈ**wet| nurse** *s.* (Säug)Amme *f*; ˈ**~-nurse** *v/t.* **1.** säugen; **2.** *fig.* verhätscheln; **~ pack** *s.* ⚕ feuchter ˈUmschlag; **~ suit** *s. sport* Kälteschutzanzug *m*.

wey [weɪ] *s. obs. ein Trockengewicht*.

whack [wæk] F **I** *v/t.* **1.** a) *j-m* e-n (knallenden) Schlag versetzen, b) *sport* F haushoch schlagen: **~ed** F ‚fertig', ‚geschafft'; **2. ~ up** F (auf)teilen; **3. ~ up** *Am.* F a) et. organisieren, b) *j-n* antreiben; **II** *s.* **4.** (knallender) Schlag; **5.** (An)Teil *m* (**of** an *dat.*); **6.** Versuch *m*: **take a ~ at** e-n Versuch machen mit; **7. out of ~** nicht in Ordnung; ˈ**whack·er** [-kə] *s. sl.* **1.** Mordsding *n*; **2.** faustdicke Lüge; ˈ**whack·ing** [-kɪŋ] **I** *adj. u. adv.* F Mords...; **II** *s.* F (Tracht *f*) Prügel *pl.*

whale [weɪl] **I** *pl.* **whales** *bsd. coll.* **whale** *s. zo.* Wal *m*: **a ~ of** F Riesen..., Mords...; **a ~ of a lot** e-e Riesenmenge; **a ~ of a fellow** F ein Riesenkerl; **be a ~ for** (*od.* **on**) F ganz versessen sein auf (*acc.*); **be a ~ at** F e-e ‚Kanone' sein in (*dat.*); **we had a ~ of a time** wir hatten e-n Mordsspaß; **II** *v/i.* Walfang treiben; **III** *v/t.* F ‚verdreschen'; ˈ**~·bone** *s.* Fischbein(stab *m*) *n*; **~ calf** *s.* [*irr.*] *zo.* junger Wal; **~ fish·er·y** *s.* **1.** Walfang *m*; **2.** Walfanggebiet *n*; **~ oil** *s.* Walfischtran *m*.

whal·er [ˈweɪlə] *s.* Walfänger *m* (*Person u. Boot*).

whal·ing[1] [ˈweɪlɪŋ] **I** *s.* Walfang *m*; **II** *adj.* Walfang...: **~ gun** Harpunengeschütz *n*.

whal·ing[2] [ˈweɪlɪŋ] F **I** *adj. u. adv.* eˈnorm, Mords...; **II** *s.* (Tracht *f*) Prügel *pl.*

wham·my [ˈwæmɪ] *s.* F **1.** böser Blick; **2.** ‚Hammer' *m*: a) böse Sache, b) (knallharter) Schlag (*Unglück*), ‚dicker Brocken': **a double ~** ein doppelter ‚Schlag'.

whang [wæŋ] F **I** *s.* Knall *m*, Krach *m*, Bums *m*; **II** *v/t.* knallen, hauen; **III** *v/i.* knallen (*a. schießen*), krachen, bumsen; **IV** *int.* krach!, bums!

wharf [wɔːf] ⚓ **I** *pl.* **wharves** [-vz] *od.* **wharfs** *s.* **1.** Kai *m*; **II** *v/t.* **2.** *Waren* löschen; **3.** *Schiff* am Kai festmachen; ˈ**wharf·age** [-fɪdʒ] *s.* **1.** Kaianlage(n *pl.*) *f*; **2.** Kaigeld *n*; ˈ**wharf·in·ger** [-fɪndʒə] *s.* ⚓ **1.** Kaimeister *m*; **2.** Kaibesitzer *m*.

what [wɒt] **I** *pron. interrog.* **1.** was, wie: **~ is her name?** wie ist ihr Name?; **~ did he do?** was hat er getan?; **~ is he?** was ist er (von Beruf)?; **~'s for lunch?** was gibts zum Mittagessen?; **2.** was für ein, welcher, *vor pl.* was für: **~ an idea!** was für e-e Idee!; **~ book?** was für ein Buch?; **~ luck!** welch ein Glück!; **3.** was (*um Wiederholung e-s Wortes bittend*): **he claims to be ~?** was will er sein?; **II** *pron. rel.* **4.** (das) was: **this is ~ we hoped for** (gerade) das erhofften wir; **I don't know ~ he said** ich weiß nicht, was er sagte; **it is nothing compared to ~ ...** es ist nichts im Vergleich zu dem, was ...; **5.** was (auch immer); **III** *adj.* **6.** was für ein, welch: **I don't know ~ decision you have taken** ich weiß nicht, was für e-n Entschluss du gefasst hast; **7.** alle *od.* jede die, alles was: **~ money I had** was ich an Geld hatte, all mein Geld; **8.** so viel(e) ... wie;

Besondere Redewendungen:

and ~ not, and ~ have you F und was nicht sonst noch alles; **~ about?** wie wärs mit *od.* wenn?, wie stehts mit?; **~ for?** wozu?, wofür?; **~ if?** und wenn nun?, (und) was geschieht, wenn?; **~ next?** a) was sonst noch?, b) *iro.* sonst noch was?, das fehlte noch!; **~ news?** was gibt es Neues?; **(well,) ~ of it?, so ~?** na und?, na wennschon?; **~ though?** was tuts, wenn?; **~ with** infolge, durch, in Anbetracht (*gen.*); **~ with ..., ~ with ...** teils durch ..., teils durch ...; **but ~** F dass (*nicht*); **I know ~** F ich weiß was, ich habe e-e Idee; **she knows ~'s ~** F sie weiß Bescheid; sie weiß, was los ist; **I'll tell you ~** ich will dir (mal) was sagen.

what|·cha·ma·call·it [ˈwɒtʃəməˌkɔːlɪt], **~-d'you-call-it** [ˈwɒdʒʊˌkɔːlɪt] (*od.* **-'em** [-əm] *od.* **-him** *od.* **-her**), ˈ**~-d'ye-ˌcall-it** [-dʒəˌkɔːlɪt] (*od.* **-'em** [-əm] *od.* **-him** *od.* **-her**) *s.* F Dings(da, -bums) *m, f, n*; **~'e'er** *poet.* → **whatever**; **~'ev·er I** *pron.* **1.** was (auch immer), alles was: **take ~ you like!**; **~ you do** was du auch tust; **2.** was auch; trotz allem, was: **do it ~ happens!**; **3.** F was denn, was in aller Welt: **~ do you want?** was willst du denn?; **II** *adj.* **4.** welch ... auch (immer): **for ~ reasons he is angry** aus welchen Gründen er auch immer ärgerlich ist; **5.** *mit neg.*: überˈhaupt, gar *nichts*, *niemand etc.*: **no doubt ~** überhaupt *od.* gar kein Zweifel; ˈ**~·not** *s.* Etaˈgere *f*.

what's [wɒts] F *für* **what is**; ˈ**~-her-name** [-səneɪm], ˈ**~-his-name** [-sɪzneɪm], *s.* F Dings(da) *m, f, n*: **Mr. what's-his-name** Herr Dingsda, Herr Soundso.

whats·it [ˈwɒtsɪt] *s.* F Dingsda *m, f, n*, -bums *m, f, n*.

ˌ**what·so'ev·er** → **whatever**.

wheal [wiːl] → **wale**.

wheat [wiːt] *s.* ⚘ Weizen *m*: **~ belt** *geogr. Am.* Weizengürtel *m*.

whee·dle ['wi:dl] **I** *v/t.* **1.** *j-n* um'schmeicheln; **2.** *j-n* beschwatzen, über'reden (*into doing s.th.* et. zu tun); **3.** *~ s.th. out of s.o.* j-m et. abschwatzen *od.* abschmeicheln; **II** *v/i.* **4.** schmeicheln; '**whee·dling** [-lɪŋ] *adj.* □ schmeichlerisch.

wheel [wi:l] **I** *s.* **1.** *allg.* Rad *n* (*a.* ⚙): *the ~s of government* die Regierungsmaschinerie; *the ~ of Fortune fig.* das Glücksrad; *~s within ~s fig.* a) ein kompliziertes Räderwerk, b) e-e äußerst komplizierte *od.* schwer durchschaubare Sache; *a big ~ Am.* F ein ‚großes Tier'; → *fifth wheel*, *shoulder* 1, *spoke*[1] 4; **2.** ⚙ Scheibe *f*; **3.** Lenkrad *n*: *at the ~* a) am Steuer, b) *fig.* am Ruder; **4.** F a) (Fahr)Rad *n*, b) Auto *n*, ‚fahrbarer 'Untersatz'; **5.** *hist.* Rad *n* (*Folterinstrument*): *break s.o. on the ~* j-n rädern *od.* aufs Rad flechten; *break a (butter)fly (up)on the ~ fig.* mit Kanonen nach Spatzen schießen; **6.** *pl. fig.* Räder(werk *n*) *pl.*, Getriebe *n*; **7.** Drehung *f*, Kreis(bewegung *f*) *m*; ⚔ Schwenkung *f*: *right (left) ~!* rechts (links) schwenkt!; **II** *v/t.* **8.** *j-n od. et.* fahren, schieben, *et. a.* rollen; **9.** ⚔ schwenken lassen; **III** *v/i.* **10.** sich (im Kreis) drehen; **11.** *a. ~ about od. (a)round* sich (rasch) 'umwenden *od.* -drehen; **12.** ⚔ schwenken; **13.** rollen, fahren; **14.** F radeln; '*~*,**bar·row** *s.* Schubkarre(n *m*) *f*; '*~***·base** *s.* ⚙ Radstand *m*; *~* **brace** *s.* ⚙, *mot.* Kreuzschlüssel *m*; *~* **brake** *s.* Radbremse *f*; '*~***·chair** *s.* Rollstuhl *m*: *~ user* Rollstuhlfahrer *m*; *~* **clamp** *s.* Parkkralle *f*.

wheeled [wi:ld] *adj.* **1.** fahrbar, Roll..., Räder...: *~ bed* ⚕ Rollbett *n*; **2.** *in Zssgn* ...räd(e)rig: *three-~*.

wheel·er ['wi:lə] *s.* **1.** *in Zssgn* Fahrzeug *n* mit ... Rädern: *four-~* Vierradwagen *m*, Zweiachser *m*; **2.** → *wheel horse*; **3.** → ,*~*-'**deal·er** *s. Am.* F ‚ausgekochter' Bursche, *a.* (raffinierter) Geschäftemacher; ,*~*-'**deal·ing** *s.* F **1.** Machenschaften *pl.*; **2.** Geschäftemache'rei *f*.

wheel horse *s.* Stangen-, Deichselpferd *n*.

wheel·ie ['wi:lɪ] *s.* F (*Motor*)*Radfahren*: Wheelie *n* (*Manöver, bei dem das Vorderrad abrupt angehoben wird*): *do a ~* ein Wheelie machen; *~* **bin** *s. Brit.* F (große) Mülltonne auf Rädern.

wheel·ing and deal·ing ['wi:lɪŋ] → *wheeler-dealing*.

'**wheel·wright** [-raɪt] *s.* ⚙ Stellmacher *m*.

wheeze [wi:z] **I** *v/i.* **1.** keuchen, schnaufen; **II** *v/t.* **2.** *a. ~ out et.* keuchen(d her'vorstoßen); **III** *s.* **3.** Keuchen *n*, Schnaufen *n*, pfeifendes Atmen *od.* Geräusch; **4.** *sl.* a) *thea.* (improvisierter) Scherz, Gag *m*, b) Jux *m*, Ulk *m*, c) alter Witz; '**wheez·y** [-zɪ] *adj.* □ keuchend, asth'matisch (*a. humor. Orgel etc.*).

whelk[1] [welk] *s. zo.* Wellhorn(schnecke *f*) *n*.

whelk[2] [welk] *s.* ⚕ Pustel *f*.

whelm [welm] *v/t. poet.* **1.** ver-, über'schütten, versenken, -schlingen; **2.** *fig.* a) über'schütten *od.* -'häufen (*in, with* mit), b) über'wältigen.

whelp [welp] **I** *s.* **1.** *zo.* a) Welpe *m* (*junger Hund, Fuchs od. Wolf*), b) *allg.* Junge(s) *n*; **2.** Balg *m, n* (*ungezogenes Kind*); **II** *v/t. u. v/i.* **3.** (Junge) werfen.

when [wen] **I** *adv.* **1.** *fragend*: wann; **2.** *relativ*: als, wo, da: *the years ~ we were poor* die Jahre, als wir arm waren; *the day ~* der Tag, an dem *od.* als; **II** *cj.* **3.** wann: *she doesn't know ~ to be silent* sie weiß nicht, wann sie schweigen muss; **4.** zu der Zeit *od.* in dem Augenblick, als: *~ (he was) young, he lived in M.* als er noch jung war, wohnte er in M.; *we were about to start ~ it began to rain* wir wollten gerade fortgehen, als es anfing zu regnen *od.* da fing es an zu regnen; *say ~!* F sag halt!, sag, wenn du genug hast! (*bsd. beim Eingießen*); **5.** (dann,) wenn; **6.** (immer) wenn, so'bald, so'oft; **7.** worauf'hin, und dann; **8.** ob'wohl, wo ... (doch), da ... doch; **III** *pron.* **9.** wann, welche Zeit: *from ~ does it date?* aus welcher Zeit stammt es?; *since ~?* seit wann?; *till ~?* bis wann?; **10.** *relativ*: *since ~* und seitdem; *till ~* und bis dahin; **IV** *s.* **11.** *the ~ and where of s.th.* das Wann und Wo e-r Sache.

whence [wens] *bsd. poet.* **I** *adv.* **1.** wo'her: a) von wo(her), *obs.* von wannen, b) *fig.* wo'von, wo'durch, wie: *~ comes it that* wie kommt es, dass; **II** *cj.* **2.** von wo'her; **3.** *fig.* wes'halb, und deshalb.

,**when(·so)'ev·er** **I** *cj.* wann (auch) immer, einerlei wann, (immer) wenn, so'oft, jedes Mal wenn; **II** *adv. fragend*: wann denn (nur).

where [weə] **I** *adv.* (*fragend u. relativ*) **1.** wo; **2.** wo'hin; **3.** wor'in, inwie'fern, in welcher Hinsicht; **II** *cj.* **4.** (da) wo; **5.** da'hin *od.* irgendwo'hin wo, wo'hin; **III** *pron.* **6.** (*relativ*) (da *od.* dort,) wo: *he lives not far from ~ it happened* er wohnt nicht weit von dort, wo es geschah; **7.** (*fragend*) wo: *~ ... from?* woher?, von wo?; *~ ... to?* wohin?; *~***·a·bouts** **I** *adv. od. cj.* [,weərə'baʊts] wo ungefähr *od.* etwa; **II** *s. pl.* ['weərəbaʊts] *sg. konstr.* Aufenthalt(sort) *m*, Verbleib *m*; *~***·as** [weər'æz] *cj.* **1.** wohin'gegen, während, wo ... doch; **2.** ⚖ da; in Anbetracht dessen, dass (*im Deutschen mst unübersetzt*); *~***·at** [weər'æt] *adv. u. cj.* **1.** wor'an, wo'bei, worauf; **2.** (*relativ*) an welchem (welcher) *od.* dem (der), wo; *~*'**by** *adv. u. cj.* **1.** wo'durch, wo'mit; **2.** (*relativ*) durch welchen (welche[s]); '*~***·fore** **I** *adv. od. cj.* **1.** wes'halb, wo'zu, war'um; **2.** (*relativ*) wes'wegen, und deshalb; **II** *s. oft pl.* **3.** *das* Weshalb, *die* Gründe *pl.*; *~*'**from** *adv. u. cj.* wo'her, von wo; *~***·in** [weər'ɪn] *adv.* wor'in, in welchem (welcher); *~***·of** [weər'ɒv] *adv. u. cj.* wo'von; *~***·on** [weər'ɒn] *adv. od. cj.* **1.** wor'auf; **2.** (*relativ*) auf dem (der) *od.* den (die, das), auf welchem (welcher) *od.* welchen (welche, welches); ,*~***·so'ev·er** → *wherever* 1; *~*'**to** *adv. od. cj.* wo'hin; *~***·up·on** [,weərə'pɒn] *adv. od. cj.* **1.** worauf('hin); **2.** (*als Satzanfang*) darauf'hin.

wher·ev·er [,weər'evə] *adv. od. cj.* **1.** wo (-'hin) auch immer; ganz gleich, wo (-hin); **2.** F wo(hin) denn (nur)?

,**where|'with** *adv. od. cj.* wo'mit; '*~***·with·al** *s.* Mittel *pl.*, *das* Nötige, *das* nötige (Klein)Geld.

wher·ry ['werɪ] ⚓ *s.* **1.** Jolle *f*; **2.** Skullboot *n*; **3.** Fährboot *n*; **4.** *Brit.* Frachtsegler *m*.

whet [wet] **I** *v/t.* **1.** wetzen, schärfen, schleifen; **2.** *fig. Appetit* anregen; *Neugierde etc.* anstacheln; **II** *s.* **3.** Wetzen *n*, Schärfen *n*; **4.** *fig.* Ansporn *m*, Anreiz *m*; **5.** (Appe'tit)Anreger *m*, Aperi'tif *m*.

wheth·er ['weðə] *cj.* **1.** ob (*or not* oder nicht); *~ or no* auf jeden Fall, so oder so; **2.** *~ ... or* entweder *od.* sei es, dass ... oder.

'**whet·stone** *s.* **1.** Wetz-, Schleifstein *m*; **2.** *fig.* Anreiz *m*, Ansporn *m*.

whew [hwu:] *int.* **1.** *erstaunt*: (h)ui!, Mann!; **2.** *angeekelt, erleichtert, erschöpft*: puh!

whey [weɪ] *s.* Molke *f*; '*~***-faced** *adj.* käsig, käseweiß.

which [wɪtʃ] **I** *interrog.* **1.** welch (*aus e-r bestimmten Gruppe od. Anzahl*): *~ of you?* welcher *od.* wer von euch?; **II** *pron.* (*relativ*) **2.** welch, der (die, das) (*bezogen auf Dinge, Tiere od. obs. Personen*); **3.** (*auf den vorhergehenden Satz bezüglich*) was; **4.** (*in eingeschobenen Sätzen*) (etwas,) was; **III** *adj.* **5.** (*fragend od. relativ*) welch: *~ place will you take?* auf welchem Platz willst du sitzen?; *~*'**ev·er**, ,*~***·so'ev·er** *pron. u. adj.* welch (auch) immer; ganz gleich, welch.

whiff [wɪf] **I** *s.* **1.** Luftzug *m*, Hauch *m*; **2.** Duftwolke *f* (*a.* übler) Geruch; **3.** Zug *m* (*beim Rauchen*); **4.** Schuss *m Chloroform etc.*; **5.** *fig.* Anflug *m*; **6.** F Ziga'rillo *n, m*; **II** *v/i. u. v/t.* **7.** blasen, wehen; **8.** paffen, rauchen; **9.** (*nur v/i.*) ‚duften', (unangenehm) riechen.

whif·fle ['wɪfl] *v/i. u. v/t.* wehen.

whiff·y ['wɪfɪ] *adj. Brit.* F übel riechend, stinkend, stinkig.

Whig [wɪg] *pol. hist.* **I** *s.* **1.** *Brit.* Whig *m* (*Liberaler*); **2.** *Am.* Whig *m*: a) Natio'nal(republi,kan)er *m* (*Unterstützer der amer. Revolution*), b) *Anhänger e-r Oppositionspartei gegen die Demokraten um 1840*); **II** *adj.* **3.** Whig..., whig'gistisch; **Whig·gism** ['wɪgɪzəm] *s. pol.* Whig'gismus *m*.

while [waɪl] **I** *s.* **1.** Weile *f*, Zeit(spanne) *f*: *a long ~ ago* vor e-r ganzen Weile; (*for*) *a ~* e-e Zeit lang; *for a long ~* lange (Zeit), seit langem; *in a little ~* bald, binnen kurzem; *the ~* derweil, währenddessen; *between ~s* zwischendurch; *worth (one's) ~* der Mühe wert, (sich) lohnend; *it is not worth (one's) ~* es ist nicht der Mühe wert, es lohnt sich nicht; → *once* 1; **II** *cj.* **2.** (*zeitlich*) während; **3.** so'lange; **4.** während, wo(hin)'gegen; **5.** wenn auch, ob'wohl, zwar; **III** *v/t.* **6.** *mst ~ away* sich *die Zeit* vertreiben; **whilst** [waɪlst] → *while* II.

whim [wɪm] *s.* **1.** Laune *f*, Grille *f*, wunderlicher Einfall, Ma'rotte *f*: *at one's own ~* ganz nach Laune; **2.** ⚒ Göpel *m*.

whim·per ['wɪmpə] **I** *v/t. u. v/i.* wimmern, winseln; **II** *s.* Wimmern *n*, Winseln *n*.

whim·sey → *whimsy*.

whim·si·cal ['wɪmzɪkl] *adj.* □ **1.** launen-, grillenhaft, wunderlich; **2.** schrullig, ab'sonderlich, seltsam; **3.** hu'morig, launig; **whim·si·cal·i·ty** [,wɪmzɪ'kælətɪ], '**whim·si·cal·ness** [-nɪs] *s.* **1.** Grillenhaftigkeit *f*, Wunderlichkeit *f*; **2.** → *whim* 1; **whim·sy** ['wɪmzɪ] **I** *s.* Laune *f*, Grille *f*, Schrulle *f*; **II** *adj.* → *whimsical*.

whin[1] [wɪn] *s.* ⚘ *bsd. Brit.* Stechginster *m*.

whin[2] [wɪn] → *whinstone*.

whine [waɪn] **I** *v/i.* **1.** winseln, wimmern; **2.** greinen, quengeln, jammern; **II** *v/t.* **3.** *et.* weinerlich sagen, winseln; **III** *s.* **4.** Gewinsel *n*; **5.** Gejammer *n*, Gequengel *n*; '**whin·ing** [-nɪŋ] *adj.* □ weinerlich, greinend; winselnd.

whin·ny ['wɪnɪ] **I** *v/i.* wiehern; **II** *s.* Wiehern *n.*
whin·stone ['wɪnstəʊn] *s. geol.* Ba'salt (-tuff) *m*, Trapp *m*.
whip [wɪp] **I** *s.* **1.** Peitsche *f*, Geißel *f*; **2.** ***be a good (poor) ~*** gut (schlecht) kutschieren; **3.** *hunt.* Pi'kör *m*; **4.** *parl.* a) Einpeitscher *m*, b) parlamen'tarischer Geschäftsführer, c) Rundschreiben *n*, Aufforderung(sschreiben *n*) *f* (*bei e-r Versammlung etc. zu erscheinen*): ***three-line ~*** a) Aufforderung, unbedingt zu erscheinen, b) (abso'luter) Fraktionszwang (***on a vote*** bei e-r Abstimmung); **5.** ⚙ a) Wippe *f* (*a.* ⚡), b) *a.* ***~-and-derry*** Flaschenzug *m*; **6.** *Näherei*: über'wendliche Naht; **7.** *Küche*: Creme(speise) *f*; **II** *v/t.* **8.** peitschen; **9.** (aus)peitschen, geißeln (*a. fig.*); **10.** *a.* ***~ on*** antreiben; **11.** schlagen: a) verprügeln: ***~ s.th. into (out of) s.o.*** j-m et. einbläuen (mit Schlägen austreiben), b) *bsd. sport* F besiegen, ,über'fahren'; **12.** reißen, raffen: ***~ away*** wegreißen; ***~ from*** wegreißen *od.* fegen von; ***~ off*** a) weg-, herunterreißen, b) *j-n* entführen; ***~ on*** *Kleidungsstück* überwerfen; ***~ out*** (plötzlich) zücken, (schnell) *aus der Tasche* ziehen; **13.** *Gewässer* abfischen; **14.** a) *Schnur etc.* um'wickeln, ⚓ *Tau* betakeln, b) *Schnur* wickeln (***about*** um *acc.*); **15.** über'wendlich nähen, über'nähen, um'säumen; **16.** *Eier, Sahne* (schaumig) schlagen: ***~ped cream*** Schlagsahne *f*; ***~ped eggs*** Eischnee *m*; **17.** *Brit.* F ,klauen'; **III** *v/i.* **18.** sausen, flitzen, schnellen; **~ in** *v/t.* **1.** *hunt. Hunde* zs.-treiben; **2.** *parl.* zs.-trommeln; **~ round** *v/i.* **1.** sich ruckartig 'umdrehen; **2.** F den Hut herumgehen lassen; **~ up** *v/t.* **1.** antreiben; **2.** *fig.* aufpeitschen; **3.** a) *Leute* zs.-trommeln, b) *Essen etc.* ,herzaubern'.
whip| aer·i·al (*bsd. Am.* **an·ten·na**) *s.* ⚡ 'Staban,tenne *f*; '**~·cord** *s.* **1.** Peitschenschnur *f*; **2.** Whipcord *m* (*schräg geripptes Kammgarn*); **~ hand** *s.* rechte Hand *des Reiters etc.*: ***get the ~ of s.o.*** die Oberhand gewinnen über j-n; ***have the ~ of*** *j-n* an der Kandare *od.* in der Gewalt haben; '**~·lash** *s.* **1.** → ***whipcord*** 1; **2.** *a.* ***~ injury*** ⚕ 'Peitschenschlagsyn,drom *n.*
whip·per ['wɪpə] *s.* Peitschende(r *m*) *f*; ,**~-'in**, *pl.* ,**~s-'in** → ***whip*** 3 *u.* 4; '**~,snap·per** *s.* **1.** Drei'käsehoch *m*; **2.** Gernegroß *m*, Gelbschnabel *m*, Springinsfeld *m.*
whip·pet ['wɪpɪt] *s.* **1.** *zo.* Whippet *m* (*kleiner englischer Rennhund*); **2.** ⚔ *hist. leichter* Panzerkampfwagen.
whip·ping ['wɪpɪŋ] *s.* **1.** (Aus)Peitschen *n*; **2.** (Tracht *f*) Prügel *pl.*, Hiebe *pl.* (*a. fig.* F *Niederlage*); **3.** 'Garnum,wick(e)lung *f*; **~ boy** *s. hist.* Prügelknabe *m*, *fig. a.* Sündenbock *m*; **~ cream** *s.* Schlagsahne *f*; **~ post** *s. hist.* Schandpfahl *m*; **~ top** *s.* Kreisel *m* (*der mit Peitsche getrieben wird*).
whip·ple·tree ['wɪpltriː] *s.* Ortscheit *n*, Wagenschwengel *m.*
whip| ray *s. ichth.* Stechrochen *m*; '**~-round** *s. Brit.* F spon'tane (Geld-) Sammlung: ***have a ~*** → ***whip round*** 2; '**~·saw I** *s.* (zweihändige) Schrotsäge; **II** *v/t.* mit der Schrotsäge sägen; **III** *v/i. bsd. Poker*: *Am.* zs.-spielen mit.
whir → ***whirr***.
whirl [wɜːl] **I** *v/i.* **1.** wirbeln, sich drehen: ***~ about*** (*od.* ***round***) a) herumwirbeln, b) sich rasch umdrehen; **2.** sausen, hetzen, eilen; **3.** wirbeln, sich drehen (*Kopf*): ***my head ~s*** mir ist schwindelig; **II** *v/t.* **4.** *allg.* wirbeln: ***~ up dust*** Staub aufwirbeln; **III** *s.* **5.** Wirbeln *n*; **6.** Wirbel *m*: a) schnelle Kreisbewegung, b) Strudel *m*: ***give s.th. a ~*** a) et. herumwirbeln, b) F et. (aus)probieren; **7.** *fig.* Wirbel *m*: a) Trubel *m*, wirres Treiben, b) Schwindel *m* (*der Sinne etc.*): ***a ~ of passion***; ***her thoughts were in a ~*** ihre Gedanken wirbelten durcheinander; '**~·blast** *s.* Wirbelsturm *m.*
whirl·i·gig ['wɜːlɪgɪg] *s.* **1.** a) Windrädchen *n*, b) Kreisel *m etc.* (*Spielzeug*); **2.** Karus'sell *n* (*a. fig. der Zeit*); **3.** *fig.* Wirbel *m der Ereignisse etc.*
'**whirl|·pool** *s.* **1.** Strudel *m* (*a. fig.*); **2.** 'Whirlpool *m*; '**~·wind** *s.* Wirbelwind *m* (*a. fig. Person*): ***a ~ romance*** e-e stürmische Romanze.
'**whirl·y·bird** ['wɜːlɪ-] *s. Am.* F Hubschrauber *m.*
whirr [wɜː] **I** *v/i.* schwirren, surren; **II** *v/t.* schwirren lassen; **III** *s.* Schwirren *n*, Surren *n.*
whisk [wɪsk] **I** *s.* **1.** Wischen *n*, Fegen *n*; **2.** Wischer *m*: a) leichter Schlag, b) schnelle Bewegung (*bsd. Tierschwanz*); **3.** Husch *m*: ***in a ~*** im Nu; **4.** (*Stroh- etc.*)Wisch *m*, Büschel *n*; **5.** (Staub-, Fliegen)Wedel *m*; **6.** *Küche*: Schneebesen *m*; **II** *v/t.* **7.** *Staub etc.* (weg)wischen, (-)fegen; **8.** fegen, *mit dem Schwanz* schlagen; **9.** ***~ away*** (*od.* ***off***) schnell verschwinden lassen, wegzaubern, -nehmen; *j-n* schnellstens wegbringen, entführen; **10.** *Sahne, Eischnee* schlagen; **III** *v/i.* **11.** wischen, huschen, flitzen: ***~ away*** forthuschen; '**whisk·er** [-kə] *s.* **1.** *pl.* Backenbart *m*; **2.** a) Barthaar *n*, b) F Schnurrbart *m*; **3.** *zo.* Schnurr-, Barthaar *n* (*von Katzen etc.*); '**whisk·ered** [-kəd] *adj.* **1.** e-n Backenbart tragend; **2.** *zo.* mit Schnurrhaaren versehen.
whis·key ['wɪskɪ] *s.* **1.** (*bsd.* in den USA u. Irland hergestellter) Whisky; **2.** → **whis·ky** *s.* Whisky *m*: ***~ and soda*** Whisky Soda *m*; ***~ sour*** Whisky mit Zitrone.
whis·per ['wɪspə] **I** *v/i. u. v/t.* **1.** wispern, flüstern, raunen (*alle a. poet. Baum, Wind etc.*): ***~ s.th. to s.o.*** j-m et. zuflüstern; **2.** *fig. b.s.* flüstern, tuscheln, munkeln; **II** *s.* **3.** Flüstern *n*, Wispern *n*, Geflüster *n*: ***in a ~***, ***in ~s*** im Flüsterton; **4.** Getuschel *n*; **5.** a) geflüsterte *od.* heimliche Bemerkung, b) Gerücht *n*; **6.** Raunen *n*; '**whis·per·er** [-ərə] *s.* **1.** Flüsternde(r *m*) *f*; **2.** Zuträger(in), Ohrenbläser(in); '**whis·per·ing** [-pərɪŋ] **I** *adj.* ☐ **1.** flüsternd; **2.** Flüster...: ***~ baritone***; ***~ campaign*** Flüsterkampagne *f*; ***~ gallery*** Flüstergalerie *f*; **II** *s.* **3.** → ***whisper*** 3.
whist¹ [wɪst] *int. dial.* pst!, st!, still!
whist² [wɪst] *s.* Whist *n* (*Kartenspiel*): ***~ drive*** Whistrunde *f.*
whis·tle ['wɪsl] **I** *v/i.* **1.** pfeifen (*Person, Vogel, Lokomotive etc.*; *a. Kugel, Wind etc.*) (***to s.o.*** j-m); ***~ for*** *j-n, s-m Hund etc.* pfeifen; ***he may ~ for it*** F darauf kann er lange warten, das kann er sich in den Kamin schreiben; ***~ in the dark*** *fig.* den Mutigen markieren; **II** *v/t.* **2.** *Melodie etc.* pfeifen; **3.** ***~ back*** *Hund etc.* zurückpfeifen; ***~ up*** *fig.* a) herbeordern, b) ins Spiel bringen; **III** *s.* **4.** Pfeife *f*: ***blow the ~ on*** F a) *j-n, et.* ,verpfeifen', b) *et.* ausplaudern, c) *j-n, et.* stoppen; ***pay for one's ~*** den Spaß teuer bezahlen; **5.** (*sport a.* Ab)Pfiff *m*; Pfeifton *m*; **6.** Pfeifen *n* (*des Windes etc.*); **7.** F Kehle *f*: ***wet one's ~*** ,einen heben'; '**~·stop** *s. Am.* **1.** 🚌 Bedarfshaltestelle *f*; **2.** *fig.* Kleinstadt *f*, ,Kaff' *n*; **3.** *pol.* kurzer Besuch (*e-s Kandidaten*); '**~-stop** *v/i. Am. pol.* von Ort zu Ort reisen u. Wahlreden halten.
whis·tling ['wɪslɪŋ] *s.* Pfeifen *n*; **~ buoy** *s.* ⚓ Pfeifboje *f*; **~ thrush** *s. orn.* Singdrossel *f.*
whit [wɪt] *s.* (*ein*) bisschen: ***no ~***, ***not a ~*** keinen Deut, kein Jota, kein bisschen.
white [waɪt] **I** *adj.* **1.** *allg.* weiß: ***as ~ as snow*** schneeweiß; **2.** blass, bleich: ***as ~ as a sheet*** leichenblass; → ***bleed*** 10; **3.** weiß(rassig): ***~ supremacy*** Vorherrschaft der Weißen; **4.** *fig.* a) rechtschaffen, b) harmlos, c) *Am.* F anständig: ***that's ~ of you***; **II** *s.* **5.** Weiß *n*, weiße Farbe: ***dressed in ~*** weiß *od.* in Weiß gekleidet; **6.** Weiße *f*, weiße Beschaffenheit; **7.** Weiße(r *m*) *f*, Angehörige(r *m*) *f* der weißen Rasse; **8.** *a.* ***~ of egg*** Eiweiß *n*; **9.** *a.* ***~ of the eye*** *das* Weiße im Auge; **10.** *typ.* Lücke *f*; **11.** *zo.* Weißling *m*; **12.** *pl.* ⚕ Weißfluss *m*, Leukor'rhö(e) *f*; **~ ant** *s. zo.* Ter'mite *f*; '**~·bait** *s. ein* Weißfisch *m*, Breitling *m*; **~ bear** *s. zo.* Eisbär *m*; '**~·board** *s.* Weißwandtafel *f* (*für Präsentationen*); ♀ **Book** *s. pol.* Weißbuch *n*; **~ bronze** *s.* 'Weißme,tall *n*; '**~·cap** *s.* schaumgekrönte Welle; **~ coal** *s.* ⚙ weiße Kohle, Wasserkraft *f*; ,**~-'col·lar** *adj.* Büro...: ***~ worker*** (Büro)Angestellte(r *m*) *f*; ***~ crime*** Weiße-Kragen-Kriminalität *f*; **~ el·e·phant** *s.* **1.** *zo.* weißer Ele'fant; **2.** F lästiger Besitz; ♀ **En·sign** *s.* ⚓ *Brit.* Kriegsflagge *f*; '**~-faced** *adj.* blass: ***~ horse*** Blesse *f*; **~ feath·er** *s.*: ***show the ~*** sich feige zeigen, ,kneifen'; ♀ **Fri·ar** *s. R.C.* Karme'liter(mönch) *m*; **~ frost** *s.* (Rau)Reif *m*; **~ goods** *s. pl.* **1.** Weißwaren *pl.*; **2.** Haushaltswäsche *f*; '**~-haired** *adj.* weiß- *od.* hellhaarig: ***~ boy*** *Am.* F Liebling *m* (*des Chefs etc.*).
,**White'hall** *s. Brit.* Whitehall *n*: a) *Straße in Westminster, London, Sitz der Ministerien*, b) *fig. die brit. Regierung od. ihre Politik.*
white| heat *s.* Weißglut *f* (*a. fig. Zorn*): ***work at a ~*** mit fieberhaftem Eifer arbeiten; **~ hope** *s.* **1.** *Am. sl.* weißer Boxer, der Aussicht auf den Meistertitel hat; **2.** F ,*die* große Hoffnung' (*Person*); **~ horse** *s.* **1.** *zo.* Schimmel *m*, weißes Pferd; **2.** → ***whitecap***; ,**~-'hot** *adj.* **1.** weiß glühend (*a. fig. vor Zorn etc.*); **2.** *fig.* rasend (*Eile etc.*); ♀ **House** *s. das* Weiße Haus (*Regierungssitz des Präsidenten der USA in Washington*); **~ lie** *s.* Notlüge *f*; **~ line** *s.* weiße Linie, Fahrbahnbegrenzung *f*; '**~-,liv·ered** *adj.* feig(e); **~ mag·ic** *s.* weiße Ma'gie (*Gutes bewirkende Zauberkunst*); **~ man** *s.* [*irr.*] **1.** → ***white*** 7; **2.** F ,feiner Kerl'; **~ man's bur·den** *s. fig. die* Bürde des weißen Mannes; **~ meat** *s.* weißes Fleisch (*vom Geflügel, Kalb etc.*); **~ met·al** *s.* ⚙ a) Neusilber *n*, b) 'Weißme,tall *n.*
whit·en ['waɪtn] **I** *v/i.* weiß (*od.* blass, bleich) werden; **II** *v/t.* weiß machen, bleichen; '**whit·en·er** *s.* **1.** Weißmacher *m* (*in Waschmittel*); **2.** *a.* ***coffee ~*** Kaffeeweißer *m* (*laktosefreier Milchersatz*); '**white·ness** [-nɪs] *s.* **1.** Weiße *f*; **2.** Helligkeit *f*; **3.** Blässe *f*; '**whit·en·ing** [-nɪŋ] *s.* **1.** Weißen *n*; **2.** Bleichen *n*; **3.** Weißwerden *n*; **4.** Schlämmkreide *f.*

white| noise *s.* ⚡ weißes Rauschen; **'~·out** *s.* **1.** heftiger Schneesturm; **2.** 'White-out *m* (*Schneeblindheit od. zeitweiliger Verlust des Sehvermögens wegen Blendung durch Schnee u. Wolken*); **3.** Korrek'turflüssigkeit *f* (*bei Tippfehlern*); **~ sale** *s.* ✝ Weiße Woche; **~ sauce** *s.* helle Sauce; **~ sheet** *s.* Büßerhemd *n*: ***stand in a ~*** *fig.* s-e Sünden bekennen; **,~-'slave** *adj.*: ***~ agent*** → **~ slav·er** *s.* Mädchenhändler *m*; **'~·smith** *s.* ⚙ **1.** Klempner *m*; **2.** *metall.* Feinschmied *m*; **'~·thorn** *s.* ⚘ Weißdorn *m*; **'~·throat** *s. orn.* (Dorn)Grasmücke *f*; **~ tie** *s.* **1.** weiße Fliege; **2.** Abendanzug *m*; **~ trash** *s. Am.* F **1.** arme weiße Bevölkerung; **2.** arme(r) Weiße(r) (*in den amer. Südstaaten*); **'~·wash I** *s.* **1.** Tünche *f*; **2.** flüssiges Hautbleichmittel; **3.** *fig.* F a) Tünche *f*, Beschönigung *f*, b) Ehrenrettung *f*, *contp.* ‚Mohrenwäsche' *f*, c) ✝ *Brit.* Schuldentlastung *f*; **4.** *sport* F ‚Zu-'null-Niederlage' *f*; **II** *v/t.* **5.** a) tünchen, b) weißen, kalken; **6.** *fig.* a) über'tünchen, b) rein waschen, rehabilitieren, c) ✝ *Brit. Bankrotteur* wieder zahlungsfähig erklären; **7.** *sport* F *Gegner* zu null schlagen; **~ wa·ter** *s. bsd. Am.* **1.** schäumendes Wasser; **2.** Wildwasser *n*; **'~,wa·ter raft·ing** *s. sport* 'Wildwasser-,Rafting *n*; **~ wine** *s.* Weißwein *m*.

whit·ey ['waɪtɪ] *s. Am. contp.* **1.** Weiße(r) *m*; **2.** *oft* ♀ *coll.* die Weißen.

whith·er ['wɪðə] *adv. poet.* **1.** (*fragend*) wo'hin: ***~ England?*** (*Schlagzeile*) England, wohin *od.* was nun?; **2.** (*relativ*) wohin: a) (*verbunden*) in welchen *etc.*, zu welchem *etc.*, b) (*unverbunden*) da'hin, wo.

whit·ing¹ ['waɪtɪŋ] *s. ichth.* Weißfisch *m*, Mer'lan *m*.

whit·ing² ['waɪtɪŋ] *s.* Schlämmkreide *f*.

whit·ish ['waɪtɪʃ] *adj.* weißlich.

whit·low ['wɪtləʊ] *s.* ✱ 'Umlauf *m*, Nagelgeschwür *n*.

Whit [wɪt] *in Zssgn* Pfingst...: ***~ Monday***; ***~ Sunday***.

Whit·sun ['wɪtsn] **I** *adj.* Pfingst..., pfingstlich; **II** *s.* → **'~·tide** *s.* Pfingsten *n od. pl.*, Pfingstfest *n*.

whit·tle ['wɪtl] *v/t.* **1.** (zu'recht)schnitzen; **2.** ***~ away*** *od.* ***off*** wegschnitze(l)n, -schnippeln; **3.** ***~ down***, ***~ away***, ***~ off*** *fig.* a) (Stück für Stück) beschneiden, stutzen, verringern, b) *Gesundheit etc.* schwächen.

whiz(z) [wɪz] **I** *v/i.* **1.** zischen, schwirren, sausen (*Geschoss etc.*); **II** *s.* **2.** Zischen *n*, Sausen *n*; **3.** *Am.* F a) ‚Ka'none' *f* (*Könner*), b) tolles Ding; **III** *adj.* **4.** F ‚toll', ‚super'; **~ kid** *s.* F ‚Wunderkind' *n*, Ge'nie *n*, *a.* ‚Senkrechtstarter' *m*.

who [huː; hʊ] **I** *interrog.* **1.** wer: ***♀'s ♀*** Wer ist Wer? (*Verzeichnis prominenter Persönlichkeiten*); ***~ goes there?*** ⚔ (halt,) wer da?; **2.** F (*für* ***whom***) wen, wem; **II** *pron.* (*relativ*) **3.** (*unverbunden*) wer: ***I know ~ has done it***; **4.** (*verbunden*): welch, der (die, das): ***the man ~ arrived yesterday***.

whoa [wəʊ] *int.* brr!, halt!

who·dun·(n)it [,huː'dʌnɪt] *s.* F ‚Krimi' *m* (*Kriminalroman etc.*).

who·ev·er [huː'evə] **I** *pron.* (*relativ*) wer (auch) immer, jeder der; **II** *interrog.* F (*für* ***who ever***) wer denn nur.

whole [həʊl] **I** *adj.* ☐ → ***wholly***; **1.** ganz, voll(kommen, -ständig): ***~ number*** ⅍ ganze Zahl; ***a ~ lot of*** F e-e ganze Menge; **2.** heil: a) unversehrt: ***with a ~ skin*** mit heiler Haut, b) unbeschädigt, ‚ganz'; **3.** Voll(wert)...: ***~ food***; ***~ meal*** Vollweizenmehl *n*; ***~ milk*** Vollmilch *f*; (***made***) ***out of ~ cloth*** *Am.* F völlig aus der Luft gegriffen, frei erfunden; **II** *s.* **4.** *das* Ganze, Gesamtheit *f*: ***the ~ of London*** ganz London; ***the ~ of my property*** mein ganzes Vermögen; **5.** Ganze(s) *n*, Einheit *f*: ***in ~ or in part*** ganz oder teilweise; ***on the ~*** im (Großen u.) Ganzen, alles in allem; **'~-bound** *adj.* in Ganzleder (gebunden); **,~-'col·o(u)red** *adj.* einfarbig; **'~·food** *Brit.* **I** *s.* Vollwertkost *f*; **II** *adj.* Vollwert..., Bio...: ***~ shop*** Bioladen *m*; **'~·foods** *s. pl.* → ***wholefood*** I; **,~-'heart·ed** *adj.* ☐ aufrichtig, rückhaltlos, voll, von ganzem Herzen; **,~-'hog·ger** [-'hɒgə] *s. sl.* kompro'missloser Mensch; *pol.* ,'Hundert-('fünfzig)pro,zentige(r)' *m*; **,~-'length I** *adj.* Ganz..., Voll...: ***~ portrait*** Vollporträt *n*, Ganzbild *n*; **II** *s.* Por'trät *n od.* Statue *f* in voller Größe; **~ life in·sur·ance** *s.* Erlebensfallversicherung *f*; **'~·meal** *adj. Brit.* Vollkorn...: ***~ pasta*** *sg.* Vollkornnudeln *pl.*

whole·ness ['həʊlnɪs] *s.* **1.** Ganzheit *f*; **2.** Vollständigkeit *f*.

'whole·sale I *s.* **1.** ✝ Großhandel *m*: ***by ~*** → 4; **II** *adj.* **2.** ✝ Großhandels..., Engros...: ***~ dealer*** → ***wholesaler***; ***~ purchase*** Einkauf *m* im Großen, Engroseinkauf *m*; ***~ trade*** Großhandel *m*; **3.** *fig.* a) Massen..., b) 'unterschiedslos, pau'schal: ***~ slaughter*** Massenmord *m*; **III** *adv.* **4.** ✝ im Großen, en gros; **5.** a) *fig.* in Bausch u. Bogen, 'unterschiedslos, b) massenhaft; **'whole,sal·er** [-,seɪlə] *s.* ✝ Großhändler *m*; Gros'sist *m*.

whole·some ['həʊlsəm] *adj.* ☐ **1.** gesund (*bsd. heilsam, bekömmlich*) (*a. fig. Humor, Strafe etc.*); **2.** gut, nützlich, zuträglich; **'whole·some·ness** [-nɪs] *s.* **1.** Gesundheit *f*, Bekömmlichkeit *f*; **2.** Nützlichkeit *f*.

,whole|-'time → ***full-time***; **~ tone** *s.* ♪ Ganzton *m*; **'~-wheat** *adj.* Vollkorn...

whol·ly ['həʊllɪ] *adv.* ganz, gänzlich, völlig.

whom [huːm] **I** *pron.* (*interrog.*) **1.** wen; **2.** (*Objekt-Kasus von* **who**): ***of ~*** von wem; ***to ~*** wem; **II** *pron.* (*relativ*) **3.** (*verbunden*) welchen, welche, welches, den (die, das); **4.** (*unverbunden*) wen; den(jenigen), welchen; die(jenige), welche; *pl.* die(jenigen), welche; **5.** (*Objekt-Kasus von* **who**): ***of ~*** von welchem *etc.*, dessen, deren; ***to ~*** dem (der, denen); ***all of ~ were dead*** welche alle tot waren; **6.** welchem, welcher, welchen, dem (der, denen): ***the master ~ she serves*** der Herr, dem sie dient.

whoop [huːp] **I** *s.* **1.** a) Schlachtruf *m*, b) (*bsd.* Freuden)Schrei *m*: ***not worth a ~*** F keinen Pfifferling wert; **2.** ✱ Keuchen *n* (*bei Keuchhusten*); **II** *v/i.* **3.** schreien, brüllen, *a.* jauchzen; **4.** ✱ keuchen; **III** *v/t.* **5.** *et.* brüllen; **6.** ***~ it up*** *Am. sl.* a) ‚auf den Putz hauen', ‚toll feiern'; b) die Trommel rühren (***for*** für).

whoop·ee ['wʊpiː] *Am.* F **I** *s.*: ***make ~*** ‚auf den Putz hauen', ‚toll feiern', *a.* Sauf- *od.* Sexparties feiern; **II** *int.* [wʊ'piː] juch'hu!

whoop·ing cough ['huːpɪŋ] *s.* ✱ Keuchhusten *m*.

whoops [wʊps] *int.* hoppla!

woosh [wʊʃ; wuːʃ] *v/i.* zischen, sausen.

whop [wɒp] *v/t.* F vertrimmen (*a. fig.* besiegen); **whop·per** ['wɒpə] *s. sl.* **1.** Mordsding *n*; **2.** (faust)dicke Lüge; **whop·ping** ['wɒpɪŋ] *adj. u. adv.* F e'norm, Mords...

whore [hɔː] **I** *s.* Hure *f*; **II** *v/i.* huren; **'~·house** *s.* Bor'dell *n*.

whorl [wɜːl] *s.* **1.** ⚘ Quirl *m*; **2.** *anat.*, *zo.* Windung *f*; **3.** ⚙ Wirtel *m*.

whor·tle·ber·ry ['wɜːtl,berɪ] *s.* **1.** ⚘ Heidelbeere *f*: ***red ~*** Preiselbeere *f*; **2.** → ***huckleberry***.

whose [huːz] *pron.* **1.** (*fragend*) wessen: ***~ is it?*** wem gehört es?; **2.** (*relativ*) dessen, deren.

who·sit ['huːzɪt] *s.* F ‚Dingsda' *m*, *f*, *n*.

,who·so'ev·er → ***whoever***.

whunk [wʌŋk] F **I** *int.* bumm!, peng!, bäng!; **II** *v/t.* anstoßen (*acc.* mit), sich *den Kopf etc.* anstoßen; **III** *v/i.* knallen (*od.* bumsen) (***against*** gegen).

why [waɪ] **I** *adv.* **1.** (*fragend u. relativ*) war'um, wes'halb, wo'zu: ***~ so?*** wieso?, warum das?; ***the reason ~*** (der Grund) weshalb; ***that is ~*** deshalb; **II** *int.* **2.** nun (gut); **3.** (ja) na'türlich; **4.** ja doch (*als Füllwort*); **5.** na'nu; aber (... doch): ***~, that's Peter!*** aber das ist ja *od.* doch Peter!; **III** *s.* **6.** *das* War'um, Grund *m*: ***the ~ and wherefore*** das Warum u. Weshalb.

wick [wɪk] *s.* Docht *m*.

wick·ed ['wɪkɪd] *adj.* ☐ **1.** böse, gottlos, schlecht, sündhaft, verrucht: ***the ~ one*** *bibl.* der Böse, Satan *m*; **2.** böse, schlimm (*ungezogen*, *a. humor. schalkhaft*) (*a.* F *Schmerz*, *Wunde etc.*); **3.** boshaft, bösartig (*a. Tier*); **4.** gemein; **5.** *sl.* ‚toll', großartig; **'wick·ed·ness** [-nɪs] *s.* Gottlosigkeit *f*, Schlechtigkeit *f*, Verruchtheit *f*; Bosheit *f*.

wick·er ['wɪkə] **I** *s.* a) Weidenrute *f*, b) Korbweide *f*, c) → ***wickerwork***; **II** *adj.* aus Weiden geflochten, Weiden..., Korb..., Flecht...: ***~ basket*** Weidenkorb *m*; ***~ chair*** Rohrstuhl *m*; ***~ furniture*** Korbmöbel *pl.*; **'~·work** *s.* **1.** Flechtwerk *n*; **2.** Korbwaren *pl.*

wick·et ['wɪkɪt] *s.* **1.** Pförtchen *n*; **2.** (Tür *f* mit) Drehkreuz *n*; **3.** (*mst vergittertes*) Schalterfenster; **4.** *Kricket*: a) Dreistab *m*, Tor *n*, b) Spielfeld *n*: ***be on a good*** (***sticky***) ***~*** gut (schlecht) stehen (*a. fig.*); ***take a ~*** e-n Schläger ausmachen; ***keep ~*** Torwart sein; ***win by 2 ~s*** das Spiel gewinnen, obwohl 2 Schläger noch nicht geschlagen haben; ***first*** (***second*** *etc.*) ***~ down*** nachdem der erste (zweite *etc.*) Schläger ausgeschieden ist; **'~,keep·er** *s.* Torhüter *m*.

wide [waɪd] **I** *adj.* ☐ → ***widely***; **1.** breit (*a. bei Maßangaben*): ***a ~ forehead*** (***ribbon***, ***street***); ***~ screen*** (*Film*) Breitwand *f*; ***5 feet ~*** 5 Fuß breit; **2.** weit, ausgedehnt: ***~ distribution***; ***~ difference*** großer Unterschied; ***a ~ public*** ein breites Publikum; ***the ~ world*** die weite Welt; **3.** *fig.* a) ausgedehnt, um'fassend, 'umfangreich, weit reichend, b) reich (*Erfahrung*, *Wissen etc.*): ***~ culture*** umfassende Bildung; ***~ reading*** große Belesenheit; **4.** a) weit (-gehend, -läufig), b) weitherzig, großzügig: ***take ~ views*** weitherzig *od.* großzügig sein; **5.** weit offen, aufgerissen: ***~ eyes***; **6.** weit, lose, nicht anliegend: ***~ clothes***; **7.** weit entfernt (***of*** von *der Wahrheit etc.*), weit'ab *vom Ziel*; → ***mark¹*** 11; **II** *adv.* **8.** weit: ***~ apart*** weit auseinander; ***~ open*** a) weit offen, b) völlig ungedeckt (*Boxer*), c) *fig.* schutzlos, d) → ***wide-open*** 2; ***far***

and ~ weit u. breit; **9.** weit'ab (*vom Ziel, der Wahrheit etc.*): **go ~** weit danebengehen; ˌ**~-'an·gle** *adj. phot.* Weitwinkel...: **~ lens**; ˌ**~-a'wake I** *adj.* **1.** hellwach (*a. fig.*); **2.** *fig.* aufgeweckt, ‚hell'; **3.** *fig.* wachsam, aufmerksam; voll bewusst (**to** *gen.*); **II** *s.* '**wide-awake 4.** Kala'breser *m* (*Schlapphut*); '**~-ˌbod·ied jet** *s.* ✈ Großraumflugzeug *n*; '**~ˌbod·y** ✈ **I** *s.* Großraumflugzeug *n*; **II** *adj.* Großraum...: **~ jet** → I; **~ boy** ['waɪdbɔɪ] *s. Brit.* F (gerissener) kleiner Gauner; ˌ**~-'eyed** *adj.* **1.** mit (weit) aufgerissenen Augen; **2.** *fig.* na'iv, kindlich.

wide·ly ['waɪdlɪ] *adv.* weit: **~ scattered** weit verstreut; **~ known** weit u. breit *od.* in weiten Kreisen bekannt; **~ discussed** viel diskutiert; **be ~ read** sehr belesen sein; **differ ~** a) sehr verschieden sein, b) sehr unterschiedlicher Meinung sein.

wid·en ['waɪdn] *v/t. u. v/i.* **1.** breiter machen (werden); **2.** (sich) erweitern (*a. fig.*); **3.** (sich) vertiefen (*Kluft, Zwist*); '**wide·ness** [-nɪs] *s.* **1.** Breite *f*; **2.** Ausdehnung *f* (*a. fig.*).

ˌ**wide|-'o·pen** *adj.* **1.** weit geöffnet; **2.** *Am.* äußerst ‚großzügig' (*Stadt etc., bezüglich Glücksspiel etc.*); '**~·spread** *adj.* **1.** weit ausgebreitet, ausgedehnt; **2.** weit verbreitet.

widg·eon ['wɪdʒən] *pl.* **-eons**, *coll.* **-eon** *s. orn.* Pfeifente *f.*

wid·get ['wɪdʒɪt] *s.* F **1.** ‚Ding' *n*, ‚Dingsda' *n*; **2.** Einheit *f*, ‚Ding' (*einzelnes Produkt aus e-r größeren Anzahl*): **5,000 ~s a day** 5000 Dinger pro Tag.

wid·ow ['wɪdəʊ] *s.* Witwe *f*: **~'s mite** *bibl.* Scherflein *n* der (armen) Witwe; '**wid·owed** [-əʊd] *adj.* **1.** verwitwet; **2.** verwaist, verlassen; '**wid·ow·er** [-əʊə] *s.* Witwer *m*; '**wid·ow·hood** [-əʊhʊd] *s.* Witwenstand *m.*

width [wɪdθ] *s.* **1.** Breite *f*, Weite *f*: **2 feet in ~** 2 Fuß breit; **2.** (Stoff-, Ta'peten-, Rock)Bahn *f.*

wield [wiːld] *v/t.* **1.** *Macht, Einfluss etc.* ausüben (**over** über *acc.*); **2.** *rhet. Werkzeug, Waffe* handhaben, führen, schwingen: **~ the pen** die Feder führen, schreiben; → **sceptre**.

wie·ner ['wiːnə] *s. Am.*, '**wie·nie** ['wiːnɪ] *s.* F Wiener Würstchen *n.*

wife [waɪf] *pl.* **wives** [waɪvz] *s.* **1.** (Ehe-)Frau *f*, Gattin *f*: **wedded ~** angetraute Gattin; **take to ~** zur Frau nehmen; **2.** Weib *n*; '**wife·hood** [-hʊd] *s.* Ehestand *m e-r Frau*; '**wife·like** [-laɪk], '**wife·ly** [-lɪ] *adj.* (haus)fraulich; **wife swapping** *s.* F Partnertausch *m*; **wif·ie** ['waɪfɪ] *s.* F Frauchen *n.*

wig [wɪg] *s.* Pe'rücke *f*; **wigged** [wɪgd] *adj.* mit Perücke (versehen); **wig·ging** ['wɪgɪŋ] *s. Brit.* F Standpauke *f.*

wig·gle ['wɪgl] **I** *v/i.* **1.** → **wriggle** 1; **2.** wackeln, schwänzeln; **II** *v/t.* **3.** wackeln mit.

wight [waɪt] *s. obs. od. humor.* Wicht *m*, Kerl *m.*

wig·wam ['wɪgwæm] *s.* Wigwam *m*, Indi'anerzelt *n*, -hütte *f.*

wild [waɪld] **I** *adj.* ☐ **1.** *allg.* wild: a) *zo.* ungezähmt, in Freiheit lebend, gefährlich, b) ⚘ wild wachsend, c) verwildert, 'wildroˌmantisch, verlassen (*Land*), d) unzivilisiert, bar'barisch (*Volk, Stamm*), e) stürmisch: **a ~ coast**, f) wütend, heftig (*Sturm, Streit etc.*), g) irr, verstört: **a ~ look**, h) scheu (*Tier*), i) rasend (**with** vor *dat.*): **~ with fear**, j) F wütend (**about** über *acc.*): **drive s.o. ~** F j-n wild machen, j-n ‚auf die Palme bringen', k) ungezügelt (*Person, Gefühl*), l) unbändig: **~ delight**, m) F toll, verrückt, n) ausschweifend, o) (**about**) versessen *od.* scharf (auf *acc.*), wild (nach), p) hirnverbrannt, unsinnig, abenteuerlich: **~ plan**, q) plan-, ziellos: **a ~ guess** e-e wilde Vermutung; **a ~ shot** ein Schuss ins Blaue, r) wirr, wüst: **~ disorder**; **II** *adv.* **2.** aufs Gerate'wohl: **run ~** a) ⚘ ins Kraut schießen, b) verwildern (*Garten etc., a. fig.*); **shoot ~** ins Blaue schießen; **talk ~** a) (wild) drauflosreden, b) sinnloses Zeug reden; **III** *s. rhet.* **3.** *a. pl.* Wüste *f*; **4.** *a. pl.* Wildnis *f*; **~ boar** *s. zo.* Wildschwein *n*; '**~·card** *s. Computer*: 'Wildcard *f*, Jokerzeichen *n*; '**~·cat I** *s.* **1.** *zo.* Wildkatze *f*; **2.** *fig.* Wilde(r *m*) *f*; **3.** → **wildcatting** 2; **4.** ✝ 'Schwindelunterˌnehmen *n*; **5.** ✝ wilder Streik; **II** *adj.* **6.** ✝ a) unsicher, spekula'tiv, b) Schwindel...: **~ company**, c) ungesetzlich, wild: **~ strike**; '**~ˌcat·ting** [-ˌkætɪŋ] *s.* **1.** wildes Spekulieren; **2.** wilde *od.* spekula'tive Ölbohrung.

wil·der·ness ['wɪldənɪs] *s.* **1.** Wildnis *f*, Wüste *f* (*a. fig.*): **voice (crying) in the ~** a) *bibl.* Stimme des Predigers in der Wüste, b) *fig.* Rufer *m* in der Wüste; **be sent into the ~** *fig. pol.* in die Wüste geschickt werden; **2.** wild wachsendes Gartenstück; **3.** *fig.* Masse *f*, Gewirr *n.*

ˌ**wild|-'eyed** *adj.* mit wildem Blick; '**~ˌfire** *s.* **1.** verheerendes Feuer: **spread like ~** sich wie ein Lauffeuer verbreiten (*Nachricht etc.*); **2.** ⚔ *hist.* griechisches Feuer; '**~·fowl** *s. coll.* Wildvögel *pl.*; **~ goose** *s.* [*irr.*] Wildgans *f*; ˌ**~-'goose chase** *s. fig.* vergebliche Mühe, fruchtloses Unterfangen.

wild·ing ['waɪldɪŋ] *s.* ⚘ a) Wildling *m* (*unveredelte Pflanze*), *bsd.* Holzapfelbaum *m*, b) *Frucht e-r solchen Pflanze.*

'**wild·life** *s. coll.* wild lebende Tiere *pl.*: **~ park** Naturpark *m.*

wild·ness ['waɪldnɪs] *s. allg.* Wildheit *f.*

'**wildˌwa·ter** *s.* Wildwasser *n*: **~ sport**.

wile [waɪl] **I** *s.* **1.** *mst pl.* List *f*, Trick *m*; *pl.* Kniffe *pl.*, Schliche *pl.*, Ränke *pl.*; **II** *v/t.* **2.** verlocken, *j-n wohin* locken; **3.** → **while** 6.

wil·ful ['wɪlfʊl] *adj.* ☐ **1.** *bsd.* ⚖ vorsätzlich: **~ deceit** arglistige Täuschung; **~ murder** Mord *m*; **2.** eigenwillig, -sinnig, halsstarrig; '**wil·ful·ness** [-nɪs] *s.* **1.** Vorsätzlichkeit *f*; **2.** Eigenwille *m*, -sinn *m*, Halsstarrigkeit *f.*

wil·i·ness ['waɪlɪnɪs] *s.* (Arg)List *f*, Verschlagenheit *f*, Gerissenheit *f.*

will¹ [wɪl] **I** *v/aux.* [*irr.*] **1.** (*zur Bezeichnung des Futurs, Brit. mst nur 2. u. 3. sg. u. pl.*) werden: **he ~ come** er wird kommen; **2.** wollen, werden, willens sein zu: **~ you pass me the bread, please?** reichen Sie mir doch bitte das Brot!; **~ do!** *sl.* wird gemacht!; **3.** (*immer, bestimmt, unbedingt*) werden (*oft a. unübersetzt*): **birds ~ sing** Vögel singen; **boys ~ be boys** Jungen sind nun einmal so; **accidents ~ happen** Unfälle wird es immer geben; **you ~ get in my light!** du musst mir natürlich (immer) im Licht stehen!; **4.** *Erwartung, Vermutung od. Annahme*: werden: **they ~ have gone now** sie werden *od.* dürften jetzt (wohl) gegangen sein; **this ~ be your train, I suppose** das ist wohl dein Zug, das dürfte dein Zug sein; **5.** → **would**; **II** *v/i. u. v/t.* **6.** wollen, wünschen: **as you ~!** wie du willst!; → **would** 3, **will²** II.

will² [wɪl] **I** *s.* **1.** Wille *m* (*a. phls.*): a) Wollen *n*, b) Wunsch *m*, Befehl *m*, c) (Be)Streben *n*, d) Willenskraft *f*: **an iron ~** ein eiserner Wille; **good ~** guter Wille (→ *a.* **goodwill**); **~ to peace** Friedenswille; **~ to power** Machtwille, -streben; **at ~** nach Wunsch *od.* Belieben *od.* Laune; **of one's own (free) ~** aus freien Stücken; **with a ~** mit Lust u. Liebe, mit Macht; **have one's ~** s-n Willen haben *od.* durchsetzen; **2.** *a.* **last ~ and testament** ⚖ letzter Wille, Testa'ment *n*; **II** *v/t.* **3.** wollen, entscheiden; **4.** ernstlich *od.* fest wollen; **5.** *j-n* (durch Willenskraft) zwingen (**to do** zu tun): **~ o.s. (in)to** sich zwingen zu; **6.** ⚖ (letzt)willig a) verfügen, b) vermachen (**to** *dat.*); **III** *v/i.* **7.** wollen.

willed [wɪld] *adj.* ...willig, mit e-m ... Willen; → **strong-willed** *etc.*

will·ful, **will·ful·ness** *bsd. Am.* → **wilful, wilfulness**.

wil·lie ['wɪlɪ] *Brit.* F → **willy**.

wil·lies ['wɪlɪz] *s. pl.* F: **get the ~** ‚Zustände' bekommen; **it gives me the ~** dabei wird mir ganz anders, dabei läuft es mir eiskalt den Rücken runter.

will·ing ['wɪlɪŋ] *adj.* ☐ **1.** *pred.* gewillt, willens, bereit: **I am ~ to believe** ich glaube gern; **2.** (bereit)willig; **3.** gern geschehen *od.* geleistet: **a ~ gift** ein gern gegebenes Geschenk; '**will·ing·ly** [-lɪ] *adv.* bereitwillig, gern; '**will·ing·ness** [-nɪs] *s.* (Bereit)Willigkeit *f*, Bereitschaft *f*, Geneigtheit *f.*

will-less ['wɪllɪs] *adj.* willenlos.

will-o'-the-wisp [ˌwɪləðə'wɪsp] *s.* **1.** Irrlicht *n* (*a. fig.*); **2.** *fig.* Illusi'on *f*, Phan'tom *n.*

wil·low¹ ['wɪləʊ] *s.* **1.** ⚘ Weide *f*: **wear the ~** *fig.* um den Geliebten trauern; **2.** F *Kricket*: Schlagholz *n.*

wil·low² ['wɪləʊ] **I** *s. Spinnerei*: Reißwolf *m*; **II** *v/t. Baumwolle etc.* wolfen, reißen.

wil·low·y ['wɪləʊɪ] *adj.* **1.** weidenbestanden *od.* -artig; **2.** *fig.* a) biegsam, geschmeidig, b) gertenschlank.

'**willˌpow·er** *s.* Willenskraft *f.*

wil·ly ['wɪlɪ] *s. Brit.* F Pimmel *m* (*Penis*).

wil·ly-nil·ly [ˌwɪlɪ'nɪlɪ] *adv.* wohl oder übel, nolens volens.

wilt¹ [wɪlt] *obs. od. poet. du* willst.

wilt² [wɪlt] *v/i.* **1.** (ver)welken, welk *od.* schlaff werden; **2.** F *fig.* a) schlappmachen, ‚eingehen', b) nachlassen.

wil·y ['waɪlɪ] *adj.* ☐ gerissen.

wimp [wɪmp] **I** *s.* **1.** F Schwächling *m*; **2.** Schlappschwanz *m*, Niete *f*, Versager *m*; **3.** Feigling *m*; **II** *v/i.* **4. ~ out** F kneifen (**of s.th.** bei et.), sich drücken (**of s.th.** vor et. *dat.*); '**wimp·ish** *adj.* ☐ **1.** schwächlich; **2.** F schlapp, lahmarschig; **3.** feige.

wim·ple ['wɪmpl] *s.* **1.** *hist.* Rise *f*; **2.** (Nonnen)Schleier *m.*

win [wɪn] **I** *v/t.* [*irr.*] **1.** *Kampf, Spiel etc., a. Sieg, Preis* gewinnen: **~ s.th. from (*od.* of) s.o.** j-m et. abgewinnen; **~ one's way** *fig.* s-n Weg machen; → **day** 5, **field** 6; **2.** *Reichtum, Ruhm etc.* erlangen, *Lob* ernten; zu *Ehren* gelangen; → **spur** 1; **3.** *j-m Lob etc.* einbringen, -tragen; **4.** *Liebe, Sympathie, a. e-n Freund, j-s Unterstützung* gewinnen; **5.** *a.* **~ over** *j-n* für sich gewinnen, auf s-e Seite ziehen, *a. j-s Herz* erobern; **6.** *j-n* dazu bringen (**to do** zu tun): **~ s.o. round** j-n ‚rumkriegen'; **7.**

Stelle, Ziel erreichen: **~ *the shore***; **8.** *sein Brot, s-n Lebensunterhalt* verdienen; **9.** ⚔ *sl.* ‚organisieren'; **10.** ⚒, *min.* a) *Erz, Kohle* gewinnen, b) erschließen; **II** *v/i.* [*irr.*] **11.** gewinnen, siegen: **~ *hands down*** F spielend gewinnen; **~ *out*** F sich durchsetzen (***over*** gegen); **~ *through*** a) durchkommen, b) ans Ziel gelangen (*a. fig.*), c) *fig.* sich durchsetzen; **III** *s.* **12.** *bsd. sport* Sieg *m*.

wince [wɪns] **I** *v/i.* (zs.-)zucken, zs.-, zu'rückfahren (***at*** bei, ***under*** unter *dat.*); **II** *s.* (Zs.-)Zucken *n*.

winch [wɪntʃ] ⚙ **I** *s.* **1.** Winde *f*, Haspel *f*; **2.** Kurbel *f*; **II** *v/t.* **3.** hochwinden.

wind¹ [wɪnd; *poet. a.* waɪnd] **I** *s.* **1.** Wind *m*: ***before the ~*** vor dem *od.* im Wind; ***between ~ and water*** a) ⚓ zwischen Wind u. Wasser, b) in der *od.* die Magengrube, c) *fig.* an e-r empfindlichen Stelle; ***in(to) the ~'s eye*** gegen den Wind; ***like the ~*** wie der Wind (*schnell*); ***to the four ~s*** in alle (vier) Winde, in alle (Himmels)Richtungen; ***under the ~*** ⚓ in Lee; ***be in the ~*** *fig.* (heimlich) im Gange sein, in der Luft liegen; ***cast*** (*od.* ***fling, throw***) ***to the ~s*** *fig. Rat etc.* in den Wind schlagen, *Klugheit etc.* außer Acht lassen; ***get*** (***have***) ***the ~ up*** *sl.* ‚Manschetten' *od.* ‚Schiss' kriegen (haben); ***know how the ~ blows*** *fig.* wissen, woher der Wind weht; ***put the ~ up s.o.*** F j-n ins Bockshorn jagen; ***raise the ~*** F (das nötige) Geld auftreiben; ***sail close to the ~*** a) ⚓ hart am Wind segeln, b) *fig.* mit e-m Fuß im Zuchthaus stehen, sich hart an der Grenze des Erlaubten bewegen; ***sow the ~ and reap the whirlwind*** Wind säen u. Sturm ernten; ***have*** (*od.* ***take***) ***the ~ of*** a) *e-m Schiff* den Wind abgewinnen, b) *fig.* e-n Vorteil *od.* die Oberhand haben über (*acc.*); ***take the ~ out of s.o.'s sails*** *fig.* j-m den Wind aus den Segeln nehmen; ***~ and weather permitting*** bei gutem Wetter; → ***ill*** 4; **2.** ⚙ a) (*Gebläse- etc.*) Wind *m*, b) Luft *f in e-m Reifen etc.*; **3.** ⚕ (Darm)Wind(e *pl.*) *m*, Blähung(en *pl.*) *f*: ***break ~*** e-n Wind abgehen lassen; **4.** ♪ ***the ~*** *coll.* die Blasinstrumente *pl.*, *a.* die Bläser *pl.*; **5.** *hunt.* Wind *m*, Witterung *f* (*a. fig.*): ***get ~ of*** a) wittern, b) *fig.* Wind bekommen von; **6.** Atem *m*: ***have a good ~*** e-e gute Lunge haben; ***have a long ~*** e-n langen Atem haben (*a. fig.*); ***get one's second ~*** den zweiten Wind bekommen, den toten Punkt überwunden haben; ***sound in ~ and limb*** kerngesund; ***have lost one's ~*** außer Atem sein; **7.** Wind *m*, leeres Geschwätz; **II** *v/t.* **8.** *hunt.* wittern; **9.** ***be ~ed*** außer Atem *od.* erschöpft sein; **10.** verschnaufen lassen.

wind² [waɪnd] **I** *s.* **1.** Windung *f*, Biegung *f*; **2.** Um'drehung *f*; **II** *v/t.* [*irr.*] **3.** winden, wickeln, schlingen (***round*** um *acc.*): ***~ off*** (***on to***) ***a reel*** *et.* ab- (auf-) spulen; **4.** *oft* ***~ up*** a) auf-, hochwinden, b) *Garn etc.* aufwickeln, -spulen, c) *Uhr etc.* aufziehen, d) *Saite etc.* spannen; **5.** a) *Kurbel* drehen, b) kurbeln: ***~ forward*** *od.* ***on*** (***back***) *Kassette etc.* vor- (zurück)spulen; ***~ up*** (***down***) *Autofenster* hoch- (herunter)kurbeln; **6.** ⚓ *Schiff* wenden; **7.** (sich) *wohin* schlängeln: ***~ o.s.*** (*od.* ***one's way***) ***into s.o.'s affection*** *fig.* sich j-s Zuneigung erschleichen; **III** *v/i.* [*irr.*] **8.** sich winden *od.* schlängeln (*a. Straße etc.*); **9.** sich winden *od.* wickeln *od.* schlingen (***round*** um *acc.*); ***~ off*** *v/t.* abwickeln, -spulen; ***~ up*** **I** *v/t.* **1.** → ***wind²*** 4, 5; **2.** *fig.* anspannen, erregen, (hin'ein)steigern; **3.** *bsd. Rede* (ab-) schließen; **4.** ☤ a) *Geschäft* abwickeln, b) *Unternehmen* auflösen, liquidieren; **II** *v/i.* **5.** (*bsd.* s-e Rede) schließen (***by saying*** mit den Worten); **6.** F *wo* enden, ‚landen': ***he'll ~ in prison***; **7.** ☤ Kon'kurs machen; **8.** ***wind s.o. up*** a) *Brit.* F j-n ‚aufziehen', b) j-n (ver)ärgern; ***be wound up*** verärgert sein, sich aufregen (***about*** über *acc.*).

wind·bag ['wɪndbæg] *s.* F *contp.* Schwätzer *m*, Schaumschläger *m*.

'wind|·blown ['wɪnd-] *adj.* **1.** windig; **2.** windschief; **3.** (vom Wind) zerzaust; **4.** Windstoß...: ***~ hairdo***; **'~·break** *s.* **1.** Windschutz *m* (*Hecke etc.*); **2.** Windbruch *m*; **'~-ˌbro·ken** *adj. vet.* kurzatmig (*Pferd*); **'~ˌcheat·er** *s. Brit.* Windjacke *f*; **~ cone** *s.* ✈ Luftsack *m*.

wind·ed ['wɪndɪd] *adj.* **1.** außer Atem; **2.** *in Zssgn* ...atmig: ***short-~***.

wind| egg [wɪnd] *s.* Windei *n*; **~ en·er·gy** *s.* 'Windenerˌgie *f*, -kraft *f*.

wind·er ['waɪndə] *s.* **1.** Spuler(in); **2.** ⚙ Winde *f*; **3.** ⚘ Schlingpflanze *f*; **4.** a) Schlüssel *m* (*zum Aufziehen*), b) Kurbel *f*.

'wind|·fall ['wɪnd-] *s.* **1.** Fallobst *n*; **2.** Windbruch *m*; **3.** *fig.* (unverhoffter) Glücksfall *od.* Gewinn: ***~ profit*** ☤ Marktlagengewinn *m*, Q-Gewinn; ***~ tax*** a) ☤ Zufallsgewinnsteuer *f*, b) Spekulati'ons(gewinn)steuer *f*; **~ farm** *s.* Windpark *m*; **'~ˌflow·er** *s.* ⚘ Ane'mone *f*; **~ force** *s.* Windstärke *f*; **~ ga(u)ge** *s.* Wind(stärke-, -geschwindigkeits)messer *m*, Anemo'meter *n*.

wind·i·ness ['wɪndɪnɪs] *s.* Windigkeit *f* (*a. fig. contp.*).

wind·ing ['waɪndɪŋ] **I** *s.* **1.** Winden *n*, Spulen *n*; **2.** (Ein-, Auf)Wickeln *n*, (Um)'Wickeln *n*; **3.** Windung *f*, Biegung *f*; **4.** Um'wick(e)lung *f*; **5.** ϟ Wicklung *f*; **II** *adj.* □ **6.** gewunden: a) sich windend *od.* schlängelnd, b) Wendel...(*-treppe*); **7.** krumm, schief (*a. fig.*); **~ sheet** *s.* Leichentuch *n*; **~ tack·le** *s.* ⚓ Gien *n* (*Flaschenzug*); **ˌ~-'up** *s.* **1.** Aufziehen *n* (*Uhr etc.*): ***~ mechanism*** Aufziehwerk *n*; **2.** ☤ a) Abwicklung *f*, Erledigung *f* (*e-s Geschäfts*), b) Liquidati'on *f*, Auflösung *f* (*e-r Firma*); ***~ order*** Liquidationsbeschluss *m*; ***~ sale*** (Total)Ausverkauf *m*.

wind| in·stru·ment [wɪnd] *s.* ♪ 'Blasinstruˌment *n*; **'~ˌjam·mer** [-ˌdʒæmə] *s.* **1.** ⚓ Windjammer *m* (*Schiff*); **2.** *Am. sl.* → ***windbag***.

wind·lass ['wɪndləs] **I** *s.* **1.** ⚙ Winde *f*; **2.** ⚒ Förderhaspel *f*; **3.** ⚓ Ankerspill *n*; **II** *v/t.* hochwinden.

wind·less ['wɪndlɪs] *adj.* windstill.

wind·mill ['wɪnmɪl] *s.* **1.** Windmühle *f*: ***tilt at*** (*od.* ***fight***) ***~s*** *fig.* gegen Windmühlen kämpfen; ***throw one's cap over the ~*** a) Luftschlösser bauen, b) jede Vorsicht außer Acht lassen; **2.** Windrädchen *n*.

win·dow ['wɪndəʊ] *s.* **1.** Fenster *n* (*a. Computer,* ⚙, *geol.*; *a. im Briefumschlag*): ***look out of*** (*od.* ***at***) ***the ~*** zum Fenster hinaussehen; **2.** Fensterscheibe *f*; **3.** Schaufenster *n*, Auslage *f*; **4.** (Bank- *etc.*)Schalter *m*; **5.** ⚔ *Radar*: Störfolie *f*.

win·dow| box *s.* Blumenkasten *m*; **~ clean·er** *s.* Fensterputzer *m*; **~ dis·play** *s.* 'Schaufensterauslage *f*, -reˌklame *f*; **'~-dress** *v/t.* **1.** ☤ *Bilanz* verschleiern, ‚frisieren'; **2.** ‚aufputzen'; **~ dress·er** *s.* 'Schaufensterdekoraˌteur *m*; **~ dress·ing** *s.* **1.** 'Schaufensterdekoratiˌon *f*; **2.** *fig.* Aufmachung *f*, Mache *f*; **3.** ☤ Bi'lanzverschleierung *f*, ‚Frisieren' *n*.

win·dowed ['wɪndəʊd] *adj.* mit Fenster(n) (versehen).

win·dow| en·ve·lope *s.* 'Fensterˌbriefˌumschlag *m*; **~ gar·den·ing** *s.* Blumenzucht *f* am Fenster; **~ jam·ming** *s.* ⚔ *Radar*: Folienstörung *f*; **'~·pane** *s.* Fensterscheibe *f*; **'~·screen** *s.* **1.** Fliegenfenster *n*; **2.** Zierfüllung *f* e-s Fensters (*aus Buntglas, Gitter etc.*); **~ seat** *s.* Fensterplatz *m*; **~ shade** *s. Am.* Rou'leau *n*, Jalou'sie *f*; **'~-ˌshop·per** *s.* j-d, der e-n Schaufensterbummel macht; **'~-ˌshop·ping** *s.* Schaufensterbummel *m*: ***go ~*** e-n Schaufensterbummel machen; **~ shut·ter** *s.* Fensterladen *m*; **'~·sill** *s.* Fensterbrett *n*, -bank *f*; **~ tech·nol·o·gy** *s. Computer*: Fenstertechnik *f*.

'wind|·pipe ['wɪnd-] *s. anat.* Luftröhre *f*.

wind| pow·er [wɪnd] *s.* Windkraft *f*: ***~ plant*** Windkraftanlage *f* (*zur Stromerzeugung*); **~ rose** *s. meteor.* Windrose *f*; **'~·sail** *s.* **1.** Windflügel *m*; **2.** ⚓ Windsack *m*; **'~·screen** *s. Brit.*, **'~ˌshield** *s. Am. mot.* Windschutzscheibe *f*: ***~ washer*** Scheibenwaschanlage *f*; ***~ wiper*** Scheibenwischer *m*; **'~·sleeve** *s.*, **'~·sock** *s.* ✈ Luftsack *m*; **'~·swept** ['wɪnd-] *adj.* **1.** vom Wind gepeitscht; **2.** *fig.* Windstoß...(*-frisur*); **'~ˌsurf·ing** *s.* Windsurfen *n*; **~ tun·nel** *s.* ✈, *phys.* 'Windkaˌnal *m*; **'~·up** ['waɪnd-] *s.* **1.** → ***winding-up*** 2; **2.** Schluss *m*, Ende *n*.

wind·ward ['wɪndwəd] **I** *adv.* wind-, luvwärts; **II** *adj.* windwärts, Luv..., Wind...; **III** *s.* Windseite *f*, Luv(seite) *f*.

wind·y ['wɪndɪ] *adj.* □ **1.** windig: a) stürmisch (*Wetter*), b) zugig (*Ort*); **2.** *fig.* a) windig, hohl, leer, b) geschwätzig; **3.** ⚕ blähend; **4.** *Brit. sl.* ner'vös, ängstlich.

wine [waɪn] **I** *s.* **1.** Wein *m*: ***new ~ in old bottles*** *bibl.* junger Wein in alten Schläuchen (*a. fig.*); **2.** *Brit. univ.* Weinabend *m*; **II** *v/t.*: ***~ and dine s.o.*** j-n fürstlich bewirten; **'~ˌbib·ber** [-ˌbɪbə] *s.* Weinsäufer(in); **~ bot·tle** *s.* Weinflasche *f*; **~ cool·er** *s.* Weinkühler *m*; **~ cra·dle** *s.* Weinkorb *m*; **'~·glass** *s.* Weinglas *n*; **'~ˌgrow·er** *s.* Weinbauer *m*; **'~ˌgrow·ing** *s.* Wein(an)bau *m*: ***~ area*** Weinbaugebiet *n*; **~ list** *s.* Weinkarte *f*; **~ mer·chant** *s.* Weinhändler *m*; **'~·press** *s.* Weinpresse *f*, -kelter *f*.

win·er·y ['waɪnərɪ] *s.* Weinkelle'rei *f*; -gut *n*.

'wine|·skin *s.* Weinschlauch *m*; **~ stone** *s.* ⚗ Weinstein *m*; **'~ˌtast·er** *s.* Weinprüfer *m*; **'~ˌtast·ing** *s.* Weinprobe *f*.

wing [wɪŋ] **I** *s.* **1.** *orn.* Flügel *m* (*a.* ⚘, *zo., a.* ⚙, ⚠, *a. pol.*); *rhet.* Schwinge *f*, Fittich *m* (*a. fig.*): ***on the ~*** a) im Fluge, b) *fig.* auf Reisen; ***on the ~s of the wind*** mit Windeseile; ***on a ~ and a prayer*** mit wenig Aussichten auf Erfolg, ‚auf gut Glück'; ***under s.o.'s ~(s)*** *fig.* unter j-s Fittichen *od.* Schutz; ***clip s.o.'s ~s*** j-m die Flügel stutzen; ***lend ~s to*** a) *Hoffnung etc.* beflügeln, b) j-m Beine machen; ***spread*** (*od.* ***try***) ***one's ~s*** versuchen, auf eigenen Beinen zu stehen *od.* sich durchzusetzen; ***singe one's ~s*** *fig.* sich die Finger verbrennen; ***take ~*** a) aufsteigen, davonflie-

W

gen, b) aufbrechen, c) *fig.* beflügelt werden; **2.** Federfahne *f* (*Pfeil*); **3.** *humor.* Arm *m*; **4.** (Tür-, Fenster- *etc.*) Flügel *m*; **5.** *mst pl. thea.* ('Seiten)Ku‚lisse *f*: ***wait in the ~s*** *fig.* sich bereithalten; **6.** ✈ Tragfläche *f*; **7.** *mot.* Kotflügel *m*; **8.** ⚔, ⚓ Flügel *m* (*Aufstellung*); **9.** ✈ a) *brit. Luftwaffe*: Gruppe *f*, b) *amer. Luftwaffe*: Geschwader *n*, c) *pl.* F ‚Schwinge' *f* (*Pilotenabzeichen*); **10.** *sport* a) Flügel *m* (*Spielfeldteil*), b) → ***winger***; **II** *v/t.* **11.** mit Flügeln *etc.* versehen; **12.** *fig.* beflügeln (*beschleunigen*); **13.** *Strecke* (durch)'fliegen; **14.** a) *Vogel* anschießen, flügeln, b) F *j-n* (*bsd.* am Arm) verwunden; **III** *v/i.* **15.** fliegen; **~ as·sem·bly** *s.* ✈ Tragwerk *n*; '**~·beat** *s.* Flügelschlag *m*; **~ case** *s. zo.* Flügeldecke *f*; **~ chair** *s.* Ohrensessel *m*; **~ com·mand·er** *s.* ✈, ⚔ **1.** *Brit.* Oberst'leutnant *m* der Luftwaffe; **2.** *Am.* Ge'schwaderkommo‚dore *m*; **~ cov·ert** *s. zo.* Deckfeder *f*.

wing·ding ['wɪŋdɪŋ] *s. sl.* **1.** (*a.* Wut-) Anfall *m*; **2.** ‚tolles Ding'.

winged [wɪŋd] *adj.* □ **1.** *orn.*, *a.* ⚘ geflügelt; Flügel... ; *in Zssgn* ...flügelig: ***the ~ horse*** *fig.* der Pegasus; **~ screw** ⚙ Flügelschraube *f*; **~ words** *fig.* geflügelte Worte; **2.** *fig.* a) beflügelt, schnell, b) beschwingt.

wing·er ['wɪŋə] *s. sport* Außen-, Flügelstürmer *m*.

wing| feath·er *s. orn.* Schwungfeder *f*; '**~-‚heav·y** *adj.* ✈ querlastig; **~ nut** *s.* ⚙ Flügelmutter *f*; '**~‚o·ver** *s.* ✈ Immelmann-Turn *m*; **~ sheath** → ***wing case***; '**~·span** ✈, '**~·spread** *s. orn.*, ✈ Spannweite *f*.

wink [wɪŋk] **I** *v/i.* **1.** blinzeln, zwinkern: **~ at** a) *j-m* zublinzeln, b) *fig.* ein Auge zudrücken bei, *et.* ignorieren; ***as easy as ~ing*** *Brit.* F kinderleicht; ***like ~ing*** F wie der Blitz; **2.** blinken, flimmern (*Licht*); **II** *v/t.* **3.** mit *den Augen* blinzeln *od.* zwinkern; **III** *s.* **4.** Blinzeln *n*, Zwinkern *n*, Wink *m* (*mit den Augen*): ***forty ~s*** Nickerchen *n*; ***not to sleep a ~, not to get a ~ of sleep*** kein Auge zutun; → ***tip***³ 5; ***in a ~*** im Nu.

win·kle ['wɪŋkl] **I** *s. zo.* (essbare) Strandschnecke; **II** *v/t.* **~ out** a) her'ausziehen (*a. fig.* F), b) F *j-n* aussieben, -sondern.

win·ner ['wɪnə] *s.* **1.** Gewinner(in), *sport a.* Sieger(in); **2.** sicherer Gewinner; **3.** ‚todsichere' Sache; **4.** ‚Schlager' *m*.

win·ning ['wɪnɪŋ] **I** *adj.* □ **1.** *bsd. sport* siegreich, Sieger..., Sieges...; **2.** entscheidend: **~ hit** entscheidender Treffer; **3.** *fig.* gewinnend, einnehmend; **II** *s.* **4.** ⚒ Abbau *m*, Gewinnung *f*; **5.** *pl.* Gewinn *m* (*bsd. im Spiel*); **6.** Gewinnen *n*, Sieg *m*; **~ post** *s. sport* Zielpfosten *m*.

win·now ['wɪnəʊ] **I** *v/t.* **1.** a) *Getreide* schwingen, b) *Spreu* trennen (**from** von); **2.** *fig.* sichten; **3.** *fig.* trennen, (unter)'scheiden (**from** von); **4.** aussortieren; **5.** herausfinden; **II** *s.* **6.** Wanne *f*, Futterschwinge *f*.

wi·no ['waɪnəʊ] *pl.* **-nos** *s.* F Saufbruder *m*, (Wein)Säufer(in).

win·some ['wɪnsəm] *adj.* □ **1.** gewinnend: **~ smile**; **2.** (lieb)reizend.

win·ter ['wɪntə] **I** *s.* **1.** Winter *m*; **2.** *poet.* Lenz *m*, (Lebens)Jahr *n*: ***a man of fifty ~s***; **II** *v/i.* **3.** (*a. v/t. Tiere, Pflanzen*) über'wintern; **III** *adj.* **4.** winterlich; Winter...: **~ crop** ⚘ Winterfrucht *f*; **~ garden** Wintergarten *m*; **~ resort** 'Winterurlaubsort *m*, -‚kurort *m*; **~ sleep** Winterschlaf *m*; **~ sports** Wintersport *m*; **win·ter·ize** ['wɪntəraɪz] *v/t.* auf den Winter vorbereiten, *bsd.* ⚙ winterfest machen; '**win·ter·tide** *s.* Winter(zeit *f*) *m*; '**~·weight** *adj.* Winter...: **~ clothes**.

win·tri·ness ['wɪntrɪnɪs] *s.* Kälte *f*, Frostigkeit *f*; **win·try** ['wɪntrɪ] *adj.* **1.** winterlich, frostig; **2.** *fig.* a) trüb(e), b) alt, c) frostig: **~ smile**.

wipe [waɪp] **I** *s.* **1.** (Ab)Wischen *n*: ***give s.th. a ~*** et. abwischen; **2.** F a) (harter) Schlag, b) *fig.* Seitenhieb *m*; **II** *v/t.* **3.** (ab-, trocken)wischen, sauber wischen, abreiben, reinigen: **~ s.o.'s eye** (***for him***) *sl.* j-n ausstechen; **~ one's lips** sich den Mund wischen; → ***floor*** 1; **~ off** *v/t.* **1.** ab-, wegwischen; **2.** *fig.* bereinigen, auslöschen; *Rechnung* begleichen: ***wipe s.th. off the slate*** et. begraben *od.* vergessen; **~ out** *v/t.* **1.** auswischen; **2.** wegwischen, (aus)löschen, tilgen (*a. fig.*): **~ a disgrace** e-n Schandfleck tilgen, e-e Scharte auswetzen; **3.** *Armee, Stadt etc.* vernichten, ‚ausradieren'; *Rasse etc.* ausrotten; **~ up** *v/t.* **1.** aufwischen; **2.** (ab)trocknen.

wip·er ['waɪpə] *s.* **1.** Wischer *m* (*Person od. Vorrichtung*); **2.** Wischtuch *n*; **3.** ⚙ a) Hebedaumen *m*, b) Abstreifring *m*, c) ⚡ Kon'takt-, Schleifarm *m*; **4.** → ***wipe*** 2.

wire ['waɪə] **I** *s.* **1.** Draht *m*; **2.** ⚡ Leitung(sdraht *m*) *f*; → ***live***² 3; **3.** ⚡ (Kabel)Ader *f*; **4.** F Tele'gramm *n*: ***by ~*** telegrafisch; **5.** *pl.* a) Drähte *pl. e-s Marionettenspiels*, b) *fig.* geheime Fäden *pl.*, Beziehungen *pl.*: ***pull the ~*** a) der Drahtzieher sein, b) s-e Beziehungen spielen lassen; **6.** *opt.* Faden *m im Okular*; **7.** ♪ Drahtsaite(n *pl.*) *f*; **II** *adj.* **8.** Draht...: **~ brush**; **III** *v/t.* **9.** mit Draht(geflecht) versehen; **10.** mit Draht zs.-binden *od.* befestigen; **11.** ⚡ Leitungen legen in, (be)schalten, verdrahten: **~ to** anschließen an (*acc.*); **12.** F *e-e Nachricht od. j-m* telegrafieren; **13.** *hunt.* mit Drahtschlingen fangen; **IV** *v/i.* **14.** F telegrafieren: **~ away** *od.* **in** *sl.* loslegen, sich ins Zeug legen; **~ cloth** → ***wire gauze***; **~ cut·ter** *s.* ⚙ Drahtschere *f*; '**~·draw** *v/t.* [*irr.* → ***draw***] **1.** ⚙ *Metall* drahtziehen; **2.** *fig.* a) in die Länge ziehen, b) *Argument* über'spitzen; '**~·drawn** *adj. fig.* a) langatmig, b) über'spitzt; **~ en·tan·gle·ment** *s.* ⚔ Drahtverhau *m*; **~ ga(u)ge** *s.* ⚙ Drahtlehre *f*; **~ gauze** *s.* Drahtgaze *f*, -gewebe *n*, -netz *n*; '**~·haired** *adj. zo.* Drahthaar...: **~ terrier**.

wire·less ['waɪəlɪs] ⚡ **I** *adj.* **1.** drahtlos, Funk...: **~ message** Funkspruch *m*; **2.** *Brit.* Radio..., Rundfunk...: **~ set** → 3; **II** *s.* **3.** *Brit.* 'Radio(appa‚rat *m*) *n*: ***on the ~*** im Radio *od.* Rundfunk; **4.** *abbr. für* **~ telegraphy**, **~ telephony** *etc.*; **III** *v/t. Brit.* **5.** *Nachricht etc.* funken; **~ car** *s. Brit.* Funkstreifenwagen *m*; **~ op·er·a·tor** *s.* ✈ (Bord)Funker *m*; **~ pi·rate** *s.* Schwarzhörer *m*; **~ (re·ceiv·ing) set** *s.* (Funk)Empfänger *m*; **~ sta·tion** *s.* (*a.* 'Rund)Funkstati‚on *f*; **~ te·leg·ra·phy** *s.* drahtlose Telegra'fie, 'Funktelegra‚fie *f*; **~ te·leph·o·ny** *s.* drahtlose Telefo'nie, Sprechfunk *m*.

'**wire|·man** [-mən] *s.* [*irr.*] F **1.** *Am.* 'Abhörspezialist *m*; **2.** *bsd. Am.* E'lektroinstalla‚teur *m*, E'lektriker *m*; **3.** *Journalist, der für e-e Nachrichtenagentur arbeitet*; **~ net·ting** *s.* ⚙ **1.** Drahtnetz *n*; **2.** *pl.* Maschendraht *m*; '**~‚pho·to** *s.* 'Bildtele‚gramm *n*; '**~‚pull·er** *s. fig.* ‚Drahtzieher' *m*; '**~‚pull·ing** *s. bsd. pol.* ‚Drahtziehe'rei *f*; **~ rod** *s.* ⚙ Walz-, Stabdraht *m*; **~ rope** *s.* Drahtseil *n*; **~ rope·way** *s.* Drahtseilbahn *f*; **~ serv·ice** *s. Am.* 'Nachrichtenagen‚tur *f*; '**~·tap** *v/t. u. v/i.* (*j-s*) Tele'fongespräche abhören, (*j-s*) Leitung(en) anzapfen; '**~‚tap·ping** *s.* Abhören *n*, Anzapfen *n* (von Tele'fonleitungen); '**~‚walk·er** *s.* 'Drahtseilakro‚bat(in), Seiltänzer(in); '**~·worm** *s. zo.* Drahtwurm *m*; '**~-wove** *adj.* **1.** Velin...(*-papier*); **2.** aus Draht geflochten.

wir·ing ['waɪərɪŋ] *s.* **1.** Verdrahtung *f* (*a.* ⚡); **2.** ⚡ a) (Be)Schaltung *f*, b) Leitungsnetz *n*: **~ diagram** Schaltplan *m*, -schema *n*.

wir·y ['waɪərɪ] *adj.* □ **1.** Draht...; **2.** drahtig (*Haar, Muskeln, Person etc.*); **3.** a) vibrierend, b) me'tallisch (*Ton*).

wis·dom ['wɪzdəm] *s.* Weisheit *f*, Klugheit *f*; **~ tooth** *s.* [*irr.*] Weisheitszahn *m*: ***cut one's ~ teeth*** *fig.* vernünftig werden.

wise¹ [waɪz] **I** *adj.* □ → ***wisely***; **1.** weise, klug, erfahren, einsichtig; **2.** gescheit, verständig; **3.** wissend, unter'richtet: ***be none the ~r*** (***for it***) nicht klüger sein als zuvor; ***without anybody being the ~r for it*** ohne dass es j-d gemerkt hätte; ***~r after the event*** um e-e Erfahrung klüger; ***be ~ to*** F Bescheid wissen über (*acc.*); ***get ~ to*** F *et.* ‚spitzkriegen', *j-n od. et.* durch'schauen; ***put s.o. ~ to*** F j-m *et.* ‚stecken'; **4.** schlau, gerissen; **5.** F neunmalklug: **~ guy** ‚Klugscheißer' *m*; **6.** *obs.* **~ man** Zauberer *m*; **~ woman** a) Hexe *f*, b) Wahrsagerin *f*, c) weise Frau (*Hebamme*); **II** *v/t.* **7.** **~ up** *Am.* F *j-n* informieren (**to** über *acc.*); **III** *v/i.* **8.** **~ up** *Am.* F a) ‚schlau' werden, b) **~ up to** *et.* ‚spitzkriegen'.

wise² [waɪz] *s. obs.* Art *f*, Weise *f*: ***in any ~*** auf irgendeine Weise; ***in no ~*** in keiner Weise, keineswegs; ***in this ~*** auf diese Art u. Weise.

-wise [waɪz] *in Zssgn* a) ...artig, nach Art von, b) ...weise, c) F ...mäßig.

'**wise|‚a·cre** [-‚eɪkə] *s.* Neunmalkluge(r) *m*, Besserwisser *m*; '**~·crack** F **I** *s.* witzige *od.* treffende Bemerkung; Witze'lei *f*; **II** *v/i.* witzeln, ‚flachsen'; '**~‚crack·er** *s.* F Witzbold *m*.

wise·ly ['waɪzlɪ] *adv.* **1.** weise (*etc.*; → ***wise***¹ 1 *u.* 2); **2.** klug, kluger-, vernünftigerweise; **3.** (wohl)weislich.

wish [wɪʃ] **I** *v/t.* **1.** (sich) wünschen; **2.** wollen, wünschen: ***I ~ I were rich*** ich wollte, ich wäre reich; ***I ~ you to come*** ich möchte, dass du kommst; **~ s.o. further** (*od.* ***at the devil***) j-n zum Teufel wünschen; **~ o.s. home** sich nach Hause sehnen; **3.** hoffen: ***I ~ it may prove true***; ***it is to be ~ed*** es ist zu hoffen *od.* wünschen; **4.** *j-m Glück, Spaß etc.* wünschen: **~ s.o. well** (***ill***) j-m wohl (übel) wollen; **~ s.th. on s.o.** j-m et. (*Böses*) wünschen, j-m et. aufhalsen; → ***joy*** 1; **5.** *j-m guten Morgen etc.* wünschen; *j-m Adieu etc.* sagen: **~ s.o. farewell**; **II** *v/i.* **6.** wünschen: **~ for** sich *et.* wünschen, sich sehnen nach; ***he cannot ~ for anything better*** er kann sich nichts Besseres wünschen; **III** *s.* **7.** Wunsch *m*: a) Verlangen *n* (**for** nach), b) Bitte *f* (**for** um *acc.*), c) *das* Gewünschte: ***you shall have your ~*** du sollst haben, was du dir wünschst; → ***father*** 5; **8.** *pl. gute* Wünsche *pl.*,

Glückwünsche *pl.*: ***good ~es***; '**wish·bone** *s.* **1.** *orn.* Brust-, Gabelbein *n*; **2.** *mot.* Dreiecklenker *m*: ***~ suspension*** Schwingarmfederung *f*; **wish·ful** ['wɪʃfʊl] *adj.* ☐ **1.** vom Wunsch erfüllt, begierig (***to do*** zu tun); **2.** sehnsüchtig: ***~ thinking*** Wunschdenken *n*.

wish·ing| bone ['wɪʃɪŋ] → ***wishbone*** 1; **~ cap** *s.* Zauber-, Wunschkappe *f*.

wish-wash ['wɪʃwɒʃ] *s.* **1.** labberiges Zeug (*a. fig. Geschreibsel*); **2.** *fig.* Geschwätz *n*; **wish·y-wash·y** ['wɪʃɪˌwɒʃɪ] *adj.* labberig: a) wässrig, b) *fig.* saft- u. kraftlos, seicht.

wisp [wɪsp] *s.* **1.** (*Stroh- etc.*)Wisch *m*, (*Heu-, Haar*)Büschel *n*; (*Haar*)Strähne *f*; **2.** Handfeger *m*; **3.** Strich *m*, Zug *m* (*Vögel*); **4.** Fetzen *m*, Streifen *m*: ***~ of smoke*** Rauchfetzen *m*; ***a ~ of a boy*** ein schmächtiges Bürschchen; '**wisp·y** [-pɪ] *adj.* **1.** büschelig (*Haar etc.*); **2.** dünn, schmächtig.

wist·ful ['wɪstfʊl] *adj.* ☐ **1.** sehnsüchtig, wehmütig; **2.** nachdenklich, versonnen.

wit[1] [wɪt] *s.* **1.** *oft pl.* geistige Fähigkeiten *pl.*, Intelli'genz *f*; **2.** *oft pl.* Verstand *m*: ***be at one's ~s' end*** mit s-r Weisheit zu Ende sein; ***have one's ~s about one*** s-e fünf Sinne beisammen haben; ***keep one's ~s about one*** e-n klaren Kopf behalten; ***live by one's ~s*** sich mehr oder weniger ehrlich durchs Leben schlagen; ***out of one's ~s*** von Sinnen, verrückt; ***frighten s.o out of his ~s*** j-n zu Tode erschrecken; **3.** Witz *m*, Geist *m*, Es'prit *m*; **4.** witziger Kopf, geistreicher Mensch; **5.** *obs.* Witz *m*, witziger Einfall.

wit[2] [wɪt] *v/t. u. v/i.* [*irr.*] *obs.* wissen: ***to ~*** *bsd.* ⚖ das heißt, nämlich.

witch [wɪtʃ] **I** *s.* **1.** Hexe *f*, Zauberin *f*: ***~es' sabbath*** Hexensabbat *m*; **2.** *fig.* alte Hexe; **3.** F betörendes Wesen, bezaubernde Frau; **II** *v/t.* **4.** be-, verhexen; '**~·craft** *s.* **1.** Hexe'rei *f*, Zaube'rei *f*; **2.** Zauber(kraft *f*) *m*; **~ doc·tor** *s.* Medi'zinmann *m*.

witch·er·y ['wɪtʃərɪ] *s.* **1.** → ***witchcraft***; **2.** *fig.* Zauber *m*.

witch hunt *s. bsd. pol.* Hexenjagd *f* (***for, against*** auf *acc.*).

witch·ing ['wɪtʃɪŋ] *adj.* ☐ **1.** Hexen...: ***~ hour*** Geisterstunde *f*; **2.** → ***bewitching***.

wit·e·na·ge·mot [ˌwɪtɪnəgɪ'məʊt] *s. hist. gesetzgebende Versammlung im Angelsachsenreich.*

with [wɪð] *prp.* **1.** mit (*vermittels*): ***cut ~ a knife***; ***fill ~ water***; **2.** (zs.) mit: ***he went ~ his friends***; **3.** nebst, samt: ***~ all expenses***; **4.** mit (*besitzend*): ***a coat ~ three pockets***; ***~ no hat*** ohne Hut; **5.** mit (*Art u. Weise*): ***~ care***; ***~ a smile***; ***~ the door open*** bei offener Tür; **6.** in Über'einstimmung mit: ***I am quite ~ you*** ich bin ganz Ihrer Ansicht *od.* ganz auf Ihrer Seite; **7.** mit (*in derselben Weise, im gleichen Grad, zur selben Zeit*): ***the sun changes ~ the seasons***; ***rise ~ the sun***; **8.** bei: ***sit (sleep) ~ s.o.***; ***work ~ a firm***; ***I have no money ~ me***; **9.** (*kausal*) durch, vor (*dat.*), von, an (*dat.*): ***die ~ cancer*** an Krebs sterben; ***stiff ~ cold*** steif vor Kälte; ***wet ~ tears*** von Tränen nass, tränennass; ***tremble ~ fear*** vor Furcht zittern; **10.** bei, für: ***~ God all things are possible*** bei Gott ist kein Ding unmöglich; **11.** gegen, mit: ***fight ~ s.o.***; **12.** bei, aufseiten (von): ***it rests ~ you to decide*** die Entscheidung liegt bei dir; **13.** trotz, bei: ***~ all her brains*** bei all ihrer Klugheit; **14.** angesichts; in Anbetracht der Tatsache, dass: ***you can't leave ~ your mother so ill*** du kannst nicht weggehen, wenn deine Mutter so krank ist; **15.** ***~ it*** *sl.* a) ‚auf Draht', ‚schwer auf der Höhe', b) modebewusst, c) up to date, modern: ***get ~ it!*** mach mit!, sei kein Frosch!

with·al [wɪ'ðɔːl] *obs.* **I** *adv.* außerdem, 'oben'drein, da'bei; **II** *prp.* (*nachgestellt*) mit.

with·draw [wɪð'drɔː] [*irr.* → ***draw***] **I** *v/t.* **1.** (***from***) zu'rückziehen, -nehmen (von, aus): a) wegnehmen, entfernen (von, aus), *Schlüssel etc., a.* ✕ *Truppen* abziehen, her'ausziehen (aus), b) entziehen (*dat.*), c) einziehen, d) *fig. Auftrag, Aussage etc.* wider'rufen, *Wort etc.* zu'rücknehmen: ***~ a motion*** e-n Antrag zurückziehen; **2.** ✝ a) *Geld* abheben, *a. Kapital* entnehmen, b) *Kredit* kündigen; **II** *v/i.* **3.** (***from***) sich zu'rückziehen (von, aus): a) sich entfernen, b) zu'rückgehen, ✕ *a.* sich absetzen, c) zu'rücktreten (von *e-m Posten, Vertrag*), d) austreten (aus *e-r Gesellschaft*), e) *fig.* sich distanzieren (von *j-m, e-r Sache*): ***~ within o.s.*** *fig.* sich in sich selbst zurückziehen; **with'draw·al** [-ɔːəl] *s.* **1.** Zu'rückziehung *f*, -nahme *f* (*a. fig. Widerrufung*) (*a.* ✕ *von Truppen*): ***~ (from circulation)*** Einziehung, Außerkurssetzung *f*; **2.** ✝ (Geld)Abhebung *f*, Entnahme *f*; **3.** *bsd.* ✕ Ab-, Rückzug *m*; **4.** (***from***) Rücktritt *m* (von *e-m Amt, Vertrag etc.*), Ausscheiden *n* (aus); **5.** ⚕ Entzug *m*: ***~ symptoms*** Entzugs-, Ausfallserscheinungen *pl.*; **6.** ⚕ Entziehung *f*: ***~ cure***; **7.** *sport* Startverzicht *m*; **with'drawn** [-ɔːn] **I** *pp von* ***withdraw***; **II** *adj.* **1.** *psych.* in sich gekehrt; **2.** zu'rückgezogen.

with·er ['wɪðə] **I** *v/i.* **1.** *oft* ***~ up*** (ver-)welken, verdorren, austrocknen; **2.** *fig.* a) vergehen (*Schönheit etc.*), b) ‚eingehen' (*Firma etc.*), c) *oft* ***~ away*** schwinden (*Hoffnung etc.*); **II** *v/t.* **3.** (ver)welken lassen, ausdörren, -trocknen: ***~ed*** *fig.* verhutzelt; **4.** *fig. j-n mit e-m Blick etc., a. j-s Ruf* vernichten; **with·er·ing** ['wɪðərɪŋ] *adj.* ☐ **1.** ausdörrend; **2.** *fig.* vernichtend: ***a ~ look (remark)***.

with·ers ['wɪðəz] *s. pl. zo.* 'Widerrist *m* (*Pferd etc.*): ***my ~ are unwrung*** *fig.* das trifft mich nicht.

with'hold *v/t.* [*irr.* → ***hold***[2]] **1.** zu'rück-, abhalten (***s.o. from*** j-n von *et.*): ***~ o.s. from s.th.*** sich e-r Sache enthalten; ***~ing tax*** Quellensteuer *f*; **2.** vorenthalten, versagen (***s.th. from s.o.*** j-m et.).

with·in [wɪ'ðɪn] **I** *prp.* **1.** innerhalb von (*od. gen.*), in (*dat.*) (*beide a. zeitlich binnen*): ***~ 3 hours*** binnen *od.* in nicht mehr als 3 Stunden; ***~ a week of his arrival*** e-e Woche nach *od.* vor s-r Ankunft; **2.** im *od.* in den Bereich von: ***~ call (hearing, reach, sight)*** in Ruf-(Hör-, Reich-, Sicht)weite; ***~ the meaning of the Act*** im Rahmen des Gesetzes; ***~ my powers*** a) im Rahmen m-r Befugnisse, b) soweit es in m-n Kräften steht; ***~ o.s.*** *sport* ohne sich zu verausgaben (*laufen etc.*); ***live ~ one's income*** nicht über s-e Verhältnisse leben; **3.** im 'Umkreis von, nicht weiter (entfernt) als: ***~ a mile of*** bis auf e-e Meile von; → ***ace*** 3; **II** *adv.* **4.** (dr)innen, drin, im Innern: ***~ and without*** innen u. außen; ***from ~*** von innen; **5.** a) im *od.* zu Hause, drinnen, b) ins Haus, hi'nein; **6.** *fig.* innerlich, im Innern; **III** *s.* **7.** *das* Innere.

with·out [wɪ'ðaʊt] **I** *prp.* **1.** ohne (***doing*** zu tun): ***~ difficulty***; ***~ his finding me*** ohne dass er mich fand *od.* findet; ***~ doubt*** zweifellos; → ***do without***, ***go without***; **2.** außerhalb, jenseits, vor (*dat.*); **II** *adv.* **3.** (dr)außen, äußerlich; **4.** ohne: ***go ~*** leer ausgehen; **III** *s.* **5.** *das* Äußere: ***from ~*** von außen; **IV** *cj.* **6.** *a.* ***~ that*** *obs. od.* F a) wenn nicht, außer wenn, b) ohne dass.

with'stand *v/t.* [*irr.* → ***stand***] wider'stehen (*dat.*): a) sich wider'setzen (*dat.*), b) aushalten (*acc.*), standhalten (*dat.*).

wit·less ['wɪtlɪs] *adj.* ☐ **1.** geist-, witzlos; **2.** dumm, einfältig; **3.** verrückt; **4.** ahnungslos.

wit·ness ['wɪtnɪs] **I** *s.* **1.** Zeuge *m*, Zeugin *f* (*a.* ⚖ *u. fig.*): ***be a ~ of s.th.*** Zeuge von et. sein; ***call s.o. to ~*** j-n als Zeugen anrufen; ***a living ~ to*** ein lebender Zeuge (*gen.*); ***~ for the prosecution*** (*Brit. a.* ***for the Crown***) Belastungszeuge; ***prosecuting ~*** a) Nebenkläger(in), b) Belastungszeuge; ***~ for the defence*** (*Am.* ***defense***) Entlastungszeuge; ***♀*** *eccl.* Zeuge Je'hovas; **2.** Zeugnis *n*, Bestätigung *f*, Beweis *m* (***of, to*** *gen. od.* für): ***bear ~ to*** (*od.* ***of***) Zeugnis ablegen von, *et.* bestätigen; ***in ~ whereof*** zum Zeugnis *od.* urkundlich dessen; **II** *v/t.* **3.** bezeugen, beweisen: ***~ Shakespeare*** als Beweis dient Shakespeare; **4.** Zeuge sein von, zu'gegen sein bei, (mit)erleben (*a. fig.*); **5.** *fig.* zeugen von, Zeuge sein von; **6.** ⚖ *j-s Unterschrift* beglaubigen, *Dokument* als Zeuge unter'schreiben; **III** *v/i.* **7.** zeugen, Zeuge sein, Zeugnis ablegen, ⚖ *a.* aussagen (***against*** gegen, ***for, to*** für): ***~ to s.th.*** *fig.* et. bezeugen; ***this agreement ~eth*** ⚖ dieser Vertrag be-inhaltet; **~ box** *bsd. Brit.*, **~ stand** *Am. s.* ⚖ Zeugenstand *m*.

wit·ted ['wɪtɪd] *adj. in Zssgn* ...denkend, ...sinnig; → ***half-witted*** *etc.*

wit·ti·cism ['wɪtɪsɪzəm] *s.* witzige Bemerkung.

wit·ti·ness ['wɪtɪnɪs] *s.* Witzigkeit *f*.

wit·ting·ly ['wɪtɪŋlɪ] *adv.* wissentlich.

wit·ty ['wɪtɪ] *adj.* ☐ witzig, geistreich.

wives [waɪvz] *pl. von* ***wife***.

wiz [wɪz] F *für* ***wizard*** 2.

wiz·ard ['wɪzəd] **I** *s.* **1.** Zauberer *m*, Hexenmeister *m* (*beide a. fig.*); **2.** *fig.* Ge'nie *n*, Leuchte *f*, ‚Ka'none' *f*; **II** *adj.* **3.** magisch, Zauber...; **4.** F ‚fan'tastisch'; '**wiz·ard·ry** [-drɪ] *s.* Zaube'rei *f*, Hexe'rei *f* (*a. fig.*).

wiz·en ['wɪzn], '**wiz·ened** [-nd] *adj.* verhutzelt, schrump(e)lig.

wo, **woa** [wəʊ] *int.* brr! (*zum Pferd*).

wob·ble ['wɒbl] **I** *v/i.* **1.** wackeln, schwabbeln; schwanken (*a. fig.* ***between*** zwischen); **2.** schlottern (*Knie etc.*); **3.** ⚙ a) flattern (*Rad*), b) ‚eiern' (*Schallplatte*); **II** *s.* **4.** Wackeln *n*; Schwanken *n* (*a. fig.*); ⚙ Flattern *n*; '**wob·bler** [-lə] → ***wobbly*** II; '**wob·bly** [-lɪ] **I** *adj.* **1.** wack(e)lig; **2.** zitt(e)rig (*Stimme, Schrift*); **3.** eiernd (*Rad*); **4.** unsicher, ungewiss; **II** *s. Brit.* F **5.** Wutanfall *m*: ***throw a ~*** e-n Wutanfall kriegen, ‚ausrasten'; **6.** *a.* ***the wobblies*** *pl.* 'Panikanfall *m*, -atˌtacke *f*: ***throw a ~*** in Panik geraten.

woe [wəʊ] **I** *int.* wehe!, ach!; **II** *s.* Weh *n*, Leid *n*, Kummer *m*, Not *f*: ***face of ~*** jämmerliche Miene; ***tale of ~*** Leidens-

geschichte *f*; **~ *is me!*** wehe mir!; **~ (*be*) *to ...!*, ~ *betide ...!*** wehe (*dat.*)!, verflucht sei(en) ...!; → ***weal*[1]**; **woe·be·gone** ['wəʊbɪˌgɒn] *adj.* **1.** leid-, jammervoll, vergrämt; **2.** verwahrlost;
woe·ful ['wəʊfʊl] *adj.* □ *rhet. od. humor.* **1.** kummer-, sorgenvoll; **2.** elend, jammervoll; **3.** *contp.* erbärmlich, jämmerlich.
wog [wɒg] *s. sl. contp.* Ka'nake *m*, ‚Ka'meltreiber' *m* (*farbiger Ausländer*).
wok [wɒk] *s.* Wok *m* (*ostasiatischer schüsselförmiger Kochtopf*).
woke [wəʊk] *pret. von* ***wake*[2]**.
wold [wəʊld] *s.* **1.** hügeliges Land; **2.** Hochebene *f.*
wolf [wʊlf] **I** *pl.* **wolves** [-vz] *s.* **1.** *zo.* Wolf *m*: ***a ~ in sheep's clothing*** *fig.* ein Wolf im Schafspelz; ***lone ~*** *fig.* Einzelgänger *m*; ***cry ~*** *fig.* blinden Alarm schlagen; ***keep the ~ from the door*** *fig.* sich über Wasser halten; **2.** *fig.* a) Wolf *m*, räuberische *od.* gierige Per'son, b) F ‚Casa'nova' *m*, Schürzenjäger *m*; **3.** ♪ Disso'nanz *f*; **II** *v/t.* **4.** *a.* ***~ down*** *Speisen* (gierig) verschlingen; **~ call** *s. Am.* F *bewundernder Pfiff od. Ausruf* (*beim Anblick e-r attraktiven Frau*); **~ cub** *s. zo.* junger Wolf.
wolf·ish ['wʊlfɪʃ] *adj.* □ **1.** wölfisch (*a. fig.*), Wolfs...; **2.** *fig.* wild, gefräßig: ***~ appetite*** Wolfshunger *m*.
wolf pack *s.* **1.** Wolfsrudel *n*; **2.** ⚓, ⚔ Rudel *n* U-Boote.
wolf·ram ['wʊlfrəm] *s.* **1.** ⚗ Wolfram *n*; **2.** → **'wolf·ram·ite** [-maɪt] *s. min.* Wolfra'mit *m*.
wol·ver·ine ['wʊlvəriːn] *s. zo.* (Amer.) Vielfraß *m*.
wolves [wʊlvz] *pl. von* ***wolf***.
wom·an ['wʊmən] **I** *pl.* **wom·en** ['wɪmɪn] *s.* **1.** Frau *f*, Weib *n*: ***~ of the world*** Frau von Welt; ***play the ~*** empfindsam *od.* ängstlich sein; → ***women***; **2.** a) Hausangestellte *f*, b) Zofe *f*; **3.** (*ohne Artikel*) das weibliche Geschlecht, die Frauen *pl.*, das Weib: ***born of ~*** vom Weibe geboren (*sterblich*); ***~'s reason*** weibliche Logik; **4.** ***the ~*** *fig.* das Weib, die Frau, das typisch Weibliche; **5.** F a) (Ehe)Frau *f*, b) Freundin *f*, Geliebte *f*; **II** *adj.* **6.** weiblich, Frauen...: ***~ doctor*** Ärztin *f*; ***~ student*** Studentin *f*.
wom·an·hood ['wʊmənhʊd] *s.* **1.** Stellung *f* der (erwachsenen) Frau: ***reach ~*** e-e Frau werden; **2.** Weiblich-, Fraulichkeit *f*; **3.** → ***womankind*** 1;
'woman·ish [-nɪʃ] *adj.* □ **1.** *contp.* weibisch; **2.** → ***womanly***; **'wom·an·ize** [-naɪz] **I** *v/t.* weibisch machen; **II** *v/i.* F hinter den Weibern her sein; **'wom·an·iz·er** [-naɪzə] *s.* F Schürzenjäger *m*.
'wom·an|·kind *s.* **1.** *coll.* Frauen(welt *f*) *pl.*, Weiblichkeit *f*; **2.** → ***womenfolk*** 2; **'~·like** *adj.* wie e-e Frau, fraulich, weiblich.
wom·an·li·ness ['wʊmənlɪnɪs] *s.* Fraulich-, Weiblichkeit *f*; **wom·an·ly** ['wʊmənlɪ] *adj.* fraulich, weiblich (*a. weitS.*).
womb [wuːm] *s. anat.* Gebärmutter *f*; *weitS.* (Mutter)Leib *m*, Schoß *m* (*a. fig. der Erde, der Zukunft etc.*); **~ en·vy** *s. psych.* Gebärneid *m*; **ˌ~-to-'tomb** *adj.* von der Wiege bis zur Bahre.
wom·en ['wɪmɪn] *pl. von* ***woman***: ***~'s rights*** Frauenrechte; ***~'s team*** *sport* Damenmannschaft *f*; **'~·folk** *s. pl.* **1.** → ***womankind*** 1; **2.** *die* Frauen *pl.* (*in e-r Familie*), *mein etc.* ‚Weibervolk' *n* (*da'heim*).
Wom·en's| Lib [lɪb] F, **~ Lib·e·ra·tion (Move·ment)** *s.* 'Frauenemanzipatiˌonsbewegung *f*; **~ Lib·ber** ['lɪbə] *s.* F Anhängerin *f* der Emanzipati'onsbewegung, *contp.* ‚E'manze' *f*.
won [wʌn] *pret. u. p.p. von* ***win***.
won·der ['wʌndə] **I** *s.* **1.** Wunder *n*, *et.* Wunderbares, Wundertat *f*, -werk *n*: ***a ~ of skill*** ein (wahres) Wunder an Geschicklichkeit (*Person*); ***the 7 ~s of the world*** die 7 Weltwunder; ***work*** (*od.* ***do***) ***~s*** Wunder wirken; ***promise ~s*** *j-m* goldene Berge versprechen; (***it is***) ***no*** (*od.* ***small***) ***~ that*** kein Wunder, dass; ***~s will never cease*** es gibt immer noch Wunder; → ***nine*** 1, ***sign*** 8; **2.** Verwunderung *f*, (Er)Staunen *n*: ***filled with ~*** von Staunen erfüllt; ***for a ~*** a) erstaunlicherweise, b) ausnahmsweise; ***in ~*** erstaunt, verwundert; **II** *v/i.* **3.** sich (ver)wundern, erstaunt sein (***at***, ***about*** über *acc.*): ***not to be ~ed at*** nicht zu verwundern; **4.** a) neugierig *od.* gespannt sein, gern wissen mögen (***if***, ***whether***, ***what*** *etc.*), b) sich fragen *od.* über'legen: ***I ~ whether I might ...?*** dürfte ich vielleicht ...?, ob ich wohl ... kann?; ***I ~ if you could help me*** vielleicht können Sie mir helfen; ***well, I ~!*** na, ich weiß nicht (recht)!; **~ boy** *s.* ‚Wunderknabe' *m*; **~ child** *s.* [*irr.*] *Am.* Wunderkind *n*; **~ drug** *s.* Wunderdroge *f*, -mittel *n*.
won·der·ful ['wʌndəfʊl] *adj.* □ wunderbar, -voll, herrlich: ***not so ~*** F nicht so toll.
won·der·ing ['wʌndərɪŋ] *adj.* □ verwundert, erstaunt, staunend.
'won·der·land *s.* Wunder-, Märchenland *n* (*a. fig.*).
won·der·ment ['wʌndəmənt] *s.* Verwunderung *f*, Staunen *n*.
'won·der|·struck *adj.* von Staunen ergriffen (***at*** über *acc.*); **'~-ˌwork·er** *s.* Wundertäter(in); **'~-ˌwork·ing** *adj.* wundertätig.
won·drous ['wʌndrəs] *rhet.* **I** *adj.* □ wundersam, -bar; **II** *adv.* a) wunderbar(erweise), b) außerordentlich.
won·ky ['wɒŋkɪ] *adj. Brit. sl.* wack(e)lig (*a. fig.*).
won't [wəʊnt] F *für* ***will not***.
wont [wəʊnt] **I** *adj.*: ***be ~ to do*** gewohnt sein *od.* pflegen zu tun; **II** *s.* Gewohnheit *f*, Brauch *m*; **'wont·ed** [-tɪd] *adj.* **1.** *obs.* gewohnt; **2.** gewöhnlich, üblich; **3.** *Am.* eingewöhnt (***to*** in *dat.*).
woo [wuː] *v/t.* **1.** werben *od.* freien um, *j-m* den Hof machen; **2.** *fig.* trachten nach, buhlen um; **3.** *fig.* a) *j-n* um'werben, b) locken, drängen (***to*** zu).
wood [wʊd] **I** *s.* **1.** *oft pl.* Wald *m*, Waldung *f*, Gehölz *n*: ***be out of the ~*** (*Am.* ***~s***) F über den Berg sein; ***he cannot see the ~ for the trees*** er sieht den Wald vor lauter Bäumen nicht; → ***halloo*** III; **2.** Holz *n*: ***touch ~!*** unberufen!; **3.** (Holz)Fass *n*: ***wine from the ~*** Wein (direkt) vom Fass; **4.** ***the ~*** ♪ → ***woodwind*** 2; **5.** → ***wood block*** 2; **6.** *Bowling*: (*bsd.* abgeräumter) Kegel; **7.** *pl. Skisport*: ‚Bretter' *pl.*; **8.** *Golf*: Holz (-schläger *m*) *n*; **II** *adj.* **9.** hölzern, Holz...; **10.** Wald...; **~ al·co·hol** *s.* ⚗ Holzgeist *m*; **~ a·nem·o·ne** *s.* ⚘ Buschwindrös-chen *n*; **'~·bind**, **'~·bine** *s.* **1.** ⚘ Geißblatt *n*; **2.** *Am.* wilder Wein; **~ block** *s.* **1.** Par'kettbrettchen *n*; **2.** *typ.* a) Druckstock *m*, b) Holzschnitt *m*; **~ carv·er** *s.* Holzschnitzer *m*; **~ carv·ing** *s.* Holzschnitze'rei *f* (*a. Schnitzwerk*); **'~·chuck** *s. zo.* (amer.) Waldmurmeltier *n*; **~ coal** *s.* **1.** *min.* Braunkohle *f*; **2.** Holzkohle *f*; **'~·cock** *s. orn.* Waldschnepfe *f*; **'~·craft** *s.* **1.** die Fähigkeit, im Wald zu (über)leben; **2.** Holzschnitze'rei *f*; **'~·cut** *s. typ.* **1.** Holzstock *m* (*Druckform*); **2.** Holzschnitt *m* (*Druckerzeugnis*); **'~ˌcut·ter** *s.* **1.** Holzfäller *m*; **2.** *Kunst*: Holzschneider *m*.
wood·ed ['wʊdɪd] *adj.* bewaldet, waldig, Wald...
wood·en ['wʊdn] *adj.* □ **1.** hölzern, Holz...: ***♀ Horse*** *das* Trojanische Pferd; ***~ spoon*** a) Holzlöffel *m*, b) *bsd. sport* Trostpreis *m*; **2.** *fig.* hölzern, steif (*a. Person*); **3.** *fig.* ausdruckslos (*Gesicht etc.*); **4.** stumpf(sinnig).
wood| en·grav·er *s.* Holzschneider *m*; **~ en·grav·ing** *s.* **1.** Holzschneiden *n*; **2.** Holzschnitt *m*.
'wood·en|-ˌhead·ed *adj.* F dumm.
wood| gas *s.* ⚙ Holzgas *n*; **~ grouse** *s. orn.* Auerhahn *m*.
wood·i·ness ['wʊdɪnɪs] *s.* **1.** Waldreichtum *m*; **2.** Holzigkeit *f*.
wood| king·fish·er *s. orn.* Königsfischer *m*; **'~·land I** *s.* Waldland *n*, Waldung *f*; **II** *adj.* Wald...; **~ lark** *s. orn.* Heidelerche *f*; **~ louse** *s.* [*irr.*] *zo.* Bohrassel *f*; **'~·man** [-mən] *s.* [*irr.*] **1.** *Brit.* Förster *m*; **2.** Holzfäller *m*; **3.** Jäger *m*; **4.** Waldbewohner *m*; **~ naph·tha** *s.* ⚗ Holzgeist *m*; **~ nymph** *s.* **1.** *myth.* Waldnymphe *f*; **2.** *zo. eine* Motte; **3.** *orn. ein* Kolibri *m*; **'~ˌpeck·er** *s. orn.* Specht *m*; **~ pi·geon** *s. orn.* Ringeltaube *f*; **'~·pile** *s.* Holzhaufen *m*, -stoß *m*; **~ pulp** *s.* ⚙ Holz(zell)stoff *m*, Holzschliff *m*; **'~·ruff** *s.* ⚘ Waldmeister *m*; **~·print** → ***woodcut*** 2; **'~ˌshav·ings** *s. pl.* Hobelspäne *pl.*; **'~·shed** *s.* Holzschuppen *m*.
woods·man ['wʊdzmən] *s.* [*irr.*] *s.* Waldbewohner *m*.
wood| sor·rel *s.* ⚘ Sauerklee *m*; **~ spir·it** *s.* ⚗ Holzgeist *m*; **~ tar** *s.* ⚗ Holzteer *m*; **~ tick** *s. zo.* Holzbock *m*; **'~·wind** [-wɪnd] ♪ **I** *s.* **1.** 'Holzblasinstruˌment *n*; **2.** *oft pl.* 'Holzblasinstruˌmente *pl.* (*e-s Orchesters*), Holz(bläser *pl.*) *n*; **II** *adj.* **3.** Holzblas...; **~ wool** *s.* ⚕ Zellstoffwatte *f*; **'~·work** *s.* ⚠ **1.** Holz-, Balkenwerk *n*; **2.** Holzarbeit(en *pl.*) *f*; **'~ˌwork·ing I** *s.* Holzbearbeitung *f*; **II** *adj.* Holz bearbeitend, Holzbearbeitungs...: ***~ machine***; **'~·worm** *s. zo.* Holzwurm *m*.
wood·y ['wʊdɪ] *adj.* **1.** a) waldig, Wald..., b) waldreich; **2.** holzig, Holz...
'wood·yard *s.* Holzplatz *m*.
woo·er ['wuːə] *s.* Freier *m*, Anbeter *m*.
woof[1] [wuːf] *s.* **1.** *Weberei*: a) Einschlag *m*, (Ein)Schuss *m*, b) Schussgarn *n*; **2.** Gewebe *n*.
woof[2] [wʊf] *v/i.* bellen.
woof·er ['wuːfə] *s.* ⚡ Tieftonlautsprecher *m*.
woo·ing ['wuːɪŋ] *s.* (*a. fig.* Liebes)Werben *n*, Freien *n*, Werbung *f*.
wool [wʊl] **I** *s.* **1.** Wolle *f*: ***dyed in the ~*** in der Wolle gefärbt, *bsd. fig.* waschecht; → ***cry*** 2; **2.** Wollfaden *m*, -garn *n*; **3.** Wollstoff *m*, -tuch *n*; **4.** Zell-, Pflanzenwolle *f*; **5.** (*Baum-, Glas- etc.*)Wolle *f*; **6.** F ‚Wolle' *f*, (kurzes) wolliges Kopfhaar: ***lose one's ~*** ärgerlich werden; ***pull the ~ over s.o.'s eyes*** F j-n hinters Licht führen; **II** *adj.* **7.** wollen, Woll...; **~ card** *s.* Wollkrempel *m*, -kratze *f*; **~ clip** *s.* ✝ (jährlicher) Woll-

ertrag; ~ **comb·ing** *s.* Wollkämmen *n*; '~**-dyed** *adj.* in der Wolle gefärbt.

wool·en *Am.* → ***woollen***.

'**wool|**,**gath·er·ing** **I** *s. fig.* Verträumtheit *f*, Spintisieren *n*; **II** *adj.* verträumt, spintisierend; '~,**grow·er** *s.* Schafzüchter *m*; ~ **hall** *s.* ✝ *Brit.* Wollbörse *f*.

wool·i·ness *Am.* → ***woolliness***.

wool·len ['wʊlən] **I** *s.* **1.** Wollstoff *m*; **2.** *pl.* Wollsachen *pl.* (*a. wollene Unterwäsche*), Wollkleidung *f*; **II** *adj.* **3.** wollen, Woll...: ~ ***goods*** Wollwaren; ~ **drap·er** *s.* Wollwarenhändler *m*.

wool·li·ness ['wʊlɪnɪs] *s.* **1.** Wolligkeit *f*; **2.** *paint. u. fig.* Verschwommenheit *f*;

wool·ly ['wʊlɪ] **I** *adj.* **1.** wollig, weich, flaumig; **2.** Wolle tragend, Woll...; **3.** *paint. u. fig.* verschwommen; belegt (*Stimme*); **II** *s.* **4.** wollenes Kleidungsstück, *bsd.* Wolljacke *f*; *pl.* → ***woollen*** 2.

'**wool|·pack** *s.* **1.** Wollsack *m* (*Verpackung*); **2.** Wollballen *m* (*240 englische Pfund*); **3.** *meteor.* Haufenwolke *f*; '~**·sack** *s. pol.* a) Wollsack *m* (*Sitz des Lordkanzlers im englischen Oberhaus*), b) *fig.* Amt *n* des Lordkanzlers; '~,**sort·er** *s.* Wollsortierer *m* (*Person od. Maschine*): ~***'s disease*** ⚕ Lungenmilzbrand; '~,**sta·pler** *s.* ✝ **1.** Woll(groß)händler *m*; **2.** Wollsortierer *m*; '~**·work** *s.* Wollsticke'rei *f*.

wool·y *Am.* → ***woolly***.

woo·pies ['wu:pɪz] *s. pl.* wohlhabende Seni'oren *pl.* (= ***well-off older people***).

wooz·y ['wu:zɪ] *adj. Am. sl.* **1.** (*von Alkohol etc.*) benebelt; **2.** a) wirr (im Kopf, b) ‚komisch' (im Magen).

wop [wɒp] *s. sl. contp.* ‚Itaker' *m*, ‚Spa'g(h)etti(fresser)' *m*.

word [wɜ:d] **I** *s.* **1.** Wort *n*: ~***s*** a) Worte, b) *ling.* Wörter; ~ ***for*** ~ Wort für Wort, (wort)wörtlich; ***at a*** ~ sofort, aufs Wort; ***in a*** ~ mit 'einem Wort, kurz (-um); ***in other*** ~***s*** mit anderen Worten; ***in so many*** ~***s*** wörtlich, ausdrücklich; ***the last*** ~ a) das letzte Wort (***on*** in *e-r Sache*), b) das Allerneueste *od.* -beste (***in*** an *dat.*); ***have the last*** ~ das letzte Wort haben; ***have no*** ~***s for*** nicht wissen, was man zu *e-r Sache* sagen soll; ***put into*** ~***s*** in Worte fassen; ***too silly for*** ~***s*** unsagbar dumm; ***cold's not the*** ~ ***for it!*** F kalt ist gar kein Ausdruck!; ***he is a man of few*** ~***s*** er macht nicht viele Worte, er ist ein schweigsamer Mensch; ***he hasn't a*** ~ ***to throw at a dog*** er macht den Mund nicht auf; **2.** Wort *n*, Ausspruch *m*: ~***s*** Worte, Rede, Äußerung; ***by*** ~ ***of mouth*** mündlich; ***have a*** ~ ***with s.o.*** (kurz) mit j-m sprechen; ***have a*** ~ ***to say*** et. (Wichtiges) zu sagen haben; ***put in*** (*od.* ***say***) ***a*** (***good***) ~ ***for*** ein (gutes) Wort einlegen für; ***I take your*** ~ ***for it*** ich glaube es dir; **3.** *pl.* Text *m e-s Lieds etc.*; **4.** *pl.* Wortwechsel *m*, Streit *m*: ***have*** ~***s*** (***with***) sich streiten *od.* zanken mit; **5.** a) Befehl *m*, Kom'mando *n*, b) Losung *f*, Pa'role *f*, c) Zeichen *n*, Signal *n*: ***give the*** ~ (***to do***); ***pass the*** ~ durch-, weitersagen; ***sharp's the*** ~***!*** (jetzt aber) dalli!; **6.** Bescheid *m*, Nachricht *f*: ***leave*** ~ Bescheid hinterlassen (***with*** bei); ***send*** ~ ***to*** *j-m* Nachricht geben; **7.** Wort *n*, Versprechen *n*: ~ ***of hono***(***u***)***r*** Ehrenwort; ***break*** (***give*** *od.* ***pass, keep***) ***one's*** ~ sein Wort brechen (geben, halten); ***take s.o. at his*** ~ j-n beim Wort nehmen; ***he is as good as his*** ~ er ist ein Mann von Wort; er hält, was er verspricht; (***up***)***on my*** ~***!*** auf mein Wort!; **8.** ***the*** ♀ *eccl.* das Wort Gottes, das Evan'gelium; **II** *v/t.* **9.** in Worte fassen, (in Worten) ausdrücken, formulieren: ~***ed as follows*** mit folgendem Wortlaut; ~ **ac·cent** *s. ling.* 'Wortak,zent *m*; '~**-blind** *adj.* ⚕ wortblind; '~**·book** *s.* **1.** Vokabu'lar *n*; **2.** Wörterbuch *n*; **3.** ♪ Textbuch *n*, Lib'retto *n*; '~-,**catch·er** *s. contp.* Wortklauber *m*; '~**-deaf** *adj. psych.* worttaub; ~ **for·ma·tion** *s. ling.* Wortbildung *f*; ,~**-for-'word** *adj.* (wort)wörtlich.

word·i·ness ['wɜ:dɪnɪs] *s.* Wortreichtum *m*, Langatmigkeit *f*; '**word·ing** [-ɪŋ] *s.* Fassung *f*, Formulierung *f*, Wortlaut *m*.

word·less ['wɜ:dlɪs] *adj.* **1.** wortlos, stumm; **2.** schweigsam.

,**word|-of-'mouth** *adj.* mündlich: ~ ***advertising*** Mundwerbung *f*; ~ **or·der** *s. ling.* Wortstellung *f* (*im Satz*); ~ **painting** anschauliche Schilderung; ,~-'**per·fect** *adj.* **1.** *thea. etc.* textsicher; **2.** per'fekt auswendig gelernt: ~ ***text***; ~ **pic·ture** → ***word painting***; '~**·play** *s.* Wortspiel *n*; ~ **pow·er** *s.* Wortschatz *m*; ~ **proc·ess·ing** *s. Computer*: Textverarbeitung *f*; ~ **proc·es·sor** *s. Computer*: **1.** 'Textverarbeitungspro,gramm *n*; **2.** 'Textverarbeitungssys,tem *n*; ~ **split·ting** *s.* Wortklaube'rei *f*; ~ **wrap** [ræp] *s. Computer*: 'Text,umbruch *m*.

word·y ['wɜ:dɪ] *adj.* ☐ **1.** Wort...: ~ ***warfare*** Wortkrieg *m*; **2.** wortreich, langatmig.

wore [wɔ:] *pret. von* ***wear***[1], *pret. u. p.p. von* ***wear***[2].

work [wɜ:k] **I** *s.* **1.** Arbeit *f*: a) Tätigkeit *f*, Beschäftigung *f*, b) Aufgabe *f*, c) Hand-, Nadelarbeit *f*, Sticke'rei *f*, Nähe'rei *f*, d) Leistung *f*, e) Erzeugnis *n*: ~ ***done*** geleistete Arbeit; ***a beautiful piece of*** ~ e-e schöne Arbeit; ***good*** ~***!*** gut gemacht!; ***total*** ~ ***in hand*** ✝ Gesamtaufträge *pl.*; ~ ***in process material*** ✝ Material in Fabrikation; ***at*** ~ a) bei der Arbeit, b) in Tätigkeit, in Betrieb; ***be at*** ~ ***on*** arbeiten an (*dat.*); ***do*** ~ arbeiten; ***be in*** (***out of***) ~ (keine) Arbeit haben; (***put***) ***out of*** ~ arbeitslos (machen); ***set to*** ~ an die Arbeit gehen; ***have one's*** ~ ***cut out*** (***for one***) (‚schwer) zu tun' haben; ***make*** ~ Arbeit verursachen; ***make sad*** ~ ***of*** arg wirtschaften mit; ***make short*** ~ ***of*** kurzen Prozess *od.* nicht viel Federlesens machen mit; ***it's all in the day's*** ~ das ist nichts Besonderes, das gehört alles (mit) dazu; **2.** *phys.* Arbeit *f*: ***convert heat into*** ~; **3.** *künstlerisches etc.* Werk (*a. coll.*): ***the*** ~(***s***) ***of Bach***; **4.** a) Werk *n* (*Tat u. Resultat*): ***the*** ~ ***of a moment*** *es war* das Werk e-s Augenblicks, b) *bsd. pl. eccl.* (gutes) Werk; **5.** ⚙ → ***workpiece***; **6.** *pl.* a) (*bsd.* öffentliche) Bauten *pl. od.* Anlagen *pl.*, b) ⚔ Befestigungen *pl.*, (Festungs)Werk *n*; **7.** *pl. sg. konstr.* Werk *n*, Fa'brik(anlagen *pl.*) *f*, Betrieb *m*: ***iron***~***s*** Eisenhütte *f*; ~***s council*** (***engineer***, ***outing***, ***superintendent***) Betriebsrat (-ingenieur, -ausflug, -direktor) *m*; ~***s manager*** Werkleiter *m*; **8.** *pl.* (Trieb-, Uhr- *etc.*)Werk *n*, Getriebe *n*; **9.** ***the*** ~***s*** *sl.* alles, der ganze Krempel; ***give s.o. the*** ~***s*** j-n ‚fertig machen'; ***shoot the*** ~***s*** *Kartenspiel od. fig.* aufs Ganze gehen; **II** *v/i.* **10.** (***at***) arbeiten (an *dat.*), sich beschäftigen (mit): ~ ***on commission*** auf Provisi'ons,basis arbeiten; ~ ***to rule*** Dienst nach Vorschrift tun; **11.** arbeiten (*fig. kämpfen* ***against*** gegen, ***for*** für *e-e Sache*), sich anstrengen; **12.** ⚙ a) funktionieren, gehen (*beide a. fig.*), b) in Betrieb *od.* in Gang sein; **13.** *fig.* ‚klappen', gehen, gelingen, sich machen lassen: ***it won't*** ~ es geht nicht; **14.** (*p.p. oft* ***wrought***) wirken (*a. Gift etc.*), sich auswirken ([***up***]***on***, ***with*** auf *acc.*, bei); **15.** sich bearbeiten lassen; **16.** sich (*hindurch-, hoch- etc.*)arbeiten: ~ ***into*** eindringen in (*acc.*); ~ ***loose*** sich losarbeiten, sich lockern; **17.** in (heftiger) Bewegung sein; **18.** arbeiten, zucken (*Gesichtszüge etc.*), mahlen (*Kiefer*) (***with*** vor *Erregung etc.*); **19.** ⚓ *gegen den Wind etc.* fahren, segeln; **20.** gären; arbeiten (*a. fig. Gedanken etc.*); **21.** (hand)arbeiten, stricken, nähen; **III** *v/t.* **22.** *a.* ⚙ a) bearbeiten, *Teig* kneten, b) verarbeiten, (ver)formen, gestalten (***into*** zu); **23.** *Maschine etc.* bedienen, *Wagen* führen, lenken; **24.** ⚙ (an-, be)treiben: ~***ed by electricity***; **25.** ✓ *Boden* bearbeiten, bestellen; **26.** *Betrieb* leiten, *Fabrik etc.* betreiben, *Gut etc.* bewirtschaften; **27.** ⚒ *Grube* abbauen, ausbeuten; **28.** *geschäftlich* bereisen, bearbeiten; **29.** *j-n*, *Tiere tüchtig* arbeiten lassen, antreiben; **30.** *fig. j-n* bearbeiten, *j-m* zusetzen; **31.** arbeiten mit, bewegen: ***he*** ~***ed his jaws*** s-e Kiefer mahlten; **32.** a) ~ ***one's way*** sich (*hindurch- etc.*)arbeiten, b) verdienen, erarbeiten; → ***passage*** 6; **33.** sticken, nähen, machen; **34.** gären lassen; **35.** errechnen, lösen; **36.** (*p.p. oft* ***wrought***) her'vorbringen, -rufen, *Veränderung etc.* bewirken, *Wunder* wirken *od.* tun, führen zu, verursachen: ~ ***hardship***; **37.** (*p.p. oft* ***wrought***) fertig bringen, zu'stande bringen: ~ ***it*** F es ‚deichseln'; **38.** *sl. et.* ‚her'ausschlagen', ‚organisieren'; **39.** *in e-n Zustand* versetzen, erregen: ~ ***o.s. into a rage*** sich in e-e Wut hineinsteigern;

Zssgn mit adv.:

work| **a·round** → ***work round***; ~ **a·way** *v/i.* (flott) arbeiten (***at*** an *dat.*); ~ **in I** *v/t.* einarbeiten, -flechten, -fügen; **II** *v/i.* ~ ***with*** harmonieren mit, passen zu; ~ **off** *v/t.* **1.** weg-, aufarbeiten; **2.** *überflüssige Energie* loswerden; **3.** *Gefühl* abreagieren (***on*** an *dat.*); **4.** *typ.* abdrucken, -ziehen; **5.** *Ware etc.* loswerden, abstoßen (***on*** an *acc.*); **6.** *Schuld* abarbeiten; ~ **out I** *v/t.* **1.** ausrechnen, *Aufgabe* lösen; **2.** *Plan* ausarbeiten; **3.** bewerkstelligen; **4.** ⚒ abbauen, (*a. fig. Thema etc.*) erschöpfen; **II** *v/i.* **5.** sich her'ausarbeiten, zum Vorschein kommen (***from*** aus); **6.** ~ ***at*** sich belaufen auf (*acc.*); **7.** ‚klappen', *gut etc.* gehen, sich *gut etc.* anlassen: ~ ***well*** (***badly***); **8.** *sport* trainieren; ~ **o·ver** *v/t.* **1.** über'arbeiten; **2.** *sl. j-n* ‚in die Mache nehmen'; ~ **round** *v/i.* **1.** ~ ***to*** a) *ein Problem etc.* angehen, b) sich 'durchringen zu; **2.** ~ ***to*** kommen zu, Zeit finden für; **3.** drehen (*Wind*); ~ **to·geth·er** *v/i.* **1.** zs.-arbeiten; **2.** inein'ander greifen (*Zahnräder*); ~ **up I** *v/t.* **1.** verarbeiten (***into*** zu); **2.** ausarbeiten, entwickeln; **3.** *Thema* bearbeiten; sich einarbeiten in (*acc.*), gründlich studieren; **4.** *Geschäft etc.* auf- *od.* ausbauen; **5.** a) *Interesse etc.* entwickeln, b) sich *Appetit etc.* holen; **6.** *Gefühl, Nerven, a. Zuhörer etc.* aufpeitschen, -wühlen, *Interesse* wecken: ***work o.s. up*** sich aufregen; ~ ***a rage***, ***work o.s. up into a rage*** sich in e-e Wut hineinsteigern; ***worked up*** aufgebracht; **II** *v/i.* **7.** *fig.* sich steigern (***to*** zu).

work·a·ble ['wɜːkəbl] *adj.* □ **1.** bearbeitungsfähig, (ver)formbar; **2.** betriebsfähig; **3.** 'durch-, ausführbar (*Plan etc.*); **4.** ⚒ abbauwürdig.

work·a·day ['wɜːkədeɪ] *adj.* **1.** Alltags...; **2.** *fig.* all'täglich.

work·a·hol·ic [ˌwɜːkə'hɒlɪk] *s.* Arbeitssüchtige(r *m*) *f*; Arbeitstier *n*.

'work|·bench *s.* ⚙ Werkbank *f*; **'~·book** *s.* **1.** ⚙ Betriebsanleitung *f*; **2.** *ped.* Arbeitsheft *n*; **'~·box** *s.* Nähkasten *m*; **~ camp** *s.* Arbeitslager *n*; **'~·day** *s.* Arbeits-, Werktag *m*: ***on ~s*** werktags.

work·er ['wɜːkə] *s.* **1.** a) Arbeiter(in), b) Angestellte(r *m*) *f*, c) Fachmann *m*, d) *allg.* Arbeitskraft *f*: ***~s*** Belegschaft *f*, Arbeiterschaft *f*; **2.** *fig.* Urheber(in); **3.** *a.* ***~ ant***, ***~ bee*** *zo.* Arbeiterin *f* (*Ameise, Biene*); **~ di·rec·tor** *s.* ✝ 'Arbeitsdiˌrektor *m*; **~ par·tic·i·pa·tion** *s.* ✝ Mitbestimmung *f*.

'work|ˌfel·low *s.* 'Arbeitskameˌrad *m*; **'~·flow** *s.* Arbeitsfluss *m*; **'~·flow chart** *s.* Arbeitsablaufplan *m*; **'~·force** *s.* ✝ **1.** Belegschaft *f*; **2.** 'Arbeitskräftepotenziˌal *n*; **'~·girl** *s.* Fa'brikarbeiterin *f*; **'~·horse** *s.* Arbeitspferd *n* (*a. fig.*); **'~·house** *s.* **1.** *Brit. obs.* Armenhaus *n* (mit Arbeitszwang); **2.** ⚖ *Am.* Arbeitshaus *n*.

work·ing ['wɜːkɪŋ] **I** *s.* **1.** Arbeiten *n*; **2.** *a. pl.* Tätigkeit *f*, Wirken *n*; **3.** ⚙ Be-, Verarbeitung *f*; **4.** ⚙ a) Funktionieren *n*, b) Arbeitsweise *f*; **5.** Lösen *n e-s Problems*; **6.** mühsame Arbeit, Kampf *m*; **7.** Gärung *f*; **8.** *mst pl.* ⚒, *min.* a) Abbau *m*, b) Grube *f*; **II** *adj.* **9.** arbeitend, berufs-, werktätig: ***~ population***; ***~ student*** Werkstudent *m*; **10.** Arbeits...: ***~ method*** Arbeitsverfahren *n*; ***~ week*** Arbeitswoche *f*; **11.** ⚙, ✝ Betriebs...(*-kapital, -kosten,* ϟ *-spannung etc.*); **12.** grundlegend, Ausgangs..., Arbeits...: ***~ hypothesis***; ***~ title*** Arbeitstitel *m* (*e-s Buchs etc.*); **13.** brauchbar, praktisch: ***~ knowledge*** ausreichende Kenntnisse; **~ class** *s.* Arbeiterklasse *f*; **ˌ~-'class** *adj.* der Arbeiterklasse, Arbeiter...; **~ con·di·tion** *s.* **1.** ⚙ a) Betriebszustand *m*, b) *pl.* Betriebsbedingungen *pl.*; **2.** Arbeitsverhältnis *n*; **~ day** → ***workday***; **~ drawing** *s.* ⚙ Werk(statt)zeichnung *f*; **~ hour** *s.* Arbeitsstunde *f*, *pl.* Arbeitszeit *f*; **~ load** *s.* **1.** ϟ Betriebsbelastung *f*; **2.** ⚙ Nutzlast *f*; **~ lunch** *s.* Arbeitsessen *n*; **~ ma·jor·i·ty** *s. pol.* arbeitsfähige Mehrheit; **'~·man** *s.* [*irr.*] → ***workman***; **~ mod·el** *s.* ⚙ Ver'suchsmoˌdell *n*; **~ or·der** *s.* ⚙ Betriebszustand *m*: ***in ~*** in betriebsfähigem Zustand; **ˌ~-'out** *s.* **1.** Ausarbeitung *f*, **2.** Lösung *f* (*e-r Aufgabe*); **~ stroke** *s. mot.* Arbeitstakt *m*; **~ sur·face** *s.* ⚙ Arbeits-, Lauffläche *f*.

work·less ['wɜːklɪs] *adj.* arbeitslos.

'work|·load *s.* Arbeitspensum *n*; **'~·man** [-mən] *s.* [*irr.*] **1.** Arbeiter *m*; **2.** Handwerker *m*; **'~·man·like** [-laɪk], **'~·man·ly** [-lɪ] *adj.* kunstgerecht, fachmännisch; **'~man·ship** [-ʃɪp] *s.* **1.** *j-s* Werk *n*; **2.** Kunst(fertigkeit) *f*; **3.** *gute etc.* Ausführung; Verarbeitungsgüte *f*; Quali'tätsarbeit *f*; **'~·mate** *s. bsd. Brit.* 'Arbeitskolˌlege *m*, -kolˌlegin *f*; **'~·men's com·pen·sa·tion act** [-mənz] *s.* Arbeiterunfallversicherungsgesetz *n*; **'~·out** *s.* **1.** F *sport* (Konditi'ons)Training *n*; **2.** Versuch *m*, Erprobung *f*; **'~ˌpeo·ple** *s. pl.* Belegschaft *f*; **~ per·mit** *s.* Arbeitserlaubnis *f*; **'~·piece** *s.* ⚙ Arbeits-, Werkstück *n*; **'~·place** *s. Am.* Arbeitsplatz *m*; **~ shar·ing** *s.* ✝ Arbeitsaufteilung *f*; **~ sheet** *s.* **1.** 'Arbeitsbogen *m*, -ˌunterlage *f*; **2.** *Am.* ✝ 'Rohbiˌlanz *f*; **'~·shop** *s.* **1.** Werkstatt *f*: ***~ drawing*** ⚙ Werkstatt-, Konstruktionszeichnung *f*; **2.** *ped.* Werkraum *m*; **3.** *fig.* a) Werkstatt *f* (*e-r Künstlergruppe etc.*): ***~ theatre*** (*Am.* ***theater***) Werkstatttheater *n*, b) Workshop *m*, Kurs *m*, Semi'nar *n*; **'~·shy** *adj.* arbeitsscheu; **'~ˌsta·tion** *s.* **1.** *Computer*: 'Workstation *f*; **2.** Arbeitsbereich *m*, -platz *m*; **~ stop·page** *s.* Arbeitsniederlegung *f*; **'~ˌta·ble** *s.* Werktisch *m*; **ˌ~-to-'rule** *s.* Dienst *m* nach Vorschrift; **'~·wear** *s.* Arbeitskleidung *f*; **'~ˌwom·an** *s.* [*irr.*] Arbeiterin *f*.

world [wɜːld] **I** *s.* **1.** *allg.* Welt *f*: a) Erde *f*, b) Himmelskörper *m*, c) (Welt)All *n*, d) *fig. die* Menschen *pl.*, *die* Leute *pl.*, e) Sphäre *f*, Mili'eu *n*, f) (Na'tur)Reich *n*: (***animal***) ***vegetable ~*** (Tier-) Pflanzenreich, -welt; ***lower ~*** Unterwelt; ***the commercial ~***, ***the ~ of commerce*** die Handelswelt; ***the ~ of letters*** die gelehrte Welt; ***a ~ of difference*** ein himmelweiter Unterschied; ***other ~s*** andere Welten; ***all the ~*** die ganze Welt, jedermann; ***all the ~ over*** in der ganzen Welt; ***all the ~ and his wife*** F Gott u. die Welt; alles, was Beine hatte; ***for all the ~*** in jeder Hinsicht; ***for all the ~ like*** (*od.* ***as if***) genauso wie (*od.* als ob); ***for all the ~ to see*** vor aller Augen; ***from all over the ~*** aus aller Herren Länder; ***not for the ~*** nicht um die (*od.* alles in der) Welt; ***in the ~*** (auf) der Welt; ***out of this*** (*od.* ***the***) ***~*** *sl.* fantastisch; ***bring*** (***come***) ***into the ~*** zur Welt bringen (kommen); ***carry the ~ before one*** glänzenden Erfolg haben; ***have the best of both ~s*** die Vorteile beider Seiten genießen; ***put into the ~*** in die Welt setzen; ***think the ~ of*** große Stücke halten auf (*acc.*); ***she is all the ~ to him*** sie ist sein Ein u. Alles; ***how goes the ~ with you?*** wie gehts, wie stehts?; ***what*** (***who***) ***in the ~?*** was (wer) in aller Welt?; ***it's a small ~!*** die Welt ist ein Dorf!; **2.** ***a ~ of*** e-e Welt von, e-e Unmenge *Schwierigkeiten etc.*; **II** *adj.* **3.** Welt...: ***~ champion*** (***language***, ***literature***, ***politics***, ***record etc.***); **≈ Court** *s.* Internationaler Ständiger Gerichtshof; **≈ Cup** *s.* **1.** *Skisport etc.*: Weltcup *m*; **2.** Fußballweltmeisterschaft *f*; **'~-ˌfa·mous** *adj.* weltberühmt.

world·li·ness ['wɜːldlɪnɪs] *s.* Weltlichkeit *f*, weltlicher Sinn.

world·ling ['wɜːldlɪŋ] *s.* Weltkind *n*.

world·ly ['wɜːldlɪ] *adj. u. adv.* **1.** weltlich, irdisch, zeitlich: ***~ goods*** irdische Güter; **2.** weltlich (gesinnt): ***~ innocence*** Weltfremdheit *f*; ***~ wisdom*** Weltklugheit *f*; **ˌ~-'wise** *adj.* weltklug.

world| pow·er *s. pol.* Weltmacht *f*; **~ se·ries** *s. Baseball*: US-Meisterschaftsspiele *pl.*; **'~-ˌshak·ing** *adj. a. iro.* welterschütternd: ***it isn't ~ after all***; **~ view** *s.* Weltanschauung *f*; **≈ War** *s.* Weltkrieg *m*: ***~ I*** (***II***) erster (zweiter) Weltkrieg; **'~-ˌwea·ry** *adj.* weltverdrossen; **'~·wide** *adj.* weltweit, auf der ganzen Welt: ***~ reputation*** Weltruf *m*; ***~ strategy*** ⚔ Großraumstrategie *f*; **≈ Wide Web** *s.* World Wide Web *n* (*im Internet*).

worm [wɜːm] **I** *s.* **1.** *zo.* Wurm *m* (*a. fig. contp. Person*): ***even a ~ will turn*** *fig.* auch der Wurm krümmt sich, wenn er getreten wird; **2.** *pl.* ⚕ Würmer *pl.*; **3.** ⚙ a) (Schrauben-, Schnecken)Gewinde *n*, b) (Förder-, Steuer- *etc.*)Schnecke *f*, c) (Rohr-, Kühl)Schlange *f*; **II** *v/t.* **4.** ***~ one's way*** (*od.* ***o.s.***) a) sich *wohin* schlängeln, b) *fig.* sich einschleichen (***into*** in *j-s Vertrauen etc.*); **5.** ***~ a secret out of s.o.*** j-m ein Geheimnis entlocken; **6.** ⚕ von Würmern befreien; **III** *v/i.* **7.** sich schlängeln, kriechen; **8.** sich winden; **~ drive** *s.* ⚙ Schneckenantrieb *m*; **'~-ˌeat·en** *adj.* **1.** wurmstichig; **2.** *fig.* veraltet; **~ gear** *s.* ⚙ **1.** Schneckengetriebe *n*; **2.** → ***worm wheel***; **'~'s-eye view** *s.* 'Froschperspekˌtive *f*; **~ thread** *s.* ⚙ Schneckengewinde *n*; **~ wheel** *s.* ⚙ Schneckenrad *n*; **'~·wood** *s.* **1.** ⚘ Wermut *m*; **2.** *fig.* Bitterkeit *f*: ***be*** (***gall and***) ***~ to j-n*** bitter ankommen.

worm·y ['wɜːmɪ] *adj.* **1.** wurmig, voller Würmer; **2.** wurmstichig; **3.** wurmartig; **4.** *fig.* kriecherisch.

worn [wɔːn] **I** *p.p. von* ***wear***[1]; **II** *adj.* **1.** getragen (*Kleider*); **2.** → ***worn-out*** 1; **3.** erschöpft, abgespannt; **4.** *fig.* abgedroschen: ***~ joke***; **ˌ~-'out** *adj.* **1.** abgetragen, -genutzt; **2.** völlig erschöpft, todmüde, zermürbt; **3.** → ***worn*** 4.

wor·ried ['wʌrɪd] *adj.* **1.** gequält; **2.** sorgenvoll, besorgt; **3.** beunruhigt, ängstlich; **'wor·ri·er** [-ɪə] *s.* j-d, der sich ständig Sorgen macht; **'wor·ri·ment** [-ɪmənt] *s.* F **1.** Plage *f*, Quäle'rei *f*; **2.** Angst *f*, Sorge *f*; **'wor·ri·some** [-ɪsəm] *adj.* **1.** quälend; **2.** lästig; **3.** beunruhigend; **4.** unruhig.

wor·ry ['wʌrɪ] **I** *v/t.* **1.** a) zausen, schütteln, beuteln, b) *Tier* (ab)würgen (*Hund etc.*); **2.** quälen, plagen (*a. fig. belästigen*); *fig. j-m* zusetzen: ***~ s.o. into a decision*** j-n so lange quälen, bis er e-e Entscheidung trifft; ***~ s.o. out of s.th.*** a) j-n mühsam von et. abbringen, b) j-n durch unablässiges Quälen um et. bringen; **3.** a) ärgern, b) beunruhigen, quälen, *j-m* Sorgen machen: ***~ o.s.*** → 7; **4.** ***~ out*** *Plan etc.* ausknobeln; **II** *v/i.* **5.** zerren, reißen (***at*** an *dat.*); **6.** sich quälen *od.* plagen; **7.** sich beunruhigen, sich Gedanken *od.* Sorgen machen (***about***, ***over*** um, wegen); **8.** ***~ along*** sich mühsam *od.* mit knapper Not durchschlagen; ***~ through s.th.*** sich durch et. hindurchquälen; **III** *s.* **9.** Kummer *m*, Besorgnis *f*, Sorge *f*, (innere) Unruhe; **10.** (Ursache *f* von) Ärger *m*, Aufregung *f*; **11.** Quälgeist *m*; **12.** a) Schütteln *n*, Beuteln *n*, b) Abwürgen *n* (*bsd. vom Hund*); **'wor·ry·ing** [-ɪɪŋ] *adj.* □ beunruhigend, quälend.

worse [wɜːs] **I** *adj.* (*comp. von* ***bad***, ***evil***, ***ill***) **1.** schlechter, schlimmer (*beide a.* ⚕), übler, ärger: ***~ and ~*** immer schlechter *od.* schlimmer; ***the ~*** desto schlimmer; ***so much*** (*od.* ***all***) ***the ~*** umso schlimmer; ***~ luck!*** leider!, unglücklicherweise!, umso schlimmer!; ***to make it ~*** (*Redew.*) um das Unglück voll zu machen; → ***wear***[1] 14; ***he is ~ than yesterday*** es geht ihm schlechter als gestern; **2.** schlechter gestellt: (***not***) ***to be the ~ for*** (keinen) Schaden gelitten haben durch, (nicht) schlechter gestellt sein wegen; ***he is none the ~*** (***for it***) er ist darum nicht übler dran; ***you would be none the ~ for a walk*** ein Spaziergang würde dir gar nichts scha-

W

den; ***be*** (***none***) ***the ~ for drink*** (nicht) betrunken sein; **II** *adv.* **3.** schlechter, schlimmer, ärger: ***none the ~*** nicht schlechter; ***be ~ off*** schlechter daran sein; ***you could do ~ than ...*** du könntest ruhig ...; **III** *s.* **4.** Schlechtere(s) *n*, Schlimmere(s) *n*: ***~ followed*** Schlimmeres folgte; → ***better***[1] 2; ***from bad to ~*** vom Regen in die Traufe; ***a change for the ~*** e-e Wendung zum Schlechten; **'wors·en** [-sn] **I** *v/t.* **1.** schlechter machen, verschlechtern; **2.** *Unglück etc.* verschlimmern; **3.** *j-n* schlechter stellen; **II** *v/i.* **4.** sich verschlechtern *od.* verschlimmern; **'wors·en·ing** [-snɪŋ] *s.* Verschlechterung *f*, -schlimmerung *f*.

wor·ship ['wɜːʃɪp] **I** *s.* **1.** *eccl.* a) (*a. fig.*) Anbetung *f*, Verehrung *f*, Kult(us) *m*, b) (***public ~*** öffentlicher) Gottesdienst, Ritus *m*: ***place of ~*** Kultstätte *f*, Gotteshaus *n*; ***the ~ of wealth*** *fig.* die Anbetung des Reichtums; **2.** (*der, die, das*) Angebetete; **3.** ***his*** (***your***) ♀ *bsd. Brit.* Seiner (Euer) Hochwürden (*Anrede, jetzt bsd. für Bürgermeister u. Richter*); **II** *v/t.* **4.** anbeten, verehren, huldigen (*dat.*) (*alle a. fig. vergöttern*); **III** *v/i.* **5.** beten, s-e Andacht verrichten; **wor·ship·er** *Am.* → ***worshipper***; **'wor·ship·ful** [-fʊl] *adj.* ☐ **1.** verehrend, anbetend (*Blick etc.*); **2.** *obs.* (ehr)würdig, achtbar; **3.** (*in der Anrede*) hochwohllöblich, hochverehrt; **'wor·ship·per** [-pə] *s.* **1.** Anbeter(in), Verehrer(in): ***~ of idols*** Götzendiener *m*; **2.** Beter(in): ***the ~s*** die Andächtigen, die Kirchgänger.

worst [wɜːst] **I** *adj.* (*sup. von* ***bad***, ***evil***, ***ill***) schlechtest, schlimmst, übelst, ärgst: ***and, which is ~*** und, was das Schlimmste ist; **II** *adv.* am schlechtesten *od.* übelsten, am schlimmsten *od.* ärgsten; **III** *s.* *der* (*die, das*) Schlechteste *od.* Schlimmste *od.* Ärgste: ***at*** (***the***) ***~*** schlimmstenfalls; ***be prepared for the ~*** aufs Schlimmste gefasst sein; ***do one's ~*** es so schlecht *od.* schlimm wie möglich machen; ***do your ~!*** mach, was du willst!; ***let him do his ~!*** soll er nur!; ***get the ~ of it*** den Kürzeren ziehen; ***if*** (*od.* ***when***) ***the ~ comes to the ~*** wenn es zum Schlimmsten kommt, wenn alle Stricke reißen; ***he was at his ~*** er zeigte sich von seiner schlechtesten Seite, er war in denkbar schlechter Form; ***see s.o.*** (***s.th.***) ***at his*** (***its***) ***~*** j-n (et.) von der schlechtesten *od.* schwächsten Seite sehen; ***the illness is at its ~*** die Krankheit ist auf ihrem Höhepunkt; ***the ~ of it is*** das Schlimmste daran ist; **IV** *v/t.* über'wältigen, schlagen.

worst case *s.* schlimmster (*od.* ungünstigster) Fall; **,~-'case** *adj.*: ***~ scenario*** schlimmster Fall; ***in the ~ scenario*** schlimmstenfalls.

wor·sted ['wʊstɪd] ⚙ **I** *s.* **1.** Kammgarn *n*, -wolle *f*; **2.** Kammgarnstoff *m*; **II** *adj.* **3.** wollen, Woll...: ***~ wool*** Kammwolle *f*; ***~ yarn*** Kammgarn *n*; **4.** Kammgarn...

wort[1] [wɜːt] *in Zssgn* ...kraut *n*, ...wurz *f*.

wort[2] [wɜːt] *s.* (Bier)Würze *f*: ***original ~*** Stammwürze.

worth [wɜːθ] **I** *adj.* **1.** (*e-n bestimmten Betrag*) wert (***to*** *dat. od.* für): ***he is ~ a million*** er besitzt *od.* verdient e-e Million, er ist e-e Million wert; ***for all you are ~*** F so sehr du kannst, ‚auf Teufel komm raus'; ***my opinion for what it may be ~*** m-e unmaßgebliche Meinung; ***take it for what it is ~!*** *fig.* nimm es für das, was es wirklich ist!; **2.** *fig.* würdig, wert (*gen.*): ***~ doing*** wert getan zu werden; ***~ mentioning*** (***reading***, ***seeing***) erwähnens- (lesens-, sehens-) wert; ***be ~ the trouble***, ***be ~ it*** F sich lohnen, der Mühe wert sein; → ***powder*** 1, ***while*** 1; **II** *s.* **3.** Wert *m* (*a. fig. Bedeutung, Verdienst*): ***of no ~*** wertlos; ***get the ~ of one's money*** für sein Geld et. (Gleichwertiges) bekommen; ***20 pence's ~ of stamps*** Briefmarken im Wert von 20 Pence, für 20 Pence Briefmarken; ***men of ~*** verdiente *od.* verdienstvolle Leute.

wor·thi·ly ['wɜːðɪlɪ] *adv.* **1.** nach Verdienst, angemessen; **2.** mit Recht; **3.** würdig; **'wor·thi·ness** [-ɪnɪs] *s.* Wert *m*; **worth·less** ['wɜːθlɪs] *adj.* ☐ **1.** wertlos; **2.** *fig.* un-, nichtswürdig.

,worth'while *adj.* lohnend, der Mühe wert.

wor·thy ['wɜːðɪ] **I** *adj.* ☐ → ***worthily***; **1.** würdig, achtbar, angesehen; **2.** würdig, wert (***of*** *gen.*): ***be ~ of*** *e-r Sache* wert *od.* würdig sein, *et.* verdienen; ***he is not ~ of her*** er ist ihrer nicht wert *od.* würdig; ***~ of credit*** a) glaubwürdig, b) ✝ kreditwürdig; ***~ of a better cause*** e-r besseren Sache würdig; **3.** würdig (*Gegner, Nachfolger etc.*), angemessen (*Belohnung*); **4.** *humor.* trefflich, wacker (*Person*); **II** *s.* **5.** große Per'sönlichkeit, Größe *f*, Held(in) (*mst pl.*); **6.** *humor. der* Wackere.

would [wʊd; wəd] **1.** *pret. von* ***will***[1] I: a) wollte(st), wollten: ***he ~ not go*** er wollte durchaus nicht gehen, b) pflegte(st), pflegten zu (*oft unübersetzt*): ***he ~ take a walk every day*** er pflegte täglich e-n Spaziergang zu machen; ***now and then a bird ~ call*** ab u. zu ertönte ein Vogelruf; ***you ~ do that!*** du musstest das natürlich tun!, das sieht dir ähnlich!, c) *fragend*: würdest *du*?, würden *Sie*?: ***~ you pass me the salt, please?***, d) *vermutend*: ***that ~ be 3 dollars*** das wären (dann) 3 Dollar; ***it ~ seem that*** es scheint fast, dass; **2.** *konditional*: würde(st), würden: ***she ~ do it if she could***; ***he ~ have come if ...*** er wäre gekommen, wenn ...; **3.** *pret. von* ***will***[1] II: *ich* wollte *od.* wünschte *od.* möchte: ***I ~ it were otherwise***; ***~*** (***to***) ***God*** wollte Gott; ***I ~ have you know*** ich muss Ihnen (schon) sagen.

would-be ['wʊdbiː] **I** *adj.* **1.** Möchtegern...: ***~ critic*** Kritikaster *m*; ***~ painter*** Farbenkleckser *m*; ***~ poet*** Dichterling *m*; ***~ huntsman*** Sonntagsjäger *m*; ***~ witty*** geistreich sein sollend (*Bemerkung etc.*); **2.** angehend, zukünftig: ***~ author***; ***~ wife***; **II** *s.* **3.** Gernegroß *m*, Möchtegern *m*.

wound[1] [waʊnd] *pret. u. p.p. von* ***wind***[2] *u.* ***wind***[3].

wound[2] [wuːnd] **I** *s.* **1.** Wunde *f* (*a. fig.*), Verletzung *f*, -wundung *f*: ***~ of entry*** (***exit***) ⚔ Einschuss *m* (Ausschuss *m*); **2.** *fig.* Verletzung *f*, Kränkung *f*; **II** *v/t.* **3.** verwunden, verletzen (*beide a. fig. kränken*); **'wound·ed** [-dɪd] *adj.* verwundet, verletzt (*beide a. fig. gekränkt*): ***~ veteran*** Kriegsversehrte(r) *m*; ***the ~*** die Verwundeten; ***~ vanity*** gekränkte Eitelkeit.

wove [wəʊv] *pret. u. obs. p.p. von* ***weave***; **'wo·ven** [-vən] *p.p. von* ***weave***: ***~ goods*** Web-, Wirkwaren.

wove pa·per *s.* ⚙ Ve'linpa,pier *n*.

wow [waʊ] **I** *int.* Mann!, toll!; **II** *s. bsd. Am. sl.* a) Bombenerfolg *m*, b) ‚tolles Ding', c) ‚toller Kerl', ‚tolle Frau' *etc.*: ***he*** (***it***) ***is a ~*** er (es) ist 'ne Wucht; **III** *v/t. j-n* hinreißen.

wrack[1] [ræk] *s.* **1.** → ***wreck*** 1 *u.* 2; **2.** ***~ and ruin*** Untergang u. Verderben; ***go to ~*** untergehen; **3.** Seetang *m*.

wrack[2] → ***rack***[4] I.

wraith [reɪθ] *s.* **1.** Geistererscheinung *f* (*bsd. von gerade Gestorbenen*); **2.** Geist *m*, Gespenst *n*.

wran·gle ['ræŋgl] **I** *v/i.* (sich) zanken *od.* streiten, sich in den Haaren liegen; **II** *s.* Streit *m*, Zank *m*; **'wran·gler** [-lə] *s.* **1.** Zänker(in), streitsüchtige Per'son; **2.** *univ. Brit. Student in Cambridge, der bei der höchsten mathematischen Abschlussprüfung den 1. Grad erhalten hat*; **3.** guter Debattierer; **4.** *Am.* Cowboy *m*.

wrap [ræp] **I** *v/t.* [*irr.*] **1.** wickeln, hüllen; *a. Arme* schlingen (***round*** um *acc.*); **2.** *mst* ***~ up*** (ein)wickeln, (-)packen, (-)hüllen, (-)schlagen (***in*** in *acc.*): ***~ o.s. up*** (***well***) sich warm anziehen; **3.** ***~ up*** F a) *et.* glücklich ‚über die Bühne' bringen, b) abschließen, beenden; ***~ it up*** die Sache (erfolgreich) zu Ende führen; ***that ~s it up*** (***for today***)***!*** das wärs (für heute)!; **4.** *oft* ***~ up*** *fig.* (ein)hüllen, verbergen, *Tadel etc.* (ver)kleiden (***in*** in *acc.*): ***~ped up in mystery*** *fig.* geheimnisvoll, rätselhaft; ***~ped*** (*od.* ***wrapt***) ***in silence*** in Schweigen gehüllt; ***be ~ped up in*** a) völlig in Anspruch genommen sein von (*e-r Arbeit etc.*), ganz aufgehen in (*s-r Arbeit, s-n Kindern etc.*), b) versunken sein in (*acc.*); **5.** *fig.* verwickeln, -stricken (***in*** in *acc.*); **II** *v/i.* [*irr.*] **6.** sich einhüllen: ***~ up well!*** zieh dich warm an!; **7.** sich legen *od.* wickeln *od.* schlingen (***round*** um); **8.** sich legen (***over*** um) (*Kleider*); **9.** ***~ up!*** *sl.* halts Maul!; **III** *s.* **10.** Hülle *f*, *bsd.* a) Decke *f*, b) Schal *m*, Pelz *m*, c) 'Umhang *m*, Mantel *m*: ***keep s.th. under ~s*** *fig.* et. geheim halten; **'~·a·round I** *adj.* ⚙ Rundum..., Vollsicht...(*-verglasung*): ***~ windshield*** (*Brit.* ***windscreen***) *mot.* Panoramascheibe *f*; **II** *s.* Wickelbluse *f*, -kleid *n*.

wrap·per ['ræpə] *s.* **1.** (Ein)Packer(in); **2.** Hülle *f*, Decke *f*, 'Überzug *m*, Verpackung *f*; **3.** ('Buch),Umschlag *m*, Schutzhülle *f*; **4.** *a.* ***postal ~*** ✉ Kreuz-, Streifband *n*; **5.** a) Schal *m*, b) 'Überwurf *m*, c) Morgenrock *m*; **6.** Deckblatt *n* (*der Zigarre*); **'wrap·ping** [-pɪŋ] *s.* **1.** *mst pl.* Um'hüllung *f*, Hülle *f*, Verpackung *f*; **2.** Ein-, Verpacken *n*: ***~ paper*** Einwickel-, Packpapier *n*.

wrapt [ræpt] *pret. u. p.p. von* ***wrap***.

wrath [rɒθ] *s.* Zorn *m*, Wut *f*: ***the ~ of God*** der Zorn Gottes; ***he looked like the ~ of god*** F er sah grässlich aus; **'wrath·ful** [-fʊl] *adj.* ☐ zornig, grimmig, wutentbrannt; **'wrath·y** [-θɪ] *adj.* ☐ *bsd.* F → ***wrathful***.

wreak [riːk] *v/t.* **1.** *Schäden etc.* anrichten, *Chaos etc.* verursachen, stiften; **2.** *Rache* (aus)üben, *Wut etc.* auslassen ([***up***]***on*** an *dat.*).

wreath [riːθ] *pl.* **wreaths** [-ðz] *s.* **1.** Kranz *m* (*a. fig.*), Gir'lande *f*, (Blumen-)Gewinde *n*; **2.** (*Rauch- etc.*)Ring *m*; **3.** Windung *f* (*e-s Seiles etc.*); **4.** (Schnee*etc.*)Wehe *f*; **wreathe** [riːð] **I** *v/t.* **1.** winden, wickeln (***round***, ***about*** um); **2.** a) *Kranz etc.* flechten, winden, b) (zu Kränzen) flechten; **3.** um'kränzen, -'geben, -'winden; **4.** bekränzen,

W

schmücken; **5.** kräuseln: ***~d in smiles*** lächelnd; **II** *v/i.* **6.** sich winden *od.* wickeln; **7.** sich ringeln *od.* kräuseln (*Rauchwolke etc.*).

wreck [rek] **I** *s.* **1.** ⚓ a) (Schiffs)Wrack *n*, b) Schiffbruch *m*, Schiffsunglück *n*, c) ⚖ Strandgut *n*; **2.** Wrack *n* (*mot. etc., a. fig. bsd. Person*), Ru'ine *f*, Trümmerhaufen *m* (*a. fig.*): ***nervous ~*** *fig.* Nervenbündel *n*; ***she is the ~ of her former self*** sie ist nur (noch) ein Schatten ihrer selbst; **3.** *pl.* Trümmer *pl.* (*oft fig.*); **4.** *fig.* a) Ru'in *m*, 'Untergang *m*, b) Zerstörung *f*, Vernichtung *f von Hoffnungen etc.*; **II** *v/t.* **5.** *allg.* zertrümmern, -stören, *Schiff* zum Scheitern bringen (*a. fig.*): ***be ~ed*** a) → 8, b) in Trümmer gehen, c) entgleisen (*Zug*); **6.** *fig.* zu'grunde richten, ruinieren, ka'puttmachen, *Gesundheit a.* zerrütten, *Pläne, Hoffnungen etc.* vernichten, zerstören; **7.** ⚓, ⚙ abwracken; **III** *v/i.* **8.** Schiffbruch erleiden, scheitern (*a. fig.*); **9.** verunglücken; **10.** zerstört *od.* vernichtet werden (*mst fig.*); **'wreck·age** [-kɪdʒ] *s.* **1.** Wrack(teile *pl.*) *n*, (Schiffs-, *allg.* Unfall)Trümmer *pl.*; **2.** *fig.* Strandgut *n* (des Lebens); **3.** → ***wreck*** 4; **wrecked** [-kt] *adj.* **1.** gestrandet, gescheitert (*a. fig.*); **2.** schiffbrüchig (*Person*); **3.** zertrümmert, zerstört, vernichtet (*alle a. fig.*); zerrüttet (*Gesundheit etc.*): ***~ car*** Schrottauto *n*; **'wreck·er** [-kə] *s.* **1.** Strandräuber *m*; **2.** Sabo'teur *m*, Zerstörer *m* (*beide a. fig.*); **3.** ⚓ a) Bergungsschiff *n*, b) Bergungsarbeiter *m*; **4.** ⚙ Abbrucharbeiter *m*; **5.** *mot. Am.* Abschleppwagen *m*; **'wreck·ing** [-kɪŋ] *adj.* **1.** *Am.* Bergungs...: ***~ crew***; ***~ service*** (***truck***) *mot.* Abschleppdienst *m* (-wagen *m*); **2.** *Am.* Abbruch...: ***~ company*** Abbruchfirma *f*.

wren [ren] *s. orn.* Zaunkönig *m*.

Wren [ren] *s.* ⚔ *Brit.* F Angehörige *f* des ***Women's Royal Naval Service***, Ma'rinehelferin *f*.

wrench [rentʃ] **I** *s.* **1.** (drehender *od.* heftiger) Ruck, heftige Drehung; **2.** ⚕ Verzerrung *f*, -renkung *f*, -stauchung *f*: ***give a ~ to*** → 7; **3.** *fig.* Verdrehung *f*, -zerrung *f*; **4.** *fig.* (Trennungs)Schmerz *m*: ***it was a great ~*** der Abschied tat sehr weh; **5.** ⚙ Schraubenschlüssel *m*; **II** *v/t.* **6.** (mit e-m Ruck) reißen, zerren, ziehen: ***~ s.th.*** (***away***) ***from s.o.*** j-m et. entwinden *od.* -reißen (*a. fig.*); ***~ open*** *Tür etc.* aufreißen; **7.** ⚕ verrenken, verstauchen; **8.** verdrehen, verzerren (*a. fig. entstellen*).

wrest [rest] **I** *v/t.* **1.** (gewaltsam) reißen: ***~ from*** *j-m et.* entreißen, -winden, *fig. a.* abringen; **2.** *fig. Sinn, Gesetz etc.* verdrehen; **II** *s.* **3.** Ruck *m*, Reißen *n*; **4.** ♪ Stimmhammer *m*.

wres·tle ['resl] **I** *v/i.* **1.** *a. sport* ringen (*a. fig.* ***for*** um, ***with God*** mit Gott); **2.** *fig.* sich abmühen, kämpfen (***with*** mit); **II** *v/t.* **3.** ringen *od.* kämpfen mit; **III** *s.* **4.** → ***wrestling*** I; **5.** *fig.* Ringen *n*, schwerer Kampf; **'wres·tler** [-lə] *s. sport* Ringer *m*, Ringkämpfer *m*; **'wres·tling** [-lɪŋ] **I** *s. bsd. sport u. fig.* Ringen *n*; **II** *adj.* Ring...: ***~ match*** Ringkampf *m*.

wretch [retʃ] **1.** *a.* ***poor ~*** armes Wesen, armer Kerl *od.* Teufel (*a. iro.*); **2.** Schuft *m*; **3.** *iro.* Wicht *m*, ‚Tropf' *m*; **wretch·ed** ['retʃɪd] *adj.* □ **1.** elend, unglücklich, *a.* deprimiert (*Person*); **2.** erbärmlich, mise'rabel, schlecht, dürftig; **3.** scheußlich, ekelhaft, unangenehm; **4.** *gesundheitlich* elend: ***feel ~*** sich elend *od.* schlecht fühlen; **wretch·ed·ness** ['retʃɪdnɪs] *s.* **1.** Elend *n*, Unglück *n*; **2.** Erbärmlichkeit *f*, Gemeinheit *f*.

wrig·gle ['rɪgl] **I** *v/i.* **1.** sich winden (*a. fig. verlegen od. listig*), sich schlängeln, zappeln: ***~ along*** sich dahinschlängeln; ***~ out*** sich herauswinden (***of s.th.*** aus e-r Sache) (*a. fig.*); **II** *v/t.* **2.** wackeln *od.* zappeln mit; mit *den Hüften* schaukeln; **3.** schlängeln, winden, ringeln: ***~ o.s.*** (***along***, ***through***) sich (entlang-, hindurch)winden; ***~ o.s. into*** *fig.* sich einschleichen in (*acc.*); ***~ o.s. out of*** sich herauswinden aus; **III** *s.* **4.** Windung *f*, Krümmung *f*; **5.** schlängelnde Bewegung, Schlängeln *n*, Ringeln *n*, Wackeln *n*; **'wrig·gler** [-lə] *s.* **1.** Ringeltier *n*, Wurm *m*; **2.** *fig.* aalglatter Kerl.

wright [raɪt] *s. in Zssgn* ...verfertiger *m*, ...macher *m*, ...bauer *m*.

wring [rɪŋ] **I** *v/t.* [*irr.*] **1.** ***~ out*** *Wäsche etc.* (aus)wringen, auswinden; **2.** a) *e-m Tier den Hals* abdrehen, b) *j-m den Hals* 'umdrehen: ***I'll ~ your neck***; **3.** verdrehen, -zerren (*a. fig.*); **4.** a) *Hände* (*verzweifelt*) ringen, b) *j-m die Hand* (kräftig) drücken, pressen; **5.** *j-n* drücken (*Schuh etc.*); **6.** ***~ s.o.'s heart*** *fig.* j-m sehr zu Herzen gehen, j-m ans Herz greifen; **7.** abringen, entreißen, -winden (***from s.o.*** j-m): ***~ admiration from*** *j-m* Bewunderung abnötigen; **8.** *fig. Geld, Zustimmung* erpressen (***from***, ***out of*** von); **II** *s.* **9.** Wringen *n*, (Aus)Winden *n*; Pressen *n*, Druck *m*: ***give s.th. a ~*** → 1 *u.* 4b; **wring·er** ['rɪŋə] *s.* 'Wringma,schine *f*: ***go through the ~*** F ‚durch den Wolf gedreht werden'; **wring·ing** ['rɪŋɪŋ] *adj.* **1.** Wring...: ***~ machine*** → ***wringer***; **2.** *a.* ***~ wet*** F klatschnass.

wrin·kle¹ ['rɪŋkl] **I** *s.* **1.** Runzel *f*, Falte *f* (*im Gesicht*); *a.* Kniff *m* (*in Papier etc.*); **2.** Unebenheit *f*, Vertiefung *f*, Furche *f*; **II** *v/t.* **3.** *oft* ***~ up*** a) *Stirn, Augenbrauen* runzeln, b) *Nase* rümpfen; **4.** *Stoff, Papier etc.* falten, kniffen, zerknittern; **III** *v/i.* **5.** Falten werfen, Runzeln bekommen, sich runzeln, runz(e)lig werden, knittern.

wrin·kle² ['rɪŋkl] *s.* F **1.** Kniff *m*, Trick *m*; **2.** Wink *m*, Tipp *m*; **3.** Neuheit *f*; **4.** Fehler *m*.

wrin·kly ['rɪŋklɪ] **I** *adj.* **1.** faltig, runz(e)lig (*Gesicht etc.*); **2.** leicht knitternd (*Stoff*); **3.** gekräuselt; **II** *s.* **4.** *Brit. sl.* ‚Grufti' *m*.

wrist [rɪst] *s.* **1.** Handgelenk *n*; **2.** ⚙ → ***wrist pin***; **'~·band** [-sɪb-] *s.* **1.** Bündchen *n*, ('Hemd)Man,schette *f*; **2.** Armband *n*; **'~·drop** *s.* ⚕ Handgelenkslähmung *f*.

wrist·let ['rɪstlɪt] *s.* **1.** Pulswärmer *m*; **2.** Armband *n*: ***~ watch*** → ***wristwatch***; **3.** *sport* Schweißband *n*; **4.** *humor. od. sl.* Handschelle *f*.

wrist| pin *s.* ⚙ Zapfen *m*, *bsd.* Kolbenbolzen *m*; **'~·watch** *s.* Armbanduhr *f*.

writ [rɪt] *s.* **1.** ⚖ a) behördlicher Erlass, b) gerichtlicher Befehl, c) *a.* ***~ of summons*** (Vor)Ladung *f*: ***~ of attachment*** a) Haftbefehl *m*, b) *dinglicher* Arrest(befehl); ***~ of execution*** Vollstreckungsbefehl *m*; ***take out a ~ against s.o.***, ***serve a ~ on s.o.*** j-n vorladen (lassen); **2.** ⚖ *hist. Brit.* Urkunde *f*; **3.** *pol. Brit.* Wahlausschreibung *f* für das Parla'ment; **4.** ***Holy*** (*od.* ***Sacred***) ~ *die* Heilige Schrift.

write [raɪt] [*irr.*] **I** *v/t.* **1.** *et.* schreiben: ***writ***(***ten***) ***large*** *fig.* deutlich, leicht erkennbar; **2.** (auf-, nieder)schreiben, schriftlich niederlegen, notieren, aufzeichnen: ***it is written that*** es steht geschrieben, dass; ***it is written on*** (*od.* ***all over***) ***his face*** es steht ihm im Gesicht geschrieben; **3.** *Scheck etc.* ausschreiben, -füllen; **4.** *Papier etc.* voll schreiben; **5.** *j-m et.* schreiben, schriftlich mitteilen: ***~ s.o. s.th.***; **6.** *Buch etc.* verfassen, *a. Musik* schreiben: ***~ poetry*** dichten, Gedichte schreiben; **7.** ⚙ *e-e CD* brennen (*im CD-Brenner*); **8.** ***~ o.s.*** sich bezeichnen als; **II** *v/i.* **9.** schreiben; **10.** schreiben, schriftstellern; **11.** schreiben, schriftliche Mitteilung machen: ***it's nothing to ~ home about*** *fig.* das ist nichts Besonderes, darauf brauchst du dir (braucht er sich *etc.*) nichts einzubilden; ***~ to ask*** schriftlich anfragen; ***~ for s.th.*** et. anfordern, sich et. kommen lassen;

Zssgn mit adv.:

write| down *v/t.* **1.** → ***write*** 2; **2.** *fig.* a) (schriftlich) her'absetzen, herziehen über (*acc.*), b) nennen, bezeichnen *od.* hinstellen als; **3.** ✝ abschreiben; ***~ in*** *v/t.* einfügen, -tragen; ***~ off*** *v/t.* **1.** (schnell) her'unterschreiben, ‚hinhauen'; **2.** ✝ (vollständig) abschreiben (*a. fig.*); ***~ out*** *v/t.* **1.** *Namen etc.* ausschreiben; **2.** abschreiben: ***~ fair*** ins Reine schreiben; **3.** ***write o.s. out*** sich ausschreiben (*Autor*); ***~ up*** *v/t.* **1.** ausführlich darstellen *od.* beschreiben; **2.** *ergänzend* nachtragen, *Text* weiterführen; **3.** loben(d erwähnen), her'ausstreichen, anpreisen; **4.** ✝ e-n zu hohen Buchwert angeben für.

'write|-down *s.* ✝ Abschreibung *f*: **'~-off** *s.* a) ✝ (gänzliche) Abschreibung, b) *mot.* F To'talschaden: ***it's a ~*** F das können wir abschreiben; **'~-pro,tect·ed** *adj. Computer*: schreibgeschützt.

writ·er ['raɪtə] *s.* **1.** Schreiber(in): ***~'s cramp*** (*od.* ***palsy***) Schreibkrampf *m*; **2.** Schriftsteller(in), Verfasser(in), Autor *m*, Au'torin *f*: ***the ~*** der Verfasser (= *ich*); ***~ for the press*** Journalist(in); **3.** ***~ to the signet*** *Scot.* No'tar *m*, Rechtsanwalt *m*; **'writ·er·ship** [-ʃɪp] *s. Brit.* Schreiberstelle *f*.

'write-up *s.* **1.** lobender Pressebericht *od.* Ar'tikel; **2.** ✝ zu hohe Buchwertangabe.

writhe [raɪð] *v/i.* **1.** sich krümmen, sich winden (***with*** vor *dat.*); **2.** *fig.* sich winden, leiden (***under***, ***at*** unter *e-r Kränkung etc.*).

writ·ing ['raɪtɪŋ] **I** *s.* **1.** Schreiben *n* (*Tätigkeit*); **2.** Schriftstelle'rei *f*; **3.** schriftliche Ausfertigung *od.* Abfassung; **4.** Schreiben *n*, Schriftstück *n*, *et.* Geschriebenes, *a.* Urkunde *f*: ***in ~*** schriftlich; ***the ~ on the wall*** *fig.* die Schrift an der Wand, das Menetekel; **5.** Schrift *f*, *literarisches* Werk; Aufsatz *m*, Ar'tikel *m*; **6.** Brief *m*; **7.** Inschrift *f*; **8.** Schreibweise *f*, Stil *m*; **9.** (Hand)Schrift *f*; **II** *adj.* **10.** schreibend, *bsd.* schriftstellernd: ***~ man*** Schriftsteller *m*; **11.** Schreib...; ***~ book*** *s.* Schreibheft *n*; ***~ case*** *s.* Schreibmappe *f*; ***~ desk*** *s.* Schreibtisch *m*; ***~ pad*** *s.* 'Schreibblock *m*; ***~ pa·per*** *s.* 'Schreib-, 'Briefpa,pier *n*; ***~ ta·ble*** *s.* Schreibtisch *m*.

writ·ten ['rɪtn] **I** *p.p. von* ***write***; **II** *adj.* **1.** schriftlich: ***~ examination***; ***~ evi-***

W

dence ⚖ Urkundenbeweis *m*; **~ language** Schriftsprache *f*; **2.** geschrieben: **~ law**; **~ question** *parl.* kleine Anfrage.

wrong [rɒŋ] **I** *adj.* □ → **wrongly**; **1.** falsch, unrichtig, verkehrt, irrig: **be ~** *a.* a) Unrecht haben, sich irren (*Person*), b) falsch gehen (*Uhr*); **you are ~ in believing** du irrst dich, wenn du glaubst; **prove s.o. ~** beweisen, dass j-d im Irrtum ist; **2.** verkehrt, falsch: **bring the ~ book**; **do the ~ thing** das Falsche tun, es verkehrt machen; **get hold of the ~ end of the stick** *fig.* es völlig missverstehen, es verkehrt ansehen; **the ~ side** die verkehrte *od.* falsche (*von Stoff*: linke) Seite; (**the**) **~ side out** das Innere nach außen (gekehrt) (*Kleidungsstück etc.*); **be on the ~ side of 40** über 40 (Jahre alt) sein; **he will laugh on the ~ side of his mouth** das Lachen wird ihm schon vergehen; **have got out of bed** (**on**) **the ~ side** F mit dem linken Bein zuerst aufgestanden sein; → **blanket** 1; **3.** nicht in Ordnung: **s.th. is ~ with it** es stimmt et. daran nicht; **what is ~ with you?** was ist los mit dir?, was hast du?; **what's ~ with ...?** a) was gibt es auszusetzen an (*dat.*)?, b) F wie wärs mit...?; **4.** unrecht: **it is ~ of you to laugh**; **II** *adv.* **5.** falsch, unrichtig, verkehrt: **get it ~** es ganz falsch verstehen; **go ~** a) nicht richtig funktionieren *od.* gehen (*Uhr etc.*), b) schief gehen (*Vorhaben etc.*), c) auf Abwege *od.* die schiefe Bahn geraten (*bsd. Frau*), d) fehlgehen; **where did we go ~?** was haben wir falsch gemacht?; **get in ~ with s.o.** *Am.* F es mit j-m verderben; **get s.o. in ~** *Am.* F j-n in Misskredit bringen (**with** bei); **take s.th. ~** et. übel nehmen; **III** *s.* **6.** Unrecht *n*: **do s.o. ~** j-m ein Unrecht zufügen; **7.** Irrtum *m*, Unrecht *n*: **be in the ~** Unrecht haben; **put s.o. in the ~** j-n ins Unrecht setzen; **8.** Kränkung *f*, Beleidigung *f*; **9.** ⚖ Rechtsverletzung *f*: **private ~** Privatdelikt *n*; **public ~** öffentliches Delikt; **IV** *v/t.* **10.** *j-m* Unrecht tun (*a. in Gedanken etc.*), *j-n* ungerecht behandeln: **I am ~ed** mir geschieht Unrecht; **11.** *j-m* schaden, Schaden zufügen, *j-n* benachteiligen; **'~ˌdo·er** *s.* Übel-, Missetäter(in), Sünder(in); **'~ˌdo·ing** *s.* **1.** Missetat *f*, Sünde *f*; **2.** Vergehen *n*, Verbrechen *n*.

wrong·ful ['rɒŋfʊl] *adj.* □ **1.** ungerecht; **2.** beleidigend, kränkend; **3.** ⚖ unrechtmäßig, 'widerrechtlich, ungesetzlich.

ˌwrong'head·ed *adj.* □ **1.** querköpfig, verbohrt (*Person*); **2.** verschroben, verdreht, hirnverbrannt.

wrong·ly ['rɒŋlɪ] *adv.* **1.** → **wrong** II; **2.** ungerechterweise, zu *od.* mit Unrecht; **3.** irrtümlicher-, fälschlicherweise; **wrong·ness** ['rɒŋnɪs] *s.* **1.** Unrichtigkeit *f*, Verkehrtheit *f*, Fehlerhaftigkeit *f*; **2.** Unrechtmäßigkeit *f*; **3.** Ungerechtigkeit *f*.

wrote [rəʊt] *pret. u. obs. p.p. von* **write**.

wroth [rəʊθ] *adj.* zornig, erzürnt.

wrought [rɔːt] **I** *pret. u. p.p. von* **work**; **II** *adj.* **1.** be-, ge-, verarbeitet: **~ goods** Fertigwaren; **2.** a) gehämmert, geschmiedet, b) schmiedeeisern; **3.** gewirkt; **~ i·ron** *s.* Schmiedeeisen *n*; **ˌ~-'i·ron** *adj.* schmiedeeisern; **~ steel** *s.* Schmiede-, Schweißstahl *m*; **ˌ~-'up** *adj.* aufgebracht, erregt.

wrung [rʌŋ] *pret. u. p.p. von* **wring**.

wry [raɪ] *adj.* □ **1.** schief, krumm, verzerrt: **make** (*od.* **pull**) **a ~ face** e-e Grimasse schneiden; **2.** *fig.* a) verschroben: **~ notion**, b) gequält: **~ smile**, c) sar'kastisch: **~ humo(u)r**; **'~-mouthed** *adj.* **1.** schiefmäulig; **2.** *fig.* a) wenig schmeichelhaft, b) sar'kastisch; **'~·neck** *s. orn.* Wendehals *m*.

X, x [eks] **I** *pl.* **X's, x's, Xs, xs** ['eksɪz] *s.* **1.** X *n*, x *n* (*Buchstabe*); **2.** ⩘ a) x *n* (*1. unbekannte Größe od. abhängige Variable*), b) x-Achse *f*, Ab'szisse *f* (*im Koordinatensystem*); **3.** *fig.* X *n*, unbekannte Größe; **4.** → 6; **II** *adj.* **5.** X-..., x-förmig; **6.** ~ ***film*** nicht jugendfreier Film (*ab 18*).

Xan·thip·pe [zæn'θɪpɪ] *s. fig.* Xan'thippe *f*, Hausdrachen *m.*

xe·nog·a·my [ziː'nɒgəmɪ] *s.* ⚘ Fremdbestäubung *f.*

xen·o·pho·bi·a [ˌzenə'fəʊbjə] *s.* Xenopho'bie *f*, Fremden- *od.* Ausländerfeindlichkeit *f*; ˌ**xen·o'pho·bic** [-bɪk] *adj.* xeno'phob, fremden- *od.* ausländerfeindlich.

xe·ra·si·a [zɪ'reɪzɪə] *s.* ⚕ Trockenheit *f* des Haares.

xe·ro·phyte ['zɪərəʊfaɪt] *s.* ⚘ Trockenheitspflanze *f.*

xiph·oid ['zɪfɔɪd] *adj. anat.* **1.** schwertförmig; **2.** Schwertfortsatz...: ~ ***appendage***, ~ ***process*** Schwertfortsatz *m.*

Xmas ['krɪsməs] F *für* ***Christmas***.

X-ray [ˌeks'reɪ] **I** *s.* ⚕, *phys.* **1.** X-Strahl *m*, Röntgenstrahl *m*; **2.** Röntgenaufnahme *f*, -bild *n*; **II** *v/t.* **3.** röntgen: a) ein Röntgenbild machen von, b) durch'leuchten; **4.** bestrahlen; **III** *adj.* **5.** Röntgen...

xy·lene ['zaɪliːn] *s.* ⚗ Xy'lol *n.*

xy·lo·graph ['zaɪləgrɑːf] *s.* Holzschnitt *m*; **xy·log·ra·pher** [zaɪ'lɒgrəfə] *s.* Holzschneider *m*; **xy·lo·graph·ic** [ˌzaɪlə'græfɪk] *adj.* Holzschnitt...; **xy·log·ra·phy** [zaɪ'lɒgrəfɪ] *s.* Xylogra'phie *f*, Holzschneidekunst *f.*

xy·lo·phone ['zaɪləfəʊn] *s.* ♪ Xylo'phon *n.*

xy·lose ['zaɪləʊs] *s.* ⚗ Xy'lose *f*, Holzzucker *m.*

Y, y [waɪ] **I** *pl.* **Y's, y's, Ys, ys** [waɪz] *s.* **1.** Y *n*, y *n*, Ypsilon *n* (*Buchstabe*); **2.** ⩓ a) y *n* (*2. unbekannte Größe od. abhängige Variable*), b) y-Achse *f*, Ordi'nate *f* (*im Koordinatensystem*); **II** *adj.* **3.** Y-..., y-förmig, gabelförmig.

y- [ɪ] *obs. Präfix zur Bildung des p.p., entsprechend dem deutschen* ge-.

yacht [jɒt] ⚓ **I** *s.* **1.** (Segel-, Motor-) Jacht *f*: **~ club** Jachtklub *m*; **2.** (Renn-) Segler *m*; **II** *v/i.* **3.** auf e-r Jacht fahren; **4.** (sport)segeln; **yacht·er** ['jɒtə] → ***yachtsman***; **yacht·ing** ['jɒtɪŋ] **I** *s.* **1.** Jacht-, Segelsport *m*; **2.** (Sport)Segeln *n*; **II** *adj.* **3.** Segel..., Jacht...

yachts·man ['jɒtsmən] *s.* [*irr.*] **1.** Jachtfahrer *m*; **2.** (Sport)Segler *m*; **'yachts·man·ship** [-ʃɪp] *s.* Segelkunst *f*.

yah [jɑː] *int.* a) puh!, b) ätsch!

ya·hoo [jə'huː] **I** *s.* **1.** bru'taler Kerl; **2.** Saukerl *m*; **II** *int.* **3.** hurra!

yak[1] [jæk] *v/i.* F quasseln.

yak[2] [jæk] *s.* Yak *m*, Grunzochs *m*.

yank [jæŋk] F **I** *v/t.* (mit e-m Ruck heraus)ziehen, (*hoch- etc.*)reißen; **II** *v/i.* reißen, heftig ziehen; **III** *s.* (heftiger) Ruck.

Yank [jæŋk] F *für* ***Yankee***.

Yan·kee ['jæŋkɪ] *s.* Yankee *m* (*Spitzname*): a) Neu'engländer(in), b) Nordstaatler(in) (*der USA*), c) (*allg., von Nichtamerikanern gebraucht*) ('Nord-) Ameri,kaner(in): **~ Doodle** *amer. Volkslied.*

yap [jæp] **I** *s.* **1.** Kläffen *n*, Gekläff *n*; **2.** F a) Gequassel *n*, b) ‚Schnauze' *f* (*Mund*); **II** *v/i.* **3.** kläffen; **4.** F a) quasseln, b) ‚meckern'.

yard[1] [jɑːd] *s.* **1.** Yard *n* (= *0,914 m*); **2.** → ***yardstick*** 1: ***by the ~*** yardweise; ***~ goods*** Kurzwaren; **3.** ⚓ Rah(e) *f*.

yard[2] [jɑːd] *s.* **1.** Hof(raum) *m*; **2.** Arbeits-, Bau-, Stapel)Platz *m*; **3.** 🚂 *Brit.* Rangier-, Verschiebebahnhof *m*; **4.** ***the ≈*** → ***Scotland Yard***; **5.** ✔ Hof *m*, Gehege *n*: ***poultry ~***; **6.** *Am.* Winterweideplatz *m* (*für Elche u. Rotwild*).

yard·age ['jɑːdɪdʒ] *s.* in Yards angegebene Zahl *od.* Länge, Yards *pl.*

'yard·man [-mən] *s.* [*irr.*] **1.** 🚂 Rangier-, Bahnhofsarbeiter *m*; **2.** ⚓ Werftarbeiter *m*; **3.** ✔ Stall-, Viehhofarbeiter *m*; **~ mas·ter** *s.* 🚂 Rangiermeister *m*; **'~·stick** *s.* **1.** Yard-, Maßstock *m*; **2.** *fig.* Maßstab *m*.

yarn [jɑːn] **I** *s.* **1.** Garn *n*; **2.** ⚓ Kabelgarn *n*; **3.** F abenteuerliche (*a. weitS. erlogene*) Geschichte, (Seemanns)Garn *n*: ***spin a ~*** e-e Abenteuergeschichte erzählen, ein (Seemanns)Garn spinnen; **II** *v/i.* **4.** F (Geschichten) erzählen, ein Garn spinnen, (mitein'ander) klönen.

yar·row ['jærəʊ] *s.* ⚘ Schafgarbe *f*.

yaw [jɔː] *v/i.* **1.** ⚓ gieren (*vom Kurs abkommen*); **2.** ✈ (*um Hochachse*) gieren, scheren; **3.** *fig.* schwanken.

yawl [jɔːl] *s.* ⚓ **1.** Segeljolle *f*; **2.** Be'sankutter *m*.

yawn [jɔːn] **I** *v/i.* **1.** gähnen (*a. fig. Abgrund etc.*); **2.** *fig.* a) sich weit u. tief auftun, b) weit offen stehen; **II** *v/t.* **3.** gähnen(d sagen); **III** *s.* **4.** Gähnen *n*; **'yawn·ing** [-nɪŋ] *adj.* □ gähnend (*a. fig.*).

y·clept [ɪ'klept] *adj. obs. od. humor.* genannt, namens.

ye[1] [jiː] *pron. obs. od. bibl. od. humor.* **1.** ihr, Ihr; **2.** euch, Euch, dir, Dir; **3.** du, Du; **4.** F *für* ***you***: ***how d'ye do?***

ye[2] [jiː] *archaisierend für* ***the***.

yea [jeɪ] **I** *adv.* **1.** ja; **2.** für'wahr, wahr'haftig; **3.** *obs.* ja so'gar; **II** *s.* **4.** Ja *n*; **5.** *parl. etc.* Ja(stimme *f*) *n*: ***~s and nays*** Stimmen für u. wider; ***the ~s have it!*** der Antrag ist angenommen!

yeah [jeə] *adv.* F ja, klar: ***~?*** so?, na, na!

yean [jiːn] *zo.* **I** *v/t.* werfen (*Lamm, Zicklein*); **II** *v/i.* a) lammen (*Schaf*), b) zickeln (*Ziege*); **'yean·ling** [-lɪŋ] *s.* a) Lamm *n*, b) Zicklein *n*.

year [jɪə] *s.* **1.** Jahr *n*: ***~ of grace*** Jahr des Heils; ***for ~s*** jahrelang, seit Jahren, auf Jahre hinaus; ***~ in, ~ out*** jahrein, jahraus; ***~ by ~, from ~ to ~, ~ after ~*** Jahr für Jahr; ***in the ~ one*** *humor.* vor undenklichen Zeiten; ***take ~s off s.o.*** j-n um Jahre jünger machen; **2.** *pl.* Alter *n*: ***~s of discretion*** gesetztes *od.* vernünftiges Alter; ***well on in ~s*** hochbetagt; ***be getting on in ~s*** in die Jahre kommen; ***he bears his ~s well*** er ist für sein Alter noch recht rüstig; **3.** *ped. univ.* Jahrgang *m*; **'~·book** *s.* Jahrbuch *n*.

year·ling ['jɪəlɪŋ] **I** *s.* **1.** Jährling *m*: a) einjähriges Tier, b) einjährige Pflanze; **2.** *Pferdesport*: Einjährige(s) *n*; **II** *adj.* **3.** einjährig.

'year·long *adj.* einjährig.

year·ly ['jɪəlɪ] **I** *adj.* jährlich, Jahres...; **II** *adv.* jährlich, jedes Jahr (einmal).

yearn [jɜːn] *v/i.* **1.** sich sehnen, Sehnsucht haben (***for, after*** nach, ***to do*** danach, zu tun); **2.** (*bsd.* Mitleid, Zuneigung) empfinden (***to[wards]*** für, mit); **'yearn·ing** [-nɪŋ] **I** *s.* Sehnsucht *f*, Sehnen *n*, Verlangen *n*; **II** *adj.* □ sehnsüchtig, sehnend, verlangend.

year 2000| com·pat·i·bil·i·ty [ˌjɪətuː'θaʊznd] *s.* Jahr-2000-Kompatibilität *f*, -tauglichkeit *f*; **~ com·pat·i·ble** *adj.* Jahr-2000-kompatibel, -tauglich; **~ com·pli·ance** Jahr-2000-Fähigkeit *f*; **~ com·pli·ant** *adj.* Jahr-2000-fähig, -tauglich; **~ con·form·i·ty** *s.* Jahr-2000--Fähigkeit *f*, -Tauglichkeit *f*; **~ con·ver·sion** *s.* Jahr-2000-'Umstellung *f*; **~ sur·viv·al plan·ning** *s.* Über'lebensplanung *f* für das Jahr 2000.

yeast [jiːst] **I** *s.* **1.** (Bier-, Back)Hefe *f*; **2.** Gischt *f*, Schaum *m*; **3.** *fig.* Triebkraft *f*; **II** *v/i.* **4.** gären; **~ pow·der** *s.* Backpulver *n*.

yeast·y ['jiːstɪ] *adj.* **1.** heftig; **2.** gärend; **3.** schäumend; **4.** *fig. contp.* leer, hohl; **5.** *fig.* a) unstet, b) 'überschäumend.

yegg(·man) ['jeg(mən)] *s.* [*irr.*] *Am. sl.* ‚Schränker' *m*, Geldschrankknacker *m*.

yell [jel] **I** *v/i.* **1.** schreien, brüllen (***with*** vor *dat.*); **II** *v/t.* **2.** gellen(d ausstoßen), schreien; **III** *s.* **3.** gellender (Auf-) Schrei; **4.** *Am. univ.* (rhythmischer) Anfeuerungs- *od.* Schlachtruf.

yel·low ['jeləʊ] **I** *adj.* **1.** gelb (*a. Rasse*): ***~-haired*** flachshaarig; ***the ~ peril*** die gelbe Gefahr; **2.** *fig.* a) *obs.* neidisch, missgünstig, b) F feig: ***~ streak*** feiger Zug; **3.** sensati'onslüstern; → ***yellow paper, yellow press***; **II** *s.* **4.** Gelb *n*: ***at ~*** *Am.* bei (*od.* auf) Gelb (*Verkehrsampel*); **5.** Eigelb *n*; **6.** ⚘, ⚕ *od. vet.* Gelbsucht *f*; **III** *v/t.* **7.** gelb färben; **IV** *v/i.* **8.** sich gelb färben, vergilben; **~ card** *s.*: ***be shown the ~*** *Fußball*: die gelbe Karte (gezeigt) bekommen; **~ dog I** *s.* **1.** Köter *m*, ‚Prome'nadenmischung' *f*; **2.** *fig.* gemeiner *od.* feiger

Kerl; **II** *adj.* **3.** a) hundsgemein, b) feig; **4.** *Am.* gewerkschaftsfeindlich; **~ earth** *s. min.* **1.** Gelberde *f*; **2.** → ***yellow ochre***; **~ fe·ver** *s.* ⚕ Gelbfieber *n*; '**~,ham·mer** *s. orn.* Goldammer *f*.

yel·low·ish ['jeləʊɪʃ] *adj.* gelblich.

yel·low| jack *s.* **1.** ⚕ Gelbfieber *n*; **2.** ⚓ Quaran'täneflagge *f*; **~ met·al** *s.* 'Muntzme,tall *n*; **~ o·chre** (*Am.* **o·cher**) *s. min.* gelber Ocker, Gelberde *f*; **~ pag·es** *s. pl. teleph.* (*die*) gelben Seiten, Branchenverzeichnis *n*; **~ pa·per** *s.* Sensati'ons-, Re'volverblatt *n*; **~ press** *s.* Sensati'ons-, Boule'vardpresse *f*; **~ soap** *s.* Schmierseife *f*.

yelp [jelp] **I** *v/i.* **1.** a) (auf)jaulen, b) aufschreien; **2.** (*a. v/t.*) kreischen; **II** *s.* **3.** a) (Auf)Jaulen *n*, b) Aufschrei *m*.

yen[1] [jen] *s.* Yen *m* (*japanische Münzeinheit*).

yen[2] [jen] F *für* ***yearning*** I.

yeo·man ['jəʊmən] *s.* [*irr.*] **1.** *Brit. hist.* a) Freisasse *m*, b) ⚔ berittener Mi'lizsol,dat: **~ *service*** *fig.* treue Dienste *pl.*; **2.** *a.* ***Ω of the Guard*** 'Leibgar,dist *m*; **3.** ⚓ Ver'waltungs,unteroffi,zier *m*; '**yeo·man·ry** [-rɪ] *s. coll. hist.* **1.** Freisassen *pl.*; **2.** ⚔ berittene Mi'liz.

yep [jep] *adv.* F ja.

yes [jes] **I** *adv.* **1.** ja, ja'wohl: ***say ~*** (***to***) a) Ja sagen (zu), (*e-e Sache*) bejahen (*beide a. fig.*), b) einwilligen (in *acc.*); **2.** ja, gewiss, aller'dings; **3.** (ja) doch; **4.** ja so'gar; **5.** *fragend od. anzweifelnd*: ja?, wirklich?; **II** *s.* **6.** Ja *n*; **7.** *fig.* Ja(-wort) *n*; **8.** *parl.* Ja(stimme *f*) *n*; **~ man** *s.* [*irr.*] F Jasager *m*.

yes·ter ['jestə] *adj.* **1.** *obs. od. poet.* gestrig; **2.** *in Zssgn* → ***yesterday*** 2; '**~·day** [-dɪ] **I** *adv.* **1.** gestern: ***I was not born ~*** *fig.* ich bin (doch) nicht von gestern; **II** *adj.* **2.** gestrig, vergangen, letzt: **~ *morning*** gestern früh; **III** *s.* **3.** der gestrige Tag: ***the day before ~*** vorgestern; **~'*s paper*** die gestrige Zeitung; ***of ~*** von gestern; **~*s*** vergangene Tage *od.* Zeiten; **4.** *fig. das* Gestern; **,~'year** *adv. u. s. obs. od. poet.* voriges Jahr.

yet [jet] **I** *adv.* **1.** (immer) noch, jetzt noch: ***not ~*** noch nicht; ***nothing ~*** noch nichts; **~ *a moment*** (nur) noch einen Augenblick; **2.** schon (jetzt), jetzt: (***as***) **~** bis jetzt, bisher; ***have you finished ~?*** bist du schon fertig?; ***not just ~*** nicht gerade jetzt; **3.** (doch) noch, schon (noch): ***he will win ~***; **4.** noch, so'gar (*beim Komparativ*): **~ *better*** noch besser; **~ *more important*** sogar noch wichtiger; **5.** noch (da'zu), außerdem: ***another and ~ another*** noch einer u. noch einer dazu; **~ *again*** immer wieder; ***nor ~*** (und) auch nicht; **6.** dennoch, trotzdem, je'doch, aber: ***but ~*** aber doch *od.* trotzdem; **II** *cj.* **7.** aber (dennoch *od.* zu'gleich), doch.

yew [juː] ♆ **I** *s.* **1.** *a.* **~ *tree*** Eibe *f*; **2.** Eibenholz *n*; **II** *adj.* **3.** Eiben...

Y-fronts ['waɪfrʌnts] *TM s. pl. Herrenunterhose in der Form e-s umgekehrten Ypsilons.*

Yid [jɪd] *s. sl.* Jude *m*; **Yid·dish** ['jɪdɪʃ] *ling.* **I** *s.* Jiddisch *n*; **II** *adj.* jiddisch.

yield [jiːld] **I** *v/t.* **1.** *als Ertrag* ergeben, (ein-, her'vor)bringen, *a. Ernte* erbringen, *bsd. Gewinn* abwerfen, *Früchte, a. Zinsen etc.* tragen, *Produkte etc.* liefern: **~ *6 %*** ✝ 6 % (Rendite) abwerfen; **2.** *Resultat* ergeben, liefern; **3.** *fig.* gewähren, zugestehen, einräumen (***s.th. to s.o.*** j-m et.): **~ *consent*** einwilligen; **~ *the point*** sich (*in e-r Debatte*) geschlagen geben; **~ *precedence to j-m*** den Vorrang einräumen; **4.** *a.* **~ *up*** a) auf-, hergeben, b) (***to***) abtreten (an *acc.*), über'lassen, -'geben (*dat.*), ausliefern (*dat. od.* an *acc.*): **~ *o.s. to*** *fig.* sich *e-r Sache* überlassen; **~ *a secret*** ein Geheimnis preisgeben; **~ *the palm*** (***to s.o.***) sich (j-m) geschlagen geben; **~ *place to*** Platz machen (*dat.*); → ***ghost*** 2; **II** *v/i.* **5.** *guten etc.* Ertrag geben *od.* liefern, *bsd.* ✓ tragen; **6.** nachgeben, weichen (*Sache u. Person*): **~ *to despair*** sich der Verzweiflung hingeben; **~ *to force*** der Gewalt weichen; ***I ~ to none*** ich stehe keinem nach (***in*** in *dat.*); **7.** sich fügen (***to*** *dat.*); **8.** einwilligen (***to*** in *acc.*); **III** *s.* **9.** Ertrag *m*: a) Ernte *f*, b) Ausbeute *f* (*a.* ⚙, *phys.*), Gewinn *m*: **~ *of tax(es)*** Steueraufkommen *n*, -ertrag *m*; **10.** ✝ a) Zinsertrag *m*, b) Ren'dite *f*; **11.** ⚙ a) Me'tallgehalt *m von Erz*, b) Ausgiebigkeit *f von Farben etc.*, c) Nachgiebigkeit *f von Material*; '**yield·ing** [-dɪŋ] *adj.* □ **1.** ergiebig, einträglich: **~ *interest*** ✝ verzinslich; **2.** nachgebend, dehnbar, biegsam; **3.** *fig.* nachgiebig, gefügig; **yield point** *s.* ⚙ Fließ-, Streckgrenze *f*, -punkt *m*.

yip [jɪp] *Am.* F *für* ***yelp***; **yip·pee** [jɪ'piː; 'jɪpɪ] *int.* hur'ra!

yob [jɒb] *s. Brit.* F Rowdy *m*.

yo·del ['jəʊdl] **I** *v/t. u. v/i.* jodeln; **II** *s.* Jodler *m* (*Gesang*).

yo·ga ['jəʊgə] *s.* Joga *m, n*, Yoga *m, n*.

yo·gh(o)urt ['jɒgət] *s.* Joghurt *m, n*.

yo·gi ['jəʊgɪ] *s.* Jogi *m*, Yogi *m*.

yo-heave-ho [,jəʊhiːv'həʊ], **yo-ho** [jəʊ'həʊ] *int.* ⚓ hau 'ruck!

yoicks [jɔɪks] *hunt.* **I** *int.* hussa!; **II** *s.* Hussa(ruf *m*) *n*.

yoke [jəʊk] **I** *s.* **1.** ✓, *antiq. u. fig.* Joch *n*: **~ *of matrimony*** Joch der Ehe; ***pass under the ~*** sich unter das Joch beugen; **2.** *sg. od. pl.* Paar *n*, Gespann *n*: ***two ~ of oxen***; **3.** ⚙ a) Schultertrage *f* (*für Eimer etc.*), b) Glockengerüst *n*, c) Bügel *m*, d) ⚡ (Ma'gnet-, Pol)Joch *n*, e) *mot.* Gabelgelenk *n*, f) doppeltes Achslager, g) ⚓ Ruderjoch *n*; **4.** Passe *f*, Sattel *m* (*an Kleidern*); **II** *v/t.* **5.** *Tiere* anschirren, anjochen; **6.** *fig.* paaren, verbinden (***with***, ***to*** mit); **III** *v/i.* **7.** verbunden sein (***with*** mit *j-m*): **~ *together*** zs.-arbeiten; **~ bone** *s. anat.* Jochbein *n*; '**~,fel·low** *s. obs.* **1.** Mitarbeiter *m*; **2.** (Lebens)Gefährte *m*, (-)Gefährtin *f*.

yo·kel ['jəʊkl] *s.* Bauer(ntrampel) *m*.

'**yoke·mate** → ***yokefellow***.

yolk [jəʊk] *s.* **1.** *zo.* Eidotter *m, n*, Eigelb *n*; **2.** Woll-, Fettschweiß *m* (*der Schafwolle*).

yon [jɒn] *obs. od. dial.* **I** *adj. u. pron.* jene(r, s) dort (drüben); **II** *adv.* → ***yonder*** I; '**yon·der** [-də] **I** *adv.* **1.** da *od.* dort drüben; **2.** *obs.* da drüben hin; **II** *adj. u. pron.* **3.** → ***yon*** I.

yore [jɔː] *s.*: ***of ~*** vorzeiten, ehedem, vormals; ***in days of ~*** in alten Zeiten.

York·shire ['jɔːkʃə] *adj.* aus der Grafschaft Yorkshire, Yorkshire...: **~ *flannel*** ✝ *feiner Flanell aus ungefärbter Wolle*; **~ *pudding*** *gebackener Eierteig, der zum Rinderbraten gegessen wird.*

you [juː; jʊ; jə] *pron.* **1.** a) (*nom.*) du, ihr, Sie, b) (*dat.*) dir, euch, Ihnen, c) (*acc.*) dich, euch, Sie: ***don't ~ do that!*** tu das ja nicht!; ***that's a wine for ~!*** das ist vielleicht ein (gutes) Weinchen!; **2.** man: ***that does ~ good*** das tut einem gut; ***what should ~ do?*** was soll man tun?

you'd [juːd; jʊd; jəd] F *für* a) ***you would***, b) ***you had***.

young [jʌŋ] **I** *adj.* jung (*a. fig. frisch, neu, unerfahren*): **~ *ambition*** jugendlicher Ehrgeiz; **~ *animal*** Jungtier *n*; **~ *children*** kleine Kinder; **~ *love*** junge Liebe; ***her ~ man*** F ihr Schatz; **~ *Smith*** Smith junior; ***a ~ state*** ein junger Staat; **~ *person*** ⚖ Jugendliche(r), Heranwachsende(r) (*14 bis 17 Jahre alt*); ***the ~ person*** *fig.* die (unverdorbene) Jugend; **~ *in one's job*** unerfahren in s-r Arbeit; **II** *s. coll.* (Tier)Junge *pl.*: ***with ~*** trächtig; **young·ish** ['jʌŋɪʃ] *adj.* ziemlich jung; '**young·ster** [-stə] *s.* **1.** Bursch(e) *m*, Junge *m*; Kleine(r *m*) *f*; **2.** *sport* Youngster *m*.

your [jɔː] *pron. u. adj.* **1.** a) *sg.* dein(e), b) *pl.* euer, eure, c) *sg. od. pl.* Ihr(e); **2.** *impers.* F a) so ein(e), b) der (die, das) viel gepriesene ... *od.* gerühmte ...

yours [jɔːz] *pron.* **1.** a) *sg.* dein, der (die, das) Dein(ig)e, die Dein(ig)en, b) *pl.* euer, eure(s), der (die, das) Eur(ig)e, die Eur(ig)en, c) *Höflichkeitsform, sg. od. pl.* Ihr, der (die, das) Ihr(ig)e, die Ihr(ig)en: ***this is ~*** das gehört dir (euch, Ihnen); ***what is mine is ~*** was mein ist, ist (auch) dein; ***my sister and ~*** meine u. deine Schwester; → ***truly*** 2; **2.** a) die Dein(ig)en (Euren, Ihren), b) das Dein(ig)e, deine Habe: ***you and ~***; **3.** ✝ Ihr Schreiben.

your'self *pl.* **-'selves** [-vz] *pron.* (*in Verbindung mit* ***you*** *od. e-m Imperativ*) **1.** a) *sg.* (du, Sie) selbst, b) *pl.* (ihr, Sie) selbst: ***by ~*** a) selbst, selber, selbstständig, allein, b) allein, für sich; ***be ~!*** F nimm dich zusammen!; ***you are not ~ today*** du bist (Sie sind) heute ganz anders als sonst *od.* nicht auf der Höhe; ***what will you do with ~ today?*** was wirst du (werden Sie) heute anfangen?; **2.** *refl.* a) *sg.* dir, dich, sich, b) *pl.* euch, sich: ***did you hurt ~?*** hast du dich (haben Sie sich) verletzt?

youth [juːθ] **I** *s.* **1.** *allg.* Jugend *f*: a) Jungsein *n*, b) Jugendfrische *f*, c) Jugendzeit *f*, d) *coll. sg. od. pl. konstr.* junge Leute *pl. od.* Menschen *pl.*; **2.** Frühstadium *n*; **3.** *pl.* ***youths*** [-ðz] junger Mann, Jüngling *m*; **II** *adj.* **4.** Jugend...: **~ *centre*** (*Am.* ***center***) Jugendzentrum *n*; **~ *club*** Jugendklub *m*; **~ *hostel*** Jugendherberge *f*; '**youth·ful** [-fʊl] *adj.* □ **1.** jung (*a. fig.*); **2.** jugendlich; **3.** Jugend...: **~ *days***; '**youth·ful·ness** [-fʊlnɪs] *s.* Jugend(lichkeit) *f*.

yowl [jaʊl] **I** *v/t. u. v/i.* jaulen, heulen; **II** *s.* Jaulen *n*, Heulen *n*.

yuck [jʌk] *int. sl.* pfui Teufel!; **yuck·y** ['jʌkiː] *adj.* F ätzend.

Yu·go·slav → ***Jugoslav***.

yule [juːl] *s.* Weihnachts-, Julfest *n*; **~ log** *s.* Weihnachtsscheit *n im Kamin*; '**~·tide** *s.* Weihnachtszeit *f*.

yum·my ['jʌmɪ] F **I** *adj.* a) *allg.* ‚prima', ‚toll', b) lecker (*Mahlzeit etc.*); **II** *int.* → ***yum-yum***.

yum-yum [,jʌm'jʌm] *int.* F mm!, lecker!

yup·pie ['jʌpɪ] *s.* Yuppie *m* (*junger karrierebewusster und ausgabefreudiger Mensch mit urbanem Lebensstil, häufig bestimmten Modetrends folgend*) (= ***young urban*** *od.* ***upwardly mobile professional***).

Z, z [*Brit.* zed; *Am.* ziː] *s.* Z *n*, z *n* (*Buchstabe*).

za·ny ['zeɪnɪ] **I** *s.* **1.** *hist.* Hans'wurst *m*; **2.** *fig. contp.* Blödmann *m*; **II** *adj.* **3.** verrückt; **4.** schrullig komisch; **5.** *fig.* ‚blöd'.

zap [zæp] F **I** *v/t.* **1.** *et.* ka'puttmachen, zerstören, *j-n* abknallen, *j-n* ‚erledigen'; **2.** *j-m* ein Ding verpassen (*Kugel, Schlag etc.*); **3.** *Computer*: löschen; **4.** *Am.* im Mikrowellenherd garen; **5.** in rasender Geschwindigkeit *irgendwohin* bringen; **II** *v/i.* **6.** ‚düsen', zischen: **~ *off*** ‚abdüsen', ‚abschwirren'; **7.** *TV* ‚zappen'; **III** *int.* **8.** ‚zack!'; **IV** *s.* **9.** Schwung *m*, E'lan *m*, ‚Pep' *m*; **10.** Dy'namik *f*; **zapped** [zæpt] *adj.* F ‚fertig', (to'tal) ‚erledigt'; **'zap·per** *s.* F **1.** *TV etc.*: Fernbedienung *f*; **2.** *Am. elektronischer Insektenkiller.* **'zap·pi·ness** [-pɪnəs] *s.* F **1.** Fetzigkeit *f*, Spritzigkeit *f*; **2.** → ***zap*** IV; **'zap·py** [-pɪ] *adj.* F **1.** fetzig, spritzig; **2.** dy'namisch.

zeal [ziːl] *s.* **1.** (Dienst-, Arbeits-, Glaubens- *etc.*)Eifer *m*: ***full of ~*** (dienst-*etc.*)eifrig; **2.** Begeisterung *f*, Hingabe *f*, Inbrunst *f*.

zeal·ot ['zelət] *s.* (*bsd.* Glaubens)Eiferer *m*, Ze'lot *m*, Fa'natiker(in); **'zeal·ot·ry** [-trɪ] *s.* Zelo'tismus *m*, fa'natischer (Glaubens- *etc.*)Eifer.

zeal·ous ['zeləs] *adj.* □ **1.** (dienst)eifrig; **2.** eifernd, fa'natisch; **3.** eifrig bedacht (***to do*** darauf, zu tun, ***for*** auf *acc.*); **4.** heiß, innig; **5.** begeistert; **'zeal·ous·ness** [-nɪs] → ***zeal.***

ze·bra ['ziːbrə] *pl.* **-bras** *od. coll.* **-bra** *s. zo.* Zebra *n*; **~ cross·ing** *s. Verkehr*: Zebrastreifen *m*.

zed [zed] *s. Brit.* **1.** Zet *n* (*Buchstabe*); **2.** ⚙ Z-Eisen *n*.

Zen (**Bud·dhism**) [zen] *s.* 'Zen(-Bud‚dhismus *m*) *n*.

ze·ner di·ode ['ziːnə] *s.* ϟ 'Zenerdi‚ode *f*.

ze·nith ['zenɪθ] *s.* Ze'nit *m*: a) *ast.* Scheitelpunkt *m* (*a. Ballistik*), b) *fig.* Höhe-, Gipfelpunkt *m*: ***be at one's*** (*od.* ***the***) **~** den Zenit erreicht haben, im Zenit stehen.

Zeph·a·ni·ah [‚zefə'naɪə] *npr. u. s. bibl.* (das Buch) Ze'phanja *m*.

zeph·yr ['zefə] *s.* **1.** *poet.* Zephir *m*, Westwind *m*, laues Lüftchen; **2.** sehr leichtes Gewebe, *a.* leichter Schal *etc.*; **3.** ✝ a) *a.* **~ *cloth*** Zephir *m* (*Gewebe*), b) *a.* **~ *worsted*** Zephirwolle *f*, c) *a.* **~ *yarn*** Zephirgarn *n*.

zep·pe·lin ['zepəlɪn] *s.* 'Zeppelin *m*.

ze·ro ['zɪərəʊ] **I** *pl.* **-ros** *s.* **1.** Null *f* (*Zahl od. Zeichen*); **2.** *phys.* Null (-punkt *m*) *f*, Ausgangspunkt *m* (*Skala*), *bsd.* Gefrierpunkt *m*; **3.** ⩚ Null (-punkt *m*, -stelle) *f*; **4.** *fig.* Null-, Tiefpunkt *m*: ***at ~*** auf dem Nullpunkt (angelangt); **5.** *fig.* Null *f*, Nichts *n*; **6.** ⚔ → ***zero hour***; **7.** ✈ Höhe *f* unter 1000 Fuß: ***at ~*** in Bodennähe; **II** *v/t.* **8.** ⚙ auf null (ein)stellen; **III** *v/i.* **9.** **~ *in on*** a) ⚔ sich einschießen auf (*acc.*) (*a. fig.*), b) *a. fig.* immer dichter her'ankommen an (*acc.*), einkreisen, c) *fig.* sich konzentrieren auf (*acc.*); **IV** *adj.* **10.** *bsd. Am.* F null; **~ *option*** *pol.* Nulllösung *f*; **~ con·duc·tor** *s.* ϟ Nullleiter *m*; **‚~-~e'mis·sion** *adj.* schadstofffrei, abgasfrei; **~ grav·i·ty** *s. phys.* (Zustand *m* der) Schwerelosigkeit *f*; **~ growth** *s.* **1.** ✝ Nullwachstum *n*; **2.** *a.* ***zero population growth*** Bevölkerungsstillstand *m*; **~ hour** *s.* **1.** ⚔ X-Zeit *f*, Stunde *f* X (*festgelegter Zeitpunkt des Beginns e-r Operation*); **2.** *fig.* genauer Zeitpunkt, kritischer Augenblick; **'~-‚rat·ed** *adj* ✝ mehrwertsteuerfrei.

zest [zest] **I** *s.* **1.** Würze *f* (*a. fig. Reiz*): ***add ~ to*** *e-r Sache* Würze *od.* Reiz verleihen; **2.** *fig.* (***for***) Genuss *m*, Lust *f*, Freude *f* (an *dat.*), Begeisterung *f* (für), Schwung *m*: **~ *for life*** Lebenshunger *m*; **II** *v/t.* **3.** würzen (*a. fig.*); **'zest·ful** [-fʊl] *adj.* □ **1.** reizvoll; **2.** schwungvoll, begeistert.

zig·zag ['zɪgzæg] **I** *s.* **1.** Zickzack *m*; **2.** Zickzacklinie *f*, -bewegung *f*, -kurs *m* (*a. fig.*); **3.** Zickzackweg *m*, Serpen'tine(nstraße) *f*; **II** *adj.* **4.** zickzackförmig, Zickzack...; **III** *adv.* **5.** im Zickzack; **IV** *v/i.* **6.** im Zickzack fahren, laufen *etc.*, *a.* verlaufen (*Weg etc.*).

zilch [zɪltʃ] *s. Am. sl.* Null *f*, Nichts *n*.

Zim·mer ['zɪmə] *s. TM*, **~ frame** *s.* Laufgestell *n* (*für Kranke*).

zinc [zɪŋk] **I** *s.* ⚗ Zink *n*; **II** *v/t. pret. u. p.p.* **zinc(k)ed** [-kt] verzinken; **zin·cog·ra·pher** [zɪŋ'kɒgrəfə] *s.* Zinko'graph *m*, Zinkstecher *m*; **'zinc·ous** [-kəs] *adj.* ⚗ Zink...; **zinc white** *s.* Zinkweiß *n*.

zing [zɪŋ] F **I** *s.* → ***zip*** 1 *u.* 2; **II** *v/i.* → ***zip*** 4; **III** *v/t.* → ***zip*** 8.

Zi·on ['zaɪən] *s. bibl.* Zion *m*; **'Zi·on·ism** [-nɪzəm] *s.* Zio'nismus *m*; **'Zi·on·ist** [-nɪst] **I** *s.* Zio'nist(in); **II** *adj.* zio'nistisch, Zionisten...

zip [zɪp] **I** *s.* **1.** Schwirren *n*, Zischen *n*; **2.** F ‚Schmiss' *m*, Schwung *m*; **3.** F → ***zip fastener***; **II** *v/i.* **4.** schwirren, zischen, flitzen; **5.** F ‚Schmiss' haben; **III** *v/t.* **6.** schwirren lassen; **7.** mit e-m Reißverschluss schließen *od.* öffnen; **8.** *Computer*: *Daten* zippen, packen (*komprimieren*); **9.** *a.* **~ *up*** F a) ‚schmissig' machen, b) Schwung bringen in (*acc.*); **~ ar·e·a** *s. Am.* Postleitzone *f*; **~ code** *s. Am.* Postleitzahl *f*; **~ fas·ten·er** *s.* Reißverschluss *m*.

zip·per ['zɪpə] **I** *s.* Reißverschluss *m*: **~ *bag*** Reißverschlusstasche *f*; **II** *v/t.* mit Reißverschluss versehen; **'zip·ping** [-pɪŋ] *s. Computer*: Zippen *n*, Packen *n* (*Datenkomprimierung*); **zip·py** ['zɪpɪ] *adj.* F **1.** schwungvoll, ‚schmissig'; **2.** flott, flink.

zith·er ['zɪθə] *s.* ♪ Zither *f*; **'zith·er·ist** [-ərɪst] *s.* Zitherspieler(in).

zizz [zɪz] *bsd. Brit.* **I** *s.* **1.** F Schläfchen *n*, Nickerchen *n*; **2.** Zischen *n* (*e-s Feuerwerkskörpers etc.*), (helles) Brummen (*e-s Motors etc.*); **II** *v/i.* **3.** F ein Nickerchen machen: **~ *off*** einschlafen; **4.** zischen, (hell) brummen.

zo·di·ac ['zəʊdɪæk] *s. ast.* Tierkreis *m*: ***signs of the ~*** Tierkreiszeichen *pl.*; **zo·di·a·cal** [zəʊ'daɪəkl] *adj.* Tierkreis..., Zodiakal...

zom·bi(e) ['zɒmbɪ] *s.* **1.** Schlangengottheit *f*; **2.** Zombie *m* (*wieder beseelte Leiche*); **3.** F a) ‚Monster' *n*, b) ‚Roboter' *m*, c) Trottel *m*; **4.** *Am.* (*ein*) Cocktail *m*.

zon·al ['zəʊnl] *adj.* □ **1.** zonenförmig; **2.** Zonen...; **zone** [zəʊn] **I** *s.* **1.** *allg.* Zone *f*: a) *geogr.* (Erd)Gürtel *m*, b) Gebietsstreifen *m*, Gürtel *m*, c) *fig.* Bereich *m*, (*a.* Körper)Gegend *f*, d) *poet.* Gürtel *m*: ***torrid ~*** heiße Zone; ***wheat ~*** Weizengürtel; **~ *of occupation*** Besatzungszone; **2.** a) (Verkehrs)Zone *f*, *a.* Teilstrecke *f*, b) 🚂, 📯 *Am.* (Gebühren)Zone *f*, c) ✉ Post(zustell)bezirk *m*; **II** *v/t.* **3.** in Zonen aufteilen.

zonked [zɒŋkt] *adj. sl.* **1.** ‚high' (*im Drogenrausch*); **2.** ‚stinkbesoffen'.

zoo [zuː] *s.* Zoo *m.*

zo·o·blast ['zəʊəblæst] *s. zo.* tierische Zelle.

zo·o·chem·is·try [ˌzəʊə'kemɪstrɪ] *s. zo.* Zooche'mie *f.*

zo·og·a·my [zəʊ'ɒgəmɪ] *s. zo.* geschlechtliche Fortpflanzung.

zo·og·e·ny [zəʊ'ɒdʒənɪ] *s. zo.* Zooge'nese *f*, Entstehung *f* der Tierarten.

zo·og·ra·phy [zəʊ'ɒgrəfɪ] *s.* beschreibende Zoolo'gie.

zo·o·lite ['zəʊəlaɪt] *s.* fos'siles Tier.

zo·o·log·i·cal [ˌzəʊə'lɒdʒɪkl] *adj.* □ zoo'logisch: ~ ***garden(s)*** [zʊ'lɒdʒɪkl] zoologischer Garten; **zo·ol·o·gist** [zəʊ'ɒlədʒɪst] *s.* Zoo'loge *m*, Zoo'login *f*; **zo'ol·o·gy** [-dʒɪ] *s.* Zoolo'gie *f*, Tierkunde *f.*

zoom [zuːm] **I** *v/i.* **1.** surren; **2.** sausen; **3.** ✈ steil hochziehen; **4.** *phot.*, *Film*: zoomen: ~ ***in on s.th.*** a) et. heranholen, b) *fig.* et. ‚einkreisen'; **II** *v/t.* **5.** surren; **6.** *Flugzeug* hochreißen; **III** *s.* **7.** ✈ Steilflug *m*; **8.** *fig.* Hochschnellen *n*; **9.** *phot.*, *Film*: a) *a.* ~ ***lens*** 'Zoom(-objekˌtiv) *n*, b) *a.* ~ ***travel*** Zoomfahrt *f*; **10.** *Am.* (*ein*) Cocktail *m*; **'zoom·er** [-mə] *s.* → ***zoom*** 9a.

zo·o·phyte ['zəʊəfaɪt] *s. zo.* Zoo'phyt *m*, Pflanzentier *n.*

zo·ot·o·my [zəʊ'ɒtəmɪ] *s.* Zooto'mie *f*, 'Tieranatoˌmie *f.*

zos·ter ['zɒstə] *s.* ⚕ Gürtelrose *f.*

zounds [zaʊndz] *int. obs.* sapper'lot!

zuc·chi·ni [zʊ'kiːnɪ] *pl.* **-ni(s)** *s. bsd. Am.* Zuc'chini *f.*

zy·go·ma [zaɪ'gəʊmə] *pl.* **-ma·ta** [-mətə] *s. anat.* **1.** Jochbogen *m*; **2.** Jochbein(fortsatz *m*) *n.*

zy·mo·sis [zaɪ'məʊsɪs] *pl.* **-ses** [-siːz] *s.* **1.** ⚗ Gärung *f*; **2.** ⚕ Infekti'onskrankheit *f*; **zy'mot·ic** [-'mɒtɪk] *adj.* (□ ~***ally***); **1.** ⚗ gärend, Gärungs...; **2.** ⚕ Infektions...

Anhänge

Appendices

Britische und amerikanische Abkürzungen

British and American Abbreviations

A

a ***acre*** Acre *m*.
AA ***anti-aircraft*** Fla, Flugabwehr *f*; *Brit.* ***Automobile Association*** Automo'bilklub *m*; ***Alcoholics Anonymous*** Ano'nyme Alko'holiker *pl.*
AAA *Brit.* ***Amateur Athletic Association*** 'Leichtath,letikverband *m*; ***American Automobile Association*** Amer. Automo'bilklub *m*.
a.a.r. ***against all risks*** gegen jede Gefahr.
AB ***able(-bodied) seaman*** 'Vollma,trose *m*; *Am.* ***Bachelor of Arts*** (*siehe* ***BA***).
abbr., **abbrev.** ***abbreviated*** abgekürzt; ***abbreviation*** Abk., Abkürzung *f*.
ABC ***American Broadcasting Company*** Amer. Rundfunkgesellschaft *f*.
abr. ***abridged*** (ab)gekürzt; ***abridg(e)ment*** (Ab-, Ver)Kürzung *f*.
AC ***alternating current*** Wechselstrom *m*.
a/c ***account current*** Kontokor'rent *n*; ***account*** Kto., Konto *n*; Rechnung *f*.
acc. ***according to*** gem., gemäß, entspr., entsprechend; ***account*** Kto., Konto *n*; Rechnung *f*.
acct. ***account*** Kto., Konto *n*; Rechnung *f*.
AD ***Anno Domini*** im Jahre des Herrn.
add(r). ***address*** Adr., A'dresse *f*.
Adm. ***Admiral*** Adm., Admi'ral *m*.
addnl. ***additional*** zusätzlich.
advt. ***advertisement*** Anz., Anzeige *f*, Ankündigung *f*.
AEC *Am.* ***Atomic Energy Commission*** A'tomener,gie-Kommissi,on *f*.
AFC ***automatic frequency control*** auto'matische Fre'quenz(fein)abstimmung *f*.
AFEX ['eɪfeks] ***Air Force Exchange*** (*Verkaufsläden für Angehörige der amer. Luftstreitkräfte*).
AFL-CIO ***American Federation of Labor & Congress of Industrial Organizations*** (*größter amer. Gewerkschaftsverband*).
AFN ***American Forces Network*** (*Rundfunkanstalt der amer. Streitkräfte*).
aft(n). ***afternoon*** Nachmittag *m*.
AGM ***annual general meeting*** ✝(ordentliche) Jahres'hauptver,sammlung.
AI ***artificial intelligence*** *Computer:* K'I *f*, Künstliche Intelligenz.
AIDS [eɪdz] ***Acquired Immune Deficiency Syndrome*** Aids *n*, Im'munschwächekrankheit *f*.
AK ***Alaska*** (*Staat der USA*).
AL, Ala. ***Alabama*** (*Staat der USA*).
ALA *in Annoncen*: ***all letters (will be) answered*** beantworte jede Zuschrift.
Alas. ***Alaska*** (*Staat der USA*).
Alta. ***Alberta*** (*Kanad. Provinz*).
AM ***amplitude modulation*** (*Frequenzbereich der Kurz-, Mittel- u. Langwellen*); *Am.* ***Master of Arts*** (*siehe* ***MA***).
Am. ***America*** A'merika *n*; ***American*** ameri'kanisch.
a.m. ***ante meridiem*** (*Lat.* = ***before noon***) morgens, vormittags.
AMA ***American Medical Association*** Amer. Ärzteverband *m*.
amp. ***ampere*** A, Am'pere *n*.
AOB ***any other business*** ✝ Sonstiges *n* (*Tagesordnungspunkt*).
AP ***Associated Press*** (*amer. Nachrichtenagentur*).
approx. ***approximate(ly)*** annähernd, etwa.
appx. ***appendix*** Anh., Anhang *m*.
APR ***annual(ized) percentage rate*** Jahreszinssatz *m*, effek'tiver Jahreszins.
Apr. ***April*** A'pril *m*.
APT *Brit.* ***Advanced Passenger Train*** (*Hochgeschwindigkeitszug*).
AR ***Arkansas*** (*Staat der USA*).
ARC ***American Red Cross*** *das* Amer. Rote Kreuz.
Ariz. ***Arizona*** (*Staat der USA*).
Ark. ***Arkansas*** (*Staat der USA*).
ARP ***Air-Raid Precautions*** Luftschutz *m*.
arr. ***arrival*** Ank., Ankunft *f*.
art. ***article*** Art., Ar'tikel *m*; ***artificial*** künstlich.
AS ***Anglo-Saxon*** Angelsächsisch *n*, angelsächsisch; ***anti-submarine*** U-Boot-Abwehr ...
ASA ***American Standards Association*** Amer. 'Normungs-Organisati,on *f*.
ASCII ['æski:] ***American Standard Code for Information Interchange*** (*standardisierter Code zur Darstellung alphanumerischer Zeichen*).
asst. ***assistant*** Asst., Assi'stent(in).
asst'd ***assorted*** assortiert, gem., gemischt.
ATC ***air traffic control*** Flugsicherung *f*.
ATM ***automated teller machine*** 'Geldauto,mat *m*.
Aug. ***August*** Aug., Au'gust *m*.
auth. ***author(ess)*** Verfasser(in).
av. ***average*** Durchschnitt *m*; Hava'rie *f*.
avdp. ***avoirdupois*** Handelsgewicht *n*.
Ave. ***Avenue*** Al'lee *f*, Straße *f*.
AVI ***automatic vehicle identification*** auto'matische Fahrzeugidentifizierung.
AWACS ['eɪwæks] ***Airborne Warning and Control System*** (*luftgestütztes Frühwarn- und Überwachungssystem*).
AWOL ***absence without leave*** unerlaubte Entfernung von der Truppe.
AZ ***Arizona*** (*Staat der USA*).

B

b. ***born*** geboren.
BA ***Bachelor of Arts*** Bakka'laureus *m* der Philoso'phie; ***British Academy*** Brit. Akade'mie *f*; ***British Airways*** Brit. Luftverkehrsgesellschaft *f*.
BAgr(ic) ***Bachelor of Agriculture*** Bakka'laureus *m* der Landwirtschaft.
B&B, **b&b** ***bed and breakfast*** Über'nachtung *f* mit Frühstück.
BAOR ***British Army of the Rhine*** Brit. 'Rheinar,mee *f*.
Bart. ***Baronet*** Baronet *m*.
BBC ***British Broadcasting Corporation*** Brit. Rundfunkgesellschaft *f*.
bbl. ***barrel*** Fass *n*.
BC ***before Christ*** vor Christus; ***British Columbia*** (*Kanad. Provinz*).
BCom(m) ***Bachelor of Commerce*** Bakka'laureus *m* der Wirtschaftswissenschaften.
BD ***Bachelor of Divinity*** Bakka'laureus *m* der Theolo'gie.
bd. ***bound*** gebunden (*Buchbinderei*).
BDS ***Bachelor of Dental Surgery*** Bakka'laureus *m* der 'Zahnmedi,zin.
bds. ***boards*** kartoniert (*Buchbinderei*).
BE ***Bachelor of Education*** Bakka'laureus *m* der Erziehungswissenschaft; ***Bachelor of Engineering*** Bakka'laureus *m* der Ingeni'eurwissenschaft(en); *siehe* ***B/E***.
B/E ***bill of exchange*** Wechsel *m*.
Beds. ***Bedfordshire*** (*engl. Grafschaft*).
Berks. ***Berkshire*** (*engl. Grafschaft*).
b/f ***brought forward*** 'Übertrag *m*.
BFBS ***British Forces Broadcasting Service*** (*Rundfunkanstalt der brit. Streitkräfte*).
B'ham ***Birmingham*** (*Stadt in England*).
b.h.p. ***brake horse-power*** Brems-PS *f od. pl.*, Bremsleistung *f* in PS.
BIF ***British Industries Fair*** Brit. Indust'riemesse *f*.
BIS ***Bank for International Settlements*** BIZ, Bank *f* für internatio'nalen Zahlungsausgleich.
bk. ***book*** Buch *n*.
BL ***Bachelor of Law*** Bakka'laureus *m* des Rechts.

B/L ***bill of lading*** (See)Frachtbrief *m*.

bl. ***barrel*** Fass *n*.

bldg. ***building*** Geb., Gebäude *n*.

BLit(t) ***Bachelor of Literature*** Bakka'laureus *m* der Litera'tur.

bls. ***bales*** Ballen *pl.*; ***barrels*** Fass *pl.* (*bei Mengenangaben*).

Blvd. ***Boulevard*** Boule'vard *m*.

BM ***Bachelor of Medicine*** Bakka'laureus *m* der Medi'zin; ***British Museum*** Britisches Mu'seum.

BMA ***British Medical Association*** Brit. Ärzteverband *m*.

BMus ***Bachelor of Music*** Bakka'laureus *m* der Mu'sik.

b.o. ***branch office*** Zweigstelle *f*, Fili'ale *f*; ***body odo(u)r*** Körpergeruch *m*; ***buyer's option*** 'Kaufopti,on *f*; ***box office*** (The'ater)Kasse *f*.

B.o.T. ***Board of Trade*** Brit. 'Handelsmini,sterium *n*.

bot. ***bought*** gekauft; ***bottle*** Flasche *f*.

BPharm ***Bachelor of Pharmacy*** Bakka'laureus *m* der Pharma'zie.

BPhil ***Bachelor of Philosophy*** Bakka'laureus *m* der Philoso'phie.

BR ***British Rail*** (*Eisenbahn in Großbritannien*).

B/R ***bills receivable*** Wechselforderungen *pl*.

BRCS ***British Red Cross Society*** *das* Brit. Rote Kreuz.

Brit. ***Britain*** Großbri'tannien *n*; ***British*** britisch.

Bros. ***brothers*** Gebr., Gebrüder *pl.* (*in Firmenbezeichnungen*).

BS *Am.* ***Bachelor of Science*** Bakka'laureus *m* der Na'turwissenschaften; ***British Standard*** Brit. Norm *f*.

B/S ***bill of sale*** Über'eignungsvertrag *m*.

BSc *Brit.* ***Bachelor of Science*** Bakka'laureus *m* der Na'turwissenschaften.

BSE ***bovine spongiform encephalopathy*** BSE, Rinderwahn(sinn).

BSG ***British Standard Gauge*** (*brit. Norm*).

B.S.I. ***British Standards Institution*** Brit. 'Normungs-Organisati,on *f*.

BST ***British Summer Time*** Brit. Sommerzeit *f*.

Bt. ***Baronet*** Baronet *m*.

BTA ***British Tourist Authority*** Brit. Fremdenverkehrsbehörde *f*.

bt. fwd. ***brought forward*** 'Übertrag *m*.

B.th.u, Btu ***British Thermal Unit(s)*** Brit. Wärmeeinheit(en *pl.*) *f*.

bu. ***bushel*** Scheffel *m*.

Bucks. ***Buckinghamshire*** (*engl. Grafschaft*).

bus. *Am.* ***business*** Arbeit *f*, *die* Geschäfte *pl*.

C

C ***Celsius, centigrade*** Celsius, hundertgradig (*Thermometer*).

c ***cent(s)*** Cent *m* (*amer. Münze*); ***century*** Jahr'hundert *n*; ***circa*** ca., circa, ungefähr; ***cubic*** Kubik...

CA ***California*** (*Staat der USA*); ***chartered account*** Frachtrechnung *f*; *Brit.* ***chartered accountant*** beeidigter 'Bücherre,visor *od.* Wirtschaftsprüfer; ***current account*** Girokonto *n*.

CAB *Brit.* ***Citizens' Advice Bureau*** (*Bürgerberatungsorganisation auf freiwilliger Basis*).

CAD ***computer-aided design*** CAD *n* com'putergestütztes Design.

c.a.d. ***cash against documents*** Zahlung *f* gegen Doku'mentaushändigung.

CAI ***computer-assisted*** (*od.* ***-aided***) ***instruction*** com'putergestütztes Lernen.

Cal(if). ***California*** (*Staat der USA*).

CALL ***computer-assisted language learning*** CALL *n*, com'putergestütztes Sprachenlernen.

Cambs. ***Cambridgeshire*** (*engl. Grafschaft*).

Can. ***Canada*** Kanada *n*; ***Canadian*** ka'nadisch.

C & W ***country and western*** (*Musik*).

Cantab. ***Cantabrigiensis*** (*Titel etc.*) der Universi'tät Cambridge.

Capt. ***Captain*** Kapi'tän *m*, Hauptmann *m*, Rittmeister *m*.

Card. ***Cardinal*** Kardi'nal *m*.

CARE [keə] ***Cooperative for American Relief Everywhere*** (*amer. Organisation, die Hilfsmittel an Bedürftige in aller Welt versendet*).

CAT ✈ ***clear air turbulence*** CAT *n*, Turbulenzen *pl.* bei klarer Sicht; ***computer-assisted*** (*od.* ***-aided***) ***testing*** com'puterunterstütztes Testverfahren; ⚚ ***computer-assisted trading*** Com'puterhandel *m*.

Cath. ***Catholic*** kath., ka'tholisch.

CB ***Citizens' Band*** C'B-Funk *m* (*Wellenbereich für privaten Funkverkehr*); ***Companion of (the Order of) the Bath*** Ritter *m* des Bath-Ordens; (*a.* **C/B**) ***cash book*** Kassabuch *n*.

CBA ***cost/benefit analysis*** ⚚ Kosten-'Nutzen-Ana,lyse *f*.

CBC ***Canadian Broadcasting Corporation*** Ka'nadische Rundfunkgesellschaft.

CBS ***Columbia Broadcasting System*** (*amer. Rundfunkgesellschaft*).

CC ***City Council*** Stadtrat *m*; *Brit.* ***County Council*** Grafschaftsrat *m*.

cc *Brit.* ***cubic centimetre(s)***, *Am.* ***cubic centimeter(s)*** ccm, Ku'bikzenti,meter *m*, *n od. pl.*

CD ***compact disc*** CD *f*; ***Corps Diplomatique*** (*Fr.* = ***Diplomatic Corps***) CD *n*, Diplo'matisches Korps.

CE ***Church of England*** angli'kanische Kirche; ***civil engineer*** 'Bauingeni,eur *m*.

CEO ***Chief Executive Officer*** ⚚ Hauptge'schäftsführer(in), Vorstandsvorsitzende(r *m*) *f*.

cert. ***certificate*** Bescheinigung *f*.

CET ***Central European Time*** MEZ, 'mitteleuro,päische Zeit.

cf. ***confer*** vgl., vergleiche.

CFC ***chlorofluorocarbon*** ⚗ FCK'W *n*, ,Fluorchlorkohlen'wasserstoff *m*.

Ch. ***chapter*** Kap., Ka'pitel *n*.

ch. ***chain*** (*Länge einer*) Messkette *f*; ***chapter*** Kap., Ka'pitel *n*; ***chief*** ltd., leitende(r) ..., oberste(r) ...

c.h. ***central heating*** ZH, Zen'tralheizung *f*.

ChB ***Chirurgiae Baccalaureus*** (*Lat.* = ***Bachelor of Surgery***) Bakka'laureus *m* der Chirur'gie.

Ches. ***Cheshire*** (*engl. Grafschaft*).

C.I. ***Channel Islands*** Ka'nalinseln *pl*.

C/I ***certificate of insurance*** Ver'sicherungspo,lice *f*.

CIA ***Central Intelligence Agency*** (*Geheimdienst der USA*).

CID ***Criminal Investigation Department*** (*brit. Kriminalpolizei*).

c.i.f. ***cost, insurance, freight*** Kosten, Versicherung und Fracht einbegriffen.

C.-in-C. ***Commander-in-Chief*** Oberkommandierende(r) *m* (*dem Land-, Luft- und Seestreitkräfte unterstehen*).

cir(c). ***circa*** ca., circa, ungefähr; ***circular*** Rundschreiben *n*; ***circulation*** 'Umlauf *m*, Auflage *f* (*Zeitung etc.*).

CIS ***Commonwealth of Independent States*** GUS, Gemeinschaft unabhängiger Staaten.

CJD ***Creutzfeld(t)-Jakob disease*** Creutzfeld(t)-Jakob(sche) Krankheit.

ck(s). ***cask*** Fass *n*; ***casks*** Fässer *pl*.

cl. ***class*** Klasse *f*.

cm *Brit.* ***centimetre(s)***, *Am.* ***centimeter(s)*** cm, Zenti'meter *m*, *n od. pl.*

CO ***Colorado*** (*Staat der USA*); ***Commanding Officer*** Komman'deur *m*.

Co. ***Company*** Gesellschaft *f*; ***county*** *Brit.* Grafschaft *f*, (Verwaltungs)Bezirk *m*.

c/o ***care of*** p. A., per A'dresse, bei.

COD, c.o.d. ***cash*** (*Am.* ***collect***) ***on delivery*** zahlbar bei Lieferung, per Nachnahme.

C. of E. ***Church of England*** angli'kanische Kirche; ***Council of Europe*** ER, Eu'roparat *m*.

COI *Brit.* ***Central Office of Information*** (*staatliches Auskunftsbüro zur Verbreitung amtlicher Publikationen etc.*).

Col. ***Colorado*** (*Staat der USA*); ***Colonel*** Oberst *m*.

Colo. ***Colorado*** (*Staat der USA*).

conc. ***concerning*** betr., betreffend, betrifft.

Conn. ***Connecticut*** (*Staat der USA*).

Cons. ***Conservative*** konserva'tiv (*Brit. pol.*); ***Consul*** Konsul *m*.

cont., contd ***continued*** fortgesetzt.

Corn. ***Cornwall*** (*engl. Grafschaft*).

Corp. ***Corporal*** Korpo'ral *m*, 'Unterof-fi,zier *m*; ***Corporation*** (*siehe Wörterverzeichnis*).

corr. ***corresponding*** entspr., entsprechend.

cp. ***compare*** vgl., vergleiche.

CPA *Am.* ***certified public accountant*** beeidigter 'Bücherre,visor *od.* Wirtschaftsprüfer.

CPR ***cardiopulmonary resuscitation*** *e-e Wiederbelebungstechnik für die Herz- u. Lungenfunktion.*

c.p.s. ***cycles per second*** Hertz *pl*.

CPU ***central processing unit*** *Computer*: Zent'raleinheit *f*.

CT ***Connecticut*** (*Staat der USA*).

ct(s) ***cent(s)*** (*amer. Münze*).

CTT ***capital transfer tax*** Erbschafts- und Schenkungssteuer *f*.

cu(b). ***cubic*** Kubik...

cu.ft. ***cubic foot*** Ku'bikfuß *m*.

cu.in. ***cubic inch*** Ku'bikzoll *m*.

Cumb. ***Cumberland*** (*ehemal. engl. Grafschaft*).

cum d(iv). ***cum dividend*** mit Divi'dende.

CUP ***Cambridge University Press*** Verlag *m* der Universi'tät Cambridge.

CV, cv ***curriculum vitae*** Lebenslauf *m*.

CWIS ***campus-wide information system*** *Computer*: Campusnetz *n*.

c.w.o. ***cash with order*** Barzahlung bei Bestellung.

cwt ***hundredweight*** (*etwa 1*) Zentner *m*.

D

d. *Brit.* ***penny, pence*** (*bis 1971 verwendete Abkürzung*); ***died*** gest., gestorben.

DA ***deposit account*** Depo'sitenkonto

n; *Am.* **district attorney** Staatsanwalt *m.*
DAR *Am.* **Daughters of the American Revolution** Töchter *pl.* der amer. Revoluti'on (*patriotische Frauenvereinigung*).
DAT **digital audio tape** (*in Kassetten befindliches Tonband für Digitalaufnahmen mit DAT-Rekordern*).
DB **daybook** Jour'nal *n.*
d.b.a. **doing business as** ✝ fir'mierend unter ...
DC **direct current** Gleichstrom *m*; **District of Columbia** Di'strikt Columbia (*mit der amer. Hauptstadt Washington*).
DCL **Doctor of Civil Law** Doktor *m* des Zi'vilrechts.
DD **Doctor of Divinity** Dr. theol., Doktor *m* der Theolo'gie.
d-d *euphem. für* **damned** verdammt.
DDS **Doctor of Dental Surgery** Dr. med. dent., Doktor *m* der 'Zahnmedi,zin.
DDT **dichlorodiphenyltrichloroethane** DDT, Di'chlordiphe'nyltrichlorä,than *n* (*Insekten- u. Seuchenbekämpfungsmittel*).
DE **Delaware** (*Staat der USA*).
Dec. **December** Dez., De'zember *m.*
dec. **deceased** gest., gestorben.
DEd **Doctor of Education** Dr. paed., Doktor *m* der Päda'gogik.
def. **defendant** Beklagte(r *m*) *f.*
deg. **degree(s)** Grad *m od. pl.*
Del. **Delaware** (*Staat der USA*).
DEng **Doctor of Engineering** Dr.-Ing., Doktor *m* der Ingeni'eurwissenschaften.
dep. **departure** Abf., Abfahrt *f.*
Dept. **Department** Ab'teilung *f.*
Derby. **Derbyshire** (*engl. Grafschaft*).
dft. **draft** Tratte *f.*
diff. **different** versch., verschieden; **difference** 'Unterschied *m.*
Dir. **Director** Dir., Di'rektor *m.*
disc. **discount** Dis'kont *m*, Abzug *m.*
dist. **distance** Entfernung *f*; **district** Bez., Bezirk *m.*
div. **dividend** Divi'dende *f*; **divorced** gesch., geschieden.
DIY **do-it-yourself** „mach es selber!"; (*in Zssgn*) Heimwerker ...
DJ **disc jockey** Diskjockey *m*; **dinner jacket** Smoking(jacke *f*) *m.*
DLit(t) **Doctor of Letters, Doctor of Literature** Doktor *m* der Litera'turwissenschaft.
DNA **deoxyribonucleic acid** DNS *f.*
do. **ditto** do., dito; dgl., desgleichen.
doc. **document** Doku'ment *n*, Urkunde *f.*
dol. **dollar(s)** Dollar *m* (*od. pl.*).
Dors. **Dorsetshire** (*engl. Grafschaft*).
doz. **dozen(s)** Dutzend *n od. pl.*
DP **displaced person** Verschleppte(r *m*) *f*; **data processing** DV, Datenverarbeitung *f.*
d/p **documents against payment** Doku'mente *pl.* gegen Zahlung.
DPh(il) **Doctor of Philosophy** Dr. phil., Doktor *m* der Philoso'phie.
Dpt. **Department** Abteilung *f.*
Dr. **Doctor** Dr., Doktor *m*; **debtor** Schuldner *m.*
dr. **dra(ch)m** Dram *n*, Drachme *f* (*Handelsgewicht*); **drawer** Tras'sant *m.*
d.s., **d/s** **days after sight** Tage nach Sicht (*bei Wechseln*).
DSc **Doctor of Science** Dr. rer. nat., Doktor *m* der Na'turwissenschaften.
DST **Daylight-Saving Time** Sommerzeit *f.*
DTh(eol) **Doctor of Theology** Dr. theol., Doktor *m* der Theolo'gie.
DTP **desktop publishing** *Computer*: DT'P *n*, ,Desktop-'Publishing *n.*
Dur. **Durham** (*engl. Grafschaft*).
DVD **digital versatile** (*od.* **video**) **disk** digi'tale, vielseitig verwendbare (*od.* Video-)Disk.
dwt. **pennyweight** Pennygewicht *n.*
dz. **dozen(s)** Dutzend *n* (*od. pl.*).

E

E **east** O, Ost(en *m*); **east(ern)** ö, östlich; **English** engl., englisch.
E. & O. E. **errors and omissions excepted** Irrtümer und Auslassungen vorbehalten.
EC **European Community** EG, Euro'päische Gemeinschaft; **East Central** London Mitte-Ost (*Postbezirk*).
ECB **European Central Bank** EZ'B *f*, Euro'päische Zent'ralbank.
ECE **Economic Commission for Europe** 'Wirtschaftskommissi,on *f* für Eu'ropa (*des Wirtschafts- u. Sozialrates der UN*).
ECG **electrocardiogram** EKG, E'lektrokardio,gramm *n.*
ECOSOC **Economic and Social Council** Wirtschafts- und Sozi'alrat *m* (*der UN*).
ECSC **European Coal and Steel Community** EGKS, Euro'päische Gemeinschaft für Kohle und Stahl.
ECU **European Currency Unit(s)** Euro'päische Währungseinheit(en *pl.*) *f.*
Ed., **ed.** **edition** Aufl., Auflage *f*; **edited** hrsg., her'ausgegeben; **editor** Hrsg., Her'ausgeber *m.*
EDP **electronic data processing** EDV, elek'tronische Datenverarbeitung.
E.E., **E./E.** **errors excepted** Irrtümer vorbehalten.
EEC *hist.* **European Economic Community** EWG, Euro'päische Wirtschaftsgemeinschaft.
EEG **electroencephalogram** EEG *n*, Elektroenzephalo'gramm *n.*
EFL **English as a Foreign Language** English *n* als Fremdsprache.
EFTA ['eftə] **European Free Trade Association** EFTA, Euro'päische Freihandelsgemeinschaft.
Eftpos **electronic funds transfer at point of sale** Zahlungsart „ec-Kasse".
e.g. **exempli gratia** (*Lat.* = **for instance**) z. B., zum Beispiel.
EIB **European Investment Bank** EI'B *f*, Euro'päische In'vestmentbank.
ELT **English language teaching** Englischunterricht *m* für Ausländer.
EMS **European Monetary System** EWS, Euro'päisches 'Währungssy,stem.
EMU **European Monetary Union** EW'U *f*, Euro'päische 'Währungsunion.
enc(l). **enclosure(s)** Anl., Anlage(n *pl.*) *f.*
Eng(l). **England** Engl., England *n*; **English** engl., englisch.
ENT **ear, nose, and throat** HNO…, Hals-Nasen-Ohren-….
EP **European Parliament** Euro'päisches Parla'ment.
EPOS **electronic point of sale** elekt'ronische Verkaufsstelle.
ESA **European Space Agency** Euro'päische Weltraumbehörde.
ESL **English as a second language** Englisch *n* als Zweitsprache *od.* Fremdsprache.
ESP **extrasensory perception** außersinnliche Wahrnehmung.
Esq(r). **Esquire** (*in Briefadressen, nachgestellt*) Herrn.
ESRO **European Space Research Organization** ESRO, Euro'päische Organisati'on für Weltraumforschung.
Ess. **Essex** (*engl. Grafschaft*).
est. **established** gegr., gegründet; **estimated** gesch., geschätzt.
E Sx **East Sussex** (*engl. Grafschaft*).
ETA **estimated time of arrival** vo'raussichtliche Ankunft(szeit).
etc., **&c.** **et cetera, and the rest, and so on** etc., usw., und so weiter.
ETD **estimated time of departure** vo'raussichtliche Abflugzeit *bzw.* Abfahrtszeit.
EU **European Union** EU *f*, Euro'päische Uni'on.
EURATOM [jʊər'ætəm] **European Atomic Energy Community** Eura'tom *f*, Euro'päische A'tomgemeinschaft.
excl. **exclusive**, **excluding** ausschl., ausschließlich, ohne.
ex div. **ex dividend** ohne (*od.* ausschließlich) Divi'dende.
ex int. **ex interest** ohne (*od.* ausschließlich) Zinsen.

F

F **Fahrenheit** (*Thermometereinteilung*); *univ.* **Fellow** (*siehe Wörterverzeichnis* **fellow** 6).
f. **farthing** (*ehemalige brit. Münze*); **fathom** Faden *m*, Klafter *m, n, f*; **feminine** w., weiblich; **foot**, **feet** Fuß *m od. pl.*; **following** folgend.
FA *Brit.* **Football Association** Fußballverband *m.*
f.a.a. **free of all average** frei von Beschädigung.
Fah(r). **Fahrenheit** (*Thermometereinteilung*).
FAO **Food and Agriculture Organization** Organisati'on *f* für Ernährung und Landwirtschaft (*der UN*).
FAQ, *pl. a.* **FAQs** **frequently asked question(s)** häufig gestellte Frage(n).
f.a.s. **free alongside ship** frei Längsseite (See)Schiff.
FBI **Federal Bureau of Investigation** Amer. Bundeskrimi'nalamt *n*; **Federation of British Industries** Brit. Indust'rieverband *m.*
FCC **Federal Communications Commission** Amer. 'Bundeskommissi,on *f* für das Nachrichtenwesen.
Feb. **February** Febr., Februar *m.*
fig. **figure(s)** Abb., Abbildung(en *pl.*) *f.*
f.i.t. **free of income tax** einkommensteuerfrei.
FL, **Fla.** **Florida** (*Staat der USA*).
FM **frequency modulation** UKW (*Frequenzbereich der Ultrakurzwellen*).
fm **fathom(s)** Faden *m od. pl.*, Klafter *m, n, f od. pl.*
FO *Brit.* **Foreign Office** Auswärtiges Amt.
fo(l). **folio** Folio *n*, Seite *f.*
f.o.b. **free on board** frei Schiff.
f.o.d. **free of damage** unbeschädigt, schadenfrei.
f.o.r. **free on rail** frei Wag'gon.
FP **freezing point** Gefrierpunkt *m*; **fireplug** Hy'drant *m.*
Fr. **France** Frankreich *n*; **French** franz., fran'zösisch.
fr. **franc(s)** Franc(s *pl.*) *m*, Franken *m od. pl.*
Fri. **Friday** Fr., Freitag *m.*
ft **foot**, **feet** Fuß *m od. pl.*

FTC ***Federal Trade Commission*** Amer. Bundes'handelskommissi,on *f* (*zur Verhinderung unlauteren Wettbewerbs*).
fur. ***furlong***(***s***) (*Längenmaß*).
f.w.h. ***flexible working hours*** gleitende Arbeitszeit.
FX, **f/x** ***effects*** *pl. TV, Film*: Ef'fekte *pl.*
f.y.i. ***for your information*** zur Kenntnis(nahme).

G

g ***gram***(***s***), ***gramme***(***s***) g, Gramm *n od. pl.*; ***gallon***(***s***) Gal'lone(n *pl.*) *f.*
g. ***ga***(***u***)***ge*** Nor'malmaß *n*; 🚂 Spur *f*; ***guinea*** Gui'nee *f* (*105 p*).
GA ***general agent*** Gene'ralvertreter *m*; ***general assembly*** Hauptversammlung *f*; *siehe* ***Ga***.
Ga. ***Georgia*** (*Staat der USA*).
gal(**l**). ***gallon***(***s***) Gal'lone(n *pl.*) *f.*
GATT [gæt] ***General Agreement on Tariffs and Trade*** Allgemeines Zoll- und Handelsabkommen.
GB ***Great Britain*** GB, Großbri'tannien *n*; ***gigabyte***(***s pl.***) GB, 'Gigabyte *n od. pl.*
G.B.S. ***George Bernard Shaw*** (*irischer Dramatiker*).
GCB (***Knight***) ***Grand Cross of the Bath*** (Ritter *m* des) Großkreuz(es) *n* des Bath-Ordens.
GCE ***General Certificate of Education*** (*siehe Wörterverzeichnis*).
GCSE ***General Certificate of Secondary Education*** (*schulische Abschlussprüfung, die seit 1988 u. a. die "O-levels" des* ***GCE*** *ersetzt*).
GDP ***gross domestic product*** ⚕ BIP *n*, Brutto'inlandspro,dukt *n.*
Gen. ***General*** Gene'ral *m.*
gen. ***general***(***ly***) allgemein.
Ger. ***German*** deutsch, Deutsche(r *m*) *f*; ***Germany*** Deutschland *n.*
GI ***government issue*** von der Regierung ausgegeben, Staatseigentum *n*; *der* amer. Sol'dat.
gi. ***gil***(***s***) Viertelpinte(n *pl.*) *f.*
GLC ***Greater London Council*** (*ehemaliger*) Stadtrat *m* von Groß-London.
Glos. ***Gloucestershire*** (*engl. Grafschaft*).
GM ⚕ ***General Manager*** (Gene'ral)Direktor(in), Hauptge'schäftsführer(in); Inten'dant(in); *Lebensmittel etc.*: ***genetically modified*** gentechnisch verändert, F genmanipuliert.
GMT ***Greenwich Mean Time*** WEZ, 'westeuro,päische Zeit.
GNP ***gross national product*** ⚕ Bruttosozi'alpro,dukt *n.*
gns. ***guineas*** Gui'neen *pl.*
GOP *Am.* ***Grand Old Party*** Republi'kanische Par'tei.
Gov. ***Government*** Regierung *f*; ***Governor*** Gouver'neur *m.*
Govt, **govt** ***government*** Regierung *f.*
GP ***general practitioner*** Arzt *m* (Ärztin *f*) für Allge'meinmedi,zin; ***Gallup Poll*** 'Meinungs,umfrage *f* (*insbes. zum Wählerverhalten*).
GPO ***General Post Office*** Hauptpostamt *n.*
GPS ***global positioning system*** GP'S-Sys,tem *n* (*Standortermittlung via Satellitenpeilung*).
gr. ***grain***(***s***) Gran *n* (*od. pl.*); ***gross*** brutto; Gros *n od. pl.* (*12 Dutzend*).
gr.wt ***gross weight*** Bruttogewicht *n.*
gs ***guineas*** Gui'neen *pl.*
GSM ***General Sales Manager*** Ver'kaufsleiter(in).
gtd, **guar.** ***guaranteed*** garantiert.
GUI ***graphical user interface*** *Computer:* grafische Be'nutzeroberfläche.

H

h. ***hour***(***s***) Std., Stunde(n *pl.*) *f*, Uhr (*bei Zeitangaben*); ***height*** Höhe *f.*
h&c ***hot and cold*** warm u. kalt (*Wasser*).
Hants. ***Hampshire*** (*engl. Grafschaft*).
HBM ***His*** (***Her***) ***Britannic Majesty*** Seine (Ihre) Bri'tannische Maje'stät.
HC *Brit.* ***House of Commons*** 'Unterhaus *n*; ***Holy Communion*** heiliges Abendmahl, heilige Kommuni'on.
hdbk ***handbook*** Handbuch *n.*
HE ***high explosive*** hochexplo'siv; ***His Eminence*** Seine Emi'nenz *f*; ***His*** (***Her***) ***Excellency*** Seine (Ihre) Exzel'lenz *f.*
Heref. ***Herefordshire*** (*ehemal. engl. Grafschaft*).
Herts. ***Hertfordshire*** (*engl. Grafschaft*).
HF ***high frequency*** 'Hochfre,quenz *f*; *Brit.* ***Home Fleet*** Flotte *f* in den Heimatgewässern.
hf ***half*** halb.
hf.bd ***half bound*** in Halbfranz gebunden (*Halbleder*).
HGV *Brit.* ***heavy goods vehicle*** Schwerlastkraftwagen *m*, F Schwerlaster *m.*
hhd ***hogshead*** (*Hohlmaß, etwa 240 Liter*); großes Fass.
HI ***Hawaii*** (*Staat der USA*).
HIV ***human immunodeficiency virus*** HIV *n.*
HL *Brit.* ***House of Lords*** Oberhaus *n.*
HM ***His*** (***Her***) ***Majesty*** Seine (Ihre) Maje'stät.
HMS ***His*** (***Her***) ***Majesty's Service*** Dienst *m*, ✉ Dienstsache *f*; ***His*** (***Her***) ***Majesty's Ship*** (***Steamer***) Seiner (Ihrer) Maje'stät Schiff *n* (Dampfschiff *n*).
HMSO ***His*** (***Her***) ***Majesty's Stationery Office*** (*Brit. Staatsdruckerei*).
HO ***Head Office*** Hauptge'schäftsstelle *f*, Zen'trale *f*; *Brit.* ***Home Office*** 'Innenmini,sterium *n.*
Hon. ***Honorary*** ehrenamtlich; ***Hono***(***u***)***rable*** (*der od. die*) Ehrenwerte (*Anrede und Titel*).
HP, **hp** ***horsepower*** PS, Pferdestärke *f*; ***high pressure*** Hochdruck *m*; ***hire purchase*** Ratenkauf *m.*
HQ, Hq. ***Headquarters*** Stab(squartier *n*) *m*, Hauptquartier *n.*
HR *Am.* ***House of Representatives*** Repräsen'tantenhaus *n.*
hr ***hour***(***s***) Stunde(n *pl.*) *f.*
HRH ***His*** (***Her***) ***Royal Highness*** Seine (Ihre) Königliche Hoheit.
hrs ***hours*** Std., Stunden *pl.*
HT, h.t. ***high tension*** Hochspannung *f.*
ht ***height*** H., Höhe *f.*
Hunts. ***Huntingdonshire*** (*ehemal. engl. Grafschaft*).
HWM ***high-water mark*** Hochwasserstandsmarke *f.*

I

I. ***island***(***s***), ***isle***(***s***) Insel(n *pl.*) *f.*
IA, **Ia.** ***Iowa*** (*Staat der USA*).
IATA [aɪ'ɑːtə] ***International Air Transport Association*** Internatio'naler Luftverkehrsverband.
IBA ***Independent Broadcasting Authority*** (*Dachorganisation der brit. privaten Fernseh- u. Rundfunkanstalten*).
ib(**id**). ***ibidem*** (*Lat.* = ***in the same place***) ebd., ebenda.
IBRD ***International Bank for Reconstruction and Development*** Internatio'nale Bank für Wieder'aufbau und Entwicklung, Weltbank *f.*
IC ***integrated circuit*** inte'grierter Schaltkreis.
ICAO ***International Civil Aviation Organization*** Internatio'nale Zi'villuftfahrt-Organisati,on.
ICBM ***intercontinental ballistic missile*** interkontinen'taler bal'listischer Flugkörper, Interkontinen'talra,kete *f.*
ICFTU ***International Confederation of Free Trade Unions*** Internatio'naler Bund Freier Gewerkschaften.
ICJ ***International Court of Justice*** IG, Internatio'naler Gerichtshof.
ICU ***intensive care unit*** Inten'sivstati,on *f.*
ID ***Idaho*** (*Staat der USA*); ***identity*** Identi'tät *f*; ***Intelligence Department*** Nachrichtenamt *n.*
Id(**a**). ***Idaho*** (*Staat der USA*).
IDP ***international driving permit*** internatio'naler Führerschein.
i.e. ***id est*** (*Lat.* = ***that is to say***) d. h., das heißt.
IHP, **ihp** ***indicated horsepower*** i. PS, indizierte Pferdestärke.
IL, **Ill.** ***Illinois*** (*Staat der USA*).
ILO ***International Labo***(***u***)***r Organization*** Internatio'nale 'Arbeitsorganisati,on.
ILS ***instrument landing system*** Instru'menten,landesy,stem *n.*
IMF ***International Monetary Fund*** IWF, Internatio'naler Währungsfonds.
Imp. ***Imperial*** Reichs..., Empire...
IN ***Indiana*** (*Staat der USA*).
in. ***inch***(***es***) Zoll *m* (*od. pl.*).
Inc. ***Incorporated*** (amtlich) eingetragen.
incl. ***inclusive***, ***including*** einschl., einschließlich.
incog. ***incognito*** in'kognito (*unter anderem Namen*).
Ind. ***Indiana*** (*Staat der USA*).
inst. ***instant*** d. M., dieses Monats.
I/O ***input/output*** 'Input *m*/'Output *m* (*-Ana,lyse etc.*).
IOC ***International Olympic Committee*** Internatio'nales O'lympisches Komi'tee.
I. of M. ***Isle of Man*** (*engl. Insel*).
I. of W. ***Isle of Wight*** (*engl. Insel; Grafschaft*).
IOM *siehe* ***I. of M.***
IOU ***I owe you*** Schuldschein *m.*
IOW *siehe* ***I. of W.***
IPA ***International Phonetic Association*** Internatio'nale Pho'netische Gesellschaft.
IPO ***initial public offer(ing)*** *Börse:* 'Erstno,tiz *f* (*e-r Aktie*).
IQ ***intelligence quotient*** Intelli'genzquoti,ent *m.*
Ir. ***Ireland*** Irland *n*; ***Irish*** irisch.
IRA ***Irish Republican Army*** IRA, 'Irisch-Republi'kanische Ar'mee.
IRBM ***intermediate-range ballistic missile*** 'Mittelstreckenra,kete *f.*
IRS *Am.* ***Internal Revenue Service*** Finanzamt *n.*
ISBN ***international standard book number*** ISB'N-Nummer *f.*
ISDN ***integrated services digital network*** Dienste integrierendes digi'tales Fernmeldenetz.

ISO ***International Organization for Standardization*** IOS, Internatio'nale Organisati'on für Standardisierung, Internatio'nale 'Normenorganisati,on.
ISP ***Internet service provider*** 'Internet-Service-Pro,vider *m od.* -,Anbieter *m.*
IT ***information technology*** I'T *f*, Informati'onstechnolo,gie *f.*
ITV ***Independent Television*** (*unabhängige brit. kommerzielle Fernsehanstalten*).
IUD ***intrauterine device*** Intraute'rinpes,sar *n*, -spi,rale *f.*
IYHF ***International Youth Hostel Federation*** Internatio'naler Jugendherbergsverband.

J

J. ***judge*** Richter *m*; ***justice*** Ju'stiz *f*; Richter *m.*
Jan. ***January*** Jan., Januar *m.*
JATO ['dʒeɪtəʊ] ***jet-assisted takeoff*** Start *m* mit 'Startra,kete.
JC ***Jesus Christ*** Jesus Christus *m.*
JCB ***Juris Civilis Baccalaureus*** (*Lat.* = ***Bachelor of Civil Law***) Bakka'laureus *m* des Zi'vilrechts.
JCD ***Juris Civilis Doctor*** (*Lat.* = ***Doctor of Civil Law***) Doktor *m* des Zi'vilrechts.
Jnr ***junior*** *siehe* ***Jr, jun(r)***.
JP ***Justice of the Peace*** Friedensrichter *m.*
Jr ***junior*** (*Lat.* = ***the younger***) jr., jun., der Jüngere.
JUD ***Juris Utriusque Doctor*** (*Lat.* = ***Doctor of Civil and Canon Law***) Doktor *m* beider Rechte.
Jul. ***July*** Jul., Juli *m.*
Jun. ***June*** Jun., Juni *m.*
jun(r). ***junior*** (*Lat.* = ***the younger***) jr., jun., der Jüngere.

K

Kan(s). ***Kansas*** (*Staat der USA*).
KB ***kilobyte(s pl.)*** KB, 'Kilobyte *n od. pl.*
KC ***Knight Commander*** Kom'tur *m*, Großmeister *m*; *Brit.* ***King's Counsel*** Kronanwalt *m.*
KCB ***Knight Commander of the Bath*** Großmeister *m* des Bath-Ordens.
Ken. ***Kentucky*** (*Staat der USA*).
kg ***kilogram(me)(s)*** kg, Kilogramm *n* (*od. pl.*).
kHz ***kilohertz*** kHz, Kilo'hertz *n od. pl.*
KIA ***killed in action*** gefallen.
KKK ***Ku Klux Klan*** (*geheime Terrororganisation in den USA*).
km *Brit.* ***kilometre(s)***, *Am.* ***kilometer(s)*** km, Kilo'meter *m* (*od. pl.*).
KO, k.o. ***knockout*** K.o., Knock-out *m.*
KP ***kitchen police*** *Am.* ⚔ *sl.* Küchendienst *m* (*Personen*).
k.p.h. *Brit.* ***kilometre(s) per hour***, *Am.* ***kilometer(s) per hour*** 'Stundenkilo,meter *m* (*od. pl.*).
KS ***Kansas*** (*Staat der USA*).
kV ***kilovolt(s)*** kV, Kilo'volt *n* (*od. pl.*).
kW ***kilowatt(s)*** kW, Kilo'watt *n* (*od. pl.*).
KY, Ky ***Kentucky*** (*Staat der USA*).

L

L *Brit.* ***learner (driver)*** Fahrschüler(in) (*Plakette an Kraftfahrzeugen*).
l. ***left*** l., links; ***length*** Länge *f*; ***line*** Z., Zeile *f*; Lin., Linie *f*; (*meist* **l**) *Brit.* ***litre(s)***, *Am.* ***liter(s)*** l, Liter *m*, *n* (*od. pl.*).
£ ***pound(s) sterling*** Pfund *n* (*od. pl.*) Sterling (*Währung*).
LA ***Los Angeles*** (*Stadt in Kalifornien*); ***Louisiana*** (*Staat der USA*).
La. ***Louisiana*** (*Staat der USA*).
£A ***Australian pound*** au'stralisches Pfund (*Währung*).
Lab. ***Labrador*** (*Kanad. Halbinsel*).
LAN ***local area network*** *Computer*: lo'kales (Rechner)Netz.
Lancs. ***Lancashire*** (*engl. Grafschaft*).
lang. ***language*** Spr., Sprache *f.*
lat. ***latitude*** geo'graphische Breite.
lb. ***pound(s)*** Pfund *n* (*od. pl.*) (*Gewicht*).
l.c. ***lower case*** *typ.* Kleinbuchstabe(n *pl.*) *m.*
L/C ***letter of credit*** Kre'ditbrief *m.*
LCD ***liquid crystal display*** *Computer etc.*: LC'D-Anzeige *f*, 'Flüssigkristall,anzeige *f.*
LCJ *Brit.* ***Lord Chief Justice*** Lord-'oberrichter *m.*
Ld. ***Lord*** Lord *m.*
£E ***Egyptian pound*** ä'gyptisches Pfund (*Währung*).
LED ⚙ ***light-emitting diode*** 'Leuchtdi,ode *f.*
Leics. ***Leicestershire*** (*engl. Grafschaft*).
lf ***linefeed*** *Computer, Drucker*: Zeilenvorschub *m.*
Lincs. ***Lincolnshire*** (*engl. Grafschaft*).
LJ *Brit.* ***Lord Justice*** Lordrichter *m.*
ll. ***lines*** Zeilen *pl.*; Linien *pl.*
LL D ***Legum Doctor*** (*Lat.* = ***Doctor of Laws***) Dr. jur., Doktor *m* der Rechte.
LMT ***local mean time*** mittlere Ortszeit (*in USA*).
loc. cit. ***loco citato*** (*Lat.* = ***in the place cited***) a. a. O., am angeführten Ort.
lon(g). ***longitude*** geo'graphische Länge.
LP ***long-playing record*** LP, Langspielplatte *f*; ***Labour Party*** (*brit. Linkspartei*); *siehe* **l.p.**
l.p. ***low pressure*** Tiefdruck *m.*
LPG ***liquefied petroleum gas*** Flüssiggas *n.*
LPO ***London Philharmonic Orchestra*** *das* Londoner Philhar'monische Or'chester
L'pool ***Liverpool*** *n.*
LSD ***lysergic acid diethylamide*** LSD, Lysergsäurediäthylamid *n.*
LSE ***London School of Economics*** (*renommierte Londoner Wirtschaftshochschule*).
LSO ***London Symphony Orchestra*** *das* Londoner Sinfo'nie-Or,chester.
Lt. ***Lieutenant*** Leutnant *m.*
l.t. ***low tension*** Niederspannung *f.*
Lt.-Col. ***Lieutenant-Colonel*** Oberst-'leutnant *m.*
Ltd. ***limited*** mit beschränkter Haftung.
Lt.-Gen. ***Lieutenant-General*** Gene'ralleutnant *m.*

M

m ***male*** m, männlich; ***masculine*** m, männlich; ***married*** verh., verheiratet; *Brit.* ***metre(s)***, *Am.* ***meter(s)*** m, Meter *m*, *n od. pl.*; ***mile(s)*** M., Meile(n *pl.*) *f*; ***minute(s)*** min., Min., Mi'nute(n *pl.*) *f.*
MA ***Master of Arts*** Ma'gister *m* der Philoso'phie; ***Massachusetts*** (*Staat der USA*); ***military academy*** Mili'tärakade,mie *f.*
Maj. ***Major*** Ma'jor m.
Maj.-Gen. ***Major-General*** Gene'ralma,jor *m.*
Man. ***Manitoba*** (*Kanad. Provinz*).
Mar. ***March*** März *m.*
Mass. ***Massachusetts*** (*Staat der USA*).
max. ***maximum*** Max., Maximum *n.*
MB ***Medicinae Baccalaureus*** (*Lat.* = ***Bachelor of Medicine***) Bakka'laureus *m* der Medi'zin; ***megabyte(s pl.)*** MB, 'Megabyte *n. od. pl.*
MBO ✝ ***management buyout*** Management Buy-out *n*; ***management by objectives*** Führen *n* durch Zielvereinbarung.
MC ***Master of Ceremonies*** Zere'monienmeister *m*; *Am.* Conférencier *m*; *Am.* ***Member of Congress*** Parla'mentsmitglied *n.*
MCA ***maximum credible accident*** GAU *m*, größter anzunehmender Störfall.
MD ***Maryland*** (*Staat der USA*); ***Managing Director*** geschäftsführender Di'rektor; ***Medicinae Doctor*** (*Lat.* = ***Doctor of Medicine***) Dr. med., Doktor *m* der Medi'zin.
M/D ***months' date*** Monate nach heute.
Md. ***Maryland*** (*Staat der USA*).
MDS ***Master of Dental Surgery*** Ma'gister *m* der 'Zahnmedi,zin.
ME, Me. ***Maine*** (*Staat der USA*).
med. ***medical*** med., medi'zinisch; ***medicine*** Med., Medi'zin *f*; ***medieval*** mittelalterlich.
MEP ***Member of the European Parliament*** Mitglied *n* des Euro'päischen Parlaments, Eu'ropaabgeordnete(r *m*) *f.*
mg ***milligram(me)(s)*** mg, Milligramm *n od. pl.*
MI ***Michigan*** (*Staat der USA*).
mi. ***mile(s)*** M., Meile(n *pl.*) *f.*
Mich. ***Michigan*** (*Staat der USA*).
Middx. ***Middlesex*** (*ehemal. engl. Grafschaft*).
min. ***minute(s)*** min., Min., Mi'nute(n *pl.*) *f*; ***minimum*** Min., Minimum *n.*
Minn. ***Minnesota*** (*Staat der USA*).
Miss. ***Mississippi*** (*Staat der USA*).
mm *Brit.* ***millimetre(s)***, *Am.* ***millimeter(s)*** mm, Milli'meter *m*, *n od. pl.*
MN ***Minnesota*** (*Staat der USA*).
MO ***Missouri*** (*Staat der USA*); ***mail order*** *siehe Wörterverzeichnis*; ***money order*** Postanweisung *f*, Zahlungsanweisung *f.*
Mo. ***Missouri*** (*Staat der USA*).
Mon. ***Monday*** Mo., Montag *m.*
Mont. ***Montana*** (*Staat der USA*).
MOR ***middle-of-the-road*** *siehe Wörterverzeichnis.*
MP *Brit.* ***Member of Parliament*** Abgeordnete(r) *m* des 'Unterhauses; ***Military Police*** Mili'tärpoli,zei *f.*
mpg ***miles per gallon*** Meilen *pl.* pro Gal'lone (*Maß für Benzinverbrauch*).
mph ***miles per hour*** Stundenmeilen *pl.*
MPharm ***Master of Pharmacy*** Ma'gister *m* der Pharma'zie.
MPV ***multi-purpose vehicle*** Mehrzweckfahrzeug *n.*
Mr ['mɪstə] ***Mister*** Herr *m.*
MRI ⚕ ***magnetic resonance imaging*** ,Kernspintomogra'phie *f.*
MRP ***manufacturer's recommended price*** unverbindliche Preisempfehlung (des Herstellers).
Mrs ['mɪsɪz] *ursprünglich* ***Mistress*** Frau *f.*
MS ***Mississippi*** (*Staat der USA*); ***manuscript*** Mskr(pt)., Manu'skript *n*; ***motorship*** Motorschiff *n.*

Ms [mɪz] Frau *f* (*neutrale Anredeform für unverheiratete und verheiratete Frauen*).
MSc ***Master of Science*** Ma'gister *m* der Na'turwissenschaften.
MSL ***mean sea level*** mittlere (See)Höhe, Nor'malnull *n*.
MSS ***manuscripts*** Manu'skripte *pl*.
MT ***Montana*** (*Staat der USA*).
Mt ***Mount*** Berg *m*.
mt ***megaton*** Megatonne *f*.
M'ter ***Manchester*** *n*.
MTh ***Master of Theology*** Ma'gister *m* der Theolo'gie.
Mx ***Middlesex*** (*ehemal. engl. Grafschaft*).

N

N ***north*** N, Nord(en *m*); ***north(ern)*** n, nördlich.
n ***neuter*** n, Neutrum *n*, neu'tral; ***noun*** Subst., Substantiv *n*; ***noon*** Mittag *m*.
n/a ***not applicable*** nicht zutreffend.
NAAFI ['næfɪ] *Brit.* ***Navy, Army and Air Force Institutes*** (*Truppenbetreuungsinstitution der brit. Streitkräfte, u. a. für Kantinen u. Geschäfte zuständig*).
NASA ['næsə] *Am.* ***National Aeronautics and Space Administration*** Natio'nale Luft- u. Raumfahrtbehörde *f*.
nat. ***national*** nat., natio'nal; ***natural*** nat., na'türlich.
NATO ['neɪtəʊ] ***North Atlantic Treaty Organization*** Nordat'lantikpakt-Organisati,on *f*.
NB ***New Brunswick*** (*Kanad. Provinz*).
NBC *Am.* ***National Broadcasting Company*** Natio'nale Rundfunkgesellschaft.
NBG F ***no bloody good*** nicht zu gebrauchen, (völlig) wertlos.
NC ***North Carolina*** (*Staat der USA*).
NCB *Brit.* ***National Coal Board*** Natio'nale Kohlenbehörde; ***no claims bonus*** 'Schadenfreiheitsra,batt *m*.
n.d. ***no date*** ohne Datum.
ND, N Dak. ***North Dakota*** (*Staat der USA*).
NE ***Nebraska*** (*Staat der USA*); ***northeast*** NO, Nord'ost(en *m*); ***northeast(ern)*** nö, nord'östlich.
Neb(r). ***Nebraska*** (*Staat der USA*).
neg. ***negative*** neg., negativ.
Nev. ***Nevada*** (*Staat der USA*).
NF ***Newfoundland*** (*Kanad. Provinz*).
N/F ***no funds*** keine Deckung.
Nf(l)d ***Newfoundland*** (*Kanad. Provinz*).
NH ***New Hampshire*** (*Staat der USA*).
NHS *Brit.* ***National Health Service*** Staatlicher Gesundheitsdienst.
NJ ***New Jersey*** (*Staat der USA*).
NM, N Mex. ***New Mexico*** (*Staat der USA*).
No. ***North*** N, Nord(en *m*); ***numero*** Nr., Nummer *f*; ***number*** Zahl *f*.
Norf. ***Norfolk*** (*engl. Grafschaft*).
Northants. ***Northamptonshire*** (*engl. Grafschaft*).
Northd., Northumb. ***Northumberland*** (*engl. Grafschaft*).
Notts. ***Nottinghamshire*** (*engl. Grafschaft*).
Nov. ***November*** Nov., No'vember *m*.
n.p. or d. ***no place or date*** ohne Ort oder Datum.
NPV ***net present value*** Tageswert *m*, Barwert *m* (*e-r Summe*).
NS ***Nova Scotia*** (*Kanad. Provinz*).
NSB *Brit.* ***National Savings Bank*** *etwa* Postsparkasse *f*.
NSPCC ***National Society for the Prevention of Cruelty to Children*** (*brit. Kinderschutzverein*).
NSW ***New South Wales*** (*Bundesstaat Australiens*).
NT ***New Testament*** NT, Neues Testa'ment; ***Northern Territory*** (*Verwaltungsbezirk Australiens*).
nt.wt. ***net weight*** Nettogewicht *n*.
NV ***Nevada*** (*Staat der USA*).
NW ***northwest*** NW, Nord'west(en *m*); ***northwest(ern)*** nw, nord'westlich.
NWT ***Northwest Territories*** (*N-Kanada östl. des Yukon Territory*).
NY ***New York*** (*Staat der USA*).
NYC ***New York City*** (die Stadt) New York.
N Yorks. ***North Yorkshire*** (*engl. Grafschaft*).

O

O. ***Ohio*** (*Staat der USA*); ***order*** Auftr., Auftrag *m*.
o/a ***on account of*** auf Rechnung von.
OAP ***old-age pensioner*** (Alters)Rentner(in), 'Ruhegeldem,pfänger(in).
OAS ***Organization of American States*** Organisati'on *f* ameri'kanischer Staaten.
OAU ***Organization of African Unity*** Organisati'on *f* für Afri'kanische Einheit.
ob. ***obiit*** (*Lat.* = ***died***) gest., gestorben.
OC ⚔ ***officer commanding*** befehlshabende(r) Offi'zier.
Oct. ***October*** Okt., Ok'tober *m*.
OECD ***Organization for Economic Cooperation and Development*** Organisati'on *f* für wirtschaftliche Zu'sammenarbeit und Entwicklung.
OH ***Ohio*** (*Staat der USA*).
OHMS ***On His (Her) Majesty's Service*** im Dienste Seiner (Ihrer) Maje'stät; ✉ Dienstsache *f*.
OHP ***overhead projector*** 'Overheadpro,jektor *m*.
OK ***Oklahoma*** (*Staat der USA*); *siehe* ***O.K.***
O.K. (*möglicherweise aus:*) ***all correct*** in Ordung.
Okla. ***Oklahoma*** (*Staat der USA*).
o.n.o. ***or near(est) offer*** VB, Verhandlungsbasis *f*.
Ont. ***Ontario*** (*Kanad. Provinz*).
OPAC ***online public access catalogue*** *elektronischer Bibliothekskatalog*.
OPEC ['əʊpek] ***Organization of Petroleum Exporting Countries*** Organisati'on *f* der Erdöl exportierenden Länder.
OR ***Oregon*** (*Staat der USA*).
o.r. ***owner's risk*** auf Gefahr des Eigentümers.
Ore(g). ***Oregon*** (*Staat der USA*).
OT ***Old Testament*** AT, Altes Testa'ment.
OTT *Brit.* F ***over the top*** (maßlos) über'trieben
OUP ***Oxford University Press*** Verlag *m* der Universi'tät Oxford.
Oxon. ***Oxfordshire*** (*engl. Grafschaft*); ***Oxoniensis*** (*Titel etc.*) der Universi'tät Oxford.
oz. ***ounce(s)*** Unze(n *pl.*) *f*.

P

p ***penny, pence*** (*brit. Münze*).
p. ***page*** S., Seite *f*; ***part*** T., Teil *m*.
PA, Pa. ***Pennsylvania*** (*Staat der USA*).
p.a. ***per annum*** (*Lat.* = ***yearly***) jährlich.
par(a). ***paragraph*** Par., Para'graph *m*, Abschnitt *m*.
PAS *mot.* ***power-assisted steering*** 'Servolenkung *f*.
PAYE ***pay as you earn*** (*Brit. Quellenabzugsverfahren. Arbeitgeber zieht Lohn- bzw. Einkommensteuer direkt vom Lohn bzw. Gehalt ab*).
PC *Brit.* ***police constable*** Schutzmann *m*; ***Personal Computer*** PC, Perso'nalcom,puter *m*; *Am.* ***Peace Corps*** Friedenscorps *n*.
p.c. ***per cent*** %, Pro'zent *n od. pl.*; ***postcard*** Postkarte *f*.
p/c ***price current*** Preisliste *f*.
pcl. ***parcel*** Pa'ket *n*.
pcs. ***pieces*** Stück(e) *pl*.
PD ***Police Department*** Poli'zeibehörde *f*; ***per diem*** (*Lat.* = ***by the day***) pro Tag.
pd. ***paid*** bez., bezahlt.
PDA ***personal digital assistant*** (*Palmtop-Computer als elektronisches Notizbuch*).
PE ***physical education*** Sport *m* (*Schulfach*).
PEI ***Prince Edward Island*** (*Kanad. Provinz*).
PEN [pen], *mst* **PEN Club** (***International Association of) Poets, Playwrights, Editors, Essayists and Novelists*** PEN-Club *m* (*Internationaler Verband von Dichtern, Dramatikern, Redakteuren, Essayisten und Romanschriftstellern*).
Penn(a). ***Pennsylvania*** (*Staat der USA*).
per pro(c). ***per procurationem*** (*Lat.* = ***by proxy***) pp., ppa., per Pro'kura.
PhD ***Philosophiae Doctor*** (*Lat.* = ***Doctor of Philosophy***) Dr. phil., Doktor *m* der Philoso'phie.
PIN ***personal identification number*** PIN *m, f*, Geheimzahl *f*.
Pk. ***Park*** Park *m*; ***Peak*** Spitze *f*, (Berg-) Gipfel *m*.
Pl. ***Place*** Platz *m*.
PLC, Plc, plc *Brit.* ***public limited company*** AG, Aktiengesellschaft *f*.
PM *bsd. Brit.* ***Prime Minister*** Premi'erminister(in).
p.m. ***post meridiem*** (*Lat.* = ***after noon***) nachm., nachmittags, ab., abends.
PMS ***premenstrual syndrome*** ⚕ ,prämenstru'elles Syn'drom.
PO ***post office*** Postamt *n*; ***postal order*** Postanweisung *f*.
POB ***post-office box*** Postschließfach *n*.
p.o.d. ***pay on delivery*** Nachnahme *f*.
POO ***post-office order*** Postanweisung *f*.
pos(it). ***positive*** pos., positiv.
POW ***prisoner of war*** Kriegsgefangene(r) *m*.
p.p. ***per procurationem*** (*Lat.* = ***by proxy***) pp., ppa., per Pro'kura.
pp. ***pages*** Seiten *pl*.
PR ***public relations*** PR, Öffentlichkeitsarbeit *f*.
pref. ***preface*** Vw., Vorwort *n*.
Pres. ***President*** Präsi'dent *m*.
pro. ***professional*** professio'nell, Berufs...
Prof. ***Professor*** Pro'fessor *m*.
prol. ***prologue*** Pro'log *m*.
Prot. ***Protestant*** Prot., Prote'stant *m*.
prox. ***proximo*** (*Lat.* = ***next month***) n. M., nächsten Monats.
PS ***postscript*** PS, Post'skript *n*, Nachschrift *f*.

PT ***physical training*** Leibeserziehung *f.*
pt. ***part*** Teil *m;* ***payment*** Zahlung *f;* ***pint*** (*Brit. 0,57 l, Am. 0,47 l*); ***point*** *siehe Wörterverzeichnis.*
PTA ***Parent-Teacher Association*** Eltern-Lehrer-Vereinigung *f.*
Pte. *Brit.* ***Private*** Sol'dat *m* (*Dienstgrad*).
PTO, p.t.o. ***please turn over*** b.w., bitte wenden.
Pvt. *Am.* ***Private*** Sol'dat *m* (*Dienstgrad*).
PW ***prisoner of war*** Kriegsgefangene(r) *m.*
PX ***Post Exchange*** (*Verkaufsläden für Angehörige der amer. Streitkräfte*).

Q

QC *Brit.* ***Queen's Counsel*** Kronanwalt *m.*
Qld. ***Queensland*** (*Bundesstaat Australiens*).
qr ***quarter*** (*etwa 1*) Viertel'zentner *m* (*Handelsgewicht*).
qt ***quart*** Quart *n* (*Brit. 1,14 l, Am. 0,95 l*).
Que. ***Quebec*** (*Kanad. Provinz*).
quot. ***quotation*** Kurs-, Preisnotierung *f.*

R

R. ***Réaumur*** (*Thermometereinteilung*); ***River*** Strom *m*, Fluss *m.*
r. ***right*** r., rechts.
RA *Brit.* ***Royal Academy*** Königliche Akade'mie.
RAC *Brit.* ***Royal Automobile Club*** Königlicher Automo'bilklub.
RAF ***Royal Air Force*** Königlich-Brit. Luftwaffe *f.*
RAM *Computer:* ***random access memory*** Speicher *m* mit wahlfreiem Zugriff, Direktzugriffsspeicher *m.*
RC ***Roman Catholic*** r.-k., römisch-ka'tholisch.
Rd ***Road*** Str., Straße *f.*
recd ***received*** erhalten.
ref(c). ***(in) reference (to)*** (mit) Bezug *m* (auf); Empf., Empfehlung *f.*
regd ***registered*** eingetragen; ✆ eingeschrieben.
reg. tn ***register ton*** RT, Re'gistertonne *f.*
res. ***residence*** Wohnsitz, -ort *m;* ***research*** Forschung *f;* ***reserve*** Re'serve *f*, Reserve...
ret(d). ***retired*** i. R., im Ruhestand.
Rev(d). ***Reverend*** Ehrwürden (*Titel u. Anrede*).
RI ***Rhode Island*** (*Staat der USA*).
RLO *Brit.* ***Returned Letter Office*** Bü'ro *n* für unzustellbare Briefe.
rm ***room*** Zi., Zimmer *n.*
RMA *Brit.* ***Royal Military Academy*** Königliche Mili'tärakade,mie (*Sandhurst*).
RN ***Royal Navy*** Königlich-Brit. Ma'rine *f.*
RNA ***ribonucleic acid*** RN'S *f*, ,Ribonukle'insäure *f.*
ROM *Computer:* ***read only memory*** Nur-Lese-Speicher *m*, Fest(wert)speicher *m.*
RP ***received pronunciation*** Standardaussprache *f* (*des Englischen in Südengland*); ***reply paid*** Rückantwort bezahlt (*bei Telegrammen*).
r.p.m. ***revolutions per minute*** U/min., Um'drehungen *pl.* pro Mi'nute.
RR *Am.* ***Railroad*** Eisenbahn *f.*
RRP ***recommended retail price*** unverbindlicher (Einzelhandels-)Richtpreis, empfohlener Endverkaufspreis.
RS *Brit.* ***Royal Society*** Königliche Gesellschaft (*traditionsreicher u. bedeutendster naturwissenschaftlicher Verein Großbritanniens*).
RSPCA ***Royal Society for the Prevention of Cruelty to Animals*** (*brit. Tierschutzverein*).
RSVP ***répondez s'il vous plaît*** (*Fr. =* ***please reply***) u. A. w. g., um Antwort wird gebeten; Antwort erbeten.
rt ***right*** r., rechts.
RTC ***real-time clock*** Echtzeituhr *f.*
Rt Hon. ***Right Honourable*** (*der od. die*) Sehr Ehrenwerte (*Titel u. Anrede*).
RU ***Rugby Union*** 'Rugby-Uni,on *f.*
RV *Am.* ***recreational vehicle*** Wohnmobil *n;* ***rendezvous point*** Treffpunkt *m;* ***revised version*** revi'dierte 'Übersetzung (*der Bibel*); ***rat(e)able value*** Be'messungs,grundlage *f* (*für Steuer*).
Ry *Brit.* ***Railway*** Eisenbahn *f.*

S

S ***south*** S, Süd(en *m*); ***south(ern)*** s, südlich.
s ***second(s)*** s, sec, sek., Sek., Se'kunde(n *pl.*) *f;* ***shilling(s)*** Schilling(e *pl.*) *m.*
SA ***South Africa*** Süd'afrika *n;* ***South America*** S.A., Süda'merika *n;* ***South Australia*** (*Bundesstaat Australiens*); ***Salvation Army*** H.A., 'Heilsar,mee *f.*
s.a.e. ***stamped addressed envelope*** frankierter, mit (eigener) Anschrift versehener Briefumschlag.
Salop ***Shropshire*** (*engl. Grafschaft*).
SALT [sɔːlt] ***Strategic Arms Limitation Talks*** (*Verhandlungen zwischen der Sowjetunion und den USA über einen Vertrag zur Begrenzung und zum Abbau strategischer Waffensysteme*).
SASE *bsd. Am.* ***self-addressed stamped envelope*** frankierter, mit eigener Anschrift versehener Briefumschlag.
Sask. ***Saskatchewan*** (*Kanad. Provinz*).
SAT *Am.* ***scholastic aptitude test*** *ped.* Aufnahmeprüfung *f; Brit.* ***standard assessment task*** Einstufungstest *m.*
Sat. ***Saturday*** Sa., Samstag *m;* Sonnabend *m.*
S Aus(tr). ***South Australia*** (*Bundesstaat Australiens*).
SAYE *Brit.* ***save as you earn*** *steuerbegünstigtes Sparen durch Lohnabzug.*
SB ***sales book*** Verkaufsbuch *n.*
Sch. ***school*** Sch., Schule *f.*
SD, S Dak. ***South Dakota*** (*Staat der USA*).
SDP *Brit.* ***Social Democratic Party*** Sozi'aldemo,kratische Par'tei.
SE ***southeast*** SO, Süd'ost(en *m*); ***southeast(ern)*** sö, süd'östlich; ***Stock Exchange*** Börse *f.*
SEATO ['siːtəʊ] ***South-East Asia Treaty Organization*** Südost'asienpakt-Organisati,on *f* (*1977 aufgelöst*).
Sec. ***Secretary*** Sekr., Sekre'tär *m;* Mi'nister *m.*
sec. ***second(s)*** s, sec, sek., Sek., Se'kunde(n *pl.*) *f;* ***secondary*** *siehe Wörterverzeichnis.*
sen(r). ***senior*** (*Lat. =* ***the elder***) sen., der Ältere.
Sep(t). ***September*** Sep(t)., Sep'tember *m.*
Serg(t). ***Sergeant*** Fw, Feldwebel *m;* Wachtmeister *m.*
SF ***science fiction*** Science'fiction *f* (*Literatur*).
Sgt. *siehe* ***Serg(t).***
sh ***share*** Aktie *f;* ***sheet*** Druckbogen *m* (*Buchdruck*); ***shilling(s)*** Schilling(e *pl.*) *m.*
SHAPE [ʃeɪp] ***Supreme Headquarters Allied Powers Europe*** 'Oberkom,mando *n* der Alliierten Streitkräfte in Eu'ropa.
SIC ***standard industrial classification*** *entspricht etwa unserer DIN* (*Industrienorm*).
SM ***Sergeant-Major*** Oberfeldwebel *m;* Oberwachtmeister *m.*
SMS ***short message service*** *teleph.* Kurzmitteilungsdienst *m.*
S/N ***shipping note*** Frachtannahmeschein *m*, Schiffszettel *m.*
s.o. ***seller's option*** *Börse:* Ver'kaufsopti,on *f.*
Soc. ***Society*** Gesellschaft *f;* Verein *m.*
Som(s). ***Somerset(shire)*** (*engl. Grafschaft*).
s.o.r. ***sale or return*** auf Kommissi'on(s-,basis) *f.*
SOS SOS (*Internationales Seenotzeichen*).
sp.gr. ***specific gravity*** sp.G., spe'zifisches Gewicht.
S.P.Q.R. ***small profits, quick returns*** kleine Gewinne, rasche Umsätze.
Sq. ***Square*** Platz *m.*
sq. ***square*** Quadrat...
sq.ft ***square foot*** Qua'dratfuß *m.*
sq.in. ***square inch*** Qua'dratzoll *m.*
Sr ***senior*** (*Lat. =* ***the elder***) sen., der Ältere.
SS ***steamship*** Dampfer *m;* ***saints*** *die* Heiligen *pl.*
SSP ***statutory sick pay*** Lohnfortzahlung *f* (im Krankheitsfall).
St. ***Saint ...*** St., Sankt ...; ***Street*** Str., Straße *f;* ***Station*** B(h)f., Bahnhof *m.*
st. ***stone*** (*Gewicht*).
STA ***scheduled time of arrival*** planmäßige Ankunft(szeit).
Sta. ***Station*** B(h)f., Bahnhof *m.*
Staffs. ***Staffordshire*** (*engl. Grafschaft*).
STD *Brit.* ***subscriber trunk dialling*** Selbstwählfernverkehr *m;* ***scheduled time of departure*** planmäßige Abflugzeit *bzw.* Abfahrtszeit; ***sexually transmitted disease*** Geschlechtskrankheit *f.*
stg ***sterling*** Sterling *m* (*brit. Währungseinheit*).
STOL [stɒl] ***short takeoff and landing (aircraft)*** STOL-, Kurzstart(-Flugzeug *n*) *m.*
Str. ***Strait*** Straße *f* (*Meerenge*).
sub. ***substitute*** Ersatz *m.*
Suff. ***Suffolk*** (*engl. Grafschaft*).
Sun. ***Sunday*** So., Sonntag *m.*
supp(l). ***supplement*** Nachtrag *m.*
Suss. ***Sussex*** (*ehemal. engl. Grafschaft*).
SW ***southwest*** SW, Süd'west(en *m*).
Sy ***Surrey*** (*engl. Grafschaft*).
S Yorks. ***South Yorkshire*** (*engl. Grafschaft*).
Sx ***Sussex*** (*ehemal. engl. Grafschaft*).

T

t ***ton(s)*** Tonne(n *pl.*) *f* (*Handelsgewicht*).
T&E F *humor.* ***tired and emotional*** angeheitert, nicht mehr ganz nüchtern.
Tas. ***Tasmania*** (*Bundesstaat Australiens*).

TB ***tuberculosis*** Tb, Tbc, Tuberkulose *f*.
tbsp ***tablespoon(ful***[**s** *pl.*]) Esslöffel *m* (*od. pl.*) (voll).
TC ***Trusteeship Council*** Treuhandschaftsrat *m* (*der UN*).
TD ***Treasury Department*** Fi'nanzmini,sterium *n* der USA.
tel. ***telephone*** Tel., Tele'fon *n*.
Tenn. ***Tennessee*** (*Staat der USA*).
TEOTWAWKI ***the end of the world as we know it*** das Ende der Welt, wie wir sie kennen.
Ter(r). ***Terrace*** (*in Straßennamen*) Häuserreihe *f* (*in Hanglage od. über einem Hang gelegen*); ***Territory*** (Hoheits)Gebiet *n*, Terri'torium *n*.
Tex. ***Texas*** (*Staat der USA*).
tgm. ***telegram*** Tele'gramm *n*.
TGWU ***Transport and General Workers' Union*** Trans'portarbeitergewerkschaft *f*.
Th., Thu(r)., Thurs. ***Thursday*** Do., Donnerstag *m*.
TLC F ***tender loving care*** liebevolle Zuwendung.
TMO ***telegraph money order*** tele'grafische Geldanweisung.
TN ***Tennessee*** (*Staat der USA*).
tn ***ton***(**s**) Tonne(n *pl.*) *f* (*Handelsgewicht*).
TO ***Telegraph*** (***Telephone***) ***Office*** Tele'grafen- (Fernsprech)amt *n*; ***turnover*** 'Umsatz *m*.
TRH *Brit.* ***Their Royal Highnesses*** Ihre Königlichen Hoheiten.
tsp ***teaspoon(ful***[**s** *pl.*]) Teelöffel *m* (*od. pl.*) (voll).
TU ***Trade***(**s**) ***Union***(**s**) Gew., Gewerkschaft(en *pl.*) *f*.
Tu. ***Tuesday*** Di., Dienstag *m*.
TUC *Brit.* ***Trades Union Congress*** Gewerkschaftsverband *m*.
Tue(s). ***Tuesday*** Di., Dienstag *m*.
TV ***television*** FS, Fernsehen *n*; Fernseh...
TX ***Texas*** (*Staat der USA*).

U

U ***universal*** allgemein (*zugelassen*) (*Kinoprogramm ohne Jugendverbot*).
UEFA [juːˈeɪfə; -ˈiːfə] ***Union of European Football Associations*** U'EFA *f*.
UFO ***unidentified flying object*** Ufo *n*.
UHF ***ultrahigh frequency*** UHF, Ultra'hochfrequenz(bereich *m*) *f*, Dezi'meterwellenbereich *m*.
UHT ***ultra-heat-treated*** ultrahoch erhitzt (*Milch*).
UK ***United Kingdom*** Vereinigtes Königreich (*England, Schottland, Wales u. Nordirland*).
ult(o). ***ultimo*** (*Lat.* = ***in the last*** [***month***]) v. Mts., vorigen Monats.
UMTS ***universal mobile telecommunications system***(**s**) *teleph. Übertragungsstandard für drahtlose Kommunikation*.
UMW ***United Mine Workers*** Vereinigte Bergarbeiter *pl.* (*amer. Gewerkschaftsverband*).
UN ***United Nations*** Vereinte Nati'onen *pl.*
UNESCO [juːˈneskəʊ] ***United Nations Eductional, Scientific, and Cultural Organization*** Organisati'on *f* der Vereinten Nati'onen für Wissenschaft, Erziehung und Kul'tur.
UNICEF [ˈjuːnɪsef] ***United Nations Children's Fund*** (*früher* ***United Nations International Children's Emergency Fund***) Kinderhilfswerk *n* der Vereinten Nati'onen.
UNO ***United Nations Organization*** UNO *f*.
UNSC ***United Nations Security Council*** Sicherheitsrat *m* der Vereinten Nati'onen.
UPI ***United Press International*** (*amer. Nachrichtenagentur*).
URL ***uniform resource locator*** UR'L *f*, einheitlicher Quellenlokalisierer, 'Interneta,dresse *f*.
US ***United States*** Vereinigte Staaten *pl.*
u/s ***unserviceable*** nicht verwendbar, unbrauchbar (*Gerät etc.*); betriebsunfähig.
USA ***United States of America*** Vereinigte Staaten *pl.* von A'merika; ***United States Army*** Heer *n* der Vereinigten Staaten.
USAF(E) ***United States Air Force*** (***Europe***) Luftwaffe *f* der Vereinigten Staaten (in Eu'ropa).
USN ***United States Navy*** Ma'rine *f* der Vereinigten Staaten.
USP ✝ ***unique selling proposition*** einmaliges Verkaufsargument; ***unique selling point*** einzigartiger Verkaufsanreiz.
USS ***United States Senate*** Se'nat *m* der Vereinigten Staaten; ***United States Ship*** (Kriegs)Schiff *n* der Vereinigten Staaten.
USSR *hist.* ***Union of Soviet Socialist Republics*** UdSSR, Uni'on *f* der Sozia'listischen Sow'jetrepu,bliken.
UT, Ut. ***Utah*** (*Staat der USA*).
UV ***ultraviolet*** UV, 'ultravio,lett.

V

V ***Volt***(**s**) V, Volt *n* (*od. pl.*).
v. ***very*** sehr; ***verse*** V., Vers *m*; ***versus*** (*Lat.* = ***against***) gegen; ***vide*** (*Lat.* = ***see***) s., siehe; ***volt***(**s**) V, Volt *n* (*od. pl.*).
VA, Va. ***Virginia*** (*Staat der USA*).
VAT ***value added tax*** MwSt., Mehrwertsteuer *f*.
VCR ***video cassette recorder*** 'Videore,korder *m*.
VD ***venereal disease*** Geschlechtskrankheit *f*.
VDU ***visual display unit*** Bildschirm *m*, Datensichtgerät *n*.
VHF ***very high frequency*** VHF, UKW, Ultrakurzwelle(n *pl.*) *f*, Meterwellenbereich *m*.
Vic. ***Victoria*** (*Bundesstaat Australiens*).
VIN ***vehicle identification number*** Kfz-Kennzeichen *n*.
VIP ***very important person*** VIP *m*, ‚hohes Tier'.
Vis(c). ***Viscount(ess)*** Vi'comte *m* (Vicom'tesse *f*).
viz. ***videlicet*** (*Lat.* = ***namely***) nämlich.
vol. ***volume*** Bd., Band *m* (*eines Buches*).
vols. ***volumes*** Bde., Bände *pl.*
VP(res.) ***Vice President*** 'Vizepräsi,dent *m* (*stellvertretender Vorsitzender, Vorstandsmitglied etc.*).
VR ***virtual reality*** *Computer:* virtu'elle Reali'tät.
vs. ***versus*** (*Lat.* = ***against***) gegen.
VSOP ***very superior old pale*** (*Bezeichnung für 20–25 Jahre alten Branntwein, Portwein etc.*).
VT, Vt. ***Vermont*** (*Staat der USA*).
VTOL [ˈviːtɒl] ***vertical takeoff and landing*** (***aircraft***) Senkrechtstarter *m*.
v.v. ***vice versa*** (*Lat.* = ***conversely***) 'umgekehrt.

W

W ***west*** West(en *m*); ***west(ern)*** w, westlich; ***watt***(**s**) W, Watt *n* (*od. pl.*).
w ***watt***(**s**) W, Watt *n* (*od. pl.*); ***week*** Wo., Woche *f*; ***width*** Weite *f*, Breite *f*; ***wife*** (Ehe)Frau *f*; ***with*** mit.
WA ***Washington*** (*Staat der USA*); *siehe* ***W Aus(tr)***.
WAP ***wireless application protocol*** *teleph. Übertragungsstandard für drahtlose Kommunikation*.
War(ks). ***Warwickshire*** (*engl. Grafschaft*).
Wash. ***Washington*** (*Staat der USA*).
WASP [wɒsp] ***White Anglo-Saxon Protestant*** (*protestantischer Amerikaner britischer od. nordeuropäischer Abstammung*).
W Aus(tr). ***Western Australia*** (*Bundesstaat Australiens*).
WC ***West Central*** London Mitte-West (*Postbezirk*); ***water closet*** WC, 'Wasserklo,sett *n*.
Wed(s). ***Wednesday*** Mi., Mittwoch *m*.
w.e.f. ***with effect from*** mit Wirkung vom.
WEU ***Western European Union*** 'Westeuro,päische Uni'on.
WFTU ***World Federation of Trade Unions*** Weltgewerkschaftsbund *m*.
WHO ***World Health Organization*** Weltge'sundheitsorganisati,on *f* (*der UN*).
WI ***West Indies*** 'West'indien *n*; *siehe* ***Wis(c)***.
Wilts. ***Wiltshire*** (*engl. Grafschaft*).
Wis(c). ***Wisconsin*** (*Staat der USA*).
wk ***week*** Wo., Woche *f*; ***work*** Arbeit *f*.
wkly ***weekly*** wöchentlich.
wks ***weeks*** Wo., Wochen *pl.*
w/o ***without*** o., ohne.
Worcs. ***Worcestershire*** (*ehemal. engl. Grafschaft*).
WP, w.p. ***weather permitting*** (nur) bei gutem Wetter.
w.p.a. ***with particular average*** mit Teilschaden (*Versicherung inklusive Teilschaden*).
w.p.m. ***words per minute*** Wörter *pl.* pro Mi'nute.
w.r.t. ***with reference to*** bezüglich.
W Sx ***West Sussex*** (*engl. Grafschaft*).
W/T ***wireless telegraphy*** (***telephony***) drahtlose Telegra'fie (Telefo'nie).
wt ***weight*** Gewicht *n*.
WV, W Va. ***West Virginia*** (*Staat der USA*).
WW I (*od.* **II**) ***World War I*** (*od.* ***II***) der Erste (*od.* Zweite) Weltkrieg.
WYSIWYG [ˈwɪzɪwɪg] ***what you see is what you get*** 'WYSIWIG *n* (*Bildschirmdarstellung der Daten, die dem entspricht, was auf dem Ausdruck erscheint*).
WY, Wyo. ***Wyoming*** (*Staat der USA*).
W Yorks. ***West Yorkshire*** (*engl. Grafschaft*).
WWW ***World Wide Web*** *n* (*wichtigster Teil des Internets*).

X

x-d. ***ex dividend*** ohne Divi'dende.
x-i. ***ex interest*** ohne Zinsen.
Xm., Xmas [ˈkrɪsməs; ˈeksməs] ***Christmas*** Weihnacht(en *n*) *f*.
Xn ***Christian*** christlich.

Xroads ***crossroads*** Straßenkreuzung *f.*
Xt ***Christ*** Christus *m.*
Xtian ***Christian*** christlich.

Y

yd(s) ***yard(s)*** Elle(n *pl.*) *f* (*Längenmaß*).
YHA ***Youth Hostels Association*** Jugendherbergsverband *m.*
YMCA ***Young Men's Christian Association*** CVJM, Christlicher Verein junger Männer.
Yorks. ***Yorkshire*** (*ehemal. engl. Grafschaft*).
yr, ***year*** Jahr *n*; ***your*** *siehe Wörterverzeichnis*; ***younger*** jünger(e, -es); junior.
yrs ***years*** Jahre *pl.*; ***yours*** *siehe Wörterverzeichnis.*
Y2K ***year 2000*** Jahr *n* 2000.
YWCA ***Young Women's Christian Association*** Christlicher Verein junger Frauen und Mädchen.

Eigennamen

Proper Names

A

Ab·er·deen [ˌæbə'diːn] *Stadt in Schottland*; **ˌAb·er'deen·shire** [-ʃə] *schottische Grafschaft* (*bis 1975*).

Ab·er·yst·wyth [ˌæbə'rɪstwɪθ] *Stadt in Wales.*

A·bra·ham ['eɪbrəhæm] Abraham *m.*

A·chil·les [ə'kɪliːz] A'chilles *m.*

A·da ['eɪdə] Ada *f*, Adda *f.*

Ad·am ['ædəm] Adam *m.*

Ad·di·son ['ædɪsn] *englischer Autor.*

Ad·e·laide ['ædəleɪd] *Stadt in Australien*; Adelheid *f.*

A·den ['eɪdn] Aden *n* (*Hauptstadt des Südjemen*).

Ad·i·ron·dacks [ˌædɪ'rɒndæks] *pl. Gebirgszug im Staat New York* (*USA*).

Ad·olf ['ædɒlf], **A·dol·phus** [ə'dɒlfəs] Adolf *m.*

A·dri·an ['eɪdrɪən] Adrian *m*, Adri'ane *f.*

A·dri·at·ic Sea [ˌeɪdrɪ'ætɪk 'siː] *das* Adri'atische Meer.

Ae·ge·an Sea [iː'dʒiːən 'siː] *das* Ä'gäische Meer, *die* Ä'gäis.

Aes·chy·lus ['iːskɪləs] Äschylus *m.*

Ae·sop ['iːsɒp] Ä'sop *m.*

Af·ghan·i·stan [æf'gænɪstæn] Af'ghanistan *n.*

Af·ri·ca ['æfrɪkə] Afrika *n.*

Ag·a·tha ['ægəθə] A'gathe *f.*

Ag·gie ['ægɪ] *Koseform für* ***Agatha***, ***Agnes***.

Ag·nes ['ægnɪs] Agnes *f.*

Aix-la-Cha·pelle [ˌeɪkslɑːʃæ'pel] Aachen *n.*

Al·a·bam·a [ˌælə'bæmə] *Staat der USA.*

Al·an ['ælən] *m.*

A·las·ka [ə'læskə] *Staat der USA.*

Al·ba·ni·a [æl'beɪnjə] Al'banien *n.*

Al·ba·ny ['ɔːlbənɪ] *Hauptstadt des Staates New York* (*USA*).

Al·bert ['ælbət] Albert *m.*

Al·ber·ta [æl'bɜːtə] *Provinz in Kanada.*

Al·bu·quer·que ['ælbəkɜːkɪ] *Stadt in New Mexiko* (*USA*).

Al·der·ney ['ɔːldənɪ] *brit. Kanalinsel.*

Al·der·shot ['ɔːldəʃɒt] *Stadt in Südengland.*

A·leu·tian Is·lands [əˌluːʃjən'aɪləndz] *pl. die* Ale'uten *pl.*

Al·ex ['ælɪks] *abbr. für* ***Alexander***.

Al·ex·an·der [ˌælɪg'zɑːndə] Alex'ander *m.*

Al·ex·an·dra [ˌælɪg'zɑːndrə] Alex'andra *f.*

Alf [ælf] *abbr. für* ***Alfred***.

Al·fred ['ælfrɪd] Alfred *m.*

Al·ge·ri·a [æl'dʒɪərɪə] Al'gerien *n.*

Al·ger·non ['ældʒənən] *m.*

Al·giers [æl'dʒɪəz] Algier *n.*

Al·ice ['ælɪs] A'lice *f*, Else *f.*

Al·i·son ['ælɪsn] *f.*

Al·lan ['ælən] *m.*

Al·le·ghe·nies ['ælɪgenɪz; *Am.* ˌælɪ'geɪnɪz] *pl. Gebirge im Osten der USA.*

Al·le·ghe·ny ['ælɪgenɪ; *Am.* ˌælɪ'geɪnɪ] *Fluss in Pennsylvania* (*USA*); **~ Mountains** *siehe* ***Alleghenies***.

Al·len ['ælən] *m.*

Al·sace [æl'sæs], **Al·sa·ti·a** [æl'seɪʃjə] das Elsass.

A·man·da [ə'mændə] A'manda *f.*

Am·a·zon ['æməzən] Ama'zonas *m.*

A·me·lia [ə'miːljə] A'malie *f.*

A·mer·i·ca [ə'merɪkə] A'merika *n.*

A·my ['eɪmɪ] *f.*

An·chor·age ['æŋkərɪdʒ] *Stadt in Alaska* (*USA*).

An·des ['ændiːz] *pl. die* Anden *pl.*

An·dor·ra [æn'dɔːrə] An'dorra *n.*

An·drew ['ændruː] An'dreas *m.*

An·dy ['ændɪ] *abbr. für* ***Andrew***.

An·ge·la ['ændʒələ] Angela *f.*

An·gle·sey ['æŋglsɪ] *walisische Grafschaft* (*bis 1974*).

An·gli·a ['æŋglɪə] *lateinischer Name für England.*

An·go·la [æŋ'gəʊlə] An'gola *n.*

An·gus ['æŋgəs] *schottische Grafschaft* (*bis 1975*); *Vorname m.*

A·ni·ta [ə'niːtə] A'nita *f.*

Ann [æn], **An·na** ['ænə] Anna *f*, Anne *f.*

An·na·bel(le) ['ænəbel] Anna'bella *f.*

An·nap·o·lis [ə'næpəlɪs] *Hauptstadt von Maryland* (*USA*).

Anne [æn] Anna *f*, Anne *f.*

Ant·arc·ti·ca [ænt'ɑːktɪkə] *die* Ant'arktis.

An·the·a ['ænθɪə; æn'θɪə] *f.*

An·tho·ny ['æntənɪ, 'ænθənɪ] Anton *m.*

An·til·les [æn'tɪliːz] *pl. die* An'tillen *pl.*

An·to·ny ['æntənɪ] Anton *m.*

An·trim ['æntrɪm] *nordirische Grafschaft.*

Ant·werp ['æntwɜːp] Ant'werpen *n.*

Ap·en·nines ['æpɪnaɪnz] *pl. der* Apen'nin, *die* Apen'ninen *pl.*

Ap·pa·la·chians [ˌæpə'leɪtʃjənz] *pl. die* Appa'lachen *pl.*

A·ra·bi·a [ə'reɪbjə] A'rabien *n.*

Ar·chi·bald ['ɑːtʃɪbəld] Archibald *m.*

Ar·chi·me·des [ˌɑːkɪ'miːdiːz] Archi'medes *m.*

Arc·tic ['ɑːktɪk] *die* Arktis.

Ar·den ['ɑːdn] *Familienname.*

Ar·gen·ti·na [ˌɑːdʒən'tiːnə] Argen'tinien *n.*

Ar·gen·tine ['ɑːdʒəntaɪn]: ***the* ~** Argen'tinien *n.*

Ar·gyll(·shire) [ɑː'gaɪl(ʃə)] *schottische Grafschaft* (*bis 1975*).

Ar·is·toph·an·es [ˌærɪ'stɒfəniːz] Ari'stophanes *m.*

Ar·is·tot·le ['ærɪstɒtl] Ari'stoteles *m.*

Ar·i·zo·na [ˌærɪ'zəʊnə] *Staat der USA.*

Ar·kan·sas ['ɑːkənsɔː] *Fluss in USA*; *Staat der USA.*

Ar·ling·ton ['ɑːlɪŋtən] *Ehrenfriedhof bei Washington DC* (*USA*).

Ar·magh [ɑː'mɑː] *nordirische Grafschaft.*

Ar·me·ni·a [ɑː'miːnjə] Ar'menien *n.*

Ar·nold ['ɑːnəld] Arnold *m.*

Art [ɑːt] *abbr. für* ***Arthur***.

Ar·thur ['ɑːθə] Art(h)ur *m*; ***King* ~** König Artus.

As·cot ['æskət] *Ort in Südengland* (*Pferderennen*).

A·sia ['eɪʃə] Asien *n*; **~ *Minor*** Klein'asien *n.*

As·syr·i·a [ə'sɪrɪə] As'syrien *n.*

Ath·ens ['æθɪnz] A'then *n.*

At·lan·ta [ət'læntə] *Hauptstadt von Georgia* (*USA*).

At·lan·tic (O·cean) [ət'læntɪk (ətˌlæntɪk'əʊʃn)] *der* At'lantik, *der* At'lantische Ozean.

Auck·land ['ɔːklənd] *Hafenstadt in Neuseeland.*

Au·den ['ɔːdn] *englischer Dichter.*

Au·drey ['ɔːdrɪ] *f.*

Au·gus·ta [ɔː'gʌstə] *Hauptstadt von Maine* (*USA*).

Au·gus·tus [ɔː'gʌstəs] August *m.*

Aus·ten ['ɒstɪn] *Familienname.*

Aus·tin ['ɒstɪn] *Hauptstadt von Texas* (*USA*).

Aus·tra·lia [ɒ'streɪljə] Au'stralien *n.*

Aus·tri·a ['ɒstrɪə] Österreich *n.*

A·von ['eɪvən] *Fluss in Mittelengland*; *englische Grafschaft.*

Ax·min·ster ['æksmɪnstə] *Stadt in Südwest-England.*

Ayr(·shire) ['eə(ʃə)] *schottische Grafschaft* (*bis 1975*).

A·zores [ə'zɔːz] *pl. die* A'zoren *pl.*

B

Bab·y·lon ['bæbɪlən] Babylon *n.*

Ba·con ['beɪkən] *englischer Philosoph.*

Ba·den-Pow·ell [ˌbeɪdn'pəʊəl] *Gründer der Boy Scouts.*

Ba·ha·mas [bəˈhɑːməz] *pl. die* Baˈhamas *pl.*
Bah·rain [bɑːˈreɪn] Bahˈrain *n.*
Bai·le A·tha Cli·ath [ˌblɔːˈkliː] *gälischer Name für* ***Dublin***.
Bal·dwin [ˈbɔːldwɪn] Balduin *m*; *amer. Autor.*
Bâle [bɑːl] Basel *n.*
Bal·four [ˈbælfə] *brit. Staatsmann.*
Bal·kans [ˈbɔːlkənz] *pl. der* Balkan.
Bal·mor·al [bælˈmɒrəl] *Residenz des englischen Königshauses in Schottland.*
Bal·tic Sea [ˌbɔːltɪkˈsiː] *die* Ostsee.
Bal·ti·more [ˈbɔːltɪmɔː] *Hafenstadt in Maryland (USA).*
Banff(·shire) [ˈbænf(ʃə)] *schottische Grafschaft (bis 1975).*
Ban·gla·desh [ˌbæŋgləˈdeʃ] Banglaˈdesch *n.*
Bar·ba·dos [bɑːˈbeɪdəʊz] Barˈbados *n.*
Bar·ba·ra [ˈbɑːbərə] Barbara *f.*
Bark·ing [ˈbɑːkɪŋ] *Stadtbezirk von Groß-London.*
Bar·net [ˈbɑːnɪt] *Stadtbezirk von Groß-London.*
Bar·ry [ˈbærɪ] *m.*
Bart [bɑːt] *abbr. für* ***Bartholomew***.
Bar·thol·o·mew [bɑːˈθɒləmjuː] Bartholoˈmäus *m.*
Bas·il [ˈbæzl] Baˈsilius *m.*
Bath [bɑːθ] *Badeort in Südengland.*
Bat·on Rouge [ˌbætnˈruːʒ] *Hauptstadt von Louisiana (USA).*
Bat·ter·sea [ˈbætəsiː] *Stadtteil von London.*
Ba·var·i·a [bəˈveərɪə] Bayern *n.*
Bea·cons·field [ˈbiːkənzfiːld] *Adelsname Disraelis.*
Beards·ley [ˈbɪədzlɪ] *engl. Zeichner u. Illustrator.*
Be·a·trice [ˈbɪətrɪs] Beaˈtrice *f.*
Bea·ver·brook [ˈbiːvəbrʊk] *brit. Zeitungsverleger.*
Beck·et [ˈbekɪt]: ***Saint Thomas à ~*** der heilige Thomas Becket.
Beck·ett [ˈbekɪt] *irischer Dichter u. Dramatiker.*
Beck·y [ˈbekɪ] *f.*
Bed·ford [ˈbedfəd] *Stadt in Mittelengland; a.* **ˈBed·ford·shire** [-ʃə] *englische Grafschaft.*
Beer·bohm [ˈbɪəbəʊm] *engl. Kritiker u. Karikaturist.*
Bei·jing [ˌbeɪˈdʒɪŋ] Peking *n.*
Bel·fast [ˌbelˈfɑːst; ˈbelfɑːst] Belfast *n.*
Bel·gium [ˈbeldʒəm] Belgien *n.*
Bel·grade [ˌbelˈgreɪd] Belgrad *n.*
Bel·gra·vi·a [belˈgreɪvjə] *Stadtteil von London.*
Be·lin·da [bɪˈlɪndə; bə-] Beˈlinda *f.*
Be·lize [beˈliːz] Beˈlize *n.*
Bell, Bel·la [ˈbel(ə)] *abbr. für* ***Isabel***.
Ben [ben] *abbr. für* ***Benjamin***.
Ben·e·dict [ˈbenɪdɪkt, ˈbenɪt] Benedikt *m.*
Ben·gal [ˌbeŋˈgɔːl] Benˈgalen *n.*
Be·nin [beˈnɪn] Beˈnin *n.*
Ben·ja·min [ˈbendʒəmɪn] Benjamin *m.*
Ben Nev·is [ˌbenˈnevɪs] *höchster Berg Schottlands u. Großbritanniens.*
Berke·ley [ˈbɜːklɪ] *Stadt in Kalifornien;* [ˈbɑːklɪ] *irischer Bischof u. Philosoph.*
Berk·shire [ˈbɑːkʃə] *englische Grafschaft;* **~ Hills** [ˌbɜːkʃɪəˈhɪlz] *pl. Gebirgszug in Massachusetts (USA).*
Ber·lin [bɜːˈlɪn] Berˈlin *n.*
Ber·mu·das [bəˈmjuːdəz] *pl. die* Berˈmudas *pl., die* Berˈmudainseln *pl.*
Ber·nard [ˈbɜːnəd] Bernhard *m.*
Bern(e) [bɜːn] Bern *n.*
Ber·nie [ˈbɜːnɪ] *abbr. für* ***Bernard***.
Bern·stein [ˈbɜːnstaɪn; -stiːn] *amer. Dirigent u. Komponist.*
Bert [bɜːt] *abbr. für* ***Albert***, ***Bertram***, ***Bertrand***, ***Gilbert***, ***Hubert***.
Ber·tha [ˈbɜːθə] Berta *f.*
Ber·tram [ˈbɜːtrəm], **Ber·trand** [ˈbɜːtrənd] Bertram *m.*
Ber·wick(·shire) [ˈberɪk(ʃə)] *schottische Grafschaft (bis 1975).*
Ber·yl [ˈberɪl] *f.*
Bess, Bes·sy [ˈbes(ɪ)], **Bet·s(e)y** [ˈbetsɪ], **Bet·ty** [ˈbetɪ] *abbr. für* ***Elizabeth***.
Bex·ley [ˈbekslɪ] *Stadtbezirk von Groß-London.*
Bhu·tan [buːˈtɑːn] Bhuˈtan *n.*
Bill, Bil·ly [ˈbɪl(ɪ)] Willi *m.*
Bir·ken·head [ˈbɜːkənhed] *Hafenstadt in Nordwest-England.*
Bir·ming·ham [ˈbɜːmɪŋəm] *Industriestadt in Mittelengland; Stadt in Alabama (USA).*
Bis·cay [ˈbɪskeɪ; -kɪ]: ***Bay of ~*** *der* Golf von Bisˈcaya.
Bis·marck [ˈbɪzmɑːk] *Hauptstadt von North Dakota (USA).*
Blooms·bur·y [ˈbluːmzbərɪ] *Stadtteil von London.*
Bo·ad·i·cea [ˌbəʊədɪˈsɪə] *Königin in Britannien.*
Bob [bɒb] *abbr. für* ***Robert***.
Bo·he·mi·a [bəʊˈhiːmjə] Böhmen *n.*
Boi·se [ˈbɔɪzɪ; -sɪ] *Hauptstadt von Idaho (USA).*
Bol·eyn [ˈbʊlɪn]: ***Anne ~*** *zweite Frau Heinrichs VIII. von England.*
Bo·liv·i·a [bəˈlɪvjə] Boˈlivien *n.*
Bom·bay [ˌbɒmˈbeɪ] Bombay *n.*
Bo·na·parte [ˈbəʊnəpɑːt] Bonaˈparte *(Familienname zweier französischer Kaiser).*
Booth [buːð] *Gründer der Heilsarmee.*
Bor·ders [ˈbɔːdəz] *Verwaltungsregion in Schottland.*
Bos·ni·a [ˈbɒznɪə] Bosnien *n.*
Bos·ton [ˈbɒstən] *Hauptstadt von Massachusetts (USA).*
Bo·tswa·na [bɒˈtswɑːnə] Boˈtswana *n.*
Bourne·mouth [ˈbɔːnməθ] *Seebad in Südengland.*
Brad·ford [ˈbrædfəd] *Industriestadt in Nordengland.*
Bra·zil [brəˈzɪl] Braˈsilien *n.*
Breck·nock(·shire) [ˈbreknɒk(ʃə)], **Brec·on(·shire)** [ˈbrekən(ʃə)] *walisische Grafschaft (bis 1974).*
Bren·da [ˈbrendə] *f.*
Brent [brent] *Stadtbezirk von Groß-London.*
Bri·an [ˈbraɪən] *m.*
Bridg·et [ˈbrɪdʒɪt] Briˈgitte *f.*
Brigh·ton [ˈbraɪtn] *Seebad in Südengland.*
Bris·bane [ˈbrɪzbən] *Hauptstadt von Queensland (Australien).*
Bris·tol [ˈbrɪstl] *Hafenstadt in Südengland.*
Bri·tain [ˈbrɪtn] Briˈtannien *n.*
Bri·tan·ni·a [brɪˈtænjə] *poet.* Briˈtannien *n.*
Brit·ish Co·lum·bi·a [ˌbrɪtɪʃkəˈlʌmbɪə] *Provinz in Kanada.*
Brit·ta·ny [ˈbrɪtənɪ] die Breˈtagne.
Brit·ten [ˈbrɪtn] *englischer Komponist.*
Broad·way [ˈbrɔːdweɪ] *Straße in Manhattan, New York City (USA). Zentrum des amer. kommerziellen Theaters.*
Brom·ley [ˈbrɒmlɪ] *Stadtbezirk von Groß-London.*
Bron·të [ˈbrɒntɪ] *Name dreier englischer Autorinnen.*
Bronx [brɒŋks] *Stadtbezirk von New York (USA).*
Brook·lyn [ˈbrʊklɪn] *Stadtbezirk von New York (USA).*
Brow·ning [ˈbraʊnɪŋ] *englischer Dichter.*
Bruce [bruːs] *m.*
Bruges [bruːʒ] Brügge *n.*
Bru·nei [ˈbruːnaɪ] Brunei *n.*
Bruns·wick [ˈbrʌnzwɪk] Braunschweig *n.*
Brus·sels [ˈbrʌslz] Brüssel *n.*
Bry·an [ˈbraɪən] *m.*
Bu·chan·an [bjuːˈkænən] *Familienname.*
Bu·cha·rest [ˌbjuːkəˈrest] Bukarest *n.*
Buck·ing·ham(·shire) [ˈbʌkɪŋəm(ʃə)] *englische Grafschaft.*
Bu·da·pest [ˌbjuːdəˈpest] Budapest *n.*
Bud·dha [ˈbʊdə] Buddha *m.*
Bul·gar·i·a [bʌlˈgeərɪə] Bulˈgarien *n.*
Bur·gun·dy [ˈbɜːgəndɪ] Burˈgund *n.*
Bur·ki·na Fas·o [bʊəˌkiːnəˈfæsəʊ] Burˈkina Faso *n (Staat in Westafrika, frühere Bezeichnung: Obervolta).*
Bur·ma [ˈbɜːmə] Birma *n.*
Burns [bɜːnz] *schottischer Dichter.*
Bu·run·di [bʊˈrʊndɪ] Buˈrundi *n.*
Bute(·shire) [ˈbjuːt(ʃə)] *schottische Grafschaft (bis 1975).*
By·ron [ˈbaɪərən] *englischer Dichter.*

C

Caer·nar·von(·shire) [kəˈnɑːvən(ʃə)] *walisische Grafschaft (bis 1974).*
Cae·sar [ˈsiːzə] Cäsar *m.*
Cain [keɪn] Kain *m.*
Cai·ro [ˈkaɪərəʊ] Kairo *n.*
Caith·ness [ˈkeɪθnes] *schottische Grafschaft (bis 1975).*
Ca·lais [ˈkæleɪ] Caˈlais *n.*
Cal·cut·ta [kælˈkʌtə] Kalˈkutta *n.*
Cal·e·do·nia [ˌkælɪˈdəʊnjə] Kaleˈdonien *n (poet. für Schottland).*
Cal·ga·ry [ˈkælgərɪ] *Stadt in Alberta (Kanada).*
Cal·i·for·nia [ˌkælɪˈfɔːnjə] Kaliˈfornien *n (Staat der USA).*
Cam·bo·dia [kæmˈbəʊdjə] Kamˈbodscha *n.*
Cam·bridge [ˈkeɪmbrɪdʒ] *englische Universitätsstadt; Stadt in Massachusetts (USA), Sitz der Harvard University; a.* **ˈCam·bridge·shire** [-ʃə] *englische Grafschaft.*
Cam·den [ˈkæmdən] *Stadtbezirk von Groß-London.*
Cam·er·oon [ˈkæməruːn; *bsd. Am.* ˌkæməˈruːn] Kamerun *n.*
Camp·bell [ˈkæmbl] *Familienname.*
Can·a·da [ˈkænədə] Kanada *n.*
Ca·nar·y Is·lands [kəˌneərɪˈaɪləndz] *pl. die* Kaˈnarischen Inseln *pl.*
Can·ber·ra [ˈkænbərə] *Hauptstadt von Australien.*
Can·ter·bury [ˈkæntəbərɪ] *Stadt in Südengland.*
Cape Ca·nav·er·al [ˌkeɪpkəˈnævərəl] *Raketenversuchszentrum in Florida (USA).*
Cape Town [ˈkeɪptaʊn] Kapstadt *n.*
Cape Verde Is·lands [ˌkeɪpˈvɜːd ˈaɪləndz] *pl. die* Kapˈverden *pl.*
Ca·pri [ˈkæprɪ; ˈkɑː-; *Am. a.* kæˈpriː] Capri *n.*
Car·diff [ˈkɑːdɪf] *Hauptstadt von Wales.*
Car·di·gan(·shire) [ˈkɑːdɪgən(ʃə)] *walisische Grafschaft (bis 1974).*
Ca·rin·thi·a [kəˈrɪnθɪə] Kärnten *n.*
Carl [kɑːl] Karl *m*, Carl *m.*

Car·lisle [kɑːˈlaɪl] *Stadt in Nordwestengland.*
Car·low [ˈkɑːləʊ] *Grafschaft in der Provinz Leinster (Irland); Hauptstadt dieser Grafschaft.*
Car·lyle [kɑːˈlaɪl] *schottischer Autor.*
Car·mar·then(·shire) [kəˈmɑːðn(ʃə)] *walisische Grafschaft (bis 1974).*
Car·ne·gie [kɑːˈnegɪ] *amer. Industrieller.*
Car·ol(e) [ˈkærəl] Kaˈrola *f.*
Car·o·line [ˈkærəlaɪn], **Car·o·lyn** [ˈkærəlɪn] Karoˈline *f.*
Car·pa·thi·ans [kɑːˈpeɪθjənz] *pl. die* Karˈpaten *pl.*
Car·rie [ˈkærɪ] *abbr. für* ***Caroline***.
Car·son Cit·y [ˌkɑːsnˈsɪtɪ] *Hauptstadt von Nevada (USA).*
Car·ter [ˈkɑːtə] *39. Präsident der USA.*
Cath·er·ine [ˈkæθərɪn] Kathaˈrina *f*, Kat(h)rin *f.*
Cath·y [ˈkæθɪ] *abbr. für* ***Catherine***.
Cav·an [ˈkævən] *Grafschaft im der Republik Irland zugehörigen Teil der Provinz Ulster; Hauptstadt dieser Grafschaft.*
Cax·ton [ˈkækstən] *erster englischer Buchdrucker.*
Ce·cil [ˈsesl, ˈsɪsl] *m.*
Ce·cile [ˈsesɪl; *Am.* sɪˈsiːl], **Ce·cil·ia** [sɪˈsɪljə; sɪˈsiːljə], **Cec·i·ly** [ˈsɪsɪlɪ; ˈsesɪlɪ] Cäˈcilie *f.*
Ced·ric [ˈsiːdrɪk; ˈsedrɪk] *m.*
Cel·ia [ˈsiːljə] *f.*
Cen·tral [ˈsentrəl] *Verwaltungsregion in Schottland.*
Cen·tral Af·ri·can Re·pub·lic [ˈsentrəlˌæfrɪkənrɪˈpʌblɪk] *die* Zenˈtralafriˌkanische Repuˈblik.
Cey·lon [sɪˈlɒn] Ceylon *n.*
Chad [tʃæd] *der* Tschad.
Cham·ber·lain [ˈtʃeɪmbəlɪn] *Name mehrerer brit. Staatsmänner.*
Char·ing Cross [ˌtʃærɪŋˈkrɒs] *Stadtteil von London.*
Char·le·magne [ˈʃɑːləmeɪn] Karl der Große.
Charles [tʃɑːlz] Karl *m.*
Charles·ton [ˈtʃɑːlstən] *Hauptstadt von West Virginia (USA).*
Char·lotte [ˈʃɑːlət] Charˈlotte *f.*
Chau·cer [ˈtʃɔːsə] *englischer Dichter.*
Che·che·nia [tʃeˈtʃiːnjə] *siehe* ***Chechnya***.
Chech·ny·a [ˈtʃetʃnɪə] Tscheˈtschenien *n.*
Chel·sea [ˈtʃelsɪ] *Stadtteil von London.*
Chel·ten·ham [ˈtʃeltnəm] *Stadt in Südengland.*
Chesh·ire [ˈtʃeʃə] *englische Grafschaft.*
Ches·ter·field [ˈtʃestəfiːld] *Industriestadt in Mittelengland.*
Chev·i·ot Hills [ˌtʃevɪətˈhɪlz] *pl. Grenzgebirge zwischen England u. Schottland.*
Chey·enne [ʃaɪˈæn] *Hauptstadt von Wyoming (USA).*
Chi·ca·go [ʃɪˈkɑːgəʊ; *bsd. Am.* ʃɪˈkɔːgəʊ] *Industriestadt in USA.*
Chil·e [ˈtʃɪlɪ] Chile *n.*
Chi·na [ˈtʃaɪnə] China *n*; ***Republic of ~*** *die* Repuˈblik China; ***People's Republic of ~*** *die* Volksrepublik China.
Chip·pen·dale [ˈtʃɪpəndeɪl] *englischer Kunsttischler.*
Chris [krɪs] *abbr. für* ***Christina***, ***Christine***, ***Christian***, ***Christopher***.
Christ·church [ˈkraɪsttʃɜːtʃ] *Stadt in Neuseeland; Stadt in Hampshire (England).*
Chlo·e [ˈkləʊɪ] Chloe *f.*
Chris·tian [ˈkrɪstjən] Christian *m.*
Chris·ti·na [krɪˈstiːnə], **Chris·tine** [ˈkrɪstiːn, krɪˈstiːn] Chriˈstine *f.*
Chris·to·pher [ˈkrɪstəfə] Christoph(er) *m.*
Chrys·ler [ˈkraɪzlə] *amer. Industrieller.*
Church·ill [ˈtʃɜːtʃɪl] *brit. Staatsmann.*
Cin·cin·nat·i [ˌsɪnsɪˈnætɪ] *Stadt in Ohio (USA).*
Cis·sie [ˈsɪsɪ] *abbr. für* ***Cecily***.
Clack·man·nan(·shire) [klækˈmænən(-ʃə)] *schottische Grafschaft (bis 1975).*
Clap·ham [ˈklæpəm] *Stadtteil von Groß-London.*
Clar·a [ˈkleərə], **Clare** [kleə] Klara *f.*
Clare [kleə] *Grafschaft in der Provinz Munster (Irland).*
Clar·en·don [ˈklærəndən] *Name mehrerer englischer Staatsmänner.*
Claud(e) [klɔːd] Claudius *m.*
Clem·ent [ˈklemənt] Klemens *m*, Clemens *m.*
Cle·o·pat·ra [klɪəˈpætrə] Kleˈopatra *f.*
Cleve·land [ˈkliːvlənd] *Industriestadt in USA; englische Grafschaft.*
Clif·ford [ˈklɪfəd] *m.*
Clive [klaɪv] *Begründer der brit. Herrschaft in Indien; Vorname m.*
Clwyd [ˈkluːɪd] *walisische Grafschaft.*
Clyde [klaɪd] *Fluß in Schottland.*
Cole·ridge [ˈkəʊlərɪdʒ] *englischer Dichter.*
Col·in [ˈkɒlɪn] *m.*
Co·logne [kəˈləʊn] Köln *n.*
Co·lom·bi·a [kəˈlɒmbɪə] Koˈlumbien *n.*
Co·lom·bo [kəˈlʌmbəʊ] *Hauptstadt von Sri Lanka.*
Col·o·ra·do [ˌkɒləˈrɑːdəʊ] *Staat der USA; Name zweier Flüsse in USA.*
Co·lum·bi·a [kəˈlʌmbɪə] *Fluß in USA; Hauptstadt von South Carolina (USA);* ***District of ~ (DC)*** *Bundesdistrikt (mit der Hauptstadt Washington) der USA.*
Co·lum·bus [kəˈlʌmbəs] *Entdecker Amerikas; Hauptstadt von Ohio (USA).*
Com·o·ro Is·lands [ˌkɒmərəʊˈaɪləndz] *pl. die* Koˈmoren *pl.*
Con·cord [ˈkɒŋkəd] *Hauptstadt von New Hampshire (USA).*
Con·fu·cius [kənˈfjuːʃjəs, -ʃəs] Konˈfuzius *m (chinesischer Philosoph).*
Con·go [ˈkɒŋgəʊ] der Kongo.
Con·nacht [ˈkɒnət], *früher* **Con·naught** [ˈkɒnɔːt] *Provinz in Irland.*
Con·nect·i·cut [kəˈnetɪkət] *USA-Staat.*
Con·nie [ˈkɒnɪ] *abbr. für* ***Conrad***, ***Constance***, ***Cornelia***.
Con·rad [ˈkɒnræd] Konrad *m.*
Con·stance [ˈkɒnstəns] Konˈstanze *f*; ***Lake ~*** *der* Bodensee.
Con·stan·ti·no·ple [ˌkɒnstæntɪˈnəʊpl] Konstantiˈnopel *n.*
Cook [kʊk] *englischer Weltumsegler.*
Coo·per [ˈkuːpə] *amer. Autor.*
Co·pen·ha·gen [ˌkəʊpnˈheɪgən] Kopenˈhagen *n.*
Cor·dil·le·ras [ˌkɔːdɪˈljeərəs] *pl. die* Kordilˈleren *pl.*
Cor·inth [ˈkɒrɪnθ] Koˈrinth *n.*
Cork [kɔːk] *Grafschaft in der Provinz Munster (Irland); Hauptstadt dieser Grafschaft u. der Provinz Munster.*
Cor·ne·lia [kɔːˈniːljə] Corˈnelia *f.*
Corn·wall [ˈkɔːnwəl] *englische Grafschaft.*
Cos·ta Ri·ca [ˌkɒstəˈriːkə] Costa Rica *n.*
Cov·ent Gar·den [ˌkɒvəntˈgɑːdn] *die Londoner Oper.*
Cov·en·try [ˈkɒvəntrɪ] *Industriestadt in Mittelengland.*
Crete [kriːt] Kreta *n.*
Cri·me·a [kraɪˈmɪə] die Krim.
Cro·a·tia [krəʊˈeɪʃə] Kroatien *n.*
Crom·well [ˈkrɒmwəl] *englischer Staatsmann.*
Croy·don [ˈkrɔɪdn] *Stadtbezirk von Groß-London.*
Cru·soe [ˈkruːsəʊ]: ***Robinson ~*** *Romanheld.*
Cu·ba [ˈkjuːbə] Kuba *n.*
Cum·ber·land [ˈkʌmbələnd] *englische Grafschaft (bis 1974).*
Cum·bri·a [ˈkʌmbrɪə] *englische Grafschaft.*
Cyn·thi·a [ˈsɪnθɪə] *f.*
Cy·prus [ˈsaɪprəs] Zypern *n.*
Cy·rus [ˈsaɪərəs] Cyrus *m.*
Czech·i·a [ˈtʃekɪə] ˈTschechien *n.*
Czech Re·pub·lic [ˌtʃekrɪˈpʌblɪk] ˈTschechien *n.*

D

Dag·en·ham [ˈdægənəm] *Stadtteil von London.*
Da·ho·mey [dəˈhəʊmɪ] Daˈhome *n (früherer Name von* ***Benin****).*
Dai·sy [ˈdeɪzɪ] *Koseform von* ***Margaret***.
Dal·las [ˈdæləs] *Stadt in Texas (USA).*
Dal·ma·ti·a [dælˈmeɪʃjə] Dalˈmatien *n.*
Dam·o·cles [ˈdæməkliːz] Damokles *m.*
Dan [dæn] *abbr. für* ***Daniel***.
Dan·iel [ˈdænjəl] Daniel *m.*
Dan·ube [ˈdænjuːb] Donau *f.*
Daph·ne [ˈdæfnɪ] Daphne *f.*
Dar·da·nelles [ˌdɑːdəˈnelz] *pl. die* Dardaˈnellen *pl.*
Dar·jee·ling [dɑːˈdʒiːlɪŋ] *Stadt in Indien.*
Dart·moor [ˈdɑːtˌmʊə] *Landstrich in Südwest-England.*
Dart·mouth [ˈdɑːtməθ] *Stadt in Devon (England).*
Dar·win [ˈdɑːwɪn] *englischer Naturforscher.*
Dave [deɪv] *abbr. für* ***David***.
Da·vid [ˈdeɪvɪd] David *m.*
Dawn [dɔːn] *f.*
Dean [diːn] *m.*
Deb·by [ˈdebɪ] *abbr. für* ***Deborah***.
Deb·o·rah [ˈdebərə] *f.*
Dee [diː] *Fluss in England; Fluss in Schottland.*
De·foe [dɪˈfəʊ] *englischer Autor.*
Deir·dre [ˈdɪədrɪ] *(Ir.) f.*
Del·a·ware [ˈdeləweə] *Staat der USA; Fluss in USA.*
Den·bigh(·shire) [ˈdenbɪ(ʃə)] *walisische Grafschaft (bis 1974).*
Den·is [ˈdenɪs] *m.*
De·nise [dəˈniːz; dəˈniːs] Deˈnise *f.*
Den·mark [ˈdenmɑːk] Dänemark *n.*
Den·nis [ˈdenɪs] *m.*
Den·ver [ˈdenvə] *Hauptstadt von Colorado (USA).*
Dept·ford [ˈdetfəd] *Stadtteil von Groß-London.*
Der·by(·shire) [ˈdɑːbɪ(ʃə)] *englische Grafschaft.*
Der·ek, Der·rick [ˈderɪk] *m.*
Des [dez] *abbr. für* ***Desmond***.
Des Moines [dɪˈmɔɪn] *Hauptstadt von Iowa (USA).*
Des·mond [ˈdezmənd] *m.*
De·troit [dəˈtrɔɪt] *Industriestadt in Michigan (USA).*
De·viz·es [dɪˈvaɪzɪz] *Stadt in Wiltshire (England).*
Dev·on(·shire) [ˈdevn(ʃə)] *englische Grafschaft.*
Dew·ey [ˈdjuːɪ] *amer. Philosoph.*
Di·an·a [daɪˈænə] Diˈana *f.*
Dick [dɪk] *abbr. für* ***Richard***.

Dick·ens ['dɪkɪnz] *englischer Autor.*
Dis·rae·li [dɪs'reɪlɪ] *brit. Staatsmann.*
Dol·ly ['dɒlɪ] *abbr. für* ***Dorothy***.
Do·lo·mites ['dɒləmaɪts] *pl. die* Dolo'miten *pl.* (*Teil der Ostalpen*).
Dom·i·nic ['dɒmɪnɪk] Domi'nik *m.*
Do·min·i·can Re·pub·lic [də,mɪnɪkənrɪ'pʌblɪk] *die* Domini'kanische Repu'blik.
Don [dɒn] *abbr. für* ***Donald***.
Don·ald ['dɒnld] *m.*
Don·cas·ter ['dɒŋkəstə] *Stadt in South Yorkshire* (*England*).
Don·e·gal ['dɒnɪgɔ:l; *Ir.* ,dʌnɪ'gɔ:l] *Grafschaft im der Republik Irland zugehörigen Teil der Provinz Ulster.*
Don Juan [,dɒn'dʒu:ən] Don Ju'an *m.*
Donne [dʌn, dɒn] *englischer Dichter.*
Don Quix·ote [,dɒn'kwɪksət] Don Qui'chotte *m.*
Do·reen [dɔ:'ri:n; 'dɔ:ri:n] *f.*
Dor·is ['dɒrɪs] Doris *f.*
Dor·o·thy ['dɒrəθɪ] Doro'thea *f.*
Dor·set(**·shire**) ['dɔ:sɪt(ʃə)] *englische Grafschaft.*
Dos Pas·sos [,dɒs'pæsɒs] *amer. Autor.*
Doug [dʌg] *abbr. für* ***Douglas***.
Doug·las ['dʌgləs] *Vorname m; schottische Adelsfamilie.*
Do·ra ['dɔ:rə] Dora *f.*
Do·ver ['dəʊvə] *Hafenstadt in Südengland; Hauptstadt von Delaware* (*USA*).
Down [daʊn] *nordirische Grafschaft.*
Down·ing Street ['daʊnɪŋstri:t] *Straße in London mit der Amtswohnung des Premierministers.*
Drei·ser ['draɪsə; -zə] *amer. Autor.*
Dry·den ['draɪdn] *englischer Dichter.*
Dub·lin ['dʌblɪn] *Hauptstadt von Irland; Grafschaft in der Provinz Leinster* (*Irland*).
Du·luth [dju:'lu:θ; *Am.* də'lu:θ] *Stadt in Minnesota* (*USA*).
Dul·wich ['dʌlɪdʒ] *Stadtteil von Groß-London.*
Dum·bar·ton(**·shire**) [dʌm'bɑ:tn(ʃə)] *schottische Grafschaft* (*bis 1975*).
Dum·fries and Gal·lo·way [dʌm,fri:sən'gæləweɪ] *Verwaltungsregion in Schottland;* **Dum'fries·shire** [-ʃə] *schottische Grafschaft* (*bis 1975*).
Dun·can ['dʌŋkən] *m.*
Dun·e·din [dʌ'ni:dɪn] *Hafenstadt in Neuseeland.*
Dun·ge·ness [,dʌndʒɪ'nes; dʌndʒ'nes] *Landspitze in Kent* (*England*).
Dun·kirk [dʌn'kɜ:k] Dün'kirchen *n.*
Dur·ban ['dɜ:bən] *Hafenstadt in Südafrika.*
Dur·ham ['dʌrəm] *englische Grafschaft.*
Dyf·ed ['dʌvɪd] *walisische Grafschaft.*

E

Ea·ling ['i:lɪŋ] *Stadtbezirk von Groß-London.*
East Lo·thi·an [,i:st'ləʊðjən] *schottische Grafschaft* (*bis 1975*).
East Sus·sex [,i:st'sʌsɪks] *englische Grafschaft.*
Ec·ua·dor ['ekwədɔ:] Ecua'dor *n.*
Ed·die ['edɪ] *abbr. für* ***Edward***.
Ed·gar ['edgə] Edgar *m.*
Ed·in·burgh ['edɪnbərə] Edinburg *n.*
Ed·i·son ['edɪsn] *amer. Erfinder.*
E·dith ['i:dɪθ] Edith *f.*
Ed·mon·ton ['edməntən] *Hauptstadt von Alberta* (*Kanada*).
Ed·mund ['edmənd] Edmund *m.*
Ed·ward ['edwəd] Eduard *m.*
E·gypt ['i:dʒɪpt] Ä'gypten *n.*
Ei·leen ['aɪli:n; *Am.* aɪ'li:n] *f.*
Ei·re ['eərə] *Name der Republik Irland.*
Ei·sen·how·er ['aɪzn,haʊə] *34. Präsident der USA.*
E·laine [e'leɪn; ɪ'leɪn] *siehe* ***Helen***.
El·ea·nor ['elɪnə] Eleo'nore *f.*
E·li·jah [ɪ'laɪdʒə] E'lias *m.*
El·i·nor ['elɪnə] Eleo'nore *f.*
El·i·ot ['eljət] *englischer Dichter.*
E·li·za [ɪ'laɪzə] *abbr. für* ***Elizabeth***.
E·liz·a·beth [ɪ'lɪzəbəθ] E'lisabeth *f.*
El·len ['elɪn] *siehe* ***Helen***.
El·lis Is·land [,elɪs'aɪlənd] *Insel im Hafen von New York* (*USA*).
El Sal·va·dor [el'sælvədɔ:] El Salva'dor *n.*
El·sa ['elsə], **El·sie** ['elsɪ] Elsa *f,* Else *f.*
Em·er·son ['eməsn] *amer. Dichter u. Philosoph.*
Em·i·ly ['emɪlɪ] E'milie *f.*
Em·ma ['emə] Emma *f.*
Em·mie, **Em·my** ['emɪ] *Koseform für* ***Emma***.
En·field ['enfi:ld] *Stadtbezirk von Groß-London.*
Eng·land ['ɪŋglənd] England *n.*
E·nid ['i:nɪd] *f.*
E·noch ['i:nɒk] *m.*
Ep·som ['epsəm] *Stadt in Südengland* (*Pferderennen*).
Equa·to·ri·al Guin·ea [,ekwə'tɔ:rɪəl 'gɪnɪ] Äquatori'algui,nea *n.*
Er·ic ['erɪk] Erich *m.*
Er·i·ca ['erɪkə] Erika *f.*
E·rie ['ɪərɪ] *Hafenstadt in Pennsylvania* (*USA*); ***Lake ~*** der Eriesee (*in Nordamerika*).
Er·nest ['ɜ:nɪst] Ernst *m.*
Er·nie ['ɜ:nɪ] *abbr. für* ***Ernest***.
Es·sex ['esɪks] *englische Grafschaft.*
Es·t(**h**)**o·nia** [e'stəʊnjə] Estland *n.*
Eth·el ['eθl] *f.*
E·thi·o·pi·a [,i:θɪ'əʊpjə] Äthi'opien *n.*
E·ton ['i:tn] *Stadt in Berkshire* (*England*) *mit berühmter Public School.*
Eu·gene ['ju:dʒi:n] Eugen *m.*
Eu·ge·ni·a [ju:'dʒi:njə] Eu'genie *f.*
Eu·nice ['ju:nɪs] Eu'nice *f.*
Eu·phra·tes [ju:'freɪti:z] Euphrat *m.*
Eur·a·sia [jʊə'reɪʃə; -ʒə] Eu'rasien *n.*
Eu·rip·i·des [jʊə'rɪpɪdi:z] Eu'ripides *m.*
Eu·rope ['jʊərəp] Eu'ropa *n.*
Eus·tace ['ju:stəs] Eu'stachius *m.*
E·va ['i:və] Eva *f.*
Ev·ans ['evənz] *Familienname.*
Eve [i:v] Eva *f.*
Ev·e·lyn ['i:vlɪn; 'evlɪn] *m, f.*
Ev·er·glades ['evəgleɪdz] *pl. Sumpfgebiet in Florida* (*USA*).
Ex·e·ter ['eksɪtə] *Hauptstadt von Devonshire* (*England*).

F

Faer·oes ['feərəʊz] *pl. die* Färöer *pl.*
Falk·land Is·lands [,fɔ:(l)klənd'aɪləndz] *pl. die* Falklandinseln *pl.*
Fal·staff ['fɔ:lstɑ:f] *Bühnenfigur bei Shakespeare.*
Fan·ny ['fænɪ] *abbr. für* ***Frances***.
Far·a·day ['færədɪ] *englischer Chemiker u. Physiker.*
Farn·bor·ough ['fɑ:nbərə] *Stadt in Hampshire* (*England*).
Far·oes ['feərəʊz] *siehe* ***Faeroes***.
Faulk·ner ['fɔ:knə] *amer. Autor.*
Fawkes [fɔ:ks] *Haupt der Pulververschwörung* (*1605*).
Fed·er·al Re·pub·lic of Ger·ma·ny ['fedərəlrɪ,pʌblɪkəv'dʒɜ:mənɪ] *die* 'Bundesrepu,blik Deutschland.
Fe·li·ci·a [fə'lɪsɪə] Fe'lizia *f.*
Fe·lic·i·ty [fə'lɪsətɪ] Fe'lizitas *f.*
Fe·lix ['fi:lɪks] Felix *m.*
Fe·lix·stowe ['fi:lɪkstəʊ] *Stadt in Suffolk* (*England*).
Felt·ham ['feltəm] *Stadtteil von Groß-London.*
Fer·man·agh [fə'mænə] *nordirische Grafschaft.*
Fiel·ding ['fi:ldɪŋ] *englischer Autor.*
Fife [faɪf] *Verwaltungsregion in Schottland; a.* **'Fife·shire** [-ʃə] *schottische Grafschaft* (*bis 1975*).
Fi·ji [,fi:'dʒi:; *bsd. Am.* 'fi:dʒi:] Fidschi *n.*
Finch·ley ['fɪntʃlɪ] *Stadtteil von London.*
Fin·land ['fɪnlənd] Finnland *n.*
Fi·o·na [fɪ'əʊnə] *f.*
Firth of Forth [,fɜ:θəv'fɔ:θ] *Meeresbucht an der schottischen Ostküste.*
Fitz·ger·ald [fɪts'dʒerəld] *Familienname.*
Flan·ders ['flɑ:ndəz] Flandern *n.*
Flem·ing ['flemɪŋ] *brit. Bakteriologe.*
Flint(**·shire**) ['flɪnt(ʃə)] *walisische Grafschaft* (*bis 1974*).
Flo·ra ['flɔ:rə] Flora *f.*
Flor·ence ['flɒrəns] Flo'renz *n;* Floren'tine *f.*
Flor·i·da ['flɒrɪdə] *Staat der USA.*
Flush·ing ['flʌʃɪŋ] *Stadtteil von New York;* Vlissingen *n.*
Folke·stone ['fəʊkstən] *Seebad in Südengland.*
Ford [fɔ:d] *amer. Industrieller; 38. Präsident der USA.*
For·syth [fɔ:'saɪθ] *Familienname.*
Fort Lau·der·dale [,fɔ:t'lɔ:dədeɪl] *Stadt in Florida* (*USA*).
Fort Worth [,fɔ:t'wɜ:θ] *Stadt in Texas* (*USA*).
Foth·er·in·ghay ['fɒðərɪŋgeɪ] *Schloss in Nordengland.*
Fow·ler ['faʊlə] *Familienname.*
France [frɑ:ns] Frankreich *n.*
Fran·ces ['frɑ:nsɪs] Fran'ziska *f.*
Fran·cis ['frɑ:nsɪs] Franz *m.*
Frank [fræŋk] Frank *m.*
Frank·fort ['fræŋkfət] *Hauptstadt von Kentucky* (*USA*); *seltene englische Schreibweise für Frankfurt.*
Frank·lin ['fræŋklɪn] *amer. Staatsmann; Verwaltungsbezirk der Northwest Territories* (*Kanada*).
Fred [fred] *abbr. für* ***Alfred***, ***Frederic***(***k***).
Fre·da ['fri:də] Frieda *f.*
Fred·die, **Fred·dy** ['fredɪ] *Koseformen für* ***Frederic***(***k***), ***Alfred***.
Fred·er·ic(**k**) ['fredrɪk] Friedrich *m.*
Fres·no ['freznəʊ] *Stadt in Kalifornien* (*USA*).
Fris·co ['frɪskəʊ] *umgangssprachliche Bezeichnung für* ***San Francisco***.
Frost [frɒst] *amer. Dichter.*
Ful·bright ['fʊlbraɪt] *amer. Politiker.*
Ful·ham ['fʊləm] *Stadtteil von London.*
Ful·ton ['fʊltən] *amer. Erfinder.*

G

Ga·bon ['gæbɒn] Ga'bun *n.*
Gains·bor·ough ['geɪnzbərə] *englischer Maler.*
Gal·la·gher ['gæləhə] *Familienname.*
Gal·lup ['gæləp] *amer. Statistiker.*
Gals·wor·thy ['gɔ:lzwɜ:ðɪ] *englischer Autor.*

Gal·way ['gɔːlweɪ] *Grafschaft in der Provinz Connacht (Irland); Hauptstadt dieser Grafschaft.*
Gam·bia ['gæmbɪə] Gambia *n.*
Gan·ges ['gændʒiːz] Ganges *m.*
Gar·eth ['gæreθ] *m.*
Gar·ry, Gar·y ['gærɪ] *m.*
Gaul [gɔːl] Gallien *n.*
Ga·vin ['gævɪn] *m.*
Ga·za Strip ['gɑːzəstrɪp] *der* Gazastreifen.
Gene [dʒiːn] *abbr. für* ***Eugene, Eugenia.***
Ge·ne·va [dʒɪ'niːvə] Genf *n.*
Gen·o·a ['dʒenəʊə] Genua *n.*
Geoff [dʒef] *abbr. für* ***Geoffr(e)y.***
Geof·fr(e)y ['dʒefrɪ] Gottfried *m.*
George [dʒɔːdʒ] Georg *m.*
Geor·gia ['dʒɔːdʒə] *Staat der USA.*
Ger·ald ['dʒerəld] Gerald *m,* Gerold *m.*
Ger·al·dine ['dʒerəldiːn] Geral'dine *f.*
Ger·ard ['dʒerɑːd; *bsd. Am.* dʒe'rɑːd] Gerhard *m.*
Ger·man Dem·o·crat·ic Re·pub·lic ['dʒɜːməndemə͵krætɪkrɪ'pʌblɪk] *hist. die* Deutsche Demo'kratische Repu'blik.
Ger·ma·ny ['dʒɜːmənɪ] Deutschland *n.*
Ger·ry ['dʒerɪ] *abbr. für* ***Gerald, Geraldine.***
Gersh·win ['gɜːʃwɪn] *amer. Komponist.*
Ger·tie ['gɜːtɪ] Gertie *f.*
Ger·trude ['gɜːtruːd] Gertrud *f.*
Get·tys·burg ['getɪzbɜːg] *Stadt in Pennsylvania (USA).*
Gha·na ['gɑːnə] Ghana *n.*
Ghent [gent] Gent *n.*
Gi·bral·tar [dʒɪ'brɔːltə] Gi'braltar *n.*
Giel·gud ['giːlgʊd]: ***Sir John ~*** *berühmter englischer Schauspieler.*
Gil·bert ['gɪlbət] Gilbert *m.*
Giles [dʒaɪlz] Julius *m.*
Gill [dʒɪl; gɪl] *abbr. für* ***Gillian.***
Gil·li·an ['dʒɪlɪən; 'gɪlɪən] *f.*
Glad·stone ['glædstən] *brit. Staatsmann.*
Glad·ys ['glædɪs] *f.*
Gla·mor·gan·shire [glə'mɔːgənʃə] *walisische Grafschaft (bis 1974).*
Glas·gow ['glɑːsgəʊ] *Stadt in Schottland.*
Glen [glen] *m.*
Glo·ri·a ['glɔːrɪə] Gloria *f.*
Glouces·ter ['glɒstə] *Stadt in Südengland; a.* **'Glouces·ter·shire** [-ʃə] *englische Grafschaft.*
Glynde·bourne ['glaɪndbɔːn] *kleiner Ort in East Sussex (England) mit Opernfestspielen.*
God·frey ['gɒdfrɪ] Gottfried *m.*
Go·li·ath [gəʊ'laɪəθ] Goliath *m.*
Gor·don ['gɔːdn] *Familienname; Vorname m.*
Go·tham ['gəʊtəm] *Ortsname; fig.* ‚Schilda' *n.*
Grace [greɪs] Gracia *f,* Grazia *f.*
Gra·ham ['greɪəm] *Familienname; Vorname m.*
Gram·pi·an ['græmpjən] *Verwaltungsregion in Schottland.*
Grand Can·yon [͵grænd'kænjən] *Durchbruchstal des Colorado in Arizona (USA).*
Great Brit·ain [͵greɪt'brɪtn] Großbri'tannien *n.*
Great·er Lon·don [͵greɪtə'lʌndən] *Stadtgrafschaft, bestehend aus der City of London u. 32 Stadtbezirken.*
Great·er Man·ches·ter [͵greɪtə'mæntʃɪstə] *Stadtgrafschaft in Nordengland.*
Greece [griːs] Griechenland *n.*
Greene [griːn] *englischer Autor.*
Green·land ['griːnlənd] Grönland *n.*
Green·wich ['grenɪtʃ] *Stadtbezirk Groß-Londons;* ***~ Village*** *Stadtteil von New York (USA).*
Greg [greg] *abbr. für* ***Gregory.***
Greg·o·ry ['gregərɪ] Gregor *m.*
Gre·na·da [gre'neɪdə] Gre'nada *n.*
Gre·ta ['griːtə, 'gretə] *abbr. für* ***Margaret.***
Grims·by ['grɪmzbɪ] *Hafenstadt in Humberside (England).*
Gri·sons ['griːzɔ̃ːŋ] Grau'bünden *n.*
Gros·ve·nor ['grəʊvnə] *Platz u. Straße in London.*
Gua·te·ma·la [͵gwætɪ'mɑːlə] Guate'mala *n.*
Guern·sey ['gɜːnzɪ] *brit. Kanalinsel.*
Guin·ea ['gɪnɪ] Gui'nea *n;* **Guin·ea-Bis·sau** [͵gɪnɪbɪ'saʊ] Guinea-Bis'sau *n.*
Guin·e·vere ['gwɪnɪ͵vɪə] *Gemahlin des Königs Artus.*
Guin·ness ['gɪnɪs, gɪ'nes] *Familienname.*
Gul·li·ver ['gʌlɪvə] *Romanheld.*
Guy [gaɪ] Guido *m.*
Guy·ana [gaɪ'ænə] Gu'yana *n.*
Gwen [gwen] *abbr. für* ***Gwendolen, Gwendoline, Gwendolyn.***
Gwen·do·len, Gwen·do·line, Gwen·do·lyn ['gwendəlɪn] *f.*
Gwent [gwent] *walisische Grafschaft.*
Gwy·nedd ['gwɪnəð, -eð] *walisische Grafschaft.*

H

Hack·ney ['hæknɪ] *Stadtbezirk von Groß-London.*
Hague [heɪg]: ***the ~*** Den Haag.
Hai·ti ['heɪtɪ] Ha'iti *n.*
Hal [hæl] *abbr. für* ***Harold, Henry.***
Hal·i·fax ['hælɪfæks] *Hauptstadt von Neuschottland (Kanada); Stadt in West Yorkshire (England).*
Hal·ley ['hælɪ] *englischer Astronom.*
Ham·il·ton ['hæmltən] *Familienname; Stadt in der Provinz Ontario (Kanada).*
Ham·let ['hæmlɪt] *Bühnenfigur bei Shakespeare.*
Ham·mer·smith ['hæməsmɪθ] *Stadtbezirk von Groß-London.*
Hamp·shire ['hæmpʃə] *englische Grafschaft.*
Hamp·stead ['hæmpstɪd] *Stadtteil von Groß-London.*
Han·o·ver ['hænəʊvə] Han'nover *n.*
Ha·ra·re [hə'rɑːreɪ] *Hauptstadt von Simbabwe.*
Har·dy ['hɑːdɪ] *englischer Autor.*
Ha·rin·gey ['hærɪŋgeɪ] *Stadtbezirk von Groß-London.*
Har·lem ['hɑːləm] *Stadtteil von New York.*
Har·old ['hærəld] Harald *m.*
Har·ri·et, Har·ri·ot ['hærɪət] *f.*
Har·ris·burg ['hærɪsbɜːg] *Hauptstadt von Pennsylvania (USA).*
Har·row ['hærəʊ] *Stadtbezirk Groß-Londons mit berühmter Public School.*
Har·ry ['hærɪ] *abbr. für* ***Harold, Henry.***
Hart·ford ['hɑːtfəd] *Hauptstadt von Connecticut (USA).*
Har·tle·pool ['hɑːtlɪpuːl] *Hafenstadt in Cleveland (England).*
Har·vard U·ni·ver·si·ty ['hɑːvəd͵juːnɪ'vɜːsətɪ] *Universität in Cambridge, Massachusetts (USA).*
Har·vey ['hɑːvɪ] *Vorname m; Familienname.*
Har·wich ['hærɪdʒ] *Hafenstadt in Südost-England.*
Has·tings ['heɪstɪŋz] *Stadt in Südengland.*
Ha·van·a [hə'vænə] Ha'vanna *n.*
Ha·ver·ing ['heɪvərɪŋ] *Stadtbezirk von Groß-London.*
Ha·wai·i [hə'waɪiː] *Staat der USA.*
Haw·thorne ['hɔːθɔːn] *amer. Schriftsteller.*
Ha·zel ['heɪzl] *f.*
Heath·row ['hiːθrəʊ] *Großflughafen von London.*
Heb·ri·des ['hebrɪdiːz] *pl. die* He'briden *pl.*
Hel·en ['helɪn] He'lene *f.*
Hel·e·na ['helɪnə] *Hauptstadt von Montana (USA).*
Hel·i·go·land ['helɪgəʊlænd] Helgoland *n.*
Hel·sin·ki ['helsɪŋkɪ] Helsinki *n.*
Hem·ing·way ['hemɪŋweɪ] *amer. Autor.*
Hen·ley ['henlɪ] *Stadt an der Themse (Ruderregatta).*
Hen·ry ['henrɪ] Heinrich *m.*
Hep·burn ['hebɜːn; 'hepbɜːn] *amer. Filmschauspielerin.*
Her·bert ['hɜːbət] Herbert *m.*
Her·e·ford and Worces·ter [͵herɪfədn'wʊstə] *englische Grafschaft;* **'Her·e·ford·shire** [-ʃə] *englische Grafschaft (bis 1974).*
Hert·ford(·shire) ['hɑːfəd(ʃə)] *englische Grafschaft.*
Hesse ['hesɪ] Hessen *n.*
High·land ['haɪlənd] *Verwaltungsregion in Schottland.*
Hil·a·ry ['hɪlərɪ] Hi'laria *f;* Hi'larius *m.*
Hil·da ['hɪldə] Hilda *f,* Hilde *f.*
Hil·ling·don ['hɪlɪŋdən] *Stadtbezirk von Groß-London.*
Hi·ma·la·ya [͵hɪmə'leɪə] *der* Hi'malaja.
Hi·ro·shi·ma [hɪ'rɒʃɪmə] *Hafenstadt in Japan.*
Ho·bart ['həʊbɑːt] *Hauptstadt des australischen Bundesstaates Tasmanien.*
Ho·garth ['həʊgɑːθ] *englischer Maler.*
Hol·born ['həʊbən] *Stadtteil von London.*
Hol·land ['hɒlənd] Holland *n.*
Hol·ly·wood ['hɒlɪwʊd] *Filmstadt in Kalifornien (USA).*
Holmes [həʊmz] *Familienname.*
Ho·mer ['həʊmə] Ho'mer *m.*
Hon·du·ras [hɒn'djʊərəs] Hon'duras *n.*
Hong Kong [͵hɒŋ'kɒŋ] Hongkong *n.*
Ho·no·lu·lu [͵hɒnə'luːluː] *Hauptstadt von Hawaii (USA).*
Hor·ace ['hɒrəs] Ho'raz *m (römischer Dichter u. Satiriker); Vorname m.*
Houns·low ['haʊnzləʊ] *Stadtbezirk von Groß-London.*
Hous·ton ['hjuːstən; 'juːstən] *Stadt in Texas (USA).*
How·ard ['haʊəd] *m.*
Hu·bert ['hjuːbət] Hubert *m,* Hu'bertus *m.*
Hud·son ['hʌdsn] *Familienname; Fluss im Staat New York (USA).*
Hugh [hjuː] Hugo *m.*
Hughes [hjuːz] *Familienname.*
Hull [hʌl] *Hafenstadt in Humberside (England).*
Hum·ber ['hʌmbə] *Fluss in England;* **'Hum·ber·side** [-saɪd] *englische Grafschaft.*
Hume [hjuːm] *englischer Philosoph.*
Hum·phr(e)y ['hʌmfrɪ] *m.*
Hun·ga·ry ['hʌŋgərɪ] Ungarn *n.*
Hun·ting·don(·shire) ['hʌntɪŋdən(ʃə)] *englische Grafschaft (bis 1974).*
Hux·ley ['hʌkslɪ] *englischer Autor; englischer Biologe.*
Hyde Park [͵haɪd'pɑːk] *Park in London.*

I

I·an [ɪən; 'iːən] Jan *m.*
I·be·ri·an Pen·in·su·la [aɪˌbɪərɪənpɪ'nɪnsjʊlə] *die* I'berische Halbinsel.
Ice·land ['aɪslənd] Island *n.*
I·da ['aɪdə] Ida *f.*
I·da·ho ['aɪdəhəʊ] *Staat der USA.*
Il·ford ['ɪlfəd] *Stadtteil von Groß-London.*
Il·li·nois [ˌɪlɪ'nɔɪ] *Staat der USA; Fluss in USA.*
In·di·a ['ɪndjə] Indien *n.*
In·di·an·a [ˌɪndɪ'ænə] *Staat der USA.*
In·di·an·ap·o·lis [ˌɪndɪə'næpəlɪs] *Hauptstadt von Indiana (USA).*
In·do·ne·sia [ˌɪndəʊ'niːzjə] Indo'nesien *n.*
In·dus ['ɪndəs] Indus *m.*
In·gu·she·tia [ˌɪŋgʊ'ʃiːʃ(j)ə] Ingu'schetien *n.*
In·ver·ness(·shire) [ˌɪnvə'nes(ʃə)] *schottische Grafschaft (bis 1975).*
I·o·wa ['aɪəʊə; 'aɪəwə] *Staat der USA.*
Ips·wich ['ɪpswɪtʃ] *Hauptstadt von Suffolk (England).*
I·ran [ɪ'rɑːn] I'ran *m.*
I·raq [ɪ'rɑːk] I'rak *m.*
Ire·land ['aɪələnd] Irland *n.*
I·rene [aɪ'riːnɪ; 'aɪriːn] I'rene *f.*
I·ris ['aɪərɪs] Iris *f.*
Ir·ving ['ɜːvɪŋ] *amer. Autor.*
I·saac ['aɪzək] Isaak *m.*
Is·a·bel ['ɪzəbel] Isa'bella *f.*
Ish·er·wood ['ɪʃəwʊd] *englischer Schriftsteller u. Dramatiker.*
Is·lam·a·bad [ɪz'lɑːməbɑːd] *Hauptstadt von Pakistan.*
Isle of Man [ˌaɪləv'mæn] *Insel in der Irischen See, die unmittelbar der englischen Krone untersteht, aber nicht zum Vereinigten Königreich gehört.*
Isle of Wight [ˌaɪləv'waɪt] *englische Grafschaft, Insel im Ärmelkanal.*
I·sle·worth ['aɪzlwəθ] *Stadtteil von Groß-London.*
Is·ling·ton ['ɪzlɪŋtən] *Stadtbezirk von Groß-London.*
Is·o·bel ['ɪzəbel] Isa'bella *f.*
Is·ra·el ['ɪzreɪəl] Israel *n.*
Is·tan·bul [ˌɪstən'buːl] Istanbul *n.*
It·a·ly ['ɪtəlɪ] I'talien *n.*
I·van ['aɪvən] Iwan *m.*
I·vor ['aɪvə] *m.*
I·vo·ry Coast ['aɪvərɪkəʊst] *die* Elfenbeinküste.
I·vy ['aɪvɪ] *f.*

J

Jack [dʒæk] Hans *m.*
Jack·ie ['dʒækɪ] *abbr. für* ***Jacqueline***.
Jack·son ['dʒæksn] *Hauptstadt von Mississippi (USA).*
Jack·son·ville ['dʒæksnvɪl] *Hafenstadt in Florida (USA).*
Ja·cob ['dʒeɪkəb] Jakob *m.*
Jac·que·line ['dʒækliːn] *f.*
Jaf·fa ['dʒæfə] *Hafenstadt in Israel.*
Ja·mai·ca [dʒə'meɪkə] Ja'maika *n.*
James [dʒeɪmz] Jakob *m.*
Jane [dʒeɪn] Jo'hanna *f.*
Jan·et ['dʒænɪt] Jo'hanna *f.*
Jan·ice ['dʒænɪs] *f.*
Ja·pan [dʒə'pæn] Japan *n.*
Ja·son ['dʒeɪsn] *m.*
Jas·per ['dʒæspə] Kaspar *m.*
Ja·va ['dʒɑːvə] Java *n.*
Jean [dʒiːn] Jo'hanna *f.*
Jeff [dʒef] *abbr. für* ***Jeffrey***.
Jef·fer·son ['dʒefəsn] *3. Präsident der USA.*
Jef·fer·son Cit·y [ˌdʒefəsn'sɪtɪ] *Hauptstadt von Missouri (USA).*
Jef·frey ['dʒefrɪ] Gottfried *m.*
Je·ho·vah [dʒɪ'həʊvə] Je'hova *m.*
Jen·ni·fer ['dʒenɪfə] *f.*
Jen·ny ['dʒenɪ; 'dʒɪnɪ] *Koseform für* ***Jane***.
Jer·e·my ['dʒerɪmɪ] Jere'mias *m.*
Je·rome [dʒə'rəʊm] Hie'ronymus *m.*
Jer·ry ['dʒerɪ] *abbr. für* ***Jeremy***, ***Jerome***, ***Gerald***, ***Gerard***.
Jer·sey ['dʒɜːsɪ] *brit. Kanalinsel.*
Je·ru·sa·lem [dʒə'ruːsələm] Je'rusalem *n.*
Jes·si·ca ['dʒesɪkə] *f.*
Je·sus ['dʒiːzəs] Jesus *m.*
Jill [dʒɪl] *abbr. für* ***Gillian***.
Jim(·my) ['dʒɪm(ɪ)] *abbr. für* ***James***.
Jo [dʒəʊ] *abbr. für* ***Joanna***, ***Joseph***, ***Josephine***.
Joan [dʒəʊn], **Jo·an·na** [dʒəʊ'ænə] Jo'hanna *f.*
Job [dʒəʊb] Hiob *m.*
Joc·e·lin(e), **Joc·e·lyn** ['dʒɒslɪn] *f.*
Joe [dʒəʊ] *abbr. für* ***Joseph***, ***Josephine***.
Jo·han·nes·burg [dʒəʊ'hænɪsbɜːg] *Stadt in Südafrika.*
John [dʒɒn] Jo'hannes *m*, Johann *m.*
John·ny ['dʒɒnɪ] Häns-chen *n.*
John o' Groats [ˌdʒɒnə'grəʊts] *Dorf an der Nordostspitze des schottischen Festlandes. Gilt volkstümlich als nördlichster Punkt des festländischen Großbritannien.*
John·son ['dʒɒnsn] *36. Präsident der USA; englischer Lexikograph.*
Jon·a·than ['dʒɒnəθən] Jonathan *m.*
Jon·son ['dʒɒnsn] *englischer Dichter.*
Jor·dan ['dʒɔːdn] Jor'danien *n.*
Jo·seph ['dʒəʊzɪf] Joseph *m.*
Jo·se·phine ['dʒəʊzɪfiːn] Jose'phine *f.*
Josh·u·a ['dʒɒʃwə] Josua *m.*
Joule [dʒuːl] *englischer Physiker.*
Joy [dʒɔɪ] *f.*
Joyce [dʒɔɪs] *irischer Autor; Vorname f.*
Ju·dith ['dʒuːdɪθ] Judith *f.*
Ju·dy ['dʒuːdɪ] *abbr. für* ***Judith***.
Jul·ia ['dʒuːljə] Julia *f.*
Jul·ian ['dʒuːljən] Juli'an(us) *m.*
Ju·li·et ['dʒuːljət; -ljet] Julia *f*, Juli'ette *f.*
Jul·ius ['dʒuːljəs] Julius *m.*
June [dʒuːn] *f.*
Ju·neau ['dʒuːnəʊ] *Hauptstadt von Alaska (USA).*
Jus·tin ['dʒʌstɪn] Ju'stin(us) *m.*

K

Kam·pu·che·a [ˌkæmpʊ'tʃɪə] *hist.* Kam'bodscha *n.*
Kan·sas ['kænzəs] *Staat der USA; Fluss in USA.*
Kan·sas Cit·y [ˌkænzəs'sɪtɪ] *Stadt in Missouri (USA); Stadt in Kansas (USA).*
Ka·ra·chi [kə'rɑːtʃɪ] Ka'ratschi *n.*
Kar·en ['kɑːrən; 'kærən] Karin *f.*
Kash·mir [ˌkæʃ'mɪə] Kaschmir *n.*
Ka·tar [kæ'tɑː] Katar *n (Scheichtum am Persischen Golf).*
Kate [keɪt] Käthe *f.*
Kath·a·rine, **Kath·er·ine** ['kæθərɪn] Katha'rina *f*, Kat(h)rin *f.*
Kath·leen ['kæθliːn] *f.*
Kath·y ['kæθɪ] *abbr. für* ***Katharine***, ***Katherine***.
Kay [keɪ] Kai *m, f*, Kay *m, f.*
Keats [kiːts] *englischer Dichter.*
Kee·wa·tin [kiː'wɒtɪn; *Am.* kiː'weɪtn] *Verwaltungsbezirk der Northwest Territories (Kanada).*
Keith [kiːθ] *m.*
Kel·vin ['kelvɪn] *brit. Mathematiker u. Physiker.*
Ken [ken] *abbr. für* ***Kenneth***.
Ken·ne·dy ['kenɪdɪ] *35. Präsident der USA;* **~ *International Airport*** *Großflughafen von New York (USA).*
Ken·neth ['kenɪθ] *m.*
Ken·sing·ton ['kenzɪŋtən] *Stadtteil von London.*
Ken·sing·ton and Chel·sea [ˌkenzɪŋtənən'tʃelsɪ] *Stadtbezirk von Groß-London.*
Kent [kent] *englische Grafschaft.*
Ken·tuck·y [ken'tʌkɪ] *Staat der USA; Fluss in USA.*
Ken·ya ['kenjə] Kenia *n.*
Ker·ry ['kerɪ] *Grafschaft in der Provinz Munster (Irland).*
Kev·in ['kevɪn] *m.*
Kew [kjuː] *Stadtteil von Groß-London. Botanischer Garten.*
Keynes [keɪnz] *englischer Wirtschaftswissenschaftler.*
Kil·dare [kɪl'deə] *Grafschaft in der Provinz Leinster (Irland).*
Kil·ken·ny [kɪl'kenɪ] *Grafschaft in der Provinz Leinster (Irland); Hauptstadt dieser Grafschaft.*
Kin·car·dine(·shire) [kɪn'kɑːdɪn(ʃə)] *schottische Grafschaft (bis 1975).*
Kings·ton up·on Hull [ˌkɪŋstənəpɒn'hʌl] *offizielle Bezeichnung für* ***Hull***.
Kings·ton up·on Thames [ˌkɪŋstənəpɒn'temz] *Stadtbezirk von Groß-London; Hauptstadt von Surrey (England).*
Kin·ross(·shire) [kɪn'rɒs(ʃə)] *schottische Grafschaft (bis 1975).*
Kirk·cud·bright(·shire) [kɜː'kuːbrɪ(ʃə)] *schottische Grafschaft (bis 1975).*
Kit(·ty) ['kɪt(tɪ)] *abbr. für* ***Catherine***, ***Katherine***.
Klon·dyke ['klɒndaɪk] *Fluss in Kanada; Landschaft in Kanada.*
Knox [nɒks] *schottischer Reformator.*
Knox·ville ['nɒksvɪl] *Stadt in Tennessee (USA).*
Ko·re·a [kə'rɪə] Ko'rea *n;* ***Democratic People's Republic of ~*** *die* Demo'kratische 'Volksrepuˌblik Ko'rea; ***Republic of ~*** *die* Repu'blik Ko'rea.
Kos·ci·us·ko [ˌkɒsɪ'ʌskəʊ]: ***Mount ~*** *höchster Berg Australiens, im Bundesstaat New South Wales.*
Kos·o·vo ['kɒsəvəʊ] *der* 'Kosovo.
Krem·lin ['kremlɪn] *der* Kreml.
Ku·wait [kʊ'weɪt] Ku'wait *n.*

L

Lab·ra·dor ['læbrədɔː] *Provinz in Kanada.*
La Guar·dia [lə'gwɑːdɪə; lə'gɑːdɪə] *ehemaliger Bürgermeister von New York;* **~ *Airport*** *Flughafen in New York.*
Laing [læŋ; leɪŋ] *Familienname.*
Lake Con·stance [ˌleɪk'kɒnstəns] der Bodensee.
Lake Hu·ron [ˌleɪk'hjʊərən] der Huronsee *(in Nordamerika).*
Lake Su·pe·ri·or [ˌleɪksuː'pɪərɪə] der Obere See *(in Nordamerika).*
Lam·beth ['læmbəθ] *Stadtbezirk von Groß-London;* **~ *Palace*** *Londoner Residenz des Erzbischofs von Canterbury.*

Lan·ark(·shire) ['lænək(ʃə)] *schottische Grafschaft (bis 1975).*
Lan·ca·shire ['læŋkəʃə] *englische Grafschaft.*
Lan·cas·ter ['læŋkəstə] *Stadt in Nordwest-England; Stadt in USA.*
Land's End [ˌlændz'end] *westlichster Punkt Englands, in Cornwall.*
La·nier [lə'nɪə] *amer. Dichter.*
Lan·sing ['lænsɪŋ] *Hauptstadt von Michigan (USA).*
Laoigh·is [liːʃ; 'leɪɪʃ] *siehe* ***Leix***.
La·os ['lɑːɒs; laʊs] Laos *n.*
Lar·ry ['lærɪ] *abbr. für* ***Laurence***, ***Lawrence***.
La·tham ['leɪθəm; 'leɪðəm] *Familienname.*
Lat·in A·mer·i·ca [ˌlætɪnə'merɪkə] La'teina,merika *n.*
Lat·via ['lætvɪə] Lettland *n.*
Laugh·ton ['lɔːtn] *Familienname.*
Lau·ra ['lɔːrə] Laura *f.*
Lau·rence ['lɒrəns] Lorenz *m.*
Law·rence ['lɒrəns] Lorenz *m; Familienname.*
Lear [lɪə] *Bühnenfigur bei Shakespeare.*
Leb·a·non ['lebənən] *der* Libanon.
Leeds [liːdz] *Industriestadt in Ostengland.*
Le·fe·vre [lə'fiːvə; lə'feɪvə] *Familienname.*
Legge [leg] *Familienname.*
Leices·ter ['lestə] *Hauptstadt der englischen Grafschaft* '**Leices·ter·shire** [-ʃə].
Leigh [liː] *Familienname; Vorname m.*
Lein·ster ['lenstə] *Provinz in Irland.*
Lei·trim ['liːtrɪm] *Grafschaft in der Provinz Connaught (Irland).*
Leix [liːʃ] *Grafschaft in der Provinz Leinster (Irland).*
Le·o ['liːəʊ] Leo *m.*
Leon·ard ['lenəd] Leonhard *m.*
Les·ley ['lezlɪ; *Am.* 'leslɪ] *f.*
Les·lie ['lezlɪ; *Am.* 'leslɪ] *m.*
Le·so·tho [lə'suːtuː; lə'səʊtəʊ] Le'sotho *n.*
Lew·is ['luːɪs] Ludwig *m; amer. Autor.*
Lew·i·sham ['luːɪʃəm] *Stadtbezirk von Groß-London.*
Lex·ing·ton ['leksɪŋtən] *Stadt in Massachusetts (USA).*
Li·be·ria [laɪ'bɪərɪə] Li'beria *n.*
Lib·y·a ['lɪbɪə] Libyen *n.*
Liech·ten·stein ['lɪktənstaɪn] Liechtenstein *n.*
Lil·i·an ['lɪlɪən] *f.*
Lil·y ['lɪlɪ] Lilli *f*, Lili *f*, Lilly *f*, Lily *f.*
Lim·er·ick ['lɪmərɪk] *Grafschaft in der Provinz Munster (Irland); Hauptstadt dieser Grafschaft.*
Lin·coln ['lɪŋkən] *16. Präsident der USA; Hauptstadt von Nebraska (USA); Stadt in der englischen Grafschaft* '**Lin·coln·shire** [-ʃə].
Lin·da ['lɪndə] Linda *f.*
Lind·bergh ['lɪndbɜːg] *amer. Flieger.*
Li·o·nel ['laɪənl] *m.*
Li·sa ['liːzə; 'laɪzə] Lisa *f.*
Lis·bon ['lɪzbən] Lissabon *n.*
Lith·u·a·nia [ˌlɪθjuː'eɪnjə] Litauen *n.*
Lit·tle Rock ['lɪtlrɒk] *Hauptstadt von Arkansas (USA).*
Liv·er·pool ['lɪvəpuːl] *Hafenstadt in Nordwest-England; Verwaltungszentrum von* ***Merseyside***.
Live·sey ['lɪvsɪ; -zɪ] *Familienname.*
Liv·ing·stone ['lɪvɪŋstən] *englischer Afrikaforscher.*
Li·vo·nia [lɪ'vəʊnjə] Livland *n.*
Liv·y ['lɪvɪ] Livius *m.*
Liz [lɪz] *abbr. für* ***Elizabeth***.
Li·za ['laɪzə] Lisa *f.*
Lloyd [lɔɪd] *Familienname; Vorname m.*
Loch Lo·mond [ˌlɒk'ləʊmənd], **Loch Ness** [ˌlɒk'nes] *Seen in Schottland.*
Locke [lɒk] *englischer Philosoph.*
Lo·is ['ləʊɪs] *f.*
Lom·bar·dy ['lɒmbədɪ] die Lombar'dei.
Lon·don ['lʌndən] London *n;* ***City of ~*** *London im engeren Sinn. Zentraler Stadtbezirk von Groß-London u. eines der größten Finanzzentren der Welt.*
Lon·don·der·ry [ˌlʌndən'derɪ] *nordirische Grafschaft.*
Long·ford ['lɒŋfəd] *Grafschaft in der Provinz Leinster (Irland).*
Lor·na ['lɔːnə] *f.*
Lor·raine [lɒ'reɪn] Lothringen *n.*
Los Al·a·mos [ˌlɒs'æləmɒs] *Stadt in New Mexico (USA); Atomforschungszentrum.*
Los An·ge·les [lɒs'ændʒɪliːz] *Stadt in Kalifornien (USA).*
Lo·thi·an ['ləʊðjən] *Verwaltungsregion in Schottland.*
Lou [luː] *abbr. für* ***Louis***, ***Louisa***, ***Louise***.
Lou·is ['luːɪ; 'lʊɪ; *bsd. Am.* 'luːɪs] Ludwig *m.*
Lou·i·sa [luː'iːzə] Lu'ise *f.*
Lou·ise [luː'iːz] Lu'ise *f.*
Lou·i·si·a·na [luːˌiːzɪ'ænə] *Staat der USA.*
Lou·is·ville ['luːɪvɪl] *Stadt in Kentucky (USA).*
Louth [laʊð] *Grafschaft in der Provinz Leinster (Irland).*
Lowes [ləʊz] *Familienname.*
Lowes·toft ['ləʊstɒft] *Hafenstadt in Suffolk (England).*
Low·ry ['laʊərɪ; 'laʊrɪ] *Familienname.*
Lu·cia ['luːsjə] Lucia *f*, Luzia *f.*
Lu·cius ['luːsjəs] *m.*
Lu·cy ['luːsɪ] *abbr. für* ***Lucia***.
Lud·gate ['lʌdgɪt; -geɪt] *Familienname.*
Luke [luːk] Lukas *m.*
Lux·em·bourg ['lʌksəmbɜːg] Luxemburg *n.*
Lyd·i·a ['lɪdɪə] Lydia *f.*
Lynn [lɪn] *f.*
Ly·ons ['laɪənz] Lyon *n; Familienname.*

M

Ma·bel ['meɪbl] *f.*
Ma·cau·lay [mə'kɔːlɪ] *englischer Historiker.*
Mac·beth [mək'beθ] *Bühnenfigur bei Shakespeare.*
Mac·Car·thy [mə'kɑːθɪ] *Familienname.*
Mac·e·do·ni·a [ˌmæsɪ'dəʊnɪə] Mazedonien *n.*
Mac·Gee [mə'giː] *Familienname.*
Mac·ken·zie [mə'kenzɪ] *Strom in Nordwestkanada; Verwaltungsbezirk der Northwest Territories (Kanada).*
Mac·Leish [mə'kliːʃ] *amer. Dichter.*
Mac·leod [mə'klaʊd] *Familienname.*
Mad·a·gas·car [ˌmædə'gæskə] Mada'gaskar *n.*
Mad·e·leine ['mædlɪn; -leɪn] Magda'lena *f*, Magda'lene *f.*
Ma·dei·ra [mə'dɪərə] Ma'deira *n.*
Madge [mædʒ] *abbr. für* ***Margaret***.
Mad·i·son ['mædɪsn] *4. Präsident der USA; Hauptstadt von Wisconsin (USA).*
Ma·dras [mə'drɑːs] Madras *n.*
Mag·da·len ['mægdəlɪn] Magda'lena *f*, Magda'lene *f*; ***~ College*** ['mɔːdlɪn] *College in Oxford.*
Mag·da·lene ['mægdəlɪn] Magda'lena *f*, Magda'lene *f*; ***~ College*** ['mɔːdlɪn] *College in Cambridge.*
Mag·gie ['mægɪ] *abbr. für* ***Margaret***.
Ma·ho·met [mə'hɒmɪt] Mohammed *m.*
Maine [meɪn] *Staat der USA.*
Ma·jor·ca [mə'dʒɔːkə] Mal'lorca *n. (Baleareninsel).*
Ma·la·wi [mə'lɑːwɪ] Ma'lawi *n.*
Ma·lay·sia [mə'leɪzɪə] Ma'laysia *n.*
Mal·colm ['mælkəm] *m.*
Mal·dives ['mɔːldɪvz] *pl. die* Male'diven *pl.*
Ma·li ['mɑːlɪ] Mali *n.*
Mal·ta ['mɔːltə] Malta *n.*
Ma·mie ['meɪmɪ] *abbr. für* ***Mary***, ***Margaret***.
Man·ches·ter ['mæntʃɪstə] *Industriestadt in Nordwest-England. Verwaltungszentrum von* ***Greater Manchester***.
Man·chu·ri·a [mæn'tʃʊərɪə] die Mandschu'rei.
Man·dy ['mændɪ] *abbr. für* ***Amanda***.
Man·hat·tan [mæn'hætn] *Stadtbezirk von New York (USA).*
Man·i·to·ba [ˌmænɪ'təʊbə] *Provinz in Kanada.*
Mar·ga·ret ['mɑːgərɪt] Marga'reta *f*, Marga'rete *f.*
Mar·ge·ry ['mɑːdʒərɪ] *siehe* ***Margaret***.
Mar·gie ['mɑːdʒɪ] *abbr. für* ***Margaret***.
Ma·ri·a [mə'raɪə; mə'rɪə] Ma'ria *f.*
Mar·i·an ['meərɪən; 'mærɪən] Mari'anne *f.*
Ma·rie ['mɑːrɪ; mə'riː] Ma'rie *f.*
Mar·i·lyn ['mærɪlɪn] *f.*
Mar·i·on ['mærɪən; 'meərɪən] Marion *f.*
Mar·jo·rie, **Mar·jo·ry** ['mɑːdʒərɪ] *f.*
Mar·lowe ['mɑːləʊ] *englischer Dichter.*
Mar·tha ['mɑːθə] Mart(h)a *f.*
Mar·tin ['mɑːtɪn; *Am.* 'mɑːrtn] Martin *m.*
Mar·y ['meərɪ] Ma'ria *f*, Ma'rie *f.*
Mar·y·land ['meərɪlænd; *bsd. Am.* 'merɪlənd] *Staat der USA.*
Mar·y·le·bone ['mærələbən] *Stadtteil von London.*
Mas·sa·chu·setts [ˌmæsə'tʃuːsɪts] *Staat der USA.*
Ma(t)·thew ['mæθjuː] Mat'thäus *m.*
Maud [mɔːd] *abbr. für* ***Magdalen(e)***.
Maugham [mɔːm] *englischer Autor.*
Mau·reen ['mɔːriːn; *bsd. Am.* mɔː'riːn] *f.*
Mau·rice ['mɒrɪs] Moritz *m.*
Mau·ri·ta·nia [ˌmɒrɪ'teɪnjə] Maure'tanien *n.*
Mau·ri·ti·us [mə'rɪʃəs] Mau'ritius *n.*
Ma·vis ['meɪvɪs] *f.*
Max [mæks] Max *m.*
Max·ine ['mæksiːn; *bsd. Am.* mæk'siːn] *f.*
May [meɪ] *abbr. für* ***Mary***.
May·o ['meɪəʊ] *Name zweier amer. Chirurgen; Grafschaft in der Provinz Connacht (Irland).*
Mc·Cart·ney [mə'kɑːtnɪ] *englischer Musiker u. Komponist. Mitglied der „Beatles".*
Meath [miːð; miːθ] *Grafschaft in der Provinz Leinster (Irland).*
Med·i·ter·ra·ne·an (Sea) [ˌmedɪtə'reɪnjən('siː)] *das* Mittelmeer.
Meg [meg] *abbr. für* ***Margaret***.
Mel·bourne ['melbən] *Stadt in Australien.*
Mel·ville ['melvɪl] *amer. Autor.*
Mem·phis ['memfɪs] *Stadt in Tennessee (USA); antike Ruinenstadt am Nil, Nordägypten.*
Mer·i·on·eth(·shire) [ˌmerɪ'ɒnɪθ(ʃə)] *walisische Grafschaft (bis 1974).*
Mer·sey·side ['mɜːzɪsaɪd] *Stadtgrafschaft in Nordwest-England.*
Mer·ton ['mɜːtn] *Stadtbezirk von Groß-London.*

Me·thu·en ['meθjʊɪn] *Familienname.*
Mex·i·co ['meksɪkəʊ] Mexiko *n.*
Mi·am·i [maɪ'æmɪ] *Badeort in Florida (USA).*
Mi·chael ['maɪkl] Michael *m.*
Mi·chelle [miː'ʃel; mɪ'ʃel] Mi'chèle *f*, Mi'chelle *f.*
Mich·i·gan ['mɪʃɪgən] *Staat der USA*; ***Lake ~*** der Michigansee (*in Nordamerika*).
Mick [mɪk] *abbr. für* ***Michael***.
Mid·dles·brough ['mɪdlzbrə] *Hauptstadt von Cleveland (England).*
Mid·dle·sex ['mɪdlseks] *englische Grafschaft (bis 1974).*
Mid Gla·mor·gan [ˌmɪdglə'mɔːgən] *walisische Grafschaft.*
Mid·lands ['mɪdləndz] *pl. die* Midlands *pl. (die zentral gelegenen Grafschaften Mittelenglands: Warwickshire, Northamptonshire, Leicestershire, Nottinghamshire, Derbyshire, Staffordshire, West Midlands u. der Ostteil von Hereford and Worcester).*
Mid·lo·thi·an [mɪd'ləʊðjən] *schottische Grafschaft (bis 1975).*
Mid·west [ˌmɪd'west] *der* Mittlere Westen (*USA*).
Mi·ers ['maɪəz] *Familienname.*
Mike [maɪk] *abbr. für* ***Michael***.
Mi·lan [mɪ'læn] Mailand *n.*
Mil·dred ['mɪldrɪd] Miltraud *f*, Miltrud *f.*
Miles [maɪlz] *m.*
Mil·li·cent ['mɪlɪsnt] *f.*
Mil·lie, Mil·ly ['mɪlɪ] *abbr. für* ***Amelia, Emily, Mildred, Millicent***.
Mil·ton ['mɪltən] *englischer Dichter.*
Mil·wau·kee [mɪl'wɔːkiː] *Industriestadt in Wisconsin (USA).*
Min·ne·ap·o·lis [ˌmɪnɪ'æpəlɪs] *Stadt in Minnesota (USA).*
Min·ne·so·ta [ˌmɪnɪ'səʊtə] *Staat der USA.*
Mi·ran·da [mɪ'rændə] Mi'randa *f.*
Mir·i·am ['mɪrɪəm] *f.*
Mis·sis·sip·pi [ˌmɪsɪ'sɪpɪ] *Staat der USA; Fluss in USA.*
Mis·sou·ri [mɪ'zʊərɪ] *Staat der USA; Fluss in USA.*
Mitch·ell ['mɪtʃl] *Familienname; Vorname m.*
Moi·ra ['mɔɪərə] *f.*
Moll [mɒl], **Mol·ly** ['mɒlɪ] *Koseformen für* ***Mary***.
Mo·na·co ['mɒnəkəʊ] Mo'naco *n.*
Mon·a·ghan ['mɒnəhən] *Grafschaft im der Republik Irland zugehörigen Teil der Provinz Ulster.*
Mon·go·lia [mɒŋ'gəʊljə] die Mongo'lei.
Mon·go·li·an Peo·ple's Re·pub·lic [mɒŋ'gəʊljənˌpiːplzrɪ'pʌblɪk] *die* Mon'golische 'Volksrepuˌblik.
Mon·i·ca ['mɒnɪkə] Monika *f.*
Mon·mouth(·shire) ['mɒnməθ(ʃə)] *walisische Grafschaft (bis 1974).*
Mon·roe [mən'rəʊ] *5. Präsident der USA; amer. Filmschauspielerin.*
Mon·tan·a [mɒn'tænə] *Staat der USA.*
Mont·gom·er·y [mənt'gʌmərɪ] *brit. Feldmarschall; Hauptstadt von Alabama (USA); a.* **Mont'gom·er·y·shire** [-ʃə] *walisische Grafschaft (bis 1974).*
Mont·pe·lier [mɒnt'piːljə] *Hauptstadt von Vermont (USA).*
Mont·re·al [ˌmɒntrɪ'ɔːl] *Stadt in Kanada.*
Mo·ra·vi·a [mə'reɪvjə] Mähren *n.*
Mor·ay(·shire) ['mʌrɪ(ʃə)] *schottische Grafschaft (bis 1975).*
More [mɔː]: ***Thomas ~*** Thomas Morus.
Mo·roc·co [mə'rɒkəʊ] Ma'rokko *n.*
Mos·cow ['mɒskəʊ] Moskau *n.*
Mo·selle [məʊ'zel] Mosel *f.*
Mount Ev·er·est [ˌmaʊnt'evərɪst] *höchster Berg der Erde.*
Mount Mc·Kin·ley [ˌmaʊntmə'kɪnlɪ] *höchster Berg der USA, in Alaska.*
Mo·zam·bique [ˌməʊzəm'biːk] Moçam'bique *n*, Mosam'bik *n.*
Mu·nich ['mjuːnɪk] München *n.*
Mun·ster ['mʌnstə] *Provinz in Irland.*
Mu·ri·el ['mjʊərɪəl] *f.*
Mur·ray ['mʌrɪ] *Familienname; Fluss in Australien.*
My·an·mar ['mjænmɑː; ˌmaɪæn'mɑː] Myan'mar *n (Birma).*
My·ra ['maɪərə] *f.*

N

Nab·o·kov [nə'bəʊkɒf] *amer. Schriftsteller russischer Herkunft.*
Nairn(·shire) ['neən(ʃə)] *schottische Grafschaft (bis 1975).*
Na·mib·ia [nə'mɪbɪə] Na'mibia *n.*
Nan·cy ['nænsɪ] *f.*
Nan·ga Par·bat [ˌnʌŋgə'pɑːbət] *Berg im Himalaya.*
Na·o·mi ['neɪəmɪ] *f.*
Na·ples ['neɪplz] Ne'apel *n.*
Na·po·le·on [nə'pəʊljən] Na'poleon *m.*
Nash·ville ['næʃvɪl] *Hauptstadt von Tennessee (USA).*
Na·tal [nə'tæl] Natal *n.*
Nat·a·lie ['nætəlɪ] Na'talia *f*, 'Natalie *f.*
Na·than·iel [nə'θænjəl] Na't(h)anael *m.*
Na·u·ru [nɑː'uːruː] Na'uru *n.*
Naz·a·reth ['næzərɪθ] Nazareth *n.*
Neal [niːl] *m.*
Ne·bras·ka [nɪ'bræskə] *Staat der USA.*
Ned [ned] *abbr. für* ***Edmund, Edward.***
Neil(l) [niːl] *Vorname m; Familienname.*
Nell, Nel·ly ['nel(ɪ)] *abbr. für* ***Eleanor, Ellen, Helen***.
Nel·son ['nelsn] *brit. Admiral.*
Ne·pal [nɪ'pɔːl] Nepal *n.*
Neth·er·lands ['neðələndz] *pl. die* Niederlande *pl.*
Ne·va·da [ne'vɑːdə] *Staat der USA.*
Nev·il, Nev·ille ['nevɪl] *m.*
New·ark ['njuːək; *Am.* 'nuːərk] *Stadt in New Jersey (USA).*
New Bruns·wick [ˌnjuː'brʌnzwɪk] *Provinz in Kanada.*
New·bury ['njuːbərɪ] *Stadt in Berkshire (England).*
New·cas·tle ['njuːˌkɑːsl] *siehe* ***Newcastle-upon-Tyne***; *Stadt in New South Wales (Australien).*
New·cas·tle-up·on-Tyne ['njuːˌkɑːsləˌpɒn'taɪn] *Hauptstadt von Tyne and Wear (England).*
New Del·hi [ˌnjuː'delɪ] *Hauptstadt von Indien.*
New Eng·land [ˌnjuː'ɪŋglənd] Neu-'England *n (USA).*
New·found·land ['njuːfəndlənd] Neu'fundland *n (Provinz in Kanada).*
New Guin·ea [ˌnjuː'gɪnɪ] Neugui'nea *n.*
New·ham ['njuːəm] *Stadtbezirk von Groß-London.*
New Hamp·shire [ˌnjuː'hæmpʃə] *Staat der USA.*
New Jer·sey [ˌnjuː'dʒɜːzɪ] *Staat der USA.*
New Mex·i·co [ˌnjuː'meksɪkəʊ] *Staat der USA.*
New Or·le·ans [ˌnjuː'ɔːlɪənz] *Hafenstadt in Louisiana (USA).*
New South Wales [ˌnjuːsaʊθ'weɪlz] Neusüd'wales *n (Bundesstaat Australiens).*
New·ton ['njuːtn] *englischer Physiker.*
New York [ˌnjuː'jɔːk; *Am.* ˌnuː'jɔːk] *Staat der USA; größte Stadt der USA.*
New Zea·land [ˌnjuː'ziːlənd] Neu'seeland *n.*
Ni·ag·a·ra [naɪ'ægərə] Nia'gara *m.*
Nic·a·ra·gua [ˌnɪkə'rægjʊə] Nica'ragua *n.*
Nich·o·las ['nɪkələs] Nikolaus *m.*
Nick [nɪk] *abbr. für* ***Nicholas***.
Ni·gel ['naɪdʒəl] *m.*
Ni·ger ['naɪdʒə] Niger *m (Fluss in Westafrika)*; [niː'ʒeə] Niger *n (Republik in Westafrika).*
Ni·ge·ri·a [naɪ'dʒɪərɪə] Ni'geria *n.*
Nile [naɪl] Nil *m.*
Nix·on ['nɪksən] *37. Präsident der USA.*
No·bel [nəʊ'bel] *schwedischer Industrieller, Stifter des Nobelpreises.*
No·el ['nəʊəl] *m.*
No·ra ['nɔːrə] Nora *f.*
Nor·folk ['nɔːfək] *englische Grafschaft; Hafenstadt in Virginia (USA) u. Hauptstützpunkt der US-Atlantikflotte.*
Nor·man ['nɔːmən] *m.*
Nor·man·dy ['nɔːməndɪ] die Norman'die.
North·amp·ton [nɔː'θæmptən] *Stadt in Mittelengland; a.* **North'amp·ton·shire** [-ʃə] *englische Grafschaft.*
North Cape [ˌnɔːθ'keɪp] *das* Nordkap.
North Car·o·li·na [ˌnɔːθkærə'laɪnə] *Staat der USA.*
North Da·ko·ta [ˌnɔːθdə'kəʊtə] *Staat der USA.*
North·ern Ire·land [ˌnɔːðn'aɪələnd] Nord'irland *n.*
North·ern Ter·ri·to·ry [ˌnɔːðn'terɪtərɪ] 'Nordterriˌtorium *n (Australien).*
North Sea [ˌnɔːθ'siː] *die* Nordsee.
North·um·ber·land [nɔː'θʌmbələnd] *englische Grafschaft.*
North·west Ter·ri·tor·ies [ˌnɔːθ'west 'terɪtərɪz] Nord'westterriˌtorien *pl. (Kanada).*
North York·shire [ˌnɔːθ'jɔːkʃə] *englische Grafschaft.*
Nor·way ['nɔːweɪ] Norwegen *n.*
Nor·wich ['nɒrɪdʒ] *Stadt in Ostengland.*
Not·ting·ham ['nɒtɪŋəm] *Industriestadt in Mittelengland; a.* **'Not·ting·ham·shire** [-ʃə] *englische Grafschaft.*
No·va Sco·tia [ˌnəʊvə'skəʊʃə] Neu'schottland *n (Provinz in Kanada).*
Nu·rem·berg ['njʊərəmbɜːg] Nürnberg *n.*

O

Oak·land ['əʊklənd] *Hafenstadt in Kalifornien (USA).*
O'Ca·sey [əʊ'keɪsɪ] *irischer Dramatiker.*
O'Con·nor [əʊ'kɒnə] *Familienname.*
O·ce·an·i·a [ˌəʊʃɪ'eɪnjə] Oze'anien *n.*
O·dets [əʊ'dets] *amer. Dramatiker.*
Of·fa·ly ['ɒfəlɪ] *Grafschaft in der Provinz Leinster (Irland).*
O'Fla·her·ty [əʊ'fleətɪ; əʊ'flæhətɪ] *irischer Romanschriftsteller.*
O'Har·a [əʊ'hɑːrə; *Am.* əʊ'hærə] *Familienname.*
O·hi·o [əʊ'haɪəʊ] *Staat der USA; Fluss in den USA.*
O·kla·ho·ma [ˌəʊklə'həʊmə] *Staat der USA;* **~ Cit·y** *Hauptstadt von Oklahoma (USA).*
O'Lear·y [əʊ'lɪərɪ] *Familienname.*
Ol·ive ['ɒlɪv] O'livia *f.*
Ol·i·ver ['ɒlɪvə] Oliver *m.*
O·liv·i·a [ɒ'lɪvɪə] *f.*

O·liv·i·er [ə'lɪvɪeɪ]: ***Sir Laurence*** ~ *berühmter englischer Schauspieler.*
O·lym·pia [əʊ'lɪmpɪə] *Hauptstadt von Washington (USA).*
O·ma·ha ['əʊməhɑː; *Am. a.* -hɔː] *Stadt in Nebraska (USA).*
O·man [əʊ'mɑːn] O'man *n.*
O'Neill [əʊ'niːl] *amer. Dramatiker.*
On·ta·ri·o [ɒn'teərɪəʊ] *Provinz in Kanada;* **Lake** ~ der Ontariosee (*in Nordamerika*).
Or·ange ['ɒrɪndʒ] O'ranien *n* (*Herrscherfamilie*); O'ranje *m* (*Fluss in Südafrika*).
Or·e·gon ['ɒrɪgən] *Staat der USA.*
Ork·ney ['ɔːknɪ] *insulare Verwaltungsregion Schottlands (bis 1975 schottische Grafschaft);* ~ **Is·lands** [ˌɔːknɪ'aɪləndz] *pl. die* Orkneyinseln *pl.*
Or·well ['ɔːwəl] *englischer Autor.*
Os·borne ['ɒzbən] *englischer Dramatiker.*
Os·car ['ɒskə] Oskar *m.*
O'Shea [əʊ'ʃeɪ] *Familienname.*
Ost·end [ɒ'stend] Ost'ende *n.*
O'Sul·li·van [əʊ'sʌlɪvən] *Familienname.*
Os·wald ['ɒzwəld] Oswald *m.*
Ot·ta·wa ['ɒtəwə] *Hauptstadt von Kanada.*
Ouach·i·ta ['wɒʃɪtɔː] *Fluss in Arkansas u. Louisiana (USA).*
Oug·ham ['əʊkəm] *Familienname.*
Ouse [uːz] *englischer Flussname.*
Ow·en ['əʊɪn] *Familienname.*
Ow·ens ['əʊɪnz] *amer. Leichtathlet.*
Ox·ford ['ɒksfəd] *englische Universitätsstadt; a.* '**Ox·ford·shire** [-ʃə] *englische Grafschaft.*
O·zark Moun·tains [ˌəʊzɑːk'maʊntɪnz] *pl.*, **O·zark Pla·teau** [ˌəʊzɑːk'plætəʊ] *Plateau westlich des Mississippi in Missouri, Arkansas u. Oklahoma (USA).*

P

Pa·cif·ic (**O·cean**) [pə'sɪfɪk (pəˌsɪfɪk'əʊʃn)] *der* Pa'zifik, *der* Pa'zifische Ozean.
Pad·ding·ton ['pædɪŋtən] *Stadtteil von London.*
Pad·dy ['pædɪ] *abbr. für* ***Patricia***, ***Patrick***.
Paign·ton ['peɪntən] *Teilstadt von* ***Torbay*** *in Devon (England).*
Paine [peɪn] *amer. Staatstheoretiker englischer Herkunft.*
Pais·ley ['peɪzlɪ] *radikaler nordirischer protestantischer Politiker; Industriestadt in Schottland.*
Pak·i·stan [ˌpɑːkɪs'tɑːn] Pakistan *n.*
Pal·es·tine ['pæləstaɪn] Palä'stina *n.*
Pall Mall [ˌpæl'mæl] *Straße in London.*
Palm Beach [ˌpɑːm'biːtʃ; *Am. a.* ˌpɑːlm-] *Seebad in Florida (USA).*
Pal·mer ['pɑːmə; *Am. a.* 'pɑːl-] *Familienname.*
Pam [pæm] *abbr. für* ***Pamela***.
Pam·e·la ['pæmələ] Pa'mela *f.*
Pan·a·ma [ˌpænə'mɑː; 'pænəmɑː] Panama *n.*
Pa·pua New Gui·nea ['pɑːpʊəˌnjuː'gɪnɪ; 'pæpjʊə-] Papua-Neugui'nea *n.*
Par·a·guay ['pærəgwaɪ] Para'guay *n.*
Par·is ['pærɪs] Pa'ris *n.*
Pat [pæt] *abbr. für* ***Patricia***, ***Patrick***.
Pa·tience ['peɪʃns] *f.*
Pa·tri·cia [pə'trɪʃə] Pa'trizia *f.*
Pat·rick ['pætrɪk] Pa'trizius *m.*
Paul [pɔːl] Paul *m.*
Pau·la ['pɔːlə] Paula *f.*
Pau·line [pɔː'liːn; 'pɔːliːn] Pau'line *f.*
Pearl [pɜːl] *f.*
Pearl Har·bor [ˌpɜːl'hɑːbə] *Hafenstadt auf Hawaii (USA).*
Pears [pɪəz; peəz] *Familienname.*
Pear·sall ['pɪəsɔːl; -səl] *Familienname.*
Pear·son ['pɪəsn] *Familienname.*
Peart [pɪət] *Familienname.*
Pee·bles(**·shire**) ['piːblz(ʃə)] *schottische Grafschaft (bis 1975).*
Peg(**·gy**) ['peg(ɪ)] *abbr. für* ***Margaret***.
Pe·king [ˌpiː'kɪŋ] Peking *n.*
Pem·broke(**·shire**) ['pembrʊk(ʃə)] *walisische Grafschaft (bis 1974).*
Pe·nel·o·pe [pɪ'neləpɪ] Pe'nelope *f.*
Penn·syl·va·nia [ˌpensɪl'veɪnjə] *Staat der USA.*
Pen·ny ['penɪ] *abbr. für* ***Penelope***.
Pen·zance [pen'zæns] *westlichste Stadt Englands, in Cornwall.*
Pepys [piːps] *Verfasser berühmter Tagebücher.*
Per·cy ['pɜːsɪ] *m.*
Per·sia ['pɜːʃə; *Am.* 'pɜrʒə] Persien *n.*
Per·sian Gulf [ˌpɜːʃn'gʌlf] *der* Persische Golf.
Perth [pɜːθ] *Hauptstadt von West-Australien; Stadt in Tayside (Schottland); siehe* ***Perthshire***.
Perth·shire ['pɜːθʃə] *schottische Grafschaft (bis 1975).*
Pe·ru [pə'ruː] Pe'ru *n.*
Pete [piːt] *abbr. für* ***Peter***.
Pe·ter ['piːtə] Peter *m*, Petrus *m.*
Pe·ter·bor·ough ['piːtəbrə] *Stadt in Cambridgeshire (England).*
Phil·a·del·phia [ˌfɪlə'delfjə] *Stadt in Pennsylvania (USA).*
Phil·ip ['fɪlɪp] Philipp *m.*
Phi·lip·pa ['fɪlɪpə] Phi'lippa *f.*
Phil·ip·pines ['fɪlɪpiːnz] *pl. die* Philip'pinen *pl.*
Phoe·be ['fiːbɪ] Phöbe *f.*
Phoe·nix ['fiːnɪks] *Hauptstadt von Arizona (USA).*
Phyl·lis ['fɪlɪs] Phyllis *f.*
Pic·ca·dil·ly [pɪkə'dɪlɪ] *Straße in London.*
Pied·mont ['piːdmənt] Pie'mont *n.*
Pierce [pɪəs] *Familienname; Vorname m.*
Pierre [pɪə; *Am.* pɪər] *Hauptstadt von South Dakota (USA).*
Pin·ter ['pɪntə] *englischer Dramatiker.*
Pitts·burgh ['pɪtsbɜːg] *Stadt in Pennsylvania (USA).*
Plan·tag·e·net [plæn'tædʒənɪt] *englisches Herrschergeschlecht.*
Pla·to ['pleɪtəʊ] Plato(n) *m.*
Plym·outh ['plɪməθ] *Hafenstadt in Südengland.*
Poe [pəʊ] *amer. Dichter u. Schriftsteller.*
Po·land ['pəʊlənd] Polen *n.*
Pol·ly ['pɒlɪ] *Koseform von* ***Mary***.
Pol·y·ne·sia [ˌpɒlɪ'niːzjə; *Am.* -'niːʒə] Poly'nesien *n.*
Pom·er·a·nia [ˌpɒmə'reɪnjə] Pommern *n.*
Pope [pəʊp] *englischer Dichter.*
Port-au-Prince [ˌpɔːtəʊ'prɪns] *Hauptstadt von Haiti.*
Port E·liz·a·beth [ˌpɔːtɪ'lɪzəbəθ] *Hafenstadt in Südafrika.*
Port·land ['pɔːtlənd] *Hafenstadt in Maine (USA); Stadt in Oregon (USA).*
Ports·mouth ['pɔːtsməθ] *Hafenstadt in Südengland; Hafenstadt in Virginia (USA).*
Por·tu·gal ['pɔːtjʊgl; 'pɔːtʃʊgl] Portugal *n.*
Po·to·mac [pə'təʊmək] *Fluss in USA.*
Pound [paʊnd] *amer. Dichter.*
Pow·ell ['pəʊəl; 'paʊəl] *Familienname.*
Pow·lett ['pɔːlɪt] *Familienname.*
Pow·ys ['pəʊɪs; 'paʊɪs] *walisische Grafschaft; Familienname.*
Prague [prɑːg] Prag *n.*
Pre·to·ria [prɪ'tɔːrɪə] *Hauptstadt von Südafrika.*
Priest·ley ['priːstlɪ] *englischer Romanschriftsteller.*
Prince Ed·ward Is·land [prɪnsˌedwəd'aɪlənd] *Provinz in Kanada.*
Prince·ton ['prɪnstən] *Universitätsstadt in New Jersey (USA).*
Pris·cil·la [prɪ'sɪlə] Pris'cilla *f.*
Prit·chard ['prɪtʃəd] *Familienname.*
Prov·i·dence ['prɒvɪdəns] *Hauptstadt von Rhode Island (USA).*
Pru·dence ['pruːdns] Pru'dentia *f.*
Prus·sia ['prʌʃə] Preußen *n.*
Puer·to Ri·co [ˌpwɜːtəʊ'riːkəʊ] Puerto Rico *n.*
Pugh [pjuː] *Familienname.*
Pul·itz·er ['pʊlɪtsə; 'pjuː-] *amer. Journalist, Stifter des Pulitzerpreises.*
Pun·jab [ˌpʌn'dʒɑːb] Pan'dschab *n.*
Pur·cell ['pɜːsl] *englischer Komponist.*
Pyr·e·nees [ˌpɪrə'niːz; *Am.* 'pɪrəniːz] *pl. die* Pyre'näen *pl.*

Q

Qa·tar [kæ'tɑː; *Am.* 'kɑːtər] Quatar *n.*
Que·bec [kwɪ'bek] *Provinz u. Stadt in Kanada.*
Queen·ie ['kwiːnɪ] *f.*
Queens [kwiːnz] *Stadtbezirk von New York (USA).*
Queens·land ['kwiːnzlənd] *Bundesstaat Australiens.*
Quen·tin ['kwentɪn; *Am.* -tn] Quin'tin (-us) *m.*
Qui·nault ['kwɪnlt] *Familienname.*
Quin·c(**e**)**y** ['kwɪnsɪ] *Familienname; Vorname m, f.*

R

Ra·chel ['reɪtʃəl] Ra(c)hel *f.*
Rad·nor(**·shire**) ['rædnə(ʃə)] *walisische Grafschaft (bis 1974).*
Rae [reɪ] *Familienname; Vorname m, f.*
Ra·leigh ['rɔːlɪ; 'rɑːlɪ] *englischer Seefahrer; Hauptstadt von North Carolina (USA).*
Ralph [reɪf; rælf] Ralf *m.*
Ran·dolph ['rændɒlf] *m.*
Ran·dy ['rændɪ] *abbr. für* ***Randolph***.
Rat·is·bon ['rætɪzbɒn] Regensburg *n.*
Ra·wal·pin·di [ˌrɑːwəl'pɪndɪ] *Stadt in Pakistan.*
Ray [reɪ] *m, f.*
Ray·mond ['reɪmənd] Raimund *m.*
Read·ing ['redɪŋ] *Stadt in Südengland.*
Rea·gan ['reɪgən] *40. Präsident der USA.*
Re·bec·ca [rɪ'bekə] Re'bekka *f.*
Red·bridge ['redbrɪdʒ] *Stadtbezirk von Groß-London.*
Reg [redʒ] *abbr. für* ***Reginald***.
Re·gi·na [rɪ'dʒaɪnə] Re'gina *f*, Re'gine *f*; *Hauptstadt von Saskatchewan (Kanada).*
Reg·i·nald ['redʒɪnld] Re(g)inald *m.*
Reid [riːd] *Familienname.*
Ren·frew(**·shire**) ['renfruː(ʃə)] *schottische Grafschaft (bis 1975).*
Rhine [raɪn] Rhein *m.*
Rhode Is·land [ˌrəʊd'aɪlənd] *Staat der USA.*
Rhodes [rəʊdz] *brit.-südafrikan. Staatsmann;* Rhodos *n.*

Rho·de·sia [rəʊ'diːzjə; *Am.* -ʒə] Rho'desien *n* (*heutiger Name*: ***Zimbabwe***).
Rhon·dda ['rɒndə] *Stadt in Mid Glamorgan* (*Wales*).
Rich·ard ['rɪtʃəd] Richard *m*.
Rich·ard·son ['rɪtʃədsn] *englischer Autor*.
Rich·mond ['rɪtʃmənd] *Hauptstadt von Virginia* (*USA*); *Stadtbezirk von New York* (*USA*), *heute üblicherweise* ***Staten Island*** *genannt*; *siehe* ***Richmond-upon-Thames***.
Rich·mond-up·on-Thames ['rɪtʃmənd-əˌpɒn'temz] *Stadtbezirk von Groß-London*.
Ri·ta ['riːtə] Rita *f*.
Ro·a·noke [ˌrəʊə'nəʊk] *Fluss in Virginia u. North Carolina* (*USA*); *Stadt in Virginia* (*USA*); **~ *Island*** *Insel vor der Küste von North Carolina* (*USA*).
Rob·ert ['rɒbət] Robert *m*.
Rob·in ['rɒbɪn] *abbr. für* ***Robert***.
Rob·in Hood [ˌrɒbɪn'hʊd] *legendärer englischer Geächteter, Bandenführer u. Wohltäter der Armen zur Zeit Richards I.*
Roch·es·ter ['rɒtʃɪstə] *Stadt im Staat New York* (*USA*); *Stadt in Kent* (*England*).
Rock·e·fel·ler ['rɒkɪfelə] *amer. Industrieller*.
Rock·y Moun·tains [ˌrɒkɪ'maʊntɪnz] *pl. Gebirge in USA*.
Rod [rɒd] *abbr. für* ***Rodney***.
Rod·ney ['rɒdnɪ] *m*.
Rog·er ['rɒdʒə] Rüdiger *m*; Roger *m*.
Ro·ma·nia [ruː'meɪnjə; rʊ-; *Am.* rəʊ-] Ru'mänien *n*.
Rome [rəʊm] Rom *n*.
Ro·me·o ['rəʊmɪəʊ] *Bühnenfigur bei Shakespeare*.
Ron [rɒn] *abbr. für* ***Ronald***.
Ron·ald ['rɒnld] Ronald *m*.
Roo·se·velt ['rəʊzəvelt] *Name zweier Präsidenten der USA*.
Ros·a·lie ['rəʊzəlɪ; 'rɒz-] Ro'salia *f*, Ro'salie *f*.
Ros·a·lind ['rɒzəlɪnd] Rosa'linde *f*.
Ros·com·mon [rɒs'kɒmən] *Grafschaft in der Provinz Connaught* (*Irland*); *Hauptstadt dieser Grafschaft*.
Rose [rəʊz] Rosa *f*.
Rose·mar·y ['rəʊzmərɪ; *Am.* -merɪ] 'Rosemaˌrie *f*.
Ross and Cro·mar·ty [ˌrɒsən'krɒmətɪ] *schottische Grafschaft* (*bis 1975*).
Rouse [raʊs; ruːs] *Familienname*.
Routh [raʊθ] *Familienname*.
Rox·burgh(**·shire**) ['rɒksbərə(ʃə)] *schottische Grafschaft* (*bis 1975*).
Roy [rɔɪ] *m*.
Ru·dolf, Ru·dolph ['ruːdɒlf] Rudolf *m*, Rudolph *m*.
Rud·yard ['rʌdjəd] *m*.
Rug·by ['rʌgbɪ] *berühmte Public School*.
Ru·pert ['ruːpət] Rupert *m*.
Rus·sell ['rʌsl] *englischer Philosoph*.
Rus·sia ['rʌʃə] Russland *n*.
Ruth [ruːθ] Ruth *f*.
Rut·land(**·shire**) ['rʌtlənd(ʃə)] *englische Grafschaft* (*bis 1974*).
Rwan·da [rʊ'ændə] Ru'anda n.

S

Sac·ra·men·to [ˌsækrə'mentəʊ] *Hauptstadt von Kalifornien* (*USA*).
Sa·ha·ra [sə'hɑːrə; *Am. a.* sə'hærə; sə'heərə] Sa'hara *f*.
Sa·lem ['seɪləm] *Hauptstadt von Oregon* (*USA*).
Salis·bu·ry ['sɔːlzbərɪ] *früherer Name von* ***Harare***; *Stadt in Südengland*.
Sal·ly ['sælɪ] *abbr. für* ***Sara***(***h***).
Salt Lake Cit·y [ˌsɔːltleɪk'sɪtɪ] *Hauptstadt von Utah* (*USA*).
Sa·man·tha [sə'mænθə] *f*.
Sa·moa [sə'məʊə] Sa'moa *n* (*Inselgruppe im Pazifik*); ***Western ~*** West-Sa'moa *n* (*unabhängiger Inselstaat*).
Sam·son ['sæmsn] Samson *m*, Simson *m*.
Sam·u·el ['sæmjʊəl] Samuel *m*.
San An·to·nio [ˌsænæn'təʊnɪəʊ] *Stadt in Texas* (*USA*).
San Ber·nar·di·no [sænˌbɜːnə'diːnəʊ] *Stadt in Kalifornien* (*USA*).
Sand·hurst ['sændhɜːst] *Ort in Berkshire* (*England*) *mit berühmter Militärakademie*.
San Di·e·go [ˌsændɪ'eɪgəʊ] *Hafenstadt u. Flottenstützpunkt in Kalifornien* (*USA*).
San·dra ['sændrə] *abbr. für* ***Alexandra***.
San·dy ['sændɪ] *abbr. für* ***Alexander, Alexandra***.
San Fran·cis·co [ˌsænfrən'sɪskəʊ] San Fran'zisko *n* (*USA*).
San Ma·ri·no [ˌsænmə'riːnəʊ] San Ma'rino *n*.
San·ta Fe [ˌsæntə'feɪ] *Hauptstadt von New Mexico* (*USA*).
Sar·a(**h**) ['seərə] Sara *f*.
Sar·di·nia [sɑː'dɪnjə] Sar'dinien *n*.
Sas·katch·e·wan [səs'kætʃɪwən] *Provinz in Kanada*.
Sas·ka·toon [ˌsæskə'tuːn] *Stadt in Saskatchewan* (*Kanada*).
Sau·di A·ra·bi·a [ˌsaʊdɪə'reɪbɪə] Saudi-A'rabien *n*.
Sa·voy [sə'vɔɪ] Sa'voyen *n*.
Saw·yer ['sɔːjə] *Familienname*.
Sax·o·ny ['sæksnɪ] Sachsen *n*.
Scan·di·na·vi·a [ˌskændɪ'neɪvjə] Skandi'navien *n*.
Sche·nec·ta·dy [skɪ'nektədɪ] *Stadt im Staat New York* (*USA*).
Scot·land ['skɒtlənd] Schottland *n*.
Scott [skɒt] *schottischer Autor*; *englischer Polarforscher*.
Seam·us ['ʃeɪməs] *siehe* ***James***.
Sean [ʃɔːn] *siehe* ***John***.
Searle [sɜːl] *Familienname*.
Se·at·tle [sɪ'ætl] *Hafenstadt im Staat Washington* (*USA*).
Sedg·wick ['sedʒwɪk] *Familienname*.
Sel·kirk(**·shire**) ['selkɜːk(ʃə)] *schottische Grafschaft* (*bis 1975*).
Sen·e·gal [ˌsenɪ'gɔːl] Senegal *n*.
Seoul [səʊl] Se'oul *n*.
Ser·bi·a ['sɜːbɪə] Serbien *n*.
Sev·ern ['sevən] *Fluss in Wales u. West-England*.
Sew·ell ['sjuːəl; *Am.* 'suːəl] *Familienname*.
Sey·chelles [seɪ'ʃelz] *pl. die* Sey'chellen(-Inseln) *pl.*
Sey·mour ['siːmɔː; *schottisch* 'seɪmɔː] *m*.
Shake·speare ['ʃeɪkˌspɪə] *englischer Dichter u. Dramatiker*.
Shar·jah ['ʃɑːdʒə] Schardscha *n* (*Mitglied der Vereinigten Arabischen Emirate*).
Shaw [ʃɔː] *irischer Dramatiker*.
Shef·field ['ʃefiːld] *Industriestadt in Mittelengland*.
Shei·la ['ʃiːlə] *siehe* ***Celia***.
Shel·ley ['ʃelɪ] *englischer Dichter*.
Sher·lock ['ʃɜːlɒk] *m*.
Shet·land ['ʃetlənd] *insulare Verwaltungsregion Schottlands*; **~ Is·lands** [ˌʃetlənd'aɪləndz] *pl. die* Shetlandinseln *pl.*
Shir·ley ['ʃɜːlɪ] *f*.
Shrop·shire ['ʃrɒpʃə] *englische Grafschaft*.
Shy·lock ['ʃaɪlɒk] *Bühnenfigur bei Shakespeare*.
Si·am [ˌsaɪ'æm; 'saɪæm] Siam *n* (*früherer Name Thailands*).
Si·be·ri·a [saɪ'bɪərɪə] Si'birien *n*.
Sib·yl ['sɪbɪl] Si'bylle *f*.
Sic·i·ly ['sɪsɪlɪ] Si'zilien *n*.
Sid [sɪd] *abbr. für* ***Sidney*** (*Vorname*).
Sid·ney ['sɪdnɪ] *Familienname*; *Vorname m, f*.
Si·er·ra Le·one [sɪˌerəlɪ'əʊn] Sierra Le'one *n*.
Sik·kim ['sɪkɪm] Sikkim *n*.
Si·le·sia [saɪ'liːzjə] Schlesien *n*.
Sil·vi·a ['sɪlvɪə] Silvia *f*.
Si·mon ['saɪmən] Simon *m*.
Si·nai (**Pen·in·su·la**) ['saɪnɪaɪ (ˌ-pɪ'nɪnsjʊlə)] Sinai(halbinsel *f*) *n*.
Sin·clair ['sɪŋkleə] *amer. Autor*; *Vorname m*.
Sin·ga·pore [ˌsɪŋgə'pɔː] Singapur *n*.
Sing Sing ['sɪŋsɪŋ] *Staatsgefängnis von New York* (*USA*).
Sli·go ['slaɪgəʊ] *Grafschaft in der Provinz Connaught* (*Irland*); *Hauptstadt dieser Grafschaft*.
Sloan [sləʊn] *amer. Maler*.
Slough [slaʊ] *Stadt in Berkshire* (*England*).
Slo·vak·i·a [sləʊ'vækɪə] Slowakei *f*.
Slo·ve·ni·a [sləʊ'viːnɪə] Slowenien *n*.
Snow·don ['snəʊdn] *Berg in Wales*.
Soc·ra·tes ['sɒkrətiːz] Sokrates *m*.
Sol·o·mon ['sɒləmən] Salomo *m*.
So·ma·lia [səʊ'mɑːlɪə] So'malia *n*.
So·mers ['sʌməz] *Familienname*.
Som·er·set(**·shire**) ['sʌməsɪt(ʃə)] *englische Grafschaft*.
So·nia ['sɒnɪə] Sonja *f*.
So·phi·a [səʊ'faɪə] So'phia *f*, So'fia *f*.
Soph·o·cles ['sɒfəkliːz] Sophokles *m*.
South Af·ri·ca [ˌsaʊθ'æfrɪkə] Süd'afrika *n*.
South·amp·ton [saʊθ'æmptən] *Hafenstadt in Südengland*.
South Aus·tra·lia [ˌsaʊθɒ'streɪljə] Südau'stralien *n* (*Bundesstaat Australiens*).
South Car·o·li·na [ˌsaʊθkærə'laɪnə] *Staat der USA*.
South Da·ko·ta [ˌsaʊθdə'kəʊtə] *Staat der USA*.
South Gla·mor·gan [ˌsaʊθglə'mɔːgən] *walisische Grafschaft*.
Sou·they ['saʊθɪ; 'sʌðɪ] *englischer Dichter*.
South·wark ['sʌðək; 'saʊθwək] *Stadtbezirk von Groß-London*.
South York·shire [ˌsaʊθ'jɔːkʃə] *Stadtgrafschaft in Nordengland*.
So·viet Un·ion [ˌsəʊvɪət'juːnjən] *hist.*; *die* So'wjetuniˌon.
Spain [speɪn] Spanien *n*.
Spring·field ['sprɪŋfiːld] *Hauptstadt von Illinois* (*USA*); *Stadt in Massachusetts* (*USA*); *Stadt in Missouri* (*USA*).
Sri Lan·ka [ˌsriː'læŋkə] Sri Lanka *n*.
Staf·ford(**·shire**) ['stæfəd(ʃə)] *englische Grafschaft*.
Stan [stæn] *abbr. für* ***Stanley*** (*Vorname*).
Stan·ley ['stænlɪ] *englischer Afrikaforscher*; *Vorname m*.
Stat·en Is·land [ˌstætn'aɪlənd] *Insel an der Mündung des Hudson River in New York*; *Stadtbezirk von New York*.
Stein·beck ['staɪnbek] *amer. Autor*.
Stel·la ['stelə] Stella *f*.

Steph·a·nie ['stefənɪ] Stephanie *f*, Stefanie *f*.
Ste·phen ['sti:vn] Stephan *m*, Stefan *m*.
Ste·phen·son ['sti:vnsn] *englischer Erfinder.*
Steu·ben ['stju:bən; 'stu:-; 'ʃtɔɪ-] *amer. General preußischer Herkunft im amer. Unabhängigkeitskrieg.*
Steve [sti:v] *abbr. für* **Stephen**, **Steven**.
Ste·ven ['sti:vn] *siehe* **Stephen**.
Ste·ven·son ['sti:vnsn] *englischer Autor.*
Stew·art [stjʊət; 'stju:ət; *Am.* 'stu:ərt] *Familienname; Vorname m.*
Stir·ling(·shire) ['stɜ:lɪŋ(ʃə)] *schottische Grafschaft (bis 1975).*
St. John [snt'dʒɒn] *Hafenstadt an der Mündung des gleichnamigen Flusses in New Brunswick (Kanada);* ['sɪndʒən] *Familienname.*
St. John's [snt'dʒɒnz] *Hauptstadt von Neufundland (Kanada).*
St. Law·rence [snt'lɒrəns] Sankt-'Lorenz-Strom *m*.
St. Louis [snt'lʊɪs; *Am.* ˌseɪnt'lu:ɪs] *Industriestadt in Missouri (USA).*
Stone·henge [ˌstəʊn'hendʒ] *prähistorisches megalithisches Bauwerk bei Salisbury in Wiltshire (England).*
St. Pan·cras [snt'pæŋkrəs] *Stadtteil von London.*
St. Paul [snt'pɔ:l; *Am.* ˌseɪnt-] *Hauptstadt von Minnesota (USA).*
Stra·chey ['streɪtʃɪ] *englischer Biograph.*
Strat·ford on A·von [ˌstrætfədɒn'eɪvn] *Stadt in Mittelengland.*
Strath·clyde [stræθ'klaɪd] *Verwaltungsregion in Schottland.*
Stu·art [stjʊət; 'stju:ət; *Am.* 'stu:ərt] *schottisch-englisches Herrschergeschlecht; Vorname m.*
Styr·i·a ['stɪrɪə] die Steiermark.
Su·dan [su:'dɑ:n] *der* Su'dan.
Sud·bur·y ['sʌdbərɪ] *Stadt in Ontario (Kanada); Ort in Suffolk (England).*
Sue [sju:; su:] *abbr. für* **Susan**.
Su·ez ['sʊɪz; *Am.* su:'ez; 'su:ez] Suez *n*.
Suf·folk ['sʌfək] *englische Grafschaft.*
Sul·li·van ['sʌlɪvən] *Familienname.*
Su·ri·nam [ˌsʊərɪ'næm] Suri'nam *n*.
Su·ri·na·me [ˌsʊərɪ'næm] Suri'nam *n*.
Sur·rey ['sʌrɪ] *englische Grafschaft.*
Su·san ['su:zn] Su'sanne *f*.
Su·sie ['su:zɪ] Susi *f*.
Sus·que·han·na [ˌsʌskwɪ'hænə] *Fluss im Osten der USA.*
Sus·sex ['sʌsɪks] *englische Grafschaft.*
Suth·er·land ['sʌðələnd] *schottische Grafschaft (bis 1975).*
Sut·ton ['sʌtn] *Stadtbezirk von Groß-London.*
Su·zanne [su:'zæn] Su'sanne *f*, Su'sanna *f*.
Swan·sea ['swɒnzɪ] *Hafenstadt in Wales.*
Swa·zi·land ['swɑ:zɪlænd] Swasiland *n*.
Swe·den ['swi:dn] Schweden *n*.
Swift [swɪft] *irischer Autor.*
Swit·zer·land ['swɪtsələnd] die Schweiz.
Syd·ney ['sɪdnɪ] *Hauptstadt von New South Wales (Australien) u. größte Stadt Australiens.*
Syl·vi·a ['sɪlvɪə] Silvia *f*, Sylvia *f*.
Synge [sɪŋ] *irischer Dichter u. Dramatiker.*
Syr·a·cuse ['sɪrəkju:s] *Stadt im Staat New York (USA);* [*Brit.* 'saɪərəkju:z] Syrakus *n (Stadt auf Sizilien).*
Syr·ia ['sɪrɪə] Syrien *n*.

T

Ta·hi·ti [tɑ:'hi:tɪ; tə-] Ta'hiti *n*.
Tai·wan [ˌtaɪ'wɑ:n] Taiwan *n*.
Tal·la·has·see [ˌtælə'hæsɪ] *Hauptstadt von Florida (USA).*
Tam·pa ['tæmpə] *Stadt in Florida (USA).*
Tan·gier [tæn'dʒɪə] Tanger *n*.
Tan·za·nia [ˌtænzə'nɪə] Tansa'nia *n*.
Tas·ma·nia [tæz'meɪnjə] Tas'manien *n (Insel u. Bundesstaat Australiens).*
Tay·lor ['teɪlə] *Familienname.*
Tay·side ['teɪsaɪd] *Verwaltungsregion in Schottland.*
Ted(·dy) ['ted(ɪ)] *abbr. für* **Edward**, **Theodore**.
Tees·side ['ti:zsaɪd] *frühere Bezeichnung der Industrieregion um Middlesbrough (Nordengland), heute zu* **Cleveland** *gehörig.*
Teign·mouth ['tɪnməθ] *Stadt in Devon (England).*
Ten·e·rife, *früher* **Ten·e·riffe** [ˌtenə'ri:f] Tene'riffa *n*.
Ten·nes·see [ˌtenə'si:] *Staat der USA; Fluss in USA.*
Ten·ny·son ['tenɪsn] *englischer Dichter.*
Ter·ence ['terəns] *m*.
Te·re·sa [tə'ri:zə] Te'resa *f*, Te'rese *f*.
Ter·ry ['terɪ] *abbr. für* **Terence**, **T(h)eresa**.
Tess, **Tes·sa** ['tes(ə)] *abbr. für* **T(h)eresa**.
Tex·as ['teksəs] *Staat der USA.*
Thack·er·ay ['θækərɪ] *englischer Romanschriftsteller.*
Thai·land ['taɪlænd] Thailand *n*.
Thames [temz] Themse *f (Fluss in Südengland).*
That·cher ['θætʃə] *englische Premierministerin.*
The·a [θɪə; 'θi:ə] Thea *f*.
The·o ['θi:əʊ; 'θɪəʊ] Theo *m*.
The·o·bald ['θɪəʊbɔ:ld] Theobald *m*.
The·o·dore ['θɪədɔ:] Theodor *m*.
The·re·sa [tɪ'ri:zə] The'resa *f*, The'rese *f*.
Tho·mas ['tɒməs] Thomas *m*.
Tho·reau ['θɔ:rəʊ; *Am.* θə'rəʊ] *amer. Schriftsteller, Philosoph u. Sozialkritiker.*
Thu·rin·gi·a [θjʊə'rɪndʒɪə] Thüringen *n*.
Thu·ron [tʊ'rɒn] *Familienname.*
Ti·bet [tɪ'bet] Tibet *n*.
Ti·gris ['taɪgrɪs] Tigris *m*.
Tim [tɪm] *abbr. für* **Timothy**.
Tim·o·thy ['tɪməθɪ] Ti'motheus *m*.
Ti·na ['ti:nə] *abbr. für* **Christina**, **Christine**.
Tin·dale ['tɪndl] *Familienname.*
Tip·per·ary [ˌtɪpə'reərɪ] *Grafschaft in der Provinz Munster (Irland).*
To·bi·as [tə'baɪəs] To'bias *m*.
To·by ['təʊbɪ] *abbr. für* **Tobias**.
To·go ['təʊgəʊ] Togo *n*.
To·kyo ['təʊkjəʊ] Tokio *n*.
To·le·do [tə'li:dəʊ] *Stadt in Ohio (USA);* [*Brit.* tɒ'leɪdəʊ] *Stadt u. Provinz in Zentralspanien.*
Tol·kien ['tɒlki:n] *englischer Schriftsteller u. Philologe.*
Tom(·my) ['tɒm(ɪ)] *abbr. für* **Thomas**.
Ton·ga ['tɒŋə] Tonga *n (Inselgruppe u. Königreich im südwestl. Pazifik).*
To·ny ['təʊnɪ] Toni *m*.
To·pe·ka [təʊ'pi:kə] *Hauptstadt von Kansas (USA).*
Tor·bay [ˌtɔ:'beɪ] *Stadt in Devon (England); a.* **Tor Bay** *Bucht des Ärmelkanals an der Küste von Devon.*
To·ron·to [tə'rɒntəʊ] *Stadt in Kanada.*
Tor·quay [ˌtɔ:'ki:] *Teilstadt von* **Torbay** *in Devon (England).*
Tot·ten·ham ['tɒtnəm] *Stadtteil von Groß-London.*
Tour·neur ['tɜ:nə] *Familienname.*
Tow·er Ham·lets ['taʊəˌhæmlɪts] *Stadtbezirk von Groß-London.*
Toyn·bee ['tɔɪnbɪ] *englischer Historiker.*
Tra·cy ['treɪsɪ] *amer. Filmschauspieler; Vorname f, (seltener) m.*
Tra·fal·gar [trə'fælgə]: **Cape ~** Kap *n* Tra'falgar *(an der Südwestküste Spaniens);* **~ Square** *Platz in London.*
Trans·vaal ['trænzvɑ:l] Trans'vaal *n*.
Tran·syl·va·nia [ˌtrænsɪl'veɪnjə] Sieben'bürgen *n*.
Trent [trent] *Fluss in Mittelengland;* Tri'ent *n*.
Tren·ton ['trentən] *Hauptstadt von New Jersey (USA).*
Tre·vel·yan [trɪ'veljən; -'vɪl-] *Name zweier englischer Historiker.*
Treves [tri:vz] Trier *n*.
Trev·or ['trevə] *m*.
Tri·e·ste [tri:'est] Tri'est *n*.
Trin·i·dad and To·ba·go [ˌtrɪnɪdædntəʊ'beɪgəʊ] Trinidad und To'bago *n*.
Trol·lope ['trɒləp] *englischer Romanschriftsteller.*
Troy [trɔɪ] Troja *n (antike Stadt in Kleinasien am Eingang der Dardanellen); Name mehrerer Städte in USA (im Staat New York; in Michigan; in Ohio).*
Tru·man ['tru:mən] *33. Präsident der USA.*
Tuc·son [tu:'sɒn; 'tu:sɒn] *Stadt in Arizona (USA).*
Tu·dor ['tju:də] *englisches Herrschergeschlecht.*
Tu·ni·sia [tju:'nɪzɪə; *Am.* tu:'ni:ʒə; -'nɪʒə] Tu'nesien *n*.
Tur·key ['tɜ:kɪ] die Tür'kei.
Tur·ner ['tɜ:nə] *englischer Landschaftsmaler.*
Tus·ca·ny ['tʌskənɪ] die Tos'kana.
Twain [tweɪn] *amer. Autor.*
Twick·en·ham ['twɪknəm] *Stadtteil von Groß-London.*
Tyn·dale ['tɪndl] *englischer Bibelübersetzer.*
Tyne and Wear [ˌtaɪnənd'wɪə] *Stadtgrafschaft in Nordengland.*
Ty·rol ['tɪrəl; tɪ'rəʊl] Ti'rol *n*.
Ty·rone [tɪ'rəʊn] *nordirische Grafschaft.*

U

U·gan·da [ju:'gændə] U'ganda *n*.
U·ist ['ju:ɪst]: **North ~**, **South ~** *zwei Inseln der Äußeren Hebriden (Schottland).*
U·kraine [ju:'kreɪn] *die* Ukra'ine.
Ul·ster ['ʌlstə] *Provinz im Norden Irlands, seit 1921 zweigeteilt. 3 Grafschaften gehören heute zur Republik Irland, die restlichen 6 bilden das heutige Nordirland, Teil des Vereinigten Königreichs von Großbritannien u. Nordirland.*
U·lys·ses [ju:'lɪsi:z] *m*.
Un·ion of So·viet So·cial·ist Re·pub·lics [ˌju:njənəvˌsəʊvɪətˌsəʊʃəlɪstrɪ'pʌblɪks] *hist. die* Uni'on der Sozia'listischen So'wjetrepuˌbliken.
U·nit·ed Ar·ab E·mir·ates [ju:'naɪtɪdˌærəbe'mɪərəts] *pl. die* Vereinigten A'rabischen Emi'rate *pl.*
U·nit·ed King·dom [ju:ˌnaɪtɪd'kɪŋdəm] *das* Vereinigte Königreich *(Großbritannien u. Nordirland).*

U·nit·ed States of A·mer·i·ca [juːˌnaɪtɪdˌsteɪtsəvəˈmerɪkə] *pl. die* Vereinigten Staaten von Aˈmerika *pl.*
Up·dike [ˈʌpdaɪk] *amer. Schriftsteller.*
Up·per Vol·ta [ˌʌpəˈvɒltə] Oberˈvolta *n* (*ehemalige Bezeichnung für* ***Burkina Faso***).
U·ri·ah [ˌjʊəˈraɪə] Uˈria(s) *m*, Uriel *m.*
Ur·quhart [ˈɜːkət] *schottischer Schriftsteller u. Übersetzer.*
Ur·su·la [ˈɜːsjʊlə] Ursula *f.*
U·ru·guay [ˈjʊərʊgwaɪ; ˈʊrə-] Uruguay *n.*
U·tah [ˈjuːtɑː; -tɔː] *Staat der USA.*
Ut·tox·e·ter [juːˈtɒksɪtə; ʌˈtɒksɪtə] *Ort in Staffordshire* (*England*).

V

Val·en·tine [ˈvæləntaɪn] Valentin *m*; Valenˈtine *f.*
Va(l)·let·ta [vəˈletə] *Hauptstadt von Malta.*
Van·brugh [ˈvænbrə; vænˈbruː] *englischer Dramatiker u. Baumeister.*
Van·cou·ver [vænˈkuːvə] *Hafenstadt in Kanada.*
Van·der·bilt [ˈvændəbɪlt] *amer. Finanzier.*
Va·nes·sa [vəˈnesə] *f.*
Vat·i·can [ˈvætɪkən] *der* Vatiˈkan; **~ Cit·y** [ˌvætɪkənˈsɪtɪ] Vatiˈkanstadt *f.*
Vaughan [vɔːn] *Familienname*; **~ Wil·liams** [ˌvɔːnˈwɪljəmz] *englischer Komponist.*
Vaux [vɔːz; vɒks; vɔːks; vəʊks] *Familienname*; **de ~** [dɪˈvəʊ] *Familienname.*
Vaux·hall [ˌvɒksˈhɔːl] *Stadtteil von London.*
Ven·e·zu·e·la [ˌveneˈzweɪlə] Venezuˈela *n.*
Ven·ice [ˈvenɪs] Veˈnedig *n.*
Ve·ra [ˈvɪərə] Vera *f.*
Ver·gil [ˈvɜːdʒɪl] *siehe* ***Virgil***.
Ver·mont [vɜːˈmɒnt] *Staat der USA.*
Ver·ner [ˈvɜːnə] *Familienname.*
Ver·non [ˈvɜːnən] *m.*
Ve·ron·i·ca [vɪˈrɒnɪkə; və-] Veˈronika *f.*
Vick·y [ˈvɪkɪ] *abbr. für* ***Victoria***.
Vic·tor [ˈvɪktə] Viktor *m.*
Vic·to·ri·a [vɪkˈtɔːrɪə] Vikˈtoria *f*; *Bundesstaat Australiens*; *Hauptstadt von British Columbia* (*Kanada*); *Hauptstadt der ehemaligen brit. Kronkolonie Hongkong.*
Vi·en·na [vɪˈenə] Wien *n.*
Viet·nam, Viet Nam [ˌvjetˈnæm] Vietˈnam *n.*
Vi·o·la [ˈvaɪələ; ˈvɪəʊlə] Viˈola *f.*
Vi·o·let [ˈvaɪələt] Vioˈletta *f*, Vioˈlette *f.*
Vir·gil [ˈvɜːdʒɪl] Verˈgil *m* (*römischer Dichter*).
Vir·gin·ia [vəˈdʒɪnjə] *Staat der USA*; *Vorname f.*
Vis·tu·la [ˈvɪstjʊlə] Weichsel *f* (*Fluss*).
Viv·i·an [ˈvɪvɪən] *m*, (*seltener*) *f.*
Viv·i·en [ˈvɪvɪən] *f.*
Viv·i·enne [ˈvɪvɪən; ˌvɪvɪˈen] *f.*
Vol·ga [ˈvɒlgə] Wolga *f.*
Vosges [vəʊʒ] *pl. die* Voˈgesen *pl.*

W

Wa·bash [ˈwɔːbæʃ] *Nebenfluss des Ohio in Indiana u. Illinois* (*USA*).
Wad·dell [wɒˈdel; ˈwɒdl] *Familienname.*
Wad·ham [ˈwɒdəm] *Familienname.*
Wales [weɪlz] Wales *n.*
Wal·lace [ˈwɒlɪs] *englischer Autor.*
Wal·la·sey [ˈwɒləsɪ] *Stadt in Merseyside* (*England*).
Wal·pole [ˈwɔːlpəʊl] *Name zweier englischer Schriftsteller.*
Wal·ter [ˈwɔːltə] Walter *m.*
Wal·tham For·est [ˌwɔːlθəmˈfɒrɪst] *Stadtbezirk von Groß-London.*
Wands·worth [ˈwɒndzwəθ] *Stadtbezirk von Groß-London.*
War·hol [ˈwɔːhɔːl; ˈwɔːhəʊl] *amer. Pop-Art-Künstler u. Filmregisseur.*
War·saw [ˈwɔːsɔː] Warschau *n.*
War·wick(·shire) [ˈwɒrɪk(ʃə)] *englische Grafschaft.*
Wash·ing·ton [ˈwɒʃɪŋtən] *1. Präsident der USA*; *Staat der USA*; *a.* ***~ DC*** *Bundeshauptstadt der USA.*
Wa·ter·ford [ˈwɔːtəfəd] *Grafschaft in der Provinz Munster* (*Irland*); *Hauptstadt dieser Grafschaft.*
Wa·ter·loo [ˌwɔːtəˈluː] *Ort in Belgien.*
Wat·son [ˈwɒtsn] *Familienname.*
Watt [wɒt] *schottischer Erfinder.*
Waugh [wɔː] *englischer Romanschriftsteller.*
Wayne [weɪn] *amer. Filmschauspieler.*
Weald [wiːld]: ***the ~*** *Landschaft im südöstlichen England. Früher ausgedehntes Waldgebiet.*
Web·ster [ˈwebstə] *amer. Lexikograph.*
Wedg·wood [ˈwedʒwʊd] *englischer Keramiker.*
Wel·ling·ton [ˈwelɪŋtən] *brit. Feldherr*; *Hauptstadt von Neuseeland.*
Wem·bley [ˈwemblɪ] *Stadtteil von Groß-London.*
Wen·dy [ˈwendɪ] *f.*
Went·worth [ˈwentwəθ] *Familienname.*
West Brom·wich [ˌwestˈbrɒmɪdʒ] *Stadt in West Midlands* (*England*).
West·ern Aus·tra·lia [ˌwestənɒˈstreɪljə] ˈWestauˌstralien.
West·ern Isles [ˌwestənˈaɪlz] *Insulare Verwaltungsregion Schottlands.*
West·ern Sa·moa [ˌwestənsəˈməʊə] Westsaˈmoa *n.*
West Gla·mor·gan [ˌwestgləˈmɔːgən] *walisische Grafschaft.*
West In·dies [ˌwestˈɪndɪz] *pl.*: ***the ~*** die Westˈindischen Inseln *pl.*
West Lo·thi·an [ˌwestˈləʊðjən] *schottische Grafschaft* (*bis 1975*).
West·meath [westˈmiːð] *Grafschaft in der Provinz Leinster* (*Irland*).
West Mid·lands [ˌwestˈmɪdləndz] *pl. Stadtgrafschaft in Mittelengland.*
West·min·ster [ˈwesminstə] *a.* ***City of ~*** *Stadtbezirk von Groß-London.*
West·mor·land [ˈwesmələnd] *englische Grafschaft* (*bis 1974*).
West·pha·lia [westˈfeɪljə] Westˈfalen *n.*
West Vir·gin·ia [ˌwestvəˈdʒɪnjə] *Staat der USA.*
West York·shire [ˌwestˈjɔːkʃə] *Stadtgrafschaft in Nordengland.*
Wex·ford [ˈweksfəd] *Grafschaft in der Provinz Leinster* (*Irland*); *Hauptstadt dieser Grafschaft.*
Wey·mouth [ˈweɪməθ] *Badeort in Dorset* (*Südengland*); *Stadt in Massachusetts* (*USA*).
Whal·ley [ˈweɪlɪ; ˈwɔːlɪ] *Familienname.*
Whar·am [ˈweərəm] *Familienname.*
Whar·ton [ˈwɔːtn] *amer. Romanschriftstellerin.*
Whi·tack·er [ˈwɪtəkə] *Familienname.*
Whit·a·ker [ˈwɪtəkə] *Familienname.*
Whit·by [ˈwɪtbɪ] *Fischereihafen in North Yorkshire* (*England*); *Stadt in Ontario* (*Kanada*).
White·hall [ˌwaɪtˈhɔːl] *Straße in London.*
Whit·man [ˈwɪtmən] *amer. Dichter.*
Whit·ta·ker [ˈwɪtəkə] *Familienname.*
Wick·low [ˈwɪkləʊ] *Grafschaft in der Provinz Leinster* (*Irland*).
Wig·town(·shire) [ˈwɪgtən(ʃə)] *schottische Grafschaft* (*bis 1975*).
Wilde [waɪld] *englischer Dichter.*
Wil·der [ˈwaɪldə] *amer. Autor.*
Wil·fred [ˈwɪlfrɪd] Wilfried *m.*
Will [wɪl] *abbr. für* ***William***.
Wil·liam [ˈwɪljəm] Wilhelm *m.*
Wil·ming·ton [ˈwɪlmɪŋtən] *Hafenstadt in Delaware* (*USA*); *Hafenstadt in North Carolina* (*USA*).
Wil·son [ˈwɪlsn] *Familienname.*
Wilt·shire [ˈwɪltʃə] *englische Grafschaft.*
Wim·ble·don [ˈwɪmbldən] *Stadtteil von Groß-London* (*Tennisturniere*).
Win·ches·ter [ˈwɪntʃɪstə] *Hauptstadt von Hampshire* (*England*) *mit berühmter Public School.*
Wind·sor [ˈwɪnzə] *Stadt in Berkshire* (*England*); *Stadt in Ontario* (*Kanada*).
Win·i·fred [ˈwɪnɪfrɪd] *f.*
Win·nie [ˈwɪnɪ] *abbr. für* ***Winifred***.
Win·ni·peg [ˈwɪnɪpeg] *Hauptstadt von Manitoba* (*Kanada*).
Win·ston [ˈwɪnstən] *m.*
Wis·con·sin [wɪsˈkɒnsɪn] *Staat der USA*; *Fluss in Wisconsin* (*USA*).
Wi·tham [ˈwɪðəm] *Familienname*; *Fluss in Lincolnshire* (*England*).
Wit·ham [ˈwɪtəm] *Stadt in Essex* (*England*).
Wolds [wəʊldz]: ***the ~*** *Höhenzug in Nordostengland.*
Wolfe [wʊlf] *amer. Autor.*
Wol·lon·gong [ˈwʊləŋgɒŋ] *Industrie- u. Hafenstadt in New South Wales* (*Australien*).
Wol·sey [ˈwʊlzɪ] *englischer Kardinal u. Staatsmann.*
Wol·ver·hamp·ton [ˈwʊlvəˌhæmptən] *Industriestadt in West Midlands* (*England*).
Woolf [wʊlf] *englische Autorin.*
Wool·wich [ˈwʊlɪdʒ] *Stadtteil von Groß-London.*
Wor·ces·ter [ˈwʊstə] *Industriestadt in Mittelengland*; *a.* **ˈWor·ces·ter·shire** [-ʃə] *englische Grafschaft* (*bis 1974*).
Words·worth [ˈwɜːdzwəθ] *englischer Dichter.*
Wren [ren] *englischer Architekt.*
Wright [raɪt] *Name zweier amer. Flugpioniere.*
Wyc·liffe [ˈwɪklɪf] *englischer Reformator u. Bibelübersetzer.*
Wy·man [ˈwaɪmən] *Familienname.*
Wy·o·ming [waɪˈəʊmɪŋ] *Staat der USA.*

X

Xan·thip·pe [zænˈθɪpɪ] Xanˈthippe *f.*

Y

Yale [jeɪl] *hoher britischer Kolonialbeamter u. Förderer der Yale University in New Haven, Connecticut* (*USA*).
Yeat·man [ˈjiːtmən; ˈjeɪt- ˈjet-] *Familienname.*
Yeats [jeɪts] *irischer Dichter u. Dramatiker.*
Yel·low·stone [ˈjeləʊstəʊn] *Fluss im Nordwesten der USA*; *Nationalpark in Wyoming, Montana u. Idaho* (*USA*).
Ye·men [ˈjemən] *der* Jemen.
Yeo·vil [ˈjəʊvɪl] *Stadt in Somersetshire* (*England*).

Yonge [jʌŋ] *Familienname.*
Yon·kers ['jɒŋkəz; *Am.* 'jɑːŋkərz] *Stadt im Staat New York (USA).*
York [jɔːk] *Stadt in Nordost-England;* '**York·shire** [-ʃə]: (***North***, ***South***, ***West***) ~ *Grafschaften in England.*
Yo·sem·i·te Na·tion·al Park [jəʊ'semɪtɪˌnæʃənl'pɑːk] *Nationalpark in Kalifornien (USA).*
Yu·go·sla·via [ˌjuːgəʊ'slɑːvjə] Jugo'slawien *n.*
Yu·ill ['juːɪl] *Familienname.*
Yu·kon ['juːkɒn] *Strom im nordwestlichen Nordamerika; a.* ***the*** ~ *siehe* ***Yukon Territory***; ~ **Ter·ri·tor·y** [ˌjuːkɒn'terɪtərɪ] *Territorium im äußersten Nordwesten Kanadas.*
Y·vonne [ɪ'vɒn] I'vonne *f*, Y'vonne *f.*

Z

Zach·a·ri·ah [ˌzækə'raɪə], **Zach·a·ry** ['zækərɪ] Zacha'rias *m.*
Za·ire [zɑː'ɪə] *hist.* Za'ire *n.*
Zam·bia ['zæmbɪə] Sambia *n.*
Zan·zi·bar [ˌzænzɪ'bɑː; *Am.* 'zænzəbɑːr] Sansibar *n (zu Tansania gehörige Insel vor der Ostküste Afrikas).*
Zel·da ['zeldə] *f.*
Zet·land ['zetlənd] *schottische Grafschaft (bis 1975).*
Zim·ba·bwe [zɪm'bɑːbwɪ; -bweɪ] Sim'babwe *n (seit 1980 Name für* ***Rhodesia****).*
Zo·e ['zəʊɪ] Zoe *f.*
Zu·rich ['zjʊərɪk] Zürich *n.*

Unregelmäßige Verben

Irregular Verbs

Die an erster Stelle stehende Form bezeichnet den Infinitiv (infinitive). Nach dem ersten Gedankenstrich steht das Präteritum (past), nach dem zweiten das Partizip Perfekt (past participle).

abide – abode, abided – abode, abided
arise – arose – arisen
awake – awoke, awaked – awoken, awaked

backbite – backbit – backbitten, backbit
backslide – backslid – backslid, backslidden
be – was, were – been
bear – bore – borne
beat – beat – beaten, beat
become – became – become
befall – befell – befallen
beget – begot – begotten
begin – began – begun
behold – beheld – beheld
bend – bent – bent
bereave – bereft, bereaved – bereft, bereaved
beseech – besought, beseeched – besought, beseeched
beset – beset – beset
bespeak – bespoke – bespoken
bestrew – bestrewed – bestrewed, bestrewn
bestride – bestrode – bestridden, bestrid
bet – bet, betted – bet, betted
betake – betook – betaken
bethink – bethought – bethought
bid – bad(e), bid – bade, bid, bidden
bide – bode, bided – bided
bind – bound – bound
bite – bit – bitten, bit
bleed – bled – bled
blow – blew – blown
break – broke – broken
breed – bred – bred
bring – brought – brought
broadcast – broadcast, broadcasted – broadcast, broadcasted
browbeat – browbeat – browbeaten
build – built – built
burn – burnt, burned – burnt, burned
burst – burst – burst
buy – bought – bought

cast – cast – cast
catch – caught – caught
chide – chid, chided – chidden, chid, chided
choose – chose – chosen
cleave – cleft, clove, cleaved – cleft, cloven, cleaved
cling – clung – clung
come – came – come
cost – cost – cost
creep – crept – crept
cut – cut – cut

deal – dealt – dealt
deepfreeze – deepfroze, -freezed – deepfrozen, -freezed
dig – dug – dug
dive – dived, *Am.* dove – dived
do – did – done
draw – drew – drawn
dream – dreamt, dreamed – dreamt, dreamed
drink – drank – drunk
drive – drove – driven
dwell – dwelt, dwelled – dwelt, dwelled

eat – ate – eaten

fall – fell – fallen
feed – fed – fed
feel – felt – felt
fight – fought – fought
find – found – found
flee – fled – fled
fling – flung – flung
fly – flew – flown
forbear – forebore – foreborne
forbid – forbade, forbad – forbidden
forecast – forecast, forecasted – forecast, forecasted
forego – forewent – foregone
foreknow – foreknew – foreknown
foresee – foresaw – foreseen
foretell – foretold – foretold
forget – forgot – forgotten, forgot
forgive – forgave – forgiven
forgo – forwent – forgone
forsake – forsook – forsaken
forswear – forswore – forsworn
freeze – froze – frozen

gainsay – gainsaid – gainsaid
get – got – got, *Am.* gotten
gild – gilded, gilt – gilded, gilt
gird – girded, girt – girded, girt
give – gave – given
go – went – gone
grind – ground – ground
grow – grew – grown

hamstring – hamstrung – hamstrung
hang – hung, hanged – hung, hanged
have – had – had
hear – heard – heard
heave – heaved, hove – heaved, hove
hew – hewed – hewn, hewed
hide – hid – hidden, hid
hit – hit – hit
hold – held – held
hurt – hurt – hurt

inlay – inlaid – inlaid
inset – inset – inset

keep – kept – kept
kneel – knelt, kneeled – knelt, kneeled
knit – knitted, knit – knitted, knit
know – knew – known

lade – laded – laded, laden
lay – laid – laid
lead – led – led
lean – leant, leaned – leant, leaned
leap – leapt, leaped – leapt, leaped
learn – learnt, learned – learnt, learned
leave – left – left
lend – lent – lent
let – let – let
lie – lay – lain
light – lit, lighted – lit, lighted
lose – lost – lost

make – made – made
mean – meant – meant
meet – met – met
misbecome – misbecame – misbecome
miscast – miscast – miscast
misdeal – misdealt – misdealt
misgive – misgave – misgiven
mishear – misheard – misheard
mislay – mislaid – mislaid
mislead – misled – misled
misread – misread – misread
misspell – misspelt, misspelled – misspelt, misspelled
misspend – misspent – misspent
mistake – mistook – mistaken
misunderstand – misunderstood – misunderstood
mow – mowed – mown, mowed

offset – offset – offset
outbid – outbid – outbid, outbidden
outdo – outdid – outdone
outgo – outwent – outgone
outgrow – outgrew – outgrown
outride – outrode – outridden
outrun – outran – outrun
outsell – outsold – outsold
outshine – outshone – outshone
outsit – outsat – outsat
outspeed – outsped, outspeeded – outsped, outspeeded
outswim – outswam – outswum
outwear – outwore – outworn
overbear – overbore – overborne
overbid – overbid, overbade – overbid, overbidden
overbuild – overbuilt – overbuilt
overbuy – overbought – overbought
overcast – overcast – overcast

overcome – overcame – overcome
overdo – overdid – overdone
overdraw – overdrew – overdrawn
overdrive – overdrove – overdriven
overeat – overate – overeaten
overfeed – overfed – overfed
overgrow – overgrew – overgrown
overhang – overhung – overhung
overhear – overheard – overheard
overlay – overlaid – overlaid
overlie – overlay – overlain
overpay – overpaid – overpaid
override – overrode – overridden
overrun – overran – overrun
oversee – oversaw – overseen
overset – overset – overset
oversew – oversewed – oversewed, oversewn
overshoot – overshot – overshot
oversleep – overslept – overslept
overspeed – oversped, overspeeded – oversped, overspeeded
overspend – overspent – overspent
overspread – overspread – overspread
overtake – overtook – overtaken
overthrow – overthrew – overthrown
overwind – overwound – overwound

partake – partook – partaken
pay – paid – paid
put – put – put

read – read – read
rebroadcast – rebroadcast, rebroadcasted – rebroadcast, rebroadcasted
rebuild – rebuilt – rebuilt
recast – recast – recast
redo – redid – redone
redraw – redrew – redrawn
regrind – reground – reground
remake – remade – remade
rend – rent – rent
repay – repaid – repaid
reread – reread – reread
resell – resold – resold
reset – reset – reset
retake – retook – retaken
retell – retold – retold
rethink – rethought – rethought
rewrite – rewrote – rewritten
rid – rid, ridded – rid, ridded
ride – rode – ridden
ring – rang, rung – rung
rise – rose – risen
rive – rived – rived, riven
run – ran – run

saw – sawed – sawn, sawed
say – said – said
see – saw – seen
seek – sought – sought
sell – sold – sold
send – sent – sent
set – set – set
sew – sewed – sewn, sewed
shake – shook – shaken
shave – shaved – shaved, shaven
shed – shed – shed
shine – shone, shined – shone, shined
shit – shit, shat – shit
shoe – shod, shoed – shod, shoed
shoot – shot – shot
show – showed – shown, showed
shrink – shrank, shrunk – shrunk
shut – shut – shut
sing – sang, sung – sung
sink – sank, sunk – sunk
sit – sat – sat
slay – slew – slain
sleep – slept – slept
slide – slid – slid, slidden
sling – slung – slung
slink – slunk – slunk
slit – slit – slit
smell – smelt, smelled – smelt, smelled
smite – smote – smitten
sow – sowed – sown, sowed
speak – spoke – spoken
speed – sped, speeded – sped, speeded
spell – spelt, spelled – spelt, spelled
spend – spent – spent
spill – spilt, spilled – spilt, spilled
spin – spun, span – spun
spit – spat, spit – spat, spit
split – split – split
spoil – spoilt, spoiled – spoilt, spoiled
spoonfeed – spoonfed – spoonfed
spread – spread – spread
spring – sprang, sprung – sprung
stand – stood – stood
stave – staved, stove – staved, stove
steal – stole – stolen
stick – stuck – stuck
sting – stung – stung
stink – stank, stunk – stunk
strew – strewed – strewn, strewed
stride – strode – stridden, strid, strode
strike – struck – struck
string – strung – strung
strive – strove, strived – striven, strived
sublet – sublet – sublet
swear – swore – sworn
sweat – sweat, sweated – sweat, sweated
sweep – swept – swept
swell – swelled – swollen, swelled
swim – swam, swum – swum
swing – swung – swung
take – took – taken
teach – taught – taught
tear – tore – torn
telecast – telecast – telecast
tell – told – told
think – thought – thought
thrive – thrived, throve – thrived, thriven
throw – threw – thrown
thrust – thrust – thrust
tread – trod – trodden, trod
typecast – typecast – typecast

unbend – unbent – unbent
unbind – unbound – unbound
underbid – underbid – underbid, underbidden
undercut – undercut – undercut
undergo – underwent – undergone
underlay – underlaid – underlaid
underlet – underlet – underlet
underlie – underlay – underlain
underpay – underpaid – underpaid
undersell – undersold – undersold
understand – understood – understood
undertake – undertook – undertaken
underwrite – underwrote – underwritten
undo – undid – undone
unlade – unladed – unladen, unladed
unlearn – unlearned, unlearnt – unlearned, unlearnt
unmake – unmade – unmade
unsay – unsaid – unsaid
unstick – unstuck – unstuck
unstring – unstrung – unstrung
unwind – unwound – unwound
uphold – upheld – upheld
upset – upset – upset

wake – woke, waked – woken, waked
wear – wore – worn
weave – wove – woven
wed – wedded, wed – wedded, wed
weep – wept – wept
wet – wetted, wet – wetted, wet
win – won – won
wind – wound – wound
withdraw – withdrew – withdrawn
withhold – withheld – withheld
withstand – withstood – withstood
wring – wrung – wrung
write – wrote – written

Zahlwörter
Numerals

Grundzahlen
Cardinal Numbers

0 nought, zero, cipher; *teleph.* 0 [əʊ] *null*
1 one *eins*
2 two *zwei*
3 three *drei*
4 four *vier*
5 five *fünf*
6 six *sechs*
7 seven *sieben*
8 eight *acht*
9 nine *neun*
10 ten *zehn*
11 eleven *elf*
12 twelve *zwölf*
13 thirteen *dreizehn*
14 fourteen *vierzehn*
15 fifteen *fünfzehn*
16 sixteen *sechzehn*
17 seventeen *siebzehn*
18 eighteen *achtzehn*
19 nineteen *neunzehn*
20 twenty *zwanzig*
21 twenty-one *einundzwanzig*
22 twenty-two *zweiundzwanzig*
30 thirty *dreißig*
31 thirty-one *einunddreißig*
40 forty *vierzig*
41 forty-one *einundvierzig*
50 fifty *fünfzig*
51 fifty-one *einundfünfzig*
60 sixty *sechzig*
61 sixty-one *einundsechzig*
70 seventy *siebzig*
71 seventy-one *einundsiebzig*
80 eighty *achtzig*
81 eighty-one *einundachtzig*
90 ninety *neunzig*
91 ninety-one *einundneunzig*
100 a *od.* one hundred *hundert*
101 hundred and one *hundert(und)-eins*
200 two hundred *zweihundert*
300 three hundred *dreihundert*
572 five hundred and seventy-two *fünfhundert(und)zweiundsiebzig*
1,000 a *od.* one thousand *(ein)tausend*
1066 *Jahreszahl:* ten sixty-six *tausend-sechsundsechzig*
1992 *Jahreszahl:* nineteen (hundred and) ninety-two *neunzehnhundert-zweiundneunzig*
2,000 two thousand *zweitausend*
5044 *teleph.* five 0 double four *fünfzig vierundvierzig*
1,000,000 a *od.* one million *eine Million*
2,000,000 two million *zwei Millionen*
1,000,000,000 a *od.* one billion *eine Milliarde*

Ordnungszahlen
Ordinal Numbers

1st first *erste*
2nd second *zweite*
3rd third *dritte*
4th fourth *vierte*
5th fifth *fünfte*
6th sixth *sechste*
7th seventh *siebente*
8th eighth *achte*
9th ninth *neunte*
10th tenth *zehnte*
11th eleventh *elfte*
12th twelfth *zwölfte*
13th thirteenth *dreizehnte*
14th fourteenth *vierzehnte*
15th fifteenth *fünfzehnte*
16th sixteenth *sechzehnte*
17th seventeenth *siebzehnte*
18th eighteenth *achtzehnte*
19th nineteenth *neunzehnte*
20th twentieth *zwanzigste*
21st twenty-first *einundzwanzigste*
22nd twenty-second *zweiundzwanzigste*
23rd twenty-third *dreiundzwanzigste*
30th thirtieth *dreißigste*
31st thirty-first *einunddreißigste*
40th fortieth *vierzigste*
41st forty-first *einundvierzigste*
50th fiftieth *fünfzigste*
51st fifty-first *einundfünfzigste*
60th sixtieth *sechzigste*
61st sixty-first *einundsechzigste*
70th seventieth *siebzigste*
71st seventy-first *einundsiebzigste*
80th eightieth *achtzigste*
81st eighty-first *einundachtzigste*
90th ninetieth *neunzigste*
100th (one) hundredth *hundertste*
101st hundred and first *hundertund-erste*
200th two hundredth *zweihundertste*
300th three hundredth *dreihundertste*
572nd five hundred and seventy--second *fünfhundertundzweiundsiebzigste*
1000th (one) thousandth *tausendste*
1950th nineteen hundred and fiftieth *neunzehnhundertfünfzigste*
2000th two thousandth *zweitausendste*
1,000,000th millionth *millionste*
2,000,000th two millionth *zweimillionste*

Bruchzahlen und andere Zahlenwerte
Fractions and Other Numerical Values

$^1/_2$ one *od.* a half *ein halb*
$1^1/_2$ one and a half *anderthalb*
$2^1/_2$ two and a half *zweieinhalb*
$^1/_3$ one *od.* a third *ein Drittel*
$^2/_3$ two thirds *zwei Drittel*
$^1/_4$ one *od.* a quarter, one fourth *ein Viertel*
$^3/_4$ three quarters, three fourths *drei Viertel*
$^1/_5$ one *od.* a fifth *ein Fünftel*
$3^4/_5$ three and four fifths *drei vier Fünftel*
$^5/_8$ five eighths *fünf Achtel*
$^{12}/_{20}$ twelve twentieths *zwölf Zwanzigstel*
$^{75}/_{100}$ seventy-five hundredths *fünfundsiebzig Hundertstel*

0.45 (nought [nɔːt]) point four five *null Komma vier fünf*
2.5 two point five *zwei Komma fünf*

once *einmal*
twice *zweimal*
three **(four) times** *drei-(vier)mal*
twice **as much (many)** *zweimal* od. *doppelt so viel(e)*
firstly **(secondly, thirdly), in the first (second, third) place** *erstens (zweitens, drittens)*

7 + 8 **= 15** seven and *od.* plus eight are fifteen *sieben und* od. *plus acht ist fünfzehn*
9 – 4 **= 5** nine minus *od.* less four is five *neun minus* od. *weniger vier ist fünf*
2 × 3 **= 6** twice three is *od.* makes six *zweimal drei ist sechs*
20 ÷ 5 **= 4** twenty divided by five is four *zwanzig dividiert* od. *geteilt durch fünf ist vier*

Britische und amerikanische Maße und Gewichte

British and American Weights and Measures

Längenmaße
Linear Measures

1 inch = 2,54 cm
1 foot = 12 inches = 30,48 cm
1 yard = 3 feet = 91,44 cm
1 (statute) mile
= 1760 yards = 1,609 km
1 hand = 4 inches = 10,16 cm
1 rod (perch, pole)
= $5\frac{1}{2}$ yards = 5,029 m
1 chain = 4 rods = 20,117 m
1 furlong = 10 chains
= 201,168 m

Nautische Maße
Nautical Measures

1 fathom = 6 feet = 1,829 m
1 cable's length
= 100 fathoms = 182,9 m
⚓ ⚔ *Brit.* = 608 feet
= 185,3 m
⚓ ⚔ *Am.* = 720 feet
= 219,5 m
1 nautical mile
= 10 cables' length
= 1,852 km

Flächenmaße
Square Measures

1 square inch = 6,452 cm^2
1 square foot = 144 square inches
= 929,029 cm^2
1 square yard = 9 square feet
= 8361,26 cm^2
1 acre = 4840 square yards
= 4046,8 m^2
1 square mile = 640 acres
= 259 ha = 2,59 km^2
1 square rod (square pole, square perch) = $30\frac{1}{4}$ square yards
= 25,293 m^2

1 rood = 40 square rods
= 1011,72 m^2
1 acre = 4 roods = 4046,8 m^2

Raummaße
Cubic Measures

1 cubic inch = 16,387 cm^3
1 cubic foot = 1728 cubic inches
= 0,02832 m^3
1 cubic yard = 27 cubic feet
= 0,7646 m^3

Britische Hohlmaße
British Measures of Capacity

Trocken- und Flüssigkeitsmaße
Dry and Liquid Measures

1 gill	= 0,142 l	
1 pint	= 4 gills	= 0,568 l
1 quart	= 2 pints	= 1,136 l
1 gallon	= 4 quarts	= 4,5459 l
1 quarter	= 64 gallons	= 290,935 l

Trockenmaße – Dry Measures

1 peck	= 2 gallons	= 9,092 l
1 bushel	= 4 pecks	= 36,368 l

Flüssigkeitsmaß – Liquid Measure

1 barrel = 36 gallons = 163,656 l

Amerikanische Hohlmaße
American Measures of Capacity

Trockenmaße – Dry Measure

1 pint	= 0,5506 l	
1 quart	= 2 pints	= 1,1012 l
1 gallon	= 4 quarts	= 4,405 l
1 peck	= 2 gallons	= 8,8096 l
1 bushel	= 4 pecks	= 35,2383 l

Flüssigkeitsmaße – Liquid Measure

1 gill	= 0,1183 l	
1 pint	= 4 gills	= 0,4732 l
1 quart	= 2 pints	= 0,9464 l
1 gallon	= 4 quarts	= 3,7853 l
1 barrel	= 31.5 gallons	
	= 119,228 l	
1 hogshead	= 2 barrels	= 238,456 l
1 barrel petroleum		
	= 42 gallons	= 158,97 l

Apothekermaße (Flüssigkeiten)
Apothecaries' Fluid Measures

1 minim *Brit.* = 0,0592 ml
Am. = 0,0616 ml
1 fluid dram = 60 minims
Brit. = 3,5515 ml
Am. = 3,6966 ml

1 fluid ounce = 8 drams
Brit. = 0,0284 l
Am. = 0,0296 l
1 pint *Brit.* = 20 fluid ounces
= 0,5683 l
Am. = 16 fluid ounces
= 0,4732 l

Handelsgewichte
Avoirdupois Weights

1 grain = 0,0648 g
1 dram = 27.3438 grains
= 1,772 g

1 ounce = 16 drams = 28,35 g
1 pound = 16 ounces = 453,59 g
1 hundredweight = 1 quintal
Brit. = 112 pounds
= 50,802 kg
Am. = 100 pounds
= 45,359 kg
1 long ton
Brit. = 20 hundredweights
= 1016,05 kg
1 short ton
Am. = 20 hundredweights
= 907,185 kg
1 stone = 14 pounds = 6,35 kg
1 quarter
Brit. = 28 pounds
= 12,701 kg
Am. = 25 pounds
= 11,339 kg

Troygewichte
Troy Weights

1 grain = 0,0648 g
1 pennyweight
= 24 grains = 1,5552 g
1 ounce = 20 pennyweights
= 31,1035 g
1 pound = 12 ounces
= 373,2418 g

Wortbeispiele für britisches und amerikanisches Englisch

British and American English

* Die mit einem Sternchen gekennzeichneten Wörter werden inzwischen auch im britischen Englisch verwendet.

britisch	*amerikanisch*	*Übersetzung*
full stop	**period**, *bei Internet-Adressen:* **dot***	Punkt
holiday	**vacation**	Urlaub
holidays *pl.*	**vacation**	(Schul)Ferien
public school	**private school**	Privatschule
rubber	**eraser***	Radiergummi
braces *pl.*	**suspenders** *pl.*	Hosenträger *pl.*
fringe	**bangs** *pl.*	Pony (*Frisur*)
trousers *pl.*	**pants** *pl.*	Hose
vest	**undershirt**	Unterhemd
waistcoat	**vest**	Weste
zip	**zipper**	Reißverschluss
aubergine	**eggplant**	Aubergine
biscuit	**cooky**, **cookie**	Keks
chips *pl.*	**(French) fries*** *pl.*	Pommes frites
crisps *pl.*	**potato chips** *pl.*	Chips
ice lolly	**popsicle**	Eis am Stiel
jam	**jelly**	Marmelade
sweet	**candy**	Bonbon
chemist's	**pharmacy**, **drugstore**	Apotheke
cinema	**movie theater**	Kino
film	**movie***	(Kino)Film
shop	**store***	Geschäft
bill	**check**	Rechnung
note	**bill**	Geldschein
handbag	**purse**, **pocketbook**	Handtasche
purse	**wallet**, **coin purse**	Portemonnaie
wallet	**billfold**	Brieftasche
accelerator	**gas pedal**	Gaspedal
boot	**trunk**	Kofferraum
bonnet	**hood**	Motorhaube
driving licence	**driver's license**	Führerschein
hire a car	**rent a car***	ein Auto mieten
motorway	**highway**, **freeway**	Autobahn
pavement	**sidewalk**	Bürgersteig

Wortbeispiele für britisches und amerikanisches Englisch

britisch	*amerikanisch*	*Übersetzung*
petrol	**gas, gasoline**	Benzin
petrol station	**gas station**	Tankstelle
public transport	**public transportation**	öffentliche Verkehrsmittel
rails *pl.*	**tracks*** *pl.*	Gleis(e)
railway	**railroad**	Bahn
roundabout	**traffic circle**	Kreisverkehr
saloon	**sedan** [sɪˈdæn]	Limousine
subway	**(pedestrian) underpass***	Fußgängerunterführung
taxi	**cab***	Taxi
timetable	**schedule** [ˈskedʒuːl]	Fahrplan
underground	**subway**	U-Bahn
windscreen	**windshield***	Windschutzscheibe
city centre	**downtown**	City, Innenstadt
cloakroom	**checkroom**	Garderobe
cupboard	**closet**	Schrank
first floor	**second floor**	1. Stock
flat	**apartment***	Wohnung
ground floor	**first floor**	Erdgeschoss
lift	**elevator**	Aufzug
tap	**faucet** [ˈfɔːsɪt]	Wasserhahn
toilet	**bathroom, restroom**	W.C.
parcel	**package***	Päckchen, Paket
postbox	**mailbox**	Briefkasten
postcode	**zip code**	Postleitzahl
send	**mail***	schicken
cotton wool	**cotton**	Watte
dummy	**pacifier**	Schnuller
nappy	**diaper** [ˈdaɪəpə]	Babywindel
pram	**baby carriage**	Kinderwagen
aluminium	**aluminum**	Aluminium
autumn	**fall**	Herbst
chat show	**talk show**	Talkshow
drawing pin	**thumbtack**	Reißzwecke
football	**soccer***	Fußball
queue	**line***	Warteschlange
rubbish	**garbage***	Abfall
torch	**flashlight**	Taschenlampe
sorry	**excuse me**	Entschuldigung
pardon?, sorry?	**excuse me?**	Wie bitte?
of course	**sure***	Natürlich

Einige bekannte englische Sprichwörter

Some English Proverbs

Absence makes the heart grow fonder.	Durch die Ferne wächst die Liebe.
All that glitters is not gold.	Es ist nicht alles Gold, was glänzt.
A stitch in time saves nine.	Gleich getan ist viel gespart.
Beauty is in the eye of the beholder.	Schön ist, was gefällt.
Don't count your chickens before they're hatched.	Man soll den Tag nicht vor dem Abend loben.
Don't put all your eggs in one basket.	Man sollte nicht alles auf eine Karte setzen.
It never rains but it pours.	Ein Unglück kommt selten allein.
It's no use crying over spilt milk.	Was geschehen ist, ist geschehen.
It takes two to tango.	Dazu gehören immer zwei.
Make hay while the sun shines.	Man soll das Eisen schmieden, solange es heiß ist.
Marry in haste, repent at leisure.	Heiraten in Eile bereut man in Weile.
Necessity is the mother of invention.	Not macht erfinderisch.
No news is good news.	Keine Nachricht ist gute Nachricht.
Nothing ventured, nothing gained.	Wer nicht wagt, der nicht gewinnt.
Once bitten, twice shy.	Ein gebranntes Kind scheut das Feuer.
Out of sight, out of mind.	Aus den Augen, aus dem Sinn.
The early bird catches the worm.	Morgenstund hat Gold im Mund.
The proof of the pudding is in the eating.	Probieren geht über Studieren.
Too many cooks spoil the broth.	Viele Köche verderben den Brei.
Variety is the spice of life.	In der Abwechslung liegt die Würze des Lebens.
When the cat's away the mice will play.	Wenn die Katze aus dem Haus ist, tanzen die Mäuse auf dem Tisch.
You can't have your cake and eat it.	Man kann nicht alles haben.
You can't make an omelette without breaking eggs.	Wo gehobelt wird, da fallen Späne.

Kennzeichnung der Kinofilme

(in Großbritannien)

Film Certifications in Great Britain

U Universal. Suitable for all ages.
Für alle Altersstufen geeignet.

PG Parental Guidance. Some scenes may be unsuitable for young children.
Einige Szenen ungeeignet für Kinder. Erklärung und Orientierung durch Eltern sinnvoll.

15 No person under 15 years admitted when a "15" film is in the programme.
Nicht freigegeben für Jugendliche unter 15 Jahren.

18 No person under 18 years admitted when an "18" film is in the programme.
Nicht freigegeben für Jugendliche unter 18 Jahren.

Kennzeichnung der Kinofilme

(in USA)

Film Certifications in the US

G General audiences. All ages admitted.
Für alle Altersstufen geeignet.

PG Parental guidance suggested. Some material may not be suitable for children.
Einige Szenen ungeeignet für Kinder. Erklärung und Orientierung durch Eltern sinnvoll.

R Restricted. Under 17 requires accompanying parent or adult guardian.
Für Jugendliche unter 17 Jahren nur in Begleitung eines Erziehungsberechtigten.

X No one under 17 admitted.
Nicht freigegeben für Jugendliche unter 17 Jahren.

Fieberthermometer

(Clinical) Thermometer

°C (Celsius)	°F (Fahrenheit)
42.0	107.6
41.8	107.2
41.6	106.9
41.4	106.5
41.2	106.2
41.0	105.8
40.8	105.4
40.6	105.1
40.4	104.7
40.2	104.4
40.0	104.0
39.8	103.6
39.6	103.3
39.4	102.9
39.2	102.6
39.0	102.2
38.8	101.8
38.6	101.5
38.4	101.1
38.2	100.8
38.0	100.4
37.8	100.0
37.6	99.7
37.4	99.3
37.2	99.0
37.0	98.6
36.8	98.2
36.6	97.9

Temperatur-Umrechnungstabelle

Temperature Conversion Table

°C (Celsius)	°F (Fahrenheit)
100	212
95	203
90	194
85	185
80	176
75	167
70	158
65	149
60	140
55	131
50	122
45	113
40	104
35	95
30	86
25	77
20	68
15	59
10	50
5	41
0	32
– 5	23
– 10	14
– 15	5
– 17.8	0
– 20	– 4
– 25	– 13
– 30	– 22
– 35	– 31
– 40	– 40
– 45	– 49
– 50	– 58

Umrechnungsregeln

Temperature Conversion Equations

$$°F = \frac{9}{5}°C + 32$$

$$°C = (°F - 32)\frac{5}{9}$$

Internet-Wortschatz

Internet Vocabulary

Wörterverzeichnis

1TR6
1. Technische Richtlinie Nr. 6

D-Kanal-Protokoll (>D-Kanal) der Deutschen Telekom, das die Übertragungsregeln für das nationale >ISDN wie Teilnehmeranwahl und Datenübergabe definiert. Um einen einheitlichen Standard zu gewährleisten, wird 1TR6 durch das EuroISDN-Protokoll >DSS1 abgelöst werden.

3-D
[θrih**dih**]
three-dimensional

3D
>three-dimensional.

3-D graphics
[**θrih**dih **gräff**ickß]
three-dimensional graphics

3D-Grafik
Dreidimensionale Darstellung von Objekten (>three-dimensional), deren dritte Dimension auf einem zweidimensionalen Medium durch das so genannte Rendering mittels Schattierungen und Farbverläufen erstellt wird; vgl. >3-D sound, >VRML.

3-D sound
[**θrih**dih **ßaund**]
three-dimensional sound

3D-Sound
Dreidimensionaler Sound (>three-dimensional), der als Stereoton aufgezeichnet wird, beim Abspielen eine bessere Lokalisierung der Tonquellenposition ermöglicht und damit dem Klang mehr Räumlichkeit verleiht; vgl. >3-D graphics.

400
bad request

ungültige Anforderung: HTTP-Statuscode (>HTTP status code) für eine "ungültige" Anforderung: Bei der Transaktion des Clients (>client) mit dem Server (>server) wurde eine ungültige Syntax festgestellt, d. h. der User hat z. B. eine >URL falsch eingegeben.

401
unauthorized

nicht autorisiert: HTTP-Statuscode (>HTTP status code) für eine "nicht autorisierte" Anforderung: Bei der Transaktion des Clients (>client) mit dem Server (>server) wurde eine fehlende Autorisierungsinformation festgestellt, d. h. der User darf auf die angeforderte Site (>site) und die dazugehörenden Web-Seiten nicht zugreifen.

402
payment required

gebührenpflichtig: HTTP-Statuscode (>HTTP status code) für eine "gebührenpflichtige" Anforderung, d. h. bei der Transaktion des Clients (>client) mit dem Server (>server) wurde eine fehlende Kontoinformation festgestellt.

403
forbidden

gesperrt: HTTP-Statuscode (>HTTP status code) für einen nicht konnektierten "gesperrten" Zugang.

404
not found

nicht gefunden: HTTP-Statuscode (>HTTP status code) für eine "nicht gefundene" >URL-Adresse bei der Transaktion des Clients (>client) mit dem Server (>server).

@
[ätt]
commercial at

etwa: **bei**
Das auch "Klammeraffe" genannte Zeichen ist Bestandteil einer E-Mail-Adresse (>e-mail, >address): Es bezeichnet die Erreichbarkeit eines Adressaten über einen Provider-Server (>provider, >server) und wird im Sinne von "at" = "bei" verwendet, z. B. "meier@t-online.de" = "Meier bei T-Online".

AAN
[eh-eh-**änn**]
All Area Network

etwa: **Ganzbereichsnetzwerk**
Netzwerk von nicht speziell begrenzter Größe bzw. Ausdehnung; vgl. >LAN, >WAN.

a/b adapter
[eh/**bih** ədäppt**ə**]

A/B-Adapter
Adapter, der den Anschluss und Betrieb analoger Geräte (>analogue) wie Modems (>modem) an >ISDN ermöglicht.

a/b converter
[eh/**bih** kən**wöh**tə]

A/B-Wandler
>D/A converter.

absolute path
[**äbb**ßəluht **pah**θ]

absoluter Pfad
Pfad-Angabe (>path), die beim Stammverzeichnis eines Datenträgers wie einem Server (>server) beginnt; vgl. >relative path.

acceptable use policy
[ək**ßäpp**təbl **juhß** **poll**əßi]

etwa: **verbindliche Nutzungsordnung, Richtlinien**
Sowohl technische als auch inhaltliche Richtlinien, die ein Internet-Service-Provider (>provider) vorgibt, um die Nutzung seines Internet-Zugangs zu regeln.

access provider
[**äck**ßess prə**wai**də]

"Zugangsbereitsteller"
Jede kommerzielle oder private Organisation, die Zugänge zum Internet oder Teilen davon, z. B. E-Mail (>e-mail), anbietet; vgl. >on-line service provider.

account
[ə**kaunt**]

Zugangsberechtigung, "Konto"
Zugangsberechtigung eines Users (>user), über die ggf. auch die Gebühren seines Online-Zugangs (>on-line) abgerechnet werden; wird in

der Regel beim Einloggen (>login) zusammen mit dem Passwort (>password) abgefragt.

ACE
[eh-ßih-**ih**]
Access Control Entry

Zugangskontrolleintrag
Eintrag in einer Zugangskontrollliste unter dem Betriebssystem (>OS) Windows NT, der Zugriffsrechte für bestimmte Dateien im Netzwerkdateisystem >NFS definiert.

ACK
[eh-ßih-**keh** *oder* äck]
Acknowledgement

"Empfangsbestätigung", "Quittung"
1. Element eines Protokolls (>protocol) bei der Datenübertragung, das die erfolgreiche Übertragung von Daten signalisiert; vgl. >NAK, >ETX.

2. Im übertragenen Sinn wird das Wort auch – in E-Mails (>e-mail) und Chats (>chat) – anstelle von "O.K., ich hab's kapiert" oder als einfaches "Hallo, ich bin da" verwendet.

Acme
[**äck**mi]

"Gipfel", "Höhepunkt"
Wort v. a. aus der Comicwelt: Hier ist "Acme" der Lieferant für komplizierte Produkte oder Vorrichtungen, die durch pompöse Technik beeindrucken, aber dann nur kümmerlich oder gar nicht funktionieren. Etwas, das mit dem Beiwort "Acme" belegt wird ("Dies ist ein Acme-Programm!"), sieht beeindruckend aus, ist in Wirklichkeit aber der reine Unsinn.

Geschichte: Der besonders von amerikanischen Hackern (>hacker) geschätzte Ausdruck stammt aus der Warner-Brothers-Zeichentrickserie "Roadrunner", in der die Figur Wile E. Coyote den Roadrunner jagt und dazu die bizarrsten technischen Hilfsmittel verwendet: Taschenraketen, Katapulte, Magnetfallen, Hochenergiesteinschleudern etc. Alle diese Vorrichtungen funktionieren nicht und/oder haben spektakuläre Pannen. Geliefert werden sie in großen Kartons mit der Firmenaufschrift "Acme".

Acrobat
[**äck**rəbätt]
(Produktname)

Multimedia-Autorensystem (>multimedia) von Adobe zum Erstellen von aufwendigen, gestaltungsintensiven Präsentationen. Die Zusatzsoftware (>plug-in) "Amber" für den >Netscape Navigator ermöglicht es, Acrobat-Dokumente innerhalb von Web-Seiten (>World Wide Web) zu laden und gleich online (>on-line) zu betrachten.

acronym
[**äck**rənimm]

Akronym
Abkürzung, die sich aus den Anfangsbuchstaben der Wörter eines Satzes oder einer Wendung zusammensetzt und wiederum ein eigenständiges und aussprechbares Wort ergibt, wie z. B. KISS für "Keep it simple, stupid!". Doch diese klassische Regel wurde bei den im Internet häufig verwendeten Akronymen längst aufgeweicht,

sodass es eher um die Abkürzung geht, auch ohne dass ein eigenständiges Wort entsteht (vgl. z. B. >BTDT, >NRN). Darüber hinaus sind Internet-Akronyme oft phonetische Abkürzungen für englische Ausdrücke, wie z. B. B4 für "be four" = "before" = "vor, bevor". Ursprünglich gedacht, um sich online (>on-line) lange Tastatureingaben zu sparen, inzwischen aber eine beliebte Spielerei; vgl. >emoticon, >smiley.

Grundsätzlich ist darauf hinzuweisen, dass der größte Teil aller Akronyme zu den subjektiven, unsachlichen bis ordinären Slangausdrücken zählt. Stilistisch ist es dem Absender überlassen zu entscheiden, ob er beim Empfänger der Nachricht genügend Humor erwarten kann. In der offiziellen, geschäftlichen Kommunikation sollte man sicherheitshalber auf Akronyme verzichten.

Active Desktop
[**äck**tiw **däßck**topp]
(Produktname)

"Aktiver Desktop"
Benutzeroberfläche, die es ermöglicht, "aktive Inhalte" aus dem Internet auf dem Desktop von Windows 95 zu platzieren. Mit der Markteinführung des Internet Explorers 4.0 (>Internet Explorer) wurde dieser Fachbegriff erstmalig in die PC-Welt eingeführt.

ActiveMovie
[**äck**tiw**muh**wih]
(Produktname)

"Aktives Kino"
Eine von Microsoft entwickelte Technologie für digitales (>digital) Video, die sich auch im Online-Bereich (>on-line) einsetzen lässt.

ActiveX
[**äck**tiw**äckß**]
(Produktname)

Browser-Technologie (>browser), von Microsoft für den >Internet Explorer ab Versionsnummer 3 entwickelt, die es ermöglicht, interaktive Elemente (>interactive) in Web-Seiten (>World Wide Web) einzubetten.

adaptive answering
[ə**däpp**tiw **ahn**ßəring]

"anpassungsfähiges Antwortverhalten"
Fähigkeit eines Modems (>modem), automatisch zu erkennen, ob es sich bei einem eingehenden Anruf um ein Fax oder um eine Datenübertragung handelt.

ad click
[**äd** klick]

"Werbeklick"
Einheit zur Messung der Anzahl der Mausklicks auf ein Werbebanner im Internet.

ad click rate
[**äd** klick reht]

"Werbeklickrate"
Einheit zur Messung der Anzahl der Benutzer einer Seite im Internet, die dort auf ein Werbebanner (>banner) geklickt haben. Die "Rate" gibt das Verhältnis von Werbeklicks (>ad click) zu Seitenaufrufen (>page view) an.

add-in
[**äd**-inn]

>plug-in.

address
[ə**dräss**]

Adresse
Adresse mit exakt derselben Funktion wie die Adresse auf einem Brief. Im Internet gibt es die verschiedensten Arten von Adressen: technische Adressen von Computern, E-Mail-Adressen (>e-mail) von Personen oder Firmen, Adressen von Web-Seiten (>World Wide Web) etc.; vgl. >URL, >IP address.

address book
[ə**dräss** buck]

Adressbuch
Bestandteil der meisten E-Mail-unterstützenden (>e-mail) Anwendungen: Möglichkeit, Internet-Adressen (>address) zu speichern, um sie später bei Bedarf einfach ansteuern zu können, vergleichbar dem Kurzwahlregister bei vielen Telefonapparaten. Oft besteht auch die Möglichkeit, ein so genanntes Alias (>alias) zu verwenden, d. h. einen einfach zu merkenden Namen, der für eine komplizierte Adresse steht.

address mask
[ə**dräss** mahsk]

Adresskombination
Bitkombination, die Auskunft darüber gibt, welche Bits (>bit) in einer Internet-Protokoll-Adresse (>IP address, >protocol) zur Adresse eines Netzwerkes (>network) und welche zu der eines Rechners gehören. Damit lässt sich die Herkunft einer am Internet angeschlossenen Domain (>domain) identifizieren.

ad game
[**äd** gehm]
advertising game

Werbespiel
Gewinnspiel im Internet, bei dem sich die teilnehmenden Spieler mit einem Produkt oder der Marke einer werbetreibenden Firma beschäftigen.

ad impression
[**äd** im**präschn**]
advertising impression

"Werbekontakt"
>ad view.

ad mail
[**äd** mehl]
advertising mail

Werbebrief
Werbung, die per E-Mail (>e-mail) verschickt wird; vgl. >spamming.

administrator
[əd**mini**ßtrehtə]

Administrator, Verwalter
Systemverwalter eines Netzwerks, der in der Regel über alle Zugriffsrechte verfügt. Der Administrator einer Web-Site (>site) ist in der Regel der Webmaster (>webmaster).

ADN
[eh-dih-**änn**]
Advanced Digital Network

etwa: **fortschrittliches digitales Netzwerk**
Standleitungsservice (>leased line) für Datenübertragungen mit einer Geschwindigkeit von normalerweise 56 Kilobit pro Sekunde (>kbps),

der in der Regel von Telekommunikationsunternehmen angeboten wird.

Ad Server
[**äd** ßöhwə]
Advertising Server

etwa: **Werbe-Server**
Zentraler Computer, der die Verteilung von Werbung im Internet regelt. In Zusammenarbeit mit Cookies (>cookie) wird z. B. dafür gesorgt, dass der User (>user) bei jedem Besuch einer Web-Site (>site) ein anderes Werbebanner (>banner) zu sehen bekommt und dass es sich dabei um möglichst zielgruppenspezifische Werbung handelt. Ein Ad Server misst die Häufigkeit, mit der generell die Werbebanner angeklickt werden (>ad click), und auch die Abrufzahlen der einzelnen Banner, die er bereithält. Er liefert zudem Performance-Reports (>performance), mit denen sichergestellt werden soll, dass bei der Übertragung der Banner keine Engpässe entstehen.

ADSL
[eh-dih-äss-**äll**]
Asymmetric Digital Subscriber Line

etwa: **asymmetrische digitale Teilnehmeranschlussleitung**
Technik zur Übertragung von digitalen Daten, die auf herkömmlichen Kupfer-Telefonkabeln basiert und bei einer maximalen Entfernung von 5,5 Kilometern Datenübertragungsgeschwindigkeiten zwischen 1,5 und neun Megabit pro Sekunde (>mbps) ermöglicht, und zwar von der Netzvermittlungsstelle zum Teilnehmer. In umgekehrter Richtung, also vom Teilnehmer zur Netzvermittlungsstelle, beträgt die Datenübertragungsgeschwindigkeit nur 768 Kilobit pro Sekunde (>kbps) – daher die Bezeichnung "asymmetrisch"; vgl. >T-DSL, >HDSL, >VDSL, >IDSL.

ADSL modem
[eh-dih-äss-**äll** **moh**dämm]

ADSL-Modem
Modem (>modem), das die >ADSL-Technologie nutzt und im Gegensatz zu einem herkömmlichen Modem auf verschiedenen Frequenzbereichen senden und empfangen kann.

advanced query
[əd**wahnßt kwi**əri]

erweiterte Abfrage
Suchoption in Suchmaschinen (>search engine) für komplexe Abfragen, mit denen ein präziseres Suchergebnis als mit einfachen Abfragen (>simple query) erzielt werden kann; auch advanced search; vgl. >Boolean search.

ad view
[**äd** wjuh]
advertising view

"Seitenaufruf"
Einheit zur Messung der Anzahl der tatsächlichen Benutzer, die Sichtkontakt mit einem auf einer Web-Seite integrierten Werbebanner (>banner) haben; vgl. >page view.

ad view time
[**äd** wjuh taim]
advertising view time

"Seitenaufrufzeit"
Einheit zur Messung des Zeitraums, in dem ein auf einer Web-Seite integriertes Werbebanner (>banner) für die Besucher sichtbar ist; vgl. >ad view.

AES
[eh-ih-**äss**]
Advanced Encryption Standard

Erweiterter Verschlüsselungsstandard
Ein in der Entwicklung befindliches Verschlüsselungsverfahren (>encryption) des NIST (National Institute of Standards and Technology) zur Nachrichtenkodierung mit einer Schlüssellänge von 128, 192 oder 256 Bit (>bit), dessen Designgrundsätze im Gegensatz zum >DES-Verfahren veröffentlicht sind und von der Kryptogemeinde im Internet öffentlich analysiert werden können.

AFAICT
as far as I can tell
(Akronym)

soweit ich sagen kann

AFAIK
as far as I know
(Akronym)

soweit/soviel ich weiß

AFK
away from keyboard
(Akronym)

nicht an der Tastatur
Absender ist kurz vom Computer abwesend.

AFS
[eh-äff-**äss**]
Andrew File System

Dateiensystem, das auf verschiedenen >UNIX-Plattformen implementiert ist: eine Sammlung von Protokollen (>protocol), die es ermöglichen, Dateien/Programme auf einem anderen Netzwerkcomputer so zu benutzen, als befänden sie sich auf der eigenen Anlage.

agent
[**eh**dschnt]

Agent
Bezeichnung für benutzergesteuerte Software-Routinen zur Informationsbeschaffung, -auswertung und -zusammenfassung, zum Beispiel Suchagenten im Internet, die automatisch mehrere Suchmaschinen nach Ergebnissen absuchen; vgl. >robot, >search engine, >directory.

AGN
age, gender, nationality
(Akronym)

Alter, Geschlecht, Nationalität

AIFF
[eh-ai-äff-**äff**]
Audio Interchange File Format

"Audio-Austausch-Dateiformat"
Dateiformat für Sounddateien, das ursprünglich zur Verwendung in Computern von Apple und Silicon Graphics entwickelt wurde und inzwischen im Internet weit verbreitet ist; die Dateinamenerweiterung (>filename extension) ist meist .aif.

AIM
[ehm]
AOL Instant Messenger
(Produktname)

"AOL Internet-Telegramm"
Der auf das Internet ausgeweitete Service >Buddies Online von >AOL.

AIUI
as I understand it
(Akronym)

so, wie ich es verstehe

algorithm
[**äll**gəriðm]

Algorithmus
Methodisches, sich wiederholendes Rechenverfahren, das nach einem bestimmten Schema abläuft, z. B. die Funktion Suchen/Ersetzen in einem Textverarbeitungsprogramm.

alias
[**eh**liäss]

"Alias"
Einfach zu merkende Buchstaben- oder Ziffernfolge (Wort oder Nummer), die als Ansprechname für die oft komplizierte eigentliche technische Adress- oder Personenschreibweise (>address) steht. Die Software des Internet-Providers (>provider) stellt in der Regel die Möglichkeit zur Alias-Vergabe bereit. Z. B. könnte anstelle einer langen Ziffernfolge der Name "Mustermann" in der Adresse stehen: "mustermann@t-online.de".

alpha
[**äll**fə]

Alphaversion
Ausdruck zur Kennzeichnung einer Software im ersten Entwicklungsstadium, die vom Entwickler noch nicht freigegeben ist und für die die Herstellerfirma keine Garantie gewährt. Alphaversionen werden nur einer ausgesuchten Testgruppe zum Ausprobieren zur Verfügung gestellt. Aus deren Erfahrungen werden dann die Korrekturen an der Software durchgeführt; vgl. >beta.

alt
[olt]
alternative

"alternativ"
Bezeichnung für eine bestimmte Art von Newsgroups (>newsgroup) im >Usenet. Der Name soll andeuten, dass in diesen Newsgroups ungewöhnliche, mitunter bizarre und manchmal auch umstrittene Themen diskutiert werden.

AltaVista
[**äll**tə**wiss**tə]
(Produktname)

Populäre, schnelle WWW- (>World Wide Web) und >Usenet-Suchmaschine (>search engine). Erfasst ihren Datenbestand (>indexing) im Volltextmodus und liefert auch Suchergebnisse in Kooperation mit >RealNames. Eine weitere bekannte Suchmaschine ist z. B. >Lycos.

Amazon.com
[**ämm**əson dott **komm**]
(Firmen-/Anbietername)

Weltweit größter Internet-Buchhändler, der neben Büchern inzwischen auch Musikträger und Videos im Sortiment hat und seit 1998 auch in Deutschland und England eine Web-Site (>site) betreibt.

America Online
[əmärikə onlain]
(Firmen-/Anbieter-name)

>AOL.

AmiTCP
[ämitihßihpih]
(Produktname)

Amiga-Variante des Internet-Protokolls (>TCP, >IP), die Amiga-Computer für den Internet-Zugang benötigen.

analogue
[änəlog]

analog, gleichartig, ähnlich, übereinstimmend
1. Stufenlose Darstellung von Werten, Gegensatz von >digital. Beispiel: Analoguhr (kann Zwischenlagen darstellen) gegenüber Digitaluhr (stellt nur exakte Werte dar)

2. Umgangssprachlich auch Verwendung im übertragenen Sinn mit der Bedeutung "konfus" oder "kompliziert". Beispiel: "Das ist zu analog für mich!".

analogue signals
[änəlog ßignəls]

analoge Signale
Wahrnehmbare physikalische Phänomene, z. B. eine Schallwelle.

anchor
[änkə]

"Anker"
Verweisziele, die in einem WWW-Dokument (>World Wide Web, >document) eingebettet sind. Der Anchor wird in >HTML mit "a" angekündigt und kann zum Springen innerhalb einer Seite benutzt werden. Er wird aber auch dazu verwendet, Dokumente miteinander zu verknüpfen, die auf vielen verschiedenen Servern (>server) liegen. "Anker" ermöglichen es dem User (>user), im gesamten Internet von einer Information zur anderen zu springen, ohne sich um die Adresse (>address) kümmern zu müssen; vgl. >href und >hyperlink.

Andreessen, Marc

Einer der Programmierer von >Netscape Navigator und Mitbegründer der Firma Netscape Communications Corporation.

animated GIF
[änimehtid dschiff]

"animiertes GIF"
Funktion des >GIF-Formats, die das Abspielen mehrerer Einzelbilder in einer definierten Reihenfolge ermöglicht und die vorwiegend in Werbebannern (>banner) Verwendung findet.

animation
[änimehschn]

Animation
Technik der Erzeugung von bewegten oder belebten Bildern in zwei- oder dreidimensionaler Darstellung.

annotations
[ännətehschns]

Anmerkungen
Persönliche Textbotschaften, die einem lokalen WWW-Dokument (>World Wide Web, >docu-

ment) hinzugefügt werden können, wenn die Seite oder auch der eigene Browser (>browser) es zulässt.

announcement service
[ə**naun**ßmənt **ßöh**wiss]

Anmeldedienst
Professioneller Anmeldedienst bei den verschiedensten Suchdiensten, der für seine Tätigkeit Geld verlangt. Damit eine Web-Site (>site) möglichst schnell nach dem Launch (>launch) bei Suchmaschinen (>search engine, >directory) gelistet wird, bieten die meisten Suchdienste die Möglichkeit, sich auf ihrer Site zum Indexing (>indexing) anzumelden. Dadurch wird erreicht, dass die jeweilige Software (>robot, >spider) die betreffende Internet-Adresse (>URL) früher listet als durch unbeeinflusstes Indexing. Um in der Datenbank der Suchmaschinen präsent zu sein und in den oberen Rängen der Trefferanzeigen aufzutauchen, ist eine Anmeldung in regelmäßigen Abständen nötig. Dafür sorgt ein Announcement Service. Viele geben eine Erfolgsgarantie, wodurch der Eindruck entsteht, dass die Indexing-Tätigkeit der Robots manipulierbar sei.

anonymous FTP
[ə**non**iməss eff-tih-**pih**]

"anonymes FTP"
Es gibt sehr viele FTP-Server (>FTP server) im Internet, die für jedermann zugänglich sind und von deren öffentlichen Verzeichnissen man kostenlos und ohne Zugangsberechtigung Dateien herunterladen (>download) kann. Man benötigt entweder gar kein Passwort (>password) oder es genügt die Angabe der eigenen E-Mail-Adresse (>e-mail, >address) bzw. die Angabe "anonymous", um Zugang zum Server zu erhalten.

ANSI
[**änn**ßi]
American National Standards Institute

1. Standardbildschirmoberfläche von DOS-basierten Terminal-Programmen (>terminal)

2. "Amerikanisches Institut für nationale Standards": amerikanische Organisation, die Standards für viele Bereiche festsetzt, vergleichbar mit dem deutschen DIN-System.

answer mode
[**ahn**ßə mohd]

Empfangsmodus
Betriebsart, in der sich ein empfangendes Modem (>modem) befindet. Gegensatz: Sendemodus (>originate mode).

anti-virus
[**änn**ti-**wai**rəss]

Antivirenprogramm
Programm, das den Computer bzw. Datenträger nach Viren (>virus) durchsucht und sie vernichtet bzw. verhindert, dass Viren den Computer schädigen können.

anycast
[**änni**kahßt]

Adressierungsart des >IPng, bei dem ein >IP-Paket an mehrere Empfängeradressen adressiert wird. Abgesendet wird jedoch nur an diejenige Empfängeradresse, die der Senderadresse am nächsten ist; vgl. >multicast.

AOL
[eh-oh-**äll**]
America Online
(Firmen-/Anbieter-name)

Kommerzieller Internet-Provider (>provider) mit Internet-Zugang in Nordamerika, Australien, Asien und Europa; in Deutschland in Kooperation mit dem Medienkonzern Bertelsmann. Weltweit mehrere Millionen Mitglieder.

Apache
[ə**pätt**schi]
"a patchy server"
(Produktname)

"ein zusammengeflickter Server"
Web-Server (>server), der aus dem >NCSA-Web-Server V1.3 der Universität von Illinois in Urbana-Champaign hervorgegangen ist. Nachfolger des NCSA-Web-Servers als führender Server im Internet. Die Apache-Web-Server-Software, die man als Freeware (>freeware) bekommt, ist weltweit eine der meistverwendeten Server-Softwares.

APC
[eh-pih-**ßih**]
Association for Progressive Computing

Vereinigung für fortschrittliches Computing
Internationaler Zusammenschluss weltweit operierender Netze (>network) aus den Bereichen Frieden, Ökologie und Politik, der aus dem PeaceNet, EcoNet und ConflictNet hervorgegangen ist.

AppleLink
[**äpp**l-linck]
(Firmen-/Anbieter-name)

Kommerzieller Online-Dienst (>on-line) für Apple-Computerbenutzer.

applet
[**äpp**litt]

Name für kleine Programme/Anwendungen (>application), die in der Programmiersprache >Java geschrieben sind. Ein Java-Applet könnte z. B. eine kleine Animation in einer Web-Seite (>World Wide Web) sein; vgl. >servlet.

AppleTalk
[**äpp**l tohk]

Apple's >LAN-Software: das Netzwerk-Protokoll (>protocol) der Firma Apple ermöglicht es Apple-Computern, ihre Ressourcen gemeinsam zu nutzen.

application
[äppli**keh**schn]

Applikation
Anwendung, Programm, Software.

arc
[ahk]
archive

"arc" ist die Dateiendung (>filename extension) für komprimierte Dateien, die mit dem Packprogramm PKARC oder damit kompatiblen Programmen erzeugt wurden. Diese Programme sind zwar schon etwas angejahrt, aber mit ihnen erzeugte Dateien findet man noch im Internet.

Archie
[**ah**tschi]
(Produktname)

Suchmaschine (>search engine), die nach bestimmten Dateien auf >anonymous FTP-Servern sucht. Man gibt in Archie ein Stichwort ein und erhält daraufhin eine Liste von >FTP-Seiten, von denen ausgehend man die gesuchte Datei herunterladen (>download) kann; vgl. >Prospero.

archive
[**ah**kaiw]

Archiv
Datei, die komprimierte Dateien (eine oder mehrere) enthält, um Speicherplatz zu sparen und teure Download-Zeiten (>download) so kurz wie möglich zu halten. Archivdateien haben entsprechend dem benutzten Packprogramm Endungen wie .lha, .zip, .arc, .zoo, .tar; vgl. >filename extension.

ARP
[eh-ah-**pih**]
Address Resolution Protocol

Adressauflösungsprotokoll
Protokoll (>protocol) zur Konvertierung von Internet-Adressen (>IP address) in Ethernet-Adressen (>Ethernet), das vorwiegend bei Macintosh-Rechnern eingesetzt wird.

ARPA
[**ah**pə]
Advanced Research Projects Agency

Dem US-Verteidigungsministerium nahe stehende Behörde, die in den 60er- und 70er-Jahren den Vorläufer des Internets entwickelte: das ARPAnet. Das damalige Ziel war, ein Computerkommunikationsnetzwerk zu entwickeln, über das Militärforscher ihre Daten austauschen konnten und das auch in einem Nuklearkrieg nicht zerstört werden würde.

ARQ
[eh-ah-**kjuh**]
Automatic Repeat Request

Ein auf Fehler bei der Datenübertragung prüfendes Protokoll (>protocol), das von Modems (>modem) der Firma Miracom verwendet wird.

article
[**ah**tikl]

Artikel
Bezeichnung für eine Nachricht an eine Newsgroup (>newsgroup) im >Usenet.

ASAP
as soon as possible
(Akronym)

so schnell/bald wie möglich

ASCII
[**äss**ki]
American Standard Code for Information Interchange

Code, der von praktisch jedem Computerhersteller unterstützt wird, um Buchstaben, Zahlen und Sonderzeichen darzustellen. Dateien, die ausschließlich im ASCII-Textformat erzeugt wurden, enthalten keinerlei Gestaltung und/oder Schriftarten, aber sie können von jedem Computer gelesen werden.

ASCII art
[**äss**ki aht]

ASCII-Kunst
Grafik oder Zeichnung, die ausschließlich aus >ASCII-Zeichen zusammengesetzt ist. Hauptsächlich vorkommend als Bestandteil langer und überladener Signaturen (>signature) im >Usenet.

ASL
age, sex, language
(Akronym)

Alter, Geschlecht, Sprache

ASP
[eh-äss-**pih**]
1. Active Server Page
2. Application Service Provider

1. "Aktive Server-Seite"
>HTML-Seite, die eine oder mehrere Skripts (>script) enthält, die auf dem Server (>server) ausgeführt werden und dort beispielsweise eine Datenbankabfrage starten, bevor die Seite an den anfordernden Rechner geschickt wird; vgl. >CGI.

2. "Applikations-Service-Provider"
Firma, die via Internet den Usern Zugriff auf Applikationen ermöglicht.

assigned numbers
[ə**ßaind namb**əs]

zugewiesene Nummern
Nummern, die den (Elementen der) im Internet benutzten IP-Rechneradressen (>IP address) zugeteilt werden von der "Internet Corporation for Assigned Names and Numbers" (ICANN). Diese Organisation hat neben anderen die Aufgabe, Doppelungen auszuschließen, und führt auch eine entsprechende aktuelle Liste der von ihr zugeteilten Nummern.

asterisk
[**äß**tərißk]
Zeichen *

Asteriskus, Sternchen
Zeichen, das z. B. in Suchanfragen als Platzhalter stellvertretend für einen oder mehrere Buchstaben eingegeben wird. Die Suchanfrage "*alt" findet Wörter wie "Halt", "kalt", "uralt" etc. Das Sternchen wird auch als >wildcard bezeichnet.

asynchronous
[eh**ßin**krənəss]

asynchron
Form der Datenübertragung, bei der Daten in unregelmäßigen zeitlichen Intervallen gesendet werden. Das Gegenteil geschieht beim synchronen Übertragungsmodus (>synchronous).

AT command set
[eh-**tih** kə**mahnd** ßett]
Attention command set

"Attention"-Befehlssatz
"Attention" ist eine Befehlssprache für Modems (>modem), die von der Firma >Hayes entwickelt wurde und zum Industriestandard geworden ist.

ATM
[eh-tih-**ämm**]
1. Asynchronous Transfer Mode
2. at the moment
(Akronym)

1. asynchrones Übermittlungsverfahren
Sehr schnelles paketorientiertes, asynchrones (>asynchronous) Datenübermittlungsverfahren für Hochgeschwindigkeitsnetze wie Kabel (>cable), Glasfaser (>fiberglass cable) und Breitband-ISDN (>ISDN), das die Übertragung großer Datenmengen in Echtzeit (>realtime) ermöglicht; in der Regel beträgt die Bandbreite 155 Megabit pro Sekunde.

2. im Augenblick.

ATP
[eh-tih-**pih**]
Adaptive Tolerant Protocol

"Anpassungsfähiges, tolerantes Protokoll"
Protokoll (>protocol), das unterschiedliche Modemstandards (>modem) integriert.

attachment
[**ətättsch**mənt]

Anlage
Bezeichnung für Dateien, die UUencodiert (>UUencode), nach dem >MIME-Standard oder in anderen Kodierungen als Teil einer E-Mail (>e-mail) verschickt werden.

automagically
[oht**əmädsch**ickli]
(Kunstwort)

Hacker-Slang; Kunstwort aus "automatic" und "magic", das besagt, dass etwas zwar automatisch geschieht, aber auf eine Weise, die einem magisch vorkommen mag. Das Wort wird gerne gebraucht, wenn man sich nicht die Mühe machen will oder kann, etwas genauer zu erklären.

autoresponder
[**oht**əri**ßponn**də]

"automatischer Beantworter"
Bezeichnung für die Fähigkeit eines E-Mail-Programmes (>e-mail) oder E-Mail-Servers (>server), bei Eintreffen von elektronischen Nachrichten automatisch eine vorher formulierte Antwort abzusenden.

avatar
[**äw**ətah]

Avatar
Bezeichnung für die häufig dreidimensionale Darstellung von Personen, vorzugsweise in grafischen Chats (>chat). Ursprünglich sind Avatare im Hinduismus Verkörperungen eines Gottes auf Erden.

AVI
[eh-wih-**ai**]
Audio Video Interleave

"Audio-Video-Verflechtung"
Technologie der Firma Microsoft, die die gemeinsame Speicherung von Bild und Ton in einer Datei erlaubt und vor allem in Videosequenzen im Internet Anwendung findet; vgl. >multimedia.

B b

b2b auction
[bih-tuh-**bih** ohckschn]
business-to-business-auction

"Geschäft-zu-Geschäft-Auktion"
Internet-Auktion, bei der kommerzielle Ware unter kommerziellen Mitbietern versteigert wird, beispielsweise Auktionen eines Autoherstellers, an der Kfz-Händler teilnehmen können; vgl. >b2p auction, >p2p auction.

b2p auction
[bih-tuh-**pih** ohckschn]
business-to-person-auction

"Geschäft-zu-Person-Auktion"
Internet-Auktion, bei der kommerzielle Ware, meist Auslaufmodelle oder leicht fehlerhafte Ware, unter Privatpersonen versteigert wird, beispielsweise über ricardo.de; vgl. >p2p auction, >b2b auction.

B4
be four = before
(Akronym)
vorher, bevor

Baby ChaCha
[**beh**bi **tschah**tschah]
>Dancing Baby.

backbone
[**bäck**bohn]
"Rückgrat"
Ein Zentralrechner oder eine Gruppe von Rechnern mit hoher Datenübertragungskapazität, an den bzw. an die kleinere Rechner angeschlossen sind. Das amerikanische >NSFNET z. B. war bis 1995 eines der Haupt-"Backbones" des Internets; vgl. >BBR, >fiberglass cable.

backslash
[**bäck**ßläsch]
Rückwärts-Schrägstrich auf der Tastatur; wird erzeugt durch die Tastenkombination [Alt Gr] mit [ß] oder [Alt] mit [92] auf dem Ziffernblock (NUM eingeschaltet). Auf amerikanischen Tastaturen hat der Backslash eine eigene Taste.

BAK
back at keyboard
(Akronym)
zurück an der Tastatur, "Bin wieder da!"

bandwidth
[**bänd**widθ]
Bandbreite
1. Bezeichnet technisch die in Hertz (>hertz) bzw. Bit/s (>bits per second) gemessene Differenz zwischen der jeweils höchstmöglichen und niedrigstmöglichen Frequenz bei einer Datenübertragung; vgl. >data throughput, >data traffic.

2. Üblicherweise benutzt, um das "Verkehrsaufkommen" in einer bestimmten Newsgroup (>newsgroup) oder Konferenz (>conference) zu beschreiben.

3. Umgangssprachlich zur Bezeichnung der geistigen Aufnahmefähigkeit eines Users (>user).

bang
[bäng]
Aus der >UNIX-Tradition stammende, mittlerweile verbreitete Bezeichnung für das Ausrufezeichen. Die Buchstabierung des Wortes "foo!" lautet z. B.: "Eff oh oh bang"; vgl. >bang path.

bang path
[**bäng** pahθ]
Steht für ein altes >UUCP-E-Mail-Adressiersystem (>e-mail), in dem jede Etappe, die eine Botschaft nehmen sollte, durch ein Ausrufezeichen (>bang) abgegrenzt werden musste.

banner
[**bänn**ə]
Banner
Bezeichnung für Mitteilungen, die bei der Ausführung bestimmter Programm-Operationen auf dem Bildschirm erscheinen und entsprechende Informationen vermitteln. Bestimmte Programme blenden beim Start z. B. ein Login-Banner (>login) ein, das den Status der Einwahl

anzeigt. Mittlerweile wird die Bezeichnung vor allem für die Werbeflächen auf Web-Seiten (>World Wide Web) benutzt; vgl. >ad click, >ad view, >Ad Server, >animated GIF.

baseband
[**behß**bännd]

"Basisband"
Standardisierte digitale Signaltechnik (>digital) im Halbduplexverfahren (>half duplex), die in >Ethernet->LANs Verwendung findet.

batch
[bättsch]

"Stapel"
1. Allgemein: Liste von Aufgaben, die in einer vorgegebenen Reihenfolge abgearbeitet werden müssen.

2. Methode, mehrere Dateien vor dem Herunterladen (>download) zusammenzufassen.

batchFTP
[**bättsch** äff-tih-**pih**]

Bequeme Möglichkeit, Dateien von verschiedenen >FTP-Seiten zusammenzufassen, um sie dann von einem einzigen Internet-Service-Provider (>provider) per Download (>download) abzuholen.

baud
[bohd]

Baud
Maßeinheit für die Schrittgeschwindigkeit bei der Übertragung von Daten per Modem (>modem), >ISDN-Karte, Netzwerkkabel etc. Übertragungsrate und Schrittgeschwindigkeit sind gleich, wenn pro Übertragungsschritt ein Bit (>bit) übertragen wird. Pro Schritt können aber auch mehrere Bits übertragen werden. In diesem Fall hat man logischerweise eine höhere Übertragungsgeschwindigkeit. Abk.: Bd; vgl. >data throughput.
Historisch bezeichnete Baud ursprünglich eine Einheit der Signalgeschwindigkeit beim Telegrafieren. Der Begriff wurde 1927 eingeführt und nach dem französischen Ingenieur J. M. E. Baudot (1845–1903) benannt, der den ersten erfolgreichen Fernschreiber konstruierte.

BBL
(I'll) be back later
(Akronym)

(Ich) bin gleich zurück, komme bald wieder.

BBR
[bih-bih-**ah**]
Backbone Ring

Zusammenschluss von Servern (>server), auf denen die öffentlichen Nachrichten des "Echos" (>echo) im >Fidonet ausgetauscht werden.

BBS
[bih-bih-**äss**]
Bulletin Board System

etwa: **Schwarzes-Brett-System**
Ein elektronisches schwarzes Brett, wo man Nachrichten, aber auch Dateien ablegen oder abholen kann. Eine synonyme Bezeichnung ist Mailbox (>mailbox). Einige dieser Online-Dienste (>on-line) stehen für sich allein, wie

z. B. die Support-Boxen verschiedener Computer- und Zubehöranbieter. Andere sind privat und werden hobbymäßig betrieben, gehören jedoch oft einem übergeordneten Netz an wie dem >Fidonet und können so weltweit operieren. Einige von ihnen haben inzwischen Zugang zum Internet und bieten ihren Usern (>user) E-Mail (>e-mail) oder sogar das >Usenet. Manche haben den Sprung zum "richtigen" Internet-Provider (>provider) geschafft und bieten einen vollwertigen Internet-Zugang an.

BCC
[bih-ßih-**ßih**]
Blind Carbon Copy

"Blinder Kohlepapierdurchschlag"
Kopie einer E-Mail (>e-mail), die an für den Hauptadressaten nicht erkennbare weitere Empfänger geht. Je nach verwendetem E-Mail-Programm ist ein BCC oft nur durch eine Angabe im Adressfeld erkennbar; vgl. >CC.

BCNU
be seeing you
(Akronym)

wir seh'n uns; man sieht sich

beam
[bihm]

"strahlen", "senden"
Von: "Beam me up, Scotty!", Spruch aus der Kultserie "Star Trek"; im Internet-Kontext Bezeichnung für das elektronische Übertragen einer Dateikopie, z. B.: "Beam me a copy!" – "Schick mir eine Kopie!".

bearer channel
[**bähr**ə tschännl]

B-Kanal
Träger- beziehungsweise Nutzkanal im >ISDN zur Übertragung von Nutzdaten. Die Datenübertragungsrate beträgt 64 Kilobit pro Sekunde (>kbps); vgl. >D-Kanal.

Bell 103
[**bäll** one-oh-**θrih**]

Amerikanischer Standard der Firma AT&T für Modems (>modem) mit einer maximalen Übertragungsgeschwindigkeit von 300 Bits pro Sekunde (>bits per second); vgl. >V.21.

Bell 201 B
[**bäll** tuh-oh-wann **bih**]

Amerikanischer Standard der Firma AT&T für Modems (>modem) mit einer maximalen Übertragungsgeschwindigkeit von 2400 Bits pro Sekunde (>bits per second).

Bell 212 A
[**bäll** tuh-wann-tuh **eh**]

Amerikanischer Standard der Firma AT&T für Modems (>modem) mit einer maximalen Übertragungsgeschwindigkeit von 1200 Bits pro Sekunde (>bits per second); vgl. >V.22.

BeOS
[bih-oh-**äss**]
(Produktname)

Betriebssystem (>OS) der US-Firma Be, Inc., das speziell für Multimedia-Anwendungen (>multimedia) und Internet-Nutzung entwickelt wurde. Dabei zeichnet sich BeOS nach Herstellerangaben durch seine große Stabilität und Prozessor-Performance (>processor, >performance) aus, sogar wenn Audio-, Video- und Bildbearbeitung bei gleichzeitiger Nutzung von Internet-Software erfolgt.

Berners-Lee, Timothy

Computerwissenschaftler am Europäischen Labor für Teilchenphysik >CERN und Miterfinder des >World Wide Web.

beta
[**bih**tə]

Betaversion
Ausdruck zur Kennzeichnung einer Software im letzten Entwicklungsstadium, vom Entwickler noch nicht endgültig freigegeben und ohne Garantiegewährung durch die Herstellerfirma. Beta-Testversionen stehen häufig im Internet zum Herunterladen (>download) bereit, sodass Interessierte sie ausprobieren können; aus deren Erfahrungen wird dann die letzte Korrektur vor der Freigabe durchgeführt.

bigot
[**bigg**ət]

Fanatiker
Im Hacker-Slang der fanatische Anhänger eines bestimmten Produkts, sei es eines Computertyps, einer Software, eines Betriebssystems o. Ä. Er verteidigt und forciert das Produkt seiner Wahl mit blindem Eifer.

binary
[**bain**əri]

binär
Darstellung von Größen durch verschiedene Kombinationen nur zweier unterschiedlicher Zustände ("1" bzw. "0", "Ja" bzw. "Nein", "On" bzw. "Off"), das Grundprinzip jeglicher elektronischer Datenverarbeitung; vgl. >binary file.

binary file
[**bain**əri fail]

Binärdatei
Datei, in der es über druckbare Zeichen (>ASCII) hinaus noch weitere, nicht durch den Drucker darstellbare Zeichen gibt, wie alle Codes, z. B. in Textverarbeitungsdateien (Formatierungscodes), Programmdateien, komprimierten Dateien, Bilddateien, Klangdateien.

BinHex
[**binn**häckß]
Binary Hexadecimal
(Produktname)

Hauptsächlich in der Mac-Welt benutztes Programm, das binäre (>binary file) in >ASCII-Dateien konvertiert, um sie dann per E-Mail (>e-mail) über das Internet transferieren zu können. Konvertierte BinHex-Dateien haben die Extension (>filename extension) .hqx.

BION
believe it or not
(Akronym)

ob du es glaubst oder nicht

bionet
[**bai**ohnätt]

Bio-Netz
Interessengruppe im Internet, die sich hauptsäch-

lich mit biologischen und ökologischen Themen befasst; vgl. >newsgroup.

bis
französisch [bih]; *englisch* [biss, *auch* bih-ai-**äss**]

Technischer Ausdruck aus dem Französischen (le bis = die Wiederholung). Man findet das Wort in Zusammenhang mit Modemstandards (>modem). Es bedeutet, dass ein bestimmter Standard alle ihm vorhergehenden mit einschließt.

bit
[bitt]
binary digit

Bit (binäre Ziffer)
Kleinstmögliche Speichereinheit in der Datenverarbeitungstechnik. Ein Bit kann den Wert 0 oder 1 haben; vgl. >binary, >byte.

BITnet
[**bitt**nätt]
"Because It's Time"-Network
(Firmen-/Anbietername)

In Amerika betriebenes limitiertes Netzwerk im Internet, eigens für Universitäten und Forschungsstätten eingerichtet, das nur akademischen Zwecken dienen soll.

bits per second
[**bittß** pöh **ßäck**ənd]

Bits pro Sekunde
Maßeinheit für die Datenübertragungsgeschwindigkeit. Abk.: bps, Bit/s; vgl. >bit, >data traffic, >data throughput.

blinking
[**blink**ing]

"blinken", "zwinkern"
Benutzung eines Offline-Readers (>off-line reader) für den Zugang zu einem Online-System (>on-line). Man geht in das Online-System nur kurz hinein und sofort wieder heraus, um Telefongebühren zu sparen.

block
[block]

Block
Datenübertragungsblock: ein immer dieselbe Anzahl von Zeichen enthaltendes Paket bei der Datenübertragung, z. B. ein 64-Bit-Block.

blue bomb
[bluh **bomm**]

blaue Bombe
Datenpaket, welches das Betriebssystem (>OS) des empfangenden Rechners nicht verarbeiten kann, als Folge dessen dieser abstürzt. Bis auf einen System-Neustart hält sich der Schaden des betroffenen Rechners meist in Grenzen. Der Name entstand in Anlehnung an die blaue Bildschirmoberfläche, die bei einem Systemabsturz zu sehen ist. Blaue Bomben werden gerne von Teilnehmern in einem >IRC als böser Abschiedsgruß und von Internet-Nutzern, die in einem Multiplayer-Spiel über das Netz gegen andere verloren haben, versendet. Einige Provider (>provider) filtern sie im Interesse ihrer Mitglieder aus.

Blue Ribbon
[bluh **ribb**ən]

"Blaue Schleife"
Organisation, die sich gegen Kontrolle und Zensur im Netz engagiert und ihren Ursprung in den USA hat, wo sie als Antwort auf einen – mittlerweile zurückgezogenen – Neuentwurf des amerikanischen Kommunikationsgesetzes ("Communications Decency Act") entstand.

Bluetooth
[**bluh**tuhθ]

"Blauzahn"
Ein in der Entwicklung befindlicher Standard, der die drahtlose Kommunikation zwischen den mobilen Geräten, wie Mobiltelefon, Laptop und Kopfhörer, vereinheitlichen und vereinfachen soll.

Bluetooth basiert auf einer Funktechnologie, die in der 2,45 Gigahertz-Region arbeitet, Reichweiten bis zu zehn Meter zwischen den Geräten abdeckt, Übertragungsraten von bis zu 720 Kilobit pro Sekunde (>kbps) ermöglicht und sowohl Daten- als auch Sprachübertragung unterstützt. Der Bluetooth-Interessengruppe gehören einige hundert Firmen wie Nokia, Ericsson, IBM, Intel und Toshiba an.

body
[**bodd**i]

"Körper"
Der Teil einer E-Mail (>e-mail) oder auch WWW-Seite (>World Wide Web), der die eigentliche Nachricht oder den Text enthält, im Gegensatz z. B. zum "Header" (>header).

BOL
[bih-oh-**äll**]
Bertelsmann Online
(Firmen-/Anbietername)

Internet-Buchhandel des Medienkonzerns Bertelsmann, der in Deutschland Anfang 1999 seine virtuellen Pforten geöffnet hat.

bomb
[bomm]

Bombe
Bezeichnung für Programme, die ein Computersystem beschädigen, meist indem sie die Festplatten manipulieren oder sogar löschen; vgl. >virus.

bookmark
[**buck**mahk]

Lesezeichen
Methode, interessante WWW-Seiten (>World Wide Web) zu markieren, wenn man sie besucht, um sie später bei Bedarf leicht wieder zu finden; alle modernen Browser (>browser) bieten diese Möglichkeit.

Boolean search
[**buh**liənn **ßöhtsch**]

Boole'sche Suche
Methode, in einer Datenbank (>database) Informationen zu suchen und zu filtern, indem man bestimmte Operatoren wie z. B. "and/und" oder "or/oder" benutzt. Alle Suchmaschinen (>search

engine) wie >AltaVista, >Lycos etc. funktionieren nach diesem Prinzip.

Boole, George

Englischer Mathematiker und Logiker (1815 – 1864), arbeitete über die Beziehung zwischen Mathematik und Logik. Seine Erkenntnisse bilden die logische Grundlage für die Struktur heutiger Datenbankabfragen; vgl. >Boolean search.

bot
[bott]
robot

"Roboter", "Automat"
Wortbestandteil, der einen Automatismus bezeichnet: Ein "answer bot" reagiert z. B. automatisch auf alle Nachrichten, die in der Mailbox (>mailbox) ankommen; er informiert etwa darüber, dass der Adressat der E-Mail (>e-mail) gerade in Urlaub ist.
Die entsprechende Software führt die Aktion auf dem Internet-Server (>server) ohne weiteres eigenes Zutun immer wieder aus.

BOT
back on topic
(Akronym)

zurück zum Thema

bounce
[baunß]

prallen, zurückprallen
Was mit einer E-Mail (>e-mail) passiert, die wegen eines Datenübertragungsfehlers (z. B. durch fehlerhafte Adressierung) den Empfänger nicht erreichen kann und zurück an den Absender geht. Der Begleittext des E-Mail-Programms informiert den Absender, dass die Nachricht vom >Daemon "gebounced" wurde.

bozo
[**boh**zoh]

Bozo
Umgangssprachliche Bezeichnung für eine dumme oder alberne Person – in Anlehnung an den in Amerika bekannten Clown "Bozo" –, die bevorzugt in Newsgroups (>newsgroup) verwendet wird.

bps
[bih-pih-**äss**]
bits per second

>bits per second.

BRB
[I'll] be right back
(Akronym)

(Ich) bin gleich wieder da.

bridge
[bridsch]

"Brücke", "Überbrückung"
Gerät, das zwei oder mehrere physikalische Netzwerke miteinander verbindet und Datenpakete zwischen ihnen verschickt.

broadband
[**brohd**bännd]

Breitband
Hochgeschwindigkeits- und Hochleistungs-Übertragungstechnik, mit der die integrierte/

gleichzeitige Übertragung von vielen verschiedenen Arten von Signalen (Stimme, Daten, Bilder etc.) ermöglicht wird.

broadcast
[**brohd**kahßt]

"Sendung"
Verteilmethode für elektronische Nachrichten, die an alle an das Netz angeschlossenen Empfänger gesendet werden. Sie beruht nicht auf der Anforderung von Paketen (>packet), sondern auf einem kontinuierlichen Datenstrom, der in das Netz gesendet wird.

brownout
[**braun**aut]

Spannungsabfall
Immer alltäglicher werdendes Phänomen: In einer Art Kettenreaktion werden gleich mehrere Server (>server) im Netz überlastet, wenn sie die Netzkommunikation aufrechterhalten wollen, nachdem ein anderer Server einen Zusammenbruch (>crash) hatte.

browser
[**brau**sə]

"Stöberer"
Programm, das benutzt wird, um sich in einem Datensystem oder -netz zu bewegen und zurechtzufinden. Ein WWW-Browser (>World Wide Web) ermöglicht den Zugang zu und das Betrachten von grafischen Internet-Seiten (nicht aber deren Bearbeitung!). Die gebräuchlichsten Web-Browser sind >Netscape Navigator und Microsofts >Internet Explorer.

BSF
but seriously folks
(Akronym)

Nun aber mal im Ernst, Leute!
Spaß beiseite!

BTDT
been there done that
(Akronym)

etwa: Kenne ich schon! Habe ich schon!

BTSOOM
beat the shit out of me
(Akronym)

etwa: Schlag mich, ich weiß/kann es nicht!

BTW
by the way
(Akronym)

übrigens

BTX
deutsch [beh-teh-**ikß**];
englisch [bih-tih-**ekß**]
Bildschirmtext
(Produktname)

1980 gegründeter elektronischer Informationsdienst der Deutschen Bundespost, dessen Bedienung ursprünglich für Telefon-Zusatzeinrichtungen und spezielle Fernsehgeräte ausgelegt war. BTX wurde später in Datex-J umbenannt und wird seit 1995 als >T-Online bezeichnet. Das Basisangebot hingegen heißt auch heute noch BTX.

Buddies Online
[**baddis onlain**]
(Kunstwort)

"Kumpels online"
Service bei >AOL, der bis zu zehn verschiedene Listen mit bis zu 50 vom User festgelegten AOL-Namen verwaltet. Bei jedem Anmelden öffnet sich diese Liste und zeigt an, welche der eingetragenen AOL-"Freunde" gerade online (>on-line) sind.

buffer
[**baffə**]

"Puffer", Zwischenspeicher
Speicherbereich, der als temporärer Datenspeicher während einer Arbeitssitzung dient.

bug
[bag]

"Wanze", Fehler, Störung
Fehler in Hard- oder Software, der ein Produkt zwar nicht völlig untauglich macht, aber zu lästigen Funktionsstörungen und Unannehmlichkeiten in der Anwendung führt. Das Aufspüren und Beseitigen von derartigen Fehlern in einem Programm wird als "debugging" bezeichnet.

bug fix
[**bag** fikß]

"Bug-Reparierer"
Software, die Bugs (>bug) beseitigt und oft im Internet zum Herunterladen (>download) bereitsteht.

buggy
[**baggi**]

fehlerhaft
Bezeichnung für eine schlechte Eigenschaft einer Software oder eines Browsers (>browser); vgl. >bug.

bulletin board system
[**bull**ətin bohd **ßiß**təm]

etwa: **Schwarzes-Brett-System**
>BBS.

burst rate
[**böhßt** reht]

"Berst-Rate"
>burst speed.

burst speed
[**böhßt** ßpihd]

"Berst-Geschwindigkeit"
Die höchstmögliche Geschwindigkeit, mit der ein bestimmtes Gerät oder ein Netzwerk (>network) Daten übertragen kann (to burst = bersten, platzen).

button
[**battn**]

"Knopf", "Schalter", "Berührungsfeld"
Mit der Maus anklickbare Schaltfläche, oft im 3D-Design (>three-dimensional), zum Auslösen von Aktionen, wie z. B. "Abbrechen".

BWQ
Buzzword Quotient
(Akronym)

"Modewort-Quotient"
Prozentualer Anteil von Modewörtern (Schlagwörter, Signalwörter, In-Wörter) in einer Äußerung oder einem Dokument. Informell als ironischer Hinweis auf Wichtigtuerei, Angeberei oder gar Schwindelei verwendet.

BYP
beg your pardon
(Akronym)

Entschuldigung! / Wie bitte?

bypass
[**bai**pahß]

Bypass, Umleitung
Bezeichnung für den Einsatz anderer Verbindungen zur Datenübertragung als der über die lokalen Telefongesellschaften, beispielsweise Satelliten (>satellite transmission) oder Funknetze.

byte
[bait]

Byte
Kunstwort aus ">bit" und "eight", also "acht Bits", zur Bezeichnung einer Informationseinheit, die sich aus acht Bits zusammensetzt; wird als Maß für die Größe eines Speichers benutzt. Vgl. >kilobyte, >megabyte, >gigabyte.
Es gibt genau 256 (zwei hoch acht) Kombinationsmöglichkeiten dieser acht Bits und genauso viele >ASCII-Zeichen.

BZT
Bundesamt für Zulassungen in der Telekommunikation

Deutsche Behörde, die für die Zulassung von Telekommunikationsgeräten wie Telefon und Modem (>modem) zum Anschluss an das deutsche Fernsprechnetz zuständig ist; vgl. >dial close.

cable
[**keh**bl]

Kabel
Übertragungsmedium aus mehreren Drähten oder Glasfasern (>fiberglass cable) in einer schützenden Hülle (z. B. ein serielles Kabel).

cable modem
[**keh**bl **moh**dämm]

Kabelmodem
Modem (>modem), das anstelle des Telefonnetzes das wesentlich leistungsfähigere Kabelnetz zur Datenübertragung nutzt.

cache
[käsch]

Pufferspeicher, Cache
Temporärer Zwischenspeicher von Daten und Befehlen zweier miteinander kommunizierender Funktionseinheiten, die vom Befehlsprozessor vermutlich in Kürze wieder benötigt werden; auch cache memory. Man unterscheidet den so genannten Prozessor-Cache (>processor), der den Zugriff der Zentraleinheit auf den Arbeitsspeicher beschleunigt und den Disk-Cache, der den Zugriff auf Datenträger beschleunigt.

cache explorer
[**käsch** ickß**plohr**ə]

"Cache-Durchforster"
Zusatz-Software, die den in normalen Texteditoren nur sehr kryptisch dargestellten Inhalt des Browser-Cache (>browser, >cache) übersichtlich anzeigt. Die zuletzt aufgerufenen Web-Sites (>site) können damit kostengünstig offline (>off-line) durchgesehen werden.

Calendar Server
[**käl**əndə ßöhwə]

etwa: **Kalender-Server**
Programm, das die Terminverwaltung über das Internet sowohl von Gruppen und Abteilungen als auch von ganzen Unternehmen weltweit ermöglicht. Man benötigt die Software des jeweiligen Betreibers; vgl. >server.

call back
[**kohl** bäck]

Rückruf
Rückrufverfahren, das eingesetzt wird, um Telefongebühren zu sparen und um kurzfristige bzw. gesicherte Internet-Verbindungen aufzubauen. Das Modem selbst ruft dabei nach "Aufforderung" des Anrufenden eine bestimmte, im Modem (>modem) gespeicherte Nummer an.

call for votes
[**kohl** fə **wohtß**]

etwa: **Abstimmungsaufforderung**
Gehört zum Prozess der Bildung einer >Usenet-Newsgroup (>newsgroup): Die Internet-Gemeinde wird aufgefordert abzustimmen, ob eine neu vorgeschlagene Newsgroup zu einem bestimmten Thema benötigt wird; Abk.: CFV.

cancel bot
[**kän**ßl bott]

"Löschroboter"
Programm, das anhand eines vorgegebenen Kriterienkatalogs unerwünschte Beiträge in Newsgroups (>newsgroup) aufspürt und diese löscht.

cancel robot
[**kän**ßl **roh**bott]

"Löschroboter"
>cancel bot.

CAPI
[**keh**pi]
Common Application Programming Interface

Schnittstelle, über die eine Software, wie z. B. Windows oder OS2, die >ISDN-Karte ansteuert.

CARL
[kahl]
Colorado Alliance of Research Laboratories

"Verbund der Forschungslaboratorien von Colorado" – eine eindrucksvolle Datenbank (>database) sowie ein Dokumentenbeschaffungsdienst.

carrier
[**kärri**ə]

Träger
Bei der analogen Datenübertragung (>analogue) Träger- oder Tonfrequenz, auf die sich zwei Modems (>modem) einigen, um Daten tauschen zu können; dient den eigentlichen, zu übertragenden Daten (z. B. einer Datei) als Transportmedium.

cascade
[käß**kehd**]

"Wasserfall"
Eine Art Kunstform, die normalerweise auf >Usenet-Newsgroups (>newsgroup) beschränkt ist. Es gibt sogar Gruppen, die sich dem "Cascading" regelrecht verschrieben haben. Es funktioniert so ähnlich wie ein Kettenbrief oder das Lied "Ein Loch ist im Eimer": Man bezieht sich auf eine frühere Nachricht und fügt etwas dort Genanntem eine eigene Nachricht hinzu. Letz-

tere wird vom Nächsten als Bezug verwendet, während er seinerseits eine Nachricht obendrauf setzt und so weiter, in einem "Wasserfall" von Bezügen auf Bezüge auf Bezüge. Es sieht recht witzig aus und benötigt, da es sich um tausende von Nachrichten handeln kann, eine Menge Bandbreite (>bandwidth). Empfehlung: Abstand davon nehmen! Vgl. >quoting.

Cascading Style Sheets
[käß**kehd**ing **ßtail** schihtß]

"fortgesetzte Stilvorlagen"
>CSS.

CAVE
[kehw]
Cave Automatic Virtual Environment

"Raum mit dreidimensionalen Bildprojektionen"
Raum, in dem eine dreidimensionale virtuelle Welt (>virtual reality) durch die Projektion von Bildern auf Boden und Wände vorgetäuscht wird. Die Besucher dieses Raumes tragen in der Regel so genannte stereoskopische Brillen (>stereoscopic glasses), deren Sensoren den leistungsfähigen Rechnern die Kopfbewegungen mitteilen. Diese können so die Perspektive der projizierten Bilder entsprechend abändern.

CC
[ßih-**ßih**]
Carbon Copy

"Kohlepapierdurchschlag", Kopie
Begriff aus der traditionellen papierbasierten Bürokommunikation, der in die elektronische Kommunikation übernommen wurde und in E-Mails (>e-mail) dasselbe bedeutet wie auf dem Papier: "Kopie an ...".

CCC
[ßih-ßih-**ßih**]
Chaos Computer Club

>Chaos Computer Club.

CCITT
[ßih-ßih-ai-tih-**tih**]
Comité Consultatif International Télégraphique et Téléphonique

etwa: **International beratender Ausschuss für den Telegrafen- und Fernsprechdienst**
Unterorganisation der UNO, die Normempfehlungen für die technischen Eigenschaften von Kommunikations-Endgeräten gibt und international die Sende- und Empfangsfrequenzen festlegt. Wurde Anfang der 90er-Jahre umbenannt in "International Telecommunications Union" (>ITU-T).

CDF
[ßih-dih-**äff**]
Channel Definition Format
(Produktname)

Auf >XML basierende Formatdefinition der Firma Microsoft zur Integration von Push-Technologien (>push technology) in Web-Sites (>site).

CD-I
[ßih-dih-**ai**]
Compact Disc Interactive

"Interaktiver optischer Speicher"
Von den Firmen Philips und Sony im Jahre 1986 geschaffene Norm für optische CDs, die im so genannten >Green Book definiert ist. Das Haupt-

einsatzgebiet der CD-I sind Multimedia-Anwendungen (>multimedia). Eine CD-I lässt sich allerdings nicht vom CD-ROM-Laufwerk eines herkömmlichen PCs lesen, sondern erfordert ein spezielles Abspielgerät, das sich direkt an einen Fernseher anschließen lässt.

CD-ROM
[ßih-dih-**romm**]
Compact Disc Read-Only Memory

"Nur lesbarer optischer Speicher"
Optisches, nur lesbares digitales Speichermedium, das 1985 als Peripheriegerät (>peripheral devices) für den PC eingeführt wurde und heute zur Standardausstattung jedes PCs gehört. Die Speicherkapazität beträgt 650 Megabyte (>megabyte), die Standard-Lesegeschwindigkeit von 150 Kilobyte (>kilobyte) pro Sekunde wird heute um ein x-faches überschritten. Immer mehr Anwendungen auf CD-ROM wie digitale Lexika (>digital) lassen sich übers Internet aktualisieren.

cellular phone
[**ßäll**julə **fohn**]

Mobiltelefon, Handy
Kurz "cellphone"; meist im amerikanischen Englisch verwendete Bezeichnung für >mobile (phone).

CEPT
[ßäppt]
Conférence Européenne des Administrations des Postes et des Télécommunications

Europäische Konferenz zur Verwaltung von Post und Telekommunikation
Konferenz der Fernmeldeverwaltungen, die den älteren Darstellungsstandard entwickelt hat, der von BTX/T-Online (>BTX, >T-Online), dem Online-Dienst der Telekom, verwendet wird; vgl. >KIT.

CERN
[ßöhn]
Conseil Européen pour la Recherche Nucléaire

Europäisches Labor für Teilchenphysik
Das europäische Kernforschungszentrum mit Sitz in Genf, der Geburtsort des >World Wide Web, das 1990 von Robert Cailliau und Tim Berners-Lee (>Berners-Lee, Timothy) dort entwickelt wurde.

Certificate Authority
[ßə**tiff**ikeht oh**θorr**əti]

Zertifizierungsstelle
>Trust Center.

certification
[ßətiffi**keh**schn]

Zertifikat
Bescheinigung einer unabhängigen Institution, dass der Besitzer des Zertifikats ihr gegenüber seine Identität glaubhaft gemacht hat. Die heute gebräuchlichen Zertifikate beruhen auf so genannten asymmetrischen Verschlüsselungsverfahren; vgl. >digital signature, >Trust Center.

CFV
[ßih-äff-**wih**]
Call For Votes

etwa: **Abstimmungsaufforderung**
>call for votes.

CGI
[ßih-dschih-**ai**]
Common Gateway Interface

Standardisierte Programmierschnittstelle zum Datenaustausch zwischen Browser (>browser) und Programmen auf dem Web-Server (>World Wide Web, >server). Überwiegend sind diese Programme in >PERL geschrieben und dienen hauptsächlich der Auswertung von >HTML-Formularen; vgl. >script, >counter.

cgi-bin
[ßih-dschih-**ai** binn]

Verzeichnisname für >CGI-Erweiterungen von WWW-Servern (>World Wide Web, >server).

channel
[**tschännl**]

1. Kanal
Eine Art abonnierte Web-Site (>site), die meist von der Browseroberfläche (>browser) aus anklickbar ist. Sie aktualisiert sich automatisch in vom Abonnenten im Browser eingestellten Intervallen, z. B. bei jedem Internet-Zugriff. Solche Channels können z. B. Nachrichten- und Informations-Sites sein. Sie werden u. a. angeboten von Fernsehsendern, Magazinen ("Stern-Channel", "Spiegel Online"), großen Software-Häusern etc.

2. Chatraum im Internet
Separater Chatbereich (>chat), d. h. Diskussionsgruppe im >IRC.

channel hopping
[**tschännl** hopping]

"Kanalhüpfen", "Zappen"
Wiederholtes Umschalten von einem >IRC-Kanal (>channel) zum anderen.

channel packing
[**tschännl** päcking]

Kanalbündelung
Nicht-standardisierte Funktion von ISDN-Adaptern (>ISDN), die es ermöglicht, zwei oder mehrere Kanäle zur Übertragung von Nutzdaten zu koppeln, womit die Datenübertragungsgeschwindigkeit merklich erhöht werden kann.

Chaos Computer Club
[**keh**oss kəm**pjuht**ə klab]

Ein in Deutschland eingetragener Verein, der aus einer Gruppe von Hackern (>hacker) besteht, welche durch das Eindringen in fremde Computernetze auf die Sicherheitsrisiken und Gefahren der vernetzten Gesellschaft hinweisen wollen.

character
[**kärr**əktə]

Schriftzeichen
Binäre (>binary) Darstellung eines Buchstabens, einer Zahl oder eines Symbols; vgl. >ASCII.

chat
[tschätt]

plaudern, Plauderei
Simultane Diskussion im >World Wide Web bzw. in Online-Diensten (>on-line): In Echtzeit (>realtime) werden dabei über die Tastatur Nachrichten ausgetauscht. Einige Chats finden regelmäßig statt, andere nur zu bestimmten Anlässen und Themen. Diese Art miteinander zu plaudern nennt man "chatten"; vgl. >IRC.

churn rate
[**tschöhn** reht]

"Churn-Rate"
Einheit für den prozentualen Umsatzrückgang einer Telefongesellschaft aufgrund weniger verbrauchter Telefoneinheiten – sei es zum Telefonieren oder zur Nutzung einer Online-Verbindung (>on-line).

CIM
[ßimm *oder* ßih-ai-**ämm**]
CompuServe Information Manager
(Produktname)

Mittlerweile überholtes, offizielles Zugangsprogramm für >CompuServe; vgl. >WinCim.

CIS
[ßiss *oder* ßih-ai-**äss**]
CompuServe Information Service
(Firmen-/Anbietername)

>CompuServe.

CIX
[ßickß *oder* ßih-ai-**äckß**]
Commercial Internet Exchange

"Kommerzieller Internet-Austausch"
Bezeichnung für die Datenaustauschpunkte, an denen der globale Datenverkehr des Internets von einem Netz (>network) zum anderen übergeben wird. In Deutschland übernimmt das DE-CIX in Frankfurt/M. diese Austauschfunktion. Damit wird gewährleistet, dass der Transfer auf dem kürzesten Weg erfolgt.

ClariNet
[**klärr**inätt]
(Firmen-/Anbietername)

Kommerzieller Online-Verlag (>on-line), der eine Reihe nachrichtenorientierter >Usenet-Newsgroups (>newsgroup) betreibt. Hierbei handelt es sich um geschlossene (= gebührenpflichtige) Benutzergruppen.

Clark, Jim

Einer der Begründer und Vorsitzender der Netscape Communications Corporation; vgl. >Netscape Navigator, >Andreessen, Marc.

class 1 (2)
[klahß **wann** (**tuh**)]

Standards für Faxmodems (>modem).

class A (B, C) network
[klahß **eh** (**bih**, **ßih**) **nätt**wöhk]

Bezeichnung für die Anzahl von Host-Servern (>host, >server), die eine Internet-Netzwerk-Umgebung umfassen kann. "Class A" verwaltet bis zu rund 16 Millionen, "Class B" bis zu rund 65.000 und "Class C" maximal 256 Host-Server. Von Klasse A (Regierungen und ähnlich große Organisationen) sind bis zu 128 Netze möglich; von Klasse B (wachstumsorientierte Organisationen) kann es maximal 16.384 Netze geben; Klasse C (kleine Bulletin Boards (>BBS) und/ oder individuelle Server) ist begrenzt auf eine Anzahl von 2.097.152 Netzen.

clear text authentication
[kliə **täckßt** ohθäntikehschn]

"Klartext-Authentifizierung"
Ein vom >Internet Explorer verwendetes unverschlüsseltes Authentifizierungsprotokoll (>protocol).

clickstream
[**klick**ßtrihm]

"Klickstrom"
Von Besuchern einer Web-Site (>site) zurückgelegter Weg, der sie innerhalb dieser Web-Site zur gewünschten Information führt.

client
[**klai**ənt]

"Kunde"
Anwendung, die die Dienste eines Servers (>server) in Anspruch nimmt; vgl. >client-server.

client-server
[**klai**ənt **ßöh**wə]

"Kunde-Dienstleister"
Beschreibt das Prinzip der Aufgabenbeziehungen in einem Netzwerk:
Ein Computer, der Server (>server), stellt anderen Computern, den Clients (>client), die mit ihm durch ein Netzwerk oder eine Telefonleitung verbunden sind, seine Dienste zur Verfügung. Die Dienste können z. B. in der Bereitstellung von Datenbanken (>database) bestehen oder der Vermittlung von E-Mails (>e-mail).

Typische Client-Server-Systeme sind Online-Dienste (>on-line service provider). Technisches Bindeglied ist neben der Hardware (Leitungen) die gemeinsame Software.

clipper chip
[**klipp**ə tschipp]

Sicherheits-Chip, den die amerikanische Regierung gerne in jede Kommunikations-Hardware (Telefon, Fax, Modem (>modem) etc.) installiert gehabt hätte: Dieser Chip hätte die Kommunikation so verschlüsseln können, dass niemand hätte mithören können – mit Ausnahme der Regierung, die nämlich über den Entschlüsselungscode verfügt hätte. Es gab massive öffentliche Proteste, und das Projekt ist nie realisiert worden.

CLM
[ßih-äll-**ämm**]
Career Limiting Move

"karrierebeendende Handlung"
1. Im allgemeinen Sprachgebrauch könnte es z. B. heißen: "Auf der Betriebsfeier parodierte er den Chef, womit er den CLM-Preis gewann."

2. In Bezug auf Software: Bezeichnung für einen ernsthaften, problematischen Fehler (>bug), der, weil das Programm nicht ordentlich getestet wurde, erst durch einen Anwender (>user) entdeckt wird.

CML
[ßih-ämm-**äll**]
Chemical Markup Language

Chemische Auszeichnungssprache
Eine sich noch in der Entwicklung befindende auf >XML basierende Standardsprache zur formatierten Darstellung von Dokumenten, mit der

sich unter anderem der Aufbau von Molekülen exakt beschreiben lässt.

cobweb site
[**kob**wäb ßaitt]

"Spinnweben-Site"
Inhaltlich und/oder grafisch nicht mehr zeitgemäße Web-Site (>site).

com
[komm]
company

"Firma"
Bestandteil der Internet-Adressen-Syntax (>address): Name für eine Domain (>domain), und zwar für den Server (>server) eines Wirtschaftsunternehmens. "com" steht für die Tatsache, dass es sich bei dem Betreiber der Site um eine "company", eine Firma, handelt.

command line interface
[kəm**mahnd** lain **int**əfehß]

Befehlszeilen-orientierte Oberfläche
Etwas ältere Methode der Kommunikation zwischen Computer und User (>user). Diese Art der Befehlsübermittlung gehört heute größtenteils der Vergangenheit an, denn inzwischen gibt es für fast alle Bedürfnisse grafische Benutzeroberflächen (>GUI); Abk.: CLI.

Communications Decency Act
[kəmmjuhni**keh**schns **dihß**nßi äckt]

etwa: **Gesetz für Anständigkeit in der Kommunikation**
Umstrittenes Gesetz, das 1996 in den USA in Kraft trat. Demnach wird der Server (>server) bzw. dessen Betreiber dafür verantwortlich gemacht, dass kein jugendgefährdendes Material in die Hände von Minderjährigen gelangt. In anderen Ländern sind ähnliche Gesetzgebungsbestrebungen im Gange.

CommUnity
[kəm**juhn**əti]
Computer Communicators' Association

Organisation, die es sich zur Aufgabe gemacht hat, die Computerkommunikation in Großbritannien zu schützen und zu fördern. Vergleichbar dem >EFF, aber mit britischer Ausrichtung.

compensation
[kommpänn**ßeh**schn]

Ausgleich, Abgleich
Abgleich, um Daten, die aus verschiedenen Systemen kommen, für einen Zweck abzustimmen, beispielsweise Adressdatenbanken (>database), die auf unterschiedlichen Systemen, wie PC oder Internet, bearbeitet werden.

Compress
[kəmm**präss**]
(Produktname)

Unter >UNIX laufendes so genanntes Packprogramm, das die Größe von Dateien reduziert. Die aus der DOS-Welt bekannten Dateinamenerweiterungen (>filename extension) sind nicht notwendig, werden aber trotzdem gerne angehängt, um eine mit Compress gepackte Datei zu identifizieren. Die am häufigsten verwendete ist .lzc; vgl. >arc, >archive.

CompuServe
[**kommp**jußöhw]
(Firmen-/Anbietername)

Kommerzieller Anbieter von Online-Diensten (>on-line) mit Internet-Zugang. Weltweit mehrere Millionen Mitglieder. Wurde im Januar 1998 von >AOL übernommen.

condom
[**konn**dəmm]

"Schutzüberzug"
Scherzhafte Bezeichnung für die Plastikschutzhülle von 3,5"-Disketten bzw. von Keyboards, die vor Staub und verschütteten Flüssigkeiten bewahrt werden sollen, ohne dass das Tippen behindert wird ("keyboard condom").

conference
[**konn**frənß]

Konferenz
Nachrichtenbereich bzw. Forum (>forum) innerhalb eines Konferenznetzes. Jede Konferenz ist zuständig für ein bestimmtes Thema und weiter untergliedert in noch spezifischere Unterthemen (>topic); vgl. >video conference.

connectivity
[**konn**äck**tiw**əti]

"Anschlussmöglichkeit"
Im Kontext Internet der Überbegriff für den technischen Anschluss an das Internet schlechthin, der sowohl die Software – den Browser (>browser) – und die Hardware – Modem (>modem), >ISDN-Karte, Router (>router) und Server (>server) – als auch die Leitung zum Provider (>provider) einschließt.

connect time
[kən**näckt** taim]

Verbindungsdauer
Zeitdauer, die man online (>on-line) im Internet verbringt.

content
[**konn**tännt]

Inhalt
Inhalt einer Web-Site (>site). Redaktionen und Firmen, die Web-Sites mit Inhalten füllen, heißen entsprechend "content provider", im Deutschen häufig auch "Content-Anbieter" genannt.

cookie
[**kucki**]

"Keks"
Kleine Datei, die von einer besuchten WWW-Seite (>World Wide Web) auf der Festplatte des Users (>user) erzeugt wird. Eine solche Datei protokolliert die Aktivitäten des Users in der besuchten Web-Seite. Der Vorgang ist aus Datensicherheitsgründen nicht unumstritten; vgl. >Ad Server.

copyright
[**koppi**rait]

Copyright, Urheberrecht
Gesetzliche Methode zur Wahrung der Urheberrechte an kreativen Erzeugnissen wie Texten, Musikstücken, Bildern und gerade auch Computerprogrammen. Im Gegensatz zu anderen, traditionellen Medien ist die Verbreitung von geschütztem Material über das Internet rechtlich noch nicht eindeutig geregelt.

CoSy
[**koh**si]
Conferencing System

Betriebssystem (>OS), unter dem Online-Server (>on-line, >server) laufen können.

counter
[**kaun**tə]

Zähler
Kontrollinstrument, das in der Regel als CGI-Skript (>CGI, >script) auf der Web-Site (>site) installiert wird und die Anzahl der Zugriffe auf bestimmte Web-Seiten zählt und diese darstellt; vgl. >page view.

country code
[**kann**tri kohd]

Landescode
Teil des Domain-Namens (>domain), auch >top level domain genannt.
Nachdem die bloße Länderkennzeichnung künftig nicht ausreichen wird, erwägen die Gremien, die für die Vergabe der Top-Level-Domains zuständig sind, eine Erweiterung nach Branchen, wie dies in den USA bereits üblich ist (.com, .edu, .org etc.). Nachfolgend einige Beispiele für Landescodes:
.ar – Argentina – Argentinien
.be – Belgium – Belgien
.ca – Canada – Kanada
.ch – Switzerland – Schweiz
.de – Germany – Deutschland
.fr – France – Frankreich
.hk – Hong Kong – Hongkong
.ie – Ireland – Irland
.jp – Japan – Japan
.nz – New Zealand – Neuseeland
.se – Sweden – Schweden
.uk – United Kingdom – Großbritannien
.us – United States – USA
.za – South Africa – Südafrika

CPS
[ßih-pih-**äss**]
Characters Per Second

Zeichen pro Sekunde
Maßeinheit für die Geschwindigkeit der Datenübermittlung.

cracker
[**kräck**ə]
(Kunstwort)

"Cracker"
Jemand, der unbefugt in Computersysteme wie Internet-Server (>server) oder Bankenrechner eindringt und dadurch Schaden anrichtet. Im Gegensatz zu Hackern (>hacker) handeln Cracker in der Regel eigennützig.

crash
[kräsch]

Unfall, Zusammenbruch
Plötzlicher, totaler Systemausfall.

CRC
[ßih-ah-**ßih**]
Cyclic Redundancy Checking

etwa: **zyklische Redundanzprüfung**
Verfahren zum Erkennen von Übertragungsfehlern.

CREN
[ßih-ahr-ih-**änn**]
Corporation for Research and Education Networking

etwa: **Vereinigung für das Betreiben (die Förderung) von Forschungs- und Bildungsnetzwerken**
Durch das Verschmelzen von CSNET ("Computer Science Network") und >BITnet ("Because It's Time"-Network) gebildete Organisation mit dem Ziel, die Internet-Gemeinde mit Informationen, Software und Dienstleistungen zum Thema Bildung und Forschung zu versorgen.

cross posting
[**kross** pohßting]

etwa: **Streusendung**
Das Verbreiten ein- und derselben Nachricht in verschiedenen Diskussionsforen (>forum); entspricht nicht dem Internet-Verhaltenskodex (>netiquette), da es die Newsgroups (>newsgroup) unnötig anfüllt. Also eine wirksame Methode, sich in der Internet-Gemeinde unbeliebt zu machen.

cryptography
[kripp**toggr**əffi]

Kryptographie
Kodierung und Verschlüsselung von Nachrichten, sodass diese nur von denjenigen dekodiert werden können, für die sie bestimmt sind; betrifft z. B. das Homebanking (>homebanking); vgl. >DES, >AES, >PGP.

CSLIP
[**ßih**-ßlip]
Compressed Serial Line Internet Protocol

Variante von >SLIP, die Kompressionstechniken verwendet, um schnellere Datenübertragungen zu ermöglichen; vgl. >PPP.

CSO Name Service
[ßih-äss-**oh nehm** ßöhwiss]
Computing Services Office Name Service

Von der Universität von Illinois in Urbana-Champaign entwickeltes Telefonverzeichnis-System, mit dem man, statt nur in einer bestimmten Stadt oder deren Umgebung, in mehreren Regionen suchen kann. Meist im akademischen Bereich und auch unter dem Namen "CCSO Name Service" (für "Computing and Communication Services Office Name Service") anzutreffen.

CSS
[ßih-äss-**äss**]
Cascading Style Sheets

Vom >W3C verabschiedeter Standard zur seitenunabhängigen Zuweisung von Eigenschaften (Schriftattribute und Positionierung) an HTML-Objekte (>HTML, >DHTML).

CTS
[ßih-tih-**äss**]
clear to send

klar zum Senden, sendebereit
>RTS/CTS.

CUL
CUL8R
C-U-Later = see you later
(Akronym)

bis später

CUSI
[ßih-juh-äss-**ai**]
Configurable Unified Search Engine

"Konfigurierbare, einheitliche Suchmaschine"
In den Niederlanden entwickelte und jetzt von der britischen Firma NEXOR bereitgestellte Meta-Suchmaschine (>meta search engine), die individuell konfigurierbar ist.

customize
[**kass**təmais]

anpassen
Begriff, der das Anpassen von Software-Oberflächen und -Funktionen an die persönlichen Vorlieben des Users (>user) bezeichnet; auch personalize.

cybercafé
[**ßai**bə**käff**eh, **ßai**bəkə**feh**]

Internet-Café
Gastronomischer Betrieb, in der Regel ein Café oder Restaurant, in dem man nicht nur Speis und Trank, sondern über bereitgestellte und entsprechend eingerichtete PCs auch einen Internet-Zugang erhält. Man kann surfen (>net surfer), sich mit Gleichgesinnten treffen, essen und trinken. Neben der regulären Zeche zahlt man auch die Gebühren für die Zeit, die man online (>on-line) verbracht hat. Populär wurden diese Cafés in den USA, heute sind sie aber in fast allen größeren Städten der Welt zu finden; vgl. >Cyberia.

CyberCash
[**ßai**bəkäsch]
(Firmen-/Anbietername)

Amerikanische Firma, die das bargeldlose elektronische Abrechnungssystem >CyberCoin entwickelt hat, das geringfügige Zahlungen im Internet über Kreditkarte ermöglicht.

CyberCoin
[**ßai**bəkoin]
(Produktname)

Elektronisches Zahlungssystem im Internet, das von der Firma >CyberCash als Ergänzung zur kreditkartenbasierten Bezahlung für den Preisbereich von fünf Pfennigen bis 20 Mark entwickelt wurde. In Pilotversuchen wird es in Deutschland bei der Commerzbank, der Dresdner Bank, der Stadtsparkasse Köln und anderen eingesetzt; vgl. >eCash, >Millicent.

cybercop
[**ßai**bəkopp]
(Kunstwort)

Cyberpolizist
1. Polizist, der im Internet begangenen kriminellen Handlungen nachgeht.

2. Markenname eines Sicherheitssystems für Netzwerke (>network).

Cyberia
[ßai**bi**əriə]

Eines der ersten Internet-Cafés (>cybercafé) in Europa war das "Cyberia" in London. Es liegt nahe der U-Bahnstation Goodge Street in der Nähe der Tottenham Court Road. Es kann mit einem direkten Internet-Zugang dienen, und natürlich mit Kaffee und Kuchen.

cybernaut
[**ßai**bənoht]
(Kunstwort)

Zusammenziehung aus "Cyberspace" (>cyberspace) und "Astronaut". Person, die überdurchschnittlich viel Zeit im Internet verbringt; vgl. >geek, >nerd.

cyberpunk
[**ßai**bəpanck]
(Kunstwort)

Kultbegriff, dessen Bedeutungsspektrum immer wieder neue Hinzufügungen erfährt: Zunächst bekannt geworden als neue Unterart der Sciencefiction-Literatur, die durch den SF-Kultroman "Neuromancer" (1984) von William Gibson (>Gibson, William) populär wurde und die sich, in Auflehnung gegen Althergebrachtes, mit dem Sujet Technologie im weitesten Sinne auseinander setzt. Später, in den Neunzigern, erhielt der Begriff die Bedeutungsfacette einer Weltanschauung und eines Lifestyles, die in der Nähe der Rave- und Techno-Subkultur angesiedelt sind. Entsprechend bezeichnen sich Personen, die sich in dieser Subkultur bewegen, auch selbst als "Cyberpunks".
Der rote Faden, der sich durch das Bedeutungsspektrum zieht, sind seine Komponenten: "punk" meint Rebellion gegen Althergebrachtes, "cyber" meint die Welt der Technologie, Hacker, virtuellen Realität (>virtual reality) etc.

cybersex
[**ßai**bəßäckß]
(Kunstwort)

Ausdruck, der sich auf das Thema Sex in einer Online- bzw. virtuellen Umgebung (>on-line, >virtual reality) bezieht; er kann z. B. erotische Dialoge via E-Mail (>e-mail) oder Realtime-Chat (>realtime, >chat) bezeichnen, aber auch gänzlich virtuellen Sex, für den z. B. spezielle Anzüge und besonderes Zubehör benötigt werden; vgl. >data glove.

cyberspace
[**ßai**bəßpehß]
(Kunstwort)

Begriff, der von William Gibson (>Gibson, William) in seinem Roman "Neuromancer" (1984) geprägt wurde und dort die kollektive Welt von vernetzten Computern bezeichnet. Heute im Allgemeinen benutzt, um sich auf die innerhalb von Computernetzen bestehende Welt zu beziehen, die durch die Kommunikationstechnologie zugänglich gemacht wird; vgl. Howard Rheingold (>Rheingold, Howard), >virtual community.

cyborg
[**ßai**bohg]
cybernetic organism
(Kunstwort)

Mischung aus Mensch und Maschine, bekannt geworden durch Film und Sciencefiction-Literatur.

cycle server
[ßaikl ßöhwə]

Besonders leistungsstarker Rechner in einem Netzwerk mit der Funktion, umfangreiche rechen- und speicherintensive Aufgaben zu erledigen. Weitere, z. B. interaktive Aufgaben

(>interactive) werden auf anderen Komponenten des Netzwerks, z. B. Workstations, abgewickelt.

cypherpunk
[**ßaif**əpanck]
(Kunstwort)

Person, die auf dem Recht des Users (>user) auf eine ungestörte Privatsphäre bei der Internet-Kommunikation besteht und darauf, dass man, um seine Privatsphäre zu sichern, jegliches Verschlüsselungsprogramm verwenden können muss. Die amerikanische Regierung sieht dies etwas anders.

D

D/A converter
[dih-**eh** kənw**öh**tə]
Digital-to-Analogue converter

Digital-Analog-Wandler
Konverter, der analoge (>analogue) Signale digitalisiert und dadurch den Anschluss von analogen Endgeräten an >ISDN ermöglicht.

Daemon
[**dih**mən]
Disk And Execution Monitor

etwa: **Platten- und Ausführungskontrolle**
Begriff aus der >UNIX-Welt: Aus den Anfangsbuchstaben für "Disk And Execution Monitor" wird das Wort "Daemon", "Geist", auch "Teufelskerl" gebildet. Es handelt sich um ein Programm, das in einem Computersystem im Hintergrund darauf wartet, bei bestimmten Systemereignissen aktiv zu werden, um dann eine genau definierte Aufgabe zu verrichten. Ein einfaches Beispiel ist eine Weckfunktion, aber es kann sich auch um viel komplexere Vorgänge handeln, im schlimmsten Fall um einen Virus (>virus).

Dancing Baby
[**dahn**ßing **beh**bi]

Tanzendes Baby
Dreidimensionales Modell eines tanzenden Babys, das ursprünglich zu Demonstrationszwecken für die Character Studio Software von der Firma Kinetix entwickelt wurde und per Internet zu einem weltweiten Kultobjekt avancierte.

dark fiber
[**dahk fai**bə]

"dunkle/ungenutzte Faser"
Ungenutzte Übertragungskapazität in faseroptischen Medien (>fiberglass cable).

DARPA
[**dah**pə]
Defense Advanced Research Projects Agency

>ARPA.

DASD
[dih-eh-äss-**dih**]
Direct Access Storage Device

etwa: **Direktzugriffsspeichergerät**
In erster Linie ein Arbeitsspeicher (>RAM), aber auch Festplatte, Magnetband etc.

database
[**deh**təbehß]

Datenbank
Informationen (Daten) werden einerseits gesammelt, andererseits verwaltet, kontrolliert und

miteinander in Beziehung gebracht von einem recht komplizierten Filter- und Sortiersystem. Damit ist bei möglichst nur einmaliger Erfassung einer Information schnellstmögliches Auffinden und/oder Sortieren in den verschiedensten Zusammenhängen möglich. Datenbanken sind die Grundlage der meisten komplexeren Erscheinungen der heutigen Cyberwelt, z. B. von CD-ROMs oder Suchmaschinen (>search engine) im Internet, aber natürlich auch der Zentralsysteme von Fluggesellschaften, Banken oder Versicherungen.

data compression
[**deh**tə kəmpräschn]

Datenkomprimierung
Modus, den man in Datenübertragungsgeräten wie Modems (>modem), >ISDN-Karten etc. per Einstellung ein- oder ausschalten kann – in der Hardware angelegte Komprimierungsmöglichkeit von Daten, um den Umfang einer zu übertragenden Datei möglichst klein zu halten, damit die Übertragungszeit bei der Datenfernübertragung kürzer ist. Die ursprüngliche Form der Daten lässt sich durch Dekomprimierung wieder herstellen. Die verbreitetsten Komprimierungsstandards sind MNP5 und >V.42bis; nicht zu verwechseln mit Packprogrammen wie WinZip oder PKZIP; vgl. >zip.

data glove
[**deh**tə glaw]

Datenhandschuh
Handschuhförmiges Dateneingabegerät mit Sensoren, welches die eigenen Hand- und Fingerbewegungen in digitale (>digital) Befehle umwandelt; vgl. >cybersex.

datagram
[**deh**təgrämm]

Informationseinheit (Datenblock), die über das Internet übertragen wird, wenn man das Internet-Protokoll (>IP) verwendet.

data highway
[**deh**tə **hai**weh]

Datenautobahn
>information (super) highway.

dataholic
[dehtə**holl**ick]

Datensüchtiger
Jemand, in dessen Leben Daten und Informationen aller Art eine übertrieben wichtige Rolle spielen; vgl. >geek, >nerd, >cybernaut.

data integrity
[**deh**tə in**täggr**əti]

Datenintegrität
Allgemeine Bezeichnung für den Schutz von Daten gegen Veränderungen oder Verfälschungen während der Übertragung.

data throughput
[**deh**tə **θruh**putt]

Datendurchsatz
Menge der pro Zeiteinheit übertragenen Daten, die in der Regel in Bit pro Sekunde (>bits per second, >baud) angegeben wird. Der Datendurchsatz, häufig auch Bandbreite (>bandwidth)

genannt, bezeichnet im Internet die Serverleistung (>server) bzw. die Leistung des Modems (>modem).

data traffic
[**deh**tə **träff**ick]

Datenverkehr
Elektronischer Datenaustausch über ein Netzwerk (>network), dessen Kapazität in Bandbreiten (>bandwidth) und dessen Geschwindigkeit in Bits pro Zeiteinheit (>bits per second) angegeben wird; kurz auch nur "traffic".

DCE
[dih-ßih-**ih**]
Data Communication Equipment

etwa: **Datenkommunikationsausrüstung**
Gerät, das Terminal (>terminal) und Datenübertragungssystem verbindet, z. B. Modem (>modem), >ISDN-Karte etc.

DDN
[dih-dih-**änn**]
1. Defense Data Network
2. Department of Defense Network

1. Verteidigungsdatennetzwerk
Weltweites Kommunikations- und Datennetz des US-Verteidigungsministeriums zum Versand von nicht geheimen Nachrichten. Es besteht aus dem >MILNET, Teilen des Internets und anderen Netzwerken (>network).

2. Netzwerk des Verteidigungsministeriums
Teil des Internets, der bis zur Auflösung des ARPAnet (>ARPA) militärischen Zwecken diente.

dead letter box
[däd **lättə** bockß]

"Kasten für tote Briefe"
Datei in E-Mail-Systemen (>e-mail), an die (z. B. wegen Tippfehlern in der Adresse) nicht zustellbare Nachrichten gesendet werden bzw. wo sie – vorübergehend – abgelegt werden.

decoding
[dih**koh**ding]

Dekodierung
Wiederherstellung von binärer aus textbasierter Information mithilfe bestimmter Verfahren; vgl. >encoding.

decryption
[dih**kripp**schn]

Dechiffrierung, Entschlüsselung
Das Decodieren einer verschlüsselten Datei zurück in ihren ursprünglichen lesbaren Zustand; vgl. >cryptography, >encryption.

de-facto standard
[di-**fäck**toh ßtänndəd]

De-facto-Standard
Standard, der zwar nicht durch eine anerkannte Standardisierungsorganisation, beispielsweise >ISO oder >W3C, offiziell verabschiedet wurde, der aber durch seine Verbreitung allgemein akzeptiert ist; vgl. >de-jure standard.

default
[di**fohlt**]

Werkseinstellung
Grundeinstellung des Computers oder der Software, die man nach eigenen Vorlieben und Bedürfnissen verändern kann.

"Default" heißt wörtlich "Nichterscheinen" und wird im Zusammenhang mit dem Internet auch für Standardseiten innerhalb von Web-Sites (>site) gebraucht, die angezeigt werden, wenn eine bestimmte Seite nicht auffindbar ist. Oft wird damit aber auch schlicht die Eingangsseite einer Web-Site bezeichnet.

Deja.com
[**deh**schah dott **komm**]
(Produktname)

Sehr praktisches Verzeichnis und Suchwerkzeug zur Orientierung in der Welt der Newsgroups (>newsgroup), das die Artikel in zigtausenden Diskussionsgruppen nach vom Anwender vorgegebenen Begriffen durchsucht und ihn so zu den passenden Newsgroups führt.

de-jure standard
[deh-**dschu**əri ßtänndəd]

De-jure-Standard
Standard, der von einem Normeninstitut, beispielsweise >ISO oder >W3C, verabschiedet wurde und offiziell gültig ist; vgl. >de-facto standard.

delete
[di**liht**]

löschen
Daten, eine Datei oder Nachricht von einem Speichermedium endgültig löschen.

Delphi
[**dell**fai]
(Produktname)

PASCAL-basierte Programmiersprache der Firma Borland/Inprise zur visuellen Programmierung von Windows-Programmen.

delurk
[di**löhk**]
(Kunstwort)

Das "Lurking" (Auf-der-Lauer-Liegen) beenden: z. B. sich zum ersten Mal aktiv an einem Forum (>forum) oder einer Chat-Box (>chat) beteiligen, nachdem man eine Zeit lang passiver Beobachter (>lurker) war.

DE-NIC

Deutsches Network Information Center
Organisation, die am Rechenzentrum der Universität Karlsruhe angesiedelt ist und für die Vergabe und Verwaltung von Domains (>domain) und IP-Adressen (>IP address) unter der Top-Level-Domain .de (>top level domain) zuständig ist; vgl. >NIC, >InterNIC.

DES
[dih-ih-**äss**]
Data Encryption Standard

Datenverschlüsselungsstandard
Von der Firma IBM und der NASA Anfang der 70er-Jahre entwickeltes Verschlüsselungsverfahren (>encryption) zur Nachrichtenkodierung mit einer Schlüssellänge von 56 Bit (>bit). Je mehr Bits für den Verschlüsselungsalgorithmus (>algorithm) zur Verfügung stehen, desto sicherer ist das Verschlüsselungsverfahren. Neuere Verfahren verwenden eine Schlüssellänge von 128 Bit und mehr; vgl. >AES.

DHTML
[dih-ehtsch-tih-ämm-**äll**]
Dynamic Hypertext Markup Language

etwa: **Dynamische Hypertext-Auszeichnungssprache**

Von Browsern (>browser) der 4. Generation bereitgestellte Funktionen zur Entwicklung selbst ablaufender und interaktiver Anwendungen (>interactive). Dies sind insbesondere die vom >W3C standardisierten Sprachen HTML 4 (>HTML) und CSS 1 (>CSS) sowie noch nicht vereinheitlichte Skriptsprachen (>script) wie >JavaScript oder JScript. Probleme bei der Arbeit mit DHTML-Funktionalität bereiten vor allem die uneinheitlichen Objektmodelle der marktführenden Browser sowie die zum Teil sehr fehlerhafte Implementierung der W3C-Standards.

dial close
[**dai**əl klohs]

Wahlsperre

In Deutschland vorgeschriebene Vorrichtung in einem Modem (>modem), die verhindert, dass Telefonnummern ohne Zustandekommen einer Verbindung beliebig oft neu angewählt werden können. Nach dreimaliger vergeblicher Anwahl muss das Modem eine Wartezeit einhalten. Durch die unzulässige Manipulation von AT-Befehlen (>AT command set) setzen manche Leute die Wahlsperre außer Kraft; vgl. >BZT.

dial node
[**dai**əl nohd]

Einwahlknoten

Telefonnummer eines Providers (>provider) oder Online-Dienstes (>on-line service provider), über die der Anwender Zugang zum Internet oder einem proprietären Netzwerk (>network) erhält, indem er diese Telefonnummer über die entsprechende Software seinem Modem (>modem) oder seiner ISDN-Karte (>ISDN) mitteilt.

dial up
[**dai**əl **app**]

anwählen

Verbindungsaufbau zweier Computer, der – im Gegensatz zur Standleitung (>leased line) – erst bei Bedarf aktiv wird; vgl. >dial close.

dial-up connection
[**dai**əl-app kə**näck**schn]

Wählverbindung

Bezeichnung für die Verbindung zu einem Computer, die mithilfe eines Modems (>modem) über eine normale Telefonleitung hergestellt wird.

digicash
[**didschi**käsch]

digitales Geld

In der Entwicklung befindliche Möglichkeit, im Internet Waren oder Dienstleistungen online (>on-line) zu bezahlen; vgl. >electronic cash, >Millicent, >CyberCoin, >electronic commerce.

digital
[**didschi**ttl]

digital

Alles, was man mit Ziffern anzeigen und/oder

zählen kann und eine exakte, eindeutige Größe hat, ist digital. Computer arbeiten digital: Sie arbeiten mit einer Folge von ON- und OFF- bzw. JA- und NEIN-Signalen (die berühmten "Einsen und Nullen"). D. h. digitale Werte treten nur in fester Schrittfolge auf, während im Gegensatz dazu analoge Werte (>analogue) stufenlos darstellbar sind.

digital signature
[**didschi**ttl **ßig**nitschə]

digitale Unterschrift, elektronische Unterschrift
Elektronische Unterschrift, die Zweifel über die Identität des richtigen Online-Kommunikationspartners, vor allem beim Zahlungsverkehr im Internet, ausräumen soll. Sie wird bei einer dazu authorisierten Stelle (>Trust Center) wie VeriSign einmal beantragt und identifiziert fortan den richtigen Online-Geschäftspartner. Deutschland ist weltweit der erste Staat, der die rechtlichen Voraussetzungen für allgemein anerkannte digitale Signaturen geschaffen hat. Im Juli 1997 wurde durch den Deutschen Bundestag ein entsprechendes Gesetz verabschiedet.

digital water mark
[**didschi**ttl **woh**tə mahk]

digitales Wasserzeichen
Als Designelement werden digitale Wasserzeichen als sichtbare Hintergrundbilder von Web-Seiten, die sich auch bei einem Bildlauf nicht bewegen lassen, eingesetzt. Wo sie dagegen zum Schutz von Urheberrechten eingesetzt werden, bleiben sie für den Betrachter der Web-Seite unsichtbar.

DIP-switch
[**dipp**-ßwitsch]
dual in-line package switch

Kippschalter
Leiste mit winzigen Kippschaltern, umgangssprachlich auch "Mäuseklavier" genannt, mit denen man Hardware-Einstellungen vornehmen kann. Man findet sie an Druckern, Main-Boards, Modems (>modem) etc., aber auch in Autos, Videorecordern und Fotoapparaten.

directory
[də**räck**təri]

Verzeichnis
Suchverzeichnis im Internet, manchmal Suchkatalog bzw. populär Suchmaschine (>search engine) genannt, das bei der Informationssuche neben der Eingabe von Suchbegriffen eine kategorisierte Suche erlaubt. Im Gegensatz zu Suchmaschinen im engeren Sinn wird die Datenbank eines Suchverzeichnisses vom Anbieter redaktionell betreut. Bekannte deutschsprachige Verzeichnisse sind >Yahoo! und >Web.de.

Directory Server
[də**räck**təri ßöhwə]

etwa: **Verzeichnis-Server**
Weltweit funktionierendes Verzeichnis-Programm, mit dem Adress- u. ä. Daten eines ganzen Unternehmens im >Intranet und >Extranet zur Verfügung gestellt werden können. Die

Daten können verschlüsselt werden, wobei die Freigabe über ein differenziertes System von Sicherheitsschlüsseln auf verschiedenen Ebenen erfolgt; vgl. >server.

display options
[dißpl**eh** oppschns]

Anzeigeoptionen
Einstellungen, die festlegen, ob z. B. eine Web-Seite nur im Textmodus angezeigt werden soll, also schnell, aber schlicht, oder mit Grafik und Frames (>framed), d. h. langsamer, aber optisch ansprechender.

distribution
[dißtri**bjuh**schn]

Verteilung
Wird im >Usenet verwendet, um die gewünschte geographische Verbreitung einer Nachricht festzulegen: Beim Versenden (>post) der Nachricht wird man von der Software nach der "Distribution" gefragt. Mögliche Antworten sind, je nachdem, auf welchem Host (>host) man sich befindet, z. B. "local" (vgl. >local newsgroup) bis hin zu "world" ("in alle Welt").

dithering
[**dið**əring]

"Schwanken", "Zögern"
Farbrastern: Verfahren, mit dem ein Grafikprogramm dem menschlichen Auge mehr Farben vortäuschen kann als im aktuellen Bestand (= im eingestellten Modus, z. B. 16 Farben) tatsächlich verfügbar sind. Die Anordnung der verschiedenen Farbpunkte wird verändert, die Farben werden praktisch "gemischt", wodurch Zwischenfarben erscheinen.

Vorteil: Weniger Farben sparen Speicherplatz und Zeit beim Bildschirmaufbau. Das Verfahren wird folgerichtig z. B. zum Komprimieren von Bilddateien eingesetzt.

D-Kanal

Daten- beziehungsweise Steuerkanal im >ISDN zur Übertragung von Steuerinformationen und zur Abwicklung und Kontrolle des Verbindungsaufbaus über die B-Kanäle (>bearer channel). In Ausnahmefällen werden auch Nutzdaten übertragen. Die Datenübertragungsrate beträgt 16 Kilobit für den Basisanschluss und 64 Kilobit (>kilobit) beim Primärmultiplex-Anschluss.

dll
[dih-äll-**äll**]
dynamic link library

etwa: **dynamische Laufzeit-Bibliothek**
WINDOWS-Programm-Module, die einzelnen Anwendungsprogrammen grundlegende Funktionen zur Verfügung stellen, wie z. B. die >CAPI.dll, die Anwendungsprogrammen den Zugriff auf eine >ISDN-Karte ermöglicht; vgl. >Winsock, >TCP/IP.

DNS
[dih-änn-**äss**]
Domain Name System

Domain-Namen-System
Datenbanksystem, das Domain-Namen (>domain) in nummerische Internet-Adressen (>IP address) übersetzt; vgl. >domain name server.

DOCSIS
[**dock**ßiss]
Data Over Cable Service Interface Specification

"Spezifizierung der Schnittstellen für Daten über Kabel-TV-Leitungen"
Beschreibung der technischen Voraussetzungen für den bidirektionalen Datentransfer nach dem Internet-Protokoll (>IP) über das Medium Kabel-TV-Leitungen.

document
[**dock**jumənt]

Dokument
Jede >HTML-Datei bzw. WWW-Seite (>World Wide Web) wird gewöhnlich als Dokument bezeichnet.

dogpile
[**dog**pail]
(Kunstwort)

Bezeichnung für eine große Anzahl unfreundlicher Antworten und Kommentare auf ein einziges Posting (>post). Sollte z. B. ein religiöser Missionar in einer alt.atheism-Newsgroup (>newsgroup) ein Posting platzieren, so könnte er wohl mit einem "dogpiling" rechnen; vgl. >cross posting.

DOM
[domm]
Document Object Model

"Dokumenten-Objektmodell"
Vom >W3C empfohlene plattform- und sprachenneutrale Schnittstelle, die Programmen und Skripten (>script) dynamischen Zugriff und die Aktualisierung des Inhalts, der Struktur und der Stilvorlagen von sowohl >HTML- als auch >XML-Dokumenten ermöglicht.

domain
[də**mehn**]

etwa: **(Geltungs)Bereich**
Alle Dokumente (>document) und Rechner unter einem gemeinsamen Namen (vgl. >IP address). Eine Domain kann von einem einzelnen Host (>host) gebildet werden, aber auch von einem ganzen Netzwerk (>network). Man unterscheidet zwischen Top-Level-Domains (>top level domain) und "subdomains".

Domain-Namen setzen sich aus mehreren Teilen zusammen, die hierarchisch angeordnet sind und von rechts nach links gelesen werden. Der letzte Teil bezeichnet also die oberste Strukturebene, die Top-Level-Domain. Nachfolgend einige Beispiele aus der obersten Ebene:
.com – commercial organisations – kommerzielle Anbieter, z. B. Firmen, >com
.edu – educational organisations – Bildungsinstitutionen, z. B. Universitäten
.gov – government organisations – Regierungsorganisationen und -einrichtungen

.mil – military organisations – militärische Einrichtungen
.net – network resources – Netzwerkressourcen
.org – misc organisations – diverse Organisationen.
Vgl. >country code, >DNS.

domain name server
[də**mehn** nehm ßöhwə]

Domain-Namen-Server
Rechner, der die Rückauflösung von Domain-Namen (>domain) in computerlesbare nummerische IP-Adressen (>IP address) ermöglicht; vgl. >DNS.

dongle
[**dong**əl]
(Kunstwort)

Kopierschutz, der als Hardware von manchen Programmen mitgeliefert wird: ein kleiner, hinten am Rechner anzubringender Kasten, ohne den das betreffende Programm nicht läuft. Ein wirksamer Kopierschutz, der aber auch seine Tücken haben kann, wenn z. B. der "dongle" einfach nur defekt ist.

dot
[dott]

Punkt
Dient bei Internet-Adressen (>address, >URL) oder -Firmen zur Trennung von Adressbestandteilen und wird auch im Deutschen häufig mit der englischen Bezeichnung für Punkt ausgesprochen, beispielsweise "Amazon dot com".

down
[daun]

unten, herunter, hinunter
1. Zustand, in dem ein Rechner bzw. System nicht in Betrieb ist

2. Server-Befehl (>server), der ein System veranlasst herunterzufahren.

download
[**daun**lohd]

Herunterladen
Übertragung einer Datei auf den eigenen Computer – entweder von einem anderen Rechner, der mit jenem über eine Datenleitung, z. B. via Modem (>modem), verbunden ist oder auch direkt aus dem Internet; Gegensatz: >upload.

DPL
[dih-pih-**äll**]
Digital Power Line

"Digitale Stromleitung"
Hochgeschwindigkeitszugang zum Internet über die Stromleitung, der in Deutschland im Rahmen eines Pilotprojektes vom lokalen Netzbetreiber Tesion in einem Feldversuch ausgetestet wird. Die Datenübertragungsgeschwindigkeit beträgt ein Megabit pro Sekunde (>mbps), muss aber von allen angeschlossenen Teilnehmern geteilt werden.

Dreamcast
[**drihm**kahßt]
(Produktname)

Videokonsole von Sega mit integriertem Modem (>modem) und Internet-Zugang.

DSS1
[dih-äss-äss-**wann**]
Digital Subscriber Signaling System 1

D-Kanal-Protokoll (>D-Kanal, >1TR6) für Euro-ISDN (>ISDN).

DSSSL
[dih-äss-äss-äss-**äll**]
Document Style Semantics and Specification Language

"Dokumenten-Stil-, Semantik- und Spezifikationssprache"
Eine sehr umfassende >ISO-standardisierte Stilsprache für >SGML-Dokumente. Ein entsprechender Standard für >XML-Dokumente ist das >W3C-Projekt >XSL.

DTD
[dih-tih-**dih**]
Document Type Definition

Dokumententypdefinition
Definition für die Auszeichnungen einer >XML-Quelldatei, die neben den Tags (>tag) auch deren Interpretation enthält. XML-Dateien können ihre DTD in sich oder aber einen Verweis auf eine externe DTD enthalten; vgl. >valid, >well-formed.

DTE
[dih-tih-**ih**]
Data Terminal Equipment

Datenendgeräte
Jegliche Bestandteile eines Hardware-PC-Arbeitsplatzes, in die Daten ein- oder aus denen Daten ausgegeben werden: der Prozessor, der Bildschirm, die Tastatur, der Drucker, die Maus etc.

DTR
[dih-tih-**ah**]
Data Terminal Ready

Datenendgerät bereit
Steuersignal bei der Datenübertragung; vgl. >DTE.

duplex
[**djuh**pläckß]

Duplexbetrieb
1. Bei Datenleitungen: die Übertragung von Signalen zeitgleich in beide Richtungen; vgl. >full duplex, >half duplex.

2. Im Zusammenhang mit Druckern: das gleichzeitige Bedrucken beider Seiten.

DVD
[dih-wih-**dih**]
Digital Video Disk, Digital Versatile Disk

Digitalvideoplatte
Standard, der einen Datenträger beschreibt, der herkömmlichen CDs ähnlich ist, aber beidseitig beschrieben und gelesen werden und auf einer Seite bis zu 8,5 Gigabyte (>gigabyte) Daten aufnehmen kann. Immer mehr Anwendungen auf DVD wie digitale Lexika (>digital) lassen sich übers Internet aktualisieren.

DWISNWID
Do what I say not what I do.
(Akronym)

Tu, was ich dir sage, und nicht, was ich selber tue.

DYJHIW
Don't you just hate it when ...
(Akronym)

Hasst du es nicht auch, wenn ...

Dyson, Esther

Tochter des berühmten Physikers Freeman Dyson und First Lady des Internets, die 1982 mit dem monatlichen Newsletter (>newsletter) "Release 1.0" ein Diskussionsforum für alle Fragen, die sich aus der Nutzung des Internets für wirtschaftliche, gesellschaftliche und politische Zwecke ergeben, schuf. Die Essenz dieses Newsletters legte sie in ihrem Buch "Release 2.0" dar.

EARN
[öhn]
European Academic Research Network

etwa: **Europäisches Akademisches Forschungsnetzwerk**
Organisation, die das europäische Pendant zum amerikanischen >BITnet darstellt.

eBay
[**ih**beh]
(Firmen-/Anbietername)

Dieser amerikanische Pionier unter den privaten Auktionshäusern (>p2p auction) im Internet hat seit dem Start im September 1995 mehr als 50 Millionen Gegenstände unter den virtuellen Hammer gebracht.

Ebone
[**ih**bohn]
(Kunstwort)

etwa: **"Europa-Rückgrat"**
Gruppe von Zentralrechnern, die für die Administration des Internets sorgen; Zusammenziehung aus "Europe" und ">backbone".

eCash
[**ih**käsch]
(Produktname)

Elektronisches Zahlungssystem der niederländischen Firma DigiCash, das auf digitalen Zahlungseinheiten beruht, die bei einer Internet-Bank gegen echtes Geld getauscht werden können. In Deutschland läuft seit Oktober 1997 ein Pilotprojekt der Deutschen Bank; vgl. >Millicent, >CyberCoin.

echo
[**ek**oh]

"Echo"
1. Nachrichtenbereich in einer >Fidonet-Mailbox (>mailbox) oder im >Usenet; vgl. >BBR.
2. Parameter in der Datenkommunikation: Wenn z. B. in einer DFÜ-Software das "local echo" unnötigerweise auf "on" steht, erscheint jedes einfach eingegebene Zeichen auf dem Bildschirm doppelt.

ECMA
[ih-ßih-ämm-**eh**]
European association for standardizing information and communication systems

Europäische Vereinigung von Hard- und Softwareherstellern zur Standardisierung von Informations- und Telekommunikations-Technologien mit Sitz in der Schweiz.

EDD
[ih-dih-**dih**]
Electronic Direct Debit
(Produktname)

"Elektronisches Direktdebet"
Elektronisches Zahlungssystem im Internet für lastschriftbasierte Bezahlverfahren sowie Kreditkartenzahlungen. Der Online-Konsument muss zur Nutzung dieses Systems ein so genanntes

Wallet auf seinem Rechner installieren, das er von der Web-Site (>site) eines der beteiligten Kreditinstitute herunterladen kann; vgl. >eCash, >Millicent.

EDI
[ih-dih-**ai**]
Electronic Data Interchange

Elektronischer Datenaustausch
Datendienst für den papierlosen Austausch von Informationen in und zwischen Unternehmen, der durch bestimmte Datenformate fest definiert ist und zunehmend übers Internet stattfindet.

editor
[**ed**itə]

Hilfsprogramm zum Erstellen und Bearbeiten von Textdateien. Einfache Editoren sind normalerweise in jedes >Usenet- oder E-Mail-Programm (>e-mail) integriert. Es gibt aber auch spezielle >HTML-Editoren (>web editor), mit denen einfache Web-Sites (>site) ganz schnell zu produzieren sind.

EEPROM
[dabbl **ih**promm *oder* ih-**ih**-promm]
Electrically Erasable Programmable Read-Only Memory

elektrisch löschbarer programmierbarer Nur-Lese-Speicher
>EPROM, der mit einem elektrischen Signal wieder gelöscht und neu beschrieben werden kann.

EFF
[ih-äff-**äff**]
Electronic Frontier Foundation

US-Organisation, die sich mit den sozialen und gesetzlichen Belangen beschäftigt, die sich aus der wachsenden Computerkommunikation ergeben; vgl. >CommUnity.

electronic business
[äläck**tronn**ick **bis**nəss]

elektronisches Geschäft
Bezeichnung für die Abwicklung von geschäftlichen Transaktionen über das Internet; auch >electronic commerce.

electronic cash
[äläck**tronn**ick **käsch**]

elektronisches Geld
Bargeldloser Zahlungsverkehr in Online-Systemen (>on-line). Die Bezahlung mit elektronischem Geld soll die Abwicklung von Geschäften über das Internet (>electronic commerce) sicherer machen und hier künftig die Kreditkarte ersetzen. Die Fortentwicklung dauert noch an, da man jedes Sicherheitsrisiko ausschließen will; vgl. >eCash, >Millicent, >CyberCoin.

electronic commerce
[äläck**tronn**ick **komm**öhß]

elektronischer Handel
Überbegriff für geschäftliche Transaktionen im Internet wie Bestellen und Bezahlen von Waren bzw. Dienstleistungen.

Emacs
[**ih**mäckß]
(Produktname)

Universeller Editor (>editor) in Online-Systemen (>on-line). Programmiert von Richard Stallman.

e-mail
[**ih**-mehl]
electronic mail

elektronische Post, E-Mail
Methode, Nachrichten per Computer zu verschicken anstelle der traditionellen Briefpost auf dem Überlandweg (vgl. >snail mail). Eine der wichtigsten und populärsten Errungenschaften der computergestützten Kommunikation. Über E-Mail können nicht nur Texte, sondern auch Daten aller Art verschickt werden; vgl. >attachment.

emoticon
[i**moh**tikən]
(Kunstwort)

Emoticon
Aus verschiedenen >ASCII-Zeichen zusammengesetztes kleines Symbol bzw. Gesicht, um Gefühlsregungen darzustellen, z. B. wenn jemand fröhlich ist :-)
Vgl. >smiley sowie Kapitel Emoticons.

encoding
[in**koh**ding]

Kodierung
Umwandlung von binärer in textbasierte Information mithilfe bestimmter Verfahren wie >UUencode; vgl. >decoding.

encryption
[in**kripp**schn]

Chiffrierung, Verschlüsselung
Methode, Daten vor unbefugtem Zugriff zu schützen. Normalerweise im Internet benützt, um E-Mails (>e-mail) vor allzu neugierigen Augen zu bewahren; vgl. >cryptography, >DES, >AES, >PGP.

Enfopol
[änn**foh**poll]

Organisation, die die europaweite Zusammenarbeit der Innen- und Justizministerien koordiniert. Die Richtlinien, Pläne und Strategiekonzepte der Enfopol haben weitreichende Auswirkungen und Konsequenzen auf Menschenrechte und technische Entwicklungen. Den gesamten Telefon- und Datenverkehr permanent abhören bzw. kontrollieren zu können, aber auch die Verschlüsselung (>cryptography) von hochsensiblen Firmen- oder Privatdaten in Computernetzen (>network) zu unterbinden, sind zwei der erklärten Ziele von Enfopol.

EOF
[ih-oh-**äff**]
End Of File

Ende der Datei
Steuerzeichen: Dateiende-Marke.

EPROM
[**ih**promm]
Erasable
Programmable
Read-Only Memory

löschbarer programmierbarer Nur-Lese-Speicher
Bezeichnung für Speicherchips, auf denen Daten oder Programme auch nach dem Herstellungsprozess durch den Anwender abgelegt und jederzeit wieder neu programmiert werden können; vgl. >ROM, >PROM, >RAM.

EPS
[ih-pih-**äss**]
Encapsulated PostScript

"eingekapseltes PostScript"
Dateiformat für Grafiken, das die vollständige Beschreibung des Bildes enthält und somit auch in einem anderen als dem zur Erstellung verwendeten Anwendungsprogramm eingebunden werden kann.

equalisation
[ihkwəlai**seh**schn]

Entzerrung
Schaltkreis, der in einigen Modems (>modem) integriert ist, um Verzerrungen entgegenzuwirken, die durch die Telefonleitung auftreten können.

error checking
[**ärr**ə tschäcking]

Fehlerprüfung
Schaltkreistechnik, die Fehler bei der Datenübertragung entdeckt und korrigiert. Ist in den meisten Modems (>modem) integriert (>MNP, >V.42), ebenso beim >TCP/IP im Internet.

error control
[**ärr**ə kəntrohl]

Fehlerkontrolle
Verschiedene Techniken, um die Richtigkeit von übertragenen Zeichen oder Datenblöcken zu überprüfen.

ESAD
eat shit and die!
(Akronym)

etwa: Leck mich am A...!
Sehr ordinäre Aufforderung, jemandem den Buckel herunterzurutschen.

Ethernet
[**ih**θənätt]

>LAN-Basisband-Spezifikation (>baseband), erfunden von Rank Xerox und gemeinschaftlich weiterentwickelt von Xerox, Intel und Digital. Mittels dieser weit verbreiteten Technologie werden verschiedene Rechner innerhalb eines LANs vernetzt.

etiquette
[**ätt**ikätt]

Etikette
>netiquette.

ETLA
[ih-tih-äll-**eh**]
Extended Three Letter Acronym

"erweitertes Drei-Buchstaben-Akronym"
>TLA.

ETX
[ih-tih-**äcks**]
End Of Text

Element eines Protokolls (>protocol), das das Ende einer Dateneingabe signalisiert und mit >ACK beantwortet wird.

Eudora
[ju**doh**rə]
(Produktname)

Sehr populäres Internet-E-Mail-Programm (>e-mail).

euro file transfer
[**ju**əroh fail **trännnß**föh]

"Eurofiletransfer"
Standard zur Datenübertragung zwischen zwei PCs über >ISDN.

EURO-ISDN [**ju**əroh-ai-äss-dih-**änn**]	**"EURO-ISDN"** 1993 eingeführter europäischer Standard für >ISDN, der von 26 Netzbetreibern aus 20 europäischen Staaten gemeinsam vereinbart wurde.
European Laboratory for Particle Physics [juərə**pih**ən lə**borr**ətri fə **pah**tickl **fi**sickß]	**Europäisches Labor für Teilchenphysik** >CERN.
event [i**wännt**]	**Ereignis** 1. Entspricht in etwa der direkten deutschen Übersetzung. Der Begriff ist in Suchmaschinen (>search engine) und Veranstaltungskalendern anzutreffen und bezeichnet erwähnenswerte Ereignisse. 2. System-Ereignis, z. B. Mausklick oder Tastatureingabe.
Excite [ick**ßait**] *(Produktname)*	Bekannte Suchmaschine (>search engine), die von der amerikanischen Firma Excite Inc. betrieben wird.
Explore.zip [ickß**ploh** dott **sipp**]	Bezeichnung für einen Wurm-Virus (>worm), der Mitte 1999 für immensen Schaden sorgte. Betroffen waren unter anderem Windows-Rechner der Firmen Boeing, General Electric und Microsoft.
extension [ickß**tänn**schn]	**Erweiterung** >filename extension.
Extranet [**äckß**trənätt]	Über den Firmenstandort hinaus erweitertes >Intranet, über das z. B. entfernte Filialen oder Geschäftspartner mit dem Hauptsitz der Firma kommunizieren können.
e-zine [**ih**-sihn] electronic magazine	**elektronisches Magazin** Elektronisch vertriebene Zeitschrift (Magazin) im >World Wide Web, die sich meist an bestimmte Interessengruppen wendet und deshalb auch "fanzine", Fanmagazin, genannt wird.
F2F face "two" face = face to face *(Akronym)*	von Angesicht zu Angesicht
FAQ [äff-eh-**kjuh**] frequently asked questions *(Akronym)*	Oft auch Plural FAQs = häufig gestellte Fragen: Um das mehrmalige Beantworten immer wieder gestellter Fragen zu vermeiden, werden diese Fragen von Mailbox-, Web-Seiten- und Newsgroup-Betreibern (>mailbox, >World Wide Web,

>newsgroup) gesammelt und entsprechende Antworten auf der betreffenden Site (>site) zur Verfügung gestellt.

faradize
[**fär**ədais]
(Kunstwort)

Begriff aus dem Hacker-Slang (>hacker), abgeleitet vom Namen des englischen Physikers Michael Faraday (1791 – 1867; Elektrizität war bekanntermaßen das Forschungsfeld, auf dem er berühmt wurde.) Das Verb "faradize" bezeichnet das Initiieren oder Fortführen eines süchtig machenden, "elektrisierenden" Prozesses oder Trends. Ein "faradisierender" Akt wäre z. B. das Informieren eines Users (>user) über ein neues Spiel – mit dem dann zwei Wochen später die gesamte Abteilung spielt.

FAST
[fahßt]
Federation Against Software Theft

etwa: **Vereinigung gegen Software-Diebstahl**
1984 gegründeter Zusammenschluss der Software-Industrie zum urheberrechtlichen Schutz von Programmen durch Copyright (>copyright) etc.

Fast Internet over ISDN
[**fahß**t **int**ənätt ohwə ai-äss-dih-**änn**]

"schnelles Internet über ISDN"
Internet-Zugang, der mittels Bündelung zweier >ISDN-Datenkanäle eine Datenübertragungsrate von 128 Kilobit pro Sekunde (>kbps) garantieren soll. Maßgeblich beteiligt an dieser Entwicklung ist die Berliner Firma AVM, die 1999 eine gleichnamige Initiative aus der Taufe gehoben hat.

favorites
[**feh**wərittß]

Favoriten
Ausdruck aus dem Microsoft >Internet Explorer für vom Anwender bevorzugte und deshalb zum leichten Wiederfinden gespeicherte WWW-Seiten (>World Wide Web). Entspricht den Lesezeichen (>bookmark) im >Netscape Navigator.

fax modem
[**fäckß moh**dämm]

Faxmodem
Modem (>modem), das auch Faxe versenden und empfangen kann.

FDDI
[äff-dih-dih-**ai**]
Fiber Distributed Data Interface

"auf Glasfaser verteilte Datenschnittstelle"
Datenübertragungstechnologie in Glasfasernetzwerken (>network, >fiberglass cable), die sehr hohe Übertragungsraten von bis zu 100 Megabits pro Sekunde (>mbps) ermöglicht.

feed
[fihd]

"füttern"
Das Internet bezieht Informationen auch aus anderen Netzen, wie z. B. dem >Usenet. Diesen Informationsaustausch bezeichnet man mit "feed".

feedback
[**fihd**bäck]

Rückmeldung
Die zwei wichtigsten Bedeutungen im Internet-Zusammenhang sind:

1. auf Web-Seiten: Mail-Schnittstelle für Nachrichten an das Support-Personal;

2. Ermittlung, wie häufig eine Homepage (>home page) besucht wird; funktioniert z. B. über einen Zähler (>counter).

fiberglass cable
[**fai**bəglahß **keh**bl]

Glasfaserkabel
Optisches Übertragungsmedium, das aus feinen Glasfäden besteht und hohe Bandbreiten (>bandwidth) ermöglicht. Glasfaserkabel werden häufig in Backbones (>backbone) eingesetzt.

Fidonet
[**fai**dohnätt]
(Firmen-/Anbietername)

Weltweiter Verband von Mailboxen (>mailbox), die sich zu einer Art kleinem Internet zusammengeschlossen haben.

filename extension
[**fail**nehm ickß**tänn**schn]

Dateinamenerweiterung
Beim Surfen durch das Internet begegnet man einer Vielzahl von Dateiendungen, die auf die Anwendungen hinweisen, in denen die Dateien jeweils erzeugt wurden. Viele Dateien sind durch ein Komprimierungsprogramm "gepackt", was ebenfalls durch die Dateinamenerweiterung angezeigt wird.
Einige der häufigsten Extensionen sind:
.arc – mit pkpak gepackt
.arj – arj-gepackt
.exe – ausführbare Datei, wie z. B. Programmdateien
.gif – >GIF-Bilddatei
.gz – gzip-gepackt
.hqx – >BinHex-gepackt
.htm – >HTML-Dokument
.html – >HTML-Dokument
.jpeg – >JPEG-Bilddatei
.lha – lha-gepackt
.pak – pak-gepackt
.pit – packit-gepackt
.sit – >Stuffit-gepackt
.tar – >Tar-gepackt
.tar.Z – >Tar- und >Compress-gepackt
.txt – Textdatei
.uue – mit >UUencode umgewandelt
.z – pack-gepackt
.Z – >Compress-gepackt
.zip – pkzip-gepackt
.zoo – zoo-gepackt.

file server
[**fail** ßöhwə]

Rechner, der Dateien für das Internet bereithält und sie für die verschiedenen Internet-Anwendungen zugänglich macht, z. B. zum Herunterladen (>download) oder zur Datenbankrecherche (>database).

finger
[**fing**ə]

etwa: **Anzeiger, "Finger"**
Programm, das anzeigt, welche Teilnehmer gerade in einem Netz angemeldet, d. h. online (>on-line) sind. Mit Genehmigung eines Teilnehmers erfährt man über so genannte "finger files" sogar Details, wie z. B. jemandes Arbeitszeiten, Essgewohnheiten etc.

Fireball
[**fai**əbohl]
(Produktname)

Suchmaschine (>search engine) der Firma Gruner + Jahr Electronic Media Services (EMS). Verfügt über einen enorm großen Datenbestand deutschsprachiger Seiten und liefert auch Suchergebnisse in Kooperation mit >RealNames.

firewall
[**fai**əwohl]

"Brandschutzmauer"
Rechner, der einem lokalen Netzwerk vorgeschaltet ist. Er dient als Sicherheitssystem, das helfen soll, ein geschlossenes Netzwerk (>network, >Intranet) vor Hackern (>hacker) und anderen nicht autorisierten Nutzern zu schützen. Das ganze System beruht meistens auf Kombinationen von Verschlüsselungen, Zugriffsrechten und Kennwörtern und wird sowohl durch die Soft- als auch die Hardware realisiert.

FIRST
[föhßt]
Forum of Incident Response and Security Teams

"Forum aus Ereignis-, Antwort- und Sicherheitsteams"
Internationaler Zusammenschluss von Organisationen, die sich um die Sicherheit der Datenkommunikation kümmern.

flame
[flehm]

"Flamme"
Bezeichnung für eine Beleidigung und/oder einen persönlichen Angriff eines Diskussionspartners im >Usenet, beim Chat (>chat) oder in einer E-Mail-Korrespondenz (>e-mail). Die Palette reicht von Albereien bis hin zu schwerwiegenden Beleidigungen und widerspricht in jedem Fall dem Internet-Verhaltenskodex (>netiquette). Nähere Informationen auch in der Newsgroup >alt.flame.

flame bait
[**flehm** beht]

"flame"-Köder
Beleidigende o. ä. Nachricht (>flame), die als Köder ("bait") gelegt und in der Absicht gesendet wird, eine entsprechende Gegenreaktion zu provozieren; streithaftes Verhalten, das eskalieren kann (vgl. >flame war).

flame war
[**flehm** woh]

"flame"-Krieg
Eskaliertes Austauschen von beleidigenden Nachrichten (>flame): Jeder beleidigt jeden!

flat rate
[**flätt** reht]

Pauschaltarif
Tarifverfahren, bei dem die Mitgliedschaft bei einem Provider (>provider) oder Online-Dienst

(>on-line service provider) nicht nach Online-Minuten, sondern über eine monatliche Pauschale abgerechnet wird; vgl. >volume rate.

flow control
[**floh** kəntrohl]

Flusskontrolle
Verfahren, das die Kommunikation zwischen Modem (>modem) und Rechner regelt und die jeweilige Empfangsbereitschaft meldet. Dazu dient entweder ein einfaches Software-Protokoll (>XON/XOFF) oder die bei weitem bessere Hardware-Lösung (>RTS/CTS).

FOAD
fuck off and die!
(Akronym)

etwa: "Leck mich am A...!"
Ordinäre Aufforderung, einem den Buckel herunterzurutschen. Trotz des niedrigen Niveaus begegnet man diesem Akronym im Internet durchaus.

FOAF
friend of a friend
(Akronym)

Freund eines Freundes

FOC
free of charge
(Akronym)

kostenlos, gratis

follow up posting
[**folloh**-app **pohß**ting]

etwa: **Folgepost**
Das Kommentieren oder Beantworten einer in einer Newsgroup (>newsgroup) stehenden Nachricht (vgl. >post), das alle anderen Teilnehmer der betreffenden Newsgroup mitlesen können.

form
[fohm]

Formular
Bereich einer HTML-Seite (>HTML), in dem sich aktive Elemente zur Datenübermittlung an einen Server (>server) befinden. Über Formulare haben Anwender die Möglichkeit, Daten einzugeben, die zur Auswertung an den Server weitergegeben werden. Formulare werden häufig beim Online-Shopping oder bei Umfragen verwendet.

forum
[**foh**rəm]

Forum
Ein Nachrichten- bzw. Diskussionsbereich in kommerziellen Online-Diensten (>on-line) wie z. B. >CompuServe und >T-Online; vergleichbar dem >echo im >Usenet oder in einer >Fidonet-Mailbox.

forwarding
[**foh**wəding]

Weiterleiten
Weiterleiten elektronischer Nachrichten (>e-mail) an andere E-Mail- oder Fax-Adressen.

fragmentation
[frägmən**teh**schn]

Fragmentation, Zersplitterung
Technik, eine Internet-Protokolldatei (>protocol) so aufzusplitten, dass sie den technischen Anfor-

derungen eines anderen physischen Netzwerks entspricht.

frame
[frehm]

"Rahmen"
Datenblock, der von Steuerzeichen "umrahmt" ist, also Kopfteil und Nachspann (Fachausdrücke >header und >trailer) besitzt. Nicht zu verwechseln mit >frames.

framed
[frehmd]

"gerahmt"
Bezeichnung für die Oberflächen-Darstellung mit Frames (>frames). Da die Darstellung mit Frames gewisse Mindestanforderungen an den Browser (>browser) stellt, bieten manche Web-Sites die Option an, sie mit oder ohne Frames zu laden; vgl. >text-only.

frame relay
[**frehm rih**leh]

Leistungsstarkes Übertragungsverfahren für >WANs, das Internet-Verbindungen mit Geschwindigkeiten zwischen 56 Kilobits pro Sekunde (>kbps) und 1,5 Megabits pro Sekunde (>mbps) erlaubt.

frames
[frehms]

Rahmen
Web-Browser-Technik (>World Wide Web, >browser), die mit dem Netscape Navigator 2.0 eingeführt wurde und es ermöglicht, das Browser-Fenster in verschiedene voneinander unabhängige Bereiche aufzuteilen. Dadurch wird eine komplexere Struktur der Web-Site (>site) möglich. Beispielsweise bleibt eine Navigationsleiste in einem Frame auch sichtbar, wenn einer ihrer Unterpunkte angeklickt wird. Der dazugehörige Inhalt erscheint dann in einem eigenen Frame.

Free Agent
[**frih** ehdschənt]
(Produktname)

Guter PC-Newsreader (>newsreader), den es für Geld nicht zu kaufen gibt, weil er nämlich gratis ist (vgl. >freeware).

FreeMail
[**frih**mehl]

"Kostenlose elektronische Post"
Bezeichnung für kostenlose und providerunabhängige (>provider) elektronische Postfächer im Internet, deren Größe in der Regel begrenzt ist und die sich meistens nur über einen Browser (>browser) im >World Wide Web bearbeiten lassen. Vorreiter im deutschsprachigen Raum ist die Firma GMX. Auch die beiden Suchverzeichnisse (>directory) >Yahoo! und >Web.de bieten seit Oktober 1998 FreeMail an.

Freenet
[**frih**nätt]

"freies Netz"
Aus den USA stammende beliebte Methode, einen kostenlosen Internet-Zugang bereitzustellen. Einer der bekanntesten und zugleich der erste Provider (>provider) dieser Art war das Cleveland Freenet. In Deutschland ist das vom

Bundesland Bayern geförderte Bayerische Bürgernetz dem Freenet vergleichbar. Im Gegensatz zu von öffentlichen Stellen betriebenen Netzen wird der User in den Freenets kommerzieller Anbieter meist mit sehr viel Werbung konfrontiert.

freeware
[**frih**wäə]

Software, die der Autor zum kostenlosen Gebrauch zur Verfügung stellt und die man sich herunterladen (>download) kann. Meistens bestehen jedoch Einschränkungen, was die Abänderung des Programmcodes und/oder die kommerzielle Nutzung und den Weiterverkauf betrifft; vgl. >shareware, >public domain.

FTP
[äff-tih-**pih**]
File Transfer Protocol

Dateiübertragungsprotokoll

1. Technischer Kommunikationsstandard, der die Dateiübertragung via Internet regelt. Zur Übertragung wird FTP (2.) gestartet und eine Verbindung mit dem Zielrechner hergestellt. Oft muss man zum Einloggen (>login) als Benutzer registriert sein (Ausnahme: >anonymous FTP).

2. Steht auch für Programme, die nach dem FTP-Protokoll Dateien übertragen und empfangen.

FTPmail
[äff-tih-**pih**-mehl]

Um Online-Nutzern (>on-line) mit eingeschränktem Internet-Zugang zu helfen, haben eine Reihe von >FTP-Anbietern Mail-Server (>mail server, auch als Archiv-Server bezeichnet) eingerichtet, die es ermöglichen, Dateien per E-Mail (>e-mail) zu empfangen. Man schickt per E-Mail eine Anfrage an einen dieser Rechner, und dieser sendet die gewünschte Datei ebenfalls per E-Mail zurück. Genauso wie mit FTP kann man alles finden, von historischen Dokumenten bis hin zu Software. Allerdings ist anzumerken, dass, wenn man FTP-, also Internet-Zugang hat, diese Methode in jedem Fall schneller und weniger aufwendig ist als der Umweg über die eigentlich ja nur für das Austauschen von elektronischer Post gedachte E-Mail.

FTP server
[äff-tih-**pih** ßöhwə]

FTP-Server (>FTP, >server) haben nur eine einzige Aufgabe zu erfüllen: das Zur-Verfügung-Stellen von Dateien. Bei vielen FTP-Servern handelt es sich um so genannte "anonymous server", d. h. es wird keine Zugangsberechtigung verlangt (>anonymous FTP).

FUBAR
fouled/fucked up beyond all recognition
fouled up beyond all repair
(Akronym)

etwa: **bis zur Unkenntlichkeit verstümmelt, irreparabel zerstört**

Metasyntaktische Variable: eine Bezeichnung, die auf alles und jedes verwendet wird, was gerade Thema ist.
Historie: Ursprüngliche Bedeutung: "Failed Unibus Address Register" in einem VAX-Rechner

(Großrechner). Die zufällige Übereinstimmung mit einem in der amerikanischen Marine gebräuchlichen Spruch ("fouled/fucked up ...") sowie die lautliche Ähnlichkeit mit der Silbe "foo" (1. Ausdruck des Ärgers, 2. allgemeiner Ausdruck für alles Mögliche), die in Zusammenhang mit "bar" ein traditioneller Ausdruck in amerikanischen Comicstrip-Klassikern ist – auf die im Internet-Jargon generell gerne Bezug genommen wird –, ergibt als Summe ein Konglomerat von Bedeutungen, aus dem man sich das Passende heraussuchen kann.

full duplex
[**full djuh**pläckß]

Vollduplex(verfahren)
Datenübertragungsverfahren zwischen direkt miteinander verbundenen Stationen (Computer, Telefon etc.). Dabei können beide Stationen zu gleicher Zeit senden und empfangen; vgl. >half duplex. Soundkarten mit Vollduplexfähigkeit sind ein wichtiges Hardware-Element für das Telefonieren via Internet.

FWIW
for what it's worth
(Akronym)

wozu immer es auch gut sein mag

FYE
for your entertainment
(Akronym)

zu deiner Unterhaltung, viel Spaß damit

FYI
for your information
(Akronym)

zu deiner Information

<G>
grin

grinsen
Mischform aus Akronym und Smiley; vgl. Kapitel Emoticons.

G2
[dschih **tuh**]
(Produktname)

Eine um zahlreiche Eigenschaften verbesserte Version der Software >RealAudio.

GA
go ahead
(Akronym)

na los, vorwärts!

GAL
Get alive! Get a life!
(Akronym)

Wach auf! Werd (wieder) lebendig!

Gamelan
[**gämm**əlän]
(Produktname)

Spezialverzeichnis (>directory) für die Suche nach Java-Applets (>Java, >applet), Java-Skripts (>JavaScript) und ActiveX-Komponenten (>ActiveX). Alle gelisteten Produkte werden in

Gamelan kurz beschrieben, neue und besonders interessante Einträge sind markiert.

gateway
[**geht**weh]

"Tor", "Zugang"
Netzverbindungsrechner, der Daten zwischen zwei sonst inkompatiblen Netzwerksystemen überträgt.

GD&R
grinning, ducking and running
(Akronym)

grinsen, ducken und wegrennen
Verfasser zieht sich feixend zurück, nachdem er einen provozierenden Diskussionsbeitrag geliefert hat.

geek
[gihk]

Bezeichnung für einen Computer- und Online-"Spinner" (>on-line).
Ursprünglich waren damit negative Klischeevorstellungen verbunden: ein asozialer, blass aussehender "Besessener", der seine Zeit ausschließlich am Computer verbringt.
Nach 1990 kam es zu einem Bedeutungswandel, da das Wort zunächst von den Betroffenen (also den "Geeks") in ironischem Protest zur Selbstbezeichnung verwendet wurde. Heute allgemeine Bezeichnung ohne Wertung für einen skurrilen Charakter, der verrückt auf Computer- und Online-Aktivitäten ist, der nicht nur seine Arbeits-, sondern auch seine Freizeit am Rechner verbringt und in der Regel der Allgemeinheit auch das entsprechende Fachwissen voraus hat. Im Unterschied zu "Nerds" (>nerd) sind "Geeks" keine Einsiedler, sondern suchen durchaus Kontakt bzw. bilden eine eigene Gemeinde mit einer Art geheimem Erkennungscode. Ihr gesellschaftliches Leben spielt sich im Unterschied zum "Normalsterblichen" jedoch hauptsächlich online ab.

Gemini
[**dschämm**inai]
(Produktname)

Transatlantisches Glasfaserkabel (>fiberglass cable), welches im Auftrag des Telekommunikationsunternehmens WorldCom gelegt wurde und die beiden Metropolen London und New York in einem Stück unter Wasser verbindet. Mit Gemini soll den Telekommunikations- und Internetanwendungen mehr Bandbreite (>bandwidth) zur Verfügung stehen.

Gibson, William

Sciencefiction-Autor, der in seinem bekanntesten Roman, "Neuromancer" (erschienen 1984), den Begriff des Cyberspace (>cyberspace) prägte; vgl. >cyberpunk.

GIF
[dschiff]
Graphics Interchange Format

"Grafik-Austausch-Format"
Dateinamenerweiterung (>filename extension), die ein im Internet bislang sehr gebräuchliches Bildformat bezeichnet; vgl. >animated GIF.

gigabyte
[**gigg**əbait]

Gigabyte
1.024 Megabyte (>megabyte), genau 1.073.741.824 Byte (>byte); Maßeinheit für die Größe eines Speichers; vgl. >kilobyte. Abk.: GB, Gbyte.

GIGO
garbage in, garbage out
(Akronym)

"Müll rein, Müll raus"
Wo man Müll hineinsteckt, kommt auch Müll heraus.
Bezieht sich auf Computereingaben, Programmierung etc.: Wenn man Unsinn eingibt, braucht man sich nicht zu wundern, wenn auch nur Unsinn herauskommt.

gizmo
[**gis**moh]
(Kunstwort)

"Dingsbums"
Informell verwendetes Wort, das eine Sache oder ein Ding bezeichnet, an deren bzw. dessen Namen man sich nicht erinnert oder das keinen Namen hat. Auch verwendet, um Geringschätzung oder Unwichtigkeit auszudrücken.

GNU
[nuh *oder* dschih-änn-**juh**]

>UNIX-kompatibles Software-System, das von der Free Software Foundation entwickelt wurde und vertrieben wird. GNU ist bei UNIX-Programmierern weit verbreitet und bedeutet als Akronym deshalb auch "GNU's Not Unix".

Gopher
[**goh**fə]
(Produktname)

"Beutelratte"
Vorgänger des WWW (>World Wide Web) und der erste Versuch, die immense Datenfülle des Internets zu strukturieren. Gopher bietet Zugang auf textbasierte Informationen, ist menügesteuert und im Gegensatz zum WWW mit seinen Hyperlinks (>hyperlink) hierarchisch gegliedert. Man kann also nicht nach Belieben von einer Seite zur anderen springen, sondern muss stets zum Ausgangspunkt zurück, um von dort eine andere Abzweigung in der Baumstruktur zu nehmen; veraltendes System, dem das grafisch ausgerichtete WWW inzwischen den Rang abgelaufen hat; vgl. >Gopherspace.
Zur Namensgeschichte:
Es gibt zwei Theorien: 1. Bürobote, dem man zuruft: "Go fer (= for) it!" 2. Beutelratte – Gopher wurde an der Universität von Minnesota entwickelt, welche die Beutelratte als Maskottchen führt. Auch wird der Bundesstaat Minnesota als "gopher state" bezeichnet; vgl. >Veronica.

Gopherspace
[**goh**fəßpehß]
(Kunstwort)

Gesamtheit aller >Gopher-Server (>server): Informationsquellen im Internet, zu denen man Zugang mittels der Browser-Utility (>browser) Gopher bekommt. Das Besondere ist die Steuerung durch Menüs statt durch Hyperlinks (>hyperlink). Viele der Menüs auf den Gopher-

Servern verweisen auch auf Quellen, die über andere Internet-Tools (>tool) zugänglich sind, wie z. B. >Telnet (um vorzutäuschen, man habe es mit dem Terminal (>terminal) eines anderen Computers zu tun) oder >FTP (um Dateien zwischen Computern zu übertragen). Gopherspace ist relativ groß und kann als Ausgangspunkt für eine Suche im Internet durchaus empfohlen werden, besonders, wenn man die Menüsteuerung der Link-Systematik vorzieht.

Der Großteil der im Internet platzierten neuen Informationen wird jedoch in FTP- oder WWW-Formaten (>World Wide Web) präsentiert, und selbst ursprünglich von Gopher-Servern stammende Informationen werden zunehmend in die WWW-Welt transferiert. Das bedeutet letztlich, dass Gopherspace schwindet.

GPRS
[dschih-pih-ahr-**äss**]
General Packet Radio System(s)

"Allgemeines Paketfunksystem"
Mobilfunkstandard (>mobile), mit dem sich Daten(pakete) mit einer Geschwindigkeit von bis zu 115 Kilobit pro Sekunde (>kbps) übertragen lassen und der sich dadurch auch für den mobilen Zugriff auf das Internet eignet. GPRS basiert auf >GSM-Technik, benutzt aber bei der Übertragung das Internet-Protokoll (>IP); vgl. >UMTS, >HSCSD.

Green Book
[**grihn** buck]

Grünes Buch
Eine von den Firmen Sony und Philips entwickelte Spezifikation für >CD-Is; vgl. >Red Book, >Orange Book.

GSM
[dschih-äss-**ämm**]
Groupe Spéciale Mobile; Global System for Mobile communications

Europäischer Mobilfunkstandard (>mobile), der sich inzwischen weltweit durchgesetzt hat und sowohl im D1- als auch D2-Netz Anwendung findet.

GUI
[**gui** *oder* dschih-juh-**ai**]
Graphical User Interface

grafische Benutzeroberfläche
Vorzufinden bei Software, die das Benutzen eines Systems oder einer Applikation (>application) durch den Einsatz von Mausklicktechnik, Icons (>icon) und Scroll-Balken (>scrollbar) komfortabel macht. GUI hat dem Internet zu einer wesentlich benutzerfreundlicheren und leichter zu bedienenden Oberfläche verholfen.

guiltware
[**gilt**wäə]

"Schuld-Software"
Programm, das zwar kostenlos heruntergeladen (>download) werden kann (vgl. >freeware), aber beim Öffnen darauf hinweist, wie lange und hart der Autor des Programms daran gearbeitet hat und das zu verstehen gibt, dass man ein egoisti-

scher "Freeloader" ist, wenn man nicht auf der Stelle dem armen Autor Geld überweist.

Gzip
[**dschih**-sipp]
(Produktname)

Dateienkomprimierungsprogramm, das im Internet häufig vorkommt.

H.323
[ehtsch dott θrih-tuh-**θrih**]

Ein von der >ITU-T definierter Kommunikationsstandard für die Übertragung von Audio- und Videokonferenzen (>video conference) über paketvermittelte Netzwerke (>network) mit variablen Bandbreiten (>bandwidth), beispielsweise das Internet.

H.324
[ehtsch dott θrih-tuh-**foh**]

Standard für die Bildkommunikation über das analoge (>analogue) Fernsprechnetz, der separate Kanäle für die Übertragung von Audio- und Videodaten vorsieht und vor allem bei Videokonferenzen (>video conference) im Internet Anwendung findet.

hacker
[**häck**ə]
(Kunstwort)

Hacker
Computer-Enthusiast, der sein Können und Wissen u. a. dazu nutzt, unbefugt in geschlossene Computersysteme einzudringen. Je nach Sichtweise wird mit der Bezeichnung "Hacker" nicht in jedem Fall eine Kritik, sondern oft auch Bewunderung ausgedrückt. Hacker selbst grenzen sich betont von so genannten "Crackern" (>cracker) ab, die in den fremden Systemen großen Schaden anrichten; vgl. >Chaos Computer Club.

half duplex
[**hahf djuh**pläckß]

Halbduplex(verfahren)
Datenübertragungsverfahren zwischen direkt miteinander verbundenen Stationen (Computer, Telefon etc.). Dabei kann immer nur eine Station senden, während die andere empfängt (und umgekehrt); vgl. >full duplex.

handle
[**hänn**dl]

etwa: **Pseudonym, Alias-Name**
Der Ausdruck ist entlehnt aus der CB ("Citizens Band")-Kultur und bezeichnet ein Pseudonym, mit dem man sich online (>on-line) in Newsgroups (>newsgroup) identifiziert, sodass man seinen tatsächlichen Namen nicht preisgeben muss; auch "screen name" genannt, vgl. >alias.

handshaking
[**hännd**schehking]

"Händeschütteln"
Austausch von Signalen, der die Kommunikation zwischen zwei Geräten einleitet bzw. ermöglicht und dessen Zweck es ist, die beiden Geräte zu synchronisieren.

Hayes
(Firmen-/Anbieter-name)

Modemhersteller (>modem) der ersten Stunde, dessen AT-Modem-Befehlssatz (>AT command set) zum inoffiziellen Industriestandard wurde.

HBCI
[ehtsch-bih-ßih-**ai**]
HomeBanking Computer Interface

"Computer-Schnittstelle für Homebanking"
Schnittstellenspezifikation, die im Auftrag des Bundesverbandes deutscher Banken vom Zentralen Kreditausschuss der deutschen Geldinstitute (ZKA) entwickelt wurde. Im Rahmen eines Ende 1997 in Kraft getretenen Abkommens ist HBCI für alle Bankenverbände, die im ZKA vertreten sind, verpflichtend. Im Wesentlichen werden beim Homebanking (>homebanking) >PIN und >TAN durch zwei Sicherheitsmethoden abgelöst, eine softwarebasierte und eine chipbasierte Lösung, die dafür sorgen, dass die "echten" Kommunikationspartner elektronisch miteinander verbunden sind und kein anderer mitliest. Das langfristige Ziel von HBCI ist die rechtsverbindliche "elektronische Signatur" als Pendant zur eigenhändigen Unterschrift sowie ein bankenübergreifender Dialog.

HDSL
[ehtsch-dih-äss-**äll**]
High Bit-Rate Digital Subscriber Line

etwa: **hochbitratige digitale Teilnehmeranschlussleitung**
Technik zur Übertragung von digitalen Daten, die auf herkömmlichen Kupfer-Telefonkabeln basiert und bei einer maximalen Entfernung von vier Kilometern Datenübertragungsgeschwindigkeiten zwischen 1,5 und zwei Megabit pro Sekunde (>mbps) ermöglicht. Eignet sich insbesondere für schnelle Verbindungen zwischen Web-Servern (>server) und Fernleitungen; vgl. >ADSL, >VDSL, >IDSL.

header
[**hädd**ə]

"Kopfteil"
Anfangsteil eines zu übertragenden Datenpakets, der Informationen über den Ausgangs- und Endpunkt einer Sendung und die Fehlerkontrolle enthält. Der Ausdruck wird oft fälschlich nur mit E-Mails (>e-mail) in Verbindung gebracht und deshalb "mail header" genannt, ist aber normalerweise in jedem Datenpaket enthalten, das von Rechner zu Rechner übertragen wird.

hertz
[höhtß]

Hertz
Die Maßeinheit für Frequenzen; jede Einheit bedeutet eine Schwingung pro Sekunde; Abk.: hz/Hz.

HHOJ
ha, ha, only joking!
(Akronym)

Haha, war ja nur Spaß!

HHOS
ha, ha, only serious!
(Akronym)

Haha, das war (jetzt aber) ernst!
Antwort auf >HHOJ.

hierarchy
[**hai**rahki]

Hierarchie, Rangordnung
>Usenet-Newsgroups (>newsgroup) sind hierarchisch strukturiert. Es gibt sieben thematisch definierte Hauptgruppen:

comp (Computer)
misc ("miscellaneous" – gemischte Themen)
news (Nachrichten)
rec ("recreation" – Freizeit und Hobby)
sci ("science" – Wissenschaft)
soc ("social" – Kultur)
talk (Diskussionsrunden)
Diese besitzen ihrerseits wieder Untergruppen/-themen, die durch mehr oder weniger verständliche Abkürzungen bezeichnet sind.

hit
[hitt]

Treffer, Zugriff
Ältere Einheit für die Messung der Anzahl von Zugriffen auf eine WWW-Seite (>World Wide Web). Jeder Zugriff auf einen Text oder eine Grafik entspricht demnach einem "hit"; vgl. >qualified hits, >page view, >visit.

Home
[hohm]

"Heim", "nach Hause"
Befindet man sich in den "Tiefen" einer Web-Site (>site) und klickt auf den Button (>button) "Home", so gelangt man zum Ausgangspunkt, d. h. zur Startseite zurück. Entsprechend haben Startseiten häufig Dateinamen wie ...home.htm, ...index.htm oder ...start.htm.

homebanking
[**hohm**bänking]

etwa: **Bankgeschäfte von zu Hause aus**
Möglichkeit, von zu Hause vom eigenen PC-Terminal (>terminal) aus seine Bankgeschäfte via Internet zu erledigen.

home page
[**hohm** pehdsch]

etwa: **Start-, Ausgangsseite**
1. Web-Seite (>World Wide Web) bzw. bei mehrseitigen Darstellungen eines im Web stehenden Anbieters die jeweils erste Seite, auf der man ankommt, wenn man die Adresse (>address) anwählt.

2. Frei einstellbare Startseite im Web-Browser (>browser), auf der man immer beginnt. Empfehlenswert ist, statt der meist voreingestellten Reklame des Service-Providers (>provider) eine Suchmaschine (>search engine) einzustellen.

hop
[hopp]

"Sprung", "Hüpfer"
Teilstrecke, die eine Information von einem Internet-Router (>router) zu einem anderen zurücklegt.

host
[hohßt]

"Wirt", "Hausherr", "Gastgeber"
Zentralrechnersystem, das es einem Anwender ermöglicht, in einem Netzwerk mit anderen Computern zu kommunizieren; vgl. >node.

hosting
[**hohß**ting]

"Hosting"
Bereitstellung der Leistungen eines Internet-Servers (>server), wie Speicherplatz und E-Mail-Accounts (>e-mail, >account), z. B. für die Installation einer Web-Site (>site).

hostname computer
[**hohßt**nehm kəm**pjuh**tə]

Name eines Zentralrechnersystems (>host).

Hotbot
[**hott**bott]
(Produktname)

Eine der größten Suchmaschinen (>search engine) im Internet.

hot link
[**hott**link]

"heißer Draht"
>hot spot.

hotlist
[**hott**lißt]

etwa: **Lesezeichenliste**
Eine Reihe vom Anwender bevorzugter und deshalb zum leichten Wiederfinden gespeicherter WWW-Seiten (>World Wide Web). Entspricht den "Bookmarks" (>bookmark) im >Netscape Navigator bzw. den "Favoriten" (>favorites) im Microsoft >Internet Explorer.

hot spot
[**hott**ßpott]

"heißer Fleck"
Ein bestimmter Bereich in einer Grafik oder einem Bild, der mit einem Hyperlink (>hyperlink) hinterlegt ist. Er wird erst dann in der Statuszeile oder durch die veränderte Gestalt des Mauszeigers sichtbar, wenn der Anwender die Maus über diesen Bereich bewegt; vgl. >image map.

href
[**ehtsch**-räff]

>HTML-Formatierungskommando (>tag), mit dem ein Verweisziel (>anchor) definiert wird; vgl. >hyperlink.

HSCSD
[ehtsch-äss-ßih-äss-**dih**]
High Speed Circuit Switched Data

"Leitungsübertragene Hochgeschwindigkeitsdaten"
Teil des Mobilfunkstandards >UMTS, der sich insbesondere auch für den mobilen Zugriff auf das Internet eignen wird, da sich Daten(pakete) mit einer Geschwindigkeit von mindestens 14,4 und maximal 76,8 Kilobit pro Sekunde (>kbps) übertragen lassen sollen; vgl. >mobile, >GSM, >GPRS.

HST
[ehtsch-äss-**tih**]
High Speed Technology

etwa: **Hochgeschwindigkeitstechnologie**
Spezifisches Signalschema bei Modems (>modem) der Firma Miracom. Entsprechungen

gab es auch bei anderen Modemherstellern. Heute werden nur noch von der >ITU-T vorgegebene Standards verwendet (vgl. >V.17 bis >V.120).

HTML
[ehtsch-tih-ämm-**äll**]
Hypertext Markup Language

etwa: **Hypertext-Auszeichnungssprache**
Seitenbeschreibungssprache zum Erstellen eines Dokuments (>document) im >World Wide Web. Wird mit zunehmender Komplexität des Web-Designs immer wieder durch erweiterte Formen ergänzt; vgl. >hypertext, >DHTML, >XML, >VRML.

HTTP
[ehtsch-tih-tih-**pih**]
Hypertext Transfer/ Transmission Protocol

etwa: **Hypertext-Übertragungsprotokoll**
Eines von vielen Internet-Protokollen (>protocol), das für die Übertragung und Verknüpfung von Web-Seiten (>World Wide Web) zuständig ist.

Web-Adressen (>address) muss formell ein "http://" vorangestellt werden: Daran erkennt der Web-Browser (>browser), dass für die Übertragung das HTTP-Protokoll verwendet wird.

HTTP status code
[ehtsch-tih-tih-**pih ßteh**təß kohd]
Hypertext Transfer Protocol status code

HTTP-Statuscode
Dreistelliger Code, der die Ergebnisse einer Datenanforderung an einen HTTP-Server (>HTTP, >server) kennzeichnet. Anhand der ersten Ziffer lässt sich der Status wie folgt erkennen:
1: Anforderung, die vom Client (>client) noch nicht vollständig gesendet wurde.
2: Erfolgreiche Anforderung.
3: Weitere Aktion vom Client erforderlich.
4: Fehlgeschlagene Aktion aufgrund eines Client-Fehlers; vgl. >400, >401, >402, >403, >404.
5: Fehlgeschlagene Aktion aufgrund eines Server-Fehlers.

hub
[hab]

"(Rad)Nabe"
Knotenpunkt in einer Netzwerkumgebung, in der die Computer sternförmig angeschlossen sind.

hybrid CD-ROM
[**hai**brid ßihdih-**romm**]

Hybrid-CD-ROM
CD-ROM, die sowohl auf einem PC als auch einem Macintosh-System läuft. Neuerdings wird die Bezeichnung auch für CD-ROMs mit erweitertem Angebot im Internet verwendet.

hyperlink
[**haip**əlinck]

etwa: **Hyper(text)-Verbindung**
Üblicherweise blaufarbige und blau unterstrichene Wörter im Fließtext von Web-Seiten (>World Wide Web), die man anklicken kann und die einen Querverweis auf bzw. Absprungs-

punkt zu einer anderen Adresse (>URL) im WWW darstellen. In jedem >HTML-Dokument lassen sich beliebig viele Hyperlinks zu anderen Seiten unterbringen. Im Gegensatz zu Anchors (>anchor) sind mit Hyperlinks weniger die Programmierbefehle als die sichtbaren Oberflächenelemente gemeint.

hypermedia
[haipə**mih**diə]

Hypertext (>hypertext), der Verbindungen zu anderen Medien wie Grafik, Sound oder Video enthält.

hypertext
[**haip**ətäckßt]

Texte, die miteinander verknüpft sind: Das Anklicken eines hervorgehobenen Wortes (>hyperlink) innerhalb eines Textes führt zu einem weiteren verknüpften Text, der in inhaltlicher Beziehung zum Ausgangstext steht. Der Ausdruck wurde Mitte der 60er-Jahre von Ted Nelson (>Nelson, Ted) geprägt. Hypertext ist das Grundprinzip des >World Wide Web; Abk.: HT; vgl. >HTML, >HTTP, >anchor.

Hytelnet
[**hai**tällnätt]
(Produktname)

Zusammenziehung aus "Hyper" und >Telnet; Datenbanksystem (>database), mit dem über Hyperlinks (>hyperlink) auf Telnet-Server (>server) zugegriffen werden kann: Die Datenbank stellt Textdateien bereit, in denen jeweils eine Telnet-Ressource beschrieben ist mit Nennung von Adresse, Anbieter, Angebot, Administrationsdetails und sonst Wissenswertem. Einst gängiges Suchwerkzeug (>search engine), v. a. für Bibliotheksressourcen; heute allenfalls noch im akademischen Bereich anzutreffen.

Hytime
[**hai**taim]
Hypermedia/Timebased Structuring Language

etwa: **Hypermedia/zeitbasierte Struktursprache**
>ANSI/>ISO-Standardsprache für Hypertext (>hypertext) und Multimedia (>multimedia) in >SGML.

Hz/hz
[höhtß]
hertz

>hertz.

IAB
[ai-eh-**bih**]
Internet Architecture Board

Rat der Hauptverantwortlichen für Internet-Standards, der sich um die Weiterentwicklung der Internet-Protokolle (>protocol) kümmert; besteht aus >IETF und >IRTF.

IANA
[ai**äh**nə]
Internet Assigned Numbers Authority

"Organisation zur Zuteilung von Internet-Nummern"
Institution mit der Aufgabe, Doppelungen der im Internet gebräuchlichen nummerischen IP-Adressen (>IP address) auszuschließen, 2000 abgelöst von der ICANN "Internet Corporation

for Assigned Names and Numbers"; vgl. >assigned numbers.

IAP
[ai-eh-**pih**]
Internet Access Provider

"Internet-Zugangsbereitsteller"
Firma oder Institution, die gegen Gebühr Zugang zum Internet anbietet; vgl. >ISP.

IBN
I'm buck naked.
(Akronym)

Ich bin ganz nackt.

ICMP
[ai-ßih-ämm-**pih**]
Internet Control Message Protocol

"Internet-Kontroll-Nachrichten-Protokoll"
Internet-Protokoll (>IP), bei dem zwischen Internet-Modulen Testdaten ausgetauscht werden, um Fehlern bei >TCP/IP-Verbindungen auf die Spur zu kommen; vgl. >PING.

icon
[**ai**konn]

Bild, Symbol
Symbol in einer grafischen Benutzeroberfläche (>GUI), das einen Befehl, eine Anwendung, eine Datei o. Ä. repräsentiert.

IDSL
[ai-dih-äss-**äll**]
ISDN Digital Subscriber Line

etwa: **digitale ISDN-Teilnehmeranschlussleitung**
Technik zur Übertragung von digitalen Daten, die auf analogen (>analogue) Standleitungen basiert und bei einer maximalen Entfernung von 15 Kilometern Datenübertragungsgeschwindigkeiten von bis zu 144 Kilobits pro Sekunde (>kbps) ermöglicht; vgl. >HDSL, >ADSL, >VDSL.

IE
[ai-**ih**]
Internet Explorer
(Produktname)

Gängige Abkürzung für den WWW-Browser >Internet Explorer der Firma Microsoft.

IETF
[ai-ih-tih-**äff**]
Internet Engineering Task Force

etwa: **Internet-Entwickler-Einsatzgruppe**
Große, offene und internationale Gemeinschaft von Netzwerk-Designern und -Anbietern sowie Forschern, die sich mit der Entwicklung der Architektur und dem einwandfreien Funktionieren des Internets befasst; Teil des >IAB.

IGMP
[ai-dschih-ämm-**pih**]
IP Group Management Protocol

"IP- Gruppenmanagement-Protokoll"
Standardprotokoll (>protocol), welches das Abonnieren beziehungsweise Kündigen eines IP-Multicast-Dienstes (>IP, >multicast) ermöglicht.

IIRC
if I recall correctly
(Akronym)

wenn ich mich recht erinnere

iMac
[**ai**mäck]
(Produktname)

Voll ausgerüsteter Preiswertrechner der Firma Apple-Macintosh. Mit seinem futuristischen Design, der hohen Taktfrequenz und dem integrierten 56-kbps-Modem (>kbps, >V.90, >modem) sollen vor allem Internet-Nutzer zum Kauf animiert werden.

image map
[**imm**idsch mäpp]

"Bildatlas", "Karte"
Grafik auf einer >HTML-Seite mit Maus-sensibler Oberfläche: Klickt man mit der Maus auf eine beliebige Stelle des Gesamtbildes, so gelangt man zu weiteren Informationen (>hyperlink). Da aus Gründen der Datenmenge nicht jeder Millimeter einer Oberfläche derartige Links aufweisen kann, erscheint bei Kontakt, zufällig oder wenn man bewusst sucht, ein Symbol, meist eine kleine Hand, um den User darauf hinzuweisen, dass er sich jetzt auf einer anklickbaren Stelle befindet.

IMBO
in my bloody opinion
(Akronym)

meiner verdammten Meinung nach

IME
in my experience
(Akronym)

nach meiner Erfahrung

IMHO
in my humble opinion
(Akronym)

meiner bescheidenen Meinung nach

IMNSHO
in my not so humble opinion
(Akronym)

meiner nicht so bescheidenen Meinung nach

IMO
in my opinion
(Akronym)

meiner Meinung nach

inband signaling
[**inn**bänd **ßig**nəlling]

Tonwahl
Ein besonders in den USA verbreitetes Verfahren, bei dem die Ziffern einer Telekommunikationsnummer durch Tonimpulse mit einer fest vorgegebenen Tonfrequenz kodiert werden; vgl. >pulse signaling.

indexing
[**inn**däckßing]

Tätigkeit der >robot oder auch >spider genannten Software, das Internet nach neuen Web-Sites (>site) zu durchforsten. Beim Indexing wird der Datenbestand von Suchmaschinen (>search engine) und zum Teil auch Internet-Verzeichnissen (>directory) generiert. Die meisten Robots gehen dabei von umfangreichen Serverlisten (>server) aus, die z. B. die nationalen und internationalen

Network Information Centers (>NIC) erstellen. Man unterscheidet Indexing im Volltextmodus, bei dem der gesamte Text aller Seiten einer Web-Site erfasst wird, und Indexing, bei dem nur zentrale Teile einer Web-Site (wie z. B. >URL und Titel der einzelnen Seiten) erfasst werden; vgl. >meta tag, >announcement service.

Infinite Monkey Theorem
[**inn**finətt **mann**ki θiərəmm]

etwa: **Theorem der unendlichen Anzahl von Affen**
"Wenn man eine unendliche Anzahl von Affen an Schreibmaschinen setzt, wird irgendwann einer von ihnen das Manuskript von Hamlet erstellen." Das Theorem sagt nichts über die Intelligenz des einen Zufallsaffen aus – es wird humorig Bezug auf das Theorem genommen, um eine "Brechstangen"-Methode zu rechtfertigen. In Abwandlung der unendlichen Anzahl von Affen wird behauptet, dass es keine unlösbaren technischen Probleme gibt, sondern dass nur genügend Mittel eingesetzt werden müssen.

information (super) highway
[innfə**meh**schn (**ßuh**pə) **hai**weh]

Datenautobahn
Hochgeschwindigkeitsdatennetz aus Glasfaserkabeln (>fiberglass cable), das als Grundlage jeglicher Kommunikation im 21. Jahrhundert dienen soll. Seit einigen Jahren das Schlagwort, das im übertragenen Sinn die moderne Informations- und Kommunikationsgesellschaft bezeichnet – inklusive, aber nicht ausschließlich das Internet – mit dem unterschwelligen Appell, dass man besser nicht zu denen auf den Daten-"Nebenstraßen" oder gar -"Feldwegen" gehören sollte.

Infoseek
[**inn**fəßihk]
(Produktname)

Großes Suchverzeichnis (>directory), sowohl für das >World Wide Web als auch für Newsgroups (>newsgroup) und Firmenadressen (>Yellow Pages). Die Spezialität ist "Search-in-Context", ein Konzept der Informationssuche, das nicht nur die direkten Treffer der Suche anzeigt, sondern auch Themen aus dem Infoseek-Katalog, die mit dem gesuchten Begriff in Zusammenhang stehen. Der Suchdienst Infoseek ist inzwischen Teil des Web-Portals (>portal service) "Go Network", das durch eine Kooperation von Infoseek mit Disney entstanden ist.

infrastructure
[**inn**fraßtracktschə]

Infrastruktur
Alle Einrichtungen, Anlagen und Geräte, d. h. Hard- und Software in einem einzelnen Computer oder auch einem Computernetz (>network), die die Grundlagen für Datenverarbeitung und Datenaustausch darstellen. Zur Infrastruktur bei der Internet-Nutzung gehört sowohl der Browser

(>browser = Software) als auch das Modem (>modem = Hardware).

inline images
[**inn**lain **imm**idschis]

Bilder, die in einem WWW-Dokument (>World Wide Web, >document) dargestellt werden.

interactive
[**inn**tə(r)**äck**tiw]

interaktiv
Eigenschaft einer Software oder einer Web-Site (>site), die Benutzereingaben zulässt und verarbeiten kann.

interface
[**inn**təfehß]

Schnittstelle
Das Übergangs- bzw. Verbindungsstück, durch das Datenaustausch zwischen zwei verschiedenen Bereichen stattfindet. Dabei ist es unerheblich, ob Hardware, Software oder noch andere Bereiche gemeint sind oder ob zwischen Bereichen gleicher oder unterschiedlicher Kategorie Daten ausgetauscht werden. Es kann ein Stecker, eine Leitung gemeint sein, die Rechner und Modem (>modem) verbindet, ein Software-Modul, das Textverarbeitung mit Tabellenkalkulation verbindet, oder auch die Tastatur, die eine Schnittstelle zwischen Mensch und Computer darstellt.

internaut
[**inn**tənoht]
(Kunstwort)

>cybernaut.

Internet
[**inn**tənätt]
(Kunstwort)

Weltweiter Verbund von Computernetzwerken (>network), an den tausende von Rechnern angeschlossen sind, die über das Internet-Protokoll (>IP) miteinander kommunizieren.
Geschichte: 1957 gründeten die USA mit der >ARPA eine neue Behörde innerhalb des Verteidigungsministeriums, die die amerikanische Führung in Wissenschaft und Technologie für das Militär nutzbar machen sollte. Diese Behörde schuf 1969 mit dem ARPAnet ein Computernetzwerk, das in erster Linie sicherstellen sollte, dass im Kriegsfall die militärischen Daten dezentral gespeichert waren. Eine der wichtigsten Entwicklungen dieser Epoche war der erste technische Übertragungsstandard (>protocol), der es schon damals ermöglichte, Computer verschiedener Hersteller miteinander zu verknüpfen. In den Siebzigerjahren entwickelten amerikanische Universitäten die neuartige Kommunikation per Computer weiter. 1971 schuf Ray Tomlinsen ein E-Mail-Programm, um Botschaften durch ein Netzwerk schicken zu können. Es entstanden viele weitere Netze, sodass von e i n e m Internet eigentlich nicht die Rede sein konnte. Jedoch kommunizierten sie alle über den Internet-Protokollstandard.

In den Achtzigerjahren veränderte sich die Zusammensetzung der Netzbetreiber und -User (>user). Neben Wissenschaftlern, Universitätsangehörigen und Computerfirmen interessierten sich allmählich immer mehr kommerzielle Netzbetreiber für das Internet. Parallel entwickelten sich Technologien, die das Internet für den Privat-User benutzerfreundlicher machten: Der PC wurde Internet-tauglich, der Datentransfer über Telefonleitungen durch moderne Modems (>modem) schneller und auch sicherer. 1990 gelang Robert Cailliau und Tim Berners-Lee im europäischen Kernforschungszentrum in Genf (>CERN) eine bahnbrechende Entwicklung: das World Wide Web, ein auf Hypertext (>hypertext) basierendes Informations- und Quellensystem mit einer grafischen Benutzeroberfläche. Das "Surfen" (>net surfer) war geboren!
Heute ist das Internet ein Massenphänomen mit kommerziellen Anbietern und Providern (>provider), Suchmaschinen (>search engine) und Browsern (>browser), Newsgroups (>newsgroup) und FTP-Servern (>FTP server), elektronischen Zeitschriften (>e-zine) und geschäftlichen Transaktionen (>electronic commerce), und sogar Telefonieren über das Internet ist inzwischen möglich.

Internet 2
[**inn**tənätt **tuh**]

Hochgeschwindigkeitsnetzwerk (>network), das mehrere Tausend Mal schneller ist als das Internet. Anfang 1999 haben 37 Universitäten, Forschungseinrichtungen und High-Tech-Unternehmen in den USA den Internet-2-Betrieb aufgenommen; zunächst allerdings nur zu Forschungszwecken.

Internet by call
[**inn**tənätt bai **kohl**]

Bezeichnung für Internet-Zugänge, bei denen sich der Kunde fallweise durch Vorwahl einer fünfstelligen Kennziffer für einen Provider (>provider) entscheidet. Die Abrechnung enthält sowohl die monatlichen Gebühren für die online (>on-line) verbrachte Zeit als auch die in dieser Zeit angefallenen Telefongebühren.

internet carrier
[**inn**tənätt **kärr**iə]

"Internet-Transportunternehmen"
Internet-Service-Provider (>provider), die ihr eigentliches Kerngeschäft um das bisher der Telekommunikation vorbehaltene erweitern – das heißt zunehmend eigene Leitungen aufbauen, um sich damit unabhängig von den Telekommunikationsunternehmen zu machen. Man unterscheidet weltweit auftretende Anbieter (global carrier) wie >UUnet von lokal auftretenden Anbietern (local carrier) wie Netcologne.

Internet Drafts
[**inn**tənätt drahftß]

"Internet-Entwürfe"
Unverbindliche Arbeitspapiere der >IEFT zu den unterschiedlichen Internet-Technologien und -Standards, die meist über das Internet selbst verbreitet werden und eine maximale Gültigkeit von sechs Monaten haben. Sie bilden die Grundlage für die >RFCs.

Internet Explorer
[**inn**tənätt ickß**plohr**ə]
(Produktname)

WWW-Browser (>World Wide Web, >browser) der Firma Microsoft (kurz IE), Konkurrenzprodukt zum >Netscape Navigator; vgl. >Active Desktop, >clear text authentication.

Internet in the Sky
[**inn**tənätt inn θə **ßkai**]

"Internet im Himmel"
Ein von Europe Online im Jahre 1997 initiiertes Projekt, das einen Internet-Zugang via Satellit ermöglichen soll; vgl. >satellite transmission.

Internetiquette
[inntə**nätt**ickätt]
(Kunstwort)

>netiquette.

Internet Phone
[**inn**tənätt fohn]
(Produktname)

Software der Firma VocalTec, die es ermöglicht, über das Internet zu telefonieren, wenn die beteiligten Rechner mit einer Soundkarte und einem Mikrofon ausgestattet sind. Das Produkt bietet im Gegensatz zu Browser-integrierten (>browser) Programmen einigen Komfort wie z. B. Voice Mail, Audio- und Videokonferenzen (>video conference) und Datenaustausch.

Internet Protocol
[**inn**tənätt **proh**təkoll]

Internet-Protokoll
>IP.

Internet Relay Chat
[**inn**tənätt **rih**leh tschätt]

>IRC.

Internet Society
[**inn**tənätt ßəßaiəti]

Internet-Gesellschaft
Organisation, die es sich zum Ziel gesetzt hat, die Entwicklung und Nutzung des Internets zu fördern; sie unterstützt zudem die ausführenden Organe des >IAB. Abk.: ISOC.

Internet Time
[**inn**tənätt taim]

Internet-Zeit
Zeitrechnung der Firma Swatch, welche den Tag in 1000 >Swatch Beats unterteilt, um die unterschiedlichen Zeitzonen zu überwinden und praktisch die weltweit unterschiedliche reale Zeit zu vereinheitlichen. So ist es beispielsweise um 12 Uhr mittags mitteleuropäischer Winterzeit auf der ganzen Welt "@500 Swatch Beats".

Internet Worm
[**inn**tənätt wöhm]
(Produktname)

Sich selbst reproduzierendes Programm, das es fast geschafft hätte, das Internet durch Überlastung zum Stillstand zu bringen. Gehört im weiteren Sinn zur Kategorie der Computerviren (>virus).

InterNIC
[**inn**tənick]
Internet Network Information Center

Tochterorganisation verschiedener amerikanischer Einrichtungen und Firmen (z. B. National Science Foundation, Network Solutions, AT&T), die statistische Informationen über das Internet und seine Nutzung bietet. Die Organisation ist zudem der >IANA untergeordnet und für die Vergabe und Registrierung von Internet-Nummern zuständig. Die deutsche Entsprechung ist das >DE-NIC (Deutsches Network Information Center); vgl. >NIC.

Intranet
[**inn**trənätt]

Ein Internet im Kleinen: ein geschlossenes kleines (Firmen)Netzwerk, das auf >TCP/IP basiert; vgl. >Extranet.

IOW
in other words
(Akronym)

mit anderen Worten

IP
[ai-**pih**]
Internet Protocol

Internet-Protokoll
Netzwerkprotokoll, das Adressinformationen enthält sowie Informationen, die es ermöglichen, Datenpakete (>packet) zu routen (>router). Eines der Protokolle (>protocol), auf denen das Internet basiert; vgl. >TCP/IP und >TCP.

IP address
[ai-**pih** ədräss]

Internet-Protokoll-Adresse
Nummerisches Gegenstück des Domain-Namens (>domain). Ist normalerweise für den User (>user) nicht sichtbar, da er nur die leichter verständliche Domain-Adresse sieht. Jeder Computer im Internet ist durch seine Adresse (>address), eine festgelegte, lange Zahlenfolge, genau lokalisierbar.

IPng
[ai-**pih**-änn-**dschih**]
Internet Protocol next generation

Internet-Protokoll der nächsten Generation
Neue Version des Internet-Protokolls (>IP), das von einer Arbeitsgruppe des >IETF entwickelt wird und bei der die IP-Adressen (>IP address) aus sechs anstatt wie bisher aus vier Zahlen bzw. aus 128 statt 32 Bit bestehen sollen, um mehr Adressierungsmöglichkeiten für Web-Sites (>site) zu schaffen.

IP-spoofing
[ai-**pih** ßpuhfing]

"Schwindeln", "Hereinlegen", "Austricksen" über IP
Eine Hacker-Methode (>hacker), um unerwünscht in fremde Systeme einzudringen. Bei dieser Methode wird der Ziel-Host (>host) mittels eines modifizierten Verbindungsprotokolls (>protocol) hereingelegt, sodass er "glaubt", der Eindringling sei jemand Berechtigter; vgl. >spoofing.

IPv4
[ai-**pih**-wih-**foh**]
Internet Protocol Version 4

Internet-Protokoll Version 4
1999 aktuelle Version des Internet-Protokolls (>IP).

IPv6
[ai-**pih**-wih-**ßickß**]
Internet Protocol Version 6

Internet-Protokoll Version 6
>IPng.

IPX
[ai-pih-**äckß**]
Internet Package Exchange

etwa: **Internet-Paket-Austausch**
Ein von der Firma Novell definierter Standard für die Datenübertragung. Er deckt die Schichten 2 und 3 des >OSI-Modells ab und ist deshalb inkompatibel mit >TCP/IP.

IRC
[ai-ah-**ßih**]
Internet Relay Chat

Ermöglicht es den Usern (>user), im gesamten Internet über die Computertastatur in Echtzeit (>realtime) miteinander zu "chatten" (>chat). IRC-Server (>server), von denen einige über 2000 Kanäle (>channel) anbieten, sind weltweit auf verschiedene Netze verteilt. Die Teilnahme an den Kanälen ist heutzutage über das WWW (>World Wide Web) mithilfe von Chat-Plug-ins (>plug-in) möglich. Auf manchen Web-Sites (>site) laufen Chat-Module, über die man ohne weiteres an einem Chat teilnehmen kann.

IRL
in real life
(Akronym)

im wirklichen Leben

IRTF
[ai-ah-tih-**äff**]
Internet Research Task Force

etwa: **Internet-Forschungsgruppe**
Vereinigung von Programmierern und Wissenschaftlern, die im Bereich Netzwerkprotokolle (>network, >protocol) für das Internet forscht; Teil des >IAB.

ISDN
[ai-äss-dih-**änn**]
Integrated Services Digital Network

Datenübertragungsprinzip, das im Gegensatz zu herkömmlichen Telefonverbindungen mit digitalen Signalen (>digital) anstelle von analogen Tonfrequenzen (>analogue) arbeitet und eine sehr viel höhere Übertragungsgeschwindigkeit erlaubt. Ein ISDN-Anschluss beinhaltet zwei Datenkanäle, so genannte B-Kanäle (>bearer channel) mit einer Übertragungsrate von jeweils 64 Kilobits pro Sekunde (>kbps), und einen Steuerkanal (>D-Kanal). Bei Bündelung der beiden B-Kanäle kann eine Datenübertragungsrate von 128 Kilobits pro Sekunde erreicht werden.

ISN
[ai-äss-**änn**]
Initial Sequence Number

Nummer, die als erste einer Folge von Nummern bei einer >TCP-Verbindung abgefragt wird.

ISO
[ai-äss-**oh** *oder* **ai**ßoh]
International Standardization Organisation

Internationale Organisation für Standardisierung, Internationale Normenorganisation
Ein von der UNESCO eingerichteter internationaler Ausschuss, dessen Aufgabe darin besteht, Normempfehlungen abzugeben beziehungsweise Normen festzulegen. Viele Internet-Standards unterliegen solchen ISO-Normen.

ISOC
[**ai**ßock]
Internet Society

Internet-Gemeinschaft
Unabhängige und nicht kommerzielle Internet-Organisation, die sich mit der Weiterentwicklung des Internets befasst und Interessengemeinschaften wie >IAB und >IETF unter einem Dach vereint.

ISP
[ai-äss-**pih**]
Internet Service Provider

"Internet-Dienstbereitsteller"
Firma oder Institution, die gegen Gebühr über eigene Teilnetze Zugang zum Internet anbietet; vgl. >IAP.

ISTM
it seems to me
(Akronym)

mir scheint

ISTR
I seem to recall
(Akronym)

ich glaube mich zu erinnern

ISWYM
I see what you mean
(Akronym)

Ich verstehe, was du sagen willst.

iToaster
[**ai**-tohßtə]
(Produktname)

Billigcomputer der US-Firma Microworkz. Das Gerät, das weder Disketten- noch CD-Laufwerk besitzt und auch ohne Bildschirm ausgeliefert wird, soll von potentiellen Internet-Nutzern, die ansonsten keinen Computer benötigen, gekauft werden. Beim Start wird über das integrierte Modem (>modem) automatisch der jeweilige Internet-Provider (>provider) angewählt. Der iToaster lässt sich an normale TV-Geräte anschließen, sodass man sich den Kauf eines Bildschirms sparen kann. Eine weitere Besonderheit ist, dass im iToaster kein Windows-Betriebssystem (>OS) zum Einsatz kommt, sondern eine Mischung aus >Linux und >BeOS.

ITRO
in the region of
(Akronym)

in der Gegend von

ITRW
in the real world
(Akronym)

in der realen Welt

ITU-T
[ai-tih-**juh-tih**]
International Telecommunications Union - Section Telecommunication

Jetziger Name des früheren "Comité Consultatif International Télégraphique et Téléphonique" (>CCITT). International beratender Ausschuss für den Telegrafen- und Fernsprechdienst, eine Unterorganisation der UNO: gibt Normenempfehlungen für die technischen Eigenschaften von Kommunikations-Endgeräten (Telefone, aber auch Modems (>modem)) und legt international die Sende- und Empfangsfrequenzen fest.

IVW
Informationsgemeinschaft zur Feststellung der Verbreitung von Werbeträgern e.V.

Ein in Deutschland eingetragener Verein, der neben den Druckauflagen von Zeitschriften und Zeitungen auch die Abrufzahlen (>page view, >visit) von Internet-Angeboten nach einem standardisierten Zählverfahren erhebt und öffentlich zugänglich macht.

IWBNI
it would be nice if
(Akronym)

es wäre nett, wenn

IYSWIM
if you see what I mean
(Akronym)

wenn du weißt/Sie wissen, was ich meine

Jakarta
[dschə**kah**tə]
(Produktname)

Von Microsoft entwickelte und von Sun lizenzierte >Java-Version. Wird auch als "Visual Java" bezeichnet.

JAM
just a minute
just a moment
(Akronym)

einen Moment

JANET
[**dschänn**itt]
Joint Academic Network
(Firmen-/Anbietername)

Zusammenschluss von Internet-Diensten britischer Bildungs- und Forschungseinrichtungen (z. B. Higher Education Funding Council for England, Scotland and Wales)
Hinweis: Für den deutschsprachigen Raum gibt es, nicht ganz deckungsgleich, den von vier Schulbuchverlagen gegründeten Internet-Dienst "Bildung Online", der sich als Forum für Schule und Weiterbildung versteht.

Java
[**dschah**wə]
(Produktname)

Objektorientierte Programmiersprache der Firma Sun Microsystems, die besonders geeignet ist zur Entwicklung von interaktiven Programmen (mit Grafiken, Animationen etc.) innerhalb von Web-Seiten (>World Wide Web). Das Besondere an Java-Programmen ist, dass sie unabhängig vom jeweiligen Betriebssystem laufen, also z. B. gleichermaßen auf Apple-Computern wie auf Windows-PCs; vgl. >applet, >servlet, >Jini.

JavaScript
[**dschahw**əßkrippt]
(Produktname)

Ursprünglich von der Firma Netscape Communications Corporation definierte und am meisten verbreitete Skriptsprache zur Verknüpfung von Programmcode mit statischen HTML-Seiten (>HTML); vgl. >script.

Java Virtual Machine
[**dschahw**ə **wöh**tschuəl mə**schihn**]
(Produktname)

In einen Browser wie >Netscape Navigator oder >Internet Explorer integrierte Software, die Java-Applets (>applet) abarbeitet.

Jini
[**dschini**]

Auf >Java basierende Technologie, die von Bill Joy, dem Mitgründer und Cheftechnologen der Firma Sun, erfunden wurde. Jini soll eine unkomplizierte Verbindung zwischen Computern, Druckern, Kameras und Elektrogeräten, wie Kühlschränken und Toastern, ermöglichen.

Joe
[dschoh]
(Produktname)

>UNIX-Editor (>editor), der bei Internet-Nutzern sehr beliebt ist.

JPEG
[**dscheh**päg]
Joint Photographic Experts Group

Gruppe, die den JPEG-Standard zur Bildkomprimierung eingeführt hat. JPEG-Dateien findet man aufgrund ihrer hohen Kompressionsrate bei guter Bildqualität sehr häufig im Internet.

JSP
[dscheh-äss-**pih**]
Java Server Page

"Java-Server-Seite"
Technologie, die auf Servlets (>servlet) beruht und eine serverseitige (>server) Kontrolle von Web-Seiten ermöglicht.

jump
[dschampp]

"Sprung"
Ausdruck für den Wechsel – den "Sprung" – von einem WWW-Link (>World Wide Web, >link) zum nächsten innerhalb einer Internet-Sitzung.

K12
[keh-**twälw**]
"kindergarden through 12th grade"

"Vom Kindergarten bis zur 12. Klasse"
Name mehrerer >Usenet-Newsgroups (>newsgroup), die sich mit bildungsrelevanten Themen befassen.

KA9Q
[keh-eh-**nain-kjuh**]

>TCP/IP-Ausführung für Amateur-Paket-Radio-Systeme (= Datenamateurfunk) – benannt nach dem Rufzeichen des Funkamateurs, der das "KA9Q Network Operating System" entwickelte.

kbps
[keh-bih-pih-**äss**]
kilobits per second

Kilobits pro Sekunde
Einheit für die Geschwindigkeit der Datenübertragung: 1 Kilobit sind 2 hoch 10 = 1.024 Bits (>bit).

Kermit
[**köh**mitt]
(Produktname)

Älteres Datenübertragungsprotokoll, das nach Kermit, dem Frosch aus der Muppet-Show, benannt wurde. Die Übertragungsgeschwindigkeit ist gegenüber anderen Protokollen (z. B. >Zmodem) eher gering. Wird heute nicht mehr eingesetzt und ist nur noch in bereits bestehenden Systemen anzutreffen.

kernel
[**köh**nl]

"Kern"
Bezeichnung für den Bereich, in dem die wichtigsten Befehle eines Betriebssystems (>OS), eines Netzwerks (>network) oder einer Anwendung (>application) enthalten sind, d. h. der Kernbereich, in dem zentrale Funktionen für alle anderen Bereiche abgewickelt werden.

key word
[**kih** wöhd]

Stichwort, Suchwort
Wird bei Datenbankrecherchen (>database) verwendet, um eine Suchanfrage zu definieren, so z. B. in >AltaVista, >Lycos, >Yahoo! etc.

kill file
[**kill** fail]

Vernichtungsdatei, Löschdatei
Liste, die Nachrichten von unerwünschten Absendern, Servern (>server) oder mit unerwünschten Themen ausfiltert und löscht. Vorausgesetzt, die Software unterstützt "kill files", werden alle Nachrichten von Personen und Servern, deren Adressen (>address) bzw. alle Themenbereiche, die sich auf dieser Liste befinden, wirksam vom Anwender/Auftraggeber ferngehalten. Wird häufig im >Usenet verwendet, aber auch in einer wachsenden Anzahl von Offline-Readern (>off-line reader).

kilobit
[**kill**əbitt]

Kilobit
Maßeinheit für die Anzahl übertragener Daten, z. B. im >ISDN; ein Kilobit entspricht 1024 Bits (>bit).

kilobyte
[**kill**əbait]

Kilobyte
Maßeinheit für die Größe eines Speichers; ein Kilobyte entspricht 1.024 Bytes (>byte); vgl. >megabyte, >gigabyte. Abk.: KB, Kbyte.

KISS
keep it simple, stupid
(Akronym)

Halt es einfach (, du Dussel)!
Nicht unfreundliche Bitte, etwas nicht zu kompliziert darzustellen.

kit
[kitt]

Zubehör, Ausrüstung, Bausatz
Computerzubehör und -ausrüstung; Zusammenstellung von Werkzeugen und Teilen, die nötig sind, um etwas ganz Bestimmtes zu bauen oder zu bearbeiten (z. B. Festplatteneinbau-Kit).

KIT
[kitt]
Kernel for Intelligent Communication Terminals

etwa: **Kernsoftware für intelligente (Kommunikations)Terminals**
Maus- und fensterorientierter Multimedia-Darstellungsstandard (>multimedia) für >T-Online, der den alten Standard >CEPT ersetzen bzw. ergänzen soll.

knowbot
[**noh**bott]
(Kunstwort)

Suchautomatismus (vgl. >bot), der Internet-Adressen sucht; ältere Bezeichnung für >agent.

L8R
"l-eight-r" = later
(Akronym)

später

LAN
[länn]
Local Area Network

etwa: **Nahbereichsnetzwerk**
Computernetzwerk (>network), das auf einen begrenzten örtlichen Bereich beschränkt ist und keine öffentlichen Leitungen (Telefon) benutzt. Die Ausdehnung kann sich auf ein Betriebsgelände, eine Schule, einen Raum etc. erstrecken. Gegensatz: >WAN, vgl. >AAN.

launch
[lohntsch]

Start
Zeitpunkt, zu dem eine Web-Site (>site) online (>on-line) geht, also zur allgemeinen Benutzung im Internet freigegeben wird. Der Ausdruck wird sowohl substantivisch als auch als Verb benutzt: Man spricht vom "Launch" einer Homepage (>home page), und auch davon, dass eine Homepage "gelauncht" wird.

LDAP
[äll-dih-eh-**pih**]
Lightweight Directory Access Protocol

Protokoll, das den Zugriff auf eine hierarchische Baumstruktur, in welcher Daten abgelegt und organisiert werden, definiert. LDAP wird z. B. in zentralen E-Mail-Verzeichnissen (>e-mail) wie "Bigfoot" oder "Verisign" verwendet.

leased line
[lihßt **lain**]

Standleitung
Gemietete Fernübertragungsleitung, d. h. eine permanente Verbindung, im simpelsten Fall zwischen zwei Rechnern oder Standorten (>site) im Internet, die jederzeit gegenseitigen Zugriff erlaubt.

LED
[äll-ih-**dih**]
Light Emitting Diode

Leuchtdiode
Vorrichtung, die Licht aussendet, wenn sie unter elektrischer Spannung steht. Wird oft bei Modems (>modem) als Zustandsanzeige (Betriebsart) verwendet. Spezielle LEDs werden auch bei Computer-Flachbildschirmen benutzt.

line noise
[**lain** nois]

Leitungsgeräusch
Interferenzen, Überlagerungen, Störungen im Telefonnetz, die zum plötzlichen Verbindungs-

abbruch zwischen zwei Computern führen können.

link
[link]

Verknüpfung, Bindeglied
>hyperlink; vgl. >anchor.

Linux
[**lih**nəckß]
Linus Thorvalds Unix
(Produktname)

An >UNIX angelehntes Betriebssystem (>OS) für den PC, das von dem finnischen Studenten Linus Thorvalds 1991 entwickelt wurde und sich zunehmender Beliebtheit erfreut. Linux wird kostenlos als Freeware (>freeware) vertrieben.

lion nose
[**lai**ən nohs]

"Löwennase"
Wortspiel, siehe unter >line noise.

LISTSERV
[**liß**tßöhw]
(Firmen-/Anbieter-name)

Verbreitetes automatisiertes >mailing list-Verteilersystem. Das Programm kümmert sich auch automatisch um Neu-Abonnements und Kündigungen von Listen.

live cam
[**laiw** kämm]

Live-Kamera
>web cam.

local echo
[**loh**kl **äck**oh]

"lokales Echo"
Bei der Datenübertragung werden alle in einem Terminal-Programm (>terminal) eingetippten Zeichen am eigenen Monitor angezeigt, wenn die Konfigurationseinstellung "local echo" auf "on" steht. Da diese Zeichen von der Gegenstelle oder dem Modem (>modem) zu Kontrollzwecken ohnehin gespiegelt werden, resultiert daraus ein "DDooppeell"-Effekt. Deshalb sollte man aus Gründen der Lesbarkeit das "local echo" auf "off" stellen bzw. bei einigen Anwendungen von ">half duplex" auf ">full duplex", was dasselbe bewirkt; vgl. >remote echo.

local loop
[**loh**kl **luhp**]

"letzte/örtliche Schleife"
In der Telefonie, deren Netzwerkinfrastruktur (>network) sich viele Provider (>provider) bedienen, ist die Netzstrecke vom örtlichen Hauptverteiler zum Endnutzer gemeint. Im deutschsprachigen Raum wird sie häufig auch als "letzte Meile" bezeichnet.

local newsgroup
[**loh**kl **njuhs**gruhp]

Eine >Usenet-Newsgroup (>newsgroup), die sich nur auf dem eigenen Host (>host) befindet. Viele Service-Provider (>provider) unterhalten lokale Newsgruppen, die Informationen über sich selber und entsprechenden Host-internen Support (>support) bieten.

location
[loh**keh**schn]

"Ortsbestimmung", "Lokalisierung"
Begriff aus der Welt der FTP-Archive (>FTP), der für die Angabe des Pfadnamens und des Ver-

zeichnisses steht, in dem eine Datei gefunden werden kann.

log
[log]
(Kunstwort)
etwa: **Logbuch**
Eine Art Protokoll über sämtliche durchgeführten Dateiaktivitäten bei der Datenkommunikation, das in einer eigenen Datei (>logfile) festgehalten wird.

logfile
[**log**fail]
Datei, in der sämtliche bei einer Online-Sitzung (>on-line) durchgeführten Aktivitäten festgehalten und auf der Festplatte gespeichert werden; >log.

login
[**log**inn]
Einloggen, Anmelden
Eintritt in ein Netzwerk (>network) oder Online-System (>on-line), d. h. Anmelden beim betreffenden Server (>server, >host). Meistens muss man sich identifizieren, um seine Teilnahmeberechtigung nachzuweisen (in der Regel Eingabe von Name, Adresse und/oder geheimem Kennwort). Ausnahmen sind der Testbesuch in einer Mailbox (>mailbox) (hier genügt die Eingabe von "Gast") oder der Besuch eines >anonymous FTP-Servers (Eingabe "anonymous").

login name
[**log**inn nehm]
Einlogg-Name
Benutzername (>username) bzw. Name eines Accounts (>account), beispielsweise einer Firma, der zu Identifikationszwecken beim Einloggen (>login) in ein Online-System (>on-line) abgefragt wird.

log off
[log **off**]
sich abmelden
Eine Online-Sitzung (>on-line) oder Netzwerkverbindung beenden, d. h. sich beim betreffenden Server (>server, >host) abmelden; vgl. >login.

log on
[log **onn**]
anwählen
Ein Online-System (>on-line) anwählen.

LOL
1. laughing out loud
2. lots of love
(Akronym)
1. laut lachend; *etwa:* Da muss ich aber laut lachen!
2. viele liebe Grüße

LPMUD
[äll-**pih**-madd]
LP-Multi User Dungeon
Eine Art des >MUD (Multi User Dungeon): Spiel, an dem mehrere Spieler in einem Online-System (>on-line) teilnehmen.
Benannt nach Lars Pens, der 1990 eine These über objektorientiertes Programmieren erarbeitete und auf dessen Erkenntnissen Weiterentwicklungen der MUD-Spiele aufbauten.

lurker
[**löh**kə]
"Lauerer"
Jemand, der in Newsgroups (>newsgroup),

Foren (>forum), Konferenzen (>conference) oder Nachrichtenbereichen nur liest, aber nicht aktiv daran teilnimmt. Jeder Neuling (>newbie) betätigt sich einige Zeit als "Lurker" (to lurk = lauern), allein um die Verhaltensregeln (>netiquette) kennen zu lernen und die häufig gestellten Fragen (>FAQ) zu lesen.

Lycos
[**lai**koss]
(Produktname)

Bekannte Suchmaschine (>search engine) im Internet mit Datenbeständen in zahlreichen Ländern (u. a. Deutschland, Frankreich, Großbritannien, Italien, Japan, USA).

Lynx
[linckß]
(Produktname)

Meistbenützter nichtgrafischer WWW-Browser (>World Wide Web, >browser). Er bietet zwar nicht die Möglichkeit, Grafiken oder sogar Geräusche zu übertragen, ist dafür aber ein schnelles und sehr effizientes Mittel, um im WWW nach Textinformationen zu suchen.

M

MacPPP
[mäck-pih-pih-**pih**]

Das Macintosh-spezifische "Point to Point Protocol" (>PPP), das dazu dient, über eine gewöhnliche Telefonleitung Zugang zum Internet zu bekommen; vgl. >MacSLIP, >SLIP.

macro
[**mäck**roh]

Makro
Abfolge von Befehlen, die unter einem einzigen Befehlsnamen zusammengefasst sind und die man durch Eingeben eines Tastaturkürzels oder Anklicken eines Icons auslöst. Man kann z. B. eine langwierige Login-Prozedur (>login) durch einen kurzen Makrobefehl ersetzen. Manche Leute beziehen sogar ihr geheimes Passwort (>password) in ein derartiges Makro mit ein; dies ist aber aus Sicherheitsgründen nicht zu empfehlen.

MacSLIP
[**mäck**slipp]

Das Macintosh-spezifische "Serial Line Interface Protocol" (>SLIP), das dazu dient, über eine gewöhnliche Telefonleitung Zugang zum Internet zu bekommen; vgl. >MacPPP, >PPP.

MacTCP
[mäck-tih-ßih-**pih**]

Macintosh-Kontrollfeld für >TCP/IP, das auf älteren Macs noch verwendet wird. Neuere Rechner arbeiten mit >Open Transport (OT).

mail
[mehl]

Post
>e-mail.

mailbase
[**mehl**behß]

Eine Art von Mailing-Liste (>mailing list).

mail bombing
[**mehl** bomming]

etwa: **Postbombe**
Elektronischer Terrorismus: ein brutaler Angriff auf jemandes Mailbox (>mailbox) in Form von

gigantischen, langen und absolut nutzlosen Nachrichten oder Dateien. Wird manchmal auch als Maßnahme gegen >spamming angewendet.

mailbox
[**mehl**bockß]

"Briefkasten"
1. Bereich auf einem Host-Rechner (>host), wo die elektronische Post (>e-mail) des Users (>user) verschickt und empfangen wird – eine Art elektronischer Mietbriefkasten.

2. Name für einen Online-Dienst; die Palette reicht von kleinen, meist recht liebevoll gestalteten Hobby-Mailboxen, die oft nur aus einem Rechner und einem oder zwei Modems (>modem) bestehen, bis hin zu großen, professionell aufgezogenen Support-Mailboxen (>support); vgl. >BBS, >Z-Net.

mail gateway
[**mehl** gehtweh]

"Posttor"
Rechner, der E-Mails (>e-mail) zwischen zwei oder mehreren verschiedenen E-Mail-Systemen verteilt.

mailing list
[**mehl**ing lißt]

Postliste, Mailing-Liste
Per E-Mail (>e-mail) ausgetauschte Liste mit Diskussionsbeiträgen zu einem bestimmten Thema. Nach Anmeldung bei dem auf der jeweiligen Liste genannten "list server" erhält man automatisch eine Kopie der laufenden E-Mail-Korrespondenz zu dem gewünschten Thema in den eigenen Briefkasten (>mailbox) geschickt; vgl. >LISTSERV, >Majordomo.

mail server
[**mehl** ßöhwə]

Rechner eines Internet-Service-Providers (>provider), über den der E-Mail-Verkehr (>e-mail) abgewickelt wird.

mail storm
[**mehl** ßtohm]

"Poststurm"
Wortdreher, von "maelstrom" (Mahlstrom, Strudel) beeinflusst. Was oft passiert, wenn ein Rechner mit einer Internet-Verbindung und aktiven Usern (>user) nach längerem Offline (>off-line) wieder online (>on-line) geht: eine Flut von ankommenden Sendungen, die den empfangenden Rechner in die Knie zwingen kann.

Majordomo
[mehdschə**doh**moh]
(Produktname)

Verbreitetes automatisiertes >mailing list-Verteilersystem.

match
[mättsch]

passen, übereinstimmen
Auch "matching"; Begriff aus der Suchmaschinen-Sprache (>search engine), der die Übereinstimmung mit dem eingegebenen Suchbegriff bezeichnet, z. B.:

"match all terms" = alle eingegebenen Suchbedingungen müssen gleichzeitig zutreffen; "loose match" = die eingegebenen Suchbedingungen müssen nicht alle bzw. nicht alle gleichzeitig zutreffen.

MathML [mäθämm**äll**] Mathematical Markup Language	**Mathematische Auszeichnungssprache** Eine sich noch in der Entwicklung befindende auf >XML basierende Standardsprache zur formatierten Darstellung von Dokumenten, mit der sich unter anderem mathematische Formeln beschreiben lassen.
MBONE [**ämm**bohn] Multicast Backbone *(Firmen-/Anbieter-name)*	Experimenteller Internet-Dienst, der mithilfe der >multicast-Technologie Audio- und Video-Übertragungen in Echtzeit (>realtime) realisiert. Sendete mit den Rolling Stones 1994 das erste Live-Rockkonzert im Internet.
mbps [ämm-bih-pih-**äss**] megabits per second	**Megabits pro Sekunde** Maßeinheit für die Geschwindigkeit der Datenübertragung: 1 Megabit sind 2 hoch 20 = 1.048.576 Bits (>bit).
megabyte [**megg**əbait]	**Megabyte** Maßeinheit für die Größe eines Speichers: 1 Megabyte = 1.024 Kilobytes = 1.048.576 Bytes; vgl. >byte, >kilobyte, >gigabyte. Abk.: MB, MByte, Mbyte.
Melissa [mə**liss**ə]	Gutartiger Makrovirus (>virus), der sich als vertrauenswürdige E-Mail (>e-mail) in ein Computersystem einschleicht, sich von dort aus selbst an die ersten 50 Adressen (>address) aus dem E-Mail-Adressbuch des befallenen Windows-PCs versendet und Dokumente der Textverarbeitung MS-Word mit Simpsons-Zitaten versieht.
membership [**mämm**bəschipp]	**Mitgliedschaft** Im Internet sind einige Angebote nur zugänglich, wenn man vorher eine kostenlose oder kostenpflichtige Mitgliedschaft abgeschlossen hat.
menu [**männ**juh]	**Menü** Liste von Optionen, aus denen der User (>user) auswählen kann. Manche Menüpunkte verzweigen sich wiederum in Untermenüs. Nach diesem von Windows her bekannten Prinzip der Befehlsauswahl funktioniert auch die Befehlskommunikation vieler älterer Internet-Anwendungen, wie z. B. >Veronica und >Gopher.
Merchant Server [**möh**tschnt ßöhwə]	*etwa:* **Handels-Server** Kaufmännisches "Dienstprogramm", mit dem

geschäftliche Transaktionen im Internet durchgeführt werden können; vgl. >server.

meta search engine
[**mätt**ə ßöhtsch **änn**dschinn]

Meta-Suchmaschine
Übergeordnete Suchmaschine (>search engine), die gleichzeitig mehrere Datenbanken bzw. Einzel-Suchmaschinen nach den eingegebenen Suchbegriffen durchforstet. Damit erspart man sich oft die aufwendige Suche nach der benötigten Information über die einzelnen Suchmaschinen. Beispiele sind: Inference, MetaCrawler, Highway61, SavvySearch, DisInformation.

MetaStream
[**mätt**əßtrihm]

Ein von den Firmen Intel und MetaCreations gemeinsam entwickeltes Streaming-Format (>streaming) zur stufenlosen skalierbaren Darstellung von 3D-Inhalten, das eine kontinuierliche Übertragung von beweglichen 3D-Darstellungen im Internet ermöglicht. Dadurch startet die Wiedergabe noch bevor die komplette Anwendung geladen ist.

meta tag
[**mätt**ə täg]

Auszeichnung <meta> im Kopf einer HTML-Seite (>HTML, >tag), die die Möglichkeit bietet, Suchmaschinen (>search engine) Stichwörter zur Verfügung zu stellen oder die Beziehung der Seite zu anderen Seiten zu definieren.

MFTL
my favorite toy language
(Akronym)

"meine Lieblingsspielzeugsprache"
Ausdruck aus der Welt der Programmiersprachen-Designer: Bezeichnet ursprünglich einen Programmiersprachenentwurf, der überladen ist mit Syntax, aber selten, wenn überhaupt, einen Inhalt besitzt. Im weiteren Sinne wird das Akronym auf Gespräche angewandt, in denen das Thema in unnötigen und übergenauen Details ertrinkt, denen jeglicher konzeptuelle Inhalt zum Opfer fällt; abschließend könnte es dann heißen: "Well, it was a typical MFTL-talk!".

MHS
[ämm-ehtsch-**äss**]
Message Handling System

"Nachrichtenhandhabungssystem"
Datenaustauschkonvention, elektronisches Mitteilungssystem, wobei Daten in einem einheitlichen Verfahren verwaltet, weitergeleitet und identifiziert werden.

micropayment
[**maik**rohpehmənt]

Mikrozahlung
Elektronische Zahlungsweise im Internet für kleine Beträge, die auf einem Guthabenkonto bei einem Händler basiert. Der Kunde füllt dieses Konto mit einem beliebigen Betrag auf, den er anschließend häppchenweise verbrauchen kann; vgl. >electronic cash.

Microsoft Network
[**maik**rəßofft **nätt**wöhk]
(Firmen-/Anbietername)

Microsoft-Informationsdienst: Begann als geschlossenes firmenspezifisches Netzwerk (>Intranet) und hat sich zu einem großen, modernen Internet-Service-Provider (>provider) entwickelt. Abk.: MSN. Aus wirtschaftlichen Gründen bietet MSN seit September 1998 keine Netzzugänge mehr an.

millennium bug
[mill**änni**əm bag]

"Millennium-Fehler", Jahr-2000-Problem
Aufgrund der Unachtsamkeit von Programmierern verarbeiten viele, teils hochsensible Rechenanlagen Jahresangaben nur mit zwei Ziffern. Wenn Computer(systeme) in Verwaltungen, Finanzunternehmen und Produktionsanlagen dadurch das Jahr 2000 mit dem Jahr 1900 verwechselten, weil "00" rein rechnerisch weniger ist als "99", konnte das fatale Folgen haben. Deshalb wurde vor der Jahrtausendwende fieberhaft an der "Jahr-2000-Fähigkeit" von Systemen und Programmen gearbeitet.

Millicent
[**milli**ßänt]
(Produktname)

Elektronisches Zahlungssystem im Internet, das von der Firma Digital Equipment Corporation für sehr niederpreisige Transaktionen im Bereich des Informationsverkaufs (Zeitungsartikel, Lexikoneinträge u.v.m.) entwickelt wurde. Beruht auf digitalen Zahlungseinheiten, die bei einer Internet-Bank gegen echtes Geld getauscht werden können; vgl. >eCash, >CyberCoin.

MILNET
[**mill**nätt]
Military Network

Das US-amerikanische "Military Network" ist ein Teil des Internets, der sich mit militärischen Dingen befasst, die keiner Geheimhaltung unterliegen.

MIME
[**mai**mi]
Multipurpose Internet Mail Extensions

Technik, Binärdateien (>binary file) an E-Mails (>e-mail) anzuhängen. Von vielen als der zukünftige Standard für das Versenden von Dateien angesehen. Die beiden marktführenden Browser (>browser), >Netscape Navigator und Microsofts >Internet Explorer, die MIME anwenden, mögen diese Entwicklung noch verstärken. Aber auch der traditionelle Weg des "UUencoding" (>UUencode) ist immer noch sehr populär.

misc
[miss]
miscellaneous

"Vermischtes"
>Usenet-Newsgroup-Kategorie (>newsgroup), die sich mit Themen beschäftigt, die man traditionell (z. B. in Zeitungen) unter der Rubrik "Vermischtes" zusammenfasst.

MNP
[ämm-änn-**pih**]
Microcom Network Protocol

Fehler korrigierendes Protokoll (>protocol) der Firma Microcom für Modems (>modem).

mobile
[**moh**bail]

Mobiltelefon
Handliches Telefon mit leistungsfähigem Akku für den mobilen Einsatz, das neben dem Telefonieren zunehmend auch als Zugangsgerät für das Internet an Bedeutung gewinnt. Wird vor allem im deutschsprachigen Raum umgangssprachlich auch als Handy bezeichnet (was im Englischen aber gar nicht "Mobiltelefon" bedeutet!).

mockingbird
[**mock**ingböhd]

"Spottdrossel"
Software, die die Kommunikation zwischen Usern (>user) und Hosts (>host) unterbricht und für die User System-simulierende Antworten bereitstellt, während umgekehrt die Antworten der User abgefangen und gespeichert werden (besonders Identifikationsnummern und Passwörter) – eine besondere Art von Trojanischem Pferd (>Trojan horse). Es handelt sich zwar nicht um ein Virenprogramm (diese vermehren sich selbsttätig, >virus), aber ebenfalls um eine Software, die in der Regel keine freundlichen Absichten verfolgt.

mode
[mohd]

Modus, Art und Weise, Zustand
Betriebsart, einer von zwei oder mehreren möglichen Zuständen, der in der Regel einstellbar ist; z. B. "Empfang"/"Senden", "Schreiben"/"Nur Lesen", "Datenkompression ein"/"Datenkompression aus".

modem
[**moh**dämm]
(Kunstwort)

Zusammenziehung aus "Modulator" und "Demodulator". Weil Computer und das herkömmliche Telefonnetz unterschiedliche Techniken der Datenübertragung haben, nämlich >digital (Computer) und analog (>analogue; Telefonleitung), muss zwischen Rechner und Telefonnetz ein Modem geschaltet werden, das die digitalen Signale des Computers in akustische Signale umsetzt (moduliert) und am anderen Ende der Verbindung wieder in digitale Daten zurückverwandelt (demoduliert); vgl. >ISDN.

modem rack
[**moh**dämm räck]

"Modem-Regal"
Technische Anlage, deren Aufgabe es ist, eine Anzahl Modems (>modem) aufzunehmen und mit einem Rechner zu verbinden. Sie ermöglicht den gleichzeitigen Zugriff mehrerer User (>user) auf einen Server (>server). Solche Anlagen stehen normalerweise bei großen Anbietern wie Internet-Service-Providern (>provider) oder Online-Diensten (>on-line service provider).

moderator
[**modd**ərehtə]

Diskussionsleiter, Moderator
In einer Newsgroup (>newsgroup) Person, die einen Konferenz- oder Nachrichtenbereich entweder organisiert oder als Diskussionsleiter

betreut. Es gibt moderierte und unmoderierte Newsgroups. In moderierten Newsgroups entscheidet der Moderator, welche Nachrichten zum Thema passen und veröffentlicht werden. Er sortiert auch Doppelungen und Flames (>flame) aus.

MOO
[muh]
MUD Object-Oriented

"objektorientiertes MUD" – Variante der Adventure-Spiel-Kategorie >MUD (Spiel, an dem mehrere User (>user) gleichzeitig im Internet teilnehmen). Erweitert sie durch Objekte wie Grafiken und Sounds.

MORF
male or female?
(Akronym)

etwa: Männlein oder Weiblein?

Mosaic
[moh**seh**ick]
(Produktname)

Das Freeware-Programm Mosaic (>freeware) ist ein Browser (>browser) für das >World Wide Web und der "Stammvater" aller modernen grafischen WWW-Browser. Es wurde für viele verschiedene Plattformen entwickelt, wie Windows, Amiga, X-Windows und Macintosh, und hat bis heute gültige Standards gesetzt. Weiterentwicklungen, die immer noch auf Mosaic basieren, sind >Netscape Navigator und >Internet Explorer von Microsoft; vgl. >NCSA.

Mosaic Netscape
[moh**seh**ick **nätt**ßkehp]
(Produktname)

Älterer, die technische Herkunft bezeichnender Name des >Netscape Navigator; >Mosaic.

MOTOS
member of the opposite sex
(Akronym)

vom anderen Geschlecht

MOTSS
member of the same sex
(Akronym)

vom selben Geschlecht

Moving Worlds
[**muh**wing **wöhlds**]

Anregung von verschiedenen Firmen zur Erweiterung von >VRML: offene, plattformunabhängige Spezifikation zur Entwicklung dynamischer 3D-Umgebungen im Internet, die 1996 in den VRML 2.0-Standard eingeflossen ist.

MP1
[ämm-pih-**wann**]
MPEG-1

>MPEG-1.

MP2
[ämm-pih-**tuh**]
MPEG-2

>MPEG-2.

MP3
[ämm-pih-θrih]
MPEG-1 Layer 3

>MPEG-1 Layer 3.

MP3-Player
[ämm-pih-θrih plehə]

1. MP3-Abspielprogramm
Software, die das Abspielen von MP3-Dateien (>MPEG-1 Layer 3) auf einem Multimedia-Computer (>multimedia) ermöglicht.

2. MP3-Abspielgerät
Tragbares Abspielgerät für MP3-Dateien.

MP3-Walkman
[ämm-pih-θrih wohkmən]

Tragbares Abspielgerät für MP3-Dateien (>MPEG-1 Layer 3). Die Geräte verfügen über einen fest eingebauten Speicher, der über den PC mit neuen Musikstücken versorgt wird.

MPEG
[ämmpäg]
Moving Pictures Experts Group

Von der >ISO ins Leben gerufene Expertengruppe, die für die Standardisierung von Kompressionsverfahren für Bewegtbilder u. a. zuständig ist; vgl. >JPEG.

MPEG-1
[ämmpäg wann]

Format für komprimierte Video- und Audiodateien, das mit einer Datenübertragungsrate von zirka 1,5 Megabit pro Sekunde (>mbps) vor allem für die Speicherung auf >CD-ROMs als geeignet gilt; auch MP1 genannt; vgl. >MPEG, >MPEG-2, >MPEG-1 Layer 3.

MPEG-1 Layer 3
[ämmpäg wann lehə θrih]

Standardformat für komprimierte Audiodateien, das im Rahmen der >MPEG vom Fraunhofer-Institut entwickelt wurde und sich vor allem im Internet verbreitet. Bei einer Kompressionsrate von 12:1 lassen sich Musikstücke ohne Qualitätsverlust herunterladen (>download) und mit meist kostenlosen >MP3-Playern (1.) oder >MP3-Walkmans abspielen; auch MP3 genannt; vgl. >MPEG-2.

MPEG-2
[ämmpäg tuh]

Format für komprimierte Video- und Audiodateien, das mit einer Datenübertragungsrate von zirka 4 Megabit pro Sekunde (>mbps) vor allem für die Speicherung auf >DVD und die Verwendung im digitalen Fernsehen als geeignet gilt; auch MP2 genannt; vgl. >MPEG, >MPEG-1, >MPEG-1 Layer 3.

MPEG-7
[ämmpäg ßewn]

Ein in Entwicklung befindliches Format für multimediale Inhalte (>multimedia), das vor allem als für den Mobilfunkbereich geeignet gilt, allerdings erst im Jahre 2002 einsetzbar sein soll; vgl. >mobile, >UMTS, >MPEG, >MPEG-1, >MPEG-1 Layer 3.

MSN
[ämm-äss-**änn**]
(Firmen-/Anbieter-name)

>Microsoft Network.

MTU
[ämm-tih-**juh**]
Maximum Transmission Unit

maximale Übertragungseinheit
Größte Dateneinheit, die in einem vorgegebenen System übertragen werden kann.

MUD
[madd]
Multi User Dungeon

etwa: **"(dunkles) Gewölbe für viele/mehrere User (Spieler)"**
Textbasiertes Online-Rollen- und Abenteuerspiel (>on-line), an dem mehrere Spieler teilnehmen können. Es gibt bereits den Nachfolger MUD2, der einem in verschiedenen Online-Systemen begegnet; vgl. >LPMUD, >MOO.

MUG
[ämm-juh-**dschih**]
Multi User Game

Mehr-Personen-Spiel
Jedes Spiel, bei dem in einem Online-System (>on-line) zwei oder mehr Personen teilnehmen; vgl. MUD.

multicast
[**mall**tikahßt]

Adressierungsart des >IP, bei dem ein Datenpaket an mehrere Empfängeradressen adressiert und abgesendet wird. Solche Punkt-zu-Mehrpunkt-Verbindungen werden vor allem verwendet, um das Datenvolumen beispielsweise bei Videokonferenzen (>video conference) zu begrenzen. Allerdings werden diese Datenpakete nicht von allen Routern (>router) korrekt behandelt; vgl. >anycast.

multi-homing
[**mall**ti-**hohm**ing]

>multi-hosting.

multi-hosting
[**mall**ti-**hohß**ting]

Fähigkeit eines Web-Servers (>server), mehr als eine Internet-Adresse (>IP address) und mehr als eine Domain (>domain) auf einem Server zu verwalten; vgl. >hosting.

multimedia
[mallti**mih**diə]

Multimedia
Kombinierter Einsatz verschiedener digitaler (>digital) Medien wie Ton, Text, Grafik und bewegte Bilder; der Begriff wurde in Deutschland zum "Wort des Jahres 1995" erklärt.

Murphy's law
[**möh**fis **loh**]

Murphys Gesetz
Ironisches Schlagwort, das, etwas fatalistisch, benutzt wird, wenn etwas schiefgeht.
Der korrekte, originale Ausspruch von Edward A. Murphy Jr. lautet folgendermaßen: "Wenn es zwei oder mehr Möglichkeiten gibt, etwas auszuführen, und eine dieser Möglichkeiten endet in einer Katastrophe, dann wird es jemanden geben, der diese Möglichkeit wählt."

Edward A. Murphy Jr. war einer der Ingenieure des Raketenschlittenexperiments, das die US Air Force 1949 durchführte, um die Reaktion des menschlichen Organismus auf Beschleunigungskräfte zu testen. Bei einem der Experimente mussten als technische Vorbereitung 16 unterschiedliche Beschleunigungsmesser an verschiedenen Stellen des Körpers befestigt werden. Es gab zwei verschiedene Möglichkeiten, die Sensoren in ihrer Halterung anzubringen, und die mit der Arbeit betraute Person wählte genau die falsche Möglichkeit – ganz methodisch bei allen 16 Sensoren. Murphy tat daraufhin seine berühmte Äußerung. Die Testperson (Major John Paul Strapp) wiederholte sie ein paar Tage später auf einer Pressekonferenz, und damit nahm die weltweite Verbreitung des Ausspruches ihren Lauf.

nagware
[**näg**wäə]

"Nörgel-(Soft)ware"
Unterart der Shareware (>shareware), die beim Starten oder Schließen einen großen Dialogbildschirm präsentiert, der den User (>user) daran erinnert, sich registrieren zu lassen. Um im Programm fortfahren zu können, ist dann in der Regel noch ein besonderer Tastendruck erforderlich, der es unmöglich macht, diese Art von Programm im Batch-Verfahren (>batch) einzusetzen. Abhilfe: sich registrieren lassen.

NAK
[näck *oder* änn-eh-**keh**]
Negative Acknowledgement

"negative Empfangsbestätigung"
Element eines Protokolls (>protocol), das eine fehlerhafte Datenübertragung signalisiert; vgl. >ACK.

National Science Foundation
[**näsch**nəl **ßai**ənß faun**deh**schn]

US-amerikanische Regierungsbehörde, die maßgeblich an der Entwicklung des Internets, so wie wir es heute kennen, beteiligt war. Sie verwaltete bis 1995 eines der wichtigsten Backbones (>backbone) des Internets, das >NSFNET, und war ebenfalls maßgeblich an der Entwicklung der heutigen Internet-Backbone-Struktur in den USA beteiligt. Abk.: NSF.

NC
[änn-**ßih**]
Network Computer

Netzwerkcomputer
Einfacher Rechner, der speziell für den Einsatz im Internet und in >Intranets entwickelt wurde. Er besitzt weder ein Betriebssystem (>OS) noch eine Festplatte, sondern lädt sich die jeweils notwendige Software direkt aus dem Internet. An der Entwicklung maßgeblich beteiligt sind die Firmen Oracle und Sun.

NCSA
[änn-ßih-äss-**eh**]
National Center for Supercomputing Applications

Entwickler des >Mosaic-WWW-Browsers (>World Wide Web, >browser).

Negroponte, Nicholas

Gründer und Vorstand des Medienlabors im berühmten MIT (Massachusetts Institute of Technology).

Nelson, Ted

Prägte Mitte der 60er-Jahre den Begriff Hypertext (>hypertext), um seine Vorstellungen von miteinander verknüpfter und in Beziehung stehender Information auszudrücken.

nerd
[nöhd]

1. Abwertende Bezeichnung für jemanden, der zwar überdurchschnittlich intelligent ist, aber wenig begabt für Smalltalk und sonstige soziale Rituale; vgl. >geek.

2. In ironischer Anspielung auf (1.): lobende Bezeichnung für jemanden, der weiß, was wirklich wichtig und interessant ist, und den der "Lärm der Welt" nicht vom Wesentlichen ablenken kann. Wortverwendung so von Hackern (>hacker) geprägt, von denen einige sogar "Nerd Pride"-Buttons tragen, und nicht nur scherzhaft.

net
[nätt]

Netz
Kurz für Internet. Manche bezeichnen auch das >Usenet und den gesamten Cyberspace (>cyberspace) als das "net".

Netcaster
[**nätt**kahßtə]
(Produktname)

Push-Technologie (>push technology) der Firma Netscape Communications Corporation, die in die Internet-Suite >Netscape Communicator integriert ist; vgl. >CDF.

Netcenter
[**nätt**ßänntə]
(Produktname)

"Netzzentrum"
Das "Eingangstor" (>portal service) der Firma Netscape Communications Corporation im >World Wide Web.

net god
[**nätt** god]

Netzgott
Persönlichkeit im Netz (>net), die bewundert und verehrt wird, entweder, weil sie an der Entwicklung von Teilen des Internets oder dort verwendeter Tools (>tool) beteiligt war, oder, weil sie auf irgendeine Art und Weise im Netz besonders präsent ist (z. B. als Diskussionsteilnehmer oder Publisher).

net guru
[**nätt** guhru]

Netzguru
Internet-Experte, der Respekt für sein umfassendes Wissen über das Netz (>net) genießt. Ein Netzguru kann der Autor eines oder mehrerer

Internet-Bücher sein, ein Internet-Journalist oder einfach jemand, der über großes Wissen über das Internet verfügt, das er mit anderen teilt.

netiquette
[**nätt**ikätt]
(Kunstwort)

etwa: **Netz-Etikette**
Verhaltenskodex der Online-Gemeinschaft (>on-line), der den Umgang der Teilnehmer miteinander beim Versenden von E-Mails (>e-mail), im Internet Relay Chat (>IRC) und in den Newsgroups (>newsgroup) regelt.
So ist z. B. alles verpönt, was dem Empfänger einer Nachricht zu viel Speicherplatz und/oder Zeitaufwand zumutet: Streusendungen (>cross posting), Werbung, tausendmal gestellte Fragen (anstatt die >FAQ anzusehen), aufgebauschte Darstellungen (vgl. >ASCII art) statt kurzer Signaturen (>signature). Ebenfalls sollte man keine Lesbarkeitsprobleme verursachen, wie z. B. durch Umlaute; selbstverständlich zu vermeiden ist auch alles, was als unhöflich empfunden wird, wie Großbuchstaben (Schreien!) oder Flames (>flame).

netizen
[**nätt**isn]
citizen of the Net
(Kunstwort)

etwa: **"Netz-Bürger"**
Zusammenziehung aus "Net" = "Netz" (also das Internet) und "citizen" = "Bürger". Da der Begriff "Bürger" die Bedeutungsbereiche "Rechte", "Gesetze" und "Verpflichtungen" sowie Zugehörigkeit zu einer definierten Gemeinschaft (z. B. einem Staat) beinhaltet, soll mit diesem Kunstwort ausgesagt werden, dass alle das Internet benutzenden Menschen Mitglieder einer Gemeinschaft sind, was ihnen gewisse Rechte und Vorteile zugesteht, aber auch Verpflichtungen und Regeln auferlegt; vgl. >netiquette.

Netmanage Chameleon
[**nätt**mänidsch kə**mih**liən]
(Produktname)

Umfangreiche Internet-Zugangssoftware für Windows, die mehrere Funktionen abdeckt.

net police
[**nätt** pəlihß]

Netzpolizei
Geringschätziger Ausdruck für Leute, die es für ihre Pflicht oder ihr Recht halten, jedermann über das korrekte Verhalten in der Online-Gemeinschaft (>virtual community) zu belehren.

Netscape
[**nätt**ßkehp]
(Produktname)

Kurzname für das Produkt >Netscape Navigator.

Netscape Communicator
[**nätt**ßkehp kə**mjuh**nikehtə]
(Produktname)

Vollständige Internet-Suite der Firma Netscape Communications Corporation, die neben dem Browser (>browser) >Netscape Navigator das E-Mail-Programm Messenger, den HTML-Editor Composer und andere Programmteile enthält; vgl. >Andreessen, Marc.

Netscape Navigator
[**nätt**skehp **näw**igehtə]
(Produktname)

Der erfolgreichste WWW-Browser (>World Wide Web, >browser) der Netscape Communications Corporation; vgl. >Andreessen, Marc, >Netscape Communicator. Konkurrenzprodukt ist Microsofts >Internet Explorer.

net surfer
[**nätt** ßöhfə]
(Kunstwort)

In Analogie zum Wellenreiter Bezeichnung für jemanden, der sich im Internet bewegt bzw. der auf dem Hyperlink-System (>hyperlink) "reitet", um nach interessanten Seiten Ausschau zu halten, nützliche Dateien zu sammeln oder um sich mit Leuten zu unterhalten (>chat).

network
[**nätt**wöhk]

Netzwerk, Netz
Jede Gruppe von Computern, die miteinander kommunizieren und auch vorhandene Ressourcen (z. B. Drucker) gemeinsam nutzen können.

Network News
[**nätt**wöhk **njuhs**]

Kurz für "Network News Transfer Protocol" (NNTP); Protokoll (>protocol), auf dem das >Usenet basiert und das über das Internet für den Nachrichtenaustausch zwischen den News-Servern (>news server) des Usenets sorgt.

newbie
[**njuh**bi]

Neuling, Anfänger
Bezeichnung für einen Neuling im Newsgroup-System (>newsgroup). Früher hatte das Wort einen leicht abschätzigen Beiklang, inzwischen ist es aber ein gebräuchlicher Ausdruck für jeden, der sich seinen Weg durch den Cyberspace (>cyberspace) noch ertasten muss.

new media
[**njuh mih**diə]

Neue Medien
Überbegriff für alle nach dem Fernsehzeitalter eingeführten neuen Medien wie >CD-ROM, >DVD, Internet und digitaler Hörfunk.

newsgroup
[**njuhs**gruhp]

Eine Art öffentliches schwarzes Brett zum Nachrichtenaustausch – ein von einem Thema bestimmter Bereich im >Usenet, bestehend aus Artikeln, Berichten und Briefen, die von den Teilnehmern verfasst wurden. Die Anzahl dieser Art virtueller Diskussionsgruppen ist enorm.

newsletter
[**njuhs**lättə]

Nachrichtenrundschreiben
Findet im Internet zunehmend als abonnierbarer E-Mail-Service (>e-mail) Verbreitung. Vor allem Tageszeitungen und Magazine versuchen damit, die Besucher regelmäßig auf ihre Web-Seiten zu

locken. Meist wird der eigentliche Inhalt durch eine kurze Zusammenfassung nur angerissen; vgl. >Dyson, Esther.

newsreader
[**njuhs**rihdə]

"Nachrichtenleser"
Software, die die Artikel eines News-Servers (>news server) darstellen kann. Mit ihrer Hilfe kann man in Newsgroups (>newsgroup) Nachrichten lesen und beantworten; vgl. >Free Agent.

news server
[**njuhs** ßöhwə]

Rechner, auf dem die verschiedensten Newsgroups (>newsgroup) zu finden sind. Meistens stellt der Internet-Service-Provider (>provider) seinen Kunden auch einen News-Server zur Verfügung. Die meisten News-Server sind nur einem registrierten User-Kreis (>user) zugänglich, aber es gibt auch eine Anzahl öffentlicher Server, deren Adressen (>address) allerdings aufgrund des großen Andrangs häufig wechseln.

NFS
[änn-äff-**äss**]
Network File System

Netzwerkdateisystem
Software, die die Benutzung von Dateien auf anderen Netzwerkrechnern so erlaubt, als befänden sie sich auf dem eigenen Computer.

NIC
[nick *oder* änn-ai-**ßih**]
Network Information Center

etwa: **Netzwerkinformationszentrum**
Organisation, die u. a. als Dienstleistung statistische Informationen über das Internet und seine Nutzung bietet. Bekannteste Funktion: zentrale Vergabe von Domains (>domain) unterhalb der Top-Level-Domain (>top level domain). NIC allein ist dabei ein Oberbegriff, die tatsächlichen Zuständigkeiten sind regional organisiert; so gibt es für Deutschland z. B. das >DE-NIC und als übergeordnete Organisation das >InterNIC.

NIFOC
nude in front of computer
(Akronym)

nackt vor dem Computer

NNTP
[änn-änn-tih-**pih**]
Network News Transport Protocol

>Usenet-Protokoll (>protocol), das im Internet für den News- und Datenaustausch zwischen den Servern (>server) sorgt. Rechner ohne direkte Internet-Anbindung verwenden >UUCP.

no carrier
[noh **kärr**iə]

keine Verbindung
Meldung, die am Bildschirm ausgegeben wird, wenn die Verbindung zwischen dem Modem (>modem) und dem angerufenen Computer unterbrochen worden ist oder nicht zustande kommt; vgl. >carrier.

node
[nohd]

"Knoten(punkt)"
1. Zentralrechner, der es dem Anwender ermöglicht, in einem Netzwerk (>network) mit anderen

Computern zu kommunizieren. Im Unterschied zum Host (>host) handelt es sich um einen einzigen Rechner; vgl. >dial node.

2. Generell auch Bezeichnung für eine Schnittstelle mehrerer Stränge in einem Datennetz; vgl. >CIX.

NRAM
[**änn**-rämm]
Non-volatile Random Access Memory

"nichtflüchtiger (RAM-)Speicher"
Speicher (>RAM) von Geräten wie z. B. Modems (>modem), in dem vom Nutzer gewünschte und per Software einstellbare Geräte-Eigenschaften abgelegt werden, die dann bei einem Neustart des Systems ausgelesen und ausgeführt werden.

NRN
no reply necessary
(Akronym)

keine Antwort nötig

NSF
[änn-äss-**äff**]
National Science Foundation

>National Science Foundation.

NSFNET
[änn-äss-**äff**-nätt]
National Science Foundation Network

Das Netzwerk der >National Science Foundation war eines der großen Netzwerke, aus denen das Internet besteht. Seit seiner Gründung im Jahre 1986 wurde seine Kapazität mehrere Male aufgerüstet, um den wachsenden Datenverkehr bedienen zu können. Als schließlich deutlich wurde, dass nur eine neue Struktur den Erfordernissen der Zukunft würde gerecht werden können, wurde diese unter der Schirmherrschaft der NSF entwickelt. Das NSFNET selbst wurde 1995 heruntergefahren und wenig später wieder eröffnet, jedoch nicht mehr als Eckpfeiler des US-amerikanischen Backbone-Datenverkehrs (>backbone), sondern als Spezialnetz für Wissenschaft und Forschung.

NTP
[änn-tih-**pih**]
Network Time Protocol

"Netzwerk-Zeitprotokoll"
Protokoll (>protocol), das insbesondere bei einer weltweiten Kopplung von Rechnern regelt, auf welcher Zeitbasis gearbeitet wird. Das NTP ermöglicht eine millisekundengenaue Abstimmung, was sehr wichtig ist für Vorgänge, an denen gleichzeitig mehrere Rechner im Internet beteiligt sind.

nuking
[**njuhk**ing]

Jemandem eine blaue Bombe (>blue bomb) senden; vgl. >WinNuke.

null modem
[**nall** mohdämm]

Kabel, das zwei Rechner über die serielle Schnittstelle direkt, ohne ("null") Modem (>modem), miteinander verbindet. Die Stecker müssen so verdrahtet sein, dass bei jedem der Drähte Sendepol auf Empfangspol trifft.

OAO
over and out
(Akronym)

Schluss und Ende
Übergabebefehl aus der Amateurfunksprache.

OBTW
oh, by the way
(Akronym)

ach, übrigens

OEM
[oh-ih-**ämm**]
Original Equipment Manufacturer

etwa: **Verwender von Originalteilen**
Hersteller von Anlagen (Computersystemen), deren Bestandteile Originalteile, also Markenartikel von entsprechenden Zulieferern, sind. Letztere darf er nur für den Einbau in seine Anlagen verwenden und sie nicht etwa als (vielleicht übrig gebliebene) Einzelteile im Einzelhandel an den Endverbraucher weiterverkaufen.

off-line
[**off**-lain]

"aus der Leitung", "nicht verbunden", offline
Bezeichnung dafür, dass ein Computer keinen Kontakt (über die Telefonleitung) mit einem Netz, einer Mailbox (>mailbox) etc. hat.

off-line reader
[**off**-lain rihdə]

Programm, das es ermöglicht, sich in einer Online-Verbindung (>on-line) alle Nachrichten und E-Mails (>e-mail) herunterzuladen (>download), diese dann offline (>off-line) zu lesen bzw. zu beantworten, um schließlich die Antworten wieder online zu versenden. Ein Offline-Reader hilft, Telefon- und Online-Dienstgebühren zu sparen. Darüber hinaus wirkt er günstig auf die Gesamtleistungsfähigkeit des Online-Dienstes. Abk.: OLR.

OIC
oh, I see
(Akronym)

ja, ich verstehe

OLR
[oh-äll-**ah**]
Off-Line Reader

>off-line reader.

OMG
oh, my god
(Akronym)

oh, mein Gott!
Ausdruck von Schock oder Erstaunen.

on-line
[**on**-lain]

"in der Leitung", "verbunden", online
Bezeichnung dafür, dass Computer im Netz bzw. mittels Modem (>modem) oder >ISDN (über die Telefonleitung) miteinander kommunizieren. Hinweis: Solange man online ist, läuft der Gebührenzähler; vgl. >off-line, >off-line reader.

on-line service provider
[**on**-lain **ßöh**wiss prə**waid**ə]

Online-Dienst
Firma, die ein geschlossenes Computernetzwerk, meist mit einem Gateway (>gateway) zum Internet, gegen Gebühr zugänglich macht; vgl. >AOL.

open source
[**oh**pən **ßohß**]

"offene Quelle"
Bewegung, die auf die Kooperation von Programmierern zurückgeht, die den Quellcode (>source code) der von ihnen programmierten Software veröffentlichen. Dadurch sollen andere Programmierer die Möglichkeit haben, ein Programm zu verbessern oder zu verändern.

Open Transport
[**oh**pən **trännß**poht]
(Produktname)

Netzwerktechnologie für Apple-Macintosh-Rechner (>TCP/IP enthaltend), die u. a. >multi-hosting ermöglicht. Seit Version 2.0 im Betriebssystem integriert (ab Mac OS 8.5); kurz "OT".

Opera
[**opp**rə]
(Produktname)

Norwegischer WWW-Browser (>World Wide Web, >browser), der im Gegensatz zu den populären Browsern >Internet Explorer und >Netscape Navigator nur wenige Megabyte (>megabyte) auf der Festplatte des Benutzers belegt.

optical waveguide
[**opp**tickl **wehw**gaid]

Lichtwellenleiter
Medium für die Datenübertragung in Glasfasernetzen (>fiberglass cable). Mithilfe von Lichtimpulsen sind über große Entfernungen hinweg Übertragungsraten im Bereich Gigabyte pro Sekunde (>gigabyte) möglich.

Orange Book
[**orr**əndsch buck]

Oranges Buch
1. Eine vom US-amerikanischen Verteidigungsministerium entwickelte Spezifikation, die ein mehrstufiges Sicherheitssystem betreffend Computer-Netzwerke (>network) definiert. Die höchste Sicherheitsstufe wird als A1 bezeichnet, die niedrigste als D.

2. Von den Firmen Sony und Philips entwickelte Spezifikation für einmal beschreibbare CDs; vgl. >Green Book, >Red Book.

originate mode
[ə**ridsch**əneht mohd]

Sendemodus
Betriebsart, in der sich ein anrufendes Modem (>modem) normalerweise befindet. Gegensatz: Empfangsmodus (>answer mode) des angerufenen Modems.

OS
[oh-**äss**]
Operating System

Betriebssystem
Teil der Systemsoftware eines PCs, der das Bindeglied zwischen Hardware und Anwendungssoftware bildet und das Zusammenspiel der Betriebsmittel wie Prozessor (>processor), Speicher und Peripheriegeräte (>peripheral devices)

steuert und überwacht. Über eine Kommando-orientierte beziehungsweise grafische Schnittstelle kann der Anwender Leistungen des Betriebssystems anfordern. Die bekanntesten Systeme sind MS-DOS und Windows 95/NT von Microsoft, Mac OS von Apple sowie >UNIX, das aus dem universitären Bereich kommt.

OSI
[oh-äss-**ai**]
Open Systems Interconnection

etwa: **Verbindung offener Systeme**
Internationaler Standard für den Datenaustausch in Netzwerken (>network). OSI wird in sieben Schichten dargestellt, die die einzelnen Kommunikationsprozesse beschreiben; vgl. >TCP/IP.

OSPF
[oh-äss-pih-**äff**]
Open Shortest Path First

"Öffne den kürzesten Pfad zuerst"
Standardprotokoll der >IETF für IP-Backbones (>IP, >backbone), mit denen sich Router (>router) gegenseitig über die besten Routen auf dem Laufenden halten.

OTOH
on the other hand
(Akronym)

andererseits

OTT
over the top
(Akronym)

(stark) überzogen

Outlook
[**aut**luck]
(Produktname)

Kostenpflichtiges E-Mail-Programm (>e-mail) der Firma Microsoft, das >Outlook Express um eine Termin- und Kontaktverwaltung ergänzt.

Outlook Express
[**aut**luck ickß**präss**]
(Produktname)

Das E-Mail- und Newsprogramm des >Internet Explorer (ab Version 4.0), mit dem man Mails (>e-mail) austauschen, Beiträge zu Newsgroups (>newsgroup) liefern oder Nachrichten aus diesen lesen kann, Letzteres sogar offline.

outsourcing
[**aut**ßohßing]

Der aus "out" = "hinaus" und "source" = "Quelle" zusammengesetzte Begriff aus dem Betriebswirtschafts-Jargon bezeichnet eine immer beliebter werdende Methode zur Effektivitätssteigerung: Dabei werden Arbeiten oder Funktionen aus der Firma nach außen verlagert, d. h. anstatt eine Aufgabe von einem fest angestellten Mitarbeiter (vgl. >telecommuting) erledigen bzw. eine Funktion durch eine bestimmte Abteilung ausführen zu lassen, beauftragt das Unternehmen einen externen Dienstleister, der nicht ständig, sondern nur dann bezahlt werden muss, wenn die Arbeit auch wirklich anfällt. Während die ersten derartigen Schritte Reinigungspersonal u. Ä. betrafen, wird seit Internet, Online etc. das Outsourcing auch für komplette inhaltlich arbeitende Bereiche wie Schreibbüros,

Grafik-Dienstleistungen, Recherche etc. immer interessanter, denn man kann via >Intranet und >Extranet trotz räumlicher Entfernung ständig mit der Firma in Verbindung sein.

p2p auction
[pih-tu-**pih** ohckschn]
person-to-person-auction

"Person-zu-Person-Auktion"
Internet-Auktion, bei der private Ware unter Privatpersonen versteigert wird, beispielsweise über >eBay; vgl. >b2p auction, >b2b auction.

packet
[**päck**itt]

"Paket", "Päckchen"
Datenpaket, das klein genug ist, um zügig und sicher über das Internet übertragen zu werden.

Packet Internet Groper
[**päck**itt **innt**ənätt grohpə]

>PING.

page impression
[**pehdsch** imm**präschn**]

"Seitenkontakt"
>page view.

page view
[**pehdsch** wjuh]

"Seitenaufruf"
Einheit zur Messung der Seitenaufrufe einer Web-Site (>site) oder einzelner Web-Seiten, bei der Sichtkontakte beliebiger Benutzer mit einer meist werbeführenden HTML-Seite (>HTML) gezählt werden; vgl. >visit.

parity bit
[**pärr**əti bitt]

Prüfbit, Paritätsbit
Prüfbit, das an einen gesendeten Datenblock zu Kontrollzwecken angehängt wird.

password
[**pahß**wöhd]

Passwort
Sicherheitskennwort, das beim Einloggen (>login) in ein System eingegeben werden muss. Während das Einloggen lediglich der Identifizierung (Name, Funktion, Adresse, Mitgliedsnummer etc.) dient, soll das Passwort – es ist in der Regel geheim – Ausschließlichkeit und Diskretion, also Datensicherheit, gewährleisten. Ein Beispiel aus dem Alltagsleben ist die Geheimzahl am Bankautomaten.

path
[pahθ]

Pfad
Wegangabe durch die Verzeichnishierarchie, mithilfe derer bestimmte Dateien auf einem Datenträger wie einem Server (>server) gesucht, gespeichert oder abgerufen werden; vgl. >absolute path, >relative path.

PC User Group
[pih-**ßih** juhsə gruhp]
(Firmen-/Anbieter-name)

Anbieter für verschiedene Internet-Zugänge in Großbritannien. Ihre Connect-Mailboxen (>mailbox) ermöglichen einen vollwertigen Internet-Zugriff.

PD
[pih-**dih**]
>public domain.

PDF
[pih-dih-**äff**]
Portable Document Format
"Übertragbares Dokumentenformat"
Plattformübergreifendes Dokumentenformat der Firma Adobe Systems, mit welchem sich aus Texten, Bildern und Grafiken bestehende Dokumente erzeugen und darstellen lassen. Die darstellende Software Adobe >Acrobat Reader ist kostenlos im Internet erhältlich.

peer-to-peer network
[piə-tu-**piə nätt**wöhk]
"Gleich-zu-Gleich-Netzwerk"
Nicht-hierarchisches Netz (>network), in dem die verbundenen Rechner stets gleichberechtigten Zugriff auf die anderen Rechner des Netzes haben. Jeder ans Netz angeschlossene Rechner kann sowohl die Funktion eines Servers als auch die eines Clients (>client-server) wahrnehmen.

performance
[pə**foh**mənß]
Darstellung, Leistung, Ausführung
Allroundwort mit breitem Bedeutungsspektrum, z. B. zur Bezeichnung der Darstellungsqualität einer Oberfläche oder Web-Seite im Hinblick auf Geschwindigkeit, Bedienungskomfort, ästhetische Gefälligkeit, Vielseitigkeit etc. Wird auch im Zusammenhang mit rein technischer Funktionalität und Effektivität verwendet.
Eine "gute Performance" hat die entsprechenden Eigenschaften zur Zufriedenheit, eine "schlechte Performance" lässt sie vermissen.

peripheral devices
[pə**riff**ərəl di**waiß**is]
Peripheriegeräte
Terminus für alle an einen Computer angeschlossenen Geräte zur Eingabe (zum Beispiel Tastatur), Ausgabe (zum Beispiel Drucker), Speicherung (zum Beispiel Festplatte) und zur Datenkommunikation mit anderen Systemen (zum Beispiel Modem (>modem)).

PERL
[pöhl]
Practical Extension and Report Language
"Praktische Erweiterungs- und Berichtssprache"
Eine frei verfügbare Programmiersprache, die besonders beim Schreiben von CGI-Skripten (>CGI, >script) auf Internet-Servern (>server) gerne verwendet wird.

personalize
[**pöh**ßnəlais]
***etwa:* anpassen**
Begriff, der das Anpassen von Software-Oberflächen und -Funktionen an die persönlichen Vorlieben des Users bezeichnet; auch customize.

PGP
[pih-dschih-**pih**]
Pretty Good Privacy
(Produktname)
Kryptographie-Programm (>cryptography), welches primär dazu dient, elektronische Nachrichten (>e-mail) zu verschlüsseln beziehungsweise mit einer Kennzeichnung zu versehen, um die Authentizität des jeweiligen Absenders festzu-

stellen. Verschlüsselungsprogramme sind staatlichen Stellen meist ein Dorn im Auge und unterliegen häufig strengen Exportverboten. Auch gegen Phil Zimmermann, den Erfinder von PGP, wurde vonseiten der amerikanischen Regierung jahrelang ermittelt; vgl. >clipper chip.

PHP
[pih-ehtsch-**pih**]
Professional Home Page /
PHP Hypertext Preprocessor

Serverseitige (>server) Skriptsprache zur Erstellung datenbankgestützter und dynamischer Web-Sites (>site). PHP stammt ursprünglich von Rasmus Lerdorf, der 1995 eine Sammlung von Makros, die er Personal Home Page Tools nannte, veröffentlichte; sie wurde später von einem Entwicklungsteam komplett neu geschrieben; vgl. >script.

phreaking
[**frih**king]
(Kunstwort)

Bezeichnung für einen Trick beim Telefonieren, der es ermöglicht, das Zahlungssystem der Betreibergesellschaft zu umgehen. "Telefon-Phreaking" war der Vorläufer des Hackens (>hacker).

PICS
[pickß]
Platform for Internet Content Selection

etwa: **Plattform zur Auswahl von Internet-Inhalten**
>XML-Sprache, die es WWW-Autoren (>World Wide Web) erlaubt, den Inhalt ihrer Web-Seiten zu bewerten, um beispielsweise mit Filtersystemen Kinder vor jugendgefährdenden Inhalten zu schützen.

PIN
[pinn]
Personal Identification Number

Persönliche Identifikationsnummer
Kommt insbesondere beim Homebanking (>homebanking) zum Einsatz und ist mit einer Geheimzahl vergleichbar, die anstelle eines Namens eingegeben wird; vgl. >TAN.

PING
[ping]
Packet Internet Groper

Ein Programm, das durch Versenden von Testdaten im Internet "herumtastet" (to grope = tasten), um festzustellen, ob eine Zieladresse (>address) existiert bzw. betriebsbereit ist. Beruht auf dem >ICMP-Protokoll.

PIPEX
[**pai**päckß]
(Firmen-/Anbietername)

Einer der Hauptanbieter von Internet-Zugängen Großbritanniens auf dem Sektor Firmen/Wirtschaft.

PITA
pain in the arse
(Akronym)

"Schmerz im Hintern"
ärgerliche Sache, auf Personen bezogen: Nervensäge.

plug-in
[**plag**-inn]

Zusatzprogramm für einen Web-Browser (>World Wide Web, >browser), das es dem Browser ermöglicht, Extrafunktionen darzustellen, die nicht im >HTML-Format vorliegen, wie etwa in Web-Seiten enthaltene Tonelemente,

Video-Clips, 3D-Bilder (>three-dimensional) oder Multimedia-Elemente (>multimedia). Ein Plug-in integriert sich voll in die Oberfläche der betreffenden Software und ist nicht ohne weiteres als Zusatz zu erkennen.

POD
piece of data
(Akronym)

"ein Teil Daten", Dateifragment

pointer
[**point**ə]

"Zeiger", "Markierer"
System, das Dateien kennzeichnet: Es ermöglicht einem Online-System (>on-line), sich Dateien zu merken, die ein User schon gelesen hat, sodass er diese beim nächsten Einloggen (>login) nicht noch einmal vorgelegt bekommt.

policy
[**poll**əssi]

"Politik", "Richtlinie"
>acceptable use policy.

polling
[**pohl**ing]

Abfragen
Regelmäßige Abfrage bei einem Online-System (>on-line) nach eingegangenen E-Mails (>e-mail) o. Ä., die gegebenenfalls heruntergeladen werden (>download).

POP
[popp]
1. Post Office Protocol
2. Point Of Presence

1. "Postamtsprotokoll"
Internet-Protokoll (>protocol), mit dem ein Mail-Server (>mail server) arbeitet

2. "Anwesenheitsstelle"
Lokaler Einwahlknoten (>node) in das Internet, den ein Internet-Service-Provider (>provider) seinen Kunden zur Verfügung stellt. User (>user), die sich am selben Ort befinden wie der POP ihres Providers, kommen zum Ortstarif (der Telekom) ins Internet.

port
[poht]

"Tor"
Ein-/Ausgabekanal eines Netzwerk-Computers (>network), auf dem >TCP/IP ausgeführt wird. Im >World Wide Web ist in der Regel die Port-Nummer (>port number) des Servers (>server) gemeint.

portal service
[**poh**tl **ßöh**wiss]

"Eingangstor"
Web-Site (>site), deren Anbieter versucht, möglichst vielen Benutzern als Einstieg ins Internet zu dienen. Dies soll durch die Integration von Serviceangeboten wie Suchmaschinen (>search engine) oder kostenlosen E-Mail-Accounts (>e-mail, >account) erreicht werden. Immer beliebter wird in diesem Zusammenhang auch die Auslieferung von Browsern (>browser) durch Zeitschriften oder Online-Dienste, die die

Standardstartseite im Browser mit der eigenen Web-Adresse vorkonfigurieren.

portal site
[**poh**tl ßait]

"Eingangstor"
>portal service.

port number
[**poht** nammbə]

"Pforte", "Tor", "Einlassnummer"
Identifiziert das Weiterleitungsziel von eingehenden Daten: Eine Port-Nummer befindet sich im Header (>header) des >TCP-Protokolls und legt fest, zu welchem Anwendungsprogramm eine eingehende Datei innerhalb eines Netzwerks (>network) geschickt werden muss, damit sie gelesen, geöffnet und verarbeitet werden kann. Auf die Weise weiß der Rechner, dass er z. B. eingehende E-Mail (>e-mail) an das entsprechende E-Mail-verarbeitende Programm weiterleiten muss. Die einzelnen Port-Nummern bezeichnen im ganzen Internet jeweils dieselben Programme. So führt 25 immer zu E-Mail-verarbeitenden Programmen, 119 immer zu News-Verarbeitung etc.
Der User (>user) hat in der Regel jedoch mit Port-Nummern wenig zu tun, da die beteiligten Programme und Protokolle dies selbsttätig unter sich ausmachen.

post
[pohßt]

versenden
Eine Nachricht versenden und verbreiten, entweder durch E-Mail (>e-mail), in einer Newsgroup (>newsgroup) oder in Nachrichtenbereichen wie Foren (>forum) oder Konferenzen (>conference).

postmaster
[**pohßt**mahßtə]

"Postmeister"
Verantwortlicher Betreuer eines Mail-Servers (>mail server) im Internet.

PPP
[pih-pih-**pih**]
Point to Point Protocol

"Punkt-zu-Punkt-Protokoll"
Übertragungsprotokoll, mit dem man sich über die Telefonleitung in das Internet einwählen kann. Regelt die Verbindung zwischen dem Rechner des Internet-Service-Providers (>provider, vgl. >node, >POP) und dem Computer des Anwenders; vgl. >SLIP.

Pretty Good Privacy
[**pri**tti gud **pr(a)**iwəssi]
(Produktname)

>PGP.

private key
[**prai**wət **kih**]

privater Schlüssel
Einem Empfänger eineindeutig zugewiesener, nur ihm bekannter Schlüssel, mit welchem er eine elektronische Botschaft (>e-mail), die ihm mittels seinem öffentlichen Schlüssel (>public

key) zugeschickt wurde, entschlüsseln kann; vgl. >public-key encryption.

processor
[**proh**ßässə]

Prozessor
Herzstück des Computers, das für die Durchführung des Datenverarbeitungsprozesses zuständig ist. Die jeweils benötigten Daten und Programme erhält der Prozessor vom Arbeitsspeicher.

profile
[**proh**fail]
(Kunstwort)

Im Internet-Kontext Kunstwort aus "file" (Datei) und "profile" (Profil). Kontrolldatei, die meistens dazu eingesetzt wird, um die persönlichen Voreinstellungen eines Users (>user) zu verwenden, wenn er sich in ein Online-System (>on-line) einwählt.

Project Gutenberg
[**pro**dschäckt **guhtn**böhg]

Organisation, die es sich zur Aufgabe gemacht hat, möglichst viele Copyright-freie (>copyright) Werke der Literatur in elektronischer Form ins Internet zu stellen.

PROM
[promm]
Programmable Read-Only Memory

pogrammierbarer Nur-Lese-Speicher
Bezeichnung für Speicherchips, die nur einmal beschrieben und auf denen die Daten oder Programme auch nach dem Herstellungsprozess noch durch spezielle Programmierung abgelegt werden können; vgl. >ROM, >EPROM, >RAM.

Prospero
[**pross**pəroh]

Übertragungsprotokoll (>protocol) von >Archie-Diensten, welches auf mehrere Rechner verteilte virtuelle Verzeichnisbäume ermöglicht. Für den Anwender erscheint nur ein Verzeichnisbaum.

protocol
[**proh**təkoll]

Protokoll
Standards und Konventionen, die die Datenübertragung zwischen Computern regeln und durch ihren Status als Standards die Zuverlässigkeit und Übertragungsgeschwindigkeit des Datentransfers gewährleisten. Jeder Übertragung, z. B. einer Web-Seite (>World Wide Web), wird im Adressfeld (>address) in einem formellen Satz der Name des betreffenden Übertragungsprotokolls vorangestellt. Beispiele für in Zusammenhang mit dem Internet relevante Protokolle sind >FTP, >HTTP, >SLIP und >PPP.

provider
[prəwaidə]

"Lieferant", "Versorger"
Jede Organisation bzw. jede Firma, die Verbindungen zum Internet oder Teilen davon anbietet; vgl. >on-line service provider.

proxy server
[**prock**ßi ßöhwə]

Server eines Providers (>server, >provider), der für den User (>user) eine Art Vorauswahl trifft. Der Rechner des Users nimmt zunächst nicht direkt Kontakt mit Internet-Rechnern auf, son-

dern bedient sich aus dem eingeschränkten Angebot des Proxy-Servers (proxy = Stellvertreter, Bevollmächtigter).
Der scheinbare Nachteil bietet auch Vorteile: Das Angebot eines Proxy-Servers dient auch als eine Art Zwischenspeicher für oft abgefragte Seiten des Internets, und der Zugriff des Users erfolgt in der Regel schneller als bei direktem Zugriff.

public domain [**pabb**lick d**ə**mehn]

"der Öffentlichkeit zugänglicher Bereich"
Software, die von ihren Autoren/Entwicklern ohne jede Einschränkung der Öffentlichkeit zur Verfügung gestellt wird und deren Nutzung nicht bezahlt werden muss; >shareware, >freeware; Abk.: PD.

public key [**pabb**lick **kih**]

öffentlicher Schlüssel
Einem Empfänger eineindeutig zugewiesener, allgemein bekannter Schlüssel, mit welchem der Absender elektronische Nachrichten (>e-mail) verschlüsselt; vgl. >private key, >public-key encryption.

public-key cryptography [**pabb**lick-kih kripp**togg**rəfi]

"Verschlüsselung mit öffentlichem Schlüssel"
>public-key encryption.

public-key encryption [**pabb**lick-kih in**kripp**schn]

"Verschlüsselung mit öffentlichem Schlüssel"
Verschlüsselungstechnik (>encryption) von Diffie und Hellmann, die auf einem öffentlichen Schlüssel (>public key) und einem vertraulichen Schlüssel (>private key) basiert. Für die Verschlüsselung einer elektronischen Nachricht (>e-mail) ist lediglich der öffentliche Schlüssel notwendig, für die Entschlüsselung durch den Empfänger muss zusätzlich der vertrauliche Schlüssel bekannt sein; vgl. >RSA, >PGP, >DES.

pulse signaling [**pallß ßig**nəling]

Pulswahl
Relativ veraltetes Verfahren, bei dem die einzelnen Ziffern einer Telekommunikationsnummer durch künstlich erzeugte Kurzschlussimpulse kodiert werden; vgl. >inband signaling.

push technology [**pusch** täck**noll**ədschi]

"Push-Technologie"
Technologie, die den Abonnenten bestimmter Nachrichtendienste, Fernsehmagazine oder anderer Angebote in vorgegebenen Intervallen automatisch Informationen zukommen lässt. Die beiden Browser (>browser) >Internet Explorer und >Netscape Navigator verwenden beispielsweise solche Push-Technologien; vgl. (>CDF, >Netcaster).

QTD
[kjuh-tih-**dih**]
Quote of The Day

Zitat des Tages
Relikt aus Mailboxen (>mailbox), das heute vor allem in E-Mail-Signaturen (>e-mail, >signature) verwendet wird: Über einen in ein Mail-Programm integrierten Zufallsgenerator wird am Ende einer Nachricht jeweils ein Zitat (>quote) eingeblendet.

qualified hits
[**kwoll**ifaid **hittß**]

qualifizierte Hits
Reale Zugriffe auf eine Web-Site (>site), die dem Besucher Informationen liefern. Von den eigentlichen Hits (>hit) werden Fehlermeldungen, verweigerte Zugriffe, Um- oder Weiterleitungen auf andere Web-Seiten abgezogen; vgl. >page view.

query
[**kwi**əri]

Abfrage
Begriff aus der Datenbankterminologie: die Suche in einer Online-Datenbank (>on-line, >database) beginnen; vgl. >simple query, >advanced query, >query by example.

query by example
[**kwi**əri bai ig**sahm**pl]

Abfrage anhand Beispiel
Zusätzliche Suchmöglichkeit, die einige Suchmaschinen (>search engine) – z. B. >Excite – anbieten. Wenn ein Suchergebnis dem Gewünschten sehr nahe kommt, hat der Benutzer die Möglichkeit, auf den Link (>hyperlink) "Search for more documents like this one" zu klicken. Daraufhin wird das Beispieldokument analysiert und eine neue Suche nach weiteren Dokumenten dieses Inhalts gestartet. Die ursprüngliche Stichwortsuche ist dabei von untergeordneter Bedeutung.

queue
[kjuh]

Warteschlange
Anzahl von Aufgaben, die "Schlange stehen", d. h. darauf warten, der Reihe nach abgearbeitet zu werden. Es kann sich um E-Mails (>e-mail) handeln, aber auch um Druckaufträge, Datenbankabfragen, >FTPmail etc.

quote
[kwoht]

Zitat
Der aus der E-Mail-Welt stammende Begriff kennzeichnet den Textteil einer E-Mail (>e-mail), der nicht vom Schreiber selbst stammt, sondern von jemandem, der ihn ursprünglich in einer vorhergehenden Nachricht verfasst hat. Solche Zitate sind oft durch ein ">" zu Beginn der Zeile deutlich gemacht.

quoting
[**kwoh**ting]

Zitieren
Einen Textteil aus einer vorhergehenden Nachricht wörtlich wiedergeben. Ein solches ausführliches Bezugnehmen auf etwas erkennt man in der Regel an dem Zeichen ">" am Anfang einer

Zeile. Moderne E-Mail-Programme (>e-mail) verfügen über eine extra dafür vorgesehene Quoting-Funktion; vgl. >cascade.

RAM
[rämm]
Random Access Memory

Direktzugriffsspeicher
Haupt- bzw. Arbeitsspeicher eines Computers mit wahlfreiem Zugriff, bei dem Daten sowohl gelesen als auch verändert wieder geschrieben werden können. Seine Adressierung erfolgt durch eindeutige Zuordnung von Adressen zu einzelnen Speicherzellen; vgl. >ROM.

RARE
[räə]
Réseaux Associés pour la Recherche Européenne

etwa: **Vereinigte Netze für die europäische Forschung**
1986 gegründete Organisation mit dem erklärten Ziel, eine hochwertige europäische Computer-Kommunikationsinfrastruktur zu fördern und an ihrer Entwicklung teilzunehmen. Damit sollen die europäische Industrie und Wirtschaft sowie Forschungseinrichtungen und -vorhaben mit den für sie notwendigen Kommunikationswerkzeugen und -diensten versorgt werden.

Mitglieder sind europäische nationale Forschungsnetzwerke, multinationale europäische Netzwerke, internationale User-Organisationen (>user) sowie weitere netzwerkbezogene Organisationen. RARE genießt die Unterstützung der Kommission der europäischen Gemeinschaft (CEC, DG XIII) und besitzt Stimmen in den größeren Körperschaften der Informationstechnologie und Telekommunikations-Standardisierung.

RAS
[ahr-eh-äss]
Remote Access Service

"Fernzugangsservice"
Technologie, die über eine Wählleitung eine Verbindung zwischen zwei Computern oder Netzwerken (>network) herstellt, beispielsweise zwischen dem Computer eines Internet-Benutzers und dem Einwählrechner eines Providers (>provider); vgl. >leased line, >dial node.

RDF
[ah-dih-**äff**]
Resource Description Framework

"Quellenbeschreibungsrahmen"
>XML-Sprache, die das >W3C zur Beschreibung von Metadaten wie site maps (>site map) und Meta-Suchmaschinen (>meta search engine) empfiehlt.

read message
[**rihd mäss**idsch]

"lies die Nachricht"
Software-Befehl zum Anzeigen einer E-Mail (>e-mail) oder einer Nachricht.

read only
[**rihd** ohnli]

"nur lesen"
Online-Forum oder -Konferenz (>on-line, >forum, >conference), wo man zwar mitlesen,

aber nicht durch eigene Beiträge aktiv teilnehmen kann.

RealAudio
[r**iə**l-**oh**dioh]
(Produktname)

"echtes Audio"
Die Software "RealAudio" der Firma RealNetworks ist eine >client-server-basierte Datenübertragungs-Software zur Medienpräsentation speziell für das Internet. Mit dem RealAudio-Encoder und -Server können Anbieter von Nachrichten, Unterhaltung, Sport- und Business-Inhalten audiobasierte, Internet-übertragungsfähige Multimedia-Inhalte (>multimedia) erzeugen und in Echtzeit (>realtime) über das Internet übertragen; vgl. >streaming.

RealNames
[r**iə**l-nehms]
(Produktname)

"echte Namen"
Navigationsdienst, der Internet-Adressen (>URL) von Anbietern anhand von deren tatsächlichen Namen liefert. Denn oft stimmen Internet-Adresse und Firmenname nicht so überein, wie dies z. B. bei www.langenscheidt.de der Fall ist. Gibt man also bei RealNames "Gelbe Seiten" ein, landet man automatisch bei www.teleauskunft.de. Einige Suchmaschinen (>search engine) haben RealNames in ihren Service integriert.

realtime
[r**iə**ltaim]

Echtzeit
Dialogmodus, der dadurch gekennzeichnet ist, dass der Kontakt der Dialogpartner via Rechnertastatur ohne zeitliche Verzögerung abläuft – im Gegensatz z. B. zur E-Mail (>e-mail), die mit Zeitverzögerung empfangen wird.

Red Book
[**räd** buck]

Rotes Buch
1. Eine von der NSA (National Security Association) entwickelte Spezifikation, welche die Informationssicherheit von Computer-Netzwerken (>network) definiert. Die höchste Sicherheitsstufe wird als A1 bezeichnet, die niedrigste als D.

2. Von den Firmen Sony und Philips entwickelte Spezifikation für Audio-CDs; vgl. >Green Book, >Orange Book.

3. Ein von der >CCITT veröffentlichter Telekommunikationsstandard.

relative path
[**re**lətiw **pah**θ]

relativer Pfad
Pfad-Angabe (>path), die automatisch beim aktuellen Arbeitsverzeichnis eines Datenträgers wie einem Server (>server) beginnt; vgl. >absolute path.

Reload
[rih**lohd**]

Aktualisieren
Menü-Button bzw. Anforderung eines Web-

Browsers (>browser) an einen Server (>server), eine betrachtete Web-Seite erneut, d. h. auf dem aktuellen Stand, zu senden.

remote access
[ri**moht äck**ßäss]
Fernzugriff
Zugriff auf einen mehr oder weniger weit entfernt befindlichen Computer mittels eines Datenfernübertragungsmediums, beispielsweise eines Modems (>modem), um diesen oder die angeschlossenen Peripheriegeräte (>peripheral devices) nutzen zu können.

remote echo
[ri**moht äck**oh]
"fernes Echo"
Duplizierung all dessen, was der Computer am anderen Ende der Leitung überträgt, auf dem eigenen Bildschirm; vgl. >local echo.

repeater
[ri**pih**tə]
Wiederholer
Gerät, das den Signalverlust bei einer Glasfaser-Übertragung (>fiberglass cable) über sehr weite Entfernungen ausgleicht.

reply
[ri**plai**]
Antwort
Antwort oder Kommentar zu einer E-Mail (>e-mail) oder einem >Usenet-Beitrag.

request for comments
[ri**kwäß**t fə **komm**änntß]
"mit der Bitte um Stellungnahme"
>RFC.

resource
[ri**sohß**]
Quelle, Ressource
Im Internet-Zusammenhang ist die "Datenquelle" der eigentliche Zieltext, also die Datei, die man sucht bzw. aufruft: Wenn man die Web-Site (>site) von Firma XYZ lädt, stellt sie die Informationsressource dar.

résumé, *auch:* **resume**
[**räs**jumeh]
Resümee, Zusammenfassung, Lebenslauf
Textdatei, die persönliche Informationen über einen Teilnehmer eines Online-Systems (>on-line) enthält (resume = kurzer Lebenslauf). Wird normalerweise von diesem Teilnehmer selbst erstellt und kann von anderen Teilnehmern desselben Online-Systems eingesehen werden – eine Art "elektronische Visitenkarte".

RFC
[ahr-äff-**ßih**]
request for comments
"mit der Bitte um Stellungnahme"
Artikel über Standards und Protokolle im Internet. Neue Standards werden zunächst vorgeschlagen und zur Diskussion gestellt (daher "mit der Bitte um Stellungnahme"). Erst nachdem sie ausdiskutiert und für gut befunden worden sind, werden sie unter einer RFC-Nummer veröffentlicht, z. B. RFC 1166 (Internet-Nummern),

RFC 959 (File Transfer Protocol (>FTP)) oder RFC 1118 (Hitchhiker's Guide to the Internet).

RFC822
[ahr-äff-**ßih**-eht-twännti-**tuh**]
Internet-Standard für E-Mail-Header (>e-mail, >header); vgl. >RFC.

RFD
request for discussion
(Akronym)
Wunsch nach Diskussion

Rheingold, Howard
Autor der populärwissenschaftlichen Sachbücher "Virtual Reality" (1991; >virtual reality) und "Virtual Community" (1993; >virtual community) – Letzteres ist auch online (>on-line) zu lesen. Rheingold hat seine geistige Heimat im >WELL.

RIPE
[raipp]
Réseaux IP Européens
etwa: **Europäische IP-Netze**
Zusammenschluss europäischer Netze (>network), die >TCP/IP verwenden.

roaming
[**rohm**ing]
"Herumstreifen"
Möglichkeit, Online- und Mobilfunkdienste (>on-line) über das Netz eines fremden Betreibers nutzen zu können. Die Abrechnung erfolgt über den eigenen Provider (>provider), der seinerseits mit dem jeweiligen Fremdanbieter abrechnet.

robot
[**roh**bott]
"Roboter"
Werkzeug-Programm, das automatisch und systematisch über die Hyperlinks (>hyperlink) das >World Wide Web absucht und dabei Informationen über die Web-Sites (>site) sammelt (>indexing). Die Index-Einträge (Suchwörter) der Sites, ihre >URL sowie Informationen über die dazugehörigen Dokumente und alle verknüpften Adressen werden dann in riesigen Datenbanken gespeichert und dort von Suchmaschinen abgerufen (>search engine, >directory). Andere Namen sind "spider" oder "wanderer".

Robot Exclusion Standard
[**roh**bott ickß**kluh**schn ßtänndəd]
etwa: **Vereinbarung über den Ausschluss aus der Robotersuche**
Goodwill-Übereinkunft vom 30.6.1994 zwischen Autoren von Robotern (>robot) und den Betreibern von großen Servern (>server), die gewährleisten soll, dass bestimmte Dateien oder ganze Server von der Registrierung durch einen Roboter ausgenommen werden können.

Rocket eBook
[**rock**it **ih**buck]
(Produktname)
Elektronisches Lesegerät der Firma Nuvo Media, das im Herbst 1998 auf dem amerikanischen Markt eingeführt wurde und mit Lesestoff aus dem Internet gefüllt wird. Die unterschiedli-

chen Inhalte werden über Internet-Buchhandlungen wie Barnes&Noble zum kostenpflichtigen Download (>download) angeboten.

ROFL
rolling on floor laughing
(Akronym)

sich auf dem Boden wälzend vor Lachen

ROM
[romm]
Read-Only Memory

Nur-Lese-Speicher
Halbleiterspeicher, auf dem Daten oder Programme bereits während des Herstellungsprozesses dauerhaft abgelegt werden. Die auf einem ROM-Chip gespeicherten Informationen können nur gelesen und nicht gelöscht, der Speicher selbst auch nicht wieder beschrieben werden; vgl. >PROM, >EPROM, >RAM.

ROT-13
[ahr-oh-tih-θöh**tihn**]

Einfache Verschlüsselungsmethode, bei der die Buchstaben des Alphabets um 13 Stellen vorwärts oder rückwärts verschoben dargestellt werden (A wird zu M, B zu N etc.). Sinn dieser leicht zu entschlüsselnden Encodierung ist es, evtl. Beleidigendes, Extremes oder Anstößiges nicht direkt lesbar zu machen, sodass der Empfänger oder auch die Allgemeinheit wählen kann, ob er/sie es zur Kenntnis nimmt oder nicht.

router
britisch [**ruh**tə];
amerikanisch [**raut**ə]

Aus Hardware und/oder Software bestehendes System, das Datenpakete (>packet) zwischen zwei Netzwerken (>network) oder Netzwerksegmenten weiterleitet (route = Weg, Route). Voraussetzung für das Gelingen der Datenübertragung ist, dass Sender und Empfänger dasselbe >IP verwenden. Ist dies nicht der Fall, muss ein Gateway (>gateway) verwendet werden; vgl. >OSPF.

RPC
[ah-pih-**ßih**]
Remote Procedure Call

"Fern-Prozeduraufruf"
Programm- oder Prozeduraufruf über ein Netzwerk. Bei einer Formularverarbeitung (>form) auf einer Web-Site (>site) werden die Formularinhalte zur Weiterverarbeitung beispielsweise an ein >CGI-Programm auf dem Server (>server) übergeben.

RPROM
[**ah**-promm]
Reprogrammable
Read-Only Memory

wiederholt programmierbarer Nur-Lese-Speicher
Andere Bezeichnung für >EPROM.

RS232
[ahr-äss **tuh**-θöhti-**tuh**]
Related Standard

Norm, mit der die serielle Schnittstelle (>serial port) definiert wird.

RS-232-C
[ahr-äss **tuh**-θöhti-**tuh**-**ßih**]
Related Standard

Amerikanische Norm für die serielle Schnittstelle, die gleichermaßen für die Übertragung synchroner (>synchronous) als auch aysnchroner (>asynchronous) Daten geeignet ist.

RSA
[ahr-äss-**eh**]
Rivest, Shamir, Adleman

Ein auf der Verknüpfung von zwei Primzahlen beruhendes Verschlüsselungsverfahren (>encryption) von Rivest, Shamir und Adleman.

RSN
real soon now
(Akronym)

schon sehr bald, dieses Mal aber wirklich schnell
Gewöhnlich sarkastisch verwendet in der Bedeutung, dass etwas zwar angekündigt ist, man aber nicht daran glaubt, dass es wirklich zum angekündigten Termin fertig sein wird. Zum Beispiel: "PROGRAMME XYZ is due to be released RSN".

RSVP
[ahr-äss-wih-**pih**]
Resource Reservation Protocol

"Betriebsmittel-Reservierungsprotokoll"
Standardprotokoll der >IETF, das die Reservierung von Bandbreiten (>bandwidth) für bestimmte Anwendungen in Echtzeit (>realtime) über das Backbone (>backbone) eines Routers (>router) ermöglicht.

RTF
[ah-tih-**äff**]
Rich Text Format

"Reichhaltiges Textformat"
Relativ neutrales Datenformat zum Austausch elektronischer Dokumente, das häufig zum Versand elektronischer Nachrichten (>e-mail) verwendet wird.

RTFAQ
read the FAQ
(Akronym)

Lies die >FAQ.

RTFM
read the fucking manual
(Akronym)

Lies das verdammte Handbuch!

RTS/CTS
[ahr-tih-**äss**/ßih-tih-**äss**]
request to send / clear to send

Einstellbarer Modus (>mode) zwischen Rechner und Modem (>modem): Hardware-Signal über die serielle Schnittstelle, mit dem ein Rechner einem Modem sowohl Empfangsbereitschaft als auch eine Sendeaufforderung übermittelt (to request = um etwas ersuchen), während das Modem seine Bereitschaft, Daten zu übernehmen (CTS - clear to send) meldet, um sie zu einem anderen Modem zu übermitteln; vgl. >flow control.

RUOK
Are you okay?
(Akronym)

Bist du in Ordnung? / Geht es dir gut?

satellite transmission
[**ßätt**əlait träns**mischn**]
Single Carrier Per Channel

Satellitenübertragung
Datenübertragung, bei der Satelliten eingesetzt werden, die an einer festen Position "aufgehängt" sind und an denen sich Sender und Empfänger einer Erdfunkstelle über Parabolantennen ausrichten. Satellitenübertragung bietet zwar große Übertragungskapazitäten, ist für das Internet aber nur bedingt geeignet. Daten lassen sich bislang nur vom Satelliten empfangen, aber noch nicht zurücksenden; vgl. >Internet in the Sky.

SCPC
[äss-ßih-pih-**ßih**]
Single Carrier Per Channel

"ein Träger pro Kanal"
Einer Standleitung (>leased line) ähnliche Technologie, bei der für eine Datenübertragung ein Übertragungskanal exklusiv reserviert wird.

scratchpad
[**ßkrättsch**päd]

"Notizblock"
Temporäre Datei, in der Nachrichten vor der Weiterverarbeitung kurzfristig abgelegt werden.

screen name
[**ßkrihn** nehm]

"Bildschirmname"
>handle, >alias.

script
[ßkrippt]

Skript
Programme oder Teile davon, die nicht vom Prozessor des Rechners (>processor), auf dem sie installiert sind, sondern z. B. auf einem Web-Server (>server) ausgeführt werden. Skriptsprachen sind u. a. >JavaScript und >PERL.

scrollbar
[**ßkrohl**bah]

Bildlaufleiste
Kontrollleiste, die meist am rechten bzw. unteren Rand eines Bildschirmfensters angebracht ist und das kontinuierliche Bewegen des Bildschirminhaltes in vertikaler bzw. horizontaler Richtung ermöglicht; vgl. >scrolling.

scrolling
[**ßkrohl**ing]

Rollen
Kontinuierliches Bewegen eines Bildschirminhaltes in vertikaler oder horizontaler Richtung; vgl. >scrollbar.

SDMI
[äss-dih-ämm-**ai**]
Secure Digital Music Initiative

"Initiative für sichere digitale Musik"
Konsortium, das seit Juli 1999 in Los Angeles an einem Zweistufenplan zur künftigen Unterbindung von Musikpiraterie brütet. Vertreter dieses Konsortiums, wie die Firmen Microsoft und Sony, wollen die Musikindustrie vor allem bei deren Problemen mit dem neuen im Internet verbreiteten Musikformat MP3 (>MPEG-1 Layer 3) unterstützen.

search engine
[**ßöhtsch änn**dschinn]

Suchmaschine
Suchdatenbank im Internet, mit deren Hilfe man Informationen zu Begriffen findet, zu denen man keine genauen Adressen (>URL) kennt. Die

bekanntesten Suchmaschinen sind >AltaVista, >Lycos und >Excite. Im Gegensatz zu den Internet-Verzeichnissen (>directory) kann man die Suchmaschinen ausschließlich aktiv mit Suchbegriffen abfragen (>Boolean search, >query, >term); der Datenbankinhalt einer solchen Suchmaschine im engeren Sinn wird nicht redaktionell betreut.

secure server
[ßi**kju**ə **ßöh**wə]

sicherer Server
Server (>server), der mit Verschlüsselung (>encryption) arbeitet, beispielsweise ein >World Wide Web-Server mit >SSL-Verschlüsselung.

SEMPER
[**ßämm**pə]
Secure Electronic Marketplace for Europe

"Sicherer elektronischer Marktplatz für Europa"
Sicherheitsstandard für den Online-Handelsverkehr (>on-line), an dessen Entwicklung eine Reihe von Firmen arbeiten.

serial cable
[**ßi**əriəl **keh**bl]

serielles Kabel
Kabel, das Peripheriegeräte, wie z. B. Maus, Drucker oder Modem (>modem), über die serielle Schnittstelle (>serial port) mit dem Rechner verbindet. Das serielle Kabel ist anders gepolt als das Nullmodemkabel (>null modem), das zwei Rechner über die serielle Schnittstelle verbindet.

Serial Line Internet Protocol
[**ßi**əriəl lain **inn**tənätt **proh**təkoll]

>SLIP, >MacSLIP.

serial port
[**ßi**əriəl **poht**]

serieller Anschluss
Anschluss des Computers, der asynchrone (>asynchronous) Daten abschickt und empfängt. Peripheriegeräte, wie z. B. Maus, Drucker oder Modem (>modem), benutzen diesen Anschluss; vgl. >serial cable, >RS232.

server
[**ßöh**wə]

1. Ursprünglich Bezeichnung für den zentralen Computer eines Netzwerks (>network), samt der entsprechenden Software (u. a. Netzwerkbetriebssystem), der seine Leistungen und Daten den am Netzwerk teilnehmenden Computern (>client) mittels Client-Server-Software (>client-server) zur Verfügung stellt.

2. Darüber hinaus werden auch bestimmte Service-Einrichtungen im Internet bzw. Software, die von der Funktion her Dienstleistungen wie Datenbanksuche etc. erfüllt, mittlerweile als "Server" bezeichnet.

service provider
[ßöhwiss prəwaidə]

Diensteanbieter
>provider, >on-line service provider.

servlet
[ßöhwlәtt]

Name für kleine Programme/Anwendungen (>application), die in der Programmiersprache >Java geschrieben sind und im Gegensatz zu Java-Applets (>applet) nicht auf einem Client (>client), sondern auf einem Server (>server) ausgeführt werden. Ein Java-Servlet könnte z. B. der Datenbankzugriff auf einem Server sein.

SET
[ßätt]
Secure Electronic Transaction

etwa: **sichere elektronische (Geld)Transaktion**
Von Visa und Mastercard entwickelte Technologie, die es ermöglichen soll, online (>on-line) sicher mit Kreditkarten zu bezahlen; vgl. >electronic commerce.

set-top box
[ßätt-topp bockß]

Aufsatzgerät
Zusätzliches Gerät zum TV, das digitale Signale in analoge (>analogue signals, >digital) umwandeln, Videos ansteuern, vor- und zurückspulen und den Zuschauer mittels Chipkarte identifizieren kann.

SGML
[äss-dschih-ämm-**äll**]
Standard Generalized Markup Language

Standardisierte, generalisierte Auszeichnungssprache
Bezeichnung für eine formalisierte Sprache zur formatierten, getaggten Darstellung von Dokumenten bzw. Dokumentenelementen. Sowohl >HTML als auch >XML haben ihren Ursprung in der 1969 von IBM und vom US-Verteidigungsministerium entworfenen Sprache. Seither wurde SGML weiterentwickelt und entspricht inzwischen einer >ISO-Norm.

shareware
[schäəwäə]

Software, die man kostenlos ausprobieren kann, bevor man sie kauft. Die Testversion hat oft, aber nicht immer, einige Einschränkungen gegenüber der Vollversion. Nach Ablauf einer gewissen Frist, ausgehend vom Installationsdatum, wird der User (>user) aufgefordert, sich gegen Gebühr registrieren zu lassen; vgl. >freeware, >public domain.

Shockwave
[**schock**wehw]
(Produktname)

Werkzeuge (>tool) der Firma Macromedia, mit denen multimediale Präsentationen, die mit dem "Macromedia Director" entwickelt wurden, Internet-tauglich werden. Ein Shockwave-Plug-in (>plug-in) macht es möglich, solche Präsentationen als Teil einer Web-Seite (>World Wide Web) einzusetzen.

shouting
[**schaut**ing]

"Schreien"
Online (>on-line) etwas in Großbuchstaben zu schreiben, bedeutet, dass man "SCHREIT", was unhöflich ist und dem Internet-Verhaltenskodex

(>netiquette) widerspricht. Da außerdem Nachrichten in dieser Form schlecht lesbar sind, sollte man Großschreibung nur in unvermeidlichen Fällen verwenden.

SHTTP
[äss-ehtsch-tih-tih-**pih**]
Secure HTTP

"Sicheres" >HTTP-Protokoll (>protocol), das entwickelt wurde, um Einzeltransaktionen von Dokumenten über das Internet (durch HTTP-Verbindungen) sicher zu machen. Es handelt sich um eine Erweiterung von HTTP, mit der man Nachrichten sozusagen "einkapseln" kann. In diese Einkapselungen können Verschlüsselung, Unterschrift oder MAC-basierte Beglaubigungen mit einbezogen werden, sodass insgesamt Vertraulichkeit, sichere Identifizierung sowie Vollständigkeit gewährleistet werden können; vgl. >SSL.

SIFT
[ßifft]

"sieben", "seihen", *übertragen:* **"Filter"**
Im Internet-Zusammenhang hat diese Abkürzung vor allem folgende Bedeutungen:

1. Abkürzung für "Secure Internet Filter Technology Consortium" (etwa: Konsortium für die Technologie sicherer Internet-Filter). Es handelt sich um eine internationale Arbeitsgruppe, die sich aus hochkarätigen Firmen der Computer- und Software-Branche zusammensetzt und sich mit der Förderung der Internet-Filter- und Überwachungsindustrie befasst, womit sie allgemeine Probleme anspricht, mit denen die Gemeinschaft der Käufer und Verkäufer im Internet konfrontiert ist.

2. Abkürzung für "Selecting Information from Text" (*etwa:* Informationsauswahl aus Text). Name eines 1995 gegründeten Projekts zur Entwicklung eines neuartigen Tools (>tool) für Volltextsuche im Bereich der technischen Dokumentation. Im Unterschied zu bisherigen Tools, die mit Stichwörtern und dem Abgleich von Strings (>string) arbeiten, sind die Ansätze bei SIFT Bedeutung und Satzanalyse.

SIG
[ßigg]
Special Interest Group

Forum oder mehrere Foren (>forum) mit speziellem Thema und Interesse, vorwiegend zu finden in Online-Diensten (>on-line) wie >CompuServe und >AOL.

signal to noise ratio
[**ßigg**nəl tu **nois reh**schioh]

"Verhältnis Signal zu Grundgeräusch"
Auf einem Vergleich basierende Bezeichnung für das Verhältnis themenbezogener Nachrichten (signal) zur Menge allgemeinen Geredes (noise, >wibble) in einer Newsgroup (>newsgroup); (bildhaft: signal = Konkretes, noise = unspezifisches Hintergrundgeräusch); Abk.: SNR.

signature
[**ßigg**nətschə]

Unterschrift
Eine Art elektronische Unterschrift am Ende einer E-Mail oder eines Forumbeitrags (>e-mail, >forum), die den Absender identifizieren und/ oder charakterisieren soll. Es handelt sich um einige Zeilen Text mit Name, Adresse, Beruf und sonstigem für wissenswert Erachtetem – oft auch noch erweitert durch einen witzigen Spruch oder ein "Kunstwerk" (>ASCII art). Da diese Unterschrift technisch eine Datei darstellt, sind ihrem Umfang theoretisch keine Grenzen gesetzt, die Internet-Verhaltensregeln (>netiquette) jedoch sehen maximal 4 Zeilen vor; nicht zu verwechseln mit der >digital signature.

Simple Mail Transfer Protocol
[**ßimm**pl mehl **träns**föh **proh**təkoll]

>SMTP.

simple query
[**ßimm**pl **kwi**əri]

einfache Abfrage
Suchoption in Suchmaschinen (>search engine), die die Formulierung einer einfachen – im Gegensatz zur erweiterten, komplexen – Abfrage (>advanced query) bezeichnet; auch simple search.

SITD
still in the dark
(Akronym)

noch im Dunkeln
Es liegt noch nichts Endgültiges vor; etwas ist noch nicht abzusehen oder abgeschlossen.

site
[ßait]

etwa: **Standort**
Gesamtbezeichnung für die Web-Präsenz (>World Wide Web) eines Anbieters, einer Firma etc. Umfasst alle hierzu gehörenden Bildschirmseiten, Web-Seiten und Dokumente (>document) sowie auch Download-Bereiche (>download). Die erste Bildschirmseite, auf die man beim Anklicken der Adresse (>address) gelangt, ist die Homepage (>home page). (Zur "Web-Site" von www.langenscheidt.de gehören z. B. alle Seiten, auf die man von der Homepage aus weiterklicken kann.)
Hinweis: Da englisch "site" und deutsch "Seite" gleich klingen, hört man umgangssprachlich für "site" oft fälschlicherweise den synonym gebrauchten Ausdruck "Seite". Letzteres bezeichnet jedoch eine einzelne >HTML- oder Textdatei, die von einem Web-Browser (>browser) dargestellt werden kann.

site map
[**ßait** mäpp]

etwa: **Standortkarte**
Gliederung, die auf einen Blick über Umfang und Inhalt einer Web-Site (>site) informieren soll und von wo aus man sich zu den einzelnen Seiten oder Bereichen weiterklicken kann.

SLIP
[ßlipp]
Serial Line Internet Protocol

Protokoll (>protocol), das es einem Computer ermöglicht, mit dem Internet eine serielle Verbindung über das normale Telefonnetz aufzubauen (>serial port); Vorgänger des >PPP.

slipstreaming
[**ßlipp**ßtrihming]

"Segeln im Windschatten"
Bezeichnung für die Vorgehensweise der Software-Industrie, Fehler eines Programms mit der nächsthöheren Entwicklungsstufe zu beheben. Die Technik des Slipstreaming wird auch bei Internet-Inhalten (>content) angewendet, was zu Kontroversen geführt hat. So sind Texte im Internet beispielsweise meist nicht endgültig, sondern werden immer auf einen aktuellen Stand gebracht, ohne dass diese Korrekturen gekennzeichnet werden. Auf frühere Fassungen derselben Information ist also nicht immer Verlass.

Smartphone
[**ßmaht**fohn]

Bezeichnung für Internet-fähige Mobiltelefone mit großem Display, einer Kamera und einem Spracherkennungsprogramm, die u. a. den Mobilfunkstandard >UMTS unterstützen werden. Sie werden auch als Handys (>mobile) der dritten Generation bezeichnet.

SMIL
[äss-ämm-ai-**äll**]
Synchronized Multimedia Integration Language

"Synchronisierte Multimedia-Integrationssprache"
Multimedia-Standard (>multimedia) für das Internet, der vom >W3C beschlossen wurde und an dessen Entwicklung Unternehmen wie Microsoft, DEC und Philips beteiligt sind. SMIL ermöglicht es, Audio- und Videosequenzen verschiedener Quellen simultan abzuspielen. Zudem soll mit SMIL künftig die Bandbreite (>bandwidth) von Videodaten auf den Umfang bisheriger "low bandwidth media" reduziert werden.

smiley
[**ßmai**li]

Aus >ASCII-Zeichen gebildetes, stilisiertes kleines Gesicht, das die Stimmungslage und Gefühle des Absenders oder auch gewisse Untertöne einer E-Mail (>e-mail) ausdrücken soll. Es ist zu erkennen, wenn man den Text um 90 Grad nach rechts kippt. Die Grundform zeigt ein lächelndes Gesicht (to smile = lächeln) :-)
Vgl. >emoticon sowie Kapitel Emoticons.

SMOP
small matter of programming
(Akronym)

"minderwertiges Stück Software"
Schlechtes Programm, das sein Geld nicht wert ist.

SMS
[äss-ämm-**äss**]
Short Message Service

Kurznachrichtendienst
Nachrichtendienst bei Mobiltelefonen, der die bidirektionale Übertragung von kurzen Nachrichten (bis zu 160 Zeichen) ermöglicht. Über Drittanbieter lassen sich auch aus dem Internet

Kurznachrichten an ein Mobiltelefon senden. Als SMS werden auch die Kurznachrichten selbst bezeichnet.

SMTP
[äss-ämm-tih-**pih**]
Simple Mail Transfer Protocol

"Einfaches Postübertragungsprotokoll"
Teil der >TCP/IP-Protokollfamilie (>protocol), der die Übertragung von E-Mails (>e-mail) zwischen Computern regelt.

SNAFU
[ßnä**fuh**]
situation normal, all fucked/fouled up
(Akronym)

"Situation normal, alles versaut"
Im Sinne von "Operation gelungen, Patient tot".

snail mail
[**ßnehl** mehl]

"Schneckenpost"
Humorvolle Bezeichnung für die traditionelle Überlandpost, die verglichen mit der elektronischen Datenübertragung sehr langsam ist.

SNMP
[äss-änn-ämm-**pih**]
Simple Network Management Protocol

"Einfaches Netzwerk-Management-Protokoll"
Das in >RFC-Standards festgelegte Internet-Standard-Protokoll für den Betrieb von >IP-Netzknoten; vgl. >node.

SNR
[äss-änn-**ah**]
signal to noise ratio

"Verhältnis Signal zu Grundgeräusch"
>signal to noise ratio.

SO
[äss-**oh**]
significant other
(Akronym)

etwa: die bessere Hälfte, Lebensgefährte/in

socket
[**ßock**it]

"Steckdose", "Fassung", "Gelenk"
1. In der Grundbedeutung ein bidirektionales Kommunikationsmedium, über das sowohl gelesen als auch geschrieben werden kann.

2. Im Hardware-Bereich die Schnittstelle bzw. "Steckdose", über die zwei Hardware-Komponenten Daten austauschen, z. B. Hauptplatine und Prozessor (>processor).

3. Im Software-Bereich Bezeichnung für Übergabepunkte, über die die Kommunikation zwischen zwei Rechnern abläuft, z. B. zwischen Server und Client (>client-server). Dabei entspricht jedes Socket einer bestimmten Protokollfamilie (>protocol; >IP-basierte wie >TCP (verbindungsorientiert) oder >UDP (paketorientiert) als auch >UNIX-Domänen-Protokolle). Die Kommunikation zwischen zwei Rechnern ist also nur jeweils über Sockets mit denselben Protokollen möglich.

soft error
[**ßofft ärr**ə]

"weicher Fehler"
Fehler, der nur sporadisch auftritt, sodass ein weiterer Betrieb mit Einschränkungen noch möglich ist. Bestes Beispiel für solche Soft Errors sind Fehler bei der Datenfernübertragung, bedingt durch überlastete oder schlechte Datenleitungen.

SOL
shit outta (= out of) luck
(Akronym)

etwa: Pech gehabt!, in dem Sinne: Man kann sich nicht gegen alles versichern, manchmal geht eben etwas einfach schief! Gängige Redensart, kommt in Rocksongs, modernen Gedichten und Filmen vor.

source code
[**ßohß** kohd]

Quellcode
Originalcode eines Programms, den ein Programmierer benötigt, um das Programm abändern zu können.
Es gibt Anbieter, die den Quellcode ihres Produktes im Internet zur Verfügung stellen, um so die Chancen zur Verbesserung des Produkts zu erhöhen, wenn weltweit möglichst viele kreative Programmierer ihr Know-how in das Programm einbringen. Auf diese Weise entstanden sehr gute >UNIX-Abwandlungen wie z. B. >Linux (das sich immer noch weiterentwickelt). Seit Frühjahr 1998 stellt auch die Netscape Communications Corporation den Sourcecode ihres "Communicators" öffentlich zugänglich ins Internet; vgl. >open source.

spamming
[**ßpämm**ing]
(Kunstwort)

Zusammenziehung aus "spill" (überlaufen lassen) und "cram" (vollstopfen, überladen) zur Bezeichnung für das Überfluten von >Usenet-Newsgroups (>newsgroup), Mailboxen (>mailbox) oder anderen Online-Foren (>on-line, >forum) mit Nachrichten, die entweder unnütz, unbestellt oder auf andere Weise ärgerlich sind, z. B. Werbesendungen kommerzieller Anbieter. Vor allem in den USA wird diese Art der Werbung in Anlehnung an das gleichnamige undefinierbare Frühstücksfleisch aus der Dose "spam" genannt.

spider
[**ßpai**də]

"Spinne"
Andere Bezeichnung für >robot, die an das Bild von der Spinne erinnert, die fleißig durch ihr Netz krabbelt, quasi von einer Speiche (>URL) zur nächsten.
Weitere Bezeichnungen für so oder vergleichbar operierende Software sind "wanderer", "crawler", auch "worm" oder "ant". Alle diese Namen sind etwas irreführend, wenn man damit die Vorstellung verknüpft, dass das Programm aktiv von Site zu Site krabbelt, kriecht oder wandert. Tatsächlich aktiviert es einfach die Hyperlinks

(>hyperlink) und gelangt so zur jeweils nächsten Site (>site), wo es seine Sammel- und Registrierarbeit fortsetzt.

spoofing
[**ßpuhf**ing]

"Schwindeln", "Hereinlegen", "Austricksen"
Vortäuschen falscher Informationen im Internet, wie die Angabe falscher Stichwörter auf einer Web-Seite, um im Index (>indexing) einer Suchmaschine (>search engine) möglichst weit oben zu landen, oder das Chatten (>chat) unter dem Namen eines anderen Benutzers; vgl. >IP-spoofing.

SqURL Pro
[**ßkwöhl proh**]
Search and Query Uniform Resource Locators
(Produktname)

"einheitliche Quellenlokalisierer für Suche und Abfrage"
Programmpaket aus mehreren Windows-95-Werkzeugen, mit denen die Internet-Sitzung automatisiert und die online (>on-line) verbrachte Zeit auf ein Minimum reduziert werden kann.

SSL
[äss-äss-**äll**]
Secure Sockets Layer
(Produktname)

Verschlüsselungstechnologie, die die Firma Netscape entwickelt hat, um Web-Browsern (>World Wide Web, >browser) und Web-Servern (>server) sicheres Kommunizieren zu ermöglichen. Die >URL einer Web-Seite mit SSL-Verbindung beginnt mit "https://".

standard
[**ßtänn**dəd]

Standard
>de-jure standard.

start/stop bits
[**ßtaht/ßtopp** bittß]

Bits (>bit), die dem Empfänger den Anfang (start bits) bzw. das Ende (stop bits) einer seriellen Datenübertragung anzeigen.

STD
[äss-tih-**dih**]
Standard

Standard
Der Teil der >RFCs, der Internet-Standards beinhaltet.

steganography
[ßtäggə**nogg**rəfi]

Steganografie
Spezielle Art der Datenverschlüsselung, die im Gegensatz zu herkömmlichen Verschlüsselungsmethoden nicht eine komplette Datei verschlüsselt, sondern in unverschlüsselte Dateien verschlüsselte Elemente einbaut; vgl. >cryptography.

stereoscopic glasses
[**ßtärr**iəßkoppick **glahß**is]

stereoskopische Brille
Brille, die im Zusammenwirken mit einem Computer dem Träger eine dreidimensionale virtuelle Welt (>virtual reality) vortäuscht. Vom Computer werden der Brille Impulse geschickt, die abwechselnd das rechte und das linke Glas öffnen und schließen. Gleichzeitig projiziert der Computer im gleichen Rhythmus unterschiedli-

che Bilder auf das Display der Brille, das in die beiden Brillengläser integriert ist.

Sterling, Bruce

Die beiden Autoren Bruce Sterling und William Gibson (>Gibson, William) waren die maßgeblichen Schöpfer des Ausdrucks >cyberpunk. Sterling, Amerikaner Jahrgang 1954, war Herausgeber des Sprachrohrs der Cyberpunk-Bewegung "Mirrorshades" und schreibt heute eine populäre Kolumne für das "Magazine of Fantasy and Science Fiction" sowie eine literaturkritische Kolumne für "Science Fiction Eye". Sein Buch "The Hacker Crackdown: Law and Disorder on the Electronic Frontier" ist ein Nonfiction-Werk über Computerverbrechen und elektronisches Zivilrecht (Bantam Books, 1992). Außerdem ist Sterling Mitglied des "Board of Directors" der "Electronic Frontier Foundation" (>EFF) in Austin, Texas.

STFU
shut the fuck up
(Akronym)

Halt die Klappe, verdammt noch mal!
Halt endlich die Klappe!

Stomper
[**ßtom**pə]
(Produktname)

Software (>shareware von der Firma Pflug Datentechnik), die es mehreren Rechnern ermöglicht, sich im Netzwerk (>network) ein Modem (>modem) oder eine >ISDN-Karte zu teilen.

stop bits
[**ßtopp** bittß]

>start/stop bits.

streaming
[**ßtrihm**ing]

"Strömen"
Technologie, mit der Video- und Audiodaten so aufbereitet werden, dass Echtzeit-Audio- und Videoempfang (>realtime) aus dem Internet ermöglicht wird. Die Daten werden dabei bereits während des Herunterladens (>download) abgespielt und müssen nicht erst zwischengespeichert werden; vgl. >MetaStream.

string
[ßtring]

Schnur, Reihe, Kette
Zeichenfolge aus Buchstaben und/oder Ziffern, z. B. die Gesamtschreibung einer >URL, aber auch die Zeichenfolge eines "normalen" Wortes, die man z. B. als Suchbegriff in eine Suchmaschine (>search engine) eingibt.

Stuffit
[**ßtaff**itt]
(Produktname)

"Stopf es!"
Im Internet sehr beliebtes Komprimierungsprogramm für Macintosh-Rechner von der Firma Aladdin Systems. Mit "Stuffit" komprimierte Dateien erkennt man an der Endung .sit.

Submit
[ßəb**mitt**]

"Beantragen", "Einreichen", "Fordern"
1. Schaltfläche bei den meisten Suchmaschinen (>search engine) bzw. Online-Datenbanken: Um die Suche zu starten, klickt man auf die Schaltfläche "Submit".

2. Auch z. B. zum Absenden von Formularen (>form) an einen Server (>server).

subnet mask
[**ßab**nätt **mahßck**]

Adresskombination
>address mask.

subscribing
[ßəb**ßkraib**ing]

Abonnieren
Hat man Interesse an einer Newsgroup (>newsgroup) oder dem Thema einer Mailing-Liste (>mailing list) gefunden, kann man sie über seinen Newsreader (>newsreader) abonnieren. Abonnements dieser Art haben keinerlei finanzielle Folgen.

support
[ßə**poht**]

Unterstützung
Unterstützung und Rat vom Fachmann bei Hardware- und/oder Software-Problemen aller Art.

SWAP
[ßwopp]
Shared Wireless Access Protocol

"Gemeinsames Protokoll für schnurlosen Zugriff"
Offener Standard, der die schnurlose Audio- und Datenkommunikation von Konsumerprodukten wie Computern, Fernsehern, Telefonen und dem Internet ermöglichen soll. Im Konsortium der HomeRF-Arbeitsgruppe, die diesen Standard aus der Taufe gehoben hat, sitzen unter anderem die Firmen Compaq, Hewlett-Packard, IBM, Intel, Microsoft, Motorola und Samsung; vgl. >WAP.

Swatch Beat
[**ßwotsch** biht]

"Swatch-Schlag"
Von der Firma Swatch für das Internet definierte Zeiteinheit: Ein Swatch Beat entspricht einer Minute und 26,4 Sekunden; vgl. >Internet Time.

synchronous
[**ßin**krənəss]

synchron
Form der Datenübertragung, bei der sämtliche zu übertragenden Daten in einem fest definierten Zeitraster gesendet werden; vgl. >asynchronous.

SysOp
[**ßiss**-opp]
System Operator

Systembetreuer
Betreiber bzw. Betreuer eines >BBS oder, im deutschen Sprachgebrauch, einer Mailbox (>mailbox).

tag
[täg]

"Etikett"
Formatierungskommando in >HTML; so erzeugt z. B. <p> eine Absatzmarke, <br> einen Zeilen-

umbruch und <hr> eine horizontale Linie; vgl. >meta tag, >DTD.

talk
[tohk]

"Gespräch", "Sprechen"
Befehl, mit dem man in der >UNIX-Welt eine Unterhaltung in Echtzeit (>realtime) einleitet; Letztere ist vergleichbar mit dem Internet Relay Chat (>IRC) in der PC-Welt.

talkers
[**tohk**əs]

"Sprecher", "Sprechende"
Textbasiertes Chat-System (>chat), ähnlich >IRC, nur mit eigenen Befehlen. Ein bestimmter Bereich auf einem Host-Server (>host, >server), der von einer speziellen Software verwaltet wird und vielen Usern (>user) gleichzeitig (einige bis zu 400) als Austauschforum und -medium dient.

TAN
[tänn]
Transaction Number

Transaktionsnummer
TANs sind jeweils nur für eine Finanztransaktion gültig; vgl. >homebanking, >PIN.

Tar
[tah]
tape archiver
(Produktname)

Komprimierungsprogramm aus der >UNIX-Welt; mit Tar komprimierte Dateien erkennt man an der Endung .tar (>filename extension).

TCB
trouble came back
(Akronym)

der Ärger kam zurück
Im Sinne von: Da haben wir den Ärger wieder!

TCP
[tih-ßih-**pih**]
Transmission Control Protocol

"Übertragungskontrollprotokoll"
Protokoll (>protocol) für die Datenübermittlung zwischen Rechnern; eines der Protokolle, auf denen das Internet basiert; vgl. >TCP/IP.

TCP/IP
[tih-ßih-**pih**/ai-**pih**]
Transmission Control Protocol/Internet Protocol

Satz von Protokollen (>protocol), nämlich >TCP und >IP, auf deren Zusammenwirken das Internet basiert. Da beide sich ergänzen, werden sie meist zusammen erwähnt; vgl. >SMTP, >RIPE.

TDM
too damn many
(Akronym)

verdammt, zu viele

T-DSL
[tih-dih-äss-**äll**]
Telekom Digital Subscriber Line

etwa: **digitale Teilnehmeranschlussleitung der Telekom**
>ADSL-Angebot der Deutschen Telekom, das Mitte 1999 in acht deutschen Ballungsgebieten verfügbar gemacht wurde.

telecommuting
[**täll**ikə**mjuht**ing]

Telearbeit
Ausübung des Berufs zu Hause per Computer, Modem (>modem) oder ISDN-Karte (>ISDN) und Telefon/Fax. In die Firma begibt sich der oder die Angestellte hierbei (commuter = Pend-

ler) meistens nur noch "virtuell"; für nicht fest Angestellte vgl. >outsourcing.

teleworking [**tälli**wöhking]
Telearbeit
>telecommuting.

Telnet [**täll**nätt]
Kategorie von Programmen, die ähnlich einem Terminal-Programm (>terminal) dem User (>user) direkten Zugriff auf einen anderen Computer im Internet ermöglichen. Wenn man die entsprechenden Zugriffsrechte auf diesen Rechner hat, kann man aus der Ferne Programme starten, Dateien bearbeiten oder auch "hinauf"- und herunterladen (>upload, >download).

term [töhm]
"Wort", "Ausdruck", "Begriff", "Bezeichnung"
Jeglicher Suchbegriff, der in das Suchfeld einer Suchmaschine (>search engine) eingegeben wird; der Ausdruck begegnet einem z. B. in der Online-Hilfe der Suchmaschinen.

terminal [**töh**minl]
Dateneingabestation
Die Bezeichnung stammt aus der Zeit der Großrechner, als damit dessen Tastatur und eventuell noch Bildschirm gemeint waren, also die Schnittstelle Mensch – Computer. Die Tastatur ist ein Eingabemedium, während der Monitor z. B. für den Computer gar nicht nötig wäre, sondern einzig dazu dient, dem User (>user) Informationen auszugeben (die ersten Großrechner hatten folgerichtig auch gar keine Monitore, sondern z. B. Drucker).
Heute bezeichnet man als "Terminal" die gesamte Zugangsstation zu einem Computersystem (Großrechner, Firmennetzwerk, Internet etc.) und die technische Ausrüstung, über die der User mit diesem System kommuniziert.
Da aber z. B. Großrechner immer noch auf die Kommunikation mit so genannten "dummen Terminals" fixiert sind, benötigt ein heutiges "intelligentes Terminal" (der PC) sogar eine spezielle Software, einen "Terminal Emulator", um dem Großrechner vorzugaukeln, dieser kommuniziere mit einem "dummen Terminal", also mit seiner eigenen Tastatur und mit seinem eigenen Monitor, anstatt mit einem PC.

text file [**täckßt** fail]
Textdatei
Eine Datei, die im Gegensatz zu einer Binärdatei (>binary file) ausschließlich druckbare Zeichen enthält. Die meisten der im Internet verkehrenden Dateien sind "text files", die auf >ASCII basieren, da dieses Format von jedem Computersystem gelesen werden kann.

text-only
[**täckßt-ohn**li]

"nur Text"
Von manchen Web-Site-Betreibern (>site) angebotene Option für die Darstellung einer Site ohne Grafiken und Bilder. Je nach Angebot bzw. Gestaltung der Site wird der User entweder gleich zu Beginn des Ladevorgangs über ein Dialogfenster nach seiner Präferenz befragt, oder er kann in der schon geladenen Seite den jeweils anderen Darstellungsmodus anklicken; vgl. >framed.

thread
[θräd]

"Faden"
Gesprächs- bzw. Diskussionsfaden: Zusammenhängende Folge von Beiträgen zu einem bestimmten Thema in einer Newsgroup (>newsgroup) oder einem Diskussionsforum (>conference) eines Online-Systems (>on-line); besteht aus einer Anfangsmitteilung (>post), auf die Kommentare und Antworten folgen.

three-dimensional
[**θrih**-dai**männ**schnəl]

dreidimensional
Eigenschaft eines Objektes oder Bildes, das in den drei Raumdimensionen Länge, Breite und Höhe, mit räumlicher Tiefe und variierenden Entfernungen abgebildet wird; vgl. >3-D sound, >3-D graphics, >VRML.

throttling
[**θrott**ling]

"Drosselung"
Im Kontext Internet ist die Überwachung der maximalen Bandbreite (>bandwidth), die auf einem Server (>server) für den Internet-Verkehr verfügbar ist, gemeint.

throughput
[**θruh**putt]

Durchsatz
Kurz für "data throughput"; Maß für die Leistungsfähigkeit eines Systems: Bezeichnet die Menge der Daten, die in einem bestimmten Zeitraum, in der Regel pro Sekunde, übertragen werden kann; vgl. >bits per second, >kbps, >mbps, >bandwidth, >baud.

TIA
thanks in advance
(Akronym)

Danke im Voraus

TIC
tongue in cheek
(Akronym)

"Zunge in der Backe"
Ironisch oder scherzhaft gemeint; soll Skepsis, Zweifel ausdrücken; vgl. Kapitel Emoticons.

time out
[taim **aut**]

"Auszeit"
Phänomen, das insbesondere beim Versuch, eine bestimmte Web-Site (>site) mit dem Browser (>browser) aufzurufen, häufig auftritt: Ist der Server (>server) überlastet oder kann keine Verbindung aufgebaut werden, bleibt eine Rückmel-

dung aus, d. h. die Anwendung reagiert nicht, und es kommt es zu einem solchen time out.

TinyMUD
[**tain**imadd]

kleines (winziges) MUD
Eine Spielart des Multi User Games; vgl. >MUD, >MUG.

TinySex
[**tain**ißäckß]

kleiner (winziger) Sex
Cybersex (>cybersex) im Rahmen eines >TinyMud-Spiels.

TLA
[tih-äll-**eh**]
Three Letter Acronym

Drei-Buchstaben-Akronym
Akronym (>acronym), das dazu dient, z. B. beim Chatten (>chat) oder in Konferenzen (>conference), so wenig wie möglich tippen zu müssen und so die Kommunikation zu beschleunigen. Diese Art von Abkürzung kann durchaus auch mehr als drei Buchstaben haben (>ETLA).

TNX
thanks
(Akronym)

Danke

T-Online
[tih-**onn**lain]
Telekom Online
(Firmen-/Anbietername)

In Deutschland größter Anbieter von Online-Diensten (>on-line) und Internet-Zugängen, hauptsächlich für die Nutzung im privaten Bereich und in kleineren und mittleren Betrieben. Tochterfirma der Deutschen Telekom AG; >provider, >on-line service provider.

tool
[tuhl]

"Werkzeug", "Gerät"
Hilfs- oder Zusatz-Software (vgl. >plug-in).

topic
[**topp**ick]

Thema, Gegenstand
Unterbereich in einer Konferenz (>conference), in dem der Gegenstand einer Diskussion noch vertieft wird.

top level domain
[**topp** läwl də**mehn**]

Top-Level-Domain
Bezeichnung für den rechten äußeren Teil einer Internet-Adresse (vgl. >domain, >IP address), z. B. die Endung ".de" oder ".com", der bei der Suche der zugehörigen Web-Site (>site) zuerst abgearbeitet wird. Die Top-Level-Domain bezieht sich auf den Standort der Namensverwaltung, nicht auf den Standort der Domain oder des Servers (>server) selbst.

trailer
[**treh**lə]

"Nachspann"
Schlussteil eines zu übertragenden Datenpakets; vgl. >header, >frame.

transport layer
[**tränn**ßpoht lehə]

"Transportschicht"
Teil der Infrastruktur eines Rechnernetzes, der zuständig ist für alles, was mit den Aufgaben des Datentransfers zu tun hat, wie Durchführung von

Fehlerkontrollen, Neuordnung von Paketfolgen, Bearbeitung von Wiederholungsanforderungen untergeordneter Systeme und Zerlegung von Nachrichten in Einzelpakete (>packet).

Trojan horse
[**troh**dschən **hohß**]

"Trojanisches Pferd"
Virenähnlicher Code (>virus), der in harmloser "Verkleidung" auftritt, wie z. B. in einem Packprogramm, Spiel oder sogar in einem Programm, das Viren finden und zerstören soll; vgl. >mockingbird.

Trust Center
[**trasst** ßentə]

Zertifizierungsstelle
Unabhängige Institution, die für die Vergabe von Zertifikaten (>certification) zuständig ist; vgl. >digital signature.

TTFN
ta-ta (goodbye) for now
(Akronym)

Tschüs erst mal.

TTYL
talk to you later
(Akronym)

Wir sprechen uns später.
Ich spreche später mit dir/Ihnen.

TVM
thanks very much
(Akronym)

Vielen Dank!

UDP
[juh-dih-**pih**]
User Datagram Protocol

Eines der vielen Protokolle (>protocol), auf denen das Internet beruht. Anwendungen, die mit >TCP nicht zurechtkommen, verwenden das eng verwandte UDP.

UK Online
[**juh**-keh **onn**lain]
United Kingdom Online
(Firmen-/Anbietername)

Online-Informationsdienst (>on-line) im >World Wide Web, der nur Abonnenten zugänglich ist und dessen Schwerpunkt auf Großbritannien liegt.

UMTS
[juh-ämm-tih-**äss**]
Universal Mobile Telecommunications System(s)

"Universelles System für mobile Telekommunikation"
Weltweiter, in der Entwicklung befindlicher Mobilfunkstandard, der für höhere Bandbreiten (>bandwidth) sorgen und hierzulande im Jahre 2002 starten soll. Von einem Mobiltelefon (>mobile) aus ist der Internet-Zugang dann mit einer Datenübertragungsgeschwindigkeit von bis zu zwei Megabit pro Sekunde (>mbps) möglich.

UNC
[juh-änn-**ßih**]
Universal Naming Convention

"Universelle Namensgebungskonvention"
Allgemeine Übereinkunft für die Notation von Pfadnamen bei der Verwaltung von Dateien auf einem >file server oder Web-Server (>World Wide Web, >server).

Uniform Resource Locator
[**juh**nifohm ri**sohß** **loh**kehtə]
"einheitlicher Quellenlokalisierer"
>URL.

UNIX
[**juh**nickß]
Im Internet weit verbreitetes Betriebssystem (>OS).

UNL
[juh-änn-**äll**]
Universal Networking Language
"Universelle Netzwerksprache"
Weltsprache für das Internet, die derzeit von rund 120 Computerexperten und Linguisten an der United Nations University in Tokio entwickelt wird. Sie soll die Konversation im >World Wide Web zwischen Sprechern unterschiedlicher Sprachen ermöglichen. Bis zum Jahr 2005 soll es Umformungsprogramme für alle Sprachen der 185 Mitgliedsstaaten der UNO geben.

unsubscribe
[**ann**ßəb**ßkraib**]
"ein Abonnement abbestellen"
Sich aus einer >Usenet-Newsgroup (>newsgroup) zurückziehen; technische Durchführung: Im Newsreader (>newsreader) löscht man die Adresse der betreffenden Newsgroup.

update
[**app**deht]
"Aufdatieren"
Aufrüsten von der vorherigen Programmversion auf eine neue. Einige Firmen bieten Updates bereits über das Internet an.

upgrade
[**app**grehd]
"Aufrüsten"
Aufrüsten von einer beliebigen Programmversion auf eine neue. Einige Firmen bieten Upgrades bereits über das Internet an.

upload
[**app**lohd]
"Hinaufladen"
Übertragung einer Datei vom eigenen Rechner auf einen anderen Computer, der mit diesem über eine Datenleitung, z. B. über Modem (>modem), verbunden ist; vgl. >download.

urban folklore
[**öh**bən **fohk**loh]
"städtische Märchen"
Geschichten, Mythen und Legenden aus der modernen Gegenwart, deren Thematik von einfachen Gruselgeschichten bis hin zu Gerüchten über Spionage und Vertuschungsskandale in Industrie und Politik reicht. Im Internet kann man sich über "urban folklore" in speziellen Newsgroups (>newsgroup) informieren, z. B. in alt.folklore.urban (AFU), die sich der Beschäftigung mit Geschichten dieser Art verschrieben hat.

URI
[juh-ahr-**ai**]
Uniform Resource Identifiers
"einheitliche Quellenidentifizierer"
Oberbegriff für >URL und >URN.

URL
[juh-ahr-**äll**]
Uniform Resource Locator

"einheitlicher Quellenlokalisierer"
Bezeichnung für die gesamte Adresse (>address) einer Internet-Seite. Sie besteht aus einem Dienstpräfix für die Art, mit der man zugreift (z. B. http:// für WWW-Adressen (>World Wide Web) oder ftp:// bei FTP-Zugang), einem Server-Namen (>server), der wiederum aus dem Namen des Servers und seiner Domain (>domain) besteht (z. B. www.langenscheidt.de), und dem Namen des Dokuments (>document), der noch durch eine Pfadangabe (>path) ergänzt sein kann.

URLsnoop
[juh-ahr-**äll**-ßnuhp]

Virus (>virus), der sämtliche in einem befallenen Windows-PC gespeicherten E-Mail-Adressen (>e-mail, >address) an eine bestimmte Adresse sendet. Die unrechtmäßigen Empfänger verwenden die so erhaltenen Adressen meist für einen illegalen Adresshandel.

URN
[juh-ahr-**änn**]
Universal Resource Name

"universeller Quellenname"
URNs sind eine Neuentwicklung und stellen einen Zusatz zu URLs (>URL) dar, den Adressen im >World Wide Web.
URLs spezifizieren, technisch gesehen, eine bestimmte Datei auf einem bestimmten Server. So präzise dies scheint, so gibt es auch Probleme mit dieser Systematik: Wenn man z. B. die Dateien auf einem Web-Server reorganisieren oder eine Quelle (>resource) auf mehrere Maschinen kopieren möchte (um die Speicherbelastung zu verteilen oder Sicherheitskopien zu erstellen), dann muss auch der Suchpfad geändert werden; sonst kann die Quelle nicht mehr gefunden werden. (Dies ist u. a. der Grund für die häufige Meldung "URL not found").
URNs sollen diese Probleme überwinden. Die Grundidee daran ist, dass eine URN nicht den Standort einer Quelle (der sich verändern kann) spezifizieren soll, sondern ihre Identität, ähnlich der ISBN (= International Standard Book Number) von Büchern.

Usenet
[**juhß**nätt]

Eigenständiges Netzwerk (>network) innerhalb des Internets, das sich in tausende, thematisch sortierte Unterbereiche, so genannte Newsgroups (>newsgroup), teilt. Hier werden Neuigkeiten und Dateien ausgetauscht, es wird diskutiert, philosophiert und bei technischen Problemen Hilfestellung geleistet. Wie im Internet üblich, ist das Usenet dezentral angelegt, d. h. es ist keine Zensur und kaum eine Kontrolle möglich.

user
[**juh**sə]

Anwender, (Be)Nutzer, Teilnehmer
Grundsätzlich jeder, der ein Programm, eine Software oder eine Anwendung benutzt – was

auch jene Programme und Medien einschließt, mittels derer man am Internet oder auch nur an einer Mailbox (>mailbox) teilnehmen kann.

User Against Wucher
[**juh**sə əgännßt **Wu**chə]

User gegen Wucher
Deutsche Boykottaktion von Internet-Surfern gegen die Deutsche Telekom mit der Forderung nach einem Sondertarif für Internet-Verbindungen. Der initiierende Verein "DarkBreed", ein Zusammenschluss mittelhessischer Jugendlicher, hat am 1. November 1998 zu einem ganztägigen Verzicht auf privates Surfen im Internet aufgerufen. Am Tag der Aktion haben mehrere Hundert Web-Anbieter wie die Computerzeitschrift c't ihre Web-Site (>site) durch eine Streik-Seite ersetzt. Vorbild der Aktion war ein vorausgegangener ähnlicher Streik in Spanien, nach dem angekündigte Gebührenerhöhungen durch den Druck der Surfer zum Teil wieder rückgängig gemacht wurden.

user interface
[**juh**sə **inn**təfehß]

Benutzerschnittstelle
Schnittstelle, die die Kommunikation zwischen einem Gerät, Anschluss oder Programm und dem Anwender ermöglicht, also z. B. die Benutzeroberfläche; vgl. >user, >interface, >GUI.

username
[**juh**sənehm]

Benutzername
Vom User (>user) eines Online-Systems (>on-line) gewählter Name; >login name.

UUCP
[juh-juh-ßih-**pih**]
Unix to Unix Copy Protocol

Protokoll (>protocol), das beim Austausch von Daten bzw. Mitteilungen eingesetzt wird, wenn kein direkter Netzanschluss an das Internet bzw. >Usenet vorhanden ist. Mailboxen (>mailbox) z. B. beziehen oft ihre Newsgroups-Dateien (>newsgroup) über Telefon- und >ISDN-Leitungen mit "UUCP" aus dem Internet; vgl. >NNTP.

UUencode
[juh-**juh**-in**kohd**]
Unix to Unix encode

Programm, das binäre Dateien (>binary file) in ASCII-Dateien (>ASCII) umwandelt, damit diese im Internet via E-Mail (>e-mail) versendet werden können (nur ASCII-Dateien werden sicher übertragen). Für die Rückumwandlung in eine Binärdatei sorgt ein UUdecoder.

UUnet
[juh-**juh**-nätt]
Unix to Unix network
(Firmen-/Anbietername)

Einer der weltweit größten Internet-Service-Provider (>provider), 100-prozentige Tochter des Telekommunikationsunternehmens WorldCom.

V.17
[**wih** dott ßäwn**tihn**]

>ITU-T-Modulationsprotokoll (>protocol), das sich auf Faxmodems (>modem) und Faxgeräte bezieht und eine maximale Übertragungsge-

schwindigkeit von 14.400 Bit/s (>bits per second) erlaubt.

V.21
[**wih** dott twännti-**wann**]
>ITU-T-Standard für Akustikkoppler und Modems (>modem) mit einer maximalen Übertragungsgeschwindigkeit von 300 Bit/s (>bits per second).

V.22
[**wih** dott twännti-**tuh**]
>ITU-T-Standard für Modems (>modem) mit einer maximalen Übertragungsgeschwindigkeit von 1.200 Bit/s (>bits per second).

V.22bis
[**wih** dott twännti-**tuh-biss**]
>ITU-T-Standard für Modems (>modem) mit einer maximalen Übertragungsgeschwindigkeit von 2.400 Bit/s (>bits per second); vgl. >bis.

V.23
[**wih** dott twännti-**θrih**]
>ITU-T-Standard für Modems (>modem) mit einer maximalen Übertragungsgeschwindigkeit von 75 Bit/s (>bits per second) beim Senden und 1.200 Bit/s beim Empfang von Daten.

V.24
[**wih** dott twännti-**foh**]
Durch die >ITU-T genormte Empfehlung zur Datenübertragung über serielle Schnittstellen.

V.26
[**wih** dott twännti-**ßickß**]
>ITU-T-Standard für Vierdraht-Standleitungs-Modems (>modem, >leased line) mit einer maximalen Übertragungsgeschwindigkeit von 2.400 Bit/s (>bits per second).

V.26bis
[**wih** dott twännti-**ßickß-biss**]
>ITU-T-Standard für Vierdraht-Standleitungs-Modems (>modem, >leased line) mit einer maximalen Übertragungsgeschwindigkeit von 14.400 Bit/s (>bits per second); vgl. >bis.

V.27
[**wih** dott twännti-**ßäwn**]
>ITU-T-Standard für Vierdraht-Standleitungs-Modems (>modem, >leased line) mit einer maximalen Übertragungsgeschwindigkeit von 4.800 Bit/s (>bits per second).

V.27bis
[**wih** dott twännti-**ßäwn-biss**]
>ITU-T-Standard für Vierdraht-Standleitungs-Modems (>modem, >leased line) mit einer maximalen Übertragungsgeschwindigkeit von 4.800 Bit/s (>bits per second); vgl. >bis.

V.27ter
[**wih** dott twännti-**ßäwn-töh**, *auch* -tih-ih-**ah**]
>ITU-T-Modulationsprotokoll (>protocol), das sich auf Faxmodems und Faxgeräte bezieht und eine maximale Übertragungsgeschwindigkeit von 2.400 Bit/s (>bits per second) erlaubt.

V.29
[**wih** dott twännti-**nain**]
>ITU-T-Modulationsprotokoll (>protocol), das sich auf Faxmodems und Faxgeräte bezieht und eine maximale Übertragungsgeschwindigkeit von 9.600 Bit/s (>bits per second) erlaubt.

V.32
[**wih** dott θöhti-**tuh**]
>ITU-T-Standard für Modems (>modem) mit einer maximalen Übertragungsgeschwindigkeit von 9.600 Bit/s (>bits per second).

V.32bis
[**wih** dott θöhti-**tuh-biss**]
>ITU-T-Standard für Modems (>modem) mit einer maximalen Übertragungsgeschwindigkeit von 14.400 Bit/s (>bits per second); vgl. >bis.

V.32terbo
[**wih** dott θöhti- **tuh-töh**boh]
Inoffizieller Standard einiger Modemhersteller (>modem), der eine maximale Übertragungsgeschwindigkeit von 19.200 Bit/s (>bits per second) erlaubt.

V.34
[**wih** dott θöhti-**foh**]
>ITU-T-Standard für Modems (>modem) mit einer maximalen Übertragungsgeschwindigkeit von 28.800 Bit/s (>bits per second).

V.34bis
[**wih** dott θöhti-**foh-biss**]
>ITUT-Standard für Modems (>modem) mit einer maximalen Übertragungsgeschwindigkeit von 33.600 Bit/s (>bits per second); vgl. >bis.

V.42
[**wih** dott fohti-**tuh**]
>ITU-T-Standard, der Fehler korrigierende Modems (>modem) betrifft.

V.42bis
[**wih** dott fohti-**tuh-biss**]
>ITU-T-Standard, der Fehler korrigierende Modems (>modem) mit Datenkompression betrifft; vgl. >bis.

V.90
[**wih** dott **nain**ti]
>ITU-T-Standard, der Modems (>modem) mit einer maximalen Übertragungsgeschwindigkeit von 56.000 Bit/s (>bits per second) betrifft.

V.110
[**wih** dott wann-**tänn**]
>ITU-T-Protokoll für eine künstliche Herabsetzung der Übertragungsgeschwindigkeit im >ISDN von 64 Kilobit pro Sekunde (>kbps) auf einen niedrigeren Wert.

V.120
[**wih** dott wann-**twänn**ti]
>ITU-T-Protokoll für die Datenübertragung über >ISDN.

valid
[**wäll**id]
gültig
Wird vor allem im Zusammenhang mit >XML-Dokumenten verwendet. Ein gültiges Dokument wird gegen die Regeln einer >DTD geprüft. Bei Nichtvorhandensein einer DTD ist das Dokument bestenfalls >well-formed.

VBscript
[wih-**bih** ßkrippt]
Visual Basic Script
(Produktname)
>Visual Basic Script.

VC
[wih-**ßih**]
Virtual Community
virtuelle Gemeinde
>virtual community.

VDOLive
[wih-dih-**oh** laiw]

Kompressions-Algorithmus (>algorithm) und Kommunikationsprotokoll (>protocol), das Videobilder live im Internet ermöglicht.

VDSL
[wih-dih-äss-**äll**]
Very High Bit-Rate Digital Subscriber Line

etwa: **sehr hochbitratige digitale Teilnehmeranschlussleitung**
Technik zur Übertragung von digitalen (>digital) Daten, die auf herkömmlichen Kupfer-Telefonkabeln basiert und bei einer maximalen Entfernung von 14 Kilometern Datenübertragungsgeschwindigkeiten zwischen 13 und 52 Megabit pro Sekunde (>mbps) ermöglicht; vgl. >HDSL, >ADSL, >IDSL.

verbose
[wöh**bohß**]

"wortreich"
Ein- und ausschaltbarer Modus (>mode), in dem ein Modem (>modem) Ergebniscodes (Betriebsmeldungen, die Rückmeldung der angewählten Gegenstelle u. a.) nicht als Zahl, sondern als Text zurückgibt.

Veronica
[wə**ronni**kə]
Very Easy Rodent-Oriented Net-wide Index to Computerized Archives
(Akronym)

"sehr einfacher, Nagetier-orientierter netzweiter Index für Computerarchive"
Internet-Tool (>tool) und Teil des Gopher-Protokolls (>protocol) zur Stichwortsuche in Gopher-Servern (>server).
Der Begriff "rodent" (= Nagetier) wird hier als Synonym für "gopher" (= Beutelratte) gebraucht und wurde offensichtlich um des Akronyms willen eingefügt; vgl. >Gopher.

video conference
[**wid**ioh **konn**frənß]

Videokonferenz
Besprechung mehrerer Personen an unterschiedlichen Orten, die per Videokameras und Datenleitungen mit hoher Bandbreite (>bandwidth) beispielsweise über das Internet übertragen wird, wobei sich alle Teilnehmer über Monitor sowie Sprachein- und ausgabegeräte sehen und hören können.

video display
[**wid**ioh diss**pleh**]

Bildschirm
Bildausgabegerät, Monitor, Bildschirm.

Viewcall
[**wjuh**kohl]
(Produktname)

Zusatzgerät (>set-top box) für den amerikanischen Markt, das einen Internet-Zugang über Fernsehgerät und Telefonanschluss ermöglicht.

virtual circuit
[**wöh**tschuəl **ßöh**kitt]

virtuelle Leitung, virtueller Schaltweg
Datenübertragungsweg: Bezeichnung soll ausdrücken, dass der Weg, den Daten im Internet vom Ausgangsrechner zum Zielrechner nehmen, eine von Milliarden Möglichkeiten ist, die bei jeder Durchführung anders ausfällt und daher nicht rekonstruierbar oder wiederholbar ist.

virtual community
[**wöh**tschuəl kəm**juh**nəti]

virtuelle Gemeinde
Ausdruck, der Gemeinschaften beschreibt, die zwar nur in Computernetzwerken (>network) existieren, aber dennoch real sind; andere Bezeichnung für den Cyberspace (>cyberspace) und Thema eines maßgeblichen Buches des amerikanischen Autors Howard Rheingold (>Rheingold, Howard); Abk.: VC.

virtual reality
[**wöh**tschuəl ri**äl**əti]

virtuelle Realität
Durch Computertechnologie simulierte Wirklichkeit, die im Gegensatz zu traditionellen künstlichen Wirklichkeiten (wie z. B. im Film) interaktiv ist, d. h. die sich so verhält und so reagiert wie eine tatsächlich vorhandene Wirklichkeit. Die virtuelle Realität wird in zahlreichen Anwendungen in Industrie und Technik eingesetzt, z. B. bei Flugsimulatoren, der computergestützten Architektur oder bei chemischen Reaktionen; Abk.: VR.

virus
[**wai**rəss]

Virus
Analogie aus der Medizin: Programm, das auf Computer und/oder Software ähnlich einwirkt wie ein biologischer Virus auf einen lebenden Organismus. Ziel und Zweck eines Computervirus ist es, sich zu verbreiten, d. h. über jede Art des Datenaustausches in andere Computer zu gelangen, sich dort an Programmdateien anzuhängen und diese zu verändern – meistens zum Negativen. Vorsorge treffen bzw. Abhilfe schaffen kann man mit Antivirenprogrammen (>antivirus); dabei ist es jedoch wichtig, dass diese stets in der neuesten Version vorliegen; vgl. >bomb, >Explore.zip, >Melissa, >URLsnoop, >worm, >mockingbird, >Trojan horse.

visit
[**wis**itt]

"Besuch"
Einheit zur Messung des Werbeträgerkontaktes einer Web-Site (>site), bei der die technisch erfolgreichen Seitenzugriffe eines Browsers (>browser) gemessen werden, wenn diese von außerhalb der Web-Site erfolgen. Im Gegensatz zu Page Views (>page view) wird nicht der Zugriff auf eine einzelne Web-Seite, sondern der Besuch einer Web-Site gemessen.

Visual Basic Script
[**wi**schuəl **beh**ßick ßkrippt]
(Produktname)

Programmiersystem auf der Basis von "Visual Basic" (einer objektorientierten Programmiersprache von Microsoft), mit dem man die mit ihm erstellten Funktionen in eine >HTML-Seite integrieren kann. Man benötigt den Web-Browser (>browser) >Internet Explorer ab Version 3, um diese Funktionen benutzen zu können.

volume rate
[**woll**juhm reht]

Volumentarif
Tarifverfahren, bei dem die Mitgliedschaft bei einem Provider (>provider) nicht nach Online-Minuten, sondern in Abhängigkeit von der Menge der übertragenen Daten abgerechnet wird; vgl. >flat rate.

VR
[wih-**ah**]
Virtual Reality

virtuelle Realität
>virtual reality.

VRML
[**wöh**mäll *oder*
wih-ahr-ämm-**äll**]
Virtual Reality Modeling Language

"Virtuelle Realität schaffende Sprache"
Plattformunabhängige Seitenbeschreibungssprache, deren Dateiformat auf allen Rechnern und Betriebssystemen läuft. Sie ermöglicht die Erstellung von dreidimensionalen (>three-dimensional) Objekten mit integrierten Hyperlinks (>hyperlink) im Internet. VRML gehört in dieselbe Kategorie wie >HTML, wobei man mit Letzterem jedoch nur Text und Bilder, also nur zweidimensionale Seiten, darstellen kann. Der neue Standard ist VRML 2.0; vgl. >Moving Worlds.
Hinweis: Betrachten lassen sich die mit VRML erstellten virtuellen Räume mit einem WWW-Browser (>browser) nur, wenn die entsprechende Erweiterung (>plug-in) installiert ist.

VT100
[**wih**-tih-**hann**drəd]

Terminal-Emulation (>terminal): Software, die durch Anpassung von Steuerzeichen die Charakteristika eines anderen Rechners so nachbildet, dass man auf diesen zugreifen kann. Auf diese Weise ist Kommunikation zwischen Rechnern verschiedener "Familien", z. B. >UNIX mit PC, möglich.

W3
[**dabbl**juh-**θrih**]

Spitzname, der die drei Ws von WWW bzw. >World Wide Web bezeichnet; vgl. >W3C.

W3C
[**dabbl**juh-**θrih-ßih**]
World Wide Web Consortium

Internationales Gremium, welches über Standards im >World Wide Web berät, diese gegebenenfalls empfiehlt und unterstützt. Das W3C wird koordiniert vom MIT (Massachusetts Institute of Technology) und dem INRIA (Institut National de Recherche en Informatique et en Automatique).

waffle
[**woffl**]

>wibble.

WAIS
[wehs]
Wide Area Information Server

"Fernbereichs-Informations-Server"
Software zum Abrufen von Informationen aus Datenbanken (>database), die über das gesamte Internet, also weltweit, verteilt sind. Dabei kann auf Dokumentenebene (>document) nach einzel-

nen Wörtern gesucht werden. Inzwischen durch neuere Suchwerkzeuge überholt.

WAN
[wänn]
Wide Area Network

etwa: **Fernbereichsnetzwerk**
Großes Netzwerk (>network), das öffentliche und/oder Fernleitungen (z. B. Telefonleitungen, Glasfaserkabel, Satellitenübertragung etc.) benutzt und über Landes- und/oder Kontinentgrenzen hinaus ausgedehnt ist; Gegensatz: >LAN, vgl. >AAN.

WAP
[wopp]
Wireless
Application Protocol

etwa: **Protokoll schnurloser Applikationen**
Standard-Protokoll (>protocol), das die Kommunikation mobiler Endgeräte untereinander einerseits und zu fest installierten Endgeräten andererseits beschreibt. Letzeres soll unter anderem den Internet-Zugang auf mobilen Endgeräten, die mit Mikro-Browsern (>browser) ausgestattet sind, vereinfachen. Zu den Mitgliedern des WAP-Konsortiums zählen Firmen wie Nokia, Ericsson, Sony, Philips und IBM; vgl. >SWAP.

watch dog
[**wottsch** dog]

Wachhund
Allgemeine Bezeichnung für Programme, die der Systemüberwachung dienen.

Web
[wäb]

Kurz für >World Wide Web, meist als "The Web".

web cam
[**wäb** kämm]

WWW-Kamera
Speziell für das Internet entwickelte, fest installierte Digitalkamera (>digital), die aktuelle Bilder ihrer Umgebung liefert; auch "live cam" genannt. Die Bilder können über bestimmte Internet-Adressen (>URL) mithilfe des Browsers (>browser) abgerufen werden. Einige Kameras liefern nicht nur Augenblicksaufnahmen, sondern bewegte Bilder in so genanntem >streaming video.

web computer
[**wäb** kəmpjuhtə]

Netzcomputer, NC, *auch* **Internet-PC**
Rechner, dessen Unterschied zu einem "normalen" PC darin besteht, dass alle Daten und Programme auf einem Netz-Server (>server) liegen und er dadurch mit einer technischen Minimalausstattung (z. B. ohne Festplatte) auskommt. Das bedeutet aber nicht, dass es sich lediglich um ein Terminal (>terminal) handelt; der Netzcomputer ist vielmehr ein eigenständiger Rechner, auf dem die angeforderten Programme ablaufen können, sodass der Server entlastet wird (bei einem an einen Server angeschlossenen Terminal muss, im Gegensatz dazu, der Server die Rechenarbeit erledigen). Der Vorteil gegenüber der herkömmlichen Technik liegt vor allem im Preis.

Web.de
[**wäb** dott dih-**ih**]
(Produktname)

Nach >Yahoo! das zweitgrößte deutschsprachige Suchverzeichnis (>directory) im >World Wide Web, das von der Cinetic Medientechnik in Karlsruhe gepflegt wird.

web editor
[**wäb äddi**tə]

Text-Editor, speziell zur Erstellung von >HTML-Dokumenten (>document).

webmaster
[**wäb**mahßtə]

"Netzmeister"
Jemand, der für die Verwaltung etc. einer Site (>site) im >World Wide Web zuständig ist.

WebObjects
[**wäb-ob**dschicktß]
(Produktname)

Von der Firma NeXT Software entwickelte, leistungsfähige >ActiveX-kompatible Software zur Erstellung/Entwicklung von Web-Seiten (>World Wide Web).

web site
[**wäb** ßaitt]

etwa: **Standort**
>site.

webspace
[**wäb**ßpehß]
(Kunstwort)

1. Speicherplatz, den ein Internet-Provider (>provider) ggf. auf seinem Server (>server) für die Homepages (>home page, >site) seiner Kunden zur Verfügung stellt.

2. "Raum", Platz, den das >World Wide Web im Cyberspace (>cyberspace) einnimmt.

web tracking
[**wäb** träcking]

Bezeichnung für die Messung der Werbeleistung eines Auftritts im >World Wide Web mittels >page views oder >visits.

WebWasher
[**wäb**woschə]
(Produktname)

"Web-Reiniger"
Filterprogramm der Firma Siemens, das Werbung anhand der Größenverhältnisse auf einer Web-Seite, der >HTML-Muster und der Tarnnamen identifizieren und automatisch abschalten kann, d. h. gar nicht erst zur Anzeige kommen lässt.

web weaver
[**wäb** wihwə]

"Netzweber"
Designer eines WWW-Dokuments (>World Wide Web, >document).

webzine
[**wäb**sihn]
web magazine

Web-Magazin
>e-zine.

WELL
[wäll]
Whole Earth 'Lectronic Link
(Firmen-/Anbietername)

Online-System (>on-line) aus Sausalito, Kalifornien, das mit als eines der ersten eine Art "virtuelle Gemeinde" errichtet hat. Hier sind auch bekannte Szeneautoren wie Howard Rheingold (>Rheingold, Howard) oder Bruce Sterling (>Sterling, Bruce) beheimatet; vgl. >virtual reality, >virtual community.

well-formed
[**wäll**-fohmd]

"wohlgeformt"
Wird vor allem im Zusammenhang mit >XML-Dokumenten verwendet. Ein well-formed-Dokument erfüllt zwar die Syntaxregeln von XML, ist aber nicht notwendigerweise mit einer >DTD abgeglichen.

Whatis
[**wott**-is]

"Was ist?"
Bezeichnung aus der Welt der FTP-Archive (>FTP) für eine auf Archie-Servern (>Archie) unterhaltene Datenbank, die mit Datei- oder Verzeichnisnamen in Zusammenhang stehende Begriffe enthält.

White Pages
[**wait peh**dschis]

"Weiße Seiten"
Datenbank (>database) von Internet-Teilnehmern aller Art, die eine Internet-Adresse (>URL) haben, alphabetisch aufgebaut im Stil eines normalen Telefonbuches; vgl. >Yellow Pages.

Whois
[**huh**-is]
(Produktname)

"Wer ist?"
Suchprogramm, um die E-Mail- (>e-mail) und auch Postadresse sowie die Telefonnummer des angegebenen echten oder Alias-Namens (>alias) einer Person im Internet zu finden.

Whois-Server
[**huh**-is-ßöhwə]

"Wer ist?"-Server
Der Whois-Service des >InterNIC bietet als Dienstleistung die Möglichkeit an, E-Mail-Adressen (>e-mail), Postadressen und Telefonnummern der bei ihm registrierten Teilnehmer bzw. Mitglieder zu finden. Außerdem kann man in Erfahrung bringen, ob ein gewünschter Domain-Name (>domain) bereits vergeben ist oder wer eine bestimmte Site (>site) verwaltet; und man kann eine Liste der zu einer Site gehörenden Server abrufen; vgl. >server.

wibble
[**wib**l]
(Kunstwort)

Umgangssprachlich für unsinnige und/oder nicht relevante Beiträge in Nachrichtenbereichen, Foren (>forum) oder Newsgroups (>newsgroup). In einigen Newsgroups zu einer Art Kunstform kultiviert (talk.bizarre).

wildcard
[**waild**kahd]
Zeichen: * oder ?

Platzhalter
Die Sonderzeichen * und ?, die, z. B. in Suchanfragen, als Platzhalter stellvertretend eingegeben werden können, entweder für ein einziges, beliebiges Zeichen (?) oder für einen oder mehrere Buchstaben (*); vgl. >asterisk.

WinCim
[**winn**ßimm]
Windows CompuServe Information Manager
(Produktname)

Windows-Client-Software (>client) und Internet-Browser (>browser) für den amerikanischen Online-Dienst >CompuServe (>on-line service provider).

WinNuke
[**winn**-njuhk]
(Produktname)
Programm, das den Versand so genannter blauer Bomben (>blue bomb) ermöglicht.

Winsock
[**winn**ßock]
(Produktname)
Treiberdatei, die Microsoft Windows benutzt, um über >TCP/IP mit dem Internet zu kommunizieren.

WinVn
[**winn**-wih-**änn**]
(Produktname)
>Usenet-Newsreader (>newsreader) für Windows-Anwender.

WIRED
[**wai**əd]
(Produktname)
"Verkabelt"
Amerikanisches Kultmagazin, das sich mit allen Aspekten der gesellschaftlichen Auswirkungen des Informationszeitalters auseinander setzt.

wirehead
[**wai**əhäd]
"Drahtkopf"
Etwas abschätzige Bezeichnung für einen Internet-Techniker oder -Experten.

wizard
[**wis**əd]
Zauberer, Hexenmeister
Teilnehmer an einem "Multi User Dungeon"-Spiel (>MUD), der eine hohe Spielstufe erreicht hat.

WOMBAT
waste of money, brains and time
(Akronym)
Verschwendung von Geld, Hirn und Zeit
Wird angewendet auf Probleme, die uninteressant und irrelevant sind und deren Lösung keinen Nutzen verspricht (wombat = Wombat, ein in Australien beheimatetes Beuteltier).

word count
[**wöhd** kaunt]
"Wortzähler"
Bezeichnung aus der Suchmaschinensprache (>search engine) für den Zähler, der die Anzahl der Treffer im Suchergebnis anzeigt.

World Wide Web
[**wöhld** waid **wäb**]
"Weltweites Netz"
Auf Hypertext (>hypertext) basierendes Informations- und Quellensystem für das Internet und der am schnellsten wachsende Teil des Internets; wurde 1990 im Schweizer Forschungslabor >CERN von Robert Cailliau und Tim Berners-Lee (>Berners-Lee, Timothy) entwickelt; Abk.: WWW, Web.

World Wide Web browser
[**wöhld** waid **wäb** brausə]
Zugangssoftware für das >World Wide Web; >browser.

worm
[wöhm]
Wurm
Bösartiger Virus (>virus), der sich, meist über den Anhang einer E-Mail (>e-mail), in ein Computersystem einschleicht, dort Dateien mit bestimmten Endungen löscht und im Namen des

Benutzers auf jede eingehende Mail mit dem zerstörerischen Wurm-Anhang antwortet. Er kann sich allerdings nur auf Windows-Rechnern verbreiten.

WRT
with regard to
(Akronym)

hinsichtlich, bezüglich

WTF
what the fuck
(Akronym)

Was, verdammt noch mal, ...

WTH
what the hell
(Akronym)

etwa: Was, zum Teufel, ...

WWW
[**dabbl**juh-**dabbl**juh-**dabbl**juh]
1. World Wide Web
2. "World Wide Wait"

1. "Weltweites Netz"
>World Wide Web.

2. "Weltweites Warten"
Ironische Interpretation des Kürzels WWW.

WYSIWYG
[**wis**iwig]
what you see is what you get
(Akronym)

"Was du siehst, ist das, was du erhältst"
Bezeichnung für eine Bildschirmwiedergabe, die identisch mit dem Ausdruck auf Papier ist.

X.25
[**äckß** dott twännti-**faiw**]

>CCITT-Normenempfehlung für den Datenaustausch über eine Schnittstelle zwischen einer Datenendeinrichtung und einer Datenübertragungseinrichtung in paketvermittelten öffentlichen Datennetzen (bei der Deutschen Telekom so genanntes DATEX-P).

X.29
[**äckß** dott twännti-**nain**]

>CCITT-Normenempfehlung für die Schnittstelle einer >X.25-Verbindung.

X.400
[**äckß** dott foh-**hann**drəd]

>ITU-T-Standard zum Mitteilungsaustausch in Mailboxen (>mailbox) und Nachrichtensystemen.

X.500
[**äckß** dott faiw-**hann**drəd]

Protokoll (>protocol), das als Standard der International Telecommunications Union (>ITU-T) für Adressdienste dient; vgl. >Directory Server.

xDSL
[**äckß**-dih-äss-**äll**]
x Digital Subscriber Line

etwa: **x-digitale Teilnehmeranschlussleitung**
Datenübertragungstechnik mit Geschwindigkeiten bis zu 8 Megabits pro Sekunde (>mbps), die von Telefongesellschaften als >ISDN-Ersatz angeboten wird. Das vorangestellte "x" bedeutet, dass es verschiedene Varianten mit unterschiedlichen Geschwindigkeiten gibt.

Xing
[sing]
(Firmen-/Anbietername)

Firma, die die >streaming-Technologie entwickelt hat, mit der Videobilder so komprimiert werden können, dass man sie live im Internet übertragen kann. Sie ist ebenfalls sehr in der MP3-Technologie (>MPEG-1 Layer 3) engagiert.

XLink
[**äckß**-link]
XML Linking Language

"XML-Verknüpfungssprache"
>XML-Standardsprache zur Beschreibung von Links (>hyperlink) in Dokumenten, die über die einfachen, uni-direktionalen Links von >HTML hinausgehen.

XML
[**äckß**-ämm-**äll**]
Extensible Markup Language

Erweiterbare Auszeichnungssprache
Metasprache zur Erstellung von Dokumenten im >World Wide Web. Mit XML lässt sich eine eigene formale Sprache erzeugen und die Struktur eines beliebigen Dokumententyps mithilfe einer >DTD abbilden. Die syntaktischen Vorgaben selbst sind bei XML strenger als bei >HTML. An den Beratungen über die Richtlinie XML 1.0 haben Firmen wie Adobe, Microsoft, Netscape, Sun und Hewlett-Packard mitgearbeitet. XML wurde im Februar 1998 verabschiedet; vgl. >SGML, >hypertext.

Xmodem
[**äckß**-mohdämm]

Datenübertragungsprotokoll für Modems (>modem), das heute weitgehend durch das >Zmodem ersetzt worden ist.

XON/XOFF
[äckß-**onn**/äckß-**off**]

Software-Protokoll, das den Datenfluss zwischen Modem (>modem) und Rechner mittels >ASCII-Steuerzeichen regelt. Wird gewöhnlich durch die weitaus effektivere Hardware-Lösung (vgl. >RTS/CTS) ersetzt; vgl. >flow control.

XPointer
[**äckß**-pointə]
XML Pointer Language

"XML-Zeigersprache"
>XML-Standardsprache zur Beschreibung von Zeigern (>pointer) und Adressierungen in Dokumenten.

XSL
[äckß-äss-**äll**]
Extensible Style(sheet) Language

Erweiterbare Stilsprache
Vorschlag für eine >XML-Stilsprache, die Ende August 1998 vom >W3C als öffentlicher Entwurf vorgestellt und unter anderem von der Firma Microsoft vorangetrieben wurde; vgl. >DTD, >CSS.

XSL-processor
[äckß-äss-**äll**
prohßässə]

XSL-Prozessor
Prozessor (>processor), der mit >XSL-Stilvorlagen einen herkömmlichen >HTML-Browser (>browser) zum universellen >XML-Viewer macht, indem er dem Browser vorgeschaltet wird und XML in HTML übersetzt. Die Firma Microsoft bietet beispielsweise einen einfachen

XSL-Prozessor als >ActiveX-Control für den >Internet Explorer an.

Y2K-bug
[wai-tuh-**keh** bag]
Year Two Kilo-Bug

Jahr-2000-Problem
>millennium bug.

YABA
yet another bloody acronym
(Akronym)

schon wieder so ein blödes Akronym

Yahoo!
[**jah**huh]
(Produktname)

Bekanntes Suchverzeichnis (>directory) im Internet.

Yellow Pages
[**jäll**oh **peh**dschis]

Gelbe Seiten
Im Internet stehende elektronische Version der bekannten gedruckten "Gelben Seiten": Ein Branchennachschlagewerk in Form einer Online-Datenbank (>on-line, >database) für Internet-Rechner bzw. -Seiten, herausgegeben von einzelnen Interessengruppen (Uni, Gemeinde etc.) und gültig für begrenzte Bereiche (z. B. die "Yellow Pages for Michigan"), oft zusammen mit den >White Pages im Internet stehend.

Ymodem
[**wai**-mohdämm]

Datenübertragungsprotokoll für Modems (>modem), in das sämtliche Erweiterungen des Xmodems (>Xmodem) eingeflossen sind. Wurde inzwischen durch das >Zmodem ersetzt.

zip
[sipp]
(Kunstwort)

"Zippen"
Das Archivieren bzw. Verpacken einer oder mehrerer Dateien mit einem Komprimierungsprogramm wie PKZIP oder WinZip; mit PKZIP oder WinZip manipulierte Dateien haben die Endung .zip (>filename extension). Im deutschen Sprachgebrauch hat sich für diese Art der Datenkomprimierung das Verb "zippen" eingebürgert; vgl. >data compression.

Zmodem
[**sih**-mohdämm]

1999 effektivstes und meistbenutztes Datenübertragungsprotokoll (>protocol) für Modem-Nutzer (>modem); es können z. B. unterbrochene Downloads (>download) nach Wiederanwahl direkt an der Abbruchstelle fortgesetzt werden.

Z-Net
Zerberus-Net

Deutschsprachiges Mailbox-Netz (>mailbox, >network), das nach der Firma Zerberus, dem ursprünglichen Hersteller der Netzwerksoftware, benannt ist und zunehmend das Internet als Backbone (>backbone) verwendet.

zone number
[**sohn** nammbə]

Bereichsnummer
Identifizierungsnummer in einer >Fidonet-Adresse (>address), an der man den geographischen Standort eines Fidonet-Teilnehmers erkennt.

LANGENSCHEIDTS
HANDWÖRTERBÜCHER